colori scuri	*colori opachi*			
ocra M 30% G 100% N 50%	beige C 10% M 10% G 30%	cammello C 20% M 40% G 70%	grigio oliva C 30% M 30% G 50% N 40%	**bianco**
tabacco C 20% M 50% G 100% N 50%	albicocca opaco C 10% M 20% G 30%	terracotta C 20% M 60% G 70%	ocra bruna C 30% M 40% G 50% N 40%	grigio perla N 10%
terra di Siena C 30% M 80% G 100% N 30%	cipria C 10% M 30% G 30%	ruggine C 30% M 80% G 80%	terra di Siena bruciata C 30% M 60% G 70% N 40%	grigio chiaro N 30%
marrone C 40% M 80% G 100% N 50%	rosa antico C 10% M 30% G 20%	lampone opaco C 30% M 70% G 30%	grigio marrone C 30% M 50% G 50% N 40%	grigio N 50%
bordeaux C 20% M 100% G 20% N 50%	lilla opaco C 20% M 30% G 10%	malva C 50% M 70% G 30%	grigio prugna C 30% M 50% G 30% N 40%	grigio scuro N 70%
prugna C 60% M 100% G 20% N 50%	violetto opaco C 30% M 30% G 10%	lacca solferino C 70% M 70% G 30%	grigio viola C 50% M 50% G 30% N 40%	grigio azzurro C 10% N 20%
blu di Parigi C 100% M 80% G 20% N 50%	lavanda opaco C 30% M 20% G 10%	cielo invernale C 70% M 50% G 30%	grigio piombo C 50% M 40% G 30% N 40%	grigio fumo C 15% N 50%
blu pavone C 100% M 20% G 20% N 50%	azzurro opaco C 30% M 10% G 10%	zaffiro opaco C 70% M 30% G 30%	grigio blu C 60% M 30% G 30% N 40%	grigio antracite C 30% N 80%
verde pino C 100% M 20% G 60% N 50%	verde acqua opaco C 30% M 10% G 20%	turchese opaco C 70% M 30% G 50%	grigio tortora C 50% M 30% G 40% N 40%	marrone scuro C 40% M 60% G 60% N 70%
verde foresta C 80% M 20% G 100% N 50%	verde perla C 30% M 10% G 30%	verde opaco C 70% M 30% G 70%	grigio verde C 60% M 30% G 60% N 40%	muschio scuro C 60% M 40% G 60% N 70%
verde oliva C 40% M 20% G 100% N 50%	cedro opaco C 20% M 10% G 30%	muschio opaco C 50% M 30% G 70%	grigio muschio C 40% M 30% G 50% N 40%	**nero** N 100%

DEFINIZIONI D'AUTORE

Le ***definizioni d'autore*** sono il risultato di un invito fatto ad alcuni esponenti di rilievo del mondo della cultura, della scienza, dello sport e del costume italiani: abbiamo chiesto loro di scrivere la definizione di una parola che potesse essere rivelatrice della loro personalità e del loro lavoro. Cosa vuol dire "identità" per una scrittrice che cela la propria?

Abbiamo dato un limite massimo di battute e libertà di raccontare: le *definizioni d'autore* potevano essere – e sono nei fatti – anche piccole narrazioni o ricordi personali. Sono sempre un punto di vista originale sul significato di una parola.

Ne è venuto un piccolo dizionario parallelo, dove i lettori si possono perdere e divertire. Chi lo consulta, magari a scuola, può trovare un suggerimento inatteso,uno sguardo laterale e nuovo, frutto di esperienza, studio, talento e sensibilità fuori dal comune.

Qui di seguito le parole definite e gli autori delle definizioni.

affabulazione Ermanno Cavazzoni, *scrittore*
agenda Valeria Parrella, *scrittrice*
agonismo Federica Pellegrini, *nuotatrice*
allenamento Enrico Belinelli, *cestista*
altro Marco Aime, *antropologo*
amore Eva Cantarella, *giurista*
angolo Andrea Tarabbia, *scrittore*
animale Giorgio Vallortigara, *neuroscienziato*
bellezza Sophia Loren, *attrice*
blog Luisa Carrada, *scrittrice e blogger*
brand Roberto Lobetti Bodoni, *Head of Brand*
brevità Beppe Severgnini, *giornalista*
cantautore Francesco Guccini, *cantautore e scrittore*
canto Mina, *cantante*
carisma Roberto Bolle, *ballerino*
civile Milena Gabanelli, *giornalista*
clima Donatella Spano, *biometeorologa*
coach Ettore Messina, *allenatore di basket*
coincidenza Sandro Veronesi, *scrittore*
coraggio Fabrizio Pulvirenti, *medico infettivologo*
costituzione Gustavo Zagrebelsky, *giurista*
critico Morando Morandini, *critico cinematografico*
cultura Marino Sinibaldi, *giornalista e critico letterario*
curiosità Mario Calabresi, *giornalista*
desiderio Walter Siti, *scrittore*
design Giorgetto Giugiaro, *designer*
dialetto Andrea Camilleri, *scrittore*
dieci Alessandro Del Piero, *calciatore*
donna Lella Costa, *attrice*
dono Chiara Frugoni, *storico*
ebook Gino Roncaglia, *filosofo*
eleganza Carla Fracci, *étoile*
elettricità Enzo Gentile, *critico musicale*
energia Vincenzo Balzani, *chimico*
esperimento Fabiola Gianotti, *fisico*
famiglia Chiara Saraceno, *sociologa*
fango Mauro Bergamasco, *rugbista*
fatalità Tiziano Scarpa, *scrittore*
fatica Vanessa Ferrari, *ginnasta*
felicità Remo Bodei, *filosofo*
femminicidio Serena Dandini, *conduttrice televisiva*
femminilità Alba Rohrwacher, *attrice*
festival Piera Detassis, *giornalista e critico cinematografico*
figlio Massimo Recalcati, *psicoanalista*
frontiera Claudio Magris, *scrittore*
futuro Giovanni F. Bignami, *astrofisico*
gene Edoardo Boncinelli, *genetista*
generosità Cesare Prandelli, *commissario tecnico*
gioco Stefano Bartezzaghi, *scrittore*
giovinezza Ilvo Diamanti, *sociologo*
guerra Fabrizio Gatti, *giornalista e scrittore*
identità Elena Ferrante, *scrittrice*
immaginazione Lidia Ravera, *scrittrice*
immagine Philippe Daverio, *critico d'arte*
interpretazione Mirella Freni, *soprano*
ironia Carlo Verdone, *attore e regista*
letteratura Alberto Asor Rosa, *critico letterario*
libro Gian Arturo Ferrari, *editore*
lingua Claudio Marazzini, *linguista*
luce Antonio Moresco, *scrittore*
madre Alina Marazzi, *regista*
maschera Toni Servillo, *attore*
memoria Alessandro Barbero, *storico*
metafisica Massimo Cacciari, *filosofo*
minoranza Goffredo Fofi, *critico letterario*
mistero Vito Mancuso, *teologo*
nostalgia Paolo Di Stefano, *scrittore*
nota Paolo Conte, *cantautore*
notizia Ezio Mauro, *giornalista*
numero Piergiorgio Odifreddi, *matematico*
nuovo Annamaria Testa, *esperta di comunicazione e saggista*
obiettività Enrico Mentana, *giornalista*
padre Valerio Magrelli, *poeta*
paesaggio Salvatore Settis, *storico dell'arte*
provocazione Maurizio Cattelan, *artista*
raccontare Silvia Avallone, *scrittrice*
ragazzo Gianni Morandi, *cantante*
rappresentazione Mario Martone, *regista*
reale Maurizio Ferraris, *filosofo*
realismo Gabriele Salvatores, *regista*
ricerca Elena Cattaneo, *scienziata*
romanzo Marcello Fois, *scrittore*
sapore Bruno Barbieri, *chef*
satira Michele Serra, *giornalista e scrittore*
scena Emma Dante, *regista*
scuola Mariapia Veladiano, *scrittrice*
segreto Corrado Augias, *giornalista*
sguardo Oliviero Toscani, *fotografo*
soqquadro Alessandro Baricco, *scrittore*
spazio Luca Parmitano, *astronauta*
stile Giorgio Armani, *stilista*
talento Caterina Caselli Sugar, *editore discografico*
tecnica Umberto Galimberti, *filosofo*
tempo Carlo Rovelli, *fisico*
tradizione Franco Cardini, *storico*
tradurre Ilide Carmignani, *traduttrice letteraria*
trama Ivan Cotroneo, *scrittore*
velocità Valentino Rossi, *motociclista*
viaggio Pino Cacucci, *scrittore*
vita Luigi Luca Cavalli-Sforza, *scienziato*
vittoria Sara Simeoni, *atleta*
voce Gianna Nannini, *cantautrice*

La maggior parte degli autori sopra indicati ha rinunciato al compenso proposto dall'editore, che l'ha devoluto per loro conto all'**UNICEF**, al programma nazionale **Nati per Leggere** o ad altre associazioni indicate dagli autori stessi.

SOMMARIO

loZingarelli

VOCABOLARIO DELLA LINGUA ITALIANA

di Nicola Zingarelli

a cura di Mario Cannella
e di Beata Lazzarini

e con la collaborazione di:
Luciano Canepari, Manlio Cortelazzo, Tullio De Mauro,
Miro Dogliotti, Massimo Fanfani, Augusta Forconi,
Carla Marello, Luigi Rosiello, Pasquale Stoppelli,
Riccardo Tesi, Maurizio Trifone, Paolo Valesio, Paolo Zolli;
Luigi Andrea Cosattini, Giovanni Delfino, Ugo Fabietti,
Carlo Ferrari, Marco Gatti, Eudes Lanciotti,
Gianfranco Liguri, Tomaso Lucchelli, Michele Magni,
Marina Pazzaglia, Gianni Sofri, Massimo Stefani,
Carlo Stramigioli, Alfredo Suvero, Rossella Toppino;
Roberta Balboni, Marco Brazzali, Roberto Cagol,
Donatella Cappellari, Rosella Fiorentini Rocca,
Paola Guazzotti, Enrico Lanfranchi,
Elisabetta Marin, Alessandra Stefanelli, Mara Tasin,
Giuseppina Valoriani, Giovanna Vitale

ZANICHELLI

ELENCO DEI COLLABORATORI

Ristampa 2016 della Dodicesima edizione.

Revisione generale e contributi lessicografici: Mario Cannella; *nuove voci e accezioni: scelta e definizioni*: Mario Cannella; *voci e accezioni specialistiche*: Pasquale Stoppelli; *anatomia, biologia, chirurgia, farmacologia, fisiologia, medicina, zoologia*: Giovanni Delfino, Eudes Lanciotti, Massimo Stefani; *diritto*: Luigi Andrea Cosattini; *botanica*: Carlo Ferrari; *definizioni d'autore a cura di*: Andrea Tarabbia; *coordinamento redazionale*: Beata Lazzarini.

Copertina: Miguel Sal (*progetto grafico*); Lessismore (*ideazione dell'immagine*); Exegi s.n.c. (*realizzazione*). *Supporto al rinnovamento delle soluzioni grafiche*: Progetti Nuovi – Milano: Annamaria Testa, Paolo Rossetti, Bianca Maria Biscione. *Progetto grafico delle pagine interne*: Marco Brazzali con la collaborazione di Remigio Decarli. *Elaborazione automatica dei testi e composizione*: Marco Brazzali, Roberto Cagol, Emanuela Betti Motter, Elisabetta Marin, Mara Tasin, I.CO.-GE Informatica, Trento.

Software di consultazione *a cura di*: Marco Brazzali, Roberto Cagol, Emanuela Betti Motter, Elisabetta Marin, I.CO.GE Informatica, Trento. *Flessioni dei lemmi*: Elena Dal Pra, Beata Lazzarini. *Giochi*: Daniele Fusi. *Pronuncia delle parole a cura di*: Pasquale Stoppelli; *pronunce audio*: Binari Sonori, Cinisello Balsamo (MI); *pronunce audio delle ristampe 2011-13 create con* Loquendo TTS - © Loquendo S.p.A. 2001-2010; ASPPInext srl (Bologna - Utrecht); *revisione di* Giovanni Mioni.

Coordinamento della stampa e confezione: Stefano Bulzoni, Massimo Rangoni.

dizionari.zanichelli.it

Chiusura redazionale: maggio 2015.

Finito di stampare nel maggio 2015 da Rotolito Lombarda, Pioltello (MI)

Dodicesima edizione

Piano dell'opera: Redazioni lessicografiche Zanichelli con la collaborazione di Mario Cannella e la consulenza di Miro Dogliotti e Luigi Rosiello, sulla base dei piani della decima edizione (a cura di Luigi Rosiello e Delfino Insolera) e della undicesima edizione (a cura di Miro Dogliotti con la collaborazione di Augusta Forconi, Luigi Rosiello e Paolo Valesio).
Revisione generale: Mario Cannella.
Schedatura delle nuove voci e accezioni: Redazioni lessicografiche Zanichelli; Miro Dogliotti, Giuseppina Valoriani. *Nuove voci di lingua comune*: *scelta*: Giuseppina Valoriani; *stesura*: *lettere A, C-R*: Maurizio Trifone; *lettere B, S-Z*: Giuseppina Valoriani; *rilettura*: Giuseppina Valoriani, Mario Cannella. *Nuove accezioni di lingua comune*: *stesura*: Roberta Balboni, Rosella Fiorentini Rocca, Mario Cannella; *rilettura*: Mario Cannella.
Linguaggi specialistici: Mario Andolfi, Francesca Giovannini, Espedito Laterza, Maurizio Trifone: *sport*; Eros Baldissera: *lingua araba*; Mario Cannella: *enologia, politica*; Massimo Castoldi: *filologia, letteratura, paleografia, retorica*; Daniele Cat Berro, Luca Mercalli - Società meteorologica italiana: *meteorologia*; Marco De Candido: *archeologia, filatelia, numismatica, radiofonia, urbanistica, veterinaria, zootecnia*; Ugo Fabietti: *antropologia, etnologia, paleontologia, paletnologia*; Ugo Fabietti, Teodosio Orlando: *filosofia*; Fabio Fava, Francesco Pilati, Bruno Fortunato, Carlo Stramigioli: *chimica, unità di misura*; Vladimir Fava: *arte, cinema, fotografia, televisione*; Carlo Ferrari: *botanica*; Marco Gatti, Tomaso Lucchelli, Michele Magni, Marina Pazzaglia, Rossella Toppino: *agricoltura, astronautica, edilizia, elaborazione dati, elettrotecnica, giochi, idraulica, industria tessile, meteorologia, pedagogia, religione, scienze e tecniche militari, storia, tavola delle bandiere, telecomunicazioni, tipografia, topografia e contributi ad altri linguaggi specialistici*; Paola Guazzotti: *voci regionali, dialettali, familiari e colloquiali, significati estesi e figurati*; Laura Iannotti: *fisica subnucleare*; Marco Marcello Lupoi: *matematica*; Carla Marello, Pasquale Stoppelli, Maurizio Trifone: *grammatica, linguistica*; Monica Marinone: *grammatica*; Gianni Melegari: *fisica, ottica*; Alberto Mondini: *aeronautica*; Vincenzo Matera: *revisione delle tavole di nomenclatura*; Severo Mosca: *alimentazione, architettura, armi, automobilismo, elettricità, elettrotecnica, falegnameria, ingegneria, marina, meccanica, metallurgia, tecnologia*; Piero Mioli, Franca Rosti: *musica*; Annibale Mottana: *geofisica, geologia, mineralogia*; Fabrizio Picchi, Fernando Picchi: *economia*; Gianfranco Rocca: *pesca*; Gianni Sofri: *storia*; Raffaella Tommasi: *psicologia*; Ettore Vitale: *elvetismi*. *Altri contributi*: Pietro Bassi, Cristiana De Santis, Waldemar Eistermeier, Simon Gardner, Gianfranco Liguri, Stefano Martelloni, Maddalena Mendolicchio, Irene Theiner.
Etimologie: Manlio Cortelazzo, Massimo Fanfani. *Datazione*: Riccardo Tesi con la collaborazione di Laura Sardelli. *Accentazione, segni diacritici, trascrizioni fonematiche*: Luciano Canepari (*ristampe 1994-1998*); Pasquale Stoppelli. *Note d'uso*: Mario Cannella *e – per la nota "Stereotipo"* – Tullio De Mauro.
Coordinamento redazionale: Roberta Balboni. *Redazione linguaggi specialistici*: Rosella Fiorentini Rocca, Roberta Balboni. *Redazione etimologie, appendici e inserti grammaticali*: Beata Lazzarini. *Parole da salvare a cura di*: Giovanna Vitale Alessandrello. *Contributi redazionali*: Carla Bertani, Delia Bevilacqua, Amelia Bosi Antola, Claudia Capello, Anna Cocchi, Suzanne Cousin, Lindsay Lane, Federica Mascagni, Sabine Müller, Maria Paoloni, Paola Polselli, Paola Rossini, Gianni Sofri, Alessandra Stefanelli, Nicoletta Zingarelli. *Plurali delle voci straniere*: Annamaria Goy. *Aggiornamento delle appendici*: Roberta Balboni, Enrico Righini, Lorenza Russo. *Consulenza ergonomica*: Stefana Broadbent. *Rilettura dell'Undicesima edizione*: Achille Lucarini. *Citazioni*: Filippo Gentili, Federico Pelle. *Revisione degli alterati*: Claudia Alberti, Giovanna Turrini, Giampiero Zanchi, Donatella Cappellari. *Locuzioni latine*: Annamaria Costanzo. *Reggenze*: Paola Guazzotti, Mario Cannella. *Consulenza per il Corpus Italiano Zanichelli*: John Sinclair. *Atlante dei colori a cura di* Simona Fantetti *e* Claudia Petracchi. *Lettura delle bozze*: Il Nove s.r.l., Bologna.
L'editore ringrazia per le preziose segnalazioni di nuove voci e accezioni Alberto Cantagalli, Pietro Cipriani, Graham Cole, Andrea Comellini, Giustino De Bueriis, Luisa Giacoma, Guido Iazzetta, Piero Isola, Giovanni Mafera, Mario Monteleone, Gabriele Paleari, Adriano Raparo, Anna Ravano, Silvio Sinesio, Gianfranco Terrana.

Undicesima edizione

Revisione generale: M. Dogliotti, L. Rosiello. *Coordinamento redazionale*: R. Balboni. *Etimologia*: P. Zolli. *Trascrizione fonematica*: I. Calabresi.

Stesura nuove voci e revisione decima edizione: *A-P* A. Forconi, *Q* M. Medici, *R* R. Balboni, *S* R. Fiorentini Rocca, *T-V* G. Valoriani, *W-Z* B. Lazzarini.

Linguaggi specialistici: A. Suvero. *Repertori finali*: *locuzioni*: C. Lapucci; *nomi propri e luoghi d'Italia*: Manlio Cortelazzo; *tavole di nomenclatura*: M. Insolera e A. Suvero per la tavola *Energia*.

Collaborazioni redazionali: A. Cocchi, A. Colliva, C. Capello, L. Marisaldi, G. Piacentini, A. Stefanelli, G. Zaniboni, N. Zingarelli, M.C. Zingarelli; *rilettura critica*: L. Graziuso.

Decima edizione

Direzione e coordinamento redazionali: M. Dogliotti. *Revisione generale*: L. Rosiello, P. Valesio.

Trascrizione fonematica: P. Fiorelli, I. Calabresi. *Etimologia*: *impostazione, affissi e lettere B, D, E, G-L, T, U, V, W-Z*: M. Cortelazzo (con A. Gurian per le lettere *I* e *L*); *lettere A, C, F, M-R, V*: P. Zolli; *lettera S*: A. Zamboni. *Voci grammaticali*: M. Medici.

Voci di lingua comune: B. Basile, M. Dogliotti, A. Forconi, G. Manzoni, M.R. Patrignani, E. Schiavina, P. Valesio, G. Valoriani; L. Albini, D. Boni, A. De Paz, G. Dragoni, E. Righini, S. Roccuzzo, W. Tega.

Voci dei linguaggi speciali: *coordinamento interdisciplinare*: R. Levis, M. Medici, M. Pezzi, P. Saconney; *abbigliamento, acconciatura e cosmesi*: V. Rossi Lodomez; *aeronautica e astronautica*: R. Vannutelli; *agricoltura*: A. Giardini, D. Ricci; *anatomia e fisiologia umana*: G. Sturani; *antiquariato*: N. Avogadro Dal Pozzo; *araldica e scienze storiche ausiliarie*: G. Plessi; *archeologia e antichità*: F. Scafile; *armi antiche*: A. Gaibi; *artigianato*: G. Del Tredici; *arti plastiche e figurative*: A. Concina Sebastiani; *astrologia*: F. Waldner; *astronomia*: G. Mannino; *automobilismo e motorizzazione*: F. Bernabò, A. Evangelisti; *biologia generale, botanica e zoologia*: A. Peyrot, M.G. Maddalena; *caccia*: L. Ugolini; *chimica*: B. Acciaro, R. Fiorentini Rocca; *diritto*: F. Bosello, I. Caraccioli, C. Ezechieli, A. Frignani, G. Pini, M. Scaparone, I. Spada; *economia politica*: D. Cremona Dellacasa, R. Finzi; *editoria e stampa*: L. Lovera; *elettrotecnica ed elettronica*: T. De Gemmis, E. Lo Bue, M. Pezzi, R. Ulivastro; *etnologia*: R. Bosi; *farmacologia*: P. Di Mattei; *ferrovia*: L. Liverani; *filatelia*: G. Bolaffi; *filosofia e pedagogia*: W. Tega; *fisica*: R. Levis, C. Sacchi; *fotografia*: C. Marin; *gastronomia*: L. Veronelli; *geografia*: L. Varani; *geologia*: M. Manzoni; *giornalismo*: I. Zingarelli; *ingegneria chimica*: F.P. Arzano, G.B. Saracco, T. Velo; *ingegneria civile ed edilizia*: G.M. Bo; *ingegneria meccanica*: S. Musso, N. Piccinini; *ingegneria mineraria*: R. Mancini; *ingegneria nucleare*: S. Cazzoli; *letteratura*: G. Calboli, G.R. Franci; *linguistica*: A. Uguzzoni; *marina militare e mercantile*: G. Sleiter; *matematica*: F. Speranza; *medicina e chirurgia*: L. Chiampo; *meteorologia*: E. Bernacca; *mineralogia*: L. Tomadin; *musica*: A. Pironti; *nautica da diporto*: V. Zaccagnino; *numismatica*: F. Panvini Rosati; *oreficeria e gioielleria*: B. Bini; *organizzazione aziendale*: F. Ambrosini, A. Cioccolani; *orologeria*: J.P. Daran; *ottica*: A. Fiorentini; *paleontologia*: A. Ferrari; *pesca*: R. Pacini; *politica*: N. Matteucci; *psicologia*: A. Ranzi; *ragioneria*: S. Disegni Reichenbach; *religione*: A. Di Nola; *scienze e tecniche militari*: S. Longo; *spettacolo*: P. Gonnelli; *sport*: E. Balboni, C. Guaraldo, M. Medici, F. Nani, R. Nostini; *statistica e demografia*: R. Predi; *tecnica bancaria*: A. Musiani, L. Ugo; *tecnologia alimentare*: G. Borelli, A. Marani; *tecnologia calzaturiera*: G. Muggiani; *tecnologia cartaria*: U. Tisi; *tecnologia conciaria*: G. Martignone; *tecnologia dell'imballaggio*: V. Goldin, G. Zecchini; *tecnologia tessile*: F. Brunello; *tecnologia vetraria*: R. Pes; *telefonia*: C. Camozzi; *termotecnica*: E. Lavagno; *trattamento automatico delle informazioni*: G. Rapelli; *veterinaria e zootecnia*: A. Mordenti.

Tavole di nomenclatura: *impostazione*: M. D'Angiolini, M. Insolera; *coordinamento*: A. Cassata; *stesura*: A. Cassata, M. D'Angiolini, E. Fubini, C. Gandini, M. Insolera, S. La Salvia, L. Ricciu, A. Sangregorio.

PRESENTAZIONE

Prosegue nello **Zingarelli 2016** l'iniziativa "definizione d'autore" che tanto favore ha riscosso nella precedente edizione. Abbiamo chiesto ad alcuni personaggi del mondo della cultura, della scienza, dello sport e del costume italiani di scrivere, dal loro soggettivo punto di vista, la definizione di una parola in qualche modo rivelatrice della loro personalità e del loro lavoro. L'abbiamo riportata in calce alla definizione classica, in un riquadro colorato, in modo che fosse evidente la sua particolarità. Ne è scaturito un piccolo dizionario parallelo, dove i lettori si possono perdere e divertire. L'elenco delle parole definite è a fianco del frontespizio.

Lo **Zingarelli 2016** non trascura comunque di registrare i cambiamenti della lingua accogliendo circa 500 nuovi termini e altrettanti nuovi significati, selezionati da un valente gruppo di esperti lessicografi. Nel lavoro di ricerca ausilio considerevole è fornito dalla rete; terreno privilegiato di indagine è la verifica su Google, sui grandi organi di informazione e sui siti istituzionali, attenendosi tuttavia a criteri di valutazione chiaramente definiti e mai basati solamente sui numeri. Le parole scelte non rincorrono a ogni costo neologismi ed esotismi né sono parole effimere legate all'attualità ma sono state rigorosamente selezionate e validate grazie alla disponibilità del *CIZ – Corpus Italiano Zanichelli*, una banca dati di testi letterari e giornalistici che ha superato gli 8 miliardi di caratteri e che i lessicografi possono interrogare a tutto testo cercando le occorrenze e le combinazioni di parole, in modo da poterne definire con precisione gli usi e i significati.

Ci sono parole e locuzioni nate per innovazioni culturali, legislative o tecnologiche, come *adultità*, *disposofobia*, *inoccupabile*, *poltronismo*, *criptomoneta*, *adozione mite*, *cogenitore*, *madre surrogata*, *acquaponica*, *agroenergia*, *ecolocalizzazione*, *memristore*, *fotodepilazione*. Sono stati inseriti modi colloquiali o gergali come *babbiare*, *sciarpata*, *sfanalare*, *pastrugnare*. Ci sono infine parole e locuzioni provenienti da altre lingue come *macaron*, *pastrami*, *netsuke*, *storytelling*, *run flat*, *Schuldfrage*, *expat*: ma, nonostante i ricorrenti allarmi sulla scomparsa dell'italiano, le parole straniere accolte nel vocabolario rimangono meno del 2% del totale.

Lo **Zingarelli 2016** segnala con un fiore (♣) le oltre 3000 "parole da salvare": parole come *obsoleto*, *coriaceo*, *ingente*, *fiorente*, *diatriba*, *manicaretto*, *leccornia*, *onere*, *ledere*, *perorare* il cui uso diviene meno frequente perché tv e giornali troppo spesso privilegiano i loro sinonimi più comuni (ma meno espressivi) come *disusato*, *duro*, *molto grande*, *ricco*, *litigio*, *buon cibo*, *ghiottoneria*, *peso*, *danneggiare*, *difendere*.

Il vocabolario contiene anche quasi mille schede dedicate alle *sfumature di significato*: brevi trattazioni che esaminano famiglie di parole analoghe definendo il significato, l'uso e il contesto più appropriato di ciascuna di esse. Ogni scheda descrive le aree di sovrapposizione semantica delle parole di una famiglia e ne evidenzia le differenze sociolinguistiche, di registro e di livello d'uso, permettendo così al vocabolario di superare gli ambiti, talora percepibili come angusti, della singola voce del dizionario.

La versione elettronica dell'opera contiene, oltre allo **Zingarelli 2016**, anche il testo integrale del **Vocabolario degli Accademici della Crusca**, 1ª edizione del 1612, ricercabile per lemma e a tutto testo; il **Dizionario della lingua italiana** di Nicolò Tommaseo e Bernardo Bellini, il più importante vocabolario di italiano dell'Ottocento pubblicato in 8 volumi fra il 1865 e il 1879, e l'**Enciclopedia Zanichelli** con oltre 70 000 voci. Tutte queste opere possono essere consultate insieme al vocabolario con lo stesso motore di ricerca. Sempre nella versione elettronica è possibile ascoltare la pronuncia sonora di tutte le parole, vedere la loro divisione sillabica e le tavole di flessione; un Analizzatore morfologico opera l'analisi grammaticale di tutte le forme flesse.

Ricordiamo le più importanti innovazioni introdotte negli ultimi anni:

- L'uso della minuscola a inizio definizione, e per tutte le locuzioni, riservando la maiuscola solo ai casi in cui è obbligatoria.
- L'indicazione delle reggenze delle parole che pongono dilemmi del tipo *scusarsi di* ... o *scusarsi per* ..., *capace a* ... oppure *capace di* ..., ulteriormente potenziata nell'edizione 2016 con l'inserimento di nuove reggenze in oltre 500 lemmi.
- La messa in evidenza, in carattere neretto in corpo minore, delle forme verbali con le particelle enclitiche *-ci*, *-la*, *-le*, *-ne* che abbiano un significato autonomo rispetto al verbo d'origine, come *entrarci*, *provarci*, *volercene*, *starsene*, *piantarla*, *prendersela*, *cavarsela*, *darsele*, ecc.
- L'uso del carattere corsivo neretto per dare maggiore evidenza alle locuzioni.
- La presenza di circa 300 rinvii da forme flesse irregolari al verbo da cui derivano: per es. *cossi* rimanda a *cuocere* e *vattene* ad *andare*.
- L'inserimento nel vocabolario di 118 Tavole di nomenclatura.
- L'indicazione delle circa 5500 parole di uso più frequente.
- La registrazione di voci e accezioni dell'italiano parlato in Svizzera: per esempio *attinenza*, *buralista*, *decania*, *patriziato*, *vignetta*.
- L'*Atlante dei colori*, con l'indicazione delle percentuali di quadricromia per ogni tonalità.
- L'inclusione di numerose *Note d'uso* come *Accento*, *Elisione*, *Errori comuni*, *Maiuscola*, tra le quali si segnalano le note *Femminile* e *Stereotipo* per le loro implicazioni sociolinguistiche.
- La segnalazione dei plurali irregolari in lingua originale delle parole straniere (anche se permane il consiglio di considerarle invariabili in italiano).
- L'indicazione della pronuncia di molte parole straniere, specialmente inglesi: di parole come *manager* e *baby sitter*, si danno per prime le pronunce italianizzate /'manadʒer/, /bɛbi'sitter/ e poi quelle della lingua originale.

La prima edizione del *Vocabolario della lingua italiana* di Nicola Zingarelli, uscito in fascicoli a partire dal 1917, fu pubblicata nel 1922. L'opera ebbe un successo immediato grazie alla capacità di rispondere alle diverse quotidiane esigenze di ogni utente: studente o professionista, lettore o scrittore. Dopo la morte dell'autore (1935) il vocabolario fu periodicamente rivisto nelle edizioni successive, fra le quali sono da ricordare la decima (1970) – una totale rielaborazione a cura di Miro Dogliotti, Luigi Rosiello e Paolo Valesio –, l'undicesima (1983) e la dodicesima (1993). Da allora lo Zingarelli è rivisto e aggiornato annualmente.

Questo vocabolario è opera di oltre 300 collaboratori, ai quali esprimiamo la nostra gratitudine: i loro nomi e le loro funzioni sono elencati nella pagina a fronte.

Compilare un vocabolario è un'operazione complessa e delicata; l'esperienza dimostra che imprecisioni ed errori possono essere limitati ma non del tutto evitati: ringraziamo fin d'ora i lettori che ce li vorranno segnalare.

maggio 2015 i Curatori

ABBREVIAZIONI USATE NEL VOCABOLARIO

abbr.	= abbreviato, abbreviazione
abl.	= ablativo
a.C.	= avanti Cristo
acc.	= accusativo
accr.	= accrescitivo
accorc.	= accorciativo
aeron.	= aeronautica
agg.	= aggettivo, aggettivale, aggettivato
agric.	= agricoltura
alter.	= alterato
amer.	= americano
anat.	= anatomia
ant.	= antico
anton.	= antonomasia
antrop.	= antropologia
arald.	= araldica
archit.	= architettura
archeol.	= archeologia
art.	= articolo, articolato
assol.	= assoluto, assolutamente
astrol.	= astrologia
astron.	= astronomia
at.	= atomico
attrav.	= attraverso
aus.	= ausiliare
autom.	= automobilismo
av.	= avanti, prima di
avv.	= avverbio, avverbiale, avverbialmente
biol.	= biologia
biz.	= bizantino
bot.	= botanica
burocr.	= burocratico
ca.	= circa
card.	= cardinale
celt.	= celtico
centr.	= centrale
cfr.	= confronta
chim.	= chimica
chir.	= chirurgia
class.	= classico
colloq.	= colloquiale
comm.	= commercio
comp.	= composto
compar.	= comparativo
compl.	= complemento
condiz.	= condizionale
cong.	= congiunzione, congiuntivo (agg.)
congtv.	= congiuntivo (modo)
coniug.	= coniugazione, coniugato
contr.	= contrario
correl.	= correlativo, correlazione
deriv.	= derivato, derivazione
determ.	= determinativo
dial.	= dialettale, dialettalismo
difett.	= difettivo
dim.	= diminutivo
dimostr.	= dimostrativo
dir.	= diritto
disus.	= disusato
ebr.	= ebraico
ecc.	= eccetera
eccl.	= ecclesiastico
econ.	= economia
edil.	= edilizia
edit.	= editoria
elettr.	= elettricità, elettrotecnica
elettron.	= elettronica
ellitt.	= ellittico, ellitticamente
elvet.	= elvetismo
enfat.	= enfatico
enol.	= enologia
es.	= esempio
escl.	= esclamativo, esclamazione
est.	= estensione, estensivo, estensivamente
etim.	= etimologia, etimologico, etimologicamente
eufem.	= eufemismo, eufemistico
evit.	= da evitare, evitato
f.	= femminile
fam.	= familiare
farm.	= farmacia, farmacologia
ferr.	= ferrovie
fig.	= figurato
filos.	= filosofia
fis.	= fisica
fisiol.	= fisiologia
fotogr.	= fotografia
fr.	= francese
fut.	= futuro
gener.	= generale, generalmente
generic.	= generico, genericamente
genit.	= genitivo
geofis.	= geofisica
geogr.	= geografia
geol.	= geologia
gerund.	= gerundio
gerg.	= gergale
germ.	= germanico
giapp.	= giapponese
got.	= gotico
gr.	= greco
gramm.	= grammatica, grammaticale
idraul.	= idraulica
ill.	= illustrazione
imperat.	= imperativo
imperf.	= imperfetto
impers.	= impersonale
impropr.	= improprio, impropriamente
indef.	= indefinito
indet.	= indeterminativo
indeur.	= indeuropeo
indic.	= indicativo
inf.	= infinito
infant.	= infantile
inform.	= informatica
ing.	= ingegneria
ingl.	= inglese
intens.	= intensivo
inter.	= interiezione, interiettivo
interr.	= interrogativo
intr.	= intransitivo
inv.	= invariabile
iperb.	= iperbole, iperbolico
iron.	= ironico, ironicamente
it.	= italiano
iter.	= iterativo, iterativamente
lat.	= latino
lett.	= letterario, letterariamente
letter.	= letteratura
ling.	= linguistica
loc.	= locuzione
lomb.	= lombardo
longob.	= longobardo
m.	= maschile
maiusc.	= maiuscolo, maiuscola
mar.	= marina
mat.	= matematica
mecc.	= meccanica

med. = medicina
mediev. = medievale
mediterr. = mediterraneo
merid. = meridionale
metall. = metallurgia
meteor. = meteorologia
milan. = milanese
milit. = militare (scienza e tecnica)
miner. = mineralogia
mus. = musica

n. = nome
napol. = napoletano
neerl. = neerlandese
neg. = negazione, negativo, negativamente
nom. = nominativo
nt. = neutro
num. = numerale
numism. = numismatica

onomat. = onomatopea, onomatopeico
ord. = ordinale
org. az. = organizzazione aziendale
orient. = orientale
orig. = origine, originariamente

parl. = parlato
part. = participio
pass. = passato
pegg. = peggiorativo
pers. = persona, personale
pl. = plurale
pleonast. = pleonastico
poet. = poetico
polit. = politica
pop. = popolare, popolarmente
portog. = portoghese
poss. = possessivo
pref. = prefisso
preindeur. = preindeuropeo
prep. = preposizione, prepositivo
pres. = presente
prob. = probabile, probabilmente
pron. = pronome, pronominale
prop. = proposizione
propr. = propriamente
prov. = proverbio, proverbi
provenz. = provenzale
psicoan. = psicoanalisi
psicol. = psicologia

qlco. = qualcosa
qlcu. = qualcuno

rafforz. = rafforzativo
ragion. = ragioneria
recipr. = reciproco
region. = regionale
rel. = relativo
relig. = religione
rem. = remoto
rifl. = riflessivo
roman. = romano, romanesco

s. = sostantivo
scherz. = scherzoso, scherzosamente
scient. = scientifico
sec. = secolo
secc. = secoli
seg. = seguente
sett. = settentrionale
sicil. = siciliano
sign. = significato
sim. = simile, simili
simb. = simbolo
sin. = sinonimo
sing. = singolare
sociol. = sociologia
sost. = sostantivo, sostantivale
sottratt. = sottrattivo
sovrapp. = sovrapposizione
sp. = spagnolo
spec. = specialmente
spreg. = spregiativo
stat. = statistica
stor. = storia
suff. = suffisso
superl. = superlativo

tecnol. = tecnologia
ted. = tedesco
tel. = telefonia
temp. = temporale
tess. = tessile (tecnica)
tipogr. = tipografia
tosc. = toscano
tr. = transitivo
trad. = traduzione
tv = televisione

v. = verbo
V. = vedi
var. = variante
vc. = voce
ven. = veneto
venez. = veneziano
verb. = verbale
veter. = veterinaria
vezz. = vezzeggiativo
volg. = volgare

zool. = zoologia
zootec. = zootecnia

SIMBOLI USATI NEL VOCABOLARIO

†	parola o accezione arcaica
①, ② …	lemmi omografi
A, **B** …	qualifiche grammaticali
I, **II** …	raggruppamento logico di più accezioni
1, **2** …	accezioni
/ /	trascrizione fonematica
[ ]	etimologia
✳	datazione del lemma
●	definizione
♦	italiano fondamentale
♣	parola da salvare
|	sfumatura di significato e separazione delle forme alterate
‖	alterati, derivati e avverbi in **-ménte**
➡ ILL.	rinvio a illustrazione
⇔	contrario (negli Inserti di nomenclatura)
®	marchio registrato
➤	rinvio ad altra voce
=	sinonimo (negli Inserti di nomenclatura)
*	premesso a una parola nel settore etimologico significa che questa non è attestata
ṣ ẓ	s e z sonore
gḷ gṇ	g velare
a̱ e̱ i̱ o̱ u̱	il trattino sotto una vocale indica che essa non forma dittongo con la vocale che segue

GUIDA GRAFICA ALLA CONSULTAZIONE

vocabolo (o lemma o esponente)

voce (o articolo)

•**cinema** [accorc. di *cinematografo* ✱ 1918] **s. m. inv.** **1** sistema di proiezione di immagini in movimento, inventato in Francia nel XIX
…

forma di flessione

•**crédere** ① [lat. *crēdere*, di orig. indeur. ✱ av. 1250] **A** **v. tr.** (**pass. rem.** *io credètti* o *lett.*
…

forme verbali con le particelle clitiche *-ci*, *-la*, *-le*, *-ne*

créderla (con il pron. *la* indeterm.) o, in forma pron., **crédersela**, prestare fede a una fandonia **2** stimare, giudicare, reputa-
…

le lettere **A**, **B**, ecc. indicano diverse qualifiche grammaticali

reggenze

reggenze evidenziate nell'esempio

(G. Leopardi) **B** **v. intr.** (aus. *avere*) **1** avere certezza dell'esistenza di qlcu. o qlco. (+ *in*, + *a*): *c.* *in Dio, in un'altra vita, ai santi; c. nel diavolo, alle streghe* | avere una fede re-
…

forma pronominale del verbo

Purg. XXXII, 32) **C** **crédersi** **v. rifl.** • pensare di essere, immaginarsi come *credersi un*
…

divisione sillabica di parole che possono non seguire le normali regole di sillabazione

qualifica grammaticale con indicazione del femminile e del plurale

daltònico (dal-to-ni-co, dal-ton-i-co) [1907] **agg. e s. m.** (**f.** *-a*; **pl. m.** *-ci*) • che (o chi) è affetto da daltonismo

trascrizione fonematica

plurale di parola straniera

e-wórk /i'work, *ingl.* 'i:wɜ:k/ [vc. ingl., comp. di *e-*② e *work* 'lavoro' ✱ 2001] **s. m. inv.** (**pl. ingl.** *e-works*) • telelavoro

locuzione idiomatica

citazione d'autore

•**soqquàdro** [comp. di *so-* e *squadro*, loc. del linguaggio dei muratori: propr. 'non ad angolo retto' ✱ av. 1488] **s. m.** • confusione, scompiglio, grande disordine, spec. nella loc. ***mettere a s.***: *metteremo il mondo a s. ...!* (G. Verga)

definizione d'autore

Definizione d'autore

Se si esclude il Manzoni che una volta, con scarsi risultati, l'ha proposto da solo, come sostantivo, è un termine che vive esclusivamente in compagnia del verbo *mettere*: «ho messo a **soqquadro**». Significa che ho but-
…

non risulta, oltretutto, che un battaglione acquartierato debba per forza stare a mollo nell'acqua fino al ginocchio, come il termine, erroneamente, suggerisce.

Alessandro Baricco

sfumature di significato

SFUMATURE DI SIGNIFICATO

soqquadro - sottosopra

L'uso di **soqquadro** è limitato solo all'espressio-
…

omografi

il pallino indica che vi è un significato unico

cedronèlla ① [da *cedro*① ✱ av. 1556] **s. f.** • (*bot.*, *pop.*) melissa

significato (o accezione)

nome scientifico di animali o piante

cedronèlla ② [da *cedrone*, per il colore simile a quello del cedro ✱ av. 1556] **s. f.** • farfalla dei Pieridi con ali gialle nei maschi e bianchicce nelle femmine (*Gonepteryx rhamni*)

simbolo di parola arcaica

rinvio

†**càscio** ② ▸ **cacio**

variante di forma grafica

cinciallégra (o **-è-**) o **cingallégra** (o **-è-**) [comp. di *cincia* e il f. di *allegro* ✱ 1481] **s. f.** • cincia con il petto giallo striato di nero e capo blu-nero (*Parus major*)

anni di nascita o di morte

simbolo di elemento chimico o di unità di misura

numero atomico di elemento chimico

meitnèrio (meit-ner-io, meit-ne-rio) [dal n. di L. *Meitner* (1878-1968), fisica svedese di orig. austriaca ✱ 1994] **s. m.** • elemento chimico transuranico artificiale **SIMB.** Mt **NUM. AT.** 109

marchio registrato

simbolo che introduce la datazione del lemma

etimologia

datazione

Scrabble® /*ingl.* 'skræbl/ [nome commerciale del gioco inventato dall'architetto americano A. Butts e depositato come marchio nel 1948 dall'amico J. Brunot ✱ 1984] **s. m. inv.** • gioco con-
…

simbolo di parola da salvare

note su dubbi linguistici

acèrrimo [superl. di *acre* ✱ 1374] **agg.** **L'aggettivo 'acerrimo' è un superlativo, ma è talora percepito come aggettivo di grado positivo. Perciò la forma 'più acerrimo' è spesso usata:** *il suo*

...

il trattino sotto una vocale indica che non forma dittongo con la vocale che segue

coutènza /kou'tɛntsa/ [da *coutente* ✱ 1927] **s. f.** ● uso di qlco. insieme con altri

il puntino sotto il gruppo *gli* o *gn* indica il suono velare della *g*

il puntino sotto la *s* o la *z* indica il suono sonoro

anglicismo [fr. *anglicisme*. V. *anglico* ✱ 1765] **s. m.** ● parola o locuzione propria dell'inglese entrata in un'altra lingua **SIN.** inglesismo

gnèiss (o **gn-**) o **gnèis** (o **gn-**), **gnàis** (o **gn-**) [fr. *gneiss*, dal ted. *Gneis* 'scintilla', di orig. indeur., per la sua lucentezza (?) ✱ 1796] **s. m. inv.** ● (*geol.*) roccia metamorfica a grana grossa e a frattura grossolana costituita essenzialmente da quarzo, feldspati e miche

linguaggio specialistico

economizzàre [fr. *économiser*, da *économe* 'economo' ✱ 1798] **A v. tr.** ● amministrare con economia | risparmiare: *e. il tempo, le forze* **B v. intr.** (aus. *avere*) ● fare economia, astenersi da spese non necessarie: *siamo costretti a e. al massimo* ‖ **economizzazióne**, **s. f.**

indicazione dell'ausiliare dei verbi intransitivi

lemma derivato in *-izzazione*

pubblicàbile [1885] **agg.** ● che si può pubblicare ‖ **pubblicabilità**, **s. f. inv.**

accento tonico facoltativo

lemma derivato in *-bilità*

anterióre [vc. dotta, lat. tardo *anteriōre(m)*, da *ănte* 'prima' ✱ 1313] **agg.** **1** che si trova davanti nel tempo o nello spazio: *i fatti anteriori al disastro; zampe anteriori* | (*gramm.*) ***futuro a.***, esprime un'azione futura anteriore a un'altra anch'essa futura **CFR.** avan-, protero- **2** (*lett.*) primo, rispetto ad altri **3** (*ling.*) detto di vocale il cui punto di articolazione è situato nella parte anteriore della cavità orale **SIN.** palatale **CONTR.** posteriore, velare ‖ **anteriorménte**, **avv.** in tempo precedente; davanti

l'accento acuto sulla *e* o sulla *o* indica pronuncia chiusa

limite d'uso di significato

sinonimi

analoghi

contrari

avverbio in *-mente*

transètto (o **-é-**) [dall'ingl. *transept*, comp. del lat. *trāns-* 'oltre' e *sāeptum* 'chiusura, recinto' ✱ 1927] **s. m.** ● nella chiesa cristiana a pianta longitudinale, navata disposta trasversalmente all'asse principale della chiesa stessa

l'accento grave sulla *e* o sulla *o* indica pronuncia aperta

variante fonetica

ventitré [comp. di *venti* e *tre*] **agg. num. card. inv.; anche s. m. e f. inv.** (**V. nota d'uso NUMERI E NUMERALI**) ● (*mat.*) due volte dieci, o due decine, più tre unità, rappresentato da *23* nella numerazione araba, da *XXIII* in quella romana. **I** come agg. ricorre nei seguenti usi **1** rispondendo o sottintendendo la domanda 'quanti?', indica la quantità numerica di ventitré unità (spec. preposto a un sost.): *sono le dieci e v. primi; compiere v. anni; dista v. kilometri* **2** rispondendo o sottintendendo la domanda 'quale?', identifica qlco. in una pluralità, in una successione, in una sequenza (spec. posposto a un sost.): *abito al numero v.; oggi è il giorno v.; sono le ore v.* **II** come sost. ricorre nei seguenti usi **1** il numero ventitré (per ellissi di un sost.): *il v. è un numero primo; ventidue e uno, v.; è uscito il v. sulla ruota di Cagliari; sono le otto e v.* | *le*

...

accento grafico obbligatorio

rinvio a nota d'uso

i numeri arabi **1**, **2**, **3**, ecc. indicano diversi significati

i numeri romani **I**, **II**, **III**, ecc. indicano il raggruppamento logico di più significati

esempi dell'uso della parola

amico [lat. *amīcu(m)*. V. *amare* ✱ 1213] **A agg.** (**pl. m. -ci**) **1** benevolo, favorevole: *parole*

...

consiglio da a.; a. di casa, di famiglia ‖ **PROV.** ***chi trova un a. trova un tesoro*** | ***a. del cuore***, amico intimo | ***a. di penna***, persona con

...

(*fig.*) ***l'a. del giaguaro***, V. *giaguaro* **2** (*iron.*) persona nota cui si allude senza nominarla: *l'a. crede che io taccia, ma si sbaglia!* **3** (*eufem.*) amante **4** chi ha particolare inte-

...

nitore, fautore **CFR.** filo-①, -filo ‖ **amichétto**, **dim.** (V.) | **amicóne**, **accr.** (V.) | **amicùccio**, **dim.**

simbolo di appartenenza all'italiano fondamentale

proverbio

indicazione di registro linguistico

abbreviazione del vocabolo (*a.*=amico)

alterati

AVVERTENZE PER LA CONSULTAZIONE

1. Struttura del vocabolario. Come ogni libro, lo **Zingarelli** è diviso in paragrafi. Ogni paragrafo (*voce*) è dedicato a una parola – come **lìbro**, **bèllo**, **sèmpre**, **dìre** – o, meno frequentemente, a una locuzione – come **opera omnia**, **ante litteram**, **big bang**, **nòta bène**: la parola (o la locuzione) che dà il titolo alla voce si dice *vocabolo* (o *lemma*, o *esponente*) ed è in carattere grassetto di colore blu, all'inizio della voce stessa.

Ogni singola voce è organizzata secondo uno schema fisso: vocabolo (V. **3.**); indicazione di marchio registrato (V. **10.**); trascrizione fonematica (V. **13.**); varianti di forma (V. **4.**); etimologia (V. **11.**); qualifica grammaticale (V. **5.**); sezione morfologica (V. **6.**); sezione semantica (V. **7.**); sinonimi, contrari, analoghi, simboli (V. **8.**); alterati e sottolemmi (V. **9.**); definizioni d'autore (V. **15**); sfumature di significato (V. **16**); inserti di nomenclatura (V. **17**).

2. Ordinamento delle voci. Tutti i vocaboli dello **Zingarelli** sono elencati in stretto ordine alfabetico, secondo la normale sequenza **a b c d e f g h i j k l m n o p q r s t u v w x y z** che, per facilitare la consultazione, è riportata lungo il bordo verticale della pagina.

Nell'ordinamento alfabetico si trascurano gli accenti, i trattini, gli spazi, le parentesi e ogni altro segno che non sia una delle ventisei lettere dell'alfabeto. Ad esempio una possibile sequenza di vocaboli potrebbe essere:

àbaco
abadéssa
ab aeterno
abàte
abat-jour
àbato
ab imis
abìsso
ab ovo
abracadàbra

Si osservi che le locuzioni **ab aeterno**, **ab imis** e **ab ovo** sono elencate come se fossero scritte **abaeterno**, **abimis** e **abovo**: perciò **abàte**, **abat-jour**, **àbato** precedono **ab imis**; **abìsso** è prima di **ab ovo**.

Le uniche parole che non seguono l'ordine alfabetico sono quelle in neretto in corpo minore e cioè: le varianti di forma che seguono il vocabolo (V. **4.**); gli alterati, i sottolemmi e gli avverbi in *-mente* che sono posti alla fine della voce (V. **9.**). Sono riportate in neretto in corpo minore anche le più rilevanti forme transitive pronominali inserite all'interno della categoria grammaticale di verbo transitivo (per es. **allacciàre** ... | anche nella forma pron. (con valore intens.) **allacciàrsi**, stringersi, agganciarsi). Nello stesso carattere sono riportate le forme verbali con le particelle clitiche *-ci*, *-la*, *-le*, *-ne* che abbiano un significato autonomo rispetto al verbo d'origine (per es. **entrarci**, **provarci**, **volercene**, **starsene**, **piantarla**, **prendersela**, **cavarsela**, **darsele**, ecc.).

3. Vocabolo. I vocaboli sono registrati nella forma che per convenzione è considerata fondamentale: il singolare per i sostantivi di genere fisso; il singolare maschile per i sostantivi di genere mobile e per gli aggettivi; l'infinito per i verbi. Perciò le parole **cugine**, **buone**, **canteranno** sono trattate alle voci **cugìno**, **buòno**, **cantàre**. La forma femminile del sostantivo, se esiste, viene sempre segnalata: all'inizio della voce se si riferisce a tutti i significati (per es.: **cugìno** **s. m.** (**f.** *-a*)) o in corrispondenza delle singole accezioni (per es.: **fornaio** **s. m.** ... **2** (**f.** *-ia*)). Hanno trattazione separata i vocaboli femminili che hanno un significato autonomo dal corrispondente maschile: ad esempio **méla**, **fièra**② , **pastorèlla**① e ②. Nei casi dubbi il vocabolo maschile rimanda al femminile o viceversa.

Si considerano omografi quei vocaboli che pur avendo etimo o significati diversi sono uguali come scrittura (omonimi quindi in senso largo), abbiano o no suono diverso. I vocaboli omografi sono distinti da un numero in esponente alla fine del lemma: **delfìno**① e **delfìno**②; **àncora**① e **ancóra**②.

I vocaboli arcaici, non più in uso, ma che si trovano in testi e documenti di altri secoli, sono contrassegnati dal segno di arcaismo † (per es. †**ancìdere**)

I circa 5400 lemmi di maggiore frequenza d'uso e maggiore disponibilità (l'"italiano fondamentale") sono preceduti da un piccolo rombo (♦): queste parole sono state scelte sulla base di lessici di frequenza (fra cui il *Lessico di frequenza della lingua italiana* a cura di U. Bortolini, C. Tagliavini e A. Zampolli, Garzanti, 1972, il *Lessico di frequenza dell'italiano parlato* di T. De Mauro, F. Mancini, M. Vedovelli, M. Voghera, Etaslibri, 1993 e il *Lessico elementare* di L. Marconi, M. Ott, E. Pesenti, D. Ratti, M. Tavella, Zanichelli, 1994) e in base ad analisi statistiche del *Corpus Italiano Zanichelli*.

Sono precedute da un fiore (♣) le circa 3000 "parole da salvare": parole come *fragranza*, *garrulo*, *solerte*, *sapido*, *fulgore* il cui uso diviene meno frequente perché tv e giornali troppo spesso privilegiano i loro sinonimi più comuni (ma meno espressivi) come *profumo*, *chiacchierone*, *diligente*, *saporito*, *luminosità*.

I prefissi o primi elementi sono seguiti da un trattino: **a-**, **auto-**; i suffissi o secondi elementi ne sono invece preceduti: **-ìṣmo**, **-logìa**; in entrambi i casi la voce è evidenziata da un fondo colorato.

4. Varianti di forma. Si considera variante di forma di un vocabolo quella parola che presenta, rispetto a un'altra più comune nell'uso, differenze fonetiche o grafiche ma ha la stessa base etimologica e gli stessi significati, tali quindi da comportare identica trattazione se venisse sviluppata in maniera autonoma e distinta. Non si considerano varianti i sostantivi di genere maschile rispetto a quelli femminili e viceversa (per es. *frettazza*, *frettazzo*) e i verbi differenti per coniugazione (per es. *abbellare*, *abbellire*). La variante di forma si registra in carattere grassetto più piccolo (per es. **deṣìo** o **diṣìo**). Di regola essa si colloca anche al suo posto alfabetico, con rimando alla forma più usata (per es. **diṣìo** ➤ **desio**); se però nell'ordine alfabetico segue o precede immediatamente la forma più comune, viene registrata soltanto accanto a questa (per es. **rèdine** o †**rèdina**).

Le varianti di forma possono essere precedute dall'indicazione in forma abbreviata dei loro limiti d'uso o dal segno dell'arcaismo (per es. **gas** ... o (*tosc.*) **gàsse**, †**gaz**).

5. Qualifica grammaticale. La qualifica grammaticale indica la funzione che la parola assolve nel discorso. Essa è abbreviata in carattere grassetto; nel caso che la stessa voce presenti più di una qualifica grammaticale (per es. **genèrico** ...**A** **agg.** ... **B** **s. m.** ...; **decìdere** ...**A** **v. tr.** ... **B** **v. tr. e intr.** ... **C** **decìdersi** **v. intr. pron.**), questa è preceduta da una lettera maiuscola in negativo.

6. Sezione morfologica. In questa sezione vengono segnalate le forme di flessione dei vocaboli – sostantivi, aggettivi, verbi ecc. – per cui si possono avere dubbi o incertezze nella declinazione o nella coniugazione. Tutta la sezione è posta fra parentesi tonde. Le forme flesse sono in corsivo: per intero quando vi sono mutamenti nella radice, nella grafia o nella pronuncia; altrimenti abbreviate per suffisso o desinenza.

Il vocabolario segnala:

- i plurali irregolari dei sostantivi maschili e femminili (**bùe** ... **pl. m.** *buòi*; **àla** ... **pl.** *àli*)
- i plurali dei sostantivi maschili terminanti in *-a* (**poèta** ... **pl. m.** *-i*), in *-co*, *-go*, *-sco* (**bàco** ... **pl.** *-chi*; **pòrtico** ... **pl.** *-ci*; **màgo** ... **pl.** *-ghi*; **fiàsco** ... **pl.** *-schi*)
- i plurali dei sostantivi maschili terminanti in *-io* (**libràio** ... **pl.** *-ai*; **accappatóio** ... **pl.** *-oi*; **fruscìo** ... *-ii*)
- i plurali maschili degli aggettivi terminanti *-io* (**accessorio** ... **pl. m.** *-i* o *raro -ii*)
- i plurali maschili degli aggettivi terminanti in *-co*, *-go*, *-sco* (**lùbrico** ... **pl. m.** *-ci*; **anàlogo** ... **pl. m.** *-ghi*; **frésco** ... **pl. m.** *-schi*)
- i plurali dei sostantivi femminili terminanti in *-cia*, *-gia*, *-scia* (**lància** ... **pl.** *-ce*; **provìncia** ... **pl.** *-ce* o *-cie*; **farmacìa** ... **pl.** *-cìe*; **fràngia** ... **pl.** *-ge*; **patologìa** ... **pl.** *-gìe*; **bìscia** ... **pl.** *-sce*)
- i plurali femminili degli aggettivi terminanti in *-cio*, *-gio*, *-scio* (**guèrcio** ... **pl. f.** *-ce*; **grigio** ... **pl. f.** *-gie* o *-ge*; **lìscio** ... **pl. f.** *-sce*)
- i plurali dei sostantivi composti (**capostazióne** ... **pl. m.** *capistazióne*), dei sostantivi che al plurale mutano genere (**pàio** ... **pl.** *pàia*, **f.**), dei sostantivi che hanno due plurali di genere diverso, con eventuali riferimenti ai diversi significati (**bràccio** ... **pl.** *bràccia*, **f.** nei sign. ..., *bràcci*, **m.** nei sign. ...)
- i femminili dei nomi mobili (**poèta** ... **f.** *-essa*)

- i femminili di sostantivi e aggettivi terminanti in *-tore* (**guidatore** ... **f.** *-trice*)
- la forma maschile di alcuni sostantivi femminili (**cenerèntola** ... **m.** *-o*)
- i comparativi e superlativi organici o irregolari degli aggettivi, eventualmente con accanto la forma regolare (**buòno** ... **compar. di maggioranza** *più buòno* **o** *miglióre*, **sup.** *buonìssimo* **o** *òttimo*; **àcre** ... **sup.** *acèrrimo*)
- i troncamenti, le elisioni, le forme eufoniche (**bène** ... **troncato in** *ben* **in posizione proclitica**; **fràte** ... **troncato in** *fra*, **raro** *frà*, **o** *fra'*)

Le parole di origine e struttura non italiana sono generalmente considerate, in contesti italiani, come parole invariabili: è corretto scrivere *i bar, i manager, gli abat-jour*: lo Zingarelli designa infatti questi vocaboli come invariabili. Poiché tuttavia può essere necessario od opportuno in casi specifici far uso delle forme flesse in lingua originale, il vocabolario segnala i plurali o i femminili di quelle parole che possono porre dubbi al lettore: ad esempio si segnalano i plurali irregolari dei sostantivi inglesi e francesi (cioè i casi in cui il plurale non si ottiene per aggiunta della desinenza *-s*); le forme flesse irregolari degli aggettivi francesi; i plurali delle locuzioni; i plurali di sostantivi e aggettivi di altre lingue che non siano l'inglese e il francese; le forme plurali comunemente usate per sostantivi e locuzioni latini e greci.

Per i verbi vengono segnalati:

- gli ausiliari di tutti gli intransitivi non arcaici (**aderìre** ... **aus.** *avere*; **afflu̯ìre** ... **aus.** *essere*; **córrere** ... **aus.** *essere* **quando si esprime o si sottintende una meta**; **aus.** *avere* **quando si esprime l'azione in sé o nel significato di partecipare a una corsa**)
- l'ausiliare (*essere*) di tutti i transitivi pronominali (**B** **accaparrarsi** **v. tr. pron.** (**aus.** *essere*))
- tutte le forme irregolari dei verbi non arcaici (**andàre** ... **pres.** *io vàdo*, **o** *vo* /vɔ*/, *tu vài, egli va, noi andiàmo, voi andàte, essi vànno*; **fut.** *io andrò*, **pop.** *anderò*; **congv. pres.** *io vàda, noi andiàmo, voi andiàte, essi vàdano*; **cond. pres.** *io andrèi*, **pop.** *anderèi*; **imp.** *va* /va, va*/ **o** *va'* **o** *vài, andàte*; **le altre forme dal tema** *and-*)
- i tempi, i modi ed eventualmente le forme di tutti i verbi difettivi compresi gli arcaici (**calére** ... **dif. usato solo in alcune forme dei tempi semplici: pres.** *càle*; **imperf.** *caléva*; **pass. rem.** *càlse*; **congv. pres.** *càglia*; **congv. imperf.** *calésse*; **ger.** *calèndo*)
- la prima persona singolare del presente indicativo quando la sillaba tonica, diversa da quella dell'infinito, contenga le vocali *e* oppure *o*: in tal caso l'accento grave o acuto indica il grado di apertura della vocale stessa (**sentire** ... *io sènto*); non si riporta la forma della prima persona del presente indicativo quando il grado di apertura della vocale tonica è lo stesso dell'infinito, come in **pèrdere**
- la prima e la seconda persona singolare del presente indicativo dei verbi in *-care, -gare, -cere, -gere, -scere* (**giudicàre** ... *io giùdico, tu giùdichi*; **lusingàre** ... *io lusìngo, tu lusìnghi*; **vìncere** ... *io vìnco, tu vìnci*; **spìngere** ... *io spìngo, tu spìngi*; **méscere** ... *io mésco, tu mésci*) e dei verbi in *-ire* con presente in *-isco* (**unìre** ... *io unìsco, tu unìsci*)
- la prima persona singolare del presente indicativo quando l'accento tonico cada su una sillaba diversa rispetto all'infinito (**ampliàre** ... *io àmplio*)
- la prima e la seconda persona singolare del presente indicativo dei verbi con dittongo mobile (*-ie-, -uo-*) seguite dalla norma di comportamento del dittongo nella flessione (**giocàre** ... *io giuòco* **o** *giòco, tu giuòchi* **o** *giòchi*; **in tutta la coniug. la** *o* **può dittongare in** *uo* **se tonica**)
- la coniugazione irregolare di verbi composti, tramite rinvio alla coniugazione del corrispondente verbo semplice (**respìngere** ... **coniug. come** *spìngere*)

Non vi è distinzione grafica fra accenti obbligatori e opzionali nelle forme flesse: gli accenti in fine di parola devono essere intesi come obbligatori; quelli in altra posizione sono tonici e pertanto di norma si omettono (V. **13.1**). Le forme di flessione arcaiche di vocaboli non arcaici sono precedute dal segno di arcaismo.

7. Sezione semantica. Questa sezione contiene la trattazione dei significati delle parole ed è contraddistinta all'inizio o da un dischetto in blu (•), quando si ha un solo significato, o da un numero arabo in grassetto blu quando si danno più definizioni (**1** ... **2** ... **3** ...). All'interno di ogni accezione le varie sfumature di significato e le locuzioni idiomatiche sono distinte da barre verticali. Nelle voci di vasta estensione (per es. *dare, fare*) le accezioni sono state riunite in nuclei di significato preceduti da numeri romani in negativo (**I**, **II**). Le definizioni si riferiscono al contenuto concettuale o all'oggetto reale che la parola designa e stabiliscono delle equivalenze di significato tra espressioni linguistiche al fine di descrivere l'ambito semantico d'impiego del vocabolo. Sono scritte in carattere tipografico tondo, e possono essere precedute da limiti d'uso stilistici o relativi ai linguaggi speciali – scienze, tecnologie e altre attività – cui il vocabolo o il significato appartengono: per es. (*lett.*), (*scherz.*), (*fig.*) oppure (*bot.*), (*med.*), (*mar.*).

Le definizioni sono di solito seguite da frasi esemplificative in corsivo oppure da citazioni di autori della letteratura italiana anch'esse in corsivo, seguite dal nome.

Le locuzioni sono stampate in carattere grassetto corsivo; sono precedute da una barra verticale e dall'eventuale indicazione del limite d'uso e sono seguite dalla spiegazione del significato in carattere tondo. Alcune locuzioni o frasi proverbiali sono precedute dall'abbreviazione **PROV.**

Nelle locuzioni e nelle frasi esemplificative, la parola che è trattata nella voce viene sostituita dall'iniziale seguita da un punto quando è identica al lemma (per es. **candéla** ... *a lume di c.*), viene data per esteso quando è flessa (*lampada da dieci candele*).

L'ordinamento delle accezioni all'interno della voce segue di solito un criterio che vuol essere logico e storico al tempo stesso: precedono cioè le definizioni dei significati propri od originariamente più in uso e seguono quelle dei significati figurati, estensivi, specifici, ecc. In tal modo, leggendo tutta la voce, ci si può rendere conto della logicità storica che regola i passaggi semantici dall'uno all'altro significato come passaggi dall'implicito all'esplicito, dall'indifferenziato al differenziato. I significati antiquati di parole tuttora usate vengono contraddistinti dal segno di arcaismo (†) anteposto alla definizione.

8. Sinonimi, contrari e analoghi. Sono registrati al termine della trattazione semantica del significato specifico della parola a cui si riferiscono, introdotti rispettivamente dalle abbreviazioni **SIN.**, **CONTR.** o **CFR.**

I sinonimi sono stati registrati senza pretese di completezza, avendo riguardo soprattutto alla loro funzione di ulteriore messa a punto del significato già fornito nella definizione vera e propria: perciò spesso sono indicati come sinonimi termini non completamente sovrapponibili ma certo sostituibili, anche con ovvia utilità pratica e didattica.

Le stesse considerazioni valgono per la scelta e la registrazione dei contrari e degli analoghi.

9. Alterati e sottolemmi. Questa sezione è separata dal resto della voce da una doppia barra verticale e accoglie alterati e sottolemmi stampati in neretto, in corpo minore.

Le forme alterate dei sostantivi e degli aggettivi sono seguite dalla qualifica alterativa (per es. **ombrèllo** ... || **ombrellétto**, **dim.**). La presenza del rimando (V.) significa che la voce alterata possiede un significato autonomo trattato in una voce separata (per es. **ombrèllo** ... || **ombrellóne**, **accr.** (V.)).

Negli aggettivi, dopo la doppia barra verticale, vengono registrati gli avverbi formati con il suffisso **-mente**, seguito dalla qualifica grammaticale e dalla definizione nel caso in cui il significato non sia intuitivo (per es. **oscùro** ... || **oscuraménte**, **avv.**).

Anche i sostantivi deverbali in **-ficazione** e **-izzazione** sono registrati alla fine dei relativi verbi in **-ficare** e **-izzare** seguiti dalla sola qualifica grammaticale (per es. **autentificàre** .... || **autentificazióne**, **s. f.**; **acutizzàre** ... || **acutizzazióne**, **s. f.**), o anche da una breve definizione quando hanno un significato non intuitivo (per es. **geometrizzàre** ... || **geometrizzazióne**, **s. f.** il geometrizzare; forma geometrica), oppure dal rinvio a una voce separata (per es. **autorizzàre** ... || **autorizzazióne**, **s. f.** (V.)).

Analogamente sono registrati i sostantivi deaggettivali in **-ità** dopo i relativi aggettivi in **-ale** (per es. **abissàle** ... || **abissalità**, **s. f. inv.**); i sostantivi deaggettivali in **-arità** dopo i relativi aggettivi in **-are** (per es. **muscolàre** ... || **muscolarità**, **s. f. inv.**); i sostantivi deaggettivali in **-bilità** dopo i relativi aggettivi in **-bile** (per es. **abbinàbile** ... || **abbinabilità**, **s. f. inv.**); i sostantivi deaggettivali in **-icità** dopo i relativi aggettivi in **-ico** (per es. **igiènico** ... || **igienicità**, **s. f. inv.**); i sostantivi deaggettivali in **-ività** dopo i relativi aggettivi in **-ivo** (per es. **inoffensìvo** ... || **inoffensività**, **s. f. inv.**); i sostantivi deaggettivali in **-osità** dopo i relativi aggettivi in **-oso** (per es. **scandalóso** ... || **scandalo-**

sità, s. f. inv.); gli aggettivi desostantivali in **-cronico** dopo i relativi sostantivi in **-cronia** (per es. **pancronìa**... || **pancrònico**, agg.); gli aggettivi o sostantivi desostantivali in **-fobico** o **-fobo** dopo i relativi sostantivi in **-fobia** (per es. **aerofobìa** ... || **aerofòbico**, agg.; anche s. m. ...|| **aeròfobo**, agg. e s. m.); gli aggettivi o sostantivi desostantivali in **-patico** dopo i relativi sostantivi in **-patia** (per es. **cardiopatìa** ... || **cardiopàtico**, agg. e s. m.); gli aggettivi desostantivali in **-terapico** o **-terapeutico** e i sostantivi in **-terapeuta** o **-terapista** dopo i relativi sostantivi in **-terapia** (per es. **cromoterapìa** ... || **cromoteràpico**, agg. || **cromoterapèutico**, agg. || **cromoterapèuta**, s. m. e f. || **cromoterapìsta**, s. m. e f.) gli aggettivi desostantivali in **-topico** dopo i relativi sostantivi in **-topia** (per es. **isotopìa**... || **isotòpico**, agg.); gli aggettivi o sostantivi desostantivali in **-trofico** dopo i relativi sostantivi in **-trofia** (per es. **miodistrofìa** ... || **miodistròfico**, agg. e s. m.); gli aggettivi desostantivali in **-fonico** dopo i relativi sostantivi in **-fonia** (per es. **omofonìa**... || **omofònico**, agg.).

10. Marchi registrati. Il vocabolario accoglie anche parole che sono o si pretende che siano marchi registrati senza che ciò implichi alcuna valutazione del loro reale stato giuridico. Nei casi obiettivamente noti ai compilatori il lemma è seguito dal simbolo®.

11. Etimologia. Racchiuse fra parentesi quadre, le etimologie distinguono, innanzitutto, nel grande filone della derivazione del lessico italiano, che trova la sua inesauribile matrice nel latino, le parole che rappresentano una ininterrotta continuazione di una voce di Roma antica, sia o no attestata nella letteratura e in altri documenti, da quelle che i dotti, spinti dalla necessità di definire nuovi concetti o nuove scoperte o dall'impulso di arricchire di risonanze il proprio stile, hanno coniato, ricorrendo al vocabolario classico. Avremo così i seguenti casi:

làtte ... [lat. *lăcte(m)*, di etim. incerta]: la parola italiana continua la corrispondente parola latina, trasmessa, dunque, per via popolare;

empìre [lat. parl. **implīre* per *implēre* 'empiere']: il caso è analogo al precedente; soltanto che in nessun documento appare la forma *implīre* (perciò è preceduta da un asterisco che nella sezione etimologica indica una voce non attestata, ma supposta), la quale deve pur essere, per una rigorosa norma di concordanza, esistita nel latino parlato;

lenìre [vc. dotta, lat. *lenīre*, da *lēnis* 'lene']; *lenire*, dunque, non è una parola italiana popolare, ma è stata ripresa da persone colte, che ne sentivano il bisogno per aumentare il loro patrimonio lessicale ed esprimere con maggior chiarezza il loro pensiero;

descrittìvo [vc. dotta, lat. tardo *descriptīvu(m)*, da *descrīptus* 'descritto']: l'aggettivo 'tardo' dà una determinazione temporale al tipo di latino al quale hanno attinto i dotti, i quali non si sono limitati al cosiddetto latino classico dell'età aurea, ma sono ricorsi anche ad autori (specialmente quando si è trattato di dare nuove forme ai nuovi aspetti della vita introdotti dalla rivoluzione cristiana) di età tarda.

Si notino due accorgimenti grafici: il costante impiego, nelle parole latine, del segno di lunghezza (¯) o di brevità (˘) di una vocale, e la loro presentazione, quando si tratti di sostantivi o aggettivi, sotto la forma dell'accusativo con la *-m* finale posta fra parentesi.

Il segno di breve o lunga sostituisce il segno di accento tonico; è questa una scelta di grande utilità, perché non solo dà un'indicazione della sillaba sulla quale posa la voce, ma offre un elemento prezioso a chi voglia rendersi conto dello svolgimento storico della voce latina, condizionato in gran parte, come è noto, dalla cosiddetta 'quantità' della sillaba accentata. Così, se sappiamo che a una *u* breve latina (*ŭ*) corrisponde una *o* chiusa italiana (*ó*), ci possiamo anche rendere più preciso conto dei doppioni del tipo *augusto* e *agosto*: la prima delle due voci con la *u* conservata dimostra di non avere subìto l'evoluzione popolare (come dichiara del resto la precisazione 'voce dotta'), la seconda, invece, manifesta con la sua *ó* una più genuina trasformazione. Nei casi dubbi si è convenzionalmente ripiegato sul segno della breve.

Anche il ricorso all'indicazione dell'accusativo, anziché del nominativo, è stato dettato da criteri di opportunità didattica: è un fatto accertato che la stragrande maggioranza delle parole italiane di origine latina non derivano dalla forma nominativa data come lemma nei vocabolari, ma dai casi obliqui: talora l'ablativo e più spesso l'accusativo, la cui consonante finale è stata trascurata nella pronuncia corrente in tutto il corso storico della lingua. In effetti scrivere che *bilancia* deriva dal lat. *bĭlanx* espone il lettore al dubbio per il diverso accento; dubbio dissipato se si precisa che *bilancia* continua il latino parlato *bilăncia(m)*, da *bĭlanx*, composto da *bi-* 'con due' e *lănx* 'piatto'.

Si sono fatti notare i casi piuttosto rari di continuazione del nominativo (o di altro caso): per es.: **àrcade** [vc. dotta, lat. *ărcade(m)*, nom. *ărcas*, dal gr. *arkás*, dalla regione dell'*Arcadia*].

Le parole greche sono traslitterate secondo la tabella di pag. 13. I verbi greci sono riportati nella forma dell'infinito presente.

Talvolta nel risalire all'ultima ragione conosciuta nel complesso svolgimento storico-linguistico, si giunge fino alla radice indoeuropea, che deve essere intesa non come un mitico nucleo originario, miracoloso depositario di ogni successivo sviluppo semantico, ma come la più lontana testimonianza non documentata, anche se attendibile, che si manifesta in area di diffusione storicamente accertata.

Quando di una voce straniera la spiegazione è unica, questa è stata riportata senza nessun segno: per es. **ginsèng**... [cin. *gên-scên* '(pianta) con la radice (*scên*) a forma d'uomo (*gên*)']. Poiché però non è sempre agevole stabilire dove è sorta per prima una voce coniata secondo i modelli tradizionali offerti dalle lingue classiche o secondo un procedimento compositivo egualmente comune, talora si è aggiunta alla spiegazione etimologica una formula, come 'sul modello di ...' o 'secondo il modello di ...', che vuol mettere in rilievo il probabile punto di partenza. Per es.: **inabbordàbile**... [comp. di *in-*③ e *abbordabile*, secondo il modello del fr. *inabordable*; 1914].

Nei casi in cui l'etimologia trascritta non è del tutto convincente o presenta un notevole margine di incertezza, si è fatta seguire l'esposizione da un punto interrogativo: per es. **altaléna**... [dal lat. *tollēno* 'mazzacavallo' (?)].

Lo stesso procedimento si è seguito quando fra diversi e discordi pareri se n'è scelto uno come più attendibile. In questo caso la soluzione prescelta è preceduta dalla dizione 'etimologia discussa': per es. **ẓabaióne**... [etim. discussa: collegata con il lat. tardo *sabāia* 'specie di bevanda (d'orzo) ordinaria', di origine illirica (?)].

Tutte le parole della cui genesi non è stata ancora data una convincente spiegazione sono seguite dalla dicitura: 'etim. incerta'.

Nei composti sono stati separati gli elementi compositivi: affissi, nomi giustapposti, forme verbali imperative, come per es.: **immotivàto**... [comp. di *in-*③ e *motivato*]; **boccascèna**... [comp. di *bocca-* e *scena*].

I casi di derivazione dall'incrocio di due parole sono stati indicati con formule di questo tipo: **timbàllo**... [fr. *timbale* da *tambal*, di origine sp. (*atabal*), con sovrapposizione di *cymbale* 'cembalo'].

L'etimologia infine è omessa nei casi in cui la derivazione nelle voci chiaramente interpretabili, perché derivate secondo procedimenti semplici e usuali da altre (grammaticalmente definite 'primitive') di svolgimento meno immediatamente comprensibile.

12. Datazione. La datazione delle parole, introdotta dal simbolo ✱, si basa sulla consultazione dei maggiori dizionari storici ed etimologici della lingua italiana e sullo spoglio diretto di libri e periodici. Si tratta quindi di date riferite all'apparizione delle parole in *testi scritti in lingua italiana*, non in contesti di lingua parlata (si spiega così la datazione recente di voci appartenenti a registri colloquiali, informali, gergali o paragergali, ecc.). Per i neologismi l'indicazione dell'anno ha spesso un valore puramente indicativo: in questo caso può accadere che la coscienza linguistica del lettore retrodati l'ingresso della forma anche sulla base di esperienze personali. In quest'occasione, l'anno indicato rappresenta quasi sempre (salvo casi particolari) il momento in cui il neologismo viene registrato da qualche dizionario di lingua, o specializzato o espressamente dedicato al censimento dei nuovi ingressi lessicali in italiano.

Si è cercato di norma di indicare l'anno di apparizione dei vocaboli; quando invece non è stato possibile stabilire l'anno preciso si rinvia a un termine cronologico indiziario (di solito l'anno di morte dell'autore di quel testo) abbreviato con "av." (= avanti) seguito dall'anno; nelle opere composte o pubblicate in più anni si dà esclusivamente l'indicazione dell'anno più recente: ad es. 1304-1308 diventa 1308; l'abbreviazione "ca." (= circa) significa che l'indicazione dell'anno è approssimativa. In altri casi si è ricorsi all'indicazione del secolo.

Per un criterio di economicità e per rendere più rapida la consultazione, nelle parole che hanno più significati o accezioni, si è stabilito di datare solo l'apparizione più antica del vocabolo senza far riferimento alla sua evoluzione semantica (a rigore, ogni accezione particolare richiederebbe una propria datazione). Per lo stesso motivo non si è ritenuto necessario indicare le varianti grafiche antiquate, alle quali spesso sono riferite le date di prima attestazione.

13. Pronuncia. Il vocabolario registra la pronuncia dei lemmi, delle varianti di forma e delle forme flesse in due modi distinti. La pronuncia della maggior parte delle parole italiane è indicata dall'accento (chiaro o scuro, acuto o grave, come si dirà in seguito) e da altri segni grafici (per es. da un punto sottoscritto alla *s* o *z* per indicarne il suono sonoro). La pronuncia delle parole straniere e delle parole italiane anomale è invece indicata dalla trascrizione fonematica con i simboli dell'alfabeto dell'Associazione Fonetica Internazionale.

13.1 Le principali difficoltà nella corretta pronuncia dell'italiano sono:

- La posizione dell'accento tonico: si dice **edìle** o **èdile**, **persuadère** o **persuàdere**, **tralìce** o **tràlice**?
- Il suono chiuso (come in **Róma**, **vérde**) o aperto (come in **ròba**, **vènto**) della *o* e della *e*.
- Il suono sordo (come in **òsso**, **tàzza**) o sonoro (come in **ròṣa**, **gàẓẓa**) della *s* e della *z*.
- La pronuncia del trigramma *gli*: palatale laterale in **àglio**, **dégli**; /gli/ in **gḷìcine**, **negḷigènte**.
- La pronuncia del digramma *gn*: generalmente nasale palatale (come in **bàgno**, **gnòmo**); talora /gn/ (come in **gṇèiss**, **gṇòṣi**).

Lo **Zingarelli** risolve questi problemi con semplici soluzioni grafiche che non rallentano la lettura e contemporaneamente chiariscono in modo immediato ed efficace ogni possibile dubbio:

- Tutti i vocaboli italiani sono accentati. L'accento è in carattere grassetto se obbligatorio: **perché**, **libertà**, **sì**; in carattere chiaro se facoltativo: **bène**, **mèglio**, **córsa**. Infatti in italiano l'accento deve essere obbligatoriamente scritto solo quando cade sulla vocale finale; può essere scritto facoltativamente quando cade su un'altra vocale. (In pratica l'uso dell'accento facoltativo è limitato a casi altrimenti ambigui: *cose che càpitano al capitàno*: *ha perso ancóra l'àncora*; *prìncipi senza princìpi*.)
- Sia gli accenti obbligatori (grassetti) che quelli facoltativi (chiari) sono sempre gravi sulle vocali *a*, *i*, *u* (*à*, *ì*, *ù*). Possono invece essere gravi oppure acuti su *e* ed *o*: l'accento grave (*è*, *ò*) indica pronuncia aperta (/ɛ/, /ɔ/), come in **bèlla** /'bɛlla/, **fòrza** /'fɔrtsa/; l'accento acuto (*é*, *ó*) indica pronuncia chiusa (/e/, /o/), come in **méla** /'mela/, **róssa** /'rossa/.
- Un punto sotto la *s* o la *z* indica i suoni sonori /z/, /dz/: **càṣo** /'kazo/, **ẓòna** /*'dzɔna/. L'assenza di punto indica i suoni sordi /s/, /ts/: **séra** /'sera/, **stànza** /s'tantsa/.
- Un punto sotto il trigramma *gli* indica la pronuncia /gli/ come in **gḷicemìa** /gliʧe'mia/. L'assenza di punto indica la pronuncia palatale laterale: **gliélo** /*'ʎelo/, **pìglio** /'piʎʎo/.
- Un punto sotto il digramma *gn* indica la pronuncia /gn/ come in **gṇèiss**. L'assenza di punto indica la pronuncia nasale palatale come in **gnòmo** /'ɲɔmo/.
- Un trattino sotto una vocale indica che essa non forma dittongo con la vocale che segue: **sci̱atóre** > sci-a-to-re, **attu̱àle** > at-tu-a-le, **pre̱unitàrio** > pre-u-ni-ta-rio, **porta̱inségna** > por-ta-in-se-gna, **co̱utènza** > co-u-ten-za.

I monosillabi sono un'eccezione rispetto alle regole precedenti: per evitare ogni possibilità di confusione fra accenti facoltativi e obbligatori, si accentano (con accento neretto) solo i monosillabi la cui grafia è accentata obbligatoriamente: **sì** (affermazione), **dì** (giorno), **dà** (voce del verbo *dare*), etc. Gli altri monosillabi non sono accentati; se la vocale nel monosillabo è *e* oppure *o*, il suono aperto o chiuso è indicato dalla trascrizione fonematica: **no** /nɔ*/, **se** /se*/.

Le regole che consentono la lettura dei vocaboli italiani in base alla grafia e alle convenzioni esposte in precedenza sono riassunte nella **Tabella delle equivalenze tra grafemi e fonemi** (V. oltre). Informazioni più ampie sulla pronuncia delle singole lettere sono date all'inizio dell'elencazione alfabetica di ciascuna di esse.

13.2 La trascrizione fonematica, codificata secondo l'alfabeto dell'Associazione Fonetica Internazionale, è riportata dopo il lemma nei casi seguenti:

- Latinismi la cui pronuncia non è desumibile dalla grafia e forestierismi. La trascrizione è preceduta dall'indicazione della lingua d'origine: **curriculum vitae** /*lat.* kur'rikulum 'vite/, **saloon** /*ingl.* sə'lu:n/, **baguette** /*fr.* ba'gɛt/, **Biedermeier** /*ted.* 'bi:dʌˌmaeʌ/, **vuelta** /*sp.* 'bwelta/. Gli eventuali accenti presenti nella grafia della lingua d'origine sono in neretto. In alcuni casi essi hanno un'effettiva rilevanza ai fini della pronuncia della parola: **bergère** /*fr.* bɛʀ'ʒɛ:ʀ/. In altri hanno una funzione puramente grafica e sono presenti solo per ragioni etimologiche o per distinguere tra di loro parole altrimenti omografe: **boîte** /*fr.* bwat/, **élite** /*fr.* e'lit/.
- Lemmi italiani derivati da parole straniere senza italianizzazione della grafia: **autoroulòtte** /autoru'lɔt/, **fauvìṣmo** /fo'vizmo/.
- Voci di origine straniera o dialettale ormai prevalentemente italianizzate nella pronuncia: **flìpper** /'flipper, *ingl.* 'flɪpə(r)/, **flan** /flan, *fr.* flɑ̃/, **baùscia** /ba'uʃʃa, *lomb.* ba'yʃa/.
- Voci italiane la cui pronuncia non è immediatamente derivabile dalla grafia: **amfetamìna** /anfeta'mina/, **exèresi** /ek'sɛrezi/, **be'** /bɛ/.
- Sigle pronunciate compitando le singole lettere: **SOS** /'ɛsse o-'ɛsse/, **DNA** /dienne'a*/.

I simboli usati nelle trascrizioni fonematiche sono quelli raccomandati dall'Associazione Fonetica Internazionale: essi sono elencati nella **Tabella delle trascrizioni fonematiche** (V. oltre)

14. Inserti grammaticali e note d'uso. Il testo del vocabolario è corredato di nove inserti dedicati a temi che spesso pongono problemi nello scrivere o nel parlare: **accento**, **elisione e troncamento**, **errori comuni**, **femminile**, **maiuscola**, **numero**, **punto**, **sillaba**, **stereotipo**. Ciascuno di essi è collocato dopo la voce corrispondente del vocabolario ed è stampato su fondo colorato.

Si raccomanda in particolare la lettura dell'inserto **stereotipo**: esso chiarisce l'insidia dell'abuso dei termini con connotazione spregiativa che, per ragioni storiche o linguistiche o di natura episodica, tendono ad attribuire in modo arbitrario a professioni o popolazioni false caratteristiche o comportamenti. Sono parole e significati che il vocabolario registra perché presenti nella letteratura o nell'uso e di cui perciò è necessario spiegare il significato: nel contempo l'indicazione (*spreg.*), spregiativo, raccomanda di non usarli.

Altre note d'uso, anch'esse scritte su fondo colorato, sono inserite nel testo delle voci laddove se ne ravvisi l'opportunità. Si vedano ad esempio alla voce **andàre** l'avvertenza: "ATTENZIONE! *va* non richiede l'accento"; alla fine della voce **bàrra** l'elenco degli usi del segno grafico "/"; alla voce **bèllo** una nota sull'elisione in *bell'*, sul troncamento in *bel* e sulla scelta fra i plurali *begli* e *bei*.

15. Definizioni d'autore. Sono definizioni redatte da personalità della cultura, della scienza, dello sport e del costume che propongono una personale interpretazione della parola suggerendo un punto di vista spesso inedito e non convenzionale.

16. Sfumature di significato. Sono brevi trattazioni che esaminano famiglie di parole analoghe definendo il significato, l'uso e il contesto più appropriato di ciascuna di esse. Le schede descrivono infatti le aree di sovrapposizione semantica delle parole di ogni famiglia e contemporaneamente ne evidenziano le differenze sociolinguistiche, di registro e di livello d'uso.

17. Inserti di nomenclatura. Il vocabolario contiene 118 inserti – da *abito*, *acconciatura*, *aeromobile* a *vista* e *voce* – corrispondenti a specifici settori terminologici. Ogni inserto è collocato dopo la corrispondente voce nel corpo del vocabolario. I vari termini elencati in ciascuno di essi sono raggruppati per categoria grammaticale e distribuiti in base al significato. Il vocabolario può quindi svolgere anche la funzione di dizionario analogico.

18. Reggenze. Il vocabolario indica con una notazione semplice ma intuitiva le reggenze più frequentemente usate. L'indicazione della reggenza è posta in parentesi alla fine della definizione, prima dell'eventuale fraseologia esplicativa. Per lo più la reggenza è indicata dal segno "+" seguito da una preposizione o da una congiunzione, che a loro volta sono sottolineate nella fraseologia perché siano ben evidenti. Talora le reggenze indicate sono più d'una: in tal caso si indicano prima le reggenze usate con maggior frequenza. Spesso le preposizioni sono precedute da una marca d'uso (*lett.* per *letterario*, † per *arcaico* etc.). Se necessario od opportuno si indica anche il tempo o il modo del verbo che segue la congiunzione.

TABELLA DELLE EQUIVALENZE TRA GRAFEMI E FONEMI

Grafema	Fonema	Esempi
a, à	a	*andàta* /an'data/ [1], *Pìsa* /'pisa/
à	a*	*bontà* /bon'ta*/, *farà* /fa'ra*/
b	b	*Bellìni* /bel'lini/, *viṣìbili* /vi'zibili/
c	k	*Còmo* /'kɔmo/, *vacànza* /va'kantsa/
ch [+*i*, *e*]	k	*Chiànti* /'kjanti/, *schérzo* /'skertso/
c [+*i*, *e*]	ʧ	*Cecìlia* /ʧe'ʧilja/, *pàce* /'paʧe/
ci [+voc.]	ʧ	*ciào* /ʧao/, *cièlo* /'ʧɛlo/, *bàcio* /'baʧo/
cì, ci̲ [+voc.]	ʧi	*Lucìa* /lu'ʧia/, *ci̲ellìno* /ʧiel'lino/
cc [+*i*, *e*]	tʧ	*acceleràndo* /atʧele'rando/, *Puccìni* /put'ʧini/
cci [+voc.]	tʧ	*Carpàccio* /kar'patʧo/, *pasticcière* /pastit'ʧɛre/ [2]
ccì [+voc.]	tʧi	*scalpiccìo* /skalpit'ʧio/, *stropiccìo* /stropit'ʧio/
cqu [+voc.]	kkw	*àcqua* /'akkwa/, *acquìsto* /ak'kwisto/
d	d	*Dànte* /'dante/, *vendétta* /ven'detta/
e, é	e	*méla* /'mela/, *pàne* /'pane/
é	e*	*perché* /per'ke*/, *mercé* /mer'ʧe*/
è	ɛ	*bèlla* /'bɛlla/, *Tri̲èste* /tri'ɛste/
è	ɛ*	*tè* /tɛ*/, *caffè* /kaf'fɛ*/
f	f	*Ferràri* /fer'rari/, *Àlfa* /'alfa/
g	g	*àgo* /'ago/, *góndola* /'gondola/
gh [+*i*, *e*]	g	*àghi* /'agi/, *ghétto* /'getto/
g [+*i*, *e*]	ʤ	*àgi* /'aʤi/, *gètto* /'ʤɛtto/, *Gènova* /'ʤɛnova/
gi [+voc.]	ʤ	*àgio* /'aʤo/, *egrègie* /e'grɛʤe/
gì, gi̲ [+voc.]	ʤi	*magìa* /ma'ʤia/, *frangi̲ónde* /franʤi-'onde/
gg [+*i*, *e*]	dʤ	*òggi* /'ɔdʤi/, *leggèro* /led'ʤɛro/
ggi [+voc.]	dʤ	*règgia* /'rɛdʤa/, *raggièra* /rad'ʤɛra/
ggì, ggi̲ [+voc.]	dʤi	*leggìo* /led'ʤio/, *reggi̲àbiti* /redʤi-'abiti/
gli	ʎi, ʎʎi [3]	*dìrgli* /'dirʎi/, *fògli* /'fɔʎʎi/, *gli* /*ʎi/
gli [+voc.]	ʎ, ʎʎ [3]	*dìrglielo* /'dirʎelo/, *pàglia* /'paʎʎa/, *gliòmmero* /*'ʎɔmmero/
glì, gli̲ [+voc.]	ʎi, ʎʎi	*gorgoglìo* /gorgoʎ'ʎio/, *scegli̲agrùmi* /ʃeʎʎia'grumi/
gḷi	gli	*gḷìcine* /'gliʧine/, *angḷìsta* /an'glista/
gn	ɲ, ɲɲ [3]	*Cuorgnè* /kwor'ɲɛ*/, *Bológna* /bo-'loɲɲa/, *gnòcco* /*'ɲɔkko/
gṇ	gn	*gṇèiss* /gnɛis/
gni [+voc.]	ɲ, ɲɲ [3]	*segniàte* /seɲ'ɲate/, *disegniàmo* /diseɲ'ɲamo/
gnì, gni̲ [+voc.]	ɲi, ɲɲi [3]	*compagnìa* /kompaɲ'ɲia/, *spegni̲àrco* /speɲɲi'arko/
h	(muta) [4]	*hanno* /'anno/, *hurrà* /ur'ra*/, *Rho* /rɔ*/
i, ì	i	*Milàno* /mi'lano/, *Ìmola* /'imola/
ì (í)	i*	*Mimì* /mi'mi*/, *così* /ko'si*/
i [+voc.]	j	*piàno* /'pjano/, *Itàlia* /i'talja/
ì, i̲ [+voc.]	i	*brìo* /'brio/, *bri̲óso* /bri'oso/
j	j [4]	*Juvèntus* /ju'vɛntus/, *jugoṣlàvo* /jugoz'lavo/ [2]
k	k [4]	*bakelìte* /bake'lite/, *kimòno* /ki'mɔno/
l	l	*Lorènzo* /lo'rɛntso/, *Fellìni* /fel'lini/
m	m	*Mùti* /'muti/, *fàme* /'fame/
n	n	*Nàpoli* /'napoli/, *sàno* /'sano/
o, ó	o	*Róma* /'roma/, *sótto* /'sotto/
ò	ɔ	*ròṣa* /'rɔza/, *Mòdena* /'mɔdena/
ò	ɔ*	*però* /pe'rɔ*/, *rondò* /ron'dɔ*/
p	p	*Pavaròtti* /pava'rɔtti/, *prèsto* /'prɛsto/
qu [+voc.]	kw	*quéllo* /'kwello/, *squàdra* /'skwadra/
qqu [+voc.]	kkw	*soqquàdro* /sok'kwadro/
r	r	*Rìmini* /'rimini/, *tàrga* /'targa/, *tre* /tre*/
s	s	*Sicìlia* /si'ʧilja/, *pàsta* /'pasta/, *sàsso* /'sasso/
ṣ	z	*ṣbàrra* /'zbarra/, *mùṣica* /'muzika/
sc [+*i*, e]	ʃ, ʃʃ [3]	*inscindìbile* /inʃin'dibile/, *pésci* /'peʃʃi/, *scèna* /*'ʃɛna/
sci [+*i*, e]	ʃ, ʃʃ [3]	*cònscio* /'kɔnʃo/, *àscia* /'aʃʃa/, *sciènza* /*'ʃɛntsa/
scì, sci̲ [+*i*, e]	ʃ, ʃʃ [3]	*scìa* /*'ʃia/, *sci̲atóre* /*ʃia'tore/
t	t	*Torìno* /to'rino/, *cànto* /'kanto/
u, ù	u	*Ùdine* /'udine/, *fùga* /'fuga/
ù (ú)	u*	*virtù* /vir'tu*/, *tabù* /ta'bu*/
u [+voc.]	w	*uòmo* /'wɔmo/, *Guìdo* /'gwido/
ù, u̲ [+voc.]	u	*tùo* /'tuo/, *du̲étto* /du'etto/
v	v	*vivàce* /vi'vaʧe/, *Pàdova* /'padova/
w	v, w [4]	*wàfer* /'vafer/, *wèstern* /'wɛstern/
x	ks, gz [4]	*ex* /'ɛks/, *xenòfobo* /kse'nɔfobo/, *exemplum* /eg'zɛmplum/
y	i [4]	*ylang-ylàng* /ilangi'lang/, *dìnghy* /'dingi/
y [+voc.]	j	*yògurt* /'jɔgurt/, *yacht* /jɔt/
z	ts, tts [3]	*Firènze* /fi'rɛntse/, *azióne* /at'tsjone/, *zìo* /*'tsio, *dzio/ [5]
ẓ	dz, ddz [3]	*gàrẓa* /'gardza/, *aẓalèa* /addza'lɛa/, *ẓèro* /*'dzero/
zz	tts	*pìzza* /'pittsa/, *nòzze* /'nɔttse/
ẓẓ	ddz	*gàẓẓa* /'gaddza/, *aẓẓùrro* /ad'dzurro/

[1] L'apice /'/ precede la sillaba forte per indicare l'accento di parola; l'apice basso /ˌ/, che può apparire nelle trascrizioni delle lingue straniere, indica un accento secondario, più debole: *airbag* /er'bɛg, *ingl.* 'ɛəˌbæg/.

[2] La sillabazione fonetica è più naturale di quella grafica, che risente invece di convenzioni non sempre basate su vere teorie linguistiche.

[3] I fonemi /ʎ, ɲ, ʃ, ts, ʤ/ si geminano, in /ʎʎ, ɲɲ, ʃʃ, tts, dʤ/, quando sono in posizione intervocalica (/ts, ʤ/ anche tra una vocale e /j, w/); tale geminazione autogena è indicata dall'asterisco /*/, in posizione iniziale o finale di parola, e s'attiva quando viene in contatto con la vocale finale o iniziale della parola vicina: *scèna* /*'ʃɛna/ e *la scèna* /laʃ'ʃɛna/, *fez* /fɛts*/ e *dei fez antìchi* /dei ˌfɛttsan'tiki/.

[4] Le lettere *h* (con l'esclusione dei gruppi *ch* e *gh*), *j, k, w, x, y* sono presenti quasi esclusivamente in forestierismi, con pronuncia che può essere molto differente da quella qui indicata come pronuncia più comune nelle forme italianizzate. Per informazioni più dettagliate si vedano le indicazioni sulla pronuncia all'inizio di ogni lettera, nel corpo del vocabolario.

[5] Per la *z* iniziale, nella pronuncia tradizionale e in quella toscana, si trova circa il 50% di parole, d'origine popolare e di tradizione orale ininterrotta, con /*ts/, che resistono ancora abbastanza bene per buona parte degli attori più attenti e dei toscani più genuini; tra queste le più comuni sono *zampa, zappa, zio, zitto, zoppo, zucca, zucchero, zuppa*. Oggi, comunque, è diffusissima la pronuncia con /*dz/, che è stata opportunamente aggiunta, perché accettata.

TABELLA DEI SIMBOLI FONETICI IMPIEGATI NELLE TRASCRIZIONI

Fonemi dell'italiano

i	'lima, 'pari, vi'ale	*lìma, pàri, viàle*
e	'seta, 'valle	*séta, vàlle*
ɛ	'ʤɛlo, kaf'fɛ	*gèlo, caffè*
a	'faro, 'sɛntsa	*fàro, sènza*
ɔ	'mɔla, ko'mɔ	*mòla, comò*
o	'sole, 'tasto	*sóle, tàsto*
u	'fuga, ru'bare, du'ɛllo	*fùga, rubàre, du̱èllo*
j	'jɛri, 'kappjo	*ièri, càppio*
w	'wɔvo, 'akkwa	*uòvo, àcqua*
m	'mare, 'somma	*màre, sómma*
n	'nero, 'tonno	*néro, tónno*
ɲ	gar'ɲano, 'seɲɲo	*Gargnàno, ségno*
r	'rana, 'torre	*ràna, tórre*
l	'lana, 'bollo	*làna, bóllo*
ʎ	'dirʎi, 'fɔʎʎo	*dìrgli, fòglio*
p	'pane, 'tappo	*pàne, tàppo*
b	'bɛne, 'labbro	*bène, làbbro*
t	'tubo, 'fetta	*tùbo, fétta*
d	'dire, ad'dio	*dìre, addìo*
k	'kane, 'takki	*càne, tàcchi*
g	'gatto, 'lɛggo	*gàtto, lèggo*
ts	'altso, 'pittsa	*àlzo, pìzza*
dz	'bondzo, 'gaddza	*bónẓo, gàẓẓa*
tʃ	'tʃena, 'brattʃo	*céna, bràccio*
dʒ	'dʒita, 'maddʒo	*gìta, màggio*
f	'fare, 'buffo	*fàre, bùffo*
v	'vero, avvi'are	*véro, avvi̱àre*
s	'sono, 'passo	*sóno, pàsso*
z	'vizo, 'rizma	*vìṣo, rìṣma*
ʃ	'kɔnʃo, 'peʃʃe	*cònscio, pésce*

Fonemi di altre lingue

ɪ	hɪt	*hit* (ingl.)
æ	hæt	*hat* (ingl.)
y	lyn	*lune* (fr.)
ʏ	fʏnf	*fünf* (ted.)
ø	dø	*deux* (fr.)
œ	kœːʀ	*cœur* (fr.)
ɨ	ku'mɯɨs	*kumys* (russo)
ə	ə'wɛi	*away* (ingl.)
ɜ	gɜːɫ	*girl* (ingl.)
ɵ	ˉɔmbɵds̩man	*ombudsman* (sved.)
ɯ	dʑɯː̩dɔː	*judo* (giapp.)
ʌ	hʌt	*hut* (ingl.)
ɑ	stɑː(r)	*star* (ingl.)
ʊ	gʊd	*good* (ingl.)
ɒ	hɒt	*hot* (ingl.)
ɸ	tɔː̩ɸɯ	*tofu* (giapp.)
β	ar'riːiβa	*arriba* (sp.)
ɥ	nɥi	*nuit* (fr.)
ɰ	ma'zɰut	*mazut* (russo)
h	hænd	*hand* (ingl.)
ɦ	'dɦʌrmʌ	*dharma* (sanscrito)
ŋ	'bæŋ	*bang* (ingl.)
ɾ	'kɔɾtes	*cortes* (sp.)
ʀ	de'kɔːʀ	*décor* (fr.)
ɫ	guɫɰak	*gulag* (russo)
q	qɑːt	*qat* (ar.)
pf	'pfhɛnɪç	*Pfennig* (ted.)
tɕ	ˊtɕi	*jí* (cin.)
dʑ	dʑɯː̩dʑi̩tsɯ	*jujitsu* (giapp.)
tɬ	pe'jɔtɬ	*peyotl* (nahuatl)
θ	'θrɪlə(r)	*thriller* (ingl.)
ð	'fæðəm	*fathom* (ingl.)
s	'qɒsba	*qasba* (ar.)
ʂ	'kr̩ʂɳʌ	*Krishna* (sanscrito)
ɕ	na̩ɕi	*nashi* (giapp.)
ʒ	ga'ʀaːʒ	*garage* (fr.)
ʄ	ka'ɫɰaʄnjɪkʌf	*kalashnikov* (russo)
ç	ɪç	*ich* (ted.)
ɟ	ko'ɟote	*coyote* (sp.)
x	max	*mach* (ted.)
ɣ	mala'ɣeɲa	*malagueña* (sp.)
ħ	ħɑ(ː)ɪk	*haik* (ar.)

TABELLA PER LA TRASLITTERAZIONE DEL GRECO ANTICO

α	alfa	a	ῆ		ê	ϱ	ro	r
ᾳ		ai	ῃ		ēi	σ, ς	sigma	s
β	beta	b	ϑ	theta	th	τ	tau	t
γ	gamma	g	ι	iota	i	υ	ipsilon	y
γγ		ng	ϰ	cappa	k	φ	phi	ph
γϰ		nk	λ	lambda	l	χ	chi	ch
γχ		nch	μ	mi	m	ψ	psi	ps
δ	delta	d	ν	ni	n	ω	omega	ō
ε	epsilon	e	ξ	csi	x	ῳ		ōi
ζ	zeta	z	ο	omicron	o	ʽ	spirito aspro	h
η	eta	ē	π	pi	p			

L'accento dei dittonghi è stato spostato sulla prima vocale per indicare la giusta pronuncia, anche se nella grafia greca esso è posto sulla seconda vocale.

a, A

Il suono rappresentato in italiano dalla lettera *A* è quello della vocale più aperta di tutte /a/, che può essere accentata (es. *cane* /ˈkane/, *gatto* /ˈgatto/) oppure non-accentata (es. *fòla* /ˈfɔla/, *falò* /faˈlɔ*/). Quando la vocale è accentata, la lettera può portare un accento grave, che è obbligatorio per le vocali accentate finali di determinati monosillabi e di tutte le parole polisillabe (es. *dà* /da*/ indicativo, *darà* /daˈra*/), raro e facoltativo negli altri casi (es. *àncora* /ˈaŋkora/, volendo distinguere da *ancóra* /aŋˈkora/).

a ①, (*maiusc.*) **A** /a*/ [sec. XII] **s. f. o m. inv.** • prima lettera dell'alfabeto italiano: *a minuscola, A maiuscolo* | ***dall'a alla zeta***, (*raro*) ***alla z***, dal principio alla fine | ***non dire né a né ba***, non dire nulla, tacere: *Non mi riuscì di pronunziare né a né ba* (C.E. GADDA) | nella compitazione spec. telefonica it. *a come Ancona*; in quella internazionale *a come alfa* | ***a commerciale***, nome del carattere @ **SIN.** chiocciola, at | (*sport*) ***serie A***, suddivisione comprendente gli atleti o le squadre di maggior valore | (*fig.*) ***di serie A***, di alta qualità | ***vitamina A***, V. *vitamina* | ***a., A.A., A.A.A., ...***, negli annunci economici dei giornali, lettere in numero variabile poste all'inizio di un'inserzione per farla precedere in ordine alfabetico rispetto ad altre

•**a** ② /a*/ [lat. *ăd* ✱ 1065] **prep. propria semplice. (Può assumere la forma eufonica *ad* davanti a parola che comincia con vocale, spec. *a*, particolarmente nell'uso scritto:** *pensare ad altro; andare ad Alessandria; fare una cosa ad arte.* **Fondendosi con gli art. determ. dà origine alle prep. art. m. sing.:** *al, allo*; **m. pl.** *ai, agli*; **f. sing.:** *alla*; **f. pl.:** *alle*). **I** stabilisce diverse relazioni dando luogo a molti complementi **1** compl. di termine: *regalare un libro a un amico; questo compito è stato affidato a noi; date a Cesare quel che è di Cesare, a Dio quel che è di Dio* **2** compl. di stato in luogo e sim.: *abitare a Milano; stare volentieri a letto; rimanere a casa; trattenersi a tavola; alla destra, alla sinistra; a cento metri dall'incrocio; alla fine del primo capitolo; portare una catenina al collo* | col sign. di 'presso, in': *essere impiegato all'università, al ministero della Difesa* | (*centr., merid.*) davanti a nomi di strade o piazze, al posto di *in*: *abita a via Cavour* | col sign. di 'presso, vicino a, su' in nomi propri di luogo: *Praia a Mare; San Vito al Tagliamento* | con valore locativo, in insegne di trattorie, ristoranti e sim.: *al Cavallino bianco; al Leon d'oro* | (*raro*) sempre con valore locativo, come denominazione di negozi: *allo Stivale d'Italia* **3** compl. di moto a luogo: *andare a Roma, a teatro, al cinema* | col sign. di 'verso': *avviarsi al fiume* | anche in senso fig.: *arrivare al massimo della sopportazione; fu mosso a pietà; giungere alla conclusione; venire al fatto; scendere a patti; andare a punto; una retta si prolunga all'infinito; elevare un numero alla terza, quarta, ennesima potenza;* (*elevato*) *alla terza* (*potenza*) | per ellissi del v.: *al ladro!; alla malora!, al diavolo!; a me!; a noi!* **4** complementi di tempo: *alzarsi all'alba; a notte fonda; alle due; alle tre; a mezzogiorno; a primavera; a Natale; a Pasqua; alla mattina, o la mattina, o di mattina; al sabato, o il sabato, o di sabato; oggi a otto; di qui a vent'anni; elezione a vita* **5** compl. di età: *a diciotto mesi; a trent'anni; Dante morì a cinquantasei anni* **6** compl. di modo o maniera: *alla svelta; alla perfezione; a precipizio; a memoria; a senso; a credito; al minuto; all'ingrosso; a furor di popolo; alla turca; alla russa; vestire all'antica; uomo all'antica; pagare alla romana; camicia alla Robespierre; lepre alla cacciatora; cotoletta alla milanese* | su modello francese, nelle loc. *uova al tegamino, pasta al sugo, bistecca ai ferri* e sim. **7** compl. di mezzo o strumento: *andare a piedi, a cavallo; intendersi a gesti; stufa a legna, a carbone; cucire a macchina; lavoro fatto a mano; barca a vela, a motore; giocare a scacchi, a carte, a palla, a tennis; vincere al lotto, al totocalcio* **8** compl. di causa: *svegliarsi improvvisamente a un rumore; a quella notizia mi rallegrai; rise alla battuta* **9** compl. di fine o scopo: *furono poste alcune sentinelle a guardia del ponte; essere destinato a gran di fortune; uscire a passeggio; ispettore alle vendite* **10** compl. di vantaggio e svantaggio: *la banca ha emesso un assegno a tuo favore; lo fai a tuo danno; fumare eccessivamente nuoce alla salute* **11** compl. di limitazione: *essere coraggioso a parole; star bene a soldi; a mio parere; a giudizio di tutti* **12** compl. di qualità: *una casa a sei piani; una maglia a strisce; un abito a quadri; una gonna a pieghe* **13** compl. di prezzo; compl. di misura: *vendere a poco prezzo; l'ha ceduto a cento euro; viaggiare a cento km l'ora* **14** compl. di pena: *condannare all'ergastolo, alla fucilazione, ai lavori forzati, a due anni di carcere, a una multa* **15** compl. di paragone: *il cane è molto simile al lupo* **16** compl. predicativo: *eleggere a moderatore di un dibattito; l'incarico loro era tenuto a vile* (A. MANZONI) **II** introduce varie specie di proposizioni col v. all'inf. **1** prop. causale: *hai fatto bene ad aiutarlo; hai commesso un errore a non deciderti prima* **2** prop. condizionale: *a lasciarlo fare, ne combina d'ogni colore; a guardar bene, il problema cambia aspetto; a dire il vero, ho molti dubbi* **3** prop. finale: *vado subito a vedere; mi hanno persuaso a partecipare; fatti non foste a viver come bruti / ma per seguir virtute e canoscenza* (DANTE *Inf.* XXVI, 119-120) | ***dare a copiare, a cucire***, dare da copiare, da cucire | ***dare a intendere***, far credere (cosa non vera) **4** prop. temporale: *al sentirglielo ricordare, mi sentii imbarazzato; al vederlo fui felice* **5** prop. relativa con valore consecutivo: *è stato il primo ad aiutarlo; sono l'unico a saperlo* **III** ricorre nella formazione di molte loc. **1** loc. avv.: ***a stento; a caso; a tentoni; a precipizio; a poco a poco; a corpo a corpo; a faccia a faccia; a goccia a goccia*** e sim. **2** loc. prep.: ***fino a; vicino a; attraverso a; oltre a; davanti a; intorno a; in mezzo a; di fronte a; di fianco a; a favore di; al di là di; al di qua di*** e sim. **3** loc. con valore distributivo: *Come le pecorelle escon del chiuso / a una, a due, a tre* (DANTE *Purg.* III, 79-80); ***uno alla volta; a due a due; a mano a mano; sessanta km all'ora***

a ③ [vc. onomat. ✱ 1888] **inter.** • (*roman.*) si usa in espressioni esclamative rivolgendosi a qlcu.: *a Carlo!; a ragazzino, lasciami lavorare!; a scemo!*

a' /a/ **prep.** • (*tosc., lett.*) forma tronca della prep. art. *ai*

a- ① [ripete la funzione che aveva in gr. il cosiddetto 'alfa negativo', di orig. indeur. (*n-)] **pref. (assume davanti a vocale la forma eufonica *an-*; è detto *alfa* o *a* privativo)** • indica mancanza, assenza, indifferenza, passività e sim. relativamente a ciò che è espresso dall'agg. o sost. con cui entra in composizione: *acefalo, anestesia, apolide, apolitico, areligioso*

a- ② [dal preverbale e prep. lat. *ăd*, di orig. indeur., ma di diffusione dial.] **pref. (assume, davanti a vocale, la forma eufonica *ad-*; determina il rafforzamento della consonante iniziale della parola con cui entra in composizione)** **1** indica avvicinamento, direzione, tendenza verso qualcosa e sim.: *apporre, accorrere, aggiungere* **2** ha anche valore derivativo: *accasare, addolcire, avviare*

abacà [sp. *abacá*, da una vc. della lingua tagal delle Filippine ✱ 1699] **s. f. inv. 1** pianta rizomatosa tropicale delle Musacee da cui si ricava la canapa di Manila **2** fibra tessile ricavata dalla pianta omonima **SIN.** banano tessile; canapa di Manila

†**abachìsta** ➤ †**abbachista**

àbaco o **àbbaco** [vc. dotta, lat. *ăbacu(m)*, dal gr. *ábax*, genit. *ábakos* 'tavoletta per fare i conti', di etim. incerta ✱ 1261 ca.] **s. m.** (**pl.** *-chi*) **1** tavoletta, simile al pallottoliere, usata per eseguire le operazioni dell'aritmetica **2** (*mat.*) rappresentazione grafica di una funzione di più variabili **SIN.** nomogramma **3** (*disus.*) arte del calcolo, aritmetica **4** negli ordini architettonici classici, elemento a forma di lastra quadrangolare o di dado, posto tra il capitello e l'architrave

†**abadéssa** ➤ **badessa**

†**abadìa** ➤ **abbazia**

♣**ab aetèrno** /*lat.* abeˈtɛrno/ o **ab etèrno** [lat., propr. 'dall'eternità' ✱ 1305] **loc. avv.** • dall'eternità, da sempre: *Dio esiste ab aeterno*

abalietà [vc. dotta, lat. mediev. *abalietāte(m)*, astratto deriv. dalla loc. *ăb ălio* 'da un altro' ✱ 1961] **s. f. inv.** • (*filos.*) nella scolastica, condizione di tutte le cose create in quanto la loro esistenza dipende da un altro essere

a

CONTR. aseità

ab antìquo o **ab antico** [lat., propr. 'dall'antichità' ✱ sec. XIII] **loc. avv.** • dall'antichità, dai tempi antichi

abàrico [comp. di *a-*① e un deriv. del gr. *báros* 'peso' (V. *barico*①), perché da quel punto non si sente più la forza di gravità della Terra ✱ 1971] **agg.** (**pl. m.** *-ci*) • (*geogr.*) detto del punto in cui cessa l'attrazione gravitazionale della Terra e inizia quella della Luna

abaṣìa [vc. dotta, comp. di *a-*① e del gr. *básí(s)* 'andatura' col suff. *-ìa*②, sul modello di *afasia* ✱ 1899] **s. f.** • (*med.*) incapacità di camminare dovuta a meccanismi psicogeni o ad affezioni organiche, senza che vi sia paralisi degli arti inferiori

abàte o (*lett.*) **abbàte** [lat. tardo *abbāte(m)* dall'aramaico *āb* 'padre', attrav. il gr. eccl. *abbâ* ✱ 1128] **s. m. 1** superiore di un monastero o di un'abbazia **CFR.** badessa | chi è investito di un beneficio con titolo abbaziale | superiore di un ordine monastico: *l'a. generale dei Benedettini* **2** nel XVIII sec., chi godeva di un beneficio ecclesiastico ed era autorizzato a portare l'abito da prete, dopo aver ricevuto i soli ordini minori || **abatìno**, **dim.** (V.) | **abatóne**, **accr.** | **abatónzolo**, **pegg.** | (*spreg.*) **abatùcolo**, **dim.**

abatìno [av. 1563] **s. m. 1** dim. di *abate* **2** (*iron.*) giovane prete mondano e galante **3** (*fig.*, *scherz.*) persona debole e inconcludente

abat-jour /fr. aba'ʒuʀ/ [vc. fr., propr. 'abbat-ti luce', comp. di *abattre* 'abbattere' e *jour* 'giorno, luce' ✱ 1877] **s. m. inv.** (**pl. fr. inv.**) **1** paralume **2** lampada con paralume

àbato [vc. dotta, gr. *ábaton* 'inaccessibile', comp. di *a-*① e *bàino* 'io vado' ✱ 1819] **s. m.** • nel tempio greco, il luogo sacro vietato al popolo e accessibile solo ai sacerdoti

àbavo [vc. dotta, lat. *ăbavu(m)*, comp. di *ăb* e *ăvus* 'nonno' ✱ av. 1712] **s. m.** (**f.** *-a*) • (*lett.*, *raro*) trisavolo, arcavolo

abazìa ➤ **abbazia**

abazìàle ➤ **abbaziale**

àbba o **abbà** [dal gr. eccl. *abbâ*, che è dall'aramaico *āb* 'padre' ✱ sec. XIII] **s. m. inv.** • padre, spec. nella Bibbia | ***Abbà***, Dio

abbacàre [da *abbaco* ✱ 1566] **v. intr.** (*io àbbaco, tu àbbachi*; **aus.** *avere*) **1** (*disus.*) fare i conti **2** (*fig.*, *raro*) fantasticare, almanaccare

abbacchiaménto [1865] **s. m. 1** (*raro*) bacchiatura **2** (*fig.*) avvilimento, depressione

abbacchiàre [lat. parl. *abbaclāre, comp. di *ăb* e *băculum* 'bastone' ✱ av. 1327] **A** **v. tr.** (*io abbàcchio*) **1** (*raro*) bacchiare: *a. le castagne, le noci, le olive* **SIN.** bacchiare **2** (*fig.*) avvilire, deprimere **B** **abbacchiàrsi** **v. intr. pron.** • deprimersi, abbattersi

abbacchiàro [da *abbacchio* ✱ 1923] **s. m.** • (*centr.*) venditore di abbacchio | (*est.*) macellaio (*anche spreg.*)

♣**abbacchiàto** **part. pass.** di *abbacchiare*; **anche agg. 1** bacchiato **2** (*fig.*) avvilito, depresso

abbacchiatùra [da *abbacchiare* ✱ 1830] **s. f.** • lavoro dell'abbacchiare **SIN.** bacchiatura | periodo in cui si esegue tale lavoro

abbàcchio o (*raro*) **bàcchio**② [lat. *ăd băculum* 'al bastone', presso il quale era legato l'agnello giovane (?) ✱ 1830] **s. m.** • (*centr.*) agnello macellato ancora lattante: *a. al forno*

†**abbachìsta** o †**abachìsta** [da *abbaco* ✱ 1304] **s. m. e f.** (**pl. m.** *-i*) • chi sa fare i conti

abbacinaménto [1692] **s. m. 1** l'abbacinare, come forma di antico supplizio **2** il venire abbacinato **3** (*fig.*) illusione, inganno

♣**abbacinàre** [comp. di *a-*② e *bacino* ✱ 1275] **v. tr.** (*io abbàcino* **o, etim. più corretto ma meno diffuso,** *abbacìno*) **1** accecare avvicinando agli occhi un bacino di metallo rovente, secondo una forma di antico supplizio: *fece a. il savio uomo maestro Piero delle Vigne* (G. VILLANI) **2** (*est.*) privare momentaneamente della vista mediante luce troppo intensa **SIN.** abbagliare, accecare **3** (*fig.*) confondere, illudere

àbbaco ➤ **abaco**

abbadàre [comp. di *a-*② e *badare* ✱ av. 1306] **v. intr.** (**aus.** *avere*) • (*lett.*, *pop.*) badare: *io non credo nulla: abbado a far l'oste* (A. MANZONI)

†**abbadéssa** ➤ **badessa**

†**abbadìa** ➤ **abbazia**

abbagliaménto [av. 1338] **s. m. 1** atto dell'abbagliare **2** diminuzione della capacità visiva dell'occhio, dovuta alla presenza di luce troppo intensa **3** (*fig.*) turbamento | sbaglio, errore

abbagliànte **A** **part. pres.** di *abbagliare*; **anche agg. 1** che abbaglia: *un lampo a.* | (*fig.*) affascinante, luminoso: *un sorriso a.* **2** detto del fascio di luce emesso in profondità dai proiettori degli autoveicoli per vedere lontano **B** **s. m.** • negli autoveicoli, il proiettore che emette tale fascio di luce: *accendere gli abbaglianti*

abbagliàre [etim. incerta ✱ av. 1292] **A** **v. tr.** (*io abbàglio*) **1** offuscare la vista per luce troppo intensa o per altra causa (*anche assol.*): *quel riflettore mi abbaglia; la luce del sole abbaglia; fosca nebbia infernal gli occhi gli abbaglia* (G.B. MARINO) **SIN.** abbacinare, accecare **2** (*fig.*) stupire, affascinare: *storia e poesia che abbaglieranno i secoli più lontani* (G. PASCOLI) | (*est.*) illudere, ingannare: *lo abbagliarono col miraggio di una facile ricchezza* **B** **v. intr.** (**aus.** *essere*) • †restare abbagliato | smarrire la vista per debolezza o sim. **C** **abbagliàrsi** **v. intr. pron. 1** confondersi la vista per luce troppo intensa o per altra causa **2** (*fig.*) prendere un abbaglio, ingannarsi

SFUMATURE ➤ ***accecare***

abbàglio① [av. 1367] **s. m. 1** (*raro*) abbagliamento **2** (*fig.*) svista, errore | ***pigliare, prendere un a.***, cadere in errore

abbaglìo② [1863] **s. m.** (**pl.** *-ii*) • abbagliamento fastidioso, intenso e continuo

abbaiaménto [av. 1333] **s. m.** • l'abbaiare continuo **SIN.** latrato

♦**abbaiàre** [vc. onomat. ✱ 1287] **A** **v. intr.** (*io abbàio*; **aus.** *avere*) **1** detto del cane, emettere il caratteristico verso alto e ripetuto, in segno di rabbia, minaccia, contentezza e sim. (+ *a*, + *contro*): *il cane abbaia agli sconosciuti, contro i gatti* **2** (*fig.*) parlare, gridare rabbiosamente e insensatamente: *che cos'hai da a.?* | (*fig.*) ***a. alla luna***, gridare invano **B** **v. tr.** • (*lett.*) dire, gridare con rabbia

abbaiàta [1819] **s. f. 1** abbaiamento prolungato fatto da più cani **2** (*fig.*) canea, schiamazzo contro qlcu. per rimprovero, scherno, beffa e sim.

abbaiatóre [1353] **s. m.** (**f.** *-trice*) **1** chi abbaia **2** (*fig.*) chi sparla di qlcu. **SIN.** maldicente

abbaìno [dal genovese *abbaén*, da *abatino*, perché le lastre di ardesia che ricoprivano gli abbaini erano dello stesso colore della veste degli abati ✱ 1681] **s. m. 1** (*edil.*) sovrastruttura applicata ai tetti a falde inclinate, con finestra, per dar luce a stanze o soffitte e permettere l'accesso al tetto **2** soffitta usata per abitazione

abbàio① [da *abbaiare* ✱ 1288] **s. m.** (**pl.** *-ai*) • verso caratteristico del cane: *levò un a. grandioso ma cordiale* (E. MORANTE)

abbaìo② [1846] **s. m.** (**pl.** *-ii*) • abbaiamento forte e prolungato | abbaiata

abbaióne [1865] **s. m. 1** (**f.** *-a*) (*centr.*) abbaiatore **2** (*centr.*, *fig.*) schiamazzo nel dar la baia a qlcu.

abballàre [comp. di *a-*② e *balla* 'involto' ✱ 1304] **v. tr.** • confezionare in balle **SIN.** imballare

abballinàre [da *balla* 'involto' ✱ av. 1587] **v. tr.** • (*tosc.*) alzare e ripiegare i materassi, dopo averne levate le lenzuola, per dare aria al letto

abballottàre [comp. di *a-*② e *ballotta* ✱ 1864] **v. tr.** (*io abballòtto*) • (*raro*) sballottare

abbambinàre [comp. di *a-*② e *bambino* (al quale si insegna a camminare) ✱ 1865] **v. tr.** • trasportare un oggetto pesante o voluminoso tenendolo appoggiato a terra e spostandolo alternativamente da uno spigolo all'altro

abbambolàto [comp. di *a-*② e *bambolo* ✱ 1879] **agg.** • (*raro*) imbambolato

abbancàre [comp. di *a-*② e *banco* ✱ 1865] **v. tr.** (*io abbànco, tu abbànchi*) **1** nell'antica tecnica conciaria, stendere su un banco le pelli unte o ingrassate per l'effettuazione manuale della pianatura **2** (*mar.*) fornire una nave di banchi per i rematori

abbandonaménto [av. 1328] **s. m.** • (*lett.*) abbandono

♦**abbandonàre** [fr. *abandonner*, dall'ant. fr. *à bandon* 'in potere di', dal germ. *band 'giurisdizione' ✱ 1250 ca.] **A** **v. tr.** (*io abbandóno*) **1** lasciare per sempre o per molto tempo persone o cose: *a. la moglie, il marito, la casa, la patria; le forze lo abbandonano; a. qlcu. in mano al nemico; a. la città per la campagna* | (*fig.*) ***a. qlcu. a sé stesso, alla sua sorte***, lasciarlo senza aiuto, disinteressarsene, trascurarlo | ***a. il mondo***, (*fig.*) ritirarsi a vita contemplativa, spec. per entrare in un ordine religioso **2** cessare di fare qlco. o di curarsi di qlco.: *a. gli studi; a. un progetto* | ***a. un affare, un progetto***, tralasciarlo | (*assol.*) ritirarsi da una gara o competizione sportiva: *ha abbandonato alla terza ripresa* | trascurare, lasciare in stato di abbandono: *a. la casa, un terreno* **3** lasciar andare una parte del corpo appoggiandola a qlco.: *a. la testa sul cuscino, le mani in grembo* **SIN.** piegare, reclinare **4** allentare: *a. le briglie, il freno* **B** **abbandonàrsi** **v. rifl. 1** lasciarsi andare, detto del corpo: *abbandonarsi sulla poltrona, alla corrente; gli si era abbandonata tra le braccia singhiozzante* (L. CAPUANA) | (*fig.*) cedere (+ *a*): *abbandonarsi ai ricordi, alle passioni* | ***abbandonarsi a qlcu.***, mettersi con assoluta fiducia nelle sue mani **2** (*raro*) perdersi d'animo, sbigottirsi: *abbandonarsi di fronte al pericolo* | avvilirsi, trascurarsi

♦**abbandonàto** **A** **part. pass.** di *abbandonare*; **anche agg. 1** lasciato per sempre o per molto tempo | lasciato senza assistenza: *minore a.* | lasciato solo: *Nella caserma siamo in quattro uomini … abbandonati da Dio e dal prossimo* (G. DELEDDA) **2** disteso, reclinato: *avere le braccia abbandonate* | (*fig.*, *lett.*) privo di forze: *giacea il suo bel corpo a.* (U. FOSCOLO) | (*fig.*, *lett.*) estenuato, snervato: *una specie di a. languore* (A. MORAVIA) **3** deserto, non frequentato da persone: *casa abbandonata; terreno a.* || **abbandonataménte**, **avv.** con abbandono; senza ritegno; senza cura **B** **s. m.** (**f.** *-a*) • (*disus.*) orfano o trovatello affidato alla pubblica assistenza **SIN.** derelitto

SFUMATURE ➤ ***deserto***①

abbandònico [1964] **agg.** (**pl. m.** *-ci*) • (*psicol.*) causato da abbandonismo: *crisi abbandoniche* | che tende all'abbandonismo

abbandonìṣmo [da *abbandono* ✱ 1980] **s. m.** • (*psicol.*) tendenza a perdersi d'animo, a demoralizzarsi

♦**abbandóno** [fr. *abandon*. V. *abbandonare* ✱ 1261 ca.] **s. m. 1** l'abbandonare: *l'a. di una persona cara, del tetto coniugale; ordinare*

l'a. della nave in pericolo **2** (*dir.*) rinuncia all'esercizio di un diritto | ***a. della nave***, atto col quale l'assicurato, nei casi previsti dalla legge, può abbandonare all'assicuratore la nave ed esigere l'indennità per la perdita totale | reato commesso da chi abbandona ingiustificatamente qlco. o qlcu. di cui è responsabile: *a. di pubblico ufficio, di minore, di incapace* **3** rinuncia a portare a termine qlco.: *l'a. di un'impresa*; *il fenomeno dell'a. scolastico* | ritiro da una gara sportiva da parte di un concorrente **4** stato di chi (o di ciò che) è abbandonato: *mettere, lasciare, porre in a.* | ***casa in a.***, disabitata, trascurata SIN. incuria, trascuratezza **5** rilassamento, cedimento: *un attimo di a.* | effusione, dedizione fiduciosa: *si confidò con a.*; *essa con a. s'accostò a me e mi porse le labbra* (I. SVEVO) | scoramento, sfiducia: *era in preda alla tristezza e all'a.*
SFUMATURE ➤ *rinuncia*

abbarbagliaménto [1690] **s. m. 1** abbagliamento intenso e improvviso **2** (*fig.*) errore, sbaglio

abbarbagliàre [comp. di *a-*② e *barbaglio* ✱ av. 1328] **A v. tr.** (*io abbarbàglio*) **1** abbagliare fortemente per eccessiva luminosità: *lo scudo non pur lor gli occhi abbarbaglia* (L. ARIOSTO) SIN. abbacinare **2** (*fig.*) turbare, frastornare, confondere | ***a. la mente a qlcu.***, creargli dubbi e confusioni **B v. intr.** (aus. *avere*) ● (*lett.*) sfolgorare, emanare barbagli: *Tutte le cose, a quella vampa di sole, abbarbagliavano* (L. PIRANDELLO) **C abbarbagliàrsi v. intr. pron. 1** (*raro, lett.*) rimanere abbagliato **2** (*raro, fig.*) turbarsi profondamente | confondersi, smarrirsi

abbarbàglio① [da *abbarbagliare* ✱ 1321] **s. m.** ● abbarbagliamento

abbarbaglìo② [1875] **s. m.** (pl. *-ii*) ● abbarbagliamento intenso e continuo

abbarbàre [comp. di *a-*② e *barba*① ✱ av. 1527] **v. intr.** (aus. *avere*) e **abbarbàrsi v. intr. pron.** ● (*raro*) abbarbicare

abbarbicaménto [1612] **s. m.** ● emissione di radici | (*fig.*) radicamento

♦**abbarbicàre** [da *abbarbare* ✱ 1312] **v. intr.** (*io abbàrbico, tu abbàrbichi*; aus. *avere*) e **abbarbicàrsi v. intr. pron. 1** (*bot.*) emettere radici nel terreno, detto di pianta giovane | attaccarsi a un sostegno con le radici (+ *a*): *l'edera si abbarbica ai muri* **2** (*est.*) attaccarsi con forza (+ *a*): *abbarbicarsi al braccio di qlcu.* SIN. aggrapparsi, avvinghiarsi **3** (*fig.*) attecchire, prendere piede nell'intimo di qlcu., detto spec. di passioni o vizi: *Così ne' petti ... / s'abbarbica un disio che drento regna* (A. POLIZIANO) SIN. radicarsi

abbarcàre① [comp. di *a-*② e *barca*① ✱ sec. XIV] **v. tr.** (*io abbàrco, tu abbàrchi*) ● disporre i covoni in mucchi, cataste SIN. abbicare | (*est.*) ammassare, ammucchiare

abbarcàre② [comp. di *a-*② e *barca*② ✱ 1937] **v. tr.** (*io abbàrco, tu abbàrchi*) ● (*mar.*) incurvare una tavola per adattarla allo scafo di un'imbarcazione

†**abbarràre** [comp. di *a-*② e *barra* ✱ 1310 ca.] **v. tr.** ● sbarrare

abbaruffaménto [1865] **s. m.** ● (*raro*) l'abbaruffarsi SIN. baruffa, zuffa

abbaruffàre [comp. di *a-*② e *baruffare* ✱ 1481] **A v. tr.** ● (*raro*) mettere sottosopra: *a. una stanza* **B abbaruffàrsi v. intr. pron. e rifl. recipr.** ● accapigliarsi, azzuffarsi: *la veleva abbaruffarsi coi maschi e strappar loro i berretti* (G. STUPARICH) **C abbaruffàrsi v. intr. pron.** ● (*lett.*) agitarsi, scompigliarsi

abbaruffàta [1834] **s. f.** ● (*disus.*) zuffa, baruffa

abbaruffìo [da *abbaruffare* col suff. *-io*① ✱ 1855] **s. m.** (pl. *-ii*) ● grande disordine, confusione | zuffa: *poco dopo l'a. ... si allargò: la rissa era partita* (L. PIRANDELLO)

abbassàbile [1943] **agg.** ● che si può abbassare

abbassalìngua [comp. di *abbassa(re)* e *lingua* ✱ 1915] **s. m. inv.** ● (*med.*) strumento per abbassare la lingua nella esplorazione della cavità oro-faringea SIN. cataglosso

abbassaménto [1261 ca.] **s. m. 1** spostamento di qlco. più in basso | diminuzione: *a. di temperatura, di pressione* | affievolimento: *a. della voce* **2** (*fig., lett.*) degradazione, avvilimento: *Quell'aspetto ... così umiliato senza a.* (A. MANZONI)

♦**abbassàre** [comp. di *a-*② e *basso* ✱ 1261 ca.] **A v. tr. 1** portare qlco. più in basso: *a. un quadro* SIN. calare CONTR. alzare | anche in forma pron. (con valore intens.): *abbassarsi i pantaloni* **2** (*mat.*) tracciare dall'alto verso il basso: *a. la perpendicolare* **3** diminuire di altezza, d'intensità, di valore e sim.: *a. un muro di qualche centimetro*; *a. la voce, la radio, i prezzi*; *a. gli interessi al 3%* | ***a. i toni***, (*fig.*) usare un linguaggio meno aggressivo nel corso di una polemica CONTR. alzare **4** chinare, volgere in giù: *a. la bandiera* | ***a. le armi***, (*fig.*) cessare le ostilità; arrendersi | ***a. la guardia***, (*fig.*) allentare la vigilanza | ***a. la lancia, lo scudo***, prepararsi al combattimento | ***a. gli occhi, il capo***, in segno di vergogna, modestia o altro | ***a. la cresta, la coda, gli orecchi, le corna***, (*fig.*) piegarsi, cedere **5** (*fig.*) umiliare **B v. intr.** † e **abbassàrsi v. intr. pron.** ● diminuire di altezza, d'intensità, di valore e sim.: *le acque del lago si abbassano di un metro al giorno*; *la temperatura si è abbassata*; *il letto d'Arno era abbassato più di VI braccia* (G. VILLANI) | ***il sole si abbassa***, tramonta **C abbassàrsi v. rifl. 1** chinarsi (+ *a*, + *per*, anche seguiti da inf.): *abbassarsi a terra*; *abbassarsi a (o per) raccogliere i libri caduti* **2** (*fig.*) umiliarsi, avvilirsi (+ *a*, anche seguito da inf.): *abbassarsi a chiedere scusa*; *non si abbassava mai a giocare con lui* (G. DELEDDA) | degradarsi: *non abbassarti al suo livello!*

abbassatóre [av. 1758] **s. m.** (f. *-trice*); anche **agg.** ● (*raro*) chi (o che) abbassa CFR. trasformatore

abbàsso [comp. di *a-*② e *basso* (inter.): fr. *à bas* ✱ 1304] **A avv.** ● in luogo basso, di sotto (con v. di stato e di moto): *Perché restate lì a.?*; *scendete a.*; *scalpitano i cavalli giù a.* SIN. giù **B in funzione di inter. 1** esprime un'intimazione ad abbassare, a mettere giù qlco.: *a. le mani!*; *a. le armi!* | sui velieri si usa come comando per far discendere in coperta coloro che sono sull'alberatura: *tutti a.!* SIN. giù **2** esprime avversione, ostilità, rivolta verso qlco. o qlcu. (nelle scritte murali espresso generalmente con una W rovesciata): *a. la tirannide!*; *a. l'Inter!* CONTR. evviva **C s. m. inv.** ● grido di avversione e sim.: *gli a. dei dimostranti, dei tifosi*

♦**abbastànza** [comp. di *a-*② e *bastanza* ✱ av. 1294] **avv. 1** quanto basta, quanto occorre, a sufficienza: *non ho dormito a.*; *credo di aver studiato a.* | ***averne a. di qlcu., di qlco.***, esserne stanco, non poterne più | in correlazione con *da*, *per* o *perché* con valore consecutivo: *non sono a. preparato da, per (poter) sostenere la prova*; *non ha a. intuito da, per capire*; *non è ancora a. grande perché possa pensare di uscire da sola* | anche in funzione di agg. inv., con il sign. di 'sufficiente': *non ho a. soldi*; *non c'è a. pane per stasera* **2** alquanto, piuttosto, spec. davanti a un agg.: *clima a. mite*; *mi sembra un tipo a. sveglio*

abbàte ➤ **abate**

abbattàggio [fr. *abattage* da *abattre* 'abbattere', a sua volta dal lat. pop. *abăttere*. V. *abbattere* ✱ 1970] **s. m.** ● (*miniere*) parte laterale della sezione di scavo di galleria

♦**abbàttere** [lat. tardo *abbăttere*, comp. di *ăd* e *battŭere* 'battere' (V.) ✱ 1213] **A v. tr.** (coniug. come *battere*) **1** gettar giù, far cadere: *a. un albero, un muro, un ostacolo* | ***a. un aereo***, farlo precipitare | ***a. l'avversario***, nel pugilato, mandarlo al tappeto | demolire: *a. un edificio pericolante* SIN. atterrare **2** (*fig.*) rovesciare: *a. un regime tirannico* | (*fig.*) ridurre fortemente: *a. i costi, i prezzi*; *a. l'inquinamento atmosferico* | (*fig.*) ***a. un primato***, migliorarlo nettamente: *a. il primato mondiale dei 200 m stile libero* **3** (*fig.*) indebolire, prostrare: *a. lo spirito*; *la malattia lo ha abbattuto* **4** ammazzare: *a. un animale* **5** (*mar.*) far ruotare una nave da ferma per orientare la prua nella direzione voluta | nella navigazione a vela, virare di poppa | ***a. in chiglia, a. in carena***, inclinare una nave su un fianco fino a scoprirne la chiglia per ripararla o pulirla **B abbàttersi v. intr. pron. 1** cadere, piombare (anche *fig.*) (+ *su*): *l'albero si è abbattuto sulla casa*; *una grave sciagura si è abbattuta sulla sua famiglia* | lasciarsi cadere a terra **2** (*fig.*) sgomentarsi, accasciarsi: *dopo quell'incidente si è abbattuto moltissimo*; *non abbatterti per così poco!* SIN. avvilirsi **3** (*fig., lett.*) capitare per caso in un luogo | (*fig., lett.*) imbattersi, incontrare per caso: *s'abbatté, prima d'arrivare a casa, in un amico fidato* (A. MANZONI)

abbattìbile [1929] **agg.** ● che può essere abbattuto

abbattifièno [comp. di *abbattere* e *fieno* ✱ 1835] **s. m. inv.** ● (*agric.*) apertura nel pavimento del fienile per lo scarico del fieno nella stalla sottostante

abbattiménto [av. 1292] **s. m. 1** l'abbattere: *procedere all'a. di un albero, di un edificio*; *l'a. della selvaggina* SIN. atterramento, demolizione, distruzione; uccisione (di animali) **2** (*fig.*) prostrazione di forze, indebolimento fisico: *la malattia lo lasciò in uno stato di a.* | avvilimento, depressione psichica: *a. di spirito*; *farsi prendere dall'a.* **3** ***a. alla base***, nel sistema tributario, detrazione uguale per tutti i contribuenti praticata sull'imponibile totale, il cui peso, quindi, decresce al crescere dell'imponibile stesso | (*ragion.*) ***a. di un credito***, storno dal bilancio di un credito ritenuto inesigibile
SFUMATURE ➤ *scoraggiamento*

abbattitóre [1552] **A agg.** (f. *-trice*) ● che abbatte **B s. m.** (f. *-trice* nei sign. 1 e 2) **1** (*raro*) chi abbatte (anche *fig.*) **2** operaio specializzato nell'atterramento di piante forestali **3** (*tecnol.*) refrigeratore rapido, spec. per alimenti **4** ***a. di fumi***, dispositivo che elimina mediante aspirazione, depurazione o altro trattamento i fumi generati in un processo di combustione

abbattùta [1348] **s. f. 1** taglio di alberi su una determinata superficie SIN. tagliata **2** (*mar.*) movimento orizzontale di rotazione impresso a una nave dal vento, dalle onde o dal timoniere | nella navigazione a vela, movimento che l'imbarcazione compie durante la virata di poppa **3** (*milit.*) ostacolo costituito da tronchi d'albero abbattuti **4** †strage, perdita

abbattùto **part. pass.** di *abbattere*; anche **agg.** ● nei sign. del v. | (*fig.*) depresso, scoraggiato, avvilito

abbatuffolàre [comp. di *a-*② e *batuffolo* ✱ 1612] **v. tr.** (*io abbatùffolo*) ● (*raro*) avvolgere confusamente a forma di batuffolo

abbazìa o **badìa**, (*lett.*) **abazìa**, †**abbadìa**, †**abadìa** [vc. dotta, lat. tardo *abbātia(m)*, da *ăbbas* 'abbate' ✱ sec. XII] **s. f. 1** casa religiosa di monaci o di monache, costituita per lo più da un complesso di fabbricati con annessi terreni e con chiesa propria: *a. di Montecassino, di Chiaravalle* | ***a. nullius***, quella indipendente da una diocesi, su cui l'abate

a

ha piena giurisdizione **2** titolo e beneficio ecclesiastici di cui gode l'abate

abbaziàle o **badiàle**, (*lett.*) **abaziàle** [1611] **agg.** **1** relativo ad abbazia **2** relativo ad abate o a badessa

abbecedàrio o **abecedàrio** [vc. dotta, lat. tardo *abecedāriu(m)* dalle prime quattro lettere dell'alfabeto ✱ 1268] **A** **s. m.** • libretto per imparare a leggere: *quando tornò aveva in mano l'A. per il figliuolo* (C. Collodi) **SIN.** sillabario **B** **agg.** • detto di componimento poetico appartenente alla letteratura cristiana latina in cui i versi o le strofe si susseguono in ordine alfabetico: *salmi abbecedari*

abbellàre [comp. di *a-*② e *bello* ✱ av. 1250] **A** **v. tr.** (*io abbèllo*) • (*raro, lett.*) abbellire, adornare **B** **v. intr.** (aus. *avere*) • †piacere: *secondo che v'abbella* (Dante *Par.* XXVI, 132) **C** **abbellàrsi** **v. rifl.** • (*raro, lett.*) farsi bello, adornarsi

abbelliménto [1308] **s. m.** **1** l'abbellire: *a. di un giardino* | artificio usato per rendere più bello qlco.: *a. poetico* | ornamento **2** (*mus.*) nota o gruppo di note aggiunte alle note essenziali di una battuta a scopo ornamentale o virtuosistico **SIN.** fioritura, ornamento

abbellìre [comp. di *a-*② e *bello* ✱ sec. XII] **A** **v. tr.** (*io abbellìsco, tu abbellìsci*) **1** rendere più bello mediante ornamenti (+ *con*, + *di*): *a. un racconto*; *a. una stanza con oggetti di artigianato*; *a. una terrazza di fiori* **2** far sembrare più bello: *questa pettinatura ti abbellisce* **B** **abbellìrsi** **v. intr. pron.** e **rifl.** • diventare bello | farsi bello, adornarsi

†**abbenché** [comp. di *a-*② e *benché* ✱ av. 1294] **cong.** • benché

abbeveràggio [1974] **s. m.** • l'abbeverare animali: *divieto di a.*

✦**abbeveràre** [lat. parl. **adbiberāre*, intens. di *bĭbere* 'bere', col pref. *ăd* ✱ av. 1292] **A** **v. tr.** (*io abbévero*) **1** fare bere, spec. il bestiame: *a. le pecore, i buoi, un cavallo* **2** (*est., raro*) annaffiare, irrigare: *a. un prato* **3** (*mar., disus.*) riempire d'acqua un'imbarcazione per rimettere a posto il fasciame allentato dall'eccessivo calore **4** (*fig., lett.*) inebriare **B** **abbeveràrsi** **v. rifl.** • dissetarsi (*anche fig.*) (+ *a*): *abbeverarsi a una fontana*; *abbeverarsi alle fonti del sapere*

abbeveràta [1928] **s. f.** **1** l'abbeverare, l'abbeverarsi **2** luogo in cui il bestiame si abbevera: *portare le bestie all'a.*

abbeveratóio [1295] **s. m.** (**pl.** *-ói*) • recipiente, vasca in cui bevono le bestie: *a. in pietra, in muratura, in cemento*

abbevilliàno [fr. *abbevillien* 'di Abbeville', la città nei cui pressi sono avvenuti i più significativi ritrovamenti ✱ 1935] **A** **agg.** • detto della più antica delle culture o civiltà preistoriche proprie del paleolitico inferiore: *le amigdale abbevilliane* **B** **s. m.** • periodo caratterizzato da tale cultura: *reperti fossili dell'a.*

àbbia ➤ **avere**①

abbiadàre [comp. di *a-*② e *biada* ✱ av. 1311] **v. tr.** • abituare i cavalli tolti dal pascolo libero a nutrirsi di biada

abbiàtico ➤ **abiatico**

abbicàre [comp. di *a-*② e *bica* ✱ 1313] **A** **v. tr.** (*io abbìco, tu abbìchi*) • riunire, disporre in biche, detto di covoni di grano e sim. | (*est.*) ammucchiare, ammassare **SIN.** abbarcare① **B** **abbicàrsi** **v. rifl.** • (*lett.*) ammassarsi, ammucchiarsi: *Come le rane innanzi a la nimica / biscia per l'acqua si dileguan tutte, / fin ch'a la terra ciascuna s'abbica* (Dante *Inf.* IX, 76-78)

abbicatùra [1955] **s. f.** • operazione dell'abbicare

abbiccì o **ABC** /abbi(t)'tʃi*/, **abbicì** /abbit'tʃi*/, **abicì** /abi'tʃi*/ [dalle prime tre lettere dell'alfabeto ✱ av. 1292] **s. m. inv.** **1** (*disus.*) alfabeto: *ignorare l'a.* **2** (*disus.*) sillabario **3** (*fig.*) complesso di principi e nozioni elementari proprie di una disciplina, di una attività e sim.: *l'a. della matematica* | ***essere all'a.***, alle prime nozioni, all'inizio di qlco.

✦**abbiènte** [part. pres. di *avere* rifatto sul congiuntivo *abbia* ✱ 1363] **agg.** e **s. m.** e **f.** • che (o chi) è in possesso di una certa ricchezza e vive agiatamente: *classi, famiglie abbienti*; *gli strati meno abbienti*; *i non abbienti* **SIN.** benestante

abbiètto e deriv. ➤ **abietto** e deriv.

✦**abbigliaménto** [fr. *habillement*, da *habiller*. V. *abbigliare* ✱ av. 1527] **s. m.** **1** l'abbigliare, l'abbigliarsi: *le spese per l'a.* **2** complesso degli indumenti e degli accessori usati per abbigliarsi: *capo di a.*; *a. maschile, femminile*; *a. da viaggio, da lavoro* | modo di vestirsi: *a. moderno, antiquato* **3** settore dell'artigianato e dell'industria che produce e distribuisce capi di vestiario e relativi accessori: *lavorare nell'a.* **4** (*fig., lett.*) ornamento, decorazione

abbigliàre [fr. *habiller* 'vestire', anticamente 'preparare una palla di legno' da *bille* 'parte di un albero, di un tronco' ✱ av. 1528] **A** **v. tr.** (*io abbìglio*) • vestire in maniera accurata ed elegante: *a. la persona con un abito nuovo* | (*fig., lett.*) adornare **B** **abbigliàrsi** **v. rifl.** • vestirsi e acconciarsi con eleganza: *abbigliarsi per un ricevimento, per una cerimonia* **SIN.** agghindarsi

abbigliatóio [av. 1865] **s. m.** (**pl.** *-ói*) • (*disus.*) spogliatoio

abbigliatùra [1819] **s. f.** • (*raro*) l'abbigliare, l'abbigliarsi | modo di abbigliarsi

abbinàbile [1986] **agg.** • che può essere abbinato (+ *a*, *più raro* + *con*): *un pantalone grigio ben a. a una giacca blu* ‖ **abbinabilità**, **s. f. inv.**

abbinaménto [1890] **s. m.** **1** l'abbinare (+ *a*, + *con*): *l'a. di due fili*; *una rivista in a. a un quotidiano*; *l'a. di un vino con una pietanza* **2** nel ciclismo, nel calcio, nella pallacanestro e sim., accoppiamento a scopi finanziari e pubblicitari tra una società sportiva e un'azienda industriale o commerciale | nel pugilato, tennis, lotta, calcio, accoppiamento di atleti o squadre che si devono affrontare ai fini della selezione e della eliminazione | nelle lotterie collegate a gare sportive, accoppiamento dei biglietti estratti a cavalli, squadre o atleti finalisti **3** riunione, nella stessa discussione, di più proposte di legge, interrogazioni, interpellanze o mozioni che vertano su argomenti strettamente connessi **4** scambio di merci senza esborso in valuta effettuato tramite banca da operatori economici residenti in Paesi diversi

abbinàre [comp. di *a-*② e *bino* ✱ av. 1636] **A** **v. tr.** **1** riunire in coppie cose particolarmente affini fra loro: *a. due spettacoli* **SIN.** accoppiare **CONTR.** sdoppiare | (*est.*) collegare (+ *a*): *a. un biglietto della lotteria a un cavallo* | accostare nel modo più opportuno o armonico (+ *a*, + *con*): *a. un cibo a* (o *con*) *un vino* **2** nell'industria tessile, unire due fili per sottoporli alla ritorcitura **SIN.** binare **B** **abbinàrsi** **v. intr. pron.** e **rifl. recipr.** • intonarsi, accostarsi nel modo più opportuno o armonico (+ *a*, + *con*): *i due colori si abbinano bene*; *questa camicia si abbina perfettamente con la* (o *alla*) *tua giacca*

abbinàta [1955] **s. f.** • accoppiata

abbinatrìce [1961] **s. f.** • nell'industria tessile, tipo particolare di macchina incannatrice che esegue l'accoppiamento dei fili **SIN.** binatrice

abbinatùra [1868] **s. f.** • operazione dell'abbinare fili per la ritorcitura **SIN.** binatura

abbindolaménto [1734] **s. m.** **1** (*raro*) l'abbindolare **2** (*fig.*) inganno, raggiro

✦**abbindolàre** [comp. di *a-*② e *bindolo* ✱ 1691] **v. tr.** (*io abbìndolo*) **1** (*raro*) porre la matassa sul bindolo per fare il gomitolo **2** (*fig.*) imbrogliare, ingannare: *la padrona … ha saputo a. mio fratello* (G. Verga)

abbindolatóre [1855] **s. m.** (**f.** *-trice*) • chi inganna, imbroglia

abbindolatùra [av. 1742] **s. f.** • abbindolamento

abbioccàre [comp. di *a-*② e del roman. *biocca* 'chioccia' ✱ 1846] **v. intr.** (*io abbiòcco, tu abbiòcchi*; aus. *essere*) e **abbioccàrsi** **v. intr. pron.** **1** (*centr.*) covare le uova, detto della gallina | accoccolarsi, rannicchiarsi come una chioccia **2** (*centr., fig.*) lasciarsi vincere dalla stanchezza, dalla sonnolenza | abbattersi moralmente, avvilirsi

abbioccàto **part. pass.** di *abbioccare*; anche **agg.** • (*centr.*) nel sign. 1 del v. | (*fig.*) stanco e assonnato | avvilito, abbattuto

abbiòcco [da *abbioccare* ✱ 1980] **s. m.** (**pl.** *-chi*) • (*centr.*) colpo di sonno, stanchezza improvvisa

abbiosciaménto [1859] **s. m.** • avvizzimento degli alberi causato dalla decorticazione o dall'incisione del fusto

abbiosciàrsi [comp. di *a-*② e *bioscio* ✱ 1473] **v. intr. pron.** (**pres.** *io mi abbiòscio*; **fut.** *io mi abbioscerò*) **1** lasciarsi cadere, accasciarsi: *a. su un prato* | (*fig.*) avvilirsi: *di fronte a tanta remissione, s'abbiosciò a un tratto mortificato* (L. Pirandello) **2** appassire, avvizzire, detto di piante

abbiosciàto **part. pass.** di *abbiosciare*; anche **agg.** **1** piegato, afflosciato | (*fig.*) avvilito, prostrato **2** appassito: *un fiore a.*

abbisciàre [comp. di *a-*② e *biscia* ✱ 1817] **v. tr.** (**pres.** *io abbìscio*; **fut.** *io abbiscerò*) • (*mar.*) preparare un cavo o una catena in ampie spire in modo che possa scorrere liberamente | avvolgere una cimetta su di un cavo per impedirne lo scorrimento

abbisognàre [intens. di *bisognare* ✱ 1261 ca.] **v. intr.** (*io abbisógno*; **coniug.** come *segnare*; **aus.** *avere* nel sign. 1, *essere* nel sign. 2) **1** aver bisogno (+ *di*): *un edificio che abbisogna di urgenti restauri* **2** (*lett.*) essere necessario: *mi toglievano quella calma che mi abbisognava* (L. Pirandello)

abbittàre [comp. di *a-*② e *bitta* ✱ 1865] **v. tr.** • (*mar.*) fissare una cima o una catena a una bitta

abbittatùra [1865] **s. f.** • operazione di abbittare

abboccaménto [av. 1348] **s. m.** **1** colloquio per discutere argomenti importanti o riservati: *gli si aperse il cuore alla gioia di quell'ultimo a.* (I. Svevo) **2** †scontro, combattimento **3** (*tecnol.*) accostamento, giunzione di due tubazioni, condutture o sim. **4** (*chir.*) creazione chirurgica di un collegamento fra due vasi o condotti o fra questi e una cavità

abboccàre [comp. di *a-*② e *bocca* ✱ av. 1292] **A** **v. tr.** (*io abbócco, tu abbócchi*) **1** (*raro*) afferrare con la bocca: *un fiero lion … / che si pensava a. un agnello* (L. Pulci) **2** (*lett.*) riempire fino all'orlo: *a. la botte, il fiasco* **3** collegare apparecchiature o tubazioni, introducendo l'estremità dell'una in quella dell'altra **B** **v. intr.** (aus. *avere*) **1** attaccarsi con la bocca, mordendo l'esca (+ *a*): *i pesci abboccano all'amo*; *oggi le trote non abboccano* **2** (*fig.*) farsi ingannare per eccessiva ingenuità (+ *a*): *il poveretto abboccò senza sospettare nulla*; *a. al pesce d'aprile*; *La baronessa fingeva d'a. alle lodi* (G. Verga) **3** (*mar.*) navigare inclinato su un fianco tanto da portare il bordo al pelo dell'acqua, detto di imbarcazioni **4** in varie tecnologie, combaciare: *le tubazioni abboccano* **C** **abboccàrsi** **v. rifl. recipr.** e **intr. pron.** **1** incontrarsi con qlcu. per discutere (+ *con*): *i deputati s'abboccarono prima della seduta; si erano abboccati con lui a Gorizia* (I. NIEVO) **2** †congiungersi, detto di corsi d'acqua

abboccàta [da *abboccare*] **s. f.** ● nella pesca, movimento della lenza o del galleggiante che segnala l'abbocco del pesce

abboccàto **part. pass.** di *abboccare*; anche **agg.** **1** nei sign. del v. **2** detto di vino in cui è presente un gusto dolce **3** (*lett.*) di persona che mangia di tutto

abboccatóio [av. 1537] **s. m.** (**pl.** *-ói*) ● bocca delle fornaci

abboccatùra [av. 1712] **s. f.** **1** l'abboccare **2** imboccatura di un recipiente | ***a. del grano***, quantità di grano vicina all'imboccatura del sacco **3** tratto in cui un'imposta di porta o finestra si congiunge con un'altra o con un infisso combaciando

abbocchévole [1865] **agg.** ● (*mar., disus.*) detto di imbarcazione, che abbocca facilmente

abbócco [deriv. di *abboccare* ✱ 1983] **s. m.** (**pl.** *-chi*) ● nella pesca, atto del pesce che morde l'esca

†**abbocconàre** [comp. di *a-*② e *boccone*① ✱ av. 1348] **v. tr.** **1** divorare a bocconi: *ne davano ad a. a' cani* (D. BARTOLI) **2** fare a pezzi

abboffàrsi e deriv. ➤ **abbuffarsi** e deriv.

abbominàre e deriv. ➤ **abominare** e deriv.

abbonacciaménto [av. 1306] **s. m.** ● ritorno del mare, del vento e sim. a una condizione di calma

abbonacciàre [comp. di *a-*② e *bonaccia* ✱ sec. XIII] **A** **v. tr.** (**pres.** *io abbonàccio*; **fut.** *io abbonaccerò*) ● rendere calmo (**anche fig.**): *a. qlcu. con lusinghe* **B** **v. intr.** (**aus.** *essere*) e **abbonacciàrsi** **v. intr. pron.** ● diventare calmo (**anche fig.**): *il mare abbonaccia; il vento si è abbonacciato; un carattere che si abbonaccia facilmente*

abbonaménto [fr. *abonement*. V. *abbonare*② ✱ 1812] **s. m.** **1** contratto per cui, mediante il pagamento di un importo, si ha il diritto di ricevere un servizio per un determinato periodo di tempo: *fare, contrarre, sottoscrivere, rinnovare un a.*; *a. alla televisione*; *a. mensile, annuale* **2** canone da pagarsi in base a tale contratto: *versare l'a.* **3** documento che attesta l'esistenza del contratto e il pagamento del canone: *esibire l'a. ferroviario al controllore*

abbonàre① o **abbuonàre** [comp. di *a-*② e *buono* ✱ av. 1597] **A** **v. tr.** (*io abbuòno* o *abbòno*; in tutta la coniug., *-uò-* o *-ò-* se tonico, *-o-* o *-uo* se atono) **1** condonare una parte del debito, in favore del creditore **SIN.** detrarre, ridurre | (*fig.*) considerare con indulgenza o non tenere in considerazione: *a. una mancanza, alcuni errori* **2** riconoscere come valido: *a. l'esame* **3** †rendere di migliore qualità **B** **abbonàrsi** **v. intr. pron.** ● (*lett.*) calmarsi, placarsi

abbonàre② [fr. *abonner*, dapprima 'limitare', poi 'sottomettere a un canone limitato', comp. del lat. *ăd* e il denominale di *bonne*, forma ant. di *borne* 'limite', vc. di orig. gallica ✱ 1812] **A** **v. tr.** (*io abbòno*) ● rendere qlcu. beneficiario di un abbonamento (+ *a*): *ti ho abbonato a quella rivista* **B** **abbonàrsi** **v. rifl.** ● fare un abbonamento a proprio favore (+ *a*): *abbonarsi alla televisione, all'autobus, al telefono*

abbonàto **A** **part. pass.** di *abbonare*②; anche **agg.** ● nei sign. del v. **B** **s. m.** (**f.** *-a*) ● chi usufruisce di un abbonamento

♦**abbondànte** o (*lett.*) **abondànte** **part. pres.** di *abbondare*; anche **agg.** **1** che è in gran quantità: *un raccolto a.*; *abbondanti piogge* **SIN.** copioso | che supera di un po' la giusta misura: *un chilo a.*; *ci vuole un'ora a.* **CONTR.** scarso | ***una giacca a.***, larga | ***una donna dal seno a.***, prosperoso **2** che ha, che possiede in gran quantità (+ *di*, *raro* + *in*): *una regione a. d'acqua; un libro a. d'illustrazioni; l'anno era … a. di pomi d'ogni sorta* (A. MANZONI); *in quella sua veste da camera (…) corta e a. in pieghe* (A. MORAVIA) | †fertile **CONTR.** povero ‖ **abbondanteménte**, **avv.** in abbondanza, copiosamente

SFUMATURE DI SIGNIFICATO

abbondante - ricco - lauto - opulento

Abbondante è ciò che esiste in grande quantità, è copioso. Anche **ricco** indica abbondanza di qualcosa, ma esprime grande disponibilità soprattutto di denaro. **Lauto** è ciò che è abbondante e nello stesso tempo splendido, sontuoso. **Opulento** è ciò che è molto abbondante e talmente ricco, dovizioso da sfiorare lo spreco o l'eccesso.

abbondànza o (*lett.*) **abondànza** [lat. *abundāntia(m)*. V. *abbondare* ✱ av. 1250] **s. f.** **1** gran quantità di ogni cosa: *a. di soldi*; *a. del raccolto*; *a. di parole e di pensieri* **SIN.** copia, dovizia, ricchezza **CONTR.** carestia | ***vivere, nuotare, sguazzare nell'a.***, con larghezza di mezzi | (*gramm.*) ***complemento di a. o privazione***, indica rispettivamente ciò che si ha in abbondanza o di cui si è privi o si viene privati; sono introdotti dalla prep. *di* o (solo il compl. di privazione) dalla prep. *senza* (per es.: *un dizionario ricco di esempi; essere pieno di gioia; è un individuo privo di tatto; un'auto senza condizionatore; un successo senza precedenti*) **2** varietà coltivata di melo diffusa soprattutto in Emilia e nel Veneto | varietà coltivata di frumento **3** (*stor.*) annona: *si provvide per gli ufficiali dell'a. di fare guardare i passi e i confini* (G. VILLANI)

abbondanzière [da *abbondanza*, nel sign. 3 ✱ 1566] **s. m.** ● in epoca medievale, magistrato preposto all'annona

abbondàre o (*lett.*) **abondàre** [lat. *abundāre* 'traboccare, inondare', poi 'abbondare', da *ŭnda* 'onda' ✱ av. 1250] **v. intr.** (*io abbóndo*; **aus.** *avere* quando ciò che abbonda è espresso da un complemento; **aus.** *essere* quando ciò che abbonda è espresso nel soggetto) **1** esserci in gran quantità: *l'anno scorso il vino è abbondato* **CONTR.** difettare, scarseggiare **2** avere in gran quantità (+ *di*): *il suo compito abbonda di errori; questi mari hanno sempre abbondato di pesci* **3** eccedere (+ *di*, + *in*, + *con*): *a. di consigli; a. in promesse; la cucina indiana abbonda con le spezie; abbondiamo di parole belle e delicate* (T. CAMPANELLA) | ***a. in cautela***, essere molto prudente

abbondévole o †**abondévole** [1268] **agg.** ● (*lett.*) abbondante, copioso: *le cose di che l'uomo a. si trova, infastidiano* (G. BOCCACCIO) ‖ †**abbondevolménte**, **abbondevolménte**, **avv.** in abbondanza, copiosamente

†**abbóndo** o (*lett.*) †**abóndo** [vc. dotta, lat. tardo *abŭndu(m)*. V. *abbondare* ✱ sec. XIII] **A** **s. m.** ● abbondanza, spec. nella loc. ***in a.*** **B** **agg.** ● abbondante

abboniménto [1865] **s. m.** ● miglioramento, bonifica: *a. di un terreno* | operazione dell'abbonire le botti

abbonire [fr. *abonnir*, da *bon* 'buono' ✱ av. 1597] **A** **v. tr.** (*io abbonisco, tu abbonisci*) **1** calmare: *l'ho abbonito in cinque minuti* **2** rendere produttivo, bonificare: *a. un terreno* **3** lavare le botti nuove per depurarle delle eventuali sostanze che adulterino il vino **B** **v. intr.** (**aus.** *essere*) **1** diventare calmo: *l'uragano è abbonito* **2** (*raro*) venire a maturazione: *le pere sono abbonite* **C** **abbonìrsi** **v. intr. pron.** ● placarsi: *finalmente si è abbonito!*

abbòno ➤ **abbuono**

abbordàbile [fr. *abordable*. V. *abbordare* ✱ 1808] **agg.** ● di facile abbordo: *curva a.* | (*fig.*) avvicinabile: *uomo, personaggio a.* | accessibile, che ci si può permettere: *prezzo, spesa a.* ‖ **abbordabilità**, **s. f. inv.**

abbordàggio [fr. *abordage*. V. *abbordare* ✱ 1656] **s. m.** **1** (*mar.*) manovra per affiancare la propria nave ad un'altra allo scopo di impadronirsene con la forza: *andare all'a.* | nella vela e nel canottaggio, urto tra imbarcazioni, che costringe un concorrente a modificare la rotta o il ritmo di palata **2** (*fig.*) ricerca decisa di qlco.: *andare, lanciarsi all'a. di una posizione di prestigio*

abbordàre [fr. *aborder*, da *bord*. V. *bordo* ✱ av. 1557] **A** **v. tr.** (*io abbórdo*) **1** (*mar.*) avvicinarsi di bordo | venire a collisione con altra nave per incidente, errore, maltempo, ecc. | avvicinarsi al bordo di un'altra nave allo scopo di impadronirsene con la forza: *a. la nave nemica* **2** (*est.*) farsi incontro a una persona, cogliendola alla sprovvista, per attaccare discorso: *mi abbordò per strada* **3** (*fig.*) affrontare qlco. con decisione e risolutezza: *a. un argomento delicato; a. una curva ad alta velocità* **B** **v. intr.** ● †approdare, prendere terra

abbordatóre [1865] **agg.** e **s. m.** (**f.** *-trice*) ● che (o chi) compie un abbordaggio

abbórdo [fr. *abord*, da *aborder* 'abbordare' ✱ 1604] **s. m.** **1** (*mar.*) urto tra due navi, spec. a causa di un errore di manovra o della mancata applicazione dei regolamenti internazionali **2** (*mar.*) abbordaggio **3** (*fig.*) accostamento, incontro: *al primo a. ha un'aria che ributta* (C. GOLDONI); *Di facile a. con tutti* (A. MANZONI)

abborracciaménto [av. 1573] **s. m.** **1** l'abborracciare **2** lavoro compiuto male e in fretta

♣**abborracciàre** [da *borraccio* 'canovaccio', col pref. *a-*② (?) ✱ 1436] **v. tr.** (**pres.** *io abborràccio*; **fut.** *io abborraccerò*) ● fare qlco. male, in fretta e senza attenzione: *a. un lavoro, il pranzo, un discorso* **SIN.** acciarpare, affastellare, raffazzonare

♣**abborracciàto** **part. pass.** di *abborracciare*; anche **agg.** ● fatto in fretta e male: *un lavoro a.* ‖ **abborracciataménte**, **avv.** alla peggio

abborracciatóre [av. 1719] **s. m.** (**f.** *-trice*) ● (*raro*) abborraccione

abborracciatùra [1861] **s. f.** ● lavoro mal fatto, tirato via **SIN.** accrocco

abborràccio [1887] **s. m.** (**pl.** *-ii*) ● abborracciamento continuo

abborraccióne [1861] **s. m.** (**f.** *-a*) ● chi per abitudine lavora in fretta e male

†**abborràre** [comp. di *a-*② e *borra* ✱ 1313] **A** **v. tr.** ● riempire di borra **B** **v. intr.** ● (*lett., fig.*) far confusione, abborracciare

abborrìre e deriv. ➤ **aborrire** e deriv.

abbottàre [comp. di *a-*② e *botta*② ✱ av. 1566] **A** **v. tr.** (*io abbòtto*) ● (*centr., merid.*) far diventare gonfio: *a. un occhio, la faccia a qlcu.* **B** **abbottàrsi** **v. rifl.** ● (*centr., merid.*) gonfiarsi | rimpinzarsi, abbuffarsi

†**abbottinàre** [comp. di *a-*② e *bottino* ✱ av. 1573] **A** **v. tr.** ● saccheggiare **B** †**abbottinàrsi** **v. rifl.** ● ammutinarsi

abbottonàre [comp. di *a-*② e *bottone* ✱ sec. XIV] **A** **v. tr.** (*io abbottóno*) ● chiudere un indumento con bottoni infilandoli negli occhielli corrispondenti: *a. la camicia a un bambino; a. una federa* **B** **abbottonàrsi** **v. rifl.** e **tr. pron.** (**aus.** *essere*) **1** chiudere con bottoni un indumento che si ha addosso: *abbottónati, altrimenti prenderai freddo!*; *abbottónati la camicia* **2** (*fig., colloq.*) diventare riservato: *stava per parlare e poi di colpo si è abbottonato* **C** **abbottonàrsi** **v. intr. pron.** ● chiudersi con bottoni: *quell'abito si abbottona sulla schiena*

abbottonàto **part. pass.** di *abbottonare*;

anche **agg.** ● nei sign. del v. | (*fig.*) riservato, cauto || **abbottonataménte**, **avv.**

abbottonatùra [av. 1356] **s. f. 1** atto dell'abbottonare: *l'a. di questo cappotto è difficoltosa* **2** serie di bottoni e occhielli che hanno la funzione di abbottonare un indumento | guarnizione di bottoni | parte dell'indumento in cui si trovano i bottoni

abbozzaménto [da *abbozzare*① * av. 1568] **s. m.** ● (*raro*) abbozzo

abbozzàre① [etim. discussa: da *bozza*② o dal fr. *ébaucher* * 1520] **v. tr.** (*io abbòzzo*) **1** dare la prima forma a un'opera da compiere: *a. un quadro, una statua* **SIN.** cominciare, delineare, schizzare **2** (*fig.*) presentare, formulare a grandi linee: *a. un'idea, una teoria* | accennare: *a. un gesto, un sorriso, una parola, un saluto*

abbozzàre② [da *abbozzare*③ * av. 1907] **v. intr.** (*io abbòzzo*; **aus.** *avere*) ● frenare il proprio risentimento, pazientare: *sta zitto e abbozza!*; *a. con gli uomini e le cose, per me oramai è impossibile* (G. CARDUCCI)

abbozzàre③ [comp. di *a-*② e *bozza*① * 1612] **v. tr.** (*io abbòzzo*) ● (*mar.*) passare una bozza intorno a un cavo o a una catena tesati per impedirne lo scorrimento | ***a. una nave***, ormeggiarla solidamente di prua e di poppa

abbozzàta [da *abbozzare*① * av. 1665] **s. f.** ● abbozzo fatto in fretta: *fare l'a. di una facciata*

abbozzatìccio [1585] **A agg.** (**pl. m.** *-ci*; **pl. f.** *-ce*) ● (*raro*) abbozzato frettolosamente e male **B s. m.** ● lavoro fatto male, non concluso, non rifinito

abbozzàto **part. pass.** di *abbozzare*①; anche **agg.** ● nei sign. del v.: *un quadro, un progetto appena a.* || **abbozzataménte**, **avv.** in modo imperfetto

abbozzatóre [1639] **s. m.** (**f.** *-trice*) ● chi abbozza

abbozzatùra① [1605] **s. f.** ● (*raro*) abbozzo

abbozzatùra② [sec. XX] **s. f.** ● (*mar.*) bozza

abbòzzo [da *abbozzare*① * 1604] **s. m. 1** stadio preparatorio dell'opera d'arte in cui è accennata la forma che l'artista intende realizzare **2** stesura rapida e sommaria di composizione scritta: *a. di un racconto, di una sinfonia*; *certi abbozzi di novelle che non aveva mai terminate* (I. SVEVO) | ***a. di legge***, disegno sommario e non ufficiale **SIN.** schizzo, traccia **3** (*fig.*) tentativo, accenno: *un a. di saluto*; *un a. di confessione* (I. SVEVO) **4** (*biol.*) nucleo primitivo di organi e apparati nel periodo embrionale

SFUMATURE ➤ ***schizzo***

abbozzolàrsi [comp. di *a-*② e *bozzolo* * av. 1718] **v. rifl.** (*io mi abbòzzolo*) **1** farsi il bozzolo, detto dei bachi **2** agglomerarsi, detto della farina che aggiunta all'acqua forma palline

abbracciàbile [1840] **agg.** ● che si può abbracciare (*spec. fig.*) || **abbracciabilità**, **s. f. inv.**

abbracciabòsco [comp. di *abbraccia(re)*① e *bosco* * 1726] **s. m.** (**pl.** *-schi*) ● (*bot.*, *tosc.*) caprifoglio

abbracciafùsto [comp. di *abbraccia(re)*① e *fusto* * 1865] **agg.** ● (*bot.*) abbracciante

abbracciaménto [1275] **s. m.** ● abbraccio lungo e ripetuto: *i saluti e i fraterni abbracciamenti / con le grate accoglienze andaro inanti* (L. ARIOSTO)

abbracciànte **part. pres.** di *abbracciare*; anche **agg. 1** nei sign. del v. **2** (*bot.*) detto di foglia priva di picciolo che con la parte inferiore abbraccia il fusto **SIN.** abbracciafusto, amplessicaule

♦**abbracciàre**① [comp. di *a-*② e *braccio* * 1211] **A v. tr.** (**pres.** *io abbràccio*; **fut.** *io abbraccerò*) **1** cingere e chiudere tra le braccia (*anche fig.*): *a. un amico*; *a. l'avversario nella lotta*; *a. un tronco d'albero*; *a. qlco. col pensiero, con la mente* | (*scherz.*) †***a. lo stomaco***, detto di cibo particolarmente gustoso | (*est.*) circondare: *una cinta di mura abbraccia la città vecchia* **2** (*fig.*) includere, contenere: *l'Europa abbraccia molti Stati*; *la Divina Commedia abbraccia tutto lo scibile del Medio Evo* **3** accettare, seguire incondizionatamente: *a. una dottrina, un'opinione, una fede* | intraprendere, scegliere: *a. la vita religiosa* **B abbracciàrsi** **v. intr. pron.** ● stringersi a qlcu. o a qlco. (+ *a*, + *con*): *si abbracciò stretto al* (o *con il*) *padre* | abbarbicarsi: *l'edera si abbraccia all'albero* **C abbracciàrsi** **v. rifl. recipr.** ● cingersi l'un l'altro fra le braccia: *i due amici si abbracciarono strettamente*

abbracciàre② [da *abbracciare*① * 1336 ca.] **s. m.** (**pl.** *-i*) ● (**spec. al pl.**, *lett.*) abbraccio: *il bel trastul de gli abbracciari onesti* (G.B. MARINO)

abbracciàta [av. 1306] **s. f.** ● (*lett.*) abbraccio: *dare un'a.*

♦**abbràccio** [da *abbracciare*① * av. 1603] **s. m. 1** gesto d'affetto consistente nello stringere qlcu. tra le braccia: *dare, ricevere un a.*; (come chiusa di una lettera o di una telefonata) *un a. affettuoso*; *fraterni abbracci*; *baci e abbracci* **SIN.** (*lett.*) amplesso, stretta | ***a. mortale***, (*fig.*) gesto, atto che coinvolge chi lo subisce in una situazione rovinosa e irreparabile **2** (*fig.*, *lett.*) il circondare, il contenere: *E su tutto l'a. d'un bianco cielo quieto* (E. MONTALE) || **abbracciòne**, **accr.**

†**abbraciàre** o †**abbragiàre** [comp. di *a-*② e *brace* * av. 1292] **v. tr.** ● ridurre in brace | (*est.*) ardere, infiammare (*spec. fig.*)

abbrancàre① [comp. di *a-*② e *branca* * 1250 ca.] **A v. tr.** (*io abbrànco, tu abbrànchi*) **1** afferrare, stringere con forza: *il lupo abbrancò l'agnello*; *abbrancò la borsa e fuggì* **SIN.** ghermire **2** afferrare con rapacità: *i ladri abbrancarono tutto ciò che poterono* **SIN.** arraffare, rubare **B abbrancàrsi** **v. rifl.** ● appigliarsi con forza a qlco. (+ *a*): *abbrancarsi a una sporgenza, a un ramo*

abbrancàre② [comp. di *a-*② e *branco* * 1691] **A v. tr.** (*io abbrànco, tu abbrànchi*) ● riunire in branco: *a. le pecore per la notte* **B abbrancàrsi** **v. rifl.** ● raccogliersi in branco

abbreviaménto [av. 1292] **s. m. 1** l'abbreviare **2** (*ling.*) riduzione della durata di articolazione di un suono **3** nella metrica greca e latina, il passaggio di una sillaba da lunga a breve

abbreviàre [lat. tardo *abbreviāre*, da *brĕvis* 'breve' * sec. XIII] **A v. tr.** (*io abbrèvio*) **1** fare più breve, accorciare: *a. il cammino, un discorso, una predica* | ***a. una parola***, scriverla più corta | ***per, ad abbreviarla***, per farla breve, in poche parole **2** rendere breve una sillaba lunga, nella metrica greca e latina **3** (*ling.*, *raro*) troncare: *a. 'bello' in 'bel'* **B abbreviàrsi** **v. intr. pron. 1** diventare più breve, più corto: *così il percorso si abbrevia di mezz'ora* **2** subire abbreviazione: *l'euro si abbrevia in Eur*

SFUMATURE ➤ ***accorciare***, ➤ ***diminuire***

abbreviatìvo [1585] **agg.** ● che serve ad abbreviare: *metodo a.*

abbreviàto **part. pass.** di *abbreviare*; anche **agg. 1** nei sign. del v. **CFR.** steno- **2** (*dir.*) detto di procedura priva di alcune formalità rispetto al normale || **abbreviataménte**, **avv.** in modo abbreviato; brevemente: *raccontare abbreviatamente qlco.*

abbreviatóre① [vc. dotta, lat. tardo *abbreviatōre(m)*. V. *abbreviare* * av. 1334] **agg. e s. m.** (**f.** *-trice*) ● che (o chi) abbrevia

abbreviatóre② [da *breve* 'lettera pontificia' * av. 1571] **s. m.** ● nella cancelleria pontificia, chi era addetto alla redazione dei brevi e delle lettere **SIN.** minutante

abbreviatùra [av. 1304] **s. f.** ● abbreviazione

abbreviazióne [vc. dotta, lat. tardo *abbreviatiōne(m)*. V. *abbreviare* * 1342] **s. f. 1** l'abbreviare | (*dir.*) ***a. del termine***, riduzione del tempo stabilito dalla legge per il compimento di un atto processuale: *a. del termine di comparizione del convenuto in giudizio* **2** (*ling.*) riduzione grafica di una parola o di una frase per mezzo di una sigla o in altra forma convenzionale | parola che ha subito tale riduzione: *elenco delle abbreviazioni* **3** nella metrica greca e latina, riduzione a breve di una sillaba lunga **4** (*ling.*, *raro*) troncamento: *a. di 'bello' in 'bel'* **5** (*mus.*) segno grafico per rendere più rapida la scrittura musicale

SFUMATURE ➤ ***sigla***

†**abbriccàre** [etim. incerta * av. 1484] **v. tr.** ● nella loc. ***a. un colpo***, menarlo, assestarlo con forza

abbrivàre [provenz. *abrivar* 'mettersi velocemente in movimento', dal gallico **brig-* 'forza' * 1614] **A v. tr.** ● (*mar.*) aumentare gradatamente la velocità della nave **B v. intr.** (**aus.** *avere*) ● prendere l'abbrivo, acquistare velocità

abbrividìre [comp. di *a-*② e *brivido* * 1793] **v. intr.** (*io abbrividìsco, tu abbrividisci*; **aus.** *essere*, **raro** *avere*) ● (*raro*) rabbrividire | (*fig.*, *lett.*) incresparsi: *Abbrividisce il verde mare di Grignano* (S. SLATAPER)

♣**abbrìvo** o **abbrìvio** [da *abbrivare* * 1691] **s. m. 1** (*mar.*) velocità che una nave prende con i suoi mezzi di propulsione | ***a. residuo***, velocità che una nave mantiene per inerzia dopo che è cessata l'azione dei suoi mezzi di propulsione **2** (*fig.*) impulso, spinta: *prendere, dare l'a.*; *quei pericoli avevano dato l'a. alla mia immaginazione* (I. NIEVO) **3** (*miniere*) spinta iniziale data ai blocchi di marmo per farli rotolare dalla cava a fondovalle

abbronzaménto [sec. XIV] **s. m.** ● l'abbronzare | abbronzatura

abbronzànte **A** **part. pres.** di *abbronzare*; anche **agg.** ● nei sign. del v. **B s. m.** ● cosmetico atto ad abbronzare la pelle

abbronzàre [comp. di *a-*② e *bronzo* * av. 1292] **A v. tr.** (*io abbrónzo*) ● dare il colore del bronzo: *a. i metalli* | (*est.*) rendere bruna la pelle: *il sole abbronza la pelle* | anche in forma pron. (con valore intens.): *ti sei abbronzata le braccia* **B abbronzàrsi** **v. intr. pron.** ● assumere la tinta del bronzo | (*est.*) diventare scuro di pelle esponendosi al sole o alla lampada a raggi UVA

abbronzàta [1865] **s. f.** ● atto dell'abbronzare leggermente: *dare un'a.* || **abbronzatìna**, **dim.**

abbronzàto **part. pass.** di *abbronzare*; anche **agg.** ● nei sign. del v. | che ha la pelle scurita dal sole: *quella faccia abbronzata d'uomo di mare* (G. VERGA)

abbronzatùra [1767] **s. f.** ● l'abbronzarsi della pelle | colorito bruno della pelle di chi si è abbronzato **SIN.** tintarella

abbruciacchiàre [frequentativo di *abbruciare* * sec. XVII] **v. tr.** (*io abbruciàcchio*) ● bruciare leggermente, alla superficie, qua e là | ***a. il pollame***, accostarlo alla fiamma per togliergli la peluria rimasta dopo la prima spennatura

abbruciaménto [sec. XIV] **s. m. 1** (*raro*) l'abbruciare | incendio **2** (*agric.*) debbio

abbruciàre o †**abbrusciàre** [intens. di *bruciare* * 1260] **v. tr.** (**pres.** *io abbrùcio*; **fut.**

io abbrucerò) ● (*lett.*) bruciare: *rimangono abbruciati dal calore* (A. PALAZZESCHI)

abbruciatìccio o †**abbrusciatìccio** [av. 1556] **A** **agg.** (**pl. m.** *-ci*; **pl. f.** *-ce*) ● (*lett.*) leggermente bruciato **B** **s. m.** ● (*raro, lett.*) bruciaticcio

abbrumàre [comp. di *a-*② e *bruma* 'mollusco che corrode la carena delle navi' ✻ 1889] **v. intr.** (aus. *essere*) ● (*mar.*) corrodersi della carena di legno per effetto di organismi vegetali o animali

abbrunaménto [av. 1311] **s. m.** ● l'abbrunare

abbrunàre [comp. di *a-*② e *bruno* ✻ av. 1311] **A** **v. tr.** **1** fregiare con un segno di lutto: *a. le bandiere* **2** rendere bruno **B** **abbrunàrsi** **v. intr. pron.** ● (*lett.*) farsi scuro, imbrunire **C** **abbrunàrsi** **v. rifl.** ● (*disus.*) vestirsi di nero in segno di lutto

abbrunàto **part. pass.** di *abbrunare*; anche **agg.** ● nei sign. del v.: *bandiera abbrunata*

abbrunìre [av. 1292] **v. tr.** (*io abbrunìsco, tu abbrunisci*) **1** rendere bruno **2** sottoporre a brunitura **SIN.** brunire

abbruscatùra [da *brusca*③ ✻ 1955] **s. f.** ● (*bot.*) brusca③

†**abbrusciàre** ➤ **abbruciare**

abbrustiàre [dal lat. **brustulāre*, di etim. incerta (?) ✻ 1612] **v. tr.** (*io abbrùstio*) ● (*tosc.*) abbrustolire, tostare

abbrustolàre [av. 1597] **v. tr.** (*io abbrùstolo*) ● abbrustolire

abbrustoliménto [1855] **s. m.** ● l'abbrustolire | tostatura, torrefazione

abbrustolìre [V. *abbrustiare* ✻ av. 1665] **A** **v. tr.** (*io abbrustolìsco, tu abbrustolìsci*) ● far prender colore a un alimento sulla viva fiamma o nel forno | tostare: *a. il caffè* **B** **abbrustolìrsi** **v. intr. pron.** ● (*fig.*) abbronzarsi: *abbrustolirsi al sole*

abbrustolìta [1779 ca.] **s. f.** ● leggero abbrustolimento

abbrutiménto [1812] **s. m.** ● l'abbrutire, l'abbrutirsi: *l'a. causato dal bere* | condizione di avvilimento, di degradazione morale: *ridursi in uno stato di a.*

✦**abbrutìre** [comp. di *a-*② e *bruto* ✻ 1812] **A** **v. tr.** (*io abbrutìsco, tu abbrutìsci*) ● ridurre come un bruto: *l'eccesso di alcol abbrutisce l'uomo* **SIN.** degradare, imbarbarire **B** **v. intr.** (aus. *essere*) e **abbrutìrsi** **v. intr. pron.** ● diventare simile a un bruto: *a. nel vizio* **SIN.** degradarsi

abbruttìre [comp. di *a-*② e *brutto* ✻ sec. XIV] **A** **v. tr.** (*io abbruttìsco, tu abbruttìsci*) ● (*raro*) rendere brutto | deturpare, imbruttire **B** **v. intr.** (aus. *essere*) e **abbruttìrsi** **v. intr. pron.** ● diventare brutto

abbuffàrsi o (*centr., merid.*) **abboffàrsi** [vc. merid., di etim. discussa: di orig. onomat. (?) ✻ 1886] **v. rifl.** ● (*colloq.*) mangiare a crepapelle (+ *di*): *a. di dolci*

abbuffàta o (*centr., merid.*) **abboffàta** [1973] **s. f.** **1** (*colloq.*) grande mangiata: *farsi un'a. di pesce; tutto è pronto per la grande a. di Natale* **2** (*est.*) grande consumo di qlco.: *l'a. autunnale di film*

abbuiàre [comp. di *a-*② e *buio* ✻ 1319] **A** **v. tr.** (*io abbùio*) **1** rendere buio, oscurare: *a. la lampada con un fazzoletto; venne la sera ed abbuiò le strade* (G. PASCOLI) **2** (*fig., lett.*) mettere a tacere: *l'intenzione d'a. un fatto disonorevole* (A. MANZONI) | (*lett.*) rendere di significato oscuro **3** (*fig., lett.*) rattristare **B** **v. intr.** (aus. *essere*) e **abbuiàrsi** **v. intr. pron.** (**anche impers.**) ● (*raro*) divenire buio, oscurarsi: *le nuvole s'abbuiano* | farsi sera, annottare: *d'inverno abbuia presto; procacciam di salir pria che s'abbui* (DANTE *Purg.* XVII, 62) **C** **abbuiàrsi** **v. intr. pron.** **1** (*fig., lett.*) perdere la vista: *gli occhi gli si abbuiarono per sempre* | perdere la ragione, il lume dell'intelletto: *la mente gli si abbuia* **2** (*fig., lett.*) diventare triste, incupirsi: *i suoi pensieri si sconvolgevano e si abbuiavano* (G. VERGA); *la sua fisionomia s'abbuiò*

abbuonàre ➤ **abbonare**①

abbuòno o (*pop.*) **abbòno** [da *abbuonare* ✻ 1797] **s. m.** **1** riduzione di un prezzo pattuito | rinuncia alla riscossione totale o parziale di un debito **SIN.** diffalco **2** (*sport*) riduzione, ai fini della classifica generale di una corsa ciclistica a tappe, del tempo impiegato dai primi arrivati al traguardo finale o a traguardi intermedi | nell'ippica, handicap a vantaggio di un concorrente sfavorito o più debole | nella ginnastica artistica, maggiorazione di punteggio in caso di esercizi particolarmente complessi od originali

abburattaménto [1584] **s. m.** **1** operazione intermedia di setacciatura nella produzione di farina **2** (*med.*) disturbo del linguaggio consistente nello scambio o nell'omissione di lettere o sillabe

abburattàre [comp. di *a-*② e *buratto* ✻ 1305] **v. tr.** **1** separare la farina dalla crusca col buratto o con il setaccio **2** (*fig., disus.*) scuotere, agitare: *a. i sacchi* | (*fig., disus.*) strapazzare, malmenare: *a. qlcu. con violenza* **3** (*tosc.*) discutere senza posa, ciarlare (*anche assol.*)

abburattàta [1865] **s. f.** **1** abburattamento rapido e sommario: *dare un'a.* **2** quantità di farina messa nel buratto ‖ **abburattatìna**, **dim.**

abburattatóre [1305] **s. m.** (**f.** *-trice*, *pop., disus.* *-tóra*) ● chi abburatta | chi è addetto alla cernita e alla classificazione delle farine

abburattatùra [1305] **s. f.** **1** abburattamento **2** crusca ottenuta abburattando

ABC ➤ **abbiccì**

abcàso ➤ **abkhaso**

abdicàre [vc. dotta, lat. *abdicāre*, comp. di *ăb* 'da' e *dicāre* 'proclamare, consacrare' ✻ 1363] **A** **v. intr.** (*io àbdico, tu àbdichi*; aus. *avere*) **1** rinunciare all'autorità sovrana o ad altro potere legittimo (+ *a*): *il re fu costretto ad a.*; *a. al trono in favore di qlcu.* **2** (*est.*) rinunciare (+ *a*): *a. a un'eredità, a una carica, ai propri diritti* | sottrarsi a una responsabilità, a un dovere **B** **v. tr.** **1** (*raro, lett.*) rifiutare: *a. una professione* **2** †ripudiare

abdicatàrio [1847] **agg.** ● che ha abdicato

abdicazióne [vc. dotta, lat. *abdicatiōne(m)*, da *abdicāre* 'abdicare' ✻ 1363] **s. f.** ● rinuncia all'autorità sovrana | (*est.*) rinuncia a un diritto, a una carica, a una funzione e sim.

SFUMATURE ➤ *rinuncia*

abduàno [agg. del lat. *Abdua* 'Adda' ✻ 1807] **agg.** ● (*poet.*) del fiume Adda: *dagli antri abduani* (U. FOSCOLO)

abducènte **part. pres.** di *abdurre*; anche **agg.** **1** che abduce | relativo ad abduzione, nel sign. 1 **2** (*anat.*) ***nervi abducenti***, i nervi cranici del sesto paio, che innervano il muscolo che consente la rotazione verso l'esterno del globo oculare

abdùrre [lat. *abdūcere*, da *dūcere* 'condurre, tirare' ✻ 1970] **v. tr.** (**coniug. come** *condurre*; **part. pass.** *abdótto*) ● allontanare un arto dall'asse mediano del corpo **CONTR.** addurre

abduttìvo [1983] **agg.** ● (*filos.*) proprio dell'abduzione, fondato sull'abduzione: *ragionamento a.* ‖ **abduttivaménte**, **avv.** in modo abduttivo, per abduzione

abduttóre [1681] **A** **s. m.** ● ogni muscolo che provoca abduzione **B** **anche agg.** (**f.** *-trice*): *muscolo a.*

abduzióne [vc. dotta, lat. tardo *abductiōne(m)*. V. *abdurre* ✻ 1771] **s. f.** **1** movimento di allontanamento di un arto o di una sua parte dall'asse mediano del corpo **CONTR.** adduzione **2** (*filos.*) nella logica aristotelica, sillogismo in cui la premessa maggiore è certa, la minore probabile e la conclusione ha un grado di probabilità non superiore a quello della premessa minore | (*est.*) ragionamento la cui conclusione risulti solo verosimile

abecedàrio ➤ **abbecedario**

abèlia [dal nome del naturalista *Abel* Clarke ✻ 1818] **s. f.** ● genere di piante arbustive o arboree delle Caprifogliacee, cui appartengono specie con foglie opposte e fiori in glomeruli che formano pannocchie (*Abelia*) | ***a. del Messico***, varietà coltivata dai fiori di color rosa vivo (*Abelia floribunda*)

abeliàno (a-bel-ia-no, a-be-lia-no) [dal n. del matematico norvegese N. H. *Abel* (1802-1829) ✻ 1847] **agg.** ● (*mat.*) detto di struttura algebrica dotata della proprietà commutativa

abelmòsco [arabo *ḥabb al-músk*, da *ḥabb* 'chicco' e *músk* 'muschio' ✻ 1829] **s. m.** (**pl.** *-schi*) ● pianta erbacea delle Malvacee con frutti commestibili e proprietà medicinali (*Hibiscus abelmoschus*) **SIN.** ambretta

†**abèna** [vc. dotta, lat. *habēna(m)* 'briglia', da *habēre* 'avere', poi 'trattenere' ✻ av. 1314] **s. f.** ● (*lett.*) briglia del cavallo

†**abènto** [vc. merid., lat. *abvĕntu(m)* 'arrivo' (qui nel senso di 'sosta'). V. *avvento* ✻ av. 1250] **s. m.** ● quiete, riposo: *per te non ajo a.* (C. D'ALCAMO)

abènula [vc. dotta, lat. *habēnula(m)*, dim. di *habēna(m)* 'redine' ✻ 1955] **s. f.** ● (*anat.*) ogni struttura anatomica di aspetto simile a una briglia | ***a. dell'epifisi***, peduncolo che connette tale struttura all'epitalamo

aberrànte **part. pres.** di *aberrare*; anche **agg.** **1** che si allontana da ciò che è ritenuto giusto, normale, retto: *fatto, ragionamento, ideologia a.* **SIN.** anomalo, anormale, assurdo, riprovevole **2** detto di fatto linguistico che non è conforme a un tipo considerato come fondamentale **3** (*biol.*) detto di specie che presenti caratteri diversi rispetto alla norma

aberràre [vc. dotta, lat. *aberrāre*, comp. di *ab* 'da' ed *errāre* 'vagare' ✻ 1438] **v. intr.** (*io abèrro*; aus. *avere*) **1** (*lett.*) deviare, allontanarsi dalla via giusta, normale, retta **2** (*astron.*) †produrre aberrazione

aberrazióne [vc. dotta, lat. *aberratiōne(m)*. V. *aberrare* ✻ 1750] **s. f.** **1** deviazione dalla norma, da un principio o dalle comuni regole di comportamento: *un momento di a.*; *uomini che per a. di filosofia insinuarono l'ateismo* (G. MAZZINI) **SIN.** degenerazione, perversione **2** (*med.*) anomalia, irregolarità di organi e di funzioni | ***a. mentale***, deviazione parziale o totale delle attività mentali dalla norma | (*est.*) follia **3** (*fis.*) difetto nella formazione delle immagini da parte di un sistema ottico | ***a. astigmatica***, astigmatismo | ***a. cromatica***, quella dovuta alla dispersione del vetro, per cui si hanno immagini diverse per le diverse radiazioni dello spettro e conseguenti iridescenze **SIN.** cromatismo | ***a. sferica***, quando i raggi provenienti da un punto dell'asse incidono sul sistema a diversa distanza dall'asse convergendo in punti diversi **4** (*astron.*) allontanamento apparente degli astri dalla loro posizione per effetto della composizione vettoriale della velocità della luce con quella di chi osserva | ***a. diurna***, dovuta al moto di rotazione della Terra | ***a. annua***, dovuta al moto di rivoluzione della Terra

aberròmetro [comp. di *aberr(azione)* e *-metro* ✻ 1965] **s. m.** ● strumento usato per la misura delle aberrazioni ottiche

abetàia [av. 1606] **s. f.** ● abetina

✦**abéte** o (*lett.*) **abèto**, †**abézzo** [lat. parl. *abēte(m)*, per il classico *abĕte(m)*, di orig.

preindeur. ✻ 1275] **s. m. 1** albero delle Pinacee ad alto fusto, sempreverde con rami quasi orizzontali digradanti verso la cima, ascritto ai generi *Abies* e *Picea* | ***a. bianco***, albero delle Pinacee, alto, con corteccia di color grigio-cenere e foglie disposte a pettine (*Abies alba*) | ***a. rosso, di Moscovia***, albero delle Pinacee, alto, dal tronco bruno-rossiccio con i rami disposti a gradi verticillati, che portano foglie disposte in dense spirali (*Picea excelsa*) **SIN.** peccio | ***a. americano, di Douglas***, albero delle Pinacee originario dell'America settentrionale, coltivato per legno da opera e cellulosa (*Pseudotsuga douglasii*) **SIN.** douglasia **2** legno di abete || **abetèllo, dim.** | **abetìno, dim.**

abetèlla [1275] **s. f.** • sottile fusto di abete approssimativamente squadrato, usato per lavori di edilizia

ab etèrno ➤ **ab aeterno**

abetìna [da *abete* ✻ av. 1597] **s. f.** • bosco di abeti

abetìno [sec. XIV] **agg.** • (*raro*) di abete

abéto ➤ **abete**

†**abézzo** ➤ **abete**

abiàtico o **abbiàtico** [lat. tardo *aviăticu(m)*, da *ăvia* 'nonna' ✻ sec. XIV] **s. m.** (**pl.** *-ci*) • (*sett.*) nipote, figlio di un figlio o di una figlia

abicì ➤ **abbiccì**

†**abiettàre** o †**abbiettàre** [av. 1306] **A v. tr.** • spregiare **B** †**abiettàrsi v. rifl.** • avvilirsi, rendersi abietto

abiettézza o **abbiettézza** [da *abietto* ✻ 1673] **s. f.** • caratteristica di chi (o di ciò che) è abietto **SIN.** bassezza, meschinità

✦**abiètto** o **abbiètto** [vc. dotta, lat. *abiĕctu(m)*, part. pass. di *abĭcere* 'buttar via' ✻ av. 1334] **agg.** • spregevole, vile, ignobile: *individuo, atto, comportamento a.*; *l'educazione non si degna di pensare al corpo, cosa troppo bassa e abbietta* (G. LEOPARDI) || **abiettaménte, avv.** in modo vile e spregevole

✦**abiezióne** o **abbiezióne** [vc. dotta, lat. *abiectiōne(m)*, da *abiĕctus* 'abbietto' ✻ av. 1342] **s. f. 1** condizione di bassezza d'animo, di indegnità, di meschinità: *cadere nell'a.*; *discendere al fondo dell'a.* | (*lett.*) condizione di estremo avvilimento, di accasciamento **2** (*relig.*) nell'ascetica cristiana, atteggiamento volontario ed eroico di umiltà

abigeatàrio [da *abigeato* ✻ 1974] **s. m.** (**f.** *-ia*) • (*dir.*) abigeo

abigeàto [vc. dotta, lat. tardo *abigeātu(m)*, da *abigere* 'allontanare spingendo', comp. di *ăb* e *ăgere* 'condurre' ✻ 1673] **s. m.** • (*dir.*) reato consistente nel furto di bestiame, tipico delle società di tipo agricolo-pastorale: *non mancava niente, dalla a, abigeato, alla zeta, zuffa* (L. SCIASCIA)

abìgeo [vc. dotta, lat. tardo *abĭgeu(m)*. V. *abigeato* ✻ 1723] **s. m.** (**f.** *-a*) • (*dir.*) chi si rende colpevole di abigeato

✦**àbile** [vc. dotta, lat. *hăbile(m)*, da *habēre* 'tenere' ✻ sec. XIII] **agg. 1** che ha le qualità, i requisiti, i mezzi necessari per fare qlco. (+ *a*, + *in*, **anche seguiti da inf.**): *essere a. alla fatica, all'esercizio di una professione*; *a. a guidare mezzi pesanti* **SIN.** adatto, idoneo | ***diversamente a.***, (*eufem.*) che manca di una determinata capacità fisica o mentale, ma possiede altre abilità **SIN.** diversabile **CFR.** disabile nel sign. B **2** idoneo al servizio militare: *dichiarare qlcu. a.* **3** valente, esperto, accorto (+ *a*, + *in*, **anche seguiti da inf.**): *un a. commerciante*; *è molto a. a cavarsela in ogni situazione*; *un operaio a. nel suo lavoro*; *un politico a. nel gestire le riforme*; *chi vuol gente a., bisogna che la paghi* (A. MANZONI) **SIN.** bravo, capace || **abilménte, avv.** con abilità; con scaltrezza: *sottrarsi abilmente a qualche responsabilità*

-àbile [corrisponde al suff. lat. *-abile(m)*, propr. di agg. verb. con sign. passivo] **suff.** • forma aggettivi di senso passivo di origine latina o tratti da verbi in *-are*, che esprimono possibilità od opportunità: *affidabile, amabile, fabbricabile, utilizzabile* | in alcuni casi, suff. di aggettivi derivati anche da sostantivi: *papabile, tascabile*

✦**abilità** [vc. dotta, lat. *habilitāte(m)*, da *hăbilis* 'abile' ✻ av. 1298] **s. f. inv. 1** capacità e idoneità a compiere qlco. in modo soddisfacente (+ *in*, **anche seguito da inf.**; + *a*, + *di* **seguiti da inf.**): *lavoro che richiede grande a. manuale*; *acquisire delle a. in informatica*; *ha una grande a. nel mediare le diverse posizioni*; *dimostra la sua a. a cogliere le occasioni*; *questo visconte ebbe l'a. di turbare non pochi sonni di Gabriele* (I. NIEVO) **SIN.** bravura, perizia, valentia **2** destrezza, astuzia (+ *in*, + *a* **seguiti da inf.**): *uscire con a. da una situazione poco chiara*; *rivelare grande a. nell'affrontare i pericoli*; *dimostrare a. a togliersi dai guai* **3** †privilegio, vantaggio

SFUMATURE ➤ ***capacità***, ➤ ***facoltà***

abilitànte **part. pres.** di *abilitare*; **anche agg.** • che conferisce un'abilitazione: *corso a.*

abilitàre [fr. *habiliter*, dal lat. tardo *habilitāre*, da *hăbilis*, *habĭlitas*. V. *abile* ✻ av. 1327] **A v. tr.** (*io abìlito*) **1** rendere capace, adatto (+ *a*, **anche seguito da inf.**): *insegnerà la sintassi greca ... per a. i giovani a tradurre* (G. PARINI) **2** concedere legalmente l'idoneità allo svolgimento di date attività professionali (+ *a*, **anche seguito da inf.**): *a. alla professione medica, all'insegnamento* **B abilitàrsi v. rifl.** • conseguire l'abilitazione (+ *a*, + *in*): *abilitarsi all'insegnamento*; *abilitarsi in materie scientifiche*

abilitatìvo [1829] **agg.** • che conferisce un'abilitazione: *esame a.*

abilitàto **A part. pass.** di *abilitare*; **anche agg.** • adatto, idoneo a svolgere una funzione **B agg. e s. m.** (**f.** *-a*) • che (o chi) ha conseguito un'abilitazione

abilitazióne [1815] **s. f.** • riconoscimento legale dell'idoneità a svolgere una data attività professionale: *esame d'a.*

✦**ab ìmis** [sottinteso *fundamĕntis* 'dalle fondamenta più riposte' ✻ 1905] **loc. avv.** • dalle fondamenta, dalle basi

ab immemoràbili [lat., sottinteso *tĕmpore*, propr. 'da tempo immemorabile' ✻ 1670] **loc. avv.** • da tempo immemorabile

ab ìmo pèctore [lat., propr. 'dal profondo (del) petto'] **loc. avv.** • dal profondo dell'animo, del cuore

✦**ab inìtio** /*lat.* abi'nittsjo/ [lat., propr. 'dall'inizio' ✻ av. 1306] **loc. avv.** • da principio, inizialmente

ab intestàto [lat., 'da chi non ha fatto testamento'. V. *intestato*② ✻ 1509] **loc. avv.**; **anche loc. agg. inv.** • (*dir.*) in assenza di testamento: *succedere ab intestato*; *successione ab intestato*

àbio- [comp. di *a-*① e *-bio*] **primo elemento** • in parole composte della terminologia scientifica significa 'mancanza di vita': *abiogenesi, abiosfera*

abiogènesi [comp. di *abio-* e del gr. *génesis* 'generazione' ✻ 1892] **s. f. inv.** • (*biol.*) generazione di organismi viventi dalla materia non vivente

abiologìa [comp. di *a-*① e *biologia* ✻ 1955] **s. f.** (**pl.** *-gìe*) • (*raro*) insieme delle scienze naturali che studiano i corpi non viventi, come minerali, rocce e sim.

abiosfèra [vc. dotta, comp. di *abio-* e *sfera* ✻ 1955] **s. f.** • insieme delle parti della Terra in cui non è possibile alcuna forma di vita

abiòtico [comp. di *a-*① e un deriv. del gr. *bios* 'vita', sul modello del fr. *abiotique* ✻ 1963] **agg.** (**pl. m.** *-ci*) **1** (*biol.*) caratterizzato da assenza di vita: *sintesi abiotica* **2** detto di ambiente in cui non è possibile alcuna forma di vita | detto di qualsiasi parametro ambientale non riferito agli organismi (per. es. la temperatura, l'umidità, l'illuminazione ecc.)

abissàle [fr. *abyssal*, dal lat. tardo *abўssus*. V. *abisso* ✻ 1381] **agg. 1** di abisso, relativo agli abissi spec. oceanici | ***fauna a.***, insieme di animali che popolano gli ambienti marini al di sotto dei 2000 metri | ***depositi abissali***, quelli formati in fondali marini di grande profondità **2** (*geol.*) detto di ciò che si trova in profondità nella crosta terrestre: *magma a.*; *rocce abissali* **3** (*fig.*) senza limiti, profondo: *ignoranza a.* **4** (*psicol.*) detto di qualsiasi dottrina psicologica che si occupi dell'inconscio || **abissalménte, avv.** (*fig.*) immensamente, smisuratamente (spec. riferito a qlco. di negativo) || **abissalità, s. f. inv.** caratteristica di ciò che è abissale (*spec. fig.*)

†**abissàre** [da *abisso* ✻ av. 1294] **A v. tr.** • sommergere **B v. intr.** • sprofondare: *par che il mondo abissi e venga meno* (M.M. BOIARDO) **C abissàrsi v. intr. pron.** • (*lett.*, *raro*) inabissarsi (*anche fig.*)

abissìno [av. 1557] **A agg.** • dell'Abissinia, regione geografica dell'Etiopia | (*est.*) etiopico **B s. m.** (**f.** *-a*) • abitante o nativo dell'Abissinia

✦**abìsso** o †**nabìsso** [vc. dotta, lat. tardo *abўssu(m)*, dal gr. *ábyssos*, da *byssós* 'fondo del mare' ✻ 1258] **s. m. 1** profondità sconfinata, baratro (*anche fig.*): *gli abissi del mare*; *cadere, precipitare in un a.*; *quell'uomo è un a. di malvagità* | ***essere sull'orlo dell'a.***, (*fig.*) a un passo dalla rovina, dalla perdizione **2** (*est.*, *lett.*) inferno | ***gli spiriti, le potenze dell'a.***, i demoni **3** (*fig.*) grande differenza, distanza incolmabile, di ordine culturale, intellettuale, morale e sim.: *che a. ora tra lei e quella compagna di collegio!* (L. PIRANDELLO) **4** (*fig.*, *raro*) quantità immensa: *a ordinarle in Roma, costano un a.* (G. LEOPARDI) **5** (*arald.*) punto centrale dello scudo **SIN.** cuore

abitàbile [vc. dotta, lat. *habitābile(m)*, da *habitāre* 'abitare' ✻ 1282] **agg.** • che può essere abitato: *paese a.*; *edificio a.* | ***cucina a.***, che può fungere anche da stanza da pranzo || **abitabilità, s. f. inv.** (V.)

abitabilità [1584] **s. f. inv.** • condizione di ciò che è abitabile | ***autorizzazione di a.***, rilasciata quando un'abitazione, di nuova costruzione o modificata, risponde ai requisiti previsti dalla legge

abitàcolo [vc. dotta, lat. tardo *habitāculu(m)*, da *habitāre* 'abitare' ✻ av. 1292] **s. m. 1** spazio destinato alle persone in un veicolo **2** negli aeromobili, piccolo vano destinato all'equipaggio **3** (*mar.*) chiesuola **4** †abitazione angusta e povera: *quivi soletto ... / avrò, mentre ch'io viva, lo a.* (M.M. BOIARDO)

SFUMATURE ➤ ***cabina***

✦**abitànte** **A part. pres.** di *abitare*; **anche agg.** • nei sign. del v. **B s. m. e f.** • chi abita in un luogo: *città di centomila abitanti*

✦**abitàre** [vc. dotta, lat. *habitāre*, frequentativo di *habēre* 'trovarsi, stare' ✻ 1219] **A v. tr.** (*io àbito*) • avere come dimora: *a. una casa, un palazzo* | popolare: *la fauna che abita le zone tropicali* **B v. intr.** (**aus.** *avere*) **1** risiedere, vivere stabilmente in un luogo: *a. a Roma, alle Tremiti, al primo piano*; *a. in Emilia-Romagna*; *a. in città, in periferia, in campagna, in Via Garibaldi*; *a. in una villa* | condividere l'abitazione con qlcu.: *a. con la famiglia, con i genitori* | risiedere temporaneamente a casa di qlcu.: *a. dai nonni, presso un amico* **SIN.** alloggiare, dimorare, stare **2** (*fig.*, *lett.*) tenere, nutrire nel proprio animo: *insolita paura / entrar mi sento ad abitar nel petto* (G.B. MARINO)

abitativo [da *abitare* ✱ 1835] **agg.** ● relativo all'abitare, alle abitazioni: *edilizia abitativa*

♦**abitàto** **A** **part. pass.** di *abitare*; **anche agg.** ● nei sign. del v. | popolato: *un territorio densamente a.* | ***centro a.***, città, cittadina, paese **B** **s. m.** ● luogo occupato da complesso più o meno vasto di edifici destinati all'abitazione dell'uomo: *a. urbano*; *a. rurale*; *uscire dall'a.*

abitatóre [vc. dotta, lat. *habitatōre(m)*, da *habitāre* 'abitare' ✱ 1280] **s. m.** (**f.** *-trice*) ● (**lett.**) abitante | ***gli abitatori dell'aria, dell'acqua***, gli uccelli, i pesci

♦**abitazióne** [vc. dotta, lat. *habitatiōne(m)*, da *habitāre* 'abitare' ✱ 1282] **s. f. 1** l'abitare in un luogo: *ambiente inadatto all'a.* | ***casa d'a.***, quella in cui si abita | (**dir.**) ***diritto di a.***, diritto reale consistente nella facoltà di utilizzare una casa altrui per abitarvi con la propria famiglia **2** edificio, appartamento, ambiente in cui vive o risiede una persona o una famiglia: *un'a. modesta, povera, decorosa, signorile*; *abitazioni primitive*; *un'a. urbana, rurale* | (**est.**) edificio, casa: *zona priva di abitazioni*

abitino [1618] **s. m. 1** dim. di *abito* | abito di proporzioni ridotte: *indossare un a. provocante* | abito modesto, fatto in economia: *un a. grigio* **2** oggetto di devozione popolare cattolica portato spec. dai terziari secolari **SIN.** scapolare

♦**àbito** [vc. dotta, lat. *hăbitu(m)*, da *habēre* 'possedere' ✱ 1268] **s. m. 1** capo di abbigliamento, veste che si indossa sopra gli indumenti intimi: *a. da mattina, a. da pomeriggio, a. da cocktail* **SIN.** vestito | ***a. scuro***, maschile, adatto a cerimonie e riunioni mondane | ***a. da sera***, femminile, lungo o corto ma di particolare eleganza | ***a. da gran sera***, femminile, lungo per rappresentazioni di gala e grandi balli | ***taglio d'a.***, quantità di stoffa occorrente per un vestito **2** tipo di abbigliamento che costituisce il segno distintivo di una condizione, una professione e sim.: *a. militare, civile, religioso, monacale, ecclesiastico* | ***a. talare***, la veste degli ecclesiastici | **PROV.** ***l'a. non fa il monaco***, l'aspetto esteriore non sempre corrisponde alla natura di qlcu. **3** (**ellitt.**) veste religiosa | ***prendere, vestire l'a.***, dedicarsi alla vita ecclesiastica | ***deporre, abbandonare, lasciare l'a., gettare l'a. alle ortiche***, (**fig.**) abbandonare la vita ecclesiastica **4** (**fig.**) abitudine, disposizione naturale o acquisita: *a. mentale*; *a. della virtù*; *a. letterario*; *dolce paese, onde portai conforme / l'a. fiero e lo sdegnoso canto* (G. CARDUCCI) **5** (**biol.**) complesso delle caratteristiche anatomiche e funzionali di un organismo **SIN.** habitus | (**med.**) complesso delle caratteristiche che definiscono un individuo e lo predispongono a determinate malattie: *a. linfatico, adenoideo* | (**zool.**) ***a. nuziale***, particolare cambiamento di aspetto che in molti animali accompagna la maturazione sessuale **6** (**miner.**) aspetto caratteristico di un cristallo dovuto alla predominanza di una sua forma rispetto alle altre **7** (**lett.**) contegno, aspetto: *Verrò inerme, ... in a. di vittima* (G. D'ANNUNZIO) || **abitàccio**, **pegg.** | **abitino**, **dim.** (V.) | **abitóne**, **accr.** | **abitùccio**, **dim.**

NOMENCLATURA

abito = vestito
● *caratteristiche*: civile = borghese, militare, ecclesiastico, ufficiale, da cerimonia, di gala, da passeggio, da sera, da lavoro; lacero = strappato, sdrucito, rattoppato, rammendato; difettoso; sbagliato; imbastito ⇔ rifinito, abbottonato ⇔ sbottonato, chiuso ⇔ aperto, stretto = attillato = aderente ⇔ largo = abbondante, lungo ⇔ corto, vistoso ⇔ semplice, elegante ⇔ dimesso, nuovo ⇔ vecchio = rivoltato, stirato ⇔ gualcito; unisex, casual; taglia forte; drop; su misura;
● *azioni*: infilare, indossare, portare, mettere, deporre, calzare, sfilare, rimboccare, arrovesciare; stare bene addosso, far grinze, stare a pennello; stropicciare, sgualcire, consumare, logorare, strappare, sdrucire, macchiare, rovinare, allargare ⇔ stringere, cucire, scucire, imbastire.

abitụàle [vc. dotta, lat. mediev. *habituāle(m)*, da *hăbitus* 'disposizione' ✱ 1308] **agg.** ● che deriva da abitudine, che è tale per abitudine: *comportamento, occupazione, cliente a.* **SIN.** consueto, solito | (**dir.**) ***delinquente a.***, chi, per la sua reiterata attività criminosa, dimostra una notevole attitudine al reato | (**relig.**) ***Grazia a.***, nella teologia cattolica, qualità permanente dell'anima per cui si diventa figli di Dio ed eredi del Paradiso **CFR.** attuale || **abitualménte**, **avv.** || **abitualità**, **s. f. inv.** caratteristica di ciò che è abituale; (**dir.**) ***abitualità criminosa***, condizione personale del delinquente e del contravventore abituale

SFUMATURE DI SIGNIFICATO

abituale - tradizionale - rituale
Si definisce **abituale** ciò che è solito, consueto perché legato a un'abitudine. Se la consuetudine poggia sulla forza di una tradizione, abbiamo **tradizionale**. Con **rituale** il ripetersi di qualcosa fa riferimento a una tradizione di carattere religioso, ha cioè il valore di rito.
SFUMATURE ➤ *frequente*

♦**abitụàre** [lat. tardo *habituāri*, da *hăbitus* 'abitudine' ✱ 1322] **A** **v. tr.** (*io abitụo, noi abitụiàmo*) ● far prendere un'abitudine, fisica o morale (+ *a*, **anche seguito da inf.**): *a. qlcu. al lavoro, alla fatica, a superare le difficoltà* **SIN.** assuefare, avvezzare **B** **abitụàrsi** **v. rifl.** ● prendere un'abitudine (+ *a*, **anche seguito da inf.**): *abituarsi al fumo, ai rumori, a un'idea*; *abituarsi a tacere* **SIN.** assuefarsi, avvezzarsi | adattarsi: *abituarsi a un clima*

abitụàto **part. pass.** di *abituare*; **anche agg.** ● che ha l'abitudine a qlco. (+ *a*, **anche seguito da inf.**): *è a. alla fatica*; *non sono a. ad alzarmi presto* | ***bene, male a.***, cui sono state date, o che ha preso, buone o cattive abitudini

abituazióne [1427] **s. f. 1** (**raro, lett.**) l'abituarsi, l'essersi abituato: *l'a. fa che si sente l'odore degli altri, e non si fa caso del nostro* (C. GOLDONI) **2** (**fisiol.**) diminuzione della ampiezza di una risposta evocata da stimoli nervosi reiterati

abitudinarietà [1898] **s. f. inv.** ● caratteristica di chi (o di ciò che) è abitudinario

abitudinàrio [1855] **A** **agg. e s. m.** (**f.** *-ia*) ● che (o chi) agisce secondo le abitudini acquisite, spec. per mancanza di iniziativa, entusiasmo e sim.: *gli uomini sono creature abitudinarie*; *ormai è diventato un a.* **SIN.** consuetudinario, metodico || **abitudinariaménte**, **avv.** **B** **s. m.** (**f.** *-ia*) ● chi frequenta abitualmente un luogo: *gli abitudinari di un bar* **SIN.** habitué

♦**abitùdine** [vc. dotta, lat. *habitūdine(m)*, da *hăbitus* 'disposizione, condizione' ✱ 1293] **s. f. 1** disposizione ad agire in un determinato modo acquisita con la continua e regolare ripetizione degli stessi atti (+ *di* **seguito da inf.**, + *a*, **anche seguito da inf.**): *buona, cattiva, vecchia a.*; *la forza dell'a.*; *avere, prendere, perdere l'a. di fare qlco.*; *avere delle brutte abitudini*; *fare l'a. al rumore*; *gli manca l'a. a confrontarsi con gli altri* | ***d'a.***, abitualmente: *festeggeremo insieme, come d'a., il compleanno* **SIN.** costume, consuetudine **2** (**al pl.**) usanze, tradizioni: *le abitudini alimentari degli italiani* **3** †disposizione, inclinazione

SFUMATURE DI SIGNIFICATO

abitudine - consuetudine - consuetudini - tradizione
La disposizione ad agire in un certo modo, acquisita con la ripetizione di determinate azioni si chiama **abitudine**; il comportamento, l'azione ripetuti con regolarità si definiscono **consuetudine**; il plurale **consuetudini** si usa in riferimento ai comportamenti, agli usi di una comunità di persone; considerati dal punto di vista della loro trasmissione da una generazione all'altra tali usi costituiscono una **tradizione**.
SFUMATURE ➤ *assuefazione*, ➤ *costume*

abitùro [contaminazione di *abitazione* e *tugurio* (?) ✱ 1275] **s. m. 1** (**lett.**) abitazione angusta e povera: *un a. tra i monti* **2** †dimora, abitazione: *quanti nobili abituri ... rimaser vuoti!* (G. BOCCACCIO)

abiùra [da *abiurare* ✱ 1660] **s. f. 1** nel cristianesimo e nell'islamismo, solenne rinuncia ad altra religione o dottrina considerata falsa o erronea | formula scritta od orale, nella quale si esprime tale rinuncia **2** (**est.**) formale rinuncia a dottrine o idee precedentemente professate: *a. politica*

♣**abiuràre** [vc. dotta, lat. *abiurāre*, comp. di *ăb* 'da' (con senso di allontanamento) e *iurāre* 'giurare' ✱ av. 1557] **A** **v. tr. 1** fare abiura, ripudiare solennemente: *a. una fede, un'idea* **2** (**raro, lett.**) rinnegare, non considerare: *a. la logica ... è un sacrifizio che il bon senso non può assolutamente fare* (A. MANZONI) **B** **v. intr.** (**aus.** *avere*) ● (**raro**) rinunciare in modo solenne (+ *a*): *non voglio dire che io abbia abiurato alla mia fede* (A.M. ORTESE)

abkhàṣo /ab'kazo/ o **abcàṣo** [1956] **A** **agg.** ● dell'Abkhasia, repubblica autonoma della Georgia asiatica **B** **s. m.** (**f.** *-a*) ● abitante o nativo dell'Abkhasia

ablaqueazióne [vc. dotta, lat. *ablaqueatiōne(m)*, da *ablaqueātus*, part. pass. di *ablaqueāre* 'scalzare', da *lăqueus* 'laccio', col pref. *ăb* 'da' ✱ 1955] **s. f.** ● (**agric.**) operazione dello scalzare

ablativo [vc. dotta, dal lat. *ablatīvu(m)*, da *ablātus*, part. pass. di *aufĕrre* 'levare'; nel sign. B, dal lat. (*cāsum*) *ablatīvu(m)* ✱ 1450 ca.] **A** **agg.** ● (**geol.**) che provoca ablazione: *l'azione ablativa di un ghiacciaio* | ***materiale a.***, che proviene da ablazione (nel sign. 1) | ***materiali ablativi***, destinati a subire ablazione (nel sign. 4) **B** **s. m.**; **anche agg.** ● (**ling.**) caso della declinazione indoeuropea che indica il punto di partenza, lo strumento, la compagnia, lo stato in luogo | ***a. assoluto***, costruzione sintattica latina in caso ablativo, senza legame sintattico con la proposizione reggente | (**fig., disus.**) ***ridursi, essere all'a.***, allo stremo delle forze

ablatóre [vc. dotta, lat. tardo *ablatōre(m)* 'colui che porta via', da *ablātus*, part. pass. di *aufĕrre* 'portare via', comp. di *ăb* 'da' e *fĕrre* 'portare' (V. *-fero*) ✱ 1965] **A** **agg.** (**f.** *-trice*) ● (**geol.**) detto di bacino costituito dalla porzione inferiore del ghiacciaio sotto la linea delle nevi persistenti, in cui prevalgono i fenomeni di fusione e consumo dei ghiacciai **B** **s. m.** ● (**med.**) strumento con cui il dentista leva il tartaro dai denti

ablatòrio [da *ablazione* ✱ 1981] **agg.** ● (**dir.**) di ablazione | ***provvedimento a.***, che priva un soggetto della disponibilità di un bene o di un diritto

ablazióne [vc. dotta, lat. tardo *ablatiōne(m)*, da *ablātus*, part. pass. di *aufĕrre* 'levare' ✱ 1827] **s. f. 1** (**geol.**) complesso dei fenomeni che causano la perdita di ghiaccio in un ghiacciaio | riduzione di volume di un ghiacciaio per fusione ed evaporazione **2** (**chir.**) asportazione di qualsiasi parte o formazione dell'organismo **CFR.** -ectomia **3** (**dir.**) contenuto di un atto d'autorità avente l'effetto di togliere ad alcuno il godimento o l'esercizio di un diritto o di un interesse **4** (**fis.**) fusione o evaporazione superficiale di un corpo sottoposto a elevata temperatura, utile al fine di proteggere dal calore

ablefarìa [dal gr. *ablépharos* 'senza palpebre',

a

comp. di *a-*① e *blépharon* 'palpebra' (V. *blefaro-*) ✻ 1899] **s. f.** ● (*med.*) assenza congenita totale o parziale delle palpebre

ablegàto /able'gato/ [dal lat. *ăb* 'da', sul modello di *delegato* ✻ 1865] **s. m.** ● funzionario incaricato dal Pontefice di una missione particolare, spec. quella onorifica di portare la berretta cardinalizia a un nuovo cardinale assente da Roma all'atto della nomina

ablegazióne /ablegat'tsjone/ [1845] **s. f.** ● dignità, funzione di ablegato

✦**abluzióne** [vc. dotta, lat. *ablutiōne(m)*, da *ablŭere* 'lavare, purificare' ✻ 1619] **s. f. 1** lavaggio del corpo o di una parte di esso **2** atto rituale di molte religioni superiori e primitive, consistente nel lavare il corpo o parte di esso a scopo di purificazione | atto del lavarsi le dita che fa il sacerdote cattolico durante la Messa

abnegàre o †**annegàre**② [vc. dotta, lat. *abnegāre*, comp. di *ăb* (allontanamento) e *negāre* 'negare' ✻ av. 1306] **v. tr.** (*io abnégo* o *abnègo*, o *àbnego*, *tu abnéghi* o *abnèghi*, *àbneghi*) ● (*raro*, *lett.*) rinunciare interamente a qlco. per il bene altrui o per voto religioso

✦**abnegazióne** o †**annegazióne** [vc. dotta, lat. tardo *abnegatiōne(m)*. V. *abnegare* ✻ sec. XIV] **s. f.** ● spirito di sacrificio e di rinuncia unito a un'assoluta dedizione al bene altrui, a un ideale e sim.: *si è prodigata con grande a.*; *dar prova della massima a.*

✦**abnòrme** [vc. dotta, lat. *abnŏrme(m)* 'fuori della norma' ✻ 1828] **agg.** ● che esce dalla norma: *l'a. dilatazione di un'arteria* **SIN.** anomalo | (*est.*) sproporzionato, eccessivo: *l'a. dilatazione del debito pubblico* ‖ **abnormeménte**, **avv.**

♦**abolìre** [vc. dotta, lat. *abolēre*, di etim. incerta ✻ 1357] **v. tr.** (*io abolìsco*, *tu abolìsci*) ● annullare, togliere del tutto: *a. un uso, una cerimonia, una tassa* | abrogare: *a. una legge, un decreto* | eliminare: *a. gli alcolici dalla dieta* **SIN.** sopprimere

abolitìvo [1865] **agg.** ● diretto ad abolire

abolitóre [vc. dotta, lat. tardo *abolitōre(m)*, da *abolēre* 'abolire' ✻ 1829] **s. m.** (**f.** *-trice*) ● (*raro*) chi abolisce

abolizióne [vc. dotta, lat. tardo *abolitiōne(m)*, da *abolēre* 'abolire' ✻ 1357] **s. f.** ● abrogazione, soppressione: *l'a. della pena di morte* **SIN.** annullamento

abolizionìṣmo [ingl. *abolitionism* ✻ 1874] **s. m.** ● movimento che propugna l'abolizione o la modificazione di leggi, istituzioni o consuetudini | (*stor.*) movimento per l'abolizione della schiavitù (secc. XVIII e XIX) | (*stor.*) movimento contro il proibizionismo negli Stati Uniti (anni '20 e '30 del Novecento)

abolizionìsta [ingl. *abolitionist* ✻ 1830] **s. m. e f.**; **anche agg.** (**pl. m.** *-i*) ● chi (o che) propugna l'abolizionismo

abolizionìstico [1950] **agg.** (**pl. m.** *-ci*) ● relativo all'abolizionismo

abòlla [vc. dotta, lat. *abŏlla(m)*, prob. dal gr. *ambolḗ* per *anabolḗ*, da *anabállō* 'io getto sopra' ✻ 1585] **s. f.** ● casacca militare e da viaggio, in lana pesante, usata nel mondo romano

abomàṣo, (*evit.*) **abòmaṣo** [comp. del lat. *ăb* 'dopo' e *omāsum* 'trippa di bue' ✻ 1794] **s. m.** ● (*zool.*) ultima delle quattro cavità dello stomaco dei Ruminanti **SIN.** caglio① **CFR.** omaso, reticolo, rumine

abominàbile o **abbominàbile** [vc. dotta, lat. tardo *abomināblie(m)*, da *abomināre* 'abominare' ✻ sec. XIII] **agg.** ● (*raro*, *lett.*) abominevole: *a. e nefando ... / era il rigor di quella legge dura* (G.B. MARINO) ‖ **abominabilménte**, **avv.** (*raro*) in modo abominevole

abominàndo o **abbominàndo** [vc. dotta, lat. *abominăndu(m)*, gerundivo (col senso di necessità) di *abomināre* 'abominare' ✻ av. 1334] **agg.** ● (*raro*, *lett.*) che si deve aborrire: *vizi abominandi e brutti* (L. ARIOSTO)

abominàre o **abbominàre** [lat. *abomināre* 'respingere un presagio', comp. di *ăb* 'da' e *ōmen* 'presagio' ✻ 1268] **v. tr.** (*io abòmino*) **1** (*lett.*) avere in orrore, aborrire, detestare: *a. la violenza, il vizio* **SIN.** disprezzare, odiare **2** †vituperare, infamare | †accusare

abominatóre o **abbominatóre** [sec. XIV] **s. m.** (**f.** *-trice*) ● (*raro*, *lett.*) chi detesta

abominazióne o **abbominazióne** [vc. dotta, lat. tardo *abominatiōne(m)*, da *abomināre* 'abominare' ✻ 1268] **s. f. 1** (*lett.*) sentimento di avversione profonda, odio, disprezzo: *avere qlcu., qlco. in a.*; *suscitare l'a. generale* **2** (*raro*) cosa, persona, abominevole: *quell'individuo è l'a. della sua famiglia* **3** †nausea, ripugnanza

✦**abominévole** o (*lett.*) **abbominévole** [V. *abominabile* ✻ av. 1292] **agg. 1** che è degno di abominazione, disprezzo: *spettacolo, luogo, comportamento a.* | ***l'a. uomo delle nevi***, lo yeti, essere mostruoso che secondo una leggenda vive fra le nevi dell'Himalaya **SIN.** esecrabile, odioso **2** (*est.*) disgustoso, ripugnante: *V'è chi d'abominevoli vivande / le mense ingombra* (T. TASSO) ‖ **abominevolménte**, **avv.**

✦**abomìnio** o (*lett.*) **abbomìnio** [da *abominare* ✻ 1261 ca.] **s. m.** (**pl.** *-i* o *-ii*) **1** avversione, disprezzo: *avere in a. la violenza* **SIN.** abominazione **2** condizione di vergogna, di infamia: *cadere nell'a.*; *La disperata morte parve preferibile al peso di quell'a.* (G. D'ANNUNZIO) **3** ciò che è abominevole, esecrabile, infame

abominóso (o **-ṣ-**) o **abbominóso** (o **-ṣ-**) [1330] **agg.** ● (*lett.*) abominevole, detestabile | ripugnante: *abbominoso lezzo* (A. MANZONI)

abondàre e deriv. ➤ **abbondare** e deriv.

aboràle [comp. del lat. *ăb* 'dopo' e *os*, genit. *oris* 'bocca' ✻ 1955] **agg.** ● (*anat.*, *zool.*) che è situato dalla parte opposta a quella in cui si apre la bocca: *estremità a.*

aborìgeno [vc. dotta, lat. *Aborīgines*, nom. pl., i primi abitatori del Lazio, di etim. incerta ✻ 1546] **A** **agg.** ● indigeno: *piante, popolazioni aborigene* **B** **s. m.** (**f.** *-a*) **1** chi è originario della regione in cui vive **2** (*est.*) primitivo, selvaggio

ab orìgine [lat., propr. 'dall'origine' ✻ 1603] **loc. avv.** ● originariamente, fin da principio

aborrévole o †**abborrévole** [sec. XIV] **agg.** ● (*raro*, *lett.*) esecrabile | ripugnante ‖ **aborrevolménte**, **avv.** (*raro*) in modo ripugnante

aborriménto o **abborriménto** [av. 1304] **s. m.** ● (*lett.*) sentimento di avversione e ripugnanza: *manifestare a. per qlco.*; *avere, prendere qlcu., qlco., in a.*

SFUMATURE ➤ *odio*

✦**aborrìre** o **abborrìre** [lat. *abhorrēre*, da *hŏrror* 'orrore' ✻ sec. XIII] **A** **v. tr.** (*io aborrìsco* o *abòrro*, *tu aborrìsci* o *abòrri*) ● avere in orrore, in avversione: *a. l'ipocrisia* **SIN.** detestare, odiare **B** **v. intr.** (**aus.** *avere*) ● rifuggire con orrore (+ *da*): *a. dalla menzogna, dal sangue*

aborrìto o **abborrìto** **part. pass.** di *aborrire*; **anche agg.** ● (*lett.*) detestato, esecrato: *Fin la vecchiezza, / l'aborrita vecchiezza, avrei sofferto* (G. LEOPARDI)

aborritóre o **abborritóre** [1811] **agg. e s. m.** (**f.** *-trice*) ● (*lett.*) che (o chi) aborrisce

abortìre [vc. dotta, lat. tardo *abortīre*, da *aborīri*. V. *aborto* ✻ av. 1463] **v. intr.** (*io abortìsco*, *tu abortìsci*; **aus.** *avere* **nei sign. 1 e 2**, *essere* **nel sign. 3**) **1** interrompere prematuramente la gravidanza, mediante espulsione del prodotto del concepimento prima del 180° giorno **2** (*est.*) non svilupparsi: *la fioritura dei ciliegi ha abortito* **3** (*fig.*) non giungere a conclusione: *il tentativo abortì sul nascere* **SIN.** fallire

abortìsta [1973] **agg. e s. m. e f.** (**pl. m.** *-i*) ● che (o chi) è favorevole alla liberalizzazione dell'aborto

abortìstico [1989] **agg.** (**pl. m.** *-ci*) ● degli abortisti: *movimento a.*

abortìto **part. pass.** di *abortire*; **anche agg. 1** nei sign. del v. **2** (*fig.*) fallito sul nascere, non realizzato: *progetto a.*

abortìvo [vc. dotta, lat. *abortīvu(m)*, da *abŏrtus* 'aborto' ✻ av. 1342] **A** **agg.** ● che provoca l'aborto: *pillola abortiva* | relativo all'aborto: *intervento a.* **B** **s. m.** ● sostanza atta a provocare l'aborto

abòrto [vc. dotta, lat. *abŏrtu(m)*, da *aborīri* 'perire, nascere prima del tempo', da *orīri* 'nascere' ✻ 1570] **s. m. 1** (*med.*) interruzione della gestazione ed espulsione del prodotto del concepimento prima che il feto sia vitale, ovvero capace di vita extrauterina indipendente | ***a. spontaneo***, interruzione involontaria della gravidanza provocata da cause patologiche che comporti espulsione o morte del feto o dell'embrione entro il 180° giorno compiuto di gestazione | ***a. indotto, a. terapeutico***, interruzione volontaria della gravidanza | ***a. farmacologico***, provocato dall'assunzione di farmaci **2** (*bot.*) mancata formazione o mancato sviluppo di un organo vegetale **3** (*fig.*) persona mal conformata: *quell'uomo è un a.*; *la poveretta è un a. di natura* | (*fig.*) opera mal riuscita, attività che fallisce sul nascere e sim.: *l'iniziativa si è risolta in un a.* **SIN.** fallimento

✦**ab òvo** [lat., 'dall'inizio', propr. 'dall'uovo'; la locuzione intera era *ab ovo usque ad mala* 'dall'uovo (che costituiva l'antipasto) fino alla frutta' ✻ av. 1730] **loc. avv.** ● dalle origini, dagli inizi

abracadàbra [dal gr. biz. *ábra katà ábra* 'spirito per spirito', formula ripetuta negli scongiuri ✻ 1748] **s. m. inv. 1** parola misteriosa cui si attribuivano virtù magiche **2** (*fig.*) gioco di parole di significato volutamente oscuro: *Puro a., sollazzo intellettuale di progettisti finanziari* (L. EINAUDI)

abràdere [vc. dotta, lat. *abrādere* 'radere, raschiare', comp. di *ăb* 'da' e *rādere* 'radere' ✻ av. 1374] **v. tr.** (**coniug. come** *radere*) **1** provocare abrasione **2** (*lett.*) togliere via raschiando, radendo

abràmide [lat. scient. *Abramis*, dal gr. *abramís*, o *abrabís*, n. di una specie di cefalo ✻ 1950] **s. m.** ● pesce d'acqua dolce dei Ciprinidi simile alla carpa, diffuso nell'Europa settentrionale e orientale (*Abramis*)

abranchiàto [comp. di *a-*① e un deriv. di *branchia*, come in *Branchiati* ✻ 1955] **agg.** ● (*zool.*) detto di organismo privo di branchie

abràsi ➤ **abradere**

abraṣióne [vc. dotta, lat. tardo *abrasiōne(m)*, da *abrādere* 'abradere' ✻ av. 1553] **s. f. 1** raschiatura, cancellatura fatta radendo | il segno che ne resta **2** (*geogr.*) azione demolitrice esercitata dalle onde del mare che si frangono su una costa: *a. marina* **3** in varie tecnologie, metodo di lavorazione che consiste nell'asportare raschiando con sostanze apposite la parte più superficiale di un materiale **4** (*med.*) lesione superficiale, leggero raschiamento

abraṣìvo [1930] **A** **agg. 1** detto di sostanza durissima, usata per rifinire superfici metalliche o per abradere un materiale **2** (*fig.*) corrosivo, distruttivo: *critica abrasiva* **3** (*mus.*) detto di sonorità metallica stridente propria di certi generi di musica rock: *rock a.* **B** **anche s. m.**: *abrasivi naturali, artificiali* ‖ **abraṣività**, **s. f. inv.** proprietà di ciò che è abrasivo

abreazióne [comp. della prep. lat. di allontanamento *ăb* e di *reazione* ✱ 1955] **s. f.** ● (*psicol.*) improvvisa manifestazione di sentimenti a lungo repressi e inconsci

abrégé /*fr.* abʀeˈʒe/ [fr., 'compendio', propr. part. pass. di *abréger* 'abbreviare'; stessa etim. dell'it. *abbreviare* ✱ 1735] **s. m. inv.** ● compendio, sommario

àbro [dal gr. *habrós* 'molle' ✱ 1829] **s. m.** ● arbusto tropicale delle Papilionacee con infiorescenze rosse a grappolo e semi di color rosso scarlatto con macchie rotonde nere, usati per collane, rosari e sim. (*Abrus precatorius*) **SIN.** albero dei paternostri, albero del rosario

abrogàbile [1961] **agg.** ● che si può abrogare ‖ **abrogabilità**, **s. f. inv.**

abrogàre [vc. dotta, lat. *abrogāre*, comp. di *ăb* e *rogāre* 'proporre una legge' ✱ 1342] **v. tr.** (*io àbrogo* **o, etim. meno corretto,** *abrògo*, *tu àbroghi* **o** *abròghi*) ● (*dir.*) annullare una norma con mezzi previsti dalla legge

abrogatìvo [1631] **agg.** ● che abroga, che è atto ad abrogare: *referendum a.*

abrogatòrio [1798] **agg.** (**pl. m.** *-i* **o** *raro -ii*) ● (*dir.*) che serve ad abrogare

abrogazióne [vc. dotta, lat. *abrogatiōne(m)*, da *abrogāre* 'abrogare' ✱ 1324 ca.] **s. f.** ● (*dir.*) annullamento di una norma
SFUMATURE ➤ *deroga*

abrogazionìsta [1970] **s. m. e f.; anche agg.** (**pl. m.** *-i*) ● chi (o che) sostiene l'opportunità o la necessità di abrogare una legge

abròstine o **abrostìno** [dal lat. *labrŭsca* 'vite selvatica', con la caduta della *l-* iniziale sentita come articolo ✱ sec. XIII] **s. m.** **1** specie di vite americana (*Vitis labrusca*) | uva di questa vite, piccola, nera, aspra, usata spec. per colorare vini **SIN.** lambrusca **2** †vite selvatica

abròtano [lat. *abrŏtonu(m)*, di etim. incerta, ma prob. da accostare al gr. *habrós* 'molle' ✱ sec. XIII] **s. m.** ● pianta erbacea delle Composite con foglie grandi, multifide, odore fortemente aromatico, sapore amaro e fiori in capolini (*Artemisia abrotanum*) | ***a. femmina***, santolina

abrùpto [lat. *abrŭpto*, propr. 'spezzato, rotto', abl. del part. pass. di *abrŭmpere* 'troncare, strappare' ✱ 1499] **A** **agg.** **1** (*lett.*) dirupato, erto, scosceso: *sentiero a.* **2** (*fig., raro*) improvviso, brusco **B** **nella loc. avv.** ***ex abrupto*** (V.)

♦**abruzzése** (o **-ṣ-**) [1760] **A** **agg.** ● dell'Abruzzo: *usi abruzzesi*; *dialetto a.* **B** **s. m. e f.** ● abitante o nativo dell'Abruzzo **C** **s. m. solo sing.** ● ogni dialetto parlato in Abruzzo

ABS① /abbiˈɛsse/ [sigla del ted. *A(nti)-B(lockier) S(ystem)* 'sistema antibloccaggio' ✱ 1983] **agg. e s. m. inv.** ● (*autom.*) antiblocco

ABS② /abbiˈɛsse/ [sigla di *A(crilonitrile)*, *B(utadiene)*, *S(tirene)* ✱ 1983] **s. m. inv.** ● (*chim.*) copolimero derivato dai monomeri acrilonitrile, butadiene e stirene; materia plastica di elevata tenacità e brillantezza, è usata per oggetti di arredamento, giocattoli, e sim.

abṣbùrgico ➤ **asburgico**

abscìssico [dal lat. *abscĭssus* (V. *abscissione*) ✱ 1980] **agg.** (**pl. m.** *-ci*) ● (*bot.*) relativo all'abscissione | ***acido a.***, ormone vegetale individuato per la prima volta nella zona di abscissione dei frutti; partecipa alla regolazione di molti fenomeni, come la dormienza delle gemme e la chiusura degli stomi

abscissióne [ingl. *abscission*, vc. dotta che si rifà al lat. tardo *abscissiōne(m)* 'squarciamento, lo strappare', da *abscĭssus*, part. pass. di *abscĭndere* 'staccare', comp. di *ăb* 'da' e *scĭndere* (V. *scindere*) ✱ 1829] **s. f.** ● (*bot.*) distacco di un organo vegetale (foglie, sepali, petali, stami e sim.) dalla porzione destinata a rimanere (fusto, peduncolo)

†**àbsida** ➤ **abside**

absidàle [1965] **agg.** ● relativo all'abside

absidàto [vc. dotta, lat. tardo *absidātu(m)* 'a volta, ad arco', da *ăbsis*, genit. *absĭdis* 'abside' ✱ 1961] **agg.** ● a forma di abside | dotato di abside: *basilica absidata*

àbside o †**àbsida** nel sign. A 1 [vc. dotta, lat. *apsīda* dal gr. *hápsos* 'articolazione, giuntura', da *háptō* 'io connetto' ✱ av. 1334] **A** **s. f.** **1** parte delle chiese cristiane a pianta semicircolare o poligonale, coperta da una volta; è posta al fondo della navata maggiore o, talvolta, di quelle laterali o del transetto | costruzione semicircolare in fondo alle basiliche romane dove era la tribuna per i magistrati **2** nella tenda da campeggio, parte opposta all'ingresso, di forma per lo più semicircolare **B** **s. m.** ● (**spec. al pl.**, *astron.*) estremo dell'asse maggiore di un'orbita ellittica | ***linea degli absidi***, l'asse maggiore ‖ **absidìola**, **dim.** (V.)

absidìola [dim. di *abside* ✱ 1913] **s. f.** ● (*archit.*) abside minore rispetto all'abside principale

absintìna [dal lat. *absĭnthium*. V. *assenzio* ✱ 1874] **s. f.** ● (*chim.*) principio amaro dell'assenzio

absintìṣmo [fr. *absinthisme* ✱ 1877] **s. m.** ● (*med.*) intossicazione cronica da assenzio

àbstract /ˈabstrakt, *ingl.* ˈæbstrækt/ [vc. ingl., per *abstracted*, propr. 'estratto', dal lat. *abstrăctu(m)*, part. pass. di *abstrăhere* 'trarre via' ✱ 1960] **s. m. inv.** ● breve riassunto di articoli scientifici pubblicati in riviste specializzate **SIN.** sommario②

abstracto, in ➤ **in abstracto**

♣**abulìa** [vc. dotta, gr. *aboulía*, comp. di *a-*① e *boulḗ* 'volontà' ✱ 1841] **s. f.** **1** (*med.*) indebolimento e insufficienza della volontà **2** correntemente, inerzia, indolenza, apatia: *scuotersi dall'a.*
SFUMATURE ➤ *inerzia*

♣**abùlico** [1905] **agg. e s. m.** (**f.** *-a*; **pl. m.** *-ci*) **1** (*med.*) che (o chi) è affetto da abulia **2** correntemente, che (o chi) è indolente, irresoluto: *carattere a.* ‖ **abulicaménte**, **avv.** ‖ **abulicità**, **s. f. inv.** indolenza

abùna [amarico *abùn* 'padre' ✱ 1892] **s. m. inv.** ● un tempo, titolo del metropolita nominato dal patriarca della Chiesa copta per reggere la Chiesa etiopica | ai nostri giorni, titolo che si dà ai monaci e agli abati in Etiopia

abundantiam, ad ➤ **ad abundantiam**

abuṣàre [da *abuso* ✱ sec. XIII] **A** **v. intr.** (**aus.** *avere*) ● fare uso illecito o eccessivo di qlco. (+ *di*): *a. dei propri poteri*; *a. dell'alcol*; *a. dei cibi* | approfittare: *a. della pazienza, della buona fede altrui* | ***a. di una donna***, usarle violenza **B** **v. tr.** ● (*lett.*) usare in modo indebito, scorretto, illecito: *Così abusi, fellon, la pietà mia?* (T. Tasso)

abuṣàto **part. pass.** di *abusare*; **anche agg.** **1** nei sign. del v. **2** troppo usato: *parola abusata* **SIN.** inflazionato

abuṣióne [1336 ca.] **s. f.** **1** (*lett.*) abuso **2** (*ling.*) catacresi

abuṣivìṣmo [comp. di *abusivo* e *-ismo* ✱ 1942] **s. m.** ● tendenza a fare dell'abuso una norma di comportamento: *l'a. edilizio*

abuṣivìsta [1982] **s. m. e f.** (**pl. m.** *-i*) ● chi pratica l'abusivismo, spec. edilizio

abuṣìvo [vc. dotta, lat. tardo *abusīvu(m)*, da *abūsus* 'abuso' ✱ av. 1348] **A** **agg.** **1** che è fatto in modo illegittimo, che costituisce un abuso: *pascolo a.*; *porto a. di armi*; *esercizio a. di una professione* **2** (*est.*) detto di chi esercita un'attività senza la necessaria autorizzazione: *affittacamere, tassista, posteggiatore a.* ‖ **abuṣivaménte**, **avv.** con abuso; ingiustamente ‖ **abuṣività**, **s. f. inv.** condizione di ciò che è abusivo: *abusività di un atto, di una costruzione* **B** **s. m.** (**f.** *-a*) ● chi esercita un'attività, una professione e sim. senza averne diritto o autorizzazione

♦**abùṣo** [vc. dotta, lat. *abūsu(m)*, da *abūti* 'adoperare, dilapidare', da *ūti* 'usare' ✱ 1336 ca.] **s. m.** **1** uso cattivo, illecito, eccessivo di qlco.: *fare a. del fumo, dell'alcol*; *a. di titolo* **2** (*dir.*) esercizio di un diritto in contrasto con lo scopo per il quale è stato attribuito | ***a. d'ufficio***, reato commesso da pubblico ufficiale che procura a sé o ad altri un indebito vantaggio o che arreca ad altri un danno | ***a. di potere***, esercizio del potere che va oltre i limiti previsti dalla legge | ***a. edilizio***, qualsiasi trasformazione edilizia o urbanistica non autorizzata o comunque difforme rispetto agli atti che la legittimano o alla normativa vigente | ***a. di dipendenza economica***, imposizione da parte di un'impresa economica di obblighi e condizioni contrattuali particolarmente gravose a un'impresa cliente o fornitrice, sfruttando il suo stato di dipendenza economica

abutìlon [arabo *abūtīlūn* ✱ av. 1577] **s. m. inv.** ● genere di piante delle Malvacee cui appartengono specie, erbacee e arbustive, con foglie alterne e fiori penduli con calice spesso rosso e corolla gialla, porpora o azzurra (*Abutilon*)

acàcia [vc. dotta, lat. *acăcia(m)*, dal gr. *akakía*, prob. di orig. egiziana ✱ 1310] **s. f.** (**pl.** *-cie*) ● nome di varie specie di alberi o arbusti delle Mimosacee, del genere *Acacia*, a distribuzione naturale intertropicale, con foglie imparipennate, stipole spesso trasformate in spine e fiori piccoli profumati, coltivate per estrarre essenze o per ornamento | ***a. romana***, gaggia

†**accadèmia** e deriv. ➤ **accademia** e deriv.

acadiàno [da *Acadia*, nome dato dai Francesi nel sec. XVII all'odierno Massachusetts ✱ 1929] **A** **s. m.** ● (*geol.*; gener. con iniziale maiuscola) la seconda delle tre epoche in cui si divide il Cambriano **B** **anche agg.**: *fossili acadiani*

acagiù o †**cagiù** [portog. *(a)cajú*, prestito da una lingua del Brasile ✱ 1587] **A** **s. m. inv.** **1** (*bot.*) mogano **2** (*bot.*) pomo derivato dall'ingrossamento del peduncolo fiorale dell'anacardio, che porta il vero frutto **B** **in funzione di agg. inv.** ● (posposto al sost.) nella loc. ***rosso a.***, particolare sfumatura di color rosso bruno che ricorda il colore del legno di mogano

acàico [vc. dotta, lat. *Achāicu(m)*, dal gr. *Achaikós* 'dell'Acaia' ✱ sec. XIV] **agg.** (**pl. m.** *-ci*) ● acheo

acajou /*fr.* akaˈʒu/ [av. 1730] **s. m. inv.** ● (*bot.*) acagiù

acalaṣia [comp. di *a-*①, del gr. *chálas(is)* 'rilasciamento' e del suff. *-ia*② ✱ 1961] **s. f.** ● (*med.*) incapacità di rilassamento dei muscoli sfinterici

acalèfe [dal gr. *akalḗphē* 'ortica' ✱ 1829] **s. f. pl.** ● grandi meduse ombrelliformi con corpo gelatinoso **SIN.** ortiche di mare

acalòrico [comp. di *a-*① e *calorico* ✱ 1988] **agg.** (**pl. m.** *-ci*) ● detto di alimento con bassissimo contenuto di calorie: *dolcificante a.*

†**acanìno** [arabo *al-ḥanīn* 'caro, dolce, soave' ✱ 1353] **agg.** ● (*sicil.*) bello, caro, dolce

Acantàcee [vc. dotta, comp. di *acant(o)-* e *-acee* ✱ 1819] **s. f. pl.** (**sing.** *-a*) ● (*bot.*) famiglia di piante delle Tubiflorali con molte specie erbacee e lianose, caratterizzate da foglie opposte e frutto a capsula (*Acanthaceae*)

acànto o **àcanto** [vc. dotta, lat. *acănthu(m)*, dal gr. *ákanthos*, da *ákantha* 'spina' ✱ av. 1333] **s. m.** **1** pianta erbacea perenne delle Acantacee con grandi foglie pennatifide e fiori bianchi, rosei o porporini, disposti in lunghe spighe (*Acanthus mollis*) **2** ***foglie di a.***, motivo di decorazione architettonica tipico del capitello corinzio, ispirato alle foglie della pianta omonima

a

a cànto ➤ **accanto**

acànto- [dal gr. *ákantha* 'spina', forse di orig. mediterr.] **primo elemento** ● in parole composte della terminologia scientifica, significa 'spinoso', 'fornito di aculei' e sim.: *Acantocefali, acantofide*

Acantobdèllidi o **Acantobdellìdei** [comp. di *acanto-* e del gr. *bdélla* 'sanguisuga' (vc. di orig. espressiva) ✱ 1983] **s. m. pl.** (**sing.** *-e*) ● (*zool.*) ordine di Irudinei muniti di setole sui segmenti anteriori (*Acanthobdellae*)

Acantocèfali [comp. di *acanto-* e *-cefalo* ✱ 1819] **s. m. pl.** (**sing.** *-o*) ● (*zool.*) gruppo di animali vermiformi parassiti, muniti di una proboscide retrattile uncinata con cui si attaccano alla parete intestinale dei Vertebrati (*Acanthocephala*)

acantòfide [comp. di *acanto-* e *ofide*: detto così dalla spina che ha in cima alla coda ✱ 1983] **s. m.** ● serpente dei Colubridi giallastro o rossastro con bande nere trasversali (*Acanthophis antarcticus*)

acantòṣi [comp. di *acant(o)-* e del suff. *-osi* ✱ 1899] **s. f. inv.** ● (*med.*) malattia della pelle caratterizzata da ispessimento dello strato interno dell'epidermide

acàpnia ① [dal gr. *ákapnos* 'senza fumo', comp. di *a-* ① e *kapnós* 'fumo', di orig. indeur. ✱ 1926] **s. f.** ● polvere da sparo senza fumo, contenente nitroglicerina

acapnìa ② [comp. di *a-* ① e del gr. *kapnós* 'fumo' (V. sopra), come immagine dell'anidride carbonica ✱ 1950] **s. f.** ● (*med.*) deficienza di anidride carbonica nel sangue

a càpo ➤ **accapo**

acardìa [comp. di *a-* ① e *-cardia* ✱ 1829] **s. f.** ● (*med.*) assenza congenita del cuore nel feto

Àcari [1729] **s. m. pl.** (**sing.** *-o*) ● (*zool.*) ordine di Aracnidi parassiti dell'uomo, di animali e di piante, con il corpo formato da una massa unica indivisibile, arti corti spesso ridotti, e parti boccali modificate per pungere e succhiare (*Acarina*)

acarìaṣi [da *acaro* ✱ 1870] **s. f. inv.** **1** dermatosi prodotta da acari **2** malattia delle api

acaricìda [comp. di *acaro* e *-cida* ✱ 1965] **A s. m.** (**pl.** *-i*) ● prodotto che distrugge gli acari, spec. quello della scabbia **B anche agg.**: *prodotto a.*; *sostanza a.*

acariòṣi [comp. di *acaro* e *-osi* ✱ 1961] **s. f. inv.** ● malattia delle piante causata da acari

àcaro [dal gr. *ákari*, di etim. incerta ✱ 1729] **s. m.** ● ogni individuo appartenente all'ordine degli Acari (*Acarus*) | ***a. della scabbia***, parassita che provoca questa malattia nell'uomo (*Sarcoptes scabiei*)

acaròide [etim. incerta ✱ 1955] **s. f.** ● gommoresina che cola dal fusto di vari alberi australiani, di colore giallo o rosso, usata per ceralacche, vernici isolanti e nell'appretto delle pelli

acàrpo [vc. dotta, gr. *ákarpos*, comp. di *a-* ① e *karpós* 'frutto' ✱ 1874] **agg.** ● (*bot.*) detto di pianta superiore che non produce frutti o di vegetale inferiore che non produce corpo fruttifero

acatalèssi [comp. di *a-* ① e *catalessi* ① ✱ 1994] **s. f. inv.** ● presenza della sillaba finale di un verso greco o latino

acatalessìa [vc. dotta, gr. *akatalēpsía*, comp. di *a-* ① e *katálēpsis* 'il prendere, l'impadronirsi' ✱ 1819] **s. f.** ● nella filosofia scettica, l'impossibilità per l'uomo di conoscere il vero, che induce nel saggio un atteggiamento di afasia

acatalèttico ① [1865] **agg.** (**pl. m.** *-ci*) ● dell'acatalessia | che professa l'acatalessia

acatalèttico ② [vc. dotta, lat. tardo *acatalēcticus*, deriv., con *a-* ①, dal gr. *katálēxis* 'cessazione, fine' ✱ av. 1603] **agg.** (**pl. m.** *-ci*) ● detto di verso, greco e latino, a cui non manca alcuna sillaba finale

acatalètto [1832] **agg.** ● acatalettico ②

acatìsto o **acàtisto** [vc. dotta, gr. biz. *akáthistos* 'non seduto', comp. di *a-* ① e un deriv. di *kathistánai* 'stare', comp. di *katá* 'giù' (V. *cata-*) e di *histánai* 'collocare', di orig. indeur. ✱ 1829] **s. m.** ● inno della liturgia bizantina che si cantava stando in piedi

àcato ➤ **acazio**

acattòlico [comp. di *a-* ① e *cattolico* ✱ 1791] **A agg.** (**pl. m.** *-ci*) ● non cattolico, spec. di cristiano che non appartiene alla Chiesa cattolica: *culto a.* **B s. m.** (**f.** *-a*) ● chi professa la religione cristiana ma non cattolica

acàule [comp. di *a-* ① e *caule* ✱ 1797] **agg.** ● detto di pianta che sembra priva di fusto per lo sviluppo molto limitato di questo | (*impropr.*) detto di pianta con fusto sotterraneo

acauṣàle [comp. di *a-* ① e *causale* ✱ 1971] **agg.** **1** (*raro*) che non deriva da una causa specifica: *nessi, connessioni acausali* **2** (*dir.*) detto di contratto di lavoro a tempo determinato per il quale la legge esenta dall'obbligo di motivare le ragioni del rapporto a termine ‖ **acauṣalità**, **s. f. inv.**

acàzio o **àcato** [vc. dotta, lat. *acătiu(m)*, dal gr. *akátion*, dim. di *ákatos* 'nave leggera', di orig. straniera ✱ 1819] **s. m.** ● imbarcazione militare e mercantile, bassa, lunga, molto veloce, a vela e a remi, usata dagli antichi Greci

àcca [sec. XIII] **s. f. o m.** (**pl. f.** *acca* o *acche*; **pl. m.** *acca*) ● nome della lettera *h* | (*fam.*) ***un'acca***, niente, in frasi negative: *non capire un'a.*; *non valere un'a.*

accadèmia o †**accadèmia** [vc. dotta, lat. *Academīa(m)*, dal gr. *Akadēmeia*, bosco sacro all'eroe Academo, dove insegnava Platone ✱ 1275] **s. f.** **1** scuola filosofica fondata da Platone in Atene nel IV sec. a.C. e perpetuatasi in varie forme fino al VI sec. d.C. **2** associazione permanente di studiosi, formata al fine di incrementare gli studi letterari, scientifici, artistici: *a. dei Lincei, della Crusca* | ***accademie d'arte***, associazioni sorte con lo scopo di difendere gli interessi degli artisti e in seguito anche con intendimenti culturali e didattici **3** scuola a livello universitario | ***A. di Belle Arti***, destinata all'insegnamento delle arti figurative | istituto di formazione degli ufficiali in servizio permanente effettivo delle Forze armate: *a. militare, navale, aeronautica* **4** nelle scuole di pittura e scultura, studio di nudo dal vero **5** trattenimento pubblico o privato di musica, canto o sim. spec. in collegi, scuole e sim. | saggio annuale, recita **6** (*fig.*) vacua esercitazione retorica; (*est.*) nel linguaggio sportivo, e spec. nel calcio, esibizione di virtuosismi non finalizzati al risultato: *fare dell'a.*; *fare a.* ‖ **accademiùccia**, **dim.**

accadèmico o †**accadèmico** [sec. XIII] **A agg.** (**pl. m.** *-ci*) **1** (*filos.*) relativo all'Accademia platonica **2** relativo a un'accademia: *socio a.* **3** relativo all'università: *anno a.* | ***corpo a.***, nelle università, l'insieme di tutti i professori di ruolo cui spetta l'elezione del rettore | ***senato a.***, organo deliberativo formato dai presidi delle facoltà che, nelle singole università, affianca il rettore nel governo dell'ateneo | ***quarto d'ora a.***, i quindici minuti d'attesa che sogliono precedere l'inizio di ogni lezione universitaria **4** (*fig.*) retorico, astratto, inconcludente: *chiacchiere, frasi accademiche* **5** nelle arti figurative, di artista che segue la tradizione con eccessiva osservanza delle sue norme e senza originalità | detto delle opere di tale artista **6** ***alpinismo a.***, compiuto senza guida su itinerari di estrema difficoltà ‖ **accademicaménte**, **avv.** **1** (*raro*) secondo il costume delle accademie **2** (*est.*) in modo astratto e retorico ‖ **accademicità**, **s. f. inv.** **B s. m.** **1** (*filos.*) chi segue o si ispira alle dottrine platoniche o del platonismo **2** (**f.** *-a*) membro di un'accademia **3** (**f.** *-a*) docente universitario, cattedratico **4** (**f.** *-a*) nelle arti figurative, artista accademico **5** titolo attribuito all'alpinista non professionista che abbia effettuato varie scalate di grande difficoltà

accademìṣmo [1905] **s. m.** ● fedeltà pedantesca e priva di originalità alle norme tradizionali, spec. in campo artistico

accademìsta [1797] **s. m. e f.** (**pl. m.** *-i*) ● allievo ufficiale frequentatore di accademia militare o sim. **SIN.** cadetto

♦**accadére** [lat. parl. **accadēre*, da **cadēre* 'cadere' ✱ av. 1292] **v. intr.** (**coniug. come** *cadere*; **aus.** *essere*; **anche impers.**) **1** succedere, per lo più per caso (+ *di* **seguito da inf.**, + *che*): *questo accade ai buoni*; *accadono cose strane*; *mi accadde di rivederlo a teatro*; *accadde allora che qualcuno si fermò*; *può a. che fuori sia un cielo di stelle* (C. Pavese) **SIN.** avvenire, capitare **2** †essere opportuno, convenire: *Soccorrer qui, non lacrimare accade* (L. Ariosto)

accàdico [1952] **A agg.** (**pl. m.** *-ci*) ● dell'antico paese di Accad, in Mesopotamia: *civiltà, lingua accadica* **B s. m.** (**f.** *-a*) ● accado **C s. m. solo sing.** ● lingua parlata nel paese di Accad: *antiche iscrizioni in a.* **SIN.** accado

♣**accadiménto** [da *accadere* ✱ sec. XIV] **s. m.** ● evento, avvenimento

accàdo [1952] **s. m.** (**f.** *-a*) ● abitante del regno di Accad, fondato intorno al 2500 a.C. nella parte meridionale della Mesopotamia

accadùto **A part. pass.** di *accadere*; **anche agg.** ● successo, capitato: *riferire i fatti accaduti* **B s. m.** ● avvenimento, caso: *lo fermò per raccontargli l'a.*

†**accaffàre** [comp. di *a-* ② e *caffo* 'capo', dall'arabo *al-qafā* 'nuca' ✱ 1313] **v. tr.** ● ghermire, afferrare: *sì che, se puoi, nascosamente accaffi* (Dante *Inf.* XXI, 54)

†**accagionàre** [comp. di *a-* ② e *cagione* ✱ 1278] **v. tr.** ● accusare, imputare, incolpare: *il veleno, del quale questa innocente giovane fu accagionata* (G. Boccaccio)

accagliaménto [1865] **s. m.** ● (*raro*) l'accagliare, l'accagliarsi

accagliàre [comp. di *a-* ② e *cagliare* ✱ 1759] **A v. tr.** (*io accàglio*) ● far coagulare il latte e (*est.*) altre sostanze **B v. intr.** (**aus.** *essere*) e **accagliàrsi** **v. intr. pron.** ● rapprendersi, coagularsi: *il latte si accaglia*; *rosseggiar come sangue che s'accaglia* (G. D'Annunzio)

accagliatùra [av. 1527] **s. f.** ● coagulamento spec. del latte

accalappiacàni [comp. di *accalappia(re)* e il pl. di *cane* ✱ 1894] **s. m. e f. inv.** ● dipendente comunale addetto alla cattura dei cani randagi

accalappiaménto [1865] **s. m.** **1** l'accalappiare **2** (*fig.*) lusinga, inganno

accalappiàre [comp. di *a-* ② e *calappio* ✱ sec. XIII] **v. tr.** (*io accalàppio*) **1** prendere col laccio: *a. i cani randagi, un animale selvatico* **2** (*fig.*) ingannare, circuire: *si è fatto a. da quei furfanti*

SFUMATURE DI SIGNIFICATO

accalappiare - irretire

Accalappiare, letteralmente 'prendere al laccio', significa figuratamente ingannare qualcuno con imbrogli e raggiri, approfittando della sua ingenuità o buona fede. **Irretire**, in senso proprio 'prendere nella rete', esprime l'idea di un inganno che si realizza anche in ragione di un certo fascino che chi irretisce è in grado di esercitare su chi è irretito.

accalappiatóre [1865] **s. m.** (**f.** *-trice*) ● chi accalappia

accalappiatùra [1865] **s. f.** ● accalappiamento

accalcàre [comp. di *a-*② e *calcare* ✱ 1810] **A v. tr.** (*io accàlco, tu accàlchi*) ● (*raro*) stipare: *a. i botteghini del teatro* **SIN.** affollare **B accalcàrsi v. intr. pron.** ● affollarsi, stiparsi, fare calca: *un branco di ragazzi si accalcava alla porta*

accaldàrsi [comp. di *a-*② e *caldo* ✱ av. 1729] **v. intr. pron.** ● riscaldarsi e diventare rosso in volto: *a. per una corsa, per la fatica* | (*fig.*, *raro*) accalorarsi, infervorarsi: *a. in una discussione*

accaldàto **part. pass.** di *accaldarsi*; anche **agg.** ● riscaldato, sudato

accallàre [comp. di *a-*② e *calla*① ✱ 1904] **v. tr.** ● (*tosc.*) socchiudere, accostare: *a. la porta*

accalmìa [fr. *accalmie*, da *calme* 'calma', sul modello di *embellie* 'ritorno momentaneo al tempo bello' ✱ av. 1939] **s. f.** ● (*mar.*) bonaccia, calma: *sul sollievo dei ponti e le accalmie / nere dell'onda* (M. Luzi)

accaloraménto [1832] **s. m.** ● l'accalorarsi | stato di eccitazione, d'infervoramento

accaloràre [comp. di *a-*② e *calore* ✱ 1641] **A v. tr.** (*io accalóro*) ● †riscaldare | (*fig.*) infervorare: *a. una disputa* **B accaloràrsi v. rifl.** ● infervorarsi (+ *in*, **anche seguito da inf.**, + *su*, + *per*): *accalorarsi in un dibattito; è un tipo che si accalora nel parlare, nel discutere; ti sei accalorato troppo su questo argomento!; non era il momento di accalorarsi per idee critiche* (I. Svevo); *s'accalora sempre quando parla della sua scuola* (E. De Amicis) **SIN.** appassionarsi, infiammarsi, scaldarsi

accaloràto **part. pass.** di *accalorare*; anche **agg.** ● infervorato, eccitato ‖ **accalorataménte**, **avv.**

†**accambiàre** [comp. di *a-*② e *cambiare* ✱ sec. XIII] **v. tr.** ● (*lett.*) fare a cambio, barattare: *il corpo mio non accambierei al suo* (F. Sacchetti)

♦**accampaménto** [da *accampare* ✱ 1670] **s. m.** **1** campo militare in cui le truppe alloggiano in tende o baracche | complesso di tende da montarsi o montate in un luogo adatto: *piantare l'a.; levare, togliere l'a.* **2** (*est.*) complesso di alloggiamenti provvisori, di fortuna, mobili e sim.: *un a. di profughi; l'a. degli zingari* **3** (*fig.*) ambiente in cui regna un'atmosfera di provvisorietà e di disordine: *la loro casa sembra un a.*

accampanàre [comp. di *a-*② e *campana* ✱ 1585] **v. tr.** ● (*raro*) disporre le viti in forma di campana

accampàre [comp. di *a-*② e *campo* ✱ av. 1328] **A v. tr.** **1** (*milit.*) alloggiare, sistemare in un accampamento: *a. le truppe* **2** †disporre truppe in campo davanti al nemico **3** (*fig.*) mettere avanti, addurre, per lo più in modo ingiustificato: *a. diritti, ragioni, pretese, scuse* **B accampàrsi v. rifl.** **1** (*milit.*) sistemarsi in un accampamento: *si accamparono ai margini del bosco* **2** (*est.*) sistemarsi in alloggiamenti o ricoveri provvisori: *accamparsi alla meglio* **3** †disporsi sul campo per affrontare il nemico

accampionaménto [1865] **s. m.** ● registrazione al catasto di un immobile

accampionàre [comp. di *a-*② e *campione* ✱ 1855] **v. tr.** (*io accampióno*) ● accatastare②

†**accanalàre** [comp. di *a-*② e *canale* ✱ 1550] **v. tr.** ● scanalare

†**accanàre** [comp. di *a-*② e *cane* ✱ av. 1348] **v. tr.** ● inseguire selvaggina, detto del cane

†**accanàto** **part. pass.** di *accanare*; anche **agg.** ● inseguito | (*fig.*) accanito, infuriato

†**accaneggiàre** [sec. XIV] **v. tr.** **1** accanare **2** (*fig.*) incalzare, tormentare

accaniménto [1803] **s. m.** **1** l'accanirsi: *l'a. della folla; l'a. dei cani dietro un selvatico* **2** (*est.*) odio, furia tenace contro qlcu.: *perseguitare con a. un rivale* **3** tenacia, ostinazione: *a. nello studio; lavorare con a.* | ***a. terapeutico***, detto di trattamento terapeutico insistente a cui viene sottoposto un malato in fase terminale per prolungargli la vita
SFUMATURE ➤ ***insistenza***, ➤ ***rabbia***

accanìrsi [comp. di *a-*② e *cane* ✱ 1442] **v. intr. pron.** (*io mi accanisco, tu ti accanisci*) **1** infierire con ostinazione contro qlcu. o qlco.: *il pugile si accaniva contro l'avversario; i bombardamenti si accanirono sulla città* **2** (*fig.*) applicarsi fermamente, perseverare: *a. nello studio; a. a parlare*

accanìto **part. pass.** di *accanirsi*; anche **agg.** **1** che lotta con ostinazione: *un nemico a.* **SIN.** furioso, spietato | fatto con tenacia, con rabbia: *dopo accaniti sforzi; l'accanita difesa di una città assediata; un'accanita discussione* **2** irriducibile, ostinato: *un fumatore, uno scommettitore a.* ‖ **accanitaménte**, **avv.** con accanimento

accannellaménto [av. 1574] **s. m.** **1** operazione dell'accannellare **2** †scanalatura

accannellàre [comp. di *a-*② e *cannello* ✱ av. 1574] **v. tr.** (*io accannèllo*) **1** in tessitura, avvolgere il filo sui cannelli **2** †scanalare

♦**accànto** o (*lett.*) **a cànto** [comp. di *a-*② e *canto*② ✱ av. 1292] **A avv.** ● vicino, a lato, di fianco: *abito qui a.* | ***d'a.***, V. *daccanto* **B nella loc. prep.** ***accanto a*** ● vicino a: *a. alla finestra; a. a lui; una città a. al mare; stai sempre a. a me* **C in funzione di agg. inv.** ● (posposto a un sost.) che si trova vicino, a lato: *l'edificio a., la casa a.*

accantonaménto① [da *accantonare*① ✱ 1877] **s. m.** **1** l'accantonare come riserva: *a. di viveri* | il lasciare da parte: *l'a. di una pratica, di una proposta* **SIN.** rinvio, sospensione **2** (*ragion.*) in diritto commerciale e in contabilità, assegnazione o destinazione di una somma o di utili come riserva o per usi particolari

accantonaménto② [fr. *cantonnement*, da *cantonner* 'accantonare' ✱ 1802] **s. m.** **1** (*milit.*) stazionamento di truppe in fabbricati, baracche o altri edifici coperti **2** (*est.*) alloggiamento provvisorio

accantonàre① [comp. di *a-*② e il denominale di *cantone* ✱ 1877] **v. tr.** (*io accantóno*) **1** mettere da parte: *a. una somma, una difficoltà, una pratica* **2** lasciare da parte: *a. questioni gravi*

accantonàre② [dal fr. *cantonner*, da *canton* 'angolo di un paese' ✱ 1713] **A v. tr.** (*io accantóno*) ● (*milit.*) alloggiare, sistemare in fabbricati coperti: *a. la truppa* **B accantonàrsi v. rifl.** ● sistemarsi in fabbricati coperti: *l'esercito si accantonò in paese*

accantonàto **part. pass.** di *accantonare*; anche **agg.** **1** messo da parte | lasciato da parte **2** detto di opera di fortificazione a facce piane disposte ad angolo **3** (*arald.*) detto di una figura accompagnata da altre quattro poste nei cantoni dello scudo

accaparraménto [1765] **s. m.** ● incetta di merci allo scopo di farne scorta o per fini speculativi

accaparràre [comp. di *a-*② e *caparra* ✱ 1765] **A v. tr.** **1** (*raro*) fissare un acquisto versando una caparra: *a. uno stabile* **2** fare incetta di beni sul mercato in previsione di aumento di prezzi o di calo della quantità disponibile, o al fine di determinare una situazione di monopolio e rivendere i beni stessi a prezzi maggiorati **B accaparràrsi v. tr. pron.** (**aus.** *essere*) ● assicurarsi, procurarsi (*anche fig.*): *accaparrarsi una merce; S'era subito accaparrata la simpatia della principessa* (F. De Roberto)

accaparratóre [1776] **s. m.** (**f.** *-trice*); anche **agg.** ● chi (o che) accaparra (*anche fig.*) **SIN.** incettatore

accapezzàre [dal lat. *capĭtiu(m)*, dim. di *căput*, genit. *căpitis* 'capo, estremità' ✱ sec. XIV] **v. tr.** (*io accapézzo*) **1** ridurre in forma regolare col martello, affinché combacino, le pietre per costruzioni o pavimentazione **2** †condurre a termine, riuscire a fare

accapezzatóre [1863] **s. m.** (**f.** *-trice*); anche **agg.** ● chi (o che) è addetto all'accapezzatura delle pietre

accapezzatùra [1955] **s. f.** ● il lavoro dell'accapezzare pietre

accapigliaménto [sec. XIV] **s. m.** ● l'accapigliarsi **SIN.** baruffa, litigio, zuffa

accapigliàrsi [comp. di *a-*② e *capegli*, forma ant. di *capelli* ✱ 1266] **v. rifl. recipr.** e **intr. pron.** (*io mi accapiglio*) **1** prendersi per i capelli: *si accapigliarono sulla piazza del paese* | (*est.*) azzuffarsi: *Purché voi … non vi accapigliate con mio marito* (L. Pirandello) **2** (*fig.*) contendere, litigare a parole: *si accapigliarono a lungo per l'interpretazione dei fatti*

accapigliatùra [1612] **s. f.** ● (*raro*) accapigliamento

accàpo o **a càpo** spec. nel sign. A [comp. di *a*② e *capo* ✱ 1950] **A avv.** ● al principio di una riga, di uno scritto: *andare a capo* | ***andare punto e a capo***, chiudere un capoverso con un punto e iniziarne un altro; (*fig.*) terminare qualcosa e ricominciare dal principio o un'altra volta **B s. m.** (**pl. inv.** o *raro -i*) ● capoverso

accappatóio [comp. di *a-*② e *cappa*① ✱ 1691] **s. m.** (**pl.** *-ói*) ● indumento spec. di spugna da indossare dopo il bagno per asciugarsi | mantellina leggera indossata, spec. in passato, dalle donne per pettinarsi

accappiàre [comp. di *a-*② e *cappio* ✱ av. 1367] **v. tr.** (*io accàppio*) **1** fermare con un cappio | pigliare o stringere nel cappio **2** (*fig.*) †accalappiare, sedurre

accappiatùra [1539] **s. f.** **1** l'accappiare **2** nodo | fune con nodo o con cappio scorsoio a un'estremità **3** in legatoria, legatura con cappio per mantenere uniti i fogli del libro **SIN.** infunatura

accappiettàre [1865] **v. tr.** (*io accappiétto*) ● fissare con piccoli cappi o lacci spec. la biancheria stesa ad asciugare

accapponàre① [comp. di *a-*② e *cappone*① ✱ 1707] **A v. tr.** (*io accappóno*) ● castrare un gallo **B v. intr.** (**aus.** *essere*) e **accapponàrsi v. intr. pron.** ● detto della pelle umana, diventare ruvida e increspata come quella del cappone per sensazioni di freddo, paura, orrore e sim.: *uno spettacolo da far a. la pelle; per l'emozione le si accapponò la pelle*

accapponàre② ➤ **capponare**②

accapponatùra [da *accapponare*① ✱ 1863] **s. f.** ● operazione dell'accapponare un gallo

accaprettàre [comp. di *a-*② e *capretto* ✱ 1864] **v. tr.** (*io accaprétto*) ● (*tosc.*) legare le quattro zampe di un quadrupede, spec. di un selvatico di grossa mole, riunendole e infilandole in un palo per il trasporto, come si fa coi capretti

accapricciàre [comp. di *a-*② e *capriccio* nel sign. 8 ✱ 1313] **A v. intr.** (**pres.** *io accapriccio*; **fut.** *io accapriccerò*) ● (*lett.*) raccapricciare, inorridire: *e anco il cor me n'accapriccia* (Dante *Inf.* XXII, 31) **B accapricciàrsi v. intr. pron.** ● †incapricciarsi, invaghirsi

†**accareggiàre** ➤ **accarezzare**

accarezzaménto [av. 1558] **s. m.** ● l'accarezzare (*anche fig.*) | (*fig.*) vagheggiamento: *a. di un'idea*

♦**accarezzàre** o †**accareggiàre** [comp. di *a-*② e *carezza* ✱ 1476] **A v. tr.** (*io accarézzo*) **1** sfiorare con mano leggera in segno d'affetto: *a. un bambino, un animale, una perso-*

a b c d e f g h i j k l m n o p q r s t u v w x y z

a

na amata | ***a. le spalle, il groppone a qlcu.***, (*iron.*) bastonarlo | (*fig.*) ***a. con gli occhi, con lo sguardo***, guardare con compiacimento o con desiderio **2** (*est.*) sfiorare lievemente, lambire: *un alito di vento accarezzava il mare; è una seta soffice, che accarezza la pelle; qualche ramo ... ci accarezza la faccia* (A. BERTOLUCCI) **3** (*fig.*) lusingare: *gli uomini si hanno o a. o assicurarsi di loro* (N. MACHIAVELLI) **4** (*fig.*) vagheggiare con insistente desiderio: *a. un progetto; aveva accarezzato per lungo tempo l'idea di fare il commercio* (I. SVEVO) **B** **accarezzàrsi v. tr. pron.** (**aus.** *essere*) ● sfiorarsi, lisciarsi: *accarezzarsi la barba, i baffi* **C** **accarezzàrsi v. rifl. recipr.** ● scambiarsi reciprocamente carezze

accarezzévole [sec. XVIII] **agg.** ● carezzevole ‖ **accarezzevolménte**, **avv.**

†**accarnàre** [comp. di *a-*② e *carne* ✱ 1319 ca.] **v. tr.** ● penetrare nella carne | (*fig.*) penetrare con l'intelletto: *Se ben lo 'ntendimento tuo accarno* (DANTE *Purg.* XIV, 22)

accarpionàre [comp. di *a-*② e *carpione* ✱ 1884] **v. tr.** (*io accarpióno*) **1** carpionare **2** (*raro, lett.*) accartocciarsi

accartocciaménto [av. 1646] **s. m.** **1** l'accartocciare, l'accartocciarsi **2** (*bot.*) virosi di alcune piante che si manifesta spec. con il ripiegamento dei lembi fogliari **3** (*archit.*) fregio ricurvo a forma di cartoccio

accartocciàre [comp. di *a-*② e *cartoccio* ✱ 1550] **A** **v. tr.** (**pres.** *io accartòccio*; **fut.** *io accartoccerò*) ● piegare a forma di cartoccio: *a. una pagina* | (*est.*) spiegazzare, raggrinzire: *a. un biglietto prima di gettarlo* **B** **accartocciàrsi v. intr. pron.** **1** ripiegarsi a forma di cartoccio: *le foglie secche s'accartocciano sugli alberi* **2** (*est.*) incurvarsi, raggrinzirsi: *i pampini ... erano ingialliti; s'accartocciavano aridi* (L. PIRANDELLO)

SFUMATURE ➤ ***acciambellare***

accartocciàto **part. pass.** di *accartocciare*; anche **agg.** **1** nei sign. del v. **2** (*arald.*) detto di scudo con i lembi arricciati

accartocciatóre [1952] **agg. e s. m.** (**f.** *-trice*) ● che (o chi) accartoccia

accartocciatùra [1865] **s. f.** ● l'accartocciarsi | ciò che è accartocciato

accasaménto (o -ṣ-) [1362 ca.] **s. m.** ● (*raro*) l'accasare, l'accasarsi | matrimonio

accasàre (o -ṣ-) [comp. di *a-*② e *casa* ✱ 1295] **A** **v. tr.** ● far sposare un figlio o una figlia: *l'accasarono con un ricco mercante* **SIN.** maritare, sposare **B** **accasàrsi v. rifl.** **1** (*lett.*) metter su casa, stabilirsi: *essa e la figlia si sarebbero accasate colà* (I. NIEVO) | (*raro*) coabitare: *un collega ... lo invita ad accasarsi con lui* (L. PIRANDELLO) **2** sposarsi: *desiderio di accasarsi* **3** venire ingaggiato: *l'attaccante si è accasato al Milan, alla Roma*

accasàto (o -ṣ-) **part. pass.** di *accasare*; anche **agg.** **1** (*lett.*) che si è stabilito, che abita in un luogo: *quel paese ... dove era a. quel suo cugino Bortolo* (A. MANZONI) **2** che ha messo su casa, che è sposato **3** †fornito di case: *quella contrada riccamente accasata* (D. BARTOLI) **4** detto di corridore ciclista, automobilista e motociclista, che gareggia, generalmente in squadra, per i colori di una società o di una casa industriale

accasciaménto [1527] **s. m.** ● l'accasciarsi | abbattimento fisico o morale **SIN.** avvilimento, prostrazione

✦**accasciàre** [lat. parl. **quassiāre*, da *quassāre* 'squassare', intens. di *quătere* 'scuotere' ✱ 1313] **A** **v. tr.** (**pres.** *io accàscio*; **fut.** *io accascerò*) ● togliere a qlcu. la forza fisica o morale: *la vecchiaia e le disgrazie l'hanno accasciato* **SIN.** abbattere, indebolire, prostrare **B** **accasciàrsi v. intr. pron.** **1** lasciarsi cadere, crollare: *si accasciò su una sedia* **2** (*fig.*) demoralizzarsi, perdersi d'animo: *accasciarsi sotto il dolore; si è accasciato per il dispiacere* **SIN.** abbattersi, avvilirsi

✦**accasciàto** **part. pass.** di *accasciare*; anche **agg.** ● sfinito, spossato | abbattuto, prostrato

accasellàre (o -ṣ-) [comp. da *a-*② e *casella* ✱ av. 1907] **v. tr.** (*io accasèllo*) ● collocare, ordinare in caselle **SIN.** incasellare

accasermaménto (o -ṣ-) [1798] **s. m.** ● (*milit.*) l'accasermare | complesso di caserme occupate da truppe

accasermàre (o -ṣ-) [comp. di *a-*② e *caserma* ✱ 1798] **A** **v. tr.** (*io accasèrmo*) ● (*milit.*) sistemare truppe in caserme **B** **accasermàrsi v. rifl.** ● detto di truppe, sistemarsi in caserme

accastellaménto [1847] **s. m.** **1** l'accastellare | insieme di cose accastellate **SIN.** mucchio **2** nelle antiche grandi navi militari, insieme delle strutture più elevate, o castelli, spec. di prua e di poppa

accastellàre [comp. di *a-*② e *castello* ✱ sec. XIV] **v. tr.** (*io accastèllo*) **1** †munire di castelli, fortificare **2** sistemare uno sull'altro, a castello, vari oggetti: *a. le casse, i pacchi, le provviste*

accatarràre [comp. di *a-*② e *catarro* ✱ sec. XIV] **A** **v. intr.** (**aus.** *essere*) ● (*raro*) diventare catarroso **SIN.** incatarrare **B** **accatarràrsi v. intr. pron.** ● (*raro*) raffreddarsi

accatastàbile① [da *accatastare*① ✱ 1970] **agg.** ● che si può accatastare, detto spec. di imballaggi ‖ **accatastabilità**①, **s. f.**

accatastàbile② [da *accatastare*② ✱ 1990] **agg.** ● detto di un bene immobile idoneo all'iscrizione nei registri catastali ‖ **accatastabilità**②, **s. f.**

accatastaménto① [da *accatastare*① ✱ av. 1704] **s. m.** **1** l'accatastare **2** mucchio di cose, spec. imballaggi, accatastate

accatastaménto② [da *accatastare*② ✱ 1969] **s. m.** ● il complesso delle pratiche necessarie per l'iscrizione in catasto di un immobile | (*est.*) l'iscrizione stessa

accatastàre① [comp. di *a-*② e *catasta* ✱ sec. XIV] **A** **v. tr.** ● disporre a catasta: *a. la legna, i libri* | (*est.*) ammucchiare disordinatamente (*anche fig.*): *a. idee, progetti* **B** **accatastàrsi v. intr. pron.** ● (*raro*) ammucchiarsi, ammassarsi: *La gente ... si pigiava, si schiacciava, si accatastava a gruppi* (A. BOITO)

accatastàre② [comp. di *a-*② e *catasto* ✱ 1342] **v. tr.** ● iscrivere un immobile nel catasto **SIN.** accampionare

accattabrìghe [comp. di *accatta(re)* e il pl. di *briga* ✱ av. 1565] **s. m. e f. inv.** ● attaccabrighe

accattafièno [comp. di *accatta(re)* e *fieno* ✱ 1874] **s. m. inv.** ● macchina agricola a forma di rastrello con denti ricurvi, usata per raccogliere e ammucchiare il fieno

†**accattaménto** [1542] **s. m.** ● ossequio, rispetto

accattapàne [comp. di *accatta(re)* e *pane* ✱ 1536] **s. m. e f. inv.** ● (*disus.*) accattone

accattàre [lat. parl. **accaptāre*, da *captāre* 'cercar di prendere', intens. di *căpere* 'prendere' ✱ 1250 ca.] **v. tr.** **1** cercare di ottenere, chiedendo con insistenza spesso servile: *a. libri, denaro, viveri* | procurarsi, andare in cerca (**spec. spreg.**): *a. idee da altri; a. scuse, brighe, pretesti* **2** chiedere in elemosina: *a. il pane* | (*assol.*) chiedere l'elemosina: *va accattando di porta in porta; per vivere è costretto ad a.* **SIN.** mendicare **3** (*centr., merid.*) †trovare: *a. marito, moglie, casa* | (*centr., merid.*) comprare **4** †ottenere: *tutti mesti per a. misericordia* (N. MACHIAVELLI)

accattatóre [av. 1294] **s. m.** (**f.** *-trice*) ● chi accatta | †mendicante

†**accatterìa** [av. 1284] **s. f.** ● accattonaggio, questua

accattivànte **part. pres.** di *accattivare*; anche **agg.** ● che conquista il favore, la benevolenza, la simpatia e sim. degli altri: *un sorriso, uno sguardo a.; una canzoncina a.*

accattivàre [da *cattivare* con *a-*② ✱ 1853] **A** **v. tr.** ● (*raro*) cattivare **B** **accattivàrsi v. tr. pron.** (**aus.** *essere*) ● guadagnarsi, procurarsi: *accattivarsi la fiducia, la stima, la simpatia di qlcu.; Mio fratello ... può accattivarsi qualche confidenza* (I. CALVINO) | ***accattivarsi qlcu.***, propiziarselo, ingraziarselo

SFUMATURE ➤ ***conquistare***

accàtto [da *accattare* ✱ av. 1250] **s. m.** **1** l'accattare | ciò che si ricava accattando **SIN.** questua | ***vivere d'a.***, di elemosina | ***andare all'a.***, chiedere l'elemosina | ***d'a.***, di seconda mano, non originale **2** (*stor.*) nel Medioevo, prestito pubblico forzoso poi tramutato in imposta sui beni immobili **3** †acquisto

accattonàggio [1846] **s. m.** ● pratica di chi vive elemosinando **SIN.** mendicità

accattóne [da *accattare* ✱ av. 1696] **s. m.** (**f.** *-a*) ● chi vive mendicando abitualmente lungo le strade **SIN.** mendicante

accattonerìa [1856] **s. f.** ● (*raro*) accattonaggio

accavalcàre [comp. di *a-*② e *cavalcare* ✱ 1686] **v. tr.** (*io accavàlco, tu accavàlchi*) ● sovrapporre una cosa a un'altra: *a. due fili, le dita*

accavalcatùra [da *accavalcato*, part. pass. di *accavalcare* ✱ 1965] **s. f.** ● in tipografia, mancato allineamento delle lettere di una stessa riga, dovuto al sovrapporsi di due pezzi d'interlinea

accavalciàre [dal fr. ant. *achevalchier* ✱ av. 1589] **v. tr.** (**pres.** *io accavàlcio*; **fut.** *io accavalcerò*) **1** (*raro*) stare o mettersi a cavalcioni su qlco.: *a. una finestra* **2** (*lett.*) accavallare: *a. le gambe* **3** (*lett.*) sormontare, scavalcare

accavalcióne o **accavalciòni** [av. 1589] **avv.** ● (*raro*) a cavalcioni

accavallaménto [1829] **s. m.** ● l'accavallare, l'accavallarsi

accavallàre [comp. di *a-*② e *cavallo* ✱ 1320 ca.] **A** **v. tr.** **1** porre due o più cose una sull'altra: *a. le gambe, le funi, le catene* | ***a. una maglia***, nel lavoro ai ferri, incrociarla **2** in legatoria, disporre una segnatura aperta a metà sopra un'altra chiusa, in modo da formare un fascicolo **3** lasciare in una tela uno o più fili non tessuti **B** **accavallàrsi v. intr. pron.** ● sovrapporsi in modo disordinato: *le nubi si rincorrono accavallandosi; i marosi s'accavallavano* | (*fig.*) affastellarsi, accumularsi: *pensieri diversi le si accavallarono nella mente*

accavallatùra [1865] **s. f.** **1** (*raro*) accavallamento **2** in tipografia, accavalcatura

accavezzàre [comp. di *a-*② e *cavezza* ✱ 1865] **v. tr.** (*io accavézzo*) ● legare con la cavezza

accavigliàre [comp. di *a-*② e *caviglia* ✱ av. 1492] **v. tr.** (*io accavìglio*) **1** avvolgere il filo di lana o di seta sulle caviglie dell'orditoio **2** (*mar.*) fissare alle caviglie i capi dei cavi durante le manovre **3** (*raro*) legare insieme: *a. travi per trasportarle*

accavigliatóre [sec. XIV] **s. m.** (**f.** *-trice*) ● addetto all'accavigliatura

accavigliatùra [1955] **s. f.** ● operazione dell'accavigliare

accecaménto o (*lett.*) **acciecaménto** [1324] **s. m.** **1** privazione, perdita della vista **2** (*est.*) ostruzione, chiusura: *a. di una galleria, di una finestra* **3** (*fig.*) offuscamento o perdita del raziocinio, dell'autocontrollo e sim.: *ma lei, nell'a. della passione non se ne rendeva conto* (A. Moravia) **4** asportazione di gemme (od *occhi*) dai rami di un albero

accecànte part. pres. di *accecare*; anche agg. ● che acceca | *luce a.*, abbagliante

accecàre o (*lett.*) **acciecàre** [comp. da *a-*② e lat. *caecāre*. V. *cieco* ✻ 1268] **A** v. tr. (*io accèco* o *lett.* *acciè co*, *tu accèchi* o *lett.* *acciè chi*; la *e* può dittongare in *ie* solo se tonica) **1** privare della vista: *il prigioniero fu accecato*; *la cenere bollente lo accecò* | (*est.*) menomare temporaneamente le facoltà visive: *il fumo lo accecava*; *lacrime brucianti lo accecano* **2** (*fig.*) privare dell'uso della ragione: *l'odio lo acceca*; *era accecato dal desiderio* **3** (*est.*) chiudere, ostruire: *a. un fossato, una tubatura* | *a. una finestra*, murarla | *a. una vite, un chiodo*, farli penetrare nel legno in modo che non ne sporga la testa **4** (*agric.*) asportare in tutto o in parte le gemme (od *occhi*) dai rami **5** (*mar.*; *disus.*) ristoppare: *a. la falla* **B** v. intr. (aus. *essere*) e **accecàrsi** v. intr. pron. ● (*lett.*) diventare cieco **C** **accecàrsi** v. rifl. ● togliersi la vista: *Edipo si accecò per scontare i suoi delitti*

SFUMATURE DI SIGNIFICATO

accecare - abbagliare - ottenebrare

L'azione di privare qualcuno della vista, di renderlo cieco definitivamente o per un periodo più o meno lungo, si definisce **accecare**; se l'effetto è solo temporaneo ed è provocato da una luce intensa e improvvisa, il termine più pertinente è **abbagliare**; se invece la visione è resa impossibile dal calare improvviso del buio si dice piuttosto **ottenebrare**, verbo che è tuttavia usato quasi soltanto in senso figurato, a indicare il confondere la mente, il giudizio ecc., così come possono del resto essere impiegati anche *accecare* e *abbagliare*.

accecatóio [1797] s. m. (pl. *-ói*) ● punta da trapano che serve a incavare un foro in modo che possa ricevere la capocchia di un chiodo o di una vite senza che sporga

accecatóre [av. 1333] **A** agg. e s. m. (f. *-trice*) ● (*raro*) che (o chi) acceca **B** s. m. **1** accecatoio **2** (*teatro*) ognuna delle lampade rosse poste lungo la linea esterna della ribalta che, accese improvvisamente, formano una specie di barriera luminosa che impedisce al pubblico di vedere i cambiamenti di scena a sipario alzato

accecatùra [sec. XIV] s. f. **1** (*raro*) l'accecare **2** incavo praticato con l'accecatoio SIN. ceca **3** difetto tipografico per cui l'occhio di una lettera risulta completamente nero

accèdere [vc. dotta, lat. *accēdere*, comp. di *ăd* 'a' e *cēdere* 'andare, camminare, arrivare' ✻ av. 1250] v. intr. (coniug. come *cedere*; poco usato nei tempi composti; aus. *essere* nel sign. 1, *avere* nei sign. 2 e 3) **1** (*lett.*) avvicinarsi a un luogo (+ *a*): *Come degnasti d'a. al monte?* (Dante *Purg.* XXX, 74) | entrare: *al forte si accede per un cunicolo*; *a. al domicilio di qlcu. nel corso di un'ispezione giudiziale* **2** (*fig.*) entrare a far parte di un organismo (+ *a*): *a. alla magistratura*, *a un dicastero* | riuscire a ottenere una carica e sim. (+ *a*): *a. alla carica di presidente* | riuscire a utilizzare un dato servizio: *a. al proprio conto corrente tramite Internet* **3** (*raro*) acconsentire, aderire: *a. ai voleri della maggioranza*; *a. a una richiesta*

†**acceffàre** [comp. di *a-*② e *ceffo* ✻ 1313] v. tr. ● afferrare con la bocca, addentare: *ei ne verranno dietro più crudeli / che 'l cane a quella lievre ch'elli acceffa* (Dante *Inf.* XXIII, 17-18)

†**accéggia** [lat. *accēia(m)*, di etim. incerta ✻ 1315] s. f. ● (*tosc.*) beccaccia

acceleraménto, (*evit.*) **accelleraménto** [1667] s. m. ● esecuzione di qlco. in tempi ridotti

acceleràndo, (*evit.*) **accelleràndo** [1828] s. m. inv. ● (*mus.*) indicazione agogica che prescrive di rendere il tempo progressivamente più veloce CONTR. allargando, rallentando, ritardando, tardando

acceleránte, (*evit.*) **accellerànte** **A** part. pres. di *accelerare*; anche agg. ● nei sign. del v. **B** s. m. ● (*chim.*) sostanza che aumenta la velocità di una reazione: *a. per vulcanizzazione* | (*raro*) catalizzatore

♦**acceleràre**, (*evit.*) **accelleràre** [lat. *accelerāre*, comp. di *ăd* 'a' e *cĕler* 'svelto' ✻ sec. XIV] **A** v. tr. (*io accèlero*) Il verbo *accelerare* deriva da una parola latina che ha origine dall'aggettivo *celer* 'celere'. Pertanto la forma 'accellerare', con due *l*, non è corretta **1** (*fis.*) imporre un aumento o, in generale, una variazione di velocità **2** rendere più rapido: *a. l'andatura* SIN. affrettare | ridurre i tempi per eseguire qlco.: *a. il disbrigo di una pratica*; *a. i lavori* **3** (*mus.*; *raro*) indicazione agogica equivalente ad accelerando CONTR. rallentare **B** v. intr. (aus. *avere*) ● aumentare la velocità di un veicolo: *l'autista accelerò sul rettilineo*; *il camion accelerò improvvisamente* | premere l'acceleratore (anche a vettura ferma) **C** **acceleràrsi** v. intr. pron. ● crescere in celerità: *il respiro s'accelerava*

acceleràta, (*evit.*) **accelleràta** [da *accelerare* ✻ 1967] s. f. **1** colpo dato sull'acceleratore di un veicolo per aumentare il numero di giri del motore **2** brusco aumento della velocità | (*fig.*) deciso sveltimento: *dare un'a. a un progetto* CONTR. frenata, rallentamento || **acceleratina**, dim.

accelerativo, (*evit.*) **accellerativo** [av. 1698] agg. ● che serve ad accelerare

acceleràto, (*evit.*) **accelleràto** **A** part. pass. di *accelerare*; anche agg. **1** nei sign. del v.: *passo, ritmo a.* **2** *polso a.*, il cui battito è più frequente della norma **3** (*mus.*) accelerando || **acceleratamènte**, avv. **B** s. m. ● treno per viaggiatori che ferma di regola a tutte le stazioni (oggi sostituito, nella denominazione ufficiale, da 'treno regionale')

acceleratóre, (*evit.*) **accelleratóre** [1729] **A** agg. (f. *-trice*) ● che accelera | (*med.*) detto di qualsiasi agente capace di aumentare la frequenza del battito cardiaco **B** s. m. **1** (*mecc.*) dispositivo dei motori a combustione interna che, regolando la mandata del combustibile, fa variare la potenza e di conseguenza la velocità del veicolo su cui è montato | pedale o manopola per manovrare tale dispositivo | *premere, pigiare sull'a.*, (*fig.*) dare impulso, accelerare **2** (*fis.*) apparecchio che fornisce a particelle cariche, quali protoni o elettroni, altissime energie mediante l'azione di campi elettrici o magnetici | *a. ciclico*, quello in cui le particelle vengono accelerate a fasi successive periodiche | *a. elettrostatico*, quello in cui le particelle vengono accelerate nei campi dovuti a cariche elettrostatiche | *a. lineare*, quello in cui le particelle vengono accelerate lungo una traiettoria rettilinea | *a. circolare*, quello in cui le particelle vengono accelerate lungo una circonferenza **3** sostanza chimica, spec. alcalina, che aumenta la rapidità del bagno di sviluppo fotografico **4** (*econ.*) coefficiente che esprime l'effetto della variazione della domanda di beni di consumo sul volume degli investimenti o sull'attività produttiva in complesso

acceleratòrio, (*evit.*) **accelleratòrio** [1975] agg. **1** che ha per effetto un'accelerazione **2** (*dir.*) che ha lo scopo di accelerare lo svolgimento del processo: *termine a.*

♦**accelerazióne**, (*evit.*) **accellerazióne** [sec. XIV] s. f. **1** l'accelerare | aumento della velocità CONTR. rallentamento | l'affrettare: *a. di una pratica* | aumento del ritmo: *a. del polso* | capacità di un automezzo di raggiungere una data velocità con l'uso del cambio: *la mia Ferrari ha un'a. da 0 a 100 km/h in 6 secondi* **2** (*fis.*) grandezza vettoriale che caratterizza la variazione della velocità, in intensità e direzione, nell'unità di tempo | *a. positiva*, se il valore della velocità aumenta | *a. negativa*, se il valore della velocità diminuisce | *a. nulla*, se la velocità resta costante | *a. di gravità*, dovuta all'attrazione terrestre, con cui un corpo non vincolato scende verticalmente verso il basso **3** particolare tecnica nella ripresa cinematografica che determina, in proiezione, un effetto di maggior velocità rispetto all'azione reale **4** (*econ.*) processo per cui a una variazione della domanda da parte dei consumatori corrisponde una variazione amplificata della domanda da parte dei produttori

acceleròg rafo [comp. di *acceler(azione)* e *-grafo* ✻ 1936] s. m. La forma 'accellerografo', con due *l*, non è corretta (V. *accelerare*) ● (*fis.*) strumento che registra graficamente l'andamento dell'accelerazione nel tempo

acceleròmetro, (*evit.*) **accelleròmetro** [comp. di *acceler(are)* e *-metro* ✻ 1910] s. m. ● (*fis.*) strumento atto alla misura dell'accelerazione

accelleràre e deriv. ● (*evit.*) ➤ **accelerare** e deriv.

♦**accèndere** [lat. *accĕndere*, da *cāndere* 'essere acceso' ✻ av. 1257] **A** v. tr. (pass. rem. *io accési, tu accendésti*; part. pass. *accéso*, †*accènso*, †*accìso*) **1** mettere, appiccare il fuoco: *a. un cero, una sigaretta, un fiammifero* | *a. il fuoco*, farlo divampare **2** (*fig.*) suscitare, infiammare: *a. gli odi, la rivalità, la passione*; *a egregie cose il forte animo accendono / l'urne de' forti* (U. Foscolo) **3** mettere in funzione mediante collegamento a una fonte di energia elettrica: *a. la lampada, la radio, il televisore, il motore dell'automobile* | (*assol.*) accendere la luce: *Ma accendi, che non ci si vede un accidente* (C. Cassola) **4** (*dir.*) costituire un rapporto giuridico obbligatorio o di garanzia: *a. un mutuo, un'ipoteca* | *a. un conto*, intestare o fare la prima registrazione in un conto **B** **accèndersi** v. intr. pron. **1** prendere fuoco: *la legna secca s'accende facilmente* | (*est.*) arrossire: *gli si accesero le guance*; *accendersi in volto* **2** emettere luce | (*colloq.*) entrare in funzione, detto di un dispositivo elettrico o meccanico: *il televisore non si accende*; *non lasciare la macchina col motore acceso* | illuminarsi, brillare (+ *di*): *in cielo s'accese la prima stella*; *gli occhi gli s'accesero di gioia* **3** (*fig.*) infiammarsi, eccitarsi (+ *di*): *accendersi d'amore, d'ira* **4** (*fig.*) avere inizio, aprirsi: *per lei si accende ora una speranza di guarigione* | (*fig.*) sorgere, manifestarsi animatamente: *si è accesa una disputa* | (*fig.*) farsi animato, vivace: *la discussione si è subito accesa*

SFUMATURE DI SIGNIFICATO

accendere - eccitare - fomentare

In senso figurato **accendere** è suscitare un fenomeno, una reazione, un sentimento. **Eccitare** se ne differenzia perché indica l'azione di rendere più forte, intensa, veemente una disposizione che già esiste; si usa soprattutto in riferimento a stati d'animo, pulsioni e sim. Se i sentimenti, le reazioni, le azioni incoraggiate e incentivate sono invece riprovevoli, condannabili, è più appropriato l'uso di **fomentare**.

accendìbile [1625 ca.] agg. ● (*raro*) che si può accendere || **accendibilità**, s. f. inv.

accendigàs [comp. di *accendere* e *gas* ✻ 1943] s. m. inv. ● utensile domestico, elettrico, piezoelettrico o a pietra focaia, per accendere i fornelli a gas

accendiménto [av. 1292] s. m. ● (*raro*,

a

lett.) accensione (*spec. fig.*): *L'ira non è altro che uno a. della collera intorno al cuore* (L. de' Medici)

accendìno [1924] **s. m.** ● piccolo apparecchio a scintilla per accendere spec. sigarette e sigari **SIN.** accendisigaro

accendisìgaro o **accendisìgari** [comp. di *accendere* e *sigaro* ✱ 1907] **s. m.** ● apparecchio automatico a scintilla, per fumatori: *a. a benzina, a gas*

accenditóio [av. 1400] **s. m.** (**pl.** *-ói*) ● asta con uno stoppino a un'estremità usata per accendere candele o, un tempo, lumi a petrolio

accenditóre [1268] **s. m.** **1** (**f.** *-trice*) chi accende | lampionaio **2** dispositivo che serve ad accendere qlco.: *a. a strappo per mina*; *a. per razzi*

accennàre [lat. parl. **cinnāre*, dal lat. tardo *cĭnnus* 'batter d'occhi' ✱ av. 1292] **A** **v. tr.** (*io accénno*) **1** indicare con un cenno: *a. una vetrina, un oggetto* | far capire a cenni, esprimendo un desiderio, un ordine e sim. (+ *di* **seguito da inf.**): *mi accennò di tacere* | (*est.*) fare l'atto di dare o fare qlco.: *accennò uno sberleffo*; *a. un calcio* | (*fig.*) affrontare di sfuggita, dire in breve (+ *che* **seguito da indic.**): *a. un argomento*; *gli accennò che desiderava parlargli* (A. Manzoni) | far presentire: *le ghirlande / dei carpini che accennano / lo spumoso confine dei marosi* (E. Montale) **2** disegnare leggermente e incompiutamente **3** (*mus.*) eseguire le prime note di una melodia | eseguire con suono o voce non piena **B** **v. intr.** (**aus.** *avere*) **1** esprimersi mediante cenni, in modo sommario e talora furtivo: *La marchesa ... salutava con la mano e accennava con la testa* (G. D'Annunzio) | fare l'atto di (+ *a* **seguito da inf.**): *accennò a darmi uno scapaccione* **2** (*teatro*) dire le battute senza accento espressivo **3** (*fig.*) parlare brevemente e superficialmente di qlco. (+ *a*): *vorrei solo a. alla questione* | alludere: *a cosa intendi a.?* | dare indizio di (+ *a* **seguito da inf.**): *il tempo accenna a farsi piovoso*; *il vento non accenna a smettere* **4** segnare col dito (+ *a*): *a. a qlcu., a qlco.*

✦**accénno** [1321] **s. m.** **1** (*raro*) avvertimento, cenno: *dare, fare un a.* | abbozzo: *gli rivolse un a. di sorriso* **2** allusione: *fare un a. alla questione* **3** segno premonitore, sintomo, indizio: *un timido a. di sole*; *un primo a. di influenza*

SFUMATURE ➤ ***riferimento***

accensìbile [vc. dotta, lat. tardo *accensībile(m)*. V. *accendere* ✱ 1592] **agg.** ● (*lett.*) accendibile

accensióne [vc. dotta, lat. tardo *accensiōne(m)*. V. *accendere* ✱ av. 1328] **s. f.** **1** l'accendere, l'accendersi (*anche fig.*): *a. del fuoco*; *temperatura d'a.*; *a. dei riflettori*; *un'improvvisa a. d'odio* | nei motori a scoppio, circuito elettrico che fa scoccare le scintille fra gli elettrodi delle candele per accendere la miscela combustibile nei cilindri **2** (*fig., lett.*) vivacità di colori, di luci, di suoni **3** (*dir.*) atto della costituzione di un rapporto giuridico obbligatorio o di garanzia: *a. di un debito, di un'ipoteca* **CONTR.** estinzione

†**accènso** ➤ **acceso**

accentàre [da *accento* ✱ 1598] **v. tr.** (*io accènto*) **1** (*ling.*) elevare la voce nella pronuncia di una sillaba | segnare con l'accento una lettera, una parola | pronunciare in modo scandito **2** (*mus.*) intensificare un suono nel discorso musicale

accentatìvo ➤ **accentuativo**

accentàto **part. pass.** di *accentare*; anche **agg.** ● su cui cade l'accento: *vocale, sillaba accentata*

accentatùra [1853] **s. f.** ● (*ling.*) modo di segnare gli accenti grafici sulle parole: *errori di a.*

accentazióne [1869] **s. f.** ● (*ling.*) modo di pronunciare o segnare gli accenti: *regole di a.*

accènto [vc. dotta, lat. *accĕntu(m)* 'intonazione', comp. di *ăd* 'vicino' e *căntus* 'canto' ✱ sec. XIII] **s. m.** **1** (*ling.*) elevazione della voce nella pronuncia di una sillaba: *a. tonico* | ***a. metrico, ritmico***, che cade sulla sillaba di determinate sedi di un verso **2** (*ling.*) nella lingua italiana, segno che si può trovare sulla vocale della sillaba tonica (fa eccezione, nell'italiano moderno, l'accento circonflesso; V. *circonflesso* e nota d'uso ACCENTO): *a. grafico* **SIN.** segnaccento | ***a. acuto***, inclinato da destra verso il basso (´), indica il timbro chiuso della vocale | ***a. grave***, inclinato da sinistra verso il basso (`), indica il timbro aperto della vocale, oltre che la sede dell'accento tonico in generale | (*fig.*) ***mettere, porre l'a. su una questione***, metterla in evidenza, sottolinearla **3** modo di pronunciare le parole, particolare cadenza del discorso: *a. straniero, dialettale, regionale*; *con voce piana, lenta, d'a. veneziano* (L. Sciascia) **4** (*fig.*) inflessione della voce che esprime uno stato d'animo: *a. doloroso, amaro, franco, dolce* | (*fig.*) espressione vaga, appena accennata, sfumatura di sentimento: *notare un a., un breve a. di tristezza nelle parole, negli sguardi di qlcu.* **5** (*poet.*) parola: *armoniosi accenti / dal tuo labbro volavano* (U. Foscolo) **6** (*mus.*) intensificazione di uno o più suoni rispetto ad altri: *a. ritmico, forte, debole*; *a. espressivo* ‖ **accentino**, **dim.** | **accentóne**, **accr.**

NOTA D'USO

accento

L'accento cade su quella sillaba di una parola dove l'intonazione della voce è più marcata, più intensa (fa eccezione l'accento circonflesso che nell'italiano moderno ha semplicemente una funzione ortografica; V. sotto). In *parola*, per es., l'accento cade sulla sillaba *-rò-*; in *sillaba*, cade su *sìl-*. La sillaba su cui cade l'accento si dice **tonica** (dal greco *tónos*, che significa 'tensione, pressione, forza'), le altre si dicono **atone** (cioè 'senza tono').

A seconda di dove cade l'accento, le parole si dicono: **tronche**, se l'accento cade sulla vocale dell'ultima sillaba, come in *ragù, perché, caffè, andò*; **piane**, se cade sulla vocale della penultima, come in *pregàre, avànti, accànto, misùra*; **sdrucciole**, se cade sulla terzultima, come in *cìrcolo, Gènova, fantàstico, època*; **bisdrucciole**, se cade sulla quartultima, come in *lìberaci, dàtemelo, scìvolano*; **trisdrucciole**, nei rari casi in cui cade sulla quintultima, come in *èvitamelo, recàpitamelo, rècitamelo*.

Ad eccezione di alcuni monosillabi (articoli, pronomi, particelle pron. o avv. come *mi, ti, si, ci, vi, ne*) che si appoggiano nella pronuncia alla parola che segue o che precede (tali particelle sono chiamate 'proclitiche' o 'enclitiche'), tutte le parole hanno un accento, che si chiama **accento tonico**. Quando l'accento è indicato con un segno, prende il nome di **accento grafico**. In questo caso l'accento può essere **acuto** (sulla *é* e sulla *ó* chiuse: *affinché, perché, cóppa, vólgo*) oppure **grave** (sulla *è* e sulla *ò* aperte e sulle altre tre vocali: *cioè, caffè, perciò, àncora, così, virtù*).

L'accento grafico deve essere usato:

- sulle parole tronche con due o più sillabe: *lunedì, andò, città*;
- sui seguenti monosillabi: *ciò, può, già, più, giù, piè*;
- su alcuni altri monosillabi per non confonderli con altre parole uguali nella pronuncia (i cosiddetti 'omofoni') ma che hanno diversa qualifica grammaticale e diverso significato. Sono:
  - **dà** (verbo *dare*): *ti dà la matita*; **da** (prep.): *vieni da me*;
  - **dì** (nome): *notte e dì*; **di** (prep.): *città di Milano*. ATTENZIONE: **di'** (imperativo del verbo *dire*) è un troncamento e vuole l'apostrofo, non l'accento: *di' quel che ti pare!*;
  - **è** (verbo): *chi è?*; **e** (cong.): *marito e moglie*;
  - **là** (avv.): *rimani là!*; **la** (art. e pron.): *apri la finestra; non la conosco*;
  - **lì** (avv.): *la chiave è lì sul tavolo*; **li** (pron.): *non li ho mai visti*;
  - **né** (cong.): *né caldo né freddo*; **ne** (pron. o avv.): *me ne dai una?; me ne vado*;
  - **sé** (pron.): *fa tutto da sé; da sé stesso* (in questo secondo caso, quando *sé* è seguito da *stesso*, si può anche scrivere senza l'accento; è tuttavia consueta anche la forma accentata, per evitare equivoci che, nel caso di *se stessi* o *se stesse*, potrebbero verificarsi); **se** (cong.): *se soltanto lo volesse...*;
  - **sì** (avv.): *sì, lo conosco*; **si** (pron.): *si alza sempre tardi*;
  - **tè** (nome): *gradisci un tè?*; **te** (pron.): *vengo con te*;
- sulle voci verbali *do, dai, danno* si può segnare l'accento: *dò, dài, dànno* per non confonderle con *do* (nota musicale), *dai* (prep. art.) e *danno* (nome). Non è sbagliato ma non è necessario, in quanto la differenza di significato rende pressoché impossibile ogni confusione.
- le regole sull'uso dell'accento si estendono, nella lingua italiana, anche alle lettere maiuscole e alle parole scritte in maiuscolo; per es.: SANTHIÀ.

L'accento grafico non si usa:

- sulle note musicali: *do, re, mi, fa, sol, la, si*;
- sui monosillabi (con l'eccezione di quelli indicati in precedenza). In particolare non si mette l'accento su *qui, qua, so, sa, sto, sta, va, tra, fra, fu, fa, tre, blu, no, re*. ATTENZIONE: i composti vanno sempre accentati. Perciò: *re*, ma *viceré*; *tre*, ma *ventitré, trentatré*, ecc.; *blu*, ma *rossoblù, gialloblù*; *su*, ma *lassù, quassù*; *sto* e *sta*, ma *ristò, ristà*; *fa*, ma *rifà, strafà*.
- ATTENZIONE: come *di'* (imperativo di *dire*, di cui abbiamo parlato sopra), anche *da', sta', va'* e *fa'* (imperativi di *dare, stare, andare* e *fare*) vogliono non l'accento ma l'apostrofo, così come *po'* (= poco) e *mo'* (= modo: *a mo' di*), in quanto si tratta di particolari forme di troncamento (V. nota d'uso ELISIONE e TRONCAMENTO).

Normalmente l'accento grafico non si segna all'interno di parola. Esiste però il caso di alcuni vocaboli formati da due o più sillabe, che si scrivono nello stesso modo ma si distinguono per come vengono pronunciati, in quanto l'accento cade su sillabe differenti (tali parole sono dette 'omografi'). In questi casi si possono verificare degli equivoci. Un titolo di giornale che dica, per es., *perdono gli attentatori*, può ingenerare qualche perplessità, sino a quando i sottotitoli e il contenuto stesso dell'articolo, oltre che il buon senso, fanno scartare l'ipotesi di un progetto di attentato sventato oppure di un eventuale *perdóno* agli attentatori da parte di qlcu. Generalmente il contesto in cui il vocabolo è inserito è sufficiente a chiarire i dubbi (forse proprio un titolo è, per sua natura, più 'rischioso'). Il consiglio è perciò di segnare l'accento solo in quei casi che ragionevolmente si presentano ambigui.

Tra questi 'omografi', ricordiamo i più comuni: *àncora* (nome) e *ancóra* (avv.); *cómpito* (nome) e *compìto* (aggettivo); *prìncipi* (nome, da *prìncipe*) e *princìpi* (nome, da *princìpio*); *condòmini* (nome, da *condòmino*) e *condomìni* (nome, da *condomìnio*); *desìderi* (verbo) e *desidèri* (nome); *fèrmati* (verbo, imperativo) e *fermàti* (verbo, participio); *ìndice* (nome) e *indìce* (verbo); *òccupati* (verbo, imperativo) e *occupàti* (verbo, participio); *prèsidi* (nome m. pl. da *prèside*) e *presìdi* (nome m. pl. da *presìdio*); *regìa* (nome) e *règia* (aggettivo); *sùbito* (avverbio) e *subìto* (verbo, participio); *tèndine* (nome m.) e *tendìne* (nome f.); *vìola* (verbo) e *viòla* (nome).

È bene ricordare che in caso di dubbio si preferisce segnare l'accento sulla parola sdrucciola piuttosto che su quella piana.

L'accento si può indicare graficamente anche quando si usano parole difficili o rare che si ritiene non siano conosciute da chi legge, oppure

di cui si vuol ribadire l'accento esatto. Si può quindi scrivere: *àfono, nèmesi, glicosùria; leccornìa, callìfugo, svalùto, zaffìro*.
Rimane ancora da dire di quelle parole che si scrivono nello stesso modo ma differiscono nella pronuncia, non perché l'accento cada su una sillaba diversa, ma per la presenza di una *e* o di una *o* chiuse o aperte: *accètta* (verbo) e *accétta* (nome); *collèga* (nome) e *colléga* (verbo); *lègge* (verbo) e *légge* (nome); *mènte* (verbo) e *ménte* (nome); *pésca* (nome, dal verbo *pescare*) e *pèsca* (nome di frutto); *vènti* (nome) e *vénti* (aggettivo numerale); oppure, con la *o*, *còlto* (aggettivo o participio, da *cogliere*) e *cólto* (aggettivo, = istruito); *fòsse* (nome) e *fósse* (verbo); *vòlto* (verbo) e *vólto* (nome). Va detto che nella maggior parte dei casi l'accento non è necessario in quanto è ben difficile in un normale contesto linguistico confondere tali omografi. L'accento si segna soltanto se c'è poca chiarezza oppure se si vuol intenzionalmente precisare il suono aperto o chiuso della *e* o della *o*.
L'accento circonflesso (ˆ), infine, indica, nel plurale di alcuni nomi o aggettivi in *-io*, la contrazione di due *i* in una sola (per es. nel plurale *princìpî* di *princìpio*) specialmente allo scopo di evitare possibili confusioni con altri plurali di egual grafia (in questo caso con *prìncipi*, plurale di *prìncipe*). L'accento circonflesso è oggi poco usato. Si tende a trovare altre soluzioni, in particolare a segnare l'accento sulla sillaba tonica dell'uno o dell'altro termine (quindi *princìpi* e *prìncipi*), oppure a mantenere la doppia *i* finale (quindi *princìpii*). Altri casi simili sono per es. *arbitrio* e *arbitro, assassinio* e *assassino, omicidio* e *omicida, osservatorio* e *osservatore, condominio* e *condomino*. Quindi: *gli assassinii* (o *assassinî*) *costano caro agli assassini; anche gli àrbitri* (o *arbitrî*) *commettono degli arbìtri* (o *arbitrii* o *arbitrî*). È bene ricordare che sulla *i*, quando vi è segnato l'accento circonflesso (e l'accento in genere), **non** si deve segnare il puntino, che va invece regolarmente segnato in presenza di un apostrofo. Quindi *matrimonî, così*, ma *di'* (imperativo di *dire*).
Segnaliamo inoltre l'uso arcaico o poetico dell'accento circonflesso per indicare contrazione nella sillaba tonica di alcuni passati remoti, come *fûro* 'furono', ovvero per evitare di confonderli con i corrispondenti infiniti, come nel caso di *trovâr* 'trovarono', *andâr* 'andarono' o *finîr* 'finirono', oppure, nel caso dell'infinito *tôrre* 'togliere', con il corrispondente sostantivo.

accentraménto [1855] **s. m. 1** l'accentrare, l'accentrarsi: *a. di idee, di dati* **2** concentrazione di funzioni amministrative, politiche o legislative negli organi centrali dello Stato: *a. amministrativo, politico* **CONTR.** decentramento

accentràre [comp. di *a-*② e *centro* ✱ av. 1547] **A v. tr.** (*io accèntro* (o *-é-*)) **1** riunire in un solo punto, in un solo luogo: *a. le installazioni militari, gli uffici* **2** concentrare intorno a un solo o a pochi organi funzioni vaste e differenti: *a. le competenze, i poteri* **3** (*fig.*) attirare su di sé: *a. gli sguardi, l'interesse, l'attenzione* **B accentràrsi v. intr. pron. 1** radunarsi, concentrarsi: *la popolazione si accentra nelle città* **2** (*fig.*) accumularsi: *le cariche si accentrano nelle mani di pochi*

accentratóre [av. 1861] **s. m.** (**f.** *-trice*); **anche agg.** ● chi (o che) accentra: *governo a.* | chi (o che) tende ad accentrare, a non delegare agli altri le varie mansioni nell'ambito del lavoro

accentuàle [1722] **agg.** ● (*raro*) che riguarda l'accento

accentuàre [lat. mediev. *accentuare*, da *accĕntus*. V. *accento* ✱ 1354] **A v. tr.** (*io accèntuo, noi accentuiàmo*) **1** pronunciare spiccatamente, con enfasi: *a. una parola, una frase* **2** (*fig.*) rendere più rilevato: *a. la linea del disegno* **3** (*est.*) porre in evidenza: *a. alcuni aspetti di un programma; l'abito aderente accentuava le sue forme* | esagerare: *a. una caduta dentro l'area di rigore* **SIN.** sottolineare **B accentuàrsi v. intr. pron.** ● diventare più evidente, accrescersi: *col tempo la sua pigrizia si accentuò* | aggravarsi: *la crisi si accentua*

accentuatìvo o (*raro*) **accentatìvo** [1914] **agg.** ● che si fonda sull'accento | *verso a.*, che è fondato sul numero delle sillabe e sulla disposizione degli accenti

accentuàto part. pass. di *accentuare*; **anche agg.** ● marcato, evidente: *colori troppo accentuati; l'a. pallore di un volto* ‖ **accentuataménte**, **avv.** in maniera accentuata

accentuazióne [1828] **s. f. 1** l'accentuare, il dare maggior rilievo (*anche fig.*) **2** (*mus.*) disposizione degli accenti nel discorso musicale

acceppàre [comp. di *a-*② e *ceppo* ✱ 1889] **v. tr.** (*io accéppo*) ● (*mar.*; *disus.*) mettere il ceppo all'ancora | assicurare l'ancora a bordo con legature sul ceppo

accerchiaménto [av. 1292] **s. m. 1** l'accerchiare, il venire accerchiato **2** (*milit.*) manovra che tende a circondare completamente lo schieramento nemico

accerchiànte part. pres. di *accerchiare*; **anche agg.** ● nei sign. del v.: *manovra a.*

accerchiàre [comp. di *a-*② e *cerchio* ✱ sec. XIII] **A v. tr.** (*io accérchio*) ● chiudere in cerchio | circondare **B accerchiàrsi v. rifl.** ● (*fig.*) circondarsi (+ *di*): *si accerchiò di cattivi consiglieri* **SIN.** attorniarsi

accerchiatùra [da *accerchiato*, part. pass. di *accerchiare* ✱ 1955] **s. f.** ● cipollatura del legno

accercinàre [comp. di *a-*② e *cercine* ✱ av. 1292] **v. tr.** (*io accércino* (o *-è-*)) ● (*lett.*) avvolgere in forma di cercine

accertàbile [1902] **agg.** ● che si può accertare ‖ **accertabilità**, **s. f. inv.**

accertaménto [sec. XIV] **s. m. 1** attività volta a determinare con certezza un fatto, una situazione: *a. della veridicità di una notizia, dell'esattezza di un dato* **SIN.** verifica **2** (*dir.*) attività diretta a eliminare una situazione giuridica incerta: *a. dell'identità personale dell'imputato; avviso di a.; sentenza di mero a.* | ***negozio giuridico di a.***, posto in essere allo scopo di accertare una data situazione giuridica | ***accertamenti sanitari***, controlli medici legislativamente prescritti per accertare l'idoneità al lavoro di taluni lavoratori e la sussistenza di un sano ambiente di lavoro | ***a. dell'imposta, a. tributario***, atto con cui l'amministrazione finanziaria determina uno o più elementi dell'imposta

accertàre [comp. di *a-*② e *certo* ✱ 1250 ca.] **A v. tr.** (*io accèrto*) **1** (*raro*) rendere certo, dare per certo: *accertiamo che tutto si è svolto regolarmente* **SIN.** assicurare **2** appurare con certezza: *a. la veridicità di una situazione; a. la natura di un fatto* **SIN.** verificare **3** (*dir.*) compiere un accertamento: *a. un'entrata* **B accertàrsi v. rifl.** ● farsi certo, assicurarsi (+ *di*, + *che* **seguito da congtv.**): *mi accerterò della cosa; accertatevi che non sorgano difficoltà* **SIN.** sincerarsi

SFUMATURE DI SIGNIFICATO
accertare - verificare - chiarire
Accertare significa acquisire una certezza in merito a un fatto, a una situazione. Ha significato affine **verificare**, con la differenza che l'accertamento scaturisce da un'indagine, mentre il *verificare* consiste nella valutazione della corrispondenza fra quello che dovrebbe essere e quello che è. **Chiarire** è spiegare, far luce su qualcosa e fa riferimento all'attività di mettere al corrente altri sulla verità di un fatto o all'assumere da una situazione elementi che ne spiegano il perché.

accertatìvo [da *accertato* ✱ 1981] **agg.** ● (*burocr.*) relativo a un accertamento: *procedimento a.*

accertàto part. pass. di *accertare*; **anche agg.** ● determinato con certezza, verificato ‖ **accertataménte**, **avv.** (*raro*) con piena sicurezza

accertatóre [1962] **s. m.** (**f.** *-trice*) ● chi accerta

♦**accéso** (o *-ṣ-*) o †**accènso**, †**acciṣo**② **part. pass.** di *accendere*; **anche agg. 1** che arde: *fuoco a.* **CONTR.** spento | che è in funzione: *luce accesa; motore a.* **2** (*fig.*) vivo, intenso, detto di colore: *una chioma di un bel rosso a.* | (*fig.*) infervorato: *mi par di nuovo esser a. da un desio più caldo assai che 'l foco* (G. BOCCACCIO) | eccitato (+ *di*, *lett.* + *da*): *essere a. d'ira, di passione, d'amore; l'animo a. da sdegno* (C. GOLDONI) **SIN.** ardente, infiammato | animato, vivace: *un'accesa disputa letteraria* ‖ **accesaménte**, **avv. 1** con ardore **2** con vivezza di colore

accessìbile [vc. dotta, lat. tardo *accessĭbile(m)*, da *accēdere* 'accedere' ✱ 1363] **agg. 1** di facile accesso (+ *a*, + *per*): *un'area non a. al pubblico; un percorso non a. per i disabili* **SIN.** raggiungibile **2** (*fig.*) detto di persona, affabile, cordiale **3** (*fig.*) di facile comprensione (+ *a*, + *per*): *concetto, idea a.; cognizioni accessibili a* (o *per*) *tutti* **4** (*fig.*) modico: *prezzo, costo a.* ‖ **accessibilità**, **s. f. inv.** (V.)

accessibilità [1830] **s. f. inv.** ● caratteristica di ciò che è accessibile: *a. di un luogo, di un bene* | fruibilità di un servizio o di uno strumento da parte di persone disabili: *l'a. di un computer, di un ascensore ai non vedenti*

accessióne [vc. dotta, lat. *accessiōne(m)*. V. *accedere* ✱ 1292] **s. f. 1** (*raro*) aggiunta, accrescimento | aumento dei depositi di archivio e delle raccolte bibliografiche, mediante depositi, doni, acquisti e sim. **2** (*dir.*) modo di acquisto della proprietà per cui il proprietario del suolo acquista la proprietà della cosa altrui che in esso si incorpora **3** (*dir.*) adesione di uno Stato a un trattato già concluso tra altri Stati

accessìvo [da *accesso* ✱ av. 1595] **agg.** ● (*dir.*) accessorio, complementare

accèsso [vc. dotta, lat. *accĕssu(m)*. V. *accedere* ✱ sec. XIII] **s. m. 1** ingresso, entrata (*anche fig.*): *luogo di difficile a.; un cancello dava l'a. al giardino; scala d'a.; l'abbaino permette l'a. al tetto; a. alla magistratura, a un dicastero* **2** (*est.*) luogo per il quale si accede: *la polizia ha bloccato tutti gli accessi* (o *le vie d'a.*) *alla città* **3** facoltà di accedere: *permettere, vietare, impedire l'a.; avere libero a. presso qlcu.; è vietato l'a. agli estranei* | ***una persona di facile a.***, affabile, alla mano | (*dir.*) ***a. al fondo***, diritto di ingresso di una persona nel fondo altrui | (*dir.*) ***a. giudiziale***, visita di luoghi fatta dall'autorità giudiziaria nel corso dell'assunzione di mezzi di prova | (*dir.*) ***diritto di a.***, diritto riconosciuto ai soggetti interessati a prendere visione dei documenti amministrativi che li riguardano **4** (*med.*) manifestazione di malattia con insorgenza improvvisa e di breve durata: *a. epilettico* | (*est.*) impulso improvviso e violento: *un a. d'ira, di furore, di gelosia* **5** (*inform.*) modalità per la lettura e registrazione di dati nella memoria di un elaboratore | ***a. diretto***, qualsiasi tecnica che consente di accedere alle memorie di un elaboratore | ***memoria ad a. casuale*** o ***sequenziale***, se il reperimento del dato è immediato o richiede l'esame dei dati che lo precedono nella sequenza | ***a. remoto***, procedura di collegamento tra due elaboratori non connessi in rete locale

accessoriàre [denominale di *accessorio* ✱ 1965] **v. tr.** (*io accessòrio*) ● fornire di accessori, spec. un'automobile

a

accessoriàto **part. pass.** di *accessoriare*; **anche agg.** ● dotato di accessori: *auto completamente accessoriata*

accessorietà [1955] **s. f. inv.** ● (*raro*) condizione di ciò che è accessorio

accessòrio [da *accedere* ✱ 1395] **A agg.** (**pl. m.** *-i* o *raro -ii*) **1** che si aggiunge o si accompagna ad altro elemento principale: *elemento a.*; *questioni accessorie*; *parte accessoria*; *pena accessoria* **SIN.** accidentale, marginale, secondario **CONTR.** essenziale, fondamentale **2** (*dir.*) ***bene a.***, bene dotato di una propria individualità, pur essendo connesso ad altro di cui serve a completare la funzione | ***diritto a.***, diritto che presuppone l'esistenza di altro principale, da cui deriva, con cui si acquista e con cui si trasmette | ***causa accessoria***, lite connessa ad altra più importante **CONTR.** principale || **accessoriaménte**, **avv.** **B s. m.** **1** ciò che completa qlco., pur non facendone parte integrante ma migliorandone l'aspetto o il funzionamento: *accessori per auto*; *accessori da bagno, accessori sanitari*; *negozio di accessori per abbigliamento*; *abito completo di accessori* **2** (*anat.*) ***a. del vago***, undicesimo paio di nervi cranici

accessorista [1955] **s. m. e f.** (**pl. m.** *-i*) ● addetto alla fabbricazione o alla vendita di accessori per autoveicoli

accessorìstica [1984] **s. f.** **1** insieme degli accessori, spec. per auto, abbigliamento, arredamento **2** settore dell'industria che produce accessori

àccess pòint /'akses 'pɔint, *ingl.* 'æksɛs-ˌpɔɪnt/ [loc. ingl., propr. 'punto (*point*) di accesso (*access*)' ✱ 1997] **loc. sost. m. inv.** (**pl. ingl.** *access points*) ● (*Internet*) zona in cui è possibile il collegamento wireless a Internet di un dispositivo elettronico mobile (computer, smartphone, tablet ecc.)

accessuàle [da *accesso* ✱ 1935] **agg.** ● (*med.*) detto di sintomo che ha carattere di accesso: *febbre a.* || **accessualménte**, **avv.** || **accessualità**, **s. f. inv.**

accestiménto [da *accestire* ✱ 1865] **s. m.** ● (*bot.*) periodo della vita di una pianta erbacea durante il quale si formano sulla base del fusto principale i rami o i fusti secondari

accestìre [comp. di *a-*② e *cesto*② ✱ 1767] **v. intr.** (*io accestisco, tu accestìsci*; **aus.** *essere*) ● far cesto, detto di piante erbacee che mettono rami e foglie nella parte basale del fusto

accétta [fr. *hachette*, dim. di *hache*. V. *azza* ✱ av. 1338] **s. f.** ● attrezzo (un tempo anche arma) simile alla scure ma più piccolo, usato spec. per tagliare legna | ***lavoro fatto con l'a.***, (*fig.*) senza finezza, grossolanamente | ***tagliato con l'a.***, (*fig.*) V. *tagliato*

accettàbile [vc. dotta, lat. tardo *acceptābile(m)*, da *acceptare* 'accettare' ✱ 1268] **agg.** ● che si può accettare (+ *che* **seguito da congtv.**): *proposta, idea, previsione a.*; *un compromesso a. per entrambe le parti*; *non pare a. che la biblioteca sia chiusa alla sera* || **accettabilménte**, **avv.** || **accettabilità**, **s. f. inv.**

accettànte **A part. pres.** di *accettare*; **anche agg.** ● nei sign. del v. **B s. m. e f.** **1** chi accetta **2** (*dir.*) chi compie un atto di accettazione | chi assume l'obbligo di pagare una cambiale-tratta | ***a. per intervento***, chi accetta in luogo del trattario | ***a. per onore***, chi accetta per far onore alla firma del traente o del girante

♦**accettàre** [vc. dotta, lat. *acceptāre*, da *captāre* 'cercar di prendere' ✱ av. 1284] **A v. tr.** (*io accètto*) **1** ricevere di buon grado ciò che viene offerto: *a. un regalo, un consiglio, un invito*; *a. qlco. volentieri, con riluttanza* | ***a. una battaglia, una sfida, una scommessa***, acconsentirvi | (*est.*) accogliere in qualità di, detto di persona: *a. qlcu. come amico, come consigliere*; *a. una donna per moglie* | ammettere: *la tua domanda d'iscrizione è stata accettata* **CONTR.** rifiutare **2** accogliere, approvare: *a. un'opinione, un parere, una proposta* **3** sopportare serenamente (+ *che* **seguito da congtv.**, + *di* **seguito da inf.**): *bisogna a. ciò che la sorte ci manda*; *devi a. che lei decida autonomamente*; *accettò di trasferirsi* **4** (*dir.*) manifestare il proprio consenso alla costituzione, modificazione o estinzione di rapporti giuridici: *a. la proposta di contratto* | ***a. una tratta***, assumere l'obbligazione cambiaria **B accettàrsi** **v. rifl.** ● riconoscere con realismo gli aspetti positivi e negativi della propria personalità, del proprio aspetto e sim.: *bisogna accettarsi per quel che si è*

accettàta [da *accetta* ✱ 1865] **s. f.** ● (*raro*) colpo vibrato con l'accetta

accettatóre [vc. dotta, lat. tardo *acceptatōre(m)*, da *acceptāre* 'accettare' ✱ av. 1342] **s. m.** (**f.** *-trice*) ● chi è sollecito ad accettare, a prendere

accettazióne [vc. dotta, lat. tardo *acceptatiōne(m)*, da *acceptāre* 'accettare' ✱ 1310] **s. f.** **1** l'accettare: *l'a. di una proposta*; *a. dell'eredità, di una donazione* | ammissione | approvazione **2** (*banca*) atto con cui il trassato accetta la cambiale tratta assumendo l'obbligazione cambiaria | ***a. bancaria***, quella operata da un istituto di credito | (*per anton.*) accettazione bancaria **3** sala, ufficio, sportello in cui si accettano domande di prestazione di vari servizi, come assunzione di personale, ricoveri ospedalieri, comunicazioni telefoniche o telegrafiche e sim.

accettévole [1268] **agg.** ● (*lett.*) accettabile: *a Giove saria ... a. simile dono* (G. Boccaccio)

accettilàre [da *accettilazione* ✱ 1950] **v. tr.** (*io accèttilo*) ● nel diritto romano, estinguere un'obbligazione mediante accettilazione

accettilazióne [vc. dotta, lat. tardo *acceptilatiōne(m)*, da *accĕptum fĕrre* 'accusare ricevuta' ✱ 1748] **s. f.** ● nel diritto romano, modo formale di estinzione di una obbligazione

accètto [vc. dotta, lat. *accĕptu(m)*, part. pass. di *accĭpere* 'prendere' ✱ 1313] **agg.** ● che si riceve con piacere, caro, gradito: *uomo a. a tutti* | ***ben a.***, V. *benaccetto* | ***mal a.***, V. *malaccetto*

accettóre [ingl. *acceptor*, dal lat. *accĕptus*, part. pass. di *accĭpere* 'prendere'. V. *accetto* ✱ 1952] **s. m.** ● (*chim.*) sostanza o particella che ha la capacità di unirsi preferenzialmente con una determinata sostanza o particella: *a. di elettroni, di idrogeno, di protoni*

accezióne [vc. dotta, lat. *acceptiōne(m)*, da *accĭpere* 'prendere' ✱ 1715] **s. f.** ● (*ling.*) significato particolare di un vocabolo: *il verbo 'prendere' ha numerose accezioni*

acché o **a che** [comp. di *a*② e *che*, con raddoppiamento sintattico di *c-* ✱ av. 1294] **cong.** **1** (*lett.*) affinché (introduce una prop. finale con il v. al congtv.): *Darò l'ordine ... acché compiano il lavoro prima che l'estate finisca* (I. Svevo) **2** (*ellitt.*) al fatto che: *non poteva opporsi a che gli fosse insegnato il mestiere* (R. Bacchelli)

acchetaménto [1865] **s. m.** ● (*raro*) acquietamento

acchetàre [comp. di *a-*② e *chetare* ✱ 1261 ca.] **A v. tr.** (*io acchéto* (o *-è-*)) ● (*lett.*) calmare, acquietare **B acchetàrsi** **v. rifl.** ● (*raro*) calmarsi, quietarsi: *alla fine si acchetò* | (*lett.*) rassegnarsi

acchiàppa- **primo elemento** ● forma parole composte che indicano strumenti atti a catturare (*acchiappamosche, acchiappafarfalle*) o persone addette a tale attività (*acchiappacani*) | forma aggettivi che si riferiscono a persone o cose in grado di richiamare l'attenzione o conquistare il consenso di qlcu.: *una ragazza acchiappauomini*; *un candidato acchiappavoti*

acchiappacàni [comp. di *acchiappa-* e il pl. di *cane* ✱ 1895] **s. m. e f. inv.** ● (*raro*) accalappiacani

acchiappafarfàlle [comp. di *acchiappa-* e il pl. di *farfalla* ✱ 1919] **s. m. inv.** ● retino per catturare farfalle

acchiappamósche [comp. di *acchiappa-* e il pl. di *mosca* ✱ 1950] **s. m. inv.** (**anche f. nel sign. 4**) **1** strumento atto a catturare o uccidere mosche **2** (*bot.*) nome comune di piante carnivore (*Dionea, Drosera*) **SIN.** pigliamosche **3** (*zool.*) pigliamosche **4** (*fig.*) chi perde il proprio tempo senza far niente

acchiappanùvoli [comp. di *acchiappa-* e il pl. di *nuvolo* ✱ 1913] **s. m. e f. inv.** ● persona inconcludente

♦**acchiappàre** [comp. di *a-*② e *chiappare* ✱ av. 1503] **A v. tr.** **1** afferrare rapidamente e saldamente: *a. un gatto per la coda*; *a. qlcu. per la collottola* | (*est.*) raggiungere correndo: *lo acchiapparono mentre fuggiva* **SIN.** acciuffare, agguantare | anche nella forma pron. (con valore intens.) **acchiappàrsi**, (*fam.*) prendersi, buscarsi: *acchiapparsi un malanno*; *lontano dai muri, dove si correva rischio di acchiapparsi mille porcherie* (G. Verga) **2** (*fam.*) riuscire a cogliere di sorpresa: *a. un ladro in flagrante* **3** (*fam.*) colpire: *un sasso lo acchiappò a una gamba* **4** (*fig., fam.*) attrarre | trovare compagnia per rapporti amorosi occasionali (*anche assol.*) **SIN.** rimorchiare① **B acchiappàrsi** **v. rifl.** ● afferrarsi, attaccarsi: *riuscì ad acchiapparsi a una sporgenza* **C acchiappàrsi** **v. rifl. recipr.** ● rincorrersi: *giocare ad acchiapparsi*

acchiapparèlla [1959] **s. f.** ● chiapparello

acchiapparèllo [1887] **s. m.** ● chiapparello

acchiappasógni [comp. di *acchiappa-* e *sogni* ✱ 1989] **A agg. inv.** ● fantasioso, fiabesco **B s. m. inv.** ● piccolo amuleto originario della tradizione indiana d'America che, appeso in prossimità del letto, catturerebbe i sogni piacevoli e scaccerebbe gli incubi

acchiappìno [1945] **s. m.** ● (*tosc.*) chiapparello nel sign. 2

acchiàppo [da *acchiappare* ✱ 1993] **s. m.** **1** (*raro*) atto dell'acchiappare **2** (*fig., fam.*) attrazione, spec. nella loc. agg. ***da acchiappo***, che seduce, che ha lo scopo di sedurre: *uno sguardo, un abbigliamento da a.*; che coinvolge: *una canzone da a.*

-acchiàre [suff. verb. che mantiene il fondamentale valore dim. del suff. nom., dal quale deriva (*-acchio*)] **suff.** ● in verbi derivati da altri verbi, ha valore attenuativo o frequentativo: *bruciacchiare, gridacchiare, rubacchiare, sforacchiare, sputacchiare, vivacchiare*

†**acchinèa** ➤ **chinea**

-àcchio [lat. *-ăculu(m)*] **suff.** ● ha valore diminutivo e spregiativo ed è usato spec. in unione con altri suff., dando luogo ai suff. composti *-acchione* e *-acchiotto*

acchiocciolaménto [1865] **s. m.** ● l'acchiocciolare, l'acchiocciolarsi

acchiocciolàre [comp. di *a-*② e *chiocciola* ✱ 1729] **A v. tr.** (*io acchiòcciolo*) ● avvolgere a spirale, come una chiocciola **B acchiocciolàrsi** **v. rifl.** ● rannicchiarsi, accoccolarsi: *quelle elastiche donnine giapponesi, che ... s'acchiocciolano così bene sulle stuoie* (E. De Amicis)

acchiocciolatùra [av. 1712] **s. f.** ● ravvolgimento a chiocciola

-acchióne [rafforzamento col suff. *-one*① del carattere dim. spreg. del suff. *-acchio*] **suff.** ● conferisce a sostantivi e aggettivi, derivati da altri nomi o aggettivi, sfumature di valore accrescitivo, peggiorativo o vezzeggiativo: *torracchione, furbacchione, mattacchione*

-acchiòtto [rafforzamento del suff. dim. *-acchio*, dal lat. *-aculu(m)*, con altro suff. dim. (*-otto*), forma secondaria di *-etto*] **suff.** ● conferisce a sostantivi e aggettivi valore diminutivo e vezzeggiativo: *lupacchiotto, orsacchiotto, furbacchiotto*

acchitàre [fr. *acquitter*, da *quitte* 'libero', dal lat. *quiētu(m)* 'quieto' ✱ 1771] **v. tr.** ● mandare la propria palla o il pallino, all'inizio di una partita a biliardo, in un punto sfavorevole per l'avversario

♣**acchìto**, (*evit.*) **acchítto** [fr. *acquit*, da *acquitter*. V. *acchitare* ✱ 1771] **s. m.** ● nel gioco del biliardo, la posizione d'inizio della palla o del pallino | ***d'a., di primo a.***, (*fig.*) alla prima, subito

acchittàto [etim. incerta ✱ 1955] **agg.** ● (*centr.*) vestito o acconciato con ricercatezza, azzimato: *riuscendo di casa già a., per andarsene a spasso cogli amici* (P.P. PASOLINI)

acchiùdere [comp. di *a-*② e *chiudere* ✱ 1258] **v. tr. 1** †rinchiudere, serrare **2** V. *accludere*

àccia① [lat. *ăcia(m)* 'filo da infilare nella cruna', da *ăcus* 'ago' ✱ 1300] **s. f.** (**pl.** *-ce*) **1** filo greggio, spec. di lino o canapa, in matassa **2** (*centr.*) gugliata

†**àccia**② ➤ **azza**

acciabattaménto [av. 1694] **s. m.** ● scalpiccio di ciabatte

acciabattàre [comp. di *a-*② e *ciabatta* ✱ 1363] **A v. intr.** (**aus.** *avere*) ● camminare trascinando le ciabatte: *la donna si allontanò acciabattando* **B v. tr.** ● (*fig., raro*) lavorare in modo frettoloso e disordinato (*anche assol.*) **SIN.** abborracciare, acciarpare

acciabattìo [1865] **s. m.** (**pl.** *-ii*) ● continuo acciabattare | rumore dovuto all'acciabattare: *questo a. mi disturba*

acciabattóne [1865] **s. m.** (**f.** *-a*) ● chi esegue il proprio lavoro in modo trascurato e disordinato

acciaccaménto [1752] **s. m.** ● l'acciaccare | deformazione, ammaccatura

acciaccàre [vc. onomat. ✱ 1258] **v. tr.** (*io acciàcco, tu acciàcchi*) **1** deformare un oggetto comprimendolo: *a. un parafango* | schiacciare: *a. noci*; *a. un insetto*; *acciaccarsi un dito* | (*disus.*) pestare nel mortaio o col mazzuolo: *a. il pepe* **2** (*fig., colloq.*) indebolire: *la malattia e i dispiaceri l'hanno molto acciaccato*

acciaccàta [av. 1712] **s. f.** ● colpo secco che deforma, schiaccia qlco.

acciaccàto **part. pass.** di *acciaccare*; **anche agg. 1** deformato, schiacciato **2** (*fig.*) depresso, prostrato, colpito da disturbi fisici

acciaccatùra [1780] **s. f. 1** pestatura, ammaccatura **2** (*mus.*) abbellimento consistente in una nota rapidissima precedente la nota essenziale

acciàcco [sp. *achaque* 'malattia abituale', dall'arabo *aš-šakwa* 'malattia' ✱ 1682] **s. m.** (**pl.** *-chi*) ● disturbo fisico non grave ma fastidioso: *gli acciacchi dell'età, della vecchiaia*; *essere pieno, carico, di acciacchi* ‖ **acciacchétto**, **dim.** | **acciacchìno**, **dim.**

SFUMATURE DI SIGNIFICATO

acciacco - malanno - malessere

Nel linguaggio familiare, **acciacco** è un disturbo fisico di lieve entità ma fastidioso, dovuto soprattutto all'età avanzata o a una salute particolarmente cagionevole. **Malanno** è ugualmente un problema non grave di salute; comunemente si riferisce però a malattie da raffreddamento piuttosto che ai piccoli disturbi tipici della vecchiaia. Una lieve infermità, una sensazione passeggera di non star bene difficilmente localizzabile si chiama invece **malessere**.

SFUMATURE ➤ ***indisposizione***, ➤ ***male***②

acciaccóso (o *-ş-*) [av. 1712] **agg.** ● pieno di acciacchi: *dei colti professori, acciaccosi a quarant'anni che ottuagenari* (E. DE AMICIS)

acciaiàre [da *acciaio* ✱ 1680] **v. tr.** (*io acciàio*) ● trasformare lo strato superficiale di un oggetto di ferro in acciaio | sottoporre ad acciaiatura

acciaiatùra [1770] **s. f.** ● operazione dell'acciaiare

acciaierìa [1886] **s. f.** ● stabilimento per la produzione e la lavorazione dell'acciaio con metodi vari | ***a. elettrica***, che impiega forni elettrici ad arco, a induzione, ad alta frequenza

acciaìno [1772] **s. m. 1** strumento d'acciaio per affilare ferri da taglio **SIN.** acciaiolo **2** (*raro*) perlina di acciaio forata utilizzata per ricami

♦**acciàio** o (*lett., roman.*) **acciàro** [lat. tardo *aciāriu(m)*, da *ăcies* 'acutezza' ✱ 1268] **s. m.** (**pl.** *-ai*) **1** lega formata da ferro e da una quantità di carbonio variabile dallo 0,3 all'1,7%, prodotta allo stato fuso dalla ghisa; è dotato di particolari proprietà di resistenza meccanica, elasticità, durezza: *a. inossidabile, temperato* | ***a. al carbonio, comune, binario***, non contenente altri componenti oltre al ferro e al carbonio | ***a. speciale***, quello legato con altri elementi | (*fig.*) ***occhio, sguardo d'a.***, freddo, penetrante | ***muscoli, nervi d'a.***, forti, saldi | ***volontà d'a.***, tenace, inflessibile **2** †acciarino

acciàio-creménto [1986] **s. m.** ● (*edil.*) pavimentazione in calcestruzzo armato con rete metallica

acciaiòlo o †**acciaiuòlo** [sec. XIV] **s. m. 1** acciaino nel sign. 1 **2** acciarino delle antiche armi da fuoco

acciaióso (o *-ş-*) [1839] **agg.** ● detto di prodotto siderurgico che ha caratteristiche intermedie fra l'acciaio e la ghisa

acciambellàre [comp. di *a-*② e *ciambella* ✱ 1855] **A v. tr.** (*io acciambèllo*) ● avvolgere in forma di ciambella: *a. una lunga corda* **B acciambellàrsi v. rifl.** ● ripiegarsi, rannicchiarsi su sé stesso: *il gatto s'acciambellò al sole*

SFUMATURE DI SIGNIFICATO

acciambellarsi - aggomitolarsi - accartocciarsi

Acciambellarsi è avvolgersi su sé stesso come una ciambella; **aggomitolarsi** è rannicchiarsi, ripiegarsi su sé stesso come il filo in un gomitolo; uguale significato ha **accartocciarsi**, che però può, a differenza dei termini precedenti, anche riferirsi a oggetti.

acciarìno [da *acciaio* ✱ av. 1463] **s. m. 1** piccolo strumento d'acciaio col quale, battendo la pietra focaia, si producono scintille per accendere l'esca **2** dispositivo atto a determinare l'accensione di qlco. | nei siluri, congegno collocato nella testa, atto a far scoppiare il detonante al momento dell'urto contro l'obiettivo | nelle antiche armi da fuoco portatili, meccanismo a molla che, producendo scintille per attrito, accendeva la carica di lancio **3** bietta d'acciaio infilata nel mozzo della ruota di un carro per impedirle di sfilarsi

acciarìto [1779] **agg.** ● (*raro*) acciaiato | (*lett.*) che ha riflessi d'acciaio: *nell'occhio a. dell'eroe libico* (G. D'ANNUNZIO)

acciàro [av. 1374] **s. m. 1** V. *acciaio* **2** (*poet.*) spada, arma: *pugnan per altra terra itali acciari* (G. LEOPARDI)

acciarpàre [comp. di *a-*② e *ciarpa* ✱ av. 1573] **v. tr. 1** (*raro*) lavorare senza diligenza, confusamente (*anche assol.*) **SIN.** abborracciare, acciabattare **2** †raccogliere alla rinfusa: *a. libri, anticaglie*

acciarpatùra [1881] **s. f.** ● l'acciarpare | lavoro acciarpato

acciarpóne [1865] **s. m.** (**f.** *-a*) ● (*raro*) chi fa le cose male e in fretta

accidèmpoli (o *-è-*) [da *accidenti*, deformato eufemisticamente col n. della città toscana di *Empoli* ✱ 1882] **inter.** ● (*eufem.*) accidenti

accidentàccio [pegg. di *accidenti* ✱ 1983] **inter.** ● (*rafforz.*) accidenti

accidentàle [1261 ca.] **agg. 1** dovuto al caso, alla sorte **SIN.** casuale, fortuito, incidentale **2** (*filos.*) contingente, accessorio **3** (*mecc.*) detto di carico che agisce saltuariamente sulla struttura **SIN.** sovraccarico **4** (*mus.*) ***segno a.***, accidente ‖ **accidentalménte**, **avv.** in modo fortuito e casuale ‖ **accidentalità**, **s. f. inv.** (V.)

accidentalità [1584] **s. f. inv. 1** caratteristica di ciò che è casuale o contingente: *a. di un fatto, di un elemento* **2** irregolarità di un terreno accidentato

†**accidentàrio** [1612] **agg.** ● accidentale, non essenziale ‖ †**accidentariaménte**, **avv.** in modo accessorio

accidentàto [1841] **agg. 1** (*raro*) colpito da paralisi e sim.: *braccio a.* **2** detto di terreno, diseguale e pieno di ostacoli **3** (*fig.*) movimentato, pieno di difficoltà e di imprevisti: *viaggio a.*

♦**accidènte** [vc. dotta, lat. *accidĕnte(m)*, part. pres. di *accĭdere* 'cadere addosso' ✱ 1282] **s. m. 1** evento, caso | fatto fortuito, inaspettato: *e se ne porta il tempo / ogni umano a.* (G. LEOPARDI) | ***per a.***, casualmente **2** evento infausto, caso doloroso | sciagura, disgrazia: *la giovine è qui, dopo tanti accidenti, come per miracolo* (A. MANZONI) **3** (*raro, med.*) complicanza | ***a. apoplettico***, †***a. di goccia***, apoplessia cerebrale **4** correntemente, colpo apoplettico, malanno: *gli ha preso un a.*; *gli venisse, gli pigliasse un a.* | ***mandare un a. a qlcu.***, augurargli del male **5** persona o cosa fastidiosa, rumorosa, insopportabile: *quell'a. non mi lascia studiare*; *spegni quell'a. di televisore!* | ***correre come un a.***, all'impazzata **6** (*filos.*) in Aristotele e nella filosofia scolastica, ciò che non è costitutivo dell'essenza di un essere, ma solo una sua qualità accessoria **CFR.** sostanza **7** niente, con valore rafforz., nelle loc. negative ***non capire, non fare, non dire, non importare, non sapere, non sentire, non valere, non vedere un a.*** e sim. **8** (*ling.*) variazione nel nome o nel verbo delle categorie di numero, genere, caso, tempo, modo **9** (*mus.*) segno di alterazione di una nota **SIN.** segno accidentale

♦**accidènti** [1865] **A inter.** ● esprime rabbia, contrarietà, stupore, meraviglia, e sim.: *a.! quasi cadevo*; *a., che fatica!*; *Correvano, a. se correvano* (D. BUZZATI) **SIN.** accidempoli, acciderba, accipicchia | anche come imprecazione: *a. te, a lui!*; *a. a quando l'ho incontrato!* | (*fam.*) niente, con valore rafforz., nella loc. negativa ***un a.***: *non me ne importa un a.!* | (*fam.*) cavolo, con valore pleonast.: *dov'è quell'a. di telecomando?*; *ma che a. fai!* **B** in funzione di **s. m. e f. inv.** ● (*fam., rafforz.*) nella loc. ***a. di***, di ciò che (o di chi) è fastidioso, sgradevole, insopportabile ecc.: *smettila con quell'a. di videogioco!*; *non riesco a montare queste a. di mensole* | ***un a.***, niente: *non ci ho capito un a.!* ‖ **accidentàccio**, **pegg.** (V.)

accidèrba [da *accide(nti)* con distrazione eufem. nella parte finale ✱ 1908] **inter.** ● (*eufem.*) accidenti

†**accìdere** ➤ **uccidere**

♣**accìdia** o **acèdia** [lat. tardo *acēdia(m)*, dal gr. *akēdía*, comp. di *a-*① e *kêdos* 'cura' ✱ 1266] **s. f. 1** (*lett.*) stato di inerzia, di abulia verso ogni forma di azione **2** nella teologia cattolica, uno dei sette vizi capitali che consiste nella

a

negligenza nell'operare il bene **CFR.** avarizia, gola, invidia, ira, lussuria, superbia

SFUMATURE DI SIGNIFICATO

accidia - apatia

Accidia è un'attitudine di indifferenza malinconica nei confronti di qualsiasi tipo di attività; nella teologia cattolica è uno dei sette vizi capitali, consistente nella negligenza nell'operare il bene. Se all'indifferenza si aggiunge l'inerzia nell'agire, la mancanza di volontà, un disinteresse totale per la vita, le persone, i sentimenti si determina uno stato di **apatia**.

SFUMATURE ➤ ***inerzia***, ➤ ***ozio***, ➤ ***pigrizia***

†**accidiàre** [lat. tardo *acediāri*, da *acēdia* 'accidia' ✱ av. 1492] **v. intr.** ● provare accidia: *tanto è grieve l'affanno / che sol pensando addoloro ed accidio* (L. DE' MEDICI)

accidiosàggine (o -ṣ-) [1865] **s. f.** ● (*raro*) indolenza o pigrizia abituale

♣**accidióso** (o -ṣ-) [sec. XIII] **A agg. e s. m.** (**f.** *-a*) ● che (o chi) pecca di accidia: *gli accidiosi dell'Inferno dantesco* **B agg.** ● (*lett.*) indolente | (*est.*) pieno di tedio, di tristezza: *vita accidiosa* | che provoca tedio, indolenza ‖ **accidiosaménte**, avv.

acciecàre e deriv. ➤ **accecare** e deriv.

accigliaménto [av. 1806] **s. m.** ● l'accigliarsi | espressione corrucciata

accigliàre [comp. di *a-*② e *ciglio* ✱ av. 1328] **A v. tr.** (*io accìglio*) ● nell'antica falconeria, cucire insieme le palpebre dei falconi per renderli più docili **B accigliàrsi v. intr. pron.** ● corrugare le sopracciglia per sdegno, ira, preoccupazione e sim.: *appena li vide si accigliò* | (*est.*) oscurarsi in viso **SIN.** aggrondarsi

♣**accigliàto** **part. pass.** di *accigliare*; anche **agg.** ● corrucciato, scuro in volto: *perché sei così a.?* ‖ **accigliataménte**, avv.

accigliatùra [av. 1704] **s. f. 1** (*raro*) espressione, aspetto corrucciati **2** (*raro*) spazio fra le ciglia

†**accìgnere** ➤ **accingere**

accìngere o †**accìgnere** [lat. *accĭngere*. V. *cingere* ✱ 1308] **A v. tr.** (**coniug. come** *cingere*) ● (*lett.*) cingere **B accìngersi v. rifl.** ● disporsi a fare qlco. (+ *a*, **anche seguito da inf.**): *accingersi a partire, a leggere, a un'impresa, a una ricerca* **SIN.** apprestarsi, prepararsi

accìnto **part. pass.** di *accingere*; anche **agg.** ● nei sign. del v.

àccio [dal suff. alterativo *-accio* con valore di ripresa o ripetizione espressiva ✱ 1298] **in funzione di agg.** (**pl. f.** *-ce*) ● (*tosc., fam.*) detto di cosa o persona, già espressa in forma spregiativa, di cui si vuol sottolineare ancor più la caratteristica negativa: *un ragazzaccio proprio a.*

acciò [comp. di *a*② e *ciò* ✱ av. 1257] **cong.** ● (*lett.*) affinché (introduce una prop. finale con il v. al congtv.): *bagnando di continuo dove lo stucco si mette, a. si renda più facile a lavorarlo* (G. VASARI) | V. anche *acciocché*

-àccio [originariamente col valore aggettivale del lat. *-āceu(m)*, specializzatosi poi in senso accr. o pegg.] **suff. 1** forma sostantivi e aggettivi (per lo più sostantivati) alterati, con valore peggiorativo o spregiativo: *libraccio, fattaccio, ragazzaccio, casaccia, stanzaccia, avaraccio, disutilaccio, pigraccio* | talora con valore attenuato o connotazione bonaria: *diavolaccio, omaccio, poveraccio; toscanaccio* **2** assume valore derivativo, con connotazione talora spregiativa, in sostantivi che indicano oggetti, strumenti che hanno una determinata funzione: *legaccio, strofinaccio, tavolaccio*

♣**acciocché** o **acciò che** /attʃok'ke*, at'tʃɔ kke*/, **a ciò che** /attʃok'ke*, at'tʃɔ kke*/ [da *acciò* e *che*② ✱ 1261 ca.] **cong.** ● (*lett.*) affinché, perché (introduce una prop. finale con il v. al congtv.): *te lo ripeto, a. tu mi capisca bene; io ti richeggio / ... / acciò ch'io fugga questo male e peggio, / che tu mi meni là dov'or dicesti* (DANTE *Inf.* I, 130-133)

acciocchìre [comp. di *a-*② e *ciocco* ✱ 1865] **A v. tr.** (*io acciocchìsco, tu acciocchìsci*) ● (*tosc.*) rendere immobile, come un ciocco, per torpore, sonnolenza, freddo e sim.: *il buon vino lo acciocchì subito* **B v. intr.** (**aus.** *essere*) ● assopirsi, addormentarsi: *il gatto acciocchiva al sole*

acciò che ➤ **acciocché**

-accióne [rafforzamento col suff. accr. *-one*① del suff. *-accio*] **suff.** ● conferisce a sostantivi e aggettivi valore accrescitivo e tono spregiativo o vezzeggiativo: *spendaccione, sporcaccione, bonaccione*

acciottolàre [comp. di *a-*② e *ciottolo* ✱ 1664] **v. tr.** (*io acciòttolo*) **1** lastricare coi ciottoli: *a. una strada* **2** far risuonare, battendoli uno contro l'altro, piatti, vasellame e sim.

acciottolàto **A part. pass.** di *acciottolare*; anche **agg.** ● nei sign. del v. **B s. m.** ● selciato di ciottoli **SIN.** ciottolato

acciottolatóre [av. 1738] **s. m.** (**f.** *-trice*) ● operaio che acciottola strade

acciottolìo [da *acciottolare* ✱ av. 1850] **s. m.** (**pl.** *-ii*) ● caratteristico rumore prodotto da piatti, stoviglie e sim. sbattute tra loro: *veniva dalla cucina un a. di piatti*

accipìcchia [da *accidenti*, deformato eufemisticamente con *picchiare* ✱ 1935] **inter.** ● (*eufem.*) accidenti

accipiènte [vc. dotta, lat. *accipiĕnte(m)*, part. pres. del v. *accĭpere* 'ricevere'] **s. m. e f.** ● (*dir.*) chi riceve un oggetto, un bene e sim.

accipigliàrsi [comp. di *a-*② e *cipiglio* ✱ av. 1673] **v. intr. pron.** (*io mi accipìglio*) ● (*raro*) fare il cipiglio

Accipìtridi [vc. dotta, comp. del lat. *accĭpiter*, genit. *accĭpitris* 'sparviero', di orig. indeur., e *-idi* ✱ 1865] **s. m. pl.** (**sing.** *-e*) ● (*zool.*) famiglia di Uccelli rapaci diurni caratterizzati dal becco uncinato e dalle forti unghie adunche, cui appartengono i falchi e gli avvoltoi (*Accipitridae*)

accìṣa [fr. *accise*, dal lat. *accīdere* 'tagliare', comp. di *ăd* e *cāedere* 'tagliare'. V. *cesura*. Cfr. *taglia* ✱ 1678] **s. f.** ● (*dir.*) tributo indiretto che grava sulla produzione di beni determinati per legge (tabacchi, prodotti petroliferi, ecc.) che deve essere assolto dal produttore

†**accisṃàre** [ant. fr. *acesmer* di etim. incerta ✱ 1313] **v. tr.** ● acconciare, ornare | (*iron.*) conciare per le feste: *Un diavolo è qua dietro che n'accisma / sì crudelmente* (DANTE *Inf.* XXVIII, 37-38)

†**accìṣo**① ➤ **ucciso**

†**accìṣo**② ➤ **acceso**

acciucchìre [comp. di *a-*② e *ciucco* 'stupido' ✱ 1865] **v. tr. e intr.** (*io acciucchìsco, tu acciucchìsci*; **aus. intr.** *essere*) ● (*tosc.*) istupidire

♦**acciuffàre** [comp. di *a-*② e *ciuffo* ✱ av. 1367] **A v. tr.** ● (*raro*) prendere con forza per i capelli | (*est.*) afferrare chi cerca di fuggire: *in breve acciuffarono il malvivente* | (*est.*) arrestare: *la guardia acciuffò il ladro* **B acciuffàrsi v. rifl. recipr.** ● (*raro*) accapigliarsi

acciùga① [lat. parl. **apiūva(m)*, dal gr. *aphýē*, di etim. incerta, attrav. il genovese ✱ av. 1300] **s. f. 1** piccolo pesce commestibile dei Teleostei col corpo argenteo e affusolato che vive in branchi nei mari temperati e caldi (*Engraulis encrasicolus*) **SIN.** alice | ***a. dei libri***, acciughina **2** (*fig.*) persona molto magra | ***stare stretti come acciughe***, molto stretti, stipati, pigiati ‖ **acciughétta**, dim. | **acciughìna**, dim. (V.)

acciùga② [etim. incerta ✱ 1961] **agg. solo f.** ● (*tosc.*) solo nella loc. ***erba a.***, origano

acciugàta [da *acciuga*① ✱ 1846] **s. f.** ● condimento di acciughe cotte nell'olio

acciùghero [etim. incerta ✱ 1845] **s. m.** ● (*tosc.*) origano

acciughìna [1855] **s. f. 1** dim. di *acciuga*① **2** lepisma, pesciolino d'argento (*Lepisma saccharina*)

accivettàre [comp. di *a-*② e *civetta* ✱ av. 1729] **v. tr.** (*io accivétto*) **1** nella caccia, richiamare uccelletti mostrando loro la civetta **2** (*fig., lett.*) allettare, lusingare

accivettàto **part. pass.** di *accivettare*; anche **agg. 1** detto di uccello scaltrito e diffidente sul quale la civetta non ha più effetto di attrazione **2** (*fig., lett.*) smaliziato, scaltrito: *Principe non a., svegliarino al popolo accivettatissimo* (G. GIUSTI)

†**accivìre** [fr. *chevir*, da *chef* 'fine' ✱ 1266] **v. tr.** ● provvedere, procurare | conseguire

acclamàre [vc. dotta, lat. *acclamāre*, comp. di *ăd* e *clamāre*. V. *chiamare* ✱ 1475] **A v. tr. 1** manifestare a gran voce la propria approvazione, il proprio consenso: *tutta Roma accorse ad a. Cesare; l'eroe fu acclamato e portato in trionfo* **SIN.** applaudire, inneggiare **2** eleggere in modo unanime, con applausi, senza votazione: *lo acclamarono imperatore* **3** (*fig.*) celebrare, lodare: *la critica lo acclama come scrittore di genio* **B v. intr.** (**aus.** *avere*) ● gridare in segno di plauso (+ *a*): *tutti acclamarono alla proposta; per le vie acclamavano alle truppe italiane* (I. SVEVO)

acclamatóre [1680] **agg. e s. m.** (**f.** *-trice*) ● che (o chi) acclama

acclamazióne [vc. dotta, lat. *acclamatiōne(m)*, da *acclamāre* 'acclamare' ✱ 1540] **s. f. 1** entusiastica manifestazione collettiva di consenso, approvazione e sim.: *le acclamazioni salgono dalla piazza* **SIN.** ovazione, plauso **2** modo di deliberare di un organo collegiale senza procedere a votazione: *accettare una proposta per a.*

♣**acclaràre** [vc. dotta, lat. *acclarāre* 'mostrare chiaramente', da *clārus* 'chiaro', col pref. *ăd* ✱ 1769] **v. tr.** ● mettere in chiaro, accertare, appurare: *a. le circostanze di un reato*

acclimaménto [1858] **s. m.** ● acclimatazione

acclimàre [comp. di *a-*② e *clima* ✱ 1828 ca.] **v. tr. e acclimàrsi v. rifl.** ● (*raro*) acclimatare, acclimatarsi

acclimataménto [1874] **s. m.** ● acclimatazione

acclimatàre [fr. *acclimater*, da *climat* 'clima' ✱ 1812] **A v. tr.** (*io acclìmato*) **1** adattare a un clima diverso da quello abituale: *a. una pianta, un animale* **2** (*est.*) abituare a qlco. **B acclimatàrsi v. intr. pron.** ● adattarsi a un ambiente diverso da quello nativo (+ *a*): *acclimatarsi alle temperature africane* | (*est.*) assuefarsi a qlco.: *acclimatarsi ai nuovi insegnanti*

acclimatazióne [fr. *acclimatation*, da *climat* 'clima' ✱ 1867] **s. f.** ● adattamento di esseri viventi a condizioni climatiche diverse da quelle di origine | ***giardino di a.***, per piante e animali esotici

acclimatóre [1955] **s. m.** (**f.** *-trice*) ● addetto all'acclimatazione delle piante

acclimazióne [da *acclimare* ✱ 1874] **s. f.** ● acclimatazione

†**acclìne** o †**acclìno** [vc. dotta, lat. *acclīne(m)*, da *clīnāre* 'chinare, inchinare' ✱ 1321] **agg. 1** inclinato verso il basso **2** (*fig., lett.*) disposto: *ne l'ordine ch'io dico sono accline / tutte nature* (DANTE *Par.* I, 109-110)

acclìve [vc. dotta, lat. *acclīve(m)*, da *clīvus* 'declivio' ✱ 1499] **agg.** ● (*lett.*) ripido, erto, in salita: *colle, pendio, ripa a.*

acclività [av. 1557] **s. f. inv.** ● caratteristica

di un terreno in pendio

acclùdere o (*lett.*) **acchiùdere** [lat. tardo *acclūdere*, comp. di *ăd* e *claudere* 'chiudere' ✱ 1741] **v. tr.** (**pass. rem.** *io acclùsi, tu accludésti*; **part. pass.** *acclùso*) **1** chiudere qlco. insieme ad altra contenuta in una busta o in un plico (+ *a*): *a. una lettera a un pacco; a. un assegno a una lettera* **2** unire un documento a uno o più altri (+ *a*): *a. le copie all'originale* SIN. allegare

acclùso **part. pass.** di *accludere*; anche **agg.** ● incluso, allegato

accoccàre [comp. di *a-*② e *cocca*③ ✱ 1313] **v. tr.** (*io accòcco o accócco, tu accòcchi o accócchi*) **1** adattare la cocca della freccia alla corda dell'arco: *a. la freccia all'arco* **2** (*lett.*) assestare con forza: *a. un colpo* | (*fig.*) ***accoccarla a qlco.***, ingannarlo, fargli uno scherzo **3** riunire le cocche di un fazzoletto, di un tovagliolo e sim. **4** fermare il filo alla cocca del fuso

accoccolàrsi [vc. onomat., con riferimento all'atto e al verso tipico della chioccia ✱ av. 1365] **v. rifl.** (*io mi accòccolo*) ● piegarsi sulle ginocchia quasi sedendo sui calcagni: *a. attorno al fuoco*

accoccolàto **part. pass.** di *accoccolarsi*; anche **agg.** **1** nel sign. del v. **2** (*fig.*) di ciò che appare come chiuso in sé stesso, raccolto: *un paesino a. ai piedi del monte*

accodaménto [1865] **s. m.** ● l'accodare, l'accodarsi (*anche fig.*)

accodàre [comp. di *a-*② e *coda* ✱ 1369] **A** **v. tr.** (*io accódo*) **1** legare le bestie da soma una in coda all'altra | (*est.*) mettere in fila, in coda, detto di persone **2** legare per la coda, con un lungo spago, uccelli da richiamo **B** **accodàrsi** **v. rifl.** **1** mettersi in fila o in coda gli uni dietro gli altri (+ *a*): *accodarsi a un gruppo di turisti; accodarsi davanti al botteghino del teatro* | (*fig.*) seguire qlcu. (gener. con una connotazione negativa) (+ *a*): *accodarsi alla maggioranza* **2** (*sport*) in tutti i tipi di corse, disporsi per ragioni tattiche dietro uno o più avversari

accogliènte [part. pres. di *accogliere*; nel sign. 2, calco sul fr. *accueillant* ✱ 1753] **agg.** **1** confortevole, comodo: *casa, albergo a.* **2** (*raro*) che fa buona accoglienza: *sono persone molto accoglienti* SIN. ospitale

♦**accogliènza** [av. 1294] **s. f.** **1** modo di ricevere un ospite: *a. amichevole, affettuosa, lieta, calorosa, fredda* | ***fare buona, cattiva a. a qlcu.***, accogliere bene, male | ***fare a.***, (*disus.*) accogliere bene **2** disponibilità ad accogliere e inserire all'interno di un gruppo o più in generale di una società: *a. scolastica; cultura dell'a.; politica di a. nei confronti dei migranti* | ***centro di a.***, struttura che costituisce una prima forma di ospitalità data a profughi, immigrati, popolazioni sinistrate, e sim.

♦**accògliere** o †**accòrre** [comp. del lat. *ăd* e *collĭgere*, da *lĕgere* 'raccogliere' ✱ 1250] **A** **v. tr.** (**coniug. come** *cogliere*) **1** ricevere qlcu. o qlco. con varia disposizione d'animo: *a. con piacere un amico, un dono; a. con rincrescimento una brutta notizia* **2** approvare, accettare: *a. una proposta, una istanza* CONTR. rifiutare **3** contenere, ospitare: *il nuovo stadio può a. centomila spettatori; l'ospedale accoglie più di seicento infermi* **4** (*lett.*) raccogliere, radunare: *preziosi / vasi accoglean le lagrime votive* (U. FOSCOLO) **B** **accògliersi** **v. rifl.** ● (*lett.*) convenire, riunirsi, raccogliersi: *Li uomini poi che 'ntorno erano sparti / s'accolsero a quel loco* (DANTE *Inf.* XX, 88-89)

SFUMATURE ➤ *ascoltare*

accogliménto [1266] **s. m.** **1** (*lett.*) accoglienza **2** accettazione: *a. di una proposta, di una domanda* **3** †raduno

accoglitìccio [da *accogliere* ✱ 1313] **agg.** (**pl. f.** *-ce*) ● (*raro*) composto da entità di varia provenienza e non amalgamate | raccogliticcio

accoglitóre [1313] **s. m.** (**f.** *-trice*) ● chi accoglie | (*lett.*) raccoglitore, compilatore

†**accoglitrìce** [av. 1729] **s. f.** ● levatrice

accòlita ➤ **accolta**

accolitàto o †**acolitàto** [da *accolito* ✱ av. 1342] **s. m.** ● un tempo, il quarto e il più elevato degli ordini minori della gerarchia cattolica; dopo la riforma liturgica del 1972, ministero che può essere conferito anche a un laico

♦**accòlito** o †**acòlito** [vc. dotta, gr. *akólouthos*, da *kéleuthos* 'cammino' ✱ sec. XII] **s. m.** (**f.** *-a*) **1** un tempo, chierico che aveva ricevuto l'ordine dell'accolitato; attualmente, colui al quale è stato conferito il ministero dell'accolitato | chi serve il sacerdote all'altare **2** (*fig.*) seguace, accompagnatore fedelissimo di persona potente o altolocata (*spec. iron.* o *spreg.*): *è sempre circondato dai suoi accoliti*

accollacciàto [da *accollato*, sul modello di *scollacciato* ✱ av. 1786] **agg.** ● (*raro*) ben chiuso attorno al collo: *abito a.* | (*est., raro*) detto di persona, che indossa un abito accollato

accollaménto [1858] **s. m.** ● l'accollare, l'accollarsi un impegno, un onere e sim.

accollànte **A** **part. pres.** di *accollare*; anche **agg.** ● nei sign. del v. **B** **s. m. e f.** ● (*dir.*) assuntore di un obbligo altrui

accollàre [comp. di *a-*② e *collo*② ✱ sec. XIII] **A** **v. tr.** (*io accòllo*) **1** (*lett.*) mettere sul collo | abituare al giogo gli animali: *a. i buoi* **2** (*fig.*) caricare di impegni, oneri, responsabilità: *gli hanno accollato tutti i pagamenti* SIN. addossare **3** porre il maggior carico sulla parte anteriore del carro, in modo che il peso gravi sul collo della bestia che lo tira **4** (*mar.*) volgere una vela quadra in modo che il vento ne colpisca il lato normalmente sottovento | raccogliere una cima facendole fare più giri attorno a sé stessa **B** **v. intr.** (**aus.** *avere*) ● chiudere bene al collo: *abito, scarpa, che accolla* **C** **accollàrsi** **v. tr. pron.** (**aus.** *essere*) ● addossarsi, assumere a proprio carico qlco. di gravoso: *accollarsi una spesa; accollarsi una colpa; s'era accollata la donna col danno* (G. VERGA) | (*dir.*) ***accollarsi un debito***, assumere su di sé un'obbligazione altrui

accollàta [provenz. *acolada*, dal lat. parl. **adcollāre* 'colpire al collo', da *cŏllum* 'collo', col pref. *ăd* ✱ av. 1912] **s. f.** ● colpo simbolico dato col piatto della spada sulla spalla del cavaliere medievale durante la cerimonia d'investitura

accollatàrio [da *accollare* ✱ 1855] **s. m.** (**f.** *-ia*) **1** (*dir.*) creditore a vantaggio del quale opera l'accollo **2** (*raro*) appaltatore

accollàtico [da *accollare* ✱ av. 1566] **s. m.** (**pl.** *-ci*) ● imposta che nei secc. XVI e XVII si pagava nella campagna romana e nelle legazioni pontificie per i buoi aggiogati

accollàto **A** **part. pass.** di *accollare*; anche **agg.** **1** chiuso intorno al collo: *abito a.* | chiuso fino al collo del piede: *scarpa accollata* CONTR. scollato **2** (*arald.*) detto di due scudi congiunti o di figure sovrapposte **B** **s. m.** (**f.** *-a*) ● (*dir.*) debitore il cui obbligo viene assunto mediante accollo

accollatùra [1865] **s. f.** **1** parte dell'abito accollato che segue la base del collo **2** segno del giogo sul collo degli animali da tiro

accòllo [da *accollare* ✱ 1797] **s. m.** **1** (*dir.*) accordo per l'assunzione di un debito altrui | ***a. privativo***, in cui viene liberato il debitore originario | ***a. cumulativo***, in cui il debitore originario rimane coobbligato con l'accollante | ***a. legale***, assunzione di obbligazioni che avviene di diritto perché disposta dalla legge **2** (*disus.*) appalto | (*lett.*) incarico: *chi si prendeva l'a. di fare una simile proposta?* (L. PIRANDELLO) **3** parte sporgente di un muro o di una costruzione sostenuta da mensole **4** parte del carico che grava sulla parte anteriore di un carro o sul collo dell'animale da tiro **5** (*mar.*) lato sottovento della vela | ***prendere a.***, gonfiarsi al contrario, detto di una vela che prende il vento dal lato normalmente sottovento, rallentando o facendo abbattere l'imbarcazione

accòlta o **accòlita** [da *accolto* ✱ 1300 ca.] **s. f.** **1** (*lett.*) adunata di persone: *un'a. di magistrati*; (*spesso spreg.*; più comune nella forma *accòlita*): *un'a. di canaglie* **2** †accoglienza

accoltellaménto [1829] **s. m.** ● ferimento o uccisione a colpi di coltello

accoltellàre [comp. di *a-*② e *coltello* ✱ 1324] **A** **v. tr.** (*io accoltèllo*) ● colpire qlcu. con delle coltellate, per ferirlo o ucciderlo: *il rapinatore accoltellò la vittima* **B** **accoltellàrsi** **v. rifl. recipr.** ● ferirsi a colpi di coltello

accoltellàto **A** **part. pass.** di *accoltellare*; anche **agg.** ● nei sign. del v. **B** **s. m.** ● (*archit.*) muratura o pavimentazione in cui i mattoni vengono messi a coltello, cioè di taglio

accoltellatóre [av. 1565] **s. m.** (**f.** *-trice*) ● chi accoltella

accòlto **part. pass.** di *accogliere*; anche **agg.** **1** ricevuto | accettato, ospitato **2** (*lett.*) radunato, riunito: *già i principi cristiani accolti sono / ne la tenda maggior* (T. TASSO) **3** (*lett.*) addensato

accomandànte **A** **part. pres.** di *accomandare*; anche **agg.** ● (*dir.*) ***socio a.***, socio di un'accomandita la cui responsabilità per le obbligazioni sociali è limitata alla quota conferita, il quale non può compiere atti di gestione della società **B** **s. m. e f.** ● (*dir.*) socio accomandante

accomandàre [provenz. *acomandar*, comp. del lat. *ăd* e *commendāre* 'affidare' ✱ 1250 ca.] **A** **v. tr.** **1** (*lett.*) affidare in custodia: *se m'ami, io t'accomando i figli* (V. ALFIERI) | raccomandare: *a. l'anima a Dio* **2** (*lett.*) assicurare, legare: *accomandò la corda all'aspo* (D. COMPAGNI) **B** **accomandàrsi** **v. rifl.** ● (*lett.*) mettersi sotto la protezione altrui | raccomandarsi

accomandatàrio [da *accomandita*, sul modello di *mandatario* ✱ sec. XIV] **A** **s. m.** (**f.** *-ia*) ● (*dir.*) socio dell'accomandita, amministratore e illimitatamente responsabile delle obbligazioni sociali **B** anche **agg.**: *socio a.*

accomandazióne [da *accomandare* ✱ av. 1348] **s. f.** ● nel diritto feudale, atto col quale un vassallo si sottometteva alla potestà del signore

accomandìgia [da *accomandare*, sul modello del fr. *commandise* ✱ sec. XIII] **s. f.** (**pl.** *-gie* o *-ge*) ● (*stor.*) patto con cui un comune o una signoria si poneva sotto il protettorato di un altro comune o signoria o della Chiesa

accomàndita [da *accomandare* ✱ av. 1311] **s. f.** **1** (*dir.*) forma di società commerciale caratterizzata dalla diversa responsabilità, verso i terzi, dei soci (accomandante e accomandatario) che vi partecipano: *società in a.* | la stessa società in accomandita: *soci di un'a.* **2** †tutela

accomandolàre [da *a-*② e *comandolo* ✱ 1865] **v. tr.** (*io accomàndolo*) ● riannodare i fili rotti dell'ordito

accomiatàre o **accommiatàre** [comp. di *a-*② e *commiato* ✱ 1262] **A** **v. tr.** ● dare commiato, congedare: *a. qlcu. con un gesto, con un sorriso, con parole gentili* **B** **accomiatàrsi** **v. rifl.** ● prendere commiato, congedarsi (anche + *da*): *mi accomiatai da loro con rimpianto; gli amici si accomiatarono a*

a

uno a uno

accommiatàre ➤ **accomiatare**

accomodàbile [1584] **agg.** ● che si può accomodare ‖ **accomodabilménte**, **avv.** (*raro*) in maniera accomodabile

accomodaménto [1543] **s. m. 1** soluzione, composizione mediante un accordo: *l'a. di una lite* | conciliazione: *giungere, venire a un a.*; *trovare una via di a.* **2** (*raro*) riparazione, aggiustatura | regolazione di uno strumento ottico **3** (*mecc.*) adattamento di un materiale sottoposto a una sollecitazione ripetuta, variabile fra due limiti
SFUMATURE ➤ *compromesso*②

accomodànte [part. pres. di *accomodare*; calco sul fr. *accommodant* ✱ 1865] **agg.** ● conciliante, disponibile a un accordo: *dimostrarsi a.*; *parole accomodanti*; *in tono a.*, *Antonio cercò di evitare un litigio* (D. Buzzati) | arrendevole, remissivo: *mentalità a.*; *una disposizione tra indifferente, a. e molle rispetto ai problemi particolari* (B. Croce)
SFUMATURE ➤ *condiscendente*

♦**accomodàre** [vc. dotta, lat. *accommodāre*, comp. di *ăd* e *cŏmmodus* 'conforme, conveniente' ✱ sec. XIII] **A** **v. tr.** (*io accòmodo*) **1** aggiustare, riparare: *a. una vecchia casa, una bicicletta, un ponte* CONTR. guastare, rompere **2** assestare, sistemare: *a. una stanza per una festa*; *a. i libri sul tavolo* | acconciare: *a. i capelli* | anche in forma pron. (con valore intens.): *Donna Sarina … badava ad accomodarsi gli occhiali* (G. Verga) **3** (*iron.*) conciare: *se non la smettete, vi accomodo io!* **4** risolvere, conciliare: *la questione fu accomodata con soddisfazione di entrambi* **5** regolare l'occhio o un sistema ottico rispetto alla distanza o alla luminosità **B** **v. intr.** (**aus.** *avere*) ● tornare comodo, piacevole, utile: *prendi ciò che ti accomoda*; *se ti accomoda, vieni quando vuoi* **C** **accomodàrsi** **v. rifl.** e **intr. pron. 1** mettersi a proprio agio in casa d'altri | ***accomodarsi a sedere*** o (*ellitt.*) ***accomodarsi***, sedersi: *Orsù, giacché finalmente si sono accomodati, accomodiamoci anche noi* (C. Goldoni) | ***accomodarsi in casa***, entrare **2** adattarsi: *si sono accomodati in due misere stanzette*; *una republica ha maggiore vita … perché la può meglio accomodarsi alla diversità de' temporali* (N. Machiavelli) **3** risolversi, aggiustarsi, appianarsi: *col tempo tutto si accomoda* **D** **accomodàrsi** **v. rifl. recipr.** ● giungere a un accordo: *accomodarsi sul prezzo*; *non c'è bisogno di avvocati, ci accomoderemo tra noi* SIN. aggiustarsi, riconciliarsi

accomodatìccio [1845] **A** **agg.** (**pl. m.** *-ci*; **pl. f.** *-ce*) ● accomodato alla meglio **B** anche **s. m.**

accomodatìvo [vc. dotta, lat. tardo *accommodatīvu(m)*, 'appropriato al senso', da *accommodāre* 'accomodare' ✱ 1543] **agg. 1** detto della capacità dell'occhio o di un sistema ottico di regolarsi rispetto alla distanza e alla luminosità **2** (*raro*) accomodante: *L'uomo è … un animale a.* (G. D'Annunzio)

accomodatóre [1574] **s. m.** (**f.** *-trice*, *pop.*, *disus.* *-tóra*) ● (*raro*) chi accomoda

accomodatùra [1682] **s. f.** ● l'accomodare | riparazione

accomodazióne [vc. dotta, lat. *accommodatiōne(m)*, da *accommodāre* 'accomodare' ✱ av. 1535] **s. f. 1** (*raro*) accomodamento **2** (*fisiol.*) proprietà dell'occhio di variare il potere di rifrazione del cristallino

accompagnàbile [1865] **agg.** ● (*raro*) che si può accompagnare

accompagnaménto [av. 1294] **s. m. 1** l'accompagnare | (*est.*) corteo, seguito: *Vennero … con grande a. di bravi* (A. Manzoni) **2** (*dir.*) conduzione dell'imputato o di altro soggetto davanti al giudice o al pubblico ministero, anche con l'uso della forza: *mandato, ordine di a.* | (*dir.*) ***indennità di a.***, somma erogata a titolo assistenziale dallo Stato in favore dei disabili **3** ciò che si aggiunge a qlco. come completamento: *lettera di a.* | ***bolla di a.***, documento fiscale allegato a una merce durante la spedizione o la consegna, oggi sostituito dal documento di trasporto (V. *documento*) **4** (*mus.*) insieme di elementi subordinati che fungono da sostegno ritmico, armonico, espressivo, della parte principale | azione di chi accompagna strumentalmente un canto, proprio o altrui **5** (*milit.*) azione di fuoco in appoggio ad attacchi di fanteria o carri armati

♦**accompagnàre** [comp. di *a-*② e *compagno* ✱ av. 1250] **A** **v. tr.** (**coniug. come** *segnare*) **1** andare con qlcu. in qualche luogo per fargli compagnia, per cortesia, per proteggerlo e sim.: *a. un bambino a casa*; *a. un amico al cinema* | scortare | seguire in corteo: *a. un feretro* | ***a. qlcu. alla porta***, (*fig.*) congedarlo **2** (*fig.*) seguire (+ *con*): *a. con lo sguardo, con la mano, col pensiero* | ***a. la porta, il cancello***, seguirli con la mano per regolarne il movimento | ***a. un colpo***, nel pugilato, in fase di attacco, incrementare l'efficacia del pugno con una torsione del busto e, in fase difensiva, ridurre l'efficacia del colpo portato dall'avversario con un adeguato spostamento indietro della parte del corpo cui è indirizzato il pugno **3** (*mus.*) suonare o cantare come sostegno al suono o al canto altrui (+ *a*, + *con*): *a. un cantante al pianoforte, con la chitarra* **4** accoppiare (+ *a*): *a. l'utile al dilettevole* | (*est.*) abbinare, unire (+ *con*): *a. due motivi ornamentali*; *a. un dono con un biglietto* **B** **accompagnàrsi** **v. intr. pron.** ● intonarsi, essere adatto (+ *a*, + *con*): *quel vino si accompagna bene all'arrosto*; *la sciarpa si accompagna bene con il cappotto* | unirsi, stare insieme: *s'accompagna al brusio un colore vano* (C. Pavese) **C** **accompagnàrsi** **v. rifl. 1** unirsi a qlcu. camminando o viaggiando (+ *a*, + *con*): *i missionari si unirono agli esploratori*; *si fermò … ad aspettarli per accompagnarsi con loro* (L. Pirandello) **2** prendere qlcu. come compagno (+ *a*, + *con*): *si accompagnano spesso ai personaggi più in vista*; *accompagnarsi con qlcu.* | †sposarsi: *quanto sarebbe meglio per la vostra casa, che voi vi accompagnaste!* (C. Goldoni) **3** (*mus.*) sostenere il proprio canto con accompagnamento strumentale (+ *con*): *accompagnarsi con la chitarra*

accompagnàto **part. pass.** di *accompagnare*; anche **agg. 1** nei sign. del v. | che è in compagnia di qlcu.: *esce sempre a.* | unito (+ *a*, + *da*, *lett.* + *con*): *bellezza accompagnata a simpatia*; *dolore al petto a. da sudorazione*; *una chiarezza intellettiva accompagnata con un vigore straordinario d'analisi* (F. De Sanctis) | PROV. ***meglio soli che male accompagnati*** **2** (*arald.*) detto di figura che occupa la posizione centrale dello scudo, affiancata da altre minori

accompagnatóre [1308] **s. m.** (**f.** *-trice*) **1** chi accompagna | corteggiatore, partner | ***a. turistico***, chi svolge funzioni di guida, assistenza e coordinamento di una comitiva di turisti per conto di una compagnia o agenzia di viaggi **2** (*sport*) incaricato con compiti organizzativi, al seguito di una squadra di atleti **3** (*mus.*) chi esegue l'accompagnamento

accompagnatòria [1791] **s. f.** ● nel linguaggio burocratico, lettera che accompagna la spedizione di documenti e sim.

accompagnatòrio [1798] **agg.** (**pl. m.** *-i* o *raro -ii*) ● che serve da accompagnamento: *lettera accompagnatoria*

†**accompagnatùra** [1551] **s. f. 1** accompagnamento, seguito, scorta **2** accordo

accompàgno [1858] **s. m. 1** (*burocr.*) accompagnamento **2** (*centr.*) onoranza funebre, funerale: *l'a. all'ultima dimora* **3** (*dir.*) ***provvedimenti di a.***, atti normativi che seguono immediatamente la legge finanziaria

accomunàbile [1865] **agg.** ● che si può accomunare

accomunaménto [1298] **s. m.** ● l'accomunare, l'accomunarsi | unione

accomunàre, (*evit.*) **accumunàre** [comp. di *a-*② e *comune*① ✱ 1258] **A** **v. tr. 1** mettere in comune: *a. la ricchezza, le idee, i progetti* **2** rendere uguali, simili: *il dolore accomuna gli uomini* **3** riunire: *a. in sé pregi e difetti* **B** **accomunàrsi** **v. rifl. recipr.** ● rendersi uguali, simili: *accomunarsi nel dolore*

†**acconcézza** [av. 1347] **s. f. 1** attitudine **2** eleganza, decoro **3** ordine: *pone in a. ed assettamento* (G. Vico)

acconciàbile [1865] **agg.** ● che si può acconciare

acconciaménto [1261 ca.] **s. m. 1** (*raro*) l'acconciare, l'acconciarsi | abbigliamento, acconciatura **2** †disposizione, attitudine

acconciàre [comp. di *a-*② e *conciare* ✱ 1258] **A** **v. tr.** (**pres.** *io accóncio*; **fut.** *io acconcerò*) **1** (*disus.* o *lett.*) preparare, disporre in modo conveniente: *a. l'animo alla prova*; *a. una stanza* | †***a. lo stomaco***, ristorarsi | (*raro*) accomodare, riparare | regolare, risolvere: *a. una questione* | †preparare cibi e bevande: *Chichibio … acconcia la gru* (G. Boccaccio) | †condire, cucinare (*anche assol.*) **2** abbigliare, adornare con cura: *a. una ragazza per il ballo*; *a. la sposa* | riassettare: *a. il vestito* | (*raro*, *iron.*) ***a. qlcu. per le feste***, ridurlo a mal partito **3** †collocare, sistemare: *a. in matrimonio* **4** †addomesticare | †pacificare **B** **acconciàrsi** **v. tr. pron.** (**aus.** *essere*) ● mettere in ordine, sistemare (con valore intens.): *I Greci avevano venti modi di acconciarsi il pallio* (A. Boito) | pettinarsi: *acconciarsi i capelli* **C** **acconciàrsi** **v. rifl. 1** (*disus.* o *lett.*) disporsi, prepararsi a qlco.: *acconciarsi a dormire*; *acconciarsi a partire* **2** comporsi i capelli | abbigliarsi, abbellirsi **3** (*raro*, *lett.*) adattarsi, conformarsi: *si acconciò suo malgrado alle nostre decisioni* | †accordarsi, allearsi: *sentendo questa discordia, s'acconciò co' Pisani* (D. Compagni)

acconciatóre [1336 ca.] **s. m.** (**f.** *-trice*) ● (*raro*) chi acconcia | parrucchiere

acconciatùra [1282] **s. f. 1** (*raro*) l'acconciare, l'acconciarsi **2** modo di pettinare e di ornare i capelli | tipo di pettinatura: *un'a. semplice, originale, vistosa* | ornamento della pettinatura femminile: *a. di fiori, nastri, veli*; *a. da sposa*

NOMENCLATURA

acconciatura = pettinatura, taglio
● *tipi di acconciatura*: zazzera = alla maschietta, chierica = tonsura = fratina, all'umberta, carré, a spazzola ⇔ alla nazarena; a caschetto = a casco, alla paggio, alla raffaella, a raggiera, con lo schiaffo = allo schiaffo; basette, ciuffo, virgola, frangia = frangetta, chignon = crocchia, banana, banda = bandeau, onda, treccia, treccine, coda di cavallo, codino, cotonatura, frisé, ricciolo = tirabaci = boccolo;
● *azioni*: pettinare, dare una pettinata, fare la riga = portare la scriminatura (a destra, a sinistra, da una parte; centrale, in mezzo), spazzolare, ravviare = accomodare acconciare = racconciare = raccomodare, modellare = fare la modellatura = fare la permanente (a caldo, a freddo, elettrica, riccia, morbida, leggera), fare l'ondulazione (a caldo, a freddo, permanente), fare la piega (a fon, con i bigodini) mettere in piega, mettere i bigodini, stirare = lisciare ⇔ spettinare, arruffare, scapigliare, scarmigliare, rabbuffare, scarruffare; cotonare, inanellare, intrecciare = fare la treccia, raccogliere, tirare su, legare ⇔ slegare, sciogliere i capelli, spargere le chiome; tagliare, pareggiare, sforbiciare = scorciare = spuntare =

sfoltire ⇔ tosare = rasare = tonsurare = radere a zero = rapare, farsi la sfumatura (alta ⇔ bassa) = sfumare = scalare; lavare = fare uno shampoo = insaponare, sciacquare, asciugare, tingere = colorare (farsi l'henné = farsi i colpi di luce, farsi le mèches = farsi i colpi di sole) ⇔ decolorare, scurire ⇔ schiarire = ossigenare = imbiondire = platinare; imbrillantinare = impomatare = ungere; imparruccarsi; mettersi ⇔ levarsi la parrucca; portare la parrucca, pettinare la parrucca;
● *persone*: acconciatore = parrucchiere per donna = coiffeur pour dames, parrucchiere per uomo = barbiere.

†**acconcìme** [1311] **s. m. 1** restauro, riparazione **2** abbigliamento

♦**accóncio**① [da *acconciato*, part. pass. di *acconciare* ✱ 1261 ca.] **agg.** (**pl. f.** *-ce*) **1** (*lett.*) idoneo, conveniente: *parole acconce; mezzi acconci* **SIN.** adatto, appropriato **2** (*lett.*) preparato, pronto **3** (*lett.*) abbigliato, ornato con cura | ben pettinato **4** †disposto, incline: *sono a. a non desiderare più cosa alcuna* (N. Machiavelli) || **acconciaménte**, **avv.** con decoro, comodità, convenienza

†**accóncio**② [da *acconciare* ✱ 1282] **s. m. 1** convenienza, vantaggio | comodo | ***cadere, venire, tornare in a.***, tornare utile, venire a proposito **2** adattamento, sistemazione: *fatto che io ebbi tutti gli acconci della casa e della bottega* (B. Cellini)

accondiscendènte **part. pres.** di *accondiscendere*; **anche agg.** ● condiscendente

accondiscendènza [1869] **s. f.** ● (*raro*) condiscendenza

accondiscéndere (o *-è-*) [comp. di *a-*② e *condiscendere* ✱ 1764] **v. intr.** (**coniug.** come *scendere*; **aus.** *avere*) ● condiscendere, consentire (+ *a*, **anche seguito da inf.**): *a. alle richieste, ai voleri di qlcu.; a. ad aprire una trattativa*

acconsentiménto [1354] **s. m.** ● (*raro*) consenso

♦**acconsentìre** [comp. di *a-*② e *consentire* ✱ 1268] **A** **v. intr.** (**pres.** *io acconsènto*; **part. pres.** *acconsenziènte* (**V.**); **aus.** *avere*) **1** dare il proprio consenso, la propria approvazione (+ *a*, **anche seguito da inf.**; + *che* **seguito da congtv.**): *a. a una proposta, a un progetto, a una richiesta; a. a parlare con qlcu.; acconsentì che proseguissimo il nostro intervento* | **PROV.** ***chi tace acconsente***, V. *tacere*① **SIN.** aderire **2** cedere, con riferimento a oggetti che possiedono un certo grado di elasticità (+ *a*): *a. alla pressione, alla trazione* **B** **v. tr. 1** †accordare, concedere: *con le armi gli feci a. quello che prima ... non aveva acconsentito* (N. Machiavelli) **2** (*mar.*) filare il cavo di una vela via via che si tende, in modo che non si spezzi

acconsenziènte **part. pres.** di *acconsentire*; **anche agg.** ● (*raro*) consenziente

accontàre [provenz. *aco(i)ntar*, dal lat. parl. **accognitāre* ✱ av. 1292] **A** **v. tr.** (*io accónto*) ● †incontrare, conoscere **B** **accontàrsi** **v. rifl. recipr.** ● (*lett.*) mettersi d'accordo, intendersi: *ci accontammo presto con una brigata di giovanotti* (G. Carducci)

accontàto **part. pass.** di *accontare*; **anche agg.** ● (*lett.*) conosciuto, noto: *le teorie più recenti e accontate sul sonno e sui sogni* (L. Pirandello)

accontentaménto [1874] **s. m.** ● soddisfazione, appagamento

♦**accontentàre** [comp. di *a-*② e *contento* ✱ sec. XIII] **A** **v. tr.** (*io accontènto*) ● soddisfare, rendere contento: *vedrò di accontentarti* **SIN.** compiacere, contentare **CONTR.** scontentare **B** **accontentàrsi** **v. intr. pron.** ● essere contento, soddisfatto (+ *di*, **anche seguito da inf.**): *non si accontenta mai di ciò che ha; non ci si può accontentare di limitare i danni* | limitarsi nei desideri: *bisognerà accontentarsi*

accónto① [comp. di *a-*② e *conto*① ✱ av. 1697] **s. m.** ● anticipazione di parte di una prestazione in denaro: *versare, chiedere un a.*

†**accónto**② [lat. *accŏgnitu(m)* 'riconosciuto', part. pass. di *accognōscere* 'riconoscere', comp. di *ăd* e *cognōscere* 'conoscere' ✱ av. 1348] **s. m.** ● familiare, amico

accoppàre [comp. di *a-*② e *coppa*② in quanto si uccideva colpendo su di essa ✱ 1374] **A** **v. tr.** (*io accòppo* o *accóppo*) ● (*pop.*) uccidere in modo brutale: *si scambiarono dei pugni che avrebbero accoppato un bue* (G. Verga) **B** **accoppàrsi** **v. intr. pron.** ● (*pop.*) rimanere ucciso: *a momenti si accoppava*

accoppiàbile [1580] **agg.** ● che si può accoppiare || **accoppiabilità**, **s. f. inv.**

accoppiaménto [1579] **s. m. 1** unione in coppia: *a. di due classi scolastiche per un'attività comune; a. di due capi di vestiario; Tanto singolare a. d'audacia e di perseveranza* (A. Manzoni) **SIN.** abbinamento | (*mecc.*) collegamento fra due organi meccanici rigidi, uno interno all'altro, con combaciamento di superfici uguali | ***a. degli assi***, collegamento di uno o più assi della locomotiva con l'asse motore mediante manovelle e bielle | mutua azione magnetica tra due circuiti elettrici **2** unione sessuale tra maschio e femmina di animali: *la vedova nera divora il maschio dopo l'a.* | unione sessuale tra uomo e donna

accoppiàre [comp. di *a-*② e *coppia* ✱ sec. XIII] **A** **v. tr.** (*io accòppio* o *accóppio*) **1** unire in coppia (**anche** + *a*, + *con*): *a. due soprammobili; quella donna accoppia intelligenza e bellezza, l'intelligenza alla (o con la) bellezza* | **PROV.** ***Dio li fa e poi li accoppia***, persone con le stesse caratteristiche sono destinate a stare assieme (*spec. iron.*) | †unire in matrimonio **2** fare unire sessualmente il maschio e la femmina di una specie animale per la riproduzione **3** collegare due organi meccanici | unire fra loro due o più materiali di spessore sottile, al fine di ottenere un unico elemento più idoneo all'imballaggio **B** **accoppiàrsi** **v. rifl.** e **intr. pron.** ● unirsi in coppia: *accoppiarsi nella danza; quei due si accoppiano bene; quella cravatta non si accoppia con la giacca* **C** **accoppiàrsi** **v. rifl. recipr.** ● unirsi sessualmente, detto spec. di animali

accoppiàta [1942] **s. f. 1** nell'ippica, tipo di scommessa sull'indicazione dei primi due cavalli classificati | ***a. reversibile***, in cui non è necessario indicare l'ordine preciso di classifica quando i cavalli dichiarati partenti sono più di quattro **2** (*est.*) coppia di persone con caratteristiche simili o con comune attività

accoppiàto **A** **part. pass.** di *accoppiare*; **anche agg. 1** nei sign. del v. **2** ***rima accoppiata***, fra due versi consecutivi **SIN.** rima baciata **B** **s. m.** ● manufatto risultante dall'unione di due o più materiali di spessore sottile, usato nell'imballaggio

†**accoppiatóio** [1688] **s. m.** ● guinzaglio che serve a tenere in coppia i cani da caccia

accoppiatóre [av. 1471] **s. m. 1** (**f.** *-trice*) (*raro*) chi accoppia **2** nella Toscana medievale, magistrato addetto agli scrutini nelle elezioni comunali **3** dispositivo atto al collegamento delle condutture elettriche, pneumatiche, idrauliche e sim. fra due veicoli ferroviari o fra autocarro e rimorchio

accoppiatrìce [da *accoppiare* ✱ 1829] **s. f. 1** (*elettr.*) macchina per costruire cavi elettrici a coppie **2** macchina tessile che accoppia i fili per la torcitura **SIN.** binatrice

accoppiatùra [1612] **s. f.** ● accoppiamento

accoraménto [1694] **s. m.** ● stato di profonda tristezza, afflizione e sim.: *essere in preda a un grave a.*

accoràre [comp. di *a-*② e *core* ✱ sec. XIII] **A** **v. tr.** (*io accòro*) **1** (*lett.*) rattristare: *domandal tu ...; / ch'i' non potrei, tanta pietà m'accora* (Dante *Inf.* XIII, 82-84) **SIN.** addolorare | (*lett.*) affliggere profondamente **2** (*lett.*) colpire mortalmente al cuore | (*tosc.*) uccidere trafiggendo il cuore, spec. con riferimento ai suini **B** **accoràrsi** **v. intr. pron.** ● (*lett.*) affliggersi profondamente

accoratézza [1948] **s. f.** ● (*raro*) accoramento, nel sign. 1

♦**accoràto** **part. pass.** di *accorare*; **anche agg. 1** triste, sconfortato | che esprime o provoca tristezza: *un canto a.* **2** (*est.*) che viene dal profondo dell'animo, che manifesta un turbamento interiore: *rivolgere un a. appello* || **accorataménte**, **avv.**

accoratóio [da *accorare* 'ferire al cuore' ✱ 1855] **s. m.** (**pl.** *-ói*) ● (*tosc.*) pugnale o coltello per accorare i suini

accorazióne [av. 1698] **s. f.** ● (*lett.*) accoramento, nel sign. 1

accorciàbile [1865] **agg.** ● che si può accorciare || **accorciabilità**, **s. f. inv.**

accorciaménto [1363] **s. m. 1** l'accorciare, l'accorciarsi **2** (*ling.*) sostituzione di una forma ridotta o tronca alla forma piena di una parola; la parola stessa così ridotta: *in parole composte 'aero-' è a. di 'aeronautica'*

accorciàre [lat. parl. **accurtiāre*, da *cŭrtior*, compar. di *cŭrtus* 'accorciato' ✱ 1282] **A** **v. tr.** (**pres.** *io accórcio*; **fut.** *io accorcerò*) **1** diminuire di lunghezza: *a. un vestito, un bastone* | abbreviare: *a. un discorso, una strada* **2** abbreviare, contrarre una parola, una frase **B** **v. intr.** (**aus.** *essere*) e **accorciàrsi** **v. intr. pron.** ● diventare più corto: *le giornate accorciano; con la galleria il percorso si accorcia*

SFUMATURE DI SIGNIFICATO

accorciare - abbreviare - compendiare - tagliare
Tagliare qualcosa (erba, capelli, ecc.) con lo scopo di ridurne la lunghezza si dice **accorciare**. In riferimento a scritti o discorsi si preferisce il termine **abbreviare**, che descrive genericamente l'azione di ridurre qualcosa in modo che abbia durata più breve. Per specificare poi le modalità di tale riduzione si può scegliere tra **compendiare**, che suggerisce l'idea di una sintesi che riporta tutte le informazioni salienti, o **tagliare**, che evoca l'immagine di una riduzione attuata sacrificando alcune parti di testo e lasciando le altre sostanzialmente invariate.
SFUMATURE ➤ ***diminuire***, ➤ ***ridurre***

accorciàta [1986] **s. f.** ● atto dell'accorciare, spec. in fretta o in modo sommario || **accorciatina**, **dim.**

accorciatìvo [1726] **A** **agg.** ● che serve ad accorciare **B** **s. m.** ● forma abbreviata di una parola: *Tonio è l'a. di Antonio; bici è l'a. di bicicletta*

accorciàto **part. pass.** di *accorciare*; **anche agg.** ● nei sign. del v. || **accorciataménte**, **avv.** in modo accorciato; per contrazione

accorciatóia [1865] **s. f.** ● (*raro*) scorciatoia

accorciatùra [1773] **s. f.** ● accorciamento

accorcìre [var. di *accorciare* ✱ 1879] **v. tr.** (*io accorcìsco, tu accorcìsci*) e **accorcìrsi** **v. intr. pron.** ● (*tosc.*) accorciare, accorciarsi

accordàbile [1832] **agg.** ● che si può accordare || **accordabilménte**, **avv.** (*raro*) in modo compatibile || **accordabilità**, **s. f. inv.**

accordaménto [1310 ca.] **s. m.** ● (*raro*) accordo | concordanza, armonia

†**accordànza** [1250 ca.] **s. f.** ● (*lett.*) accordo, consenso

accordàre [o dal lat. **acchordāre*, da *chŏrda* (degli strumenti musicali) o dal lat. **accordāre*, da cŏr, genit. cŏrdis, 'cuore' ✻ 1219] **A** **v. tr.** (*io accòrdo*) **1** mettere d'accordo, in armonia: *a. le opposte tendenze* **2** (*est.*) uniformare due o più elementi, spec. colori e sim., in modo da evitare contrasti e discordanze (**anche** + *a*, + *con*): *a. la tappezzeria e i tappeti* (o *con i tappeti, ai tappeti*) **3** (*mus.*) realizzare la giusta intonazione degli strumenti musicali in base al la del corista o diapason | dare la identica giusta intonazione a strumenti e voci di un complesso **4** concordare in genere, numero, caso e persona i termini di una frase (+ *con*, + *a*): *a. l'aggettivo con il* (o *al*) *nome* **5** concedere: *a. un beneficio, una grazia*; *a. l'amnistia* **B** **accordàrsi v. rifl. e rifl. recipr.** ● mettersi d'accordo: *mi sono accordato con il venditore; ci accordammo sulle clausole del contratto* **C** **accordàrsi v. intr. pron.** ● conformarsi (+ *a*, + *con*): *i tuoi atti non s'accordano alle* (o *con le*) *tue parole* | intonarsi, armonizzarsi: *il colore delle tue scarpe non si accorda con quello dell'abito*

accordàta [1865] **s. f.** ● (*mus.*) rapida accordatura: *dare un'a. al violino* ‖ **accordatìna**, **dim.**

accordàto **part. pass.** di *accordare*; **anche agg.** **1** che si è messo d'accordo: *con loro accordatesi, …* (G. Boccaccio) | armonizzato **2** portato alla giusta intonazione **3** concesso: *fido a.* **4** †pagato **5** †stabilito, concordato ‖ **accordataménte**, **avv.** (*raro*) con accordo

accordatóre [1342] **s. m.** (**f.** *-trice*) ● chi accorda strumenti musicali, spec. pianoforti

accordatùra [1638] **s. f.** ● (*mus.*) operazione dell'accordare strumenti musicali | giusta intonazione

accordellàre [comp. di *a-*② e *cordella* ✻ 1707] **v. tr.** (*io accordèllo*) ● attorcere in forma di corda

accordellàto **A** **part. pass.** di *accordellare*; **anche agg.** ● nei sign. del v. | (*lett.*) allacciato con cordelle **B** **s. m.** ● †panno grossolano, tessuto a righe

accordéon /fr. akɔrde'ɔ̃/ [V. *accordio*① ✻ 1874] **s. m. inv.** ● (*mus.*) nome francese della fisarmonica

accòrdio① [dal ted. *Akkordion*, deriv. di *Akkord* 'accordo', nome dato allo strumento dal suo inventore, l'austriaco C. Demian, nel 1825 ✻ 1865] **s. m.** ● specie di antico organino

accordìo② [da *accordare* col suff. *-io* (1) ✻ 1865] **s. m.** (**pl.** *-ii*) ● prolungata accordatura di strumenti musicali

accordìssimo [da *accordo* col suff. *-issimo* dei superl. ✻ 1520] **s. m.** ● (*colloq.*) solo nella loc. avv. ***d'a.***, ottimamente, benissimo, con valore affermativo o conclusivo

♦**accòrdo** [da *accordare* ✻ 1260] **s. m.** **1** unione armonica di sentimenti, opinioni, idee e sim. | ***andare d'a., d'amore e d'a.***, pensare e sentire in modo conforme, in piena concordia: *quei due ragazzi vanno molto d'a.* | ***essere, trovarsi d'a. su qlco.***, concordare, approvare: *Io non ero d'a. che ti sposassi* (I. Svevo) | ***andare d'a. come cane e gatto***, litigare continuamente | (*ellitt.*) ***d'a.!***, bene!, usato come recisa affermazione o con valore più genericamente conclusivo | ***d'a. che***, introduce una frase che esprime parziale consenso prima di esporre un'obiezione dal valore limitativo: *d'a. che bisogna innovare, però nel rispetto delle tradizioni* **2** (*dir.*) incontro di più volontà per costituire o estinguere un rapporto giuridico | nel diritto internazionale, convenzione, patto, trattato: *l'a. non è stato ancora ratificato da alcuno Stato* **3** (*est.*) intesa dopo un contrasto o una trattativa: *le banche sono giunte a un a. definitivo*; *negoziare, stipulare, ratificare un a.*; *è stato firmato un a. tra governo e sindacati* | ***a. quadro, a. cornice***, intesa sui principi generali **4** (*mus.*) unione simultanea di più suoni che hanno differente altezza **5** (*gramm.*) concordanza ‖ (*spreg.*) **accordìcchio**, **dim.** | **accordìno**, **dim.**

> **SFUMATURE DI SIGNIFICATO**
> ***accordo - intesa - patto***
> **Accordo** è una concordanza di opinioni, sentimenti, volontà; nel diritto, il termine indica una convergenza di volontà in vista di un negozio giuridico. **Intesa** ha lo stesso significato di *accordo*, ma ha un carattere più riservato, meno ufficiale; in campo politico indica un accordo non formale di unità d'azione. **Patto** è una convenzione, un contratto fra due o più parti su questioni particolari e con clausole determinate; il termine indica anche una condizione posta da una parte a un'altra per il conseguimento di un obiettivo.
> SFUMATURE ➤ *lega*①

♦**accòrgersi** [lat. parl. **adcorrĭgere*, da *corrĭgere* 'raddrizzare, correggere' ✻ sec. XII] **v. intr. pron.** (**pres.** *io mi accòrgo, tu ti accòrgi*; **pass. rem.** *io mi accòrsi, tu ti accorgésti*; **part. pass.** *accòrto* (**V.**)) ● rendersi conto a un tratto di qlco. che prima non si era osservato o che si ignorava (+ *che*, + *di*, **anche seguito da inf.**): *non mi ero accorto che eri arrivato; non s'accorgevano di dir le stesse cose* (G. Leopardi); *mi accorsi troppo tardi dell'inganno; accortosi della mia presenza, si alzò e venne a salutarmi*; (frequente anche nella forma *accorgersene*) *scusami, non me n'ero accorto; agisce male senza accorgersene*; (con tono di minaccia) *si accorgerà chi è il più forte!; che la smetta, o se ne accorgerà!* **SIN.** avvedersi, capire

accorgiménto [av. 1292] **s. m.** **1** (*lett.*) capacità di comprendere; prudenza, discernimento: *Aveva saputo far le sue cose con molto a.* (G. D'Annunzio) | accortezza, prontezza: *ebbe l'a. di nascondersi* **SIN.** avvertenza **2** provvedimento accorto e ingegnoso: *i fiori vanno fatti essiccare con opportuni accorgimenti* | espediente astuto: *ha messo in pratica un abile a.*
SFUMATURE ➤ *artificio*

accorpaménto [1983] **s. m.** ● riunione, unificazione: *a. delle aliquote IVA*

accorpàre [comp. parasintetico di *corpo* ✻ 1976] **v. tr.** (*io accòrpo*) ● riunire in un unico organismo uffici, enti, servizi e sim. | (*est.*) mettere insieme, unificare

†**accòrre** ➤ **accogliere**

♦**accórrere** [lat. *accŭrrere*, comp. di *ăd* e *cŭrrere* 'correre' ✻ 1065] **v. intr.** (**coniug. come** *correre*; **aus.** *essere*) **1** correre verso un luogo, spec. per curiosità o per portare aiuto: *la gente accorreva da ogni parte; accorsero tutti a vedere*; *a. in piazza*; *a. a un richiamo*; *a. in aiuto, in soccorso, in difesa*; *accorremmo sul luogo dell'incidente* | ***accorrere in massa***, accorrere molto numerosi **2** †occorrere

†**accorruòmo** o †**accorr'uòmo** [da *accorr(i) uomo!* ✻ sec. XIV] **inter.** ● usata per invocare aiuto: *gridare a.*

accorsàto [part. pass. del dial. *accorsare* 'dar corso' ✻ 1858] **agg.** ● (*merid.*) di negozio e sim., ben avviato | molto frequentato

accórsi ➤ **accorrere**

accòrsi, mi ➤ **accorgersi**

accórso **A** **part. pass.** di *accorrere*; **anche agg.** ● nei sign. del v. **B** **s. m.** ● (*lett.*) chi è convenuto in un luogo: *Già nella curiosità degli accorsi s'era sparso il nome* (G. D'Annunzio)

accortézza [1314] **s. f.** ● avvedutezza, prontezza, sagacia: *è dotato di grande a.*; *agire con a.*
SFUMATURE ➤ *prudenza*

♦**accòrto** **part. pass.** di *accorgersi*; **anche agg.** **1** di chi unisce in sé la prudenza e l'astuzia (+ *in*, **anche seguito da inf.**): *un a. uomo d'affari; una persona molto a. nelle scelte, nelle valutazioni; una persona accorta nel valutare le situazioni* | ***essere, stare a.***, fare attenzione | ***fare a. qlcu.***, mettere qlcu. sull'avviso | ***male a., mal a.***, malaccorto **SIN.** astuto, avveduto, oculato, sagace **2** ***accortosi***, V. *accorgersi* | †informato, che sa: *Donna del ciel, di queste cose accorta* (Dante *Purg.* IX, 88) **3** †rapido, spedito: *quinci il tornare a mia magione è a.* (A. Poliziano) ‖ **accortaménte**, **avv.** con accortezza

accosciàrsi [comp. di *a-*② e *coscia* ✻ 1313] **v. intr. pron.** (**pres.** *io mi accòscio*; **fut.** *io mi accoscerò*) ● abbassarsi con le ginocchia flesse e le cosce appoggiate sui polpacci

accosciàta **s. f.** ● (*sport*) nel sollevamento pesi, posizione ad arti inferiori completamente piegati e ginocchia divaricate, assunta da un atleta prima di compiere un'alzata

accostàbile [1865] **agg.** **1** a cui ci si può facilmente avvicinare: *spiaggia facilmente a.* **SIN.** accessibile, raggiungibile **2** (*fig.*) affabile, alla mano: *il sindaco è una persona a.* ‖ **accostabilità**, **s. f. inv.**

accostaménto [av. 1292] **s. m.** ● manovra dell'accostare | l'accostarsi: *a. ai sacramenti; a. a una fede, a un'ideologia* | avvicinamento, giustapposizione: *a. di colori; il collage si basa sull'a. di materiali diversi*

♦**accostàre** [comp. di *a-*② e *costa* ✻ av. 1277] **A** **v. tr.** (*io accòsto*) ● porre accanto, avvicinare (+ *a*): *a. l'auto al marciapiede; a. la poltrona alla parete; a. il bicchiere alle labbra* | ***a. una persona***, avvicinarla | ***a. la porta, le imposte***, socchiuderle | (*fig.*) collegare, associare: *a. due concetti, due teorie* **B** **v. intr.** (**aus.** *avere*) ● (*mar.*) dirigere su una nuova rotta | manovrare avvicinando il fianco della nave ad altra nave o alla banchina | (*aeron.*, *raro*) virare **C** **accostàrsi v. rifl.** ● mettersi vicino a qlco. o a qlcu. (+ *a*): *accostarsi al fuoco, alla luce, a un amico* | (*fig.*) ***accostarsi a un'idea, a un partito***, stare per aderirvi | (*fig.*) ***accostarsi a un'arte***, interessarsene | (*fig.*) ***accostarsi ai classici***, intraprenderne lo studio | (*fig.*) ***accostarsi ai sacramenti***, confessarsi e comunicarsi **SIN.** appressarsi, avvicinarsi **D** **accostàrsi v. intr. pron.** ● rassomigliare (+ *a*): *un verde che si accosta all'azzurro*

accostàta [1916] **s. f.** ● (*mar.*, *aeron.*) manovra dell'accostare

accostatùra [1612] **s. f.** **1** (*raro*) accostamento **2** attaccatura: *l'a. di due piastre metalliche*

accostévole [1300 ca.] **agg.** ● (*lett.*) accostabile

accòsto [da *accostare* ✻ 1338] **A** **avv.** ● accanto, a lato, vicino: *stare, venire a.* | ***a. a.***, vicinissimo **B** **nella loc. prep. accosto a**, vicino a: *a. al muro; stare l'uno a. all'altro* **C** **agg.** ● (*pop.*, *tosc.*) accostato: *lascia la porta accosta* | vicino: *la scuola accosta* **D** **s. m.** **1** (*raro*) accostamento | (*fig.*, *disus.*) aiuto, protezione **2** (*mar.*) attracco, approdo: *gancio d'a.* **3** nelle bocce, l'andare a punto

accostolàre [comp. di *a-*② e *costola* ✻ 1865] **v. tr.** (*io accòstolo*) ● lavorare a coste un tessuto, un panno e sim.

accostolàto **A** **part. pass.** di *accostolare*; **anche agg.** ● nei sign. del v. **B** **s. m.** ● (*raro*) corbame

accostolatùra [da *accostolare* ✻ 1865] **s. f.** ● piega falsa che prende il panno durante la follatura

accostumàre [comp. di *a-*② e *costume* ✻ av. 1292] **A** **v. tr.** ● (*lett.*) abituare, assuefare: *l'hanno accostumato fin da piccolo all'obbedienza; alle catene / la destra accostumò* (P. Metastasio) | educare **B** **accostumàrsi v.**

rifl. ● (*lett.*) abituarsi: *accostumarsi alle contrarietà*

accotonàre [comp. di *a-*② e *cotone* ✱ sec. XV] v. tr. (*io accotóno*) **1** nell'industria tessile, arricciare il pelo ai pannilani **2** cotonare, detto dei capelli: *farsi a. dal parrucchiere* **3** (*raro*) foderare di cotone

accotonatóre [1559] s. m. (f. *-trice*) ● operaio tessile addetto all'accotonatura

accotonatùra [1797] s. f. ● operazione dell'accotonare

accottimàre [comp. di *a-*② e *cottimo* ✱ 1865] v. tr. (*io accòttimo*) ● dare a cottimo | (*raro*) prendere a cottimo

account /ak'kaunt, *ingl.* ə'kaʊnt/ [1987] s. m. inv. (anche f. inv. nel sign. 1) **1** (*econ.*) accorc. di *account-executive* **2** (*inform.*) registrazione di un utente presso un provider di accesso a Internet | il codice univoco che identifica tale registrazione

accountabìlity /akkaunta'biliti, *ingl.* ə,kaʊntə'bɪlətɪ/ [vc. ingl., propr. 'responsabilità' ✱ 1976] s. f. inv. ● (*econ.*) obbligo di chi è delegato alla gestione di un ente di dare conto con la massima trasparenza delle decisioni prese e dei risultati conseguiti

account exècutive /ak'kaunt ek'sekutiv, *ingl.* ə'kaʊn(t)ɪg,zekjʊtɪv/ [ingl., propr. 'funzionario addetto al cliente', comp. di *account* 'cliente' ed *executive* 'funzionario' ✱ 1970] loc. sost. m. e f. inv. (pl. ingl. *account executives*) ● funzionario commerciale che gestisce i fondi stanziati da uno o più clienti spec. in un'agenzia pubblicitaria

accovacciàrsi [comp. di *a-*② e *covaccio* ✱ 1478] v. rifl. (pres. *io mi accovàccio*; fut. *io mi accovaccerò*) ● rannicchiarsi, acquattarsi: *la lepre si accovaccia nella tana*; *si accovacciò dietro un cespuglio*

accovonàre [comp. di *a-*② e *covone* ✱ 1623] v. tr. (*io accovóno*) ● riunire e legare in covoni piante tagliate di cereali: *a. il grano*

accovonatóre [1961] s. m. **1** (f. *-trice*) chi accovona il grano **2** organo della macchina mietilegatrice che unisce e comprime gli steli per la legatura in covoni

accozzàbile [1865] agg. ● che si può accozzare

♦**accozzàglia** [da *accozzare* ✱ 1805] s. f. ● (*spreg.*) raccolta disordinata di cose o persone: *un'a. di mobili, di idee*; *una ... a. di gente varia d'età e di sesso* (A. MANZONI) SIN. congerie, farragine, miscuglio
SFUMATURE ➤ *guazzabuglio*

accozzàme [av. 1883] s. m. ● (*lett.*) accozzaglia: *un a. di roba filosofica* (F. DE SANCTIS)

accozzaménto [1353] s. m. ● l'accozzare, l'accozzarsi | insieme disordinato di cose

accozzàre [comp. di *a-*② e *cozzare* ✱ 1282] **A** v. tr. (*io accòzzo*) ● mettere insieme in modo disordinato cose o persone: *a. libri, idee, progetti* | (*fam.*, *tosc.*) ***a. i pentolini***, mangiare insieme portando ognuno le proprie provviste **B** **accozzàrsi** v. rifl. e rifl. recipr. **1** (*lett.*) riunirsi, adunarsi | imbattersi **2** †accordarsi **3** †scontrarsi, azzuffarsi

accozzatóre [av. 1796] s. m. (f. *-trice*) ● chi accozza oggetti o idee

accòzzo [da *accozzare* ✱ sec. XIV] s. m. ● accozzamento | complesso delle cose accozzate

accreditàbile [1865] agg. ● che si può accreditare ‖ **accreditabilità**, s. f. inv.

accreditaménto [1852] s. m. **1** l'accreditare: *l'a. di un'ipotesi* **2** operazione contabile con cui si segna a credito una somma: *ordine di a.* SIN. accredito | ***assegno per a.***, quello che l'ultimo giratario deve presentare a una banca perché gli sia accreditato in conto corrente | ***a. in conto***, giroconto **3** procedimento col quale un agente diplomatico, dietro presentazione e accettazione delle lettere credenziali, viene investito del suo ufficio nello Stato presso cui è inviato

accreditànte part. pres. di *accreditare*; anche agg. e s. m. e f. ● che (o chi) accredita

accreditàre [comp. di *a-*② e *credito* ✱ av. 1600] **A** v. tr. (*io accrédito*) **1** rendere credibile: *a. un fatto, una notizia, una voce* SIN. avvalorare **2** procedere all'accreditamento di un agente diplomatico **3** (*banca*) segnare a credito: *a. una somma in conto corrente* **B** **accreditàrsi** v. rifl. ● acquistare credibilità CONTR. screditarsi

accreditatàrio [1955] s. m. (f. *-ia*) ● chi beneficia di un accreditamento

accreditàto **A** part. pass. di *accreditare*; anche agg. **1** che ha credito, che gode di credibilità: *un'ipotesi accreditata*; *fonti accreditate*; *un ricercatore a.* **2** detto di giornalista autorizzato a frequentare determinati uffici per attingervi informazioni **B** s. m. (f. *-a*) ● persona a favore della quale è fatta una apertura di credito

accrédito [1953] s. m. **1** accreditamento, nel sign. 2 **2** autorizzazione ufficiale, concessa spec. a giornalisti, ad assistere a un convegno, una manifestazione e sim.

accréscere [lat. *accrēscere*, comp. di *ăd* 'a' e *crēscere* 'crescere' ✱ 1250] **A** v. tr. (coniug. come *crescere*) ● rendere più vaste le dimensioni di qlco. (anche *fig.*): *a. la propria ricchezza*; *a. la propria cultura* SIN. aumentare **B** v. intr. (aus. *essere*) e **accréscersi** v. intr. pron. ● aumentare, crescere: *il gruppo s'è accresciuto di due nuovi elementi*; *accrescendo sempre in fama, si fece eccellente* (G. VASARI)

accresciménto [1257] s. m. **1** l'accrescere, l'accrescersi: *l'a. della popolazione* SIN. aumento, incremento, ingrandimento **2** (*biol.*) insieme dei processi attraverso i quali un organismo vivente o un suo organo aumenta di massa e di volume SIN. crescita, sviluppo CFR. auxo- **3** (*dir.*) acquisto, a favore del coerede, collegatario, condonatario, della quota di altro contitolare rimasta vacante **4** (*ling.*) derivazione di un vocabolo da un altro mediante suffissi accrescitivi | amplificazione **5** (*miner.*) aumento di dimensioni di un cristallo per successivi apporti di particelle materiali
SFUMATURE ➤ *aumento*

accrescitìvo [1308] **A** agg. ● che è atto ad accrescere ‖ **accrescitivaménte**, avv. (*raro*) con accrescimento **B** s. m. ● (*gramm.*) sostantivo o aggettivo alterato formato con l'aggiunta di un suffisso di accrescimento: *'bambinone' è un a.*; *'lampone' è un falso a. di 'lampo'* CONTR. diminutivo

†**accrescitóre** [1287] s. m. (f. *-trice*); anche agg. ● (*lett.*) chi (o che) accresce

accresciùto part. pass. di *accrescere*; anche agg. ● aumentato, più grande: *l'accresciuta importanza di un'attività*

accrespàre [comp. di *a-*② e *crespare* ✱ 1395] v. tr. (*io accréspo*) ● (*raro*) increspare

accrespatùra [1865] s. f. ● (*raro*) increspatura

accrezióne [vc. dotta, lat. *accretiōne(m)*, da *accrēscere* 'accrescere' ✱ sec. XVII] s. f. **1** (*disus.*, *lett.*) crescita, accrescimento | (*geol.*) ***blocco di a.***, V. *blocco*① **2** (*dir.*, *raro*) accrescimento

accroccàre [comp. di *a-*② e *crocco* ✱ sec. XIII] v. tr. (*io accròcco, tu accròcchi*) **1** †prendere col crocco, uncinare | (*fig.*) accalappiare **2** (*centr.*, *merid.*) appioppare **3** (*centr.*, *merid.*) mettere insieme alla meno peggio; abborracciare, raffazzonare

accròcco o **accròcchio** [deriv. di *accroccare* ✱ 1959] s. m. (pl. *-chi*) **1** (*centr.*, *merid.*) mucchio, ammasso di cose **2** (*centr.*, *merid.*) lavoro fatto alla meglio SIN. abborracciatura

accrochage /*fr.* akʀɔ'ʃaʒ/ [fr., da *accrocher* 'agganciare', da *croc* 'uncino', di orig. scandinava ✱ 1939] s. m. inv. ● negli sport nautici, collisione

accùbito [vc. dotta, lat. *accŭbitu(m)*, comp. di *ăd* e *cubāre* 'essere sdraiato' ✱ sec. XIV] s. m. **1** posizione di chi sta sdraiato appoggiandosi su un gomito (tipica degli antichi Greci e Romani quando stavano a mensa) **2** triclinio **3** covata, nel sign. 4

accucciàrsi [comp. di *a-*② e *cuccia* ✱ 1834] v. rifl. (pres. *io mi accùccio*; fut. *io mi accuccerò*) **1** rincantucciarsi dei cani dentro la cuccia | (*est.*) accovacciarsi: *il cane si accuccia ai piedi del padrone* **2** detto di persona, rannicchiarsi, accoccolarsi

accucciolàrsi [comp. di *a-*② e *cucciolo* ✱ 1840] v. rifl. (*io mi accùcciolo*) ● (*raro*) accucciarsi

accudiménto [da *accudire* ✱ 1982] s. m. ● assistenza, spec. a bambini e infermi

♦**accudìre** [sp. *acudir* 'assistere', con cambio di pref. dall'ant. *recudir* 'ricorrere', dal lat. *recŭtere* 'scuotere' ✱ 1526] **A** v. intr. (*io accudìsco, tu accudìsci*; aus. *avere*) ● attendere con cura a lavori, spec. domestici (+ *a*): *a. alle faccende di casa, ai fornelli* | (*raro*) aver cura di: *a. alla vita di una persona cara* SIN. badare, dedicarsi, occuparsi **B** v. tr. ● assistere: *a. un infermo, un bambino*

SFUMATURE DI SIGNIFICATO

accudire - assistere

Aiutare chi è malato o non completamente autosufficiente, badando anche alle sue prime necessità si dice **accudire**. Anche **assistere** vuol dire curare, prestare aiuto materiale a chi si trova in stato di bisogno; il verbo però definisce anche l'azione di chi aiuta un altro nello svolgimento di un lavoro oppure di chi, come un avvocato, cura permanentemente gli interessi di qualcuno.

SFUMATURE ➤ *badare*

acculaménto [1955] s. m. ● l'acculare, l'accularsi

acculàre [comp. di *a-*② e *culo* ✱ av. 1527] **A** v. tr. **1** far indietreggiare un animale domestico: *a. un cavallo, un mulo* **2** (*est.*) disporre un carretto, un calesse o un barroccio con le stanghe alzate e la parte posteriore a terra **B** **accularsi** v. rifl. **1** detto dei quadrupedi, sedersi con la parte anteriore del corpo appoggiata alle zampe anteriori ritte **2** (*spreg.*, *lett.*) insediarsi, stanziarsi: *quelli spagnuoli si erano acculati in tre o quattro di queste città* (N. MACHIAVELLI)

acculattàre [comp. di *a-*② e *culatta* ✱ av. 1665] v. tr. ● afferrare in due una persona per le gambe e per le braccia e farle battere il sedere in terra (un tempo come pena, oggi scherzosamente) | ***a. le panche***, (*fig.*) stare in ozio

acculattàta [1955] s. f. ● nel diritto medievale, pena per i debitori insolventi consistente nell'acculattarli per tre volte su una pietra (detta 'pietra del vitupèro') in tribunale o sulla pubblica piazza

acculturaménto [1955] s. m. ● acculturazione

acculturàre [1974] **A** v. tr. ● (*antrop.*) far compiere un processo di acculturazione **B** **acculturàrsi** v. intr. pron. **1** (*antrop.*, *sociol.*) subire o compiere un processo di acculturazione **2** acquisire un certo grado di cultura

acculturàto part. pass. di *acculturarsi*; anche agg. ● nel sign. del v.

acculturazióne [ingl. *acculturation*, da *culture* 'cultura' ✱ 1947] s. f. ● (*antrop.*) processo di assimilazione di elementi culturali estranei da parte di un gruppo

accumulàbile [1865] agg. ● che si può accumulare ‖ **accumulabilità**, s. f. inv.

accumulaménto [1612] **s. m.** ● (*raro*) accumulazione, accumulo

♦**accumulàre** [vc. dotta, lat. *accumulāre*, comp. di *ăd* 'a' e *cumulāre* 'cumulare' ✱ av. 1306] **A v. tr.** (*io accùmulo*) **1** mettere insieme, raccogliere in grande quantità (*anche fig.*): *a. denaro, ricchezze*; *a. debiti*; *a. prove contro un imputato*; *a. esperienze* | (*assol.*) risparmiare denaro: *quel vecchio accumula da anni* **2** mettere più cose una sull'altra: *a. i libri in una stanza* **B accumulàrsi v. intr. pron.** ● raccogliersi in gran quantità: *sul mio tavolo si accumula il lavoro da sbrigare*; *i sedimenti si accumulano sul fondo*

accumulatóre [vc. dotta, lat. *accumulatōre(m)*, da *accumulāre* 'accumulare' ✱ 1549] **s. m.** **1** (**f.** *-trice*) chi accumula **2** (*fis.*) apparecchio capace di assorbire e di erogare energia elettrica, meccanica o termica: *a. elettrico* **3** (*inform.*) organo o zona di memoria destinato alle operazioni aritmetiche, ed eventualmente anche logiche, sui dati **4** in varie tecnologie, serbatoio destinato alla raccolta di liquidi, spesso sotto pressione: *a. idraulico, termico*

accumulazióne [vc. dotta, lat. tardo *accumulatiōne(m)*, da *accumulāre* 'accumulare' ✱ 1342] **s. f.** **1** l'accumulare, l'accumularsi: *a. di denaro*; *scaldaacqua ad a.*; *a. di detriti* | ***punto di a.***, V. *punto*① | (*econ.*) processo per cui in un sistema economico (o in un'impresa) una parte del prodotto viene destinata a costituire il capitale necessario alla produzione di beni futuri | ***a. originaria, primitiva***, per il marxismo, fase di formazione del capitale necessario a iniziare il processo di riproduzione dei beni capitali nel primo stadio del capitalismo **2** (*ling.*) ogni figura retorica che consiste nell'accostamento di parole, immagini, concetti non ripetuti | ***a. caotica***, procedimento usato soprattutto nella poesia contemporanea che enumera in modo incoerente oggetti, sentimenti ecc.; per es. in: *come fai tu che sbatti sulle sponde / tra sugheri alghe asterie / le inutili macerie del tuo abisso* (E. MONTALE)

♦**accùmulo** [av. 1936] **s. m.** **1** accumulazione **2** ***a. di frana***, materiale terroso o roccioso deposto da una frana

accumunàre ● (*evit.*) ➤ **accomunare**

accuratézza [1550] **s. f.** ● attenzione, diligenza, esattezza: *è un oggetto lavorato con estrema a.*

accuràto [part. pass. del lat. *accurāre*, comp. di *ăd* e *curāre* 'curare' ✱ sec. XIV] **part. pass.** di †*accurare*; **anche agg.** **1** fatto con cura: *un controllo medico a.* **SIN.** preciso, scrupoloso | che rivela cura: *veste in maniera accurata* **2** diligente: *un artigiano a.* ‖ **accurataménte**, **avv.** con cura

♦**accùṣa** [da *accusare* ✱ 1261 ca.] **s. f.** **1** atto con cui si attribuisce una colpa a qlcu.: *a. falsa, ingiusta, ignominiosa* **2** (*dir.*) attribuzione a una persona di un illecito penale o civile da parte di un organo pubblico o di un privato: *a. di omicidio colposo*; *atto d'a.* | ***pubblica a.***, (*ellitt.*) ***accusa***, magistrato che in un giudizio sostiene l'accusa; pubblico ministero **CONTR.** difesa | ***capo d'a.***, elenco dei fatti attribuiti all'imputato nell'atto d'accusa | ***stato d'a.***, condizione di chi è accusato in giudizio di un reato **SIN.** imputazione **3** nel gioco delle carte, dichiarazione di una data combinazione e dei punti a essa connessi

accuṣàbile [vc. dotta, lat. *accusābile(m)*, da *accusāre* 'accusare' ✱ 1639] **agg.** ● che si può accusare ‖ **accuṣabilità**, **s. f. inv.**

♦**accuṣàre** [lat. *accusāre*, comp. di *ăd* e *causāri* 'addurre come pretesto' ✱ 1065] **A v. tr.** **1** incolpare, ritenere colpevole (**+ *di***, **anche seguito da inf.**): *a. qlcu. di pigrizia, di eccessiva indulgenza, di gravi mancanze*; *mi accusano di aver taciuto* | ***a. la sorte, la fortuna***, attribuirle la responsabilità delle proprie disgrazie **2** (*dir.*) chiamare a rispondere di un illecito penale davanti all'autorità giudiziaria adducendo un complesso di ragioni (+ *di*): *a. qlcu. di furto, di truffa* **3** manifestare, palesare: *a. un male, un dolore fisico* | (*burocr.*) notificare | ***a. ricevuta di qlco., a. una lettera***, dichiarare di averla ricevuta | ***a. un ritardo***, nel linguaggio sportivo, averlo, farlo registrare: *il gruppo accusa un ritardo di oltre due minuti* | ***a. il colpo***, risentire di un colpo ricevuto senza riuscire a nasconderlo (*spec. fig.*) | (*fig.*) ***a. la fatica***, mostrare segni evidenti di stanchezza durante una gara o un allenamento **4** nel gioco delle carte, dichiarare una combinazione e il relativo punteggio **5** (*disus.*) nella scherma, dichiarare di essere stato toccato dall'avversario **B accuṣàrsi v. rifl.** ● dichiararsi colpevole (+ *di*): *la donna si accusò dell'omicidio* **C accuṣàrsi v. rifl. recipr.** ● incolparsi l'un l'altro: *i due si sono accusati per tutto il processo*

accuṣàta [1845] **s. f.** ● nel gioco delle carte, accusa

accuṣatìvo [vc. dotta, lat. *accusatīvu(m)* (*cāsum*), da *accusāre* 'accusare' ✱ 1268] **A s. m.** ● (*ling.*) caso della declinazione indoeuropea che indica il complemento oggetto, l'estensione nello spazio e nel tempo, la direzione, la relazione | ***a. con l'infinito***, costruzione delle prop. oggettiva e soggettiva, propria del latino e di altre lingue indoeuropee, ripresa nell'italiano arcaico e letterario; per es.: *Ella, credendo lui esser Gisippo* (G. BOCCACCIO) **B agg.** **1** (*ling.*) relativo a tale caso **2** dell'accusa, relativo all'accusa: *ipotesi accusativa*

♦**accuṣàto** **A part. pass.** di *accusare*; **anche agg.** ● nei sign. del v. **B s. m.** (**f.** *-a*) ● imputato: *l'a. si protesta innocente*

accuṣatóre [vc. dotta, lat. *accusatōre(m)*, da *accusāre* 'accusare' ✱ 1261 ca.] **A s. m.** (**f.** *-trice*) ● chi accusa, chi denuncia e sostiene l'accusa: *è il suo più feroce a.*; *pubblico a.* **B agg.** ● che accusa: *voce accusatrice*; *parole accusatrici*

accuṣatòrio [vc. dotta, lat. *accusatōriu(m)*, da *accusāre* 'accusare' ✱ av. 1304] **agg.** (**pl. m.** *-i* **o** *raro* *-ii*) **1** che contiene un'accusa o che a essa si riferisce: *orazione accusatoria*; *tono a.* **2** che serve ad accusare: *atto a.* | (*dir.*) ***sistema processuale a.***, tipo di processo penale caratterizzato dalla parità fra accusa e difesa nell'individuazione e nella prova dei fatti rilevanti per il giudizio **CFR.** inquisitorio

accùṣo [1688] **s. m.** ● nel gioco delle carte, accusa

àce① [dalle specifiche vitamine presenti ✱ 1994] **A agg. inv.** ● detto di succo di frutta ad elevato contenuto naturale di vitamine A, C ed E **B anche s. m. inv.**

ace② /*ingl.* eɪs/ [vc. ingl., propr. 'asso', dal fr. *as* ✱ 1930] **s. m. inv.** **1** nel tennis e nella pallavolo, servizio vincente | il punto così realizzato **2** nel golf, invio della palla in buca al primo colpo

-àce [dal suff. lat. *-ace(m)*, di orig. indeur.] **suff.** ● forma aggettivi di origine quasi esclusivamente latina che esprimono facoltà, attitudine, tendenza e sim.: *audace, capace, efficace, fugace, loquace, rapace*

acèdia ➤ **accidia**

-àcee [dal suff. lat. *-āceae* (nom.), f. pl. di *-āceus* '-aceo'] **suff.** (**sing.** *acea*) ● nella sistematica botanica viene aggiunto al nome di uno dei generi più importanti per indicare la famiglia: *Fagacee, Pinacee, Rosacee*

Acèfali [pl. di *acefalo* ✱ 1819] **s. m. pl.** (**sing.** *-o*) ● Lamellibranchi (*Acephala*)

acefalìa [da *acefalo* ✱ 1827] **s. f.** ● (*med.*) mancanza congenita del capo in un feto

acèfalo [vc. dotta, gr. *aképhalos* 'senza testa', comp. di *a-*① e *kephalḗ* 'testa' ✱ 1363] **A agg.** **1** che è senza capo: *una statua acefala* | ***manoscritto, libro a.***, privo dell'intestazione o delle prime pagine **2** nella metrica greca e latina, detto di verso che manca della prima sillaba **3** (*mus.*) di ritmo che non incomincia o non riempie il primo tempo forte della misura **4** (*fig., raro*) detto di ente, ufficio e sim. carente di direzione, di un capo responsabile **B s. m.** ● (*zool.*) ogni individuo appartenente alla classe degli Acefali

acellulàre [comp. di *a-*① e *cellula* ✱ 1970] **agg.** ● (*biol.*) privo di cellule o di struttura cellulare

Acelòmati [comp. di *a-*① e *celoma* ✱ 1929] **s. m. pl.** (**sing.** *-o*) ● (*zool.*) metazoi privi di celoma

-àceo [corrisponde al lat. *-āceu(m)*, ampliamento del suff. *-āce(m)* '-ace'] **suff.** ● forma aggettivi di origine quasi esclusivamente latina che esprimono relazione, affinità, somiglianza: *cartaceo, coriaceo, erbaceo, farinaceo, perlaceo, violaceo*

Aceràcee [vc. dotta, comp. di *acer(o)* e *-acee* ✱ 1869] **s. f. pl.** (**sing.** *-a*) ● (*bot.*) famiglia di piante delle Terebintali comprendente un centinaio di specie legnose, con foglie opposte, semplici e fiori verdastri in grappoli (*Aceraceae*)

aceràia [1797] **s. f.** ● (*raro*) bosco di aceri

aceratèrio [comp. del gr. *ákerōs* 'senza corno' (comp. a sua volta di *a-* e *kéras* 'corno'. V. *cerambice*) e *thēríon* 'belva' (V. *teridio*) ✱ 1955] **s. m.** ● rinoceronte fossile, privo di corno, del Cenozoico (*Aceratherium*)

†**acerbàre** [lat. *acerbāre* 'inacerbire', da *acĕrbus* 'acerbo' ✱ av. 1336] **A v. tr.** ● esacerbare, addolorare **B** †**acerbàrsi v. intr. pron.** ● (*lett.*) inasprirsi

acerbézza [av. 1332] **s. f.** **1** proprietà di ciò che è acerbo | (*est.*) sapore agro della frutta non matura **2** (*raro, fig.*) durezza, severità d'animo | forte dolore

acerbità o †**acerbitàde**, †**acerbitàte** [vc. dotta, lat. *acerbitāte(m)*, da *acĕrbus* 'acerbo' ✱ av. 1292] **s. f. inv.** **1** proprietà di ciò che è acerbo **SIN.** agrezza, asprezza **2** (*fig.*) asprezza, ruvidezza: *una certa ispida a. campagnuola* (L. PIRANDELLO)

♦**acèrbo** o †**acèrvo**① [lat. *acĕrbu(m)*, dalla radice **ac-* 'essere pungente' ✱ av. 1257] **agg.** **1** che non è maturo, che non è cresciuto o sviluppato sufficientemente, spec. con riferimento a frutta: *uva acerba* **2** (*fig.*) molto giovane: *un musicista ancora a.* **SIN.** immaturo **3** aspro al gusto: *sapore a.* **SIN.** agro, brusco **4** (*fig.*) severo, duro: *ha un carattere a.*; *è un dolore a.*; *non essere tanto a. e mordace* (B. CASTIGLIONE) **5** (*lett.*) doloroso: *amore, / sospiro a. de' provetti giorni* (G. LEOPARDI) ‖ **acerbétto**, **dim.** | **acerbino**, **dim.** ‖ **acerbaménte**, **avv.** **1** crudamente, aspramente: *lo rimproverò acerbamente* **2** †anzitempo, immaturamente: *Le mie speranze acerbamente ha spento* (P. BEMBO)

aceréta [1863] **s. f.** ● bosco di aceri

aceréto [1829] **s. m.** ● acereta

àcero [lat. *ăcere*, abl. di *ăcer* di orig. indeur. ✱ av. 1313] **s. m.** **1** (*bot.*) genere delle Aceracee con diverse specie arboree a chioma larga e densa, foglie spec. palmato-lobate e frutto alato formato da due samare (*Acer*) | ***a. americano***, con foglie pennate, composte da cinque foglioline, originario degli Stati Uniti e del Messico (*Acer negundo*) | ***a. campestre, a. minore***, alberello con foglie piccole e samare ad angolo retto (*Acer campestre*) **SIN.** loppio, oppio② | ***a. da zucchero***, dell'America settentrionale, con foglie profondamente palmato-lobate biancastre inferiormente e samare divergenti, simbolo del Canadà (*Acer saccharinum*) | ***a. di Montpellier***, piccolo albero delle colline mediterranee con foglie piccole a tre lobi arrotondati (*Acer monspessulanum*) | ***a. montano, a. bianco***, albero frequente nei faggeti, con foglie a lobi irregolarmente dentati e samare molto ravvicinate (*Acer pseudoplatanus*) SIN. loppone, platano falso, platano selvatico | ***a. riccio***, dei faggeti più freddi, con foglie palmate a lobi con pochi denti e samare divergenti (*Acer platanoides*) **2** legno di tali piante

acèrra [vc. dotta, lat. *acĕrra(m)*, forse di orig. etrusca * 1499] **s. f.** • braciere usato nei sacrifici dai sacerdoti dell'antica Roma | altare che i Romani ponevano nella stanza dei defunti per bruciarvi incensi

♣**acèrrimo** [superl. di *acre* * 1374] **agg.** L'aggettivo 'acerrimo' è un superlativo, ma è talora percepito come aggettivo di grado positivo. Perciò la forma 'più acerrimo' è spesso usata: *il suo più acerrimo rivale; Non è forse sua moglie la sua più acerrima nemica?* (L. PIRANDELLO) • (*fig.*) fierissimo, irriducibile, veemente: *nemico, odio a.*; *scontro a. di due eserciti* || **acerrimaménte**, avv.

acervàle [vc. dotta, lat. *acervāle(m)*, da *acĕrvus* 'acervo②' * av. 1828] **agg.** • (*filos.*) relativo all'argomento dell'acervo: *sillogismo a.*

†**acèrvo** ① ➤ **acerbo**

acèrvo ② [vc. dotta, lat. *acĕrvu(m)*, di etim. incerta * 1499] **s. m. 1** (*lett.*) mucchio di cose adunate insieme **2** (*filos.*) ***argomento dell'a.***, ragionamento costituito da una serie di sillogismi concatenati SIN. polisillogismo, sorite

acèrvulo o **acèrvolo** [vc. dotta, lat. *acĕrvulu(m)*, dim. di *acĕrvum* 'acervo②' * 1955] **s. m.** • (*bot.*) corpo fruttifero a forma di cuscinetto formato da conidi in piante soggette all'azione di alcune specie di Funghi parassiti

acescènte [vc. dotta, lat. *acescĕnte(m)*, part. pres. di *acēscere*, iter. di *acēre* 'essere acido' * 1829] **agg.** • che tende a inacidire: *vino a.*

acescènza [dal lat. *acēscere* 'cominciare (-*esc*-) a diventar acido (*acēre*)' * av. 1783] **s. f.** • malattia prodotta da batteri che ossidano l'alcol ad acido acetico: *a. del vino*

acése (o -ṣ-) [1898] **A** **agg.** • di Acireale **B** **s. m. e f.** • abitante o nativo di Acireale

acetàbolo o **acetàbulo** [vc. dotta, lat. *acetābulu(m)* 'ampolla per l'aceto' e poi 'coppa', da *acētum* 'aceto' * sec. XIV] **s. m. 1** (*anat.*) cavità articolare emisferica dell'osso iliaco che accoglie la testa del femore SIN. cotile **2** (*zool.*) grande ventosa dei vermi Trematodi o Cestodi **3** (*archeol.*) ampolla per l'aceto in uso presso i Romani

acetabulària [V. *acetabolo* * 1874] **s. f.** • alga delle Sifonali, formata da una cellula (lunga alcuni centimetri) che assume la forma di un ombrellino, concavo verso l'alto, sorretto da uno stipite che fissa l'alga stessa al substrato (*Acetabularia mediterranea*)

acetàbulo ➤ **acetabolo**

acetàia [da *aceto* col suff. *-aia*] **s. f.** • locale adibito alla preparazione e alla conservazione dell'aceto

acetaldèide [comp. di *acet(ico)* e *aldeide* * 1913] **s. f.** • (*chim.*) aldeide liquida, incolore, di odore pungente e soffocante, ora ottenuta industrialmente per ossidazione dell'etilene, usata spec. nelle sintesi organiche SIN. aldeide acetica

acetàle [da *acet(ico)* * 1833] **s. m.** • (*chim.*) etere alchilico di odore gradevole che si forma per ossidazione degli alcoli, derivabile dalle aldeidi o dai chetoni, usato come solvente e per materie plastiche

acetàlico [1980] **agg.** (**pl. m.** *-ci*) • (*chim.*) detto di derivato da un acetale | ***resina acetalica***, materiale polimerico ottenuto per polimerizzazione di aldeidi; è usata per la produzione di articoli vari mediante stampaggio a iniezione

acetammìde [comp. di *acet(ico)* e *ammide* * 1874] **s. f.** • (*chim.*) ammide dell'acido acetico, che si presenta come una polvere biancastra, solubile in alcol, usata nell'industria farmaceutica, delle materie plastiche e sim.

acetàto [1795] **s. m. 1** (*chim.*) sale o estere dell'acido acetico: *a. di sodio* | ***a. basico di piombo***, costituente attivo dell'acqua vegeto-minerale | ***a. di alluminio***, usato come mordente, astringente, antisettico | ***a. di cellulosa***, acetilcellulosa **2** fibra tessile artificiale simile alla seta ottenuta da acetilcellulosa **3** disco di materia plastica, spec. a base di acetati, usato come provino per incisioni fonografiche

acètico [fr. *acétique*. V. *aceto* * 1795] **agg.** (**pl. m.** *-ci*) **1** detto di composto che contiene il radicale acetile | ***aldeide acetica***, acetaldeide | ***acido a.***, acido organico, liquido, incolore, di odore pungente, ottenuto dall'acido pirolegnoso o per sintesi, usato nella fabbricazione di materie plastiche, solventi e medicinali **2** che produce acido acetico: *fermentazione acetica*

acetièra [1961] **s. f.** • piccola ampolla per l'aceto

acetificànte **part. pres.** di *acetificare*; anche **agg.** • nel sign. 1 del v.: *batteri acetificanti*

acetificàre [1950] **v. tr.** (*io acetìfico, tu acetìfichi*) **1** trasformare alcol in acido acetico **2** determinare il contenuto in acido acetico dei liquidi alcolici || **acetificazióne**, **s. f.** (V.)

acetificatóre [1955] **s. m. 1** apparecchio per la produzione dell'aceto **2** (**f.** *-trice*) operaio addetto alla preparazione dell'aceto

acetificazióne [1775] **s. f.** • processo di produzione dell'aceto

acetifìcio [1960] **s. m.** • fabbrica di aceto

acetil- **primo elemento** • in parole composte della terminologia chimica indica il radicale monovalente acetile CH_3CO–: *acetilcellulosa*

acetilàre [da *acetile* * 1913] **v. tr.** • (*chim.*) sottoporre ad acetilazione

acetilàto [1970] **A** **s. m.** • (*chim.*) composto che ha subito l'acetilazione **B** **anche agg.**

acetilazióne [1955] **s. f.** • (*chim.*) introduzione di un gruppo acetilico in una molecola organica

acetilcellulósa (o -ṣ-) [comp. di *acetil-* e *cellulosa* * 1930] **s. f.** • (*chim.*) estere acetico della cellulosa usato nella produzione di sete artificiali, pellicole ininfiammabili, lacche, vernici, materie plastiche SIN. acetato di cellulosa

acetilcolìna [comp. di *acetil-* e *colina* * 1950] **s. f.** • estere acetico della colina, considerato il mediatore chimico della trasmissione degli impulsi in certi tipi di fibre nervose, usato in terapia come antispastico, vasodilatatore e ipotensivo

acetìle [da *aceto* col suff. *-ile②* * 1889] **s. m.** • (*chim.*) radicale monovalente ottenuto dall'acido acetico per perdita del gruppo ossidrile

acetilène [fr. *acétylène*. V. *aceto* ed *etilene* * 1874] **s. m.** • (*chim.*) ogni idrocarburo alifatico della serie acetilenica SIN. alchino | (*per anton.*) idrocarburo, primo termine della serie acetilenica, gassoso, incolore, ottenuto da carburo di calcio e acqua, impiegato per la fiamma ossiacetilenica e nella produzione di plastificanti, solventi e materie plastiche

acetilènico [1889] **agg.** (**pl. m.** *-ci*) • (*chim.*) derivato da acetilene, relativo all'acetilene | detto di idrocarburo alifatico che contiene nella propria molecola uno o più tripli legami

acetìlico [1913] **agg.** (**pl. m.** *-ci*) • (*chim.*) detto di composto che deriva dal radicale acetile o che lo contiene

acetilsalicìlico [comp. di *acetil-* e *salicilico* * 1913] **agg.** (**pl. m.** *-ci*) • (*chim.*) detto di derivato acetilico dell'acido salicilico | ***acido a.***, acido organico, monobasico, solido, bianco, cristallino, che idrolizza dando acido acetico e salicilico, impiegato per usi farmaceutici CFR. Aspirina

acetilùro [da *acetile* * 1955] **s. m.** • (*chim.*) composto derivato dalla sostituzione, totale o parziale, degli atomi di idrogeno dell'acetilene con atomi di metallo | ***a. di calcio***, carburo di calcio

acetìmetro [comp. di *aceto* e *-metro* * 1913] **s. m.** • apparecchio atto a determinare il contenuto in acido acetico dell'aceto

acetìno [dal colore che ricorda quello dell'*aceto* * 1845] **s. m.** • tipo di granato di colore rosso chiaro

acetìre [1340 ca.] **v. intr.** (*io acetìsco, tu acetìsci*; **aus.** *essere*) • diventare aceto, inacetire

♦**acéto** [lat. *acētu(m)*, dalla radice **ac-* 'essere pungente' * av. 1292] **s. m. 1** il prodotto della fermentazione acetica di liquidi alcolici | ***a. di vino***, (*assol.*) ***aceto***, prodotto dalla fermentazione acetica del vino: *a. bianco, rosso*; *condire con olio e a.* | ***a. balsamico***, ricavato dal mosto di uve bianche, variamente aromatizzato e invecchiato nel tempo, tipico del Modenese | ***a. dei sette, dei quattro ladri***, medicinale, preparato con erbe aromatiche | ***a. aromatico***, aromatizzato con essenze varie, usato anche a scopi medicinali | ***a. artificiale***, ottenuto per diluizione dell'acido acetico industriale | ***sott'a.***, immerso nell'aceto: *cipolline, cetriolini sott'a.*; *conservare i peperoni sott'a.*; V. anche *sottaceto* **2** (*fig., lett.*) mordacità

acetobattèrio [comp. di *aceto* e *batterio* * 1986] **s. m.** • (*biol.*) ciascun batterio in grado di provocare, in presenza di ossigeno, l'ossidazione dell'alcol etilico ad acido acetico

acetóne [fr. *acétone*, da *acétique* 'acetico' * 1865] **s. m. 1** chetone semplice, liquido, incolore, di odore etereo, infiammabile, ottenuto spec. da derivati del petrolio, impiegato come solvente e nella produzione di vernici, prodotti farmaceutici e materie plastiche, presente anche negli organismi animali **2** (*med.*) correntemente, acetonemia, acetonuria

acetonemìa [comp. di *acetone* ed *-emia* * 1892] **s. f.** • (*med.*) presenza di eccessiva quantità di acetone e altri corpi chetonici nel sangue SIN. chetonemia

acetònico [1874] **agg.** (**pl. m.** *-ci*) • relativo ad acetone

acetonùria o **acetonurìa** [comp. di *acetone* ed *-uria* * 1889] **s. f.** • (*med.*) eliminazione eccessiva di acetone e altri corpi chetonici con le urine

acetósa (o -ṣ-) [da *acetoso* * sec. XIV] **s. f.** • pianta erbacea delle Poligonacee con foglie ovate, lanceolate, ricche di acido ossalico o di ossalato acido di potassio (*Rumex acetosa*) SIN. erba brusca

acetosèlla (o -ṣ-) [da *acetoso* * sec. XIV] **s. f. 1** pianta erbacea delle Oxalidacee con foglie composte da tre foglioline di sapore acidulo portate da rizomi perenni (*Oxalis acetosella*) SIN. alleluia, erba luiula, trifoglio acetoso **2** ***sale di a.***, solvente usato per togliere le macchie di ruggine o d'inchiostro

acetóso (o -ṣ-) [vc. dotta, lat. tardo *acetōsu(m)*, da *acētum* 'aceto' * 1282] **agg.** • che contiene aceto o ha sapore d'aceto: *acqua acetosa*; *vino a.* || **acetosità**, **s. f. inv.** sapo-

a

re acido, di aceto

acheirìa o **achirìa** [comp. di *a-*①, del gr. *cheirós* 'mano' e del suff. *-ia*② ✱ 1874] **s. f.** ● (*med.*) assenza congenita di una o ambedue le mani

achènio [comp. di *a-*① e del gr. *cháinō* 'mi apro' ✱ 1865] **s. m.** ● (*bot.*) frutto secco indeiscente che racchiude un unico seme, il cui tegumento non aderisce al pericarpo cuoioso

achèo [vc. dotta, lat. *Achāeu(m)*, dal gr. *Achaiós* 'dell'Acaia' ✱ av. 1292] **A s. m.** (**f.** *-a*) **1** in epoca storica, ogni appartenente alle popolazioni stanziate nell'antica Acaia e nella Ftiotide | in epoca più antica, ogni appartenente alle popolazioni stanziate nel Peloponneso **2** (**spec. al pl.**, *per anton.*, *lett.*) greco (con riferimento al mondo omerico) **B agg.** ● dell'Acaia, degli Achei: *armi, tribù achee*; *soldati achei*

Acherónte [vc. dotta, lat. *Acherŏnte(m)*, dal gr. *Achérōn*, nome di un fiume infernale considerato nella mitologia classica l'ingresso del regno dei morti ✱ 1313] **s. m.** ● (*lett.*) l'oltretomba

acherontèo [vc. dotta, lat. tardo *Acherontēu(m)*, dal gr. *Acheróntei̇os*. V. *Acheronte* ✱ sec. XIV] **agg.** ● relativo al mitologico fiume Acheronte | (*est.*, *lett.*) infernale: *errar vede il suo spirto / fra 'l compianto de' templi acherontei* (U. Foscolo)

acheròntico [vc. dotta, lat. tardo *Acherŏnticu(m)*, da *Ăcheruns*, genit. *Acherŭntis*, 'Acheronte' ✱ 1756] **agg.** (**pl. m.** *-ci*) ● acheronteo | (*est.*, *lett.*) funebre, tetro: *un antro a.* (I. Nievo)

acherònzia [dal lat. tardo *Acherŭntius*, agg. di *Ăcheron*, genit. *Acherŏntis*, 'Acheronte'; chiamata così perché animale notturno ✱ 1874] **s. f.** ● farfalla crepuscolare degli Sfingidi, caratterizzata da una macchia dorsale raffigurante un teschio (*Acherontia atropos*) **SIN.** atropo, sfinge testa di morto

acheropìta o **achiropìta**, **achiropoièta** [dall'agg. gr. *acheiropóiētos* 'che non (*a-*) è fatto (dal v. *poiêin*, di orig. indeur.) da mano (*chéir*, genit. *cheirós*, di orig. indeur.) d'uomo' ✱ 1905] **A agg. solo f.** ● detto di immagine sacra, spec. di Gesù o della Madonna, che si ritiene non fatta da mano umana, ma d'origine miracolosa **B anche s. f.**: *questa immagine del Cristo è un'a.*

acheuleàno [dalla località di (Saint-) *Acheul* (Francia) ✱ 1935] **A s. m.** ● periodo preistorico, di epoca paleolitica: *a. inferiore, superiore*; *l'amigdala dell'a.* **B agg.** ● relativo a tale periodo e alla sua cultura: *civiltà acheuleana*

achilìa [comp. di *a-*① e del gr. *chylós* 'succo' ✱ 1913] **s. f.** ● (*med.*) assenza di secrezione di succo gastrico

achillèa [vc. dotta, lat. *achillēa(m)* 'pianta di Achille', che ne avrebbe appreso l'uso da Chirone ✱ 1483] **s. f.** ● pianta erbacea delle Composite con foglie oblunghe, pennate, minutamente suddivise, e infiorescenze a corimbo di capolini con fiori bianco-rosati (*Achillea millefolium*) **SIN.** centofoglie, millefoglie

achillèo [vc. dotta, lat. *Achillēu(m)*, dal gr. *Achílleios*, agg. di *Achilléus* 'Achille' ✱ 1810] **agg.** **1** relativo ad Achille, famoso eroe omerico **2** (*anat.*) relativo al tendine d'Achille | ***riflesso a.***, riflesso tendineo da percussione del tendine d'Achille

achillésco [av. 1803] **agg.** (**pl. m.** *-schi*) ● achilleo | (*est.*, *lett.*) eroico: *idee achillesche*

achirìa ➤ **acheiria**

achiropìta ➤ **acheropita**

achiropoièta ➤ **acheropita**

achìvo [vc. dotta, lat. *Achīvu(m)*, dal gr. *Achaiós* 'Acheo' ✱ av. 1292] **agg. e s. m.** ● (*lett.*) acheo

acìclico [comp. di *a-*① e *ciclico* ✱ 1932] **agg.** (**pl. m.** *-ci*) **1** detto di fenomeno privo di carattere di periodicità **2** (*bot.*) detto di fiore che possiede gli elementi sterili (sepali e petali) e quelli fertili (stami e carpelli) disposti a spirale **3** (*chim.*) detto di composto che non contiene alcuna catena chiusa di atomi | ***idrocarburo a.***, alifatico ‖ **aciclicità**, **s. f. inv.**

acicolàre o **aciculàre** [dal lat. tardo *acĭcula* 'spina'. V. *acicula* ✱ 1829] **agg.** ● (*bot.*, *miner.*) aghiforme

acìcula [vc. dotta, lat. tardo *acĭcula(m)* 'spina', dim. di *ăcus* 'ago' ✱ 1865] **s. f.** ● pianta erbacea delle Apiacee con frutto munito di lunghi rostri appuntiti (*Scandix pecten Veneris*) **SIN.** pettine di Venere, spillettone

aciculàre ➤ **acicolare**

àcid /'asid, 'atʃid, *ingl.* 'æsɪd/ [1972] **A s. f. inv.** ● accorc. di *acid music* **B anche agg. inv.**: *ritmi a.*

acidàlio [vc. dotta, lat. *Acidăliu(m)*, da *Acidălia*, dal gr. *Akidalíē* 'Acidalia', antica fonte della Grecia dove, secondo il mito, si bagnava Venere ✱ 1442] **agg.** **1** (*lett.*) di Acidalia | (*fig.*) di Venere **2** (*fig.*, *lett.*) amoroso

acidàro o **acidàrio** [vc. dotta, lat. tardo *cĭdari(m)* 'tiara dei persiani e di alti sacerdoti ebrei', di orig. persiana ✱ av. 1566] **s. m.** ● berretto conico tipico dei dogi di Venezia

acidézza [1691] **s. f.** ● acidità

acid house /asid'aus, *ingl.* ˌæsɪd'haʊs/ [loc. ingl., propr. *'house (music)'* che crea effetti ipnotici simili a quelli dell'LSD (*acid*)' ✱ 1988] **loc. sost. f. inv.** ● (*mus.*) genere nato nella seconda metà degli anni '80 del Novecento come evoluzione della house music, caratterizzato da un'accresciuta durezza dei suoni, tutti elettronici e realizzati ad altissimo volume per creare suggestioni psichedeliche

acidificànte A part. pres. di *acidificare*; **anche agg.** ● nel sign. del v. **B s. m.** ● (*chim.*) additivo atto ad aumentare l'acidità dei prodotti alimentari

acidificàre [1797] **A v. tr.** (*io acidìfico, tu acidìfichi*) ● rendere acido: *a. una sostanza, una soluzione* **B v. intr.** (**aus.** *essere*) e **acidificàrsi v. intr. pron.** ● diventare acido ‖ **acidificazióne**, **s. f.** (V.)

acidificazióne [1829] **s. f.** ● procedimento dell'acidificare | passaggio allo stato acido

acidimetrìa [comp. di *acido* e *-metria* ✱ 1849] **s. f.** ● (*chim.*) parte dell'analisi volumetrica che consiste nel determinare la quantità di acido contenuta in una soluzione

acidìmetro [comp. di *acido* e *-metro* ✱ 1942] **s. m.** ● (*chim.*) densimetro usato per valutare la concentrazione di una soluzione acida | potenziometro col quale si valuta il grado di ionizzazione di un acido e, per gli acidi forti, la loro concentrazione

acidità [vc. dotta, lat. tardo *aciditāte(m)*, da *ăcidus* 'acido' ✱ 1684] **s. f. inv.** **1** (*chim.*) proprietà degli acidi **CONTR.** alcalinità, basicità | concentrazione di ioni idrogeno in una soluzione | proprietà di una base di neutralizzare uno o più equivalenti di un acido mediante gli ossidrili sostituibili contenuti in ogni sua molecola **2** caratteristica di ciò che è acido (**anche** *fig.*): *l'a. di un frutto*; *a. di critica, di carattere* | ***a. di stomaco***, eccessiva formazione di acidi nello stomaco e conseguente senso di bruciore **SIN.** asprezza

acid music /asid'mjuzik, *ingl.* 'æsɪdˌmjuːzɪk/ [loc. ingl. comp. di *acid* 'acido', nel sign. di droga allucinogena, spec. LSD, e *music* 'musica' ✱ 1989] **loc. sost. f. inv.** ● musica rap dalle sonorità violente e accentuate, tali da imitare le sensazioni derivanti dall'uso di sostanze allucinogene

♦**àcido** [vc. dotta, lat. *ăcidu(m)*, dalla radice **ac-* 'essere pungente' ✱ sec. XIV] **A agg.** **1** (*chim.*) che presenta la proprietà degli acidi, che è proprio degli acidi: *colorante a.*; *reazione acida* **CONTR.** basico **2** di sapore acre, agro, aspro: *questo vino è troppo a.* **3** (*fig.*) mordace, maligno: *è una donna molto acida*; *un carattere a. e intollerante* ‖ **acidétto**, **dim.** | **acidìno**, **dim.** | **acidógnolo**, **dim.** ‖ **acidaménte**, **avv.** con acidità **B s. m.** **1** (*chim.*) composto, contenente idrogenioni monovalenti positivi, capace di reagire con una base formando un sale e la cui soluzione acquosa ha sapore acre: *a. inorganico, organico*; *a. solfidrico, solforico, solforoso* | ***a. debole, forte***, con un numero minore o maggiore di idrogenioni presenti nelle soluzioni a parità di concentrazione e temperatura **CONTR.** alcali, base **2** sapore aspro: *vino che sa di a.* **3** (*gerg.*, *ellitt.*) LSD

acidòfilo [comp. di *acido* e *-filo* ✱ 1955] **agg.** **1** (*biol.*) detto di cellula che presenta affinità per sostanze acide **CONTR.** basofilo **2** (*bot.*) detto di pianta che vive di preferenza su terreni acidi **CONTR.** basifilo

acidòliṣi [comp. di *acido* e *-lisi* ✱ 1970] **s. f. inv.** ● (*chim.*) scissione di una sostanza causata dall'acidificazione

acidòlo [comp. di *acid(o)* e *-olo*② ✱ 1955] **s. m.** ● (*chim.*) sostanza cristallina incolore, cloridrato di betaina, usata a scopi terapeutici in affezioni gastriche ed epatiche

acidòṣi [1906] **s. f. inv.** ● (*med.*) disturbo dell'equilibrio acido-base del sangue per aumento di sostanze acide o riduzione di sostanze alcaline

acidulàre [1813] **v. tr.** (*io acìdulo*) ● rendere acidulo: *a. un liquido, una sostanza*

acìdulo [vc. dotta, lat. *acĭdulu(m)*, dim. di *ăcidus*. V. *acido* ✱ 1499] **agg.** ● leggermente acido: *odore, sapore a.*; *un brutto vino torbido, vischioso ed a.* (P. Levi)

acidùme [1619] **s. m.** **1** sapore acido **2** sostanza acida | insieme di sostanze acide

acidurìa o **acidurìa** [comp. di *acid(o)* e *-uria* ✱ 1968] **s. f.** ● (*med.*) eccesso di acidi nelle urine

†**àcie** [vc. dotta, lat. *ăcie(m)*, da una radice indeur. che significa 'acuto' ✱ 1483] **s. f. inv.** ● negli antichi eserciti, schieramento delle truppe sul campo di battaglia

acìnace [vc. dotta, lat. *acīnace(m)*, di orig. persiana ✱ 1499] **s. m.** ● corta scimitarra in uso presso gli antichi Persiani

acinellatùra [da *acinello*, dim. di *acino* ✱ 1931] **s. f.** ● presenza contemporanea in un grappolo d'uva di acini in grossezza normale e di acini molto piccoli **SIN.** impallinamento

acineṣìa [vc. dotta, gr. *akinēsía* 'mancanza di movimento', comp. di *a-*① e *kínēsis* 'movimento' ✱ 1940] **s. f.** ● (*med.*) assenza dei movimenti peristaltici o muscolari in genere

Acinèti [vc. dotta, gr. *akínētos* 'immobile', comp. di *a-*① e *kinētós* 'mobile', da *kinêin* 'muoversi' (V. *cinematica*) ✱ 1955] **s. m. pl.** (**sing.** *-o*) ● (*zool.*) classe di Protozoi acquatici, talvolta parassiti e avvolti in nicchie o involucri, che si fissano mediante un peduncolo e si nutrono attraverso succhiatoi (*Acinetae*)

acinètico [1940] **agg.** (**pl. m.** *-ci*) **1** (*med.*) relativo ad acinesia | affetto da acinesia **2** di farmaco che paralizza i movimenti

acinifórme [comp. di *acino* e *-forme* ✱ 1829] **agg.** ● che ha forma di acino

àcino [lat. *ăcinu(m)*, di orig. preindeur. ✱ 1340 ca.] **s. m.** **1** bacca carnosa contenente semi con tegumenti duri: *a. d'uva* **SIN.** chicco, granello **2** (*est.*) fiocine, vinacciolo **3** (*est.*, *lett.*) grano di rosario, collana e sim.: *gli acini balzanti di una collana disciolta* (G. D'Annunzio) **4** (*anat.*) piccola formazione sferica internamente cava: *acini ghiandolari, polmonari* ‖ **acinétto**, **dim.** | **acinìno**, **dim.**

acinóso (o **-ṣ-**) [vc. dotta, lat. *acinōsu(m)*, da *ăcinum* 'acino' ✱ av. 1597] **agg.** **1** ricco di acini **2** (*anat.*) che ha struttura ad acini: *ghiando-*

la acinosa

a ciò che ➤ **acciocché**

Acipenserifórmi [vc. dotta, comp. del lat. *acipēnser* 'storione', di etim. incerta, e il pl. di *-forme* ✻ 1965] **s. m. pl.** (**sing.** *-e*) ● (*zool.*) ordine di Pesci ossei marini o d'acqua dolce con corpo rivestito di piastre cutanee (*Acipenseriformes*)

acirologìa [vc. dotta, lat. *acyrolŏgia(m)*, dal gr. *akyrología*, comp. di *ákyros* 'improprio' e *-logia* ✻ 1374] **s. f.** (**pl.** *-gìe*) ● (*ling.*) nella retorica, uso improprio di termini; per es. l'accostamento di *luce* e *muto* in: *Io venni in loco d'ogne luce muto* (DANTE *Inf.* V, 28)

acirològico [da *acirologia* ✻ 1865] **agg.** (**pl. m.** *-ci*) ● che è usato in modo improprio: *espressione acirologica*

aclamidàto [comp. di *a-*① e *clamidato* ✻ 1955] **agg.** ● (*bot.*) aclamide

aclàmide [comp. di *a-*① e *clamide* ✻ 1952] **agg.** ● (*bot.*) detto di fiore completamente sprovvisto di perianzio

aclassìsmo [comp. di *a-*① e *classismo* ✻ 1970] **s. m.** ● teoria o tendenza politica che non considera determinante la contrapposizione fra le classi sociali

aclassìsta [1934] **agg.; anche s. m. e f.** (**pl. m.** *-i*) ● che (o chi) fa propri i principi dell'aclassismo: *teoria, partito a.*

aclassìstico [1950] **agg.** (**pl. m.** *-ci*) ● (*raro*) aclassista | relativo all'aclassismo o agli aclassisti

aclìne [da *incline*, con sostituzione del pref. *a-*① a *in-* ✻ 1970] **agg.** ● (*raro*) nella loc. ***linea a.***, equatore magnetico

aclìsta [da *ACLI*, sigla delle *Associazioni Cristiane dei Lavoratori Italiani* ✻ 1948] **s. m. e f.** (**pl. m.** *-i*) ● chi è iscritto alle ACLI

acloridrìa [comp. di *a-*① e *cloridr(ico)* ✻ 1899] **s. f.** ● (*med.*) assenza di acido cloridrico nel succo gastrico

acloruràto [comp. di *a-*①, *clorur(o)* e del suff. *-ato*① ✻ 1955] **agg.** ● privo di cloruro di sodio: *dieta aclorurata*

✦**àcme** [gr. *akmḗ*, dalla radice **ac-* che indica acutezza ✻ 1780] **s. f.**, *evit.* **m. 1** (*med.*) stadio della maggior gravità di una malattia **SIN.** climax **2** (*fig.*) punto o periodo culminante: *essere all'a. della gloria, del successo*

acmònital o **acmonitàl** [da *ac(ciaio) mon(etario) ital(iano)* ✻ 1938] **s. m. inv.** ● lega formata da acciaio, cromo, nichel e limitate percentuali di vanadio, usata in Italia dal 1939 al 1942 per coniare monete

àcne [dal gr. *akmḗ* (V. *acme*), attrav. un errore di scrittura ✻ 1828] **s. f.** ● (*med.*) infezione suppurativa delle ghiandole sebacee: *a. giovanile* | ***a. rosacea***, dermatite del volto caratterizzata da eritema associato a papule, pustole e rinofima (nel maschio)

acnèico [1970] **agg.** (**pl. m.** *-ci*) ● che è affetto da acne

acolìa [comp. di *a-*① e del gr. *cholḗ* 'bile', di orig. indeur. ✻ 1961] **s. f.** ● (*med.*) cessazione o mancanza della secrezione della bile

†**acolitàto** ➤ **accolitato**

†**acòlito** ➤ **accolito**

acomunìsta [comp. di *a-*① e *comunista* ✻ 1963] **s. m. e f.** (**pl. m.** *-i*) ● chi, nei confronti del comunismo, non prende posizione

aconcettuàle [comp. di *a-*① e *concettuale* ✻ 1968] **agg.** ● libero da ogni determinazione concettuale: *filosofia, arte a.* ‖ **aconcettualità**, **s. f. inv.**

acondrìte [vc. dotta, da *condro* col suff. *-ite*② ✻ 1980] **s. f.** ● (*miner.*) meteorite di roccia dura e compatta, composta in prevalenza da silicati basici, priva di condrule

acondroplasìa [comp. di *a-*①, del gr. *chóndros* 'cartilagine' e *-plasia* ✻ 1939] **s. f.** ● (*med.*) distrofia congenita ed ereditaria dello scheletro, caratterizzata da arresto della crescita della cartilagine che causa un nanismo disarmonico

acondroplàsico [1955] **A agg.** (**pl. m.** *-ci*) ● relativo ad acondroplasia **B agg. e s. m.** (**f.** *-a*) ● che (o chi) è affetto da acondroplasia

aconfessionàle [comp. di *a-*① e *confessionale* (agg.) ✻ 1908] **agg.** ● che non è legato ad alcuna delle varie Chiese e confessioni ‖ **aconfessionalità**, **s. f. inv.** carattere aconfessionale

aconitìna [da *aconito* ✻ 1828] **s. f.** ● alcaloide velenoso ricavato dai tuberi dell'aconito, con azione antidolorifica e sedativa

acònito o **aconìto** [vc. dotta, lat. *aconītu(m)*, dal gr. *akóniton*, di etim. incerta ✻ av. 1333] **s. m.** ● pianta erbacea delle Ranuncolacee, velenosa e medicinale, con radice fusiforme, foglie palmate e fiori di color azzurro intenso raccolti a grappolo (*Aconitum napellus*) **SIN.** napello

✦**a contràrio** [loc. lat., propr. '(partendo) dal (*a*) contrario (*contrāriu(m)*)' ✻ 1484] **loc. agg. inv.** ● (*filos.*) in logica, si dice di argomentazione che prova indirettamente la fondatezza di un'altra argomentazione in quanto, muovendo da premesse contrarie, giunge a conclusioni opposte **CONTR.** a pari

acònzia [vc. dotta, lat. *acŏntia(m)*, dal gr. *akontías*, da *ákōn*, genit. *ákontos* 'giavellotto' ✻ av. 1577] **s. f.** ● serpe velenosa dei Viperidi caratterizzata dallo scatto con cui si slancia all'attacco (*Chrysopelea ornata*)

acònzio [vc. dotta, gr. *akóntion*, dim. di *ákōn*, genit. *ákontos* 'giavellotto' ✻ 1955] **s. m.** ● (*zool.*) filamento, provvisto di cellule urticanti, di cui sono provvisti molti Antozoi

acorèa [comp. di *a-*① e del gr. *kórē* 'pupilla' ✻ 1993] **s. f.** ● (*med.*) assenza congenita della pupilla in uno o ambedue gli occhi

acorìa [vc. dotta, gr. *akoría* 'insaziabilità' ✻ 1913] **s. f.** ● (*med.*) continua sensazione di fame

àcoro [lat. *ăcoro(n)*, dal gr. *ákoron*, prob. di orig. preindeur. ✻ sec. XIV] **s. m. 1** (*bot.*) calamo aromatico (*Acorus calamus*) **2** (*bot.*) ***a. falso***, pianta erbacea palustre delle Iridacee con fiori grandi e gialli (*Iris pseudacorus*) **SIN.** giglio giallo

acoṣmìṣmo [ted. *Akosmismus*, comp. di *a-*①, del gr. *kósm(os)* 'mondo' e del suff. *-ismus* '-ismo' ✻ 1907] **s. m.** ● (*filos.*) disconoscimento del mondo come realtà in sé, in quanto manifestazione fenomenica di Dio: *l'a. di Spinoza*

acostituzionàle [comp. di *a-*① e *costituzionale* ✻ 1989] **agg.** ● che prescinde dai principi della Costituzione: *deliberazione a.*

acotilèdone [comp. di *a-*① e *cotiledone* ✻ 1809] **A agg.** ● di pianta priva di cotiledoni **B s. f.** ● pianta priva di cotiledone

Acotilèdoni [1970] **s. f. pl.** (**sing.** *-e*) ● nei vecchi sistemi di classificazione, gruppo di piante senza cotiledoni (*Acotyledones*)

✦**àcqua** o †**àqua** [lat. *ăqua(m)*, di orig. indeur. ✻ 1224] **A s. f. 1** liquido trasparente, incolore, inodore, insapore; la sua molecola è formata da 2 atomi di idrogeno e 1 di ossigeno; è costituente fondamentale degli organismi viventi, diffusissima in natura, indispensabile a molti processi chimici nel mondo organico e minerale: *a. di sorgente, naturale, di rubinetto, minerale, oligominerale, potabile, gassata* **CFR.** idro-, -idro | ***a. di seltz***, V. *seltz* | ***a. del sindaco***, nel linguaggio giornalistico, l'acqua corrente, l'acqua del rubinetto | ***a. di scolo***, scaricata nei canali di scolo, proveniente da zone irrigue e riutilizzabile per l'irrigazione | ***acque di rifiuto, di scarico***, provenienti da abitazioni, industrie e sim. | ***acque luride, nere***, di fogna | ***acque bianche***, piovane; (*sport*) nel canoismo, acque spumeggianti | ***a. limpida***, priva di impurità | ***a. viva***, perenne, di sorgente; (*sport*) nel canoismo, acqua in movimento | ***a. piovana***, di pioggia | ***a. dolce***, di fiume, di lago, di fonte | ***a. salata, salmastra***, di mare | ***a. morta***, stagnante, senza moto | ***a. termale***, acqua sorgiva che supera di almeno 5 °C la temperatura media annua del luogo | ***non è a.***, non è cosa di scarsa importanza: *il sangue non è a.*; *la classe non è a.* | ***a. santa***, V. *acquasanta* | ***a. tinta, pazza***, vino o altra bevanda molto annacquata | (*cucina*) ***all'a. pazza***, preparazione del pesce in umido con pomodori e aromi, tipica della cucina campana | ***a. cotta***, V. *acquacotta* | ***a. arzente, di vite, di vita, vite, vita***, acquavite | ***a. battesimale***, per il battesimo | ***a. e sapone, all'a. e sapone***, detto di ragazza che non si trucca il volto serbando un aspetto naturale; (*est.*) detto di ragazza schietta e spontanea | ***a. cheta***, (*fig.*) persona mite e remissiva soltanto in apparenza | **PROV.** ***l'a. cheta rovina i ponti***, certe persone in apparenza tranquille a lungo andare si rivelano insidiose | **PROV.** ***a. passata non macina più***, ciò che appartiene al passato non produce più effetti | ***è a. passata***, V. *passato* nel sign. A 2 | ***a. in bocca!***, (*fig.*) esortazione a non rivelare un segreto | ***a fior d'a.***, alla superficie, superficiale | ***filo dell'a.***, corrente | ***pelo dell'a.***, superficie dell'acqua | ***mulino ad a.***, azionato dall'acqua | ***tirare l'a. al proprio mulino***, (*fig.*) volgere una situazione a proprio vantaggio | ***fare un buco nell'a.***, (*fig.*) non ottenere alcun risultato, non cavare un ragno dal buco | ***intorbidare le acque***, (*fig.*) far confusione di proposito | ***calmare le acque***, (*fig.*) placare la tensione, rasserenare la situazione | ***lavorare sott'a.***, (*fig.*) agire di nascosto | ***pestare l'a. nel mortaio***, (*fig.*) fare una cosa inutile | ***mettere a pane e a.***, punire qlcu. costringendolo a una dieta limitata a questi alimenti | ***avere a.***, di nave che ha sufficiente spazio per manovrare | ***avere l'a. alla gola***, (*fig.*) essere incalzato da impegni urgenti e sim.; essere in grave difficoltà | ***fare a.***, di nave in cui penetra acqua attraverso falle | (*fig.*) ***fare a. da tutte le parti***, di ciò che attraversa un periodo di grave crisi; di ragionamento e sim. estremamente lacunoso | ***trovarsi in cattive acque***, (*fig.*) essere in difficoltà | ***essere come un pesce fuor d'a.***, essere a disagio, irrequieto, fuori del proprio ambiente abituale e sim. | ***facile come bere un bicchiere d'a.***, molto facile | (*fig.*) ***scoprire l'a. calda***, fare, dire e sim. qlco. di ovvio e scontato | ***giochi d'a.***, zampilli o getti d'acqua usati a scopo ornamentale in parchi o giardini | ***a. a., fuoco fuoco***, nei giochi infantili, formula con cui si indica la lontananza o la vicinanza di un oggetto a chi lo sta cercando | (*mar.*) ***a. di zavorra***, quella che, immessa (o espulsa) nei sommergibili, ne consente l'immersione (o l'emersione); nelle petroliere scariche, quella immessa nelle cisterne per garantire la stabilità durante la navigazione **2** (**spec. al pl.**) distesa o raccolta di acque: *le acque del mare, di un torrente, di un lago* | ***specchio d'a.***, distesa di acqua di mare, lago o fiume che costituisce un'insenatura, un porto e sim. | ***a. alta***, a Venezia, l'eccezionale innalzamento del livello dell'acqua, tale da provocare allagamenti nelle zone più basse della città | ***acque intercluse***, specchi d'acqua circondati da terre sottoposte alla sovranità di uno o più Stati e facenti parte del territorio degli stessi | ***acque territoriali***, V. *territoriale* **3** pioggia | ***rovescio d'a.***, pioggia improvvisa e abbondante | ***a. a dirotto, a catinelle, a orci, a secchi***, in grande quantità | ***prendere l'a.***, essere bagnato dalla pioggia **4** (**spec. al pl.**, *per anton.*) acqua termale: *bere le acque*; *passare le acque* **5** (*est.*) miscuglio liquido, di uso cosmetico, medicinale e sim.: *a. tonica*; *a. dentifricia* | ***a. di rose***, essenza di rose mista a poco alcol | ***all'a. di rose***, (*fig.*) blando, attenuato, superficiale e sim.: *una satira all'a. di rose* | ***a. di Colonia***, costituita da varie essenze e da un'alta percentuale di alcol | ***a. di toeletta***, alta percentuale di essenza mista ad alcol | ***a. celeste***, soluzione di solfato di rame e ammoniaca in acqua distillata, usata in oculistica come collirio **6** (*est.*) prodotto o preparazione chimica liquida | ***a. di calce***, soluzione acquosa di idrossido di calcio, ottenuta lasciando depositare il latte di calce | ***a. forte***, V. *acquaforte* | ***a. ossigenata***, composto liquido, incolore, vischioso, la cui molecola contiene due atomi di idrogeno e due di ossigeno e si decompone facilmente in acqua e ossigeno **SIN.** perossido di idrogeno | ***a. pesante***, composto, la cui molecola contiene 2 atomi di deuterio e 1 di ossigeno, contenuto nell'acqua comune, utilizzato come moderatore per neutroni | ***a. ragia***, V. *acquaragia* | ***a. regia***, miscela di acido cloridrico e nitrico che, per sviluppo di cloro nascente, intacca i metalli nobili | ***a. tofana***, veleno a base di arsenico | ***a. vegeto-minerale***, soluzione acquosa di acetato basico di piombo | ***a. di fuoco***, petrolio aromatizzato usato dai mangiafuoco **7** (*est.*) in varie tecnologie, denominazione di liquidi diversamente utilizzati o di scarto | ***a. d'inferno***, liquido di vegetazione delle olive e di lavaggio degli attrezzi dell'oleificio, raccolto in un'apposita vasca ramata | (*enol.*) ***a. celeste***, poltiglia bordolese **8** (*pop.*) liquido organico di varia natura | ***fare a.***, orinare **9** (**spec. al pl.**) liquido amniotico, spec. nelle loc. ***rompersi le acque, rottura delle acque***, riferite alla fuoriuscita del liquido amniotico che precede il parto **10** (*fig.*) limpidezza, intensità luminosa delle pietre preziose, spec. del brillante: *un brillante d'a. purissima* | (*fig., scherz.*) ***briccone, furfante, manigoldo della più bell'a.***, esperto, matricolato **11** (*astrol.*) ***elemento a.***, (*ellitt.*) ***acqua***, nella suddivisione dei segni secondo l'elemento che vi domina, trigono a cui appartengono i segni del Cancro, dello Scorpione e dei Pesci **12** (*sport*) nelle gare di canottaggio, corsia nella quale l'imbarcazione deve procedere **B** **in funzione di agg. inv.** • (posposto al sost.) nella loc. ***verde a.***, verde molto chiaro **C** **in funzione di inter.** • in vari giochi, si usa per indicare a chi cerca che è lontano dall'oggetto o dalla persona nascosti **CFR.** fuoco ‖ **acquàccia**, **pegg.** | **acquerèlla**, **dim.** (V.) | **acquétta**, **dim.** (V.) | (*lett.*) **acquicèlla**, **dim.** | **acquolina**, **dim.** (V.)

àcqua-ària [1983] **agg. inv.** • (*milit.*) detto di missile destinato a essere lanciato da un sottomarino in immersione contro un bersaglio aereo **SIN.** sottomarino-aria

acquabike /akkwa'baik/ [1998] **s. m. o f.** • adattamento di *aquabike* (V.)

acquacedràta o **àcqua cedràta** [comp. di *acqua* e *cedrato* ✱ av. 1684] **s. f. (pl.** *acquecedràte*) • bevanda di acqua e sciroppo di cedro

acquacoltùra e deriv. ➤ **acquicoltura** e deriv.

acquacòtta [comp. di *acqua* e del f. di *cotto*, riferito al 'brodo', principale componente della vivanda ✱ 1919] **s. f.** • (*cucina*) zuppa tipica della Maremma, a base di pomodoro, cipolla, aglio e verdure varie, servita su fette di pane abbrustolito coperte con uovo e pecorino

acquafòrte o **àcqua fòrte** [comp. di *acqua* e *forte* ✱ av. 1519] **s. f. (pl.** *acqueförti*) **1** †acido nitrico **2** tecnica di incisione su metallo in cui la lastra, spec. di rame, preventivamente ricoperta da una vernice antiacido, viene incisa con una punta d'acciaio e sottoposta all'azione dell'acido nitrico in corrispondenza dei segni tracciati **3** (*est.*) stampa ottenuta con tale tecnica

acquafortista [1889] **s. m. e f. (pl. m.** *-i*) • chi incide all'acquaforte

acquagym /akkwa'dʒim/ [1994] **s. f. inv.** • adattamento di *aquagym* (V.)

acquàio① [lat. *aquāriu(m)*, agg. da *ăqua* 'acqua' ✱ 1340 ca.] **agg. (pl. m.** *-ai*) • che porta acqua o pioggia | ***solco a.***, solco tracciato sul campo seminato per allontanare l'acqua piovana

acquàio② [lat. *aquāriu(m)*, s. da *ăqua* 'acqua' ✱ 1366] **s. m. (pl.** *-ai*) **1** bacino a vasca con scarico dell'acqua, in cui si lavano le stoviglie | (*fig.*) ***essere un a., una gola d'a.***, di persona ingorda che mangia qualunque cibo **SIN.** lavello **2** lavabo, nelle sagrestie

acquaiòlo o (*lett.*) **acquaiuòlo** [1303] **A** **s. m. (f.** *-a*) **1** (*disus.* o *merid.*) chi vende acqua fresca da bere, anche con sciroppi: *il grido dell'a.* **2** operaio addetto al governo dell'acqua di irrigazione **3** (*disus.*) operaio tessile che dava l'acqua ai drappi **B** **agg.** • che vive nell'acqua: *serpente a.*

acquamanìle [comp. di *acqua* e un deriv. di *mano* ✱ 1961] **s. m. 1** brocca, usata nel Medioevo per lavare le mani dei convitati durante i pasti **2** piccola brocca metallica per acqua, usata in alcune cerimonie religiose

acquamarìna o **àcqua marìna** [comp. di *acqua* e *marina* per il colore ✱ av. 1571] **A** **s. f. (pl.** *acquemarìne*) **1** (*miner.*) varietà di berillo di colore azzurro-verdastro, usata come gemma **2** colore azzurro chiaro, caratteristico dell'acqua del mare: *le tue pupille / d'a.* (E. MONTALE) **B** **in funzione di agg. inv.** • che ha colore azzurro chiaro, caratteristico dell'acqua del mare: *color a.*; *azzurro a.*

acquanàuta [comp. di *acqua* e del lat. *nauta* 'navigante' ✱ 1965] **s. m. e f. (pl. m.** *-i*) • chi, a scopo di studio, scende a notevole profondità sotto la superficie del mare, valendosi di particolari tipi di scafo

acquapàrk [comp. di *acqua* e di *park* sul modello di *luna park* e sim. ✱ 1989] **s. m. inv.** • area per giochi acquatici, con scivoli, piattaforme, piscine, ecc. **CFR.** parco①

†**acquapendènte** [1779 ca.] **s. m.** • versante, pendice

acquaplàno [da *acqua*, sul modello di *idroplano* ✱ 1931] **s. m.** • attrezzo sportivo, usato un tempo per fare sci nautico, costituito da una tavola trascinata da un motoscafo

acquapònica [per sovrapposizione di *(idro)ponica* ad *acqua(coltura)* ✱ 2010] **s. f.** • metodo per coltivare verdura e allevare pesci in un'unica vasca, combinando acquacoltura e idroponica

acquapònico [2013] **agg. (pl. m.** *-ci*) • che concerne l'acquaponica

acquaràgia o **àcqua ràgia** [comp. di *acqua* e *ragia* ✱ 1829] **s. f. (pl.** *-gie* o *-ge*) **1** liquido incolore, ottenuto per distillazione di resine secrete da alcune conifere, costituito spec. da pinene, usato come solvente **SIN.** essenza di trementina **2** essenza di trementina sintetica

†**acquàre** [lat. *aquāri*, da *ăqua* 'acqua' ✱ sec. XIV] **A** **v. tr.** • annaffiare | abbeverare **B** **v. intr.** • fare provvista d'acqua

acquarèllo① e deriv. ➤ **acquerello**① e deriv.

acquarèllo② ➤ **acquerello**②

♦**acquàrio**① o (*raro*) **aquàrio**① [sost. del lat. *aquārius*, agg. di *ăqua* 'acqua' ✱ 1875] **s. m. 1** vasca o insieme di vasche in cui si fanno vivere animali e piante acquatiche ricreandovi artificialmente il loro ambiente naturale **2** (*est.*) edificio in cui si trovano tali vasche

Acquàrio② o **Aquàrio**② [vc. dotta, lat. *aquāriu(m)*, sost. dell'agg. *aquārius*; V. *acquario*① ✱ 1282] **A** **s. m. 1** (*astron.*) costellazione dello zodiaco che si trova fra quella del Capricorno e quella dei Pesci **2** (*astrol.*) undicesimo segno dello zodiaco, compreso tra i 300 e i 330 gradi dell'anello zodiacale, che domina il periodo compreso tra il 21 gennaio e il 18 febbraio **B** **s. m. e f. inv.** • persona nata sotto il segno dell'Acquario

acquariofilìa [comp. di *acquario*① e *-filia* ✱ 1963] **s. f.** • allevamento di pesci o di altri animali acquatici e di piante in un acquario domestico

acquariòfilo [comp. di *acquario*① e *-filo* ✱ 1983] **s. m. (f.** *-a*) • chi pratica l'acquariofilia

acquariologìa [comp. di *acquario*① e *-logia* ✱ 1963] **s. f. (pl.** *-gìe*) • disciplina che studia la fauna e la flora d'acquario

acquartieraménto [1824] **s. m.** • alloggiamento di truppe in quartieri o caserme

acquartieràre [comp. di *a-*② e *quartiere* ✱ av. 1639] **A** **v. tr.** (*io acquartièro*) • (*milit.*) sistemare le truppe nei loro alloggiamenti **B** **acquartieràrsi** **v. rifl.** • (*milit.*) prendere sistemazione negli alloggiamenti, detto di truppe

acquasànta o **àcqua sànta** [comp. di *acqua* e *santa* ✱ 1353] **s. f. (pl.** *acquesànte*) • acqua benedetta per uso liturgico | (*fig.*) ***essere come il diavolo e l'a.***, non andare d'accordo

acquasantièra [da *acqua santa* ✱ 1846] **s. f.** • conca per l'acqua benedetta posta nelle chiese cattoliche presso l'ingresso | nelle case antiche, mezza vaschetta per lo stesso uso spesso artisticamente lavorata, infissa o appesa alla parete solitamente in camera da letto

acquascìvolo [comp. di *acqua* e *scivolo* ✱ 1985] **s. m.** • scivolo che termina in una piscina

acquascooter /akkwas'kuter/ [comp. di *acqua* e *scooter* ✱ 1989] **s. m. inv.** • moto d'acqua

acquaspìnning /akkwa'spinnin(g)/ o **aquaspìnning** /*ingl.* 'ækwəˌspɪnɪŋ/ [vc. pseudo-ingl. comp. di *acqua* e *spinning* (V.) ✱ 2002] **s. m. inv.** • tecnica di ginnastica aerobica praticata in piscina su un'apposita cyclette rimanendo fuori dall'acqua soltanto con le spalle e la testa

acquastrìno [lat. parl. **aquatrīnu(m)*, da *ăqua* 'acqua' ✱ 1282] **A** **s. m.** • (*lett.*) acquitrino **B** **agg.** • †acquitrinoso

acquàta [da *acqua* ✱ 1780] **s. f. 1** pioggia improvvisa e di breve durata: *quest'a. ha rinfrescato l'aria*; *il solitario scroscio del torrente / dopo un'a.* (G. PASCOLI) **2** (*mar.*) rifornimento di acqua dolce a bordo della nave

àcqua-tèrra [1974] **agg. inv.** • (*milit.*) detto di missile destinato a essere lanciato da un sottomarino in immersione contro un bersaglio in superficie **SIN.** sottomarino-superficie

acquaticità [1965] **s. f. inv.** • attitudine a muoversi nell'acqua con facilità: *l'a. di un nuotatore, di un subacqueo*

acquàtico o †**aquàtico** [vc. dotta, lat. *aquāticu(m)*, da *ăqua* 'acqua' ✱ av. 1333] **agg. (pl. m.** *-ci*) • che nasce o vive nell'acqua e nelle sue vicinanze: *animali acquatici*; *piante acquatiche* | †***pianeta, vento a.***, apportatore di piogge ‖ **acquaticità**, **s. f. inv.** (V.)

acquàtile o †**aquàtile** [vc. dotta, lat. *aquātile(m)*, da *ăqua* 'acqua' ✱ 1395] **agg.** • (*raro*) acquatico

acquatìnta [comp. di *acqua* e *tinta* ✱ 1874] **s. f. (pl.** *acquetìnte*) **1** tecnica di incisione su lastra di metallo, analoga all'acquaforte, in cui l'acido agisce attraverso una polvere, conferendo alla stampa così ottenuta un delicato effetto chiaroscurale **2** (*est.*) stampa ottenuta con tale tecnica

†**acquàto** **A** **part. pass.** di †*acquare*; anche **agg.** ● nei sign. del v. **B** **s. m.** ● acquerello, vinello

acquattàre [comp. di *a-*② e *quatto* ✱ 1313] **A** **v. tr.** ● (*raro*) nascondere **B** **acquattàrsi** **v. rifl.** ● stare quatto, rannicchiarsi, accovacciarsi, nascondersi alla vista: *la lepre s'acquatta tra le stoppie*

acquavitàio [1700] **s. m.** (**f.** *-aia*, **pl. m.** *-ai*) ● (*disus.*) venditore di acquavite

acquavìte o (*disus.*, *centr.*) **acquavita** [lat. mediev. *aqua vitae* 'acqua di vita' ✱ av. 1484] **s. f.** (**pl.** *acquevìti*, *acquavìti*) ● bevanda alcolica ottenuta per distillazione di sostanze fermentate: *a. di mele, di prugne, di cereali* | (*per anton.*) bevanda alcolica ottenuta per distillazione delle vinacce **SIN.** grappa | ***a. di vino***, brandy, cognac | ***a. di mele, di sidro***, calvados

♦**acquazzóne** [lat. *aquatiōne(m)*, da *ăqua* 'acqua' ✱ sec. XIII] **s. m.** ● pioggia violenta, abbondante e di breve durata, che inizia e termina bruscamente

acquedótto o **acquidótto** [lat. *aquaedŭctu(m)* 'conduttura d'acqua' ✱ av. 1342] **s. m.** **1** conduttura d'acqua **2** complesso di opere per la raccolta, il trasporto e la distribuzione di acqua potabile | ***a. romano***, insieme di canali sospesi su alte arcate, lunghe molti chilometri, che nella Roma classica trasportavano l'acqua in città **3** (*anat.*) ***a. del Silvio***, canalicolo che unisce il terzo e il quarto ventricolo cerebrale

acquemòto [comp. di *acqu(a)* e *moto*①, sul modello di *terremoto* e *maremoto* ✱ 1955] **s. m.** ● violento scuotimento delle acque del mare o di un lago, prodotto da movimenti della crosta terrestre

àcqueo o †**àqueo** [lat. mediev. *aqueu(m)*, da *ăqua* 'acqua' ✱ 1282] **agg.** ● di acqua: *vapore a.* | (*anat.*) ***umore a.***, liquido che occupa la camera anteriore dell'occhio

†**acqueréccia** [1566] **s. f.** ● grande vaso ornamentale da acqua, generalmente tenuto sulle credenze

†**acqueréccio** [1566] **s. m.** ● acquereccia

acquerèlla [dim. di *acqua* ✱ sec. XIV] **s. f.** ● pioggia minuta

acquerellàre o **acquarellàre** [da *acquerello*① ✱ 1770] **v. tr.** (*io acquerèllo*) ● (*raro*) dipingere all'acquerello

acquerellìsta o **acquarellìsta** [1866] **s. m. e f.** (**pl. m.** *-i*) ● artista che dipinge all'acquerello

acquerèllo① o **acquarèllo**① [da *acqua* ✱ 1584] **s. m.** **1** tecnica di pittura eseguita su carta o seta con colori trasparenti stemperati in acqua con gomma arabica: *dipingere ad a.* **2** (*est.*) dipinto eseguito con tale tecnica: *dipingere, fare un a.*; *possedere una collezione di acquerelli* **3** (**spec. al pl.**) colore utilizzato per dipingere con tale tecnica: *una scatola di acquerelli*
SFUMATURE ➤ *quadro*②

acquerèllo② o **acquarèllo**② [da *acqua* ✱ 1243] **s. m.** ● bevanda leggermente alcolica, ottenuta trattando le vinacce con acqua **SIN.** vinello

acquerùgiola [da *acqua* ✱ 1623] **s. f.** ● precipitazione uniforme di minutissime goccioline di acqua

acquetàre e deriv. ➤ **acquietare** e deriv.

acquétta [av. 1698] **s. f.** **1** dim. di *acqua* **2** pioggerella **3** (*poet.*) †piccolo corso d'acqua **4** (*spreg.*) brodo, caffè o altra bevanda diluiti con acqua, che hanno poco sapore | vinello **5** acqua tofana ‖ **acquettina**, **dim.**

acquìcolo [comp. di *acqua* e *-colo* ✱ 1955] **agg.** ● detto di organismo vegetale o animale che vive nell'acqua, in contrapposizione ad aericolo

acquicoltóre o **acquacoltóre** [comp. di *acqua* e *coltore* ✱ 1983] **s. m.** (**f.** *-trice*) ● chi pratica l'acquicoltura

acquicoltùra o **acquacoltùra** [comp. di *acqua* e *coltura* ✱ 1950] **s. f.** ● allevamento di pesci e molluschi, sia di acqua dolce sia di acqua salata, che si vale anche di interventi a livello genetico

àcquido [da *acqua* ✱ 1904] **agg.** ● (*raro*, *lett.*) acquoso, intriso d'acqua

acquidóccio [lat. parl. **aquidŭciu(m)*. Cfr. *acquedotto* ✱ av. 1348] **s. m.** **1** fossa principale, solitamente in muratura, che raccoglie le acque dei fossi trasversali dei campi nei terreni declivi **SIN.** capifosso **2** †acquedotto

acquidóso (o **-ṣ-**) [da *acqua* ✱ av. 1320] **agg.** ● (*raro*, *lett.*) acquoso, impregnato d'acqua: *poltiglia acquidosa* (G. D'Annunzio)

acquidótto ➤ **acquedotto**

♣**acquiescènte** **part. pres.** di *acquiescere*; anche **agg.** ● consenziente; docile, remissivo (+ *a*): *a. alle decisioni altrui*

acquiescènza [av. 1669] **s. f.** **1** caratteristica di chi (o di ciò che) è acquiescente **SIN.** arrendevolezza, docilità, remissività **2** (*dir.*) rinuncia, esplicita o implicita, al diritto di esercitare l'impulso processuale

acquièscere [lat. *acquiēscere*, comp. di *ăd* e *quiēscere* 'riposare' ✱ 1340 ca.] **v. intr.** (*io acquièsco, tu acquièsci*; **aus.** *avere*) **1** (*lett.*) acquietarsi **2** (*raro*) rinunciare a far valere un proprio diritto

acquietàbile o (*lett.*) **acquetàbile** [1865] **agg.** ● che si può acquietare

acquietaménto o (*lett.*) **acquetaménto** [sec. XIV] **s. m.** ● l'acquietare, l'acquietarsi: *in quell'a. di pensieri* (A. Manzoni) **SIN.** appagamento

♣**acquietàre** o (*lett.*) **acquetàre** [comp. di *a-*② e *quietare* ✱ 1261 ca.] **A** **v. tr.** (*io acquièto*) **1** placare, calmare: *a. un dolore*; *a. un istinto* | sopire: *a. le discordie* | appagare: *a. la sete, la fame* **2** †soddisfare un debito o un credito **B** **acquietàrsi** **v. intr. pron.** **1** calmarsi: *dopo la crisi il malato s'acquietò* | mitigarsi: *il vento si è acquietato* **2** (*lett.*) rassegnarsi, persuadersi: *già s'era acquetato di morire* (B. Castiglione)

acquìfero [comp. di *acqua* e *-fero* ✱ 1893] **agg.** ● che porta l'acqua o ne consente il passaggio: *strato a.*; *falda acquifera* | (*bot.*) ***parenchima a.***, tessuto che trattiene acqua di riserva | (*bot.*) ***via acquifera***, nelle piante superiori, sistema di tessuti conduttori vascolari che distribuiscono in tutta la pianta l'acqua assorbita dal terreno

acquirènte [vc. dotta, lat. *acquirĕnte(m)*, part. pres. di *acquīrere* 'acquistare' ✱ 1562] **s. m. e f.**; anche **agg.** ● chi (o che) acquista: *tra gli acquirenti sarà sorteggiato un premio*; *la parte a.* **SIN.** compratore, cliente

acquis /fr. a'ki/ [fr. *acquis* 'norma comune', da *acquérir* 'acquisire', dal lat. *acquīrere* ✱ 1978] **s. m. inv.** ● insieme di princìpi, normative, risoluzioni e sim. condivisi dai Paesi membri dell'Unione europea: *a. comunitario*; *l'a. di Schengen*

acquiṣìre [da *acquisito* ✱ av. 1342] **v. tr.** (*io acquiṣìsco, tu acquiṣìsci*) **1** diventare titolare di un diritto: *a. la proprietà di un bene* | ***a. una cittadinanza***, divenire cittadino di un dato Stato | ***a. qlco. al processo***, da parte dell'autorità giudiziaria, ammettere che un mezzo di prova presentato in un giudizio civile possa esplicare efficacia nello stesso | ***a. agli atti***, inserire in un fascicolo processuale **2** (*fig.*) apprendere, far proprio sul piano intellettuale: *a. cognizioni filosofiche* **3** (*inform.*) in un sistema di elaborazione, leggere e registrare dati

acquiṣitìvo [1585] **agg.** ● atto ad acquisire: *contratto a.*

acquiṣìto [vc. dotta, lat. *acquisītu(m)*, part. pass. di *acquīrere* 'acquistare'] **part. pass.** di *acquisire*; anche **agg.** **1** fatto proprio, acquistato (*spec. fig.*): *una convinzione di recente acquisita* | ***un fatto a.***, da considerare certo, scontato | ***idea acquisita***, frutto dell'esperienza **CONTR.** innato | ***parente a.***, acquistato **CONTR.** consanguineo **2** (*med.*) di fenomeno che si verifica dopo la nascita, per cause esterne, ambientali **CONTR.** congenito **3** (*dir.*) ***diritto a.***, diritto sorto sotto l'impero di una legge non più in vigore e che resta in vita anche se non ancora esercitato

acquiṣitóre [vc. dotta, lat. tardo *acquisitōre(m)*, da *acquisītus* 'acquisito' ✱ 1539] **s. m.** (**f.** *-trice*) ● chi acquista | (*raro*) agente d'affari, procacciatore d'affari

acquiṣizióne [vc. dotta, lat. tardo *acquisitiōne(m)*, da *acquisītus* 'acquisito' ✱ 1300 ca.] **s. f.** **1** l'acquisire, il venire acquisito (*anche fig.*): *l'a. di un'azienda privata da parte dello Stato*; *l'a. di capacità tecniche*; *l'a. del linguaggio* **2** (*psicol.*) processo di sviluppo di nuovi comportamenti nell'individuo **3** (*inform.*) in un sistema di elaborazione, lettura e registrazione di dati

acquistàbile [1647] **agg.** ● che si può acquistare ‖ **acquistabilità**, **s. f. inv.**

♦**acquistàre** [lat. parl. **acquisitāre*, da *acquīrere* 'acquistare' ✱ av. 1250] **A** **v. tr.** **1** ottenere in proprietà: *a. una casa, un'automobile* **SIN.** comprare | (*est.*) ingaggiare: *a. un calciatore, un corridore* **2** procurarsi: *a. fama, stima, simpatia, merito, onori* | guadagnare: *a. un'esperienza* | ***a. terreno***, (*fig.*) affermarsi, diffondersi: *ipotesi, teoria, idea* e sim. *che va acquistando terreno* | ***a. tempo***, temporeggiare **3** assumere: *a. un'espressione più vivace*; *durante la caseificazione, il formaggio acquista una consistenza particolare* **4** (*lett.*) conquistare: *Pampalona fu acquistata / dopo molte battaglie* (L. Pulci) **B** **v. intr.** (**aus.** *avere*) **1** migliorare, fare progressi (+ *in*): *a. in salute, in bellezza*; *con quella pettinatura acquista molto* **2** (*lett.*) avanzare: *de' remi facemmo ali al folle volo, / sempre acquistando dal lato mancino* (Dante *Inf.* XXVI, 125-126)

acquistàto **A** **part. pass.** di *acquistare*; anche **agg.** ● nei sign. del v. **B** **s. m.** ● †acquisto

♦**acquìsto** [da *acquistare* ✱ 1266] **s. m.** **1** atto dell'acquistare: *concludere le trattative d'a.* | (*sport*) ingaggio | ***campagna acquisti***, V. *campagna* nel sign. 7 **2** compera, spesa: *uscire a fare acquisti* | ***centro acquisti***, centro commerciale, shopping center | ciò che si è acquistato: *ti mostro i miei acquisti* **3** (*est.*) persona che entra a far parte di un'associazione, di un'attività professionale e sim.: *i nuovi acquisti del cinema, del calcio* **4** (*dir.*) ***a. di un diritto***, collegamento di un diritto, spec. di proprietà, a un soggetto in forza di fatti giuridici idonei **5** (*lett.*) conquista: *molto soffrì nel glorïoso a.* (T. Tasso) ‖ **acquistino**, **dim.** | **acquistóne**, **accr.**

SFUMATURE DI SIGNIFICATO

acquisto - spesa - shopping

Acquisto è l'atto con cui si viene in possesso di qualcosa per averla comprata. **Spesa** è propriamente la quantità di denaro che si spende per acquistare, ma in usi estensivi il termine può essere impiegato anche come sinonimo di *acquisto*. **Shopping** è l'andare in giro per negozi a fare acquisti ed è considerata un'attività gradevole con cui occupare il tempo libero.

†**acquitrìna** [av. 1573] **s. f.** ● acquerugiola

acquitrìno [lat. parl. **quatrīnu(m)*, da *ăqua* 'acqua' ✱ 1344 ca.] **s. m.** ● ristagno d'acqua spesso coperto d'erbe palustri | terreno dove l'acqua ristagna
SFUMATURE ➤ *palude*

a

acquitrinóso (o **-ṣ-**) [1803] **agg.** • caratterizzato da acquitrini: *terreno a.* **SIN.** paludoso

acquolìna [dim. di *acqua* ✱ av. 1665] **s. f.** **1** (*raro*) pioggia leggera **2** salivazione che avviene per desiderio di cosa appetitosa | ***avere, sentire, farsi venire, l'a. in bocca***, per desiderio di cosa appetitosa (*anche fig.*)

acquòreo [da *acqua* ✱ av. 1936] **agg.** • (*lett.*) acquoso: *L'impercettibile pulviscolo a. si condensa in fiocchi di nuvole* (I. CALVINO)

acquóso (o **-ṣ-**) o †**aquóso** [vc. dotta, lat. *aquōsu(m)*, da *ăqua* 'acqua' ✱ 1313] **agg.** **1** che contiene acqua, impregnato d'acqua: *vapori acquosi* | (*est.*, *lett.*) acquitrinoso, paludoso | ***occhi acquosi***, bagnati di pianto; privi di espressione, vuoti: *Guardava con gli occhi quasi spenti, scialbi, acquosi* (L. PIRANDELLO) **2** simile all'acqua **SIN.** (*lett.*) acquoreo **3** piovoso: *nuvole acquose; estate acquosa* || **acquosità**, **s. f. inv.** caratteristica di ciò che è acquoso; (*est.*) parte acquosa, umore

Acràni [comp. di *a-*① e del gr. *kraníon* 'cranio' ✱ 1955] **s. m. pl.** (**sing.** *-io*) • (*zool.*) Cefalocordati

acranìa [comp. di *a-*① e un deriv. di *cranio* ✱ 1829] **s. f.** • (*med.*) assenza congenita, parziale o totale, della volta cranica

acrànico [comp. di *a-*① e *cranico* ✱ 1843] **agg.** (**pl. m.** *-ci*) • (*med.*) detto di soggetto affetto da assenza congenita, parziale o totale, delle ossa craniche

acraṣìa o **akraṣìa** [vc. dotta, gr. *akrasía* 'intemperanza' ✱ 1971] **s. f.** • (*filos.*) l'agire in maniera contraria a principi di ordine morale che si condividono e si professano | (*psicol.*) incapacità della volontà di perseguire un intento

Acraṣièe [dal gr. *akrasía* 'cattiva mescolanza', comp. di *a-*① e *krâsis* 'mescolanza' (V. *crasi*) ✱ 1965] **s. f. pl.** (**sing.** *-a*) • (*bot.*) classe di Funghi saprofiti dei Mixomiceti (*Acrasieae*)

acraspedòte [comp. di *a-*① e *craspedo* ✱ 1983] **s. f. pl.** • meduse degli Scifozoi, prive del cosiddetto velo (o craspedo)

✦**àcre** o (*poet.*) †**àcro**① [vc. dotta, lat. *ăcre(m)*, da una radice **ac-* che indica acutezza ✱ 1319] **agg.** (**superl.** *acerrimo* (**V.**)) **1** detto di sapore, aspro, agro, piccante: *la buccia di limone ha un sapore a.* | (*est.*) detto di odore, pungente, penetrante: *il cloro ha odore a.* | (*est.*) detto di suono, stridulo, molesto: *voce a.* **2** (*fig.*) malevolo, mordace, acrimonioso: *spirito, critica a.; udì voci acri, vide il nonno passare per le stanze su tutte le furie* (F. DE ROBERTO) || **acreménte**, **avv.** aspramente

✦**acrèdine** [vc. dotta, lat. tardo *acrēdine(m)*, da *ăcer*, genit. *ăcris* 'acre' ✱ 1499] **s. f.** **1** proprietà di ciò che è acre **2** (*fig.*) acrimonia, astio: *criticare con a.*

acrèdula [vc. dotta, lat. *acrēdula(m)*, d'orig. sconosciuta ✱ 1766] **s. f.** • genere di Uccelli della famiglia Paridi cui appartiene il codibugnolo (*Acredula*)

✦**acribìa** [vc. dotta, gr. *akríbeia*, da *akribḗs* 'accurato' ✱ 1841] **s. f.** • accurata e scrupolosa osservanza delle regole metodiche proprie di uno studio, una ricerca e sim.

acribióso (o **-ṣ-**) [1970] **agg.** • di chi è meticoloso, preciso: *un filologo a.* | di ciò che denota una scrupolosa accuratezza: *un'acribiosa ricostruzione dei fatti* || **acribiosaménte**, **avv.** con acribia; meticolosamente

acridìna [da *acre*, sul modello del fr. *acridine* ✱ 1955] **s. f.** • (*chim.*) composto eterociclico azotato, contenuto nel catrame di carbon fossile, punto di partenza di una serie di sostanze coloranti e di importanti farmaci antisettici e disinfettanti

acrìdio [vc. dotta, gr. *akrídion*, dim. di *akrís* 'cavalletta' ✱ 1819] **s. m.** (**pl.** *-i* o *raro -ii*) • cavalletta caratterizzata dalle antenne corte (*Acrida mediterranea*)

Acridoidèi [comp. di *acridio* e un deriv. di *-oide* ✱ 1970] **s. m. pl.** (**sing.** *-èo*) • (*zool.*) sottordine di Ortotteri cui appartengono le cavallette e le locuste (*Acridoidea*)

acrilammìde o **acrilamìde** [comp. di *acril(e)* e *ammide* ✱ 1980] **s. f.** • (*chim.*) ammide dell'acido acrilico; sostanza tossica, solida, inodore, solubile in acqua, che viene impiegata nella preparazione di polimeri

acrilàto [1955] **s. m.** • sale o estere dell'acido acrilico

acrìle [1955] **s. m.** • radicale monovalente, ottenuto dall'acido acrilico per perdita del gruppo ossidrile

acrìlico [fr. *acrylique*, da *acroléine* 'acroleina' ✱ 1892] **A agg.** (**pl. m.** *-ci*) • detto di composto che contiene il radicale acrile o ne deriva: *resine acriliche* | ***acido a.***, acido organico, monobasico, liquido, ottenuto industrialmente per sintesi | ***aldeide acrilica***, acroleina | ***fibre acriliche***, polimeri fibrosi sintetici dell'acrilonitrile | ***colori acrilici***, quelli che hanno come legante l'emulsione acquosa di una resina acrilica, usati in pittura per la notevole potenza cromatica che mantengono inalterata anche dopo l'essiccazione **B s. m.** **1** tessuto acrilico: *un vestito in a.* **2** dipinto eseguito con colori acrilici: *a. su tela*

acrilonitrìle [comp. di *acrile* e *nitrile* ✱ 1955] **s. m.** • (*chim.*) composto chimico organico, liquido incolore molto importante nella manifattura delle fibre sintetiche

✦**acrimònia** [vc. dotta, lat. tardo *acrimōnia(m)*, da *ăcer*, genit. *ăcris* 'acre' ✱ 1342] **s. f.** **1** (*fig.*) acredine, asprezza, livore: *una risposta carica d'a.* **2** †odore, sapore acre | sensazione di bruciore

✦**acrimonióso** (o **-ṣ-**) [1643] **agg.** • carico di livore, ostile: *commento a.*

acriṣìa [vc. dotta, gr. *akrisía*, comp. di *a-*① e *krísis* 'giudizio' ✱ 1939] **s. f.** **1** (*raro*) mancanza di senso critico **2** (*med.*) stato patologico i cui sintomi rendono assai incerta la diagnosi | mancanza della crisi prevista in una malattia

acrìtico [comp. di *a-*① e *critico* ✱ 1924] **agg.** (**pl. m.** *-ci*) • privo di senso critico, dogmatico: *un giudizio a.; condividere in modo a. un'opinione; adesione acritica a un'ideologia* || **acriticaménte**, **avv.** || **acriticità**, **s. f. inv.** mancanza di senzo critico

†**àcro**① ➤ **acre**

àcro② [ingl. *acre*, dalla stessa radice del lat. *ăger* 'campo' (V. *agro*②) ✱ 1498] **s. m.** • misura anglosassone di superficie, pari a 4046,856 m^2

acro- [dal gr. *ákron* 'estremità', da una radice indeur. che indica 'punta'] **primo elemento** • in parole composte dotte o della terminologia scientifica significa 'punto più alto' o 'estremo' oppure è usato con riferimento a estremità di membra del corpo: *acrocoro, acropoli, acrocefalia, acromegalia*

acroamàtico [vc. dotta, lat. tardo *acroamăticu(m)*, dal gr. *akroamatikós* 'esperto a voce', da *akroásthai* 'ascoltare' ✱ 1587] **agg.** (**pl. m.** *-ci*) **1** detto degli scritti di Aristotele che contenevano le dottrine trasmesse oralmente all'interno del liceo a discepoli già completamente istruiti **2** (*est.*) di insegnamento riservato a una ristretta cerchia di iniziati **SIN.** esoterico

acròbata [vc. dotta, gr. *akróbatos* 'che cammina in punta di piedi', comp. di *ákron* 'estremità, cima' e *báinō* 'io vado' ✱ 1819] **s. m. e f.** (**pl. m.** *-i*) **1** chi compie evoluzioni ginniche in circhi e varietà, su corda, trapezi e sim. **2** (*fig.*) chi si destreggia abilmente tra le difficoltà

acrobàtica [1902] **s. f.** • arte di fare acrobazie | nella ginnastica artistica, il complesso degli esercizi, spesso difficili e spettacolari, eseguiti, con o senza fasi di volo, a corpo libero e agli attrezzi

acrobàtico [1865] **agg.** (**pl. m.** *-ci*) **1** di acrobata: *esercizi acrobatici* | (*fig.*) da acrobata **2** in vari sport, detto di intervento abile e spettacolare: *parata, rovesciata acrobatica* **3** pertinente alle acrobazie aeree: *pattuglia acrobatica nazionale* || **acrobaticaménte**, **avv.** in modo acrobatico; per mezzo di acrobazie || **acrobaticità**, **s. f. inv.**

acrobatìṣmo [1874] **s. m.** **1** arte, tecnica e attività dell'acrobata **2** (*fig.*) argomentazione, comportamento di chi si destreggia ricorrendo a espedienti vari: *certi acrobatismi in letteratura e in politica* **SIN.** funambolismo

acrobazìa [1896] **s. f.** **1** esercizio dell'acrobata | ***alta a.***, difficoltosa e specializzata **2** ***a. aerea***, manovra di particolare difficoltà, eseguita con aerei per esperimento, combattimento, spettacolo e sim. **3** (*fig.*) espediente ingegnoso per superare situazioni difficili: *fare acrobazie per vivere*

acrocefalìa [comp. di *acro-* e *-cefalia* ✱ 1913] **s. f.** • (*med.*) malformazione del cranio che presenta una forma conica per sviluppo abnorme della regione occipitale e schiacciamento di quelle parietali

acrocèfalo [comp. di *acro-* e *-cefalo* ✱ 1986] **A agg.** • (*med.*) detto di cranio deformato da acrocefalia **B agg.; anche s. m.** (**f.** *-a*) • che (o chi) presenta i caratteri dell'acrocefalia

acrocianòṣi [comp. di *acro-* e *cianosi* ✱ 1899] **s. f. inv.** • (*med.*) cianosi delle parti estreme degli arti, spec. delle dita

acrocòro o **acròcoro** [comp. di *acro-* e *chôros* 'pianura' ✱ 1852] **s. m.** • vasto altopiano più o meno accidentato, circondato da versanti scoscesi

acrofobìa [comp. di *acro-* e *-fobia* ✱ 1939] **s. f.** • (*psicol.*) timore ossessivo di cadere nel vuoto, che si prova affacciandosi da un luogo elevato || **acrofòbico**, **agg.** (**pl. m.** *-ci*); **anche s. m.** (**f.** *-a*) **nel sign. 2** **1** relativo ad acrofobia **2** acrofobo || **acròfobo**, **agg. e s. m.** (**f.** *-a*) che (o chi) soffre di acrofobia

acrofonìa [comp. di *acro-* e *-fonia* ✱ 1957] **s. f.** • (*ling.*) principio in base al quale si attribuisce a un pittogramma il valore fonico della prima sillaba della parola che esso rappresenta || **acrofònico**, **agg.** (**pl. m.** *-ci*) relativo all'acrofonia

acroleìna [fr. *acroléine*, comp. del gr. *ákros* 'estremo' e del lat. *olēre* 'odorare' ✱ 1889] **s. f.** • aldeide, liquida, incolore, che si forma per decomposizione termica dei grassi, molto reattiva, usata per la preparazione di materie plastiche sintetiche **SIN.** aldeide acrilica

acròlito [vc. dotta, lat. *acrŏlithu(m)*, dal gr. *akrólithos*, comp. di *ákron* 'estremità' e *líthos* 'pietra' ✱ 1812] **s. m.** • nell'arte greca arcaica, statua con testa, mani e piedi in marmo, pietra o avorio e col resto del corpo in legno o altro materiale di scarso pregio

acromaṣìa [comp. di *a-*① e del gr. *chrôma* 'colore' ✱ 1828] **s. f.** • (*med.*) acromodermia

acromàtico [comp. di *a-*① e *cromatico* ✱ 1771] **agg.** (**pl. m.** *-ci*) • privo di aberrazione cromatica: *obiettivo, sistema ottico a.* || **acromaticità**, **s. f. inv.**

acromatìṣmo [dal gr. *achrômatos* 'senza colore', comp. di *a-*① e *chrôma*, genit. *chrômatos* 'colore' (V. *cromo-*) ✱ 1865] **s. m.** **1** (*fis.*) assenza di aberrazione cromatica **SIN.** apocromatismo **2** (*med.*) acromatopsia

acromatiẓẓàre [1968] **v. tr.** • rendere acromatico || **acromatiẓẓazióne**, **s. f.**

acromatopsìa [fr. *achromatopsie*, comp. di *a-*① e del gr. *chrôma* 'colore' e *ópsis* 'vista' ✱ 1940] **s. f.** • (*med.*) forma di discromatopsia congenita caratterizzata dalla incapacità di distinguere i colori; la capacità visiva si riduce alla sola distinzione fra luce e oscurità **SIN.**

acromatismo, monocromatismo CFR. dicromatismo

acromegalìa [comp. di *acro-* e *-megalia* ✱ 1890] **s. f.** ● (*med.*) ingrossamento abnorme delle ossa facciali e delle estremità per disfunzione dell'ipofisi

acromìa [comp. di *a-*① e *-cromia* ✱ 1899] **s. f.** ● (*med.*) assenza congenita del pigmento naturale con conseguente mancata colorazione dei tessuti

acròmion o **acròmio** [vc. dotta, gr. *akrṓmion* 'sporgenza della spalla', comp. di *ákron* 'estremità' e *ômos* 'spalla' ✱ sec. XVIII] **s. m. inv.** ● (*anat.*) apofisi della scapola che si articola con la clavicola

àcromo [comp. di *a-*① e *-cromo* ✱ 1968] **agg.** ● (*lett.*) che non è colorato: *ceramiche acrome*

acromodermìa [comp. di *a-*①, *cromo-* e *-dermia* ✱ 1992] **s. f.** ● (*med.*) assenza della normale pigmentazione cutanea per carenza di melanina; si verifica nell'albinismo e nella vitiligine SIN. acromasia

acronìa [comp. di *a-*① e un deriv. del gr. *chrónos* 'tempo' ✱ 1961] **s. f.** ● (*raro*) caratteristica di ciò che è acronico ‖ **acrònico**, **agg.** (**pl. m.** *-ci*) (*raro*) che è senza tempo o non è riferibile a un tempo definito ‖ **acronicaménte**, **avv.**

acrònimo [dal gr. *ákros* 'sommo, estremo', sul modello di *anonimo, pseudonimo*, ecc. ✱ 1950] **s. m.** ● nome costituito dalla lettera o dalle lettere iniziali di una o più parole: *TAC è l'a. di Tomografia Assiale Computerizzata* CFR. acrostico (V. nota d'uso SIGLA)
SFUMATURE ➤ *sigla*

acronimòlogo [comp. di *acronimo* e *-logo* ✱ 1980] **s. m.** (**f.** *-a*; **pl. m.** *-gi*) ● (*raro*) chi studia e interpreta le sigle

acròpoli [vc. dotta, gr. *akrópolis*, comp. di *ákros* 'elevato' e *pólis* 'città' ✱ 1819] **s. f. inv.** ● rocca, o parte elevata in genere, delle antiche città greche

acròstico [dal gr. tardo *akróstichon*, comp. di *ákros* 'estremo' e *stíchos* 'verso' ✱ 1698] **s. m.** (**pl.** *-ci*) **1** componimento poetico che forma un nome o una parola determinata con le lettere iniziali dei versi lette una di seguito all'altra in senso verticale CFR. telestico | ***a. alfabetico, abecedario***, con iniziali dei singoli versi coincidenti con la serie alfabetica **2** gioco enigmistico consistente nel trovare parole le cui iniziali danno, se lette di seguito, un nome o un'intera frase (per es. Lira, Anima, Nembo, Adone = LANA) CFR. mesostico **3** sigla formata dalle iniziali di diverse parole che corrisponde a una parola di senso compiuto: *ANSA è l'a. di Agenzia Nazionale Stampa Associata* CFR. acronimo

acrostòlio [vc. dotta, gr. *akrostólion*, comp. di *ákros* 'estremo' e *stólos* 'rostro' ✱ 1913] **s. m.** ● parte prominente della prua della nave antica e dei suoi ornamenti, dove era scolpito elmo, testa o altro emblema, e scritto il nome della nave stessa

acrotèrio [vc. dotta, lat. tardo *acrotēriu(m)*, dal gr. *akrōtḗrion* 'sommità', da *ákron* 'estremità' ✱ av. 1502] **s. m.** ● nei templi antichi, elemento ornamentale posto sull'apice e sulle estremità laterali del frontone

acrotònico [comp. del gr. *ákros* 'estremo' e *tonico* ✱ 1955] **agg.** (**pl. m.** *-ci*) ● detto di parola che ha l'accento sulla prima sillaba

àcta [lat., pl. di *āctum* 'atto' ✱ sec. XVII] **s. m. pl.** (**sing. lat.** *actum*) **1** nell'antica Roma, documenti ufficiali per la registrazione degli avvenimenti interessanti la vita pubblica CFR. ad acta **2** oggi, titolo di varie pubblicazioni scientifiche

acta, ad ➤ **ad acta**

actèa [vc. dotta, lat. *actǣa(m)*, dal gr. *aktéa* 'sambuco', di etim. incerta ✱ 1340 ca.] **s. f.** ● pianta erbacea delle Ranuncolacee con rizoma bruno e carnoso, foglie composte, piccoli fiori bianchi in racemi (*Actaea spicata*)

actìna [dal gr. *aktís*, genit. *aktînos* 'raggio' ✱ 1829] **s. f.** ● (*chim.*) proteina costituente dei filamenti sottili delle miofibrille che, insieme ad altre proteine muscolari, partecipa al processo della contrazione

acting out /aktin(g)'aut, *ingl.* 'æktɪŋ͵aut/ [loc. ingl., propr. 'azione fuori', dal v. *to act out* 'esternare, manifestare mediante l'azione' ✱ 1968] **loc. sost. m. inv.** ● (*psicoan.*) processo per cui il paziente attua pensieri o fantasie inconsce in comportamenti impulsivi CFR. agire | (*est.*) comportamento aggressivo e ostile

actìnia ➤ **attinia**

actinìdia [dal gr. *aktís*, genit. *aktînos* 'raggio' (forse d'orig. indeur.) ✱ 1950] **s. f. 1** (*bot.*) genere di piante poligame o dioiche, arboree, arbustive o raramente erbacee originarie dell'Asia orientale, provviste di fiori ascellari con stili a disposizione raggiata, foglie grandi alternate spesso cuoriformi, frutti carnosi talvolta commestibili (*Actinidia*) **2** (*est.*) correntemente, kiwi

actino- ➤ **attino-**

actinolìte ➤ **attinolite**

Actinomicèti o **Attinomicèti** [comp. di *actino-* e del gr. *mýkēs*, genit. *mýkētos* 'fungo' ✱ 1955] **s. m. pl.** (**sing.** *-e*) ● ordine di batteri che formano colonie filiformi sul terreno o sul corpo degli animali e dell'uomo producendo lesioni (*Actinomycetales*)

actinomicòṣi [comp. di *actinomic(eti)* e del suff. *-osi* ✱ 1923] **s. f. inv.** ● (*med.*) malattia infettiva cronica dell'uomo e dei Bovini causata da batteri del genere *Actinomyces* e caratterizzata da lesioni granulomatose

actinomòrfo o **attinomòrfo** [comp. di *actino-* e *-morfo* ✱ 1929] **agg.** ● detto di fiore a simmetria raggiata con perianzio regolare

action movie ➤ **movie**

action painting /*ingl.* 'ækʃən 'peɪntɪŋ/ [loc. ingl., comp. di *action* 'azione' e *painting* 'pittura' ✱ 1961] **loc. sost. f. inv.** ● corrente artistica degli anni tra il 1950 e il 1960 nata negli Stati Uniti dopo la seconda Guerra mondiale, che dava particolare risalto al gesto dell'artista che dà particolare estensione della sua personalità

acucettóre [dal lat. *ăcus* 'ago', sul modello di *recettore* ✱ 1983] **s. m.** ● (*anat.*) recettore nervoso periferico che risponde a stimoli dolorifici puntiformi

acufène [dal gr. *akoúein* 'ascoltare'. V. *acustico* ✱ 1961] **s. m.** ● (*med.*) sensazione di ronzio o fischio per irritazione del nervo acustico

✦**acuìre** [vc. dotta, lat. *acŭere*, dalla radice **ac-* che indica acutezza ✱ sec. XIV] **A** **v. tr.** (*io acuìsco, tu acuìsci*) ● aguzzare, rendere acuto e penetrante (*spec. fig.*): *a. l'ingegno, la mente, il desiderio, la vista* **B** **acuìrsi** **v. intr. pron.** ● diventare più acuto: *i contrasti nel governo si sono acuiti; una fievole serenità d'argento si levò su la Maiella, parve acuirsi come una spada sottile* (G. D'ANNUNZIO)
SFUMATURE ➤ *esacerbare*, ➤ *esasperare*

acuità o †**acuitàde**, †**acuitàte** [dal lat. *acŭere* 'rendere acuto' ✱ 1320] **s. f. inv. 1** (*raro*) acutezza | ***a. visiva***, minimo angolo visuale sotto cui due particolari di un oggetto possono apparire ancora distinti **2** (*fig., lett.*) sensibilità, perspicacia

Aculeàti [V. *aculeato* ✱ 1874] **s. m. pl.** (**sing.** *-o*) ● (*zool.*) sottordine di Imenotteri le cui femmine possiedono un pungiglione velenifero all'estremità dell'addome (*Aculeata*)

aculeàto [vc. dotta, lat. *aculeātu(m)*, da *acŭleus* 'aculeo' ✱ sec. XIV] **agg.** ● fornito di aculeo | appuntito

acùleo [vc. dotta, lat. *acŭleu(m)*. V. *acuire* ✱ 1268] **s. m. 1** (*zool.*) organo pungente di alcuni animali come il riccio e l'istrice fra i Mammiferi, il riccio di mare fra gli Echinodermi, l'ape e la vespa fra gli Insetti e lo scorpione fra gli Aracnidi CFR. acanto- **2** (*bot.*) sporgenza spinosa lignificata dei fusti di alcune piante, a punta dritta o ricurva, che si può staccare facilmente **3** (*fig., lett.*) motto pungente | (*fig., lett.*) tormento, assillo: *l'a. della gelosia; Una vita ridotta ad un a. di libidine* (A. MORAVIA) ‖ **aculèolo**, **dim.**

✦**acùme** [vc. dotta, lat. *acūmen*. V. *acuire* ✱ 1321] **s. m. 1** (*lett.*) acutezza: *cercai di smorzare l'a. dello sguardo* (L. PIRANDELLO) **2** (*fig.*) ingegno vivo, pronto e sottile: *la sua osservazione denota un grande a.* **3** (*lett.*) intensità di sensazione o sentimento

acumetrìa [comp. del tema del gr. *akoúein* 'udire' e di *-metria* ✱ 1912] **s. f.** ● (*med.*) misurazione dell'acutezza uditiva

acuminàre [vc. dotta, lat. tardo *acumināre*. V. *acume* ✱ 1499] **v. tr.** (*io acùmino*) ● appuntire, aguzzare: *a. le spade*

✦**acuminàto** **part. pass.** di *acuminare*; anche **agg. 1** aguzzo, ben appuntito: *un coltello a.*; *un rettile dai denti acuminati* | (*bot.*) ***foglia acuminata***, che termina con una sottile punta (per es. la foglia del betel o del coleus) **2** (*fig., raro*) acuto, penetrante: *intelligenza acuminata*

acùṣma [dal gr. *ákousma* 'audizione', deriv. di *akóuein* 'udire' (d'etim. incerta) ✱ 1940] **s. m.** (**pl.** *-i*) ● (*med.*) sensazione consistente nell'udire rumori, come fischi e ronzii, dovuta a disturbo dell'apparato uditivo periferico

acùstica [1785] **s. f. 1** parte della fisica che studia i processi di generazione, propagazione e ricezione del suono CFR. audio- **2** proprietà per cui un ambiente consente un'audizione chiara e non deformata dei suoni: *teatro dotato di un'ottima a.*

acùstico [vc. dotta, gr. *akoustikós*, da *akoúō* 'io sento' ✱ 1679] **agg.** (**pl. m.** *-ci*) **1** relativo all'acustica: *onde acustiche* **2** che riguarda il suono e il senso dell'udito: *impianto a.*; *cornetto a.* | (*anat.*) ***nervo a.***, l'ottavo paio di nervi cranici **3** (*mus.*) di strumento musicale che non sia elettrico o elettronico: *chitarra acustica* ‖ **acusticaménte**, **avv.** per quanto riguarda l'acustica

acustoelettricità [comp. di *acust(ic)o* ed *elettricità* ✱ 1986] **s. f. inv.** ● (*fis.*) ramo della fisica che studia i rapporti tra i fenomeni elettrici e quelli acustici

acutàngolo [comp. di *acut(o)* e *angolo* ✱ sec. XIV] **agg.** ● di triangolo che ha tre angoli acuti

acutànza [da *acuto* (?) ✱ 1980] **s. f.** ● misura dell'incisività dell'immagine di un negativo fotografico

acutézza [av. 1334] **s. f. 1** proprietà di ciò che è acuto | ***a. visiva***, acuità visiva | ***a. del suono***, caratteristica dei suoni di frequenza elevata **2** (*fig.*) acume, perspicacia: *a. di mente*

acutiẓẓàre [1890] **A** **v. tr.** ● rendere più acuto: *È successo un fatto ... che ha acutizzata la mia voglia di rivederti* (R. BACCHELLI) **B** **acutiẓẓàrsi** **v. intr. pron. 1** passare allo stato acuto, detto di malattia **2** (*fig.*) diventare acuto, grave, rischioso: *la crisi economica si è acutizzata* ‖ **acutiẓẓazióne**, **s. f.**

✦**acùto** o †**agùto** nel sign. A [lat. *acūtu(m)*. V. *acuire* ✱ 1266] **A** **agg. 1** che termina a punta: *spina acuta*; *unghie acute* SIN. acuminato, aguzzo, appuntito **2** in architettura, detto di arco costituito dall'intersezione di due archi di cerchio che formano un vertice: *arco a.*; *arco a sesto a.* SIN. ogivale **3** (*mat.*) detto di angolo minore di un angolo retto CFR. ottuso **4** (*ling.*) ***accento a.***, V. *accento* e nota d'uso

a

ACCENTO **5** (*fig.*) penetrante, pungente, detto delle sensazioni e dei sensi: *dolore a.*; *odore a.*; *vista acuta* | ***suono a.***, di grande altezza, cioè di alta frequenza; nella musica, nota alta | vivo, intenso: *desiderio a.*; *a. rimorso* **6** (*fig.*) perspicace, sottile: *mente, intelligenza, osservazione acuta*; *ingegno a.* **7** (*med.*) detto di malattia o quadro morboso a decorso rapido, violento, tumultuoso **CONTR.** cronico **8** detto di fenomeno politico, sociale e sim. che entra in una fase repentina di particolare tensione e grave rischio: *acuta tensione in Medio Oriente* ‖ **acutaménte**, **avv.** **1** in modo acuto: *un dolore che si manifesta acutamente*; *strillare acutamente* **2** (*fig.*) intensamente: *desiderare qlco. acutamente* **3** (*fig.*) con acutezza, con perspicacia: *come acutamente dimostra il Copernico* (G. GALILEI) **B** **s. m.** **1** (*mus.*) nota più alta di un canto: *prendere bene, male un a.*; *sbagliare l'a.* **2** (*fig.*) ogni prestazione, spec. sportiva, particolarmente brillante ‖ **acutino**, **dim.** | **acutóne**, **accr.**
SFUMATURE ➤ ***arguto***

acùzie [lat. mediev. *acutie(m)*, da *acūtus* 'acuto' ✻ 1765] **s. f. inv.** **1** (*lett.*) acutezza **2** (*med.*) stadio di massima gravità o intensità di un fenomeno morboso: *a. di una malattia, del dolore*

ad [lat. *ăd*] **prep.** ● forma eufonica, davanti a parola che inizia con vocale, spec. con *a*, della prep. *a*

ad- ➤ **a-**②

♦**ad abundàntiam** /*lat.* adabun'dantsjam/ [lat., propr. 'ad abbondanza'] **loc. avv.** ● oltre il necessario, con riferimento a prove, argomenti e sim. aggiunti per confermare con maggior evidenza una tesi che si ritiene già dimostrata

adacquaménto [sec. XIV] **s. m.** ● distribuzione di acqua irrigua nei terreni coltivati: *turno, volume di a.* | irrigazione, innaffiamento

adacquàre [lat. *adaquāre*, comp. di *ăd* e *ăqua* 'acqua' ✻ 1282] **v. tr.** (*io adàcquo, noi adacquiàmo*) **1** fornire d'acqua irrigua un terreno coltivato: *a. l'orto* | irrigare, annaffiare **2** †annacquare: *con essa acqua adacquerai il vino bianco* (LEONARDO) **3** †abbeverare

adacquatóre [1554] **A** **s. m.** ● canale secondario che porta l'acqua d'irrigazione alle adacquatrici **B** **anche agg.** (**f.** *-trice*)

adacquatrìce [1869] **s. f.** ● piccolo fosso dal quale l'acqua trabocca, spargendosi sul terreno da irrigare

adacquatùra [1755] **s. f.** ● adacquamento

ad àcta [lat., propr. 'per gli atti' ✻ 1981] **loc. agg. inv.** ● che è appositamente incaricato di compiere o portare a termine atti amministrativi, adempimenti burocratici e sim.: *commissario ad acta*

ad adiuvàndum [loc. lat., propr. 'per aiutare', dal v. *adiuvāre* 'portare aiuto' ✻ 1981] **loc. agg. inv.** ● (*dir.*) detto dell'intervento di una parte terza a sostegno di una delle tesi contrapposte in giudizio

adagétto o **adagiétto** nel sign. 2 [1983] **s. m.** **1** dim. di *adagio*① **2** (*mus.*) movimento un po' meno lento dell'adagio

adagiaménto [sec. XV] **s. m.** ● (*raro*) l'adagiare, l'adagiarsi (***anche fig.***)

adagiàre [comp. di *ad-* e †*agiare* ✻ av. 1276] **A** **v. tr.** (**pres.** *io adàgio*; **fut.** *io adagerò*) **1** deporre, posare con cautela: *a. un bambino nella culla, un malato sul letto* **2** †accomodare, conformare **3** †fornire di agi **B** **adagiàrsi** **v. rifl.** **1** mettersi comodo, sdraiarsi, distendersi: *adagiarsi sul letto, sul divano* **SIN.** coricarsi **2** (*fig.*) abbandonarsi, lasciarsi andare (+ *in*): *adagiarsi nella speranza, nella noia, nell'ozio*

adagìno [1698] **avv.** **1** dim. di *adagio*① **2** (*fig.*) con delicatezza, con cura, con prudenza: *diede loro ordine di scalare a. il muro che chiudeva il cortiletto* (A. MANZONI) | (*iter.*) con valore intens.: *A volte si avvicinava ai cani a. a.* (G. D'ANNUNZIO)

♦**adàgio**① [comp. di *ad-* e *agio* ✻ av. 1334] **A** **avv.** (**superl.** *adagissimo* (V.)) **1** piano, con lentezza, senza fretta: *andare, parlare, scrivere, leggere a.*; *masticare i cibi a.*; *vai troppo a.*; *fai pure a.* | ***a. a.***, piano piano, molto lentamente, a poco a poco: *far bollire a. a.* **2** con cautela, con prudenza, con ponderazione: *certe decisioni vanno prese a.*; *bisogna andare a. con certa gente!* | con cura, delicatamente: *posare, sollevare a.*; *fate a. con quel lampadario!* **B** **in funzione di inter.** ● si usa come invito al controllo e alla riflessione (**spec. ellitt.**): *a. con questi discorsi!*; (*fam.*) *a., Biagio!* **C** **s. m.** ● (*mus.*) movimento in tempo moderatamente lento ‖ **adagétto**, **dim.** (V.) | **adagìno**, **dim.** (V.)

♦**adàgio**② [vc. dotta, lat. *adăgiu(m)*, da *āio* 'io dico' ✻ av. 1676] **s. m.** ● sentenza antica, proverbio: *come dice l'a.*

SFUMATURE DI SIGNIFICATO

adagio - motto - proverbio

Una frase sentenziosa largamente diffusa, contenente un insegnamento di natura morale o di pratica di vita, di origine anonima o attribuita a un autore, si definisce **adagio**. **Motto** si usa invece per identificare le brevi sentenze coniate da una persona per rappresentare con immediatezza i principi ispiratori della propria azione, o dagli appartenenti a un'accademia, un circolo, un'associazione per definire lo spirito e le finalità dell'organizzazione stessa; in accezione estesa *motto* è qualsiasi espressione sentenziosa. Se di origine popolare, il motto coincide col **proverbio**, frase arguta che riassume in poche parole un insegnamento fondato sull'esperienza.
SFUMATURE ➤ ***aforisma***, ➤ ***proverbio***

adagìssimo [superl. di *adagio*① ✻ 1983] **s. m.** ● (*mus.*) indicazione agogica che prescrive un movimento più lento dell'adagio

adamànte [vc. dotta, lat. *adamănta* (acc.), nom. *ădamas*, dal gr. *adámas*, comp. di *a-*② e *damáō* 'io domo' ✻ av. 1276] **s. m.** **1** (*poet.*) diamante: *i fior … hanno / de l'a. rigido i riflessi* (G. CARDUCCI) **2** †ferro | (*est.*) †metallo durissimo

♦**adamantìno** o (*poet.*) **adamàntino** [vc. dotta, lat. *adamantĭnu(m)*, dal gr. *adamántinos*. V. *adamante* ✻ 1358] **agg.** **1** che ha le proprietà del diamante: *scudo, smalto a.* | splendente: *luce, limpidezza adamantina* **2** (*est.*) puro, saldo, limpido: *onestà, fermezza, coscienza adamantina*

adamantoblàsto [vc. dotta, comp. del gr. *adámas*, genit. *adámantos* 'diamante', con riferimento allo smalto, e di *-blasto* ✻ 1955] **s. m.** ● (*biol.*) ognuna delle cellule che derivano dall'epitelio dell'abbozzo del dente e che producono lo smalto

adamita [dal gr. pl. *Adamîtai*, lat. *Adamitae* ✻ av. 1342] **s. m. e f.** (**pl. m.** *-i*) ● appartenente a sette cristiane le quali proclamavano, fra l'altro, l'efficacia salvifica del ritorno alla condizione di Adamo e alla sua nudità

adamitico [1829] **agg.** (**pl. m.** *-ci*) **1** relativo ad Adamo | ***in costume a.***, (*scherz.*) nudo **2** degli Adamiti

Adàmo [lat. *Adāmu(m)* o *Adām*, dal gr. *Adám*, e questo dall'ebr. *Ādām* ✻ av. 1257] **s. m.** ● nelle religioni ebraica e cristiana, nome del primo uomo, creato da Dio e capostipite del genere umano | ***figlio d'A.***, ***seme d'A.***, l'uomo | (*anat.*) ***pomo d'A.***, V. *pomo*

adattàbile [av. 1673] **agg.** ● che si può adattare: *pezzo a. all'incastro* | (*fig.*) che si adatta facilmente, che ha capacità di adattamento: *persona a.* ‖ **adattabilità**, **s. f. inv.** (V.)
SFUMATURE ➤ ***versatile***

adattabilità [av. 1704] **s. f. inv.** ● caratteristica di chi (o di ciò che) è adattabile: *a. alla fatica*; *l'a. di una rosa a terreni diversi* | (*fig.*) flessibilità, duttilità: *aveva cominciato ad ammirare anche l'intelligenza di lui: quella rapida a.* (G. TOMASI DI LAMPEDUSA)

adattaménto [1395] **s. m.** **1** l'adattare, il venire adattato (+ *a*): *l'a. di un vecchio edificio a ricovero per i terremotati* | l'adattarsi, l'adeguarsi | (*psicol.*) processo attraverso il quale l'individuo giunge a una relazione equilibrata con l'ambiente in cui vive | ***spirito di a.***, capacità di adeguarsi a ogni situazione **2** (*biol.*) concordanza delle caratteristiche di un organismo con le condizioni dell'ambiente | complesso di trasformazioni che attraverso le generazioni hanno portato un organismo ad adattarsi alle condizioni ambientali | risposta dell'organismo agli stimoli dell'allenamento sportivo **3** (*ling.*) procedimento secondo il quale parole di origine straniera subiscono delle modificazioni in conformità al sistema della lingua che le riceve: *a. fonetico, a. morfologico*; *'bistecca' è l'a. italiano dell'inglese 'beefsteak'* **4** trasposizione di un testo o di un'opera da un genere o una forma espressiva a un'altra mediante una adeguata rielaborazione: *il racconto è stato reso bene nell'a. teatrale*

♦**adattàre** [lat. *adaptāre*, comp. di *ăd* e *ăptus* 'adatto' ✻ av. 1292] **A** **v. tr.** **1** rendere adatto a un determinato scopo, secondo un principio di utilità, convenienza, proporzione e sim. (+ *a*): *a. una soffitta ad abitazione* | adeguare, conformare: *a. il viso alla situazione* | rielaborare un testo o un'opera trasponendoli ad altro genere o forma espressiva: *a. un romanzo per la televisione* **2** disporre, applicare in modo opportuno (+ *a*): *a. il pezzo all'incastro*; *al nervo adatta del suo stral la cocca* (A. POLIZIANO) **B** **adattàrsi** **v. rifl.** **1** conformarsi, adeguarsi a una situazione, anche se non piacevole (+ *a*, **anche seguito da inf.**): *adattarsi ai tempi, alle circostanze*; *m'adatterò a fare ogni cosa!* (L. PIRANDELLO); *è una persona che si adatta* | rassegnarsi: *non sa adattarsi alla povertà* **2** conformare le proprie caratteristiche alle condizioni ambientali (+ *a*): *sono piante che si adattano anche ad altri climi* **C** **adattàrsi** **v. intr. pron.** ● convenire, essere opportuno (+ *a*, **anche seguito da inf.**): *il vestito gli si adatta alla perfezione*; *la cura si adatta al suo fisico*; *adattarsi a lavorare di notte* **SIN.** addirsi, confarsi

adattativo [1972] **agg.** **1** (*biol.*) che facilita l'adattamento fisiologico o genetico, che è capace di adattamento, che tende verso l'adattamento | ***comportamento a.***, che facilita l'adattamento di un organismo al suo ambiente **2** (*tecnol.*) capace di adattamento | ***sistema a.***, capace di modificarsi per soddisfare nuovi requisiti **SIN.** adattivo

adattatóre [da *adattare* ✻ 1923] **s. m.** **1** (*tecnol.*) dispositivo per adattare un congegno o un apparecchio a un uso diverso da quello per cui è stato realizzato **2** (*elettr.*) raccordo che si inserisce in una presa e consente di utilizzare spine di standard diversi

adattazionismo [deriv. di *adattare* con il suff. *-ismo*] **s. m.** ● corrente dell'evoluzionismo, che tende a spiegare ogni fenomeno con processi di selezione naturale

adattivo [da *adattare*, sul modello dell'ingl. *adaptive*, erroneo comp. del v. *to adapt* 'adattare' e del suff. *-ive* ✻ 1971] **agg.** ● (*biol.*) adattativo

♦**adàtto** [lat. mediev. *adaptu(m)*. V. *adattare* ✻ av. 1292] **agg.** ● che risponde a un dato scopo (+ *a*, + *per*, **anche seguiti da inf.**): *è la persona adatta a quel posto*; *spettacolo a. solo agli adulti*; *lo studio non è a. a lui*; *quel giocatore non è adatto a fare il difensore*; *non* *mi sembra l'uomo a. per quel ruolo, per ricoprire un incarico di responsabilità; è il momento a. per prendere una decisione* SIN. adeguato, appropriato, conveniente, opportuno

SFUMATURE DI SIGNIFICATO
adatto - efficace - adeguato - capace
Chi o ciò che risponde bene a uno scopo o assolve bene a una funzione si definisce **adatto**. **Efficace** ha lo stesso significato ma, se usato in riferimento a uno scritto o un discorso, indica persuasività, incisività, espressività. **Adeguato** aggiunge una sfumatura di convenienza, di opportunità rispetto a una situazione. **Capace** si riferisce esclusivamente a persona per descriverne la perizia in una data attività.
SFUMATURE ➤ ***adeguato***

adattògeno [comp. di *adatt(amento)* e *-geno* * 1994] **agg.** ● (*biol.*) detto di fattore che interviene nelle reazioni di adattamento a stimoli esterni da parte di un organismo o di una popolazione

addàrsi [comp. di *a-*② e *dare*① * av. 1294] **v. intr. pron.** (*io mi addò*; **coniug. come** *dare*) **1** (*lett., tosc.*) accorgersi, avvedersi: *a metà s'addiede dello sbaglio* (R. BACCHELLI) **2** (*raro, lett.*) dedicarsi, rivolgersi: *a. allo studio, al lavoro; si addiedero ... a lastricare de' più verbosi buoni propositi la patente via dell'inferno* (C.E. GADDA)

àddax /'addaks/ [vc. lat. *ăddax*, da una vc. indigena dell'Africa * 1874] **s. m. inv.** ● antilope africana di media grandezza con corna spiralate e leggermente divergenti (*Addax*)

addebbiaménto [1869] **s. m.** ● (*agric.*) debbio

addebbiàre [comp. di *a-*② e *debbio* * 1779 ca.] **v. tr.** (*io addébbio*) ● debbiare

addebbiatùra [1961] **s. f.** ● debbiatura

addebitàbile [1981] **agg.** ● che può essere addebitato ‖ **addebitabilità**, **s. f. inv.**

addebitaménto [1852] **s. m.** ● l'addebitare | addebito CONTR. accreditamento

addebitànte **A** **part. pres.** di *addebitare*; **anche agg.** ● nei sign. del v. **B** **s. m. e f.** ● chi addebita

addebitàre [av. 1494] **v. tr.** (*io addébito*) **1** notare tra i debiti | fare una registrazione in dare di un conto CONTR. accreditare **2** (*fig.*) attribuire, imputare: *mi addebitano gli errori degli altri*

addébito [comp. di *a-*② e *debito* * 1863] **s. m.** **1** attribuzione a debito CONTR. accredito **2** (*fig.*) attribuzione di colpa: *muovere un a. a qlcu. di qlco.*

†**addecimàre** [comp. di *a-*② e *decima* * sec. XIV] **v. tr.** ● registrare sui libri del Comune i beni dei cittadini per imporvi la decima | sottoporre a decima

†**addecimazióne** [1777] **s. f.** ● l'addecimare

addènda [vc. dotta, lat. 'cose da aggiungere', gerundivo nt. pl. di *ăddere* 'aggiungere' * 1935] **s. m. pl.** (**sing. lat.** *addendum* (**V.**)) ● aggiunte, integrazioni da recare a un testo, per ovviare alle eventuali omissioni, spesso elencate in appendice al testo stesso

addèndo [vc. dotta, lat. *addĕndu(m)*. V. *addenda* * 1931] **s. m.** ● (*mat.*) termine di un'addizione | numero o quantità da sommare

addèndum /ad'dendum, *ingl.* ə'dendəm *nel sign. 2*/ [vc. lat. (V. *addendo*); nel sign. 2, attraverso l'ingl. *addendum* * 1955] **s. m. inv.** (**pl. lat.** *addenda* (**V.**)) **1** aggiunta: *a. a un contratto* **2** (*mecc.*) altezza della testa del dente di una ruota dentata CFR. dedendum

addensaménto [1611] **s. m.** ● l'addensare, l'addensarsi: *l'a. degli spettatori nello stadio* SIN. concentrazione | massa densa: *le nuvole sono addensamenti di vapore*

addensànte **A** **part. pres.** di *addensare*; **anche agg.** ● che addensa **B** **agg.**; **anche s. m.** ● detto di sostanza (per es. l'amido) o preparato chimico usato per rendere più densi alcuni liquidi o masse di scarsa coesione: *appretto a.*

addensàre [vc. dotta, lat. *addensāre*, comp. di *ăd* e *dēnsus* 'denso' * sec. XIII] **A** **v. tr.** (*io addènso*) ● rendere denso, fitto: *a. la polenta a fuoco lento* | accumulare, raccogliere in gran quantità: *questo triste vaneggiare che pur troppo addensa l'angoscia* (G. D'ANNUNZIO) **B** **addensàrsi** **v. intr. pron. e rifl.** ● infittirsi, ammassarsi: *le nuvole s'addensano prima del temporale; la folla s'addensa alle porte dello stadio*

addensatóre [da *addensare* * 1955] **s. m.** **1** (*miniere*) dispositivo con il quale si elimina l'eccesso di acqua da una torbida per recuperare e sottoporre a successivi trattamenti le particelle solide che contiene **2** nell'industria cartaria, tamburo rotante che determina l'aumento di densità della pasta da carta

addentàre [comp. di *a-*② e *dente* * sec. XIII] **v. tr.** (*io addènto*) **1** afferrare con i denti: *a. una mela* | (*est.*) afferrare, detto di utensili a ganasce: *le tanaglie addentano il chiodo* **2** (*lett., fig.*) offendere | colpire: *un'onda improvvisa di amarezza ... che gli addentava il cuore* (G. VERGA)

addentatùra [av. 1755] **s. f.** **1** l'addentare | il segno che i denti lasciano sulla parte addentata **2** parte lavorata di un legno che si incastra nell'intaccatura di un altro

addentellàre [comp. di *a-*② e *dentello* * 1664] **v. tr.** (*io addentèllo*) **1** (*raro*) dentellare **2** (*archit.*) fare l'addentellato | lasciare l'addentellato nella testata di un muro

addentellàto **A** **part. pass.** di *addentellare*; **anche agg.** ● munito di dentelli **B** **s. m.** **1** (*archit.*) insieme delle pietre o mattoni che si lasciano sporgenti nelle testate dei muri per poterli collegare con successive costruzioni **2** (*fig.*) connessione, legame: *il tuo discorso non ha alcun a. col mio* | (*fig.*) appiglio, aggancio: *sempre una mutazione lascia lo a. per la edificazione dell'altra* (N. MACHIAVELLI)

addentràre [da *addentro* * sec. XIV] **A** **v. tr.** (*io addéntro*) ● (*raro*) introdurre (*spec. fig.*): *a. qlcu. nei segreti dell'astrologia* **B** **addentràrsi** **v. intr. pron.** ● introdursi, inoltrarsi (*anche fig.*) (+ *in*): *gli esploratori si addentrano nella foresta; addentrarsi in uno studio; addentrarsi in particolari*

addéntro o †**addrénto** [comp. di *a-*② e *dentro* * 1282] **A** **avv.** ● nell'interno, a fondo: *ci inoltrammo ancor più a.* | (*fig.*) nell'intimo **B** **nelle loc. prep.** ***a. a, a. in***, nell'interno di, dentro a (*anche fig.*): *a. nell'anima, nel cuore; da che tu vuo' saver cotanto a dentro, / dirotti brievemente* (DANTE *Inf.* II, 85-86); *essere a. a un ambiente* | ***essere a. alle segrete cose***, (*scherz.*) essere informatissimo | ***essere molto a. nella politica***, esserne esperto, occuparsene attivamente

addestràbile [da *addestrare*② * 1865] **agg.** ● che si può addestrare ‖ **addestrabilità**, **s. f. inv.**

addestraménto [da *addestrare*② * 1590] **s. m.** **1** l'addestrare, l'addestrarsi: *volo di a.; le reclute vengono avviate ai centri d'a.* | ***a. professionale***, periodo di istruzione che tende a formare o elevare la capacità professionale dei lavoratori | insegnamento o apprendimento delle tecniche di base di una disciplina, spec. sportiva **2** (*sport*) nell'equitazione, complesso di prove cui vengono sottoposti i cavalli per dimostrare il loro grado di ubbidienza agli ordini dei cavalieri | una delle prove dei concorsi SIN. dressage

†**addestràre**① [comp. di *a-*② e *destra* * 1258] **v. tr.** ● accompagnare a piedi il cavallo di altri tenendolo alla destra in segno d'omaggio

♦**addestràre**② [comp. di *a-*② e *destro* * sec. XIII] **A** **v. tr.** (*io addèstro*) ● rendere abile: *a. il cane alla caccia; a. un apprendista* | (*sport*) insegnare le tecniche di base di una disciplina sportiva **B** **addestràrsi** **v. rifl.** ● esercitarsi allo scopo di diventare abile (+ *in*, + *a*): *addestrarsi nell'uso delle armi; addestrarsi alla lotta*
SFUMATURE ➤ ***esercitare***

addestratóre [1362 ca.] **s. m.** (**f.** *-trice*) ● chi addestra

♦**addétto** [vc. dotta, lat. *addĭctu(m)*, part. pass. di *addicĕre* * 1767] **A** **agg.** **1** incaricato, assegnato a un particolare compito o ufficio (+ *a*): *operaio a. alla caldaia; personale a. al guardaroba; funzionario a. alla segreteria* **2** destinato, adibito (+ *a*): *vagone a. al trasporto delle merci* **B** **s. m.** (**f.** *-a*; **V. nota d'uso FEMMINILE**) **1** chi è assegnato a un particolare compito o ufficio (+ *a*): *a. culturale; l'a. alla manutenzione della caldaia; vietato l'ingresso ai non addetti ai lavori* | ***a. ai lavori***, (*fig., anche iron.*) esperto di un determinato settore | ***a. stampa***, in un'azienda, un'organizzazione e sim., chi cura i rapporti con la stampa **2** funzionario facente parte di una legazione diplomatica all'estero in qualità di consigliere tecnico in materia di propria competenza: *a. commerciale, militare, culturale*

addì o †**a dì** [comp. di *ad* e *dì* * 1260] **avv.** ● nel giorno, il giorno (come formula per indicare la data nel linguaggio burocratico e aulico, nello stile epistolare, in cronache storiche e sim.): *a. 7 ottobre 1865*

addiacciàre① ➤ **agghiacciare**

addiacciàre② [da *addiaccio* * 1624] **v. tr.** (**pres.** *io addiàccio*; **fut.** *io addiaccerò*) ● (*lett.*) fare pernottare il gregge all'aperto in un recinto

♦**addiàccio** o (*centr., merid.*) †**agghiàccio**① [dal lat. *adiacēre* 'giacere accanto', comp. di *ăd* 'presso' e *iacēre* 'giacere' * av. 1543] **s. m.** **1** recinto all'aperto dove sosta il bestiame durante la notte SIN. stabbio, stazzo **2** pernottamento all'aperto di truppe, escursionisti e sim. | ***dormire all'a.***, all'aperto SIN. bivacco

addiètro o †**a diètro** [comp. di *ad* e *dietro* * 1261 ca.] **avv.** **1** (*disus.*) indietro (*anche fig.*): *tre passi a.* | ***restare a.***, lasciarsi superare | ***lasciare a. qlco.***, trascurarla o rimandarla | ***dare a.***, fare rinculare, arretrare, detto spec. di animali da soma CONTR. innanzi **2** antecedentemente, nel passato, prima: *anni a.; alcuni giorni a.; è venuto tempo a.* | (*lett.*) ***per l'a.***, in passato

†**addiettivo** ➤ **aggettivo**

addimandàre o †**addomandàre** [comp. di *a-*② e *dimandare, domandare* * av. 1250] **A** **v. tr.** ● †domandare, chiedere, interrogare **B** **addimandàrsi** **v. intr. pron.** ● (*lett.*) aver nome, chiamarsi: *che cosa è questa / che morte s'addimanda?* (G. LEOPARDI)

†**addimesticàre** e deriv. ➤ **addomesticare** e deriv.

†**addimoràre** [comp. di *a-*② e *dimorare* * av. 1250] **v. intr.** ● (*lett.*) dimorare, stare | indugiare (*anche fig.*)

addimostràre [comp. di *a-*② e *dimostrare* * 1250 ca.] **v. tr.** (*io addimóstro*) ● (*lett.*) dimostrare

♦**addìo** o †**a Dio** /ad'dio/ [comp. da *ad* e *Dio* * sec. XIII] **A** **inter.** **1** si usa come saluto nel prendere commiato o nel separarsi da una persona o cosa cara, spec. quando il distacco è definitivo: *a. Carlo; a., monti sorgenti dall'acque ... a., chiesa, dove l'animo tornò tante volte sereno* (A. MANZONI) | ***dire a. a qlcu.***, salutarlo nel lasciarlo; *lo dì c'han detto ai dolci amici a.* (DANTE *Purg.* VIII, 3) | ***dire a. a qlco.***, rinunciarvi: *sposandosi dovet-*

a

te dire a. alle serate con gli amici; veder sfumare: *puoi dire a. alla tua crociera!* | ***senza neanche dire a.***, (*fig.*) bruscamente **2** esprime anche disappunto, contrarietà per la perdita di qlco.: *a. pace!*; *a. divertimento!*; *a. sonno!* | per troncare una discussione, una questione e sim.: *digli di no, e a.!* **B** **s. m. (pl. *addii*)** ● saluto, separazione, distacco: *l'a. fu molto malinconico*; *scambiarsi gli addii* | ***dare l'a. a un luogo***, allontanarsene per sempre | ***dare l'ultimo a.***, a chi muore o, morto, si seppellisce | ***lettera d'a.***, di congedo | ***dare l'a. alle scene***, detto di attori, cantanti, danzatori, ecc., ritirarsi definitivamente, abbandonare l'attività | ***serata d'a.***, l'ultimo spettacolo di una serie

addipanàre [comp. di *a-*② e *dipanare* * 1865] **v. tr.** ● (*lett.*) dipanare

addìre [lat. *addīcere*, comp. di *ăd* e *dīcere* 'dire' * av. 1831] **A** **v. tr. (imperat. *addì'*, *addìci*; nelle altre forme coniug. come *dire*)** ● (*lett.*) dedicare | (*lett.*) destinare, assegnare **B** **addìrsi**② **v. rifl.** ● (*lett.*) votarsi, consacrarsi: *A le libere muse / puro si addise* (G. Carducci)

♦**addirittùra** o †**a dirittùra** [comp. di *a-*② e *dirittura* * av. 1431] **avv. 1** perfino, senz'altro: *è a. mostruoso quello che dici*; *voi calpestate a. ogni principio*; *sembra che il tempo si sia a. fermato* | (*enfat.*) nientedimeno: *ti sei messo a. due maglioni!* **2** direttamente: *è meglio che ci troviamo a. alla stazione* | (*lett.*) senza indugio: *lui doveva tornare alla parrocchia a., per affari urgenti* (A. Manzoni)

addirizzaménto o **addrizzaménto** [av. 1348] **s. m.** ● (*raro*) raddrizzamento

addirizzàre o **addrizzàre** [comp. di *a-*② e *dirizzare* * 1261 ca.] **A** **v. tr. 1** raddrizzare: *a. una lama, un'asse* | (*fig.*, *lett.*) correggere cattive tendenze, riparare ingiustizie **2** (*lett.*) indirizzare, dirigere, rivolgere **B** **addirizzàrsi** **v. intr. pron.** ● (*lett.*) incamminarsi | (*lett.*) rivolgersi

♦**addìrsi**① [lat. *addecēre*, comp. di *ăd* e *decēre* 'convenirsi' (V. *decente*), accostato a *dire* (?) * av. 1294] **v. intr. pron. (coniug. come *dire*)** ● confarsi, essere conveniente (+ *a*): *questo incarico non mi si addice* **SIN.** convenire **CFR.** addire

♦**addìrsi**② ➤ **addire**

addisoniàno (ad-di-son-ia-no, ad-di-so-nia--no) (o **-ş-**) [dal n. del medico ingl. Th. *Addison* (1793-1860) * 1955] **A** **agg.** ● relativo al morbo di Addison **B** **agg. e s. m. (f. *-a*)** ● che (o chi) è affetto dal morbo di Addison

additaménto① [da *additare*① * av. 1639] **s. m.** ● l'additare (*anche fig.*)

†**additaménto**② [vc. dotta, lat. *additamĕntu(m)*, da *ăddere* 'aggiungere' * 1499] **s. m.** ● aumento: *in tempi eguali si facciano eguali additamenti di velocità* (G. Galilei)

additàre [comp. di *a-*② e *dito* * av. 1300] **v. tr.** ● mostrare col dito accennando: *a. l'oggetto voluto* | (*fig.*) mostrare, indicare: *a. qlcu. alla pubblica riprovazione*; *a. qlcu. a modello*; *la pace dell'animo ... io addito ai miei fratelli* (I. Nievo) | (*est.*, *raro*) esporre: *a. i motivi di una scelta*

additivàre [1968] **v. tr.** ● aggiungere additivi a una sostanza

additìvo [vc. dotta, lat. tardo *additīvu(m)*, da *ăditus*, part. pass. di *ăddere* 'aggiungere', comp. di *ăd* e *dăre* * 1927] **A** **agg.** ● relativo a un'addizione **B** **s. m.** ● (*chim.*) composto o miscuglio di composti che si aggiunge a una sostanza per esaltare o attenuare alcune sue proprietà: *a. per lubrificanti, per carburanti* | ***additivi alimentari***, conservanti, aromatizzanti, antiossidanti, coloranti ecc.

♦**addivenìre** [comp. di *a-*② e *divenire*① * av. 1250] **v. intr. (coniug. come *venire*; aus. *essere*) 1** giungere, pervenire (+ *a*): *a. a un accordo, a una conclusione, a una soluzione* **2** †avvenire, accadere: *addivenne che Cremete ... di questa vita passò* (G. Boccaccio)

addizionàle [da *addizione* * 1723] **A** **agg.** ● che si aggiunge a qlco.: *imposta a.*; *apparecchio a.* **B** **s. f.** ● imposta applicata in misura percentuale ad altra per finanziare esigenze di carattere straordinario o di enti locali

addizionàre [1848] **v. tr.** (*io addizióno*) **1** (*mat.*) eseguire un'addizione **SIN.** sommare **2** (*est.*) aggiungere | unire: *a. additivi alla benzina* **3** (*chim.*) assumere, da parte di una molecola, atomi, ioni, o altre molecole mediante legami chimici | (*chim.*) aggiungere a una sostanza un composto o un miscuglio di composti per esaltarne o attenuarne alcune proprietà

addizionatrìce [1913] **s. f.** ● macchina calcolatrice per eseguire addizioni e sottrazioni

addizióne [vc. dotta, lat. *additiōne(m)*, da *ăddere* 'aggiungere' * 1298] **s. f. 1** (*mat.*) una delle operazioni fondamentali dell'aritmetica, definita, per i numeri naturali, dalla regola ricorrente: $a + 1$ è a', successivo di a, $a + b'$ è $(a + b)'$ | correntemente, operazione del sommare **2** (*lett.*) aggiunta: *fecionо addizioni e correzioni alla legge* (G. Villani) | ***a. erculea***, V. *erculeo* **3** (*chim.*) reazione in cui si ha l'unione di due o più molecole in una sola: *composto di a.*

addobbaménto [sec. XIV] **s. m.** ● l'addobbare | ornamento, addobbo

addobbàre [fr. *adouber*, dal francone **dubban* 'dare un colpo', in quanto il cavaliere, quando veniva armato, era battuto con un colpo sulla guancia e sul collo * sec. XII] **A** **v. tr.** (*io addòbbo*) **1** ornare, parare a festa: *a. la chiesa per la funzione* **2** (*fig.*, *scherz.*) vestire con abiti di circostanza: *a. un bambino per la festa* **3** guarnire una vivanda **4** †armare cavaliere **B** **addobbàrsi** **v. rifl.** ● (*scherz.*) vestirsi in modo vistoso | †vestirsi | †prepararsi

addobbatóre [1302] **s. m. (f. *-trice*)** ● chi fa lavori di addobbo

♦**addòbbo** [1302] **s. m. 1** l'addobbare: *provvedere all'a. di una sala* **2** tela, drappo, arazzo e sim., usato per addobbare

SFUMATURE ➤ ***decorazione***

addocciàre [comp. di *a-*② e *doccia* * 1865] **v. tr. (pres. *io addóccio*; fut. *io addoccerò*)** ● praticare nel legno un incavo a doccia con la sgorbia

addocilìre [comp. di *a-*② e *docile* * 1865] **v. tr.** (*io addocilisco, tu addocilisci*) ● (*raro*) render morbido, cedevole al tatto: *a. la pelle, il panno*

addogàre [comp. di *a-*② e *doga* nel sign. 2 * 1278] **v. tr.** (*io addógo* o *addògo, tu addóghi* o *addòghi*) ● (*lett.*) listare, dividere in strisce verticali come le doghe, riferito spec. ad antiche vesti o armi gentilizie

addogàto **part. pass.** di *addogare*; anche **agg. 1** nel sign. del v. **2** (*arald.*) listato a doghe

addogliàre [comp. di *a-*② e *doglia* * av. 1374] **A** **v. tr.** (*io addòglio*) ● (*lett.*) addolorare, travagliare **B** **addogliàrsi** **v. intr. pron.** ● †dolersi

addogliàto **part. pass.** di *addogliare*; anche **agg.** ● (*lett.*) addolorato, afflitto: *se ne stava avvilito e a.* (L. Pirandello)

†**addolcàre** [lat. tardo *addulcāre*, comp. di *ăd* e *dŭlcis* 'dolce' * av. 1342] **v. tr.** e †**addolcàrsi** **v. intr. pron.** ● addolcire, addolcirsi

†**addolciàre** [av. 1294] **v. tr.** e †**addolciàrsi** **v. intr. pron.** ● addolcire, addolcirsi

addolciménto [1552] **s. m.** ● l'addolcire, l'addolcirsi | (*fig.*) mitigazione, lenimento

addolcìre [comp. di *a-*② e *dolce* * av. 1292] **A** **v. tr.** (*io addolcisco, tu addolcisci*) **1** rendere dolce: *a. il caffè, l'acqua*; *addolcirsi la bocca* **2** (*fig.*) rendere meno aspro e duro, mitigare: *a. una parola dura con un sorriso*; *a. una brutta notizia* | calmare, consolare: *a. il furore, una sofferenza*; *la poesia addolciva la sua solitudine* **SIN.** attenuare, lenire, mitigare **3** (*lett.*) ingentilire, incivilire: *a. i costumi* **4** (*est.*) ammorbidire, detto spec. di colori **5** (*metall.*) sottoporre un acciaio o una ghisa a ricottura a temperature comprese tra i 600 e i 900 °C per eliminarne le tensioni interne e renderlo più facilmente lavorabile **6** (*chim.*) ***a. l'acqua***, privarla almeno parzialmente dei sali che la rendono dura **B** **addolcìrsi** **v. intr. pron.** ● diventare più dolce (*spec. fig.*): *con gli anni le si è addolcito il carattere*

SFUMATURE ➤ ***lenire***

addolcitìvo [av. 1698] **agg.** ● che serve ad addolcire

addolcitóre [1800] **A** **s. m. (f. *-trice*)**; anche **agg.** ● chi (o che) addolcisce, rende dolce **B** **s. m.** ● (*chim.*) apparecchio usato per eliminare la durezza delle acque

addoloràre [comp. di *a-*② e *dolore* * av. 1292] **A** **v. tr.** (*io addolóro*) ● arrecare un dolore morale: *il suo comportamento mi addolora* **SIN.** affliggere, rattristare **CONTR.** allietare **B** **addoloràrsi** **v. intr. pron.** ● affliggersi, provar dolore: *non addolorarti per così poco!* **SIN.** contristarsi

Addoloràta [1821] **s. f. 1** (*per anton.*) la Madonna come Madre partecipe dei dolori della Passione di Gesù **SIN.** Madonna dei sette dolori | immagine di tale Madonna, spesso trafitta da sette spade **2** festa della Madonna dei sette dolori, ricorrente il Venerdì Santo e il 15 settembre **3** titolo di confraternita e di chiesa dedicata al culto della Madonna dei sette dolori

addoloràto **part. pass.** di *addolorare*; anche **agg.** ● afflitto, triste

†**addomandàre** ➤ **addimandare**

addòme o (*raro*) **addòmine** [vc. dotta, lat. *abdōmen*, di etim. incerta * 1567] **s. m. 1** (*anat.*) parte inferiore del tronco umano compresa tra il torace e il bacino **CFR.** laparo- **2** (*zool.*) in molti animali non mammiferi, con cavità addominale e toracica non differenziata, la parte caudale del corpo: *lo scorpione ha l'a. che si prolunga in una coda sormontata da un pungiglione*

addomesticàbile [1832] **agg.** ● che si può addomesticare (*anche fig.*): *animale a.* ‖ **addomesticabilità**, **s. f. inv.**

addomesticaménto [av. 1604] **s. m.** ● l'addomesticare, il venire addomesticato (*anche fig.*)

addomesticàre o †**addimesticàre** [comp. di *a-*② e *domestico* * sec. XIII] **A** **v. tr.** (*io addomèstico, tu addomèstichi*) **1** rendere domestico, togliendo da uno stato di selvatichezza: *a. animali, piante, terreni* | detto di animali, ammaestrare nel sign. 2 **SIN.** ammansire, domare **2** (*est.*) rendere mansueto, mite: *a. un ragazzo ribelle* **3** (*fig.*) condizionare in anticipo per un determinato fine, manipolare: *a. un concorso, una votazione* **B** **addomesticàrsi** **v. intr. pron.** ● diventare mansueto, docile (*anche fig.*) **C** **addomesticàrsi** **v. rifl.** ● (*raro*) prendere dimestichezza, confidenza: *Le donne si erano addomesticate col berretto gallonato, e non ne avevano più paura* (G. Verga) **SIN.** familiarizzarsi

addomesticàto **part. pass.** di *addomesticare*; anche **agg. 1** nei sign. del v. **2** (*fig.*) manipolato, predisposto ad arte per uno scopo determinato: *elezioni, notizie addomesticate*

addomesticatóre o †**addimesticatóre** [1728] **s. m. (f. *-trice*)** ● chi addomestica

addomesticatùra o †**addimesticatùra** [1600 ca.] **s. f.** ● (*raro*) addomesticamento

addominàle [1816] **A agg.** ● dell'addome, relativo all'addome: *dolore a.*; *regione a.*; *muscoli addominali* **B s. m.** ● (**spec. al pl.**) muscolo addominale | ***addominali a tartaruga***, V. *tartaruga* | ***gli addominali***, gli esercizi di ginnastica per rinforzare i muscoli dell'addome: *fare gli addominali*

addòmine ➤ **addome**

addominoplàstica [comp. di *addomin(e)* e *plastica* ✱ 1978] **s. f.** ● (*med.*) intervento di chirurgia plastica finalizzato alla rimozione di un eccesso di pelle o di grasso dalla zona addominale

†**addopàrsi** o †**addoppàrsi** [comp. di *a-*② e *dopo* ✱ av. 1574] **v. intr. pron.** ● mettersi dietro

addoppiàre [comp. di *a-*② e *doppio* ✱ sec. XIII] **v. tr.** (*io addóppio*) **1** rendere doppio | riunire due o più fili semplici, disposti parallelamente **2** (*lett.*) raddoppiare, aumentare: *l'ira, che addoppia l'ardimento al prode* (A. MANZONI)

addoppiatóio [1865] **s. m.** (**pl.** *-ói*) ● (*tess.*) strumento che serve ad addoppiare i fili spec. nella lavorazione della seta

addoppiatùra [1600 ca.] **s. f.** ● (*tess.*) operazione di addoppiare i fili spec. nella lavorazione della seta | fili messi a doppio

addormentaménto [1360] **s. m.** ● l'addormentare, l'addormentarsi

♦**addormentàre** [lat. parl. **addormentāre*, dal lat. tardo *addormīre* ✱ 1288] **A v. tr.** (*io addorménto*) ● far dormire, indurre al sonno: *a. un bambino con la ninna nanna* | (*fig.*) annoiare: *un film che addormenta* | (*est.*) anestetizzare **B addormentàrsi v. intr. pron. 1** prendere sonno, mettersi a dormire: *addormentarsi tardi* | (*fig.*) ***addormentarsi in piedi***, aver molto sonno | (*fig.*) ***addormentarsi nel Signore***, morire cristianamente | (*fig.*) ***addormentarsi sul lavoro***, farlo lentamente **2** (*colloq.*) interpidirsi, detto di una parte del corpo: *mi si è addormentata una gamba*

♦**addormentàto** **part. pass.** di *addormentare*; **anche agg. 1** assopito (**anche** *fig.*): *nella valle addormentata al sole* (G. VERGA) **2** (*colloq.*) intorpidito **3** (*fig.*) fiacco, tardo d'ingegno: *è un tipo a.* **CONTR.** sveglio, vivace

addormentatóre [av. 1313] **agg. e s. m.** (**f.** *-trice*) ● (*lett.*) che (o chi) addormenta

addormìre [lat. tardo *addormīre*, comp. di *ăd* e *dormīre* 'dormire' ✱ 1258] **v. tr.** (*io addòrmo*) e **addormìrsi v. intr. pron.** ● (*lett., centr., merid.*) addormentare, addormentarsi

addossaménto [1729] **s. m.** ● l'addossare, l'addossarsi (*spec. fig.*)

addossàre [da *addosso* ✱ 1282] **A v. tr.** (*io addòsso*) **1** appoggiare con la parte posteriore: *a. un divano alla parete* **2** (*fig.*) attribuire, imputare, accollare: *a. una colpa, una spesa, un debito* **B addossàrsi v. tr. pron.** (**aus.** *essere*) ● (*fig.*) attribuirsi, assumersi: *addossarsi una responsabilità* | accollarsi: *addossarsi un debito* **C addossàrsi v. rifl.** ● appoggiarsi, accostarsi: *addossarsi alla parete* | ammassarsi, accalcarsi: *le mucche si addossarono sotto l'albero per ripararsi dalla pioggia*

addossàto **part. pass.** di *addossare*; **anche agg. 1** nei sign. del v. **2** (*arald.*) detto di due figure che si volgono il dorso

♦**addòsso** o †**a dòsso** [comp. di *a-*② e *dosso* ✱ 1250 ca.] **A avv. 1** sulle spalle, sul dorso, sulla persona: *porta a. tutti i gioielli che ha* | ***portare, mettersi a. qlco. di pesante***, indossare un indumento pesante | ***levati quella roba d'a.***, toglitela | ***levarsi qlcu. d'a.***, (*fig.*) liberarsene | ***farsela a.***, fare i propri bisogni nei vestiti; (*fig.*) avere molta paura, essere in preda al panico | (*fig.*) ***tirarsi a. le disgrazie***, procurarsele | (*fig.*) ***avere la maledizione a.***, essere molto sfortunato, non riuscire a combinare nulla | (*fig.*) ***avere molti anni a.***, essere vecchio | (*fig.*) ***avere una famiglia numerosa a.***, a carico | (*fig.*) ***parlarsi a.***, parlare troppo e in modo compiaciuto **2** nell'animo, in corpo: *questo tempo mette a. malinconia*; *mi sento i brividi a.*; *avere una forte febbre a.* | ***avere il diavolo a.***, (*fig.*) essere irrequieto, agitato, di cattivo umore **B** nella **loc. prep.** ***addosso a*** **1** sopra, su: *cadere a. a qlcu.* | ***mettere le mani a. a qlcu.***, prenderlo, afferrarlo, catturarlo, percuoterlo, picchiarlo | ***stare a. a qlcu.***, (*fig.*) opprimerlo, esortarlo continuamente, sollecitarlo | ***piantare gli occhi a. a qlcu.***, fissarlo con insistenza | ***mettere gli occhi a. a qlcu., a qlco.***, farne oggetto di desiderio | ***gettare la colpa a. a qlcu.***, incolparlo **2** molto vicino: *le nuove costruzioni vengono su una a. all'altra* **3** contro: *saltare a. a qlcu.*, assalirlo, aggredirlo; (*fig.*) avvicinarsi a qlcu. tentando un approccio sessuale | ***dare a. a qlcu.***, (*fig.*) dargli torto, essergli contro **C in funzione di inter.** ● si usa come incitamento a gettarsi contro qlcu., ad assalirlo, aggredirlo: *a. all'imbroglione!*; *dagli!, a.!*

addótto o †**addùtto** **part. pass.** di *addurre*; **anche agg. 1** portato a sostegno **2** (*med.*) che ha subito adduzione

addottoraménto [1596] **s. m.** ● (*raro*) l'addottorare, l'addottorarsi

addottoràre [comp. di *a-*② e *dottore* ✱ 1524] **A v. tr.** (*io addottóro*) ● (*raro*) conferire il titolo di dottore: *a. in legge* **B addottoràrsi v. intr. pron.** ● (*raro*) diventare dottore, laurearsi

addottrinaménto [1320] **s. m.** ● (*raro*) l'addottrinare, l'addottrinarsi

addottrinàre [comp. di *a-*② e *dottrina* ✱ 1250 ca.] **A v. tr.** ● istruire in una determinata arte o dottrina **B addottrinàrsi v. rifl.** ● (*raro*) istruirsi | (*scherz.*) scaltrirsi: *addottrinarsi bene nei trucchi del mestiere*

addottrinàto **part. pass.** di *addottrinare*; **anche agg.** ● istruito, erudito ‖ **addottrinataménte**, **avv.** da persona addottrinata

†**addrénto** ➤ **addentro**

addrizzàre e deriv. ➤ **addirizzare** e deriv.

†**addụàrsi** [comp. di *a-*② e *due* ✱ 1321] **v. intr. pron.** ● raddoppiarsi: *fu viso a me cantare essa sustanza, / sopra la qual doppio lume s'addua* (DANTE *Par.* VII, 5-6)

addùcere ➤ **addurre**

adducìbile [da *addurre* ✱ av. 1704] **agg.** ● che si può addurre ‖ **adducibilità**, **s. f. inv.**

addùco ➤ **addurre**

addugliàre [comp. di *a-*② e *duglia* ✱ 1889] **v. tr.** (*io addùglio*) ● (*mar.*) raccogliere una cima in spire regolari

♦**addùrre** o (*lett.*) **addùcere** [lat. *addūcere*, comp. di *ăd* e *dūcere* 'condurre' ✱ 1261 ca.] **A v. tr.** (**coniug. come** *condurre*; **part. pass.** *addótto*) **1** (*lett.*) cagionare, arrecare: *l'Arno … addusse tanta abbondanza d'acqua* (G. VILLANI) | (*lett.*) condurre: *indi noi tutti accolti, … seco n'addusse* (A. CARO) **2** presentare a sostegno: *a. esempi, scuse, pretesti, ragioni, fatti*; *addusse validi argomenti a sostegno della sua tesi* **3** (*dir.*) presentare all'autorità giudiziaria nel corso del giudizio: *a. fatti, prove, ragioni a discarico, a colpa* **SIN.** allegare, apportare, produrre **4** avvicinare una parte del corpo all'asse mediano dello stesso **CONTR.** abdurre **5** †ridurre, indurre **B addùrsi v. rifl.** ● †recarsi, ridursi (**anche** *fig.*)

addùssi ➤ **addurre**

adduttìvo [dal lat. *addūctus*, part. pass. di *addūcere* 'addurre' ✱ 1955] **agg.** ● relativo all'adduzione

†**addùtto** ➤ **addotto**

adduttóre [vc. dotta, lat. tardo *adductōre(m)*, da *addūcere* 'addurre' ✱ 1681] **A agg.** (**f.** *-trice*) **1** che adduce, che porta verso qlco.: *canale a.* **2** (*anat.*) che provoca adduzione: *muscolo a.* **B s. m. 1** ciò che porta verso qlco.: *a. di corrente elettrica* **2** muscolo che provoca adduzione: *gli adduttori della coscia*

adduzióne [vc. dotta, lat. tardo *adductiō-ne(m)*, da *addūcere* 'addurre' ✱ 1771] **s. f. 1** (*raro*) l'addurre **2** moto di avvicinamento all'asse mediano del corpo di una parte di esso **CONTR.** abduzione **3** (*fis.*) passaggio di calore da un fluido a un solido o viceversa

Àde [vc. dotta, lat. *Hăde(m)*, dal gr. *Hádēs* ✱ 1894] **s. m. 1** nella mitologia greco-romana, divinità che regnava sull'oltretomba **2** (*est.*) regno dei morti
SFUMATURE ➤ *inferno*②

adeguàbile [1585] **agg.** ● che può essere adeguato ‖ **adeguabilità**, **s. f. inv.**

adeguaménto [1673] **s. m. 1** l'adeguare, l'adeguarsi; *l'a. delle pensioni al costo della vita* **SIN.** adattamento, allineamento **2** (*dir.*) produzione o modificazione di norme interne al fine dell'osservanza di una o più norme di diritto internazionale **SIN.** adattamento **3** (*dir.*) ***a. del canone***, modificazione del canone di locazione proporzionata alle variazioni del costo della vita

♦**adeguàre** o †**adequàre** [lat. *adaequāre*, comp. di *ăd* e *aequus* 'uguale' ✱ 1282] **A v. tr.** (*io adéguo* (o *-è-*), *noi adeguiàmo*) **1** pareggiare, rendere proporzionato (+ *a*): *a. un prezzo al costo*; *a. gli stipendi al mutato costo della vita* **SIN.** adattare, conformare | ***a. i prezzi, le tariffe***, ritoccare, aumentare | (*lett.*) ***a. al suolo***, radere al suolo **2** †considerare uguale: *né la bellezza di Venere si può a. alla tua* (G. BOCCACCIO) **SIN.** paragonare **B adeguàrsi v. rifl.** ● adattarsi, conformarsi (+ *a*): *adeguarsi ai nuovi tempi, alle circostanze, alla realtà*

adeguatézza o (*disus.*) **adequatézza** [1819] **s. f.** ● caratteristica di ciò che è adeguato

adeguàto **part. pass.** di *adeguare*; **anche agg. 1** nei sign. del v. **2** congruo, proporzionato: *stipendio a. alla capacità*; *si promette adeguata ricompensa* | opportuno, conveniente: *esprimersi in maniera adeguata*; *apportare a un terreno le adeguate concimazioni* ‖ **adeguataménte**, **avv.**

SFUMATURE DI SIGNIFICATO

adeguato - congruo

Ciò che è adatto a una circostanza, o proporzionato rispetto a qualcos'altro si dice **adeguato**; **congruo** si utilizza come sinonimo di *adeguato* soprattutto in riferimento a somme di denaro.

SFUMATURE ➤ ***adatto***

adeguazióne o †**adequazióne** [av. 1348] **s. f. 1** adeguamento **2** (*filos.*) processo per cui l'attività conoscitiva del pensiero tende ad adeguarsi alla realtà

adelfìa [da *adelfo* ✱ 1865] **s. f.** ● (*bot.*) saldatura dei filamenti degli stami fino a formare uno o più gruppi | l'insieme degli stami concresciuti

adèlfo [vc. dotta, gr. *adelphós* 'fratello', comp. di *a-*② e un deriv. del gr. *delphýs* 'utero' ✱ 1940] **agg.** ● (*bot.*) detto di stame il cui filamento è saldato con quello di uno o più altri stami

adelomòrfo [vc. dotta, comp. del gr. *ádēlos* 'non chiaro, non manifesto' e *-morfo* ✱ 1955] **agg.** ● (*anat.*) detto di struttura caratterizzata da tratti morfologici poco definiti: *cellule adelomorfe delle ghiandole gastriche* **CONTR.** delomorfo

adempìbile [1745] **agg.** ● che si può adempiere

adempiènza [av. 1306] **s. f.** ● (*raro*) adempimento

a

✦**adémpiere** [V. *adempire* ✻ 1268] **A** **v. tr.** (*io adémpio, tu adémpi*; **le altre forme più comuni da** *adempire*) **1** portare a termine, mandare a effetto, compiere: *a. una promessa*; *a. un dovere, un comando* | ***a. un desiderio, una preghiera***, esaudirli | realizzare, mantenere: *a. una promessa, un voto* **SIN.** adempire **2** †colmare, riempire **B** **v. intr.** (**aus.** *avere*) **1** compiere (+ *a*): *a. a un dovere, a un comando*; *all'ufficio ... dove adempie a tutti i suoi doveri* (L. PIRANDELLO) **2** (*dir.*) eseguire la prestazione: *a. nel luogo e nel tempo indicati nel contratto* **C** **adémpiersi** **v. intr. pron.** ● avverarsi, verificarsi: *la profezia di Cassandra si adempì*

SFUMATURE DI SIGNIFICATO

adempiere - soddisfare - onorare

Adempiere è portare a compimento un impegno, una promessa, un comando. Analoghi significati possono avere **soddisfare** e **onorare**: il primo sembra tuttavia mettere l'accento sul piacere che prova chi si giova dell'impegno o della promessa portata a termine, il secondo invece sull'onorabilità di chi tiene fede all'impegno preso.

SFUMATURE ➤ ***obbedire***

adempiménto [1287] **s. m.** **1** compimento, esecuzione: *morire nell'a. del proprio dovere* **2** (*dir.*) attività diretta all'esecuzione della prestazione: *esatto a.*; *a. parziale, inesatto* | ***prestazione in luogo dell'a.***, dazione in pagamento **3** osservanza, obbedienza: *a. dei precetti della religione*

adempìre [lat. *adimplēre*, comp. di *ăd* e *implēre* 'riempire' ✻ av. 1306] **v. tr., intr.** (*io adempìsco, tu adempìsci*; **aus.** *avere*) e **adempìrsi** **v. intr. pron.** ● adempiere, adempiersi

adempìto **part. pass.** di *adempire*; **anche agg.** ● nei sign. del v.

adempiùto **part. pass.** di *adempiere*; **anche agg.** ● nei sign. del v.

ademprivìle [1923] **agg.** ● di ademprivio: *beni ademprivili*

ademprìvio o **ademprìvo** [vc. sarda, dallo sp. *adempribio*, dal v. *emprar*, dal lat. parl. *imparāre* 'prendere possesso' ✻ 1863] **s. m.** ● uso civico caratteristico della Sardegna, consistente nel godimento collettivo della terra, spec. del pascolo

adenìa [dal gr. *adḗn*, genit. *adénos* 'glandola', di orig. indeur. ✻ 1899] **s. f.** ● (*med.*) affezione delle ghiandole linfatiche

adenìna [dal gr. *adḗn* 'ghiandola' col suff. *-ina* ✻ 1929] **s. f.** ● (*chim.*) base organica azotata eterociclica che concorre alla formazione di nucleotidi dell'acido ribonucleico (RNA) o deossiribonucleico (DNA); viene ricavata per estrazione da lievito o da tessuti animali

adenìte [comp. di *adeno-* e *-ite* ✻ 1828] **s. f.** ● (*med.*) infiammazione di una ghiandola linfatica

adèno- [dal gr. *adḗn*, genit. *adénos* 'ghiandola'] **primo elemento** ● in parole composte della terminologia scientifica significa 'ghiandola' o indica relazione con le ghiandole: *adenite, adenoide*

adenocarcinòma [comp. di *adeno-* e *carcinoma* ✻ 1913] **s. m.** (**pl.** *-i*) ● (*med.*) tumore maligno epiteliale di struttura ghiandolare

adenòide [vc. dotta, gr. *adenoidḗs*, comp. di *adeno-* e *-oide* ✻ 1771] **A** **agg.** ● (*med.*) detto del tessuto linfatico che costituisce la tonsilla faringea: *vegetazioni adenoidi* **B** **s. f.** ● (*med.*, **spec. al pl.**) ipertrofia del tessuto linfatico della tonsilla faringea che determina ostruzione alla respirazione nasale: *asportazione delle adenoidi*

adenoidectomìa [comp. di *adenoid(e)* ed *-ectomia* ✻ 1968] **s. f.** ● (*chir.*) asportazione chirurgica delle adenoidi

adenoidèo [1780] **agg.** **1** relativo alle adenoidi **2** che è affetto da vegetazioni adenoidi: *soggetto, individuo a.*

adenoidìsmo [comp. di *adenoid(e)* e *-ismo* ✻ 1916] **s. m.** ● (*med.*) complesso dei disturbi e delle malformazioni dovuti alla presenza di vegetazioni adenoidi

adenoipòfisi [comp. di *adeno-* e *ipofisi* ✻ 1955] **s. f. inv.** ● lobo anteriore dell'ipofisi, che produce numerosi ormoni proteici **CFR.** neuroipofisi

adenòma [comp. di *aden(o)-* e *-oma* ✻ 1883] **s. m.** (**pl.** *-i*) ● (*med.*) tumore benigno di origine ghiandolare

adenopatìa [comp. di *adeno-* e *-patia* ✻ 1874] **s. f.** ● qualsiasi affezione di ghiandole, spec. linfatiche ‖ **adenopàtico**, **agg.** (**pl. m.** *-ci*); **anche s. m.** (**f.** *-a*) **nel sign. 2** **1** relativo ad adenopatia **2** che (o chi) soffre di adenopatia

adenosintrifosfàto [comp. di *adenosin(a)*, n. di un complesso chimico, di *tri-* e *fosfato* ✻ 1955] **s. m.** ● composto noto come ATP

adenotomìa [comp. di *adeno-* e *-tomia* ✻ 1771] **s. f.** ● (*chir.*) incisione chirurgica di una ghiandola

adenovìrus [comp. di *adeno-* e *virus* ✻ 1956] **s. m. inv.** ● (*biol.*) ogni virus compreso nella famiglia *Adenoviridae* che può parassitare Mammiferi e Uccelli causando patologie prevalentemente respiratorie o enteriche

✦**adèpto** [vc. dotta, lat. *adĕptu(m)*, part. pass. di *adipīsci* 'ottenere' ✻ 1739] **s. m.** (**f.** *-a*) **1** affiliato, iniziato, iscritto a una società segreta, a un partito politico, a una setta religiosa, e sim.: *gli adepti di un culto, di una setta* **2** †iniziato ai misteri dell'alchimia

SFUMATURE ➤ ***proselito***

†**adequàre** e deriv. ➤ **adeguare** e deriv.

†**aderbàre** [comp. di *ad-* ed *erba* ✻ 1314] **v. tr.** **1** mettere, tenere al pascolo **SIN.** pascere, pascolare **2** coprire d'erba

aderènte **A** **part. pres.** di *aderire*; **anche agg.** **1** che è a stretto contatto: *ovario a.* | (*fig.*) corrispondente, pertinente, conforme: *un programma a. alla realtà* **2** detto di abito, stretto, fasciante, in maniera tale da far risaltare le parti del corpo che ricopre: *pantaloni aderenti* **3** (*mecc.*) ***potere a.***, aderenza | ***peso a.***, peso trasmesso dalle ruote motrici sulla superficie di appoggio **4** (*mat.*) detto di elemento appartenente alla chiusura di un insieme **B** **s. m. e f.** ● seguace, sostenitore: *gli aderenti a una setta, a un'iniziativa* | ***gli aderenti al partito***, l'insieme degli iscritti

aderènza [sec. XIII] **s. f.** **1** proprietà di ciò che aderisce | ***costruzione in a.***, perfettamente combaciante con l'altra, benché eseguita su fondo limitrofo **2** (*mecc.*) attrito fra la superficie di appoggio e la ruota, in base al quale questa non striscia ma rotola: *coefficiente di a.* **3** (*edil.*) resistenza specifica che si oppone al distacco tra calcestruzzo e ferro o acciaio nel cemento armato **4** (*med.*) connessione anormale tra superfici, mucose, sierose o cutanee, contigue, spesso per processi infiammatori **5** (*fig.*) corrispondenza, conformità: *progetti che rivelano scarsa a. alla realtà* **6** (*fig.*, **spec. al pl.**) conoscenza, relazione, appoggio: *avere aderenze nelle alte sfere*

adèrgere [comp. dal lat. *ăd* 'verso' ed *erĭgere* 'alzare' ✻ av. 1269] **A** **v. tr.** (**coniug. come** *ergere*) ● (*poet.*) elevare, innalzare: *i novelli anni da la caligine / volenterosi la fronte adergono* (G. CARDUCCI) **B** **adèrgersi** **v. intr. pron.** ● (*poet.*) elevarsi, innalzarsi

aderiménto [1686] **s. m.** ● (*raro*) l'aderire | adesione

✦**aderìre** [vc. dotta, lat. *adhaerēre*, comp. di *ăd* e *haerēre* 'stare attaccato' ✻ av. 1306] **v. intr.** (*io aderìsco, tu aderìsci*; **aus.** *avere*) **1** essere attaccato, combaciare (+ *a*): *lo smalto aderisce all'unghia*; *le parti dell'incastro aderiscono perfettamente* **2** (*fig.*) farsi sostenitore o seguace (+ *a*): *a. a una corrente politica*; *a. a una opinione* | entrare a far parte (+ *a*): *a. a un partito* **3** (*fig.*) acconsentire, accogliere (+ *a*): *a. a una richiesta*

aderizzàre [da *aderire* ✻ 1955] **v. tr.** ● incidere il battistrada di uno pneumatico d'autoveicolo per ottenerne una maggiore aderenza al fondo stradale ‖ **aderizzazióne**, **s. f.**

aderizzatrìce [1965] **s. f.** ● macchina per aderizzare

adermìna [comp. di *a-*① e un deriv. del gr. *dérma* 'pelle' (V. *derma*) ✻ 1955] **s. f.** ● (*chim.*) vitamina del gruppo B che si trova in tutti gli alimenti vegetali e animali, spec. nel lievito e nella pula del riso; è dotata di funzione protettiva sugli epiteli **SIN.** vitamina B_6

adescàbile [1865] **agg.** ● che può essere adescato

adescaménto [sec. XIV] **s. m.** **1** (*raro*) l'adescare | (*fig.*) lusinga, allettamento: *difendersi contro gli adescamenti dei falsi amici* (I. NIEVO) **2** (*dir.*) invito al libertinaggio fatto con atti o parole in luogo pubblico o aperto al pubblico, costituente illecito penale **3** (*idraul.*) riempimento con un liquido di un sifone o una pompa per porli in condizione di funzionare

✦**adescàre** [lat. tardo *adescāre*, comp. di *ăd* e *ēsca* 'cibo, esca' ✻ sec. XIII] **v. tr.** (*io adésco, tu adéschi*) **1** attirare con l'esca: *a. i pesci, gli uccelli* | †***a. l'amo***, fornirlo d'esca **2** (*fig.*) allettare, attrarre con lusinghe, promesse e sim. | commettere il reato di adescamento: *a. i passanti* **3** (*idraul.*) compiere l'operazione di adescamento

adescatóre [1681] **s. m.** (**f.** *-trice*); **anche agg.** ● chi (o che) adesca

✦**adesióne** [vc. dotta, lat. *adhaesiōne(m)*. V. *aderire* ✻ 1641] **s. f.** **1** (*fis.*) forza molecolare di attrazione che si manifesta fra due corpi diversi in contatto | correntemente, aderenza: *una perfetta a. di due incastri* **2** (*fig.*) l'aderire | appoggio, consenso, accettazione: *a. a una proposta, a una richiesta*; *dare, far pervenire, rifiutare la propria a.* **3** (*dir.*) assenso alla volontà da altri manifestata, produttivo di vari effetti giuridici | ***contratto per a.***, il cui schema prestabilito da una parte deve essere accettato in blocco dalla controparte

adesìvo [dal lat. *adhaesus*, part. pass. di *adhaerēre* 'aderire' ✻ 1829] **A** **agg.** **1** che aderisce: *nastro a.* **2** collante: *sostanza adesiva* ‖ **adesività**, **s. f. inv.** proprietà di una sostanza di essere adesiva **B** **s. m.** **1** sostanza o miscuglio di sostanze naturali o artificiali che, interposto tra le superfici di separazione di due o più corpi solidi, tende a unirli **SIN.** collante **2** etichetta di carta o plastica trasparente, spec. a carattere pubblicitario, che aderisce a una superficie mediante semplice pressione **SIN.** autoadesivo

adèso (o *-é-*) [vc. dotta, lat. *adhaesus*, part. pass. di *adhaerēre* 'aderire' ✻ 1271] **agg.** **1** †aderente, attaccato **2** (*scient.*) detto di ciò che aderisce strettamente a qlco.

adèspoto o (*raro, lett.*) **adèspota** [vc. dotta, lat. tardo *adĕspotu(m)*, dal gr. *adéspotos*, comp. di *a-*① e *despótēs* 'padrone' ✻ av. 1775] **agg.** **1** (*raro, lett.*) senza padrone **2** detto di libro, codice, manoscritto di cui non si conosce l'autore **CFR.** anonimo

✦**adèsso** [etim. incerta ✻ av. 1249] **A** **avv.** **1** ora, in questo momento, presentemente, nel tempo attuale: *a. sto studiando*; *a. sono occupato*; *a. sto bene*; *a. cercherò di riposarmi*; (*enfat.*) *a. sì che stiamo freschi!*; *a. stai passando i limiti!* | ***per a.***, per ora, per il momento | ***da a. in poi***, da questo momento in avanti | ***fin d'a.***, fin d'ora | ***la gioventù d'a.***, di oggi | *e a.?*, sottintendendo varie domande **2** poco fa, or ora: *l'ho incontrato proprio a.*; *vengo a. da casa sua* | con valore rafforz.: *adesso adesso* **3** fra poco, con riferimento a un futuro immediato: *dovrebbe telefonare a.* **B** nella **loc. cong.** ***a. che***, ora che (introduce una prop. temp. o causale con il v. all'indic.): *a. che sei guarito alla gamba, potrai di nuovo camminare*; *a. che ti ho avvertito fai come credi* **C** in funzione di **inter.** ● si usa per invitare qlcu. ad attendere, a pazientare, con sign. analogo a 'un momento!': *a.!, vengo subito!*

✦**ad hoc** /*lat.* a'dɔk/ [lat., 'a tale (scopo)' ✱ 1797] **loc. agg. inv. e avv.** ● apposta per uno scopo; appositamente predisposto per uno scopo: *discorso ad hoc*; *parlare ad hoc*

ad hòminem /*lat.* a'dɔminem/ [lat., 'per l'uomo' ✱ 1800] **loc. agg. inv. e avv.** **1** appositamente predisposto per una data persona, apposta per una data persona: *discorso ad hominem*; *parlare ad hominem* **2** (*filos.*) in logica, detto di argomento che cerca di negare la validità di una tesi screditando la persona che la sostiene o spiegandola con le condizioni in cui la persona stessa si trova, senza alcuna valutazione di merito

ad honòrem /*lat.* ado'nɔrem/ [lat., 'ad onore' ✱ 1930] **loc. agg. inv. e avv.** ● di carica, titolo accademico e sim. conferiti come riconoscimento onorifico: *medaglia, laurea ad honorem*; *laureare qlcu. ad honorem* **SIN.** honoris causa

ad hóras /*lat.* ad'oras/ [loc. lat., propr. 'fra (poche) ore' ✱ 1900] **loc. avv.** ● fra poco, da un momento all'altro

†**a dì** ➤ **addì**

adiabàtico [dal gr. *adiábatos* 'che non si può passare', comp. di *a-*① e *diabáinein* 'passare', comp. a sua volta di *diá* 'attraverso' (V. *diafano*) e *báinein* 'andare', di orig. indeur. ✱ 1892] **agg.** (**pl. m.** *-ci*) ● (*fis.*) detto di ciò che si oppone alla trasmissione del calore, che ne è impenetrabile | (*est.*) relativo a ciò che avviene senza scambi di calore con l'esterno: *trasformazione adiabatica* | ***esponente a.***, quello da dare al volume specifico nell'equazione che descrive una trasformazione adiabatica, indicata dal rapporto fra i calori specifici a pressione costante e a volume costante del gas ‖ **adiabaticità**, **s. f. inv.**

✦**adiacènte** [vc. dotta, lat. tardo *adiacĕnte(m)*, part. pres. di *adiacēre* 'giacer vicino' ✱ 1342] **agg.** **1** che sta vicino, limitrofo, contiguo: *a. al giardino, alla villa*; *strade adiacenti* **2** (*mat.*) detto di ciascuno dei due angoli determinati in un semipiano da una semiretta uscente da un punto della sua origine | detto di un vertice e di un lato di un poligono che appartengono l'uno all'altro | detto di vertici di un grafo collegati da uno spigolo

SFUMATURE ➤ *vicino*

adiacènza [sec. XIV] **s. f.** **1** (*raro*) il fatto di essere vicino, contiguo: *l'a. di un edificio alla stazione della metropolitana* **2** (**al pl.**) zone vicine, circostanti: *nelle immediate adiacenze della stazione*

adiaforìa [vc. dotta, gr. *adiaphoría* 'indifferenza', comp. di *a-*① e *diaphoría* 'differenza', da *diáphoros* 'differente', a sua volta da *diaphérein* 'portare al di là', poi 'differire', comp. di *diá* 'al di là' (V. *diafano*) e *phérein* 'portare', di orig. indeur. ✱ 1819] **s. f.** ● nella filosofia cinica e stoica, atteggiamento di indifferenza morale verso qualsiasi evento del mondo esterno

adiàforo [gr. *adiáphoros*, comp. di *a-*① e *diáphoros* 'differente' ✱ 1821] **agg.** **1** nella filosofia cinica e stoica, di adiaforia, relativo ad adiaforia **2** nella critica testuale, detto di varianti che hanno uguale autorità documentaria e sono parimenti accettabili

adiànto (o **-dià-**) [vc. dotta, lat. *adiăntu(m)*, dal gr. *adíanton* 'non bagnato', comp. di *a-*① e *diáinō* 'io bagno' ✱ 1310] **s. m.** ● (*bot.*) capelvenere

adiatermàno [comp. di *a-*① e *diatermano* ✱ 1955] **agg.** ● opaco alle radiazioni calorifiche, cioè alle radiazioni infrarosse **SIN.** atermano

adibìre [lat. *adhibēre*, comp. di *ăd* e *habēre* 'avere' ✱ 1357] **v. tr.** (*io adibìsco, tu adibìsci*) ● destinare, adattare a un certo uso o ufficio (+ *a*): *a. una chiesa a ospedale*; *anche l'esercito fu adibito al soccorso dei terremotati*; *l'impiegato è stato adibito ad altre funzioni*

†**a diètro** ➤ **addietro**

†**adiettìvo** ➤ **aggettivo**

†**adimàre** [comp. di *ad-* e *imo* ✱ 1310] **A** **v. tr.** ● (*lett.*) chinare, abbassare **B** †**adimàrsi** **v. intr. pron.** ● abbassarsi: *Intra Siestri e Chiaveri s'adima / una fiumana bella* (DANTE *Purg.* XIX, 100-101)

adimensionàle [comp. di *a-*① e *dimensione*, con suff. aggettivale ✱ 1955] **agg.** ● (*fis.*) detto di grandezza puramente numerica che risulta dal rapporto fra due grandezze aventi la stessa dimensione: *la densità relativa è a.* ‖ **adimensionalità**, **s. f. inv.** proprietà di ciò che è adimensionale

adinamìa [vc. dotta, gr. *adynamía*, comp. di *a-*① e *dýnamis* 'forza' ✱ 1819] **s. f.** ● (*med.*) perdita della forza muscolare per malattia

adìnato **s. m.** ● adattamento di *adynaton* (V.)

ad ìnterim [lat., comp. della prep. *ad* e *interim* (V.)] **A** **loc. avv.** ● temporaneamente, per il periodo di tempo che intercorre fra il momento in cui il titolare di determinate funzioni cessa la sua attività e il momento in cui il nuovo titolare assume le stesse funzioni: *assumere, conferire un ministero ad interim* **B** anche **loc. agg. inv.**: *ministro ad interim*

†**a Dìo** ➤ **addio**

àdipe [vc. dotta, lat. *ădipe(m)*, forse da un dial. italico che l'avrebbe preso a sua volta dal gr. *áleiphar* 'grasso' ✱ sec. XIV] **s. m.** ● grasso del corpo **SIN.** pinguedine

adìpico [da *adipe* ✱ 1874] **agg.** (**pl. m.** *-ci*) ● (*chim.*) detto di composto ottenuto da certe sostanze grasse | ***acido a.***, acido organico, bibasico, cristallino, prodotto dall'ossidazione di vari grassi, impiegato nella fabbricazione del nylon

adipocìta o **adipocìto** [comp. di *adip(e)* e *-cita* ✱ 1986] **s. m.** (**pl.** *-i*) ● (*biol.*) ognuno degli elementi cellulari costituenti il tessuto adiposo e caratterizzati da una notevole quantità di inclusi lipidici

adipòsi [comp. di *adip(e)* e del suff. *-osi* ✱ 1939] **s. f. inv.** **1** (*med.*) abnorme deposito di grasso in un organo o nel tessuto sottocutaneo **2** (*med.*) obesità

adipoṣìte [comp. di *adipos(o)* e del suff. *-ite*① ✱ sec. XX] **s. f.** ● (*med.*) pannicolite

adipóso (o **-ṣ-**) [1659] **agg.** ● grasso, pieno di adipe | ***tessuto a.***, connettivo caratterizzato da cellule contenenti gocce di grasso ‖ **adiposità**, **s. f. inv.** (*med.*) accumulo eccessivo di grasso localizzato o generalizzato

adipsìa [vc. dotta, comp. di *a-*①, del gr. *dípsa* 'sete', di orig. sconosciuta, e del suff. *-ia*② ✱ 1819] **s. f.** ● (*med.*) assenza patologica dello stimolo della sete

adiràre [comp. di *ad-* e *ira* ✱ av. 1250] **A** **v. tr.** ● †fare arrabbiare **B** **adiràrsi** **v. intr. pron.** ● farsi prendere dall'ira, montare in collera | sdegnarsi, turbarsi: *adirarsi con, contro qlcu.*; *adirarsi con sé stesso*; *adirarsi per un torto subito* **SIN.** arrabbiarsi, irritarsi

adiràto **part. pass.** di *adirare*; anche **agg.** ● nei sign. del v. ‖ **adirataménte**, **avv.**

adìre [vc. dotta, lat. *adīre*, comp. di *ăd* e *īre* 'andare' ✱ av. 1396] **v. tr.** (**pres.** *io adìsco, tu adìsci*; **part. pass.** *adìto*) ● (*dir.*) rivolgersi all'autorità giudiziaria perché provveda alla tutela di un diritto o di un interesse: *a. il tribunale, il giudice*; *a. le vie legali, la magistratura* | ***a. un'eredità***, accettarla nei modi legali

†**a dirittùra** ➤ **addirittura**

àdito① [vc. dotta, lat. *ăditu(m)*. V. *adire* ✱ 1357] **s. m.** **1** (*lett.* o *raro*) entrata, passaggio: *il corridoio dà a. alla stanza* | (*fig.*) accesso: *diploma che dà a. all'università* | (*fig.*) ***dare a.***, provocare, far sorgere: *dare a. a critiche, a sospetti* **2** facoltà di entrare, accedere (*anche fig.*): *avere libero a. presso qlcu.*; *tu l'a. m'impetra al capitano* (T. TASSO)

àdito② [vc. dotta, lat. *ădytu(m)*, dal gr. *ádyton*, comp. di *a-*① e *dýō* 'io entro' ✱ av. 1729] **s. m.** ● parte più interna e sacra del tempio antico

adiutóre o †**aiutóre** [vc. dotta, lat. *adiutō-re(m)*, da *adiuvāre*, comp. di *ăd* e *iuvāre* 'aiutare' ✱ sec. XIII] **s. m.** (**f.** *-trice*); anche **agg.** ● (*spec. lett.*) chi (o che) aiuta, assiste, collabora e sim.

†**adiutòrio** o †**aiutòrio** [vc. dotta, lat. *adiutō-riu(m)*. V. *adiutore* ✱ 1261 ca.] **s. m.** **1** aiuto, soccorso divino: *dove in favor loro mancassero le forze umane, avesse a supplire l'aiutorio divino* (F. GUICCIARDINI) **2** (*stor.*) nel Medioevo, tributo dovuto dai sudditi al principe in casi di bisogno

adiuvàndum, ad ➤ **ad adiuvandum**

adiuvànte [vc. dotta, lat. *adiuvānte(m)*, part. pres. di *adiuvāre*, V. *adiutore* ✱ av. 1328] **agg.** **1** (*raro*) che aiuta **2** nella teologia cattolica, detto della grazia che Dio concede all'uomo per aiutarlo nel compimento di un'azione meritoria **3** (*med.*) detto di sostanza che, aggiunta a farmaci o antigeni, incrementa l'efficacia terapeutica o la risposta immunitaria

a divìnis [lat., 'dalle cose divine', cioè 'dagli atti del culto' ✱ 1634] **loc. agg. inv. e avv.** ● detto di pena ecclesiastica consistente nell'interdire al sacerdote colpevole l'esercizio degli uffici divini: *sospensione a divinis*; *sospendere a divinis*

adizióne [vc. dotta, lat. *aditiōne(m)*, da *adīre* 'adire' ✱ 1539] **s. f.** ● (*dir.*) l'adire | atto con cui l'erede dichiara di accettare l'eredità

†**adizzàre** e deriv. ➤ **aizzare** e deriv.

✦**ad lìbitum** [lat., 'a piacere'. V. *libito* ✱ 1829] **loc. avv.** ● a piacere, a volontà

ad lìmina [loc. del lat. curiale, propr. '(visita) alle soglie ad limina cioè alle tombe ad limina (degli apostoli)' ✱ 1913] **loc. agg. inv. e avv.** ● detto delle visite che un vescovo cattolico ha l'obbligo di fare al Papa in Roma ogni cinque anni

ad lìtteram [in lat. propr. 'secondo la lettera' ✱ 1763] **A** **loc. agg. inv.** ● alla lettera: *versione ad litteram* **B** anche **loc. avv.**: *tradurre ad litteram*

ad maiòra [lat., propr. 'a cose maggiori'] **loc. inter.** ● augurio che si rivolge a chi ha ottenuto un successo per auspicargli risultati ancora migliori

adnominàle [dal lat. *adnōmen* 'soprannome' sul modello dell'ingl. *adnominal* ✱ 1955] **agg.**; anche **s. m.** ● (*gramm.*) detto di elemento della frase dipendente da un nome o da un aggettivo **CFR.** adverbale

ad nùtum [loc. lat., propr. 'al (*ăd*) cenno (*nū-tu(m)*, da uno scomparso v. *nūere*, di orig. indeur.), come manifestazione di volontà e comando'] **loc. agg. inv. e avv.** ● al cenno, all'ordine di qlcu. | (*dir.*) ***licenziamento ad nutum***, senza obbligo di motivazione

adòbe /a'dɔbe, *sp.* a'ðoβe/ [vc. sp., dall'arabo *aṭ-ṭūb* 'mattone' ✱ 1955] **s. m. inv.** (**pl. sp.** *adobes*) ● mattone di fango o altri materiali seccati al sole, usato nel Messico e nelle regioni sud-occidentali degli Stati Uniti | costruzione realizzata con tali mattoni

a

adocchiaménto o †**aocchiaménto** [1729] **s. m.** ● atto dell'adocchiare | occhiata insistente

adocchiàre o †**aocchiàre** [lat. *adoculāre*, comp. di *ăd* e *ŏculus* 'occhio' ✻ sec. XIII] **v. tr.** (*io adòcchio*) **1** scorgere, notare con un'occhiata: *adocchiò un posto libero al centro della fila* | (*est.*) †ravvisare, riconoscere **2** guardare con compiacenza e desiderio: *a. la preda; un ladro ... aocchiando quelle gioie, disegnò rubarmele* (B. CELLINI)

adolescènte [vc. dotta, lat. *adolescĕnte(m)*, part. pres. di *adolēscere*, da *ălere* 'nutrire' ✻ 1268] **A agg.** ● che ha i caratteri dell'adolescenza: *viso a.* **B s. m. e f.** ● chi è nell'età dell'adolescenza ‖ (*lett.*) †**adolescèntulo**, **dim.**

adolescènza [vc. dotta, lat. *adolescĕntia(m)*, da *adulēscens* 'adolescente' (V.) ✻ 1268] **s. f.** ● età della vita tra la fanciullezza e l'età adulta, caratterizzata da una serie di mutamenti fisici e psicologici e dalla maturazione sessuale

adolescenziàle [1964] **agg.** ● relativo all'adolescenza o agli adolescenti: *crisi adolescenziali* ‖ **adolescenzialità**, **s. f. inv.**

adombràbile [1712] **agg.** ● che si adombra facilmente **SIN.** suscettibile

adombraménto o †**aombraménto** [av. 1334] **s. m. 1** l'adombrare | (*fig.*) accenno, indizio **2** l'adombrarsi di un cavallo | (*fig.*) risentimento, turbamento

✦**adombràre** o †**aombràre** [vc. dotta, lat. *adumbrāre*, comp. di *ăd* e *ŭmbra* 'ombra' ✻ sec. XIII] **A v. tr.** (*io adómbro*) **1** (*lett.*) coprire d'ombra, oscurare: *Io rividi l'Ilisso, / ... gli oleandri / che l'adombrano* (G. D'ANNUNZIO) | ***a. un disegno***, ombreggiarne i contorni **2** (*fig.*) esprimere in modo velato, indiretto: *spesso la favola adombra il vero* **3** (*poet.*) rappresentare, raffigurare: *tanto più bella il mio pensier l'adombra* (F. PETRARCA) **B v. intr.** (aus. *essere*) e **adombràrsi v. intr. pron. 1** spaventarsi, davanti a un'ombra o per altro motivo, detto di animali, spec. cavalli **2** (*fig.*) turbarsi, rabbuiarsi, detto di persona: *l'uomo si adombrò al ricordo* | (*fig.*) risentirsi, prendersela: *si adombra per un nonnulla* | (*fig.*) insospettirsi: *si mise a sorvegliarla ... adombrandosi di tutto* (L. CAPUANA)

†**adonàre** [fr. *s'adonner* 'sottomettersi', dal lat. **addonāre*, da *dōnum* 'dono' ✻ av. 1250] **A v. tr.** ● (*lett.*) abbattere, prostrare, accasciare **B** †**adonàrsi v. intr. pron.** ● (*lett.*) abbattersi, piegarsi: *nostra virtù che di legger s'adona* (DANTE *Purg.* XI, 19)

adóne [vc. dotta, lat. *Adōne(m)*, n. del giovinetto amato da Venere per la sua straordinaria bellezza ✻ 1532] **s. m.** ● (anche con iniziale maiuscola) giovane molto bello: *credersi un a.* ‖ (*vezz.*) **adoncino**, **dim.**: *narcisetto, Adoncino d'amor* (L. DA PONTE)

†**adonestàre** o †**aonestàre** [comp. di *ad-* e *onesto* ✻ av. 1472] **v. tr.** ● rendere onesto in apparenza, giustificare: *Cesare non avrebbe potuto ... a. la sua tirannide* (N. MACHIAVELLI)

adònide [vc. dotta, gr. *ádonis*, genit. *adónidos*. V. *adone* ✻ av. 1557] **s. f.** ● pianta erbacea delle Ranuncolacee con fusto eretto, foglie alterne, fiori terminali gialli o rossi, grandi e solitari; è usata in farmacologia per le sue proprietà cardiotoniche e diuretiche (*Adonis vernalis*)

adònio [lat. *adonīu(m)*, dal n. di *Adone* che veniva invocato in questi versi ✻ 1643] **s. m.** (**pl.** *-i* o *raro -ii*) ● verso greco e latino di cinque sillabe

adontaménto [1865] **s. m.** ● (*lett.*) l'adontarsi

✦**adontàre** [comp. di *ad-* e *onta* ✻ 1287] **A v. tr.** (*io adónto*) ● †recare onta, offendere **B v. intr.** (aus. *avere*) ● †indispettirsi, sdegnarsi **C adontàrsi v. intr. pron.** ● offendersi, risentirsi: *non adontarti per così poco*

adoperàbile o (*lett.*) **adopràbile** [av. 1704] **agg.** ● che si può adoperare

✦**adoperàre** o (*lett.*) **adopràre** [lat. mediev. *adoperāre*, comp. di *ăd* e *ŏpera* 'opera' ✻ sec. XII] **A v. tr.** (*io adòpero*) ● usare: *a. mani e cervello; a. lo strumento adatto allo scopo* **SIN.** impiegare **B v. intr.** ● †operare, agire: *Eunoè si chiama, e non adopra / se quinci e quindi pria non è gustato* (DANTE *Purg.* XXVIII, 131-132) **C adoperàrsi v. rifl.** ● prodigarsi, impegnarsi, darsi da fare (+ *per*, **anche seguito da inf.**): *adoperarsi per i* (o *in favore dei*) *poveri; adoperarsi per l'assistenza ai profughi; si sta adoperando per risolvere le difficoltà burocratiche* **SIN.** affaccendarsi, ingegnarsi

adopràre e deriv. ➤ **adoperare** e deriv.

adoràbile [vc. dotta, lat. tardo *adorābile(m)*, da *adorāre* 'adorare' ✻ 1669] **agg. 1** (*raro*) che è degno di essere adorato: *La soprana volontà di Dio, ... sempre a.* (G. D'ANNUNZIO) **2** (*est.*) di persona o cosa particolarmente cara e gradita: *bambina, creatura, a.; sorriso a.; maniere adorabili* **CONTR.** detestabile ‖ **adorabilménte**, **avv.** ‖ **adorabilità**, **s. f. inv.**

adorànte **part. pres.** di *adorare*; **anche agg.** ● che adora, che esprime adorazione

✦**adoràre** [lat. *adorāre*, comp. di *ăd* e *orāre* 'pregare' ✻ sec. XII] **A v. tr.** (*io adóro*) **1** prestar culto di adorazione alla divinità: *a. Dio* | venerare **2** (*est.*) fare oggetto di devozione, amare con intensità: *a. la propria madre* | provare passione, entusiasmo per qlco.: *a. la musica* | apprezzare particolarmente (con valore iperbolico): *adoro questi cioccolatini* **CONTR.** detestare **B v. intr.** (aus. *avere*) ● †pregare: *adora per color che sono in terra* (DANTE *Par.* XVIII, 125)

adoratóre [vc. dotta, lat. tardo *adoratōre(m)*, da *adorāre* 'adorare' ✻ 1306] **s. m.** (**f.** *-trice*) **1** chi adora **CFR.** -latra | ***adoratrici perpetue***, suore cattoliche votate alla perpetua adorazione del SS. Sacramento **SIN.** sacramentine **2** (*scherz.*) corteggiatore, ammiratore: *quella ragazza è circondata di adoratori*

adorazióne [vc. dotta, lat. *adoratiōne(m)*, da *adorāre* 'adorare' ✻ av. 1328] **s. f. 1** atto di riverenza verso la divinità, con il quale se ne riconosce la superiorità e si afferma la propria dipendenza da essa | ***essere, stare in a.***, (*est.*) in ammirazione estatica di qlcu., di qlco. | sentimento corrispondente a tale atto | nelle religioni antiche, cerimonia nella quale il fedele si prostrava dinanzi alla statua del dio e ne baciava il piede **CFR.** -latria **2** nella teologia cattolica, forma del culto dovuto a Dio, a Gesù Cristo, all'eucaristia e alla Croce | ***a. perpetua***, culto di latria del SS. Sacramento nelle quarantore | atto di inchinarsi al Papa **3** (*est.*) amore sviscerato: *ha una a. per quel bambino*

SFUMATURE DI SIGNIFICATO

adorazione - idolatria - devozione
Adorazione è il culto che si professa nei confronti di Dio. L'**idolatria** è in varie religioni, la pratica di venerare gli idoli, simulacri o immagini della divinità considerati sede della divinità medesima. **Devozione** descrive invece un sentimento di deferenza nei confronti della divinità; nella religione cattolica è la dedizione al culto della Vergine o di un santo.

adorazione - ammirazione - fanatismo
Adorazione è in senso proprio un atto di culto nei confronti di Dio; figuratamente esprime un sentimento di amore profondo, di vivo entusiasmo. **Ammirazione** è invece un atteggiamento di stima, di considerazione e presuppone dunque un processo di valutazione e approvazione delle qualità della persona ammirata, e il desiderio di emularla. Se tale ammirazione trascende i limiti dell'opportunità e dell'equilibrio, e degenera in atteggiamenti di dedizione cieca e intransigente si trasforma in **fanatismo**.
SFUMATURE ➤ ***amore***, ➤ ***idolatria***

adòreo [vc. dotta, lat. *adōreu(m)* 'spelta, grano' di etim. incerta ✻ 1903] **agg.** ● (*lett.*, *raro*) fatto di grano, di farro

†**adorezzàre** [comp. di *ad-* e *orezzo* ✻ 1319] **v. intr. impers.** ● (*lett.*) esserci ombra, fresco

adornàbile [av. 1588] **agg.** ● che si può adornare

adornaménto [1261 ca.] **s. m.** ● (*lett.*) abbellimento, ornamento | decorazione

✦**adornàre** [lat. *adornāre*, comp. di *ăd* e *ornāre* 'ornare' ✻ av. 1250] **A v. tr.** (*io adórno*) ● fare più bello, ornare (+ *con*, + *di*): *a. la casa con fiori; i Medici adornarono Firenze di monumenti* | anche in forma pron. (con valore intens.): *adornarsi il capo con dei gioielli* **B adornàrsi v. rifl.** ● farsi bello, vestirsi con cura: *adornarsi per la cerimonia, per la festa*

adornàto **A part. pass.** di *adornare*; **anche agg.** ● ornato, adorno: *un palazzo a. di fregi* ‖ **adornataménte**, **avv.** in modo ornato **B s. m.** ● †ornamento

adornatóre [1308] **agg. e s. m.** (**f.** *-trice*) ● che (o chi) adorna

†**adornézza** [av. 1249] **s. f.** ● ornamento, leggiadria: *vedrai / di sì alti miracoli a.* (DANTE)

✦**adórno** [av. 1250] **A agg.** ● adornato, ornato, decorato (*lett.*; **anche fig.**): *una sala adorna di fiori; l'atto d'ogni gentil pietate a.* (F. PETRARCA) | (*est.*, *lett.*) leggiadro: *ed andarò cercando il viso a.* (M.M. BOIARDO) **B s. m.** ● (*raro*, *lett.*) ornamento

†**a dòsso** ➤ **addosso**

adottàbile [vc. dotta, lat. tardo *adoptābile(m)* 'desiderabile', da *adoptāre*. V. *adottare* ✻ 1816] **agg.** ● che si può adottare ‖ **adottabilità**, **s. f. inv.**: *stato di adottabilità*

adottaménto [sec. XIII] **s. m.** ● (*raro*, *lett.*) adozione

adottàndo [vc. dotta, lat. *adoptāndu(m)*, gerundivo di *adoptāre* 'adottare' ✻ av. 1912] **A s. m.** (**f.** *-a*) ● (*dir.*) la persona a cui, mediante adozione, si vuole attribuire la posizione simile a quella di figlio: *consenso dell'a.* **B anche agg.**: *soggetto a.*

adottànte **A part. pres.** di *adottare*; **anche agg.** ● nei sign. del v. **B s. m. e f.** ● (*dir.*) colui che, mediante adozione, attribuisce la posizione di figlio a chi è stato generato da altri: *la patria potestà sull'adottato spetta all'a.*

✦**adottàre** [lat. *adoptāre*, comp. di *ăd* e *optāre* 'scegliere' ✻ av. 1292] **v. tr.** (*io adòtto*) **1** attribuire, nei limiti e nelle forme di legge, la posizione di figlio a chi è stato procreato da altri: *hanno adottato un bambino e una bambina* **2** (*fig.*) fare proprio, seguire: *a. una severa regola di vita, un nuovo metodo di lavoro* | praticare: *una squadra che adotta il gioco a zona* | utilizzare: *la vettura adotta un nuovo tipo di freni* | scegliere: *gli insegnanti hanno deciso di a. nuovi libri di testo* | prendere, attuare: *a. un provvedimento disciplinare*

adottàto **A part. pass.** di *adottare*; **anche agg.** ● preso, scelto **B agg. e s. m.** (**f.** *-a*) ● che (o chi) ha assunto la posizione di figlio mediante adozione

adottatóre [vc. dotta, lat. tardo *adoptatōre(m)*, da *adoptāre* 'adottare' ✻ av. 1396] **s. m.** (**f.** *-trice*) ● (*disus.*) chi adotta

adottìvo [vc. dotta, lat. *adoptīvu(m)*, da *adoptāre* 'adottare' ✻ av. 1292] **agg. 1** che è divenuto tale mediante adozione: *figlio, padre a.* |

filiazione adottiva, rapporto giuridico tra genitori e figli adottivi **2** (*fig.*) di elezione: *patria adottiva*; *nome a.* **3** †di ramo che cresce negli alberi innestati

adòxa [gr. *ádoxos* 'senza gloria', per i fiori poco appariscenti, comp. di *a-*① e *dóxa* 'fama' ✱ 1819] **s. f.** ● pianta erbacea delle Adoxacee con rizoma strisciante, foglie radicali e piccoli fiori verdi con profumo di muschio (*Adoxa moschatellina*) SIN. erba fumaria, ranuncolino muschiato

Adoxàcee [1970] **s. f. pl.** (**sing.** *-a*) ● (*bot.*) famiglia di piante erbacee rizomatose delle Rubiali, cui appartiene l'adoxa (*Adoxaceae*)

adozianismo e deriv. ➤ **adozionismo** e deriv.

adozionàle [1968] **agg.** ● relativo a un'adozione: *iter a. di un minore*; *campagna a. dei libri di testo*

♦**adozióne** [vc. dotta, lat. *adoptiōne(m)*, comp. di *ăd* e *ŏptio* 'scelta' ✱ 1347] **s. f.** **1** complesso degli atti legali che attribuisce, a chi è stato generato da altri, una posizione uguale o simile a quella di figlio legittimo | ***a. dei minori***, che fa cessare ogni rapporto giuridico con la famiglia di origine | ***a. mite***, forma di adozione non codificata che non prevede la cessazione di ogni rapporto giuridico con la famiglia di origine **2** scelta: *l'a. dei libri di testo* | ***paese, patria d'a.***, di elezione, non di nascita **3** attuazione: *a. di un provvedimento disciplinare*

adozionismo o **adozianismo** [da *adozione* ✱ 1913] **s. m.** ● dottrina trinitaria di numerose correnti eretiche cristiane del II e del III sec., secondo cui fra il Padre e il Figlio, considerato soltanto uomo, sussiste un rapporto di adozione, avendo il Padre assunto il Cristo come figlio per i meriti speciali di lui

adozionista o **adozianista** [1950] **s. m.** (**pl.** *-i*) ● eretico seguace dell'adozionismo

ad persònam [lat. 'alla persona'] **loc. agg. inv.** ● detto di cariche, titoli, privilegi e sim. che si riferiscono esclusivamente a una determinata persona, e non si possono quindi trasferire ad altri | (*est.*) detto di ciò che riguarda esclusivamente una persona: *assegno, trattamento ad personam*

ad quèm /*lat.* ad'kwɛm/ [lat., 'al quale, prima del quale'] **loc. agg. inv.** ● si dice, spec. nel linguaggio giuridico o storico, per qualificare un punto di riferimento finale: *anno ad quem* | (*dir.*) ***giudice ad quem***, giudice competente a conoscere dell'impugnazione o di una causa già pendente avanti ad altro giudice

adragànte o **dragànte**② [etim. incerta ✱ sec. XIII] **A** **agg.** ● nella loc. ***gomma a.***, mucillagine che trasuda dai fusti e dai rami di piante appartenenti ad alcune specie di astragalo, usata nell'industria farmaceutica e conciaria **B** **s. m.** ● gomma adragante

adrenàle [comp. di *ăd* 'presso' e *rene* ✱ 1955] **agg.** ● (*anat.*) che si trova in prossimità del rene | (*zool.*) ***ghiandola a.***, ghiandola surrenale dei Vertebrati, localizzata presso il rene

adrenalìna [da *renale* ✱ 1902] **s. f.** ● (*chim.*) ormone prodotto dalla parte midollare della ghiandola surrenale, particolarmente attivo su pressione arteriosa, battito cardiaco e ventilazione polmonare; è un importante regolatore del metabolismo glucidico e lipidico | ***avere una scarica di a.***, subire un'immissione dell'ormone nel sangue, a causa di un'emozione (*anche fig.*) SIN. epinefrina

adrenalìnico [av. 1963] **agg.** (**pl. m.** *-ci*) **1** di adrenalina: *scarica adrenalinica* **2** (*fig.*) che stimola energie o suscita forti emozioni: *sport a.*; *concerto rock a.* | irrequieto, eccitato: *un tipo a.*

adrenèrgico [comp. di *adren(alina)* e di un deriv. dal gr. *érgon* 'lavoro, attività' ✱ 1955] **agg.** (**pl. m.** *-ci*) **1** (*farm.*) detto di molecola con azione farmacologica simile a quella di adrenalina o noradrenalina: *farmaco a.* **2** (*fisiol.*) che viene stimolato da adrenalina, noradrenalina, altre catecolammine o sostanze con azione farmacologica simile | ***recettore a.***, recettore del sistema nervoso autonomo e di altri tessuti specificamente stimolato da adrenalina, noradrenalina o da sostanze con azione farmacologica equivalente | ***trasmissione adrenergica***, trasmissione di impulsi nel sistema nervoso simpatico che si propaga attraverso la stimolazione di recettori alfa o beta adrenergici

adrenocorticòtropo [comp. del lat. *ăd* 'presso', di *rene*, del lat. *cŏrtex*, genit. *cŏrticis* 'corteccia', e di *-tropo* ✱ 1955] **agg.** ● (*biol.*) detto di ormone che agisce sulla corteccia surrenale | ***ormone a.***, corticotropina

adrìaco [vc. dotta, lat. *Hadrĭacu(m)*, dal gr. *Adriakós*, agg. di *Adría* 'Adria' ✱ av. 1503] **agg.** (**pl. m.** *-ci*) ● (*lett.*) adriatico: *a specchio de l'a. mare* (G. CARDUCCI)

adriàtico [vc. dotta, lat. *Hadriătĭcu(m)*, dal gr. *Adriatikós*, agg. di *Adría* 'Adria' ✱ av. 1348] **A** **agg.** (**pl. m.** *-ci*) ● detto di quella parte del Mediterraneo racchiusa fra le coste centro-settentrionali della penisola italiana e della penisola balcanica: *mare a.* | (*est.*) relativo a questo mare: *coste adriatiche* **B** **anche s. m.**: *le coste dell'Adriatico*

adròma [dal gr. *hadrós* 'abbondante, denso' di orig. indeur. ✱ 1929] **s. m.** (**pl.** *-i*) ● (*bot.*) xilema

adróne [dal gr. *hadrós* 'forte, duro, spesso' (di orig. indeur.), sul modello di *elettrone* ✱ 1974] **s. m.** ● (*fis.*) ogni particella subnucleare soggetta a interazione forte e pertanto costituita da quark

adroterapìa [comp. di *adro(ne)* e *terapia* ✱ 1993] **s. f.** ● (*med.*) terapia oncologica basata sull'impiego di fasci di adroni ‖ **adroteràpico**, **agg.** (**pl. m.** *-ci*) relativo all'adroterapia

ADSL /adiesse'ɛlle/ [sigla dell'ingl. *A(symmetric) D(igital) S(ubscriber) L(ine)* 'linea di utente digitale asimmetrica' ✱ 1993] **s. m. o f. inv.** ● (*tel.*) tecnologia che permette la trasmissione di dati ad alta velocità su normali linee telefoniche | allacciamento telefonico basato su tale tecnologia

adsorbènte **A** **part. pres.** di *adsorbire*; anche **agg.** ● nei sign. del v. **B** **s. m.** ● sostanza non digeribile usata come protettivo e carminativo in affezioni gastro-intestinali

adsorbiménto [1942] **s. m.** **1** (*chim.*) proprietà e funzione dell'adsorbire **2** (*miner.*) capacità della superficie dei cristalli di attrarre particelle materiali estranee

adsorbìre [adattamento dell'ingl. *to adsorb*, comp. di *ad-* 'a' e di *-sorb* del v. *to absorb* 'assorbire' ✱ 1938] **v. tr.** (*io adsorbisco, tu adsorbìsci*) ● (*fis.*) fissare le molecole di un fluido sullo strato superficiale di un solido o di un liquido con cui è in contatto

adstràto o **astràto** [dal lat. *ăd* 'presso', sul modello di *substrato* ✱ 1938] **s. m.** ● (*ling.*) influenza reciproca esercitata da lingue in contatto

adùggere [lat. *adūrere* 'bruciare', comp. di *ăd* e *ūrere* 'bruciare'. V. *urente* ✱ av. 1374] **v. tr.** (**difett. usato solo nella terza pers. sing. del pres. indic.** *adùgge*) ● (*lett.*) inaridire (*anche fig.*): *come balen che le campagne adugge* (P. METASTASIO)

aduggiàre o †**auggiàre** [comp. di *ad-* e *uggia* ✱ 1313] **A** **v. tr.** (**pres.** *io adùggio*; **fut.** *io aduggerò*) **1** (*lett.*) coprire d'ombra **2** (*fig., lett.*) nuocere, opprimere, inaridire: *Io fui radice de la mala pianta / che la terra cristiana tutta aduggia* (DANTE *Purg.* XX, 43-44) | (*lett.*) rattristare **B** **aduggiàrsi** **v. intr. pron.** ● (*lett.*) inaridirsi | (*fig.*) intristirsi

†**adugnàre** ➤ †**augnare**

adulàbile [vc. dotta, lat. *adulābile(m)*, da *adulāre* ✱ 1499] **agg.** ● che si può adulare, che si lascia adulare: *una persona a.*

♣**adulàre** [vc. dotta, lat. *adulāri*, di etim. incerta ✱ 1308] **A** **v. tr.** (*io àdulo* o *adùlo*) ● lodare eccessivamente per compiacenza, interesse, ipocrisia e sim.: *a. qlcu. per averne i favori*; *a. la vanità di qlcu.* SIN. blandire, incensare, lusingare, piaggiare **B** **adulàrsi** **v. rifl.** ● (*raro*) incensarsi

adulària [dalle Alpi dell'*Adula* dove fu scoperta ✱ 1806] **s. f.** ● (*miner.*) varietà di sanidino in cristalli limpidi e incolori usata talora come gemma CFR. lunaria②

adulatóre [vc. dotta, lat. *adulatōre(m)*, da *adulāri* 'adulare' ✱ 1308] **s. m.** (**f.** *-trice*, *raro -tora*); **anche agg.** ● chi (o che) adula o lusinga SIN. piaggiatore

adulatòrio [vc. dotta, lat. *adulatōriu(m)*, da *adulāri* 'adulare' ✱ sec. XIV] **agg.** (**pl. m.** *-i* o *raro -ii*) ● che serve ad adulare: *comportamento a.*; *cose iperboliche e adulatorie assai* (T. CAMPANELLA) SIN. servile, incensatorio ‖ **adulatoriaménte**, **avv.**

adulazióne [vc. dotta, lat. *adulatiōne(m)*, da *adulāri* 'adulare' ✱ 1308] **s. f.** ● l'adulare | parola, comportamento, espediente che serve ad adulare: *la sua lettera non è altro che una sfacciata a.* SIN. piaggeria, servilismo

SFUMATURE ➤ *lusinga*

adulteràbile [1891] **agg.** ● che si può adulterare

adulteraménto [1612] **s. m.** ● (*raro*) adulterazione

adulterànte **A** **part. pres.** di *adulterare*; **anche agg.** ● nei sign. del v. **B** **s. m.** ● sostanza che, aggiunta ad altre, ne adultera la composizione: *un a. del burro*

adulteràre o †**avolteràre** [vc. dotta, lat. *adulterāre*, comp. di *ăd* e *alterāre* 'alterare' ✱ 1268] **A** **v. tr.** (*io adùltero*) **1** alterare, spec. a scopo di lucro, un prodotto alimentare con l'aggiunta di sostanze simili spec. di minor pregio e spesso nocive: *a. il burro, il vino* SIN. sofisticare **2** (*fig., lett.*) corrompere, guastare: *a. la lingua natia* **3** †indurre a commettere adulterio **B** **v. intr.** (**aus.** *avere*) ● †commettere adulterio

SFUMATURE ➤ *alterare*

adulteràto **part. pass.** di *adulterare*; **anche agg.** ● sofisticato, alterato

adulteratóre o †**avolteratóre** [vc. dotta, lat. tardo *adulteratōre(m)*, da *adulterāre* 'adulterare' ✱ 1258] **s. m.** (**f.** *-trice*); **anche agg.** **1** chi (o che) adultera (*anche fig.*): *a. di merci, di alimenti*; *a. della parola divina* **2** †chi commette o fa commettere adulterio

adulterazióne [vc. dotta, lat. *adulteratiōne(m)*, da *adulterāre* 'adulterare' ✱ 1395] **s. f.** ● l'adulterare: *a. di sostanze alimentari*

adulterìno o †**avolterìno** [vc. dotta, lat. *adulterīnu(m)*, da *adŭlter* 'adultero' ✱ 1258] **agg.** **1** che deriva da adulterio: *figlio a.*; *relazione adulterina* **2** †falso, fittizio

adultèrio o †**adultèro** [vc. dotta, lat. *adultĕriu(m)*, da *adŭlter* 'adultero' ✱ 1268] **s. m.** (**pl.** *-i* o *raro -ii*) **1** violazione dell'obbligo di fedeltà coniugale **2** (*lett.*) tresca, amore illecito | fornicazione

adùltero [vc. dotta, lat. *adŭlteru(m)*, da *adulterāre* 'adulterare' ✱ av. 1294] **agg. e s. m.** (**f.** *-a*) ● che (o chi) commette adulterio: *marito a.*

adultescènte [comp. di *adult(o)* e *(adol)escente*, sul modello dell'ingl. *adultescent* ✱ 1997] **s. m. e f.** ● nel linguaggio della sociologia, persona tra i venti e i trent'anni le cui condizioni di vita (studio, lavoro, reddito, casa, ecc.) e la cui mentalità sono considerate simili a quelle di un adolescente

adultità [1946] **s. f. inv.** ● condizione di

a b c d e f g h i j k l m n o p q r s t u v w x y z

adulto; età adulta: *il passaggio dall'infanzia all'a.*

♦**adùlto** [vc. dotta, lat. *adŭltu(m)*, part. pass. di *adolēscere*. V. *adolescente* ✱ 1310] **A** **agg.** **1** di persona che è nella piena maturità fisica, psichica e sessuale **2** di pianta o animale giunto allo stadio definitivo dello sviluppo e capace di riprodursi **3** (*fig.*) sviluppato, maturo: *comportamento a.*; *stile a.* **B** **s. m.** (**f.** *-a*) ● persona adulta

adunàbile [av. 1588] **agg.** ● che si può adunare

adunaménto [av. 1313] **s. m.** ● (*raro*) l'adunare, l'adunarsi | riunione

adunànza o †**agunànza** [da *adunare* ✱ sec. XIII] **s. f.** **1** riunione, assemblea: *tenere un'a.*; *a. plenaria, collegiale* **2** (*est.*, *raro*) raccolta di cose **3** †associazione

adunàre o †**agunàre**, †**aunàre** [lat. tardo *adunāre*, comp. di *ăd* e *ūnum* 'uno' ✱ sec. XII] **A** **v. tr.** ● raccogliere, mettere insieme, radunare: *a. le forze*; *a. gli amici* | (*lett.* o *raro*) contenere, comprendere: *Aduna e vita e morte il bianco mare* (G. D'Annunzio) **B** **adunàrsi** **v. intr. pron.** ● riunirsi, raccogliersi (*anche fig.*): *adunarsi in piazza per la manifestazione*; *Sfugge il chiarore e s'aduna / sovra eminenze e frondi* (E. Montale)

adunàta [1294] **A** **s. f.** **1** (*milit.*) riunione ordinata dei militari che compongono un reparto, o di più reparti insieme, con comando scritto, a voce o mediante segnale di tromba: *fare l'a.* | il comando e il segnale stesso: *suonare l'a.* **2** (*est.*) raduno di massa: *partecipare, essere presente, intervenire a un'a.*; *a. oceanica*; *a. sediziosa* **B** **in funzione di inter.** ● si usa come comando per effettuare un'adunata militare: *a.!*

adunatóre [vc. dotta, lat. tardo *adunatrī̆ce(m)*, da *adunāre* 'adunare' ✱ 1305] **s. m.** (**f.** *-trice*); **anche agg.** ● chi (o che) aduna o riunisce | (*lett.*) ***a. di nembi***, Giove pluvio

†**adunazióne** [vc. dotta, lat. tardo *adunatiō̆ne(m)*, da *adunāre* 'adunare' ✱ 1298] **s. f.** ● raduno, assemblea

♣**adùnco** [lat. *adŭncu(m)*, comp. di *ăd* e *ŭncus* 'uncino' ✱ 1342] **agg.** (**pl. m.** *-chi*) ● piegato in punta, uncinato: *becco, naso a.* **SIN.** aquilino

adunghiàre o †**aunghiàre** [comp. di *ad-* e *unghia* ✱ 1395] **v. tr.** (*io adùnghio*) ● afferrare con le unghie o con gli artigli: *il gatto adunghia il topo* | (*est.*) afferrare saldamente: *adunghiò il piatto*; *lo adunghiarono per un braccio* | (*fig.*, *lett.*) dilaniare, attanagliare: *Una smania ... mi aveva preso, quasi adunghiandomi il ventre* (L. Pirandello)

♣**adùnque** [av. 1249] **cong.** ● (*lett.*) dunque

♣**aduṣàre** o †**auṣàre** [lat. parl. *✱adusāre*, comp. di *ăd* e *ūsus* 'abitudine' ✱ av. 1249] **A** **v. tr.** ● (*lett.*) assuefare, abituare, avvezzare **B** **aduṣàrsi** **v. rifl.** ● (*lett.*) abituarsi, avvezzarsi: *adusarsi alle fatiche*

aduṣàto **part. pass.** di *adusare*; **anche agg.** **1** (*lett.*) abituato, avvezzo **2** (*lett.*) consueto, solito

♣**adùṣo** [da *adusato*, sul modello di *uso*① ✱ 1611] **agg.** ● (*lett.*) abituato, avvezzo: *non sono a. a frequentare simile gente*

†**adustézza** [sec. XIV] **s. f.** ● (*raro*) secchezza, aridità

†**adustióne** [vc. dotta, lat. *adustiō̆ne(m)*, da *adŭstus* 'adusto' ✱ sec. XIV] **s. f.** ● bruciatura, aridità

adùsto [vc. dotta, lat. *adŭstu(m)*, part. pass. di *adūrere*, comp. di *ăd* e *ūrere* 'bruciare' ✱ 1300 ca.] **agg.** **1** (*lett.*) inaridito, arso dal sole o dal fuoco: *pianta adusta* **2** (*lett.*) magro, rinsecchito, detto spec. di persona o di parti del corpo: *uomini adusti*; *Era un vecchio prete ... con il viso a.* (F. Tozzi)

ad ùṣum Delphìni /*lat.* a'duzum del'fini/ [lat., 'ad uso del Delfino', cioè del primogenito del re di Francia i cui libri scolastici erano espurgati e adattati ✱ 1819] **loc. agg. inv.** ● detto di qualsiasi cosa modificata secondo interessi di parte: *una circostanza che tacque ... o piuttosto tradusse ad usum delphini* (G. Verga)

ad valòrem [lat., 'secondo il valore' ✱ 1892] **loc. agg. inv.** ● di tributo computato in base al valore del bene considerato: *dazio ad valorem*

advànced booking /ad'vansed 'bukin(g), *ingl.* əd'vɑːnst 'bʊkɪŋ/ [loc. ingl., propr. 'prenotazione (*booking*) anticipata (*advanced*)' ✱ 2002] **loc. sost. m. inv.** (**pl. ingl.** *advanced bookings*) ● prenotazione fatta con notevole anticipo, spec. per l'acquisto a prezzo scontato di biglietti o viaggi **CFR.** first minute, last minute

adverbàle [comp. di *ad-* e dell'agg. *verbale* ✱ 1955] **agg.**; **anche s. m.** ● (*gramm.*) detto di elemento della frase dipendente da un verbo **CFR.** adnominale

àdvergame /'advergeim, *ingl.* 'ædvɜːˌgeɪm/ [vc. ingl., propr. 'gioco (*game*) con annuncio pubblicitario (*adver(tisement)*)' ✱ 2002] **s. m. inv.** ● (*inform.*) forma di pubblicità all'interno di un gioco interattivo, spec. in Internet

advèrtisement /ad'vertizment, -'taiz-, *ingl.* əd'vɜːtɪsmənt, ˌædvəː'taɪzmənt/ [vc. ingl., da *to advertise* 'fare pubblicità' ✱ 1988] **s. m. inv.** ● annuncio economico, pubblicitario **SIN.** inserzione

advertising /adver'taizin(g), *ingl.* 'ædvəˌtaɪzɪŋ/ [vc. ingl., da *to advertise* 'fare pubblicità' ✱ 1984] **s. m. inv.** ● attività pubblicitaria relativa a beni o servizi, tendente a incrementare la domanda da parte del pubblico **SIN.** pubblicità

advisor /ad'vaizor, *ingl.* əd'vaɪzə(r)/ [vc. ingl., var. di *adviser* 'consulente, consigliere' ✱ 1970] **s. m. e f. inv.** ● persona o società che fornisce consulenze professionali

advisory /ad'vaizori, *ingl.* əd'vaɪzərɪ/ [vc. ingl., dal v. *to advise* 'consigliare' ✱ 1934] **agg. inv.** ● consultivo, in alcune loc. sost. | ***a. board***, ***a. committee***, comitato consultivo | ***a. body***, organo consultivo | ***a. center***, consultorio | ***a. group***, gruppo di consulenza

adware /'adwer, *ingl.* 'ædweə(r)/ [vc. ingl., comp. di *ad(vertising-supported)* e *(soft)ware* 'software con pubblicità' ✱ 2001] **s. m. inv.** ● (*inform.*) software ceduto gratuitamente o a prezzo molto basso a condizione che l'utente accetti di ricevere messaggi pubblicitari durante il suo uso

adỳnaton /*gr.* a'dynaton/ [gr. *adýnaton* 'cosa impossibile' ✱ 1955] **s. m. inv.** (**pl. gr.** *adynata*) ● (*ling.*) figura retorica che consiste nel mettere in relazione l'impossibilità dell'avverarsi di un fatto con un altro di per sé assurdo, per es. in: *quando avrò queto il core, asciutti gli occhi, / vedrem ghiacciare il foco, arder la neve* (F. Petrarca) **CFR.** adinato

adzaristàno /addzaris'tano/ [2011] **A** **agg.** ● dell'Adzaristan, repubblica autonoma della Georgia asiatica **B** **s. m.** (**f.** *-a*) ● abitante o nativo dell'Adzaristan

aèdo [vc. dotta, gr. *aoidós* 'cantore', da *aéidō* 'io canto' ✱ 1879] **s. m.** **1** cantore epico della Grecia antica **2** (*est.*) poeta, vate

aennìno [dalla lettura della sigla AN: *a enne* ✱ 1995] **A** **agg.** ● appartenente o relativo ad Alleanza Nazionale: *proposte aennine* **B** **s. m.** (**f.** *-a*) ● esponente o sostenitore di Alleanza Nazionale

aequo, ex ➤ **ex aequo**

aeràggio [fr. *aérage*, dal lat. *āer* 'aria①' ✱ 1877] **s. m.** ● (*raro*) aerazione

aeraménto o **aereaménto** [1970] **s. m.** ● aerazione del mosto, che ha lo scopo di favorirne la fermentazione

aeràre o (*raro*) **aereàre**, (*evit.*) **areàre** [1784] **v. tr.** (*io àero*) **1** dare aria, ventilare, arieggiare: *a. una cantina* **2** (*agric.*) effettuare fori in un terreno coltivato per migliorare il drenaggio e favorire lo sviluppo radicale delle erbe

aeràto **part. pass.** di *aerare*; **anche agg.** **1** arieggiato, ventilato **2** impregnato d'aria, di gas

aeratóre o (*raro*) **aereatóre** [1942] **s. m.** ● dispositivo che dà aria ad ambienti o ad apparecchi

aeràulica [comp. di *aero-*① e *(idr)aulica* ✱ 1977] **s. f.** ● (*mecc.*) scienza e tecnica che studiano le leggi generali del moto degli aeriformi, e in particolare dell'aria

aeràulico [1968] **agg.** (**pl. m.** *-ci*) ● (*mecc.*) relativo all'aeraulica | che riguarda la circolazione dell'aria all'interno di un sistema: *impianto a.*

aerazióne o (*raro*) **aereazióne** [1884] **s. f.** **1** ventilazione: *l'a. di un ambiente*; *impianto di a.* **2** in varie tecnologie, immissione di aeriformi in sostanze o prodotti vari: *a. del mosto* | ***zona di a.***, parte superficiale di un terreno non compatto, in cui può circolare aria

àere① [vc. dotta, lat. *āera*, dal gr. *aḗr*, da avvicinare ad *áēmi* 'io soffio' ✱ av. 1226] **s. m.**, †**f.** ● (*poet.*) aria, atmosfera: *a. sacro, sereno / ove Amor co' begli occhi il cor m'aperse* (F. Petrarca) | cielo | clima, temperatura

†**àere**② [fr. *air*, propr. 'aria' ✱ av. 1306] **s. m.** o **f.** ● (*lett.*) indole, natura | aspetto del volto

aere- ➤ **aero-**①

aereàre e deriv. ➤ **aerare** e deriv.

aereifórme ➤ **aeriforme**

♦**aèreo**① [vc. dotta, lat. *aĕreu(m)*, da *āer* 'aria①' ✱ 1282] **A** **agg.** **1** di aria, costituito d'aria: *gli spazi aerei* | (*est.*, *lett.*) lieve, leggero: *veli aerei*; *aeree danze* | (*fig.*) inconsistente, senza fondamento: *discorsi aerei* **SIN.** campato in aria **2** (*est.*) che vive e si sviluppa al di fuori della terra: *radici aeree* | che sta in aria: *cavi aerei*; *boa aerea* | che si leva nell'aria: *animale a.* | (*est.*, *lett.*) elevato: *le aeree cime*; *un ... colonnato / d'aerei pioppi* (G. Pascoli) **3** relativo all'aeronautica, agli aeromobili: *mezzi militari aerei*; *flotta, posta, navigazione, guerra aerea* | ***difesa aerea***, misure e predisposizioni per contrastare i mezzi aerei avversari **4** (*anat.*) che è relativo alle vie respiratorie: *vie aeree superiori, inferiori* **5** (*med.*) detto di una modalità di contagio delle malattie infettive **B** **s. m.** ● antenna esterna di un apparecchio radio trasmittente o ricevente | ***a. filante***, antenna per radio, usata spec. sugli aeromobili e consistente in un filo metallico, che è fatto filare, cioè scorrere fuori, durante il volo

♦**aèreo**② [accorc. di *aeromobile* ✱ 1918] **s. m.** ● aeroplano: *a. a elica, a reazione*; *a. supersonico*; *a. civile, da turismo, militare* | ***a. madre***, aereo attrezzato per trasportare ad alta quota e sganciarvi un aeromobile incapace di decollare con i suoi mezzi

aèreo- ➤ **aero-**②

aereòlito ➤ **aerolito**

aereonavàle ➤ **aeronavale**

àeri- ➤ **aero-**①

aerìcolo [comp. di *aeri-* e *-colo* ✱ 1955] **agg.** ● detto di organismo vegetale o animale che vive nell'ambiente terrestre o aereo, in contrapposizione ad acquicolo

aerìfero [comp. di *aeri-*① e *-fero* ✱ 1829] **agg.** ● che favorisce il passaggio dell'aria: *tubi aeriferi* | (*bot.*) ***tessuto a.***, tessuto parenchimatico vegetale ricco di spazi intercellulari che permettono il passaggio dell'aria

aerifórme o (*raro*) **aereifórme** [comp. di *aeri-* e *-forme* ✱ 1729] **A** **agg.** ● che è allo stato gassoso: *sostanza a.* **B** **s. m.** ● sostanza allo stato gassoso

aerino [vc. dotta, gr. *aérinos* 'aereo, limpido come l'aria' ✻ 1612] **agg.** ● (*lett.*) che ha il colore o la leggerezza dell'aria: *Oltre il muro / si sfioccano, aerine, le ghirlande / dei carpini* ... (E. MONTALE)

àero-① o **àere-**, **àeri-**, (*evit.*) **àreo-** [dal gr. *aḗr* 'aria'①] **primo elemento** ● in parole composte della terminologia scientifica significa 'aria': *aerofagia, aerometro*

àero-② o **aèreo-**, (*evit.*) **àreo-** [V. *aero-*①] **primo elemento** ● in parole composte è accorciamento di *aeronautica, aeromobile*, o fa riferimento all'aeronautica: *aeroporto, aeronavale*

aeroambulànza [comp. di *aero-*② e *ambulanza* ✻ 1938] **s. f.** ● aereo di soccorso attrezzato per il trasporto e le cure più urgenti dei malati e dei feriti

aeròbica [da *aerobico*, cioè con grande consumo d'ossigeno ✻ 1970] **s. f.** ● ginnastica basata su movimenti a corpo libero legati in sequenza ed eseguiti a tempo di musica

aeròbico [1923] **agg.** (**pl. m.** *-ci*) **1** relativo ad aerobiosi: *processo a.* **2** relativo all'aerobica | detto di attività motoria sportiva, per es. il ciclismo, che sfrutta l'energia proveniente dai grassi e utilizza l'apporto di ossigeno || **aerobicità**, **s. f. inv.**

aeròbio [comp. di *aero-*① e *-bio* ✻ 1899] **A s. m.** ● (*biol.*) organismo che, per vivere, ha bisogno di assumere ossigeno libero dall'ambiente **B anche agg.**: *batteri aerobi*

aerobiologìa [comp. di *aero-*① e *biologia* ✻ 1989] **s. f.** (**pl.** *-gìe*) ● (*biol.*) branca della biologia che si occupa dei materiali biologici presenti nell'atmosfera (come pollini, virus, spore), della loro diffusione e dei loro effetti

aerobiòṣi [comp. di *aero-*① e gr. *bíōsis* 'condotta di vita', da *bíos* 'vita'. V. *bio-* ✻ 1950] **s. f. inv.** ● (*biol.*) processo vitale o fisiologico che si svolge in presenza di aria o di ossigeno libero CONTR. anaerobiosi

Aerobòxe® /aero'bɔks/ [comp. di *aerob(ica)* e *(b)oxe* ✻ 1990] **s. f. inv.** ● disciplina sportiva che combina boxe e aerobica

aerobrigàta [comp. di *aero-*② e *brigata* ✻ 1965] **s. f.** ● unità organica dell'aeronautica militare comprendente più stormi

àerobus o **aèrobus** [1923] **s. m. inv.** **1** (*raro*) adattamento di *airbus* (V.) **2** autobus che fa servizio per l'aeroporto

aerocartografìa [comp. di *aero-*② e *cartografia* ✻ 1968] **s. f.** ● tecnica di costruzione di una carta geografica mediante fotografie prese dall'aereo

aerocèntro (o *-é-*) [comp. di *aero-*② e *centro* ✻ 1938] **s. m.** ● luogo nel quale si concentrano gli aeromobili, le officine, i depositi e i materiali necessari per i voli e per la manutenzione

aerocinematografìa [comp. di *aero-*② e *cinematografia* ✻ 1968] **s. f.** ● ripresa cinematografica compiuta con apparecchiature installate a bordo di velivoli

aerocistèrna [comp. di *aero-*② e *cisterna* ✻ 1967] **s. f.** ● aereo, generalmente di grande capienza, il cui carico è costituito soltanto da combustibile, per trasferirlo da un luogo a un altro o rifornirne in volo altri aerei

aeroclub /aero'klɛb, -ab, -ub/ [comp. di *aero-*② e *club* ✻ 1942] **s. m. inv.** ● associazione che promuove lo sviluppo del volo civile, da turismo e sportivo

aerodìna o **aerodìne** [ingl. *aerodyne*, comp. di *aero-*② e gr. *dýnamis* 'forza' ✻ 1939] **s. f.** ● aeromobile più pesante dell'aria, come l'aeroplano e l'aliante, che si sostenta principalmente per azione delle forze aerodinamiche che si esercitano sulla sua superficie

aerodinàmica [dall'ingl. *aerodynamics*, comp. di *aero-*① e *dinamica* ✻ 1828] **s. f.** ● (*fis.*) parte della fluidodinamica che studia il moto dei fluidi gassosi e le azioni reciproche fra i corpi e detti fluidi

aerodinàmico [1934] **A agg.** (**pl. m.** *-ci*) **1** pertinente all'aerodinamica | che genera azioni aerodinamiche o ne dipende | ***corpo a.***, di forma tale da offrire scarsa resistenza all'aria **2** (*est.*) di forma slanciata: *linea aerodinamica* || **aerodinamicaménte**, **avv.** (*raro*) per quanto concerne l'aerodinamica || **aerodinamicità**, **s. f. inv.** insieme delle proprietà aerodinamiche di un corpo **B s. m.** (**f.** *-a*) ● chi si occupa o è esperto di aerodinamica

aerodìne ➤ **aerodina**

aeròdromo, (*evit.*) **aerodròmo** [fr. *aérodrome*, comp. di *aero-*② e del gr. *drómos* 'corsa' ✻ 1822] **s. m.** ● aeroporto, campo d'aviazione

aeroelettrònica [comp. di *aero-*② ed *elettronica* ✻ 1983] **s. f.** ● avionica

aerofagìa [comp. di *aero-*① e *-fagia* ✻ 1899] **s. f.** (**pl.** *-gìe*) ● (*med.*) ingestione di aria nell'atto della deglutizione

aerofàro [comp. di *aero-*② e *faro* ✻ 1941] **s. m.** ● luce aeronautica di superficie, visibile da tutte le direzioni, continua o intermittente, per indicare un particolare punto al suolo

aerofìṣica [comp. di *aero-*② e *fisica* ✻ 1961] **s. f.** ● branca della fisica che studia la progettazione e la costruzione di aerei e di altri apparecchi aerodinamici

aeròfito [comp. di *aero-*① e *-fito* ✻ 1829] **agg.** ● (*bot.*) detto di pianta che vive senza radici nel terreno, utilizzando l'aria umida della foresta pluviale

aerofobìa [comp. di *aero-*① e *-fobia* ✻ 1749] **s. f.** ● (*med.*) insofferenza alle correnti e agli spostamenti d'aria sulla pelle, talora sintomo della rabbia || **aerofòbico**, **agg.** (**pl. m.** *-ci*); **anche s. m.** (**f.** *-a*) **nel sign. 2** **1** relativo ad aerofobia **2** aerofobo || **aeròfobo**, **agg.** e **s. m.** (**f.** *-a*) che (o chi) soffre di aerofobia

aerofonìsta [1961] **s. m. e f.** (**pl. m.** *-i*) ● addetto all'aerofono

aeròfono [comp. di *aero-*① e *-fono* ✻ 1892] **A s. m.** **1** apparecchio acustico usato in passato nella difesa contraerea per individuare la direzione e la distanza di una sorgente sonora **2** (**spec. al pl.**) strumento musicale che ha come corpo sonoro una colonna d'aria CFR. cordofono, idiofono **B anche agg.**

aeròforo [comp. di *aero-*① e *-foro* ✻ 1913] **s. m.** ● apparecchio per aerare un ambiente sommerso o mancante di aria respirabile

aerofotografìa [comp. di *aero-*② e *fotografia* ✻ 1927] **s. f.** ● tecnica dei fotogrammi aerei da ottenere con apparecchi fotografici installati a bordo di velivoli | fotografia ottenuta

aerofotogràmma [comp. di *aero-*② e *fotogramma* ✻ 1936] **s. m.** (**pl.** *-i*) ● fotografia ottenuta con una camera aerofotogrammetrica a scopo di ricognizione o per rilievi fotogrammetrici

aerofotogrammetrìa [comp. di *aero-*② e *fotogrammetria* ✻ 1925] **s. f.** **1** rilevamento fotogrammetrico ripreso dall'aereo **2** parte della fotogrammetria che studia tale rilevamento e la relativa restituzione

aerofotogrammètrico [1955] **agg.** (**pl. m.** *-ci*) ● relativo ad aerofotogrammetria

aerogèl [comp. di *aero-*① e *gel* ✻ 1991] **s. m. inv.** ● (*tecnol.*) materiale solido leggero e resistente, costituito di aria per almeno il 90% e per il resto di ossido di silicio; è un efficace isolante termico e acustico SIN. fumo solido

aerogeneratóre [comp. di *aero-*① e *generatore* ✻ 1986] **s. m.** ● (*tecnol.*) apparecchio che trasforma l'energia eolica in energia elettrica

aerogètto [comp. di *aero-*② e *getto*② ✻ 1963] **s. m.** ● (*aeron.*) aeroreattore

aerogìro [comp. di *aero-*② e *giro* ✻ 1939] **s. m.** ● aeromobile, come l'elicottero, che si sostenta mediante una o più pale rotanti orizzontalmente

aerografìsta [1955] **s. m. e f.** (**pl. m.** *-i*) ● verniciatore o decoratore che si serve dell'aerografo

aerògrafo [comp. di *aero-*① e *-grafo* ✻ 1941] **s. m.** ● apparecchio ad aria compressa per spruzzare vernice o altre sostanze liquide finemente polverizzate su di una superficie

aerogràmma [comp. di *aero-*② e *-gramma* ✻ 1902] **s. m.** (**pl.** *-i*) ● cartolina o biglietto postale con affrancatura prestampata per l'invio mediante posta aerea | busta affrancata con francobolli e trasportata per via aerea

aerokòmbat /aero'kɔmbat/ [comp. di *aero(bica)* e del russo *kombat* 'combattimento' ✻ 2000] **s. m. inv.** ● disciplina sportiva che combina boxe, arti marziali e aerobica

aerolìnea [comp. di *aero-*② e *linea* ✻ 1931] **s. f.** ● linea aerea | impresa di aerotrasporti che fa aeroservizi: *a. locale, regionale, interna, internazionale*

aerolìtico [1983] **agg.** (**pl. m.** *-ci*) ● (*raro*) attinente agli aeroliti

aeròlito o **aerolìte**, **aerolìto**, **aereòlito** [comp. di *aero-*① e *-lito*① ✻ 1818] **s. m.** ● meteorite costituito prevalentemente da silicati

aerologìa [comp. di *aero-*① e *-logia* ✻ sec. XVIII] **s. f.** (**pl.** *-gìe*) ● studio delle condizioni degli strati atmosferici più elevati

aerologìsta [1942] **s. m. e f.** (**pl. m.** *-i*) ● aerologo

aeròlogo [comp. di *aero-*① e *-logo* ✻ 1913] **s. m.** (**f.** *-a*; **pl. m.** *-gi*) ● specialista di aerologia

aeromànte [vc. dotta, lat. *aeromănte(m)*, nom. *aeromăntis*, comp. di *aero-*① e del gr. *mántis* 'indovino' ✻ 1306 ca.] **s. m. e f.** ● chi esercita l'aeromanzia

aeromanzìa [vc. dotta, lat. tardo *aeromantīa(m)*, comp. di *aero-*① e del gr. *mantéia* 'divinazione' ✻ sec. XIV] **s. f.** ● arte di predire il futuro osservando i fenomeni atmosferici

aeromarìttimo [comp. di *aero-*② e *marittimo* ✻ 1961] **agg.** ● detto di attività aerea che si svolge sul mare | ***soccorso a.***, servizio svolto mediante aerei per il salvataggio di naufraghi, l'assistenza a navi in avaria e sim.

aeromeccànica [comp. di *aero-*① e *meccanica* ✻ 1950] **s. f.** ● (*fis.*) ramo della meccanica che studia la statica e la dinamica degli aeriformi

aerometrìa [comp. di *aero-*① e *-metria* ✻ 1789] **s. f.** ● determinazione della densità dei gas

aeròmetro [comp. di *aero-*① e *-metro* ✻ 1795] **s. m.** ● densimetro per gas | areometro per gas

aeromòbile [comp. di *aero-*② e *mobile* ✻ 1908] **s. m.** ● veicolo capace di sostenersi e muoversi nell'aria | ***a. a sostentazione statica***, aerostato | ***a. a sostentazione dinamica***, aerodina | ***a. a gettosostentazione***, che si sostenta mediante la forza propulsiva di getti

NOMENCLATURA

aeromobile

● *tipi di aeromobile*: apparecchio, aeroplano = aereo (monoplano, biplano, triplano, con ali a delta, a triangolo, a geometria variabile, canard; monoposto, biposto; aerobus, aerocisterna, cargo), elicottero; velivolo = aerostato = mongolfiera = pallone, aliante; idrovolante, anfibio, cervo volante, motoaliante; deltaplano, velivolo ultraleggero a motore (ULM);

● *caratteristiche*: aerostato ⇔ aerodine; di stato ⇔ privato, con eliche spingenti ⇔ con eliche traenti, a involo obliquo ⇔ a involo verticale; da

trasporto, da turismo, di linea, postale; civile ⇔ militare (caccia, bombardiere, aerotattico, cacciasommergibile, aerosilurante, ricognitore = da pattugliamento, aero-bersaglio, (manica); aero-scuola, aerosoccorso); bimotore, trimotore, quadrimotore, a reazione = reattore, aviogetto, jumbo jet, turboelica, turboreattore, subsonico, supersonico;
• *aerostati senza motore*: pallone (libero ⇔ frenato), mongolfiera (aerostiere; zavorra, navicella = cesta, involucro (idrogeno) manica, valvola);
• *con motore ausiliario*: motopallone;
• *con motore*: dirigibile;
• *elicottero*: pale, rotore (birotore), elica, elica anticoppia, pattino, equilibratore; hovering; eliambulanza, elisoccorso, elitaxi, eliplano;
• *principali manovre*: decollo, atterraggio, impennata = cabrata, picchiata, virata; portanza apertura alare, aerodistorsione, aeroelasticità; scatola nera; aviolancio (paracadute), avioimbarco; linea aerea; aerotrasporto; economy, business, top class;
• *aeroporto*: aeroscalo, campo d'aviazione, aerodromo, pista di volo, pista di rullaggio, aerostazione, aerofaro, torre di controllo, area di parcheggio, aviorimessa = hangar; check-in; idroscalo, eliporto;
• *persone*: pilota, aviatore, steward, hostess; controllori di volo = uomini radar;
• *azioni*: pilotare, rullare, decollare, librarsi, cabrare, impennare, imbardare, planare, picchiare, virare, flottare, dirottare, scivolare d'ala, capottare, precipitare, derapare, rientrare alla base, atterrare, ammarare; perdere quota, prendere = guadagnare quota.

aeromodellismo [comp. di *aero-*② e *modellismo* * 1934] **s. m.** • tecnica e attività che riguardano gli aeromodelli

aeromodellista [1961] **s. m. e f.** (**pl. m.** *-i*) • chi si occupa di aeromodellismo

aeromodellistica [1935] **s. f.** • aeromodellismo

aeromodèllo [comp. di *aero-*② e *modello* * 1936] **s. m.** • aereo in miniatura, in grado di volare, con o senza motore; può essere di ideazione originale o riprodurre in scala un aereo vero ‖ **aeromodellino**, **dim.**

aeromòto [comp. di *aero-*① e *moto* * 1835] **s. m.** • violento spostamento d'aria per ripercussione di un terremoto o di una forte esplosione

aeromotóre [comp. di *aero-*① e *motore* * 1952] **s. m.** • motore a vento

aeronàuta [comp. di *aero-*① e del gr. *náutēs* 'navigante' * 1784] **s. m. e f.** (**pl. m.** *-i*) • navigatore aereo con aerostato | (*est.*) chi pilota un aeromobile

aeronàutica, (*evit.*) **areonàutica** [da *aeronauta* * 1819] **s. f. 1** scienza, tecnica e attività relative alla costruzione e all'impiego degli aeromobili, comprendente l'aerostatica e l'aviazione **CFR.** avio- **2** complesso di enti e persone che si occupano dell'attività aerea | ***A. Civile, Militare***, corpo civile o militare addetto alla navigazione aerea | azione aerea **SIN.** aviazione

aeronàutico [1789] **agg.** (**pl. m.** *-ci*) • relativo all'aeronautica: *ingegneria, industria, Arma aeronautica* | ***Accademia Aeronautica***, istituto per la preparazione teorica e pratica degli ufficiali piloti dell'Aeronautica Militare ‖ **aeronauticaménte**, **avv.** per quanto riguarda l'aeronautica

aeronavàle o **aereonavàle** [comp. di *aero-*② e *navale* * 1938] **agg.** • detto di attività a cui partecipano mezzi aerei e navali: *battaglia, manovra, operazione, spedizione a.*

aeronàve [comp. di *aero-*② e *nave* * 1838] **s. f.** • dirigibile | astronave

aeronavigazióne [comp. di *aero-*② e *navigazione* * 1910] **s. f.** • navigazione aerea

aeronomìa [comp. di *aero-*① e *-nomia* * 1963] **s. f.** • (*geofis.*) branca della geofisica che studia l'alta atmosfera, e in particolare la composizione e i movimenti dei gas che la costituiscono e il suo irraggiamento di calore

aeropénna [comp. di *aero(grafo)* e *penna* * 1938] **s. f.** • aerografo di piccole dimensioni usato per il ritocco di fotografie, lavori di grafica, pittura e sim.

♦**aeroplàno**, (*evit.*) **areoplàno** [fr. *aéroplane*, comp. di *aéro-* 'aero-②' e un secondo elemento (*-plane*) che indica forma piana * 1898] **s. m.** • velivolo a motore ad ala fissa con superfici mobili di governo, destinato al trasporto di passeggeri e merci ‖ **aeroplanétto**, **dim.** | **aeroplanino**, **dim.**

aeropònica [da *aero-*①, sul modello di *idroponica* * 1983] **s. f.** • sistema di coltivazione delle piante che consiste nell'inserire l'apparato radicale in tubi vuoti, alimentandolo poi con soluzioni nutritive

♦**aeropòrto**, (*evit.*) **areopòrto** [comp. di *aero-*② e *porto* * 1921] **s. m.** • area di terreno o d'acqua predisposta e attrezzata in modo che vi possano partire o arrivare aerei, comprendente mezzi di rifornimento, ricovero, manutenzione e sim.: *a. civile, militare, misto* **SIN.** (*raro*) aerodromo | correntemente, campo d'aviazione ‖ **aeroportino**, **dim.**

aeroportuàle, (*evit.*) **areoportuàle** [1938] **A agg.** • relativo ad aeroporto: *attrezzature aeroportuali* **B s. m. e f.** • chi lavora in un aeroporto

aeropostàle, (*evit.*) **areopostàle** [1938] **A agg.** • relativo alla posta trasportata per via aerea **B s. m.** • aereo adibito al trasporto della posta

aeroràzzo (o *-zz-*) [comp. di *aero-*② e *razzo*② * 1952] **s. m.** • velivolo che utilizza, come unico propulsore, un motore a razzo

aereoattóre [comp. di *aero-*② e *reattore* * 1955] **s. m.** • reattore che accelera le masse d'aria che lo attraversano **SIN.** aerogetto

aerorifornimento [comp. di *aero-*② e *rifornimento* * 1961] **s. m. 1** rifornimento di viveri o materiali vari compiuto mediante aerei, che lanciano i carichi con paracadute o con galleggianti **2** rifornimento di carburante compiuto tra un aereo e l'altro durante il volo

aerorimèssa [comp. di *aero-*② e *rimessa* * 1970] **s. f.** • locale chiuso per il ricovero di aerei

aerorimorchiatóre [comp. di *aero-*② e *rimorchiatore* * 1970] **s. m.** • aereo adibito a rimorchiare spec. alianti od oggetti vari quali striscioni, bersagli e sim., e anche veicoli di superficie

aerorimòrchio [1983] **s. m.** • (*aeron.*) aeromobile trainato da un aerorimorchiatore | aerotraino

aerosbàrco [comp. di *aero-*② e *sbarco* * 1942] **s. m.** (**pl.** *-chi*) • operazione militare di sbarco da aerei e alianti da trasporto

aeroscàlo [comp. di *aero-*② e *scalo* * 1910] **s. m. 1** (*disus.*) aeroporto per dirigibili **2** in un aeroporto, scalo per aeroplani, luogo dove possono sostare, rifornirsi di carburante, sbarcare e imbarcare carichi e sim.

aeroscivolànte [comp. di *aero-*① e *scivolante* * 1962] **agg. e s. m.** • (*mar.*) hovercraft

aeroscòpio [comp. di *aero-*① e *-scopio* * 1819] **s. m.** • strumento per l'osservazione dei fenomeni atmosferici | strumento per il prelievo e l'analisi del pulviscolo atmosferico

aeroservìzio [comp. di *aero-*② e *servizio* * 1970] **s. m.** • (*aeron.*) servizio di trasporto pubblico effettuato con aerei

aerosfèra [vc. dotta, comp. di *aero-*① e *sfera* * 1986] **s. f. 1** (*geofis.*) involucro gassoso che attornia i corpi celesti e tra essi la Terra, comprendente l'atmosfera e i gas più rarefatti esterni a questa **2** correntemente, atmosfera terrestre

aerosilurànte [comp. di *aero-*② e *silurante* * 1935] **A agg.** • detto di ciò che può colpire dall'aria mediante siluri: *mezzo a.* **B s. m.** • aereo atto a tale scopo | pilota di tale aereo

aerosilùro [comp. di *aero-*② e *siluro* * 1934] **s. m.** • siluro lanciato da un aereo

aeróso (o *-ṣ-*) [dal lat. *āer* 'aria' * 1441] **agg. 1** (*lett.*) aereo, arioso **2** (*fig.*) lieve, disinvolto: *aerosa dolcezza di movimenti* (B. CASTIGLIONE)

aerosoccórso [comp. di *aero-*② e *soccorso* * 1970] **s. m.** • soccorso praticato con mezzi aerei, spec. elicotteri

aerosòl [comp. di *aero-*① e *sol(uzione)* * 1942] **s. m. inv. 1** sospensione colloidale di particelle solide o liquide in un gas, usata per assumere farmaci, spargere insetticidi e sim. **2** (*est.*) contenitore auto-dispensatore di prodotto confezionato sotto pressione, dotato di erogatore spray e di una valvola | ***a. art***, graffitismo

aerosolterapìa [comp. di *aerosol* e *-terapia* * 1961] **s. f.** • cura mediante aerosol

aerosostentazióne [comp. di *aero-*① e *sostentazione* * 1970] **s. f.** • (*aeron.*) sostentazione dovuta a forze aerostatiche o aerodinamiche

aerospaziàle [comp. di *aero-*① e *spaziale* * 1954] **agg.** • relativo allo spazio atmosferico e a quello extraatmosferico: *industria, ingegneria a.*

aerospàzio [comp. di *aero-*① e *spazio* * 1987] **s. m.** • spazio aereo

aerostàtica [fr. *aérostatique*, comp. di *aero-*① e del gr. *statikós* 'atto a pesare' * 1819] **s. f. 1** parte dell'aeromeccanica che studia le leggi della quiete relativa degli aeriformi **2** tecnica e attività relative alla costruzione e all'impiego degli aerostati

aerostàtico [1783] **agg.** (**pl. m.** *-ci*) **1** relativo all'aerostatica o agli aerostati | ***spinta aerostatica***, nome dato alla spinta di Archimede quando è esercitata da un aeriforme | di corpo che si libra nell'aria in virtù della spinta aerostatica: *pallone a.* **2** (*lett., fig.*) vuoto, vano

aeròstato [fr. *aérostat*, comp. di *aero-*① e del gr. *statós* 'che sta' * 1784] **s. m.** • aeromobile costituito da un involucro contenente aria calda o un gas più leggero dell'aria che ne assicurano la sostentazione

aerostazióne [comp. di *aero-*② e *stazione* * 1798] **s. f.** • in un aeroporto civile, complesso di edifici dove si smistano passeggeri, posta o merci | ***a. urbana***, air terminal

aerostière [fr. *aérostier*. V. *aerostato* * 1794] **s. m.** • addetto alla condotta o al servizio a terra o in volo di aerostati

aerotassì ➤ **aerotaxi**

aerotàxi o **aerotassì** [comp. di *aero-*② e *taxi* * 1950] **s. m. inv.** • aereo di piccole dimensioni per il trasporto di passeggeri su distanze limitate, che può essere noleggiato come un taxi

aerotècnica [comp. di *aero-*① e *tecnica* * 1925] **s. f.** • tecnica concernente lo studio, la costruzione e l'impiego di ogni mezzo atto al volo in conformità dei principi dell'aerodinamica

aeroterapìa [comp. di *aero-*① e *terapia* * 1874] **s. f.** • cura mediante apparecchi ad aria compressa o rarefatta | cura climatica

aerotèrmo [comp. di *aero-*① e *-termo* * 1955] **s. m.** • apparecchio di riscaldamento ad aria calda, con radiatori riscaldati elettricamente o a vapore o ad acqua calda, e ventilatore per immettere l'aria nel locale da riscaldare **SIN.** termoventilatore

aeroterrèstre [comp. di *aero-*① e *terrestre* *

1938] **agg.** ● (*milit.*) di aria e di terra: *mezzi aeroterrestri* | che riguarda sia mezzi aerei che terrestri: *operazione a.*

aerotrainàre [comp. di *aero-*② e *trainare* ✱ 1951] **v. tr.** (*io aerotràino*) ● (*aeron.*) trainare aerei o corpi in volo con mezzi aerei

aerotràino [comp. di *aero-*② e *traino* ✱ 1951] **s. m.** ● (*aeron.*) operazione dell'aerotrainare | aerotreno | aerorimorchio

aerotrasportàre [comp. di *aero-*② e *trasportare* ✱ 1938] **v. tr.** (*io aerotraspòrto*) ● trasportare con mezzi aerei, spec. truppe, mezzi militari e sim.

aerotrasportàto **part. pass.** di *aerotrasportare*; anche **agg.** ● nei sign. del v.

aerotraspòrto [comp. di *aero-*② e *trasporto* ✱ 1952] **s. m.** ● trasporto per via aerea **SIN.** aviotrasporto

aerotrèno [comp. di *aero-*② e *treno* ✱ 1938] **s. m. 1** (*ferr.*) veicolo ferroviario a cuscino d'aria, spinto a propulsione da eliche o motori elettrici lineari nella marcia ad alta velocità, da ruote pneumatiche in quella a bassa velocità **2** (*aeron.*) insieme formato da un aerorimorchiatore e da uno o più aerorimorchi, oltre a eventuali altri oggetti quali striscioni, bersagli e sim. **SIN.** aerotraino

aerotropìsmo [comp. di *aero-*① e *tropismo* ✱ 1952] **s. m.** ● (*biol.*) tipo di chemiotropismo sensibile all'ossigeno in cui un organo vegetale (per es. radice) cresce curvandosi nella direzione da cui proviene una quantità maggiore di aria

aeroturbìna [comp. di *aero-*① e *turbina* ✱ 1950] **s. f.** ● (*tecnol.*) turbina che trasforma l'energia eolica in energia elettrica

aeroturìsmo [comp. di *aero-*② e *turismo* ✱ 1938] **s. m.** ● turismo praticato con aerei privati

aerovìa [comp. di *aero-*② e *via* ✱ 1955] **s. f.** ● corridoio largo circa 20 km delimitato e servito da particolari radioassistenze per facilitare l'aeronavigazione

♦**àfa** [vc. onomat. per indicare l'aprire e chiudere della bocca o il respiro affannoso, o forse dal gr. *aphḗ* 'l'azione di accendere' ✱ 1306] **s. f. 1** aria greve, calda, soffocante **2** (*fig.*, *tosc.*) noia, fastidio
SFUMATURE ➤ *canicola*

àfaca o **àfaca** [gr. *aphákē* 'veccia' ✱ av. 1564] **s. f.** ● pianta erbacea delle Papilionacee con foglie trasformate in cirri, stipole grandi e fiori di color giallo (*Lathyrus aphaca*) **SIN.** fiorgalletto, mullaghera, vetriolo

afachìa [comp. di *a-*①, del gr. *phakê* 'lenticchia' e del suff. *-ia* ✱ 1961] **s. f.** ● (*med.*) assenza del cristallino dell'occhio; può essere congenita o conseguente a traumatismo o intervento chirurgico

afàchico [1986] **agg.** (**pl. m.** *-ci*) ● (*med.*) detto di individuo che ha l'occhio privo del cristallino

afagìa [comp. di *a-*① e *-fagia* ✱ 1828] **s. f.** (**pl.** *-gìe*) ● (*med.*) incapacità di deglutire

afanìte [dal gr. *aphanḗs* 'oscuro', comp. di *a-*① e *phâinō* 'io appaio' ✱ 1861] **s. f.** ● (*miner.*) pietra di paragone a grana fine per saggiare l'oro

afanìtico [da *afanite* ✱ 1983] **agg.** (**pl. m.** *-ci*) ● (*miner.*) detto di roccia che ha struttura finissima e compatta

Afanìtteri [comp. del gr. *aphanḗs* 'invisibile', da *phâinein* 'apparire' (V. *fenomeno*), col pref. *a-*① e *-ttero* ✱ 1892] **s. m. pl.** (**sing.** *-o*) ● (*zool.*) ordine di Insetti piccoli, privi di ali, con apparato boccale pungitore e succhiatore, cui appartiene la pulce (*Aphaniptera*)

afasìa [vc. dotta, gr. *aphasía*, comp. di *a-*① e *phâsis* 'voce' ✱ 1870] **s. f. 1** (*med.*) disturbo del linguaggio che comporta un'incapacità parziale o totale di espressione mediante parole, scrittura o segni, oppure della comprensione del linguaggio parlato o scritto, dovuto a danno cerebrale o a cause psicogene **CFR.** disfasia **2** nella filosofia scettica, atteggiamento di chi, ritenendo inconoscibile la realtà, si astiene da ogni giudizio

afàsico [1961] **A agg.** (**pl. m.** *-ci*) ● (*med.*) di afasia: *disturbo a.* | affetto da afasia: *malato a.* **B s. m.** (**f.** *-a*) ● chi è affetto da afasia

afebbrìle [comp. di *a-*① e *febbrile* ✱ 1961] **agg.** ● (*med.*) detto di processo morboso che non presenta febbre: *raffreddore, influenza a.* **CFR.** apiretico

afèlico o **afelìaco** [1970] **agg.** (**pl. m.** *-ci*) ● (*astron.*) dell'afelio

afèlio [comp. del gr. *apó* 'lontano' e *hḗlios* 'sole' ✱ 1623] **A s. m.** ● (*astron.*) il punto più lontano dal Sole nell'orbita che un corpo descrive intorno ad esso **CONTR.** perielio **B anche agg.**: *punto a.*; *distanza afelia*

afèresi [vc. dotta, lat. tardo *aphaeresi(m)*, dal gr. *aphaíresis*, comp. di *apó* 'via' e *háiresis* 'presa' ✱ 1540] **s. f. inv. 1** (*ling.*) caduta di una vocale o di una sillaba all'inizio di parola; per es. la caduta della *i* iniziale di 'intorno' in: *vertù che 'ntorno i fiori apra et rinove* (F. Petrarca) **2** (*disus.*) in enigmistica, scarto della lettera iniziale (per es. *sporta - porta*) **3** (*med.*) operazione con cui si asporta una parte del corpo | ***a. del sangue***, V. *emaferesi*

aferètico [1951] **agg.** (**pl. m.** *-ci*) ● (*ling.*) di aferesi | che ha subito un'aferesi

♣**affàbile** [vc. dotta, lat. *affābile(m)* 'persona con cui si può parlare', da *fāri* 'parlare' ✱ 1308] **agg.** ● che tratta le altre persone in modo amabile e cordiale: è *persona molto a.* | (*est.*) cortese, gentile: *viso, espressione a.*; *modi affabili* || **affabilménte**, **avv.** || **affabilità**, **s. f. inv.** (V.)

♣**affabilità** [vc. dotta, lat. *affabilitāte(m)*, da *affābilis*. V. *affabile* ✱ 1308] **s. f. inv.** ● gentilezza, cortesia nel parlare e nel trattare con gli altri: *la sua a. è proverbiale*

SFUMATURE DI SIGNIFICATO
affabilità - cortesia - urbanità
La piacevolezza nel parlare e nel trattare, animata da una sincera apertura verso gli altri si dice **affabilità**. **Cortesia** è invece garbo e gentilezza di modi, delicatezza nei confronti del prossimo. Una piacevolezza di modi sostenuta da buona educazione e consapevolezza delle regole sociali si definisce **urbanità**.
SFUMATURE ➤ *cordialità*

affabulàre [vc. formata sul lat. *fābula* 'favola, narrazione' ✱ 1939] **v. tr.** (*io affàbulo*) ● (*letter.*) presentare dei fatti in forma di favola, di azione scenica, e sim. | (*est.*) narrare, rappresentare

affabulatóre [1957] **s. m.** (**f.** *-trice*) ● chi affabula | (*est.*) abile narratore

affabulatòrio [1963] **agg.** (**pl. m.** *-i* o *raro* *-ii*) ● di affabulazione, che si basa sull'affabulazione: *discorso, scritto a.*

affabulazióne [vc. dotta, lat. tardo *affabulatiōne(m)* 'morale della favola', comp. parasintetico di *fābula* 'favola', col pref. *ăd-* usato con sign. aggiuntivo ✱ 1963] **s. f.** ● (*letter.*) il modo di presentare i fatti in forma narrativa | l'intreccio dei fatti che costituiscono la trama di un romanzo, un racconto o, in genere, di un'opera di immaginazione

Definizione d'autore
Dicesi solo dell'essere umano: l'**affabulazione** non è infatti attribuibile né ad animali né a creature angeliche; il demonio qualche volta è affabulatore, ad esempio quando convince a mangiare una mela, allora non sono le ragioni d'ordine logico a prevalere ma il loro suono dolce e mellifluo che fa crollare il sistema nervoso. Da lì l'uomo ha imparato ad affabulare, che è da ritenersi capacità leggermente diabolica.
Ermanno Cavazzoni

àffaca ➤ **afaca**

affaccendaménto [1823] **s. m.** ● l'affaccendarsi

affaccendàre [comp. di *a-*② e *faccenda* ✱ 1659] **A v. tr.** (*io affaccèndo*) ● (*raro*) dare da fare, impegnare in un'attività: *il trasloco mi ha molto affaccendato* **B affaccendàrsi v. rifl.** ● occuparsi con impegno di qlco.: *affaccendarsi intorno alle pentole* | (*raro*) darsi da fare con ostentazione **SIN.** adoperarsi, affannarsi

♣**affaccendàto** **part. pass.** di *affaccendare*; anche **agg.** ● che è molto occupato, che ha molto da fare (+ *in*, + *a* anche seguiti da inf.): *a.* *nei preparativi*; *affaccendata a cucinare o lavorare d'ago* (A. Moravia) **SIN.** indaffarato, intento **CONTR.** sfaccendato

affaccettàre [comp. di *a-*② e *faccetta* ✱ 1813] **v. tr.** (*io affaccétto*) ● (*raro*) faccettare, sfaccettare

affacchinàre [comp. di *a-*② e *facchino* ✱ av. 1556] **A v. tr.** ● (*disus.*) sottoporre a un lavoro molto gravoso **B affacchinàrsi v. rifl.** ● (*lett.*) sfacchinare

♦**affacciàre** [comp. di *a-*② e *faccia* ✱ av. 1420] **A v. tr.** (**pres.** *io affàccio*; **fut.** *io affaccerò*) **1** (*raro*) mostrare, far vedere, spec. da una finestra, da una porta e sim.: *affacciò il viso alla finestra* **2** (*fig.*) mettere avanti, presentare: *a. un dubbio, una difficoltà* **SIN.** avanzare, presentare, prospettare **B v. intr.** (**aus.** *essere*) e **affacciàrsi v. intr. pron.** ● detto di cose, essere rivolto verso (+ *su*): *la balconata affaccia sulla navata centrale*; *le Marche si affacciano sul mare Adriatico* **C affacciàrsi v. rifl. 1** accostarsi e farsi vedere a una finestra, a una porta e sim. (+ *a*, + *su*): *affacciarsi al parapetto, al balcone, al finestrino, sul pianerottolo, sulla tromba delle scale* | (*est.*) spuntare, fare capolino: *La luna si affacciò dalla parte del mare, dietro ai monti* (C. Alvaro) **2** (*fig.*) avvicinarsi per la prima volta a qlco. (+ *a*): *affacciarsi alla giovinezza, alla piena maturità*; *affacciarsi al mercato del lavoro* | ***affacciarsi alla vita, al mondo***, nascere, fare le prime esperienze **D affacciàrsi v. intr. pron.** ● (*fig.*) venire in mente, presentarsi: *le si affacciò un'idea, un sospetto*

affacciàto **part. pass.** di *affacciare*; anche **agg. 1** che sta alla finestra | comparso, apparso **2** (*fig.*) presentato **3** (*raro*) posto faccia a faccia, di fronte: *due muri affacciati* **CFR.** affrontato, sign. 2

affàccio [1950] **s. m.** ● la vista che si gode da un balcone, una terrazza e sim.

affagottàre [comp. di *a-*② e *fagotto* ✱ 1861] **A v. tr.** (*io affagòtto*) ● fare un fagotto: *affagottò tutte le sue cose* | (*fig.*) avvolgere come un fagotto: *quell'abito ti affagotta* **B affagottàrsi v. rifl.** ● vestirsi male

affair /ingl. ə'fɛə(r)/ [vc. ingl., propr. 'affare' ✱ 1985] **s. m. inv.** ● accorc. di *love affair* **CFR.** (*fr.*) affaire

affaire /fr. a'fɛʀ/ [fr., s. f., 'affare' ✱ 1905] **s. m. inv.** (**pl. fr.** *affaires*, **f.**) ● avvenimento, caso spec. politico o giudiziario di risonanza notevole **CFR.** (*ingl.*) affair

†**affaldàre** [comp. di *a-*② e *falda* ✱ av. 1533] **v. tr.** e †**affaldàrsi v. intr. pron. 1** sovrapporre, sovrapporsi **2** raggrinzire, raggrinzirsi: *le maledette crepe, che sì affaldano / il viso* (L. Ariosto)

affaldellàre [comp. di *a-*② e *faldella* ✱ 1379] **v. tr.** (*io affaldèllo*) ● (*raro*) ridurre in faldelle, sfaldellare

affamaménto [da *affamare* ✱ 1930] **s. m.** ●

a

il ridurre alla fame | (*est.*) immiserimento: *quel traffico puzzava d'usura, d'a. ... e truffa* (R. Bacchelli)

affamàre [comp. di *a-*② e *fame* ✱ av. 1294] **A** **v. tr.** ● ridurre alla fame o (*est.*) alla miseria: *a. una città, un popolo* **B** **v. intr.** (aus. *essere*) ● †avere fame | (*fig.*) †provare un ardente desiderio: *povertade, chi ben t'ama, / com' più t'assaggia, più n'affama* (Iacopone)

♦**affamàto** **A** **part. pass.** di *affamare*; anche **agg.** **1** nei sign. del v. **2** (*fig.*) avido, bramoso (+ *di*): *a. di onori, di successi, di notizie* || **affamataménte**, **avv.** (*raro*) in modo affamato **B** **s. m.** (**f.** *-a*) ● chi ha fame | (*est.*) povero, miserabile

affamatóre [1823] **s. m.** (**f.** *-trice*) ● chi riduce alla fame, alla miseria

affancùlo ➤ **vaffanculo**

affannaménto [1351] **s. m.** ● (*raro*) l'affannarsi | affanno

affannàre [provenz. ant. *afanar*, di etim. incerta ✱ 1250 ca.] **A** **v. tr.** ● dare affanno: *un sussulto le affannò il respiro* | (*fig.*) procurare ansia, pena e sim. | (*lett.*) affliggere: *il Dio che atterra e suscita, / che affanna e che consola* (A. Manzoni) **B** **v. intr.** (**aus.** *essere*, †*avere*) e **affannàrsi** **v. rifl.** **1** patire affanno, difficoltà di respiro: *nel salire le scale affannava* **SIN.** ansimare **2** (*fig.*) agitarsi, preoccuparsi, affaticarsi (+ *a*, + *per* **seguiti da inf.**): *affannarsi a (o per) consegnare un lavoro*

affannàto **part. pass.** di *affannare*; anche **agg.** **1** ansante, trafelato | affannoso: *respiro a.* **2** (*fig.*) pieno d'affanni || **affannataménte**, **avv.** con affanno

♣**affànno** [ant. provenz. *afan*, da *afanar* 'affannare' ✱ 1250 ca.] **s. m.** **1** difficoltà e irregolarità di respiro, per malattia, emozione, fatica e sim.: *è una salita che procura l'a.* **2** (*fig.*) stato ansioso, pena, preoccupazione: *dare, recare a.*; *vivere, stare in a.*; *prendersi a. per qlco.*; *dolci affanni / della mia prima età* (G. Leopardi) **SIN.** ambascia, ansia **CONTR.** calma, serenità **3** (*lett.*) pesante fatica, travaglio

SFUMATURE ➤ *angoscia*

affannóne [1612] **s. m.** (**f.** *-a*) ● (*disus.*) chi si affanna molto in faccende **SIN.** faccendone

affannóso (o *-ṣ-*) [av. 1294] **agg.** **1** che rivela affanno: *respiro a.* | che provoca affanno: *caldo a.*; *salita affannosa* **2** (*fig.*) che provoca pena, ansia, dolore: *esistenza, ricerca affannosa* || **affannosaménte**, **avv.** in modo affannoso: *respirare affannosamente*; con grande impegno e ansia || **affannosità**, **s. f. inv.**

affantocciàre [comp. di *a-*② e *fantoccio* ✱ 1789] **v. tr.** (**pres.** *io affantòccio*; **fut.** *io affantoccerò*) ● (*raro*) legare a forma di fantoccio i tralci o i ramoscelli

affaràccio [pegg. di *affare* ✱ 1827] **s. m.** ● problema di difficile soluzione | faccenda seria, grave

affardellaménto [1920] **s. m.** **1** l'affardellare **2** complesso degli oggetti e degli indumenti contenuti nello zaino del soldato

affardellàre [comp. parasintetico di *fardello* col pref. *a-*② ✱ av. 1573] **v. tr.** (*io affardèllo*) **1** riunire e legare tra loro più oggetti | (*raro*, *est.*) mettere insieme alla rinfusa **2** (*milit.*) disporre ordinatamente ciò che il soldato porta al seguito durante i trasferimenti di sede o al campo: *a. lo zaino*

♦**affàre** [dalla loc. (*avere*) *a fare*, prob. sul modello del fr. *affaire* ✱ 1213] **s. m.** **1** faccenda, questione di una certa importanza: *sbrigare, rimandare un a.*; *è un a. urgente, importante, difficile*; *affari pubblici, privati, di Stato* | ***a. di Stato***, (*iron.*) cosa cui si dà troppa importanza | ***affari esteri***, relazioni di uno Stato con gli altri Stati | ***affari ecclesiastici***, relazioni tra lo Stato e la Chiesa **2** operazione commerciale o finanziaria condotta a scopo di lucro: *un grosso a.*; *se l'a. va bene ne trarremo ottimi guadagni* | (*per anton.*) ***è un a.***, una buona occasione di guadagno | interesse, contratto commerciale | (**al pl.**) attività, interessi commerciali: *si è messo in affari*; *viaggio, volume d'affari*; *senso degli affari*; *come vanno gli affari?* | ***banca d'affari***, istituto di credito mobiliare che controlla un certo numero d'aziende | ***Piazza Affari***, (*per anton.*) la Borsa di Milano: *sprint di Piazza Affari*; *Piazza Affari non decolla* **3** (*dir.*) questione di cui si tratta in giudizio: *ruolo generale degli affari contenziosi* | correntemente, caso politico o giudiziario di vasta risonanza: *l'a. Dreyfus* **SIN.** affaire **4** (*colloq.*, *generic.*) cosa, faccenda: *un a. di comune interesse*; *un a. serio, importante, da poco* | ***è un brutto a., affar serio***, di situazione particolarmente difficile | (*per antifrasi*) ***che bell'a.!***, esclamazione che indica contrarietà, biasimo, cruccio e sim. | ***è affar mio, tuo***, ecc., è cosa riguardante solo me, te, ecc. | ***farsi gli affari propri***, occuparsi solo di sé stessi, senza interessarsi degli altri **5** (*fam.*) oggetto non ben identificato, aggeggio: *a che serve quell'a. che hai in mano?* **6** (*lett.*) condizione sociale, importanza: *essere di alto, di basso, di grande a.*; *personaggi di ben più alto a. che don Abbondio* (A. Manzoni) | ***mal a.***, V. *malaffare* || **affaràccio**, **pegg.** (V.) | **affarétto**, **dim.** | **affarino**, **dim.** | **affaróne**, **accr.** (V.) | **affarùccio**, **dim.** | (*spreg.*) **affarùcolo**, **dim.**

affarìo [1887] **s. m.** (**pl.** *-ii*) ● (*raro*) affaccendamento confuso e agitato

affarìṣmo [1866] **s. m.** ● mentalità, attività dell'affarista

affarìsta [1866] **s. m. e f.** (**pl. m.** *-i*) ● chi si dedica agli affari pensando soltanto a guadagnare in tutti i modi, anche senza farsi troppi scrupoli

affarìstico [av. 1910] **agg.** (**pl. m.** *-ci*) **1** (*raro*) degli affari **2** dell'affarismo, basato sull'affarismo: *mentalità affaristica*

affaróne [accr. di *affare* ✱ 1865] **s. m.** ● affare molto vantaggioso

affàrsi [comp. di *a-*② e *fare*① ✱ sec. XIII] **v. intr. pron.** (**oggi difett. coniug. come** *fare*, **usato solo nelle terze pers. sing., raro nelle terze pers. pl. del pres. e imperf. indic. e dell'imperf. congtv.**) ● (*lett.*) addirsi, confarsi: *s'affà alla sua natura*

affasciàre [comp. di *a-*② e *fascio* ✱ av. 1530] **v. tr.** (**pres.** *io affàscio*; **fut.** *io affascerò*) **1** ***a. una pianta***, eseguirne l'affasciatura **2** (*lett.*) raccogliere, legare in fascio | affastellare

affasciatùra [1955] **s. f.** ● riunione a fascio dei rami legnosi delle piante fruttifere e dei tralci della vite allevata ad alberello per limitarne lo sviluppo **SIN.** aggraffatura

affascinaménto [da *affascinare*① ✱ sec. XIV] **s. m.** ● l'affascinare, il venire affascinato | seduzione

♦**affascinànte** **part. pres.** di *affascinare*①; anche **agg.** ● che attrae, che seduce: *un uomo a.*; *un sorriso a.*; *uno spettacolo a.*

♦**affascinàre**① [comp. di *a-*② e *fascino* ✱ 1573] **v. tr.** (*io affàscino*) **1** (*lett.*) ammaliare con arti magiche, incantare: *Circe affascinò Ulisse* **2** (*fig.*) attrarre col proprio fascino: *a. una donna, un uomo*; *le sue parole lo affascinarono*; (*assol.*) *è uno spettacolo che affascina*

SFUMATURE ➤ *attrarre*, ➤ *colpo*

affascinàre② [comp. di *a-*② e *fascina* ✱ av. 1400] **v. tr.** (*io affascìno*) ● raccogliere, legare in fascine | affastellare

affascinatóre [da *affascinare*① ✱ 1850] **s. m.** (**f.** *-trice*); anche **agg.** ● chi (o che) affascina

affascinazióne [av. 1530] **s. f.** ● (*raro*, *lett.*) malia: *le perverse affascinazioni di invidiosi occhi* (I. Sannazaro)

affastellaménto [1819] **s. m.** **1** l'affastellare **2** mucchio, ammasso confuso (*anche fig.*): *un a. di parole, di frasi*

♣**affastellàre** [comp. di *a-*② e *fastello* ✱ sec. XIV] **v. tr.** (*io affastèllo*) **1** raccogliere, legare in fastelli: *a. legna, fieno, erbe* **2** mettere insieme alla rinfusa (*anche fig.*): *a. libri su un tavolo*; *a. frasi, citazioni, bugie* **3** (*assol.*, *fig.*) affrettare confusamente la recitazione

affastellàto **part. pass.** di *affastellare*; anche **agg.** **1** nei sign. del v. **2** (*bot.*) fascicolato

affastellìo [1879] **s. m.** (**pl.** *-ii*) ● affastellamento continuo

affaticaménto [1268] **s. m.** ● l'affaticare, l'affaticarsi | stato di stanchezza dovuto a sforzi, a fatiche

affaticànte **part. pres.** di *affaticare*; anche **agg.** **1** (*raro*) faticoso: *Dopo un'ora al più, la lettura a. gli ripugnava* (I. Svevo) **2** †attivo, laborioso

♦**affaticàre** [comp. di *a-*② e *fatica* ✱ 1261 ca.] **A** **v. tr.** (*io affatico, tu affatichi*) **1** procurare fatica, stanchezza: *è un lavoro che affatica la mente* | anche in forma pron. (con valore intens.): *affaticarsi la mente* **SIN.** stancare **2** ***a. un motore***, sottoporlo a un eccessivo lavoro | ***a. il terreno***, depauperarlo per eccessivo sfruttamento **SIN.** spossare **B** **affaticàrsi** **v. rifl.** **1** sottoporsi a fatica, stancarsi: *affaticarsi a lavorare, a scrivere*; *affaticarsi nello studio*; *non affaticarti troppo sul lavoro!* **2** adoperarsi, affannarsi (+ *per*, + *a* **seguiti da inf.**): *affaticarsi per tirare avanti*; *è inutile che ti affatichi a convincerlo*

affaticàto **part. pass.** di *affaticare*; anche **agg.** ● stanco

♦**affàtto** [comp. di *ad* e *fatto* ✱ 1282] **avv.** **1** (*spec. lett.*) interamente, del tutto, in tutto, per tutto: *è a. privo di malizia*; *punti di vista a. diversi*; *la quale (storia), se non v'è dispiaciuta a., vogliatene bene a chi l'ha scritta* (A. Manzoni) | con valore rafforz.: *è una persona tutt'a. straordinaria* **2** con valore rafforz. in una negazione: *non ho a. sonno*; *niente a.* | (*assol.*, *colloq.*) nulla, per nulla, no, mai, nelle risposte negative: *'hai freddo?' 'a.!'*

affatturaménto [av. 1334] **s. m.** ● (*raro*) l'affatturare | malia

affatturàre [comp. di *a-*② e *fatturare* ✱ 1313] **v. tr.** **1** sottoporre a una fattura, a una stregoneria **2** (*est.*) manipolare, adulterare cibi e bevande

affatturatóre [av. 1328] **s. m.** (**f.** *-trice*) ● (*lett.*) chi procura o fa stregonerie

†**affazzonàre** [vc. dotta, dal lat. *făcere* 'fare' attraverso 'fazione' ✱ av. 1294] **v. tr.** ● abbellire, imbellettare

†**affé** [comp. di *ad* e *fé* 'fede' ✱ av. 1470] **inter.** ● sulla fede, in fede, in verità (con affermazione energica, come giurando): *a. che questa volta la protezione non vale* (C. Goldoni); *a. di Dio*; *a. di Bacco*; *a. mia* | oggi usato in tono scherz.

afferènte [vc. dotta, lat. *afferĕnte(m)*, part. pres. di *affĕrre*, comp. di *ăd* e *fĕrre* 'portare' ✱ 1877] **agg.** **1** (*anat.*) di qualsiasi organo che ha capacità di conduzione verso una parte del corpo: *ansa, nervo, vaso a.* **CONTR.** efferente **2** che riguarda, concerne qlco. (**qlco.**; + *a*): *questione a. l'ammissibilità in giudizio di un'azione*; *a. al contratto*

afferènza [vc. dotta, dal lat. *afferĕn(tem)* (V. *afferente*) col suff. *-enza* ✱ 1955] **s. f.** **1** (*anat.*) struttura anatomica come nervo, vaso sanguigno e sim., che conduce segnali o fluidi verso una parte del corpo **2** (*raro*) attinenza

afferire [vc. dotta, lat. *affĕrre*; V. *afferente* ✻ 1363] **v. intr.** (*io afferisco, tu afferisci*; **aus.** *avere*) ● (*burocr.*) riguardare, concernere, attenere (+ *a*): *discipline che afferiscono al-l'area umanistica*

affermàbile [1865] **agg.** ● che si può affermare

♦**affermàre** [lat. *affirmāre*, comp. di *ăd* e *firmāre* 'assicurare' ✻ 1261 ca.] **A v. tr.** (*io afférmo*) **1** dare per certo, dichiarare esplicitamente (+ *di* **seguito da inf.**, + *che*): *a. la propria innocenza, le proprie intenzioni; afferma di non sapere nulla; afferma che è pronto a partire* **SIN.** asserire, attestare, sostenere **2** (*assol.*) dire di sì, confermare: *gli chiese se usciva ed egli affermò; a. col capo, con un cenno* **CONTR.** negare **3** sostenere, rivendicare: *a. un diritto* **4** †rafforzare, rendere saldo **B affermàrsi v. rifl. 1** conquistare un successo: *affermarsi in una gara, su un avversario* **2** acquistare largo credito e notorietà: *quell'ideologia, quella moda, quello spettacolo, si sono ben presto affermati*

SFUMATURE DI SIGNIFICATO

affermare - dichiarare - proclamare
Affermare è l'atto di dire di sì, quindi di dare per certo, di confermare esplicitamente. **Dichiarare** è un affermare pubblicamente e con una certa solennità, quindi le parole dette da chi fa una dichiarazione hanno un rilievo non soltanto privato. **Proclamare** è un rendere pubblico, un sancire ufficialmente e solennemente; l'atto di proclamare ha spesso anche un rilievo giuridico.

affermativa [1363] **s. f. 1** (*disus.*) affermazione **2** (*raro*) risposta positiva **CONTR.** negativa

affermatìvo [vc. dotta, lat. tardo *affirmatīvu(m)*, da *affirmāre* 'affermare' ✻ 1304] **A agg.** ● che serve ad affermare: *gesto, cenno a.* | che ha valore di affermazione: *risposta affermativa* | ***particella affermativa***, la particella *sì* **B in funzione di avv.** ● sì (spec. durante comunicazioni via radio) **CONTR.** negativo ‖ **affermativaménte**, **avv.** ‖ **affermatività**, **s. f. inv.** caratteristica di ciò che è affermativo; (*psicol.*) assertività

affermàto **part. pass.** di *affermare*; anche **agg. 1** nei sign. del v. **2** che ha raggiunto la notorietà, il successo, nell'ambito della propria attività: *un professionista a.; come cantante è ormai affermata* | che si è imposto: *una marca affermata sul mercato*

affermatóre [vc. dotta, lat. tardo *affirmatōre(m)*, da *affirmāre* 'affermare' ✻ av. 1292] **s. m.** (**f.** *-trice*); anche **agg.** ● (*raro*) chi (o che) afferma **SIN.** assertore

♦**affermazióne** [vc. dotta, lat. *affirmatiōne(m)*, da *affirmāre* 'affermare' ✻ av. 1274] **s. f. 1** l'affermare | proposizione affermativa | (*gener.*) dichiarazione, asserzione: *le sue affermazioni hanno stupito tutti* **2** l'affermarsi: *l'a. delle teorie evoluzionistiche* | successo, vittoria: *è stata una grande a. della nostra squadra*
SFUMATURE ➤ ***vittoria***

afferràbile [1905] **agg.** ● che si può afferrare ‖ **afferrabilità**, **s. f. inv.**

♦**afferràre** [lat. parl. **afferrāre*, da *fĕrrum* 'ferro, spada' (?) ✻ sec. XIII] **A v. tr.** (*io affèrro*) **1** prendere e tenere stretto con forza: *a. una spada; a. qlcu. per un lembo della giacca, per una manica, per i capelli* **2** (*fig.*) saper profittare di una circostanza favorevole: *a. l'occasione, l'opportunità, il momento* **SIN.** cogliere **3** (*fig.*) comprendere bene il significato di qlco.: *a. un'idea, una parola, un concetto, una spiegazione; non riuscì ad a. quello che dicevano* **SIN.** capire **4** †colpire con la spada: *Sotto l'elmo il buon Ruggier l'afferra* (L. ARIOSTO) | (*fig.*) †tormentare **B afferràrsi v. rifl.** ● attaccarsi con forza (+ *a*): *afferrarsi con le mani alle sporgenze di una roccia, a un cespuglio* | appigliarsi (*anche fig.*): *afferrarsi a un'illusione, a una scusa*
SFUMATURE ➤ ***prendere***

affertilìre [comp. di *a-*② e *fertile* ✻ av. 1729] **v. tr.** (*io affertilisco, tu affertilisci*) ● (*raro*) rendere fertile

affettaménto [da *affettare*② ✻ 1829] **s. m.** ● il tagliare a fette

♦**affettàre**① [lat. *affectāre*, da *afficere*, comp. di *ăd* e *făcere* 'fare' ✻ sec. XIII] **v. tr.** (*io affètto*) **1** mostrare con ostentazione sentimenti o caratteristiche che in realtà non si hanno: *a. indifferenza, nobiltà d'animo* | far mostra, simulare: *affettava di guardare con insistenza la ricca collana* (G. VERGA) **SIN.** ostentare **2** †desiderare

affettàre② [comp. di *a-*② e *fetta* ✻ av. 1306] **v. tr.** (*io affétto*) **1** tagliare a fette: *a. il pane, il salame* | (*fig.*) ***buio, nebbia da a.***, molto densi | anche in forma pron. (con valore intens.): *Il coltello … lo teneva sempre in tasca, anche per il solo pacifico uso d'affettarsi il pane* (L. PIRANDELLO) **2** (*iperb.*) fare a pezzi, trucidare
SFUMATURE ➤ ***tagliare***①

♦**affettàto**① **part. pass.** di *affettare*①; anche **agg.** ● ostentato, artificioso: *veste con affettata eleganza* **SIN.** lezioso, studiato ‖ **affettataménte**, **avv.** con ostentazione
SFUMATURE ➤ ***falso***, ➤ ***snob***

affettàto② **A part. pass.** di *affettare*②; anche **agg.** ● tagliato a fette **B s. m.** ● salame, prosciutto o altro insaccato tagliato a fette: *due etti di a.*

affettatóre [vc. dotta, lat. da *affectāre* 'affettare①' ✻ 1618] **s. m.** (**f.** *-trice*); anche **agg.** ● (*lett.*) chi (o che) finge qualità che non ha **SIN.** simulatore

affettatrìce [1939] **s. f.** ● macchina a mano o elettrica per affettare salumi e sim.

affettatùra [da *affettare*② ✻ 1829] **s. f.** ● operazione del tagliare a fette

♦**affettazióne** [vc. dotta, lat. *affectatiōne(m)*, da *affectāre* 'affettare①' ✻ av. 1516] **s. f.** ● mancanza di naturalezza, comportamento artificioso: *comportarsi, parlare, scrivere con a.; a. di modi, di parole, di stile* **SIN.** leziosaggine, ostentazione, ricercatezza, sussiego

SFUMATURE DI SIGNIFICATO

affettazione - artificiosità - manierismo
La mancanza di naturalezza, di spontaneità nel parlare o nel comportarsi si definisce **affettazione**. **Artificiosità** ha un ambito di applicazione più vasto rispetto ai soli comportamenti umani, e descrive il carattere di qualunque cosa sia fatta in modo innaturale, eccessivamente ricercato. **Manierismo** identifica in ambito artistico la ricerca esasperata di originalità stilistica; in ambito psichiatrico definisce invece l'atteggiamento strano e innaturale dei malati di mente.
SFUMATURE ➤ ***ostentazione***, ➤ ***ricercatezza***

affettività [1855] **s. f. inv. 1** capacità di nutrire ed esprimere affetti **2** (*psicol.*) sfera dei sentimenti e delle reazioni emotive

affettìvo [av. 1328] **agg. 1** relativo all'affetto, che deriva da affetto: *inclinazione affettiva; sentimento a.* | ***valore a.***, il valore (che prescinde da quello reale) che qlco. rappresenta per i sentimenti di qlcu.: *questa spilla ha per me un grande valore a.* **2** (*psicol.*) che riguarda l'affettività **3** (*raro*) che prova facilmente affetto: *carattere, temperamento a.* **SIN.** affettuoso **4** detto di elemento linguistico che tocca la sensibilità, l'emotività ‖ **affettivaménte**, **avv.** per quanto riguarda i sentimenti, gli affetti ‖ **affettività**, **s. f. inv.** (V.)

♦**affètto**① [vc. dotta, lat. *affĕctu(m)*, da *afficere*. V. *affettare*① ✻ sec. XIII] **s. m. 1** (*lett.*) inclinazione sentimentale, moto dell'animo: *gli affetti umani; mille affetti in un guardo appaion misti* (T. TASSO) **2** intenso sentimento, di amicizia, amore, attaccamento e sim., per qlcu. o qlco.: *avere, nutrire, provare a. per qlcu.; portare a. a qlcu.; reprimere, frenare il proprio a.; l'a. per i figli; l'a. verso i genitori; a. fraterno, filiale* **3** (*est.*) l'oggetto del sentimento di affetto: *la madre era il suo unico a.; gli affetti familiari* **4** (*mus., raro*) tremolo **5** †desiderio

SFUMATURE DI SIGNIFICATO

affetto - affezione - attaccamento - amicizia
Un sentimento di bene che può configurarsi come amore, amicizia o semplice inclinazione si chiama **affetto**. **Affezione** indica in particolare una disposizione affettuosa dell'animo ed è termine di uso meno comune. **Attaccamento** descrive invece il legame affettivo che unisce una persona a un'altra o a un oggetto o anche a un'idea; **amicizia** è un sentimento di reciproca stima, affetto e di comunione fra persone.
SFUMATURE ➤ ***amore***

♦**affètto**② [vc. dotta, lat. *affĕctu(m)*, part. pass. di *afficere*, comp. di *ăd* e *făcere* 'fare' ✻ av. 1306] **agg.**; *raro* **s. m. nel sign. 1** **1** che (o chi) è colpito da malattia: *a. da tubercolosi; sono numerose le persone affette da reumatismi* **2** (*lett.*) in preda a un sentimento, uno stato d'animo e sim.: *a. da stupore, da viva meraviglia* **3** †assorto

affettuosità (o -ṣ-) [sec. XIV] **s. f. inv. 1** caratteristica di chi è affettuoso | ricchezza di affetti: *dimostrare grande a.* **CONTR.** freddezza, indifferenza **2** espressione, manifestazione di affetto: *mandare a. per lettera; le sue a. mi hanno commosso*

♦**affettuóso** (o -ṣ-) [1310] **agg.** ● che sente affetto: *bambino, animo a.* | che dimostra affetto: *saluti affettuosi; parole tenere e affettuose; è a. con tutti* | (*eufem.*) ***affettuosa amicizia***, relazione amorosa ‖ **affettuosaménte**, **avv.** con affetto, spec. nei saluti epistolari: *affettuosamente tuo* ‖ **affettuosità**, **s. f. inv.** (V.)

affezionàbile [1840] **agg.** ● (*raro*) che si può affezionare, che si affeziona facilmente ‖ **affezionabilità**, **s. f. inv.**

affezionaménto [1829] **s. m.** ● (*disus.*) l'affezionarsi

♦**affezionàre** [1468] **A v. tr.** (*io affezióno*) ● rendere affezionato, dare affezione per qlcu., o qlco.: *a. qlcu. allo studio, alla lettura* **B affezionàrsi v. intr. pron.** ● legarsi affettivamente (+ *a*): *affezionarsi agli amici, ai discepoli* | provare interessamento: *affezionarsi al proprio lavoro*

affezionatìssimo [1527] **agg. 1** superl. di *affezionato* **2** formula di cortesia, spec. nei saluti epistolari: *tuo a.*

♦**affezionàto** **part. pass.** di *affezionare*; anche **agg.** (**superl.** *affezionatissimo* (**V.**)) **1** legato da un sentimento di affetto (+ *a*): *è molto a. al suo amico; il tuo a. cugino* **SIN.** devoto | ***un cliente a.***, che frequenta abitualmente un negozio o sim. **2** (*raro*) ligio: *a. al proprio lavoro* ‖ **affezionataménte**, **avv.** con affetto, spec. nei saluti epistolari: *affezionatamente tuo*

♦**affezióne** [vc. dotta, lat. *affectiōne(m)*, da *afficĕre* 'affetto①' ✻ 1261 ca.] **s. f. 1** (*raro, lett.*) moto, disposizione dell'animo: *l'animo suo non poteva sentire altra a. che di spavento* (A. MANZONI) **SIN.** emozione, sentimento **2** inclinazione affettuosa dell'animo: *nutrire a. per la famiglia, per gli amici* | (*burocr.*) ***animali di a.***, quelli che si tengono in casa prevalentemente per motivi affettivi, per compagnia, come cani, gatti, uccelli ecc. | ***prezzo d'a.***, valutato oltre il valore reale di un oggetto, da chi non vuole disfarsene o da chi desidera averlo **SIN.** affetto **3** (*med.*) condizione morbosa, malattia **CFR.** -patia **4** (*filos.*) modificazione dello stato di un essere conseguente all'interferenza di un agente esterno

a

o interno **5** †desiderio || **affezioncèlla**, **dim.**
SFUMATURE ➤ *affetto*①

affiancaménto [da *affiancare* ✱ 1985] **s. m.** ● l'affiancare (*spec. fig.*)

♦**affiancàre** [comp. di *a-*② e *fianco* ✱ 1855] **A** **v. tr.** (*io affiànco, tu affiànchi*) **1** mettere fianco a fianco: *a. due letti*; *a. dei tavolini*; *a. i reparti militari, le truppe* **2** (*fig.*) mettere accanto, spec. per collaborare: *gli hanno affiancato alcuni esperti del settore* | sostenere, aiutare: *lo affiancavano tutti i migliori amici* **B** **affiancàrsi v. rifl.** ● mettersi a fianco (+ *a*): *l'ammiraglia si affiancò al ciclista* **C** **affiancàrsi v. rifl. recipr.** ● (*raro, fig.*) aiutarsi

affiataménto [da *affiatare* ✱ 1895] **s. m.** ● accordo | intesa tra persone che svolgono la stessa attività

♣**affiatàre** [comp. di *a-*② e *fiato* ✱ 1824] **A** **v. tr.** ● fare in modo che tra più persone che operano assieme ci sia intesa, sintonia, accordo: *a. i membri di una squadra sportiva*; *a. un'orchestra* **B** **affiatàrsi v. rifl.** e **rifl. recipr.** ● acquisire intesa, accordo: *un gruppo di suonatori che va affiatandosi* | acquisire familiarità: *affiatarsi con i nuovi amici* SIN. familiarizzare

affiatàto **part. pass.** di *affiatare*; anche **agg.** ● che dimostra intesa, accordo: *giocatori affiatati*

affibbiàre [lat. parl. *affibulāre*, comp. di *ăd* e *fibula* 'fibbia' ✱ sec. XIII] **v. tr.** (*io affìbbio*) **1** congiungere insieme con fibbia o altro fermaglio: *a. gli stivali, l'orologio* | anche in forma pron. (con valore intens.): *affibbiarsi le scarpe, il vestito* **2** (*fig.*) dare qlco. di sgradito: *a. botte, ingiurie* | attribuire: *a. colpe, opinioni non vere* | (*scherz.*) appioppare: *a. un nomignolo, monete false*

affibbiatùra [1265] **s. f.** **1** l'affibbiare **2** fibbia, fermaglio | parte dove si affibbia

affiche /fr. a'fiʃ/ [fr., da *afficher* 'affiggere', comp. del lat. *ăd* e *ficher* 'fissare', dal lat. parl. **figicāre*, intens. di *figere* 'figgere' ✱ 1905] **s. f. inv.** ● manifesto, cartellone

affidàbile [da *affidare*, come trad. dell'ingl. *reliable* ✱ 1948] **agg.** ● detto di persona o cosa in cui si può riporre fiducia: *come insegnante non mi sembra molto a.*; *un'agenzia immobiliare a.* || **affidabilità**, **s. f. inv.** (V.)
SFUMATURE ➤ *serio*

affidabilità [da *affidabile* ✱ av. 1556] **s. f. inv.** **1** grado di fiducia che si può riporre in qlco. o qlcu.: *l'a. di un'azienda, di una persona* **2** in varie tecnologie, il grado di rispondenza di un meccanismo, un apparato e sim. alla funzione per cui è stato progettato e prodotto: *l'a. di una automobile* **3** (*dir.*) condizione di un minore che può essere dato in affidamento

affidaménto [1877] **s. m.** **1** l'affidare **2** fiducia, garanzia: *una persona che non dà nessun a.*; *quell'affare dà pieno a.* | ***fare a. su qlcu. o su qlco.***, contarci SIN. assegnamento **3** (*dir.*) opinione che si basa sull'apparenza di una determinata situazione di fatto o di diritto **4** (*dir.*) consegna di un minore a una famiglia, a una singola persona o a un ente di assistenza, che ne diventano responsabili | ***a. congiunto, a. condiviso***, attribuzione della responsabilità sul figlio minore a entrambi i genitori non conviventi | ***a. preadottivo***, periodo anteriore all'adozione durante il quale l'adottando è affidato agli adottanti, al fine di verificare che questi ultimi rivestano le qualità richieste dalla legge | ***a. in prova al servizio sociale***, misura alternativa alla detenzione nel caso di pena inflitta inferiore a tre anni **5** (*raro*) concessione di credito da parte di una banca a un cliente

affidànte **A** **part. pres.** di *affidare*; anche **agg.** ● nei sign. del v. **B** **s. m. e f.** ● (*dir.*) chi affida un oggetto, un bene e sim.

♦**affidàre** [comp. di *a-*② e *fidare* ✱ 1268] **A** **v. tr.** **1** dare, consegnare alla cura, alla custodia, alla capacità e sim., di una persona fidata: *a. le chiavi a un amico*; *a. la propria salute a un bravo medico*; *a. l'educazione dei figli a un bravo maestro* | assegnare: *gli hanno affidato un alto incarico*; *a quell'attore vengono sempre affidati ruoli comici* **2** (*raro, lett.*) rendere fiducioso, sicuro **3** (*banca*) concedere fido a una persona **B** **affidàrsi v. rifl.** ● mettersi con fiducia nelle mani di qlcu. o confidare in qlco. (+ *a*): *affidarsi a un buon medico*; *affidarsi all'altrui discrezione, alla sorte*

affidatàrio [1964] **s. m.** (f. *-ia*); anche **agg.** ● (*dir.*) chi (o che) ha in affidamento qlco. o qlcu.

affidatìvo [1955] **agg.** ● di affidamento, che concerne la consegna o la custodia in affidamento: *deposito a.*

affidàvit [lat. mediev. 'affidò' ✱ sec. XVIII] **s. m. inv.** ● nel diritto anglosassone, dichiarazione scritta e giurata dinanzi a persona autorizzata

affìdo [1983] **s. m.** ● (*burocr.*) affidamento: *a. di minori intrafamiliare*; *a. educativo*

affienàre [comp. di *a-*② e *fieno* ✱ 1865] **A** **v. tr.** (*io affièno*) **1** alimentare con fieno: *a. i buoi* **2** coltivare a fieno: *a. un podere* **3** ridurre a fieno: *a. l'erba* **B** **v. intr.** (aus. *essere*) ● affienire

affienàta [1940] **s. f.** ● quantità di fieno distribuita agli animali per ogni pasto

affienatùra [1887] **s. f.** ● l'affienare

affienìre [comp. di *a-*② e *fieno* ✱ 1803] **v. intr.** (*io affienìsco, tu affienìsci*; aus. *essere*) ● diventare fieno, detto di erbe o cereali che si seccano

affievoliménto [1824] **s. m.** ● indebolimento: *a. delle forze* | attenuazione, diminuzione: *a. della voce*

♣**affievolìre** [comp. di *a-*② e *fievole* ✱ 1310] **A** **v. tr.** (*io affievolìsco, tu affievolìsci*) ● rendere fievole, indebolire **B** **v. intr.** (aus. *essere*) e **affievolìrsi v. intr. pron.** ● diventare fievole: *la voce affievolì* | venire meno: *le loro forze si affievolirono*

affievolìto **part. pass.** di *affievolire*; anche **agg.** ● indebolito, attenuato

affìggere o (*poet.*) †**affìgere** [lat. *affigere*, comp. di *ăd* e *figere* 'attaccare, infiggere' ✱ 1282] **A** **v. tr.** (coniug. come *figgere*; **part. pass.** *affisso*, †*affitto*) **1** attaccare, fissare, spec. in luogo pubblico (+ *a*, + *su*): *a. avvisi, cartelloni, manifesti, bandi, proclami al muro, sulla porta* **2** (*lett.*) fissare: *affiggi in lei l'indagator tuo sguardo* (V. ALFIERI) | (*fig.*) ***a. gli occhi***, guardare con insistenza **3** (*lett.*) imprimere con forza: *a. baci* **B** **affìggersi v. rifl.** **1** (*raro, lett.*) fermarsi, posarsi: *... una lucertola / esce e s'affigge al sole* (G. CARDUCCI) **2** (*fig., lett.*) guardare fissamente: *aquila sì non li s'affisse unquanco* (DANTE *Par.* I, 48) | (*lett.*) concentrarsi intellettualmente

affigliàre e deriv. ➤ **affiliare** e deriv.

†**affiguràre** [lat. tardo *affigurāre*, comp. di *ăd* e *figurāre* 'figurare' ✱ av. 1250] **v. tr.** **1** (*lett.*) raffigurare, rappresentare **2** (*lett.*) ravvisare, riconoscere: *più fiso mirandola, quasi già la veniva affigurando* (G. BOCCACCIO)

affilacoltèlli [comp. di *affila(re)*① e il pl. di *coltello* ✱ 1970] **s. m. inv.** ● barra d'acciaio corta e affusolata, con manico, per affilare i coltelli, spec. di macelleria

affilaménto [da *affilare*① ✱ av. 1704] **s. m.** ● l'affilare | (*raro*) l'affilarsi

affilarasóio (o -ṣ-) [comp. di *affila(re)*① e *rasoio* ✱ 1970] **s. m.** (pl. *-ói*) ● striscia di cuoio usata per affilare il rasoio SIN. coramella

affilàre① [lat. parl. **affilare*, comp. di *ăd* e *fīlum* 'filo di lama' ✱ av. 1300] **A** **v. tr.** **1** rendere tagliente una lama: *a. il rasoio, le spade* | (*lett.*) appuntire, aguzzare (anche *fig.*): *Amore ch'affilava i dardi* (G. CAVALCANTI); *i leali occhi fraterni che ... il coraggio affilava* (G. D'ANNUNZIO) | ***a. le armi***, (*fig.*) prepararsi a combattere **2** (*est.*) assottigliare, rendere smunto: *la malattia gli ha affilato il viso* | (*raro*) aguzzare: *a. lo sguardo* **B** **affilàrsi v. intr. pron.** ● assottigliarsi, dimagrire: *gli si è affilato il naso*

†**affilàre**② [comp. di *a-*② e *fila* ✱ av. 1363] **A** **v. tr.** ● mettere in fila **B** †**affilàrsi v. rifl.** ● disporsi in fila

affilàta [da *affilare*① ✱ 1865] **s. f.** ● affilatura leggera: *dare un'a. al rasoio, al coltello*

affilatézza [1829] **s. f.** ● proprietà di ciò che è affilato: *l'a. di una lama* | (*fig.*) acutezza, perspicacia: *l'a. di un ragionamento*

affilàto **part. pass.** di *affilare*①; anche **agg.** **1** nei sign. del v.: *coltello a.* **2** (*fig.*) sottile: *naso a.* | patito: *viso pallido e a.* | mordace, tagliente: *lingua affilata*

affilatóio [1874] **s. m.** (pl. *-ói*) ● strumento che serve per affilare

affilatóre [1829] **s. m.** (f. *-trice*); anche **agg.** ● (*raro*) chi (o che) affila

affilatrìce [1955] **s. f.** ● macchina utensile munita di una o più mole per affilare utensili

affilatùra [1664] **s. f.** ● operazione di affilare lame, utensili e sim. | taglio, filo

affilettàre [comp. di *a-*② e il denominale di *filetto* ✱ 1612] **v. tr.** (*io affilétto*) ● passare il taglio della cazzuola sulle commettiture dei mattoni per renderle visibili

affilettatùra [1865] **s. f.** ● operazione dell'affilettare

affiliàndo [da *affilia(re)*, con il suff. *-ando* ✱ 1970] **s. m.** (f. *-a*) ● minore in corso di affiliazione (istituto giuridico oggi abrogato)

affiliànte **A** **part. pres.** di *affiliare*; anche **agg.** ● nei sign. del v. **B** **s. m. e f.** ● chi poneva in essere un'affiliazione (istituto giuridico oggi abrogato)

affiliàre o **affigliàre** [comp. del lat. *ăd* e *fīlius* 'figlio' ✱ 1786] **A** **v. tr.** (*io affìlio*) **1** ottenere un minore in affiliazione (istituto giuridico oggi abrogato) **2** associare, iscrivere, a una setta, a un'associazione e sim. **B** **affiliàrsi v. rifl.** ● iscriversi a una setta, a un'associazione e sim.: *si affiliarono a una società segreta*

affiliàta [f. sost. di *affiliato* ✱ 1982] **s. f.** ● società o azienda giuridicamente autonoma ma controllata da un'altra azienda o società che ne detiene la maggioranza

affiliàto **A** **part. pass.** di *affiliare*; anche **agg.** **1** nei sign. del v. **2** detto di club, società o associazione iscritta a federazione o ente di promozione sportiva **B** **s. m.** (f. *-a*) **1** minore assunto un tempo in una famiglia mediante affiliazione (istituto giuridico oggi abrogato) **2** chi è iscritto a una setta, a un'associazione e sim.: *gli affiliati alla massoneria*

affiliazióne o **affigliazióne** [1769] **s. f.** **1** iscrizione a una società, a un gruppo politico e sim. | iscrizione di una società alla federazione sportiva | (*econ.*) ***a. commerciale***, franchising **2** (*dir.*) istituto giuridico, oggi abrogato e sostituito dalle norme che disciplinano l'affidamento e l'adozione, in forza del quale un minore abbandonato o indigente poteva essere affidato a un privato per essere allevato come un figlio, senza assumerne lo stato giuridico

affinàggio [1940] **s. m.** ● (*tecnol.*) affinazione

affinaménto [av. 1257] **s. m.** ● l'affinare, l'affinarsi: *a. del gusto* SIN. miglioramento, perfezionamento | ***a. del terreno***, preparazione del letto di semina in un terreno coltivato | ***a. dell'acqua***, trattamento dell'acqua della rete idrica per purificarla e mineralizzarla | (*enol.*) ***a. del vino***, insieme dei miglioramenti che un vino ottiene nella botte o in bottiglia, così da acquisire le sue caratteristiche più peculiari

♦**affinàre** [comp. di *a-*② e *fine*② ✱av. 1249] **A** **v. tr.** **1** (*lett.* o *raro*) rendere fine e sottile: *a. una lama*; *a. la punta di una matita* **2** (*fig.*) aguzzare: *a. la vista, l'ingegno* **3** rendere puro l'oro, l'argento o altro metallo dividendolo dalla lega o altre impurità | (*est.*) migliorare, far maturare: *a. un vino* | (*fig.*) perfezionare, migliorare: *a. lo stile* **B** **affinàrsi** **v. intr. pron.** **1** (*raro*) assottigliarsi **2** (*fig.*) acquistare perfezione, sensibilità e sim.: *lo stile si affina con l'esercizio*; *l'anima s'affina nel dolore* SIN. migliorarsi, perfezionarsi

affinatóre [1312] **s. m.** (**f.** *-trice*) ● chi in un'attività artigianale o industriale migliora la qualità del prodotto finito: *a. di metalli, di formaggi*

affinazióne [1857] **s. f.** ● (*tecnol.*) processo per cui una sostanza viene liberata dalle impurità e sim.: *a. dell'oro*; *a. dello zucchero*

♦**affinché** o †**affin che**, †**a fin che** /affin'ke*, af'fin ke*/ [comp. di *a fine che* ✱av. 1334] **cong.** ● al fine di, con lo scopo che, perché (introduce una prop. finale con il v. sempre al congtv.): *lo dico a. si sappia*

♦**affine**① [vc. dotta, lat. *affīne(m)*, comp. di *ăd* e *fīnis* 'confine' ✱1310] **A** **agg.** **1** che ha somiglianza: *anime affini*; *teoria a. a un'altra*; *tabacchi e generi affini*; *avere gusti affini* SIN. simile CFR. filo-①, -filo, para- **2** che presenta affinità: *piante, organismi affini*; *composti chimici affini*; *lingue affini* **B** **s. m. e f.** **1** ciascuno dei parenti di un coniuge rispetto all'altro coniuge e viceversa: *a. in linea retta, in linea collaterale*; *a. di sesto grado* **2** (*mat.*, al pl.) corrispondenti in un'affinità

SFUMATURE ➤ ***simile***

affine② o **a fine** [comp. di *a* e *fine* ✱sec. XIII] **cong.** ● nella loc. cong. ***a. di***, (*lett.*) al fine, allo scopo, col proposito di (introduce una prop. finale con il v. all'inf.): *a. d'escludere … dalla radunanza gli infetti e i sospetti, fece inchiodar gli usci delle case sequestrate* (A. MANZONI)

affinità [vc. dotta, lat. *affinitāte(m)*, da *affinis* 'affine①' ✱1300 ca.] **s. f. inv.** **1** somiglianza, conformità: *a. di idee, di gusti, di tradizioni* | ***a. linguistica***, relazione tra due lingue che presentano analogie di struttura non dovute a parentela CFR. -filia **2** simpatia | ***a. elettiva***, attrazione reciproca che si stabilisce fra persone di idee e sentimenti affini SIN. attrazione **3** vincolo genealogico e giuridico che intercorre fra una persona e i parenti del proprio coniuge: *a. in linea retta, in linea collaterale* | ***a. spirituale***, vincolo che si instaura fra padrino (o madrina) e battezzando o cresimando **4** (*biol.*) relazione esistente fra individui di un gruppo sistematico animale o vegetale in base a una somiglianza di caratteri morfologici, biologici e genetici **5** (*mat.*) biiezione fra due piani che a rette parallele associa rette parallele | biiezione nello spazio che a piani paralleli associa piani paralleli **6** tendenza, fisicamente misurabile, di una sostanza a combinarsi con altre: *a. chimica*

affiochiménto [1865] **s. m.** ● l'affiochirsi: *a. di voce*

affiochìre [comp. di *a-*② e *fioco* ✱1612] **A** **v. tr.** (*io affiochìsco, tu affiochìsci*) ● rendere fioco: *la malattia gli affiochiva la voce*; *la nevicata affiochiva il suono delle campane* **B** **v. intr.** (**aus.** *essere*) e **affiochìrsi** **v. intr. pron.** ● smorzarsi, diventare fioco: *il rumore affiochì*; *la voce si affiochiva nel pianto*

affiochìto **part. pass.** di *affiochire*; anche **agg.** ● fioco, debole

affioraménto [fr. *affleurement*. V. *affiorare*② ✱1855] **s. m.** **1** l'affiorare: *l'a. di un banco di sabbia* | parziale emersione: *un sommergibile in a.* **2** parte superficiale di una roccia, di un filone o di un giacimento | area occupata da una formazione rocciosa

affioràre① [comp. di *a-*② e *fiore* ✱1909] **v. tr.** (*io affióro*) **1** (*raro*) ridurre a fiore: *a. la farina* **2** (*lett.*) ricamare a fiori

♦**affioràre**② [fr. *affleurer*, da *à fleur de* 'a fior di' ✱sec. XVIII] **v. intr.** (*io affióro*; **aus.** *essere*) **1** apparire alla superficie, spec. a fior di terra o a fior d'acqua: *sullo stagno affioravano le ninfee*; *le creste dei monti affioravano dalla nebbia* SIN. emergere, spuntare **2** (*fig.*) mostrarsi, manifestarsi, venire alla luce: *sono affiorati nuovi particolari*; *sulle sue guance affiora un lieve rossore*

†**affiṣàre** e deriv. ➤ **affissare** e deriv.

affissaménto o †**affiṣaménto** [1596] **s. m.** ● (*lett.*) l'affissare, l'affissarsi

affissàre o (*poet.*) †**affiṣàre** [lat. tardo *affixāre*, da *affigere* 'infliggere' ✱1286] **A** **v. tr.** **1** (*lett.*) guardare fissamente: *a. una persona*; *a. gli occhi, lo sguardo, la vista, la mente, in qlcu., in qlco.* **2** (*raro, lett.*) fissare, affiggere: *a. un bando, una sentenza* | †***a. il piede in qualche luogo***, stabilirvisi **B** **affissàrsi** **v. rifl.** **1** (*lett.*) guardare con estrema attenzione: *la donna in lui s'affissa* (T. TASSO) **2** (*lett., raro*) fermarsi con la mente su qlco.: *affissarsi su una lettura interessante*

affissionàle [1968] **agg.** ● relativo ad affissione | ***pubblicità a.***, quella effettuata mediante affissione in pubblico di cartelli, manifesti, locandine e sim.

affissióne [vc. dotta, lat. tardo *affixiōne(m)*, da *affigere* 'infiggere' ✱1546] **s. f.** **1** l'affiggere: *a. di manifesti, insegne, bandi* **2** forma di pubblicità mediante esposizione su strade o piazze di cartelli o manifesti contenenti un messaggio pubblicitario

affissìvo [da *affisso* ✱1950] **agg.** ● (*ling.*) agglutinante: *lingue affissive*

affìsso [lat. *affixu(m)*, part. pass. di *affigere*. V. *affissione*] **A** **part. pass.** di *affiggere*; anche **agg.** ● nei sign. del v.; attaccato, esposto in luogo pubblico (+ *a*, + *su*): *un cartello affisso al* (o *sul*) *portone* | (*lett.*) strettamente unito | †fermo ‖ **affissaménte**, **avv.** fissamente **B** **s. m.** **1** (*raro*) avviso, manifesto: *attaccare, leggere un a.* **2** (*raro*) infisso **3** (*ling.*) elemento che può essere incorporato in una parola per modificarne il significato: *gli affissi si dividono in prefissi, infissi e suffissi*

affittàbile [1808 ca.] **agg.** ● che si può affittare

affittacàmere [comp. di *affitta(re)* e il pl. di *camera* ✱1829] **s. m. e f. inv.** ● chi dà camere ammobiliate in affitto

affittànza [av. 1755] **s. f.** ● affitto | ***a. collettiva***, affitto di fondo rustico a una collettività organizzata di lavoratori agricoli

♦**affittàre** [comp. di *a-*② e *fitto* 'affitto' ✱sec. XIV] **v. tr.** **1** concedere in godimento, dietro corrispettivo, un bene immobile: *a. un podere*; *a. un appartamento* | noleggiare: *a. una macchina, una barca* **2** prendere in affitto: *a. una villa* | prendere a nolo

affittasi [terza pers. sing. dell'indic. pres. di *affittare*, nella forma impers. con la particella pron. *si* ✱1951] **s. m. inv.** ● scritta su un cartello che si espone all'esterno di un locale da affittare

affittìre [comp. di *a-*② e *fitto* 'denso' ✱1802] **A** **v. tr.** (*io affittìsco, tu affittìsci*) ● (*raro*) infittire **B** **v. intr.** (**aus.** *essere*) e **affittìrsi** **v. intr. pron.** ● (*raro*) infittirsi

♦**affìtto**① [da *affittare* ✱1291] **s. m.** **1** locazione avente per oggetto un bene produttivo: *dare, prendere in a.*; *a. di un'azienda, di un albergo* | ***a. di fondi rustici***, che ha per oggetto il godimento di un fondo rustico | ***lavoro in a.***, V. *lavoro* **2** (*est.*) correntemente, locazione: *prendere in a. un appartamento* **3** compenso dovuto a chi dà in affitto o in locazione: *pagare, riscuotere l'a.* SIN. fitto, pigione

†**affìtto**② **part. pass.** di *affiggere*; anche **agg.** ● nel sign. 2 del v.

affittuàrio [da *affitto*① ✱1597] **A** **agg.** ● (*raro*) che riguarda l'affitto **B** **s. m.** (**f.** *-ia*) ● chi ha preso qlco. in affitto

afflàre [vc. dotta, lat. *afflāre*, comp. di *ad* e *flāre* 'soffiare' ✱1525] **v. tr.** ● (*lett.*) soffiare

†**afflàto**① **part. pass.** di †*afflare*; anche **agg.** ● (*lett.*) ispirato

♦**afflàto**② [vc. dotta, lat. *afflātu(m)*, sostantivo da *afflāre* 'soffiare' ✱1354] **s. m.** **1** (*lett., raro*) soffio | (*lett., fig.*) estro, ispirazione: *a. poetico, divino, sacro* **2** †influsso: *i cattivi afflati del veleno* (L.A. MURATORI)

♦**afflìggere** o †**affrìggere** [vc. dotta, lat. *afflīgere*, comp. di *ăd* e *flīgere* 'sbattere, urtare' ✱1268] **A** **v. tr.** (**pres.** *io afflìggo, tu afflìggi*; **pass. rem.** *io afflìssi, tu affliggésti*; **part. pass.** *afflìtto*) **1** tormentare con dolore fisico: *essere afflitto dal freddo, dal mal di testa*; *è afflitto da dolori reumatici* | angustiare, addolorare, rattristare: *lo affligge una profonda malinconia*; *la luttuosa notizia ci ha afflitti* SIN. accorare, contristare **2** (*est.*) infastidire, opprimere: *mi ha afflitto con i racconti dei suoi guai* | (*est.*) colpire, travagliare: *quelle regioni sono afflitte da gravi epidemie* **B** **afflìggersi** **v. intr. pron.** ● addolorarsi, tormentarsi: *si affliggeva per la morte dell'amico*

affliggiménto [sec. XIV] **s. m.** ● (*raro*) afflizione

afflìssi ➤ **affliggere**

afflittìvo [av. 1306] **agg.** ● (*raro, lett.*) che dà dolore, tormento, tristezza | (*dir., raro*) che limita la libertà personale: *pena afflittiva* SIN. detentivo ‖ **afflittività**, **s. f. inv.** carattere afflittivo di qlco.

♦**afflìtto** [vc. dotta, lat. *afflīctu(m)*, part. pass. di *afflīgere*. V. *affliggere*] **A** **part. pass.** di *affliggere*; anche **agg.** **1** colpito da una malattia (+ *da*): *è a.* *da una bronchite* | colpito da fenomeni negativi (+ *da*): *la città era afflitta da disordini* **2** rattristato, addolorato (+ *per*): *è a.* *per la morte dell'amico* | che rivela tristezza, dolore: *volto a.*; *voce afflitta* **B** **s. m.** (**f.** *-a*) ● (spec. al pl.) chi è addolorato, tormentato: *consolare, sollevare gli afflitti*; *avere compassione degli afflitti*

♦**afflizióne** [vc. dotta, lat. tardo *afflictiōne(m)*, da *afflīctus* 'afflitto' ✱sec. XII] **s. f.** **1** stato di tristezza, di prostrazione, di pena: *trovarsi, vivere nell'a.*; *abbandonarsi all'a.* SIN. dolore, infelicità **2** tormento, sventura: *le afflizioni della vita*

afflosciaménto [1914] **s. m.** ● l'afflosciare, l'afflosciarsi

afflosciàre [comp. di *a-*② e *floscio* ✱1542] **A** **v. tr.** (**pres.** *io afflòscio*; **fut.** *io affloscerò*) ● rendere floscio: *il caldo estivo affloscia l'erba* | (*fig.*) togliere ogni vigore **B** **v. intr.** (**aus.** *essere*) e **afflosciàrsi** **v. intr. pron.** ● (*raro*) diventare floscio, sgonfiarsi: *la vela affloscia lentamente*; *la frutta, troppo matura, si affloscia sui rami* | (*fig.*) perdersi d'animo | (*fig.*) accasciarsi, svenire: *piegò le ginocchia e si afflosciò sull'erba* (I. SILONE)

afflènte [vc. dotta, lat. *affluĕnte(m)*, part. pres. di *afflŭere*. V. *affluire*] **A** **part. pres.** di *affluire*; anche **agg.** **1** nei sign. del v. | (*lett.*) abbondante **2** (*raro*) benestante, opulento: *società a.* (calco sull'ingl. *affluent society*) ‖

a b c d e f g h i j k l m n o p q r s t u v w x y z

affluentemente, avv. copiosamente **B** s. m. ● corso d'acqua secondario che sbocca in un altro principale

affluènza [vc. dotta, lat. *affluĕntia(m)*. V. *affluire* ✻ 1304 ca.] **s. f. 1** l'affluire di liquidi o cose: *a. di acqua, di merci; interrompere l'a. dei prodotti alimentari* **2** concorso di persone: *allo stadio c'era una grande a.; si registrò una grande a. di pubblico* SIN. afflusso

affluìre [vc. dotta, lat. *afflŭere*, comp. di *ăd* e *flŭere* 'scorrere' ✻ 1584] **v. intr.** (*io affluìsco, tu affluìsci*; aus. *essere*) **1** scorrere di liquidi verso un luogo: *il fiume affluisce al mare; il sangue affluisce alla testa* | (*est.*) giungere, spec. in quantità notevole e con continuità: *le merci affluiscono nei magazzini; i prodotti agricoli affluiscono dalle campagne alla città* **2** accorrere in folla verso lo stesso luogo: *molta gente affluiva allo stadio*

♦**afflùsso** [vc. dotta, lat. *afflūxu(m)*, part. pass. di *afflŭere*. V. *affluire* ✻ av. 1646] **s. m. 1** l'affluire di un liquido verso un dato punto o luogo: *l'a. del sangue al cervello* **2** (*est.*) l'affluire in gran quantità di cose o persone: *l'a. di capitali, di merci, di turisti* SIN. affluenza **3** volume delle precipitazioni meteoriche cadute, in un certo intervallo di tempo, nel bacino imbrifero di un corso d'acqua CONTR. deflusso

affocàre o **affuocàre** [comp. dal lat. *ăd* e *fŏcus* 'fuoco' ✻ sec. XIII] **A v. tr.** (*io affuòco* o *affòco, tu affuòchi* o *affòchi*; in tutta la coniug., *-uò-* o *poet.* *-ò-* se accentato, *-ò-* o *-uò-* se non accentato) **1** †appiccare il fuoco **2** (*lett.*) arroventare, infuocare (*anche fig.*): *la canicola affocava la gran pianura* (R. BACCHELLI) **B affocàrsi v. intr. pron.** ● (*lett.*) accendersi, infiammarsi | (*est.*) avvampare: *s'affocò in volto* | (*lett., fig.*) infervorarsi: *cotanto più di quello appetito s'affuoca* (G. BOCCACCIO)

affocàto part. pass. di *affocare*; anche agg. ● (*lett.*) infuocato, ardente (*anche fig.*): *e vidi uscir de l'alto e scender giùe / due angeli con due spade affocate* (DANTE *Purg.* VIII, 25-26)

affogaménto [av. 1367] **s. m.** ● l'affogare, l'affogarsi: *morire per a.*

♦**affogàre** [lat. parl. **affocāre* per *offocāre* 'soffocare, strangolare', da *faux* 'gola' ✻ 1258] **A v. tr.** (*io affógo* (o *-ò-*), *tu affóghi* (o *-ò-*)) **1** far morire qlcu. immergendolo in acqua o altro liquido | (*fig.*) ***a. un dispiacere nei divertimenti, nell'alcol***, cercare di dimenticarlo | (*lett.*) soffocare: *convulsione a lui deformi il volto, / e lo affoghi aspra tosse* (G. PARINI) **2** (*fig.*) far cuocere in acqua bollente, spec. le uova private del guscio **3** †sommergere, inondare **B v. intr.** (aus. *essere*) **1** morire per soffocamento in acqua o altro liquido: *è affogato nelle acque del lago* | (*fig.*) ***a. in un bicchier d'acqua***, smarrirsi per una piccola difficoltà | (*fig.*) ***bere o a.***, dovere scegliere fra due mali inevitabili | (*fig.*) ***a. nell'oro***, vivere nell'abbondanza SIN. annegare **2** essere sovraccarico di qlco. (+ *in*): *a. nei debiti* **C affogàrsi v. intr. pron.** ● (*raro*) perdere la vita annegando: *cadde in mare e si affogò* **D affogàrsi v. rifl.** ● togliersi la vita annegandosi: *per il troppo dolore si è affogato*

affogàto A part. pass. di *affogare*; anche agg. **1** nei sign. del v. **2** ***stanza affogata***, priva di luce | ***uova affogate***, cotte senza guscio in acqua bollente | ***gelato a.***, su cui sia stato versato liquore, sciroppo, caffè e sim. **B s. m.** ● gelato affogato: *un a. al whisky, al caffè*

affogliaménto [comp. di *a-*② e *foglio* ✻ 1942] **s. m.** ● (*banca*) operazione con la quale viene rinnovato il foglio di cedole dei titoli pubblici o privati

affollaménto [1785] **s. m.** ● l'affollare, l'affollarsi | massa di gente raccolta in gran numero: *alla conferenza c'era un grande a.* SIN. folla, ressa

♦**affollàre**① [comp. di *a-*② e *follare* ✻ av. 1328] **A v. tr.** (*io affóllo* o *affòllo*) **1** riempire di gente un luogo | gremire: *gli spettatori affollavano il teatro* **2** †fare ressa intorno a qlcu. **3** (*fig.*) riempire disordinatamente: *molti dubbi gli affollavano la mente* **B affollàrsi v. intr. pron.** ● radunarsi in gran numero, fare ressa (*anche fig.*): *la gente si affolla all'ingresso dello stadio, davanti al cinema; I pensieri che mi si affollano ... nella mente* (G. LEOPARDI) SIN. accalcarsi, addensarsi, adunarsi

†**affollàre**② [comp. di *a-*② e *folle*① 'mantice' ✻ 1319] **v. intr.** ● ansimare, anelare: *fin che si sfoghi l'affollar del casso* (DANTE *Purg.* XXIV, 72)

♦**affollàto** part. pass. di *affollare*①; anche agg. ● gremito di gente, di folla: *un cinema a.; un'affollata località balneare* ‖ **affollataménte**, avv. in folla

affoltàre [comp. di *a-*② e *folto* ✻ 1324] **A v. tr.** (*io affólto*) **1** †ammassare, accalcare, stipare **2** (*fig.*) †opprimere **B affoltàrsi v. intr. pron.** ● (*lett.*) farsi folto, infittirsi (*anche fig.*): *le tenebre si affoltavano sempre più* (I. NIEVO)

affondaménto [av. 1600] **s. m. 1** l'affondare | il mandare o l'andare a fondo: *l'a. di una corazzata, di una nave* | (*fig.*) affossamento: *l'a. di un'impresa* | ***a. di un giocatore***, nella pallanuoto, per aver subito un fallo da un avversario **2** †scavo, cavità

affondamìne [comp. di *affondare* e il pl. di *mina* ✻ 1955] **s. m. inv.**; anche agg. inv. ● (*mar.*) posamine

♦**affondàre** [lat. parl. **affundāre*, comp. di *ăd* e *fŭndus* 'fondo' ✻ 1250 ca.] **A v. tr.** (*io affóndo*) **1** mandare a fondo, inabissare: *a. le navi nemiche* | colare a fondo: *a. l'ancora* | (*fig.*) far fallire, affossare: *a. un'impresa* **2** far penetrare a fondo: *a. i piedi nel fango; a. le radici nel terreno* | ***a. un pugno***, nel pugilato, colpire con particolare potenza | ***a. la palla***, nella pallanuoto, spingerla e tenerla sott'acqua **3** (*raro*) rendere più profondo scavando: *a. un solco* **4** †opprimere **B v. intr.** (aus. *essere*) e **affondàrsi v. intr. pron. 1** andare a fondo, sommergersi: *la nave affonda lentamente; l'imbarcazione affondò nelle acque gelide* **2** sprofondare (*anche fig.*): *a. nella melma, nel terreno; il ... fieno in cui si affondavano i gomiti* (G. VERGA); *a. nel torpore, nel sonno*

affondàta [da *affondare* ✻ 1936] **s. f.** ● picchiata ripida, veloce e prolungata di un aereo

affondàto part. pass. di *affondare*; anche agg. ● nei sign. del v. | sprofondato: *con la testa affondata nel guanciale* | (*est., lett.*) infossato: *Quella strada era ... affondata ... tra due alte ripe orlate d'alberi* (A. MANZONI) | (*econ.*) ***costo a.***, V. *costo* nel sign. 2

affondatóio [1889] **s. m.** (pl. *-ói*) ● (*mar.*) congegno di leve per liberare l'ancora a ceppo dalle rizze e ribaltarla in mare quando si dà fondo

affondatóre [1874] **s. m.** (f. *-trice*) ● (*raro*) chi affonda una nave

affondatùra [sec. XIV] **s. f.** ● (*raro*) scavatura: *a. di una fossa*

affóndo o **a fóndo** [da *a fondo* ✻ sec. XIV] **A avv.** ● in fondo, in profondità **B s. m. inv.** ● (*sport*) nella scherma, movimento con cui lo schermidore, dalla posizione di guardia, conclude un'azione d'offesa, portando avanti una gamba e stendendo l'altra col corpo in linea con questa, in massima distensione | nella ginnastica, movimento consistente nell'inclinare in avanti il corpo in linea con una gamba e poggiando sull'altra parzialmente piegata in avanti | in vari sport, attacco rapido e deciso | (*est., fig.*) attacco decisivo

afforcàre① [comp. di *a-*② e *forca* ✻ 1847] **v. tr.** (*io affórco, tu affórchi*) ● ormeggiare una nave dando fondo a due ancore di prua su due diverse linee d'ancoraggio divaricate

†**afforcàre**② [napol. *affurcà*, di orig. sp. (?) ✻ av. 1744] **v. tr.** ● impiccare

affórco [da *afforcare*① ✻ 1937] **s. m.** (pl. *-chi*) ● (*mar.*) la seconda ancora che si getta per ormeggiare | l'ormeggio su due ancore afforcate

†**affortificàre** [comp. di *a-*② e *fortificare* ✻ sec. XIV] **v. tr.** ● fortificare | puntellare | rinforzare (*anche fig.*); *indebolire la parte adversa et a. la sua* (N. MACHIAVELLI) ‖ †**affortificazióne**, s. f.

†**afforzaménto** [av. 1363] **s. m.** ● rafforzamento | fortificazione

afforzàre [comp. di *a-*② e *forza* ✻ 1282] **v. tr.** (*io affòrzo*) ● (*lett.*) rafforzare, fortificare

affossaménto [av. 1564] **s. m. 1** l'affossare, l'affossarsi | ***a. del terreno, di una strada***, avvallamento, fossato, fossa **2** (*fig.*) definitivo accantonamento: *l'a. di una proposta*

affossàre [comp. di *a-*② e *fossa* ✻ av. 1292] **A v. tr.** (*io affòsso*) **1** †provvedere di fossi un terreno coltivato: *a. i campi* **2** †cingere, munire di fossi: *a. un castello* **3** incavare: *il continuo passaggio ha affossato il sentiero* **4** (*fig.*) accantonare definitivamente qlco.: *a. una proposta di legge* SIN. insabbiare **B affossàrsi v. intr. pron.** ● incavarsi: *gli si affossano gli occhi per la stanchezza*

affossàto part. pass. di *affossare*; anche agg. **1** †munito, cinto di fossi **2** avvallato: *un sentiero a.* **3** (*raro*) incavato, infossato **4** (*fig.*) accantonato

affossatóre [1235] **s. m. 1** (f. *-trice*) chi scava fosse | becchino | (*fig.*) chi affossa, chi insabbia **2** attrezzo agricolo per scavare fossi

affossatùra [1290] **s. f. 1** l'affossare | fossa **2** l'insieme dei fossi di un terreno coltivato **3** (*fig.*) incavatura: *le affossature del volto*

affralìre [comp. di *a-*② e *frale* ✻ sec. XIV] **v. tr.** ● (*lett.*) indebolire

affrancàbile [1779] **agg.** ● che si può affrancare

affrancaménto [1819] **s. m. 1** liberazione dalla schiavitù o gener. da una condizione negativa: *a. politico, culturale* **2** (*raro*) affrancatura di lettere e sim. **3** emissione di radici dalla porzione basale del nesto di piante innestate

affrancàre [comp. di *a-*② e *franco* ✻ sec. XIII] **A v. tr.** (*io affrànco, tu affrànchi*) **1** rendere libero: *a. un popolo dalla schiavitù* | (*lett., fig.*) liberare da ciò che opprime **2** (*dir.*) liberare, da parte del debitore, un immobile da obbligazioni od oneri a esso inerenti: *a. un fondo dagli usi civici gravanti sullo stesso* **3** pagare la tassa per l'invio della corrispondenza e dei pacchi per posta, applicandovi il francobollo: *a. un pacco postale* **4** (*raro, fig.*) dare vigore **B affrancàrsi v. rifl. 1** rendersi libero (*anche fig.*): *affrancarsi dalla schiavitù, dal bisogno, da una passione* **2** (*dir.*) liberarsi, da parte del debitore, da obbligazioni od oneri perpetui: *affrancarsi dai debiti*

affrancàto A part. pass. di *affrancare*; anche agg. **1** reso libero **2** munito di affrancatura **B s. m.** (f. *-a*) ● schiavo liberato

affrancatóre [1865] **agg. e s. m.** (f. *-trice*) ● che (o chi) affranca

affrancatrìce [da *affrancare* ✻ 1942] **s. f.** ● macchina che appone sulla corrispondenza una stampigliatura che attesta l'avvenuto pagamento della tassa postale sostitutiva del francobollo

affrancatùra [1818] **s. f.** ● applicazione dei francobolli sulla corrispondenza | (*est.*) l'insieme dei francobolli così applicati | ***a. filatelica***, francobollo o gruppi di francobolli che vengono fatti annullare per fini di collezionismo | ***a. tricolore, pluricolore***, composta da tre o più francobolli di vario colore

affrancazióne [1736] **s. f. 1** (*raro*) liberazione **SIN.** affrancamento **2** (*dir.*) liberazione da obbligazioni, oneri, gravami e sim.: *a. di un fondo dagli usi civici* | ***a. da enfiteusi***, acquisto da parte dell'enfiteuta della proprietà del fondo mediante il pagamento di una somma risultante dalla capitalizzazione del canone annuo **3** (*raro*) affrancatura

affràngere [lat. *affrăngere*, comp. di *ăd* e *frăngere* 'rompere' ✱ sec. XIII] **v. tr.** (**coniug. come** *fràngere*) ● (*raro, lett.*) fiaccare, spossare: *la natura del monte ci affranse / la possa del salir* (DANTE *Purg.* XXVII, 74-75)

✦**affrànto** **part. pass.** di *affrangere*; **anche agg.** ● esausto, spossato: *e cadde a., rifinito sopra un mucchio di pietre* (A. MANZONI) | prostrato dal dolore: *animo a.*

affratellaménto [1860] **s. m. 1** unione in un rapporto fraterno: *auspicare l'a. dei popoli* **2** (*dir.*) istituto medievale per la costituzione di società commerciali **3** (*antrop.*) fratellanza del sangue (V. *fratellanza* nel sign. 2)

affratellàre [comp. di *a-*② e *fratello* ✱ 1585] **A v. tr.** (*io affratèllo*) ● rendere quasi fratelli, fare che più persone si amino come fratelli: *l'amicizia li affratella* **B affratellàrsi v. rifl. recipr.** ● stringersi in fraterna unione | fraternizzare

†**affreddàre** [comp. di *a-*② e *freddare* ✱ 1271] **v. tr., intr.** e †**affreddàrsi v. intr. pron.** ● raffreddare, raffreddarsi

affrenàre [comp. di *a-*② e *frenare* ✱ 1261 ca.] **A v. tr.** (*io affréno* o *affrèno*) ● (*lett.*) tenere a freno (*anche fig.*): *e più lo 'ngegno affreno ch'i' non soglio* (DANTE *Inf.* XXVI, 21) **B affrenàrsi v. rifl.** ● (*lett.*) trattenersi | moderarsi

affrenellàre [comp. di *a-*② e *frenello* ✱ 1889] **v. tr.** (*io affrenèllo*) ● mettere i frenelli al timone

affrescàre o (*lett.*) **frescàre** [da *affresco* ✱ 1905] **v. tr.** (*io affrésco, tu affréschi*) ● dipingere con la tecnica dell'affresco

affreschìsta [1875] **s. m. e f.** (**pl. m.** *-i*) ● pittore che dipinge con la tecnica dell'affresco

affrésco [comp. di *a*② e *fresco* ✱ sec. XV] **s. m.** (**pl.** *-schi*) **1** tecnica di pittura murale eseguita sull'intonaco fresco con colori diluiti in acqua pura | (*est.*) dipinto eseguito con tale tecnica: *gli affreschi di Giotto ad Assisi* **2** (*fig.*) ampia rappresentazione letteraria o cinematografica di un'intera epoca, di un ambiente, ecc.: *i romanzi di Balzac sono un a. della vita francese dell'Ottocento* ‖ **affrescóne**, accr.

SFUMATURE ➤ *quadro*②

affrettàndo [1887] **s. m. inv.** ● (*mus.*) accelerando **CONTR.** rallentando

✦**affrettàre** [comp. di *a-*② e *fretta* ✱ 1213] **A v. tr.** (*io affrétto*) **1** rendere più rapido: *a. il passo* **SIN.** accelerare **CONTR.** rallentare **2** rendere più sollecito il compimento di qlco.: *a. la partenza, la conclusione di un affare, le nozze* **CONTR.** rimandare **3** (*mus.*) indicazione agogica equivalente ad accelerando **CONTR.** rallentare **B v. intr.** (*lett., raro*; **aus.** *essere*) e **affrettàrsi v. rifl.** ● fare in fretta, rapidamente (+ *a* seguito da inf.): *affrettatevi, se volete arrivare in tempo*; *affrettati a partire!*; *Affretta, affretta, ché il tempo sen viene* (G. D'ANNUNZIO) | premurarsi: *si affrettarono a rispondere alla lettera*

affrettàto **part. pass.** di *affrettare*; **anche agg. 1** fatto in fretta, rapidamente: *una colazione affrettata* **SIN.** veloce **2** fatto troppo in fretta, con poca cura: *un lavoro a.*; *una decisione affrettata* **SIN.** frettoloso **3** (*mus.*) accelerando ‖ **affrettataménte**, avv.

affricàno e deriv. ➤ **africano** e deriv.

affricàta [f. sost. di *affricato* ✱ 1986] **s. f.** ● (*ling.*) consonante affricata

affricàto [dal lat. *affricāre* 'sfregare contro, stropicciare', comp. di *ăd* e *fricāre* 'fregare' ✱ 1942] **agg.** ● (*ling.*) detto di consonante articolata all'inizio come un'occlusiva e alla fine come una fricativa nello stesso luogo di articolazione; per es. la *ts* di *pizza* è un'affricata sorda dentale

affricazióne [da *affricato* ✱ av. 1950] **s. f.** ● (*ling.*) modo di articolazione di una consonante affricata

àffrico ➤ **africo**

†**affrìggere** ➤ **affliggere**

affrittellàre [comp. di *a-*② e *frittella* ✱ av. 1422] **v. tr.** (*io affrittèllo*) ● (*raro*) cuocere a forma di frittella

affrontàbile [av. 1786] **agg.** ● che si può affrontare ‖ **affrontabilità**, **s. f. inv.**

affrontaménto [sec. XIV] **s. m.** ● (*raro*) l'affrontare | †scontro, battaglia

✦**affrontàre** [lat. parl. **affrontāre*, comp. di *ăd* e *frŏns*, genit. *frŏntis* 'fronte' ✱ sec. XIII] **A v. tr.** (*io affrónto*) **1** andare incontro con risolutezza a qlco. di rischioso, di spiacevole, di impegnativo e sim.: *a. la morte, il pericolo, le difficoltà, il disprezzo generale* | ***a. una spesa***, farvi fronte | ***a. una salita, una curva***, prepararsi a superarle | cimentarsi in qlco. di arduo: *per il giovane pianista è il momento di a. l'Arte della fuga di Bach* **2** farsi incontro a qlcu. in modo deciso: *a. il direttore per chiedergli un aumento* | assalire, fronteggiare con coraggio: *a. un ladro*; *a. il nemico* **3** prendere in esame, discutere, trattare: *a. una questione, un problema* **4** sistemare due pezzi meccanici in modo da formare un'affrontatura **B affrontàrsi v. rifl. recipr. 1** scontrarsi: *i due eserciti si affrontarono nei pressi del lago* | misurarsi: *oggi si affrontano le due squadre migliori* **2** †imbattersi, trovarsi di fronte **C affrontàrsi v. intr. pron.** ● (*lett.*) sentirsi offeso: *dopo che le ho parlato di donazione, s'è affrontata* (C. GOLDONI)

†**affrontàta** [av. 1348] **s. f.** ● scontro

affrontàto **part. pass.** di *affrontare*; **anche agg. 1** nei sign. del v. **2** (*arald.*) detto di due figure poste una di fronte all'altra

affrontatóre [av. 1584] **s. m.** (**f.** *-trice*) ● (*raro*) chi affronta | †aggressore

affrontatùra [av. 1539] **s. f.** ● sistemazione di due pezzi meccanici in un meccanismo a contatto di testa

✦**affrónto** [da *affrontare* ✱ av. 1321] **s. m. 1** atto o parola che offende | offesa, ingiuria: *arrecare, fare un a.*; *ricevere, sopportare, patire un a.*; *dimenticare gli affronti ricevuti* **2** †assalto, scontro di armati | †incontro | †***al primo a.***, sulle prime

†**affumàre** [lat. parl. **affumāre*, comp. di *ăd* e *fūmus* 'fumo' ✱ av. 1306] **v. tr. 1** sottoporre all'azione del fumo **2** (*fig.*) offuscare

affumicaménto [av. 1311] **s. m. 1** l'affumicare, il venire affumicato | immissione di fumo in un alveare per stordire le api prima di raccogliere il miele o di altra operazione **2** (*raro*) affumicatura

affumicàre [dal lat. *fumigāre*. V. *fumigare* ✱ av. 1334] **v. tr.** (*io affùmico, tu affùmichi*) **1** riempire di fumo: *a. una stanza* | annerire col fumo: *a. il camino, il soffitto, una pentola* **2** sottoporre alimenti di origine animale all'azione prolungata del fumo, sia come tecnica di conservazione che per conferire loro un sapore caratteristico: *a. carni, pesci*

affumicàta [av. 1324] **s. f.** ● affumicatura non molto lunga

affumicàto **part. pass.** di *affumicare*; **anche agg. 1** riempito di fumo | annerito dal fumo | di prodotto alimentare, sottoposto ad affumicatura: *prosciutto a.* **2** (*est.*) oscurato, colorato di bruno: *lenti affumicate*

affumicatóio [1874] **s. m.** (**pl.** *-ói*) ● luogo in cui si affumicano carni o altri generi commestibili

affumicatóre [1819] **s. m. 1** (**f.** *-trice*) l'addetto all'affumicatura delle carni e dei pesci **2** attrezzo per gettare fumo negli alveari allo scopo di stordire le api

affumicatùra [1865] **s. f. 1** procedimento consistente nell'affumicare prodotti alimentari **SIN.** fumigazione **2** affumicamento di una tana per costringere un animale ad uscire

affuṣióne [vc. dotta, lat. tardo *affusiōne(m)*, da *affŭndere* 'infondere' ✱ av. 1758] **s. f.** ● (*raro*) versamento di un liquido su qlco. | pratica terapeutica consistente nel versare acqua calda o fredda su una parte del corpo

affusolàre (o -ṣ-) [comp. di *a-*② e *fusolo* ✱ sec. XIV] **v. tr.** (*io affùsolo*) ● dare forma di fuso, assottigliare delicatamente: *a. una colonna*

affusolàto (o -ṣ-) **part. pass.** di *affusolare*; **anche agg. 1** a forma di fuso: *l'acciuga ha un corpo a.* | sottile, ben tornito: *dita, gambe affusolate* **2** detto di abito femminile di linea allungata e aderente

affùsto [ant. fr. *affust*, da *affuster* 'appoggiarsi a un fusto' ✱ av. 1680] **s. m.** ● sostegno della bocca da fuoco in un pezzo d'artiglieria | ***a. a deformazione***, fornito di organi elastici che consentono il rinculo della bocca da fuoco senza che si sposti l'affusto

afgàni ➤ **afghani**

afgàno ➤ **afghano**

afghàni o **afgàni** [1992] **s. m. inv.** ● unità monetaria circolante dell'Afghanistan

afghàno o **afgàno** [1818] **A agg.** ● dell'Afghanistan: *levriero a.* **B s. m.** (**f.** *-a*) ● abitante o nativo dell'Afghanistan

aficionàdo /afisjo'nado, *sp.* afiθjo'naðo, -sjo-/ [sp., 'affezionato' ✱ av. 1908] **s. m.** (**f. sp.** *-a*, **pl. m.** *-os*, **pl. f.** *-as*) ● acceso ammiratore, sostenitore, tifoso di una squadra | (*est.*) frequentatore assiduo: *è un a. del teatro dell'opera*

àfide [vc. dotta, lat. scient. *aphis*, genit. *aphidis*, di etim. incerta ✱ 1819] **s. m.** ● insetto degli Emitteri, talvolta privo di ali, dannoso parassita dei vegetali **SIN.** gorgoglione, pidocchio delle piante

afìllo [vc. dotta, gr. *áphyllos* 'senza foglie', comp. di *a-*① e *-phyllos* '-fillo' ✱ 1809] **agg.** ● detto di pianta totalmente priva di foglie o con foglie rudimentali

†**a fin che** ➤ **affinché**

a fìne ➤ **affine**②

àfnio o (*raro*) **hàfnio** /'afnjo/ [da *Hafnia*, nome latinizzato di Copenaghen ✱ 1929] **s. m.** (**pl.** *-i* o *-ii*) ● elemento chimico, metallo che emette facilmente elettroni e i cui sali accompagnano sempre quelli di zirconio dai quali vengono separati con difficoltà **SIMB.** Hf **NUM. AT.** 72 **SIN.** (*raro*) celtio

a fóndo ➤ **affondo**

afonìa [vc. dotta, gr. *aphōnía*, comp. di *a-*① e *-phōnía* '-fonia' ✱ av. 1712] **s. f.** ● (*med.*) perdita della voce ‖ **afònico**, **agg.** (**pl. m.** *-ci*) relativo all'afonia

✦**àfono** [vc. dotta, gr. *áphōnos*, comp. di *a-*① e *-phōnos* '-fono' ✱ av. 1730] **A agg. 1** (*med.*) affetto da afonia **2** (*ling.*) detto del fenomeno della voce priva di vibrazioni laringee **B** **s. m. (f. -*a*)** ● (*med.*) chi è affetto da afonia

✦**aforìṣma** o **aforìṣmo** [vc. dotta, lat. *aphorĭsmu(m)*, dal gr. *aphorismós* 'definizione', da *aphorízō* 'io definisco', da *horízō* 'io determino' ✱ 1300 ca.] **s. m. (pl. -*i*)** ● breve massima che esprime una norma di vita o una sentenza filosofica: *parlare per aforismi*

SFUMATURE DI SIGNIFICATO

aforisma - pensiero - wellerismo

L'**aforisma** è una massima che esprime una norma di vita o una sentenza filosofica in forma icastica, lapidaria, talora anche paradossale; gli *aforismi* costituiscono un genere abbastanza diffuso nella letteratura moderna. Il **pensiero** è un breve testo, più esteso dell'*aforisma*, che contiene una riflessione generalmente di natura filosofica. Se gli *aforismi* e i *pensieri* sono sempre d'autore, il **wellerismo** è una sentenza o una frase proverbiale di tono fra il serio e lo scherzoso, in genere anonima, ma attribuita a un personaggio reale o immaginario.

SFUMATURE ➤ ***proverbio***

aforìsta [1986] **s. m. e f. (pl. m. -*i*)** ● chi crea aforismi | chi ama parlare per aforismi

aforìstico [vc. dotta, gr. *aphoristikós*. V. *aforisma* ✱ 1699] **agg. (pl. m. -*ci*)** ● che ha forma di aforisma | (*est.*) sentenzioso, conciso ‖ **aforisticaménte**, **avv.** in modo breve e sentenzioso

✦**a fortiòri** /*lat.* afor'tsjɔri/ [lat., 'a più forte (ragione)', comp. di *ā* 'da' e *fortiōri*, abl. di *fŏrtior*, compar. di *fŏrtis* 'forte' ✱ av. 1584] **A** **loc. agg. inv.** ● nella logica, detto di argomentazione che convalida una proposizione in base al fatto che abbia ragioni ancor più numerose e valide di altra già tenuta per valida **B** **loc. avv.** ● tanto più, a maggior ragione

✦**afóso** (o **-ṣ-**) [da *afa* ✱ 1374] **agg.** ● pieno di afa, soffocante per l'afa: *aria, giornata afosa* ‖ **afosità**, **s. f. inv.**

afoxé /*portog.-brasiliano* afu'ʃɛ/ [vc. portog.-brasiliana prob. da *axé*, propr. 'energia' ✱ 1993] **s. m. inv. (pl. portog. *afoxés*)** ● strumento a percussione di origine brasiliana, costituito da una zucca essiccata e svuotata avvolta da una rete sulla quale sono fissate perline, semi, conchiglie che, al contatto con la zucca, producono un suono caratteristico

afrézza [da †*afro*① ✱ av. 1320] **s. f.** ● (*lett.*) sapore aspro

africànder /afri'kander, *ingl.* æfrɪ'kændə(r)/ o **afrikànder** /afri'kander, *ingl.* æfrɪ'kændə(r)/ o **afrikàner** /afri'kaner, *ingl.* ˌæfrɪ'kɑːnə(r)/ [ingl., 'sudafricano di origine europea, boero', dal neerl. *Afrikaner* 'africano', alterato sul modello del neerl. *Hollander* 'olandese', *Englander* 'inglese', ecc. ✱ 1892] **s. m. e f. inv.** ● nativo del Sudafrica e delle regioni adiacenti discendente da genitori europei, spec. olandesi

africanìṣmo [1865] **s. m.** **1** espansionismo coloniale in Africa **2** attività volta all'affrancamento politico, economico, culturale delle popolazioni africane **3** vocabolo o locuzione africani presenti in autori latini dell'età imperiale

africanìsta [1889] **s. m. e f. (pl. m. -*i*)** **1** studioso di africanistica **2** fautore dell'espansionismo coloniale in Africa

africanìstica [1941] **s. f.** ● disciplina che ha per oggetto lo studio delle lingue e delle culture africane

africanìstico [1983] **agg. (pl. m. -*ci*)** ● relativo all'africanistica

♦**africàno** o (*raro, lett.*) **affricàno** [vc. dotta, lat. *africānu(m)*, da *Āfrica*, da *Āfri*, nome degli abitanti della Libia ✱ 1258] **A** **agg.** ● dell'Africa: *fiumi africani* **B** **s. m.** **1** (**f. -*a***) abitante o nativo dell'Africa **2** pasticcino di pasta margherita solitamente coperto di cioccolato | (*est.*) ogni dolce o torta con copertura di cioccolata

àfrico o **àffrico** [dal lat. *afrĭcu(m)* ✱ av. 1292] **A** **agg. (pl. m. -*ci*)** ● (*lett.*) dell'Africa **B** **s. m.** ● (*lett.*) libeccio | correntemente, vento caldo

afrikàans /afri'kans, *afrikaans* afri'kɑːns/ [neerl., propr. 'africano' ✱ 1930] **s. m. inv.** ● lingua dei boeri del Sudafrica

afrikànder ➤ **africander**

afrikàner ➤ **africander**

✦**àfro**① [etim. discussa: o lat. *āfru(m)* 'africano' o germ. **aifrs* 'terribile' ✱ 1300 ca.] **agg.** ● (*lett.*) che ha sapore aspro, acre: *spicco la susina afra dal prugno* (G. D'ANNUNZIO)

àfro② [vc. dotta, lat. *Āfru(m)*, dal n. del popolo che abitava l'Africa sett. ✱ 1533] **A** **agg. (inv. nel sign. 2)** **1** (*lett.*) africano **2** accorc. di *afroamericano* **B** **s. f. inv.** ● genere musicale dell'ultimo decennio del XX secolo, caratterizzato da un ritmo molto cadenzato e dall'impiego di strumenti a percussione

àfro- primo elemento ● in parole composte fa riferimento all'Africa o agli Africani: *afroamericano, afroasiatico, afrocubano*

afroamericàno [comp. di *afro-* e *americano* ✱ 1936] **agg. e s. m.** ● (**f. -*a***) appartenente alla popolazione americana di origine africana

afroaṣiàtico [comp. di *afro-* e *asiatico* ✱ 1961] **A** **agg. (pl. m. -*ci*)** ● che concerne l'Africa e l'Asia: *problemi politici afroasiatici* **B** **s. m. (f. -*a*)** ● (**spec. al pl.**) abitante o nativo dell'Africa e dell'Asia

afrocubàno [comp. di *afro-* e *cubano* ✱ 1965] **agg. e s. m.** ● (**f. -*a***) appartenente alla popolazione cubana di origine africana

afrodiṣìaco [lat. *aphrodisĭacu(m)*, 'di Afrodite', dal gr. *aphrodisiakós*, da *Aphrodítē* 'Venere' ✱ 1752] **A** **agg. (pl. m. -*ci*)** ● di sostanza che favorisce lo stimolo sessuale **B** **anche s. m.**: *la cantaridina è un a.*

afròmetro [comp. del gr. *aphrós* 'schiuma' (di orig. indeur.?) e *-metro* ✱ 1955] **s. m.** ● apparecchio per misurare la pressione nei vini spumanti

✦**afróre** [da *afro*① ✱ 1863] **s. m.** ● odore sgradevole che emana dall'uva in fermentazione, dal sudore e altro

afroróso (o **-ṣ-**) [1865] **agg.** ● (*disus.*) afroso

afrosità (o **-ṣ-**) [dal gr. *aphrós* 'schiuma'. V. *afrometro* ✱ 1970] **s. f. inv.** ● (*enol.*) proprietà del vino di produrre schiuma

afróso (o **-ṣ-**) [da *afrore* ✱ 1865] **agg.** ● che ha odore acre

àfta [vc. dotta, lat. tardo *ăphta(m)*, dal gr. *áphtha* 'pustola', di etim. incerta ✱ 1574] **s. f.** **1** (*med.*) infezione ulcerativa della mucosa del cavo orale **2** (*zool.*) processo ulceroso, necrotico e circoscritto, che si forma spec. sulla mucosa orale | ***a. epizootica***, malattia infettiva, contagiosa, virale di bovini, suini, ovini; è caratterizzata da febbre e da afte sulla mucosa orale, sul derma, tra le unghie e sulle mammelle

after hours /after'awers, *ingl.* 'ɑːftəˌauəz/ [loc. ingl., propr. 'dopo, fuori (*after*) ora (*hours*)' ✱ 1989] **loc. sost. m. inv.; anche loc. agg. inv.** ● detto di locale che apre a notte inoltrata e non chiude prima dell'alba

aftershave /after'ʃeiv, *ingl.* 'ɑːftəˌʃeɪv/ [vc. ingl., 'dopo' (*after*) 'rasatura' (*shave*) ✱ 1959] **s. m. inv.** ● dopobarba

aftóso (o **-ṣ-**) [1829] **agg.** ● relativo ad afta: *affezione aftosa* | provocato dall'afta: *ulcera aftosa* | affetto da afta: *animale a.*

agà ➤ **aghà**

agalassìa o **agalattìa** [vc. dotta, gr. *agalaxía*, comp. di *a-*① e *gála*, genit. *gálaktos* 'latte' ✱ 1829] **s. f.** ● (*med.*) mancanza di secrezione lattea nel momento dell'allattamento

àgami /'agami, aga'mi*/ [sp. *agami*, da una vc. dei Caraibi della Guiana ✱ 1819] **s. m. inv.** ● uccello dei Gruiformi dalle dimensioni di un fagiano, con piumaggio nero-dorato sul petto e argenteo sulle ali (*Psophia crepitans*) **SIN.** trombettiere

agamìa [vc. dotta, gr. *agamía*, comp. di *a-*① e *gámos* 'nozze' ✱ 1925] **s. f.** **1** (*biol.*) tipo di riproduzione asessuata frequente negli animali inferiori e nei vegetali, che avviene per divisione diretta o per frammentazione **2** (*antrop.*) confusione dei sessi e mancanza dell'istituzione sociale del matrimonio

agàmico o **àgamo** [1865] **agg. (pl. m. -*ci*)** ● (*biol.*) detto di riproduzione che avviene per agamia **SIN.** asessuato ‖ **agamicaménte**, **avv.** per agamia: *riprodursi agamicamente*

Agàmidi [da *agama*, n. caraibico di un rettile ✱ 1929] **s. m. pl. (sing. -*e*)** ● (*zool.*) famiglia di Rettili eterodonti dei Lacertidi con squame tubercolate, che raramente raggiungono la lunghezza di un metro (*Agamidae*)

agapànto [comp. del gr. *agápē* 'amore' (V. *agape*) e *ánthos* 'fiore' (V. *antologia*); detto così perché il suo colore azzurro era interpretato come simbolo dell'amore ✱ 1819] **s. m.** ● pianta erbacea ornamentale perenne delle Liliacee con foglie radicali, nastriformi e fiori azzurri riuniti in una grande ombrella (*Agapanthus umbrellatus*)

✦**àgape** o **agàpe** [vc. dotta, lat. *ăgape(m)*, dal gr. *agápē* 'amore', di etim. incerta ✱ av. 1657] **s. f.** **1** banchetto collettivo e fraterno degli antichi cristiani **2** (*est., lett.*) convito di amici

àgar-àgar o **àgar** [vc. malese ✱ 1874] **s. m. inv.** ● sostanza gelatinosa estratta da alghe marine delle Rodoficee, posta in commercio sotto forma di polvere biancastra e utilizzata nell'industria alimentare, nell'industria farmaceutica e per approntare terreni di coltura per microrganismi e batteri

Agaricàcee [da *agarico* ✱ 1955] **s. f. pl. (sing. -*a*)** ● (*bot.*) famiglia di Funghi dei Basidiomiceti caratterizzati da un corpo fruttifero costituito da una parte basale sterile e da una parte superiore che porta inferiormente lamelle rivestite dall'imenio (*Agaricaceae*)

agàrico [vc. dotta, lat. *agărĭcu(m)*, dal gr. *agarikón*, dal popolo degli *Agari* ✱ 1310] **s. m. (pl. -*ci*)** ● genere di Funghi delle Agaricacee, con varie specie commestibili e velenose (*Agaricus*) | ***a. moscario***, ovolaccio

àgata [lat. *achāte(m)*, dal gr. *achátēs*, di etim. incerta ✱ av. 1327] **s. f.** ● (*miner.*) varietà di calcedonio in concrezioni mammellonari con struttura zonata a strati concentrici variamente colorati

Agavàcee [comp. di *agav(e)* e *-acee* ✱ 1897] **s. f. pl. (sing. -*a*)** ● (*bot.*) famiglia di piante monocotiledoni, con specie erbacee, rizomatose, arbustive e arboree, tipiche di ambienti aridi o semiaridi di regioni tropicali o temperate calde (*Agavaceae*)

àgave [dal gr. *agauós* 'meraviglioso' ✱ 1819] **s. f.** ● genere di piante rizomatose delle Agavacee, caratterizzate da fusto breve, foglie a rosetta grandi e persistenti, con apice munito di una grossa spina, fiore riunito in pannocchia portato da uno scapo molto alto, importanti per le fibre tessili che forniscono (*Agave*): *a. americana, sisalana*

agazzìno (o **-zz-**) [etim. incerta ✱ sec. XV] **s. m.** ● arbusto spinoso delle Rosacee, con rami divaricati, fiori bianchi in corimbi e piccoli frutti di color rosso scarlatto (*Pyracantha coccinea*)

âgé /*fr.* a'ʒe/ [vc. fr., 'anziano', da *âge* 'età' ✱ 1983] **agg. inv. (f. fr. *âgée*, pl. m. fr. *âgés*, pl. f. fr. *âgées*)** ● che è in età avanzata: *un pubblico un po' âgé* **SIN.** attempato

agèmina [arabo *ʻáǧamī* 'persiano' ✱ av. 1537] **s. f.** ● tecnica decorativa consistente nell'incastrare piccole parti di uno o più metalli di vario colore in sedi appositamente scavate su un oggetto di metallo diverso, per ottenere un effetto policromo

ageminàre [av. 1939] **v. tr.** (*io agèmino*) ● decorare ad agemina

ageminatóre [1961] **s. m.** (**f.** *-trice*) ● chi agemina

ageminatùra [1955] **s. f.** ● lavorazione ad agemina

♦**agènda** [lat., 'cose da farsi', gerundivo nt. pl. di *ăgere* 'fare' ✶ 1811] **s. f. 1** taccuino o libro con calendario, su cui segnare giorno per giorno appuntamenti, impegni e altri appunti: *a. tascabile, da tavolo* | ***a. elettronica***, programma che riproduce su computer le funzioni di un'agenda **2** (*fig.*) lista di argomenti da discutere in una riunione | elenco di impegni, programma di attività da svolgere: *gli interventi sulla scuola previsti nell'a. del governo* ‖ **agendina**, **dim.** | **agendóna**, **accr.**

Definizione d'autore

L'**agenda** è il luogo dove poggiare le cose da non dimenticare. Così dopo ce le si può dimenticare. Una volta dovevo tradurre per un inglese **agenda**, e ho risolto con *things to do*, così mi sono accorta che avevo tradotto letteralmente dal latino all'inglese, gerundivo neutro plurale, come se l'italiano non possedesse davvero questa parola. L'**agenda** ha una sua retroattività: anni dopo continua a essere la nostra memoria. «Che ho fatto il giorno prima di partorire?» «Quand'è che siamo andati a Pechino?» Continua a essere il luogo dove si depositano le cose da fare. E che sollievo sgranare le pagine e averle già fatte, almeno quanto è doloroso scoprire di non aver depennato una voce: un chiodo fisso nel dovere, magari arrugginito. *Things to do*, **agenda**. Senza sconti.

Valeria Parrella

♦**agènte** [vc. dotta, lat. *agĕnte(m)*, part. pres. di *ăgere* 'fare'] **A part. pres.** di *agire*; anche **agg.** ● (*raro*) che agisce **B s. m.** (**anche f. nei sign. 1 e 2**) **1** chi (o ciò che) agisce, compie un'azione | (*gramm.*) ***complemento di a. e causa efficiente***, indica rispettivamente l'essere animato o inanimato da cui è compiuta l'azione espressa da un verbo passivo; risponde alle domande *da chi?*, *da che cosa?*, ed è introdotto dalla prep. *da* (o † dalle prep. *per* o *di*) o dalle loc. prep. *da parte di*, *a opera di* (per es.: *è stato soccorso dal padre*; *fur l'ossa mie per Ottavian sepolte* (DANTE *Purg.* VII, 6); *è stato travolto dalle onde*; *non sono state rilevate irregolarità da parte della commissione*; *fu travolto dai ricordi*; *alla fine si addormentò, vinto dal sonno*) **2** chi è incaricato di svolgere dati servizi o funzioni per conto o rappresentanza di altri | ***a. marittimo***, in un porto, rappresentante di un armatore o di una società di navigazione | ***a. di cambio***, un tempo, mediatore autorizzato alla negoziazione in borsa di valori mobiliari per conto terzi | ***a. diplomatico***, funzionario che uno Stato invia nel territorio di un altro allo scopo di intrattenere relazioni internazionali con lo stesso | ***a. di commercio***, chi assume stabilmente l'incarico di promuovere la conclusione di contratti in una zona determinata, per conto del proponente | ***a. di vendita***, collaboratore esterno di un'azienda a cui è affidato il mandato di realizzare vendite per conto dell'azienda | ***a. teatrale***, chi procura contratti per una compagnia, per attori o per cantanti | ***a. di polizia***, o (*ellitt.*) ***agente***, poliziotto; nell'ordinamento della polizia di Stato italiana, qualifica che corrisponde a quella di carabiniere o di finanziere; la persona che ha tale qualifica | ***a. sociosanitario***, barelliere | ***a. penitenziario***, ***a. di polizia penitenziaria***, agente di polizia con funzioni di custodia dei detenuti | ***a. segreto***, di spionaggio | ***a. provocatore***, chi, fingendo di essere d'accordo con altre persone, ne provoca un'azione delittuosa per farle cadere nelle mani della polizia | ***a. scelto***, secondo grado degli agenti della polizia di Stato, del Corpo di Polizia Penitenziaria e del Corpo forestale dello Stato **3** sostanza che provoca una reazione o che ne modifica l'andamento: *a. chimico* | ***agenti atmosferici***, ***agenti esogeni***, il vento, la pioggia, la neve e sim., in quanto provocano modificazioni sulla superficie terrestre | ***agenti endogeni***, i terremoti e le eruzioni vulcaniche | (*med.*) ***a. patogeno***, sostanza o microrganismo che è causa di malattia | ***agenti fisici***, fenomeni fisici (come la luce, la pressione, la temperatura ecc.) che producono modificazioni

†**agenzàre** [provenz. *agensar*, da *gen* 'gentile' ✶ av. 1250] **A v. tr.** ● (*lett.*) adornare, abbellire **B v. intr.** ● (*lett.*) piacere, far piacere, essere gradito

♦**agenzìa** [da *agente*; per calco sull'ingl. *agency* nel sign. 4 ✶ 1739] **s. f. 1** impresa intermediaria d'affari | ***a. immobiliare***, che si occupa della compravendita e dell'affitto di case, locali, terreni | ***a. di distribuzione***, impresa specializzata che cura la diffusione capillare fra tutti i rivenditori di libri, giornali e sim. | (*est.*) incarico dell'agente | ***contratto di a.***, con cui una parte si assume l'incarico di promuovere affari in una zona determinata dietro pagamento di una provvigione **2** impresa che fornisce a terzi determinati servizi | ***a. pubblicitaria***, organizzazione che fornisce servizi di pubblicità, marketing, pubbliche relazioni alle aziende | ***a. matrimoniale***, organizzazione che si propone di fare incontrare persone a scopo matrimonio | ***a. di informazioni***, ***a. di stampa***, o (*ellitt.*) ***agenzia***, organizzazione che fornisce a giornali, a privati, a enti pubblici, per lo più in abbonamento, notizie di carattere politico, commerciale e sim. | ***notizia d'a.***, o (*ellitt.*) ***agenzia***, nel linguaggio giornalistico, il comunicato di una agenzia di informazione | ***a. d'investigazione***, che svolge indagini per conto terzi | ***a. di viaggi***, che fornisce vari servizi relativi a viaggi e vacanze | ***A. delle entrate***, organismo del Ministero delle Finanze che ha il compito di riscuotere le imposte e altri tributi, e di contrastare l'evasione e l'elusione fiscali **3** ufficio staccato, succursale di una sede centrale: *istituto bancario con numerose agenzie* **4** (*sociol.*) ente o istituzione con scopi spec. di carattere sociale, pedagogico e sim.: *a. per la protezione dell'ambiente*; *a. per lo sviluppo*; *a. di socializzazione*

agèrato [vc. dotta, lat. *agĕrato(n)*, dall'agg. gr. *agḗratos* 'che non invecchia', perché erba perenne, comp. di *a-*① e *gêras* 'vecchiaia' ✶ 1499] **s. m.** ● pianta erbacea delle Composite con piccoli fiori azzurri addensati all'apice dei rami (*Ageratum houstonianum*)

ageușìa [comp. di *a-*① e del gr. *geûsis* 'gusto', di orig. indeur. ✶ 1829] **s. f.** ● (*med.*) perdita della capacità di sentire i sapori

agevolàbile [1987] **agg.** ● che può essere agevolato ‖ **agevolabilità**, **s. f. inv.**

agevolaménto [1342] **s. m.** ● (*raro*) agevolazione

agevolàre [da *agevole* ✶ sec. XIII] **v. tr.** (*io agévolo*) **1** rendere agevole, facilitare: *a. il compito di qlcu.* CONTR. ostacolare **2** (*raro, lett.*) alleviare: *Questo vi agevolerà la noia* (G. BOCCACCIO) **3** aiutare, favorire: *a. un acquirente nelle modalità di pagamento*

SFUMATURE DI SIGNIFICATO

agevolare - favorire - favoreggiare

Rendere più facile a qualcuno un compito o il raggiungimento di un obiettivo si dice **agevolare**. Se si vuole accentuare l'idea di preferenza, di parzialità nell'aiutare qualcuno a scapito di qualcun altro si dice piuttosto **favorire**. **Favoreggiare** definisce l'azione di fornire aiuto e copertura a chi svolge attività criminose.

agevolàto **part. pass.** di *agevolare*; anche **agg.** ● nei sign. del v. | che gode di agevolazioni: *edilizia agevolata* | (*econ.*) ***mutuo, finanziamento a.***, prestito concesso a un tasso di interesse inferiore a quello di mercato

agevolazióne [1355] **s. f. 1** l'agevolare, il venire agevolato: *l'a. nel disbrigo di una pratica* **2** facilitazione, trattamento vantaggioso: *ottenere un'a. di pagamento*; *fare, concedere, ricevere delle agevolazioni* SIN. facilitazione

♦**agévole** [lat. mediev. *agibile(m)*, da *ăgere* 'fare' ✶ 1265] **A agg. 1** che non presenta difficoltà, comodo, facile: *pendio, strada, discesa a.*; *rendere a. il passaggio*; *impresa a. da compiere* **2** (*lett.*) dolce, lieve: *Tu dormi, che t'accolse agevol sonno* (G. LEOPARDI) | (*lett.*) agile **3** (*tosc.*) mansueto, docile, trattabile: *animale, persona a.* ‖ **agevolménte**, **avv.** ● facilmente **B avv.** ● †agevolmente, facilmente: *poi la gran torre mia, ch'agevol move, / trascorra alquanto, e porti guerra altrove* (T. TASSO)

agevolézza [1268] **s. f. 1** caratteristica di ciò che è agevole | (*lett.*) agevolazione, facilitazione **2** (*raro, lett.*) scorrevolezza, scioltezza nel parlare

aggallàre [comp. di *a-*② e *galla* ✶ av. 1930] **v. intr.** (**aus.** *essere*) ● (*raro*) venire a galla, emergere (*lett., anche fig.*): *desideri lontani e spersi, che aggallano fatui* (C.E. GADDA) SIN. assommare②

aggallàto **A part. pass.** di *aggallare*; anche **agg.** ● nel sign. del v. **B s. m.** ● (*disus.*) strato erboso che galleggia su laghi e sim. SIN. cuora

agganciaménto [1925] **s. m. 1** l'agganciare: *l'a. di un vagone alla motrice* | (*fig.*) collegamento **2** dispositivo per l'unione temporanea di due veicoli, o di un veicolo alla macchina traente SIN. aggancio, attacco **3** (*milit.*) ***manovra di a.***, consistente in una presa di contatto con il nemico allo scopo di costringerlo al combattimento

agganciàre [comp. di *a-*② e *gancio* ✶ 1863] **v. tr.** (**pres.** *io aggàncio*; **fut.** *io agganceró*) **1** prendere, fermare o collegare con gancio o aggancio: *a. il carico alla gru*; *a. vetture, carri ferroviari* | anche in forma pron. (con valore intens.): *agganciarsi la collana sul collo* | (*fig.*) collegare: *a. le pensioni al costo della vita* | (*milit.*) ***a. il nemico***, compiere una manovra di agganciamento **2** nel calcio, entrare in possesso del pallone a mezz'altezza, al volo: *a. la palla* | ***a. un avversario***, sgambettarlo **3** (*fig., colloq.*) trattenere, fermare qlcu. per parlargli: *a. una ragazza* | entrare in contatto con qlcu.: *a. un cliente*

agganciatóre [1955] **s. m.** (**f.** *-trice*) ● operaio dell'industria siderurgica che aggancia e sgancia i profilati caldi dalle gru

aggàncio [1925] **s. m. 1** (*raro*) agganciamento | insieme di ganci **2** complesso degli organi per collegare due veicoli contigui | ***a. semplice***, a mano | ***a. automatico***, per accostamento dei veicoli stessi **3** (*fig.*) rapporto, nesso, collegamento: *non ci sono agganci con la realtà* | contatto, relazione, spec. con persone influenti: *abbiamo agganci al ministero* **4** (*sport*) nel calcio, l'azione dell'agganciare il pallone

aggangheràre [comp. di *a-*② e *ganghero* ✶ av. 1742] **A v. tr.** (*io aggànghero*) ● (*raro*) fermare, allacciare con gangheri **B aggangheràrsi** **v. rifl.** ● (*raro*) tenersi unito (*anche fig.*)

aggarbàre [comp. di *a-*② e *garbo* ✶ av. 1596] **A v. tr.** ● (*mar.*) disegnare la sagoma delle parti costituenti le linee esterne e interne di

a b c d e f g h i j k l m n o p q r s t u v w x y z

uno scafo **B** **v. intr.** ● †garbare

aggattonàre [comp. di *a-*② e *gattonare* ✱ 1861] **v. tr.** (*io aggattóno*) ● (*raro*) avvicinare lentamente e di nascosto la selvaggina, col corpo quasi per terra, come fanno i gatti

†aggavignàre [comp. di *a-*② e *†gavignare* ✱ 1320] **A** **v. tr.** ● avvinghiare, agguantare **B** **†aggavignàrsi** **v. rifl. recipr.** ● avvinghiarsi

†aggecchìrsi [comp. di *a-*② e *†gecchire* ✱ av. 1348] **v. rifl.** ● avvilirsi, umiliarsi

aggeggiàre [av. 1348] **A** **v. tr.** (**pres.** *io aggéggio*; **fut.** *io aggeggerò*) ● (*tosc.*, *fam.*) accomodare alla meglio **B** **v. intr.** (**aus.** *avere*) ● gingillarsi, perdere tempo in cose futili

✦**aggéggio** [forse ant. fr. *agiets* 'ninnoli', dal lat. *adiĕctu(m)* 'cosa messa sopra, aggiunta' ✱ 1875] **s. m.** ● oggetto di poco conto | (*est.*) oggetto di cui non si conosce il nome o l'uso: *cos'è questo a.?*; *aveva in mano uno strano a.* ‖ **aggeggètto**, **dim.** | **aggeggino**, **dim.** | **aggeggióne**, **accr.**

aggelàre [comp. di *a-*② e *gelare* ✱ 1308] **A** **v. tr.** (*io aggèlo*) ● (*lett.*) raffreddare, agghiacciare **B** **v. intr.** (**aus.** *essere*) e **aggelàrsi** **v. intr. pron.** ● †raggelarsi, rapprendersi: *quindi Cocito tutto s'aggelava* (DANTE *Inf.* XXXIV, 52)

aggeminazióne [1987] **s. f.** ● (*ling.*) geminazione

†aggentilìre [comp. di *a-*② e *gentile* ✱ 1324] **v. tr.** e **†aggentilirsi** **v. intr. pron.** ● ingentilire, ingentilirsi

†àggere [vc. dotta, lat. *ăggere(m)*, da *aggĕrere* 'accumulare'. V. *argine* ✱ av. 1292] **s. m.** ● rialto | terrapieno

aggettànte **part. pres.** di *aggettare*; anche **agg.** ● che sporge

aggettàre [da *aggetto* ✱ 1681] **v. intr.** (*io aggètto*; **aus.** *essere*) ● sporgere, fare aggetto, detto di parti architettoniche: *il balcone aggetta sulla facciata*

aggettivàle [av. 1910] **agg.** ● di aggettivo: *funzione a. di un sostantivo* ‖ **aggettivalménte**, **avv.** in funzione aggettivale

aggettivàre [1830] **v. tr.** **1** rendere aggettivo, usare in funzione di aggettivo: *a. un avverbio* **2** (*assol.*) usare aggettivi in un discorso, brano, frase e sim.

aggettivazióne [1395] **s. f.** ● l'aggettivare | uso di aggettivi: *un particolare tipo di a.*

✦**aggettìvo** o **†addiettivo** o **†adiettivo** [vc. dotta, lat. tardo *adiectīvu(m)*, da *adicere* 'aggiungere'. V. *aggetto* ✱ av. 1328] **A** **s. m.** **1** parte variabile del discorso che si aggiunge ad un sostantivo per qualificarlo e specificarlo: *aggettivi qualificativi, dimostrativi, possessivi, indefiniti* **2** (*est.*) attributo, epiteto: *qualificare qlcu. di aggettivi poco simpatici* **B** raro anche **agg.**: *l'usarsi in latino frequentissimamente i participi ... attivi in forma aggettiva* (G. LEOPARDI) ‖ **aggettivaménte**, **avv.** come aggettivo, in funzione di aggettivo

aggètto [lat. *adiĕctu(m)*, part. pass. di *adĭcere* 'aggiungere', comp. di *ăd* e *iăcere* 'gettare' ✱ av. 1452] **s. m.** **1** elemento architettonico sporgente dal corpo della costruzione, come cornice, balcone, mensola e sim. | *fare a.*, sporgere **2** in alpinismo, sporgenza rocciosa lungo una parete

†agghermigliàre [comp. di *a-*② e *ghermire* ✱ av. 1395] **v. tr.** ● pigliare e tenere con forza, ghermire

agghiacciaménto [sec. XIV] **s. m.** ● l'agghiacciare, l'agghiacciarsi | congelamento

agghiacciànte **part. pres.** di *agghiacciare*; anche **agg.** ● (*fig.*) che fa inorridire, che causa grande spavento: *un urlo, una scena a.*

agghiacciàre o (*tosc.*) **addiacciàre**① [comp. di *a-*② e *ghiaccio* ✱ av. 1294] **A** **v. tr.** (**pres.** *io agghiàccio*; **fut.** *io agghiaccerò*) **1** ghiacciare: *il freddo ha agghiacciato l'acqua* | (*est.*) gelare, congelare: *il gelo mi agghiacciò i piedi* **2** (*fig.*) raggelare per lo spavento, far inorridire: *un grido ci agghiacciò*; *quei lunghi gemiti gli agghiacciarono il sangue* **B** **v. intr.** (**aus.** *essere*) e **agghiacciàrsi** **v. intr. pron.** **1** (*raro*) diventare ghiaccio, congelarsi **2** (*est.*) sentire molto freddo, gelarsi **3** (*fig.*) sentirsi gelare per lo spavento, cadere in preda all'orrore

†agghiàccio① ➤ **addiaccio**

agghiàccio② o **aggiàccio** [biz. *oiákion*, dim. di *óiax*, genit. *óiakos* 'manico del timone', di etim. incerta ✱ 1861] **s. m.** ● (*mar.*; *disus.*) complesso di organi collegato ai frenelli per trasmettere al timone i movimenti voluti

agghiadàre [comp. di *a-*② e *ghiado*① e (2) ✱ av. 1337] **A** **v. tr.** **1** †trafiggere con un'arma **2** (*lett.*) agghiacciare **B** **v. intr.** (**aus.** *essere*) e **agghiadàrsi** **v. intr. pron.** **1** †agghiacciarsi **2** (*fig.*) †spaventarsi, inorridire

agghiaiàre [comp. di *a-*② e *ghiaia* ✱ 1875] **v. tr.** (*io agghiàio*) ● ricoprire di ghiaia: *a. strade, piazze*

agghindaménto [1952] **s. m.** ● (*raro*) l'agghindare, l'agghindarsi | abbigliamento ricercato

✦**agghindàre** [comp. di *a-*② e *ghindare* ✱ 1865] **A** **v. tr.** ● vestire, ornare con particolare cura e ricercatezza: *a. una fanciulla* **B** **agghindàrsi** **v. rifl.** ● abbigliarsi, ornarsi con eleganza talvolta leziosa: *perde molto tempo ad agghindarsi*

agghindàto **part. pass.** di *agghindare*; anche **agg.** ● abbigliato con ricercatezza talvolta eccessiva | (*est.*, *raro*) abbellito

aggiaccàre [lat. **iacicāre*, da *iacēre* 'giacere' ✱ 1865] **A** **v. tr.** (*io aggiàcco*, *tu aggiàcchi*) ● (*lett.*, *raro*) abbattere, piegare verso terra **B** **aggiaccàrsi** **v. rifl.** ● (*lett.*, *raro*) stendersi a terra (*anche fig.*)

aggiàccio ➤ **agghiaccio**②

-àggine [originariamente in nomi di piante, come nel corrispondente suff. lat. *-āgine(m)*, esteso poi a qualità astratte, espresso propr. dal parallelo suff. *-īgine(m)*] **suff.** ● in sostantivi astratti derivanti spec. da aggettivi, indica condizione, qualità negativa e sim.: *balordaggine, cascaggine, fanciullaggine, testardaggine, tetraggine*

✦**àggio**① [etim. incerta ✱ 1337] **s. m.** **1** compenso spettante a chi è incaricato di riscossioni **2** maggior valore, rispetto a quello legale o nominale, ottenuto nel cambio di moneta | *fare a.*, (*fig.*) essere superiore, essere più considerato: *la possibilità di un successo fece a. sulla prudenza*

†àggio② [fr. *âge* 'età' ✱ av. 1294] **s. m.** ● (*raro*) età | anno, tempo

-àggio [originariamente adattamento del suff. fr. *-age*, dal lat. *-ātĭcu(m)*] **suff.** ● forma sostantivi derivati da nomi e verbi: *abbordaggio, canottaggio, imballaggio, linciaggio, lignaggio, spionaggio, vagabondaggio*

aggiogaménto [1879] **s. m.** ● (*raro*) l'aggiogare | (*fig.*) soggiogamento

aggiogàre [lat. tardo *adiugāre*, comp. di *ăd* e *iŭgum* 'giogo' ✱ 1330] **v. tr.** (*io aggiógo* (o *-ògo*), *tu aggióghi* (o *-ò-*)) **1** mettere sotto il giogo: *a. i buoi* **2** (*fig.*) soggiogare, asservire

aggiornaménto [fr. *ajournement*, da *ajourner* 'aggiornare②' ✱ 1778] **s. m.** **1** dilazione, rinvio: *l'a. della seduta* **2** revisione, completamento di un'opera, di una pratica, di un archivio e sim. in base alle conoscenze più recenti: *l'a. di un'enciclopedia* | modifica, aggiunta: *inserire gli ultimi aggiornamenti* **3** riqualificazione culturale o professionale per rispondere alle nuove esigenze: *corso, seminario di a.*

aggiornàre① [comp. di *a-*② e *giorno* ✱ av. 1322] **A** **v. tr.** (*io aggiórno*) ● (*poet.*) rischiarare a giorno **B** **v. intr. impers.** (**aus.** *essere*) e **aggiornàrsi** **v. intr. pron. impers.** ● (*lett.*) farsi giorno, albeggiare: *cavalca e quando annotta e quando aggiorna* (L. ARIOSTO); *e parte prima che aggiorni* (G. D'ANNUNZIO); *ma dentro dove già mai non s'aggiorna* (F. PETRARCA)

✦**aggiornàre**② [fr. *ajourner*, da *jour* 'giorno' ✱ sec. XIII] **A** **v. tr.** (*io aggiórno*) **1** rimandare ad altra data: *a. una discussione, una seduta, una causa* SIN. differire, rinviare **2** informare, mettere al corrente: *aggiornami sugli ultimi avvenimenti* | rinnovare, mettere in pari: *a. le proprie conoscenze* | adeguare, ritoccare: *a. i prezzi, le tariffe* **3** rivedere, rielaborare un'opera, un catalogo, un archivio e sim. in modo da renderli adeguati alle esigenze attuali: *a. un trattato, un manuale*; *a. un registro, una bibliografia*; *la nuova edizione è stata aggiornata fino al 2002* **4** †assegnare il giorno, la data **B** **aggiornàrsi** **v. rifl.** ● mettersi, tenersi al corrente, spec. per quanto riguarda la propria preparazione culturale e professionale: *aggiornarsi su testi stranieri* **C** **aggiornàrsi** **v. rifl. recipr.** ● darsi un nuovo appuntamento per proseguire un incontro: *ci aggiorniamo a mercoledì* **D** **aggiornàrsi** **v. intr. pron.** ● proseguire in altra data: *il consiglio si aggiorna a domani*

aggiornàto **part. pass.** di *aggiornare*②; anche **agg.** **1** rivisto in base alle conoscenze più recenti: *l'edizione aggiornata di un testo* **2** informato: *tienimi a. sugli sviluppi della situazione* | al corrente delle novità sul piano culturale, professionale e sim.: *tenersi a.*; *un fiscalista a.*

aggiornatóre [av. 1638] **s. m.** (**f.** *-trice*) ● chi ha funzione di docente in corsi di aggiornamento

aggiotàggio [fr. *agiotage*, dall'it. *aggio*① ✱ 1765] **s. m.** ● (*dir.*) reato di chi divulga notizie false, esagerate o tendenziose atte a cagionare un aumento o una diminuzione dei prezzi, al fine di turbare il mercato interno dei valori o delle merci per trarne vantaggio

aggiraménto [1395] **s. m.** **1** l'aggirare | (*milit.*) manovra con la quale si impegna lo schieramento nemico sui fianchi o alle spalle **2** (*fig.*, *lett.*) tergiversazione: *Senza altri preamboli e senza aggiramenti* (G. LEOPARDI) **3** (*lett.*, *raro*) giramento

✦**aggiràre** [comp. di *a-*② e *giro* ✱ sec. XIII] **A** **v. tr.** **1** girare intorno a qlcu. o a qlco.: *a. le mura di un parco* | circondare: *a. le posizioni del nemico* | (*fig.*) ***a. l'ostacolo, il problema, la difficoltà***, tentarne il superamento o la soluzione senza affrontarli direttamente **2** (*fig.*, *lett.*) raggirare, ingannare: *Molti uomini ... facilmente si lasciano a. con le parole* (F. GUICCIARDINI) **B** **aggiràrsi** **v. intr. pron.** **1** muoversi, andare attorno: *aggirarsi per le strade, per la casa, per le stanze*; *si aggirava qua e là senza pace* | (*fig.*) vertere su qlco.: *La conversazione non si aggirava sempre sopra questi ... argomenti* (I. NIEVO) **2** approssimarsi, ammontare all'incirca, detto di entità numerica (+ *su*): *la spesa si aggira sui cinquecento euro*

†aggiràta [1308] **s. f.** ● giro: *Non sanza prima far grande a. / venimmo* (DANTE *Inf.* VIII, 79-80)

aggiratóre [1554] **s. m.** (**f.** *-trice*) ● (*lett.*) impostore

aggiudicàre [vc. dotta, lat. *adiudicāre* 'assegnare come giudice', comp. di *ăd* e *iudex*, genit. *iudicis* 'giudice' ✱ 1330] **A** **v. tr.** (*io aggiùdico*, *tu aggiùdichi*) ● assegnare qlco. a qlcu. in seguito a una sentenza, un'asta pubblica, un concorso e sim.: *a. un appalto*; *hanno aggiudicato il mobile al miglior offerente* **B** **aggiudicàrsi** **v. tr. pron.** (**aus.** *essere*) ● conseguire, ottenere, spec. in una competizione:

aggiudicarsi la vittoria, il primo posto; s'è aggiudicato sei tappe su dieci

aggiudicatàrio [1815] **s. m.** (**f.** *-ia*) ● colui al quale viene fatta un'aggiudicazione

aggiudicatìvo [1865] **agg.** ● che serve ad aggiudicare: *decreto a.*; *provvedimento a.*

aggiudicàto **part. pass.** di *aggiudicare*; **anche agg. 1** nei sign. del v. **2** ***a.!***, formula con cui, nelle aste pubbliche, si assegna al miglior offerente l'oggetto messo all'asta

aggiudicazióne [vc. dotta, lat. tardo *adiudicatiōne(m)*, da *adiudicāre*. V. *aggiudicare* ✻ sec. XIII] **s. f.** ● l'aggiudicare

†**aggiùgnere** e deriv. ➤ **aggiungere** e deriv.

♦**aggiùngere** o †**aggiùgnere** [lat. *adiŭngere*, comp. di *ăd* e *iŭngere* 'congiungere' ✻ 1250] **A v. tr.** (**coniug. come** *giungere*) **1** mettere in più, unire qlco. ad altro: *a. acqua al vino*; *a. un'osservazione a un discorso* | accrescere: *a. pregi* **CONTR.** togliere **2** soggiungere, in un discorso (**+** *di* **seguito da inf.**; **+** *che* **seguito da indic.**): *aggiunse di non avere appetito*; *aggiunse che era molto impegnato* | anche per introdurre un discorso diretto: *E io li aggiunsi: 'E morte di tua schiatta'* (DANTE *Inf.* XXVIII, 109) | considerare in aggiunta a quanto già detto (**+** *che*): *si aggiunga che le popolazioni erano in preda a una carestia* **3** (*lett.*) raggiungere: *Ogni confine / ... peregrinando aggiunge* (G. LEOPARDI) **B v. intr.** (**aus.** *essere*) ● (*raro, lett.*) arrivare, giungere, pervenire **C** **aggiùngersi v. rifl.** ● congiungersi, unirsi | mettersi insieme **D** **aggiùngersi v. intr. pron.** ● sommarsi, far seguito: *a questa notizia se ne aggiungevano altre*

♦**aggiùnta** [lat. *adiūncta* 'cose aggiunte', part. pass. nt. pl. di *adiŭngere* 'aggiungere' ✻ 1250] **A s. f.** ● l'aggiungere | ciò che si aggiunge, giunta: *un'a. necessaria, inutile*; *fare, mettere un'a.* | ***in, per a.***, in più, ancora **B** **nella loc. prep.** ***in aggiunta a***, oltre a: *gratifica in a. allo stipendio base* || **aggiuntìna**, **dim.**

aggiuntàre [da *aggiunto* ✻ 1306] **v. tr. 1** attaccare insieme | nella lavorazione delle calzature, cucire insieme i diversi pezzi della tomaia **2** †aggiungere

aggiuntatóre [1509] **s. m.** (**f.** *-trice, disus. -tóra*) **1** chi cuce a macchina tomaie per scarpe **2** (*fig.*) †giuntatore, truffatore

aggiuntatùra [1865] **s. f.** ● l'aggiuntare | punto in cui due cose vengono unite

aggiuntìvo [vc. dotta, lat. tardo *adiunctīvu(m)*, da *adiūnctus* 'aggiunto' ✻ 1539] **agg. 1** che serve ad aggiungere | ***congiunzione aggiuntiva***, che congiunge un termine con un altro (per es. *inoltre, anche, nemmeno*) **2** che viene aggiunto: *norme aggiuntive* | che si aggiunge; ulteriore: *costi aggiuntivi*

aggiùnto [lat. *adiūnctu(m)*, part. pass. di *adiŭngere* 'aggiungere'] **A part. pass.** di *aggiungere*; **anche agg. 1** che viene messo, dato o detto in più: *pagine aggiunte*; *imposta sul valore a.* **2** detto di chi è incaricato di sostituire o coadiuvare altri nell'esercizio di date funzioni o servizi: *sindaco a.*; *segretario a.*; *membro a.* **B s. m. 1** aiutante, sostituto | ***a. del sindaco***, chi è delegato a rappresentare il sindaco nelle borgate, frazioni o quartieri **SIN.** sindaco aggiunto | ***a. giudiziario***, magistrato che ricopre il primo grado della carriera giudiziaria **2** (*lett.*) aggettivo | epiteto

aggiunzióne [vc. dotta, lat. *adiunctiōne(m)*, da *adiūnctus* 'aggiunto' ✻ 1341] **s. f. 1** (*lett.*) aggiunta **2** †epiteto

aggiustàbile [1723] **agg.** ● che si può aggiustare || **aggiustabilità**, **s. f. inv.**

aggiustàggio [fr. *ajustage* ✻ 1922] **s. m. 1** in varie tecnologie, operazione di finitura eseguita a mano su pezzi metallici **2** ***a. alla vista***, operazione di messa a punto dell'oculare di uno strumento ottico per adattarlo alla vista dell'osservatore

aggiustaménto [sec. XIII] **s. m. 1** (*raro*) l'aggiustare **2** (*fig.*) accordo, accomodamento: *venire, giungere a un a.* **3** (*psicol.*) modificazione del comportamento al fine di ottenere un migliore adattamento all'ambiente sociale **4** (*milit.*) fase del tiro di artiglieria che ha lo scopo di determinare i dati necessari per eseguire il tiro su un obiettivo con la voluta approssimazione

SFUMATURE ➤ ***composizione***

♦**aggiustàre** [comp. di *a-*② e *giusto* ✻ av. 1328] **A v. tr.** ● rimettere in funzione, in ordine, in regola: *a. un trattore, un vestito, un orologio* | sistemare: *a. il nodo alla cravatta* | ***a. il tiro***, (*milit.*) regolarlo mediante correzioni di tiro progressive, fino a raggiungere la voluta approssimazione; (*fig.*) definire meglio i propri obiettivi: *a. il tiro di una polemica* | ***a. di sale***, in cucina, aggiungere sale in una vivanda | (*fig.*) ***a. una lite, un diverbio***, comporli | (*fig.*) ***a. i conti***, metterli in regola | (*fig.*) ***a. il colpo***, assestarlo bene | (*fig.*) ***a. uno per le feste***, ridurlo male | (*fig.*) ***t'aggiusto io!***, esclamazione di minaccia **SIN.** accomodare, ordinare, sistemare **B** **aggiustàrsi v. tr. pron.** (**aus.** *essere*) ● sistemarsi, accomodarsi: *si aggiustò il cappellino*; *Sbuffò, tornò ad aggiustarsi sul naso le lenti* (L. PIRANDELLO) **C** **aggiustàrsi v. rifl.** ● adattarsi: *possiamo aggiustarci in questo albergo* **D** **aggiustàrsi v. intr. pron.** ● risolversi, accomodarsi: *tutto si aggiusterà, se Dio vuole!* **E** **aggiustàrsi v. rifl. recipr.** ● mettersi d'accordo (**+** *su*): *ci aggiusteremo facilmente sulle condizioni di pagamento*

SFUMATURE DI SIGNIFICATO

aggiustare - riparare - rattoppare

Aggiustare esprime genericamente il concetto di rimettere in funzione, in ordine, in regola qualcosa di rotto, di deteriorato, di malfunzionante. **Riparare** è un suo equivalente, che tuttavia si preferisce quando l'oggetto ha una struttura complessa; se il danno non è materiale ma morale, come un'ingiustizia o un errore, si usa esclusivamente *riparare*. **Rattoppare** si impiega in senso proprio con riferimento al rappezzare un indumento mettendo delle toppe; estensivamente esprime un'idea di aggiustare alla buona.

†**aggiustàrsi** [ant. fr. *ajoster* 'mettere vicino, mettere accanto', dal lat. parl. **adiuxtāre*, comp. di *ăd* e il denominale di *iŭxta* 'presso'. V. *giusta* ✻ 1321] **v. rifl.** ● mettersi accanto: *colui che da sinistra le s'aggiusta* (DANTE *Par.* XXXII, 121)

aggiustàta [1954] **s. f.** ● riparazione fatta in fretta e in modo sommario | rapido riassetto, sistemazione || **aggiustatìna**, **dim.**

aggiustatézza [av. 1694] **s. f.** ● (*lett.*) convenienza | precisione

aggiustàto **part. pass.** di *aggiustare*; **anche agg. 1** nei sign. del v. **2** (*lett.*) conveniente | esatto || **aggiustatìno**, **dim.** || **aggiustataménte**, **avv.** con esattezza e precisione

aggiustatóre [1588] **s. m.** (**f.** *-trice*) **1** chi aggiusta **2** operaio che esegue i lavori di aggiustaggio

aggiustatùra [1626] **s. f.** ● l'aggiustare | punto in cui si è aggiustato qlco. e segno che ne resta: *nascondere, mascherare l'a.*

agglomeraménto [1584] **s. m. 1** l'agglomerare, l'agglomerarsi **2** mucchio, massa: *a. di case, di folla*

agglomerànte **A part. pres.** di *agglomerare*; **anche agg.** ● nei sign. del v. **B s. m.** ● sostanza che, per trasformazione fisica o reazione chimica, fa unire particelle incoerenti: *a. idraulico, cementizio*

agglomeràre [vc. dotta, lat. *agglomerāre*, comp. di *ăd* e *glŏmus*, genit. *glŏmeris* 'gomitolo' ✻ av. 1730] **A v. tr.** (*io agglòmero*) ● mettere insieme cose e persone di diversa origine e provenienza **SIN.** ammassare, ammucchiare **B** **agglomeràrsi v. intr. pron.** ● ammassarsi, riunirsi insieme: *il fango si agglomera sulle scarpe*; *alcune popolazioni nomadi si erano agglomerate intorno alla città*

agglomeràto **A part. pass.** di *agglomerare*; **anche agg.** ● nei sign. del v. **B s. m. 1** conglomerato: *un a. di rocce* **2** materiale formato dall'unione di particelle incoerenti mediante l'intermediario di un agglomerante o per sinterizzazione: *agglomerati di legno, da costruzione* **3** insieme, massa: *il favo è un a. di foruncoli* | ***a. urbano***, insieme di edifici costituente un centro abitato

agglomerazióne [1850] **s. f.** ● agglomeramento | procedimento per ottenere agglomerati: *a. del carbone*

agglutinaménto [1733] **s. m.** ● l'agglutinare, l'agglutinarsi

agglutinànte **part. pres.** di *agglutinare*; **anche agg. 1** nei sign. del v. **2** detto di lingue che esprimono i rapporti grammaticali giustapponendo elementi diversi in una sola parola (per es. il turco) **SIN.** affissivo **3** (*biol.*) detto di sostanze che provocano o subiscono l'agglutinazione

agglutinàre [vc. dotta, lat. *agglutināre*, comp. di *ăd* e *glūten*, genit. *glūtinis* 'glutine, colla' ✻ av. 1573] **A v. tr.** (*io agglùtino*) **1** unire con glutine o altre sostanze adesive **2** provocare agglutinazione **B** **agglutinàrsi v. intr. pron.** ● saldarsi, far presa, agglomerandosi

agglutinazióne [vc. dotta, lat. tardo *agglutinatiōne(m)*, da *agglutināre* 'agglutinare' ✻ 1797] **s. f. 1** agglutinamento **2** (*ling.*) procedimento di formazione di parole tramite semplice giustapposizione di elementi diversi **SIN.** concrezione **3** (*biol.*) processo di agglomeramento di batteri o cellule in sospensione in piccoli grumi con tendenza alla sedimentazione in particolari condizioni

agglutinìna [detta così perché *agglutina* i batteri ✻ 1929] **s. f.** ● (*biol.*) una delle sostanze presenti nei sieri immunizzanti | anticorpo specifico che provoca agglutinazione

agglutinògeno [comp. di *agglutin(ina)* e *-geno* ✻ 1955] **s. m.** ● sostanza che provoca la formazione di agglutinine nell'organismo

aggobbìre [comp. di *a-*② e *gobbo* ✻ av. 1742] **A v. tr.** (*io aggobbisco, tu aggobbisci*) ● far diventare gobbo: *il troppo studio l'aggobbisce* **B v. intr.** (**aus.** *essere*) ● divenir gobbo: *a. sui libri*; *a. sotto un peso eccessivo*; *lo picchiava con certi pugni sodi ... che lo facevano a.* (G. VERGA)

aggomitolàre [comp. di *a-*② e *gomitolo* ✻ sec. XIV] **A v. tr.** (*io aggomitolo*) ● avvolgere in gomitoli **B** **aggomitolàrsi v. rifl.** ● avvolgersi su sé stesso | rannicchiarsi: *aggomitolarsi nel letto* | ***aggomitolarsi sulla palla***, nel calcio, si dice del portiere che, dopo essersi impadronito a terra del pallone, lo stringe saldamente col corpo rannicchiato

SFUMATURE ➤ ***acciambellare***

aggomitolatùra [1879] **s. f.** ● operazione dell'aggomitolare

aggottaménto [1940] **s. m.** ● l'aggottare

aggottàre [comp. di *a-*② e *gotto* ✻ 1309] **v. tr.** (*io aggòtto*) **1** (*mar.*) togliere l'acqua dal fondo di un'imbarcazione con la sassola (*anche assol.*): *Aggotti, e già la barca si sbilancia* (E. MONTALE) **2** prosciugare uno scavo in fondazione per poter costruire le fondamenta all'asciutto

aggottatòio [1829] **s. m.** (**pl.** *-ói*) ● recipiente in uso nelle saline per estrarre l'acqua salsa

aggradàre [provenz. *agradar*, dal lat. *grātus* 'gradito' ✻ av. 1250] **v. intr.** (**aus.** *essere*; **rare le forme composte; oggi usato spec. come impers.**) ● (*lett.*) riuscire gradito: *tanto*

a

m'aggrada il tuo comandamento (Dante *Inf.* II, 79) | ***come vi aggrada***, come volete, come vi piace

aggradévole [1363] **agg.** ● (*lett.*) gradevole, piacevole ‖ **aggradevolménte**, **avv.** (*lett.*) piacevolmente

aggradiménto [sec. XIII] **s. m.** ● (*lett.*) gradimento, piacere

aggradìre [comp. di *a-*② e *gradire* ✻ av. 1250] **A v. tr.** (*io aggradisco, tu aggradisci*) ● (*lett.*) accogliere con piacere, gradire **B v. intr.** (aus. *essere*) ● (*lett.*) piacere: *per me si faccia quello che v'aggradirà* (G. Boccaccio)

aggraffàggio [da *aggraffare* ✻ 1942] **s. m.** ● nella lavorazione delle sigarette, zigrinatura

aggraffàre [comp. di *a-*② e *graffa* ✻ av. 1463] **v. tr. 1** afferrare con le graffe | (*lett.*, *fig.*) agguantare, ghermire **2** unire lamierini mediante aggraffatura **3** nella lavorazione delle sigarette, zigrinare

aggraffatóre [1955] **s. m.** (**f.** *-trice*) ● operaio addetto all'aggraffatura

aggraffatrìce [1955] **s. f.** ● macchina che esegue l'aggraffatura

aggraffatùra [1941] **s. f. 1** (*raro*) fissaggio con graffe **2** collegamento di lamierini mediante ripiegamento congiunto dei loro bordi sovrapposti, molto usato spec. nella fabbricazione di barattoli e sim. **3** affasciatura

aggraffiàre [comp. di *a-*② e *graffio*② ✻ av. 1328] **v. tr.** (*io aggràffio*) ● (*raro*) prendere con artigli o uncini | (*fig.*, *scherz.*) arraffare, portar via

aggranchiàre [comp. di *a-*② e *granchio*, che si ritira quando è toccato ✻ 1363] **v. intr.** (*io aggrànchio*; aus. *essere*) e **aggranchiàrsi v. intr. pron.** ● intirizzirsi, per il troppo freddo

aggranchìre [da *granchio*: V. *aggranchiare* ✻ 1857] **A v. tr.** (*io aggranchìsco, tu aggranchìsci*) ● intirizzire, rattrappire: *il freddo mi ha aggranchito le mani* **B v. intr.** (aus. *essere*) ● aggranchiare

aggrandiménto [1305] **s. m.** ● (*raro*) ingrandimento

aggrandìre [comp. di *a-*② e *grande* ✻ 1268] **A v. tr.** (*io aggrandisco, tu aggrandisci*) **1** (*raro*) accrescere la potenza o l'importanza di qlco. | (*fig.*) amplificare, esagerare **2** (*lett.*) magnificare con parole **SIN.** esaltare **B v. intr.** (aus. *essere*) e **aggrandìrsi v. intr. pron.** ● (*lett.*) farsi grande, ingrandirsi, crescere

aggranfiàre [comp. di *a-*② e *granfia* ✻ av. 1705] **v. tr.** (*io aggrànfio*) ● afferrare con le unghie o gli artigli | (*fig.*) rubare: *a. il portafoglio a qlcu.*

♦**aggrappàre** [comp. di *a-*② e *grappa*① ✻ 1313] **A v. tr. 1** (*raro*) pigliare forte, afferrare **2** (*lett.*) mordere, detto dell'ancora: *l'ancora ch'aggrappa / o scoglio o altro che nel mare è chiuso* (Dante *Inf.* XVI, 135-136) **B aggrappàrsi v. rifl. 1** afferrarsi e tenersi forte con le mani (+ *a*): *si aggrappò alla corda per non cadere* | ***aggrapparsi all'avversario***, nel pugilato e nella pallanuoto, afferrarlo o stringerlo con le braccia impedendo o limitando irregolarmente la sua libertà di movimento **2** (*fig.*) (+ *a*) Afferrarsi, attaccarsi: *aggrapparsi a un'illusione*

aggraticciàre [comp. di *a-*② e *graticcio* ✻ av. 1400] **A v. tr.** (pres. *io aggratìccio*; fut. *io aggraticcerò*) ● intrecciare formando graticci **B aggraticciàrsi v. rifl. e intr. pron.** ● (*raro*) attaccarsi tenacemente | intrecciarsi | arrampicarsi

aggravaménto [av. 1327] **s. m.** ● aumento della gravità di qlco. | peggioramento: *l'a. di un malato* | inasprimento: *a. della pena*

aggravànte A part. pres. di *aggravare*; anche **agg. 1** nei sign. del v. **2** (*dir.*) ***circostanza a.***, elemento eventuale del reato che determina un aggravamento della pena: *concorso di più circostanze aggravanti* **B s. f.** ● circostanza aggravante **CONTR.** attenuante

aggravàre [lat. *aggravāre*, comp. di *ăd* e *grăvis* 'pesante' ✻ 1258] **A v. tr. 1** rendere più grave, pesante, fastidioso o doloroso ciò che è già tale (*anche fig.*): *a. un peso, un carico* | ***a. la pena***, accrescerla **2** (*lett.*) appesantire, opprimere (*anche fig.*): *a. lo stomaco di cibi elaborati; come se il sonno le aggravasse le palpebre* (G. D'Annunzio) **3** †aumentare le tasse, i tributi **B v. intr.** (*lett.*; aus. *essere*) e **aggravàrsi v. intr. pron.** ● diventare più grave, più pesante: *la situazione si è aggravata* | ***aggravarsi di anni***, invecchiare | peggiorare nella malattia: *temo che egli non aggravi tanto nella infermità* (G. Boccaccio)

aggravàto part. pass. di *aggravare*; anche **agg.** ● diventato più grave | (*fig.*, *lett.*) appesantito, gravato: *sentirsi a. dagli anni* | (*dir.*) detto di reato commesso in presenza di circostanze aggravanti: *furto, omicidio a.*

aggràvio [1480] **s. m. 1** aggravamento | ***a. fiscale***, inasprimento del peso tributario che grava sui contribuenti **2** (*lett.*) torto, ingiustizia: *sopportare un a.* **3** (*lett.*) molestia, incomodo: *essere di a. a qlcu.* | danno

aggraziàre [comp. di *a-*② e *grazia* ✻ sec. XIV] **v. tr.** (*io aggràzio*) **1** rendere grazioso **2** (*lett.*, *raro*) graziare: *il terzo dì si condanna, o s'aggrazia* (T. Campanella)

aggraziàto part. pass. di *aggraziare*; anche **agg.** ● pieno di grazia, garbo, leggiadria: *movimenti aggraziati; la zebra è un animale dalle forme aggraziate* ‖ **aggraziataménte**, **avv.** con grazia

♦**aggredìre** [vc. dotta, lat. *ăggredi*, comp. di *ăd* e *grădi* 'avanzare' ✻ av. 1340] **v. tr.** (*io aggredìsco, tu aggredisci*) **1** assalire con violenza e all'improvviso: *lo aggredirono alle spalle* | (*est.*) intaccare, corrodere: *agenti chimici che aggrediscono un metallo* | intervenire in profondità col bisturi: *a. un tumore* | (*fig.*) ***a. un problema***, affrontarlo con notevole determinazione **2** (*fig.*) investire con parole offensive, con minacce e sim.: *li aggredì con voce dura*

aggregàbile [1869] **agg.** ● che si può aggregare ‖ **aggregabilità**, **s. f. inv.**

aggregaménto [1541] **s. m.** ● (*raro*) aggregazione

♣**aggregàre** [vc. dotta, lat. *aggregāre*, comp. di *ăd* e *grĕx*, genit. *grĕgis* 'gregge' ✻ av. 1328] **A v. tr.** (*io aggrègo, tu aggrèghi*) ● riunire, mettere insieme: *a. alcuni comuni montani a una città* | associare: *a. qlcu. a una società segreta* **B aggregàrsi v. rifl.** ● associarsi: *si aggregarono a una comitiva di turisti* **C aggregàrsi v. intr. pron.** ● unirsi, ammassarsi: *cristalli che si aggregano; forme d'ombra che si aggregano e si disgregano*

SFUMATURE DI SIGNIFICATO

aggregare - associare - alleare - confederare
Aggregare descrive genericamente l'azione dell'unire a un gruppo, a una serie. Se l'*aggregare* consiste nel rendere partecipe di un'attività, consentendo l'unione a un gruppo preesistente, è più pertinente **associare**. **Alleare** indica invece l'azione con cui due o più stati, partiti, enti, o anche persone si impegnano reciprocamente a sostenersi col fine di perseguire un interesse comune. **Confederare** riguarda invece l'azione di quegli stati, o anche partiti o enti, i quali, pur continuando a mantenere ciascuno la propria individualità, si impegnano a perseguire scopi comuni attraverso l'attività di organi unitari.

aggregatìvo [sec. XIV] **agg.** ● che è atto ad aggregare

aggregàto A part. pass. di *aggregare*; anche **agg. 1** unito, associato **2** detto di impiegato statale e sim. in servizio temporaneo presso un Ente diverso dal proprio | ***professore a.***, docente universitario di un ruolo, ora soppresso, intermedio fra il professore ordinario e l'assistente; titolo aggiuntivo che spetta a titolari di insegnamenti universitari, che svolgono anche attività di tutorato o di didattica integrativa **3** (*econ.*) totale, complessivo: *domanda aggregata, offerta aggregata* **B s. m. 1** complesso: *il branco è un a. di animali; la schiuma è un a. di piccole bolle* | ***a. urbano***, complesso di isolati, vie, piazze e sim. sede di collettività umane **2** (*mat.*) insieme, classe **3** (*econ.*) insieme di singole voci opportunamente riunite, in una somma o in una media, a rappresentare una grandezza macroeconomica: *aggregati economici* **4** (*miner.*) insieme di più individui cristallini

aggregatóre [1566] **A agg.**; anche **s. m.** (**f.** *-trice*) ● che (o chi) aggrega: *forza aggregatrice* **B s. m.** ● (*Internet*) sito che raggruppa e visualizza i contenuti provenienti da fonti diverse: *un a. di notizie*

aggregazióne [vc. dotta, lat. tardo *aggregatiōne(m)*, da *aggregāre* 'aggregare' ✻ 1306] **s. f. 1** unione, associazione: *chiedere l'a. a un'accademia* | riunione di più cose o persone **2** forma sotto la quale si presenta una materia, dipendente da come sono riunite le molecole che la costituiscono: *Una legge d'a. governa i minerali* (G. Mazzini) **3** processo statistico consistente nel passaggio dalle grandezze singole alle grandezze globali

aggressìna [dal lat. *aggrĕssus*, part. pass. di *ăggredi* 'aggredire' ✻ 1923] **s. f.** ● (*med.*) sostanza tossica prodotta da germi, capace di indebolire le difese dell'organismo

♦**aggressióne** [vc. dotta, lat. *aggressiōne(m)*, da *ăggredi* 'aggredire' ✻ 1357] **s. f. 1** assalto improvviso e violento: *a. notturna; a. a mano armata; subire un'a.; a. verbale* **2** improvviso attacco armato a uno Stato da parte di un altro Stato: *reprimere, prevenire atti di a.* **CFR.** non aggressione

SFUMATURE DI SIGNIFICATO

aggressione - assalto
Aggressione è un atto di violenza improvvisa ai danni di una o più persone; identifica inoltre un attacco compiuto senza preavviso da uno stato ai danni di un altro. **Assalto** è nel linguaggio militare l'azione per cui la prima linea attacca fisicamente le posizioni avversarie; in senso esteso indica un'azione violenta contro un obiettivo.

aggressività [1920] **s. f. inv. 1** caratteristica di ciò che è aggressivo: *frasi, parole di estrema a.* **2** (*psicol.*) tendenza a manifestare un comportamento ostile, che ha per fine un aumento di potere dell'aggressore e una diminuzione di potere dell'aggredito, si presenta in genere come reazione a una reale o apparente minaccia al proprio potere **3** correntemente, impetuosità, irruenza: *difendere con a. la propria teoria* | nel linguaggio sportivo, combattività, capacità di iniziativa nel corso di una competizione: *l'a. di un pugile, di una squadra*

♦**aggressìvo** [1796] **A agg. 1** che tende ad aggredire (*anche fig.*): *il barracuda è un pesce a.; carattere, temperamento a.* **SIN.** bellicoso, irruente **2** che si distingue per aggressività: *pugile a.; squadra aggressiva; automobile dalla linea aggressiva* ‖ **aggressivaménte**, **avv.** ‖ **aggressività**, **s. f. inv.** (V.) **B s. m. 1** (**f.** *-a*) persona aggressiva **2** ***a. chimico***, sostanza tossica, costituente mezzo offensivo di guerra: *a. irritante, lacrimogeno, vescicatorio, soffocante* | ***aggressivi biologici***, microbi e virus patogeni, tossine batteriche e sim.

aggressóre [vc. dotta, lat. tardo *aggressōre(m)*, da *aggrĕssio* 'aggressione' ✻ 1342] **A s. m.** (**f.** *aggreditrìce*, *raro aggressóra*) ● chi aggredisce **B** anche **agg.**: *il paese a.*

aggrevàre [comp. di *a-*② e *greve* ✻ av. 1294] **v. tr.** (*io aggrèvo*) ● (*poet.*) rendere greve | (*fig.*) opprimere

aggricciàre o †**aggricchiàre** [comp. di *a-*② e *griccio*① ✻ 1534] **A** **v. tr.** (**pres.** *io aggriccio*; **fut.** *io aggriccerò*) ● (*lett.*, *centr.*, *merid.*) aggrinzare, increspare **B** **aggricciàrsi** **v. intr. pron.** ● (*lett.*) rattrappirsi per lo spavento: *sentiva i muscoli aggricciarglisi* (I. CALVINO)

aggrinzàre [comp. di *a-*② e *grinza* ✻ sec. XIV] **A** **v. tr.** ● rendere grinzoso, increspare: *a. il naso, la fronte* **B** **v. intr.** (**aus.** *essere*) e **aggrinzàrsi** **v. intr. pron.** ● diventare grinzoso **SIN.** incresparsi

aggrinzìre [1750] **v. tr.**, **intr.** (*io aggrinzìsco, tu aggrinzìsci*; **aus. intr.** *essere*) e **aggrinzìrsi** **v. intr. pron.** ● aggrinzare, aggrinzarsi

aggrommàre [comp. di *a-*② e *gromma* ✻ 1680] **v. intr.** (*io aggrómmo*; **aus.** *essere*) e **aggrommàrsi** **v. intr. pron.** ● coprirsi di gromma

aggrondàre [comp. di *a-*② e *gronda* ✻ av. 1306] **A** **v. tr.** (*io aggróndo*) ● (*lett.*) aggrottare **B** **v. intr.** (**aus.** *essere*) e **aggrondàrsi** **v. intr. pron.** ● corrucciarsi, accigliarsi

aggrondàto **part. pass.** di *aggrondare*; anche **agg.** ● (*lett.*) accigliato, corrucciato: *uscì dal colloquio col viso a.*

aggroppaménto [da *aggroppare*① ✻ 1374] **s. m.** ● (*lett.*) avviluppamento

aggroppàre① [comp. di *a-*② e *groppo* ✻ av. 1294] **A** **v. tr.** ● (*lett.*) far groppo, avvolgere **B** **aggroppàrsi** **v. intr. pron.** ● (*lett.*) aggrovigliarsi

†**aggroppàre**② [comp. di *a-*② e *groppa* ✻ av. 1685] **v. tr.** ● curvare a forma di groppa

aggrottàre [comp. di *a-*② e *grotta* ✻ sec. XIII] **v. tr.** (*io aggròtto*) ● contrarre, corrugare, riferito alle sopracciglia, in segno di inquietudine, minaccia, ira, sdegno e sim. | (*est.*) ***a. la fronte***, incresparla

aggrottàto **part. pass.** di *aggrottare*; anche **agg.** ● corrugato: *ciglia aggrottate* | corrucciato: *espressione aggrottata*

aggrovigliaménto [1865] **s. m.** ● l'aggrovigliare, l'aggrovigliarsi | groviglio, intrico (*anche fig.*)

aggrovigliàre [comp. di *a-*② e *groviglio* ✻ av. 1597] **A** **v. tr.** (*io aggrovìglio*) ● fare groviglio, avviluppare, avvolgere: *a. una matassa* **B** **aggrovigliàrsi** **v. intr. pron.** ● formare un groviglio, avvilupparsi (*anche fig.*): *il filo si aggroviglia*; *il discorso gli si aggrovigliò in bocca* | (*fig.*) ingarbugliarsi, diventare inestricabile, complicato: *la situazione si è aggrovigliata*

aggrovigliàto **part. pass.** di *aggrovigliare*; anche **agg.** **1** nei sign. del v. **2** (*fig.*) complicato: *si tratta di una vicenda aggrovigliata*

aggrumàre① [comp. di *a-*② e *grumo* ✻ av. 1557] **A** **v. tr.** ● rapprendere in grumi, in coaguli e sim. **B** **aggrumàrsi** **v. intr. pron.** ● coagularsi: *il sangue si era aggrumato attorno alla ferita*

aggrumàre② [comp. di *a-*② e *gruma* ✻ 1950] **v. intr.** (**aus.** *essere*) e **aggrumàrsi** **v. intr. pron.** ● coprirsi, incrostarsi di gruma

aggruppaménto [av. 1519] **s. m.** ● (*raro*) raggruppamento

aggruppàre [comp. di *a-*② e *gruppo* ✻ 1481] **v. tr.** e **aggruppàrsi** **v. rifl.** ● (*raro*) raggruppare, raggrupparsi

aggruppàto **part. pass.** di *aggruppare*; anche **agg.** **1** (*lett.*) raggruppato **2** (*lett.*) rannicchiato: *un avventore che se ne stava ... appartato in un angolo in ombra, tutto a.* (L. PIRANDELLO)

†**aggruzzolàre** [comp. di *a-*② e *gruzzolo* ✻ av. 1480] **v. tr.** ● far gruzzolo, raggranellare, spec. denaro | (*est.*) radunare, raccogliere

agguagliaménto [av. 1292] **s. m.** ● (*raro*, *lett.*) uguagliamento

agguagliàre [lat. **aequaliāre*, da *aequālis* 'uguale' ✻ 1268] **A** **v. tr.** (*io agguàglio*) **1** (*raro*) spianare, pareggiare: *a. una siepe, una superficie, una strada*; *l'acuto ferro, / che rase il prato ed agguagliollo* (I. PINDEMONTE) **2** (*lett.*) rendere uguale, eguagliare: *la disgrazia li agguagliò tutti nel dolore* | essere, mostrarsi uguale: *l'emulazione mi spronava finché avessi ... agguagliato quel giovine* (V. ALFIERI) **3** (*lett.*) paragonare, mettere alla pari: *la tranquillità dell'animo non si può a. a nessuna ricchezza* **4** (*lett.*) esprimere adeguatamente **B** **agguagliàrsi** **v. rifl.** ● (*lett.*) livellarsi | (*lett.*) paragonarsi: *il debole non può agguagliarsi al forte* | (*lett.*) essere simile

†**agguagliatóre** [av. 1292] **agg.** e **s. m.** (**f.** *-trice*, *-tora*) ● che (o chi) agguaglia

agguàglio [av. 1292] **s. m.** ● (*lett.*) paragone, confronto | †***sopra ogni a.***, senza paragone

agguantàre [comp. di *a-*② e *guanto* ✻ 1614] **A** **v. tr.** **1** afferrare con forza e tenere strettamente: *a. un ladro per la giacca* **SIN.** acchiappare | ***a. un avversario, un fuggitivo***, nel ciclismo, raggiungerlo dopo un inseguimento **2** (*est.*, *fam.*) colpire: *a. uno con una sassata* **3** (*mar.*) trattenere una cima per impedirne lo scorrimento | arrestare l'abbrivo di una imbarcazione immergendo i remi in acqua **B** **agguantàrsi** **v. intr. pron.** ● afferrarsi saldamente a qlco.

†**agguardàre** [comp. di *a-*② e *guardare* ✻ 1268] **v. tr.** e **intr.** ● guardare con attenzione

agguatàre o †**aguatàre** [ant. fr. *aguaitier*. V. *agguato* ✻ sec. XIII] **A** **v. tr.** e **intr.** (**aus.** *avere*) **1** †tendere agguati **2** (*lett.*) esaminare attentamente: *e tu te n'avvedrai se bene agguati* (DANTE *Par.* XXIX, 42) **B** **v. intr.** (**aus.** *essere*) e **agguatàrsi** **v. intr. pron.** ● (*lett.*) stare, mettersi in agguato: *valli ove agguatano i ritrosi mostri* (G. D'ANNUNZIO)

♦**agguàto** o †**aguàto** [ant. fr. *aguait*, dal francone **wahta* 'guardia' ✻ av. 1292] **s. m.** **1** insidia, tranello che si tende a un nemico per coglierlo alla sprovvista: *tendere un a.*; *cadere in un a.* **SIN.** imboscata **2** (*est.*, *raro*) luogo dell'agguato: *stare in a.* | (*fig.*) ***essere in a.***, essere incombente: *il rischio di commettere errori è sempre in a.*

agguattàre [contaminazione di *agguatare* con *acquattare* (?) ✻ 1321] **A** **v. tr.** ● †nascondere **B** **agguattàrsi** **v. rifl.** ● (*lett.*) acquattarsi

†**aggueffàre** [comp. di *a-*② e †*gueffa*② ✻ 1308] **A** **v. tr.** ● aggomitolare **B** †**aggueffàrsi** **v. rifl.** ● (*fig.*) aggiungersi, sovrapporsi: *Se l'ira sovra 'l mal voler s'aggueffa* (DANTE *Inf.* XXIII, 16)

agguerrìre [comp. di *a-*② e *guerra* ✻ 1589] **A** **v. tr.** (*io agguerrìsco, tu agguerrìsci*) **1** (*raro*) preparare ai rischi della guerra **2** (*est.*) rafforzare moralmente: *le disgrazie agguerriscono chi le supera* **SIN.** temprare **B** **agguerrìrsi** **v. rifl.** ● temprarsi nella guerra, nei pericoli e (*est.*) nella lotta della vita: *l'anima ... sentendo e meditando s'agguerrisce a viver libera* (U. FOSCOLO)

agguerrìto **part. pass.** di *agguerrire*; anche **agg.** **1** preparato alla guerra, addestrato, resistente **2** (*est.*) valoroso | forte: *animo a.* | (*fig.*) preparato: *è uno storico a.*

aghà o **agà** [turco *ağa* 'signore, padrone' ✻ 1829] **s. m. inv.** **1** titolo di funzionari del Sultano nella Turchia ottomana **2** titolo di nobiltà in Persia e India | ***A. khan***, titolo del capo del ramo indiano della setta musulmana degli Ismailiti

aghétto [1348] **s. m.** **1** dim. di *ago* **2** (*mil.*) distintivo costituito da uno o più cordoni di fili metallici o di tessuto colorato, e appeso dalla spallina destra alla bottoniera della giubba **SIN.** cordellina **3** stringa, cordoncino terminante con puntale rigido da passare in appositi occhielli per allacciare scarpe, stivaletti, busti e sim. **4** (*lett.*) uncinetto ‖ **aghettìno**, **dim.**

aghifòglia [comp. di *ago* e *foglia* ✻ 1929] **s. f.** ● pianta arborea con foglie lineari e aghiformi

aghifórme [comp. di *ago* e *-forme* ✻ av. 1793] **agg.** ● che è sottile e pungente, detto spec. delle foglie delle conifere

†**aghiróne** ➤ **airone**

†**agiaménto** [av. 1311] **s. m.** **1** agio, comodità **2** gabinetto, luogo di decenza

†**agiàre** [da *agio* ✻ av. 1294] **A** **v. tr.** ● adagiare | accomodare, dar ristoro **B** †**agiàrsi** **v. rifl.** ● accomodarsi, fare il proprio comodo | giovarsi

agiatézza [sec. XIII] **s. f.** **1** condizione di benessere economico **SIN.** ricchezza **2** comodità

♣**agiàto** **part. pass.** di †*agiare*; anche **agg.** **1** pieno di agi: *vita agiata* **SIN.** comodo **2** detto di chi gode di una buona condizione economica **SIN.** abbiente, benestante ‖ **agiataménte**, **avv.** (*raro*) con agio; con agiatezza

agìbile [V. *agevole* ✻ av. 1328] **agg.** **1** (*lett.*) che si può fare, fattibile: *cose agibili* **2** detto di edificio, struttura o impianto forniti dei requisiti di sicurezza e funzionalità richiesti dalla legge | detto di strada, sentiero e sim. percorribile, praticabile: *quel tratto è sterrato ma perfettamente a.* ‖ **agibilità**, **s. f. inv.** (V.)

agibilità [1884] **s. f. inv.** **1** caratteristica di ciò che è agibile, spec. nel sign. 2 **2** spec. nel linguaggio giornalistico, possibilità di operare, di svolgere una data attività: *a. politica*

♦**àgile** [vc. dotta, lat. *ăgile(m)* 'che avanza rapidamente', da *ăgere* 'spingere avanti' ✻ 1381] **agg.** **1** che si muove con facilità e disinvoltura: *è molto a. nonostante l'età*; *a. nei movimenti* | ***a. di mano***, abile e veloce nel rubare **SIN.** destro, lesto, svelto | (*est.*) snello: *ha una corporatura a.* **2** (*fig.*) svelto, pronto, vivace: *cervello, spirito, intelligenza a.* | ***a. di mente***, che comprende facilmente e rapidamente **3** (*fig.*) semplice, chiaro: *un a. libretto di istruzioni* ‖ **agilménte**, **avv.** con agilità

SFUMATURE ➤ ***flessuoso***

♦**agilità** [vc. dotta, lat. *agilitāte(m)*, da *ăgilis* 'agile' ✻ 1306] **s. f. inv.** **1** scioltezza nei movimenti: *a. del corpo*; *acquisire, perdere a.* **2** (*fig.*) prontezza, vivacità: *a. della mente* **3** facilità nell'esecuzione di passaggi vocali o strumentali rapidi e complicati

agility dog /*ingl.* ə'dʒɪlətɪˌdɒg/ [loc. ingl., comp. di *agility* 'destrezza' e *dog* 'cane' ✻ 1989] **loc. sost. m.** o **f. inv.** ● prova di destrezza e obbedienza in competizioni canine ‖ **agility**, **accorc. m.** o **f.**

♣**àgio** [ant. fr. *aise*, dal lat. *ădiacens* 'che giace presso' ✻ 1268] **A** **s. m.** **1** stato di comodità, benessere, distensione e sim.: *mettere qlcu. a proprio a.*; *mi sono subito sentito a mio a.* | ***dare a.***, offrire opportunità, tempo sufficiente | ***a bell'a.***, con tutto comodo | †***fare a. a qlcu.***, compiacerlo **2** comodità, tranquillità: *avere a. di pensare, di fare qlco.* **3** (*mecc.*) gioco: *lasciar a. a due pezzi* **B** **àgi** **s. m. pl.** ● le comodità e il benessere derivanti dalla ricchezza: *vivere negli, in mezzo agli agi*

àgio- [gr. *hágios* 'santo'] **primo elemento** ● in parole composte dotte significa 'santo': *agiografo, agionimo*

agiografìa [V. *agiografo* ✻ 1819] **s. f.** **1** in varie religioni, letteratura che tratta la vita di uomini distinti per santità e virtù | parte

a

della storia ecclesiastica che riguarda la vita e i miracoli dei santi, dei beati e dei venerabili **2** (*est.*) biografia di personaggi o narrazione di eventi con scopi celebrativi, laudatori: *a. napoleonica, del socialismo*

agiogràfico [1865] **agg.** (**pl. m.** *-ci*) **1** relativo all'agiografia **2** (*est.*) laudatorio, celebrativo || **agiograficaménte**, **avv.** in modo agiografico, celebrativo

agiògrafo [vc. dotta, lat. tardo *hagiŏgraphu(m)*, comp. di *agio-* e *-grafo* ✳ 1743] **s. m.** (**f.** *-a*) **1** autore di scritti agiografici **2** (*spreg.*) biografo, scrittore che esalta con tono adulatorio un personaggio o un evento storico

agiologìa [V. *agiologo* ✳ 1865] **s. f.** (**pl.** *-gìe*) ● studio critico dei documenti riguardanti la vita e i miracoli dei santi

agiològico [1829] **agg.** (**pl. m.** *-ci*) ● di agiologia, relativo all'agiologia

agiòlogo [vc. dotta, gr. tardo *hagiológos*, comp. di *agio-* e *-logo* ✳ 1865] **s. m.** (**f.** *-a*; **pl. m.** *-gi*) ● studioso di agiologia

agiònimo [comp. di *agi(o)-* e *-onimo* ✳ 1950] **s. m.** ● (*ling.*) nome di santo

agiotopònimo [comp. di *agio-* e *toponimo* ✳ 1990] **s. m.** ● (*ling.*) nome proprio di luogo dedicato a un santo (per es. *Santo Stefano di Cadore*)

♦**agìre** [fr. *agir*, dal lat. *ăgere* 'fare' ✳ av. 1327] **v. intr.** (*io agìsco, tu agìsci*; **aus.** *avere*) **1** fare, operare (+ *per*, **anche seguito da inf.**): *è ora di a.*; *questo è il momento di a.*; *a. per un fine, per ottenere un risultato* | comportarsi (+ *da*): *ha agito da ingenuo*; *a. da persona onesta* **2** funzionare, esercitare un'azione, detto del corpo umano, di una macchina, una sostanza e sim. (+ *su*): *il cervello non agisce più sui centri nervosi*; *i freni agiscono bene*; *l'acido cloridrico agisce sul ferro* **3** (*assol.*) avere effetto, esercitare un influsso: *un calmante che agisce rapidamente* | (*psicoan.*) mettere in atto impulsivamente, tramite un comportamento, pensieri o fantasie inconsce **CFR.** acting out **4** esercitare un'azione legale: *a. contro qlcu.*; *a. a difesa del proprio diritto* | (*est.*) compiere un'attività giuridica: *capacità d'a.*; *a. con legalità* **5** (*raro*) dare rappresentazioni: *la compagnia agiva prevalentemente in provincia*

agitàbile [1639] **agg.** ● che si può agitare | (*fig.*) impressionabile

agitaménto [1395] **s. m.** ● (*raro*) l'agitare

♦**agitàre** [vc. dotta, lat. *agitāre*, frequentativo di *ăgere* 'spingere' ✳ sec. XIII] **A** **v. tr.** (*io àgito*) **1** muovere in qua e in là, scuotere con forza: *a. una bottiglia*; *il vento agita la fiamma* | ***a. il fazzoletto***, in segno di saluto | ***a. la coda***, dimenarla **2** (*fig.*) eccitare, turbare: *a. la fantasia, la mente* | spingere all'azione e alla lotta: *a. il popolo contro il governo* | (*raro, lett.*) spronare: *agitava i destrieri il grande Ettorre* (V. MONTI) **3** (*fig.*) dibattere, trattare, prendere in esame: *a. una questione, una causa* | prospettare qlco. di negativo: *a. il pericolo di una guerra* **B** **agitàrsi** **v. rifl. e intr. pron.** **1** muoversi con forza e irrequietezza: *il mare si agita*; *l'ammalato si agitava nel letto*; *il bambino cominciò ad agitarsi* **2** (*fig.*) inquietarsi, turbarsi (+ *per*): *è un tipo che si agita per poco* **SIN.** emozionarsi **3** manifestarsi con vivacità o violenza, detto spec. di idee, sentimenti e sim.: *un pensiero fisso si agitava dentro di lei* **4** protestare, entrare in lotta: *gli operai cominciarono ad agitarsi*

SFUMATURE DI SIGNIFICATO

agitare - sbattere - rimescolare

Scuotere con forza un contenitore per mescolarne il contenuto, generalmente un liquido, si dice **agitare**. **Sbattere** indica la stessa azione di scuotimento di una sostanza liquida per farle prendere consistenza o amalgamarla con altre, ma agitandola con una forchetta o una frusta, non scuotendo il contenitore. **Rimescolare** è mescolare a lungo una o più sostanze semifluide per ottenere un impasto omogeneo.

♦**agitàto** **A** **part. pass.** di *agitare*; **anche agg.** **1** molto mosso: *mare a.* | (*fig.*) turbato, irrequieto | turbolento: *un colloquio piuttosto a.* **2** (*mus.*) indicazione espressiva che richiede un'esecuzione pulsante, affannosa, concitata: *allegro a.* || **agitatìno**, **dim.** **B** **s. m.** (**f.** *-a*) ● alienato mentale in stato di grande agitazione | ***reparto agitati***, reparto psichiatrico riservato a tali ammalati

agitatóre [1623] **A** **agg.** ● che agita **B** **s. m.** **1** (**f.** *-trice*) chi agita, spec. chi spinge le masse all'azione: *a. politico* **2** apparecchio che viene impiegato nei laboratori per mantenere in agitazione un liquido o una sospensione | qualsiasi strumento per agitare, usato in varie lavorazioni

agitatòrio [av. 1927] **agg.** (**pl. m.** *-i* o *raro -ii*) ● che tende ad agitare gli animi, a provocare agitazioni: *propaganda agitatoria*

agitazióne [vc. dotta, lat. *agitatiōne(m)*, da *agitāre* 'agitare' ✳ av. 1328] **s. f.** **1** (*raro*) l'agitare | movimento | (*fis.*) ***a. termica***, il continuo movimento delle molecole di un corpo, tanto più intenso quanto più elevata è la temperatura | (*fig.*) animazione, trambusto **2** (*fig.*) stato di inquietudine o di turbamento: *essere in a.*; *essere, apparire in preda all'a.*; *mettere in a.* | ***a. di stomaco***, nausea, malessere **CONTR.** calma **3** azione politica o spec. sindacale diretta al raggiungimento di determinati fini mediante pubbliche manifestazioni **4** †discussione, trattativa

agitazionìsmo [comp. di *agitazion(e)* e *-ismo* ✳ 1965] **s. m.** ● stato di agitazione sistematica e costante, spec. in campo sindacale o sociale

àgit-pròp /ˈadʒitˈprɔp, *russo* ʌgjitˈprwɔp/ [vc. russa, abbr. di *agit(acija)* 'agitazione' e *prop(aganda)* ✳ 1940] **s. m. e f. inv.** (**pl. russo inv.**) ● agitatore politico, attivista, spec. del partito comunista

aglaonèma [comp. del gr. *aglaós* 'splendente' e *nêma* 'filo' (V. *nemaspermio*) ✳ 1955] **s. m.** (**pl.** *-i*) ● pianta erbacea delle Aracee con foglie oblunghe, fusti eretti e infiorescenze a spadice (*Aglaonema*)

♦**àgli** o (*poet.*) **a gli** **prep. art. m. pl. comp.** di *a*② e *gli*① ➤ **gli**① per gli usi ortografici

-àglia [dal lat. *-ālia*, desinenza di nt. pl. con valore collettivo] **suff.** ● forma sostantivi con valore gener. collettivo e spregiativo derivati dal latino o da altri sostantivi o aggettivi: *boscaglia, gentaglia, brodaglia*

agliàceo [da *aglio* ✳ 1865] **agg.** ● che ha odore o sapore simili a quelli dell'aglio

agliàio [1803] **s. m.** (**pl.** *-ai*) ● terreno piantato ad agli

Agliànico [vc. merid., dal lat. *iūlius* 'luglio'. Cfr. *aleatico* ✳ 1907] **s. m.** (**pl.** *-ci*) ● vino rosso granato, asciutto, dal profumo caratteristico di fragola, prodotto in Campania e in Basilicata dal vitigno omonimo

agliàta [da *aglio* ✳ 1309 ca.] **s. f.** ● salsa a base di aglio e aceto, tipica della cucina ligure

àglifo [gr. *áglyphos* 'non intagliato', comp. di *a-*① e *glyphḗ* 'intaglio', di orig. indeur. ✳ 1959] **agg.** ● (*zool.*) detto di serpente con denti privi di solchi o di canali e quindi, se dotato di ghiandole velenifere, incapace di iniettarne il secreto

àglio [lat. *ālliu(m)*, di etim. incerta ✳ 1287] **s. m.** ● pianta erbacea delle Alliacee con foglie lineari, bulbo commestibile a spicchi, fiori biancastri riuniti in ombrelle racchiuse da una spata, usato anche a scopi terapeutici, spec. contro l'elmintiasi (*Allium sativum*) | (*est.*) il bulbo commestibile di tale pianta, o i suoi spicchi: *fare un soffritto con l'a.*; *spaghetti a. e olio* | ***a. acquatico***, giunco fiorito || **agliétto**, **dim.** | **aglióne**, **accr.**

-àglio [dal lat. *-āculu(m)*, attraverso forme proprie dell'it. sett. o del francone, con l'originario valore strumentale] **suff.** ● forma sostantivi che indicano oggetti, strumenti, utensili, ecc.: *scandaglio, ventaglio*

Agnàti [comp. di *a-*① e *-gnato* ✳ 1819] **s. m. pl.** (**sing.** *-o*) ● (*zool.*) superclasse di Vertebrati privi di mascella e di mandibola e dotati di un singolo organo olfattivo cui appartengono i Ciclostomi (*Agnatha*)

agnatìzio [1673] **agg.** ● nel diritto romano, relativo all'agnato o all'agnazione: *tutela agnatizia*

agnàto [vc. dotta, lat. *agnātu(m)*, part. di *agnāsci* 'nascere dopo' ✳ 1357] **s. m.** ● nel diritto romano, parente in linea maschile

agnazióne [vc. dotta, lat. tardo *agnatiōne(m)*; da *agnātus* 'agnato' ✳ av. 1498] **s. f.** ● nel diritto romano, rapporto di parentela che unisce i sottoposti alla potestà dello stesso capofamiglia

agnellàio o (*centr.*) **agnellàro** [1777] **s. m.** (**f.** *-aia*, **pl. m.** *-ai*) ● chi macella o vende agnelli e capretti

agnellatùra [1797] **s. f.** ● epoca della figliatura delle pecore | la figliatura stessa

agnellìno① [sec. XIV] **s. m.** **1** dim. di *agnello* **2** ***a. di Persia***, pelliccia pregiata, fornita da una razza di agnello asiatico **SIN.** persiano **3** (*fig.*) persona mite, timida e remissiva

agnellìno② [sec. XIV] **agg.** ● (*raro*) di agnello | ***lane agnelline***, prodotte dagli agnelli | ***code agnelline***, lane ricavate dalle code degli agnelli tosati

♦**agnèllo** [lat. *agnĕllu(m)*, dim. di *àgnus* 'agnello', di orig. indeur. ✳ 1266] **s. m.** **1** (**f.** *-a*) il nato della pecora al di sotto di un anno di età | carne di agnello lattante macellato: *mangiare una costoletta di a.* | pelle di questo animale, usata dopo la conciatura per guarnizioni e pellicce **2** ***A. di Dio***, Gesù Cristo, di cui l'agnello è simbolo | Agnus Dei nel sign. 2 **3** (*fig.*) persona d'animo mite, di cuore tenero **4** montone || **agnellétta**, **dim. f.** | **agnellétto**, **dim.** | **agnellìno**, **dim.** (V.) | **agnellóne**, **accr.** (V.) | **agnellòtto**, **accr.**

agnellóne [1955] **s. m.** **1** accr. di *agnello* **2** ovino slattato inferiore a un anno di età **3** carne di agnello macellato, di età superiore ad un anno

agnellòtto ➤ **agnolotto**

agnìno [av. 1294] **agg.** ● (*raro, lett.*) di agnello

agnizióne [vc. dotta, lat. *agnitiōne(m)*, da *agnōscere* 'riconoscere' ✳ 1543] **s. f.** ● riconoscimento improvviso di un personaggio che determina un cambiamento nell'azione scenica o romanzesca | (*est.*) riconoscimento dell'identità di qlcu.

†**àgno** [etim. incerta ✳ av. 1306] **s. m.** (**f.** *-a*) ● agnello: *sì si starebbe un a. intra due brame / di fieri lupi* (DANTE *Par.* IV, 4-5)

agnocàsto [lat. *ăgnu(m) căstu(m)*, dal gr. *ágnos* (di etim. incerta), confuso con *hagnós* 'puro' e *căstus* 'casto' ✳ sec. XIV] **s. m.** ● arbusto delle Verbenacee con foglie digitate vellutate nella parte inferiore e fiori violacei raccolti in spighe (*Vitex agnus-castus*)

†**agnolìno** ➤ **angiolino**

†**àgnolo** ➤ **angelo**

agnolòtto o (*tosc.*) **agnellòtto** [da **anegliotti*, forma pl. deriv. da *anegli* 'anelli' ✳ av. 1646] **s. m.** ● involucro di pasta all'uovo rotondo o rettangolare ripieno di vari ingredienti, tra i quali prevale la carne cotta e tritata

agnóme (o -ò-) [vc. dotta, lat. *agnomen* 'soprannome' * av. 1535] **s. m.** ● (*raro*) soprannome

agnosìa [vc. dotta, gr. *agnōsía*, comp. di *a-*① e *gnôsis* 'conoscenza' * 1941] **s. f. 1** (*filos.*) atteggiamento di consapevole ignoranza proprio di chi afferma di non conoscere nulla **2** (*med.*) perdita della capacità di riconoscere oggetti percepiti con la vista, il tatto o l'udito

agnosticìsmo [vc. dotta, ingl. *agnosticism*, dal gr. *ágnōstos* 'non conoscibile', comp. di *a-*① e *gnōstós* 'conoscibile' * 1901] **s. m. 1** (*filos.*) atteggiamento che considera inconoscibile tutto ciò che non è possibile sottoporre a verifica sperimentale **2** (*est.*) atteggiamento di chi non prende posizione su un determinato problema: *a. etico, a. religioso*

agnòstico [vc. dotta, ingl. *agnostic*. V. *agnosticismo* * 1901] **A agg.** (**pl. m.** *-ci*) **1** (*filos.*) relativo all'agnosticismo **2** (*est.*) di chi mostra indifferenza, spec. riguardo ai problemi etici, religiosi e sim. ‖ **agnosticaménte**, **avv. B s. m.** (**f.** *-a*) ● chi fa professione di agnosticismo

Àgnus Dèi o †**agnusdèi** [lat., 'Agnello di Dio' * av. 1319] **loc. sost. m. inv. 1** appellativo che S. Giovanni Battista diede a Gesù **2** invocazione che si recitava per tre volte durante la Messa e (*est.*) la parte della Messa comprendente tale invocazione, sostituita da 'Agnello di Dio' dopo il Concilio Vaticano II **3** medaglia di cera consacrata con impressa l'immagine dell'Agnello di Dio

♦**àgo** [lat. *ăcu(m)*, dalla radice **ac-* che indica acutezza * av. 1249] **A s. m.** (**pl.** *aghi*) **1** piccolo strumento di acciaio a forma di barretta appuntita, con un foro ovale a un'estremità in cui si inserisce il filo per cucire: *infilare l'ago* | ***ago da reti***, in legno, con doppia cruna aperta che accoglie molto refe o filo | (*fig.*) ***cercare un ago in un pagliaio***, tentare un'impresa impossibile **2** (*est.*) strumento di forma allungata, sottile e aguzza, variamente usato: *ago magnetico* | ***ago da calza***, lungo e sottile, cilindrico, appuntito, in materiale diverso, usato per lavori a maglia **SIN.** ferro da calza | ***ago torto***, uncinetto | ***ago da siringa, per iniezioni***, internamente cavo | ***ago dello scambio***, spezzone di rotaia assottigliata ad un'estremità, mobile, che a seconda della sua posizione guida la ruota sul binario diritto o deviato | ***ago della bilancia***, asticciola metallica perpendicolare allo stilo, atta a mostrare la posizione di equilibrio; (*fig.*) chi (o ciò che) determina l'esito di una situazione incerta | ***ago da carico***, biga | ***ago della bussola***, elemento sensibile della bussola magnetica **3** pungiglione di api, vespe e sim. **4** foglia aghiforme delle conifere **B** in **funzione di agg. inv.** ● (posposto al sost.) nella loc. ***pesce ago*** (V.) ‖ **aghétto**, **dim.** (V.) | **aghìno**, **dim.**

agoaspiràto [comp. di *ago* e *aspirato* * 1987] **s. m.** ● (*med.*) materiale biologico prelevato per agoaspirazione a fini diagnostici o terapeutici | correntemente, agoaspirazione

agoaspirazióne [comp. di *ago* e *aspirazione* * 1990] **s. f.** ● (*med.*) prelievo mediante ago sottile di materiale fluido da masse patologiche (cisti o noduli), per eseguire un esame microscopico (per es. un esame citologico)

agògica [vc. dotta, gr. tardo *agōgikós*, agg. di *agōgḗ* 'trasporto, movimento (in musica)', da *ágein* 'condurre', di orig. indeur. * 1940] **s. f.** ● (*mus.*) complesso delle piccole modificazioni di tempo apportate a un pezzo durante la sua esecuzione per ragioni interpretative

agògico [dal ted. *agogisch*, comp. del gr. *agōgḗ* 'condotta' e del suff. *-isch* '-ico' * 1961] **agg.** (**pl. m.** *-ci*) ● (*mus.*) relativo all'agogica | detto del movimento di un brano o di una sua parte: *indicazione agogica*

♣**agognàre** [lat. parl. **agoniāre*, dal lat. tardo *agōnia*. V. *agonia* * 1306] **A v. tr.** (*io agógno*; **coniug. come** *segnare*) ● bramare ardentemente (**qlco.**; **+** *di* **seguito da inf.**): *a. il potere, la ricchezza; ella agognava di essergli amica* (F. De Roberto) **B v. intr.** (**aus.** *avere*) ● ambire, anelare (**+** *a*): *a. a una meta*

agognàto **part. pass.** di *agognare*; anche **agg.** ● che è ardentemente desiderato: *ottenere l'a. premio; sotto gli occhi della donna agognata* (G. D'Annunzio)

agogò [vc. sp. (*agogó*) * 1988] **s. m. inv.** ● (*mus.*) strumento a percussione della musica afro-brasiliana, costituito da due o più campane metalliche di forma conica a diversa intonazione, fissate a un elemento che funge da impugnatura

à gogo /fr. ago'go/ [loc. fr. che si inserisce in tutta una serie di vc. ricondotte alla base *gog-*, col sign. fondamentale di 'scherzo, rallegrarsi' * 1959] **loc. avv.**; anche **loc. agg. inv.** ● a volontà, a profusione, in grande abbondanza: *bere à gogo; whisky à gogo; divertimenti à gogo*

agonàle [da *agone*① * 1374] **A agg.** ● relativo all'agone, nel sign. di *agone*①: *gare agonali* **B Agonàli** **s. m. pl.** ● in epoca fascista, gare sportive e culturali

♣**agóne**① [vc. dotta, lat. *agōne(m)*, dal gr. *agṓn* da *ágō* 'io conduco' * av. 1306] **s. m. 1** luogo di contesa e gara, e la gara stessa, sportiva o poetica, presso gli antichi Greci e Romani in occasione di feste: *pugnando / nell'olimpico a. / per me, col nome mio* (P. Metastasio) **2** (*est.*, *lett.*) gara, lotta, combattimento: *a. poetico, letterario* **3** (*est.*, *lett.*) campo di battaglia | (*fig.*) àmbito di contesa, di competizione: *scendere nell'a. politico*

agóne② [dal lat. *ăcus* 'ago', poi n. di un pesce * 1752] **s. m.** ● pesce di lago dei Clupeidi, commestibile, con corpo argenteo di forma allungata (*Alosa lacustris*)

agonìa [lat. tardo *agōnia(m)*, dal gr. *agōnía* 'lotta, sforzo, angoscia'. V. *agone*① * 1330] **s. f. 1** (*med.*) periodo che precede immediatamente la morte, con perdita continua e progressiva delle funzioni vitali: *essere, entrare in a.* | (*fig.*) periodo che precede la fine di qlco.: *Ci sono amori in a. che si protraggono ancora* (G. D'Annunzio) **2** (*fig.*) stato di angoscia e di tormento: *aspettarti è stata una vera a.*

agònico [1945] **agg.** (**pl. m.** *-ci*) ● di agonia, relativo all'agonia: *sudore a.*

agonìsmo [vc. dotta, gr. *agōnismós* 'lotta, gara', dal gr. *agṓn* 'agone' * 1935] **s. m.** ● deciso impegno, spirito combattivo di un atleta o di una squadra nello svolgimento di una gara

Definizione d'autore

Spalancare le porte della percezione fin dove la tua concentrazione lo consenta. L'**agonismo** è uno stato di grazia che ti obbliga a fare i conti con l'unico avversario contro il quale non puoi bluffare: te stesso.

Federica Pellegrini

agonìsta [vc. dotta, lat. tardo *agonĭsta(m)*, dal gr. *agōnistḗs* 'lottatore', da *agōnízomai* 'io combatto' * av. 1499] **A s. m. e f.** (**pl. m.** *-i*) ● nella Grecia antica, chi partecipava a un agone | (*est.*) competitore sportivo, atleta **B agg.**; anche **s. m. 1** (*anat.*) detto di muscolo che partecipa a un certo movimento **2** (*biol.*) detto di sostanza che si lega a recettori cellulari con conseguente risposta biochimica o fisiologica

agonìstica [1797] **s. f.** ● (*lett.*) arte e tecnica sportiva

agonìstico [vc. dotta, lat. tardo *agonĭsticu(m)*, dal gr. *agōnistikós*, da *agōnistḗs*. V. *agonista* * 1609] **agg.** (**pl. m.** *-ci*) **1** relativo all'agonismo o allo sport in genere: *impegno a.*; *ritirarsi dall'attività agonistica* **2** (*fig.*) battagliero, combattivo: *spirito, istinto a.* ‖ **agonisticaménte**, **avv.** per quanto riguarda l'agonismo

agonizzànte **A part. pres.** di *agonizzare*; anche **agg.** ● nei sign. del v. **B s. m. e f.** ● chi è in agonia **SIN.** moribondo

agonizzàre [lat. tardo *agonizāre*. V. *agonia* * av. 1330] **v. intr.** (**aus.** *avere*) **1** essere in stato di agonia: *il malato ormai agonizza* **2** (*fig.*) essere in declino, in decadenza: *civiltà che agonizza*

agopuntóre [da *agopuntura* * 1971] **s. m.** (**f.** *-trice*); anche **agg.** ● chi (o che) pratica l'agopuntura: *gli agopuntori cinesi; medico a.*

agopuntùra [vc. dotta, comp. di *ago* e *puntura* * 1805] **s. f.** ● pratica terapeutica di antica origine orientale basata sull'infissione di aghi in punti prestabiliti della cute

agorà o (*lett.*) **àgora** [vc. dotta, gr. *agorá*, da *agéirō* 'io aduno, raccolgo' * av. 1853] **s. f. inv.** ● nelle città dell'antica Grecia, piazza in cui aveva luogo il mercato e si tenevano pubbliche assemblee | (*est.*, *lett.*) assemblea generale dei cittadini

agorafobìa [comp. di *agora* e *-fobia* * 1882] **s. f.** ● (*psicol.*) paura degli spazi aperti quali piazze, strade larghe e sim.; ansia che può insorgere in luoghi affollati, lontano da casa o da un luogo sicuro **CFR.** claustrofobia ‖ **agorafòbico**, **agg.** (**pl. m.** *-ci*); anche **s. m.** (**f.** *-a*) nel sign. 2 **1** relativo ad agorafobia, caratterizzato da agorafobia: *manifestazione, reazione agorafobica* **2** agorafobo ‖ **agoràfobo**, **agg. e s. m.** (**f.** *-a*) che (o chi) soffre di agorafobia

agoràio [da *agora*, ant. pl. di *ago* * av. 1492] **s. m.** (**pl.** *-ai*) ● portaaghi, nel sign. 1

agostaménto [detto così perché avviene durante il mese di *agosto*; sul modello del fr. *aoûtement* * 1955] **s. m.** ● (*bot.*) lignificazione dei rami più giovani degli alberi che avviene d'estate

agostàna [f. sost. di *agostano* * 1970] **s. f.** ● uva bianca che matura d'agosto

agostàno [1664] **agg.** ● relativo al mese di agosto: *arsura, siccità agostana* | che matura o viene raccolto in agosto: *fieno a.*; *frutti agostani; uva agostana*

agostiniàna [f. di *agostiniano* * 1865] **s. f.** ● monaca o religiosa di ordine o congregazione che si ispirino alle regole attribuite a S. Agostino

agostiniàno [1619] **A agg. 1** relativo a S. Agostino (354-430): *filosofia, regola agostiniana; ordine a.* **2** che appartiene a uno degli ordini monastici che seguono la regola di S. Agostino **SIN.** eremitano **B s. m.** (**f.** *-a* (V.)) **1** religioso di tale ordine | ***Agostiniani scalzi***, riformati nel XVI sec. **2** seguace della dottrina di S. Agostino

agostinìsmo [da S. *Agostino* col suff. *-ismo* * 1955] **s. m.** ● corrente del pensiero teologico e filosofico cristiano che si ispira alle dottrine di S. Agostino

agostìno① [detto così perché usato in una famosa edizione del *De Civitate Dei* di S. *Agostino* * av. 1524] **agg.** ● carattere tipografico usato nel XV sec. per l'edizione di Subiaco del *De Civitate Dei* | (*raro*) carattere molto piccolo, di stile analogo **SIN.** silvio

agostìno② [da *agosto* * 1955] **agg.** ● agostano: *fieno a.*; *uva agostina*

♦**agósto**① [lat. tardo *agŭstu(m)*, dal nome dell'imperatore *Augusto* * 1211] **s. m.** ● ottavo mese dell'anno nel calendario gregoriano, di 31 giorni

†**agósto**② [lat. tardo *Agŭstu(m)*, per il classico *Augŭstu(m)*, con caduta della prima *-u-* per dissimilazione * 1321] **agg.** ● (*lett.*) augusto: *l'al-*

a

ma, ... agosta, / de l'alto Arrigo (DANTE *Par.* XXX, 136-137)

àgra [f. sost. di *agro*① ✱1961] **s. f.** ● siero inacidito impiegato nella fabbricazione della ricotta

agrafe /*fr.* a'gRaf/ [fr., propr. 'fibbia, gancio', da *grafe* 'graffa' ✱1885] **s. f. inv.** ● gancio, fermaglio, fermatura metallica di forma varia e di usi diversi

agrafìa [comp. di *a-*① e *-grafia* ✱1892] **s. f.** ● (*psicol.*) disturbo della capacità di scrivere

agrammaticàle [comp. di *a-*① e *grammaticale* ✱1956] **agg.** ● (*ling.*) non conforme alle regole grammaticali: *enunciato, frase a.* ‖ **agrammaticalità**, **s. f. inv.**

agrammatìsmo [dal lat. tardo *agrămmatu(m)*, dal gr. *agrámmatos* 'illetterato', comp. di *a-*①, *grámma* 'lettera' e il suff. *-ismo* ✱1899] **s. m.** ● (*med.*) incapacità patologica di rispettare l'ordine sintattico e di usare i normali nessi grammaticali nel parlare o nello scrivere

agranulocìta [comp. di *a-*①, *granulo* e *-cita*, sul modello di *granulocita* ✱sec. XX] **s. m.** (**pl.** *-i*) ● (*med.*) leucocita sprovvisto di granulazioni

agranulocitòsi [comp. di *agranulocit(a)* e del suff. *-osi* ✱1950] **s. f. inv.** **1** (*med.*) assenza di globuli bianchi granulociti nel sangue, con conseguente abbassamento delle difese dell'organismo **SIN.** agranulosi **2** (*med.*) sindrome febbrile acuta con angina necrotica e grave neutropenia fino all'assenza completa di granulociti

agranulòsi [comp. di *a-*①, *granul(o)* e del suff. *-osi* ✱1956] **s. f. inv.** ● (*med.*) agranulocitosi

agrària [f. dell'agg. *agrario* ✱1865] **s. f.** ● complesso delle scienze e delle tecniche relative all'agricoltura: *dottore in a.*

agràrio [vc. dotta, lat. *agrāriu(m)*, da *ăger* 'campo' ✱av. 1292] **A agg.** ● relativo all'agricoltura: *diritto, consorzio a.*; *scienza, riforma agraria* | ***chimica agraria***, che studia la natura chimica del terreno e le relazioni tra vita delle piante e concimi | ***contratto a.***, contratto che ha per oggetto la coltivazione e lo sfruttamento dei fondi rustici | ***credito a.***, concesso a imprese agricole, per l'esercizio o il miglioramento delle stesse | ***leggi agrarie***, nell'antica Roma, complesso di leggi disciplinanti la cessione a privati o enti collettivi dell'agro pubblico; complesso di leggi di riforma fondiaria che limitano l'estensione della proprietà dei terreni destinati all'esercizio dell'agricoltura | ***questione agraria***, complesso dei problemi economici e sociali che nascono in un Paese dall'esigenza di ammodernare l'agricoltura | ***partito a.***, partito che ha come obiettivo principale la difesa degli interessi dei proprietari terrieri **B s. m.** (**f.** *-ia*) **1** proprietario terriero, latifondista **2** tecnico che si occupa di agricoltura

SFUMATURE ➤ ***agricolo***

agreement /a'griment, *ingl.* ə'gri:mənt/ [ingl., dall'ant. fr. *agreement* (ora *agrément*), propr. 'consenso', da *agréer* 'gradire', comp. del lat. *ăd* e di *gré* 'gradimento, piacere', dal lat. *grātu(m)* 'gradito' (V. *grato*①) ✱1941] **s. m. inv.** ● patto, accordo, spec. nel linguaggio politico

agrèsta [1564] **s. f.** ● agresto①

✦**agrèste** o †**agrèsto**② [vc. dotta, lat. *agrĕste(m)*, da *ăger* 'campo' ✱1268] **agg.** **1** (*lett.*) della campagna: *prodotti agresti*; *pace, silenzio a.* **SIN.** campestre **2** (*raro, lett.*) selvatico, rozzo | semplice ‖ **agrestemènte**, **avv.**

SFUMATURE ➤ ***agricolo***

agrestìno [1893] **s. m.** ● piccolo grappolo d'uva non maturata che resta sulla vite dopo la vendemmia **SIN.** racimolo

agrèsto① [da *agro*①, avvicinato per etim. pop. ad *agreste* ✱av. 1257] **A agg.** ● (*lett.*) di sapore agro: *e il latte a. piacemi del fico* (G. D'ANNUNZIO) **B s. m.** ● specie di uva che non matura mai perfettamente | succo agro che ne deriva, per aceto, liquore, condimento

†**agrèsto**② ➤ **agreste**

agrétto [dim. di *agro*① ✱av. 1292] **A agg.** ● che è alquanto agro: *sapore a.* **B s. m.** **1** sapore agro non spiacevole **2** pianta erbacea delle Crocifere con piccoli fiori bianchi in racemi terminali e foglie dal sapore piccante (*Lepidium sativum*) **SIN.** crescione inglese ‖ **agrettìno**, **dim.**

agrézza [av. 1328] **s. f.** **1** sapore pungente **2** (*fig., lett.*) acredine: *niente adoperava di quella sua salvatica e disgustosa a.* (D. BARTOLI)

àgri- [lat. *ăger*, genit. *ăgri* 'campo'] **primo elemento** ● in parole composte, fa riferimento ai campi o è accorciamento di 'agricolo', 'agricoltura': *agriturismo*

agribusiness /agri'biznes, *ingl.* 'ægrɪ-ˌbɪznɪs/ [vc. dell'ingl. d'America, comp. di *agri(culture)* e *business* (V.) ✱1979] **s. m. inv.** ● insieme delle attività economiche riguardanti o collegate all'agricoltura

agricampéggio [comp. di *agri-* e *campeggio*① ✱1983] **s. m.** ● campeggio praticato all'interno di fattorie o aziende agricole

†**agrìcola** [vc. dotta, lat. *agrĭcola(m)*, comp. di *ăger* 'campo' e *-cola* ✱av. 1294] **s. m.** (**pl.** *-i*) ● (*lett.*) agricoltore, contadino: *l'alba che affretta ... / al campo ... gli agricoli* (G. CARDUCCI)

✦**agrìcolo** [1465] **agg.** ● relativo all'agricoltura: *prodotti agricoli*; *macchine agricole*; *regione agricola*; *coltivatore, imprenditore a.*; *colonia agricola* **SIN.** agrario

SFUMATURE DI SIGNIFICATO

agricolo - agrario - agreste

Si definisce **agricolo** tutto ciò che ha relazione con la coltivazione della terra per ricavarne piante utili all'uomo; **agrario** definisce ugualmente ciò che è relativo all'agricoltura, ma trova impiego soprattutto in espressioni o locuzioni dei linguaggi tecnici: si dirà dunque *lavoro agricolo* ma *riforma agraria, macchina agricola* ma *chimica agraria*. **Agreste** si distingue dai precedenti perché di tono più elevato e per il fatto di evocare, piuttosto che la concretezza del lavoro dei campi, l'atmosfera della campagna, ossia il silenzio, la pace, la semplicità della sua vita.

✦**agricoltóre** [vc. dotta, lat. *agricultōre(m)*, nom. *agricŭltor*, comp. di *ăger* 'campo' e *cŭltor* 'coltivatore' ✱av. 1340] **s. m.** (**f.** *-trice*) **1** imprenditore agricolo **2** coltivatore agricolo **SIN.** contadino, rurale

✦**agricoltùra** [vc. dotta, lat. *agricultūra(m)*, comp. di *ăger* 'campo' e *cultūra* 'coltivazione' ✱1308] **s. f.** **1** coltivazione della terra, dei campi | complesso dei lavori cui viene sottoposto il terreno per ricavarne piante utili all'uomo: *a. intensiva, estensiva* | ***a. biologica***, bioagricoltura | ***a. biodinamica***, V. *biodinamico* | ***a. sostenibile***, tecnica di coltivazione della terra che privilegia la salvaguardia e la conservazione delle risorse ambientali | ***a. di sussistenza***, quella che ha lo scopo principale di fornire il necessario per vivere al coltivatore e alla sua famiglia | ***a. permanente***, permagricoltura **2** (*disus.*) agraria

agrifòglio [lat. *acrifŏliu(m)*, comp. di *ăcer*, genit. *ăcris* 'acuto' e *fŏlium* 'foglia' ✱1539] **s. m.** ● piccolo albero sempreverde delle Aquifoliacee con foglie coriacee lucide, dentate e spinose ai margini, e drupe ascellari rosse, bianche o rosate; è usato come decorazione natalizia (*Ilex aquifolium*) **SIN.** alloro spinoso

agrigentìno [av. 1292] **A agg.** ● di Agrigento **B s. m.** (**f.** *-a*) ● abitante o nativo di Agrigento

agrìgno [da *agro*① ✱1726] **agg.** ● che ha sapore piuttosto agro

agrimensóre [vc. dotta, lat. tardo *agrimensōre(m)*, nom. *agrimēnsor*, comp. di *ăger* 'campo' e *mēnsor* 'misuratore' ✱av. 1557] **s. m.** (**f.** *-a*) ● chi esercita professionalmente l'agrimensura

agrimensùra [comp. del lat. *ăger*, genit. *ăgri* 'campo' e *mensūra* 'misura' ✱1759] **s. f.** ● disciplina che ha per oggetto la rilevazione, la rappresentazione cartografica e la determinazione della superficie agraria dei terreni

agrimònia [vc. dotta, lat. *agrimōnia(m)*, da *argemōnia* (gr. *argemṓnē*), con contaminazione di *ăger* 'campo' ✱sec. XIII] **s. f.** ● pianta erbacea perenne delle Rosacee con foglie alterne, imparipennate, e piccoli fiori gialli in racemi (*Agrimonia eupatoria*)

agriòtta o **griòtta** [1612] **s. f.** ● (*bot.*) visciola

agriòtto [da *agro*① ✱1597] **s. m.** ● (*bot.*) visciolo

agrippìna [da una celebre statua di donna seduta, creduta Agrippina moglie di Germanico, nel Museo Capitolino ✱1832] **s. f.** ● divano da riposo solitamente munito di una spalliera e di un unico bracciolo

agriturìsmo [comp. di *agri-* e *turismo* ✱1978] **s. m.** ● particolare tipo di vacanza, consistente nel trascorrere un determinato periodo di tempo presso un'azienda agricola, talvolta in cambio di una prestazione lavorativa nell'azienda stessa | (*est.*) l'azienda agricola presso cui si può trascorrere tale tipo di vacanza

agriturìsta [comp. di *agri-* e *turista* ✱1981] **s. m. e f.** (**pl. m.** *-i*) ● chi pratica l'agriturismo

agrituristico [1983] **agg.** (**pl. m.** *-ci*) ● relativo all'agriturismo: *imprenditore a.*; *vacanza agrituristica*

✦**àgro**① [lat. tardo *ăcru(m)*, per il classico *ăcre(m)*, dalla radice **ac-* che indica acutezza ✱1266] **A agg.** **1** di sapore pungente e acido: *limone a.*; *arancia agra* **SIN.** aspro, brusco **2** (*fig.*) severo, aspro: *rimprovero a.*; *parole agre* | astioso, sarcastico: *un ridere a., che scherniva* (F. TOZZI) | sgradito, molesto | malagevole, difficile da sopportare ‖ **agramènte**, **avv.** aspramente **B s. m.** **1** sapore agro: *l'a. di un frutto acerbo* | ***all'a.***, detto di cibo condito con limone o aceto: *salsa all'a., verdure all'a.* **2** (*fig., lett.*) amarezza, tristezza ‖ **agrétto**, **dim.** (V.)

✦**àgro**② [vc. dotta, lat. *ăgru(m)*, dalla radice indeur. **agro-* che indicava la campagna in opposizione ai luoghi abitati ✱1220] **s. m.** ● campagna, spec. attorno a una città: *Agro Campano, Romano, Pontino*

àgro- [lat. *ăgru(m)* 'campo'] **primo elemento** ● in parole composte, fa riferimento ai campi, alla campagna o all'agricoltura: *agroindustria*

agroalimentàre [comp. di *agro-* e *alimentare* ✱1981] **agg.** ● che riguarda la coltivazione e la trasformazione dei prodotti agricoli per l'alimentazione: *settore, industria a.*

agrobiologìa [comp. di *agro-* e *biologia* ✱1950] **s. f.** (**pl.** *-gìe*) ● disciplina che studia la vita di organismi vegetali e animali in rapporto al terreno agricolo che li ospita

agrobiòlogo [av. 1971] **s. m.** (**f.** *-a*; **pl. m.** *-gi*) ● studioso di agrobiologia

agrobiotecnologìa [comp. di *agro-* e *biotecnologia* ✱1987] **s. f.** (**pl.** *-gìe*) ● biotecnologia applicata all'agricoltura

agrocarburànte [comp. di *agro-* e *carburante* ✱2005] **s. m.** ● biocarburante ottenuto da prodotti di colture agricole come mais, grano, zucchero da canna, barbabietola ecc.

agrochìmica [comp. di *agro-* e *chimica* ✱1950] **s. f.** ● chimica agraria

agrocòtto [comp. di *agro*① e *cotto* ✱1961] **s.**

m. • succo concentrato di agrumi, usato per produrre acido citrico e citrato di calcio

✦**agrodólce** [fr. *aigre-doux* 'agro' e 'dolce' ✻ sec. XIV] **A agg. 1** che ha sapore agro e dolce insieme: *condimento a.* **2** (*fig.*) che lascia trasparire, sotto un'apparente dolcezza o cortesia di modi, risentimento, ironia, mordacità e sim.: *tono, sorriso a.*; *commenti agrodolci* **B s. m.** • preparazione di cucina in cui sia presente il gusto agro fornito da limone o aceto insieme a quello dolce fornito da zucchero o altro ingrediente

agroecologìa [comp. di *agro-* e *ecologia* ✻ 1990] **s. f.** (**pl.** *-gìe*) • applicazione dei princìpi dell'ecologia all'agricoltura

agroecosistèma [comp. di *agro-* ed *ecosistema* ✻ 1984] **s. m.** (**pl.** *-i*) • ecosistema modificato dall'uomo con l'attività agricola

agroenergìa [comp. di *agro-* ed *energia* ✻ 1983] **s. f.** • energia ottenibile da produzioni agricole

agroindùstria [comp. di *agro-* e *industria* ✻ 1981] **s. f.** • settore industriale che si occupa della produzione, trasformazione e vendita di prodotti agricoli

agroindustriàle [1981] **agg.** • relativo all'agroindustria: *settore a.*

agroingegnerìa [comp. di *agro-* e *ingegneria* ✻ 1993] **s. f.** • applicazione di tecniche d'ingegneria allo studio e alla soluzione di problemi relativi all'agricoltura

agrologìa [comp. di *agro-* e *-logia* ✻ 1865] **s. f.** (**pl.** *-gìe*) • studio dei fenomeni inerenti all'agricoltura | studio dei terreni agricoli

agromàfia [comp. di *agro-* e *mafia* ✻ 2006] **s. f.** • organizzazione mafiosa che gestisce attività illegali nei settori produttivi e commerciali collegati all'agricoltura

agromeccànico [comp. di *agro-* e *meccanico*] **agg.** (**pl. m.** *-ci*) • relativo ad attività o produzione agricola effettuata mediante l'uso di macchine | relativo a tali macchine: *parco a.*

agrometeorologìa [comp. di *agro-* e *meteorologia* ✻ 1986] **s. f.** (**pl.** *-gìe*) • utilizzazione delle informazioni, osservazioni e previsioni meteorologiche a favore dell'agricoltura

agrometeoròlogo [comp. di *agro-* e *meteorologo* ✻ 1993] **s. m.** (**f.** *-a*; **pl. m.** *-gi*) • chi si occupa di agrometeorologia

agrònica [comp. di *agron(omia)* ed *(elettro-n)ica* ✻ 1982] **s. f.** • disciplina che studia l'applicazione di tecnologie e prodotti elettronici all'agricoltura e alla zootecnica per renderne più agevole e redditizia la produzione

agronomìa [da *agronomo* ✻ 1769] **s. f.** • scienza che studia l'applicazione di criteri e principi razionali all'agricoltura

agronòmico [1770] **agg.** (**pl. m.** *-ci*) • relativo all'agronomia

agrònomo [vc. dotta, gr. *agronómos*, comp. di *agro-* e *-nomo* ✻ 1780] **s. m.** (**f.** *-a*) • chi studia o professa l'agronomia | dottore in agraria, abilitato all'esercizio della professione e iscritto all'albo professionale

agropastoràle [comp. di *agro-* e *pastorale* ✻ 1986] **agg.** • che concerne l'agricoltura e la pastorizia: *riforma a.*

agropiraterìa [comp. di *agro-* e *pirateria* ✻ 2000] **s. f.** • fenomeno di contraffazione agroalimentare che consiste nello spacciare per prodotti a denominazione protetta o di origine geografica controllata delle loro imitazioni

✦**agróre** [vc. dotta, lat. tardo *acrōre(m)*, da *ăcer* 'acuto' ✻ 1549] **s. m.** • (*lett.*) sapore agro, aspro

agrosistèma [comp. di *agro-* e *sistema* ✻ 1982] **s. m.** (**pl.** *-i*) • (*agric.*) sistema agricolo tipico di un determinato territorio

agrostèmma [comp. di *agro-* e del gr. *stémma* 'corona', perché con questa pianta si intrecciavano corone ✻ 1829] **s. m.** (**pl.** *-i*) • pianta erbacea delle Cariofillacee con stelo e foglie ricoperti di peluria bianca, fiori rossi e frutti a capsula (*Agrostemma githago*) **SIN.** gettaione, mazzettone

agròstide [gr. *ágrōstis*, genit. *agrṓstidos*, di etim. incerta ✻ 1819] **s. f.** • pianta erbacea delle Graminacee con foglie strette e infiorescenza a pannocchia, usata come foraggio (*Agrostis*)

agrotècnico [comp. di *agro-* e *tecnico* ✻ 1982] **A s. m.** (**f.** *-a*; **pl. m.** *-ci*) • chi ha conseguito il diploma presso un istituto professionale di Stato per l'agricoltura **B** anche **agg.**: *perito a.*

agrumàrio [av. 1922] **agg.** • relativo agli agrumi: *mercato a.*

agrumàto [1991] **agg.** • aromatizzato con agrumi o con essenze di agrumi: *burro a.*; *dopobarba a.* | che ha un profumo che ricorda quello degli agrumi: *un vino bianco con sfumature agrumate*

agrùme [lat. parl. **acrūme(n)*, da *ăcrus*. V. *agro*① ✻ 1320] **s. m. 1** (**spec. al pl.**) correntemente, albero o arbusto delle Rutacee del genere *Citrus*, sempreverde, con fiori bianchi e profumati e frutti succosi, coltivato per la produzione dei frutti e delle essenze | il frutto di tale pianta, quale arancia, limone e sim. **2** †sapore agro (**anche** *fig.*): *io ti disfido a morte / e farotti assaggiar d'un altro a.* (L. PULCI)

agrumèto [1869] **s. m.** • terreno coltivato ad agrumi

agrumìcolo [comp. di *agrumi* e *-colo* ✻ 1939] **agg.** • relativo all'agrumicoltura

agrumicoltóre o **agrumicultóre** [da *agrumi*, sul modello di *agricoltore* ✻ 1961] **s. m.** (**f.** *-trice*) • coltivatore di agrumi

agrumicoltùra o **agrumicultùra** [da *agrumi*, sul modello di *agricoltura* ✻ 1929] **s. f.** • coltivazione degli agrumi

†**aguàle** o †**avàle** [lat. *aequāle(m)* 'uguale' ✻ sec. XII] **avv.** • adesso, in questo momento: *e ti ringrazio assai / di questa grazia ch'agual fatta m'hai* (G. BOCCACCIO)

aguardiènte /agwar'djɛnte, *sp.* aɣwar'ðjente/ [vc. sp., comp. di *agua* 'acqua' e *ardiente* 'ardente' ✻ 1892] **s. f.** (**pl. m. sp.** *aguardientes*) • acquavite di succo di agave, originaria del Messico

†**aguatàre** e deriv. ➤ **agguatare** e deriv.

†**agùcchia** o †**gùcchia** [lat. parl. **acūcula(m)*, dim. di *ăcus* 'ago' ✻ av. 1348] **s. f.** • ago | ferro per lavori a maglia

agucchiàre [1618] **v. tr. e intr.** (*io agùcchio*; **aus.** *avere*) • lavorare con l'ago o con i ferri, stancamente, senza particolare cura: *a. una camicia*; *agucchiando svogliatamente a dei capi di corredo* (G. VERGA)

†**agùglia**① [etim. incerta ✻ av. 1292] **s. f.** • aquila

†**agùglia**② [lat. parl. **acūcula(m)*, dim. di *ăcus* 'ago' ✻ 1287] **s. f. 1** punta, ago | ago per cucire vele e tende **2** (*est.*) guglia, pinnacolo

agùglia③ [V. †*aguglia*② ✻ 1872] **s. f.** • pesce dei Teleostei commestibile dal corpo allungato con mascella e mandibola sottili che formano un caratteristico rostro (*Belone belone*)

agugliàta [sec. XIV] **s. f.** • (*disus.*) gugliata

agugliàto [da *aguglia*② ✻ 1983] **agg. e s. m.** • tipo di tessuto formato da numerosi fili pressati insieme, usato spec. per il rivestimento di pavimenti

agugliería [collettivo da †*aguglia*② (?) ✻ 1964] **s. f.** • insieme dei filati destinati alla confezione di maglie

agugliòtto [fr. *aiguillot*, dal lat. parl. **acūcula(m)* ✻ 1861] **s. m.** • (*mar.*) il maschio dei cardini con i quali il timone è collegato alla poppa

†**agumentàre** e deriv. ➤ **aumentare** e deriv.

†**agunàre** e deriv. ➤ **adunare** e deriv.

†**aguràre** e deriv. ➤ **augurare** e deriv.

agùti [guaranì *aguti*, *acuti*, attraverso il fr. o lo sp. ✻ 1797] **s. m. inv.** • roditore notturno americano con carni commestibili (*Dasyprocta aguti*)

†**agùto** [sec. XII] **A agg.** ➤ **acuto B s. m.** • chiodo: *ficcare ogni a. con un solo colpo di martello* (LEONARDO)

agùtoli [da †*aguto* ✻ 1852] **s. m. inv.** • arbusto spinoso delle Solanacee con fiori violetti e bacche di color rosso vivo (*Lycium europaeum*) **SIN.** spina cristi, spino santo

aguzzaménto [av. 1340] **s. m.** • l'aguzzare

aguzzàre [lat. parl. **acutiāre*, da *acūtus* 'acuto' ✻ av. 1292] **A v. tr. 1** rendere acuto, appuntire: *a. un bastone* **SIN.** acuminare **2** (*fig.*) stimolare, eccitare: *a. l'appetito* | ***a. la vista***, sforzarsi di vedere meglio | ***a. le orecchie***, ascoltare con attenzione | ***a. la mente, l'ingegno***, renderli perspicaci **B aguzzàrsi v. intr. pron. 1** (*raro*) farsi più acuto **2** (*fig., raro*) acuirsi | †ingegnarsi

aguzzàta [av. 1685] **s. f.** • rapida aguzzatura

aguzzatóre [1504] **s. m.** (**f.** *-trice*) • chi aguzza (**anche** *fig.*): *Apollo, … a. de' peregrini ingegni* (I. SANNAZARO)

aguzzatùra [1305] **s. f.** • aguzzamento | parte aguzza **SIN.** punta

aguzzìno (o **-zz-**) o †**auzzìno** (o **-zz-**), †**lauzzìno** (o **-zz-**) [arabo *al-wazīr* 'luogotenente', prob. attrav. lo sp. *alguacil* ✻ sec. XV] **s. m. 1** sulle antiche galee, chi era incaricato della custodia e sorveglianza dei rematori **2** (**f.** *-a*) (*fig.*) persona molto crudele | tormentatore, persecutore

✦**agùzzo** [da *aguzzare* ✻ 1313] **agg. 1** acuto, appuntito: *ferro, palo, naso a.* **SIN.** acuminato **2** (*fig.*) penetrante, intenso: *sguardo a.*

✦**ah** /aa/ o (*raro*) **ha** [vc. onomat. ✻ av. 1276] **inter. 1** esprime, secondo i casi e l'intonazione della voce, diversi sentimenti o stati d'animo come meraviglia, gioia, sollievo, dolore, minaccia, soddisfazione, ira e sim.: *ah! ti ho preso finalmente!*; *ah! che disgrazia!*; *ah! eccoci arrivati!* **2** ripetuta due o più volte riproduce la risata, spec. sarcastica o beffarda, oppure esprime riprovazione, rimprovero e sim.: *ah, ah, ti sta bene!*; *ah! ah! parlerà ora, signor curato?* (A. MANZONI)

✦**àhi** o **ài**② nel sign. 2 [av. 1250] **inter. 1** esprime dolore fisico o sofferenza morale: *ahi! mi sono punto!*; *Ahi quanto a dir qual era è cosa dura* (DANTE *Inf.* I, 4); *ahi dura terra, perché non t'apristi?* (DANTE *Inf.* XXXIII, 66) | ripetuta più volte, esprime preoccupazione, rammarico, stizza e sim.: *ahi ahi, le cose si mettono male!* **2** (*fam.*) nelle loc. ***non dire né ai né bai, né ahi né ohi***, non pronunciar parola, non dire nulla: *si alzò e se ne andò senza dire né ai né bai*; *gli arriva addosso senza dire né ahi né ohi* (G. VERGA) **3** unito ai pronomi pers. si usa oggi in tono spec. scherz.: *ahinoi*; *ahivoi*; *ahilui*; *ahilei*; *ahimè* (V.)

àhia /'a:ja/ [vc. onomatopeica] **inter.** • (*fam.*) esprime dolore improvviso, spec. fisico: *ahia, mi sono tagliato!*

✦**ahimè** o **ahimé**, (*raro*) **aimè** [comp. di *ahi* e *me* ✻ sec. XIII] **inter.** • esprime un sentimento di compassione, di dolore, di rammarico, di rimpianto, di dispiacere: *a., che disgrazia!*; *Ahimè, che piaghe vidi ne' lor membri / ricenti e vecchie, da le fiamme incese!* (DANTE *Inf.* XVI, 10-11)

a

ahm /a:m/ [vc. espressiva ✻ 1909] **inter.** ● si usa per indicare l'atto di mettere il cibo in bocca

ahò /a'o/ o (*raro*) **aòh** /a'o*/ [vc. espressiva di orig. romanesca ✻ 1879] **inter.** ● (*centr.*) esprime insofferenza, irritazione, risentimento e sim. e si usa spec. per richiamare l'attenzione di qlcu. in modo aggressivo: *ahò! piantiamola!*; *ahò! non alzare la voce!*

♦**ài**① o (*poet.*) **a i prep. art. m. pl.** comp. di *a*② e *i*② ➤ **i**② per gli usi ortografici

ài② ➤ **ahi**

àia [lat. *ārea(m)*, di etim. incerta ✻ av. 1277] **s. f. 1** area di terreno spianato e battuto o pavimentato, contigua ai fabbricati rurali, destinata ad accogliere i prodotti da essiccare, trebbiare o lavorare | ***menare il can per l'aia***, (*fig.*) tirare per le lunghe per non concludere **2** †area, spazio | †***mettere in aia***, cimentarsi ‖ **aióne**, **accr. m.**

-àia [forma f. del corrispondente suff. *-aio*①, che allarga il sign. dei f. sost. lat. in *-āria(m)*] **suff.** ● forma sostantivi che indicano in genere terreni adibiti a colture particolari (*cavolaia, risaia, asparagiaia*) o apparecchiature, ambienti e sim. destinati a contenere o a raccogliere determinate cose (*colombaia, ghiacciaia*)

aids /aids, ai(d)di'ɛsse, *ingl.* eɪdz/ o **AIDS** [sigla dell'ingl. *A(cquired) I(mmune) D(eficiency) S(yndrome)* 'sindrome da immunodeficienza acquisita' ✻ 1982] **s. m. o** (*raro*) **f. inv.** ● (*med.*) malattia infettiva virale che colpisce il sistema immunitario, determinando immunodepressione ed esponendo a gravi infezioni causate da patogeni opportunistici

aidùco o **aidùcco** [ungherese *hajdúk*, pl. 'briganti' ✻ 1559] **s. m.** (**pl.** *-chi*) ● nel XVI sec., ciascuno dei ribelli balcanici organizzati contro il dominio turco | nel XVIII sec., corpo speciale di fanteria ungherese

aierìno [vc. dotta, lat. *aĕrinu(m)*, dal gr. *aérinos*, da *aḗr* 'aria' ✻ 1909] **s. m.** ● (*tosc., poet.*) spiritello dell'aria: *I lunghi pioppi scoton le vette: / son li aierini che vi fan la danza* (G. Pascoli)

aigrette /*fr.* ɛ'grɛt/ [fr., da *aigron* 'airone' ✻ 1905] **s. f. inv. 1** ciuffo di penne che alcuni uccelli, spec. l'airone, hanno sul dorso **2** piuma di airone bianco usata in modisteria **SIN.** asprì **CFR.** egretta

aiguille /*fr.* e'gɥij/ [fr., stessa etim. dell'it. *guglia* ✻ 1892] **s. f. inv.** ● monolito naturale alpino che si erge verticalmente sulle rocce contigue | vetta piramidale di difficile accesso

aikìdo /ai'kido, *giapp.* ai.ki.dɔ:/ [giapp. *aikidō*, propr. 'via dell'armonia con l'universo' ✻ 1970] **s. m. inv.** ● difesa personale derivante dal jujitsu, che insegna a neutralizzare la presa o a parare i colpi di uno o più avversari

ailànto [vc. malese, propr. 'albero del cielo' ✻ 1829] **s. m.** ● albero d'alto fusto delle Simarubacee con foglie alterne composte e pannocchie di piccoli fiori verdognoli o rossastri i cui stami hanno odore disgustoso (*Ailanthus glandulosa*) **SIN.** albero del Paradiso

ailùro [gr. *áilouros* 'gatto' ✻ 1913] **s. m.** ● (*zool.*) panda

ailurofobìa [comp. del gr. *áilouros* 'gatto' e *-fobia* ✻ 1970] **s. f.** ● (*psicol.*) paura morbosa dei gatti ‖ **ailurofòbico**, **agg.** (**pl. m.** *-ci*); **anche s. m.** (**f.** *-a*) **nel sign. 2 1** relativo ad ailurofobia **2** ailurofobo ‖ **ailuròfobo**, **agg. e s. m.** (**f.** *-a*) che (o chi) soffre di ailurofobia

aimè o **aimé** ➤ **ahimè**

♦**àio** [sp. *ayo*, dal got. **hagja* 'custode' ✻ 1538] **s. m.** (**f.** *aia*, **pl. m.** *ai*) ● un tempo, presso famiglie signorili, educatore, istitutore

-àio① [dal suff. agg. lat. *-āriu(m)*, poi sost. col sottintendimento di *lŏcu(m)* 'luogo'] **suff.** ● forma sostantivi che indicano in genere apparecchiature, ambienti e sim. destinati a contenere o a raccogliere determinate cose: *granaio, letamaio, pagliaio*

-àio② o (*centr., merid.*) **-àro** [dal suff. lat. *-āriu(m)*, propr. degli agg. che si applicò anche assol. a professioni, sottintendendo 'uomo'] **suff.** ● forma sostantivi che indicano chi esercita un mestiere o una professione: *cartolaio, burattinaio, orologiaio*

aiòla ➤ **aiuola**

aïoli /*provenz.* ajɔ'li/ [vc. fr. di provenienza provenz., comp. di *ai* 'aglio' e *oli* 'olio' ✻ 1954] **s. m. inv.** (**pl. provenz. inv.**) ● (*cucina*) salsa originaria della Provenza ottenuta montando le uova a maionese con l'aggiunta di aglio tritato; si serve come condimento di piatti di pesce o di bolliti

aiòlo ➤ **aiuolo**

-aiòlo o †**-aiuòlo**, (*roman.*) **-aròlo** [ampliamento del suff. *-aio*② con altro suff. dim. *-olo*③] **suff. 1** forma sostantivi che indicano chi esercita un mestiere o una professione o (*spreg.*) chi ha tendenza per qlco.: *armaiolo, barcaiolo, risaiolo, vignaiolo*; *crisaiolo, donnaiolo, forcaiolo*; *bombarolo, tombarolo* **2** (*raro*) forma aggettivi di relazione: *marzaiolo, prataiolo*

aióne [da *aia* ✻ 1819] **s. m.** ● nelle saline, spiazzo dove si stende il sale ad asciugare

àira [vc. dotta, gr. *âira* 'loglio', di etim. incerta ✻ 1845] **s. f.** ● pianta erbacea delle Graminacee con fiori raccolti in piccole spighe bianco-argentee (*Aira*)

airbag /er'bɛg, *ingl.* 'ɛə,bæg/ [vc. ingl., propr. 'sacchetto d'aria', comp. di *air* (V. *air terminal*) e *bag* 'borsa, sacco' ✻ 1989] **s. m. inv.** ● (*autom.*) dispositivo di sicurezza consistente in una sacca di nylon o altro materiale sottile e resistente inserito generalmente nel volante o nel cruscotto che, in caso di urto, si gonfia istantaneamente per effetto di una piccola carica esplosiva, proteggendo il guidatore o un passeggero | ***a. laterale***, quello inserito nel montante della portiera, che protegge dagli urti laterali

airbus /'ɛrbus, *ingl.* 'ɛə,bʌs, *fr.* ɛʀ'bys/ [vc. ingl., comp. di *air* 'aria' e *bus* (V.) ✻ 1984] **s. m. inv.** (**pl. ingl.** *airbuses*) ● aeroplano di media capienza per il trasporto di passeggeri su distanze limitate **CFR.** aerobus

aìre [comp. di *a*② e *ire* ✻ 1863] **s. m.** ● (*raro*) spinta | ***dare l'a.***, imprimere il movimento | ***prendere l'a.***, prendere slancio, mettersi in movimento

Airedale tèrrier /ɛr'dɛil 'tɛrier, *ingl.* 'ɛə,dɛɪl 'tɛrɪə(r)/ [comp. del n. della valle dell'Aire, dove questa razza fu ottenuta, e *terrier* ✻ 1965] **loc. sost. m. inv.** (**pl. ingl.** *Airedale terriers*) ● cane inglese da difesa e da caccia, assai robusto, caratterizzato da pelo corto e ruvido

airóne o †**aghiróne** [germ. **haigiro* ✻ sec. XIII] **s. m.** ● correntemente, ognuno degli Uccelli acquatici dei Ciconiformi con gambe sottili, becco lungo e diritto e collo a forma di S, prevalentemente appartenenti al genere *Ardea* | ***a. cinerino***, specie di grandi dimensioni presente in Europa, Asia e Africa, caratterizzata da una livrea grigia sul dorso e bianca sul ventre (*Ardea cinerea*) **SIN.** sgarza | ***a. bianco***, specie con livrea bianca, guarnita da aigrette dorsali nel periodo della nidificazione (*Casmerodius albus*) | ***a. piccolo***, tarabusino

air tèrminal /ɛr'tɛrminal, *ingl.* 'ɛə,tɜ:mɪnəl/ [vc. ingl., comp. di *air* 'aria' (dal fr. *air*, dal lat. *āer* 'aere') e *terminal* 'capolinea' (dal lat. tardo *termināle(m)* 'terminale') ✻ 1963] **loc. sost. m. inv.** (**pl. ingl.** *air terminals*) **1** aerostazione **2** capolinea urbano collegato a un aeroporto con vari mezzi di trasporto

aìta [da *aitare* ✻ av. 1250] **A s. f.** ● (*poet.*) aiuto: *non so 'ncominciar senza tu' a.* (F. Petrarca); *a. porse all'affamate genti* (T. Tasso) **B in funzione di inter.** ● si usa come invocazione di soccorso (**spec. iter.**): *gridan: O signor nostro, aita, aita!* (F. Petrarca)

♦**aitànte A part. pres.** di †*aitare* ● †nei sign. del v. **B agg.** ● robusto, gagliardo: *tanto è destro e di gambe a. / che alcuna cosa non gli fa paura* (M.M. Boiardo)

> **SFUMATURE DI SIGNIFICATO**
>
> ***aitante - gagliardo - forzuto***
>
> Chi è di bell'aspetto, prestante, di corporatura robusta e proporzionata si definisce **aitante.** Anche **gagliardo** esprime robustezza e vigore, ma non fa riferimento all'aspetto fisico quanto a un temperamento energico e dinamico. Per sottolineare al contrario la qualità di chi è dotato di notevole forza fisica ma manca di altrettanta vivacità mentale si usa il termine **forzuto.**
>
> **SFUMATURE** ➤ ***forte***

†**aitàre** [lat. *adiutāre* (V. *aiutare*), attrav. il provenz. *aidar* ✻ 1213] **v. tr.** ● aiutare

àiuga [comp. di *a-*① e del lat. *iūgum* 'giogo', per l'apparente assenza del giogo o labbro superiore della corolla ✻ 1865] **s. f.** ● (*bot.*) bugola

♦**aiuòla** o **aiòla** [lat. *arĕola(m)*, dim. di *ārea*. V. *aia* ✻ 1321] **s. f.** ● piccola area di terreno coltivata a fiori, ortaggi, adibita a semenzaio o sim.: *le aiuole del giardino*; *a. spartitraffico* | (*fig., lett.*) la Terra, per la sua piccolezza in rapporto al cosmo: *L'a. che ci fa tanto feroci, … / tutta m'apparve da' colli a le foci* (Dante *Par.* XXII, 151-153) ‖ (*raro*) **aiolìna**, **dim.** | **aiuolétta**, **dim.**

aiuòlo o **aiòlo** [dim. di *aia* ✻ sec. XIII] **s. m.** ● rete per pigliare uccelli | †***tirar l'a.***, (*fig.*) usare scaltrezza per i propri interessi

aiutànte A part. pres. di *aiutare*; **anche agg.** ● nei sign. del v. **B s. m.** (**anche f. nel sign. 1**) **1** chi aiuta o assiste qlcu. nello svolgimento di un lavoro o in un ufficio **SIN.** collaboratore **2** (*milit.*) ufficiale che aiuta o sostituisce un altro ufficiale di grado superiore nell'esercizio delle sue funzioni: *a. maggiore, a. di campo* | ***a. di sanità***, soldato o graduato infermiere | ***a. di battaglia***, nel passato, massimo grado conferito per merito di guerra a un sottufficiale col grado di maresciallo aiutante **3** (*mar.*) sottufficiale della marina militare incaricato di mantenere la disciplina dei marinai | ***a. di bandiera***, ufficiale subalterno della marina militare addetto alla persona di un ammiraglio

♦**aiutàre** o †**atàre** [lat. *adiutāre*, intens. di *adiuvāre*, comp. di *ăd* e *iuvāre* 'giovare' ✻ 1219] **A v. tr. 1** intervenire in favore di qlcu. in difficoltà: *a. i parenti in una situazione difficile*; *a. qlcu. a mettersi in salvo*; *a. un prigioniero a fuggire* | soccorrere: *bisogna a. quella povera donna* **2** (*est.*) favorire, agevolare: *la tecnica aiuta il progresso*; *questa tisana aiuta la digestione* | (*lett.*) ravvivare, rinvigorire: *aiutava di gesti e di interiezioni … il racconto* (G. D'Annunzio) **3** †difendere, salvare: *aiutami da lei, famoso saggio* (Dante *Inf.* I, 89) **B aiutàrsi v. rifl. 1** adoperarsi, sforzarsi: *si arrampicava aiutandosi coi piedi e con le mani* | (*fig.*) ingegnarsi, cavarsela | **PROV.** ***aiutati che il ciel t'aiuta*** (o ***chi s'aiuta Iddio l'aiuta***), impegnati per risolvere i tuoi problemi e vedrai che ti verrà data una mano **2** †guardarsi **C aiutàrsi v. rifl. recipr.** ● darsi aiuto a vicenda: *tra amici bisogna aiutarsi*; *aiutarsi ad affrontare le difficoltà*

> **SFUMATURE DI SIGNIFICATO**
>
> ***aiutare - soccorrere - salvare***
>
> Prestare la propria opera a favore di altri in stato di bisogno è **aiutare.** Se tale stato di bisogno ha carattere di estrema urgenza si preferisce il verbo **soccorrere.** Quando l'aiuto prestato ha avuto esito positivo, cioè le persone aiutate sono fuori pericolo, si dice **salvare.**

aiutàto **A** **part. pass.** di *aiutare*; anche **agg.** ● nei sign. del v. **B** **s. m.** ● nelle cliniche o negli istituti universitari di medicina e chirurgia, denominazione non più in uso del ruolo di chi aveva la qualifica di aiuto ospedaliero

aiutatóre [1258] **s. m.** (f. *-trice*); anche **agg.** ● (*lett.*) chi (o che) aiuta

†**aiutévole** [av. 1322] **agg.** ● che aiuta

♦**aiùto** [lat. tardo *adiūtu(m)*, dal part. pass. di *adiuvāre* 'aiutare' ✱ sec. XII] **A** **s. m.** **1** intervento in favore di chi si trova in stato di pericolo o di bisogno: *invocare, chiedere a.*; *porgere, portare a.*; *essere, servire di a.* | soccorso: *correre, venire, in a.* **SIN.** assistenza | (**al pl.**) mezzi materiali (viveri, farmaci, coperte, ecc.) che servono a portare soccorso: *gli aiuti delle Nazioni Unite alle popolazioni colpite dalla carestia*; *sono giunti i primi aiuti* **2** (**spec. al pl.**) nell'ippica e nell'equitazione, ogni mezzo (quale azione della mano, della gamba, peso del corpo, frustino e speroni) usato dal cavaliere per trasmettere ordini al cavallo **3** (*aeron.*) qualunque mezzo a bordo o al suolo usato per l'assistenza all'aeronavigazione **B** **s. m. e f.** (**pl. m.** *-i*; **pl. f. inv.**) ● persona che coadiuva qlcu. in un lavoro o in un ufficio **SIN.** assistente | quando precede un nome che indica un'attività lavorativa, forma locuzioni nelle quali rimane inv.: *a. regista* (anche *aiutoregista*), *a. operatore*; *un a. cuoco, un'a. cuoca*; *cercansi due a. cuochi* | denominazione non più in uso del medico ospedaliero principale collaboratore del primario **C** **in funzione di inter.** ● si usa come invocazione di soccorso (*spec. iter.*) *a.! affogo!* ‖ **aiutino**, **dim.** | **aiutóne**, **accr.**

> **SFUMATURE DI SIGNIFICATO**
> ***aiuto - soccorso - sostegno***
> Qualsiasi intervento in favore di chi si trova in stato di bisogno o di pericolo si dice genericamente **aiuto**. In situazioni di particolare emergenza, in cui l'*aiuto* è veloce e tempestivo, si parla di **soccorso**. **Sostegno** evoca invece un supporto più costante, meno legato all'emergenza.
> **SFUMATURE** ➤ ***difesa***

†**aiutóre** ➤ **adiutore**

†**aiutòrio** ➤ †**adiutorio**

aizzaménto o †**adizzaménto** [av. 1363] **s. m.** ● incitamento, istigazione

aizzàre o †**adizzàre** [da †*izza* ✱ av. 1292] **v. tr.** ● incitare alla violenza, all'offesa, all'inseguimento: *a. i cani*; *a. una persona contro un'altra* | provocare, istigare
SFUMATURE ➤ ***istigare***, ➤ ***sollevare***

aizzatóre [1842] **s. m.** (f. *-trice*) ● chi aizza

à jour /fr. a'ʒuʀ/ o **ajour** [fr., propr. 'a giorno', perché il traforo lascia passare la luce (in fr. *jour* significa 'giorno' e 'luce') ✱ 1828] **A** **loc. agg. inv.** ● a giorno: *punto, ricamo, orlo à jour* **B** **loc. sost. m. inv.** ● orlo a giorno, punto traforato

ajouràto /aʒu'rato/ [1983] **agg.** ● detto di ciò che è lavorato ad à jour: *tende ajourate*

akrașìa ➤ **acrasia**

♦**al** o (*poet.*) **a' l** **prep. art. m. sing. comp.** di *a*② e *il* ➤ **il** per gli usi ortografici

♦**àla** [lat. *āla(m)*, di orig. indeur. ✱ 1250 ca.] **s. f.** (**pl.** *àli*, †*àle*) **1** organo che consente il volo a uccelli, pipistrelli e a taluni insetti (ma anche a esseri mitologici o fantastici, come l'arpia, l'ippogrifo, gli angeli e i demoni, ecc.) **CFR.** ptero-, -ttero | ***ala spuria***, le penne portate dal pollice dell'arto anteriore degli uccelli **SIN.** alula | ***essere sulle ali***, di uccello che si è levato ed è già in volo | ***cader d'ala***, di un uccello ferito all'ala, che cade obliquamente | ***dare, fare ala***, il cambiar direzione degli uccelli, in atto di accostarsi alla tesa | ***battere le ali***, volare, sollevarsi | ***in un batter d'ali***, in un attimo, rapidamente | ***avere, mettere le ali ai piedi***, essere veloce, rapido; (*fig.*) provare entusiasmo, fervore e sim. | ***tarpare le ali***, (*fig.*) frenare, reprimere gli slanci di autonomia di qlcu. | ***volare sulle ali della fantasia***, (*fig.*) dare libero sfogo alla propria immaginazione **2** (*fig.*) favore, protezione: *sotto l'ala, sotto le ali di qlcu.*; *ricovrarsi sotto le grandi ale / del perdono d'Iddio* (U. Foscolo) **3** (*aeron.*) parte del velivolo, intera o in più parti generalmente simmetriche, che ne sorregge il peso in volo per effetto delle azioni aerodinamiche sviluppate dal moto nell'aria: *ala monoplana, biplana, triplana, pluriplana*; *ala alta, bassa, superiore, inferiore* | ***ala a delta***, a pianta triangolare | ***ala a freccia***, nella quale i bordi d'attacco e di uscita delle due semiali formano un angolo inferiore a 90° rispetto all'asse longitudinale dell'aereo | ***ala volante***, velivolo costituito dalle sole ali, che incorpora anche gli organi di stabilità e di governo; (*est.*) specie di materassino paracadute che permette di rimanere in aria per diverse decine di minuti, usato dai paracadutisti per esibizioni spettacolari **4** (*est.*) prolungamento laterale: *le ali di un edificio, di un ponte, di una diga*; *l'ala destra, sinistra di un castello*; *muro d'ala* | ***ali di un trittico***, sportelli laterali | ***ala della rete***, parete laterale, nelle reti da pesca **5** (*est.*) parte od organo che sporge dal corpo centrale di un oggetto, spesso con forma o funzioni che ricordano quelle dell'ala degli animali | ***ali del mulino a vento***, ciascuna delle pale della ruota | ***ala del cappello***, falda, tesa, attorno alla base della calotta | ***ala del ventaglio***, il foglio semicircolare a più ripiegature incollato sulle stecche del ventaglio di tipo pieghevole | (*anat.*) ***ala del naso***, la parte laterale esterna di ciascuna narice **SIN.** pinna **6** (*est.*) gruppo di persone disposte spec. simmetricamente ai lati: *il corteo passò tra due ali di folla festante* | ***fare ala al passaggio di qlcu.***, disporsi ai lati della strada per consentirgli il passaggio: *la folla fece ala al corteo funebre* | (*milit.*) parte estrema della fronte di uno schieramento di esercito o di unità: *ala destra, sinistra*; *le ali avanzarono con un movimento a tenaglia*; *attaccare sulle ali* | (*fig.*) ***ala di un partito***, corrente, tendenza che segue uno specifico indirizzo **7** nel calcio, nella pallanuoto e sim., ciascuno dei due attaccanti di prima linea che giocano lungo le fasce laterali: *ala tornante*; *ala arretrata* | (*est.*) ciascuna delle due posizioni dello schieramento: *giocare all'ala* | ***mezz'ala***, V. *mezzala* ‖ **alàccia**, **pegg.** | **alétta**, **dim.** (V.) | (*vezz.*) **alùccia**, **dim.**

a la ➤ **alla**①

alaàlto [comp. di *ala(re)* e *alto*, in contrapposizione ad *alabbasso* ✱ sec. XX] **s. m.** ● (*mar.*) manovra usata per fare salire e reggere aste, alberetti o pennoni sull'attrezzatura

alabàmio [in onore del politecnico di *Alabama* ✱ 1950] **s. m.** (**pl.** *-i* o *raro -ii*) ● (*chim., raro*) astato

alabàrda o †**labàrda** [medio alto ted. *helmbart* ✱ 1520] **s. f.** ● arma in asta lunga da punta e da taglio con il ferro formato da una punta lanceolata, e sotto, da un lato, una scure e, dall'altro, una o più punte, introdotta in Italia nel XV sec., usata come arma sussidiaria della picca

alabardàta [1618] **s. f.** ● colpo d'alabarda

alabardàto [1865] **A** **agg.** **1** armato di alabarda **2** a forma di alabarda | ***giglio a.***, il simbolo della città di Trieste **3** che gioca nella squadra di calcio della Triestina **B** **s. m.** ● chi gioca nella squadra di calcio della Triestina

alabardière [1520] **s. m.** ● soldato armato d'alabarda

♣**alabastrìno** [1516] **agg.** **1** di alabastro: *vaso a.* **2** (*fig., lett.*) che ha il colore, la trasparenza e sim. dell'alabastro: *viso, chiarore a.*; *mani, dita, alabastrine*

alabastrìte [da *alabastr(o)* col suff. mineralogico *-ite*② ✱ 1499] **s. f.** ● (*geol.*) concrezione calcarea simile all'alabastro

alabàstro [vc. dotta, lat. tardo *alabăstru(m)*, dal gr. *alábastron*, di orig. orient. ✱ 1321] **s. m.** **1** (*geol.*) roccia concrezionale costituita di minuti cristalli di gesso a struttura fibroso-raggiata con caratteristiche zonature variegate | ***di a.***, (*fig.*) detto di ciò che è molto chiaro, diafano: *in quel collo incantevole curvato sull'omero di a.* (G. Verga) **2** (**spec. al pl.**) oggetto di alabastro, come statuette, bassorilievi, coppe, anfore, vasi e sim.

alabbàsso [comp. di *alare*② e *abbasso* ✱ 1870] **s. m.** ● (*mar.*) cima usata per fare scendere e trattenere vele od oggetti a bordo

à la carte /fr. ala'kaʀt/ [loc. fr., propr. 'alla carta' ✱ 1989] **loc. avv.**; anche **loc. agg. inv.** ● secondo la lista delle vivande, non a prezzo fisso: *mangiare à la carte*; *menu à la carte* | (*fig.*) che non segue un programma prefissato, che è frutto di una libera scelta: *divertimenti à la carte*

alàccia o **làccia** [sec. XV] **s. f.** (**pl.** *-ce*) ● (*zool.*) alosa

à la coque /fr. ala'kɔk/ o **alla coque** /alla'kɔk/ [loc. fr., propr. 'al (*à la*, perché si riferisce a s. f.) guscio (*coque*, dal lat. *cŏccum* 'nocciolo')' ✱ 1905] **loc. agg. inv.** ● detto di uovo bollito col guscio per due o tre minuti

♣**àlacre** o **alàcre** [vc. dotta, lat. *ălacre(m)*, di etim. incerta ✱ av. 1292] **agg.** **1** pronto, svelto, sollecito nell'operare: *passo a.*; *vita, spirito a.* **SIN.** operoso, solerte **2** (*fig.*) fervido, vivace: *ingegno, intelligenza a.* ‖ **alacreménte**, **avv.** con prontezza

♣**alacrità** [vc. dotta, lat. *alacritāte(m)*, da *ălacer* 'alacre' ✱ 1242] **s. f. inv.** **1** sveltezza, prontezza nel lavoro e nel movimento: *lavorare con a.* **SIN.** ardore, solerzia **2** (*fig.*) vivacità: *a. d'ingegno*

alàggio [fr. *halage*, da *haler* 'alare③' ✱ 1813] **s. m.** **1** traino di una nave lungo canali o fiumi, con cime tirate dalla riva | (*est.*) manovra per portare un natante all'asciutto **2** (*gener.*) sforzo di trazione su una fune

alalà [dal gr. *alalá*, grido di guerra, di orig. onomat. ✱ 1904] **A** **inter.** ● (*lett.*) grido guerresco di esultanza che ha il sign. di 'evviva', 'vittoria' e che fu usato come incitamento o come ovazione nel periodo fascista: *eia! eia! eia! a.!* **B** anche **s. m. inv.**: *ma s'io ritrovi ciò che il cuor mi vuole / ti getto allora un a. di guerra* (G. Pascoli)

alalìa [comp. di *a-*① e *-lalia* ✱ 1899] **s. f.** ● (*med.*) incapacità di parlare per disturbi organici o funzionali degli organi vocali

alalónga (o *-ó-*) o **alalùnga** [comp. di *ala* e *lungo* ✱ 1906] **s. f.** ● pesce commestibile dei Teleostei, di color azzurro argenteo con lunghe pinne pettorali, che si distingue dal tonno per le dimensioni più ridotte (*Thunnus alalunga*)

alamànna ➤ **salamanna**

alamànno ➤ **alemanno**

alamàro [sp. *alamar*, forse dall'arabo *al-amāra* 'laccio' ✱ 1658] **s. m.** **1** tipica allacciatura per abiti femminili o per uniformi militari, in passamaneria di seta o di fili metallici ripiegata a forma di cappio nel quale è fatto passare un bottone **2** mostrina speciale dei carabinieri, dei granatieri e degli ufficiali di stato maggiore

alambardàta [deformazione del fr. *embardée* 'imbardata' ✱ 1937] **s. f.** ● (*aeron., raro*) imbardata

alambìcco o †**lambìcco** [arabo *al-inbīq* 'vaso da distillare', dal gr. *ámbix*, genit. *ámbikos* 'taz-

a

za, alambicco', da *ámbōn* 'orlo, protuberanza', di etim. incerta (?) ✱ sec. XIII] **s. m.** (**pl.** *-chi*) ● apparecchio di distillazione consistente in una caldaia collegata, mediante un tubo, a un serpentino di raffreddamento al fondo del quale si raccoglie il distillato

alanìna [da *al(deide acetica)*, da cui venne sintetizzata, col suff. *-ina* delle ammine ✱ 1955] **s. f.** ● (*chim.*) amminoacido idrofobo presente nelle proteine

alàno [etim. incerta ✱ 1334] **A agg. e s. m.** (**f.** *-a*) ● (*stor.*) appartenente a un'antica popolazione nomade di origine caucasico-iranica che raggiunse la regione danubiana e nei secoli II e III d.C. si scontrò con i Romani **B s. m.** ● cane a pelo raso e muso tozzo, dalle orecchie corte e diritte, di statura imponente, atto alla guardia e alla caccia: *a. tigrato*

à la page /fr. ala'paʒ/ [loc. fr., propr. 'alla pagina', cioè 'all'ultima, più recente pagina dei dettami della moda' ✱ 1931] **loc. agg. inv.** ● aggiornato, all'ultima moda: *essere à la page*; è *una donna molto à la page*

alàre ① [lat. *lāre(m)* 'focolare'. In orig. i *Lāres* erano spiriti infernali che perseguitavano i vivi e furono poi trasformati in divinità tutelari; forse da accostare a *lārva* 'spettro, fantasma' ✱ av. 1326] **s. m.** ● ciascuno dei due arnesi in metallo, pietra o terracotta usati nel focolare o nel camino per sostenere la legna o per appoggiarvi lo spiedo

alàre ② [vc. dotta, lat. *alāre(m)*, da *āla* 'ala' ✱ 1797] **agg.** **1** relativo all'ala, sia degli uccelli che degli aeromobili: *l'avvoltoio ha un'apertura a. superiore ai due metri*; *carico, profilo a.* | ***motore a.***, montato sotto l'ala o incorporato nell'ala | ***membrana a.***, patagio **2** (*anat.*) detto della parte mediale del muscolo nasale

alàre ③ [fr. *haler*, dal neerl. *halen* 'tirare' ✱ 1577] **v. tr.** **1** trascinare mediante alaggio: *a. un'imbarcazione, un idrovolante* **2** (*mar.*) tirare con forza una cima o una catena per tendere o sollevare qualcosa | (*est.*) tirare o sollevare una nave fuori dall'acqua

alàta [da *ala* ✱ 1863] **s. f.** ● (*raro*) colpo d'ala

a làtere [lat., propr. 'a fianco' (V. *lato*①) ✱ 1892] **A loc. agg. inv.** **1** (*relig.*) ***legato a latere***, cardinale inviato dal Papa come legato pontificio a svolgere missioni particolarmente delicate **2** (*dir.*) ***giudice a latere***, giudice componente un organo giurisdizionale collegiale non in qualità di presidente; spec. membro non presidente della Corte d'Assise, facente parte della magistratura **3** (*est.*) di chiunque sia al seguito di un'altra persona, che affianca e di cui fa le veci **B nella loc. prep.** ***a latere di*** ● a fianco di | (*fig.*) collateralmente a, in concomitanza di: *un'iniziativa a latere della Mostra*

alatèrno [vc. dotta, lat. *alatĕrnu(m)*, di ignota orig. ✱ 1819] **s. m.** ● (*bot.*) arbusto sempreverde delle Ramnacee, con foglie coriacee e lucide, fiori senza petali, piccoli e verdastri, frutto a drupa, rosso; cresce nel bacino del Mediterraneo e il suo legno è usato in ebanisteria

alàto [lat. *alātu(m)*, da *āla* 'ala' ✱ av. 1328] **A agg.** **1** fornito di ali | (*est.*) detto di organo vegetale fornito di strutture espanse a forma di ala **2** (*fig.*) sublime, elevato: *pensiero a.*; *parole alate* **B s. m.** ● essere alato | (*per anton.*) uccello

a làto ➤ **allato**

alatóre [da *alare*③ ✱ 1852] **s. m.** (**f.** *-trice*) ● chi è addetto alle operazioni di alaggio

alàuda [vc. dotta, lat. *alāuda(m)* 'allodola' ✱ av. 1494] **s. f.** ● (*poet.*) allodola: *spicca l'a. il volo / trillando l'aerea canzone* (G. Carducci)

Alàudidi [comp. di *alauda* e *-idi* ✱ 1950] **s. m. pl.** (**sing.** *-e*) ● (*zool.*) famiglia di Uccelli dell'ordine dei Passeriformi cui appartiene l'allodola (*Alaudidae*)

alauìta o **alawìta** /ala'wita/ [dall'ar. *Alawī*, deriv. dal nome di Alì, genero di Maometto ✱ 1924] **A s. m. e f.** (**pl. m.** *-i*) ● appartenente a un gruppo religioso islamico diffuso soprattutto in Siria, originatosi nel IX sec. da una scissione all'interno dello sciismo **B anche agg.**: *movimento a.*

♦**àlba** ① [lat. (*lūcem*) *ălba(m)* 'luce bianca' ✱ av. 1292] **s. f.** **1** prima luce del giorno tra la fine della notte e l'aurora: *sul far dell'a.*; *arrivederci all'a.* **2** (*fig.*) principio, primo indizio: *l'a. del secolo, della civiltà* **3** (*letter.*) componimento della lirica trovadorica che canta l'alba e la separazione degli amanti

àlba ② [f. sost. di *albo*① ✱ sec. XIV] **s. f.** ● (*raro*) veste sacerdotale bianca **SIN.** camice

♣**albagìa**, (*evit.*) **albàgia** [da *alba* 'vento dell'alba' (?) ✱ av. 1472] **s. f.** (**pl.** *-gie*) ● (*lett.*) boria, vanità pomposa: *persona piena di a.* **SIN.** superbia

albàgio [arabo *al-bazz* 'tela fine' ✱ 1275] **s. m.** ● (*disus.*) tipo di panno grossolano: *S'avvolgeva in un cappottello d'a. tutto rappezzato* (L. Pirandello)

†**albagióso** (o *-ṣ-*) [da *albagia* ✱ 1612] **agg.** ● borioso, superbo, vanitoso

Albàna [lat. **albānu(m)*, da *ălbus* 'bianco' ✱ sec. XIV] **s. f.** **1** varietà di vite coltivata spec. in Emilia dalla cui uva, di colore giallo dorato, si ricava il vino omonimo **2** vino tipico romagnolo, amabile o secco, di color giallo paglierino

albanèlla [dal lat. **albānu(m)*, da *ălbus* 'bianco' ✱ 1585] **s. f.** ● uccello rapace dei Falconidi, simile al falco, con piumaggio grigio-biancastro

♦**albanése** (o *-ṣ-*) [1464] **A agg.** ● dell'Albania: *popolo a.*; *lingua a.*; *costumi albanesi* **B s. m.** (**anche f. nei sign. 1 e 2**) **1** abitante o nativo dell'Albania **2** †forestiero **3** cappelletto, nel sign. 2 **C s. m. solo sing.** ● lingua indoeuropea parlata dagli albanesi **CFR.** ghego, tosco③

albarèllo o **alberèllo**① [etim. incerta ✱ av. 1375] **s. m.** **1** vaso da farmacia in ceramica di forma cilindrica con lieve strozzatura nella parte centrale **2** V. *alberello*③

albàṣia [etim. incerta ✱ 1861] **s. f.** ● (*lett.*) bonaccia, calma marina: *è grande a. / da lido a lido* (G. D'Annunzio)

albàṣio [dal lat. *ălbus* 'bianco'. V. *albo*① ✱ 1955] **s. m.** ● mattone fragile e più chiaro del normale, per insufficiente cottura

albaspìna [lat. *ălba(m) spīna(m)* 'spina bianca' ✱ 1904] **s. f.** ● (*lett.*) biancospino

albastrèllo [dal lat. *ălbus* 'bianco' ✱ 1852] **s. m.** ● uccello di palude dei Caradriformi con gambe lunghe, esilissime, verdastre e penne molto chiare (*Tringa stagnatilis*)

albàta [av. 1907] **s. f.** ● (*letter.*) alba①, nel sign. 3

àlbatra [lat. *ărbutu(m)*, da *ărbor* 'albero' ✱ av. 1729] **s. f.** ● (*lett.*) frutto del corbezzolo

albatrèllo [av. 1912] **s. m.** **1** dim. di *albatro*① **2** V. *alberello*③

àlbatro ① [lat. *ărbutu(m)* ✱ av. 1577] **s. m.** ● (*bot.*) corbezzolo ‖ **albatrèllo**, **dim.** (V.)

àlbatro ② [fr. *albatros*, dal portog. *alcatraz*, da una lingua indigena d'America ✱ 1797] **s. m.** ● specie di grandi Uccelli oceanici dei Procellariformi, per lo più bianchi, con ali lunghe e strette adatte al volo continuato | ***a. erratico***, specie di grande statura, tipica dei mari antartici (*Diomedea exulans*)

albèdine [dal lat. *albēdine(m)* 'bianchezza', da *ălbum* 'bianco' ✱ 1499] **s. f.** ● (*lett.*) colore biancastro | bianchezza

albèdo [vc. lat., propr. 'bianchezza', deriv. da *ălbu(m)* 'bianco' ✱ 1898] **s. f. inv.** **1** parte interna biancastra della buccia degli agrumi **2** (*fis.*) rapporto tra la quantità di energia riflessa o diffusa da una superficie e la quantità totale di energia incidente che l'ha investita: *a. di un pianeta rispetto al Sole*

albeggiaménto [1666] **s. m.** ● (*raro*) l'albeggiare

albeggiàre [da *alba* ✱ av. 1334] **A v. intr.** (**pres.** *io albéggio*; **fut.** *io albeggerò*; **aus.** *essere*) **1** (*lett.*) risplendere di luce bianca: *la neve albeggia nei campi* **2** (*fig.*) essere agli inizi: *quando la civiltà albeggiava appena* **B v. intr. impers.** (**aus.** *essere* o *avere*) ● farsi giorno, spuntare l'alba: *d'estate albeggia presto*

àlbera [lat. tardo *ălbaru(m)*, da *ălbus* 'bianco'. V. *albo*① ✱ 1530 ca.] **s. f.** ● (*bot.*) pioppo nostrano

alberàggio [da *albero* nel sign. 2 ✱ 1832] **s. m.** ● un tempo, tassa da pagare in alcuni porti per le merci imbarcate e sbarcate

alberàre o †**arboràre** [da *albero* ✱ sec. XIV] **v. tr.** (*io àlbero*) **1** piantare ad alberi: *a. un giardino* **2** †inalberare, alzare un'insegna **3** alzare e fissare gli alberi di una nave o di un'imbarcazione

alberàta [da *albero* ✱ 1930] **s. f.** **1** fila di alberi che si snoda lungo un sentiero, una strada e sim.: *un'a. fiancheggiava il fiume* **2** sistema di coltivazione mediante il quale la vite viene appoggiata a filari di olmi, pioppi e piante da frutto **3** alberatura di una nave

alberàto **part. pass.** di *alberare*; **anche agg.** **1** piantato, ornato con alberi: *un giardino, un viale a.* **2** fornito di alberatura

alberatùra [1612] **s. f.** **1** piantagione di alberi **2** l'insieme degli alberi di una nave coi pennoni e le aste

alberèlla [av. 1846] **s. f.** ● alberello②

alberèllo ① ➤ **albarello** nel sign. 1

alberèllo ② [dal lat. tardo *ălbaru(m)*, da *ălbus* 'bianco' ✱ av. 1698] **s. m.** ● (*bot.*) pioppo bianco, tremolo

alberèllo ③ o **albarèllo**, **albatrèllo** [dal sign. di 'albero di pioppo', ai piedi del quale nasce ✱ av. 1597] **s. m.** ● (*tosc.*) fungo porcinello, pioppino

alberése (o *-ṣ-*) [etim. incerta ✱ sec. XIV] **s. m.** ● (*geol.*) varietà di calcare compatto a grana finissima

alberéta [1669] **s. f.** ● albereto

alberéto o †**arboréto** [lat. *arborētu(m)*, da *ărbor*, genit. *ărboris* 'albero' ✱ 1325] **s. m.** ● luogo piantato ad alberi

alberétto [av. 1584] **s. m.** **1** dim. di *albero* **2** (*mar.*) tronco superiore degli alberi dei grandi velieri

albergàre [da *albergo* ✱ 1264] **A v. tr.** (*io albèrgo, tu albèrghi*) **1** (*lett.*) ospitare: *Mi dové a. quella notte in casa sua* (V. Alfieri) **2** (*fig., lett.*) nutrire, racchiudere, nel proprio animo: *alberga nobili sentimenti*; *intorno al sen che alberga tanto amore* (G. Carducci) **B v. intr.** (**aus.** *avere*, *lett.* *essere*) **1** (*lett.*) avere dimora, alloggiare, abitare: *alberga in una misera pensione* | †dormire insieme: *con molto piacere cenò e albergò con la donna* (G. Boccaccio) **2** (*fig., lett.*) trovarsi, risiedere: *nel suo cuore albergano nobili sentimenti*

albergàto **part. pass.** di *albergare*; **anche agg.** **1** alloggiato, ospitato **2** †fornito di case, di abitazioni

♦**albergatóre** [1278] **s. m.** (**f.** *-trice*) **1** proprietario di un albergo **2** (*lett.*) chi dà albergo (*anche fig.*)

albergherìa [av. 1292] **s. f.** **1** †alloggio, albergo **2** (*stor.*) nel Medioevo, obbligo delle città e dei borghi di alloggiare gratuitamente il re e pubblici ufficiali

alberghièro [1924] **agg.** ● relativo ad albergo | degli alberghi: *industria alberghiera*

♦**albèrgo** [got. **haribergo* 'alloggio' ✱ 1262] **A s. m.** (**pl.** *-ghi*) **1** edificio adibito all'abitazione e al soggiorno a pagamento di persone generalmente in transito: *sostare, dormire in un a. di lusso; un comodo a.* **SIN.** hotel | ***a. per la gioventù***, ostello | ***a. diurno***, V. *diurno* | ***a. diffuso***, struttura alberghiera le cui camere sono dislocate in edifici limitrofi, con servizi comuni di ricevimento e ristorazione **2** (*lett.*) ricovero, rifugio, ricetto (*anche fig.*): *chiedere, dare a.; di dar a. a Dio dentro 'l mio petto* (V. COLONNA) **3** (*raro, lett.*) casa, dimora: *questo a. ove abitai fanciullo* (G. LEOPARDI) **B** in funzione di **agg. inv.** ● (posposto al sost.) spec. nella loc. ***casa a.***, albergo dove è possibile soggiornare a lungo e stabilmente, spec. nelle grandi città ‖ **albergàccio**, **pegg.** | **alberghétto**, **dim.** | **alberghino**, **dim.** | **albergóne**, **accr.** | **albergùccio**, **dim.**

♦**àlbero** o †**àlbore**②, †**àrbore** [lat. *ărbore(m)*, di etim. incerta ✱ av. 1249] **s. m. 1** ogni pianta con fusto eretto e legnoso che nella parte superiore si ramifica **CFR.** dendro- | ***a. della gomma***, V. *hevea* | ***a. di Giuda***, siliquastro (*Cercis siliquastrum*) | ***a. di S. Andrea***, delle Ebenacee con foglie ovali di color verde scuro e fiori piccoli solitari (*Diospyros lotus*) **SIN.** ermellino, falso loto | ***a. del pomodoro***, tomatillo | ***a. del sangue di drago***, dracena arborescente delle Canarie, dal cui tronco si ricava, per incisione, una resina rossa usata nella preparazione di vernici (*Dracaena draco*) | ***a. del tè***, albero delle Mirtacee, originario dell'Australia, coltivato per il suo olio essenziale (*Melaleuca alternifolia*) | ***a. santo***, azedarach | ***a. della Croce***, raffigurazione, frequente nell'arte medievale, della croce di Cristo sotto forma di albero i cui rami recano cartigli e immagini di profeti con riferimento alla Passione | ***a. di Natale***, o (*ellitt.*) ***albero***, abete che a Natale si addobba con luci e ornamenti vari e sotto il quale si mettono i regali: *che cosa hai trovato sotto l'a.?* | ***a. della cuccagna***, V. *cuccagna* | **PROV.** ***dal frutto si conosce l'a.***, V. *frutto* **2** (*mar.*) fusto di legno, metallo o materiali compositi, verticale o inclinato, appoggiato sulla coperta o sulla chiglia, per sostenere vele, pennoni, coffe, fanali e sim.: *a. di trinchetto, di maestra, di mezzana* | ***a. di fortuna***, che si improvvisa a bordo se si resta disalberati **3** formazione anatomica ricca di diramazioni e ramificazioni | ***a. respiratorio***, complesso delle ramificazioni della trachea e dei bronchi | ***a. arterioso***, insieme di un'arteria e delle sue diramazioni **4** ***a. genealogico***, in araldica, descrizione in linea ascendente o discendente dei nomi degli individui di una o più famiglie di un ceppo comune; in filologia, rappresentazione dei rapporti di filiazione e di parentela che uniscono fra loro i codici e le stampe di un'opera letteraria rispetto a un originale perduto | in genetica, rappresentazione grafica di un ceppo familiare con le relazioni di parentela e l'indicazione della manifestazione di uno o più caratteri nelle varie generazioni **5** (*mecc.*) elemento di forma allungata sottoposto, durante il funzionamento della macchina, ad un moto di rotazione attorno ad un asse rettilineo, atto a trasmettere la potenza | ***a. a camme*** o ***a eccentrici*** o ***di distribuzione***, nei motori alternativi a combustione interna, quello munito delle camme d'azionamento delle valvole | ***a. a gomiti***, nei motori alternativi a combustione interna, quello munito di manovelle che trasforma il moto alternativo degli stantuffi in moto rotatorio **SIN.** collo d'oca | ***a. di trasmissione***, quello che, negli autoveicoli, trasmette il moto dal cambio di velocità al differenziale | negli orologi di alta precisione, asse parallelo a quello del bariletto e sul quale è fissato un cono con scanalatura a spirale | ***a. di Natale***, nell'industria petrolifera, testa di produzione **6** (*chim.*) insieme dei composti derivati da una sostanza: *l'a. dell'acetilene* | formazione dendritica, arborescente | ***a. di Saturno***, piombo metallico precipitato, per spostamento, da una sua soluzione salina **7** (*mat.*) grafo privo di circuiti **8** (*ling.*) rappresentazione grafica della struttura in costituenti di una frase: *a. di Chomsky* ‖ **alberàccio**, **pegg.** | (*lett.*) **alberèlla**, **dim. f.** | **alberèllo**, **dim.** | **alberétto**, **dim.** (V.) | **alberino**, **dim.** | **alberóne**, **accr.**

albertino [1888] **agg.** ● relativo a Carlo Alberto (1798-1849) re di Sardegna dal 1831 al 1849: *lo statuto a.*

albése (o *-ṣ-*) [1860] **A agg.** ● di Alba cittadina in provincia di Cuneo | (*cucina*) ***carne all'a.***, tagliata a fettine sottili e servita cruda, con olio, limone e uno strato di funghi **B s. m. e f.** ● abitante o nativo di Alba

albicàre [lat. *albicāre*, da *ălbus* 'bianco' ✱ 1499] **v. intr.** (*io àlbico, tu àlbichi*; **aus.** *avere* **nel sign. 1**, *essere* **nel sign. 2**) **1** (*lett.*) biancheggiare: *albica il mar di cristalline strisce* (G. D'ANNUNZIO) **2** (*lett.*) albeggiare

albicàto **part. pass.** di *albicare*; **anche agg.** **1** nel sign. del v. **2** (*bot.*) detto di foglia il cui lembo risulta completamente o parzialmente bianco

albicatùra [da *albicare* ✱ 1955] **s. f.** ● (*bot.*) presenza di macchie bianche su foglie dovuta a mancanza di clorofilla

albicòcca [sec. XIII] **A s. f.** ● frutto dell'albicocco **B** in funzione di **agg. inv.** ● (posposto a un sost.) detto del colore giallo aranciato proprio del frutto omonimo ‖ **albicocchina**, **dim.**

albicocchéto [1926] **s. m.** ● terreno coltivato ad albicocchi

albicòcco [arabo *al-barqūq* 'susina', attrav. lo sp. *albaricoquero*, dal gr. *praikókion*, a sua volta dal lat. *praecŏquu(m)* 'precoce' (V. *percoco*) ✱ av. 1572] **s. m.** (**pl.** *-chi*) ● albero delle Rosacee con fiori bianchi o rosei e frutti rotondi e vellutati di color arancio (*Prunus armeniaca*)

albigése (o *-ṣ-*) [sec. XIII] **A agg.** ● della città di Albi, in Linguadoca **B s. m. e f. 1** abitante o nativo di Albi **2** (**spec. al pl.**) nel Medioevo, seguace di varie eresie diffuse nel territorio di Albi: *la crociata contro gli albigesi* **CFR.** cataro

albinàggio [dal lat. mediev. *albinagium*, deriv. di *albinus* 'straniero', legato più che al lato *ălibi* '(nato) in altro luogo', ad un germ. **alibanni* 'uomo di un'altra giurisdizione' ✱ 1769] **s. m.** ● (*dir.*) nel Medioevo, diritto dello Stato di incamerare i beni lasciati nel suo territorio da uno straniero defunto privo di eredi legittimi o testamentari: *esercitare l'a.*

albinìṣmo [da *albino* ✱ 1830] **s. m. 1** (*biol.*) assenza di pigmentazione, totale o parziale, della pelle, dei capelli, dei peli, dell'iride e di altri annessi cutanei dell'uomo o degli animali **2** (*bot.*) assenza di clorofilla nelle foglie e nel fusto, dovuta a mutazioni genetiche

albino [portog. *albino*, dal lat. tardo *albīnu(m)* 'bianchiccio' ✱ 1797] **agg. e s. m.** ● che (o chi) è affetto da albinismo

àlbio [lat. *alveus* 'vaso di legno' ✱ 1552] **s. m.** ● (*sett.*, *raro*) vasca, trogolo

albiòlo [lat. parl. **albiŏlu(m)*, per il classico *alveolu(m)* 'vaso, trogolo' (V. *alveolo*) ✱ av. 1565] **s. m.** ● piccolo abbeveratoio per uccelli in gabbia

albiònico [da *Albione*, n. lett. della Gran Bretagna ✱ 1964] **agg.** (**pl. m.** *-ci*) ● (*lett.*, *spreg.*) inglese

albis, in ➤ **in albis**

albìte [dal lat. *ălbus* 'bianco' ✱ 1855] **s. f.** ● (*miner.*) alluminosilicato sodico appartenente al gruppo dei plagioclasi in cristalli tabulari o prismatici di colore bianco o grigio frequentemente geminati

†**albitràre** e deriv. ➤ **arbitrare** e deriv.

albìzzia [dal n. di Filippo degli *Albizzi*, che la introdusse in Toscana nel 1749 ✱ 1829] **s. f. 1** (*bot.*) genere di alberi o arbusti delle Mimosacee, con molti fiori giallo-rosei, piccoli, riuniti in grandi capolini, foglie pennate, spontanei nelle regioni tropicali e subtropicali (*Albizia*) **2** albero frequentemente coltivato e naturalizzato in climi temperato-caldi (*Albizia julibrissin*) **SIN.** gaggia arborea

àlbo① [vc. dotta, lat. *ălbu(m)* 'bianco', di orig. incerta, ma da avvicinare al gr. *alphós* ✱ 1290] **agg.** ● (*raro, lett.*) bianco: *l'alba colomba scaccia i corbi neri* (T. CAMPANELLA) | ***fico a.***, con buccia di color bianco sporco

àlbo② o **àlbum** nel sign. 4 [vc. dotta, lat. *ălbu(m)* 'tavoletta bianca', da *ălbus* 'bianco' ✱ 1621] **s. m. 1** nel mondo romano, tavola di legno ricoperta di gesso su cui erano scritte notizie, spec. atti ufficiali, al fine di renderle note al pubblico | attualmente, quadro, tavola, vetrina esposta al pubblico su cui vengono affissi avvisi o documenti ufficiali: *a. comunale*; *a. pretorio* **2** pubblico registro in cui sono iscritti gli abilitati all'esercizio di una data professione o funzione: *a. dei procuratori* **3** (*fig.*) ***a. d'onore, d'oro***, elenco dei nomi di persone che si distinguono per meriti o titoli vari, come benefattori pubblici, vincitori di gare sportive, alunni meritevoli e sim. **4** fascicolo contenente storie illustrate con disegni, fumetti: *un a. di Topolino, di Tex* | (*raro*) album, nel sign. 2

albogàtto [comp. di *albo*① e *gatto* 'amento, primo fiore del pioppo' ✱ 1904] **s. m.** ● (*bot.*, *lett.*) pioppo bianco

♣**albóre**① [lat. tardo *albōre(m)*, da *ălbus* 'bianco' ✱ av. 1249] **s. m. 1** (*lett.*) chiarore del cielo, alba: *la ingegnosa pecchia al primo a. / giva predando or uno or altro fiore* (A. POLIZIANO) **2** (*fig.*, **spec. al pl.**) inizio, prima manifestazione di qlco., spec. di un movimento culturale o politico, o di un periodo storico: *gli albori della civiltà; gli albori della vita*

†**àlbore**② ➤ **albero**

alborèlla [dim. del lat. *ălbula*, da *ălbus* 'bianco' ✱ av. 1821] **s. f.** ● piccolo pesce dei Ciprinidi dal corpo compresso e slanciato, verdastro nella parte superiore e argenteo in quella inferiore (*Alburnus albidus*)

albùgine [vc. dotta, lat. *albūgine(m)*, da *ălbus* 'bianco' ✱ 1381] **s. f. 1** opacità bianca della cornea **2** (*bot.*) nebbia, mal bianco

albugìnea [da *albugine* ✱ sec. XIV] **s. f.** ● (*biol.*) in anatomia, strato di tessuto fibroso bianco opaco che circonda un organo o parte di esso: *a. dell'ovaia; a. del testicolo*

albugìneo [da *albugine* ✱ av. 1334] **agg.** ● biancheggiante, detto di tessuti fibrosi e membrane

♦**àlbum** o (*raro*) **àlbo**② [vc. dotta, lat. *ălbum* 'tavoletta bianca', da *albus* 'bianco' ✱ 1832] **s. m. inv. 1** libro o quaderno destinato a contenere fotografie, francobolli e sim., spec. con intento collezionistico | ***a. di famiglia***, quello in cui si raccolgono fotografie e altri ricordi di famiglia; (*fig.*) insieme di eventi relativi alla vita di una persona, alla storia di un gruppo e sim. | ***a. da disegno***, contenente fogli per disegnare **2** raccolta di più canzoni di uno stesso interprete in uno o più dischi: *l'ultimo a. di Lucio Dalla* ‖ **albumino**, **dim.**

albùme [lat. tardo *albūme(n)*, da *ălbus* 'bianco' ✱ 1288] **s. m. 1** nell'uovo degli uccelli e dei rettili, membrana protettiva e nutritiva secreta dalle pareti dell'ovidotto | correntemente, il bianco dell'uovo **SIN.** (*colloq.*) chia-

a

ra **2** parte del seme delle piante che non appartiene all'embrione e che contiene sostanze di riserva

albumìna [da *albume* ✱ 1829] **s. f.** • proteina semplice, solubile in acqua, che coagula per riscaldamento, formata esclusivamente da amminoacidi e presente in molti organismi

albuminemìa [comp. di *albumin(a)* ed *-emia* ✱ 1986] **s. f.** • (*med.*) presenza di albumina nel sangue

albuminìdico [1983] **agg.** (**pl. m.** *-ci*) • detto di sostanza che ha natura di albuminoide

albuminòide [comp. di *albumina* e *-oide* ✱ 1865] **s. m.** • sostanza simile all'albumina

albuminóso (o **-ṣ-**) [da *albumina* ✱ 1801] **agg. 1** riguardante l'albumina **2** che contiene albumina | (*disus.*) di aspetto simile all'albumina

albuminùria o **albuminurìa** [comp. di *albumina* e *-uria* ✱ 1874] **s. f.** • (*med.*) presenza di albumina nelle urine

albùrno [vc. dotta, lat. *albŭrnu(m)*, prob. da *ālbus* 'bianco' ✱ 1663] **s. m.** • (*bot.*) la zona più superficiale, e quindi più giovane, del legno, in cui si trovano funzionanti i vasi conduttori | ***doppio a.***, lunatura

àlca [svedese *alka* ✱ 1797] **s. f. 1** genere di Uccelli degli Alcidi comprendente la sola specie migratrice *gazza marina* presente sulle coste nordamericane ed eurasiatiche (*Alca*) **2** uccello marino dell'Atlantico settentrionale, ormai estinto, con corpo nero superiormente e bianco inferiormente (*Plautus impennis*)

alcachèngi ➤ **alchechengi**

alcàde ➤ **alcalde**

alcàico [vc. dotta, lat. *Alcăicu(m)*, dal gr. *Alkaïkós*, dal n. del poeta gr. *Alceo* (630-550 ca. a.C.) ✱ 1715] **agg.** (**pl. m.** *-ci*) • detto di verso della poesia greca e latina con un numero fisso di sillabe | ***sistema a.***, formato da due endecasillabi, un enneasillabo e un decasillabo alcaici

alcalde /*sp.* al'kalde/ o **alcàde** [sp. *alcalde*, dall'arabo *al-qāḍī* 'giudice' ✱ 1557] **s. m.** (**pl.** *alcàldi* o **sp.** *alcaldes*) • capo dell'amministrazione comunale in Spagna o in America Latina

alcalescènte [da *alcali* ✱ 1774] **agg.** • detto di sostanza che comincia a essere alcalina o che è leggermente alcalina

alcalescènza [av. 1758] **s. f.** • proprietà di sostanza alcalescente

àlcali [arabo *al-qāly* 'potassa' ✱ sec. XIII] **s. m. inv. 1** (*chim.*) base **2** (*chim.*) idrossido di un metallo alcalino (*a. caustico*) o alcalino terroso (*a. terroso*) **3** (*chim.*, *raro*) sale di sodio o di potassio, spec. carbonato di sodio o di potassio

alcalimetrìa [comp. di *alcali* e *-metria* ✱ 1955] **s. f.** • parte dell'analisi volumetrica che consiste nel determinare la quantità di alcali contenuta in una soluzione **CONTR.** acidimetria

alcalìmetro [comp. di *alcali* e *-metro* ✱ 1819] **s. m.** • apparecchio per determinare l'alcalinità di una soluzione

alcalinità [da *alcalino* ✱ 1829] **s. f. inv.** • (*chim.*) proprietà degli alcali | concentrazione di ioni ossidrili in una soluzione **SIN.** basicità **CONTR.** acidità

alcalinizẓàre [1881] **v. tr.** • rendere alcalino || **alcalinizẓazióne**, **s. f.**

alcalìno, (*evit.*) **alcàlino** [da *alcali* ✱ av. 1698] **agg. 1** (*chim.*) relativo agli alcali, che ha le proprietà di un alcali | che contiene alcali | detto di ciascuno dei sei metalli leggeri, litio, sodio, potassio, rubidio, cesio, francio, simili per proprietà | ***a. terroso***, detto di ciascuno dei sei metalli leggeri, berillio, magnesio, calcio, stronzio, bario, radio, simili per proprietà **2** (*geol.*) ***serie alcalina***, famiglia di rocce provenienti da magmi in cui la somma dei componenti potassici e sodici è superiore a quella dei componenti calcici

alcalòide [comp. di *alcali* e *-oide* ✱ 1861] **s. m.** • (*chim.*) base organica azotata, di origine prevalentemente vegetale, con azione curativa o tossica: *alcaloidi della china; alcaloidi della coca; alcaloidi dell'oppio* | ***a. cadaverico***, cadaverina

alcalòṣi [da *alcali* col suff. *-osi* ✱ 1942] **s. f. inv.** • (*med.*) aumento delle sostanze basiche nel sangue

alcànna [arabo *al-ḥinnā'* ✱ 1310] **s. f.** • (*bot.*) henna | ***a. spuria***, alberello delle Borraginacee con foglie ovoidali, fiori molto profumati e radice fusiforme di color rosso scuro (*Alkanna tinctoria*)

alcàno [da *alc(ool)* col suff. *-ano* ✱ 1933] **s. m.** • (*chim.*) idrocarburo alifatico saturo **SIN.** paraffina

Alcantàra® [dal n. della città sp. di *Alcántara*, prob. dall'arabo *al-qánṭara* 'ponte' ✱ 1985] **s. f.** • materiale sintetico, di aspetto simile al camoscio per consistenza e leggerezza, usato in vari settori tra cui l'arredamento e la confezione di abiti e accessori

alcaptóne [comp. di *al(cali)*, lat. *capt(are)* 'prendere' e *-one*[2] ✱ 1983] **s. m.** • composto chimico che si forma dall'ossidazione dell'acido omogentisico

alcaptonùria (o **-urìa**) [comp. di *alcapton(e)* e *-uria* ✱ 1983] **s. f.** • (*med.*) disturbo congenito innocuo consistente nella presenza di alcaptone nelle urine, per cui queste si colorano di rosso scuro

alcaptonùrico [1983] **agg.** (**pl. m.** *-ci*) • (*med.*) relativo ad alcaptonuria

alcàẓar /al'kaddzar, -'dzar, *sp.* al'kaθar, -sar/ [sp. *alcázar*, dall'arabo *al-qaṣr*, dal lat. *căstrum* 'fortezza' ✱ 1892] **s. m. inv.** (**pl. sp.** *alcázares*) • in Spagna, fortezza di origine araba

àlce [vc. dotta, lat. *ălce(m)*, di orig. germ. ✱ av. 1367] **s. m. e f.** • grosso mammifero ruminante dei Cervidi con zampe lunghe, labbro superiore prominente, corna palmate e pelame bruno-nero, caratteristico delle regioni fredde (*Alces alces*) | ***test dell'a.***, V. *test*

alcèa [vc. dotta, lat. *ălcea(m)*, dal gr. *alkéa*, da avvicinare ad *alkḗ* 'forza' ✱ sec. XIV] **s. f.** • (*bot.*) altea

alcèdine [vc. dotta, lat. *halcēdine(m)*, dal gr. *alkyṓn*. V. *alcione* ✱ 1882] **s. f.** • (*poet.*) alcione: *ai piedi ho quattro ali d'alcedine* (G. D'Annunzio)

alcèlafo [comp. del gr. *álkē* 'alce' (di orig. germ.) ed *élaphos* 'cervo' (di orig. germ.) ✱ 1819] **s. m.** • (*zool.*) genere di Mammiferi dei Bovidi, con arti lunghi e sottili e muso appiattito, rappresentato dall'unica specie *Alcelaphus buselaphus*, diffusa a sud del Sahara

alchechèngi o **alcachèngi** [arabo *kākanğ* ✱ 1663] **s. m. inv.** • pianta erbacea delle Solanacee, con foglie ovali, fiori piccoli e bacche commestibili di color rosso-arancio avvolte dal calice (*Physalis alkekengi*)

alchèmico [ingl. *alchemic*, da *alchemy* 'alchimia' ✱ 1919] **agg.** (**pl. m.** *-ci*) **1** che riguarda l'alchimia **2** (*fig.*) misterioso, esoterico: *manipolazioni alchemiche*

alchemìlla ➤ **alchimilla**

alchène [da *alch(ile)* col suff. *-ene* ✱ 1933] **s. m.** • (*chim.*) idrocarburo insaturo la cui molecola è caratterizzata dalla presenza di un doppio legame **SIN.** olefina

alchènico [1983] **agg.** (**pl. m.** *-ci*) • (*chim.*) ***ciclo a.***, quello degli alcheni contenenti un doppio legame ad anello non aromatico

alchèrmes [dall'arabo *al-qírmiz* 'colore scarlatto', attrav. lo sp. *alquermes* ✱ 1567] **s. m. inv.** • liquore di colore rosso vivo, di sapore dolce, a base di spezie e acqua di rose, colorato con cocciniglia

alchìdico [da *alcano* ✱ 1955] **agg.** (**pl. m.** *-ci*) • (*chim.*) detto di polimero ottenuto per copolimerizzazione di acidi carbossilici, glicoli e glicerina | ***resina alchidica***, materiale polimerico impiegato per la produzione di vernici

alchilazióne [da *alchile* ✱ 1955] **s. f.** • (*chim.*) reazione chimica con cui si introduce un alchile in una molecola

alchìle [da *alc(ano)* col suff. *-ile*[2] ✱ 1950] **s. m.** • (*chim.*) radicale, monovalente, derivante da un idrocarburo paraffinico per perdita di un atomo di idrogeno

alchìlico [1933] **agg.** (**pl. m.** *-ci*) • relativo a un alchile | che contiene un alchile

✦**alchimìa** o (*raro*) **alchìmia** [dall'arabo *al-kīmiyā'* 'pietra filosofale' ✱ av. 1257] **s. f. 1** scienza empirica del passato, spesso a carattere magico, che tentò anche di trasformare i metalli meno pregiati in oro e di creare l'elisir di lunga vita mediante la pietra filosofale; da essa, per lenta evoluzione, è derivata la chimica **2** (*fig.*) artificio, inganno, falsificazione | (*fig.*, *spreg.*) ***a. parlamentare, politica***, manovra tortuosa, poco chiara **3** (*fig.*) combinazione o consonanza di fattori diversi

alchìmico [av. 1537] **agg.** (**pl. m.** *-ci*) • (*raro*, *lett.*) che concerne l'alchimia

alchimìlla o **alchemìlla** [da *alchimia*, in quanto si riteneva che la rugiada trovata su questa pianta mutasse i metalli in oro ✱ 1745] **s. f.** • pianta erbacea delle Rosacee con foglie palmato-lobate e fiori in infiorescenza (*Alchemilla vulgaris*) **SIN.** erba stella

alchimìsta [1282] **s. m. e f.** (**pl. m.** *-i*) • chi esercitava l'alchimia

alchimìstico [1585] **agg.** (**pl. m.** *-ci*) **1** relativo all'alchimia o agli alchimisti **2** (*fig.*) tortuoso, artificioso: *manovre alchimistiche*

alchimiẓẓàre [da *alchimia* ✱ av. 1334] **A v. tr.** • falsificare, alterare (*anche fig.*) **B v. intr.** (**aus.** *avere*) • esercitare l'alchimia

alchìno [da *alchile* ✱ 1933] **s. m.** • (*chim.*) ogni idrocarburo alifatico insaturo contenente un triplo legame

Àlcidi [comp. di *alc(a)*, svedese *alka* e di *-idi* ✱ 1989] **s. m. pl.** (**sing.** *-e*) • (*zool.*) famiglia di Uccelli dei Caradriformi, comprendente specie marine, talvolta pelagiche, quali la *gazza marina* (*Alca torda*) e l'estinta *alca impenne* (*Pinguinus impennis*) (*Alcidae*)

Alcifórmi [comp. di *alca* e *-forme* ✱ 1965] **s. m. pl.** (**sing.** *-e*) • (*zool.*) ordine di Uccelli marini con piedi palmati e corte ali (*Alciformes*)

Alcionàri [da *alcionio* ✱ 1955] **s. m. pl.** (**sing.** *-io*) • (*zool.*) ordine di Antozoi, coloniali, con otto tentacoli pennati attorno alla bocca (*Alcyonaria*)

alcióne [vc. dotta, lat. *alcȳone(m)*, dal gr. *alkyṓn*, di orig. preindeur. ✱ sec. XIII] **s. m.** • (*lett.*) gabbiano | martin pescatore

alciònio [vc. dotta, lat. *alcyonēu(m)*, dal gr. *alkyóneion*, da *alkyṓn* 'alcione' ✱ av. 1564] **A agg.** (**pl. m.** *-i* o *lett.* *-ii*) • (*lett.*) dell'alcione | detto dei giorni del solstizio d'inverno, caratterizzati dalla bonaccia, in cui si credeva che gli alcioni nidificassero e covassero | (*fig.*, *lett.*) calmo, tranquillo: *La pace alcionia lo molce* (D'Annunzio) **B s. m.** • celenterato degli Alcionari che forma colonie carnose fissate sul fondo marino (*Alcyonium palmatum*)

alcmànio [vc. dotta, lat. *Alcmāniu(m)*, dal n. del poeta gr. *Alcmane* (sec. VII a.C.) ✱ 1865] **A s. m.** • verso della poesia greca e latina formato da una tetrapodia dattilica acatalettica, oppure catalettica in syllabam **B agg.** • detto di sistema dei versi, formati da un esametro e da un tetrametro dattilico catalettici entrambi in disyllabum

♦**àlcol** o **àlcool**, (*raro*) **àlcole**, (*raro*) **alcoòle** [arabo *al-kùhl* 'polvere finissima per tingere le sopracciglia', poi 'sostanza purificata' ✱ 1732] **s. m. inv. 1** (*chim.*) composto organico derivante dalla sostituzione di uno o più atomi di idrogeno, dei gruppi alchilici degli idrocarburi, con altrettanti gruppi ossidrili: *a. alifatico, aromatico, eterociclico* | ***a. etilico***, ottenuto per fermentazione e successiva distillazione di sostanze contenenti zuccheri o per sintesi, impiegato principalmente nella fabbricazione dei liquori **SIN.** etanolo | ***a. metilico***, metanolo | ***a. assoluto***, puro, praticamente privo di acqua | ***a. denaturato***, alcol etilico destinato a scopi farmaceutici o industriali | ***a. primario***, caratterizzato dal gruppo monovalente $-CH_2OH$ | ***a. secondario***, caratterizzato dal gruppo bivalente $=CHOH$ | ***a. terziario***, caratterizzato dal gruppo trivalente $\equiv COH$ **2** (*per anton.*) correntemente, alcol etilico | (*est.*) bevanda alcolica: *darsi all'a.*; *rovinarsi la salute con l'a.*

alcolàto o **alcoolàto** [comp. di *alcol* e *-ato*②✱ 1829] **s. m.** ● composto chimico ottenuto facendo agire una base con un alcol

alcoldipendènte [comp. di *alcol* e *-dipendente* ✱ 1963] **s. m. e f.; anche agg.** ● chi (o che) si trova in una condizione di dipendenza fisica e psichica nei confronti dell'alcol

àlcole ➤ **alcol**

alcolemìa o **alcoolemìa** [comp. di *alcol* ed *-emia* ✱ 1963] **s. f.** ● (*med.*) percentuale di alcol presente nel sangue

alcolèmico o **alcoolèmico** [1936] **agg.** (**pl. m.** *-ci*) ● (*med.*) relativo ad alcolemia: *tasso a.*

alcòlico o **alcoòlico** [da *alcol*, attrav. il fr. *alcoolique* ✱ 1829] **A agg.** (**pl. m.** *-ci*) **1** relativo all'alcol: *grado a.* **2** che contiene alcol: *bevanda alcolica* **3** che produce alcol etilico: *fermentazione alcolica* ‖ **alcolicità**, **s. f. inv.** grado alcolico di un liquido: *l'alcolicità di un vino* **B s. m.** ● bevanda contenente alcol: *essere dedito agli alcolici*

alcolimetrìa o **alcoolimetrìa** o **alcolometrìa** [comp. di *alcol* e *-metria* ✱ 1961] **s. f.** ● misurazione ottenuta mediante l'alcolimetro

alcolìmetro o **alcolòmetro**, **alcoolìmetro** [comp. di *alcol* e *-metro* ✱ 1829] **s. m. 1** strumento usato per misurare la quantità percentuale di alcol etilico contenuta in un liquido, in particolare nelle bevande alcoliche **2** strumento impiegato per la determinazione della concentrazione di alcol etilico nel sangue

alcolìsmo o **alcoolìsmo** [da *alcol*, prob. attrav. il fr. *alcoolisme* ✱ 1874] **s. m. 1** complesso dei disordini somato-psichici dell'intossicazione da abuso di bevande alcoliche | ***a. acuto***, intossicazione alcolica acuta la cui manifestazione tipica è l'ubriachezza | ***a. cronico***, intossicazione alcolica da abuso abituale e prolungato di bevande alcoliche, con sintomi somatici (gastrite, cirrosi epatica, ipertensione arteriosa, arteriosclerosi, ecc.) e psichici (allucinosi acuta, delirium tremens, epilessia, ecc.) **CFR.** alcolomania **SIN.** etilismo **2** (*est.*) abuso abituale di bevande alcoliche (anche come fenomeno sociale): *la piaga dell'a.*

alcolìsta o **alcoolìsta** [1955] **s. m. e f.; anche agg.** (**pl. m.** *-i*) ● chi (o che) eccede nel consumo di bevande alcoliche e presenta i sintomi dell'alcolismo **SIN.** etilista | ***a. anonimo***, chi fa parte di un'associazione che garantisce l'anonimato agli alcolisti che decidono di uscire dalla dipendenza dall'alcol

alcolizzàre o **alcoolizzàre** [da *alcol*, prob. attrav. il fr. *alcooliser* ✱ 1732] **A v. tr. 1** aggiungere alcol a una sostanza **2** causare in un individuo uno stato patologico a causa dell'abuso di bevande alcoliche **B alcolizzàrsi v. intr. pron.** ● diventare alcolizzato ‖ **alcolizzazióne**, **s. f.** (V.)

alcolizzàto o **alcoolizzàto A part. pass.** di *alcolizzare*; **anche agg.** ● nei sign. del v. **B s. m.** (**f.** *-a*) ● chi è affetto da alcolismo cronico

alcolizzazióne [1961] **s. f.** ● (*med.*) impiego di alcol, per uso topico o per iniezione, al fine di curare alcune condizioni patologiche

alcologìa [1983] **s. f.** (**pl.** *-gìe*) ● disciplina che si occupa della produzione e del consumo dell'alcol etilico e dei suoi effetti sull'essere umano

alcolomanìa [comp. di *alcol* e *-mania* ✱ 1986] **s. f.** ● (*med.*) spinta ad assumere bevande alcoliche in forma eccessiva che può portare a intossicazione e disturbi della condotta **CFR.** alcolismo

alcolometrìa ➤ **alcolimetria**

alcolòmetro ➤ **alcolimetro**

alcoltèst o **alcooltèst** [comp. di *alcol* e *test* ✱ 1983] **s. m. inv.** ● esame per accertare la quantità di alcol ingerita da una persona (spec. da guidatori di autoveicoli) | (*est.*) strumento per eseguire tale esame **CFR.** alcolimetro

àlcool e deriv. ➤ **alcol** e deriv.

alcoòle ➤ **alcol**

alcooltèst ➤ **alcoltest**

alcopòp /alko'pɔp, *ingl.* 'ælkə,pɒp/ [vc. ingl. comp. di *alco(hol)* 'alcol' e *pop* 'gazzosa' ✱ 1997] **s. m. inv.** ● bevanda a basso contenuto di alcol, a base di succhi di frutta, destinata spec. a un pubblico molto giovane

Alcoràno [arabo *al-qur'ān* 'lettura' ✱ av. 1292] **s. m.** ● (*raro*, *lett.*) Corano

♦**alcòva** [arabo *al-qúbba* 'stanza contigua', attrav. lo sp. *alcoba* ✱ 1658] **s. f. 1** parte di una camera, separata da un arco o tramezzo e chiusa da cortine, in cui si trovava il letto **2** (*fig.*, *lett.*) camera da letto, intesa come luogo di intimità amorosa: *confidenze, segreti d'a.*

♦**alcunché** [comp. di *alcuno* e *che*② ✱ 1612] **pron. indef. 1** (*lett.*) qualche cosa: *c'è nel suo contegno a. di misterioso*; *c'era a. di falso nel suo sguardo* **2** (*lett.*) nulla, niente, nessuna cosa, in frasi negative: *non temere a.*; *non c'è a. di buono in lui*; *non c'è a. di difficile in questo lavoro*

♦**alcùno** [lat. parl. **alicūnu(m)*, da *ăliquis ūnus* ✱ 1229] **A agg. indef.** Al sing. m. si tronca sempre in *alcun* davanti a parole che cominciano per vocale, per *u* semiconsonante, per consonante semplice, per consonante muta seguita da una liquida; si può anche troncare davanti a parole che cominciano per *i* semiconsonante o *ps*, mai davanti a parole comincianti per altre consonanti doppie o per *x* e *z*. Al sing. f. si apostrofa davanti a parole che cominciano per vocale: *alcun uomo*; *alcun ombrello*; *alcun lume*, *alcun tormento*; *alcun predicatore*; *a. scritto*; *a. zio*; *alcun'anima* (V. nota d'uso UNO) **1** (al **pl.**) indica quantità indeterminata ma limitata di persone o cose: *sono venuti alcuni amici*; *mancano alcuni libri*; *non ho capito alcune cose* **2** (**al sing.**, *lett.*) qualche, in frasi positive: *Quando s'accorse d'alcuna dimora / ch'io facea dinanzi a la risposta, / supin ricadde* (DANTE *Inf.* X, 70-72); *mi fermerò per alcun tempo*, per qualche tempo **3** (**al sing.**) nessuno, in frasi negative: *non ho alcun bisogno di aiuto*; *non c'è alcuna ragione di temere*; *senza difficoltà alcuna* **4** †uno: *e però che soprastare a le passioni e atti di tanta gioventudine pare a. parlare fabuloso, mi partirò da esse* (DANTE) **B** anche **pron. indef. 1** (al **pl.**): *alcuni arrivano sempre tardi*; *ne ho letto alcuni*; *alcune di voi verranno con me* | anche correl.: *alcune venivano, altre andavano*; *alcuni leggevano, alcuni sfogliavano libri, alcuni prendevano appunti* **2** (al **sing.**, *raro*, *lett.*) qualcuno: *Poscia ch'io v'ebbi alcun riconosciuto* (DANTE *Inf.* III, 58) | nessuno, in frasi negative: *non vi fu a. che protestasse*; *non vi trovarono a.*

†**aldàce** e deriv. ➤ **audace** e deriv.

aldèide [comp. dalle lettere iniziali di *al(cohol) dehy(drogenatum)* col suff. *-(i)de* ✱ 1865] **s. f.** ● (*chim.*) composto organico caratterizzato dalla funzione aldeidica, ottenuto per deidrogenazione di alcoli primari, usato per la produzione di profumi e di materie plastiche | ***a. acetica***, acetaldeide | ***a. acrilica***, acroleina | ***a. benzoica***, benzaldeide | ***a. formica***, formaldeide | ***a. tricloroacetica***, cloralio

aldèidico o **aldeìdico** [1955] **agg.** (**pl. m.** *-ci*) ● relativo alle aldeidi, derivato dalle aldeidi

aldilà [da *al di là*, prob. sul modello del fr. *au delà* ✱ 1908] **s. m. inv.** ● l'altro mondo, l'oltretomba, la vita ultraterrena: *temere l'a.*; *non credere nell'a.* **CFR.** aldiquà

al di là di ➤ **là** nel sign. B

aldìno [1736] **agg.** ● detto di carattere tipografico impiegato da Aldo Manuzio il Vecchio (1450-1515), spec. del corsivo ideato e usato per le edizioni dei classici in 16° | detto di tali edizioni | oggi, detto di caratteri ispirati a quei modelli

àldio o **aldióne** [longob. *ald* 'servo' ✱ av. 1580] **s. m.** (**f.** *-ia*) ● nel diritto longobardo, appartenente alla classe dei semiliberi e servo della gleba

aldiquà [da *al di qua* sul modello di *aldilà* ✱ 1958] **s. m. inv.** ● la realtà e la vita terrena: *le prode corallifere / non sono le Focette ma la spuma / dell'aldilà, l'exit dall'aldiqua* (E. MONTALE) **CFR.** aldilà

-àldo [di orig. germ. (*-aud*, *-aut*)] **suff.** ● in parole come *araldo*, *castaldo*, *ribaldo* **CFR.** spavaldo

aldòso o **aldòsio** [da *ald(eide)* col suff. *-os(i)o* ✱ 1955] **s. m.** ● (*chim.*) monosaccaride che contiene nella molecola la funzione aldeidica **CFR.** chetoso

aldosteróne [comp. di *ald(eide)*, *ster(oide)* e *-one*② ✱ 1961] **s. m.** ● (*chim.*) ormone steroideo prodotto dallo strato esterno della corteccia surrenale; attivo sul ricambio minerale dell'organismo, favorisce l'eliminazione del potassio e il riassorbimento del sodio a livello renale

alé [fr. *allez* 'andate', seconda pers. pl. imperat. di *aller* 'andare'. V. *allò* ✱ 1572] **inter.** ● si usa come esortazione e incitamento con i sign. di 'su via', 'avanti', 'coraggio': *alé tirate forte!*; *alé, alé, Inter!*

-àle① o **-iàle**, **-uàle** [corrisponde al lat. *-āle(m)*, usato presto, oltre che nella funzione propr. agg., anche per s. (da agg.)] **suff.** ● forma aggettivi (anche sostantivati) di origine latina o tratti da sostantivi che indicano 'stato', 'condizione', 'appartenenza': *autunnale, annuale, avverbiale, domenicale, finale, generale, liceale, ministeriale, patrimoniale, stradale, universale*; unendosi a sostantivi forma anche altri sostantivi: *via-viale, casa-casale, porta-portale*

-àle② [tratto dalla prima sillaba di *al(deide)*] **suff.** ● in chimica organica indica in un composto la presenza del gruppo aldeidico monovalente $-CHO$: *metanale, etanale, propanale*

♦**àlea** [vc. dotta, lat. *ālea(m)* 'gioco di dadi, rischio', di etim. incerta ✱ sec. XIV] **s. f. 1** (*lett.*) rischio eventuale | ***correr l'a.***, affrontare il rischio, tentare la sorte **2** (*dir.*) normale grado di incertezza economica insito in un negozio giuridico che non influisce sull'effica-

a

cia e la validità dello stesso

Aleàtico o **Leàtico** [dall'emiliano *aliàdga* 'uva lugliatica' ✻ av. 1635] **s. m.** (**pl.** *-ci*) **1** vitigno originario della Toscana ma diffuso in varie regioni, spec. nel Lazio e in Puglia; produce un'uva dalla buccia di colore blu scuro, a grossi acini **2** vino rosso da dessert, ad alta gradazione alcolica, derivante dal vitigno omonimo: *A. di Gradoli, di Portoferraio, di Puglia*

aleatóre [vc. dotta, lat. *aleatōre(m)*, da *ālea* 'gioco di dadi'. V. *alea* ✻ av. 1938] **s. m.** • (*lett.*) chi tenta la sorte

aleatorietà [1958] **s. f. inv.** • caratteristica di ciò che è aleatorio: *l'a. di una previsione*

aleatòrio [vc. dotta, lat. *aleatōriu(m)*, da *ālea* 'alea' ✻ 1587] **agg.** (**pl. m.** *-i* o *raro -ii*) **1** che dipende dalla sorte, dal caso: *esito a.*; *previsione aleatoria* **SIN.** dubbio, incerto, rischioso | (*mat.*) casuale, non deterministico **2** (*dir.*) soggetto ad alea | ***contratto a.***, contratto in cui le parti, accettando l'eventualità di un rischio, si espongono reciprocamente alla perdita dei vantaggi che dal contratto derivano **3** (*mus.*) detto di composizione o esecuzione dipendente in qualche modo e in varia misura da processi casuali o da schemi probabilistici

alecìtico [vc. dotta, comp. di *a-*② e del gr. *lékithos* 'tuorlo' col suff. *-ico* ✻ 1980] **agg.** (**pl. m.** *-ci*) • (*biol.*) detto di gamete femminile privo di deutoplasma

àlef [dal lat. tardo *āleph*, dall'ebr. *'aleph*, prima lettera dell'alfabeto ✻ 1322 ca.] **s. m. inv. 1** nome della prima lettera dell'alfabeto ebraico **2** (*mat.*) numero di cardinalità infinita

♣**aleggiàre** [fr. ant. *alegier*, dal lat. tardo *alleviāre*. V. *alleviare* ✻ sec. XIII] **v. intr.** (**pres.** *io aléggio*; **fut.** *io aleggerò*; **aus.** *avere*) **1** (*raro, lett.*) scuotere leggermente le ali **2** (*fig.*) spirare, alitare: *aleggiava un profumo di viole* | manifestarsi appena: *aleggiava un clima di sospetto*

aléggio ➤ **alleggio**

alemànna ➤ **allemanda**

alemànno o **alamànno** [germ. *Alamann*, n. di un popolo germ. ✻ 1258] **agg. e s. m.** (**f.** *-a*) **1** appartenente a un'antica popolazione germanica | ***dialetto a.***, dialetto tedesco parlato in regioni della Germania meridionale e della Svizzera **2** (*poet.*) tedesco

†**aléna** (o **-è-**) [da †*alenare* ✻ 1266] **s. f.** • (*lett.*) lena, fiato

†**alenàre** ➤ **anelare**

†**àlere** [vc. dotta, lat. *ălere* 'nutrire' ✻ sec. XIV] **v. tr.** (**difett. usato solo nella terza pers. sing. del pres. indic.** *ale*, *poet.*) • (*poet.*) alimentare, nutrire (*anche fig.*): *speme il cuor nutrisce ed ale* (L. DE' MEDICI)

alerióne [fr. *alérion* 'piccola aquila', prob. dal francone **adalaro* ✻ 1623] **s. m.** • (*arald.*) piccola aquila senza rostro e senza artigli con le ali aperte e abbassate

aleróne [fr. *aileron*, da *aile* 'ala' ✻ 1918] **s. m.** • (*raro*) alettone

aleșàggio [fr. *alésage*. V. *alesare* ✻ 1923] **s. m. 1** diametro d'ogni cilindro di un motore a stantuffi **2** alesatura

aleșàmetro [comp. di *alesa(ggio)* e *-metro* ✻ 1986] **s. m.** • strumento per misurare il diametro dei fori

aleșàre [fr. *aléser*, dal lat. parl. **allatiāre*, da *lātus* 'largo' ✻ 1905] **v. tr.** (*io alèso* (o *-é-*)) • (*mecc.*) eseguire con un alesatore la finitura della superficie di un foro cilindrico per ottenere l'esatto diametro voluto

aleșatóio [da *alesare* ✻ 1955] **s. m.** (**pl.** *-ói*) • alesatore nel sign. 1

aleșatóre [1919] **s. m. 1** (*tecnol.*) utensile metallico di forma cilindrica allungata con taglienti in punta impiegato per alesare **SIN.** alesatoio **2** (**f.** *-trice*) operaio addetto all'alesatura

aleșatrìce [da *alesare* ✻ 1922] **s. f.** • (*tecnol.*) macchina che esegue l'alesatura facendo avanzare lentamente nel foro l'alesatore dotato di moto rotatorio

aleșatùra [1952] **s. f.** • operazione dell'alesare

alessandrinișmo [da *alessandrino* col suff. *-ismo* ✻ 1883] **s. m.** • carattere dell'arte e della poesia dell'età ellenistica | (*est.*) ogni forma artistica raffinata, preziosa e decadente

alessandrìno① [vc. dotta, lat. *alexandrīnu(m)*, dalla città di Alessandria d'Egitto ✻ 1282] **agg. 1** di Alessandria d'Egitto **2** che è proprio della cultura greca fiorita dal IV al I sec. a.C.: *poeta, artista, grammatico a.* **SIN.** ellenistico **3** (*est.*) raffinato, prezioso, decadente: *gusto a.*; *Molte volte un poeta ... / è puritano e tenero, duro e a.* (P.P. PASOLINI)

alessandrìno② [dal poema mediev. fr. *Roman d'Aléxandre* in cui tale verso compare per la prima volta ✻ 1703] **A s. m.** • nella poesia classica francese, verso doppio che ripete due successioni di sei o sette sillabe, accentate entrambe sulla sesta, imitato in Italia col doppio settenario o verso martelliano **B** anche **agg.**: *verso a.*

alessandrìno③ [1601] **A agg.** • della città piemontese di Alessandria **SIN.** mandrogno **B s. m.** (**f.** *-a*) • abitante o nativo di Alessandria

alessandrìte [ted. *Alexandrit*, dal n. dello zar *Alessandr(o) I* (1777-1825) con il suff. mineralogico *-ite*② ✻ 1892] **s. f.** • (*miner.*) varietà cangiante di crisoberillo, verde brillante alla luce del sole, rosso cupo alla luce artificiale | ***effetto a.***, cambiamento di colore in funzione del tipo di illuminazione

alessìa [comp. di *a-*① e del gr. *léxis* 'lettura' ✻ 1899] **s. f.** • (*med.*) incapacità di riconoscere i segni della scrittura

alessifàrmaco [vc. dotta, lat. *alexiphărmaco(n)*, dal gr. *alexiphármakos'*, comp. di *aléxō* 'io allontano' e *phármakon* 'veleno' ✻ av. 1676] **s. m.** (**pl.** *-ci* o *disus. -chi*) • (*lett.*) antidoto, spec. contro il veleno dei serpenti

alessitimìa o **alexitimìa** [comp. di *a-*①, del gr. *léxis* 'parola, discorso' e *-timia* ✻ 1978] **s. f.** • (*psicol.*) incapacità di percepire, riconoscere ed esprimere verbalmente le proprie emozioni

alessitìmico o **alexitìmico** [1975] **agg.** (**pl. m.** *-ci*) • (*psicol.*) relativo ad alessitimia

alètico [dal gr. *alethḗs* 'vero' con il suff. *-ico* ✻ 1980] **agg.** (**pl. m.** *-ci*) • (*filos.*) in logica, che riguarda il concetto di vero/falso: *giudizio a.*

alétta [av. 1595] **s. f. 1** dim. di *ala* **2** piccolo gruppo di penne dietro l'angolo dell'ala degli uccelli **3** espansione esterna che si aggiunge a parti di macchina o altri oggetti, aumentandone la superficie per vari scopi: *le alette della freccia, della fiocina* | (*mar.*) pinna stabilizzatrice | (*mar.*) ***a. di rollio***, lamiera fissata di taglio lungo i fianchi della carena immersa per contrastare il movimento di rollio della nave | ***le alette del flipper***, i congegni laterali che, azionati da un pulsante, permettono di mandare la pallina nelle varie direzioni | (*autom.*) ***a. parasole***, V. *parasole* **4** (*aeron.*) ala isolata o connessa a un piano aerodinamico, usata spec. per deflettere una corrente e trarne reazioni utili **5** (*edit.*) porzione della sopraccoperta di un libro ripiegata nell'interno su cui si stampano brevi notizie sul contenuto e sull'autore dell'opera **SIN.** risvolto **6** (*archit.*) mensola capovolta che talvolta orna lateralmente i prospetti degli abbaini **7** (*zool.*) pesce commestibile d'acqua dolce dei Ciprinidi (*Chondrostoma soetta*) ‖ **alettìna**, **dim.**

alettàre [da *aletta* ✻ 1961] **v. tr.** (*io alétto*) • fornire di alette o lavorare ad alette un pezzo meccanico

alettàto [1756] **agg.** • fornito di alette: *tubo a.*

alettatùra [1961] **s. f. 1** operazione dell'alettare **2** insieme delle alette, spec. quelle poste intorno a un organo meccanico

alettóne [da *aletta* ✻ 1915] **s. m. 1** (*aeron.*) parte mobile della zona posteriore di una semiala, usata per regolare l'assetto trasversale del velivolo **2** (*mar.*) piano stabilizzatore, sistemato a poppa delle imbarcazioni veloci a motore e destinato a migliorarne l'assetto **3** (*autom.*) spoiler

aleuróne [dal gr. *áleuron* 'farina' ✻ 1929] **s. m. 1** sostanza proteica, gener. in piccoli granuli, presente nelle cariossidi delle Graminacee **2** prodotto secondario del glutine di frumento in forma di polvere gialliccia, ricca di sostanze albuminose, usata per ottenere pane per diabetici

alexitimìa e deriv. ➤ **alessitimia** e deriv.

àlfa① [gr. *álpha*, dal fenicio **alp* 'toro' ✻ sec. XIII] **A s. f. o m. inv.** • nome della prima lettera dell'alfabeto greco | ***a. privativo***, il prefisso greco *a-* che, nei composti, indica l'assenza o la negazione del significato espresso dal radicale | ***dall'a. all'omega***, (*fig.*) dal principio alla fine **B in funzione di agg. inv.** • (posposto a un sost.) nelle loc. ***raggi, particelle a.***, radiazione emessa da sostanze radioattive, identificata con ioni positivi di elio

àlfa② [arabo *ḥalfā'* ✻ 1876] **s. f. 1** pianta erbacea perenne delle Graminacee, con rizomi, spighette solitarie e foglie lineari (*Stipa tenacissima*) **2** fibra tessile ricavata dalla pianta omonima e dallo sparto

alfabèta [ricavato da *analfabeta* ✻ av. 1910] **agg. e s. m. e f.** (**pl. m.** *-i*) • che (o chi) sa leggere e scrivere **CONTR.** analfabeta

alfabetàrio [da *alfabeto* ✻ 1942] **s. m.** • serie di tavolette su cui sono riportate le lettere dell'alfabeto (usate in passato come sussidio didattico)

alfabètico [1651] **agg.** (**pl. m.** *-ci*) **1** dell'alfabeto: *ordine a.* | ***scrittura alfabetica***, i cui segni rappresentano suoni isolati **2** che segue l'ordine dell'alfabeto: *elenco, indice a.* **3** relativo all'alfabetismo: *competenza alfabetica* ‖ **alfabeticaménte**, **avv.** secondo l'ordine alfabetico

alfabetière [1955] **s. m.** • alfabetario

alfabetìșmo [1884] **s. m.** • competenza consistente nel saper leggere e scrivere: *indice di a. in un Paese* **CONTR.** analfabetismo

alfabetiẓẓàre [1963] **v. tr. 1** mettere qlcu. in grado di leggere e scrivere: *a. gli elementi analfabeti di una popolazione* **2** (*raro*) mettere in ordine alfabetico ‖ **alfabetiẓẓazióne**, **s. f.** (V.)

alfabetiẓẓatóre [1966] **s. m.** (**f.** *-trice*) • chi alfabetizza

alfabetiẓẓazióne [1960] **s. f.** • attività consistente nell'insegnare a leggere e scrivere a chi è analfabeta: *corsi di a. per adulti* | (*est.*) insegnamento di base, elementare: *a. informatica*

♦**alfabèto** [vc. dotta, lat. tardo *alphabētu(m)*, dal gr. *alphábētos*, dalle due prime lettere dell'alfabeto greco *álpha* e *bêta* ✻ sec. XIII] **s. m. 1** sistema di segni grafici usati per rappresentare i suoni di una lingua: *a. latino, arabo, ebraico* | ***a. fonetico***, sistema convenzionale di simboli caratterizzati da una precisa corrispondenza tra grafia e suono | ***a. telegrafico***, codice telegrafico nel quale, ad una determinata combinazione di impulsi di corrente, corrispondono determinate lettere dell'alfabeto, numeri ed interpunzioni | ***a. Morse***, V. *Morse* **2** (*fig.*) i primi rudimenti di una disciplina

alfabloccànte [comp. di (*adrenergico*) *alfa* e del part. pres. di *bloccare* ✱1991] **A** **s. m.** ● (*farm.*) farmaco o agente chimico capace di inibire la trasmissione alfa adrenergica **B** anche **agg.**: *farmaco a.*

alfamediàle [comp di *alfa(betico)* e *media-le*③ ✱1998] **agg.** ● relativo all'alfamedialità: *scuola a.*

alfamedialità [2000] **s. f. inv.** ● sintesi fra la cultura alfabetica propria della civiltà tipografica e quella multimediale dell'era digitale, come competenza d'uso e capacità di contaminazione dei relativi linguaggi

alfamimètico [1983] **A** **s. m.** (**pl. m.** *-ci*) ● (*farm.*) farmaco o agente chimico capace di produrre risposte fisiologiche analoghe a quelle prodotte dalla stimolazione dei recettori adrenergici di tipo alfa **B** anche **agg.**: *farmaco a.*

alfàna [prob. sp. *alfana*, dall'arabo *al-fáras* 'cavallo' ✱av. 1449] **s. f.** **1** cavallo arabo forte e generoso **2** (*est.*, *lett.*) cavalcatura

alfanumèrico [comp. di *alfa(betico)* e *numerico* ✱1951] **agg.** (**pl. m.** *-ci*) ● (*inform.*) nella teoria dell'informazione, detto di carattere alfabetico o numerico e del codice atto a rappresentare tale carattere

alfière① [sp. *alférez*, dall'arabo *al-fāris* 'cavaliere' ✱1527] **s. m.** (**f.** *-a*) **1** portabandiera | (*fig.*) chi per primo propugna e difende una dottrina: *l'a. dell'europeismo* **SIN.** vessillifero | ***a. della Repubblica***, titolo di benemerenza conferito dal Capo dello Stato a giovani di minore età **2** (*sport*) caposquadra

alfière② [arabo *al-fīl* 'elefante', perché questo pezzo era rappresentato da un elefante ✱1551] **s. m.** ● pezzo del gioco degli scacchi movibile diagonalmente lungo le caselle di uno stesso colore

alfierésco [1823] **agg.** (**pl. m.** *-schi*) ● che ha l'indole e lo stile di V. Alfieri

alfieriàno [1810] **A** **agg.** ● relativo alla persona, al tempo, all'arte di V. Alfieri (1749-1803) **B** **s. m.** ● seguace, imitatore di V. Alfieri

alfìne o (*lett.*) **al fine** [sec. XIII] **avv.** ● finalmente, alla fine

♦**àlga** o †**àliga** [lat. *ălga(m)*, di etim. incerta ✱1316] **s. f.** ● vegetale unicellulare o pluricellulare, vivente in ambienti acquatici o molto umidi, di dimensione e complessità variabili, fornito di clorofille e di altri pigmenti, che si riproduce per spore e gameti **CFR.** algo-②, fico-, -ficee **SIN.** Cloroficee | ***alghe azzurre***, Cianoficee | ***alghe brune***, Feofite **CFR.** Feoficee | ***alghe gialle***, Xantoficee | ***alghe rosse***, Rodofite **CFR.** Rodoficee | ***alghe verdi***, Clorofite **CFR.** Cloroficee ‖ **alghétta**, **dim.**

algàle [1982] **agg.** ● che riguarda le alghe: *fioritura a.*

algarròbo /algar'rɔbo, *sp.* alɣar'rɔβo/ [vc. sp., di orig. araba (*al-ḫarrūba* 'siliqua (di legume)') ✱sec. XVII] **s. m.** (**pl.** *algarrobi* o sp. *algarrobos*) ● albero delle Mimosacee dal legno durissimo (*Prosopis alba*)

àlgebra [arabo *al-ğabr* 'ristabilimento, restaurazione' ✱sec. XIII] **s. f.** **1** ramo della matematica che studia le operazioni e gli insiemi dotati di operazioni | ***a. classica***, che si occupa del calcolo letterale e delle equazioni algebriche, assumendo come operazioni quelle dell'aritmetica | ***a. astratta, moderna***, che si occupa delle operazioni non particolarizzate, ma circoscritte da opportune proprietà formali **2** (*fig.*, *fam.*) cosa complicata, difficile da capire: *la conferenza era a. per lui*

algèbrico [fr. *algébrique* ✱av. 1703] **agg.** (**pl. m.** *-ci*) ● di algebra, relativo all'algebra: *metodo a.*; *operazione algebrica* | ***calcolo a.***, consistente in operazioni algebriche, solitamente quelle ordinarie dell'aritmetica | ***equazione algebrica***, che si può scrivere con un polinomio nelle incognite uguagliato a zero ‖ **algebricaménte**, **avv.** secondo le regole dell'algebra ‖ **algebricità**, **s. f. inv.**

algebrìsta [1584] **s. m. e f.** (**pl. m.** *-i*) ● studioso d'algebra

algènte [vc. dotta, lat. *algĕnte(m)*, part. pres. di *algēre* 'soffrire il freddo' ✱1292] **agg.** ● (*poet.*) freddo, agghiacciante, gelato

†**algére** o **àlgere** [vc. dotta, lat. *algēre*, di etim. incerta ✱av. 1374] **v. intr.** (**difett.** **usato solo nella prima e terza pers. sing. del pass. rem.** *alsi, alse*) ● (*lett.*) patire freddo intenso: *l'alma, ch'arse per lei sì spesso et alse* (F. PETRARCA)

♦**algerìno** [1725] **A** **agg.** ● dell'Algeria o di Algeri **B** **s. m.** (**f.** *-a*) ● abitante o nativo dell'Algeria o di Algeri

algeṣìa [comp. del gr. *álgesis* 'dolore' e del suff. *-ia*② ✱1939] **s. f.** ● (*med.*) sensibilità al dolore

algeṣimetrìa [comp. di *algo-*① e *-metria* ✱1918] **s. f.** ● (*med.*) misurazione dell'intensità della sensazione dolorosa **SIN.** algometria

algeṣìmetro [1899] **s. m.** ● (*med.*) strumento per l'algesimetria **SIN.** algometro

alghicìda [comp. di *alga* e *-cida* ✱1983] **A** **s. m.** (**pl.** *-i*) ● prodotto usato per disinfestare piscine e sim. dalle alghe **B** anche **agg.**: *lampada a.*

algìa [dal gr. *álgos* 'dolore'. V. *-algia* ✱1929] **s. f.** (**pl.** *-gìe*) ● (*med.*) dolore

-algìa [dal gr. *-algia*, da *álgos* 'dolore'. V. *algo-*①] **secondo elemento** ● in parole composte della terminologia medica significa 'dolore': *lombalgia, nevralgia, pubalgia*

àlgico [1995] **agg.** (**pl. m.** *-ci*) ● pertinente al dolore | doloroso

♦**àlgido** [vc. dotta, lat. *ălgidu(m)*. V. †*algere* ✱1672] **agg.** **1** (*lett.*) freddo, gelido | (*fig.*) distaccato, privo di partecipazione: *accoglienza algida*; *stile a.* | (*fig.*) distaccato, insensibile, indifferente: *carattere a.* **CONTR.** affettuoso, espansivo, caloroso **2** (*med.*) detto di gravissimo stato morboso caratterizzato da forte abbassamento della temperatura corporea

algìna [da *alga* ✱1913] **s. f.** ● (*chim.*) colloide ricavato da alcune alghe Laminarie

alginàto [dall'acido *alginico* ✱1955] **A** **s. m.** **1** (*chim.*) sale dell'acido alginico: *a. di calcio* **2** fibra tessile artificiale a base di alginato di calcio **B** **agg.** ● detto di filato artificiale trattato con sali dell'acido alginico: *raion a.*

algìnico [da *algina* ✱1955] **agg.** (**pl. m.** *-ci*) ● (*chim.*) detto di acido poliuronico, presente in alghe marine, usato come emulsionante e gelificante nell'industria dolciaria, farmaceutica, tessile

algo-① [dal gr. *álgos* 'dolore', di etim. incerta] **primo elemento** ● in parole composte della terminologia medica significa 'doloroso', 'dolore': *algolagnia, algometro*

àlgo-② **primo elemento** ● in parole composte, spec. della terminologia botanica, significa 'alga': *algocoltura*

algocoltùra o **algocultùra** [comp. di *algo-*② e *-coltura* ✱1987] **s. f.** ● coltura di alghe

algofilìa [comp. di *algo-*① e *-filia* ✱1905] **s. f.** ● (*med.*) patologia che associa il piacere alle sensazioni dolorose

algofobìa [comp. di *algo-*① e *-fobia* ✱1903] **s. f.** ● (*psicol.*) paura morbosa del dolore fisico ‖ **algofòbico**, **agg.** (**pl. m.** *-ci*); anche **s. m.** (**f.** *-a*) **nel sign. 2** **1** relativo ad algofobia **2** algofobo ‖ **algòfobo**, **agg. e s. m.** (**f.** *-a*) che (o chi) soffre di algofobia

algògeno [comp. di *algo-*① e *-geno* ✱1961] **agg.** ● (*med.*) che provoca dolore: *stimolo a.*

algolagnìa [comp. di *algo-*① e del gr. *lagnéia* 'libidine', da *lagáiein* 'lasciarsi andare (ai piaceri)', prob. di orig. indeur. ✱1955] **s. f.** ● (*psicol.*) tendenza ad associare la ricerca del piacere sessuale con il dolore inflitto o ricevuto **CFR.** masochismo, sadismo

algologìa① [comp. di *algo-*② e *-logia* ✱1835] **s. f.** (**pl.** *-gìe*) ● parte della botanica che studia le alghe **SIN.** ficologia

algologìa② [comp. di *algo-*① e *-logia*, forse attraverso il fr. *algologie* ✱1983] **s. f.** (**pl.** *-gìe*) ● ramo della medicina che si occupa dello studio e della terapia del dolore

algòlogo [comp. di *algo-*② e *-logo* ✱1955] **s. m.** (**f.** *-a*; **pl. m.** *-gi*) ● studioso di algologia

algometrìa [comp. di *algo-*① e *-metria* ✱1911] **s. f.** ● (*med.*) algesimetria

algòmetro [comp. di *algo-*① e *-metro* ✱1913] **s. m.** ● (*med.*) algesimetro

algonchiàno [dalla tribù degli *Algonchini*, popolo indiano dell'America del Nord; detto così perché i terreni preistorici che caratterizzano questo periodo si trovano appunto nell'America del Nord ✱1929] **A** **s. m.** ● (*geol.*; gener. con iniziale maiuscola) il più recente dei due periodi in cui si divide l'era archeozoica **B** anche **agg.**: *periodo a.*

algònchino o **algonchìno** [da una voce indigena di etim. incerta ✱1787] **agg. e s. m.** ● appartenente agli Algonchini, popolazione amerindia oggi confinata nelle riserve canadesi, componente una delle famiglie linguistiche un tempo territorialmente più estese dell'America del Nord

♦**algóre** [vc. dotta, lat. *algōre(m)*. V. †*algere* ✱1499] **s. m.** ● (*lett.*) freddo intenso

†**algorìṣmo** ▸ **algoritmo**

algorìtmico [1865] **agg.** (**pl. m.** *-ci*) ● (*mat.*) relativo a un algoritmo

algorìtmo o †**algorìṣmo** [dal matematico arabo *al-Ḫuwārizmī* che nel sec. IX rinnovò in Occidente lo studio dell'aritmetica ✱sec. XIII] **s. m.** **1** (*mat.*) procedimento per la risoluzione di un problema | ***a. finito***, quello che permette di giungere al risultato in un numero finito di passi **2** nel Medioevo, procedimento del calcolo numerico fondato sull'uso delle cifre arabiche

algóso (o **-ṣ-**) [vc. dotta, lat. *algōsu(m)*, da *ălga* 'alga' ✱1562] **agg.** ● (*lett.*) che è pieno o coperto di alghe: *la ... brezza saliente dalla laguna algosa* (G. D'ANNUNZIO)

-àli [dal lat. *-āl(es)*, desinenza di m. pl.] **suff.** ● nella sistematica botanica indica l'ordine: *Fagali, Rosali*

aliànte (o **-lià-**) [part. pres. di *aliare* ✱1931] **s. m.** ● velivolo senza motore che, rimorchiato in quota, vola sfruttando le correnti atmosferiche

aliantìsta [1963] **s. m. e f.** (**pl. m.** *-i*) ● pilota di alianti

aliàre (o **-lià-**) [da *ala* ✱1525] **v. intr.** (*io àlio*; aus. *avere*) **1** (*lett.*) muovere le ali, svolazzare, volare: *le frotte delle vaghe api prorompono / ... vanno aliando su' nettarei calici* (U. FOSCOLO) **2** (*est.*) aggirarsi intorno a qlcu. o a qlco. **3** (*lett.*) aleggiare, alitare (*anche fig.*)

àlias [lat. 'altrimenti' ✱av. 1535] **A** **avv.** ● altrimenti detto: *Antonio de Curtis, a. Totò* **B** **s. m. inv.** **1** (*inform.*) breve stringa di testo assegnata a un comando o a una risorsa per renderne più semplice l'accesso **2** (*Internet*) indirizzo di posta elettronica apparente, che rimanda a un altro non visibile | nickname

♦**àlibi** [lat. *alibi* 'in altro luogo' ✱1723] **s. m. inv.** **1** (*dir.*) mezzo di difesa con cui una persona prova che, al momento della consumazione del reato di cui è sospettata, si trovava in luogo diverso da quello in cui il reato stesso fu commesso: *cercare, procurarsi, avere un a.* **2** (*fig.*) scusante, giustificazione: *a. morale*

a

SFUMATURE ➤ *attenuante*

Alicànte [dal n. dell'omonima città spagnola ✱ av. 1802] **s. m.** ● vitigno originario della Spagna, coltivato anche nell'Italia meridionale, che produce un'uva nera da vino | vino rosso, molto alcolico e corposo, ottenuto in Spagna da tale uva

alìce [lat. *(h)allēce(m)* 'salsa di pesce', di orig. gr. (*halykón*, da *hals* 'sale', di orig. indeur.) (?) ✱ sec. XIII] **s. f.** ● acciuga ‖ **alicétta**, **dim.**

aliciclico [comp. di *ali(fatico)* e *ciclico* ✱ 1926] **agg.** (**pl. m.** *-ci*) ● (*chim.*) detto di composto organico che, nonostante la struttura ciclica, si comporta come un composto alifatico SIN. naftenico

alicòrno [da *unicorno* ✱ sec. XIV] **s. m.** **1** liocorno **2** moneta d'argento emessa dalla zecca di Ferrara nel XV sec. su cui erano impressi l'unicorno e l'aquila estense

alìcula [vc. dotta, lat. *alĭcula(m)*, forse da avvicinare al tessalico *állix* 'clamide' ✱ 1829] **s. f.** ● tunica corta che avvolgeva le spalle usata dagli antichi Romani

alidàda [arabo *al-'iḍāda* 'regolo dell'astrolabio' ✱ 1578] **s. f.** ● parte del goniometro solidale col collimatore, che porta uno o due indici diametralmente opposti per la lettura sul cerchio graduato

àlido [lat. *āridu(m)*, da *arēre* 'essere secco' ✱ 1310] **A** **agg.** ● (*tosc.*) arido, secco, asciutto: *aria, terra alida*; *tempo a.* | ***carne alida***, dura, tigliosa | †smunto, magro ‖ **alidaménte**, **avv.** seccamente; poveramente **B** **s. m.** ● (*tosc.*) aridità

alidóre [da *alido* ✱ 1605] **s. m.** ● (*tosc.*) aridità, secchezza | stagione arida

alienàbile [da *alienare* ✱ av. 1519] **agg.** ● (*dir.*) che si può alienare ‖ **alienabilità**, **s. f. inv.**

alienaménto [1584] **s. m.** ● (*dir.*) alienazione nel sign. 1

alienànte **A** **part. pres.** di *alienare*; anche **agg.** **1** (*dir.*) che aliena: *la parte a.* **2** che produce alienazione, nel sign. 3: *un lavoro con effetti alienanti* **B** **s. m. e f.** ● (*dir.*) chi aliena: *l'a. e l'acquirente*

♣**alienàre** [vc. dotta, lat. *aliēnāre*, da *aliēnus*, da *ălius* 'altro' ✱ 1289] **A** **v. tr.** (*io alièno*) **1** (*dir.*) trasferire ad altri, a titolo oneroso, un diritto spec. di proprietà su qlco.: *a. un bene mobile, immobile*; *a. un terreno a terzi* SIN. vendere **2** (*fig.*) allontanare, rendere ostile (+ *da*): *a. i sudditi dal sovrano*; *voltò tutto l'animo ad a. dal Duca di Milano la città di Genova* (F. GUICCIARDINI) **3** indurre, portare qlcu. a uno stato di alienazione, nel sign. 3 **B** **alienàrsi** **v. tr. pron.** (**aus.** *essere*) ● allontanare da sé: *s'è alienato la simpatia di tutti* | ***alienarsi qlcu.***, renderselo nemico **C** **alienàrsi** **v. rifl.** ● (*raro*) astrarsi (+ *da*): *alienarsi dalla realtà* **D** **alienàrsi** **v. intr. pron.** ● (*raro*) estraniarsi | †impazzire

alienàto [vc. dotta, lat. *alienātu(m)*, da *alienāre* 'alienare'] **A** **part. pass.** di *alienare*, anche **agg.** ● nei sign. del v. **B** **s. m.** (**f.** *-a*) **1** chi è affetto da malattia mentale, pazzo **2** chi vive un processo di alienazione

SFUMATURE ➤ *demente*

alienazióne [vc. dotta, lat. *alienatiōne(m)*, da *alienāre* 'alienare' ✱ 1305] **s. f.** **1** (*dir.*) trasferimento di un bene o di un diritto SIN. compravendita, vendita **2** (*psicol.*) ***a. mentale***, ogni malattia mentale cronica di natura tale da rendere il malato soggetto a particolari provvedimenti medico-legali **3** (*filos.*) in Hegel, processo dialettico per cui lo spirito si estrania da sé oggettivandosi | in Marx ed Engels, condizione di estraneità dell'uomo rispetto ai prodotti della sua stessa attività, propria dell'organizzazione capitalistica del lavoro | (*est.*) sensazione di estraneità dell'individuo rispetto alla realtà che vive

alienìa [comp. di *a-*① e lat. *līen*, genit. *liēnis* 'milza', di etim. incerta ✱ 1955] **s. f.** ● (*med.*) mancanza, spec. congenita, della milza

alienìsta [fr. *aliéniste*, da *aliéné* 'alienato' ✱ 1858] **s. m. e f.** (**pl. m.** *-i*) ● specialista delle malattie mentali

alienità [da *alieno* ✱ 1865] **s. f. inv.** ● (*dir.*) stato di un bene che appartiene ad altri

alièno [vc. dotta, lat. *aliēnu(m)*, da *ălius* 'altro'; per calco sull'ingl. *alien* nei sign. A 3 e B ✱ sec. XIII] **A** **agg.** **1** (*lett.*) che è d'altri: *fece guerra con le armi sue e non con le aliene* (N. MACHIAVELLI) | (*est.*) estraneo, straniero: *la politica è affatto ignota ed aliena alla nazione* (G. LEOPARDI) **2** contrario, avverso (+ *da*, anche seguito da inf.): *essere a. dalle discussioni*; *il governo pareva a. dal favoreggiare quest'idea* (I. NIEVO) **3** nel linguaggio fantascientifico, extraterrestre **B** **s. m.** (**f.** *-a*) **1** in opere di fantascienza, essere che abita mondi extraterrestri **2** (*raro*) chi è diverso rispetto ad un ambiente, a un contesto sociale e sim.

alièutica [vc. dotta, gr. *halieutikḗ*, f. sost. di *halieutikós* 'che riguarda la pesca', da *haliéus* 'pescatore', da avvicinare ad *háls* 'mare', di orig. indeur. ✱ 1819] **s. f.** ● (*lett.*) pesca

alifàtico [dal gr. *áleiphar*, genit. *aléiphatos* 'unguento', da *aléiphō* 'io ungo' ✱ 1926] **agg.** (**pl. m.** *-ci*) ● (*chim.*) detto di composto organico in cui gli atomi di carbonio sono legati fra loro in catena aperta: *serie alifatica* SIN. grasso CONTR. aromatico

alifórme [comp. di *ala* e *-forme* ✱ 1869] **agg.** ● (*scient.*) che ha forma di ala: *struttura a.*

†**àliga** ➤ **alga**

aligero [vc. dotta, lat. *alĭgeru(m)*, comp. di *āla* 'ala' e *gĕrere* 'portare' ✱ 1499] **agg.** ● (*lett.*) fornito di ali | (*fig.*) veloce

alighièro [vc. di orig. germ. ✱ sec. XV] **s. m.** ● (*mar.*; *disus.*) gaffa② | marinaio che la manovra

†**aligùsta** ➤ **aragosta**

♦**alimentàre**① [da *alimento* ✱ 1750] **A** **agg.** **1** che serve al nutrimento: *generi alimentari* **2** (*dir.*) degli alimenti: *obbligo a.* ‖ **alimentarità**, **s. f. inv.** commestibilità: *certificato di alimentarità* **B** **s. m. solo sing.** ● il settore dell'industria alimentare: *l'a. è in crescita*; *salone dell'a.* **C** **alimentàri** **s. m. pl.** ● generi commestibili: *negozio di alimentari*

♦**alimentàre**② [da *alimento* ✱ av. 1313] **A** **v. tr.** (*io aliménto*) **1** dare alimento, nutrire, cibare | (*fig.*) mantenere vivo: *a. un sentimento, una passione*; *a. l'amore, l'odio* **2** rifornire: *a. di acqua un canale, un pozzo* | fornire a una macchina termica, idraulica, elettrica e sim. il combustibile, il fluido, l'energia necessaria al suo funzionamento **B** **alimentàrsi** **v. rifl.** ● nutrirsi, sostentarsi (anche *fig.*) (+ *con*, + *di*): *alimentarsi con cibi sani per mantenersi in forma*; *la loro amicizia si alimenta di interessi comuni*

alimentàrio [vc. dotta, lat. *alimentāriu(m)*, da *alimĕntum* 'alimento' ✱ 1673] **agg.** **1** che riguarda gli alimenti **2** (*dir.*, *raro*) alimentare

alimentarìsta [1935] **s. m. e f.** (**pl. m.** *-i*) **1** commerciante al dettaglio di generi alimentari **2** lavoratore dell'industria alimentare **3** specialista dei problemi dell'alimentazione

alimentarità ➤ **alimentare**①

alimentatóre [1550] **s. m.** **1** (**f.** *-trice*) chi alimenta (anche *fig.*) **2** (**f.** *-trice*) operaio o tecnico addetto ad alimentare forni, caldaie e sim. **3** (*mecc.*) dispositivo che fornisce in modo continuo o intermittente l'alimentazione a una macchina **4** (*elettron.*) apparecchio che fornisce la tensione o la corrente necessaria per il funzionamento di circuiti o strumenti elettronici

♦**alimentazióne** [1840] **s. f.** **1** somministrazione o assunzione delle sostanze contenenti i principi nutritivi necessari agli organismi viventi: *l'a. di un paziente*; *il riso è la base dell'a. giapponese* | quantità, qualità e modalità di assunzione degli alimenti: *a. ricca, povera*; *a. sufficiente, insufficiente*; *a. carnea, lattea, vegetale*; *un'a. carente di ferro* **2** in varie tecnologie, somministrazione di materiali o energia destinati a far funzionare macchine o a essere elaborati in determinati apparecchi | in varie tecnologie, trasporto del pezzo, grezzo o semilavorato, da trasformare, alla macchina o al posto di lavoro: *l'a. di un motore, di una macchina* **3** (*milit.*) operazione consistente nel disporre la cartuccia in posizione opportuna per il caricamento dell'arma

SFUMATURE DI SIGNIFICATO

alimentazione - vitto

Alimentazione è la somministrazione ad altri o l'assunzione autonoma delle sostanze nutritive indispensabili alla sopravvivenza; il termine designa anche nel complesso la qualità e la quantità degli alimenti e il modo in cui essi vengono preparati e consumati. In quest'ultima accezione *alimentazione* è sinonimo di **vitto**.

♦**aliménto** [vc. dotta, lat. *alimĕntu(m)*, da *ălere* 'nutrire' ✱ 1279] **s. m.** **1** sostanza contenente sia principi nutritivi, come proteine, glucidi, grassi, che componenti non nutritive, come le fibre, suscettibile di essere utilizzata dagli organismi viventi | (*fig.*) ***a. dello spirito***, ciò che serve a nutrire l'intelligenza, la sensibilità e sim. | (*fig.*) ciò che serve a tener vivo qlco.: *le polemiche hanno trovato a. nelle dichiarazioni del Ministro* **2** (**al pl.**) mezzi necessari per vivere, la cui prestazione incombe a determinate persone nei casi previsti dalla legge: *obbligo reciproco agli alimenti tra genitori e figli*

SFUMATURE ➤ *nutrimento*

àlimo [gr. *hálimos* 'marino', da *háls*, genit. *halós* 'mare' ✱ av. 1334] **s. m.** ● (*bot.*) porcellana di mare

†**alimònia** [vc. dotta, lat. *alimōnia*, nt. pl. 'alimenti', da *ălere* 'nutrire' ✱ av. 1484] **s. f.** ● (*dir.*) sussidio dovuto alla moglie separata non per sua colpa dal marito

alìnea [fr. *alinéa*, dal lat. mediev. *a linea*, formula usata nella dettatura per dire di andare a capo ✱ 1826] **s. m. inv.** **1** (*dir.*) comma | capoverso | ognuna delle suddivisioni interne di un singolo comma, rappresentate tipograficamente da un accapo **2** (*gener.*) capoverso

aliòsso [comp. del lat. *ālea* 'gioco d'azzardo' e *ŏssum* 'osso' ✱ 1336] **s. m.** ● (*lett.*) osso del tallone di agnelli e sim., usato un tempo dai bambini per giocare SIN. astragalo

aliòtide [comp. del gr. *háls*, genit. *halós* 'mare' e *oûs*, genit. *ōtós* 'orecchio' ✱ 1819] **s. f.** ● gasteropode marino con conchiglia appiattita e rugosa di forma simile all'orecchio e largo piede muscoloso (*Haliotis*) SIN. orecchia di mare

alìpede [vc. dotta, dal lat. *alĭpede(m)*, nom. *ălipes*, comp. di *al(a)* e *-pede* ✱ av. 1472] **A** **agg.** ● (*lett.*) che ha le ali ai piedi | (*fig.*) veloce: *selvaggina a. inseguita dai cani* (G. D'ANNUNZIO) **B** **s. m.** ● (*lett.*) cavallo molto veloce

♦**alìquota** [sottinteso *parte*, dal lat. *ăliquot* 'alquanti' ✱ 1525] **s. f.** **1** (*mat.*) la parte ennesima di una quantità | parte che moltiplicata per un intero dà la quantità iniziale **2** percentuale da applicarsi alla base imponibile per determinare l'imposta o la tassa dovuta | ***a. progressiva***, che cresce con l'aumentare della base imponibile | ***a. costante***, che resta invariata pur aumentando la base imponibile | (*econ.*) ***a. di retrocessione***, percentuale dell'importo di una commissione oggetto di retrocessione **3** (*milit.*) parte, frazione di un raggruppamento di soldati

aliscàfo [da *ala*, sul modello di *motoscafo* ✱ 1958] **s. m.** ● battello veloce con propulsione a elica, dotato di ali totalmente o parzialmente immerse che in velocità lo sollevano dall'acqua, diminuendone la resistenza all'avanzamento SIN. idroplano

aliṣèo [fr. *alizé*, dallo sp. *alisios*, di etim. incerta ✱ av. 1764] **A s. m.** ● (*meteor.*) vento regolare e costante che spira per tutto l'anno tra ciascuno dei tropici e l'equatore, da nord-est nell'emisfero boreale e da sud-est in quello australe **B anche agg.**: *vento a.*

aliṣma [dal gr. *álisma*, n. di una pianta acquatica ✱ 1562] **s. f.** ● genere di erbe palustri cui appartiene la mestolaccia (*Alisma*)

Aliṣmatàcee [1938] **s. f. pl.** (**sing.** *-a*) ● (*bot.*) famiglia di piante delle Monocotiledoni comprendente erbe palustri e acquatiche delle regioni calde (*Alismataceae*)

alìsso [vc. dotta, gr. *álysson*, comp. di *a-*① e *lýssa* 'rabbia', perché si credeva che la pianta preservasse dall'idrofobia ✱ 1726 ca.] **s. m.** ● genere di piante erbacee delle Crocifere con fusticini legnosi, foglie piccole oblunghe e fiori in grappoli di colore bianco, giallo o roseo (*Alyssum*)

✦**alitàre** [vc. dotta, lat. *halitāre*, iter. di *halāre*, di etim. incerta ✱ av. 1292] **v. intr.** (*io àlito*; **aus.** *avere*) **1** mandar fuori il fiato, l'alito | (*est.*, *lett.*) respirare **2** (*fig.*, *lett.*) soffiare leggermente: *il vento alitava fra gli alberi*

alìte① o **halìte** /a'lite/ [comp. del gr. *háls*, genit. *halós* 'sale' e *-ite*② ✱ 1955] **s. f.** ● (*miner.*) salgemma

àlite② [dal gr. *álytos* 'indissolubile' (comp. di *a-*① e un deriv. di *lýein* 'sciogliere'. V. *-lisi*); detto così per l'abitudine del maschio di attorcigliare intorno agli arti posteriori le uova unite in lunghi cordoni ✱ 1865] **s. m.** ● (*zool.*) ***a. ostetrico***, anfibio anuro simile a un rospo il cui maschio trattiene le uova, riunite in cordoni, attorno alle proprie cosce, fino alla schiusa delle uova stesse (*Alytes obstetricans*)

✦**àlito** [vc. dotta, lat. *hălitu(m)*, da *halitāre* 'alitare' ✱ av. 1292] **s. m. 1** fiato emesso dalla bocca respirando: *avere l'a. cattivo, pesante* **2** (*fig.*) leggero soffio: *non spira un a. di vento*

alitòṣi [da *alito* col suff. *-osi* ✱ 1970] **s. f. inv.** ● (*med.*) cattivo odore dell'alito

†**alitóso** (o -ṣ-) [sec. XIII] **agg.** ● che manda fuori alito

alìvolo [comp. di *ala* e *-volo*. V. *velivolo* ✱ 1894] **agg.** ● (*lett.*) fornito di ali per il volo | (*fig.*) veloce, rapido: *Aurighi d'alivola slitta* (G. PASCOLI)

aliẓarìna [arabo *al-'uṣāra* 'succo' (da *'āṣara* 'premere'), il succo che si ricava spremendo una pianta, prob. attrav. lo sp. o il fr. ✱ 1889] **s. f.** ● sostanza colorante rossa presente nelle radici della robbia, ottenuta per sintesi a partire dall'antracene, usata spec. per la produzione di lacche

♦**àlla**① o (*poet.*) **a la prep. art. f. sing. comp.** di *a*② e *la*① ➤ **la**① per gli usi ortografici. Unita a un aggettivo femminile o a un sostantivo, forma numerose loc. avv. o agg. (con ellissi di 'modo', 'maniera', 'moda' ecc.): *all'antica, alla svelta, alla buona, alla garibaldina; alla fiorentina, alla milanese; alla brace, alla Bismarck; alla panna*

àlla② [ant. alto ted. *ālina* ✱ 1262] **s. f.** ● misura lineare usata in passato, con diversi valori, in molti Paesi

alla carlóna ➤ **carlona**

allacciaménto [sec. XIV] **s. m. 1** (*raro*) l'allacciare **2** (*tecnol.*) collegamento, raccordo | ***a. telefonico***, collegamento tra i fili del telefono e quelli della rete telefonica | ***a. ferroviario***, tronco di binario che ne unisce due altri oppure una linea a uno stabilimento

allacciàre [comp. di *a-*② e *laccio* ✱ 1250 ca.] **v. tr.** (**pres.** *io allàccio*; **fut.** *io allaccerò*) **1** stringere con lacci: *a. le scarpe, un grembiule* | (*est.*) legare insieme, affibbiare: *a. la giacca, il cappotto* | (*med.*) ***a. le vene, le arterie***, stringerle, per impedire l'effusione del sangue | ***a. le viti***, legarne i tralci ai pali | anche nella forma pron. (con valore intens.) **allacciàrsi**, stringersi, agganciarsi: *allacciatevi le cinture; con fatica ebbono tempo ad allacciarsi le celate* (N. MACHIAVELLI) **2** (*tecnol.*) compiere, realizzare un allacciamento | ***a. le acque***, raccogliere le acque di più sorgenti in un corso solo **3** (*fig.*) stringere relazioni, rapporti e sim.: *a. un'amicizia, una conoscenza; a. contatti, relazioni* **4** (*fig.*, *lett.*) prendere nell'inganno, sedurre: *le donne ... cercherebbero di allacciarmi* (G. LEOPARDI)

allacciatùra [1618] **s. f. 1** l'allacciare **2** chiusura di abito o altro capo d'abbigliamento con lacci, alamari o fibbie di tessuto, di cuoio e sim. **3** †brachiere, cinto erniario

allàccio [da *allacciare* ✱ 1980] **s. m.** ● (*burocr.*) collegamento di un impianto privato a una rete di pubblico servizio: *a. idrico, telefonico*

alladièse (o -ṣ-) [dal n. lat. mediev. della località, *Allādiu(m)* ✱ av. 1916] **A agg.** ● di Agliè, in provincia di Torino **B s. m. e f.** ● abitante o nativo di Agliè

allagaménto [sec. XIV] **s. m.** ● l'allagare, l'allagarsi

allagàre [comp. di *a-*② e *lago* ✱ 1321] **A v. tr.** (*io allàgo, tu allàghi*) ● coprire d'acqua: *a. terreni, abitazioni* | (*est.*) spandersi in abbondanza, detto di liquidi: *il latte versato allagò il pavimento* **B v. intr.** (**aus.** *essere*) e **allagàrsi v. intr. pron.** ● riempirsi, coprirsi d'acqua: *la cantina s'è allagata*

allalì ➤ **hallalì**

allampanàre [comp. di *a-*② e *lampana* 'lampada' ✱ 1726] **v. intr.** (**aus.** *essere*) ● (*raro*) diventare magro e secco

✦**allampanàto part. pass.** di †*allampanare*; **anche agg.** ● magrissimo e di alta statura: *un prete lungo, a., con un colorito bianco avorio* (I. CALVINO)

allantiàṣi [dal gr. tardo *allántion* dim. di *allâs*, genit. *allântos* 'salsiccia', di etim. incerta ✱ 1955] **s. f. inv.** ● (*med.*) botulismo

allantòide [vc. dotta, gr. *allantoeidḗs* 'a forma di salsiccia', comp. di *allâs*, genit. *allântos* 'salsiccia' e *-oide* ✱ av. 1698] **s. f.** ● (*anat.*, *biol.*) uno degli annessi embrionali di Rettili, Uccelli e Mammiferi che ha funzione prevalentemente respiratoria; nella specie umana prende parte alla costituzione della placenta

allantoidèo [1955] **agg.** ● (*biol.*, *anat.*) relativo all'allantoide: *canale a.*

allantoìna [da *allanto(ide)* col suff. *-ina* ✱ 1869] **s. f.** ● (*chim.*) composto organico azotato, prodotto del catabolismo delle purine, presente nel liquido amniotico, in quello allantoideo e nell'urina dei neonati

allappàre [comp. di *a-*② e *lappa* ✱ av. 1712] **v. tr.** ● allegare, spec. le varie parti della bocca (*anche assol.*): *a. le labbra, la lingua, il palato; sentendo il sapore di qualcosa di allappante* (C. ALVARO)

allargaménto [av. 1347] **s. m.** ● aumento della larghezza (*anche fig.*) | (*tecnol.*) ***prova di a.***, consistente nel dilatare con spine coniche un foro già eseguito | (*tess.*) operazione compiuta con appositi estensori su tessuti che hanno subito un anormale restringimento onde riportarli alla larghezza normale

allargàndo [da *allargare* in senso musicale ✱ 1991] **s. m. inv.** ● (*mus.*) rallentando CONTR. accelerando

♦**allargàre** [comp. di *a-*② e *largo* ✱ 1250 ca.] **A v. tr.** (*io allàrgo, tu allàrghi*) **1** rendere largo, più largo, più ampio: *a. una strada, un'entrata* | ***a. il gioco***, nel calcio e sim., svolgere azioni o manovre su un fronte più esteso **2** (*est.*) aprire: *a. le braccia in segno di rassegnazione* | (*fig.*) ***a. la mano***, usare liberalità, essere generoso | (*fig.*) ***a. il cuore***, confortare, consolare **3** (*fig.*) dilatare, estendere: *a. le ricerche, il proprio campo d'azione; allargò il petto in un ampio respiro* | ***a. il voto***, estenderne il diritto a un maggior numero di cittadini | ***a. il governo***, accogliere in esso nuove correnti politiche **4** (*fig.*, *raro*) allentare, mitigare | ***a. il freno, le redini***, dare maggiore libertà **5** (*mus.*) indicazione agogica equivalente a rallentando CONTR. accelerare **B v. intr.** (**aus.** *avere*) ● portarsi al largo, allontanarsi da riva o da un'altra imbarcazione: *allarga!* CONTR. stringere | ***a. in curva***, portarsi all'esterno della pista o della strada | ***a. sulle ali, sulla destra, a sinistra***, nel calcio e sim., impostare il gioco su queste direttrici **C allargàrsi v. rifl. 1** estendersi, ampliarsi: *allargarsi nel proprio lavoro* | (*fig.*) ***allargarsi nelle spese***, spendere troppo | (*fig.*) dilungarsi, diffondersi (+ *su*): *allargarsi su un argomento* **2** (*colloq.*) andare ad abitare in una casa più grande: *voglio allargarmi al più presto* | (*fig.*, *colloq.*) andare oltre le proprie competenze, le proprie possibilità, i propri limiti e sim.: *non è il caso che ti allarghi tanto!* SIN. esagerare, eccedere **D allargàrsi v. intr. pron. 1** diventare più largo, più ampio (*anche fig.*): *dopo quest'ansa il fiume si allarga; la lite si allargò a tutto il vicinato* | (*fig.*) ***mi si allarga il cuore***, provare conforto, consolazione **2** †schiarirsi, detto del tempo e del cielo: *S'allarga l'aria in un seren vivace* (G.B. MARINO) **3** (*lett.*) prendere il largo, allontanarsi dalla riva: *si allargò in mare per ritirarsi a Ischia* (F. GUICCIARDINI)

allargàta [av. 1742] **s. f.** ● rapido e leggero allargamento || **allargatina**, **dim.**

allargatése (o -ṣ-) [comp. di *allaga(re)* e il pl. di *tesa* ✱ 1940] **s. m. inv.** ● attrezzo usato per allargare le tese di un cappello

allargàto part. pass. di *allargare*; **anche agg.** ● nei sign. del v. | ***direttivo, comitato*** e sim. ***a.***, al quale partecipano altre persone oltre ai membri di diritto | (*mus.*) rallentando

allargatóio [1797] **s. m.** (**pl.** *-ói*) ● strumento di acciaio per allargare i fori

allargatóre [av. 1698] **s. m. 1** (**f.** *-trice*) (*raro*) chi allarga **2** (*tecnol.*) utensile a più taglienti usato per allargare fori

allargatrìce [1955] **s. f.** ● apparecchio tenditore usato per compiere l'allargamento di tessuti o per impedirne il restringimento dopo il lavaggio

allargatùbi [comp. di *allarga(re)* e il pl. di *tubo* ✱ 1955] **s. m. inv.** ● (*tecnol.*) macchina per allargare le estremità dei tubi per poterli innestare sulle sedi delle piastre tubolari a perfetta tenuta SIN. mandrino

allargatùra [1863] **s. f.** ● allargamento | punto dove una cosa è allargata

allarmànte part. pres. di *allarmare*; **anche agg.** ● che suscita agitazione, preoccupazione, ansia: *una notizia a.*

allarmàre [fr. *alarmer*, dall'it. *allarme* ✱ 1614] **A v. tr. 1** mettere in agitazione, in trepidazione: *la notizia li allarmò* **2** dotare di sistema di allarme **B allarmàrsi v. intr. pron.** ● spaventarsi, mettersi in agitazione

allarmàto part. pass. di *allarmare*; **anche agg. 1** detto di chi è preoccupato, in apprensione a causa di qlco.: *egli ... parve persino a. del mio proposito* (I. SVEVO) | (*est.*) che rivela preoccupazione: *uno sguardo a.* **2** (*burocr.*) detto di impianto o struttura dotati di un sistema di allarme: *porta allar-*

a b c d e f g h i j k l m n o p q r s t u v w x y z

a

mata

♦**allàrme** [dal grido *'all'arme! all'armi!'* ✻ 1310] **s. m. 1** ordine o segnale di chiamata improvvisa dei militari a prendere le armi | ***stato di a.***, periodo durante il quale permane la necessità che ha determinato l'allarme | in funzione di inter.: *a.!* | anche al pl.: *Allarmi! Allarmi! – si sente gridare* (M. Rigoni Stern) **2** segnalazione di pericolo imminente che richiama militari o civili a porsi in stato di difesa: *a. aereo* | (*est.*) durata del pericolo | ***a. verde, blu, giallo, arancione, rosso***, sistema di allerta istituito nel 2002 negli Stati Uniti, che indica in ordine di gravità crescente il livello di una minaccia terroristica (*anche est.*) | ***a. rosso***, (*est.*) situazione di massimo allarme: *a. rosso per i rifiuti* | ***falso a.***, lanciato in vista di un pericolo che si rivela poi inesistente; (*fig.*) timore infondato, notizia falsa e sim. **3** dispositivo di sicurezza che segnala anomalie nel funzionamento di un impianto o tentativi di effrazione, furto e sim. (*anche fig.*): *la fuga di gas fece scattare l'a.*; *il mal di testa che lo affliggeva era un primo campanello d'a. della malattia* | nei treni, dispositivo mediante il quale il viaggiatore, in caso di grave necessità, può fare fermare il treno **4** (*fig.*) timore, ansia, apprensione: *mettere, stare in a.*; *suscitare a.*; *a. tra i risparmiatori* **5** (*impropr.*) sveglia di un orologio o di un apparecchio elettronico (calco sull'ingl. *alarm*)

allarmìṣmo [da *allarmista* ✻ 1799] **s. m. 1** tendenza ad allarmarsi o ad allarmare, anche senza fondati motivi: *manifestare a.* **2** stato di allarme provocato dalla diffusione di notizie e previsioni negative: *le voci di una crisi hanno creato un clima di a.*

allarmìsta [fr. *alarmiste* ✻ 1796] **s. m. e f.** (**pl. m.** *-i*) ● chi diffonde notizie allarmanti

allarmìstico [1799] **agg.** (**pl. m.** *-ci*) ● che allarma o vuole allarmare: *corrono voci allarmistiche* ‖ **allarmisticaménte**, **avv.**

allascàre [comp. di *a-*② e *lascare* ✻ 1885] **v. tr.** (*io allàsco, tu allàschi*) ● (*mar.*) allentare una cima tesa **CONTR.** tesare

allàto o **a làto** [da *a lato* ✻ 1282] **A avv.** ● (*lett.*) accanto, vicino, di fianco **B nella loc. prep.** ***allato a*** ● (*lett.*) vicino a, accanto a: *E fa ragion ch'io ti sia sempre a.* (Dante *Inf.* XXX, 145) | †a paragone, in confronto: *due ciglia sottili … a. alle quali gli spenti carboni si dirieno bianchi* (G. Boccaccio)

allattaménto [av. 1698] **s. m.** ● alimentazione dei neonati mediante latte: *a. materno*; *a. al seno* | ***a. artificiale***, con latte diverso da quello di donna | periodo durante il quale il neonato viene allattato

allattàre [lat. tardo *allactāre*, comp. di *ăd* e *lăc*, genit. *lăctis* 'latte' ✻ 1268] **A v. tr.** ● nutrire un neonato col proprio latte, o mediante allattamento artificiale: *la madre allatta il bambino*; *la mucca allatta il vitellino* **B v. intr.** (**aus.** *avere*) ● †prendere il latte **SIN.** poppare

†**allattatrìce** [av. 1604] **s. f.** ● donna che allatta

allattatùra [1879] **s. f.** ● (*raro*) allattamento

♦**àlle** o (*poet.*) **a le prep. art. f. pl.** comp. di *a*② e *le*① ➤ **le**① per gli usi ortografici

allèa o **lèa**① [fr. *allée*, da *aller* 'andare' ✻ 1877] **s. f.** ● (*sett.*) viale: *Franco e Gatto scendevano per l'a., lenti e poco curiosi* (B. Fenoglio)

♦**alleànza** [fr. *alliance* ✻ sec. XIII] **s. f. 1** (*dir.*) accordo con cui due o più Stati si impegnano a un reciproco aiuto per fini politici, spec. nell'ipotesi di una guerra che coinvolga uno di essi: *concludere una a.*; *duplice, triplice a.* **2** (*est.*) unione fra partiti, enti, persone e sim., creata per scopi d'interesse comune: *a. parlamentare, elettorale* | denominazione di movimenti politici | ***A. Nazionale***, movimento politico di destra fondato nel 1993 spec. con il contributo del Movimento Sociale Italiano, trasformatosi in partito nel 1995 e confluito nel 2008 nel Popolo della Libertà | ***A. evangelica***, unione delle Chiese evangeliche, fondata nel XIX sec. **SIN.** accordo, lega

SFUMATURE ➤ ***lega***①

alleàre [fr. *allier*, dal lat. *alligāre* 'legare, trattenere' ✻ 1725] **A v. tr.** (**pres.** *io allèo*; **fut.** *io alleerò*) ● unire, collegare con vincolo di alleanza: *a. due Paesi* **B allearsi v. rifl.** ● unirsi in alleanza: *allearsi a qlcu., con qlcu.*

SFUMATURE ➤ ***aggregare***

♦**alleàto A part. pass.** di *alleare*; anche **agg.** ● nei sign. del v. **B s. m.** (**f.** *-a*) ● chi è unito ad altri da un vincolo, o un patto, di alleanza | ***gli alleati***, (*per anton.*) nella seconda Guerra mondiale, i Paesi alleati contro la Germania nazista, in particolare la Gran Bretagna e gli Stati Uniti: *lo sbarco degli alleati in Normandia*

allegàbile [da *allegare*① ✻ 1673] **agg.** ● che si può allegare: *documenti allegabili* ‖ **allegabilità**, **s. f. inv.**

allegagióne [da *allegare*② ✻ av. 1292] **s. f. 1** †V. *allegazione*② **2** (*bot.*) trasformazione dell'ovario in frutto | (*est.*) periodo in cui ciò avviene

allegaménto [1310] **s. m. 1** (*raro*) l'allegare dei denti **2** (*bot.*) allegagione **3** †lega di metalli

allegànte A part. pres. di *allegare*①; anche **agg.** ● nei sign. del v. **B s. m. e f.** ● chi allega: *provare falsi i fatti addotti dall'a.*

allegàre① [vc. dotta, lat. *allegāre* 'deputare', comp. di *ăd* e *lēx*, genit. *lēgis* 'legge' ✻ 1261 ca.] **v. tr.** (*io allégo* (o *-è-*), *tu alléghi* (o *-è-*)) ● apportare, addurre, produrre: *a. fatti, ragioni, prove*; *a. qlco. a colpa, a discarico*; *a. qlco. per scusa, pretesto*

allegàre② o †**alligàre** [lat. *alligāre* 'cingere, legare', comp. di *ăd* e *ligāre* 'legare' (V.) ✻ av. 1292] **A v. tr.** (*io allégo, tu alléghi*) **1** accludere, unire (+ *a*): *a. un documento a una domanda*; *a. del denaro a una lettera* | (*Internet*) inserire in un messaggio di posta elettronica: *a. un file* | ***a. agli atti del processo***, inserire nei fascicoli di causa un nuovo documento **2** provocare sui denti una fastidiosa sensazione di ruvidezza, quasi fossero legati, detto di sapori agri o aspri e di rumori stridenti: *i frutti acerbi, lo stridio di una sega allegano i denti* **SIN.** allappare **3** †fondere insieme, in una lega, detto spec. dell'argento col rame e dell'oro col rame e l'argento **B v. intr.** (**aus.** *avere*) **1** (*bot.*) passare dallo stato di fiore a quello di frutto **SIN.** legare **2** †formare una lega, detto di metalli **C allegàrsi v. rifl.** ● †allearsi, collegarsi

allegàto① **part. pass.** di *allegare*①; anche **agg.** ● addotto | (*lett.*) citato: *Tolomeo dice, ne lo a. libro* (Dante)

allegàto② **A part. pass.** di *allegare*②; anche **agg.** ● accluso, unito **B s. m.** ● documento unito a uno o più altri: *prendere in considerazione l'a.* | (*Internet*) file inserito in un messaggio di posta elettronica

allegazióne① [vc. dotta, lat. *allegatiōne(m)* da *allegare*, 'allegare①' ✻ 1268] **s. f.** ● presentazione di prove, testimonianze e sim.

allegazióne② o †**allegagióne** nel sign. 1 [vc. dotta, lat. *alligatiōne(m)*, da *alligāre* 'allegare②' ✻ av. 1400] **s. f. 1** l'allegare documenti | (*est.*) il documento che si allega **2** allegamento, nei sign. 1 e 2 **3** †lega di metalli

alleggeriménto [av. 1342] **s. m.** ● l'alleggerire, l'alleggerirsi | (*fig.*) attenuazione | ***a. fiscale***, sgravio fiscale | (*milit., sport*) ***azione di a.***, che ha lo scopo di disturbare un attacco avversario

alleggerire [comp. di *a-*② e *leggero* ✻ av. 1294] **A v. tr.** (*io alleggerisco, tu alleggerisci*) **1** rendere leggero o più leggero | (*fig.*) rendere più sopportabile: *a. una sofferenza* | anche in forma pron. (con valore intens.): *Gli pareva di alleggerirsi il cuore in tal modo* (G. Verga) **2** sgravare di un peso, di un carico: *a. un carro merci* | (*fig.*) rendere meno gravoso (+ *di*): *a. la pressione fiscale*; *a. i genitori del mantenimento dei figli* | (*fig.*) rendere più semplice: *a. il contenuto di una relazione* | (*scherz.*) derubare (+ *di*): *fu alleggerito del portafoglio* **B alleggerirsi v. rifl. 1** sgravarsi di un peso (*spec. fig.*) (+ *di*): *alleggerirsi delle proprie preoccupazioni confidandosi con qlcu.* **2** vestirsi con abiti più leggeri | togliersi gli abiti di dosso

†**alleggiaménto** [av. 1272] **s. m.** ● alleviamento, sollievo: *ad a. della mia pena* (G. Boccaccio)

alleggiàre [lat. tardo *alleviāre*, comp. di *ăd* e *levis* 'leggero', prob. attrav. il fr. *alléger* ✻ 1250 ca.] **v. tr.** (**pres.** *io alléggio*; **fut.** *io alleggerò*) **1** †alleggerire | (*fig.*) alleviare, mitigare, temperare **2** (*raro*) allibare

allèggio o **alèggio** [prob. fr. *allège* ✻ 1797] **s. m. 1** (*mar.*) riduzione del carico di una nave per alleggerirla | pontone o barca usata nei porti per ricevere il carico delle navi che devono essere alleggerite del peso eccessivo **2** allievo②

allegorèṣi [da *allegor(ia)* con la terminazione di *(eseg)esi* ✻ 1987] **s. f. inv.** ● (*lett.*) attitudine a esprimersi mediante allegorie | il complesso delle allegorie proprie di un'epoca, di un'opera, di un autore: *l'a. medievale, biblica, dantesca*

allegorìa [vc. dotta, lat. tardo *allegŏria(m)*, dal gr. *allēgoría*, comp. di *állēi* 'altrimenti' e *agoréuō* 'io parlo' ✻ 1308] **s. f. 1** (*ling.*) figura retorica che consiste nella rappresentazione di idee e concetti o atti mediante figure e immagini con significato diverso da quello letterale, per es. in: *Passa la nave mia colma d'oblio / per aspro mare, a mezza notte il verno* (F. Petrarca) | in pittura e scultura, figura con valore simbolico e allusivo: *l'A. della fortuna' di Giovanni Bellini* **2** forma di interpretazione delle Sacre Scritture che individua in ogni episodio una metafora della storia della salvezza **CFR.** anagogia, tipologia, tropologia

SFUMATURE ➤ ***similitudine***

allegòrico [vc. dotta, gr. *allēgorikós*, da *allegŏria* 'allegoria' ✻ 1308] **agg.** (**pl. m.** *-ci*) ● relativo all'allegoria, che contiene allegoria: *poema, quadro a.* | che individua in un testo un'allegoria: *interpretazione allegorica* ‖ **allegoricaménte**, **avv.** in forma o senso allegorico ‖ **allegoricità**, **s. f. inv.**

allegorìṣmo [av. 1852] **s. m. 1** sistema di allegorie che è alla base di un testo: *l'a. del poema dantesco* **2** uso frequente dell'allegoria nella composizione di un testo **3** tendenza a interpretare allegoricamente un testo

allegorista [av. 1729] **s. m. e f.** (**pl. m.** *-i*) ● chi fa largo uso di allegorie o le commenta

allegoriẓẓàre [vc. dotta, lat. tardo *allegorizāre*, da *allegŏria* 'allegoria' ✻ av. 1328] **A v. tr.** ● rappresentare con allegorie | (*disus.*) interpretare allegoricamente **B v. intr.** (**aus.** *avere*) ● fare uso di allegorie ‖ **allegoriẓẓazióne**, **s. f.**

†**allegraménto** [1250 ca.] **s. m.** ● letizia, conforto

†**allegrànza** [provenz. *alegransa* (?) ✻ av. 1250] **s. f.** ● allegrezza: *mi dona sì gran gioia ed a.* (G. Guinizzelli)

allegràre [da *allegro* ✻ av. 1250] **A v. tr.** (*io allégro*) **1** (*lett.*) rallegrare, allietare **2** (*lett.*) confortare, mitigare, lenire **B allegràrsi v. rifl. 1** (*lett.*) rallegrarsi, allietarsi **2** (*lett.*) compiacersi **3** †crescere, prosperare, detto di piante

allegrétto [dim. di *allegro* ✱ 1758] **s. m.** ● (*mus.*) movimento fra l'andante e l'allegro

allegrézza [da *allegro* ✱av. 1250] **s. f.** **1** sentimento di intima gioia, soddisfazione, letizia: *grande, viva a.; provare, sentire, mostrare a.; non riusciva a nascondere la sua a.* | dimostrazione di gioia **2** (*raro, lett.*) vivezza, vivacità, spec. di colori: *opera in fresco ... condotta con un'a. di colori molto vaghi* (G. VASARI)

♦**allegrìa** [1528] **s. f.** **1** viva manifestazione di gioia, di buonumore | ***vivere in a.***, con spensieratezza, tra i divertimenti e i piaceri | ***a.!***, esclamazione di gioia, di buon augurio **SIN.** contentezza, gaiezza **2** (*est.*) vivacità di suoni, colori e sim.

SFUMATURE DI SIGNIFICATO

allegria - contentezza - esultanza

Allegria esprime una condizione di gioia, di buonumore, anche non motivata direttamente da fatti oggettivi. **Contentezza** fa riferimento a uno stesso stato psicologico, le cui ragioni sono però riconducibili al verificarsi di eventi favorevoli. L'**esultanza** è una gioia intensa che si traduce in manifestazioni esterne di giubilo.

SFUMATURE ➤ ***euforia***

♦**allégro** (o **-è-**) [lat. *ălacre(m)* 'alacre', attrav. il lat. parl. **alĕcru(m)* ✱ 1250 ca.] **A agg.** **1** che ha allegria, che dimostra allegria: *un'allegra brigata; persona, gente allegra* | che rivela o che infonde allegria: *una canzone allegra; un'allegra giornata; chiacchiere allegre* **2** vivace, brioso, detto spec. di colori, suoni e sim.: *il giallo è un colore a.; un vestito dai colori allegri* | ameno, ridente, detto di luoghi: *giardino a.; allegri colli* **3** spensierato: *fare vita allegra* | (*eufem.*) ***donna, donnina allegra***, donna molto disponibile a relazioni amorose | superficiale, irresponsabile: *una gestione finanziaria un po' allegra* **4** (*arald.*) detto del cavallo passante, e privo dei finimenti **5** (*colloq.*) brillo: *il vino l'aveva reso un po' a.* **6** †rigoglioso, fertile ‖ **allegraménte**, **avv.** **1** in modo allegro, con allegria: *trascorrere la serata allegramente* **2** con leggerezza irresponsabile: *dissipò allegramente tutti i suoi risparmi* **3** (*lett.*) celermente, alacremente: *tutti i mulini vanno allegramente* (R. BACCHELLI) **B s. m.** ● (*mus.*) movimento in tempo abbastanza rapido ‖ **allegrétto**, **dim.** (V.) | **allegróne**, **accr.** (V.) | **allegròtto**, **alter.** | **allegrùccio**, **dim.**

allegróne [1865] **s. m.** (**f.** *-a*) ● accr. di *allegro* | persona abitualmente allegra e che rallegra

allèle o **allèlo** [fr. *allèle*, abbr. di *allèlomorphe* 'allelomorfo' ✱ 1940] **s. m.** ● (*biol.*) gene allelomorfo

allèlo- [dal gr. *allḗlon* 'l'un l'altro' (da *állos* 'altro', di orig. indeur.)] **primo elemento** ● in parole composte della terminologia scientifica indica alternanza, antagonismo e sim.: *allelomorfo, allelopatia*

allelomòrfo [comp. di *allelo-* e *-morfo* ✱ 1929] **agg.** ● (*biol.*) che ha azione antagonista | ***geni allelomorfi***, geni omologhi a diversa struttura molecolare per cui determinano manifestazioni diverse di uno stesso carattere

allelopatìa [comp. di *allelo-* e *-patia* ✱ 1983] **s. f.** ● (*biol.*) inibizione di una specie vegetale causata da sostanze chimiche prodotte da un'altra specie vegetale

allelùia [vc. dotta, lat. eccl. *allelūia*, dall'ebr. *'allelū Jāh* 'lodate Dio'; nel sign. A 3, detta così perché fiorisce nel periodo pasquale ✱ 1233] **A s. m. inv.** **1** nella liturgia cattolica, esclamazione di giubilo e lode di Dio, spec. nel periodo pasquale **2** (*fig.*) espressione di gioia | ***vecchio come l'a.***, vecchissimo **3** (*bot., pop.*) acetosella **B in funzione di inter.** ● (*fam.*) esprime soddisfazione, gioia (*anche iron.*): *a., soltanto mezz'ora di ritardo!*

†**alleluiàre** [da *alleluia*① ✱ 1319] **v. intr.** ● cantare l'alleluia

allemànda o **alemànna** [fr. *allemande*, f. di *allemand* 'tedesco'. V. *alemanno* ✱ 1771] **s. f.** **1** antica danza di ritmo binario, di origine tedesca | parte della suite strumentale dei secc. XVII e XVIII **2** danza popolare tedesca del sec. XVIII, di movimento allegro vivace, che preannuncia il valzer

♦**allenaménto** [da *allenare*② ✱ 1659] **s. m.** **1** esercizio metodico, addestramento: *tenere in a. la memoria* | ***tenersi in a.***, svolgere una determinata attività in modo continuo, senza interruzioni: *leggere, scrivere per tenersi in a.* **2** (*sport*) preparazione compiuta in vista di una gara, di una competizione | ***a. collegiale***, preparazione riservata ad atleti selezionati di una rappresentativa nazionale o di un club, di solito in ritiro

Definizione d'autore

È l'**allenamento** la base di ogni successo sportivo. **Allenamento** vuol dire fatica, passione e sacrificio: so bene che, per arrivare dove sono e per vincere l'anello di campione NBA, ho dovuto sacrificare buona parte della mia vita passandola in palestra. L'**allenamento** è il mio pane quotidiano: è solo grazie ad esso che posso perfezionare tutti gli aspetti del mio gioco. Il talento personale, infatti, non è sufficiente per vincere: occorre avere umiltà e la voglia di migliorarsi ogni giorno, a piccoli passi, sudando e soffrendo.

Enrico Belinelli

allenàre① [comp. di *a-*② e *lene* ✱ 1271] **v. intr.** (*io allèno; aus. essere*) e **allenàrsi v. intr. pron.** ● (*lett.*) indebolirsi | mitigarsi

♦**allenàre**② [comp. di *a-*② e *lena* ✱ 1581] **A v. tr.** (*io alléno*) **1** abituare mediante esercizi appropriati: *a. i giovani allo studio; a. la propria memoria* **SIN.** addestrare **2** (*sport*) preparare, addestrare a una competizione: *a. un'atleta, una squadra, un puledro* **B allenàrsi v. rifl.** **1** abituarsi, addestrarsi, esercitarsi: *allenarsi in vista di un'escursione impegnativa* **2** (*sport*) tenersi in esercizio, svolgere la preparazione richiesta per una gara, una competizione e sim.: *allenarsi per i cento metri stile libero; allenarsi sui calci da fermo*

SFUMATURE ➤ ***esercitare***

allenàto **part. pass.** di *allenare*; anche **agg.** ● nei sign. del v. | (*sport*) preparato sotto il profilo atletico: *una squadra ben allenata*

♦**allenatóre** [da *allenare*② ✱ 1895] **A agg.** ● che allena **B s. m.** (**f.** *-trice*) **1** (*sport*) tecnico sportivo che ha come incarico l'allenamento di atleti impegnati in un'attività agonistica **SIN.** coach, mister, trainer | chi dirige gli allenamenti | tecnico che cura la preparazione degli animali da competizione **2** pugile ingaggiato per misurarsi in allenamento con un altro pugile **SIN.** sparring partner **3** il pilota del mezzo meccanico, moto, ciclomotore e sim., dietro al quale un corridore ciclista partecipa alle gare di mezzofondo

allenìre [comp. di *a-*② e *lene* ✱ 1261 ca.] **A v. tr.** (*io allenìsco, tu allenìsci*) ● (*lett.*) mitigare, raddolcire, lenire **B allenirsi v. intr. pron.** ● †mitigarsi

allentaménto [sec. XIII] **s. m.** **1** l'allentare, l'allentarsi | (*fig.*) attenuazione, diminuzione: *a. della tensione, della disciplina* **2** (*mecc.*) diminuzione delle azioni mutue che si esercitano fra gli elementi di un collegamento fisso, spec. provocata da vibrazioni

allentàndo **s. m. inv.** ● (*mus.*) rallentando **CONTR.** accelerando

allentàre [comp. del lat. *ăd* e *lĕntus* 'pieghevole' ✱ av. 1250] **A v. tr.** (*io allènto*) **1** rendere lento, meno teso, meno stretto: *a. un nodo, una fune, una vite, la stretta* | allargare, slacciare: *a. la cintura, i calzoni* | ***a. i cordoni della borsa***, (*fig.*) mostrarsi generoso | (*pop.*) ***a. un calcio, un ceffone***, darli | anche in forma pron. (con valore intens.): *allentarsi la cravatta* **2** rendere meno rigido, mitigare (*anche fig.*): *a. la disciplina, il freno* | (*lett.*) attenuare, calmare: *a. l'ira, lo sdegno* **3** (*lett.*) ritardare, rallentare: *a. il passo* | ***a. le membra***, rilassarle **4** (*mus.*) indicazione agogica equivalente a rallentando **CONTR.** accelerare **B allentàrsi v. intr. pron.** **1** farsi meno teso, meno stretto: *se le corde si allentano potremo liberarci* **2** (*fig.*) diminuire d'intensità: *i nostri legami d'amicizia s'allentano sempre più*

SFUMATURE ➤ ***mitigare***

allergène [da *allergia* col suff. *-ene* ✱ 1938] **s. m.** ● (*med.*) sostanza antigene che inalata (es. polline, acari della polvere), ingerita (es. noci, semi) o iniettata (es. veleno di insetti) è in grado di provocare allergia

allergènico **agg.** (**pl. m.** *-ci*) ● (*biol.*) che agisce come un allergene | che induce allergia

allergìa [comp. del gr. *állos* 'diverso' e di *érgon* 'effetto' ✱ 1923] **s. f.** (**pl.** *-gie*) **1** alterata e spontanea reattività immunologica dell'organismo verso una particolare sostanza (allergene) **2** (*est., scherz.*) avversione, insofferenza: *avere l'a. allo studio*

allèrgico [1912] **A agg.** (**pl. m.** *-ci*) **1** relativo ad allergia, provocato da allergia **2** (*scherz.*) che dimostra avversione, insofferenza per qlco.: *è un ragazzo a. alla scuola; credo proprio di essere a. al lavoro!* **B agg. e s. m.** (**f.** *-a*) ● che (o chi) è affetto da allergia

allergizzànte **part. pres.** di *allergizzare*; anche **agg.** ● nei sign. del v.

allergizzàre [1955] **A v. tr.** ● (*med.*) rendere allergico **B allergizzàrsi v. intr. pron.** ● (*med.*) diventare allergico ‖ **allergizzazióne**, **s. f.**

allèrgo- [tratto da *allergia*] **primo elemento** ● in parole composte della terminologia medica significa 'allergia' o indica relazione con fenomeni di allergia: *allergologia, allergopatia*

allergologìa [comp. di *allergo-* e *-logia* ✱ 1954] **s. f.** (**pl.** *-gìe*) ● branca della medicina che si occupa dello studio e della terapia delle allergie e delle loro manifestazioni

allergòlogo [1974] **s. m.** (**f.** *-a*; **pl. m.** *-gi*) ● specialista in allergologia

allergometrìa [comp. di *allergo-* e *-metria* ✱ 1955] **s. f.** ● (*med.*) tecnica in grado di valutare il grado di allergia nei confronti di una sostanza

allergomètrico [da *allergometria* ✱ 1985] **agg.** (**pl. m.** *-ci*) ● (*med.*) di allergometria

allergopatìa [comp. di *allergo-* e *-patia* ✱ 1955] **s. f.** ● malattia derivante da allergia ‖ **allergopàtico**, **agg. e s. m.** (**f.** *-a*; **pl. m.** *-ci*) che (o chi) soffre di una allergopatia

all'érta (o **-è-**) o **allérta** (o **-è-**) [V. *erta* ✱ 1536] **A loc. avv.** ● nella loc. ***stare all'erta***, vigilare, usare cautela, stare attento **B in funzione di loc. inter.** ● si usava un tempo fra le sentinelle di guardia come grido di controllo reciproco e invito alla vigilanza: *'all'erta!' 'all'erta sto!'* **C in funzione di loc. sost. f. inv.** ● segnale di pericolo, preallarme: *suonare, dare l'allerta*

allertaménto [1983] **s. m.** ● l'allertare

allertàre [da *allerta* ✱ 1963] **v. tr.** (*io allérto* (o *-è-*)) ● mettere in stato di allarme: *a. i carabinieri*

allessàre [comp. di *a-*② e *lessare* ✱sec. XIV] **v. tr.** (*io allésso*) ● (*raro*) lessare

allessatùra [1955] **s. f.** **1** (*raro*) lessatura

a

2 (*bot.*) danno da freddo, da eccessiva insolazione o da parassiti sui tessuti erbacei delle piante, che si evidenzia con la comparsa di macchie translucide, e successiva necrosi del tessuto stesso

allèsso o (*raro*) **a lèsso** [sec. XIII] **A** **avv.** ● mediante lessatura: *cuocere la carne a.* | ***chi la vuole a. e chi la vuole arrosto***, (*fig.*) chi vuole una cosa in un modo e chi in un altro **B** **agg.** ● (*raro*) lessato: *pollo a.*; *Appresso dovettero venire le carni allesse* (G. VICO) **C** **s. m.** ● (*raro*) carne lessata

allestiménto [1540] **s. m.** **1** preparazione: *l'a. di una mostra, di uno spettacolo*; *curare l'a.* | l'insieme delle attrezzature, delle scenografie per uno spettacolo teatrale, cinematografico o televisivo **2** (*mar.*) l'insieme dei lavori di sistemazione e completamento fatti su una nave dopo la costruzione dello scafo

allestìre [comp. di *a-*② e *lesto* ✱ 1638] **A** **v. tr.** (*io allestisco, tu allestisci*) **1** preparare, mettere a punto: *a. una festa, un pranzo, uno spettacolo, una rappresentazione* | ***a. una nave***, armarla **2** (*raro, lett.*) fare lesto, sollecito **B** **allestìrsi** **v. rifl.** ● (*raro, lett.*) apparecchiarsi, prepararsi

allestito **part. pass.** di *allestire*; anche **agg.** ● nei sign. del v.

allestitóre [1929] **s. m.** (**f.** *-trice*) ● chi esegue o dirige allestimenti a livello tecnico, industriale o artistico

allettaménto ① [da *allettare*① ✱ av. 1363] **s. m.** ● l'allettare | lusinga, attrazione, seduzione

allettaménto ② [da *allettare*② ✱ 1961] **s. m.** **1** piegatura verso terra di molte piante erbacee, dovuta all'azione del vento e della pioggia **2** (*edil.*) disposizione a strati di un materiale: *malta da a.*

allettànte **part. pres.** di *allettare*①; anche **agg.** ● attraente, lusinghiero, invitante: *una proposta a.* ‖ **allettanteménte**, **avv.**

✦**allettàre** ① [lat. *allectāre*, intens. di *allĭcere* 'adescare', comp. di *ăd* e *lăcere* 'attirare' ✱ sec. XIII] **v. tr.** (*io allètto*) **1** attirare, invitare con prospettive piacevoli, lusinghe e sim.: *lo allettarono con la speranza di un grosso guadagno*; *la tua proposta mi alletta*; *a. la selvaggina con richiami* | (*assol.*) attirare: *è una visione che alletta* **2** †accogliere, albergare: *perché tanta viltà nel core allette?* (DANTE *Inf.* II, 122)

SFUMATURE ➤ ***attrarre***

allettàre ② [comp. di *a-*② e *letto* ✱ sec. XIII] **A** **v. tr.** (*io allètto*) **1** costringere a stare a letto: *la paralisi lo ha allettato* **2** piegare, prostrare le biade: *il vento alletta il grano* **B** **allettàrsi** **v. rifl.** ● mettersi a letto per malattia **C** **allettàrsi** **v. intr. pron.** ● piegarsi a terra, detto delle piante erbacee

allettàto ① **part. pass.** di *allettare*①; anche **agg.** ● attratto, invogliato: *A. anzi che atterrito dai pericoli* (A. MANZONI)

allettàto ② **part. pass.** di *allettare*②; anche **agg.** ● costretto a letto per malattia: *paziente a.*

allettatóre [sec. XIV] **s. m.** (**f.** *-trice*); anche **agg.** ● chi (o che) alletta

allettévole [1505] **agg.** ● (*lett.*) invitante

✦**allevaménto** [1395] **s. m.** **1** l'allevare | insieme di cure necessarie per favorire la crescita di un bambino **2** attività volta a far crescere, riprodurre, migliorare le specie di animali utili all'uomo o come alimenti o come mezzi di locomozione e di lavoro o per altri usi **CFR.** -coltura, zootecnia | ***a. in batteria***, per animali domestici in ambiente confinato **3** insieme di attività e di tecniche per migliorare la coltivazione di specie vegetali e per ottenere nuove varietà: *a. del gelso* **4** complesso di impianti destinati allo svolgimento di tali attività | luogo in cui esse si svolgono **5** insieme di piante o di animali che si allevano

✦**allevàre** [lat. *allevāre* 'levare in alto', comp. di *ăd* e *levāre* 'sollevare' ✱ av. 1284] **v. tr.** (*io allèvo*) **1** far crescere un bambino prestandogli tutte le cure necessarie per un completo sviluppo: *è stato allevato dalla nonna* | ***a. al petto***, (*raro*) allattare | ***a. artificialmente***, nutrire nei primi mesi di vita con latte artificiale **2** educare: *è stato allevato male* **3** crescere animali e piante, gener. a scopo commerciale: *a. cavalli, pecore, bachi da seta, ostriche*; *a. pioppi, alberi da frutto*

allevàta [av. 1306] **s. f.** **1** †l'allevare animali **2** nidiata di piccoli animali: *un'a. di pulcini, di coniglietti*

allevatóre [1316] **s. m.** (**f.** *-trice*) ● chi alleva spec. bestiame: *un a. di bovini* **CFR.** -coltore

alleviaménto [av. 1292] **s. m.** ● l'alleviare **SIN.** lenimento, sollievo

✦**alleviàre** [vc. dotta, lat. tardo *alleviāre*, comp. di *ăd* e *lĕvis* 'leggero' ✱ av. 1294] **A** **v. tr.** (*io allèvio*) **1** rendere più lieve, liberare di un peso, di un affanno: *a. una fatica, una pena* | mitigare, attenuare; *a. i dolori, le sofferenze altrui*; *a. le pene dell'animo* | anche in forma pron. (con valore intens.): *aveva fatto di tutto per alleviarsi la noja* (L. PIRANDELLO) **2** †far diminuire di valore **B** **alleviàrsi** **v. rifl.** ● †sgravarsi

SFUMATURE DI SIGNIFICATO

alleviare - consolare

La principale differenza di significato esistente fra **alleviare** e **consolare** è nel fatto che il primo verbo si riferisce all'aiuto, al sostegno che si dà a chi soffre fisicamente o, meno frequentemente, moralmente, mentre il secondo riguarda esclusivamente una sofferenza morale.

SFUMATURE ➤ ***lenire***

alleviatóre [av. 1562] **s. m.** (**f.** *-trice*); anche **agg.** ● (*lett.*) chi (o che) allevia

Alliàcee [comp. del lat. scient. *allium* 'aglio' e *-acee* ✱ 1805] **s. f. pl.** (**sing.** *-a*) ● (*bot.*) famiglia di piante monocotiledoni delle Asparagali, comprendenti piante erbacee perenni bulbose (*Alliaceae*)

allibàre [lat. tardo *alleviāre* 'alleggerire', comp. di *ăd* e *lĕvis* 'leggero' ✱ 1865] **v. tr.** ● (*mar.*; *disus.*) alleggerire una nave di tutto o parte del carico **SIN.** alleggiare

✦**allibìre** o †**allibbìre** [prob. lat. **allivēre*, comp. di *ăd* e *livēre* 'diventar livido' ✱ 1525] **v. intr.** (*io allibisco, tu allibisci*; **aus.** *essere*) ● impallidiro per paura, stupore, sorpresa e sim. | (*est.*) ammutolire, sbigottirsi: *a quelle parole allibì*; *cose da fare a.*

allibìto **part. pass.** di *allibire*; anche **agg.** ● nel sign. del v. | esterrefatto: *sono a.*; *rimanere a.* **SIN.** ammutolito, sbigottito

allìbo [da *allibare* ✱ 1889] **s. m.** **1** (*mar., raro*) alleggio **2** chiatta

allibraménto [da *allibrare* ✱ av. 1292] **s. m.** ● registrazione su di un libro di un'operazione finanziaria | ***certificato di a.***, certificazione di avvenuta registrazione

allibràre [comp. di *a-*② e *libro* ✱ 1235] **v. tr.** ● registrare su un libro di conti

allibratóre [da *allibrare*, come trad. dell'ingl. *bookmaker* ✱ 1310] **s. m.** (**f.** *-trice*) ● nell'ippica, colui che accetta scommesse a quota fissa indicando in partenza la somma che si potrà vincere indipendentemente dal numero delle giocate **SIN.** bookmaker

allicciàre [comp. di *a-*② e *liccio* ✱ 1797] **v. tr.** (**pres.** *io allìccio*; **fut.** *io alliccerò*) **1** piegare leggermente i denti della sega verso l'esterno per migliorarne il funzionamento **2** (*tess.*) comporre i licci in mezzo a cui passano i fili della tela | far passare i fili della tela attraverso i licci

allicciatùra [1892] **s. f.** ● (*tess.*) operazione dell'allicciare

allicìna [dal lat. *ăllium* 'aglio' ✱ 1950] **s. f.** ● sostanza estratta dall'aglio, dotata di azione battericida, vermifuga e ipotensiva

†**allìdere** [vc. dotta, lat. *allīdere*, comp. di *ăd* e *laedere* 'ferire' ✱ av. 1306] **v. tr.** (**difett. usato solo nella terza pers. del pres. e pass. rem. indic.**, *allide, allişe* **e nel part. pass.** *allişo*) ● percuotere, colpire, pestare: *Accurre, donna, e vide / che la gente l'allide* (IACOPONE)

allietàre [comp. di *a-*② e *lieto* ✱ av. 1379] **A** **v. tr.** (*io allièto*) ● rendere lieto: *questa nascita ha allietato la nostra famiglia* **CONTR.** rattristare **B** **allietàrsi** **v. intr. pron.** ● farsi lieto

✦**allièvo** ① [da *allevare* ✱ 1360] **s. m.** (**f.** *-a*) **1** chi viene educato, istruito in una scuola o dall'insegnamento di un maestro: *a. di un liceo*; *gli allievi di un famoso chirurgo* **2** militare che viene istruito e addestrato per conseguire una determinata specializzazione o per ricoprire un particolare incarico o per entrare a far parte di una determinata categoria gerarchica: *a. marconista, caporale, sottufficiale, ufficiale* **3** atleta giovane appartenente a una determinata categoria di età che varia da sport a sport **4** (*raro, lett.*) chi viene allevato, nutrito: *la balia e il suo a.* | piccolo di animali **5** (*bot.*) virgulto

SFUMATURE DI SIGNIFICATO

allievo - alunno

Allievo è chi frequenta una scuola, un'università o viene istruito in una disciplina, una professione o un'arte; nell'uso indica chi si sta addestrando a ottenere un certo grado militare. **Alunno** indica esclusivamente chi frequenta una scuola.

allièvo ② [da *allevare*, nel senso di 'levare (l'acqua)' ✱ 1961] **s. m.** ● (*mar.*) foro munito di tappo a vite sul fondo delle imbarcazioni che serve, quando queste siano a secco o sospese alle gru, per fare uscire l'acqua **SIN.** alleggio

†**alligàre** ➤ **allegare**②

alligatóre [dallo sp. *el lagarto* 'il ramarro', attrav. il fr. o l'ingl. *alligator* ✱ 1765] **s. m.** ● rettile degli Alligatoridi di color scuro o nerastro, con muso lungo e arrotondato, caratteristico dei grandi fiumi americani e asiatici (*Alligator*)

Alligatòridi [comp. di *alligator(e)* e *-idi* ✱ 1967] **s. m. pl.** (**sing.** *-e*) ● (*zool.*) famiglia di Rettili anfibi dell'America e dell'Asia tropicali (*Alligatoridae*)

alligazióne [vc. dotta, lat. *alligatiōne(m)* 'legatura, collegamento', da *alligāre* 'allegare②' ✱ 1941] **s. f.** ● (*metall.*) miscuglio di preparazione di una lega metallica

allignaménto [1819] **s. m.** ● l'allignare

✦**allignàre** [comp. del lat. *ăd* e *lĭgnum* 'legno' ✱ av. 1272] **v. intr.** (**coniug. come** *segnare*; **aus.** *avere, raro essere*) **1** mettere radici **SIN.** attecchire, barbicare, barbificare, radicare **2** (*fig.*) trovarsi, essere radicato: *sentimenti che allignano nei cuori generosi*; *virtù che non allignano tra noi* **3** (*fig., lett.*) svilupparsi, prosperare

all inclùsive /*ingl.* ˌɔːlɪŋˈkluːsɪv/ [loc. ingl., comp. di *all* 'tutto' e *inclusive* 'compreso, incluso' ✱ 1995] **loc. agg. inv.** ● che include nel prezzo tutti i servizi e le attività elencati in un programma, un contratto e sim.: *viaggio all inclusive*

allineaménto [1690] **s. m.** **1** l'allineare, l'allinearsi | disposizione su una stessa linea: *l'a. dei cavalli durante la partenza* | (*fig.*) adeguamento, uniformazione | ***a. dei prezzi, dei salari***, adeguamento di questi al costo della vita | ***a. monetario***, variazione del potere di acquisto aureo dell'unità monetaria da parte di uno Stato per porla in un dato rapporto di valore con unità di altro Stato CFR. non allineamento **2** (*tipogr.*) linea orizzontale ideale su cui poggia il limite inferiore dell'occhio medio del carattere tipografico | ***a. a sinistra, a destra***, linea verticale ideale a cui poggiano rispettivamente il primo o l'ultimo carattere di una serie di linee **3** (*mar.*) linea retta che passa per due punti fissi, di solito posti sulla costa, e costituisce una sicura indicazione di rotta

allineàre [comp. di *a-*② e *linea* ✱ 1706] **A** **v. tr.** (**pres.** *io allìneo*; **fut.** *io allineerò*) **1** collocare e disporre persone o cose sulla stessa linea: *a. gli alunni nel cortile della scuola*; *a. i testi sul tavolo* | schierare: *a. le truppe per la parata*; *a. la batteria per il tiro* **2** in tipografia, disporre su una stessa linea vari elementi di una pagina o disporre nella stessa posizione in pagine successive titoli o altri elementi di un libro, giornale e sim. **3** (*fig.*) adeguare: *a. gli stipendi all'aumento del costo della vita* **B** **allineàrsi** **v. rifl.** **1** mettersi in dirittura, in linea **2** (*fig.*) adeguarsi, conformarsi: *i membri della direzione si sono allineati alle dichiarazioni del segretario*

allineàto **part. pass.** di *allineare*; anche **agg.** **1** nei sign. del v. **2** ***Paesi non allineati***, V. *non allineato* || **allineataménte**, **avv.**

allineatóre [1964] **s. m.** (**f.** *-trice*) **1** chi allinea **2** nel canottaggio, arbitro ausiliario che controlla alla partenza l'allineamento delle imbarcazioni prima del via

all in one /ollin'wan, *ingl.* ˌɔːlɪn'wʌn/ [loc. ingl., propr. 'tutto in uno' ✱ 1999] **loc. agg. inv.**; anche **loc. sost. m. inv.** ● (*tecnol.*) detto di apparecchio (computer, telefono cellulare, stampante, videocamera ecc.) in grado di svolgere più funzioni, anche quelle normalmente svolte da altri dispositivi CFR. multifunzione

allisciaménto [1582] **s. m.** ● (*centr.*, *merid.*) il lisciare | (*fig.*) adulazione

allisciàre [comp. di *a-*② e *lisciare* ✱ av. 1639] **v. tr.** (**pres.** *io allìscio*; **fut.** *io alliscerò*) ● (*centr.*, *merid.*) lisciare | (*fig.*) adulare

allisciatóio [1955] **s. m.** (**pl.** *-ói*) ● attrezzo usato in fonderia per la preparazione delle forme

†**allìṣo** **part. pass.** di *allidere*; anche **agg.** ● percosso, flagellato

allitteràre [1968] **v. intr.** (*io allìttero*; **aus.** *avere*) ● formare, costituire allitterazione: *le parole 'fresca' e 'frasca' allitterano*

allitterazióne [comp. del lat. *ăd* e *lĭttera* 'lettera' ✱ 1609] **s. f.** **1** (*ling.*) figura retorica che consiste nella ripetizione del medesimo suono all'inizio o all'interno di più parole contigue; per es. la ripetizione della consonante 'f' in: *ti sien come il fruscìo che fan le foglie* (G. D'Annunzio) | (*est.*) ripetizione di suoni vocalici o consonantici **2** (*mus.*) ritorno insistente in un brano di un caratteristico spunto melodico, armonico o ritmico

allivellàre [comp. di *a-*② e *livello*② ✱ 1779] **v. tr.** (*io allivèllo*) ● (*dir.*) concedere un terreno a livello

allivellazióne [1767] **s. f.** ● (*dir.*) concessione di un terreno a livello

†**allividìre** [comp. di *a-*② e *livido* ✱ 1328] **v. intr.** (**aus.** *essere*) ● divenire livido

♦**àllo** o (*poet.*) **a lo** **prep. art. m. sing.** comp. di *a*② e *lo* ➤ **lo** per gli usi ortografici

allô /fr. a'lo/ [fr. da *allons* 'andiamo', prima pers. pl. imperat. pres. *aller* 'andare', dal lat. *ambulāre* ✱ 1905] **inter.** ● si usava un tempo nelle conversazioni telefoniche in luogo di 'pronto' CFR. hallo

allo- [dal gr. *állos* 'altro', di orig. indeur.] **primo elemento** ● in parole composte dotte, significa 'diverso': *allogeno*, *alloglotto*

allobiologìa [comp. di *allo-* e *biologia* ✱ 1983] **s. f.** (**pl.** *-gìe*) ● branca della biologia che studia i fenomeni biologici che si manifestano, o possono manifestarsi, nello spazio extraterrestre

allobiològico [1983] **agg.** (**pl. m.** *-ci*) ● relativo ad allobiologia

allòbrogo [lat. *Allŏbrogus* ✱ av. 1292] **A** **agg.** (**pl. m.** *-gi* o †*-ghi*) ● di un'antica popolazione celtica stanziata nella Gallia Narbonese: *tribù allobroghe* **B** **s. m.** (**f.** *-a*) **1** appartenente a tale popolazione **2** (*est.*, *poet.*, *scherz.*) abitante o nativo del Piemonte e della Savoia | ***il Fero A.***, ***l'A. Feroce***, (*per anton.*) il poeta V. Alfieri

allocàre [sec. XIII] **v. tr.** (*io allòco*, *tu allòchi*) **1** (*econ.*) assegnare fondi o risorse a progetti o attività **2** (*inform.*) assegnare un'area di memoria a una determinata funzione **3** † V. *allogare*

allocatìvo [1985] **agg.** ● (*burocr.*) relativo a un'allocazione, a una ripartizione

allocazióne [fr. *allocation*, dal lat. *allocāre*, dal senso dell'ant. fr. *allouer* di 'dispensare denaro' ✱ av. 1347] **s. f.** **1** assegnazione, ripartizione: *a. delle materie prime tra gli Stati*; *a. delle risorse* **2** nell'ippica, la somma di denaro destinata ai premi che viene suddivisa tra vincente e piazzati in modo proporzionale

alloccàggine [da *allocco* ✱ 1865] **s. f.** ● (*raro*) stupidità, balordaggine

alloccherìa [1585] **s. f.** ● (*raro*) balordaggine

allocchìre [1856] **v. intr.** (*io allocchìsco*, *tu allocchìsci*; **aus.** *essere*) e **allocchìrsi** **v. intr. pron.** ● (*lett.*) rimanere sbalordito | intontirsi

allòcco o †**lòcco** [lat. *ulūccu(m)*, di orig. onomat. ✱ av. 1336] **s. m.** (**pl.** *-chi*) **1** uccello rapace notturno degli Strigiformi, affine al gufo ma privo di ciuffi sul capo, di colore variabile dal grigio al bruno (*Strix aluco*) CFR. bubolare, gufare **2** (**f.** *-a*) (*fig.*) persona goffa e sciocca | ***restare, rimanere come un a.***, restare immobile, quasi intontito

allocentrìṣmo [comp. di *allo-*, *centr(o)* e *-ismo* ✱ 1947] **s. m.** ● (*psicol.*) tendenza propria di chi pone gli altri al centro di ogni interesse e affetto

allocròico [dal gr. *allóchroos* 'che prende altro colore' ✱ 1892] **agg.** (**pl. m.** *-ci*) ● di colore che varia secondo il punto da cui si guarda SIN. cangiante

allocromaṣìa [comp. di *allo-* e del gr. *chrôma*, genit. *chrṓmatos* 'colore' ✱ 1845] **s. f.** ● falsa visione dei colori CFR. daltonismo

allocromàtico [1931] **agg.** (**pl. m.** *-ci*) ● (*miner.*) detto di un solido il cui colore muta in funzione di cause diverse, tra cui la presenza di tracce di atomi diversi da quelli tipici del suo reticolo cristallino CFR. cromoforo

allòctono [comp. di *allo-* e di *-ctono* ✱ 1930] **A** **agg.** ● detto di roccia o corpo geologico trasportato lontano dal luogo in cui si è formato **B** **s. m.** (**f.** *-a*) ● che (o chi) è nato in un luogo diverso da quello in cui risiede CFR. autoctono

allocutàrio [da *allocuzione* ✱ 1955] **s. m.** (**f.** *-ia*) ● (*ling.*) nella teoria della comunicazione, colui al quale è destinato il messaggio

allocutìvo [1955] **agg.** ● relativo all'allocuzione | (*gramm.*) ***pronome a.***, pronome personale usato per rivolgere la parola a qualcuno; può essere 'naturale' (per es. *tu*, *voi*) o 'di cortesia' (per es. *Ella*, *Lei*, *Loro*, *Voi*) | ***noi a.***, V. *noi* nel sign. B

allocutóre [vc. dotta, lat. tardo *allocutōre(m)*, da *ălloqui*, comp. di *ăd* e *lŏqui* 'parlare' ✱ 1761] **s. m.** **1** (**f.** *-trice*) (*lett.*) chi pronuncia un'allocuzione **2** (*ling.*) nella teoria della comunicazione, emittente

allocutòrio [av. 1855] **agg.** (**pl. m.** *-i* o *raro -ii*) ● (*ling.*) allocutivo

allocuzióne [vc. dotta, lat. *allocutiōne(m)*, da *ălloqui*, comp. di *ăd* e *lŏqui* 'parlare' ✱ 1574] **s. f.** **1** discorso solenne tenuto in pubblico: *il comandante pronunciò un'a.* | discorso rivolto dal Papa ai cardinali **2** (*ling.*) il rapporto tra allocutore e allocutario || **allocuzioncèlla**, **dim.**

allodiàle [1618] **agg.** ● relativo all'allodio: *bene a.* SIN. burgensatico

allòdio [dal franco *alōd* 'proprietà intera', comp. di *al* 'tutto' e *lōd* 'bene' ✱ 1310] **s. m.** (**pl.** *-i* o *raro -ii*) ● in antichi ordinamenti giuridici, patrimonio, generalmente fondiario, in piena proprietà e non sottoposto agli oneri e vincoli feudali

allòdola [lat. *alauda(m)*, di orig. gallica ✱ sec. XIII] **s. f.** ● uccello dei Passeriformi di color grigio bruno con macchie più scure, becco acuto, lunga unghia posteriore, il quale emette durante il volo un trillo armonioso (*Alauda arvensis*) CFR. fischiare | ***specchietto per le allodole***, (*fig.*) espediente per attirare gli ingenui || **allodolétta**, **dim.**

allòfono [comp. di *allo-* e *-fono* ✱ 1967] **s. m.** ● (*ling.*) variante di un fonema

allogaménto [av. 1292] **s. m.** ● (*raro*) sistemazione in luogo appropriato

allogamìa [comp. di *allo-* e *-gamia* ✱ 1986] **s. f.** **1** (*biol.*) processo di fecondazione al quale partecipano un gamete femminile e uno maschile provenienti da individui diversi **2** (*bot.*) impollinazione tramite trasferimento di polline dal fiore di una pianta a quello di una pianta diversa della medesima specie SIN. impollinazione indiretta, impollinazione incrociata CONTR. autogamia

allogàre o †**allocàre** [lat. tardo *adlocāre*, comp. di *ăd* e *lŏcus* 'luogo' ✱ 1250] **A** **v. tr.** (*io allògo*, *tu allòghi*) **1** (*raro*) porre, sistemare in luogo appropriato: *a. i libri negli scaffali*, *i mobili in una stanza* | (*est.*, *disus.*) accogliere, ospitare **2** (*disus.*) mettere al servizio altrui, impiegare: *lo hanno allogato come meccanico in un'officina* | accasare, dar marito: *a. una figlia* | (*raro*) ***a. denari, capitali***, investirli **3** (*raro*) dare in affitto: *a. un podere*, *un terreno* **4** †commettere **B** **allogàrsi** **v. rifl.** **1** (*disus.*) trovare posto, sistemarsi in un luogo: *allogarsi in città* **2** (*disus.*) mettersi a servizio: *allogarsi presso qlcu.*

†**allogatóre** [1310] **s. m.** (**f.** *-trice*) ● locatore, impresario, appaltatore

allogazióne [av. 1292] **s. f.** ● (*disus.*) l'allogare

allogènico [vc. dotta, comp. di *allo-* e *-genico* ✱ 1986] **agg.** (**pl. m.** *-ci*) **1** che è prodotto da cause esterne **2** (*biol.*) di costituzione genica diversa: *cellule allogeniche di una chimera* | ***trapianto a.***, allotrapianto

allògeno [vc. dotta, gr. *allogenḗs*, comp. di *allo-* e *génos* 'razza, stirpe' ✱ 1922] **A** **agg.** ● che appartiene a un'altra stirpe, nazionalità e sim.: *cittadini allogeni*; *minoranze allogene* **B** **s. m.** (**f.** *-a*) ● chi, in uno Stato nazionale, appartiene a un gruppo etnico, minoritario rispetto alla massa dei cittadini, che conserva le proprie caratteristiche, la propria autonomia e sim.: *gli allogeni di lingua tedesca*

alloggiaménto [1362 ca.] **s. m.** **1** l'alloggiare | (*milit.*) stazionamento di truppe sotto forma di accampamento, accantonamento o sim. **2** luogo in cui alloggiano militari: *fornire un a.*; *l'a. delle truppe* **3** (*mecc.*) sede di un dato organo meccanico lavorato con una prefissa tolleranza

♦**alloggiàre** [comp. di *a-*② e *loggia* ✱ sec. XIII] **A** **v. tr.** (**pres.** *io allòggio*; **fut.** *io alloggerò*) **1** accogliere e ospitare, spec. temporaneamente: *a. provvisoriamente un amico*, *un parente* | sistemare le truppe: *a. i soldati* **2** (*lett.*, *fig.*) nutrire un sentimento nel proprio animo **3** collocare nell'apposita sede un pezzo meccanico **B** **v. intr.** (**aus.** *avere*) ● abitare, dimorare, spec. temporaneamente: *alloggia in una vecchia casa del centro; i sinistrati alloggiano ancora in ricoveri di fortuna* | detto di truppe, accamparsi, accantonarsi, sistemarsi

♦**allòggio** [da *alloggiare* ✱1556] **s. m.** **1** luogo nel quale si alloggia, si ha ricovero, ospitalità e sim., spec. di breve durata: *cercare, dare, trovare, prendere a.; fornire vitto e a.* **2** appartamento: *alloggi popolari* **3** locale di bordo destinato ad abitazione per il personale imbarcato | locale per passeggeri, su navi o aerei: *alloggi di prima, di seconda classe* **4** (**spec. al pl.**) alloggiamento di militari || **alloggètto**, **dim.**

alloglìàto [comp. di *a-*② e *loglio* ✱sec. XIV] **agg.** ● detto di grano misto a loglio

alloglossìa [comp. di *allo-* e del gr. *glôssa* 'lingua' ✱1972] **s. f.** ● (*ling.*) uso di una lingua diversa da quella ufficiale o maggioritaria di uno Stato

allogIòtto [comp. di *allo-* e del gr. *glôtta* 'lingua' ✱1883 ca.] **A** **agg.** ● relativo a una lingua diversa da quella ufficiale di uno Stato: *dialetti alloglotti* **B** **agg. e s. m.** (**f.** *-a*) ● che (o chi) parla una lingua diversa da quella della maggioranza degli abitanti di un dato paese: *cittadini alloglotti; gli alloglotti dell'Alto Adige*

allògrafo [comp. di *allo-* e *-grafo* ✱1892] **s. m.** **1** (*ling.*) all'interno del sistema di scrittura di una lingua, segno o gruppo di segni grafici che rendono lo stesso suono di altri (es. nell'italiano la lettera *c* di *cuore* è un allografo della lettera *q* di *quota*) **2** (*dir.*) documento scritto da un'altra persona **CONTR.** autografo

alloinnèsto [comp. di *allo-* e *innesto* ✱1993] **s. m.** ● (*chir.*) allotrapianto

allometrìa [comp. di *allo-* 'diverso' e *-metria* 'misura' ✱1961] **s. f.** ● (*biol.*) fenomeno per il quale una o più parti di un organismo presentano una diversa accelerazione di accrescimento rispetto alla norma del gruppo di appartenenza

allomòrfo [comp. di *allo-* e *-morfo* ✱1969] **s. m.** ● (*ling.*) variante di un morfema (per es. *-ei* e *-etti* in *perdei, perdetti*)

allontanaménto [1525] **s. m.** ● l'allontanare, l'allontanarsi | (*gramm.*) ***complemento di a. o separazione***, indica ciò da cui ci si allontana, ci si separa o si è separati (*anche fig.*); è introdotto dalla prep. *da* (per es.: *levare un chiodo dal muro; guarire da una malattia; esule dalla patria; che si tolga dalla testa quell'idea!*)

♦**allontanàre** [comp. di *a-*② e *lontano* ✱av. 1294] **A** **v. tr.** **1** mettere, tenere lontano (*anche fig.*): *a. una persona; a. un pericolo, una minaccia; la vita li ha allontanati* | (*fig.*) distogliere: *a. qlcu. da un proposito* **2** mandare via: *a. qlcu. dalla propria casa* | licenziare: *fu allontanato dal suo posto di lavoro* | (*fig.*) fugare: *a. da sé i sospetti* **3** suscitare sentimenti sgradevoli (*anche assol.*): *ha un modo di fare che allontana* **B** **allontanàrsi** **v. rifl. e intr. pron.** ● andare lontano: *allontanarsi dalla riva* | assentarsi: *allontanarsi da casa, dal lavoro* | dileguarsi: *il ladro riuscì ad allontanarsi* | (*fig.*) discostarsi: *s'è allontanato dalla fede* | (*fig.*) diventare meno prossimo, meno probabile: *la soluzione del conflitto si allontana*

allopatìa [vc. dotta, gr. *allopátheia* 'influenza esterna', comp. di *állos* 'diverso' e *páthos* 'ciò che si prova di bene o di male, nel fisico o nel morale' ✱1828] **s. f.** **1** (*med.*) sistema di cura in cui le malattie sono trattate con rimedi capaci di produrre in individui sani condizioni incompatibili o antagoniste coi sintomi del paziente **2** (*impropr.*) in contrapposizione a omeopatia, indica i comuni procedimenti terapeutici || **allopàtico**, **agg.** (**pl. m.** *-ci*); **anche s. m.** (**f.** *-a*) **nel sign. 2** **1** basato sull'allopatia **2** chi sostiene o adotta la terapia allopatica

allopatrìa [comp. di *allo-*, *patr(ia)* e del suff. *-ia*② ✱1954] **s. f.** ● (*biol.*) condizione di separazione geografica di popolazioni o specie diverse, dovuta alla distanza o più spesso a barriere naturali **CFR.** parapatria, peripatria, simpatria

allopàtrico [1954] **agg.** (**pl. m.** *-ci*) ● (*biol.*) riferito a insieme di popolazioni o di specie caratterizzate da allopatria

alloppiaménto [av. 1557] **s. m.** ● (*lett.*) ebbrezza da oppio | (*fig.*) torpore

alloppiàre [da *oppio* ✱av. 1406] **A** **v. tr.** (*io allòppio*) **1** (*raro*) drogare con l'oppio una bevanda: *a. il vino, il caffè* **2** (*lett., raro*) far addormentare qlcu. propinandogli bevande oppiate | (*est.*) sopire, acquetare **B** **alloppiàrsi** **v. intr. pron.** ● (*fig., lett.*) addormentarsi pesantemente

†**allòppio** ➤ **oppio**①

♦**allóra** [lat. *ăd ĭlla(m) hōra(m)* 'in quel tempo' ✱1219] **A** **avv.** ● in quell'istante, in quel momento: *Allor temett'io più che mai la morte* (DANTE *Inf.* XXXI, 109) | ***era uscito a. a.***, proprio in quel momento | ***a. come a.***, sul momento, in quella circostanza: *a. come a., non avrei saputo cosa rispondere* | (*est.*) in quel tempo: *a. c'erano i tram a cavalli; fu a. che lo conobbi* | ***da a. in poi, d'a. in poi***, da quel momento in poi | ***fino a., fino ad a.***, fino a quel momento, fino a quel tempo: *non ne avevo mai sentito parlare fino a.; Fino ad a. io ero vissuta nella bambagia* (V. PRATOLINI) | ***fin d'a.***, fin da quel tempo | ***per a.***, per quel momento, per quei tempi: *per a. erano cose strabilianti* | ***d'a.***, di quei tempi: *le ragazze d'a.* | con valore enfat.: *a. sì che si viveva con poco!* | riferito al futuro: *quando avrai la mia età, a. capirai; per a. tutto sarà finito; dovrò aspettare fino a.?* **CONTR.** adesso, ora. L'avverbio 'allora' ha assunto progressivamente nel tempo la funzione di sostantivo invariabile col sign. di 'quel momento', 'quel tempo' (per es. in frasi come: *le discussioni di allora, la mentalità di allora, i giovani di allora*, ecc.), funzione che esso aveva implicitamente già in antiche locuzioni come *fin d'allora* o *d'allora in poi*. Per questo motivo la forma 'fino ad allora', più recente, prevale sulla tradizionale 'fino allora'. **B** **in funzione di cong.** **1** in questo caso, in tale caso, con valore conclusivo: *se mi dici così, a. vengo senz'altro; se vuoi venire, a. preparati* **2** ebbene, dunque, usato per sollecitare qlcu. o per esprimere dubbio, curiosità, apprensione, speranza (introduce una prop. interr. diretta o un'espressione esclamativa): *ma dillo a.!; a. decidiamoci!; e a.? che si fa?; e a.? cosa ti ha detto?; a., non c'è speranza?* | (*colloq.*) usato anche all'inizio di frase, con valore discorsivo: *'Raccontami com'è andata' 'A., eravamo seduti a tavola ...'* **3** (*colloq.*) usato all'inizio di frase con valore discorsivo e il sign. di 'precisiamo, mettiamo in chiaro che': *a.: è vero che te l'avevo promesso, ma la situazione è cambiata* | †***a. che***, V. *allorché* **C** **in funzione di agg. inv.** ● (preposto a un sost.) di quel tempo, in quel tempo: *l'a. direttore*

♦**allorché** o †**allóra che** /al'lora ke*, allora'ke*/, (*lett.*) **allór che** /allor'ke*, al'lor ke*/ [av. 1375] **cong.** ● (*lett.*) quando, nel momento in cui, non appena (introduce una prop. temp. con il v. all'indic.): *a. mi vide, mi si fece subito incontro; ma come rimase a., domandando di lui, si sentì rispondere che non c'era più* (A. MANZONI)

allorìno [da *alloro* con il suff. *-ino* ✱sec. XIV] **A** **agg.** ● (*raro*) relativo ad alloro | †fatto con alloro: *olio a.* **B** **s. m.** ● liquore a base di foglie di alloro

allòro [lat. *lauru(m)*, di orig. preindeur. ✱1280] **s. m.** **1** albero sempreverde delle Lauracee con foglie alterne, semplici, coriacee e persistenti, aromatiche, fiori giallastri in piccole ombrelle ascellari e frutti neri a drupa (*Laurus nobilis*) | ***a. spinoso***, agrifoglio | foglie di tale pianta, usate in cucina per dare aroma: *mettere l'a. nell'arrosto* **2** (*fig.*) vittoria, trionfo, gloria: *Napoleone si cinse degli allori di Austerlitz, di Jena e di molte altre battaglie; gli allori di Cesare* | ***l'a. poetico***, la corona d'alloro con cui si cingeva la fronte dei poeti in Campidoglio | ***mietere allori***, ottenere un gran numero di successi, di vittorie | ***riposare, dormire sugli allori***, stare inoperoso, accontentandosi dei successi ottenuti || **allorìno**, **dim.**

♦**allorquàndo** o (*raro*) **allór quàndo** [1261 ca.] **cong.** ● (*lett.*) quando, proprio quando, nel momento in cui, allorché (introduce una prop. temp. con il v. all'indic.): *stavo passeggiando a. lo vidi; sorridevo a. sentivo dirmi che il fuoco del camino è quasi un amico* (G. VERGA)

allòstaṣi o **allostàṣi** [1998] **s. f. inv.** ● (*biol.*) capacità degli organismi viventi di mantenersi stabili e vitali attraverso il cambiamento, adattando i propri sistemi interni alle mutate condizioni ambientali **CFR.** omeostasi

allotrapiànto [comp. di *allo-* e *trapianto* ✱1983] **s. m.** ● (*chir.*) trapianto di un tessuto od organo prelevato da un organismo appartenente alla stessa specie ma geneticamente diverso dal ricevente | tessuto od organo trapiantato tra due organismi della stessa specie ma geneticamente diversi **SIN.** omotrapianto, alloinnesto

allòtrio [dal gr. *allótrios* 'estraneo', da *állos* 'altro', di orig. indeur. ✱1845] **agg.** ● (*raro, lett.*) estraneo, diverso: *la distinzione ... tra ... due interpretazioni, l'estetica e l'allotria* (B. CROCE)

allotriomòrfo [comp. di *allotrio* e *-morfo* ✱1961] **agg.** ● detto di minerale che non ha forma propria, ma assume quella della cavità che lo ospita **CONTR.** idiomorfo

allotropìa [da *allotropo* ✱1865] **s. f.** **1** (*chim.*) fenomeno presentato dagli allotropi **2** (*ling.*) coesistenza di due diversi esiti di uno stesso significante: *a. semantica* (per es. *plebe* e *pieve*, ambedue dal lat. *plebe(m)*); *a. morfologica* (per es. *annuncio* e *annunzio*; *cerchio* e *circolo*)

allotròpico [1869] **agg.** (**pl. m.** *-ci*) ● (*chim., ling.*) relativo all'allotropia

allòtropo [vc. dotta, gr. *allótropos*, comp. di *állos* 'diverso' e *-tropo* ✱1865] **s. m.** **1** (*chim., miner.*) elemento che esiste in forme fisicamente diverse tra loro **2** (*ling.*) membro di una allotropia **SIN.** doppione

†**allòtta** [da *otta* 'ora' ✱1261 ca.] **avv.** ● allora: *tali eravamo tutti e tre a.* (DANTE *Purg.* XVII, 85)

allottàre [comp. di *a-*② e *lotto* ✱av. 1850] **v. tr.** (*io allòtto*) **1** (*tosc.*) mettere una cosa al lotto, alla sorte **2** (*tosc.*) dividere in parti, in lotti

all right /ol'rait, *ingl.* ˌɔːl'raɪt/ [loc. ingl., propr. 'tutto (*all*, di area germ. e orig. indeur.) diritto (*right*, di orig. indeur.)' ✱1905] **loc. avv.** ● bene, d'accordo, spec. in esclamazioni, risposte e sim.

alluccioIàre [comp. di *a-*② e di *lucciola* ✱1869] **v. intr.** (*io allùcciolo*; **aus.** *avere*) ● (*raro*) brillare, luccicare

alluccioIìo [1939] **s. m.** (**pl.** *-ii*) ● (*lett.*) brillìo, lucchichìo: *In fondo al borro l'a. / della Galassia* (E. MONTALE)

àlluce [vc. dotta, lat. tardo *hăllūce(m)*, di etim.

incerta ✱1892] **s. m.** ● primo dito del piede **SIN.** (*pop.*) dito grosso, ditone

allucinànte part. pres. di *allucinare*; anche **agg.** **1** (*raro*) che abbaglia | che crea allucinazione **2** (*fig.*) che turba, che impressiona fortemente: *uno spettacolo a.* **SIN.** incredibile, irreale, spaventoso | (*fig., raro*) stupefacente || **allucinanteménte**, **avv.**

✦**allucinàre** [vc. dotta, lat. *alucinārī*, di etim. incerta ✱1499] **A v. tr.** (*io allùcino*) **1** (*raro*) abbagliare, confondere la vista | (*fig.*) confondere **2** (*fig.*) impressionare fortemente **B allucinàrsi v. intr. pron.** ● †ingannarsi

allucinàto **A** part. pass. di *allucinare*; anche **agg.** ● nei sign. del v. || **allucinataménte**, **avv.** **B s. m.** (f. *-a*) ● chi soffre di allucinazioni | visionario, esaltato: *mi fissava con occhi da a.*

allucinatòrio [1908] **agg.** (pl. m. *-i* o *raro -ii*) ● relativo all'allucinazione | che produce allucinazione

allucinazióne [vc. dotta, lat. *alucinatiōne(m)*, deriv. di *alucinārī* 'allucinare' ✱1728] **s. f.** **1** (*med.*) percezione senza oggetto, ritenuta reale dal malato: *a. uditiva, visiva, sensitiva* | ***a. ipnagogica***, del dormiveglia **2** (*est.*) travisamento, abbaglio, inganno: *è tutta una sua a.*

allucinògeno [comp. di *allucin(azione)* e *-geno* ✱1961] **A s. m.** ● sostanza naturale o sintetica che provoca allucinazioni sensoriali **B** anche **agg.**: *sostanze allucinogene*

allucinòṣi [comp. di *allucin(azione)* e *-osi* ✱1916] **s. f. inv.** ● (*psicol.*) stato di allucinazione, spec. in un soggetto cosciente: *a. alcolica*

allùda [lat. *alūta(m)*, di etim. incerta, prob. attrav. il provenz. ✱1618] **s. f.** ● procedimento di concia delle pelli, con allume di rocca | pelle conciata all'allume

✦**allùdere** [vc. dotta, lat. *allūdere*, comp. di *ăd* e *lūdere* 'scherzare' ✱1479] **v. intr.** (**pass. rem.** *io allùṣi, tu alludésti*; **part. pass.** *allùṣo*; **aus.** *avere*) ● accennare in modo indiretto, velatamente (+ *a*): *a cosa vuoi a.?*

allumacàre [comp. di *a-*② e *lumaca* ✱av. 1850] **v. tr.** (*io allumàco, tu allumàchi*) ● (*tosc.*) macchiare con strisce di bava, come fa la lumaca | (*est.*) insudiciare

allumacatùra [1865] **s. f.** **1** (*tosc.*) striscia di bava lasciata da una lumaca **2** (*tosc.*) segno, traccia (*anche fig.*)

†**allumàre** ① [fr. *allumer*, dal lat. parl. *allumināre, comp. di *ăd* e di *lūmen*, genit. *lūminis* 'luce' ✱av. 1250] **A v. tr.** ● (*lett.*) illuminare, accendere (*anche fig.*): *'l sol che v'allumò e arse* (DANTE *Par.* XV, 76) **B** †**allumàrsi v. intr. pron.** ● (*lett.*) illuminarsi, accendersi

allumàre ② [da *allume* ✱1585] **v. tr.** **1** (*raro*) dare l'allume ai panni prima della tintura **2** conciare con l'allume

allumàre ③ [da *lumi* nel senso di 'occhi' ✱av. 1698] **v. tr.** ● (*disus.* o *centr.*) osservare, guardare attentamente: *s'accontentava d'a. in silenzio* (P.P. PASOLINI) **CFR.** lumare②

allumatùra [1865] **s. f.** **1** (*disus.*) bollitura dei tessuti nell'allume prima della tintura **2** concia delle pelli mediante l'allume

allùme [lat. *alūme(n)*, di etim. incerta ✱1282] **s. m.** **1** solfato doppio di un metallo monovalente e di uno trivalente che cristallizza con 12 molecole d'acqua | ***a. di rocca***, allume potassico quando si presenta in massa vetrosa **2** (*per anton.*) correntemente, allume potassico, usato in medicina, conceria, tintoria e sim.

allumeuse /fr. aly'møz/ [vc. fr., dal v. *allumer* 'accendere': il sign. del s. è di provenienza gergale ✱1918] **s. f. inv.** ● (*iron.*) donna che provoca e seduce senza concedersi

allumièra [fr. *alunière*, da *alun* 'allume' ✱av. 1347] **s. f.** ● miniera di allume

allumìna [1829] **s. f.** ● ossido ottenuto dai sali di alluminio per riscaldamento, usato come disidratante, come catalizzatore, e nella produzione di refrattari, porcellane e abrasivi

alluminàre ① [fr. *enluminer*, dal lat. *illumināre*, con cambio di pref. ✱1224 ca.] **A v. tr.** (*io allùmino*) **1** (*lett.*) illuminare (*anche fig.*): *quella parte che è alluminata dal sole* (LEONARDO) **2** †ridare la vista **B alluminàrsi v. intr. pron.** ● †illuminarsi

†**alluminàre** ② [lat. parl. *alluminàre, per *illumināre* 'illuminare' (miniare) ✱1319] **v. tr.** ● nella terminologia artistica medievale, aggiungere oro e argento ai colori di una miniatura per farla brillare | (*est.*) miniare | (*est.*) dipingere a colori vivaci

alluminàre ③ [da *allume* ✱1463] **v. tr.** (*io allùmino*) ● allumare un tessuto per il fissaggio dei colori

alluminàre ④ o **alluminiàre** [da *alluminio* ✱1913] **v. tr.** (*io allumìno*) ● ricoprire con alluminio: *a. un oggetto metallico*

alluminàto [da *allumina* ✱1889] **s. m.** ● sale dell'acido alluminico

†**alluminatóre** [fr. *enlumineur*, da *enluminer* 'alluminare②' ✱av. 1328] **s. m.** ● miniatore

alluminatùra [da *alluminato*, part. pass. di *alluminare*④ ✱1955] **s. f.** ● processo con cui si ricopre di uno strato di alluminio la superficie di un vetro, per ottenerne uno specchio

alluminiàre ➤ **alluminare**④

allumìnico [1865] **agg.** (pl. m. *-ci*) ● di alluminio, relativo all'alluminio | ***acido a.***, acido inorganico, tribasico, forma tautomera dell'idrossido di alluminio

alluminierìa [1942] **s. f.** ● complesso industriale per la lavorazione dell'alluminio

allumìnifero [comp. di *allumini(o)* e *-fero* ✱1852] **agg.** ● che contiene alluminio

✦**allumìnio** [da *allumina* ✱1819] **s. m.** (pl. *-i* o *raro -ii*) ● elemento chimico, metallo, bianco-argenteo, leggero, duttile e malleabile, presente in moltissimi silicati, prodotto industrialmente dalla bauxite, impiegato nella fabbricazione di leghe leggere e superleggere **SIMB.** Al **NUM. AT.** 13

alluminòṣi [da *alluminio* e *-osi* ✱1955] **s. f. inv.** ● (*med.*) alterazione dei polmoni dovuta a prolungata inalazione di polvere d'alluminio

alluminosilicàto, (*evit.*) **allumosilicàto** [comp. di *allumin(i)o* e *silicato* ✱1986] **s. m.** ● (*miner.*) silicato in cui l'alluminio sostituisce in parte il silicio

alluminotermìa [comp. di *alluminio* e *-termia* ✱1921] **s. f.** ● processo di riduzione di ossidi, mediante polvere di alluminio, in cui si sviluppano elevate temperature, utilizzato per ottenere metalli liberi e per bombe incendiarie

allumosilicàto ● (*evit.*) ➤ **alluminosilicato**

allunàggio [da *allunare*① ✱1959] **s. m.** ● approdo sulla Luna | ***a. morbido***, discesa di veicolo spaziale con velocità limitata

allunaménto [da *allunare*② ✱1829] **s. m.** ● (*mar.*) curvatura in senso trasversale data ai ponti delle navi per favorire lo scolo delle acque | curvatura della balumina della vela per aumentarne la superficie

allunàre ① [comp. di *a-*② e *luna* ✱1953] **v. intr.** (aus. *essere*) ● approdare sulla Luna

allunàre ② [comp. di *a-*② e *lunare* 'tagliare a forma di arco' ✱1584] **v. tr.** ● (*mar.*) curvare qlco. a foggia di mezzaluna

allùnga [da *allungare* ✱1897] **s. f.** **1** parte scanalata del cilindro del laminatoio che collega il cilindro stesso col rocchetto **2** tubo di vetro che condensa i vapori sviluppati nella distillazione **3** parte che si aggiunge a un assegno o a una cambiale quando non vi sia più spazio per le girate **SIN.** coda

allungàbile [av. 1928] **agg.** ● che si può allungare || **allungabilità**, **s. f. inv.**

allungaménto [av. 1292] **s. m.** **1** incremento della lunghezza o della durata: *l'a. di una tenda; l'a. della giornata* | diluizione di un liquido spec. con acqua | (*sport*) ***a. muscolare***, estensione forzata del muscolo per migliorarne l'elasticità **CONTR.** accorciamento **2** allunga, nel sign. 3 **3** (*ling.*) accrescimento della durata di articolazione di un suono | ***a. di compenso***, allungamento di un suono per compensare la caduta di un altro nella stessa sillaba **4** nei corpi aerodinamici, rapporto fra due delle dimensioni principali | ***a. di un corpo fusiforme***, rapporto tra la lunghezza e la larghezza | ***a. di un'ala***, rapporto tra l'apertura e la corda

✦**allungàre** [lat. parl. *allongāre, comp. di *ăd* e *lŏngus* 'lungo' ✱1219] **A v. tr.** (*io allùngo, tu allùnghi*) **1** accrescere la lunghezza o la durata di qlco.: *a. un abito, una corda; a. un discorso, un viaggio, la vita* | ***a. la strada***, seguire la via più lunga | ***a. il passo***, camminare più speditamente | ***a. la mano***, stenderla per chiedere qlco. | ***a. le mani***, protenderle per rubare, minacciare, toccare e sim. | ***a. le gambe***, distenderle | ***a. il collo***, protenderlo per vedere meglio | ***a. le orecchie***, (*fig.*) ascoltare attentamente | (*sport*) ***a. i muscoli***, effettuarne l'allungamento | (*ling.*) nel greco e nel latino, trasformare una vocale da breve in lunga **2** (*fam.*) porgere: *per favore, mi allunghi il pane?* | ***a. la palla***, (*fig.*) nel calcio, passarla a un compagno che si trova in posizione più favorevole **3** (*fig., colloq.*) appioppare, assestare: *a. una pedata a qlcu.; gli allungò un sonoro ceffone* **4** diluire: *a. lo smalto col solvente* | annacquare: *a. il vino* **5** †allontanare, respingere: *Per cercare almeno d'a. i pericoli* (F. GUICCIARDINI) **B v. intr.** (aus. *avere*) ● nel ciclismo, nel podismo e nell'ippica, effettuare un allungo **C allungàrsi v. intr. pron.** **1** accrescersi in lunghezza, altezza, durata e sim.: *l'ombra del monte si allunga sulla pianura; quel ragazzo si è molto allungato; d'inverno le notti si allungano* **2** †allontanarsi **D allungàrsi v. rifl.** **1** distendersi, sdraiarsi (+ *su*): *allungarsi sul letto, su una sedia, sulla sabbia* **2** (*colloq.*) recarsi oltre la meta stabilita: *se vieni da queste parti, allungati da noi*

allungàto part. pass. di *allungare*; anche **agg.** ● nei sign. del v. | (*est.*) di forma sottile, affusolata: *un pesce dal corpo a.; il caimano ha un muso a.*

allungatùra [1726] **s. f.** **1** operazione dell'allungare **2** ciò che serve o è servito ad allungare

allùngo [1915] **s. m.** (pl. *-ghi*) **1** (*sport*) nel ciclismo, nel podismo e nell'ippica, progressiva accelerazione effettuata da un atleta o cavallo in gara | nel calcio, passaggio della palla già in movimento | nel pugilato, distanza determinata dalla lunghezza del braccio disteso; (*est.*) il pugno vibrato direttamente tendendo il braccio: *ha un buon a.* | nella scherma, affondo portato al massimo **2** pezzo di cuoio che il calzolaio aggiunge al calcagno o alla punta della forma per adattarla al piede

allupàre [comp. di *a-*② e *lupo* ✱sec. XIV] **v. intr.** (aus. *essere*) e **allupàrsi v. rifl.** ● (*raro*) diventare simile a lupo | (*fig.*) ***a. dalla fame***, avere molta fame | (*gerg., centr.*) eccitarsi sessualmente

allupàto part. pass. di *allupare*; anche **agg.** **1** nel sign. del v. | affamato **2** (*gerg., centr.*) bramoso di rapporti sessuali, eccitato sessualmente: *stare, essere a.*

allure /fr. a'lyʀ/ [fr., 'andatura', da *aller* 'andare' (V. *allô*) ✱1930] **s. f. inv.** **1** modo di compor-

a b c d e f g h i j k l m n o p q r s t u v w x y z

a

tarsi improntato a una certa distinzione **2** (*sport, raro*) nel ciclismo e nel podismo, andatura, cadenza, ritmo di gara

allùşi ➤ **alludere**

†**alluşingàre** [comp. di *a-*② e *lusingare* ✱ sec. XIV] **v. tr.** ● lusingare

alluşióne [vc. dotta, lat. tardo *allusiōne(m)*, da *allūdere* 'alludere' ✱ 1550] **s. f.** ● velato accenno a chi o a ciò che non si vuole nominare apertamente: *una a. pesante, chiara, superflua; un discorso pieno di allusioni* | (*est., lett.*) riferimento non esplicito: *un saggio pieno di allusioni crociane*

alluşìvo [av. 1704] **agg.** **1** che contiene allusioni, che allude: *il suo è un discorso a.* **2** (*letter.*) analogico, evocativo: *il carattere a. della poesia ermetica* ‖ **alluşivaménte**, **avv.** in modo allusivo, per allusioni ‖ **alluşività**, **s. f. inv.** caratteristica di ciò che è allusivo; (*letter.*) tendenza a cogliere la realtà attraverso evocazioni e allusioni non razionali: *l'allusività di Mallarmé, dell'ermetismo*

allùşo **part. pass.** di *alludere*; anche **agg.** ● nei sign. del v.

alluviàle [dal lat. *allŭvies* 'inondazione', comp. di *ăd* e *luere* 'lavare' ✱ 1871] **agg.** ● (*geol.*) relativo al periodo successivo alle glaciazioni

†**alluviàre** [av. 1494] **v. tr.** ● allagare, inondare

alluvionàle [av. 1869] **agg.** ● che ha avuto origine dall'accumulo di detriti trasportati da corsi d'acqua: *terreno, pianura, sedimento a.* ‖ **alluvionalità**, **s. f. inv.**

alluvionàto [1927] **agg.** e **s. m.** (**f.** *-a*) ● che (o chi) è colpito, danneggiato da alluvione: *zona alluvionata; gli alluvionati del Polesine*

♦**alluvióne** [vc. dotta, lat. *alluviōne(m)*, da *allŭvies*. V. *alluviale* ✱ 1342] **s. f.** **1** straripamento dei fiumi con allagamento dei terreni circostanti **SIN.** inondazione **2** (*fig., spreg.*) enorme quantità: *un'a. di romanzi gialli, di film western* **3** (*geol.*) ogni deposito di detriti trasportati da corsi d'acqua superficiali **4** (*dir.*) accumulo di terre portate dalla corrente fluviale, che accresce gradatamente i fondi rivieraschi e appartiene ai proprietari di questi

alluzzàre [vc. dial., propr. 'alluciare', deriv. del lat. *lūce(m)* 'luce', *lucēre* 'risplendere' ✱ 1950] **v. tr.** ● (*raro*) allettare, invogliare

àlma ① [lat. *ănima(m)* 'anima', con dissimilazione (**ălima*) ✱ av. 1249] **s. f.** ● (*poet.*) anima: *divino amor che gentil a. accende* (V. COLONNA)

àlma ② [vc. dotta, gr. *hálma* 'salto', da *hállesthai* 'saltare', di orig. indeur. ✱ 1955] **s. m. inv.** ● gioco affine alla dama, con una scacchiera quadrupla di quella normale

almagèsto [arabo *al-mağisṭī*, dall'opera di Tolomeo *megístē* (*sýntaxis*) 'raccolta massima' ✱ av. 1328] **s. m.** ● (*lett.*) libro di astronomia | raccolta di osservazioni astronomiche

♣**almanaccàre** [av. 1705] **A** **v. intr.** (*io almanàcco, tu almanàcchi*; **aus.** *avere*) ● lambiccarsi il cervello per risolvere un problema e sim. (+ *su*): *a. sulle decisioni da prendere* | fantasticare, congetturare: *a. intorno al futuro* **B** **v. tr.** **1** (*raro*) rimuginare cercando di capire qlco.: *seguitando a almanaccar tra sé che cosa mai potesse essere tutto quel rigirìo* (A. MANZONI) **2** (*raro*) inventare, escogitare: *menti puerili almanaccheranno sempre riforme* (B. CROCE)

almanaccatóre [1865] **s. m.** (**f.** *-trice*) ● chi almanacca

almanacchìsta [1774] **s. m.** e **f.** (**pl. m.** *-i*) ● compilatore di almanacchi

almanàcco [arabo *al-manāḫ* 'clima' ✱ av. 1348] **s. m.** (**pl.** *-chi*) **1** raccolta dei fenomeni astronomici (effemeridi) e meteorologici | calendario con l'indicazione delle festività e delle fasi lunari **2** (*est.*) pubblicazione annuale simile al calendario con varie notizie complementari: *a. letterario* | ***a. di Gotha***, annuario genealogico dell'alta nobiltà europea

almanaccóne [1865] **s. m.** (**f.** *-a*) ● chi è solito almanaccare

almànco [comp. di *al* e *manco* ✱ av. 1320] **avv.** ● († o *sett.*) almeno

almandìno [deformazione del lat. tardo *Alabandīnus* 'di Alabanda', città della Caria ✱ 1546] **s. m.** ● (*miner.*) granato di ferro e alluminio di colore rosso vinato

†**almansóre** [arabo *al-manṣūr* 'vittorioso', attrav. l'ant. fr. *almansour* ✱ sec. XIII] **s. m.** ● capo dei Saraceni | difensore

almèa [arabo *'ālma*, dal classico *'ālima* 'donna istruita', attrav. il fr. *almée* ✱ 1867] **s. f.** ● nell'Ottocento, danzatrice orientale che veniva richiesta in case di notabili arabi per allietare feste e ricorrenze

♦**alméno** o (*disus.*) **al méno** [1268] **avv.** **1** se non altro, se non di più, a dir poco, come minimo: *potevi a. scrivermi; fammi a. sapere quando arrivi; costerà a. trecento euro* **2** con valore ottativo: *a. non piovesse!; a. arrivasse puntuale!; che a. si decidesse a parlare!*

†**almiràglio** ➤ **ammiraglio**

†**almirànte** ➤ **ammiraglio**

àlmo ① [vc. dotta, lat. *ălmu(m)*, da *ălere* 'nutrire' ✱ 1300] **agg.** **1** (*lett.*) che dà e alimenta la vita: *a. sole; alma terra natia* (G. LEOPARDI) | ricco, benefico, fertile **2** (*est., lett.*) grande, glorioso, nobile

†**àlmo** ② [lat. *ănimu(m)* 'animo', con dissimilazione (**ălimus*) ✱ av. 1294] **s. m.** ● animo

almùzia [persiano *muštā* 'mantellina di pelliccia con maniche lunghe', attrav. l'arabo (?) ✱ 1733] **s. f.** ● cappa canonicale, distintiva dei canonici di alcune cattedrali o collegiate, consistente in un piccolo mantello di pelliccia con cappuccio grande, che copre anche le spalle

almùzio [1733] **s. m.** ● almuzia

àlnico [comp. di *al(luminio)*, *ni(chelio)* e *co(balto)* ✱ 1955] **s. m.** (**pl.** *-ci*) ● lega contenente spec. alluminio, nichel, cobalto e ferro, usata per la fabbricazione di potenti magneti permanenti

àlno [vc. dotta, lat. *ălnu(m)*, di etim. incerta ✱ 1340] **s. m.** ● (*bot.*) ontano | ***a. nero***, frangola

alnoìte [comp. di *Alnö* (isola del golfo di Botnia dove tale roccia fu segnalata per la prima volta) e *-ite*② ✱ 1955] **s. f.** ● roccia filoniana della famiglia dei gabbri alcalini composta essenzialmente da olivina, augite e tracce di ossidi di ferro

†**àlo** ➤ **alone**①

alo- [dal gr. *háls*, genit. *halós* 'mare', 'sale'] **primo elemento** ● in parole scientifiche composte significa 'mare' o 'sale': *alofita, alogeno*

alòbio [comp. di *alo-* e *-bio* ✱ 1955] **agg.** ● (*biol.*) detto di organismo che vive in ambiente marino

alocàşia [forse var. di *colocasia* ✱ 1878] **s. f.** ● pianta erbacea ornamentale delle Aracee molto simile alla colocasia, ma di dimensioni leggermente più grandi (*Alocasia*)

àloe o **aloè** [vc. dotta, lat. *ăloe(m)*, dal gr. *alóē*, di orig. orient. ✱ 1266] **s. m.** o **f. inv.** **1** genere di piante delle Aloeacee con fusto molto corto, foglie carnose disposte a rosetta, fiori rossi, gialli o verdicci in pannocchie portate da uno scapo più o meno allungato (*Aloë*) | ***a. americana***, agave **2** succo delle foglie di tale pianta, usato come amaro, eupeptico e purgante **3** (*lett., fig.*) †amarezza | rozzezza

Aloeàcee [comp. di *aloe* e *-acee* ✱ 2007] **s. f. pl.** (**sing.** *-a*) ● (*bot.*) famiglia di piante monocotiledoni delle Asparagali con foglie succulente in rosetta e fiori tubulosi in spighe o grappoli, presenti in regioni tropicali (*Aloeaceae*)

alofàuna [comp. di *alo-* e *fauna* ✱ 1965] **s. f.** ● il complesso degli animali viventi nel mare

alòfilo [comp. di *alo-* e *-filo* ✱ 1961] **agg.** ● (*biol.*) che ama ambienti fortemente salini o salmastri: *pianta alofila; animale a.*

alòfita [comp. di *alo-* e *-fito* ✱ 1892] **s. f.** ● pianta che vive in ambienti fortemente salini o salmastri

aloflòra [comp. di *alo-* e *flora* ✱ 1961] **s. f.** ● il complesso dei vegetali viventi in ambienti salmastri

alògena [da *alogeno* ✱ 1983] **s. f.** ● tipo di lampadina a fortissimo potere illuminante, contenente vapori di iodio

alogenàre [1970] **v. tr.** (*io alògeno*) ● (*chim.*) introdurre in una molecola uno o più atomi di alogeno

alogenàto [1965] **A** **s. m.** ● composto chimico o prodotto che ha subito l'alogenazione **B** anche **agg.**: *sale a.*

alogenazióne [1955] **s. f.** ● operazione dell'alogenare

alògeno [comp. di *alo-* e *-geno* ✱ 1828] **A** **s. m.** ● (*chim.*) elemento che, unito con metalli, produce sali | ciascuno dei cinque elementi, fluoro, cloro, bromo, iodio e astato simili per proprietà e facenti parte del gruppo VII A del sistema periodico **B** **agg.** ● ***lampada alogena***, detto di lampada a vapori di iodio dotata di fortissimo potere illuminante

alogenùro [da *alogen(o)* e *-uro*① ✱ 1955] **s. m.** ● sale formato dall'acido di un alogeno

alogìa [comp. di *a-*① e *-logia* ✱ 1819] **s. f.** (**pl.** *-gie*) ● (*psicol.*) incapacità di articolare un discorso in maniera logica e scorrevole

alògico [comp. di *a-*① e *logico* ✱ 1905] **agg.** (**pl. m.** *-ci*) ● detto di tutto ciò che si sottrae alle leggi della logica ‖ **alogicaménte**, **avv.** ‖ **alogicità**, **s. f. inv.**

alòide [comp. di *alo-* e *-oide* ✱ 1865] **s. m.** ● (*chim.*) sale formato da un alogeno con un elemento più elettropositivo o con un radicale

alonàre [da *alone* ✱ 1953] **v. tr.** (*io alóno*) ● (*lett.*) circondare di un alone

♣**alóne** ① o †**àlo**, †**hàlo** /'alo/ [lat. parl. **halōne(m)*, da *hălos*, dal gr. *hálōs* 'aia', che era normalmente rotonda ✱ 1321] **s. m.** **1** (*meteor.*) cerchio luminoso biancastro che talvolta appare attorno agli astri, spec. il Sole e la Luna, a causa della rifrazione della luce da parte di nubi in alta quota **2** zona di chiarore sfumato che si forma attorno a una sorgente luminosa diretta o riflessa: *l'a. della fiamma, della lampada* | (*fig.*) aureola: *un a. di gloria, di simpatia, di santità* | (*fig.*) contorno indeterminato: *un a. di mistero* **3** abnorme luminosità dei contorni di un'immagine fotografica o cinematografica **4** traccia sfumata che si forma su una stoffa intorno al punto trattato con uno smacchiatore

alóne ② [accr. di *ala* ✱ av. 1576] **s. m.** **1** ciascuna delle due fiancate degli antichi affusti di legno **2** estremità laterale di un'opera fortificata

alopecìa o **alopècia**, **alopezìa** [vc. dotta, lat. *alopĕcia(m)*, dal gr. *alōpekía*, da *alṓpēx* 'volpe', in quanto perde i peli in primavera e in autunno ✱ 1310] **s. f.** (**pl.** *-cìe*) ● (*med.*) mancanza totale o parziale dei capelli o dei peli | ***a. areata***, area Celsi

alòşa [lat. tardo *alausa(m)* prob. di orig. preindeur., attrav. il fr. *alose* ✱ 1287] **s. f.** ● grosso pesce osseo commestibile dei Clupeidi, argenteo, con dorso verde azzurro (*Alosa fallax*) **SIN.** cheppia

àlpaca o **alpàca** [sp. d'America *alpaca* ✱

1871] **s. m. inv.** **1** camelide americano delle Ande simile al lama ma privo di gobba, pregiato per il pelo morbido e lungo (*Lama pacos*) **2** tessuto di lana fatto col pelo dell'animale omonimo | tessuto misto di lana e cotone impiegato nella confezione di abiti spec. maschili

alpàcca o (*pop.*) **alpàca** [etim. incerta ✱ 1892] **s. f.** ● ogni lega formata da rame, nichel e zinco, di colore variabile, a seconda della composizione, dal giallo all'argenteo; è usata spec. per oggetti ornamentali, posaterie, resistenze elettriche **SIN.** argentana

àlpax® /'alpaks/ [marchio registrato ✱ 1955] **s. m. inv.** ● (*metall.*) lega leggera da fonderia costituita da alluminio e silicio, usata per fusioni di pezzi aventi forme molto complesse

àlpe [lat. *ălpe(m)*, forse originariamente 'bianco' ✱ 1266] **s. f.** **1** (*lett.*) montagna: *tu su l'a. l'immutato raggio / tacita verserai* (G. Leopardi) | ***le Alpi***, il sistema montuoso che delimita a Nord l'Italia: *Alpi Marittime*; *Alpi orientali*; *i passi delle Alpi* | ***Alpi Apuane***, catena montuosa della Toscana nordoccidentale **2** (*lett., per anton.*) le Alpi: *il bel paese / ch'Appennin parte e 'l mar circonda e l'Alpe* (F. Petrarca) **3** zona di alta montagna adibita a pascolo (anche come nome proprio di luogo): *A. di Siusi*

alpeggiàre [da *alpe* ✱ 1897] **A** **v. tr.** (**pres.** *io alpéggio*; **fut.** *io alpeggerò*) ● condurre il bestiame all'alpeggio: *a. la mandria* **B** **v. intr.** (**aus.** *avere*) ● stare all'alpeggio, riferito al bestiame: *bovini che alpeggiano* **SIN.** (*sett.*) monticare

alpéggio [da *alpeggiare* ✱ 1892] **s. m.** ● pascolo estivo del bestiame in montagna

Alpenjäger /alpen'iɛger, *ted.* 'alpn,jɛ:gʌ/ [ted., propr. 'cacciatore delle Alpi', comp. di *Alpen* 'alpi' e *Jäger* 'cacciatore', di orig. indeur. (?) ✱ 1970] **s. m. inv.** (**pl. ted. inv.**) ● (*milit.*) appartenente al corpo alpino austriaco e tedesco

Alpenstòck /alpen'stɔk, *ted.* 'alpn,ʃtɔk/ [ted. *Alpenstock*, comp. di *Alpen* 'Alpi' e *Stock* 'bastone' ✱ av. 1861] **s. m. inv.** (**pl. ted.** *Alpenstöcke*) ● specie di bastone ferrato per alpinisti ed escursionisti

✦**alpèstre** o †**alpèstro** [comp. di *alp(e)* e *-estre* ✱ av. 1294] **A** **agg.** **1** tipico delle Alpi o della montagna: *paesaggio, vegetazione a.* | di montagna: *zona a.* **2** (*est.*) montuoso, scosceso **3** (*fig., lett.*) rozzo, zotico, selvatico **B** **s. m.** ● liquore a base di erbe alpine

Alphòrn /alp'ɔrn, *ted.* 'alp,hɔʌn/ [vc. ted., comp. di *Alp(en)* 'Alpi' e *Horn* 'corno' ✱ 1955] **s. m. inv.** (**pl. ted.** *Alphörner*) **1** (*mus.*) antico corno di legno d'uso popolare e caratteristico delle comunità montane, presente tuttora nelle Alpi svizzere **2** (*mus.*) registro dell'organo

alpicoltùra [comp. di *alpe* e *coltura* ✱ 1907] **s. f.** ● studio degli aspetti dell'agricoltura di montagna con particolare riferimento al pascolo

alpigiàno [da *Alpi*. V. *alpe* ✱ 1375] **A** **agg.** ● tipico di chi vive in montagna | (*est., lett.*) rustico, rozzo: *gente alpigiana e grossa* (F. Sacchetti) **B** **s. m.** (**f.** *-a*); **anche agg.** ● chi (o che) abita nelle Alpi o gener. in montagna

alpinìsmo [1876] **s. m.** ● tecnica e pratica sportiva di scalare le montagne: *a. su roccia, su ghiaccio*; *a. invernale* | ***a. dolomitico***, praticato nelle Alpi orientali | ***a. accademico***, quello compiuto senza guida su itinerari di estrema difficoltà | ***a. in libera***, in arrampicata libera | ***a. in artificiale***, in arrampicata artificiale | ***a. estremo***, quello praticato affrontando le massime difficoltà tecniche | ***a. himalayano***, V. *himalayano*

NOMENCLATURA

alpinismo

● *tipi di alpinismo*: su roccia, su ghiaccio, accademico, in libera, in artificiale, estremo, scalata, invernale, solitaria, arrampicata libera, sassismo = bouldering, free climbing, salita = ascesa = ascensione; speleologia;

● *caratteristiche*: grado di difficoltà, direttissima, ferrata, parete, fessura, camino, diedro, pioda, spaccata, appiglio, appoggio, attacco, via, segnavia, passaggio, assicurazione (a spalla, diretta, indiretta), discesa a corda doppia, corda fissa, traversata (in parete, pendolare), pendolo, gradinamento = scalinatura, nodo delle guide; quota, campo, campo base, campi alti, addiaccio, bivacco (in parete, fisso), rifugio, tenda, mal di montagna;

● *attrezzatura*: scarponi, pedule, ghette, alpenstock = bastone, piccozza, martello-piccozza, reggipiccozza, mazzetta, racchette, ramponi, martello da roccia, martello da ghiaccio, corda, chiodi, arpione, anello di corda, anello di cordino, discensore, fettuccia, blocchetto da incastro, nut, friend, rinvio, casco, imbragatura, nodo, moschettone, staffa, scaletta di corda, cuneo, trapano, passamontagna, giacca a vento, piumino = duvet, guanti, sacco, sacco a pelo, zaino, occhiali, borraccia, altimetro, sci;

● *azioni*: salire (in libera, in artificiale, in solitaria, in invernale), aprire una via, attrezzare un passaggio, calarsi a corda doppia, salire in piolet-traction, chiodare, schiodare, sfilare la corda, recuperare (la corda, lo zaino, un ferito), bivaccare, campeggiare, tenersi in quota, compiere un passaggio, salire, scalinare, arrampicare, attaccare una parete, calarsi, discendere, scalare, scivolare, attaccarsi, cadere = precipitare, incrodarsi, gradinare, assicurarsi, puntellarsi, issarsi, ascendere, pendolare, saltare, traversare; sciare, perdere l'equilibrio, cadere, volare, assiderarsi, raggiungere la vetta;

● *persone*: alpinista, escursionista, rocciatore, guida, cordata, free climber, arrampicatore, scalatore, ragno, sassista, ghiacciatore, capocordata, sherpa, portatore.

alpinìsta [1874] **s. m. e f.** (**pl. m.** *-i*) ● chi pratica l'alpinismo

alpinìstico [1863] **agg.** (**pl. m.** *-ci*) ● dell'alpinismo o che a esso si riferisce: *sport a.*; *attrezzatura alpinistica* || **alpinisticaménte**, **avv.**

alpìno [vc. dotta, lat. *alpīnu(m)*, agg. di *Ălpes* 'Alpi' ✱ av. 1400] **A** **agg.** **1** delle Alpi: *paesaggio, territorio a.*; *regioni, vette alpine*; *ghiacciai alpini* | ***truppe alpine***, che vengono addestrate nel territorio alpino, per la guerra in alta montagna **2** (*est.*) dell'alta montagna: *fauna, flora alpina*; *clima a.*; *pascoli alpini* **B** **s. m.** (**f.** *-a*) ● militare appartenente alle truppe alpine italiane

alqaedìsta /alkae'dista/ o **alqaidìsta** /alkai'dista/ [dall'arabo *Al-Qaeda*. Cfr. *qaedista* ✱ 2004] **agg.**; **anche s. m. e f.** (**pl. m.** *-i*) ● qaedista

✦**alquànto** [lat. *aliquăntu(m)*, da *ălius* 'altro' ✱ 1261 ca.] **A** **agg. indef.** ● indica una quantità indeterminata, gener. inferiore ma spesso equivalente a 'parecchio': *aveva bevuto a. vino*; *c'erano alquanti partecipanti*; *Rispose con molta fretta e alquanta stizza la vecchia* (I. Nievo) **B** **avv.** ● parecchio, non poco: *ho passeggiato a. per la città*; *si è discusso a. del nuovo progetto*; *oggi sto a. meglio*; *il tempo è a. migliorato*; *di ciò ti piaccia consolare a. / l'anima mia* (Dante *Purg.* II, 109-110) **C** **pron. indef.** **1** (**al sing.**) †una certa quantità, un po': *amore, a. di merzé e pietà ti prenda di me* (C. Angiolieri); *con a. di buon vino e di confetto il riconfortò* (G. Boccaccio) **2** (**al pl.**, *lett.*) alcuni, parecchi, un certo numero: *ne ho visti alquanti*; *ne ho presi, comprati alquanti*

alsaziàno [1875] **A** **agg.** ● dell'Alsazia: *le miniere alsaziane* **B** **s. m.** (**f.** *-a*) **1** abitante o nativo dell'Alsazia **2** (*zool.*) pastore tedesco: *un allevamento di alsaziani*

alt o (*lett.*) **àlto**[2] [medio alto ted. *halt* 'fermata' ✱ 1482] **A** **inter.** **1** si usa come comando per sospendere o arrestare un'azione, spec. marcia di reparti militari, esercizi atletici, operazioni di lavoro e sim.: *plotone alt!* | (*est.*) basta, stop: *alt, ho capito la tua proposta!*; *Alto, alto, signor Conte* (L. Da Ponte) **2** si usa talora nei telegrammi invece di 'stop' **B** **s. m. inv.** **1** l'ordine stesso di arresto o sospensione: *dare, ordinare l'alt* **2** sospensione, interruzione, sosta: *fare alt*

àlta [da *alto*, come contrapposto a *basso* ✱ 1970] **s. f.** ● (*meteor.*) zona con pressione atmosferica superiore ai valori normali

altacàssa o **àlta càssa** [comp. del f. di *alto* e *cassa* ✱ 1955] **s. f.** (**pl.** *altecàsse*) ● nella composizione tipografica a piombo, parte della cassa in cui si trovano le maiuscole, i segni speciali, gli accenti e sim.

alta fedeltà ➤ **fedeltà**

altàico [1829] **agg.** (**pl. m.** *-ci*) ● dei monti Altai; nell'Asia centrale | ***lingue altaiche***, famiglia di lingue turche, mongole e manciù

✦**altaléna** (o *-è-*) [dal lat. *tollēno* 'mazzacavallo' (?) ✱ sec. XIV] **s. f.** **1** gioco infantile consistente nel far oscillare avanti e indietro, standovi seduti, un sedile appeso a due funi | gioco analogo al precedente, ottenuto però facendo alzare e abbassare ritmicamente un asse in bilico su un fulcro, sedendosi alle sue estremità **2** asse o sedile usati per il gioco omonimo: *salire sull'a.*; *scendere dall'a.* **3** (*fig.*) alternanza di aspetti o stati d'animo contrastanti: *le sue giornate sono un'a. di speranza e di delusione*

altalenaménto [av. 1956] **s. m.** ● (*raro, fig.*) esitazione, tentennamento

altalenànte **part. pres.** di *altalenare*; **anche agg.** ● (*fig.*) oscillante, alterno, instabile: *il dollaro ha avuto un andamento a.*

altalenàre [da *altalena* ✱ sec. XIV] **A** **v. intr.** (*io altaléno*; **aus.** *avere*) **1** (*raro*) andare sull'altalena **2** (*fig.*) oscillare fra opposti pensieri, situazioni contrastanti e sim.: *a. fra il sì e il no* **B** **v. tr.** ● (*lett.*) muovere su e giù: *borbottava, fra sé, altalenando ... la capa* (C.E. Gadda)

altaléno [av. 1292] **s. m.** ● mazzacavallo

altàna [da *alto*[1] ✱ 1499] **s. f.** **1** costruzione a loggia sul tetto di un fabbricato **2** piattaforma sopraelevata a scopo panoramico oppure per l'osservazione o la caccia di animali selvatici, ecc.

altàre [lat. *altāre*, da avvicinare alla radice di *adolēre* 'far bruciare' ✱ 1282] **s. m.** **1** struttura rilevata, piedistallo su cui si celebravano sacrifici alle divinità: *un a. preistorico*; *gli antichi altari pagani* **SIN.** ara | ***sacrificare qlco. sull'a. di ...***, rinunciare a qlco. in nome di qualcos'altro: *ha sacrificato le sue idee sull'a. dell'unità del partito* **2** nelle chiese cattoliche, tavola liturgica sulla quale il sacerdote celebra il sacrificio della Messa | ***altar maggiore***, quello principale, posto spec. nell'abside | ***a. privilegiato***, quello sul quale il celebrante applica l'indulgenza plenaria all'anima di un defunto | ***il Sacrificio dell'a.***, (*per anton.*) la S. Messa | ***andare all'a.***, sposarsi | ***condurre all'a. una donna***, sposarla | ***porre, levare sugli altari, innalzare all'onore degli altari***, beatificare, santificare; (*fig.*) magnificare con grandi lodi | ***il trono e l'a.***, (*fig., per anton.*) il potere monarchico e quello della Chiesa **3** ***a. della patria***, parte centrale del monumento a Vittorio Emanuele II in Roma sotto il quale fu sepolto nel 1921 il Milite Ignoto || **altarétto**, **dim.** | **altarino**, **dim.** (V.) | **altaròlo**, **dim.**

altarìno [av. 1563] **s. m.** **1** dim. di *altare* | inginocchiatoio da camera | altare portatile,

a b c d e f g h i j k l m n o p q r s t u v w x y z

usato per celebrare la Messa spec. al campo **2** (*fig.*) ***scoprire gli altarini***, scoprire i segreti, le marachelle di qlcu. (*spec. scherz.*)

altàzimut [comp. di *alt(itudine)* e *azimut* ✱ 1892] **s. m. inv.** ● (*astron.*) altazimutale, universale

altazimutàle [comp. di *alt(itudine)* e *azimutale* ✱ 1913] **A agg.** ● (*astron.*) detto di un sistema di coordinate celesti che permette di individuare un astro tramite le misure di azimut e altezza sull'orizzonte **B s. m.** ● (*astron.*) universale

altèa [lat. *althaea(m)*, dal gr. *altháia*, di orig. preindeur. ✱ 1340 ca.] **s. f.** ● pianta erbacea perenne delle Malvacee con grosso rizoma, foglie lobate e coperte di peluria, fiori a grappolo di color rosa chiaro (*Althaea officinalis*) SIN. alcea, bismalva, malvaccione, malvavischio

alteràbile [av. 1328] **agg. 1** che si può alterare: *cibo, colore a.* **2** (*fig.*) che si turba, si irrita con facilità SIN. irritabile ‖ **alterabilità**, **s. f. inv.**

alterànte part. pres. di *alterare*; anche **agg.** ● (*lett.*) nei sign. del v.

♦**alteràre** [vc. dotta, lat. tardo *alterāre*, da *ălter* 'altro' ✱ 1266] **A v. tr.** (*io àltero*) **1** modificare l'essenza, l'aspetto o la funzionalità di qlco. spec. peggiorandoli: *il caldo altera i cibi*; *la luce artificiale altera i colori* **2** falsificare, contraffare: *a. i registri contabili*; *a. i suoni, le voci* **3** (*fig.*) rendere nervoso, irascibile: *basta un nonnulla per alterarlo* **B alteràrsi v. intr. pron. 1** modificarsi, sciuparsi, rovinarsi: *questo tessuto si altera con l'umidità* **2** (*fig.*) scomporsi, irritarsi

SFUMATURE DI SIGNIFICATO
alterare - falsare - manomettere - adulterare
Alterare è introdurre modifiche anche parziali ma comunque sufficienti a cambiare l'aspetto, la struttura, la composizione di qualcosa; può essere il risultato di un'azione neutra o non intenzionale, o anche di un intento consapevolmente doloso. Una modifica intenzionale e comunque peggiorativa è suggerita invece da **falsare**. **Manomettere**, che propriamente indica l'azione di alterare, violare qualcosa senza averne il diritto, comunemente si riferisce a un intervento pratico volto a sabotare il funzionamento di un apparecchio. **Adulterare** descrive l'aggiunta di sostanze estranee a un alimento, per migliorarne artificialmente le caratteristiche o allungarne i tempi di conservazione.

alteratìvo [av. 1328] **agg.** ● che provoca alterazione | (*gramm.*) ***suffisso a.***, che serve per formare nomi e aggettivi alterati

alteràto part. pass. di *alterare*; anche **agg. 1** modificato | guastato: *cibi alterati* | contraffatto: *calligrafia alterata* | (*med.*) anormale: *a. accrescimento dell'unghia* | ***polso a.***, febbrile **2** (*fig.*) irritato, turbato: *parlò con voce alterata* **3** (*gramm.*) ***nome, aggettivo a.***, derivato da un nome o aggettivo primitivo per mezzo di un suffisso che ne modifica il significato solo per alcuni aspetti (quantità, qualità, giudizio del parlante; per es. *casetta*, da *casa*, o *cagnaccio*, da *cane*) | ***falso a.***, in realtà vero e proprio derivato, con un significato autonomo (per es. *fantino* rispetto a *fante*) ‖ **alterataménte**, **avv.**

alterazióne [vc. dotta, lat. tardo *alteratiōne(m)*, da *alterāre* 'alterare' ✱ 1282] **s. f. 1** l'alterare, l'alterarsi (*anche fig.*): *a. di una sostanza, di una prospettiva, di un documento* | anormale variazione di alcune funzioni dell'organismo: *a. delle pulsazioni* | comunemente, febbre leggera | (*ling.*) particolare tipo di derivazione mediante suffissi che porta alla formazione di un alterato | (*dir.*) ***a. di stato***, falsificazione dello stato civile di un neonato **2** disgregazione delle rocce per effetto di azioni meccaniche e chimiche **3** modificazione dei caratteri originali di un alimento **4** (*mus.*) modificazione dell'altezza di una nota ottenuta per mezzo del diesis o del bemolle, permanente se posta in chiave, temporanea se precedente una singola nota

SFUMATURE DI SIGNIFICATO
alterazione - falsificazione - inquinamento
Alterazione è un mutamento nella struttura, nell'aspetto o nei componenti di qualcosa, in sé non necessariamente rilevante ma comunque in grado di modificarne la natura; può anche essere frutto di un'intenzione fraudolenta per ottenere maggiori benefici economici o di altro tipo. **Falsificazione** è l'operazione del contraffare, cioè di produrre un'imitazione fedele di qualcosa a scopo fraudolento; si usa soprattutto in riferimento alla firma sui documenti e a prodotti di marca. Nel caso ad essere falsificate siano delle prove giudiziarie, alterate a proprio vantaggio, si parla di **inquinamento**.

altercàre [vc. dotta, lat. *altercāre*, da *ălter* 'altro' ✱ sec. XIV] **v. intr.** (*io altèrco, tu altèrchi*; aus. *avere*) ● contendere, contrastare, litigare in modo animato e violento

altercatóre [1865] **s. m.** (f. *-trice*) ● (*raro*) chi litiga con facilità

altercazióne [vc. dotta, lat. *altercatiōne(m)*, da *altercāri* 'altercare' ✱ av. 1328] **s. f. 1** (*lett.*) alterco, contesa, disputa: *noi consumiamo il tempo in altercazioni frivole* (G. GALILEI) **2** (*letter.*) contrasto

♣**altèrco** [da *altercare* ✱ 1848] **s. m.** (pl. *-chi*) ● violento scambio di insulti | litigio
SFUMATURE ➤ *discussione*

àlter ègo [lat. *ălter ĕgo* 'un altro io' ✱ 1812] **loc. sost. m. e f. inv.** ● persona che ne sostituisce un'altra, potendo anche decidere in sua vece

alterézza o †**altierézza** [da *altero* ✱ av. 1250] **s. f.** ● alto sentimento di sé e della propria dignità: *L'a. è segno / d'animi generosi* (A. CARO) SIN. fierezza, orgoglio

♣**alterìgia** [av. 1342] **s. f.** (pl. *-gie*) ● presunzione di sé orgogliosamente ostentata: *salutare qlcu. con a.* SIN. superbia
SFUMATURE ➤ *superbia*

alterità [vc. dotta, lat. tardo *ălteritate(m)*, da *ălter* 'altro, diverso' ✱ 1585] **s. f. inv.** ● (*filos.*) condizione di ciò che è o si pone come altro CONTR. identità

altermondialìsta [dal fr. *altermondialisme*, comp. del lat. *ălter* (nom.) 'altro' e *mondial* 'mondiale', in riferimento allo slogan 'un altro mondo è possibile' ✱ 2003] **agg. e s. m. e f.** (pl. m. *-i*) ● (*polit.*) che (o chi) si oppone all'assetto internazionale esistente e all'attuale processo di globalizzazione, sostenendo un modello alternativo di governo e di sviluppo mondiale CFR. no global

alternànza [1892] **s. f. 1** regolare successione di elementi che si avvicendano: *un'alternanza di piacere e di dolore, di bene e di male* | (*ling.*) ***a. vocalica***, apofonia | (*biol.*) ***a. di generazioni***, coesistenza delle due forme di riproduzione, agamica e sessuata, che si alternano più o meno regolarmente in una specie vegetale o animale | (*polit.*) avvicendamento di partiti o di schieramenti politici alla guida del governo **2** successione di coltivazioni diverse su uno stesso terreno durante un dato numero di anni SIN. avvicendamento, rotazione

alternàre [vc. dotta, lat. *alternāre*, da *altĕrnus* 'alterno' ✱ 1319] **A v. tr.** (*io altèrno*) **1** far sì che due o più elementi diversi si susseguano l'uno all'altro in modo alterno (anche + *a*, + *con*): *a. le colture*; *a. consensi e dinieghi*; *a. il pianto al riso*; *a. lo studio con lo svago* **2** †cantare a vicenda **B alternàrsi v. rifl. recipr.** ● succedersi in modo alterno: *le stagioni si alternano* SIN. avvicendarsi

♦**alternativa** [av. 1527] **s. f. 1** (*raro*) avvicendamento: *un'a. di timori e di speranze* **2** facoltà o necessità di scegliere fra due soluzioni: *trovarsi, mettere, essere nell'a.* | (*dir.*) ***azioni in a.***, detto di azioni, l'esperimento di una delle quali esclude quello dell'altra | dilemma: *una difficile a.* **3** possibilità di scelta fra due o più elementi: *non avere altra a.*; *gli è rimasta una sola a.* | (*est.*) scelta, soluzione: *è l'unica a. possibile* | (*polit.*) formula e programma proposti da un partito o da uno schieramento politico in contrapposizione a quelli del governo in carica e della maggioranza che lo sostiene **4** in logica, sistema costituito da due proposizioni di cui una è vera e l'altra è falsa

SFUMATURE DI SIGNIFICATO
alternativa - aut aut - dilemma
La necessità o la possibilità di scegliere fra due o più elementi si dice **alternativa**; per estensione *alternativa* è anche la scelta, la soluzione stessa. Un'*alternativa* a cui non ci si può sottrarre e che esclude automaticamente tutte le altre possibilità è un **aut aut**. Una scelta particolarmente difficile è invece un **dilemma**.

alternatìvo [1438] **agg. 1** che si alterna | che permette una scelta diversa: *una soluzione alternativa*; *percorso a.* **2** (*mecc.*) detto di motore, pompa o altra macchina dotata di moto rettilineo di va e vieni **3** (*dir.*) detto di obbligazione che si adempie eseguendo una delle due prestazioni in essa contenute, la cui scelta normalmente spetta al debitore: *obbligazione alternativa di pagare in denaro o in natura* **4** detto di stile di vita, attività, prodotto artistico o culturale che si contrappone ai modelli ufficiali o comunemente accettati: *cinema a.*; *stampa alternativa*; *medicina alternativa* ‖ **alternativaménte**, **avv.** ‖ **alternatività**, **s. f. inv.** caratteristica di ciò che è alternativo: *l'alternatività di una scelta, di una sanzione*

alternàto part. pass. di *alternare*; anche **agg. 1** nei sign. del v. **2** (*elettr.*) detto di corrente elettrica che inverte periodicamente la propria direzione di flusso e la cui intensità è funzione periodica del tempo **3** (*letter.*) detto di rime in cui i versi dispari rimano con i dispari e i pari con i pari **4** (*sport*) ***passo a.***, andatura tenuta normalmente da uno sciatore di fondo a tecnica classica, consistente nel far scivolare alternativamente in avanti i due sci lungo linee parallele ‖ **alternataménte**, **avv.** in modo alternato

alternatóre [1905] **s. m.** ● macchina elettrica rotante che genera corrente alternata: *a. trifase*

alternazióne [vc. dotta, lat. tardo *alternatiōne(m)*, da *altĕrnus* 'alterno' ✱ 1309] **s. f. 1** (*disus.*) avvicendamento **2** (*raro*) rotazione

altèrno [vc. dotta, lat. *altĕrnu(m)*, da *ălter* 'altro' ✱ av. 1327] **agg. 1** che si ripete a intervalli uguali o quasi uguali nel tempo o nello spazio: *moto, ritmo, canto a.* | ***a giorni alterni***, un giorno sì e uno no | ***targhe alterne***, V. *targa* | (*est.*) mutevole: *le alterne vicende della vita*; *fortuna alterna* **2** (*bot.*) detto di organo vegetale (foglia o ramo) inserito uno a uno a differente altezza sul fusto, in modo che ve ne sia uno solo per nodo **3** (*mat.*) detto di due angoli tali che un lato di uno sia allineato con uno dell'altro, mentre gli altri due sono divergenti | ***angoli alterni interni***, quando i lati allineati hanno una parte comune | ***angoli alterni esterni***, quando i lati allineati sono disgiunti ‖ **alternaménte**, **avv.**

♣**altèro** o (*poet.*) **altièro** [provenz. *autin*, da *aut* 'alto' ✱ av. 1250] **agg. 1** che ha un'alta opinione di sé: *uomo, animo a.*; *donna altera* | che denota fierezza, coscienza della propria superiorità e sim.: *sguardo, portamento a.*; *modi alteri* | (*spreg.*) sdegnoso: *un atteggia-*

mento sprezzante e a. | (*lett.*) ***andare a. di qlco.***, essere orgoglioso **2** (*raro, lett.*) nobile, maestoso, splendido: *come in teatro adorno / ... altera scena* (T. Tasso) **3** †alto, elevato ‖ **alteraménte**, **avv.**

♦**altézza** [lat. parl. *altĭtia(m)*, per il classico *altitūdine(m)* 'altitudine' ✱ av. 1250] **s. f.** **1** (*mat.*) dimensione verticale di un corpo, cioè né in larghezza né in lunghezza: *l'a. di un palazzo* | misura di tale dimensione **2** (*est.*) profondità di una massa d'acqua | statura di una persona | (*fig.*) elevatezza, sublimità: *a. d'ingegno* **3** (*mus.*) grado di un suono in rapporto all'acuto o al grave dipendente dalla frequenza delle vibrazioni **4** punto, luogo, quota o livello alto (*anche fig.*): *il rifugio è situato a grande a.*; *la fantasia può condurci ad altezze sovrumane*; *volare a notevole a.*, *a media a.*; *l'a. dell'ingegno e della fama e degli uffici a cui era salito* (L. Pirandello) **CFR.** ipso- | ***a mezza, media a.***, né molto in alto né molto in basso relativamente a ciò cui si fa riferimento | ***essere, non essere all'a. di***, (*fig.*) essere, non essere in grado di **5** (*fig.*) prossimità: *l'incidente è avvenuto all'a. del km 10* **6** (*geogr.*) latitudine: *la nave affondò all'a. del Capo di Buona Speranza* **7** (*mat.*) ***a. di un triangolo***, perpendicolare condotta da un vertice al lato opposto; il segmento di tale perpendicolare compreso fra il vertice e il lato (o il suo prolungamento), e anche la sua misura | ***a. di un prisma, di un cilindro circolare***, distanza fra le basi | ***a. di una piramide, di un cono circolare***, distanza del vertice dalla base **8** (*astron.*) angolo tra la direzione di un astro e il piano dell'orizzonte **9** (*tipogr.*) distanza fra la superficie superiore dell'occhio e quella inferiore del fusto di un carattere tipografico | distanza fra la prima e l'ultima linea di una pagina stampata **10** distanza tra le due cimose della stoffa in pezza, espressa in centimetri **11** titolo anticamente spettante ai vescovi di Francia e ai re, attribuito in seguito a tutti i principi di stirpe reale o imperiale: *A. reale*; *A. imperiale*; *Sua A.* | l'attributo e il predicato verbale concordano sia al maschile che al femminile nel caso di 'Sua Altezza', sempre al femminile nel caso di 'Vostra Altezza': *Sua A. è male informata*; *Sua A., seccato alfine da quelle fanciullaggini, ...* (G. Verga); *Vostra A. è ricca d'ogni ornamento* (T. Tasso)

altezzosità (o **-ṣ-**) [av. 1930] **s. f. inv.** ● caratteristica di chi (o di ciò che) è altezzoso: *guardare, rispondere con a.*; *l'a. del carattere, di uno sguardo*

SFUMATURE ➤ ***superbia***

♦**altezzóso** (o **-ṣ-**) [av. 1294] **agg.** ● superbo, sprezzante, borioso ‖ **altezzosaménte**, **avv.** ‖ **altezzosità**, **s. f. inv.** (V.)

àltica [dal gr. *haltikós* 'atto al salto', da *hállomai* 'io salto' ✱ 1819] **s. f.** ● coleottero parassita di vegetali appartenente alla famiglia dei Crisomelidi (*Haltica*)

altìccio [1691] **agg.** (**pl. m.** *-ci*; **pl. f.** *-ce*) **1** (*raro*) dim. di *alto*① **2** brillo

†**altierézza** ➤ **alterezza**

altièro ➤ **altero**

altimetrìa [comp. di *alto*① e *-metria* ✱ av. 1334] **s. f.** **1** parte della topografia che studia gli strumenti e i metodi per la determinazione delle altitudini dei punti della superficie terrestre **2** altitudine media di una regione

altimètrico [1887] **agg.** (**pl. m.** *-ci*) ● relativo all'altimetria o all'altimetro: *scatola altimetrica* | ***curva altimetrica***, linea che, sulle carte topografiche, unisce tutti i punti con ugual quota sul livello del mare **SIN.** isoipsa | ***linea altimetrica***, proiezione verticale di una isoipsa sul piano di riferimento della carta geografica

altìmetro [comp. di *alto*① e *-metro* ✱ 1892] **s. m.** ● strumento che permette di determinare l'altitudine di un punto rispetto al livello del mare o a un altro punto basandosi sulla variazione della pressione atmosferica

altipiàno ➤ **altopiano**

altipòrto o **altopòrto** [comp. di *alto(1)* e *porto* ✱ 1974] **s. m.** (**pl.** *altipòrti* o *altopòrti*) ● aeroporto di alta montagna in cui si sfrutta la pendenza della pista, facendo partire gli aerei in discesa e facendoli atterrare in salita

altisonànte o (*raro*) **altosonànte** [vc. dotta, lat. tardo *ăltе sonănte(m)* 'che risuona profondamente' ✱ 1475] **agg.** ● sonoro, risonante | (*fig.*) ridondante, tronfio: *titoli, frasi, parole altisonanti*

altìssimo [1224 ca.] **A** **agg.** **1** superl. di *alto*① **2** (*fig.*) illustre, sublime: *onorate l'a. poeta* (Dante *Inf.* IV, 80) | (*est.*) divino: *fu posta da l'a. signore / nel ciel da l'umiltate* (Dante) **B** **s. m. solo sing.** ● (*per anton.*) Dio: *i voleri dell'Altissimo*

altitonànte [vc. dotta, lat. *altitonănte(m)*, comp. di *ăltus* 'alto①' e *tonăre* 'tuonare' ✱ av. 1332] **agg. e s. m.** ● (*lett.*) che (o chi) tuona dall'alto | ***l'A.***, (*per anton.*) Giove

♦**altitùdine** [vc. dotta, lat. *altitūdine(m)*, da *ăltus* 'alto①' ✱ sec. XIII] **s. f.** **1** distanza verticale di un punto dal livello medio del mare **SIN.** altezza, quota **2** (*lett.*) elevatezza **3** †latitudine

altivàrio [comp. di *alti(metro)* e *vario(metro)* ✱ 1999] **s. m.** ● strumento usato nel volo libero che rileva contemporaneamente l'altitudine e la velocità di ascesa o di discesa, unendo le funzioni di un altimetro a quelle di un variometro

♦**alto**① [lat. *ăltu(m)*, part. pass. di *ălere* 'allevare' ✱ av. 1250] **A** **agg.** (**compar. di maggioranza:** *più alto*, **o** *superiore* (**V.**); **superl.** *altissimo* (**V.**), **o** *supremo* (**V.**)) **1** che si eleva verticalmente in misura notevole in confronto a qlco. di analogo: *edificio a.*; *montagna alta* | che ha una determinata altezza: *un palazzo a. 20 metri*; *un campanile a. 90 metri* | che ha una statura superiore alla media: *un uomo a. e robusto* | ***andare a testa alta***, (*fig.*) essere orgogliosi o essere sicuri di sé, della propria onestà e sim. | ***avere il morale a., tenere a. il morale***, non abbattersi, non avvilirsi, sforzarsi di essere ottimisti | (*est.*) che si trova in una posizione elevata: *il belvedere sta nella parte alta della costa*; *il sole è già a. sull'orizzonte* **CONTR.** basso **2** che ha tono elevato, forte, sonoro: *parlare ad alta voce*; *Quivi sospiri, pianti e alti guai* (Dante *Inf.* III, 22) **3** profondo (*anche fig.*): *acque alte*; *a. sonno*; *a. silenzio* | ***a. mare***, lontano dalla costa; (*dir.*) zona di mare situata oltre le acque territoriali, non appartenente ad alcuno Stato e aperta alla navigazione di tutti i Paesi **SIN.** mare libero | ***essere in a. mare***, (*fig.*) ancora lontano dalla soluzione, dalla conclusione **4** largo: *un tessuto a. 70 cm* | che ha notevole grossezza, o spessore: *è un libro ben a.* **5** (*est.*) relativo alla parte iniziale di un'epoca storica e sim.: *a. Medioevo* | che è ritardato rispetto al tempo in cui ricorre normalmente, riferito a festività mobile e sim.: *Pasqua alta* | ***giorno a.***, tarda mattinata | ***notte alta***, avanzata **6** (*est.*) settentrionale: *l'alta Lombardia*; *l'alta Italia* | che è caratterizzato da una notevole altitudine: *alta montagna*; *la Germania alta* | vicino alla sorgente, riferito a un corso d'acqua: *l'a. Po*; *l'a. Tevere* | (*ling.*) ***a. tedesco***, V. *tedesco* **7** (*est.*) che occupa un posto elevato in una gerarchia, nella scala sociale, e sim.: *a. comando*; *a. commissariato*; *a. rango*; *di a. bordo*; *alta autorità*; *alti gradi*; *alte sfere*; *alte cariche*; *a. commissario, ufficiale, magistrato*; *alta scuola*; *alta società*; *quartieri alti* | ***alta moda***, la moda creata dal complesso delle grandi sartorie: *vestire secondo i dettami dell'alta moda* | ***ad a., di a. livello***, eccellente, importante e sim. | ***avere un a. concetto di sé***, stimarsi molto | ***tenere a. il proprio nome***, difendere la propria reputazione | ***alta stagione***, il periodo più frequentato di una stagione turistica, spec. in piena estate o in pieno inverno **8** (*est., lett.*) nobile, elevato: *alte parole, idee*; *alti sentimenti*; *gli alti disegni della Provvidenza* | difficile, impegnativo: *si accinsero a un'alta impresa* **9** (*est.*) grande: *prezzo, stipendio a.*; *pressione alta* ‖ **altaménte**, **avv.** **1** grandemente: *infischiarsene altamente* **2** (*lett.*) in modo nobile: *sentire altamente* **3** (*raro*) a voce alta: *parlare altamente* **B** **s. m.** **1** la parte più elevata di qlco.: *un suono veniva dall'a.* | ***fare cadere una cosa dall'a.***, (*fig.*) concederla con degnazione | ***dall'a. di***, (*fig.*) in base alla superiorità, al prestigio e sim. derivanti da qlco.: *dall'a. della sua autorità professionale, della sua età veneranda* | ***gli alti e bassi***, le vicende, le fasi favorevoli e sfavorevoli | ***guardare dall'a. in basso***, in modo sprezzante | ***fare a. e basso***, (*lett.*) potere tutto **2** nella loc. avv. ***in a.***, in luogo alto, verso un luogo alto, a grande altezza: *arrivare in a.*; *guardare in a.* (*anche fig.*); *mani in a.!* | ***in a. i cuori!***, coraggio! **3** (*tipogr.*) avvertimento posto sugli originali passati in tipografia per indicare che la composizione va fatta tutta in maiuscolo | ***a. e basso***, composizione tipografica in maiuscolo e minuscolo **4** (*lett.*) il mare: *far entrar nell'a. e abbandonare il lido* (L. Ariosto) **5** (*lett.*) il cielo: *de l'a. scende virtù che m'aiuta* (Dante *Purg.* I, 68) **6** (*mus.*) contralto **C** **avv.** **1** in luogo alto, verso l'alto, in su (*anche fig.*): *tirare a.*; *mirare a.*, *troppo a.*; *Calandrino, sentendo il duolo, levò a. il piè* (G. Boccaccio) | ***volare a.***, V. *volare*① nel sign. A 1 **2** con voce sonora, con tono forte, acutamente (*anche fig.*): *parlare a.*; *battiensi a palme, e gridavan sì a.* (Dante *Inf.* IX, 50); *sonò a. un nitrito* (G. Pascoli) ‖ **altìccio**, **dim.** (V.) | **altino**, **dim.** | **altùccio**, **dim.**

alto② [1504] **inter.** **1** (*lett.*) V. *alt* | (*lett.*) nella loc. ***fare a.***, fermarsi: *davan segno or di gire, or di fare a.* (L. Ariosto) **2** nella loc. inter. ***a. là!***, V. *altolà*

♦**altoateṣino** o **àlto-ateṣino** [da *Alto Adige*, con deriv. agg. dal n. lat. del fiume (*Athesis*, d'incerta etim.) ✱ 1904] **A** **agg.** ● dell'Alto Adige: *questione altoatesina* **B** **s. m.** (**f.** *-a*) ● abitante o nativo dell'Alto Adige **CFR.** sudtirolese

altocùmulo [comp. di *alto*① e *cumulo* ✱ 1956] **s. m.** (**pl.** *altocùmuli*) ● (*meteor.*) nube costituita da masse globulari-cumuliformi stratificate, più o meno saldate insieme e disposte in gruppi, linee od onde, ad altezze comprese tra 3000 e 6000 metri

altofórno [comp. di *alto*① e *forno* ✱ 1889] **s. m.** (**pl.** *altifórni* o *raro altofórni*) ● forno di forma caratteristica, alto per lo più una ventina di metri, in cui vengono posti a strati alterni, affinché reagiscano tra loro producendo ghisa, un minerale ferroso col relativo fondente e coke

altolà o **àlto là** [comp. di *alto*② e *là* ✱ 1794] **A** **inter.** ● si usa come intimazione, ordine di fermarsi, spec. da parte della sentinella nei confronti di chi si avanzi oltre i limiti consentiti **B** **s. m. inv.** ● l'ordine stesso | (*colloq.*) ***dare l'a. a qlcu.***, (*fig.*) invitarlo a desistere da qlco.

altolocàto [comp. di *alto*① e del lat. *locātus* 'collocato', part. pass. di *locāre* 'collocare' ✱ 1858] **agg.** ● che occupa un grado elevato nella scala sociale: *un personaggio a.*

alto lòco, in ➤ **in alto loco**

altòmetro [comp. di *alto*① e *-metro* ✱ 1983] **s. m.** ● asticella nel sign. 2

altoparlànte [calco sull'ingl. *loud speaker* ✱

1927] **s. m.** ● apparecchio per trasformare l'energia di un segnale elettrico in energia acustica irradiata nell'ambiente circostante

altopiàno o **altipiàno** [comp. di *alto*① e *piano* ✻ 1815] **s. m.** (**pl.** *altipiàni* o *altopiàni*) ● estesa regione elevata oltre i 300 metri sul livello del mare, in prevalenza pianeggiante

altóre [vc. dotta, lat. *altōre(m)*, da *ălere* 'nutrire' ✻ 1483] **agg. e s. m.** (**f.** *-trice*) ● (*lett.*) che (o chi) alimenta: *la negletta mano / dell'altrice natura* (G. Leopardi)

altorilièvo [comp. di *alto*① e *rilievo* ✻ 1797] **s. m.** (**pl.** *altorilievi*) ● scultura nella quale le forme sono legate a un piano di fondo, ma ne sporgono fortemente

altosonànte ➤ **altisonante**

altostràto [comp. di *alto*① e *strato* ✻ 1913] **s. m.** (**pl.** *altostràti*) ● (*meteor.*) nube stratificata uniforme di colore grigio che copre talvolta interamente il cielo a quote comprese tra 3000 e 6000 metri e che può generare pioviggine o nevischio

†**altraménte** ➤ **altrimenti**

†**altraménti** ➤ **altrimenti**

altresì o †**altressì** [da *altro* e *sì* ✻ 1238] **avv.** **1** (*lett.* o *burocr.*) anche, inoltre: *alla cerimonia interverranno a. eminenti personalità; vorrei pregarla a. di ...; questo detto mi tacqui; ed esso a. si taceva* (G. Boccaccio) **2** †similmente, correl. di 'come'

altrettàle [da *altro e tale* ✻ 1250 ca.] **A** **agg.** ● (*lett.*) simile, uguale, tale e quale (con valore dimostrativo e determinativo): *queste e altrettali cose sentimmo dire con grande stupore* **B** **avv.** ● †parimenti, similmente, altrettanto: *fare a.*

♦**altrettànto** [da *altro* e *tanto* ✻ 1261 ca.] **A** **agg. indef.** ● esprime uguaglianza di numero e misura con altra persona o cosa: *arriveranno altrettanti ragazzi oltre i dieci presenti; io ho altrettanta paura; farò anch'io come te, con a. entusiasmo* **B** **anche pron. indef.** ● la stessa cosa, la medesima quantità o misura: *mi voltò le spalle e io feci a.; domani ne comprerò a.; 'Buon appetito!' 'Grazie e a.'* **C** **avv.** ● nello stesso modo, ugualmente: *comportati a. bene per il futuro; anche tu sei stato a. bravo; è a. buona quanto bella*

♦**àltri** [lat. *ălter*, nom. modificato secondo il modello di analoghi pronomi ✻ av. 1250] **pron. indef. m. solo sing.** **1** un'altra persona: *a. potrebbe dire che ho fatto male; non desiderare la donna d'a.* | ***non a. che***, nessun altro che: *non c'è a. che lui di cui possa fidarmi* **2** (*lett.*) qualcuno, alcuno: *non vorrei che a. mi giudicasse male* | in correlazione con 'uno', 'alcuno', 'taluno': *uno sostiene una ragione, a. un'altra*

altrìce ➤ **altore**

altrièri o **altr'ièri** [comp. del lat. *ălter* 'altro' e *hĕri* 'ieri' ✻ 1293] **A** **s. m. inv.** ● (*lett.*, *raro*) il giorno prima di ieri; (*est.*) il recente passato: *da quei tempi insino a ieri o all'altr'ieri* (G. Leopardi) **B** **nella loc. avv.** ***l'altrieri***, (*lett.*) l'altro ieri, ieri l'altro, il giorno prima di ieri: *gli ho scritto proprio l'a.; l'ho incontrato l'a.* | (*est.*) alcuni giorni fa; in passato

♦**altriménti** o †**altraménte**, †**altraménti**, †**altriménte** [comp. di *altra* e *mente* ✻ 1231] **avv.** **1** in altro modo, in modo diverso, diversamente: *agire a.; non potevamo fare a.; noi la pensiamo a.* | ***non a. che***, non diversamente da, proprio come **2** in caso contrario, se no: *se vuoi venire con noi, bene, a. stai in casa; corri, a. arriverai tardi* **3** †niente affatto, in nessun modo (in frasi negative con valore rafforz.): *non si curò d'a. accender lume per vederlo* (G. Boccaccio)

♦**àltro** [lat. *ălteru(m)*, da *ălius* 'diverso' e il suff. *-*tere* dei compar. ✻ 1065] **A** **agg. indef.** **1** differente, diverso, con valore indet.: *pettinati in un a. modo; era un a. libro; è un'altra questione* | diverso dall'attuale o da ciò di cui si parla; migliore: *altri tempi!; altra generazione!; altra educazione!* | ***questo è un a. paio di maniche***, (*fig.*) è una cosa ben diversa | ***sono cose dell'a. mondo!***, (*fig.*) inaudite, inconcepibili | ***d'altra parte***, del resto CFR. etero- **2** nuovo, ulteriore, aggiunto al primo, al precedente: *sono sorte altre difficoltà; è un'altra birichinata delle sue; prendi un'altra tazza di tè; dammi un a. foglio; provaci un'altra volta!; non faremo altre obiezioni* | un secondo, novello: *un a. San Francesco; nel Rinascimento, Firenze divenne un'altra Atene* | alternativo, diverso (posposto a un sost.): *musica altra* **3** restante, rimanente (sempre preceduto dall'art.): *gli altri invitati si sono trattenuti fino a mezzanotte; metti l'altra roba nel cassetto* **4** scorso, anteriore, precedente nel tempo: *l'altra settimana; l'altr'anno; l'a. giorno* | ***l'a. ieri***, V. *ieri* **5** prossimo, successivo nel tempo: *domani l'a.; quest'a. mese; quest'altr'anno* **6** unito ai pron. pers. 'noi' e 'voi' e ad agg. e pron. indef. assume valore intens. e distintivo: *pensateci voi altri* (anche *voialtri*); *ci andremo noi altri* (anche *noialtri*); *lo farà qualcun a.; prenderemo quell'a. treno; chiunque a. si sarebbe comportato meglio di te* **7** in correl. con 'uno', indica cosa o persona diversa dalla prima o il secondo membro di una coppia: *l'una e l'altra guancia; in un modo e nell'altro; vennero l'uno e l'a. fratello; soleva Roma, che il buon mondo feo, / due Soli aver, che l'una e l'altra strada / facean vedere, e del mondo e di Deo* (Dante) **B** **pron. indef.** **1** persona o cosa diversa o distinta: *un a. al tuo posto avrebbe agito diversamente; se non lo fai tu, lo farà un a.; ci rivolgeremo ad altri; non mi piace che tu dia sempre la colpa agli altri;* (*fig.*) *essere, diventare, parere un a.* | ***lui, lei e l'a.*** (o ***l'altra***), il classico triangolo amoroso | in espressioni correl.: *per me è indifferente che venga l'uno o l'a.; alcuni dicevano una cosa, altri il contrario* | (con valore recipr.) *Aiutatevi l'un l'a.* **2** (**al pl.**) la gente, gli estranei, il prossimo: *non dare ascolto a quello che dicono gli altri; ti interessi troppo degli affari degli altri; non fare agli altri ciò che non vorresti fosse fatto a te* **C** **in funzione di s. m. solo sing.** ● altra cosa: *non ho a. da aggiungere; non dirmi a.; non potevo fare a. per lui; può fare questo e a.!; non fa a. che criticare; ci vuol a. per mettermi paura!; stavo pensando a tutt'a.; ha ben a. di cui preoccuparsi; a. è dirlo a. è farlo; a. che aiutarmi!* | ***e quant'a.***, eccetera, e via dicendo (al termine di un'elencazione): *abbiamo chiacchierato di economia, di calcio e quant'a.* | rafforzativo di un agg. o epiteto: *bugiardo, sciocco, che non sei a.!* | ***dell'a.***, ancora | ***se non a.***, almeno, in mancanza d'altri motivi | ***non foss'a.***, per non parlare di altre cose: *è un film da vedere, non foss'a. per la bravura degli attori* | ***senz'a.***, certamente, senza alcun dubbio | ***tra l'a.***, per giunta, in sovrappiù, tra le altre cose | ***più che a.***, soprattutto: *è più che a. un indeciso* | ***per a.***, V. *peraltro* | ***a. che***, V. *altroché* | V. anche *tutt'altro*

Definizione d'autore

Il tuo Cristo è ebreo. La tua macchina è giapponese. La tua pizza è italiana. La tua democrazia greca. Il tuo caffè brasiliano. La tua vacanza turca. I tuoi numeri arabi. Il tuo alfabeto latino. Solo il tuo vicino è uno straniero. Così era scritto su un manifesto tedesco degli anni Settanta. Parole che mettono in luce come coloro che definiamo "altri" siano spesso il prodotto di una nostra costruzione e non una realtà oggettiva. Perché allora costruire l'**altro**? Perché è indispensabile per definire "noi". Noi siamo ciò che l'**altro** non è ed è per questo che spesso, troppo spesso, configuriamo l'**altro** come icona di ogni male. Abbiamo bisogno dei cattivi, per pensarci buoni. Per conferma, leggere il finale della bellissima poesia di Kavafis, *Aspettando i barbari.*

Marco Aime

♦**altroché** o **altro che** [comp. di *altro* e *che*② ✻ 1440 ca.] **inter.** ● certamente, sì, senza dubbio (come risposta energicamente affermativa): *'ti sei divertito?' 'a., moltissimo!'; A., se ti ho guardato* (A. Moravia)

altroièri ➤ **ieri**

altrónde [lat. *ăliter ŭnde* ✻ 1275] **avv.** **1** (*lett.*) da altro luogo, da altra parte, (*fig.*) da altro: *dalla qual sola ogni mia pace, ogni mio bene e la mia salute venirmi puote, e non a.* (G. Boccaccio); *non derivò, Signor, la causa a., / se non d'aver beuto di queste onde* (L. Ariosto) **2** nella loc. avv. ***d'a.***, peraltro, d'altra parte, del resto: *d'a. non puoi dargli torto* **3** (*lett.*) altrove, in altro luogo

♦**altróve** [lat. *ăliter ŭbi* ✻ 1250] **A** **avv.** ● in altro luogo (con verbi sia di stato sia di moto): *in quei giorni mi trovavo a.; sono diretto a.; mi rivolgerò a.* | ***essere a. col pensiero, avere la testa a.***, (*fig.*) essere distratto, assente, lontano col pensiero **B** **in funzione di s. m. inv.** ● un luogo o (*est.*) un tempo diverso, spesso indeterminato: *cercare la felicità in un a.*

♦**altrùi** [lat. parl. **alterŭi*, per il classico *ălteri*. V. *altro* ✻ av. 1250] **A** **agg. poss. inv.** ● di altri, degli altri, in contrapposizione a 'proprio': *la libertà a.; i meriti a.; le cose a.; pochi si sacrificano per il bene a.; bisogna rispettare le opinioni a.* **B** **in funzione di s. m. inv.** ● (*lett.*) ciò che è di altri, spec. con riferimento a beni, denari: *pensa al tuo e lascia stare l'a.; poco saggio si può dir colui / che perde il suo per acquistar l'a.* (L. Ariosto) **C** **pron. indef. inv.** ● (*lett.*) altra persona, altri, gli altri (usato anticamente anche con diverse prep. nei vari complementi e solo eccezionalmente come soggetto): *come a. piace, come ad a. piace; guardai in alto, e vidi le sue spalle / vestite già de' raggi del pianeta / che mena dritto a. per ogne calle* (Dante *Inf.* I, 16-18); *pietose / di se stesse e d'a.* (U. Foscolo)

♦**altruìsmo** [fr. *altruisme*. V. *altrui* ✻ 1874] **s. m.** ● amore, dedizione, disponibilità verso il prossimo CONTR. egoismo

♦**altruìsta** [fr. *altruiste* ✻ 1897] **s. m. e f.**; anche **agg.** (**pl. m.** *-i*) ● chi (o che) dà prova di altruismo

SFUMATURE DI SIGNIFICATO

altruista - disinteressato

Chi si preoccupa sinceramente del bene altrui anche anteponendolo al proprio si definisce **altruista.** Chi dona aiuto morale e materiale senza attendere nulla in cambio si dice **disinteressato.**

SFUMATURE ➤ ***caritatevole***, ➤ ***generoso***

altruìstico [1884] **agg.** (**pl. m.** *-ci*) ● di altruista; caratterizzato da altruismo: *slancio, comportamento a.* || **altruisticaménte**, **avv.** in modo altruistico, con altruismo

altùra [av. 1250] **s. f.** **1** luogo elevato: *e Pan l'eterno che su l'erme alture / a quell'ora e nei pian solingo va* (G. Carducci) SIN. colle, monte | altezza, altitudine **2** (*fig.*) †alterigia, superbia: *Quando t'aliegre, omo d'a. / va' poni mente a la sepoltura* (Iacopone) **3** alto mare: *pesca d'a.; motoscafo d'a.* | ***navigazione d'a.***, che si svolge fuori della vista delle coste || **alturétta**, **dim.**

alturière o **alturièro** [fr. *hauturier*, dal provenz. moderno *auturié*, da *aut* 'alto', perché i marinai quando sono lontani dalle coste hanno per misura solo l'*altezza* degli astri ✻ 1824] **s. m.** ● pilota d'altura o (*est.*) d'alta quota

alturièro [fr. *hauturier*, dal provenz. *auturié*, da *autura* 'altura' ✱ 1829] **A** agg. • d'alto mare: *nave alturiera* | (*est.*) d'alta quota **B** s. m. ➤ **alturiere**

aluàtta [fr. *alouate*, vc. indigena della Guiana ✱ 1829] s. f. • (*zool.*) scimmia urlatrice

alùcita o **alùcida** [lat. tardo *alūcita(m)*, di etim. incerta ✱ 1865] s. f. • genere di farfalle cui appartiene la tignola dei cereali (*Alucita*)

àlula [dim. del lat. *āla* 'ala' ✱ 1955] s. f. **1** (*zool.*) lobo di varia ampiezza che alcuni Insetti dei Ditteri presentano nella parte posteriore delle ali, in prossimità dell'attacco al torace | ala spuria **2** (*aeron.*) aletta ipersostentatrice, mobile o fissa, presso il bordo anteriore di un'ala

alunite [fr. *alunite*, da *alun* 'allume' ✱ 1845] s. f. • (*miner.*) solfato idrato di potassio e alluminio, in masse bianche o incolori con lucentezza vitrea o madreperlacea, usato per l'estrazione dell'allume

alunnàto [da *alunno* ✱ 1809] s. m. • (*disus.*) condizione, tirocinio di alunno | durata di tale tirocinio

♦**alùnno** [vc. dotta, lat. *alŭmnu(m)*, da *ălere* 'nutrire' ✱ 1340] s. m. (f. *-a*) **1** chi frequenta una scuola, spec. la scuola dell'obbligo: *gli alunni della 3ª C* **2** †chi è allevato dalla balia SFUMATURE ➤ *allievo*①

alveàre [lat. *alveāre*, da *ălveus* 'vaso di legno, trogolo' ✱ sec. XIV] s. m. **1** arnia contenente una colonia di api con i favi **2** (*fig.*) grande caseggiato popolare: *gli alveari periferici delle città moderne*

àlveo [vc. dotta, lat. *ălveu(m)* 'vaso', cfr. *alvo* ✱ av. 1328] s. m. **1** zona in cui scorre normalmente un fiume o un torrente: *a. di magra, di piena* SIN. letto | (*est.*, *raro*) canale **2** (*lett.*) ventre, utero: *a. materno* **3** (*fig.*) solco, àmbito: *concetti che si collocano nell'a. della tradizione illuministica* **4** (*raro, lett.*) cavità | recipiente **5** †alveare

alveolàre [da *alveolo* ✱ 1772] agg. **1** (*med.*) relativo agli alveoli dentari o polmonari: *piorrea a.* **2** (*ling.*) detto di suono nella cui articolazione la punta della lingua batte contro gli alveoli dei denti superiori incisivi: *consonanti alveolari*; *articolazione a.*

alveolàto [da *alveolo* ✱ 1865] agg. **1** dotato di alveoli **2** (*bot.*) detto di organo vegetale la cui superficie presenta piccoli alveoli disposti più o meno regolarmente

alveolìte [da *alveolo* e *-ite*① ✱ 1923] s. f. • (*med.*) infiammazione degli alveoli, dentari o polmonari

alvèolo [vc. dotta, lat. *alvĕolu(m)*, dim. di *ălveus* 'alveo' ✱ sec. XIV] s. m. **1** piccola cavità | (*anat.*) ***alveoli dentari***, della mandibola e della mascella, in cui sono impiantati i denti | (*anat.*) ***alveoli polmonari***, riuniti a grappolo all'estremità delle più fini ramificazioni bronchiali, dove avvengono gli scambi gassosi tra aria e sangue **2** (*bot.*) piccolo incavo che si trova sulla superficie di certi organi vegetali **3** (*lett.*) celletta dei favi in cui le api depongono e custodiscono il miele

alvìno [vc. dotta, lat. *alvīnu(m)*, da *ălvus* 'alvo' ✱ av. 1698] agg. • (*med.*) dell'alvo: *scariche alvine* SIN. intestinale

àlvo [vc. dotta, lat. *ălvu(m)*, da avvicinare al gr. *aulós* 'tubo, condotto' ✱ 1319] s. m. **1** (*med.*) il canale, il transito intestinale nel suo complesso: *a. chiuso*; *a. libero* **2** (*lett.*) ventre: *a. materno* **3** (*fig.*, *lett.*) parte, cavità interna: *se dentro a l'a. / di questa fiamma stessi ben mille anni* (DANTE *Purg.* XXVII, 25-26)

alzabandièra [comp. di *alzare* e *bandiera* ✱ 1942] s. m. inv. • l'atto o la cerimonia solenne di alzare la bandiera spec. nelle caserme o sulle navi: *fare l'a.*, *assistere all'a.*

alzàbile [av. 1757] agg. • che si può alzare CONTR. abbassabile

alzacristàlli o **alzacristàllo** [comp. di *alza(re)* e *cristalli* ✱ 1963] s. m. • (*autom.*) dispositivo manuale o elettrico per azionare il vetro del finestrino: *a. anteriore, posteriore*

alzàgola ➤ **alzavola**

alzàia [lat. tardo *helciāriu(m)* 'tirante', da *hĕlcium* 'giogo', dal gr. *hélkō* 'io trascino' ✱ av. 1463] s. f. **1** fune che serve per trainare battelli controcorrente per fiumi o canali **2** strada sull'argine o lungo il fiume per il transito degli animali adibiti al traino dei natanti

alzaménto [av. 1348] s. m. • (*raro*) innalzamento | (*raro*) aumento

♦**alzàre** [lat. parl. **altiāre*, da *ăltus* 'alto' ✱ 1250 ca.] **A** v. tr. **1** portare in alto, portare verso l'alto, sollevare: *a. la mano per giurare*; *a. una pesante cassa* CONTR. abbassare | ***a. gli occhi al cielo***, in segno di sollievo, supplica, sofferenza e sim. | ***a. qlcu. al cielo, alle stelle***, (*fig.*) lodare esageratamente | ***a. le mani al cielo***, in segno di sconforto o di preghiera | ***a. le mani***, in segno di resa | ***a. le mani su qlcu.***, percuoterlo | ***a. le spalle***, in segno di disinteresse o disprezzo | ***a. i bicchieri***, per brindare | ***a. le carte***, tagliare il mazzo | ***a. le vele***, spiegarle al vento per partire | ***a. il gomito***, (*fig.*) eccedere nel bere | ***non a. la testa dal piatto***, (*fig.*) mangiare rapidamente e con ingordigia | ***non a. un dito***, (*fig.*) non fare nulla, stare in ozio | ***a. la cresta, le corna***, (*fig.*) insuperbire | (*fig.*) ***a. i prezzi***, aumentarli | (*fig.*) ***a. la voce***, aumentarne il tono, o gridare con irritazione contro qlcu. | ***a. i tacchi***, (*fig.*) fuggire | anche nella forma pron. (con valore intens.) **alzàrsi**, sollevare qlco. di proprio: *alzarsi la gonna per non inciampare*; *ch'egli non nominava mai senza … alzarsi la berretta* (V. ALFIERI) **2** nel linguaggio dei cacciatori, provocare l'alzata di uno o più uccelli: *a. le pernici*; *il cane alzò un branco di starne* **3** (*fig.*, *lett.*) celebrare, onorare | nobilitare | far crescere di grado, potere e sim. **4** rendere più alto: *a. la casa di un piano*; *a. un terrapieno* SIN. sopraelevare **5** costruire, erigere: *alzeremo un monumento a Dante* SIN. edificare **B** **alzàrsi** v. intr. pron. **1** crescere in altezza: *quel bambino si è alzato molto dall'anno scorso*; *il livello del fiume si è alzato di un metro* CONTR. calare **2** sorgere, levarsi: *s'è alzata una splendida luna*; *si sta alzando un forte vento*; *gli sguardi dei presenti si alzarono al cielo* CONTR. calare **C** **alzàrsi** v. rifl. **1** tirarsi su: *alzarsi dal letto*; *alzarsi dalla sedia*; *si alzò fino alla sommità del muro a forza di braccia* **2** levarsi in volo: *l'uccello si alzò a due passi dal cacciatore*

alzàta [av. 1537] s. f. **1** atto dell'alzare e dell'alzarsi | ***a. di spalle***, in segno di disinteresse, noncuranza e sim. | ***a. di testa***, (*fig.*) presa di posizione avventata e puntigliosa | (*fig.*) ***a. d'ingegno***, trovata maliziosa (*anche iron.*) | ***per a. e seduta***, sistema di votazione in cui chi vota a favore si alza in piedi e chi vota a sfavore rimane seduto | ***per a. di mano***, in cui chi vota a favore alza un braccio **2** nella pallavolo, azione con la quale un giocatore passa la palla al compagno in posizione favorevole perché effettui la schiacciata | nel sollevamento pesi, azione con la quale si solleva da terra e si porta in alto il bilanciere con completa distensione delle braccia | nella pallacanestro, il lancio della palla in alto da parte dell'arbitro nel cerchio centrale del campo, all'inizio del gioco | nel gioco delle bocce, lancio simile alla bocciata ma con traiettoria più arcuata e maggiore effetto **3** il levarsi a volo di un uccello: *sparare all'a.* **4** opera improvvisata di fortificazione campale composta di una massa di terra elevata a riparo del difensore **5** parte verticale dello scalino CFR. pedata **6** parte superiore, sovrastruttura di un mobile, spec. una credenza, una scrivania, un cassettone **7** piatto, spec. di ceramica, munito di una base o piede di sostegno, a più ripiani, per frutta, dolci e sim. ‖ **alzatàccia**, pegg. (V.) | **alzatìna**, dim. | **alzatùccia**, dim.

alzatàccia [pegg. di *alzata* ✱ 1961] s. f. (pl. *-ce*) • l'alzarsi dal letto molto presto, di primo mattino: *fare un'a.* SIN. levataccia

alzàto **A** part. pass. di *alzare*; anche agg. • che si trova in alto, sollevato: *sipario a.* | in piedi, non a letto: *ancora a. a quest'ora?* | levato dal letto: *appena a. prendo un caffè* **B** s. m. • prospetto o sezione verticale di un edificio

alzatóre [da *alzare* ✱ 1859] s. m. (f. *-trice*) • (*sport*) nella pallavolo, giocatore incaricato di alzare la palla verso un compagno per consentirgli la conclusione in schiacciata | ruolo ricoperto da tale giocatore SIN. palleggiatore

alzatrice [detta così perché *alza* le pezze di stoffa all'altezza desiderata ✱ 1955] s. f. • nell'industria tessile, macchina che rifinisce i tessuti di lino, eliminando gli abbassamenti e raddrizzando la trama

alzavàlvola [comp. di *alza(re)* e *valvola* ✱ 1955] s. m. (pl. inv. o *-e*) • meccanismo per mantenere aperte apposite valvole, usato nei motori a scoppio a due tempi per arrestarli

alzàvola o **alzàgola**, **arzàgola**, **arzàvola** [etim. incerta ✱ av. 1650] s. f. • piccolo uccello degli Anseriformi, affine all'anatra selvatica, di colore grigio molto chiaro sul ventre e sul petto, caratterizzato dalla grande macchia verde che adorna il capo del maschio (*Anas crecca*)

Alzheimer /ˈalˈtsaimer, *ted.* ˈalts,haemʌ/ [dal n. del neuropsichiatra A. *Alzheimer* (1864-1915) che nel 1907 descrisse la malattia ✱ 1985] s. m. inv. • (*med.*) morbo di Alzheimer (V. *morbo*)

àlzo [da *alzare* ✱ 1855] s. m. **1** congegno applicato alle armi da fuoco di precisione o a lunga gittata per adattare, nell'atto di puntare, l'inclinazione della canna alla distanza di tiro | ***a. zero***, senza inclinazione della canna, per tiro a distanza ravvicinata **2** pezzo di cuoio o cartone usato dai calzolai per portare le forme delle scarpe alla misura voluta

AM /aˈemme, *ingl.* eɪˈem/ [sigla dell'ingl. di *A(mplitude) M(odulation)* 'modulazione di ampiezza' ✱ 1981] s. f. inv. • (*radio*) modulazione di ampiezza

♦**amàbile** [vc. dotta, lat. *amābile(m)* da *amāre* 'amare' ✱ 1268] agg. **1** degno di essere amato | (*est.*) che ispira amore, simpatia: *fanciulla, sorriso a.* | gentile, cortese: *Era sempre allegra … ed a. con tutti* (G. VERGA) **2** detto di vino in cui prevale un gusto dolce ‖ **amabilménte**, avv. ‖ **amabilità**, s. f. inv. (V.)

amabilità [vc. dotta, lat. *amabilitāte(m)*, da *amābilis* 'amabile' ✱ 1549] s. f. inv. • qualità di chi sa farsi amare | (*est.*) cortesia, gentilezza, affabilità CONTR. odiosità

SFUMATURE DI SIGNIFICATO
amabilità - amorevolezza
Quell'insieme di cortesia, affabilità, simpatia che rende gradevole agli altri una persona si definisce **amabilità**. **Amorevolezza** è invece la caratteristica di chi è sollecito e premuroso nei confronti degli altri.
SFUMATURE ➤ ***affabilità***

amàca, (*evit.*) **àmaca** [sp. *hamaca*, dal caraibico ✱ av. 1525] s. f. **1** specie di letto pensile, costituito da una rete o da un telo sospesi per i vertici a due sostegni **2** branda dei marinai

†**amadóre** ➤ **amatore**

amadrìade [vc. dotta, lat. *hamadryade(m)*, dal gr. *hamadryás*, comp. di *hâma* 'insieme' e *drys* 'albero' ✱ av. 1406] s. f. **1** nella mitologia greca, ninfa dei boschi che nasceva e moriva con l'albero che le era sacro **2** (*zool.*) grossa

a

scimmia africana con muso canino e pelo grigiastro molto lungo soprattutto nel maschio (*Papio hamadryas*)

amagnètico [comp. di *a-*① e *magnetico* ✱ 1965] **agg.** (**pl. m.** *-ci*) ● detto di ciò che non è magnetico ‖ **amagneticità**, **s. f. inv.**

amàide [fr. *hamaïde* 'barra', dall'ant. francone **haimithi* 'insediamento circondato', comp. dell'ant. francone **haim* 'piccolo villaggio' col suff. collettivo *-ithi* ✱ 1892] **s. f.** ● (*arald.*) fascia accorciata ai due lati

amalfitàno [1476] **A agg.** ● di Amalfi: *costiera amalfitana* | ***tavola amalfitana***, codice nautico della repubblica marinara di Amalfi; risale all'XI sec. e fu osservato fino al XVII sec. anche in altri porti del Mediterraneo **B s. m.** (**f.** *-a*) ● abitante o nativo di Amalfi

♣**amàlgama** [lat. mediev. *amalgama*, dal gr. *málagma*, da *malássō* 'io rammollisco', prob. attrav. l'arabo ✱ 1585] **s. m.** (**pl.** *-i*) **'Amalgama' è un sostantivo maschile: si scrive perciò 'un amalgama'; sono invece scorretti 'una amalgama' o 'un'amalgama'** **1** lega, generalmente solida, del mercurio con altri metalli | in oreficeria, unione dell'oro o dell'argento col mercurio per dorare o argentare a fuoco | in odontoiatria, unione di argento e stagno usata un tempo per otturazioni e impronte di protesi **2** mescolanza di cose diverse (*anche fig.*): *un a. di ingredienti*; *un a. di prosa e di poesia*; *un a. di razze* | (*fig.*) affiatamento, coesione: *la squadra ha raggiunto il giusto a.* **3** (*ling.*) fusione di due significati, lessicale e morfologico, in un solo significante

amalgamànte **part. pres.** di *amalgamare*; **anche agg.** **1** nei sign. del v. **2** ***lingue amalgamanti***, che esprimono i rapporti grammaticali amalgamando affissi alle radici

♣**amalgamàre** [1612] **A v. tr.** (*io amàlgamo*) **1** legare il mercurio con altri metalli, fare un amalgama | in oreficeria, ricoprire con l'amalgama la superficie da dorare o argentare **2** (*est.*) impastare (+ *con*, + *a*): *a. i colori e l'olio*; *a. bene il latte con la farina*; *a. delle verdure tritate con la maionese*; *a. il pecorino al pesto* **3** mettere insieme cose diverse (*spec. fig.*): *a. culture diverse* **B amalgamàrsi v. intr. pron. e rifl.** ● fondersi, unirsi (*anche fig.*) (+ *con*): *ingredienti che si amalgamano facilmente*; *nella sua musica le influenze orientali si amalgano con quelle greche*

SFUMATURE ➤ *incorporare*, ➤ *mescolare*, ➤ *unire*

amalgamazióne [1829] **s. f.** ● l'amalgamare | processo usato per estrarre metalli, spec. oro e argento, dai loro minerali facendoli entrare in lega col mercurio

Amamelidàcee [vc. dotta, comp. di *amamelide* e *-acee* ✱ 1913] **s. f. pl.** (**sing.** *-a*) ● (*bot.*) famiglia di piante legnose con foglie palmate, fiori piccoli in infiorescenze e frutti a capsula (*Hamamelidaceae*)

amamèlide [vc. dotta, gr. *hamamēlís*, genit. *hamamēlídos*, propr. 'che fiorisce nello stesso tempo dei meli', comp. di *háma* 'insieme', di orig. indeur. e *mēlon* 'melo' ✱ 1797] **s. f.** ● pianta arbustiva coltivata nei giardini, con foglie ovali aromatiche e fiori gialli (*Hamamelis virginiana*)

†**amàndola** ➤ **mandorla**

amanìta [gr. *amanîtai*, pl. 'funghi del monte Ámanos', in Cappadocia ✱ 1819] **s. f.** ● genere di Funghi delle Agaricacee comprendente varie specie sia commestibili (come l'ovolo) sia velenose (come l'ovolo malefico) (*Amanita*)

♦**amànte**① **A part. pres.** di *amare*; **anche agg.** ● che ama, che predilige: *è a. del buon vino, della musica classica, del quieto vivere* ‖ †**amanteménte**, **avv.** con amore **B s. m. e f.** **1** (*raro, lett.*) innamorato: *gli amanti che si tengono per mano in mezzo a quella festa d'azzurro e di verde* (G. VERGA) **2** chi è legato a un'altra persona da una relazione amorosa, spec. segreta o considerata illecita **3** chi è appassionato di qlco.: *è un a. dei buoni vini*; *è un'a. della musica classica*

amànte② o **mànte** [gr. *himás*, genit. *himántos*, di orig. indeur. ✱ 1614] **s. m.** ● (*mar.*) sistema di funi e bozzelli per sollevare carichi

amantìglio o **mantìglio** [da *amante*② ✱ 1865] **s. m.** ● (*mar.*) cima fissata all'estremità libera di un'asta per sostenerla e limitarne l'oscillazione

amanuènse [vc. dotta, lat. *amanuēnse(m)*, da *ā mānu* 'con la mano' ✱ 1726] **s. m.** (**anche f. nel sign. 2**) **1** scrivano che, prima dell'invenzione della stampa, curava la trascrizione e la trasmissione di testi religiosi, letterari, storici e scientifici **2** scrivano, copista

†**amànza** o †**mànza**① [provenz. *amansa*, dal lat. *amāre* 'amare' (?) ✱ av. 1250] **s. f.** ● (*lett.*) amore | donna amata: *O a. del primo amante, o diva* (DANTE *Par.* IV, 118)

Amarantàcee [vc. dotta, comp. di *amarant(o)* e *-acee* ✱ 1830] **s. f. pl.** (**sing.** *-a*) ● (*bot.*) famiglia di piante erbacee e arbustive delle Cariofillali con foglie alterne e opposte e fiori piccoli in infiorescenze a racemo o a spiga (*Amarantaceae*)

amarantìno [1829] **agg.** ● (*lett.*) che ha colore amaranto: *uva amarantina*

♣**amarànto** [vc. dotta, lat. *amarăntu(m)*, dal gr. *amárantos* 'durevole', comp. di *a-*① e *maráinō* 'io appassisco' ✱ 1485 ca.] **A s. m.** **1** amarantacea a fusto eretto, con foglie di color verde brillante e fiori piccoli riuniti in spighe (*Amarantus caudatus*) **2** colore rosso intenso con sfumature violacee, caratteristico dei fiori della pianta omonima **B in funzione di agg. inv.** ● che ha colore amaranto: *il mare ... s'era fatto a.* (G. VERGA)

amaràsca ➤ **marasca**

amarascàto [da *amarasca* ✱ av. 1676] **agg.** ● detto di bevanda con sapore e aroma di marasca

†**amaraschìno** ➤ **maraschino**

amaràsco ➤ **marasco**

amarcòrd [vc. del dial. romagnolo, propr. 'io mi ricordo', dal titolo omonimo di un film del 1973 di F. Fellini ✱ 1974] **s. m. inv.** ● ricordo, rievocazione nostalgica di fatti, situazioni, luoghi appartenenti al passato

♦**amàre** [lat. *amāre*, di orig. preindeur. ✱ av. 1250] **A v. tr.** **1** sentire e dimostrare un profondo affetto per qlcu.: *a. i genitori*, *i fratelli* **2** provare un profondo sentimento spirituale verso qlcu. o qlco.: *a. Dio*; *a. il prossimo*; *a. il bene*; *a. i poveri*; *a. la propria città* | interessarsi a, prediligere: *a. la musica*, *la poesia*, *lo sport* | (*est.*) reagire positivamente a certe condizioni oggettive: *le piante tropicali amano il clima caldo e umido* **3** sentire e dimostrare una profonda attrazione affettiva e sessuale verso qlcu. (*lett.*, *anche assol.*): *Luigi ama follemente quella donna*; *importa che io ami* (G. DELEDDA) **4** desiderare fortemente, essere propenso: *a. la ricchezza*, *l'ordine* | preferire, gradire (+ **inf.**, + *che* **seguito da congtv.**): *amerei rimanere solo*; *amerei che tu mi parlassi sinceramente* **B amàrsi v. rifl. recipr.** ● provare reciproco affetto, attrazione: *quei due giovani si amano* **C amàrsi v. rifl.** ● †amare sé stesso

amareggiaménto [av. 1698] **s. m.** ● l'amareggiare, l'amareggiarsi | sentimento di amarezza, di tristezza

♣**amareggiàre** [lat. tardo *amarizāre* 'diventare amaro', da *amārus* 'amaro' ✱ av. 1250] **A v. tr.** (**pres.** *io amaréggio*; **fut.** *io amareggerò*) **1** †rendere amaro **2** (*fig.*) affliggere, addolorare: *esperienze simili amareggiano profondamente*; *quest'ho tormento disperato e fero, / che strugg'e dole ... ed amareggia* (G. CAVALCANTI) **B v. intr.** (**aus.** *essere*) ● †diventare amaro **C amareggiàrsi v. rifl.** ● crucciarsi, addolorarsi, rattristarsi

amareggiàto **part. pass.** di *amareggiare*; **anche agg.** ● pieno di amarezza, di dispiacere

amarèna o **marèna**② [da *amaro* (?) ✱ 1288] **s. f.** **1** frutto dell'amareno, ciliegia dal sapore amarognolo **2** sciroppo ricavato dai frutti dell'amarena, usato per bibite, dolci ecc.

amarèno [da *amaro* ✱ av. 1430] **s. m.** ● varietà coltivata del visciolo, il cui frutto è l'amarena (*Prunus cerasus* varietà *acida*)

amarétto [detto così per il gusto *amaro* ✱ 1798] **s. m.** **1** (*lett.*) sentimento di lieve amarezza **2** pasticcino a base di pasta di mandorle amare, specialità di numerosi luoghi d'Italia **3** liquore dal sapore simile a quello del pasticcino

♦**amarézza** [lat. tardo *amarĭtia(m)*, da *amārus* 'amaro' ✱ av. 1294] **s. f.** **1** (*raro*) sapore di ciò che è amaro: *l'a. del fiele* **2** (*fig.*) dolore, dispiacere, spec. misto a un sentimento di delusione, rincrescimento o rancore: *provare*, *sentire a.*; *parlare con a.*; *quel discorso mi procurò grande a.*

amaricànte **A part. pres.** di *amaricare*; **anche agg.** ● nei sign. del v. **B s. m.** ● additivo che conferisce all'alimento un sapore amaro | liquore amaro

†**amaricàre** [lat. tardo *amaricāre*, da *amārus* 'amaro' ✱ sec. XIII] **v. tr.** ● rendere amaro | (*fig.*) amareggiare

amàrico [1887] **A agg.** (**pl. m.** *-ci*) ● relativo alla regione etiopica dell'Amhara **B s. m.** (**f.** *-a*) ● (*raro*) abitante o nativo dell'Amhara **C s. m. solo sing.** ● lingua semitica derivata dall'antico etiopico, attualmente lingua ufficiale dell'Etiopia

amarìlli o **amarìllide** [dal lat. *Amarýllis*, genit. *Amarýllidis*, n. di una pastorella delle Bucoliche virgiliane ✱ 1772] **s. f. inv.** ● pianta erbacea perenne delle Amarillidacee con bulbo, foglie allungate a nastro, fiori bianchi o rosei spesso riuniti in ombrelle (*Amaryllis belladonna*)

Amarillidàcee [vc. dotta, comp. di *amarillid(e)* e *-acee* ✱ 1865] **s. f. pl.** (**sing.** *-a*) ● (*bot.*) famiglia di piante erbacee delle Asparagali, comprendente piante perenni con fusto molto breve o assente, con rizomi o bulbi, foglie lineari basali e fiori spesso riuniti in ombrelle (*Amaryllidaceae*)

amarìllide ➤ **amarilli**

amaritùdine [vc. dotta, lat. *amaritūdine(m)*, da *amārus* 'amaro' ✱ 1282] **s. f.** **1** †sapore amaro **2** (*lett.*) amarezza | (*raro*) tristezza, afflizione: *cade in a. e in tedio di mente* (CATERINA DA SIENA)

♦**amàro** [lat. *amāru(m)*, di etim. incerta ✱ av. 1250] **A agg.** **1** che ha sapore contrario al dolce, caratteristico della china, dell'assenzio e sim.: *bibita*, *mandorla amara*; *è a. come il fiele*, *come il veleno* | ***caffè a.***, senza zucchero **2** (*fig.*) che procura dispiacere, disappunto o dolore: *un a. rimprovero*; *un'amara sorpresa*; *un'amara soddisfazione* | (*est.*) che manifesta tristezza e dolore: *piangere amare lacrime* | ***avere la bocca amara***, sentire un sapore amaro; (*fig.*) rimanere delusi | ***mandare giù un boccone a.***, (*fig.*) sopportare un'offesa ingiusta, un torto o qlco. di spiacevole | (*fig.*) ***riso a.***, triste ‖ **amaraménte**, **avv.** in modo doloroso e sconsolato **B s. m.** **1** sapore amaro: *l'a. del rabarbaro*; *questa aranciata sa d'a.* **2** (*enol.*) alterazione di origine microbica dei vini vecchi da tempo imbottigliati **3** aperitivo o digestivo aromatico preparato con varie essenze e di gusto amarognolo **4** (*fig.*) amarezza, dolore, rancore | ***inghiottire***, ***masticare a.***, subire un torto, un sopruso | ***avere dell'a. in corpo***, provare astio, rancore || **amarétto**, **dim.** (V.) | **amariccio**, **dim.** | **amarino**, **dim.**

amarógnolo (o **-ò-**) o **amarógno** (o **-ò-**) [1499] **A** **agg.** ● di sapore amaro, ma non sgradito: *biscotto a.* | (*fig.*, *raro*) spiacevole **B** **s. m.** ● sapore amarognolo: *gli piace l'a. di questa bevanda*

Amaróne [da *amaro* per il suo gusto lievemente amarognolo ✱ 1866] **s. m.** ● denominazione del vino Recioto della Valpolicella secco, il più pregiato fra i veronesi; ha color rosso rubino intenso tendente al granato, profumo ampio e continuo, sapore asciutto con sottofondo amarognolo

amaróre [vc. dotta, lat. *amarōre(m)*, da *amārus* 'amaro' ✱ av. 1250] **s. m.** **1** sapore amaro, spec. di vino invecchiato che ha la malattia dell'amaro **2** (*fig.*, *lett.*) amarezza

amàrra [fr. *amarre*, dal neerl. *anmarren* 'attaccare' ✱ 1824] **s. f.** ● corda di ormeggio

amarràre e deriv. ➤ **ammarrare**① e deriv.

†**amarulènto** [vc. dotta, lat. tardo *amarulĕntu(m)*, da *amārus* 'amaro' ✱ 1585] **agg.** ● (*lett.*) amaro, amarognolo (*anche fig.*)

amarùme [sec. XIII] **s. m.** ● (*raro*) sostanza amara; sapore amaro | (*fig.*) amarezza, astiosità

amàṣio [vc. dotta, lat. *amāsiu(m)*, da *amāre* 'amare' ✱ 1324] **s. m.** (**f.** *-ia*) ● (*lett.*) amante, drudo

amastìa [comp. di *a-*①, *mast(o)-* e del suff. *-ia*② ✱ 1955] **s. f.** ● (*med.*) assenza congenita delle mammelle

amateur /*fr.* ama'tœʀ/ [fr., propr. 'amatore' ✱ 1836] **s. m. inv.** ● (*raro*) dilettante

†**amatìsta** ➤ **ametista**

†**amatìsto** [av. 1327] **s. m.** ● ametista

♦**amàto** **A** **part. pass.** di *amare*; anche **agg.** ● nei sign. del v. **B** **s. m.** (**f.** *-a*) ● chi è oggetto d'amore: *il mio a.*

amatóre o †**amadóre** [vc. dotta, lat. *amatōre(m)*, dal lat. *amāre* 'amare', prob. attrav. il provenz. *amador* ✱ av. 1250] **s. m.** (**f.** *-trice*) **1** (*raro*) chi ama | †innamorato, amante: *e portai gioia com'altro amadore* (C. DAVANZATI) **2** appassionato: *a. di musica, di poesia contemporanea* | intenditore: *è un vero a. di vini; gusto da a.* | collezionista: *esposizione organizzata da alcuni amatori* | ***prezzo da a.***, determinato non dal valore intrinseco dell'oggetto ma dall'interesse che esso suscita presso collezionisti e sim. **3** (*sport*) dilettante

amatoriàle [1979] **agg.** ● relativo ad amatore, a dilettante: *sport ciclistico a.*; *fini amatoriali* || **amatorialità**, **s. f. inv.**

amatòrio [vc. dotta, lat. *amatōriu(m)*, da *amātor* 'amatore, amante' ✱ sec. XIV] **agg.** (**pl. m.** *-i* o *raro* *-ii*) ● (*lett.*) relativo all'amore o che suscita amore: *filtro a.*; *letteratura amatoria*

amatriciàno [1905] **A** **agg.** ● di Amatrice, cittadina laziale | ***all'amatriciana***, detto di pasta condita con un sugo a base di guanciale, cipolla, pomodoro e pecorino grattugiato: *bucatini all'amatriciana*; (*fig.*) alla buona, casereccio, approssimativo: *una tivù all'amatriciana* **B** **s. m.** (**f.** *-a*) ● abitante o nativo di Amatrice **CFR.** matriciano

†**amattàre** e deriv. ➤ **ammattare** e deriv.

amauròṣi [vc. dotta, lat. *amaurōsi(m)*, dal gr. *amáurōsis* 'oscuramento', da *mauróō* 'io oscuro' ✱ 1750] **s. f. inv.** ● (*med.*) perdita totale della vista da uno o entrambi gli occhi

amauròtico [1865] **agg.** (**pl. m.** *-ci*) ● relativo ad amaurosi | affetto da amaurosi

amàẓẓone (o **-zz-**) [vc. dotta, lat. *Amāzone(m)*, dal gr. *Amazṓn*, comp. di *a-*① e *mazós* 'mammella', nome delle mitiche donne guerriere della Cappadocia e della Scizia che si bruciavano la mammella destra perché impediva loro l'uso dell'arco ✱ av. 1328] **A** **s. f.** **1** donna con atteggiamenti virili, combattiva **2** (*est.*) donna che va a cavallo: *è un'a. abilissima* | cavallerizza: *concorsi, corse per amazzoni* | ***cavalcare all'a.***, con tutte e due le gambe da un lato della sella **3** abito femminile usato in passato per cavalcare, nero con gonna lunga, completato da cilindro con lungo velo o da bombetta **B** **in funzione di agg.** ● (*zool.*) ***formica a.***, formica che vive sfruttando il lavoro delle operaie di altre specie catturate e rese schiave (*Polyergus rufescens*)

amaẓẓoniàno (o **-zz-**) [1955] **agg.** ● dell'Amazzonia

amaẓẓònico (o **-zz-**) [1799] **agg.** (**pl. m.** *-ci*) ● del Rio delle Amazzoni e dei territori a esso limitrofi: *foresta amazzonica*

amaẓẓònio (o **-zz-**) [sec. XIV] **agg.** ● (*lett.*) relativo alle antiche Amazzoni | che è tipico delle Amazzoni

amaẓẓonìte (o **-zz-**) [dal n. del fiume Rio delle Amazzoni ✱ 1874] **s. f.** ● (*miner.*) varietà di microclino in cristalli molto grossi dal colore verde smeraldo

àmba [vc. abissina ✱ 1880] **s. f.** ● forma di rilievo isolato che emerge con pareti a picco e sommità piana, frequente nell'altopiano etiopico

ambàge [vc. dotta, lat. *ambāges*, f. pl., comp. del pref. *ămb-* 'intorno' e di *ăgere* 'condurre' ✱ 1321] **s. f.** **1** (*lett.*) cammino, giro tortuoso | viluppo: *divina a. di rosei veli* (G. D'ANNUNZIO) **2** (**spec. al pl.**, *fig.*) discorso involuto, ambiguo, confuso: *sotto cotali ambagi al giovinetto / fu mostro de' suo' fati il leggier corso* (A. POLIZIANO) | ***parlare, rispondere***, e sim. ***senza ambagi***, chiaramente

ambaradàn [prob. da *Amba Aradam*, massiccio montuoso dell'Etiopia presso il quale le truppe italiane sconfissero nel 1936 l'esercito abissino in una cruenta battaglia ✱ 1994] **s. m. inv.** ● (*scherz.*) grande confusione, guazzabuglio: *fare, creare un a.* | organizzazione complessa: *manda avanti tutto l'a.*

ambarvàli [vc. dotta, lat. *ambarvālia*, nt. pl., comp. di *ămb-* 'intorno' e *ărvum* 'campo' ✱ 1704] **s. m. pl.** ● feste pubbliche celebrate nell'antica Roma per purificare i campi e ottenere dagli dei un raccolto abbondante

ambascerìa o †**imbascerìa** [provenz. *ambaisaria*. V. *ambasciata* ✱ 1261 ca.] **s. f.** ● gruppo di persone mandato con incarichi particolari da uno Stato a un altro | (*est.*) l'incarico stesso

ambàscia [lat. mediev. *ambactia(m)* 'servizio' (?). Cfr. *ambasciata* ✱ sec. XIII] **s. f.** (**pl.** *-sce*, *lett. raro* *-scie*) **1** (*lett.*, *raro*) difficoltà di respiro e conseguente senso di oppressione **SIN.** affanno **2** (*fig.*, *lett.*) angoscia, travaglio: *la grande a. che mi tumultuava dentro* (I. NIEVO)

†**ambasciadóre** ➤ **ambasciatore**

†**ambasciàre** [da *ambascia* ✱ av. 1306] **v. intr.** e †**ambasciàrsi** **v. intr. pron.** ● ansimare

♦**ambasciàta** o **imbasciàta** †nel sign. 1, (*tosc.*) nel sign. 2 [provenz. *ambaissada*, dal lat. *ambăctus* 'servo stipendiato', di orig. gallica ✱ 1264] **s. f.** **1** (*dir.*) insieme delle persone inviate da uno Stato nel territorio di un altro allo scopo di intrattenere con lo stesso relazioni diplomatiche: *accogliere l'a.*; *tutta l'a. prese parte alla cerimonia* | (*est.*) ufficio o sede dell'ambasciatore: *ricorrere all'a.*; *recarsi all'a.* **2** ciò che si manda a dire o si va a dire per incarico di un altro: *fare, portare, porgere, ricevere un'a.*; *Perpetua entrò a portargli l'imbasciata* (A. MANZONI) **SIN.** commissione, incarico || **ambasciatina**, **dim.**

♦**ambasciatóre** o †**ambasciadóre**, †**imbasciatóre** [provenz. *ambaisador*. V. *ambasciata* ✱ av. 1243] **s. m.** (**f.** *-trice* (V.), *pop.*, *disus.* *-tóra*; V. nota d'uso FEMMINILE) **1** (*dir.*) agente diplomatico di grado più elevato: *svolgere l'ufficio di a.* **2** chi fa o porta un'ambasciata | **PROV.** ***ambasciator non porta pena***, chi porta un messaggio o un'ambasciata sgradita non è responsabile del loro contenuto **SIN.** messaggero

ambasciatrìce o †**imbasciatrice** [av. 1503] **s. f.** **1** f. di *ambasciatore* **2** moglie di ambasciatore

†**ambàsso** o †**ambàssi** [ant. fr. *ambesas*, comp. di *ambes* 'due' (V. *ambo*) e *as* 'asso' ✱ 1287] **s. m.** ● nel gioco dei dadi, il doppio asso

ambàta [da *ambo* ✱ 1942] **s. f.** ● nel gioco del lotto, combinazione, oggi non più in uso, di due numeri uno dei quali, fisso, può accoppiarsi con uno qualsiasi degli altri ottantanove | correntemente, estratto

àmbe ➤ **ambo**

♦**ambedùe** o †**ambedùi**, †**ambedùo**, †**ambidùe**, †**ambidùi**, †**ambodùe** [lat. *ămbo dŭo* ✱ av. 1292] **A** **agg. num. inv.** ● tutti e due, l'uno e l'altro, entrambi (sempre seguito dall'art. determ.): *a. gli amici*; *lo afferrò con a. le mani*; *comprerò a. i quadri* **B** **anche pron. inv.**: *verremo a.*; *frequentano a. la stessa scuola*

àmbi ➤ **ambo**

àmbi- [particella lat. di orig. indeur., che in parole dotte vale '(di) due', ma propr. 'intorno'] **primo elemento** ● in parole composte dotte significa 'due' o 'di due': *ambidestro, ambigenere, ambivalenza*

ambiàre [lat. *ambulāre*, da *amb-* 'da entrambe le parti' ✱ sec. XIII] **v. intr.** (*io àmbio*; **aus.** *avere*) ● in equitazione e in ippica, andare d'ambio

ambiatóre [1967] **agg.**; anche **s. m.** (**f.** *-trice*) ● in equitazione e ippica, detto del cavallo addestrato ad andare col passo dell'ambio

ambiatùra [av. 1306] **s. f.** ● (*raro*) ambio

ambidestrìṣmo [1913] **s. m.** ● caratteristica di chi è ambidestro

ambidèstro [vc. dotta, lat. tardo *ambidĕxtru(m)*. comp. di *ambi-* e *destro* ✱ sec. XIV] **A** **agg.** (**pl. m.** *ambidestri*) **1** che si vale con uguale abilità dell'una e dell'altra mano: *tennista, schermidore a.* | (*est.*) che usa con uguale capacità i due piedi: *calciatore a.* **2** (*fig.*, *lett.*) astuto, scaltro, furbo **B** **anche s. m.** (**f.** *-a*): *mia madre è mancina e io sono un a.*

†**ambidùe** ➤ **ambedue**

†**ambidùi** ➤ **ambedue**

àmbient /'ambient, *ingl.* 'æmbɪənt/ [vc. ingl., dalla loc. *ambient music*, propr. 'musica (*music*) ambientale (*ambient*)' ✱ 1989] **agg. inv.** ● detto di musica strumentale ed elettronica che fa uso di suoni ripetitivi e semplici e che si propone di creare un'atmosfera rilassante

ambientàle [1942] **agg.** **1** relativo all'ambiente: *politica a.*; *tutela a.* | ***impatto a.***, V. *impatto*① | relativo a un determinato luogo, locale e sim.: *temperatura a.* | ***intercettazione a.***, V. *intercettazione* **2** che è tipico di un determinato ambiente: *un disturbo psichico dovuto a fattori ambientali* || **ambientalménte**, **avv.** da un punto di vista ambientale: *sviluppo ambientalmente sostenibile*

ambientalìṣmo [da *ambientale*, prob. sul modello dell'ingl. *environmentalism* ✱ 1979] **s. m.** **1** teoria e pratica diretta alla difesa dell'ambiente | movimento degli ambientalisti **CFR.** ecologismo **2** (*psicol.*) teoria secondo cui i tratti caratteristici del comportamento sono prodotti dalle esperienze che l'individuo fa nell'ambiente **CONTR.** innatismo

ambientalìsta [da *ambientale*, prob. sul modello dell'ingl. *environmentalist* ✱ 1984] **s. m.** e **f.**; anche **agg.** (**pl. m.** *-i*) **1** chi (o che) si occupa attivamente della difesa dell'ambiente:

un convinto a.; *gruppi ambientalisti* **SIN.** ecologista **2** (*psicol.*) sostenitore dell'ambientalismo

ambientalìstico [1983] **agg.** (**pl. m.** *-ci*) ● dell'ambientalismo, degli ambientalisti **SIN.** ecologista

ambientaménto [1924] **s. m. 1** (*raro*) l'ambientare | inserimento in un determinato ambito o contesto: *valutare l'a. di un nuovo edificio nell'antico centro storico* **2** adattamento a vivere in un dato ambiente: *una passeggiata di a.*; *ha dei problemi di a.*

ambientàre [1918] **A** **v. tr.** (*io ambiènto*) ● adattare, porre in un dato ambiente: *a. l'azione nel futuro* **B** **ambientàrsi** **v. rifl.** ● abituarsi a un ambiente e alla vita che in questo si svolge: *non si è ancora ambientata nella nuova casa*

ambientatóre [1950] **s. m.** (**f.** *-trice*) ● (*raro*) arredatore

ambientazióne [1950] **s. f. 1** ambientamento **2** nel cinema, nel teatro e sim., ricostruzione delle caratteristiche fondamentali di un ambiente ottenuta con l'allestimento scenico e con opportune illuminazioni

♦**ambiènte** [vc. dotta, lat. *ambiĕntem*, part. pres. di *ambīre* 'stare intorno' ✻ 1585] **A** **s. m. 1** complesso delle condizioni esterne all'organismo in cui si svolge la vita vegetale e animale: *a. acqueo*; *a. terrestre*; *a. marino* | l'insieme delle condizioni naturali considerate come un patrimonio da proteggere: *la tutela dell'a.*; *salvaguardare l'equilibrio dell'a.* **CFR.** eco- **2** (*fig.*) complesso delle condizioni esterne materiali, sociali, culturali e sim., nell'ambito delle quali si sviluppa, vive e opera un essere umano: *un a. favorevole, sfavorevole*; *vivere in un pessimo a.*; *questo non è un a. adatto ai giovani*; *essere, trovarsi nel, fuori dal, proprio a.*; *non potrò mai adattarmi al tuo a.* | (*est.*) atmosfera, clima: *in quel ristorante c'è un a. familiare* **3** (*fig.*) insieme di persone distinte da interessi, idee e sim. comuni: *un a. tradizionalista*; *ambienti rivoluzionari*; *la notizia è trapelata da ambienti bene informati* | circolo: *gli ambienti politici della nostra città* **4** porzione di spazio racchiusa tra pareti costruite: *casa di quattro ambienti e servizi* | ***a. di lavoro***, in un'azienda, ciascuno dei locali in cui i lavoratori subordinati esplicano normalmente la propria attività **B** **agg.** ● (*raro*, *lett.*) che sta attorno, che circonda: *aria a.*; *calore, luce a.* | ***temperatura a.***, V. *temperatura*, sign. 3 ‖ **ambientàccio**, **pegg.** | **ambientino**, **dim.**

NOMENCLATURA

ambiente

● *tipi di ambiente*: biosfera, biosistema = ecosistema (naturale = fisico, subnaturale, semi-naturale, artificiale, agricolo, urbano, ornamentale), ecotono; acquatico (marino, delle acque interne - fiumi, laghi, paludi, stagni); terrestre (deserti-co, dei terreni coltivati, degli abitati); milieu, habitat, fitness, biotopo, biocenosi, ecotipo, nicchia ecologica, riserva naturale, riserva naturalistica, oasi di protezione faunistica, parco naturale, parco nazionale, zona protetta;

● *azioni*: modificare, alterare, mutare, trasformare, inquinare, distruggere, conservare, preservare, difendere, salvare, salvaguardare; ambientarsi, acclimatarsi, abituarsi, adattarsi; incenerire, riciclare, smaltire i rifiuti; ambientalismo, lamarckismo, ecologia, etologia; dissesto ambientale, ecocatastrofe, ecocidio, inquinamento, antinquinamento;

● *persone*: ambientalista = ecologista, ecologo, verde, animalista, protezionista, ecoterrorista, inquinatore.

ambientìsta [1943] **s. m. e f.** (**pl. m.** *-i*) ● pittore di ambienti o che dà particolare rilievo all'ambiente

ambigènere [comp. di *ambi-* e *genere* ✻ 1941] **agg.** ● (*gramm.*) di sostantivo usato tanto al maschile che al femminile senza mutamento di desinenza (per es. *insegnante*, *pianista*)

ambigràmma [comp. di *ambi-* e *-gramma* ✻ 1986] **s. m.** (**pl.** *-i*) ● parola con lettere di forma grafica tale che, se la si legge capovolta o riflessa in uno specchio, dà luogo a un'altra parola o addirittura alla stessa

ambiguità [vc. dotta, lat. *ambiguitāte(m)*, da *ambĭguus* 'ambiguo' ✻ 1342] **s. f. inv.** ● caratteristica di chi (o di ciò che) è ambiguo: *la voluta a. di un testo poetico* **SIN.** ambivalenza | doppiezza: *l'a. di un atteggiamento* **SIN.** equivocità

♦**ambìguo** [vc. dotta, lat. *ambĭguu(m)*, da *ambĭgere* 'essere discorde', comp. di *ămbi* 'intorno' e *ăgere* 'condurre' ✻ av. 1294] **agg. 1** che è suscettibile di varie interpretazioni: *discorso a.* **2** equivoco, spec. moralmente: *persona, situazione ambigua* **3** (*lett.*) dubbioso, incerto: *era stato ... a. il Pontefice del fare impresa* (F. GUICCIARDINI) ‖ **ambiguaménte**, **avv.**

SFUMATURE DI SIGNIFICATO

ambiguo - elusivo - enigmatico

Ciò che si presta a molteplici interpretazioni si definisce **ambiguo**; se è riferito a persona, il termine suggerisce un modo di fare non trasparente, volutamente oscuro e si avvicina dunque a **elusivo**, parola che descrive chi tende a sfuggire le domande altrui, oppure un chiarimento, una presa di posizione netta. **Enigmatico** è invece ciò che presenta aspetti indecifrabili, misteriosi; detto di persona l'indecifrabilità non comporta necessariamente una connotazione morale negativa, anzi può essere motivo di interesse o di fascino.

àmbio [da *ambiare* ✻ 1325 ca.] **s. m.** (**pl.** *-i*) ● andatura dei quadrupedi, naturale nel cammello, dromedario, giraffa, ecc., acquisita nel cavallo, consistente nel muovere alternativamente ora gli arti di un lato ora quelli dell'altro **SIN.** ambiatura

♣**ambìre** [vc. dotta, lat. *ambīre* 'andare intorno, brigare', comp. di *ămbi* 'intorno' e *īre* 'andare' ✻ sec. XIII] **A** **v. tr.** (*io ambìsco, tu ambìsci*) ● desiderare vivamente (**qlco.**; *raro* + *che* **seguito da congtv.**): *a. una carica*; *a. le ricchezze*; *ambirei che la mia proposta venisse accolta* **B** **v. intr.** (**aus.** *avere*) ● aspirare a qlco. (+ *a*, **anche seguito da inf.**, + *di* **seguito da inf.**): *a. a un incarico*; *ambiva a diventare presidente*; *ciascuno ambiva di essere doge* (F. GUICCIARDINI)

SFUMATURE ➤ *volere* ①

ambisessuàle [comp. di *ambi-* e *sessuale* ✻ 1938] **agg. 1** (*biol.*) condiviso dai due sessi **2** (*biol.*) bisessuale ‖ **ambisessualità**, **s. f. inv.** condizione di ciò che è ambisessuale

♣**àmbito** ① [vc. dotta, lat. *ămbitu(m)*, da *ambīre* 'andare intorno, brigare' ✻ 1322] **s. m. 1** spazio circoscritto entro cui ci si muove e si agisce (*spec. fig.*): *l'a. della città natale*; *nell'a. della famiglia*; *l'a. del proprio lavoro*; *l'a. della matematica è molto vasto* | (*fig.*) contesto: *ciascuno nell'a. delle sue competenze* **2** (*mus.*) spazio entro cui si muove una melodia | estensione delle voci e degli strumenti **3** nel diritto romano, corruzione elettorale

♣**ambìto** ② **part. pass.** di *ambire*; **anche agg.** ● desiderato vivamente: *ottenere l'a. premio*

ambivalènte [1960] **agg.** ● che presenta ambivalenza: *argomentazioni ambivalenti*; *principio a.*

ambivalènza [comp. di *ambi-* e *valenza* ✻ 1935] **s. f. 1** (*psicol.*) presenza simultanea di idee o sentimenti opposti o di tendenze ad atteggiamenti opposti **2** carattere di ciò che si presenta sotto due aspetti diversi, non necessariamente ambigui o contraddittori

♦**ambizióne** [vc. dotta, lat. *ambitiōne(m)*, da *ambīre* 'ambire' ✻ 1275] **s. f. 1** vivo desiderio di raggiungere od ottenere qlco. | ciò che si desidera: *la sua a. è fare il giornalista* **2** brama sfrenata di successo, potere, onori: *essere roso dall'a.*; *lo ha rovinato l'a.* ‖ **ambizioncèlla**, **dim.** | **ambizioncina**, **dim.**

SFUMATURE DI SIGNIFICATO

ambizione - pretesa - velleità

Il desiderio fortissimo di ottenere qualcosa si dice **ambizione**; in senso negativo la parola indica una smania incontrollabile di potere, successo, onori. **Pretesa** è una richiesta o un'esigenza difficile da realizzare perché eccessiva, irrealistica. **Velleità** è invece un desiderio irrealizzabile perché non commisurato alle reali capacità di colui che desidera.

ambizióso (o *-ṣ-*) [vc. dotta, lat. *ambitiōsu(m)*, da *ambīre* 'ambire' ✻ 1275] **A** **agg.** ● che nutre o manifesta ambizione: *persona ambiziosa*; *disegni ambiziosi* ‖ **ambiziosaménte**, **avv.** **B** **s. m.** (**f.** *-a*) ● persona che agisce per ambizione, che è dominata dall'ambizione ‖ **ambiziosétto**, **dim.**

amblìope **s. m. e f.** ● chi è affetto da ambliopia

ambliopìa [vc. dotta, lat. tardo *amblyōpia(m)*, dal gr. *amblyōpía*, comp. di *amblýs* 'fiacco' e *ôps*, genit. *ōpós* 'occhio' ✻ 1798] **s. f.** ● (*med.*) diminuzione dell'acutezza visiva

ambliòpico [1950] **agg.** (**pl. m.** *-ci*) ● (*med.*) che è affetto da ambliopia: *occhio a.*

àmbo o, nei sign. A e B, (*lett.* o *raro*) **àmbi** (**m.**), **àmbe** (**f.**) [lat. *ămbo*, da avvicinare al gr. *ámphō*, ant. duale ✻ 1264] **A** **agg. num. pl.** ● (*lett.*) entrambi, ambedue (sempre seguito dall'art. determ.): *da a. i lati*; *da a. le parti*; *in a.* (anche *ambi*) *i casi*; *con ambe le mani*; *Io son colui che tenni a. le chiavi / del cor di Federigo* (DANTE *Inf.* XIII, 58-59) **B** †**anche pron. num. pl.**: *ed a. fece rei del fallo iniquo* (T. TASSO); *Ambi erano guerrier di sommo ardire* (L. ARIOSTO) **C** **s. m.** ● nel gioco del lotto, l'estrazione di due numeri sulla stessa ruota; il premio è 250,5 volte la posta | nel gioco della tombola, l'estrazione di due numeri sulla stessa fila della cartella ‖ **ambétto**, **dim.**

†**ambodùe** ➤ **ambedue**

ambóne [vc. dotta, gr. *ámbōn*, genit. *ámbōnos* 'prominenza, margine rilevato di un piatto o di una coppa', di etim. incerta ✻ av. 1602] **s. m.** ● tribuna provvista di balaustra e leggio, in uso già nelle chiese paleocristiane, adibita alle letture liturgiche e all'omelia | dopo il Concilio Vaticano II, il podio con leggio da cui si tengono le omelie e le letture bibliche

ambosèssi o (*raro*) **ambosèsso** [comp. di *ambo* e *sesso* ✻ 1938] **agg. inv.** ● nel linguaggio della pubblicità, di entrambi i sessi: *cercansi agenti a.*

àmbra [arabo *'anbar* 'ambra grigia' ✻ 1266] **s. f. 1** (*miner.*) resina fossile prevalentemente di conifere, più o meno trasparente, di colore dal giallo miele al rosso granato al marrone rossiccio, usata per gioielli e intagli; è detta anche *a. gialla* | (*bot.*) ***a. liquida***, storace **2** colore giallo bruno, caratteristico della sostanza omonima: *pelle d'a.* **3** ***a. grigia***, prodotto di secrezione dell'intestino del capodoglio, usato in profumeria | profumo dell'ambra grigia, simile al muschio ‖ **ambrétta**, **dim.** (V.)

♣**ambràto** [1685] **agg.** ● che ha il colore dell'ambra: *pelle ambrata*; *vino a.* | che ha il profumo dell'ambra grigia

ambrétta [dim. di *ambra* nel sign. 3 ✻ av. 1698] **s. f.** ● (*bot.*) abelmosco

ambrogétta [etim. incerta ✻ 1779] **s. f.** ● mattonella di marmo, di ceramica smaltata o di mosaico vetroso, usata per pavimentazioni o rivestimenti di pareti

ambrogìno o **ambroṣìno** [da *S. Ambrogio*,

patrono di Milano, che vi era effigiato ✱ sec. XIV] **s. m.** ● moneta d'oro o d'argento della prima repubblica di Milano, coll'effigie di S. Ambrogio, coniata dalla metà del XIII sec. alla metà del XIV

✱**ambrosia** [vc. dotta, lat. *ambrŏsia(m)*, dal gr. *ambrosía*, da *ámbrotos* 'immortale' ✱ 1319] **s. f.** **1** (*mitologia*) cibo che dava l'immortalità agli dei e agli uomini che ne gustavano **2** (*est., lett.*) cibo o bevanda di sapore squisito **3** (*bot.*) pianta delle Composite con foglie inferiori opposte e superiori alterne e fiori in racemi composti da vari capolini (*Ambrosia maritima*)

ambrosiàno [da S. *Ambrogio* (330/40-397) (lat. *Ambrŏsius*) ✱ 1475] **A** **agg.** **1** di S. Ambrogio, vescovo di Milano e spec. della riforma liturgica da lui introdotta: *rito a.* | ***inno a.***, il Te Deum | ***Carnevale a.***, che dura fino al sabato seguente al mercoledì delle Ceneri **2** (*est.*) di Milano; *dialetto a.*; *antiche tradizioni ambrosiane*; *biblioteca ambrosiana*; *codice a.* **B** **s. m.** (**f.** *-a*) ● (*lett.*) abitante o nativo di Milano

ambrosino ➤ **ambrogino**

ambròsio [da *ambrosia* ✱ 1499] **agg.** ● (*lett.*) che ha odore o sapore d'ambrosia | (*est.*) soave, delizioso: *tra le dita ambrosie* (G. Carducci)

ambulacràle [da *ambulacro* ✱ 1961] **agg.** ● (*zool.*) che consente il movimento | ***apparato a.***, sistema di canali comunicanti con pedicelli che permette la locomozione agli echinodermi

ambulàcro [vc. dotta, lat. *ambulăcru(m)*, da *ambulāre* 'camminare' ✱ 1499] **s. m.** **1** (*archit.*) deambulatorio **2** (*zool.*) ognuno dei cinque settori in cui è divisibile un echinoderma, dal quale sporgono i pedicelli ambulacrali

ambulantàto [da *ambulante* ✱ 1942] **s. m.** ● l'attività dei venditori ambulanti

ambulànte **A** **part. pres.** di *ambulare*; anche **agg.** **1** nei sign. del v. **2** che non ha sede fissa: *suonatore, venditore, biblioteca a.* | ***biblioteca a.***, (*fig., scherz.*) persona molto erudita **B** **s. m. e f.** ● venditore ambulante

ambulànza [fr. *ambulance*, dal lat. *ambulāre* 'camminare' ✱ 1812] **s. f.** **1** veicolo adibito al trasporto di malati o feriti: *chiamare l'a.* **SIN.** autoambulanza **2** formazione sanitaria all'immediato seguito dei reparti militari per la prima raccolta e cura dei feriti **3** (*disus.*) ambulatorio

ambulàre [vc. dotta, lat. *ambulāre*. V. *ambiare* ✱ av. 1348] **v. intr.** (*io àmbulo*, **aus.** *avere*) ● (*lett.*) camminare (oggi in tono scherz.)

ambulatoriàle [1970] **agg.** ● di ambulatorio | ***visita, intervento a.***, che si effettua in ambulatorio su paziente non ricoverato || **ambulatorialménte**, **avv.** in ambulatorio

ambulatòrio [vc. dotta, lat. tardo *ambulatōriu(m)* 'che si muove', da *ambulāre* 'camminare' ✱ 1479] **A** **agg.** (**pl. m.** *-i* o *raro -ii*) **1** che permette di camminare: *apparato a.*; *muscoli ambulatori* **2** (*raro*) ambulatoriale: *visita ambulatoria* **3** (*dir.*) ***obbligazione ambulatoria***, i cui soggetti possono mutare anteriormente alla estinzione della stessa **4** (*lett.*) ambulante (*spec. fig.*): *questi predicatori ambulatori* (P. Sarpi) **B** **s. m.** **1** locale, o complesso di locali, adibito a prestazioni mediche preventive o curative che non richiedono degenza: *a. oculistico, odontoiatrico, ortopedico*; *piccolo intervento in a.* **2** (*lett.*) luogo in cui passeggiare

ambulazióne [sec. XIV] **s. f.** ● (*raro*) movimento del camminare

amburghése (o *-ṣ-*) [1641] **A** **agg.** **1** di Amburgo **2** ***galletto a.***, pollo di piccola taglia e dalla carne pregiata **B** **s. m. e f.** ● abitante o nativo di Amburgo

-àme [lat. *-āme(n)*, propr. di nt. astratti tratti da v., ma allargato poi al senso collettivo, che ha in it.] **suff.** ● conferisce valore collettivo con sfumature talora spregiative a sostantivi di origine latina o derivati da altri sostantivi: *carname, legname, pelame, pietrame, pollame, scatolame, vasellame*; *contadiname, culturame*

amèba [vc. dotta, dal gr. *amoibḗ* 'mutazione, trasformazione', da *améibō* 'io cambio' ✱ 1874] **s. f.** **1** genere di Protozoi unicellulari dei Sarcodini che mutano continuamente di forma in seguito all'emissione di pseudopodi (*Amoeba*) **2** (*pop., est.*) la particolare malattia intestinale provocata dall'ameba

amebèo [vc. dotta, lat. tardo *amoebaeu(m)*, dal gr. *amoibâios*. V. *ameba* ✱ 1726] **A** **agg.** ● detto di canto eseguito da due personaggi che si rispondono vicendevolmente, tipico del genere pastorale **B** **s. m.** ● (*ling.*) piede metrico della poesia greca e latina formato di due sillabe lunghe più due brevi e un'altra lunga

amebìaṣi [comp. di *ameba* e *-iasi* ✱ 1929] **s. f. inv.** ● malattia infettiva provocata dall'ameba, che colpisce prevalentemente il colon determinando la formazione di lesioni ulcerose

amèbico [1939] **agg.** (**pl. m.** *-ci*) ● di ameba, provocato da ameba: *dissenteria amebica*

ameböide [comp. di *ameba* e *-oide* ✱ 1910] **agg.** ● (*zool.*) detto di movimento di cellule isolate o di protozoi analogo a quelli compiuti dall'ameba per spostarsi

amelìa [comp. di *a-*① e del gr. *mélos* 'membro', di orig. indeur. ✱ 1961] **s. f.** ● (*med.*) mancanza di sviluppo degli arti

amèllo [vc. dotta, lat. *amĕllus*, di etim. incerta ✱ av. 1320] **s. m.** ● pianta erbacea perenne delle Composite con fusto ramificato, foglie coriacee e capolino circondato da brattee di color rosa, rosso o violaceo (*Aster amellus*)

àmen o (*pop., tosc.*) **àmmen** [lat. *āmen*, dall'ebr. *āmēn* 'certamente' ✱ sec. XII] **A** **inter.** **1** formula che, nelle liturgie cristiane, conclude la preghiera e corrisponde a 'così sia' **2** (*colloq.*) esprime una conferma rassegnata, con il valore conclusivo di 'va bene', 'sia pure', 'come vuoi' e sim.: *e allora a., non ne parliamo più*; *a.! farò senz'altro così* **B** in funzione di **s. m. inv.** ● nelle loc. ***in un a.***, ***in meno di un a.***, in un attimo; ***essere, giungere all'a.***, alla fine

†**amendùe** o †**amendùa**, †**amendùni**, †**amendùo** [lat. *ămbo dŭo*. V. *ambedue* ✱ 1287] **agg. num. inv.**; anche **pron.** ● ambedue: *già strette per le man, co' dotti fianchi / ad un tempo a. cadono a piombo / sopra il sofà* (G. Parini)

amenità [vc. dotta, lat. *amoenitāte(m)*, da *amoenus* 'ameno' ✱ av. 1342] **s. f. inv.** **1** dolcezza, piacevolezza: *a. di un luogo, di un discorso* **2** facezia, bizzarria: *un discorso pieno di a.* | (*spreg.*) affermazione ridicola

✱**amèno** [vc. dotta, lat. *amoenu(m)*, di orig. incerta ✱ av. 1328] **agg.** **1** piacente, ridente, gaio: *paesaggio a.*; *l'aier dintorno si fa tutto a. / ovunque gira le luci amorose* (A. Poliziano) **2** allegro, divertente: *compagnia, lettura, amena*; *battute amene* | faceto, bizzarro: *tipo a.* || **amenaménte**, **avv.**

SFUMATURE DI SIGNIFICATO

ameno - faceto - lepido

Ameno vuol dire da una parte gradevole alla vista, dall'altra allegro, divertente, leggero e in qualche caso piacevolmente stravagante. **Faceto** si riferisce invece esclusivamente a ciò che è scherzoso, spiritoso, arguto. **Lepido** è termine raro per definire chi è spiritoso nel parlare e nello scrivere, o un discorso o uno scritto leggero e divertente.

amenoché ➤ **meno** nel sign. B

amenorrèa [comp. di *a-*① e *menorrea* ✱ 1819] **s. f.** ● (*med.*) mancanza totale del flusso mestruale

amentàto [da *amento* ✱ 1909] **agg.** ● (*bot.*) detto di vegetale con infiorescenza ad amento

amènte [vc. dotta, lat. *amĕnte(m)*, nom. *āmens*, comp. di *a-*① e *mēns* 'mente' ✱ 1308] **agg.** e **s. m.** **1** (*med.*) che (o chi) è affetto da amenza **2** †pazzo: *amenti e dementi, cioè senza mente* (Dante)

amènto (o *-é-*) [vc. dotta, lat. *amĕntu(m)* 'coreggia del giavellotto', per la somiglianza della forma ✱ av. 1597] **s. m.** **1** (*bot.*) infiorescenza pendula formata da una spiga di fiori unisessuati con asse flessibile **2** striscia di cuoio che gli antichi Romani fissavano all'impugnatura del giavellotto per meglio maneggiarlo e lanciarlo

amènza [vc. dotta, lat. *amĕntia(m)*, da *āmens* 'amente' ✱ av. 1306] **s. f.** ● (*med.*) forma acuta e grave di confusione mentale con deliri, allucinazioni e perdita del senso di orientamento: *il sopore d'ufficio lo coronava di un'a. … pressoché divinante* (C.E. Gadda)

amenziàle [1934] **agg.** ● (*med.*) di amenza, relativo ad amenza

Amèrica [nome del continente maggiormente conosciuto, specie attraverso gli emigranti: gli Stati Uniti d'*America* ✱ av. 1555] **s. f.** ● (anche al pl., *le Americhe*) il continente americano, meta privilegiata dell'emigrazione italiana tra la fine del XIX sec. e i primi decenni del XX: *Non è al paese che frutta il lavoro, / ma più giù nell'Americhe lontane* (U. Saba) | gli Stati Uniti: *le responsabilità dell'A. nella politica internazionale* | (*fig.*) opportunità di realizzare rapidi guadagni, di raggiungere benessere economico: *crede di aver trovato l'A.* | ***scoperta dell'A.***, (*iron.*) scoperta di ciò che è noto e risaputo | ***lo zio d'A.***, (*scherz.*) parente ricco che, morendo in Paesi lontani, lascia una notevole o inattesa eredità

americàna [1942] **s. f.** **1** gara ciclistica su pista, disputata da coppie o da più corridori che si alternano nella prova con classifica stabilita in base ai punti assommati ai vari traguardi | ***a. gigante***, se la distanza da coprire è superiore alle normali **2** traliccio disposto trasversalmente alla soffitta di un teatro per sostenere elementi pesanti quali batterie di proiettori, siparietti e sim.

americanàta [1890] **s. f.** ● (*scherz.*) impresa grandiosa, straordinaria, spesso incredibile: *un film pieno di americanate* | avvenimento grandioso e di gusto eccentrico, quale si è soliti attribuire agli americani: *il ricevimento è stato un'autentica a.*

americaneggiànte **part. pres.** di *americaneggiare*; anche **agg.** ● che riecheggia modi e forme statunitensi: *un'automobile, un'atmosfera, uno stile a.*

americaneggiàre [1898] **v. intr.** (**pres.** *io americanéggio*; **fut.** *io americaneggerò*; **aus.** *avere*) ● usare o imitare modi e forme considerate tipiche degli statunitensi

americanìṣmo [1882] **s. m.** **1** parola o forma propria dell'uso americano, spec. nordamericano **2** uso o costume proprio degli americani del Nord | imitazione di tipiche abitudini americane **3** ammirazione per il governo, le leggi, il modo di vivere degli abitanti degli Stati Uniti | politica che si ispira alla Costituzione americana **4** insieme delle tendenze dottrinarie, naturalistiche e liberali manifestatesi alla fine del XIX sec. fra i cattolici degli Stati Uniti

americanìsta [1892] **s. m. e f.** (**pl. m.** *-i*) **1** studioso di americanistica **2** nel ciclismo, corridore che partecipa a una americana

americanìstica [1941] **s. f.** **1** disciplina che studia la storia e l'etnologia delle Americhe **2** disciplina che studia la letteratura nordamericana

americanizzàre [1888] **A** v. tr. ● adattare ai costumi e alle idee americane, spec. degli Stati Uniti **B** v. intr. (aus. *essere*) e **americanizzàrsi** v. intr. pron. ● adattarsi ai costumi, ai gusti, alle idee americane, spec. degli Stati Uniti ‖ **americanizzazióne**, s. f.

♦**americàno** [da *America*, così chiamata in onore di *Amerigo* Vespucci (1454-1512) ✶1697] **A** agg. **1** delle Americhe: *fauna, flora americana* **2** degli Stati Uniti d'America: *il territorio a.*; *la politica americana* | ***all'americana***, secondo l'uso americano: *confronto all'americana*; *poker all'americana* | ***truffa all'americana***, messa in atto ispirando fiducia alla persona che si vuole truffare, fingendosi ricchi stranieri e sim. allo scopo di carpire denaro dando in cambio oggetti senza valore | ***servizio all'americana***, serie di piccole tovaglie individuali usate per apparecchiare la tavola **B** s. m. **1** (f. *-a*) abitante o nativo delle Americhe: *americani del nord, del centro, del sud* **2** (f. *-a*) abitante o nativo degli Stati Uniti d'America: *gli usi degli americani* | (*disus.*) emigrato che torna al proprio paese dall'America **3** aperitivo preparato con vermut e qualche amaro, servito con selz **4** tipo di giornalmastro nel quale sono indicati gli sviluppi dei singoli mastrini ‖ **americanino**, dim. **C** s. m. solo sing. ● la lingua inglese parlata in America

americanòlogo [comp. di *americano* e *-logo* ✶1985] s. m. (f. *-a*; pl. m. *-gi*) ● esperto dei problemi politici, economici, storici americani, spec. degli Stati Uniti

amerìcio [da *America* ✶1950] s. m. ● elemento chimico artificiale, fortemente radioattivo, appartenente al gruppo degli attinidi, ottenuto per trasformazione del plutonio SIMB. Am NUM. AT. 95

amerindiàno [ingl. *Amerindian*, da *Amer(ican) Indian* ✶1942] agg. ● relativo agli indiani d'America

amerìndio [ingl. *Amerind*, da *Amer(ican) Ind(ian)* 'Indiano di America' ✶1942] **A** agg. ● degli indiani d'America: *una lingua amerindia* **B** s. m. (f. *amerìndia*; pl. m. *amerìndi* o sp. *amerindios*; pl. f. *amerìndie* o sp. *amerindias*) ● indiano d'America

ametàbolo [vc. dotta, gr. *ametábolos* 'che non cambia', comp. di *a-*① e *metábolos* 'cangiante' ✶1913] agg.; anche s. m. ● (*zool.*) detto di insetto il cui sviluppo si compie senza metamorfosi

ametìsta o (*pop.*) †**amatista** [vc. dotta, lat. *amethy̆stu(m)*, dal gr. *améthystos* 'non ubriaco', comp. di *a-*① e *methýō* 'io sono ubriaco', perché si credeva che la pietra fosse un rimedio contro l'ubriachezza ✶av. 1250] s. f. ● (*miner.*) varietà di quarzo di colore violetto usata come gemma

ametistìno [1499] agg. ● (*raro*) che ha il colore dell'ametista

amètrope [1950] agg. e s. m. e f. ● che (o chi) soffre di ametropia

ametropìa [comp. di *a-*①, del gr. *métron* 'misura', e *-opia* ✶1892] s. f. ● (*med.*) qualsiasi difetto di rifrazione dell'occhio

amfetamìna /anfeta'mina/ o **anfetamìna**, **anfetammìna** [da *a(lpha)m(ethyl)-phe(ne)t(hyl)amine* ✶1955] s. f. **1** composto organico stimolante del sistema nervoso centrale, il cui uso provoca impressione di benessere e di forza con conseguente facilitazione del lavoro intellettuale e maggiore resistenza alla fatica **2** ognuno dei derivati sintetici, appartenenti al gruppo dei farmaci simpaticomimetici, stimolanti del sistema nervoso centrale, usati anche fuori del campo terapeutico per aumentare il rendimento muscolare e psichico

amfi- /'anfi/ ➤ **anfi-**

amiànto [vc. dotta, lat. *amiăntu(m)*, dal gr. *amíantos* 'incorruttibile', comp. di *a-*① e *miáinō* 'io corrompo' ✶1547] s. m. ● (*miner.*) nome di alcune varietà di silicati caratterizzati dal formare cristalli filamentosi che possono essere usati per tessuti incombustibili e per crogioli; l'uso in edilizia non è più consentito per l'effetto cancerogeno delle fibre SIN. asbesto

amicàbile [vc. dotta, lat. tardo *amicābile(m)*, da *amicus* 'amico' ✶1310] agg. **1** †amichevole: *per via di giustizia o di a. composizione* (F. GUICCIARDINI) **2** (*mat.*) detto di due numeri ciascuno dei quali sia uguale alla somma dei divisori dell'altro

♦**amicàle** [1499] agg. ● di amico, di amicizia; amichevole: *non varcò la soglia della discrezione a.* (A.M. ORTESE) ‖ **amicalménte**, avv. ‖ **amicalità**, s. f. inv.

amicàre [vc. dotta, lat. *amicāre*, da *amīcus* 'amico' ✶av. 1400] **A** v. tr. (*io amìco, tu amìchi*) ● (*lett.*) rendere amico | pacificare | propiziare **B** **amicàrsi** v. tr. pron. (aus. *essere*) ● (*lett.*) farsi amico: *amicarsi qlcu.*; *non v'era la possibilità di amicarsi Federico* (I. SVEVO) **C** **amicàrsi** v. rifl. e rifl. recipr. ● (*lett.*) farsi amico: *amicarsi con, a qlcu.*; *decisero di amicarsi fra loro*

amichétto [1925] s. m. (f. *-a*) **1** dim. di *amico* **2** amico, compagno di giochi di un bambino **3** innamorato, amante, spec. giovane

♦**amichévole** [V. *amicabile*; nel sign. 3, per calco sull'ingl. (*user-*) *friendly* ✶1258] **A** agg. **1** da amico: *sguardo, discorso, comportamento a.*; *accordo, concordato a.* | ***in via a.***, come fra amici: *risolvere una questione in via a.* | affabile, cordiale: *saluto a.* **2** (*sport*) detto di competizione che si svolge soltanto per allenamento o esibizione spettacolare: *partita, incontro a.* **3** detto di prodotto o sistema, spec. informatici, facili da usare: *un'interfaccia a.* **4** †socievole ‖ **amichevolménte**, avv. **B** s. f. ● competizione sportiva amichevole: *l'a. Italia-Francia*

amichevolézza [sec. XIV] s. f. **1** caratteristica di chi (o di ciò che) è amichevole **2** (*raro*) dimostrazione di amicizia

♦**amicìzia** [vc. dotta, lat. *amicĭtia(m)*, da *amīcus* 'amico' ✶1261 ca.] s. f. **1** affetto vivo e reciproco tra due o più persone: *allacciare, stringere, rompere un'a.* | ***a. interessata***, non sincera, legata al denaro e all'utile | ***in a., in tutta a.***, sinceramente e liberamente | ***per a.***, disinteressatamente | ***a. fra Stati***, buone relazioni SIN. affezione, familiarità CONTR. avversione, inimicizia **2** (*eufem.*) relazione amorosa **3** la persona con cui si intrattengono rapporti amichevoli: *ha molte amicizie* | ***amicizie altolocate***, importanti | ***amicizie particolari***, relazioni omosessuali | appoggio: *poter contare su una buona a.*

SFUMATURE DI SIGNIFICATO

amicizia - familiarità - cameratismo

Amicizia descrive l'affetto vivo e reciproco che lega due o più persone fra loro, e che si esprime come solidarietà, mutua comprensione, piacere di stare insieme. La **familiarità** unisce all'*amicizia* rapporti consuetudinari, atti di confidenza, di intimità. **Cameratismo** definisce infine quel tipo particolare di *amicizia* che impronta i rapporti fra commilitoni o compagni di studi, caratterizzata da franchezza, lealtà e solidarietà.

SFUMATURE ➤ *affetto*①

♦**amìco** [lat. *amīcu(m)*. V. *amare* ✶1213] **A** agg. (pl. m. *-ci*) **1** benevolo, favorevole: *parole amiche*; *animo, paese a.* | ***telefono a.***, V. *telefono* | amichevole | (*lett.*) propizio, favorevole: *fuggì con l'aiuto delle tenebre amiche* | (*raro, lett.*) caro, amato **2** (*mat.*) ***numeri amici***, numeri amicabili **B** s. m. (f. *-a*) **1** chi è legato da sentimenti di amicizia: *trovare, perdere un a.*; *a. intimo, caro, fraterno*; *un consiglio da a.*; *a. di casa, di famiglia* | PROV. ***chi trova un a. trova un tesoro*** | ***a. del cuore***, amico intimo | ***a. di penna***, persona con cui si stabilisce un rapporto amichevole tramite frequenti scambi epistolari (calco sull'ingl. *pen friend*) | ***essere amici per la pelle***, essere uniti da grandissima amicizia | ***l'a. dell'uomo***, il cane | ***falso a.***, persona non sincera; (*fig.*) parola straniera simile a quella di un'altra lingua per grafia o suono, ma con significato diverso (per es. l'inglese *lurid* e l'it. *lurido*, lo spagnolo *albergue* e l'it. *albergo*, il francese *cadre* e l'it. *quadro*) | (*fig.*) ***l'a. del giaguaro***, V. *giaguaro* **2** (*iron.*) persona nota cui si allude senza nominarla: *l'a. crede che io taccia, ma si sbaglia!* **3** (*eufem.*) amante **4** chi ha particolare interesse o sente particolare attrazione per qlco.: *a. della musica*; *a. dello sport* | sostenitore, fautore CFR. filo-①, -filo ‖ **amichétto**, dim. (V.) | **amicóne**, accr. (V.) | **amicùccio**, dim.

amicóne [1970] s. m. (f. *-a*) **1** accr. di *amico* **2** amico inseparabile **3** chi ostenta nei confronti degli altri un atteggiamento molto amichevole e confidente

amicròbico [comp. di *a-*① e *microbo*, con suff. agg. ✶1970] agg. (pl. m. *-ci*) ● privo di microrganismi

àmida [comp. di *a-*① neg. e *mida* (tartaruga di mare), perché fluviale anziché marina (?) ✶1829] s. f. ● testuggine fluviale commestibile con muso allungato a proboscide (*Amyda*)

amidàceo [da *amido* ✶1829] agg. ● detto di sostanza che contiene amido o che ha la natura dell'amido SIN. amilaceo

amidatóre [1955] s. m. (f. *-trice*) ● operaio tessile addetto all'amidatura

amidatùra [1929] s. f. ● nell'industria tessile, operazione di apparecchiatura dei tessuti di cotone mediante cui questi si impregnano di una pasta amidacea

amìde e deriv. ➤ **ammide** e deriv.

àmido [vc. dotta, lat. *ămylu(m)*, dal gr. *ámylon* 'non macinata' (sottinteso *farina*) ✶1310] s. m. ● polimero del glucosio costituito da due componenti, l'amilosio e l'amilopectina; è ottenuto industrialmente da cereali e usato per colle, appretti e cosmetici, nell'industria alimentare e farmaceutica CFR. amilo-

amìgdala [vc. dotta, lat. *amy̆gdala(m)* 'mandorla', dal gr. *amygdálē*, di orig. straniera ✶sec. XV] s. f. **1** (*anat.*) qualsiasi formazione del corpo a forma di mandorla | ***a. cerebellare***, massa rotondeggiante di neuroni localizzata sulla superficie ventrale degli emisferi del cervelletto | ***a. telencefalica***, massa rotondeggiante di neuroni localizzata nel rinencefalo | ***a. palatina***, o (*assol.*) ***amigdala***, tonsilla palatina **2** (*miner.*) concrezione minerale a forma di mandorla formatasi nella cavità di una roccia **3** pietra scheggiata a forma di grossa mandorla usata come arma nell'età della pietra

amigdaliàno [dalle armi e strumenti a forma di mandorla, adoperati in quel periodo. V. *amigdala* ✶1961] agg. ● del periodo paleolitico caratterizzato dalla grande diffusione delle amigdale

amigdalìna [fr. *amygdaline* ✶1865] s. f. ● (*chim.*) glucoside delle mandorle amare, che per idrolisi sviluppa acido cianidrico

amigdalìte [comp. di *amigdala* e *-ite*① ✶1828] s. f. ● (*med.*) infiammazione dell'amigdala palatina SIN. tonsillite

amigdalòide [vc. dotta, gr. *amygdaloeidés* 'simile a mandorla'. V. *amigdala* e *-oide* ✶1819] agg. **1** che ha forma di amigdala: *arma a.*; *utensile a.* **2** detto di alcune rocce eruttive ricche di amigdale

amilàceo [dal lat. *ămylum* 'amido' ✶1865]

agg. ● amidaceo

amilàṣi [dal lat. *ămylum*. V. *amido* ✱1913] **s. f. inv.** ● enzima presente nell'organismo animale e vegetale, che idrolizza l'amido a maltosio SIN. diastasi

àmilo- [dal lat. *ămylu(m)* 'amido'] **primo elemento** ● in parole composte della terminologia scientifica, significa 'amido' o indica relazione con l'amido: *amiloplasto*

amilopectìna [vc. dotta, comp. di *amilo-* e del gr. *pēktós* 'condensato' ✱1955] **s. f.** ● (*chim.*) polimero del glucosio contenente numerose ramificazioni; è uno dei costituenti dell'amido

amiloplàsto [comp. di *amilo-* e *-plasto* ✱1961] **s. m.** ● (*bot.*) plastidio privo di pigmento nel quale si accumula l'amido di riserva SIN. leucoplasto

amilopsìna [comp. di *amilo-* e del gr. *psō̂* 'io disfo' ✱1913] **s. f.** ● amilasi presente nel succo pancreatico

amilòṣio [vc. dotta, dal lat. *ămylum* 'amido' ✱1961] **s. m.** ● (*chim.*) polimero lineare del glucosio; è uno dei costituenti dell'amido

amimìa [comp. di *a-*① e del tema del gr. *miméomai* 'imitare' ✱1899] **s. f.** ● (*med.*) perdita della capacità di accompagnare l'espressione di uno stato d'animo con un dato atteggiamento del viso

amìna ➤ **ammina**

amìnico ➤ **amminico**

amino- e deriv. ➤ **ammino-** e deriv.

amiotonìa [comp. di *a-*① e *miotonia* ✱1955] **s. f.** ● (*med.*) miatonia

amiotrofìa [vc. dotta, comp. di *a-*①, *mio-* e *-trofia* ✱1847] **s. f.** ● (*med.*) riduzione di volume muscolare accompagnata da paralisi SIN. mioatrofia | ipotonia a carico di muscoli paralizzati o sottoposti a prolungata inattività ‖ **amiotròfico**, **agg.** (**pl. m.** *-ci*) relativo all'amiotrofia; caratterizzato da amiotrofia

†**amistà** o †**amistàde**, †**amistàte**, †**mistà** [provenz. *amistat*, dal lat. parl. **amicitāte(m)* (*amicĭtiam*) ✱1229] **s. f.** **1** (*lett.*) amicizia, familiarità: *santissima cosa adunque è l'a.* (G. BOCCACCIO) **2** alleanza | (**spec. al pl.**) alleato, confederato

†**amistànza** [provenz. *amistansa*, da *amistat*. V. †*amistà* ✱av. 1250] **s. f.** ● familiarità: *contratta / col parentado avean grande a.* (L. ARIOSTO) | lega, alleanza

†**amistàte** ➤ †**amistà**

amitòṣi [comp. di *a-*① e *mitosi* ✱1955] **s. f. inv.** ● (*biol.*) tipo di divisione cellulare in cui la divisione del nucleo non ripartisce ugualmente il corredo cromosomico tra le due cellule figlie

amìtto [vc. dotta, lat. *amĭctu(m)*, comp. di *ămb* 'intorno' e *iăcere* 'gettare' ✱sec. XII] **s. m.** ● nella liturgia cattolica, quadrato di tela di lino che il celebrante indossa, prima del camice nel rito romano, dopo il camice nei riti ambrosiano e maronita, coprendosene le spalle e parte del petto

amlètico [1927] **agg.** (**pl. m.** *-ci*) **1** caratteristico di Amleto, personaggio dell'omonima tragedia shakespeariana | ***dubbio a.***, (*fig.*) che rode l'animo e impedisce l'azione **2** (*est.*) ambiguo, contraddittorio, misterioso: *carattere a.* ‖ **ameticaménte**, **avv.** in modo amletico, in modo dubbioso e irresoluto

amletìṣmo [1926] **s. m.** ● atteggiamento dubbioso, irresoluto e misteriosamente malinconico, simile a quello di Amleto

amlìra [dall'ingl. *a(llied) m(ilitary) lira* 'lira militare alleata' ✱1946] **s. f.** ● banconota circolante in Italia nel periodo 1943-1950, emessa dal governo militare alleato di occupazione

ammaccàbile [1887] **agg.** ● che si può ammaccare

ammaccaménto [av. 1555] **s. m.** ● ammaccatura

ammaccàre [di orig. onomat. (?) ✱1336 ca.] **A v. tr.** (*io ammàcco, tu ammàcchi*) **1** deformare una superficie mediante urti, pressioni e sim.: *a. una pentola* **2** (*est.*) pestare, schiacciare, provocare una contusione: *ammaccarsi le ossa*; *a. le costole a qlcu.* | anche in forma pron. (con valore intens.): *ammaccarsi un gomito*; *s'era ammaccato il naso cadendo lungo disteso* (G. VERGA) **B ammaccàrsi v. intr. pron.** ● deformarsi, schiacciarsi: *la frutta matura si ammacca facilmente*

ammaccatùra [1550] **s. f.** ● deformazione della superficie di qlco. per un colpo ricevuto: *la carrozzeria ha un'a.* | segno su una parte del corpo a causa di un colpo ricevuto: *ha un'a. sul gomito* SIN. botta ‖ **ammaccaturìna**, **dim.**

ammaestràbile [av. 1334] **agg.** ● che si può ammaestrare: *la volpe non è a.*

ammaestraménto [1268] **s. m.** ● l'ammaestrare | (*est.*) insegnamento | monito: *E anche del dispiacere che aveva provato ... gli restò un utile a.* (A. MANZONI)

ammaestràre [comp. di *a-*② e *maestro* ✱1275] **v. tr.** (*io ammaèstro* o *ammaéstro*) **1** istruire: *a. i giovani* | rendere esperto, abile (*anche assol.*): *l'esperienza ammaestra più d'ogni parola* **2** addestrare a un lavoro, a esercizi di bravura e sim., detto spec. di animali: *a. le foche*

SFUMATURE ➤ *insegnare*

†**ammaestrativo** [1588] **agg.** ● educativo ‖ †**ammaestrativaménte**, **avv.**

ammaestràto **part. pass.** di *ammaestrare*; anche **agg.** **1** istruito | reso abile, accorto: *a. da un'esperienza negativa* **2** addestrato a esercizi di abilità: *elefante, cavallo a.*

ammaestratóre [1268] **s. m.** (**f.** *-trice*) ● chi ammaestra, spec. animali: *a. di orsi*

ammagliàre① [comp. di *a-*② e *maglia* ✱av. 1347] **v. tr.** (*io ammàglio*) **1** legare balle, casse e sim. con corde intrecciate a forma di rete **2** (*est.*) †legare, cingere **3** (*raro*) rammagliare **4** cucire il bordo di un materasso

ammagliàre② [comp. di *a-*② e *maglio* ✱1865] **v. tr.** (*io ammàglio*) ● battere, percuotere col maglio

ammagliatóre [1955] **s. m.** (**f.** *-trice*) **1** nei porti, operaio addetto ad ammagliare balle o casse **2** agganciatore

ammagliatùra [1869] **s. f.** ● operazione dell'ammagliare

†**ammaiàre** [comp. di *a-*② e *maio*① ✱sec. XIV] **v. tr.** ● ornare con fiori e foglie

ammainabandièra [comp. di *ammaina(re)* (*la*) *bandiera* ✱1942] **s. m. inv.** ● atto, cerimonia solenne dell'ammainare la bandiera

ammainàre o (*lett.*) **mainàre** [lat. **invagināre* 'inguainare nella vagina' (?) ✱1525] **v. tr.** (*io ammàino* o *raro ammaìno*) **1** (*mar.*) far scendere, filando la cima di sostegno, bandiere, vele, antenne, pennoni e imbarcazioni | ***a. la bandiera***, per riporla o per arrendersi | ***a. all'argano***, con l'argano | ***a. le vele***, raccoglierle, ripiegarle; (*fig.*) rinunciare a un'impresa **2** (*lett.*) abbassare: *Ammainò un poco il nodo della cravatta* (I. CALVINO)

♦**ammalàre** [da *ammalato* ✱1258] **A v. tr.** ● (*raro*) provocare malattie | (*fig.*) corrompere, guastare: *una mela marcia ammala le altre* **B v. intr.** (*raro; aus. essere*) e **ammalàrsi v. intr. pron.** ● diventare infermo, essere colpito da malattia: *si ammalò d'influenza*; *si è ammalato per gli eccessivi strapazzi*; *mi sono ammalato un mese fa*; *Ammalerò se mi date altri fastidi* (G. GIACOSA)

♦**ammalàto** [comp. di *a-*② e *malato* ✱1261 ca.] **agg. e s. m.** (**f.** *-a*) ● che (o chi) è colpito da una malattia: *essere gravemente a.*; *cadere a.*; *ho i bambini ammalati*; *visitare gli ammalati*; (*fig.*) *è a. di nostalgia* ‖ **ammalatìccio**, **dim.**

ammalazzàre [1865] **v. intr.** (**aus.** *essere*) e **ammalazzàrsi v. intr. pron.** ● (*raro*) ammalarsi spesso, anche se non gravemente

ammalazzàto **part. pass.** di *ammalazzare*; anche **agg.** ● malaticcio

ammaliaménto [sec. XIV] **s. m.** ● l'ammaliare | malia, seduzione

ammaliànte **part. pres.** di *ammaliare*; anche **agg.** ● (*fig.*) affascinante: *un sorriso a.*

♣**ammaliàre** [comp. di *a-*② e *malia* ✱av. 1294] **v. tr.** (*io ammàlio*) **1** legare a sé con malie o incantesimi **2** (*fig.*) incantare, affascinare

SFUMATURE ➤ *conquistare*

ammaliàto **part. pass.** di *ammaliare*; anche **agg.** ● colpito da incantesimo | (*fig.*) affascinato SIN. stregato

ammaliatóre [av. 1334] **agg. e s. m.** (**f.** *-trice*) ● che (o chi) ammalia: *sguardo a.*

ammalinconìre [comp. di *a-*② e *malinconico* ✱1865] **A v. tr.** (*io ammalinconìsco, tu ammalinconìsci*) ● rendere malinconico **B v. intr.** (**aus.** *essere*) e **ammalinconìrsi v. intr. pron.** ● diventare malinconico

ammaliziaménto [1911] **s. m.** ● (*lett.*) scaltrimento: *senza iniziazione e a.* (B. CROCE)

ammaliziàre [comp. di *a-*② e *malizia* ✱1829] **A v. tr.** (*io ammalìzio*) ● (*lett.*) rendere malizioso, scaltro **B ammaliziàrsi v. intr. pron.** ● (*lett.*) diventare malizioso | scaltrirsi

ammalizzìre [1865] **A v. tr.** (*io ammalizzìsco, tu ammalizzìsci*) ● (*raro*) smaliziare **B v. intr.** (**aus.** *essere*) ● (*raro*) diventare malizioso e scaltro

ammaloràto [da *male* con influenza di (*andare in*) *malora* ✱1953] **agg.** ● deteriorato dall'età e dagli agenti atmosferici: *intonaci ammalorati* | (*fig., raro*) affetto, ammalato: *quel tal signore a. da vanità* (R. BACCHELLI)

ammaltàre [comp. di *a-*② e *malta* ✱1865] **v. tr.** ● (*raro*) amalgamare formando una malta: *a. calce e sabbia*

ammammolàrsi [comp. di *a-*② e *mammolo* ✱1865] **v. intr. pron.** (*io mi ammàmmolo*) **1** (*pop., tosc.*) stare per piangere **2** (*pop., tosc.*) appisolarsi | imbambolarsi

ammànco [da *ammancare*, comp. di *a-*② e *mancare* ✱1812] **s. m.** (**pl.** *-chi*) ● somma di denaro che risulta essere inesistente o mancante: *a. di cassa*

ammandorlàto [comp. di *a-*② e *mandorla* ✱1550] **A agg.** **1** che ha forma di mandorla **2** che ha un lieve sapore di mandorla: *vino a.* **B s. m.** **1** muro fatto con mattoni inclinati, in modo che gli spazi lasciati tra essi formino tanti rombi uguali **2** graticcio, inferriata con canne o sbarre che formano figure romboidali

ammanettàre [comp. di *a-*② e *manetta* ✱1669] **v. tr.** (*io ammanétto*) **1** bloccare i polsi con le manette: *a. un imputato, un ladro* **2** (*est.*) arrestare

ammanicàrsi [1963] **v. intr. pron.** (*io mi ammànico, tu ti ammànichi*) ● (*colloq.*) legarsi a persone influenti per godere di appoggi, raccomandazioni, protezioni (+ *con*): *a. con famiglie influenti*

ammanicàto **part. pass.** di *ammanicarsi*; anche **agg.** ● nel sign. del v. SIN. ammanigliato

†**ammanieraménto** [1726] **s. m.** ● maniera, artificio

ammanieràre [comp. di *a-*② e *maniera* ✱av. 1729] **v. tr.** (*io ammanièro*) **1** (*raro, lett.*) abbellire con artifici: *a. il proprio stile* **2** †modificare

ammanieràto **part. pass.** di *ammanierare*; anche **agg.** • artificioso, affettato ‖ **ammanierataménte**, avv.

ammanigliàre [comp. di *a-*② e *maniglia* ✱ 1932] **A** **v. tr.** (*io ammanìglio*) • (*mar.*) unire una maglia di catena con un'altra per mezzo di una maniglia | agganciare un cavo, una catena e sim. alla maniglia dell'ancora **B** **ammanigliàrsi** **v. intr. pron.** • (*fig., colloq.*) ammanicarsi

ammanigliàto **part. pass.** di *ammanigliare*; anche **agg.** • nei sign. del v. | (*fig.*) che si vale di raccomandazioni, che dispone di protezioni influenti **SIN.** ammanicato

ammannàre① [comp. di *a-*② e *manna* 'mannello' ✱ av. 1729] **v. tr.** • riunire i cereali tagliati in manne o covoni

†**ammannàre**② [var. di *ammannire* ✱ av. 1292] **A** **v. tr.** • ammannire **B** †**ammannàrsi** **v. intr. pron.** • apprestarsi, prepararsi

ammannellàre [comp. di *a-*② e *mannella* ✱ 1865] **v. tr.** (*io ammannèllo*) • (*tosc.*) ammatassare

♦**ammannìre** [got. *manwjan* 'preparare' ✱ sec. XIII] **v. tr.** (*io ammannìsco, tu ammannìsci*) • preparare, allestire, apparecchiare: *a. la cena* | (*iron.*) propinare: *ci ha ammannito una conferenza noiosissima*

ammansàre [comp. di *a-*② e *manso* 'mansueto' ✱ av. 1304] **v. tr.** e **ammansàrsi** **v. intr. pron.** • (*raro*) ammansire, ammansirsi | (*fig., lett.*) placare, placarsi

♦**ammansìre** [comp. di *a-*② e un denominale di *manso* 'mansueto' ✱ av. 1600] **A** **v. tr.** (*io ammansìsco, tu ammansìsci*) **1** rendere mansueto: *a. le fiere* **2** (*fig.*) rabbonire: *con quattro moine ha ammansito suo padre* **B** **v. intr.** (aus. *essere*) e **ammansìrsi** **v. intr. pron.** • diventare mansueto | calmarsi, placarsi

♦**ammantàre** [comp. di *a-*② e *manto* ✱ 1266] **A** **v. tr.** **1** coprire, avvolgere con manto | (*est.*) vestire **2** (*fig.*) coprire (+ *di*): *la neve ammanta le cime di bianco* **B** **ammantàrsi** **v. rifl.** **1** avvolgersi in un manto | (*est.*) vestirsi **2** (*fig.*) ostentare qualità che non si hanno (+ *di*): *ammantarsi di virtù, di saggezza* **C** **ammantàrsi** **v. intr. pron.** • ricoprirsi (+ *di*): *il prato si ammanta di fiori*

ammantatùra [av. 1306] **s. f.** • (*raro*) l'ammantare, l'ammantarsi | (*est.*) ciò che ammanta

ammantellàre [comp. di *a-*② e *mantello* ✱ av. 1342] **v. tr.** (*io ammantèllo*) **1** (*lett.*) coprire con mantello | (*est.*) avvolgere **2** (*fig., lett.*) celare, occultare

ammànto [sec. XIII] **s. m.** **1** (*lett.*) manto, mantello: *virtù non luce in disadorno a.* (G. Leopardi) | veste da gran personaggio, spec. religioso: *a. vescovile* | sopravveste **2** (*fig., lett.*) carica, dignità: *il papale a.*

ammàppalo ➤ **ammazzalo**

ammàppelo ➤ **ammazzalo**

ammàppete ➤ **ammazzete**

ammaràggio [1925] **s. m.** • manovra dell'ammarare

ammaraménto [1941] **s. m.** • (*raro*) ammaraggio

ammaràre, (*evit.*) **ammarràre**② [comp. di *a-*② e *mare* ✱ 1890] **v. intr.** (aus. *essere*, *raro avere*) • scendere fino a posarsi sull'acqua, detto di aereo, idrovolante o veicolo spaziale **SFUMATURE** ➤ *smontare*

ammareẓẓàre [comp. di *a-*② e *marezzare* ✱ 1797] **v. tr.** (*io ammaréẓẓo*) • dare al panno, alla carta o alla latta il marezzo, cioè un effetto d'ondeggiamento nelle tinte

ammarràggio o **amarràggio** [1913] **s. m.** • ormeggio

ammarràre① o **amarràre** [fr. *amarrer*, dal neerl. *maren*, accostato per etim. pop. a *marre* 'marra' ✱ 1865] **v. tr.** **1** ormeggiare **2** fissare saldamente a una struttura solida, spec. in costruzioni di linee telefoniche o elettriche

ammarràre② • (*evit.*) ➤ **ammarare**

ammassaménto [1551] **s. m.** **1** l'ammassare, l'ammassarsi | accumulo, mucchio **2** riunione, assembramento di persone | (*mil.*) concentrazione di materiali e mezzi per conferire alle truppe una determinata autonomia logistica

ammassàre [comp. di *a-*② e *massa*; per il sign. 3, V. *massa* nel sign. 12 ✱ 1275] **A** **v. tr.** **1** mettere insieme, raccogliere in massa: *ammassò tutti i vestiti nella valigia* | ammucchiare, accumulare, risparmiare: *a. ricchezze, gioielli, denaro* **2** portare all'ammasso: *a. il grano* **3** (*centr., merid.*) impastare: *a. la pasta per il pane* **B** **ammassàrsi** **v. intr. pron.** **1** far massa, adunarsi, affollarsi: *la folla si ammassò nel rifugio* **2** accumularsi: *il grano si ammassa nei granai* **SFUMATURE** ➤ *pressare*

ammassàto **part. pass.** di *ammassare*; anche **agg.** **1** raccolto in gran quantità: *legname a.* | **grano a.**, portato all'ammasso **2** stipato: *il pubblico era a. all'ingresso del teatro*

ammassatóre [av. 1606] **s. m.** (f. *-trice*); anche **agg.** **1** (*raro*) chi (o che) ammassa | (*spreg.*) accaparratore **2** che (o chi) gestisce un ammasso

ammassellàre [comp. di *a-*② e *massello* ✱ 1865] **v. tr.** (*io ammassèllo*) **1** (*raro* o *lett.*) ammassare, ammonticchiare **2** imbarilare: *a. aringhe*

ammassicciàre [comp. di *a-*② e *massiccio* ✱ 1319] **A** **v. tr.** (**pres.** *io ammassiccio*; **fut.** *io ammassiccerò*) **1** ammucchiare, riunire in massa compatta **2** massicciare: *a. una strada* **B** **ammassicciàrsi** **v. intr. pron.** • diventare massiccio, fare massa **SIN.** rassodarsi

ammàsso [da *ammassare* ✱ 1750] **s. m.** **1** mucchio, quantità di oggetti ammassati: *un a. di pietrame* | ***a. stellare***, agglomeramento di stelle che sulla sfera celeste appare come zona dove la densità stellare è più elevata della norma: *a. stellare aperto, globulare* **2** (*est.*) accozzaglia, congerie: *un a. di anticaglie, di cose inutili* | (*fig.*) mucchio, cumulo: *Quell'a. di notizie vere, false, dubbie* (A. Manzoni) **3** raccolta di generi, spec. alimentari, ordinata e amministrata dallo Stato: *a. obbligatorio, volontario* | (*est.*) magazzino di deposito di tali generi: *portare il grano, l'uva all'a.* | (*fig.*) ***portare il cervello all'a.***, aderire a un'idea, a un partito e sim. in modo totalmente acritico

ammatassàre [comp. di *a-*② e *matassa* ✱ 1555] **v. tr.** • ridurre in matassa: *a. la lana*

> **SFUMATURE DI SIGNIFICATO**
> ***ammatassare - avvoltolare - avviluppare***
> **Ammatassare** significa alla lettera riordinare un filo formando una matassa, ma è usato talvolta anche per indicare l'accatastare disordinato di una cosa sull'altra. **Avvoltolare** è avvolgere qualcosa molte volte e in modo disordinato; lo stesso significato ha anche **avviluppare**, usato anche figuratamente per imbrogliare, raggirare, confondere.

†**ammattaménto** o †**amattaménto** [av. 1363] **s. m.** • l'ammattare

ammattàre o †**amattàre** [dal fr. *mâter* 'alberare', dal francone **mast* ✱ sec. XIV] **A** **v. tr.** • (*mar.*; *disus.*) attrezzare una nave di alberi **B** **v. intr.** • (*mar.*) †chiedere soccorso per mezzo di appositi segnali inalberati sulle navi

ammattiménto [1863] **s. m.** • (*raro*) l'ammattire | (*est.*) ciò che fa ammattire

ammattìre [comp. di *a-*② e *matto* ✱ sec. XIII] **A** **v. intr.** (*io ammattìsco, tu ammattìsci*; aus. *essere*) **1** diventare matto: *a. per il dolore* **SIN.** impazzire **2** (*fig.*) perdere la calma: *a dargli retta c'è da a.* | scervellarsi: *è un problema che fa a.* **B** **ammattìrsi** **v. intr. pron.** • (*fam.*) diventare matto: *ma ti sei ammattito?*

ammattonàre [comp. di *a-*② e *mattone* ✱ av. 1348] **v. tr.** (*io ammattóno*) • pavimentare con mattoni: *a. una stanza*

ammattonàto **A** **part. pass.** di *ammattonare*; anche **agg.** • nei sign. del v. **B** **s. m.** • pavimento rustico di mattoni

ammattonatóre [1865] **s. m.** (f. *-trice*); anche **agg.** • chi (o che) è addetto all'ammattonatura

ammattonatùra [1865] **s. f.** • operazione, lavoro dell'ammattonare | ammattonato

ammàzza [vc. di orig. dial., da *ammazzare* nel senso pop. ammirativo e di sorpresa ✱ 1870] **inter.** • (*centr.*) esprime stupore, sorpresa, ammirazione: *a. che risultato!* **CFR.** ammazzalo

ammazzacaffè [comp. di *ammazza(re)* e *caffè* ✱ 1935] **s. m. inv.** • (*fam.*) piccola dose di liquore bevuta dopo il caffè, spec. a conclusione di un pasto abbondante

ammazzacattìvi [comp. di *ammazza(re)* e del pl. di *cattivo* ✱ 1948] **s. m. e f. inv.** • chi punisce i cattivi, spec. nelle fiabe, nei film e sim.

ammàzzalo o **ammàzzelo**, (*eufem.*) **ammàppalo**, (*eufem.*) **ammàppelo** [1923] **inter.** • (*centr.*) esprime meraviglia, sorpresa, ammirazione o energica affermazione

ammazzaménto [1558] **s. m.** **1** uccisione | strage **2** (*fig., raro*) grande fatica

♦**ammazzàre** [comp. di *a-*② e *mazza* ✱ av. 1292] **A** **v. tr.** **1** uccidere in modo violento: *l'hanno ammazzato come un cane* | abbattere: *per Pasqua si ammazza l'agnello* | (*est.*) causare la morte: *la malattia l'ha ammazzato in pochi mesi* **2** (*fig.*) affaticare gravemente: *questo lavoro ci ammazza* | logorare, deprimere: *l'inazione mi ammazza* | ***a. il tempo***, occuparlo in qualche modo per vincere la noia, ingannare un'attesa e sim. **3** in alcuni giochi di carte, superare la carta giocata dall'avversario con una di valore più alto **4** †percuotere e uccidere con la mazza **B** **ammazzàrsi** **v. rifl.** **1** darsi la morte: *ammazzarsi col veleno; per il dispiacere si è ammazzato* | (*est.*) causare la propria morte: *ammazzarsi con una vita sregolata* **2** (*fig.*) affaticarsi gravemente (+ *di*, + *con*, + *per*): *ammazzarsi di lavoro; ammazzarsi per il* (o *col*) *troppo studio* **C** **ammazzàrsi** **v. intr. pron.** • trovare involontariamente la morte: *si è ammazzato con l'auto, in un incidente aereo*

ammazzasètte [comp. di *ammazza(re)* e *sette* 'che ammazza sette persone', dal personaggio di un'antica novella, che aveva ucciso sette mostri in un colpo solo ✱ av. 1665] **s. m. e f. inv.** • chi si vanta di forza o bravura inesistenti **SIN.** bravaccio, smargiasso, spaccone

ammazzàta [1955] **s. f.** • (*fig., fam.*) pesante fatica

ammazzàto **part. pass.** di *ammazzare*; anche **agg.** • ucciso: *è morto a.*

ammazzatóio [av. 1742] **s. m.** (pl. *-ói*) • mattatoio, macello

ammazzatóre [1525] **s. m.** (f. *-trice*) • (*raro*) chi ammazza, spec. chi macella gli animali

ammàzzelo ➤ **ammazzalo**

ammàzzete o (*eufem.*) **ammàppete** [1955] **inter.** • (*centr.*) esprime meraviglia, stupore, ammirazione o energica affermazione

ammelmàre o (*tosc.*) **ammemmàre** [comp. di *a-*② e *melma* ✱ av. 1620] **v. intr.** (*io* *ammélmo*; aus. *essere*) ● (*lett.*) invischiarsi nella melma | coprirsi, riempirsi di melma

àmmen ➤ **amen**

ammencìre [comp. di *a-*② e *mencio* ✻ 1840] **A** v. tr. (*io ammencisco, tu ammencìsci*) ● (*tosc.*) rendere floscio, vizzo **B** v. intr. (aus. *essere*) ● (*tosc.*) divenir floscio | avvizzire

ammènda [da *ammendare* ✻ 1261 ca.] s. f. **1** (*dir.*) pena pecuniaria prevista per le contravvenzioni **2** (*fig.*) riconoscimento e riparazione di una colpa, di un errore, di un danno | ***fare a. dei propri peccati***, riconoscerli e pentirsene

SFUMATURE ➤ ***sanzione***

ammendaménto [av. 1292] s. m. **1** (*lett.*) emendamento **2** (*agric.*) qualsiasi accorgimento o intervento atto a migliorare la costituzione fisico-meccanica e la reazione di un terreno | ammendante

ammendànte [da *ammendare*] **A** part. pres. di *ammendare*; anche agg. ● nei sign. del v. **B** s. m. ● (*agric.*) materiale o prodotto utilizzato per l'ammendamento di un terreno | ***a. organico***, che migliora il terreno sotto l'aspetto nutritivo

ammendàre [dal lat. *emendare* 'correggere', con cambiamento di pref. V. *emendare* ✻ 1219] **A** v. tr. (*io ammèndo*) **1** (*lett.*) emendare | rimediare: *crudeli cavalieri, ... ammendate il vostro fallo divenendo pietosi* (G. Boccaccio) | risarcire **2** (*agric.*) sottoporre un terreno ad ammendamento, trattarlo con ammendamenti **B** **ammendàrsi** v. rifl. ● (*lett.*) correggersi | emendarsi

ammennicolàre o (*lett.*) **amminicolàre** [lat. *adminiculāre* 'sostenere, appoggiare', da *adminìculum* 'ammennicolo' ✻ sec. XIV] **A** v. tr. (*io ammennìcolo*) ● (*lett.*) fornire di prove, spec. cavillose **B** v. intr. (aus. *avere*) ● (*raro*) cavillare | (*tosc.*) gingillarsi senza costrutto

✶**ammennìcolo** o (*lett.*) **amminìcolo** [lat. *adminìculu(m)* 'sostegno, palo', di etim. incerta ✻ 1332] s. m. **1** (*raro*) appoggio, aiuto | (*est.*) pretesto, cavillo: *avere, trovare sempre nuovi ammennicoli* **2** (*fig.*) elemento accessorio e di poco conto: *nella spesa sono previsti vari ammennicoli*

ammenoché ➤ **meno** nel sign. B

†**ammentàrsi** [comp. di *a-*② e *mente* ✻ 1319] v. intr. pron. ● rammentarsi

♦**ammésso** [lat. *admĭssu(m)*, part. pass. di *admĭttere* 'ammettere'] **A** part. pass. di *ammettere*; anche agg. **1** accolto, ricevuto | accettato: *i candidati ammessi alla prova scritta* **2** riconosciuto: *una verità ormai ammessa da molti* **B** nella loc. cong. ***a. che***, posto che, sempre che, purché (introduce una prop. ipotetica o concessiva con il v. al congtv.): *invitiamola, a. che lei lo desideri; lo farò, a. che tu lo voglia* | ***a. e non concesso che***, V. *concesso* **C** s. m. (f. *-a*) ● chi può accedere: *gli ammessi al concorso, agli esami*

ammestàre [comp. di *a-*② e *mestare* ✻ 1865] v. tr. (*io amméсto*) **1** (*raro*) armeggiare **2** (*raro*) spadroneggiare

ammetàre [comp. di *a-*② e *meta* ✻ 1903] v. tr. (*io amméto*) ● riunire, disporre in mete, detto di covoni e sim.

ammettènza o **ammittànza** [da *ammettere*, come contrapposto a *impedenza* (da *impedire*) ✻ 1965] s. f. ● (*fis.*) grandezza elettrica tipica dei circuiti elettrici in parallelo a corrente alternata, che costituisce l'inverso dell'impedenza

♦**amméttere** [vc. dotta, lat. *admĭttere* 'spingere, ammettere', comp. di *ăd* e *mĭttere* 'mandare' ✻ 1258] v. tr. (coniug. come *mettere*) **1** lasciar entrare: *a. alla presenza; a. all'udienza papale* | accogliere, ricevere: *a. nella propria famiglia* | accettare: *a. qlcu. agli esami* **2** permettere, consentire (qlco.; + *di* seguito da inf., + *che* seguito da congtv.): *non ammettiamo discussioni; non ammette di essere contraddetto; non ammetto che tu mi risponda in malo modo* **3** riconoscere come vero, valido e sim. (qlco.; + *che*; + *di* seguito da inf.): *a. la fortuna, l'esistenza di Dio; ammetto che avevi ragione; ammetto di essermi sbagliato* **4** supporre (qlco.; + *che* seguito da congtv., + *di* seguito da inf.): *ammettiamo pure la sua innocenza; ammettiamo che abbia ragione lei; ammettiamo di non fare in tempo* **5** †lanciare i cani alla caccia: *chi serba in coppia e can, chi gli scompagna; / chi già 'l suo ammette, chi 'l richiama e alletta* (A. Poliziano)

†**ammezzaménto** [sec. XIII] s. m. ● dimezzamento

ammezzàre [comp. di *a-*② e *mezzo*② ✻ 1304] v. tr. (*io ammèzzo*) **1** dividere a metà | ***a. un fiasco di vino***, riempirlo o vuotarlo fino a metà **2** (*raro*) eseguire a metà: *a. un lavoro, un discorso*

ammezzàto **A** part. pass. di *ammezzare*; anche agg. **1** nei sign. del v. **2** ***piano a.***, quello posto fra il pianterreno e il primo piano **B** s. m. ● piano ammezzato: *abitare all'a.* SIN. mezzanino

ammezziménto [1955] s. m. ● imbrunimento della polpa di frutta troppo matura

ammezzìre [comp. di *a-*② e *mezzo*① ✻ 1618] v. intr. (*io ammezzisco, tu ammezzìsci*; aus. *essere*) e **ammezzirsi** v. intr. pron. ● diventare troppo maturo, quasi fradicio: *le pere sono ammezzite* | afflosciarsi

ammiccaménto [1884] s. m. **1** l'ammiccare | cenno d'intesa fatto ammiccando: *Con un a. allusivo gli mise il ricevitore all'orecchio* (A. Moravia) **2** (*fisiol.*) atto involontario di aprire e chiudere rapidamente gli occhi

ammiccànte part. pres. di *ammiccare*; anche agg. **1** nei sign. del v.: *sguardo a.* **2** (*fig.*) allusivo: *una battuta a.*

✶**ammiccàre** [dal lat. *micāre* 'scintillare' (?) ✻ 1319] **A** v. intr. (*io ammìcco, tu ammìcchi*; aus. *avere*) ● fare cenni d'intesa, spec. con gli occhi e di nascosto: *ammiccò all'amico*; *gli ammiccò che parlasse*; *i tuoi occhi ... non ammiccano più ai miei trucchi d'amore* (E. Morante) | strizzare l'occhio | (*fig.*) alludere o lanciare segnali allusivi: *un film che ammicca ai teenager* **B** v. tr. ● (*raro, lett.*) indicare col movimento degli occhi: *pur me ammiccando con un risolino* (G. Carducci)

ammìcco [1865] s. m. (pl. *-chi*) ● l'ammiccare | cenno d'intesa, strizzatina d'occhio

ammìde o **amìde** [da *amm(oniaca)* col suff. chimico *-ide* ✻ 1869] s. f. ● (*chim.*) composto organico che deriva, almeno formalmente, dall'ammoniaca per sostituzione di uno o più atomi di idrogeno con radicali di acidi | ***a. primaria, secondaria, terziaria***, a seconda che vengano sostituiti uno, due, tre atomi di idrogeno | ***a. nicotinica***, vitamina PP

ammìdico o **amìdico** [1970] agg. (pl. m. *-ci*) ● (*chim.*) relativo all'ammide

ammìna o **amìna** [fr. *amine*, da *ammoniaque* 'ammoniaca', con il suff. della chim. *-ine* '-ina' ✻ 1869] s. f. ● (*chim.*) composto organico basico che deriva, almeno formalmente, dall'ammoniaca per sostituzione di uno o più atomi di idrogeno con radicali alchilici o arilici | ***a. primaria, secondaria, terziaria***, a seconda che vengano sostituiti uno, due, tre atomi di idrogeno | ***a. del risveglio***, amfetamina

ammìnico o **amìnico** [1929] agg. (pl. m. *-ci*) ● (*chim.*) detto del gruppo monovalente $-NH_2$ | relativo ad ammine o a loro derivati

amminicolàre e deriv. ➤ **ammennicolare** e deriv.

♦**amministràre** [vc. dotta, lat. *administrāre*, comp. di *ăd* e *ministrāre* 'servire, governare' ✻ 1258] **A** v. tr. **1** curare il buon andamento, spec. economico, di un'attività pubblica o privata: *a. il proprio patrimonio; a. beni immobili; a. un condominio, un'azienda; a. una regione* | ***a. lo Stato***, governarlo | ***a. la giustizia***, esplicare, da parte degli organi giurisdizionali, le attività idonee a garantire l'esatta applicazione del diritto **2** distribuire con oculatezza, dosare: *a. il tempo, a. le forze* | ***a. il vantaggio***, in una gara sportiva, limitarsi a difenderlo **3** (*raro*) porgere, somministrare: *a. una punizione, una medicina, i sacramenti* | officiare: *a. la S. Messa* **B** **amministràrsi** v. rifl. ● regolarsi, organizzare la propria vita o il proprio lavoro

amministrativista [1943] s. m. e f. (pl. m. *-i*) ● esperto di diritto amministrativo

amministrativìstico [1986] agg. (pl. m. *-ci*) ● che concerne il diritto amministrativo

♦**amministrativo** [vc. dotta, lat. *administratīvu(m)*, da *administrāre* 'amministrare' ✻ 1531] **A** agg. **1** relativo all'amministrazione pubblica: *decreto, atto a.* | ***elezioni amministrative***, o (*ellitt.*) ***le amministrative***, elezioni relative ai Consigli comunali, provinciali e regionali | ***diritto a.***, ramo del diritto pubblico che disciplina l'organizzazione e il funzionamento della pubblica amministrazione | ***decentramento a.***, attribuzione agli organi periferici dello Stato o a Enti locali, delle funzioni antecedentemente proprie dell'Amministrazione centrale | ***potere a.***, potere esecutivo **2** relativo all'amministrazione privata: *occuparsi di questioni amministrative* | ***fatto a.***, fenomeno della gestione che porta variazioni nei componenti patrimoniali ‖ **amministrativaménte**, avv. per quanto riguarda l'amministrazione **B** s. m. (f. *-a*) ● impiegato che lavora nell'amministrazione di un'azienda o di un ente

amministràto **A** part. pass. di *amministrare*; anche agg. ● nei sign. del v. | ***prezzo a.***, quello fissato da un'amministrazione pubblica spec. per beni di prima necessità **B** s. m. (f. *-a*) ● chi è soggetto a un'amministrazione pubblica

♦**amministratóre** [vc. dotta, lat. tardo *administratōre(m)*, da *administrāre* 'amministrare' ✻ av. 1292] **A** agg. (f. *-trice*) ● che amministra **B** s. m. (V. nota d'uso FEMMINILE) ● chi amministra qlco.: *l'a. di un condominio* | ***a. delegato***, nelle società di capitale, componente del consiglio di amministrazione che su delega di questo ne esplica alcune funzioni | ***a. giudiziario***, incaricato dell'autorità giudiziaria per la gestione temporanea di dati beni in adempimento di una pubblica funzione | ***a. di sostegno***, incaricato dal giudice tutelare di assistere chi, per una menomazione fisica o psichica, si trova nell'impossibilità di provvedere ai propri interessi | ***a. apostolico***, reggente temporaneo di una diocesi per incarico della S. Sede | (*inform.*) ***a.*** (***di sistema***), persona responsabile della gestione di un sistema informatico

♦**amministrazióne** [vc. dotta, lat. *administratiōne(m)*, da *administrāre* 'amministrare' ✻ av. 1292] s. f. **1** attività dell'amministrare: *l'a. del bilancio familiare* CFR. -nomia **2** attività che gli organi di un'azienda svolgono per il raggiungimento del fine aziendale | ***a. del personale***, complesso di tecniche e di operazioni compiute da organi specializzati di un'azienda per il miglior impiego del personale | ***atti di straordinaria a.***, quelli che producono effetti rilevanti sulla composizione del patrimonio | ***atti di ordinaria a.***, quelli relativi alla normale gestione di un patrimonio | ***affari, questioni, problemi di ordinaria a.***, (*fig.*) comuni, che non presentano particolari difficoltà | ***consiglio d'a.***, l'insieme degli amministratori di una società | (*dir.*) ***a. controllata***, gestione sotto controllo

a

giudiziario del patrimonio dell'imprenditore per impedirne l'insolvenza, soppressa nel 2006 | (*dir.*) ***a. straordinaria***, procedura concorsuale disposta dal ministro dell'Industria di concerto con quello del Tesoro, allo scopo di evitare il fallimento delle grandi imprese in crisi **3** concreta attività dello Stato svolta per provvedere ai pubblici bisogni: *a. pubblica* | complesso di organi che esercitano tale attività amministrativa: *l'a. comunale; la pubblica a.* | ***amministrazioni locali***, i comuni, le province, le regioni | ***a. fiduciaria***, sistema di governo predisposto dalle Nazioni Unite, per cui uno Stato assume l'amministrazione e la rappresentanza internazionale di un territorio non ancora in grado di governarsi da solo, al fine di portarlo all'indipendenza CFR. mandato internazionale **4** nel linguaggio giornalistico, il governo statunitense (calco sull'ingl. *administration*): *l'a. Clinton, Bush, Obama* **5** sede delle attività amministrative, spec. di un'azienda, impresa e sim.: *l'a. è al terzo piano; vi hanno chiamato in a.*

ammino- o **amino-** [da *ammina*] **primo elemento** • in parole composte della terminologia chimica indica la presenza del radicale monovalente $-NH_2$: *amminoacido*

amminoàcido o **aminoàcido** [comp. di *ammino-* e *acido* ✱ 1913] **s. m.** • composto organico contenente uno o più gruppi amminici e uno o più gruppi carbossilici, costituente delle proteine, di vitale importanza nel metabolismo animale | ***a. essenziale***, che l'organismo non produce ma acquisisce solo attraverso l'alimentazione

amminoàlcol o **aminoàlcol** [comp. di *ammino-* e *alcol* ✱ 1983] **s. m. inv.** • (*chim.*) composto organico contenente uno o più gruppi amminici e uno o più gruppi alcolici

amminoglicoṣide o **aminoglicoṣide** [comp. di *ammino-* e *glicoside* ✱ 1997] **s. m.** • (*farm.*) composto chimico costituito da ammino-zuccheri uniti con legame glucosidico a un nucleo a sei atomi di carbonio; presentano questa struttura antibiotici naturali come la streptomicina e la gentamicina

amminoglicoṣìdico o **aminoglicoṣìdico** [1993] **agg.** (**pl. m.** *-ci*) • relativo ad amminoglicoside

amminopirìna o **aminopirìna** [comp. di *ammino-* e un deriv. del gr. *pyr*, genit. *pyrós*, 'fuoco' (V. *piro-*) ✱ 1955] **s. f.** • Piramidone

amminoplàsto o **aminoplàsto** [comp. di *ammino-* e *plasto* ✱ 1961] **s. m.** • materia plastica ottenuta per policondensazione di ammine o ammidi con formaldeide, usata come polvere da stampaggio, antipiega, collante e vernice

amminozùcchero (o **-ẓ-**) o **aminozùcchero** (o **-ẓ-**) [comp. di *ammino-* e *zucchero* ✱ 1935] **s. m.** • (*chim.*) monosaccaride contenente uno o più gruppi amminici

amminutaménto [1961] **s. m.** • (*agric.*) operazione, lavoro dell'amminutare

amminutàre [comp. di *a-*② e *minuto*① ✱ sec. XIV] **v. tr. 1** †rompere in parti minute **2** (*agric.*) sminuzzare con l'erpice le zolle di un terreno arato, prima della semina

ammiràbile [vc. dotta, lat. *admirābile(m)*, da *admirāri* 'ammirare' ✱ av. 1306] **agg. 1** (*raro*) ammirevole: *comportamento a.* **2** (*lett.*) meraviglioso || **ammirabilménte**, **avv.**

ammiràglia [1664] **s. f. 1** nave da guerra su cui è imbarcato l'ammiraglio | nella marina mercantile, la nave più grande e veloce di una compagnia di navigazione | (*est.*) la vettura di maggior prestigio di una casa automobilistica **2** nel ciclismo, l'automobile del direttore di corsa, o del direttore di una squadra, al seguito di una gara, spec. a tappe

ammiragliàto [1629] **A s. m. 1** dignità e ufficio dell'ammiraglio **2** l'insieme degli alti ufficiali della marina militare **3** edificio sede dell'ammiragliato **4** in alcuni Stati europei, Ministero della marina **B in funzione di agg.** • detto di un tipo tradizionale di ancora con lungo fusto, due marre e un ceppo a L ortogonale a esse

ammiràglio o †**almiràglio**, †**almirànte** [dall'arabo *amīr* 'principe' ✱ av. 1294] **s. m. 1** fino al sec. XVIII, supremo comandante di mare e dignitario della corona **2** oggi, comandante di un complesso rilevante di navi da guerra | ***a. di divisione, di squadra***, rispettivamente secondo e terzo grado della gerarchia degli ammiragli

ammirando [vc. dotta, lat. *admirăndu(m)*, gerundivo di *admirāri* 'ammirare' ✱ 1340] **agg.** • (*lett.*) mirabile, meraviglioso

♦**ammiràre** [vc. dotta, lat. *admirāri*, comp. di *ăd* e *mirāri* 'ammirare' ✱ sec. XIII] **A v. tr. 1** osservare, contemplare con intenso interesse e compiacimento ciò che si giudica bello: *a. un bel panorama* **2** (*est.*) considerare con stima, con rispetto: *a. le gesta degli eroi* **B v. intr.** (**aus.** *essere*) e **ammiràrsi v. intr. pron.** • (*raro, lett.*) meravigliarsi, stupire: *Di tanta novità l'angel si ammira* (L. ARIOSTO)

SFUMATURE DI SIGNIFICATO

ammirare - contemplare - vagheggiare

Ammirare è l'atto di guardare qualcuno o qualcosa con grande interesse e piacere, perché particolarmente bello o perché ha doti, capacità che sono fuori dell'ordinario. In **contemplare** l'ammirazione si arricchisce di una sfumatura di raccoglimento, quasi di smarrimento verso chi o ciò che è talmente superiore da apparire irraggiungibile. **Vagheggiare**, parola di uso letterario, esprime invece un'ammirazione a cui si associa compiacimento e desiderio amoroso.

ammiratìvo [vc. dotta, lat. tardo *admiratīvu(m)*, da *admirāri* 'ammirare' ✱ 1322] **agg.** • che denota ammirazione, meraviglia: *sguardo a.* | (*disus.*) ***punto a.***, esclamativo || **ammirativaménte**, **avv.**

ammiràto **part. pass.** di *ammirare*; anche **agg. 1** nei sign. del v. **2** pieno di ammirazione (+ *di*, + *per*): *essere, rimanere a. di tanta forza d'animo; a. per la soavità de' suoi modi* (A. MANZONI) | di ammirazione, che manifesta ammirazione: *sguardi ammirati* || **ammirataménte**, **avv.**

ammiratóre [vc. dotta, lat. tardo *admiratōre(m)*, da *admirāri* 'ammirare' ✱ sec. XIV] **s. m.** (**f.** *-trice*) **1** chi ammira: *è un a. di Mozart e della sua musica* SIN. estimatore | chi dimostra ammirazione entusiastica: *la cantante è stata accolta da una folla di ammiratori; un codazzo, uno stuolo di ammiratori* **2** corteggiatore

♦**ammirazióne** [vc. dotta, lat. *admiratiōne(m)*, da *admirāri* 'ammirare' ✱ 1288] **s. f. 1** l'ammirare: *essere in a. di qlco.* | sentimento di intenso interesse e compiacimento verso ciò che si giudica bello: *l'interpretazione del famoso violinista ha suscitato l'a. degli spettatori* **2** sentimento di grande stima, considerazione: *sentire, provare, nutrire a. per qlco., per qlcu.* | (*est., raro*) chi (o ciò che) suscita tale sentimento: *pretendeva di far la superbiosa disprezzando un giovanotto ... che era l'a. di tutti* (A. PALAZZESCHI) **3** †meraviglia, stupore: *certo non ti dovrien punger li strali / d'a. omai* (DANTE *Par.* II, 55-56)

SFUMATURE ➤ *adorazione*

ammirévole [lat. *admirābile(m)*, da *admirāri* 'ammirare' ✱ 1843] **agg.** • che è degno di ammirazione: *tenere un contegno a.* || **ammirevolménte**, **avv.**

ammiṣerire [comp. di *a-*② e *misero* ✱ 1801] **v. tr.** (*io ammiṣerisco, tu ammiṣerisci*) • (*lett., raro*) rendere misero

ammissìbile [vc. dotta, lat. mediev. *admissibile(m)*, da *admĭttere* 'ammettere' ✱ 1588] **agg. 1** che può essere permesso, consentito: *questo non è un comportamento a.* | tollerabile (+ *che* **seguito da congtv.**): *non è a. che lui arrivi sempre in ritardo!* | che si può accettare: *un'ipotesi a.* CONTR. inammissibile **2** che può essere ammesso: *candidato a.* **3** detto di atto processuale compiuto da una parte in osservanza delle prescrizioni della legge così da dovere essere preso in considerazione dal giudice: *azione a.; ricorso non a.* || **ammissibilità**, **s. f. inv.** (V.)

ammissibilità [1813] **s. f. inv.** • condizione di ciò che (o di chi) è ammissibile: *l'a. di una guerra difensiva; le regole per l'a. all'università; l'a. di un ricorso, di un referendum*

♦**ammissióne** [vc. dotta, lat. *admissiōne(m)*, da *admĭttere* 'ammettere' ✱ 1615] **s. f. 1** accettazione, accoglimento: *chiedere l'a. a un ordine religioso* | accettazione di un paziente in un istituto di cura | ***esame d'a.***, quello che consente il passaggio a una classe superiore **2** riconoscimento: *l'a. delle proprie colpe* | consenso, approvazione: *per comune a.*

ammittànza ➤ **ammettenza**

ammobigliàre e deriv. • (*evit.*) ➤ **ammobiliare** e deriv.

ammobiliaménto, (*evit.*) **ammobigliaménto** [1675] **s. m.** • l'ammobiliare | (*est.*) l'insieme dei mobili che arredano una casa, una stanza e sim.

ammobiliàre, (*evit.*) **ammobigliàre** [comp. di *a-*② e *mobilia* ✱ 1684] **v. tr.** (*io ammobilio*) • fornire di mobili: *a. un appartamento, un ufficio*

ammobiliàto **part. pass.** di *ammobiliare*; anche **agg.** • fornito del mobilio: *appartamento a.*

ammodernaménto [1851] **s. m.** • l'ammodernare

ammodernàre [comp. di *a-*② e *moderno* ✱ 1576] **A v. tr.** (*io ammodèrno*) • rendere moderno, nuovo: *a. un impianto, l'arredamento della casa* **B ammodernàrsi v. rifl.** • rinnovarsi, modernizzarsi

ammodernatùra [1865] **s. f.** • (*raro*) l'ammodernare | ciò che è ammodernato

ammòdite o **ammodite** [vc. dotta, lat. *ammŏdyte(m)*, dal gr. *ammodýtes*, comp. di *ámmos* 'sabbia' e *dýō* 'mi affondo' ✱ av. 1367] **A s. m.** • varietà di vipera con una protuberanza conica sull'apice del muso (*Vipera ammodytes*) SIN. vipera dal corno **B s. f.** • piccolo pesce osseo con corpo molto allungato e subcilindrico di color azzurro-verdastro, agilissimo nello sprofondarsi nella sabbia (*Ammodytes lanceolatus*)

♣**ammòdo** o **a mòdo** [comp. di *a-*② e *modo* ✱ 1841] **A avv.** • con cura, con garbo, per bene, come si conviene, con prudenza: *fate le cose a.; comportati a.; posate a. quel vetro* **B agg. inv.** • detto di persona, saggio, bene educato e sim.: *è un ragazzo a.* || **ammodìno**, **dim.**

ammòfila [comp. del gr. *ámmos* 'sabbia' e *phílos* 'che ama, predilige' ✱ 1819] **s. f. 1** genere di piante erbacee perenni delle Graminacee, con rizomi striscianti, fusti cespugliosi eretti e fiori in pannocchie (*Ammophila*) **2** genere di Imenotteri di forma slanciata che nidificano nel suolo, nascondendo con minuti sassolini l'ingresso alla loro tana (*Ammophila*) SIN. vespa della sabbia

ammòfilo [comp. del gr. *ámmos* 'sabbia' e di *-filo* ✱ 1955] **agg.** • detto di organismo vegetale o animale che vive nella sabbia

ammogliàre [comp. di *a-*② e *moglie* ✱ 1288] **A v. tr.** (*io ammóglio*) • dare moglie **B ammogliàrsi v. rifl. 1** prendere moglie: *ammo-*

gliarsi con una brava ragazza **2** †congiungersi

ammogliàto **A** part. pass. di *ammogliare*; anche agg. ● nei sign. del v. **B** s. m. ● chi ha moglie

ammoìna o **ammuìna** [vc. napol., deriv. di *ammoinare* ✱ 1942] s. f. ● (*napol.*) confusione | *fare a.*, ammoinare

ammoinàre① o **ammuinàre** [sp. *amohinar*, da *mohina* 'tedio', da *mohino* 'triste, avvilito', di etim. incerta ✱ av. 1712] **A** v. tr. (*io ammoìno*) ● (*napol.*) infastidire **B** v. intr. (aus. *essere*) e **ammoinàrsi** v. intr. pron. ● in marina, affaccendarsi facendo confusione

†**ammoinàre**② [comp. di *a-*② e *moina* ✱ av. 1705] v. tr. ● blandire, adulare con moine

ammollaménto [sec. XIV] s. m. ● l'ammollare, l'ammollarsi, nel sign. di *ammollare*①

ammollàre① [comp. di *a-*② e *mollo* ✱ 1266] **A** v. tr. (*io ammòllo*) **1** rendere molle immergendo in un liquido: *a. il pane nel vino*; *a. un tessuto* | ***a. il bucato***, metterlo a mollo **2** (*fig.*) †intenerire, raddolcire **B** v. intr. e **ammollàrsi** v. intr. pron. (aus. *essere*) ● (*raro*) impregnarsi di umidità: *rimase due ore ad a. sotto la pioggia* **C** **ammollàrsi** v. intr. pron. **1** (*raro*) diventare molle: *il pane si ammolla* **2** (*fig.*) †intenerirsi, raddolcirsi

ammollàre② [comp. di *a-*② e *mollo* ✱ 1750] v. tr. (*io ammòllo*) **1** allentare, mollare: *a. un cavo* **2** (*fig.*) affibbiare, appioppare: *a. uno schiaffo, un pugno*

ammollicàre [da *mollica*] v. tr. (*io ammollìco, tu ammollìchi*) ● cospargere con mollica di pane sbriciolata

ammolliménto [av. 1573] s. m. ● ammorbidimento (*lett.*, *anche fig.*)

ammollìre [lat. tardo *admollīre*, comp. di *ăd* e *mŏllis* 'molle' ✱ 1310] **A** v. tr. (*io ammollìsco, tu ammollìsci*) **1** rendere molle: *a. la ceralacca col calore* SIN. ammorbidire **2** (*fig.*, *lett.*) lenire | raddolcire, intenerire | infiacchire, indebolire: *Sì, la vecchiaia gli ammollìa le membra* (G. PASCOLI) **B** **ammollìrsi** v. intr. pron. **1** diventare molle: *la cera s'è ammollita* **2** (*fig.*, *lett.*) ammansirsi | intenerirsi

ammòllo [da *ammollare*① ✱ 1970] s. m. ● prolungata immersione spec. della biancheria nel liquido detergente per facilitarne la successiva lavatura: *mettere la biancheria in a.*

ammonìaca [fr. *ammoniaque*, dal lat. *ammonĭacu(msāl)*, a sua volta dal gr. *ammōniakón*, detto così dal tempio di Giove Ammone in Libia, presso il quale si raccoglieva questa sostanza ✱ 1795] s. f. ● gas incolore, irritante, che in acqua ha reazione alcalina, ottenuto spec. per sintesi da azoto e idrogeno, utilizzato in farmacia e in varie lavorazioni industriali

ammoniacàle [fr. *ammoniacal*, da *ammoniaque* 'ammoniaca' ✱ 1795] agg. ● di ammoniaca | che ha le proprietà dell'ammoniaca | che contiene ammoniaca: *gas, vapore, liquido a.*

ammoniacàto [sec. XIV] **A** agg. ● detto di composto che contiene ammoniaca **B** s. m. ● composto complesso formato da un sale neutro e da una o più molecole di ammoniaca

ammonìaco [av. 1564] agg. (pl. m. *-ci*) **1** di ammoniaca: *sale a.* **2** di ammonio | ***sale a.***, cloruro di ammonio

ammònico [1865] agg. (pl. m. *-ci*) ● detto di composto dell'ammonio: *cloruro, nitrato, solfato a.*

ammoniménto [da *ammonire* ✱ 1261 ca.] s. m. **1** l'ammonire | avviso, consiglio, avvertenza | esortazione | ammaestramento, lezione: *questo ti serva di a.* **2** ammonizione, richiamo

SFUMATURE ➤ ***avvertimento***

ammònio [da *ammoniaca* ✱ 1829] s. m. (pl. *-i* o *-ii*) ● (*chim.*) gruppo monovalente positivo non isolato allo stato libero costituito da un atomo di azoto e quattro di idrogeno; è presente nelle soluzioni acquose dell'ammoniaca e dei suoi sali e si comporta come lo ione di un metallo alcalino

ammoniotèlico [comp. di *ammonio* e del gr. *télos* 'fine', inteso come 'stadio finale', col suff. *-ico* ✱ 1986] agg. (pl. m. *-ci*) ● (*biol.*) detto di animale caratterizzato da ammoniotelismo

ammoniotelìsmo [comp. di *ammonio* e del gr. *télos* 'fine' col suff. *-ismo* ✱ 1986] s. m. ● (*biol.*) metabolismo dei composti azotati tipico di alcuni gruppi animali; porta prevalentemente o esclusivamente all'eliminazione di scorie in forma di ammoniaca o di sali ammoniacali

♦**ammonìre** [vc. dotta, lat. *admonēre*, comp. di *ăd* e *monēre* 'ricordare' ✱ 1275] v. tr. (*io ammonìsco, tu ammonìsci*) **1** mettere in guardia con energia e autorevolezza, contro errori, pericoli e sim. (+ *contro*, + *che*): *a. i giovani contro i pericoli della droga*; *lo avevano ammonito che non avrebbero più tollerato i suoi ritardi* | essere di ammaestramento: *i nostri errori debbono ammonirci* **2** esortare (+ *a*, anche seguito da inf., + *di* seguito da inf.): *ammonì la recluta al rispetto delle regole*; *vi ammonisco a non ripetere simili errori*; *l'ammonii di stare zitta e di non aumentare coi suoi lamenti lo spavento di quell'ora* (I. SVEVO) **3** rimproverare, riprendere, correggere (+ *per*): *a. qlcu. per una mancanza* **4** (*dir.*, *sport*) rivolgere a qlcu. un'ammonizione (+ *per*): *il giudice ha ammonito i testimoni*; *a. un dipendente*; *l'arbitro ha ammonito il difensore per gioco pericoloso*

Ammonìti [dette così perché hanno forma somigliante alle corna del dio *Ammone* ✱ 1819] s. f. pl. (sing. *-e*) ● (*zool.*) ordine di Cefalopodi fossili diffusi dal Devoniano al Cretaceo con guscio a forma di spirale diviso internamente in camere crescenti (*Ammonites*)

ammonitìvo [1893] agg. ● che contiene un'ammonizione: *richiamo a.*

ammonìto **A** part. pass. di *ammonire*; anche agg. ● nei sign. del v. **B** s. m. (f. *-a*) ● chi ha ricevuto un'ammonizione

ammonitóre [vc. dotta, lat. *admonitōre(m)*, da *admonēre* 'ammonire' ✱ 1282] agg. e s. m. (f. *-trice*) ● che (o chi) ammonisce

ammonitòrio [vc. dotta, lat. tardo *admonitōriu(m)*, da *admonēre* 'ammonire' ✱ 1554] agg. (pl. m. *-i* o *raro -ii*) ● (*raro*) che serve ad ammonire: *parlare con tono a.*

ammonizióne [vc. dotta, lat. *admonitiōne(m)*, da *admonēre* 'ammonire' ✱ av. 1294] s. f. **1** rimprovero: *ha ricevuto una grave a.* **2** esortazione, avvertimento, monito (+ *a*, + *di* seguiti da inf.): *a. a far bene, a non lasciarsi intimidire*; *accompagnando il dono coll'a. di tenerne ben conto* (A. MANZONI) **3** (*dir.*) monito che il magistrato rivolge alle parti, ai testimoni e ai consulenti tecnici sull'importanza degli atti che stanno per compiere | sanzione disciplinare, irrogabile ai dipendenti, consistente in un formale rimprovero **4** (*sport*) avvertimento dato dall'arbitro o dal dirigente a un giocatore o atleta che abbia commesso scorrettezze o infrazioni | provvedimento preso a carico di giocatori o atleti spec. recidivi nei falli o nelle irregolarità | ***doppia a.***, seconda ammonizione che, nel calcio, comporta l'espulsione del giocatore

ammonizzazióne [da *ammonio* ✱ 1929] s. f. ● (*biol.*, *chim.*) processo microbico di trasformazione dell'azoto organico del terreno in azoto ammoniacale

ammontàre① [comp. di *a-*② e *monte* ✱ 1427] **A** v. tr. (*io ammónto*) ● (*raro*, *lett.*) ammassare oggetti uno sull'altro SIN. ammucchiare **B** v. intr. (aus. *essere*) ● raggiungere una determinata cifra totale: *i debiti ammontano a tremila euro* **C** **ammontàrsi** v. rifl. ● (*raro*) ammassarsi

ammontàre② [da *ammontare*① ✱ 1885] s. m. ● totale complessivo: *l'a. delle spese è eccessivo*; *sono stati fatti investimenti per ammontari cospicui*

ammonticchiàre [dal lat. tardo *montĭculus* 'monticello' col suff. *-icchiare* ✱ sec. XIV] **A** v. tr. (*io ammonticchio*) ● ammucchiare, spec. in modo disordinato: *a. libri, stoviglie, abiti* **B** **ammonticchiàrsi** v. rifl. ● (*raro*) ammassarsi

ammorbaménto [1745] s. m. ● l'ammorbare | (*fig.*) corruzione

SFUMATURE ➤ ***inquinamento***

ammorbàre o †**amorbàre** [comp. di *a-*② e *morbo* ✱ av. 1374] **A** v. tr. (*io ammòrbo*) **1** rendere malsano e infetto | appestare, detto di pessimi odori (*anche assol.*): *un puzzo acre ammorbava l'aria*; *un tanfo, un fetore che ammorba* | (*fig.*, *fam.*) importunare, infastidire **2** (*fig.*) corrompere: *a. i pensieri, i sentimenti* **B** v. intr. (aus. *essere*) ● †ammalarsi: *com'uom ch'è sano e 'n un momento amorba* (F. PETRARCA)

ammorbatóre [av. 1803] agg. (f. *-trice*) ● che ammorba

ammorbidàre [av. 1333] v. tr., intr. (*io ammòrbido*; aus. intr. *essere*) e **ammorbidàrsi** v. intr. pron. ● (*raro*) ammorbidire, ammorbidirsi

ammorbidènte **A** part. pres. di *ammorbidire*; anche agg. ● nei sign. del v. **B** s. m. **1** (*chim.*) additivo usato nel lavaggio dei tessuti per attenuarne la rigidità conferita dai sali di calcio **2** additivo per il bucato domestico usato per rendere morbidi i capi lavati

ammorbidiménto [1865] s. m. **1** l'ammorbidire, l'ammorbidirsi **2** (*fig.*) attenuazione della rigidità, della durezza: *a. del carattere*; *nell'incontro col governo si è notato un a. delle richieste sindacali*

♦**ammorbidìre** [comp. di *a-*② e *morbido* ✱ 1312] **A** v. tr. (*io ammorbidisco, tu ammorbidìsci*) **1** rendere morbido, tenero: *a. la cera* **2** (*fig.*) addolcire: *a. il carattere* | (*fig.*) ***a. qlcu.***, renderlo meno ostile | ***a. le proprie richieste, la propria posizione***, (*fig.*) mitigarle | ***a. i contorni***, (*fig.*) sfumarli **B** v. intr. (aus. *essere*) e **ammorbidìrsi** v. intr. pron. **1** diventare morbido, molle **2** (*fig.*) addolcirsi: *gli si è ammorbidito il carattere*

ammorsàre① [comp. di *a-*② e *morsa* ✱ sec. XIV] v. tr. (*io ammòrso*) **1** chiudere in una morsa **2** (*archit.*) lasciare ammorsature, per il collegamento di un muro con un altro nuovo

†**ammorsàre**② [lat. parl. **admorsāre* (*admordēre*). V. *mordere* ✱ av. 1380] v. tr. ● mordere

ammorsatùra [da *ammorsato*, part. pass. di *ammorsare*① ✱ 1950] s. f. ● (*archit.*) pietra lasciata sporgere da un muro nudo, per un'eventuale nuova costruzione

†**ammorsellàto** [comp. di *a-*② e *morsello* ✱ 1325 ca.] s. m. ● vivanda a base di carne tritata e uova sbattute

ammortaménto [sec. XIV] s. m. **1** estinzione graduale di un debito o reintegrazione entro un periodo prestabilito, di spese, capitali per impianti, ammodernamenti e sim. mediante pagamenti periodici e accantonamenti di quote, calcolati in base a un piano finanziario | ***a. del debito pubblico, a. dei prestiti pubblici***, rimborso graduale da parte dello Stato delle somme prese a mutuo SIN. (*raro*) ammortizzazione **2** procedimento giudiziario diretto alla sostituzione di un titolo di credito smarrito, sottratto o distrutto

ammortàre [comp. di *a-*② e *morto* ✱ 1266]

a

v. tr. (*io ammòrto*) **1** effettuare un ammortamento **2** †uccidere | †spegnere, estinguere: *il digiuno ammorta molti vizi* (F. SACCHETTI)

ammortiménto [av. 1257] **s. m. 1** (*raro, lett.*) intorpidimento **2** †estinzione

ammortìre [lat. parl. **admortīre*, da *mŏrs*, genit. *mŏrtis* 'morte' ✱ 1268] **A v. tr.** (*io ammortisco, tu ammortìsci*) **1** †rendere inerte, torpido **2** (*fig., lett.*) affievolire, attutire: *Per ribattere e a. i colpi* (A. MANZONI) **B v. intr.** (**aus.** *essere*) e **ammortìrsi v. intr. pron.** ● †svenire

ammortiẓẓàbile [av. 1869] **agg.** ● che si può ammortizzare ‖ **ammortiẓẓabilità**, **s. f. inv.**

ammortiẓẓaménto [fr. *amortissement*. V. *ammortare* ✱ 1886] **s. m. 1** ammortamento **2** assorbimento di urti o vibrazioni

ammortiẓẓàre [dal fr. *amortir* e *-izzare* ✱ 1819] **v. tr. 1** ammortare **2** attutire, assorbire urti, vibrazioni, sollecitazioni mediante ammortizzatori ‖ **ammortiẓẓazióne**, **s. f.** ammortamento; ammortizzamento

ammortiẓẓatóre [1919] **s. m.** ● dispositivo per attutire urti e attenuare vibrazioni, utilizzato spec. nei veicoli e nei macchinari: *a. a frizione, idraulico, oleopneumatico* | (*fig., econ.*) ***ammortizzatori sociali***, complesso dei provvedimenti, come la cassa integrazione o il prepensionamento, volti ad attenuare le conseguenze sociali della perdita di posti di lavoro

ammorzàre [lat. parl. **admortiāre*, da *mŏrs*, genit. *mŏrtis* 'morte' ✱ av. 1257] **A v. tr.** (*io ammòrzo*) **1** (*lett.*) spegnere, estinguere, smorzare (*anche fig.*): *a. la fiamma, il fuoco, la luce; a. il pianto, un dolore* **2** (*fig., lett.*) attutire: *a. la voce* **B ammorzàrsi v. intr. pron.** ● (*raro, lett.*) estinguersi, annullarsi

ammosciàre [comp. di *a-*② e *moscio* ✱ 1768] **A v. tr.** (**pres.** *io ammóscio*; **fut.** *io ammoscerò*) ● (*fam.*) rendere moscio, vizzo: *la pioggia ha ammosciato le falde del cappello* | (*fig.*) annoiare, deprimere **B v. intr.** (**aus.** *essere*) e **ammosciàrsi v. intr. pron.** ● diventare moscio | (*fig.*) intristirsi, deprimersi

ammoscìre [1614] **v. tr., intr.** (*io ammoscìsco, tu ammoscìsci*; **aus. intr.** *essere*) e **ammoscìrsi v. intr. pron.** ● (*raro*) ammosciare, ammosciarsi

ammostaménto [1955] **s. m.** ● preparazione del mosto atto ad essere fermentato

ammostàre [comp. di *a-*② e *mosto* ✱ 1348] **A v. tr.** (*io ammósto*) ● pigiare l'uva per farne mosto **B v. intr.** (**aus.** *avere*) ● diventare mosto

ammostatóio [1789] **s. m.** (**pl.** *-ói*) ● strumento di legno per ammostare e muovere la vinaccia

ammostatóre [1789] **s. m.** (**f.** *-trice*); **anche agg.** ● chi (o che) ammosta

ammostatùra [1789] **s. f.** ● ammostamento

†ammotinàre e deriv. ➤ **ammutinare** e deriv.

ammòtrago [comp. del gr. *ámmos* 'sabbia' e *trágos* 'capro' ✱ 1955] **s. m.** (**pl.** *-ghi*) ● pecora selvatica africana con collo e petto abbondantemente crinito e lunghe corna arcuate (*Ammotragus lervia*)

ammucchiaménto [1777] **s. m.** ● (*raro*) l'ammucchiare, l'ammucchiarsi | (*raro*) mucchio, cumulo

♦**ammucchiàre** [comp. di *a-*② e *mucchio* ✱ 1350 ca.] **A v. tr.** (*io ammùcchio*) ● raccogliere in mucchio: *a. le castagne* | accumulare: *a. denari* **B ammucchiàrsi v. intr. pron.** ● affollarsi, ammassarsi: *la mobilia si ammucchiava in un angolo; gli oggetti in vendita si ammucchiano su banchetti improvvisati*

ammucchiàta [part. pass. sostantivato di *ammucchiare* ✱ 1971] **s. f. 1** (*pop.*) rapporto sessuale di gruppo, senza distinzione di numero e di sesso **2** (*est., spreg.*) gruppo eterogeneo e confuso: *un'a. elettorale*

ammucidìre [comp. di *a-*② e *mucido* ✱ av. 1597] **v. intr.** (*io ammucidìsco, tu ammucidìsci*; **aus.** *essere*) e **ammucidìrsi v. intr. pron.** ● (*tosc.*) ammuffire

ammuffiménto [av. 1909] **s. m.** ● alterazione di un alimento dovuta alla formazione di muffe

♦**ammuffìre** [comp. di *a-*② e un denominale di *muffa* ✱ 1625] **v. intr.** (*io ammuffìsco, tu ammuffìsci*; **aus.** *essere*) e **ammuffìrsi v. intr. pron. 1** fare la muffa: *questi biscotti sono ammuffiti* | (*fig.*) ***tenere il denaro ad a.***, non investirlo **2** (*fig.*) sciuparsi tenendosi appartati dalla vita attiva: *a. sui libri, in casa*

ammuffito **part. pass.** di *ammuffire*; **anche agg. 1** nei sign. del v. **2** (*fig.*) vecchio, superato, retrivo

ammuinàre e deriv. ➤ **ammoinare**① e deriv.

ammulinàre [comp. di *a-*② e *mulino* ✱ 1481] **A v. tr.** ● (*raro*) fare girare vorticosamente **B v. intr.** (**aus.** *essere*) ● (*raro*) fare mulinello, girare vorticosamente, detto di polvere, nevischio e sim.

ammuṣàre [comp. di *a-*② e *muso* ✱ 1319] **A v. intr.** (**aus.** *essere*) ● star vicino col muso, detto di animali **B v. tr.** ● (*raro, lett.*) toccare col muso **C ammuṣàrsi v. rifl. recipr.** ● (*lett.*) toccarsi muso con muso: *le pecore s'ammusavano in un mucchio lanoso* (G. D'ANNUNZIO)

ammuṣìre [1865] **v. intr.** (*io ammuṣìsco, tu ammuṣìsci*; **aus.** *essere*) ● (*raro*) immusonirsi

ammuṣonìto [1904] **agg.** ● (*raro*) immusonito

ammutàre [comp. di *a-*② e *muto* ✱ 1319] **v. intr.** (**aus** *essere*) ● (*raro*) ammutolire: *se ammuto / volentieri fra gli uomini, a te parlo* (U. SABA)

ammutinaménto o **†ammotinaménto** [av. 1527] **s. m. 1** ribellione di quattro o più militari o di almeno un terzo dei membri dell'equipaggio a ordini dei superiori: *reato di a.* **2** (*est.*) correntemente, rifiuto di obbedire a un ordine superiore da parte di appartenenti alle forze armate, di membri dell'equipaggio, di carcerati

SFUMATURE ➤ ***indisciplina***

ammutinàre o **†ammotinàre** [sp. *amotinar*, dal fr. (*se*) *mutiner*, da *meute* 'sommossa', dal lat. *movēre* 'muovere' ✱ av. 1540] **A v. tr.** (*io ammutìno, evit. ammùtino*) ● (*raro*) indurre all'ammutinamento: *a. l'esercito* **B ammutinàrsi v. intr. pron.** ● rendersi colpevole di ammutinamento

ammutinàto **A part. pass.** di *ammutinare*; **anche agg.** ● nei sign. del v. **B s. m.** (**f.** *-a*) ● chi è colpevole di ammutinamento

ammutìre [comp. di *a-*② e *muto* ✱ sec. XIV] **A v. intr.** (*io ammutìsco, tu ammutìsci*; **aus.** *essere*) ● (*raro*) divenir muto | tacere **B v. tr.** ● (*raro, lett.*) ridurre al silenzio: *a. i nemici*

♦**ammutolìre** [comp. di *a-*② e un denominale di *mutolo* ✱ av. 1306] **A v. intr.** (*io ammutolìsco, tu ammutolìsci*; **aus.** *essere*) ● diventare silenzioso | (*est.*) tacere improvvisamente per stupore, paura, vergogna e sim. (+ *da*, + *per*): *ammutolì dallo* (o *per lo*) *spavento; ammutolì di rabbia* **B v. tr.** ● (*raro*) far tacere: *lo stupore lo ammutolì*

amneṣìa [fr. *amnésie*, dal gr. *amnēsía*, comp. di *a-*① e *-mnesia* ✱ 1819] **s. f.** ● perdita totale o parziale della memoria | (*est.*) momentaneo vuoto di memoria

amnèṣico [1980] **agg.** (**pl. m.** *-ci*) ● (*med.*) relativo ad amnesia o affetto da amnesia **SIN.** amnestico

amnèstico [1990] **agg.** (**pl. m.** *-ci*) ● (*med.*) amnesico

àmnio o **àmnios** [vc. dotta, lat. tardo *ămnio(n)*, dal gr. *amníon*, di etim. incerta ✱ 1683] **s. m.** (**pl.** *-i* o *raro -ii*) ● (*anat.*) membrana trasparente che forma un sacco ripieno di liquido in cui è sospeso l'embrione dei Vertebrati superiori

amniocènteṣi o **amniocentèṣi** [comp. di *amnio* e del gr. *kéntēsis* 'puntura' (V. *paracentesi*) ✱ 1975] **s. f. inv.** ● (*med.*) prelievo del liquido amniotico effettuato mediante l'introduzione di un lungo ago attraverso l'addome della gestante fino a raggiungere il sacco amniotico per individuare l'eventuale presenza di alterazioni cromosomiche del feto

amniografìa [comp. di *amnio* e *-grafia* ✱ 1955] **s. f.** ● (*med.*) tecnica radiologica per cui si visualizza il feto, rendendo possibile la diagnosi prenatale del sesso e di eventuali anomalie

àmnios ➤ **amnio**

amnioscopìa [comp. di *amnio* e *-scopia* ✱ 1983] **s. f.** ● (*med.*) esame ottico effettuato mediante amnioscopio per valutare le caratteristiche del liquido amniotico e visualizzare il feto

amnioscòpio [1983] **s. m.** ● (*med.*) strumento ottico per effettuare l'amnioscopia

Amniòti [da *amnio* ✱ 1892] **s. m. pl.** (**sing.** *-e*) ● (*zool.*) denominazione dei Vertebrati il cui embrione si sviluppa nell'amnio

amniòtico [1819] **agg.** (**pl. m.** *-ci*) ● (*anat.*) dell'amnio | ***liquido a.***, secreto dalla membrana amniotica e in essa contenuto

amnistìa [vc. dotta, lat. *amnēstia(m)*, dal gr. *amnestía* 'oblio, remissione', comp. di *a-*① e *mimnḗskō* 'io rammento' ✱ av. 1292] **s. f.** ● (*dir.*) provvedimento generale con cui lo Stato dichiara l'estinzione di determinati reati già commessi, rinunciando all'applicazione della pena **CFR.** grazia, indulto① | ***a. propria***, quando è anteriore alla sentenza irrevocabile di condanna | ***a. impropria***, quando è posteriore alla sentenza irrevocabile di condanna

SFUMATURE ➤ ***grazia***

amnistiàre (o **-stịà-**) [1848] **v. tr.** (*io amnìstio* o *amnistìo*) ● applicare l'amnistia a dati reati esonerando i colpevoli dalla esecuzione della pena

amnistiàto (o **-stịà-**) **A part. pass.** di **amnistiare**; **anche agg.** ● nei sign. del v. **B s. m.** (**f.** *-a*) ● chi è stato beneficiato da una amnistia

♦**àmo** [lat. *hāmu(m)* 'uncino', di etim. incerta ✱ av. 1250] **s. m.** (**pl.** *àmi*; **pl. f.** *†àmora*) **1** uncino di acciaio di varia grandezza che fissato alla lenza e fornito di esche diverse serve per la cattura del pesce: *il pesce abbocca all'amo; amo a paletta, amo a occhiello* **2** (*est.*) punta uncinata: *l'amo dello strale, dell'ancora* **3** (*fig.*) lusinga, insidia | ***abboccare all'amo***, cadere in un inganno | ***gettare l'amo***, tendere un'insidia

a mòdo ➤ **ammodo**

amoèrro o **amoèrre** [fr. *moire*, dall'ingl. *mohair*, a sua volta dall'arabo *muḫayyar* 'specie di cammellotto fatto di peli di capra' ✱ av. 1767] **s. m.** ● stoffa di seta molto consistente, con giochi di riflessi che imitano il movimento delle onde

amòk /a'mɔk, *ingl.* ə'mɒk/ [dal portog. *amuco*, a sua volta dal malese *amuk*, n. della malattia riscontrata orig. negli indigeni della Malesia ✱ 1830] **s. m. inv.** ● (*med.*) disturbo psicopatologico caratterizzato da accessi di furia aggressiva od omicida scatenati da un insulto reale o immaginario, durante i quali il soggetto attacca indiscriminatamente qualsiasi individuo

amòmo [lat. *amōmu(m)*, dal gr. *ámomon*, di orig. semitica ✱ 1313] **s. m.** ● pianta erbacea delle Zingiberacee, fornita di grossi rizomi, con fusti eretti, foglie strette, lineari e lanceolate, fiori brunicci in spighe composte (*Amomum cardamomum*)

Amontillado /*sp.* amonti'ʎaðo/ [vc. sp., da *Montilla*, luogo di origine ✱ 1840] **s. m. inv.** (**pl. sp.** *Amontillados*) ● tipo di Sherry di colore ambrato e di sapore molto secco, prodotto in Andalusia

amoràccio ➤ **amorazzo**

amoràle [comp. di *a-*① e *morale* ✱ 1895] **agg. e s. m. e f.** ● che (o chi) risulta estraneo e indifferente a qualsiasi valutazione morale: *vita a.*; *comportamento a.*; *persona a.* ‖ **amoralménte**, **avv.** ‖ **amoralità**, **s. f. inv.** caratteristica di chi (o di ciò che) è amorale

amoralìsmo [1902] **s. m.** ● atteggiamento proprio di chi concepisce la vita completamente estranea a qualsiasi valutazione di ordine morale

amoràzzo o **amoràccio** [1353] **s. m. 1** pegg. di *amore* **2** tresca

†**amorbàre** ➤ **ammorbare**

♦**amóre** [lat. *amōre(m)*. V. *amare* ✱ sec. XII] **s. m.** (*Amóre* **nel sign. 7**) **1** intenso sentimento di affetto, inclinazione profonda verso qlcu. o qlco.: *a. paterno, materno, fraterno*; *a. per un amico* | ***d'a. e d'accordo***, senza contrasti | ***per a. o per forza***, in ogni modo | ***per l'a. di Dio***, escl. di supplica o incitamento o impazienza | ***per a. di***, al fine, per causa | ***a. di sé***, egocentrismo | ***amor proprio***, senso del proprio valore, della propria dignità **CONTR.** odio **2** forte attrazione, anche sessuale, verso un'altra persona: *a. corrisposto, tormentato, infelice, tenero, morboso*; *a. sensuale, platonico, romantico*; *a. sacro, profano*; *parlare d'a.* **CFR.** eroto- | ***a. libero***, che si realizza senza legami matrimoniali | ***figlio dell'a.***, (*eufem.*) figlio naturale | ***fare all'a.***, ***fare l'a. con qlcu.***, avere rapporti sessuali con qlcu.; (*disus.*) amoreggiare | ***patire, soffrire il mal d'a.***, amare con intensità dolorosa **3** (*biol.*) complesso di atteggiamenti, di attività e modificazioni morfologiche che nella maggior parte degli animali accompagna la riproduzione **4** aspirazione alla realizzazione di un ideale etico, politico, religioso e sim.: *a. della povertà, della giustizia sociale* | desiderio di Dio e del bene | ***per amor*** (*o* ***l'amor***) ***di Dio!***, per carità; (*est.*) può anche esprimere disappunto, forte impazienza e sim.: *smettila, per amor di Dio!* | sentimento di solidarietà, di affetto, di carità e sim.: *provare a. per gli oppressi, per i nemici*; *a. della patria, dell'umanità* | interesse appassionato, predilezione, per un'attività, una materia di studio e sim.: *a. per le arti, per la matematica, per le lunghe passeggiate* **5** forte desiderio di qlco., attaccamento a qlco.: *a. del denaro, del lusso, del potere*; *a. per la vita, per i piaceri* **6** solerzia, zelo, accuratezza: *studiare, lavorare con a.* **7** (*fig.*) Dio: *il Sommo, Eterno, Divino a.* | paterna dilezione di Dio per le sue creature **8** chi (o ciò che) è oggetto di amore (*anche scherz.*): *la musica è il suo unico a.*; *è poi venuto all'appuntamento il tuo a.?* | chi (o ciò che) è molto attraente: *la tua bambina è proprio un a.*; *ha un giardino che è un a.* **9** (**est.**, **spec. al pl.**) avventura, vicenda amorosa: *non fa che parlare dei suoi amori* **10** nella mitologia classica, dio dell'amore **CFR.** Eros **11** una delle figure nel gioco dei tarocchi **12** (*bot.*) ***a. nascosto***, aquilegia ‖ **amoràccio**, **amoràzzo**, **pegg.** (V.) | **amorétto**, **dim.** (V.) | **amorino**, **dim.** (V.) | **amorùccio**, **dim.**

Definizione d'autore

Gli oggetti dell'**amore** sono tanti: le persone, gli animali, le cose inanimate, determinate attività... E anche i possibili amori tra esseri umani sono tanti e così diversi da far rimpiangere la precisione del lessico greco, che per indicarli usava termini distinti: l'**amore** tra amici, tra padre e figlio, tra marito e moglie (per Aristotele anche tra governanti e governati) era *philia*; quello passionale, irragionevole e incontrollabile si chiamava *eros*. Oggetto di maggior attenzione da parte di artisti e filosofi è stato l'**amore** erotico. Una delle descrizioni più belle? *Eros mi squassa l'anima come vento che al monte su le querce si abbatte* (Saffo). Tra i tentativi di definizione: *Eros muore e rinasce, va e viene, come il vento* (Platone, *Simposio*).

Eva Cantarella

SFUMATURE DI SIGNIFICATO

amore - passione - adorazione

Amore ha una gamma amplissima di significati: in senso più generale indica un intenso sentimento di bene nei confronti di qualcuno o qualcosa; in senso più specifico può indicare attrazione anche erotica nei confronti di qualcuno di cui si desidera la vicinanza e la corresponsione, oppure in senso del tutto diverso un sentimento di pietà e di carità nei confronti del prossimo. **Passione** è una forma di amore sensuale travolgente, che assorbe completamente le energie di una persona; in senso esteso indica un interesse totalizzante per qualcosa. **Adorazione** è invece un amore incondizionato nei confronti di qualcuno, anche solo di natura spirituale.

amoreggiaménto [av. 1294] **s. m.** ● l'amoreggiare | relazione amorosa non impegnativa **SIN.** flirt

amoreggiàre [da *amore* ✱ 1342] **v. intr.** (**pres.** *io amoréggio*; **fut.** *io amoreggerò*; **aus.** *avere*) ● intrattenere rapporti amorosi, spec. frivoli e superficiali

amorétto [1573] **s. m. 1** dim. di *amore* | (*spreg.*) amore superficiale e di breve durata **2** (*raro*, **spec. al pl.**) amorino

amorévole [1261 ca.] **agg.** ● che sente e dimostra amore: *madre, voce a.* | affabile: *una a. accoglienza* ‖ **amorevolménte**, **avv.**

SFUMATURE ➤ ***premuroso***

amorevolézza [1353] **s. f. 1** sollecitudine, premura affettuosa **2** (*est.*) atto che dimostra affetto: *la accolse con molte cortesie e amorevolezze*

SFUMATURE ➤ ***amabilità***, ➤ ***dolcezza***

amorfìsmo [1865] **s. m. 1** (*raro*) caratteristica di chi (o di ciò che) è amorfo (*anche fig.*) **2** (*fis.*) proprietà, condizione delle sostanze amorfe

♦**amòrfo** [vc. dotta, gr. *ámorphos* 'informe, deforme', comp. di *a-*① e *morphḗ* 'forma' ✱ 1797] **agg. 1** che è privo di forma: *materia amorfa* | (*fig.*) che è privo di personalità, di carattere: *individuo a.* **2** (*fis.*) detto di sostanza che non ha costituzione cristallina ‖ **amorfaménte**, **avv.**

amorino [1541] **s. m. 1** dim. di *amore* **2** (**spec. al pl.**) puttino, dipinto o scolpito, raffigurante il dio Amore: *una ghirlanda di amorini alati* **3** (*fig.*) fanciullo delicato e leggiadro **4** divano ottocentesco fatto in forma di S sdraiata **5** (*bot.*) reseda

amoróso (o **-ṣ-**) [da *amore* ✱ av. 1250] **A agg. 1** che ha natura d'amore, che è proprio dell'amore, che riguarda l'amore: *passione amorosa*; *poesia amorosa*; *disavventura amorosa* **2** che prova, dimostra, ispira amore: *sguardo, sospiro a.*; *maestro, padre a.* | (*lett.*) piacevole, leggiadro, caro **3** †innamorato **4** (*mus.*) indicazione espressiva che richiede un'esecuzione dolce e affettuosa: *andante a.* ‖ **amorosaménte**, **avv.** con amore ‖ **amorosità**, **s. f. inv.** (*lett.*) disposizione amorosa **B s. m.** (**f.** *-a*) **1** (*lett.*, *pop.*) innamorato, amato, fidanzato **SIN.** moroso② **2** ruolo del teatro italiano corrispondente alla parte di giovane innamorato ‖ **amorosétto**, **dim.**

amoscìno [lat. *damascēnu(m)* 'susino di Damasco' ✱ 1567] **s. m.** ● varietà di susino dal frutto oblungo (*Prunus domestica damascena*)

amostànte [arabo *al-mustaḥlaf* 'giurato' ✱ av. 1431] **s. m.** ● titolo di governatore arabo

amovìbile [dal lat. *amovēre* 'rimuovere', comp. di *ăb* 'da' e *movēre* 'muovere' ✱ av. 1519] **agg.** ● che si può spostare, rimuovere **CONTR.** inamovibile ‖ **amovibilità**, **s. f. inv.**

amozióne [dal lat. *amotiōne(m)*, da *amovēre* 'rimuovere' ✱ 1961] **s. f.** ● rimozione, allontanamento, destituzione

Ampelidàcee [comp. di *ampelo-* e *-acee* ✱ 1819] **s. f. pl.** (**sing.** *-a*) ● (*bot.*) Vitacee

àmpelo- [dal gr. *àmpelos* 'vite', di orig. preindeur.] **primo elemento** ● in parole composte della terminologia dotta o scientifica significa 'vite' o indica relazione con la vite: *ampelografia*

ampelodèṣma [comp. di *ampelo-* e del gr. *désma* 'legame' (V. *desmologia*) ✱ 1819] **s. f.** ● pianta erbacea delle Graminacee con culmi cespugliosi, foglie lineari tenaci e margini ruvidi, usata per fare corde (*Ampelodesma tenax*) **SIN.** saracchio

ampelografìa [comp. di *ampelo-* e *-grafia* ✱ 1873] **s. f.** ● descrizione e classificazione della vite nelle sue specie e varietà coltivate

ampelologìa [comp. di *ampelo-* e *-logia* ✱ 1950] **s. f.** (**pl.** *-gìe*) ● studio della vite e dei suoi prodotti

ampelotecnìa [comp. di *ampelo-* e *-tecnia* ✱ 1955] **s. f.** ● viticoltura

ampeloterapìa [comp. di *ampelo-* e *terapia* ✱ 1942] **s. f.** ● cura a base di uva **SIN.** botrioterapia

amperàggio [fr. *ampérage*, da *ampere* ✱ 1935] **s. m.** ● intensità di una corrente elettrica espressa in ampere

ampere /am'pɛr/ [dal n. del fisico fr. A. M. *Ampère* (1775-1836) ✱ 1892] **s. m. inv.** ● (*fis.*) unità di misura dell'intensità di corrente elettrica nel Sistema Internazionale; è pari alla corrente che, percorrendo due conduttori paralleli di lunghezza infinita e sezione trascurabile posti alla distanza di 1 metro nel vuoto, determina tra essi una forza di $2 \cdot 10^{-7}$ newton per ogni metro di conduttore **SIMB.** A

amperòmetro [comp. di *ampere* e *-metro* ✱ 1892] **s. m.** ● strumento che misura in ampere l'intensità di una corrente elettrica

amperóra [comp. di *ampere* e *-ora* ✱ 1913] **s. m. inv.** ● (*fis.*) unità di quantità di elettricità corrispondente a quella trasportata da una corrente di 1 ampere durante 1 ora **SIMB.** A·h

amperspìra [comp. di *ampere* e *spira* ✱ 1941] **s. f.** ● (*fis.*) unità di misura della forza magnetomotrice dovuta alla corrente elettrica, corrispondente alla corrente di 1 ampere concatenata una sola volta **SIMB.** Asp

Àmpex® [marchio registrato ✱ 1962] **s. m. inv.** ● macchina per la registrazione magnetica delle immagini | (*per anton.*) registrazione videomagnetica

ampicillìna [adattamento dell'ingl. *ampicillin*, da *am(ino-) p(en)icillin* 'amino-penicillina' ✱ 1962] **s. f.** ● (*farm.*) penicillina semisintetica di impiego orale o parenterale, ad ampio spettro antibatterico

ampiézza [1266] **s. f. 1** proprietà, caratteristica di ciò che è ampio: *a. di un campo, di una strada* **SIN.** estensione, vastità **2** grandezza: *misurare l'a. di un vano*; *stanza di notevole a.* | (*fig.*) campo, ambito, portata: *è*

a

difficile valutare l'a. del fenomeno | (*fig.*) vastità di pensiero, dottrina e sim.: *mente di grande a.* **3** (*fis.*) massima deviazione di una grandezza, periodicamente variabile, dal suo valor medio | ***a. di marea***, ampiezza di marea **4** (*mat.*) grandezza, estensione, larghezza: *l'a. di un angolo* **5** †liberalità

♦**àmpio** o (*lett.*) **àmplo** [lat. *ămplu(m)*, di etim. incerta ✱1258] **A** **agg.** (**pl. m.** *ampi*; **superl.** *amplissimo* (V.); *raro ampissimo*) **1** che ha grande estensione, vasto, spazioso: *sala, strada ampia; corridoio, palazzo a.* | comodo, largo: *vestito a.; forma ampia* | capace, capiente: *una borsa ampia* **2** (*est.*) abbondante, copioso: *concedere ampie garanzie* | (*fig.*) ampolloso, esteso: *stile a.; significato più a.* || **ampiaménte**, **avv.** **1** in modo ampio, largo; (*fig.*) estesamente: *Il falso onore, di cui ampiamente ho parlato* (V. Alfieri) **2** abbondantemente, copiosamente: *Potrebbe anche essere ... tale da compensarti ampiamente* (G. Verga) **B** **s. m.** ● †larghezza, ampiezza

SFUMATURE ➤ ***grande***

amplessicàule [fr. *amplexicaule*, comp. del lat. *amplexāri* 'abbracciare' e *caulis* 'gambo' ✱1829] **agg.** ● (*bot.*) abbracciante

♣**amplèsso** [vc. dotta, lat. *amplĕxu(m)*, deriv. di *amplĕcti* 'abbracciare', comp. di *ămb* 'intorno' e *plĕctere* 'intrecciare' ✱sec. XIV] **s. m.** ● (*lett.*) abbraccio: *Riconosci in questo a. / Una madre, amato figlio* (L. Da Ponte) | (*eufem.*) coito: *a. coniugale*

ampliàbile (o **-plià-**) [1985] **agg.** ● che può essere ampliato || **ampliabilità**, **s. f. inv.**

ampliaménto [av. 1563] **s. m.** ● ingrandimento, allargamento, estensione: *lavori di a.*

SFUMATURE ➤ ***espansione***

ampliàre (o **-plià-**) [vc. dotta, lat. *ampliāre*, da *ămplus* 'ampio' ✱1264] **A** **v. tr.** (*io àmplio*) ● rendere più ampio: *a. una strada, un fossato* | (*fig.*) accrescere, aumentare: *a. la propria cultura, le proprie relazioni* **B** **ampliàrsi** **v. intr. pron.** ● allargarsi, ingrandirsi: *le città si ampliano sempre più*

ampliatìvo [av. 1642] **agg.** ● (*raro*) che ha lo scopo di ampliare

ampliàto (o **-plià-**) **part. pass.** di *ampliare*; anche **agg.** **1** nei sign. del v. **2** ***edizione ampliata***, quella con nuovi saggi, racconti e sim. o aggiunte in genere

amplidìna [comp. di *ampli(are)* e *dina(mo)* ✱1955] **s. f.** ● (*elettr.*) amplificatore di potenza, rotante, derivato dalla metadinamo **SIN.** amplidinamo

amplidìnamo [adattamento dell'ingl. *amplidyne* 'amplidina' ✱1955] **s. f. inv.** ● (*elettr.*) amplidina

amplificàre [vc. dotta, lat. *amplificāre*, comp. di *ămplus* 'ampio' e *-ficāre* '-ficare' ✱av. 1292] **v. tr.** (*io amplìfico, tu amplìfichi*) **1** dare maggiore ampiezza **2** presentare con esagerazione retorica | (*fig.*) magnificare, esagerare: *a. i pregi di un'opera* **3** moltiplicare il valore di una grandezza fisica, mediante adeguati dispositivi: *a. una corrente elettrica, un segnale acustico* || **amplificazióne**, **s. f.** (V.)

amplificatìvo [1551] **agg.** ● che serve ad amplificare

amplificatóre [vc. dotta, lat. *amplificatōre(m)*, da *amplificāre* 'amplificare' ✱av. 1334] **A** **agg.** (**f.** *-trice*) ● che amplifica: *impianto a.* **B** **s. m.** **1** (**f.** *-trice*) (*raro* o *lett.*) chi amplifica **2** dispositivo che ha lo scopo di moltiplicare in un dato rapporto una grandezza fisica | ***a. meccanico***, costituito da una leva o da un sistema di leve, come nei barometri metallici, nei minimetri comparatori e sim. | ***a. magnetico***, bobina con nucleo di acciaio magnetizzato da una corrente continua per amplificazione di tensione e di potenza | (*per anton.*) correntemente, apparecchiatura atta ad aumentare l'intensità di un segnale elettroacustico per renderne possibile la trasmissione e la ricezione

amplificatòrio [da *amplificare* ✱1987] **agg.** (**pl. m.** *-i* o *raro -ii*) ● (*ling.*) che contiene un'amplificazione: *artificio retorico a.*

amplificazióne [vc. dotta, lat. *amplificatiōne(m)*, da *amplificāre* 'amplificare' ✱av. 1334] **s. f.** **1** (*raro*) aumento: *l'accrescimento e a. della famiglia* (L.B. Alberti) **2** moltiplicazione del valore di una grandezza fisica: *fattore di a.* **3** effetto ottenuto mediante un amplificatore **4** (*ling.*) esagerazione retorica di un discorso o di singole parole ottenuta mediante la graduale precisazione di alcuni particolari o la ripetizione di termini e frasi equivalenti; per es. in: *Ormai son giunto al fine, ormai son vinto, / né più posso fugir né aver diffesa* (M.M. Boiardo)

SFUMATURE DI SIGNIFICATO

amplificazione - potenziamento - intensificazione

Amplificazione è in generale il rendere più ampio, più esteso; in senso negativo indica un'esagerazione nel descrivere il valore o l'importanza di qualcosa; in fisica definisce la moltiplicazione di una grandezza (corrente, potenza, segnale). **Potenziamento** è un incremento di forza, potenza, efficienza. Anche **intensificazione** esprime aumento di forza e potenza, ma aggiunge una sfumatura relativa a un incremento di intensità o di frequenza.

amplìssimo [1336 ca.] **agg.** **1** superl. di *amplo* **2** (*lett.*) grande, magnifico: *quella chiarissima e amplissima repubblica* (F. Guicciardini)

amplitùdine [vc. dotta, lat. *amplitūdine(m)*, da *ămplus* 'ampio' ✱1357] **s. f.** **1** (*lett.*) ampiezza, grandezza **2** (*astron.*) l'arco di orizzonte compreso fra il punto in cui un astro sorge o tramonta e il vero punto dell'Est o dell'Ovest **3** ***a. di marea***, differenza tra il livello medio delle alte maree e quello delle basse maree in un dato luogo

àmplo ➤ **ampio**

ampólla [lat. *ampŭlla(m)*, dim. di *ămphora*, dal gr. *amphoréus*, comp. da *amphí* 'dalle due parti' e *phérō* 'io porto' ✱1290] **s. f.** **1** piccolo recipiente in vetro o in ceramica, a base larga e panciuta e a imboccatura stretta: *le ampolle dell'olio, dell'aceto* **2** involucro, spec. di vetro, in cui viene praticato il vuoto o vengono introdotti gas inerti per consentire particolari effetti elettrici o elettronici: *a. del tubo a raggi catodici, a raggi X* **3** vasetto metallico contenente l'olio sacro **4** (*anat.*) segmento più espanso di un condotto | ***a. rettale***, ultimo tratto, dilatato, dell'intestino retto **5** (*raro*) rigonfiamento simile a vescica visibile talvolta in alcuni vegetali || **ampollétta**, **dim.** | **ampollìna**, **dim.** (V.) | **ampollìno**, **dim. m.** (V.)

ampollièra [1875] **s. f.** ● sostegno per ampolle, spesso completo di spargisale e spargipepe, entrato nell'uso nel XVIII secolo

ampollìna [sec. XIV] **s. f.** **1** dim. di *ampolla*: *le ampolline dell'olio e dell'aceto* **2** nella liturgia cattolica, ciascuna delle due piccole ampolle che contengono il vino e l'acqua, usate nella celebrazione della Messa

ampollìno [1955] **s. m.** **1** dim. di *ampolla* **2** piccolo recipiente spec. metallico usato un tempo dai militari per portare l'olio per lubrificare il fucile

♣**ampollóso** (o **-ṣ-**) [da *ampolla* nel sign. 1, per la forma gonfia (V. *gonfio* nel sign. A 3) ✱av. 1517] **agg.** ● ridondante, enfatico: *tono e stile ampollosi* || **ampollosétto**, **dim.** || **ampollosaménte**, **avv.** || **ampollosità**, **s. f. inv.** ridondanza, enfasi, eccessiva ricercatezza nel parlare o nello scrivere

amputàbile [1941] **agg.** ● che si può amputare

amputàre [vc. dotta, lat. *amputāre*, comp. di *ămb-* 'intorno' e *putāre* 'tagliare' ✱1499] **v. tr.** (*io àmputo*) **1** asportare un organo o una parte di esso: *a. un arto* **2** (*fig.*) eliminare una o più parti da un discorso, uno scritto e sim.

SFUMATURE ➤ ***recidere***

amputazióne [vc. dotta, lat. *amputatiōne(m)*, da *amputāre* 'amputare' ✱1357] **s. f.** **1** asportazione di un organo o di una sua parte: *a. di un arto, della mammella, del retto* **2** (*fig.*) eliminazione di parti di un discorso, uno scritto e sim.

Amuchìna® [marchio registrato ✱1939] **s. f.** ● soluzione disinfettante contenente cloro come principio attivo

amulèto (o **-é-**) [vc. dotta, lat. *amulētu(m)*, di etim. incerta ✱1587] **s. m.** ● oggetto ritenuto capace di proteggere da mali, disgrazie e sim.

àmulo [vc. dotta, dal lat. *hāmulu(m)* 'piccolo (*-ŭlu(m)*) amo (*hāmu(m)*)' ✱1955] **s. m.** ● (*zool.*) negli Uccelli, ognuno dei minuscoli uncini cornei che connettono reciprocamente le barbule delle penne **SIN.** radiolo

an- ➤ **a-**①

àna① [gr. *aná* 'sopra, su' ✱1491] **avv.** ● termine proprio della ricettazione farmaceutica a significare che delle sostanze prescritte si devono prendere parti uguali o fare uguale distribuzione

†**àna**② [arabo *anā'* ✱1287] **s. f.** ● sforzo

ana-① [secondo l'uso prefissale gr. della prep. *aná* 'su, sopra', di orig. indeur.] **pref.** ● in parole composte dotte significa 'all'insù', 'sopra' o indica elevazione: *anagogia, anagrafe*

ana-② [senso sviluppato dal preverbale gr. *aná-*, che in *ananéuein* significa 'alzare la testa (per dire di no)'] **pref.** ● in parole composte dotte significa 'indietro', 'contro', 'al contrario': *anabiosi, anagramma*

ana-③ [ampliamento di *a(n)-* neg., presente già in gr.] **pref.** ● forma usata arbitrariamente in luogo del pref. privativo *a-* o *an-*, per es. in *anatossina*

anàbaṣi [vc. dotta, gr. *anábasis*, da *anabáinō* 'io salgo su'; dalla spedizione di Ciro il Giovane nel 401 all'interno della Persia, che diede il titolo a un'opera di Senofonte ✱1865] **s. f. inv.** ● (*lett.*) viaggio lungo, tormentato e faticoso

anàbate [vc. dotta, gr. *anabátēs* 'asceso, salito', da *anabáinein* 'salire', comp. di *aná* 'su' e *báinein* 'andare', di orig. indeur. ✱1965] **s. m.** ● pesce osseo tropicale delle acque dolci e salmastre dotato di un organo respiratorio utilizzabile anche fuori dell'acqua (*Anabas scandens*)

anabàtico [dal gr. *anabátēs* 'che sale', da *anabáinein* 'salire', comp. di *aná* 'su' e *báinein* 'salire', di orig. indeur. ✱1970] **agg.** (**pl. m.** *-ci*) ● (*meteor.*) detto di vento locale dovuto al movimento ascendente di masse d'aria: *brezza anabatica* **CONTR.** catabatico

anabattìṣmo [vc. dotta, gr. *anabaptismós* 'nuovo battesimo', comp. di *aná* 'di nuovo' e *baptismós* 'battesimo' ✱1929] **s. m.** ● dottrina e corrente degli anabattisti

anabattìsta [comp. di *ana-*② e *baptízō* 'io immergo', poi 'battezzo' ✱1532] **A** **s. m. e f.** (**pl. m.** *-i*) ● seguace di una setta protestante del XVI sec. che sosteneva l'invalidità del battesimo impartito ai neonati e la necessità di rinnovarlo in età di ragione **B** anche **agg.**: *la setta a.*

anabattìstico [1865] **agg.** (**pl. m.** *-ci*) ● che concerne l'anabattismo

anabbagliànte [comp. di *an-* e *abbagliante* ✱1952] **A** **agg.** ● che non abbaglia: *luce a.; schermo, fascio, faro a.* **B** **s. m.** **1** sorgente di luce che dà luogo a un abbagliamento così tenue da non ridurre sensibilmente la visibilità **2** (*autom.*) fascio di luce emesso dai proiettori degli autoveicoli e deviato verso il basso per non abbagliare chi giunge in senso opposto | il proiettore che emette tale fascio

anabiòsi [vc. dotta, gr. *anabíōsis*, comp. di *aná* 'di nuovo' e *bíōsis* 'condotta, tenore di vita' (V. *bio-*, *-bio*) ✱1892] **s. f. inv.** ● (*biol.*) vita latente provocata dalla disidratazione o dal raffreddamento, che si può osservare in alcuni invertebrati e protozoi | ***a. osmotica***, quando è provocata dall'eccesso di salinità

anabòlico [1955] **agg.** (**pl. m.** *-ci*) ● (*biol.*) che concerne l'anabolismo: *processo a.*

anabolìsmo [dal gr. *anabolḗ* 'dilazione', comp. di *aná* 'indietro' e *bolḗ* 'lancio, colpo' ✱1908] **s. m.** ● (*biol.*) fase attiva del metabolismo, in cui le sostanze introdotte nell'organismo si trasformano in materiale energetico o di accumulo CONTR. catabolismo

anabolizzànte [1961] **A s. m.** ● sostanza che favorisce nell'organismo l'insieme dei processi costruttivi che portano alla formazione di nuovi tessuti attraverso la biosintesi delle proteine **B anche agg.**: *sostanza a.*

Anacantìni [1869] **s. m. pl.** (**sing.** *-o*) ● (*zool.*) gruppo dei pesci Teleostei comprendente numerose specie marine, tra le quali il merluzzo, e, nelle acque dolci, la bottatrice

Anacardiàcee [vc. dotta, comp. di *anacardi(o)* e *-acee* ✱1892] **s. f. pl.** (**sing.** *-a*) ● (*bot.*) famiglia di piante delle Terebintali, composta da specie legnose, nel cui legno si trovano canali resiniferi, con fiori spesso unisessuati in pannocchie (*Anacardiaceae*)

anacàrdio o **anacàrdo** [lat. tardo *anacărde(m)*, dal gr. *anākárdion* 'simile a un cuore' ✱ sec. XIV] **s. m.** ● albero delle Anacardiacee con foglie persistenti, coriacee, fiori bianco-rosati, con peduncoli fruttiferi rigonfi, carnosi e commestibili che portano il vero frutto, anch'esso commestibile (*Anacardium occidentale*) | il frutto di tale pianta

ànace ➤ **anice**

anacenòsi [lat. tardo *anacoenōsi(m)*, dal gr. *anakóinōsis* 'comunicazione', da *koinós* 'comune' ✱1829] **s. f. inv.** ● (*ling.*) nella retorica, richiesta di consiglio a quegli stessi a cui o contro cui si parla; per es. in: *Che debb'io far? che mi consigli, Amore?* (F. PETRARCA)

anaciàto [da *anace* ✱1865] **agg.** ● che ha odore o sapore di anice

anacìclico [vc. dotta, gr. *anakyklikós*, da *anakyklḗō* 'volgo in giro', da *kýklos* 'giro' ✱1892] **agg.** (**pl. m.** *-ci*) ● detto di verso leggibile anche a ritroso senza variazione di senso SIN. palindromico

anacìno ➤ **anicino**

ànacio ➤ **anice**

anàclasi [vc. dotta, gr. *anáklasis* 'spezzatura', comp. di *aná* 'su' e *kláō* 'io rompo' ✱1865] **s. f. inv.** **1** (*ling.*) nella metrica classica, sostituzione in un piede metrico di una sillaba lunga con una breve o viceversa per ottenere una variazione ritmica **2** (*fis.*) rifrazione della luce

anaclàstica [dal gr. *anáklastos* 'ripiegato, riflesso', da *anáklasis* 'piegatura, spezzatura' (V. *anaclasi*) ✱1819] **s. f.** ● ramo dell'ottica che studia le rifrazioni luminose SIN. diottrica

anaclàstico [1955] **agg.** (**pl. m.** *-ci*) ● detto di verso greco o latino che presenti il fenomeno dell'anaclasi

anacolùto [vc. dotta, lat. tardo *anacolūtho(n)*, dal gr. *anakólouthon*, da *an-* e *akólouthos* 'che segue' ✱1819] **s. m.** ● (*ling.*) figura retorica che consiste nella quasi sempre consapevole e voluta mancanza o incongruenza di nessi sintattici, allo scopo spec. di rendere la spontaneità del linguaggio parlato; per es. in: *Quelli che moiono, bisogna pregare Iddio per loro* (A. MANZONI)

anacònda [da una vc. cingalese non identificata ✱1827] **s. m. inv.** ● grosso serpente tropicale dei Boidi lungo 7-8 metri, di colore olivastro, screziato di giallo sul ventre, che conduce vita semi-acquatica (*Eunectes murinus*)

anacorèsi [gr. *anachṓrēsis*. V. *anacoreta* ✱1955] **s. f. inv.** ● abbandono della vita attiva per ritirarsi in solitudine e dedicarsi alla vita contemplativa e ascetica

anacorèta [vc. dotta, lat. tardo *anachorēta(m)*, dal gr. cristiano *anachōrētḗs*, da *anachōréō* 'mi tiro in disparte' ✱av. 1342] **s. m.** (**pl.** *-i*) ● chi si ritirava a vivere nel deserto per raggiungere, in mortificazione e in preghiera, la perfezione cristiana | (*fig.*) ***vita da a.***, semplice e solitaria SIN. eremita

anacorètico [vc. dotta, lat. tardo *anachorēticu(m)*, dal gr. *anachōrētikós*, da *anachōrētḗs* 'anacoreta' ✱1680] **agg.** (**pl. m.** *-ci*) ● di anacoreta, da anacoreta

anacoretìsmo [av. 1852] **s. m.** ● vita da anacoreta, pratica dell'anacoresi

anacreontèo [vc. dotta, lat. *Anacreontīu(m)*, dal gr. *Anakreónteios*, agg. di *Anakréōn*, genit. *Anakréontos* 'Anacreonte' ✱1829] **A s. m.** ● verso della metrica classica tipico della lirica di Anacreonte, costituito da un dimetro ionico a minore **B anche agg.**: *verso a.*

anacreòntica [vc. dotta, lat. tardo *anacreŏnticu(m)*, dal n. del poeta gr. *Anacreonte* (570 ca.-490 ca. a.C.) ✱av. 1712] **s. f.** ● breve poesia in metro anacreonteo nella lirica greca e latina, in strofette generalmente di settenari e ottonari nella lirica italiana

anacreòntico [1585] **agg.** (**pl. m.** *-ci*) ● di Anacreonte | conforme allo stile di Anacreonte: *ode anacreontica*

✦**anacronìsmo** [vc. dotta, gr. *anachronismós*, comp. di *aná* 'contro' e *chrónos* 'tempo' ✱av. 1600] **s. m.** **1** errore di cronologia per cui si attribuiscono cose e fatti caratteristici di un'epoca a un'altra diversa **2** ciò che è in contrasto col suo tempo: *questa teoria è un a.*

anacronìstico [1865] **agg.** (**pl. m.** *-ci*) ● che pecca di anacronismo, che è in contrasto col suo tempo: *comportamento a.* ‖ **anacronisticamènte** **avv.**

anacrùsi [vc. dotta, gr. *anákrousis*, da *anakroúō* 'io conduco indietro' ✱1829] **s. f. inv.** **1** (*ling.*) sillaba di un verso che nella scansione ritmica viene considerata fuori battuta e che spesso precede il primo accento, come negli endecasillabi: *o falce d'argento, qual mèsse di sogni / ondeggia al tuo mite chiarore qua giù!* (G. D'ANNUNZIO) **2** (*mus.*) nota o gruppo di note che talvolta precedono il primo tempo forte di una battuta

anadèma [vc. dotta, lat. *anadēma*, dal gr. *anádēma*, da *déō* 'io bendo' ✱1961] **s. f.** ● diadema, benda avvolta attorno al capo, usati nella Grecia antica da donne e fanciulli

anadiòmene o **anadiomène** [vc. dotta, lat. *anadyŏmene(m)*, dal gr. *anadyoménē*, part. di *anadýomai* 'io emergo' ✱1611] **agg. e s. f.** ● epiteto di Venere, emersa dal mare

anadiplòsi [vc. dotta, gr. *anadíplōsis*, da *anadiplóō* 'io raddoppio' ✱1584] **s. f. inv.** ● (*ling.*) figura retorica che consiste nella ripetizione di una o più parole di un enunciato precedente all'inizio del successivo; per es. la ripetizione di 'amore' e 'letizia' in: *luce intellettüal, piena d'amore; / amor di vero ben, pien di letizia; / letizia che trascende ogne dolzore* (DANTE *Par.* XXX, 40-42)

anàdromo [gr. *anádromos* 'risalente', comp. di *aná* 'indietro' (V. *ana-*②) e *drómos* 'corsa', deriv. di *dramêin* 'correre' (di orig. indeur.) ✱1939] **agg.** ● (*zool.*) detto di pesce (come, per es., lo storione e il salmone) che dal mare si porta periodicamente nelle acque dolci per riprodursi CFR. catadromo

anadùmeno **s. m.** ● (*archeol.*) diadumeno

anaelèttrico [comp. di *ana-*③ e *elettrico* ✱1940] **agg.** (**pl. m.** *-ci*) ● (*elettr.*) di corpo non elettrizzabile per strofinamento

anaeròbica (*evit.*) **aneròbico** [1908] **agg.** (**pl. m.** *-ci*) ● relativo all'anaerobiosi ‖ **anaerobicità** **s. f. inv.**

anaeròbio (*evit.*) **aneròbio** [comp. di *ana-*③ e *aerobio* ✱1892] **A s. m.** ● (*biol.*) essere vivente che vive in assenza di ossigeno libero **B anche agg.**: *batteri anaerobi*

anaerobiòsi [comp. di *ana-*③ e *aerobiosi* ✱1929] **s. f. inv.** ● (*biol.*) processo vitale e fisiologico che si svolge in assenza di ossigeno molecolare

anafàse [comp. di *ana-*① e *fase* ✱1948] **s. f.** ● (*biol.*) terza fase della cariocinesi, in cui i cromosomi si allontanano dall'equatore dirigendosi verso i poli del fuso

anaffettìvo [1984] **agg.** ● (*psicol.*) che riguarda l'anaffettività | detto di chi è affetto da anaffettività ‖ **anaffettività** **s. f. inv.** (*psicol.*) disturbo della personalità per cui il soggetto è incapace di stabilire relazioni affettive o di reagire emotivamente

anafilàssi [vc. dotta, comp. di *ana-*② e *phýlaxis* 'protezione' ✱1909] **s. f. inv.** ● reazione immunitaria abnorme e immediata dell'organismo nei confronti di sostanze (allergeni) che siano già state precedentemente introdotte nell'organismo

anafilàttico [1911] **agg.** (**pl. m.** *-ci*) ● (*med.*) relativo ad anafilassi | ***shock a.***, insufficienza circolatoria indotta da anafilassi generale che consegue alla introduzione di un allergene in un soggetto già sensibilizzato

anafonèsi [comp. di *ana-*① e *phṓnēsis* 'suono', da *phōnêin* 'emettere voce, suono', da *phōnḗ* 'voce, suono' (V. *fonema*) ✱sec. XX] **s. f. inv.** ● (*ling.*) mutamento fonetico, proprio di molti dialetti toscani, delle vocali toniche *é* e *ó* nelle più chiuse *ì* e *ù*, quando seguite da determinate consonanti (per es. dal lat. *longum*, *lungo*, anziché *longo*, presente invece in molti dialetti)

anàfora [vc. dotta, lat. tardo *anăphora(m)*, dal gr. *anaphorá* 'ripetizione', da *anaphérō* 'io ripeto' ✱1575] **s. f.** **1** (*ling.*) figura retorica che consiste nella ripetizione della medesima parola, o gruppo di parole, all'inizio di due o più frasi o versi successivi; per es. in: *s'io meritai di voi mentre ch'io vissi, / s'io meritai di voi assai o poco* (DANTE *Inf.* XXVI, 80-81) SIN. epanafora **2** (*ling.*) procedimento di coesione testuale, consistente nella ripresa di un elemento del discorso, precedentemente menzionato, mediante un pronome, un sinonimo, una ripetizione e sim.; per es. in: *quando Giuda si impiccò, nessuno rimpianse la morte di quel traditore* (*traditore* è anafora di *Giuda*) CONTR. catafora **3** nelle liturgie delle Chiese cristiane orientali, la parte centrale della Messa, corrispondente al canone della liturgia romana | (*est.*) nella liturgia romana, la preghiera eucaristica o canone **4** (*raro*) resoconto, relazione

anaforèsi [comp. di *an(odo)* e gr. *phórēsis* 'il portare', dalla stessa radice di *phérein* 'portare' (V. *-fero*) ✱1932] **s. f. inv.** ● (*fis.*) migrazione verso l'anodo di particelle cariche negativamente, provocata da un campo elettrico

anafòrico① [*anafora* ✱1865] **agg.** (**pl. m.** *-ci*) ● (*ling.*) relativo all'anafora: *procedimento, elemento a.* ‖ **anaforicamènte** **avv.**

anafòrico② [vc. dotta, lat. tardo *anaphŏricu(m)*, dal gr. *anaphorikós* 'che porta su', da *anaphorá* 'ascesa', da *anaphérein* 'far salire'. V. *anafora* ✱1829] **agg.** (**pl. m.** *-ci*) ● (*med.*) emetico

a b c d e f g h i j k l m n o p q r s t u v w x y z

a

anafrodiṣìa [gr. *anaphrodisía*, comp. di *an-* e *aphrodísios* 'di Afrodite', dea dell'amore ✱ 1961] **s. f.** ● diminuzione o assenza del desiderio sessuale

anafrodiṣìaco [1961] **A agg.** (**pl. m.** *-ci*) **1** di anafrodisia: *stato a.* **2** detto di sostanza che deprime gli stimoli sessuali **B s. m.** ● sostanza anafrodisiaca

anagàllide [vc. dotta, gr. *anagallís*, genit. *anagallídos*, di etim. incerta ✱ sec. XIV] **s. f.** ● pianta erbacea delle Primulacee con fusti striscianti, foglie opposte e sessili, piccoli fiori rossi o azzurri (*Anagallis arvensis*) **SIN.** mordigallina

anagèneṣi [gr. *anagénnēsis* 'rigenerazione' (da *anagennân* 'rigenerare', comp. di *ana-*① e *gennân* 'generare', d'orig. indeur.), rifatto su *genesi* ✱ 1961] **s. f. inv.** ● (*biol.*) trasformazione di una specie, un genere, una famiglia, un ordine in un'altra specie, genere, famiglia, ordine superiore, senza ramificazioni in più forme

anagìride [gr. *anágyris*, d'etim. incerta ✱ 1550] **s. f.** ● arbusto delle Leguminose con fiori gialli che fioriscono d'inverno, i cui semi contengono due alcaloidi velenosi (*Anagyris foetida*)

anaglìfico [av. 1764] **agg.** (**pl. m.** *-ci*) ● relativo ad anaglifo

anàglifo o **anaglìpto** [vc. dotta, lat. tardo *anáglyphu(m)*, dal gr. *anáglyphos*, da *glýphō* 'io incido, cesello' ✱ 1768] **s. m. 1** piccolo oggetto di scavo, in bassorilievo **2** (**al pl.**) coppia di immagini stereoscopiche che, osservate con occhiali speciali, danno l'impressione di immagine in rilievo

anaglìptico e deriv. ➤ **anaglittico** e deriv.

anaglìpto ➤ **anaglifo**

anaglìttica o **anaglìptica** [1819] **s. f.** ● arte di intagliare e incidere pietre dure o preziose

anaglìttico o **anaglìptico** [vc. dotta, lat. tardo *anaglýpticu(m)* ✱ 1865] **agg.** (**pl. m.** *-ci*) ● relativo all'anaglittica

anagogìa [vc. dotta, lat. tardo *anagōge(n)*, dal gr. *anagōgḗ* comp. di *aná* 'su' e *ágō* 'io conduco' ✱ 1309] **s. f.** (**pl.** *-gìe*) **1** rapimento dell'anima nella contemplazione delle cose divine **2** una delle quattro forme di interpretazione delle Sacre Scritture, nella quale i fatti descritti sono spiegati come simbolo delle realtà soprannaturali cui l'anima deve elevarsi **CFR.** allegoria, tipologia, tropologia

anagògico [1308] **agg.** (**pl. m.** *-ci*) ● relativo all'anagogia, basato sull'anagogia: *interpretazione anagogica* ‖ **anagogicaménte**, **avv.** secondo l'interpretazione anagogica

anàgrafe [vc. dotta, gr. *anagraphḗ* 'iscrizione, registro', comp. di *aná* 'ana-①' e *graphḗ* 'scritto, scrittura' ✱ 1764] **s. f. 1** registro o archivio elettronico contenente i dati sulla popolazione di ogni comune, con le indicazioni riguardanti ciascun individuo e le relative variazioni (nascita, matrimonio, mutamento di residenza, morte, ecc.) | ufficio comunale che conserva tali dati e rilascia i relativi documenti: *richiedere all'a. il proprio stato di famiglia* **2** (*est.*) archivio | ***a. tributaria***, servizio centrale dell'amministrazione finanziaria che raccoglie e ordina in un archivio elettronico tutti i dati e le notizie su ogni cittadino soggetto a imposta | (*est.*) servizio di registrazione e identificazione di animali: *a. canina, equina, bovina*

anagràfico [1905] **agg.** (**pl. m.** *-ci*) ● dell'anagrafe, relativo all'anagrafe: *registro a.*; *dati anagrafici* ‖ **anagraficaménte**, **avv.** per quanto riguarda i dati anagrafici

anagràmma [comp. del gr. *aná* 'indietro' (V. *ana-*②) e *grámma* 'lettera', sul modello del gr. tardo *anagrammatismós* 'anagramma' ✱ 1618] **s. m.** (**pl.** *-i*) ● gioco enigmistico consistente nella trasposizione delle lettere di una parola in modo da formarne un'altra (per es. *piscina-spinaci*)

anagrammàre [1741] **A v. tr.** ● fare l'anagramma di una parola o di una frase **B anagrammàrsi v. intr. pron.** ● formare anagramma del proprio nome: *Renato Fucini si anagrammò in Neri Tanfucio*

anagrammàtico [av. 1665] **agg.** (**pl. m.** *-ci*) ● di anagramma ‖ **anagrammaticaménte**, **avv.** a modo di, per anagramma

anagrammista [1941] **s. m. e f.** (**pl. m.** *-i*) ● chi compone o risolve anagrammi

analcòlico o **analcoòlico** [comp. di *an-* e *alco(o)lico* ✱ 1923] **A agg.** (**pl. m.** *-ci*) ● che non contiene alcol: *bibita analcolica* **B s. m.** ● bevanda priva di alcol

anàlda [deformazione del n. della contea belga di *Hainaut* ✱ 1353] **vc.** ● solo nella loc. agg. ***all'a.***, detto di sopravveste maschile lunga e stretta con maniche ampie, in voga nel tardo Medioevo

anàle [da *ano* ✱ 1827] **agg. 1** (*anat.*) dell'ano, relativo all'ano: *orifizio, sfintere a.* **2** (*psicoan.*) ***fase a.***, la seconda fase dello sviluppo psicosessuale del bambino, in cui la fonte principale di piacere è la zona anale

analècta [gr. *análekta*, nt. pl. di *análektos* 'raccolto', da *analégein* 'raccogliere', comp. di *aná* 'in alto, verso' e *légein* 'raccogliere' (V. *-logo*) ✱ 1748] **s. m. pl.** ● insieme di opuscoli, frammenti, testi, notizie e sim. spec. di natura giuridica, storica o scientifica

analèmma [vc. dotta, gr. *análēmma* 'piano, piedistallo, sostegno', deriv. del v. *analambánein* 'sollevare' ✱ 1865] **s. m.** (**pl.** *-i*) ● (*astron.*) proiezione ortografica del moto apparente del Sole sul piano meridiano del luogo di osservazione

analèssi [vc. dotta, gr. *análēpsis*, comp. di *aná* 'di nuovo' e *lêpsis* 'il prendere' ✱ 1819] **s. f. inv. 1** (*ling.*) nella retorica classica, ripresa di una stessa parola **2** (*ling.*) in un testo narrativo, riferimento ad avvenimenti anteriori al tempo della narrazione **CFR.** prolessi

analèttico [vc. dotta, lat. *analēpticu(m)*, dal gr. *analēptikós*. V. *analessi* ✱ 1797] **A s. m.** (**pl.** *-ci*) ● medicamento capace di eccitare transitoriamente l'attività cardiaca, circolatoria e respiratoria **B anche agg.**: *farmaco a.*

analfabèta [vc. dotta, gr. *analphábētos*, comp. di *an-* e *alphábetos* 'alfabeto' ✱ 1676] **agg. e s. m. e f.** (**pl. m.** *-i*) ● che (o chi) non sa leggere e scrivere **CONTR.** alfabeta | (*est.*) ignorante | ***a. di ritorno***, persona, spec. adulta, che ha disimparato a leggere e a scrivere

analfabètico [1911] **agg.** (**pl. m.** *-ci*) ● che non si fonda sulle lettere dell'alfabeto: *scrittura analfabetica*

analfabetiṣmo [1794] **s. m. 1** condizione dell'analfabeta | ***a. di ritorno***, di chi ha perso per lunga desuetudine la già acquisita capacità di leggere e scrivere **SIN.** dealfabetizzazione **2** fenomeno sociale per cui una determinata percentuale di persone, in età adatta all'apprendimento, è e resta incapace di leggere e di scrivere: *la piaga dell'a.*; *lotta contro l'a.* **3** (*est.*) totale mancanza di basi e di competenze in un determinato campo: *a. economico, giuridico* | ***a. digitale***, o ***a. informatico***, relativo alle tecnologie informatiche, all'uso del computer ecc.

analgeṣìa [vc. dotta, gr. *analgēsía*, comp. di *an-* e *álgos* 'dolore' ✱ 1819] **s. f.** ● riduzione o soppressione della sensibilità al dolore

analgèṣico [1899] **A agg.** (**pl. m.** *-ci*) ● relativo ad analgesia | che produce analgesia: *farmaco a.* **B s. m.** ● farmaco antidolorifico che agisce sul centro della percezione del dolore situato nella corteccia cerebrale **SIN.** antalgico, antidolorifico

♦**anàliṣi** [vc. dotta, gr. *análysis*, da *analýō* 'io sciolgo' ✱ 1675] **s. f. inv. 1** metodo di studio e di ricerca consistente nello scomporre un tutto nelle sue singole componenti allo scopo di esaminarle e definirle: *procedere all'a. di un fenomeno sociale, di un fatto storico, di una norma di legge* **CONTR.** sintesi | ***a. estetica***, relativa agli elementi estetici di un'opera d'arte | (*gramm.*) ***a. grammaticale***, quella che identifica la funzione grammaticale delle parole che compongono una proposizione | ***a. del periodo***, quella che identifica la funzione sintattica delle proposizioni che compongono un periodo | ***a. logica***, quella che identifica la funzione sintattica delle parole o di gruppi di parole in una proposizione | (*est.*) indagine, esame approfondito: *condurre un'accurata a. di un problema*; *a. psicologica* | ***a. di mercato***, ricerca di mercato | ***in ultima a.***, in conclusione **2** in varie discipline scientifiche, insieme delle operazioni che hanno lo scopo di determinare la natura e le caratteristiche fondamentali di una sostanza o di un complesso di sostanze: *a. qualitativa, quantitativa*; *a. chimica elementare*; *a. spettrale, gravimetrica, colorimetrica* | ***a. del suono***, relativa a un suono complesso per ottenere le componenti semplici armoniche, la loro frequenza e la loro intensità | ***a. clinica***, in medicina, quella che viene effettuata a scopo diagnostico: *a. del sangue, dell'urina*; *fare le a.* **3** (*mat.*) ***a. infinitesimale***, ramo della matematica che studia le applicazioni del concetto di limite, segnatamente il calcolo infinitesimale | ***a. matematica***, ramo della matematica che studia i metodi di calcolo per la risoluzione di problemi matematici e le teorie che da tale studio sorgono | ***a. funzionale***, studio delle equazioni funzionali | ***a. combinatoria***, ramo della matematica che studia la costruzione e l'enumerazione di insiemi costituiti da un numero finito d'elementi e obbedienti a requisiti assegnati | †***a. algebrica***, algebra classica **4** (*inform.*) fase di lavoro, precedente la programmazione, in cui vengono esaminate le procedure la cui esecuzione sarà affidata alla macchina **5** trattamento psicoanalitico: *essere in a.*; *sette anni di a.* | ***a. di gruppo***, V. *gruppo*

analista [fr. *analyste*, dal gr. *analýō* 'io sciolgo' ✱ 1674] **s. m. e f.** (**pl. m.** *-i*) **1** chi esegue analisi spec. chimiche, mediche e sim. | ***a. finanziario***, chi si dedica all'analisi della situazione finanziaria dell'azienda | ***a. tempi e metodi***, tecnico della produzione addetto alla determinazione dei tempi di lavorazione secondo il metodo più economico | ***a. di mercato***, professionista che fa ricerche di mercato o analisi di un determinato settore dell'economia | chi analizza i problemi, spec. aziendali, in funzione dell'elaborazione elettronica **2** scrittore che sa descrivere con acutezza i sentimenti umani **3** psicoanalista

analita [adattamento dell'ingl. *analyte*, da *analytic* 'pertinente all'analisi' ✱ 1991] **s. m.** (**pl.** *-i*) ● (*chim.*) qualsiasi componente di una sostanza che in un'analisi di laboratorio viene sottoposto a misurazioni quantitative o a esame qualitativo

analìtica [1740] **s. f.** ● qualsiasi disciplina che si fonda sul procedimento dell'analisi

analìtico [av. 1566] **agg.** (**pl. m.** *-ci*) **1** di analisi, fondato sull'analisi: *metodo, procedimento a.* | che ha attitudine all'analisi: *mente, intelligenza analitica* | (*est.*) minuzioso: *descrizione analitica* | ***bilancia analitica***, usata, spec. in chimica, per pesate di alta precisione con approssimazioni di 0,1-0,2 mg **2** basato sull'analisi | ***chimica analitica***, branca della chimica che studia la composizione qualitativa e quantitativa dei composti e dei miscugli | ***indice a.***, nei libri, quello che indica le pagine in cui si parla di un dato autore o di un dato argomento |

(*filos.*) ***giudizio a.***, nella logica kantiana, quello in cui un concetto del predicato è implicitamente contenuto in quello del soggetto, per cui basta analizzare il soggetto per ricavare il predicato | ***filosofia analitica***, indirizzo della filosofia contemporanea, diffuso spec. nei Paesi anglosassoni, che considera la ricerca filosofica come un'indagine scientifica improntata a criteri di rigore ed esattezza e si volge in particolare allo studio del linguaggio **3** (*mat.*) di metodo che usa prevalentemente calcoli **4** (*ling.*) ***lingua analitica***, quella (per es. l'italiano) che esprime i rapporti grammaticali con l'aggiunta di elementi indipendenti piuttosto che con modificazioni interne delle parole CONTR. sintetico || **analiticaménte**, **avv.** || **analiticità**, **s. f. inv.** carattere analitico, spec. di una ricerca o di un procedimento

analiẓẓàbile [1908] **agg.** ● che si può analizzare || **analiẓẓabilità**, **s. f. inv.**

analiẓẓàre [fr. *analyser* 'fare l'analisi (*analyse*)', dal gr. *analýō* 'io sciolgo' ✱ 1711] **v. tr. 1** sottoporre qlco. ad analisi: *a. un minerale, un periodo*; *scrittore che analizza abilmente i sentimenti umani* **2** (*est.*) esaminare con cura, nei particolari: *a. un comunicato, una legge*; *problema complesso, difficile da a.*

analiẓẓatóre [1781] **s. m. 1** (**f.** *-trice*) chi fa un'analisi, spec. chimica **2** (*scient.*) strumento per compiere analisi | ***a. universale***, multimetro **3** (*miner.*) dispositivo del microscopio da mineralogia che evidenzia quale tipo di interferenza abbia subito la luce polarizzata all'interno del cristallo

anallèrgico [comp. di *an-* e *allergia*, con suff. agg. ✱ 1950] **agg.** (**pl. m.** *-ci*) ● che non produce allergia: *siero a.* || **anallergicità**, **s. f. inv.**

♦**analogìa** [vc. dotta, lat. *analŏgia(m)*, dal gr. *analogía* 'proporzione'. V. *analogo* ✱ 1363] **s. f.** (**pl.** *-gìe*) **1** relazione di affinità e somiglianza tra due o più cose: *a. di gusti*; *le lingue neolatine presentano fra loro numerose analogie*; *l'a. fra le due opere è evidente* **2** (*ling.*) influenza assimilatrice che una forma esercita su un'altra | nella grammatica antica, principio di regolarità nella flessione e nella formazione delle parole CONTR. anomalia **3** (*filos.*) in logica, tipo di argomentazione in base alla quale dalla somiglianza di due o più cose per uno o più aspetti si inferisce la loro somiglianza anche per altri aspetti **4** (*fis.*) corrispondenza che esiste fra due fenomeni fisici di natura diversa quando le grandezze relative all'uno e le grandezze relative all'altro sono legate da equazioni identiche; permette di studiare fenomeni complessi su modelli costituiti da fenomeni più semplici **5** (*biol.*) relazione esistente tra parti anatomiche di categorie tassonomiche diverse che svolgono la stessa funzione ma differiscono per il piano organizzativo complessivo e le modalità di sviluppo (per es. ali di uccelli e di insetti)

♦**analògico** [vc. dotta, lat. *analŏgicus*, dal gr. *analogikós*, da *análogos* 'analogo' ✱ 1550] **agg.** (**pl. m.** *-ci*) **1** che è tipico dell'analogia: *metodo a.* | che si basa sull'analogia: *interpretazione analogica* **2** detto di sistema o dispositivo che tratta grandezze non discrete che variano con continuità: *calcolatore a.* | ***orologio a.***, che segna l'ora rappresentando lo scorrere del tempo tramite il movimento delle lancette CFR. digitale || **analogicaménte**, **avv.** in modo analogico, per analogia || **analogicità**, **s. f. inv.** carattere analogico di qlco.

analogiṣmo [1748] **s. m.** ● uso di procedimenti analogici

analogìsta [1929] **s. m. e f.** (**pl. m.** *-i*) ● grammatico classico della scuola alessandrina sostenitore del principio dell'analogia

♦**anàlogo** [vc. dotta, lat. *anălogu(m)*, dal gr. *análogos* 'proporzionato, che è in rapporto con', da *lógos* 'proporzione, corrispondenza' ✱ av. 1565] **agg.** (**pl. m.** *-ghi*) **1** che ha analogia con qlco.: *mi trovo in una situazione analoga alla tua* SIN. affine, simile **2** (*biol.*) detto di organi o parti di animali che hanno uguale funzione anche se origine embrionale molto diversa **3** (*lett.*) appropriato, confacente || **analogaménte**, **avv.**

SFUMATURE DI SIGNIFICATO

analogo - omologo - conforme - corrispondente
Ciò che è affine, somigliante a qualcos'altro si definisce **analogo**. **Omologo** è invece ciò che ha le stesse caratteristiche di qualcos'altro. Se una cosa è uguale o simile nella forma o nell'aspetto a un'altra si definisce invece **conforme**. Ciò che è in una relazione di analogia può anche essere definito **corrispondente**.

anàmneṣi o **anamnèṣi** [vc. dotta, lat. tardo *anamnesi(m)*, dal gr. *anámnēsis* 'ricordo', da *anamimnḗskō* 'io ricordo' ✱ 1819] **s. f. inv. 1** nella filosofia platonica, teoria secondo cui tutte le nostre conoscenze sarebbero ricordi di cognizioni acquisite dall'anima nella sua esistenza nel mondo iperuranio, prima di entrare nel corpo **2** (*med.*) raccolta delle notizie riguardanti i precedenti fisiologici e patologici personali ed ereditari dei pazienti, compiuta a scopo diagnostico mediante l'interrogatorio del paziente stesso e dei familiari: *a. prossima, remota* CFR. catamnesi **3** (*relig.*) parte del canone della Messa successiva alla consacrazione e che contiene l'offerta del sacrificio

anamnèstico [vc. dotta, gr. *anamnēstikós*, da *anámnēsis* 'anamnesi' ✱ 1819] **agg.** (**pl. m.** *-ci*) ● (*med.*) relativo ad anamnesi: *dati anamnestici*

anàmni [comp. di *a-*① e *amnio* ✱ 1983] **s. m. pl.** (**sing.** *-io*) ● (*zool.*) denominazione dei Vertebrati il cui embrione è privo di annessi embrionali

anamòrfico [1963] **agg.** (**pl. m.** *-ci*) ● relativo ad anamorfosi | ***lente anamorfica***, che dà luogo ad anamorfosi delle immagini

anamorfiẓẓàre [1993] **v. tr.** ● (*cinema, fotogr.*) operare un'anamorfosi

anamorfiẓẓazióne [1986] **s. f.** ● (*cinema, fotogr.*) utilizzo di sistemi ottici che permettono l'anamorfosi

anamorfòṣi o **anamòrfoṣi** [vc. dotta, gr. *anamórphōsis*, da *morphḗ* 'forma' ✱ 1819] **s. f. inv. 1** deformazione dell'immagine per mezzo di un sistema ottico, tale che l'ingrandimento in senso orizzontale sia diverso da quello in senso verticale **2** artificio pittorico per inserire in una composizione scene o immagini non percepibili se non osservate di scorcio o da un determinato punto di vista **3** (*biol.*) tendenza a un graduale incremento in complessità o a un cambio di forma nell'evoluzione di un gruppo di animali o di piante

ànanas o **ananàs**, **ananàsso** nel sign. 1, (*tosc.*) **ananàsse** [dal guaranì *nana*, attrav. il portog. *ananaz* ✱ 1763] **s. m. inv. 1** pianta delle Bromeliacee con lunghe foglie spinose ai margini, disposte a rosetta dal cui centro si alza una spiga di fiori violacei (*Ananas sativus*) | il frutto di tale pianta, simile nell'aspetto a una grossa pigna, costituito dai singoli frutti, dalle brattee, dal peduncolo **2** tipo di bomba a mano contenente un'alta dose di esplosivo che nell'aspetto ricorda vagamente il frutto omonimo

anancàṣmo [vc. dotta, gr. *anánkasma* 'costrizione' dal v. *anankázein* 'obbligare, costringere' ✱ 1986] **s. m.** ● (*psicol.*) pensiero o impulso insistente e coatto

anancàstico [vc. dotta, gr. *anankastikós* 'obbligatorio, coercitivo', dal v. *anankázein* 'obbligare, costringere' ✱ 1986] **agg.** (**pl. m.** *-ci*) ● che presenta anancasmi: *personalità anancastica, tipo a.*

anànke o **anànche** [gr. *anánkē* 'necessità' ✱ 1883] **s. f. inv.** ● (*lett.*) necessità, fato, destino CFR. tyche

anapèstico [vc. dotta, lat. tardo *anapaesticu(m)*, dal gr. *anapaistikós*, da *anápaistos* 'anapesto' ✱ 1585] **agg.** (**pl. m.** *-ci*) ● di anapesto: *ritmo a.* | formato di anapesti: *verso a.*

anapèsto [vc. dotta, lat. *anapaestu(m)*, dal gr. *anápaistos* 'battuto a rovescio', da *anapáiō* 'io batto a rovescio' ✱ av. 1326] **s. m.** ● (*ling.*) piede di metrico della poesia greca e latina formato da due sillabe brevi e da una lunga

anaplaṣìa [comp. di *ana-*③ e *-plasia* ✱ 1913] **s. f.** ● (*med.*) perdita della differenziazione cellulare, della organizzazione e della funzione specifica tessutale; si verifica nelle cellule neoplastiche

anaplàṣma [comp. del gr. *aná* 'all'insù, sopra' (V. *ana-*①) e *plásma* 'plasma' ✱ 1955] **s. m.** (**pl.** *-i*) ● genere di Protozoi parassiti dei globuli rossi di vari Mammiferi, spec. Bovini ed Equini (*Anaplasma*)

anaplaṣmòṣi [comp. di *anaplasm(a)* e *-osi* ✱ 1955] **s. f. inv.** ● malattia infettiva dei Bovini e degli Ovini, trasmessa dalle zecche, caratterizzata da anemia

anapodìttico [dal gr. *anapódeiktos* 'non provato', comp. di *an-* e *apodeiknýnai* 'mostrare' (V. *apodittico*) ✱ 1965] **agg.** (**pl. m.** *-ci*) ● che è evidente di per sé e non ha bisogno di dimostrazione

anaptìssi [vc. dotta, gr. *anáptyxis* 'apertura, spiegazione', da *anaptýssein* 'spiegare, svolgere', comp. di *aná* 'su' e *ptýssein* 'piegare', di etim. incerta ✱ 1950] **s. f. inv.** ● (*ling.*) inserimento di una vocale in un gruppo consonantico, per facilitarne la pronuncia; per es. l'inserimento della vocale *i* all'interno di 'asma' in: *Sempre ha l'asima e la tossa* (A. POLIZIANO)

anaptìttico [da *anaptissi* ✱ 1980] **agg.** (**pl. m.** *-ci*) ● (*ling.*) di anaptissi, inserito per anaptissi CFR. anorganico, epitetico, parassita, prostetico

anarchìa [gr. *anarchía*, comp. di *an-* e *archḗ* 'comando, potere' ✱ 1619] **s. f. 1** mancanza di governo | stato di disordine politico dovuto a mancanza o debolezza di governo: *cadere nell'a.* | (*est.*) disordine, indisciplina: *in questa casa vige l'a.* **2** concezione e movimento politico sorti nella seconda metà dell'Ottocento, che propugnano un ordine fondato sull'autonomia e la libertà degli individui contro ogni forma di Stato e di potere costituito

anarchicheggiànte [1909] **agg.** ● che si ispira all'anarchia o ne riprende alcuni temi: *concezione a.* | che è incline all'anarchia: *comportamento a.*

anàrchico [da *anarchia* o fr. *anarchique* ✱ 1766] **A agg.** (**pl. m.** *-ci*) ● relativo all'anarchia o agli anarchici: *idee anarchiche* | (*est.*) disordinato, caotico || **anarchicaménte**, **avv.** **B s. m.** (**f.** *-a*) ● fautore dell'anarchia | (*est.*) chi è insofferente di ogni regola o disciplina

anarchìṣmo [1894] **s. m. 1** atteggiamento anarchico | (*est.*) tendenza, gener. priva di fondamento ideologico o politico, a rifiutare qualsiasi forma di autorità: *l'a. dei giovani* **2** l'organizzazione della vita sociale teorizzata dagli anarchici

anàrco- [tratto da *anarchia*] **primo elemento** ● in parole composte spec. del linguaggio politico, significa 'anarchia', 'relativo ad anarchia', 'basato sull'anarchia': *anarco-sindacalismo, anarco-insurrezionalista, anarco-liberismo*

anarcòide [comp. di *anarc(hico)* e *-oide* ✱ 1905] **agg. e s. m. e f. 1** che (o chi) è propenso all'anarchia **2** (*est., spreg.*) che (o chi) ha

a

tendenze ribelli, è insofferente d'ogni disciplina e sim.: *carattere a.*; *assumere atteggiamenti da a.*

anarco-insurrezionalìsta [1997] **A** **agg.** (**pl. m.** *-i*) ● relativo a tendenze o gruppi caratterizzati da concezioni anarchiche di tipo estremistico, favorevoli ad attività insurrezionali: *l'area anarco-insurrezionalista* **B** **s. m. e f.** ● appartenente a tali tendenze o gruppi: *l'atto eversivo è stato rivendicato dagli anarco-insurrezionalisti*

anariàno [comp. di *an-* e *ariano* ✱ 1950] **agg. e s. m.** ● (*raro*) che (o chi) non è ariano

anasàrca o †**anassàrca** [gr. *anásarx*, genit. *anásarkos*, comp. di *aná* 'verso, contro' e *sárx*, genit. *sarkós* 'carne', di etim. incerta ✱ av. 1577] **s. m.** (**pl.** *-chi*) ● (*med.*) edema generalizzato al tessuto sottocutaneo di tutto il corpo

anastàtica [dal gr. *anástasis* 'risurrezione' ✱ 1865] **s. f.** ● pianta erbacea delle Crocifere a forma di cespuglietto con foglie ovali, pelose e fiori piccoli di colore bianco (*Anastatica hierochuntica*) **SIN.** rosa di Gerico

anastàtico [ingl. *anastatic*, attrav. il fr. *anastatique*, dal gr. *anástasis* 'azione di risollevarsi, risurrezione' ✱ 1892] **agg.** (**pl. m.** *-ci*) ● detto di riproduzione litografica fondata sul trasporto diretto dello stampato alla pietra per ottenere una nuova matrice: *copia anastatica* | (*est.*) detto di ogni procedimento che permetta di ristampare fedelmente un originale: *ristampa anastatica* ‖ **anastaticaménte**, **avv.** mediante un procedimento anastatico

anastigmàtico [comp. di *an-* e *astigmatico* ✱ 1913] **agg.** (**pl. m.** *-ci*) ● di sistema ottico, lente od obiettivo, in cui sia eliminato l'astigmatismo

anastigmatìşmo [1955] **s. m.** ● proprietà di ciò che è anastigmatico: *a. di una lente*

anastilòsi [vc. dotta, comp. di *ana-*① e del gr. *stýlosis* 'colonnato' ✱ 1963] **s. f. inv.** ● (*archeol.*) ricostruzione di antichi edifici o monumenti con l'utilizzo delle parti originali e nel rispetto delle primitive strutture

anastomiẓẓàre [da *anastomosi* ✱ 1865] **v. tr.** ● (*chir.*) unire in anastomosi ‖ **anastomiẓẓazióne**, **s. f.**

anastomòşi o **anastòmoşi** [vc. dotta, lat. tardo *anastomōsi(m)*, dal gr. *anastómōsis* 'imboccatura', da *anastomóō* 'dare sbocco', comp. di *aná* 'verso' e *stóma* 'bocca' ✱ 1574] **s. f. inv.** **1** (*chir.*) connessione realizzata chirurgicamente tra strutture anatomiche tubulari tra loro omogenee, come vasi o tratti intestinali, o eterogenee, come l'uretere e il colon **2** (*anat.*) ramo di comunicazione tra tronchi vasali o nervosi principali **3** (*bot.*) nei vegetali, comunicazione fra vasi, nervature o lamelle

anàstrofe [vc. dotta, lat. tardo *anăstrophe(n)*, dal gr. *anastrophḗ* 'inversione' (*stréphō* 'io rovescio') ✱ av. 1555] **s. f.** ● (*ling.*) figura retorica che consiste nel mutamento dell'ordine consueto delle parole all'interno di una frase; per es. in: *O belle a gli occhi miei tende latine!* (T. TASSO)

anatàsio [vc. dotta, dal gr. *anátasis* 'azione di stendere in alto' ✱ 1961] **s. m.** ● (*miner.*) ossido di titanio in lunghi prismi tetragonali neri

anatèma o (*raro*) **anàtema** [vc. dotta, lat. tardo *anăthema*, dal gr. *anáthema* 'maledizione', da *anatíthēmi* 'io pongo sopra, dedico' ✱ 1363] **s. m.** (**pl.** *-i*) **1** nelle religioni greca e romana, consacrazione votiva agli dei inferi | nella religione cristiana, scomunica solenne contenente originariamente la maledizione dello scomunicato **2** (*est.*) maledizione: *gettare, scagliare l'a. contro qlcu.*; *fulminare qlcu. di anatemi* **3** †chi è colpito da anatema
SFUMATURE ➤ *scomunica*

anatematìşmo [vc. dotta, lat. tardo *anathematĭsmu(m)*, dal gr. *anathematismós*. V. *anatema* ✱ 1619] **s. m.** ● denuncia ecclesiastica di libro o di dottrina degni di anatema

anatematiẓẓàre o **anatemiẓẓàre** [vc. dotta, lat. tardo *anathematizāre*, dal gr. *anathematízō*. V. *anatema* ✱ av. 1348] **v. tr.** **1** colpire con anatema **2** (*raro*, *lett.*) condannare: *i quali anatemizzarono la danza di Isadora* (A. SAVINIO)

anatèssi [dal gr. *anátēxis* 'liquefazione' ✱ 1957] **s. f. inv.** ● (*geol.*) processo di fusione di una roccia metamorfica a temperature e profondità molto elevate, che dà luogo a una massa magmatica di composizione simile a quella dei graniti

Anàtidi [dal lat. *ănas*, genit. *ănatis* 'anatra' ✱ 1892] **s. m. pl.** (**sing.** *-e*) ● (*zool.*) famiglia di Uccelli degli Anseriformi in genere acquatici (*Anatidae*)

anatocìşmo [vc. dotta, lat. *anatocĭsmu(m)*, dal gr. *anatokismós*, deriv. dal v. *anatokízein* 'prendere l'interesse (*tókos*) su (*aná*) l'interesse' ✱ 1673] **s. m.** ● (*econ.*) regola di calcolo degli interessi su un capitale, in base alla quale gli interessi di un periodo concorrono, insieme al capitale originario, alla maturazione di interessi per i periodi successivi

anatòlico [1914] **A** **agg.** (**pl. m.** *-ci*) ● dell'Anatolia, regione della Turchia: *villaggi anatolici* **B** **s. m.** (**f.** *-a*) ● abitante o nativo dell'Anatolia

anatomìa o †**notomìa** [vc. dotta, lat. tardo *anatŏmia(m)*, dal gr. *anatomḗ* 'dissezione', da *anatémnō* 'io seziono' ✱ av. 1328] **s. f.** **1** scienza che studia la forma e la struttura degli organismi animali e vegetali nelle singole parti che li compongono | ***a. umana normale***, studio sistematico della forma e della costituzione del corpo umano | ***a. patologica***, branca della medicina, o della veterinaria, che studia le malattie con l'esame delle alterazioni indotte nei vari organi o tessuti dai processi morbosi | ***a. comparata***, studio comparativo dell'anatomia umana e animale per ricavare considerazioni generali sul significato morfologico degli organi | ***a. topografica***, studio del corpo umano secondo una suddivisione regionale **2** dissezione: *fare l'a. di un cadavere* **3** (*est.*) la forma, la struttura di un organismo o di una sua parte (*anche fig.*) | pezzo anatomico: *Chi … non è buon maestro di figure, e masimo di notomia, non se ne può intendere* (MICHELANGELO) **4** (*fig.*) analisi metodica e minuziosa di qlco.: *a. di una crisi, di un delitto*

anatòmico [vc. dotta, lat. tardo *anatŏmicu(m)*, dal gr. *anatomikós*, da *anatomḗ* 'anatomia' ✱ 1548] **A** **agg.** (**pl. m.** *-ci*) **1** di anatomia, relativo all'anatomia: *preparazione anatomica*; *pezzo a.* | ***sala anatomica***, dove si fanno le dissezioni | ***tavolo a.***, per dissezioni **2** modellato, strutturato secondo la forma del corpo umano o di una sua parte: *sedile a.*; *sedia, scarpa anatomica* ‖ **anatomicaménte**, **avv.** per quanto riguarda l'anatomia **B** **s. m.** (**f.** *-a*) ● anatomista

anatomìsta o †**notomista** [av. 1519] **s. m. e f.** (**pl. m.** *-i*) ● studioso di anatomia

anatomiẓẓàre o †**notomiẓẓàre** [1567] **v. tr.** **1** sezionare un corpo animale studiandone la struttura, l'anatomia: *a. un cadavere, un arto* **SIN.** dissecare **2** (*fig.*) esaminare in modo sottile e minuzioso

anatomopatologìa [comp. di *anatom(ico)* e *patologia* ✱ sec. XX] **s. f.** (**pl.** *-gìe*) ● (*med.*) anatomia patologica

anatomopatòlogo [da *anatomopatologia* ✱ 1985] **s. m.** (**f.** *-a*; **pl. m.** *-gi*) ● (*med.*) medico specializzato in anatomia patologica

anatossìna [comp. di *ana-*③ e *tossina* ✱ 1930] **s. f.** ● (*biol.*) tossina batterica privata artificialmente del suo potere tossico che però conserva le proprietà vaccinanti: *a. antitetanica, difterica* **SIN.** tossoide

♦**ànatra** o **ànitra** [lat. parl. **ănitra(m)*, per il classico *ănate(m)*, di orig. indeur. ✱ sec. XIII] **s. f.** **1** genere di uccello acquatico spesso commestibile degli Anseriformi con piedi palmati, becco largo e piatto, piumaggio variopinto su fondo generalmente grigio (*Anas*) | ***a. selvatica***, germano reale | ***a. domestica***, derivata dal germano reale ma differente per mole, colore delle piume, maggiore deposizione delle uova | ***a. muschiata, a. muta***, originaria dell'America meridionale, grossa e di piumaggio verde, con screziature bianche sulle ali, che emana odore di muschio e, nel maschio, emette soltanto una specie di soffio invece del verso caratteristico (*Cairina moschata*) | ***a. matta***, fischione | ***a. sposa, a. sposina***, originaria dell'America sett., di piumaggio elegante (*Aix sponsa*) | ***a. mandarina***, originaria dell'Estremo Oriente, di piumaggio e forma elegante (*Aix galericulata*) | ***a. zoppa***, (*fig.*) nel linguaggio giornalistico, persona inefficiente, incapace o che esercita un potere solo nominalmente (trad. della loc. ingl. d'America *lame duck*) **2** correntemente, la femmina del germano reale ‖ **anatrèlla**, **dim.** (V.) | **anatrina**, **dim.** | **anatrìno**, **dim. m.** | **anatròccola**, **dim.** | **anatròccolo**, **dim. m.** (V.) | **anatròtto**, **dim. m.**

anatràre [1831] **v. intr.** (*io ànatro*; aus. *avere*) ● detto dell'anatra, emettere il caratteristico verso basso e stridulo, frammisto a frequenti starnazzii

anatrèlla [1557] **s. f.** **1** dim. di *anatra* **2** (*arald.*) piccola anatra posta nello scudo sempre di profilo, ad ali chiuse, priva del becco e delle zampe

anatrèptica o **anatrèttica** [vc. dotta, gr. *anatreptikós*, da *anatrépō* 'io rovescio, abbatto' ✱ 1940] **s. f.** ● in logica, l'arte di rovesciare le argomentazioni dell'avversario per confonderlo

anatròccolo o **anitròccolo** [sec. XIV] **s. m.** **1** dim. di *anatra* **2** pulcino dell'anatra | ***il brutto a.***, (*fig.*) chi è sempre oggetto di disprezzo e disinteresse nonostante le sue qualità (dal titolo di una favola di H.C. Andersen, 1805-1875)

anàtropo [dal gr. *anatropḗ* 'rovesciamento', deriv. di *anatrépein* 'rovesciare', comp. di *aná* 'ana-②' e *trépein* 'volgere' ✱ 1874] **agg.** ● (*bot.*) capovolto | ***ovulo a.***, quello delle Fanerogame, curvato alla base in modo che l'asse longitudinale sia parallelo all'asse del funicolo

ànca [francone **hanca* ✱ 1282] **s. f.** **1** regione anatomica del corpo umano che comprende la parte laterale e posteriore del bacino e la parte laterale e superiore della coscia **CFR.** coxalgia | correntemente, fianco | ***muovere le anche***, ancheggiare **2** regione anatomica del corpo di molti animali corrispondente all'angolo esterno dell'ileo, costituente nei quadrupedi la parte più ampia della groppa **3** punto del fianco della nave dove lo scafo si arrotonda per formare la poppa

ancàta [1942] **s. f.** **1** movimento compiuto con l'anca **2** nella lotta azione con la quale, facendo perno sulla propria anca, si rovescia a terra l'avversario

♦**ancèlla** o †**ancilla** [lat. *ancĭllam*, dim. di *ăncula* 'serva', di orig. indeur., attratto nella serie dei nomi in *-ella* ✱ 1258] **s. f.** **1** (*lett.*) schiava | ***l'A. del Signore***, (*per anton.*) la Madonna **2** (*lett.*) domestica, cameriera: *a le vergini ancelle il cane affida* (G. PARINI)

ancestràle [fr. *ancestral*, da *ancestre*, dal lat. *antecēssor*, genit. *antecessōris*. V. *antecessore* ✱ 1918] **agg.** **1** avito, atavico: *terrori ancestrali* **2** (*biol.*) detto di organo che si riscontra in animali fossili, e che nelle specie viventi è atrofizzato o diversamente sviluppato ‖ **ancestralità**, **s. f. inv.**

♦**ànche** o (*lett.*) **ànco** [etim. incerta ✱ 1211] **A** **cong.** **1** pure, con riferimento a quanto precedentemente espresso e sottinteso: *ho già studiato storia e a. geografia; a. oggi non potrò venire* | si usa nelle risposte con valore rafforz.: *'Tu vieni?' 'Sì!' 'E tua madre?' 'A.'* **2** rafforza l'idea di possibilità: *potevi a. dirmelo; avresti potuto a. star zitto* **3** persino: *l'hai trattato a. troppo bene* | oltre a ciò, inoltre: *c'è da considerare a. questo fatto* | con un senso di rammarico: *a. da te dovevo sentirmelo dire!* **4** introduce una prop. concessiva-condizionale implicita col v. al gerund., o all'inf. preceduto dalla prep. *a*: *a. dicendoglielo tu, non ci crederà; a. a volerlo aiutare, non si può far molto per lui* | in una prop. concessiva-condizionale esplicita col v. al congtv., con il sign. di 'neanche se' (posposto al v.): *non accetterei, fosse a. lei a chiedermelo* | ***a. se***, introduce una prop. condizionale-concessiva col v. al congtv. oppure, con il sign. di 'sebbene', 'quantunque', una concessiva esplicita con il v. all'indic. o al condiz.: *a. se volesse non potrebbe farcela; si mostra scontroso, a. se lo tratto con ogni riguardo; non posso venire con voi, a. se mi piacerebbe* | ***quand'a.***, ammesso pure che, dato pure che, anche se **B** **avv.** **1** (*lett.*) fino ad ora: *non hanno a. provveduto alle difese* | ***per a., per anco***, ancora, finora; (*fig.*) del resto, per altro: *né io sono per a. un manzoniano / che tiri quattro paghe per il lesso* (G. Carducci) | (*lett.*) †***non a.***, nemmeno, neppure **2** (*lett.*) ancora, di nuovo: *sì che 'n inferno i' credea tornar a.* (Dante *Inf.* XXXIV, 81); *mi spiegò a. una volta la contabilità* (I. Svevo) **3** †ormai, finalmente: *sian gli sdegni anco forniti* (T. Tasso)

ancheggiaménto [1925] **s. m.** ● l'ancheggiare

ancheggiàre [da *anca* ✱ 1877] **v. intr.** (**pres.** *io anchéggio*; **fut.** *io ancheggerò*; **aus.** *avere*) ● muoversi facendo ondeggiare i fianchi

anchiloșàre [da *anchilosi* ✱ 1901] **A** **v. tr.** (*io anchilòșo* o *anchìloșo*) ● irrigidire, irrigidirsi per anchilosi **B** **anchiloșàrsi** **v. intr. pron.** ● irrigidirsi per anchilosi: *le mie gambe si stanno anchilosando*

anchiloșàto **part. pass.** di *anchilosare*; anche **agg.** **1** nei sign. del v. **2** rigido, incapace di movimento (*anche fig.*): *mi sento tutto a.; avere la memoria anchilosata*

anchilòși o **anchilòși** [vc. dotta, gr. *ankýlōsis*, da *ankýlos* 'curvo' ✱ 1574] **s. f. inv.** ● (*med.*) diminuzione o perdita dei normali movimenti di un'articolazione

anchilòstoma [comp. del gr. *ankýlos* 'curvo' e *stóma* 'bocca' ✱ 1874] **s. m.** (**pl.** *-i*) ● verme dei Nematodi parassita intestinale, con bocca fornita di piccoli denti (*Ancylostonia duodenale*)

anchilostomìași [1923] **s. f. inv.** ● (*med.*) infestazione da anchilostomi, che si localizzano nell'intestino causando intensa anemia

anchìna [dalla città cinese di *Nanjing* ✱ 1797] **s. f.** ● tela di cotone di color giallo, originaria della città di Nanchino

anchìno [lat. tardo *anquīna(m)*, dal gr. *ankóinē* 'cosa curva', da *ánkos* 'curvatura' ✱ 1607] **s. m.** ● (*mar.*) anello di corde robuste, per fissare all'albero i pennoni minori e le antenne delle vele auriche, che reca inserite grosse sfere di legno duro (*bertocci*)

ànchorman /'ankormen, *ingl.* 'æŋkəmæn/ [vc. ingl. d'America, propr. 'uomo àncora' ✱ 1983] **s. m. inv.** (**f. ingl.** *anchorwoman*; **pl. m. ingl.** *anchormen*; **pl. f. ingl.** *anchorwomen*) ● conduttore di un notiziario televisivo o radiofonico, che assicura da studio i collegamenti con i vari inviati, coordina la messa in onda dei servizi e commenta gli avvenimenti del giorno | (*est.*) conduttore di un programma televisivo o radiofonico di largo ascolto

ància [germ. **ankja* 'tubo', attrav. il fr. *anche* ✱ 1829] **s. f.** (**pl.** *-ce*) ● (*mus.*) sottile lamina di legno, metallo o plastica collocata nell'imboccatura di alcuni strumenti aerofoni, atta a provocare la vibrazione della colonna d'aria che vi è contenuta: *a. semplice; a. doppia* **SIN.** linguetta

†**ancìdere** [da †*anciso* ✱ av. 1276] **v. tr.** ● (*lett.*) uccidere: *Qual dispietata aita / M'ancide et stratia* (Michelangelo)

ancien régime /*fr.* ɑ̃ˌsjɛ̃ʀe'ʒim/ [loc. fr., propr. 'vecchio regime' ✱ 1892] **loc. sost. m. inv.** (**pl. fr.** *anciens régimes*) **1** regime monarchico assoluto dominante in Francia prima della Rivoluzione francese **2** (*est.*) sistema politico-sociale appartenente al passato

ancìle [vc. dotta, lat. *ancīle*, prob. comp. di *ămb-* 'intorno' e *cāedere* 'tagliare' ✱ sec. XIV] **s. m.** **1** piccolo scudo ovale che gli antichi Romani credevano inviato in Terra dal dio Marte **2** (*est.*) ogni scudo di forma ovale

†**ancìlla** ➤ **ancella**

♣**ancillàre** [vc. dotta, lat. *ancillāre(m)*, da *ancĭlla* 'ancella' ✱ 1905] **agg.** **1** relativo alle ancelle | (*scherz.*) ***amori ancillari***, amori con domestiche; *un'avventura furtiva, spiacevole, violenta, di sapore decisamente a.* (A. Moravia) **2** (*fig.*, *raro*) ausiliario, subordinato || **ancillarità**, **s. f. inv.**

ancìpite [vc. dotta, lat. *ancĭpite(m)*, comp. di *ămb-* 'da ogni parte' e *căput*, genit. *căpitis* 'capo' ✱ 1485] **agg.** **1** (*poet.*) a doppio taglio, detto di lama: *e per ferirsi prese il ferro a.* (I. Sannazaro) **2** (*ling.*) detto di sillaba o vocale che, nella metrica classica, può essere considerata breve o lunga **3** (*lett.*, *fig.*) duplice, incerto, ambiguo: *una di quelle forme ancipiti tra bestiali e divine* (G. D'Annunzio)

ancìșo [lat. *ancīsu(m)*, comp. di *ambi* 'da entrambe le parti' e *caesus*, part. pass. di *cāedere* 'tagliare'. Cfr. *inciso* ✱ av. 1257] **agg.** **1** †reciso **2** (*lett.*) ucciso

ànco ➤ **anche**

†**ancòi** [dal lat. *hŏdie* 'oggi' con un pref. non chiaro ✱ 1314] **avv.** ● oggi: *or ti rammenta / come bevesti di Letè a.* (Dante *Purg.* XXXIII, 95-96)

†**àncola** ➤ **ancora**①

ancóna [gr. biz. *eikóna* 'immagine', per il classico *eikṓn*, con un pref. non chiaro. V. *icona* ✱ 1312] **s. f.** ● tavola posta sull'altare, dipinta o scolpita, spesso a più scomparti, in legno, marmo o terracotta **CFR.** retablo | (*est.*) nicchia o cornice in cui è posta tale tavola | pala d'altare

†**ancóne** [vc. dotta, lat. tardo *ancōna*, dal gr. *ankṓn*, 'gomito' ✱ av. 1406] **s. m.** ● articolazione del gomito

anconèo [da †*ancone* ✱ 1681] **A** **agg.** ● (*anat.*) detto di un piccolo muscolo del braccio tra l'omero e l'ulna: *muscolo a.* **B** anche **s. m.**

♦**anconetàno** o **anconitàno** [av. 1306] **A** **agg.** ● di Ancona: *dialetto a.* **B** **s. m.** (**f.** *-a*) ● abitante o nativo di Ancona

♦**àncora**① o †**àncola** [lat. *ăncora(m)*, dal gr. *ánkyra*, da *ánchos* 'curvatura' ✱ sec. XIII] **s. f.** Talora si scrive con l'accento *àncora* quando potrebbe essere confusa con *ancóra* **1** (*mar.*) strumento, gener. metallico e munito di bracci ricurvi (marre), che, gettato a mare da bordo, trattiene la nave ormeggiata al fondale mediante una catena o un cavo | ***stare sull'a.***, fermo | ***dar fondo all'a.***, affondarla | ***levare, salpare l'a.***, partire, andarsene | ***a. galleggiante***, freno idrodinamico che viene filato a mare per frenare lo scarroccio o diminuire la velocità della nave | ***a. di salvezza***, (*fig.*) ultima possibilità di salvezza **2** (*elettr.*) pezzo di ferro dolce comandato da un elettromagnete per compiere funzioni quale l'apertura o la chiusura a distanza di un circuito **3** pezzo di acciaio o di ottone, la cui forma ricorda quella dell'ancora di marina, che costituisce lo scappamento usato negli orologi meccanici, in particolare in quelli a pendolo **4** in alcuni tipi di sciovie, l'attrezzo al quale si agganciano uno o due sciatori || **ancorétta**, **dim.** (V.) | **ancorìna**, **dim.** | **ancoròtto**, **dim. m.** (V.)

♦**ancóra**② [lat. *hănc hōra(m)* 'a quest'ora' ✱ av. 1250] **A** **avv.** (**troncato in** *ancor*) **1** indica continuità di un'azione, di un fatto o di una condizione: *stava a. dormendo; dovrò faticare a. per molti mesi prima di concludere la mia ricerca; sino al fiume è a. il Lazio, poi comincia la Toscana; c'è a. un po' di torta* **2** fino a ora, per ora: *non si è visto a.; non è a. pronto* **3** a quel tempo: *io ero a. bambino* | fino allora: *non avevo a. approfondito la cosa* **4** di nuovo, un'altra volta, per indicare il ripetersi di una cosa o di un'azione: *vieni a. a trovarmi; proverò a.* **5** in aggiunta: *ne vuoi a. un po'?; resta a. dieci minuti* | rafforzativo: *non sai tutto: c'è a. dell'altro* | ***a. a.***, forse: *se le avesse risposto per le rime, a. a. lo capirei, ma darle uno schiaffo …* **6** persino, spec. come rafforz. di un compar.: *tu sei a. più fortunato di me* **B** **cong.** **1** (*lett.*) anche: *le voglio bene ancor io* (C. Goldoni) **2** †sebbene, quantunque, ancorché (introduce una prop. concessiva con il v. al congtv.): *ch'i' ti conosco, ancor sie lordo tutto* (Dante *Inf.* VIII, 39) | †nondimeno: *se voi non lo mi concedete, a. andrò* (G. Boccaccio) (V. nota d'uso ACCENTO)

†**ancóra che** ➤ **ancorché**

†**ancoraché** ➤ **ancorché**

ancoràggio [1488] **s. m.** **1** (*mar.*) luogo in cui si può gettare l'ancora | (*est.*) l'azione stessa del gettare l'ancora | ***tassa d'a.*** o ***all'a.***, tassa dovuta da una nave all'autorità del porto in cui getta l'ancora **2** collegamento di strutture o parti di esse fra loro o al suolo: *l'a. di una macchina utensile; l'a. di un ponte* **3** (*fig.*) saldo riferimento, radicamento: *l'a. di Cattaneo alla cultura illuminista*

ancoràre [da *ancora*① ✱ sec. XIII] **A** **v. tr.** (*io àncoro*) **1** ormeggiare una nave calando l'ancora sul fondo **2** (*est.*) agganciare, attaccare solidamente (*anche fig.*): *a. qlco. al suolo, a una parete; a. un ragionamento a principi logici indiscutibili* **3** (*fig.*) rapportare stabilmente il valore della moneta a quello dell'oro o dell'unità monetaria di altro Stato | (*est.*) ammettere la convertibilità della moneta in oro o in data valuta estera: *a. il franco svizzero all'euro* **B** **ancoràrsi** **v. rifl.** **1** gettare l'ancora: *ci ancorammo al largo* **2** (*est.*) aggrapparsi, attaccarsi con forza (*anche fig.*): *ancorarsi a una sporgenza del muro; ancorarsi a una speranza*

ancoràtico [1330] **s. m.** (**pl.** *-ci*) ● (*stor.*) tassa d'ancoraggio

ancoràto **part. pass.** di *ancorare*; anche **agg.** **1** nei sign. del v. **2** (*arald.*) detto di figura terminante a forma dell'uncino di una ancora: *croce ancorata*

♣**ancorché** o †**ancóra che** /an'kora ke*, ankora'ke*/, †**ancoraché** [comp. di *ancor(a)*② e *che*② ✱ av. 1250] **cong.** ● (*lett.*) benché, quantunque, sebbene (introduce una prop. concessiva col v. al congtv.): *a. fosse molto affaticato, continuò tuttavia a lavorare* | anche se: *l'uomo niente tanto odia quanto la noia e però gli piace di veder qualche novità a. brutta* (G. Leopardi)

ancoréssa [av. 1565] **s. f.** ● ancora molto pesante con una sola marra

ancorétta [1769] **s. f.** **1** dim. di *ancora*① **2** grappino① **3** amo per pesche speciali, a tre o quattro punte

a

ancoròtto [1797] **s. m. 1** dim. di *ancora*① **2** piccola ancora con più marre usata per imbarcazioni leggere

ancorquàndo [comp. di *ancor(a)*② e *quando* ✱ sec. XVII] **cong.** ● (*lett.*) benché, quantunque, anche se (introduce una prop. concessiva con il v. al congtv.)

†**ancròia** [dal n. della protagonista di un poemetto pop. (*La Regina Ancroia*) ✱ 1534] **s. f.** ● (*lett.*) donna vecchia e laida

ancùde o **ancùdine** [deformazione di *incudine*, nata da *la (i)ncudine* ✱ sec. XIII] **s. f.** ● (*poet.*) incudine: *clangor di magli / su forti ancudi* (G. Pascoli)

ànda [da *andare*① ✱ av. 1400] **A** **s. f. 1** (*tosc.*) avvio, aire: *dar l'a.* **2** (*pop.*) andatura | (*fig.*) modo di fare, atteggiamento **B** **in funzione di inter.** ● (*pop.*) si usa come voce d'incitamento per gli animali da tiro, spec. per il bue

andaluṣìte [comp. di *Andalusi(a)*, dove fu scoperto, e *-ite*② ✱ 1817] **s. f.** ● (*miner.*) alluminosilicato in prismi opachi diffuso in alcune rocce metamorfiche, con caratteristiche inclusioni grafitiche a forma di croce

andalùṣo [av. 1635] **A** **agg.** ● dell'Andalusia: *città andalusa*; *ballo a.* **B** **s. m.** (**f.** *-a*) ● abitante o nativo dell'Andalusia

♦**andaménto** [da *andare*① ✱ 1266] **s. m. 1** svolgimento, modo di procedere di qlco. nel tempo: *la situazione economica ha un a. oscillante* | corso, decorso: *l'a. di una malattia* | sviluppo: *una fascia ornamentale ad a. orizzontale* **2** (*mus.*) nella fuga, soggetto di ampia dimensione a due frasi ritmicamente contrastanti | progressione; espressività di un brano **3** (*mus.*) sequenza **4** tono, stile: *un discorso dall'a. solenne* **5** †percorso, via **6** †viaggio, movimento nello spazio | andatura **7** †comportamento, condotta | (**spec. al pl.**) maneggio, intrigo

andàna [da *andare*① (?) ✱ 1825] **s. f. 1** spazio libero tra due filari d'alberi | passaggio libero tra file di casse, botti, sacchi e sim. **2** striscia d'erba da foraggio lasciata a essiccare perché diventi fieno **3** (*mar.*) fila di navi ormeggiate perpendicolarmente alla banchina, l'una a fianco dell'altra | banchina dove le navi possono ormeggiarsi in andana

andànte **A** **part. pres.** di *andare*①; anche **agg. 1** continuo, continuato: *muro a.* | corrente: *anno, mese a.* **2** (*fig.*) che ha qualità scadente: *un tessuto a.*; *mobili andanti* **3** facile, scorrevole | (*est.*) spontaneo, semplice: *un periodare a. e disinvolto* (F. De Sanctis) ‖ **andanteménte**, **avv.** (*raro*) continuamente, senza interruzione; comunemente **B** **s. m.** ● (*mus.*) movimento fra l'adagio e l'allegro ‖ **andantino**, **dim.** (V.)

SFUMATURE ➤ *corrente*①

andantìno [dim. di *andante* ✱ 1797] **s. m.** ● (*mus.*) movimento sia più mosso sia più lento dell'andante, comunque più leggero e ondeggiante | titolo di brani musicali o di una parte di essi

♦**andàre**① [etim. discussa: lat. *annāre* 'nuotare verso' (?); le forme con il tema *vad-* derivano dal lat. *vadĕre* 'avanzare, procedere' ✱ 1219] **A** **v. intr.** (**pres.** *io vàdo* o (*lett., tosc.*) *vo* /vɔ*/, *tu vài, egli va* /va*/, *noi andiàmo, voi andàte, essi vànno*; **fut.** *io andrò*, *pop.* *anderò*; **congtv. pres.** *io vàda, noi andiàmo, voi andiàte, essi vàdano*; **condiz. pres.** *io andrèi*, *pop.* *anderèi*; **imperat.** *va* /va/ o *va'* /va*/ o *vài, andàte*; le altre forme dal tema *and-*; aus. *essere*)
ATTENZIONE! La forma *va* (terza pers. sing.) non richiede l'accento (V. nota d'uso ACCENTO). Nell'imperativo, la forma *va'* ha l'apostrofo in quanto troncamento di *vai* (uno dei casi di troncamento con apostrofo) (V. nota d'uso ELISIONE e TRONCAMENTO). La forma *va* dell'imperat. può assumere, in unione con particelle avv. o pron., le forme *vàcci, vàtti, vàttene, vàllo* e sim., con raddoppiamento della consonante iniziale della particella e, nel caso di *vatti* e *vallo*, anticipazione (o 'risalita') della particella enclitica: *vatti a comprare* per *va a comprarti*; *vallo a prendere* per *va a prenderlo*. *Vattene* è l'imperat. della forma intensiva *andarsene*.
I compiere una serie di movimenti di locomozione, riferito a esseri animati o inanimati **1** muoversi, spostarsi, a piedi o con altri mezzi di locomozione, senza meta o senza che la meta sia indicata: *a. nudo, scalzo, a capo scoperto*; *a. svelto, lento, rapidamente, lentamente, di corsa, di fretta, di furia, al galoppo, al trotto, a tutta birra, a passo di carica, come il vento, come il fulmine, a piedi, a cavallo, in aereo, in automobile, in bicicletta, in nave, in tram, in treno*; *a. per la strada*; *a. errando, fuggendo*; *a. diritto, a due a due, a piccoli gruppi, in colonna, in corteo, in fila indiana* | ***a. a gambe levate***, V. *gamba* | ***a. a quattro gambe, gattoni***, camminare sulle mani e sulle ginocchia | ***a. ruzzoloni, zoppiconi*** e sim., ruzzolare, zoppicare e sim. | ***a. a zonzo***, passeggiare senza meta | ***a. alla spicciolata***, in gruppetti o singolarmente senza ordine preciso, riferito a un gruppo relativamente vasto | ***e vai!***, V. *evvai* **2** muoversi, spostarsi a piedi o con altri mezzi di locomozione verso una meta più o meno chiaramente definita: *a. a casa, al bar, a teatro, al cinema, a Parigi, in Spagna, in biblioteca, in chiesa*; *a. a caccia, a pesca, in villeggiatura, in vacanza*; *a. in montagna, in campagna, al mare*; *a. a fragole, a funghi, a legna*; (**pop.**) *a. per fragole, per funghi, per legna*; *a. lontano, all'estero, via per sempre, in esilio*; *a. in esplorazione, in perlustrazione*; *a. alla carica*; *i fiumi vanno verso il mare* | ***a. a donne, a uomini***, andare in cerca di rapporti amorosi | ***a. per mare***, navigare | ***a. per i sei anni***, essere in procinto di compierli | ***a., essere sulla bocca di tutti***, (*fig.*) essere oggetto dei discorsi o dei pettegolezzi generali | ***a., andarci a nozze***, (*fig.*) fare qlco. di molto gradito | ***a. alla banda***, di nave, piegare da uno dei lati | ***a. a fondo, a picco***, di nave, inabissarsi; (*fig.*) rovinarsi | ***andiamo a vedere, ad analizzare, a esaminare, a verificare***, (*pleonast.*) vediamo, analizziamo, ecc. | ***a. su, sopra***, salire (*anche fig.*); di spettacolo teatrale, avere inizio | ***a. oltre, troppo oltre***, oltrepassare un limite definito (*anche fig.*) | ***a. giù, sotto***, scendere (*anche fig.*) | ***a. addosso***, investire | ***a. dentro***, in carcere | ***a. in collera, in bestia***, adirarsi, infuriarsi | ***a. d'accordo***, concordare | ***a. soldato***, a fare il servizio militare | (*fig.*) ***a. all'altro mondo, al Creatore, in cielo, in Paradiso, a babboriveggoli, a Buda, a Patrasso, a ingrassare i petronciani***, morire | ***a. a vuoto, a monte, all'aria, alla malora, al diavolo, a rotoli, a catafascio, a carte quarantotto***, non riuscire, fallire | ***a. avanti***, (*fig.*) progredire | ***a. indietro***, (*fig.*) regredire | ***a. in macchina***, cominciare a essere stampato | ***a. in macchina con un giornale*** e sim., iniziare la pubblicazione | ***a. in pagina***, di notizia o articolo, essere pubblicato sul giornale | ***a. in scena***, essere rappresentato a teatro | (*est.*) ***a. in scena con una commedia*** e sim., rappresentarla a teatro | ***a. in onda***, venir trasmesso, detto di trasmissione radiofonica o televisiva | ***a. in buca***, (*fig.*) finire in una situazione senza via d'uscita | ***a. al fondo di una questione***, sviscerarla | ***non a. giù***, non piacere, non sopportare | ***a. con Dio***, allontanarsi in pace | ***a. a buon fine***, concludersi bene | ***a. col pensiero, con la memoria a qlcu. o qlco.***, pensare a, ricordare qlcu. o qlco. | ***a. alle calende greche***, tirarla per le lunghe | ***a. a ruba***, essere molto richiesto | ***a. all'asta, all'incanto***, essere venduto all'asta, all'incanto | ***a. a nascondersi***, (*fig.*) vergognarsi | ***a. a Canossa***, (*fig.*) riconoscere i propri errori, umiliarsi e sim. | in escl. e loc. esortative, spec. iron., esprimenti scontentezza, dispetto, incredulità e sim.: *va là, ma va là!*; *andiamo!* | (*iron.*) ***ma dove vai?***, frase rivolta a chi si dimostra troppo frettoloso, indaffarato e sim. **3** (*est.*) essere collocato, essere destinato a venire messo in un dato posto: *questo quadro va nel salotto* **4** (*sport*) ***a. a rete, a canestro***, realizzare, segnare una rete, un canestro | ***a. in fuga***, nel ciclismo su strada, nel podismo e sim., iniziare una fuga **5** comportarsi in un dato modo: *a. fiero, orgoglioso, superbo* | ***a. a fronte alta, a testa alta***, (*fig.*) essere sicuro della propria onestà | ***a. pazzo per qlcu. o qlco.***, prediligere | ***a. per la maggiore***, essere di moda, avere un gran successo **SIN.** furoreggiare | ***a. a naso, a fiuto***, agire in modo non sistematico, affidandosi all'istinto | ***a. a tastoni, alla cieca***, (*raro*) ***a tasto***, procedere a casaccio, senza idee chiare | ***a. controcorrente***, (*fig.*) opporsi alla mentalità dominante, alla tradizione e sim. | ***a. a cercarsela*** (o, in forma pron., ***andarsela a cercare***), incorrere in guai che si potevano facilmente prevedere | ***a. sul sicuro***, agire in base a dati certi | ***a. terra terra***, (*fig.*) comportarsi in modo moderato, prudente, pensare in modo prosaico e sim. | ***a. a letto con qlcu., a. con qlcu.***, avere rapporti sessuali con qlcu. | ***a. di corpo***, defecare **6** di moneta e sim., avere corso legale: *fra tre mesi questa moneta non andrà più* | (*est.*) costare, valere: *questo bicchiere va a cinque euro il pezzo* **7** unito a un gerundio, esprime azione continuata: *a. dicendo, facendo, scrivendo*, ecc. | ***a. dietro a dire*** e sim., (*sett.*) continuare a dire e sim. **8** unito a un participio, può essere sinonimo di *dover essere*: *questa tassa va pagata*; *quel volume va riposto in biblioteca* | ***a. errato***, essere in errore | ***a. perduto, smarrito***, perdersi, essere perduto **II** cambiare di stato, svilupparsi da una data condizione a una condizione più o meno diversa **1** trasformarsi: *a. in fumo, in fiamme, in cenere* | ***a. a male***, guastarsi | ***a. in pezzi, in briciole, in frantumi***, rompersi | (*fig.*) ***a. in brodo di giuggiole***, in estasi, bearsi | ***a. in visibilio***, trasecolare, strabiliare | ***a. in amore, in calore***, riferito agli animali nel periodo dell'accoppiamento | ***a. in vacca***, V. *vacca* **2** procedere: *è un'iniziativa che va*; *gli affari per ora vanno*; *a. bene, male, di male in peggio*; *come va?, come va la vita?, come andiamo oggi?* | (*fig.*) ***a. a gonfie vele***, ottimamente | ***a. liscia***, avere buon esito | (*colloq.*) ***va di lusso***, va bene, ottimamente | ***lasciar a.***, lasciar perdere, non curarsi di qlco. | ***lasciarsi a.***, lasciarsi cadere; (*fig.*) abbandonarsi: *lasciarsi a. alla nostalgia*; (*fig.*) trascurarsi, scoraggiarsi **3** funzionare: *una volta tutti i treni andavano a vapore*; *il mio orologio non va più* | (*fig.*) essere a posto, corretto: *questa traduzione va, non va* **4** essere adatto, calzare: *questo vestito ti va a pennello*; *queste scarpe non mi vanno* | piacere, soddisfare, essere gradito: *mi va la compagnia, meno il ristorante scelto*; *questa faccenda non mi va proprio* | ***non mi va giù***, non lo accetto, non lo tollero | ***ti va?***, sei d'accordo, lo accetti di buon grado?: *pensavo di andare al cinema, ti va?* **5** **andàrci**, essere appropriato: *nel sugo ci andrebbe del peperoncino* | ***andarci piano con qlcu. o qlco.***, (*fig.*) comportarsi con grande cautela o misura: *con quell'individuo è meglio andarci piano*; *vacci piano con la grappa!* | ***andarci pesante***, (*colloq.*) esagerare: *c'è andato pesante nelle critiche* | ***andarci di mezzo***, essere coinvolto in qlco. | (*lett.*) andarne: *Ci va del mio negozio* (G. Verga) **6** **andàrne**, (*impers.*) essere in gioco, a rischio (+ *di*): *ne va della nostra vita*; *ne andrebbe del mio onore, della mia dignità* e

sim. **B** **andàrsi** **v. intr. pron.** **1** †andare: *ciascuno, perché molta parte de la notte passata era, si andò a dormire* (I. SANNAZARO) **2** **andàrsene**, andare via (con valore intens.): *se n'è andato poco fa*; (*est.*) dileguarsi, scomparire: *quest'anno il freddo non vuole andarsene*; *i miei guadagni se ne vanno troppo in fretta*; *la salute, la memoria se ne vanno* | trascorrere velocemente, riferito al tempo: *le ore, i minuti se ne vanno* | (*fig.*) morire: *Il moribondo ... biascicò: – La roba a chi tocca. – E se ne andò in santa pace* (G. VERGA)

andàre② [da *andare*① ✻ av. 1306] **s. m.** (**pl.** †*-i*) **1** l'azione, il fatto di andare, di muoversi | ***a. e venire***, andirivieni, successione frequente di movimenti da un luogo all'altro | ***a tutto a.***, moltissimo, intensamente | ***a lungo a.***, alla lunga, col passar del tempo | ***con l'a. del tempo, degli anni***, mentre il tempo, gli anni trascorrono **2** (*lett.*) andatura, portamento di chi si muove: *non era l'andar suo cosa mortale* (F. PETRARCA) **3** (**spec. al pl.**) †sentiero, strada, viottolo

♦**andàta** [1266] **s. f.** **1** l'andare, il percorso che si fa recandosi in un luogo: *l'a. è stata più breve del ritorno* **CONTR.** ritorno **2** ***girone d'a.***, (*ellitt.*) ***andata***, nel calcio e sim., serie di incontri che costituiscono il primo di due turni di partite durante il quale le squadre si incontrano per la prima volta: *vincere il girone d'a.*; *perdere un incontro dell'a.* **3** †cammino, viaggio

andàto **part. pass.** di *andare*①; **anche agg.** **1** nei sign. del v. **2** passato, trascorso: *il bel tempo a.* | spacciato, morto: *ormai è a.* | (*fam.*) ***merce, frutta andata***, avariata

andatóia [da *andato* ✻ 1955] **s. f.** ● rampa inclinata che, in una costruzione, collega i diversi palchi di un ponte di fabbrica

andatùra [sec. XIII] **s. f.** **1** modo di camminare, di incedere: *a. lenta*; *a. goffa, nervosa*; *la caratteristica a. dell'oca* | (*fisiol.*) deambulazione: *difetti di a.* | (*lett.*) portamento: *un'a. regale, maestosa* **2** velocità: *l'auto procedeva a forte a.* | (*sport*) ritmo, velocità di marcia o di corsa di un concorrente: *a. regolare, sostenuta, veloce*; *procedere a forte a., forzare l'a.* | ***fare l'a.***, in vari sport, precedere gli altri concorrenti regolandone la velocità | nell'equitazione, nell'ippica, modo di procedere del cavallo: *rompere l'a.* | ***a. naturale***, passo, trotto, galoppo | ***a. difettosa***, ambio e altre | ***andature artificiali***, quelle di maneggio o di alta scuola **3** (*mar.*) nelle imbarcazioni a vela, modo di navigare in relazione all'angolo tra la direzione del vento e la rotta | ***a. di bolina***, con un angolo tra 45° e 80° | ***a. al traverso***, con il vento perpendicolare alla rotta | ***a. al lasco***, con un angolo tra 100° e 160° | ***a. in fil di ruota, in poppa***, con il vento esattamente in poppa | nelle navi a propulsione meccanica, velocità conseguente alla potenza sviluppata

andàzzo [lat. parl. **andātio*, nom. sing. V. *andare*① ✻ av. 1400] **s. m.** ● usanza, modo di procedere molto criticabile e gener. di breve durata: *un a. che non mi piace*; *hai preso un brutto a.* | ***d'a.***, ordinario, di qualità scadente: *un film d'a.*

andeṣìte o **andesìte** [dal n. della catena delle *Ande*, sp. *Andes* ✻ 1905] **s. f.** ● roccia effusiva costituita spec. da anfiboli e pirosseni

àndicap [1971] **s. m. inv.** ● adattamento di *handicap* (V.)

andicappàre e deriv. ➤ **handicappare** e deriv.

andìno [1829] **A** **agg.** ● delle Ande: *paesaggio a.* **B** **s. m.** (**f.** *-a*) ● abitante della regione andina

andirivièni [comp. dall'imperat. ant. di *andare*① e *rivenire* ✻ av. 1328] **s. m. inv.** **1** movimento dell'andare e venire di gente nello stesso luogo | (*est.*) intrico, groviglio: *un a. di strade, di vicoli* **2** (*fig.*) giro confuso di parole: *dopo due ore di a. il contratto fu concluso*

♣**àndito** [da *andare*① (?) ✻ 1282] **s. m.** ● stretto e breve corridoio, entrata, ingresso, anticamera: *Dall'a. ... irruppe nella sala un impetuoso soffio di vento* (D. BUZZATI) | (*est., raro*) bugigattolo

-àndo [lat. *-āndu(m)*, desinenza del gerundivo in funzione aggettivale con l'idea di dovere e obbligatorietà] **suff.** ● in aggettivi per lo più sostantivati di origine latina, o in altri formati analogamente, implica un'idea di dovere, di necessità e sim. oppure di imminenza: *esecrando, venerando, educanda*; *cresimando, iniziando*

andorràno [1929] **A** **agg.** ● di Andorra **B** **s. m.** (**f.** *-a*) ● abitante o nativo di Andorra

andragogìa [vc. dotta, comp. di *andr(o)-* e della seconda parte di *(ped)agogia* ✻ 1986] **s. f.** (**pl.** *-gìe*) ● disciplina che si occupa dell'insegnamento agli adulti

andrèna [gr. *anthrḗnē* 'calabrone', da avvicinare a *athḗr* 'punta della spiga' e *thérix* 'resta della spiga' ✻ 1891] **s. f.** ● genere di Insetti degli Imenotteri di color nero e bluastro, nidificanti nel terreno (*Andrena*)

-andrìa [dal gr. *anḗr*, genit. *andrós* 'uomo', di orig. indeur.] **secondo elemento** ● in parole composte dotte significa 'uomo', 'essere umano di sesso maschile': *poliandria* | in parole composte della terminologia botanica è usato con riferimento all'elemento maschile in genere, o col significato di 'stame': *proterandria*

andrienne /*fr.* ɑ̃'dʀjɛn/ [fr., detta così perché usata da un'attrice nell'*Andrienne* di E. G. Baron, rifacimento dell'*Andria* di Terenzio ✻ 1733] **s. f. inv.** ● ampia vestaglia femminile, usata nei secc. XVIII e XIX

andrïése (o -ṣ-) [1685] **A** **agg.** ● di Andria, città della Puglia **B** **s. m. e f.** ● abitante o nativo di Andria

andro-, -àndro [dal gr. *anḗr*, genit. *andrós* 'uomo'] **primo e secondo elemento** ● in parole composte dotte significa 'uomo' o indica comunque relazione con il genere maschile: *androfobia, androgino, ginandro* **CFR.** antropo-, gineco- | in parole composte della terminologia botanica è usato con riferimento all'elemento maschile o significa 'stame': *androceo*

androcèntrico [comp. di *andro-* e *-centrico* ✻ 1992] **agg.** (**pl. m.** *-ci*) ● proprio dell'androcentrismo | caratterizzato da androcentrismo: *atteggiamento a.*

androcentrìsmo [da *androcentri(co)* con il suff. *-ismo* ✻ 1992] **s. m.** ● concezione e atteggiamento di chi attribuisce all'uomo una posizione di superiorità rispetto alle donne **CFR.** maschilismo

androcèo [da *andro-*, in opposizione a *gineceo* ✻ 1865] **s. m.** **1** nella casa greca, parte riservata agli uomini **2** (*bot.*) l'insieme degli stami di un fiore

andròctono [gr. *androktónos* 'uccisore d'uomini', comp. di *andro-* 'andro-' e un deriv. di *ktéinein* 'uccidere' (prob. di orig. indeur.) ✻ 1961] **s. m.** ● scorpione che vive in luoghi caldi e sabbiosi, la cui puntura è spesso mortale per l'uomo (*Androctonus australis*)

androfobìa [comp. di *andro-* e *-fobia* ✻ 1898] **s. f.** ● (*psicol.*) paura morbosa degli uomini da parte di una donna ‖ **androfòbico**, **agg.** (**pl. m.** *-ci*); **anche s. m.** (**f.** *-a*) **nel sign. 2** **1** relativo ad androfobia **2** androfobo ‖ **andròfobo**, **agg. e s. m.** (**f.** *-a*) che (o chi) soffre di androfobia

andrògeno [comp. di *andro-* e *-geno* ✻ 1955] **A** **agg.** ● detto di ormone sessuale ad azione mascolinizzante, che regola lo sviluppo degli organi e determina i caratteri sessuali secondari: *ormone a.* **B** **anche s. m.**: *gli androgeni*

androginìa [comp. di *andro-* e *-ginia* ✻ 1865] **s. f.** ● contemporanea presenza degli organi della riproduzione maschili e femminili in certe piante e animali **SIN.** ermafroditismo

androgìnico [av. 1938] **agg.** (**pl. m.** *-ci*) ● relativo ad androginia | androgino

andrògino [vc. dotta, lat. *andrŏgynu(m)*, dal gr. *andrógynos*, comp. di *anḗr*, genit. *andrós* 'uomo' e *-gino* ✻ av. 1292] **agg. e s. m.** **1** che (o chi) presenta i caratteri dell'androginia **SIN.** ermafrodito **2** (*fig.*) che (o chi) ha aspetto sessualmente ambiguo, partecipe delle caratteristiche esteriori di entrambi i sessi

andròide [comp. di *andro-* e *-oide* ✻ 1792] **A** **agg.** ● (*med.*) che presenta caratteri di tipo maschile | ***obesità a.***, quella nella quale l'accumulo di tessuto adiposo prevale nella parte superiore del corpo **B** **s. m. e f.** ● nella fantascienza, automa con aspetto e funzioni simili a quelli umani **CFR.** droide, robot

andrologìa [comp. di *andro-* e *-logia* ✻ 1974] **s. f.** (**pl.** *-gìe*) ● branca della medicina che studia e cura le malattie proprie del sesso maschile e spec. delle alterazioni delle capacità riproduttive

andròlogo [1980] **s. m.** (**f.** *-a*; **pl. m.** *-gi*) ● specialista di andrologia

andromanìa [comp. di *andro-* e *-mania* ✻ 1829] **s. f.** ● (*med.*) ninfomania

andróne [lat. *andrōne(m)*, dal gr. *andrṓn* 'appartamento degli uomini', da *anḗr*, genit. *andrós* 'uomo' ✻ sec. XIV] **s. m.** ● (*archit.*) sala delle case antiche adibita a ricevere i forestieri | al piano terreno degli edifici, passaggio che dal portone di ingresso immette alla scala o al cortile interno

andropàuṣa [da *andro-*, sul modello di *menopausa* ✻ 1963] **s. f.** ● (*fisiol.*) nell'uomo, cessazione dell'attività fisiologica testicolare associata alla comparsa di disturbi psichici ed endocrini conseguenti

andròṣace [vc. dotta, lat. tardo *andrŏsace(n)*, dal gr. *andrósakes*, deriv. di *anḗr*, genit. *andrós* 'uomo' (V. *andro-, -andro*): la seconda parte sarebbe *ákos* 'rimedio', di etim. incerta (?) ✻ 1704] **s. f.** ● genere di piante erbacee delle Primulacee con foglie spesso in rosetta e piccoli fiori bianchi, rosa o rossi generalmente in ombrelle (*Androsace*)

androsteróne [comp. di *andro-*, *ster(oide)*, e *-one*② ✻ 1961] **s. m.** ● (*biol.*) ormone sessuale androgeno che si forma nelle ghiandole genitali e nella corteccia surrenale, ottenuto anche per sintesi

anecògeno [comp. di *an-* ed *ecogeno* ✻ 1997] **agg.** ● (*med.*) detto di organo o tessuto che non riflette gli ultrasuoni all'esame ecografico, come per es. una cisti a contenuto liquido

anecòico [ingl. *anechoic*, comp. di *ana-*③ e *echo* 'eco' ✻ 1974] **agg.** (**pl. m.** *-ci*) ● (*fis.*) detto di ciò che è in grado di assorbire le onde sonore senza rifletterle **CONTR.** ecoico | ***camera anecoica***, ambiente le cui pareti assorbono completamente i suoni

anecumène [comp. di *an-* ed *ecumene* ✻ 1965] **s. f.** ● parte delle terre emerse non abitabili dall'uomo per le condizioni fisiche o climatiche

anecumènico [1983] **agg.** (**pl. m.** *-ci*) ● relativo all'anecumene

aneddòtica [1939] **s. f.** **1** arte di raccogliere e scrivere aneddoti **2** insieme degli aneddoti relativi a un personaggio, a un'epoca e sim.

aneddòtico, (*evit.*) **anedòttico** [1818] **agg.** (**pl. m.** *-ci*) ● relativo ad aneddoto: *un particolare a.* | ricco di aneddoti: *un raccon-*

to a. | che si basa su episodi marginali: *una biografia di carattere a.* || **aneddoticaménte**, **avv.** in forma di aneddoto || **aneddoticità**, **s. f. inv.**

aneddotìsta [1796] **s. m. e f. (pl. m. -i)** ● chi raccoglie, scrive o narra aneddoti

anèddoto [fr. *anecdote*, dal gr. *anékdotos* 'inedito' comp. di *an-* ed *ekdídōmi* 'io pubblico' ✻ av. 1729] **s. m.** ● episodio poco noto e gener. curioso di carattere storico o relativo alla vita privata di un personaggio, riportato in forma piacevole: *un libro pieno di aneddoti*

anedonìa [comp. di *a-*① e un deriv. del gr. *hēdonḗ* 'piacere' (V. *edonismo*) ✻ 1896] **s. f.** ● (*psicol.*) incapacità di provare godimento in attività normalmente associate a sensazioni piacevoli, come il mangiare, lo stare in compagnia, l'avere rapporti sessuali

anelànte **part. pres.** di *anelare*; anche **agg.** **1** (*lett.*) ansimante, affannato **2** (*fig.*, *lett.*) che desidera ardentemente (+ *a*): *popolo a. alla libertà; sempre a. ad altro che non ha* (M. D'Azeglio) || **anelanteménte**, **avv.** con affanno; bramosamente

✦**anelàre** o †**alenàre** [vc. dotta, lat. *anhelāre*, vc. espressiva ✻ av. 1348] **A** **v. intr.** (*io anèlo*; aus. *avere*) **1** (*lett.*) respirare affannosamente: *anelava dopo la pesante fatica; anelava tutta sudata nel salire la via erta* (G. Verga) **2** (*fig.*) aspirare a qlco., ambire (+ *a*, anche seguito da inf.): *a. alla libertà; anelavano a rifarsi dello scorno* (R. Bacchelli) **SIN.** tendere **B** **v. tr.** **1** (*poet.*) mandar fuori dal petto **2** (*fig.*) desiderare ardentemente (qlco.; + *di* seguito da inf.): *a. la liberazione; anelava di rivederla*

anelasticità [comp. di *an-* ed *elasticità* ✻ 1919] **s. f. inv.** **1** (*fis.*) proprietà di alcuni corpi solidi di deformarsi permanentemente dietro l'azione di forze esterne **SIN.** plasticità **2** (*fig.*) rigidità, invariabilità

anelàstico [1955] **agg. (pl. m. -ci)** **1** (*fis.*) detto di corpo che manca di elasticità **2** (*fig.*, *raro*) rigido, fisso || **anelasticità**, **s. f. inv.** (V.)

anelèttrico [comp. di *an-* ed *elettrico* ✻ 1819] **agg. (pl. m. -ci)** ● non elettrico | non conduttore dell'elettricità

✦**anèlito** [vc. dotta, lat. *anhēlitu(m)*, da *anhelāre* 'anelare' ✻ av. 1328] **s. m.** **1** (*lett.*) respiro ansante | (*poet.*) soffio vitale: *il potente a. / della seconda vita* (A. Manzoni) | ***l'estremo a.***, l'ultimo respiro **2** (*fig.*) desiderio ardente: *un a. di grandezza*

anellaménto [1865] **s. m.** ● (*zootec.*) inanellamento

anellàto [1483] **agg.** ● che presenta anelli di colore diverso fra loro: *animale con la coda anellata*

anellazióne [1961] **s. f.** ● incisione anulare della corteccia degli alberi praticata per diversi scopi: maggiore ingrossamento dei frutti, maggiore resistenza ai parassiti e sim. **SIN.** cercinatura

Anèllidi [vc. dotta, comp. di *anell(o)* e *-idi* ✻ 1824] **s. m. pl.** (**sing.** *-e*) ● (*zool.*) tipo di animali dal corpo cilindrico diviso in segmenti detti metameri (*Annelida*) **SIN.** (*pop.*) vermi

anellièra [da *anello* ✻ 1856] **s. f.** **1** serie di anelli con diverse dimensioni mediante i quali gli orafi misurano il dito del cliente **2** contenitore per la custodia di anelli e altri piccoli ornamenti personali

anellìno [1965] **s. m.** **1** dim. di *anello* **2** (**spec. al pl.**) pasta piccola a forma di piccolo anello **3** (*tess.*) ring

♦**anèllo** [lat. *anĕllu(m)*, dim. di *ānulus*, dim. di *ānus* 'circolo, anello'. V. *ano* ✻ 1263] **s. m.** (**pl.** *anèlli*; †*anèlla*, **f.**, †*anèlle*, **f. nel sign. 9**) **1** cerchietto d'oro, d'argento o d'altro metallo che si porta alle dita delle mani, spec. all'anulare, per ornamento o come simbolo di una condizione, di un vincolo e sim.: *a. di matrimonio, di fidanzamento* | ***dare, mettere l'a.***, sposare | ***prendere l'a.***, sposarsi | ***giorno dell'a.***, giorno nuziale | ***a. sigillo***, sulla cui parte piatta sono incisi gli emblemi di riconoscimento spec. di una persona, di un ente, di una dignità e che serve per autenticare documenti o sigillare lettere e sim. | ***a. episcopale, pastorale***, portato dai vescovi | ***correre all'a.***, anticamente, di giostra in cui i cavalieri corrono per infilzare con la lancia un anello sospeso a una funicella | ***a. del Pescatore, piscatorio***, quello originariamente usato come sigillo e portato dal Papa, che reca l'impronta di Pietro che pesca in barca e viene spezzato dopo la morte di ogni pontefice **2** (*est.*) oggetto o struttura a forma di cerchio: *l'a. della chiave, gli anelli della tenda* | ***a. d'ormeggio***, per ormeggiare imbarcazioni | ***a. stradale***, raccordo fra strade | ***l'a. della pista***, il tracciato anulare di uno stadio o di un velodromo su cui si disputa una gara podistica, ciclistica o di pattinaggio | (*zool.*) ogni segmento circolare che forma il corpo degli Anellidi | (*bot.*) membrana, anche mobile, che circonda lo stipite di alcuni funghi | porzione di legno che si forma ogni anno nelle piante dotate di struttura secondaria (gimnosperme e dicotiledoni), sui cerchi annuali di crescita | ***ad a.***, a forma circolare | (*astron.*) ***a. di Saturno***, insieme di corpuscoli, di piccoli meteoriti e di pulviscolo, dislocati secondo una fascia concentrica col pianeta e giacente sul piano equatoriale **3** ogni elemento costitutivo di una catena | (*fig.*) ***l'a. più debole della catena***, la persona o l'elemento più fragile in un gruppo, un contesto e sim. | ***a. mancante***, (*fig.*) collegamento mancante in una sequenza, una serie e sim. | (*zool.*) ***a. di congiunzione***, organismo, estinto o no, tassonomicamente intermedio tra due gerarchie sistematiche | (*fig.*) ***essere l'a. di congiunzione***, fungere da intermediario **4** (*anat.*) apertura di forma tondeggiante o ellittica: *a. inguinale, di Ranvier* **5** (*chim.*) catena chiusa di atomi, a forma di poligono, che si riscontra spec. nei composti organici | ***a. benzenico***, struttura a esagono regolare, caratteristica della serie aromatica, formata da sei atomi di carbonio | ***anelli condensati***, due o più anelli uguali o diversi aventi in comune almeno due atomi **6** (*mat.*) struttura algebrica dotata di un'addizione, rispetto alla quale è un gruppo abeliano, e di una moltiplicazione distributiva e associativa **7** (*mat.*) solido generato da una figura piana, generatrice, il cui baricentro descrive una linea piana chiusa detta direttrice | (*elettr.*) ***a. di Pacinotti***, elemento rotante fondamentale dei primi tipi di dinamo, che trasforma l'energia meccanica in elettrica e viceversa **8** (*cinema*) spezzone di pellicola usata nelle operazioni di sincronizzazione o di missaggio **9** (*tosc.*) ditale **10** (**spec. al pl.**) pasta piccola a forma di anello **11** (*poet.*, **al pl.**) ricciolo di capelli, boccolo **12** (**al pl.**) in ginnastica, attrezzo gemellare oscillante, composto di due piccoli cerchi di legno, che si impugnano, tenuti sospesi mediante funi e ganci: *fare un esercizio agli anelli* || **anellàccio**, **pegg.** | (*lett.*) **anellétto**, **dim.** | **anellìno**, **dim.** (V.) | **anellóne**, **accr.** | **anellùccio**, **dim.**

anèlo [vc. dotta, lat. *anhēlu(m)*, da *anhelāre* 'anelare' ✻ 1321] **agg.** **1** (*poet.*) ansante, anelante **2** (*poet.*, *fig.*) ansioso, angosciato: *forse a tanto strazio / cadde lo spirto a.* (A. Manzoni)

anemìa [vc. dotta, gr. *anaimía*, comp. di *an-* e *hâima* 'sangue' ✻ 1819] **s. f.** **1** (*med.*) diminuzione nel sangue del contenuto di emoglobina o di globuli rossi o di entrambi | ***a. dei minatori***, anchilostomiasi | ***a. perniciosa***, ***a. cerebrale***, ***a. falciforme***, ciascuna delle varie malattie caratterizzate da carenze di emoglobina o di globuli rossi **SIN.** oligoemia | ***a. mediterranea***, talassemia **2** (*fig.*) fiacchezza, indebolimento, snervatezza: *a. delle lettere, della politica*

anèmico [1841] **A** **agg. (pl. m. -ci)** **1** relativo ad anemia **2** (*est.*) pallido: *volto a.; foglia di un verde a.* **3** (*fig.*) fiacco, senza vigore, debole: *scrittore, musicista a.* || **anemicaménte**, **avv.** || **anemicità**, **s. f. inv.** caratteristica di ciò che è anemico, privo di vigore **B** **agg. e s. m. (f. -a)** ● che (o chi) è affetto da anemia

anemo- [dal gr. *ánemos* 'vento', di orig. indeur.] **primo elemento** ● in parole composte significa 'vento' o 'aria': *anemofilo, anemometro*

anemocòro [comp. di *anemo-* e un deriv. del gr. *chōrêin* 'spostarsi, diffondersi' (V. *autocoria*) ✻ 1961] **agg.** ● detto di pianta che affida al vento il trasporto dei suoi frutti o semi

anemofilìa [comp. di *anemo-* e *-filia* ✻ 1933] **s. f.** ● processo di trasporto del polline delle piante per mezzo del vento

anemòfilo [comp. di *anemo-* e *-filo* ✻ 1906] **agg.** ● detto di pianta la cui impollinazione avviene per mezzo del vento

anemografìa [comp. di *anemo-* e *-grafia* ✻ 1745] **s. f.** ● descrizione dei venti

anemògrafo [comp. di *anemo-* e *-grafo* ✻ 1865] **s. m.** ● (*meteor.*) anemometro con dispositivo per la registrazione cronologica della direzione e dell'intensità del vento

anemometrìa [comp. di *anemo-* e *-metria* ✻ 1797] **s. f.** ● (*meteor.*) parte della meteorologia che studia i venti e spec. la loro velocità

anemomètrico [1870] **agg. (pl. m. -ci)** ● (*meteor.*) relativo all'anemometro o all'anemometria: *misurazioni anemometriche* | ***scala anemometrica***, tabella che consente di attribuire al vento una classe di intensità, in base alla velocità misurata o agli effetti sul territorio (Scala Beaufort)

anemòmetro [comp. di *anemo-* e *-metro* ✻ 1771] **s. m.** ● (*meteor.*) strumento per la misura dell'intensità del vento o per l'indicazione per mezzo di indici dei valori momentanei della direzione e dell'intensità del vento | ***a. Robinson***, con elemento sensibile costituito da un'elica ad asse verticale con tre o quattro coppe girevoli | ***a. registratore***, anemografo

anèmone [vc. dotta, lat. *anemōne(m)*, dal gr. *anemṓnē*, di etim. incerta ✻ av. 1498] **s. m.**; *raro* **f.** **1** genere di piante erbacee perenni delle Ranuncolacee, con rizoma dal quale derivano i fusti aerei annuali, foglie spesso radicali e fiori solitari con pochi o molti sepali di colore blu, porpora o bianco (*Anemone*) | ***a. dei fiorai***, pianta erbacea delle Ranuncolacee con tubero schiacciato, foglie radicali e fiore simile a un papavero di colore rosa, rosso, violetto, blu o bianco (*Anemone coronaria*) | ***albero degli anemoni***, (*pop.*) calicanto d'estate **2** (*zool.*) ***a. di mare***, attinia: *gli anemoni marini brillavano in attesa* (I. Calvino)

anemoscòpio [comp. di *anemo-* e *-scopio* ✻ sec. XVII] **s. m.** ● strumento che indica la direzione del vento, costituito da una banderuola girevole attorno a un asse verticale e collegata ad apposito indice mobile su una scala

-àneo [lat. *-āneu(m)*, ampliamento di *-anu(m)* '-ano①'] **suff.** ● forma aggettivi talora sostantivati, di origine quasi esclusivamente latina e che indicano somiglianza o appartenenza: *contemporaneo, coetaneo, estraneo, litoraneo, cutaneo*

anepìgrafo [vc. dotta, gr. *anepígraphos*, comp. di *an-* ed *epigraphḗ* 'iscrizione, titolo'. V.

epigrafe ✱1819] **agg.** ● detto di monumento, manoscritto, componimento letterario e sim. privi di incisione epigrafica o di titolazione: *una poesia anepigrafa*

anergìa [comp. di *a-*① e di un deriv. del gr. *érgon* 'lavoro' ✱1987] **s. f.** (**pl.** *-gìe*) **1** (*med.*) mancanza di energia **2** (*med.*) assenza di reattività immunologica nei confronti di un antigene (es. microrganismo) a cui l'individuo è già stato esposto **3** (*biol.*) condizione cellulare in cui un linfocita risulta vitale ma incapace di risposte funzionali

aneròbico ● (*evit.*) ➤ **anaerobico**

aneròbio ● (*evit.*) ➤ **anaerobio**

aneròide [comp. di *a-*① e del gr. *nērós* 'umido, fresco' ✱1865] **agg.** ● detto, in origine, del barometro metallico a tubo ripiegato | detto di qualsiasi barometro metallico

anestesìa [vc. dotta, gr. *anaisthēsía*, comp. di *an-* privativo e *áisthēsis* 'sensazione' ✱1819] **s. f.** ● abolizione della sensibilità dolorifica anche patologica, indotta artificialmente con farmaci, a scopo chirurgico | ***a. totale***, che interessa tutte le attività cerebrali, a eccezione di quelle strettamente vitali, con soppressione della coscienza | ***a. locale***, che interessa una parte limitata del corpo con conservazione della coscienza | ***a. peridurale***, ottenuta iniettando un anestetico locale nello spazio fra la dura madre del midollo spinale e la parete del canale vertebrale; consente al paziente di rimanere cosciente | ***a. spinale***, ottenuta iniettando un anestetico locale nello spazio subaracnoidale; perdita della sensibilità per lesioni del midollo spinale

anestesiologìa [comp. di *anestesia* e *-logia* ✱1948] **s. f.** (**pl.** *-gìe*) ● branca della medicina che studia le condizioni e i metodi dell'anestesia chirurgica

anestesiològico [1968] **agg.** (**pl. m.** *-ci*) ● dell'anestesiologia

anestesiòlogo [1974] **s. m.** (**f.** *-a*; **pl. m.** *-gi*) ● medico specialista in anestesiologia

anestesista [1950] **s. m. e f.** (**pl. m.** *-i*) ● medico specialista in anestesia

anestètico [1865] **A agg.** (**pl. m.** *-ci*) **1** relativo ad anestesia **2** che produce anestesia: *farmaco a.* **B s. m. 1** sostanza che, usata internamente o localmente, produce anestesia **2** (*fig.*, *raro*) qualunque cosa procuri tranquillità

anestetizzàre [1908] **v. tr. 1** (*med.*) sottoporre ad anestesia **2** (*fig.*) privare della capacità di ragionare, di reagire **SIN.** narcotizzare ‖ **anestetizzazióne**, **s. f.**

anèto (o *-é-*) [lat. *anēthu(m)*, dal gr. *ánēthon*, di orig. preindeur. ✱1310] **s. m.** ● pianta erbacea delle Apiacee, con fusto eretto, foglie composte e fiori giallastri in ombrelle (*Anethum graveolens*)

aneuplòide [comp. di *a-*① ed *euploide* ✱1986] **agg.** ● (*biol.*) che ha un numero di cromosomi diverso da un multiplo del numero aploide **SIN.** eteroploide **CONTR.** euploide

aneurìna [comp. di *a-*① e del gr. *nêuron* 'nervo' ✱1955] **s. f.** ● (*chim.*) vitamina B1

aneurìsma [vc. dotta, lat. tardo *aneurȳsma*, dal gr. *anéurysma* 'dilatazione', da *eurýs* 'largo', forse di orig. indeur. ✱av. 1730] **s. m.** (**pl.** *-i*) ● (*med.*) dilatazione di un tratto limitato della parete cardiaca o di un vaso sanguigno, solitamente un'arteria: *a. dell'aorta addominale*

aneurismàtico [1750] **agg.** (**pl. m.** *-ci*) ● relativo, conseguente ad aneurisma

anfanaménto [1524] **s. m.** ● (*lett.*) l'anfanare

anfanàre [etim. incerta ✱1355] **v. intr.** (*io ànfano* o *anfàno*; **aus.** *avere*) **1** (*lett.*) parlare a vuoto, a sproposito, senza venire alla conclusione: *Che dici, che vai anfanando, scimmione?* (B. Fenoglio) **2** (*lett.*) affaccendarsi inutilmente: *che cosa è tutto questo a., gridare, rissare?* (G. Pascoli)

anfesibèna ➤ **anfisbena**

anfetamìna ➤ **amfetamina**

anfetammìna ➤ **amfetamina**

anfi- o **amfi-** [dalla prep. e avv. gr. *amphí* 'da una parte all'altra', 'intorno'] **primo elemento** ● in parole dotte composte significa 'intorno', 'attorno' (*anfiteatro*), o 'da due parti', 'doppio' (*anfibio*) | in parole composte della terminologia chimica indica che, in un sistema a due anelli esatomici condensati, le posizioni 2 e 6 sono state sostituite

anfiartròsi [comp. di *anfi-* e del gr. *árthrōsis* 'articolazione', da *arthróō* 'io congiungo, articolo' ✱1771] **s. f. inv.** ● (*med.*) sinfisi

Anfìbi [1623] **s. m. pl.** (**sing.** *-io*) ● (*zool.*) classe di Vertebrati con pelle nuda e viscida, scheletro osseo, larve acquatiche branchiate e adulti terrestri polmonati (*Amphibia*)

anfìbio [vc. dotta, lat. *amphĭbio(n)*, dal gr. *amphíbios*, comp. di *anfi-* e *bíos* 'vita' ✱av. 1606] **A agg. 1** detto di animale che può vivere sia in terra sia in acqua | (*est.*) detto di apparecchiatura, congegno, veicolo e gener. tutto ciò che si può usare sia in terra sia in acqua **2** detto di guerra od operazione militare che coinvolge forze terrestri, marittime, aeree **B s. m. 1** ogni animale appartenente alla classe degli Anfibi **2** veicolo in grado di muoversi sia su terra che in acqua, oppure sia su strada ordinaria che su strada ferrata | veicolo stradale o ferroviario dotato di diversi sistemi di alimentazione **3** aereo munito di mezzi quali scafi, ruote, sci, galleggianti e sim. che gli consentono di partire e atterrare su superfici solide e liquide **4** scarpone impermeabile e molto resistente ‖ **anfibiétto**, **dim.**

anfibiòtico [comp. di *anfi-* e gr. *biotikós*, agg. di *bíos* 'vita' (V. *bio-*) ✱1961] **agg.** (**pl. m.** *-ci*) ● (*zool.*) detto di insetto le cui larve vivono nell'acqua mentre gli adulti sono terrestri

anfibolìa [vc. dotta, lat. *amphibŏlia(m)*, dal gr. *amphibolía*, da *amphibállō* 'io colloco intorno' ✱1955] **s. f.** ● anfibologia

anfibolìte [da *anfibolo* nel sign. B ✱1961] **s. f.** ● (*geol.*) roccia metamorfica composta in prevalenza da anfibolo e plagioclasio, derivante da trasformazione di rocce gabbriche

anfìbolo [vc. dotta, lat. tardo *amphĭbolu(m)*, dal gr. *amphíbolos*. V. *anfibolia* ✱1612] **A agg.** ● (*lett.*, *raro*) ambiguo, incerto **B s. m.** ● (*miner.*) nome collettivo di un gruppo di silicati a catena di formula complessa, contenenti ossidrili, calcio, magnesio, ferro, alluminio e sodio, caratterizzati da cristalli allungati o fibrosi; sono costituenti importanti delle rocce, in particolare di quelle metamorfiche

anfibologìa [vc. dotta, lat. tardo *amphibolŏgia(m)*, comp. di *amphibŏlia* (V. *anfibolia*) e *-logia* ✱av. 1565] **s. f.** (**pl.** *-gìe*) ● (*ling.*, *filos.*) ambiguità di un'espressione o di una frase in quanto interpretabile grammaticalmente in modo duplice (per es.: *una vecchia porta la sbarra*; *ho visto mangiare un cane*)

anfibològico [1552] **agg.** (**pl. m.** *-ci*) ● che concerne l'anfibologia, che ne ha il carattere

anfìbraco [vc. dotta, lat. *amphĭbrachy(m)*, dal gr. *amphíbrachys* 'fra due brevi', comp. di *amphí* 'anfi-' e *brachýs* 'breve' ✱1598] **s. m.** (**pl.** *-chi*) ● (*ling.*) piede metrico della poesia greca e latina formato da una sillaba breve, una lunga e un'altra breve

anfìdromo [vc. dotta, gr. *amphídromos* 'che corre in due sensi', comp. di *amphi* (V. *anfi-*) e *drómos* 'corsa' (V. *aerodromo*) ✱1955] **agg.** ● detto di nave che può navigare indifferentemente di prua e poppa (per es. alcuni traghetti e il proa)

anfigonìa [comp. di *anfi-* e *-gonia* ✱1955] **s. f.** ● (*biol.*) tipo di riproduzione sessuale in cui un nuovo individuo trae origine dall'unione di due gameti, di solito morfologicamente diversi

anfigònico [1959] **agg.** (**pl. m.** *-ci*) ● di anfigonia | che si verifica per anfigonia

anfìmacro [vc. dotta, lat. *amphimacru(m)*, dal gr. *amphímakros* 'fra due lunghe', comp. di *amphí* (V. *anfi-*) e *makrós* 'lungo' ✱1865] **s. m.** ● (*ling.*) cretico

anfiòsso [comp. di *anfi-* e del gr. *oxýs* 'aguzzo' ✱1903] **s. m.** ● termine che indica genericamente ogni rappresentante del sottotipo Cefalocordati, organismi marini filtratori, di modeste dimensioni e col tronco sprovvisto di appendici pari **SIN.** lancetta

Anfìpodi [vc. dotta, comp. di *anfi-* e del gr. *póus*, genit. *podós* 'piede' ✱1819] **s. m. pl.** (**sing.** *-e*) ● (*zool.*) ordine di piccoli Crostacei spec. marini con corpo compresso, agilissimi nel salto (*Amphipoda*) **SIN.** pulci di mare

anfipròstilo [vc. dotta, dal gr. *amphipróstylos*, comp. di *anfi-*, *pro-*② e *-stilo* ✱1819] **A s. m.** ● tempio greco o romano con portico aperto a colonne su ciascuna delle due fronti **B** anche **agg.**: *tempio a.*

anfisbèna o **anfesibèna** †**anfisibèna** [vc. dotta, lat. *amphisbaena(m)*, dal gr. *amphísbaina*, comp. di *amphí* (V. *anfi-*) e *báinō* 'io vado' ✱ sec. XIII] **s. f. 1** serpente favoloso, immaginario, della Libia, velenoso, di cui non si distingueva il capo dalla coda **2** rettile dei Sauri a vita sotterranea con corpo cilindrico, privo di arti, diviso superficialmente in anelli (*Amphisbaena alba*)

anfiteàtro [vc. dotta, lat. *amphitheātru(m)*, dal gr. *amphithéatron*, comp. di *anfi-* e *teatro* ✱ sec. XIII] **s. m. 1** edificio a pianta ovale o circolare con più ordini concentrici di gradinate e un'arena al centro dove si svolgevano i combattimenti di gladiatori, lotte di animali feroci e sim. **2** (*est.*) locale o edificio a forma circolare per giochi sportivi, spettacoli teatrali e sim. **SIN.** arena **3** in teatri e sale da concerto, galleria di posti in gradinate curvilinee nella parte più alta della sala **4** aula, spec. universitaria, a pianta ellittica e gradinate: *a. anatomico* **5** (*geogr.*) ***a. morenico***, complesso dei materiali morenici, deposti in cordoni concentrici, alla fronte di un ghiacciaio

✦**anfitrióne** [dal n. del protagonista della commedia *Amphytrion* di Plauto (254 ca.-184 a.C.) e Molière (1622-1673), ospite fastoso ✱1827] **s. m.** (**f.** *-a*) ● (*per anton.*) padrone di casa generoso e ospitale

anfizìoni o **anfizióni** [1581] **s. m. pl.** ● rappresentanti delle città greche appartenenti all'anfizionia

anfizionìa [vc. dotta, gr. *amphiktyonía*, comp. di *amphí* 'anfi-', e *ktizō* 'io istituisco' ✱1846] **s. f.** ● nell'antica Grecia, lega delle città circostanti luoghi di interesse religioso per la tutela di interessi comuni, anche politici

anfiziònico [1756] **agg.** (**pl. m.** *-ci*) ● dell'anfizionia, degli anfizioni

anfòlito [comp. di *anfo(tero)* e *(elettro)lito* ✱ 1955] **s. m.** ● (*chim.*) elettrolita anfotero

ànfora [vc. dotta, lat. *ămphora(m)*. V. *ampolla* ✱sec. XIV] **s. f.** ● vaso a corpo globulare allungato con strozzatura al piede e al collo e due anse verticali, molto usato nell'antichità per il trasporto e la conservazione di liquidi, spec. olio e vino ‖ **anforétta** **dim.**

anfòtero [vc. dotta, gr. *amphóteros* 'l'uno e l'altro', compar. di *ámphō* 'ambedue' ✱1892] **A agg.** ● (*chim.*) detto di composto che può comportarsi sia come acido o come base, a seconda della sostanza con cui viene posto a reagire **B** anche **s. m.**

anfràtto [vc. dotta, lat. *anfrāctu(m)* 'giravolta',

a

forse di orig. osca ✱ 1342] **s. m.** ● cavità angusta, stretta rientranza di pareti rocciose: *La lucertola ... annidata tra gli anfratti delle due rupi* (A. Moravia) | luogo scosceso e tortuoso

anfrattuóso (o -ṣ-) [vc. dotta, lat. tardo *anfractuōsu(m)*, da *anfrăctus* 'anfratto' ✱ 1632] **agg.** ● (*raro, lett.*) pieno di anfratti | scosceso, accidentato|| **anfrattuosità**, **s. f. inv.** irregolarità del terreno; cavità piccola e stretta; anfratto

àngamo [gr. *gángamon* 'specie di rete da pesca' di etim. sconosciuta ✱ 1937] **s. m.** ● (*mar.*) rete a forma di sacco a maglie fitte, con bocca munita di un cerchio di ferro, usata a rimorchio di un battello su fondali sabbiosi per la pesca o per studi talassografici **SIN.** gangamo

angarìa [V. *angheria* ✱ av. 1364] **s. f.** **1** (*stor.*) nel Medioevo, categoria di prestazioni in opere e in natura imposte ai sudditi di condizione sociale inferiore **2** (*dir.*) facoltà di uno Stato, in tempo di guerra o di pericolo pubblico, di requisire sul suo territorio navi, aeromobili e altri mezzi di trasporto appartenenti ad altri Stati **3** V. *angheria*

angariàre [vc. dotta, lat. tardo *angariāre* 'requisire per i trasporti, costringere a'. V. *angheria* ✱ av. 1342] **v. tr.** (*io angàrio*) ● trattare duramente, opprimere con angherie | (*est.*) tormentare, tiranneggiare

angariatóre [1612] **s. m.** (**f.** *-trice*); anche **agg.** ● chi (o che) opprime con angherie

àngela① o (*tosc.*) **àngiola** [f. di *angelo* ✱ 1294] **s. f.** ● (*lett.*) angelo con aspetto femminile | (*est.*) donna che possiede particolari qualità di bellezza, grazia, bontà: *O nova a. mia senz'ala a fianco* (G. Carducci) || (*lett.*) **angelèlla**, **dim.** | (*lett.*) **angelétta**, **dim.** | †**angiolèlla**, **dim.** |**angiolétta**, **dim.**

àngela② o (*tosc.*) **àngiola** [da *angelo*: detta così perché particolarmente buona ✱ 1400] **A** **s. f.** ● varietà di uva bianca da tavola coltivata in Emilia **B** anche **agg. solo f.**: *uva a.*

angelèno [1987] **agg. e s. m.** (**f.** *-a*) ● losangelino

angèlica [da *angelico*, per le sue qualità medicamentose ✱ av. 1577] **s. f.** **1** pianta erbacea perenne delle Apiacee, con radice a fittone, fusto eretto con foglie radicali pennatosette, fiori bianco-verdognoli riuniti in grandi ombrelle composte; l'olio essenziale ricavato da alcune sue specie è usato nella preparazione di alcuni liquori (*Angelica archangelica*) **2** (*mus.*) strumento simile all'arciliuto | registro dell'organo

angelicàle [av. 1294] **agg.** ● (*lett.*) da angelo, angelico

angelicàto [av. 1300] **agg.** ● (*lett.*) simile ad angelo: *la donna angelicata dei poeti dello Stilnovo* | fatto angelo

angèlico [vc. dotta, lat. tardo *angĕlicu(m)*, dal gr. *angelikós*. V. *angelo* ✱ av. 1250] **agg.** (**pl. m.** *-ci*) **1** di angelo: *angeliche forme* | ***salutazione angelica***, parole rivolte dall'angelo a Maria nell'Annunciazione | (*fig.*) ***il Dottore A.***, (*per anton.*) S. Tommaso d'Aquino **2** simile ad angelo per la natura, l'aspetto e sim.: *voce, bellezza angelica*; *donna angelica* | (*est.*) bello, puro, dolce: *viso, cielo, carattere a.* || **angelicaménte**, **avv.** || **angelicità**, **s. f. inv.**: *l'angelicità di un animo, di un viso*

angelìno ➤ **angiolino**

angeliẓẓàre [da *angelo* ✱ 1939] **v. tr.** **1** (*raro*) raffigurare come un angelo: *Questo Bacco angelizzato privo di polarità sessuale* (C.E. Gadda) **2** (*fig.*) considerare e fare apparire qlcu. o qlco. come intrinsecamente buono, virtuoso: *a. la donna*; *a. un fenomeno sociale, un movimento politico* **CONTR.** demonizzare|| **angeliẓẓazióne**, **s. f.**

♦**àngelo** o (*lett., tosc.*) **àngiolo**, †**àgnolo** [lat. tardo *ăngelu(m)*, dal gr. *ángelos* 'nunzio, messaggero', di orig. orient. ✱ sec. XII] **A** **s. m.** (**f.** *-a* (**V.**)) **1** creatura celeste puramente spirituale, rappresentata in forma di giovanile bellezza, con ali, e circonfusa da raggi di luce | ***a. custode, tutelare***, dato da Dio a ciascuna anima; (*fig.*) chi accompagna costantemente una persona (*spec. scherz.*): *è diventato l'a. custode della figlia* | ***angeli custodi***, (*scherz.*) i poliziotti, spec. i due che sogliono accompagnare un imputato o un prigioniero | ***a. caduto, infernale, delle tenebre***, Lucifero, il Demonio | ***Pane degli angeli***, l'eucaristia | (*disus., eufem.*) ***fabbrica degli angeli***, clinica dove si praticano aborti clandestini | ***discutere sul sesso degli angeli***, (*fig.*) su argomenti irresolubili o inutili **2** (*fig.*) persona di straordinaria bellezza e bontà, o dotata di virtù eccezionali: *una testina d'a.*; *quella ragazza è un a.*; *un a. di bontà, d'innocenza* | ***cantare, suonare, scrivere come un a.***, con impareggiabile bravura | ***a. del focolare***, (*fig.*) la donna di casa, come figura tradizionale di casalinga dedita alla famiglia (*anche iron.*) **3** nel pattinaggio, figura libera che si esegue portando il busto in posizione parallela al terreno stando in equilibrio su una gamba, mentre l'altra è tesa in alto all'indietro **4** palla di cannone, composta di due emisferi collegati da una spranga o da una catena, usata anticamente spec. in marina per danneggiare l'alberatura nemica **5** una delle figure nel gioco dei tarocchi **6** (*zool.*) ***a. di mare***, squadro **B** in funzione di **agg. inv.** ● (posposto al sost.) nella loc. ***pesce a.***, squadro|| **angelétto**, **dim.** |**angelóne**, **accr.** |**angiolétto**, **dim.** (V.) |**angiolìno**, **dim.** (V.) |**angiolóne**, **accr.**

angelolatrìa [comp. di *angelo* e *-latria* ✱ 1819] **s. f.** ● culto e adorazione degli angeli

angelologìa [comp. di *angelo* e *-logia* ✱ av. 1852] **s. f.** (**pl.** *-gìe*) ● l'insieme delle dottrine e delle credenze relative agli angeli

Àngelus [dalle parole iniziali della preghiera: *Angelus Domini nuntiavit Mariae* 'L'Angelo del Signore annunziò a Maria' ✱ 1856] **s. m. inv.** ● preghiera alla Madonna annunciata dal suono di campane, recitata al mattino, a mezzogiorno e alla sera

àngere [lat. *ăngere*, corrispondente al gr. *ánchō* ✱ sec. XIII] **v. tr.** (**difett. usato solo nella terza pers. sing. dell'indic. pres.** *ànge* e **dell'imperf. indic.** *angéva*) ● (*lett.*) affliggere, angosciare: *tutto mi ange e tormenta* (G. Carducci)

♦**angherìa** [vc. dotta, lat. tardo *angarīa(m)* 'obbligo di fornire i mezzi di trasporto', dal gr. *angaréia*, da *ángaros* 'messo del re di Persia con autorità di requisire e imporre tasse' ✱ av. 1342] **s. f.** **1** V. *angaria* | (*est.*) tassa esosa **2** (*fig.*) atto di prepotenza, sopruso: *fare angherie*

SFUMATURE DI SIGNIFICATO

angheria - ingiustizia - vessazione - violenza
Un atto che umilia la volontà o i desideri di una persona si chiama **angheria**. Se tale azione si risolve in un'offesa o in un torto si ha un'**ingiustizia**. Se invece le angherie si ripetono nel tempo, sono cioè attuate con determinazione e sistematicità si parla di **vessazione**. La coazione fisica o morale esercitata da una persona su un'altra, allo scopo di indurla a commettere atti contro il suo volere si dice genericamente **violenza**.
SFUMATURE ➤ *arbitrio*, ➤ *imposizione*, ➤ *prevaricazione*

angìna [vc. dotta, lat. *angīna(m)*, da *ăngere* 'stringere' ✱ 1592] **s. f.** ● (*med.*) infiammazione della tonsilla palatina e dell'orofaringe: *a. difterica*

angìna pèctoris [lat. scient., propr. 'angina del petto' ✱ 1862] **loc. sost. f. inv.** (**pl. lat.** *anginae pectoris*) ● (*med.*) dolore localizzato dietro lo sterno, talvolta diffuso al braccio sinistro, causato da spasmo delle arterie coronarie **SIN.** stenocardia

anginóso (o -ṣ-) [1757] **A** **agg.** ● relativo ad angina **B** **agg. e s. m.** (**f.** *-a*) ● che (o chi) soffre d'angina

angio-, -àngio [dal gr. *angêion* 'vaso'] **primo e secondo elemento** ● in parole composte della terminologia botanica indica il ricettacolo dei semi: *angiosperma* | solo come primo elemento, in parole scientifiche composte significa 'vaso sanguigno': *angiopatia, sporangio*

angiocàrpo [comp. di *angio-* e gr. *karpós* 'frutto' ✱ 1865] **s. m.** ● (*bot.*) corpo fruttifero di Funghi degli Ascomiceti e dei Basidiomiceti dove l'imenio è completamente avvolto da ife sterili fino alla maturità delle spore, come nei tartufi e nelle vesce

angiochirurgìa [comp. di *angio-* e *chirurgia* ✱ 1968] **s. f.** (**pl.** *-gìe*) ● (*chir.*) chirurgia vascolare

angiocolìte [comp. di *angio-* e *colite* ✱ 1940] **s. f.** ● (*med.*) colangite

angiogèneṣi [comp. di *angio-* e *genesi* ✱ 1989] **s. f. inv.** ● (*fisiol.*) sviluppo del sistema vascolare in tessuti e organi

angiografìa [comp. di *angio-* e *-grafia* ✱ 1819] **s. f.** ● tecnica di visualizzazione dei vasi sanguigni e linfatici mediante introduzione in essi di sostanze radiopache | angiogramma

angiogràfico [1986] **agg.** (**pl. m.** *-ci*) ● relativo all'angiografia: *cateteri angiografici*

angiogràmma [comp. di *angio-* e *-gramma* ✱ 1970] **s. m.** (**pl.** *-i*) ● lastra radiografica dei vasi sanguigni e linfatici

angioìno [1509] **A** **agg.** ● degli Angiò, dinastia francese che regnò nell'Italia meridionale nei secc. XIII e XIV: *la dominazione angioina* **B** **s. m.** (**f.** *-a*) ● appartenente alla dinastia degli Angiò

àngiola ➤ **angela**① e **angela**②

angiolétto [1310] **s. m.** **1** dim. di *angelo* **2** (*fig.*) bimbo buono (*anche iron.*)

angiolìno o **angelìno**, †**agnolìno** [1585] **s. m.** **1** dim. di *angelo* **2** (*fig.*) bambino grazioso

àngiolo ➤ **angelo**

angiologìa [vc. dotta, gr. *angeiología*, comp. di *angio-* e *-logia* ✱ 1755] **s. f.** (**pl.** *-gìe*) ● parte della medicina che si occupa della morfologia e della patologia dei vasi sanguigni e linfatici

angiòlogo [comp. di *angio-* e *-logo* ✱ 1983] **s. m.** (**f.** *-a*; **pl. m.** *-gi*) ● specialista di angiologia

angiòma [fr. *angiome*, dal gr. *angêion* 'vaso' ✱ 1879] **s. m.** (**pl.** *-i*) ● (*med.*) affezione dovuta a tumore o malformazione dei vasi sanguigni | ***a. piano della cute***, (*pop.*) voglia di vino

angioneuròṣi [comp. di *angio-* e *neurosi* ✱ 1961] **s. f. inv.** ● (*med.*) qualsiasi disturbo vascolare provocato da turbe del sistema nervoso autonomo

angiopatìa [comp. di *angio-* e *-patia* ✱ 1561] **s. f.** ● malattia dei vasi sanguigni e linfatici|| **angiopàtico**, **agg.** (**pl. m.** *-ci*); anche **s. m.** (**f.** *-a*) nel sign. 2 **1** relativo ad angiopatia **2** che (o chi) soffre di angiopatia

angioplàstica [comp. di *angio-* e *-plastica* ✱ 1986] **s. f.** ● (*chir.*) ricostruzione o riparazione di un vaso sanguigno mediante intervento operatorio, laser o sonda

angiosarcòma [comp. di *angio-* e *sarcoma* ✱ 1900] **s. m.** (**pl.** *-i*) ● (*med.*) tumore maligno originato dai vasi sanguigni

angiospàṣmo [comp. di *angio-* e del gr. *spasmós* 'convulsione' ✱ 1942] **s. m.** ● (*med.*) contrazione spastica dei vasi sanguigni **SIN.** vasospasmo

Angiospèrme [comp. di *angio-* e del gr. *spérma* 'seme' ⁎ 1797] **s. f. pl.** (**sing.** *-a*) ● (*bot.*) divisione di piante delle Fanerogame con ovuli racchiusi nell'ovario, riconoscibili per i fiori da cui originano frutti che contengono e disperdono i semi (*Angiospermae* o *Magnoliophyta*) **CONTR.** Gimnosperme

angiostatina [dall'ingl. *angiostatin*, comp. di *angio-* e di un elemento tratto dal v. lat. *stāre* 'fermare, arrestare' ⁎ 1996] **s. f.** ● (*med.*) sostanza peptidica capace di arrestare la proliferazione delle cellule vasali

angiotensina [comp. di *angio-*, del lat. *tēnsus* 'teso', part. pass di *tĕndere* e del suff. *-ina* ⁎ 1980] **s. f.** ● (*biol.*) uno dei peptidi plasmatici prodotti da un precursore inattivo per azione della renina, dotati di azione ipertensiva

angipòrto [vc. dotta, lat. *angipŏrtu(m)*, comp. di *angere* 'stringere' e *pŏrtus* 'porto, passaggio' ⁎ 1499] **s. m.** **1** vicolo stretto, angusto, talvolta senza uscita | (**al pl.**) la parte più degradata e malfamata di una città **2** †la parte più riparata di un porto

anglesite [dall'isola di *Anglesey* in Inghilterra, dove se ne trovò in grande quantità ⁎ 1943] **s. f.** ● (*miner.*) solfato di piombo, formato spec. per ossidazione superficiale dei giacimenti di galena

anglicanésimo o **anglicanismo** [ingl. *anglicanism*. V. *anglico* ⁎ 1849] **s. m.** ● dottrina della Chiesa anglicana

anglicàno [ingl. *anglican*. V. *anglico* ⁎ av. 1576] **A** **agg.** ● detto della Chiesa nazionale d'Inghilterra che ha dottrine fondamentali calviniste e liturgia simile alla cattolica, con a capo il re: *chiesa anglicana* **B** **agg.; anche s. m.** (**f.** *-a*) ● appartenente alla Chiesa anglicana

anglicismo [fr. *anglicisme*. V. *anglico* ⁎ 1765] **s. m.** ● parola o locuzione propria dell'inglese entrata in un'altra lingua **SIN.** inglesismo

anglicizzàre [1902] **v. tr.** e **anglicizzàrsi** **v. intr. pron.** ● adattare, adattarsi ai costumi, ai gusti e alle idee inglesi **SIN.** inglesizzare || **anglicizzazióne**, **s. f.**

ànglico [da *Angli*, popolo della Britannia ⁎ av. 1334] **agg.** (**pl. m.** *-ci*) ● relativo agli antichi Angli | (*est.*, *lett.*) inglese || **anglicità**, **s. f. inv.**

anglismo [1970] **s. m.** ● (*raro*) anglicismo

anglista [comp. di *anglo* e *-ista* ⁎ 1913] **s. m. e f.** (**pl. m.** *-i*) ● studioso della lingua, della letteratura e della cultura inglese

anglistica [1913] **s. f.** ● studio della lingua, della letteratura, della cultura e della civiltà dei popoli di lingua inglese

ànglo [vc. dotta, lat. tardo *Ănglu(m)*, n. del popolo che abitava la Britannia ⁎ 1521] **s. m.** (**f.** *-a*) **1** appartenente a una antica popolazione germanica stanziatasi in Britannia a partire dal IV sec. d.C. **2** (*lett.*) inglese

ànglo- [V. *anglo*] **primo elemento** ● in parole composte fa riferimento agli antichi Angli o ai moderni Inglesi, oppure alla Gran Bretagna: *angloamericano*, *anglomania*, *anglosassone*

angloamericàno o **anglo-americàno** [comp. di *anglo-* e *americano* ⁎ 1788] **agg.** ● relativo all'Inghilterra e agli Stati Uniti: *letteratura angloamericana*

anglofilia [fr. *anglophilie*, da *anglophile* 'anglofilo, amico dell'Inghilterra', comp. di *anglo-* e *-phile* 'filo' ⁎ 1932] **s. f.** ● interesse, simpatia per l'Inghilterra

anglòfilo [comp. di *anglo-* e *-filo* ⁎ 1959] **agg. e s. m.** (**f.** *-a*) ● che (o chi) prova simpatia per l'Inghilterra

anglofobia [fr. *anglophobie*, da *anglophobe* 'anglofobo' ⁎ 1844] **s. f.** ● atteggiamento di forte avversione, di ostilità verso l'Inghilterra e tutto ciò che è inglese || **anglofòbico**, **agg.** (**pl. m.** *-ci*); **anche s. m.** (**f.** *-a*) **nel sign. 2** **1** relativo ad anglofobia **2** anglofobo || **anglòfobo**, **agg. e s. m.** (**f.** *-a*) che (o chi) dimostra anglofobia

anglòfono [comp. di *anglo-* e *-fono* ⁎ 1983] **A** **agg. e s. m.** (**f.** *-a*) ● che (o chi) parla inglese **B** **s. m.** (**f.** *-a*) ● abitante di uno Stato in cui l'inglese è una lingua in uso

anglo-ispàno [1983] **agg.** ● che riguarda l'Inghilterra e la Spagna, con riferimento a epoche storiche: *le guerre anglo-ispane per la supremazia marittima*

anglòmane [1799] **s. m. e f.** ● chi ammira esageratamente tutto ciò che è inglese

anglomania [fr. *anglomanie*. comp. di *anglo-* e *-mania* ⁎ 1763] **s. f.** ● ammirazione esagerata e smania d'imitare tutto ciò che è inglese

ànglo-normànno [comp. di *anglo-* e *normanno* sul modello dell'ingl. *Anglo-Norman* ⁎ 1851] **A** **agg.** ● che riguarda la Normandia e l'Inghilterra, dalla conquista di Guglielmo di Normandia (1066) fino al XIV secolo: *architettura anglo-normanna* **B** **s. m.** (**f.** *-a*); **anche agg.** **1** appartenente al regno anglo-normanno **2** cavallo appartenente alla razza anglo-normanna **C** **s. m. solo sing.** ● dialetto del francese antico che si diffuse in Inghilterra dopo la conquista di Guglielmo di Normandia: *un poema didattico in anglo-normanno*

anglosàssone [comp. di *anglo-* e *sassone* ⁎ 1818] **A** **agg.** **1** relativo alle tribù germaniche degli Angli e dei Sassoni che emigrarono in Britannia a partire dal IV sec. d.C.: *invasione a.* **2** relativo ai popoli di lingua e cultura inglese: *letteratura a.* **B** **s. m. e f.** **1** (**spec. al pl.**) appartenente alla tribù degli Angli o dei Sassoni **2** appartenente ai popoli di lingua e cultura inglese

angolàno [1765] **A** **agg.** ● relativo all'Angola, repubblica africana **B** **s. m.** (**f.** *-a*) ● abitante o nativo dell'Angola

angolàre ① o †**angulàre** [vc. dotta, lat. *angulāre(m)*, da *ăngulus* 'angolo' ⁎ av. 1342] **A** **agg.** **1** formato da angoli | fatto ad angolo, ad angoli: *colonna a.*, *elemento metallico a.* **2** di angolo | ***velocità a. di un punto***, variazione dell'angolo descritto dal raggio vettore del punto nell'unità di tempo | ***distanza a.***, angolo compreso fra le visuali che vanno dal punto d'osservazione ai due punti osservati **3** che è posto in angolo | ***pietra a.***, la pietra che forma l'angolo esterno di un edificio; (*fig.*) il fondamento, il sostegno di qlco. || **angolarménte**, **avv.** ad angolo || **angolarità**, **s. f. inv.** forma angolare **B** **s. m.** ● elemento metallico di lamiera ripiegata, spesso utilizzato come rinforzo in strutture metalliche **SIN.** cantonale

angolàre ② [da *angolo* ⁎ 1936] **v. tr.** (*io àngolo*) **1** disporre a forma d'angolo | porre in angolo **2** nel calcio, nel tennis e sim., indirizzare la palla diagonalmente **3** (*fotogr.*, *cinema*, *tv*) riprendere un soggetto, una scena e sim. secondo una determinata angolazione

angolarità ➤ **angolare** ①

angolàto [vc. dotta, lat. *angulātu(m)*, da *ăngulus* 'angolo' ⁎ 1519] **agg.** **1** (*raro*) di forma angolare **2** (*arald.*) accantonato **3** nel calcio, nel tennis e sim., detto di tiro con traiettoria diagonale

angolatùra [1964] **s. f.** **1** piegamento ad angolo **2** (*fotogr.*, *cinema*, *tv*) angolazione | (*fig.*) punto di vista, prospettiva

angolazióne [da *angolo* ⁎ 1942] **s. f.** **1** (*fotogr.*, *cinema*, *tv*) angolo o punto di vista da cui si riprende una scena **SIN.** angolatura **2** (*fig.*) prospettiva da cui si considera un problema, un fatto e sim. **SIN.** angolatura **3** nel calcio, direzione impressa alla palla verso un angolo della porta: *segnare con una perfetta a.* | nella scherma, colpo portato con la spada al polso dell'avversario: *stoccata d'a.*

angolièra [1889] **s. f.** ● cantoniera

angolista [1970] **s. m. e f.** (**pl. m.** *-i*) ● nei giochi di carte, chi, talora con funzione di arbitro, assiste a una partita stando nell'angolo tra due giocatori

♦**àngolo** o †**àngulo** [vc. dotta, lat. *ăngulu(m)*, da avvicinare al gr. *ankýlos* 'curvo' ⁎ 1282] **s. m.** **1** (*mat.*) intersezione di due semipiani complanari | porzione di piano compresa fra due semirette uscenti da un medesimo punto **CFR.** gonio-, -gono | misura di tale porzione | ***a. acuto***, minore di uno retto | ***a. concavo***, maggiore di uno piatto | ***a. convesso***, minore di uno piatto | ***a. giro***, quello massimo, costituito dall'intero piano | ***a. ottuso***, maggiore di uno retto e minore di uno piatto | ***a. piatto***, metà di uno giro, semipiano | ***a. retto***, metà di uno piatto | ***a. diedro*** (o ***solido***), intersezione (o unione) di due semispazi | ***a. di due rette sghembe***, misura dell'angolo compreso fra le parallele a esse uscenti da un punto qualsiasi | ***a. visuale***, V. *visuale* | ***a. morto***, porzione di campo visivo di cui è impedita la visuale; (*autom.*) spazio che resta fuori dal controllo retrovisivo del guidatore; (*milit.*) zona dietro un ostacolo dove non può giungere il tiro di un'arma da fuoco; (*mar.*) nella navigazione di bolina, angolo troppo stretto fra la rotta e la direzione del vento, che provoca l'arresto o il forte rallentamento della barca | (*fis.*) ***a. di Cabibbo***, costante fondamentale della natura, pari a circa 13,1°, che determina la probabilità di interazione fra determinate particelle elementari (dal n. del fisico italiano N. Cabibbo (1935-2010)) **2** canto, cantonata: *l'a. di una stanza*; *sedere in un a.*; *un tavolo d'a.*; *il caffè all'a. della strada*; *il caffè all'a.* | ***via Verdi a. via Bianchi***, il punto in cui via Verdi si incrocia con via Bianchi | (*est.*) spigolo: *battere contro l'a. di un mobile* | ***dietro l'a.***, dietro il cantone: *I due promessi rimaser nascosti dietro l'a.* (A. MANZONI); (*est.*) molto vicino: *la farmacia è proprio dietro l'a.*; (*fig.*, *colloq.*) molto vicino nel tempo o prossimo a succedere: *l'inverno è ormai dietro l'a.*; *la ripresa economica è dietro l'a.* | ***che cosa c'è dietro l'a.?***, (*fig.*, *colloq.*) che cosa ci riserva l'immediato futuro, che cosa ci aspetta? **3** luogo appartato: *un a. di mondo, di terra*; *un a. tranquillo, fuori mano*; *cacciarsi, starsene in un a.* | ***in ogni a., in tutti gli angoli***, dovunque | ***a. cottura***, in una stanza di soggiorno o in un monolocale, zona attrezzata a cucina **4** nel calcio, ciascuno dei quattro vertici del campo rettangolare di gioco delimitato da un arco di cerchio tracciato in bianco e contrassegnato da una bandierina, da dove si batte il calcio d'angolo (V. *calcio* ①, sign. 4) | ciascuno dei quattro vertici della porta: *a. basso, alto* | nel pugilato, ognuno dei quattro vertici del ring in due dei quali, diagonalmente opposti, siedono i pugili prima dell'inizio dell'incontro e durante gli intervalli fra le riprese | (*fig.*) ***mettere, ridurre, stringere qlcu. nell'a.*** (o ***all'a.***), metterlo in difficoltà || **angolétto**, **dim.** | **angolino**, **dim.** | **angolùccio**, **dim.**

Definizione d'autore

Nelle case degli ortodossi c'è ancora l'"**angolo** rosso": il punto della casa dove si celebra il culto delle icone sacre. Si usa appendere trasversalmente un'icona nel punto di incontro tra due muri – creando in questo modo una quinta parete e introducendo *un altro lato*, un'altra prospettiva nella stanza. Come il quinto **angolo** aggiunge una dimensione, un oltre, così la letteratura deve secondo me organizzare una visione *laterale* del mondo, raccontando qualcosa da un

a

punto di vista che prima non c'era, non era così. Aggiungere una quinta dimensione cognitiva, estetica e politica al mondo per come lo conosciamo; guardarlo, in un certo senso, dall'**angolo**: questo è, per me, il grande compito dei libri.
Andrea Tarabbia

angolòide [comp. di *angolo* e *-oide* ✱ 1941] **s. m.** ● (*mat.*) intersezione di tre semispazi

angolosità (o -ṣ-) [1780 ca.] **s. f. inv. 1** caratteristica di ciò che è angoloso **2** (*fig.*) asprezza, rigidezza: *a. di carattere*; *a. di stile* (G. Leopardi)

angolóso (o -ṣ-) o †**angulóso** [vc. dotta, lat. *angulōsu(m)*, da *ăngulus* 'angolo' ✱ sec. XIV] **agg. 1** che ha angoli: *fitte righe d'una angolosa scrittura corsiva* (I. Calvino) | (*est.*) ossuto, scarno: *corpo a.* **2** (*fig.*) aspro, duro | (*fig., raro*) scontroso: *carattere a.* **SIN.** spigoloso ‖ **angolosità**, **s. f. inv.** (V.)

àngora [dal n. della città di *Angora* (Ankara) ✱ 1846] **s. f.** ● solo nella loc. ***d'a.***, che indica alcune razze di animali caratterizzati da pelo lunghissimo e molto morbido: *gatto, coniglio d'a.*; *capra d'a.* | ***lana d'a.***, filato prodotto con la lana delle capre d'angora o con il pelo dei conigli d'angora, usato per maglieria o per tessuti, misto a lana di pecora

♦**angòscia** [lat. *angŭstia(m)* 'strettezza', da *ăngere* 'stringere' ✱ 1266] **s. f.** (**pl.** *-sce*, **lett.** *-scie*) **1** stato di ansia accompagnato da viva preoccupazione o paura: *un'attesa piena di a.* **2** (*filos.*) in Kierkegaard (1813-1855) e nell'esistenzialismo, senso di sgomento che prende l'uomo dinanzi alla consapevolezza delle infinite possibilità della vita e della propria individuale finitezza **3** (*psicol.*) stato caratterizzato da paure irrazionali e accompagnato da una sensazione di malessere generico e, a volte, da vertigini, sudorazione e disturbi cardiaci **4** †respiro affannoso

SFUMATURE DI SIGNIFICATO

angoscia - affanno
Uno stato di grave turbamento, di depressione psicofisica determinata da un timore o da un dolore morale tormentoso si dice **angoscia**. **Affanno** in senso letterale esprime un'opprimente difficoltà di respirazione e in senso figurato uno stato di viva preoccupazione, ansietà, inquietudine.
SFUMATURE ➤ ***ansia***, ➤ ***preoccupazione***

angosciànte **part. pres.** di *angosciare*; anche **agg.** ● che procura angoscia: *dubbio, situazione a.*

angosciàre [lat. tardo *angustiāre*, da *angŭstia* 'angustia' ✱ av. 1250] **A v. tr.** (**pres.** *io angòscio*; **fut.** *io angoscerò*) ● dare angoscia: *la sua presenza mi angoscia* **B angosciàrsi v. intr. pron.** ● affannarsi, travagliarsi

angosciàto **part. pass.** di *angosciare*; anche **agg.** ● tormentato dall'angoscia ‖ **angosciataménte**, **avv.**

angoscióso (o -ṣo) [lat. tardo *angustiōsu(m)*, da *angŭstia* 'angustia' ✱ 1250 ca.] **agg. 1** d'angoscia: *grido a.*; *invocazione angosciosa* **2** che genera angoscia: *attesa angosciosa*; *problemi angosciosi* ‖ **angosciosaménte**, **avv.**

angostùra o (*disus.*) **angustùra** [da *Angostura*, antica città del Venezuela ✱ 1829] **s. f. 1** piccolo albero delle Rutacee con corteccia di sapore amaro e odore aromatico (*Cusparia officinalis*) **2** (*est.*) essenza amara per liquori estratta dalla corteccia dell'albero omonimo

angstrom /'angstrom/ [detto così dal n. del fisico svedese A. J. Ångström (1814-1874) ✱ 1929] **s. m. inv.** ● unità di misura di lunghezza pari a 10^{-10} m **SIMB.** Å

àngue [vc. dotta, lat. *ăngue(m)*, di orig. indeur. ✱ 1313] **s. m.** ● (*lett.*) serpente: *come in bel prato ... / giace sovente a. maligno ascoso* (T. Tasso)

anguicrinìto [comp. di *angue* e *crinito* ✱ av. 1704] **agg.** ● (*lett.*) che ha serpenti in luogo dei capelli: *le Furie anguicrinite* (G. Parini)

Ànguidi [vc. dotta, comp. di *angue* e *-idi* ✱ 1929] **s. m. pl.** (**sing.** *-e*) ● (*zool.*) famiglia di Rettili degli Squamati con corpo serpentiforme e arti ridottissimi (*Anguidae*)

anguìlla [lat. *anguīlla(m)*, da *ănguis* 'serpente' ✱ 1266] **s. f. 1** pesce osseo commestibile degli Anguilliformi con corpo allungato, pelle viscida con squame rudimentali; vive in acqua dolce fino al momento della riproduzione, che avviene in mare (*Anguilla anguilla*) | ***a. elettrica***, gimnoto **2** (*fig.*) persona estremamente agile | persona molto scaltra, subdola, sfuggente **3** (*mar.*) trave aggiunta per rinforzo tra un baglio e l'altro, in senso longitudinale | comando metallico che va da prua a poppa, sotto i bagli ‖ **anguillétta**, **dim.** | **anguillìna**, **dim.**

anguillàia o **anguillàra** [1612] **s. f.** ● luogo dove si allevano anguille

anguillésco [1913] **agg.** (**pl. m.** *-schi*) ● (*fig.*) ambiguo, sfuggente: *atteggiamento a.* ‖ **anguillescaménte**, **avv.**

anguillifórme [comp. di *anguilla* e *-forme* ✱ 1730] **agg.** ● che ha forma di anguilla

Anguillifórmi [1845] **s. m. pl.** (**sing.** *-e*) ● (*zool.*) ordine di Pesci ossei a corpo allungato, flessibile, serpentiforme senza pinne ventrali (*Anguilliformes*)

anguìllula [dim. di *anguilla* ✱ 1892] **s. f.** ● genere di piccoli vermi Nematodi parassiti di animali e vegetali, una cui specie vive anche nell'aceto (*Anguillula*)

†**anguinàia** o †**anguinàglia** [lat. *inguinālia*, nt. pl. di *inguinālis*, agg. di *īnguen* 'inguine' ✱ av. 1313] **s. f.** ● inguine

anguìpede [vc. dotta, dal lat. *anguĭpes* genit. *-ĕdis*, comp. di *angu(e)* e *-pede* ✱ 1793] **s. m.**; anche **agg.** ● (*raro, poet.*) chi (o che) ha i piedi formati da serpenti: *così gli immani anguipedi pagaro / di lor nefanda scelleranza il fio* (V. Monti)

†**anguistàra** [provenz. *engrestara*, dal gr. *gástra* 'ventre di un vaso, vaso', da *gastḗr*, genit. *gastrós* 'ventre' ✱ sec. XIII] **s. f.** ● caraffa di vetro con collo lungo e stretto

†**àngulo** e deriv. ➤ **angolo** e deriv.

angùria [pl. del gr. tardo *angóurion* 'cocomero', di orig. straniera ✱ 1485] **s. f.** ● (*sett.*) cocomero

♦**angùstia** [vc. dotta, lat. *angŭstia(m)*. V. *angoscia* ✱ 1268] **s. f. 1** (*lett.*) mancanza o scarsità di spazio: *l'a. di una stanza, di un appartamento*; *l'a. del tempo* **2** (*fig.*) ristrettezza, povertà: *angustie materiali* | ***versare, trovarsi in angustie***, trovarsi in ristrettezze economiche | meschinità: *a. di mente, di idee* **3** (*fig.*) angoscia, affanno: *dare, recare a.*; *stare in a. per qlco.*; *tenere qlcu. in a.*

angustiàre [vc. dotta, lat. tardo *angustiāre*, da *angŭstia* 'angustia' ✱ av. 1294] **A v. tr.** (*io angùstio*) ● angosciare, affliggere **B angustiàrsi v. intr. pron.** ● angosciarsi, affliggersi: *angustiarsi per una sventura, una preoccupazione* e sim.

angustiàto **part. pass.** di *angustiare*; anche **agg.** ● nei sign. del v. ‖ **angustiataménte**, **avv.**

angusticlàvio [vc. dotta, lat. *angusticlāviu(m)*, comp. di *angŭstus* 'stretto' e *clāvus* 'striscia di porpora che listava la tunica dei cittadini romani' ✱ 1797] **s. m.** ● striscia piuttosto stretta di porpora posta sulla toga dei cavalieri romani | la toga ornata di tale striscia

angustióso (o -ṣo) [vc. dotta, lat. tardo *angustiōsu(m)*, da *angŭstia* 'angustia' ✱ av. 1276] **agg.** ● (*lett.*) pieno di angustie | (*est.*) misero, meschino: *virtù gretta, misera, angustiosa* (A. Manzoni) ‖ **angustiosaménte**, **avv.** con angustia

♦**angùsto** [vc. dotta, lat. *angŭstu(m)* da *ăngere* 'stringere' ✱ 1321] **agg. 1** stretto, incomodo, disagevole: *luogo, sentiero a.*; *valle angusta* **2** (*fig.*) limitato, ristretto, detto di persona o delle facoltà spirituali: *persona angusta*; *animo, spirito, intelletto a.* **3** (*raro, fig.*) †insufficiente ‖ **angustaménte**, **avv.**

angustùra ➤ **angostura**

ànice o (*raro*) **ànace**, (*tosc.*) **ànacio** [gr. *ánison*, d'incerta provenienza straniera ✱ 1303 ca.] **s. m. 1** pianta erbacea delle Apiacee con foglie inferiori arrotondate e superiori pennate e fiori bianchi in ombrelle (*Pimpinella anisum*) | ***a. dei Vosgi***, cumino dei prati | ***a. stellato***, badiana | il frutto aromatico di tale pianta **2** (*est.*) liquore estratto dai frutti dell'omonima pianta

anicìno o **anacìno** [da *anice* ✱ 1712] **s. m. 1** piccolo biscotto con anice **2** confetto minutissimo con anice

anicióne [da *anice* ✱ 1955] **s. m.** ● liquore dal pronunciato sapore di anice

anicònico [comp. di *a-*① e *icona*, con suff. aggettivale ✱ 1961] **agg.** (**pl. m.** *-ci*) **1** che non presenta immagini: *vetrate aniconiche* | che non permette immagini: *culto a.* **2** nel linguaggio della critica d'arte, non figurativo ‖ **aniconicità**, **s. f. inv.**

anidrìde [dal gr. *ánydros* 'senz'acqua', comp. di *an-* 'a-①' e *hýdōr* 'acqua' ✱ 1870] **s. f.** ● (*chim.*) composto formato da un non metallo e da ossigeno; nella nomenclatura chimica moderna il termine *anidride* è sostituito da *ossido* in tutti i composti binari con ossigeno | ***a. arseniosa***, molto tossica, adoperata in vetreria per la sbianca dei vetri **SIN.** arsenico bianco | ***a. carbonica***, diossido di carbonio, gas incolore, inodoro, insaporo, soffocante, che si svolge nelle fermentazioni organiche e nelle combustioni, usato per bibite gassate e, allo stato solido, nella conservazione di sostanze deperibili

anidrìte [da *anidro* ✱ 1829] **s. f.** ● (*miner.*) solfato di calcio anidro di solito in masse cristalline saccaroidi di colore grigiastro

ànidro [vc. dotta, gr. *ánydros* 'senz'acqua', comp. di *an-* 'a-①' e *hýdōr* 'acqua', di orig. indeur. ✱ 1829] **agg.** ● privo di acqua

anidròṣi [gr. *anídrōsis*, comp. di *an-* 'a-①' e *hídrōsis* 'traspirazione' (deriv. di *hidrṓs* 'sudore', di orig. indeur.) ✱ 1939] **s. f. inv.** ● (*med.*) assenza di sudorazione

anìle [dall'arabo *an-nīl*, attrav. lo sp. *añil* ✱ 1578] **s. m.** ● pianta legnosa delle Papilionacee con piccoli fiori rosso-giallognoli e foglie coperte di peli, dalla fermentazione delle quali si ottiene l'indaco (*Indigofera anil*)

anilìna [da *anile* ✱ 1869] **s. f.** ● (*chim.*) ammina liquida, oleosa, della serie aromatica, ottenuta industrialmente per riduzione del nitrobenzene, usata nell'industria di coloranti, farmaceutici e isolanti elettrici **SIN.** fenilammina

♦**ànima** [vc. dotta, lat. *ănima(m)*, da avvicinare al gr. *ánemos* 'vento, soffio' ✱ 1180] **s. f. 1** in molte filosofie, principio vitale di tutti gli esseri esistenti: *a. intellettiva, sensitiva, vegetativa*; *L'a. d'ogne bruto e de le piante* (Dante *Par.* VII, 139) **2** (*relig.*) parte spirituale e immortale dell'uomo: *a. pura, innocente*; *l'a. e il corpo* | ***salute dell'a.***, beatitudine eterna | ***cura di anime***, ministero degli ecclesiastici che sono in diretto contatto con i fedeli | ***amare con tutta l'a.***, appassionatamente | ***volere un bene dell'a. a qlcu.***, essere profondamente affezionato a qlcu. | ***giurare sull'a. propria, di qlcu.***, giurare solennemente | ***essere pronto a dare l'a. per qlcu. o qlco.***, essere pronto a sacrificarsi per qlcu. o qlco. | ***non avere a.***, non avere cuore, essere privo di scrupoli | (*fig.*) ***tenere, reggere l'a. coi denti***, essere in pessime condizioni di salute | ***rendere l'a. a Dio***, morire | ***vendere l'a. al diavolo***, scendere a gravi compromessi con la propria coscienza per raggiungere i propri fini, soddisfare le proprie ambizioni e sim. | (*fig.*) ***essere l'a. gemella di qlcu.***, essere molto vicino a qlcu. per carattere, gusti, aspirazioni e sim. | (*fig.*) ***darsi a. e corpo a qlcu., a qlco.***, dedicarsi completamente a qlcu., impegnarsi a fondo in qlco. | (*fig.*) ***toccare l'a.***, commuovere | ***all'a.***, escl. esprimente sorpresa o ammirazione, anche ironiche e sim. | (*fig.*) ***rompere l'a. a qlcu.***, (*fam.*) seccarlo **3** persona: *un paese di poche anime* | ***non c'è a. viva***, non c'è nessuno | ***un'a. dannata***, persona malvagia | ***un'a. in pena***, persona irrequieta, tormentata, che non trova pace | (*fig.*) ***a. nera***, persona malvagia, priva di scrupoli | ***a. bella***, nel pensiero di F. Schiller (1759-1805), persona che aderisce spontaneamente al dovere morale; (*colloq., iron.*) persona fintamente ingenua | ***la buon'a.***, V. *buonanima* **4** (*est.*) parte, nucleo, elemento centrale, interno di qlco.: *l'a. del dente, del legno*; *l'a. di una fune metallica* | ***a. di un frutto***, (*pop.*) seme | ***a. di uno strumento ad arco***, sottile cilindro di abete collocato fra il coperchio e il fondo degli strumenti ad arco per sostenere la pressione esercitata dalle corde sul ponticello | ***a. del bottone***, parte interna di un bottone ricoperto | ***a. di un modello di fonderia***, corpo solido che, nella formatura, occupa il volume che deve restare vuoto all'interno del getto | (*elettr.*) conduttore rivestito di isolante che costituisce l'elemento di formazione dei cavi elettrici multipolari **5** (*fig.*) persona o elemento essenziale di qlco.: *è lui l'a. dell'iniziativa*; *la pubblicità è l'a. del commercio*; *L'a. dei partiti è l'odio* (G. Leopardi) **6** cavità interna dell'arma da fuoco, fra la testa dell'otturatore e la bocca dell'arma || **animàccia**, **pegg.** | **animétta**, **dim.** (V.) | **animùccia**, **dim.**

animàbile [vc. dotta, lat. *animābile(m)* (non sicuramente attestato), da *ănima* 'anima' ✱ 1585] **agg.** ● che si può animare

animadversióne o **animavversióne** [vc. dotta, lat. tardo *animadversiōne(m)*, da *animadvĕrtere*, da *ănimum advĕrtere* 'rivolgere il pensiero' ✱ av. 1348] **s. f.** **1** (*lett.*) rimprovero, biasimo **2** †annotazione, osservazione critico-letteraria

♦**animàle**① [lat. *animāle*, da *ănima* 'anima' ✱ 1258] **s. m.** (**pl.** *-i*, †*animài*) **1** ogni organismo vivente capace di vita sensitiva e di movimenti spontanei: *questa / Bella d'erbe famiglia e d'animali* (U. Foscolo) | ***a. ragionevole***, (*per anton.*) l'uomo | (*est.*) persona, in quanto dotata di una caratteristica specifica e dominante: *Giolitti, questo grande a. politico* **2** bestia: *a. domestico, selvatico*; *animali da macello, da cortile* **CFR.** zoo-, -zoo, terio-, -terio **3** (*fig.*) persona rozza, volgare, incivile: *vivere da a.*; *sudicio come un a.* | persona ignorante, stupida: *taci, a.!* | (*lett.*) persona in cui prevale la componente corporea e istintiva: *Ella appariva, così, la donna di delizia, ... l'a. voluttuario e magnifico* (G. D'Annunzio) || **animalàccio**, **pegg.** | **animalétto**, **dim.** | **animalìno**, **dim.** | **animalóne**, **accr.** | **animalùccio**, (*lett.*) **animalùzzo**, **dim.**

Definizione d'autore

L'**animale** è, prima di tutto, per me che studio le funzioni del cervello e il modo in cui questo riconosce qualcosa come "**animale**", un'entità dotata di movimento. Gli oggetti inerti si muovono solo se vengono urtati o spinti. E i vegetali, di solito, si muovono impercettibilmente per la nostra vista. Quando qualcosa si muove spontaneamente, come se fosse dotato di un'energia interna, è subito percepito come un **animale**. Quindi gli animali sono una categoria del cervello. Meglio, anzi, dei cervelli. Perché anche gli altri animali riconoscono come "animali" gli oggetti semoventi, e così pure i bimbi e i cuccioli appena nati. L'idea di **animale** come animato, come entità semovente, sembra essere stata scolpita nei cervelli dalla selezione naturale.

Giorgio Vallortigara

NOMENCLATURA

animali (voci degli)
● *allodola*: fischiare; fischio;
● *anatra*: anatrare
● *asino*: ragliare; raglio;
● *bue*: muggire = mugghiare, mugliare; muggito = mugghio;
● *canarino, usignolo*: gorgheggiare, trillare; gorgheggio; trillo;
● *cane*: abbaiare, uggiolare, guaire, guaiolare, mugolare, ustolare, gagnolare, schiattire, latrare, ringhiare, ululare; abbaio; guaito, ringhio, latrato, ululato, uggiolio, mugolio;
● *capinera, passero*: cinguettare, ciangottare; cinguettio, ciangottio;
● *capra, pecora*: belare; belato;
● *cavallo*: nitrire; nitrito;
● *cervo, orso*: bramire; bramito;
● *chioccia*: chiocciare, crocciare; verso chioccio;
● *chiurlo, assiolo*: chiurlare; chiurlo;
● *cicala*: frinire;
● *civetta* (anche, *cavalletta, falco, grillo, pipistrello, quaglia*): stridere; stridio;
● *coniglio*: zigare, squittire; squittio;
● *corvo, cornacchia, gracchio, taccola*: crocidare = gracchiare; crocidio = gracchio;
● *coyote*: latrare; latrato;
● *elefante*: barrire; barrito;
● *gallina*: crocchiare, crocchiolare, cantare, schiamazzare;
● *gallo*: cantare, chicchiriare; canto;
● *gatto*: miagolare = gnaulare, soffiare, ronfare = fare le fusa, ustolare; miagolio = gnaulio;
● *gufo, allocco*: bubolare; gufare;
● *insetti* (ape, calabrone, mosca, moscone, vespa, zanzara): ronzare = bombire; ronzio = bombo;
● *leone*: ruggire; ruggito;
● *lupo, iena*: ululare; ululato;
● *maiale, cinghiale, orso*: grugnire, ringhiare, rugliare; grugnito; ringhio; ruglio;
● *merlo, pettirosso*: cantare, fischiare, chioccolare; canto, fischio, chioccolo;
● *mucca, bue*: muggire; muggito;
● *pavone*: paupulare, stridere;
● *piccione, tortora*: tubare = grugare;
● *pulcino*: pigolare = pipiare; pigolio;
● *rana*: gracidare; gracidio;
● *rondine*: stridere, garrire; garrito;
● *serpente*: sibilare; sibilo;
● *tacchino, gallina faraona*: gloglottare; gloglottio;
● *topo*: squittire; squittio;
● *tordo*: chioccolare, fischiare, zirlare; chioccolo, fischio, zirlo;
● *volpe*: abbaiare, guaire; abbaio, guaito;

♦**animàle**② [vc. dotta, lat. *animāle(m)*, da *ănima* 'anima' ✱ 1261 ca.] **agg.** **1** (*lett.*) dell'anima: *lo spirito a.* (Dante) | (*lett.*) degli esseri animati: *la terra degna / di tutta l'animal perfezione* (Dante *Par.* XIII, 82-83) **2** degli animali: *fisiologia a.* | ***regno a.***, gli animali ordinati secondo classi, ordini, specie | ***olio, grasso a.***, che si ricava da animali **CFR.** vegetale **3** proprio degli aspetti materiali, corporei e sim. dell'essere umano: *gli istinti animali* **CONTR.** spirituale || **animalménte**, **avv.**

animalerìa [da *animale*① ✱ av. 1704] **s. f.** ● (*raro*) azione degna di un animale

animalésco [1659] **agg.** (**pl. m.** *-schi*) ● di animale, degno di animale (*spec. spreg.*): *figura animalesca*; *aspetto, viso a.* || **animalescaménte**, **avv.**

animalier /*fr.* anima'lje/ [vc. fr. 'relativo agli animali' ✱ 1969] **A agg. inv.** (**f. fr.** *animalière*; **pl. m.** *animaliers*; **pl. f.** *animalières*) ● di oggetto che riproduce elementi del mondo animale: *una spilla, una scultura a.* | di disegno o elemento decorativo che ricorda il mantello di alcuni animali (tigre, leopardo, zebra ecc.) | nell'arredamento o nell'abbigliamento, di ciò che utilizza tale motivo decorativo: *piastrelle a.*; *scarpe, abito a.* **B s. m. e f. inv.**; anche **agg. inv.** ● animalista nel sign. 1

animalìsmo [da *animale*① ✱ 1987] **s. m.** ● forma di zoofilia tendente a salvaguardare gli animali, mantenendoli nel loro ambiente naturale e proteggendoli dall'intervento dell'uomo

animalìsta [1877] **s. m. e f.**; anche **agg.** (**pl. m.** *-i*) **1** pittore o scultore di figure di animali **2** chi, spesso con manifestazioni polemiche, si impegna nella salvaguardia degli animali, proteggendoli da maltrattamenti dell'uomo

animalìstico [1931] **agg.** (**pl. m.** *-ci*) ● detto di stile decorativo che ha esclusivamente animali per soggetto

animalità [sec. XIV] **s. f. inv.** ● insieme degli attributi e delle facoltà proprie degli animali **CONTR.** spiritualità

animàre [vc. dotta, lat. *animāre*, da *ănima* 'anima' ✱ 1330] **A v. tr.** (*io ànimo*) **1** infondere l'anima: *Dio animò la creta* | dar vita attraverso il linguaggio dell'arte: *a. una tela, un paesaggio* **2** dare vivacità, calore: *un sorriso le animò il volto* | rendere vivace, movimentato: *a. una serata*; *a. una discussione*; *un continuo viavai anima le strade* **3** incitare, spingere: *lo anima una grande ambizione*; *è animato dalle migliori intenzioni* | esortare: *a. i soldati alla battaglia* | promuovere: *a. i traffici, i commerci* **B animàrsi v. intr. pron.** **1** (*lett.*) farsi animo, rincuorarsi **2** acquistare vita, vivacità e sim.: *il corso si va animando* | farsi più vivace: *Aveva occhi ... inespressivi, che si animavano soltanto quando il marito era presente* (A. Moravia) **3** accalorarsi: *animarsi nel parlare, nel discutere*

♦**animàto** **A** **part. pass.** di *animare*; anche **agg.** **1** dotato di vita, di anima: *gli esseri animati* | (*est.*) dotato di movimento: *presepe a.* | pieno di vita, di vivacità: *un quartiere a.* | acceso, infervorato: *un'animata discussione* **2** mosso, spinto: *è a. da buone intenzioni* **3** ***bastone a.***, che nasconde una lama che può fuoriuscire azionando una molla | ***asta animata***, per montatura da occhiali, formata da una sbarretta metallica rivestita di celluloide | ***disegno, cartone a.***, serie di figure in movimento ottenute mediante la ripresa cinematografica di disegni rappresentanti le successive fasi del movimento stesso || **animataménte**, **avv.** con vivacità, fervore **B s. m.** ● (*mus.*) indicazione espressiva che richiede vivacità e fervore

animatóre [vc. dotta, lat. tardo *animatōre(m)*, da *animāre* 'animare' ✱ 1620] **A agg.** ● (*lett.*) che anima: *soffio a.*; *principio a.* **B s. m.** (**f.** *-trice*) **1** chi anima, vivacizza: *egli fu l'a. di quella serata* | promotore, ispiratore: *l'a. di un'iniziativa* | ***a. di gruppo***, chi, in un gruppo di lavoro, di studio e sim., ha la funzione di agevolare lo svolgimento del compito e il raggiungimento degli obiettivi del gruppo stesso | ***a. socioculturale***, persona che opera nell'ambito di un territorio, per es. di un quartiere, con il compito di facilitare e promuovere i rapporti fra i cittadini e le istituzioni, quali le scuole, le biblioteche di quartiere e i centri sportivi e ricreativi | ***a. scolastico***, animatore socioculturale che opera prevalentemente nell'ambito della scuola | ***a. turistico***, chi, in una struttura per vacanze organizzate, promuove e conduce attività ricreative, giochi, spettacoli e sim. **2** tecnico che ricostruisce cinematograficamente il movimento mediante ripresa in successione di singoli fotogrammi o mediante tecniche di computer animation

animavversióne ➤ **animadversione**

animazióne [vc. dotta, lat. *animatiōne(m)*, da *animāre* 'animare' ✱ sec. XIV] **s. f. 1** l'animare **2** vivacità, calore: *parlare, discutere con a.* | (*est.*) affollamento, movimento **3** attività dell'animare, dell'animatore: *a. socioculturale*; *l'a. in un villaggio turistico* **4** ***teatro d'a.***, quello in cui i personaggi sono pupazzi animati dall'uomo **5** ***cinema d'a.***, che utilizza la tecnica dei cartoni animati **6** (*med.*) ***a. sospesa***, condizione di sospensione o rallentamento delle normali funzioni vitali del paziente indotta con mezzi esterni e a fini terapeutici

ànime /'anime, *giapp.* a.ni.mɛ/ [vc. giapp., tratta dall'ingl. *animation* '(film di) animazione' ✱ 1992] **s. m. inv.** ● film d'animazione giapponese | ***shonen a.***, V. *shonen* | ***shoujo a.***, V. *shoujo*

animèlla [propr. dim. di *anima*, nel sign. di 'parte interna di una cosa' ✱ 1478] **s. f.** ● in culinaria, il timo e il pancreas dell'agnello e del vitello

animétta [1829] **s. f. 1** dim. di *anima* **2** armatura usata nel sec. XVII, formata da una grande piastra o da scaglie articolate

anìmico [1879] **agg.** (**pl. m.** *-ci*) ● di anima, relativo ad anima

Animifórmi [comp. del portog. *anhima*, dal n. tupì dell'uccello, e il pl. di *-forme* ✱ 1965] **s. m. pl.** (**sing.** *-e*) ● (*zool.*) ordine di Uccelli dal becco corto e ricurvo e ridotta membrana interdigitale (*Anhimiformes*)

animismo [da *anima* ✱ 1829] **s. m. 1** in alcune religioni primitive, tendenza a credere tutte le cose animate da spiriti, benefici o malefici, superiori all'uomo **2** (*filos.*) concezione in base alla quale tutti gli esseri (anche quelli inanimati) sarebbero dotati di un principio vitale **3** in etnologia religiosa, teoria che spiega l'evoluzione storica delle religioni in funzione dello sviluppo delle idee animistiche

animìsta [1829] **A s. m. e f.** (**pl. m.** *-i*) **1** seguace dell'animismo **2** nelle fonderie, operaio addetto alla fabbricazione e alla posa delle anime nei modelli **B agg.** ● animistico

animìstico [1806] **agg.** (**pl. m.** *-ci*) ● che concerne l'animismo

✦**ànimo** [vc. dotta, lat. *ănimu(m)*. V. *anima* ✱ 1261 ca.] **A s. m. 1** principio attivo della personalità, delle facoltà intellettive, della volontà, e sede degli affetti: *disposizione d'a.* | ***mettersi l'a. in pace***, rassegnarsi | ***toccare l'a.***, commuovere | ***di buon a.***, ben disposto | ***volgere l'a.***, darsi con la mente, col cuore | ***stato d'a.***, condizione, disposizione di spirito | ***a un a.***, (*lett.*) concordemente **2** proposito, intenzione: *celare il proprio a.* | ***avere in animo di fare qlco.***, avere intenzione di farla **3** coraggio: *ebbe l'a. di affrontare una situazione così incerta* | ***farsi a.***, prendere coraggio | ***perdersi d'a.***, scoraggiarsi | (*lett.*) ***bastare l'a.***, sentire forza e coraggio sufficienti: *non gli bastò l'a. di guardarmi in faccia* (L. PIRANDELLO) **B in funzione di inter.** ● si usa come esortazione ad avere coraggio, a non lasciarsi abbattere e sim.: *su ragazzi, a.!*

animosità (o -ṣ-) [vc. dotta, lat. tardo *animositāte(m)*, da *animōsus* 'animoso' ✱ av. 1290] **s. f. inv. 1** ostilità, malanimo **2** (*lett.*) ardire, audacia, coraggio: *Confesso che ho troppo di a. giovanile* (F. REDI)

✦**animóso** (o -ṣ-) [vc. dotta, lat. *animōsu(m)*, da *ănimus* 'animo' ✱ 1312] **A agg. 1** (*lett.*) ardito, coraggioso: *gioventù animosa*; *cuori animosi* | detto di animale, focoso, impetuoso: *come a suon di tube / a. caval s'infiamma all'armi* (A. POLIZIANO) **2** (*lett.*) ostile, maldisposto: *I cittadini di Pisa, che sono animosi contro a' Fiorentini* (G. VILLANI) || **animosaménte**, **avv.** con animosità || **animosità**, **s. f. inv.** (V.) **B s. m.** (**f.** *-a*) ● persona coraggiosa, audace: *Una mano di animosi diede l'assalto alle scale del Palazzo* (G. D'ANNUNZIO)

anìmula [vc. dotta, lat. *anĭmula*, dim. di *ănima* 'anima' ✱ 1499] **s. f.** ● (*lett.*) piccola anima | (*fig.*) persona dall'interiorità debole, incerta: *quell'a. che era Pietro Metastasio* (B. CROCE)

✦**ànimus** [lat., propr. 'animo' ✱ 1940] **s. m. inv.** (**pl. lat.** *animi*) **1** intenzione, proposito, volontà consapevole, spec. nel linguaggio giuridico | (*dir.*) ***a. donandi, furandi, lucrandi***, intenzione di donare, di derubare, di lucrare **2** (*lett.*) stato d'animo | carattere, indole, temperamento

anìnga [vc. portog. di orig. tupì ✱ 1929] **s. f.** ● (*zool.*) genere di Uccelli dei Pelicaniformi, tipico degli ambienti tropicali e subtropicali, con lunghezza fino a un metro, collo sinuoso e livrea marrone scura o nera a disegni bianchi (*Anhinga*)

anióne [vc. dotta, gr. *aniṓn*, genit. *anióntos* 'che sale', part. pres. di *áneimi* 'io salgo' ✱ 1892] **s. m.** ● (*fis.*) ione di carica negativa che durante l'elettrolisi si dirige all'anodo

Anisàkis [etim. sconosciuta ✱ 1996] **s. m. pl.** ● (*zool.*) genere di Nematodi parassita di Pesci ossei, di altri Vertebrati acquatici e della specie umana alla quale si è esteso tramite il consumo di carne di pesce non cotta

aniṣétta [fr. *anisette*, da *anis* 'anice' ✱ 1856] **s. f.** ● liquore all'anice, aromatico e di sapore dolce

aniṣo- [dal gr. *ánisos* 'diseguale'] **primo elemento** ● in parole scientifiche composte indica disuguaglianza, diversità, dissomiglianza: *anisotropo*

aniṣocitòṣi [comp. di *aniso-* 'disuguale' e *-cito* 'cellula' con il suff. *-osi* ✱ 1926] **s. f. inv.** ● (*biol.*) presenza di cellule di varie dimensioni nel sangue; si riscontra in vari tipi di anemia e riguarda di regola i globuli rossi

aniṣocorìa [comp. di *aniso-*, del gr. *kórē* 'pupilla' e del suff. *-ia*② ✱ 1940] **s. f.** ● (*med.*) condizione caratterizzata dalla disuguaglianza del diametro delle pupille

aniṣofillìa [comp. di *aniso-* e un deriv. del gr. *phýllon* 'foglia' ✱ 1906] **s. f.** ● (*bot.*) presenza di foglie con forma diversa sulla stessa pianta

aniṣogamète [vc. dotta, comp. di *aniso-* e *gamete* ✱ 1955] **s. m.** ● (*biol.*) ciascuno dei gameti, maschile e femminile, lievemente diversi per forma e dimensioni

aniṣogamìa [vc. dotta, comp. di *aniso-* e *-gamia* ✱ 1929] **s. f.** ● (*biol.*) riproduzione che avviene tramite anisogameti CFR. eterogamia, isogamia

aniṣomorfìṣmo [comp. di *an-* e *isomorfismo* ✱ 1973] **s. m.** ● (*ling.*) principio secondo cui le distinzioni semantiche fatte in una lingua non sono corrispondenti a quelle fatte in un'altra

aniṣosillabìṣmo [comp. di *aniso-* e *sillab(ico)* con il suff. *-ismo* ✱ 1960] **s. m.** ● (*letter.*) fenomeno in cui una sequenza di versi dello stesso tipo ha un numero disuguale di sillabe; è proprio della metrica classica, ma si riscontra talvolta anche nella poesia romanza delle origini

aniṣotropìa [da *anisotropo* ✱ 1906] **s. f.** ● (*fis.*) caratteristica delle sostanze che hanno proprietà diverse nelle diverse direzioni

aniṣòtropo [comp. di *aniso-* e *-tropo* ✱ 1892] **agg.** ● (*fis.*) detto di sostanza che presenta anisotropia

ànitra ➤ **anatra**

anitròccolo ➤ **anatroccolo**

annacquaménto [av. 1698] **s. m. 1** l'annacquare (*anche fig.*) **2** (*econ.*) sopravvalutazione del capitale di un'impresa rispetto al valore reale

annacquàre o **innacquàre**, †**inacquàre** [lat. tardo *inaquāre*, comp. di *ĭn* e *ăqua* 'acqua' ✱ 1288] **v. tr.** (*io annàcquo, noi annacquiàmo*) **1** diluire un liquido aggiungendovi acqua: *a. il vino* **2** (*fig.*) moderare, edulcorare, attenuare: *a. la realtà, una notizia* | ***a. un capitale***, eseguire l'annacquamento, sopravvalutarlo

annacquàta [1875] **s. f.** ● annacquamento leggero | (*est.*) pioggerella || **annacquatìna**, **dim.**

annacquàto **part. pass.** di *annacquare*; anche **agg. 1** diluito in acqua **2** (*fig.*) sbiadito: *un colore a.* | attenuato, edulcorato || **annacquataménte**, **avv.**

annacquatùra [1865] **s. f.** ● l'annacquare | la cosa annacquata

annaffiaménto o **innaffiaménto** [sec. XIV] **s. m.** ● l'annaffiare, il venire annaffiato

annaffiàre o **innaffiàre**, **inaffiàre** [prob. lat. **inafflāre* 'soffiare dentro', da *flāre* 'soffiare' ✱ av. 1292] **v. tr.** (*io annàffio*) **1** cospargere d'acqua con un getto a pioggia: *a. un campo, i fiori, le aiuole* **2** (*fig.*) accompagnare un cibo con una bevanda: *a. l'arrosto con dell'ottimo Barolo*

annaffiàta o **innaffiàta**, **inaffiàta** [1842] **s. f.** ● atto dell'annaffiare, spec. leggermente | (*est.*) pioggerella || **annaffiatìna**, **dim.**

annaffiatóio o **innaffiatóio**, **inaffiatóio** [av. 1604] **s. m.** (**pl.** *-ói*) ● recipiente provvisto di manico e lungo becco con all'estremità una bocchetta traforata, usato per annaffiare

annaffiatóre o **innaffiatóre**, **inaffiatóre** [1603] **agg. e s. m.** (**f.** *-trice*) ● che (o chi) annaffia

annaffiatùra o **innaffiatùra**, **inaffiatùra** [1675] **s. f.** ● operazione dell'annaffiare

†**annàle** [vc. dotta, lat. *annāle(m)*, da *ănnus* 'anno' ✱ av. 1535] **agg.** ● annuale

annàli [vc. dotta, lat. *annāles*, pl. di *annālis* 'annale' ✱ 1353] **s. m. pl. 1** narrazione degli avvenimenti storici ordinata e distinta anno per anno: *gli a. romani*; *gli A. di Tacito* **2** (*est.*) storia, memorie storiche: *un fatto destinato a rimanere negli a.* **3** titolo di rassegne scientifiche periodiche

annalìsta [av. 1600] **s. m. e f.** (**pl. m.** *-i*) ● scrittore di annali

annalìstica [1955] **s. f.** ● genere storiografico, tipico del mondo greco e romano, in cui gli avvenimenti sono esposti in ordine cronologico anno per anno

annalìstico [1955] **agg.** (**pl. m.** *-ci*) ● relativo agli annalisti o all'annalistica || **annalisticaménte**, **avv.**

annamìta [1899] **A agg.** (**pl. m.** *-i*) ● dell'Annam, regione storica della penisola indocinese **B s. m. e f.** ● abitante o nativo dell'Annam

annamìtico [1955] **A agg.** (**pl. m.** *-ci*) ● dell'Annam, degli Annamiti **B s. m. solo sing.** ● lingua parlata dagli Annamiti

annasàre (o -ṣ-) [comp. di *a-*② e *naso* ✱ 1261 ca.] **v. tr.** ● (*lett., centr.*) annusare

✦**annaspàre** [da *naspo* (?) ✱ av. 1543] **A v. tr.** ● avvolgere il filato sul naspo per formare la matassa | (*raro, fig.*) ***a. la vista***, confonderla **B v. intr.** (**aus.** *avere*) **1** agitare confusamente le braccia o le gambe, come per cercare un appiglio o per afferrare qlco. che sfugge: *annaspava disperatamente cercando di tenersi a galla* | (*est.*) gesticolare disordinatamente **2** (*fig.*) affaccendarsi intorno a qlco. senza concludere: *annaspa da ore fra i libri* | (*fig.*) confondersi, imbrogliarsi: *a. nel parlare, nel rispondere*

annaspicàre [iter. di *annaspare* ✱ 1840] v. intr. (*io annàspico, tu annàspichi*; aus. *avere*) ● (*raro*) imbrogliarsi nel parlare: *l'oratore annaspicava continuamente*

annaspìo [1879] s. m. (pl. *-ii*) ● un annaspare continuo

annàspo [da *annaspare* ✱ 1865] s. m. ● (*tess.*) aspo

annàta [da *anno* ✱ sec. XIV] s. f. **1** corso di un anno: *le provviste per l'intera a.* | ***a. agraria***, periodo di un anno, durante il quale si compie il ciclo produttivo della terra | ***vino d'a.***, ottenuto da una vendemmia particolarmente pregiata | ***pensioni d'a.***, termine giornalistico con cui si definiscono pensioni maturate in periodi non recenti e soggette a provvedimenti perequativi **2** complesso di fenomeni considerati nello spazio di un anno: *un'a. fredda, piovosa; l'a. politica, turistica; è stata una buona, cattiva a. per i campi* **3** l'importo di denaro da ricevere o versare in un anno: *un'a. di stipendio; pagare un'a. di affitto* **4** insieme di tutti i numeri di un periodico pubblicati durante un anno: *l'ultima a. del Foro Italiano* ‖ **annatàccia**, pegg. | **annatóna**, accr.

annàtto [vc. di orig. caribica ✱ 1955] s. m. ● (*chim.*) sostanza colorante naturale giallo-arancio usata nell'industria alimentare | (*est.*) oriana

annebbiaménto [av. 1673] s. m. **1** formazione di nebbia | banco di nebbia **2** (*fig.*) offuscamento: *a. della vista, delle idee* SIN. obnubilamento
SFUMATURE ➤ *frastornamento*

✦**annebbiàre** [comp. di *a-*② e *nebbia* ✱ 1306] **A** v. tr. (*io annébbio*) **1** offuscare con nebbia | (*est.*) velare: *il denso fumo annebbiava il cielo* **2** (*fig.*) oscurare, confondere: *l'alcol annebbia la mente* **B** v. intr. (anche impers.; aus. *essere*) ● (*raro*) offuscarsi per nebbia **C** **annebbiàrsi** v. intr. pron. ● diventare nebbioso: *il tempo si annebbia* | (*fig.*) confondersi: *la vista, la mente cominciò ad annebbiarsi*

annebbiàto part. pass. di *annebbiare*; anche agg. ● nei sign. del v. | (*fig.*) ottenebrato, confuso | (*fig., lett.*) turbato: *Per un istante, a., non sentì le parole dei due* (C. PAVESE)

annegaménto [av. 1347] s. m. ● l'annegare, nel sign. di *annegare*① | morte per affogamento

annegàre① [lat. parl. *adnecāre, comp. di *ăd* e *necāre* 'uccidere' ✱ av. 1250] **A** v. tr. (*io annégo* (o *-è-*), *tu annéghi* (o *-è-*)) ● far morire per soffocamento immergendo in acqua: *i gattini furono annegati appena nati* | (*fig.*) ***a. i dispiaceri nel vino***, bere per dimenticare SIN. affogare **B** v. intr. (aus. *essere*) e **annegàrsi** v. intr. pron. **1** morire per annegamento: *dopo pochi istanti dal tuffo è annegato* **2** (*fig.*) perdersi, sprofondare: *a. nell'oro, nei debiti; tra questa / immensità s'annega il pensier mio* (G. LEOPARDI) **C** **annegàrsi** v. rifl. ● uccidersi per annegamento: *si è annegato buttandosi nel fiume*

†**annegàre**② e deriv. ➤ **abnegare** e deriv.

annegàto **A** part. pass. di *annegare*①; anche agg. ● nei sign. del v. **B** s. m. (f. *-a*) ● persona morta per annegamento

anneghittìre [comp. di *a-*② e *neghittoso* ✱ 1268] **A** v. tr. ● †rendere pigro **B** v. intr. † e **anneghittìrsi** v. intr. pron. ● (*lett.*) infiacchire, impigrire: *Già ella s'anneghittiva di far qualunque cosa* (L. PIRANDELLO)

anneraménto [1320 ca.] s. m. ● (*raro*) annerimento

anneràre [comp. di *a-*② e *nero* ✱ 1310] v. tr., intr. (*io annéro*; aus. intr. *essere*) e **anneràrsi** v. intr. pron. ● (*raro*) annerire, annerirsi

anneriménto [av. 1698] s. m. ● l'annerire, l'annerirsi | ***a. del vino***, alterazione dovuta all'eccesso di sali di ferro

annerìre [comp. di *a-*② e *nero* ✱ av. 1292] **A** v. tr. (*io annerìsco, tu annerìsci*) **1** rendere nero: *il fumo annerisce gli ambienti* **2** (*fig., lett.*) denigrare **B** v. intr. (aus. *essere*) e **annerìrsi** v. intr. pron. ● diventare nero | oscurarsi

anneritùra [av. 1698] s. f. ● annerimento

annessiectomìa o **annessectomìa** [comp. di *annesso* e gr. *ektomḗ* 'taglio, amputazione' ✱ 1955] s. f. ● (*chir.*) asportazione chirurgica degli annessi uterini

annessióne [fr. *annexion*, dal lat. tardo *adnexiōne(m)*, da *adnĕctere* 'annettere' ✱ 1660] s. f. **1** unione spec. di una parte a un tutto **2** ampliamento del territorio di uno Stato a spese di parte o tutto il territorio di un altro Stato: *procedere all'a. di un territorio, di una provincia*

annessionismo [1950] s. m. ● politica di uno Stato che tende ad ampliare il proprio territorio mediante annessioni

annessionista [1860] **A** s. m. e f. (pl. m. *-i*) ● chi sostiene l'annessione **B** agg. ● annessionistico: *politica a.*

annessionìstico [1921] agg. (pl. m. *-ci*) ● che propugna l'annessionismo

annessìte [fr. *annexite* ✱ 1898] s. f. ● (*med.*) infiammazione degli annessi uterini

annèsso (o *-é-*) [vc. dotta, lat. *adnĕxu(m)*, part. pass. di *adnĕctere* 'annettere'; nel sign. B2 dal fr. *annexes* ✱ 1374] **A** agg. ● unito, congiunto: *una fattoria con l'a. terreno; un convento con podere a.* | allegato: *i documenti annessi alla lettera* **B** s. m. **1** (spec. al pl.) parte accessoria di una costruzione | ***annessi e connessi***, tutto ciò che necessariamente è unito ad altro di cui si parla (anche *fig.*): *un podere con annessi e connessi; un pranzo festivo con annessi e connessi* **2** (*anat.*, spec. al pl.) formazione aggiunta ad alcuni organi o apparati principali | ***annessi cutanei***, l'insieme delle strutture derivate dalla pelle, come peli, squame e unghie, che la corredano e concorrono alle sue funzioni | ***annessi uterini***, o (*assol.*) ***annessi***, l'insieme delle ovaie, tube uterine e legamenti dell'utero

†**annestàre** e deriv. ➤ **innestare** e deriv.

annèttere (o *-é-*) [vc. dotta, lat. *adnĕctere*, comp. di *ăd* e *nĕctere* 'legare', da avvicinare a *nōdus* 'nodo' ✱ av. 1642] v. tr. (pres. *io annètto* o *annétto*; pass. rem. *io annettéi*, raro *annèssi*, *tu annettésti*; part. pass. *annèsso* o *annésso*) **1** unire, congiungere: *a. un magazzino alla fabbrica* | allegare, accludere: *a. un foglio a una lettera* | (*fig.*) ***a. importanza a qlco.***, attribuirle, darle, importanza **2** conglobare tramite un'annessione: *a. una provincia a uno Stato* | anche in forma pron.: *la Germania nazista si annetté l'Austria*
SFUMATURE ➤ *incorporare*

annibàlico [av. 1904] agg. (pl. m. *-ci*) ● del condottiero cartaginese Annibale (247 ca.-183 a.C.): *guerre annibaliche*

annichilaménto [1389] s. m. ● (*raro*) annichilimento

annichilàre [av. 1306] v. tr. (*io annìchilo*) e **annichilàrsi** v. intr. pron. ● (*raro*) annichilire, annichilirsi

annichilazióne [vc. dotta, lat. tardo *adnihilatiōne(m)*, da *adnihilāre* 'annichilare' ✱ av. 1406] s. f. **1** (*lett.*) annullamento, annientamento: *a. dell'anima in Dio* **2** (*fis.*) processo di trasformazione di una particella e della corrispondente antiparticella in energia sotto forma di radiazione elettromagnetica

annichiliménto [1869] s. m. **1** annientamento **2** (*lett.*) annullamento di sé, umiliazione

✦**annichilìre** [lat. tardo *adnihilāre* 'tenere in nessun conto' (comp. di *ăd* e *nĭhil* 'nulla'), secondo la pronuncia mediev. ✱ av. 1306] **A** v. tr. (*io annichilisco, tu annichilisci*) ● (*lett.*) ridurre al niente, annientare | (*fig.*) abbattere, prostrare, ridurre senza volontà: *quelle parole lo annichilirono* **B** **annichilìrsi** v. rifl. e intr. pron. ● (*lett.*) annullarsi: *ogni cosa si muta, nulla s'annichila* (G. BRUNO) | (*fig.*) umiliarsi, avvilirsi

annidaménto [1929] s. m. **1** l'annidare, l'annidarsi **2** (*biol.*) penetrazione dell'uovo fecondato nella mucosa uterina

annidàre [comp. di *a-*② e *nido* ✱ av. 1306] **A** v. tr. **1** (*raro*) porre nel nido **2** (*fig.*) accogliere, dare ricetto: *a. nell'animo sentimenti di rancore* **B** **annidàrsi** v. rifl. e intr. pron. **1** farsi il nido **2** (*est.*) nascondersi: *i cecchini si erano annidati tra le macerie* | (*fig.*) trovar posto, attecchire: *nel suo animo s'annida l'invidia*

annientaménto [av. 1712] s. m. **1** l'annientare | distruzione totale, definitiva: *l'a. di un esercito* **2** (*fig.*) annullamento: *a. della personalità* | (*fig.*) abbattimento, prostrazione: *provare un senso di a.* | (*fig.*) umiliazione SIN. annichilazione

✦**annientàre** [comp. di *a-*② e *niente* ✱ 1266] **A** v. tr. (*io anniènto*) **1** ridurre al niente | distruggere **2** (*fig.*) abbattere, prostrare **B** **annientàrsi** v. rifl. ● umiliarsi, abbassarsi
SFUMATURE ➤ *sconfiggere*①

annitrìo [1600] s. m. (pl. *-ii*) ● (*lett.*) nitrito prolungato

annitrìre [lat. *hinnitrīre, da *hinnīre*, di orig. onomat. ✱ av. 1292] v. intr. (*io annitrisco, tu annitrisci*; aus. *avere*) ● (*lett.*) nitrire

✦**anniversàrio** [vc. dotta, lat. *anniversāriu(m)* 'che ricorre ogni anno', comp. di *ănnus* 'anno' e *vĕrtere* 'volgere' ✱ 1258] **A** agg. ● (*raro*) che ricorre ogni anno: *giorno a.* **B** s. m. **1** giorno di ricorrenza e commemorazione annuale di un avvenimento particolarmente importante: *il 14 luglio è l'a. della presa della Bastiglia* **2** (*raro*) compleanno, genetliaco

✦**ànno** [lat. *ănnu(m)*, il cui sign. ant. doveva essere quello di 'anno compiuto' ✱ 960] s. m. **1** unità di misura del tempo, equivalente a $3{,}153600 \cdot 10^7$s | ***a. solare*** o ***tropico***, intervallo di tempo tra due passaggi consecutivi del Sole all'equinozio di primavera, pari a 365g 5h 48min 46s su cui è regolato il calendario civile SIMB. a | ***a. astronomico*** o ***sidereo*** o ***siderale***, intervallo di tempo fra due passaggi consecutivi del Sole in uno stesso punto della sua orbita apparente, pari a 365g 6h 9min 9,5s | ***a. civile*** o ***comune***, di 365 o 366 giorni (in questo secondo caso, detto *anno bisestile*) | ***a. lunare***, di 12 o 13 lunazioni | ***a. luce***, unità di misura della distanza, che rappresenta lo spazio percorso in un anno dalla luce, cioè 9461 miliardi di km SIMB. a.l. **2** correntemente, periodo di dodici mesi, dal 1° gennaio al 31 dicembre, su cui è regolato il calendario civile: *l'a. nuovo, prossimo, entrante, nascente; l'a. scorso, passato; il corrente a.; il primo, l'ultimo dell'a.; di a. in a., a. per a.; entro l'a.* CFR. -ennio | ***capo d'a.***, V. capodanno | ***un altr'a., quest'altr'a., l'a. che viene***, l'anno prossimo | ***buon a.!***, formula di augurio che si usa all'inizio dell'anno | ***anni fa, anni or sono***, alcuni anni addietro | ***ad anni alterni***, un anno sì e l'altro no | ***A. Santo***, nel quale la Chiesa celebra il Giubileo, attualmente ogni 25 anni o in occasioni straordinarie, precedentemente ogni fine di secolo od ogni 50 anni | (al pl.) serie più o meno lunga di anni, identificata in base a criteri storici e sim.: *gli anni della guerra; i poeti degli anni Venti; le*

a

canzoni degli anni Sessanta | ***anni di piombo***, V. *piombo* nel sign. 4 | (**lett., iperb.**) ***millanni***, un periodo di tempo lunghissimo: *a me pareva millanni che si facesse giorno* (B. CELLINI) **3** periodo di tempo di circa dodici mesi, con inizio variabile: *tornerà in Europa tra un a. e mezzo*; *lo hanno condannato a tre anni di carcere* | periodo di tempo, di durata anche inferiore a un anno, considerato in relazione alle attività che in esso trovano compiuto svolgimento: *a. giudiziario* | ***a. accademico, scolastico***, che inizia dall'apertura delle università, delle scuole | (**est.**) corso di studi: *iscriversi al primo a. d'università*; *essere all'ultimo a. di liceo* **4** (**spec. al pl.**) misura dell'età dell'uomo: *un bimbo di un a.*; *un uomo di trent'anni* | ***pieno d'anni***, vecchio | periodo della vita: *gli anni della crescita* | ***verdi anni***, giovinezza | ***essere in là con gli anni***, in età avanzata | ***levarsi, togliersi gli anni***, asserire di essere più giovani di quello che si è effettivamente | ***portare bene, male gli anni***, dimostrarne di meno, o di più || **annétto**, **dim.**

annobilìre [comp. di *a-*② e *nobile* ✻sec. XIV] **v. tr.** (*io annobilisco, tu annobilisci*) **1** (**lett.**) nobilitare, far nobile **2** (**lett., raro**) ornare, abbellire

annoccàre [comp. di *a-*② e *nocca* ✻1803] **A v. tr.** (*io annòcco, tu annòcchi*) ● piegare il tralcio di una pianta per propagginarla **B annoccàrsi v. intr. pron.** ● fendersi, screpolarsi, detto dei rami degli alberi

annodaménto [sec. XIII] **s. m.** ● (**raro**) l'annodare

annodàre [comp. di *a-*② e *nodo* ✻av. 1313] **A v. tr.** (*io annòdo*) **1** legare insieme, stringere con nodo: *a. due nastri* | ***a. le scarpe***, allacciarle | anche nella forma pron. (con valore intens.) **annodàrsi**, allacciare qlco. che si indossa: *si annodò un fazzoletto al collo* | ***annodarsi la cravatta***, farle il nodo **2** (**fig.**) stringere: *a. una relazione, un'amicizia* **B annodàrsi v. intr. pron. 1** aggrovigliarsi, formare dei nodi **2** (**raro, fig.**) ingarbugliarsi nel parlare

annodàto **part. pass.** di *annodare*; anche **agg. 1** nei sign. del v. **2** (**arald.**) detto delle figure attorcigliate fra loro

annodatùra [1664] **s. f.** ● l'annodare | nodo | punto in cui il nodo è stato fatto

♦**annoiàre** [lat. tardo *inodiāre*, da *ĭn ŏdio habēre* 'avere in odio' ✻av. 1294] **A v. tr.** (*io annòio*) **1** provocare noia, fastidio, molestia: *le sue parole mi annoiano* **2** (**lett.**) dare pena, angoscia: *l'annoiava l'ombra delle cime leggermente agitate* (A. MANZONI) **B v. intr.** (aus. *essere*) ● †riuscire molesto **C annoiàrsi v. intr. pron.** ● provare noia (+ *di*, + *a*, anche seguiti da inf.): *annoiarsi di qlco.*; *annoiarsi a uno spettacolo*; *mi sono annoiato di aspettare*; *si annoiava a sentir quelle chiacchiere* (G. VERGA)

annoiàto **part. pass.** di *annoiare*; anche **agg.** ● che prova o rivela noia, fastidio e sim.: *essere mortalmente a.*; *mi rivolse uno sguardo a.* || **annoiataménte**, **avv.**

annominazióne [vc. dotta, lat. *adnominatiōne(m)*, nom. *adnominātio*, comp. di *ăd* e *nomināatio* 'denominazione' ✻1545] **s. f.** ● (**ling.**) paronomasia

annòna [vc. dotta, lat. *annōna(m)*, da *ănnus* 'anno' ✻sec. XIII] **s. f. 1** nell'antica Roma, insieme delle derrate distribuite periodicamente al popolo | approvvigionamento cittadino | rendite annuali dello Stato, in denaro o in natura **2** complesso delle norme e attività con cui un governo provvede al fabbisogno alimentare della popolazione; l'ufficio preposto **3** †biada

annonàrio [vc. dotta, lat. tardo *annonāriu(m)*, da *annōna* 'annona' ✻av. 1580] **agg. 1** che concerne l'annona, nell'antica Roma | ***province annonarie***, province che dovevano un tributo di frumento al fisco dell'Impero romano **2** che concerne l'annona, il consumo, il rifornimento di viveri: *tessera, carta, annonaria*

annóso (o **-ṣ-**) [vc. dotta, lat. *annōsu(m)*, da *ănnus* 'anno' ✻1268] **agg. 1** (**raro**) che ha molti anni: *quercia annosa* **2** che dura, che si trascina da molti anni: *studi annosi*; *risolvere un'annosa questione* || **annosaménte**, **avv.** || **annosità**, **s. f. inv.**

annotàre [vc. dotta, lat. *adnotāre*, comp. di *ăd* e *notāre* 'notare' ✻av. 1334] **v. tr.** (*io annòto*) **1** segnare, prendere nota: *a. una spesa, un numero telefonico, un nome da ricordare* **2** corredare di note un testo, postillare

annotatóre [vc. dotta, lat. *adnotatōre(m)*, da *adnotāre* 'annotare' ✻1627] **s. m.** (**f.** *-trice*) ● chi annota, spec. un testo

annotazióne [vc. dotta, lat. *adnotatiōne(m)*, da *adnotāre* 'annotare' ✻1450 ca.] **s. f. 1** nota, appunto: *fare delle annotazioni* **2** postilla, chiosa: *le annotazioni a un testo* **3** (**dir.**) forma di pubblicità atta a rendere nota la modifica di una situazione giuridica già resa pubblica: *a. sull'atto di stato civile* || **annotazioncèlla**, **dim.** | **annotazioncìna**, **dim.**

annottàre [lat. parl. **adnoctāre*, comp. di *ăd* e *nŏx*, genit. *nŏctis* 'notte' ✻1250 ca.] **A v. intr. impers.** (*annòtta*; aus. *essere* o *avere*) ● farsi notte: *durante l'inverno annotta presto* **B v. intr.** (aus. *avere*) ● †passare la notte, pernottare **C v. intr.** (aus. *essere*) e **annottàrsi v. intr. pron. 1** (**lett.**) farsi buio: *o quando l'emisperio nostro annotta* (DANTE *Inf.* XXXIV, 5) **2** (**raro, lett.**) oscurarsi

†**annovàle** ➤ **annuale**

annoveràbile [1950] **agg.** ● (**raro**) che si può annoverare

annoveràre o **annumeràre** [lat. *adnumerāre*, comp. di *ăd* e *nŭmerus* 'numero' ✻1211] **v. tr.** (*io annòvero*) **1** (**lett.**) numerare, contare: *ad una ad una annoverar le stelle* (F. PETRARCA) **2** includere in un gruppo, in una categoria: *a. una persona fra i propri amici*; *è da a. tra i maggiori pittori del Novecento* **3** (**lett.**) elencare: *mi andava annoverando con pompa i suoi trionfi amorosi* (V. ALFIERI)

♦**annuàle** o †**annovàle** [vc. dotta, lat. tardo *annuāle(m)*, da *ănnuus* 'annuo' ✻1287] **A agg. 1** che ricorre ogni anno: *festa a.* | che si tiene ogni anno: *esercitazione a.* | relativo a un anno: *temperatura media a.* **2** che dura un anno: *contratto a.* | annuo: *pianta a.* || **annualménte**, **avv.** di anno in anno; ogni anno || **annualità**, **s. f. inv.** (V.) **B s. m. 1** (**lett.**) anniversario: *l'a. della fondazione di Roma* **2** †annata

annualità [1673] **s. f. inv. 1** durata o periodicità annuale: *l'a. di un contratto* **2** somma, rendita che viene pagata annualmente, spec. la quota annua destinata all'ammortamento di un debito

annualiẓẓàre [1949] **v. tr. 1** stabilire una durata, una scadenza annuale: *a. un contratto* **2** rinnovare, aggiornare ogni anno: *a. un vocabolario, un'enciclopedia* || **annualiẓẓazióne**, **s. f.**

annuàrio [vc. dotta, lat. tardo *annuāriu(m)*, da *ănnuus* 'annuo' ✻1809] **s. m.** ● pubblicazione annuale contenente dati e notizie relative ad attività scientifiche, politiche, industriali, letterarie e sim.: *a. di statistica, di pubblica amministrazione*

annuènza [vc. dotta, lat. *adnuĕntia*, part. nt. pl. di *adnŭere*. V. *annuire* ✻1781] **s. f.** ● (**lett.**) consenso, approvazione

♦**annuìre** [vc. dotta, lat. *adnŭere*, *annŭere* con cambiamento di coniugazione, comp. di *ăd* e *nūtus* 'cenno del capo' ✻av. 1494] **v. intr.** (*io annuìsco, tu annuìsci*; aus. *avere*) ● fare cenno di sì: *annuiva a ogni parola dell'oratore*; *annuì con un cenno del capo* | acconsentire: *a. a una richiesta*

annullàbile [1394] **agg.** ● che si può annullare: *provvedimento a.*; *contratto a.* || **annullabilità**, **s. f. inv.**

annullaménto [1310] **s. m. 1** l'annullare | annientamento, estinzione: *secondo l'etica epicurea, il piacere è l'a. del dolore* **2** (**dir.**) eliminazione degli effetti di un atto o negozio giuridico non conformi al diritto: *a. di un matrimonio, di un contratto, di un provvedimento giurisdizionale* | (**est.**) cancellazione, revoca: *a. di una gara, di un concorso* | abrogazione: *a. di una norma* **3** (**mat.**) riduzione a zero di un polinomio **4** annullo postale

annullàre [lat. tardo *adnullāre*, comp. di *ăd* e *nūllus* 'nessuno' ✻sec. XIII] **A v. tr. 1** rendere nullo: *l'antidoto annulla gli effetti del veleno* | rendere vano: *la bufera ha annullato gli sforzi dei soccorritori* **2** dichiarare nullo, cioè invalido e senza effetti: *a. una richiesta, un bando di concorso*; *a. una prenotazione* | (**dir.**) eliminare gli effetti di un atto o negozio giuridico non conformi al diritto: *a. un testamento, un contratto, un provvedimento giurisdizionale* | ***a. una legge***, abrogarla **3** distruggere, annientare, estinguere: *a. la capacità operativa del nemico* **4** (**mat.**) ridurre a zero: *a. un prodotto* **5** sottoporre ad annullo postale, detto della corrispondenza | obliterare **B annullàrsi v. intr. pron. 1** svanire, confondersi: *il dolce canto s'annullò nell'aria* (G. PASCOLI) **2** annientarsi, immedesimarsi totalmente in qlcu. o in qlco.: *annullarsi nella famiglia, nel lavoro* | (**lett., fig.**) umiliarsi, annichilirsi **C annullàrsi v. rifl. recipr.** ● eliminarsi a vicenda

annullatìvo [1673] **agg.** ● che ha forza di annullare

annullàto **part. pass.** di *annullare*; anche **agg. 1** nei sign. del v. **2** detto di francobollo su cui è impresso l'annullo **SIN.** obliterato, usato

annullatóre [1342 ca.] **agg. e s. m.** (**f.** *-trice*) ● che (o chi) annulla | ***bollo a.***, quello usato negli uffici postali per l'annullo di plichi, lettere e sim.

annullazióne [vc. dotta, lat. tardo *adnullatiōne(m)*, da *adnullāre* 'annullare' ✻1342] **s. f.** ● (**lett.**) annullamento: *la totale a. di quello imperio* (F. GUICCIARDINI)

annùllo [da *annullare* ✻1930] **s. m.** ● segno indelebile di varia forma impresso con timbro sui francobolli applicati sulla corrispondenza

annumeràre ➤ **annoverare**

♦**annunciàre** o **annunziàre** [vc. dotta, lat. tardo *adnuntiāre*, comp. di *ăd* e *nuntiāre* 'annunziare' ✻1258] **A v. tr.** (**pres.** *io annùncio*; **fut.** *io annuncerò*) **1** rendere noto, fare sapere: *a. un fidanzamento, un matrimonio, una nascita*; *a. la morte di qlcu.*; *ha annunciato il suo ritorno* | fare sapere in modo solenne una cosa importante, spec. di pubblico interesse (**qlco.**; + *di* **seguito da inf.**, + *che*): *a. la vittoria, la sconfitta, la cessazione delle ostilità*; *il ministro ha annunciato di volersi dimettere*; *ha annunciato che si dimetterà* | predire: *i profeti annunciarono la venuta di Gesù Cristo* | (**elvet.**) segnalare, iscrivere, notificare: *obbligo di a. la propria attività all'Ufficio IVA* **2** far prevedere, far presagire, dare segni rivelatori (**qlco.**; + *che*): *i fiori annunciano la primavera*; *i brividi annunciano la febbre*; *il barometro annuncia che pioverà* **3** informare una persona, spec. autorevole, della presenza di visitatori: *gli fu annunciata una visita*; *lo annunciarono al direttore*; *si fece a. dal portiere* **B annunciàrsi v. rifl.** ● avvertire della propria presenza o del proprio imminente arrivo: *erano arrivati al-*

l'improvviso, senza annunciarsi (P. Levi) **C annunciàrsi v. intr. pron.** ● preannunciarsi, prospettarsi: *si annuncia una notte serena* | anche seguito da un compl. predicativo del soggetto: *una settimana che si annuncia gelida*

annunciàto o **annunziàto part. pass.** di *annunciare*; anche **agg. 1** nei sign. del v. **2** nel linguaggio giornalistico, detto di ciò che era previsto o facilmente prevedibile (dal romanzo *Cronaca di una morte annunciata*, 1981, dello scrittore colombiano G. García Márquez): *una catastrofe annunciata*

annunciatóre o **annunziatóre** [vc. dotta, lat. tardo *adnuntiatōre(m)*, da *adnuntiāre* 'annunziare' ✱av. 1292] **s. m.** (**f.** *-trice*); anche **agg.** ● chi (o che) annuncia | ***a. radiofonico, televisivo***, lettore di notizie, testi e annunci alla radio e alla televisione

Annunciazióne o (*raro*) **Annunziazióne** [vc. dotta, lat. tardo *adnuntiatiōne(m)*, da *adnuntiāre* 'annunziare' ✱1268] **s. f. 1** annuncio dell'incarnazione del Verbo, fatto a Maria dall'arcangelo Gabriele | rappresentazione iconografica di tale evento **2** festa liturgica di tale evento, celebrata il 25 marzo

♦**annùncio** o **annùnzio** [vc. dotta, lat. *adnūntiu(m)*, comp. di *ăd* e *nūntius* 'notizia' ✱sec. XIII] **s. m. 1** comunicazione di una notizia: *dare, recare l'a. di qlco.*; *spargere l'a.* | (*elvet.*) segnalazione, iscrizione, notifica: *sportello per l'a. dei guasti* | ***effetto a.***, conseguenze provocate dal semplice annuncio dell'intenzione di attuare un provvedimento, di prendere un'iniziativa, e sim. | (*est.*) la notizia stessa: *a. inatteso, triste, doloroso, lieto* **2** breve testo scritto con cui si comunica qlco.: *a. di matrimonio, di nascita, di morte* | ***a. economico***, avviso pubblicitario composto di poche righe di solo testo, pubblicato dai giornali in apposite rubriche | ***a. pubblicitario***, messaggio pubblicitario composto da un testo e da un'immagine **3** (*fig.*) presagio, indizio, segno rivelatore | predizione **4** nelle bocce, indicazione preventiva della scelta del boccino o della boccia avversaria da colpire

SFUMATURE ➤ ***comunicazione***

annunziàre e deriv. ➤ **annunciare** e deriv.

Annunziàta [vc. dotta, lat. *adnuntiāta(m)*, part. pass. f. di *adnuntiāre* 'annunziare' ✱1321] **s. f.** (*annunziàta* **nei sign. 4 e 5**) **1** titolo di Maria Vergine che ricevette l'annunzio dell'angelo **2** festa liturgica dell'Annunciazione (25 marzo) **3** ordine istituito nel XIV sec. da Amedeo VI di Savoia i cui cavalieri erano considerati cugini del re **4** (*relig.*) appartenente a una delle congregazioni religiose intitolate all'Annunciazione

annùnzio ➤ **annuncio**

♦**ànnuo** [vc. dotta, lat. *ănnuu(m)*, da *ănnus* 'anno' ✱1483] **agg. 1** della durata di un anno, relativo a un anno: *lavoro a.*; *stipendio a.* **2** che ricorre ogni anno: *festività annue* **3** detto di pianta il cui ciclo vitale si compie in una sola stagione, sia vegetativa che riproduttiva **CFR.** perenne

annùrca [napol. *annurca*, forse dal lat. parl. **indulcāre* 'addolcire', comp. parasintetico di *dŭlcis* 'dolce' ✱1955] **A s. f.** ● varietà di mela da tavola piuttosto piccola, con buccia rosso-violacea e polpa biancastra dal sapore dolce-acidulo **B in funzione di agg. solo f.**: *mela a.*

♦**annusàre** (o **-ş-**) [dalla sovrapposizione di *muso* ad *annasare* ✱av. 1527] **A v. tr. 1** aspirare aria col naso per sentire un odore (*anche assol.*): *a. un profumo*; *il cane annusa le gambe del padrone*; *girava per la casa annusando qua e là* | ***a. tabacco***, aspirarlo con le narici, fiutarlo **2** (*fig.*) accorgersi, intuire quasi al fiuto: *annusai subito l'inganno*; *La gatta ... annusava l'ora col suo nasino bruno* (E. Morante) **B annusàrsi v. rifl. recipr.** ● fiutarsi a vicenda | (*fig.*) studiarsi a vicenda: *le due squadre si limitano ad annusarsi*

annusàta (o **-ş-**) [1887] **s. f.** ● atto dell'annusare ‖ **annusatìna dim.**

annusatóre [1919] **s. m.** (**f.** *-trice*) ● chi per professione giudica dall'odore la qualità di un prodotto: *a. di vini, di profumi*

annùso (o **-ş-**) [1887] **s. m.** ● (*raro*) fiuto

annuvolaménto [1858] **s. m. 1** addensamento di nubi | massa di nubi **2** (*fig., lett.*) turbamento del volto: *fra questo a. traspariva una interrogazione infantile* (E. Morante)

✱**annuvolàre** [comp. di *a-*② e *nuvola* ✱av. 1347] **A v. tr.** (*io annùvolo*) **1** (*raro*) coprire, oscurare di nuvole **2** (*fig.*) offuscare, turbare: *la notizia gli annuvolò il volto* **B annuvolàrsi v. intr. pron. 1** coprirsi di nuvole: *il cielo si annuvolò improvvisamente* **2** (*fig.*) turbarsi, oscurarsi in viso

àno [vc. dotta, lat. *ānu(m)* 'anello', poi 'culo', di etim. incerta ✱av. 1416] **s. m.** ● (*anat.*) orifizio all'estremità terminale dell'intestino retto | ***ano artificiale***, comunicazione definitiva o temporanea, creata chirurgicamente, dell'intestino con l'esterno in sede diversa da quella naturale **CFR.** procto-

-àno① [dal suff. lat. di appartenenza *-ānu(m)*, originariamente applicato agli etnici e spesso sost.] **suff.** ● forma nomi di origine latina, o creati per analogia con questi, e anche aggettivi (spesso sostantivati) derivati da nomi che indicano mestiere, categoria, classe, dignità e sim., oppure che designano gli abitanti di paesi, città, nazioni, continenti e altre entità geografiche: *africano, diocesano, emiliano, ergastolano, francescano, isolano, mondano, montano, ortolano, parrocchiano, popolano, repubblicano, romano, scrivano* **CFR.** -esano, -etano, -igiano, -itano

-àno② [della stessa orig. di *-ano*① in applicazione scient. convenzionale] **suff.** ● in chimica organica indica, secondo la nomenclatura ufficiale, ogni idrocarburo saturo: *metano, etano, propano*

anòbio [comp. del gr. *ánō* 'su, dentro' e *bíos* 'vita' ✱1819] **s. m.** ● insetto dei Coleotteri le cui larve scavano gallerie nel legno (*Anobium*) **CFR.** tarlo

anòdico [1930] **agg.** (**pl. m.** *-ci*) ● relativo all'anodo | ***effetto a.***, forte aumento della resistenza elettrica che si verifica nella cella elettrolitica, dovuto a una pellicola gassosa, prodotta dall'elettrolisi, che si interpone fra la superficie dell'anodo e l'elettrolito

✱**anòdino** o, più diffuso ma etim. meno corretto, **anodìno** [vc. dotta, lat. tardo *anōdynu(m)*, dal gr. *anṓdynos*, comp. di *an-* privativo e *odýnē* 'dolore' ✱av. 1698] **agg. 1** (*disus.*) detto di medicamento che fa cessare o diminuire il dolore **SIN.** calmante **2** (*fig.*) impersonale, insignificante, vago: *proposta anodina*; *discorso a.* ‖ **anodinaménte avv.**

anodiẓẓàre [da *anodo* ✱1963] **v. tr.** ● sottoporre a ossidazione anodica una sostanza, spec. un metallo, al fine di ottenere una superficie di elevata durezza e resistenza alla corrosione: *a. l'alluminio* ‖ **anodiẓẓazióne s. f.**

anodiẓẓàto part. pass. di *anodizzare*; anche **agg.** ● nei sign. del v.: *alluminio a.*

ànodo, (*evit.*) **anòdo** [comp. di *ana-*① e *hodós* 'via' ✱1865] **s. m.** ● (*elettr.*) elettrodo positivo dei voltametri, dei bagni galvanici, dei tubi a vuoto | elettrodo negativo della pila voltaica **CONTR.** catodo | ***a. sacrificale***, costruito in particolari leghe di zinco per la protezione catodica di strutture d'acciaio immerse in acqua marina alle quali è collegato elettricamente

anodónta [comp. del gr. *an-* e *odoús*, genit. *odóntos* 'dente' ✱1829] **s. m. e f.** (**pl. m.** *-i*) ● genere di Molluschi bivalvi d'acqua dolce (*Anodonta*)

anoètico [comp. di *a-*① e del gr. *noētikós* 'intellettivo', da *noêin* 'vedere, capire', da *nôus* 'mente' (V. *nous*) ✱1955] **agg.** (**pl. m.** *-ci*) ● (*filos.*) detto di ciò che non ha relazione col pensiero

anòfele [vc. dotta, dal gr. *anōphelḗs* 'inutile' ✱1829] **s. m.** ● zanzara trasmettitrice della malaria, che si posa tenendo il corpo obliquo e le zampe posteriori sollevate (*Anopheles*)

anolìno [dal lat. *ānulus* 'anello', per la forma. V. *anello* ✱1546] **s. m.** ● specie di agnolotto, specialità della cucina parmigiana

anomalìa [vc. dotta, lat. *anomălia(m)*, dal gr. *anōmalía* (V. *anomalo*), prob. attrav. il fr. *anomalie* ✱1587] **s. f. 1** deviazione da ciò che è considerato normale, regolare: *il funzionamento di questo convegno presenta un'a.* | (*med.*) anormalità: *un organo che presenta varie anomalie*; *a. funzionale, strutturale, ereditaria, acquisita*; *a. motoria* **2** (*ling.*) carattere aberrante di una forma o di una costruzione | nella grammatica antica, principio di irregolarità nella flessione e nella formazione delle parole **CONTR.** analogia **3** (*geogr.*) ***a. termica***, differenza fra la temperatura media di un luogo e la media di tutti i punti sullo stesso parallelo, ambedue ridotte al livello del mare | ***anomalie magnetiche***, irregolarità del campo magnetico terrestre che si riscontrano in determinate zone della Terra **4** (*astron.*) angolo che la congiungente il fuoco dell'orbita ellittica con il corpo celeste orbitante forma con l'asse maggiore dell'ellisse **5** (*mat.*) ***a. di un punto del piano***, in un sistema cartesiano, angolo compreso tra l'asse delle ascisse e la retta che congiunge il punto con l'origine

anomalista [da *anomalia* e *-ista* ✱1908] **s. m. e f.** (**pl. m.** *-i*) ● grammatico classico della scuola di Pergamo, sostenitore del principio dell'anomalia

anomalìstico [1819] **agg.** (**pl. m.** *-ci*) ● (*astron.*) attinente all'anomalia | detto dei periodi di rivoluzione misurati rispetto ai passaggi a una delle absidi: *anno, mese a.*

✱**anòmalo** [vc. dotta, lat. *anōmalu(m)*, dal gr. *anṓmalos*, comp. di *an-* privativo e *homalós* 'piano, uguale' ✱1516] **agg.** ● che presenta anomalia: *verbo a.*; *posizione anomala del cuore* | ***fiore a.***, con petali dissimili fra loro per forma o grandezza

anomìa① [vc. dotta, gr. *anomía*, da *ánomos* 'senza legge', comp. di *a-*① e *nómos* 'legge' (V. *-nomo*) ✱1929] **s. f.** ● (*sociol.*) insieme di situazioni derivanti da una carenza di norme sociali | (*est.*) anarchia

anomìa② [comp. di *a-*① e *nome* ✱sec. XIX] **s. f.** ● (*med.*) perdita della capacità di assegnare i nomi a oggetti che tuttavia vengono correttamente riconosciuti

anòmico [1987] **agg.** (**pl. m.** *-ci*) ● relativo ad anomia | caratterizzato da anomia

anòna [sp. *anona*, vc. delle Antille ✱1708] **s. f.** ● piccolo albero delle Anonacee con foglie ovali e fiori solitari penduli di colore verde all'esterno, bianco all'interno, con frutti gustosi e profumati (*Anona cherimolia*)

Anonàcee [vc. dotta, comp. di *anona* e *-acee* ✱1845] **s. f. pl.** (**sing.** *-a*) ● (*bot.*) famiglia di piante arboree e arbustive con legno e foglie aromatiche (*Anonaceae*)

anònima [f. sost. di *anonimo* ✱1976] **s. f. 1** (*dir.*) società anonima **2** organizzazione criminosa i cui componenti sono ignoti: *a. sequestri*

anonimàto [1919] **s. m.** ● la condizione di

a b c d e f g h i j k l m n o p q r s t u v w x y z

chi mantiene nascosta la propria identità: *mantenere l'a.* | (*est.*) la condizione di chi non è noto: *ripiombare nell'a.* | (*dir.*) ***diritto all'a.***, diritto di celare la propria identità nei casi consentiti dalla legge

anonimìa [1819] **s. f.** • la condizione di un'opera priva del nome dell'autore: *l'a. di un testo del Cinquecento*

anonimità [1966] **s. f. inv.** • condizione di chi (o di ciò che) non si contraddistingue rispetto ad altri: *l'a. degli abitanti della grande metropoli*

anonimiẓẓàre [1985] **v. tr.** • adottare procedure per rendere anonimo un documento o una raccolta di documenti: *a. un archivio di cartelle cliniche* ‖ **anonimiẓẓazióne**, **s. f.**

•**anònimo** [vc. dotta, lat. tardo *anōnymu(m)*, dal gr. *anṓnymos*, comp. di *an-* privativo e *ónoma* 'nome' ✱ 1651] **A agg. 1** senza nome, di nome ignoto: *scrittore a.*; *un a. confidente della polizia* | ***alcolista a.***, V. *alcolista* | di cui non si conosce il nome dell'autore: *lettere anonime*; *libro a.* **2** (*dir.*) ***società anonima***, nell'abrogato codice di commercio corrispondeva alle attuali società per azioni e società a responsabilità limitata **3** (*fig.*) privo di personalità: *stile a.*; *interpretazione anonima* **SIN.** anodino, banale **CFR.** adespoto ‖ **anonimaménte**, **avv.** **B s. m. 1** (**f.** *-a*) autore di nome ignoto: *una commedia di un a. del Cinquecento* **2** (*raro*) anonimato | ***conservare l'a.***, non farsi riconoscere **3** scritto di autore sconosciuto

Anoplùri [comp. del gr. *ánoplos* 'inerme' (*an-* e *hóplon* 'arma') e *ourá* 'coda' ✱ 1892] **s. m. pl.** (**sing.** *-o*) • (*zool.*) ordine di Insetti atteri, con occhi ridotti, metamorfosi incompleta, parassiti esterni di Mammiferi (*Anoplura*)

anopsìa [comp. di *a-*① e del gr. *ópsis* 'vista' ✱ 1890] **s. f.** • (*med.*) perdita temporanea o definitiva della funzione visiva per strabismo, cataratta, errori di rifrazione e sim.

ànorak /'anorak, *ingl.* 'ænəræk/ [vc. ingl., deriv. dall'eschimese *anoré* 'vento' ✱ 1988] **s. m. inv.** • giacca di pelle di foca con cappuccio, tipica degli eschimesi | (*est.*) giacca a vento con cappuccio **CFR.** parka

anorchia ➤ **anorchidia**

anòrchide [comp. di *a-*① e del gr. *órchis*, genit. *órcheōs* 'testicolo' ✱ 1865] **s. m.; anche agg.** • (*med.*) chi (o che) è privo di testicoli

anorchidìa o **anorchìa** [comp. di *an-*, del gr. *orchídion* 'testicolo' e del suff. *-ia*② ✱ 1961] **s. f.** • (*med.*) assenza congenita, monolaterale o bilaterale, dei testicoli

anoressànte [da *anoressia* ✱ 1976] **s. m.** • sostanza che attenua gli stimoli della fame agendo sui centri nervosi preposti alla loro regolazione

anoressìa [vc. dotta, lat. tardo *anorĕxia(m)*, dal gr. *anorexía*, comp. di *an-* e *órexis* 'appetito' ✱ 1819] **s. f.** • (*med.*) mancanza persistente o perdita dell'appetito con conseguente rifiuto del cibo; costituisce uno stato morboso sintomatico di alcune malattie **CFR.** inappetenza, bulimia | ***a. mentale, nervosa***, quella causata da turbe psichiche

anorèssico [1954] **A agg.** (**pl. m.** *-ci*) • relativo ad anoressia **B s. m.** (**f.** *-a*) • chi soffre di anoressia

anoressiẓẓànte [da *anoressia* ✱ 1983] **s. m.** • anoressante

anorgànico [comp. di *an-* e *organico* ✱ 1845] **agg.** (**pl. m.** *-ci*) **1** (*raro*) inorganico **2** (*ling.*) detto di elemento non etimologico che si aggiunge al contesto di una parola (per es. la *i* prostetica in *per iscritto*) **CFR.** anaptittico, epitetico, parassita, prostetico

anorgaṣmìa [comp. di *an-*, *orgasm(o)* e *-ia*② ✱ 1986] **s. f.** • (*med.*) mancanza dell'orgasmo sessuale

anorgàṣmico [comp. di *an-* e di *orgasmico* ✱ 1983] **agg.** (**pl. m.** *-ci*) • (*med.*) relativo alla mancanza di orgasmo sessuale | privo di orgasmo sessuale

anormàle [fr. *anormal*. V. *a-*① e *normale* ✱ 1438 ca.] **A agg. 1** non conforme alla norma, irregolare: *eccitazione a.*; *notare qlco. di a.* **2** che presenta anomalie, squilibri e sim.: *individuo a.* ‖ **anormalménte**, **avv.** ‖ **anormalità**, **s. f. inv.** (V.) **B s. m. e f.** • persona anormale

anormalità [av. 1609] **s. f. inv. 1** caratteristica, condizione di chi (o di ciò che) è anormale: *l'a. di una situazione, di un organo* **2** fatto, cosa anormale: *rilevare qualche a.*

anortìte [dal gr. *ánorthos* 'inclinato', comp. di *an-* e *orthós* 'diritto', con il suff. *-ite*② ✱ 1855] **s. f.** • (*miner.*) alluminosilicato calcico appartenente al gruppo dei plagioclasi

anortoṣìte [comp. di *an-* e del gr. *orthós* 'diritto', con il suff. *-ite*② ✱ 1983] **s. f.** • (*geol.*) roccia intrusiva costituita da plagioclasio con pochi pirosseni

anoṣìa [comp. di *an-* e del gr. *ūs*, genit. *ōtós* 'orecchio' ✱ 1961] **s. f.** • (*med.*) mancanza congenita di una o di entrambe le orecchie

anoṣmìa [comp. di *an-* e del gr. *osmḗ* 'odore' ✱ 1819] **s. f.** • (*med.*) mancanza o diminuzione della sensibilità olfattiva

anossìa [comp. di *an-* e *ossi(geno)* ✱ 1970] **s. f.** • (*med.*) mancata utilizzazione dell'ossigeno da parte dei tessuti

anossiemìa [comp. di *an-*, *ossi(geno)* ed *-emia* ✱ 1939] **s. f.** • (*med.*) diminuita quantità di ossigeno nel sangue circolante

ànsa ① [vc. dotta, lat. *ānsa(m)*, il cui sign. originario doveva essere 'presa laterale che permette di afferrare un oggetto' ✱ av. 1336] **s. f. 1** manico ricurvo di vaso, anfora, tazza o altro recipiente, a forma di S con la parte inferiore più piccola della superiore **2** (*est.*, *raro*) sporgenza, rientranza ricurva **3** (*fig.*, *lett.*) pretesto, appiglio, occasione: *dare a. alle critiche* **4** (*med.*) qualsiasi formazione anatomica incurvata su sé stessa: *a. intestinale, nervosa* **5** forte sinuosità nell'andamento di un corso d'acqua provocata dall'erosione della corrente **SIN.** meandro | (*lett.*) piccola insenatura: *sul mar che romba nelle anse di Caprera* (G. D'Annunzio)

Ànsa ② [sigla di *A(genzia) N(azionale) S(tampa) A(ssociata)* ✱ 1945] **s. f. inv.** • agenzia che fornisce agli abbonati, spec. ai giornali, notizie di vario genere | (*est.*) la notizia stessa: *in redazione è appena arrivata un'a.*

†**ansaménto** [av. 1338] **s. m.** • respiro affannoso

ansànte **part. pres.** di *ansare*; **anche agg. 1** nei sign. del v. **2** (*lett.*) ansioso, desideroso

ansàre [lat. tardo *anxiāre*, da *ănxia* 'ansia' ✱ 1313] **v. intr.** (**aus.** *avere*) • respirare con affanno, ripigliando il fiato frequentemente **SIN.** ansimare

ansàto [da *ansa* ✱ av. 1764] **agg.** • fornito di anse: *vaso a.*

Anschluss /*ted.* 'anʃlus/ [in ted. propr. 'annessione', dal v. *anschliessen* 'unire' ✱ av. 1937] **s. m. inv.** (**pl. ted.** *Anschlüsse*) • annessione (spec. con riferimento all'annessione dell'Austria alla Germania nazista nel 1938)

anseàtico [dal medio alto ted. *hanse* 'confederazione' ✱ av. 1764] **agg.** (**pl. m.** *-ci*) • relativo alle città marinare tedesche unite dal XII al XVIII sec. per la protezione dei loro interessi economici e commerciali: *lega anseatica*

Anserifórmi [vc. dotta, comp. del lat. *ānser*, genit. *ānseris* 'oca', di orig. indeur., e il pl. di *-forme* ✱ 1935] **s. m. pl.** (**sing.** *-e*) • (*zool.*) ordine di Uccelli acquatici atti al nuoto con zampe brevi dotate di quattro dita palmate e becco depresso (*Anseriformes*)

anserìno [vc. dotta, lat. tardo *anserīnu(m)*, da *ānser*, genit. *ānseris* 'oca' ✱ 1865] **agg.** • dell'oca, simile a oca: *andatura anserina* | ***cute anserina***, pelle d'oca

•**ànsia** [lat. *ănxia(m)*, da *ăngere* 'stringere' ✱ av. 1304] **s. f. 1** (*psicol.*) stato emotivo spiacevole, accompagnato da senso di oppressione, eccitazione e timore di un male futuro, la cui caratteristica principale è la scomparsa o la notevole diminuzione del controllo volontario e razionale della personalità | nella psicoanalisi, sensazione di pericolo, di cui il soggetto non sa individuare l'origine, provocata spec. da conflitti inconsci **CFR.** ansietà **2** correntemente, stato d'animo di preoccupazione, di inquietudine: *essere in a. per qlcu.*; *stare in a. se qlcu. ritarda* | desiderio affannoso: *era tormentato dell'a. del successo* | ***ansia da prestazione***, eccesso di ansia nel sostenere una prova o in generale nell'affrontare qlco. che metta in gioco le proprie capacità

SFUMATURE DI SIGNIFICATO

ansia - angoscia - paura
Uno stato di profonda agitazione emotiva causato dall'incertezza e dalla preoccupazione che si verifichi un fatto spiacevole o non si verifichi qualcosa di desiderato si dice **ansia**. **Angoscia** è una più grave perturbazione psicofisica, un vero e proprio tormento interiore; nel parlare comune i due termini sono utilizzati indifferentemente per descrivere un timore le cui cause non sono chiaramente identificate. **Paura** è invece un turbamento emotivo episodico e causato da un pericolo presente o imminente.
SFUMATURE ➤ ***angoscia***, ➤ ***preoccupazione***

ansietà o †**ansietàde** [vc. dotta, lat. *anxietāte(m)*, da *ănxia* 'ansia' ✱ av. 1306] **s. f. inv. 1** apprensione angosciosa prodotta da timorosa incertezza di qualche evento | (*lett.*) desiderio intenso e tormentoso: *per a. di conoscere la sua orribile situazione* (A. Manzoni) **2** †respiro affannoso: *l'a. del polmone … le rompea le parole* (G. Boccaccio)

ànsima [dalla sovrapposizione di *asma* ad *ansia* ✱ av. 1587] **s. f.** • (*lett.*) respiro affannoso: *l'a. lo soffocava* (G. D'Annunzio)

ansimànte **part. pres.** di *ansimare*; **anche agg.** • ansante, affannato

ansimàre [da *ansima* ✱ 1667] **v. intr.** (*io ànsimo*; **aus.** *avere*) **1** respirare con affanno: *ansimava nel salire le scale*; *il vecchio ansimava su per la salita* **2** (*fig.*) sbuffare, spec. della locomotiva

•**ànsimo** [av. 1587] **s. m.** • (*lett.*) ansima

ànsio [vc. dotta, lat. *ănxiu(m)*. V. *ansia* ✱ 1330] **agg.** (**pl. m.** *-i* o *-ii*) **1** (*lett.*) ansante, ansimante: *con a. petto* (G. Boccaccio) **2** (*lett.*) ansioso | inquieto, angosciato: *Un'ansia / pietà mi prende* (U. Saba) **3** †desideroso, bramoso ‖ **ansiaménte**, **avv.** (*lett.*) in modo ansioso

ansiògeno [comp. di *ansia* e *-geno* ✱ 1955] **agg.** • che procura ansia, angoscia: *messaggi ansiogeni*

ansiolìtico [comp. di *ansia* e del gr. *lytikós* 'che rilassa, che scioglie', da *lýein* 'sciogliere' (V. *-lisi*) ✱ 1967] **A s. m.** (**pl.** *-ci*) • farmaco atto ad attenuare e a curare gli stati di ansia e di angoscia **B anche agg.**: *farmaco a.*; *effetto a.*

•**ansióso** (o **-ṣo**) [vc. dotta, lat. tardo *anxiōsus*, da *ănxia* 'ansia' ✱ av. 1328] **A agg. 1** di ansia, caratterizzato da ansia: *stato a.* **2** pieno di ansia, agitato dall'ansia: *carattere a.*; *domanda, occhiata, ansiosa* **3** desideroso, impaziente: *sono a. di vederti* ‖ **ansiosaménte**, **avv.** con ansietà, in modo ansioso ‖ **ansiosità**, **s. f. inv.** **B s. m.** (**f.** *-a*) • (*psicol.*) chi è affetto da ansia

ànsito [da *ansare* ✱ 1359] **s. m.** • (*lett.*) respiro affannoso e ansante

ànta① [lat. *āntae*, nom. pl., di orig. indeur. ✱ 1384] **s. f. 1** tavola dipinta di un dittico | laterale di un trittico o di un polittico **2** scuro, imposta, sportello: *le ante della finestra, dell'armadio* **3** (*archit.*) pilastro quadrangolare che costituisce la parte terminale, più o meno decorata, di un muro || **antina**, dim.

ànta② [ricavato da *quaranta, cinquanta, sessanta*, ecc. ✱ av. 1566] **s. m. pl.** ● (*scherz.*) gli anni oltre i quaranta: *entrare negli a.; passare gli a.*

✱**antagonismo** [fr. *antagonisme*, dal gr. *antagṓnisma*, comp. di *anti-*② e *agōnismós* 'lotta' ✱ 1771] **s. m.** ● contrasto, opposizione, rivalità tra persone, forze, idee, interessi ecc.: *a. politico; il tradizionale a. tra Milan e Inter*
SFUMATURE ➤ *incompatibilità*

✱**antagonista** [vc. dotta, lat. tardo *antagonīsta(m)*, dal gr. *antagōnistḗs*. V. *antagonismo* ✱ 1584] **A agg.** (**pl. m.** *-i*) **1** che è in contrasto, in antagonismo con altri **2** (*mecc.*) di molla che provvede a riportare l'organo mobile nelle condizioni di riposo al cessare della causa che ne ha provocato lo spostamento **3** (*anat.*) detto di muscolo che agisce in opposizione a un altro muscolo detto agonista **4** (*biol.*) detto di sostanza che possiede un'azione farmacologica o biochimica opposta a quella di un'altra: *farmaco a.* **B s. m. e f.** (**pl. m.** *-i*) **1** avversario, rivale | in un'azione drammatica, il personaggio in conflitto con il protagonista **2** nel linguaggio giornalistico, oppositore radicale del sistema politico-sociale: *corteo degli antagonisti* **C s. m.** ● (*anat.*) muscolo antagonista
SFUMATURE ➤ *concorrente*

antagonìstico [1797] **agg.** (**pl. m.** *-ci*) **1** pertinente ad antagonismo | che è in antagonismo **2** (*anat.*) relativo a muscolo antagonista || **antagonisticaménte**, avv.

antàlgico [comp. di *anti-*② e un deriv. del gr. *álgos* 'dolore' (V. *-algia*) ✱ 1819] **agg.** (**pl. m.** *-ci*); anche **s. m.** ● analgesico

antàn ➤ **d'antan**

antanàclaṣi [vc. dotta, lat. tardo *antanăclasi(m)*, dal gr. *antanáklasis* 'ripetizione', deriv. di *antanaklân* 'riflettere, ripercuotere', comp. di *anti-*② e *anaklân* 'curvare, riflettere', comp. a sua volta di *ana-*① e *klân* 'curvare, spezzare' (d'orig. indeur.) ✱ 1829] **s. f. inv.** ● (*ling.*) figura retorica che consiste nella ripetizione di una parola con significato diverso da quello usato in precedenza, per es. in: *Chi t'ha levata dal mio amore? Amore* (A. POLIZIANO)

antanèlla [etim. incerta ✱ 1930] **s. f.** ● rete verticale che si tende di notte nei passaggi obbligati della selvaggina

antàrtico [vc. dotta, lat. tardo *antărcticu(m)*, dal gr. *antarktikós* 'opposto all'Orsa'. V. *artico* ✱ 1282] **A agg.** (**pl. m.** *-ci*) ● relativo al polo opposto a quello artico, e alla zona circostante: *polo a.; fauna antartica* | ***calotta antartica***, quella delimitata dal circolo polare antartico, con al centro il Polo Sud **B s. m.** ● il Polo Sud e la zona geografica posta attorno a esso: *esplorare l'a.*

ànte [lat. *ănte*, corrispondente al gr. *antí* ✱ av. 1250] **A avv.** ● †prima: *o poscia od a.* (F. PETRARCA) | V. anche *ex ante* **B prep.** ● prima di: *l'Europa a. 1989; l'ultimo slalom a. Mondiali; l'economia a. crisi; gli utili a. imposte di un'impresa* SIN. pre | davanti a sostantivi latini, forma alcune loc. agg. inv. e avv., con il sign. di 'periodo precedente a qlco.' | ***ante litteram***, di prova d'incisione tirata prima che sia stampata l'iscrizione, e perciò di maggior pregio (propriamente 'prima della lettera', cioè 'della iscrizione'); (*fig.*) di fenomeno, manifestazione o persona che prefigurano caratteri propri di un periodo successivo: *Vico può dirsi un romantico ante litteram* | ***ante mortem***, che avviene o è effettuato prima della morte di una persona o di un animale: *i dati ante mortem di una persona; visita veterinaria ante mortem* | ***ante rem***, (*filos.*) nella disputa medievale sugli universali, detto della teoria che riconosceva la loro esistenza nella mente di Dio ancora prima della creazione delle cose, delle quali costituirebbero il modello (propriamente 'prima della cosa, prima del fatto')

ànte- [var. lat. della prep. *ănti* 'avanti, prima', usata come preverbale in un grande numero di comp.] **pref.** ● in parole composte indica anteriorità, precedenza nel tempo o nello spazio: *anteguerra, antemarcia*. V. anche *anti-*①

-ànte [originariamente desinenza del part. pres. della prima coniug. (dal lat. *-ānte(m)*) con valore aggettivale] **suff.** ● compare nei participi presenti dei verbi in *-are*, in aggettivi participiali spesso sostantivati, in nomi che indicano mestiere, condizione, qualità: *abbagliante, ambulante, bracciante, brillante, casellante, commerciante, galleggiante, questuante, villeggiante*

antebèllico [da *ănte bĕllum* 'prima della guerra', formula lat. adoperata dopo la prima Guerra mondiale ✱ 1918] **agg.** (**pl. m.** *-ci*) ● anteriore a una guerra CONTR. postbellico

antecedènte [vc. dotta, lat. *antecedĕnte(m)*, part. pres. di *antecēdere* 'antecedere' ✱ av. 1406] **A agg.** ● che viene prima, che precede nel tempo o nello spazio (**qlco.**; + *a*): *cause antecedenti; il paragrafo a.; gli anni antecedenti la prima Guerra mondiale; nella settimana a. il* (o *al*) *voto* || **antecedenteménte**, avv. in tempo anteriore **B s. m. 1** (**spec. al pl.**) evento anteriore a un altro o che ne è la causa: *gli antecedenti di ciò che è accaduto* | (*raro*) comportamento precedente **2** (*filos.*) il primo termine di una conseguenza CONTR. conseguente **3** (*mat.*) in un insieme ben ordinato, termine massimo fra tutti quelli che precedono il termine dato | il primo termine di una relazione del tipo a:b

antecedènza [vc. dotta, lat. *antecedĕntia*, part. pres. nt. pl. di *antecēdere* 'antecedere' ✱ av. 1604] **s. f.** ● caratteristica di ciò che è antecedente | precedenza, priorità | ***in a.***, in precedenza, prima

antecèdere [vc. dotta, lat. *antecēdere*, comp. di *ănte* 'avanti' e *cēdere* 'allontanarsi' ✱ av. 1328] **v. tr. e intr.** (**pres.** *io antecèdo*; **part. pass.** *antecedùto*, **raro** *antecèsso*; **aus. intr.** *essere*) **1** (**raro, lett.**) precedere: *gli avversarii quello antecedendo / girono a piè* (G. BOCCACCIO) **2** (*raro, fig.*) essere superiore

antecèsso **part. pass.** di *antecedere*; anche **agg.** ● (*raro*) nei sign. del v.

antecessóre [vc. dotta, lat. *antecessōre(m)*, da *antecēdere* 'antecedere' ✱ av. 1292] **s. m.** (**f.** **raro** *-a*) **1** (**lett.**) predecessore **2** (**spec. al pl.**) †antenato

†**antedétto** [lat. *antedĭctu(m)*, part. pass. di *antedīcere* 'dire prima' ✱ av. 1328] **agg.** ● anzidetto, suddetto

antediluviàno ➤ **antidiluviano**

antefàtto [comp. dal lat. *ănte* 'prima' e *făctum* 'fatto' ✱ 1476] **s. m. 1** (**spec. al pl.**) fatto avvenuto prima: *gli antefatti della seconda Guerra mondiale* **2** la vicenda precedente il punto in cui comincia un'opera narrativa, drammatica e sim. **3** (*dir.*) ***a. non punibile***, reato che costituisce il normale mezzo di realizzazione di un reato più grave e che ai fini della pena è assorbito da quest'ultimo

antefìssa [vc. dotta, lat. *antefixa*, nt. pl. di *antefixus*, comp. di *ănte* 'davanti' e *fixus*, part. pass. di *figere* 'affiggere, appendere' ✱ 1851] **s. f.** ● nelle costruzioni greche, etrusche e romane, insieme degli elementi decorativi verticali ricorrenti lungo la linea di gronda

anteguèrra [comp. di *ante-* e *guerra* ✱ av. 1926] **A s. m. inv.** ● periodo precedente una guerra: *i prezzi d'a.* CONTR. dopoguerra **B** in funzione di **agg. inv.** ● (posposto a un sost.) relativo al periodo precedente una guerra: *economia, industria a.*

antèla [vc. dotta, gr. *anthḗlē*, da *ánthos* 'fiore' (V. *antologia*) ✱ 1865] **s. f.** ● (*bot.*) infiorescenza a pannocchia con rami laterali più lunghi dell'asse che li porta

antèlice [comp. di *ant(i)-*① ed *elice* ✱ 1819] **s. f.** ● (*anat.*) nel padiglione auricolare, rilievo curvo parallelo e anteriore all'elice

antèlio [vc. dotta, gr. *anthḗlios*, comp. di *anti-*② e *hḗlios* 'sole' ✱ 1865] **s. m.** (**pl.** *-i* **o raro** *-ii*) ● alone solare

antelmìntico ➤ **antielmintico**

✱**antelucàno** [vc. dotta, lat. *antelucānu(m)*, comp. di *ănte* 'prima' e *lūx*, genit. *lūcis* 'luce' ✱ 1319] **agg.** ● (*lett.*) che precede la luce diurna: *stella antelucana; ore antelucane* | ***giorni antelucani***, antelunari

antelunàre [comp. di *ante-* e *lunare* ✱ av. 1524] **agg.** ● (*lett.*) anteriore al primo quarto di Luna | ***giorni antelunari***, i tre giorni attorno al novilunio durante i quali la Luna non è visibile a occhio nudo

antemàrcia [comp. di *ante-* e *marcia* ✱ 1931] **A agg. inv.** ● anteriore alla marcia fascista su Roma del 1922, spec. riferito all'iscrizione al partito fascista: *gli iscritti a.* **B s. m. e f. inv. 1** aderente al partito fascista già prima della marcia su Roma **2** (*fig., raro*) antesignano

antemeridiàno ➤ **antimeridiano**①

antemètico ➤ **antiemetico**

antèmide [vc. dotta, lat. *anthĕmide(m)*, dal gr. *anthemís*, da *ánthos* 'fiore' ✱ sec. XV] **s. f.** ● pianta perenne aromatica delle Composite con foglie bipennate e infiorescenza a capolino con tutti i fiori bianchi ligulati o con fiori centrali bianchi (*Anthemis nobilis*)

antèmio [vc. dotta, gr. *anthémion* 'fiorellino', dim. di *ánthos* 'fiore' (V. *antologia*) ✱ 1955] **s. m.** ● (*archeol.*) motivo decorativo a forma di fiore, spesso stilizzato

antemuràle [vc. dotta, dal lat. tardo *antemurāle*, comp. di *ante-* e *murale*① ✱ sec. XIV] **s. m. 1** (*milit.*) costruzione avanzata nelle fortificazioni ellenistiche, romane e medievali | (*est.*) ogni opera di difesa destinata a sostenere il primo urto del nemico **2** (*mar.*) molo esterno, separato dalle altre opere portuali, che difende il bacino interno

antenatàle [comp. di *ante* e *natale* ✱ 1983] **agg.** ● che precede la nascita: *mortalità a.*

♦**antenàto** [vc. dotta, lat. tardo *antenātu(m)*, comp. di *ănte* 'prima' e *nātus* 'nato' ✱ av. 1333] **s. m.** (**f.** *-a*) ● chi è nato e vissuto prima, nella medesima famiglia: *ritratti degli antenati* | (*est.*) ***gli antenati***, le generazioni precedenti

SFUMATURE DI SIGNIFICATO

antenato - capostipite - progenitore
Antenato è chi è nato e vissuto prima nella stessa famiglia. **Capostipite** è chi ha dato origine a una famiglia o a una stirpe. **Progenitore** ha lo stesso significato di *capostipite* ma, in senso più generale, può anche essere utilizzato in luogo di *antenato*.
SFUMATURE ➤ *avo*, ➤ *predecessore*

anteneonatàle [comp. di *ante-* e *neonatale* ✱ 1983] **agg.** ● relativo al feto nelle ultime settimane di gestazione: *mortalità a.*

♦**anténna** [lat. *antĕnna(m)*, di etim. discussa, prob. dal part. medio del gr. *anatíthēmi* 'io pongo sopra, sovrappongo', attrav. l'etrusco ✱ av. 1292] **s. f. 1** elemento, palo, asta di sostegno: *l'a. di una bandiera* | lunga asta inclinata collegata all'albero di una nave e alla quale è allacciato il lato maggiore di una vela triangolare | (*est., poet.*) nave, vela **2** (*fig., poet.*)

a

asta, lancia: *dirizzaro in alto / i duo guerrier le noderose antenne* (T. Tasso) **3** tronco di abete, lungo oltre 10 metri, usato nelle armature provvisorie per costruzioni edilizie **4** dispositivo atto a irradiare o a captare onde elettromagnetiche: *a. direzionale*; *a. radio*; *a. televisiva* | ***a. parabolica***, antenna a forma di paraboloide usata per la trasmissione e ricezione a grande distanza e via satellite **5** (*zool.*) appendice articolata e mobile, sede delle funzioni tattile e olfattiva, presente sul capo di molti Artropodi CFR. -cero | ***drizzare le antenne***, (*fig.*) mettersi attentamente in ascolto, mettersi in guardia ‖ **antennétta**, **dim.** | **antennìna**, **dim.** | **antennìno**, **dim. m.** | **antennóne**, **accr. m.**

antennàle [sec. XVII] **s. m.** ● (*mar.*) lato della vela, che è fissato all'antenna

antennària [detta così per la somiglianza del pappo con le *antenne* degli insetti ✻ 1845] **s. f.** ● pianta erbacea delle Composite con foglie alterne inferiormente pelose e fiori in capolini avvolti da brattee bianche o rosate (*Antennaria*)

antennìsta [1961] **s. m. e f.** (**pl. m.** *-i*) ● tecnico che installa o ripara antenne televisive

antènnula [dim. di *antenna* ✻ 1955] **s. f.** ● (*zool.*) ciascuna antenna del primo paio, nei Crostacei

antenotàto [comp. di *ante-* e *notato* ✻ av. 1642] **agg.** ● (*raro*) notato prima

antepenùltimo ➤ **antipenultimo**

antepórre o †**antepónere** [lat. *antepōnere*, comp. di *ănte* 'davanti' e *pōnere* 'porre' ✻ 1268] **v. tr.** (**coniug. come** *porre*) ● mettere davanti, mettere prima: *a. l'aggettivo a un sostantivo* | preferire, dare la priorità: *a. la praticità all'estetica*

anteposizióne [da *anteposto* ✻ av. 1698] **s. f.** ● (*lett.*) l'anteporre

antepósto **part. pass.** di *anteporre*; anche **agg.** ● nei sign. del v.

antepredicaménto [vc. dotta, comp. di *ante-* e *predicamento* ✻ 1865] **s. m.** ● (**spec. al pl.**) ciascuna delle cinque categorie della logica medievale

anteprìma [calco sul fr. *avant- première* ✻ av. 1936] **s. f.** ● proiezione cinematografica, o rappresentazione teatrale, dedicata a un gruppo particolare di spettatori, prima della presentazione pubblica: *assistere a un'a.*; *dare un film in a.* | (*est.*) nella loc. avv. ***in a.***, prima che sia noto ad altri o diventi di dominio pubblico: *ricevere un'informazione, una notizia in a.*

antèra [dal gr. *anthērós* 'fiorito', da *ánthos* 'fiore' ✻ 1765] **s. f.** ● (*bot.*) parte superiore dello stame dei fiori, sostenuta dal filamento, costituita da due teche, ognuna delle quali è a sua volta costituita da due logge polliniche nelle quali si formano i granuli di polline

antergàre [da *postergare* con sostituzione di *pos(t)-* con l'opposto *an(te)-* ✻ 1992] **v. tr.** (*io antèrgo, tu antèrghi*) ● (*banca*) antidatare, anticipare

antèrico [vc. dotta, lat. *anthĕricu(m)*, dal gr. *anthérikos* 'stelo dell'asfodelo', da avvicinare ad *athḗr* 'punta, barba della spiga', di etim. incerta ✻ 1561] **s. m.** (**pl.** *-ci*) ● pianta erbacea delle Liliacee con foglie lineari e fiori piccoli e bianchi simili al giglio (*Anthericum*)

anterìdio [da *antera* ✻ 1865] **s. m.** (**pl.** *-i* o *raro -ii*) ● (*bot.*) organo riproduttore maschile di alcuni vegetali inferiori

♦**anterióre** [vc. dotta, lat. tardo *anteriōre(m)*, da *ănte* 'prima' ✻ 1313] **agg. 1** che si trova davanti nel tempo o nello spazio: *i fatti anteriori al disastro*; *zampe anteriori* | (*gramm.*) ***futuro a.***, esprime un'azione futura anteriore a un'altra anch'essa futura CFR. avan-, protero- **2** (*lett.*) primo, rispetto ad altri **3** (*ling.*) detto di vocale il cui punto di articolazione è situato nella parte anteriore della cavità orale SIN. palatale CONTR. posteriore, velare ‖ **anteriorménte**, **avv.** in tempo precedente; davanti

anteriorità [1570] **s. f. inv.** ● caratteristica di ciò che è anteriore in ordine di tempo: *l'a. di un fatto*

àntero- [tratto da *anteriore*] **primo elemento** ● in aggettivi composti della terminologia anatomica e linguistica indica posizione anteriore: *anteromediale*

anterògrado [comp. di *antero-* e *grado*②, sul modello di *retrogrado* ✻ 1955] **agg. 1** (*biol.*) caratterizzato da movimento in avanti **2** (*psicol.*) relativo a eventi posteriori a un evento di riferimento | ***amnesia anterograda***, perdita della memoria di eventi posteriori al trauma causale o all'inizio del disturbo | ***memoria anterograda***, capacità di ricordare eventi del passato recente, con perdita del ricordo di quelli del passato remoto, o di ricordare eventi posteriori a un avvenimento quale un trauma cranico CONTR. retrogrado

anteroinferióre [sec. XX] **agg. 1** (*anat.*) localizzato in posizione ventrale e all'opposto dell'estremità cefalica **2** (*zool.*) che è in posizione cefalica e ventrale CONTR. posterosuperiore

anterolaterale [comp. di *antero-* e *laterale* ✻ 1970] **agg. 1** (*anat.*) localizzato in posizione ventrale e distante dal piano mediano del corpo **2** (*zool.*) che è in posizione cefalica e distante dal piano mediano del corpo CONTR. posteromediale

anteromediàle [comp. di *antero-* e *mediale* ✻ 1970] **agg. 1** (*anat.*) localizzato in posizione ventrale e in prossimità del piano mediano del corpo **2** (*zool.*) che è in posizione cefalica e in prossimità del piano mediano del corpo CONTR. posterolaterale

anteromediàno [sec. XX] **agg. 1** (*anat.*) localizzato in posizione ventrale e in corrispondenza del piano mediano del corpo **2** (*zool.*) che è in posizione cefalica e in corrispondenza del piano mediano del corpo CONTR. posteromediano

anteroposterióre [comp. di *antero-* e *posteriore* ✻ 1970] **agg. 1** (*anat.*) che è diretto dalla superficie ventrale del corpo a quella dorsale **2** (*zool.*) che è diretto dall'estremità cefalica a quella caudale CONTR. posteroanteriore

anterosuperióre [sec. XX] **agg. 1** (*anat.*) localizzato in posizione ventrale e cefalica **2** (*zool.*) che è in posizione cefalica e dorsale CONTR. posteroinferiore

anterozòo o **anterozòide** [comp. di *antera* e del gr. *zô(i)on* 'animale' ✻ 1892] **s. m.** ● (*bot.*) gamete maschile di alcuni vegetali inferiori, dotato di ciglia che permettono la locomozione, prodotto dagli anteridi

antèsi [vc. dotta, gr. *ánthēsis*, da *ánthos* 'fiore' ✻ 1829] **s. f. inv.** ● (*bot.*) apertura del fiore, fioritura

✦**antesignàno** [vc. dotta, lat. *antesignānu(m)* 'guardia della bandiera, soldato della prima linea', comp. di *ănte* 'davanti' e *sĭgna* 'insegne' ✻ 1499] **s. m. 1** (*stor.*) legionario romano scelto, posto a guardia delle insegne **2** (**f.** *-a*) (*fig.*) precursore di una dottrina o un sistema di idee: *l'a. della psicoanalisi*

ànti-① [dal lat. *anti-* (in posizione isolata *ante*) con analogie indeur.] **pref.** ● in parole composte indica anteriorità, precedenza nel tempo o nello spazio: *anticamera, antidiluviano*

ànti-② [dall'avv. e prep. gr. *antí*, di orig. indeur., che, col sign. di 'contro', aveva già in gr. un largo impiego preverbale] **pref. 1** in parole composte dotte indica avversione, antagonismo, capacità o disposizione a contrastare, a impedire e sim.: *antidemocratico, antischiavista, antinevralgico, antiabbagliante, anticiclone, antipodi, antipolio* **2** in parole composte del linguaggio scientifico indica posizione speculare, contrapposizione, inversione, presenza di opposte proprietà: *anticiclone, antilogaritmo, antiparticella*

antiabbagliànte [comp. di *anti-*② e *abbagliante* ✻ 1947] **A agg.** ● che impedisce l'abbagliamento | ***pannello, siepe a.***, che forma una barriera nello spartitraffico delle autostrade contro la luce dei fari dei veicoli che viaggiano in senso opposto **B s. m.** ● (*autom.*) anabbagliante

antiabortìsta [comp. di *anti-*② e *abortista* ✻ 1975] **agg. e s. m. e f.** (**pl. m.** *-i*) ● che (o chi) è contrario alla legalizzazione dell'aborto: *medico a.*

antiabortìvo [comp. di *anti-*② e *abortivo* ✻ 1989] **A s. m.** ● (*farm.*) farmaco capace di impedire l'aborto, naturale o indotto **B** anche **agg.**: *farmaco a.*

antiabrogazionìsta [comp. di *anti-*② e *abrogazionista* ✻ 1987] **agg. e s. m. e f.** (**pl. m.** *-i*) ● che (o chi) è contrario all'abrogazione di una legge

antiaccadèmico [comp. di *anti-*② e *accademico* ✻ 1935] **agg.** (**pl. m.** *-ci*) ● contrario all'accademismo, ostile alle norme tradizionali e ufficiali: *arte antiaccademica*

antiàcido [comp. di *anti-*② e *acido* ✻ 1700] **A s. m.** ● sostanza che contrasta o neutralizza un acido | ***a. gastrico***, capace di diminuire l'iperacidità gastrica e il dolore da essa causato **B** anche **agg. inv.**: *medicamento a.*

antiàcne [comp. di *anti-*② e *acne* ✻ 1970] **A s. m. inv.** ● sostanza atta a curare l'acne **B** anche **agg.**: *crema a.*

antiaderènte [comp. di *anti-*② e *aderente* ✻ 1984] **agg.** ● detto di pentola, padella, tegame e sim. alla cui superficie di cottura non si attacca il cibo

antiaèrea [av. 1928] **s. f.** ● complesso delle attività e dei mezzi che servono a proteggere dalle offese aeree: *l'a. è entrata in azione*

antiaèreo [comp. di *anti-*② e *aereo* ✻ 1915] **agg.** ● di mezzo usato per contrastare l'azione di aerei avversari o per diminuirne gli effetti: *rifugio a.*; *cannone a.*; *difesa antiaerea*

anti-age /anti'eidʒ, *ingl.* ˌæntɪ'eɪdʒ/ [vc. ingl., comp. di *anti-* 'anti-②' e *age* 'età' ✻ 1988] **agg. inv.**; anche **s. m. inv.** ● antietà CFR. antinvecchiamento

antiaggregànte [comp. di *anti-*② e *aggregante* ✻ 1986] **A s. m.** ● (*farm.*) farmaco dotato di azione inibitrice dell'aggregazione delle piastrine **B** anche **agg.**: *farmaco a.*

antialcòlico o **antialcoòlico** [comp. di *anti-*② e *alco(o)lico* ✻ 1899] **agg.** (**pl. m.** *-ci*) ● che è contro l'alcolismo: *campagna, lega antialcolica*

antialcolìsta o **antialcoolìsta** [comp. di *anti-*② e *alco(o)lista* ✻ av. 1956] **s. m. e f.** (**pl. m.** *-i*) ● chi combatte l'alcolismo

antialcoòlico ➤ **antialcolico**

antialcoolìsta ➤ **antialcolista**

antiàlghe [comp. di *anti-*② e del pl. di *alga* ✻ 1989] **agg. inv.** ● detto di trattamento che impedisce alle alghe di crescere o attecchire

antialisèo [comp. di *anti-*② e *aliseo* ✻ 1892] **s. m.** ● vento in quota che si manifesta al di sopra dell'aliseo con direzione contraria a questo, nelle regioni tropicali dei due emisferi SIN. controaliseo

antiallèrgico [comp. di *anti-*② e *allergia*, con suff. aggettivale ✻ 1960] **A s. m.** (**pl.** *-ci*) ● farmaco impiegato per contrastare o per prevenire le manifestazioni dell'allergia **B** anche **agg.**: *farmaco, medicamento a.*

antialóne [comp. di *anti-*② e *alone* ✻ 1961] **agg. inv.** ● (*fotogr.*) antialonico

antialònico [comp. di *anti-*② e *alone*, con suff. aggettivale ✱ 1961] **A** **agg.** (**pl. m.** *-ci*) ● detto di preparato usato in fotografia per evitare o attenuare la formazione di aloni sull'immagine **SIN.** antialone **B** **s. m.** ● composto, preparato antialonico

antiamericanìsmo [comp. di *anti-*② e *americanismo* ✱ 1932] **s. m.** ● atteggiamento di chi è contrario alla politica degli Stati Uniti o ne disapprova le scelte culturali e gli stili di vita

antianèmico [comp. di *anti-*② e *anemico* ✱ 1961] **A** **s. m.** (**pl.** *-ci*) ● farmaco che favorisce la formazione degli eritrociti e dell'emoglobina nel sangue **SIN.** emopoietico **B** **anche agg.**: *medicamento a.*

antiànsia [comp. di *anti-*② e *ansia* ✱ 1986] **agg. inv.** ● detto di farmaco o trattamento terapeutico che combatte, cura o previene l'ansia **SIN.** ansiolitico

antiappannànte [comp. di *anti-*② e del part. pres. di *appannare* ✱ 1963] **A** **agg.** ● che impedisce l'appannamento dei vetri: *prodotto a.*; *funzione a.* **B** **s. m.** ● sostanza o dispositivo antiappannante

antiartrìtico [comp. di *anti-*② e *artritico* ✱ 1865] **A** **s. m.** (**pl.** *-ci*) ● medicamento utile contro l'artrite **B** **anche agg.**: *farmaco a.*

antiasmàtico [comp. di *anti-*② e *asmatico* ✱ 1979] **A** **s. m.** (**pl.** *-ci*) ● farmaco atto a prevenire o a curare l'asma bronchiale **B** **anche agg.**: *farmaco a.*

antiastènico [comp. di *anti-*② e *astenico* ✱ 1970] **A** **s. m.** (**pl.** *-ci*) ● farmaco contro l'astenia fisica o psichica **B** **anche agg.**: *farmaco, medicamento a.*

antiatòmico [comp. di *anti-*② e *atomico* ✱ 1949] **agg.** (**pl. m.** *-ci*) ● che serve a difendere contro le armi atomiche: *rifugio a.*; *difesa, protezione antiatomica*

antiàtomo [comp. di *anti-*② e *atomo* ✱ 1963] **s. m.** ● (*fis.*) sistema fisico analogo a un normale atomo, ma in cui ogni particella ordinaria è sostituita dalla sua antiparticella

antibacchèo o **antibacchio** [vc. dotta, lat. tardo *antibacchīu(m)*, dal gr. *antibáccheios*. V. *bacchio*③ ✱ av. 1727] **s. m.** (**pl.** *-ii*) ● (*ling.*) palimbaccheo

antibàgno [comp. di *anti-*① e *bagno* ✱ 1550] **s. m.** ● locale che precede la stanza da bagno

antibattèrico [comp. di *anti-*② e *batterico* ✱ 1900] **A** **s. m.** (**pl.** *-ci*) ● sostanza capace di arrestare lo sviluppo e la moltiplicazione di microrganismi patogeni o di provocarne la morte **B** **anche agg.**: *farmaco a.*

antibécco [comp. di *anti-*① e *becco*, ma modellato sul fr. *avant-bec* ✱ 1865] **s. m.** (**pl.** *-chi*) ● avambecco

antibiogràmma [comp. di *antibio(tico)* e *-gramma* ✱ 1959] **s. m.** (**pl.** *-i*) ● (*med.*) prova di sensibilità batterica in un individuo ai vari farmaci antibiotici o chemioterapici | (*est.*) il modulo predisposto su cui sono annotati i risultati di tale prova

antibiòsi [comp. di *anti-*② e del gr. *bíōsis* 'condotta di vita', da *bíos* 'vita' (V. *bio-*, *-bio*) ✱ 1936] **s. f. inv.** ● (*biol.*) antagonismo tra specie diverse viventi in un medesimo ambiente

♦**antibiòtico** [comp. di *anti-*② e gr. *bíōsis* 'vita', detto così perché toglie la vita ai germi ✱ 1948] **A** **s. m.** (**pl.** *-ci*) ● sostanza di varia struttura chimica prodotta da microrganismi, quali muffe e batteri, od ottenuta per sintesi, con potere batteriostatico o battericida sui principali germi patogeni, usato nelle malattie infettive | ***a. a largo spettro d'azione***, che esercita la propria azione su un numero vasto di microrganismi patogeni **B** **anche agg.**: *farmaco, prodotto a.*

antiblasfèmo [comp. di *anti-*② e *blasfemo* ✱ 1961] **agg.** ● che è contro la bestemmia: *lega, campagna antiblasfema*

antiblàstico [comp. di *anti-*② e *blastico* ✱ 1974] **A** **s. m.** (**pl.** *-ci*) ● farmaco che ritarda o impedisce la proliferazione di cellule (tumorali, batteriche, ecc.) **B** **anche agg.**: *farmaco a.*

antibloccàggio [comp. di *anti-*② e *bloccaggio* ✱ 1985] **agg. e s. m. inv.** ● antiblocco

antiblòcco [ingl. *anti block (system)* ✱ 1987] **agg. e s. m. inv.** ● (*autom.*) detto di sistema elettronico di regolazione della pressione del fluido nel circuito frenante per evitare il pericoloso blocco delle ruote in frenata; in sigla ABS®

antiborghése (o **-ṣ-**) [composto di *anti-*② e *borghese* ✱ 1914] **agg. e s. m. e f.** ● che (o chi) è contrario alla mentalità e allo stile di vita della borghesia

antibràccio [comp. di *anti-*① e *braccio* ✱ 1865] **s. m.** (**pl.** *antibràcci*) ● (*anat.*, *raro*) avambraccio

antibrachiàle [comp. di *anti-*① e del lat. *brăchiāle(m)*, da *brăchĭum* 'braccio' ✱ 1970] **agg.** ● dell'avambraccio: *nervo a.*

antibrìna [comp. di *anti-*② e *brina* ✱ 1986] **agg. inv.** ● che impedisce la formazione della brina sulle foglie delle piante: *reti a.*

anticàccia [comp. di *anti-*② e *caccia*① ✱ 1981] **agg. inv.** ● che si oppone alla pratica della caccia: *referendum a.*

anticàglia [da *antico* ✱ sec. XIII] **s. f.** **1** oggetto fuori moda e antiquato | uso, costume antiquato (*spec. spreg.*) **2** (**spec. al pl.**) †rudere, antichità

anticalcàre [comp. di *anti-*② e *calcare* ✱ sec. XX] **A** **s. m. inv.** ● prodotto che serve a evitare o a eliminare la formazione di residui calcarei **B** **anche agg. inv.**: *prodotto a.*

anticàmera [comp. di *anti-*① e *camera* ✱ sec. XIV] **s. f.** **1** prima stanza di un appartamento o di un ufficio, di solito attigua a quella di ricevimento | ***fare a.***, aspettare di essere ricevuti | (*colloq.*) ***non mi passa neppure per l'a. del cervello***, non ci penso nemmeno **2** (*fig.*) stadio che prelude al raggiungimento di qlco.: *l'a. del potere*

anticanceróso (o **-ṣ-**) [comp. di *anti-*② e *canceroso* ✱ 1819] **agg.** ● detto di rimedio contro il cancro

anticàncro [comp. di *anti-*② e *cancro*② ✱ 1985] **agg. inv.** ● che mira a combattere, curare o prevenire il cancro: *ricerca a.*

anticapitalìsmo [comp. di *anti-*② e *capitalismo* ✱ 1968] **s. m.** ● avversione, opposizione al sistema del capitalismo

anticapitalìstico [comp. di *anti-*② e *capitalistico* ✱ 1891] **agg.** (**pl. m.** *-ci*) ● contrario, ostile al capitalismo

anticàrie [comp. di *anti-*② e *carie* ✱ 1963] **A** **s. m. inv.** ● mezzo farmacologico atto a prevenire la carie dentaria o a rallentarne l'evoluzione **B** **anche agg. inv.**: *dentifricio a.*

anticàrro [comp. di *anti-*② e *carro* ✱ 1936] **agg. inv.** ● (*milit.*) detto di ogni mezzo atto a contrastare o impedire l'azione dei carri armati: *mina a.*; *proiettili a.*

anticatarràle [comp. di *anti-*② e *catarrale* ✱ 1846] **A** **s. m.** ● medicamento che agisce contro il catarro normalizzando la secrezione e rimuovendo l'eccesso di muco **B** **anche agg.**: *farmaco a.*

anticàto [da *antico* ✱ 1320] **agg.** ● detto di ciò che, costruito in epoca moderna, viene trattato in modo da sembrare antico: *mobili anticati*

anticàtodo [comp. di *anti-*② e *catodo* ✱ 1961] **s. m.** ● particolare elettrodo usato nei tubi per la produzione di raggi X

anticattòlico [comp. di *anti-*② e *cattolico* ✱ 1789] **agg. e s. m.** (**f.** *-a*; **pl. m.** *-ci*) ● che (o chi) è contrario al cattolicesimo ‖ **anticattolicità**, **s. f. inv.**

anticellulìte [comp. di *anti-*② e *cellulite* ✱ 1980] **agg. inv.** ● detto di ogni mezzo atto a ridurre o eliminare la cellulite: *trattamento, fiale a.*

anticheggiàre [av. 1642] **v. intr.** (**pres.** *io antichéggio*; **fut.** *io anticheggerò*; **aus.** *avere*) ● (*raro*, *lett.*) fare uso delle maniere e dello stile antico: *a. nello scrivere*

antichìsta [da *antico* ✱ av. 1808] **s. m. e f.** (**pl. m.** *-i*) ● studioso di antichità classica, cultore di tutto ciò che riguarda il mondo antico

antichìstica [da *antico* ✱ 1986] **s. f.** ● studio dell'antichità classica e del mondo antico

♦**antichità** o †**antiquità** [vc. dotta, lat. *antiquĭtāte(m)*, da *antīquus* 'antico' ✱ 1275] **s. f. inv.** **1** caratteristica di ciò che è antico **2** l'età antica, spec. quella classica: *i filosofi dell'a.* | (*lett.*) secoli, tempi remoti **3** (**spec. al pl.**) suppellettile, oggetto antico: *museo di a.*; *cercatore di a. etrusche* | (**al pl.**) civiltà, usanze, monumenti dell'età antica: *le a. medievali*; *Consiglio superiore delle A. e Belle Arti* **4** †vecchiezza | rudere

antichiżżàto [1974] **agg.** ● anticato

anticìclico [comp. di *anti-*② e *ciclo*, con suff. aggettivale ✱ 1963] **agg.** (**pl. m.** *-ci*) ● (*econ.*) detto di ciò che tende a correggere o contenere gli effetti di una fase del ciclo economico ‖ **anticiclicità**, **s. f. inv.**

anticiclóne [comp. di *anti-*② e *ciclone* ✱ 1892] **s. m.** ● (*meteor.*) configurazione di isobare con pressione atmosferica crescente verso il centro, in presenza della quale il tempo è gener. soleggiato e con venti deboli **CFR.** alta

anticiclònico [1955] **agg.** (**pl. m.** *-ci*) ● relativo ad anticiclone | ***zona anticiclonica***, che presenta pressione atmosferica più alta rispetto alle zone circostanti

anticìma [comp. di *anti-*① e *cima* ✱ 1955] **s. f.** ● in alpinismo, punta minore e più bassa, che precede la vetta vera e propria

♦**anticipàre** [vc. dotta, lat. *anticipāre*, comp. di *ănte* 'prima' e *căpere* 'prendere' ✱ sec. XIV] **v. tr.** (*io antìcipo*) **1** fare una cosa prima del tempo fissato in precedenza: *a. i lavori di restauro, la data del matrimonio* | ***a. i tempi***, rendere più celere l'esecuzione di qlco. | precorrere: *tendenze che anticipavano il romanticismo* **2** dare, pagare, prima della scadenza: *a. un pagamento, lo stipendio* **3** (*assol.*) essere in anticipo: *quest'anno il freddo ha anticipato* **4** rendere noto in anticipo: *hanno anticipato i risultati del ricerca* **5** (*disus.*) prevedere **6** (*raro*) prevenire: *a. le mosse di un rivale* | (*sport*) ***a. un avversario***, prevedere e precedere la sua azione per prendersi un vantaggio; nel calcio e sim., per impadronirsi della palla

anticipàto **part. pass.** di *anticipare*; anche **agg.** **1** fatto o avvenuto prima del tempo: *scioglimento a. delle Camere*; *inverno a.* | pagato in anticipo: *tre mesi di affitto a.* **2** reso noto in anticipo: *comunicazione anticipata* ‖ **anticipataménte**, **avv.** prima del tempo, in anticipo: *pagare anticipatamente*; *ti ringrazio anticipatamente*

anticipatóre [1851] **agg. e s. m.** (**f.** *-trice*) ● che (o chi) anticipa **SIN.** precursore

anticipatòrio [1896] **agg.** (**pl. m.** *-i* o *raro -ii*) **1** che svolge un ruolo anticipatore, che precorre: *soluzione anticipatoria* **2** (*psicol.*) che si manifesta prima di un determinato evento che si preannuncia pericoloso: *paura, ansia anticipatoria* | ***lutto a.***, fase di intenso dolore psichico che precede un evento luttuoso previsto

anticipazióne [vc. dotta, lat. *anticipatiōne(m)*, da *anticipāre* 'anticipare' ✱ av. 1406] **s. f.** **1** l'anticipare **2** informazione fornita in anticipo: *anticipazioni sui risultati elettorali* |

previsione **3** (*mus.*) nota o serie di note dell'accordo che deve seguire, suonata mentre l'accordo precedente dura ancora **4** (*ling.*) collocazione di una parola prima dell'ordine normale **SIN.** prolessi **5** antefatto, premessa, antecedente di qlco.: *tali avvenimenti furono le anticipazioni dei moti rivoluzionari* **6** (*banca*) somma di denaro che una banca ha consegnato o messo a disposizione di un cliente in base a garanzia, in titoli o merci, della restituzione della stessa: *contratto di a. bancaria*

♦**antìcipo** [da *anticipare* ✱ 1858] **s. m. 1** anticipazione | ***in a.***, prima del tempo convenuto o normale: *pagare in a.*; *quest'anno l'estate è in a.* | partita del campionato di calcio che viene giocata prima delle altre **CONTR.** posticipo **2** somma di denaro anticipata **3** abilità di un atleta di prevedere e precedere l'azione dell'avversario: *avere il senso dell'a., giocare sull'a., battere qlcu. sull'a.* | nel tennis, l'azione del giocatore che colpisce la palla nella fase ascendente del rimbalzo da terra | nell'equitazione, azione errata del cavaliere che precede il salto del cavallo | ***giocare d'a.***, (*fig.*) prevenire le mosse di qlcu. **4** (*mecc.*) in un motore a combustione interna, l'intervallo di tempo che intercorre tra l'inizio della combustione e il raggiungimento da parte dello stantuffo del punto morto superiore nel cilindro

anticlericàle [comp. di *anti-*② e *clericale*, sul modello del fr. *anticlérical* ✱ 1865] **agg. e s. m. e f.** ● che (o chi) è contrario all'intervento del potere ecclesiastico nella vita politica

anticlericalìsmo [fr. *anticléricalisme* ✱ 1888] **s. m.** ● l'atteggiamento e il complesso delle idee degli anticlericali

anticlìmax [comp. di *anti-*② e del gr. *klímax* 'scala' ✱ 1926] **s. m. o f. inv.** ● (*ling.*) figura retorica consistente nel disporre in ordine decrescente per intensità e forza una serie di concetti o di vocaboli; per es. in: *E mi dicono, Dormi! / mi cantano, Dormi! sussurrano, / Dormi! bisbigliano, Dormi!* (G. Pascoli) **SIN.** climax discendente

anticlinàle [comp. di *anti-*② e del gr. *klínō* 'io inclino, piego' ✱ 1892] **A agg.** ● (*geol.*) detto di piega della crosta terrestre generalmente convessa verso l'alto, nel cui nucleo si trovano gli strati o le rocce più antiche **B s. f.** ● piega anticlinale

♦**antìco** o †**antìquo** [lat. *antīquu(m)*, da *ănte* 'prima' ✱ av. 1250] **A agg.** (**pl. m.** *-chi*; **superl.** *antichissimo*) **1** che risale a tempi molto remoti: *costumi antichi*; *antiche scritture*; *antiche leggi*; *storia, arte, età antica* **CFR.** archeo-, paleo-, vetero- | ***storia antica***, che riguarda il periodo dalle origini della civiltà mediterranea fino al 476 d.C. e spec. il mondo classico greco e romano | ***A. Testamento***, parte delle Sacre Scritture anteriore alla nascita di Cristo **2** trascorso, passato: *tenerezza, passione antica*; *risentire un a. dolore* | (*est.*) consueto, abituale: *un'antica abitudine* **3** detto di mobili, oggetti d'arte o da collezione realizzati da oltre cento anni: *quadro, tappeto a.*; *un'antica porcellana* **CONTR.** nuovo, recente **4** caratteristico dei tempi passati: *virtù antiche*; *coraggio a.*; *un'antica signorilità*; *l'a. splendore*; *uomo di a. stampo* | ***all'antica***, (*ellitt.*) secondo il costume antico, sobrio e semplice; secondo atteggiamenti o mentalità del passato **CONTR.** moderno **5** (*lett.*) anziano, vecchio: *la mia cara antica genitrice* (G.B. Marino) || **anticaménte**, **avv.** nel tempo antico **B s. m. 1** (**solo sing.**) forma, stile, carattere distintivo di ciò che risale a tempi remoti (spec. in contrapposizione a moderno): *sapere d'a.*; *imitare l'a.*; *distinguere l'a. dal moderno* | ***in a.***, anticamente **2** ***a. d'epoca***, mobile od oggetto eseguito nel periodo storico nel quale si sono affermati gli elementi stilistici e strutturali che lo caratterizzano **3** (**spec. al pl.**) uomo vissuto in tempi remoti: *come dicevano gli antichi ...*; *la saggezza, la sapienza degli antichi* || **antichétto**, **dim.**

SFUMATURE DI SIGNIFICATO

antico - vetusto - remoto - arcaico

Antico è ciò che risale a tempi molto lontani, o che è caratteristico del passato o che - seppure non lontanissimo nel tempo - è comunque avvertito come distante e superato. **Vetusto** definisce ciò che è molto *antico* e come tale degno di rispetto e venerazione. **Remoto** vuol dire distante nel tempo o nello spazio. **Arcaico** si usa per definire ciò che è molto *antico*, specialmente in riferimento a fenomeni culturali, civiltà, epoche storiche.

SFUMATURE ➤ ***vecchio***①

anticoagulànte [comp. di *anti-*② e *coagulare* ✱ 1956] **A s. m.** ● farmaco che impedisce il processo di coagulazione del sangue **B anche agg.**: *farmaco a.*

anticoagulàto [comp. di *anti-*② e del part. pass. di *coagulare* ✱ 1979] **agg.** ● detto di chi è sottoposto a cura con anticoagulanti del sangue: *paziente a.*

anticóda [comp. di *anti-*① e *coda* ✱ 1957] **A s. f.** ● (*astron.*) parte della coda di una cometa che per un effetto prospettico dovuto all'allineamento Terra-cometa-Sole sembra precedere il nucleo **B agg. inv.** ➤ **anticode**

anticóde o **anticóda** [comp. di *anti-*② e il pl. di *coda* ✱ 1986] **agg. inv.** ● che ha lo scopo di impedire la formazione di file di persone in attesa o di veicoli bloccati: *rotatoria a.*; *proposte a.* **CFR.** eliminacode, tagliacode

anticolèrico [comp. di *anti-*② e *colerico* ✱ 1779] **A s. m.** (**pl.** *-ci*) ● rimedio che agisce contro il colera **B anche agg.**: *medicamento, farmaco a.*

anticollisióne [comp. di *anti-*② e *collisione* ✱ 1985] **agg. inv.** ● che serve a evitare la collisione fra due veicoli: *meccanismo a.*

anticolonialìsmo [comp. di *anti-*② e *colonialismo* ✱ 1928] **s. m.** ● avversione, opposizione al colonialismo o ai regimi coloniali

anticolonialìsta [1928] **s. m. e f.**; **anche agg.** (**pl. m.** *-i*) ● fautore, sostenitore dell'anticolonialismo

anticomunìsmo [comp. di *anti-*② e *comunismo* ✱ 1946] **s. m.** ● ostilità verso il comunismo

anticomunìsta [comp. di *anti-*② e *comunista* ✱ 1941] **s. m. e f.**; **anche agg.** (**pl. m.** *-i*) ● chi (o che) è ostile al comunismo

anticoncettìvo [comp. di *anti-*② e *concettivo* ✱ 1942] **s. m.**; **anche agg.** ● antifecondativo

anticoncezionàle [comp. di *anti-*② e *concezionale* ✱ 1942] **s. m.**; **anche agg.** ● antifecondativo, contraccettivo

anticoncordatàrio [comp. di *anti-*② e *concordatario* ✱ av. 1937] **agg.** ● che è contrario a un concordato tra Chiesa e Stato (in particolare, usato con riferimento al concordato del 1929 tra Chiesa cattolica e Stato italiano)

anticoncorrenziàle [comp. di *anti-*② e *concorrenziale* ✱ 1956] **agg.** ● che contravviene al principio della libera concorrenza: *accordo a.* || **anticoncorrenzialità**, **s. f. inv.**

anticonfessionàle [comp. di *anti-*② e *confessionale* ✱ 1961] **agg.** ● di chi (o di ciò che) è contrario a ogni forma di confessionalismo

anticonformìsmo [comp. di *anti-*② e *conformismo* ✱ 1956] **s. m.** ● atteggiamento di opposizione verso le idee e le abitudini predominanti in un dato ambiente sociale, periodo storico e sim.

anticonformìsta [comp. di *anti-*② e *conformista* ✱ 1961] **s. m. e f.**; **anche agg.** (**pl. m.** *-i*) ● chi (o che) mostra anticonformismo

anticonformìstico [1965] **agg.** (**pl. m.** *-ci*) ● proprio dell'anticonformismo e degli anticonformisti || **anticonformisticaménte**, **avv.**

anticongelànte [comp. di *anti-*② e *congelare* ✱ 1953] **A agg.** ● atto a impedire il congelamento di un liquido: *sostanza a.* **B s. m.** ● sostanza anticongelante **SIN.** antigelo

anticongiunturàle [comp. di *anti-*② e *congiuntura* ✱ 1964] **agg.** ● (*econ.*) volto a modificare o limitare gli effetti della congiuntura

†**anticonóscere** [comp. di *anti-*① e *conoscere* ✱ av. 1332] **v. tr.** ● sapere in anticipo | prevedere

anticonvenzionàle [comp. di *anti-*② e *convenzionale* ✱ 1984] **agg.** ● che è contrario alle convenzioni sociali, che si oppone alle idee, alle consuetudini, agli usi accettati dalla maggioranza: *atteggiamento a.* || **anticonvenzionalità**, **s. f. inv.**

anticòrodal® /anti'kɔrodal/ [marchio registrato ✱ 1955] **s. m. inv.** ● (*metall.*) varietà di duralluminio che trova numerose applicazioni industriali (nell'edilizia, nell'industria motociclistica ecc.)

anticorpàle [1986] **agg.** ● (*med.*) relativo ad anticorpo | ***titolo a.***, grado di concentrazione di anticorpi specifici in un siero | ***reazione a.***, ogni modificazione della concentrazione di anticorpi specifici in un siero

anticòrpo [comp. di *anti-*② e *corpo* ✱ 1904] **s. m.** ● (*biol.*) immunoglobulina prodotta da particolari linfociti del sistema immunitario dei Vertebrati come risposta alla penetrazione di una specifica sostanza eterologa (antigene) con cui è in grado di interagire

anticorrosióne [comp. di *anti-*② e *corrosione* ✱ 1970] **agg. inv.** ● che impedisce o rallenta un processo di corrosione: *vernice a.*

anticorrosìvo [comp. di *anti-*② e *corrosivo* ✱ 1986] **A agg.** ● detto di trattamento o sostanza che serve a proteggere un metallo dalla corrosione **B s. m.** ● sostanza anticorrosiva

anticostituzionàle [fr. *anticonstitutionnel* ✱ 1778] **agg.** ● (*dir.*) detto di disposizione normativa o atto amministrativo contrario alla lettera o allo spirito della Costituzione || **anticostituzionalménte**, **avv.** || **anticostituzionalità**, **s. f. inv.**: *anticostituzionalità di una legge, di un provvedimento*

antìcresi o **anticrèsi** [fr. *antichrèse*, dal gr. *antíchrēsis* 'uso reciproco' ✱ 1746] **s. f. inv.** ● (*dir.*) contratto con cui il debitore o un terzo consegnano al creditore, a garanzia del credito, un immobile i cui frutti serviranno per il pagamento degli interessi e del capitale: *concludere un'a.*

anticrìmine [comp. di *anti-*② e *crimine* ✱ 1980] **agg. inv.** ● detto di ogni mezzo atto a difendere da ladri, criminali e sim.: *mostra di apparati a.*

anticrìsi [comp. di *anti-*② e *crisi* ✱ 1984] **agg. inv.** ● che serve a fronteggiare o a evitare una crisi, spec. economica: *misure a.*; *politica a.*

anticristiàno [comp. di *anti-*② e *cristiano* ✱ av. 1292] **agg.** ● contrario al cristianesimo

anticrìsto [vc. dotta, lat. tardo *antichrīstu(m)*, da *Chrīstus* 'Cristo' ✱ 1253] **s. m. 1** (*relig.*) ***l'A.***, l'essere diabolico che, secondo l'Apocalisse, alla fine dei secoli si leverà contro Cristo e la sua Chiesa **2** (*est.*) persecutore della Chiesa **3** (*est.*) individuo malvagio e diabolico

anticrittogàmico [comp. di *anti-*② e *crittogama* ✱ 1886] **A agg.** (**pl. m.** *-ci*) ● detto di sostanza o di trattamento usato per evitare alle piante le malattie causate da crittogame parassite **B s. m.** ● sostanza anticrittogamica: *trattare un frutteto con anticrittogamici*

anticròllo [comp. di *anti-*② e *crollo* ✱ 1942]

agg. inv. • detto di struttura architettonica che è in grado di resistere al crollo di altre strutture soprastanti o circostanti

anticucìna [comp. di *anti-*① e *cucina* ✱ 1890] **s. f.** • piccolo locale di servizio da cui si accede alla cucina

†**anticursóre** [vc. dotta, lat. *antecursōre(m)*, nom. *antecŭrsor*, comp. di *ănte* 'avanti' e *cŭrsor* 'corriere' ✱ av. 1729] **s. m.** • (*fig.*) precursore

antidàta [comp. di *anti-*① e *data* ✱ 1673] **s. f.** • data apposta a un atto per attribuirgli un'epoca di formazione anteriore a quella vera

antidatàre [comp. di *anti-*① e *datare* ✱ 1723] **v. tr.** • apporre ad atti, documenti e sim. una data anteriore a quella reale: *a. un decreto, una lettera* **SIN.** retrodatare

antidèficit [comp. di *anti-*② e *deficit* ✱ 1985] **agg. inv.** • diretto a eliminare o ridurre il deficit pubblico: *provvedimenti a.*

antideflagrànte [comp. di *anti-*② e *deflagrante* ✱ 1990] **agg.** • detto di apparecchiatura, impianto, dispositivo costruiti in modo da eliminare o ridurre in modo considerevole il pericolo di esplosioni **SIN.** antiscoppio

antidegràdo [comp. di *anti-*② e *degrado* ✱ 1988] **agg. inv.** • che mira a contrastare il deterioramento di un territorio, con riferimento a fattori sociali, urbanistici o ambientali: *adottare misure a. in un quartiere*

antidemocràtico [comp. di *anti-*② e *democratico* ✱ 1790] **agg. e s. m.** (**f.** *-a*; **pl. m.** *-ci*) • che (o chi) è contrario all'istituzione e ai principi della democrazia ‖ **antidemocraticaménte**, **avv.** ‖ **antidemocraticità**, **s. f. inv.**

antidepressìvo [comp. di *anti-*② e *depressivo* ✱ 1966] **A** **s. m.** • farmaco che agisce contro la depressione **B** **anche agg.**: *pillole antidepressive*

antiderapànte [fr. *antidérapant*, comp. di *anti-*② e *dérapant*, part. pres. di *déraper* 'slittare', dal provenz. moderno *derapar*, deriv. di *rapar* 'cogliere, afferrare', vc. di orig. germ. ✱ 1908] **agg.** • detto di pneumatico di autoveicolo particolarmente idoneo a evitare gli slittamenti

antidetonànte [fr. *antidétonant* ✱ 1936] **A** **s. m.** • composto che, addizionato in piccole quantità a un carburante, gli permette di resistere meglio alla detonazione e quindi a rapporti di compressione più elevati **B** **anche agg.**: *composto a.*

antidiabètico [comp. di *anti-*② e *diabetico* ✱ 1961] **A** **s. m.** (**pl.** *-ci*) • farmaco che agisce contro il diabete **B** **agg.** • che agisce contro il diabete: *farmaco a.* | di organizzazione sanitaria per la profilassi e la cura del diabete: *centro a.*

antidiaforètico [comp. di *anti-*② e *diaforetico* ✱ 1961] **A** **s. m.** (**pl.** *-ci*) • farmaco atto a prevenire o a limitare la sudorazione **B** **anche agg.**: *preparato a.*

antidiarròico [comp. di *anti-*② e *diarrea* ✱ 1846] **A** **s. m.** (**pl.** *-ci*) • farmaco contro la diarrea **B** **anche agg.**: *farmaco, medicamento a.*

antidiftèrico [comp. di *anti-*② e *difterico* ✱ 1894] **agg.** (**pl. m.** *-ci*) • di rimedio contro la difterite: *siero a.*; *vaccinazione antidifterica*

antidiftotetànico [comp. di *anti-*②, *dift(erico)* e *tetanico* ✱ 1983] **agg.** (**pl. m.** *-ci*) • detto di rimedio atto a prevenire la difterite e il tetano: *vaccinazione antidiftotetanica*

antidiluviàno o **antediluviàno** [comp. di *anti-*① e *diluvio* ✱ av. 1730] **agg.** **1** che risale al tempo anteriore al diluvio universale: *mostro, animale, fossile a.* **2** (*fig.*) estremamente antiquato (*anche scherz.*): *idee antidiluviane*; *vestito a.*; *automobile antidiluviana*

antidistùrbo [comp. di *anti-*② e *disturbo* ✱ 1968] **agg. inv.** • (*radio*) detto di dispositivo in grado di attenuare o eliminare l'effetto di disturbi dovuti a cause atmosferiche, industriali e sim., sulla ricezione di radiosegnali

antidiurètico (o *-diu-*) [vc. dotta, comp. di *anti-*② e *diuretico* ✱ 1961] **agg.** (**pl. m.** *-ci*) • (*farm.*) detto di sostanza che riduce la diuresi: *ormone a.*, *farmaco a.*

antidivìstico [1983] **agg.** (**pl. m.** *-ci*) • caratteristico di antidivo o antidiva: *atteggiamenti antidivistici*

antidìvo [comp. di *anti-*② e *divo*② ✱ 1966] **s. m.** (**f.** *-a*) • personaggio del mondo dello spettacolo, dello sport e sim. che, pur godendo di notevole popolarità, è completamente alieno dalle stranezze ed eccentricità considerate tipiche dei divi

antidivorzìsmo [comp. di *anti-*② e *divorzismo* ✱ 1970] **s. m.** • atteggiamento di chi è contrario a una legislazione che consenta il divorzio

antidivorzìsta [1902] **s. m. e f.** (**pl. m.** *-i*) • chi è contrario a una legislazione che consenta il divorzio

antidogmàtico [comp. di *anti-*② e *dogmatico* ✱ 1920] **agg.** (**pl. m.** *-ci*) • contrario ai dogmi e al dogmatismo: *scritto, discorso a.*

antidogmatìsmo [comp. di *anti-*② e *dogmatismo* ✱ 1913] **s. m.** • atteggiamento culturale che rifiuta e combatte i dogmi, e in generale i sistemi ideologici considerati troppo rigidi: *la sua filosofia è soprattutto una forma di a.*

antidolorìfico [comp. di *anti-*② e *dolorifico* ✱ 1952] **A** **s. m.** (**pl.** *-ci*) • analgesico **B** **anche agg.**: *farmaco a.*; *sostanza antidolorifica*

antidòping /anti'dɔpin(g)/ [comp. di *anti-*② e *doping* ✱ 1962] **A** **s. m. inv.** • controllo effettuato dalle autorità sportive ai fini di accertare, impedire e punire l'uso di preparati che favoriscono artificialmente la prestazione di atleti o animali **B** **anche agg. inv.**: *controllo, esame a.*

antidòrcade [comp. di *anti-*② e del gr. *dorkás*, genit. *dorkádos* 'capriolo, gazzella, daino', di orig. indeur. ✱ 1961] **s. f.** • antilope agilissima che presenta nella parte posteriore del dorso una duplicatura della pelle simile a un marsupio (*Antidorcas marsupialis*)

†**antidotàrio** [dal lat. *antĭdotu(m)* 'antidoto' ✱ 1343] **s. m.** • ricettario di antidoti o di farmaci in genere

antìdoto [vc. dotta, lat. *antĭdotu(m)*, dal gr. *antídoton* (sottinteso *phármakon* 'rimedio') 'dato contro' ✱ 1483] **s. m.** **1** sostanza che impedisce o annulla l'effetto dannoso di un veleno **SIN.** antiveleno, contravveleno **2** (*fig.*) rimedio, conforto (+ *a*, + *contro*): *cercare un a.* *alla malinconia, allo stress, contro il dolore*

antidròga [comp. di *anti-*② e *droga* ✱ 1964] **agg. inv.** • che si oppone all'uso e alla diffusione della droga: *legge a.*; *provvedimenti a.* | ***squadra a.*** o (*ellitt.*) ***l'a.***, squadra della polizia che opera contro il narcotraffico | ***cane a.***, cane addestrato a fiutare e riconoscere la presenza di droghe

antidumping /anti'dampin(g)/ [vc. ingl., comp. di *anti-* 'anti-②' e *dumping* (V.) ✱ 1985] **agg. inv.** • (*econ.*) detto di azione o provvedimento che tende a scoraggiare o impedire la pratica del dumping: *dazio a.*

antieconòmico [comp. di *anti-*② ed *economico* ✱ 1798] **agg.** (**pl. m.** *-ci*) • contrario ai principi e alle leggi dell'economia: *metodo a. di produzione* | (*est.*) che non è conveniente **SIN.** svantaggioso ‖ **antieconomicaménte**, **avv.** ‖ **antieconomicità**, **s. f. inv.**

antieffrazióne [comp. di *anti-*② ed *effrazione* ✱ 1986] **agg. inv.** • che è dotato di dispositivi atti a impedire l'effrazione: *cassaforte, serratura a.*

antielettróne [comp. di *anti-*② ed *elettrone* ✱ 1963] **s. m.** • (*fis.*) positrone

antielmìntico o **antelmìntico** [comp. di *anti-*② e gr. *hélmins*, genit. *hélminthos* 'verme' ✱ av. 1730] **A** **s. m.** (**pl.** *-ci*) • medicamento che determina la morte e l'espulsione dei vermi parassiti **CFR.** vermicida, vermifugo **B** **anche agg.**: *preparato, farmaco a.*

antielusìvo [comp. di *anti-*② ed *elusivo* ✱ 1989] **agg.** • che tende a impedire l'elusione fiscale: *provvedimento a.*

antiemètico o **antemètico** [comp. di *anti-*② ed *emetico* ✱ 1819] **A** **s. m.** (**pl.** *-ci*) • rimedio contro il vomito **B** **anche agg.**: *farmaco a.*

antiemofìlico [comp. di *anti-*② ed *emofilia* ✱ 1987] **agg.** (**pl. m.** *-ci*) • detto di ciò che agisce contro l'emofilia: *plasma umano a.*

antiemorràgico [comp. di *anti-*② ed *emorragico* ✱ 1819] **s. m.**; **anche agg.** (**pl. m.** *-ci*) • emostatico

antiemorroidàle [comp. di *anti-*② ed *emorroide* ✱ 1865] **A** **s. m.** • medicamento per la cura delle emorroidi **B** **anche agg.**: *farmaco a.* **SIN.** antiemorroidario

antiemorroidàrio [comp. di *anti-*② ed *emorroidario* ✱ sec. XX] **s. m.**; **anche agg.** • (*farm.*) antiemorroidale

antiepilèttico [comp. di *anti-*② ed *epilessia*, con suff. aggettivale ✱ av. 1730] **A** **s. m.** (**pl.** *-ci*) • farmaco che agisce contro l'epilessia **B** **anche agg.**

antieròe [comp. di *anti-*② ed *eroe* ✱ 1969] **s. m.** (**f.** *antieroina*) • in un'opera letteraria o cinematografica, personaggio di primo piano che si contrappone all'eroe convenzionale per essere privo dei valori positivi a questo di solito attribuiti

antiestètico [comp. di *anti-*② ed *estetico* ✱ 1858] **agg.** (**pl. m.** *-ci*) • che offende l'estetica perché sproporzionato, malfatto, brutto ‖ **antiesteticità**, **s. f. inv.**

antietà [comp. di *anti-*② e *età* ✱ 1987] **A** **agg. inv.** • antinvecchiamento: *crema a. per il viso* **CFR.** anti-age **B** **s. m. inv.** • prodotto anti-età

anti-fading /anti'feidin(g)/ [comp. di *anti-*② e *fading* ✱ 1939] **s. m. inv.** • (*radio*) dispositivo a feedback che annulla, negli apparecchi radioriceventi, l'effetto di fading

antifascìsmo [comp. di *anti-*② e *fascismo* ✱ 1921] **s. m.** • concezione e attività politica contraria al fascismo

antifascìsta [comp. di *anti-*② e *fascista* ✱ 1920] **s. m. e f.**; **anche agg.** (**pl. m.** *-i*) • chi (o che) si è opposto o si oppone al fascismo

†**antifàto** [comp. di *anti-*① e *fato* 'destino, morte', in quanto donata dal marito in previsione della propria morte ✱ 1310] **s. m.** • controdote

antifebbrìle [comp. di *anti-*② e *febbrile* ✱ 1748] **A** **s. m.** • rimedio contro la febbre **SIN.** antipiretico, antitermico **B** **anche agg.**: *farmaco a.*

antifecondatìvo [comp. di *anti-*② e *fecondativo* ✱ 1906] **A** **s. m.** • sostanza, mezzo o procedimento atto a impedire la fecondazione **SIN.** anticoncezionale, contraccettivo **B** **anche agg.**: *pillola antifecondativa*

antifemminìsmo [comp. di *anti-*② e *femminismo* ✱ 1908] **s. m.** • atteggiamento di chi è contrario al femminismo

antifemminìsta [comp. di *anti-*② e *femminista* ✱ 1906] **s. m. e f.**; **anche agg.** (**pl. m.** *-i*) • chi (o che) è contrario al femminismo

antifermentatìvo [comp. di *anti-*② e *fermentativo* ✱ 1951] **A** **s. m.** • composto o miscuglio di composti che viene aggiunto spec. agli alimenti e ai preparati farmaceutici per assicurarne la conservazione **B** **anche agg.**: *sostanza antifermentativa*

antifiàmma [comp. di *anti-*② e *fiamma* ✱ 1938] **agg. inv.** **1** che resiste alle fiamme, che non può essere intaccato dalle fiamme: *armadi blindati a.* **2** (*tess.*) detto di sostanza applicata ai tessuti per renderli incombustibili

antifiscalismo [comp. di *anti-*② e *fiscalismo* ✱ 1970] **s. m.** ● dottrina contraria all'eccessivo fiscalismo

antifiscalista [comp. di *anti-*② e *fiscalista* ✱ 1963] **s. m. e f.; anche agg.** (**pl. m.** *-i*) ● chi (o che) è contrario al fiscalismo

antifiscalistico [comp. di *anti-*② e *fiscalistico* ✱ 1973] **agg.** (**pl. m.** *-ci*) ● (*raro*) che è contrario al fiscalismo

antiflogistico [comp. di *anti-*② e *flogistico* ✱ 1819] **s. m.; anche agg.** (**pl. m.** *-ci*) ● antinfiammatorio

antiflogosi o **antiflogosi** [comp. di *anti-*② e *flogosi* ✱ 1940] **s. f. inv.** ● cura del processo infiammatorio

✦**antifona** [vc. dotta, lat. tardo *antiphōna(m)*, dal gr. *antíphōnos*, comp. di *anti-* 'anti-②' e *phōnḗ* 'voce', in quanto indicava la contrapposizione di una voce all'altra ✱ av. 1328] **s. f. 1** nella musica greco-romana, canto eseguito da due voci in ottava fra loro **2** (*relig.*) nella liturgia cattolica, versetto recitato o cantato, che precede o segue il salmo **3** (**al pl.**) laudi in fine dell'Uffizio in onore di Maria Vergine **4** (*fig.*) discorso allusivo, senso nascosto: *capire l'a.* | (*est.*) discorso noioso e troppo ripetuto: *ripetere sempre la stessa a.*

antifonale [av. 1574] **A agg.** ● relativo all'antifona **B s. m.** ● antifonario

antifonario [da *antifona* ✱ 1287] **s. m.** ● libro che raccoglie le antifone di tutto l'anno, con le relative note di canto fermo | (*est.*) libro che contiene le parti cantate della liturgia della Messa **SIN.** antifonale

antifonia [V. *antifona* ✱ 1829] **s. f.** ● (*mus.*) nell'antica teoria greca, esecuzione contemporanea di suoni a distanza d'ottava | nella liturgia cristiana, esecuzione a cori alterni

antiforfora [comp. di *anti-*② e *forfora* ✱ 1970] **agg. inv.** ● detto di preparato atto a prevenire o a curare la forfora: *lozione a.*

antifrasi [vc. dotta, lat. tardo *antĭphrasi(n)*, dal gr. *antíphrasis*, comp. di *anti-* 'anti-②' e *phrásis* 'frase, locuzione' ✱ av. 1328] **s. f. inv.** ● (*ling.*) figura retorica che consiste nell'usare una parola con un significato opposto a quello proprio, per ironia o per eufemismo; per es. l'aggettivo 'bella' nella frase: *abbiamo fatto proprio una bella figura!*

antifrastico [da *antifrasi* ✱ 1865] **agg.** (**pl. m.** *-ci*) ● che esprime un'antifrasi | relativo all'antifrasi ‖ **antifrasticamente**, **avv.**

antifrizione [comp. di *anti-*② e *frizione* ✱ 1938] **agg. inv.** ● detto di metalli o più generalmente leghe metalliche, dotati di basso coefficiente di attrito e buona resistenza all'usura, adatti a realizzare accoppiamenti striscianti

antifumo [comp. di *anti-*② e *fumo* ✱ 1985] **agg. inv. 1** che mira a combattere o a scoraggiare il vizio del fumo: *trattamento, campagna a.* **SIN.** antitabacco **2** atto a contenere la fuoriuscita di fumo: *dispositivo, miscela a.*

antifungino [comp. di *anti-*② e *fungino* ✱ 1992] **s. m.; anche agg.** ● (*farm.*) antimicotico

antifurto [comp. di *anti-*② e *furto* ✱ 1937] **A s. m.** (**pl. inv.** o *-i*) ● dispositivo che segnala i tentativi di furto o impedisce che siano portati a termine, montato su automobili, e anche in banche, abitazioni, negozi **B anche agg. inv.**: *congegni a.*

antigas [comp. di *anti-*② e *gas* ✱ 1929] **A agg. inv.** ● di ogni mezzo usato per difendersi dai gas venefici o per attenuarne l'effetto: *maschera a.*; *sostanza a.* **B s. m. inv.** ● composto o preparato adatto ad assorbire, o a trattenere mediante reazione chimica, i gas tossici

antigelivo [comp. di *anti-*② e *gelivo* ✱ 1997] **agg.** ● detto di materiale da costruzione resistente al gelo e alle basse temperature: *pavimento a. per esterni* **SIN.** ingelivo

antigelo [comp. di *anti-*② e *gelo* ✱ 1970] **s. m. inv.; anche agg. inv.** ● anticongelante

antigene [dall'ingl. *anti(body) gene(rator)* 'generatore di anticorpo' ✱ 1922] **s. m.** ● (*biol.*) sostanza estranea gener. proteica che, se penetra nel sangue e nei tessuti di un organismo, è capace di indurvi una risposta specifica immunitaria di tipo umorale (anticorpo) o cellulare, con cui interagisce

antigenico [1955] **agg.** (**pl. m.** *-ci*) ● relativo ad antigene: *proprietà antigeniche*

antighiaccio [comp. di *anti-*② e *ghiaccio*① ✱ 1961] **agg. inv.** ● che serve a impedire la formazione di ghiaccio sulle superfici esterne degli aeromobili: *dispositivo a.*

antigienico o **antiigienico** [comp. di *anti-*② e *igienico* ✱ 1861] **agg.** (**pl. m.** *-ci*) ● che è contrario alle norme dell'igiene | che è nocivo alla salute ‖ **antigienicità**, **s. f. inv.**

antiginnastica [dal fr. *Anti-gymnastique®*, comp. di *anti-* 'anti-②' e *gymnastique* 'ginnastica' ✱ 1978] **s. f.** ● serie di piccoli e precisi movimenti tendenti a produrre benefici effetti sulle disfunzioni e gli squilibri fisici e psichici

antigiudaismo [comp. di *anti-*② e di *giudaismo* ✱ 1986] **s. m.** ● concezione e atteggiamento di chi è contrario alla religione e alla cultura ebraiche **CFR.** antisemitismo

antigiuridico [comp. di *anti-*② e *giuridico* ✱ 1881] **agg.** (**pl. m.** *-ci*) ● contrario al diritto, al disposto di una norma giuridica: *comportamento a.* ‖ **antigiuridicamente**, **avv.** ‖ **antigiuridicità**, **s. f. inv.**

antiglobal /anti'glɔbal/ o **anti-global** [comp. di *anti-*② e *global(izzazione)* ✱ 2001] **s. m. e f. inv.; anche agg. inv.** ● antiglobalizzatore **SIN.** no global

antiglobalizzatore [comp. di *anti-*② e *globalizza(re)* con il suff. *-tore* ✱ 2001] **agg. e s. m.** (**f.** *-trice*) ● che (o chi) è contrario alla globalizzazione economica, culturale ecc. o al modo in cui viene attuata **SIN.** no global, antiglobal

antiglobalizzazione [comp. di *anti-*② e *globalizzazione* ✱ 1999] **A agg. inv.** ● che è contrario alla globalizzazione economica, culturale ecc. o al modo in cui viene attuata: *i movimenti a.* **SIN.** no global, antiglobal **B s. f.** ● (*raro*) l'insieme dei movimenti contrari alla globalizzazione

antigorite [ted. *Antigorit*, dal n. di una sezione alpina della Val d'Ossola, *Antigor(io)*, col suff. *-ite*② ✱ 1955] **s. f.** ● (*miner.*) specie di serpentino in lamelle, tipico delle Alpi

antigovernativo [comp. di *anti-*② e *governativo* ✱ 1874] **agg.** ● contrario, ostile al governo: *intervento a.*; *propaganda antigovernativa*

antigraffio [comp. di *anti-*② e *graffio* ✱ 1990] **agg. inv.** ● detto di materiale che non si graffia, che non si può scalfire: *vetro a.*

antigrafo [(scritto): vc. dotta, lat. tardo *antĭgraphu(m)*, dal gr. *antígraphon* 'copia', da *gráphō* 'io scrivo' ✱ 1779] **A s. m.** ● copia manoscritta di un manoscritto **B anche agg.**: *manoscritto a.*

antigrandine [comp. di *anti-*② e *grandine* ✱ 1949] **agg. inv.** ● detto di ogni mezzo atto a evitare la caduta della grandine o a limitarne le conseguenze dannose: *razzi a.*; *cannone a.*; *rete a.*

antigrasso [comp. di *anti-*② e *grasso* ✱ 1986] **agg. inv.** ● che ha lo scopo di prevenire o eliminare l'accumulo di grasso superfluo nell'organismo: *pillola a.*; *diete a.*

antigravità [comp. di *anti-*② e *gravità* ✱ 1963] **agg. inv.** ● detto di ogni mezzo atto a evitare o limitare gli effetti nocivi delle variazioni della forza di gravità sugli esseri viventi

antiigienico ➤ **antigienico**

antiimperialismo ➤ **antimperialismo**

antiimperialista ➤ **antimperialista**

antiimperialistico ➤ **antimperialistico**

antiincendio ➤ **antincendio**

Antiinferno ➤ **Antinferno**

antiinfettivo ➤ **antinfettivo**

antiinfiammatorio ➤ **antinfiammatorio**

antiinflattivo ➤ **antinflativo**

antiinflazionistico ➤ **antinflazionistico**

antiinfluenzale ➤ **antinfluenzale**

antiinfortunistico ➤ **antinfortunistico**

antiinquinamento ➤ **antinquinamento**

antiintercettazione ➤ **antintercettazione**

antiintrusione ➤ **antintrusione**

antiinvecchiamento ➤ **antinvecchiamento**

antiipertensivo o **antipertensivo** [comp. di *anti-*② e *ipertensivo* ✱ 1989] **agg.; anche s. m.** ● (*farm.*) detto di agente capace di ridurre la pressione ematica: *farmaci antiipertensivi*

antiisterico ➤ **antisterico**

antileptone [comp. di *anti-*② e *leptone* ✱ 1986] **s. m.** ● (*fis.*) ogni antiparticella del leptone, caratterizzata da valore di carica elettrica e di numero leptonico opposti a quelli del corrispondente leptone; gli antileptoni sono il positrone, l'antimuone, l'antitauone e gli antineutrini

antilettera (o *-é-*) ➤ **avantilettera**

antiliberale [comp. di *anti-*② e *liberale* ✱ av. 1853] **agg. e s. m. e f.** ● che (o chi) è contrario al liberalismo, all'ideologia liberale

antilipemico [comp. di *anti-*② e *lipemico* ✱ 1993] **A s. m.** (**pl.** *-ci*) ● (*farm.*) sostanza capace di abbassare il contenuto di lipidi nel sangue **B anche agg.**: *farmaco a.*

antillano [1819] **A agg.** ● delle Antille, relativo alle Antille, arcipelago dell'America centrale **B s. m.** (**f.** *-a*) ● abitante o nativo delle Antille

antillide [vc. dotta, gr. *anthyllís*, genit. *anthyllídos*, da *ánthos* 'fiore' (V. *antologia*) ✱ 1550] **s. f.** ● genere di piante erbacee delle Papilionacee con foglie pennate e fiori in capolini di colore giallo, rosso o bianco (*Anthyllis*) | vulneraria

antilocapra [comp. di *antilo(pe)* e *capra* ✱ 1955] **s. f.** ● mammifero ruminante americano simile a un'antilope, con lunghe corna biforcate (*Antilocapra americana*)

antilogaritmo [comp. di *anti-*② e *logaritmo* ✱ 1829] **s. m.** ● (*mat.*) numero di cui si calcola il logaritmo

antilogia [vc. dotta, gr. *antilogía*, comp. di *anti-* 'anti-②' e *lógos* 'discorso' ✱ sec. XVIII] **s. f.** (**pl.** *-gìe*) **1** (*filos.*) contraddizione logica **2** (*psicol.*) azione illogica, compiuta per impulso inconscio

antilogico [da *antilogia* ✱ 1801] **agg.** (**pl. m.** *-ci*) ● di antilogia, che presenta antilogia

antilope o †**antilopa** [fr. *antilope*, dall'ingl. *antelope*, n. di un animale fiabesco, di orig. biz. ✱ 1772] **s. f. 1** genere di Mammiferi ruminanti che vivono nei Paesi caldi, spec. in Africa; sono snelli e veloci, con corna cave e occhi molto vivi (*Antilope*) **2** pelle conciata di tali animali, vellutata e morbida, usata per vari indumenti di tipo sportivo: *giacca, cappotto di a.*

antiluètico [comp. di *anti-*② e *luetico* ✻ 1950] **A** **agg.** (**pl. m.** *-ci*) ● detto di ciò che è atto a prevenire o a curare la sifilide: *misure antiluetiche*; *preparato a.* **B** **s. m.** ● farmaco usato contro la sifilide

antimàcchia [comp. di *anti-*② e *macchia*① ✻ 1971] **agg. inv.** **1** (*tess.*) detto di trattamento a cui vengono sottoposti i tessuti per impedire il formarsi di macchie | detto di tessuto sottoposto a tale trattamento **2** detto di prodotto che previene le macchie o le elimina: *pittura a.*; *crema a. per il viso*

antimàfia [comp. di *anti-*② e *mafia* ✻ 1962] **A** **agg. inv.** ● detto di ciò che è volto a prevenire o reprimere la mafia: *legge a.*; *commissione a.* **B** **s. f.** ● commissione parlamentare d'inchiesta sulla mafia con poteri propri della magistratura: *l'a. ha ordinato l'arresto di un testimone reticente*

antimagnètico [comp. di *anti-*② e *magnetico* ✻ 1967] **agg.** (**pl. m.** *-ci*) ● che non risente dell'azione di un campo magnetico: *orologio a.*

antimalàrico [comp. di *anti-*② e *malarico* ✻ 1961] **A** **s. m.** (**pl.** *-ci*) ● farmaco usato contro la febbre malarica **B** **anche agg.**: *farmaco a.*

antimatèria [comp. di *anti-*② e *materia* ✻ 1957] **s. f.** ● (*fis.*) insieme di tutte le antiparticelle

antimeridiàno① o (*raro*) **antemeridiàno** [vc. dotta, lat. *antemeridiānu(m)*, da *ănte meridie(m)* 'prima del mezzogiorno' (V. *pomeridiano*) ✻ 1598] **agg.** ● che precede il mezzogiorno: *spuntino a.*; *le dieci antimeridiane*

antimeridiàno② [comp. di *anti-*② e *meridiano* ✻ 1965] **s. m.** ● porzione di meridiano compresa fra i poli e passante per gli antipodi di un luogo: *a. di Greenwich*

antìmero [comp. di *anti-*① e *-mero* ✻ 1955] **s. m.** ● (*zool.*) ognuna delle sezioni del corpo che, negli animali a simmetria raggiata, sono disposte a raggiera intorno all'asse verticale del corpo

antimetàbole [lat. mediev. *antimetabŏle*, dal gr. *antimetabolḗ*, da *antimetabállein* 'invertire' ✻ av. 1636] **s. f.** ● (*ling.*) figura retorica che consiste nella ripetizione, invertendone l'ordine, delle parole di una proposizione enunciata, producendo così un ribaltamento di significato; per es. in: *affermando questi cotali non mangiare per vivere, ma più tosto vivere per mangiare* (G. Boccaccio)

antimetafìsico [comp. di *anti-*② e *metafisico* ✻ 1970] **s. m.**; **anche agg.** (**pl. m.** *-ci*) ● chi (o che) si oppone alla metafisica

antimicòtico [comp. di *anti-*② e *micotico* ✻ 1963] **A** **s. m.** (**pl.** *-ci*) ● medicamento usato nella terapia delle malattie prodotte da sviluppo di funghi parassiti **B** **anche agg.**: *farmaco a.*; *pomata antimicotica* **SIN.** antifungino

antimicròbico [comp. di *anti-*② e *microbico* ✻ 1961] **A** **s. m.** (**pl.** *-ci*) ● (*farm.*) sostanza capace di uccidere o inibire lo sviluppo dei microrganismi **B** **anche agg.**: *farmaco a.*

antimilitarìsmo [1905] **s. m.** ● tendenza, concezione contraria al militarismo

antimilitarista [comp. di *anti-*② e *militarista* ✻ 1899] **A** **s. m. e f.** (**pl. m.** *-i*) ● chi è contrario al militarismo: *un a. convinto* **B** **anche agg.**: *ideologia, posizione a.*

antimilitarìstico [1942] **agg.** (**pl. m.** *-ci*) ● relativo agli antimilitaristi o all'antimilitarismo; contrario al militarismo

antimìne [comp. di *anti-*② e il pl. di *mina*① ✻ 1950] **agg. inv.** ● atto a difendere dalle mine o a individuarle e impedirne lo scoppio

antimìssile [comp. di *anti-*② e *missile* ✻ 1956] **agg. inv.** ● (*milit.*) detto di ogni mezzo atto a distruggere o deviare dalla sua traiettoria un missile: *missile, sistema a.* **SIN.** antimissilistico

antimissilìstico [comp. di *anti-*② e *missilistico* ✻ 1967] **agg.** (**pl. m.** *-ci*) ● antimissile

antimolèstie [comp. di *anti-*② e il pl. di *molestia* ✻ 1988] **agg. inv.** ● che ha lo scopo di prevenire o contrastare le molestie sessuali: *codice a.*; *numero verde a.*

antimonàrchico [fr. *antimonarchique* ✻ 1765] **agg. e s. m.** (**pl. m.** *-ci*) ● che (o chi) è contrario alla monarchia

antimoniàle [av. 1698] **agg.** ● (*chim.*) relativo all'antimonio | che contiene antimonio

antimònico [1865] **agg.** (**pl. m.** *-ci*) ● (*chim.*) detto di composto dell'antimonio pentavalente | ***acido a.***, acido, inorganico, tribasico, solido, bianco, insolubile in acqua, derivato dal pentossido di antimonio

antimònio [arabo *uṯmud* ✻ 1310] **s. m.** (**pl.** *-i* o *raro -ii*) ● (*chim.*) elemento chimico semimetallo, fragile, argenteo, ottenuto industrialmente dalla stibina, usato per leghe dure come quelle per caratteri da stampa, e in farmacia per espettoranti ed emetici **SIMB.** Sb **NUM. AT.** 51

antimonióso (o **-ṣ-**) [sec. XIV] **agg.** ● (*chim.*) detto di composto dell'antimonio trivalente | ***acido a.***, derivante dal triossido di antimonio

antimonìte [1886] **s. f.** ● (*miner.*) stibnite

antimonopòlio [comp. di *anti-*② e *monopolio* ✻ 1971] **agg. inv.** ● che mira a impedire la formazione di monopoli: *provvedimenti a.* **SIN.** antitrust

antimonopolìstico [comp. di *anti-*② e *monopolio* ✻ 1956] **agg.** (**pl. m.** *-ci*) ● che è contrario ai monopoli

antimperialìṣmo o **antiimperialìṣmo** [comp. di *anti-*② e *imperialismo* ✻ 1923] **s. m.** ● atteggiamento di opposizione all'imperialismo

antimperialista o **antiimperialista** [comp. di *anti-*② e *imperialista* ✻ 1918] **agg. e s. m. e f.** (**pl. m.** *-i*) ● che (o chi) è contrario all'imperialismo: *movimento, politica a.*

antimperialìstico o **antiimperialìstico** [comp. di *anti-*② e *imperialistico* ✻ 1949] **agg.** (**pl. m.** *-ci*) ● contrario, ostile all'imperialismo: *politica antimperialistica*

antimùffa [comp. di *anti-*② e *muffa* ✻ 1985] **A** **s. m. inv.** ● sostanza che impedisce la formazione della muffa **B** **anche agg. inv.**: *trattamento a.*

antimùro [dal lat. *antemurāle* 'antemurale' ✻ sec. XIV] **s. m.** **1** muro posto davanti ad altro per difesa o rinforzo **2** (*fig.*) †difesa, riparo

antinazionàle [comp. di *anti-*② e *nazionale* ✻ 1819] **agg.** ● che è contrario al sentimento nazionale, agli interessi nazionali: *discorso, atteggiamento a.*

antinazìsta [comp. di *anti-*② e *nazista* ✻ 1950] **agg. e s. m. e f.** (**pl. m.** *-i*) ● che (o chi) è contrario al nazismo

antincèndio o **antiincèndio** [comp. di *anti-*② e *incendio* ✻ 1950] **A** **agg. inv.** ● atto a prevenire o a spegnere gli incendi: *dispositivo a.* **B** **s. m.** ● prodotto chimico, componente delle cariche per estintori, usato nella difesa contro gli incendi

antinébbia [comp. di *anti-*② e *nebbia* ✻ 1938] **s. m. inv.**; **anche agg. inv.** ● fendinebbia

antineoplàstico [comp. di *anti-*② e *neoplasia* ✻ 1968] **A** **s. m.** (**pl.** *-ci*) ● farmaco o altro agente che agisce contro una neoplasia **B** **anche agg.**: *farmaco a.* **CFR.** antitumorale

antineurìtico o **antinevrìtico** [comp. di *anti-*② e *neurite* ✻ 1961] **A** **s. m.** (**pl.** *-ci*) ● rimedio contro la neurite **B** **anche agg.** (**pl. m.** *-ci*): *farmaco a.*

antineuròtico o **antinevròtico** [comp. di *anti-*② e *neurosi* ✻ 1892] **A** **s. m.** (**pl.** *-ci*) ● rimedio contro la neurosi **B** **anche agg.**: *farmaco, trattamento a.*

antineutrìno [comp. di *anti-*② e *neutrino* ✻ 1955] **s. m.** ● (*fis.*) ogni antiparticella del neutrino, caratterizzata da valore di numero leptonico opposto a quello del neutrino corrispondente

antineutróne [comp. di *anti-*② e *neutrone* ✻ 1955] **s. m.** ● (*fis.*) antiparticella del neutrone

antinéve [comp. di *anti-*② e *neve* ✻ 1963] **agg. inv.** ● detto di dispositivo che impedisce o riduce qualunque effetto dannoso della neve: *catene a.*; *occhiali a.*; *pneumatici a.*

antinevràlgico [comp. di *anti-*② e *nevralgico* ✻ 1885] **A** **s. m.** (**pl.** *-ci*) ● farmaco atto a calmare le nevralgie **B** **anche agg.**

antinevrìtico ➤ **antineuritico**

antinevròtico ➤ **antineurotico**

Antinfèrno o **Antiinfèrno** [comp. di *anti-*① e *Inferno* ✻ 1887] **s. m.** ● vestibolo dell'Inferno dantesco, dove si trovano le anime degli ignavi

antinfettivo o **antiinfettivo** [comp. di *anti-*② e *infettivo* ✻ 1961] **agg.** ● detto di ciò che previene lo sviluppo di un'infezione

antinfiammatòrio o **antiinfiammatòrio** [comp. di *anti-*② e *infiammatorio* ✻ 1983] **A** **s. m.** (**pl.** *-i* o *raro -ii*) ● rimedio contro le infiammazioni **B** **anche agg.**: *pomata antinfiammatoria* **SIN.** antiflogistico

antinflativo o **antiinflativo**, diffusi ma etim. meno corretti **antinflattivo**, **antiinflattivo** [comp. di *anti-*② e *inflativo* ✻ 1981] **agg.** ● (*econ.*) antinflazionistico

antinflazionìstico o **antiinflazionìstico** [comp. di *anti-*② e *inflazionistico* ✻ 1981] **agg.** (**pl. m.** *-ci*) ● (*econ.*) detto di ciò che è inteso a contrastare o a limitare gli effetti dell'inflazione **SIN.** antinflativo

antinfluenzàle o **antiinfluenzàle** [comp. di *anti-*② e *influenzale* ✻ 1970] **A** **s. m.** ● farmaco per la terapia sintomatica delle forme influenzali **B** **anche agg.**: *farmaco a.*

antinfortunìstico o **antiinfortunìstico** [comp. di *anti-*② e *infortunistico* ✻ 1950] **agg.** (**pl. m.** *-ci*) ● atto alla prevenzione degli infortuni, spec. quelli sul lavoro: *legislazione antinfortunistica*

✦**antinomìa** [vc. dotta, lat. *antinŏmia(m)*, dal gr. *antinomía*, comp. di *anti-*② e *nómos* 'legge' ✻ 1663] **s. f.** **1** (*filos.*) contraddizione esistente fra due proposizioni di significato opposto, entrambe dimostrabili **2** (*est.*) contraddizione palese

SFUMATURE ➤ ***contraddizione***

antinòmico [1955] **agg.** (**pl. m.** *-ci*) ● di antinomia, che presenta antinomia, contraddizione ‖ **antinomicaménte**, **avv.**

antinquinaménto o **antiinquinaménto** [comp. di *anti-*② e *inquinamento* ✻ 1978] **agg. inv.** ● detto di ciò che è inteso a prevenire e a combattere l'inquinamento delle acque, dell'aria e del suolo: *misure a.*

antintercettazióne o **antiintercettazióne** [comp. di *anti-*② e *intercettazione* ✻ sec. XX] **agg. inv.** ● detto di sistema o di dispositivo attivati per impedire le intercettazioni telefoniche

antintruṣióne o **antiintruṣióne** [comp. di *anti-*② e *intrusione* ✻ 1983] **agg. inv.** **1** detto di sistema di allarme in grado di rilevare il tentativo di una persona di entrare illecitamente in un'area privata **2** (*autom.*) detto di dispositivo che protegge gli occupanti di un veicolo da urti laterali: *barre a.*

antinucleàre [comp. di *anti-*② e *nucleare* ✻ 1957] **agg. e s. m. e f.** **1** che (o chi) si oppone all'uso bellico dell'energia nucleare: *trattato a.* **2** che (o chi) si oppone all'installazione e all'uso di centrali elettriche nucleari

antinuclearìsta [comp. di *anti-*② e *nuclearista* ✻ 1981] **A** **s. m. e f.** (**pl. m.** *-i*) **1** chi si op-

a

pone all'uso bellico dell'energia nucleare **2** chi si oppone all'installazione e all'uso di centrali elettriche nucleari **B** **anche agg.**: *propaganda a.*

antinùcleo [comp. di *anti-*② e *nucleo* ✳ 1987] **s. m.** • (*fis.*) nucleo composto da antineutroni e antiprotoni

antinucleóne [comp. di *anti-*② e *nucleone* ✳ 1969] **s. m.** • (*fis.*) antiparticella del nucleone, costituita da antiquark; gli antinucleoni sono l'antiprotone e l'antineutrone

antinvecchiaménto o **antiinvecchiaménto** [comp. di *anti-*② e *(i)nvecchiamento* ✳ 1978] **agg. inv.** • (posposto a un sost.) detto di farmaco, prodotto o trattamento che serve a ritardare o attenuare gli effetti dell'invecchiamento sull'organismo umano: *integratore alimentare a.*; *chirurgia a.* CFR. anti-age, antietà

antioccidentàle [comp. di *anti-*② e *occidentale* ✳ 1985] **agg. e s. m. e f.** • che (o chi) è contrario alla civiltà, alle istituzioni o alla politica dei Paesi dell'Occidente CONTR. filoccidentale

antioccidentalìsmo [comp. di *anti-*② e *occidentalismo* ✳ sec. XX] **s. m.** • atteggiamento di opposizione all'Occidente e all'occidentalismo

antiochèno [vc. dotta, lat. *Antiochēnu(m)*, da *Antiochīa* 'Antiochia' ✳ sec. XIV] **A** **agg.** • di Antiochia, città della Turchia, che fu, in epoca romana, la capitale del regno della Siria **B** **s. m.** (**f.** *-a*) • abitante o nativo di Antiochia

antiofìdico [comp. di *anti-*② e *ofidi* ✳ 1940] **A** **s. m.** (**pl.** *-ci*) • siero o altro antidoto contro il veleno dei serpenti **B** **anche agg.**: *siero a.*

antiòlio [comp. di *anti-*② e *olio* ✳ 1968] **agg. inv.** • detto di preparato o trattamento in grado di rendere una superficie impermeabile a una sostanza oleosa: *resina a.*

antioncogène [comp. di *anti-*② e *oncogene* ✳ 1986] **s. m.** • (*biol.*) gene oncosoppressore i cui prodotti pongono freni alla proliferazione cellulare

antìopa [vc. dotta, lat. *Antĭopa(m)*, n. di un personaggio mitologico ✳ 1965] **s. f.** • farfalla nostrana con livrea dai magnifici colori (*Nymphalis antiopa*)

antioràrio [comp. di *anti-*② e *orario* ✳ 1965] **agg.** • detto di movimento che avviene nel verso opposto a quello in cui ruotano le lancette di un orologio CONTR. orario

antiossidànte [comp. di *anti-*② e *ossidante* ✳ 1955] **A** **s. m.** • composto che, aggiunto in piccole quantità a una sostanza, è capace di impedirne o ritardarne l'ossidazione spontanea; in particolare nelle sostanze alimentari ritarda l'irrancidimento dei grassi e le variazioni di colore o di sapore **B** **anche agg.**: *sostanza a.*

antipalchétto [comp. di *anti-*① e *palchetto* ✳ 1955] **s. m.** • anticamera del palco, in alcuni teatri

antipàllage [vc. dotta, gr. *anthypallagḗ*. V. *ipallage* ✳ 1594] **s. f.** • (*ling.*) scambio, permutazione di casi e modi

antipànico [comp. di *anti-*② e *panico*① ✳ 1985] **agg. inv.** • che tende a ridurre i rischi derivanti da comportamenti irrazionali in situazioni di panico: *norme, procedure a.*; *dispositivo a.* | detto di porta di sicurezza che si apre solo dall'interno facendo pressione su una grande maniglia

antipàpa [comp. di *anti-*② e *papa* ✳ av. 1348] **s. m.** (**pl.** *-i*) • papa eletto illegittimamente contro quello eletto secondo le regole canoniche

antipapàle [da *antipapa* ✳ 1791] **agg.** **1** relativo a un antipapa: *bolla a.* **2** contrario all'autorità del Papa

antiparallèlo [comp. di *anti-*② e *parallelo* ✳ 1865] **agg.** **1** (*mat.*) detto di una coppia di rette in relazione a un'altra coppia di rette, che si tagliano a vicenda formando un quadrilatero in cui gli angoli opposti sono supplementari **2** (*mat.*) detto di vettori aventi la stessa direzione e verso opposto

antiparassitàrio [comp. di *anti-*② e *parassitario* ✳ 1941] **A** **s. m.** • prodotto o composto usato per l'azione anticrittogamica o insetticida che può svolgere **B** **anche agg.**: *sostanza antiparassitaria*

antiparlamentàre [comp. di *anti-*② e *parlamentare* ✳ av. 1904] **agg. e s. m. e f.** • che (o chi) è contrario al sistema parlamentare

antiparticèlla [comp. di *anti-*② e *particella* ✳ 1963] **s. f.** • (*fis.*) particella identica a una particella ordinaria per massa, vita media e spin, ma di carica elettrica e momento magnetico di segno opposto

antiparticolàto [comp. di *anti-*② e *particolato* ✳ 1971] **agg. inv.** • (*autom.*) detto di filtro in grado di trattenere il particolato presente nei gas di scarico spec. degli automezzi

antipartìto [comp. di *anti-*② e *partito*① ✳ 1935] **A** **agg. inv.** • contrario alla linea politica ufficiale di un partito: *corrente, gruppo a.*; *attività a.* **B** **s. m. e f. inv.** • chi si oppone alle direttive del proprio partito

antipastièra [da *antipasto* ✳ 1955] **s. f.** • vassoio a diversi scomparti, usato per servire antipasti

♦**antipàsto** [comp. di *anti-*① e *pasto* ✳ 1526] **s. m.** • assortimento di vivande stuzzicanti che vengono servite all'inizio del pasto || **antipastìno**, **dim.**

antìpate [comp. di *anti-*② e gr. *páthos* (V. *pathos*): detto così perché impassibile ✳ 1476] **s. m.** • specie di Antozoi viventi a una certa profondità, il cui scheletro nerastro fornisce il corallo nero (*Antipathes larix*)

♦**antipatìa** [vc. dotta, lat. *antipathīa(m)*, dal gr. *antipátheia* 'passione contro qualcuno', comp. di *anti-*② e *páthos* 'passione' ✳ 1594] **s. f.** • avversione istintiva verso persone o cose: *avere, nutrire, provare, sentire a. per, verso qlcu. o qlco.*; *ispirare a.*; *vincere, superare l'a.*

♦**antipàtico** [da *antipatia* ✳ av. 1686] **A** **agg.** (**pl. m.** *-ci*) • che suscita antipatia: *contegno, aspetto, individuo a.*; *essere a. a qlcu.* | fastidioso, seccante: *un a. mal di schiena*; *un contrattempo a.* || **antipaticaménte**, **avv.** **B** **s. m.** (**f.** *-a*) • persona antipatica || **antipaticóne**, **accr.** | **antipaticùccio**, **dim.**

SFUMATURE ➤ *increscioso*

antipatizzànte [da *antipat(ico)*, sul modello del contr. *simpatizzante* ✳ 1863] **s. m. e f.** • chi dimostra poca simpatia per un movimento, un partito e sim., pur senza opporvisi completamente

antipatriòttico [comp. di *anti-*② e *patriottico*, prob. attrav. il fr. *antipatriotique* ✳ 1819] **agg.** (**pl. m.** *-ci*) • contrario all'ideale di patria, agli interessi della patria: *discorso, comportamento a.* || **antipatriotticaménte**, **avv.**

antipatriottìsmo [1775] **s. m.** • tendenza e atteggiamento antipatriottico

antipenùltimo o **antepenùltimo** [comp. di *anti-*① e *penultimo* ✳ 1525] **agg.** • (*lett.*) terzultimo

antiperìodo [comp. di *anti-*① e *periodo* ✳ 1942] **s. m.** • (*mat.*) in un numero decimale periodico misto, gruppo di cifre che precede il primo periodo

antiperistàlsi [comp. di *anti-*② e *peristalsi* ✳ 1961] **s. f. inv.** • (*fisiol.*) movimento ondulatorio di contrazione gastrointestinale in direzione opposta a quella della peristalsi CFR. peristalsi

antiperistàltico [1819] **agg.** (**pl. m.** *-ci*) • (*fisiol.*) di antiperistalsi: *contrazione antiperistaltica*

antipersóna [comp. di *anti-*② e *persona* ✳ 1994] **agg. inv.** • (*milit.*) detto di ogni mezzo atto a colpire reparti di fanteria o civili: *mina a.* SIN. antiuomo

antipertensìvo ➤ **antiipertensivo**

antipetrarchìsmo [comp. di *anti-*② e *petrarchismo* ✳ 1961] **s. m.** • avversione alle maniere e allo stile poetico del Petrarca o dei suoi imitatori

antipièga [comp. di *anti-*② e *piega* ✳ 1942] **agg. inv.** • detto di processo di rifinizione dei tessuti, prevalentemente di fibre cellulosiche, che ha lo scopo di impedirne la formazione di pieghe durante l'uso | detto di tessuto ingualcibile

antipirètico [comp. di *anti-*② e gr. *pyretikós* 'febbrile' (da *pŷr*, genit. *pyrós* 'fuoco') ✳ 1797] **s. m.**; **anche agg.** (**pl. m.** *-ci*) • antifebbrile

antiplàcca [comp. di *anti*② e *placca* ✳ 1990] **agg. inv.** • (*farm.*) detto di agente o trattamento orale attivo contro la placca batterica dentaria: *dentifricio, colluttorio a.*

antìpode [gr. *antípodes*, pl., comp. di *anti-* 'anti-②' e *poús*, genit. *podós* 'piede' ✳ sec. XIV] **A** **s. m.**; †**anche agg.** • (*raro*, **spec. al pl.**) chi (o che) si trova in un luogo della terra diametralmente opposto al punto considerato **B** **antìpodi** **s. m. pl.** • punti di una sfera, spec. della sfera terrestre, diametralmente opposti | ***essere agli antipodi***, (*fig.*) avere opinioni diametralmente opposte

antipodìsta [comp. di *anti-*② e del gr. *póus* genit. *podós* 'piede', nel senso di 'coi piedi all'incontrario, in alto' ✳ 1955] **s. m. e f.** (**pl. m.** *-i*) • acrobata che, disteso sul dorso, compie esercizi di destrezza e di abilità con le gambe

antìpodo [cfr. *antipode* ✳ 1955] **s. m.** • gioco enigmistico che permette, spostando la prima lettera in coda o l'ultima all'inizio e leggendo a rovescio, di ottenere o la medesima parola (es.: p-ossesso) o un'altra di senso compiuto (es.: b-occola, balocco; targ-a, grata)

antipoètico [comp. di *anti-*② e *poetico* ✳ 1765] **agg.** (**pl. m.** *-ci*) • che è contrario alla poesia: *soggetto a.*; *forma antipoetica* | (*est.*) che è insensibile, ostile alla poesia: *secolo a.*

antipòlio [comp. di *anti-*② e *polio*, abbr. di *poliomielite* ✳ 1955] **A** **agg. inv.** • detto di medicamento e relativo trattamento che immunizza dalla poliomielite: *siero, vaccino a.*; *vaccinazione a.* **B** **s. f. inv.** • vaccinazione antipolio

antipoliomielìtico [comp. di *anti-*② e *poliomielitico* ✳ 1952] **agg.** (**pl. m.** *-ci*) • antipolio

antipolìtica [comp. di *anti-*② e *politica* ✳ 1794] **s. f.** • insieme di atteggiamenti, tendenze e idee contrarie ai partiti tradizionali e alla politica ufficiale

antipolìtico [comp. di *anti-*② e *politico* ✳ 1794] **agg.** (**pl. m.** *-ci*) **1** (*raro*) che è contrario alla politica **2** che è privo di senso politico | (*raro*) impolitico

antipólvere [comp. di *anti-*② e *polvere* ✳ 1938] **agg. inv.** • detto di sostanza che tende a impedire il sollevarsi della polvere, spec. da strade non asfaltate | detto di prodotti contro la polvere usati nella pulizia della casa o di accessori: *panno a.* | detto di protezione usata per evitare di respirare la polvere o frammenti di sostanze tossiche: *maschera a.*

antipopolàre [comp. di *anti-*② e *popolare*② ✳ av. 1799] **agg.** • che va contro l'interesse, i desideri o la volontà del popolo | impopolare: *legge a.*; *provvedimenti antipopolari* || **antipopolarità**, **s. f. inv.**

antipòrta [comp. di *anti-*① e *porta* ✳ sec. XIII] **s. f.** **1** porta che sta davanti a un'altra SIN. bussola② | spazio tra due porte **2** opera di fortificazione a difesa della porta di una città o di una fortezza **3** nei libri antichi, pagina che precede il frontespizio, che ha in genere una illustrazione

antipòrto [comp. di *anti-*① e *porto* ✱ sec. XIII] **s. m.** ● (*mar., raro*) avamporto

antiproibizionìṣmo [comp. di *anti-*② e *proibizionismo* ✱ 1989] **s. m.** ● movimento di opinione contrario a proibire o penalizzare la vendita e il consumo di alcune sostanze, spec. stupefacenti

antiproibizionìsta [comp. di *anti-*② e *proibizionista* ✱ 1987] **s. m. e f.; anche agg. (pl. m. *-i*)** ● sostenitore dell'antiproibizionismo

antiproibizionìstico [1989] **agg. (pl. m. *-ci*)** ● relativo all'antiproibizionismo | basato sull'antiproibizionismo

antiproièttile [comp. di *anti-*② e *proiettile* ✱ 1982] **agg. inv.** ● detto di ciò che ha lo scopo di proteggere dai proiettili d'arma da fuoco: *giubbotto a.*; *vetri a.*

antiprotóne [comp. di *anti-*② e *protone* ✱ 1955] **s. m.** ● (*fis.*) antiparticella del protone da cui differisce per la carica che è uguale ma negativa e per il momento magnetico uguale ma contrario

antipsichiatrìa [comp. di *anti-*② e *psichiatria* ✱ 1962] **s. f.** ● corrente della psichiatria sviluppatasi negli anni '60 del Novecento, critica nei confronti delle teorie tradizionali, che propone di ricercare le cause delle malattie mentali nell'ambiente familiare e sociale

antipsicòtico [comp. di *anti-*② e *psicotico* ✱ 1990] **A s. m. (pl. *-ci*)** ● (*farm.*) farmaco attivo nel trattamento degli stati psicotici **B anche agg.**: *farmaci antipsicotici*

antipsòrico [comp. di *anti-*② e del gr. *psōrikós*, agg. di *psṓra* 'scabbia' ✱ 1829] **A s. m. (pl. *-ci*)** ● rimedio contro la scabbia **B anche agg. (pl. m. *-ci*)**: *medicamento a.*

antipùlci [comp. di *anti-*② e del pl. di *pulce* ✱ 1989] **A agg. inv.** ● che protegge dalle pulci: *trattamento a.*; *collare a.* **B anche s. m. inv.**: *spruzzare un a.*

Antipurgatòrio [comp. di *anti-*① e *Purgatorio* ✱ 1375] **s. m.** ● vestibolo del Purgatorio, dove, secondo Dante, le anime di quelli che in vita furono in diverso modo indolenti e indugiarono a pentirsi sostano più o meno a lungo prima di essere ammesse nel Purgatorio vero e proprio

antiquàrìa [vc. dotta, lat. *antiquāria(m)* (sottinteso *ărte(m)*), 'scienza delle cose antiche', da *antīquus* 'antico' ✱ 1750] **s. f. 1** scienza relativa allo studio dell'antichità **2** (*raro*) commercio di oggetti antichi

antiquariàle [av. 1952] **agg.** ● di antiquariato, relativo ad antiquariato: *mercato, collezionismo a.*

antiquariàto [da *antiquario* ✱ 1941] **s. m.** ● raccolta o commercio di libri, opere d'arte e oggetti antichi | ***pezzo d'a.***, oggetto da collezione; (*fig.*) ciò che è fuori moda, sorpassato e sim. | ***mostra dell'a.***, esposizione di oggetti antichi

antiquàrio [vc. dotta, lat. *antiquāriu(m)*, da *antīquus* 'antico' ✱ 1499] **A s. m. (f. *-ia*) 1** commerciante d'antichità **2** (*lett.*) studioso di antichità, erudito: *Letterato e a. in Roma è … tutt'uno* (G. LEOPARDI) **B agg.** ● relativo alle antichità: *arte, ricerca antiquaria*

antiquàrium [nt. sost. del lat. *antiquārius* 'che riguarda l'antichità' (V. *antiquario*) ✱ 1889] **s. m. inv. (pl. lat. *antiquarii*)** ● museo che ospita raccolte di materiale archeologico nel luogo stesso di provenienza: *l'a. di Paestum*

antiquàrk [1980] **s. m. inv.** ● (*fis.*) nella fisica delle particelle, ciascuna delle antiparticelle dei quark

♦**antiquàto** [vc. dotta, lat. *antiquātu(m)*, part. pass. di *antiquāre* 'invecchiare', da *antīquus* 'antico' ✱ 1300 ca.] **agg. 1** non più in uso, caduto in disuso: *linguaggio, abito a.* | detto di chi ha idee o mentalità sorpassate **2** †inveterato ‖ **antiquataménte**, avv.

†**antiquità** ➤ **antichità**

†**antiquo** ➤ **antico**

antiràbbico o **antiràbico** [fr. *antirabique*. V. *rabbia* ✱ 1892] **agg. (pl. m. *-ci*)** ● che previene o cura la rabbia o idrofobia: *siero a.*; *istituto a.*; *la vaccinazione antirabbica* o (*ellitt.*) *l'antirabbica*

antirachìtico [comp. di *anti-*② e *rachitico* ✱ 1819] **A agg. (pl. m. *-ci*)** ● che previene e cura il rachitismo | ***vitamina antirachitica***, vitamina D **B s. m.** ● farmaco antirachitico

antiràcket /anti'raket/ [comp. di *anti-*② e dell'ingl. *racket* propr. 'chiasso, frastuono' ✱ 1981] **agg. inv.** ● che ha lo scopo di prevenire o di combattere il racket: *provvedimento, misure, reparto a.*

antiràdar [comp. di *anti-*② e *radar* ✱ 1963] **agg. inv.** ● detto di dispositivo atto a disturbare o annullare le capacità ricettive dei radar

antirapìna [comp. di *anti-*② e *rapina* ✱ 1960] **agg. inv.** ● detto di dispositivo o di sistema che segnala un tentativo di rapina o impedisce che sia portato a termine: *bussola, pulsante a.*

antirazionàle [comp. di *anti-*② e *razionale* ✱ av. 1873] **agg.** ● che si oppone alla ragione

antirazziàle [comp. di *anti-*② e *razziale* ✱ 1943] **agg. 1** che è volto a discriminare e perseguitare altre razze: *leggi antirazziali* **SIN.** razzista **2** che è contrario alla discriminazione razziale **SIN.** antirazzista

antirazzìṣmo [comp. di *anti-*② e *razzismo* ✱ 1986] **s. m.** ● atteggiamento di opposizione nei confronti del razzismo

antirazzìsta [1949] **agg. e s. m. e f. (pl. m. *-i*)** ● che (o chi) si oppone al razzismo **SIN.** antirazziale nel sign. 2

antirecessìvo [comp. di *anti-*② e *recessivo* ✱ 1987] **agg.** ● che mira a frenare la recessione economica: *provvedimenti antirecessivi*

antireferendàrio [comp. di *anti-*② e *referendum*, con suff. aggettivale ✱ 1983] **agg.** ● che è contrario al frequente ricorso ai referendum: *movimento a.*

antireligióso (o *-ṣ-*) [comp. di *anti-*② e *religioso* ✱ 1799] **agg.** ● che è contrario alla religione e ai suoi princìpi: *scritto, spirito a.* ‖ **antireligiosità**, s. f. inv.

antiretòrica [comp. di *anti-*② e *retorica* ✱ 1911] **s. f.** ● atteggiamento di avversione nei confronti di tutto ciò che è retorico, ampolloso, ridondante

antiretroviràle [comp. di *anti-*② e *retrovir(us)* con il suff. *-ale*① ✱ 1987] **A s. m.** ● (*med.*) farmaco o altro agente in grado di distruggere i retrovirus **B agg.** ● che è efficace contro i retrovirus: *farmaco a.*

antireumàtico [comp. di *anti-*② e *reumatico* ✱ 1819] **A s. m. (pl. *-ci*)** ● rimedio contro le affezioni reumatiche **B anche agg. (pl. m. *-ci*)**: *farmaco a.*

antiriciclàggio [comp. di *anti-*② e *riciclaggio* ✱ 1990] **agg. inv.** ● che ha lo scopo di impedire il riciclaggio di denaro sporco: *norme a.*

antiriflèsso [comp. di *anti-*② e *riflesso*① ✱ 1967] **agg. inv.** ● che elimina o attenua il riflesso della luce: *lenti a.*

antirivoluzionàrio [comp. di *anti-*② e *rivoluzionario* ✱ av. 1857] **agg. e s. m. (f. *-ia*)** ● che (o chi) è contrario alla rivoluzione

antirollànte [comp. di *anti-*② e *rollante* ✱ 1961] **agg.** ● antirollio

antirollìo [comp. di *anti-*② e *rollio* ✱ 1970] **agg. inv.** ● detto di congegno o dispositivo atto ad attutire gli effetti del rollio di una nave: *pinne a.* | anche riferito ad autoveicolo: *barre a.* | detto di una tavola o di un telo che impediscono a chi è sdraiato in cuccetta di cadere quando la barca è sbandata: *telo a.*

antiromànẓo [comp. di *anti-*② e *romanzo* ✱ 1965] **s. m.** ● opera di narrativa che preordinatamente, e talora polemicamente, abbandona le caratteristiche strutturali tipiche o convenzionali del romanzo, come la trama, la caratterizzazione dei personaggi e sim.

antirómbo [comp. di *anti-*② e *rombo*① ✱ 1989] **agg. inv.** ● (*autom.*) detto di vernice molto densa con cui si ricoprono le parti inferiori della scocca per ridurne le vibrazioni e i rumori

antirrìno [vc. dotta, lat. *antirrhīno(n)*, dal gr. *antírrinon*, comp. di *anti-*② e *rís*, genit. *rinós* 'naso', per la forma della corolla ✱ 1532] **s. m.** ● pianta erbacea delle Scrofulariacee con grappoli di fiori rossi con bocca gialla (*Antirrhinum majus*) **SIN.** bocca di leone

antirùggine [comp. di *anti-*② e *ruggine* ✱ 1950] **A agg. inv.** ● di ciò che serve a impedire l'ossidazione dei materiali ferrosi: *olio a.* **B anche s. m. inv.**: *applicare l'a. prima della vernice*

antirùghe [comp. di *anti-*② e il pl. di *ruga* ✱ 1965] **A agg. inv.** ● detto di prodotto cosmetico che previene o cura la formazione delle rughe **B anche s. m. inv.**: *mettere l'a. attorno agli occhi*

antirumóre [comp. di *anti-*② e *rumore* ✱ 1985] **agg. inv.** ● che mira a eliminare o ridurre il rumore: *provvedimenti a.*; *barriere, tappi a.*

antis, in ➤ **in antis**

antisàla [comp. di *anti-*① e *sala* ✱ 1809] **s. f.** ● vestibolo, anticamera

antiscàlo [comp. di *anti-*① e *scalo* ✱ 1889] **s. m.** ● parte immersa dello scalo su cui è impostata una nave in costruzione

antiscàsso [comp. di *anti-*② e *scasso* ✱ 1989] **agg. inv.** ● detto di strutture, come casseforti, porte e sim., dotate di dispositivi atti a impedire furti con scasso

antischiavìṣmo [comp. di *anti-*② e *schiavismo* ✱ 1905] **s. m.** ● movimento per l'abolizione della schiavitù

antischiavìsta [comp. di *anti-*② e *schiavista* ✱ 1908] **s. m. e f.; anche agg. (pl. m. *-i*)** ● chi (o che) è fautore dell'antischiavismo

antischiùma [comp. di *anti-*② e *schiuma* ✱ 1961] **A s. m. inv.** ● (*chim.*) sostanza capace di abbattere una schiuma o di prevenirne la formazione **B anche agg. inv.**: *agente a.* **SIN.** antischiumogeno

antischiumògeno [comp. di *anti-*② e *schiumogeno* ✱ sec. XX] **s. m.; anche agg.** ● (*chim.*) antischiuma

antiscientìfico [comp. di *anti-*② e *scientifico* ✱ 1884] **agg. (pl. m. *-ci*)** ● contrario ai princìpi e ai metodi della scienza: *procedimento a.* ‖ **antiscientificaménte**, avv. ‖ **antiscientificità**, s. f. inv.

antisciòpero [comp. di *anti-*② e *sciopero* ✱ 1950] **agg. inv.** ● detto di ogni provvedimento o comportamento che sia contro lo sciopero

antiscìppo [comp. di *anti-*② e *scippo* ✱ 1983] **agg. inv.** ● detto di ciò che è fatto in modo da non poter essere strappato di dosso durante uno scippo: *valigia a.*; *borse a.* | che ha lo scopo di prevenire o impedire lo scippo: *squadra a.*

antiscìvolo [comp. di *anti-*② e *scivolo* ✱ 1985] **agg. inv.** ● che elimina o riduce il pericolo di scivolare: *scarpe, tappetino, materiale a.*; *trattamento a.*

antiscòppio [comp. di *anti-*② e *scoppio* ✱ 1986] **agg. inv.** ● antideflagrante

antiscorbùtico [comp. di *anti-*② e *scorbutico* ✱ 1748] **A agg. (pl. m. *-ci*)** ● che previene

a

e cura lo scorbuto | ***vitamina antiscorbutica***, vitamina C **B** anche **s. m.**

antisdrucciolévole [comp. di *anti-*② e *sdrucciolevole* ✱ 1913] **agg.** • antiscivolo

antisdrùcciolo [comp. di *anti-*② e *sdrucciolo*② ✱ 1984] **agg. inv.** • antiscivolo

antiseborròico [comp. di *anti-*② e *seborroico* ✱ 1955] **A s. m.** (**pl.** *-ci*) • farmaco che previene e cura la seborrea **B** anche **agg.**: *farmaco, trattamento a.*

antisemìta [comp. di *anti-*② e *semita* ✱ 1881] **s. m. e f.**; anche **agg.** (**pl. m.** *-i*) • chi (o che) è ostile nei confronti degli Ebrei

antisemìtico [1880] **agg.** (**pl. m.** *-ci*) • relativo all'antisemitismo o agli antisemiti | diretto contro gli Ebrei: *persecuzioni antisemitiche*

antisemitìsmo [ted. *Antisemitismus*. V. *anti-*② e *semita* ✱ 1881] **s. m.** • atteggiamento, politica ostile nei confronti degli Ebrei **CFR.** antigiudaismo

antisènso [dall'ingl. *antisense* 'in senso (*sense*) contrario (*anti-*)', sul modello di *nonsense* 'privo di senso' ✱ 1989] **agg. inv.** • (*biol.*) detto di polinucleotide con sequenza complementare a quella di una specifica molecola di DNA o di RNA e perciò capace di legarsi a questa inibendone l'attività biologica

antisèpsi [comp. di *anti-*② e del gr. *sêpsis* 'putrefazione' ✱ 1883] **s. f. inv.** • sterilizzazione mediante l'uso di sostanze chimiche capaci di distruggere i germi

antisequèstro [comp. di *anti-*② e *sequestro* ✱ 1985] **agg. inv.** • atto a impedire i sequestri di persona: *prevenzione a.*

antisèttico [comp. di *anti-*② e del gr. *sēptikós* 'che genera putrefazione' ✱ 1757] **A agg.** (**pl. m.** *-ci*) **1** di antisepsi: *trattamento a.* **2** che distrugge i germi e quindi consente l'antisepsi: *liquido a.* **B s. m.** • sostanza chimica capace di distruggere i germi

antisfondaménto [comp. di *anti-*② e *sfondamento* ✱ 1980] **agg. inv.** • detto di struttura o di materiale in grado di resistere a tentativi di sfondamento: *finestre a.*

antisièro [comp. di *anti(corpo)* e *siero* ✱ 1955] **s. m.** • (*biol.*) siero immune contenente anticorpi verso uno o più antigeni particolari

antisilurànte [comp. di *anti-*② e *silurante* ✱ 1961] **A agg.** • detto delle unità della marina militare e delle armi impiegate nel combattimento contro la nave silurante **B** anche **s. m.**: *essere imbarcato su un a.*; *nave dotata di antisiluranti*

antisimmètrico [comp. di *anti-*② e *simmetrico* ✱ 1955] **agg.** (**pl. m.** *-ci*) • (*mat.*) di ente matematico i cui elementi simmetrici rispetto a un punto, a un asse, o a un piano, hanno segno opposto: *funzione antisimmetrica* | ***relazione antisimmetrica***, quella che sussiste tra un elemento *a* e un elemento *b* e non sussiste tra *b* e *a*, a meno che *a* non sia uguale a *b*

antisindacàle [comp. di *anti-*② e *sindacale*② ✱ 1921] **agg.** • che è contrario ai sindacati e alle loro iniziative | (*dir.*) detto di ogni comportamento di un datore di lavoro diretto a impedire o limitare l'esercizio della libertà e dell'attività sindacale e del diritto di sciopero in un'azienda: *condotta a.* ‖ **antisindacalità**, **s. f. inv.**

antisìsmico [comp. di *anti-*② e *sismico* ✱ 1909] **agg.** (**pl. m.** *-ci*) • detto di costruzione effettuata con particolari accorgimenti per renderla resistente ai terremoti | detto di norme o criteri costruttivi che hanno lo scopo di limitare i danni causati dalle scosse di terremoto ‖ **antisismicità**, **s. f. inv.**

antisistèma [comp. di *anti-*② e *sistema* ✱ 1981] **agg. inv.** • contrario al sistema politico e sociale vigente: *ideologia a.*

antiskating /antis'keitin(g)/ [comp. di *anti-*② e dell'ingl. *skating* ✱ 1983] **s. m. inv.** • nei giradischi degli impianti ad alta fedeltà, dispositivo per la correzione della forza centrifuga che tende a spostare il braccio verso l'esterno del disco

antislittaménto [comp. di *anti-*② e *slittamento* ✱ 1955] **agg. inv.** • che impedisce lo slittamento di un veicolo: *freni a.*

antismòg /antiz'mɔg/ [comp. di *anti-*② e *smog* ✱ 1964] **agg. inv.** • che tende a prevenire la formazione dello smog o a eliminarne i dannosi effetti

antisociàle [comp. di *anti-*② e *sociale* ✱ 1818] **agg. e s. m. e f.** • che (o chi) è pericoloso alla società e ostile alle sue regole di comportamento | (*psicol.*) ***reazione a.***, disturbo della personalità che porta l'individuo a essere cronicamente in conflitto con la società **CFR.** prosociale

antisofisticazióne o **antisofisticazióni** [comp. di *anti-*② e *sofisticazione* ✱ 1964] **agg. inv.** • che mira a impedire le sofisticazioni alimentari: *nucleo a.*

antisolàre [comp. di *anti-*② e *solare*① ✱ 1970] **agg.** • detto di crema o sostanza efficace a proteggere dalla lunga esposizione ai raggi del sole

antisóle [comp. di *anti-*② e *sole* ✱ 1963] **agg. inv.** • atto a proteggere dai raggi solari: *vetri a.*; *occhiali a.*

antisommergìbile [comp. di *anti-*② e *sommergibile* ✱ 1923] **A s. m.** • mezzo, unità o dispositivo atto a contrastare azioni offensive di sommergibili **B** anche **agg.**: *elicottero a.*

antisommòssa [comp. di *anti-*② e *sommossa* ✱ 1985] **agg. inv.** • che opera o è concepito per prevenire o reprimere sommosse, rivolte, tumulti e sim.: *reparti, azioni a.*

antisoviètico [comp. di *anti-*② e *sovietico* ✱ 1958] **agg.** (**pl. m.** *-ci*) • basato sull'antisovietismo: *propaganda antisovietica*

anti-spàm /anti'spam, *ingl.* ˌæntɪ'spæm/ [1998] **agg. inv.**; anche **s. m. inv.** • accorc. di *antispamming*

antispàmming /anti'spammin(g), *ingl.* ˌæntɪ'spæmɪŋ/ [comp. di *anti-*② e *spamming* ✱ 1999] **agg. inv.**; anche **s. m. inv.** • (*Internet*) detto di software in grado di bloccare l'accesso di messaggi pubblicitari indesiderati nella casella di posta elettronica

antispasmòdico [comp. di *anti-*② e *spasmodico* ✱ av. 1730] **agg. e s. m.** (**pl. m.** *-ci*) • antispastico

antispàstico [vc. dotta, lat. tardo *antispasticu(m)*, dal gr. *antispastikós*, da *antispân* 'tirare in senso contrario', comp. di *anti-* 'anti-②' e *spân* 'tirare' (di etim. incerta) ✱ 1819] **A s. m.** (**pl.** *-ci*) • medicamento che calma o sopprime gli spasmi decontraendo i muscoli e ripristinandone la funzionalità **SIN.** antispasmodico **B** anche **agg.** (**pl. m.** *-ci*): *farmaco a.*

antispàsto [vc. dotta, lat. tardo *antispăstu(m)*, dal gr. *antíspastos* 'tirato in senso contrario', comp. di *anti-*② e *spáō* 'io tiro' ✱ 1585] **s. m.** • (*ling.*) piede metrico della poesia greca e latina formato da una sillaba breve, due lunghe e una breve

antispòrco [comp. di *anti-*② e *sporco* ✱ 1968] **agg. inv.** • detto di materiale o manufatto in grado di trattenere lo sporco e prevenirne la diffusione in un ambiente pulito: *tappeto a.* | ***tessuto a.***, inattaccabile dall'unto e da altre impurità

antisportìvo [comp. di *anti-*② e *sportivo* ✱ 1961] **agg.** **1** che contrasta con i doveri agonistici o le regole di cavalleria sportiva e con il loro spirito **2** (*generic.*) che è contrario allo sport ‖ **antisportività**, **s. f. inv.** mancanza di sportività

antistamìnico [comp. di *anti-*② e *istaminico* ✱ 1961] **A s. m.** (**pl.** *-ci*) • farmaco di varia natura chimica che ha il potere di contrastare l'azione dell'istamina, uno dei principali fattori responsabili delle manifestazioni allergiche **B** anche **agg.** (**pl. m.** *-ci*): *farmaco a.*

antistànte **part. pres.** di *antistare*; anche **agg.** • che sta davanti: *il giardino a. alla villa*; *il piazzale a. il municipio*

antistàre [vc. dotta, lat. *antistāre*, comp. di *ănte* 'avanti' e *stāre* 'stare' ✱ 1943] **v. tr.** (**pres.** *io antistò, tu antistài, egli antistà*; **nelle altre forme coniug. come** *stare*) • (*lett.*) stare davanti: *Un ponte ... antistà il portale* (C.E. GADDA)

antistàtico [comp. di *anti-*② e *statico*① ✱ 1974] **agg.** (**pl. m.** *-ci*) • (*fis.*) detto di sostanza in grado di eliminare l'elettricità statica da oggetti realizzati con materiali isolanti ‖ **antistaticità**, **s. f. inv.** proprietà di ciò che è antistatico

†**antìste** ➤ **antistite**

antistèrico o **antiistèrico** [comp. di *anti-*② e *isterico* ✱ av. 1730] **A s. m.** (**pl.** *-ci*) • rimedio contro l'isterismo **B** anche **agg.** (**pl. m.** *-ci*): *farmaco a.*; *acqua antisterica*

antìstite o †**antìste** [vc. dotta, lat. *antistite(m)* 'che sta innanzi', comp. di *ănte* 'davanti' e *stāre* 'stare' ✱ 1363] **s. m.** **1** (*stor.*) colui che presiedeva una cerimonia religiosa, sacerdote di un culto **2** un tempo, prelato domestico della corte pontificia | (*est.*) vescovo, parroco

antistoricìsmo [comp. di *anti-*② e *storicismo* ✱ 1931] **s. m.** • atteggiamento di sottovalutazione dell'importanza dello sviluppo storico nell'interpretazione dei fenomeni sociali, politici, culturali ecc. | tendenza culturale o filosofica contraria allo storicismo

antistoricìstico [comp. di *anti-*② e *storicistico* ✱ av. 1937] **agg.** (**pl. m.** *-ci*) • caratterizzato da antistoricismo

antistòrico [comp. di *anti-*② e *storico* ✱ 1822] **agg.** (**pl. m.** *-ci*) • che non tiene conto degli aspetti storici: *ragionamento a.* | che è in antitesi con lo sviluppo storico: *provvedimento a.* ‖ **antistoricità**, **s. f. inv.**

antistràppo [comp. di *anti-*② e *strappo* ✱ 1960] **agg. inv.** • detto di materiale particolarmente resistente agli strappi: *carta, tessuto a.*

antistreptolìsina [comp. di *anti-*② e *streptolisina* ✱ 1963] **s. f.** • anticorpo diretto verso le streptolisine

antistreptolìsinico [1983] **agg.** (**pl. m.** *-ci*) • relativo all'antistreptolisina | ***titolo a.***, tasso corrispondente al contenuto relativo di anticorpi antistreptolisinici presenti nel siero, che risulta elevato nelle infezioni recenti da streptococco o nel reumatismo articolare acuto

antistrèss [comp. di *anti-*② e *stress* ✱ 1971] **agg. inv.** • che mira a combattere lo stress: *tecniche a.*

antìstrofe o **antìstrofa** [vc. dotta, lat. tardo *antĭstrophe(m)*, dal gr. *antistrophḗ*. V. *strofa* ✱ 1587] **s. f.** • (*letter.*) seconda parte di una triade lirica, di cui la prima parte è la strofa, la terza è l'epodo | nella tragedia greca, gruppo di versi che presenta una esatta corrispondenza con la precedente strofa

antitabàcco [comp. di *anti-*② e *tabacco* ✱ 1986] **agg. inv.** • che mira a combattere il vizio del fumo: *centro a.* **SIN.** antifumo

antitacchéggio [comp. di *anti-*② e *taccheggio* ✱ 1990] **agg. inv.** • che serve a impedire o a prevenire il taccheggio: *dispositivo a.*

antitàrlo [comp. di *anti-*② e *tarlo* ✱ 1990] **agg. inv.** • detto di trattamento o prodotto atto a proteggere il legno dall'azione dei tarli: *vernici a.*

antitàrme [comp. di *anti-*② e del pl. di *tarma* ✱ 1988] **A agg. inv.** • detto di trattamento o prodotto che protegge le fibre e i tessuti di lana e sim. dall'azione delle tarme SIN. antitarmico **B** **s. m. inv.** ● sostanza antitarme

antitàrmico [comp. di *anti-*② e *tarma*, con suff. aggettivale ✻ 1961] **A** **agg. (pl. m. *-ci*)** ● antitarme **B** **anche s. m. (pl. *-ci*)**: *un potente a.*

antitàrtaro [comp. di *anti-*② e *tartaro* ✻ 1990] **agg. inv.** ● (*farm.*) detto di agente o trattamento orale attivo contro il tartaro dentario

antitedésco [comp. di *anti-*② e *tedesco* ✻ 1833] **agg. (pl. m. *-schi*)** ● contrario, ostile ai Tedeschi o alla Germania: *politica antitedesca*

antitèrmico [comp. di *anti-*② e *termico* ✻ 1882] **s. m.; anche agg. (pl. m. *-ci*)** ● antifebbrile, antipiretico

antiterrorịsmo [comp. di *anti-*② e *terrorismo* ✻ 1977] **A** **s. m.** ● complesso delle azioni di polizia volte a prevenire e reprimere il terrorismo **B** **anche agg. inv.**: *provvedimenti, misure a.*

antiterrorìstico [1979] **agg. (pl. m. *-ci*)** ● che ha lo scopo di prevenire e di combattere il terrorismo: *azione antiterroristica*

♣**antitẹsi** [vc. dotta, lat. tardo *antĭthesi(m)*, dal gr. *antíthesis*, comp. di *anti-* 'anti-②' e *thésis* 'posizione' ✻ av. 1563] **s. f. inv. 1** (*ling.*) figura retorica che consiste nell'accostamento di parole e concetti contrapposti; per es. l'accostamento di 'agghiacciando' e 'arsi' in: *et spento 'l foco ove agghiacciando io arsi* (F. PETRARCA) **2** (*filos.*) in Kant, proposizione che in un'antinomia ne contraddice un'altra (tesi) | nella dialettica di Hegel, fase di uno sviluppo che contrasta con quella precedente (tesi) e il cui superamento avverrà nella successiva sintesi fra le due **3** (*est.*) contrasto: *il suo carattere è in completa a. col mio* SFUMATURE ➤ *contraddizione*

antitetànica [agg. sostantivato da *antitetanico* ✻ sec. XX] **s. f.** ● immunoprofilassi (con vaccino o siero) contro il tetano

antitetànico [comp. di *anti-*② e *tetano* ✻ 1892] **agg. (pl. m. *-ci*)** ● di medicamento contro il tetano e le convulsioni tetaniche: *siero, vaccino a.*

♣**antitètico** [vc. dotta, lat. tardo *antithĕticu(m)*, dal gr. *antithetikós*. V. *antiteto* ✻ 1765] **agg. (pl. m. *-ci*)** ● di antitesi, che costituisce un'antitesi: *due princìpi antitetici* | (*est.*) contrapposto, opposto: *uno stato d'animo a. a un altro* || **antiteticaménte**, **avv.** || **antiteticità**, **s. f. inv.**

antìteto [vc. dotta, lat. tardo *antĭtheto(n)*, dal gr. *antítheton* 'contrapposto', da *antitíthēmi* 'io contrappongo' ✻ sec. XIV] **s. m.** ● (*ling., disus.*) membro dell'antitesi

antitìfico [comp. di *anti-*② e *tifico* ✻ 1970] **agg. (pl. m. *-ci*)** ● detto di rimedio atto a prevenire il tifo: *vaccinazione antitifica*

antitòssico [comp. di *anti-*② e *tossico*① ✻ 1910] **A** **agg. (pl. m. *-ci*)** ● che ha le proprietà dell'antitossina | ***siero a.***, che contiene antitossine SIN. disintossicante **B** **anche s. m.**: *prescrivere un a.*

antitossìna [fr. *antitoxine*. V. *tossina* ✻ 1896] **s. f.** ● anticorpo capace di neutralizzare una specifica tossina

antitotalitàrio [comp. di *anti-*② e *totalitario* ✻ 1942] **agg.** ● che si oppone alle concezioni e ai regimi totalitari

antitotalitarịsmo [comp. di *anti-*② e *totalitarismo* ✻ 1967] **s. m.** ● concezione o attività politica contraria al totalitarismo

antitràccia [comp. di *anti-*② e *traccia* ✻ 1963] **agg. inv.** ● detto di materiale o sostanza che non lascia tracce sulle superfici con le quali viene a contatto: *pneumatici a.* | ***fondotinta a.***, che non sporca i vestiti

antitracciaménto o **ànti tracciaménto** [comp. di *anti-*② e *tracciamento* ✻ 2010] **agg. inv.** ● (*Internet*) che ha lo scopo di impedire il tracciamento dei dati relativi a un utente: *attivare la funzione a.*

antitràgo [vc. dotta, gr. *antítragos* 'contro (*antí*) il trago (*trágos*)' ✻ 1865] **s. m. (pl. *-ghi*)** ● (*anat.*) nel padiglione auricolare, piccola sporgenza cartilaginea contrapposta al trago

antitraspirànte [comp. di *anti-*② e del part. pres. di *traspirare* ✻ 1973] **agg.** ● detto di sostanza o cosmetico che ha lo scopo di limitare la traspirazione cutanea

antitrinitàrio [comp. di *anti-*② e *trinitario* ✻ av. 1712] **A** **s. m. (f. *-ia*)** ● (*relig.*) nel cristianesimo, chi rifiuta il dogma della Trinità **B** **anche agg.**: *dogma a.*

antitrinitarịsmo [da *antitrinitario* ✻ 1987] **s. m.** ● (*relig.*) nel cristianesimo, il movimento degli antitrinitari

antitrombìna [comp. di *anti-*② e *trombina* ✻ 1961] **s. f.** ● (*biol., chim.*) una delle diverse sostanze presenti nel plasma capaci di inibire l'attività della trombina

antitrust /anti'trast/ o **anti-trust** [comp. di *anti-*② e *trust* ✻ 1950] **A** **agg. inv.** ● detto di provvedimento o istituzione che, a tutela della libertà di concorrenza, impedisce il formarsi di monopoli: *legge a.* SIN. antimonopolio **B** **s. f. inv.** ● (con iniziale maiuscola) autorità amministrativa indipendente garante della concorrenza e del mercato

antitubercolàre [comp. di *anti-*② e *tubercolare* ✻ 1896] **agg.** ● detto di rimedio o cura atti a combattere o prevenire la tubercolosi

antitumoràle [comp. di *anti-*② e *tumorale* ✻ 1950] **A** **s. m.** ● farmaco o altro agente che esercita attività contro la crescita, lo sviluppo o la propagazione di un tumore **B** **anche agg.**: *farmaco a.* CFR. antineoplastico

antịuòmo [comp. di *anti-*② e *uomo* ✻ 1949] **agg. inv.** ● (*milit.*) antipersona

antịùrico [comp. di *anti-*② e *urico* ✻ 1928] **A** **agg. (pl. m. *-ci*)** ● che favorisce l'eliminazione dell'acido urico: *farmaco a.* **B** **anche s. m.**

antịùrto [comp. di *anti-*② e *urto* ✻ 1965] **agg. inv.** ● detto di ciò che ha lo scopo di eliminare o di attutire gli effetti di un urto: *dispositivo a.*; *molle a.* | (*est.*) che ha una buona resistenza agli urti: *orologio a.*

antịuṣùra① [comp. di *anti-*② e di *usura*① ✻ 1991] **agg. inv.** ● che ha lo scopo di combattere o prevenire il fenomeno dell'usura: *norme, provvedimenti a.*

antịuṣùra② [comp. di *anti-*② e di *usura*② ✻ 1992] **agg. inv.** ● che serve a prevenire o rallentare i danni causati dall'usura di un materiale: *prodotto a.*

antivaiolóso (o **-ṣ-**) [comp. di *anti-*② e *vaioloso* ✻ 1946] **agg.** ● detto di rimedio o cura atti a prevenire il vaiolo

antivedére① [vc. dotta, lat. *antevidēre* 'vedere prima', comp. di *ānte* 'prima' e *vidēre* 'vedere' ✻ 1261 ca.] **v. tr.** (coniug. come *vedere*; **part. pass.** *raro* *antivedùto*, †*antivisto*) ● (*lett.*) prevedere: *né posso il giorno che la vita serra / antiveder per lo corporeo velo* (F. PETRARCA)

antivedére② [da *antivedere*① ✻ 1313] **s. m.** ● (*lett.*) previsione | presagio

†**antivedùto** **part. pass.** di *antivedere*; anche **agg.** ● previsto | avveduto

antiveggènte [comp. di *anti-*① e *veggente* ✻ av. 1311] **agg.** ● (*lett.*) dotato di antiveggenza

antiveggènza [1819] **s. f.** ● (*lett.*) previsione | preveggenza

antiveléno o **antivéleni** [comp. di *anti-*② e *veleno* ✻ 1865] **A** **agg. inv.** ● che agisce contro gli effetti di un veleno: *centro antiveleni* **B** **s. m. inv.** ● antidoto, contravveleno

anti-vélo [comp. di *anti-*② e *velo* ✻ 1989] **agg. inv.** ● che è contrario all'uso nei luoghi pubblici del velo islamico, spec. quello che copre il viso (come nel caso del niqab): *legge anti-velo*

antivenèreo [comp. di *anti-*② e *venereo* ✻ av. 1698] **agg.** ● detto di rimedio contro le malattie veneree: *profilassi antivenerea*

antivenìre [vc. dotta, lat. *antevenīre*, comp. di *ānte* 'prima' e *venīre* 'venire' ✻ 1300 ca.] **A** **v. tr.** (coniug. come *venire*) ● (*lett.*) prevenire **B** **v. intr.** (aus. *essere*) ● †venire, arrivare prima

antiversióne [vc. dotta, lat. tardo *antevĕrsiōne(m)*, da *antevĕrtere* 'passare innanzi' ✻ sec. XVIII] **s. f.** ● (*med.*) particolare atteggiamento dell'utero nel bacino a formare, con la vagina, un angolo aperto in avanti

antivigìlia [comp. di *anti-*① e *vigilia* ✻ av. 1712] **s. f.** ● giorno precedente una vigilia: *l'a. di Natale*

antivìpera [comp. di *anti-*② e *vipera* ✻ 1950] **agg. inv.** ● detto di siero che neutralizza il veleno della vipera

antiviràle [comp. di *anti-*② e *virale* ✻ 1970] **agg.** ● detto di rimedio curativo o profilattico atto a combattere o prevenire le malattie causate da virus

antivìrus [comp. di *anti-*② e *virus* ✻ 1990] **A** **s. m. inv.; anche agg. inv.** ● (*inform.*) programma che individua e distrugge i virus: *installare un a.*; *programma a.* **B** **agg. inv.** ● (*biol.*) che si oppone all'azione di un virus: *molecola, farmaco a.*

antivivisezióne [comp. di *anti-*② e *vivisezione* ✻ 1985] **agg. inv.** ● che è contrario alla vivisezione nella sperimentazione e nella ricerca scientifica: *movimento, lega a.*

antivivisezionìsta [da *antivivisezione* ✻ 1928] **s. m. e f.; anche agg. (pl. m. *-i*)** ● chi (o che) è contrario alla vivisezione

antịẓanẓàre o **antịẓanẓàra** [comp. di *anti-*② e il pl. di *zanzara* ✻ 1930] **agg. inv.; anche s. m. inv.** ● detto di prodotto (emanatore, piastrina, spray, crema e sim.) che serve ad allontanare o eliminare le zanzare

ànto- [dal gr. *ánthos* 'fiore', di etim. incerta] **primo elemento** ● in parole composte della terminologia botanica significa 'fiore', o indica relazione coi fiori: *antofillo, antologia*

antocianìna [da *antociano* con il suff. *-ina* ✻ 1961] **s. f.** ● pigmento vegetale, glucoside, che colora dal rosso al violetto frutti, fiori e piante SIN. antociano

antociàno [comp. di *anto-* e *kýanos* 'azzurro' ✻ 1955] **s. m.** ● (*chim.*) antocianina

antofìllo [comp. di *anto-* e *-fillo* ✻ 1955] **s. m.** ● foglia modificata che nel fiore forma il calice e la corolla

antografìa [comp. di *anto-* e *-grafia* ✻ 1865] **s. f.** ● arte di disporre i fiori per esprimersi in modo simbolico

antologìa [vc. dotta, gr. *anthología*, propr. 'raccolta di fiori', comp. di *ánthos* 'fiore' e *légō* 'io raccolgo' ✻ 1621] **s. f. (pl. *-gìe*)** ● raccolta di brani scelti (in versi o in prosa) di uno o più autori SIN. florilegio, poliantea | (*fig.*) ***da a.***, molto bello, memorabile: *una sequenza cinematografica, un'esecuzione, un'azione sportiva da a.* | (*est.*) raccolta di opere musicali o artistiche CFR. compilation
SFUMATURE ➤ *raccolta*

antològica [f. sost. di *antologico* ✻ sec. XX] **s. f.** ● (*ellitt.*) mostra antologica

antològico [1829] **agg. (pl. m. *-ci*)** ● di antologia, da antologia: *brano a.* | ***mostra antologica***, quella che espone al pubblico la parte più larga o significativa delle opere di un artista, di un movimento, di un periodo e sim. || **antologicaménte**, **avv.** in forma di

a

antologia

antologista [1930] **s. m. e f. (pl. m. -*i*)** ● autore, curatore di antologie

antologizzare [1974] **v. tr.** ● scegliere le parti più significative di autori e opere letterarie e pubblicarle in forma di antologia: *a. i poeti dell'ermetismo* ‖ **antologizzazióne**, **s. f.**

antoniano [1955] **A** **s. m.** ● monaco appartenente a una delle varie congregazioni cattoliche orientali che, fondate nel XVI e XVII sec., facevano risalire le loro regole a S. Antonio Abate (251 ca.-356) **B** **agg.** ● relativo alle chiese, alla spiritualità, alla predicazione di S. Antonio da Padova (1195-1231)

antonimia [comp. di *anti-*[2] e un deriv. del gr. *ónyma*, var. di *ónoma* 'nome' (V. *onomastico*) ✻ 1845] **s. f.** ● (*ling.*) rapporto fra due antonimi **CONTR.** sinonimia

antonimico [1955] **agg. (pl. m. -*ci*)** ● di antonimia, che costituisce antonimia

antònimo [comp. di *anti-*[2] e *-onimo* ✻ 1950] **agg.; anche s. m.** ● (*ling.*) detto di parola che abbia significato opposto a quello di un'altra (per es. *bello e brutto*) **SIN.** contrario **CONTR.** sinonimo

antonomàsia [vc. dotta, lat. *antonomăsia(m)*, dal gr. *antonomasía*, comp. di *antí* 'in luogo di' e un der. di *ónoma* 'nome' ✻ sec. XIV] **s. f.** ● (*ling.*) figura retorica che consiste nell'adoperare un nome comune o una perifrasi invece di un nome proprio; per es. la perifrasi per indicare Virgilio in: *disse 'l cantor de' buccolici carmi* (DANTE *Purg.* XXII, 57) | figura retorica che consiste nell'attribuire il nome di un personaggio famoso a una persona che si ritiene abbia caratteristiche simili; per es. l'uso del nome di Sardanapalo per indicare il vizioso 'giovin signore' del Parini in: *E tu gli ornavi del tuo riso i canti / che il lombardo pungean Sardanapalo* (U. FOSCOLO) | ***per a.***, per eccellenza, per definizione: *l'Artusi è il gastronomo per a.*

antonomàstico [av. 1676] **agg. (pl. m. -*ci*)** ● usato per antonomasia ‖ **antonomasticaménte**, **avv.** per antonomasia

antònomo [comp. di *anto-* e del gr. *némein* 'pascolare', di orig. indeur. ✻ 1845] **s. m.** ● insetto dei Coleotteri parassita di alberi da frutta, spec. del melo (*Anthonomus pomorum*)

antoptòsi [comp. di *anto-* e del gr. *ptôsis* 'caduta' ✻ 1961] **s. f. inv.** ● caduta anticipata dei fiori dalla pianta per cause diverse

Antozòi [comp. di *anto-* e del gr. *zô(i)on* 'animale' ✻ 1892] **s. m. pl. (sing. -*zòo*)** ● (*zool.*) classe di Celenterati marini a forma di polipi che vivono isolati o in colonie sostenute da uno scheletro (*Anthozoa*)

antràce [vc. dotta, lat. tardo *ănthrace(m)*, dal gr. *ánthrax* 'carbone', di etim. incerta ✻ av. 1327] **s. m. 1** (*med.*) infiammazione dura e dolorosa del tessuto sottocutaneo formata da un agglomerato rilevato di foruncoli, con ampia necrosi dell'ipoderma, molto frequente nel diabete; può anche essere contratta dal batterio *Bacillus anthracis*, utilizzato come arma batteriologica | (*impropr.*) favo **2** (*med.*, *disus.*) carbonchio

antracène [fr. *anthracène*. V. *antrace* ✻ 1889] **s. m.** ● idrocarburo aromatico, primo termine della serie antracenica, ottenuto dal catrame di carbon fossile usato spec. nell'industria dei coloranti

antracènico [1983] **agg. (pl. m. -*ci*)** ● relativo all'antracene

antrachinóne [comp. di *antra(cene)* e *chinone* ✻ 1889] **s. m.** ● composto organico, giallo, cristallino, ottenuto per ossidazione dell'antracene, impiegato spec. nella preparazione di una vasta classe di coloranti

antrachinònico [1950] **agg. (pl. m. -*ci*)** ● relativo all'antrachinone

antracite [vc. dotta, lat. *anthracīte(m)*. V. *antrace* ✻ av. 1796] **A** **s. f.** ● carbone fossile, nero lucente, di alto potere calorifico, molto ricco di carbonio libero, che contiene un'esigua quantità di sostanze volatili e pertanto brucia senza fumo **B** **in funzione di agg. inv.** ● (posposto a un sost.) detto di colore grigio molto scuro ma lucente

antracitico [1983] **agg. (pl. m. -*ci*)** ● relativo all'antracite

àntraco- [gr. *ánthrax*, genit. *ánthrakos* 'carbone (per lo più di legna)', di etim. incerta] **primo elemento** ● in parole composte significa 'carbone', o è usato con riferimento al carbone: *antracene, antracosi*

antracòsi [vc. dotta, gr. *anthrákōsis*. V. *antrace* ✻ 1865] **s. f. inv. 1** malattia polmonare dovuta alla prolungata inalazione di eccessive quantità di polveri di carbone, tipica dei minatori **2** ***a. polmonare***, patologia respiratoria causata da inalazione di spore di *Bacillus anthracis* tipica degli addetti a lavorazioni di animali ruminanti infetti

+**àntro** [vc. dotta, lat. *ăntru(m)*, dal gr. *ántron*, di etim. incerta ✻ av. 1374] **s. m. 1** caverna, spelonca **2** (*fig.*) abitazione misera e tetra: *vivere in un a.* **3** (*med.*) formazione anatomica cava | ***a. gastrico***, porzione che precede il piloro | ***a. di Highmore***, seno mascellare

antròpico [vc. dotta, gr. *antrōpikós*, agg. di *ánthrōpos* 'uomo', di etim. incerta ✻ 1904] **agg. (pl. m. -*ci*)** ● relativo all'essere umano: *studi antropici*

antropizzàto [1975] **agg.** ● che ha subito un processo di antropizzazione: *paesaggio, ambiente a.*

antropizzazióne [dal gr. *ánthrōpos* 'uomo' ✻ 1981] **s. f.** ● complesso degli interventi che l'uomo compie sull'ambiente naturale al fine di adattarlo ai propri bisogni

antropo-, -àntropo [dal gr. *ánthrōpos* 'uomo', di etim. incerta] **primo e secondo elemento** ● in parole composte dotte o della terminologia scientifica significa 'essere umano': *antropogenesi, antropologia*; *filantropo* **CFR.** andro-, gineco-

Antropocène [comp. di *antropo-* e *-cene* ✻ 2002] **s. m.** ● (*geol.*) secondo lo scienziato P. J. Crutzen (1933-), l'epoca attuale, caratterizzata da profonde modifiche dell'ambiente naturale a opera dell'uomo

antropocèntrico [comp. di *antropo-* e *-centrico* ✻ 1940] **agg. (pl. m. -*ci*)** ● che considera l'essere umano al centro di ogni cosa: *teorie antropocentriche*

antropocentrìsmo [fr. *anthropocentrisme*, comp. del gr. *ánthrōpos* 'uomo' e *kéntron* 'centro' ✻ 1935] **s. m.** ● (*filos.*) concezione filosofica secondo cui tutto nell'universo è stato creato in funzione dell'uomo che pertanto ne costituisce il centro

antropocorìa [comp. di *antropo-* e un deriv. del gr. *chōrêin* 'spostarsi, diffondersi' ✻ 1942] **s. f.** ● (*bot.*) dispersione involontaria dei semi delle piante a opera dell'uomo

antropocòro [1905] **agg.** ● (*bot.*) di antropocoria, caratterizzato da antropocoria: *pianta antropocora*

antropofagìa [vc. dotta, lat. tardo *anthropophăgia(m)*, dal gr. *anthrōpophagía*, comp. di *ánthrōpos* 'uomo' e *phagêin* 'mangiare' ✻ 1749] **s. f. (pl. -*gìe*)** ● consumo di carne umana a scopo rituale, magico o per necessità **SIN.** cannibalismo

antropòfago [vc. dotta, lat. *anthropŏphagus*, dal gr. *anthrōpophágos*. V. *antropofagia* ✻ sec. XIII] **agg. e s. m. (f. -*a*; pl. m. -*gi*)** ● che (o chi) pratica l'antropofagia

antropòfita [dall'agg. sostantivato *antropofito*, comp. di *antropo-* e *-fito* ✻ 1986] **agg.; anche s. f.** ● (*bot.*) detto di specie vegetale naturalizzata la cui diffusione è dovuta all'opera dell'uomo **SIN.** antropocoro **CFR.** apofita

antropogènesi [comp. di *antropo-* e *genesi* ✻ 1819] **s. f. inv.** ● studio dell'origine e dello sviluppo delle più arcaiche razze umane

antropogènico [comp. di *antropo-* e *-genico* ✻ sec. XX] **agg. (pl. m. -*ci*) 1** (*biol.*) relativo all'antropogenesi **2** detto di ciò che deriva da attività umane: *rischio a. per l'ambiente*

antropògeno [vc. dotta, comp. di *antropo-* e *-geno* ✻ 1988] **agg.** ● (*ecologia*) detto di ambiente creato dall'uomo, come città, campi coltivati e sim.

antropogeografìa [comp. di *antropo-* e *geografia* ✻ 1905] **s. f.** ● ramo della geografia che studia la distribuzione degli esseri umani sulla Terra in rapporto con l'ambiente

antropòide [vc. dotta, gr. *anthrōpoeidḗs*, comp. di *ánthrōpos* 'uomo' e *-oide* ✻ 1819] **A** **agg.** ● somigliante all'uomo nell'aspetto **B** **s. m. e f.** ● tipo arcaico e rozzo di ominide

Antropoidèi [vc. dotta, dal gr. *anthrōpoeidḗs*, comp. di *ánthrōpos* 'uomo' e *-eidḗs* '-oide' ✻ 1969] **s. m. pl. (sing. -*èo*)** ● (*zool.*) sottordine di Primati comprendente varie famiglie, tra le quali gli Ominidi (*Anthropoidea*)

antropologìa [comp. di *antropo-* e *-logia* ✻ 1533] **s. f. (pl. -*gìe*)** ● ramo delle scienze naturali che studia l'origine dell'uomo e la sua posizione nello schema di classificazioni degli animali | ***a. criminale***, che ricerca le caratteristiche organiche e biologiche dei delinquenti | ***a. culturale***, che studia le strutture mentali di gruppi etnici e sociali | ***a. fisica***, lo studio dell'uomo in rapporto alla sua genesi, al suo sviluppo somatico, alla sua diffusione sulla Terra mediante l'adattamento all'ambiente, e alla sua suddivisione in diverse razze e ceppi

antropològico [1825] **agg. (pl. m. -*ci*)** ● di antropologia ‖ **antropologicaménte**, **avv.** dal punto di vista antropologico

antropologìsmo [av. 1904] **s. m.** ● indirizzo filosofico che pone l'essere umano al centro della realtà

antropòlogo [1858] **s. m. (f. -*a*; pl. m. -*gi*)** ● studioso di antropologia

antropomanzìa [comp. di *antropo-* e *-manzia* ✻ 1819] **s. f.** ● forma di divinazione che si basa sull'esame delle viscere umane

antropometrìa [comp. di *antropo-* e *-metria* ✻ 1778] **s. f.** ● parte dell'antropologia fisica che misura il corpo umano e le sue parti

antropomètrico [1876] **agg. (pl. m. -*ci*)** ● che riguarda l'antropometria

antropòmetro [comp. di *antropo-* e *-metro* ✻ 1955] **s. m.** ● strumento mediante il quale si eseguono misurazioni in lunghezza sul corpo umano

antropomòrfico [av. 1852] **agg. (pl. m. -*ci*)** ● relativo all'antropomorfismo ‖ **antropomorficaménte**, **avv.**

antropomorfìsmo [da *antropomorfo* ✻ av. 1852] **s. m.** ● nella tipologia religiosa, attribuzione di forme fisiche e di sentimenti umani alle figure divine

antropomòrfo [vc. dotta, gr. *anthrōpómorphos*, comp. di *ánthrōpos* 'uomo' e *morphḗ* 'forma' ✻ 1819] **A** **agg. 1** che ha forma umana **2** detto di scimmie che hanno caratteri morfologici affini a quelli dell'uomo, come lo scimpanzé e il gorilla **B** **s. m.** ● forma intermedia fra scimmia e uomo

antroponimìa [da *antroponimo* ✻ 1955] **s. f.** ● parte dell'onomastica che ha per oggetto lo studio dei nomi di persona

antroponìmico [1955] **agg. (pl. m. -*ci*)** ● relativo ai nomi di persona

antropònimo [comp. di *antropo-* e *ónyma*, var. di *ónoma* 'nome' (V. *onomastico*) ✻ 1950] **s. m.** ● nome di persona

antroposfèra [comp. di *antropo-* e *sfera* ✻

1961] **s. f.** ● (*ecologia*) parte della biosfera caratterizzata dalla presenza della popolazione umana

antropoṣofìa [comp. di *antropo-* e del gr. *sophía* 'sapienza' (V. *sofia*) ✳ 1921] **s. f.** ● dottrina teosofica a base del movimento fondato dall'austriaco R. Steiner (1861-1925), che riconosce all'uomo la capacità di accedere alla conoscenza salvifica della realtà soprasensibile e di Dio, attraverso particolari metodi di sviluppo spirituale

antropòṣofo [comp. di *antropo-* e *-sofo* ✳ 1929] **s. m.** (**f.** *-a*) ● seguace dell'antroposofia

antropoẓòico [comp. di *antropo-* e del gr. *zōïkós*, agg. di *zô(i)on* 'animale' ✳ 1940] **A** **s. m. solo sing.** ● (gener. con iniziale maiuscola) era geologica in cui comparve l'uomo sulla Terra: *resti fossili dell'A.* SIN. Quaternario **B** **agg.** (**pl. m.** *-ci*) ● relativo all'era omonima

antrustióne [dal francone *trust* 'protezione' ✳ 1845] **s. m.** ● nel diritto franco, l'appartenente alla corte e al consiglio del re

antùrio [comp. di *anto-* e *-uro*② ✳ 1961] **s. m.** ● genere di piante delle Aracee dell'America tropicale, con fusto a simpodio, grande spata dai colori vivaci e foglie rigide (*Anthurium*)

anulàre [vc. dotta, lat. tardo *anulāre(m)*, agg. di *ānulus* 'anello' (V.) ✳ sec. XIV] **A** **agg.** **1** che ha forma di anello | (*astron.*) ***eclissi a.***, V. *eclissi* | ***raccordo a.***, V. *raccordo* **2** (*archit.*) detto di volta emisferica impostata su due muri, circolari e concentrici ‖ **anularità**, **s. f. inv.** **B** **s. m.** ● quarto dito della mano dove, di solito, si porta l'anello

anurèṣi o (*meno comune*) **anùreṣi** [comp. di *an-* e del gr. *oúrēsis* 'l'urinare' ✳ 1874] **s. f. inv.** ● (*med.*) anuria

Anùri [comp. di *an-* e *-uro*②, attrav. il fr. *anoures* ✳ 1872] **s. m. pl.** (**sing.** *-o*) ● (*zool.*) ordine di Anfibi privi di coda, con zampe posteriori atte al salto e forma larvale assai diversa da quella adulta (*Anura*)

anùria① o **anurìa** [comp. di *an-* e *-uria* ✳ 1874] **s. f.** ● (*med.*) mancanza della secrezione di urina

anùria② [comp. di *an-* privativo e del gr. *ourá* 'coda' ✳ 1961] **s. f.** ● (*zool.*) mancanza di coda

anùro [comp. di *an-* e *-uro*② ✳ 1950] **agg.** ● (*zool.*) detto di animale privo di coda

-ànza [ripete la funzione astratta che aveva il lat. *-āntia(m)*, un derivato dal part. pres. della prima coniug. (*abundante(m)*; *abundantia(m)*)] **suff.** ● forma sostantivi femminili astratti che indicano condizione, modo di essere, stato: *abbondanza, adunanza, cittadinanza, lontananza, risonanza, temperanza, vacanza*

♦**ànzi** [lat. *āntea* 'anteriormente' ✳ sec. XII] **A** **cong.** **1** o meglio, o piuttosto: *ti avviserò quando sarà pronto, a. te lo porterò io stesso* **2** con valore avversativo, invece, all'opposto, al contrario: *non mi dispiace, a. la cosa mi fa veramente piacere*; (**ellitt.**) *Non è antipatico, a.!*; *'Vi do fastidio?' 'A.'* | ***a. che***, piuttosto che, invece di; V. anche *anziché* | ***a. che no***, V. *anzichenò* **3** con valore rafforz.: *verrò presto, a. prestissimo* **4** (*lett.*) con valore temp. nella loc. cong. ***a. che***, prima che: *stette per ispazio d'un'ora a. che fosse legato* (F. SACCHETTI) | V. anche *anziché* **B** **prep.** **1** (*lett.*) avanti di, prima di: *a. sera*; *a. notte*; *a. il chiarir dell'alba* (G. LEOPARDI) | ***a. tempo, a. tutto, a. detto***, V. *anzitempo, anzitutto, anzidetto* **2** †davanti, alla presenza di: *io era a. il mio speco* (T. TASSO) | (*est.*) †a paragone di **C** **avv.** ● (*lett.*) prima | †***poco a.***, V. *poc'anzi*

anzianàto [da *anziano* ✳ 1321] **s. m.** **1** nei comuni medievali, l'ufficio degli anziani **2** condizione di chi ha maturato un'anzianità

anzianità [1590] **s. f. inv.** **1** condizione di chi è anziano **2** tempo di titolarità di una carica, di un ufficio e sim. | ***a. di servizio del prestatore di lavoro***, tempo durante il quale esso ha esplicato la propria attività e che influisce sulla applicazione a suo favore di vari istituti giuridici | ***pensione di a.***, V. *pensione*

♦**anziàno** [lat. **antiānu(m)*, da *ānte* 'avanti, prima' ✳ 1261 ca.] **A** **agg.** **1** che è piuttosto avanti negli anni, è di età avanzata: *ormai è una donna anziana*; *è troppo a. per queste cose* | che ha più anni di età in confronto ad altri: *lo studente più a. ha ventidue anni* **2** che è titolare di una carica, di un ufficio e sim. da un dato periodo di tempo: *vota per ultimo il magistrato più a.* **B** **s. m.** (**f.** *-a*) **1** persona di età avanzata **2** (*gerg.*) studente universitario dal terzo anno in avanti **3** nei comuni medievali, magistrato ‖ **anzianòtto**, **alter.**

SFUMATURE DI SIGNIFICATO

anziano - maturo - vecchio

Anziano è chi ha un'età avanzata o, in senso relativo, chi è più grande di età rispetto a un altro. **Maturo** è chi è uscito dalla giovinezza ma non può dirsi ancora *anziano*. Chi è in età molto avanzata si definisce invece **vecchio**. *Anziano* e *maturo* sono spesso usati per definire in modo gentile e delicato chi è *vecchio* (eufemismo).

anziàte [vc. dotta, dal lat. pl. *Antiāte(s)* 'abitanti di Anzio (*Āntium*)' ✳ sec. XIV] **A** **agg.** ● di Anzio, in provincia di Roma **B** **s. m. e f.** ● abitante o nativo di Anzio

♦**anziché** o (*raro*) **ànzi che** /antsi'ke*, 'antsi ke*/ [comp. di *anzi* e *che*② ✳ 1260] **cong.** **1** invece di, piuttosto che (introduce una prop. compar. col v. all'inf.): *ha preferito rimanere in casa, a. venire al cinema*; *è meglio andare di persona, a. scrivere* **2** †prima di (introduce una prop. temporale con il v. al congtv.): *e ciò fu anni 430 anzi che si cominciasse Roma* (G. VILLANI)

anzichenò o **ànzi che no** [da *anzi, che* e *no* ✳ 1818] **avv.** ● (*scherz.*) piuttosto, alquanto (gener. posposto al concetto che si vuole rafforzare): *è noiosino a.*; *soleva raccontar la sua storia ... lunghettamente anzi che no* (A. MANZONI)

anzidétto [comp. di *anzi* e *detto* ✳ av. 1425] **agg.** ● suddetto, predetto | scritto prima

anzitèmpo o **ànzi tèmpo** [comp. di *anzi* e *tempo* ✳ 1283] **avv.** ● prima del tempo, con anticipo: *sei venuto a.*; *ho incominciato il lavoro a.* | ***alzarsi a.***, assai presto | ***morire a.***, prematuramente

♦**anzitùtto** o (*raro*) **ànzi tùtto** [comp. di *anzi* e *tutto* ✳ av. 1557] **avv.** ● prima di tutto, prima di ogni altra cosa, per prima cosa: *a. dimmi come stai*; *si preoccupa a. di sé*; *consideriamo a. le difficoltà* SIN. innanzitutto La forma 'anzitutto', rispetto alla equivalente 'innanzitutto', ha un tono leggermente più colloquiale, meno formale

†**aocchiàre** e deriv. ➤ **adocchiare** e deriv.

aóh ➤ **ahò**

†**aombràre** e deriv. ➤ **adombrare** e deriv.

†**aonestàre** ➤ †**adonestare**

aònio [vc. dotta, lat. *aŏniu(m)*, dal gr. *aónios*, dai monti *Aoni*, nella Beozia, dov'era il fonte di Aganippe sacro alle Muse ✳ av. 1333] **agg.** **1** (*poet.*) dei monti Aoni, nella Grecia centrale | ***Sorelle Aonie***, le Muse **2** (*est., poet.*) che è proprio delle Muse: *coro a.*

†**aoppiàre** [comp. di *a-*② e *oppio* ✳ av. 1375] **v. tr.** ● inebriare con l'oppio: *ogni cosa veduta e intesa, aoppiarono la giovane* (F. SACCHETTI)

aorìstico [1887] **agg.** (**pl. m.** *-ci*) ● dell'aoristo | ***aspetto a.***, momentaneo

aorìsto [vc. dotta, lat. tardo *aorĭstu(m)*, dal gr. *aóristos* 'indefinito', da *horízō* 'io limito' ✳ av. 1565] **s. m.** ● (*gramm.*) tempo del verbo greco e di altre lingue indoeuropee che esprime l'aspetto momentaneo di un'azione

aòrta [vc. dotta, gr. *aortḗ*, da *aeírō* 'io sollevo' ✳ sec. XV] **s. f.** ● (*anat.*) arteria principale del corpo umano che si origina dal ventricolo sinistro del cuore e, diramandosi, distribuisce il sangue a tutti gli organi

aòrtico [1829] **agg.** (**pl. m.** *-ci*) ● relativo all'aorta

aortocoronàrico [comp. di *aorta* e *coronaria*, con suff. aggettivale ✳ 1983] **agg.** (**pl. m.** *-ci*) ● relativo all'aorta e alle coronarie

aortografìa [comp. di *aorta* e *-grafia* ✳ 1938] **s. f.** ● tecnica radiologica di visualizzazione dell'aorta mediante introduzione in essa di sostanze radiopache

♦**aostàno** [1871] **A** **agg.** ● di Aosta **B** **s. m.** (**f.** *-a*) ● abitante o nativo di Aosta

apache /a'paʃ*, *sp.* a'patʃe, *fr.* a'paʃ/ [dallo sp. d'America *ápachu* 'nemico', di area nord-messicana; nel sign. 2, vc. fr. ✳ 1787] **A** **s. m. e f.** (**pl. inv.** o **sp. e fr.** *apaches*); **anche agg. inv. nel sign. 1** **1** appartenente agli Apache, tribù di indiani d'America nomadi e guerrieri stanziati spec. nell'Arizona e nel Nuovo Messico **2** (*disus.*) teppista parigino **B** **s. m. inv.** ● (*milit.*; con iniziale maiusc.) elicottero in dotazione all'Aeronautica statunitense

apagòge o **apagogìa** [vc. dotta, gr. *apagōgḗ* 'deduzione', da *ágō* 'io conduco' ✳ 1748] **s. f.** ● (*filos.*) procedimento dimostrativo indiretto consistente nel provare la falsità di una proposizione dimostrando la falsità delle sue conseguenze necessarie

apagògico [1819] **agg.** (**pl. m.** *-ci*) ● detto di ragionamento fondato sull'apagoge

àpale [vc. dotta, gr. *hapalós* 'molle', di etim. incerta ✳ 1955] **s. m.** ● genere di scimmie delle Platirrine che vivono nell'America meridionale, di piccole dimensioni, con pelame folto e morbido (*Hapale*)

apàllage [vc. dotta, gr. *apallagḗ* 'separazione', da *apallássō* 'io separo' ✳ 1829] **s. f.** ● (*ling.*) figura retorica che consiste nell'interporre nel costrutto una proposizione, o nell'allontanarsi dall'ordine dei concetti; per es. la frase tra parentesi in: *L'Italia! Mi hanno accusato di averla chiamata vile! E non ricordarono (se non fosse troppo innocente ed ingenuo appellarsi alla memoria degli avversari) e non ricordarono, per un verso ...* (G. CARDUCCI)

apàllico [comp. di *a-*① e del lat. *pălliu(m)* 'mantello', nel senso di 'corteccia cerebrale' ✳ 1990] **A** **agg.** (**pl. m.** *-ci*) ● detto di quadro clinico neurologico conseguente a uno stato di coma prolungato, caratterizzato dalla compromissione del contatto con il mondo esterno: *sindrome apallica, coma a.* **B** **s. m.** (**f.** *-a*) ● soggetto affetto da sindrome apallica

apareunìa [vc. dotta, comp. di *a-*① e del gr. *páreun(os)* 'compagno di letto, sposo' con il suff. *-ia*② proprio degli astratti ✳ 1955] **s. f.** ● (*med.*) incapacità a compiere il coito per disturbi acquisiti o congeniti dell'apparato genitale

a pàri [loc. lat., propr. '(partendo) da (*a*) l'eguale (*pāre(m)*)'] **loc. agg. inv.** ● (*filos.*) in logica, si dice di argomentazione che prova indirettamente la fondatezza di un'altra argomentazione in quanto, muovendo da premesse analoghe, giunge a conclusioni analoghe CONTR. a contrario

a pàrte [comp. di *a* e *parte* ✳ 1955] **loc. sost. m. inv.** ● (*teatro*) in una rappresentazione teatrale, le battute che un attore pronuncia fra sé, esprimendo il proprio pensiero rivolto agli spettatori, come di nascosto dagli altri attori presenti in scena

apartheid /apar'tɛid, *afrikaans* ɑ'pɑrt,heit/

[neerl., da *apart* 'separato' (dal fr. *à part* 'a parte') col suff. *-heid* che denota stato o condizione ✱ 1963] **s. f. o m. inv.** • politica di segregazione razziale praticata dalla minoranza bianca della Repubblica Sudafricana, dopo l'affermazione elettorale del partito nazionalista (1948), nei confronti delle popolazioni nere autoctone e delle minoranze asiatiche; è stata formalmente abolita nel 1991 | (*est.*) discriminazione razziale

apartìtico [comp. di *a-*① e *partitico* ✱ 1944] **agg.** (**pl. m.** *-ci*) • indipendente dai partiti politici: *istituzione apartitica* ‖ **apartiticaménte**, **avv.** ‖ **apartiticità**, **s. f. inv.**

apàstro ➤ **apoastro**

♣**apatìa** [vc. dotta, lat. *apathīa(m)*, dal gr. *apátheia* 'impassibilità' comp. di *a-*① e *páthos* 'passione' ✱ sec. XIV] **s. f. 1** nella filosofia stoica, ideale etico del saggio che, mediante l'esercizio della virtù, si rende indifferente a qualsiasi sensazione o emozione **2** (*est.*) indifferenza, inerzia, mancanza di volontà e di interesse di fronte alla vita, ai sentimenti: *è difficile scuoterlo dalla sua a.*

SFUMATURE ➤ *accidia*

♣**apàtico** [1611] **agg. e s. m.** (**f.** *-a*; **pl. m.** *-ci*) • che (o chi) sente e dimostra apatia ‖ **apaticaménte**, **avv.** con apatia

apatìsta [av. 1642] **s. m. e f.**; anche **agg.** (**pl. m.** *-i*) **1** (*filos.*) detto di chi si sforza di conseguire l'apatia, l'imperturbabilità **2** †apatico

apatite [dal gr. *apátē* 'inganno', in quanto questo minerale si scambia facilmente con altri ✱ 1817] **s. f.** • (*miner.*) fosfato di calcio contenente fluoro, cloro o carbonato che si presenta in cristalli gialli o incolori

apatùra [dal gr. *apatân* 'ingannare', di orig. incerta ✱ 1874] **s. f.** • farfalla dalle ali con riflessi violacei, la cui larva cresce sui pioppi e sui salici (*Apatura Iris*)

àpax legòmenon /'apaks le'gɔmenon/ • (*evit.*) ➤ **hapax legomenon**

♦**àpe**① [lat. *āpe(m)*, di etim. incerta ✱ 1261 ca.] **s. f.** • insetto degli Imenotteri che produce miele e cera, con corpo bruno e peloso, addome fornito di pungiglione, apparato boccale atto a lambire e antenne brevi (*Apis*) SIN. pecchia CFR. ronzare | ***ape domestica***, allevata per la produzione di cera e miele (*Apis mellifera*) | ***ape operaia***, femmina sterile che provvede a tutte le attività necessarie al mantenimento dell'alveare | ***ape regina***, l'unica femmina feconda di solito presente in un alveare | ***danza delle api***, V. *danza* ‖ **apétta**, **dim.** | **apìna**, **dim.**

Àpe®② [marchio registrato ✱ 1963] **s. f. inv.** • nome commerciale di un motofurgone a tre ruote ‖ **apétta**, **dim.** | **apétto**, **dim. m.**

àpeiron [vc. dotta, gr. *ápeiron* 'illimitato, senza (*a-*) fine, confine (*péras*)' ✱ av. 1852] **s. m. inv.** • (*filos.*) nella filosofia di Anassimandro (VII-VI sec. a.C.), la materia prima originaria, da cui tutte le cose deriverebbero e in cui tutte alla fine dovrebbero confluire

a péna ➤ **appena**

apericéna [comp. di *aperi(tivo)* e *cena* ✱ 2002] **s. m. o f.** (**pl. m. inv.**; **pl. f.** *-e*) • (*gerg.*) aperitivo, accompagnato da un'offerta di stuzzichini e piccole porzioni di piatti differenti, che può sostituire una cena CFR. happy hour

aperiòdico [comp. di *a-*① e *periodico* ✱ 1939] **agg.** (**pl. m.** *-ci*) **1** (*fis.*) detto di fenomeno o grandezza mancante di periodicità **2** (*mat.*) non periodico: *funzione aperiodica* | non razionale: *numero a.* ‖ **aperiodicità**, **s. f. inv.**

†**aperìre** ➤ **aprire**

aperispèrmico [comp. di *a-*① e *perisperma* ✱ 1865] **agg.** (**pl. m.** *-ci*) • (*bot.*) detto di seme mancante di perisperma o albume

aperitìvo [vc. dotta, lat. tardo *aperitīvu(m)* 'che apre', da *aperīre* 'aprire'; come s. m., attrav. il fr. *apéritif* ✱ av. 1328] **A agg.** • †che facilita le secrezioni gastriche | †lassativo **B s. m.** • bevanda alcolica o analcolica che si beve prima dei pasti, spesso accompagnata da stuzzichini o piccoli antipasti CFR. apericena

apèrsi ➤ **aprire**

†**apèrta** [1319] **s. f.** • apertura

♣**apèrtis vèrbis** [lat., propr. 'con parole chiare' ✱ 1865] **loc. avv.** • apertamente, chiaramente, francamente: *dire la propria opinione apertis verbis*

♦**apèrto** **A part. pass.** di *aprire*; anche **agg.** **1** dischiuso, non chiuso: *portone a.* | (*est.*) ampio, spazioso, scoperto, libero: *zona aperta*; *mare a.*; *all'aria aperta*; *in aperta campagna* | ***accogliere a braccia aperte***, (*fig.*) con affetto, gioia, cordialità | ***rimanere a bocca aperta***, (*fig.*) stupirsi fortemente | ***stare a occhi aperti, tenere gli occhi aperti***, (*fig.*) stare attenti, stare in guardia, stare sul chi vive | (*fig.*) ***sognare a occhi aperti***, fantasticare, fare castelli in aria | accessibile: *ufficio a. al pubblico* **2** (*ling.*) detto di vocale articolata con il massimo grado di apertura della cavità orale: *in italiano "a" è l'unica vocale aperta* | ***sillaba aperta***, che termina in vocale **3** (*fig.*) non definito, che può avere esiti diversi: *è una situazione ancora aperta*; *un problema a. a tutte le soluzioni* **4** (*fig.*) franco, schietto: *linguaggio, carattere a.* | ***lettera aperta***, V. *lettera* nel sign. II, 1 | ***a viso, a cuore a.***, con franchezza e coraggio | (*est.*) chiaro, manifesto, palese: *questa è un'aperta manifestazione di potenza* **5** (*fig.*) disponibile a nuove idee ed esperienze, antidogmatico: *sono persone molto aperte*; *è di mente aperta* **6** (*mat.*) in una retta, detto di intervallo in cui sono esclusi gli estremi | ***insieme a.***, in uno spazio metrico, quello per ogni punto del quale è possibile determinare un intorno centrato nel punto, che appartiene interamente all'insieme **7** (*arald.*) detto delle porte di edifici, posti come emblemi nello scudo, attraverso le quali si vede lo smalto del campo **8** (*mus.*) detto di particolare emissione della voce | negli ottoni, detto di suono a padiglione libero ‖ **apertaménte**, **avv.** in modo esplicito, manifesto: *si era data apertamente a far la prostituta* (A. MORAVIA); in modo schietto, sincero: *gli ho detto apertamente ciò che penso* **B s. m.** **1** luogo libero, scoperto | ***all'a.***, all'aria aperta **2** (*mat.*) insieme aperto **C avv.** • in modo chiaro, con franchezza, apertamente: *parlare a.*

♦**apertùra** [lat. *apertūra(m)*. V. *aprire* ✱ av. 1292] **s. f. 1** l'aprire, l'aprirsi: *a. di una porta* | (*ling.*) ***grado di a.***, misura (relativa) dell'apertura della cavità orale nell'articolazione delle singole vocali **2** fenditura, spaccatura: *l'a. di una roccia, di una parete* | †taglio, intacco CFR. bocca-, stomato- **3** ampiezza | ***a. visiva***, ampiezza del campo visivo | (*aeron.*) virata a forte inclinazione compiuta da velivoli da combattimento in formazione, che permette loro di distanziarsi per atterrare uno alla volta | ***a. alare***, massima estensione delle ali di un uccello; (*aeron.*) massima dimensione dell'ala misurata perpendicolarmente al piano di simmetria longitudinale dell'aeromobile | (*fig.*) ***a. mentale***, mancanza di pregiudizi, disponibilità a nuove esperienze **4** avviamento, inizio: *a. di un negozio, di un gioco, della caccia* | ***a. di credito***, contratto con cui una banca si obbliga a mettere a disposizione di un cliente una somma di denaro per un certo tempo o a tempo indeterminato; (*fig.*) dimostrazione di fiducia: *concedere un'a. di credito a qlcu.* | inaugurazione: *l'a. di una mostra, dell'anno giudiziario, dell'anno accademico* | nel gioco degli scacchi, fase iniziale di una partita | nel poker e in altri giochi di carte, inizio del gioco da parte di chi ha in mano una determinata combinazione **5** (*fig.*) disposizione a forme di accordo con forze politiche di diverso orientamento: *a. a sinistra, al centro, a destra* **6** titolo, articolo o servizio pubblicato in alto a sinistra nella pagina di un giornale **7** (*ottica*) diametro utile di un obiettivo o di uno specchio | ***a. angolare***, angolo fra i raggi estremi di un fascio entrante in un sistema ottico | ***a. numerica***, rapporto tra la distanza focale e il diametro utile di un obiettivo o di uno specchio **8** nel calcio, nella pallacanestro e sim., invio della palla verso le zone laterali del campo: *una a. verso l'ala sinistra*

aperturìsmo [da *apertura* nel sign. 5 ✱ 1962] **s. m.** • in politica, disponibilità a intendersi con gruppi o partiti di diverso orientamento

aperturìsta [1963] **agg. e s. m. e f.** (**pl. m.** *-i*) • che (o chi) dà prova di aperturismo

Apètale [1892] **s. f. pl.** (**sing.** *-a*) • (*bot.*) gruppo di piante prive di corolla o di perianzio

apètalo [comp. di *a-*① e *petalo* ✱ av. 1730] **agg.** • detto di fiore privo di petali

a pètto ➤ **appetto**

Apiàcee [vc. dotta, comp. del grecismo lat. *ăpiu(m)* 'appio②' e *-acee* ✱ 1955] **s. f. pl.** (**sing.** *-a*) • (*bot.*) famiglia di piante erbacee delle Dicotiledoni i cui fiori sono raccolti in una infiorescenza a ombrella e i cui frutti sono acheni (*Apiaceae*) SIN. Ombrellifere

apiàio [lat. *apiāriu(m)*, da *ăpis* 'ape' ✱ av. 1811] **s. m.** (**f.** *-aia*, **pl. m.** *-ai*) • (*lett.*) colui che cura le api

apiàrio [lat. *apiāriu(m)*, da *ăpis* 'ape' ✱ av. 1481] **s. m.** • luogo in cui si trovano gli alveari | insieme degli alveari

apiàto [1955] **agg.** • detto di pianta che presenta apiatura

apiatùra [il fenomeno è chiamato così perché si credeva fosse determinato dal trasporto del polline da parte delle *api* ✱ 1955] **s. f.** • produzione, in una pianta di agrumi, di frutti diversi da quelli propri della varietà coltivata cui la pianta stessa appartiene

apicàle [da *apice* ✱ 1872] **agg. 1** che è situato all'apice di qlco., spec. di una gerarchia | (*med.*) che si sviluppa alla sommità di un organo: *catarro a.* | (*bot.*) ***gemma a.***, situata all'apice del fusto **2** (*ling.*) detto di suono articolato con la punta della lingua contro i denti, l'arcata dentaria superiore o il palato anteriore: *t, d, l sono consonanti apicali*

♣**àpice** [vc. dotta, lat. *ăpice(m)*, di orig. incerta, forse etrusca ✱ sec. XIV] **s. m. 1** cima, punta, vertice: *l'a. di una lama, di una fiamma* | (*fig.*) culmine: *essere all'a. della gloria, del successo* | ***a. sillabico***, il suono più aperto degli altri in una sillaba che presenta vari suoni (per es. nella sillaba *'fuo-'* di *fuoco*, l'apice sillabico è *o* /ɔ/) **2** nella terminologia scientifica, parte di un organo, di un corpo, di una struttura e sim., opposta alla base: *a. di una radice dentaria* | ***a. polmonare***, parte superiore del polmone, al di sopra del piano della seconda costa | ***a. vegetativo***, la parte terminale in via di accrescimento del fusto o della radice SIN. cono vegetativo **3** segno diacritico (') posto in alto a destra di alcune lettere o numeri, con varie funzioni, in matematica, nell'ortografia di varie lingue, nei sistemi di trascrizione fonetica **4** (*astron.*) punto della sfera celeste verso il quale si sposta un astro ‖ **apicétto**, **dim.**

apicectomìa [comp. di *apic(e)* ed *-ectomia* ✱ 1950] **s. f.** • (*chir.*) resezione dell'apice di una radice dentaria

apicoltóre o **apicultóre** [comp. di *ape* e *cultore* ✱ 1868] **s. m.** (**f.** *-trice*) • chi si dedica all'apicoltura

apicoltùra o **apicultùra** [comp. di *ape* e *coltura* * 1873] **s. f.** ● allevamento organizzato delle api

apicultóre ➤ **apicoltore**

apicultùra ➤ **apicoltura**

Àpidi [comp. di *ap(e)* e *-idi* * 1955] **s. m. pl.** (**sing.** *-e*) ● (*zool.*) famiglia di Insetti degli Imenotteri con corpo tozzo, zampe robuste e pungiglione ben sviluppato, cui appartengono l'ape e il bombo (*Apidae*)

a piè ➤ **appiè**

a pièno ➤ **appieno**

apìna [da *ape* * 1970] **s. f.** ● veleno delle api

àpio ➤ **appio**②

a piómbo ➤ **appiombo**

apióne [dal gr. *ápion* 'pera', per la forma del corpo (?) * 1829] **s. m.** ● genere di Coleotteri dei Curculionidi dannosi a ortaggi e piante da frutta (*Apion*)

apirèno [vc. dotta, lat. *apyrēnu(m)*, dal gr. *apýrēnos* 'senza nocciolo', comp. di *a-*① e *pyrḗn*, genit. *pyrênos* 'nocciolo', di orig. indeur. * 1819] **A** **agg.** ● (*bot.*) privo di semi: *frutto a.* **B** **s. m.** ● (*bot.*) frutto senza semi

apiressìa [vc. dotta, gr. *apyrexía*, comp. di *a-* privativo e *pyretós* 'febbre' * 1819] **s. f.** ● (*med.*) mancanza di febbre durante una malattia

apirètico [1828] **agg.** (**pl. m.** *-ci*) ● privo temporaneamente di febbre, detto di malato o di periodo di malattia

apiscàmpo [comp. di *ape* e *scampo* * 1955] **s. m.** ● attrezzo usato dagli apicoltori per impedire l'ascesa delle api dalla camera di covata al melario **SIN.** fugapi

apìstico [da *ape* * 1873] **agg.** (**pl. m.** *-ci*) ● che riguarda l'apicoltura: *allevamento, congresso a.*

apiterapìa [comp. di *api(na)* e *terapia* * 1956] **s. f.** ● trattamento di alcune malattie mediante inoculazione di apina

apìvoro [comp. di *ape* e *-voro* * 1913] **agg.** ● (*zool.*) che si ciba di api: *uccello a.*

Aplacentàti [comp. di *a-*① e *placenta* * 1961] **s. m. pl.** (**sing.** *-o*) ● mammiferi privi di placenta

aplanàtico [dal gr. *aplánētos* 'non errante', comp. di *a-*① e *planáō* 'io svio' * 1865] **agg.** (**pl. m.** *-ci*) ● (*fis.*) detto di sistema ottico privo di aberrazione sferica e di coma: *obiettivo a.* ‖ **aplanaticità**, **s. f. inv.**

aplaṣìa [comp. di *a-*① e gr. *plássein* 'formare' (V. *plasma*) * 1950] **s. f.** ● (*med.*) mancanza o sviluppo incompleto di un organo o tessuto

aplestìa [gr. *aplēstía*, da *áplēstos* 'insaziabile', comp. di *a-*① e un deriv. di *pimplánai* 'riempire', d'orig. indeur. * 1983] **s. f.** ● (*med.*) acoria

aplìṣia [vc. dotta, gr. *aplysía* 'sudiciume', comp. di *a-*① e *plýsis* 'lavanda' * av. 1564] **s. f.** ● mollusco marino dei Gasteropodi bruno olivastro, viscido, con piccola conchiglia interna (*Aplysia*) **SIN.** lepre di mare

aplìte [dal gr. *haplóos* 'semplice' * 1961] **s. f.** ● (*geol.*) roccia eruttiva in giacitura filoniana, chiara, a grana fine, senza cristalli individuabili

àplo- [dal gr. *haplóos* 'semplice', da *ha* 'uno, semplice' di orig. indeur.; la seconda parte è di incerta spiegazione] **primo elemento** ● in parole composte dotte o della terminologia scientifica significa 'singolo' o 'semplice': *aplologia*

aplografìa [comp. di *aplo-* e *-grafia* * 1955] **s. f.** ● errore di scrittura, tipico spec. degli antichi copisti, consistente nello scrivere una sola volta un gruppo di lettere ripetute (per es. *caposto* invece di *capoposto*) **CONTR.** dittografia

aplòide [comp. di *aplo-* e *-oide* * 1929] **agg.** ● (*biol.*) detto del numero dei cromosomi caratteristico delle cellule germinali mature ed equivalente a metà di quello delle cellule somatiche

aplologìa [comp. di *aplo-* e *-logia* * 1955] **s. f.** (**pl.** *-gìe*) ● (*ling.*) caso particolare di dissimilazione in cui si articola una sola volta un suono o un gruppo di suoni che dovrebbe essere articolato per due volte nella stessa parola (per es., *tragicomico* per *tragico-comico*)

aplològico [1961] **agg.** (**pl. m.** *-ci*) ● proprio dell'aplologia

aplomb /fr. a'plɔ̃/ [fr., propr. 'a piombo' * 1900] **s. m. inv.** ● perfetta caduta del tessuto in un abito maschile o femminile | (*fig.*) disinvoltura, sicurezza: *ostentare un grande a.*; *perdere il proprio a.*

aplotìpo [comp. di *aplo-* e *-tipo*, analogo all'ingl. *haplotype* * 1995] **s. m.** ● (*biol.*) nella classificazione biologica tradizionale, la specie usata per la definizione originale di un genere e perciò assunta come specie tipica

aplùstro o **aplùstre** [vc. dotta, lat. *aplŭstra*, nt. pl., dal gr. *áphlaston*, di etim. incerta * 1810] **s. m.** ● ornamento di nave antica alla sommità della poppa

apnèa [vc. dotta, gr. *ápnoia* 'mancanza di respiro', comp. di *a-*① e un deriv. di *pnêin* 'respirare' (V. *pneuma*) * 1819] **s. f.** ● (*med.*) sospensione patologica dei movimenti respiratori | (*est.*) sospensione volontaria del respiro: *immersione subacquea in a.* | **in a.**, (*fig.*) momentaneamente inerte, immobile, non reattivo: *borsa in a. in attesa delle elezioni*

apneìsta [1983] **s. m. e f.** (**pl. m.** *-i*) ● nuotatore che si immerge in apnea

apnòico [1889] **agg.** (**pl. m.** *-ci*) ● (*med.*) relativo all'apnea: *crisi apnoica*

†àpo ➤ **†appo**

àpo- [prep. gr., *apó* 'da', di orig. indeur., già in uso preverbale in gr. con senso separativo] **pref.** ● indica allontanamento, distinzione, differenziazione, perdita, separazione: *apocizio, apofonia*

apoàstro o **apàstro** [comp. di *apo-* e *astro* * 1955] **s. m.** ● (*astron.*) il punto più lontano dell'orbita di un corpo celeste intorno a una stella

apocalisse o **apocalìssi** [vc. dotta, lat. tardo, *apocalўpsi(m)*, dal gr. *apokálypsis* 'rivelazione', da *apokalýptō* 'io svelo' * av. 1328] **s. f.** (*Apocalisse* nel sign. 1) **1** ultimo libro del Nuovo Testamento, nel quale viene rivelata la fine del mondo terreno e l'inizio del mondo divino **2** (*fig.*) catastrofe, disastro totale

*****apocalìttico** [vc. dotta, gr. tardo *apokalyptikós*. V. *apocalisse* * 1584] **agg.** (**pl. m.** *-ci*) **1** attinente all'Apocalisse di S. Giovanni, o all'apocalisse come fine dei tempi: *attesa apocalittica* **2** (*est.*) catastrofico, funesto, spaventoso: *evento a.*; *visioni apocalittiche* | (*est.*) esageratamente pessimista: *previsioni apocalittiche; non essere così a. sul tuo futuro!* ‖ **apocalitticaménte**, **avv.**

apocatàstaṣi [vc. dotta, gr. *apokatástasis* 'ristabilimento' da *apokathístēmi* 'io ristabilisco' * 1829] **s. f. inv.** ● dottrina religiosa della rigenerazione del mondo, dopo la finale distruzione

Apocinàcee [da *apocino* * 1865] **s. f. pl.** (**sing.** *-a*) ● (*bot.*) famiglia di piante erbacee o legnose delle Contorte a forma di liana, con fusto ricco di tessuti acquiferi e vasi laticiferi ben sviluppati (*Apocynaceae*)

apòcino [vc. dotta, lat. *apŏcyno(n)*, dal gr. *apókynon*, comp. di *apó* 'lontano da', e *kýōn* 'cane', in quanto creduta nociva ai cani e ai lupi * av. 1498] **s. m.** **1** pianta erbacea delle Apocinacee con fiori a pannocchia e stelo eretto (*Apocynum cannabinum*) **2** fibra tessile ricavata dagli steli della pianta omonima, usata per fabbricare cordami e tele da imballaggio

apocìzio [comp. di *apo-* e un deriv. del gr. *kýtos* (V. *cito-*) * 1955] **s. m.** ● (*bot.*) cellula plurinucleata di alcune alghe e del micelio di alcuni Funghi

apocopàre [1664] **v. tr.** (*io apòcopo*) ● troncare con apocope

apòcope [vc. dotta, gr. *apokopḗ*, comp. di *apó* 'da' e *kopḗ* 'taglio' * av. 1555] **s. f.** ● (*ling.*) caduta di una sillaba o di una vocale in fine di parola; per es. la caduta della sillaba *-de* in 'grande' e della vocale finale di 'passero' in: *una gran confusione*; *Passer mai solitario* (F. PETRARCA) **SIN.** troncamento

apocrifìa [1846] **s. f.** ● caratteristica di libro, testo e sim. apocrifo: *dimostrare l'a. di un documento*

*****apòcrifo** [vc. dotta, lat. tardo *apŏcryphu(m)*, dal gr. *apókryphos* 'nascosto, segreto', da *krýptō* 'io nascondo' * av. 1328] **A** **agg.** **1** detto di libro non riconosciuto come canonico nelle religioni che hanno stabilito un canone delle Scritture rivelate: *Vangeli apocrifi*; *Atti apocrifi degli Apostoli* **2** detto di testo, spec. letterario, falsamente attribuito a un'epoca o a un autore **SIN.** spurio **B** **anche s. m.**: *apocrifi ebraici, islamici*; *un a. attribuito al Petrarca*

apòcrino [comp. di *apo-* e di *-crino* * 1955] **agg.** ● (*biol.*) detto di ghiandola le cui cellule epiteliali perdono parte del protoplasma nel corso della secrezione

apocriṣàrio o **apocriṣiàrio** [vc. dotta, lat. tardo *apocrisiăriu(m)*, dal gr. *apokrisiários*, deriv. di *apókrisis* 'risposta, referto' con il suff. di professione *-ários* '-aio' * 1865] **s. m.** **1** (*stor.*) in epoca bizantina, nunzio del Papa a Costantinopoli **2** oggi, funzionario vaticano di collegamento con l'autorità civile

apocromàtico [comp. di *apo-* e *cromatico* * 1950] **agg.** (**pl. m.** *-ci*) ● (*fis.*) detto di obiettivo esente dall'aberrazione cromatica riguardo a tre colori ‖ **apocromaticità**, **s. f. inv.**

apocromatiṣmo [1983] **s. m.** ● (*fis.*) acromatismo

àpode ➤ **apodo**

Àpodi [pl. di *apodo* * 1819] **s. m. pl.** (**sing.** *-e*) ● (*zool.*) ordine di Anfibi prevalentemente adattati all'ambiente sotterraneo, con corpo allungato e privo di arti, caratterizzati da occhi regrediti e talvolta da cecità (*Apoda*)

Apodifórmi [vc. dotta, comp. di *apodi* e il pl. di *-forme* * 1965] **s. m. pl.** (**sing.** *-e*) ● (*zool.*) ordine di Uccelli di media grandezza con zampe molto corte e dita incurvate dalle unghie robuste (*Apodiformes*)

apodìssi [dal gr. *apódeixis* da *apodéiknymi* 'io mostro' * 1829] **s. f. inv.** ● (*filos.*) nella logica aristotelica, dimostrazione della verità di una proposizione sul fondamento di un'altra verità più generale

apoditèrio [vc. dotta, lat. *apodytēriu(m)*, dal gr. *apodytḗrion*, da *apodýō* 'mi spoglio' * 1751] **s. m.** ● nelle antiche terme o palestre, spogliatoio

apodìttica [1961] **s. f.** ● (*filos.*) parte della logica aristotelica che tratta della dimostrazione **CFR.** apologetica, elenctica

*****apodìttico** [vc. dotta, lat. tardo *apodīcticu(m)*, dal gr. *apodeiktikós*, da *apodéiknymi* 'io mostro' * 1585] **agg.** (**pl. m.** *-ci*) **1** (*filos.*) nella logica aristotelica, che riguarda l'apodissi; dimostrativo **2** (*est.*) evidente, irrefutabile: *verità apodittica* | (*est.*) perentorio, categorico: *assumere un tono a.* | (*est.*, *raro*) di persona, dogmatico ‖ **apoditticaménte**, **avv.** in modo apodittico, in modo irrefutabile ‖ **apodìtticità**, **s. f. inv.**

àpodo o **àpode** [vc. dotta, gr. *ápous*, genit. *ápodos* 'senza piedi', comp. di *a-*① e *poús*, genit. *podós* 'piede' * 1476] **agg.** ● che non ha piedi: *animale a.*

apòdoṣi [vc. dotta, gr. *apódosis* 'restituzione', da *apodídōmi* 'io restituisco' * 1819] **s. f. inv.** ●

a

(*gramm.*) proposizione principale condizionata dalla protasi in un periodo ipotetico (per es.: *verrei* è l'apodosi nella frase *se potessi, verrei*)

apoenzìma [comp. del pref. *apo-* 'separato' ed *enzima* ✱ 1955] **s. m.** (**pl.** *-i*) • (*chim.*) porzione proteica della molecola di un enzima

apofàntico [gr. *apophantikós*, da *apopháinein* 'far conoscere, mostrare, dichiarare' ✱ 1955] **agg.** (**pl. m.** *-ci*) • (*filos.*) nella logica aristotelica, detto di enunciato verbale che può essere sottoposto a un giudizio di vero/falso, dunque non puramente espressivo ‖ **apofanticità**, **s. f. inv.**

apòfaṣi [vc. dotta, gr. *apóphasis* 'negazione', propr. 'espressione (*phásis*) contro (*apó*)' ✱ av. 1901] **s. f. inv.** • negazione

apofàtico [vc. dotta, gr. *apophatikós* 'negativo', da *apóphasis* 'apofasi' ✱ 1986] **agg.** (**pl. m.** *-ci*) • che esprime negazione

apòfiṣi [vc. dotta, gr. *apóphysis* 'escrescenza', da *apophýō* 'io metto fuori' ✱ av. 1673] **s. f. inv.** **1** (*anat.*) sporgenza o protuberanza ossea: *a. coronoide, mastoidea* **2** corpo geologico minore, derivato da una massa rocciosa intrusiva di maggiori dimensioni

apòfita [comp. di *apo-* e *-fita* ✱ sec. XX] **agg.**; anche **s. f.** • (*bot.*) detto di specie vegetale appartenente alla flora locale, la cui diffusione è favorita dalle attività dell'uomo **CFR.** antropofita, antropocoro

apofonìa [comp. di *apo-* e *-fonia* ✱ 1894] **s. f.** • (*ling.*) alternanza della qualità o della quantità nel vocalismo di una stessa radice o di uno stesso suffisso (per es. in latino *facio/feci*): *a. qualitativa, quantitativa* ‖ **apofònico**, **agg.** (**pl. m.** *-ci*) detto dell'aspetto o grado di una vocale nell'ambito delle mutazioni proprie dell'apofonia

apoforèti [vc. dotta, lat. *apophorēta*, nt. pl., dal gr. *apophóreta* 'che si può portar via', da *apophérō* 'io porto via' ✱ av. 1580] **s. m. pl.** **1** doni che l'ospite distribuiva ai commensali nelle feste dei Saturnali o in un convito **2** brevi componimenti poetici spec. di tipo epigrammatico che accompagnavano questi doni

apoftègma o **apoftèmma** [vc. dotta, gr. *apóphthegma*, da *apophthéngomai* 'io dichiaro apertamente' ✱ 1585] **s. m.** (**pl.** *-i*) • detto, massima memorabile | motto breve e arguto

apogèo [vc. dotta, gr. *apógeion*, comp. di *apó* 'lontano da' e *-geo* ✱ 1606] **A** **s. m.** **1** (*astron.*) il punto più lontano dalla Terra dell'orbita che un corpo le descrive intorno **2** (*fig.*) culmine: *essere all'a. della potenza, della gloria* **B** **in funzione di agg.** • (*astron.*) relativo al punto dell'orbita più lontano dalla Terra: *Sole a.*; *distanza apogea* **CONTR.** perigeo

apògrafo [vc. dotta, lat. *apŏgrapho(n)*, dal gr. *apógraphos* 'copiato', comp. da *apó* 'da' e *gráphō* 'io scrivo' ✱ 1753] **A** **agg.** • che è copia diretta dell'originale: *manoscritto, testo a.*; *lezione apografa* **CONTR.** autografo **B** **s. m.** • testo, manoscritto apografo

apòlide [vc. dotta, gr. *ápolis*, genit. *apólidos*, comp. di *a-*① e *pólis* 'città, stato' ✱ 1819] **agg. e s. m. e f.** • che (o chi) è privo di ogni cittadinanza

apolidìa [1940] **s. f.** • condizione di apolide

apolìtico [comp. di *a-*① e *politico* ✱ 1908] **agg. e s. m.** (**f.** *-a*; **pl. m.** *-ci*) • che (o chi) è estraneo alla politica o manca di interesse per essa ‖ **apoliticità**, **s. f. inv.**

apòlline ➤ **apollo**

✱**apollìneo** [vc. dotta, lat. *apollĭneu(m)*, da *Apŏllo* 'Apollo' ✱ 1481] **agg.** **1** (*lett.*) di Apollo, relativo ad Apollo | ***spirito a.***, nella filosofia di F. Nietzsche, la componente armonica, serena, luminosa della visione del mondo e dell'arte dell'antica Grecia **CFR.** dionisiaco **2** (*fig.*) perfetto, quanto a bellezza classica di forme: *effigie apollinea*; *viso, collo a.*

apòllo o (*lett.*) **apòlline** [dal n. del dio *Apollo* ✱ 1374] **s. m.** **1** uomo di straordinaria bellezza: *essere, credersi un a.* **2** grossa farfalla diurna, tipica delle zone montane, con ali arrotondate, bianche macchiate di nero (*Parnassius Apollo*)

apologèta [ricavato da *apologetico*, sul rapporto *anacoreta-anacoretico, asceta-ascetico*, ecc. ✱ 1908] **s. m. e f.** (**pl. m.** *-i*) **1** nei primi secoli del cristianesimo, scrittore di apologia della fede cristiana contro i pagani **SIN.** apologista **2** (*est.*) chi difende o esalta qlcu. o qlco.

apologètica [1865] **s. f.** **1** scienza ecclesiastica, cattolica e protestante, intesa a giustificare e difendere, anche polemicamente, i preamboli della fede o, più generalmente, tutto ciò che si riferisce alla religione **2** parte della retorica e della dialettica che ha per scopo la difesa di qlcu. o di qlco. **CFR.** apodittica, elenctica

apologètico [vc. dotta, lat. tardo *apologēticu(m)*, dal gr. *apologētikós*. V. *apologia* ✱ av. 1498] **agg.** (**pl. m.** *-ci*) **1** relativo all'apologetica o all'apologia: *discorso, libro a.* **2** (*est.*) esaltatorio, intensamente elogiativo e sim.: *parlare con tono a.*; *lo ha difeso con calore a.* ‖ **apologeticaménte**, **avv.** in modo apologetico; con tono di apologia

✱**apologìa** [vc. dotta, lat. tardo *apolŏgia(m)*, dal gr. *apología*, da *apologéomai* 'io parlo in mia difesa' ✱ 1363] **s. f.** (**pl.** *-gìe*) **1** discorso in difesa e giustificazione di sé | discorso o componimento letterario in difesa ed esaltazione di una persona, una dottrina e sim. **2** (*est.*) esaltazione, elogio: *a. del passato regime*; *a. di reato*

SFUMATURE DI SIGNIFICATO

apologia - panegirico

Apologia è la difesa o l'esaltazione di una persona o del suo operato, oppure di dottrine, prassi o valori. **Panegirico** accentua ulteriormente il senso di celebrazione e di encomio, fino ad assumere una sfumatura spregiativa di lode eccessiva, fatta per piaggeria o servilismo.

apologìsta [vc. dotta, gr. *apologistḗs*. V. *apologia* ✱ 1638] **s. m. e f.** (**pl. m.** *-i*) **1** chi pronuncia o scrive un'apologia **2** apologeta **3** (*est.*, *lett.*) difensore, sostenitore

apologìstico [1955] **agg.** (**pl. m.** *-ci*) • (*lett.*) apologetico ‖ **apologisticaménte**, **avv.**

apologiẓẓàre [vc. dotta, gr. *apologízomai*. V. *apologia* ✱ av. 1712] **A** **v. tr.** • (*raro*) esaltare **B** **v. intr.** (**aus.** *avere*) • (*raro*) fare un'apologia di qlcu. o qlco.

✱**apòlogo** [vc. dotta, lat. *apŏlogu(m)*, dal gr. *apólogos*, comp. di *apó* 'da' e *lógos* 'discorso' ✱ 1481] **s. m.** (**pl.** *-ghi*) • breve racconto con fini morali: *l'a. di Menenio Agrippa* **SIN.** allegoria, favola ‖ **apologhétto**, **dim.**

aponènse [lat. *Aponēnse(m)* dal n. della località, *Ăponu(m)* ✱ 1868] **A** **agg.** • di Abano Terme, in provincia di Padova **B** **s. m. e f.** • abitante o nativo di Abano Terme

aponeuròṣi o **aponevròṣi** [vc. dotta, gr. *aponéurōsis*, da *néuron* 'nervo' ✱ av. 1758] **s. f. inv.** • (*anat.*) membrana fibrosa che riveste i muscoli | ***a. d'inserzione***, espansione membranosa terminale di un tendine

aponeuròtico o **aponevròtico** [av. 1758] **agg.** (**pl. m.** *-ci*) • relativo all'aponeurosi

aponevròṣi e deriv. ➤ **aponeurosi** e deriv.

aponìa [vc. dotta, gr. *aponía*, da *áponos* 'immune da pena, da turbamento', comp. di *a-*① e *pónos* 'fatica', di etim. incerta ✱ 1829] **s. f.** • (*filos.*) nell'etica epicurea, stato di benessere fisico conseguente alla mancanza di dolore

apoplessìa [vc. dotta, lat. tardo *apoplēxia(m)*, dal gr. *apoplēxía*, da *apoplḗssō* 'io stordisco' ✱ av. 1292] **s. f.** **1** (*med.*) grave sindrome neurologica provocata da lesioni vascolari acute cerebrali causate da emorragia o ischemia che comporta la sospensione istantanea delle funzioni cerebrali ad eccezione di quelle vegetative **SIN.** colpo apoplettico, ictus cerebrale **2** (*med.*) versamento ematico in un organo: *a. epatica, a. bulbare, a. polmonare, a. renale*

apoplèttico o **apoplètico** [vc. dotta, lat. tardo *apoplēcticu(m)*, dal gr. *apoplēktikós*, da *apoplēxía* 'apoplessia' ✱ 1355 ca.] **A** **agg.** (**pl. m.** *-ci*) • relativo ad apoplessia | ***colpo a.***, apoplessia **B** **agg. e s. m.** (**f.** *-a*) • che (o chi) è colpito da apoplessia cerebrale

apoptòṣi [vc. dotta, gr. *apoptôsis* 'caduta', comp. di *apó* 'da' e *ptôsis* 'caduta' ✱ 1992] **s. f. inv.** • (*biol.*) morte geneticamente programmata di cellule che avviene nell'embrione durante il suo sviluppo e nell'organismo adulto per eliminare cellule alterate, per es. cellule tumorali

aporèma [vc. dotta, gr. *apórēma* 'dubbio', da *aporéō* 'io sono in imbarazzo' ✱ 1940] **s. m.** (**pl.** *-i*) • (*filos.*) procedimento dialettico che intende dimostrare la validità di due conclusioni fra loro contraddittorie

aporètico [gr. *aporētikós*, da *aporêin* 'essere in imbarazzo' ✱ 1955] **A** **agg.** (**pl. m.** *-ci*) • (*filos.*) caratterizzato da aporia, che presenta aporia: *situazione aporetica* ‖ **aporeticità**, **s. f. inv.** **B** **agg. e s. m.** (**f.** *-a*) • (*filos.*) seguace dello scetticismo

aporìa① [vc. dotta, gr. *aporía* 'dubbio'. V. *aporema* ✱ 1939] **s. f.** • (*filos.*) difficoltà o incertezza derivante dall'uguale validità di due ragionamenti che portano a conclusioni contrarie | (*est.*) difficoltà logica insolubile

apòria② [dal gr. *áporos* 'inaccessibile' ✱ 1961] **s. f.** • farfalla delle Pieridi con corpo nero e ali bianche striate di nero (*Aporia crataegi*)

aposiopèṣi [vc. dotta, gr. *aposiṓpēsis*, dal gr. *aposiōpáō* 'io cesso di parlare' ✱ 1639] **s. f. inv.** • (*ling.*) reticenza

†**a pòsta** ➤ **apposta**

apostaṣìa [vc. dotta, gr. tardo *apostasía*, da *apóstasis* 'allontanamento' ✱ av. 1342] **s. f.** **1** nel diritto greco, azione spettante all'antico padrone nei confronti del liberto che fosse venuto meno ai suoi doveri verso di lui **2** abbandono totale e pubblico della propria religione per seguirne un'altra **3** (*est.*) abbandono della propria dottrina, di un obbligo morale o di partito e sim.

apòstata [vc. dotta, lat. tardo *apŏstata(m)*, dal gr. *apostátēs*. V. *apostasia* ✱ 1258] **s. m. e f.** (**pl. m.** *-i*) • chi commette apostasia

apostatàre [av. 1334] **v. intr.** (*io apòstato*; **aus.** *avere*) **1** rinnegare pubblicamente la propria fede **2** †traviare

†**apostèma** o †**apostèmata** [vc. dotta, lat. *apostēma*, dal gr. *apóstēma*, da *aphístēmi* 'mi allontano, mi disgrego' ✱ av. 1306] **s. m. e f.** (**pl. m.** *-i*) • ascesso

✱**a posterióri** [lat. 'da ciò che è dopo', comp. di *ā* 'da' e *posteriōri*, abl. di *postĕrior* 'seguente' ✱ av. 1642] **A** **loc. agg. inv. e avv.** • (*filos.*) detto di dimostrazione, valutazione, giudizio che è fondato sull'esperienza, risalendo dagli effetti alle cause **CONTR.** a priori **B** **loc. sost. m. inv.** • (*filos.*) conoscenza, giudizio a posteriori

apostolàto [vc. dotta, lat. tardo *apostolātu(m)*, da *apŏstolus* 'apostolo' ✱ 1322] **s. m.** **1** missione religiosa di ciascuno degli apostoli per la diffusione del Vangelo: *l'a. di Paolo* **2** (*est.*) opera di propagazione di una religione o di una fede filosofica o morale | ***a. laico***, nelle Chiese cristiane, l'impegno, esteso ai laici, di inserire i motivi della rivelazione e delle verità evangeliche nella società moderna attraverso la diffusione della dottrina e la personale testimonianza di vita

3 (*est.*) attività di chi propugna un ideale spec. morale e sociale o esercita una professione con dedizione assoluta

apostolicità [1851] **s. f. inv. 1** la legittimità della derivazione della Chiesa dalla fondazione e predicazione degli Apostoli **2** la caratterizzazione apostolica di un istituto, di un movimento o di un atteggiamento sociale-religioso

apostòlico [vc. dotta, lat. tardo *apostŏlicu(m)*, dal gr. *apostolikós*, da *apóstolos* 'apostolo' ✱ 1287] **agg.** (**pl. m.** *-ci*) **1** degli Apostoli: *lettera, predicazione apostolica* **2** del Papa, quale legittimo successore del principe degli apostoli Pietro: *sede apostolica* **3** (*est.*) relativo agli atti e agli organi della S. Sede: *decisione apostolica*; *lettere apostoliche*; *nunzio a.* **4** tipico di un apostolo, degno di un apostolo: *zelo a.* ‖ **apostolicaménte**, **avv.** ‖ **apostolicità**, **s. f. inv.** (V.)

♦**apòstolo** [vc. dotta, lat. tardo *apŏstolu(m)*, dal gr. *apóstolos* 'inviato', da *apostéllō*, 'io mando' ✱ 1065] **s. m. 1** ognuno dei dodici discepoli scelti da Gesù Cristo a diffondere il Vangelo (Simone detto Pietro, Andrea, Giacomo, Giovanni, Filippo, Bartolomeo, Matteo, Tommaso, Giacomo figlio di Alfeo, Simone, Giuda figlio di Giacomo, Giuda Iscariota) | ***l'A. delle genti***, San Paolo | ***il Principe degli Apostoli***, S. Pietro **2** (**f.** *-a*) (*est.*) chi propugna e propaga con ardore una dottrina, una fede e sim.: *un a. della pace, della libertà*

♣**apostrofàre**① [da *apostrofe* ✱ av. 1328] **A v. tr.** (*io apòstrofo*) ● rivolgersi improvvisamente a qlcu. con un tono duro, di rimprovero, di sdegno e sim.: *apostrofandolo rudemente gli gridò: 'Ma che fai?'* **B v. intr.** (**aus.** *avere*) ● (*lett.*) rivolgere un'apostrofe a qlcu.
SFUMATURE ➤ *inveire*

apostrofàre② [da *apostrofo* ✱ av. 1729] **v. tr.** (*io apòstrofo*) ● segnare con l'apostrofo: *a. una parola*

apòstrofe [vc. dotta, lat. tardo *apŏstrophe(n)*, dal gr. *apostrophḗ* 'deviazione', da *stréphō* 'io volgo' ✱ 1360 ca.] **s. f.** ● (*ling.*) figura retorica che consiste nel rivolgere improvvisamente e vivamente il discorso a persona o cosa diversa dal convenzionale destinatario; per es. in: *Ahi Pisa, vituperio de le genti* (DANTE *Inf.* XXXIII, 79)

apòstrofo [vc. dotta, lat. tardo *apŏstrophu(m)*, dal gr. *apòstrophos*, da *apostréphō* 'io volgo indietro' ✱ av. 1589] **s. m.** ● segno della elisione e qualche volta del troncamento (V. nota d'uso ELISIONE e TRONCAMENTO) | nelle date in cifre arabe, segno della soppressione del millennio o del centesimo: *uno scrittore del '900; la guerra del '15-'18*

apòta [vc. dotta, dal gr. *ápotos* 'che non (*a-* privativo) beve (dal radicale *po-* del v. *pínein* 'bere')' ✱ 1922] **s. m. e f.** (**pl. m.** *-i*) ● (*lett.*) chi non è disposto a credere ingenuamente a qualsiasi cosa, a prestare fede a chiunque

apotèca [vc. dotta, lat. *apothēca(m)*, dal gr. *apothḗkē* 'ripostiglio', da *apotíthēmi* 'io ripongo' ✱ 1521] **s. f.** ● parte della casa romana in cui si conservavano i viveri e spec. il vino

apotècio [vc. dotta, gr. *apothḗkion*, dim. di *apothḗkē*. V. *apoteca* ✱ 1829] **s. m.** ● (*bot.*) corpo fruttifero di alcuni Funghi e licheni a forma di coppetta contenente gli aschi

apotèma [vc. dotta, gr. tardo *apóthema* 'abbassamento' da *apotíthēmi* 'io abbasso' ✱ 1819] **s. m.** (**pl.** *-i*) ● (*mat.*) in un poligono regolare, il segmento di perpendicolare condotto dal centro della circonferenza inscritta nel poligono a un lato | in una piramide a base regolare, il segmento di perpendicolare condotto da un vertice a un lato del poligono di base | in un cono circolare retto, il segmento di generatrice compreso fra il vertice e un punto della circonferenza di base

♣**apoteòsi** [vc. dotta, lat. tardo *apotheōsi(n)*, dal gr. *apothéōsis*, da *theós* 'dio' ✱ av. 1573] **s. f. inv. 1** cerimonia solenne con la quale si deificavano gli eroi defunti e gli imperatori romani ancora viventi **2** (*teatro*) nel teatro greco, trasformazione finale dell'eroe in divinità, ottenuta scenicamente mediante macchinari atti a dare l'impressione del meraviglioso | nelle coreografie ottocentesche, scena finale, spesso simbolica, caratterizzata da luci e costumi fastosi e dalla presenza contemporanea di tutti gli attori **3** (*fig.*) celebrazione, esaltazione di una persona, di un avvenimento: *fare l'a. di qlcu.* | trionfo: *a. del Milan* | spettacolo grandioso: *questo tramonto è un'a. di colori*
SFUMATURE ➤ ***celebrazione***

apotropàico [dal gr. *apotrópaios* 'che allontana', da *apotrépein* 'stornare', 'allontanare' (*trépein*) da (*apó*) qualcuno o qualcosa (di pericoloso)' ✱ 1929] **agg.** (**pl. m.** *-ci*) ● detto di oggetti, atti, iscrizioni e formule orali che, per la loro particolare carica magica, sono ritenuti capaci di allontanare o distruggere gli influssi malefici

apozèugma [comp. di *apo-* e gr. *zêugma* 'unione' (V. *zeugma*) ✱ 1829] **s. m.** (**pl.** *-i*) ● (*ling.*) figura retorica per la quale più verbi di significato simile reggono più parole o frasi che potrebbero essere rette da uno solo di essi; per es. in: *raddoppio e pianti e rinnuovo e sospiri* (A. POLIZIANO)

app /ap, *ingl.* æp/ [vc. ingl., accorc. di *application* 'applicazione' ✱ 2008] **s. f. inv.** ● (*inform.*) accorc. di *applicazione*

appaciàre [comp. di *a-*② e *pace* ✱ sec. XIII] **A v. tr.** (**pres.** *io appàcio*; **fut.** *io appacerò*) ● (*lett.*) pacificare | placare **B appaciàrsi v. rifl.** ● (*lett.*) fare la pace | placarsi

appacificàre [comp. di *a-*② e *pacificare* ✱ 1258] **A v. tr.** (*io appacìfico, tu appacìfichi*) ● (*lett.*) pacificare, quietare | sedare **B appacificàrsi v. rifl.** ● (*lett.*) rappacificarsi

appagàbile [av. 1712] **agg.** ● che si può appagare: *aspirazione a.* ‖ **appagabilità**, **s. f. inv.**

appagaménto [1275] **s. m. 1** soddisfazione: *l'a. di un desiderio* | stato d'animo di chi è soddisfatto, appagato **2** †compenso, retribuzione

♣**appagàre** [comp. di *a-*② e *pagare* ✱ av. 1250] **A v. tr.** (*io appàgo, tu appàghi*) **1** rendere pago, far contento qlcu.: *Qual meco s'ansa, / rado sen parte, sì tutto l'appago* (DANTE *Purg.* XIX, 23-24) **2** esaudire, soddisfare: *a. un desiderio, un'aspirazione* | (*est.*) saziare: *a. la fame, la sete* **3** (*lett.*) acquietare, placare: *a. la propria coscienza* **B appagàrsi v. rifl.** ● essere, ritenersi, pago: *appagarsi di poco*

appagàto **part. pass.** di *appagare*; anche **agg.** ● pago, soddisfatto (+ *di*, + *da*): *sentirsi a. <u>del</u> successo ottenuto, <u>dal</u> risultato raggiunto*

appagatóre [1865] **agg. e s. m.** (**f.** *-trice*) ● (*raro*) che (o chi) appaga

appàia ➤ **apparire**

appaiaménto [av. 1704] **s. m.** ● accoppiamento

appaiàre [comp. di *a-*② e *paio* ✱ 1321] **A v. tr.** (*io appàio*) **1** accoppiare, formare un paio: *a. due guanti dello stesso colore*; *a. due animali di razza* **2** (*lett.*, *fig.*) uguagliare **B appaiàrsi v. rifl.** ● accoppiarsi, unirsi | (*raro*) sposarsi

appaiàto **part. pass.** di *appaiare*; anche **agg.** ● nei sign. del v.

appaiatùra [av. 1704] **s. f.** ● (*raro*) appaiamento, accoppiamento

appàio ➤ **apparire**

appaleṣàre [comp. di *a-*② e *palesare* ✱ sec. XIII] **v. tr.** (*io appaléṣo*) ● (*lett.*) palesare

appallottolàre [comp. di *a-*② e *pallottola* ✱ sec. XIV] **A v. tr.** (*io appallòttolo*) ● ridurre in forma di pallina: *a. la creta, la mollica del pane* **B appallottolàrsi v. intr. pron.** ● rapprendersi in grumi, in pallottole: *la farina con l'acqua si appallottola* **C appallottolàrsi v. rifl.** ● raggomitolarsi: *il gatto si appallottolò sul cuscino*

appalmàto [comp. di *a-*② e *palma* ✱ 1829] **agg.** ● (*arald.*) di una mano con la palma aperta

appaltànte **A** **part. pres.** di *appaltare*; anche **agg.** ● (*raro*) nei sign. del v. **B s. m. e f.** ● chi dà qlco. in appalto

appaltàre [V. *appalto* ✱ av. 1565] **v. tr.** ● dare o (*raro*) prendere in appalto: *a. a un'impresa privata la costruzione di un ponte*; *a. uno scavo*

appaltatóre [sec. XIV] **agg. e s. m.** (**f.** *-trice*) ● che (o chi) prende in appalto **SIN.** accollatario | (*raro*) chi dà in appalto

appàlto [etim. incerta ✱ sec. XIV] **s. m. 1** (*dir.*) contratto con cui si assume a proprio rischio l'esecuzione di un'opera o di un servizio contro un corrispettivo in denaro: *contratto di a.* **SIN.** (*raro*) accollo **2** (*tosc.*) luogo in cui si vendono prodotti di monopolio dello Stato, quali tabacchi e valori bollati ‖ **appaltìno**, **dim.**

appannàbile [da *appannare* ✱ 1829] **agg.** ● (*raro*) che si può appannare: *vetro facilmente a.*

♣**appannàggio** o †**panàggio**② [fr. *apanage* 'assegnazione di pane' ✱ 1578] **s. m. 1** dotazione a favore di capi di Stato o assegno spettante a date personalità di grande rilevanza politica **2** (*est.*) retribuzione fissa | dote: *il padre le ha garantito un buon a.* **3** (*fig.*) prerogativa: *il dolore è a. dei viventi* | ***in a.***, come prerogativa

appannaménto [1667] **s. m.** ● l'appannare, l'appannarsi | (*fig.*) offuscamento, stanchezza

♦**appannàre** [comp. di *a-*② e *panno* (con cui si copriva qualche cosa) ✱ av. 1374] **A v. tr. 1** togliere la lucentezza o la trasparenza: *a. un vetro, uno specchio* **2** (*fig.*) offuscare: *spesso la stanchezza appanna i riflessi* **B appannàrsi v. intr. pron. 1** detto di vetri o metalli, perdere la lucentezza o la trasparenza, per vapore, umidità, sudiciume e sim.: *i finestrini dell'auto si appannano con l'alito* **2** (*fig.*) annebbiarsi, oscurarsi: *mi si appanna la vista* | affiochirsi, della voce

appannàto **part. pass.** di *appannare*; anche **agg.** ● nei sign. del v. | (*fig.*) confuso, offuscato: *riflessi appannati*

†**appannatóio** [av. 1712] **s. m.** ● panno usato per coprire gli occhi ai cavalli bizzarri mentre vengono bardati

appannatùra [av. 1698] **s. f.** ● (*lett.*) appannamento | offuscamento, intorbidamento

apparàre① [lat. *apparāre*, comp. di *ăd* e *parāre* 'preparare' ✱ av. 1292] **A v. tr.** ● (*lett.*) preparare | addobbare **B apparàrsi v. rifl.** ● †vestirsi, abbigliarsi, addobbarsi

†**apparàre**② [da *imparare*, con cambio di pref. dovuto all'accostamento con *apparare*① ✱ 1268] **v. tr.** ● (*lett.*) imparare, apprendere: *incapace d'a. per massime ragionate* (G. VICO)

apparatčik /appa'ratʃik, *russo* ʌpa'rattʃjɪk/ [vc. russa, orig. 'operaio addetto a una macchina (*apparát*)' ✱ 1970] **s. m. e f. inv.** ● nell'ex Unione Sovietica, funzionario del partito comunista | (*est.*, *spreg.*) funzionario di partito, burocrate

apparàto [vc. dotta, lat. tardo *apparātu(m)*, da *apparāre* 'apparare①' ✱ sec. XIII] **s. m. 1** complesso di macchine, strumenti, impianti, apparecchi e sim. atto a conseguire un determinato scopo: *a. bellico, offensivo, difensivo, industriale, scenico* **2** (*anat.*)

complesso di organi adibiti alla medesima funzione: *a. circolatorio, osseo, muscolare, intestinale* **3** (*biol.*) organulo cellulare complesso: *a. di Golgi* **4** complesso dei quadri dirigenti e dei funzionari di un partito politico, di un governo e sim.: *l'a. burocratico* **5** (*est.*) insieme di preparativi particolarmente appariscenti, sfarzosi e sim.: *un grande a. di forze; ci accolsero con un incredibile a. di fiori e di luci* **6** (*fig.*) insieme organico di nozioni, dati, informazioni e sim., concernenti una o più opere o discipline: *disporre di un ricco a. culturale* | ***a. critico***, nell'edizione critica di un testo, l'insieme delle varianti gener. poste in nota assieme ai criteri seguiti nel ricostruire la lezione esatta

apparatóre [vc. dotta, lat. tardo *apparatōre(m)*, da *apparāre* 'apparare①' ✻ sec. XIII] **s. m.** (**f.** *-trice*) ● nel teatro ottocentesco, chi provvedeva ad arredare la scena

†**apparecchiaménto** [1261 ca.] **s. m.** **1** allestimento, preparativo, apprestamento **2** apparato, addobbo

♦**apparecchiàre** [lat. **appariculāre*, da *apparāre* 'apparare' ✻ 1258] **A** **v. tr.** (*io apparécchio*) **1** (*lett.*) predisporre, preparare: *A noi / morte apparecchi riposato albergo* (U. Foscolo) | allestire: *a. la tavola per la cena* **2** preparare per il pasto (*anche assol.*): *a. la tavola; ha apparecchiato in giardino* **3** (*tess.*) sottoporre i tessuti all'apparecchiatura **B** **apparecchiàrsi** **v. rifl.** **1** (*lett.*) prepararsi, disporsi: *s'apparecchia / al dolce assalto* (L. Ariosto) **2** †provvedersi dei mezzi necessari a sostenere un cimento: *e io sol uno / mi apparecchiava a sostener la guerra* (Dante *Inf.* II, 3-4)

apparecchiàta [sec. XIII] **s. f.** ● (*fam.*) rapida e sommaria preparazione della tavola

apparecchiàto **part. pass.** di *apparecchiare*; anche **agg.** ● nei sign. del v. | preparato per il pasto: *tavola apparecchiata*

apparecchiatóre [1306] **agg.** e **s. m.** (**f.** *-trice*) **1** (*raro*) che (o chi) apparecchia **2** che (o chi) è addetto all'apparecchiatura dei tessuti

apparecchiatùra [av. 1698] **s. f.** **1** (*raro, lett.*) preparazione | insieme di preparativi **2** (*tess.*) insieme delle operazioni cui si sottopone il tessuto greggio per fargli assumere forma, aspetto e caratteri definitivi **3** preparazione di una tela o di un muro per renderli atti a essere dipinti **4** (*archit.*) taglio e disposizione dei conci di pietra nella costruzione di muri, archi e volte **5** apparecchio | serie di strumenti, dispositivi e sim.: *a. meccanica, bellica, elettrica*

♦**apparécchio** [av. 1340] **s. m.** **1** (*disus.*) apparato: *a. muscolare; a. bellico* **2** strumento semplice o complesso, progettato e costruito per specifiche realizzazioni: *a. radiofonico, telefonico, televisivo; a. fotografico, ottico, oculistico* | ***a. ortodontico***, per la correzione delle malformazioni dentarie, spec. dei bambini | ***a. gessato***, bendaggio impastato col gesso per contenere arti fratturati o correggere malformazioni ossee **3** (*per anton.*) aeroplano, idrovolante, elicottero o altro aeromobile **4** (*tess.*) reparto di un'azienda in cui si compie l'apparecchiatura dei tessuti | correntemente, apparecchiatura: *dare l'a. a un tessuto* ‖ **apparecchiétto**, **dim.**

SFUMATURE ➤ ***strumento***

apparentaménto [1951] **s. m.** **1** (*raro*) l'apparentare, l'apparentarsi **2** accordo fra partiti politici per la presentazione di liste elettorali comuni allo scopo di evitare dispersione di voti

apparentàre [comp. di *a-*② e *parente* ✻ sec. XIII] **A** **v. tr.** (*io apparènto*) ● (*raro*) imparentare **B** **apparentàrsi** **v. rifl.** **1** (*raro*) imparentarsi **2** concordare un apparentamento

apparènte **part. pres.** di *apparire*; anche **agg.** **1** manifesto, evidente, palese: *si è offeso senza a. motivo* | (*lett.*) visibile: *senza movimento a.* **2** (*est., lett.*) appariscente, sfarzoso **3** che pare ma non è: *la sua sicurezza è solo a.; manteneva una calma a.* CONTR. reale ‖ **apparenteménte**, **avv.** in apparenza: *una risposta apparentemente esatta*

♦**apparènza** [vc. dotta, lat. tardo *apparĕntia(m)*, da *apparēre* 'apparire' ✻ 1268] **s. f.** **1** modo di apparire, aspetto esteriore, sembianza: *avere una bella, una buona, una brutta a.; a giudicare dall'a.; guardare solo all'a.* | PROV. ***l'a. inganna*** **2** manifestazione esteriore priva di reale sostanza: *a. falsa, bugiarda; avere un'a. di onestà, di serietà; sotto un'a. di formalità; badare alle apparenze; sono tutte apparenze* | ***in a., all'a.***, a giudicare da quel che si vede, alla prima impressione | ***salvare le apparenze***, agire rispettando la forma e le convenzioni **3** (*lett.*) appariscenza, comparsa **4** †apparizione **5** †fenomeno fisico: *molte apparenze varie che si scorgono di sera* (G. Galilei) **6** (*filos.*) l'oggetto della conoscenza sensibile SIN. fenomeno

†**apparére** ➤ **apparire**

apparigliàre [comp. di *a-*② e *pariglia* ✻ av. 1850] **v. tr.** (*io apparìglio*) **1** accoppiare nel tiro animali, spec. cavalli **2** nel gioco della scopa, fare la presa in modo da ricostituire il numero pari delle carte di uguale valore, spec. del sette CONTR. sparigliare

†**appariménto** [1294] **s. m.** ● apparizione: *erano compiuti li nove anni appresso l'a.* (Dante)

♦**apparìre** o †**apparére** [lat. *apparēre*, comp. di *ăd* e *parēre* 'apparire' ✻ 1243 ca.] **v. intr.** (**pres.** *io appàio* o **lett.** *apparìsco, tu appàri* o **lett.** *apparìsci, egli appàre* o **lett.** *apparìsce, noi appariàmo*, **raro** *appaiàmo, voi apparìte, essi appàiono* o **lett.** *apparìscono*; **pass. rem.** *io appàrvi* o **lett.** *apparìi, apparsi, tu apparìsti, egli appàrve* o **lett.** *apparì*, **raro** *appàrse, noi apparìmmo, voi appariste, essi appàrvero* o **lett.** *apparìrono*, **raro** *appàrsero*; **fut.** *io apparirò*, **lett.** *apparrò*; **congtv. pres.** *io appàia* o *apparìsca, noi appariàmo, voi appariàte, essi appàiano*, o *apparìscano*; **condiz. pres.** *io apparirèi*, †*apparrèi*; **part. pass.** *appàrso*, **raro** *apparito*, †*apparùto*; **aus.** *essere*) **1** presentarsi alla vista, spec. improvvisamente o causando sorpresa, meraviglia e sim., detto di persona o cosa che prima non si vedeva: *apparve una donna vestita di bianco; un'isola appariva ai loro occhi; uno strano animale appare tra l'erba* | presentarsi in sogno, visione e sim.: *gli apparve in sogno il fratello morto; Arte magica è quando si fa apparere persona morta* (F. Sacchetti) **2** spuntare, sorgere: *nel cielo già appare la luna; il sole apparve all'orizzonte* **3** mostrarsi chiaramente: *prima o poi la verità apparirà* | risultare: *dalle prove in nostro possesso la sua colpevolezza appare chiara* **4** mostrare di essere: *a. triste, addolorato, allegro, lieto; mi è apparso molto contento; il suo viso appariva felice* SIN. parere, sembrare **5** (*raro*) fare bella figura, comparire

appariscènte [lat. tardo *apparescĕnte(m)*, part. pres. di *apparēscere*, da *apparēre* 'apparire' ✻ 1300 ca.] **agg.** ● che dà nell'occhio, che attira gli sguardi: *colore, vestito a.* | (*est.*) di bella presenza, vistoso: *donna a.; un tipo di bellezza a.*

appariscènza [lat. tardo *apparescĕntia*, part. nt. pl. di *apparēscere*. V. *appariscente* ✻ 1268] **s. f.** ● (*raro*) caratteristica di chi (o di ciò che) è appariscente

apparita [av. 1306] **s. f.** ● (*raro, lett.*) apparizione | comparsa

apparitóre [av. 1569] **s. m.** **1** (*stor.*) nell'antica Roma, persona addetta al servizio di magistrati e sacerdoti o dell'imperatore **2** (*stor.*) chi, durante le epidemie di peste e sim., precedeva il carro degli appestati suonando la campanella

apparizióne [vc. dotta, lat. *apparitiōne(m)*, da *apparēre* 'apparire' ✻ av. 1292] **s. f.** **1** l'apparire, spec. di esseri soprannaturali, visioni, fenomeni celesti e sim.: *a. della Vergine, di un Santo, di una cometa* **2** fantasma, spettro: *era pallida come se avesse visto un'a.* **3** (*est., colloq.*) breve comparsa: *il funzionario ha fatto una breve a. e se n'è andato subito*

appàrso **part. pass.** di *apparire*; anche **agg.** ● nei sign. del v.

♦**appartaménto** [ant. sp. *apartamēnto* 'luogo appartato' ✻ 1538] **s. m.** **1** insieme di stanze che costituiscono un'abitazione indipendente e separata dal resto di una casa **2** (*mar.; disus.*) spostamento in miglia verso levante o verso ponente compiuto da una nave su di una rotta comunque inclinata rispetto ai meridiani ‖ **appartamentìno**, **dim.** | **appartamentóne**, **accr.**

appartàre [comp. di *a-*② e *parte* ✻ av. 1304] **A** **v. tr.** ● (*raro*) mettere in disparte, da parte **B** **appartàrsi** **v. rifl.** ● mettersi in disparte: *appartarsi per parlare con qlcu.* | allontanarsi, isolarsi: *appartarsi dalla vita politica*

appartàto **A** **part. pass.** di *appartare*; anche **agg.** **1** nei sign. del v. | remoto, isolato: *un luogo a.* | che sta in disparte: *tenersi a. in un angolo; vivere a.* | solitario: *conduce una vita appartata* **2** (*lett.*) distinto, particolare ‖ **appartataménte**, **avv.** **1** (*lett.*) separatamente: *trattare appartatamente due questioni* **2** in disparte: *vivere appartatamente* **B** **s. m.** ● †luogo destinato a usi particolari

appartenènte **A** **part. pres.** di *appartenere*; anche **agg.** ● che appartiene **B** **s. m. e f.** ● chi fa parte di un gruppo, una classe, una categoria e sim.: *gli appartenenti al sindacato*

appartenènza [sec. XIII] **s. f.** **1** l'appartenere; il far parte di qlco.: *l'a. a un sindacato, a una setta religiosa* | proprietà, possesso: *contestare l'a. di un bene* | ***gruppo di a.***, quello nel quale una persona svolge un determinato ruolo | condizione di chi si sente parte di qlco.: *a. culturale; il senso di a. a un gruppo* **2** (*est., raro*) ciò che appartiene: *ecco tutte le tue appartenenze* | (*raro*) accessorio, pertinenza **3** †qualità, attributo

♦**appartenére** [lat. parl. **appartenēre*, comp. parasintetico di *pārs*, genit. *pārtis* 'parte', col pref. *ad-* ✻ 1261 ca.] **A** **v. intr.** (**coniug. come** *tenere*; **aus.** *essere* o, più raro, *avere*) **1** essere di proprietà o in possesso di qlcu. (+ *a*): *quell'oggetto mi appartiene, appartiene alla scuola* **2** †avere relazioni di parentela **3** fare parte di un gruppo, di una classe, di una categoria e sim. (+ *a*): *a. a una famiglia benestante; quel paesino appartiene al comune di Siena* **4** convenire, competere, spettare: *la decisione appartiene al capo dello Stato* **B** **appartenérsi** **v. intr. pron.** ● †spettare, addirsi: *Ella cercò d'essere più savia che a lei non si apparteneva* (G. Boccaccio)

appassiménto [av. 1832] **s. m.** ● perdita della freschezza (*anche fig.*) | (*enol.*) processo di disidratazione dell'uva lasciata appassire

appassionaménto [1579] **s. m.** ● (*raro*) l'appassionarsi

appassionànte **part. pres.** di *appassionare*; anche **agg.** ● che avvince, che suscita vivo interesse e partecipazione emotiva: *una vicenda, un romanzo a.*

♦**appassionàre** [comp. di *a-*② e *passione* ✻

av. 1380] **A** **v. tr.** (*io appassióno*) ● suscitare vivo interesse, passione e sim. per qlco. (+ *a*): *a. qlcu. alla musica, alla scienza* | avvincere: *una lettura che appassiona i ragazzi* | (*lett.*) addolorare, commuovere **B** **appassionàrsi** **v. intr. pron.** **1** provare passione, sentire vivo interesse per qlco. (+ *a*, *raro* + *di*, + *per*): *appassionarsi al teatro, allo sport; per un lungo periodo si è appassionato di pittura; non poteva appassionarsi per cose avvenute tanto tempo prima* (I. Svevo) **2** (*lett.*) addolorarsi, commuoversi

SFUMATURE ➤ *interessare*

♦**appassionàto** **A** **part. pass.** di *appassionare*; anche **agg.** **1** che prova passione (+ *di*, *raro* + *per*): *un giovane a. di musica, di sport, di cinema; a. per la musica più ancora che per la poesia* (A. Fogazzaro) | pieno di passione: *un amante a.* **2** che rivela, che esprime passione: *uno sguardo a.*; *un amore a. per l'arte; l'arringa appassionata del difensore* **3** (*mus.*) detto di indicazione espressiva che precisa un movimento: *andante a.* ‖ **appassionatamènte**, **avv.** in modo appassionato **B** **s. m.** (**f.** *-a*) ● chi si dedica con passione a qlco. (+ *di*): *gli appassionati della lirica*

♦**appassìre** [comp. di *a-*② e *passo*① ✱ av. 1499] **v. intr.** (*io appassìsco, tu appassìsci*; aus. *essere*) e **appassìrsi** **v. intr. pron.** **1** diventare, essere secco, vizzo, detto di fiori, piante e sim.: *le foglie appassiscono* **2** (*fig.*) illanguidire, sfiorire: *la giovinezza appassisce troppo presto*

†**appastàre** [comp. di *a-*② e *pasta* ✱ 1313] **A** **v. tr.** ● impastare **B** †**appastàrsi** **v. intr. pron.** ● farsi denso come pasta

appastellàrsi [comp. di *a-*② e *pastello* ✱ 1865] **v. intr. pron.** (*io mi appastèllo*) ● agglomerarsi in pallottoline: *spesso le vernici si appastellano*

appeal /ap'pil, *ingl.* ə'pi:l/ [vc. ingl., propr. 'richiamo' ✱ 1961] **s. m. inv.** **1** richiamo, attrazione: *una proposta non priva di a.* **2** acc. di *sex appeal*

appeasement /ap'pizment, *ingl.* ə'pi:zmənt/ [ingl., da *to appease* 'pacificare, calmare', dall'ant. fr. *apeser* (fr. moderno *apaiser*), comp. del lat. *ăd* e del denominale di *pais* (moderno *paix*) 'pace' ✱ 1947] **s. m. inv.** ● politica di acquiescenza nei confronti di uno Stato aggressivo e potenzialmente ostile, perseguita a costo di concessioni e sacrifici

appecoronàrsi [comp. di *a-*②, *pecorone* e *-are*① ✱ 1992] **v. intr. pron.** (*io mi appecoróno*) ● (*colloq.*) sottomettersi in modo servile e conformista a qlcu. o qlco.

appellàbile [1673] **agg.** ● che si può appellare: *sentenza a.* ‖ **appellabilità**, **s. f. inv.**

appellànte **A** **part. pres.** di *appellare*; anche **agg.** ● nei sign. del v. **B** **s. m. e f.** ● chi appella o si appella

appellàre [lat. *appellāre*, comp. di *ăd* e *pellāre* (da *pĕllere* 'spingere') 'spingersi verso, dirigersi' ✱ 1261 ca.] **A** **v. tr.** (*io appèllo*) **1** (*raro, lett.*) chiamare, spec. per nome **2** †invitare, provocare, sfidare | (*poet.*) †incitare: *te fremendo appella / ai fatti illustri il popolar favore* (G. Leopardi) **3** †accusare, incolpare **B** **v. tr., intr.** (aus. intr. *avere*) e **appellàrsi** **v. intr. pron.** ● (*dir.*) ricorrere ad un giudice di grado superiore affinché modifichi un provvedimento viziato o ingiusto emesso da un giudice civile o penale di grado inferiore: *a. una sentenza; i condannati decisero di a.*; *a., appellarsi contro una sentenza* **C** **appellàrsi** **v. intr. pron.** **1** fare appello, rivolgersi a qlcu. (+ *a*): *appellarsi alla generosità, alla coscienza di qlcu.* **2** (*lett.*) chiamarsi, avere nome

appellatìvo [vc. dotta, lat. tardo (*nōmen*) *appellatīvu(m)*, da *appellāre* 'appellare' ✱ 1450 ca.] **A** **agg.** **1** (*gramm., raro*) che serve a denominare: *nome a.* **CONTR.** proprio **2** (*dir., raro*) relativo ad appello **B** **s. m.** **1** titolo d'onore, di dignità e sim. **2** (*gramm.*) nome comune **3** soprannome, epiteto: *un a. scherzoso, offensivo*

appellàto **A** **part. pass.** di *appellare*; anche **agg.** **1** nel sign. del v. **2** (*dir.*) detto di chi è convenuto in un giudizio di appello **B** **s. m.** (**f.** *-a*) ● chi è convenuto in un giudizio di appello

appellatòrio [vc. dotta, lat. tardo *appellatōriu(m)*, da *appellāre* 'appellare' ✱ sec. XVIII] **agg.** (**pl. m.** *-i* o *raro -ii*) ● (*dir.*) di appello

appellazióne [vc. dotta, lat. *appellatiōne(m)*, da *appellāre* 'appellare' ✱ 1275] **s. f.** **1** (*raro, lett.*) nome, denominazione | epiteto **2** †appello, ricorso: *il giudice … paghi le spese che succedono per l'a. dichiarata giusta* (T. Campanella)

appèllo [da *appellare* ✱ sec. XIII] **s. m.** **1** chiamata per nome di persone, spec. in ordine alfabetico, allo scopo di controllarne la presenza: *fare l'a.*; *presentarsi, rispondere, mancare all'a.* | ***votazione per a. nominale***, quella in cui si prende nota di ciascun votante e del suo voto **2** ciascuna delle convocazioni che l'ordinamento universitario prevede per ogni sessione ordinaria d'esame: *primo, secondo a.*; *sessione straordinaria ad a. unico* **3** (*est.*) sollecitazione, istanza: *un a. alla bontà altrui* | ***fare appello a***, invocare: *faccio a. al vostro buon cuore* | ***fare a. alle proprie risorse fisiche, morali e sim.***, raccoglierle in uno sforzo particolare | pubblico richiamo in favore di qlco.: *un a. per la pace* **4** (*dir.*) mezzo d'impugnazione contro le sentenze di primo grado: *giudice dell'a.*; *a. contro le sentenze penali, civili; corte d'a.* | ***atto d'a.***, atto introduttivo con cui si determina l'instaurarsi di un giudizio di secondo grado | ***giudizio di a.***, di secondo grado | ***senz'a.***, di provvedimento giurisdizionale contro cui non si può ricorrere | (*est.*) nella loc. avv. o agg. ***senza a.***, in modo definitivo, drastico: *bocciata senza a. la proposta del Comune*; definitivo, drastico: *giudizio negativo senza a.*

♦**appéna** o (*raro, lett.*) **a péna** [comp. di *a-*② e *pena* ✱ av. 1257] **A** **avv.** **1** a fatica, a stento, con difficoltà: *riusciamo a. a distinguerlo; ci sente a.*; *facemmo a. in tempo* | ***a. a.***, pochissimo, a mala pena: *socchiuse a. a. un occhio* **2** soltanto, non di più: *mi ha fatto a. un cenno; versami a. due dita di vino; sono a. le sei* **3** da poco: *sono a. arrivato; la luna era appena sorta in cielo* | in correlazione con 'che' e 'quando': *era a. uscito quando mi ricordai che cosa dovevo dirgli* **B** **cong.** ● subito dopo che, tosto che (introduce una prop. temp., sia implicita con il v. all'part. pass., sia esplicita con il v. all'indic. o al congtv.): *a. arrivai* (anche *a. arrivato*), *mi corse incontro* | con il 'non' pleonast.: *non a. mi ha visto, se l'è data a gambe; non a. tu guarisca, andremo al mare*

appenàre [comp. di *a-*② e *pena* ✱ 1312] **A** **v. tr.** (*io appéno*) ● †affliggere **B** **appenàrsi** **v. rifl.** ● (*lett.*) patire, soffrire | †impegnarsi, adoperarsi

♦**appèndere** [lat. *appĕndere*, comp. di *ăd* 'verso' e *pĕndere* 'pesare' (V. *pendere*) ✱ 1282] **A** **v. tr.** (**pres.** *io appèndo*; **pass. rem.** *io appési, tu appendésti*; **part. pass.** *appéso*) **1** attaccare una cosa a un sostegno più o meno elevato da terra in modo che vi resti sospesa: *a. il cappello all'attaccapanni; a. un quadro al muro* | ***a. la bicicletta, i guantoni*** ecc. ***al chiodo***, (*fig.*) V. *chiodo* **2** (*lett.*) impiccare: *a. un reo a un albero, alla forca* **3** (*fig.*) †valutare, soppesare: *i consigli appende e pesa* (T. Tasso) **B** **appèndersi** **v. rifl.** ● attaccarsi: *appendersi a un ramo* | ***appendersi al braccio di qlcu.***, appoggiarvisi | (*fig.*) ***appendersi al collo di qlcu.***, gettargli le braccia al collo

appendiàbiti [comp. di *appendere* e del pl. di *abito* ✱ 1970] **s. m. inv.** ● attaccapanni

appendìce [vc. dotta, lat. *appendīce(m)* 'aggiunta', da *appendere* 'sospendere' ✱ sec. XIV] **s. f.** La pronuncia *appèndice*, propria del linguaggio medico, non è consigliabile nell'uso comune **1** parte aggiunta a un'altra con lo scopo di spiegare, approfondire o aggiornare: *a. a un discorso* | complesso di scritti, documenti e sim. allegati a un'opera: *a. di un libro, di un'enciclopedia* | volume di aggiornamento di un'enciclopedia o sim. **2** parte di un quotidiano, dove, a piè di pagina, si pubblicavano articoli di varietà, di critica, puntate di romanzi e sim.: *romanzo d'a.* **3** (*anat.*) ***a. vermiforme, ileocecale***, o (*assol.*) ***appendice***, piccola porzione cilindrica dell'intestino cieco nell'angolo tra questo e l'ultima ansa ileale ‖ **appendicétta**, **dim.**

appendicectomìa [comp. di *appendice* e gr. *ektomḗ* 'recisione', da *témnō* 'io taglio' ✱ 1906] **s. f.** ● (*chir.*) asportazione chirurgica dell'appendice vermiforme del cieco

appendicìsta [1847] **s. m. e f.** (**pl. m.** *-i*) ● un tempo, scrittore di romanzi d'appendice per i giornali

appendicìte [da *appendice*, attrav. l'ingl. *appendicitis* ✱ 1892] **s. f.** ● (*med.*) infiammazione dell'appendice vermiforme del cieco

appendicolàre [dal lat. *appendĭcula*, dim. di *appĕndix*, genit. *appendĭcis* 'appendice' ✱ 1943] **agg.** **1** che ha forma d'appendice | (*bot.*) ***organo a.***, foglia **2** (*anat.*) dell'appendice vermiforme

Appendicolàrie [V. *appendicolare* ✱ 1955] **s. f. pl.** (**sing.** *-a*) ● (*zool.*) classe di Tunicati marini con corda dorsale che persiste nell'adulto (*Appendiculariae*)

appendigónna (o **-ò-**) [comp. di *appendere* e *gonna* ✱ 1963] **s. m. inv.** ● speciale tipo di attaccapanni per gonne

appendìno [da *appendere* ✱ 1993] **s. m.** ● (*fam.*) gruccia per appendere abiti | oggetto provvisto di uno o più ganci per appendere qlco.: *a. per strofinacci*

appendìzie [vc. dotta, lat. tardo *appendīciu(m)* 'aggiunta'. V. *appendice* ✱ 1625] **s. f. pl.** ● (*dir.*) prestazioni accessorie, di varia natura, che nella colonia parziaria il colono doveva al concedente per contratto o consuetudine: *le a. dovute* | (*est.*) regalie dovute per consuetudine al padrone dal colono

appennellàre [comp. di *a-*② e *pennello* ✱ 1889] **v. tr.** (*io appennèllo*) ● (*mar.*) ormeggiare una nave dando fondo a due ancore di prua poste una davanti all'altra sulla stessa linea d'ancoraggio | prepararsi a dar fondo filando la catena dell'ancora fino a farle toccare l'acqua

appennìnico [1929] **agg.** (**pl. m.** *-ci*) ● degli Appennini: *paesaggio a.*; *vegetazione appenninica*

appennìno [lat. *Apennīnu(m)* ✱ av. 1292] **A** **s. m.** ● (*lett.*) ***l'Appennino***, gli Appennini: *sopra i fronzuti omeri d'Appennino* (G. Boccaccio) **B** **agg.** ● (*raro, lett.*) appenninico: *la luna / da selve appennine … si solve* (G. Carducci)

appercettìvo [1955] **agg.** ● (*filos., psicol.*) relativo all'appercezione

appercezióne [comp. del lat. *ăd* 'verso' e *percēptio*, genit. *perceptiōnis* 'percezione' ✱ 1850] **s. f.** **1** (*filos.*) atto del prendere coscienza delle proprie percezioni **2** (*psicol.*) processo con cui una nuova esperienza viene inserita e assimilata nel contesto delle esperienze precedenti

appertiẓẓàre [1965] **v. tr.** ● (*raro*) trattare mediante appertizzazione (V.)

appertiẓẓazióne [fr. *appertisation*, dal nome del cuoco N. *Appert* inventore del processo ✱ 1965] **s. f.** ● conservazione dei cibi deperibili mediante sterilizzazione col calore in recipienti impermeabili all'aria

appesantiménto (o -ṣ-) [1961] **s. m.** ● l'appesantire, l'appesantirsi | pesantezza (*spec. fig.*)

appesantire (o -ṣ-) [comp. di *a-*② e *pesante* ✱ 1845] **A v. tr.** (*io appesantìsco, tu appesantìsci*) **1** rendere pesante o più pesante (*anche fig.*): *a. una valigia con libri*; *un odore acuto appesantisce l'aria*; *troppi aggettivi appesantiscono lo stile* **2** (*fig.*) rendere torpido, greve: *a. la testa, lo stomaco* **B appesantìrsi v. intr. pron. 1** diventare pesante o più pesante: *appesantirsi con carichi eccessivi* | ingrassare: *con gli anni ci si appesantisce* **2** (*fig.*) diventare torpido, sonnolento | (*fig.*) aggravarsi

♦**appéso** (o -ṣ-) **part. pass.** di *appendere*; anche **agg.** ● nei sign. del v.

appestàre [comp. di *a-*② e *peste* ✱ 1574] **A v. tr.** (*io appèsto*) **1** contagiare con la peste o (*est.*) con altra malattia infettiva: *a. un intero paese* **2** riempire di odori nauseabondi (*anche assol.*): *il fumo del sigaro appestava la casa*; *c'è un tanfo che appesta* **3** (*fig.*) corrompere, inquinare moralmente: *i libri di cui i materialisti appestano il mondo* (U. Foscolo) **B v. intr.** (aus. *essere*) e **appestàrsi v. intr. pron.** ● †prendere la peste

SFUMATURE ➤ *inquinare*

appestàto A part. pass. di *appestare*; anche **agg.** ● nei sign. del v. **B s. m.** (**f.** *-a*) ● chi è ammalato di peste

appestatóre [1835] **agg. e s. m.** (**f.** *-trice*) ● che (o chi) appesta

appetènte part. pres. di *appetire*, anche **agg. 1** nei sign. del v. | (*lett.*) che sente appetito | (*lett.*) che stuzzica l'appetito **2** (*fig.*, *lett.*) bramoso, desideroso: *a te con focoso disio a. di ritornare* (G. Boccaccio)

appetènza [vc. dotta, lat. *appetĕntia(m)*, da *appetĕre* 'appetire' ✱ 1642] **s. f.** ● (*raro*) appetito | (*fig.*, *lett.*) desiderio

appetìbile [vc. dotta, lat. *appetībile(m)*, da *appĕtere* 'appetire' ✱ 1314 ca.] **agg.** ● desiderabile ‖ **appetibilità**, **s. f. inv.**

♣**appetire** [lat. *appĕtere* 'bramare', comp. di *ăd* e *pĕtere* 'chiedere', con influsso di *appetito* ✱ sec. XIII] **A v. tr.** (*io appetìsco, tu appetìsci*) **1** (*lett.*) desiderare vivamente: *quantunque ogn'uomo naturalmente appetisca vendetta delle ricevute offese* (G. Boccaccio) **2** (*lett.*) avere voglia, desiderio di un cibo: *a. la frutta, la carne* **B v. intr.** (aus. *essere* o *avere*) ● (*lett.*) suscitare l'appetito | piacere

appetitivo [vc. dotta, lat. tardo *appetitīvu(m)*, da *appĕtere* 'appetire' ✱ av. 1328] **agg. 1** (*filos.*) relativo ad appetizione **2** †appetitoso

♦**appetito** [vc. dotta, lat. *appetītu(m)*, da *appĕtere* 'appetire' ✱ 1268] **s. m. 1** tendenza istintiva degli esseri verso ciò che soddisfa i loro bisogni e desideri: *gli appetiti dell'animo, del corpo*; *Per ché non reggi tu, o sacra fame / de l'oro, l'a. de' mortali?* (Dante *Purg.* XXII, 40-41) | istinto, inclinazione | ***a. sessuale***, desiderio erotico **2** desiderio di mangiare: *avere molto, poco a.*; *mangiare con a.*, *di buon a.*; *stuzzicare, perdere l'a.* | ***buon a.!***, augurio a chi si appresta a mangiare **3** (*lett.*) voglia, brama, cupidigia: *l'a. dell'uomo è infinito* (T. Campanella) | **PROV.** ***l'a. vien mangiando***, più si ha, più si vorrebbe avere

SFUMATURE ➤ *fame*

appetitóso (o -ṣ-) [da *appetito* ✱ 1374] **agg. 1** che stimola l'appetito: *cibo, piatto a.* **SIN.** invitante, gustoso, stuzzicante **2** (*fig.*) allettante: *un'offerta appetitosa* | (*fig.*) attraente, che suscita desiderio: *donna appetitosa* **3** †desideroso, voglioso ‖ **appetitosaménte**, **avv.** (*lett.*) con appetito ‖ **appetitosità**, **s. f. inv.**

appetizer /ape'taizer, *ingl.* 'æpɪˌtaɪzə(r)/ [vc. ingl., propr. 'ciò che stimola l'appetito', da *to appetize* 'provocare gusto per il cibo' di orig. fr. ✱ 1954] **s. m. inv.** ● stuzzichino, piccolo antipasto

appetizióne [vc. dotta, lat. *appetitiōne(m)*, da *appetītus*, part. pass. di *appĕtere* 'appetire' ✱ sec. XIV] **s. f.** ● (*filos.*) tendenza dell'istinto o della volontà a soddisfare bisogni e appagare aspirazioni

appètto o **a pètto** [comp. di *a-*② e *petto* ✱ av. 1292] **A avv.** ● (*lett.*) di fronte | (*fig.*) in confronto **B nella loc. prep.** ***appetto a*** ● (*lett.*) di fronte, dirimpetto: *a. alla chiesa* | (*fig.*) in confronto, a paragone, rispetto: *a. a lui tutti gli altri valgono poco*; *ho lodato l'Italia a. alla Francia, perché non ha rinunziato alla sua lingua antica* (G. Leopardi)

appezzaménto [da *appezzare* ✱ 1817] **s. m.** ● frazione di terreno agricolo: *un a. di terra fertile*; *vari appezzamenti a frutteto*

appezzàre [comp. di *a-*② e *pezzo* ✱ 1797] **v. tr.** (*io appèzzo*) **1** (*lett.*) tagliare in pezzi **2** (*raro*) congiungere insieme vari pezzi: *a. una fune*

appezzàto A part. pass. di *appezzare*; anche **agg.** ● nei sign. del v. **B s. m.** ● (*lett.*) appezzamento

appezzatùra [1865] **s. f.** ● operazione e modo dell'appezzare

appiacevolire [comp. di *a-*② e *piacevole* ✱ av. 1673] **v. tr.** (*io appiacevolìsco, tu appiacevolìsci*) ● (*raro*) rendere piacevole | mitigare

appianàbile [1819] **agg.** ● che si può appianare

appianaménto [1745] **s. m.** ● l'appianare | (*fig.*) risoluzione, superamento: *l'a. di una divergenza*

appianàre [lat. tardo *adplanāre*, comp. di *ăd* e *plānus* 'piano' ✱ av. 1294] **A v. tr. 1** rendere piano, spianare: *a. un terreno, una strada* **2** abbattere, atterrare: *a. un bosco* **3** (*fig.*) rimuovere difficoltà, ostacoli e sim.: *a. un dissidio, una divergenza d'opinioni* | (*lett.*) agevolare: *appianar la strada al dispotismo* (G. Leopardi) **B appianàrsi v. intr. pron.** ● risolversi, chiarirsi: *col tempo ogni cosa si appiana*

SFUMATURE ➤ *risolvere*

appianàto part. pass. di *appianare*; anche **agg.** ● nei sign. del v.

appianatóia [1565] **s. f.** ● attrezzo usato dai muratori per rendere liscio l'intonaco

appianatóio [1865] **s. m.** (**pl.** *-ói*) ● macchina per appianare il terreno

appianatùra [1865] **s. f.** ● operazione dell'appianare: *l'a. di una strada, di un sentiero* | tratto in cui una superficie è stata appianata

appiastràre [comp. di *a-*② e *piastra* ✱ 1306] **A v. tr.** ● (*raro*) stendere come un impiastro: *a. una pomata* | appiccicare, attaccare insieme: *staccò dalle pareti un quadro …, lo appiastrò al suolo* (C.E. Gadda) **B appiastràrsi v. rifl.** ● attaccarsi, appiccicarsi

appiastricciàre [comp. di *a-*② e *piastriccio* ✱ 1585] **A v. tr.** (**pres.** *io appiastrìccio*; **fut.** *io appiastriccerò*) ● (*raro*) impiastricciare **B appiastricciàrsi v. intr. pron.** ● (*raro*) appiccicarsi

appiàstro [lat. *apiastrum*, deriv. di *apium* 'appio②' ✱ sec. XIV] **s. m.** ● (*bot.*) melissa

appiattaménto [1304 ca.] **s. m.** ● l'appiattare, l'appiattarsi

appiattàre [comp. di *a-*② e di un deriv. dell'agg. *piatto* ✱ sec. XIII] **A v. tr.** ● (*raro*) nascondere **B appiattàrsi v. rifl.** ● nascondersi, rimpiattarsi: *appiattarsi nel buio, dietro un albero, fra l'erba, in un cantuccio*; *Il coguaro … si era appiattato dietro una cassa* (E. Salgari)

appiattiménto [1906] **s. m. 1** l'appiattire, l'appiattirsi | ***a. dei salari, delle aliquote e sim.***, riduzione della differenza tra i minimi e i massimi e tra le varie categorie | (*fig.*) riduzione a un livello unico, gener. inferiore: *a. culturale*; *a. del gusto* **SIN.** livellamento **2** (*astron.*) schiacciamento

appiattire [comp. di *a-*② e *piatto* ✱ 1865] **A v. tr.** (*io appiattìsco, tu appiattìsci*) ● rendere piatto, schiacciare (*anche fig.*): *a. un materasso con l'uso*; *è uno sfondo che appiattisce il quadro* **B appiattirsi v. rifl.** ● farsi piatto, schiacciarsi: *l'animale si appiattì per terra* | (*fig.*) uniformarsi o allinearsi in modo acritico (+ *su*): *si è appiattito sulle posizioni del segretario del partito* **C appiattìrsi v. intr. pron. 1** diventare piatto **2** (*fig.*) livellarsi: *i salari si sono appiattiti* | diventare monotono, privo di attrattive: *in questa noia tutto si appiattisce*

appiccàgnolo [da *appiccare* ✱ 1341 ca.] **s. m.** ● (*raro*, *lett.*) oggetto a cui ci si può afferrare o si può appendere qlco.

appiccaménto [av. 1320] **s. m.** ● (*raro*) l'appiccare, l'appiccarsi

appiccàre [etim. incerta ✱ av. 1292] **A v. tr.** (*io appìcco, tu appìcchi*) **1** (*lett.*, *tosc.*) congiungere, unire, attaccare: *appiccano alla punta di ciascuna trave una catena* (N. Machiavelli) | affiggere: *a. un quadro al muro* | (*lett.*) trasmettere una malattia contagiosa **2** appendere, sospendere | (*est.*) impiccare: *lo appiccarono a un albero*; *Lascia che vadano a farsi a. altrove* (E. Salgari) **3** (*raro*, *lett.*) cominciare: *a. zuffa, battaglia, discorso* | ***a. il fuoco a qlco.***, incendiarla **4** †assestare | †***appiccarla a qlcu.***, affibbiare qlco.; (*fig.*) darla a intendere **B appiccàrsi v. rifl. 1** (*tosc.*) attaccarsi, aggrapparsi: *appiccarsi a un sostegno* | (*est.*) appendersi | impiccarsi: *appiccarsi a una trave* **2** †azzuffarsi, scontrarsi **C appiccàrsi v. intr. pron. 1** (*lett.*) trasmettersi, detto di malattia contagiosa **2** (*lett.*) attecchire, metter radici, germogliare

appiccàto A part. pass. di *appiccare*; anche **agg.** ● nei sign. del v. **B s. m.** ● carta dei tarocchi raffigurante un uomo appeso per un piede

appiccatùra [1275] **s. f.** ● (*raro*, *tosc.*) attaccatura | (*est.*) punto di congiuntura, di unione

appicciàre [etim. incerta ✱ 1282] **A v. tr.** (**pres.** *io appìccio*; **fut.** *io appiccerò*) **1** †attaccare | (*tosc.*) unire insieme: *a. i fichi secchi* **2** (*centr.*, *merid.*) accendere: *a. il fuoco, il lume* **3** (*centr.*, *merid.*) afferrare **B appicciàrsi v. rifl. e intr. pron.** ● †attaccarsi

appiccicàre [da *appicciare* ✱ 1300 ca.] **A v. tr.** (*io appìccico, tu appìccichi*) **1** attaccare con sostanze vischiose, adesive: *a. un francobollo, un cartellino* **2** (*fig.*) appioppare: *a. un ceffone* | attribuire: *a. un soprannome, un epiteto* **3** (*assol.*) essere vischioso, appiccicoso: *il miele appiccica* **B appiccicàrsi v. rifl. e rifl. recipr.** ● attaccarsi | (*fig.*) stare insistentemente vicino a qlcu. **SIN.** incollarsi | (*fig.*, *merid.*) litigare

appiccicatìccio [1400 ca.] **A agg.** (**pl. m.** *-ci*; **pl. f.** *-ce*) **1** che si appiccica: *liquido a.* **2** (*fig.*) detto di persona, importuno, molesto **B s. m.** ● ciò che appiccica | (*fig.*) insieme di cose malamente unite

appiccicatùra [av. 1722] **s. f.** ● l'appiccicare | (*fig.*) aggiunta inopportuna: *chiude con l'a. di una riflessioncella* (B. Croce)

appiccicóso (o -ṣ-) [av. 1722] **agg. 1** che

appiccica o si appiccica: *marmellata appiccicosa; dita appiccicose* **2** (*fig.*) detto di persona, importuno, noioso: *è una cara persona, ma è troppo appiccicosa* || **appiccicosaménte**, avv.

appiccicùme [1945] s. m. ● sostanza appiccicosa o insieme di cose appiccicose

appìcco ① [da *appiccare* ✱ sec. XV] s. m. (pl. *-chi*) **1** (*raro*) appiglio, attaccatura **2** (*fig., lett.*) pretesto, occasione, opportunità: *dare, trovare a.; servire di a.*

appìcco ② [da *a picco* ✱ 1934] s. m. (pl. *-chi*) ● parete di roccia o di ghiaccio perfettamente verticale, in montagna

appiccolìre [comp. di *a-* ② e *piccolo* ✱ sec. XIII] v. tr. (*io appiccolìsco, tu appiccolìsci*) ● (*raro, lett.*) rimpicciolire (*anche fig.*)

appiè o **a piè**, **appiède**, **appièdi** [comp. di *a-* ② e *piede* ✱ sec. XIII] **A** avv. ● †a piedi **B** nella loc. prep. *a. di* ● (*lett.*) ai piedi, sotto, nella parte inferiore: *a. del monte; a. del poggio, ... giaceva un mucchietto di casupole* (A. Manzoni) | (*fig.*) in fondo: *a piè di pagina*

appiedaménto [1955] s. m. **1** l'appiedare, il venire appiedato **2** sanzione che viene applicata nei confronti di cavalieri, fantini o guidatori colpevoli di gravi infrazioni, spec. violenza al cavallo, durante lo svolgimento di una gara, consistente nella proibizione a partecipare a un certo numero di corse

appiedàre [comp. di *a-* ② e *piede* ✱ av. 1803] v. tr. (*io appièdo*) **1** fare scendere soldati o reparti dai relativi mezzi di trasporto o di combattimento per agire a piedi **2** (*est.*) costringere a scendere da un mezzo di trasporto: *un guasto all'automobile mi ha appiedato*

appiedàto part. pass. di *appiedare*; anche agg. **1** nei sign. del v. **2** nell'ippica, detto di cavaliere, fantino o guidatore colpito dalla sanzione dell'appiedamento

appiède ➤ appiè

appièdi ➤ appiè

appièno o **a pièno** [comp. di *a-* ② e *pieno* ✱ sec. XIII] avv. ● pienamente, interamente, del tutto: *non avete corrisposto a. alle nostre aspettative; comprendo a. il tuo stato d'animo*

appigionaménto [1829] s. m. ● (*disus.* o *tosc.*) l'appigionare

appigionàre [comp. di *a-* ② e *pigione* ✱ 1304] v. tr. (*io appigióno*) ● (*disus.* o *tosc.*) dare a pigione: *a. case, stanze, negozi* | ***appigionasi***, come cartello o annuncio pubblicitario | noleggiare

♣**appigliàrsi** [comp. di *a-* ② e *pigliare* ✱ av. 1250] **A** v. rifl. (*io mi appìglio*) **1** aggrapparsi a un sostegno: *a. al braccio di qlcu. per non cadere in terra* | (*fig.*) ricorrere: *a. a una scusa, a un pretesto* **2** (*fig., lett.*) rivolgersi, attenersi: *a. al parere di qlcu.; e veggio 'l meglio, et al peggior m'appiglio* (F. Petrarca) **B** v. intr. pron. ● (*raro*) appiccarsi, estendersi: *Lo ingordo foco s'appiglia nelle legne* (Leonardo) | abbarbicarsi: *l'edera s'appiglia ai rami*

♣**appìglio** [da *appigliarsi* ✱ 1824] s. m. **1** punto di appoggio o di sostegno: *trovare un a.* | nell'alpinismo, asperità della roccia su cui usando le mani si esercita per lo più una trazione | ***a. rovescio***, quello che viene sfruttato in trazione dal basso verso l'alto | (*milit.*) ***a. tattico***, ogni rilievo del terreno favorevole all'azione di un piccolo reparto **2** (*fig.*) pretesto, occasione: *cercare un a. per giustificarsi*

àppio ① [dal lat. *melăpiu(m)*, dal gr. *mēlápion*, comp. di *mêlon* 'melo' e *ápion* 'pero' ✱ av. 1639] agg. ● (*agric.*) appiolo

àppio ② o **àpio** [lat. *ăpiu(m)*, interpretato dai latini come 'erba delle api' ✱ 1282] s. m. ● (*bot.*) denominazione di varie Apiacee | ***a. dolce, a. grande***, sedano

appiòla [v. *appiolo* ✱ 1806] s. f. ● mela appiola

appiòlo [da *appio* ① ✱ 1539] agg. ● detto di una varietà di mela dal colore rosso intenso | ***melo a.***, quello che produce tale varietà di mele

appiómbo o **a piómbo** nel sign. A [comp. di *a-* ② e *piombo* ✱ av. 1363] **A** avv. ● perpendicolarmente, secondo la direzione del filo a piombo **B** s. m. **1** direzione verticale del filo munito di piombo **2** (*veter.*) direzione degli arti dell'animale piazzato su un piano orizzontale

appioppàre [comp. di *a-* ② e *pioppo* (a cui si legano le viti) ✱ av. 1597] v. tr. (*io appiòppo*) **1** legare le viti al tronco di un pioppo per sostenerne i tralci **2** piantare un terreno a pioppi **3** (*fig., colloq.*) affibbiare: *a. un pugno* | attribuire: *a. un nomignolo* | rifilare: *a. denaro falso*

appiṣolàrsi [comp. di *a-* ② e *pisolo* ✱ 1634] v. intr. pron. (*io mi appìṣolo*) ● addormentarsi di un sonno breve e leggero: *a. davanti al fuoco*

♦**applaudìre** [lat. *applăudere*, comp. di *ăd* e *plăudere* 'plaudere' ✱ av. 1336] v. tr. e intr. (*io applàudo* o *lett. applaudìsco, tu applàudi* o *lett. applaudìsci*; aus. *avere*) **1** manifestare approvazione, entusiasmo e sim. battendo le mani: *a. una cantante; bisognosi di gridare, d'a. a qualcheduno* (A. Manzoni) **2** (*est.*) approvare, mostrarsi favorevole (+ *a*): *tutti applaudirono alle proposte dell'assemblea*

applauditóre [1441] agg. e s. m. (f. *-trice*) ● (*raro*) che (o chi) applaude

♦**applàuṣo** [vc. dotta, lat. *applăusu(m)*, 'urto con strepito', poi 'applauso', comp. di *ăd* e *plausus* 'plauso' ✱ av. 1406] s. m. **1** manifestazione spontanea e clamorosa di favore e di approvazione, espressa battendo le mani: *a. unanime, fragoroso; risuonò un a.; gli applausi scrosciavano; un coro di applausi gli fece eco* | ***a. a scena aperta***, quello rivolto dal pubblico a un attore nel corso della rappresentazione interrompendo lo svolgimento dell'azione scenica **2** (*est.*) approvazione, consenso, lode: *la contraria opinione ebbe ... l'a. universale* (P. Sarpi) || **applauṣìno**, dim. | **applauṣóne**, accr.

applauṣòmetro [comp. di *applauso* e *-metro* ✱ av. 1956] s. m. ● apparecchio per misurare la durata e l'intensità degli applausi del pubblico, negli spettacoli spec. televisivi

àpplet /'aplet, *ingl.* 'æplɛt/ [vc. ingl., da *app(lication)* nel senso di 'programma di computer' con il suff. ingl. dim. *-let* ✱ 1996] s. m. inv. ● (*Internet*) programma di ridotte dimensioni incluso in una pagina web

applicàbile [1375] agg. ● che può essere applicato || **applicabilità**, s. f. inv.

♦**applicàre** [vc. dotta, lat. *applicāre* 'accostare, applicare', comp. di *ăd* e *plicāre* 'piegare' ✱ 1268] **A** v. tr. (*io àpplico, tu àpplichi*) **1** porre una cosa sopra un'altra in modo che aderiscano (+ *a*, + *su*): *a. un'etichetta a (o su) un quaderno, un cerotto a (o su) una ferita, una guarnizione a una gonna* | ***a. una pomata***, spalmarla | (*est.*) accostare: *a. le labbra all'orecchio di qlcu.* **2** (*fig.*) dare, attribuire: *a. un nomignolo, un epiteto, un titolo* | adattare, riferire: *a. il risultato di una ricerca a un caso specifico* **3** (*fig.*) impiegare, destinare: *è stato applicato a un ufficio importante* | ***a. la mente, l'animo***, dedicare, concentrare **4** (*fig.*) mettere in atto, far valere (+ *a*): *a. un esempio, una teoria, una legge, un regolamento; a. una nuova tecnica al processo produttivo* | praticare: *a. uno sconto del 20%* | ***a. la Messa***, celebrarla secondo un'intenzione | infliggere: *a. una pena, una tassa* **B** **applicàrsi** v. rifl. ● impegnarsi in qlco. con grande attenzione e diligenza (+ *in*, + *a*): *è un ragazzo intelligente, ma si applica troppo poco; applicarsi allo studio, nello sport*

applicatìvo [1619] **A** agg. **1** relativo all'applicazione: *norme applicative* **2** (*inform.*) di qualsiasi software che non sia il sistema operativo **B** anche s. m.: *installare un a.* || †**applicativaménte**, avv. con applicazione

applicàto **A** part. pass. di *applicare*; anche agg. **1** nei sign. del v. **2** detto di scienza volta a fini pratici: *chimica applicata* | ***arte applicata***, V. *arte* nel sign. 2 **B** s. m. (f. *-a*) ● lavoratore subordinato, della categoria impiegatizia, che svolge mansioni spec. d'ordine: *a. statale, comunale, bancario*

applicatóre [1618] agg. e s. m. (f. *-trice*) ● che (o chi) applica

applicazióne [vc. dotta, lat. *applicatiōne(m)*, da *applicāre* 'applicare' ✱ 1308] s. f. **1** l'applicare: *a. di un cerotto* | attuazione: *a. di una legge* | (*milit.*) ***scuola d'a.***, che completa la formazione degli ufficiali promossi dall'Accademia | ***applicazioni tecniche***, nella scuola media inferiore, vecchia denominazione dell'attuale educazione tecnica | ***colori di a.***, quelli che si applicano alle stoffe per azione meccanica di impressione o stampa **2** ogni elemento decorativo cucito o ricamato su abiti, applicato su mobili, strutture e sim.: *applicazioni in pizzo; applicazioni metalliche* **3** (*mat.*) corrispondenza | relazione fra due insiemi A e B che fa corrispondere a ogni elemento *a* di A almeno un elemento *b* di B **4** (*fig.*) adattamento, riferimento: *a. di un criterio generale al caso pratico* **5** (*fig.*) attenzione costante, concentrazione mentale, impegno: *devi studiare con molta a. per superare l'esame; l'a. allo studio; mettersi a lavorare con a.* **6** (*inform.*) programma o insieme di programmi destinato a impieghi specifici come elaborazione di testi, gestione di database, contabilità CFR. app

applique /*fr.* a'plik/ [fr., da *appliquer* 'applicare' ✱ 1933] s. f. inv. ● lume applicato al muro | mensola | ***mobile, specchio d'a.***, da parete

†**àppo** o †**àpo** [etim. incerta: lat. *ăd pŏst* 'a dopo', o lat. *ăpud* 'presso' (forse da avvicinare ad *ăpere* 'legare, attaccare') ✱ 1253] prep. **1** (*lett.*) presso, accanto: *oziosi i cavalli a. i lor cocchi* (V. Monti) | (*est.*) nelle opere, negli scritti di un autore: *a. molti antichi istoriografi* (G. Boccaccio) | (*fig.*) nell'opinione di qlcu.: *Ho io grazie / grandi apo te?* (Dante *Inf.* XVIII, 134-135) **2** in confronto, a paragone di: *il loro podere fu niente a. la forza de' Romani* (G. Villani) **3** (*raro*) dopo

appoderaménto [1817] s. m. ● frazionamento di un terreno in poderi: *l'a. di un latifondo*

appoderàre [comp. di *a-* ② e *podere* ✱ 1817] v. tr. (*io appodéro*) ● suddividere un terreno in poderi

appoggiacàpo [comp. di *appoggia(re)* e *capo* ✱ 1865] s. m. inv. **1** striscia di stoffa stesa sulla spalliera delle poltrone, dove si appoggia la testa **2** (*raro*) appoggiatesta

appoggiafèrro [comp. di *appoggia(re)* e *ferro* ✱ 1945] s. m. inv. ● piastra di materiali vari su cui si appoggia il ferro da stiro

appoggiamàno [comp. di *appoggia(re)* e *mano* ✱ 1935] s. m. inv. **1** bacchetta che i pittori tengono con la sinistra per appoggiarvi la mano nel dipingere **2** (*raro*) corrimano

appoggiapièdi [comp. di *appoggia(re)* e il pl. di *piede* ✱ 1967] s. m. inv. **1** nelle motociclette, nelle poltrone professionali, nelle sedie, in attrezzi ginnici e sim., supporto per i piedi **2** poggiapiedi

♦**appoggiàre** [lat. parl. *appodiāre, da *pŏdium*

a

'piedestallo' ✱ 1275] **A** **v. tr.** (**pres.** *io appòggio*; **fut.** *io appoggerò*) **1** accostare, sovrapporre una cosa a un'altra che la sostenga: *a. la scala all'albero* | (*fig.*, *raro*) fondare, basare: *a. le proprie speranze su esili indizi* **2** (*est.*) deporre con delicatezza: *a. i bicchieri sul tavolo* | ***a. un colpo***, nel pugilato, sferrarlo con scarsa potenza | (*lett.*) ***a. uno schiaffo, un ceffone***, darlo, affibbiarlo **3** (*assol.*) nel calcio, passare, inviare il pallone a un compagno meglio piazzato **4** (*fig.*) sostenere: *a. una proposta, un'iniziativa* | (*fig.*) favorire: *a. un partito politico, una persona* | (*fig.*) ***a. un'azienda***, accordarle credito **5** (*lett.*) affidare **B** **v. intr.** (**aus.** *avere*) ● poggiare, reggersi (+ *su*): *la colonna appoggia su un forte basamento* | (*fig.*) basarsi, fondarsi: *i miei dubbi appoggiano su valide prove* **C** **appoggiàrsi** **v. rifl.** **1** sostenersi, reggersi: *appoggiarsi alla spalla di qlcu.*; *appoggiarsi sulle cuccette è proibito* (P. Levi) | (*fig.*) ricorrere: *appoggiarsi a un amico* **2** (*fig.*) fondarsi, basarsi (+ *su*): *l'argomentazione si appoggia su solide basi*; *le lontane speranze, / ove s'appoggia la mortal natura* (G. Leopardi)

†**appoggiàta** [av. 1712] **s. f.** ● (*mar.*) abbattuta

appoggiatèsta [comp. di *appoggia(re)* e *testa* ✱ av. 1939] **s. m. inv.** ● elemento delle poltrone di barbieri o dentisti che serve ad appoggiare la testa **SIN.** appoggiacapo | negli autoveicoli, poggiatesta

appoggiàto **part. pass.** di *appoggiare*; anche **agg.** **1** nei sign. del v. **2** ***colpo a.***, nella scherma, stoccata che non arriva di punta **3** (*ling.*) detto di consonante preceduta o seguita da altra consonante

appoggiatóio [1290] **s. m.** (**pl.** *-ói*) ● ciò che serve da appoggio | parapetto, ringhiera

appoggiatùra [1720] **s. f.** ● (*mus.*) abbellimento consistente nel far precedere alla nota essenziale una nota adiacente in funzione di rilievo

appòggio [1319] **A** **s. m.** **1** sostegno: *le stampelle gli servono d'a.* | (*ling.*) ***vocale d'a.***, vocale aggiunta per facilitare l'articolazione dei suoni di una parola **2** (*fig.*) aiuto, favore, protezione: *contare sull'a. altrui*; *dare a. a qlcu.*; *rimanere senza a.* | ***a. esterno***, voto favorevole che un partito dà al Governo senza parteciparvi | (*est.*) persona in grado di dare aiuto, favore, protezione: *avere appoggi ovunque*; *non avere appoggi*; *quell'uomo è il tuo unico a.* **3** (*milit.*) azione di fuoco di artiglieria per facilitare l'attacco della fanteria **4** nelle costruzioni, tipo di vincolo fisso o mobile destinato a trasmettere alla struttura sottostante l'azione delle forze agenti sulla costruzione **5** (*dir.*) diritto di appoggiare o infiggere un proprio manufatto al bene immobile altrui **6** attrezzo ginnico costituito da un blocchetto rettangolare di legno, sagomato per l'impugnatura e usato negli esercizi a corpo libero | ***salire a cavallo in a.***, nell'equitazione, modo corretto di salire a cavallo senza l'utilizzo delle staffe **7** nello sport della canoa, manovra compiuta immergendo energicamente la pala della pagaia di piatto al fine di equilibrare l'imbarcazione **8** (*mus.*) regione dove si verifica la massima tensione muscolare nell'emissione della voce: *a. in petto, a. su diaframma* **B** in **funzione di agg. inv.** ● (posposto al sost.) nella loc. ***nave a.***, nave militare destinata all'assistenza e al rifornimento di unità minori, che operino lontano dalle basi
SFUMATURE ➤ *protezione*

appollaiàrsi [comp. di *a-*② e *pollaio* ✱ 1427] **v. rifl.** (*io mi appollàio*) **1** collocarsi su rami o altri sostegni, spec. con riferimento a uccelli | accovacciarsi **2** (*fig.*) rannicchiarsi, spec. in luogo alto: *a. su uno sgabello*

appollaiàto **part. pass.** di *appollaiarsi*; anche **agg.** ● nei sign. del v. | (*fig.*) detto di costruzioni situate su un'altura: *paesini appollaiati sulle montagne*

†**appónere** ➤ **apporre**

apponìbile [da *apporre* ✱ 1845] **agg.** ● che si può apporre || **apponibilità**, **s. f. inv.**

appontàggio [fr. *appontage*, comp. del lat. *ăd* e un deriv. di *pont* 'ponte' ✱ 1961] **s. m.** ● atterraggio di un aereo o di un elicottero su un ponte di volo, spec. di una portaerei

appontàre [comp. di *a-*② e un denominale di *ponte* ✱ 1965] **v. intr.** (*io appónto*; **aus.** *essere*) ● compiere la manovra di appontaggio

appoppaménto [1955] **s. m.** ● abbassamento anormale della poppa di una nave o di un aeromobile

appoppàre [comp. di *a-*② e *poppa*② ✱ sec. XVI] **A** **v. tr.** (*io appóppo*) ● spostare un carico verso la poppa di una nave o di un aeromobile **B** **v. intr.** (**aus.** *essere*) e **appoppàrsi** **v. intr. pron.** ● abbassare la poppa, detto di nave o aeromobile

♦**appórre** o †**appónere** [lat. *adpōnere*, comp. di *ăd* e *pōnere* 'porre' ✱ 1261 ca.] **A** **v. tr.** (**coniug. come** *porre*) **1** porre presso, sotto o sopra: *a. i sigilli, la data, una condizione a un contratto* | (*est.*) aggiungere: *appose l'iniziale del suo nome accanto all'importo della tratta* (I. Svevo) **2** (*fig.*, *lett.*) attribuire: *a. qlco. a lode, a infamia* | imputare: *a. una colpa* **3** †obiettare, opporre, trovare da ridire **B** **appórsi** **v. rifl.** ● (*lett.*) farsi presso | (*fig.*, *lett.*) ***apporsi al vero***, indovinare

apportàre [lat. *apportāre*, comp. di *ăd* e *portāre* 'portare' ✱ av. 1250] **v. tr.** (*io appòrto*) **1** (*lett.*) portare verso o presso qlcu. **2** causare, produrre: *a. benessere, dolore, danni*; *agli occhi miei gravi di sonno apporta / … fastidio* (U. Saba) **3** (*dir.*) addurre, allegare, produrre: *a. fatti, prove, ragioni*; *a. qlco. a discarico, a colpa* **4** †annunciare, riferire

apportatóre [1258] **agg. e s. m.** (**f.** *-trice*) ● che (o chi) apporta

appòrto [da *apportare* ✱ 1931] **s. m.** **1** contributo: *dare un valido a. a una ricerca* **2** (*metall.*) ***metallo, materiale di a.***, sostanza che viene colata allo stato liquido nella zona di unione di due pezzi da saldare e che costituisce il cordone di saldatura **3** (*dir.*) somma in denaro o complesso di beni che un socio conferisce per entrare in una società **4** trasporto paranormale di corpi anche attraverso la materia solida

appósi ➤ **apporre**

appositìvo [vc. dotta, lat. *appositīciu(m)*, da *appŏsitus* 'apposto' ✱ 1336 ca.] **agg.** **1** aggiunto, complementare **2** (*gramm.*) che ha valore di apposizione: *termine a.* **3** †falso, fittizio: *sotto nome a. d'altro padre, teneramente la nutricò* (G. Boccaccio)

♦**appòsito** [vc. dotta, lat. *appŏsitu(m)*. V. *apposto* ✱ 1308] **agg.** **1** †messo sopra o davanti | (*est.*) servito in tavola **2** fatto apposta, conveniente, adatto: *scrivere sull'a. modulo* || **appositaménte**, **avv.** **1** opportunamente: *linguaggio appositamente scelto* **2** apposta: *abito scelto appositamente*

apposizióne [vc. dotta, lat. *appositiōne(m)*, da *appŏsitus* 'apposto' ✱ 1328] **s. f.** **1** l'apporre | (*est.*) ciò che è apposto **2** (*gramm.*) sostantivo, solo o accompagnato da attributi o da complementi, che si unisce a un altro per meglio determinarlo; per es. 'il *presidente* Rossi'; 'l'*ottimo presidente* Rossi'; 'Rossi, *presidente* da oltre due anni'

♦**appòsta** o †**a pòsta** [comp. di *a-*② e *posta*① ✱ 1342] **A** **avv.** **1** con intenzione, di proposito: *l'ho detto a.*; *l'hai fatto proprio a. per indispettirmi*; *se invece fossimo riusciti ad annoiarvi, credete che non s'è fatto a.* (A. Manzoni) **SIN.** deliberatamente **2** con lo scopo preciso, unicamente, appositamente: *è stato deciso a. per danneggiarmi*; *è venuto a. per te*; *a farlo a.*; *nemmeno, neanche a farlo a.* **B** **in funzione di agg. inv.** ● fatto appositamente, destinato, adatto: *una stanza a. per i bambini*; *ci vogliono dei chiodi a.*

appostaménto [da *appostare*① ✱ 1310] **s. m.** **1** l'appostare, l'appostarsi | agguato, insidia: *preparare un a.* | luogo in cui ci si apposta **2** elemento della fortificazione campale per tiratori isolati **3** ogni genere di riparo o di tesa per attendervi la selvaggina: *a. fisso, vagante*

appostàre① [lat. parl. **appositāre*, da *appŏsitus*, part. pass. di *appōnere* 'apporre' ✱ av. 1292] **A** **v. tr.** (*io appòsto*) **1** tenere d'occhio stando nascosto per spiare i movimenti di qlcu., per tendere un agguato e sim.: *a. il nemico, la selvaggina*; *il gatto apposta gli uccelli* | †scoprire di nascosto: *avendo appostato che insieme con la moglie era, se n'andò da lui* (G. Boccaccio) **2** collocare in appostamento: *Il meglio era appostar colà due uomini* (I. Nievo) **3** †decidere, disporre **B** **appostàrsi** **v. rifl.** ● mettersi in agguato: *appostarsi dietro un cespuglio*

†**appostàre**② [da *a posto* ✱ 1532] **v. tr.** ● assestare: *a. un colpo*

appostìssimo [superl. della loc. *a posto* (V. *posto*②) ✱ 1261 ca.] **A** **agg. inv.** ● (*colloq.*) detto di persona molto corretta, degna della massima stima e fiducia **B** **avv.** ● benissimo, ottimamente, perfettamente: *stare, sentirsi a.*

appósto **part. pass.** di *apporre*; anche **agg.** ● nei sign. del v.

appovènta ➤ **poventa**

appozzàre① [comp. di *a-*② e il denominale di *pozzo* ✱ av. 1597] **v. tr.** (*io appózzo*) ● scavare pozze in un terreno

appozzàre② [comp. di *a-*② e *pozzo* ✱ av. 1936] **v. tr.** (*io appózzo*) ● (*raro*) immergere in un pozzo o (*est.*) in un liquido | ***a. un avversario***, nella pallanuoto, spingerlo fallosamente sott'acqua

appratiménto [1779] **s. m.** ● l'appratire

appratìre [comp. di *a-*② e *prato* ✱ 1779] **A** **v. tr.** (*io appratìsco, tu appratìsci*) ● coltivare a prato **B** **v. intr.** (**aus.** *essere*) **1** ridursi a prato: *il terreno appratisce* **2** mettere i fili fuori dal terreno, detto del grano

♦**apprèndere** [lat. *apprehĕndere*, comp. di *ăd* e *prehĕndere* 'prendere' ✱ av. 1250] **A** **v. tr.** (**coniug. come** *prendere*) **1** comprendere, acquisire con la mente: *a. un difficile concetto*; *a. con facilità, con difficoltà* | imparare (**qlco.**; + *a* **seguito da inf.**): *a. un'arte, un lavoro*; *a. bene le regole grammaticali*; *a. a scrivere* **2** venire a sapere (+ *di* **seguito da inf.**, + *che*): *ha appreso la notizia dal giornale*; *apprese di essere stato assolto*; *apprese che l'acuto della malattia era superato* (L. Pirandello) **3** (*lett.*) insegnare: *E quante cose / la bella Elvira m'apprese!* (U. Saba) **B** **apprèndersi** **v. rifl.** ● (*lett.*) afferrarsi, attaccarsi: *apprendersi a una corda* **C** **apprèndersi** **v. intr. pron.** ● (*fig.*, *lett.*) propagarsi, detto spec. di incendio, passione e sim.: *Amor, ch'al cor gentil ratto s'apprende* (Dante *Inf.* V, 100)
SFUMATURE ➤ *capire*

apprendìbile [1612] **agg.** ● che si può apprendere: *nozioni facilmente apprendibili* || **apprendibilità**, **s. f. inv.**

apprendiménto [1261 ca.] **s. m.** **1** acquisizione di nuove conoscenze: *a. di una poesia, di una notizia, di una tecnica sportiva* **2** (*psicol.*) modificazione relativamente durevole indotta in un organismo direttamente dall'esperienza

♦**apprendìsta** [av. 1758] **s. m. e f.** (**pl. m.** *-i*) **1** (*dir.*) colui che è stato assunto con un contratto di apprendistato: *diritti e obblighi dell'a.* **2** correntemente, chi si avvia all'apprendimento di un mestiere: *a. falegname* | (*fig.*) ***a. stregone***, chi promuove attività o provoca situazioni il cui successivo svolgimento non è poi in grado di controllare

SFUMATURE DI SIGNIFICATO
apprendista - praticante - tirocinante
Tutti i termini designano lavoratori che prestano la propria opera al fine di ricevere un addestramento pratico: l'**apprendista** è chi si avvia ad apprendere un mestiere; **praticante** è chi fa pratica in una professione intellettuale; **tirocinante** è invece utilizzabile in riferimento tanto a un mestiere quanto a una professione.

apprendistàto [1926] **s. m. 1** (*dir.*) rapporto di lavoro subordinato finalizzato al tirocinio del prestatore d'opera **2** periodo di tempo in cui un soggetto lavora in qualità di apprendista **3** (*raro*) insieme degli apprendisti

apprenditìvo [1911] **agg.** ● relativo all'apprendimento: *metodologie, esperienze apprenditive*

apprensìbile [vc. dotta, lat. tardo *apprehensĭbile(m)*, da *apprehĕndere* 'apprendere' ✱ 1367] **agg.** ● (*lett.*) apprendibile

✦**apprensióne** [vc. dotta, lat. tardo *apprehensiōne(m)*, da *apprehĕndere* 'apprendere' ✱ av. 1294] **s. f. 1** (*raro, lett.*) apprendimento, conoscimento | (*est.*) percezione, comprensione **2** stato di inquietudine derivante dal timore di pericoli, eventi dolorosi e sim.: *destare a.*; *mettere, vivere, stare in a.*; *provare a. per la salute di qlcu.*
SFUMATURE ➤ ***preoccupazione***

†**apprensiva** [1319] **s. f.** ● facoltà dell'apprendere: *Vostra a. da esser verace / tragge intenzione* (DANTE *Purg.* XVIII, 22-23)

✦**apprensìvo** [av. 1340] **agg. 1** (*raro, lett.*) che serve ad apprendere, capace di apprendere: *facoltà apprensiva*; *intelligenza apprensiva* **2** che si lascia prendere dall'inquietudine, dall'ansia: *carattere a.*; *mamma apprensiva* | che rivela ansia: *un'occhiata apprensiva* ‖ **apprensivaménte**, **avv.** con apprensione ‖ **apprensività**, **s. f. inv.** caratteristica di chi è apprensivo

appreşentàre [comp. di *a-*② e *presentare* ✱ av. 1250] **A v. tr.** (*io appreşènto*) **1** †mettere davanti, far vedere **2** (*fig., lett.*) offrire, porgere, presentare: *Mai non t'appresentò natura o arte / piacer, quanto le belle membra in ch'io / rinchiusa fui* (DANTE *Purg.* XXXI, 49-51) **B appreşentàrsi v. rifl.** ● (*lett.*) presentarsi, comparire, apparire

appréso (o **-ş-**) **part. pass.** di *apprendere*; anche **agg.** ● nei sign. del v.

appressaménto [1282] **s. m.** ● (*raro, lett.*) avvicinamento

appressàre [comp. di *a-*② e *presso* ✱ 1275] **A v. tr.** (*io apprèsso*) ● (*lett.*) avvicinare **B v. intr.** (aus. *essere*) e **appressàrsi v. rifl. 1** accostarsi, avvicinarsi: *appressarsi alla meta, alla fine di un lavoro* **2** (*fig.*) †rassomigliare

apprèsso [lat. tardo *ăd prĕssu(m)*. V. *presso* ✱ 1260] **A avv. 1** accanto, vicino **2** (*lett.*) dopo, nel tempo, in seguito, più tardi: *come dice a.* (o *in a.*) *l'autore*; *come si seppe a.*; *subito a.* | ***poco a.***, poco dopo **3** dietro: *tutti li altri che venieno a., / non sappiendo 'l perché, fenno altrettanto* (DANTE *Purg.* III, 92-93) **B prep. 1** vicino: *attento! stammi a.* | ***portati a. l'ombrello***, con te **2** (*lett.*) dopo: *a. la sua morte*; *a. il suo discorso*; *uscirono ... alcune sillabe, si disposero una a. all'altra, formarono una parola* (A. SAVINIO); *Come d'autunno si levan le foglie / l'una a. de l'altra* (DANTE *Inf.* III, 112-113) **3** (*lett.*) dietro: *L'altro, ch'a. me la rena trita, / è Tegghiaio Aldobrandi* (DANTE *Inf.* XVI, 40-41) | ***andare a. a qlcu., a qlco.***, seguirli; (*fig.*) desiderarli **4** (*lett.*) †presso **C** in funzione di **agg. inv.** ● che segue, successivo: *il mese, il giorno a.*; *due ore a.*; *qualche anno a.*; *perciò non lacrimai né rispuos'io / tutto quel giorno né la notte a.* (DANTE *Inf.* XXXIII, 52-53) | ***bagaglio a.***, V. *bagaglio*

apprestaménto [1338] **s. m. 1** (*lett.*) preparazione **2** (*milit.*) ogni opera di fortificazione campestre: *a. difensivo*

✦**apprestàre** [lat. parl. **adpraestāre*, comp. di *ăd* e *praestus* 'pronto' ✱ sec. XII] **A v. tr.** (*io apprèsto*) **1** (*lett.*) preparare, mettere a punto: *a. le armi per una rivolta* **2** (*lett.*) offrire, somministrare: *a. le cure del caso a un infortunato* **B apprestàrsi v. rifl.** ● prepararsi, disporsi (+ *a*, anche seguito da inf.): *apprestarsi alla conclusione*; *apprestarsi a sbarcare*

†**apprèsto** [1353] **s. m.** ● preparativo

apprettaménto [1945] **s. m.** ● (*tess., conceria*) trattamento con appretto

apprettàre [fr. *apprêter* 'preparare', dal lat. parl. **apprestāre*, dall'avv. lat. classico *praesto* 'alla portata di' ✱ 1924] **v. tr.** (*io apprètto*) ● (*tess., conceria*) trattare con appretto

apprettatóre [1955] **s. m.** (f. *-trice*) ● (*tess., conceria*) operaio addetto all'apprettatura

apprettatrìce [1961] **s. f.** ● (*tess.*) macchina per apprettare

apprettatùra [1924] **s. f.** ● (*tess., conceria*) operazione dell'apprettare

apprétto (o **-è-**) [fr. *apprêt*, da *apprêter*. V. *apprettare* ✱ 1877] **s. m. 1** (*tess.*) sostanza chimica che viene incorporata nei tessuti per conferire particolari qualità e proprietà, quali la consistenza, la morbidezza, l'impermeabilità, la irrestringibilità, la resistenza alla piegatura e sim.: *a. addensante, incollante, impermeabilizzante, antipiega, antimacchia, antitarmico* | soluzione a base di amido che si spruzza sui tessuti per facilitarne la stiratura e conferire loro lucentezza e rigidità **2** (*conceria*) sostanza con cui si trattano cuoio o pelle per renderli lucenti od opachi nella misura desiderata **3** (*tess., conceria*) apprettatura **4** (*tess., conceria*) effetto raggiunto con l'apprettatura

apprezzàbile [da *apprezzare* ✱ 1585] **agg. 1** degno di nota, rilievo e sim.: *tessuto di a. consistenza* | pregevole: *un'esecuzione a.* **2** considerevole, rilevante: *non ci sono tra le due tesi differenze apprezzabili* **3** (*raro*) valutabile, misurabile ‖ **apprezzabilménte**, **avv.** ‖ **apprezzabilità**, **s. f. inv.**

apprezzaménto [1597] **s. m. 1** valutazione, giudizio: *apprezzamenti benevoli, malevoli*; *un a. poco lusinghiero* | stima, approvazione: *la sua proposta ha ricevuto l'a. generale* **2** (*econ.*) maggior valutazione di una moneta rispetto a un'altra o a talune altre: *l'euro ha avuto un a. dell'1% sul dollaro*

✦**apprezzàre** [lat. tardo *appretiāre*, comp. di *ăd* e *prĕtium* 'valore' ✱ 1288] **A v. tr.** (*io apprèzzo*) **1** stimare: *a. molto una persona* | (*est.*) gradire: *a. le premure di qlcu.* **2** (*raro*) fissare, valutare un prezzo **B apprezzàrsi v. intr. pron.** ● aumentare di prezzo, di valore: *l'euro si è apprezzato sul dollaro, rispetto al dollaro* **CONTR.** deprezzarsi

apprezzatìvo [av. 1694] **agg.** ● (*raro*) che apprezza: *sentimento a.*

apprezzàto **part. pass.** di *apprezzare*; anche **agg.** ● stimato, considerato: *un a. professionista*

apprezzatóre [1310] **agg. e s. m.** (f. *-trice*) ● (*raro*) che (o chi) apprezza

†**approbàre** e deriv. ➤ **approvare** e deriv.

approcciàre [ant. fr. *aprocher*, dal lat. tardo *adpropiāre*, comp. di *ăd* e *prŏpe* 'vicino' ✱ sec. XIII] **A v. tr.** (pres. *io appròccio*; fut. *io approccerò*) ● affrontare qlco., accostarsi a qlco.: *a. un argomento* **B v. intr.** (aus. *avere*) e **approcciàrsi v. intr. pron. 1** †avvicinarsi: *Ma ficca li occhi a valle, chè s'approccia / la riviera del sangue* (DANTE *Inf.* XII, 46-47) **2** †accostarsi al recinto di una piazza, a un'opera di fortificazione mediante approcci

appròccio [da *approcciare*; nel sign. 3 per calco sull'ingl. *approach* ✱ av. 1600] **s. m. 1** (*raro*) avvicinamento a qlco. | ***zona d'a.***, zona in prossimità di una stazione dal lato degli arrivi **2** avvicinamento a qlcu. per conoscerne le intenzioni, disporlo ad ascoltare proposte o istanze, ottenerne i favori e sim.: *tentare un a.*; *fare degli approcci* | (*fig.*) primo contatto: *il suo a. con l'informatica non è stato privo di problemi* **3** metodo usato, orientamento seguito per affrontare un argomento, una questione e sim.: *a. matematico allo studio della fisica* **4** (*milit.*) †insieme di lavori di protezione eseguiti dagli assedianti per accostarsi con maggiore sicurezza a una piazza o a un'opera di fortificazione assediata

✦**approdàre**① [comp. di *a-*② e *proda* ✱ 1304] **v. intr.** (*io appròdo*; aus. *essere* o *avere*) **1** (*mar.*) avvicinarsi alla costa, giungere a riva | (*est.*) arrivare, giungere (+ *a*): *la legge è approdata alla Camera* **2** (*fig.*) riuscire a raggiungere uno scopo (+ *a*): *a. a una soluzione* | ***non a. a nulla***, non riuscire affatto

approdàre② [comp. di *a-*② e *prode* 'interesse' ✱ 1292] **v. intr.** (aus. *avere*) **1** †giovare: *nulla lo scudo approdava* (L. PULCI) | essere utile | profittare **2** (*lett.*) garbare, piacere

appròdo [da *approdare*① ✱ av. 1374] **s. m. 1** manovra dell'approdare **2** località litoranea dove una nave può approdare **3** (*fig.*) punto d'arrivo di ricerche, indagini e sim.: *un a. culturale*; *il suo spirito cerca da tempo questo a.*

✦**approfittàre** [comp. di *a-*② e *profitto* ✱ 1363] **A v. intr.** (aus. *avere*) ● trarre profitto, utilità (+ *di*): *a. dell'esperienza, degli studi, delle occasioni favorevoli, dell'assenza di qlcu.* **B approfittàrsi v. intr. pron.** ● trarre indebitamente vantaggio (+ *di*): *approfittarsi della buona fede di qlcu.*; *essendosi accorto delle mie difficoltà, ha cercato di approfittarsene*

approfittatóre [da *approfittare* ✱ 1975] **s. m.** (f. *-trice*) ● profittatore

approfondàre [1676] **v. tr.** (*io approfóndo*) ● (*lett.*) approfondire

approfondiménto [av. 1926] **s. m.** ● (*raro*) l'approfondire | (*fig.*) esame più accurato, studio condotto in profondità: *l'a. di un problema*; *un argomento che necessita di maggiore a.*

✦**approfondìre** [comp. di *a-*② e *profondo* ✱ 1726] **A v. tr.** (*io approfondisco, tu approfondìsci*) **1** rendere profondo o più profondo: *a. un pozzo* **2** (*fig., lett.*) rendere più intenso: *a. un dolore, un rimpianto* **3** (*fig.*) esaminare, studiare a fondo: *a. un argomento, una questione, una materia* **B approfondirsi v. intr. pron.** ● diventare profondo o più profondo (anche *fig.*)

approfondìto **part. pass.** di *approfondire*; anche **agg.** ● nei sign. del v. | (*fig.*) dettagliato, analitico: *esame a.* ‖ **approfonditaménte**, **avv.** (*raro*) in modo approfondito

approntaménto [1955] **s. m. 1** (*raro*) preparazione, allestimento **2** (*milit.*) complesso delle operazioni di mobilitazione e delle attività addestrative per portare un'unità al voluto grado di efficienza operativa

approntàre [comp. di *a-*② e *pronto* ✱ av. 1328] **v. tr.** (*io apprónto*) ● preparare, predisporre: *a. gli abiti da lavoro, la tavola, il letto*

a

approntatùra [1970] s. f. • disposizione di pezzi meccanici in posizione tale da essere pronti per il loro impiego

†appropiàre ➤ appropriare

appropiàto e deriv. • (*evit.*) ➤ **appropriato** e deriv.

appropinquàre [vc. dotta, lat. *adpropinquāre*, comp. di *ăd* e *propĭnquus* 'vicino' ✻ 1294] **A** v. tr. • †avvicinare, accostare **B** v. intr. (aus. *essere*) e **appropinquàrsi** v. intr. pron. • †avvicinarsi, accostarsi (*oggi scherz.*): *appropinquati, ch'io ti veda bene*

†appropòsito [comp. di *a-*② e *proposito* ✻ 1542] avv. • convenientemente

appropriàbile [1584] agg. • (*raro*) detto di cosa della quale ci si può appropriare ‖ **appropriabilità**, s. f. inv.

appropriaménto [av. 1642] s. m. • l'appropriare, l'appropriarsi (*spec. fig.*) | (*raro, lett.*) proprietà, convenienza

♣**appropriàre** o **†appropiàre** [lat. tardo *appropriāre*, comp. di *ăd* e *prŏprius* 'proprio' ✻ 1288] **A** v. tr. (*io appròprio*) **1** †dare in proprietà: *a. qlco. a qlcu.* **2** (*lett.*) adattare, applicare: *a. un principio a un'idea* **3** †paragonare **B** **appropriàrsi** v. tr. pron. (aus. *essere*) • attribuire a sé stesso, fare proprio, spec. con arbitrio o inganno: *appropriarsi un diritto*; *ella ... non doveva appropriarsi quelle parole* (L. Pirandello) **C** **appropriàrsi** v. intr. pron. **1** impadronirsi, spec. indebitamente (+ *di*): *appropriarsi di denaro altrui* **2** (*raro*) convenirsi, confarsi: *questo colore non ti si appropria*

SFUMATURE ➤ *impadronirsi*

appropriatézza [1861] s. f. • caratteristica di ciò che è appropriato

appropriàto, (*evit.*) **appropiàto** part. pass. di *appropriare*; anche agg. • adeguato, preciso, calzante (+ *a*): *risposta appropriata*; *parlare usando i termini appropriati*; *un linguaggio a. al contesto* ‖ **appropriataménte**, avv. in modo appropriato: *citare appropriatamente qlco.*

> **SFUMATURE DI SIGNIFICATO**
> ***appropriato - calzante - opportuno***
> Ciò che si adatta perfettamente a una data circostanza o che risponde precisamente a un bisogno si dice **appropriato. Calzante** si usa per esprimere questo senso di giustezza soprattutto in riferimento a una parola, una frase. **Opportuno** aggiunge ai significati precedenti una sfumatura di buon senso, buon gusto.
> SFUMATURE ➤ *confacente*

appropriazióne [vc. dotta, lat. tardo *appropriatiōne(m)*, da *appropriāre* 'appropriare' ✻ 1282] s. f. • l'appropriarsi | (*dir.*) ***a. indebita***, reato di chi, avendo a qualunque titolo il possesso o la disponibilità di denaro o di cose altrui, se ne appropria per procurare a sé o ad altri un ingiusto profitto; correntemente, arbitraria disposizione di cosa mobile altrui da parte di chi l'ha in consegna

approssimànte [dall'ingl. *approximant*, riferito agli organi articolatori, che si avvicinano ✻ 1979] agg. • (*ling.*) detto di suono che è pronunciato con un restringimento degli organi della fonazione, ma senza arrivare all'avvicinamento che produce i suoni fricativi: *le semivocali e le liquide sono suoni approssimanti*

♣**approssimàre** [lat. tardo *approximāre*, comp. di *ăd* e *prŏximus* 'vicinissimo'. V. *prossimo* ✻ 1282] **A** v. tr. (*io appròssimo*) • (*lett.* o *raro*) mettere molto vicino SIN. accostare, avvicinare **B** **approssimàrsi** v. rifl. e intr. pron. • farsi vicino (*anche fig.*) (+ *a*): *la bella stagione si approssima*; *approssimarsi alla riva del mare*; *approssimarsi alla meta prefissa*

approssimatìvo [1812] agg. **1** che si avvicina alla misura esatta: *calcolo, conto a.* **2** (*est.*) generico, vago: *avere una conoscenza approssimativa di qlco.* | superficiale, privo di rigore: *una regia teatrale alquanto approssimativa* ‖ **approssimativaménte**, avv. in modo approssimativo: *capire qlco. approssimativamente*

approssimàto part. pass. di *approssimare*; anche agg. **1** (*lett.*) vicino **2** vicino alla misura esatta: *valore a. per eccesso, per difetto*

approssimazióne [av. 1334] s. f. **1** (*lett.*) avvicinamento **2** (*mat.*) avvicinamento a un numero, o quantità, mediante numeri, o quantità più semplici da rappresentare o da calcolare | ***per a.***, approssimativamente, all'incirca | (*est.*) genericità: *con qualche a. potremmo definirlo 'liberale'* **3** superficialità, mancanza di precisione: *un lavoro eseguito con una certa a.*

approvàbile o **†approbàbile** [lat. tardo *adprobābile(m)*, da *adprobāre* 'approvare' ✻ 1571] agg. • che si può approvare: *progetto a.* ‖ **approvabilità**, s. f. inv.

♦**approvàre** o **†approbàre** [lat. *adprobāre*, comp. di *ăd* e *probāre*. V. *provare* ✻ av. 1250] v. tr. (*io appròvo*) **1** giudicare buono, giusto (qlco.; + *che* seguito da congtv.): *a. le idee, le affermazioni di qlcu.*; *non approvo il suo modo di fare*; *approvo che gli venga offerta un'altra possibilità* | (*est.*) lodare: *a. incondizionatamente qlcu.* **2** ritenere idoneo: *la commissione approvò il candidato* **3** (*dir.*) conferire efficacia, da parte di un'autorità amministrativa, a un atto emanato da un'autorità inferiore: *a. una concessione in appalto*; *a. l'apertura di un pubblico servizio* | deliberare favorevolmente, da parte di un organo collegiale: *il bilancio non è ancora stato approvato*; *entrambe le Camere hanno già approvato il progetto di legge* **4** †sperimentare, provare

approvatìvo o **†approbatìvo** [lat. tardo *adprobatīvu(m)*, da *adprobāre* 'approvare' ✻ av. 1551] agg. • (*raro*) atto ad approvare: *disegno a.*

approvatóre o **†approbatóre** [lat. *adprobatōre(m)*, da *adprobāre* 'approvare' ✻ 1296] agg. e s. m. (f. *-trice*) • che (o chi) approva

approvazióne o **†approbazióne** [lat. *adprobatiōne(m)*, da *adprobāre* 'approvare' ✻ sec. XIII] s. f. **1** consenso: *riportare l'a. generale* | (*est.*) lode: *ottenere l'a. del collegio dei professori* **2** (*dir.*) manifestazione di assenso di un privato o di un'autorità pubblica condizionante l'efficacia di un negozio giuridico da altri concluso o di un atto emanato da un'autorità inferiore: *ha dato la propria a. alla compravendita*; *attendere l'a. del prefetto* | ***a. delle leggi***, atto con cui i due rami del Parlamento stabiliscono il testo definitivo delle leggi concludendone il procedimento di formazione

SFUMATURE ➤ *assenso*

approvigionàre ➤ approvvigionare

approvvigionaménto o **†approvigionaménto** [av. 1794] s. m. **1** rifornimento di provviste, di materiali e sim. | scorta, riserva di viveri e materiali **2** (*org. az.*) attività consistente nel rifornire l'azienda delle materie prime, delle attrezzature, dei materiali e sim. necessari alla produzione **3** (al pl.) insieme di mezzi e materiali necessari spec. al mantenimento e all'attività di un esercito

approvvigionàre o (*raro*) **approvigionàre** [comp. di *a-*② e *provvigione* ✻ 1812] **A** v. tr. (*io approvvigióno*) **1** fornire di provviste: *a. una città* **2** (*mar.*) fornire una nave dei viveri e dei materiali necessari alla navigazione **3** (*milit.*) provvedere i materiali e i mezzi necessari per le esigenze dell'esercito **B** **approvvigionàrsi** v. rifl. **1** fornirsi di provviste **2** rifornirsi delle merci o delle materie prime per la produzione

approvvigionatóre [1903] s. m. (f. *-trice*) • (*org. az.*) funzionario addetto all'approvvigionamento SIN. buyer

appruaménto [1950] s. m. • abbassamento manuale della prua di una nave o di un aeromobile

appruàre [comp. di *a-*② e *prua* ✻ 1889] **A** v. tr. (*io apprùo, noi appruiàmo*) • spostare verso la prua: *a. un carico* **B** v. intr. (aus. *essere*) e **appruàrsi** v. intr. pron. • abbassare più del normale la prua, detto di natante o aereo, per eccessivo carico, per avaria o per manovra

†appulcràre [comp. di *a-*② e del lat. *pŭlcher* 'bello' ✻ 1313] v. tr. • abbellire, aggiungere per ornamento: *parole non ci appulcro* (Dante *Inf.* VII, 60)

†appùlso [vc. dotta, lat. *appŭlsu(m)* 'spinta', da *appĕllere* 'accostare, muovere a' ✻ 1499] s. m. • impulso, spinta, propulsione

appuntàbile [da *appuntare*② ✻ 1858] agg. • (*disus.*) criticabile: *contegno a.*

appuntaménto① [da *appuntare*① ✻ 1555] s. m. • (*raro*) l'appuntare, nel sign. di *appuntare*①

♦**appuntaménto**② [fr. *appointement* 'sentenza interlocutoria con cui il giudice ordina alle parti di produrre nuovi testimoni o prove scritte sui punti (*point*) del fatto o della questione che non sono stati sufficientemente chiariti nell'udienza' ✻ av. 1471] s. m. **1** intesa, accordo fra due o più persone di trovarsi in un dato luogo in un giorno e a un'ora determinati: *darsi a.*; *dare un a.*; *avere un a.*; *tardare, mancare a un a.*; *a. d'affari*; *a. amoroso* | (*eufem.*) ***casa d'appuntamenti***, nella quale si esercita la prostituzione | ***mancare all'a.***, (*fig.*) deludere le aspettative di qlcu.: *la squadra è mancata all'a. col suo pubblico* | ***a. al buio***, (*fig.*) incontro tra persone che si vedono per la prima volta, spec. dopo aver aderito a una proposta di altri o essere entrate in contatto per via telematica | ***a. spaziale, in orbita***, manovra astronautica nella quale un veicolo spaziale insegue, raggiunge ed eventualmente si aggancia a un altro **2** (*lett.*) accordo, convenzione: *un nuovo a. simile a quello di Cambrai* (F. Guicciardini) **3** (*lett., raro*) compenso

appuntàre① [comp. di *a-*② e *punta* ✻ sec. XIII] **A** v. tr. **1** fissare mediante oggetti appuntiti: *a. una decorazione, un fiore* | ***a. l'ago, uno spillo***, fissarlo introducendolo per la punta **2** appuntire: *a. una matita* | rendere aguzzo: *a. un bastone* **3** (*raro*) dirigere, puntare (*anche fig.*): *a. le artiglierie*; *a. l'indice accusatore* | ***a. gli occhi, lo sguardo***, guardare fissamente | ***a. le orecchie***, ascoltare attentamente **4** †appoggiare con forza: *a. i piedi, le mani al suolo* **B** **appuntàrsi** v. intr. pron. **1** (*raro*) diventare aguzzo | (*fig., lett.*) essere acuto, penetrante: *Sotto le sopracciglia s'appuntavano gli occhietti* (L. Pirandello) **2** rivolgersi (*spec. fig.*) (+ *su*): *le critiche dell'opposizione si appuntano sul ministro* **3** †far punto, concludersi

appuntàre② [comp. di *a-*② e *punto* ✻ 1337] v. tr. **1** prendere appunti, segnare, annotare: *a. qlco. su un taccuino, su un libro* | anche in forma pron.: *appuntarsi un indirizzo sull'agenda* **2** †nel linguaggio amministrativo, prendere nota di chi non si presenta al lavoro **3** (*fig., lett.*) biasimare, riprendere: *un tempo si usava a. di grave imperfezione questo o quel libro di storia* (B. Croce)

appuntàta [da *appuntare*① ✻ 1940] s. f. **1** cucitura leggera, fatta alla svelta **2** nella scherma, uscita in tempo sulla risposta dell'avversario

appuntàto① part. pass. di *appuntare*①; anche agg. **1** nei sign. del v. **2** (*arald.*) detto di due figure che si toccano con le punte **3** (*fig., lett.*) maligno, pungente: *parolette appuntate* (G. Boccaccio) **4** (*fig.*) †affettato

appuntàto② [calco sul fr. *appointé*, part. pass. di *appointer* nel senso di 'mandare un soldato a fare una *puntata* (fr. *pointe*, propr. 'punta') pericolosa' ✱ 1877] **s. m. 1** grado tra soldato e caporale nelle antiche armi a cavallo **2** nell'ordinamento dell'Arma dei Carabinieri e della Guardia di Finanza, terzo grado della gerarchia corrispondente al grado di assistente della polizia di Stato, della polizia Penitenziaria e del Corpo forestale dello Stato | nel soppresso ordinamento delle guardie di pubblica sicurezza, grado sostituito dalla nuova qualifica di assistente

appuntatóre [da *appuntare*② ✱ av. 1425] **s. m.** (**f.** *-trice*) **1** †chi è incaricato di annotare le mancanze altrui in un ufficio **2** (*fig., lett.*) chi è incline al biasimo, alla censura

appuntatùra① [da *appuntare*① ✱ 1865] **s. f.** ● (*raro*) l'appuntare, nel sign. di *appuntare*①

†**appuntatùra**② [da *appuntare*② ✱ 1333] **s. f.** ● nota, rilevazione di assenza in un ufficio | multa | biasimo, censura

appuntellàre [comp. di *a-*② e *puntellare* ✱ 1342] **A v. tr.** (*io appuntèllo*) **1** sostenere con puntelli: *a. una costruzione* **2** (*lett., fig.*) appoggiare: *appuntellai le mani su l'erba e feci per alzarmi* (F. Tozzi) **B appuntellàrsi v. rifl.** ● (*lett.*) appoggiarsi, sostenersi

appuntellatùra [1865] **s. f.** ● operazione dell'appuntellare: *iniziare l'a. di una casa* | insieme di travi che fanno da puntello

appuntino ➤ **puntino**

♦**appuntìre** [comp. di *a-*② e un denominale di *punta* ✱ 1918] **v. tr.** (*io appuntisco, tu appuntìsci*) ● rendere aguzzo

appuntìto **part. pass.** di *appuntire*; anche **agg.** ● aguzzo, a punta: *il doberman ha un muso a.*

♦**appùnto**① [da *appuntare*② ✱ 1779] **s. m. 1** annotazione scritta, rapida e concisa, fatta per aiutare la memoria: *prendere appunti; dettare degli appunti; gli appunti delle lezioni* | breve comunicazione scritta, di carattere informativo: *fare un'a. per il capufficio* **2** (*fig.*) rimprovero: *muovere un a. a qlcu.* **3** (*banca*) effetto **4** (**al pl.**, *inform.*) area di memoria in cui viene registrato temporaneamente un blocco di dati per essere poi trasferito in un altro punto dello stesso file o in un file diverso ‖ **appuntino**, **dim.**

♦**appùnto**② o (*lett.*) **a pùnto** [lat. *ăd pŭnctu(m)* 'al punto' ✱ 1266] **avv. 1** proprio: *stavo a. pensando a questo; le cose stanno a. così; a. per ciò desideravo vederti* | con valore rafforz.: *a. tu! capiti a proposito*; (*iron.*) *Ci mancava a. solo il suo consiglio!* | ***giust'a.***, V. *giustappunto* **SIN.** esattamente, giusto, precisamente **2** si usa nelle risposte, come affermazione energica: *'intendevi parlare di questo?' 'a.!'* **3** con valore rafforz., nella loc. ***per l'appunto***, proprio, precisamente: *avevo per l'a. intenzione di venire; 'Sei ancora qui?' 'Per l'a.!'; Sonavano allora per l'a. le dieci ore di notte* (I. Nievo)

appuraménto [1725] **s. m.** ● verifica, accertamento

♣**appuràre** [comp. di *a-*② e *puro*, propr. 'render puro' ✱ sec. XIII] **v. tr.** ● controllare la verità di qlco.; accertare (+ *che*, + *se*, **seguiti da indic.**): *ho appurato che lei dice il vero; non è stato possibile a. se i suoi dubbi erano fondati* | mettere in chiaro: *a. l'accaduto*
SFUMATURE ➤ ***constatare***

appuzzàre [comp. di *a-*② e *puzzo* ✱ av. 1292] **v. tr. 1** †riempire di puzza **2** (*est., lett.*) ammorbare, appestare (*anche fig.*): *Ecco colei che tutto 'l mondo appuzza!* (Dante *Inf.* XVII, 3)

aprassìa [vc. dotta, gr. *apraxía* 'inazione, inerzia', comp. di *a-*① e un deriv. di *prássein* 'agire' (V. *prassi*) ✱ 1929] **s. f.** ● (*med.*) incapacità di eseguire movimenti preordinati, in assenza di paralisi o disturbi sensoriali

apribàlle [comp. di *apri(re)* e del pl. di *balla* ✱ 1961] **A s. m. inv.** ● (*tess.*) macchina per aprire il cotone pressato nelle balle e dividerlo in fiocchi **B s. m. e f. inv.** ● operaio addetto a tale macchina

aprìbile [1843] **agg.** ● che si può aprire ‖ **apribilità**, **s. f. inv.**

apribócca [comp. di *apri(re)* e *bocca* ✱ 1912] **s. m. inv.** ● (*med.*) strumento per aprire e tenere divaricate le mascelle del paziente durante ispezioni diagnostiche o interventi chirurgici

apribottìglie [comp. di *apri(re)* e il pl. di *bottiglia* ✱ 1965] **s. m. inv.** ● strumento per togliere il tappo a corona delle bottiglie a chiusura ermetica **SIN.** levacapsule

apribùste [comp. di *apri(re)* e del pl. di *busta* ✱ 1986] **s. m. inv.** ● apparecchio per aprire rapidamente le buste delle lettere

apricàsse [comp. di *apri(re)* e del pl. di *cassa* ✱ 1955] **s. m. inv.** ● strumento di ferro a foggia di S usato per sollevare il coperchio delle casse

♣**apríco** [vc. dotta, lat. *aprīcu(m)*, di etim. incerta ✱ av. 1374] **agg.** (**pl. m.** *-chi* o †*-ci*) **1** (*lett.*) aperto, esposto al sole e all'aria **2** (*lett.*) luminoso, sereno: *l'a. raggio di Febo* (G. Leopardi) ‖ **apricità**, **s. f. inv.**

aprilànte [1602] **agg.** ● di aprile, solo nel **PROV.** ***terzo*** (o ***quarto***) ***a., quaranta dì durante***, cioè com'è il terzo (o il quarto) giorno di aprile, così sarà il tempo per i quaranta giorni che seguono

♦**aprìle** [lat. *aprīle(m)*, di etim. incerta ✱ 1211] **s. m.** ● quarto mese dell'anno nel calendario gregoriano, di 30 giorni | **PROV.** ***a., dolce dormire***; ***a., non ti scoprire*** | (*fig., lett.*) primavera della vita, giovinezza: *nel bello / april degli anni* (G. Leopardi)

aprilìno [1939] **agg.** ● (*lett.*) di aprile

♣**a priòri** o **apriòri**, spec. nel sign. B [lat. 'da ciò che è prima', comp. di *ā* 'da' e *priōri*, abl. di *prĭor* 'precedente' ✱ 1631] **A loc. agg. inv. e avv.** ● (*filos.*) detto di giudizio non ricavato dall'esperienza, ma dedotto da princìpi generali ritenuti indiscutibili | (*est.*) per partito preso, senza verificare i fatti: *dare dei giudizi a priori* **CONTR.** a posteriori **B loc. sost. m. inv.** ● (*filos.*) giudizio non ricavato dall'esperienza

apriorìsmo [dalla loc. lat. *a priori* ✱ 1890] **s. m.** ● (*filos.*) atteggiamento conoscitivo che non tiene conto dei dati dell'esperienza ma solo di presupposti di ordine razionale | (*est.*) atteggiamento di chi giudica sulla base di preconcetti, senza valutare oggettivamente i fatti

aprioristico [1894] **agg.** (**pl. m.** *-ci*) **1** (*filos.*) che è a priori, che è basato su apriorismo: *giudizio a.* **2** (*est.*) non verificato, preconcetto, dogmatico: *affermazioni aprioristiche* ‖ **aprioristicaménte**, **avv.** ‖ **aprioristicità**, **s. f. inv.**

apriorità [1955] **s. f. inv.** ● carattere di ciò che è 'a priori'

apripìsta [comp. di *apri(re)* e *pista* ✱ 1955] **s. m. inv.** (**anche f. nel sign. 1**) **1** (*sport*) sciatore incaricato di percorrere la pista prima che prenda il via una gara di discesa | (*est.*) chi per primo intraprende un'attività ed è poi seguito da altri **2** (*mecc.*) bulldozer

apripòrta [comp. di *apri(re)* e *porta* ✱ 1974] **s. m. inv.** ● dispositivo, gener. elettrico, per comandare a distanza l'apertura di porte e cancelli

♦**aprìre** o †**aperìre** [lat. *aperīre*, di etim. incerta ✱ 1261 ca.] **A v. tr.** (**pass. rem.** *io aprìi* o (*lett.*) *apèrsi, tu aprìsti, egli aprì* o (*lett.*) *apèrse, noi aprìmmo, voi aprìste, essi aprìrono* o (*lett.*) *apèrsero*; **part. pass.** *apèrto*) **1** disserrare, schiudere: *a. una finestra, una porta, una cassa* | (*est.*) scavare: *a. un fossato, una via sotterranea* | (*est.*) tagliare, fendere: *a. un cadavere per farne l'autopsia* | †***a. la vena***, salassare | ***a. la strada***, (*fig.*) essere il primo, fare da battistrada in un'attività; porre le condizioni per ulteriori avanzamenti | ***a. la strada a qlcu.***, (*fig.*) agevolarlo | anche in forma pron., nella loc. ***aprirsi la strada, la via, il passo***, crearsi un passaggio, un varco: *i servi uscivano, aprendosi la via in mezzo alla folla* (F. De Roberto) **2** allargare, distendere: *a. il compasso, un tessuto piegato* | ***a. la guardia***, nel pugilato, offrire dei bersagli all'avversario | ***a. il gioco***, nel calcio e in altri giochi di squadra, lanciare la palla all'improvviso lateralmente, spostando l'azione verso un'altra zona del campo | ***a. la bocca***, (*fig.*) parlare | ***non aprir bocca***, (*fig.*) mantenere un completo silenzio | ***a. le vele***, lascarle **3** manifestare, palesare, rivelare: *a. l'animo, il cuore a qlcu.* | ***a. gli occhi***, (*fig.*) riconoscere una data realtà, spec. dopo un periodo di inganni o illusioni | ***a. gli occhi a qlcu.***, (*fig.*) fargli conoscere la realtà | ***a. gli occhi alla luce***, (*fig.*) nascere | (*fig.*) ***a. la mente***, allargare il campo delle proprie riflessioni, cognizioni e sim. | (*fig.*) ***a. gli orecchi***, prestare attenzione **4** (*fig.*) fondare, istituire: *a. una scuola, un istituto di beneficenza* **5** cominciare, iniziare: *a. l'anno, un corso di lezioni, la legislatura, la seduta* | ***a. una via***, nell'alpinismo, tracciare un nuovo itinerario di scalata | ***a. la caccia***, esercitare il diritto di caccia nel primo giorno permesso dalla legge | ***a. il corteo, la processione***, guidarli | ***a. il fuoco***, cominciare a sparare | ***a. casa***, metter su casa | ***a. la luce***, (*fam.*) accenderla | ***a. l'acqua***, farla scorrere dal rubinetto **6** (*inform.*) ***a. un file***, accedervi con un programma **B v. intr.** (**aus.** *avere*) **1** iniziare un'attività: *la banca apre alle 15* | nel poker e in altri giochi di carte, iniziare il gioco | nella canasta, calare una combinazione di carte che raggiunga il valore corrispondente al punteggio fino ad allora accumulato nel gioco (in prima mano il valore è 50) **2** nel calcio e in altri giochi di squadra, aprire il gioco **3** (*fig.*) dimostrare disponibilità a forme di accordo o collaborazione con forze politiche o sociali di diverso orientamento (+ *a*): *a. <u>a</u> sinistra; a. <u>alle</u> richieste del sindacato* **C aprìrsi v. intr. pron. 1** schiudersi, spalancarsi: *le finestre si aprirono* | fendersi, spaccarsi: *la montagna si è aperta su un lato; la nave si aprì su una fiancata* | essere aperto: *questa giacca si apre troppo davanti* | dare, guardare (+ *su*): *la sala si apre <u>su</u> un bel giardino* | ***apriti cielo!***, esclamazione che allude a un fatto eccezionale, che provoca una forte reazione **2** (*est.*) allargarsi: *dopo la strettoia la caverna si apriva* | (*fig., lett.*) distendersi: *una vasta pianura si aprì dinnanzi a noi* | sbocciare: *i fiori si aprono al tepore primaverile* **3** cominciare: *una nuova giornata si apre davanti a noi* | iniziare un'attività: *la sessione si aprì in autunno* **D aprìrsi v. rifl.** ● (*fig.*) confidarsi: *aprirsi con* (o *raro a*) *un amico*

apriscàtole [comp. di *apri(re)* e il pl. di *scatola* ✱ 1926] **s. m. inv.** ● strumento tagliente che serve ad aprire le scatole di latta dei cibi conservati

†**aprìtivo** [sec. XIV] **agg.** ● lassativo

apritóio [da *aprire* ✱ 1961] **s. m.** (**pl.** *-ói*) ● nell'industria tessile, macchina a griglia per l'espulsione delle impurità dai fiocchi di cotone

apritóre [1351 ca.] **s. m.** (**f.** *-trice*) **1** †chi (o ciò che) apre **2** operaio vetraio che dà la forma precisa all'oggetto di vetro ottenuto per pressatura o soffiatura in stampi nella lavorazione semiautomatica del vetro

apritùra [av. 1292] **s. f. 1** †apertura, fessura | (*lett.*) gola di montagna **2** nell'industria tessile, apertura e spolveratura dei fiocchi di cotone

†**àpro** [vc. dotta, lat *ăpru(m)*, di orig. indeur. ✱ av. 1533] **s. m.** ● (*lett.*) cinghiale: *ecco, tra i nostri pascoli ... / fier apri, aspri orsi* (L. Ariosto)

aprochèilo [comp. di *a-*① e *procheilo* ✱ 1955] **agg.** ● (*ling.*) detto di suono pronunciato senza arrotondare le labbra

aprossessìa [dal neerl. *aprosexia*, dal gr. *aprosexía* 'disattenzione', comp. di *a-*① e di un deriv. del v. *proséchein* 'fare attenzione' ✱ 1961] **s. f.** ● (*psicol.*) disturbo dell'attenzione causato da lesioni cerebrali, da depressione grave o da ossessioni

aprotèico [comp. di *a-*① e *proteico* ✱ 2000] **agg.** (**pl. m.** *-ci*) ● in nutrizionistica, detto di alimento che ha un contenuto di proteine minore o uguale all'1%

aprutìno [vc. dotta, da *Aprutium*, n. lat. mediev. dell'Abruzzo ✱ av. 1557] **agg.** ● (*lett.*) abruzzese

àpside [vc. dotta, lat. *apsīda*, dal gr. *hapsís*, genit. *hapsîdos* 'circonferenza, volta, arco', deriv. di *hápsos* 'articolazione, giuntura', da *háptein* 'connettere', d'orig. sconosciuta ✱ av. 1755] **s. m.** ● (*astron.*) ognuno dei punti dell'orbita di un pianeta situati alla maggiore o alla minore distanza dal Sole

Apterigifórmi [comp. di *a-*①, del gr. *ptéryx*, genit. *ptérygos* 'ala' (V. *pterigio*) e del pl. di *-forme* ✱ 1965] **s. m. pl.** (**sing.** *-e*) ● (*zool.*) ordine di Uccelli con ali ridotte, lungo becco e collo corto, senza carena (*Apterygiformes*)

Apterigòti [comp. di *a-*① e del gr. *pterygōtos* 'alato' (da *ptérix*, genit. *ptérygos* 'ala'. V. *pterigio*) ✱ 1955] **s. m. pl.** (**sing.** *-e*) ● (*zool.*) sottoclasse di Insetti ametaboli e privi di ali per tutta la loro vita (*Apterygota*)

àptero ➤ **attero**

apuàno [1589] **A s. m.** (**f.** *-a*); anche **agg.** ● appartenente a un antico popolo di stirpe ligure, stanziatosi nei territori corrispondenti all'attuale Toscana nord-occidentale | ***Alpi Apuane***, catena montuosa che sorge in tale regione **B agg.** ● delle Alpi Apuane e del territorio circostante

àpulo [sec. XIV] **A agg.** ● dell'antica Apulia | ***vasi apuli***, antichi prodotti di terracotta fabbricati nell'Italia meridionale **B s. m.** (**f.** *-a*) ● abitante o nativo dell'antica Apulia

a puntìno ➤ **appuntino**

a pùnto ➤ **appunto**②

†**àqua** ➤ **acqua**

aquabike /akwa'baik, *ingl.* 'ækwəˌbaɪk/ [vc. ingl., comp. di *aqua-* 'acqua' e *bike* 'bicicletta' ✱ 1998] **A s. m. inv. 1** spinning praticato pedalando immersi nell'acqua in piscina **2** lo sport delle moto d'acqua **CFR.** acquabike **B s. f. inv.** ● attrezzo, simile a una bicicletta fissa, utilizzato per lo spinning in acqua

aquacycling /akwa'saiklin(g), *ingl.* 'ækwəˌsaɪklɪŋ/ [vc. ingl., comp. di *aqua-* 'acqua' e *cycling*, dal v. *to cycle* 'andare in bicicletta' ✱ 2012] **s. m. inv.** ● aquabike, nel sign. A 1

aquagỳm /akwa'dʒim, *ingl.* 'ækwəˌdʒɪm/ [vc. ingl., comp. di *aqua-* 'acqua' e *gym*, accorc. di *gymnastics* 'ginnastica' ✱ 1998] **s. f. inv.** ● ginnastica che si esegue stando immersi nell'acqua **CFR.** acquagym

aquaplaning /akwa'plenin(g), 'pla-, *ingl.* 'ækwəˌpleɪnɪŋ/ [vc. ingl., dapprima 'sport dell'acquaplano', poi 'scivolare', da *to aquaplane* 'andare sull'acquaplano' ✱ 1983] **s. m. inv.** ● (*autom.*) fenomeno per cui, sull'asfalto bagnato e a una certa velocità, gli pneumatici di un veicolo perdono l'aderenza al terreno, rendendo il veicolo stesso ingovernabile, a causa dell'interposizione di un velo d'acqua fra il battistrada e il manto stradale

aquàrio① ➤ **acquario**①

Aquàrio② ➤ **Acquario**②

aquaspinning ➤ **acquaspinning**

†**aquàtico** ➤ **acquatico**

†**aquàtile** ➤ **acquatile**

†**àqueo** ➤ **acqueo**

Aquifoliàcee [comp. del lat. scient. *aquifoli(um)* e *-acee* ✱ 1845] **s. f. pl.** (**sing.** *-a*) ● (*bot.*) famiglia di piante arboree e arbustive con foglie sempreverdi e fiori regolari giallo-verdognoli, utilizzate per il legname, per gli estratti medicamentosi e per ornamento (*Aquifoliaceae*)

♦**àquila** [lat. *ăquila(m)*, di etim. incerta ✱ av. 1250] **s. f. 1** uccello rapace dei Falconiformi con zampe piumate, forti artigli e becco robusto ricurvo (*Aquila*) | ***a. reale***, la più grande, di colore bruno e fulva sulla testa (*Aquila chrysaëtus*) | ***occhio, sguardo d'a.***, (*fig.*) acutissimo | ***nido d'a.***, (*fig.*) luogo solitario, appartato, in cima a una vetta | (*fig.*) ***a. selvaggia***, denominazione giornalistica della categoria dei piloti civili in sciopero **2** effigie dell'uccello omonimo, spec. come emblema o vessillo di eserciti, imperi, ordini cavallereschi **3** (*fig.*) persona dotata di intelligenza non comune | ***non essere un'a.***, essere mediocre, limitato **4** ***a. di mare***, pesce cartilagineo dei Batoidei con corpo largo discoidale e coda lunga, sottile (*Myliobatis aquila*) ‖ **aquilétta**, **dim.** | **aquilòtto**, **dim. m.** (V.)

♦**aquilàno** [1362 ca.] **A agg.** ● dell'Aquila **B s. m.** (**f.** *-a*) ● abitante o nativo dell'Aquila

aquilàstro [da *aquila* ✱ 1598] **s. m.** ● (*zool.*) falco pescatore

aquilègia [dal lat. *aquĭlegus* 'che serve a tirar su l'acqua' ✱ 1415] **s. f.** (**pl.** *-gie*) ● pianta erbacea delle Ranuncolacee con fiori a cinque petali e cinque sepali di colore vario rivolti verso terra (*Aquilegia vulgaris*) **SIN.** amor nascosto

aquiliàno [dalla (*legge*) *aquilia*, proposta a Roma dal tribuno *Aquilio* nel III sec. a.C. ✱ 1955] **agg.** ● (*dir.*) extracontrattuale: *danno a.*

aquilìfero [vc. dotta, lat. *aquilĭferu(m)*, comp. di *ăquila* (l'insegna) e *ferre* 'portare' ✱ 1585] **s. m.** ● legionario romano che portava l'insegna dell'aquila

aquilìno① [dall'*aquila* che vi era impressa ✱ av. 1313] **s. m.** ● moneta d'argento con l'incisione dell'aquila sul rovescio, coniata dai conti del Tirolo in Merano nel XIII sec. e imitata da varie zecche dell'Italia settentrionale

aquilìno② [vc. dotta, lat. *aquilīnu(m)*, da *ăquila* 'aquila' ✱ av. 1327] **agg.** ● di aquila | (*est.*) adunco: *naso a.*

aquilonàre [vc. dotta, lat. tardo *aquilonāre(m)*, da *ăquilo*, genit. *aquilōnis* 'aquilone' ✱ av. 1320] **agg. 1** (*lett.*) che è proprio del vento d'aquilone: *turbini aquilonari* **2** (*lett.*) che guarda a settentrione | settentrionale

aquilóne① [vc. dotta, lat. *aquilōne(m)*, di etim. incerta ✱ 1266] **s. m. 1** (*lett.*) vento di tramontana **2** (*lett.*) settentrione

♦**aquilóne**② [da *aquila* ✱ av. 1786] **s. m. 1** giocattolo consistente in una sottile intelaiatura rivestita di carta, tela o altro materiale leggero, che, tirato contro vento con un filo, può sostenersi in aria **SIN.** cervo volante **2** aeromobile che, assicurato a una fune, si solleva in aria librandosi, usato per osservazioni, spec. meteorologiche **SIN.** cervo volante **3** deltaplano **4** (*pesca*) divergente ‖ **aquiloncìno**, **dim.**

aquilòtto [1612] **s. m. 1** dim. di *aquila* | aquila giovane **2** (*arald.*) piccola aquila posta in numero nello scudo **3** (**f.** *-a*) (*fig.*) giovane pilota di aerei **4** (**f.** *-a*) laziale, nel sign. C

aquinàte [1481] **A agg.** ● di Aquino, in provincia di Frosinone **B s. m. e f.** ● abitante o nativo di Aquino | ***l'Aquinate***, (*per anton.*) S. Tommaso d'Aquino

a quo /*lat.* a'kwɔ/ [lat., 'dal quale, dopo il quale'] **loc. agg. inv.** ● si dice, spec. nel linguaggio giuridico o storico, per qualificare un punto di riferimento iniziale: *dies a quo*

†**aquóso** e deriv. ➤ **acquoso** e deriv.

àra① [vc. dotta, lat. *āra(m)*, di etim. incerta ✱ 1340] **s. f. 1** presso gli antichi Romani, altare sul quale si offrivano i sacrifici **2** (*est.*, *lett.*) altare: *i sacrileghi don su l'ara pone* (A. Manzoni) **3** (*est.*, *lett.*) tempio

àra② [guaranì *arara*, attrav. il fr. ✱ 1797] **s. f.** ● genere di grossi pappagalli con lunga coda e piumaggio di color rosso vivo, giallo, blu o verde (*Ara*)

àra③ [fr. *are*, dal lat. *ārea(m)*. V. *aia* ✱ 1838] **s. f.** ● unità di misura di superficie usata in agrimensura e corrispondente a 100 m^2 **SIMB.** a

arabeggiànte [da *arabo* ✱ 1974] **agg.** ● che si rifà ai modi, alle forme, allo stile arabi: *decorazioni, musiche arabeggianti*

arabescàre o **rabescàre** [da *arabesco* ✱ av. 1589] **v. tr.** (*io arabésco, tu arabéschi*) **1** decorare con arabeschi mediante incisione, cesello, ricamo **2** (*est.*) decorare con disegni bizzarri: *a. una parete, le pagine di un libro*

arabescàto o **rabescàto** **part. pass.** di *arabescare*; anche **agg. 1** ornato di arabeschi: *volta arabescata* **2** (*est.*) coperto di segni e ghirigori simili ad arabeschi

♣**arabésco** o **rabésco** [da *arabo* ✱ 1353] **A agg.** (**pl. m.** *-schi*) ● †arabo | conforme allo stile arabo: *avendo in dosso l'abito a.* (L. Ariosto) **B s. m.** (**pl.** *-schi*) **1** decorazione tipica dell'arte islamica a motivi rigorosamente stilizzati disposti sul piano, con valore puramente lineare e grafico **2** (*est.*) motivo decorativo ornamentale a intreccio bizzarro e intricato | (*scherz.*) scrittura decifrabile a fatica

arabesque /*fr.* aʀa'bɛsk/ [1960] **s. f. inv. 1** (*mus.*) tipo di composizione dall'andamento elegante e sinuoso **2** una delle posizioni della danza classica, usata anche nel pattinaggio, nella ginnastica artistica e ritmica

aràbico [vc. dotta, lat. *arăbicu(m)*. V. *arabo* ✱ sec. XIII] **A agg.** (**pl. m.** *-ci*) **1** dell'Arabia: *deserto a.* | (*est.*) arabo: *tribù arabiche* | ***cifre arabiche***, V. *cifra* | ***gomma arabica***, resina ricavata da alcune specie di acacie **2** (*fig.*, *lett.*) incomprensibile ‖ **arabicità**, **s. f. inv.** **B s. m. solo sing.** ● †lingua araba

aràbile [vc. dotta, lat. *arābile(m)*, da *arāre* 'arare' ✱ 1320] **agg.** ● che si può arare: *terreno, campo a.* ‖ **arabilità**, **s. f. inv.**

arabịsmo [1797] **s. m.** ● parola o locuzione propria dell'arabo, entrata in un'altra lingua

arabìsta [1865] **s. m. e f.** (**pl. m.** *-i*) ● studioso della lingua, della letteratura e della civiltà araba

arabịzzàre [1908] **A v. tr.** ● adattare agli usi, ai costumi arabi **B arabịzzàrsi v. intr. pron.** ● conformarsi agli usi, ai costumi arabi ‖ **arabịzzazióne**, **s. f.**

♦**àrabo** [arabo *'arab* 'nomadi' ✱ 1282] **A s. m.** (**f.** *-a*) **1** abitante musulmano dell'Arabia **2** chi appartiene a popolazioni o gruppi etnici che hanno subìto in modo determinante la dominazione etnica, politica e culturale degli Arabi, assumendone le caratteristiche proprie, spec. la lingua e la religione: *gli arabi del Marocco* **B s. m. solo sing.** ● lingua della famiglia semitica parlata dagli Arabi | ***parlare a.***, (*fig.*) in modo incomprensibile **C agg.** ● degli Arabi: *lingua, arte, religione araba* | ***pane a.***, tipo di panino tondo, basso, con poco sale e lievito

àrac ➤ **arak**

Aràcee [dal lat. *ărum*. V. *aro*① ✱ 1865] **s. f. pl.** (**sing.** *-a*) ● (*bot.*) famiglia di piante a tubero delle Spadiciflore, con fiori raccolti in spighe avvolte da una grande brattea e frutti carnosi (*Araceae*)

aràchide [vc. dotta, gr. *árachos*, di etim. incerta ✱ 1828] **s. f.** ● pianta erbacea delle Papilionacee, con fusto eretto, foglie paripennate, frutti sotterranei oblunghi e spugnosi (*Arachis hypogaea*) | il frutto di tale pianta, che contiene semi da cui si ricava un olio commestibile e si prepara un tipo di burro | il seme tostato di tale pianta **SIN.** nocciolina americana

arachidònico [da *arachide* ✱ 1955] **agg.** (**pl. m.** *-ci*) ● (*chim.*) relativo ad acido arachidonico | ***acido a.***, acido con 20 atomi di carbonio e quattro doppi legami contenuto in piccola quantità in molti grassi animali, essenziale per lo sviluppo corporeo

aracnèo [vc. dotta, lat. tardo *Arachnēu(m)*, dal gr. *arachnâios*, agg. di *aráchnē* 'ragno', di orig. indeur. ✱ 1829] **agg.** ● (*lett.*) di ragno

Aràcnidi [vc. dotta, comp. del gr. *aráchnē* 'ragno' e di *-idi* ✱ 1819] **s. m. pl.** (**sing.** *-e*) ● (*zool.*) classe di Chelicerati privi di antenne, che hanno il capo fuso col torace, sei paia di appendici (due cheliceri, due pedipalpi e otto arti), respirazione polmonare o tracheale; ne fanno parte il ragno e lo scorpione (*Arachnida*)

aracnidismo [1961] **s. m.** ● (*med.*) intossicazione prodotta da veleno di ragno

aracnofobìa [comp. del gr. *aráchnē* 'ragno' e *-fobia* ✱ 1980] **s. f.** ● (*psicol.*) paura morbosa dei ragni ‖ **aracnofòbico**, **agg.** (**pl. m.** *-ci*); **anche s. m.** (**f.** *-a*) **nel sign. 2** **1** relativo ad aracnofobia **2** aracnofobo ‖ **aracnòfobo**, **agg. e s. m.** (**f.** *-a*) che (o chi) soffre di aracnofobia

aracnòide [vc. dotta, lat. tardo *arachnoīde(n)*, dal gr. *arachnoeidḗs* 'simile a tela di ragno'. V. *Aracnidi* e *-oide* ✱ 1664] **s. f.** ● (*anat.*) una delle membrane meningee che avvolgono l'encefalo e il midollo spinale, tra la dura e la pia madre

aracnoidèo [1869] **agg.** ● (*anat.*) relativo all'aracnoide

aracnoidìte [comp. di *aracnoide* e *-ite*① ✱ 1829] **s. f.** ● (*med.*) infiammazione dell'aracnoide

aragonése (o *-ṣ-*) [av. 1328] **A** **agg.** ● dell'Aragona, regione della Spagna: *città aragonesi*; *regno a.* | proprio del regno d'Aragona: *dinastia a.* **B** **s. m. e f.** **1** abitante o nativo dell'Aragona **2** sovrano del regno d'Aragona: *la politica degli aragonesi*

aragonìte [dall'*Aragona*, regione della Spagna ✱ 1892] **s. f.** ● (*miner.*) carbonato di calcio ortorombico in cristalli prismatici incolori o in concrezioni arborescenti

aragósta o †**aligùsta** [lat. *locŭsta(m)* 'cavalletta' e 'aragosta', di etim. incerta ✱ 1313] **A** **s. f.** ● grosso crostaceo marino commestibile dei Decapodi, privo di chele, con lunghe antenne e corazza spinosa di color bruno violaceo (*Palinurus vulgaris*) ‖ **aragostèlla**, **dim.** | **aragostina**, **dim.** **B** **in funzione di agg. inv.** ● (posposto a un sost.) che ha il colore rosso aranciato caratteristico dell'aragosta cotta: *automobile color a.*

aragostièra [da *aragosta* ✱ 1964] **s. f.** ● (*mar.*) imbarcazione da diporto originariamente usata per la pesca delle aragoste

àrak o **àrac**, **àrrak** [arabo *'áraq* 'sudore' ✱ 1829] **s. m. inv.** ● acquavite di succo di canne e aromi originaria dell'Indostan

aràldica [1797] **s. f.** ● disciplina che studia gli stemmi e le insegne araldiche

aràldico [da *araldo* ✱ 1680] **agg.** (**pl. m.** *-ci*) ● relativo all'araldica, agli stemmi e blasoni nobiliari

araldìsta [1813] **s. m. e f.** (**pl. m.** *-i*) ● studioso, esperto di araldica

aràldo [fr. *héraut*, dal francone **hariwald* 'capo di esercito' ✱ av. 1348] **s. m.** **1** nel Medioevo, ufficiale della corte reale o feudale o del comune incaricato di rendere pubbliche le decisioni e le leggi del signore o delle autorità comunali, di compiere missioni e sim. **2** (*est.*, *lett.*) messaggero, banditore

aràlia [orig. incerta (forse canadese) ✱ 1797] **s. f.** ● genere di piante delle Araliacee con foglie alterne pennate e infiorescenza a ombrella o a capolino (*Aralia*)

Araliàcee [comp. di *aralia* e *-acee* ✱ 1865] **s. f. pl.** (**sing.** *-a*) ● (*bot.*) famiglia di piante legnose, cui appartiene l'edera, con grandi foglie, fiori riuniti in capolini o spighe e frutti a drupa (*Araliaceae*)

aramàico [da *Aram*, n. biblico della Siria ✱ 1862] **A** **agg.** (**pl. m.** *-ci*) ● degli Aramei **B** **s. m. solo sing.** ● lingua della famiglia semitica parlata dagli Aramei **CFR.** cananaico

araméo [V. *aramaico* ✱ 1574] **agg. e s. m.** (**f.** *-a*) ● appartenente a uno dei gruppi etnico-linguistici, in cui si dividono i Semiti

arancèra ➤ **aranciera**

arancéto [da *arancio* ✱ 1499] **s. m.** ● terreno coltivato ad aranci

♦**arància** [da *arancio* ✱ av. 1336] **s. f.** (**pl.** *-ce*) **1** frutto dell'arancio, di forma sferica, con buccia di colore acceso fra il giallo e il rosso **2** ***a. meccanica***, (*fig.*) manifestazione di crudele vandalismo o di gratuita e feroce violenza di gruppo (dal titolo di un film di S. Kubrick del 1971) **3** (*med.*) ***pelle a buccia d'a.***, particolare aspetto esteriore della pelle in presenza di cellulite per deposito di tessuto adiposo ricoperto superiormente da cute spessa ‖ **arancina**, **dim.** | **arancino**, **dim. m.** (V.)

♦**aranciàta** o †**franciàta** [1726] **s. f.** **1** bevanda preparata con acqua, succo d'arancia e, talora, zucchero | bibita analcolica preparata con acqua, succo d'arancia, zucchero, acido citrico, anidride carbonica e aromatizzata con essenza d'arancia **2** †colpo d'arancia

aranciàto o (*raro*) **ranciàto** [1534] **agg.** ● che ha il colore dell'arancia: *abito a.*; *Il sole strabocca a. sul rettifilo grigio* (S. SLATAPER)

aranciéra o **arancèra** [da *arancio* ✱ 1829] **s. f.** ● serra in cui, durante i mesi freddi, si riparano le piante di agrumi in vaso

arancìno [da *arancia* o da *arancio* ✱ 1309 ca.] **A** **agg.** **1** di arancia: *sapore, profumo a.* **2** simile a un'arancia: *frutto a.* | (*lett.*) che ha il colore dell'arancia: *raso a.* **B** **s. m.** **1** piccolo arancio **2** piccola arancia | frutto dell'arancio che, non ancora maturo, cade al suolo **3** crocchetta di riso a forma di arancia, farcita di rigaglie e sugo di carne

♦**aràncio** o (*poet.*) **ràncio**②, †**narància** [arabo *nāranǧ*, persiano *nārang'*, prob. dal sanscrito ✱ 1298] **A** **s. m.** **1** albero delle Rutacee con fiori bianchi molto profumati, foglie ovali con picciolo allargato e frutti sferici dal colore caratteristico | ***a. dolce***, varietà coltivata di arancio con frutti dalla polpa agrodolce (*Citrus sinensis*) **SIN.** melarancio, portogallo | ***a. amaro, a. forte***, varietà coltivata di arancio con foglie più scure dell'arancio dolce e polpa del frutto amara (*Citrus amara*) **SIN.** cedrangolo, melangolo | ***fiori d'a.***, quelli portati tradizionalmente dalla sposa nel giorno delle nozze come simbolo di purezza **2** (*impropr.*) arancia: *spremuta d'a.* **3** (*est.*) colore intermedio fra il colore giallo e il rosso, caratteristico del frutto dell'arancio **B** **agg. inv.** (**pl. m.**, *lett.*, *-ci*; **pl. f.**, *lett.*, *-ce*) ● che ha il colore dell'arancia: *le barche si avanzavano ... con ... grandi vele, arance* (G. D'ANNUNZIO) ‖ **arancìno**, **dim.** (V.)

♦**arancióne** [da *arancia* ✱ 1829] **A** **agg.** (**pl. inv.** o *-i*) ● che ha il colore acceso dell'arancia matura: *vestito a.* **B** **s. m.** (**anche f. nel sign. 2**) **1** il colore arancione **2** nell'uso corrente, adepto di una comunità spirituale fondata in India nel 1974 da Bhagwan Shree Rajneesh, che unisce elementi della religiosità indiana ad aspetti propri delle filosofie occidentali; il nome deriva dal colore della veste di foggia indiana usualmente indossata

Aranèidi [vc. dotta, comp. del lat. *arānea* 'ragno' e di *-idi* ✱ 1845] **s. m. pl.** (**sing.** *-e*) ● (*zool.*) ordine degli Aracnidi comprendente i ragni (*Araneina*)

arapàima [vc. della Guaiana ✱ 1955] **s. m. inv.** ● grande pesce osseo commestibile americano dei Clupeiformi (*Arapaima*)

♦**aràre** [lat. *arāre*, di orig. indeur. ✱ 1268] **v. tr.** **1** fendere in solchi e rivoltare la terra con l'aratro (*anche assol.*): *i contadini arano sotto il sole* **2** (*fig.*, *lett.*) solcare: *a. il mare, il cielo* | ***a. il mare***, (*fig.*) fare qlco. di inutile **3** (*mar.*) strisciare sul fondale del mare senza farvi buona presa, detto dell'ancora (*anche assol.*)

aratìvo [av. 1562] **agg.** ● seminativo

aràto **part. pass.** di *arare*; **anche agg.** ● nei sign. del v.

aratóre [vc. dotta, lat. *aratōre(m)*, da *arāre* 'arare' ✱ 1316] **agg. e s. m.** (**f.** *-trice*) ● che (o chi) ara

aratòrio [vc. dotta, lat. tardo *aratōriu(m)*, da *arāre* 'arare' ✱ av. 1638] **agg.** (**pl. m.** *-i* o *raro -ii*) ● che serve per arare

aratrìce [av. 1940] **s. f.** ● (*raro*) macchina agricola usata per arare

♦**aràtro** [lat. *arātru(m)*. V. *arare* ✱ 1258] **s. m.** ● attrezzo agricolo atto a rompere, frammentare, dissodare il terreno | ***a. affossatore***, per scavare fossi | ***a. assolcatore***, per aprire solchi nel terreno lavorato e per rincalzare piante | ***a. monovomere, polivomere***, dotato rispettivamente di uno o più vomeri | ***a. a bilanciere***, a due corpi lavoranti contrapposti per l'aratura funicolare

aratùra [vc. dotta, lat. tardo *aratūra(m)*, da *arāre* 'arare' ✱ 1290] **s. f.** **1** operazione, lavoro dell'arare **2** la stagione in cui si ara

araucàno [da *Arauco*, n. di una provincia del Cile ✱ 1787] **agg. e s. m.** (**f.** *-a*) ● appartenente a una popolazione indigena americana attualmente abitante la zona centrale del Cile: *lingua araucana*

araucària [da *Arauco*, n. di una provincia del Cile ✱ 1865] **s. f.** ● genere di alberi delle Araucariacee molto ramificati, con foglie aculeate e fitte (*Araucaria*)

Araucariàcee [vc. dotta, comp. di *araucaria* e *-acee* ✱ 1965] **s. f. pl.** (**sing.** *-a*) ● (*bot.*) famiglia di piante arboree sempreverdi con foglie aciculari molto fitte sui rami (*Araucariaceae*)

arazzerìa [1539] **s. f.** **1** arte del tessere arazzi **2** manifattura di arazzi **3** l'insieme degli arazzi che ornano un luogo o che sono destinati a tale scopo

arazzière [1612] **s. m.** (**f.** *-a*) ● chi tesse o vende arazzi

aràzzo o †**ràzzo**① [dal n. della città fr. di *Arras*, famosa per la lavorazione degli arazzi ✱ 1262] **s. m.** ● tessuto eseguito a mano su telaio con figure a motivi ornamentali, destinato a decorare una parete

arberésco [1980] **agg. e s. m.** (**pl. m.** *-schi*) ● adattamento di *arberesh* (V.)

arberesh /*albanese* arbəˈrɛʃ/ [vc. albanese ✱ 1902] **A** **agg. inv.** ● detto di una popolazione di lingua albanese che si stanziò nell'Ita-

a

lia meridionale a più riprese tra il XV e il XVIII sec., dando luogo a numerose isole etniche **B** **s. m. inv. (anche f. nel sign. 1)** **1** appartenente alla popolazione arberesh: *gli a. di Calabria* **2** dialetto albanese parlato dalle comunità arberesh

àrbiter elegantiàrum /*lat.* 'arbiter elegan'tsjarum/ [loc. lat., da *arbiter elegantiae* 'giudice, esteta della mondanità' appellativo coniato da Tacito per Petronio, persona di grande raffinatezza alla corte di Nerone ✻ 1924] **loc. sost. m. inv. (pl. lat.** *arbitri elegantiarum*) ● chi si propone come modello di eleganza e raffinatezza, spec. nel vestire: *in tutti i ricevimenti è lui l'arbiter elegantiarum*

arbitràggio [fr. *arbitrage*. V. *arbitro* ✻ 1363] **s. m. 1** (*sport*) attività di direzione e di controllo svolta da un arbitro in una competizione sportiva **2** (*dir.*) arbitramento: *ricorrere all'a.* **3** (*econ.*) operazione di acquisto e immediata rivendita di beni su piazze diverse

arbitraggista [1961] **s. m. e f. (pl. m. -*i*)** **1** (*econ.*) chi svolge operazioni di arbitraggio **2** (*econ.*) chi predispone i calcoli alla base di un'operazione di arbitraggio

arbitràle [vc. dotta, lat. tardo *arbitrāle(m)*, da *ărbiter* 'arbitro' ✻ 1487] **agg.** ● di arbitro: *decisione a.*; *sentenza a.* | ***collegio a.***, di arbitri | (*dir.*) ***clausola a.***, con cui le parti si impegnano a sottoporre la composizione di eventuali controversie al giudizio di arbitri

arbitraménto [1357] **s. m.** ● (*dir.*) procedimento per cui la determinazione del contenuto di una clausola contrattuale lasciata in bianco è affidata dalle parti all'arbitrio o all'apprezzamento di un terzo SIN. arbitraggio

arbitràre o †**albitràre** [vc. dotta, lat. *arbitrāre*, da *ărbiter* 'arbitro' ✻ av. 1250] **A** **v. tr.** (*io àrbitro*) **1** decidere una controversia e sim. in qualità di arbitro (*anche assol.*) **2** dirigere una gara in qualità di arbitro: *a. una partita di calcio, un incontro di tennis, di pugilato* **3** †ritenere, credere **B** **v. intr.** (aus. *avere*) **1** †agire arbitrariamente **2** †pensare, congetturare

arbitrarietà [1858] **s. f. inv. 1** caratteristica di ciò che è arbitrario **2** (*ling.*) principio fondamentale della linguistica moderna per cui il rapporto che unisce un significante e un significato è arbitrario, cioè convenzionale

arbitràrio o †**albitràrio** [vc. dotta, lat. *arbitrāriu(m)*, da *ărbiter* 'arbitro' ✻ 1268] **agg. (pl. m. -*i* o raro -*ii*)** ● fatto, stabilito ad arbitrio: *atto, discorso a.*; *esercizio a. delle proprie ragioni* | (*est.*) abusivo, ingiustificato: *intervento a.* ‖ **arbitrariaménte**, avv. secondo l'arbitrio del singolo; abusivamente

arbitràto [vc. dotta, lat. *arbitrātu(m)*, da *ărbiter* 'arbitro' ✻ 1310] **s. m. 1** ufficio o giudizio dell'arbitro **2** (*dir.*) istituto del diritto processuale civile in base al quale, nella risoluzione di una controversia, le parti rinunciano di comune accordo ad adire il giudice ordinario, rimettendosi a un arbitro privato, la cui sentenza (*lodo*) ha effetti giurisdizionali

arbitratóre [1268] **s. m. (f. -*trice*)** ● (*dir.*) terza persona cui le parti di un contratto hanno affidato la determinazione del contenuto di una clausola dello stesso

✦**arbitrio** o †**albitrio**, †**albitro** [vc. dotta, lat. *arbĭtriu(m)*, da *ărbiter* 'arbitro' ✻ 1268] **s. m. (pl. -*i* o -*ii*)** **1** (*lett.*) facoltà di giudicare e operare liberamente le proprie scelte in base alla propria volontà: *agire, comportarsi, secondo il proprio a.* | ***ad a. di qlcu.***, a sua volontà | ***libero a.***, la possibilità da parte dell'uomo di scegliere senza essere determinato da alcuna necessità **2** (*lett.*) autorità, potestà assoluta: *e a lui / si dia l'a. dello Stato in mano* (A. MANZONI) **3** atto abusivo, illegale: *commettere un a.* | (*est.*) prepotenza, capriccio: *prendersi un a.* | ***d'a.***, arbitrariamente (V. nota d'uso ACCENTO)

> **SFUMATURE DI SIGNIFICATO**
>
> ***arbitrio - sopruso - dispotismo***
>
> **Arbitrio** è la facoltà di giudicare e scegliere liberamente, secondo le proprie disposizioni e la propria volontà; in accezione negativa è un atto abusivo, illegale, che nasce da prevaricazione e prepotenza. In quest'ultimo significato è sinonimo di **sopruso**, che appunto designa l'atto di sopraffare gli altri senza tener conto di ciò che è giusto, legittimo, doveroso. L'attitudine a comportarsi in modo prevaricatorio, autoritario, si definisce **dispotismo**.
>
> SFUMATURE ➤ ***angheria***, ➤ ***libertà***, ➤ ***prepotenza***, ➤ ***prevaricazione***

✦**àrbitro** o †**àlbitro** [vc. dotta lat. *ărbitru(m)*, di etim. incerta ✻ av. 1292] **s. m. (f. -*a*)** **1** chi è libero di decidere e di agire secondo la propria volontà: *essere a. della propria vita* | (*est.*) padrone assoluto: *a. dei destini dello Stato* **2** (*dir.*) privato cittadino investito, dalle parti di una controversia, del compito di decidere la stessa **3** (*sport*) ufficiale di gara che, durante una competizione, è incaricato di far osservare le regole, di sanzionare le infrazioni, i falli e di convalidare il risultato finale

†**arboràre** ➤ **alberare**

arboràto [dal lat. *ărbor* 'albero' ✻ sec. XIV] **agg.** ● (*lett.*) alberato, piantato ad alberi

†**àrbore** ➤ **albero**

arbòreo [vc. dotta, lat. *arbŏreus*, da *ărbor* 'albero' ✻ 1485] **agg.** ● che ha natura o forma di albero: *vegetazione, massa arborea* | relativo ad albero, agli alberi: *tutela del patrimonio a.* | (*est.*, *poet.*) ***corna arboree***, ramose

arborescènte [vc. dotta, lat. *arborescĕnte(m)*, part. pres. di *arborēscere* 'diventar albero', da *ărbor* 'albero' ✻ 1499] **agg. 1** (*miner.*) che imita una forma arborea: *cristallizzazione a.* **2** (*bot.*) detto di arbusto che raggiunge quasi la dimensione e la forma di un albero

arborescènza [1865] **s. f.** ● il generale sviluppo di una pianta

arboréto [av. 1406] **s. m. 1** †V. *albereto* **2** raccolta di alberi e arbusti fatta a scopo di studio

arboricolo [comp. del lat. *ărbor*, genit. *ărboris* 'albero' e *-colo* ✻ 1965] **agg.** ● detto di animale o vegetale che vive sugli alberi

arboricoltóre [comp. di †*arbore* e *-coltore* ✻ 1955] **s. m. (f. -*trice*)** ● chi si occupa di arboricoltura

arboricoltùra [comp. di †*arbore* e *-coltura* ✻ 1852] **s. f.** ● coltivazione delle piante arboree | scienza relativa a tale coltivazione

arborifero [comp. di †*arbore* e *-fero* ✻ 1499] **agg.** ● (*lett.*) che produce alberi

arborifórme [comp. di †*arbore* e *-forme* ✻ 1865] **agg.** ● (*raro*) arboreo

Arbòrio [dall'omonimo comune (Vercelli) ✻ 1950] **A** **s. m. (pl. -*i* o inv.)** ● varietà di riso superfino dai granelli molto grandi, utilizzata spec. per preparare risotti **B** **anche agg. inv.**: *riso a.*

arborizzazióne [1819] **s. f.** ● (*anat.*) disposizione degli elementi anatomici, quali nervi, vasi e sim. come i rami di un albero

arboscèllo o †**arbuscèllo** [lat. **arbuscĕllu(m)* 'alberetto', da *arbŭscula*, dim. di *ărbor* 'albero' ✻ 1300] **s. m.** ● piccolo albero, piantina

arbustàceo [1955] **agg.** ● relativo ad arbusto | costituito da arbusti: *vegetazione arbustacea*

arbustivo [da *arbusto* ✻ 1955] **agg.** ● che ha forma di arbusto

arbùsto [vc. dotta, lat. *arbŭstu(m)*, da *ărbor* 'albero' ✻ 1340 ca.] **s. m.** ● pianta legnosa con fusto perenne ramificato fin dalla base SIN. frutice ‖ **arbustino**, dim.

àrbuto [lat. *arbūtu(m)* 'corbezzolo' ✻ av. 1333] **s. m.** ● genere di piante sempreverdi delle Ericacee cui appartiene il corbezzolo (*Arbutus*)

àrca [lat. *ărca(m)*, da accostare ad *arcēre* 'allontanare' ✻ 1221] **s. f. 1** sarcofago che, per la sua stessa struttura e per le decorazioni, assume carattere monumentale **2** cassa di legno usata un tempo per riporvi tessuti, oggetti preziosi, reliquie e sim.: *Figlie, prendetemi nell'a. / la mantelletta mia nera* (G. D'ANNUNZIO) | ***A. dell'Alleanza***, presso gli antichi Ebrei, quella che conteneva le tavole della Legge, la verga di Aronne e un vaso della manna del deserto, ed era simbolo dell'unità delle tribù e del patto stretto con Dio | (*fig.*, *lett.*) ***a. di scienza, di virtù e sim.***, persona estremamente dotta, virtuosa e sim. | †madia **3** ***a. di Noè***, imbarcazione con la quale il patriarca biblico Noè si salvò dal diluvio insieme con una coppia di ciascun genere di animali viventi; (*fig.*) luogo in cui sono raccolti molti animali | ***essere vecchio come l'a. di Noè***, essere vecchissimo, decrepito **4** †cassa del carro **5** mollusco marino dei Lamellibranchi con conchiglia spessa e rugosa (*Arca noae*) ‖ **archétta**, dim.

-arca [dal gr. *-árchēs*, forma parallela di *-archos*, da *árchein* 'essere a capo', di etim. incerta] **secondo elemento** ● in parole composte dotte significa 'capo' o 'comandante', e sim.: *monarca, patriarca*

àrcade [vc. dotta, lat. *ărcade(m)*, nom. *ărcas*, dal gr. *arkás*, dalla regione dell'*Arcadia* ✻ 1340] **A** **agg.** ● (*lett.*) dell'antica Arcadia **B** **s. m. e f. 1** (*lett.*) abitante o nativo dell'antica Arcadia **2** socio dell'Accademia dell'Arcadia **3** (*est.*) scrittore vuoto e retorico, manierato: *O arcadi e romantici fratelli* (G. CARDUCCI)

arcàdia [dall'omonima regione della Grecia, mitica patria della poesia bucolica ✻ 1320] **s. f. 1** (*lett.*) luogo ideale di vita amena, idillica e del tutto separata dalla realtà, come nella favolosa e mitica regione greca dell'Arcadia **2** ***Arcadia***, accademia letteraria, sorta nel 1690, il cui scopo era rievocare una poesia semplice e limpida vicina ai modelli bucolici greci e all'elegia latina; dal 1925 col nome di Accademia Letteraria Italiana si occupa di studi di storia letteraria | corrente letteraria settecentesca collegata all'omonima accademia, la cui poesia, caratterizzata da una eccessiva ostentazione di semplicità, amore per la natura e sim., si risolse in vuota esercitazione stilistica, convenzionale e frivola **3** (*fig.*) ogni riunione di persone, ogni corrente culturale e sim., che tratti futilmente di cose senza importanza: *fare dell'a.*

✦**arcàdico** [vc. dotta, lat. *arcădicu(m)*, dal gr. *Arkadikós*, da *Arcadia* ✻ sec. XIV] **agg. (pl. m. -*ci*)** **1** dell'Arcadia | ***motivo a.***, motivo ornamentale d'ispirazione pastorale di moda nel XVIII sec. **2** proprio degli accademici dell'Arcadia: *stile a.* **3** (*fig.*) frivolo, lezioso ‖ **arcadicaménte**, avv. in modo arcadico, secondo lo stile dell'Arcadia

†**arcadóre** o †**arcatóre** [da †*arcare* ✻ sec. XII] **s. m. 1** arciere **2** truffatore, gabbamondo

arcagète ➤ **archegete**

arcaicizzànte **part. pres.** di *arcaicizzare*; **anche agg.** ● arcaizzante

arcaicizzàre [1950] **v. intr.** (aus. *avere*) ● arcaizzare ‖ **arcaicizzazióne**, s. f.

✦**arcàico** [vc. dotta, lat. tardo *archăicu(m)*, dal gr. *archaikós*, da *archâios* 'antico' ✻ 1838] **A** **agg. (pl. m. -*ci*)** **1** che è molto antico, che risale alla prima antichità: *statue arcaiche, miti arcaici* | ***scrittura arcaica***, la più antica forma di scrittura latina, derivata dall'alfabeto etrusco, talora con andamento bustrofedico |

(*est.*, *spreg.*) antiquato, sorpassato: *mentalità arcaica*; *idee arcaiche* **2** (*ling.*) caratterizzato da arcaismo: *vocabolo a.* ‖ **arcaicaménte**, **avv.** ‖ **arcaicità**, **s. f. inv.** **B** **s. m.**; anche **agg.** • (*geol.*) Archeozoico
SFUMATURE ➤ ***antico***, ➤ ***primitivo***

arcaìṣmo [vc. dotta, lat. tardo *archaïsmu(m)*, dal gr. *archaïsmós*, da *archaikós* 'arcaico' ✱ av. 1676] **s. m.** **1** forma linguistica scomparsa dall'uso o ripresa come preziosismo a fini stilistici **2** tendenza, presente nell'arte o nella letteratura, verso il ritorno a forme primitive | (*est.*) concezione o atteggiamento antiquati, che risalgono a un lontano passato

arcaìsta [1832] **s. m. e f.** (**pl. m.** *-i*) • scrittore che riprende a fine artistico o prezioso frasi e locuzioni desuete o arcaiche

arcaìstico [1939] **agg.** (**pl. m.** *-ci*) • di stile o di artista che si rifà a moduli e modelli arcaici

arcaiẓẓànte **part. pres.** di *arcaizzare*; anche **agg.** • che si ispira a forme e stili arcaici: *poesia a.*

arcaiẓẓàre [da *arca(ico)* ✱ 1943] **v. intr.** (**aus.** *avere*) • usare forme e stili arcaici ‖ **arcaiẓẓazióne**, **s. f.**

arcàle [da *arco* ✱ av. 1292] **s. m.** • forma ad arco della centina | parte curva di muratura che delimita un arco

†**arcàme** [da *arca* ✱ 1481] **s. m.** • scheletro di un animale morto

arcangèlica [sec. XIV] **s. f.** • (*bot.*) angelica

arcàngelo o **arcàngiolo** [vc. dotta, lat. tardo *archăngelu(m)*, dal gr. *archángelos*. V. *archi-* e *angelo* ✱ 1290] **s. m.** • spirito celeste di grado superiore a quello dell'angelo, comune alle religioni cristiana e musulmana: *l'a. Michele, Gabriele, Raffaele*

♣**arcàno** [vc. dotta, lat. *arcānu(m)*, da *ărca*, in quanto significava 'rinchiuso, riposto' ✱ av. 1306] **A** **agg.** • misterioso, nascosto, segreto: *gli arcani voleri della Provvidenza* ‖ **arcanaménte**, **avv.** **B** **s. m.** • mistero: *svelare l'a.*
SFUMATURE ➤ ***esoterico***

†**arcàre** [da *arco* ✱ av. 1276] **v. tr.** **1** curvare ad arco, inarcare **2** scagliare, tirare con l'arco **3** (*fig.*) ingannare

arcaréccio [da *arco* ✱ 1913] **s. m.** • (*edil.*) trave, disposta normalmente alla pendenza del tetto, che appoggia sui puntoni di capriata e sorregge l'orditura superiore

arcàta [da *arco* ✱ sec. XIII] **s. f.** **1** (*archit.*) struttura ad arco o a volta cilindrica che ha funzione statica di sostegno: *le arcate dei ponti* **2** (*anat.*) qualunque formazione disposta ad arco: *a. sopracciliare*, *a. dentaria*; *l'a. degli occhi* **3** spazio percorso da una freccia lanciata con l'arco | traiettoria di una freccia o di un proiettile | ***tirare in a.***, con artiglieria puntata ad angoli elevati, perché sia più lunga la gittata o per colpire bersagli situati al di là di ostacoli **4** (*mus.*) movimento dell'arco sulle corde dello strumento, la cui varietà dà suoni e fraseggi diversi **SIN.** archeggio | ***a. in su***, dalla punta al tallone | ***a. in giù***, dal tallone alla punta ‖ **arcatèlla**, **dim.** (V.)

arcatèlla [1923] **s. f.** **1** dim. di *arcata* **2** (*archit.*) piccolo arco facente parte di una serie, usato come elemento costruttivo o, spec. nell'architettura romanica, come elemento ornamentale **SIN.** archetto

arcàto **part. pass.** di *arcare*; anche **agg.** • (*raro*) fatto ad arco | fatto ad arcate

†**arcatóre** ➤ †**arcadore**

arcàvolo [comp. di *archi-* e *avolo* ✱ av. 1535] **s. m.** (**f.** *-a*) • genitore del bisnonno | (*est.*) lontano antenato

àrce [vc. dotta, lat. *ărce(m)*, forse da avvicinare ad *ărca*. V. *arca* ✱ 1340] **s. f.** • (*lett.*) rocca

arcèlla [vc. dotta, lat. tardo *arcĕlla(m)* 'piccola (*-ĕlla*) arca' ✱ 1585] **s. f.** **1** nelle chiese paleocristiane, vano sotto l'altare contenente reliquie **2** cassone nuziale decorato: *un'a. del Settecento*

archaeòpteryx ➤ **archeotterige**

archè [vc. dotta, gr. *archḗ* 'principio', di etim. incerta ✱ 1955] **s. f. inv.** • (*filos.*) principio, causa prima

archeàno [dal gr. *archḗ* 'principio'. V. *archè* ✱ 1955] **A** **s. m.** • (*geol.*; gener. con iniziale maiuscola) il più antico dei due periodi dell'era precambriana **B** anche **agg.**: *periodo a.*

archègete o **arcagète** [vc. dotta, gr. *archēgétēs* 'iniziatore, fondatore', comp. di *arch(i)-* e *hēgéomai* 'io conduco' ✱ 1961] **s. m.** • nell'antica Grecia, fondatore di città e di colonie | epiteto di alcune divinità greche, spec. di Apollo, patrone dei colonizzatori | dio della stirpe

archeggiaménto [av. 1796] **s. m.** • (*mus.*) l'archeggiare

archeggiàre [da *arco* ✱ av. 1306] **A** **v. intr.** (**pres.** *io archéggio*; **fut.** *io archeggerò*; **aus.** *avere*) • (*mus.*) suonare uno strumento a corde per mezzo dell'arco **B** **v. tr.** • †piegare ad arco

archeggiatùra [av. 1946] **s. f.** • (*archit.*) successione in serie di arcate o arcatelle

archéggio [da *archeggiare* ✱ 1892] **s. m.** • (*mus.*) arcata

Archegoniàte [da *archegonio* ✱ 1955] **s. f. pl.** (**sing.** *-a*) • (*bot.*) gruppo di piante che presentano una medesima struttura degli archegoni (*Archegoniatae*)

archegònio [comp. del gr. *archḗ* 'principio' e *-gonio* ✱ 1955] **s. m.** • (*bot.*) organo riproduttore femminile pluricellulare di alcune piante che contiene l'oosfera

archeo- [dal gr. *archâios* 'antico'] **primo elemento** • in parole composte dotte significa 'antico' o 'primitivo': *archeografia*, *archeozoico* | in alcune parole più recenti significa 'archeologia': *archeoastrologia*, *archeosub*

archeoastronomìa [comp. di *archeo-* e *astronomia* ✱ 1983] **s. f.** • ricerca e studio di resti archeologici atti a documentare le conoscenze astronomiche degli antichi e la loro applicazione nel campo della religione, della misurazione del tempo, ecc.

archeobiologìa [comp. di *archeo-* e *biologia* ✱ 1986] **s. f.** (**pl.** *-gie*) • studio dei reperti biologici dell'era arcaica

archeobotànica [comp. di *archeo-* e *botanica* ✱ 1980] **s. f.** • studio dei reperti botanici dell'era arcaica

archeografìa [comp. di *archeo-* e *-grafia* ✱ 1828] **s. f.** • descrizione dei monumenti antichi

archeogràfico [1865] **agg.** (**pl. m.** *-ci*) • relativo all'archeografia: *testo a.*

archeògrafo [1819] **s. m.** (**f.** *-a*) • studioso di archeografia

archeologìa [vc. dotta, gr. *archaiología*, comp. di *archeo-* e *-logia* ✱ av. 1810] **s. f.** (**pl.** *-gie*) • scienza che si occupa delle antichità sotto il profilo storico e artistico | ***a. industriale***, disciplina che si occupa della scoperta, della catalogazione e dello studio dei resti fisici di processi e metodi industriali del passato, spec. del XVIII e XIX sec. | ***a. subacquea***, disciplina che si occupa della ricerca di reperti sommersi e, spec., della localizzazione di antiche navi naufragate | ***a. urbana***, disciplina che analizza le stratificazioni degli insediamenti urbani dall'antichità ai nostri giorni | ***a. virtuale***, ricostruzione mediante tecniche digitali di zone o ambienti di interesse archeologico | ***a. preventiva***, insieme di attività volte all'individuazione di reperti archeologici da salvaguardare in un luogo dove sarà aperto un cantiere

archeològico [1815] **agg.** (**pl. m.** *-ci*) • relativo all'archeologia: *studi, scavi archeologici*; *anfore di grande valore a.*; *reperti archeologici* ‖ **archeologicaménte**, **avv.** dal punto di vista dell'archeologia

archeòlogo [vc. dotta, gr. *archaiológos*. V. *archeologia* ✱ 1817] **s. m.** (**f.** *-a*; **pl. m.** *-gi*) • studioso di archeologia

archeometrìa [comp. di *archeo-* e *-metria* ✱ 1991] **s. f.** • (*archeol.*) scienza di supporto all'archeologia che, nello studio e nell'analisi dei reperti, utilizza metodi e strumenti propri della matematica e delle scienze naturali

archeosùb [comp. di *archeo-* e *sub*① ✱ 1971] **s. m. e f. inv.** • subacqueo che effettua ricerche di reperti archeologici in relitti di imbarcazioni o strutture sommerse

archeottèrige o **archeoptèrige**, **archaeòpteryx** /lat. arke'ɔpteriks/ [dal lat. scient. *Archaeopteryx*, comp. del gr. *archâios* 'antico' (V. *arcaico*) e *ptéryx* 'ala' (V. *pterigio*) ✱ 1961] **s. m.** • uccello primitivo dei Saururi, fossile del Giurassico, con penne, coda ben sviluppata e mascelle fornite di denti (*Archaeopteryx*)

archeoturìṣmo [comp. di *archeo-* e *turismo* ✱ 1985] **s. m.** • settore del turismo diretto principalmente verso i siti archeologici

archeoẓòico [comp. di *archeo-* e *-zoico* ✱ 1929] **A** **s. m. solo sing.** • (gener. con iniziale maiuscola) la più antica era geologica, durata circa 230 milioni di anni, che si chiude con la comparsa dei primi fossili **B** anche **agg.** (**pl. m.** *-ci*) • relativo all'era omonima

archetipàle [da *archetipo* ✱ 1866] **agg.** • archetipico

archetìpico [av. 1884] **agg.** (**pl. m.** *-ci*) • (*lett.*) di archetipo | che costituisce un archetipo: *eroi archetipici*

♣**archètipo** [vc. dotta, lat. *archĕtypu(m)*, dal gr. *archétypon*, comp. del gr. *archḗ* 'principio' e di *-tipo* ✱ av. 1292] **A** **s. m.** **1** nella filosofia di Platone, modello originario ideale delle cose sensibili **2** nella terminologia psicologico-religiosa, ciascuno dei moduli ancestrali universali di intuizione e di pensiero che emergono, come rappresentazioni, nei sogni individuali e nei miti religiosi **3** (*psicoan.*) nella dottrina di Jung, rappresentazione, nell'inconscio, di una esperienza comune a tutti gli uomini **SIN.** immagine primordiale **4** redazione non conservata di un'opera letteraria, ricostruibile attraverso le testimonianze di altri manoscritti o stampe da essa derivati, che rappresenta il testo ipotetico più vicino all'originale perduto **5** primo esemplare e modello **SIN.** prototipo **CFR.** idealtipo **B** **agg.** • (*lett.*) primitivo, esemplare: *forme archetipe*
SFUMATURE ➤ ***modello***

archétto [1340 ca.] **s. m.** **1** dim. di *arco* **2** (*mus.*) arco **3** (*archit.*) arcatella **4** ordigno a scatto per prendere uccelli, proibito dalla legge **SIN.** fionda a elastico **5** (*ferr.*) tipo di apparecchio portato dai mezzi di trazione elettrici per captare la corrente da una linea di contatto: *presa di corrente ad a.*

àrchi- [primo termine (*arch(i)-* e *arch(e)-*) di numerosi comp. gr., dal v. *árchein* 'essere al comando', di orig. incerta] **primo elemento** • in parole composte dotte o della terminologia scientifica significa 'primo' o 'capo', o indica primato e sim.: *archiatra*, *archidiocesi*, *archimandrita*, *archimiceti* | può subire anche l'elisione: *arcangelo*

-archìa [gr. *-archía*, propr. di deriv. nom. dei n. in *-archos* '-arca'] **secondo elemento** • in parole composte dotte significa 'governo' o 'dominio': *monarchia*, *oligarchia*

archiacùto [comp. di *arco* e *acuto* ✱ 1856] **agg.** • che ha forma di arco acuto: *finestra archiacuta* | (*est.*) che è costituito da archi acuti: *loggia archiacuta*

a b c d e f g h i j k l m n o p q r s t u v w x y z

Archianèllidi [comp. di *archi-* e *anellidi* ✱ 1955] **s. m. pl.** (**sing.** *-e*) ● (*zool.*) classe di Anellidi per la maggior parte marini, privi di parapodi, ritenuti forme primitive (*Archianellida*)

archiàtra o **archiàtro** [vc. dotta, lat. tardo *archiātru(m)*, dal gr. *archíatros*, comp. di *archi-* e *iatrós* 'medico' ✱ 1711] **s. m.** (**pl.** *-i*) ● medico primario di una corte: *a. pontificio* | (*disus.*) primario di una clinica **SIN.** protomedico

archibugétto o †**archibusétto** [1557] **s. m. 1** dim. di *archibugio* **2** antica arma da fuoco corta

†**archibugiàre** o †**archibusàre** [1543] **v. tr.** ● assalire, uccidere a colpi di archibugio

archibugiàta o †**archibusàta** [1540] **s. f.** ● colpo d'archibugio | (*est.*) ferita prodotta da un colpo d'archibugio

archibugière o †**archibusière** [av. 1519] **s. m. 1** soldato armato di archibugio | ***a. a cavallo***, cavalleggero armato d'archibugio **2** †armaiolo

archibùgio o †**archibùso** [ant. fr. *harquebusse*, dal neerl. *hakebusse*, propr. 'canna con l'uncino' ✱ sec. XIV] **s. m.** ● antica arma da fuoco a canna lunga, di calibro costante, in origine arma da posta, divenuta in seguito portatile e data in dotazione alla fanteria e alla cavalleria leggera: *a. a ruota, a serpentino* || **archibugétto**, **dim.** (V.)

†**archibùso** e deriv. ➤ **archibugio** e deriv.

archicémbalo (o **-è-**) [comp. di *archi-* e *cembalo* ✱ 1862] **s. m.** ● cembalo grande a sei tastiere, la cui invenzione risale al XVI sec.

archicortéccia [comp. di *archi-* e *corteccia* ✱ sec. XX] **s. f.** (**pl.** *-ce*) ● (*anat.*) corteccia cerebrale a pochi strati dell'archipallio, alla quale vengono trasmesse informazioni olfattive e gustative

archidiòcesi (o **-diò-**) o **arcidiòcesi** [comp. di *archi-* e *diocesi* ✱ 1823] **s. f. inv.** ● diocesi dell'arcivescovo | provincia sulla quale l'arcivescovo ha giurisdizione

archiepiscopàle [comp. di *archi-* ed *episcopale* ✱ av. 1557] **agg.** ● arcivescovile

archiginnàsio [comp. di *archi-* e *ginnasio* ✱ av. 1758] **s. m.** ● titolo attribuito in passato alle Università di Roma e di Bologna | nome del palazzo che dal 1563 al 1803 fu sede dell'Università di Bologna

archilochèo o **archilòchio** [vc. dotta, lat. *archilochīu(m)*, dal gr. *archilócheios*, dal n. del poeta *Archiloco* che lo inventò ✱ 1748] **A** **agg.** ● del poeta greco Archiloco (VII sec. a.C.) | ***sistema a.***, strofa di varia struttura in metri dattilici o in metri dattilici e giambici **B** **s. m.** ● verso della poesia greca e latina formato da una tetrapodia dattilica e da una tripodia trocaica

archimandrìta [vc. dotta, lat. tardo *archimandrita(m)*, dal gr. *archimandrítēs*, comp. di *archi-* e *mándra* 'mandra', poi 'monastero' ✱ 1321] **s. m.** (**pl.** *-i*) **1** nelle Chiese cristiane orientali, superiore di monastero importante o di congregazione monastica | titolo onorifico concesso a sacerdoti secolari **2** (*fig.*, *lett.*) antesignano, capo

Archimicèti [comp. di *archi-* e gr. *mýkēs*, genit. *mýkētos*, 'fungo' (V. *micelio*) ✱ 1955] **s. m. pl.** (**sing.** *-e*) ● (*bot.*) classe di Funghi unicellulari parassiti di alghe e di piante terrestri (*Archimycetes*)

archipàllio [comp. di *archi-* e *pallio* ✱ 1955] **s. m.** ● (*anat.*) porzione mediale del pallio caratterizzata da una corteccia a pochi strati

archipèndolo o **archipènzolo** [comp. di *arco* e *pendolo* ✱ sec. XIV] **s. m.** ● strumento per verificare l'orizzontalità di un piano, costituito da due aste uguali unite da un angolo retto, da cui pende un filo a piombo, e collegate da un'asta trasversale con segnata nel mezzo una linea di fede: *creta o scarpello o pennello o archipenzolo* (P. BEMBO)

archiprèsbìtero [vc. dotta, lat. *archipresbýteru(m)*, comp. di *archi-* e *prĕsbyter*, genit. *presbýteri* 'prete' ✱ av. 1499] **s. m.** ● arciprete

†**archisinagògo** [vc. dotta, lat. tardo *archisynagōgu(m)*, dal gr. *archisynágōgos*. V. *archi-* e *sinagoga* ✱ av. 1306] **s. m.** ● capo della sinagoga, nei Paesi di lingua latina e greca

archistàr [comp. di *archi(tetto)* e *star*, sul modello di *rockstar* ✱ 2003] **s. m. e f. inv.** ● architetto di grande successo e notorietà

architettàre [vc. dotta, lat. *architectāri*, da *architĕctus* 'architetto' ✱ av. 1571] **v. tr.** (*io architétto* o *architètto*) **1** (*disus.*) ideare il progetto di una costruzione dal punto di vista architettonico: *Tutti gli edifici ... furono architettati da lui* (G. VASARI) **2** (*fig.*, *lett.*) ideare: *architettava un metodo di difesa* (G. D'ANNUNZIO) **3** (*fig.*) macchinare: *a. imbrogli a danno di qlcu.*

♦**architétto** [vc. dotta, lat. *architĕctu(m)*, dal gr. *architéktōn*, comp. di *archi-* e *téktōn* 'costruttore' ✱ av. 1374] **s. m.** (**f.** *-a*; **V. nota d'uso FEMMINILE**) **1** chi esercita l'architettura | chi è laureato nella facoltà di architettura **2** (*fig.*, *lett.*) ideatore, artefice | ***il Divino, l'Eterno A.***, (*per anton.*) Dio | ***il Grande A. dell'Universo***, il Dio dei massoni

†**architettònica** [vc. dotta, lat. *architectŏnica(m)*, dal gr. *architektonikḗ* (sottinteso *téchnē* 'arte'), da *architéktōn* 'architetto' ✱ 1756] **s. f.** ● architettura

architettònico [vc. dotta, lat. *architectŏnicus*, dal gr. *architektonikós*. V. †*architettonica* ✱ 1322] **agg.** (**pl. m.** *-ci*) **1** relativo all'architettura | che è proprio dell'architettura: *elemento a.* **2** (*est.*) che soddisfa esigenze di ordine e di equilibrio, tipiche dell'architettura: *lo stile a. di Piero della Francesca* || **architettonicaménte**, **avv.** secondo le esigenze dell'architettura || **architettonicità**, **s. f. inv.**

†**architettóre** [vc. dotta, lat. tardo *architectōre(m)*, da *architĕctus* 'architetto' ✱ av. 1478] **s. m.** (**f.** *-trice*) ● architetto (*anche fig.*)

architettùra [vc. dotta, lat. *architectūra(m)*, da *architĕctus* 'architetto' ✱ 1426 ca.] **s. f. 1** arte e tecnica di progettare e costruire edifici o altre opere: *a. di edifici pubblici*; *a. di giardini*; *a. navale* | ***a. grafica***, l'arte di progettare uno stampato conferendogli ritmo, equilibrio, essenzialità, funzionalità | ***a. del paesaggio***, l'arte e la tecnica di strutturare in senso significativo lo spazio fisico abitato dall'uomo **2** l'opera architettonica e l'insieme dei suoi caratteri costruttivi ed estetici: *le architetture del Foro Romano*; *l'a. del Partenone* **3** il complesso delle manifestazioni architettoniche di un determinato luogo e periodo: *l'a. francese del Seicento* | insieme di manifestazioni architettoniche legate da comuni caratteristiche di stile: *l'a. barocca, neoclassica, funzionale* **4** schema o struttura secondo cui si articola la trama o la composizione di un'opera o di un organismo: *l'a. di un romanzo, di una sinfonia, di un convegno* **5** (*inform.*) ***a. di rete, di sistema***, struttura logica di collegamento tra diversi elaboratori o dispositivi | ***a. client/server***, quella basata su un server e uno o più client che ne utilizzano le risorse | ***a. peer-to-peer***, quella basata su più elaboratori che condividono le proprie risorse | ***a. software***, modalità di strutturazione logica di un programma

architravàta [da *architrave* ✱ 1464] **s. f.** ● disposizione degli architravi

architravàto [1464] **agg.** ● munito di architrave: *colonne architravate*

architravatùra [av. 1764] **s. f.** ● complesso degli architravi di un edificio | la loro messa in opera

architràve [comp. di *archi-* e *trave* ✱ 1333] **s. m.** ● trave principale | elemento della trabeazione che poggia sopra i capitelli delle colonne, i pilastri o gli stipiti, ed è sormontata dal fregio | ogni struttura orizzontale posta a chiusura superiore di un'apertura

archiviàre [1588] **v. tr.** (*io archìvio*) **1** registrare e collocare in archivio: *a. un documento, una pratica* | (*est.*) tralasciare di occuparsi di qlco.: *a. una questione* **2** (*dir.*) procedere all'archiviazione: *a. un procedimento*

archiviazióne [1588] **s. f. 1** registrazione nel protocollo e deposito di uno o più documenti o di intere serie nei luoghi adibiti alla loro conservazione **2** (*dir.*) provvedimento con cui il giudice delle indagini preliminari dichiara che l'azione penale non deve essere promossa per i motivi previsti dalla legge: *decreto di a. per manifesta infondatezza della notizia di reato*

archìvio [vc. dotta, lat. tardo *archīvu(m)* e *archīu(m)*, dal gr. *archêion* 'residenza dei magistrati', da *archḗ* 'comando, magistratura' ✱ 1357] **s. m. 1** raccolta privata o pubblica di documenti destinati a essere conservati: *a. di famiglia*, *a. fotografico*; *a. elettronico*; *a. giornalistico*; *l'a. della RAI* | ***a. storico***, complesso di documenti non più suscettibile di aumento in quanto appartenente a una amministrazione cessata **2** luogo o ufficio in cui tali documenti vengono conservati secondo determinati criteri atti a facilitarne la ricerca e il reperimento: *depositare in a.*; *compiere ricerche in a.* | ***a. notarile***, pubblico ufficio destinato alla raccolta degli atti notarili | ***A. di Stato***, ufficio pubblico incaricato della conservazione dei documenti di Stato e degli atti storici che interessano lo Stato stesso **3** titolo di riviste, spec. di carattere scientifico: *A. giuridico*; *A. storico italiano*

archivìsta [1664] **s. m. e f.** (**pl. m.** *-i*) ● chi è addetto a un archivio o alla sua custodia

archivìstica [1874] **s. f.** ● complesso di criteri concernenti la tenuta degli archivi | la disciplina che si occupa di tali criteri: *docente di a.*

archivìstico [1888] **agg.** (**pl. m.** *-ci*) ● relativo agli archivi, all'archivistica o agli archivisti

archivòlto [comp. di *arco* e *volto*② (?) ✱ 1324] **s. m.** ● elemento di decorazione architettonica costituito da una fascia variamente lavorata che si svolge sulla fronte di un arco

àrci- **A** **primo elemento** ● in parole composte, corrisponde ad 'archi-': *arcidiavolo, arciprete, arciduca* **B** **pref.** ● rafforzativo usato nella formazione di superlativi: *arcicontento, arcinoto, arciricco*

arcibasìlica [comp. di *arci-* e *basilica* ✱ 1955] **s. f.** ● basilica maggiore

arciconfratèrnita [comp. di *arci-* e *confraternita* ✱ 1851] **s. f.** ● confraternita principale o distinta per particolari titoli e privilegi

arciconsolàre [av. 1698] **agg.** ● (*lett.*) dell'arciconsolo: *ufficio a.*

arcicònsolo [comp. di *arci-* e *consolo* ✱ sec. XVI] **s. m.** ● titolo (dal 1575 al 1915) del presidente dell'Accademia della Crusca

arcicontènto [comp. di *arci-* e *contento* ✱ 1551] **agg.** ● (*fam.*) contentissimo, felice

arcidiaconàle [da *arcidiacono* ✱ 1673] **agg.** ● relativo ad arcidiacono

arcidiaconàto (o **-dia-**) [vc. dotta, lat. tardo *archidiaconātu(m)*, da *archidiăconus* 'arcidiacono' ✱ sec. XIII] **s. m.** ● titolo, ufficio e dignità di arcidiacono

arcidiàcono (o **-dià-**) [vc. dotta, lat. tardo *archidiăconu(m)*, dal gr. *archidiákonos*. V. *archi-* e *diacono* ✱ 1235] **s. m.** ● capo dei diaconi | dignità dell'ordine dei diaconi nel collegio dei Cardinali

arcidiàvolo [comp. di *arci-* e *diavolo* ✱ sec.

XIV] **s. m. 1** capo dei diavoli: *la sorte ... cadde sopra Belfagor a.* (N. Machiavelli) **2** (*bot., pop.*) bagolaro

arcidiocesàno [1865] **agg.** ● di archidiocesi

arcidiòcesi (o -diò-) ➤ **archidiocesi**

arcidùca [comp. di *arci-* e *duca* ✱ 1509] **s. m.** (**f.** *-chéssa* (V.); **pl. m.** *-chi*) **1** duca di maggior potere e prestigio **2** principe della casa regnante di Asburgo-Austria e Asburgo-Lorena

arciducàle [av. 1566] **agg.** ● di arciduca: *dignità a.*

arciducàto [1548] **s. m.** ● titolo e dignità di arciduca | territorio posto sotto il dominio di un arciduca

arciduchéssa [1637] **s. f. 1** moglie o figlia di un arciduca **2** principessa della casa regnante di Asburgo-Austria e Asburgo-Lorena

arcièra [1847] **s. f.** ● feritoia nelle antiche fortificazioni per scagliare le frecce

arcière o †**arcièro** [fr. *archier*, da *arc* 'arco' ✱ 1282] **s. m. 1** milite a piedi o a cavallo, armato d'arco **2** (**f.** *-a*) tiratore d'arco **3** (*scherz.*) †truffatore, imbroglione

arcifànfano [comp. di *arci-* e *fanfano* 'chiacchierone', vc. tosc. di origine espressiva ✱ 1527] **s. m.** (**f.** *-a*) ● (*disus.*) fanfarone, millantatore

♦**arcìgno** [etim. incerta ✱ av. 1388] **agg. 1** severo e piuttosto scostante: *atteggiamento, sguardo, viso a.; aria arcigna; zitella arcigna* **2** †di gusto aspro, acerbo, detto spec. di frutta || **arcignaménte**, **avv.** con asprezza: *trattare arcignamente qlcu.*

SFUMATURE ➤ ***burbero***

arcìle [da *arca*① ✱ 1243] **s. m.** ● (*sett.*) madia a forma di cassone, munita di uno o due cassetti e di un coperchio ribaltabile | (*centr.*) cassa per riporre la farina di castagne e sim. **SIN.** cassamadia

arciliùto [comp. di *arci-* e *liuto* ✱ av. 1647] **s. m.** ● (*mus.*) specie di liuto con due manici, come le tiorbe, ma più lunghi

arcinòto [comp. di *arci-* e *noto* ✱ 1740] **agg.** ● ampiamente conosciuto, di dominio pubblico: *un episodio noto e a.*

arcionàto [1520] **agg.** ● detto di sella fornita di arcioni

arcióne [lat. parl. **arciōne(m)*, da *ărcus* 'arco', prob. attrav. il fr. *arçon* ✱ sec. XIII] **s. m.** ● ossatura arcuata della sella | (*est.*) sella: *stare, montare in a., in arcioni* | ***stare bene in a.***, andare bene a cavallo

arcipèlago [dal gr. *Aigâios pélagos* 'mare Egeo', con accostamento paretimologico ad *arci-* ✱ av. 1348] **s. m.** (**pl.** *-ghi*) **1** gruppo di isole vicine le une alle altre situate nello stesso mare e con uguali caratteristiche morfologiche **2** (*fig.*) insieme di fenomeni, movimenti, aree culturali simili: *l'a. verde; l'a. dei centri sociali; l'a. laico*

†**arciprèsso** [V. *cipresso* ✱ sec. XIII] **s. m.** ● (*lett.*) cipresso: *l'odo fuggir fra gli arcipressi foschi* (G. D'Annunzio)

arciprète [lat. tardo *archipresbýteru(m)*. V. *arci-* e *prete* ✱ sec. XII] **s. m.** ● titolo di parroco o di rettore di chiesa che abbia posizione di preminenza | titolo onorifico del primo dei canonici di un capitolo importante

arcipretùra [da *arciprete* ✱ av. 1779] **s. f.** ● ufficio, carica, titolo, beneficio e residenza di arciprete

arcisicùro [comp. di *arci-* e *sicuro* ✱ 1633] **agg.** ● (*colloq.*) del tutto sicuro, protetto: *un rifugio a.* | del tutto certo: *il ragazzo si disse a. della vittoria finale* (C. Cassola)

arcispedàle [comp. di *arci-* e *spedale* ✱ 1733] **s. m.** ● (*disus.*) ospedale principale

arcistùfo [comp. di *arci-* e *stufo* ✱ 1885] **agg.** ● (*fam.*) estremamente seccato o annoiato: *sono a. delle vostre lamentele*

arcivescovàdo o **arcivescovàto** nel sign. 1 [da *arcivescovo* ✱ 1263] **s. m. 1** titolo, ufficio e dignità di arcivescovo **2** sede dell'arcivescovo

arcivescovìle [da *arcivescovo* ✱ 1700] **agg.** ● dell'arcivescovo: *dignità a.*

arcivéscovo [lat. tardo *archiepìscopu(m)*, dal gr. *archiepískopos*. V. *arci-* e *vescovo* ✱ 1231] **s. m.** ● titolo onorifico che, per tradizione storica o autonoma decisione del pontefice, spetta a taluni vescovi | ***a. metropolita***, che è preposto al governo di una provincia ecclesiastica

♦**àrco** [lat. *ărcu(m)*, di etim. incerta ✱ 1235] **s. m.** (**pl.** *àrchi*, †*àrcora*, **f.**) **1** arma da lancio costituita da un'asta elastica di legno, corno o acciaio che, curvata tendendo una corda fissata alle estremità, scaglia una freccia | ***tendere l'a.***, (*fig.*) mirare a qlco. | ***stare con l'a. teso***, (*fig.*) fare estrema attenzione, stare in guardia, stare col fucile spianato | (*fig.*) ***avere molte frecce al proprio a.***, V. *freccia* **2** (*mat.*) parte compresa tra due punti di una circonferenza | (*est.*) parte compresa tra due punti di una linea curva **3** (*archit.*) struttura ad asse curvilinea, generalmente in muratura, posta a copertura di una luce di porta, finestra, ponte, con funzione statica di scaricare sui piedritti il peso della struttura sovrastante | ***a. a tutto sesto***, con altezza uguale al raggio | ***a. a sesto acuto***, con altezza maggiore del raggio | ***a. a sesto ribassato, scemo***, con altezza minore del raggio | ***a. cieco***, a luce chiusa, murata | ***a. rampante***, usato come organo di controspinta | ***a. di trionfo***, edificio monumentale ad arco, a uno o più fornici, tipico dell'architettura romana, edificato per celebrare imperatori o per commemorare vittorie militari | ***a. trionfale***, grande arco che nelle basiliche cristiane raccorda l'abside con la navata centrale o col transetto | ***a. scenico***, V. *arcoscenico* **4** (*est.*) struttura, formazione, linea e sim., arcuata: *l'a. delle sopracciglia, dell'orizzonte; precipitazioni sull'a. alpino* | (*lett.*) ***l'a. del cielo, l'a. celeste***, la volta celeste | ***ad a.***, piegato ad arco | (*anat.*) ***a. dell'aorta***, tratto arcuato dell'aorta toracica, fra la porzione ascendente e quella discendente | (*anat.*) ***a. neurale, vertebrale***, componente dorsale della vertebra che assieme al corpo della stessa delimita lo spazio attraversato dal midollo spinale | (*anat.*) ***a. orale***, complesso scheletrico mascellare e mandibolare | (*fisiol.*) ***a. riflesso***, semplice circuito nervoso costituito da un neurone afferente che conduce lo stimolo e da una via efferente che conduce la risposta | (*astron.*) ***a. diurno, notturno***, traiettoria apparente descritta sulla sfera celeste da un astro rispettivamente sopra e sotto l'orizzonte | (*geol.*) ***archi insulari***, festoni di isole allineate e disposte ad arco lungo un margine di continente, che sono sede di attività vulcanica e di terremoti **5** (*fis.*) ***a. voltaico, a. elettrico***, o (*assol.*) ***arco***, arco luminoso che si forma al passaggio della corrente nell'atmosfera fortemente ionizzata che si crea tra due elettrodi di carbone collegati a una sorgente elettrica | ***lampada ad a.***, sorgente luminosa che utilizza l'emissione di un arco elettrico fra due elettrodi di carbone | ***saldatura ad a.***, processo di saldatura che sfrutta il calore prodotto dallo scoccare di un arco voltaico **6** (*polit.*) ***a. costituzionale***, nei decenni successivi alla seconda Guerra mondiale, l'insieme dei partiti che collaborarono alla stesura della Costituzione italiana **7** (*fig.*) periodo di tempo caratterizzato da una fase ascendente e una discendente: *l'a. degli anni, della vita; nell'a. di quattro secoli quella civiltà si sviluppò e decadde* **8** (*mus.*) bacchetta di legno lungo la quale è teso un fascio di crini di cavallo, usata per far vibrare le corde di determinati strumenti musicali **SIN.** archetto | ***strumenti ad a., gli archi*** (*per anton.*), strumenti a corda che si suonano con l'arco (violino, viola, violoncello, contrabbasso) | ***a. musicale***, strumento cordofono costituito da un arco su cui è tesa una corda da pizzicare, esistente già dalla preistoria || **archétto**, **dim.** (V.) | †**arconcèllo**, **dim.** | **arcóne**, **accr.** | (*lett.*) **arcùccio**, **dim.**

SFUMATURE DI SIGNIFICATO
arco - volta - fornice
In architettura, si chiama **arco** ogni struttura portante curvilinea, poggiata su colonne, piloni e simili, che ha la funzione di scaricare a terra il peso delle costruzioni sovrastanti. Lo spazio, l'apertura delimitata da un arco si definisce **fornice**. La **volta** è invece una copertura curva: un soffitto semicilindrico, la superficie interna di una cupola.

♦**arcobaléno** [comp. di *arco* e *baleno* ✱ 1481] **s. m.** ● fenomeno ottico dovuto alla rifrazione dei raggi del sole su gocce d'acqua sospese nell'aria che appare generalmente nel corso di un temporale, oppure in prossimità di una cascata; è costituito da uno, talora due o molto raramente tre archi di cerchio composti dalla sequenza dei colori dello spettro solare (dal rosso al violetto)

arcobalèstro [lat. tardo *arcuballĭsta(m)*; V. *arco* e *balestra* ✱ av. 1292] **s. m.** ● antica arma romana che lanciava frecce, dalla quale deriva la balestra

arcocosecànte [comp. di *arco* e *cosecante* ✱ 1965] **s. m.** ● (*mat.*) misura, solitamente in radianti, dell'arco del quale il numero dato è la cosecante

arcocoséno [comp. di *arco* e *coseno* ✱ 1959] **s. m.** ● (*mat.*) misura, solitamente in radianti, dell'arco del quale il numero dato è il coseno

arcocotangènte [comp. di *arco* e *cotangente* ✱ 1965] **s. m.** ● (*mat.*) misura, solitamente in radianti, dell'arco del quale il numero dato è la cotangente

arcolàio [da *arcora*, ant. pl. di *arco* ✱ 1353] **s. m.** (**pl.** *-ai*) ● strumento costituito da bacchette di legno che, girando su un perno, permette di dipanare una matassa **SIN.** bindolo, dipanatoio, guindolo, incannatoio

arcontàto [av. 1823] **s. m.** ● titolo, carica e dignità di arconte | durata di tale carica

arcónte [vc. dotta, lat. tardo *archŏnte(m)*, dal gr. *árchōn*, da *archós* 'comandante, capo' ✱ 1587] **s. m.** ● nell'antico diritto greco, il magistrato ateniese cui erano affidati i compiti più importanti

Arcosàuri [comp. del gr. *archo-* 'che sta al principio' e il pl. di *sauro* ✱ 1961] **s. m. pl.** (**sing.** *-o*) ● (*zool.*) sottoclasse dei Rettili, attualmente rappresentata dai soli Loricati, ma in passato costituita da numerosi gruppi di aspetto terrificante, tra i quali le forme terrestri note come Dinosauri

arcoscènico o **àrco scènico** [comp. di *arco* e *scenico* ✱ 1921] **s. m.** (**pl.** *-ci*) ● arco di varia profondità, che collega la sala teatrale con il palcoscenico

arcosecànte [comp. di *arco* e *secante* ✱ 1970] **s. f.** ● (*mat.*) misura, solitamente in radianti, dell'angolo del quale il numero dato è la secante

arcoséno [comp. di *arco* e *seno* ✱ 1955] **s. m.** ● (*mat.*) misura, solitamente in radianti, dell'arco del quale il numero dato è il seno

arcosòlio o **arcosòglio** [comp. del lat. *ărcus* 'arco' e di *sŏlium* 'sepolcro' ✱ 1892] **s. m.** ● sepoltura in uso spec. nelle catacombe, consistente in una nicchia, per lo più a forma di arco, scavata nel muro, nella quale veniva incassato il sarcofago

a

arcotangènte [comp. di *arco* e *tangente* ✻ 1959] **s. f.** ● (*mat.*) misura, solitamente in radianti, dell'angolo la cui tangente è il numero dato

arcòvolo [etim. incerta ✻ 1953] **s. m.** ● (*archit.*) in un anfiteatro romano, ambiente con volta ad arco che mette in comunicazione l'esterno con l'interno: *gli arcovoli dell'Arena di Verona*

arctaziòne [vc. dotta, lat. tardo *arctatiōne(m)*, da *ărctus* 'stretto' ✻ 1970] **s. f.** ● (*med.*) coartazione

àrcto- o **àrto-** [dal gr. *árktos* 'orso' (d'orig. indeur.)] **primo elemento** ● in parole composte significa 'orso', o indica relazione con gli orsi: *arctocefalo, artocebo*

arctocèfalo [comp. di *arcto-* e *-cefalo* ✻ 1955] **s. m.** ● (*zool.*) genere di Mammiferi dei Pinnipedi con muso allungato, orecchie corte e pelliccia molto pregiata (*Arctocephalus*)

Arctòidi [comp. di *arcto-* e *-oidi* ✻ 1955] **s. m. pl.** (**sing.** *-e*) ● (*zool.*) orsiformi

arcuàre [vc. dotta, lat. *arcuāre*, da *ărcus* 'arco' ✻ 1550] **A v. tr.** (*io àrcuo, noi arcuiàmo*) ● piegare ad arco: *a. un ferro, la schiena* **B arcuàrsi v. rifl.** ● piegarsi ad arco: *lo vidi arcuarsi sotto il peso*

arcuàto **part. pass.** di *arcuare*; anche **agg.** ● piegato ad arco: *ponticello a.*; *sopracciglia arcuate*

ardèa [lat. *ardĕa*, specie di airone ✻ sec. XIII] **s. f.** ● genere di Uccelli dei Ciconiformi comprendente dodici specie tra le quali la maggior parte degli aironi (*Ardea*)

ardeatìno [vc. dotta, lat. *Ardeatīnu(m)* 'della città di Ardea' ✻ 1554] **A agg. 1** di Ardea, in provincia di Roma **2** relativo al massacro delle Fosse Ardeatine avvenuto il 24 marzo 1944 **B s. m.** (**f.** *-a*) ● abitante o nativo di Ardea

Ardèidi [vc. dotta, comp. di *ardea* e *-idi* ✻ 1955] **s. m. pl.** (**sing.** *-e*) ● (*zool.*) famiglia di Uccelli dei Ciconiformi cui appartengono gli aironi e i tarabusi (*Ardeidae*)

ardènte **part. pres.** di *ardere*; anche **agg. 1** che arde **2** (*est.*) ***sole a.***, cocente | ***sabbia a.***, infuocata | ***camera a.***, locale parato a lutto, con ceri e fiori, dove viene esposta la salma, prima che le si rendano gli onori funebri | (*disus.*) ***acqua a.***, acquavite **3** (*fig.*) impetuoso, animoso: *cuore, carattere a.* | acceso, eccitato (+ *di*): *a. d'ira, di passione* | appassionato: *amore, invocazione a.* | (*lett.*) desideroso, bramoso: *un duca a. di conquiste* (A. Manzoni) | brillante, luminoso: *occhio, sguardo, colore a.* **4** †acre, piccante **5** (*mar.*) orziero ‖ **ardenteménte**, **avv.** con ardore

ardènza [da *ardere* ✻ 1547] **s. f.** ● (*lett.*) ardore, veemenza

✦**àrdere** [lat. *ardēre*, da *arēre* 'essere secco' ✻ av. 1250] **A v. tr.** (**pass. rem.** *io àrsi, tu ardésti*; **part. pass.** *àrso*) **1** bruciare: *a. la legna*; *a. una casa*; *a. gli eretici sul rogo* **2** inaridire, seccare: *il gelo arse le piantine*; *il solleone ha arso la campagna* **3** (*fig., lett.*) infiammare di passione: *E so ben ch'i' vo dietro a quel che m'arde* (F. Petrarca) **B v. intr.** (**aus.** *essere*) **1** essere acceso, in fiamme: *il fuoco arde nel caminetto*; *la legna arde nella stufa* | risplendere: *le fiaccole ardevano nella notte* **2** (*fig.*) essere intenso, forte, detto di sentimenti, passioni e sim.: *l'ira gli arde in petto* **3** (*fig.*) provare intensamente una passione, un sentimento (+ *di*, + *da*, *raro* + *per*): *ardere d'ira, d'amore, dal desiderio di fare qlco.*; *ardo per quei begli occhi amabili* (C. Goldoni) **4** essere molto caldo, emanare calore intenso: *a. di febbre*; *la strada arde sotto il sole*; *senti come arde il sole* **5** (*fig., lett.*) infierire, imperversare: *accorrere dove arde la mischia*

ardèsia [fr. *ardoise*, di etim. incerta ✻ 1741] **A s. f. 1** roccia scistosa argillosa facilmente divisibile in lastre sottili di colore grigio o verdastro; è usata per la copertura di tetti, per lavagne ecc. **2** colore grigio bluastro caratteristico della sostanza omonima: *cielo d'a.* **B in funzione di agg. inv.** ● (posposto al sost.) nella loc. ***grigio a.***, detto delle tonalità di grigio tendente al blu, tipica dell'omonimo minerale: *abito, tessuto grigio a.*

àrdica [gr. biz. *nárthēka*, per il classico *nárthēx*, genit. *nárthēkos* 'nartece' ✻ 1955] **s. f.** ● portico delle basiliche paleocristiane ravennati

ardiglióne [ant. fr. *hardillon*, dal francone **hard* 'filo ritorto' ✻ av. 1367] **s. m. 1** ferretto acuminato per la chiusura della fibbia **2** piccola punta acuminata all'interno della curvatura dell'amo per impedire lo sganciamento del pesce SIN. barbiglio

✦**ardiménto** [1261 ca.] **s. m. 1** (*lett.*) coraggio: *mostrare il proprio a.* **2** (*lett.*) impresa ardita | (*fig.*) audacia letteraria: *gli ardimenti di un poeta*

ardimentóso (o *-s-*) [1300 ca.] **agg.** ● audace, coraggioso: *giovane, atto, gesto a.* ‖ **ardimentosaménte**, **avv.** in modo ardito: *agire ardimentosamente*

✦**ardìre** ① [francone **hardjan* 'render duro' ✻ 1268] **A v. tr.** (*io ardìsco, tu ardìsci*; **part. pres.** †*ardènte*) ● osare, avere coraggio di fare qlco. (+ **inf.**, + *di* **seguito da inf.**; (*lett.*) **qlco.**): *non ardiva protestare*; *non ardì di presentarsi al padre*; *l'altezza de' Troian che tutto ardiva* (Dante *Inf.* XXX, 14) **B v. intr.** (**aus.** *avere*) e (*lett.*) **ardìrsi v. intr. pron.** ● (*lett.*) azzardarsi, arrischiarsi (+ *a* **seguito da inf.**): *niuno si ardiva a rispondere* (N. Machiavelli)

✦**ardìre** ② [da *ardire* ① ✻ 1250 ca.] **s. m.** (**pl.** *raro -i*) ● audacia, coraggio, spec. eccessivo e temerario: *mostrare un grande a. in battaglia* | (*est.*) impudenza: *il suo a. non conosce limiti*

arditézza [av. 1257] **s. f.** ● caratteristica di chi (o di ciò che) è ardito

arditìsmo [da *ardito* ✻ 1921] **s. m.** ● arditezza, atteggiamento spesso retorico tipico degli Arditi durante e dopo il primo conflitto mondiale, fatto di sprezzo del pericolo, gusto dell'avventura, esaltazione della lotta cruenta

✦**ardìto** **A part. pass.** di *ardire* ①; anche **agg. 1** coraggioso: *spirito a.* | (*raro*) temerario, spavaldo: *comportamento a.* | impertinente, insolente, sfacciato: *frasi, parole, ardite*; *complimento a.* | ***fare a.***, (*lett.*) rendere audace | ***farsi a.***, prendere coraggio | †***essere a. a fare qlco.***, avere il coraggio **2** (*fig.*) nuovo, originale: *concetto a.*; *idea, immagine ardita* **3** (*tosc.*) erto, ripido: *strada ardita* | †***essere a. a fare qlco.***, avere il coraggio ‖ **arditaménte**, **avv.** **B s. m.** ● soldato dei reparti costituiti, durante la guerra 1915-18, con personale particolarmente addestrato per azioni rischiose d'assalto

SFUMATURE DI SIGNIFICATO

ardito - impavido - temerario

Chi è coraggioso e non si tira indietro di fronte ai pericoli si definisce **ardito** o **impavido**; il primo termine può suggerire una sfumatura di spavalderia eccessiva, di superficialità nel valutare i rischi e di avventatezza nell'affrontarli. In questa accezione *ardito* è sinonimo di **temerario**, che descrive appunto chi è troppo audace e imprudente.

SFUMATURE ➤ ***intrepido***, ➤ ***prode***

arditóre [da *ardere* ✻ 1819] **s. m.** (**f.** *-trice*) ● operaio addetto nelle fonderie all'accensione dei forni

-àrdo [originariamente suff. germ., impiegato come secondo elemento di n. di pers., denotante una qualità espressa dalla prima parte del n. (*Adalbard* 'uomo di grande nobiltà'); acquistò poi un'autonomia semantica a carattere spec. spreg.] **suff. 1** forma aggettivi, spesso denominali e quasi sempre sostantivati, di valore spregiativo o che indicano generalmente una qualità negativa: *beffardo, bugiardo, codardo, infingardo, testardo, vegliardo*; *gagliardo* **2** forma anche sostantivi etnici: *savoiardo, nizzardo*

✦**ardóre** [vc. dotta, lat. *ardōre(m)*, da *ardēre* 'ardere' ✻ 1250 ca.] **s. m. 1** calore intenso: *l'a. della canicola* | (*fig.*) arsura **2** (*fig.*) passione, sentimento intenso: *desiderare con a. qlcu. o qlco.* | (*lett.*) eccitazione: *a. carnale* **3** alacrità, fervore: *lavorare, studiare con a.* **4** †fiamma, fuoco **5** †violenza, furore **6** (*per anton.*) †lo Spirito Santo

arduità [vc. dotta, lat. *arduitāte(m)*, da *ărduus* 'arduo' ✻ av. 1328] **s. f. inv.** ● (*lett.*) caratteristica di ciò che è arduo: *vedevano l'a. della proposta* (P. Sarpi)

✦**àrduo** [vc. dotta, lat. *ărduu(m)*, di etim. incerta ✻ av. 1306] **agg. 1** (*lett.*) erto, ripido: *pendio, sentiero a.* | (*lett.*) elevato, alto: *Ardua la vetta si perde nella sera* (G. Carducci) **2** (*fig.*) difficile a compiersi, a comprendersi, a risolversi e sim.: *impresa ardua*; *passo, concetto a.*; *affare, caso a.* ‖ **arduaménte**, **avv.** (*raro*) con difficoltà

SFUMATURE ➤ ***laborioso***

-àre ① [dalla desinenza lat. dei v. della prima coniug. (*-āre*)] **suff.** ● costituisce la desinenza dell'infinito dei verbi della prima coniugazione: *mangiare, parlare, studiare*

-àre ② [dal suff. agg. lat. *-āre(m)*, parallelo di *-āle(m)*, usato quando nel tema vi era una *-l-*; per es. *lunāre(m)*, anziché *lunāle(m)*] **suff.** ● forma aggettivi di origine latina o tratti da sostantivi che indicano 'qualità', 'relazione': *ancillare, crepuscolare, esemplare, militare, polmonare, salutare, titolare*

✦**àrea** [vc. dotta, lat. *ārea(m)*. V. *aia* ✻ av. 1327] **s. f. 1** spazio delimitato di terreno: *i giardini pubblici occupano una vasta a.* | ***a. fabbricabile***, destinata alla costruzione di edifici | ***a. di servizio***, spiazzo munito di attrezzature per assistenza ad automobilisti e rifornimento a riparazioni ad autoveicoli | (*sport*) nei giochi di palla, zona del campo opportunamente delimitata | ***a. di rigore***, nel calcio, zona nella quale i falli dei difensori subiscono la punizione del calcio di rigore | ***a. di porta***, (*gerg.*) ***a. piccola***, nel calcio, zona da cui si può rimettere in gioco la palla uscita dalla linea di fondo; nella pallamano, zona riservata esclusivamente al portiere | (*per anton.*) area di rigore: *entrare in a.* | ***a. di partenza***, nel golf, zona da cui si effettua il primo tiro per ogni buca **2** (*mat.*) misura dell'estensione di una superficie **3** (*est.*) parte, zona, regione e sim., interessata da particolari avvenimenti o fenomeni: *a. di alte, di basse pressioni*; *a. ciclonica, anticiclonica* | ***a. linguistica***, che presenta un fatto o un insieme di fatti linguistici particolari | (*anat.*) ***a. corticale***, (*ellitt.*) ***area***, porzione della corteccia cerebrale distinta dalle circostanti per struttura e funzione | ***a. monetaria, a. del dollaro, della sterlina e sim.***, in cui le contrattazioni internazionali avvengono praticamente in base a una sola unità monetaria, quale il dollaro, la sterlina e sim. | ***a. depressa, sottosviluppata***, caratterizzata da una situazione economica e sociale di persistente povertà, sottosviluppo e sim. | ***a. metropolitana***, circoscrizione amministrativa che raggruppa il comune di una grande città e i comuni limitrofi | (*tel.*) ***a. locale***, ciascuna delle aree geografiche in cui è suddiviso il territorio nazionale agli effetti del servizio telefonico **4** (*fig.*) raggruppamento, schieramento, settore: *le aree politiche parlamentari*; *a. di destra, di centro, di sinistra* | settore, àmbito: *a. culturale* | (*ling.*)

a. di dispersione, insieme delle varie realizzazioni di un fenomeno
SFUMATURE ➤ *spazio*

àrea Cèlsi [loc. lat., propr. 'area di Celso', che per primo la descrisse ✱ 1892] **loc. sost. f. inv.** (**pl. lat.** *areae Celsi*) ● (*med.*) chiazza glabra, rotondeggiante, sul cuoio capelluto, dovuta alla mancanza di capelli **SIN.** alopecia areata

areàle [1942] **A agg.** ● relativo a un'area | (*ling.*) ***linguistica a.***, quella che considera i fenomeni linguistici secondo la loro distribuzione geografica | (*fis.*) ***velocità a.***, rapporto fra l'area descritta da un segmento orientato che ruota o si muove altrimenti in un piano e l'intervallo di tempo impiegato per descriverla || **arealménte**, **avv. B s. m.** ● (*biol.*) area occupata da una specie che, supposta originaria di un dato luogo, si è diffusa fino a che non ha trovato ostacoli alla sua espansione e la sua capacità moltiplicativa: *i caprioli ... occupano areali a loro inusitati* (M. RIGONI STERN)

àrea mànager /,area'manadʒer, *ingl.* 'ɛəriə,mænɪdʒə(r)/ [loc. ingl., 'dirigente, capo (*manager*) di una zona (*area*) di vendita'. V. *area* e *manager* ✱ 1979] **loc. sost. m. e f. inv.** (**pl. ingl.** *area managers*) ● (*org. az.*) capoarea

areàre ● (*evit.*) ➤ **aerare**

area tèst /,area'tɛst, *ingl.* 'ɛəriə,tɛst/ ➤ **test**

areàto [da *area* ✱ 1967] **agg.** ● (*med.*) circoscritto, limitato a una o più aree, nella loc. ***alopecia areata***

arèca [portog. *areca*, di orig. malese ✱ 1525] **s. f.** ● palma con foglie pennate e frutto a drupa (*Areca catechu*)

areddituàle [comp. di *a-*① e *reddituale* ✱ 1995] **agg.** ● che prescinde dal reddito, che non attiene al reddito: *il danno biologico coinvolge la sfera a. di un soggetto* **CFR.** reddituale

arèico① [comp. di *a-*① e un deriv. del gr. *rêin* 'scorrere, fluire' ✱ 1955] **agg.** (**pl. m.** *-ci*) ● che è privo di corsi di acqua per scarsa piovosità o per considerevole evaporazione: *regione, zona areica*

arèico② [da *area* e *-ico* ✱ 1963] **agg.** (**pl. m.** *-ci*) ● (*fis.*) riferito all'area, detto di grandezza fisica: *carica, massa areica*

areligióso (o *-ṣ-*) [comp. di *a-*① e *religioso* ✱ 1906] **agg.** ● che prescinde dalla religione, che non ha religione || **areligiosaménte**, **avv.** || **areligiosità**, **s. f. inv.**

arèlla [vc. sett., dim. del lat. *hāra* 'porcile', di orig. indeur. (?) ✱ 1803] **s. f.** ● graticcio di canna palustre usato per essiccare frutti, per fare ombra o per allevare bachi da seta

arèm o **àrem** ➤ **harem**

arèmme ➤ **harem**

aréna① (o *-è-*), **réna** nel sign. 1 [vc. dotta, lat. *arēna(m)*, prob. di orig. etrusca ✱ 1282] **s. f. 1** (*lett.* o *raro*) sabbia: *a. di mare, di fiume*; *mischiare la rena con calce* | ***seminare nell'a., costruire sull'a.***, (*lett.*) fare qlco. di inutile **2** (*lett.*) lido marino | (*est.*) terra, suolo **3** (*med.*) calcolo renale || †**arenèlla**, **dim.** | †**renèlla**, **dim.** (V.)

arèna② (o *-é-*) [vc. dotta, lat. *arēna(m)* 'anfiteatro (sparso di sabbia)', da *arēna* 'sabbia' ✱ av. 1292] **s. f. 1** spazio pianeggiante situato al centro degli antichi anfiteatri, nel quale si svolgevano i ludi gladiatorii | ***scendere nell'a.***, (*fig.*) affrontare la lotta, scendere in campo | ***a. del circo***, pista **2** anfiteatro | resti di un anfiteatro classico, a volte ancora utilizzati per manifestazioni pubbliche, spettacoli e sim.: *stagione operistica all'A. di Verona* | (*est.*) cinema o teatro all'aperto **3** (*est.*) campo di gara, di competizione, spec. stadio calcistico o di atletica | luogo adibito allo svolgimento della corrida

arenàceo [vc. dotta, lat. *arenăceu(m)*, da *arena* 'rena' ✱ av. 1599] **agg.** ● che è composto o ha natura di sabbia: *roccia arenacea*

arenaménto o (*lett.*) **arrenaménto** [1395] **s. m. 1** l'arenarsi **2** (*fig.*) fermata, impedimento **3** deposito di sabbia che rialza il fondo di un alveo

arenàre o (*lett.*) **arrenàre** [da *arena*① ✱ sec. XIII] **v. intr.** (*io aréno* o *arèno* **ecc.**; **aus.** *essere*) **e arenàrsi v. intr. pron. 1** andare in secco nella sabbia, detto di imbarcazioni **2** (*fig.*) fermarsi per il sopraggiungere di impedimenti: *l'affare si arenò*; *la conversazione si è arenata*

arenària [da *arena*① ✱ 1714] **s. f. 1** (*geol.*) roccia detritica costituita da granuli sabbiosi cementati più o meno tenacemente **2** genere di piante erbacee delle Cariofillacee con foglie opposte, fiori solitari e frutto a capsula (*Arenaria*)

arenàrio [vc. dotta, lat. tardo *arenāriu(m)*, da *arēna* 'arena'② ✱ sec. XIV] **agg.** ● di sabbia

arengàrio [da *arengo* ✱ 1935] **s. m.** ● palazzo municipale tipico spec. dell'Italia settentrionale, caratterizzato da un balcone esterno per arringare il popolo | nel periodo fascista, costruzione con funzioni simili

aréngo (o *-è-*) o **arringo** [V. *arringo* ✱ 1342] **s. m.** (**pl.** *-ghi*) ● nel Medioevo, assemblea popolare comunale | (*est.*) luogo in cui l'assemblea si riuniva

arenìcola [comp. di *arena*① e *-cola* ✱ 1829] **s. f.** ● genere di Anellidi marini dei Policheti con branchie a forma di ciuffi sporgenti (*Arenicola*)

arenìcolo [comp. di *arena*① e *-colo* ✱ 1874] **agg.** ● detto di organismo animale o vegetale che vive nella sabbia

arenìle [1490] **s. m.** ● tratto sabbioso della spiaggia marina o della riva di fiumi e laghi

arenóso (o *-ṣ-*) o **renóso** (o *-ṣ-*) [lat. *arenōsu(m)*, da *arēna* 'arena'① ✱ 1282] **agg. 1** sabbioso **2** (*fig.*, *lett.*) instabile, malfermo || **arenosità** o **renosità**, **s. f. inv.** natura di ciò che è sabbioso; aspetto sabbioso

arènte [vc. dotta, lat. *arĕnte(m)*, part. pres. di *arēre* 'essere secco', di orig. indeur. ✱ 1450 ca.] **agg.** ● (*lett.*) arido

àreo- ● (*evit.*) ➤ **aero-**① e **aero-**②

areogràmma [comp. di *are(a)* e *-gramma* ✱ 1955] **s. m.** (**pl.** *-i*) ● (*stat.*) diagramma di forma circolare in cui l'ampiezza degli spicchi è proporzionale alla grandezza dei valori **SIN.** grafico a torta

arèola [vc. dotta, lat. *arĕola(m)*, dim. di *ārea* 'area' ✱ sec. XIV] **s. f. 1** piccola superficie **2** (*anat.*) area di cute bruna attorno al capezzolo: *a. mammaria* **SIN.** aureola

areolàre [1955] **agg. 1** relativo a un'areola **2** areale: *velocità a.*

areolàto [1955] **agg.** ● dotato di areola

areometrìa [comp. del gr. *araiós* 'leggero' e *-metria* ✱ 1865] **s. f. 1** (*fis.*) determinazione del peso specifico di liquidi e solidi **2** in geotecnica, esame granulometrico della parte di un terreno costituita da limo e argilla

areòmetro [comp. del gr. *araiós* 'leggero' e di *-metro* ✱ 1771] **s. m.** ● (*fis.*) apparecchio usato per determinare il peso specifico o la densità di liquidi e di solidi | ***a. a peso costante***, densimetro | ***a. a volume costante***, per la determinazione della densità di solidi o liquidi

areonàutica ● (*evit.*) ➤ **aeronautica**

areopagìta [vc. dotta, lat. *Areopagīte(m)*, dal gr. *Areiopagítēs*, da *Áreios págos* 'areopago' ✱ sec. XIV] **s. m.** (**pl.** *-i*) ● giudice facente parte dell'Areopago

areopagìtico [vc. dotta, lat. *Areopagīticu(m)*, da *Areiopagítēs* 'areopagita' ✱ 1607] **agg.** (**pl. m.** *-ci*) ● relativo all'Areopago e ai suoi membri

areòpago o **areopàgo** [vc. dotta, lat. *Areŏpagu(m)*, dal gr. *Áreios págos*, propr. 'monte di Ares', comp. di *Árēs* 'Ares' e *págos* 'collina, rialzo' da *pēgnýnai* 'conficcare, fissare', di orig. indeur. ✱ av. 1326] **s. m.** (**pl.** *-ghi*) **1** (gener. con iniziale maiuscola) nell'antica Atene, il supremo tribunale con competenze anche politiche **2** (*fig.*, *lett.*) alto e importante consesso (*anche iron.*): *quel piccolo a. di buontemponi* (I. NIEVO)

areoplàno ● (*evit.*) ➤ **aeroplano**

areopòrto ● (*evit.*) ➤ **aeroporto**

areòstilo [vc. dotta, lat. *araeostȳlo(n)*, comp. del gr. *araiós* 'non denso', di etim. incerta, e *-stilo* ✱ av. 1758] **A s. m.** ● tipo d'intercolunnio nel quale le colonne si trovano disposte a tre diametri di distanza l'una dall'altra **B agg.**; **anche s. m.** ● detto di tempio con tale intercolunnio

aretìno [lat. *arretīnu(m)*, da *Arrētium* 'Arezzo' ✱ av. 1292] **A agg.** ● di Arezzo: *ceramiche aretine* **B s. m.** (**f.** *-a*) ● abitante o nativo di Arezzo | ***l'Aretino***, (*per anton.*) Pietro Aretino, scrittore (1492-1556)

aretuṣèo [dal lat. *arethusăeu(m)*, da *Arethūsa* 'Aretusa', la ninfa che per sfuggire al dio Alfeo si rifugiò sull'isola siracusana di Ortigia, dove Diana la trasformò in fonte ✱ 1761] **agg.** ● siracusano

arf [vc. onomat.] **inter.** ● nei fumetti, voce che riproduce il verso di un cane che cerca di attirare l'attenzione su di sé

arfaṣàtto [da *Arfassad*, re dei Medi ✱ av. 1587] **s. m.** ● (*disus.*) uomo sciocco, volgare e arruffone: *Sulla terra ancor non videsi / un più gracile a.* (A. BOITO)

argàli [persiano *ärgālī* 'pecora selvatica' ✱ 1874] **s. m. inv.** ● grossa pecora asiatica selvatica fornita di robuste corna (*Ovis ammon*)

argàn [vc. berbera, propr. 'olio' ✱ av. 1557] **s. m. inv.** ● (*bot.*) albero delle Sapotacee endemico del Marocco (*Argania spinosa*) | ***olio di a.***, olio ricco di acidi grassi antiossidanti e di vitamine A ed E, estratto dai semi di tale albero per usi cosmetici o alimentari

arganìsta [av. 1803] **s. m. e f.** (**pl. m.** *-i*) ● addetto alla manovra di un argano

àrgano [lat. parl. **ărganu(m)*, dal gr. *tà órgana*, pl. di *órganon* 'attrezzo' ✱ 1314] **s. m.** ● apparecchio di sollevamento costituito da un cilindro di legno o metallo su cui si avvolge la fune portante, trascinato in rotazione da un motore, o azionato manualmente mediante manovella | ***con gli argani, a forza d'argani***, (*fig.*, *lett.*) con grande fatica, difficoltà e sim. || **arganèllo**, **dim.** | **arganétto**, **dim.**

argànte [da *Argante*, personaggio della Gerusalemme Liberata del Tasso ✱ 1923] **s. m. 1** arganista, in teatri antichi **2** palo un tempo collocato tra le quinte dei teatri, sul quale si affiggeva una lista degli attori secondo l'ordine di entrata in scena | reggilume mobile, a tre piedi, usato un tempo per illuminare il palcoscenico

argàto [dal grecismo serbo *àrgatin* 'lavoratore giornaliero, bracciante' ✱ 1984] **s. m.** (**f.** *-a*) ● bambino rapito o comprato da nomadi e avviato al furto o all'accattonaggio

argentàna [1871] **s. f.** ● correntemente, argentone, alpacca

argentàre [lat. tardo *argentāre*, da *argĕntum* 'argento' ✱ av. 1472] **v. tr.** (*io argènto*) ● rivestire di un sottile strato di argento la superficie di un oggetto: *a. a foglia, ad amalgama*

argentària [dal colore *d'argento* delle foglie ✱ 1845] **s. f.** ● pianta erbacea perenne delle Composite con foglie lanose argentee e fiori gialli (*Jacea ragusina*)

argentàrio [vc. dotta, lat. *argentāriu(m)*, da *argĕntum* 'argento' ✱ av. 1342] **A agg. 1** †che contiene argento, che è simile all'argento **2** relativo agli argentieri **B s. m. 1** (*lett.*) argentiere **2** nella Roma antica, colui che svolgeva attività bancaria

argentàto part. pass. di *argentare*; anche agg. **1** ricoperto di uno strato di argento **2** che ha il colore o la lucentezza dell'argento: *foglie argentate* | ***carta argentata***, lamina d'alluminio per avvolgere sostanze alimentari deperibili **3** detto di mantello o di piumaggio che presenta un riflesso grigio brillante: *il manto a. del cincillà; volpe argentata*

argentatóre [1324] s. m. (f. *-trice*); anche agg. ● chi (o che) argenta

argentatùra [1829] s. f. **1** operazione dell'argentare **2** rivestimento più o meno sottile di argento

argent de poche /fr. aʀ͵ʒɑ̃d'pɔʃ/ [loc. fr., propr. 'denaro di tasca' * 1905] loc. sost. m. inv. ● denaro per le piccole spese

◆**argènteo** [vc. dotta, lat. *argĕnteu(m)*, da *argĕntum* 'argento' * 1282] **A** agg. **1** d'argento **2** che ha il colore, lo splendore dell'argento: *chiome argentee; metallo a.* | (*lett.*) argentino: *riso a.* | ***periodo a.***, epoca letteraria, spec. della letteratura latina, successiva al periodo aureo **B** s. m. ● moneta d'argento di Diocleziano

argenterìa [av. 1400] s. f. ● complesso di oggetti d'argento, quali vasellame, posate e sim.: *l'a. di famiglia; apparecchiare la tavola con l'a.; hanno rubato tutta l'a.* | ***a. di famiglia***, (*fig.*) i beni che in caso di necessità costituiscono una riserva preziosa

argentièra [da *argento* * 1219] s. f. ● miniera o cava d'argento

argentière [lat. *argentāriu(m)* 'argentaio', attrav. il fr. *argentier* * 1310] s. m. (f. *-a*) **1** artigiano che lavora l'argento | chi vende oggetti d'argento **2** †banchiere

argentìfero [comp. di *argento* e *-fero* * 1664] agg. ● che contiene argento: *terreni argentiferi* | ricco di argento: *filone a.*

argentìna① [da *argento*, per il colore delle squame * 1829] s. f. **1** genere di Osteitti dei Salmonidi con scaglie argentee utilizzate per produrre perle artificiali (*Argentina sphyraena*) **2** anguilla giunta alla maturità sessuale, caratterizzata da un ventre argenteo

argentìna② [da *argento*, per il colore * 1550] s. f. ● pianta erbacea delle Rosacee con foglie composte argentee nella pagina inferiore e piccoli fiori gialli (*Potentilla anserina*)

argentìna③ [dal nome della Repubblica Argentina, dove cominciò l'uso * 1953] s. f. ● maglia a girocollo, con maniche lunghe, usata in origine dagli sportivi

argentìno① [da *argento* * 1438] agg. **1** (*lett.*) che ha il colore, lo splendore dell'argento: *un laghetto, limpido ed a. come la faccia d'uno specchio* (I. NIEVO) | †***pesce a.***, argentina **2** che ha un suono chiaro e limpido, simile al timbro dell'argento percosso: *un'argentina voce di fanciulla*

◆**argentìno**② [1850] **A** agg. ● dell'Argentina: *prateria argentina; tango a.* **B** s. m. (f. *-a*) ● abitante o nativo dell'Argentina

argentìte [comp. di *argento* e *-ite*② * 1955] s. f. ● (*miner.*) solfuro di argento in cristalli cubici color piombo dalla lucentezza metallica

◆**argènto** o †**arìento** [lat. *argĕntu(m)*, da avvicinare al gr. *argós* 'chiaro, brillante' * 1219] s. m. **1** elemento chimico, metallo nobile, bianco, duttile e malleabile, ottenuto per coppellazione dai suoi minerali arricchiti; è usato per monili, oggetti di lusso, leghe per monete, gelatine fotografiche e conduttori SIMB. Ag NUM. AT. 47 CFR. argiro- | ***medaglia d'a.***, (*ellitt.*) ***argento***, quella assegnata al secondo classificato in una competizione sportiva | ***a. vivo***, (*pop.*) mercurio | (*fig.*) ***avere l'a. vivo addosso***, essere molto irrequieto, non poter stare fermo | (*fig.*) ***nozze d'a.***, venticinquesimo anniversario di matrimonio **2** (*est.*) ciò che è bianco e lucente come l'argento: *l'a. della luna, dei capelli* | ***d'a.***, argenteo | ***capelli d'a.***, canuti **3** oggetto d'argento | ***gli argenti***, argenteria, vasellame, arredi sacri d'argento **4** (*raro, lett.*) moneta d'argento, denaro: *El piange qui l'a. de' Franceschi* (DANTE *Inf.* XXXII, 115)

argentóne [1840] s. m. ● correntemente, alpacca, argentana

argìlla [lat. *argĭlla(m)*, dal gr. *árgillos*, da avvicinare ad *argós* 'bianco' * 1340 ca.] s. f. ● roccia sedimentaria formatasi con il consolidamento di fango alluvionale, usata, per le sue qualità plastiche, nella fabbricazione della ceramica | (*edil.*) ***a. espansa***, quella trattata industrialmente per ottenere materiale poroso, gener. sotto forma di piccole sfere, con elevata capacità di isolamento termico e acustico | (*poet.*) ***creata, mortale a.***, corpo umano | ***con i piedi d'a.***, (*fig.*) fragile, intrinsecamente debole: *una riforma con i piedi d'a.*

argillàceo [vc. dotta, lat. *argillāceu(m)*, da *argilla* 'argilla' * 1779] agg. ● di argilla | che ha le proprietà dell'argilla

argillóso (o -ṣ-) [vc. dotta, lat. *argillōsu(m)*, da *argilla* 'argilla' * 1340 ca.] agg. **1** che contiene argilla: *terreno a.* | ricco di argilla: *sedimento a.* **2** simile all'argilla, per qualità e sim.: *materiale a.* || **argillosità**, s. f. inv. natura di ciò che è argilloso

arginàle [1963] agg. ● relativo a un argine | ***sentiero a.***, tracciato lungo un argine

arginaménto [1688] s. m. ● l'arginare

arginàre [da *argine* * av. 1519] v. tr. (*io àrgino*) **1** fornire, cingere, di argini: *a. un fiume* **2** (*fig.*) contenere, frenare, arrestare: *a. le incursioni nemiche; a. la corruzione dilagante; a. un disastro finanziario*

arginatùra [av. 1613] s. f. ● complesso delle opere eseguite lungo un fiume per disciplinarne il corso e contenerne le piene

àrgine [lat. parl. **ărgere(m)* (*ăggerem*), da *aggĕrere* 'accumulare', comp. di *ăd* e *gĕrere* 'portare' * 1303 ca.] s. m. **1** rialzo di terra naturale o artificiale, che impedisce lo straripamento dei corsi d'acqua | (*fig.*) barriera, riparo, freno: *porre un a. al vizio, alla corruzione* e sim. **2** (*milit.*) rialzo di terra o di muro per la difesa di un accampamento o di una piazza **3** (*est.*) terrapieno: *gli argini della ferrovia* **4** nell'equitazione, ostacolo artificiale nei concorsi ippici || **arginèllo**, dim. | **arginétto**, dim.

argininà [dal gr. *árgyros* 'argento' * 1961] s. f. ● (*chim.*) amminoacido presente nelle proteine che, nelle cellule epatiche, partecipa alla biosintesi dell'urea

argìnnide [dal n. mitologico lat. *Argynnu(m)*, dal gr. *Árgynnos*, fanciullo amato da Agamennone, il quale annegò nel fiume Cefisso, sulla cui sponda quegli innalzò a lui una tomba e a Venere un tempio * av. 1916] s. f. ● farfalla diurna con ali posteriori ornate di macchie argentee su fondo scuro (*Argynnis aglaja*)

argirìa [1955] s. f. ● (*med.*) argiriasi

argirìaṣi [dal gr. *árgyros* 'argento' * 1970] s. f. inv. ● (*med.*) colorazione grigio-nerastra della congiuntiva e della cute del volto, dovuta ad argirismo

argirìṣmo [1892] s. m. ● (*med.*) intossicazione cronica da argento

argiro- [dal gr. *árgyros* 'argento'] primo elemento ● in parole composte significa 'argento', o indica relazione con l'argento: *argirismo, argironeta*

argironèta [comp. di *argiro-* e del gr. *néō* 'io filo' * 1819] s. f. ● ragno acquatico verde rossiccio caratteristico per l'aspetto argenteo conferitogli dal piccolo strato d'aria trattenuta dai peli del corpo e per la tela, a forma di campana, costruita sott'acqua (*Argyroneta aquatica*)

argiròṣi [comp. di *argiro-* e *-osi* * 1929] s. f. inv. ● (*med.*) argiriasi

argìvo [vc. dotta, lat. *Argīvu(m)*, dal gr. *Argêios* 'di Argo' * av. 1292] **A** agg. **1** di Argo, antica città greca: *i re argivi* | dell'Argolide, regione della città di Argo: *popolazioni argive* **2** (*est., lett.*) greco: *le falangi argive* **B** s. m. (f. *-a*) **1** abitante o nativo di Argo o dell'Argolide **2** (*est., lett.*) greco

Àrgo① [vc. dotta, lat. *Ărgu(m)*, dal gr. *Árgos*, mostro mitologico dai molti occhi, posto a guardia di Io * av. 1374] s. m. (pl. *-ghi*) ● (*fig., lett.*) persona dalla vista acutissima, cui non sfugge nulla

àrgo② [V. *Argo*① * 1961] s. m. (pl. *-ghi*) ● grosso uccello dei Galliformi con coda molto lunga, piumaggio bruno e numerose macchie chiare, simili a occhi, sparse sulle ali (*Argusianus argus*)

àrgo③ o **àrgon** [dal gr. *argós* 'inerte', comp. di *a-*① ed *érgon* 'opera', di orig. indeur. detto così per la sua inerzia chimica * 1905] s. m. (pl. *-ghi*) ● elemento chimico, gas nobile, incolore, inodore, componente dell'aria da cui si ottiene per liquefazione, usato per creare un ambiente inerte nelle saldature ad arco e nelle lampade a incandescenza SIMB. Ar NUM. AT. 18

argòlico [vc. dotta, lat. *Argŏlicu(m)*, dal gr. *Argolikós* 'dell'Argolide' * 1313] agg. (pl. m. *-ci*) ● dell'Argolide | (*est., lett.*) della Grecia

argomentàbile [vc. dotta, lat. tardo *argumentābile(m)*, da *argumĕntum* 'argomento' * 1865] agg. ● che si può argomentare || **argomentabilità**, s. f. inv.

argomentàre o †**argumentàre** [vc. dotta, lat. *argumentāri*, da *argumĕntum* 'argomento' * 1261 ca.] **A** v. tr. (*io argoménto*) ● (*raro*) dedurre da argomenti, ragioni, indizi e sim.: *dalla lettera che scrisse si poté a. il suo stato d'animo; e già dal di fuori poté subito a. in che stato la fosse* (A. MANZONI) **B** v. intr. (aus. *avere*) **1** addurre argomenti, ragionare: *a. bene, male, con abilità, con sottigliezza; a. contro qlcu.* **2** dimostrare con argomentazioni **C** in funzione di s. m. solo sing. ● ragionamento, discussione: *sosteneva la sua tesi con un a. sottile* **D** **argomentàrsi** v. intr. pron. ● (*lett.*) ingegnarsi, adoperarsi, industriarsi: *in van pur s'argomenta / di ritenerlo* (T. TASSO)

> **SFUMATURE DI SIGNIFICATO**
> ***argomentare - ragionare - disputare***
> **Argomentare** è condurre un ragionamento usando delle prove o degli indizi per giungere a conclusioni di cui si vuol convincere l'interlocutore o il lettore, lo spettatore ecc. Rispetto ad *argomentare* ha un significato più generico **ragionare**, che definisce l'atto di fare delle considerazioni usando la logica, indipendentemente dalla volontà di giungere a conclusioni o di voler convincere. **Disputare** indica invece un *argomentare* che è fatto in contraddittorio con altri, in cui ognuno degli interlocutori cerca di affermare le proprie tesi a discapito di quelle altrui.

argomentatìvo [vc. dotta, lat. tardo *argumentatīvu(m)*, da *argumĕntum* 'argomento' * av. 1328] agg. ● che riguarda l'argomentazione | che procede per argomentazioni: *ragionamento a.*

argomentatóre o †**argumentatóre** [av. 1334] s. m. (f. *-trice*) ● chi argomenta

argomentazióne o †**argumentazióne** [vc. dotta, lat. *argumentatiōne(m)*, da *argumĕntum* 'argomento' * 1314] s. f. ● l'argomentare | complesso di ragionamenti opportunamente concatenati allo scopo di convalidare o confutare una tesi: *argomentazioni giuridiche, filosofiche*

SFUMATURE DI SIGNIFICATO

argomentazione - ragionamento - dimostrazione

Argomentazione è il procedimento logico per cui da uno o più dati si deduce un giudizio o si formula un'ipotesi. In senso più generale, il procedere ordinato e conseguente del pensiero si dice **ragionamento**. Se i pensieri, i fatti, le ipotesi sono concatenati in modo da convalidare o confutare una tesi si parla di **dimostrazione**.

♦**argoménto** o †**arguménto** [vc. dotta, lat. *arguméntu(m)*, da *arguere* 'dimostrare' ✱ 1261 ca.] **s. m. 1** ragionamento, prova che si adduce a sostegno di una tesi: *sostenere, confutare un a.*; *offrire argomenti logici* | ***essere a corto di argomenti***, non averne a favore della propria tesi | (*dir.*) ***argomenti di prova***, semplici presunzioni che il giudice trae dal comportamento delle parti nel processo | (*filos.*) argomentazione | ***a. cornuto***, in logica, dilemma **2** occasione, motivo: *questo è un ottimo a. per seguire il suo esempio* | ***dare a. a qlcu.***, dargli il pretesto per credere o fare qlco. **3** (*lett.*) indizio, segno: *Gli parve ... un certo qual a. di fiume vicino* (A. MANZONI) **4** materia di un discorso, di un'opera e sim.: *dissertare su argomenti interessanti, astrusi; scegliere un a. difficile* | ***uscire dall'a.***, staccarsi dal tema iniziale | ***entrare in a.***, affrontare un tema | (*gramm.*) ***complemento di a.***, indica ciò di cui si parla o si scrive; è introdotto dalle prep. *di, su, sopra, circa* e dalle loc. prep. *intorno a, riguardo a, a proposito di* (per es.: *parlare di sport; un articolo sulle malattie da raffreddamento; 'Dei delitti e delle pene' di C. Beccaria; ci sono novità a proposito del tuo lavoro?*) | (*est.*) esposizione riassuntiva di un'opera **5** (*mat.*) elemento cui si applica un'operazione o spec. una funzione **6** (*mat.*) anomalia di un numero complesso considerato nella sua rappresentazione come punto del piano **7** †mezzo, rimedio, cura ‖ **argomentino**, **dim.** | **argomentóne**, **accr.** | **argomentùccio**, **dim.**

àrgon ➤ **argo**③

argonàuta [vc. dotta, lat. *Argonauta(m)*, dal gr. *Argonáutēs*, comp. di *Argo* (n. della nave) e *náutēs* 'nocchiero' ✱ 1441] **s. m.** (**pl.** *-i*) **1** ciascuno dei navigatori che parteciparono, con Giasone, alla conquista del vello d'oro imbarcandosi sulla nave Argo **2** (*lett., fig.*) ardito navigatore **3** mollusco dei Cefalopodi munito di otto tentacoli, con due dei quali la femmina sostiene una fragile conchiglia bianca destinata a contenere le uova (*Argonauta argo*)

argot /*fr.* aʀˈgo/ [fr., dapprima 'corporazione di ladri', di etim. incerta ✱ 1892] **s. m. inv.** ● gergo, spec. quello dei malviventi parigini

argòtico [1944] **A agg.** (**pl. m.** *-ci*) ● relativo all'argot: *francese a.* **B agg.; anche s. m.** ● detto di linguaggio gergale, iniziatico

arguìre [vc. dotta, lat. *arguere* 'dimostrare', il cui primo sign. era 'far brillare, rischiarare'. Cfr. *argento* ✱ sec. XIII] **A v. tr.** (*io arguisco, tu arguisci*) **1** giungere a una conclusione attraverso indizi, premesse e sim. (+ *che* seguito da indic. o congtv.): *dalla sua espressione arguisco che mente; da questi fatti si può a. che sia lui il responsabile* **SIN.** dedurre, supporre **2** †denotare, palesare: *i pericoli maggiori arguiscono maggiore nobiltà* (G. VASARI) **B v. intr.** ● †dimostrare, argomentare

SFUMATURE ➤ ***credere***①

†**arguménto** e deriv. ➤ **argomento** e deriv.

argutézza [av. 1552] **s. f.** ● arguzia

♦**argùto** [vc. dotta, lat. *argūtu(m)*, da *arguere* 'dimostrare, indicare' ✱ 1287] **agg. 1** che mostra prontezza e vivacità d'ingegno miste a uno spirito sottile, garbato, spesso brillante: *vecchietto a.*; *è un conversatore a. e simpatico* | che rivela o denota arguzia, spirito brillante, acutezza e sim.: *motto, scherzo a.*; *facezia, domanda, risposta, osservazione, conversazione, burla, arguta* **2** penetrante, espressivo: *sguardo a.*; *viso a.*; *faccia arguta* **3** (*lett.*) detto di suono, argentino, squillante: *odo sonar nelle romite stanze / l'a. canto* (G. LEOPARDI) | stridulo: *l'a. frinire delle cicale* **4** †intenso, detto di dolore, passione e sim. ‖ **argutaménte**, **avv.**

SFUMATURE DI SIGNIFICATO

arguto - acuto - sottile

Arguto è chi ha o ciò che denota un ingegno pronto e vivace unito a uno spirito brillante, mordace ma sempre garbato. **Acuto** identifica una comprensione rapida ed esatta dell'intimo delle cose. **Sottile** si riferisce alla capacità di analizzare a fondo argomenti o problemi distinguendone le sfumature, le minuzie.

SFUMATURE ➤ ***vivace***

♦**argùzia** [vc. dotta, lat. tardo *argūtia(m)*, da *argūtus* 'arguto' ✱ av. 1508] **s. f. 1** caratteristica di chi (o di ciò che) è arguto: *esprimersi con a.*; *mancare di a.*; *sguardo pieno di a.* **2** motto, pensiero, concetto arguto: *le arguzie del Seicento* | gioco di parole, facezia: *discorso ricco di arguzie*

SFUMATURE ➤ ***umorismo***②

argyle /arˈgail, *ingl.* ɑːˈgaɪl/ [vc. ingl., da *Argyle*, nome di un clan scozzese ✱ 1986] **s. m. inv. 1** disegno a rombi o losanghe, tipico dei calzettoni o dei maglioni scozzesi, usato anche in sciarpe, collant ecc. **2** speciale salsiera, talora con un'intercapedine contenente acqua calda, in grado di conservare la temperatura della salsa

♦**ària**① [lat. *āera*, acc. di *āēr*, *āĕris*, dal gr. *aḗr*, di etim. incerta ✱ 1224 ca.] **A s. f. 1** miscuglio gassoso inodore, insapore, comburente, costituito essenzialmente di azoto e ossigeno, che forma l'atmosfera indispensabile alla vita animale e vegetale: *a. fresca, pura*; *a. viziata, chiusa, surriscaldata* **CFR.** aero-①, pneumato-, pneumo- | ***a. aperta***, libera, circolante; nella pittura spec. impressionistica, detto di effetti cromatici che traggono spunto diretto dall'azione della luce naturale esterna | ***a. liquida***, miscela di ossigeno e azoto liquidi nelle proporzioni in cui si trovano nell'aria a temperatura ambiente | ***a. compressa***, a pressione superiore a quella atmosferica la cui forza espansiva è utilizzata in varie forme | ***a. condizionata***, artificialmente trattata fino a raggiungere condizioni volute di temperatura, umidità e purezza | ***a. fritta***, (*fig.*) discorso scontato, pieno di luoghi comuni e sim. | ***dare a. a qlco.***, esporla all'aria | ***dare a. a un ambiente***, aerarlo | ***cambiare l'a.***, rinnovarla aprendo le finestre | ***pigliare, prendere a., un po' d'a.***, uscire all'aperto, fare una breve passeggiata | ***sentirsi mancare l'a.***, sentirsi soffocare | ***campare d'a.***, (*fig.*) nutrirsi di niente | ***corrente d'a.***, spostamento d'aria spec. tra due aperture | ***colpo d'a.***, leggera infreddatura causata da una corrente d'aria **2** spazio libero verso il cielo: *guardare, alzarsi in a.* | ***all'a., in a., per a.***, in alto, all'insù | ***col naso all'a., con la testa per a.***, (*fig.*) distrattamente, svagatamente | ***a pancia all'a.***, supino | ***finire a gambe all'a.***, cadere, spec. all'indietro | ***andare, essere, trovarsi, buttare in a., per a., all'a.***, sottosopra, a soqquadro (*anche fig.*) | ***sparare in a., sparare un colpo in a.***, in alto, per non colpire | ***saltare in a.***, esplodere; (*fig.*) essere eliminato, distrutto, fare una brutta fine, detto di qlco. o qlcu. | ***per a., nell'a., in a.***, sospeso in alto, nel vuoto | ***progetto campato in a.***, (*fig.*) incerto, difficile, irrealizzabile | ***c'è qlco. per a., nell'a.***, (*fig.*) qlco. sta per accadere | ***fare castelli in a.***, fantasticare | ***a mezz'a.***, a mezza altezza, né in alto né in basso: *rimanere sospeso a mezz'a.* | (*fig.*) ***discorso a mezz'a.***, ambiguo, reticente **3** (*est.*) clima: *l'a. di montagna non gli si confà; ha bisogno di cambiare a.* | (*fig.*) ambiente, situazione più o meno sfavorevole: *questa non è a. per noi; tira una brutta a.* | ***cambiare a.***, trasferirsi, smettere di frequentare un dato ambiente, fuggire | ***c'è a. di***, ci sono sintomi, indizi di: *c'è a. di burrasca; c'è a. di crisi* | ***non è a. di fare qlco.***, non è il momento | vento, brezza: *non c'è un filo d'a.* **4** l'ora d'uscita all'aperto, nel cortile del carcere e sim., per i detenuti in cella **5** ogni elemento scenografico in tela dipinta, rappresentante volte, soffitti e sim., atti a evitare lo sforo **6** (*mus.*) nel melodramma e in tutti i generi vocali dal XVII al XIX sec., pezzo per voce e orchestra di struttura prima strofica, poi in 3 sezioni, quindi in 2 parti o libera | ***a. con da capo***, dove la terza e ultima sezione riproduce e varia la prima | ***a. classico-romantica***, in due grandi parti contrastanti, la seconda delle quali da ripetere con variazioni | ***a. da camera***, con pianoforte | nella poesia per musica, coppia o breve serie di strofe: *a. di Metastasio* | nella musica strumentale, pezzo melodico di carattere quasi vocale **7** (**al pl.**) nell'equitazione, esercizi di abilità: *arie di maneggio, arie di alta scuola* | ***arie basse***, con il cavallo che poggia sul terreno | ***arie alte***, con il cavallo sollevato dal suolo | ***arie rilevate***, costituite da salti e praticate principalmente nei circhi equestri **8** (*astrol.*) ***elemento a.***, (*ellitt.*) ***aria***, nella suddivisione dei pianeti secondo l'elemento che vi domina, trigono a cui appartengono i segni dei Gemelli, della Bilancia e dell'Acquario **B in funzione di inter.** ● si usa come esortazione a uscire, ad andarsene e (*fig.*) a concludere, troncare uno stato di cose insostenibile, intollerabile e sim.: *ora via, svelta, a.!*; (*scherz.*) *a. ai monti!*; *chi non gli piace, a.!* (R. BACCHELLI) ‖ **ariàccia**, **pegg.** | **ariétta**, **dim.** (V.)

NOMENCLATURA

aria

● *caratteristiche*: etere, gas, atmosfera, vento (V.), tromba d'aria, ciclone, tornado, smog, mefite, miasma, malaria; afa, calma, offuscamento, rarefazione; temperatura, stato igrometrico; filo = soffio = spiffero d'aria, corrente, folata, boccata, bolla; polverosa, viziata, pesante, greve, irrespirabile, satura, afosa, opprimente, soffocante; fresca, pungente = frizzante, gelida; nativa, vivificatrice, uggiosa; compressa, condizionata, climatizzata, gassata, ossigenata, liquida; calda ⇔ fredda, umida ⇔ asciutta, fine, leggera, salubre, pura ⇔ inquinata, irrespirabile, chiusa, malsana, nitida = trasparente = limpida ⇔ opaca, sana = salubre ⇔ malsana = insalubre;

● *studio dell'aria*: aerologia, aerografia, aerodinamica;

● *strumenti*: anemometro, aerometro, aeroscopio, aerografo, aerofono, baroscopio, barometro, condensatore, compressore, manometro, psicrometro, spirometro; aeratore, ventilatore, climatizzatore, condizionatore, ventola, phon;

● *azioni*: respirare, purificare, ossigenare, ozonizzare, condizionare, riscaldare, refrigerare, saturare, comprimere, viziare, inquinare; mancare, arieggiare, aerare, ventilare, dare aria, rinnovare l'aria, prendere aria, aspirare, ventilare.

♦**ària**② [V. †*aere*② ✱ av. 1374] **s. f. 1** aspetto, apparenza, espressione: *avere un'a. stanca, strana, allegra* | ***avere l'a. di***, parere, sembrare | ***senza averne l'a.***, senza parere | ***con un'a. da nulla***, fingendo indifferenza | ***darsi un'a. di, da***, assumere un certo atteggiamento | ***darsi delle arie***, darsi eccessiva importanza **2** †bizzarria, capriccio ‖ **ariétta**, **dim.**

ària-àcqua [1985] **agg. inv.** ● (*milit.*) detto di missile destinato a essere lanciato da un

a b c d e f g h i j k l m n o p q r s t u v w x y z

aeromobile in volo contro bersagli posti sopra o sotto la superficie del mare CFR. aria-sott'acqua

ària-ària [1970] **agg. inv.** ● (*milit.*) detto di missile destinato a essere lanciato da un aeromobile in volo contro bersagli aerei

arianèṣimo [da *ariano*① ✱ 1690] **s. m.** ● eresia trinitaria che sosteneva essere il Cristo differente per natura dal Padre, a lui inferiore, non da lui generato e da lui adottato come figlio

arianiẓẓàre [da *ariano*② ✱ 1942] **v. tr.** ● rendere ariano ‖ **arianiẓẓazióne**, **s. f.**

ariàno① [vc. dotta, lat. *Ariānu(m)*, dal n. dell'eresiarca *Arīus*, in gr. *Áreios*, propr. 'marziale' ✱ av. 1292] **A agg.** ● di Ario, dell'arianesimo: *eresia ariana* **B s. m.** (**f.** *-a*) ● seguace di Ario (280-336), dell'arianesimo

ariàno② [da *ario* ✱ 1885] **A agg. e s. m.** (**f.** *-a*) ● che (o chi) fa parte della supposta razza portatrice delle lingue indoeuropee, che i nazisti assunsero come razza superiore in contrapposizione alle altre **B agg.** ● (*ling.*) indoeuropeo: *lingue ariane*

ària-sott'àcqua [1983] **agg. inv.** ● (*milit.*) detto di missile destinato a essere lanciato da un aeromobile in volo contro bersagli sommersi CFR. aria-acqua

ària-spàzio [1983] **agg. inv.** ● (*milit.*) detto di missile destinato a essere lanciato da un aeromobile in volo contro bersagli spaziali

ària-superficie [1983] **agg. inv.** ● (*milit.*) detto di missile destinato a essere lanciato da un aeromobile in volo contro bersagli in superficie, terrestri o navali SIN. aria-terra

ària-tèrra [1967] **agg. inv.** ● (*milit.*) aria-superficie

aribàllo [vc. dotta, gr. *arýballos*, da *arýein* 'attingere', di etim. incerta ✱ 1929] **s. m.** ● vaso di produzione arcaica greca con corpo panciuto, collo stretto e corto, bocca con labbro largo e appiattito e un'ansa verticale

aridàje ➤ **ridare** nel sign. A 1

aridézza [av. 1334] **s. f.** ● (*raro*) aridità

aridità [vc. dotta, lat. *ariditāte(m)*, da *āridus* 'arido' ✱ 1309] **s. f. inv. 1** caratteristica di ciò che è arido **2** (*fig.*) povertà, mancanza di sentimento, sensibilità, affetto e sim. | povertà, sterilità di stile: *Un'età ... di a. creativa* (B. CROCE)

♦**àrido** [vc. dotta, lat. *āridu(m)*, da *arēre* 'essere arido' ✱ av. 1292] **A agg. 1** che è privo di umidità, secco: *deserto a.*; *campagna, terra, arida*; *pianura arida e desolata* CFR. xero- | ***clima a.***, con scarsissime precipitazioni, comunemente al di sotto di 250 mm annui **2** (*est.*) sterile, infecondo: *gli aridi campi del Vesuvio* **3** (*fig.*) povero di idee, sentimenti, sensibilità e sim.: *stile a.*; *parole aride*; *cuore a.* **4** †scarso: *raccolto a.* ‖ **aridétto**, **dim.** | **aridùccio**, **dim.** ‖ **aridaménte**, **avv.** **B àridi s. m. pl.** ● materiale incoerente secco e granuloso, che si misura in modo analogo ai liquidi: *misure per aridi*

SFUMATURE DI SIGNIFICATO

arido - asciutto - secco

Arido è ciò che è privo di umidità, mentre la presenza di acqua sarebbe auspicabile. Se al contrario si intende definire l'assenza di acqua o di umidità come fatto benefico si preferisce **asciutto.** Il significato di **secco** è vicino a quello di *arido*, ma rispetto a esso suggerisce una benefica assenza di umidità.

aridocoltùra o **aridocultùra** [comp. di *arido* e *coltura*; calco sull'ingl. *dry-farming* ✱ 1917] **s. f.** ● coltivazione di piante in clima arido o quasi arido in assenza di irrigazione

arịècco ➤ **riecco**

arieggiaménto [av. 1942] **s. m. 1** il dare aria a un ambiente **2** l'immettere aria in un liquido per arricchirlo di ossigeno

arieggiàre [da *aria*① ✱ av. 1587] **A v. tr.** (**pres.** *io ariéggio*; **fut.** *io arieggerò*) **1** dare aria, far entrare l'aria in un ambiente: *a. le stanze* | (*est.*) esporre all'aria: *a. gli abiti* **2** (*fig.*) somigliare: *è una composizione che arieggia il sonetto* | imitare: *a. gli atteggiamenti, le espressioni di qlcu.* **B v. intr.** (**aus.** *avere*) ● (*fig.*) affettare un atteggiamento (+ *a*): *quella giovane arieggia a gran dama*

arieggiàto **part. pass.** di *arieggiare*; anche **agg.** ● aerato | arioso, ventilato

†**ariènto** ➤ **argento**

arietàre [da *ariete* ✱ 1483] **v. tr.** (*io arièto* /a'rjɛto, ari'ɛ-/ o *arieto*) **1** †percuotere coll'ariete: *a. le mura della città assediata* **2** (*est., lett.*) colpire con violenza

arịète① (o **-rịè-**) [vc. dotta, lat. *arĭete(m)*, di etim. incerta ✱ 1308] **s. m. 1** maschio della pecora SIN. montone **2** antica macchina da assedio, costituita da trave armata di una testa di ferro, che veniva fatta battere contro porte e muraglie di opere fortificate per demolirle | ***testa d'a.***, (*fig.*) chi guida un'offensiva contro qlcu. o qlco. **3** nave da guerra a propulsione meccanica munita di sperone, usata nella seconda metà del XIX sec. **4** (*idraul.*) ***colpo d'a.***, V. *colpo* nel sign. 5

Arịète② (o **-rịè-**) [V. *ariete*① ✱ 1282] **A s. m. 1** (*astron.*) costellazione dello zodiaco nella quale, due millenni or sono, si trovava l'equinozio di primavera; si trova tra la costellazione dei Pesci e quella del Toro **2** (*astrol.*) primo segno dello zodiaco, compreso tra zero e trenta gradi dell'anello zodiacale, che domina il periodo compreso tra il 21 marzo e il 20 aprile **B s. m. e f. inv.** ● persona nata sotto il segno dell'Ariete: *essere un A.*

ariétta [1618] **s. f. 1** dim. di *aria*① **2** brezza fresca e leggera: *un'a. deliziosa* **3** breve aria musicale, di carattere leggero **4** (*letter.*) aria elegante e leziosa: *le ariette del Metastasio* ‖ **ariettìna**, **dim.**

arìle [da *ar(omatico)* col suff. *-ile*② ✱ 1955] **s. m.** ● (*chim.*) radicale monovalente derivato dagli idrocarburi aromatici per eliminazione di un atomo di idrogeno

arìlico [1955] **agg.** (**pl. m.** *-ci*) ● relativo a un arile | che contiene un arile

arìllo [etim. incerta ✱ 1829] **s. m.** ● (*bot.*) estremità superiore del funicolo che forma un involucro carnoso o peloso attorno al seme

arimànnia o **arimannìa** [da *arimanno* ✱ av. 1750] **s. f.** ● (*stor.*) nel Medioevo, terra concessa in godimento a singoli o a gruppi di soldati con l'obbligo di prestare il servizio militare a cavallo e di pagare un'imposta personale o reale

arimànno [longob. *hariman* 'uomo dell'esercito' ✱ av. 1750] **s. m.** ● nell'antico diritto germanico e longobardo, l'uomo libero compreso nell'ordine degli armati e con diritto all'assegnazione di terre

arìnga① [germ. **haring* ✱ av. 1347] **s. f.** ● pesce osseo commestibile dei Clupeidi, tipico dei mari freddi, argenteo sul ventre e blu-verdastro sul dorso, con mandibola sporgente e denti piccoli (*Clupea harengus*)

†**arìnga**② ➤ **arringa**

arìngo e deriv. ➤ **arringo** e deriv.

arinìa [comp. di *a-*① e un deriv. di *-rino* ✱ 1955] **s. f.** ● (*med.*) mancanza totale e congenita del naso

àrio [dal sanscrito *ārya* 'nobile' ✱ 1585] **agg. e s. m.** (**pl.** *-ii*) **1** indoiranico **2** (*raro*) indoeuropeo

-àrio [corrispondente in vc. dotte al pop. *-aio*, continua direttamente il lat. *-ariu(m)*] **suff. 1** forma aggettivi e sostantivi di origine latina o tratti da altri sostantivi, come: *annuario, confinario, ferroviario, necessario, ordinario, rivoluzionario, sedentario* | entra anche nella formazione di sostantivi che indicano oggetti o strumenti, talora con valore collettivo: *casellario, lampadario*; *macchinario, rimario, vocabolario* | è presente in nomi che indicano professioni: *bibliotecario, pubblicitario*; oppure che designano chi riceve qlco., chi è titolare di un diritto: *affittuario, concessionario, destinatario, donatario* **2** aggiunto a un aggettivo numerale distributivo latino, indica il verso poetico composto da un certo numero di sillabe o di piedi: *ternario, quinario, settenario, novenario*; oppure l'età approssimativa di una persona: *quinquagenario, settuagenario, ottuagenario*

†**arịòlo** (o **-rịò-**) [vc. dotta, lat. *hariŏlu(m)* 'indovino', da avvicinare ad *haruspice(m)* 'aruspice' ✱ 1334] **s. m.** ● indovino

arióso (o **-ṣ-**) [da *aria*① ✱ 1437] **A agg. 1** ricco d'aria e di luce: *un locale a.* | (*est.*) aperto, spazioso: *un panorama a.* **2** (*fig., lett.*) di respiro ampio, sviluppo armonico, ritmo vasto e sim.: *poesia ariosa* **3** †presuntuoso **4** †capriccioso, bizzarro, estroso ‖ **ariosaménte**, **avv.** ‖ **ariosità**, **s. f. inv.** **B agg.**; anche **s. m.** ● (*mus.*) detto di forma intermedia fra l'aria e il recitativo, con andamento declamatorio e accompagnamento strumentale

ariosofìa [dal ted. *Ariosophie*, comp. di *Arier* 'ariano' e *-sophie* '-sofia' ✱ 1955] **s. f.** ● teoria filosofico-religiosa di natura esoterica elaborata nel primo Novecento, che mescolava elementi di misticismo orientale con la mitologia germanica e con la Bibbia, sostenendo che la redenzione dell'umanità potesse avvenire solo con il dominio della supposta razza ariana

ariostèo (o **-rịo-**) [av. 1907] **agg.** ● ariostesco

ariostésco (o **-rịo-**) [1723] **agg.** (**pl. m.** *-schi*) ● relativo al poeta L. Ariosto (1474-1533)

arìsta① [lat. *arĭsta(m)*, forse prestito da una lingua sconosciuta ✱ 1304] **s. f. 1** (*bot.*) filamento rigido situato all'apice delle glume e glumette del fiore di alcune Graminacee SIN. resta **2** (*est., lett.*) spiga

àrista② [etim. incerta ✱ 1290] **s. f.** ● schiena del maiale macellato cotta arrosto, specialità della cucina toscana

aristàto [da *arista*① ✱ 1819] **agg.** ● (*bot.*) che è munito di arista: *grano a.*

aristocràtico [vc. dotta, gr. *aristokratikós*, da *aristokratía* 'aristocrazia' ✱ 1607] **A agg.** (**pl. m.** *-ci*) **1** che appartiene all'aristocrazia: *giovani aristocratici* | (*est.*) raffinato, elegante: *modi aristocratici* **2** che è retto dall'aristocrazia: *potere, governo, stato a.* | fautore dell'aristocrazia: *partito a.* ‖ **aristocraticaménte**, **avv.** ‖ **aristocraticità**, **s. f. inv.** **B s. m.** (**f.** *-a*) **1** chi fa parte del ceto nobile | chi ostenta atteggiamenti troppo raffinati: *si dà arie da a.* **2** chi favorisce o sostiene un partito aristocratico

aristocrazìa [vc. dotta, lat. tardo *aristocrătia(m)*, dal gr. *aristokratía* 'governo dei migliori', comp. di *áristos* 'il migliore' e *kratéo* 'io domino' ✱ 1363] **s. f. 1** forma di governo in cui il potere è detenuto dai nobili **2** la classe dei nobili che detengono il potere **3** (*est.*) il ceto nobile: *l'a. di Francia*; *l'a. inglese* **4** (*fig.*) l'insieme di coloro che eccellono in un gruppo, un'attività e sim.: *l'a. dei poeti italiani*; *l'a. dello sport dilettantistico* **5** (*fig.*) comportamento raffinato e signorile: *trattare qlcu. con a.*

aristofanèo o **aristofanìo**, **aristofànio** [vc. dotta, lat. *Aristophanēu(m)*, dal gr. *ari-*

stopháneois, da *Aristophánēs* 'Aristofane' (444 a.C.-385 a.C.), che lo usò frequentemente ✱ 1843] **A** **s. m.** ● verso greco e latino di sette sillabe **B** anche **agg.**: *verso a.*

aristofanésco [da *Aristofane* ✱ av. 1862] **agg.** (**pl. m.** *-schi*) **1** relativo al commediografo greco Aristofane | conforme all'arte, allo stile di Aristofane **2** (*est.*) arguto, mordace, satirico

aristofanio o **aristofànio** ➤ **aristofaneo**

aristolòchia [vc. dotta, lat. *aristolŏchia(m)*, dal gr. *aristolochía*, comp. di *áristos* 'ottimo' e *lóchos* 'parto', perché la pianta era ritenuta efficace contro le infezioni da parto ✱ sec. XIV] **s. f.** ● pianta erbacea delle Aristolochiacee con foglie picciolate alterne e fiori giallo-verdastri allungati (*Aristolochia clematitis*) **SIN.** (*pop.*) stalloggi

Aristolochiàcee [vc. dotta, comp. di *aristolochia* e *-acee* ✱ 1865] **s. f. pl.** (**sing.** *-a*) ● (*bot.*) famiglia di piante policarpiche, erbacee o arbustive, delle Dicotiledoni con foglie semplici alternate e fiori ascellari (*Aristolochiaceae*)

aristotèlico [vc. dotta, lat. tardo *Aristotēlicu(m)*, dal gr. *Arisrotelikós*, agg. di *Aristotele* ✱ 1481] **A** **agg.** (**pl. m.** *-ci*) ● relativo al filosofo Aristotele (384 a.C.-322 a.C.) o al suo pensiero || **aristotelicaménte**, **avv.** secondo il pensiero di Aristotele **B** **s. m.** (**f.** *-a*, **pl. m.** *-ci*) ● seguace della filosofia di Aristotele

aristotelismo [1766] **s. m.** ● la filosofia di Aristotele | corrente di pensiero che si ispira alla filosofia di Aristotele

aritmètica [vc. dotta, lat. *arithmētica(m)*, (sottinteso *ărs* 'arte'), dal gr. *arithmētikḗ*, da *arithmós* 'numero' ✱ 1261 ca.] **s. f.** **1** (*mat.*) ramo della matematica che studia le proprietà dei numeri naturali | ***a. razionale***, studio dell'aritmetica condotto con metodo rigoroso | ***a. modulare***, che utilizza nel calcolo solo i numeri da *0* a *n*, tornando a *1* ogniqualvolta la sequenza è esaurita, detta anche *a. dell'orologio*, perché è quella propria del calcolo delle ore sull'orologio (da *0* a *12*), dove per es. la somma di 10 + 4 (ore) dà 2 (ore) **2** ***a. politica***, metodo quantitativo d'indagine economica, originariamente formulato e adattato da alcuni autori del sec. XVII, da cui sono derivate l'econometria e la statistica

aritmètico [vc. dotta, lat. *arithmēticu(m)*, dal gr. *arithmētikós*, da *arithmētikḗ* 'aritmetica' ✱ 1282] **A** **agg.** (**pl. m.** *-ci*) **1** (*mat.*) relativo all'aritmetica **2** (*est.*) che è regolare e preciso: *ordine a.* || **aritmeticaménte**, **avv.** secondo i principi e i sistemi dell'aritmetica **B** **s. m.** (**f.** *-a*) ● studioso di aritmetica

aritmìa [comp. di *a-*① e gr. *rythmós* 'misura, battuta' ✱ 1892] **s. f.** **1** mancanza di ritmo **2** (*med.*) irregolarità di qualsiasi fenomeno ritmico dell'organismo umano: *a. mestruale* | ***a. cardiaca***, o (*assol.*) ***aritmia***, nel battito del cuore

arìtmico [comp. di *a-*① e gr. *rythmikós* 'ritmico' ✱ av. 1642] **A** **agg.** (**pl. m.** *-ci*) ● che presenta aritmia: *fenomeno a.*; *polso a.* || **aritmicaménte**, **avv.** || **aritmicità**, **s. f. inv.** **B** **agg.** e **s. m.** (**f.** *-a*) ● (*med.*) che (o chi) è affetto da aritmia cardiaca

aritmomanzìa [comp. del gr. *arithmós* 'numero' (d'orig. indeur.) e *-manzia* ✱ 1829] **s. f.** ● forma di predizione del futuro per mezzo dei numeri

a rivedérci ➤ **arrivederci**

arizotònico [comp. di *a-*①, *rizo-* e del gr. *tonikós* (agg. di *tónos* 'accento'. V. *tono*①) ✱ 1965] **agg.** (**pl. m.** *-ci*) ● (*ling.*) detto di parola (per es. *casetta*) non accentata sul radicale **SIN.** rizoatono **CONTR.** rizotonico

arlecchinàta [1765] **s. f.** ● azione, comportamento degni di Arlecchino | buffonata

arlecchinésco [1765] **agg.** (**pl. m.** *-schi*) ● tipico, degno di Arlecchino: *casacca arlecchinesca* | buffonesco, ridicolo: *scherzi arlecchineschi* || **arlecchinescaménte**, **avv.**

Arlecchìno [dal nome della famosa maschera bergamasca; fr. *hellequin*, di etim. incerta ✱ av. 1665] **A** **s. m.** **1** maschera di Bergamo dal caratteristico abito a losanghe multicolori | persona mascherata da Arlecchino **2** (*fig.*) buffone: *fare l'A.* | ***discorso da A.***, incoerente, privo di serietà | ***essere un A.***, mancare di parola, di carattere **B** **in funzione di agg. inv.** ● (con iniziale minuscola) di colori vivaci e diversi fra loro, come il costume di Arlecchino: *tovaglia arlecchino* | (*zootec.*) ***alano arlecchino***, col mantello maculato

†**arlòtto** [ant. fr. *arlot* 'briccone', di etim. incerta ✱ sec. XIV] **s. m.** ● pezzente, miserabile | persona ingorda, mangione: *e cominciò a mangiar come un a.* (L. PULCI)

arm [da *arm(a)* ✱ 1905] **s. f. inv.** ● (*milit.*) solo nelle loc. inter. ***presentat'arm, spall'arm, pied'arm e sim.***, presentate l'arma, arma in spalla, arma al piede e sim., nei comandi militari

♦**àrma** o †**àrme** [lat. *ărma*, nt. pl., di orig. indeur. ✱ 1213] **s. f.** (**pl.** *àrmi*, †*àrme*) **1** tutto ciò che serve all'uomo quale strumento di offesa o di difesa: *a. automatica, portatile*; *a. convenzionale, atomica*; *a. offensiva, difensiva* | ***a. bianca***, qualunque arma che ferisca di punta o di taglio, come il pugnale, la spada e sim.: *assalto all'a. bianca* | ***a. da fuoco***, quella che lancia a distanza proiettili e sim. mediante sostanze esplosive | ***a. impropria***, oggetto o strumento che può essere usato come arma, pur avendo altra destinazione | ***armi biologiche, chimiche***, complesso di aggressivi biologici e chimici e dei relativi mezzi di diffusione a scopo offensivo | ***armi non convenzionali***, quelle nucleari, chimiche e biologiche, vietate dalle convenzioni internazionali | ***armi di distruzione di massa***, quelle non convenzionali, che hanno un grande ed esteso potenziale distruttivo | ***presentare le armi***, rendere gli onori militari | ***concedere l'onore delle armi***, concedere ai nemici che si sono arresi dopo strenua resistenza di sfilare con le proprie armi | ***passare per le armi***, giustiziare, in tempo di guerra o in casi di emergenza armata | ***venire alle armi***, scontrarsi in battaglia | ***prendere le armi***, armarsi, iniziare la guerra, le ostilità | ***deporre, abbassare, posare le armi***, (*fig.*) cessare le ostilità, arrendersi | ***stare con le armi al piede***, (*fig.*) essere in procinto di fare la guerra; (*est.*) essere pronti alla lotta, allo scontro | ***uomo d'arme, d'armi***, V. *uomo* nel sign. II 10 | ***piazza d'armi***, ampia zona per esercizi militari; (*fig.*) casa, stanza e sim. molto vasta | ***porto d'armi***, licenza di detenerle e portarle fuori della propria abitazione | ***porto abusivo di armi***, illecito penale consistente nel portare fuori della propria abitazione un'arma senza avere la licenza | ***atto, fatto d'armi***, combattimento | ***viso dell'arme***, (*lett.* o *scherz.*) cipiglio burbero, severo | ***affilare le armi***, prepararsi a una lotta (*spec. fig.*) | ***essere alle prime armi***, (*fig.*) essere agli inizi di un'attività, una professione e sim. | ***armi e bagagli***, (*fig.*) tutto l'equipaggiamento di una persona **2** (*fig.*) mezzo, anche non materiale, usato a propria difesa o a danno altrui: *le unghie sono le armi del gatto*; *l'intelligenza è la sua a. più efficace*; *il pianto è una tipica a. femminile* | ***a. a doppio taglio***, V. *taglio* **3** (*est.*) esercito, milizia | (gener. con iniziale maiuscola) componente organica delle forze terrestri specializzata in un particolare impiego: *A. di fanteria, di cavalleria* | ***l'A. azzurra***, l'aeronautica militare | ***l'A. benemerita***, (*per anton.*) ***l'Arma***, l'Arma dei Carabinieri **4** (**al pl.**) servizio militare: *chiamare alle armi*; *andare, essere sotto le armi* | ***compagno d'armi***, commilitone **5** (*arald.*) V. *arme*

armacòllo [da *arma a collo* ✱ 1497] **s. m.** **1** †correggia posta trasversalmente sul petto | gorgiera **2** nella loc. avv. ***ad a.***, a tracolla, con una cinghia o una sciarpa che, attraversando il petto o la schiena, scendono da una spalla al fianco opposto: *portare il fucile ad a.*

armadiétto [comp. di *armadi(o)* ed *-etto* ✱ 1589] **s. m.** **1** dim. di *armadio* **2** piccolo armadio per riporre effetti personali in luoghi di lavoro, di studio, di svago e sim.: *gli armadietti di una palestra* | ***a. farmaceutico***, per custodire medicinali o l'occorrente per il pronto soccorso

armadillo [sp. *armadillo*, da *armado* 'armato' ✱ 1586] **s. m.** ● mammifero americano degli Sdentati con testa e tronco protetti da un'armatura articolata formata di placche ossee rivestite da squame cornee disposte in modo da permettere l'avvolgimento a palla dell'animale in caso di pericolo (*Dasypus novemcinctus*) **SIN.** tatù

♦**armàdio** o †**armàrio** [lat. *armărium(m)* 'deposito di armi', con dissimilazione, da *ărma* 'armi' ✱ av. 1292] **A** **s. m.** ● grande mobile a uno o più battenti e a uno o più corpi usato per conservare indumenti od oggetti vari: *a. a specchio, a tre luci, a due corpi, guardaroba* | ***a. a muro***, vano nella parete chiuso da ante | ***a. d'angolo***, di forma triangolare, in modo da potersi inserire nell'angolo formato da due pareti | (*fig., fam.*) persona dalla corporatura imponente **B** **in funzione di agg. inv.** ● (posposto al sost.) nella loc. ***cabina a.***, vano attrezzato ad armadio, adibito anche a spogliatoio || **armadiàccio**, **pegg.** | **armadiétto**, **dim.** (V.) | **armadino**, **dim.** | **armadiòlo**, **dim.** | **armadióne**, **accr.** | **armadiùccio**, **dim.**

Armagèddon /arma'dʒɛddon *o* arma'gɛddon/ [vc. dotta, dal lat. tardo *Armagĕdon*, che è dal gr. *Harmagedṓn*, a sua volta dall'ebr. *Har Meghiddô* 'monte di Meghiddo', luogo assurto nella Bibbia a simbolo di strage e disfatta ✱ 1538] **s. m.** o **f. inv.** **1** valle in cui, secondo il Nuovo Testamento, avverrà la battaglia finale fra Bene e Male **2** (*fig.*) catastrofe, apocalisse: *un A. economico, nucleare*

armagnac /fr. aʀma'ɲak/ [fr., dal n. della regione fr. dove viene prodotto ✱ 1929] **s. m. inv.** ● acquavite francese, ricavata per distillazione dall'uva della regione omonima

armaiòlo o †**armaiuòlo** [da *arma* ✱ 1235] **s. m.** **1** (**f.** *-a*) chi fabbrica, vende e ripara armi | †chi fabbrica armature difensive, corazze e sim. **2** (*milit.*) soldato specializzato o sottufficiale addetto alla custodia e alla manutenzione delle armi portatili | (*mar.*) cannoniere specializzato nella riparazione di artiglierie e armi portatili

armamentàrio [vc. dotta, lat. *armamentāriu(m)* 'deposito di armi', da *ărma* 'armi' ✱ sec. XIV] **s. m.** **1** complesso di strumenti necessari allo svolgimento di un'attività, un lavoro e sim.: *l'a. da orologiaio, del falegname, chirurgico* | luogo in cui tali strumenti sono conservati | (*scherz.*) complesso di strumenti od oggetti anche non indispensabili: *arrivò in spiaggia con tutto l'a. per l'abbronzatura* **2** (*fig.*) complesso di idee, cognizioni e sim.: *è orgoglioso del suo imponente a. filosofico* **3** †armeria

armaménto [lat. *armamĕntu(m)* 'fornimento, attrezzatura' (spec. di navi), da *ărma* 'armi' ✱ 1290] **s. m.** **1** l'armare, l'armarsi | (*lett.*) preparativo di guerra **2** insieme delle armi d'ogni specie che costituiscono dotazione individuale o di reparto o di un intero organismo militare complesso: *a. del fante, della divisione* | (*est.*, **al pl.**) il complesso delle armi e dei mezzi di guerra che determinano, con gli impianti di produzione, il potenziale bellico di una nazione: *corsa agli armamenti* **3** (*mar.*) situazione in cui si trova una nave pronta a intraprendere l'attività cui è destinata | l'attrezzatura di una nave | tipo di attrezzatura velica: *a. a sloop* | ***a. di un pezzo***, gli uomini a esso destinati | ***a. di regata, di lancia***, l'insieme dei vogatori destinati sull'imbarcazione | ***società di a.***, società costituita fra i comproprietari della nave **4** insieme di congegni, di materiali e di mezzi, atti a far funzionare uno strumento, una macchina, un motore e sim.: *a. ferroviario, telefonico*

•**armàre** [lat. *armāre*, da *ărma* 'armi' ✱ sec. XII] **A** **v. tr. 1** fornire di armi: *a. l'esercito, i ribelli* | ***a. qlcu. cavaliere***, nel Medioevo, nominarlo cavaliere mediante la cerimonia dell'investitura | (*est.*) fortificare: *a. un caposaldo, una testa di ponte* | (*est.*) costituire un'unità per la guerra: *a. nuove divisioni* **2** chiamare alle armi: *a. i riservisti* | (*assol., lett.*) potenziarsi militarmente: *in quell'epoca la Francia stava armando* **3** provvedere un'arma del proiettile e sim.: *a. il fucile, il cannone*; *a. l'arco* **4** provvedere una nave di tutto ciò che occorre per la navigazione e le specifiche attività cui la stessa è destinata: *a. un veliero, una baleniera, un sommergibile* | ***a. i remi***, disporli negli scalmi, pronti alla voga | nel canottaggio, destinare a un'imbarcazione gli uomini e le attrezzature necessarie **5** provvedere di strutture di sostegno, spec. provvisorie, costruzioni, scavi e sim.: *a. una galleria* **6** (*teatro*) applicare un telaio di legno alla tela o carta su cui è dipinta la scena **7** (*mus.*) ***a. la chiave***, preparare l'armatura di chiave **B** **armàrsi** **v. rifl. 1** prendere le armi, fornirsi di armi: *l'esercito si armò* | (*est.*) fornirsi di strumenti atti alla difesa o all'offesa (+ *di*): *armarsi di un bastone, di un sasso, di una catena*; *armarsi fino ai denti* | (*fig., iron.*) ***armiamoci e partite***, per indicare chi incita alla lotta o (*est.*) a un'iniziativa, ma non intende parteciparvi **2** (*fig.*) provvedersi, spec. di qualità morali (+ *di*): *armarsi di pazienza, di coraggio* | munirsi: *armatosi di ombrello, uscì sotto la pioggia*

†**armàrio** ➤ **armadio**

armàta [da *armare* ✱ av. 1292] **s. f. 1** (*milit.*) unità militare complessa, articolata in corpi e dotata di propria organizzazione logistica: *la VI armata*; *generale di Corpo d'a.* | ***Corpo d'a.***, unità in cui si articola un'armata, composta da due a quattro divisioni | (*est.*) esercito | (*fig.*) ***l'a. Brancaleone***, gruppo raccogliticcio di persone, le cui imprese maldestre hanno esito negativo o ridicolo (dal titolo del film di M. Monicelli del 1966) **2** (*mar.*) la maggiore unità operativa navale da guerra, composta di squadre, a loro volta articolate in divisioni: *l'Invincibile a.* | (*est.*) flotta **3** (*est.*) la maggiore unità operativa aerea da guerra | (*est.*) flotta aerea

•**armàto** **A** **part. pass.** di *armare*; anche **agg. 1** fornito di armi (+ *di*): *essere bene, male a.*; *a. di fucile* | ***Forze Armate***, V. *forza*, sign. 12 | ***lotta armata***, che si avvale dell'uso delle armi | ***a mano armata***, (*lett.*) ***armata mano***, con le armi in pugno | (*fig.*) provvisto, dotato: *a. di coraggio, di pazienza* **2** ***cavo a.***, protetto esternamente da numerosi strati intrecciati di tela catramata particolarmente resistente | ***cassa armata***, le cui pareti sono unite tra loro da fili metallici per un facile montaggio | ***cemento a.***, V. *cemento* **3** (*zool.*) detto di animale che ha il corpo rivestito di scaglie, spine o aculei **4** (*arald.*) detto degli animali che hanno le zanne o gli artigli di smalto diverso da quello del corpo **B** **s. m.** • (**spec. al pl.**) soldato

armatóre [vc. dotta, lat. tardo *armatōre(m)*, da *armāre* 'armare' ✱ 1327] **A** **s. m. 1** (**f. -trice**) chi allestisce navi per conto proprio o d'altri | chi esercita l'impresa di navigazione: *l'a. nomina il comandante della nave* **2** operaio addetto alla messa in opera delle armature nelle gallerie di miniera e negli scavi sotterranei in genere **3** (*ferr.*) addetto alla posa e manutenzione dei binari **B** **anche agg.**: *compagnia, società armatrice*

armatoriàle [1922] **agg.** • relativo agli armatori navali o all'esercizio della navigazione: *impresa a.*

•**armatùra** [lat. *armatūra(m)*, da *ărma* 'armi' ✱ av. 1292] **s. f. 1** (*stor.*) protezione per la difesa individuale fatta di qualunque materiale resistente, cuoio, tessuto, maglia e piastre di ferro e sim., adattabile alla persona senza impedirne i movimenti | †macchina da guerra **2** (*est.*) insieme di organi, strutture e sim. che proteggono dall'esterno piante, animali, manufatti e sim.: *l'a. del granchio, di un cavo sottomarino* **3** ossatura metallica delle strutture in calcestruzzo, costituita normalmente da tondini di ferro omogeneo o di acciaio disposti longitudinalmente o ripiegati in modo da sopportare gli sforzi di trazione e di taglio | ***a. di servizio***, opera provvisoria di sostegno di una costruzione durante l'esecuzione o in caso di pericolo **4** (*est.*) tutto ciò che sostiene, rinforza e sim.: *a. di scena*; *l'a. di un vetro, di una pianta* **5** (*tess.*) intreccio di trama e ordito che caratterizza un tessuto **6** (*elettr.*) uno dei due elementi conduttori che, separati dal dielettrico, costituiscono un condensatore elettrico | àncora di un circuito magnetico **7** (*mus.*) ***a. di chiave***, insieme di bemolle o diesis, posti all'inizio del rigo, che indicano la tonalità di un pezzo

àrme [av. 1294] **s. f. 1** (*arald.*) stemma **2** †V. *arma*

armeggiaménto [da *armeggiare* ✱ av. 1431] **s. m. 1** †spettacolo d'armi: *vivendo con cantori e poeti, fra giostre e armeggiamenti* (C. Cattaneo) **2** l'affaccendarsi in modo disordinato e inconcludente

•**armeggiàre** [da *arma* ✱ sec. XIII] **v. intr.** (**pres.** *io arméggio*; **fut.** *io armeggerò*; **aus.** *avere*) **1** †maneggiare le armi | †fare preparativi di guerra | †combattere **2** †fare spettacoli d'armi, come giostre, tornei e sim. **3** (*fig.*) darsi dattorno, affaccendarsi confusamente e con scarsi risultati: *armeggia da un'ora intorno ai fornelli* **4** (*fig.*) intrigare, tramare: *a. per essere eletto*; *a. in segreto*

†**armeggiatóre** [1309 ca.] **s. m.** • giostratore, schermitore: *fu molto onorato con palio, e con armeggiatori* (D. Compagni)

arméggio ① [da *armeggiare* ✱ 1590] **s. m. 1** †armamento **2** (*lett.*) armeggìo

armeggìo ② [da *armeggiare* col suff. *-io* ① ✱ 1715] **s. m.** (**pl. -ii**) • un continuo e frequente armeggiare: *tutto quel loro a. non mi convince* **SIN.** intrigo, macchinazione

armeggióne [av. 1492] **s. m.** (**f. -a**) **1** (*raro*) chi si dà da fare senza costrutto **2** (*fig.*) maneggione, intrigante

armellìna® [da *armellino*, vc. veneta per 'albicocca', propr. 'armeno' ✱ 1950] **s. f.** • denominazione dei semi di pesca e di albicocca usati nell'industria dei dolci

armellinàto ➤ **ermellinato**

armellìno ➤ **ermellino**

arméno [lat. *armĕniu(m)* 'dell'Armenia', rifatto sul pl. it. *armeni* ✱ 1282] **A** **agg.** • dell'Armenia, regione e Stato dell'Asia occidentale | ***Chiesa armena***, chiesa cristiana monofisita sorta in Armenia a cavallo del IV sec., staccatasi dall'ubbidienza a Roma nel XV sec. | ***rito a.***, liturgia dei cattolici armeni **B** **s. m.** (**f. -a**) • abitante o nativo dell'Armenia **C** **s. m. solo sing.** • lingua della famiglia indoeuropea, parlata dagli Armeni

armentàrio o **armentière** [vc. dotta, lat. *armentāriu(m)*, da *armentum* 'armento' ✱ av. 1327] **A** **agg.** • (*lett.*) relativo all'armento **B** **s. m.** • (*lett.*) guardiano o padrone di armenti

•**arménto** [vc. dotta, lat. *armĕntu(m)*, dalla stessa radice di *ărma* 'armi' ✱ av. 1292] **s. m.** • (*lett.*) branco di grossi quadrupedi domestici: *un a. di buoi*

armerìa [da *arma* ✱ av. 1565] **s. f. 1** (*milit.*) locale dove si custodiscono ordinatamente le armi di un reparto **2** collezione di armi spec. antiche | galleria d'armi **3** negozio di armi

armerìsta [1955] **s. m.** (**pl. -i**) • (*arald.*) armoriale

armière [av. 1566] **s. m. 1** armaiolo **2** in artiglieria e in aviazione, soldato specializzato addetto all'impiego, manutenzione, conservazione del materiale di armamento

•**armìgero** [vc. dotta, lat. *armĭgeru(m)*, comp. di *ărma* 'armi' e *gĕrere* 'portare' ✱ 1316] **A** **agg. 1** (*lett.*) che porta e usa le armi **2** (*est.*) animoso, bellicoso: *quella valle è fortissima e i valligiani armigeri* (N. Machiavelli) **B** **s. m. 1** uomo d'armi | (*est.*) guardia del corpo (*anche iron.*): *appare in pubblico seguito dai suoi armigeri* **2** †scudiero

armìlla [vc. dotta, lat. *armĭlla(m)*, da *ărmus* 'parte alta del braccio' ✱ av. 1338] **s. f. 1** cerchio d'oro o d'argento portato dai soldati romani al braccio sinistro come distintivo di ricompensa al valor militare | (*est.*) bracciale per ornamento **2** (*astron.*) anello fisso o mobile costituente la sfera armillare

armillàre [1578] **agg.** • di armilla | ***sfera a.***, antico strumento astronomico costituito da un insieme di anelli, corrispondenti ai principali cerchi della sfera celeste, con il quale era possibile rappresentare il moto dei pianeti

armillària [da *armilla*, per l'anello che ne circonda il piede ✱ 1829] **s. f.** • genere di Funghi dei Basidiomiceti delle Agaricacee con spore di colore bianco e anello nel gambo (*Armillaria*)

armillàto [vc. dotta, lat. *armillātu(m)*, da *armĭlla* 'armilla' ✱ 1475 ca.] **agg.** • (*lett.*) ornato di armille | cinto di collare: *il veltro a.* (G. D'Annunzio)

armilùstrio [vc. dotta, lat. *armilūstriu(m)*, comp. di *ărma* 'armi' e *lustrāre* 'purificare' ✱ av. 1388] **s. m.** • festa militare dei Romani in cui si offrivano sacrifici e si facevano gare d'armi

armipotènte [vc. dotta, lat. *armipotĕnte(m)*, nom. *armĭpotens*, comp. di *ărma* 'armi' e *pŏtens* 'potente' ✱ av. 1340] **agg.** • (*poet.*) potente in armi: *di Giove invitta a. figlia* (V. Monti)

armistiziàle [1950] **agg.** • relativo a un armistizio

armistìzio [dal fr. *armistice*, formato sul modello di parole lat. come *solstĭtium* 'solstizio' ✱ av. 1708] **s. m.** • sospensione, totale o parziale, a tempo determinato o indeterminato, delle ostilità fra belligeranti | accordo tra parti belligeranti di porre in essere tale sospensione

àrmo [da *armare* ✱ 1812] **s. m.** • (*mar.*) armamento | nel canottaggio, equipaggio di un'imbarcazione

armoire /*fr.* ar'mwar/ [fr., s. f., dal lat. *armāriu(m)*. V. *armadio* ✱ 1883] **s. m. inv.** • armadio, spec. con specchi

•**armonìa** [vc. dotta, lat. *harmŏnia(m)*, dal gr. *harmonía*, da *harmózō* 'io congiungo, compongo', da *harmós* 'giuntura' ✱ 1294] **s. f. 1** (*mus.*) concordanza di suoni e di voci | scienza degli accordi, della loro formazione e combinazione: *a. diatonica, a. cromatica, a. enarmonica* | ***a. figurata***, quella in cui i suoni sono arpeggiati o ripetuti simultaneamente con combinazioni ritmiche caratteristiche | ***a. ellenica***, ottava dorica, scala nazionale dei Greci antichi | scienza degli accordi: *studiare a.* **2** (*est.*) disposizione delle parole che rende un suono gradevole | ***a. imitativa***, che attraverso il suono delle parole rende le impressioni di un evento o cose | ***a. vocalica***, adattamento della vocale postonica alla qualità della tonica **3** (*est.*) insieme gradevole di suoni, voci, rumori e sim: *una dolce a. vagava per l'aria* **4** (*fig.*) combinazione di elementi diversi che produce effetti piacevoli ai sensi: *l'a. del creato, dell'universo*; *un'a. di colori e di proporzioni* **5** (*fig.*) concordia di idee, sentimenti e sim.: *vivere in buona a.*; *essere in buona a. con qlcu.*; *a. tra le nazioni, tra i popoli* | conformità: *agire in a. con le leggi vigenti*

armònica [dall'ingl. *harmonica*, prob. attrav. il fr. *harmonica* ✱ 1769] **s. f. 1** (*mus.*) denominazione di strumenti in voga spec. nel XVIII sec., quali il *Glasspiel*, antico strumento costituito da bicchieri o tazze di vetro riempite d'acqua sfregati sul bordo dal dito inumidito, e la *Glasharmonica*, trasformazione del precedente ad opera di B. Franklin, in coppe emisferiche di cristallo che ruotano azionate da un pedale e vengono sfregate sui bordi da entrambe le mani | ***a. a bocca***, strumento popolare formato da una scatoletta forata, fornita di ance vibranti, che si suona facendolo scorrere sulle labbra e soffiando negli appositi fori **2** arte musicale | scienza degli intervalli dei suoni **3** (*mat.*) ciascuna delle oscillazioni sinusoidali in cui può essere scomposta un'oscillazione periodica | ciascuna delle oscillazioni sinusoidali con frequenza multipla di un'oscillazione sinusoidale, detta fondamentale

armonicista [1955] **s. m. e f.** (**pl. m.** *-i*) **1** suonatore di armonica **2** operaio che costruisce strumenti musicali

armònico [vc. dotta, lat. *harmŏnicu(m)*, dal gr. *harmonikós*, da *harmonía* 'armonia' ✱ av. 1389] **A agg.** (**pl. m.** *-ci*) **1** (*mus.*) che ha o produce armonia: *insieme a. di suoni* | ***cassa armonica***, cassa di uno strumento musicale che sfrutta la risonanza per amplificare e migliorare il suono | ***suoni armonici, vibrazioni armoniche***, (*ellitt.*) ***armonici, armoniche***, suoni secondari prodotti da un corpo in vibrazione che hanno frequenza multipla rispetto al suono fondamentale; negli strumenti ad arco, sono ottenuti sfiorando la corda in uno dei punti frazionari della sua lunghezza **2** (*fig.*) che è ben proporzionato, ben accordato, in ogni sua parte: *l'a. sviluppo del corpo umano* **3** detto di vino in cui le sensazioni olfattive e gustative si fondono e si esaltano ‖ **armonicaménte**, **avv.** ‖ **armonicità**, **s. f. inv. B s. m.** ● †armonista

armònio ➤ **armonium**

armonióso (o -ṣ-) [sec. XIV] **agg. 1** che produce armonia, che è dotato di armonia: *suono, discorso a.*; *lingua armoniosa* **2** (*fig.*) che è ben proporzionato, ben accordato in ogni sua parte: *un'armoniosa struttura architettonica* ‖ **armoniosaménte**, **avv.** ‖ **armoniosità**, **s. f. inv.**: *l'armoniosità di una melodia*

armonista [av. 1685] **s. m. e f.** (**pl. m.** *-i*) ● studioso di armonia musicale | (*est.*) maestro d'armonia, compositore

armonìstico [1941] **agg.** (**pl. m.** *-ci*) ● relativo all'armonia

armònium o **harmònium** /ar'mɔnjum/, **armònio** [dal fr. *harmonium*, dal gr. *harmónios* 'armonioso'. V. *armonia* ✱ 1840] **s. m. inv.** ● (*mus.*) strumento ad aria, fornito di ancia e tastiera, con registri come l'organo; accompagna i cori in chiesa

armonizzaménto [sec. XVI] **s. m.** ● (*raro*) armonizzazione

armonizzàre [da *armonia* ✱ 1308] **A v. tr. 1** mettere in armonia, musicare secondo l'armonia **2** rendere armonioso: *a. i versi di una composizione*; *a. il proprio stile* **3** (*fig.*) rendere privo di contrasti: *a. i colori di un quadro*; *a. le diverse parti di un'opera* **B v. intr.** (**aus.** *avere*) e **armonizzàrsi v. intr. pron.** ● essere in armonia: *questi colori armonizzano tra loro*; *il suo temperamento non armonizza col nostro*; *In quale statua ... la grazia e la possa si armonizzano così magistralmente?* (G. D'Annunzio) ‖ **armonizzazióne**, **s. f.** (V.)

armonizzàto **part. pass.** di *armonizzare*; anche **agg. 1** nei sign. del v. **2** (*lett.*, *fig.*) proporzionato in modo perfetto

armonizzatóre [1843] **s. m.** (**f.** *-trice*) ● chi armonizza

armonizzazióne [1877] **s. f. 1** (*mus.*) tecnica e modalità dell'armonizzare **2** l'armonizzare, il rendere armonioso | concordanza

armoràccio [lat. *armorăciu(m)*, di etim. incerta ✱ 1819] **s. m.** ● pianta erbacea perenne delle Crocifere con le foglie basali picciolate, quelle superiori dentate e la radice di sapore acre (*Armoracia rusticana*) **SIN.** barbaforte, rafano rusticano

armoriàle [fr. *armorial*, dal lat. *ărma* 'armi', sul modello di *historial* 'storico' ✱ 1892] **s. m.** ● (*arald.*) libro in cui sono designate o blasonate le armi delle famiglie, oppure quelle di città, nazioni, corporazioni e sim. **SIN.** stemmario

armoricàno [ingl. *armorican*, dal lat. tardo *Armoricānu(m)* 'dell'Armorica' ✱ 1843] **agg.** ● relativo a un'antica popolazione di origine celtica che abitava la zona della Gallia sulle coste dell'Atlantico

Arnèis [vc. piemontese da un lat. mediev. *renayus* 'che cresce fuori stagione'] **s. m. inv.** ● vino bianco di color giallo paglierino, dal profumo fresco e fruttato e dal sapore asciutto, prodotto in provincia di Cuneo dal vigneto omonimo

♦**arnése** (o -ṣ-) [ant. fr. *herneis* 'equipaggiamento di un soldato', dallo scandinavo **hernest* 'provviste per l'armata' ✱ 1259] **s. m. 1** attrezzo da lavoro: *gli arnesi del meccanico, dell'elettricista* **2** (*est.*, *fam.*) oggetto, strumento di cui non si conosce o non si vuole dire il nome: *che cos'è quell'a.?*; *teneva in mano uno strano a.* **3** (*lett.*) modo di vestire, abbigliamento: *Scusi, sa, se mi vede in questo a.* (I. Nievo) **4** (*lett.*) condizioni economiche o fisiche: *essere bene, male in a.*; *rimettersi in a.* **5** †armatura del cavaliere e del cavallo: *pien tutto il campo è di spezzate lance / di rotti scudi e di troncato a.* (T. Tasso) | fortezza: *Siede Peschiera, bello e forte a.* (Dante *Inf.* XX, 70) **6** (*fig.*, *fam.*) individuo poco raccomandabile (*spec. spreg.*): *frequentava un brutto a.*; *è il peggiore a. di tutta la banda* **7** (**al pl.**) †oggetti di arredamento, suppellettili: *volendo ... racconciare i guasti arnesi della sua nave* (G. Boccaccio) **8** †bagaglio: *Assaliti fummo da ... predoni, vaghi del copioso a.* (G. Boccaccio) | salmeria ‖ **arnesàccio**, **pegg.** | **arnesétto**, **dim.** | **arnesino**, **dim.**

àrnia [etim. incerta ✱ av. 1294] **s. f.** ● abitazione di una colonia di api allo stato naturale, costituita dalla cavità di un albero, di una roccia e sim. | abitazione di una colonia di api allo stato di domesticità, consistente gener. in una struttura lignea a forma di casetta destinata ad accogliere i favi per costituire l'alveare

àrnica [prob. gr. *ptarmikḗ* 'pianta che fa starnutire', da *ptáirō* 'io starnuto' ✱ av. 1558] **s. f.** ● pianta erbacea delle Composite con foglie basali a rosetta e capolini di color arancione (*Arnica montana*)

arnióne [romagnolo *argnón*. V. *rognone* ✱ sec. XIII] **s. m.** ● (*romagnolo*) rognone

arnoglòssa [vc. dotta, lat. tardo *arnoglōssa(m)*, dal gr. *arnóglōsson*, propr. 'lingua di agnello', comp. di *arḗn*, genit. *arnós* 'agnello' e *glôssa* 'lingua' ✱ 1634] **s. f.** ● (*bot.*) piantaggine

àro ① [vc. dotta, gr. *áron*, di etim. incerta ✱ 1476] **s. m.** ● pianta erbacea velenosa delle Aracee con rizoma tuberoso e fiori gialli (*Arum maculatum, Arum italicum*) **SIN.** gigaro

àro ② [V. *ara* ③ ✱ 1838] **s. m.** ● (*agric.*) ara

-àro ➤ **-aio** ②

-aròlo ➤ **-aiolo**

♦**aròma** [vc. dotta, lat. *arōma*, dal gr. *árōma*, di etim. incerta ✱ av. 1342] **s. m.** (**pl.** *aròmi*, †*aròmati*) **1** sostanza naturale o artificiale che determina una gradevole azione olfattiva o gustativa **2** (**spec. al pl.**) sostanza odorosa usata per profumare o insaporire **3** odore penetrante e gradevole, emanato dalle sostanze aromatiche: *a. d'incenso, di caffè* | (*lett.*) fragranza, profumo (*anche fig.*): *l'amaro a. del mare* (E. Montale); *l'a. della terra natia*

SFUMATURE ➤ ***profumo***

†**aromatàrio** [vc. dotta, lat. tardo *aromatāriu(m)*, da *arōma* 'aroma' ✱ sec. XIV] **s. m.** ● droghiere

aromaterapìa [comp. di *aroma* e *terapia* ✱ 1981] **s. f.** ● trattamento terapeutico o estetico mediante essenze vegetali ‖ **aromateràpico**, **agg.** (**pl. m.** *-ci*) relativo all'aromaterapia ‖ **aromaterapèutico**, **agg.** (**pl. m.** *-ci*) aromaterapico

aromàtico [vc. dotta, lat. tardo *aromăticu(m)*, dal gr. *arōmatikós*, da *árōma* 'aroma' ✱ 1330] **agg.** (**pl. m.** *-ci*) **1** che ha odore e sapore d'aroma: *cibo a.*; *erbe aromatiche* | ***piante aromatiche***, dalle quali si ricavano aromi | ***vino a.***, che conserva l'aroma dell'uva d'origine **2** (*chim.*) detto di composto organico caratterizzato dalla presenza di almeno un anello benzenico: *serie aromatica* **CONTR.** alifatico, grasso **3** †strano, fantastico ‖ **aromaticaménte**, **avv.** ‖ **aromaticità**, **s. f. inv.** proprietà di ciò che è aromatico

aromatizzànte **A part. pres.** di *aromatizzare*; anche **agg.** ● nei sign. del v. **B s. m.** ● additivo alimentare che permette di soddisfare gli organi del gusto e dell'olfatto

aromatizzàre [vc. dotta, lat. tardo *aromatizāre*, dal gr. *arōmatízō*, da *árōma* 'aroma' ✱ sec. XIV] **v. tr.** ● rendere aromatico, spec. una vivanda: *a. la carne* ‖ **aromatizzazióne**, **s. f.**

àrpa ① [lat. tardo *hărpa(m)*, dal germ. **harpa* ✱ sec. XIII] **s. f.** ● grande strumento a corde, di forma triangolare, che si suona pizzicando con le dita: *a. semplice, a pedali, doppia* | ***a. eolia***, strumento con cassa armonica le cui corde sono messe in vibrazione da una corrente d'aria

àrpa ② o †**àrpe** [vc. dotta, lat. *hărpe(m)*, dal gr. *hárpē* 'falce', di orig. indeur. ✱ av. 1367] **s. f.** ● antica spada falcata con un uncino tagliente sporgente dalla lama presso la punta, in uso spec. in Oriente

arpacòrdo ➤ **arpicordo**

arpagóne ① [lat. *harpagōne(m)*, dal gr. *harpágē* 'uncino, gancio', da *harpázō* 'io strappo a forza' ✱ av. 1292] **s. m.** ● congegno provvisto di uncini, anticamente usato per agganciare le navi nemiche o i merli delle mura

arpagóne ② [dal n. del protagonista della commedia *L'Avare* (1668) di Molière ✱ 1892] **s. m.** ● (*lett.*) persona estremamente avara

†**àrpe** ➤ **arpa** ②

arpeggiaménto [1829] **s. m. 1** esecuzione arpeggiata di un brano musicale **2** (*veter.*) arpeggio

arpeggiàre [da *arpa* ① ✱ av. 1638] **v. intr.** (**pres.** *io arpéggio*; **fut.** *io arpeggerò*; **aus.**

a b c d e f g h i j k l m n o p q r s t u v w x y z

a

avere) **1** suonare l'arpa o altri strumenti a corda | eseguire l'arpeggio **2** (*veter.*) presentare il difetto dell'arpeggio

arpeggiàto **A** **part. pass.** di *arpeggiare*; anche **agg.** • nei sign. del v. **B** **s. m.** • (*mus.*) esecuzione o arpeggio di un accordo o di una serie di accordi | segno con cui ne viene data l'indicazione

arpeggiatóre [1864] **s. m.** (**f.** *-trice*) • (*disus.*) arpista

arpéggio① [1708] **s. m.** **1** (*mus.*) esecuzione successiva anziché simultanea delle note costituenti un accordo **2** (*veter.*) andatura difettosa del quadrupede che flette di scatto il garretto sollevando esageratamente il piede posteriore || **arpeggino**, **dim.**

arpeggìo② [1961] **s. m.** (**pl.** *-ii*) • (*mus.*) arpeggiamento continuato e frequente

arpeggióne [1940] **s. m.** • (*mus.*) strumento a sei corde simile alla chitarra ma suonato con l'arco, inventato nell'Ottocento e presto caduto in disuso: *la sonata per a. di Schubert*

arpènto [fr. *arpent*, dal lat. *arepĕnne(m)*, vc. di orig. gallica ✱ 1829] **s. m.** • antica misura di superficie usata in Francia e in Germania

arpése (o-ş-) [gr. tardo *hárpax*, genit. *hárpagos* 'gancio di ferro'. Cfr. *arpagone*① ✱ 1570] **s. m.** • (*edil.*) perno di ferro o rame a doppia grappa per collegare verticalmente i conci di pietra

arpìa [vc. dotta, lat. *harpȳia(m)*, dal gr. *hárpyia* 'la rapace' ✱ 1313] **s. f.** **1** mostro mitologico, rappresentato con volto di donna, corpo di vari animali e ali di uccello **2** (*est.*) persona avara e rapace | donna d'aspetto sgradevole e di carattere astioso **3** uccello rapace americano dei Falconiformi, feroce carnivoro, fornito di un caratteristico ciuffo di piume sul capo (*Harpia harpyia*) **4** farfalla notturna dei Lepidotteri dall'addome terminante in due lunghe appendici (*Cerura vinula*)

arpicòrdo o **arpacòrdo** [comp. di *arpa*① e *corda* ✱ 1536] **s. m.** • (*mus.*) antico nome della spinetta poligonale, con cordiera dalla forma simile a quella dell'arpa | clavicembalo, simile nel suono a un'arpa, col fondo di legno

arpinàte [vc. dotta, lat. *Arpinātе(m)*, da *Arpīnum* 'Arpino' ✱ sec. XIV] **A** **agg.** • di Arpino, città del Lazio **B** **s. m. e f.** • abitante o nativo di Arpino | ***l'A.***, (*per anton.*) Marco Tullio Cicerone

arpionàre [da *arpione* ✱ 1525] **v. tr.** (*io arpióno*) **1** colpire con l'arpione **2** (*est.*) agganciare: *la bicicletta è stata arpionata dal camion*

arpióne [lat. parl. **harpigōne(m)* per il classico *harpagōne(m)*. V. *arpagone*① ✱ 1275] **s. m.** **1** (*mecc.*) elemento dell'arpionismo, a forma di virgola, montato su un perno fisso, che permette alla ruota dentata a denti di sega di girare solo in un senso **SIN.** nottolino | ferramenta di persiana a ventola e di porta, che permette la rotazione del battente | organo di fissaggio della rotaia alla traversa **2** ferro uncinato infisso spec. in un muro, per appendere qlco. **3** (*pesca*) arpone **4** (*disus.*) nell'alpinismo su ghiaccio, particolare tipo di chiodo costituito da un tubo metallico munito di un anello a un'estremità e affilato dall'altra per agevolarne la penetrazione || **arpioncino**, **dim.**

arpionìșmo [1892] **s. m.** • (*mecc.*) meccanismo costituito da una ruota dentata a denti di sega, contro i quali viene a puntare l'arpione montato su un perno fisso, in modo da permettere alla ruota di girare solo in un senso

arpìsta [da *arpa*① ✱ 1862] **s. m. e f.** (**pl. m.** *-i*) • suonatore d'arpa

arponàre [da *arpone* ✱ 1983] **v. tr.** (*io arpóno*) • colpire con l'arpone

arpóne [fr. *harpon*, da *harper* 'afferrare' ✱ 1525] **s. m.** • ferro in forma di lancia a due o più denti semplici o con ardiglione, normalmente snodati, fissato ad una asta o freccia, che viene lanciato a mano o con altro mezzo contro grossi pesci e cetacei: *a. da balena*

arquebuse /fr. aʀkə'byz/ [fr., propr. 'archibugio', perché serviva a curare le ferite causate da armi da fuoco ✱ 1942] **s. m.** • liquore ottenuto per distillazione da erbe aromatiche

àrra [vc. dotta, lat. *ărra(m)*, abbr. di *ărrabo*, dal gr. *arrabṓn*, di orig. ebr. ✱ av. 1284] **s. f.** **1** nel diritto romano, anticipo sul prezzo della compravendita a riprova della conclusione del contratto e a garanzia dell'esatto adempimento | caparra **2** (*fig., lett.*) pegno, promessa: *Ma un'a. / si vuol di vostra fé* (A. Manzoni)

arrabattàrsi [sp. *arrebatarse* 'andare in collera, accorrere in folla', da *rebato* 'attacco improvviso, allarme' ✱ av. 1527] **v. intr. pron.** • affaticarsi, sforzarsi, agitarsi stentatamente per arrivare a qlco., per ottenere qlco. e sim.: *s'arrabatta per trovare lavoro*

arrabbiaménto [av. 1698] **s. m.** **1** l'arrabbiare: *l'a. dei cani* **2** (*raro*) arrabbiatura

♦**arrabbiàre** [comp. di *a-*② e *rabbia* ✱ 1287] **A** **v. intr.** (*io arràbbio*; **aus.** *essere*) • prendere la rabbia, diventare idrofobo: *il cane arrabbiò improvvisamente* **B** **v. intr.** (*raro* o †; **aus.** *essere*) e **arrabbiàrsi** **v. intr. pron.** • essere preso dall'ira, dalla collera, detto di persona: *si arrabbiò con me e cominciò a dare in escandescenze; non devi far arrabbiare tuo padre; ne fu per arrabbiar, per venir matto* (L. Ariosto) | (*raro*) ***a. dalla fame, dalla sete*** e sim., soffrire per la troppa fame, sete e sim.

arrabbiàta [av. 1306] **s. f.** **1** (*fam.*) arrabbiatura: *prendersi un'a.* **2** (*cucina*) V. *arrabbiato*

arrabbiatìccio [1862] **s. m.** • terreno che non contiene la giusta quantità d'acqua

♦**arrabbiàto** **part. pass.** di *arrabbiare*; anche **agg.** **1** idrofobo | adirato, incollerito **2** (*fig.*) di chi pratica e sostiene qlco. con accanimento: *giocatore, polemista a.* **3** ***giovani arrabbiati***, gli aderenti a una corrente letteraria inglese del secondo dopoguerra, costituita di giovani scrittori che esprimevano con amarezza la loro mancanza di fiducia nella società **4** detto di cibo cotto a fuoco vivo e con poco grasso o in padella e con forti odori: *fritto a.*; *pollo a.* **5** nella loc. agg. inv. ***all'arrabbiata***, (*cucina*) detto di cibo condito con sugo molto piccante: *penne all'arrabbiata* || **arrabbiatèllo**, **dim.** || **arrabbiataménte**, **avv.** con rabbia

arrabbiatùra [av. 1865] **s. f.** • l'arrabbiarsi | accesso d'ira, di collera: *prendersi un'a.*

arràffa-arràffa [da *arraffa(re)* rafforzato dalla ripetizione ✱ 1955] **s. m. inv.** • accaparramento, ruberia: *sarebbe un arraffa-arraffa ed un'occasione continua di risse* (L. Einaudi)

arraffàre [comp. di *a-*② e *raffare* ✱ av. 1311] **v. tr.** • afferrare, strappare con violenza | (*est.*) rubare con sveltezza: *è uno che arraffa tutto quello che può*

arraffatóre [1983] **s. m.** (**f.** *-trice*) • chi arraffa

arràffo [da *arraffare* ✱ 1992] **s. m.** • ruberia, ladrocinio

arraffóne [1983] **s. m.** (**f.** *-a*) • chi arraffa

àrrak ➤ **arak**

arrampicaménto [1865] **s. m.** • l'arrampicarsi

♦**arrampicàre** [comp. di *a-*② e *rampicare* ✱ av. 1463] **A** **v. intr.** (*io arràmpico, tu arràmpichi*; **aus.** *essere* **nel sign. 1**, *avere* **nel sign. 2**) **1** (*lett.*) salire, arrampicarsi **2** nell'alpinismo, procedere in progressione verticale aiutandosi con mani e piedi | nel ciclismo, affrontare una salita **B** **arrampicàrsi** **v. intr. pron.** **1** salire attaccandosi a qlco. (+ *su*): *arrampicarsi sugli alberi, sulle pareti scoscese* | (*est.*) crescere in altezza appoggiandosi a qlco., detto di piante: *il glicine, l'edera si arrampicano lungo i muri* **2** (*est.*) inoltrarsi con fatica per una strada scoscesa (+ *per*, + *su*, + *su per*): *arrampicarsi per un sentiero, sui sentieri di montagna; l'autobus si arrampica ogni giorno su per i colli* | (*fig.*) ***arrampicarsi sui vetri, sugli specchi***, tentare di sostenere tesi inaccettabili o di realizzare imprese impossibili

arrampicàta [1925] **s. f.** **1** l'arrampicarsi **2** nell'alpinismo, ascensione su roccia o su ghiaccio in cui si fa anche uso delle mani per progredire: *tecnica dell'a., effettuare un'a.* | ***a. libera***, (*ellitt.*) ***libera***, in cui si sfruttano soltanto gli appigli naturali offerti dalla parete | ***a. artificiale***, in cui si ricorre a chiodi, staffe e corde come mezzi di progressione **SIN.** scalata | nella ginnastica, esercizio di salita alla fune o alla pertica compiuto con le braccia e le gambe o con le sole braccia | nel ciclismo, superamento di una salita a forte pendenza **SIN.** scalata || **arrampicatina**, **dim.**

arrampicatóre [1847] **s. m.** (**f.** *-trice*) **1** chi si arrampica | (*fig.*) ***a. sociale***, persona ambiziosa, spec. di modeste origini, che tenta con ogni mezzo di raggiungere un'elevata posizione sociale **2** nell'alpinismo, chi arrampica, chi compie scalate **SIN.** rocciatore, scalatore | nel ciclismo, atleta particolarmente forte in salita **SIN.** grimpeur, scalatore

♦**arrancàre** [comp. di *a-*② e *ranco* ✱ 1250 ca.] **v. intr.** (*io arrànco, tu arrànchi*; **aus.** *avere*) **1** camminare zoppicando: *arrancava dietro il banco con la gamba più corta* (A. Moravia) | (*est.*) avanzare a fatica: *la vecchia arrancava su per la salita; il direttissimo arrancava* (D. Buzzati) | (*fig.*) procedere con molta difficoltà: *l'economia del Paese arranca* **2** nel canottaggio, vogare con fatica

SFUMATURE ➤ ***camminare***

arrancàta [1614] **s. f.** **1** l'arrancare **2** successione di colpi di remi dati vogando di forza

arrancàto **part. pass.** di *arrancare*; anche **agg.** • nel sign. del v. | ***voga arrancata***, V. *voga*

†**arrandellàre** [comp. di *a-*② e *randello* ✱ av. 1400] **v. tr.** **1** stringere, legare stretto **2** percuotere con un randello **3** gettare, scagliare con forza

arrangiaménto [fr. *arrangement*. V. *arrangiare* ✱ 1881] **s. m.** **1** accordo, accomodamento: *cercare, trovare un a.*; *venire a un a.* **2** nella musica leggera, armonizzazione e strumentazione di una melodia

♦**arrangiàre** [fr. *arranger*, da *rang*. V. *rango* ✱ 1845] **A** **v. tr.** (**pres.** *io arràngio*; **fut.** *io arrangerò*) **1** sistemare, accomodare alla meglio: *vedremo di a. anche questa faccenda* | (*fig., fam.*) ***a. qlcu.***, malmenarlo **2** (*fig.*) mettere insieme in qualche modo: *cercate di a. la cena* **3** nella musica leggera, effettuare un arrangiamento **B** **arrangiàrsi** **v. intr. pron.** **1** addivenire a un accordo: *tra noi ci arrangeremo benissimo* **2** riuscire a cavarsela: *nelle difficoltà occorre arrangiarsi; arrangiarsi con poco* | ***arrangiati!***, secco invito a cavarsela da solo **3** sistemarsi alla meno peggio in un luogo: *ci siamo arrangiati tutti nel soggiorno*

arrangiatóre [1952] **s. m.** (**f.** *-trice*) • nella musica leggera, chi cura l'arrangiamento di una melodia

arrangolàre [comp. di *a-*② e *rangola* ✱ av.

1565] **A** **v. intr.** (*io arràngolo*; **aus.** *avere*) ● (*lett.*) parlare con voce rauca, affannata, soffocata **B** **arrangolàrsi** **v. intr. pron.** ● †stizzirsi, arrabbiarsi

arrantolàto [dal part. pass. di *rantolare* ✻ av. 1565] **agg.** ● (*raro, lett.*) che rantola | che è rotto da rantoli: *la parola gli usciva arrantolata dalla gola* (A. MANZONI)

arrapànte **part. pres.** di *arrapare*; anche **agg.** ● (*pop.*) che eccita sessualmente: *una mano che pareva quella d'un uomo, ma era a. uguale* (P.P. PASOLINI)

arrapàre [napol. *arrapà*, forse da *rapa*, intesa nel sign. metaforico di 'pene' ✻ 1950] **A** **v. tr.** ● (*pop.*) eccitare sessualmente **B** **arrapàrsi** **v. intr. pron.** ● (*pop.*) eccitarsi sessualmente

arrapinàre [comp. di *a-*② e *rapina* ✻ av. 1698] **A** **v. tr.** ● †fare arrabbiare **B** **arrapinàrsi** **v. intr. pron.** ● (*tosc.* o *lett.*) arrabbiarsi | (*fig.*) affannarsi, arrovellarsi

†**arrappàre** [provenz. *arrapar*, forse dal got. *hrapōn ✻ sec. XIII] **v. tr.** ● togliere con violenza, strappare, afferrare | (*est.*) rubare

†**arraspàre** [comp. di *a-*② e *raspare* ✻ av. 1400] **v. tr.** ● raspare | (*fig.*) rubare, portar via

array /*ingl.* əˈreɪ/ [vc. ingl., 'ordine', 'raggruppamento ordinato' attraverso il fr. ✻ 1985] **s. m. inv.** (**pl. ingl.** *arrays*) ● (*mat.*) insieme ordinato di numeri o simboli disposti in colonne e righe **CFR.** matrice

arrazzàre [comp. di *a-*② e *razzo* ✻ sec. XIV] **A** **v. tr.** ● (*lett.*) fare esplodere, incendiare | (*roman., volg.*) eccitare **B** **v. intr.** (**aus.** *essere*) e **arrazzàrsi** **v. intr. pron.** ● (*lett.*) ardere come un razzo | (*est.*) brillare, rifulgere

arrecàre [comp. di *a-*② e *recare* ✻ 1231] **A** **v. tr.** (*io arrèco, tu arrèchi*) **1** (*lett.*) recare, portare **2** (*fig.*) cagionare: *a. noia, disturbo a qlcu.*; *arrecar danno alle cose altrui* **3** †attribuire | †addurre **B** **arrecàrsi** **v. rifl.** ● †portarsi, avvicinarsi

arrecatóre [1310] **agg. e s. m.** (**f.** *-trice*) ● (*raro, lett.*) che (o chi) arreca

arredaménto [1865] **s. m.** **1** l'arredare | studio della disposizione di mobili e arredi in abitazioni, uffici, negozi e sim. | arte di arredare una scena teatrale, cinematografica e sim. **2** (*est.*) complesso di mobili, arredi e decorazioni presenti in un'abitazione e sim. | mobilio e suppellettili sceniche che completano la scenografia

arredàre [cfr. *corredare* ✻ sec. XIII] **v. tr.** (*io arrèdo*) ● fornire un locale di mobili, suppellettili, decorazioni e sim. disponendoli secondo un dato gusto e criterio (*anche assol.*): *hanno appena finito di a. la nuova casa*; *un oggetto che arreda* | (*est.*) ammobiliare

arredatóre [1943] **s. m.** (**f.** *-trice*) **1** chi progetta e realizza un arredamento **2** operaio specializzato nell'esecuzione di lavori di arredamento **3** incaricato dell'arredamento di una scena

arrèdo [1313] **s. m.** ● ogni singolo oggetto o il complesso degli oggetti che servono a completare o a decorare uno o più ambienti | ***arredi sacri***, gli oggetti usati per il culto, come calice, ampolline, argenti, paramenti sacerdotali e sim. | ***a. urbano***, complesso delle attrezzature che servono a completare la funzionalità degli spazi pubblici urbani, come panchine, fontanelle, lampioni, paline segnaletiche, ecc.

arrembàggio [da *arrembare*① ✻ 1772] **s. m.** **1** (*mar.*) assalto a una nave nemica dopo averla abbordata | ***all'a.!***, grido di combattimento **2** (*fig.*) azione, attacco, tentativo disperato | ***andare, buttarsi, gettarsi, all'a.***, partire di slancio per conquistare qlco. o qlcu.

arrembànte **part. pres.** di *arrembare*①; anche **agg.** ● (*fig.*) che si getta con impeto alla conquista di un obiettivo: *una squadra a.* | (*est.*) di ciò che è effettuato con impeto, di slancio: *inizio a.*

arrembàre① [etim. incerta ✻ 1772] **v. tr.** (*io arrèmbo*) **1** dare l'assalto a una nave dopo averla abbordata **2** (*raro, lett.*) attraccare

arrembàre② [etim. incerta ✻ 1865] **A** **v. tr.** (*io arrèmbo*) ● (*raro*) piegare su un fianco **B** **v. intr.** (**aus.** *essere*) e **arrembàrsi** **v. intr. pron.** **1** manifestare arrembatura, detto del cavallo **2** (*fig.*) camminare trascinandosi a fatica

arrembàta [da *arrembare*① ✻ 1961] **s. f.** ● (*raro*) arrembaggio

arrembàto① **part. pass.** di *arrembare*①; anche **agg.** ● nei sign. del v.

arrembàto② **part. pass.** di *arrembare*②; anche **agg.** ● detto del cavallo che ha il nodello permanentemente deviato in avanti, con conseguente deviazione dello zoccolo

arrembatùra [da *arrembare*② ✻ 1865] **s. f.** ● difetto del cavallo arrembato

arrèmbo [da *arrembare*① ✻ av. 1938] **s. m.** ● (*raro, lett.*) arrembaggio

arrenaménto ➤ **arenamento**

arrenàre [comp. di *a-*② e *rena* ✻ 1481] **A** **v. tr.** (*io arréno*) ● pulire strofinando con la sabbia: *a. stoviglie, metalli* **B** **v. intr.** (**aus.** *essere*) e **arrenàrsi** **v. intr. pron.** ➤ **arenare**

arrendaménto [sp. *arrendamiento*, da *arrendar* 'appaltare', da *rendir* 'dare, consegnare', dal lat. *rĕddere* 'rendere' ✻ av. 1540] **s. m.** ● nel Regno di Napoli, gabella la cui riscossione era data in appalto a privati

arrendatóre [av. 1569] **s. m.** ● (*stor.*) appaltatore privato di gabelle

♦**arrèndere** [comp. di *a-*② e *rendere* ✻ 1186] **A** **v. tr.** (**coniug. come** *rendere*) ● †rendere, restituire, consegnare: *arrendé la terra a' Francesi* (F. GUICCIARDINI) **B** **arrèndersi** **v. intr. pron.** **1** darsi vinto, consegnarsi al nemico: *la città si arrese in pochi giorni* **2** (*fig.*) cedere, piegarsi, darsi per vinto (+ *a*): *arrendersi all'evidenza, alla ragione*; *esitò prima di arrendersi*; *lottò a lungo ma non si arrese* **3** (*raro, lett.*) piegarsi, flettersi: *i rami si arrendono al vento*

SFUMATURE ➤ ***rassegnare***

♣**arrendévole** [av. 1292] **agg.** **1** che non resiste e cede facilmente: *feci male ... a mostrarmi a.* (A. MORAVIA) **SIN.** acquiescente, docile | compiacente, accondiscendente: *Veramente bella appariva, illanguidita, a.* (G. D'ANNUNZIO) **2** (*raro, lett.*) che si piega agevolmente: *legno, ramo a.* ‖ **arrendevolménte**, **avv.**

SFUMATURE ➤ ***condiscendente***

arrendevolézza [av. 1589] **s. f.** ● caratteristica di chi (o di ciò che) è arrendevole

arréso (o **-ṣ-**) **part. pass.** di *arrendere*; anche **agg.** ● nei sign. del v.

arrestàbile [1985] **agg.** ● che si può arrestare, fermare (*spec. fig.*): *sviluppo, processo difficilmente a.* **CONTR.** inarrestabile ‖ **arrestabilità**, **s. f. inv.**

†**arrestaménto** [1291] **s. m.** ● fermata | cattura, sequestro

♦**arrestàre**① [lat. mediev. *adrestāre*, comp. di *ăd* e *restāre* 'stare ancora, fermarsi' ✻ sec. XIII] **A** **v. tr.** (*io arrèsto*) **1** fermare, impedire la continuazione di un movimento (*anche fig.*): *a. una macchina, un treno*; *a. un'emorragia*; *il suo sguardo arrestò il mio gesto*; *la guerra ha arrestato lo sviluppo del paese* | ***a. i passi***, fermarsi | ***a. il gioco***, ordinare la sospensione da parte dell'arbitro, per la punizione di un fallo **2** trattenere una persona per assicurarla alla giustizia, sottoporre ad arresto: *fu arrestato sotto l'accusa di omicidio* **3** †sequestrare **B** **arrestàrsi** **v. rifl.** ● fermarsi, indugiare: *il treno si arresta di colpo*; *si arrestarono di fronte al pericolo*

†**arrestàre**② [comp. di *a-*② e *resta*② ✻ av. 1431] **v. tr.** ● mettere la lancia in resta

arrestàto **A** **part. pass.** di *arrestare*①; anche **agg.** **1** nei sign. del v. **2** (*arald.*) detto delle navi senza alberatura e dei quadrupedi fermi sulle quattro zampe **B** **s. m.** (**f.** *-a*) ● persona sottoposta ad arresto

arrestatóio [da *arrestare* 'fermare' ✻ 1889] **s. m.** (**pl.** *-ói*) ● (*mar.*; *raro*) stopper

arrèsto [da *arrestare*① ✻ sec. XIII] **s. m.** **1** fermata: *l'a. di un'auto*; *subire un a.* | (*est.*) indugio, ritardo | ***senza a.***, senza indugio | ***battuta d'a.***, intervallo, interruzione **2** qualsiasi dispositivo tendente a limitare la corsa o a impedire il movimento di una direzione di un organo meccanico **3** nei giochi di palla, sospensione di un'azione da parte dell'arbitro per la punizione di un fallo: *a. del gioco* | nel calcio e sim., azione effettuata sul pallone da un giocatore in seguito a un passaggio, a un tiro avversario o dopo un palleggio | ***a. al volo***, nel calcio, stop | nella scherma, uscita in tempo su attacco composto dell'avversario, che impedisce il proseguimento dell'azione | nella pallacanestro, fondamentale di gioco **4** (*dir.*) limitazione della libertà personale come pena detentiva per le violazioni della legge penale che lo prevedono, come provvedimento di carattere provvisorio introduttivo alla custodia cautelare o come misura di polizia a tutela di un interesse | ***arresti domiciliari***, stato di detenzione presso il proprio domicilio **5** (**spec. al pl.**) punizione disciplinare esclusiva per ufficiali e marescialli delle Forze armate: *essere agli arresti*; *arresti semplici, di rigore* **6** (*med.*) cessazione improvvisa di una funzione organica: *a. cardiaco* | interruzione nello sviluppo: *a. psichico* **CFR.** -stasi **7** (*fotogr.*) bagno acido per negativi e carte, che precede il fissaggio e serve a bloccare l'azione dello sviluppo

arretraménto [av. 1738] **s. m.** ● spostamento all'indietro | indietreggiamento | (*fig.*) rinuncia | (*fig.*) ripensamento

♦**arretràre** [comp. di *a-*② e *retro* ✻ av. 1294] **A** **v. tr.** (*io arrètro*) ● spostare indietro: *il comandante arretrò le truppe dietro la collina* **B** **v. intr.** (**aus.** *essere*) ● retrocedere, ritirarsi: *a. di fronte al pericolo* | (*fig.*) rinunciare, venir meno: *non ho intenzione di a. dalle mie decisioni*

arretratézza [1949] **s. f.** ● condizione di chi è arretrato: *a. mentale* | condizione di scarso sviluppo: *a. economica, culturale di un Paese*

arretràto **A** **part. pass.** di *arretrare*; anche **agg.** **1** che è, o è rimasto, indietro **2** ***numero, fascicolo a.***, di un giornale, di una rivista e sim., che precede l'ultimo pubblicato | ***lavoro, affare a.***, non sbrigato a suo tempo **3** detto di chi (o di ciò che) non ha avuto un normale sviluppo: *bambino mentalmente a.* | ***mentalità arretrata***, sorpassata | ***area arretrata***, di accentuato sottosviluppo | ***paese a.***, sottosviluppato economicamente, politicamente e socialmente **4** (*ling.*) detto di suono che, rispetto a un suono avanzato, è articolato più verso la gola ‖ **arretrataménte**, **avv.** **B** **s. m.** **1** (**spec. al pl.**) debito scaduto e non pagato a suo tempo | somma non incassata e rimasta da esigere **2** (*fig.*) faccenda, conto, in sospeso: *avere degli arretrati con la giustizia* **C** **nella loc. avv.** ***in a.***, in ritardo, indietro: *essere in a. col lavoro, con i pagamenti*

àrri [vc. onomat. ✻ 1360 ca.] **inter.** ● si usa come voce d'incitamento agli animali da soma e da tiro: *a.! a.!*; *a. là*

arricchiménto [sec. XIV] **s. m.** **1** l'arricchire, l'arricchirsi (*anche fig.*): *il suo rapido*

a

a. ha destato dei sospetti; a. culturale **2** (*tecnol.*) processo di separazione di un miscuglio di un minerale grezzo in due parti rispettivamente più ricca e più povera di un dato elemento: *a. dell'uranio*

♦**arricchìre** [comp. di *a-*② e *ricco* ✱ 1268] **A** **v. tr.** (*io arricchisco, tu arricchisci*) **1** rendere ricco: *a. la propria famiglia* | (*fig.*) aumentare, accrescere, incrementare: *a. la propria cultura; ha arricchito la biblioteca di due preziosi volumi* | (*fig.*) adornare: *arricchì il suo giardino di fiori* **2** (*tecnol.*) sottoporre ad arricchimento **B** **v. intr.** (**aus.** *essere*), **arricchìrsi** **v. rifl. e intr. pron.** ● diventare ricco: *a. alle spalle, a spese di qlcu.; si sono arricchiti in breve tempo; si è arricchito con il commercio* | (*fig.*) crescere di valore, di pregio o di importanza per l'acquisizione di nuovi elementi (+ *di*): *la letteratura si arricchisce di nuovi poeti; il racconto del testimone si arricchisce di nuovi particolari*

arricchìto **A** **part. pass.** di *arricchire*; anche **agg.** **1** nei sign. del v. **2** detto di minerale grezzo e sim. che ha subito l'arricchimento **B** **s. m.** (**f.** *-a*) ● chi è riuscito a diventare ricco in poco tempo (*spec. spreg.*)

arricciabùrro [comp. di *arriccia(re)* e *burro* ✱ 1961] **s. m. inv.** ● utensile di cucina, a lama curvata e scannellata, usato per tagliare e arricciare sottili fette di burro

arricciacapélli [comp. di *arriccia(re)* e il pl. di *capello* ✱ 1961] **s. m. inv.** ● strumento di ferro usato un tempo per arricciare e ondulare i capelli

arricciaménto [av. 1406] **s. m.** **1** l'arricciare, l'arricciarsi **2** (*bot.*) deformazione del lembo fogliare causata da parassiti **SIN.** virosi

arricciàre [comp. di *a-*② e *riccio* ✱ 1313] **A** **v. tr.** (**pres.** *io arriccio*; **fut.** *io arriccerò*) **1** piegare avvolgendo in forma di riccio: *a. i capelli* | anche in forma pron. (con valore intens.): *arricciarsi i baffi; estrasse la destra inguantata per arricciarsi il mostacchio destro* (S. SLATAPER) | (*est.*) accartocciare: *a. gli angoli di una pagina* **2** increspare, corrugare: *a. una tenda* | ***a. il naso, le labbra, il muso***, in segno di riprovazione, stizza, disgusto e sim.; (*est.*) disapprovare, biasimare: *quella proposta gli fece a. il naso* | ***a. il pelo***, rizzarlo, sollevarlo, in segno di spavento o di rabbia **3** incalcinare il muro prima di dare l'intonaco definitivo **B** **v. intr.** (†; **aus.** *essere*) e **arricciàrsi** **v. intr. pron.** **1** (*raro*) rizzarsi, sollevarsi, del pelo o dei capelli, per paura, rabbia o sim. **2** †sdegnarsi, incollerirsi **C** **arricciàrsi** **v. intr. pron.** ● diventare riccio: *i miei capelli si arricciano con l'umidità* | (*est.*) accartocciarsi: *le foglie si arricciano al sole*

arricciàto **A** **part. pass.** di *arricciare*; anche **agg.** ● nei sign. del v. ‖ **arricciataménte**, **avv.** **B** **s. m.** **1** arricciatura nel sign. 3 | nella tecnica di preparazione per l'affresco, strato di intonaco ruvido sul quale si traccia la sinopia **2** †broccato

arricciatùra [1664] **s. f.** **1** l'arricciare, l'arricciarsi **2** ondulazione caratteristica delle lane fini **3** incalcinatura ruvida, primo strato di intonaco

arrìccio [da *arricciare* ✱ 1829] **s. m.** ● arricciatura, nel sign. 3

arricciolaménto [1865] **s. m.** ● avvolgimento a forma di ricciolo

arricciolàre [comp. di *a-*② e *ricciolo* ✱ 1863] **A** **v. tr.** (*io arricciolo*) ● modellare a forma di ricciolo | ***a. il burro***, tagliarlo a riccioli **B** **arricciolàrsi** **v. intr. pron.** ● (*raro*) prendere forma di ricciolo

arridàre [fr. *rider*, dal neerl. *riden* ✱ 1813] **v. tr.** ● (*mar.*) tesare le manovre dormienti che sostengono e fissano l'alberatura, in modo che non vi sia imbando

arridatóio [1889] **s. m.** (**pl.** *-ói*) ● (*mar.*) dispositivo a vite, posto all'estremità di sartie o altri cavi per tesarli

♣**arrìdere** [lat. *arridēre*, comp. di *ăd* e *ridēre* 'ridere' ✱ 1321] **A** **v. intr.** (**coniug. come** *ridere*; **aus.** *avere*) **1** (*lett.*) sorridere | essere favorevole, propizio: *la fortuna gli arride; in futuro ci arrideranno tempi migliori; il successo arride alla nostra impresa* **2** (*lett.*) essere gradito **B** **v. tr.** **1** (*lett.*) rendere ridente, gaio **2** (*lett.*) elargire, concedere: *la luce, etereo dono, / arrisi ... / a l'uom* (G. CARDUCCI) | (*lett.*) †rivolgere con un sorriso: *e arrisemi un cenno / che fece crescer l'ali al voler mio* (DANTE *Par.* XV, 71-72)

arrière-goût /fr. a,ʀjɛʀ'gu/ [vc. fr., comp. di *arrière* 'indietro' e *goût* 'gusto, sapore' ✱ 1908] **s. m. inv.** (**pl. fr.** *arrière-goûts*) ● retrogusto, retrosapore

arrière-pensée /fr. a,ʀjɛʀpɑ̃'se/ [vc. fr., comp. di *arrière* 'dietro' e *pensée* 'pensiero' ✱ 1905] **s. f. o m. inv.** (**pl. fr.** *arrière-pensées*) ● pensiero non espresso | scopo recondito, secondo fine

†**arriffàre** [comp. di *a-*② e *riffa* ✱ av. 1584] **v. tr.** ● giocare alla riffa | (*est.*) arrischiare

♣**arrìnga** o †**arìnga**② [got. *hrings* 'cerchio'; cfr. il ted. *Ring* 'cerchio, anello' ✱ 1266] **s. f.** **1** (*lett.*) discorso solenne, pronunciato davanti a un'assemblea, al popolo e sim. **2** (*dir.*) perorazione del difensore o del pubblico ministero nel processo penale: *fare, pronunciare, scrivere un'a.*

SFUMATURE DI SIGNIFICATO

arringa - perorazione - difesa

Nel linguaggio giudiziario **arringa** identifica l'intervento conclusivo della difesa nei processi penali. **Perorazione** indica invece la parte finale di un'orazione giudiziale, volta a disporre favorevolmente l'animo dei giudici nei confronti dell'imputato. In termini generali, tanto *arringa* quanto *perorazione* descrivono qualsiasi discorso pronunciato con calore e partecipazione in favore di una persona o di un'idea, e coincidono dunque con **difesa**, nella sua accezione di discorso o scritto con cui si difende sé o altri da attacchi, accuse o calunnie.

†**arringaménto** o †**aringaménto**, [1268] **s. m.** ● l'arringare | arringa

arringàre o †**aringàre** [1268] **v. tr.** e †**intr.** (*io arringo, tu arringhi*; **aus.** *avere*) ● rivolgersi a un insieme di persone pronunciando un'arringa: *nel Foro i tribuni arringavano la folla; a. al popolo* | (*est.*) esortare col discorso: *a. i soldati prima del combattimento*

arringatóre o †**aringatóre** [1268] **s. m.** (**f.** *-trice*) ● (*lett.*) chi arringa

arrìngo o **arìngo** [V. *arringa* ✱ sec. XIII] **s. m.** (**pl.** *-ghi*) **1** (*stor.*) campo, recinto in cui si gareggiava nei tornei: *scendere, entrare, nell'a.* | ***correre l'a.***, giostrare **2** (*fig., lett.*) gara, lotta, disputa **3** V. *arengo*

♣**arrischiàre** o (*tosc.*) **arrisicàre**, †**arriscàre** [comp. di *a-*② e *rischiare* ✱ 1266] **A** **v. tr.** (*io arrischio*) **1** mettere a rischio, in pericolo: *a. la vita* **2** osare: *ha arrischiato una mossa molto audace* | (*est.*) formulare con esitazione: *a. un giudizio, una congettura* | (*assol.*) correre un rischio: *preferì a. piuttosto che rinunciare all'impresa* **B** **arrischiàrsi** **v. rifl.** ● esporsi a un rischio (+ *a*, *raro* + *di* **seguito da inf.**): *non so se devo arrischiarmi a fare questa proposta* | osare: *lo fecero salire senza ch'egli s'arrischiasse a chiedere dove andavano* (R. BACCHELLI); *non s'arrischiava di mischiarsi ai ragionari degli altri* (I. NIEVO)

arrischiàto **part. pass.** di *arrischiare*; anche **agg.** **1** che presenta dei rischi: *un'impresa arrischiata* **SIN.** rischioso **2** temerario, avventato: *un giudizio a.* | (*lett.*) audace ‖ **arrischiataménte**, **avv.**

arrìschio [1552] **s. m.** ● (*lett.*) rischio

arrisicàre ➤ **arrischiare**

arrìso (o **-ṣ-**) **part. pass.** di *arridere*; anche **agg.** ● nei sign. del v.

arrìva [sp. *arriba*. V. *arrivare* ✱ 1829] **inter.** ● (*mar.*) a riva

arrivàbile [1624] **agg.** ● (*lett.*) raggiungibile

♦**arrivàre** [lat. **adripāre* 'portare, giungere a riva', comp. di *ăd* e *rīpa* 'riva' ✱ 1258] **A** **v. intr.** (**aus.** *essere*) **1** raggiungere un dato luogo o un dato punto (**anche fig.**): *a. a casa, a scuola, in chiesa, in città, sul ponte; a. alla laurea, alla conoscenza di qlco., al cuore di qlcu.* | ***a. in gruppo, in un fazzoletto***, detto dei concorrenti di una gara di corsa che giungono al traguardo tutti assieme e quasi sulla stessa linea | ***a. a qlco.***, giungere a toccare o a prendere un oggetto: *non riesco ad a. a quella mensola* | ***a. a fare qlco.***, riuscire a farla; farcela: *non arrivo a leggere a questa distanza* | (*est.*) raggiungere lo stesso livello di qlcu. o di qlco.: *chi può a. alla tua bontà?; nessun altro uomo è mai arrivato a tale abisso di crudeltà* **2** riuscire a ottenere qlco. (+ *a*, **anche seguito da inf.**): *a. a un accordo* | riuscire: *a. a lavorare, a studiare, ecc.* **3** toccare un determinato livello di lunghezza, altezza, prezzo, tempo e sim.: *le trecce le arrivavano alla (o fino alla) cintura; le vette dei monti pare arrivino fino al cielo; è arrivato felicemente a 80 anni* | (*est.*) essere della misura giusta, detto di abiti: *la giacca dell'anno scorso gli arriva appena appena* | (*fig.*) giungere al punto di: *se continua così arriveremo a odiarci* | osare, ardire: (+ *a* **seguito da inf.**): *è arrivato a dire che siamo tutti in mala fede; è arrivato a sostenere di non saperne nulla* **4** (*assol.*) affermarsi nella vita, nel mondo: *tu desideri solo a.* **5** sopraggiungere: *eravamo tutti d'accordo ed ecco, arriva lui a sollevare questioni* | accadere: *arriverà questo: che tutti sarete puniti* **6** **arrivàrci**, riuscire a raggiungere o ad afferrare qlco.; (*fig.*) riuscire a capire: *allunga il braccio, vedrai che ci arrivi; è un concetto semplice, come mai non ci arrivi?* **B** **v. tr.** **1** (*raro, lett.*) raggiungere | †trarre sulla riva | (*fig.*) conseguire: *a. uno scopo* **2** (*fam., raro*) riuscire a toccare, a prendere: *a. un frutto, un oggetto*

♦**arrivàto** **A** **part. pass.** di *arrivare*; anche **agg.** **1** giunto in un luogo, in un punto | ***nuovo a.***, di chi è giunto da poco | ***ben a.***, V. *benarrivato* **2** che ha raggiunto una solida posizione sociale: *ormai è un uomo a.* **3** (*fam.*) sfinito, spossato: *dopo questa giornata, sono a.* | logorato, usurato: *un motore a.* **B** **s. m.** (**f.** *-a*) ● chi ha raggiunto una solida posizione sociale

arrivatùra [da *arrivare* ✱ 1829] **s. f.** ● (*tipogr.*) in un manoscritto o in uno stampato, punto dove finisce il lavoro di un compositore e comincia quello di un altro

arrivedélla ➤ **arrivederla**

arrivedéllo ➤ **arrivederla**

♦**arrivedérci** o (*raro*) **a rivedérci** nel sign. A [da intendersi (*addio fino*) *a rivederci* ✱ 1533] **A** **inter.** **1** si usa come formula di commiato temporaneo: *a. (a) stasera; a. (a) presto* | V. anche *arrivederla* **2** (*fam.*) si usa per troncare una discussione che non si vuole o non è possibile continuare: *a., ho capito; sì, a.!; a. e grazie!* **B** **s. m. inv.** ● la formula stessa del saluto: *un felice a.; le esprimo il mio più cordiale a.; ripetuti, rinnovati a.*

arrivedérla o (*pop., tosc.*) **arrivedélla**, (*pop., tosc.*) **arrivedéllo** [var. rispettosa (*-la*) di *arriveder(ci)* ✱ 1846] **inter.** ● si usa come saluto nell'accomiatarsi da persona con cui non si è in confidenza

arrivìsmo [da *arrivare*, calco sul fr. *arrivisme* ✱

1905] **s. m.** ● smania di raggiungere presto e a ogni costo un'elevata condizione sociale, economica, politica e sim.: *uno sfrenato a., una smisurata vanità e uno snobismo camaleontesco* (A. Gramsci)

arrivista [1908] **s. m. e f.** (**pl. m.** *-i*) ● chi si prefigge di raggiungere in breve tempo e a qualunque costo una elevata posizione sociale, economica, politica e sim.

arrivistico [av. 1926] **agg.** (**pl. m.** *-ci*) ● caratterizzato da arrivismo: *smanie arrivistiche*

♦**arrivo** [da *arrivare* ✻ 1566] **s. m. 1** l'arrivare, il fatto di arrivare: *l'a. dell'autobus, di un amico, di un gruppo di turisti* | ***essere in a.***, stare per arrivare | ***avere in a.***, essere in attesa di qlco. che si è richiesto **2** luogo in cui si arriva e, nel linguaggio sportivo, in cui si conclude una gara di corsa | (**al pl.**) nelle stazioni ferroviarie, nelle autostazioni e negli aeroporti, elenco degli orari dei mezzi in arrivo **3** (*sport*) l'azione con cui l'atleta, la macchina, l'animale passa sul traguardo alla fine di una gara: *a. in gruppo, in volata* | ***a. frazionato***, quando i concorrenti arrivano al traguardo isolati o in piccoli gruppi con un certo distacco | nella ginnastica, presa di contatto col terreno e modo in cui ciò avviene al termine di un esercizio **4** (**al pl.**) l'insieme delle merci arrivate di recente al venditore: *esporre, mostrare gli ultimi arrivi*

arroccamento [da *arroccare*② ✻ 1874] **s. m. 1** l'arroccare, l'arroccarsi | arrocco **2** (*milit.*) ***linea di a.***, comunicazione o fascio di comunicazioni parallele a un fronte di operazioni **3** (*fig.*) chiusura in sé stesso, nelle proprie convinzioni

arroccare① [comp. di *a-*② e *rocca*① ✻ 1395] **v. tr.** (*io arrócco* o *arròcco, tu arrócchi* o *arròcchi*) ● porre canapa, lino, seta e sim. sulla rocca per filare

arroccare② [comp. di *a-*② e *rocco* nel sign. di 'torre' ✻ 1771] **A v. tr.** (*io arròcco, tu arròcchi*) **1** nel gioco degli scacchi, coprire il re con la torre, muovendoli simultaneamente **2** muovere le truppe per linee coperte, interne al fronte **3** (*fig.*) mettere al riparo, al sicuro **B arroccarsi v. rifl. 1** nel gioco degli scacchi, coprire il proprio re con la torre **2** (*est.*) mettersi al sicuro (+ *su*, + *in*): *si arroccarono su un'altura; arroccarsi in un castello* | (*est.*) rinchiudersi, rintanarsi: *arroccarsi in casa* | (*fig.*) chiudersi (+ *in*): *arroccarsi nel più assoluto silenzio* **3** nel calcio e sim., chiudersi in stretta difesa

arrocchiare [comp. di *a-*② e *rocchio* ✻ 1400 ca.] **v. tr. 1** (*raro*) arrotolare **2** (*fig.*) †abborracciare

arrocciarsi [comp. di *a-*② e il denominale di *roccia* ✻ 1940] **v. intr. pron.** (**pres.** *io mi arròccio*; **fut.** *io mi arroccerò*) ● incrodarsi

arrocco [da *arroccare*② ✻ 1930] **s. m.** (**pl.** *-chi*) ● nel gioco degli scacchi, movimento simultaneo del re e della torre, gener. per adottare una tattica difensiva | (*fig.*) chiusura in una posizione di difesa

arrochimento [1865] **s. m.** ● l'arrochire | raucedine

arrochire [comp. di *a-*② e *roco* ✻ 1803] **A v. tr.** (*io arrochisco, tu arrochisci*) ● rendere roco, rauco: *il freddo improvviso ha arrochito le nostre voci* **B v. intr.** (**aus.** *essere*) e **arrochirsi v. intr. pron.** ● diventare roco, rauco: *arrochisce spesso; si è arrochito con l'umidità*

arrochito **part. pass.** di *arrochire*; anche **agg.** ● roco, rauco

♦**arrogante** [vc. dotta, lat. *adrogănte(m)* 'persona che richiede, pretende', da *adrogāre* 'arrogare' ✻ sec. XIII] **agg. e s. m. e f.** ● che (o chi) dimostra presunzione e insolenza: *dalla sua bocca escono solo parole arroganti; sei un bell'a.* || **arrogantello**, **dim.** | **arrogantone**, **accr.** | **arrogantuccio**, **dim.** || **arrogantemente**, **avv.** con arroganza

arroganza [vc. dotta, lat. *adrogăntia(m)*. V. *arrogante* ✻ 1275] **s. f.** ● modo di comportarsi insolente e presuntuoso: *parlare, rispondere, trattare gli altri con a.*

SFUMATURE ➤ ***presunzione***

arrogare [vc. dotta, comp. dal lat. *ăd* e *rogāre* 'chiedere' ✻ av. 1444] **A v. tr.** (*io arrògo, tu arròghi* o *raro*, secondo il modello latino, *io àrrogo, tu àrroghi*) ● nel diritto romano, compiere un'arrogazione **B arrogarsi v. tr. pron.** (**aus.** *essere*) ● attribuirsi qlco. senza averne il diritto: *arrogarsi un diritto, un merito, un vanto, un titolo*

arrogazione [vc. dotta, lat. tardo *adrogatiōne(m)* 'adozione di una persona', da *adrogāre* 'arrogare' ✻ 1744] **s. f.** ● nel diritto romano, assunzione di un capofamiglia sotto la patria potestà di un altro capofamiglia

arrogere [dal lat. *adrogāre* 'attribuire', poi 'aggiungere un magistrato a un altro'. V. *arrogare* ✻ 1268] **v. tr.** (**pres.** *io arrògo, tu arrògi*, **pass. rem.** *io arròsi, tu arrogésti*; **imperat.** *arrògi* o *arròge, arrogéte*; **part. pass.** *arròto*) **1** †aggiungere, integrare: *duolmi ch'ogni giorno arroge al danno* (F. Petrarca) **2** (*dir., burocr.*) ***arroge, arrogi***, per di più, inoltre

arrolare e deriv. ➤ **arruolare** e deriv.

arronciglìare [comp. di *a-*② e *ronciglìare* ✻ 1313] **A v. tr.** (*io arronciglio*) **1** †afferrare col rampino **2** †torcere, avvolgere | (*fig.*) aggrottare **B arronciglìarsi v. rifl.** ● †attorcigliarsi

arronzare [comp. di *a-*② e *ronzare* ✻ 1865] **A v. tr.** (*io arrónzo*) **1** (*centr., merid.*) lavorare in fretta e male (*anche assol.*): *non fa le cose per bene, arronza troppo* **2** (*mar.; disus.*) urtare con violenza un'altra nave o imbarcazione **B arronzarsi v. intr. pron.** ● (*fam., tosc.*) affaccendarsi, darsi d'attorno

†**arrosare**① [vc. dotta, lat. tardo *arrōsāre*, da *rōs*, genit. *rōris* 'rugiada' ✻ av. 1250] **v. tr.** ● irrorare

arrosare② [comp. di *a-*② e di un deriv. di *rosa* ✻ 1865] **A v. tr.** (*io arròso*) ● (*lett.*) tingere di rosa **B arrosarsi v. intr. pron.** ● (*lett.*) tingersi di rosa: *come un albero prezioso / entro la luce che s'arrosa* (E. Montale)

arrossamento [av. 1547] **s. m.** ● l'arrossare, l'arrossarsi | parte del corpo arrossata

arrossare [comp. di *a-*② e *rosso* ✻ 1320] **A v. tr.** (*io arrósso*) ● far diventare rosso: *il vento forte arrossa gli occhi; l'autunno arrossa le foglie* **B v. intr.** (**aus.** *essere*) e **arrossarsi v. intr. pron. 1** diventare rosso: *al tramonto le acque del lago si arrossano* **2** †arrossire: *tutta di vergogna arrossò* (G. Boccaccio)

arrossimento [av. 1547] **s. m.** ● (*raro*) l'arrossire

arrossire [comp. di *a-*② e *rosso* ✻ sec. XIII] **v. intr.** (*io arrossisco, tu arrossisci*; **aus.** *essere*) e †**arrossirsi v. intr. pron. 1** (*raro*) diventare rosso **2** diventare rosso in viso per un'emozione (+ *per*, + *di*, + *da*): *a. per la vergogna, di gioia, dalla stizza; nel viso s'arrossì l'Angel beato* (L. Ariosto) | (*est.*) vergognarsi: *è incapace di a.*

†**arrostare** [comp. di *a-*② e *rosta* ✻ av. 1311] **A v. tr.** ● dimenare, agitare **B** †**arrostarsi v. rifl.** ● ripararsi, difendersi: *dall'altra man col battaglio s'arrosta* (L. Pulci)

arrosticino [dim. di *arrosto* ✻ 1498] **s. m.** ● (**spec. al pl.**) spiedino di carne di pecora o di castrato, tipico della cucina abruzzese

arrostimento [av. 1597] **s. m. 1** l'arrostire, il venire arrostito **2** trattamento termico di un minerale, consistente in un riscaldamento al di sotto del punto di fusione e in corrente d'aria, che serve per eliminare parti volatili e per facilitare l'estrazione del metallo

arrostire [germ. **raustjan* ✻ sec. XIII] **A v. tr.** (*io arrostisco, tu arrostisci*) **1** cuocere per azione diretta del calore, allo spiedo, sulla brace, alla graticola, al forno, in casseruola: *a. il pesce, le bistecche, un maialino* **2** (*est.*) abbrustolire, tostare: *a. il pane, le castagne* **3** sottoporre sostanze o certi minerali ad arrostimento **4** †inaridire, disseccare **B v. intr.** (**aus.** *essere*) e **arrostirsi v. intr. pron.** ● cuocersi arrosto: *mettere le castagne ad a.* | (*fig.*) stare esposto a lungo ai raggi solari per abbronzarsi: *si sta arrostendo sulla spiaggia*

arrostita [1879] **s. f.** ● (*centr.*) caldarrosta **SIN.** bruciata

arrostito **part. pass.** di *arrostire*; anche **agg. 1** nei sign. del v. **2** (*est.*) troppo cotto, abbrustolito: *bistecca dura e arrostita* | (*fig.*) eccessivamente abbronzato: *viso a. dal sole*

arrostitura [1636] **s. f. 1** arrostimento **2** (*fig., scherz.*) intensa abbronzatura

♦**arrosto** [1309 ca.] **A s. m.** ● carne arrostita: *a. di vitello, di tacchino* | ***a. morto***, carne cotta nella casseruola con pochissimo liquido | ***più fumo che a.***, (*fig.*) più apparenza che sostanza | **PROV.** ***molto fumo e poco a.***, V. *fumo* || **arrosticino**, **dim.** | **arrostino**, **dim.** **B agg. inv.** ● detto di vivanda arrostita: *pollo a.; carni a.* († *arroste*); *galline a.; castagne arrosto* (*sett. arroste*) **C avv.** ● a modo di arrosto: *cuocere, fare, mettere a.*

arrotamento [sec. XIV] **s. m.** ● l'arrotare

arrotare [comp. di *a-*② e *ruota* ✻ av. 1292] **A v. tr.** (*io arròto*, †*arruòto*) **1** ridare il taglio a una lama, mediante la mola o una pietra abrasiva (cote): *a. la scure, la falce, il coltello* **2** levigare il pavimento con l'arrotatrice **3** sfregare insieme | ***a. i denti***, farli stridere, sfregando quelli di sopra con quelli di sotto, in segno di rabbia, minaccia e sim.: *e una mora gelosa di lei, arrotava i denti* (N. Ginzburg) | (*fig.*) ***a. la erre***, pronunciarla in modo difettoso rispetto al normale uso italiano **4** investire, urtare con le ruote: *poco mancò che l'automobile ci arrotasse* **5** †sottoporre al supplizio della ruota **B arrotarsi v. rifl. e rifl. recipr. 1** urtarsi con le ruote **2** (*raro, lett.*) agitarsi con inquietudine

arrotatrice [1965] **s. f.** ● macchina per levigare pavimenti, mediante piastre di abrasivo

arrotatura [1290] **s. f.** ● operazione dell'arrotare

arrotino [av. 1698] **s. m.** (**f.** *-a*) ● chi per mestiere arrota lame, coltelli, forbici e sim.

arroto **A** **part. pass.** di †*arrogere*; anche **agg.** ● †aggiunto **B s. m.** ● a Firenze, nel Medioevo, persona assegnata come aiuto a un magistrato

arrotolamento [1955] **s. m.** ● avvolgimento in forma di rotolo

♦**arrotolare** [comp. di *a-*② e *rotolo* ✻ sec. XIV] **A v. tr.** (*io arròtolo*) ● ridurre in forma di rotolo | anche in forma pron. (con valore intens.): *arrotolarsi una sigaretta* **B arrotolarsi v. rifl. e intr. pron.** ● avvolgersi a rotolo

arrotolato **part. pass.** di *arrotolare*; anche **agg.** ● avvolto a rotolo

arrotolatrice [1955] **s. f.** ● macchina per arrotolare fogli di lamiera

arrotondadorsi (o *-ó-*) [comp. di *arrotonda(re)* e il pl. di *dorso* ✻ 1986] **s. m. inv.** ● in legatoria, macchina con cui si conferisce ai dorsi una rotondità più o meno accentuata

arrotondamento [1937] **s. m. 1** conferimento o assunzione di una forma rotonda o più rotonda **2** (*mat.*) sostituzione di un numero con altro ad esso prossimo ma più semplice | (*est.*) integrazione, aumento

arrotondare [comp. di *a-*② e *rotondo* ✻

a

1858] **A** **v. tr.** (*io arrotóndo*) **1** dare forma rotonda o più rotonda | (*fig.*) ***a. il periodo***, renderlo più scorrevole e armonioso **2** (*mat.*) sostituire a un numero non esprimibile con un numero finito di cifre decimali, o comunque complicato, un altro numero a esso prossimo ma più semplice: *a. per difetto, per eccesso* | ***a. alla seconda, alla terza cifra decimale***, fermarsi a tale cifra | (*fig.*) ***a. lo stipendio, la paga e sim.***, integrarli con altri guadagni **B** **arrotondàrsi** **v. intr. pron.** ● diventare rotondo | (*est.*) ingrassare

arrotondàto **part. pass.** di *arrotondare*; **anche agg. 1** nei sign. del v. **2** (*ling.*) detto di suono pronunciato con le labbra arrotondate

arrovellaménto [1878] **s. m.** ● l'arrovellarsi | tormento interiore
SFUMATURE ➤ ***rabbia***

♦**arrovellàre** [dal lat. *rebellāre* 'rinnovare la guerra', da *bellum* 'guerra' ✻ av. 1558] **A** **v. tr.** (*io arrovèllo*) ● tormentare, angustiare | anche in forma pron., nella loc. ***arrovellarsi il cervello***, pensare intensamente per trovare la soluzione di qlco. **B** **arrovellàrsi** **v. rifl. 1** tormentarsi, angustiarsi: *non arrovellarti per questa sciocchezza!* **2** affannarsi per raggiungere qlco. di particolarmente difficile (+ *su*, + *per* **seguito da inf.**): *arrovellarsi su una questione, su un dubbio; da ieri mi sto arrovellando per convincerlo*

arroventaménto [1829] **s. m.** ● l'arroventare, l'arroventarsi

♦**arroventàre** [comp. di *a-*② e *rovente* ✻ av. 1333] **A** **v. tr.** (*io arrovènto*) ● rendere rovente: *a. il ferro prima di batterlo; il sole d'agosto arroventa la città*; (*fig.*) *una nuova polemica arroventa la crisi politica* **B** **arroventàrsi** **v. intr. pron.** ● diventare rovente: *la sabbia si arroventa sotto il sole*; (*fig.*) *la discussione si è arroventata*

arroventàto **part. pass.** di *arroventare*; **anche agg.** ● nei sign. del v. | (*fig.*) infuocato, caldissimo: *le scogliere arroventate dal sole* (E. MORANTE)

arroventatùra [1863] **s. f.** ● arroventamento: *a. del ferro*

arrovesciaménto [sec. XIV] **s. m.** ● (*raro*) rovesciamento | rovesciamento, piegamento, all'indietro

arrovesciàre [comp. di *a-*② e *rovesciare* ✻ av. 1333] **A** **v. tr.** (**pres.** *io arrovèscio*; **fut.** *io arrovescerò*) **1** (*raro*) rovesciare **2** volgere, piegare, lasciar cadere all'indietro: *s'attaccò al fiasco arrovesciando il capo all'indietro* (G. VERGA) **B** **arrovesciàrsi** **v. rifl.** ● lasciarsi cadere all'indietro: *si arrovesciò al suolo*

arrubinàre [comp. di *a-*② e *rubino* ✻ 1353] **v. tr.** ● (*raro, lett.*) rendere del colore del rubino

arruffamatàsse [comp. di *arruffa(re)* e il pl. di *matassa* ✻ av. 1767] **s. m. e f. inv.** ● (*disus.*) chi imbroglia creando disordine

arruffaménto [1879] **s. m.** ● l'arruffare | scompiglio, disordine

arruffapòpoli o **arruffapòpolo** [comp. di *arruffa(re)* e *popolo* ✻ 1849] **s. m. e f. inv.** ● chi, intrigando, spinge il popolo alla rivolta: *d'ora innanzi non ci saranno più a.* (G. VERGA)

arruffàre [longob. *rauffen* ✻ av. 1342] **A** **v. tr. 1** scompigliare, mettere in disordine, detto spec. di capelli, fili e sim.: *gli arruffai i capelli con la mano* | ***a. la matassa***, scompigliarne i fili; (*fig.*) imbrogliare, complicare le cose **2** (*fig.*) confondere, turbare: *a. la questione, i pensieri* **B** **arruffàrsi** **v. intr. pron.** ● diventare arruffato (*anche fig.*): *col vento mi si arruffano i capelli*

arruffàto **part. pass.** di *arruffare*; **anche agg. 1** scompigliato, disordinato **2** (*fig.*) complicato, difficile: *una questione arruffata* | confuso: *cominciò uno dei suoi discorsi lunghi e arruffati* (C. CASSOLA) || **arruffatèllo**, **dim.** || **arruffataménte**, **avv.** disordinatamente

arruffianaménto [1976] **s. m.** ● (*pop.*) l'arruffianarsi

arruffianàre [comp. di *a-*② e *ruffiano* ✻ av. 1334] **A** **v. tr. 1** (*disus.*) sedurre per conto d'altri | (*est.*) indurre a soddisfare i desideri altrui **2** (*raro, fig.*) abbellire in modo artificioso una cosa perché appaia bella **B** **arruffianàrsi** **v. tr. pron.** (aus. *essere*) ● rendersi amico qlcu., spec. con modi servili, allo scopo di ottenerne dei vantaggi: *s'è arruffianato il direttore* **C** **arruffianàrsi** **v. intr. pron.** ● (*pop.*) ***arruffianarsi con qlcu.***, accordarsi, spec. per fini equivoci

arruffio [da *arruffare* col suff. *-io*① ✻ 1845] **s. m.** (**pl.** *-ii*) ● disordine, scompiglio (*anche fig.*): *il pollaio era tutto un a. di piume; la sua mente è un a. di idee strambe*

arruffóne [da *arruffare* ✻ 1863] **s. m.** (**f.** *-a*) ● persona disordinata e confusionaria | (*est.*) imbroglione

arrugginiménto [1965] **s. m.** ● l'arrugginire, l'arrugginirsi (*anche fig.*)

♦**arrugginìre** [comp. di *a-*② e *ruggine* ✻ 1354] **A** **v. tr.** (*io arrugginisco, tu arrugginìsci*) ● rendere rugginoso: *la salsedine e l'acqua hanno arrugginito l'ancora* | (*fig.*) indebolire, rendere inabile: *l'inattività arrugginisce i muscoli* SIN. irrugginire **B** **v. intr.** (aus. *essere*) e **arrugginìrsi** **v. intr. pron. 1** ricoprirsi di ruggine: *il ferro arrugginisce; la lima si è arrugginita con l'umidità* **2** essere attaccato dalla ruggine, detto dei vegetali **3** (*fig.*) perdere forza fisica, agilità intellettuale e sim.: *con l'età si è arrugginito*

arrugginìto **part. pass.** di *arrugginire*; **anche agg.** ● ricoperto di ruggine | (*fig.*) indebolito, privo di funzionalità: *ho i muscoli arrugginiti*

arruolaménto o (*raro*) **arrolaménto** [1761] **s. m.** ● l'arruolare, l'arruolarsi: *l'a. dei volontari*

arruolàre o (*raro*) **arrolàre** [fr. *enrôler*, da *rôle*. V. *ruolo* ✻ av. 1604] **A** **v. tr.** (*io arruòlo*; **in tutta la coniug.**, *-uò-* **se tonico**, *-uo-* **o raro** *-o-* **se atono**) ● reclutare, chiamare alle armi **B** **arruolàrsi** **v. rifl.** ● entrare volontariamente a far parte delle forze armate

†**arruvidàrsi** [1664] **v. intr. pron.** ● divenir ruvido

arruvidiménto [1865] **s. m.** ● (*raro*) irruvidimento

arruvidìre [comp. di *a-*② e *ruvido* ✻ 1851] **A** **v. tr.** (*io arruvidisco, tu arruvidisci*) ● (*raro*) irruvidire **B** **v. intr.** (aus. *essere*) e **arruvidìrsi** **v. intr. pron.** ● (*raro*) irruvidirsi

ars dictàndi [loc. lat., propr. 'arte di comporre'. V. *dettare*] **loc. sost. f. inv.** (**pl. lat.** *artes dictandi*) ● nel Medioevo, il complesso di regole ed esempi per scrivere lettere in latino

arsèlla [genovese *arsela*, dal lat. tardo *arcĕlla(m)* 'cassettina', dim. di *ărca* ✻ av. 1673] **s. f.** ● (*centr.*) vongola

arsenàle o (*sett.*) †**arzanà** (o *-ẓ-*) [arabo *dār ṣinā'a* 'casa del mestiere, dove si fabbrica' ✻ 1313] **s. m. 1** luogo, edificio o insieme di edifici marittimi dove si costruiscono, riparano e armano spec. le navi da guerra **2** stabilimento militare dove vengono costruiti e riparati armamenti, attrezzature ed equipaggiamenti vari per l'esercito | (*est.*) grande quantità di armi: *la polizia gli ha trovato in casa un vero a.* **3** (*est.*) luogo in cui sono raccolti, spec. in modo disordinato, oggetti diversi: *la sua cantina è un a. di roba vecchia* | insieme di oggetti diversi: *è partito portando con sé un vero a.*

arsenalòtto [veneto *arsenaloto*. V. *arsenale* ✻ 1678] **s. m.** (**f.** *-a*) ● operaio di un arsenale

arseniàto [1795] **s. m.** ● sale o estere dell'acido arsenico

arsenicàle [1644] **agg.** ● relativo ad arsenico | detto di composto o preparato contenente arsenico: *per poco esala l'anima per una pozione a.* (G. GOZZANO)

arsenicàto [1865] **A** **s. m.** ● sostanza trattata con arsenico, o con i suoi composti | sostanza contenente arsenico **B** **anche agg.**: *sostanze arsenicate*

arsenicìṣmo [1939] **s. m.** ● (*med.*) avvelenamento cronico da arsenico

arsènico [vc. dotta, lat. tardo *arsĕnicu(m)*, dal gr. *arsenikón*, di orig. orient., con avvicinamento ad *ársēn* 'maschio' ✻ 1310] **A** **s. m.** ● elemento chimico, semimetallo, fragile, di colore grigio, presente in natura in quasi tutti i sali metallici da cui si ricava; è usato per prodotti farmaceutici, insetticidi e acceleratori di crescita in zootecnia SIMB. As NUM. AT. 33 | (*est.*) veleno | ***a. bianco***, anidride arseniosa **B** **agg.** (**pl. m.** *-ci*) ● detto di composto dell'arsenico pentavalente | ***acido a.***, acido inorganico, tribasico, solido, incolore, solubile in acqua, derivato dall'anidride arsenica | ***anidride arsenica***, bianca, velenosa, impiegata per preparare arseniati, insetticidi e sim.

arsenióso (o *-ṣo*) [1865] **agg.** ● detto di composto dell'arsenico trivalente | ***acido a.***, acido inorganico, tribasico, derivato dall'anidride arseniosa | ***anidride arseniosa***, polvere bianca, preparata per arrostimento di minerali d'arsenico, adoperata in tintoria e nell'industria vetraria

arseniùro [da *arsenico* col suff. chimico *-uro*② ✻ 1829] **s. m.** ● composto chimico binario dell'arsenico con i metalli

arsèno- **primo elemento** ● in parole composte della terminologia chimica indica la presenza di uno o più atomi di arsenico: *arsenobenzolo*

arsenobenẓòlo [comp. di *arseno-* e *benzolo* ✻ 1961] **s. m.** ● ogni composto organico in cui a ciascuno di due atomi di arsenico trivalente, collegati tra di loro, sono uniti un radicale benzenico monovalente o un suo derivato; è usato spec. nella cura della sifilide

arsenopirìte [comp. di *arseno-* e *pirite* ✻ 1929] **s. f.** ● (*miner.*) solfoarseniuro di ferro in cristalli prismatici, o più spesso in masserelle, dalla lucentezza metallica e dal color bianco stagno

àrsi① [vc. dotta, lat. *ărsi(m)*, dal gr. *ársis* 'elevamento', da *aírō* 'io sollevo' ✻ 1780] **s. f. inv. 1** (*mus.*) il levare della battuta CONTR. tesi **2** nella metrica greca, il tempo debole del piede, nella metrica latina il tempo forte

àrsi② ➤ **ardere**

arsicciàre [da *arsiccio* ✻ av. 1342] **v. tr.** (**pres.** *io arsìccio*; **fut.** *io arsiccerò*) ● (*raro*) bruciacchiare

arsìccio [da *arso* ✻ 1296] **A** **agg.** (**pl. m.** *-ci*; **pl. f.** *-ce*) ● (*lett.*) alquanto arso, bruciacchiato | (*est.*) riarso, arido: *campo a.* **B** **s. m.** ● (*lett.*) bruciaticcio: *sapere d'a.*

arsìna [fr. *arsine*, dall'abbr. di *arsenic* 'arsenico' ✻ 1889] **s. f.** ● composto gassoso, incolore, velenosissimo, dell'arsenico con l'idrogeno, usato nell'industria dei semiconduttori e nella preparazione di composti organici arsenicali | ogni derivato organico di tale composto, ottenuto per sostituzione degli atomi di idrogeno con radicali alchilici o arilici, usato nella preparazione di composti aggressivi e vescicanti

arsióne [1297] **s. f. 1** (*lett.*) sensazione di bruciore, di calore, per febbre, sete e sim. **2** †incendio

àrso **part. pass.** di *ardere*; **anche agg.** ● nei sign. del v. || **arsaménte**, **avv.**

arsùra [lat. tardo *arsūra(m)*. V. *arso* ✻ av. 1250] **s. f. 1** calore eccessivo: *l'a. d'agosto* |

(*est.*) aridità, siccità: *l'a. del deserto* **2** secchezza, spec. della gola, dovuta a sete, febbre e sim.: *com'omo ch'ave a.* (C. D'ALCAMO) **3** †fuoco, incendio

†**artàre** [lat. *artāre*, da *ărtus* 'stretto' ✻ 1333 ca.] **v. tr.** ● costringere, coartare, sforzare

✦**artàto** [da *arte* ✻ 1353] **agg.** ● (*lett.*) fatto ad arte, con lo scopo di dissimulare un sentimento oppure di ingannare, raggirare e sim.: *sorriso a.* ‖ **artataménte**, **avv.** con arte astuta, con inganno

art déco /fr. aʀde'ko/ [loc. fr., tratta dall'*Exposition Internationale des Arts Décoratifs et Industriels Modernes*, tenutasi a Parigi nel 1925 ✻ 1966] **A** **loc. sost. m. inv.** (**pl. fr.** *arts déco*) ● stile déco (V. *déco*) **B** **anche agg. inv.**: *gioielli art déco*

art dirèctor /artdi'rɛktor, ardi-, *ingl.* 'ɑːtdɪˌrɛktə(r)/ [loc. ingl., propr. 'direttore (*director*) artistico (*art* 'arte')', con due componenti di orig. lat. ✻ 1957] **loc. sost. m. e f. inv.** (**pl. ingl.** *art directors*) ● responsabile del settore grafico di un'agenzia pubblicitaria

✦**àrte** [lat. *ărte(m)*, di orig. indeur. ✻ av. 1250] **s. f. 1** attività umana regolata da accorgimenti tecnici e fondata sullo studio e sull'esperienza | ***arti meccaniche, illiberali***, (*lett.*) i mestieri manuali | ***arti liberali***, (*lett.*) le attività intellettuali | ***le sette arti***, le arti del trivio (V.) e del quadrivio (V.) | ***l'a.***, nell'educazione medievale, retorica | ***arti grafiche***, che riguardano le varie tecniche della stampa | ***a. militare***, applicazione dei principi, dei metodi e dei procedimenti che regolano l'impiego delle forze armate in pace e in guerra | ***arti marziali***, insieme di varie tecniche di difesa personale, d'antica origine orientale, volte a neutralizzare l'aggressore mediante particolari colpi o movimenti | ***a. bianca***, quella della panificazione e della produzione dolciaria | (*scherz.*) ***l'a. di Michelaccio***, dei fannulloni | ***a regola d'a.***, in modo eccellente | (*fig.*) ***essere senz'a. né parte***, non saper fare niente | **PROV.** ***impara l'a. e mettila da parte***, impara un mestiere e tienilo da conto perché potrà sempre tornarti utile **2** l'attività, individuale o collettiva, da cui nascono prodotti culturali o comportamenti e sim. che sono oggetto di giudizi estetici, reazioni di gusto e sim., e il risultato di questa attività: *vissi d'a., vissi d'amore; è una grande opera d'a.; vediamo il Canzoniere come opera d'a.* (L. SETTEMBRINI) | ***arti maggiori***, architettura, pittura, scultura (V. anche sign. 5) | ***arti minori***, oreficeria, ceramica, glittica, ecc. | ***arti belle, belle arti, arti figurative***, scultura, pittura, architettura e, talvolta, musica | ***a. sacra***, di soggetto religioso | ***a. ambientale***, land art | ***a. applicata***, che cura l'aspetto estetico di prodotti industriali e oggetti d'uso comune | ***a. concettuale***, termine generico che racchiude varie esperienze artistiche tendenti a privilegiare una definizione dell'arte come pensiero, piuttosto che come espressione attraverso un oggetto | ***a. processuale***, corrente artistica che concentra l'attenzione sul momento di creazione dell'opera piuttosto che sull'opera stessa | ***a. povera***, tendenza artistica, nata negli anni '60 del Novecento, che rifiuta i mezzi convenzionali della tela e del colore a favore dell'uso di materiali considerati poveri quali stracci, legno, carta, pietre, metalli, vegetali ecc. **SIN.** poverismo | ***a. di strada***, forma d'arte esercitata in luogo pubblico dagli artisti di strada (V. *artista*) **CFR.** street art | ***storia dell'a.***, che studia le arti figurative nel loro sviluppo | ***l'a. per l'a.***, poetica secondo cui l'arte non deve proporsi alcun fine pratico | ***settima a.***, la cinematografia | (*per anton.*) il complesso delle arti figurative | ***figlio d'a.***, discendente da una famiglia di artisti | ***nome d'a.***, nuovo nome che un artista usa nella sua carriera professionale, sostituendolo in tutto o in parte al suo nome legale | ***in a.***, secondo il nome d'arte: *Alberto Pincherle, in a. Moravia; Antonio De Curtis, in a. Totò* **3** complesso delle opere artistiche, spec. di arte figurativa, di un dato paese, di una data epoca e sim.: *l'a. del Medioevo, del Rinascimento; l'a. italiana, greca* **4** (*est.*) abilità, accorgimento: *l'a. di farsi benvolere* | ***male arti***, lusinghe | ***ad a.***, con artificio o a bella posta **5** (*stor.*; spesso con iniziale maiuscola) dall'antichità alla Rivoluzione francese, organizzazione di artigiani, mercanti e lavoratori in genere, per tutelare i propri interessi economici e politici | ***arti maggiori***, quelle dei giudici, dei notai, speziali, mercanti, cambiatori, pellicciai e quelle della lana e della seta | ***arti minori***, quelle dei fornai, dei calzolai, dei fabbri, ecc. **6** (*est.*) †incantesimo, malia, sortilegio | ***fare, gettar l'a.***, operare un incantesimo

SFUMATURE DI SIGNIFICATO
arte - mestiere - professione
Arte è ogni attività umana regolata da competenze tecniche, precetti e regole e basata sull'esperienza e sullo studio. Il concetto di *arte* comprende dunque sia la nozione di **mestiere**, inteso come attività manuale frutto di esperienza e di pratica, sia di **professione**, intesa come attività lavorativa di tipo intellettuale.
SFUMATURE ➤ *lavoro*, ➤ *occupazione*

artefàre [comp. dal lat. *ărte* 'con arte' e *fare*① ✻ av. 1803] **v. tr.** (**coniug. come** *strafare*) ● (*raro*) alterare, modificare con accorgimenti particolari

✦**artefàtto** **A** **part. pass.** di *artefare*; **anche agg. 1** nel sign. del v. **2** non genuino: *vino a.; cibi artefatti* **3** (*fig.*) falso, innaturale: *maniere artefatte; modi artefatti* ‖ **artefattaménte**, **avv.** **B** **s. m.** ● †opera eseguita dalla mano umana

✦**artéfice** [lat. *artĭfice(m)*, comp. di *ārs* 'arte' e *făcere* 'fare' ✻ 1261 ca.] **s. m. e f. 1** chi realizza opere per le quali è richiesta una specifica capacità **2** (*lett.* o *raro*) artista, autore, creatore | ***il Sommo A.***, (*per anton.*) Dio

†**artefìcio** ➤ **artificio**

†**artefìzio** ➤ **artificio**

artèmia [vc. dotta del lat. scient. con incerto riferimento ✻ 1955] **s. f.** ● (*zool.*) genere di Crostacei che annovera *Artemia salina*, abitatrice di acque interne salate

artemìṣia [vc. dotta, lat. *artemīsia(m)*, dal gr. *artemisía* 'pianta sacra ad Artemide' ✻ 1310] **s. f.** ● pianta erbacea delle Composite con foglie inferiormente lanose e superiormente di color verde scuro e capolini gialli oblunghi (*Artemisia vulgaris*)

✦**artèria** [vc. dotta, lat. tardo *artēria(m)*, dal gr. *artēría*, da *artáō* 'io sospendo, sono connesso' ✻ 1258] **s. f. 1** (*anat.*) ciascuna delle formazioni tubolari, muscolari ed elastiche che portano il sangue dal cuore a tutte le parti del corpo: *a. basilare, brachiale, celiaca, coronaria, aorta, femorale, radiale, ulnare* | ***a. anonima***, che dall'arco dell'aorta raggiunge l'articolazione fra sterno e clavicola destra suddividendosi nelle arterie carotide e succlavia destra **2** (*est.*) importante via di comunicazione terrestre: *arterie stradali, autostradali, ferroviarie; un'a. di grande traffico* ‖ **arteriola**, **dim.** (V.)

arteriàle [1585] **agg.** ● di arteria: *sangue a.*

arterializẓazióne [1955] **s. f.** ● (*med.*) trasformazione di sangue venoso in sangue arterioso

arteriectomìa [comp. di *arteri(a)* ed *-ectomia* ✻ 1961] **s. f.** ● (*chir.*) asportazione chirurgica di un'arteria o di un suo tratto

arteriografìa [comp. di *arteria* e *-grafia* ✻ 1961] **s. f. 1** tecnica radiologica di visualizzazione delle arterie mediante introduzione in esse di sostanze radiopache **2** (*est.*) arteriogramma

arteriogràmma [comp. di *arteria* e *-gramma* ✻ 1961] **s. m.** (**pl.** *-i*) ● immagine radiografica di un'arteria

arterìola [1819] **s. f. 1** dim. di *arteria* **2** (*anat.*) ogni piccolo vaso arterioso di diametro inferiore a 0,3 mm | ***a. terminale***, porzione terminale dell'arteria prima dei capillari

arteriologìa [comp. di *arteria* e *-logia* ✻ 1819] **s. f.** (**pl.** *-gìe*) ● studio sistematico delle arterie

arteriolosclerò̀ṣi o **arterioloscleròṣi** [comp. di *arteriol(a)* e *sclerosi* ✻ 1892] **s. f. inv.** ● (*med.*) forma di arteriosclerosi delle arteriole

arteriopatìa [comp. di *arteria* e *-patia* ✻ 1892] **s. f.** ● qualsiasi malattia delle arterie ‖ **arteriopàtico**, **agg.** (**pl. m.** *-ci*); **anche s. m.** (**f.** *-a*) **nel sign. 2** **1** relativo ad arteriopatia **2** che (o chi) soffre di arteriopatia

arterioscleròṣi o **arteriosclèroṣi** [comp. di *arteria* e del gr. *sklḗrōsis* 'indurimento', da *sklērós* 'duro' ✻ 1874] **s. f. inv.** ● (*med.*) qualsiasi condizione patologica delle arterie caratterizzata da ispessimento, indurimento, perdita di elasticità delle pareti arteriose con conseguente riduzione dell'apporto ematico ai tessuti; la forma più comune di arteriosclerosi è rappresentata dall'aterosclerosi **CFR.** arteriolosclerosi, aterosclerosi

arteriosclerótico [1918] **A** **agg.** (**pl. m.** *-ci*) ● relativo ad arteriosclerosi **B** **agg. e s. m.** (**f.** *-a*) ● che (o chi) è affetto da arteriosclerosi | (*fig.*, *fam.*) rimbambito

arterióso (o -ṣ-) [1659] **agg.** ● delle arterie, relativo alle arterie: *pressione arteriosa*

arteriotomìa [vc. dotta, gr. *artēriotomía*, comp. di *artēría* 'arteria' e *-tomía* '-tomia' ✻ 1865] **s. f.** ● incisione chirurgica di un'arteria

arterìte [comp. di *arteria* e *-ite*① ✻ 1828] **s. f.** ● infiammazione della parete arteriosa

arteṣiàno [fr. *artésien*, dalla regione dell'*Artois* in Francia dove furono scavati per la prima volta ✻ 1835] **agg.** ● detto di pozzo scavato per catturare acqua che scorre a pressione in uno strato di roccia permeabile sovrastato da uno impermeabile; l'acqua perciò sale verso l'alto senza l'aiuto di pompe | ***falda artesiana***, V. *falda*

arteterapìa [comp. di *arte* e *terapia* sul modello dell'ingl. *art therapy* 'terapia con l'arte' ✻ 1965] **s. f.** ● (*psicol.*) tecnica psicoterapeutica consistente nel far praticare al paziente una forma d'arte come il teatro, la pittura, la musica ecc. ‖ **arteterapèutico**, **agg.** (**pl. m.** *-ci*) relativo all'arteterapia

†**artézza** [da †*arto*② ✻ 1319] **s. f.** ● strettezza

àrtico [vc. dotta, lat. *ărcticu(m)*, dal gr. *arktikós* 'dell'emisfero dell'Orsa', da *árktos* 'orso' ✻ 1282] **A** **agg.** (**pl. m.** *-ci*) ● relativo al Polo Nord e alla zona circostante: *fauna artica* | ***calotta artica***, quella delimitata dal circolo polare artico, con al centro il Polo Nord **B** **s. m.** ● il Polo Nord e la zona geografica posta attorno a esso

articolàre① [vc. dotta, lat. *articulāre*, da *artĭculus*, da *ărtus* 'arto①' ✻ 1319] **A** **v. tr.** (*io artìcolo*) **1** muovere le parti del corpo attorno alle articolazioni: *a. un braccio, una gamba* **2** pronunciare le parole distintamente, quasi sillabandole | (*est.*) dire, pronunciare: *tanto fu lo stupore che non riuscì ad a. parola* **3** (*mus.*) eseguire note e fraseggi in modo chiaro e distinto **4** (*est.*) scindere, suddividere (+ *in*): *articolò la relazione in più sezioni* **5** †formare le membra **B** **articolàrsi** **v. rifl. e intr. pron. 1** di arti, essere congiunti in corrispondenza di un'articolazione **2** suddividersi (+ *in*): *l'opera si articola in*

a

sedici volumi

articolàre② [vc. dotta, lat. *articulāre(m)*, da *artĭculus*. V. *articolare*① ✱ av. 1561] **agg.** ● di articolazione, relativo ad articolazione del corpo: *dolore a.*; *mobilità a.* | ***capsula a.***, apparato legamentoso e fibroso che tiene a contatto le estremità di due ossa, formando un involucro che racchiude l'articolazione ‖ **articolarità**, **s. f. inv.** mobilità articolare

articolàto① **A** **part. pass.** di *articolare*①; **anche agg. 1** che si muove liberamente, detto di parte del corpo **2** detto di meccanismo snodabile non rigido **CFR.** autoarticolato **3** (*est.*) suddiviso (+ *in*): *un libro a. in tre parti* | (*fig.*) che si dispiega organicamente negli elementi che lo compongono: *un ragionamento, uno scritto ben a.* **4** (*bot.*) detto di fusto fornito di nodi **5** ***linguaggio a.***, il linguaggio umano fondato essenzialmente sull'uso della voce **6** sinuoso, frastagliato: *linea costiera articolata* ‖ **articolataménte**, **avv.** **B** **s. m.** ● l'insieme degli articoli di una legge o di un disegno di legge

articolàto② [da *articolo* ✱ av. 1664] **agg.** ● (*gramm.*) detto di preposizione congiunta con l'articolo

articolatóre [1970] **s. m.** ● (*ling.*) parte mobile dell'apparato di fonazione

articolatòrio [1970] **agg.** (**pl. m.** *-i* o *raro -ii*) ● (*ling.*) relativo all'articolazione

articolazióne [vc. dotta, lat. *articulatiōne(m)*, da *articulāre* 'articolare' ✱ av. 1519] **s. f. 1** l'articolare, l'articolarsi, il fatto di essere articolato: *l'a. della nota, della voce, di un concetto* **2** (*anat.*) insieme funzionale di elementi che permette la connessione reciproca di due ossa | ***a. mobile***, in cui la superficie delle ossa è rivestita da cartilagine liscia per ridurre l'attrito durante il movimento | ***a. fissa***, bloccata in modo stabile da tessuto fibroso (per es. le articolazioni poste tra le ossa del cranio) | ***a. sterno-claveare***, tra lo sterno e la clavicola **3** (*bot.*) connessione fra due parti di un vegetale **4** (*ling.*) insieme dei movimenti degli organi della voce nel processo della fonazione | ***punto, luogo di a.***, luogo in cui avviene la chiusura o il restringimento del canale vocale | ***base di a.***, insieme delle caratteristiche articolatorie di una data lingua | ***modo di a.***, insieme dei coefficienti articolatori propri di un dato suono **5** (*mecc.*) collegamento di due organi che permette la rotazione dell'uno rispetto all'altro

articolèssa [da *articolo* col suff. *-essa* di alcuni n. f. ✱ 1868] **s. f.** ● (*spreg.*) articolo di giornale ridondante e ampolloso

articolìsta [1843] **s. m. e f.** (**pl. m.** *-i*) ● scrittore di articoli di giornale

articolìstica **s. f. 1** insieme di prodotti presenti in un negozio o in un catalogo: *a. da regalo* **2** complesso di articoli di giornale riguardanti un determinato argomento

♦**articolo** [vc. dotta, lat. *artĭculu(m)*, dim. di *ărtus* 'articolazione' ✱ 1261 ca.] **s. m. 1** (*gramm.*) particella premessa al nome per determinarlo: *a. determinativo, indeterminativo, partitivo* **2** punto essenziale di una dottrina religiosa | ***a. di fede***, verità di fede contenuta nel Credo; (*est.*) affermazione che si ritiene vera e in cui si crede completamente **3** ciascuna parte, in genere contrassegnata da numero progressivo, in cui si suddivide una legge, un regolamento, un contratto e sim.: *l'a. 1 della Costituzione*; *l'a. 2 della legge 22 febbraio 1994, n. 146*; *gli articoli di legge possono suddividersi in commi* **SIN.** capitolo **4** scritto che in un giornale, una rivista, un bollettino e sim. tratta un determinato argomento | ***a. di apertura, di fondo***, commento ai fatti di maggiore attualità, firmato dal direttore o da autorevoli collaboratori, pubblicato gener. dai giornali italiani in apertura di prima pagina e da molti giornali stranieri nella pagina centrale di sinistra | ***a. di spalla***, pubblicato in alto a destra per dargli particolare rilievo | ***a. di taglio***, pubblicato a mezza pagina su più colonne **5** lemma, voce, nei vari usi lessicografici: *redigere un a. per un dizionario*; *vocabolario di 118 000 articoli* **6** (*ragion.*) complesso di registrazioni fatte sul giornale a partita doppia riferentisi a un fatto amministrativo **7** oggetto, prodotto in vendita: *negozio di articoli sportivi* | (*fig., iron.*) persona bizzarra, singolare: *quel tuo amico è un bell'a.* **8** (*zool.*) parte di organo separata dalle parti contigue mediante un'articolazione **9** (*bot.*) parte di organo distinta dalle parti contigue mediante una strozzatura o un nodo **10** †istante, momento | †*in a. di morte*, V. *in articulo mortis* ‖ **articolàccio**, **pegg.** | **articolétto**, **dim.** | **articolìno**, **dim.** | **articolóne**, **accr.** | **articolùccio**, **dim.**

articulo mortis, in ➤ **in articulo mortis**

artière [da *arte* ✱ 1261 ca.] **s. m. 1** (*lett.*) chi esercita un'arte | artigiano: *il poeta è un grande a.* (G. Carducci) **2** (*est., lett.*) artista, poeta **3** soldato dell'Arma del genio **4** (*ippica*) chi ha cura di un cavallo da corsa o da concorso

♦**artificiàle** o (*lett.*) **artifiziàle** [vc. dotta, lat. tardo *artificiāle(m)*, da *artificium* 'artificio' ✱ 1261 ca.] **agg. 1** detto di ciò che è ottenuto dall'attività umana mediante procedimenti tecnici (spec. in contrapposizione a *naturale*): *allattamento, lago a.*; *bellezza a.* | ***lingua a.***, lingua convenzionale per la comunicazione gergale o internazionale **2** fatto a imitazione della natura con un procedimento tecnico: *ghiaccio, pioggia a.*; *fiori artificiali* | ***fuochi artificiali***, d'artificio | ***scalata a.***, effettuata con l'ausilio di mezzi meccanici come chiodi, moschettoni, staffe e sim. **3** (*fig.*) artificioso, non spontaneo: *cordialità a.* ‖ **artificialménte**, **avv. 1** in modo artificiale, con mezzi artificiali: *benzina colorata artificialmente* **2** (*fig.*) in modo artificioso, non spontaneo: *co' visi artificialmente pallidi* (G. Boccaccio) ‖ **artificialità**, **s. f. inv.**

artificialìsmo [da *artificiale* ✱ sec. XX] **s. m.** ● (*psicol.*) tendenza, presente nel bambino, a ritenere che oggetti e fenomeni naturali siano opera dell'essere umano

†**artificiàre** o †**artifiziàre** [1282] **v. tr.** ● lavorare, realizzare con artificio

artificiàto o (*lett.*) **artifizàto** **part. pass.** di †*artificiare*; **anche agg. 1** (*lett.*) artificioso | (*lett.*) fatto con arte, a regola d'arte **2** (*raro*) alterato, falsificato | adulterato: *vino a.* ‖ **artificiataménte**, **avv.** con artificio

artificière [da *artificio* ✱ 1829] **s. m. 1** tecnico civile o militare specializzato nella custodia, nel maneggio e nella neutralizzazione di materiale esplosivo | servente di un pezzo d'artiglieria addetto alla preparazione e al maneggio delle cariche di lancio durante il tiro **2** pirotecnico

artificio o (*lett.*) **artifizio**, †**arteficio**, †**artefìzio** [vc. dotta, lat. *artificiu(m)*, da *ărtifex*, genit. *artĭficis* 'artefice' ✱ 1282] **s. m. 1** (*lett.*) uso dell'arte per ottenere un determinato fine | (*est., lett.*) maestria, abilità: *cantare, suonare, con mirabile a.* **2** (*est.*) espediente abile e ingegnoso per ottenere un miglior effetto: *usa ogni a. per sembrare più bella*; *gli artifici della moda*; *le luci erano diffuse qua e là con a.* | (*est.*) astuzia, inganno: *gli artifici della magia*; *ricorrere a un a. per ottenere qlco.* **3** eccessiva ricerca di effetto, mancanza di naturalezza: *parlare, scrivere, agire, con a.* **4** dispositivo, congegno, ordigno, spec. esplosivo, variamente usato per segnalazioni, inneschi, brillamenti di mine e sim. | ***fuochi d'a.***, pirotecnici, con girandole, razzi e figure

> **SFUMATURE DI SIGNIFICATO**
> ***artificio - espediente - accorgimento***
> **Artificio** è un sistema ingegnoso per ottenere un determinato effetto. **Espediente** è invece un rimedio per uscire da una situazione difficile, per risolvere un problema. **Accorgimento** è qualsiasi provvedimento avveduto e studiato, un'azione accortamente calibrata in vista di un obiettivo.
> **SFUMATURE** ➤ ***espediente***

artificiosità (o **-ṣ-**) o (*raro*) **artifiziosità** (o **-ṣ-**) [av. 1332] **s. f. inv.** ● caratteristica di chi (o di ciò che) è artificioso: *l'a. dell'invenzione*

SFUMATURE ➤ ***affettazione***

artificióso (o **-ṣ-**) o (*lett.*) **artifizióso** (o **-ṣ-**) [1261 ca.] **agg. 1** (*lett.*) fatto con arte, con maestria: *con un discorso veemente e artifizioso* (A. Manzoni) | †ingegnoso **2** non spontaneo, artefatto: *affettuosità artificiosa*; *espressioni artificiose* ‖ **artificiosaménte**, **avv.** in modo non naturale e non spontaneo ‖ **artificiosità**, **s. f. inv.** (V.)

artifìzio e deriv. ➤ **artificio** e deriv.

artigianàle [1931] **agg.** ● di artigiano, di artigiani: *consorzio a.* | (*est.*) fatto con pochi mezzi, alla buona: *un film a.* | con connotazione positiva, fatto con cura, con ingredienti naturali, non in serie: *gelato di produzione a.* ‖ **artigianalménte**, **avv.** ‖ **artigianalità**, **s. f. inv.** caratteristica di ciò che è artigianale; (*est.*) produzione, lavorazione artigianale

artigianàto [1902] **s. m. 1** attività produttiva degli artigiani: *l'a. sardo* **2** la categoria, la condizione degli artigiani **3** (*est.*) insieme dei prodotti degli artigiani: *un a. che ha notevoli pregi artistici*

artigianèllo [1540 ca.] **s. m. 1** dim. di *artigiano* **2** allievo di una scuola di attività artigiane tenuta da religiosi

artigianésco [av. 1644] **agg.** (**pl. m.** *-schi*) ● (*raro*) di artigiano

♦**artigiàno** [da *arte* ✱ 1312] **A** **s. m.** (**f.** *-a*) ● chi produce beni o presta servizi impiegando il proprio lavoro, anche manuale, in maniera prevalente rispetto al capitale investito nell'impresa **B** **agg.** ● relativo all'artigiano o all'artigianato: *lavoro a.*; *produzione artigiana*; *associazioni artigiane* ‖ **artigianèllo**, **dim.** (V.)

artigliàre [da *artiglio* ✱ 1313] **v. tr.** (*io artìglio*) ● afferrare con gli artigli: *l'aquila piombò sull'agnello e lo artigliò*

artigliàto **part. pass.** di *artigliare*; **anche agg. 1** nei sign. del v. **2** munito di artigli: *un rapace a.* | (*est.*) piegato in forma d'artiglio: *mano artigliata* **3** ferito da artigli

artiglière [1602] **s. m.** ● appartenente all'arma di artiglieria

artiglierìa [fr. *artillerie*, di etim. incerta ✱ sec. XIV] **s. f. 1** complesso di tutte le armi da fuoco non portatili, che si dividono in cannoni, obici e mortai: *a. da montagna, semovente, corazzata, pesante-campale, pesante, contraerea, controcarro*; *a. di piccolo, medio, grosso calibro* | ***a. da campagna***, all'immediato seguito dei reparti operanti | ***pezzo di a.***, la singola arma o pezzo | ***arma d'a.***, aliquota costitutiva dell'esercito specializzata nell'impiego delle artiglierie | (*scherz.*) arma da fuoco **2** (**spec. al pl.**) il complesso dei pezzi che operano unitariamente su un dato fronte **3** †l'insieme delle macchine belliche da lancio (balestre, catapulte e sim.) usate prima delle armi da fuoco

♦**artìglio** [provenz. *artelh*, dal lat. *artĭculu(m)*, dim. di *ărtus* 'arto' ✱ av. 1276] **s. m. 1** robusta unghia adunca di animali rapaci, volatili o terrestri **2** (*fig.*) mano di persona avida, feroce, spietata: *gli artigli dell'assassino* | ***cadere negli artigli di qlcu.***, cadere in suo potere

†**artimóne** [lat. *artemōne(m)*, dal gr. *artémōn* 'vela di gabbia', di etim. incerta ✱ 1308] **s. m.** ● (*mar.*) vela di gabbia, o del secondo ordine, messa al disopra dei trevi

Artiodàttili [comp. del gr. *ártios* 'pari' e *dáktylos* 'dito' (in quanto hanno numero pari di dita) ✱ 1892] **s. m. pl.** (**sing.** *-o*) ● (*zool.*) ordine di Mammiferi erbivori il cui arto è costituito da un numero pari di dita funzionanti munite di zoccolo (*Artiodactyla*) **SIN.** Paridigitati

♦**artista** [da *arte* ✱ 1321] **s. m. e f.** (**pl. m.** *-i*) **1** chi opera nel campo dell'arte: *Raffaello fu un grande a.* | chi si esibisce nel campo dello spettacolo: *la Duse è stata una delle artiste più famose del teatro italiano; a. del varietà* | ***a. di strada***, artista, spec. musicista, pittore, mimo o giocoliere, che si esibisce sulle vie o sulle piazze cittadine | (*est.*) chi eccelle nel proprio lavoro, spec. manuale (*anche iron.*): *quel falegname è un vero a.; non c'è che dire, come scassinatore è proprio un a.!* **2** (*est.*) chi ha o rivela particolari doti di sensibilità, gusto estetico e sim. **3** †artigiano ‖ **artistóne**, **accr.** | (*spreg.*) **artistùcolo**, **dim.**

♦**artìstico** [av. 1665] **agg.** (**pl. m.** *-ci*) **1** pertinente all'arte e agli artisti: *ambiente a.; attività artistica; liceo a., educazione artistica* **2** che è fatto secondo i canoni dell'arte: *opera artistica* | (*est.*) che rivela un gusto raffinato e sim. ‖ **artisticaménte**, **avv.** in modo artistico; dal punto di vista artistico ‖ **artisticità**, **s. f. inv.** carattere o valore artistico: *l'artisticità di un'opera*

art nouveau /*fr.* aʀnu'vo/ [loc. fr., 'arte nuova' ✱ 1955] **loc. sost. m. o f. inv.** In francese *art nouveau* è loc. sost. m. ● in Francia, denominazione dello stile liberty

àrto① [vc. dotta, lat. *ărtu(m)*, s. di orig. indeur. ✱ 1774] **s. m.** ● (*anat.*) parte del corpo umano e animale congiunta al tronco per mezzo di articolazioni che ne permettono il movimento | ***a. superiore***, braccio | ***a. inferiore***, gamba | (*med.*) ***a. fantasma***, sensazione dolorosa e ossessionante della presenza di un arto precedentemente amputato **CFR.** artro-

†**àrto**② [vc. dotta, lat. *ărtu(m)*, aggettivo di orig. indeur. ✱ 1313] **agg.** ● stretto, angusto

àrto- ➤ **arcto-**

artocàrpo [comp. del gr. *ártos* 'pane' e *karpós* 'frutto' ✱ 1819] **s. m.** ● (*bot.*) genere delle Moracee, comprendente alberi dell'Asia meridionale e dell'Oceania, con grandi infruttescenze sferiche commestibili (*Artocarpus altilis*) **SIN.** albero del pane

artocèbo [comp. di *arto-*, var. di *arcto-* e del gr. *kêbos* 'scimmia' (V. *cebo*) ✱ 1983] **s. m.** ● genere di Proscimmie viventi nell'Africa occidentale, caratterizzate da forme tozze e arti brevi (*Arctocebus*)

artralgìa [comp. di *artr(o)-* e *-algia* ✱ 1845] **s. f.** (**pl.** *-gìe*) ● (*med.*) dolore a una articolazione con segni di infiammazione e senza lesioni articolari apprezzabili

artrìte [vc. dotta, lat. tardo *arthrītis*, nom., dal gr. *arthrîtis*, da *árthron* 'articolazione' ✱ av. 1698] **s. f.** ● (*med.*) infiammazione articolare

artrìtico [vc. dotta, lat. *arthrīticu(m)*, dal gr. *arthritikós*, da *arthrîtis* 'artrite' ✱ av. 1698] **A agg.** (**pl. m.** *-ci*) ● relativo ad artrite **B agg. e s. m.** (**f.** *-a*) ● che (o chi) è affetto da artrite

artritìşmo [comp. di *artrit(e)* e del suff. *-ismo* ✱ 1904] **s. m.** ● (*med.*) predisposizione costituzionale a contrarre infiammazioni articolari

àrtro- [dal gr. *árthron* 'giuntura, articolazione'] **primo elemento** ● in parole composte significa 'arto' o 'articolazione': *artropatia, artrosi*

artrologìa [comp. di *artro-* e *-logia* ✱ 1854] **s. f.** (**pl.** *-gìe*) ● parte dell'anatomia che studia la morfologia e la funzione delle articolazioni

artropatìa [comp. di *artro-* e *-patia* ✱ 1874] **s. f.** ● qualsiasi malattia articolare ‖ **artropàtico**, **agg.** (**pl. m.** *-ci*); anche **s. m.** (**f.** *-a*) nel sign. 2 **1** relativo ad artropatia **2** che (o chi) soffre di artropatia

artroplàstica [comp. di *artro-* e *-plastica* ✱ 1939] **s. f.** ● operazione chirurgica per correggere l'articolazione lesa

Artròpodi [comp. di *artro-* e del pl. di *-podo* ✱ 1874] **s. m. pl.** (**sing.** *-e*) ● (*zool.*) tipo di animali invertebrati con zampe articolate, corpo suddiviso in capo, torace e addome rivestito di chitina (*Arthropoda*)

artroscopìa [comp. di *artro-* e *-scopia* ✱ 1985] **s. f.** ● (*med.*) indagine endoscopica di una articolazione, con la possibilità di eseguire biopsie o interventi terapeutici

artròşi [comp. di *artro-* e *-osi* ✱ 1892] **s. f. inv.** ● malattia degenerativa delle articolazioni

artròşico [sec. XX] **A agg.** (**pl. m.** *-ci*) ● relativo ad artrosi: *degenerazione artrosica* **B agg. e s. m.** (**f.** *-a*) ● che (o chi) è affetto da artrosi

artrotomìa [comp. di *artro-* e *-tomia* ✱ 1950] **s. f.** ● (*chir.*) incisione chirurgica di un'articolazione

arturiàno [1965] **agg.** ● di Artù, leggendario re di Britannia | del ciclo bretone

arùndine [vc. dotta, lat. *arŭndine(m)* 'canna', di etim. incerta ✱ 1858] **s. f.** ● asta ornata di fiori, con in cima tre candele disposte a triangolo, usata in passato, nelle funzioni del Sabato Santo, per accendere il cero pasquale e i lumi della chiesa

aruspicàle [1983] **agg.** ● (*lett.*) di aruspice

†**aruspicàre** [1521] **v. tr.** ● esercitare l'aruspicina

♣**arùspice** [vc. dotta, lat. *harŭspice(m)*, comp. di **haru* da avvicinare al sanscrito *hirā* 'vena' e *-spex*, da *spĕcere* 'guardare' ✱ av. 1327] **s. m.** ● sacerdote divinatore etrusco e romano che prediceva il futuro esaminando le viscere delle vittime

aruspicìna [vc. dotta, lat. *haruspicīna(m)* (*ărtem*) 'arte dell'aruspice', da *harŭspex* 'aruspice' ✱ 1483] **s. f.** ● tecnica della divinazione per mezzo delle viscere di animali, propria di molte religioni antiche

aruspìcio [vc. dotta, lat. *haruspĭciu(m)*, da *harŭspex* 'aruspice' ✱ av. 1327] **s. m.** **1** responso divinatorio tratto dall'esame delle viscere delle vittime **2** (*raro*) l'aruspicare

ÀRVA [sigla di *A(pparecchio di) R(icerca in) Va(langa)* ✱ 1991] **s. m. inv.** ● dispositivo elettronico di segnalazione, costituito da un ricetrasmettitore individuale su lunghezza d'onda prestabilita, utilizzato per la localizzazione degli alpinisti travolti da valanghe

arvàle [vc. dotta, lat. *arvālis*, da *ărvum* 'campo' ✱ 1865] **s. m.** ● presso gli antichi Romani, ciascuno dei dodici sacerdoti del collegio che provvedeva, in maggio, alle cerimonie in onore della dea Dia, alla propiziazione delle divinità agresti e alla purificazione dei campi

arvènse [dal lat. *ărvum* 'campo'. V. *arvale* ✱ 1809] **agg.** ● (*bot.*) detto di vegetale che vive nei campi coltivati

arvìcola [comp. del lat. *ărvum* 'campo' e di *-cola* ✱ 1872] **s. f.** ● piccolo mammifero roditore simile a un topo, con coda breve, che provoca gravi danni alle coltivazioni (*Arvicola arvalis*)

arzàgola ➤ **alzavola**

†**arzanà** (o **-z-**) ➤ **arsenale**

arzàvola ➤ **alzavola**

arzènte [lat. *ardĕnte(m)* 'ardente' ✱ av. 1250] **A s. m.** ● (*disus.*) cognac **B agg.** ● †ardente | ***acqua a.***, acquavite; alcol

arẓigogolàre [etim. incerta ✱ av. 1553] **A v. intr.** (*io arẓigògolo; aus. avere*) ● fare arzigogoli, perdersi in ragionamenti tortuosi e complicati: *a. ingegnosamente, sottilmente; a. su un caso controverso* **B v. tr.** ● escogitare, almanaccare: *chissà che cosa sta arzigogolando*

arẓigogolàto **part. pass.** di *arzigogolare*; anche **agg.** ● complicato, artificioso ‖ **arẓigogolataménte**, **avv.**

arẓigògolo [etim. incerta ✱ 1536] **s. m.** **1** discorso cervellotico, tortuoso, cavilloso | (*est.*) giro di parole artificioso e bizzarro **2** trovata sottile e fantasiosa: *Tu hai inventato codesto a.* (A. PALAZZESCHI)

♣**arẓìllo** [lat. *asīlu(m)* 'tafano' (?) ✱ av. 1767] **agg.** ● agile, vispo, vivace: *un vecchietto a.; come mai oggi sei così a.?* | (*tosc.*) ***vino a.***, frizzante

ÀŞA [sigla dell'ingl. *American Standards Association* ✱ 1955] **s. m. inv.** ● unità di misura della sensibilità delle pellicole fotografiche; oggi sostituita da ISO

asàdo /a'sado, *sp.* a'saðo/ [vc. sp., propr. 'arrosto', dal v. *asar* 'arrostire' ✱ 1876] **s. m.** (**pl. inv.** o *-i* o **sp.** *asados*) ● (*cucina*) piatto tipico argentino e uruguaiano, costituito da carne per lo più bovina oppure da interiora o da salsicce cotte lentamente sulla brace e variamente aromatizzate

àşaro [vc. dotta, lat. *ăsaru(m)*, dal gr. *ásaron*, di orig. preindeur. ✱ sec. XIV] **s. m.** ● genere di piante erbacee perenni delle Aristolochiacee, con rizoma strisciante, foglie reniformi e fiori privi di corolla (*Asarum*) **SIN.** renella②

†**aşbèrgo** ➤ **usbergo**

aşbèsto [vc. dotta, lat. *asbĕstos*, nom., dal gr. *ásbestos* 'inestinguibile', da *sbénnymi* 'io spengo' ✱ av. 1327] **s. m.** ● (*raro*) amianto

aşbestòşi [comp. di *asbesto* e *-osi* ✱ 1933] **s. f. inv.** ● malattia professionale dei minatori delle miniere di amianto, causata dalla inalazione di polveri di tale minerale

aşbùrgico o **abşbùrgico** [1963] **agg.** (**pl. m.** *-ci*) ● degli Asburgo, relativo agli Asburgo, dinastia che regnò sull'Austria dal 1278 al 1918, detenendo dal 1458 in poi anche la corona del Sacro Romano Impero

ascàride [vc. dotta, lat. tardo *ascărida(m)*, dal gr. *askarís*, genit. *askarídos*, da *askarízō* 'io salto' (?) ✱ av. 1698] **s. m.** ● verme dei Nematodi parassita intestinale (*Ascaris lumbricoides*)

àscaro o **àscari** [arabo *'askarī* 'soldato' ✱ 1891] **s. m.** **1** soldato indigeno delle vecchie truppe coloniali europee, spec. quelle italiane in Eritrea, Somalia e Libia **2** (*fig., spreg., raro*) chi serve da ausiliario ai grandi partiti

†**àsce** ➤ **ascia**

ascèlla [lat. *axĭlla(m)*, dim. di *āla* 'ala' ✱ 1313] **s. f.** **1** (*anat.*) regione del corpo a forma di cavità piramidale compresa fra la radice del braccio e il torace **2** (*bot.*) angolo compreso tra la foglia e il ramo a cui essa si attacca

ascellàre [1474] **agg.** **1** (*anat.*) dell'ascella: *arteria, temperatura a.* | (*scherz.*) che arriva fin quasi all'ascella: *abito da sera con uno spacco a.; minigonna a.* **2** (*bot.*) detto di organo situato all'ascella di una foglia o di una brattea

ascendentàle [av. 1742] **agg.** **1** che ascende: *movimento a.* **2** relativo agli antenati | ***linea a.***, linea ascendente ‖ **ascendentalménte**, **avv.**

ascendènte [vc. dotta, lat. *ascendĕnte(m)*, part. pres. di *ascĕndere* 'ascendere'] **A part. pres.** di *ascendere*; anche **agg.** **1** che sale: *movimento a. di masse d'aria* **2** ***linea a.***, rapporto intercorrente tra un soggetto e i parenti da cui esso discende (genitori, nonni, bisnonni, ecc.) | ***ritmo a.***, in poesia, detto dei metri e delle serie metriche che iniziano con la posizione debole | (*mus.*) ***scala a.***, in cui ogni suono è più acuto di quello immediatamente precedente **3** (*astron.*) detto della posizione di un astro che si muove verso settentrione **4** (*ling.*) detto di dittongo il cui primo ele-

a

mento è una semivocale e il secondo è una vocale || **ascendenteménte**, avv. **B** s. m. (anche f. nel sign. 1) **1** parente in linea ascendente (genitore, nonno, bisnonno, ecc.) **2** (astrol.) grado del segno zodiacale che si alza all'orizzonte al momento della nascita di una persona **3** (fig.) autorità morale, influsso: *aveva un grande a. su di lui*
SFUMATURE ➤ *avo*

ascendènza [vc. dotta, lat. *ascendĕntia*, nt. pl. di *ascĕndens*. V. *ascendente* ✱ 1650] s. f. **1** (raro) caratteristica di ciò che è ascendente **2** complesso degli antenati di una famiglia **3** (fig.) origine, matrice artistica o culturale

ascéndere (o -è-) [lat. *ascĕndere*, comp. di *ăd* e *scăndere* 'salire' ✱ 1300] **A** v. intr. (coniug. come *scendere*; aus. *essere*) **1** (lett.) andare verso l'alto: *a. per un erto colle* | (fig.) innalzarsi: *a. al trono, all'onore degli altari* **2** (raro) ammontare: *gli utili ascendono a centomila euro* **B** v. tr. ● (raro, lett.) salire: *a. il monte*

†**Ascènsa** [vc. dotta, lat. tardo *ascēnsa(m)*, da *ascēnsio* 'ascensione' ✱ 1554] s. f. ● la festa dell'Ascensione

ascensionàle [fr. *ascensionnel*, da *ascension* 'ascensione' ✱ av. 1572] agg. **1** che tende a salire: *andamento a.* **2** (fis.) detto di velocità, forza, spinta, traslazione e sim. verso l'alto, o di una sua componente verticale || **ascensionalménte**, avv.

ascensióne [vc. dotta, lat. *ascensiōne(m)*, da *ascĕndere* 'ascendere' ✱ av. 1284] s. f. (*Ascensióne* nel sign. 2) **1** salita | nell'alpinismo, l'arrampicata su una parete di roccia, di ghiaccio o di neve SIN. scalata **2** salita di Gesù Cristo al cielo, dopo la resurrezione | festa liturgica cattolica, con la quale si celebra la salita di Gesù al cielo, originariamente nel quarantesimo giorno dopo Pasqua e, attualmente, nella domenica successiva **3** (astron.) *a. retta*, longitudine celeste

♦**ascensóre** [vc. dotta, lat. tardo *ascensōre(m)* 'che sale', dal v. *ascĕndere* 'ascendere' ✱ 1887] s. m. ● impianto per il trasporto di persone o cose in senso verticale, da un piano all'altro degli edifici o fra punti a diverso livello di una città | (fig.) *a. sociale*, spec. nel linguaggio giornalistico, meccanismo per cui chi proviene dai ceti sociali più svantaggiati può passare a una categoria sociale più elevata: *un buon sistema scolastico che funziona da a. sociale*

ascensorìsta [1925] s. m. e f.; anche agg. (pl. m. -*i*) ● persona addetta alla manovra di un ascensore | tecnico addetto al montaggio, manutenzione e riparazione degli ascensori

ascésa (o -ṣa) [f. sost. di *asceso* ✱ sec. XIV] s. f. ● salita (spec. fig.): *a. al potere, al trono*

ascèṣi [vc. dotta, lat. tardo *ascēsi(n)*, dal gr. *áskēsis* 'esercizio', da *askéō* 'io esercito' ✱ 1914] s. f. inv. ● tirocinio spirituale e fisico che, attraverso digiuno, isolamento, meditazioni e preghiera, procura la perfezione interiore e il distacco dal mondo e dagli istinti

ascéso (o -ṣo) part. pass. di *ascendere*; anche agg. ● nei sign. del v.

ascèsso [vc. dotta, lat. *abscēssu(m)*, da *abscēdere* 'andar via' ✱ av. 1638] s. m. ● (med.) raccolta circoscritta di pus, senza tendenza infiltrativa

ascessuàle [1918] agg. ● relativo ad ascesso

♣**ascèta** [vc. dotta, lat. tardo *ascēta(m)*, dal gr. *askētḗs*. V. *ascesi* ✱ 1743] s. m. e f. (pl. m. -*i*) **1** chi è dedito a pratiche di perfezione spirituale | monaco, cenobita, eremita **2** (est.) chi è dedito a vita austera e contemplativa

ascètica [1862] s. f. ● parte della teologia che tratta della perfezione cristiana

♣**ascètico** [gr. *askētikós*, da *áskēsis*. V. *ascesi* ✱ av. 1729] agg. (pl. m. -*ci*) **1** di asceta, da asceta **2** (est.) contemplativo, mistico: *vita, condotta ascetica* || **asceticaménte**, avv.

ascetìṣmo [1761] s. m. **1** regola di vita fondata sull'ascesi **2** (est.) modo di vivere austero e contemplativo

àscia o †**àsce** [lat. *ăscia(m)*, di orig. indeur. ✱ av. 1292] s. f. (pl. *àsce*) **1** in carpenteria, utensile con il taglio perpendicolare al manico di legno, usato per sgrossare e lavorare il legname | *maestro d'a.*, V. *maestro* | *fatto, tagliato, con l'a.*, (fig., lett.) rozzo, grossolano; affrettato, fatto senza cura **2** correntemente, scure | *a. di guerra*, nel Medioevo, scure da combattimento; presso i nativi del Nord America, tomahawk | *dissotterrare l'a. di guerra*, (fig.) avere intenzioni bellicose; (scherz.) dare inizio a una controversia **3** *a. d'argento*, pesce osseo abissale dei Clupeiformi provvisto di organi luminosi dalla forma simile a quella di un'ascia (*Argyropelecus hemigymnus*) || **ascétta**, dim.

ascìale [lat. parl. **axāle(m)*, da *ăxis* 'perno' ✱ 1862] s. m. ● ciascuno dei due pezzi di legno che fiancheggiano il timone dell'erpice

ascialìa ➤ **asialia**

ascialóne [da *asciale* ✱ 1829] s. m. ● (edil.) nelle impalcature, legno fissato dai muratori alle antenne, e su cui poggiano le assi dei ponti

asciànti ➤ **ashanti**

asciàre [da *ascia* ✱ 1612] v. tr. (pres. *io àscio*; fut. *io ascerò*) ● (raro) sgrossare con l'ascia

asciàta [1865] s. f. ● colpo d'ascia

asciàtico [comp. di *a-*① e un deriv. del gr. *skiá* 'ombra', di orig. indeur. ✱ 1955] agg. (pl. m. -*ci*) ● scialitico

ascìdia [V. *ascidio* ✱ 1797] s. f. ● tunicato acquatico degli Ascidiacei che nella forma adulta vive fisso sul fondo e ha forma larvale libera (*Ascidia*)

Ascidiàcei [da *ascidia* ✱ 1965] s. m. pl. (sing. -*o*) ● (zool.) classe di Tunicati con corpo a forma di sacco, fisso sul fondo marino e due aperture all'estremità libera cui appartengono le ascidie (*Ascidiacea*)

ascìdio [gr. *askídion*, dim. di *askós* 'otre'. V. *asco* ✱ 1809] s. m. (pl. -*i* o raro -*ii*) ● organo caratteristico di alcune piante carnivore derivante da una modificazione delle foglie che serve per la cattura di piccoli animali

ascidiòṣi [comp. di *ascidio* e -*osi* ✱ 1955] s. f. inv. ● (bot.) fenomeno per cui le foglie si trasformano in ascidi

ascientìfico [1979] agg. (pl. m. -*ci*) ● che non si fonda su metodi scientifici, che non ha valore scientifico || **ascientificità**, s. f. inv.

asciòlvere① o †**sciòlvere** [lat. *absŏlvere* (*ieiūnia*) 'sciogliere il digiuno' ✱ 1305] **A** v. intr. (pass. rem. *io asciòlsi, tu asciolvésti*; part. pass. *asciòlto*; aus. *avere*) ● †fare colazione, merenda: *asciolverono molto bene la domenica mattina* (F. SACCHETTI) **B** v. tr. ● †mangiare

asciòlvere② o †**sciòlvere** [da *asciolvere*① ✱ 1370] s. m. (pl. raro -*i*) ● (lett.) colazione, merenda: *un piccolo a.*

ascìsc ➤ **hashish**

ascìssa [vc. dotta, lat. *abscĭssa(m)* (sottinteso *līneam*) 'linea tagliata', da *abscĭndere* 'tagliar via' ✱ 1739] s. f. ● (mat.) misura del segmento avente per estremi un punto fisso e l'origine di una retta o di una curva orientata | la prima delle coordinate cartesiane di un punto del piano o dello spazio

ascìte [vc. dotta, lat. tardo *ascīte(n)*, dal gr. *askítēs* (sottinteso *nósos*) 'malattia del ventre', da *askós* 'otre' ✱ av. 1698] s. f. ● (med.) raccolta patologica di liquido trasudatizio nella cavità peritoneale SIN. idroperitoneo

ascìtico [av. 1698] agg. (pl. m. -*ci*) ● (med.) relativo all'ascite: *liquido a.*

ascitìzio [dal lat. *adscīre* 'adottare' ✱ 1585] agg. ● (raro, lett.) accessorio, aggiunto: *qualità ascitizia*

asciugabianchería [comp. di *asciuga(re)* e *biancheria* ✱ 1961] s. m. o f. inv. ● asciugatrice

asciugacapélli [comp. di *asciuga(re)* e il pl. di *capello* ✱ 1953] **A** s. m. inv. ● apparecchio elettrico che produce aria calda per asciugare i capelli SIN. fon①, phon **B** anche agg. inv.: *casco a.*

†**asciugàggine** [1353] s. f. ● asciuttezza, secchezza: *tanta è l'a. e l'arsura, la quale io v'ho dentro* (G. BOCCACCIO)

asciugamàno o (pop.) **sciugamàno** [comp. di *asciuga(re)* e *mano* ✱ av. 1566] s. m. ● pezzo di tela o di spugna di varie dimensioni per asciugarsi le mani o il viso || **asciugamanìno**, dim.

asciugaménto [sec. XIV] s. m. ● (raro) asciugatura

asciugànte **A** part. pres. di *asciugare*; anche agg. ● nei sign. del v. **B** s. m. ● (tess.) asciugatoio

♦**asciugàre** o (pop.) **sciugàre** [lat. tardo *exsucāre* 'estrarre il succo', comp. di *ĕx* e *sūcus* 'sugo' ✱ 1298] **A** v. tr. (*io asciùgo, tu asciùghi*) **1** privare dell'acqua o dell'umidità: *a. i piatti, il pavimento, con un panno*; *un sole caldo asciuga i campi* | anche in forma pron.: *asciugarsi le mani, il viso, i capelli*; *asciugarsi la fronte* | (est.) prosciugare: *a. le valli, le paludi* **2** tergere: *gli asciugò le lacrime con un gesto affettuoso*; *asciugarsi la fronte* | *a. le lacrime di qlcu.*, (fig.) consolarlo **3** (fig.) svuotare, privare, spec. di denaro: *gli hanno asciugato le tasche in pochi giorni* | *a. un fiasco*, berne tutto il contenuto **B** v. intr. (aus. *essere*) e **asciugàrsi** v. intr. pron. ● diventare asciutto: *è un tessuto che si asciuga subito*; *mettere i panni ad asciugarsi al sole* **C** **asciugàrsi** v. rifl. ● detergersi da un liquido: *asciugati prima di uscire*

asciugàta [1996] s. f. ● rapida operazione dell'asciugare: *darsi un'a. ai capelli* || **asciugatina**, dim.

asciugatóio o †**sciugatóio** [1266] s. m. (pl. -*ói*) **1** †asciugamano, telo da bagno **2** macchina usata nell'industria tessile per asciugare fibre sciolte o filati o tessuti SIN. asciugante

asciugatóre [1829] s. m. ● apparecchio elettrico che produce aria calda, usato, spec. in locali pubblici, per asciugarsi le mani

asciugatrìce [1961] s. f. ● macchina per l'asciugatura della biancheria SIN. asciugabiancheria

asciugatùra [1865] s. f. ● l'asciugare, l'asciugarsi, il venire asciugato

asciugatùtto [comp. di *asciuga(re)* e *tutto* ✱ 1997] **A** s. m. inv. ● foglio di carta molto assorbente, spec. confezionato in rotoli **B** in funzione di agg. inv. (posposto a un sost.): *rotolo a.*

asciùtta [da *asciutto* ✱ 1765] s. f. **1** (centr., sett.) siccità | nella risicoltura, tempo in cui si toglie l'acqua dalle risaie **2** (veter.) periodo compreso tra due lattazioni | *essere in a.*, di bovina che ha sospeso la lattazione

asciuttézza [1684] s. f. ● caratteristica di chi (o di ciò che) è asciutto (anche fig.): *a. del clima*; *l'a. di un volto, di una risposta*

♦**asciùtto** [lat. *exsūctu(m)*, part. pass. di *exsūgere* 'succhiare, suggere' ✱ 1268] **A** agg. **1** che è privo di acqua, di umidità: *stagno, torrente a.* | *tempo a.*, senza pioggia o umidità | *vento a.*, secco | *pasta asciutta*, V. *pastasciutta* | *pane a.*, (fig., lett.) senza companatico | *balia asciutta*, che ha cura di un bambino ma non lo allatta | (lett.) arido, sterile: *terra asciutta*; *campi asciutti* | asciugato: *panni* *asciutti* **2** (*est.*) secco, inaridito: *labbra asciutte; gola, bocca asciutta* | ***restare a bocca asciutta***, (*fig.*) rimanere deluso **3** (*fig.*) privo di lacrime: *occhi asciutti; viso a.* | ***a ciglio a.***, senza versare lacrime **4** detto di vino che conserva solo piccolissime tracce di zucchero | detto di vino spumante secco **5** (*fig.*) magro, snello: *corpo a.; un viso a. ed espressivo* | †macilento **6** (*fig.*) estremamente sobrio e misurato: *stile a.* | (*est.*) breve, conciso, brusco: *è una risposta asciutta che non ammette repliche; mi congedò con due parole asciutte* || **asciuttaménte**, **avv.** seccamente, senza complimenti: *rispondere asciuttamente a qlcu.* **B** **s. m.** ● luogo, terreno, asciutto: *finché piove restò in casa all'a.* | ***restare, rimanere all'a.***, (*fig.*) senza soldi || **asciuttino**, **dim.**

SFUMATURE ➤ *arido*

asciuttóre [da *asciutto* ✱ av. 1406] **s. m.** ● (*tosc.*) aridità, siccità

Asclepiadàcee [vc. dotta, comp. di *asclepiade* e *-acee* ✱ 1865] **s. f. pl.** (**sing.** *-a*) ● (*bot.*) famiglia di piante erbacee o legnose delle Contorte con fusto spesso ingrossato e carnoso contenente un latice (*Asclepiadaceae*)

asclepìade [vc. dotta, lat. *asclepĭade(m)*, dal gr. *asklēpiás*, dal n. del dio *Asclepio* ✱ av. 1498] **s. f.** ● pianta erbacea perenne delle Genzianacee con foglie opposte e fiori grandi azzurri (*Gentiana asclepiadea*)

asclepiadèo [vc. dotta, lat. *asclepiadēu(m)*, dal gr. *asklēpiádeion*, dal n. del poeta *Asclepiade* (IV-III sec. a.C.), ritenutone l'inventore ✱ 1587] **A** **agg.** ● relativo al poeta greco Asclepiade: *verso a.* | ***sistema a.***, strofa di varia struttura, formata da asclepiadei, gliconei e ferecratei **B** **s. m.** ● verso asclepiadeo | ***a. minore***, di dodici sillabe | ***a. maggiore***, di sedici sillabe

asclepiadina [da *asclepiade* ✱ 1955] **s. f.** ● sostanza amara, dotata di proprietà purgative e depurative, presente nel rizoma di una specie di asclepiade

àsco [gr. *askós* 'otre', di etim. incerta ✱ 1906] **s. m.** (**pl.** *-schi*) **1** (*bot.*) organo dei Funghi e dei licheni a forma sferica o di clava, contenente le spore **2** (*archeol.*) tipo di vaso a forma di otre o simile a una figura animale, con ansa arcuata, beccuccio laterale e decorazioni geometriche, diffuso nell'antichità classica in Grecia e in Italia

àsco- [dal gr. *askós* 'otre', di etim. incerta] **primo elemento** ● in parole composte significa 'sacco' o 'a forma di sacco': *ascocarpo, ascogonio*

-àsco **secondo elemento** ● forma aggettivi e sostantivi che fanno riferimento a nomi propri di luogo (*comasco, bergamasco*), configurazioni geografiche (*rivierasco*) o ad azioni riconducibili a un verbo (*fuggiasco*)

ascocàrpo [comp. di *asco-* e *-carpo* ✱ 1970] **s. m.** ● (*bot.*) ricettacolo che nei Funghi ascomiceti contiene gli aschi

ascogònio [comp. di *asco-* e *-gonio* ✱ 1955] **s. m.** (**pl.** *-i* o *raro -ii*) ● (*bot.*) organo riproduttore femminile degli ascomiceti

ascolàno [av. 1327] **A** **agg.** ● di Ascoli Piceno, nelle Marche **B** **s. m.** (**f.** *-a*) ● abitante o nativo di Ascoli Piceno

ascoliàṣmo [vc. dotta, gr. *askōliasmós*, da *askōliázein* 'saltare sull'otre', da *askós* 'otre'. V. *asco* ✱ 1829] **s. m.** ● gioco degli antichi Greci e Romani consistente nello stare in equilibrio su di un otre gonfiato

†**ascólta** ① ➤ **scolta**

ascólta ② [da *ascoltare* ✱ 1970] **s. f.** ● (*raro*) ***andare all'a.***, andare a caccia presto al mattino, per udire il canto delle starne e individuarle

ascoltàbile [1795] **agg.** ● che si può ascoltare || **ascoltabilità**, **s. f. inv.**

✦**ascoltàre** o (*ven.*) †**scoltàre** [lat. parl. **ascultāre* (classico *auscultāre*), prob. dalla radice di *auris* 'orecchio' ✱ sec. XII] **v. tr.** (*io ascólto*) **1** stare a sentire attentamente, prestare orecchio (*anche assol.*): *a. la lezione, un oratore; ascoltava con interesse tutto ciò che il professore diceva; tacque e ascoltò; si era fuori ad a. il silenzio* (M. RIGONI STERN) **CFR.** udire | ***a. la Messa***, assistervi **2** dare retta: *ha ascoltato i consigli del medico* | ubbidire: *non vuole mai a. i suoi genitori* | esaudire: *Dio ascolterà le nostre preghiere* **3** (*med.*) V. *auscultare*

> **SFUMATURE DI SIGNIFICATO**
> ***ascoltare - accogliere - intendere***
> Stare a sentire attentamente si dice **ascoltare**; in altra accezione il verbo indica l'azione di prestare un ascolto attento e partecipe alle parole degli altri, al fine di comprenderne le motivazioni, i bisogni e le richieste. A quest'ultimo significato si avvicina **accogliere**, che descrive il fatto di recepire una richiesta, un'istanza altrui e farla propria. **Intendere** si usa invece quando il risultato dell'ascoltare è la scoperta o la migliore comprensione di qualcosa.
> SFUMATURE ➤ *udire*

ascoltatóre o (*raro*) **auscultatóre** [lat. *auscultatōre(m)*, da *auscultāre* 'ascoltare' ✱ 1336 ca.] **s. m.** (**f.** *-trice*) ● chi ascolta una trasmissione radiotelevisiva o una conferenza

ascoltazióne [lat. *auscultatiōne(m)*, da *auscultāre* 'ascoltare' ✱ 1584] **s. f.** **1** (*lett.*) l'ascoltare **2** (*med.*) V. *auscultazione*

ascólto [da *ascoltare* ✱ 1328] **s. m.** ● il fatto di ascoltare | ***essere, stare, mettersi in a.***, porsi ad ascoltare | ***dare, porgere, prestare a.***, prestare attenzione, dare retta | ***gruppo d'a.***, quello formato da utenti radiotelevisivi, sul giudizio dei quali è calcolato l'indice di gradimento dei programmi | ***indice di a.***, quello che misura la percentuale di utenti radiotelevisivi di un programma, calcolato in rapporto agli utenti di altri programmi

Ascomicèti [comp. di *asco-* e del gr. *mýkēs*, genit. *mýkētos* 'fungo' ✱ 1892] **s. m. pl.** (**sing.** *-e*) ● (*bot.*) classe di Funghi parassiti, saprofiti o simbionti, che formano le spore dentro gli aschi (*Ascomycetes*)

ascóndere [lat. *abscōndere*, comp. di *ăbs* e *cōndere* 'mettere insieme, riporre', a sua volta da *dăre* 'dare' ✱ av. 1250] **v. tr.** (**coniug. come** *nascondere*; **part. pass.** *ascóso*, †*ascósto* (**V.**)) ● (*lett.*) nascondere, occultare

ascòrbico [comp. di *a-* ① e *scorb(uto)*, con il suff. chimico *-ico* ✱ 1950] **agg.** (**pl. m.** *-ci*) ● (*chim.*) ***acido a.***, vitamina C **SIN.** ascorbina

ascóso (o *-ṣo*) o †**ascósto** **part. pass.** di *ascondere*; **anche agg.** ● (*lett.*) nascosto || **ascosaménte**, **avv.**

ascospòra [comp. di *asco-* e *spora* ✱ 1929] **s. f.** ● (*bot.*) spora che si forma nell'interno degli aschi

†**ascósto** ➤ **ascoso**

ascrèo [vc. dotta, lat. *Ascraeu(m)*, dal gr. *Askrâios*, dalla città di *Ascra* ✱ 1532] **agg.** **1** della città di Ascra, patria del poeta greco Esiodo (VIII-VII sec. a.C.) **2** (*est.*) detto di poesia didascalica ispirata a Esiodo

ascrìtto [vc. dotta, lat. *adscrīptu(m)*, part. pass. di *adscrībere* 'ascrivere'] **A** **part. pass.** di *ascrivere*; **anche agg.** **1** nei sign. del v. | attribuito, assegnato (+ *a*): *un successo a. a merito della squadra; Va a. a lode di mia madre* (P. LEVI) **2** (*raro*) scritto accanto **B** **s. m.** (**f.** *-a*) ● (*raro*) iscritto: *gli ascritti a una società, in un registro*

✦**ascrìvere** [vc. dotta, lat. *adscrībere*, comp. di *ăd* e *scrībere* 'scrivere' ✱ 1310] **v. tr.** (**coniug. come** *scrivere*) **1** (*raro*) annoverare: *in quella prova fu ascritto fra i migliori* **2** attribuire, imputare (+ *a*): *a. qlco. a merito, a beneficio, a lode di qlcu.*

ascrivìbile [1836] **agg.** ● che può essere ascritto (+ *a*): *uno sbaglio a. a distrazione* **SIN.** attribuibile || **ascrivibilità**, **s. f. inv.**

Àsdic /ingl. 'æzdɪk/ [sigla dell'ingl. *Allied Submarine Detection Investigation Committee* 'Comitato alleato di ricerche per l'individuazione dei sommergibili' ✱ 1970] **s. m. inv.** ● ecogoniometro

aseità [dal lat. *ā sē* 'da sé' ✱ 1787] **s. f. inv.** ● (*filos.*) nella Scolastica, prerogativa di Dio in quanto ha in sé la ragione della propria esistenza **CONTR.** abalietà

asèllo (o *-ṣ-*) [lat. *asĕllu(m)*, dim. di *ăsinus* 'asino' ✱ av. 1698] **s. m.** ● piccolo crostaceo degli Isopodi di acqua dolce, fornito di sette paia di zampe terminanti a uncino (*Asellus aquaticus*)

asemàntico [comp. di *a-* ① e *semantico* ✱ 1969] **agg.** (**pl. m.** *-ci*) ● (*ling.*) che non ha un significato proprio, autonomo: *unità asemantiche* | non conforme alle regole semantiche di una lingua: *frase asemantica* || **asemanticaménte**, **avv.** || **asemanticità**, **s. f. inv.**

asèpsi [comp. di *a-* ① e del gr. *sêpsis* 'putrefazione', da *sḗpō* 'io putrefaccio' ✱ 1889] **s. f. inv.** ● (*med.*) completa assenza di microrganismi patogeni: *a. di laboratori biomedici* | insieme di tecniche dirette a impedire la contaminazione da germi patogeni delle ferite o degli organi e tessuti interessati da interventi chirurgici, al fine di evitare le infezioni | ***a. chirurgica***, l'insieme delle misure adottate a protezione del campo e dell'ambiente operatorio

asessuàle [comp. di *a-* ① e *sessuale* ✱ av. 1852] **agg.** ● (*biol.*) detto di riproduzione che avviene senza il concorso degli organi di sesso **SIN.** agamico || **asessualménte**, **avv.** per via asessuale || **asessualità**, **s. f. inv.** mancanza di stimoli sessuali; indifferenza per la sfera sessuale: *asessualità ascetica*

asessuàto [1949] **agg.** **1** privo di organi sessuali differenziati **2** (*biol.*) asessuale **3** (*fig.*) neutro, indifferenziato, privo di specifica caratterizzazione || **asessuataménte**, **avv.**

✦**asèttico** [comp. di *a-* ① e del gr. *sēptikós* 'putrefattivo'. V. *asepsi* ✱ 1886] **agg.** (**pl. m.** *-ci*) **1** relativo all'asepsi | detto di ferita, campo operatorio, ferro chirurgico e sim. in condizioni di asepsi **2** (*fig.*) che è privo di passionalità, freddo, sterile: *temperamento, contegno, stile a.; in tempi meno asettici dei nostri* (L. SCIASCIA) || **asetticaménte**, **avv.** || **asetticità**, **s. f. inv.**

asfaltàre [da *asfalto* ✱ 1941] **v. tr.** ● coprire, pavimentare con asfalto, misto ad altro bitume ed eventualmente a ghiaia, una massicciata stradale per renderla liscia e impermeabile

asfaltatóre [1913] **s. m.** (**f.** *-trice*) ● chi è addetto all'asfaltatura di strade e sim.

asfaltatùra [1913] **s. f.** ● operazione dell'asfaltare | rivestimento di asfalto

asfàltico [av. 1828] **agg.** (**pl. m.** *-ci*) ● che contiene asfalto

asfaltista [1925] **s. m. e f.** (**pl. m.** *-i*) ● asfaltatore

asfàlto [vc. dotta, lat. tardo *asphăltu(m)*, dal gr. *ásphaltos*, di orig. semitica ✱ sec. XIV] **s. m.** **1** miscela di bitume e materiali calcarei macinati, usata spec. in pavimentazioni stradali | ***a. drenante***, asfalto di grana più grossa del normale, che consente il drenaggio dell'acqua piovana **2** (*est.*) superficie stradale asfaltata: *slittare sull'a.*

asfèrico [comp. di *a-* ① e *sferico* ✱ 1961] **agg.** (**pl. m.** *-ci*) ● (*ottica*) detto di sistema ottico che non presenta aberrazione sferica || **asfericità**, **s. f. inv.**

asfissia [gr. *asphyxía* 'arresto del polso', comp.

a

di *a-*① e *sphýzō* 'io palpito' ✱ 1773] **s. f. 1** (*med.*) difficoltà o arresto della funzione respiratoria, dovuta a mancanza di ossigeno nell'aria o a impedimento della respirazione (annegamento, strangolamento, gas tossici, paralisi, ecc.) **2** (*fig.*) mancanza di vitalità: *La letteratura è in istato d'a.* (G. Leopardi) **SIN.** paralisi

asfissiànte **part. pres.** di *asfissiare*; anche **agg. 1** che asfissia: *gas a.* | (*est.*) che toglie il respiro: *caldo a.* **2** (*fig.*) molto fastidioso, opprimente, molesto || **asfissiantemènte**, **avv.**

asfissiàre [1829] **A** **v. tr.** (*io asfissio*) **1** (*med.*) provocare asfissia **2** (*est.*) dare l'impressione che il respiro venga a mancare (*anche assol.*): *l'aria viziata di quell'ambiente ci asfissiava; c'è un caldo che asfissia* **3** (*fig., colloq.*) opprimere, molestare: *asfissia tutti con le sue continue domande* **B** **v. intr.** (aus. *essere*) **1** essere colpito da asfissia **2** (*est.*) sentirsi mancare il respiro: *quasi asfissiava per il fetore di quel luogo* **C** **asfissiàrsi** **v. rifl.** ● uccidersi mediante asfissia: *la ragazza tentò di asfissiarsi per amore*

♦**asfìttico** [dal gr. *ásphyktos* 'senza polso', comp. di *a-*① e un deriv. di *sphýzein* 'pulsare'. V. *asfissia* ✱ 1773] **agg.** (**pl. m.** *-ci*) **1** di asfissia: *stato a.* | che è in stato di asfissia totale o parziale **2** (*fig.*) privo di vitalità: *una tradizione culturale ormai asfittica; un mercato discografico diventato a.* || **asfitticaménte**, **avv.** || **asfitticità**, **s. f. inv.** mancanza di vitalità, di dinamismo: *l'asfitticità del mercato del lavoro*

Asfodelàcee [comp. di *asfodel(o)* e *-acee* ✱ 1875] **s. f. pl.** (**sing.** *-a*) ● (*bot.*) famiglia di piante erbacee e arboree delle Asparagali, con foglie succulente e fiori ermafroditi, presenti in regioni tropicali e temperate, spec. nel sud dell'Africa (*Asphodelaceae*)

asfodèlo o (*raro*) **asfòdelo** [vc. dotta, lat. *asphŏdelu(m)*, dal gr. *asphódelos*, di orig. preindeur. ✱ sec. XIV] **A** **s. m.** ● pianta erbacea delle Asfodelacee con lunghe foglie e fiori bianchi raccolti in grappoli, presso gli antichi Greci e Romani sacra ai morti (*Asphodelus albus*) **B** **in funzione di agg.** ● (posposto a un sost., *poet.*) che è coperto di asfodeli: *le anime s'avanzano sul prato a.* (G. D'Annunzio)

ashànti /aʃˈʃanti/ o **asciànti** [dal n. indigeno (?) ✱ 1896] **agg. e s. m. e f. inv.** ● appartenente a un gruppo etnico del Ghana e della Costa d'Avorio, di elevata cultura

ashkenazìta ➤ **askenazita**

àshram /ˈaʃram, *ingl.* ˈæːʃrəm/ [dal sanscrito *āśramah* 'eremitaggio', comp. di *ā-* 'verso, vicino' e *śramh* 'sforzo, fatica' ✱ 1975] **s. m. inv.** (**pl. ingl.** *ashrams*) ● comunità religiosa formata dai seguaci di un guru induista | l'edificio in cui ha sede la comunità

-àşi [dalla parte finale del primo enzima isolato, la *(diast)asi*] **suff.** ● in parole scientifiche forma le denominazioni di enzimi: *amilasi, maltasi*

aşiaco [vc. dotta, lat. tardo *asĭacu(m)*, da *Asia* 'Asia' ✱ 1829] **agg.** (**pl. m.** *-ci*) ● (*lett.*) asiatico

aşiàgo [dal n. della città di Asiago, in provincia di Vicenza ✱ 1931] **s. m. inv.** ● tipo di formaggio semicotto, a maturazione media, prodotto con latte vaccino in forme piuttosto grandi

aşialìa o **ascialìa** [comp. di *a-*① e del gr. *síalon* 'saliva' (di etim. incerta) ✱ 1955] **s. f.** ● (*med.*) mancanza della secrezione salivale

aşianéşimo o **aşianişmo** [da *asiano* ✱ 1965] **s. m.** ● movimento letterario dell'antichità greco-romana fautore di una imitazione stilistica degli ampollosi retori dell'Asia Minore | (*est.*) retorica sovrabbondanza e ricercatezza nello stile letterario

aşiàno [vc. dotta, lat. *asiānu(m)*, propr. 'asiatico', poi 'seguace della scuola retorica asiatica', dal gr. *asianós*, agg. di *Asia* 'Asia' ✱ av. 1342] **agg. 1** (*poet.*) dell'Asia **2** relativo all'asianesimo o atteggiato ai suoi canoni estetici

aşiàtica [f. sost. di *asiatico* ✱ 1957] **s. f.** ● influenza asiatica

♦**aşiàtico** [vc. dotta, lat. *Asiātĭcu(m)*, dal gr. *Asiatikós* 'dell'Asia' ✱ 1374] **A** **agg.** (**pl. m.** *-ci*) ● dell'Asia, relativo all'Asia: *popolazioni asiatiche; animali asiatici* | ***influenza asiatica***, epidemia di influenza provocata da un virus proveniente dall'Asia | ***stile, lusso a.***, (*fig., disus.*) pomposo || **aşiaticità**, **s. f. inv.** **B** **s. m.** (**f.** *-a*) ● abitante o nativo dell'Asia: *gli europei e gli asiatici*

asigmàtico [comp. di *a-*① e *sigmatico* ✱ 1965] **agg.** (**pl. m.** *-ci*) ● (*ling.*) nella morfologia del greco, detto di flessione del verbo o del nome che non presenta il fonema *sigma*, presente invece in altre flessioni concorrenti, dette perciò *sigmatiche*: *aoristo a.*

aşilànte [adattamento del ted. *Asylant* da *Asyl* 'asilo (politico)' ✱ 1993] **s. m. e f.** ● persona che chiede asilo politico o lo ha ottenuto

asillàbico [comp. di *a-*① e *sillabico* ✱ 1974] **agg.** (**pl. m.** *-ci*) **1** (*ling.*) che non è centro di sillaba: *fonema a.; vocale asillabica* **2** detto di verso il cui ritmo non è fondato su un numero fisso di sillabe

♦**aşilo** [vc. dotta, lat. *asȳlu(m)*, dal gr. *ásylon* 'inviolabile', comp. di *a-*① e *sýlon* 'violenza, rapina' ✱ av. 1334] **s. m. 1** rifugio, ricovero, ricetto: *cercare, chiedere, trovare a.* | ***diritto di a.***, nell'antichità e secondo il vigente diritto canonico, inviolabilità accordata al rifugiato in un tempio o in una chiesa | ***a. politico***, inviolabilità accordata allo straniero rifugiato per motivi politici in territorio estero o in luoghi che godono della extraterritorialità **2** luogo in cui si raccolgono persone bisognose di assistenza e aiuto | ***a. di mendicità***, ricovero per vecchi in disagiate condizioni | ***a. notturno***, dove si offre da dormire a chi non ha tetto **3** scuola dell'infanzia: *a. infantile, d'infanzia* | ***a. nido***, quello che accoglie i bambini fino a tre anni

asimmetrìa [comp. di *a-*① e *simmetria* ✱ 1748] **s. f.** ● mancanza, difetto di simmetria tra le parti di un oggetto

asimmètrico [comp. di *a-*① e *simmetrico* ✱ 1885] **agg.** (**pl. m.** *-ci*) **1** privo di simmetria | (*fig.*) che prescinde da schemi o schieramenti tradizionali: *alleanze internazionali asimmetriche* **2** (*chim.*) detto di derivato sostituito in cui i gruppi sostituenti non sono sistemati simmetricamente | detto di atomo le cui valenze sono saturate da atomi o gruppi atomici diversi: *atomo di carbonio a.* || **asimmetricaménte**, **avv.** || **asimmetricità**, **s. f. inv.**

asinàggine (o **-ş-**) [av. 1566] **s. f.** ● grande ignoranza

asinàio (o **-ş-**) [lat. *asināriu(m)*, da *ăsinus* 'asino' ✱ 1232] **s. m.** (**f.** *-aia*, **pl. m.** *-ai*) ● chi guida l'asino

asinartèto o **asinàrteto** [vc. dotta, gr. *asynártētos* 'senza connessione', comp. di *a-*① e un deriv. di *synartân* 'connettere, congiungere', comp. di *sýn* 'con' (V. *simpatia*) e *artân* 'attaccare, connettere', da *aérein* 'attaccare', di orig. indeur. ✱ 1929] **agg.**; anche **s. m.** ● detto di verso formato da due membri di andamento ritmico contrario

asinàta (o **-ş-**) [da *asino* ✱ 1832] **s. f.** ● atto, discorso che rivela ignoranza e grossolanità

asincronìa [comp. di *a-*① e *sincronia* ✱ 1970] **s. f.** ● mancanza di sincronia

asincronişmo [comp. di *a-*① e *sincronismo* ✱ 1942] **s. m. 1** (*fis.*) caratteristica di ciò che è asincrono **2** nella tecnica cinematografica, effetto di mancata sincronizzazione fra colonna visiva e colonna sonora

asìncrono [comp. di *a-*① e *sincrono* ✱ 1888] **agg. 1** (*fis.*) detto di processo non coincidente nel tempo con altri processi **2** detto di motore elettrico a corrente alternata la cui velocità dipende, ma non rigidamente, dal numero di poli e dalla frequenza della corrente

asindètico [av. 1642] **agg.** (**pl. m.** *-ci*) ● (*ling.*) coordinato per asindeto

asìndeto [vc. dotta, lat. *asýndeto(n)*, dal gr. *asýndeton* 'slegato', comp. di *a-*① e un deriv. di *syndêin* 'legare insieme', comp. di *sýn* 'con' (V. *sin-*) e *dêin* 'legare', di orig. indeur. ✱ av. 1604] **s. m.** ● (*ling.*) collegamento di frasi o di elementi di una frase tra loro senza l'impiego di congiunzioni; per es. in: *le donne in festa, in alegreza, in gioco, / in danze perregrine, in dolci canti* (M.M. Boiardo) **CONTR.** polisindeto; sindesi

asinergìa [comp. di *a-*① e *sinergia* ✱ 1874] **s. f.** (**pl.** *-gìe*) **1** (*med.*) incoordinazione fra più organi o parti corporee che normalmente interagiscono in modo armonico **2** (*med.*) alterazione dell'intensità e della regolare successione dei movimenti elementari che formano un atto volontario; è causata da malattie del cervelletto

asinerìa (o **-ş-**) [av. 1462] **s. f.** ● asinaggine | discorso, comportamento da ignorante, da sciocco

asinésco (o **aşi-**) [av. 1478] **agg.** (**pl. m.** *-schi*) ● da persona ignorante e villana || **asinescaménte**, **avv.**

asinìno (o **-ş-**) [vc. dotta, lat. *asinīnu(m)*, da *ăsinus* 'asino' ✱ 1308] **agg. 1** di asino, da asino: *orecchie asinine* | (*fig.*) da zotico: *comportamento a.* **2** ***tosse asinina***, pertosse || **asininaménte**, **avv.**

asinità (o **-ş-**) [1525] **s. f. inv.** ● ignoranza grossolana | asineria

♦**àsino** (o **-ş-**) [lat. *ăsinu(m)* di orig. preindeur. ✱ 1264] **A** **s. m.** (**f.** *-a*) **1** mammifero dei Perissodattili, più piccolo del cavallo e con orecchie più lunghe, grigio e biancastro sul ventre con lunghi crini all'estremità della coda (*Equus asinus*) **SIN.** ciuco, somaro **CFR.** ragliare | ***legare l'a. dove vuole il padrone***, (*fig.*) obbedire docilmente | ***lavare la testa all'a.***, (*fig.*) far cosa inutile | ***a schiena d'a.***, (*fig.*) detto di superficie convessa | ***qui casca l'a.***, (*fig., fam.*) qui arriva la difficoltà: *Ma se poi discendo … / dalla sfera dell'astratto, / qui mi casca l'a.* (G. Giusti) | ***bellezza dell'a.***, (*fig., fam.*) quella caratteristica della prima giovinezza | ***fare, essere come l'a. di Buridano***, rimanere incerti sul partito da prendere (secondo un paradosso attribuito al filosofo fr. G. Buridano (1330 ca.-1358 ca.), un asino, posto fra due mucchi di fieno identici, morirebbe di fame non riuscendo a scegliere) | (*napol.*) ***essere come l'a. in mezzo ai suoni***, essere frastornato, disorientato | ***il calcio dell'a.***, (*fig.*) V. *calcio*① **2** (*fig.*) persona ignorante, zotica: *è un a. calzato e vestito* | **PROV.** ***meglio un a. vivo che un dottore morto***, meglio rimanere ignoranti che rovinarsi la salute studiando troppo **B** **in funzione di agg.** ● (*raro*) ignorante, grossolano: *gente asina* || **asinàccio**, **pegg.** | **asinèllo**, **dim.** | **asinétto**, **dim.** | **asinìno**, **dim.** | **asinóne**, **accr.** | **asinùccio**, **dim.** || †**asinaménte**, **avv.** da ignorante

asintàttico [comp. di *a-*① e *sintattico* ✱ 1912] **agg.** (**pl. m.** *-ci*) ● privo di sintassi: *periodo a.* || **asintatticaménte**, **avv.**

asintomàtico [comp. di *a-*① e *sintomatico* ✱ 1933] **agg.** (**pl. m.** *-ci*) ● (*med.*) che non presenta sintomi || **asintomaticità**, **s. f. inv.** assenza di sintomi

asintòtico [av. 1742] **agg.** (**pl. m.** *-ci*) ● (*mat.*) di asintoto | di proprietà o comportamento di una funzione al tendere delle variabili all'infinito || **asintoticaménte**, **avv.**

asìntoto o **asintòto** [vc. dotta, gr. *asýmptōtos*, comp. di *a-*① e dall'agg. verbale di *sympíptō* 'io coincido' ✻ av. 1673] **s. m.** ● (*mat.*) retta cui una curva data si avvicina indefinitamente senza mai incontrarla | tangente a una curva piana in un suo punto all'infinito

asìsmico [comp. di *a-*① e *sismico* ✻ 1923] **agg.** (**pl. m.** *-ci*) **1** che non è soggetto al terremoto: *zona asismica* **2** antisismico || **asismicaménte**, **avv.**

asistemàtico [comp. di *a-*① e *sistematico* ✻ 1922] **agg.** (**pl. m.** *-ci*) ● che è privo di sistematicità, di metodo: *procedimento a.*; *filosofo a.* || **asistematicità**, **s. f. inv.**

askenazìta /askenad'dzita/ o **ashkenazìta** /aʃkenad'dzita/, **askenàzi** [ebr. *ashkĕnaz*, parola della Bibbia che indica una nazione discendente da Iafet, che nel Medioevo fu identificata con la Germania ✻ 1950] **agg.**; **anche s. m. e f.** (**pl. m.** *-i*) ● ebreo originario dell'Europa centrale e orientale **CFR.** sefardita

Asl /azl, a,esse'elle/ [sigla di *A(zienda) s(anitaria) l(ocale)* ✻ 1995] **s. f. inv.** ● azienda articolata in distretti sanitari di base che erogano l'assistenza sanitaria in ambito territoriale, facente capo al Servizio Sanitario Nazionale

àsma [vc. dotta, lat. *ăsthma*, dal gr. *ásthma* 'respirazione faticosa', di etim. incerta ✻ av. 1306] **s. f.** o (*raro*) **m.** (**pl. f.** *-e*, **m.** *-i*) ● (*med.*) condizione morbosa caratterizzata da intensa difficoltà respiratoria | ***a. bronchiale***, provocata da spasmo dei piccoli bronchi | ***a. cardiaca***, da insufficienza cardiaca | ***a. allergica***, provocata da allergeni

asmàtico [vc. dotta, lat. *asthmăticu(m)*, dal gr. *asthmatikós*, da *ásthma* 'asma' ✻ sec. XIV] **A** **agg.** (**pl. m.** *-ci*) **1** di asma, relativo ad asma **2** (*fig.*) stentato, difficoltoso: *una prosa asmatica* **B** **agg. e s. m.** (**f.** *-a*) ● che (o chi) è affetto da asma

asociàle [comp. di *a-*① e *sociale* ✻ 1914] **A** **agg.** **1** che è privo di coscienza sociale, che non sente o rifiuta le esigenze della vita sociale **2** detto di persona chiusa e introversa **CFR.** dissociale || **asocialménte**, **avv.** || **asocialità**, **s. f. inv.** caratteristica di chi (o di ciò che) è asociale **B** **s. m. e f.** ● persona asociale

SFUMATURE ➤ ***solitario***

àsola [lat. *ānsula(m)*, dim. di *ānsa* 'impugnatura' ✻ 1663] **s. f.** **1** piccolo taglio nel tessuto di un abito, orlato con punto a smerlo, destinato ad accogliere il bottone **2** occhiello di metallo in cui entra un perno | (*est.*) anello in cui passa o scorre qlco.

asolàia [da *asola* ✻ 1942] **s. f.** ● lavorante specializzata nell'esecuzione delle asole **SIN.** occhiellaia

asolàre [etim. incerta ✻ av. 1712] **v. intr.** (*io àsolo*; **aus.** *avere*) **1** (*lett.*) alitare, spirare, spec. del vento **2** (*lett.*) prendere aria, rinfrescarsi

àsolo [da *asolare* ✻ av. 1729] **s. m.** ● (*lett.*) alito, soffio di vento

a sólo ➤ **assolo**

asònico [comp. di *a-*① e *sonico* ✻ 1966] **agg.** (**pl. m.** *-ci*) **1** che produce un suono non percepibile dall'orecchio umano: *fischietto a.* **2** (*med.*) di organo o area che non riflette le onde ultrasoniche, impedendo di conseguenza l'indagine ecografica

àspa [da *aspo* ✻ av. 1566] **s. f.** ● (*tess.*) aspo

Asparagàcee [vc. dotta, comp. di *asparago* e *-acee* ✻ 1862] **s. f. pl.** (**sing.** *-a*) ● (*bot.*) famiglia di piante delle Monocotiledoni, comprendente arbusti, liane ed erbe rizomatose, con foglie ridotte a squame e rami verdi modificati in cladodi (*Asparagaceae*)

Asparagàli [vc. dotta, comp. di *asparag(o)* e *-ali* ✻ 2008] **s. f. pl.** (**sing.** *-e*) ● (*bot.*) ordine di piante monocotiledoni, con semi a tegumento scuro ed endosperma privo di amido (*Asparagales*)

asparagéto [av. 1597] **s. m.** ● luogo coltivato ad asparagi

asparagiàia o (*pop.*) **sparagiàia** [1865] **s. f.** ● asparageto

asparagìna [da *asparago* ✻ 1819] **s. f.** ● (*chim.*) amminoacido presente nelle proteine, ammide dell'acido aspartico

aspàrago o (*tosc.*) **aspàragio**, (*pop.*) **spàragio**, †**spàrago** [lat. *aspăragu(m)*, dal gr. *aspáragos*, di etim. incerta ✻ 1310] **s. m.** (**pl.** *-gi*) ● pianta erbacea delle Asparagacee con rizoma corto e grosso dal quale spuntano germogli commestibili (*Asparagus officinalis*) | (*est.*) il germoglio commestibile (detto *turione*) di tale pianta: *uova con gli asparagi*; *risotto, frittata con punte di asparagi* | ***a. selvatico***, pianta suffruticosa delle Liliacee fornita di acute spine (*Asparagus acutifolius*)

aspargicoltóre [comp. di *aspar(a)go* e *-coltore* ✻ 1983] **s. m.** (**f.** *-trice*) ● coltivatore di asparagi

aspargicoltùra [comp. di *aspar(a)go* e *-coltura* ✻ 1983] **s. f.** ● coltivazione degli asparagi

Aspartàme® [dal fr. *aspartique*, n. di un acido nel quale si trasforma l'*asparagina* ✻ 1985] **s. m.** ● dolcificante ipocalorico a base di amminoacidi

aspàrtico [fr. *aspartique*, acido che si ottiene dall'*asparagina* ✻ 1865] **agg.** (**pl. m.** *-ci*) ● (*chim.*) detto di un acido bicarbossilico presente nelle proteine, simile all'acido glutammico: *acido a.*

aspàta [1829] **s. f.** ● quantità di filato che resta avvolto all'aspo

aspatóio [1892] **s. m.** (**pl.** *-ói*) ● aspo industriale

aspatóre [1955] **s. m.** (**f.** *-trice*) ● operaio addetto all'aspatura

aspatùra [da *aspo* ✻ 1924] **s. f.** ● svolgimento di un filato da bobine o rocche per avvolgerlo su aspi onde formare matasse

àspe ➤ **aspide**

aspecìfico [comp. di *a-*① e *specifico* ✻ 1942] **agg.** (**pl. m.** *-ci*) ● (*med.*) detto di malattia la cui causa non è specifica || **aspecificità**, **s. f. inv.**

asperèlla o **asprèlla**, **sperèlla**, **sprèlla** [lat. parl. **asperĕlla(m)*, da *ăsper* 'ruvido' ✻ 1342] **s. f.** ● (*bot.*) coda di cavallo | attaccamani

†**asperézza** ➤ **asprezza**

aspèrge ➤ **asperges**

aspèrgere [vc. dotta, lat. *aspĕrgere*, comp. di *ăd* e *spărgere* 'spargere' ✻ 1330] **v. tr.** (**pres.** *io aspèrgo, tu aspèrgi*; **pass. rem.** *io aspèrsi, tu aspergésti*; **part. pass.** *aspèrso*) **1** (*lett.*) bagnare, spruzzare leggermente **2** spruzzare ritualmente d'acqua benedetta i fedeli o l'altare **3** (*lett.*) spargere, cospargere

aspèrges o **aspèrge** [dal versetto che il sacerdote pronuncia aspergendo con l'acqua benedetta: *Asperges me, Domine, hyssopo et mundabor* 'mi aspergerai con issopo e sarò puro' ✻ av. 1365] **s. m. inv.** ● aspersorio

Aspergillàcee [vc. dotta, comp. di *aspergillo* e *-acee* ✻ 1929] **s. f. pl.** (**sing.** *-a*) ● (*bot.*) famiglia di Funghi degli Ascomiceti che formano muffe verdastre sulle sostanze in decomposizione (*Aspergillaceae*)

aspergìllo [dalla forma, come di un *aspersorio* ✻ 1829] **s. m.** ● genere di Funghi degli Ascomiceti delle Aspergillacee, a forma di aspersorio, patogeni per l'uomo in alcune specie (*Aspergillus*)

aspergillòsi [comp. di *aspergillo* e *-osi* ✻ 1902] **s. f. inv.** ● malattia dell'uomo e degli animali prodotta da una specie patogena di aspergillo, localizzata spec. nei polmoni

asperità o †**asprità** [vc. dotta, lat. *asperitāte(m)*, da *ăsper* 'aspro' ✻ 1274 ca.] **s. f. inv.** ● irregolarità, scabrosità: *l'a. del terreno* | (*fig.*) difficoltà, impedimento: *le a. della vita*

aspermìa [comp. di *a-*① e di un deriv. di *sperma* nel senso di 'seme' ✻ 1955] **s. f.** **1** (*med.*) incapacità di produrre o di emettere lo sperma **2** (*bot.*) mancata formazione del seme per cause genetiche o patologiche **CFR.** partenocarpia

†**àspero** ➤ **aspro**

aspèrrimo [superl. di *aspro* ✻ av. 1342] **agg.** ● che è estremamente aspro (*spec. fig.*)

aspersióne [vc. dotta, lat. *aspersiōne(m)*, da *aspĕrgere* 'aspergere' ✻ 1319] **s. f.** **1** (*raro*) l'aspergere **2** rito dell'aspergere con acqua benedetta

aspèrso **part. pass.** di *aspergere*; **anche agg.** ● nei sign. del v.

aspersòrio [vc. dotta, lat. mediev. *aspersoriu(m)*, da *aspĕrgere* 'aspergere' ✻ 1554] **s. m.** ● strumento per aspergere con l'acqua benedetta

aspèrula [dal lat. *ăsper* 'aspro', con suff. dim. ✻ 1793] **s. f.** ● genere di piante erbacee delle Rubiacee con foglie verticillate e fiori in pannocchie (*Asperula*) | ***a. odorosa***, stellina odorosa

†**aspettànza** [1250 ca.] **s. f.** ● attesa

♦**aspettàre** [lat. parl. **aspectāre* per *exspectāre*, da *spectāre* 'guardare' ✻ sec. XII] **A** **v. tr.** (*io aspètto*) **1** avere l'animo e la mente rivolti al verificarsi di qlco. o all'arrivo di qlcu. (**qlcu. o qlco.**; + *di* **seguito da inf.**; + *che* **seguito da congtv.**): *a. con desiderio, con ansia, con timore*; *a. un amico, una telefonata, una notizia*; *non aspetto nessuno*; *sono due ore che aspetto*; *aspetta di ottenere la promozione*; *aspetto che si faccia vivo* | ***farsi a.***, arrivare in ritardo: *le piace farsi a.*; *stamattina l'autobus si fa a.* | ***a. un bambino***, (*fig.*) essere in stato di gravidanza | ***a. la manna, la Provvidenza***, (*fig.*) non fare nulla per togliersi dagli impicci | ***a. qlcu. a braccia aperte***, (*fig.*) con vivo desiderio | ***a. la palla al balzo***, (*fig.*) l'occasione buona | ***a. qlcu. al varco***, (*fig.*) attenderlo in una situazione delicata, particolarmente difficile da superare | ***qui t'aspettavo!***, (*fig.*) ecco il momento in cui ti si può mettere alla prova | **PROV.** ***chi la fa l'aspetti***, chi danneggia gli altri deve aspettarsi una reazione dello stesso tipo **2** subordinare il compimento di un'azione al verificarsi di un evento: *aspetterò il suo arrivo fino a domani, poi deciderò io stesso*; *prima di uscire aspettò che il temporale finisse* | ***ma che cosa aspetti?***, detto a chi esita a fare qlco. | (*assol.*) indugiare: *ricordati che il tempo non aspetta*; *abbiamo aspettato troppo* **B** **aspettàrsi** **v. tr. pron.** (**aus.** *essere*) ● (con valore intens.) prevedere che qlco. succeda (**qlco.**; + *di* **seguito da inf.**, + *che* **seguito da congtv.**): *non devi aspettarti niente da lui*; *non m'aspetto nulla di buono*; *questa me l'aspettavo*; *al mondo bisogna aspettarsi di tutto*; *mi aspetto di incontrarlo a teatro*; *mi aspettavo ... che le avrebbe parlato per me* (L. PIRANDELLO) | ***c'era da aspettarselo!***, di situazione facilmente prevedibile

aspettatìva [1509] **s. f.** **1** attesa: *essere, stare in a. di qlco.* | (*est.*, **spec. al pl.**) ciò che ci si aspetta: *essere inferiore, superiore alle aspettative*; *deludere le aspettative* **SIN.** previsione **2** condizione di un lavoratore dipendente che, dietro sua richiesta, è dispensato dal prestare servizio per un determinato periodo di tempo: *chiedere un anno di a.*; *mettersi in a. per motivi di salute, di famiglia*

SFUMATURE ➤ ***speranza***

†**aspettatóre** [av. 1311] **s. m.** (**f.** *-trice*) ● chi aspetta

aspettazióne [lat. *expectatiōne(m)*. V.

a

aspettare ✱ av. 1342] **s. f. 1** (*lett.*) attesa: *stare in a.* | stato d'animo di chi aspetta; *era un'a. insostenibile* **2** (*est., lett.*) speranza: *rispondere, venire meno all'a.*

aspètto① [da *aspettare* ✱ av. 1363] **s. m.** ● (*lett.*) attesa: *Deh non mi tener più in cotanto a.* (L. DE' MEDICI) | ***sala d'a.***, nelle stazioni e in altri luoghi di pubblico servizio, quella in cui le persone aspettano di partire o di essere ricevute | (*mus.*) ***battuta d'a.***, V. *battuta*, sign. 5 | ***caccia all'a.***, praticata aspettando i selvatici nei luoghi di pastura o di abbeverata

♦**aspètto**② [vc. dotta, lat. *aspĕctu(m)*, da *aspĭcere* 'guardare' ✱ 1282] **s. m. 1** (*lett.*) vista, sguardo | ***a primo a.***, a prima vista **2** ciò che si presenta alla vista | (*est.*) modo in cui qlco. si presenta alla vista: *l'a. del paese era tranquillo* **3** (*est.*) sembianza, apparenza: *avere un brutto, un bell'a.*; *essere di a. gradevole, sgradevole, florido, sofferente*; *un uomo di umile a.* **4** punto di vista, modo di considerare una questione, un problema e sim.: *sotto certi aspetti sono d'accordo*; *alla luce dei nuovi fatti la faccenda cambia a.*; *i diversi aspetti di uno stesso problema* **5** (*ling.*) modo di rappresentare il processo verbale nella sua durata, nel suo svolgimento, nel suo compimento: *a. progressivo, a. risultativo* **6** (*astrol.*) distanza in gradi tra due pianeti | ***pianeta in buon a.***, favorevole

aspettuale [dall'ingl. *aspectual* deriv. di *aspect* 'aspetto' in senso gramm. ✱ 1979] **agg.** ● (*ling.*) relativo all'aspetto verbale: *l'opposizione a. perfettivo/imperfettivo è molto diffusa nelle varie lingue* | ***verbo a.***, verbo che indica la particolare modalità di svolgimento dell'azione espressa dal verbo che lo segue (per es. i verbi *stare*, *continuare* e *finire* nelle frasi 'stare per partire', 'continuare a studiare', 'finire di lavorare') **CFR.** fraseologico

aspic /fr. as'pik/ [uso figurato di *aspic* 'serpente' (dal gr. *áspis* 'serpente aspide', con la terminazione in *-ic* di *basilisk* 'basilisco'), perché la gelatina può ricordare il colore della pelle del serpente, o dalla forma a serpente degli stampi ✱ 1905] **s. m. inv.** ● vivanda, spec. a base di carne o pesce, in gelatina, modellata in piccoli stampi

àspide o (*lett.*) **àspe**, †**àspido** [vc. dotta, lat. *ăspide(m)*, nom. *ăspis*, dal gr. *aspís*, vc. prob. preindeur. ✱ av. 1250] **s. m. 1** nome comune di serpente velenoso, gener. identificato con la vipera **2** ***a. di Cleopatra***, serpente velenoso bruno a macchie nere irregolari capace, in stato di agitazione, di dilatare il collo (*Naja haje*) **SIN.** cobra egiziano **3** antica bocca da fuoco di piccolo calibro del genere colubrina **4** (*fig., lett.*) persona malvagia e irosa

aspidìstra [dal gr. *aspís*, genit. *aspídos* 'scudo' (di etim. incerta) col suff. *-istra* dei n. d'agente f. gr.; detta così dall'aspetto delle sue foglie ✱ 1865] **s. f.** ● pianta ornamentale delle Convallariacee, con larghe foglie coriacee, molto resistente alla siccità, alla mancanza di luce e alla polvere (*Aspidistra elatior*)

†**àspido** ➤ **aspide**

àspie /ingl. 'æspɪ/ [vc. ingl., accorc. di H. *Asperger* (1906-1980), pediatra austriaco che per primo descrisse il disturbo ✱ 2004] **s. m. e f. inv.** ● (*med.*) persona affetta da sindrome di Asperger

aspirafòglie [comp. di *aspira(re)* e *foglie* ✱ 1992] **s. m. inv.** ● piccola macchina a motore da giardinaggio per aspirare le foglie secche e altri piccoli materiali vegetali di scarto

aspirànte **A** **part. pres.** di *aspirare*; anche **agg.** ● che aspira qlco.: *pompa, congegno a.* | che aspira a qlco.: *a. attore* **B** **s. m.** (anche **f.** nel sign. 1) **1** chi aspira a raggiungere, a ottenere qlco. (+ *a*): *a. a un ufficio, a un premio, a una nomina* | ***a. al titolo***, nel pugilato, l'atleta professionista al quale è stato riconosciuto il diritto di incontrare il detentore di un titolo di campione messo in palio **2** ***a. ufficiale***, grado istituito in tempo di guerra per la categoria degli ufficiali di complemento, intermedio fra quello di aiutante di battaglia e quello di sottotenente

aspirapólvere [comp. di *aspira(re)* e *polvere* ✱ 1942] **s. m.** (**pl. inv.** o *-i*) ● elettrodomestico che aspira la polvere e i piccoli rifiuti depositandoli in un apposito contenitore: *passare l'a.*

♣**aspiràre** [vc. dotta, lat. *aspirāre* 'inspirare, infondere', comp. di *ăd* e *spirāre* 'soffiare' ✱ 1319] **A** **v. tr. 1** immettere nei polmoni inspirando attraverso la bocca o il naso: *a. l'aria pura del primo mattino*; *a. il fumo della sigaretta* **2** (*est.*) trarre a sé, detto di apparecchi che servono a estrarre da un ambiente gas, liquidi, solidi e sim. **3** (*ling.*) articolare, pronunciare con aspirazione: *a. la consonante c* **4** (*lett.*) †ispirare: *Zefiro torna, che de amore aspira / … desioso instinto* (M.M. BOIARDO) **B** **v. intr.** (**aus.** *avere*) **1** anelare, mirare a qlco. (+ *a*, anche seguito da **inf.**): *a. al successo mondano, all'amore, alla gloria*; *aspira a essere assunto* **2** (*lett.*) †spirare | (*fig.*) essere favorevole

aspiràto **part. pass.** di *aspirare*; anche **agg.** **1** nei sign. del v. | (*ling.*) pronunciato con aspirazione **2** (*autom.*) detto di motore a scoppio a quattro tempi con carburatore in cui la miscela aria-carburante viene aspirata nel cilindro dal solo movimento del pistone

aspiratóre [fr. *aspirateur*, dal lat. *aspirāre* 'aspirare' ✱ 1874] **s. m. 1** apparecchio per estrarre aria, gas o polvere da un ambiente **2** (*med.*) strumento chirurgico per aspirare liquidi o sangue da una ferita

aspiratùtto [comp. di *aspira(re)* e *tutto* ✱ 1975] **agg. inv.** ● detto di apparecchio in grado di aspirare in un apposito contenitore solidi, liquidi o polveri: *bidone a.*

aspirazióne [vc. dotta, lat. *aspiratiōne(m)*, da *aspirāre* 'aspirare' ✱ 1552] **s. f. 1** (*med., raro*) atto dell'aspirare con la bocca o con il naso; inspirazione | (*med.*) operazione dell'aspirare liquidi o sim. dalle cavità o da altre parti del corpo **2** (*ling.*) soffio espiratorio che accompagna la pronuncia di certi suoni **3** complesso di condotti attraverso cui l'aria o la miscela combustibile è aspirata in un motore a combustione interna | fase in cui lo stantuffo, discendendo nel cilindro, aspira tale miscela **4** in una pompa idraulica di sollevamento, formazione di depressione che provoca il sollevamento dell'acqua dal pozzo inferiore al corpo di pompa: *tubo di a.*; *capacità di a.* **5** (*fig.*) vivo desiderio di conseguire un fine: *provare, nutrire delle aspirazioni*; *la sua massima a. è di starsene tranquillo*

Aspirìna® [dal ted. *Aspirin*, n. coniato dal chimico H. Dreser nel 1899, comp. di *A(cetyl)* 'acetile', *Spir(saüre)* 'acido salicilico' e *-in* ✱ 1900] **s. f.** ● acido acetilsalicilico in compresse, usato come antipiretico, analgesico e antireumatico **CFR.** Cardioaspirina ‖ **Aspirinétta**®, **dim.** confezione pediatrica dell'Aspirina

asplènio o †**asplèno** [vc. dotta, lat. *asplēno(n)*, nom. *ásplēnos*, comp. di *a-*① e gr. *splḗn*, *splēnós* 'milza', perché si riteneva efficace contro i mali di questo organo ✱ 1476] **s. m.** ● (*bot.*) genere di Felci delle Polipodiacee, ad ampia distribuzione geografica, con fronde per lo più pennate, piccole e divise in lobi rotondeggianti (*Asplenium*)

àspo [got. **haspa* ✱ sec. XIII] **s. m. 1** asticella di legno con avvolta una matassa di spago, usata in giardinaggio per tracciare rettifili o aiuole **2** organo rotante della mietitrebbiatrice che colloca gli steli sul trasportatore **3** (*tess.*) attrezzo formato da un perno da cui si dipartono a raggiera dei supporti per il filato che serve ad eseguire l'aspatura **SIN.** annaspo, aspa, naspo

asportàbile [av. 1729] **agg.** ● che si può asportare ‖ **asportabilità**, **s. f. inv.**

asportàre [vc. dotta, lat. *asportāre*, comp. di *ăbs* 'da' e *portāre* 'portare' ✱ 1342] **v. tr.** (*io aspòrto*) **1** portare via da un luogo: *vino da a.* | trafugare: *i ladri asportarono un prezioso quadro* | (*est.*) estirpare: *a. una pianta* **2** togliere chirurgicamente un organo o una parte del corpo

asportazióne [vc. dotta, lat. *asportatiōne(m)*, da *asportāre* 'asportare' ✱ 1342] **s. f.** ● l'asportare | rimozione chirurgica: *a. di un tumore*

aspòrto [1829] **s. m. 1** l'asportare: *a. di materiali* **2** nella loc. agg. inv. ***da a.***, da portarsi via, da non consumarsi sul posto: *pizza da a.*

aspreggiàre [da *aspro* ✱ av. 1332] **v. tr.** (**pres.** *io aspréggio*; **fut.** *io aspreggerò*) ● (*lett.*) trattare con asprezza, tormentare: *oh cielo! / Perché aspreggiarmi anzi che udirmi vuoi?* (V. ALFIERI) | (*est.*) inasprire

asprèlla ➤ **asperella**

asprétto [1532] **A** **agg. 1** dim. di *aspro* **2** che ha sapore tendente all'aspro: *vino a.* **B** **s. m.** ● sapore leggermente aspro del vino

asprézza o †**asperézza** [da *aspro* ✱ 1266] **s. f. 1** proprietà di ciò che è aspro al gusto, al tatto, all'udito: *l'a. di un sapore, di un aroma, di un suono* | (*ling.*) incontro sgradevole di più consonanti **2** ruvidezza, scabrosità: *l'a. di una superficie* | (*est.*) difficoltà: *l'a. del cammino* | caratteristica di ciò che è brullo e selvaggio: *l'a. delle steppe nordiche* **3** (*fig.*) alterezza, severità: *riprendere qlcu. con a.* | (*est.*) durezza: *mitigare l'a. del proprio carattere* | (*est.*) crudeltà, ferocia: *l'a. della lotta, della battaglia* **4** freddo intenso: *l'a. del clima invernale, della notte polare*

asprì [fr. *esprit*, dal lat. *spīritu(m)* 'soffio' ✱ 1908] **s. m. inv.** ● pennacchio formato da numerosi fili di aigrette, usato come ornamento di copricapi militari e di cappelli o acconciature femminili

asprìgno [av. 1606] **agg. 1** che ha sapore alquanto aspro: *vino a.* | (*est.*) stridulo: *voce aspriga* **2** (*fig., raro*) ostile

asprìno [da *aspro* ✱ av. 1600] **s. m.** ● vino bianco frizzante, leggero, acidulo, prodotto in Basilicata e in Campania

†**asprità** ➤ **asperità**

♣**àspro** o †**àspero** [lat. *ăsperu(m)*, di etim. incerta ✱ 1261 ca.] **agg.** (**superl.** *asperrimo* (**V.**), o *asprissimo*) **1** che ha sapore agro e irritante per la gola, caratteristico della frutta acerba: *vino a.*; *uva aspra*; *prugne aspre* | (*est.*) pungente, acre, detto di odore: *l'odore a. dell'aceto* | sgradevole, stridulo, detto di suono: *voce aspra* **2** (*ling.*) detto di suono la cui pronuncia è relativamente intensa | ***spirito a.***, nelle vocali iniziali aspirate del greco **3** (*lett.*) ruvido al tatto, scabro: *una superficie assai aspra* **4** (*est.*) malagevole, scosceso: *seguirono un a. cammino fra le rocce* | brullo, selvaggio: *l'a. paesaggio andino* **5** (*fig.*) che mostra severità, alterezza: *trattare qlcu. in modo a.* | (*lett.*) crudele: *i ludi aspri di Marte* (U. FOSCOLO) **6** rigido, freddo, detto di clima: *l'a. inverno nordico* ‖ **asprétto**, **dim.** (V.) | **asprìno**, **dim.** (V.) ‖ **aspraménte**, **avv. 1** con asprezza, con durezza: *ed ora così aspramente mi parla?* (C. GOLDONI) **2** accanitamente, sanguinosamente: *s'apparecchiavano con le taglienti spade d'aspramente combattere* (G. BOCCACCIO)

aspromontàno [1992] **agg.** ● dell'Aspromonte, regione montuosa della Calabria

assaettàre [comp. di *a-*② e *saetta* ✱ av. 1742] **A** **v. tr.** (*io assaétto* o *assaètto*) **1** (*tosc.*) colpire con saetta **2** (*fig.*, *lett.*) molestare grandemente **B** **v. intr.** (**aus.** *essere*) ● (*tosc.*) essere colpito dal fulmine, spec. in imprecazioni: *che io possa a. se non è vero!* **C** **v. intr.** (**aus.** *essere*) e **assaettàrsi** **v. intr. pron.** ● (*tosc.*, *fig.*) arrabbiarsi, arrovellarsi

assaettàto **part. pass.** di *assaettare*; anche **agg.** **1** nei sign. del v. **2** (*tosc.*) posposto ad altro agg., assume valore rafforz.: ***pane duro a.***, durissimo; ***oggetto caro a.***, carissimo e sim. | (*raro*, *lett.*) arrabbiato

assafètida [comp. del lat. mediev. *asa*, di etim. incerta, e *foetida* 'puzzolente' ✱ sec. XIV] **s. f.** **1** pianta delle Apiacee con foglie inferiormente pelose e fiori giallastri che fornisce una gomma resinosa di odore sgradevole (*Ferula asafoetida*) **2** (*farm.*) gommoresina ricavata dalla pianta omonima, usata un tempo come carminativo, antispastico, sedativo e antielmintico

♦**assaggiàre** [comp. di *a-*② e *saggiare* ✱ 1268] **v. tr.** (**pres.** *io assàggio*; **fut.** *io assaggerò*) **1** provare il sapore di un cibo, di una bevanda: *a. il caffè, il pranzo* | (*est.*) mangiare pochissimo: *non ho fame, assaggerò qlco.* | cominciare a bere o a mangiare: *non gli lasciarono neppure il tempo di a. la cena* | (*fig.*) ***a. i pugni di qlcu.***, prenderli **2** (*raro*) saggiare (*anche fig.*): *a. l'oro*; *a. la propria resistenza*

assaggiatóre [av. 1327] **s. m.** (**f.** *-trice*) **1** chi ha il compito di assaggiare vini o cibi per definirne le caratteristiche **2** saggiatore

assaggiatùra [av. 1400] **s. f.** ● (*raro*) assaggio

assaggìno [1986] **s. m.** **1** dim. di *assaggio* **2** piccola porzione di cibo o di bevanda

assàggio [lat. tardo *exăgiu(m)* 'pesatura', con cambio di suff. ✱ sec. XIII] **s. m.** **1** l'assaggiare | (*est.*) piccola quantità di cibo o bevanda: *prendere un a. di dolce* **2** (*fig.*) campione: *ecco un a. della nostra merce* | prova, mostra: *vi darò un a. delle mie capacità* ‖ **assaggino**, **dim.** (V.)

♦**assài** [lat. parl. **ăd sătis*, da *sătis* 'abbastanza' ✱ av. 1250] **A** **avv.** (**superl.** (*lett.*) *assaissimo* (V.)) **1** (*lett.*) abbastanza, sufficientemente: *ho già visto a.*; *ho già lottato a.* | ***averne a. di qlcu., di qlco.***, esserne stanco, non volerne più sapere **2** molto: *ha fatto a. per i suoi parenti*; *a. lo loda, e più lo loderebbe* (DANTE *Par.* VI, 142); *bere, mangiare a.* | si usa a formare il superl. assol. avv.: *a. contento*; *uno spettacolo a. interessante*; *a. meno*; *a. più*; *a. prima*; *a. dopo*; *a. tardi* **3** (*per antifrasi*) nulla, per nulla: *so a.!*; *m'importa a. di tutto questo!* **4** nella loc. avv. ***d'a.***, (*lett.*) di molto, di gran lunga: *la sua influenza era cresciuta d'a.* (R. BACCHELLI); †anche loc. agg. inv. riferita a persona, di valore, di notevole importanza, autorevole: *Carlo Magno fu re … d'a. e coraggioso molto* (F. SACCHETTI) **B** **in funzione di agg. inv.** ● molto, parecchio, in gran numero: *ho avuto a. fastidi*; *ci hai messo a. tempo*; *c'era a. gente* **C** **in funzione di s. m. inv.** **1** (**al pl.**) i molti, i più: *sono a. quelli che la pensano così*; *eravamo in a. a volerlo*; *i Fiorentini rimproverarono i loro che gli a. si lasciassino superare da pochi* (N. MACHIAVELLI) **2** grande quantità: *per guadagnare l'a., avventurano il poco* (B. CASTIGLIONE)

assaissimo [av. 1405] **A** **avv.** ● superl. di *assai* **B** **in funzione di agg.** ● (*lett.*) moltissimo: *ben può il musico modificare in assaissime guise queste assuefazioni* (G. LEOPARDI)

assàle [lat. parl. **axăle(m)*, da *ăxis* 'asse②' ✱ 1664] **s. m.** ● parte dell'autoveicolo che ha la funzione di trasmettere il carico del telaio alle ruote con interposizione di molle e di trasmettere la forza motrice nonché sterzante alle ruote

†**assaliménto** [1268] **s. m.** ● assalto

♦**assalìre** [lat. parl. **assalīre*, per il classico *assilīre* comp. di *ăd* e *salīre* 'saltare' ✱ 1250 ca.] **v. tr.** (**pres.** *io assàlgo* o *lett.* *assalisco*, *tu assàli* o *lett.* *assalìsci*; **pass. rem.** *io assalìi* o †*assàlsi*, *tu assalìsti*, *essi assalìrono* o †*assàlsero*) **1** investire con impeto, aggredire con violenza (*anche fig.*): *assalì l'avversario alle spalle*; *lo assalirono con insulti d'ogni genere* **2** (*fig.*) impadronirsi, cogliere, investire con forza, detto di sentimenti, passioni o anche malattie: *un ricordo doloroso lo assale*; *me, s'io giaccio in riposo, il tedio assale* (G. LEOPARDI); *la polmonite l'assalì all'improvviso*

assalitóre [1310] **agg. e s. m.** (**f.** *-trice*) **1** che (o chi) assale **2** †detrattore

assaltàre [lat. parl. **assaltāre*, comp. di *ăd* e *saltāre* 'saltare' ✱ 1288] **v. tr.** ● dare l'assalto, prendere d'assalto (*anche fig.*) | †***a. alla strada***, rapinare qlcu. per la strada

assaltatóre [av. 1478] **s. m.** (**f.** *-trice*) ● chi assalta

♦**assàlto** [da *assaltare* ✱ 1287] **s. m.** **1** (*milit.*) azione con cui le truppe più avanzate nel combattimento concludono la fase decisiva dell'attacco: *reparti d'a.* | ***mezzi d'a.***, in marina, mezzi navali destinati a colpire le unità nemiche rifugiate nei porti **2** (*est.*) attacco violento effettuato facendo gener. uso di armi: *l'a. al treno*; *muovere all'a.*; *dare l'a. a una banca*; *la città fu conquistata al primo a.* | ***prendere d'a.***, conquistare di slancio; (*est.*) accalcarsi, affollare, cercare di entrare in un luogo o in un mezzo di trasporto; (*fig.*) affrontare qlcu. o qlco. con decisione | ***a. alla diligenza***, (*fig.*) tentativo di impossessarsi di qlco. con ogni mezzo | nella loc. agg. inv. ***d'a.***, detto di chi svolge un incarico o una professione con grande risolutezza o particolare grinta: *pretore d'a.*; *giornalista d'a.* **3** (*sport*) incontro tra due schermidori: *a. in sala*; *a. in gara* | ***a. accademico***, di esibizione | nel pugilato, ripresa **4** (*fig.*) manifestazione brusca e improvvisa di malattie, sentimenti, passioni e sim.: *l'a. del male*; *l'a. dei ricordi*

SFUMATURE DI SIGNIFICATO

assalto - offensiva

Nel linguaggio militare **assalto** è l'azione con cui le truppe più avanzate si scagliano sui reparti avversari; in senso esteso indica un'azione violenta contro qualcuno o qualcosa. **Offensiva** definisce una strategia militare basata su un'iniziativa decisa; in senso figurato è un'azione energica di attacco, di polemica.

SFUMATURE ➤ ***aggressione***

†**assannàre** ➤ **azzannare**

assaporaménto [av. 1698] **s. m.** ● l'assaporare

assaporàre o †**saporàre**① [comp. di *a-*② e *sapore* ✱ 1261 ca.] **v. tr.** (*io assapóro*) **1** gustare un cibo o una bevanda con voluta lentezza per prolungare la piacevole sensazione che ne deriva: *assaporava il dolce in silenzio* **2** (*fig.*) godere spiritualmente: *finalmente assaporava la riconquistata libertà* **3** †insaporire

assassinaménto [1481] **s. m.** **1** (*lett.*) assassinio **2** (*fig.*, *lett.*) sopruso, angheria: *Ah che a. è questo! ah signor fiscale!* (A. MANZONI)

assassinàre [da *assassino* ✱ 1312] **v. tr.** **1** uccidere un essere umano, spec. a tradimento e per scopi criminali **2** (*lett.*) maltrattare, angariare, opprimere: *e dipoi faceva assassinare quel popolo da un suo governatore* (N. MACHIAVELLI) **3** (*fig.*) danneggiare gravemente, rovinare: *Non debbono i giudici … a. la giustizia* (L.A. MURATORI) | (*fig.*) ***a. una poesia, un brano musicale***, eseguirli molto male

assassìnio [1310] **s. m.** (**pl.** *-i* o *-ii*) **1** uccisione di un essere umano, spec. a tradimento e per scopi criminali: *si è reso colpevole d'a.* **2** (*fig.*, *lett.*) oppressione, sopruso

♦**assassìno** [arabo *ḥaššāš* 'fumatore di *ḥašīš*', nome di una setta orientale che obbediva ciecamente agli ordini del proprio capo politico-religioso, il Vecchio della Montagna ✱ av. 1290] **A** **s. m.** (**f.** *-a*) **1** chi commette un assassinio: *ricercare, scoprire, processare, condannare un a.*; *l'a. cancellò le sue tracce*; *l'a. torna sempre sul luogo del delitto* **2** (*relig.*) affiliato alla setta segreta degli Assassini che, nel XII sec., in Siria, praticavano l'omicidio per fini religiosi agendo sotto l'effetto dell'hascisc **3** (*raro*, *lett.*) sicario | (*est.*) chi danneggia qlco. o qlcu. per malvagità o incapacità **B** **agg.** **1** malvagio, criminale: *tendenze assassine* **2** (*fig.*) che conquista, seduce: *occhi assassini* | ***mosca assassina***, neo artificiale che, nel sec. XVIII, le dame mettevano all'angolo dell'occhio o della bocca per civetteria

assatanàto [parasintetico di *Satana* ✱ 1973] **agg.** **1** indemoniato **2** (*est.*, *colloq.*) agitato, molto irrequieto: *un autobus pieno di ragazzini assatanati* | (*est.*, *colloq.*) esaltato, fanatico: *ragazzi assatanati di videogiochi* | (*est.*, *colloq.*) che è sempre in preda a bramosia sessuale o che è eccitato sessualmente

àsse① [lat. *ăsse(m)*, di etim. incerta ✱ 1275] **s. f.** (**pl.** *àssi*, *pop.* *àsse*) ● tavola di legno, stretta, lunga e di poco spessore, ricavata per sezione longitudinale da un tronco d'albero: *ammucchiare le assi nel magazzino* | ***a. da stiro***, tavola oblunga ricoperta da un tessuto imbottito, sulla quale si stirano gli indumenti | ***a. del water***, tavoletta del water closet | ***a. di battuta***, in atletica, nei salti lungo e triplo, striscia che indica il salto nullo | ***a. di equilibrio***, attrezzo per esercizi ginnici costituito da una barra di legno sollevata dal suolo a mezzo di supporti | ***fra quattro assi***, (*fig.*, *lett.*) nella bara ‖ **assétta**, **dim.** | **assicèlla**, **dim.** | **assicina**, **dim.**

àsse② [lat. *ăxe(m)*, di orig. indeur. ✱ 1282] **s. m.** **1** (*tecnol.*) organo di macchina, a forma di cilindro allungato, che sostiene gli elementi rotanti, con funzione essenzialmente portante | ***a. fisso***, se gli elementi rotanti girano liberamente su di esso | ***a. rotante***, se l'asse gira assieme agli elementi con esso collegati **2** (*mat.*) ***a. di simmetria di una figura piana***, retta tale che una rotazione di 180° intorno a essa lascia inalterata la figura stessa | ***a. di un segmento***, luogo dei punti del piano equidistanti dagli estremi del segmento | ***a. cartesiano***, ciascuna delle rette usate per associare a un punto del piano le sue coordinate cartesiane | ***a. di rotazione***, retta fissa intorno alla quale si fa ruotare una figura **3** (*est.*) retta immaginaria dotata di particolari proprietà rispetto a una figura o a un corpo, con specifici sign. nelle varie discipline: *a. trasversale, verticale della nave*; *assi aerodinamici di un aeromobile* | ***a. longitudinale, trasversale, sagittale***, rette immaginarie che attraversano il corpo umano rispettivamente dall'alto al basso, da sinistra a destra, da avanti a dietro | ***a. stradale***, linea mediana della carreggiata di una strada | (*urbanistica*) ***a. attrezzato***, strada urbana i cui attraversamenti sono ridotti al minimo e muniti di semafori, così da consentire il traffico veloce | ***a. ottico***, in fisica, retta congiungente i centri di curvatura di tutte le superfici sferiche riflettenti o rifrangenti che costituiscono un sistema ottico; in mineralogia, direzione lungo la quale in un cristallo non si nota birifrazione | ***a. cristallografico***, uno dei tre assi non complanari che corrispondono a tre spigoli presenti o possibili in un cristallo | ***a. terrestre***,

a b c d e f g h i j k l m n o p q r s t u v w x y z

a

linea immaginaria che passando per il centro della Terra unisce i due poli, e attorno alla quale la Terra compie il movimento di rotazione | (*fig.*) direzione, linea di collegamento: *il traffico lungo l'a. Bologna-Verona-Brennero* **4** (*fig.*) alleanza politica fra due Stati, indicati per lo più dal nome delle rispettive capitali: *a. Roma-Berlino, a. Parigi-Bonn* **5** (*anat.*) epistrofeo ‖ **assóne**, accr. (V.)

àsse③ [vc. dotta, lat. *ăsse(m)*, prestito da una lingua straniera, forse dall'etrusco ✱ sec. XIV] **s. m.** **1** unità dell'antica moneta romana di bronzo, divisibile in 12 once, che variò nel tempo di valore e di peso **2** (*dir.*) ***a. ereditario***, il patrimonio lasciato dal defunto, valutato nel suo complesso al fine di calcolarne le singole quote spettanti agli eredi | ***a. ecclesiastico***, il complesso di beni appartenenti alla Chiesa

assécco [da *asseccare* 'seccare' ✱ 1889] **s. m.** (**pl.** *-chi*) ● (*mar.*; *raro*) parte del fondo della barca in cui si raccoglie l'acqua e in cui si trova l'alleggio

assecondàre [da *secondare* ✱ 1314] **v. tr.** (*io assecóndo*) ● favorire: *a. un progetto, un'iniziativa* | soddisfare: *a. le richieste di qlcu., i capricci di un bambino* | seguire, accompagnare: *a. col corpo il ritmo della musica*

†**assecuràre** e deriv. ➤ **assicurare** e deriv.

†**assedérsi** [vc. dotta, lat. *assidēre*, comp. di *ăd* e *sedēre* 'sedere' ✱ 1313] **v. intr. pron.** ● sedersi: *se volete che con voi m'asseggia, / faròl, se piace a costui che vo seco* (DANTE *Inf.* XV, 35-36)

assediànte **A** **part. pres.** di *assediare*; anche **agg.** ● nei sign. del v. **B** **s. m. e f.** ● chi assedia

assediàre [adattamento mediev. del lat. *obsidēre* 'star fermo (*sedēre*) davanti (*ŏb*)' ✱ 1268] **v. tr.** (*io assèdio*) **1** circondare con un esercito un luogo fortificato per impadronirsene con la forza **2** (*est.*) chiudere tutt'attorno, bloccare, isolare: *il villaggio era assediato dalla neve*; *le acque ci assediano da giorni* | attorniare: *una folla festante lo assedia* **3** (*fig.*) importunare, infastidire (+ *di*, + *con*): *a. qlcu. di domande*; *lo assediavano con richieste insistenti* | corteggiare in modo insistente: *l'aveva assediata con la sua corte* (L. PIRANDELLO)

assediàto **A** **part. pass.** di *assediare*; anche **agg.** ● nei sign. del v. **B** **s. m.** (**f.** *-a*) ● chi subisce un assedio: *gli assediati attendevano rinforzi*

assediatóre [av. 1334] **s. m.** (**f.** *-trice*) ● (*lett.*) assediante

assèdio [lat. parl. **adsĕdiu(m)*, per il classico *obsĭdium*, da *obsidēre* 'star seduto davanti, tenere il campo' ✱ 1258] **s. m.** (**pl.** *-i* o *raro -ii*) **1** complesso delle operazioni svolte da un esercito attorno a un luogo fortificato per impadronirsene con la forza | ***stato d'a.***, stato di pericolo pubblico, insieme di provvedimenti che limitano la libertà personale dei cittadini, presi in occasione di rivolte, gravi sommosse e sim. | ***a. economico***, stato di isolamento dal mercato mondiale di un Paese che non può vendere o rifornirsi all'estero **2** (*est.*) blocco, ressa (*anche fig.*): *l'a. dei dimostranti durava da giorni*; *i fotografi cinsero d'a. la casa*; *i creditori hanno posto l'a. alla ditta* | (*lett.*) corteggiamento insistente: *a. amoroso*

assegnàbile [av. 1712] **agg.** ● che si può assegnare ‖ **assegnabilità**, **s. f. inv.**

assegnaménto [av. 1292] **s. m.** **1** (*raro*) assegnazione, attribuzione **2** (*disus.*) rendita, provento: *è rimasta povera e senza assegnamenti* (L. PIRANDELLO) **3** (*fig.*) fiducia, speranza | ***fare a. su qlcu., su qlco.***, contarci sopra, fondarci le proprie speranze

♦**assegnàre** [lat. *assignāre*, comp. di *ăd* e *sīgnum* 'segno' ✱ 1261 ca.] **v. tr.** (*io asségno*; coniug. come *segnare*) **1** (*dir.*) disporre di qlco. a favore di qlcu., spec. attribuire la proprietà di un bene espropriato con provvedimento d'autorità: *a. ai braccianti i terreni espropriati*; *a. un bene in seguito a vendita* **2** (*lett.*) conferire, riconoscere come segno caratteristico, prerogativa e sim.: *Dio assegnò agli uomini il dono della parola* | (*est.*) destinare a favore: *a. una dote cospicua alla figlia*; *gli hanno assegnato una rendita vitalizia* **3** (*lett.*) addurre: *assegno due ragioni per che io … deggio loro parlare* (DANTE) **4** affidare: *gli assegnarono una mansione di grande responsabilità* | dare da svolgere: *a. un tema in classe, i compiti a casa* | destinare: *fu assegnato al reparto vendite* **5** stabilire, prescrivere: *a. un termine, una scadenza*

assegnatàrio [1607] **s. m.** (**f.** *-ia*) ● persona cui è assegnato qlco., spec. colui al quale è attribuita, mediante ordinanza del giudice dell'esecuzione, la proprietà di un bene espropriato: *a. di un terreno nel corso di una riforma fondiaria* **SIN.** aggiudicatario

assegnàto① **part. pass.** di *assegnare*; anche **agg.** **1** attribuito | destinato **2** che è da pagare: *porto a.* **CONTR.** franco **3** †parco | †cauto ‖ †**assegnataménte**, **avv.** con precisione ed esattezza; parsimoniosamente

assegnàto② [fr. *assignats* ✱ 1791] **s. m.** ● (spec. al pl.) moneta cartacea emessa nel XVIII sec. dall'Assemblea nazionale francese il cui valore era garantito dai beni confiscati durante la Rivoluzione

assegnatóre [vc. dotta, lat. tardo *assignatōre(m)*, da *assignāre* 'assegnare' ✱ av. 1755] **s. m.** (**f.** *-trice*) ● (*raro*) chi assegna

assegnazióne [vc. dotta, lat. *assignatiōne(m)*, da *assignāre* 'assegnare' ✱ av. 1342] **s. f.** **1** attribuzione | conferimento **2** destinazione: *a. ad un ufficio* **3** aggiudicazione: *a. di un bene pignorato*

assegnìsta [da *assegno* ✱ 1981] **s. m. e f.** (**pl. m.** *-i*) ● laureato che svolge attività scientifica presso un'università o altro ente di ricerca pubblico e viene, solitamente, retribuito mediante assegno

♦**asségno** [da *assegnare* ✱ 1588] **s. m.** **1** attribuzione patrimoniale data in corrispettivo di prestazioni di lavoro o per altro motivo: *assegni al lavoratore*; *a. di carovita*; *a. alimentare*; *a. di presenza* | ***assegni per il nucleo familiare*** o ***assegni familiari***, integrazioni salariali, versate da enti previdenziali a lavoratori o pensionati, di ammontare variabile a seconda del reddito e della dimensione del nucleo familiare | ***a. di studio***, sussidio versato dallo Stato a studenti universitari meritevoli e di modeste condizioni economiche **SIN.** presalario **2** (*est.*) rendita: *vivere con un piccolo a. mensile* **3** (*banca*) ***a. bancario*** o (*per anton.*) ***assegno***, mezzo di pagamento consistente nell'ordine scritto a una banca di pagare una somma determinata alla persona che vi è indicata | ***a. a vuoto***, emesso malgrado la inesistenza presso la banca di fondi disponibili sufficienti | ***a. postdatato***, emesso con data futura e pertanto non ammesso dalla legge | ***a. circolare***, titolo di credito emesso da una banca e contenente la promessa di pagare una somma determinata già depositata presso la stessa | ***a. a copertura garantita***, su cui la banca attesta la presenza di fondi disponibili | ***a. sbarrato***, pagabile dalla banca trassata solo a un'altra banca o al prenditore se suo cliente | ***a. non trasferibile***, che può essere riscosso soltanto dalla persona indicata dall'emittente | ***a. turistico***, tratto da una banca su una propria filiale e incassabile solo mediante una doppia firma conforme dell'intestatario, una al momento dell'emissione e l'altra al momento dell'incasso **SIN.** traveller's cheque **4** somma da pagare all'atto del ritiro di una merce: *pacco gravato di a.*; *spedire qlco. contro a.*, o *contr'a.* ‖ **assegnétto**, **dim.** | **assegnìno**, **dim.** | **assegnóne**, **accr.**

†**asseguìre** [vc. dotta, lat. *ăssequi*, rifatto su *seguire* ✱ av. 1348] **v. tr.** **1** raggiungere, conseguire **2** seguire, tenere dietro (*anche fig.*)

†**assembiàre** e deriv. ➤ **assembrare**② e deriv.

assemblàggio [fr. *assemblage*, da *assembler*. V. *assemblare* ✱ 1959] **s. m.** **1** in varie tecnologie, operazione produttiva costituita dall'accoppiamento e unione di due o più parti del prodotto allo scopo di ottenere il prodotto finito o un suo sottogruppo **2** (*inform.*) operazione svolta dai programmi compilatori o traduttori di linguaggi simbolici per cui alle frasi del linguaggio simbolico vengono sostituite le corrispondenti sequenze d'istruzioni in linguaggio macchina **3** (*arte*) opera d'arte realizzata con materiali eterogenei

assemblàre [fr. *assembler*, dal lat. parl. *assimulāre*, comp. di *ăd* e il denominale di *sĭmul* 'insieme' di orig. indeur. ✱ av. 1374] **v. tr.** (*io assémblo*) **1** sottoporre ad assemblaggio **2** V. *assembrare*②

SFUMATURE ➤ ***congiungere***

assemblatóre [1967] **A** **s. m.** (**f.** *-trice*) ● operaio addetto all'assemblaggio **B** in funzione di **agg.** (**posposto a un sost.**) ● (*inform.*) ***programma a.***, quello che, mediante un'operazione di assemblaggio, produce da un programma scritto in linguaggio simbolico il corrispondente programma in linguaggio macchina

♦**assemblèa** [fr. *assemblée*, dal part. di *assembler* 'riunire'. V. *assembrare*② ✱ sec. XIII] **s. f.** **1** riunione degli appartenenti a una collettività per discutere problemi di interesse comune: *a. studentesca*; *a. degli iscritti al sindacato*; *a. di quartiere*; *a. di reparto* | ***a. aperta***, nella quale può intervenire anche chi non fa parte della collettività direttamente interessata | (*relig.*) ***a. liturgica***, il complesso dei fedeli che assistono alla celebrazione della Messa **2** (*dir.*) collettività degli appartenenti a un gruppo organizzato cui sono affidate funzioni deliberative: *a. generale*; *a. dei soci*; *a. generale delle Nazioni Unite*; *convocare, sciogliere l'a.* | ***a. deserta***, quando non si è raggiunto il numero legale dei partecipanti | ***A. legislativa***, Parlamento | ***Assemblee parlamentari***, camere parlamentari | ***A. regionale***, organo legislativo delle regioni **3** (*mar.*) adunata giornaliera degli equipaggi per gli esercizi, la distribuzione dei lavori e sim.

assembleàre [1950] **agg.** ● pertinente a un'assemblea: *deliberazione a.* | che ha carattere di assemblea o (*spreg.*) di assemblearismo: *riunioni assembleari* ‖ **assemblearménte**, **avv.** ‖ **assemblearità**, **s. f. inv.**

assemblearìsmo [1971] **s. m.** **1** concezione della democrazia diretta tendente ad attribuire alle assemblee di base i poteri decisionali degli organi rappresentativi **2** (*spreg.*) tendenza a eccedere nella durata e nel numero delle assemblee | (*est.*) tendenza a strumentalizzare un'assemblea

assemblearìstico [1984] **agg.** (**pl. m.** *-ci*) ● proprio, tipico delle assemblee o dell'assemblearismo: *gergo a.*

assembraménto o †**assembiaménto** [da *assembrare*② ✱ 1288] **s. m.** **1** adunata di persone, spec. in luogo aperto, per dimostrazioni, spettacoli insoliti, e sim.: *l'a. della folla, dei curiosi*; *sul luogo dell'incidente si* *formò un grande a.* **2** †massa di armati | †adunanza di soldati

assembràre ① [ant. fr. *assembler*, dal lat. *adsimilāre* 'far simile' ✱ av. 1250] **A** **v. intr.** (*io assémbro*; **aus.** *essere*) **1** †sembrare, parere **2** (*poet.*) somigliare, essere simile: *L'intento viso che assembra / l'arciera Diana* (E. MONTALE) **B** **v. tr.** ● †rappresentare in modo simile | paragonare

assembràre ② o †**assembiàre**, †**assemblàre** [fr. *assembler*, dal lat. *assimulāre* ✱ sec. XII] **A** **v. tr.** (*io assémbro*) **1** V. *assemblare* **2** (*lett.*) mettere insieme: *potresti ... l'abere de sto secolo tutto quanto a.* (C. D'ALCAMO) | (*raro*) radunare **B** **v. intr.** (**aus.** *essere*) e **assembràrsi** **v. intr. pron.** ● (*lett.*) affollarsi: *i curiosi si assembravano per vedere la scena*

†**assèmpro** e deriv. ➤ **esempio** e deriv.

†**assennàre** [comp. di *a-* ② e *senno* ✱ av. 1294] **v. tr.** ● far rinsavire | istruire

assennatézza [av. 1729] **s. f.** ● caratteristica di assennato

♣**assennàto** **part. pass.** di †*assennare*; anche **agg.** ● che ha o rivela saggezza, buon senso, giudizio: *ragazza assennata*; *ragionamento a.* ‖ **assennataménte**, **avv.** con saggezza, giudizio: *comportarsi assennatamente*

assènso [vc. dotta, lat. *assĕnsu(m)*, da *assentīre* 'assentire' ✱ 1319] **s. m.** **1** (*dir.*) manifestazione di volontà di un terzo condizionante la validità di un atto da altri emanato: *a. del genitore al matrimonio del figlio minorenne* | ***silenzio a.***, V. *silenzio*, sign. 2 **2** (*est.*) consenso, approvazione: *dare, negare, il proprio a.*; *gli fece un cenno di a.*; *un mormorio di a. si levò dalla folla*

SFUMATURE DI SIGNIFICATO

assenso - consenso - approvazione

L'**assenso** è l'atto di chi manifesta accordo, o almeno non contrarietà, a una proposta o un'iniziativa presa da altri, rendendola così possibile e concretamente (o legalmente) attuabile; **consenso** è invece termine di uso più largo e significato più generico, che esprime una conformità di voleri, di opinioni con l'operato di qualcuno, senza che per questo sia richiesta una formale adesione. **Approvazione** comporta la valutazione positiva di una scelta, di un comportamento, ma è usato anche come sinonimo più corrente sia di assenso sia di consenso.

assentàre ① [vc. dotta, lat. *assentari*, intens. di *assentire*, comp. di *a-* ② e *sentire* 'sentire' ✱ av. 1294] **A** **v. intr.** (*io assènto*; **aus.** *avere*) ● †consentire **B** **v. tr.** ● (*lett.*) lusingare, adulare: *continui ad a. chi ti avea pria beneficato* (U. FOSCOLO)

assentàre ② [vc. dotta, lat. tardo *absentāre* 'allontanare', da *ăbsens*, genit. *absĕntis* 'assente' ✱ 1312] **A** **v. tr.** (*io assènto*) ● †allontanare **B** **assentàrsi** **v. intr. pron.** ● allontanarsi da un luogo per un periodo di tempo gener. breve (+ *da*): *si assentò qualche minuto dal lavoro*

♦**assènte** [vc. dotta, lat. *absĕnte(m)*, part. pres. di *ăbsum* 'sono assente', comp. di *ăb* che indica allontanamento e *sŭm* 'io sono' ✱ av. 1294] **A** **agg.** **1** che non è presente nel luogo in cui dovrebbe essere o in cui ci si aspetterebbe che fosse: *essere a. da casa, da scuola*; *essere a. alle lezioni*; *gli alunni assenti saranno puniti* | (*est.*) lontano: *non parlava mai del padre a.* **2** (*fig.*) assorto, distratto: *sguardo, espressione a.* **3** (*dir.*) che è scomparso da tempo dall'ultimo domicilio o dimora e da almeno due anni non dà più notizie di sé **B** **s. m. e f.** **1** persona assente: *gli assenti hanno sempre torto* | (*dir.*) persona scomparsa: *chiamata alla successione di un a.* **2** (*eufem.*) persona defunta: *tutti rivolsero un pensiero all'a.*; *la memoria dell'a.*

assenteìsmo [fr. *absentéisme*, dall'ingl. *absenteeism*, da *absentee* 'assente', dal lat. *absĕnte(m)* 'assente' ✱ 1905] **s. m.** **1** spec. nell'Inghilterra del sec. XIX, abitudine dei grandi proprietari terrieri di vivere lontani dai propri possedimenti dedicando a questi scarsa o nessuna cura **2** in un'azienda, assenza frequente dal proprio posto di lavoro di un lavoratore dipendente: *a. per cause individuali, per cause sindacali* | ***tasso di a.***, (*ellitt.*) ***assenteismo***, rapporto fra le assenze dal posto di lavoro e le giornate lavorative di un dato periodo **3** (*fig.*) indifferenza, spec. verso i problemi politici e sociali

assenteìsta [fr. *absentéiste*, da *absentéisme* 'assenteismo' ✱ 1903] **agg. e s. m. e f.** (**pl. m.** *-i*) **1** che dà prova di assenteismo: *proprietario a.* | che (o chi) è spesso assente dal proprio posto di lavoro **2** (*fig.*) che (o chi) rimane indifferente di fronte ai problemi politici e sociali

assenteìstico [1981] **agg.** (**pl. m.** *-ci*) ● dell'assenteismo o degli assenteisti ‖ **assenteisticaménte**, **avv.**

assentiménto [1268] **s. m.** ● (*raro*) assenso, consenso

assentìre [vc. dotta, lat. *assentīre*, comp. di *ăd* e *sentīre* 'sentire, ritenere' ✱ sec. XIII] **A** **v. intr.** (**pres.** *io assènto*; **part. pres.** *assenziènte*; **aus.** *avere*) ● dare il proprio assenso (+ *a*): *a. a una proposta* **SIN.** consentire **B** **v. tr.** ● (*lett.*) permettere, accordare

♦**assènza** [vc. dotta, lat. *absĕntia(m)*, da *ăbsens*, genit. *absĕntis* 'assente' ✱ av. 1292] **s. f.** **1** mancata presenza di una persona nel luogo in cui dovrebbe essere o ci si aspetterebbe che fosse: *giustificare le assenze*; *registro delle assenze*; *quest'anno ha fatto molte assenze*; *spero che in nostra a. non succeda nulla* **2** mancanza: *a. di luce, d'aria, di sole* | ***in a. di***, senza: *in a. di precisi riscontri* **3** (*dir.*) scomparsa di una persona protratta nel tempo dall'ultimo domicilio o dimora e mancanza di notizie da almeno due anni: *dichiarazione di a.* **4** (*med.*) ***a. epilettica***, breve e totale sospensione della coscienza, con o senza movimenti automatici, seguita da amnesia, propria del piccolo male epilettico

assenziènte **part. pres.** di *assentire*; anche **agg.** ● consenziente

assènzio o †**assènzo** [lat. *absĭnthiu(m)*, dal gr. *apsínthion*, di orig. preindeur. ✱ av. 1311] **s. m.** **1** pianta erbacea perenne delle Composite con foglie pelose e fiori gialli riuniti in capolini (*Artemisia absinthium*) **2** liquore ottenuto per macerazione e distillazione dei fiori e delle foglie della pianta omonima **3** (*fig.*, *lett.*) amarezza, dolore: *lo dolce assenzo de' martiri* (DANTE *Purg.* XXIII, 86)

†**asserenàre** [comp. di *a-* ② e *sereno* ✱ av. 1492] **v. tr.**, **intr.** e †**asserenàrsi** **v. intr. pron.** ● (*lett.*) rasserenare, rasserenarsi

asseriménto [sec. XIV] **s. m.** ● (*raro*) asserzione

♣**asserìre** [vc. dotta, lat. *assĕrere*, comp. di *ăd* e *sĕrere* 'connettere, intrecciare' ✱ av. 1540] **v. tr.** (**pres.** *io asserisco, tu asserisci*; **part. pass.** *asserìto*, †*assèrto* ①) ● affermare, sostenere con vigore (+ *di* **seguito da inf.**, + *che*): *asserisce di essere stato ammalato*; *asserisce che non lo sapeva* | (*dir.*) ***a. qlco. in giudizio***, vantare una pretesa in un processo | ***a. uno debitore***, sostenere che qlcu. è obbligato a qlco.

asserpolàrsi [comp. di *a-* ② e lat. *sĕrpula* 'piccola serpe' ✱ 1865] **v. rifl.** (*io mi assèrpolo*) ● (*raro*, *lett.*) attorcigliarsi, avvolgersi come una serpe

asserragliaménto [av. 1907] **s. m.** ● (*raro*) l'asserragliare, l'asserragliarsi | barricata, sbarramento

asserragliàre [comp. di *a-* ② e *serraglio* ✱ 1312] **A** **v. tr.** (*io asserràglio*) ● (*lett.*) chiudere con serragli | (*est.*) barricare, sbarrare: *I popolani ... asserragliarono le vie della città in più parti* (G. VILLANI) **B** **asserragliàrsi** **v. rifl.** ● rifugiarsi, spec. in luogo chiuso, per mettersi al sicuro: *asserragliarsi in casa*; *i soldati si asserragliarono nel fortino* | (*fig.*) chiudersi: *si asserragliò nel più totale silenzio*

assertìvo [ingl. *assertive*, dal lat. *assĕrtus*, part. pass. di *assĕrere* (V. *asserto* ②) nel sign. 2 ✱ 1342] **agg.** **1** (*lett.*) che asserisce, che afferma: *giudizio a.* | (*gramm.*) che contiene un'asserzione | ***proposizione assertiva***, proposizione enunciativa **2** (*psicol.*) che dimostra assertività: *un comportamento a.* ‖ **assertivaménte**, **avv.** in modo affermativo ‖ **assertività**, **s. f. inv.** **1** caratteristica di chi (o di ciò che) è assertivo **2** (*psicol.*) l'atteggiamento di chi, nelle relazioni interpersonali, è in grado di far valere la propria personalità senza essere né aggressivo né remissivo

†**assèrto** ① **part. pass.** di *asserire*; anche **agg.** ● nei sign. del v.

assèrto ② [vc. dotta, lat. tardo *assĕrtu(m)*, s. dal part. pass. di *assĕrere*. V. *asserire* ✱ av. 1642] **s. m.** ● (*lett.*) asserzione, affermazione: *dimostrare, confermare un a.*

assertóre [vc. dotta, lat. *assertōre(m)*, da *assĕrere* 'asserire' ✱ 1374] **s. m.** (**f.** *-trice*) ● chi sostiene con vigore un principio, una dottrina e sim.: *essere a. dell'evoluzionismo*; *Ultimo a. del papato come suprema monarchia universale* (R. BACCHELLI)

assertòrio [vc. dotta, lat. tardo *assertōriu(m)*, da *assĕrere* 'asserire' ✱ 1686] **agg.** (**pl. m.** *-i* o *raro -ii*) ● assertivo

asserviménto [1878] **s. m.** **1** assoggettamento, sottomissione **2** (*mecc.*) collegamento fra due elementi di un meccanismo, che obbliga uno di essi a seguire l'azione comandata dall'altro **CFR.** servo-

asservìre [comp. di *a-* ② e *servire* ✱ 1258] **A** **v. tr.** (*io asservisco, tu asservisci*) **1** rendere servo, assoggettare (*anche fig.*) (+ *a*): *a. gli istinti alla ragione* **2** (*tecnol.*) collegare due grandezze fisiche di un sistema, due elementi di una macchina o di un impianto stabilendo fra loro un asservimento **B** **asservìrsi** **v. rifl.** ● rendersi servo, sottomettersi: *asservirsi al nemico*

asserzióne [vc. dotta, lat. *assertiōne(m)*, da *assĕrere* 'asserire' ✱ 1342] **s. f.** ● l'asserire | affermazione, dichiarazione: *confutare le asserzioni di qlcu.*

assessoràto [av. 1569] **s. m.** ● carica di assessore | durata di tale carica | sede degli uffici che dipendono dall'assessore

assessóre [lat. *assessōre(m)*, propr. 'colui che siede accanto'. V. *assidere* ✱ 1280] **s. m.** (**f.** *-a*; V. nota d'uso FEMMINILE) **1** membro della giunta regionale, provinciale o comunale **2** (*elvet.*) membro di giuria popolare | membro di commissione arbitrale **3** †funzionario incaricato di coadiuvare altro funzionario superiore

assessoriàle [1963] **agg.** ● (*raro*) di assessore

assessorìle [1963] **agg.** ● di assessore: *commissione a.*

assestacovóni [comp. di *assesta(re)* e il pl. di *covone* ✱ 1955] **s. m. inv.** ● organo della mietitrice-legatrice che allinea gli steli del frumento per la legatura

assestaménto [1627] **s. m.** **1** sistemazione, adattamento, regolazione | ***a. forestale***, programma tecnico-economico per la conservazione e l'utilizzazione dei boschi | ***a. del terreno***, complesso di fenomeni relativi al costipamento delle terre lavorate | (*geol.*) movimento del suolo o delle rocce che si dispongono in modo da conseguire un miglio-

a

re equilibrio: *scosse di a.* | (*fig.*) situazione di stabilità dopo una fase movimentata: *a. del dollaro sul fronte valutario* **2** (*edil.*) piccolo abbassamento delle murature, dovuto a cedimento delle malte o a graduale aumento del peso sovrastante durante la costruzione SIN. calo

assestàre o †**sestàre** [comp. di *a-*② e *sesto*③ ✱ av. 1368] **A** v. tr. (*io assèsto*) **1** mettere in ordine, a posto: *a. i volumi di una biblioteca* **2** (*est.*) sistemare, regolare con cura: *a. una carica di esplosivo, un meccanismo* | ***a. un colpo***, colpire con abilità nel punto voluto **B** **assestàrsi** v. rifl. ● mettersi a posto, adattarsi: *s'assestò ben bene sulla poltrona* | sistemarsi: *si è assestato nella nuova casa* **C** **assestàrsi** v. intr. pron. ● raggiungere un assetto stabile (detto spec. di costruzioni o terreni)

assestàta [da *assestare* ✱ 1987] s. f. ● il riordinare o il riordinarsi in modo rapido e sommario: *dare un'a. alla casa; darsi un'a. prima di uscire*

assestatézza [1829] s. f. ● (*raro*) caratteristica di chi (o di ciò che) è assestato

assestàto part. pass. di *assestare*; anche agg. **1** sistemato, ordinato **2** (*lett.* o *raro*) assennato, avveduto, detto di persona: *un buon giovine, a.* (A. MANZONI) ‖ **assestataménte**, avv. ordinatamente

assèsto [av. 1530] s. m. ● (*raro*) ordine

àsset /ˈasset, *ingl.* ˈæsɛt/ [vc. ingl., propr. 'bene (economico)' dall'anglo-fr. *assetz* '(avere) a sufficienza, abbastanza' ✱ 1986] s. m. inv. ● (*econ.*) elemento dell'attivo di bilancio, quali beni di proprietà, liquidità, crediti e sim. | ***a. immateriale***, bene immateriale

assetàre [comp. di *a-*② e *sete* ✱ av. 1313] **A** v. tr. (*io asséto*) **1** portare, ridurre alla sete: *a. una città, un paese* **2** (*fig.*, *lett.*) rendere desideroso, bramoso **B** v. intr. (aus. *essere*) ● (*raro*, *lett.*) avere, patire sete: *i Numidi ... pochissimo assetano* (V. ALFIERI)

assetàto **A** part. pass. di *assetare*; anche agg. **1** che ha sete | (*fig.*) bramoso, avido (+ *di*): *a. di sangue; a. di conoscenza* **2** (*est.*) riarso: *campi assetati* **B** s. m. (f. *-a*) ● chi ha molta sete

assettaménto [1261 ca.] s. m. **1** (*raro*) l'assettare, l'assettarsi **2** (*edil.*, *raro*) assestamento **3** (*raro*, *lett.*) accordo **4** †seduta, consesso

assettàre [lat. parl. *asseditāre, frequentativo di *sedēre* 'sedere' ✱ 1261 ca.] **A** v. tr. (*io assètto*) **1** mettere in ordine, sistemare: *quando la sala fu assettata iniziarono le danze* | (*est.*) acconciare, adornare: *a. un abito* | anche in forma pron.: *assettarsi i capelli, il vestito; compare Santo ... si assettò la bisaccia sulle spalle* (G. VERGA) **2** collocare nel luogo adatto: *assettò i libri sopra il tavolo* **3** (*raro*) allestire, preparare: *a. gli altari, gli arnesi del lavoro* | (*lett.*, *iron.*) conciare per le feste **B** **assettàrsi** v. rifl. **1** abbigliarsi, adornarsi: *si assettò prontamente e uscì* **2** (*lett.*) prepararsi, spec. a dire o a fare qlco. **3** †sedersi: *il re s'assettò ad una tavola* (G. BOCCACCIO)

assettàto part. pass. di *assettare*; anche agg. **1** (*spec. lett.*) ordinato | detto di persona curata nel vestire **2** †seduto | sistemato ‖ (*lett.*) **assettatùzzo**, dim. ‖ **assettataménte**, avv. con ordine; (*est.*) acconciatamente; *parlare assettatamente*, con posatezza e proprietà

✦**assètto** [da *assettare* ✱ 1266] s. m. **1** ordine, sistemazione | ***dare a.***, sistemare | ***mettere in a.***, mettere in ordine | ***mettersi in a.***, disporsi, prepararsi | (*est.*) ordinamento: *decidere il nuovo a. delle carriere statali* **2** (*est.*) modo di vestire, tenuta, equipaggiamento: *truppe in a. di guerra* **3** disposizione, postura di un aereo o di una nave rispetto a riferimenti fissi o mobili: *a. appoppato, appruato, cabrato, picchiato, sbandato* **4** (*autom.*) disposizione dei carichi aerodinamici: *in quel circuito la Ferrari ha problemi di a.*

asseveraménto [av. 1694] s. m. ● (*raro*) l'asseverare

asseveràre [vc. dotta, lat. *adseverāre*, comp. di *ăd* e *sevērus* 'severo, solenne' ✱ sec. XIV] v. tr. (*io assèvero*) **1** (*lett.* o *raro*) affermare con certezza ed energia **2** (*dir.*) certificare mediante asseverazione

asseveratìvo [1450 ca.] agg. ● affermativo: *tono a.* ‖ **asseverativaménte**, avv.

asseveràto part. pass. di *asseverare*; anche agg. ● che è stato certificato mediante asseverazione: *traduzione asseverata*

asseverazióne [vc. dotta, lat. *adseveratiōne(m)*, da *adseverāre* 'asseverare' ✱ av. 1498] s. f. **1** (*raro*) affermazione decisa ed energica **2** (*dir.*) certificazione della verità di quanto affermato in una perizia, della conformità al testo originale di una traduzione o della verità di fatti determinati

assiàle [da *asse*② ✱ 1925] agg. ● relativo all'asse: *piano a.*

assibilàre [comp. di *a-*② e *sibilo* ✱ av. 1530] **A** v. tr. (*io assìbilo*) **1** (*lett.*) †fischiare, sibilare **2** (*ling.*) sottoporre un suono ad assibilazione **B** **assibilàrsi** v. intr. pron. ● (*ling.*) subire l'assibilazione

assibilazióne [da *assibilare* ✱ 1938] s. f. ● (*ling.*) trasformazione per la quale un suono diventa sibilante

assicèlla [sec. XIV] s. f. **1** dim. di *asse*① **2** piccola tavola di legno

assicellàto [da *assicella*, dim. di *asse*① ✱ 1940] s. m. ● (*arald.*) partizione costituita da file di rettangoli a due smalti alternati | ***a. innestato***, partizione costituita da file di rettangoli a due smalti solo parzialmente contrapposti

assicuràbile [1865] agg. ● che si può assicurare ‖ **assicurabilità**, s. f. inv.

assicurànte **A** part. pres. di *assicurare*; anche agg. ● nei sign. del v. **B** s. m. e f. ● (*dir.*) chi conclude un contratto di assicurazione con un'impresa assicuratrice | nel rapporto di assicurazione sociale, colui cui fa carico l'obbligazione di pagare il contributo

✦**assicuràre** o †**assecuràre** [lat. parl. *assecurāre, comp. di *ăd* e *secūrus* 'sicuro' ✱ av. 1250] **A** v. tr. **1** rendere certo, garantire: *a. a qlcu. un buon lavoro* | proteggere, preservare: *a. la propria vecchiaia, i propri beni* **2** dare certezza, incoraggiando e tranquillizzando: *ti assicuro che non accadrà nulla* | dare per certo: *mi aveva assicurato che sarebbe venuto* **3** fermare, fissare saldamente: *a. qlco. con ganci, con corda; a. un compagno di cordata* | (*fig.*) ***a. qlcu. alla giustizia***, farlo arrestare **4** (*dir.*) concludere un contratto di assicurazione: *a. un bene contro i furti* | (*est.*) ***a. una lettera, un plico e sim.***, spedirli assicurandosi contro il caso di perdita o manomissione dietro pagamento di una soprattassa **5** (*mar.*, *raro*) ***a. la bandiera***, sulle navi, alzare la bandiera e sparare contemporaneamente un colpo di cannone, per garantirne l'autenticità **6** †munire, fortificare: *e ben quel muro che assecura il sito / d'arme e d'opere men dev'essere munito* (T. TASSO) **B** **assicuràrsi** v. tr. pron. (aus. *essere*) ● garantirsi qlco.: *si è assicurato la tranquillità economica* **C** **assicuràrsi** v. rifl. **1** accertarsi, controllare (+ *di*, anche seguito da inf.; + *che* seguito da congtv.): *assicurarsi dell'affidabilità di un testimone; assicurarsi di poter realizzare un'impresa; ho voluto assicurarmi che tutto sia a posto* | (*lett.*) tranquillizzarsi | †fidarsi, aver fiducia **2** nell'alpinismo, effettuare i procedimenti di assicurazione **3** (*dir.*) garantirsi la copertura di un rischio, mediante un contratto di assicurazione: *assicurarsi contro i furti, gli incidenti* e sim.; *assicurarsi sulla vita*

assicuràta [f. sost. di *assicurato* ✱ 1820] s. f. ● lettera o plico postale a valore dichiarato di cui le Poste, dietro pagamento di una speciale soprattassa, garantiscono l'inoltro al destinatario con particolari misure di sicurezza o il rimborso in caso di danneggiamento o smarrimento

assicuratìvo [1829] agg. **1** che serve ad assicurare **2** (*dir.*) che concerne un'assicurazione: *prestazioni assicurative*

assicuràto o †**assecuràto** **A** part. pass. di *assicurare*; anche agg. **1** reso sicuro **2** coperto da un'assicurazione ‖ **assicurataménte**, avv. con certezza **B** s. m. (f. *-a*) ● (*dir.*) colui verso il quale l'assicuratore è obbligato con il contratto di assicurazione o a favore del quale è stata conclusa l'assicurazione: *obblighi dell'a.*

assicuratóre [1397] **A** s. m. **1** (*dir.*) ente che assume il rischio oggetto del contratto di assicurazione **2** (f. *-trice*) correntemente, chi stipula contratti di assicurazione come agente di una società assicuratrice **B** anche agg.: *società assicuratrice*

assicurazióne o †**assecurazióne** [1324] s. f. **1** conferma, garanzia | affermazione, discorso e sim. che tranquillizzano, che danno certezza **2** (*dir.*) contratto con cui un assicuratore, contro pagamento di un premio, si obbliga a tenere indenne l'assicurato dagli effetti dannosi di un evento futuro e incerto: *a. contro i furti, contro i danni; a. sulla vita; stipulare un'a.* | ***a. sociale***, previdenza sociale | ***a. obbligatoria***, forma previdenziale gestita da enti pubblici cui deve obbligatoriamente iscriversi chi esercita determinate attività | ***società d'a., d'assicurazioni***, ente che esplica attività assicurativa | ***polizza d'a.***, documento probatorio del contratto d'assicurazione **3** nell'alpinismo, l'insieme dei procedimenti che si attuano durante un'ascensione allo scopo di arrestare un'eventuale caduta: *fare a.* | ***a. a spalla***, quando lo scalatore è trattenuto da una corda che passa sulla schiena e sulla spalla di chi assicura | ***a. diretta***, quella effettuata con il solo ausilio della corda | ***a. indiretta***, quando la corda passa per chiodi o spuntoni di roccia per ridurre l'altezza di caduta libera

assideraménto [av. 1597] s. m. ● (*med.*) complesso degli effetti dannosi causati dal freddo quando è superata la capacità di termoregolazione dell'organismo umano

assideràre [lat. parl. *assiderāre, comp. di *ăd* e *sīdus*, genit. *sīderis* 'costellazione, clima, stagione' ✱ 1353] **A** v. tr. (*io assìdero*) **1** esporre al freddo | gelare: *il freddo ha assiderato le pianticelle* **2** (*med.*) sottoporre ad assideramento **B** v. intr. (aus. *essere*) e **assideràrsi** v. intr. pron. **1** intorpidire per il freddo **2** (*med.*) rimanere colpito da assideramento

assideràto part. pass. di *assiderare*; anche agg. **1** nei sign. del v. | colpito da assideramento **2** (*raro*, *fig.*) intirizzito

assìdere [lat. *assīdere* 'porsi a sedere', comp. di *ăd* e *sīdere*. V. *sedere*① ✱ 1250 ca.] **A** v. tr. (pass. rem. *io assịsi, tu assidésti*; part. pass. *assịso*) **1** †far sedere | collocare **2** †assediare **B** **assìdersi** v. intr. pron. ● (*lett.*) porsi a sedere: *il re si assise sul trono; e pietosa s'asside in su la sponda* (F. PETRARCA) | (*est.*) posarsi; fermarsi

✦**assiduità** [vc. dotta, lat. *assiduitāte(m)*, da *assĭduus* 'assiduo' ✱ 1300 ca.] s. f. inv. ● caratteristica di chi (o di ciò che) è assiduo: *a. nel lavoro, nello studio*

SFUMATURE ➤ *impegno*

✦**assìduo** [vc. dotta, lat. *assĭduu(m)*; da *assidē-re* 'sedere accanto' ✱ 1258] **agg.** **1** che si dedica a qlco. con cura costante e continua: *studente, lettore a.*; *un a. studioso* **2** che è fatto con costanza e continuità: *cure, ricerche assidue*; *lo studio a. dà buoni risultati* **3** che frequenta con regolarità un luogo o una persona: *studenti assidui alle lezioni*; *è un a. cliente del nostro bar* || **assiduaménte**, avv.

assiemàggio [da *assieme* ✱ 1966] **s. m.** • (*tecnol.*) assemblaggio

assiemàre [1959] **v. tr.** (*io assièmo*) • mettere, tenere assieme

✦**assième** [da *insieme*, con cambio di pref. ✱ 1282] **A** **avv.** • insieme: *stare a.*; *mettere, riunire a.*; *aspettami, usciremo a.* **B** **nelle loc. prep.** *a. a*, (*raro*) *a. con* • in compagnia di, insieme con: *verrò a. a te* **C** **s. m.** • complesso, gruppo di persone o cose in cui ci sia coesione, fusione tra le singole parti: *una squadra di calcio che forma un bell'a.*; *l'a. orchestrale*; *gioco d'a.*; *ottima recitazione d'a.*; *tutto l'a. delle costruzioni è di una perfetta simmetria*

assiepaménto [1865] **s. m.** **1** l'assiepare, l'assieparsi | affollamento: *un a. di curiosi intralcia la circolazione* **2** (*disus.*) recinto di siepi

✦**assiepàre** [comp. di *a-*② e *siepe* ✱ 1313] **A** **v. tr.** (*io assièpo*) **1** (*lett.*) far siepe | (*est.*, *lett.*) chiudere con una siepe | (*est.*) chiudere **2** (*fig.*) affollare, gremire: *la folla assiepa gli ingressi dello stadio* **B** **assiepàrsi** **v. intr. pron.** • affollarsi: *la gente si assiepa lungo la strada*; *la folla si assiepava intorno al vincitore*

assiepàto **part. pass.** di *assiepare*; anche **agg.** • che si accalca

assìle [da *asse*② ✱ 1574] **A** **agg.** • detto di organo animale o vegetale che è situato lungo o verso l'asse longitudinale di un altro organo **B** **s. m.** • †asse di un carro

assillabazióne [comp. di *a-*② e *sillaba* ✱ 1865] **s. f.** • (*ling.*) figura retorica che consiste nella ripetizione della medesima sillaba all'inizio di più parole; per es. la sillaba 'me' in: *di me medesmo meco mi vergogno* (F. PETRARCA) **CFR.** allitterazione

✦**assillànte** **part. pres.** di *assillare*; anche **agg.** • che assilla, che tormenta: *un pensiero a.* | fastidioso, insistente || **assillanteménte**, avv.

✦**assillàre** [da *assillo* ✱ av. 1334] **A** **v. tr.** • molestare, tormentare: *a. qlcu. con preghiere insistenti*; *un pensiero continuo l'assillava* **B** **v. intr.** (aus. *avere*) • (*lett.*) smaniare: *e parve un toro bravo quando assilla* (L. PULCI)

✦**assìllo** [lat. *asīlu(m)* 'tafano', di etim. incerta ✱ sec. XIII] **s. m.** **1** insetto predatore dei Ditteri di color bruno-giallastro fornito di proboscide con la quale punge gli animali domestici **2** (*fig.*) pensiero tormentoso e continuo: *l'a. degli esami*; *senza l'a. della scuola* | **avere l'a.**, essere inquieto, smaniare

assimigliàre e deriv. ➤ **assomigliare** e deriv.

assimilàbile [1865] **agg.** • che si può assimilare, equiparare (+ *a*): *un territorio a.* *a* *una palude* || **assimilabilità**, **s. f. inv.**

assimilàre [vc. dotta, lat. tardo *assimilāre*, comp. di *ăd* e *sĭmilis* 'simile' ✱ sec. XIII] **A** **v. tr.** (*io assìmilo*) **1** considerare simile, equiparare (+ *a*): *a. un reato a un altro* | (*lett.*) rendere simile: *le istituzioni di Carlomagno assimilarono l'Italia al rimanente imperio* (C. CATTANEO) **2** (*ling.*) sottoporre un suono al processo di assimilazione **3** (*biol.*) assorbire sostanze nutritive trasformandole in parte integrante dell'organismo vivente **4** (*fig.*) far proprio, acquisire: *a. idee, concetti, abitudini* **B** **assimilàrsi** **v. intr. pron.** **1** diventare, rendersi simile: *nella coscienza dei più il bene si assimila all'utile* **2** (*ling.*) subire un'assimilazione

assimilatìvo [1865] **agg.** • di assimilazione, relativo ad assimilazione: *un popolo di poco nervo … e di nessuna facoltà assimilativa* (M. D'AZEGLIO)

assimilàto **part. pass.** di *assimilare*; anche **agg.** • nei sign. del v.

assimilatóre [1818] **agg.** (f. *-trice*) • che assimila: *organo a.*; *capacità assimilatrice*

assimilazióne [vc. dotta, lat. *assimilatiō-ne(m)*, comp. di *ăd* e *sĭmilis* 'simile' ✱ av. 1328] **s. f.** **1** (*biol.*) assorbimento di sostanze nutritive: *condizione morbosa determinata da un'imperfetta a. degli alimenti* **2** (*raro*) parificazione **3** (*fig.*) apprendimento, acquisizione: *l'a. di una nuova teoria*; *ha una grande capacità di a.* **4** (*psicol.*) processo di apprendimento | processo di percezione o di appercezione in cui un contenuto nuovo è talmente simile a un contenuto familiare che i due sembrano quasi identici **5** (*ling.*) processo per cui due suoni a contatto o a breve distanza tendono a diventare identici o ad assumere caratteri comuni

assimilazionìsmo [da *assimilazione* ✱ 1958] **s. m.** • indirizzo politico e legislativo che mira a integrare le comunità immigrate o le minoranze etniche nel quadro giuridico dello Stato e nel modello culturale prevalente **CFR.** multiculturalismo

assimilazionìsta [1931] **A** **agg.** (pl. m. *-i*) • dell'assimilazionismo, basato sull'assimilazionismo **B** **agg. e s. m. e f.** • fautore dell'assimilazionismo

assiòlo o †**assiuòlo** [comp. del lat. *ăxio*, n. di quest'uccello, di orig. incerta, e del suff. dim. *-olo*③ ✱ av. 1336] **s. m.** • piccolo uccello rapace notturno degli Strigiformi con livrea grigia venata di nero e grandi occhi vivaci (*Otus scops*) **SIN.** chiù **CFR.** chiurlare | †**capo d'a.**, ignorante

assiologìa o (*raro*) **axiologìa** [comp. del gr. *áxios* 'degno' e *-logia* ✱ 1950] **s. f.** (pl. *-gìe*) **1** (*filos.*) ogni dottrina e teoria dei valori morali, estetici, ecc. **2** disciplina che studia l'origine e la storia dei titoli e dei gradi nobiliari e dignitari

assiològico o (*raro*) **axiològico** [1914] **agg.** (pl. m. *-ci*) • (*filos.*) relativo all'assiologia | di valore, basato su giudizi di valore: *il carattere a. di una scelta* || **assiologicaménte**, avv.

✦**assiòma** [gr. *axíōma* 'dignità', da *áxios* 'degno' ✱ av. 1563] **s. m.** (pl. *-i*) **1** (*filos.*) principio generale evidente e indimostrabile che può fare da premessa a un ragionamento, una teoria e sim. | in logica matematica, postulato **2** (*est.*) affermazione che è superfluo dimostrare perché palesemente vera

SFUMATURE DI SIGNIFICATO

assioma - postulato - dogma

Assioma è un principio generale e indimostrabile che può fare da premessa a un ragionamento, una teoria, una dimostrazione. Se il principio che viene assunto come fondamento di una dimostrazione è una proposizione non evidente e non dimostrata ma ugualmente ammessa come vera si ha un **postulato**. Al linguaggio della religione e non a quello della filosofia appartiene invece **dogma**, verità della fede proposta come indubitabile; in senso esteso si chiama *dogma* qualsiasi principio considerato come verità indiscutibile.

assiomàtica [f. sost. di *assiomatico* ✱ 1930] **s. f.** • (*filos.*) teoria degli assiomi | (*mat.*) studio dei principi primi della matematica, da cui si deducono teoremi applicando regole di carattere logico-formale

assiomàtico [vc. dotta, gr. *axiōmatikós*, da *axíōma*. V. *assioma* ✱ 1639] **agg.** (pl. m. *-ci*) **1** (*filos.*, *mat.*) che concerne l'assioma o ne ha il carattere **2** (*est.*) indiscutibile, irrefutabile: *verità assiomatica* || **assiomaticaménte**, avv. indiscutibilmente, irrefutabilmente || **assiomaticità**, **s. f. inv.**

assiomatizzàre [1955] **v. tr.** • trattare in base ad assiomi: *a. una scienza* || **assiomatizzazióne**, **s. f.**

assiòmetro [comp. del gr. *axía* 'valore' e *-metro* ✱ 1847] **s. m.** • strumento che indica l'angolo formato dalla pala del timone con l'asse longitudinale di una nave con timone a ruota

assiriologìa [comp. del gr. *assýrios* 'assiro' e *-logia* ✱ 1886] **s. f.** (pl. *-gìe*) • disciplina che studia la storia e la civiltà degli Assiri

assiriòlogo [comp. del gr. *assýrios* 'assiro' e *-logo* ✱ 1955] **s. m.** (f. *-a*; pl. m. *-gi*) • studioso di assiriologia

assìro [vc. dotta, lat. *Assȳr(i)u(m)*, dal gr. *Assýrios*, di orig. semitica (dal n. della città di *Aššur*) ✱ 1319] **A** **agg.** • dell'Assiria, regione storica della Mesopotamia: *iscrizioni assire*; *i resti delle antiche città assire* **B** **s. m.** (f. *-a*) • abitante o nativo dell'Assiria **C** **s. m.** solo **sing.** • lingua parlata dagli Assiri

assiro-babilonése (o *-se*) [1931] **agg.** (pl. *assiro-babilonési*) • relativo all'Assiria e alla Babilonia, considerate come unità: *civiltà assiro-babilonese*

assìsa① [ant. fr. *assise* 'uniforme', da *asseoir* 'stabilire', dal lat. parl. **assedēre*, per il classico *assidēre* ✱ 1308] **s. f.** **1** (*lett.*) divisa, livrea, uniforme: *ei nudo andonne / dell'a. spogliato* (G. PARINI) **2** *a. geologica*, insieme di strati rocciosi distinto dagli altri per particolari caratteri litologici o paleontologici **3** (*biol.*) strato di cellule

†**assìsa**② [V. *accisa* ✱ av. 1348] **s. f.** • balzello, imposta

assìse [fr. *assise* 'seduta', var. di *accise*. V. *accisa* ✱ sec. XIII] **s. f. pl.** **1** (*stor.*) nel Medioevo, le assemblee giudiziali e (*est.*) talune compilazioni legislative: *a. del regno di Sicilia*; *a. di Gerusalemme* **2** (*est.*) congresso, riunione plenaria: *le a. dei rivoluzionari in esilio* **3** Corte d'Assise (V. *corte*, sign. 6)

assisiàte o **assisiàno** [1336 ca.] **A** **agg.** • di Assisi **B** **s. m. e f.** • abitante o nativo di Assisi | ***l'Assisiate***, (*per anton.*) S. Francesco d'Assisi

assìso **part. pass.** di *assidere*; anche **agg.** • (*lett.*) seduto

àssist /'assist, *ingl.* ə'sɪst/ [vc. ingl., propr. 'assistere' ✱ 1983] **s. m. inv.** • (*sport*) nella pallacanestro, nel calcio e sim., ultimo passaggio che dà, a chi lo riceve, buone possibilità di segnare: *ha segnato su perfetto a. del centrocampista* | (*fig.*) contributo o suggerimento per un'iniziativa successiva: *fornire un a. al governo*

assistentàto [1942] **s. m.** • ufficio, condizione di assistente: *a. universitario*

assistènte **A** **part. pres.** di *assistere*; anche **agg.** • nei sign. del v. **B** **s. m. e f.** **1** chi collabora con qlcu. in una determinata attività | ***a. di volo, a. di bordo***, la persona di sesso maschile (*steward*) o femminile (*hostess*) addetta all'assistenza dei passeggeri e dell'equipaggio sugli aerei civili | ***a. arbitrale, a. di gara***, nel calcio, ciascuno dei due collaboratori dell'arbitro che controllano lo svolgimento del gioco dalle linee laterali **SIN.** guardalinee, segnalinee | negli studi televisivi, incaricato del regolare andamento del lavoro in studio o in sala di prove | ***a. universitario***, ausiliare del professore titolare di cattedra o di corsi di insegnamento; tale ruolo, abolito nel 1980, è stato parzialmente sostituito da quelli di 'ricercatore' e di 'professore associato' **2** (*org. az.*) persona che lavora a stretto contatto con un dirigente di azienda al quale fornisce consulenza tecni-

a

ca, specialistica o professionale **3** chi presta la propria opera a fini assistenziali, spec. nell'ambito sociale, culturale e religioso: *a. sanitario* | ***a. sociale***, chi, all'interno di appositi organismi, si occupa dell'aiuto morale e materiale a persone in particolari condizioni di disagio **4** ***a. al soglio***, dignitario laico che assiste il Papa nelle cerimonie civili più solenni **5** nell'ordinamento della polizia di Stato, polizia Penitenziaria e corpo forestale dello Stato, qualifica corrispondente al grado di appuntato nell'Arma dei Carabinieri e nel corpo della Guardia di Finanza

assistènza [av. 1348] **s. f. 1** (*raro*) presenza, partecipazione: *a. alle lezioni* | vigilanza: *turni di a.* **2** (*dir.*) intervento attivo o passivo al compimento di un'attività altrui: *a. legale* **3** complesso delle attività prestate al fine di aiutare materialmente o moralmente qlcu. | ***a. sociale***, insieme delle attività svolte da appositi organismi per l'aiuto morale e materiale di persone in particolari condizioni di disagio | ***a. domiciliare***, complesso di interventi a carattere sociosanitario effettuati al domicilio di anziani, disabili o lungodegenti | ***a. sanitaria ai lavoratori***, garantita agli stessi mediante le assicurazioni sociali e altri mezzi predisposti all'interno delle aziende | ***a. tecnica***, servizio di riparazione dei guasti fornito ai propri clienti da un produttore o da un venditore di beni di consumo durevole **4** aiuto, soccorso: *prestare a. ai feriti, ai malati, ai bisognosi* | (*est.*) cura assidua: *l'a. dell'infermiera* **5** (*sport*) nella ginnastica artistica e sim., insieme degli interventi che si attuano per preservare l'incolumità dell'atleta

SFUMATURE ➤ ***sostegno***

assistenziàle [1928] **agg.** ● che concerne l'assistenza, spec. quella pubblica o sociale: *attività, ente a.* | assistenzialistico | ***Stato a.***, V. *stato*③, sign. 1 ‖ **assistenzialménte**, **avv.** ‖ **assistenzialità**, **s. f. inv.**

assistenzialìṣmo [1980] **s. m.** ● degenerazione di un sistema di Stato assistenziale verso forme clientelari o statalistiche

assistenzialìstico [1967] **agg.** (**pl. m.** *-ci*) ● relativo all'assistenzialismo: *politica assistenzialistica* | favorevole all'assistenzialismo: *mentalità assistenzialistica*

assistenziàrio [1942] **s. m.** ● istituto che aiuta spec. gli ex detenuti a reinserirsi nella società

♦**assìstere** [vc. dotta, lat. *adsĭstere*, comp. di *ăd* 'presso, davanti' e *sĭstere* 'stare' ✻ av. 1342] **A v. intr.** (**pass. rem.** *io assistètti* o *assistéi, tu assistésti*; **part. pass.** *assistìto*; **aus.** *avere*) ● essere presente, intervenire (+ *a*): *a. a uno spettacolo, a una lezione, alla Messa* **B v. tr.** ● curare, soccorrere: *a. un ferito, un ammalato* | coadiuvare (+ *in*): *a. un tecnico nel proprio lavoro* | curare con assiduità gli interessi di qlco.: *l'avvocato assiste i propri clienti*

SFUMATURE ➤ ***accudire***, ➤ ***badare***

assistìbile [1981] **agg.** ● che può essere assistito ‖ **assistibilità**, **s. f. inv.**

assistìto A part. pass. di *assistere*; anche **agg.** ● nei sign. del v. | ***fecondazione assistita***, V. *fecondazione* | ***bicicletta a pedalata assistita***, V. *bicicletta* **B s. m.** (**f.** *-a*) ● chi beneficia dell'assistenza di qlcu. | (*napol.*) chi, per ispirazione, dà i numeri del lotto

assistìvo [da *assistere* ✻ 2001] **agg.** ● relativo all'assistenza | ***tecnologie assistive***, predisposte per facilitare l'accesso ai disabili: *un software a.*

assìto [da *asse*① ✻ av. 1400] **s. m. 1** tramezzo di assi affiancate o unite per dividere una stanza in due più piccole **2** pavimento, solaio di tavole percorribile da persone **SIN.** impalcato, tavolato

†**assiuòlo** ➤ **assiolo**

àsso [vc. dotta, lat. *ăsse(m)*. V. *asse*③ ✻ sec. XIII] **s. m. 1** faccia di dado o di tavoletta di domino segnata con un sol punto | carta da gioco che porta un solo segno: *a. di picche* | ***avere l'a. nella manica***, (*fig.*) avere ottime possibilità di successo | (*fig.*) ***lasciare, piantare in a.***, abbandonare qlcu. sul più bello, in cattivo stato, senza aiuto, e sim. | (*fig.*) ***restare in a.***, essere abbandonato, rimanere solo | ***a. pigliatutto***, V. *pigliatutto* **2** (*fig.*) chi eccelle in una particolare attività per speciali doti e bravura: *è un a. in matematica*; *gli assi del ciclismo*

associàbile [sec. XIV] **agg.** ● che si può associare ‖ **associabilità**, **s. f. inv.**

associaménto [av. 1698] **s. m.** ● (*raro*) l'associare, l'associarsi

associànte A part. pres. di *associare*; anche **agg.** ● nei sign. del v. **B s. m. e f.** ● colui che ammette un'altra persona alla ripartizione del risultato economico di un affare o dell'intera gestione della sua impresa

♦**associàre** [vc. dotta, lat. tardo *associāre*, comp. di *ăd* e *sŏcius* 'amico' ✻ sec. XIV] **A v. tr.** (**pres.** *io assòcio*; **fut.** *io assocerò*) **1** rendere partecipe di un'attività, spec. mediante l'unione a un gruppo preesistente: *a. dei giovani a un club sportivo*; *volle a. il figlio negli affari* **2** mettere insieme, unire: *a. un gruppo di amici* | (*fig.*) mettere in relazione (+ *a*, + *con*): *a. immagini e idee diverse*; *a. un segno grafico a (o con) un suono* **3** trasferire qlcu. da un luogo a un altro determinato accompagnandolo o scortandolo, spec. nelle loc.: ***a. un morto alla chiesa***; ***a. qlcu. alle carceri*** **B associàrsi v. rifl. 1** partecipare agli utili di un'impresa dietro il corrispettivo di un determinato apporto **2** unirsi per una data attività (+ *con*, + *a*): *si è associato con degli amici per avviare un negozio*; *potete associarvi a noi in questo tentativo* | (*est.*) iscriversi a un'associazione: *associarsi a un club, a un partito politico* **3** (*fig.*) unirsi ai sentimenti di qlcu. (+ *a*): *associarsi al dolore, alla gioia e sim. di qlcu.*; *tutti i colleghi si associarono al lutto* **C associàrsi v. intr. pron.** ● unirsi, collegarsi (+ *a*): *nel romanzo, il ricordo della madre si associa alla nostalgia per i luoghi dell'infanzia*

SFUMATURE ➤ ***aggregare***

associatìvo [av. 1875] **agg. 1** relativo ad associazione, ad associazioni: *contratto agrario di tipo a.*; *attività culturali nell'ambito a.* **2** atto ad associare | (*mat.*) di operazione per la quale, tutte le volte che sono definiti *a(bc)* ed *(ab)c*, essi sono uguali | di struttura algebrica individuata da una operazione associativa **3** (*anat.*) detto di struttura nervosa o di funzione in grado di integrare varie informazioni, determinando risposte complesse: *corteccia associativa* ‖ **associatività**, **s. f. inv.** (*mat.*) proprietà di ciò che è associativo

associàto A part. pass. di *associare*; anche **agg. 1** nei sign. del v. **2** ***professore a.***, nell'ordinamento universitario italiano, quello appartenente a un ruolo intermedio tra il ricercatore e il professore ordinario **B s. m.** (**f.** *-a*) **1** chi fa parte di un'associazione **2** professore associato

♦**associazióne** [1683] **s. f. 1** unione, aggregazione | nell'ordinamento universitario italiano, insieme di pratiche concorsuali necessarie per entrare nel ruolo di professore associato | ***a. di medicamenti***, somministrazione contemporanea o a breve distanza di due farmaci | ***a. stellare***, insieme di stelle che presentano alcune caratteristiche fisiche comuni **2** unione di due o più individui allo scopo di esercitare in comune una medesima attività: *a. politica, di beneficenza*; *libertà di a.* | ***a. in partecipazione***, contratto con cui un soggetto, associante, riceve da un altro soggetto, associato, un apporto e gli attribuisce, in cambio, una partecipazione agli utili di una sua impresa o affare | ***a. a, per delinquere***, accordo di tre o più persone allo scopo di commettere delitti; correntemente, accordo tra più persone associate allo scopo di commettere uno o più reati | ***a. segreta***, caratterizzata dal fatto di occultare la propria esistenza, o i propri fini, o i propri soci | ***a. di tipo mafioso***, i cui membri si avvalgono della forza di intimidazione del vincolo associativo e della condizione di assoggettamento e di omertà che ne deriva per commettere delitti od ottenere vantaggi ingiusti | ***associazioni d'arma***, associazioni corrispondenti ad armi, corpi, specialità e servizi attualmente esistenti nelle Forze armate **3** (*fig.*) nesso, concatenamento: *a. mentale*; *a. di idee* | (*psicol.*) relazione funzionale tra fenomeni psicologici stabilita nel corso dell'esperienza individuale e tale che la presenza di uno tende a evocare l'altro **4** (*biol.*) linkage ‖ **associazioncìna**, **dim.**

associazionìṣmo [ingl. *associationism*, attrav. il fr. *associationnisme* ✻ 1931] **s. m. 1** il fenomeno sociale dell'aggregarsi in associazioni | il complesso delle associazioni che hanno indirizzo ideologico comune: *l'a. cattolico* **2** (*psicol.*) teoria per cui l'apprendimento e lo sviluppo dei processi superiori consistono fondamentalmente nella combinazione di elementi mentali irriducibili

associazionìsta [1933] **s. m. e f.** (**pl. m.** *-i*) ● (*psicol.*) seguace dell'associazionismo

associazionìstico [1901] **agg.** (**pl. m.** *-ci*) ● relativo all'associazionismo

assodaménto [sec. XIV] **s. m.** ● operazione dell'assodare: *l'a. di un terreno* | (*fig.*) accertamento

assodàre [comp. di *a-*② e *sodo* ✻ av. 1306] **A v. tr.** (*io assòdo*) **1** rendere sodo, duro | (*est.*) consolidare: *a. un muro, un argine*; (*fig., lett.*) *a. la propria posizione, il carattere* **2** (*fig.*) accertare: *a. la verità, i fatti* **B assodàrsi v. intr. pron. 1** diventare sodo: *la colla si assoda raffreddandosi* **2** (*raro, fig.*) consolidarsi, rafforzarsi | (*lett.*) irrobustirsi: *Ella intanto provveda che suo figlio si assodi bene* (I. NIEVO)

assoggettàbile [1863] **agg.** ● che si può assoggettare ‖ **assoggettabilità**, **s. f. inv.**

assoggettaménto [1745] **s. m. 1** riduzione in uno stato di dipendenza, ubbidienza, servitù e sim. **2** (*est.*) il sottoporre: *l'a. dei redditi di capitale a una tassa*

assoggettàre [comp. di *a-*② e *soggetto*① ✻ 1612] **A v. tr.** (*io assoggètto*) ● sottomettere | costringere all'ubbidienza, alla servitù | (*est.*) sottoporre (+ *a*): *a. a sforzi*; *a. a verifica*; *a. i cittadini a nuove tasse* **B assoggettàrsi v. rifl.** ● adattarsi, sottomettersi (+ *a*): *si è assoggettato alla sua autorità* | (*est.*) sottoporsi

SFUMATURE ➤ ***rassegnare***

assolàre① [comp. di *a-*② e *solo* ✻ 1723] **v. tr.** (*io assólo*) ● (*raro*) rendere solo | ***a. una carta***, nel gioco del tressette e del terziglio, tenere in mano una sola carta di un dato seme o colore

assolàre② [comp. di *a-*② e *sole* ✻ 1829] **v. tr.** (*io assólo*) ● (*raro, lett.*) esporre, stendere al sole: *a. il fieno*

assolàto [da *sole* ✻ av. 1597] **agg.** ● pieno di sole, esposto completamente al sole: *casa assolata*; *campi assolati*

assolcàre [comp. di *a-*② e *solco* ✻ av. 1306] **v. tr.** (*io assólco, tu assólchi*) ● lavorare a solchi: *a. un campo*

assolcatóre [1955] **A agg.** (**f.** *-trice*) ● che compie l'assolcatura **B s. m.** ● organo della seminatrice a righe che apre i solchi nei quali è posto il seme

assolcatùra [1955] **s. f.** ● apertura dei solchi su un terreno già arato e spianato

assoldaménto [1745] **s. m.** ● (*raro*) l'assoldare

assoldàre [comp. di *a-*② e *soldo* ✱ av. 1363] **v. tr.** (*io assòldo*) **1** (*stor.*) reclutare soldati in cambio di un compenso in denaro | arruolare mercenari **2** (*est.*) prendere al proprio servizio, spec. per compiere azioni illecite: *a. una spia*

assólo o **a sólo** [comp. di *a-*② e *solo* ✱ 1706] **s. m.** (**pl. inv.** o *-i*) **1** (*mus.*) in un'esecuzione collettiva, parte della composizione affidata a una sola voce, strumentale o vocale, da eseguirsi con uno o più strumenti della stessa natura, mentre gli altri tacciono o accompagnano: *un a. dell'oboe*; *l'a. del tenore* **2** (*est.*) brillante azione individuale, spec. di un atleta | numero di danza eseguito da un solo ballerino

assòlsi ➤ **assolvere**

assòlto **part. pass.** di *assolvere*; anche **agg.** ● nei sign. del v.

assolutézza [1865] **s. f.** ● caratteristica di ciò che è assoluto

assolutìsmo [ingl. *absolutism*, prob. attrav. il fr. *absolutisme* ✱ 1848] **s. m.** **1** sistema politico in cui il potere del sovrano è senza limiti e controlli **2** (*est.*) atteggiamento di chi si comporta da assolutista

assolutìsta [ingl. *absolutist*, prob. attrav. il fr. *absolutiste* ✱ 1844] **A** **s. m. e f.** (**pl. m.** *-i*); anche **agg.** **1** fautore dell'assolutismo **2** (*est.*) chi (o che) cerca di imporre agli altri la propria volontà **B** **agg.** ● assolutistico

assolutìstico [1908] **agg.** (**pl. m.** *-ci*) ● dell'assolutismo: *governo a.* | da assolutista ‖ **assolutisticaménte**, **avv.**

assolutizzàre [1977] **A** **v. tr.** ● fare di un'idea, un aspetto, un problema e sim. qlco. di definitivo e immutabile: *a. il concetto di uguaglianza* **CONTR.** relativizzare **B** **assolutizzàrsi** **v. intr. pron.** ● diventare qlco. di definitivo, immutabile ‖ **assolutizzazióne**, **s. f.**

♦**assolùto** [1261 ca.] **A** **part. pass.** di *assolvere* ● (†, *raro*) nei sign. del v. **B** **agg.** **1** (*lett.*) libero da relazioni, limiti, circostanze particolari: *Voglia assoluta non consente al danno* (DANTE *Par.* IV, 109) | ***Stato a.***, in cui tutta l'autorità politica è accentrata in un capo **2** (*fig.*) deciso, perentorio, autoritario: *mio padre fiero e a. nelle sue risoluzioni* (U. FOSCOLO) **3** generale, universale: *verità assoluta* | ***in a.***, (*ellitt.*) in modo assoluto, assolutamente: *ciò vale in a.*; detto di operazione commerciale effettuata senza clausole sospensive **4** totale, pieno, intero: *un'assoluta padronanza di sé* | ***bisogno a.***, urgente, imprescindibile | ***fede assoluta***, cieca | ***maggioranza assoluta***, V. *maggioranza* nel sign. 2 | (*mat.*) ***valore a. di un numero reale***, il numero stesso se esso non è negativo, altrimenti il suo opposto | (*fis.*) ***peso specifico a.***, peso dell'unità di volume di un corpo, cioè rapporto fra il suo peso e il suo volume | ***temperatura assoluta***, V. *temperatura* **5** (*gramm.*) detto di costruzione che sta a sé nella proposizione | ***ablativo a.***, senza legame sintattico con la proposizione reggente | ***comparativo a.***, in latino, esprime il grado intensivo di una qualità senza alcun paragone | ***superlativo a.***, V. *superlativo* **6** (*sport*) ***campionati assoluti***, o (*ellitt.*) ***assoluti***, gara o complesso di gare di un determinato sport per l'assegnazione del massimo titolo stagionale della specialità: *gli assoluti di tennis* ‖ **assolutaménte**, **avv.** **1** in modo assoluto; ***regnare assolutamente***, seguendo i principi dell'assolutismo; (*gramm.*) ***usare assolutamente un verbo transitivo***, senza il complemento oggetto **2** (*enfat.* o *rafforz.*) in frasi sia negative che positive, equivale a 'in ogni modo', 'a qualunque costo': *non dobbiamo assolutamente parlargli*; *devo assolutamente finire il lavoro entro stasera*; (*colloq.*) no, per niente: *'Vuoi riposare?' 'Assolutamente'*; (*colloq.*) senza dubbio, certamente, sì: *'Ne sei convinto?' 'Assolutamente'* **3** in unione con aggettivi, del tutto, completamente: *sono assolutamente sicuro che si tratta di lui*; *è un pezzo assolutamente falso* **C** **s. m.** ● (*filos.*) ciò che ha in sé stesso la propria ragion d'essere e costituisce il fondamento primo di tutte le cose

assolutóre [vc. dotta, lat. tardo *absolutōre(m)*, da *absŏlvere* 'assolvere' ✱ 1865] **s. m.** (**f.** *-trice*) ● chi assolve

assolutòrio [vc. dotta, lat. tardo *absolutōriu(m)*, da *absŏlvere* 'sciogliere, assolvere' ✱ 1310] **agg.** (**pl. m.** *-i* o *raro -ii*) ● che assolve: *sentenza assolutoria*

assoluzióne [vc. dotta, lat. *absolutiōne(m)*, da *absŏlvere* 'assolvere' ✱ 1298] **s. f.** **1** (*dir.*) dichiarazione dell'innocenza dell'accusato o imputato emessa con la sentenza conclusiva del processo: *sentenza di a.* **2** remissione dei peccati concessa dal sacerdote cattolico al penitente che si è confessato
SFUMATURE ➤ ***perdono***

assolvènza [da *assolvere*; nel sign. 2, da *dissolvenza*, con sostituzione del pref. *a-*② a *dis-*① ✱ 1938] **s. f.** **1** (*raro*) assolvimento, adempimento: *a. di un dovere*; *a. a un obbligo* **2** nella tecnica cinematografica e televisiva, sequenza che emerge dallo schermo vuoto, gener. un'inquadratura in nero **CFR.** dissolvenza

assòlvere [vc. dotta, lat. *absŏlvere*, comp. di *ăb* 'da' e *sŏlvere* 'sciogliere' ✱ 1212] **A** **v. tr.** (**pass. rem.** *io assòlsi* o †*assolvéi*, o †*assolvètti*, *tu assolvésti*; **part. pass.** *assòlto*, †*assolùto*) **1** (*lett.*) liberare da un obbligo, da un impegno, da una promessa e sim.: *il principe assolse i sudditi dal giuramento* | ***a. un debito***, pagarlo **2** (*dir.*) dichiarare innocente, riconoscendo infondata l'accusa: *è stato assolto, a. il convenuto, l'imputato* **3** rimettere al penitente la colpa dei suoi peccati **4** condurre a termine: *a. il proprio dovere* **B** **v. intr.** (**aus.** *avere*) ● adempiere (+ *a*): *a. a un compito*; *tanto prestanti … da poter a. a un incarico del genere* (C.E. GADDA)

assolviménto [av. 1250] **s. m.** ● adempimento

assomigliànza o †**assimigliànza** [av. 1573] **s. f.** ● (*raro*) somiglianza

♦**assomigliàre** o (*lett.*) **assimigliàre** [comp. di *a-*② e *somigliare* ✱ av. 1250] **A** **v. tr.** (*io assomìglio*) **1** (*lett.* o *raro*) ritenere simile, paragonare: *a. la gioventù alla primavera*; *A te assomiglio la mia vita d'uomo* (S. QUASIMODO) **2** (*lett.*) rendere simile: *la lunga barba lo assomiglia a un vecchio* **B** **v. intr.** (**aus.** *essere* o *avere*) e (*lett.*, *raro*) **assomigliàrsi** **v. intr. pron.** ● essere simile (+ *a*): *il bambino assomiglia alla madre*; *da un tedio … così veemente, che si assomiglia a dolore e a spasimo* (G. LEOPARDI) **C** **assomigliàrsi** **v. rifl. recipr.** ● essere somigliante: *si assomigliano come due gocce d'acqua* | **PROV.** ***chi s'assomiglia si piglia***, fra simili si va facilmente d'accordo

assommàre① [comp. di *a-*② e *sommare* ✱ 1266] **A** **v. tr.** (*io assómmo*) ● sommare, raccogliere insieme, riunire (*spec. fig.*): *egli assomma in sé vizi e virtù* | †fare la somma **B** **v. intr.** (**aus.** *essere*) ● ammontare (+ *a*): *i danni accertati assommano a varie migliaia di euro* **C** **assommàrsi** **v. intr. pron.** ● (*fig.*) sommarsi: *in lui si assommavano molte imperfezioni* | aggiungersi (+ *a*): *nuove critiche si assommano alle precedenti*

assommàre② [comp. di *a-*② e *sommo* ✱ av. 1294] **A** **v. tr.** (*io assómmo*) **1** (*lett.*) condurre a termine: *Acciò che tu assommi / perfettamente … il tuo cammino* (DANTE *Par.* XXXI, 94-95) **2** tirare a galla: *i pescatori assommano le reti* | tirare su, dal fondo del mare: *a. una torpedine* **B** **v. intr.** (**aus.** *essere*) **1** venire a galla **SIN.** aggallare **2** (*mar.*; *raro*) salire in coperta

assonànte **part. pres.** di *assonare*; anche **agg.** **1** (*lett.*) nel sign. del v. **2** (*ling.*) che determina assonanza

✱**assonànza** [av. 1729] **s. f.** **1** (*ling.*) uguaglianza delle vocali nel suono finale (cioè dopo la vocale accentata compresa) di due parole o di due versi: *piove su i pini / scagliosi ed irti* (G. D'ANNUNZIO) | ripetizione di sillabe omofone alla fine di più parole della stessa frase **2** (*fig.*, *lett.*) corrispondenza armonica di suoni, colori e sim.

assonanzàto [1955] **agg.** ● (*ling.*) detto di verso collegato con altri da assonanza

assonàre [vc. dotta, lat. *adsonāre*, comp. di *ăd* e *sonāre* 'suonare' ✱ av. 1729] **v. intr.** (*io assuòno*; la *o* dittonga in *uo* se tonica; **aus.** *essere* o *avere*) ● (*lett.*) rispondere armonicamente a un suono

assóne o **axóne** [dal gr. *áxōn*, genit. *áxonos* 'asse' ✱ 1955] **s. m.** ● (*anat.*) cilindrasse

assonèma o **axonèma** [comp. di *asso(ne)* e del gr. *nêma* 'filamento' ✱ 1983] **s. m.** (**pl.** *-i*) ● (*biol.*) struttura interna dei flagelli e delle ciglia delle cellule eucariotiche, risultante da un'ordinata disposizione di microtubuli

assonemàle [da *assonema* col suff. *-ale*① ✱ 1993] **agg.** ● (*biol.*) relativo ad assonema

assonnàre [comp. di *a-*② e *sonno* ✱ 1321] **A** **v. tr.** (*io assónno* (o *-ò-*)) ● (*lett.*) indurre al sonno, far addormentare **B** **v. intr.** (**aus.** *essere*) **1** (*lett.*) essere preso dal sonno, insonnolirsi: *mi richinava come l'uom ch'assonna* (DANTE *Par.* VII, 15) **2** (*fig.*, *lett.*) restare inattivo: *ma non assonno io già sul sanguinoso / trono* (V. ALFIERI)

assonnàto **part. pass.** di *assonnare*; anche **agg.** **1** pieno di sonno, che ha sonno **2** (*fig.*, *lett.*) pigro, inoperoso ‖ **assonnataménte**, **avv.**

assonometrìa [comp. del gr. *áxōn*, genit. *áxonos* 'asse' e di *-metria* ✱ 1955] **s. f.** ● rappresentazione prospettica di un oggetto secondo tre assi corrispondenti alle tre dimensioni: altezza, lunghezza, larghezza

assonomètrico [1892] **agg.** (**pl. m.** *-ci*) ● dell'assonometria, basato sull'assonometria: *proiezione assonometrica*

assopiménto [1644] **s. m.** **1** l'assopirsi | stato di sopore **2** (*fig.*) acquietamento

✱**assopìre** [lat. parl. **assopīre*, comp. di *ăd* e *sopīre* 'assopire' ✱ 1647] **A** **v. tr.** (*io assopìsco*, *tu assopìsci*) **1** (*raro*) indurre sopore, rendere sonnolento: *il calmante lo assopì subito* **2** (*fig.*, *lett.*) calmare, placare **B** **assopìrsi** **v. intr. pron.** **1** essere preso da sopore, addormentarsi leggermente: *si è appena assopito* **2** (*fig.*, *lett.*) calmarsi, acquietarsi: *Quelle dispute a poco a poco si assopirono* (B. CROCE)

assorbènte **A** **part. pres.** di *assorbire*; anche **agg.** **1** nei sign. del v.: *carta a.* **2** (*edil.*) ***elementi assorbenti***, quelli appositamente costruiti per assorbire i suoni, come la lana di vetro, la gommapiuma e sim. **B** **s. m.** **1** sostanza che compie l'assorbimento **2** tampone di ovatta o cellulosa in fiocco per l'igiene intima femminile durante il periodo mestruale: *a. interno*

assorbènza [1987] **s. f.** ● caratteristica di ciò che è assorbente | capacità di assorbire

assorbiménto [av. 1406] **s. m.** **1** fenomeno per cui certi solidi o liquidi vengono impregnati di sostanze liquide o gassose | (*est.*)

inglobamento, inghiottimento: *immense voragini producenti un a. ... delle acque marine* (G. Leopardi) | (*fig.*) acquisizione | (*fig.*) annessione: *a. di un'azienda* **2** (*biol.*) processo mediante il quale i prodotti ultimi della digestione vengono assunti dalle cellule | ***a. radicale***, processo per cui sostanze nutritive sciolte in acqua, dal terreno passano ai vasi legnosi **3** (*fis.*) fenomeno per cui una parte dell'energia di una radiazione incidente su un corpo viene trasformata in calore, anziché essere trasmessa o riflessa **4** (*sport*) nello sci, tecnica consistente nel piegamento e nella successiva distensione delle gambe, allo scopo di ammortizzare gli urti e compensare le asperità del terreno

assorbìmetro [comp. di *assorbi(re)* e *-metro* ✱ 1955] **s. m.** ● apparecchio che misura l'assorbimento di gas nei liquidi

♦**assorbìre** [vc. dotta, lat. *absorbēre*, comp. di *ăb* e *sorbēre* 'sorbire' ✱ av. 1306] **v. tr.** (**pres.** *io assòrbo* o **lett.** *assorbìsco, tu assòrbi* o **lett.** *assorbìsci*; **part. pass.** *assorbìto*, **poet.** *assòrto*②) **1** attrarre qlco. a sé e penetrarsene, attraverso pori, meati, interstizi, detto spec. di corpi porosi: *le spugne assorbono l'acqua; la terra assorbe la pioggia; i tessuti impermeabili non assorbono l'umidità* | (*fig.*) ***a. un colpo***, nel pugilato, ricevere un pugno senza dimostrare di risentirne gli effetti **SIN.** incassare | (*sport*) ***a. gli attacchi avversari***, sostenere senza particolari danni l'azione dell'avversario **2** (*est., lett.*) ingoiare, inghiottire: *le onde assorbirono la piccola imbarcazione* **3** (*est.*) incorporare, inglobare: *la sua azienda è stata assorbita da una multinazionale* | (*fig.*) fare proprio, assimilare: *quell'autore assorbì la cultura del suo tempo* | consumare, esaurire: *ogni suo risparmio è stato assorbito da quell'affare* | impegnare: *il lavoro assorbe tutto il suo tempo* | (*fig.*) ***a. manodopera***, impiegarla

assordaménto [1669] **s. m.** ● l'assordare | diminuzione dell'udito per troppo rumore

assordànte **part. pres.** di *assordare*; anche **agg.** ● che disturba l'udito | (*est.*) molto forte: *un rumore a.* | (*fig.*) clamoroso: *il silenzio a. dell'imputato* || **assordanteménte**, **avv.**

✦**assordàre** [comp. di *a-*② e *sordo* ✱ 1330] **A** **v. tr.** (*io assórdo*) **1** rendere sordo | (*est.*) stordire con un rumore eccessivo o insistente: *il frastuono della città ci assorda* **2** (*raro, fig.*) infastidire, annoiare, con continui discorsi, lamenti e sim.: *lo assorda tutto il giorno con le sue chiacchiere inutili* **3** attutire un suono **B** **v. intr.** (**aus.** *essere*) ● (*raro, lett.*) diventare sordo: *è assordato per l'esplosione* **C** **assordàrsi** **v. intr. pron.** **1** (*raro, lett.*) attutirsi, smorzarsi, detto di suono **2** (*ling.*) subire assordimento

assordiménto [1872] **s. m.** **1** (*raro*) assordamento **2** (*ling.*) passaggio di un suono sonoro al corrispondente suono sordo **CONTR.** sonorizzazione

assordìre [av. 1472] **v. tr., intr.** (*io assordìsco, tu assordìsci*; **aus. intr.** *essere*) e **assordìrsi** **v. intr. pron.** ● (*lett.*) assordare, assordarsi

†**assórgere** ➤ **assurgere**

assortatìvo [ingl. *assortative*, da *to assort* 'distribuire, classificare, mettere nello stesso gruppo con altri' (stessa etim. dell'it. *assortire*①) ✱ 1983] **agg.** ● (*biol.*) detto di accoppiamento non casuale fra individui che si somigliano in uno o più caratteri fenotipici

assortiménto [da *assortire*① ✱ 1566] **s. m.** **1** disponibilità e varietà di merci esistenti in un punto di vendita: *un vasto a. di articoli sportivi* **2** insieme di oggetti di uno stesso genere ma differenti nei particolari: *a. di piatti, di mobili, di suppellettili* **3** (*tess.*) operazione di classificazione delle fibre tessili naturali

assortìre① [comp. di *a-*② e il denominale di *sorta* ✱ 1294] **v. tr.** (*io assortìsco, tu assortìsci*) **1** ordinare e disporre secondo criteri particolari: *a. i libri secondo l'altezza; a. gli abiti secondo il colore* | accordare oggetti diversi secondo criteri estetici: *a. gli accessori all'abito* **2** (*raro*) rifornire negozi e sim. di molti articoli: *a. una merceria*

†**assortìre**② [comp. di *a-*② e *sorte* ✱ 1328] **v. tr.** ● eleggere, estrarre a sorte

assortìto **part. pass.** di *assortire*①; anche **agg.** **1** di varie qualità: *caramelle assortite* **2** ***accessori ben assortiti***, scelti con gusto | ***una coppia, una compagnia ben assortita***, che armonizza bene insieme

assortitóre [da *assortire*① ✱ av. 1712] **s. m.** (**f.** *-trice*) ● chi effettua assortimenti, spec. operaio specializzato dell'industria laniera addetto all'assortitura

assortitùra [da *assortire*① ✱ 1955] **s. f.** ● operazione manuale dell'industria laniera consistente nella divisione e classificazione dei velli e dei pezzami di lana sucida

✦**assòrto**① **A** **part. pass.** di *assorbire* ● (*poet.*) nei sign. del v. **B** **agg.** ● che è profondamente intento a qlco.: *essere a. in profondi pensieri* | meditabondo: *rimase a., seduto nella poltrona*

†**assórto**② ➤ **assurto**

assottigliaménto [av. 1334] **s. m.** **1** l'assottigliare **2** dimagrimento | (*fig.*) riduzione, diminuzione

assottigliàre [comp. di *a-*② e †*sottigliare* ✱ 1268] **A** **v. tr.** (*io assottìglio*) **1** rendere sottile, aguzzare: *a. un palo* | (*est.*) affilare, arrotare: *a. una lama* | (*fig.*) †***a. il vino***, annacquarlo **2** ridurre, diminuire: *a. le scorte dei viveri, le rendite* **3** (*fig., lett.*) rendere perspicace: *a. la mente, il cervello* | acuire: *a. la propria sensibilità* **B** **assottigliàrsi** **v. intr. pron.** ● diventare sottile, magro: *assottigliarsi per una malattia* | (*fig.*) ridursi: *il numero degli aderenti si assottigliava* **C** **assottigliàrsi** **v. rifl.** ● †ingegnarsi, sforzarsi

assuccàre [genovese *assuccâ* 'acciuffare, acchiappare' ✱ 1819] **v. tr.** (*io assùcco, tu assùcchi*) ● (*mar.*) stringere, tesare: *a. un nodo, una legatura, una cima*

assuefacènte **part. pres.** di *assuefare* ● (*raro*) nei sign. del v.

✦**assuefàre** [vc. dotta, lat. *adsuefăcere*, comp. di *adsuē(tus)* 'abituato' e *făcere* 'fare' ✱ 1344] **A** **v. tr.** (**coniug. come** *strafare*) ● abituare, far prendere un'abitudine (+ *a*): *a. il palato a nuovi sapori* **B** **assuefàrsi** **v. rifl.** ● abituarsi (+ *a*): *assuefarsi al clima di montagna* | (*med.*) manifestare una condizione di assuefazione

assuefàtto **A** **part. pass.** di *assuefare*; anche **agg.** ● nei sign. del v. **B** **agg. e s. m.** (**f.** *-a*) ● (*med.*) che (o chi) è colpito da assuefazione

assuefazióne [av. 1519] **s. f.** **1** adattamento (+ *a*): *a. al fumo, al clima, alla fatica* **2** (*med.*) abitudine a certe sostanze, tossiche o curative, da parte dell'organismo, per cui ne occorrono dosi sempre crescenti per ottenere l'effetto voluto (+ *a*): *a. agli stupefacenti*

> **SFUMATURE DI SIGNIFICATO**
> ***assuefazione - dipendenza - abitudine***
> L'adattamento dell'organismo a un farmaco o una droga, di cui bisogna assumere dosi sempre maggiori per ottenere l'effetto voluto, si chiama **assuefazione**; il bisogno fisico o psichico di quella sostanza si definisce **dipendenza**. Se l'assuefazione riguarda un'azione, una situazione, la frequentazione di luoghi e persone si parla di **abitudine**.

†**assuèto** [vc. dotta, lat. *adsuētu(m)*, part. pass. di *adsuēscere*. V. *consueto* ✱ 1483] **agg.** ● avvezzo, assuefatto: *Omo robusto, ma non a. a faticar le braccia* (B. Castiglione)

♦**assùmere** [vc. dotta, lat. *adsūmere*, comp. di *ăd* e *sūmere* 'prendere' ✱ 1321] **v. tr.** (**pass. rem.** *io assùnsi, tu assuméstì*; **part. pass.** *assùnto*) **1** prendere su di sé: *a. una responsabilità, un impegno, una carica* | ***a. il pontificato***, diventare Papa | anche nella forma pron. **assùmersi**, addossarsi, attribuirsi: *ti sei assunto un grave onere; assumersi il merito di qlco.; bisognava ora facilitargli il compito che s'era assunto* (I. Svevo) **2** fare proprio: *a. un contegno distaccato, un tono confidenziale* **3** (*generic.*) prendere: *le sue parole assunsero un tono minaccioso* | (*est.*) ingerire, consumare: *a. un farmaco, una droga, a. una sostanza, una medicina* **4** prendere alle proprie dipendenze: *a. un operaio, un impiegato, un dirigente; è stata assunta come segretaria; a. un giardiniere, una cameriera* **5** (*lett.*) innalzare a un onore, a una carica: *a. al trono, al pontificato* | elevare: *la Vergine fu assunta in cielo* **6** (*dir.*) ricercare, procurarsi, accogliere, spec. prove, elementi utili e sim.: *a. mezzi di prova* | ***a. testimonianze***, accogliere le deposizioni dei testimoni | ***a. informazioni su qlcu.***, informarsi su di lui **7** ammettere come ipotesi (+ *che* **seguito da congtv.**): *assumiamo che lui non lo sapesse*

assumìbile [1865] **agg.** ● che si può assumere: *un lavoratore a.; un farmaco a. per via orale* || **assumibilità**, **s. f. inv.**

assùnsi ➤ **assumere**

Assùnta [V. *assunto*① ✱ 1550] **s. f.** **1** Maria Vergine elevata al cielo in anima e corpo: *chiesa dedicata all'Assunta* **2** festa dell'Assunzione di Maria Vergine | (*est.*) il giorno in cui è celebrata tale festa (15 agosto)

assuntìvo [vc. dotta, lat. *assumptīvu(m)*, da *adsūmptus* 'assunto' ✱ 1261 ca.] **agg.** ● che si assume: *ipotesi assuntiva*

assùnto① **A** **part. pass.** di *assumere*; anche **agg.** ● nei sign. del v. **B** **s. m.** (**f.** *-a*) ● chi è stato preso come dipendente: *i nuovi assunti*

assùnto② [vc. dotta, lat. *assūmptu(m)*, part. pass. di *assūmere* 'assumere' ✱ av. 1527] **s. m.** **1** ciò che si deve dimostrare: *sostenere il proprio a.* **SIN.** tesi **2** (*filos.*) proposizione che si assume come premessa di una dimostrazione **3** (*lett.*) impegno, incarico: *non posso prendere altri assunti* (G. Leopardi)

assuntóre [1747] **agg. e s. m.** (**f.** *-trice*) **1** (*dir.*) che (o chi) assume un obbligo mediante regolare contratto **2** ***a. di stazione, a. ferroviario***, titolare di un'assuntoria, legato all'amministrazione centrale da rapporti di impiego o da una particolare convenzione d'appalto **3** (*raro*) consumatore abituale, spec. di droga

assuntorìa [da *assuntore* ✱ 1955] **s. f.** ● piccola stazione ferroviaria retta da un assuntore

assunzióne [vc. dotta, lat. *adsumptiōne(m)*, da *adsūmptus* 'assunto' ✱ 1318 ca.] **s. f.** (*Assunzióne* **nel sign. 3**) **1** l'assumere: *a. di un obbligo, di un impegno morale; a. di responsabilità; a. di mezzi di prova* | acquisizione alle proprie dipendenze: *a. in prova di un lavoratore* | elevazione a una dignità: *a. al soglio pontificio, alla corona* **2** (*filos.*) in un'argomentazione, procedimento con cui si assume ipoteticamente una proposizione per dimostrarne un'altra **3** elevazione di Maria Vergine in cielo | festa dell'Assunta (15 agosto): *il giorno dell'Assunzione*

assunzionìsta [fr. *assomptioniste* ✱ 1905] **s. m. e f.** (**pl. m.** *-i*) ● religioso della Congregazione dell'Assunzione, fondata in Francia nel XIX sec.

assurdità [vc. dotta, lat. tardo *absurditā-te(m)*, da *absŭrdus* 'assurdo' ✱ sec. XIV] **s. f. inv.**

● caratteristica di ciò che è assurdo: *a. di una tesi, di un'affermazione* | (*est.*) ciò che è assurdo: *stai dicendo delle a.*

♦**assùrdo** [vc. dotta, lat. *absŭrdu(m)* 'dissonante', di orig. indeur. ✱ av. 1328] **A** **agg.** ● che è contrario alla ragione, al senso comune e all'evidenza: *preconcetto, giudizio, pensiero a.*; *tutto questo mi sembra a.* | ***equazione assurda***, impossibile | stravagante, paradossale: *una situazione assurda* | (*colloq.*) spropositato, eccessivo: *ha acquistato quella casa a un prezzo a.* || **assurdaménte**, **avv.** **B** **s. m.** ● ciò che contrasta con la ragione e con la logica: *sostenere un a.* | ***dimostrazione per a.***, procedimento logico consistente nello stabilire la verità di una tesi dimostrando che la tesi opposta è falsa | ***teatro dell'a.***, genere teatrale novecentesco che rappresenta l'irrazionalità della condizione umana attraverso la rappresentazione di eventi surreali e dialoghi logicamente disarticolati

SFUMATURE DI SIGNIFICATO
assurdo - illogico - incoerente
Assurdo definisce ciò che è contrario al senso comune, all'evidenza, alla ragione. **Illogico** è più specificamente ciò che è contrario alla logica, cioè non è conforme a criteri di consequenzialità. **Incoerente** è ciò che manca di coerenza, dunque è privo di coesione logica interna; riferito a persona definisce chi ha un comportamento incostante e contraddittorio.
SFUMATURE ➤ ***incredibile***

♦**assùrgere** o †**assórgere** [vc. dotta, lat. *assŭrgere*, comp. di *ăd* e *sŭrgere* 'sorgere' ✱ av. 1373] **v. intr.** (**pres.** *io assùrgo, tu assùrgi*; **pass. rem.** *io assùrsi, tu assurgésti*; **part. pass.** *assùrto*, †*assòrto*②; **aus.** *essere*) **1** (*lett.*) levarsi in piedi **2** (*est.*) salire (+ *a*): *a. al trono* | (*fig.*) elevarsi, innalzarsi: *a. a simbolo*

assùrto o †**assórto**② **part. pass.** di *assurgere*; anche **agg.** ● nei sign. del v. | (*fig.*) che è salito: *a. agli onori della cronaca*

àsta [lat. *hăsta(m)* 'lancia', di orig. indeur. Il senso di 'vendita all'incanto' deriva dal fatto che si piantava un'asta nel luogo dove si ponevano in vendita i beni dei debitori del tesoro pubblico ✱ 1258] **s. f.** **1** elemento sottile, lungo, liscio e diritto, di legno o di altro materiale, per usi diversi: *l'a. della bandiera* | ***a mezz'a.*** o (con grafia unita) ***a mezzasta***, detto di bandiera alzata solo fino a metà dell'asta, in segno di lutto; (*est.*) di ciò che è alzato solo in parte (*anche scherz.*): *tapparelle a mezz'a.*; *palpebre a mezz'a. per la stanchezza* | ***a. della stadera***, il braccio graduato su cui vien fatto scorrere il contrappeso | ***a. del compasso***, ciascuna delle due metà articolate del compasso | ***a. degli occhiali***, ciascuna delle stanghette di una montatura da occhiali | (*est.*) manico **2** (*mar.*) nei velieri, il bompresso e qualsiasi piccolo pennone orizzontale **3** nell'atletica, attrezzo di forma tubolare e di materiale elastico sul quale l'atleta fa leva impugnandolo, per innalzarsi ed eseguire un tipo di salto: *salto con l'a.* **4** lancia | ***a. broccata***, lancia da scherma con ferro a testa non perforante per disarcionare l'avversario senza ferirlo **5** tratto verticale di molte lettere dell'alfabeto latino: *l'a. della b* | la parte dei caratteri tipografici di certe lettere dell'alfabeto che fuoriesce dall'occhio medio | ***a. ascendente***, quella della b | ***a. discendente***, quella della p **6** (**spec. al pl.**) linea diritta e verticale che il bambino tracciava come primo esercizio di scrittura: *fare le aste* **7** procedimento di vendita al migliore offerente fatta secondo formalità legislativamente disciplinate: *a. deserta*; *a. fallimentare* | ***vendita all'a.***, all'incanto | (*econ.*) ***a. competitiva***, collocamento di titoli o azioni mediante assegnazione ai vari aggiudicatari ai prezzi da essi offerti in ordine decrescente, cioè privilegiando coloro che hanno offerto il prezzo più alto fino a esaurimento dell'emissione | (*econ.*) ***a. marginale***, collocamento di titoli o azioni per cui il prezzo di vendita definitivo di tutta l'emissione è pari al prezzo più basso offerto dagli aggiudicatari **8** (*raro, lett.*) pene **9** (*bot., tosc.*) ***a. regia***, asfodelo || **asticciòla**, **asticciuòla**, **dim.** (V.) | **asticèlla**, **dim.** (V.) | **asticìna**, **dim.**

astàbile [comp. di *a-*① e *stabile* ✱ 1974] **agg.** ● (*elettron.*) detto di circuito elettronico che oscilla regolarmente fra due condizioni non stabili **CFR.** bistabile, monostabile

astacicoltùra [comp. del lat. *ăstacus* 'gambero' e *-coltura* ✱ 1961] **s. f.** ● allevamento di gamberi d'acqua dolce e di altri crostacei

àstaco [vc. dotta, lat. *ăstacu(m)*, dal gr. *astakós*, da *ostéon* 'osso' ✱ av. 1577] **s. m.** (**pl.** *-ci*) ● (*zool.*) gambero di fiume

♦**astànte** [vc. dotta, lat. *adstănte(m)*, part. pres. di *adstāre* 'stare vicino', comp. di *ăd* 'presso' e *stāre* 'stare' ✱ av. 1306] **s. m. e f.** **1** (**spec. al pl.**) chi è presente: *gli astanti applaudirono* **2** †medico di guardia negli ospedali

astanterìa [da (*medico*) *astante* 'medico di guardia' ✱ 1876] **s. f.** ● locale ospedaliero dove si ricoverano provvisoriamente i malati in attesa di assegnarli a un reparto

astàta [da *asta* ✱ 1829] **s. f.** ● (*raro*) colpo d'asta

astàtico [comp. di *a-*① e *statico* ✱ 1865] **agg.** (**pl. m.** *-ci*) **1** (*elettr.*) detto di un sistema di magneti solidali fra loro e con polarità contrapposte, sì da essere insensibili all'azione direttiva del campo magnetico terrestre **2** (*mecc.*) detto di regolatore che mantenga la velocità costante per qualunque valore del carico || **astaticità**, **s. f. inv.**

astàto① [vc. dotta, lat. *hastātu(m)*, da *hăsta* 'asta' ✱ av. 1292] **A** **agg.** **1** (*stor.*) armato di asta **2** (*fig., lett.*) che è diritto come un'asta **3** (*bot.*) detto di foglia a forma di punta di lancia **B** **s. m.** ● (**spec. al pl.**) soldato armato d'asta che, nello schieramento della legione romana, combatteva originariamente in seconda e, in seguito, in prima fila

àstato② [dal gr. *ástatos* 'instabile', comp. di *a-*① e *statós* 'stazionario' (V. *-stato*) ✱ 1959] **s. m.** ● elemento chimico, non metallo, artificiale, del gruppo degli alogeni, preparato per bombardamento del bismuto con particelle alfa nel ciclotrone **SIMB.** At **NUM. AT.** 85 **SIN.** (*raro*) alabamio

asteggiàre [da *asta* ✱ 1863] **v. intr.** (**pres.** *io astéggio*; **fut.** *io asteggerò*; **aus.** *avere*) ● (*disus.*) fare le aste, come primo esercizio per imparare a scrivere

♦**astèmio** [vc. dotta, lat. *abstēmiu(m)*, che va ricollegato a *temētum* 'vino', prob. da un sost. *tēnum* che indicava una bevanda inebriante ✱ av. 1613] **agg. e s. m.** (**f.** *-ia*) ● che (o chi) non beve vino o altri alcolici

♦**astenére** [vc. dotta, lat. *abstinēre*, comp. di *ăbs* 'da' e *tenēre* 'tenere' ✱ 1268] **A** **v. tr.** (**coniug. come** *tenere*) ● (*lett.*) tenere lontano: *e chi la scure / asterrà pio dalle devote frondi* (U. FOSCOLO) **B** **astenérsi** **v. rifl.** **1** tenersi lontano da qlco., farne a meno (+ *da*): *astenersi dal vino, dal fumo, dal gioco* | trattenersi dal fare o dal dire qlco.: *astenersi dalla maldicenza, dai giudizi avventati*; *astenersi dal testimoniare* **2** nel linguaggio politico, non votare (+ *da*; **anche assol.**): *astenersi dal voto*; *molti si sono astenuti* **3** (*dir.*) dichiarare, da parte degli organi giudiziari o degli ausiliari di giustizia, di non volere prendere parte a determinati giudizi: *il giudice si è astenuto*

astenìa [vc. dotta, gr. *asthéneia*, comp. di *a-*① e *sthénos* 'forza', d'orig. indeur. ✱ 1819] **s. f.** ● diminuzione della capacità al lavoro muscolare | senso di debolezza, mancanza di forze
SFUMATURE ➤ ***esaurimento***

astènico [1829] **A** **agg.** (**pl. m.** *-ci*) ● di astenia, caratterizzato da astenia: *sindrome astenica* **B** **agg. e s. m.** (**f.** *-a*) ● che (o chi) è affetto da astenia

astenopìa [comp. del gr. *asthenḗs* 'debole' (V. *astenia*) e *ṓpē* 'vista' ✱ 1861] **s. f.** ● senso di stanchezza agli occhi per sforzo di accomodazione o per eccesso di lavoro dei muscoli oculari

astenosfèra [comp. del gr. *asthenḗs* 'debole' (V. *astenia*), e *sfera* ✱ 1933] **s. f.** ● (*geol.*) porzione del mantello terrestre, fra 100 e 700 km, su cui scorrono le zolle della litosfera

astensióne [vc. dotta, lat. tardo *abstentiōne(m)*, comp. di *ăbs* 'da' e *tĕneo* 'io tengo', prob. attrav. il fr. *abstention* ✱ 1865] **s. f.** **1** (*raro*) rinuncia a fare o dire qlco. | ***a. dal lavoro***, sciopero **2** deliberata rinuncia a esercitare il diritto di voto: *abbiamo notato troppe astensioni*

astensionìsmo [fr. *abstentionnisme*, da *abstentionniste* 'astensionista' ✱ 1879] **s. m.** **1** (*raro*) tendenza a non partecipare alla vita politica **2** tendenza, atteggiamento di chi si astiene dall'esprimere il proprio voto | l'insieme delle astensioni

astensionìsta [fr. *abstentionniste*, dall'ingl. *abstentionist* ✱ 1879] **s. m. e f.**; anche **agg.** (**pl. m.** *-i*) ● chi (o che) pratica o teorizza l'astensionismo

astensionìstico [1983] **agg.** (**pl. m.** *-ci*) ● relativo all'astensionismo

astenùto **A** **part. pass.** di *astenere* ● nei sign. del v. **B** **s. m.** (**f.** *-a*) ● chi si astiene dal dare il proprio voto: *gli astenuti sono diciotto*

àster [gr. *astḗr*, propr. 'stella' (di orig. indeur.), per la sua forma ✱ sec. XV] **s. m. inv.** ● (*bot.*) astro della Cina

Asteràcee [vc. dotta, comp. di *aster* e *-acee* ✱ 1955] **s. f. pl.** (**sing.** *-a*) ● (*bot.*) Composite

♦**astèrgere** [vc. dotta, lat. *abstergēre*, comp. di *ăbs* 'da' e *tergēre* 'pulire' ✱ av. 1334] **v. tr.** (**coniug. come** *tergere*) **1** (*lett.*) lavare delicatamente: *a. una ferita* | pulire, nettare: *a. la fronte dal sudore* **2** (*fig., lett.*) cancellare

astèria [vc. dotta, gr. *asterías* 'stellato', agg. di *astḗr* 'stella' ✱ av. 1564] **s. f.** **1** (*zool.*) stella di mare **2** (*miner.*) varietà di corindone con una caratteristica stella a sei punte luminosa interna **SIN.** corindone stellato

asteriscàre [da *asterisco* ✱ 1827] **v. tr.** (*io asterìsco, tu asterìschi*) ● contrassegnare con un asterisco: *a. un paragrafo*; *un valore ematico asteriscato*

asterìsco [vc. dotta, lat. tardo *asterĭscu(m)*, dal gr. *asterískos* 'stelletta', dim. di *astḗr* 'stella' ✱ sec. XIV] **s. m.** (**pl.** *-schi*) **1** segno tipografico a forma di stelletta a cinque o più punte usato per evidenziare un tratto di un discorso, rimandare a una nota o (spec. ripetuto tre volte) omettere un nome; per es.: *il cardinal Federigo Borromeo, arcivescovo di Milano, era arrivato a* *** (A. MANZONI) | (*ling.*) indica una parola o una forma storicamente non attestate oppure una forma o un'espressione non accettabili dal punto di vista grammaticale o semantico | in determinati casi o in alcuni motori di ricerca, l'asterisco viene usato per indicare qualunque carattere o gruppo di caratteri, in particolare qualunque desinenza (per es. *student** per 'studente', 'studentessa', 'studenti', 'studentesse', 'studentesco', ecc.) **2** nei giornali, ciascuno dei brevi articoli in cui sono divise certe rubriche **SIN.** stelloncino

asterìsmo [vc. dotta, dal gr. *asterismós* 'costellazione', deriv. da *astḗr* 'stella' ✱ 1612] **s. m.** **1** (*astron.*) gruppo di stelle riconoscibile in cielo per la forma che disegnano, pur senza costituire una costellazione **2** (*miner.*) proprietà di certi minerali di riflettere la luce secondo direzioni preferenziali a forma di stella

asteroidàle [1983] **agg.** • (*astron.*) di asteroide

asteròide [vc. dotta, gr. *asteroidḗs* 'simile a stella', comp. di *astḗr* 'stella' e *-oide* ✱ 1813] **s. m.** • (*astron.*) ognuno dei molti piccoli pianeti in orbita attorno al Sole, la cui posizione è generalmente compresa fra le orbite di Marte e Giove SIN. pianetino

Asteroidèi [dal gr. *asteroeidḗs* 'simile a stella'. V. *asteroide* ✱ 1913] **s. m. pl.** (**sing.** *-èo*) • (*zool.*) classe di Echinodermi con corpo a disco che continua alla periferia in cinque o più braccia a forma triangolare, cui appartengono le stelle di mare (*Asteroidea*)

astersióne [vc. dotta lat. tardo *abstersiō-ne(m)*, da *abstergēre* 'astergere' ✱ sec. XIV] **s. f.** **1** (*lett.*) l'astergere (*anche fig.*) **2** decapaggio

astèrso **part. pass.** di *astergere*; anche **agg.** • nei sign. del v.

asticciòla o (*lett.*) **asticciuòla** [1313] **s. f.** **1** dim. di *asta* **2** stecca della freccia | (*est.*, *lett.*) freccia **3** cannello a un'estremità del quale si inserisce il pennino | (*est.*, *lett.*) penna

àstice [lat. *ăstacu(m)*, dal gr. *astakós*, di orig. indeur. ✱ av. 1730] **s. m.** • grosso gambero di mare con corpo color turchino scuro e robuste chele (*Homarus vulgaris*) SIN. omaro

asticèlla [sec. XIV] **s. f.** **1** dim. di *asta* **2** (*sport*) regolo di metallo o altro materiale, posto sui ritti, da superare nel salto in alto o nel salto con l'asta | ***alzare l'a.***, (*fig.*) aumentare la difficoltà di una prova

astigiàno [1337] **A** **agg.** • di Asti: *vigneti, vini astigiani* **B** **s. m.** (**f.** *-a*) **1** abitante o nativo di Asti | ***l'Astigiano***, (*per anton.*) il poeta Vittorio Alfieri (1749-1803) **2** il territorio di Asti: *i vini dell'A.*

astigmàtico [1893] **A** **agg.** (**pl. m.** *-ci*) • relativo all'astigmatismo | ***lente astigmatica***, che ha una superficie piana o sferica e l'altra superficie cilindrica o torica; corregge l'astigmatismo dell'occhio **B** **agg. e s. m.** (**f.** *-a*) • (*med.*) che (o chi) è affetto da astigmatismo

astigmatìṣmo [comp. di *a-*① e del gr. *stígma* 'punto', perché questa imperfezione produce la conseguenza che un punto luminoso dà sulla retina non un punto ma una macchia ✱ 1874] **s. m.** **1** (*med.*) difetto di rifrazione dell'occhio, dovuto a irregolarità della sfericità corneale, per cui un punto viene percepito allungato **2** (*fis.*) aberrazione delle lenti per cui l'immagine di un punto è costituita da due linee focali perpendicolari fra loro, e situate a diversa distanza dalla lente

astigmòmetro [comp. di *astigm(atism)o* e *-metro* ✱ 1955] **s. m.** • strumento ottico atto a misurare l'astigmatismo

astile [vc. dotta, lat. *hastīle*, da *hăsta* 'asta' ✱ av. 1327] **A** **s. m.** **1** (*lett.*) legno della lancia | (*est.*) lancia **2** †virgulto | (*lett.*) bastone **B** **agg.** • detto di croce processionale posta alla sommità di un'asta

àstilo [vc. dotta, gr. *ástylos*, comp. di *a-*① e del gr. *-stilo* ✱ 1961] **agg.** • che è privo di colonne: *tempio, edificio a.*

astinènte [vc. dotta, lat. *abstinĕnte(m)*, part. pres. di *abstinēre*, comp. di *ăbs* 'da' e *tenēre* 'trattenere' ✱ 1288] **agg.** • che si astiene, spec. dai piaceri materiali: *essere a. dai piaceri della carne; essere a. nel bere, nel mangiare* ‖ **astinenteménte**, **avv.** (*raro*) castamente; con temperanza

astinènza o †**stinènzia** [vc. dotta, lat. *abstinĕntia(m)*, da *ăbstinens*, genit. *abstinĕntis* 'astinente' ✱ sec. XII] **s. f.** **1** rinuncia ai piaceri dei sensi: *fare vita di a.* | castità, continenza | (*est.*) rigidezza e austerità di vita **2** astensione da alcuni cibi comandata dalla Chiesa cattolica in certi giorni e periodi dell'anno | in religioni non cattoliche, astensione permanente da alcuni alimenti per precetto divino o per motivi rituali **3** rinuncia, volontaria o forzata, all'assunzione di un farmaco o di una droga | ***sindrome da a., crisi di a.***, insieme dei sintomi causati da una brusca interruzione dell'assunzione di un farmaco o di una droga

✱**àstio** [got. *haifsts* 'lotta' ✱ 1104] **s. m.** • rancore, malanimo, spec. causato da invidia o dispetto: *portare a. a qlcu.*; *avere, nutrire, provare a. verso, contro, qlcu.*

SFUMATURE DI SIGNIFICATO

astio - ruggine - rancore

Astio è un sentimento di malanimo nei confronti di qualcuno, specialmente se provocato da invidia o dispetto. Un disaccordo perdurante tra due persone si dice invece **ruggine**. **Rancore** è in questa serie la parola che evoca una maggiore animosità, un risentimento più intenso, che non trova sfogo e che viene anzi tenuto nascosto.

SFUMATURE ➤ *livore*

✱**astióso** (o *-ṣo*) [1294] **agg.** • che è pieno di astio: *uomo, carattere a.* | che dimostra astio: *voce astiosa; parole astiose* ‖ **astiosètto**, **dim.** ‖ **astiosaménte**, **avv.** ‖ **astiosità**, **s. f. inv.** acredine, malevolenza

astista [da *asta* ✱ 1965] **s. m. e f.** (**pl. m.** *-i*) • specialista del salto con l'asta

astóre [provenz. *astor*, dal lat. *acceptōre(m)*, di orig. indeur., con avvicinamento ad *accĭpere* 'prendere' ✱ av. 1280] **s. m.** **1** uccello rapace dei Falconiformi simile allo sparviero ma di maggiori dimensioni, con ali corte e rotonde, piumaggio grigio sul dorso e bianco sul ventre (*Astur palumbarius*) **2** (*raro, fig.*) persona rapace

astoricìṣmo [comp. di *a-*① e *storicismo* ✱ 1915] **s. m.** • orientamento culturale che, nel valutare ogni attività o manifestazione umana, prescinde intenzionalmente dal contesto storico in cui esse si sono formate e sviluppate | (*est.*) mancanza di senso storico

astòrico [comp. di *a-*① e *storico* ✱ 1918] **agg.** (**pl. m.** *-ci*) • che non ha rapporto con la storia, che prescinde dalla storia: *giudizio a.* ‖ **astoricità**, **s. f. inv.**

àstracan ➤ **astrakan**

astraènte **part. pres.** di *astrarre*; anche **agg.** • che astrae: *natura nell'arte, … come prodotto del pensiero a.* (B. CROCE)

†**astràere** ➤ **astrarre**

astràgalo [vc. dotta, lat. *astrăgalu(m)*, dal gr. *astrágalos*, di etim. incerta ✱ av. 1452] **s. m.** **1** (*anat.*) osso del piede che si articola con la tibia e il perone in alto, il calcagno in basso e lo scafoide in avanti **2** dado a quattro facce ricavato dall'omonimo osso della capra o del montone, usato dagli antichi per vari giochi SIN. aliosso **3** genere di piante delle Papilionacee con foglie trasformate in spine e fiori di vari colori raccolti in grappoli (*Astragalus*) **4** (*archit.*) modanatura che separa il fusto della colonna dal capitello e dalla base SIN. tondino

astragalomanzìa [comp. di *astragalo* e *-manzia* ✱ 1829] **s. f.** • divinazione dell'ignoto per mezzo dei dadi

†**astràggere** ➤ **astrarre**

àstrakan o **astrakàn**, **àstracan** [dal n. della città russa di *Astrachan'*, dove la pelliccia veniva fabbricata ✱ 1868] **s. m. inv.** **1** pelliccia pregiata, ottenuta dal vello nero, fine e ricciuto dell'agnellino di razza karakul, sacrificato pochi giorni dopo la nascita **2** tessuto di lana che imita tale pelliccia

✱**astràle** [vc. dotta, lat. *astrāle(m)*, agg. di *ăstrum* 'astro' ✱ 1584] **agg.** • degli astri: *mondo a.*; *influssi astrali* | ***corpo a.***, secondo gli occultisti, l'alone fluidico, non visibile, di cui è dotato ogni corpo fisico, capace di dar vita a particolari fenomeni | (*fig.*) straordinario, smisurato: *successo, lontananza a.*

astrànzia [etim. incerta ✱ 1829] **s. f.** • pianta erbacea delle Apiacee con l'infiorescenza accompagnata da un involucro colorato (*Astrantia major*)

astràrio [da *astr(o)* con il suff. *-ario* di *planetario* ✱ 1813] **s. m.** • meccanismo complesso attivato da un sistema di pesi che simula il moto del sole e dei pianeti e a cui è connesso un orologio astronomico

astràrre o †**astràere**, †**astràggere** [vc. dotta, lat. *abstrăhere*, comp. da *ăbs* 'da' e *trăhere* 'trarre' ✱ 1308] **A** **v. tr.** (**coniug. come** *trarre*) **1** (*lett.*) allontanare, distogliere: *a. la mente dallo studio; a. l'anima dalle cose materiali* **2** (*filos.*) compiere un'astrazione **B** **v. intr.** (aus. *avere*) • prescindere (+ *da*): *non si può giudicare astraendo dai fatti* **C** **astràrsi** **v. rifl.** • concentrarsi in qlco. distogliendosi da ogni elemento circostante: *quando studia si astrae completamente*

astràto ➤ **adstrato**

astrattézza [1550] **s. f.** **1** caratteristica di ciò che (o di chi) è astratto | indeterminatezza, spec. di concetto o ragionamento **2** †distrazione, sbadataggine

astrattìṣmo [1905] **s. m.** **1** in pittura e scultura, assenza di qualsiasi riferimento alla realtà oggettiva CONTR. figurativismo **2** corrente artistica del Novecento che tende ad astrarre da ogni rappresentazione delle forme della realtà sensibile

astrattìsta [1950] **A** **s. m. e f.** (**pl. m.** *-i*) • seguace dell'astrattismo **B** anche **agg.**: *pittore a.*

astrattìstico [av. 1926] **agg.** (**pl. m.** *-ci*) • (*raro*) relativo all'astrattismo e agli astrattisti

astrattìvo [1549] **agg.** • che tende all'astrazione: *intelligenza astrattiva*

astràtto o †**stràtto**① **A** **part. pass.** di *astrarre*; anche **agg.** **1** che deriva da astrazione: *concetto a.* | (*gramm.*) ***nome a.***, che indica qualità non percepibili dai sensi | che non ha rapporti con la realtà empirica: *scienza astratta* | che non ha fondamento nella realtà: *discorsi astratti; progetto a.*; *Che giovano … le verità astratte …?* (G. LEOPARDI) | ***in a.***, (*ellitt.*) in modo astratto, senza rapporti con la realtà: *parlare, discutere, in a.* CONTR. concreto **2** che segue o si ispira all'astrattismo: *pittore a.*; *quadro a.* **3** (*dir.*) ***negozio giuridico a.***, quello che è valido ed efficace anche senza che ne sia indicata la causa tipica o atipica ‖ **astrattaménte**, **avv.** in modo astratto, in astratto: *ragionando astrattamente, la ragione è dalla parte di Vossignoria* (L. PIRANDELLO) **B** **s. m.** • ciò che deriva da astrazione: *l'a. e il concreto*

SFUMATURE ➤ *irreale*

astrazióne [vc. dotta, lat. tardo *abstractiō-ne(m)*, da *abstrăhere* 'astrarre' ✱ av. 1330] **s. f.** **1** l'astrarre | ***fare a. da qlco.***, prescindere da qlco. | (*filos.*) operazione mentale consistente nel trarre da enti fra loro distinti uno o più caratteri comuni in modo da istituire una categoria o una regola che li descrive tutti **2** (*fig.*) pensiero o idea non fondata, che non ha rapporti con la realtà: *questo progetto è un'a.*

astrétto **part. pass.** di *astringere*; anche **agg.** • (*lett.*) nei sign. del v. | stretto, rinchiuso | (*fig.*) legato, obbligato, costretto: *ora mi trovo quasi astretta a doverlo odiare* (C. GOLDONI)

†**astrìgnere** ➤ **astringere**

astringènte **A** **part. pres.** di *astringere*; anche **agg.** • nei sign. del v. **B** **s. m.** • rimedio che tende a diminuire o arrestare una secrezione o un'emorragia, usato in terapia contro le forme infiammatorie della cute e delle mucose | sostanza, preparato o farmaco che ha tale potere, usato spec. per ridurre l'evacuazione intestinale

astrìngere o †**astrìgnere** [vc. dotta, lat. *adstrĭngere*, comp. di *ăd* e *strĭngere* 'stringere' ✱ sec. XIII] **v. tr.** (coniug. come *stringere*) **1** (*lett.*) costringere, obbligare | stringere: *l'universo nel pugno astringe e serra* (T. TASSO) **2** (*med.*) ridurre la secrezione dei tessuti, esercitare un'azione astringente

àstro [lat. *ăstru(m)*, dal gr. *ástron*, di etim. incerta ✱ 1321] **s. m. 1** corpo celeste **2** (*fig.*) chi primeggia, chi eccelle in determinati settori, spec. dello sport e dello spettacolo: *un a. del varietà, del ciclismo* SIN. star, stella | ***a. nascente***, chi ha intrapreso un'attività con ottimi risultati facendo presagire una brillante carriera **3** ***a. della Cina***, pianta arborea perenne delle Composite con fiori di vario colore il cui capolino è circondato da brattee disposte a raggiera (*Callistephus chinensis*) SIN. aster

àstro- primo elemento ● in parole composte dotte o della terminologia scientifica significa 'astro' o 'a forma di astro', o indica relazione con la navigazione spaziale: *astrofisica, astrolatria, astronauta, astronave*

-àstro [dal lat. *-ăstru(m)*, da un precedente *-tro-* ampliato con *-as-* di orig. incerta] **suff. 1** conferisce a sostantivi o aggettivi valore peggiorativo o di approssimazione: *giovinastro, medicastro, fratellastro*; *dolciastro, sordastro* **2** unendosi agli aggettivi di colore fa loro assumere un senso, oltre che peggiorativo, di approssimazione: *biancastro, nerastro, olivastro, verdastro*

astrobiologìa [comp. di *astro-* e *biologia* ✱ 1983] **s. f.** (**pl.** *-gie*) ● parte della biologia che cerca nello spazio l'origine della vita

astrobùssola [comp. di *astro-* e *bussola*③, sul modello dell'ingl. *astrocompass* ✱ 1969] **s. f.** ● strumento per controllare la rotta di un velivolo

astrochìmica [comp. di *astro-* e *chimica* ✱ 1940] **s. f.** ● parte dell'astronomia che studia la composizione chimica dell'universo

astrodinàmica [comp. di *astro* e *dinamica* ✱ 1892] **s. f.** ● parte dell'astronomia che studia il moto degli astri

astròfico [comp. di *a-*① e *strofico* ✱ 1955] **agg.** (**pl. m.** *-ci*) ● detto di componimento poetico in cui i versi si susseguono liberamente prescindendo da una determinata struttura strofica

astròfilo [comp. di *astro-* e *-filo* ✱ 1829] **s. m.** (**f.** *-a*) ● astronomo dilettante

astrofìsica [comp. di *astro-* e *fisica* ✱ 1892] **s. f.** ● parte dell'astronomia che studia la costituzione fisica dell'universo

astrofìsico [1891] **A agg.** (**pl. m.** *-ci*) ● attinente all'astrofisica **B s. m.** (**f.** *-a*) ● studioso di astrofisica

astrofotometrìa [comp. di *astro-* e *fotometria* ✱ 1961] **s. f.** ● misurazione della luminosità degli astri

astrofotòmetro [comp. di *astro-* e *fotometro* ✱ 1961] **s. m.** ● strumento per la misura della luminosità degli astri

astrografìa [comp. di *astro-* e *-grafia* ✱ av. 1936] **s. f.** ● fotografia dei corpi celesti

astrògrafo [comp. di *astro* e *-grafo* ✱ 1892] **s. m.** ● strumento astronomico che serve per la fotografia dei corpi celesti

astrolàbio [lat. mediev. *astrolabiu(m)*, dal gr. *astrolábon* (sottinteso *órganon*) 'strumento che prende gli astri', comp. di *astḗr* 'stella' e *lambánō* 'io prendo' ✱ 1282] **s. m.** ● antico strumento usato dai naviganti per determinare la posizione degli astri, sostituito poi dal sestante

astròlago e deriv. ➤ **astrologo** e deriv.

†**astrolamìa** ➤ **astronomia**

astrolatrìa [comp. di *astro-* e *-latria* ✱ 1813] **s. f.** ● culto degli astri deificati, praticato da molti popoli dell'antico Oriente

astrologàre o (*pop.*) **astrolagàre**, (*pop.*) **strologàre**, (*pop.*) **strolagàre** [av. 1328] **v. intr.** (*io astròlogo, tu astròloghi*; aus. *avere*) **1** esercitare l'astrologia **2** (*fig.*) congetturare, fantasticare

astrologìa [vc. dotta, lat. *astrolŏgia(m)*, dal gr. *astrología* 'astronomia'. V. *astro-* e *-logia* ✱ 1258] **s. f.** (**pl.** *-gie*) **1** arte di antica origine che presume di scoprire influssi degli astri sulla vita umana, al fine di prevedere avvenimenti futuri | ***a. mondana***, antica arte divinatoria sulle sorti della nazione e dei re | ***a. natale***, arte di formulare e interpretare l'oroscopo individuale **2** †astronomia

astrològico [vc. dotta, lat. tardo *astrolŏgicu(m)*, dal gr. *astrologikós* 'astronomico', da *astrología*. V. *astrologia* ✱ av. 1328] **agg.** (**pl. m.** *-ci*) ● relativo all'astrologia: *segno, campo a.* | ***anno a.***, ciclo solare annuale che comincia il 21 marzo ‖ **astrologicaménte**, **avv.** per quanto riguarda l'astrologia

astròlogo o (*pop.*) **astròlago**, (*pop.*) **stròlogo**, (*pop.*) **stròlago** [vc. dotta, lat. *astrŏlogu(m)*, dal gr. *astrológos* 'astronomo'. V. *astrologia* ✱ 1258] **s. m.** (**f.** *-a*; **pl. m.** *-gi*, *pop.* *-ghi*) ● chi pratica l'astrologia | ***crepi l'a.!***, esclamazione scherzosa rivolta a chi predice sciagure

astrometrìa [comp. di *astro-* e *-metria* ✱ 1955] **s. f.** ● astronomia di posizione (V. *astronomia*)

♦**astronàuta** [comp. di *astro-* e *-nauta* ✱ 1937] **s. m. e f.** (**pl. m.** *-i*) ● chi viaggia oltre l'atmosfera terrestre | addetto alla condotta o ai servizi di bordo di un'astronave

astronàutica [fr. *astronautique*. V. *astro-* e *nautica* ✱ 1931] **s. f.** ● scienza, tecnica e attività relative alla costruzione e all'impiego dei mezzi che vanno oltre l'atmosfera terrestre

astronàutico [1955] **agg.** (**pl. m.** *-ci*) ● attinente all'astronautica

♦**astronàve** [comp. di *astro-* e *nave* ✱ 1952] **s. f.** ● veicolo spaziale SIN. cosmonave

astronomìa o †**astrolamìa**, †**stronomìa** [vc. dotta, lat. *astronŏmia(m)*, dal gr. *astronomía*, comp. di *ástron* 'astro' e *nómos* 'legge' ✱ 1261 ca.] **s. f.** ● scienza che studia gli astri e i fenomeni celesti | ***a. di posizione***, parte dell'astronomia che studia le posizioni e i movimenti dei corpi celesti SIN. astrometria

astronòmico [vc. dotta, lat. tardo *astronŏmicu(m)*, dal gr. *astronomikós*, da *astronomia* 'astronomia' ✱ 1258] **agg.** (**pl. m.** *-ci*) **1** attinente all'astronomia: *cannocchiale a.* **2** (*fig.*) esagerato, eccessivo, inarrivabile: *prezzo a.*; *cifre astronomiche* ‖ **astronomicaménte**, **avv.** per quanto riguarda l'astronomia

astrònomo [vc. dotta, lat. tardo *astrŏnomu(m)*, dal gr. *astronómos*. V. *astronomia* ✱ 1341 ca.] **s. m.** (**f.** *-a*) ● studioso di astronomia

astropòrto [comp. di *astro-* e *porto* ✱ 1962] **s. m.** ● cosmodromo

astruṣàggine [1869] **s. f.** ● astruseria goffa e inutile

astruṣerìa [1840] **s. f.** ● caratteristica di chi (o di ciò che) è astruso: *l'a. di un discorso* | astrusità

astruṣità [1863] **s. f. inv.** ● astruseria: *l'a. di una teoria* | discorso, ragionamento oscuro, incomprensibile: *queste sono tutte a.*

♣**astrùṣo** [vc. dotta, lat. *abstrūsu(m)*, part. pass. di *abstrūdere* 'mettere da parte', comp. di *ăbs* 'da' e *trūdere* 'spingere' ✱ av. 1552] **agg. 1** che è difficile da capire perché oscuro, complicato, tortuoso e sim.: *problema, concetto, ragionamento a.*; *formule astruse*; *termini astrusi*; *parlare, esprimersi, in modo a.* **2** (*raro, lett.*) nascosto, recondito ‖ **astruṣaménte**, **avv.**

SFUMATURE ➤ *enigmatico*

♦**astùccio** [provenz. *estug*, di etim. incerta ✱ av. 1365] **s. m.** ● custodia foderata e modellata secondo la forma dell'oggetto da contenere: *l'a. della collana, della macchina fotografica*; *a. per gioielli* ‖ **astuccétto**, **dim.** | **astuccìno**, **dim.**

♦**astùto** [lat. *astūtu(m)*, dalla forma *ăstu* 'con astuzia', vc. del gergo teatrale ✱ av. 1306] **agg.** ● che è capace di escogitare e di usare i mezzi più opportuni al raggiungimento di un dato scopo, anche non buono: *essere a. come, più di, una volpe*; *se crede di essere a. con noi si sbaglia* | che denota scaltrezza, furbizia e sim.: *idea astuta*; *parole astute*; *risposta astuta*; *sguardo, sorriso a.*; *trovata, trappola astuta* ‖ **astutaménte**, **avv.** con astuzia

SFUMATURE ➤ *furbo*

♦**astùzia** o †**stùzia** [vc. dotta, lat. *astūtia(m)*, da *astūtus* 'astuto' ✱ av. 1292] **s. f. 1** caratteristica di chi (o di ciò che) è astuto: *in questo caso l'a. è necessaria*; *giocare d'a.* **2** idea, azione astuta: *astuzie amorose, oratorie*; *le piccole astuzie delle donne*; *ricorrere alle più sottili astuzie* | accorgimento, stratagemma: *le astuzie di Ulisse*

SFUMATURE ➤ *stratagemma*

at /at, *ingl.* æt/ [vc. ingl., corrispondente al 'presso' degli indirizzi ✱ 1995] **s. m. inv.** ● (*Internet*) nome inglese del carattere chiocciola (@)

-àta [dalla desinenza del f. sing. del part. pass. dei verbi in *-are*] **suff.** ● forma sostantivi tratti da verbi in *-are*: *cavalcata, nevicata, passeggiata, pennellata, pugnalata* | forma sostantivi che indicano una quantità generica, o hanno valore collettivo, o indicano azione, effetto: *cucchiaiata, manciata*; *scalinata, balaustrata*; *scemata, pedata, cannonata*

atabàgico [comp. di *a-*① e *tabagico* (V. *tabagismo*) ✱ 1955] **s. m.** (**pl.** *-ci*) ● preparato farmaceutico per disassuefarsi dal fumo

atabàque /*portog.-brasiliano* ata'bak/ [brasiliano *atabàki* 'tipo di tamburo' ✱ av. 1956] **s. m. inv.** ● (*mus.*) sorta di tamburo della musica afro-brasiliana di forma allungata, che si restringe verso il basso a tronco di cono

atalànta [dal n. di un personaggio mitologico gr. ✱ 1829] **s. f.** ● bellissima farfalla diurna dalle ali bruno-rosse a macchie azzurre (*Vanessa atalanta*)

atalantino [1967] **agg. e s. m.** (**f.** *-a*) ● che (o chi) gioca nella squadra di calcio bergamasca dell'Atalanta o ne è sostenitore

atamàno [russo *ataman* ✱ 1843] **s. m.** ● antico comandante militare cosacco

♣**atarassìa** [vc. dotta, gr. *ataraxía*, comp. di *a-*① e *táraxis* 'turbamento' ✱ av. 1729] **s. f. 1** (*filos.*) nel pensiero epicureo, stoico e scettico, ideale etico del saggio che, attraverso il dominio delle passioni, conquista una serenità imperturbabile **2** (*est., lett.*) imperturbabilità: *L'abituale a. del suo spirito* (C.E. GADDA)

ataràssico [1931] **agg.** (**pl. m.** *-ci*) **1** relativo all'atarassia **2** (*est., raro*) imperturbabile

†**atàre** ➤ **aiutare**

atassìa [vc. dotta, gr. *ataxía*, comp. di *a-*① e *táxis* 'ordine' ✱ 1819] **s. f.** ● (*med.*) mancanza di coordinazione dei movimenti muscolari volontari: *a. cinetica*

atàssico [1865] **A agg.** (**pl. m.** *-ci*) ● relativo ad atassia **B agg. e s. m.** (**f.** *-a*) ● che (o chi) è affetto da atassia

atàttico [comp. di *a-*① e del gr. *taktikós* 'ordinato', dal v. *tássein* di etim. incerta ✱ 1963] **agg.** (**pl. m.** *-ci*) ● (*chim.*) detto di polimero privo di ordine configurazionale: *polistirene a.*

♣**atàvico** [fr. *atavique*, dal lat. *ătavus* 'atavo' ✱ 1882] **agg.** (**pl. m.** *-ci*) **1** che deriva da lontani antenati, che ha origini remotissime: *pau-*

re, credenze ataviche SIN. ancestrale **2** (*med.*) relativo ad atavismo: *anomalie ataviche*|| **atavicaménte**, avv.

atavìşmo [fr. *atavisme*. V. *atavico* ✱ 1874] **s. m.** ● (*biol.*) ricomparsa in un individuo di caratteri anatomici o funzionali esistenti in lontanissimi antenati

atavìstico [fr. *atavistique*. V. *atavico* ✱ 1894] **agg. (pl. m. -*ci*)** ● relativo ad atavismo

àtavo [vc. dotta, lat. *ătavu(m)*, comp. di *ătta* 'nonno' e *ăvus* 'avo' ✱ av. 1494] **s. m. (f. -*a*)** **1** (*lett.*) padre del trisnonno o della trisnonna **2** (*lett.*, spec. al pl.) avo, antenato: *lontane istorie / d'atavi* (G. CARDUCCI)

atciù ➤ **ecci**

ateişmo [da *ateo* ✱ 1584] **s. m.** ● negazione di Dio | concezione fondata su tale negazione

ateista [sec. XVI] **s. m. e f. (pl. m. -*i*)** ● chi professa l'ateismo

ateistico [1639] **agg. (pl. m. -*ci*)** ● relativo all'ateismo e all'ateista

àtele [gr. *atelḗs* 'imperfetto, senza (*a-*) fine (*télos*)' ✱ 1829] **s. m.** ● genere di scimmie americane delle Platirrine con lunghissimi arti, lunga coda prensile, testa piccola e corpo esile (*Ateles*)

atelettaşìa o **atelectaşìa** [comp. del gr. *atelḗs* 'imperfetto' e *éktasis* 'dilatazione' ✱ 1930] **s. f.** ● (*med.*) incompleta distensione della parte terminale di un organo | ***a. polmonare***, stato di collasso degli alveoli polmonari con scomparsa dell'aria al loro interno

atelettàşico [1956] **agg. (pl. m. -*ci*)** ● (*med.*) relativo ad atelettasia

atelìa [vc. dotta, deriv. dal gr. *atelḗs* 'senza (*a-*), fine, scopo (*télos*)' ✱ 1829] **s. f.** **1** (*biol.*) assenza di finalità in un processo biologico o in una teoria biologica **2** (*biol.*) incompleto sviluppo embrionale che coinvolge l'intero corpo o una sua parte **3** (*med.*) mancanza congenita del capezzolo

atelier /fr. atə'lje/ [vc. fr., 'mucchio di schegge di legno', poi 'cantiere', dall'ant. fr. *astelle* 'scheggia di legno', dal lat. parl. **astĕlla(m)*, per il classico *ăstula(m)*, var. di *ăssula(m)*, dim. di *ăssis* 'asse' ✱ 1758] **s. m. inv.** **1** locale, luogo di lavoro di artigiani o artisti | ***a. fotografico***, studio di fotografo **2** (*per anton.*) sartoria per signora

atellàna [vc. dotta, lat. *atellăna(m)* (sottinteso *fābulam*), rappresentazione teatrale, dalla città di *Atĕlla* ✱ 1554] **s. f.** ● (*letter.*) farsa campana diffusasi nell'antica Roma come rappresentazione teatrale a maschere fisse con intrecci di spirito assai salace e popolare

atemàtico [comp. di *a-*① e *tematico* ✱ 1955] **agg. (pl. m. -*ci*)** **1** che è privo di temi precisi: *musica atematica* **2** (*ling.*) nelle lingue indoeuropee, detto di forma in cui la terminazione viene direttamente connessa alla radice|| **atematicità**, **s. f. inv.**

atemporàle [comp. di *a-*① e *temporale*① ✱ 1945] **agg.** ● (*filos.*) che è fuori del tempo, che trascende il tempo|| **atemporalménte**, avv.|| **atemporalità**, **s. f. inv.** condizione di ciò che è atemporale

atenèo [vc. dotta, lat. *Athenaeu(m)*, dal gr. *Athḗnaion* 'tempio di Atena', istituto d'istruzione superiore fondato in Roma da Adriano ✱ av. 1696] **s. m.** **1** istituto di ricerca scientifica o di insegnamento superiore | università **2** nome di riviste scientifiche o letterarie

ateniése (o -ş-) [1258] **A** **agg.** ● di Atene: *tempio a.* **B** **s. m. e f.** ● abitante o nativo di Atene

àteo [vc. dotta, lat. tardo *ătheu(m)*, dal gr. *átheos*, comp. di *a-*① e *theós* 'dio' ✱ 1631] **agg. e s. m. (f. -*a*)** ● che (o chi) nega l'esistenza di Dio: *filosofia atea* CFR. agnostico, non credente

ateologìa [comp. di *a-*① e *teologia* ✱ 1909] **s. f. (pl. -*gìe*)** ● teoria che sostiene la necessità di una critica radicale della trascendenza nella teologia e la promozione della vita terrena come unico vero bene CFR. ateismo, teologia

aterìna [gr. *atherínē*, n. di un piccolo pesce di mare, da *athḗr*, genit. *athéros* 'punta, barba della spiga', poi 'punta di un pesce', di etim. incerta ✱ 1819] **s. f.** ● genere di piccoli pesci dei Teleostei, cui appartiene il latterino, che si trovano nei mari temperati e tropicali, spec. in prossimità delle coste (*Atherina*)

atermàno [comp. di *a-*① e del gr. *thermón* 'calore' ✱ 1874] **agg.** ● adiatermano

atèrmico [comp. di *a-*① e *termico* ✱ 1970] **agg. (pl. m. -*ci*)** ● che assorbe le radiazioni infrarosse: *vetro a.* || **atermicaménte**, avv. || **atermicità**, **s. f. inv.**

aterogenètico [comp. di *atero(ma)* e *genetico* ✱ 1955] **agg.**; anche **s. m. (pl. m. -*ci*)** ● (*med.*) detto di sostanza che favorisce la genesi dell'aterosclerosi

ateròma [vc. dotta, lat. tardo *atherōma*, dal gr. *athḗrōma*, da *athḗra* 'poltiglia' ✱ av. 1698] **s. m. (pl. -*i*)** **1** (*med.*) lesione degenerativa a forma di placca giallastra della parete arteriosa; risulta costituita da deposito di lipidi, spec. colesterolo, circondato da tessuto connettivale fibroso e da una massa di cellule muscolari lisce proliferanti CFR. aterosclerosi, arteriosclerosi **2** (*med.*) formazione cistica abitualmente del cuoio capelluto, contenente cheratina e dovuta all'ostruzione del dotto di una ghiandola sebacea

ateromaşìa [da *ateroma* ✱ 1888] **s. f.** ● (*med.*) aterosclerosi

ateromatóso (o -ş-) [1986] **agg.** ● (*med.*) relativo ad ateroma | ***placca ateromatosa***, ateroma

aterosclerò şi o (*meno comune*) **aterosclèroşi** [comp. di *atero(ma)* e *sclerosi* ✱ 1913] **s. f. inv.** ● (*med.*) forma di arteriosclerosi delle grandi e medie arterie, spec. dell'aorta, delle coronarie e delle carotidi; è caratterizzata dalla formazione di ateromi all'interno delle arterie, con diminuita elasticità e restrizione del lume vasale e ridotto afflusso di sangue ai tessuti CFR. arteriosclerosi, ateroma

ateroscleròtico [1983] **agg. (pl. m. -*ci*)** ● (*med.*) relativo ad aterosclerosi: *placche aterosclerotiche*

ateşìno [1846] **A** **agg.** ● dell'Adige, della Val d'Adige **B** **s. m. (f. -*a*)** ● abitante o nativo della Val d'Adige

atestìno [1834] **A** **agg.** ● di Ateste, nome latino della città veneta di Este: *Fanciullo ancor nell'atestin liceo* (I. PINDEMONTE) | ***civiltà atestina***, civiltà dell'età del ferro che ebbe come centro l'antica Ateste **B** **s. m. (f. -*a*)** ● abitante o nativo della regione di Este

atetèşi [vc. dotta, gr. *athétēsis* 'abolizione, reiezione', da *áthetos* 'abrogato, messo da parte', comp. di *a-*① e un deriv. di *tithénai* 'porre' di orig. indeur. ✱ 1961] **s. f. inv.** ● nell'edizione critica di un testo letterario, eliminazione di un passo ritenuto, dal punto di vista filologico, spurio o interpolato

atetòşi [dal gr. *áthetos* 'disordinato, sconnesso', comp. di *a-*① e *tithénai* 'porre': detta così perché caratterizzata da movimenti involontari ✱ 1930] **s. f. inv.** ● (*med.*) disturbo neurologico caratterizzato da movimenti di contorsione involontari, lenti e ripetitivi spec. a carico di faccia, lingua e arti

atimìa① [vc. dotta, dal gr. *atimía*, propr. 'infamia' ✱ 1955] **s. f.** ● (*dir.*) istituto del diritto greco in base al quale chi avesse commesso fatti di particolare gravità contro lo Stato era privato completamente o parzialmente dei diritti civili

atimìa② [vc. dotta, dal gr. *athymía*, da *áthymos* 'scoraggiato, senza (*a-*) animo (*thymós*)' ✱ 1961] **s. f.** ● (*psicol.*) attenuazione o abolizione di ogni stimolo affettivo e di ogni reazione emotiva, caratteristica di alcuni disturbi mentali

atìpico [comp. di *a-*① e *tipico* ✱ 1845] **agg. (pl. m. -*ci*)** **1** che non è tipico, che è diverso dal tipo normale: *caso a.*; *polmonite atipica* **2** (*dir.*) non specificatamente previsto e disciplinato dalla legge: *negozio giuridico a.*; *lavoratore a.* SIN. innominato|| **atipicaménte**, avv.|| **atipicità**, **s. f. inv.**: *l'atipicità di un fenomeno, di un contratto*

atlànte① [vc. dotta, lat. *atlănte(m)* ✱ 1758] **s. m.** **1** (*archit.*) figura maschile rappresentata in funzione di sostegno architettonico SIN. telamone **2** (*anat.*) prima vertebra cervicale, sulla quale si articola il cranio

atlànte② [dalla figura del Titano *Atlante* stampata sulla copertina di una raccolta di carte geografiche di Mercatore (1595) ✱ av. 1703] **s. m.** ● raccolta di carte geografiche rilegate in volume: *a. geografico* | (*est.*) raccolta di tavole figurate relative a una data disciplina: *a. anatomico, botanico, storico, linguistico* || **atlantino**, dim.

atlàntico① [vc. dotta, lat. *atlănticu(m)*, dal gr. *atlantikós*, da *Átlas*, genit. *Átlantos* 'Atlante' ✱ 1580] **agg. (pl. m. -*ci*)** **1** (*raro, lett.*) gigantesco: *questa mia fatica veramente atlantica* (G. GALILEI) **2** in bibliografia, che ha il formato massimo a foglio disteso proprio degli atlanti: *volume a.*

♦**atlàntico**② [vc. dotta, lat. *Atlănticu(m)*, dal gr. *Atlantikós*, dal nome del monte *Atlante* ✱ 1533] **agg. (pl. m. -*ci*)** **1** dell'Oceano Atlantico: *corrente atlantica* | ***dorsale atlantica***, il rilievo sottomarino dell'Oceano Atlantico **2** detto del patto di reciproca assistenza politica, economica e militare, stipulato fra gli Stati Uniti e i Paesi dell'Europa occidentale nel 1949, e di quanto a esso si riferisce: *patto a.*; *politica atlantica*

atlantişmo [1951] **s. m.** ● linea di politica estera basata sul Patto Atlantico | ideologia dell'alleanza atlantica

atlèta [vc. dotta, lat. *athlēta(m)*, dal gr. *athlētḗs*, da *âthlos* 'lotta' ✱ 1321] **s. m. e f. (pl. m. -*i*)** **1** chi pratica uno sport a livello agonistico **2** persona forte, robusta e armonicamente sviluppata **3** (*fig., lett.*) chi difende con forza ed eroismo un nobile ideale: *tu se' di Dio nel mondo a.* (L. PULCI)

atlètica [vc. dotta, lat. *athlētica(m)* (sottinteso *ărtem* 'tecnica'), da *athlēta* 'atleta' ✱ 1797] **s. f.** ● complesso di varie attività motorie finalizzate a una migliore efficienza fisica, spec. come preparazione di base per ciascuna disciplina sportiva | ***a. leggera***, (*ellitt.*) ***atletica***, sport comprendente le discipline della corsa, della marcia, dei lanci e dei salti | (*disus.*) ***a. pesante***, quella comprendente, un tempo, le specialità della lotta e del sollevamento pesi

NOMENCLATURA

atletica

● *atletica leggera*: corsa su strada (maratona, maratoneta), corsa su pista (corsa piana, gare di velocità, gare di mezzofondo, gare di fondo, staffetta, corsa con ostacoli, corsa con siepi), corsa campestre, filo del traguardo, blocchi di partenza, corsia, tartan, testimone, fondista, mezzofondista, centometrista; marcia; salto (in lungo, in alto, con l'asta, triplo), asticella, ritti, sforbiciata, battuta, rincorsa; lancio del disco (disco, pedana circolare di lancio, zona di delimitazione, bande laterali di zona), discobolo; lancio del giavellotto (linea di lancio, pedana), giavellotto (di metallo, di legno, impugnatura, punta), giavellottista; getto del peso (peso, pedana di lancio, fermapiedi); lancio del martello (martello, filo d'acciaio, maniglia, inferriata di protezione); decathlon, pentathlon, esathlon, triathlon;

● *azioni*: correre, marciare, accelerare l'andatura; disputare una gara, stabilire la classifica; sal-

tare, abbattere un ostacolo, passarsi il testimone, effettuare il cambio, prepararsi al cambio; saltare; impugnare il disco o il giavellotto; lanciare, scagliare l'attrezzo; squalificare, qualificarsi;
● *atletica pesante*: sollevamento pesi = pesistica (sbarra a pesi fissi = bilanciere, sbarra a pesi aumentabili): sollevamento di strappo, sollevamento di slancio, sollevamento di distensione; pesista = sollevatore di pesi; lotta: greco-romana, stile libero; giapponese = judò, jujitsu, lotta con cintura, lotta svizzera;
● *azioni*: sollevare il bilanciere; lottare, fare lo sgambetto, ungersi di olio; combattere, salire sul ring, abbandonare il ring, colpire di destro o di sinistro; infilare, calzarsi, cavarsi i guantoni; mettere K.O., vincere (ai punti, per fuori combattimento = knock out, per arresto del combattimento = knock out tecnico, per abbandono, per getto della spugna, per intervento medico, per squalifica).

atlètico [vc. dotta, lat. tardo *athlēticu(m)*, dal gr. *athlētikós*, da *athlēta(m)* 'atleta' ✱ 1543] **agg.** (**pl. m.** *-ci*) **1** relativo all'atletica: *prova atletica, preparazione atletica* **2** da atleta: *struttura atletica* | (*est.*) armonico, robusto, ben strutturato: *taglia atletica*; *forme atletiche* || **atleticaménte**, **avv. 1** in modo atletico **2** sotto l'aspetto atletico || **atleticità**, **s. f. inv.** caratteristica di chi è atletico; prestanza fisica: *un calciatore che privilegia l'atleticità rispetto alla tecnica*

atletiṣmo [1918] **s. m.** ● attività degli atleti

♦**atmosfèra** [comp. del gr. *atmós* 'vapore' e *sphâira* 'sfera' ✱ 1659] **s. f. 1** (*geogr.*) involucro gassoso che circonda un corpo celeste | ***a. terrestre***, quella, costituita di aria, che circonda la Terra con densità decrescente verso l'alto, concentrandosi per il 99% della sua massa nei primi 100 km di altezza; è sede dei fenomeni meteorologici **CFR.** meteoro- **2** (*fig.*) condizione psicologica all'interno di un determinato ambiente o periodo, dipendente dalle situazioni che si vivono, dai rapporti che si stabiliscono e sim.: *essere immerso in un'a. ostile*; *nella deprimente a. del sanatorio* (A. MORAVIA); *l'a. dei primi anni del Novecento* **3** (*fis.*) unità di misura della pressione di un gas o di un vapore, pari a 101 325 Pa **SIMB.** atm

♦**atmosfèrico** [1789] **agg.** (**pl. m.** *-ci*) ● (*geogr.*, *fis.*) dell'atmosfera: *pressione atmosferica* | ***circolazione atmosferica***, complesso degli spostamenti di masse d'aria fra zone con diversa pressione | ***disturbi atmosferici***, quelli della ricezione radio dovuti a disturbi elettrici nell'atmosfera || **atmosfericaménte**, **avv.** dal punto di vista atmosferico

-àto① [dal lat. *-ātu(m)*, propr. desinenza di part. pass., di orig. indeur.; anche suff. denotante carica o condizione: per es. *tribunātu(m)*] **suff. 1** forma nomi astratti che indicano ufficio, carica, condizione (talora con valore collettivo): *artigianato, bracciantato, consolato, papato* **2** forma aggettivi che significano 'provvisto di qlco.', 'che possiede qlco.' o che si riferiscono a quantità: *alato, costumato, dentato, garbato, pepato, stellato* | in alcuni aggettivi e sostantivi di formazione recente, indica relazione con qlco.: *lampadato, palestrato* **3** forma i participi passati dei verbi in *-are*: *parlare - parlato, amare - amato*

-àto② [dal lat. *-ātu(m)*, nt. di *-ātus* 'ato①', attraverso un modulo del tipo *plŭmbum acetātum* 'sale prodotto dall'azione dell'acido acetico sul piombo'] **suff.** ● in chimica indica i sali derivati da un acido in *-ico*: *solfato, clorato*; o gli esteri derivati da un acido in *-ico*: *acetato, nitrato*; o i sali degli acidi aromatici: *benzoato, ftalato*; o gli alcolati: *metilato, etilato*

atòllo [ingl. *atoll*, prob. dal singalese *ätul* 'dentro' ✱ 1872] **s. m. 1** isola corallina elevata fino a 4 m, formata da un anello nel cui centro sta una laguna comunicante col mare **2** (*mar.*) grosso galleggiante di salvataggio, di forma gener. anulare, atto a fornire a più naufraghi immersi in mare un aiuto per il galleggiamento

atòmica [1946] **s. f.** ● accorc. di *bomba atomica*

atomicità [1874] **s. f. inv.** ● proprietà di ciò che è costituito da un insieme di atomi | (*est.*) proprietà di ciò che è suddiviso in molte unità elementari di dimensioni simili

♦**atòmico** [1865] **agg.** (**pl. m.** *-ci*) **1** (*fis.*) di atomo, relativo all'atomo: *stato a.* | ***peso a.***, peso di un atomo riferito all'unità di misura data dalla dodicesima parte di un atomo di carbonio-12 **2** nucleare: *guerra atomica*; *tregua atomica* | ***energia atomica***, energia interna dell'atomo; correntemente energia nucleare | ***bomba atomica***, fondata sui processi di disintegrazione del nucleo dell'uranio | ***sottomarino a.***, che per la propulsione sfrutta l'energia nucleare | ***era atomica***, quella, condizionata dall'impiego dell'energia nucleare, che si fa convenzionalmente decorrere dalla metà del XX secolo **3** (*fig.*) eccezionale, straordinario, travolgente: *bellezza atomica* || **atomicaménte**, **avv.** relativamente all'atomo o all'energia atomica || **atomicità**, **s. f. inv.** (V.)

atomìṣmo [1797] **s. m. 1** (*filos.*) nel pensiero greco (Leucippo, Democrito, Epicuro), teoria secondo la quale tutta la realtà, compresa quella spirituale, è costituita da un aggregato di atomi in continuo movimento **2** nelle scienze umane e sociali, teoria che tende a trattare fenomeni complessi non organicamente, ma come la combinazione di pochi elementi semplici: *a. psicologico* **3** (*fig.*) suddivisione, frammentazione eccessiva: *l'a. del sistema politico*

atomìsta [av. 1635] **s. m. e f.** (**pl. m.** *-i*) ● (*filos.*) chi sostiene le teorie dell'atomismo

atomìstica [1819] **s. f.** ● (*raro*) fisica atomica

atomìstico [1865] **agg.** (**pl. m.** *-ci*) ● (*filos.*) che concerne l'atomismo || **atomisticaménte**, **avv.** secondo l'atomismo

atomiẓẓàre [ingl. *to atomize*. V. *atomo* ✱ 1939] **v. tr. 1** nebulizzare **2** (*raro*) distruggere con un bombardamento atomico || **atomiẓẓazióne**, **s. f.** (V.)

atomiẓẓatóre [1942] **s. m.** ● apparecchio per nebulizzare | apparecchio usato per diffondere antiparassitari o liquidi su alberi o coltivazioni

atomiẓẓazióne [1955] **s. f. 1** nebulizzazione **2** (*chim.*) sistema di essiccamento in cui una sostanza in soluzione viene dispersa in finissime particelle per mezzo di una corrente calda e secca che elimina il solvente

♦**àtomo** [vc. dotta, lat. *ătomu(m)*, dal gr. *átomos* 'indivisibile', comp. di *a-*① e *témnō* 'io taglio' ✱ av. 1334] **s. m. 1** (*fis.*) la più piccola parte in cui può essere suddiviso un elemento chimico; è formato da un nucleo, costituito da particelle con carica elettrica positiva (*protoni*) e particelle neutre (*neutroni*), attorno al quale orbitano particelle con carica negativa (*elettroni*) **2** (*fig.*) quantità minima: *un a. di vita, di verità*

atonàle [comp. di *a-*① e *tonale* ✱ 1930] **agg.** ● detto di musica che non segue i principi classici della tonalità || **atonalità**, **s. f. inv.** mancanza di tonalità; sistema musicale che prescinde dalle norme dell'armonia tonale

atonìa [vc. dotta, lat. tardo *atŏnia(m)*, dal gr. *atonía*, da *átonos* 'atono' ✱ av. 1758] **s. f. 1** (*med.*) mancanza o diminuzione del tono muscolare **2** (*ling.*) mancanza di accento tonico

atonicità [comp. di *a-*① e *tonicità* ✱ 1955] **s. f. inv.** ● (*ling.*) caratteristica di ciò che è atono

atònico [da *atono* ✱ 1828] **agg.** (**pl. m.** *-ci*) **1** (*med.*) affetto da atonia: *muscolatura atonica* **2** (*fig.*) fiacco || **atonicità**②, **s. f. inv.**: *l'atonicità di un muscolo*

♦**àtono** [vc. dotta, gr. *átonos*, comp. di *a-*① e *tónos* 'energia, accento' ✱ 1904] **agg. 1** (*ling.*) detto di sillaba o di vocale non accentata (V. nota d'uso ACCENTO) **2** (*raro*) che è privo, che scarseggia di tono muscolare **3** (*fig.*, *lett.*) inerte, privo di espressione: *sguardo a.*

atopìa [comp. di *a-*①, del gr. *tópos* 'luogo' e del suff. *-ia*② ✱ 1961] **s. f.** ● (*med.*) tendenza ereditaria a sviluppare una ipersensibilità immediata (allergia) verso antigeni ambientali come la polvere delle abitazioni, il polline, la forfora di animali || **atòpico**, **agg.** (**pl. m.** *-ci*) (*med.*) relativo ad atopia; che manifesta atopia: *soggetto a.*; ***dermatite a.***, eczema di origine allergica

a tórno ➤ **attorno**

atòssico [comp. di *a-*① e *tossico*① ✱ 1892] **agg.** (**pl. m.** *-ci*) ● privo di tossicità: *farmaco a.* || **atossicità**, **s. f. inv.**

atout /fr. a'tu/ [fr., da *à tout*, propr. 'a tutto' ✱ 1905] **s. m. inv. 1** nei giochi di carte, seme che, predominando sugli altri, è avvantaggiato nelle prese **2** (*fig.*) possibilità, probabilità di vittoria, di successo e sim.: *avere qualche a.*

ATP /attip'pi*/ [sigla dell'ingl. *Adenosine TriphosPhate* 'adenosintrifosfato' ✱ 1980] **s. m. inv.** ● (*biol.*) nucleotide diffuso in tutto il mondo vivente, che partecipa a numerose reazioni biochimiche

atrabile [vc. dotta, lat. *ātra(m) bīle(m)* 'bile nera' ✱ 1585] **s. f. 1** nell'antica medicina, uno dei quattro umori dell'organismo umano, di colore nero, che era ritenuto causa della malinconia: *l'umor melancolico è chiamato a.* (F. REDI) **CFR.** bile, flemma, sangue **2** (*fig.*, *lett.*) ipocondria, pessimo umore

atrabiliàre o (*raro*) **atrabiliàrio** [1641] **A agg. 1** (*med.*) †relativo all'atrabile **2** (*est.*, *lett.*) bilioso, irascibile: *un vecchio scettico, intelligente, a.* (A. FOGAZZARO) **B agg. e s. m.** ● (*med.*) †che (o chi) è affetto da atrabile

a travèrso ➤ **attraverso**

atraẓina [deriv. dal n. del composto chimico *triazina* ✱ 1976] **s. f.** ● (*chim.*) composto chimico organico aromatico azotato, usato come erbicida

atrèplice o **atriplice**, †**atrépice**, †**atrébice** [lat. *atriplice(m)*, dal gr. *atráphaxys*, di orig. sconosciuta ✱ 1310] **s. m. e f.** ● (*bot.*) pianta erbacea delle Chenopodiacee con fiori verdastri raccolti in infiorescenze a grappolo (*Atriplex hortense*) **SIN.** bietolone

atrepsia [fr. *athrepsie*, comp. di *a-*① e del gr. *thrépsis* 'nutrizione' ✱ 1900] **s. f.** ● (*med.*) grave deperimento organico, spec. dei lattanti

atreṣia [fr. *atrésie*, comp. di *a-*① e del gr. *três is* 'foro' ✱ 1908] **s. f.** ● (*med.*) incompleto sviluppo dell'orifizio di una formazione canalicolare: *a. anale, esofagea*

atriàle (o **-triá-**) [da *atrio* nel sign. 3 ✱ 1900] **agg.** ● (*med.*) dell'atrio: *affezione a.*

atrichìa [comp. di *a-*① e del gr. *thríx*, genit. *trichós* 'pelo' ✱ 1940] **s. f.** ● (*med.*) malattia congenita consistente nella mancanza di peli e capelli

atrìchico [sec. XX] **agg.** (**pl. m.** *-ci*) ● affetto da atrichia

àtrio [vc. dotta, lat. *ātriu(m)*, forse di orig. etrusca ✱ 1342] **s. m.** (**pl.** *-i* o *raro -ii*) **1** vestibolo della casa romana e greca, con l'impluvio **2** locale d'ingresso di un edificio, gener. vasto e talora ornato da colonne o pilastri: *a. dell'albergo, della stazione* **3** (*anat.*) qualsiasi camera o vestibolo che, connesso ad al-

a

tra cavità, la precede lungo una direttrice di flusso | ***a. cardiaco***, nei Vertebrati, cavità del cuore che riceve il sangue refluo dei grandi vasi venosi; nell'uomo, ciascuna delle due camere superiori del cuore dove giunge il sangue venoso (*a. destro*) e arterioso (*a. sinistro*) **SIN.** orecchietta **4** (***geogr.***) zona intermedia tra un cono vulcanico formatosi nell'interno di un altro e l'orlo del vecchio cratere

atrioventricolàre [comp. di *atrio* 'orecchietta' e *ventricolare* ✱ 1980] **agg.** ● (***anat.***) relativo agli atri e ai ventricoli cardiaci | ***nodo a.***, gruppo di cellule specializzate del miocardio che, a partire dalla regione atriale, proiettano impulsi contrattili verso i ventricoli

atrìplice ➤ **atreplice**

♦**àtro** [lat. *ătru(m)* 'scuro', da confrontare con forme analoghe dei dial. italici che significano 'annerito dal fuoco' ✱ av. 1257] **agg. 1** (***lett.***) nero, oscuro: *un velo a. m'ha ingombre / le luci* (V. Alfieri) **2** (***fig., lett.***) atroce, crudele | tetro || **atraménte**, **avv.**

atróce (o **-ò-**) [vc. dotta, lat. *atrōce(m)*, da *āter* 'nero' ✱ sec. XIII] **agg. 1** che suscita terrore, spavento, raccapriccio: *scena, spettacolo, delitto a.*; *ghigno a.*; *è la cosa più a. che potesse capitare* | (***est.***) terribile, crudele: *delusione a.*; *la sua morte fu a.* | angoscioso, tormentoso: *dubbio a.*; *un a. sospetto* | (***iperb.***) molto intenso, insopportabile: *un caldo a.*; *ho un a. mal di denti* **2** (***lett.***) spietato, malvagio: *un insulto a.* || **atroceménte**, **avv.**

atrocità [vc. dotta, lat. *atrocitāte(m)*, da *ātrox*, genit. *atrōcis* 'atroce' ✱ av. 1338] **s. f. inv. 1** caratteristica di ciò che è atroce **2** (***est.***) atto, avvenimento atroce: *le a. della guerra*

atrofìa [vc. dotta, lat. tardo *atrŏphia(m)*, dal gr. *atrophía*, comp. di *a-*① e *tréphō* 'io nutro' ✱ av. 1600] **s. f. 1** (***med.***) diminuzione di volume di un organo o di un tessuto per riduzione numerica o volumetrica degli elementi costituenti | ***a. gialla acuta del fegato***, necrosi acuta del fegato, con degenerazione grassa, per cause tossiche o infettive **2** (***bot.***) sviluppo totalmente o parzialmente incompleto di un organo vegetale **3** (***fig.***) ridotta funzionalità: *l'a. degli uffici pubblici* || **atròfico**, **agg.** (**pl. m.** *-ci*) **1** (***med.***) di atrofia; che è affetto da atrofia: *organo, muscolo atrofico* **2** (***fig.***) inefficiente

atrofizzàre [1857] **A v. tr. 1** rendere atrofico **2** (***fig.***) indebolire, svigorire: *l'abitudine atrofizza le passioni* **B** **atrofizzàrsi v. intr. pron. 1** essere colpito da atrofia, cadere in atrofia **2** (***fig.***) ottundersi: *il mio cervello si atrofizzava* (G. Verga) || **atrofizzazióne**, **s. f.**

àtropa [prob. da *Átropos*, n. di una delle Parche. V. *atropo* ✱ 1819] **s. f.** ● genere di piante delle Solanacee con fusto eretto, foglie ovali pubescenti e fiori di colore violaceo (*Atropa*)

atropìna [da *atropa* ✱ 1825] **s. f.** ● alcaloide velenoso contenuto in diverse Solanacee, spec. nella belladonna e nello stramonio, usato in medicina

àtropo [gr. *Átropos*, propr. 'inflessibile', comp. di *a-*① e *trépō* 'io volgo' ✱ 1829] **s. m.** ● (***zool.***) acheronzia, testa di morto

attaccàbile [av. 1704] **agg.** ● che si può attaccare || **attaccabilità**, **s. f. inv.**

attaccabottóni [comp. di *attacca(re)* e il pl. di *bottone* ✱ 1923] **s. m. e f. inv.** ● (***fig., fam.***) chi fa perdere tempo agli altri con le sue chiacchiere interminabili e fastidiose

attaccabrìghe [comp. di *attacca(re)* e il pl. di *briga* ✱ 1858] **s. m. e f. inv.** ● (***colloq.***) chi si comporta in modo litigioso e provocatorio **SIN.** accattabrighe

attaccàgnolo [da *attaccare* ✱ av. 1704] **s. m. 1** (***tosc.***) oggetto a cui si può attaccare qlco. **2** (***fig.***) cavillo, pretesto

attaccalìte [comp. di *attacca(re)* e *lite* ✱ 1865] **s. m. e f. inv.** ● (***raro***) chi litiga spesso e per motivi futili

attaccamàni o **attaccamàno** [comp. di *attacca(re)* e il pl. di *mano* ✱ 1829] **s. m. inv.** ● pianta erbacea delle Rubiacee con fusto e foglie muniti di aculei e frutti spinosi che si attaccano ai vestiti o al vello degli animali (*Galium aparine*) **SIN.** attaccavesti

attaccaménto [av. 1597] **s. m. 1** (***raro***) attaccatura | †unione **2** (***fig.***) legame affettivo, affezione: *a. a un luogo, alla vita, alla madre*; *avere a. per qlcu.* **3** †(***ling.***) Concrezione
SFUMATURE ➤ ***affetto***①

♦**attaccànte** **A** **part. pres.** di *attaccare*; **anche agg.** ● nei sign. del v. **B** **s. m. e f. 1** chi attacca: *gli attaccanti furono respinti* **2** nel calcio e sim., chi gioca in prima linea, in posizione avanzata, con il compito di sviluppare azioni offensive e di segnare punti **SIN.** avanti

♦**attaccapànni** [comp. di *attacca(re)* e il pl. di *panno* ✱ 1846] **s. m. inv.** ● mobile od oggetto di varia forma, di legno o altro materiale, a cui si appendono cappotti, cappelli e sim.

♦**attaccàre** [da *staccare*, con cambio di pref. ✱ av. 1294] **A v. tr.** (*io attàcco, tu attàcchi*) **1** unire strettamente, mediante adesivi, cuciture e sim. (+ *a*, + *su*): *a. la fodera a un vestito*; *a. un francobollo sulla busta* | applicare: *a. un cerotto* | anche in forma pron.: *attaccarsi un distintivo sulla giacca* | ***a. un manifesto***, affiggerlo | ***a. due pezzi di corda, di filo***, legarli | ***a. i buoi, i cavalli al carro***, aggiogarli con finimenti | ***a. un bottone***, (***fig., fam.***) molestare con discorsi e chiacchiere interminabili | (***est.***) appendere: *a. la giacca all'attaccapanni*; *a. un quadro* | ***a. la bicicletta, i guantoni***, ecc., ***al chiodo***, (***fig.***) V. *chiodo* **2** (***fig.***) trasmettere, spec. per contagio (+ *a*): *a. l'influenza, la tisi, un vizio a qlcu.* **3** assalire con violenza: *a. il nemico* | (***fig.***) osteggiare: *a. la politica del governo, le iniziative di qlcu.* | (***est.***) corrodere, danneggiare: *la ruggine attacca il ferro* **4** (***assol.***) nel calcio e sim., sviluppare azioni offensive: *la squadra ha attaccato per tutto il primo tempo* **5** cominciare: *a. zuffa, lite, la recita* | ***a. discorso***, iniziare a parlare con qlcu. che non si conosce | ***a. la salita***, nel ciclismo, iniziare la salita | ***a. il fuoco***, appiccarlo **B** **v. intr.** (**aus.** *avere*) **1** aderire: *questa vernice non attacca* **2** attecchire (***anche fig.***): *gli innesti hanno attaccato bene*; *questa moda non attaccherà* | ***non attacca!***, non c'è niente da fare **3** andare, muovere all'assalto: *i soldati attaccarono allo scoperto* **4** cominciare: *la recita attaccò con il prologo* **C** **attaccàrsi v. intr. pron. e rifl. 1** farsi aderente: *le pagine, le carte si sono attaccate* | ***la carne, la salsa si attaccano***, bruciando, aderiscono al fondo del recipiente di cottura **2** trasmettersi per contagio: *molte sono le malattie che si attaccano* **3** appigliarsi, aggrapparsi (***anche fig.***) (+ *a*): *salendo si attaccava alle sporgenze delle rocce*; *l'edera si attacca al tronco*; *quando uno ha bisogno si attacca a tutto* (C. Goldoni) | (***fig., colloq.***) ***attaccarsi alla bottiglia, al fiasco***, bere avidamente | (***fig., colloq.***) ***attaccarsi al telefono***, telefonare, spec. a lungo | (***fam.***) ***attaccati (al tram)***!, arrangiati! **4** (***fig.***) affezionarsi (+ *a*): *mi sono attaccato a lui come a un figlio* **D** **attaccàrsi v. rifl. recipr.** ● assalirsi a vicenda, scontrarsi, azzuffarsi: *i contendenti si attaccarono con gran coraggio*

attaccatìccio [1641] **A** **agg.** (**pl. m.** *-ci*; **pl. f.** *-ce*) **1** che si attacca facilmente: *fango a.* **2** (***raro, lett.***) contagioso (***anche fig.***): *pensa ai medici che morirono di malattie attaccaticce* (E. De Amicis); *allegria attaccaticcia* **3** (***fig.***) di persona importuna della cui compagnia è difficile liberarsi: *è un tipo a.* **B** **s. m.** ● parte di vivanda che si attacca al fondo del tegame per eccesso di cottura: *avere sapore, odore d'a.*; *sapere d'a.*

attaccàto **part. pass.** di *attaccare*; **anche agg. 1** unito strettamente | applicato | appeso **2** (***fig.***) legato affettivamente: *è molto a. alla vita familiare* | ligio: *a. al dovere* || †**attaccataménte**, **avv.** con attaccamento

attaccatùra [av. 1537] **s. f.** ● l'attaccare | (***est.***) punto dove una cosa si attacca a un'altra: *l'a. della manica*

attaccatùtto [comp. di *attacca(re)* e *tutto* ✱ 1920] **s. m. inv.** ● colla molto adesiva che agisce su svariati materiali

attaccavèsti [comp. di *attacca(re)* e il pl. di *veste* ✱ 1829] **s. m. inv.** ● (***bot.***) attaccamani

attacchinàggio [1987] **s. m.** ● l'attacchinare

attacchinàre [da *attacchino* ✱ 1978] **v. intr.** (**aus.** *avere*) ● attaccare manifesti, spec. da parte di attivisti politici e sindacali

attacchìno [da *attaccare* ✱ 1848] **s. m.** (**f.** *-a*) ● chi per mestiere attacca manifesti murali

♦**attàcco** [da *attaccare* ✱ 1378] **s. m.** (**pl.** *-chi*) **1** unione, giunzione: *l'a. delle maniche*; *punto di a. di due oggetti* **2** dispositivo che serve a fissare, congiungere e sim. | nello sci, dispositivo per garantire il bloccaggio di sicurezza dello scarpone | nello sci nautico, dispositivo a forma di scarpa per trattenere il piede sull'attrezzo **3** organo atto all'inserzione di apparecchi elettrici sulle linee di distribuzione di energia elettrica: *a. a spina, a morsetto* | organo per l'inserzione dell'apparecchio telefonico nella linea **4** insieme di animali da tiro necessari per un veicolo, un aratro e sim.: *a. a quattro, a sei* **5** (***milit., sport***) azione offensiva: *muovere all'a.*; *a. di balestra* | (***est.***) nel calcio e sim., l'insieme dei giocatori della linea più avanzata della squadra che conducono tale azione **6** (***med.***) accesso: *a. isterico, epilettico* | ***a. di panico***, V. *panico*① **7** (***fig.***) critica, spec. violenta e ostile: *muovere un a. alla politica governativa* **8** avvio, inizio | ***a. vocalico***, modo di dare inizio all'articolazione di una vocale | nell'alpinismo, l'inizio di una via di arrampicata | ***arto di a.***, nella corsa a ostacoli, l'arto che per primo supera la barriera **9** (***fig.***) appiglio: *trovare un solido a.* | (***lett.***) occasione, pretesto **10** (***chim.***) operazione consistente nel rivelare, all'osservazione microscopica, differenze di struttura o composizione esistenti sulle superfici dei metalli **11** (***mus.***) momento in cui gli esecutori cominciano a suonare o cantare **CFR.** entrata | gesto iniziale del direttore d'orchestra o di coro: *dare l'a.* | nel contrappunto, ogni entrata del tema o soggetto | nella musica elettronica, effetto transitorio prodotto nell'emissione di un suono | nella musica seriale, modo di presentazione di un suono, parametro della serie | nel jazz, violenta intonazione di un suono preceduto da un portamento

SFUMATURE DI SIGNIFICATO

attacco - carica - battaglia

In ambito militare o sportivo **attacco** è un'azione aggressiva per sopraffare o indebolire l'avversario; figuratamente indica una critica ostile e violenta. **Carica** è parola militare che identifica concretamente l'azione di scagliarsi sul nemico per sbaragliarlo. **Battaglia** è letteralmente uno scontro fra due eserciti e figuratamente una lotta, un contrasto, una polemica.
SFUMATURE ➤ ***assalto***, ➤ ***inizio***

attaché /fr. ata'ʃe/ [vc. fr., propr. 'attaccato', part. pass. di *attacher* 'attaccare' ✱ 1858] **s. m. e f. inv.** ● nel linguaggio diplomatico, addetto

attàchment /at'tatʃmɛnt, *ingl.* ə'tætʃmənt/ [vc. ingl., propr. 'oggetto attaccato, aggiunto', dal fr. *attachement* ✱ 1994] **s. m. inv.** ● (*Internet*) file allegato a un messaggio di posta elettronica

Attàcidi [dal n. del genere *Attacus*, che è il lat. tardo *attăcus*, dal gr. *áttakos* 'locusta', d'orig. sconosciuta ✱ 1983] **s. f. pl.** (**sing.** *-e*) ● (*zool.*) famiglia di farfalle notturne, spec. tropicali, spesso di enormi dimensioni e con ali caudate

◆**attagliàre** [comp. di *a-*② e *tagliare* ✱ 1312] **A v. intr.** (*io attàglio*; **aus.** *essere*) ● †piacere, andare a genio **B attagliàrsi v. intr. pron.** ● adattarsi, confarsi (+ *a*): *questo ruolo ti si attaglia perfettamente*; *quell'atteggiamento non gli si attaglia*

†**attalentàre** [comp. di *a-*② e *talento* ✱ av. 1250] **v. intr.** ● piacere, essere di gradimento | andare a genio

attanagliaménto [1923] **s. m.** ● l'attanagliare, il venire attanagliato | (*stor.*) nel diritto intermedio, inasprimento della pena capitale consistente nello strappare con tenaglie arroventate le carni al condannato

attanagliàre [comp. di *a-*② e *tanaglia* ✱ 1333 ca.] **v. tr.** (*io attanàglio*) **1** afferrare con le tenaglie **2** (*est.*) stringere forte: *gli attanagliò i polsi con le mani* **3** (*fig.*) assillare, opprimere: *il rimorso lo attanagliava*; *era attanagliato dalla gelosia, dall'ansia*

attànte [fr. *actant*, da *act(ion)* 'azione' ✱ 1973] **s. m. e f. 1** (*ling.*) soggetto che compie l'azione espressa dal verbo | (*est.*) ciascuno dei sintagmi nominali (persone o cose) che partecipano al processo verbale **2** (*letter.*) nell'analisi strutturale del racconto, il personaggio in quanto svolge una funzione narrativa, per esempio di protagonista, antagonista, aiutante, ecc. **CFR.** attore

†**attapinàrsi** [comp. di *a-*② e *tapino* ✱ sec. XIV] **v. intr. pron.** ● affannarsi, tribolare

attapulgìte [dal n. della città della Georgia (USA) *Attapulgus*, dove è stata trovata, col suff. *-ite* ✱ 1980] **s. f.** ● (*miner.*) silicato idrato di magnesio e alluminio; tipo di argilla sedimentaria con proprietà colloidali, gelificanti, addensanti e sim.

†**attarantàto** [comp. di *a-*② e *tarantola* ✱ av. 1529] **agg.** ● morso dalla tarantola

†**attarantolàto** [av. 1639] **agg.** ● (*raro*) attarantato

◆**attardàre** [comp. di *a-*② e *tardi* ✱ 1250 ca.] **A v. tr.** ● (*lett.*) rallentare: *il fango attarda la marcia dei soldati* **B attardàrsi v. intr. pron.** ● fermarsi, trattenersi: *attardarsi in ufficio, per strada* | indugiare (+ *a*, **anche seguito da inf.**): *attardarsi al bar*; *attardarsi a fare quattro chiacchiere*

†**attàre** [vc. dotta, lat. *aptāre*, da *ăptus* 'adatto' ✱ 1299] **v. tr.** ● adattare

attecchiménto [av. 1698] **s. m.** ● l'attecchire | (*fig.*) diffusione

◆**attecchìre** [got. **thikian* 'prosperare' ✱ sec. XIV] **v. intr.** (*io attecchìsco, tu attecchìsci*; **aus.** *avere*) **1** detto di piante, mettere radici, crescere, prosperare **SIN.** allignare, barbicare, barbificare, radicarsi **2** (*fig.*) prendere vigore, diffondersi: *è una moda che non può a.*

attediàre [vc. dotta, lat. mediev. *attaediāre*, comp. di *ăd* e *taedium* 'tedio' ✱ 1306] **A v. tr.** (*io attèdio*) ● (*lett.*) tediare **B attediàrsi v. intr. pron.** ● (*lett.*) provare tedio

◆**atteggiaménto** [av. 1600] **s. m. 1** modo di atteggiare la persona, di disporsi: *a. dimesso, minaccioso, sospetto* **2** (*est.*) comportamento, espressione: *a. ostile*; *a. da superuomo* | (*fig.*) posizione concettuale assunta rispetto a un problema: *criticare l'a. del governo nei confronti della disoccupazione*

SFUMATURE DI SIGNIFICATO

atteggiamento - espressione - comportamento

Atteggiamento è propriamente la maniera di muoversi, disporre la persona, che, in modo consapevole o no, rivela lo stato d'animo, le intenzioni, il temperamento e talvolta anche lo status sociale o culturale di qualcuno. Se a comunicare tutto ciò è il viso, o anche i soli occhi, si parlerà piuttosto di **espressione**. **Comportamento** fa invece riferimento all'agire in un determinato modo, in modo abituale o in una particolare situazione.

atteggiàre [da *atto* ✱ 1319] **A v. tr.** (**pres.** *io attéggio*; **fut.** *io atteggerò*) ● disporre il corpo o parti di esso in modo da esprimere uno stato d'animo, un'intenzione e sim. (+ *a*): *a. le mani a preghiera*; *a. il volto a dolore*; *atteggiava la bocca a una smorfia sdegnosa* (C. PAVESE) **B atteggiàrsi v. rifl.** ● assumere ostentatamente una certa apparenza o condizione (+ *a*): *atteggiarsi a martire, a vittima*

◆**attempàrsi** [comp. di *a-*② e *tempo* ✱ 1313] **v. intr. pron.** (*io mi attèmpo*) **1** (*lett.*) invecchiare **2** †indugiare, tardare

◆**attempàto** [part. pass. di *attemparsi* ✱ sec. XIII] **agg.** ● detto di chi è piuttosto avanti negli anni: *un uomo a. e distinto*; *una donna piuttosto attempata* ‖ **attempatèllo**, **dim.** | (*lett.*) **attempatétto**, **dim.** | **attempatino**, **dim.** | (*lett.*) **attempatòtto**, **alter.** | **attempatùccio**, **dim.**

attendaménto [av. 1803] **s. m.** ● l'attendarsi | accampamento di tende

attendàrsi [comp. di *a-*② e *tenda* ✱ sec. XIII] **v. intr. pron.** (*io mi attèndo*) ● accamparsi montando le tende: *le truppe si sono attendate a mezza costa*

attendènte A part. pres. di *attendere*; anche **agg.** ● †nei sign. del v. **B s. m.** ● nell'ordinamento militare italiano, fino all'abolizione di tale mansione, soldato addetto al servizio personale di un ufficiale **SIN.** soldato d'ordinanza

◆**attèndere** [lat. *attĕndere* 'prestare attenzione a qualche cosa', comp. di *ăd* e *tĕndere* 'tendere' ✱ av. 1257] **A v. tr.** (coniug. come *tendere*) **1** aspettare (+ *di* **seguito da inf.**, + *che* **seguito da congtv.**): *attendo di conoscere le motivazioni*; *attenderò che il treno parta*; *attende da molto il tuo ritorno*; *a. qlcu. con ansia, con impazienza, con gioia*; *ormai non si può più a.* **2** †custodire con cura **3** †mantenere una promessa: *Lunga promessa con l'attender corto* (DANTE *Inf.* XXVII, 110) **B v. intr.** (**aus.** *avere*) **1** dedicarsi con impegno a qlcu. o qlco. (+ *a*): *a. ai propri affari, a un lavoro, agli studi, alle faccende domestiche, a un malato* **2** †stare attento, considerare, osservare **C attèndersi v. tr. pron.** (**aus.** *essere*) ● (con valore intens.) aspettarsi (**qlco.**; + *di* **seguito da inf.**, + *che* **seguito da congtv.**): *da te mi attendevo più coraggio*; *mi attendo di assistere a una bella partita*; *sul cranio dove Luisa si attendeva che tornassero a spuntare … i capelli* (A. FOGAZZARO) | prevedere: *nessuno si attendeva un tale risultato*

attendìbile [1751] **agg.** ● che si può prendere in considerazione, che è degno di fede: *notizia, informazione a.* ‖ **attendibilménte**, **avv.** ‖ **attendibilità**, **s. f. inv.**

attendìṣmo [da *attendere* e *-ismo* sul modello del fr. *attentisme* ✱ 1942] **s. m.** ● spec. in politica, atteggiamento di attesa in vista del maturare di determinati eventi

attendìsta [1942] **agg. e s. m. e f.** (**pl. m.** *-i*) ● che (o chi) dà prova di attendismo

†**attenebràre** ➤ **ottenebrare**

attenènte part. pres. di *attenere*; anche **agg.** ● (*raro*) attinente

attenére [lat. parl. **attenēre*, per il classico *attinēre*, comp. di *ăd* e *tenēre* 'tenere' ✱ 1261 ca.] **A v. tr.** (coniug. come *tenere*) ● (*lett.*) mantenere: *Io attenni in parte / Quel che promesso avea* (A. MANZONI) **B v. intr.** (**aus.** *essere*) ● spettare, concernere (+ *a*): *simili obiezioni non attengono al problema* **C attenérsi v. rifl. 1** (*raro, lett.*) tenersi, attaccarsi: *attenersi a un sostegno* | appoggiarsi | †sostenersi **2** (*fig.*) aderire, conformarsi strettamente (+ *a*): *attenersi alle istruzioni ricevute*

SFUMATURE ➤ ***obbedire***

attentàre [vc. dotta, lat. *attemptāre*, comp. di *ăd* e *temptāre* 'tentare' ✱ av. 1292] **A v. intr.** (*io attènto*; **aus.** *avere*) **1** cercare di recare danno a qlcu. nella persona o negli interessi (+ *a*): *a. alla vita, all'incolumità, all'onore di qlcu.*; *a. a una persona, al sovrano* **2** †tentare, provare: *avendo attentato di ridurre … le loro repubbliche da popolari in aristocratiche, tutti furono spenti* (G. VICO) **B attentàrsi v. intr. pron.** ● (*lett.* o *raro*) osare, ardire: *non s'attentò di tornare a casa*; *non ti attentare a seguirmi* (A. MORAVIA)

attentàto A part. pass. di *attentare*; anche **agg.** ● (*raro*) nei sign. del v. **B s. m. 1** atto con cui si attenta a qlco. o qlcu.: *a. alla vita altrui, attentati alla morale* | (*est.*) atto di violenza contro persone o cose, spec. a scopi politici: *l'a. di Felice Orsini*; *l'a. alle Torri Gemelle*; *attentati terroristici*; *rivendicare un a.* **2** (*dir.*) fatto punito dalla legge come reato anche se è mancata la produzione del danno: *a. alla sicurezza dello Stato* **3** †impresa temeraria

attentatóre [1865] **s. m.** (**f.** *-trice*) ● chi compie un attentato | ***a. suicida***, kamikaze nel sign. 2

attènti [pl. di *attento* ✱ 1865] **A inter.** ● si usa come comando a militari, ginnasti, alunni, perché assumano, in segno di saluto rispettoso o in attesa di ulteriori ordini, una posizione eretta del corpo, con la testa alta, lo sguardo volto in avanti, le braccia tese lungo i fianchi, i talloni uniti e le punte dei piedi divaricate, restando immobili e in silenzio | ***a. a destra!, a. a sinistra!***, rispettivamente, durante una sfilata, comandi di volgere di scatto e contemporaneamente il capo a destra o a sinistra in segno di saluto, passando davanti ad autorità, superiori e sim. **B in funzione di s. m. inv. 1** la posizione d'attenti: *mettersi sull'a.*; *stare sull'a.* | ***mettere sull'a.***, (*fig.*) far rigare diritto **2** segnale suonato con la tromba o comandato a voce per far assumere ai militari la posizione di attenti: *suonare l'a.*; *dare l'a.*

attentìvo [da *attenzione*; nel sign. 2, calco sul fr. *attentif* 'attento' ✱ 1584] **agg. 1** †attento: *ha capelli retti …, occhi attentivi* (G. BRUNO) **2** relativo alla capacità di attenzione, di concentrazione: *deficit a.*

◆**attènto** [lat. *attĕntu(m)*, part. di *attĕndere* 'tendere verso', comp. di *ăd* e *tĕndere* 'tendere' ✱ 1261 ca.] **agg. 1** che impegna ogni facoltà mentale e fisica in quello che fa, agendo con cautela e cura al fine di evitare inesattezze, errori e sim.: *un a. osservatore*; *stare a. a un discorso, a una lezione*; *dovresti stare più a. a quello che fai* | in tono escl., per richiamare l'attenzione di qlcu. su un pericolo: *attenta, figlia mia!*; *attenti, ragazzi!*; talora con tono di velata minaccia: *a., guarda che ti tengo d'occhio!*; *a. a quello che fai!* | (*est.*) che dimostra attenzione: *sguardo a.*; *occhi attenti*; *viso a. e compunto* | diligente, sollecito: *è molto a. ai suoi doveri*; *è il nostro impiegato più a.* **2** che è pensato, detto o fatto in modo accurato: *un'attenta analisi dei fatti*; *la lettura del testo è stata molto attenta* ‖ **attentaménte**, **avv.** in modo attento

attenuaménto [1750] **s. m.** ● (*raro*) attenuazione

attenuànte A part. pres. di *attenuare*; an-

a

che **agg.** **1** nei sign. del v. **2** (*dir.*) ***circostanza a.***, elemento eventuale del reato che determina una diminuzione della pena legislativamente prevista per lo stesso **B** **s. f.** ● (*dir.*) circostanza attenuante: *concedere le attenuanti generiche, specifiche* **CONTR.** aggravante

SFUMATURE DI SIGNIFICATO
attenuante - scusante - alibi
L'**attenuante** è nell'uso comune l'elemento che, se non giustifica, rende soggettivamente meno grave un comportamento; nel linguaggio giuridico è la circostanza che alleggerisce la responsabilità di chi ha commesso un reato. Anche **scusante** è un motivo addotto a discolpa, quindi è sinonimo di *attenuante*, ma solo nell'uso corrente. Comunemente **alibi** viene usato come sinonimo di *scusante, giustificazione*; nel diritto è il mezzo di difesa con cui chi è sospettato di un reato prova il suo essere altrove nel momento in cui il reato è stato consumato.

♣**attenuàre** [vc. dotta, lat. *attenuāre*, comp. di *ăd* e *tĕnuis* 'tenue' ✱ 1330] **A** **v. tr.** (*io attènuo, noi attenuiàmo*) **1** rendere tenue, meno grave e meno forte: *a. l'urto, il dolore, il rumore* **2** alleggerire, diminuire: *a. la pressione fiscale, la pena* | (*lett.*) dimagrire **B** **attenuàrsi** **v. intr. pron.** ● diventare tenue, perdere forza, virulenza, intensità e sim.: *il maltempo si va attenuando; il dolore si attenua*

attenuatìvo [1851] **agg.** ● che attenua, che serve ad attenuare || **attenuativaménte**, **avv.**

attenuàto **part. pass.** di *attenuare*; anche **agg.** ● tenue, più tenue || **attenuataménte**, **avv.**

attenuazióne [vc. dotta, lat. tardo *attenuatiōne(m)*, da *attenuāre* 'attenuare' ✱ sec. XIV] **s. f.** **1** diminuzione di intensità, gravità, entità e sim.: *a. dei sintomi di una malattia* **2** (*med.*) diminuzione dell'attività di una sostanza, della virulenza o potere patogeno di microrganismi e sim. **3** (*fis.*) diminuzione di ampiezza di una oscillazione

attenzionàre [da *attenzione* ✱ 1865] **v. tr.** (*io attenzióno*) ● (*burocr.*) richiamare l'attenzione su qlco. o su qlcu.: *a. una pratica; a. un indagato* | (*raro*) proporre all'attenzione di qlcu. per le sue capacità; segnalare

♦**attenzióne** [vc. dotta, lat. *attentiōne(m)*, da *attĕntus* 'attento' ✱ 1363] **A** **s. f.** **1** intensa concentrazione fisica e mentale intorno a un determinato oggetto: *attirare, concentrare, fermare, destare, suscitare, sviare l'a.; osservare qlco. con a.; per favore, un istante di a.* | ***fare, prestare a.***, stare attento (**anche ellitt.**): *fa' a. alle macchine; fate a. a non scivolare!; a. al gradino!* | (*est.*) cura, diligenza: *mettere a. nel fare qlco.; studiare, lavorare, con a.* **2** (**spec. al pl.**) atto gentile, affettuoso e riguardoso: *colmare qlcu. di attenzioni; prodigare attenzioni; usare mille attenzioni a qlcu.; essere pieno di attenzioni per qlcu.* **3** (*psicol.*) processo cognitivo che consente di selezionare le informazioni in base alla loro rilevanza biologica o psicologica **B** **in funzione di inter.** ● si usa per richiamare l'interesse di qlcu. o per segnalare un pericolo
SFUMATURE ➤ ***interesse***

attergàre [comp. di *a-*② e *tergo* ✱ 1313] **A** **v. tr.** (*io attèrgo, tu attèrghi*) ● (*burocr.*) scrivere, annotare a tergo di un documento **B** **attergàrsi** **v. rifl.** **1** †mettersi alle spalle: *a gli ultimi s'atterga* (T. TASSO) **2** †voltare le spalle

attergàto **A** **part. pass.** di *attergare*; anche **agg.** ● nei sign. del v. **B** **s. m.** ● (*burocr.*) nota scritta a tergo di una pratica

attèrige [gr. *aptérygos* 'senza ali', comp. di *a-*① e del gr. *ptéryx* 'ala' ✱ 1845] **s. m.** ● (*zool.*) kiwi

àttero o **àptero** [vc. dotta, gr. *ápteros* 'senza ali', comp. di *a-*① e *pterón* 'ala' ✱ 1819] **agg.** **1** che è privo di ali: *insetti atteri* **2** (*scultura*) detto di figura alata rappresentata senza ali: *vittoria attera* **3** (*archit.*) detto del tempio che ha porticati solo alle facciate, anteriore e posteriore

atterràggio [dal fr. *atterrissage*, da *atterrir* 'toccar terra' ✱ 1824] **s. m.** **1** manovra mediante la quale un aeromobile atterra | ***a. forzato***, inevitabile, generalmente per avaria, su terreno qualunque | ***a. guidato***, spec. con mezzi radioelettrici per scarsa visibilità | ***a. strumentale***, effettuato a mezzo degli strumenti per scarsa visibilità | ***campo d'a.***, aerodromo **2** (*mar.*) punto della costa facilmente riconoscibile e atto quindi a costituire punto di riferimento nella determinazione della posizione della nave

atterraménto [av. 1361] **s. m.** **1** abbattimento **2** nella lotta, nel judo e sim., il toccare con entrambe le spalle il tappeto | nel pugilato, il mandare o il finire al tappeto

♦**atterràre** [comp. di *a-*② e *terra*; nel sign. B, calco sul fr. *atterrir* ✱ av. 1250] **A** **v. tr.** (*io attèrro*) **1** (*raro*) abbattere: *a. un muro, un edificio* | gettare a terra: *a. un aggressore* | ***a. l'avversario***, nella lotta, nel pugilato e nel judo, effettuarne l'atterramento, abbatterlo | (*fig.*) †confutare, demolire: *a. un'opinione* **2** †volgere verso terra, spec. il viso, lo sguardo e sim. **3** (*fig., lett.*) umiliare, avvilire: *il Dio che atterra e suscita* (A. MANZONI) | debellare, sottomettere **B** **v. intr.** (**aus.** *essere*, *raro avere*) **1** scendere con un aeromobile fino a posarsi sul terreno o altra superficie solida **2** (*mar.*) accostarsi verso terra venendo da alto mare **3** (*sport*) toccare terra: *il saltatore atterrò malamente* **C** **atterràrsi** **v. intr. pron.** ● (*lett.*) cadere a terra, abbattersi al suolo **D** **atterràrsi** **v. rifl.** ● †inginocchiarsi | (*fig.*) †avvilirsi, abbattersi
SFUMATURE ➤ ***smontare***

atterriménto [av. 1698] **s. m.** ● (*raro*) l'atterrire, il venire atterrito | spavento

atterrìre [dal lat. *terrēre* (cfr. *terrore*), con *a*② e con metaplasmo ✱ 1584] **A** **v. tr.** (*io atterrìsco, tu atterrìsci*; **difett. per le forme coincidenti con quelle di** *atterrare* (*atterriamo, atterriate*), **sostituite nell'uso con quelle di** *spaventare, impaurire* **e sim.**) ● incutere spavento, terrore: *a. qlcu. con minacce di morte* **B** **atterrìrsi** **v. intr. pron.** ● provare terrore, spaventarsi

atterrìto **part. pass.** di *atterrire*; anche **agg.** ● terrorizzato

†**atterzàre** [comp. di *a-*② e *terzo* ✱ 1292] **v. tr.** ● ridurre di un terzo | raggiungere la terza parte di qlco.: *già eran quasi che atterzate l'ore / del tempo che onne stella n'è lucente* (DANTE)

♦**attésa** (o -ṣ-) [da *atteso* ✱ av. 1249] **s. f.** **1** l'attendere: *sala d'a.; l'a. del treno, di un amico* | ***lista d'a.***, V. *lista* nel sign. 2 | periodo di tempo che trascorre nell'attendere: *quell'a. non finiva mai; l'a. durò a lungo* | stato d'animo di chi attende: *l'a. fu penosa; si consumava nell'a.* | ***in a., nell'a.***, aspettando | (*eufem., colloq.*) ***essere in a., in dolce a.***, essere in gravidanza, aspettare un bambino **2** (**spec. al pl.**) aspettativa: *corrispondere, venir meno alle attese; tradire le attese* || **attesìna**, **dim.** || **attesóna**, **accr.**

attesìṣmo (o -eṣi-) [da *attesa*, sul modello del fr. *attentisme* ✱ 1925] **s. m.** ● (*raro*) attendismo

attesìsta (o -eṣi-) [da *attesismo* ✱ 1942] **s. m. e f.** (**pl. m.** *-i*) ● (*raro*) attendista

attéso (o -ṣ-) **part. pass.** di *attendere*; anche **agg.** **1** aspettato con desiderio o timore: *un riconoscimento a.; l'attesa perturbazione* **2** (*lett.*) dato, considerato, spec. in frasi con valore avverbiale: *attese le circostanze, non proferì parola* | ***a. che***, V. *attesoché* **3** †attento

attesoché (o -ṣ-) o **atteso che** (o -ṣ-) [da *atteso* e *che* ✱ av. 1529] **cong.** ● (*burocr.*) dato che, considerato che

attestàbile [da *attestare*① ✱ 1863] **agg.** ● che può essere attestato || **attestabilità**, **s. f. inv.**

attestaménto [da *attestare*② ✱ 1939] **s. m.** ● (*milit.*) operazione dell'attestarsi: *l'a. delle truppe*

attestànte **part. pres.** di *attestare*①; anche **agg.** ● nei sign. del v. | comprovante: *certificato a. l'infortunio*

♣**attestàre**① [vc. dotta, lat. *attestāri*, comp. di *ăd* e *testāri* 'attestare', da *tēstis* 'testimone' ✱ av. 1566] **v. tr.** (*io attèsto*) **1** affermare come testimone, per diretta conoscenza o esperienza (**qlco.**; + *che*; + *di* **seguito da inf.**): *a. la verità dei fatti; posso a. che i fatti si sono svolti in questo modo; attesta di avere presso di sé i documenti in questione* **2** (*fig.*) dimostrare in modo evidente (**qlco.**; + *che*): *il rossore attestava la sua timidezza; le indagini hanno attestato che l'imputato era fuori città* | certificare, comprovare | in lessicografia, documentare in modo certo: *a. una parola già nel Trecento*

attestàre② [comp. di *a-*② e *testa* ✱ 1334] **A** **v. tr.** (*io attèsto*) **1** disporre due cose testa a testa: *a. mattoni* | ***a. un ponte alla riva***, fermarne saldamente le due testate alla riva **2** schierare le truppe in luogo adatto all'attacco o alla difesa **B** **attestàrsi** **v. rifl.** **1** (*milit.*) schierarsi in luogo opportuno in attesa di un'azione: *Nella pineta … s'erano attestati gli americani* (A. MORAVIA) | (*fig.*) assumere un atteggiamento rigidamente ligio a un'idea, a un punto di vista e sim. (+ *su*): *si è attestato su concezioni arretrate* **2** †affrontarsi per combattere, venire a battaglia

attestàto **A** **part. pass.** di *attestare*①; anche **agg.** ● nei sign. del v. | documentato in modo certo: *una parola non attestata* **B** **s. m.** ● dichiarazione scritta: *a. di benemerenza* | (*est.*) certificato: *rilasciare un a.* | documento | (*fig.*) prova, testimonianza: *si tratta di un nuovo a. della sua buona fede*

attestatóre [vc. dotta, lat. *attestatōre(m)*, da *attestāri* 'attestare①' ✱ 1664] **s. m.** (**f.** *-trice*) ● (*raro*) chi attesta, chi testimonia

attestatùra [da *attestare*② ✱ 1865] **s. f.** ● (*agric.*) tipo di allacciamento orizzontale di tralci o rami

attestazióne [vc. dotta, lat. tardo *attestatiōne(m)*, da *attestāri* 'attestare①' ✱ 1309] **s. f.** **1** affermazione, testimonianza: *a. delle proprie colpe* | (*est.*) attestato: *rilasciare una falsa a.* | documentazione: *l'a. di un vocabolo* **2** (*fig.*) dimostrazione di un sentimento: *a. di stima, di affetto, di biasimo* | (*raro, lett.*) ***in a. di***, in segno di: *in a. del mio rispetto* (C. GOLDONI)

♣**atticciàto** [etim. incerta: forse longob. *thikki* 'grosso', col pref. *ad-* rafforz. e un suff. di tipo participiale ✱ 1353] **agg.** ● che ha corporatura robusta e tarchiata
SFUMATURE ➤ ***tarchiato***

atticìṣmo [vc. dotta, lat. tardo *atticĭsmu(m)*, dal gr. *attikismós*, da *attikós* 'attico' ✱ 1550] **s. m.** **1** (*letter.*) movimento letterario dell'antichità greco-romana fautore dello stile conciso degli oratori attici | (*est.*) purezza di lingua e di stile improntata alla massima stringatezza **2** (*ling.*) caratteristica del dialetto attico

atticìsta [vc. dotta, gr. *attikistḗs*. V. *atticismo* ✱ av. 1665] **s. m. e f.** (**pl. m.** *-i*) ● oratore o scrittore seguace dell'atticismo | (*est.*) letterato con ricercata purezza e semplicità di stile

atticiẓẓàre [vc. dotta, gr. *attikízō*. V. *atticismo* ✱ sec. XVI] **v. intr.** (**aus.** *avere*) ● impiegare parlando o scrivendo lo stile attico | (*est.*) parlare, scrivere con limpida eleganza

àttico① [vc. dotta, lat. *ăttĭcu(m)*, dal gr. *attikós*, agg. della regione dell'*Attica* ✱ 1340] **A agg.** (**pl. m.** *-ci*) **1** dell'Attica: *tempio a.*; *popolazioni attiche* **2** relativo all'atticismo o che ne segue le teorie: *scrittore, scritto a.* **3** (*fig.*) elegante, raffinato: *stile a.* | (*fig., lett.*) ***sale a.***, fine arguzia || **atticaménte**, **avv.** (*lett.*) con grazia ed eleganza attica **B s. m.** solo **sing.** ● dialetto greco parlato nell'Attica

àttico② [da *attico*①, con influenza del fr. *attique* ✱ av. 1696] **s. m.** (**pl.** *-ci*) **1** (*archit.*) parte di un edificio, sovrapposta al cornicione, con funzioni decorative e sim. **2** (*edil.*) ultimo piano abitabile di un edificio, in genere sovrapposto al cornicione: *abitare in un a.* **3** (*anat.*) parte dell'orecchio medio

†**attignere** e deriv. ➤ **attingere** e deriv.

attiguità [1865] **s. f. inv.** ● condizione di ciò che è attiguo

♣**attìguo** [vc. dotta, lat. *attĭguu(m)*, da *attĭngere* 'toccare', comp. di *ăd* e *tăngere* 'toccare' ✱ av. 1729] **agg.** ● contiguo, vicino: *nella stanza attigua* || **attiguaménte**, **avv.**

SFUMATURE ➤ ***vicino***

Àttila [dal n. di *Attila* (406-453) re degli Unni, soprannominato per la sua opera di devastazione *flagello di Dio* ✱ 1865] **s. m. e f. inv.** ● (*per anton.*) devastatore, distruttore (*anche scherz.*)

attillàre [etim. incerta ✱ 1539] **A v. tr. 1** (*raro*) abbigliare con ricercatezza **2** rendere aderente al corpo: *a. una gonna, una giacca* **B attillàrsi v. rifl.** ● (*raro, lett.*) vestirsi con cura e ricercatezza: *attillarsi per una festa*

attillatézza [1855] **s. f.** ● (*raro*) caratteristica di chi (o di ciò che) è attillato

attillàto **part. pass.** di *attillare*; **anche agg. 1** (*lett.*) vestito con cura e ricercatezza **2** detto di indumento che aderisce al corpo e ne mette in risalto le forme: *golfino, abito a.*; *un paio di calzoni molto attillati* | (*lett.*) detto di chi è vestito con abiti aderenti || **attillatìno**, **dim.** || **attillataménte**, **avv.** (*raro*) con accurata eleganza

attillatùra [1528] **s. f. 1** (*raro*) l'attillarsi | (*est.*) ricercatezza nel vestire **2** (*lett.*) abito, veste molto elegante e raffinata **3** parte in cui l'abito aderisce al corpo

attimìno [dim. di *attimo* ✱ 1990] **A s. m.** ● (*fam.*) spazio brevissimo di tempo: *aspetta un a.* **B in funzione di avv.** ● nella loc. avv. (*fam.*) ***un a.***, un po', appena appena: *questa minestra è un a. salata*

♦**àttimo** [lat. *ătomu(m)*, dal gr. *átomos* 'indivisibile'. V. *atomo* ✱ 1306] **s. m.** ● brevissima frazione di tempo: *un a. fa era ancora qui*; *senza un a. di requie* | ***in un a.***, in un istante, in un baleno | ***di a. in a.***, al più presto, da un momento all'altro | ***cogliere l'a. fuggente***, saper godere le brevi gioie che la vita offre | ***un a.***, (*fam.*) un po': *spostati un a. più in là* || **attimino**, **dim.** (V.)

attinènte [vc. dotta, lat. *attinĕnte(m)*, part. pres. di *attinēre*, comp. di *ăd* e *tenēre* 'tenere' ✱ 1475] **A agg. 1** che riguarda, che concerne (+ *a*): *questione a. alla ricerca scientifica* **2** (*elvet.*) originario (con riferimento al luogo da cui proviene la famiglia): *nato a Lugano e a. di Zurigo* **B s. m. e f. 1** chi è unito ad altra persona da rapporto di attinenza **2** †parente

attinènza [da *attinente* ✱ av. 1347] **s. f. 1** connessione, rapporto: *non c'è a. tra ciò che dici e ciò che fai* **2** rapporto che intercorre fra i diversi membri di due famiglie non consanguinee collegate fra loro da un vincolo matrimoniale | (*lett.*) legame di parentela o amicizia: *tornò a confidare ... nelle potenti attinenze* (I. NIEVO) | (*elvet.*) luogo di origine dei propri avi: *indicare l'a. e il domicilio* **3** (**al pl.**) annessi, accessori: *ha venduto il podere e le relative attinenze*

attìngere o †**attìgnere** [lat. *attĭngere* 'toccare, raggiungere', comp. di *ăd* e *tăngere* 'toccare' ✱ 1288] **A v. tr.** (**pres.** *io attingo, tu attingi*; **pass. rem.** *io attinsi, tu attingésti*; **part. pass.** *attinto*) **1** (*lett.*) toccare, raggiungere: *il mar si leva e quasi il cielo attinge* (L. ARIOSTO) | (*fig.*) ottenere, conseguire: *a. la gloria* **2** prendere, tirar su acqua (+ *a*, + *da*): *a. acqua a una sorgente, al fiume, al* (o *dal*) *pozzo* | (*est.*) spillare (+ *da*): *a. il vino dalle botti* **3** (*fig.*) trarre, derivare, ricavare: *a. notizie, informazioni da fonti sicure*; *a. alla propria esperienza* **B v. intr.** (**aus.** *avere*) **1** (*lett.*) pervenire, giungere (*anche fig.*): *a. alla suprema beatitudine* **2** (*econ.*) ***a. al credito***, utilizzare le linee di credito messe a disposizione

attingiménto o †**attigniménto** [av. 1333] **s. m.** ● (*raro*) l'attingere | presa, rifornimento di acqua: *a. di acque pubbliche*

attingitóio o †**attignitóio** [1330] **s. m.** (**pl.** *-ói*) ● (*raro*) recipiente a forma di coppa, con manico, usato per attingere acqua

attìnia o **actìnia** [dal gr. *aktís*, genit. *aktînos* 'raggio' (V. *attino-*) ✱ 1819] **s. f.** ● genere di animali marini dei Celenterati di aspetto simile a un fiore (*Actinia*) **SIN.** anemone di mare

attìnico [dal gr. *aktís*, genit. *aktînos* 'raggio'. V. *attinia* ✱ 1869] **agg.** (**pl. m.** *-ci*) ● (*fis.*) detto di radiazione elettromagnetica, spec. di quella ultravioletta, capace di svolgere un'azione chimica | ***luce attinica***, adatta alla corretta impressione di una pellicola || **attinicità**, **s. f. inv.** proprietà delle radiazioni attiniche

attìnide [da *attinio* ✱ 1961] **s. m.** ● ognuno dei 15 elementi chimici, di numero atomico compreso tra 89 e 103, simili tra loro e che formano una serie analoga a quella delle terre rare

attìnio [V. *attinia* ✱ 1913] **s. m.** (**pl.** *-i* o *-ii*) ● elemento chimico radioattivo, di proprietà chimiche simili al lantanio, reperibile in natura nei minerali uraniferi **SIMB.** Ac **NUM. AT.** 89

attino- o **actino-** [dal gr. *aktís* genit. *aktînos* 'raggio', forse di orig. indeur.] **primo elemento** ● in parole scientifiche composte significa 'raggio' o 'a struttura raggiata': *attinometria*

attinografìa [fr. *actinographie*, comp. di *attino-* e *-grafia* ✱ 1913] **s. f.** ● fotografia che sfrutta l'attinicità dei raggi X

attinolìte o **actinolìte** [vc. dotta, comp. di *attino-*, *actino-* e *-lite* ✱ 1980] **s. f.** ● (*miner.*) varietà di anfibolo magnesio-ferrifero, in cristalli allungati verdi

attinologìa [comp. di *attino-* e *-logia* ✱ 1983] **s. f.** (**pl.** *-gìe*) ● studio dei raggi luminosi, spec. relativamente alla loro azione medica e biologica

attinometrìa [comp. di *attino-* e *-metria* ✱ 1940] **s. f.** ● procedimento di misurazione del grado di attività chimica o termica di radiazioni, spec. ultraviolette

attinomètrico [1983] **agg.** (**pl. m.** *-ci*) ● relativo ad attinometria | basato sull'attinometria: *metodi attinometrici*

attinòmetro [comp. di *attino-* e *-metro* ✱ 1955] **s. m. 1** strumento per eseguire misurazioni con metodi attinometrici **2** sostanza campione per determinare l'efficacia di una sorgente di radiazioni ultraviolette

Attinomicèti ➤ **Actinomiceti**

attinomòrfo ➤ **actinomorfo**

attìnon [V. *attinia* ✱ 1955] **s. m. inv.** ● isotopo del radon derivato dal decadimento radioattivo dell'attinio **SIMB.** An

Attinopterìgi [comp. di *attino-* e del gr. *ptéryx*, genit. *ptérygos* 'ala, pinna' ✱ 1961] **s. m. pl.** (**sing.** *-gio*) ● (*zool.*) sottoclasse di Pesci con scheletro più o meno ossificato e corpo generalmente fusiforme (*Actinopterygii*)

attinoterapìa [comp. di *attino-* e *-terapia* ✱ 1933] **s. f.** ● terapia che impiega raggi attinici e ultravioletti

attìnto **part. pass.** di *attingere*; **anche agg.** ● nei sign. del v. | (*fig.*) ricavato: *un sentimento a. dalla prima educazione* (A. MANZONI)

attintùra [da *attingere* 'toccare' ✱ 1863] **s. f.** ● (*veter.*) contusione e trauma provocati sull'arto del cavallo dal ferro dell'arto opposto, per difetto d'andatura

♦**attiràre** [comp. di *a-*② e *tirare* ✱ av. 1249] **A v. tr.** ● trarre a sé: *il Nord attira l'ago della bussola* | (*fig.*) attrarre: *a. l'interesse di tutti*; *a. gli sguardi della gente* | anche in forma pron. (con valore intens.): *attirarsi la simpatia generale*; *un odio ch'egli si era attirato senza colpa* (I. SVEVO) **B attiràrsi v. rifl. recipr.** ● attrarsi reciprocamente (*anche fig.*)

SFUMATURE ➤ ***interessare***

attitudinàle [da *attitudine*① ✱ 1745] **agg.** ● relativo all'attitudine, alle attitudini: *esame a.* || **attitudinalménte**, **avv.**

♦**attitùdine**① [vc. dotta, lat. tardo *aptitūdine(m)*, da *ăptus* 'adatto' ✱ 1303 ca.] **s. f.** ● predisposizione verso particolari attività: *avere a. per le lettere*; *persona priva di particolari attitudini*; *cavallo che ha a. al trotto*

SFUMATURE ➤ ***facoltà***

attitùdine② [lat. **actitūdine(m)*, da *actuāre* 'trattare' ✱ av. 1519] **s. f. 1** (*raro*) atteggiamento del corpo: *stare in a. di penitente* **2** (*raro, fig.*) modo di fare | opinione, punto di vista: *un'a. scontrosa rispetto ai giovani*

attivàbile [1792] **agg.** ● che può essere attivato, reso funzionante

attivànte **A part. pres.** di *attivare*; **anche agg.** ● nei sign. del v. **B s. m.** ● (*chim.*) attivatore

attivàre [1798] **A v. tr. 1** mettere in azione, rendere operante, attivo: *a. un dispositivo di emergenza* **2** (*burocr.*) sollecitare una pratica, una trattativa e sim. **3** (*chim.*) fare sì che le molecole di un sistema chimico aumentino la loro capacità di reazione o siano in grado di reagire **B attivàrsi v. rifl.** ● assumere l'iniziativa, impegnarsi attivamente: *attivarsi per prenotare un albergo, per ricomporre una lite* **C attivàrsi v. intr. pron.** ● diventare attivo: *si è attivata una circolazione ciclonica* | entrare in funzione: *i sensori non si sono attivati*

attivatóre [1955] **s. m.** ● (*chim.*) ciò che riesce ad attivare **SIN.** attivante

attivazióne [1798] **s. f. 1** l'attivare, il venire attivato: *l'a. del servizio telefonico* | (*chim.*) ***a. di un catalizzatore***, trattamento mediante il quale lo si rende attivo o lo si rigenera | (*chim.*) ***a. di un monomero***, trattamento con calore o radiazioni o sostanze chimiche che, attraverso la formazione di specie chimiche molto reattive, rende possibile la polimerizzazione di un monomero **2** (*burocr.*) intervento di chi si attiva, assume un'iniziativa **3** aggiornamento delle registrazioni catastali

attivìsmo [1909] **s. m. 1** dottrina filosofica in base alla quale i valori morali sono subordinati alle esigenze dell'azione e della sua riuscita | energismo, energetismo **2** teoria pedagogica che considera l'attività spontanea del bambino come elemento educativo determinante **3** tendenza a vivere in modo estremamente dinamico, attivo ecc.: *dar prova di eccessivo a.*; *il suo sfrenato a. nasconde una mancanza di certezze* | impegno di chi si dimostra particolarmente attivo, prende iniziative, ecc.: *l'a. di un ministro*;

l'a. di un'associazione
SFUMATURE ➤ *dinamismo*

attivìsta [1942] **A** s. m. e f. (pl. m. *-i*) **1** chi segue o si ispira alla dottrina dell'attivismo **2** militante di base che partecipa attivamente a creare consensi a un'organizzazione politica o sindacale **B** agg. ● attivistico

attivìstico [1918] agg. (pl. m. *-ci*) **1** di attivismo, basato sull'attivismo **2** (*est.*) dinamico ‖ **attivisticaménte**, avv.

♦**attività** [vc. dotta, lat. tardo *activĭtāte(m)*, da *actīvus* 'attivo' ✱ 1395] s. f. inv. **1** caratteristica, condizione di chi (o di ciò che) è attivo: *la vostra a. continua a stupirmi* SIN. operosità | ***essere in a.***, essere in movimento, in azione; lavorare; (di impianti e sim.) essere operativo, funzionare **2** (*geol.*) fase di effettiva eruzione o emissione di lave, gas ed elementi piroclastici da parte di un vulcano CONTR. estinzione **3** insieme di azioni, comportamenti e decisioni, proprie di un individuo o di una categoria di individui, tesi alla realizzazione di uno scopo: *a. produttiva, lucrativa; a. ricreativa, lavorativa; dedicarsi a una a. professionale, saltuaria; scegliere una determinata a.* | ***a. primaria***, agricoltura | ***a. secondaria***, industria | ***a. terziaria***, commercio, trasporti e comunicazioni, credito e assicurazione, servizi, libere professioni e pubblica amministrazione **4** insieme dei valori inscritti nell'attivo di un bilancio CONTR. passività **5** (*fis.*) numero di decadimenti radioattivi che avvengono nell'unità di tempo in una sostanza radioattiva **6** (*fis.*) ***a. ottica***, capacità di determinate sostanze di ruotare il piano di polarizzazione della luce
SFUMATURE ➤ *funzione*, ➤ *lavoro*

attivizzàre [1963] **A** v. tr. ● rendere attivo, operante: *a. un gruppo economico* **B** **attivizzàrsi** v. intr. pron. ● diventare attivo, attivarsi ‖ **attivizzazióne**, s. f.

♦**attìvo** [vc. dotta, lat. *actīvu(m)*, da *ăgere* 'fare' ✱ sec. XIII] **A** agg. **1** che è caratterizzato dall'azione: *intelletto a.; vita attiva; Il seme della lotta attiva non era sopravvissuto fino a noi* (P. LEVI) CONTR. contemplativo **2** che agisce con impegno ottenendo notevoli risultati pratici: *lavoratore a.; il mondo è delle persone attive; è un uomo a., non un sognatore* **3** che determina l'azione: *condizione attiva; attenzione attiva; parte attiva* | ***avere, prendere parte attiva a, in, un'impresa***, parteciparvi direttamente e in modo determinante CONTR. passivo **4** che è in funzione, che è operativo: *l'impianto non è più a.* | (*geol.*) ***vulcano a.***, in attività **5** (*gramm.*) detto di forma verbale, quando il soggetto compie l'azione o si trova in un determinato stato **6** (*chim.*) detto di sistema chimico che possiede reattività o proprietà catalitiche e adsorbenti diverse e generalmente superiori alle normali **7** (*econ.*) detto di bilancio, azienda, operazione contabile e sim. che attesta l'andamento positivo di una o più operazioni finanziarie: *bilancio a.; saldo a.; l'impresa è attiva* CONTR. passivo **8** detto di metodo pedagogico basato sull'attivismo **9** (*milit.*) ***servizio a.***, quello dei militari che prestano servizio in tempo di pace ‖ **attivaménte**, avv. ‖ **attività**, s. f. inv. (V.) **B** s. m. **1** (*gramm.*) forma verbale attiva: *coniugare un verbo all'a.* **2** (*econ.*) complesso delle componenti positive del patrimonio di un'azienda | complesso di beni e servizi di cui può disporre un'azienda in un determinato momento | ***bilancio in a.***, che presenta un utile (*anche fig.*) | ***segnare qlco. all'a., al proprio a.***, (*fig.*) considerarlo vantaggioso; (*fig.*) annoverarlo fra i successi, i meriti **3** insieme dei dirigenti e degli attivisti di un partito o di un sindacato: *si è riunito l'a. regionale*

attizzaménto [av. 1363] s. m. ● l'attizzare (*anche fig.*)

attizzàre [lat. parl. **attitiāre*, comp. di *ăd* e *tītio* 'tizzone' ✱ sec. XIII] v. tr. **1** ravvivare il fuoco smuovendo i tizzoni e la brace o favorendo comunque la combustione **2** (*fig.*) rendere più intenso, più ardente: *a. l'odio, il desiderio* | †aizzare, spec. gli animali

attizzatóio [av. 1537] s. m. (pl. *-ói*) ● attrezzo per attizzare il fuoco

attizzatóre [av. 1342] agg. e s. m. (f. *-trice*) ● che (o chi) attizza il fuoco | (*fig.*) istigatore

♦**àtto** ① [vc. dotta, lat. *ăctu(m)*, da *ăgere* 'fare' ✱ av. 1257] s. m. **1** (*filos.*) nell'aristotelismo, la realizzazione piena di quanto precedentemente era solo potenza **2** comportamento umano che deriva da una precisa volontà: *a. gentile, onesto, nobile; a. ambiguo, scorretto, vile, spregevole; a. di fiducia, di giustizia* | atteggiamento, movimento fisico | ***fare l'a. di***, accennare a compiere un'azione, un gesto: *fece l'a.* (o *fece a.*) *di andarsene* | †atteggiamento, posa leziosa | (*est.*) dimostrazione, prova di un sentimento: *a. d'affetto, di stima, di amicizia* | ***mettere in a.***, realizzare | ***essere in a.***, in corso di realizzazione | ***all'a. pratico***, in pratica, in realtà | ***fare a. di presenza***, recarsi in un luogo per pura formalità **3** (*est.*) gesto, movimento, anche al di fuori della volontà: *nell'a. di cadere si aggrappò alla ringhiera* | momento in cui si compie un'azione: *all'a. della consegna; lo sorpresero nell'a. di rubare* **4** (*dir.*) comportamento umano produttivo di effetti giuridici in quanto volontario e consapevole: *a. lecito, illecito, libero, dovuto* | ***a. amministrativo***, qualsiasi manifestazione di volontà o intervento fatto dalla pubblica amministrazione nell'esercizio della propria funzione | ***atti persecutori***, reato consistente nel molestare ripetutamente un individuo con comportamenti indesiderati, assillanti e invadenti SIN. stalking | ***a. osceno***, quello commesso in luogo pubblico o aperto o esposto al pubblico che, secondo il comune sentimento, offende il pudore **5** (*dir.*) documento avente rilevanza giuridica: *a. pubblico; gli atti del processo* | ***a. legislativo***, legge | ***a. autentico***, scrittura redatta secondo prestabilite forme giuridiche tali da dare piena fede al suo contenuto | ***a. d'accusa***, quello con cui al termine dell'istruttoria penale si rendono noti all'imputato i fatti a lui attribuiti; (*fig.*) aperta espressione di critica, di polemica, di condanna | (*est.*) qualsiasi documento o scrittura che non tende a conseguire specifici fini giuridici: *atti d'archivio* | ***prendere a. di qlco.***, esserne a conoscenza e tenerla nella dovuta considerazione | ***dare a.***, riconoscere ufficialmente **6** (al pl.) raccolta di relazioni e interventi, comunicazioni e sim. di congressi, accademie, assemblee: *gli atti dell'Assemblea costituente, della Deputazione di storia patria* | ***Atti degli Apostoli***, libro canonico del Nuovo Testamento, nel quale si narrano le vicende della Chiesa, dopo l'Ascensione di Gesù **7** dichiarazione, manifestazione orale: *a. di fede, di speranza, di carità* | ***A. di dolore***, formula con la quale il penitente si accusa dei propri peccati e dichiara la propria contrizione **8** (*ling.*) ***a. linguistico***, funzione pragmatica connessa con il linguaggio (per es. una richiesta, un consiglio, un ordine, un'asserzione ecc.) **9** (*psicoan.*) ***a. mancato***, errore nel compiere un'azione per effetto dell'interferenza dell'inconscio con il conscio **10** ognuna delle parti di cui si compone un'opera teatrale | ***a. unico***, opera teatrale in un atto ‖ **attùccio**, dim.

♦**àtto** ② [lat. *ăptu(m)* 'adatto', part. pass. di *ăpere* 'legare, attaccare' ✱ av. 1306] agg. **1** che ha attitudine, idoneità per qlco. (+ *a*): *a. alle armi, agli studi* | adatto, conveniente: *mezzo a. allo scopo* **2** †valido, abile: *centauri agili et atti* (L. ARIOSTO)

àtto- [norvegese e danese *atten* 'diciotto'] primo elemento ● anteposto a un'unità di misura la divide per un miliardo di miliardi, cioè la moltiplica per 10^{-18} SIMB. a

attòllere [vc. dotta, lat. *attŏllere* 'levare (*tŏllere*, di orig. indeur.) verso (*ăd*) l'alto' ✱ 1363] v. tr. (*io attòllo*; difett. del pass. rem.) ● (*raro, lett.*) innalzare | sollevare: *ed ei nel grembo molle / le posa il capo, e 'l volto al volto attolle* (T. TASSO)

attoniménto [1910] s. m. ● sbigottimento, stupore

♦**attònito** [vc. dotta, lat. *attŏnitu(m)* 'stordito dal tuono', da *tonāre* 'tuonare' ✱ 1336 ca.] agg. **1** fortemente impressionato da un avvenimento improvviso: *rimanere a. per la sorpresa, per la meraviglia, per lo stupore, per lo spavento* | (*est.*) che dimostra profonda impressione: *guardare con occhi attoniti; sguardo, viso a.; espressione attonita* **2** †balordo, stolto ‖ **attonitaménte**, avv. con grande stupore

attoràle ➤ **attoriale**

attòrcere [comp. di *a-*② e *torcere* ✱ 1282] **A** v. tr. (coniug. come *torcere*) ● torcere all'intorno | avvolgere con forza una cosa su sé stessa o più cose tra loro: *a. una corda, i panni bagnati* **B** **attòrcersi** v. rifl. ● contorcersi

attorcigliaménto [1681] s. m. ● l'attorcere | avvolgimento di qlco. su sé stesso o intorno a qualcos'altro

attorcigliàre [sovrapposizione di *attorcere* ad *attortigliare* ✱ av. 1498] **A** v. tr. (*io attorcìglio*) ● avvolgere su sé stesso: *a. la lana* | avvolgere attorno (+ *a*, + *intorno a*): *a. una fune a un palo, intorno a un palo* | anche in forma pron. (con valore intens.): *attorcigliarsi i capelli; rispose attorcigliandosi la punta di un baffo* (G. VERGA) **B** **attorcigliàrsi** v. rifl. e intr. pron. ● avvolgersi più volte su sé stesso o intorno a qlco.: *la fune si attorcigliò inestricabilmente*

attorcigliatùra [1856] s. f. ● attorcigliamento | attorcitura

attorciménto [av. 1328] s. m. ● (*raro*) l'attorcere

attorcitùra [1955] s. f. **1** attorcigliatura **2** (*agric.*) attralciatura

♦**attóre** [vc. dotta, lat. *actōre(m)*, da *ăgere* 'fare' ✱ 1298] s. m. (f. *-trice*) **1** chi recita, interpreta una parte in uno spettacolo: *a. teatrale, cinematografico; a. di rivista, di avanspettacolo* | ***attor giovane***, ruolo del teatro drammatico italiano; (*est.*) attore adatto ad interpretare parti giovanili | (*est., spreg.*) simulatore: *non fidarti di lei, è un'attrice esperta!* **2** (*fig.*) chi partecipa attivamente e direttamente a una vicenda reale: *quell'uomo fu a. di uno storico evento* CONTR. spettatore **3** (*letter.*) nell'analisi strutturale del racconto, il personaggio in quanto realizza in concreto la funzione di attante **4** (*dir.*) colui che agisce in giudizio promuovendo un'azione: *l'a. e il convenuto* **5** †agente ‖ **attorèllo**, dim. | **attorìno**, dim. | **attoróne**, accr. | **attorùccio**, dim. | (*spreg.*) **attorùcolo**, dim. | **attricétta**, dim. f. (V.)

attoriàle o **attoràle** [1985] agg. ● di attore, relativo all'attore: *tecnica a.* ‖ **attorialità**, s. f. inv. condizione dell'attore

attòrio o **attòreo** [da *attore* ✱ 1955] agg. (pl. m. *-i* o *raro -ii*) ● (*dir.*) relativo ad attore

attorniàre [provenz. *torneiar* ✱ av. 1277] **A** v. tr. (*io attòrnio*) **1** circondare: *la folla festante lo attorniò* | accerchiare: *a. le postazioni nemiche* | contornare: *i boschi che attorniano il villaggio* | (*lett.*) percorrere all'intorno: *farotti poi ... sette volte a. il santo* altare (I. Sannazaro) **2** (*lett., fig.*) circuire **3** †fare tornei **B** **attorniàrsi** **v. rifl.** • circondarsi, contornarsi (+ *di*): *attorniarsi di validi collaboratori; attorniarsi di oggetti preziosi*

◆**attórno** o (*raro, lett.*) **a tórno** [comp. di *a*② e *torno* ✱ 1282] **A** **avv.** • in giro, in cerchio, all'intorno (in genere ha gli stessi usi di 'intorno', a eccezione di alcune locuzioni in cui è preferito) | ***mandare a.***, in giro; (*fig.*) spargere una voce, diffondere una diceria | ***andare a.***, andare di qua e di là, gironzolare; (*fig.*) propalarsi, detto di una chiacchiera, di diceria e sim. | ***l'ho sempre a.***, mi sta sempre addosso, mi opprime | ***guardarsi a.***, (*fig.*) agire con cautela, usare precauzione | ***levarsi qlcu. o qlco. d'a.***, (*fig.*) liberarsene, sbrigarsene | ***darsi a.*** (o ***d'a.***), darsi da fare, industriarsi, darsi cura: *la Contessa ... si dava molto a. per far la vispa e la graziosa* (I. Nievo) | iterativo: *attorno attorno, tutt'intorno* **B** nella **loc. prep.** ***attorno a*** **1** intorno a: *gli alunni stavano a. alla cattedra; si rincorrevano a. al tavolo* | ***stare a. a qlco.***, (*fig.*) occuparsene con assiduità | ***stare a. a qlcu.***, non abbandonarlo mai; (*fig.*) insistere assiduamente per ottenere qlco. **2** circa: *ci vediamo a. alle 8; costa a. ai due milioni* **3** (*raro*) su, a proposito di: *fantasticare a. a un'idea*

attortigliaménto [sec. XVIII] **s. m.** • (*raro*) avvolgimento | (*lett.*) involuzione: *la ricercatezza, e a., ... della lingua* (G. Leopardi)

attortigliàre [lat. parl. *tortiliāre, comp. di *ăd* e *tŏrtilis* 'ricurvo' ✱ av. 1370] **A** **v. tr.** (*io attortìglio*) • (*raro*) avvolgere più volte qlco. su sé stesso, attorcigliare | anche in forma pron. (con valore intens.): *sedeva, s'attortigliava le gambe e domandava* (L. Pirandello) **B** **attortigliàrsi** **v. rifl.** e **intr. pron.** • (*raro*) avvolgersi su sé stesso, attorcigliarsi

attòrto **part. pass.** di *attorcere*; anche **agg.** • nei sign. del v.

attossicàre o (*poet.*) **attoscàre** [comp. di *a*-② e *tossico*① ✱ 1258] **v. tr.** (*io attòssico, tu attòssichi*) **1** (*lett.*) avvelenare: *a. il cibo, l'acqua* | infettare **2** (*fig., lett.*) amareggiare | tormentare: *Grixenda aveva davvero il cuore attossicato* (G. Deledda) | anche in forma pron. (con valore intens.): *attossicarsi la vita* **3** (*fig., lett.*) corrompere

attovagliàre [comp. di *a*-② e *tovaglia* ✱ 2003] **A** **v. tr.** (*io attovàglio*) • (*colloq.*) far sedere qlcu. a una tavola apparecchiata per mangiare **B** **attovagliàrsi** **v. intr. pron.** • (*colloq.*) sedersi a una tavola apparecchiata per mangiare

attraccàggio [1932] **s. m.** • (*raro*) attracco

attraccàre [etim. incerta ✱ av. 1883] **A** **v. tr.** (*io attràcco, tu attràcchi*) • (*mar.*) manovrare per approdare alla banchina, o accostarsi ad altra imbarcazione **B** **v. intr.** (aus. *essere* o *avere*) • approdare, giungere a riva (+ *a*): *la nave attraccò in piena notte alla banchina*

attràcco [1863] **s. m.** (pl. *-chi*) • (*mar.*) manovra dell'attraccare | punto in cui si attracca

attraènte **part. pres.** di *attrarre*; anche **agg.** • che attrae | seducente, gradevole: *donna, visione a.; una proposta a.* ‖ **attraenteménte**, **avv.** (*raro*) in modo attraente

†**attràere** ➤ **attrarre**

attralciatùra [da *tralcio* ✱ 1955] **s. f.** • (*agric.*) legatura dei tralci della vite ai loro sostegni

†**attrappàre** [fr. *attraper*, dal francone *trappa* 'trappola' ✱ av. 1333] **A** **v. tr.** **1** prendere, afferrare, con forza **2** rapire, rubare | (*fig.*) truffare **B** **attrappàrsi** **v. intr. pron.** • (*lett., raro*) rattrappirsi, contrarsi

attrappìre [ricavato da *rattrappire* ✱ 1761] **v. tr.** (*io attrappìsco, tu attrappìsci*) • (*raro*) rattrappire

◆**attràrre** o †**attràere** [lat. *adtrăhere*, comp. di *ăd* e *trăhere* 'tirare' ✱ 1250 ca.] **A** **v. tr.** (coniug. come *trarre*) **1** tirare a sé, attirare con forza (*anche fig.*): *la calamita attrae il ferro; quella visione attrasse il suo sguardo* **2** (*fig.*) allettare, lusingare, avvincere (*anche assol.*): *il suo sorriso e la sua grazia mi attraggono; ha un modo di fare che attrae* **B** **attràrsi** **v. tr. pron.** (aus. *essere*) • attirarsi: *attrarsi le simpatie, l'attenzione di qlcu.* **C** **attràrsi** **v. rifl. recipr.** • attirarsi l'uno verso l'altro: *i corpi celesti si attraggono in ragione diretta della massa* | (*fig.*) provare reciproca attrazione

SFUMATURE DI SIGNIFICATO

attrarre - allettare - affascinare

In senso figurato, **attrarre** è interessare, attirare qualcuno in virtù di qualità innate o per mezzo di comportamenti messi in atto consapevolmente. L'azione di attirare, invitare una persona con lusinghe e promesse si definisce **allettare**, verbo che invece presuppone sempre un'intenzionalità precisa. **Affascinare** è esercitare su un'altra persona una forte attrazione che conquista, seduce, ammalia.

SFUMATURE ➤ *conquistare*, ➤ *sedurre*

attrattìva [da *attrattivo* ✱ 1614] **s. f.** **1** capacità di attrarre (*spec. fig.*): *avere a.; esercitare una forte a. su qlcu.; sentire l'a. della poesia* | fascino, seduzione: *è dotata di grande a.* **2** (**al pl.**) qualità che attraggono, allettano: *le attrattive della vita*

attrattìvo [vc. dotta, lat. tardo *attractīvu(m)*, da *attrăctus* 'attratto' ✱ av. 1294] **agg.** • che ha la capacità di attrarre: *un luogo turisticamente a.* | (*fig., lett.*) amabile, seducente: *Avea la testa una grazia attrattiva* (N. Machiavelli) ‖ **attrattivaménte**, **avv.** (*raro*) con attrazione ‖ **attrattività**, **s. f. inv.** capacità, forza di attrazione: *attrattività di un territorio*

attràtto **A** **part. pass.** di *attrarre*; anche **agg.** • attirato (*spec. in senso fig.*): *si sentiva a. da quella donna* **B** **s. m.** • †storpio, paralitico: *sanando infermi, e rizzando attratti* (G. Villani)

attrattóre [da *attrarre* ✱ 1585] **s. m.** • (*mat.*) stato di equilibrio verso cui tende un sistema dinamico

attraversaménto [av. 1555] **s. m.** **1** l'attraversare | (*est.*) zona in cui si può attraversare | ***a. pedonale***, parte della carreggiata zebrata sulla quale i pedoni in transito godono della precedenza rispetto ai veicoli **2** incrocio di due strade

◆**attraversàre** [da *attraverso* ✱ sec. XIII] **A** **v. tr.** (*io attravèrso*) **1** passare attraverso (*anche fig.*): *per uscire attraversarono la siepe; durante il suo viaggio ha attraversato tutta l'Europa; attraversò in fretta la strada; il fiume attraversa tutta la città; un sospetto gli attraversò la mente* | ***a. la strada, il passo, a qlcu.***, tagliargli la strada; (*fig.*) ostacolarlo | (*assol.*) attraversare una strada, una piazza e sim.: *esitò a lungo prima di a.* **2** (*mar.*) incrociare con la propria rotta quella di un'altra nave, passandole a poca distanza **3** (*mar.*) ***a. l'ancora***, metterne il fuso quasi orizzontale, dopo averla salpata **4** (*fig.*) vivere, passare: *stanno attraversando un momento difficile* **5** (*fig., lett.*) ostacolare, impedire: *mi attraversa tutti i progetti* | (*assol.*) †contraddire **B** **attraversàrsi** **v. rifl.** **1** (*lett.*) mettersi di traverso **2** (*fig., lett.*) opporsi, impedire, porre ostacoli

SFUMATURE DI SIGNIFICATO

attraversare - incrociare - varcare - valicare - guadare

Attraversare è il termine più generale per indicare il passare attraverso, cioè l'andare da una parte all'altra. **Incrociare** ha un significato lievemente diverso, perché definisce il fatto di intersecare qualcosa, di tagliarla trasversalmente; si usa soprattutto in riferimento a strade, ferrovie e sim. Se l'attraversamento consiste nell'oltrepassare un limite o un confine, un suo equivalente è **varcare**. Quando l'*attraversare* è superare il punto più alto di un percorso di montagna passando da un versante all'altro è specifico **valicare**. **Guadare** è invece passare a guado un fiume, cioè attraversarlo a piedi in un punto in cui le acque sono basse, con un veicolo o in groppa a un animale.

◆**attravèrso** o (*lett.*) **a travèrso** [comp. di *a*-② e *traverso* ✱ sec. XIII] **A** **avv.** • (*lett.*) trasversalmente, obliquamente, di traverso, per traverso **B** **prep.** **1** da parte a parte, da una parte all'altra, in mezzo a, dentro: *il traguardo era segnalato da un filo di lana a. la strada; passare a. la siepe; arrivare a. vicoli; guardare a. le imposte; prendere la scorciatoia a. i campi;* (*fig.*) *siamo passati a. grandi dolori, gravi difficoltà* | anche nella loc. prep. ***attraverso a***: *mettere uno sbarramento a. alla strada* **2** (*fig.*) mediante, in seguito a: *a. ricerche; è stato appurato a. lunghe indagini* | nella loc. prep. ***a. di*** (davanti a un pron. pers.), tramite, per mezzo di: *a. di lei aveva potuto frequentare l'ambiente che lo interessava* **3** obliquamente, in senso trasversale: *l'albero è caduto a. la strada e ha ostruito il traffico*

◆**attrazióne** [vc. dotta, lat. tardo *attractiōne(m)*, da *attrăctus* 'attratto' ✱ 1310] **s. f.** **1** proprietà dell'attirare a sé: *l'a. del polo magnetico* | (*ling.*) processo di assimilazione per il quale una parola adegua il proprio aspetto morfologico a quello di una parola con la quale è in rapporto | (*ling.*) ***a. modale***, in latino, uso del congiuntivo invece dell'indicativo per assimilazione del congiuntivo della frase sovraordinata **2** (*fig.*) fascino: *una professione che esercita una forte a. sui giovani* | vivo interesse, inclinazione: *provare a. per qlcu., per qlco.; a. verso il potere; a. fisica, sessuale* **3** (*est.*) chi (o ciò che) richiama o risveglia l'interesse di qlcu. | (**al pl.**) divertimenti, spettacoli allettanti: *le attrazioni del luna park; una località che offre poche attrazioni* **4** numero sensazionale, che attira il pubblico, in uno spettacolo di varietà o rivista: *gli elefanti ammaestrati sono l'a. di quel circo* **5** †contrazione

†**attrecciàre** [comp. di *a*-② e *treccia* ✱ 1305] **v. tr.** • intrecciare | fare le trecce coi capelli

attrezzàggio [da *attrezzare* ✱ 1959] **s. m.** **1** attrezzatura **2** (*mecc.*) fase di predisposizione a una data lavorazione di una macchina utensile

attrezzaménto [1929] **s. m.** **1** (*raro*) l'attrezzare **2** (*est.*) attrezzatura

◆**attrezzàre** [da *attrezzo* ✱ av. 1442] **A** **v. tr.** (*io attrézzo*) **1** fornire di attrezzi o di attrezzatura: *a. una falegnameria; a. uno studio dentistico, una nave* **2** (*est.*) fornire di tutto il materiale necessario alla realizzazione di qlco.: *a. una spedizione scientifica, un ufficio tecnico* | ***a. una via***, nell'alpinismo, predisporre chiodi, corde fisse e sim. lungo l'itinerario di salita perché possa essere successivamente percorso con maggiore facilità | ***a. una barca***, prepararla per una regata **B** **attrezzàrsi** **v. rifl.** • fornirsi del necessario (+ *di*; + *per*, anche seguito da inf.): *attrezzarsi di tutto l'occorrente; attrezzarsi per una gita; si sono attrezzati per trascorrere una notte all'addiaccio*

attrezzàto **part. pass.** di *attrezzare*; anche

a

agg. 1 nei sign. del v. | ***via attrezzata***, in alpinismo, itinerario facilitato da chiodi, corde fisse, scalette metalliche, e sim. **2** detto di area urbana fornita di attrezzature sportive e ricreative: *parco a.*; *verde pubblico a.*

♦**attrezzatùra** [1824] **s. f. 1** fornitura, dotazione di attrezzi **2** complesso di attrezzi, strumenti, congegni e sim., necessari allo svolgimento di un'attività professionale o produttiva: *l'a. di un ristorante, di un albergo*; *l'a. di una nave* | ***a. meccanica***, complesso di congegni, e dei mezzi ausiliari, necessari alla lavorazione in serie di un pezzo | (*est.*) complesso del materiale necessario alla realizzazione di un fine: *le attrezzature ricreative, culturali di una città*; *attrezzature alberghiere* **3** (*mar.*) operazione di messa a punto di vele e manovre di una imbarcazione | ***a. velica***, complesso dei componenti necessari a una imbarcazione per navigare a vela

attrezzerìa [1940] **s. f. 1** insieme degli oggetti necessari al completamento della scena teatrale e sim. **2** in varie tecnologie, reparto ausiliario alla produzione adibito alla costruzione, regolazione e messa a punto delle attrezzature specifiche di produzione

attrezzìsta [1858] **s. m. e f.** (**pl. m.** *-i*) **1** atleta specialista della ginnastica ai grandi attrezzi **2** trovarobe **3** operaio addetto all'attrezzeria o all'attrezzatura meccanica

attrezzìstica [1961] **s. f.** ● ginnastica eseguita ai grandi attrezzi

attrezzìstico [1955] **agg.** (**pl. m.** *-ci*) ● che è fatto con attrezzi: *ginnastica attrezzistica* | relativo agli attrezzi: *allestimento a. di una nave*

♦**attrézzo** [ant. fr. *atrait*, dal lat. *attractu(m)* 'attratto' ✱ 1669] **s. m. 1** strumento necessario allo svolgimento di una determinata attività: *a. di cucina, del falegname, del coltivatore* | ***attrezzi navali***, complesso di tutto quanto è necessario per armare una nave | ***carro attrezzi***, V. *carroattrezzi* **2** (*sport*) ogni oggetto, strumento o impalcatura usati per gare, concorsi sportivi e sim. | nella ginnastica, strumento di varia struttura per eseguire esercizi e assumere posizioni specifiche: *ginnastica con attrezzi*; *esercizi agli attrezzi* | ***grandi attrezzi***, quelli che servono per l'appoggio e la sospensione | ***piccoli attrezzi***, quelli che si utilizzano nei lanci e nelle traslocazioni a corpo libero || **attrezzìno**, **dim.** | **attrezzùccio**, **dim.**

attribuìbile [1751] **agg.** ● che si può attribuire (+ *a*): *un affresco a. al Lorenzetti* | riconducibile, ascrivibile: *un errore a. a disattenzione* || **attribuibilità**, **s. f. inv.**

♦**attribuìre** [vc. dotta, lat. *attribŭere*, comp. di *ăd* e *tribŭere* 'tributare' ✱ av. 1292] **A v. tr.** (*io attribuìsco, tu attribuìsci*) **1** assegnare, riconoscere come spettante a qlcu.: *a. a qlcu. una ricompensa, una parte degli utili* | (*est.*) concedere: *a. a qlcu. la facoltà di decidere* **2** ascrivere: *a. a lode, a biasimo* | imputare, riconoscere un nesso causale: *a. una disgrazia all'imprudenza di qlcu.* | riconoscere a un autore la paternità di un'opera: *a. un quadro al Mantegna* **B attribuìrsi v. tr. pron.** (**aus.** *essere*) ● arrogarsi, assegnarsi: *attribuirsi una quota di guadagno*; *attribuirsi un merito, un diritto*

attributìvo [1582] **agg. 1** (*gramm.*) che concerne l'attributo | che funge da attributo | ***funzione attributiva***, uso di un aggettivo con valore di attributo (per es. nella frase 'un *nuovo* cellulare') **CFR.** predicativo **2** (*dir.*) ***negozio giuridico a.***, quello che ha l'effetto di determinare uno spostamento di diritti patrimoniali da un soggetto a un altro || **attributivaménte**, **avv.**

attribùto [vc. dotta, lat. *attribūtu(m)*, part. pass. di *attribŭere* 'attribuire' ✱ 1261 ca.] **s. m. 1** (*filos.*) qualità fondamentale di un ente: *gli attributi di Dio* | (*est.*) qualità che è specifica di una persona o di una cosa: *gli attributi muliebri* | (*eufem.*, **al pl.**) gli organi sessuali maschili, spec. intesi come simbolo di grinta, di decisione **2** (*est.*) elemento distintivo a carattere simbolico usato nella rappresentazione di divinità pagane, personaggi mitologici, personificazioni e sim.: *le bilance sono l'a. della giustizia* **3** (*arald.*) aggettivo o participio che serve a indicare la posizione e le particolarità delle pezze e delle figure **4** (*gramm.*) aggettivo che attribuisce una qualità o una circostanza al sostantivo cui si riferisce

SFUMATURE ➤ ***caratteristica***

attribuzióne [vc. dotta, lat. *attributiōne(m)*, da *attribūtus* 'attribuito' ✱ av. 1328] **s. f. 1** l'attribuire: *l'a. di questo quadro è incerta* | assegnazione: *l'a. di un premio* **2** (**al pl.**) facoltà e poteri spettanti a chi svolge una determinata attività: *tutto questo non entra nelle sue attribuzioni*

attribuzionìsmo [da *attribuzione* ✱ 1950] **s. m.** ● tendenza ad attribuire un'opera artistica a un autore semplicemente sulla base di affinità stilistiche, talora anche molto lievi

attricétta [dim. di *attrice* ✱ 1955] **s. f.** ● (*spreg.*) giovane attrice mediocre, di secondo piano

†**attristaménto** [av. 1334] **s. m.** ● afflizione

attristàre [comp. di *a-*② e *triste* ✱ 1288] **A v. tr. 1** (*lett.*) rendere triste, rattristare: *troppo e poco saper la vita attrista* (L. de' Medici) | affliggere | tormentare **2** †rendere tristo, malvagio **B attristàrsi v. intr. pron.** ● (*lett.*) diventare malinconico, triste: *tu non mi fai altro che chiamare e della mia lunga dimora t'attristi* (G. Boccaccio)

attristire [sec. XIII] **A v. tr.** (*io attristìsco, tu attristìsci*) **1** (*lett.*) rattristare **2** (*raro, lett.*) rendere sterile, improduttivo **B v. intr.** (**aus.** *essere*) **1** (*raro*) perdere vigore, isterilire **2** (*raro*) perdere vigore e freschezza, spec. riferito a piante: *i fiori attristivano per la siccità* **C attristìrsi v. intr. pron.** ● (*raro, lett.*) diventare triste

♣**attrìto**① [vc. dotta, lat. *attrītu(m)* 'sfregamento', da *attĕrere* 'sfregare' comp. di *ăd* e *tĕrere* 'sfregare' ✱ 1785] **s. m. 1** resistenza che incontra un corpo nel suo moto relativo a un altro corpo: *a. radente, volvente, misto* **2** (*est.*) logorio, strofinio: *si è assottigliato per l'a.* **3** (*fig.*) contrasto, dissidio: *le inevitabili gelosie e gli attriti che nascono tra suocere* (L. Pirandello)

attrìto② [lat. *attrītu(m)*, part. pass. di *attĕrere*. V. *attrito*① ✱ av. 1292] **agg. 1** (*lett.*) logoro, consunto (*anche fig.*) **2** in teologia, che prova attrizione

attrizióne [vc. dotta, lat. tardo *attritiōne(m)*, da *attrītus* 'attrito'② ✱ 1354] **s. f. 1** nella teologia cattolica, il dolore e la detestazione dei peccati, ispirati da motivi imperfetti, quali il timore dei castighi e la bruttezza del peccato, e non dal puro amore verso Dio **2** †attrito, logoramento: *volendo mostrare come i corpi durissimi per l'a. d'altri più molli possano consumarsi* (G. Galilei)

attruppaménto [fr. *attroupement* ✱ 1823] **s. m.** ● l'attrupparsi | (*est.*) assembramento

attruppàre [fr. *attrouper*. V. *truppa* ✱ 1669] **A v. tr.** ● (*lett.*) radunare confusamente, spec. animali **B attruppàrsi v. intr. pron.** ● riunirsi in modo confuso

attuàbile [av. 1857] **agg.** ● che si può attuare: *progetto, proposta a.* || **attuabilità**, **s. f. inv.**

♦**attuàle** [vc. dotta, lat. tardo *actuāle(m)*, da *ăctus*, da *ăgere* 'agire' ✱ 1268] **agg. 1** relativo al presente: *le attuali circostanze*; *l'a. stato delle cose* | (*geol.*) ***era a.***, era quaternaria | che è applicabile nel presente: *l'a. legislazione del lavoro* | che rimane valido nel presente sebbene appartenga al passato: *il pensiero di Pascal è ancora a.* **SIN.** moderno **2** (*filos.*) che è in atto, che è passato dalla potenzialità alla realtà effettiva: *esistenza a.* | (*filos.*) ***idealismo a.***, attualismo | (*relig.*) ***peccato a.***, nella teologia cattolica, quello commesso dalla persona, imputabile alla sua volontà | (*relig.*) ***Grazia a.***, nella teologia cattolica, quella concessa da Dio all'uomo come aiuto transitorio, per illuminarlo nell'intelletto e spingerlo a compiere il bene **CFR.** abituale || **attualménte**, **avv.** nel presente, oggi || **attualità**, **s. f. inv.** (V.)

SFUMATURE ➤ ***nuovo***

attualìsmo [av. 1926] **s. m. 1** (*filos.*) dottrina filosofica di matrice idealistica elaborata da G. Gentile (1875-1944), secondo la quale tutta la realtà è ridotta a spirito, in quanto atto puro del pensiero **SIN.** autoctisi **2** (*geol.*) teoria secondo la quale gli avvenimenti geologici del passato furono causati dagli stessi fenomeni e processi che agiscono nell'era presente

attualìsta [av. 1926] **A s. m. e f.** (**pl. m.** *-i*) ● (*filos.*) chi segue o si ispira all'attualismo **B agg.** ● attualistico

attualìstico [1932] **agg.** (**pl. m.** *-ci*) ● (*filos.*) che concerne l'attualismo

attualità [vc. dotta, lat. mediev. *actualitāte(m)*, da *actuālis* 'attuale' ✱ 1308] **s. f. inv. 1** caratteristica di ciò che è attuale: *l'a. di una teoria, di un problema, di un'opera* | ***essere d'a.***, suscitare interesse nel momento presente | ***tornare d'a.***, di idea, movimento, o sim. che, sorto nel passato, riacquista significato nel presente **2** avvenimento, fatto, del presente o del recentissimo passato: *pagine di a.*; *settimanale d'a.*

attualizzàre [1965] **A v. tr. 1** rendere attuale un problema, una questione **2** (*econ.*) procedere all'attualizzazione di un'attività futura **B attualizzàrsi v. intr. pron.** ● diventare attuale, acquistare attualità || **attualizzazióne**, **s. f.** (V.)

attualizzazióne [1898] **s. f. 1** realizzazione: *a. di un progetto* | (*raro*) aggiornamento: *a. di un'enciclopedia* **2** (*econ.*) calcolo matematico del valore attuale, a un tasso stabilito, di attività finanziarie disponibili in futuro a scadenze note: *a. di una rendita*

attuàre [lat. mediev. *actuāre*, dal lat. *ăctus* 'atto' ✱ av. 1420] **A v. tr.** (*io àttuo, noi attuiàmo*) ● mettere in atto, realizzare: *a. una riforma* **B attuàrsi v. intr. pron.** ● tradursi in atto, realizzarsi: *i tuoi progetti si attueranno*

attuariàle [ingl. *actuarial*, da *actuary*, di orig. lat. (*actuārius* 'attuario②') ✱ 1912] **agg.** ● detto del ramo della matematica finanziaria che si occupa del calcolo, sulla base di dati statistici, di interessi composti, rendita, montante e delle altre variabili contabili di un'assicurazione

attuàrio① [vc. dotta, lat. *actuāriu(m)*, aggettivo da *ăctus* 'atto', da *ăgere* 'fare' ✱ sec. XIV] **agg.** ● ***navi attuarie***, navi da guerra romane da trasporto, leggere e agili

attuàrio② [vc. dotta, lat. *actuāriu(m)*, dal sign. metonimico di *ăctus* 'documento scritto (di un *atto* compiuto)' ✱ av. 1580] **s. m. 1** ufficiale romano addetto ai magazzini dell'esercito **2** nel diritto intermedio, ufficiale incaricato di trascrivere gli atti giudiziari **3** (**f.** *-a*) chi si occupa di matematica attuariale

attuatìvo [da *attuare* ✱ 1981] **agg.** ● che permette di realizzare, di mettere in atto qlco.

attuatóre [1961] **agg. e s. m. 1** (**f.** *-trice*) (*raro*) che (o chi) attua **2** (*ing.*) dispositivo che, in un sistema di controllo, effettua meccanicamente, elettricamente o in altro modo l'azione di regolazione

attuazióne [av. 1673] **s. f.** ● realizzazione

attuffàre [comp. di *a-*②e *tuffare* ✱ av. 1292] **A** **v. tr.** ● (*raro, lett.*) immergere, tuffare: *lo fa lavar Astolfo sette volte / e sette volte sotto acqua l'attuffa* (L. Ariosto) | (*fig.*) sommergere **B** **attuffàrsi** **v. rifl.** ● (*lett.*) immergersi (*anche fig.*) **C** **attuffàrsi** **v. intr. pron.** ● (*raro, lett.*) sprofondarsi

attuóso (o -ṣ-) [vc. dotta, lat. *actuōsu(m)*, da *āctus* 'azione', da *ăgere* 'fare' ✱ av. 1326] **agg.** ● (*lett.*) attivo, operoso

attutàre [comp. di *a-*② e del lat. *tutāri* 'proteggere, difendere' ✱ 1261 ca.] **A** **v. tr.** ● (*lett.*) smorzare, calmare, mitigare **B** **attutàrsi** **v. intr. pron.** ● (*lett.*) calmarsi, acquetarsi: *qui pon fine alle morti e in lui quel caldo / disdegno marzial par che s'attuti* (T. Tasso)

attutiménto [1892] **s. m.** ● (*raro*) l'attutire | attenuazione

✦**attutìre** [metaplasmo di *attutare* ✱ 1547] **A** **v. tr.** (*io attutìsco, tu attutìsci*) ● rendere meno violento, meno intenso: *a. l'urto, il dolore* | ***a. un suono***, attenuarlo **B** **attutìrsi** **v. intr. pron.** ● diminuire d'intensità (*anche fig.*): *il dolore s'attutisce per l'effetto dei sedativi*

aucùba [dal giapp. *aoki* ✱ 1829] **s. f.** ● arbusto ornamentale sempreverde delle Cornacee con foglie lanceolate coriacee e lucenti, punteggiate di bianco e di giallo (*Aucuba japonica*)

aucùpio [vc. dotta, lat. *aucŭpium*, comp. di *ăvis* 'uccello' e *căpere* 'prendere' ✱ 1748] **s. m.** ● (*raro, lett.*) caccia agli uccelli, spec. con le reti

✦**audàce** o †**aldàce** [vc. dotta, lat. *audāce(m)*, da *audēre* 'osare' ✱ 1282] **A** **agg.** **1** che non teme il pericolo e affronta ogni difficoltà sfidando il rischio che ne deriva: *Cristoforo Colombo fu un navigatore a.* **2** che è detto o fatto in modo arrischiato: *a. consiglio*; *impresa, rapina a.* | (*est.*) provocante: *sguardi, parole, proposte audaci*; *indossare abiti audaci* | (*raro, lett.*) insolente: *risposta, gesto a.* **3** che è molto originale, che innova rispetto alla tradizione, alle norme vigenti e sim.: *stile, moda a.*; *idee, teorie, opinioni audaci*; *un pittore dalla tecnica a.* ‖ **audaceménte**, **avv.** **B** **s. m. e f.** ● persona audace: *la fortuna aiuta gli audaci*

SFUMATURE DI SIGNIFICATO

audace - temerario - intraprendente

Audace è chi, pur conoscendo e considerando un pericolo, non lo teme e affronta con coraggio difficoltà e rischi; **temerario** è invece chi affronta il rischio senza riflettere, in modo sconsiderato. **Intraprendente** condivide con *audace* la componente del coraggio, ma si applica alla sfera dell'iniziativa, della fattività, con il fine di portare a compimento un'iniziativa, di tradurre un progetto in realtà.

✦**audàcia** o †**aldàcia** [vc. dotta, lat. *audācia(m)*, da *audax*, genit. *audācis* 'audace' ✱ 1261 ca.] **s. f.** (**pl.** *-cie*) **1** caratteristica di chi (o di ciò che) è audace: *l'a. di un esploratore, di una concezione* | azione audace: *quel viaggio è stato una vera a.* **2** temerarietà, sfacciataggine, insolenza: *ha avuto l'a. di metterci alla porta*

au-dessus de la mêlée /*fr.* odəˌsydlameˈle/ [loc. fr., propr. 'al di sopra della mischia', dal titolo di un libro (1915) di R. Rolland ✱ 1953] **loc. avv.** ● al di fuori della lotta e delle competizioni, in una posizione di assoluta imparzialità e serenità di giudizio: *essere, trovarsi, restare au-dessus de la mêlée*

audience /ˈɔdjens, *ingl.* ˈɔːdiəns/ [vc. ingl. dal lat. *audiĕntia*. V. *udienza* ✱ 1971] **s. f. inv.** ● quantità di persone che si calcola siano raggiunte da un messaggio diffuso da mezzi di comunicazione di massa **SIN.** udienza nel sign. 5

†**audiènza** ➤ **udienza**

àudio [sostantivazione del prefissoide ingl. *audio-* ✱ 1949] **A** **s. m. inv.** ● (*tv*) tutto ciò che riguarda la trasmissione e la ricezione del suono | il suono stesso, il volume, spec. di un apparecchio televisivo: *abbassa l'a.!* **B** anche **agg.**: *segnale a.*

àudio- [dal tema *audi-* deriv. dal v. lat. *audīre* 'udire' con la vocale di congiunzione *o*, ci è giunto prob. dall'ingl.] **primo elemento** ● in parole composte indica relazione con l'udito o fa riferimento alla percezione acustica: *audiogramma, audiovisivo*

audiocassétta [comp. di *audio-* e *cassetta* ✱ 1979] **s. f.** ● nastro magnetico contenuto in un caricatore, usato per la registrazione e la riproduzione di suoni

audioconferènza [comp. di *audio-* e *conferenza* ✱ 1993] **s. f.** ● conferenza o conversazione a distanza di più persone in collegamento telefonico **SIN.** teleconferenza

audiofilìa [comp. di *audio-* e *-filia* ✱ 2003] **s. f.** ● passione per l'ascolto di riproduzioni musicali nel modo più fedele possibile all'originale

audiòfilo [comp. di *audio-* e *-filo* ✱ 1984] **s. m.** (**f.** *-a*) ● cultore dell'audiofilia

audiofrequènza [comp. di *audio-* e *frequenza* ✱ 1961] **s. f.** ● in radiofonia e telefonia, frequenza elettrica compresa nella gamma delle frequenze udibili

audiogràmma [comp. di *audio-* e *-gramma* ✱ 1955] **s. m.** (**pl.** *-i*) ● fascio di curve che forniscono, in funzione della frequenza, i valori dell'intensità dell'onda sonora per ogni valore del livello di sensazione sonora

audioguìda [comp. di *audio-* e *guida* ✱ 1993] **s. f.** ● dispositivo portatile fornito di auricolare, che consente ai visitatori di ascoltare notizie utili durante la visita a musei, mostre e sim.

audioguidàto [1995] **agg.** ● che si effettua con l'ausilio di un'audioguida: *tour, percorso a.*

audiolèṣo (o -è-) [comp. di *audio-* e *leso* ✱ 1966] **agg. e s. m.** (**f.** *-a*) ● che (o chi) è menomato nell'orecchio, nell'udito

audiolìbro [comp. di *audio(cassetta)* e *libro* ✱ 1979] **s. m.** ● libro il cui testo è inciso su audiocassetta

audiologìa [comp. di *audio-* e *-logia* ✱ 1950] **s. f.** (**pl.** *-gìe*) ● branca della medicina che studia l'orecchio e la funzione uditiva

audiològico [1958] **agg.** (**pl. m.** *-ci*) ● relativo all'audiologia

audiòlogo [1983] **s. m.** (**f.** *-a*; **pl. m.** *-gi*) ● studioso, specialista di audiologia

audiometrìa [comp. di *audio-* e *-metria* ✱ 1954] **s. f.** ● (*med.*) insieme delle misurazioni effettuate per determinare la sensibilità degli organi dell'udito

audiomètrico [1986] **agg.** (**pl. m.** *-ci*) ● di audiometria, relativo ad audiometria: *esame a.*

audiometrìsta [da *audiometria*, calco sull'ingl. *audiometrist* ✱ 1969] **s. m. e f.** (**pl. m.** *-i*) ● tecnico esperto in esami audiometrici

audiòmetro [comp. di *audio-* e *-metro* ✱ 1892] **s. m.** ● strumento per la determinazione della sensibilità degli organi dell'udito

audiopròteṣi [comp. di *audio-* e *protesi* ✱ 1984] **s. f. inv.** ● (*med.*) protesi acustica

audioproteṣìsta [comp. di *audio-* e *protesista* ✱ 1980] **s. m. e f.** (**pl. m.** *-i*) ● chi costruisce o applica protesi per l'udito

Audiotèl® [comp. di *audio-* e *tel(efono)* ✱ 1993] **A** **s. m. inv.** ● servizio privato che fornisce a pagamento agli abbonati telefonici informazioni di vario genere, attraverso una rete gestita da Telecom Italia, che trattiene per sé una percentuale della tariffa **B** anche **agg. inv.**: *servizio A.*

audiovìdeo o **audio-video** [comp. di *audio* e *video* ✱ 1984] **agg. inv.** ● che riguarda la riproduzione di suoni e immagini mediante tecniche digitali: *registrazione a.*

audioviṣióne [comp. di *audio-* e *visione* ✱ 1957] **s. f.** **1** visione accompagnata dall'ascolto **2** l'insieme dei sistemi audiovisivi

audioviṣìvo [comp. di *audio-* e *visivo* ✱ 1955] **A** **agg.** ● che consente di ascoltare dei suoni e contemporaneamente di vedere delle immagini: *mezzi, sussidi audiovisivi* ‖ **audioviṣivaménte**, **avv.** **B** **s. m.** ● (**spec. al pl.**) ogni mezzo, come televisione, videocassetta, cd-rom, filmato ecc., che riproduce suoni e immagini: *l'uso degli audiovisivi come sussidi didattici*

†**audìre** ➤ **udire**

àudit /ˈaudit, *ingl.* ˈɔːdɪt/ [vc. ingl., propr. 'verifica, revisione', dal lat. *audītu(m)* 'sentito, ascoltato' ✱ 1986] **s. m. inv.** ● (*econ.*) verifica di dati e procedure in un'azienda, finalizzata all'accertamento della loro correttezza

Àuditel [comp. dell'ingl. *audi(ence)* (V.) e *tel(evision)* 'televisione' ✱ 1984] **s. m. inv.** ● sistema di rilevamento degli indici di ascolto radiotelevisivi

àuditing /ˈauditin(g), *ingl.* ˈɔːdɪtɪŋ/ [vc. ingl., da *to audit* 'rivedere, verificare i conti', dal lat. *audītu(m)*, part. pass. di *audīre* 'ascoltare' ✱ 1979] **s. m. inv.** ● (*org. az.*) verifica della contabilità di un'azienda, per appurare se i valori del bilancio corrispondono o meno alle scritture contabili

auditìvo ➤ **uditivo**

àuditor /ˈauditor, *ingl.* ˈɔːdɪtə(r)/ [vc. ingl., dal lat. *audītor* nom., 'uditore'. V. *auditing* ✱ 1979] **s. m. e f. inv.** ● (*org. az.*) funzionario addetto alle operazioni di auditing

auditóre ➤ **uditore**

†**auditòrio**① ➤ **uditorio**①

auditòrio② [vc. dotta, lat. *auditōriu(m)*, da *audīre* 'udire' ✱ 1938] **s. m.** (**pl.** *-i* o *raro -ii*) **1** auditorium **2** V. *uditorio*②

auditòrium [vc. lat., 'sala per ascoltare (*audīre*) conferenze' ✱ 1935] **s. m. inv.** ● sala per l'audizione di musica, prosa, conferenze e sim. | (*est.*) edificio che ospita tale sala **SIN.** auditorio②

audizióne o †**udizióne** [vc. dotta, lat. *auditiōne(m)*, da *audīre* 'udire' ✱ 1363] **s. f.** **1** ascolto: *a. di testimoni*; *a. musicale* **2** prova preliminare di ascolto di un programma, spec. radiofonico, prima della sua trasmissione

aùf ➤ **uff**

aùff ➤ **uff**

aùffa ➤ **uff**

aùffete ➤ **uff**

✦**àuge** [arabo *awğ* 'culmine' ✱ 1282] **s. f. solo sing.** **1** nell'astronomia tolemaica, il punto più elevato dell'epicicloide, corrispondente alla massima distanza di un pianeta dalla Terra | †apogeo **2** (*fig.*) apice, culmine, massimo grado e sim. | ***essere in a.***, trovarsi al vertice della notorietà, del successo, aver raggiunto il punto più alto della fama, della gloria e sim. | ***venire in a.***, acquistare credito, fama, gloria

augèllo [lat. tardo *aucĕllu(m)*, dim. di *ăvis* 'uccello' ✱ av. 1257] **s. m.** (**f.** *-a*) ● (*poet.*) uccello: *in su' rami fra novelle fronde / cantano i loro amor soavi augelli* (A. Poliziano) ‖ **augellétto**, **dim.** | **augellìno**, **dim.**

†**auggiàre** ➤ **aduggiare**

augìte [dal gr. *augḗ* 'splendore, luce' ✱ 1817] **s. f.** ● (*miner.*) pirosseno di colore verde scuro, diffuso in molte rocce eruttive

†**augnàre** o †**adugnàre** nel sign. A 1 [da *ugna* col pref. *a-*② ✱ av. 1533] **v. tr.** **1** adun-

ghiare **2** tagliare obliquamente

augnatùra [1550] **s. f.** • in varie tecnologie, taglio obliquo con cui i diversi componenti di una struttura vengono uniti fra loro per agevolarne il collegamento | ***cassetta per augnature***, quella per tagliare ad angolo le aste di legno per formare le cornici

†**augumentàre** e deriv. ➤ **aumentare** e deriv.

auguràbile [1927] **agg.** • che è da augurarsi: *la soluzione più a., meno a.* | auspicabile (+ *che* **seguito da congtv.**): *è a. che tutti arrivino puntuali* **SIN.** sperabile ‖ **augurabilità**, **s. f. inv.**

auguràle o †**aguriàle** [vc. dotta, lat. *augurāle(m)*, da *augur*, genit. *auguris* 'augure' ✶ 1483] **agg.** **1** che esprime augurio: *discorso a.* **2** degli àuguri: *pratiche augurali* ‖ **auguralménte**, **avv.**

•**auguràre** o †**aguràre** [vc. dotta, lat. *augurāre* 'esercitare l'ufficio di augure', da *augur*, genit. *auguris* 'augure' ✶ av. 1292] **A** **v. tr.** (*io àuguro*) **1** esprimere un augurio (*anche iron.*) (+ *di* **seguito da inf.**, + *che* **seguito da congtv.**): *a. buon viaggio*; *a. la buona notte*; *a. la morte, un malanno e sim.*; *a. il buon anno, il buon compleanno*; *ti auguro di arrivare in tempo*; *gli auguro che la sua salute migliori* **2** †predire, presagire **B** **v. intr.** (**aus.** *avere*) **1** (*stor.*) pronosticare secondo la tecnica divinatoria degli àuguri | adempiere alle funzioni di augure **2** (*est., lett.*) trarre auspici **C** **auguràrsi** **v. tr. pron.** (**aus.** *essere*) • sperare qlco. per sé o per altri: *mi auguro un buon risultato*; *mi auguro di rivederti presto*; *ci auguriamo che il tuo tentativo riesca*

auguràto **A** **part. pass.** di *augurare*; **anche agg.** • nei sign. del v. **B** **s. m.** • (*stor.*) nell'antica Roma, dignità e funzione di augure ‖ **augurataménte**, **avv.**

auguratóre o †**aguratóre** [av. 1292] **agg. e s. m.** (**f.** *-trice*) • (*raro, lett.*) che (o chi) augura

àugure [vc. dotta, lat. *āugure(m)*, da *augēre* 'aumentare'; il sign. originale era 'accrescimento accordato dagli dei a un'impresa' o 'colui che dà l'accrescimento, colui che dà i presagi favorevoli' ✶ 1313] **s. m.** • sacerdote divinatore che, presso i Romani e gli Etruschi, prediceva il futuro e accertava la volontà degli dei attraverso l'osservazione del volo e del movimento degli uccelli e l'interpretazione dei sogni e dei fenomeni naturali

•**augùrio** o †**agùrio**, †**augùro**, †**aùrio** [vc. dotta, lat. *augŭriu(m)*, da *augur*, genit. *auguris* 'augure' ✶ av. 1292] **A** **s. m.** **1** (*stor.*) responso divinatorio reso dagli àuguri | rito con il quale si ricavava tale responso **2** segno, presagio, di cosa futura: *essere di buono, di cattivo a.* | (*lett.*) presentimento: *tristi auguri, e sogni, e penser negri, / mi danno assalto* (F. PETRARCA) **3** speranza, voto, auspicio di felicità, salute, benessere e sim.: *un a. di buona fortuna, di prosperità, di pronta guarigione* | espressione di tale speranza: *formulare, porgere, presentare, un sincero, affettuoso a.* **4** (**al pl.**) formula di cortesia in particolari ricorrenze: *fare, porgere, gli auguri*; *biglietto di auguri*; *auguri di buon Natale, di buona Pasqua*; *auguri a tutti!* **B** **augùri** **in funzione di inter.**: *È il tuo compleanno? auguri!* | talora con tono di perplessità, di marcato scetticismo (*anche iron.*): *Dici che ce la fai ad arrivare lassù in un'ora? auguri ...* ‖ **auguróne**, **accr.**

auguróso (o *-ṣ-*) o †**aguróso**, †**augurióso** [sec. XIII] **agg.** • (*lett.*) che è di augurio | ***bene, male a.***, di buono o cattivo augurio ‖ **augurosaménte**, **avv.** (*raro*) con buon augurio

augustàle [vc. dotta, lat. *augustāle(m)*, dal n. dell'imperatore *Augŭstus* 'Augusto' ✶ av. 1292] **A** **agg.** **1** di Augusto, imperatore romano (63 a.C.-14 d.C.) **2** (*est.*) †imperiale **B** **s. m.** **1** nella Roma imperiale, membro del collegio sacerdotale addetto al culto di Augusto e di altri imperatori morti e divinizzati **2** moneta d'oro coniata da Federico II di Svevia con l'effigie laureata dell'imperatore sul rovescio

augustèo [vc. dotta, lat. *augustēu(m)*, dal n. dell'imperatore *Augŭstus* 'Augusto' ✶ 1499] **agg.** • dell'imperatore Augusto o della sua età: *legge augustea*

•**augùsto**① [vc. dotta, lat. *augŭstu(m)*, da *augur*, nel senso di 'consacrato dagli àuguri' ✶ av. 1292] **A** **agg.** • sacro, maestoso, venerabile: *l'augusta persona del monarca, del pontefice*; *ci onorò con la sua augusta presenza* **B** **s. m.** • (*lett.*) imperatore

augùsto② [fr. *Auguste*, n. proprio di un tipo di clown creato nel sec. XIX ✶ 1954] **s. m.** • pagliaccio del circo equestre, che indossa un abito da sera esageratamente largo e lungo, con lungo gilet bianco e corti pantaloni neri

•**àula** [vc. dotta, lat. *āula(m)*, dal gr. *aulḗ* 'cortile, dimora', di etim. incerta ✶ sec. XIII] **s. f.** **1** locale adibito a lezioni scolastiche: *le alunne sono entrate in a.*; *l'a. di fisica, di disegno* | ***a. magna***, nelle università, nelle scuole e in altri edifici pubblici, l'aula riservata alle occasioni solenni **2** in vari edifici pubblici, vasto locale destinato a riunioni, assemblee e sim.: *l'a. di Montecitorio, di Palazzo Madama*; *le aule del Tribunale*; *a. bunker* **3** (*lett.*) sala di una reggia, di un palazzo e sim. | ***a. regia***, reggia ‖ **aulétta**, **dim.**

•**aulènte** **part. pres.** di *aulire*; **anche agg.** • (*poet.*) fragrante, odoroso, profumato: *i ginepri folti di coccole aulenti* (G. D'ANNUNZIO)

aulète o **aulèta** [vc. dotta, gr. *aulētḗs*, da *aulós* 'flauto' ✶ 1566] **s. m.** (**f.** *aulètride*, **V.**) • (*lett.*) suonatore di flauto: *dell'a. querulo, che piange* (G. PASCOLI)

aulètica [vc. dotta, gr. *aulētikḗ*, da *aulós* 'flauto' ✶ 1829] **s. f.** • nella Grecia antica, l'arte di suonare l'aulos

aulètico [1587] **agg.** (**pl. m.** *-ci*) • relativo all'auletica

aulètride [vc. dotta, gr. *aulētrís*, genit. *aulētrídos*, da *aulós* 'flauto'. V. *aulos* ✶ av. 1912] **s. f.** • (*lett.*) suonatrice di flauto: *voci / alte destò l'a. col flauto* (G. PASCOLI)

•**àulico** [vc. dotta, lat. *aulicu(m)*, dal gr. *aulikós*, da *aulḗ* 'corte' (V. *aula*) ✶ av. 1550] **agg.** (**pl. m.** *-ci*) **1** (*lett.*) di corte: *consiglio, consigliere a.* | (*lett.*) degno di risuonare in una reggia **2** nobile, elevato: *linguaggio, stile a.* | colto, raffinato: *scrittore, poeta a.* ‖ **aulicaménte**, **avv.** ‖ **aulicità**, **s. f. inv.**

†**auliménto** o †**uliménto** [sec. XII] **s. m.** • fragranza

aulìre o †**ulìre** [dal lat. classico *olēre* 'avere odore', attraverso una forma volg. *aulēre* ✶ 1250 ca.] **v. intr.** (*io aulisco, tu aulisci*; **difett. usato solo nelle forme del pres. e imperf. indic. e del part. pres.**) • (*lett.*) olezzare, odorare: *lo suol che d'ogne parte auliva* (DANTE *Purg.* XXVIII, 6)

aulòs [vc. dotta, gr. *aulós* 'flauto', di orig. indeur. ✶ 1829] **s. m. inv.** • antico strumento musicale greco a fiato, a due canne

aumentàbile o †**augumentàbile**, †**agumentàbile** [1632] **agg.** • che si può aumentare

•**aumentàre** o †**augumentàre**, †**agumentàre** [vc. dotta, lat. tardo *augmentāre*, da *augmĕntum* 'aumento' ✶ 1268] **A** **v. tr.** (*io auménto*) **1** incrementare, accrescere: *a. lo stipendio a qlcu.*; *a. le spese* **2** nei lavori a maglia, aggiungere punti (*anche assol.*): *a. i punti, le maglie*; *dopo dieci centimetri si deve a.* **B** **v. intr.** (**aus.** *essere*) **1** crescere in quantità, estensione, potenza, peso e sim. (**anche** + *di*): *la folla è aumentata*; *è aumentato di tre chili*; *il rumore aumenta* **2** (*colloq.*) crescere di prezzo, diventare più caro: *la carne aumenta*; *da domani aumenta la benzina*

†**aumentatìvo** o †**augumentatìvo**, †**agumentatìvo** [av. 1328] **agg.** • atto ad aumentare

aumentàto **part. pass.** di *aumentare*; **anche agg.** **1** nei sign. del v. **2** (*mus.*) ***intervallo a.***, intervallo eccedente

aumentìsta [da *aumento* col suff. *-ista* ✶ 1881] **s. m. e f.** (**pl. m.** *-i*) • in borsa, chi specula sul rialzo **SIN.** rialzista

•**auménto** o †**augumènto**, †**agumènto** [vc. dotta, lat. *augmĕntu(m)* da *augēre* 'accrescere' ✶ 1314] **s. m.** **1** l'aumentare | incremento, crescita: *a. di spese, di entrate, di intensità* **2** (*colloq.*) rincaro: *è stato preannunciato un ulteriore a. del pane* **3** (*ling.*) prefisso che, in lingue indoeuropee quali il greco, l'ario e l'armeno, compare nella formazione di alcuni tempi del passato del verbo (per es., nel greco, l'imperfetto, l'aoristo, il piuccheperfetto)

SFUMATURE DI SIGNIFICATO

aumento - accrescimento - incremento

Aumento definisce in generale il divenire più grande e si usa soprattutto in riferimento a quantità e prezzo. **Accrescimento** ha lo stesso significato; in particolare, nel linguaggio della biologia e della medicina indica lo sviluppo degli esseri viventi dalla nascita all'età adulta. **Incremento** è uno sviluppo in quantità, capacità, importanza e suggerisce un senso di accresciuta prosperità, abbondanza.

aùmma aùmma [loc. onomat. ✶ 1994] **A** **loc. avv.** • (*napol.*) di nascosto, riservatamente, con intenzione un po' truffaldina: *fare tutto aumma aumma* **B** **in funzione di loc. agg. inv.**: *un affare aumma aumma*

aumônière /fr. omo'njɛr/ [fr., da *aumône* 'elemosina', perché era la borsa in cui si teneva il denaro per le elemosine ✶ 1965] **A** **s. f. inv.** • antica borsa a forma di sacchetto, per tenervi denaro, che si portava agganciata alla cintura **B** **in funzione di agg.** • (posposto al sost.) nella loc. ***scollatura a.***, a drappeggio

àuna [fr. *aune*, dal francone *alina*, propr. 'avambraccio' ✶ 1819] **s. f.** • antica misura di lunghezza usata in Francia e in Belgio prima dell'adozione del sistema metrico decimale

†**aunàre** e deriv. ➤ **adunare** e deriv.

†**aunghiàre** ➤ **adunghiare**

au pair /fr. o'pɛr/ [fr., propr. 'alla pari' ✶ 1950] **A** **loc. agg. inv. e loc. avv.** • alla pari (V. *pari*① nel sign. A 8) **B** **anche loc. sost. f. e m. inv.**: *ospitare una au pair*

•**àura** o †**òra**③ [lat. *aura(m)*, dal gr. *áura* 'soffio', di etim. incerta ✶ sec. XIII] **s. f.** **1** (*raro, lett.*) venticello leggero e piacevole: *trovossi al fiume in un boschetto adorno / che lievemente la fresca a. muove* (L. ARIOSTO) | †vento **2** (*raro, lett.*) l'aria che si respira | (*est.*) alito, respiro **3** (*fig., lett.*) atmosfera: *un'a. di sventura, di pace*; *un'a. di morte si stendeva sulla città* **4** (*fig.*) credito, favore: *a. popolare* **5** (*med.*) sensazione soggettiva o fenomeno motorio che precede crisi spec. epilettiche caratterizzate da parossismi ricorrenti **6** (*raro, lett.*) effluvio, emanazione | nell'occultismo, supposta emanazione del corpo umano percepibile dai chiaroveggenti ‖ **aurétta**, **dim.**

auràle [vc. dotta; comp. del lat. *āure(m)* 'orecchia' col suff. *-ale*① ✶ 1991] **agg.** **1** relativo all'orecchio o percepito dall'orecchio **2** (*letter.*) ***trasmissione a.***, comunicazione di un testo per via orale | ***cultura a.***, quella che designa la civiltà greca fino al IV sec. a.C. caratterizzata dalla comunicazione orale di testi ‖ **auralità**, **s. f. inv.**

auràto o †**oràto** [vc. dotta, lat. *aurātu(m)*, da *āurum* 'oro' ✱ 1314] **A** **agg.** ● (*lett.*) che ha il colore dell'oro: *tra nuvolette aurate / vedeasi Amor con l'arco* (T. TASSO) **B** **s. m.** ● (*chim.*) sale dell'acido aurico

✤**àurea mediòcritas** [loc. lat., propr. 'aurea mediocrità' ✱ 1870] **loc. sost. f. inv.** (**pl. lat.** *aureae mediocritates*) **1** atteggiamento di misura e di moderazione, lontano da ogni eccesso **2** (*iron.*) condizione di chi non si distingue per particolari doti o è contento della propria mediocrità

✤**àureo** [vc. dotta, lat. *āureu(m)*, agg. di *āurum* 'oro' ✱ av. 1322] **A** **agg. 1** d'oro: *anello a.*; *corona aurea* | ***riserva aurea***, l'oro detenuto dagli istituti di emissione di uno Stato a garanzia della circolazione cartacea | ***sistema a.***, sistema monetario fondato sull'oro | ***valuta aurea***, moneta d'oro o convertibile in oro **2** (*lett.*) che ha il colore, lo splendore dell'oro: *e molti d'auree ginestre si paravano i colli* (G. CARDUCCI) | (*est.*) luminoso, splendente: *ed a. il giorno, e limpido il notturno aere stellato* (U. FOSCOLO) **3** (*lett.*, *fig.*) nobile, pregevole, prezioso: *a. libretto* | ***scrittore a.***, finissimo | ***periodo, secolo a.***, epoca di massimo splendore CFR. argenteo | ***età aurea***, l'età dell'oro, in cui l'uomo conobbe una completa e leggendaria felicità | ***aurea mediocrità***, V. *aurea mediocritas* **4** (*mat.*) ***sezione aurea***, segmento parte di un altro, che sia medio proporzionale fra l'intero segmento e la parte residua | (*astron.*) ***numero a.***, serve per trovare l'epatta e si ottiene dividendo per 19 l'era cristiana più uno **B** **s. m.** ● moneta d'oro romana, con valore diverso secondo le epoche

aurèola o †**laurèola**② [lat. *aurēola(m)* (sottinteso *corōnam*) 'corona d'oro', da *aureus* 'aureo' ✱ av. 1328] **s. f. 1** (*relig.*) luce che circonda il corpo dei Santi | corona splendente attorno al capo dei Santi, della Vergine, del Cristo nell'iconografia e nella statuaria cattolica | in altre religioni, luce soprannaturale che emana dal corpo di asceti **2** (*fig.*) splendore di gloria che si acquista per particolari virtù: *a. di bontà, di santità* **3** (*est.*) contorno di luce, colore o sim., di un corpo: *l'a. della fiamma*; *un'a. di riccioli* **4** (*anat.*) areola del capezzolo

aureolàre① [1912] **v. tr.** (*io aurèolo*) ● (*raro, lett.*) cingere con un'aureola (*anche fig.*)

aureolàre② [da *aureola* nel sign. 4 ✱ 1915] **agg.** ● (*anat.*) relativo all'aureola del capezzolo: *ghiandole aureolari*

aureolàto **part. pass.** di *aureolare*①; anche **agg.** ● (*lett.*) cinto da un'aureola (*anche fig.*): *Qual sei mi piaci, aureolata testina* (U. SABA)

aureomicìna [dallo (*Strepto*)- *myces aureo* (*faciens*) da cui fu isolata ✱ 1950] **s. f.** ● antibiotico appartenente al gruppo delle tetracicline, usato nella terapia di numerose malattie infettive

àuri- o **àuro-** [dal lat. *āurum* 'oro', di orig. indeur.] **primo elemento** ● in parole composte dotte o della terminologia scientifica significa 'oro', o fa riferimento al colore dell'oro: *aurifero*

àurica [fr. *aurique*, dal neerl. *oorig* ✱ 1813] **A** **agg. solo f.** ● (*mar.*) detto di vela trapezoidale fissata sul picco, sull'albero e sul boma: *vela a.*; *randa a.* | ***attrezzatura a.***, quella che fa uso di vele auriche **B** **s. f.** ● (*mar.*) vela aurica

†**auricàlco** [V. *oricalco* ✱ sec. XIV] **s. m.** ● (*raro*) oricalco

àurico [dal lat. *āurum* 'oro' ✱ 1865] **agg.** (**pl. m.** *-ci*) ● (*chim.*) detto di composto dell'oro trivalente: *cloruro a.* | ***idrato a.***, composto ossigenato dell'oro con proprietà acide

aurìcola [vc. dotta, lat. *aurĭcula(m)*, dim. di *auris* 'orecchia' ✱ av. 1698] **s. f. 1** (*anat.*) orecchietta del cuore **2** pianta erbacea rizomatosa delle Primulacee con foglie carnose e fiori gialli a ombrella, che cresce sulle rupi calcaree e viene anche coltivata come pianta ornamentale (*Primula auricola*)

auricolàre [vc. dotta, lat. tardo *auriculāre(m)*, da *aurĭcula*. V. *auricola* ✱ sec. XIV] **A** **agg.** ● dell'orecchio, relativo all'orecchio: *padiglione a.* | (*dir.*) ***testimone a.***, che riferisce ciò che ha udito direttamente | ***confessione a.***, fatta all'orecchio del confessore | †***dito a.***, il mignolo (per l'abitudine di introdurlo nell'orecchio) **B** **s. m.** ● accessorio degli apparecchi radioriceventi o di riproduzione del suono che, applicato all'orecchio, ne consente l'ascolto individuale

aurìfero [vc. dotta, lat. *aurĭferu(m)*, comp. di *āurum* 'oro' e *fĕrre* 'portare' ✱ 1499] **agg.** ● che contiene oro: *terreno a.*

aurìga [vc. dotta, lat. *aurīga(m)*, di etim. incerta ✱ av. 1292] **s. m. e f.** (**pl. m.** *-ghi*) **1** anticamente, guidatore di cocchio **2** (*raro, lett.*) cocchiere

aurignaciàno /auriɲɲa'tʃano, or-/ o **aurignaziàno** /auriɲɲat'tsjano, or-/ [dalla località di *Aurignac* ✱ 1930] **A** **agg.** ● relativo a una cultura preistorica dell'epoca paleolitica e al periodo in cui essa si sviluppò **B** anche **s. m.**: *reperti dell'a.*

†**aùrio** ➤ **augurio**

†**àuro** ➤ **oro**

àuro- ➤ **auri-**

auròra (o *-ó-*) [vc. dotta, lat. *aurōra(m)*, di orig. indeur. ✱ 1282] **s. f. 1** chiarore dell'atmosfera terrestre che precede il sorgere del sole, dovuto all'ultima luce crepuscolare del mattino | ***all'a.***, allo spuntar del sole | ***a. polare***, luminescenza del cielo notturno che si manifesta in prossimità dei circoli polari | ***a. boreale, australe***, a seconda del polo interessato **2** (*fig., lett.*) prima manifestazione, inizio: *l'a. della civiltà* | ***l'a. della vita***, la fanciullezza

auroràle [1865] **agg. 1** dell'aurora: *s'irraggiò alla luce a.* (G. D'ANNUNZIO) | ***righe aurorali***, caratteristiche righe di emissione presenti negli spettri delle aurore polari **2** (*fig., lett.*) iniziale: *la forma a. del conoscere* (B. CROCE)

†**ausàre** ➤ **adusare**

auscultàre o **ascoltàre** [vc. dotta, lat. *auscultāre* 'ascoltare con attenzione', comp. di un primo elemento, nel quale si riconosce *āuris* 'orecchio', di orig. indeur., e di una seconda parte (*-cultare*), di etim. incerta ✱ av. 1492] **v. tr.** ● (*med.*) eseguire un'auscultazione

auscultatóre ➤ **ascoltatore**

auscultazióne o **ascoltazióne** [vc. dotta, lat. *auscultatiōne(m)*, da *auscultātus*, part. pass. di *auscultāre* 'auscultare' ✱ 1342] **s. f.** ● (*med.*) esame obiettivo del malato consistente nel riconoscere con l'orecchio o con particolari strumenti, quali il fonendoscopio e lo stetoscopio, i suoni normali o anormali che provengono dagli organi interni

auṣiliàre [vc. dotta, lat. *auxiliāre(m)* 'che aiuta', da *auxĭlium* 'aiuto' ✱ 1520] **A** **agg.** ● che aiuta: *milizia a.* | (*gramm.*) ***verbo a.***, che serve a formare i tempi composti e il passivo (in italiano, i verbi *essere* e *avere*) || **auṣiliarménte**, **avv.** || **auṣiliarità**, **s. f. inv.** **B** **s. m. e f.** ● chi presta aiuto, collaborazione | ***a. del traffico***, V. *ausiliario* SIN. coadiutore **C** **s. m.** ● verbo ausiliare

auṣiliària [f. sost. di *ausiliario* ✱ 1946] **s. f.** ● donna impiegata in servizi assistenziali, amministrativi o tecnici al seguito dell'esercito operante

auṣiliàrio [vc. dotta, lat. *auxiliāriu(m)*, da *auxĭlium* 'aiuto' ✱ sec. XIV] **A** **agg.** (**pl. m.** *-i* o *raro -ii*) **1** che aiuta: *truppe ausiliarie* | ***posizione di servizio a.***, nell'esercito, quella degli ufficiali non più atti al servizio attivo ma ancora impiegabili in servizi speciali nel territorio o al seguito delle truppe operanti | da impiegare in caso di emergenza: *motore a.*, *velatura ausiliaria* | (*mar.*) ***naviglio a.***, nave mercantile che, in caso di guerra, la marina militare requisisce e impiega come unità combattente **2** (*med.*) di medicamento che aiuta l'azione del farmaco principale **B** **s. m.** (**f.** *-ia* (V.)) **1** aiutante, collaboratore | ***ausiliario di giustizia***, soggetto a cui possono essere affidate mansioni strumentali sussidiarie o sostitutive di quelle degli organi giurisdizionali | ***a. del traffico***, addetto che collabora con la polizia municipale per l'accertamento di violazioni in materia di sosta e circolazione **2** (*stor.*, **spec. al pl.**) soldato della milizia straniera che operava in aiuto degli eserciti di Roma **3** (*milit.*) ufficiale in posizione di servizio ausiliario

auṣiliarità ➤ **ausiliare**

auṣiliatóre [vc. dotta, lat. *auxiliatōre(m)*, da *auxiliāri* 'recare soccorso', deriv. di *auxĭlium* 'aiuto' (V. *ausilio*) ✱ av. 1342] **agg.**; anche **s. m.** (**f.** *-trice*) ● (*lett.*) che (o chi) porta aiuto, che soccorre | ***Maria Ausiliatrice***, la Madonna, come soccorritrice dei cristiani

auṣìlio [vc. dotta, lat. *auxĭliu(m)*, da *augēre* 'accrescere' ✱ sec. XIII] **s. m.** (**pl.** *-i* o *raro -ii*) ● (*lett.*) aiuto

†**àuṣo** [vc. dotta, lat. *ausu(m)*, part. pass. di *audēre* 'osare' ✱ 1321] **agg.** ● (*lett.*) ardito, audace

auṣònio [vc. dotta, lat. *Ausŏniu(m)*, dal popolo degli *Ausones* ✱ av. 1340] **A** **agg.** ● (*lett.*) italico: *le antiche popolazioni ausonie* **B** **s. m.** ● (*chim., raro*) nettunio

auspicàbile [1863] **agg.** ● che si può auspicare: *una scelta a.* | augurabile (+ *che* seguito da congtv.): *è a. che tutto si risolva presto* || **auspicabilménte**, **avv.** || **auspicabilità**, **s. f. inv.**

auspicàle [vc. dotta, lat. *auspicāle(m)*, da *auspex*, genit. *auspicis* 'auspice' ✱ 1865] **agg. 1** relativo all'auspice **2** (*lett.*) di buon augurio

✤**auspicàre** [vc. dotta, lat. *auspicāri*, da *auspex*, genit. *auspicis* 'auspice' ✱ 1499] **A** **v. tr.** (*io àuspico, tu àuspichi*) ● augurare; augurarsi, far voti (+ *che* seguito da congtv., + *di* seguito da inf.): *a. la felice conclusione di un'impresa*; *da tempo si auspica la conclusione della trattativa*; *auspico che vi arrida il successo*; *il governo auspica di poter fare progredire la trattativa* **B** **v. intr.** (aus. *avere*) ● (*lett.*, *raro*) prendere, trarre gli auspici

✤**àuspice** [vc. dotta, lat. *auspice(m)* 'che esamina il volo degli uccelli', comp. di *ăvis* 'uccello' e *spĕcere* 'guardare' ✱ 1516] **s. m. e f. 1** presso gli antichi Romani, sacerdote divinatore che traeva l'auspicio **2** (*lett.*) chi promuove, favorisce, inizia e sim., un'impresa: *questa volta io sarei ... l'a. involontaria* (G. D'ANNUNZIO) | spec. in frasi con valore avverbiale: *l'accordo fu firmato a. il Ministro*

✤**auspìcio** o †**auspìzio** [vc. dotta, lat. *auspĭciu(m)*, da *auspex*, genit. *auspicis* 'auspice' ✱ av. 1326] **s. m.** (**pl.** *-i* o *raro -ii*) **1** presso gli antichi Romani, presagio tratto dall'osservazione del volo, del pasto e dei movimenti degli uccelli | specie di augurio **2** (*est.*) presagio, pronostico: *iniziare un'attività con, sotto, buoni auspici*; *essere di buono, di cattivo a.* | augurio, desiderio: *è nostro a. che la squadra vinca* **3** (*fig.*) protezione, favore: *la mostra fu inaugurata sotto gli auspici delle autorità locali*

austerità o †**austeritàde**, †**austeritàte** [vc. dotta, lat. *austeritāte(m)*, da *austērus* 'austero' ✱ 1306] **s. f. inv. 1** caratteristica di chi (o di ciò che) è austero: *l'a. dell'asceta*; *a. di vita, di costumi, di comportamento* **2** (*econ.*)

a

il complesso delle limitazioni imposte dal governo alle spese pubbliche o dallo stesso auspicate nei consumi privati per giungere a un risanamento economico **3** †asprezza di sapore

austèrity /aus'tɛriti, *ingl.* ɒː'stɛrɪtɪ/ [ingl., dal fr. *austérité*, dal lat. *austeritāte(m)* 'austerità' ✻ 1951] **s. f. inv.** ● austerità, nel sign. 2

♦**austèro** [vc. dotta, lat. *austēru(m)*, dal gr. *austērós* 'duro, aspro', da avvicinare ad *âuos* 'secco' ✻ sec. XIII] **agg. 1** che rivela una rigida e severa norma di vita: *carattere, aspetto, costume, comportamento a.*; *vita, disciplina, morale, austera* | ***un palazzo a.***, dalle linee essenziali, severe **2** (*raro*) aspro, secco, asciutto, detto di sapore | ***vino a.***, vino di pregio la cui morbidezza è piacevolmente interrotta da un leggero sapore astringente | ***clima a.***, rigido, inclemente || **austeraménte**, **avv.**

SFUMATURE DI SIGNIFICATO
austero - compassato - solenne
Chi si ispira a una norma di vita severa, che si traduce in serietà e sobrietà di comportamenti si definisce **austero**. Anche **compassato** definisce un modo si comportarsi alieno da ogni manifestazione particolarmente esuberante, ma suggerisce più un controllo volontario che non una naturalezza delle proprie maniere. Nel caso in cui insieme alla serietà, alla sobrietà si intenda descrivere anche un'idea di imponenza, di maestosità si ricorre al termine **solenne**.

austòrio [deriv. dal lat. tardo *haustōre(m)* 'colui che attinge', da *haurīre* 'attingere' ✻ 1538] **s. m. 1** (*archeol.*) vaso sacrificale per attingere **2** (*bot.*) organo di assorbimento caratteristico delle piante parassite

australe [vc. dotta, lat. *austrāle(m)*, da *auster* 'austro' ✻ 1314] **agg.** ● (*geogr.*) meridionale, spec. detto dell'emisfero compreso tra l'equatore e il Polo Sud **CONTR.** boreale

australiàna [f. sost. di *australiano* ✻ 1940] **s. f.** ● gara ciclistica a inseguimento su pista con la partecipazione di tre o quattro corridori che partendo da punti diversi, equidistanti fra loro, devono eseguire un certo numero di giri nel minor tempo possibile

♦**australiàno** [1851] **A agg.** ● dell'Australia: *popolazioni australiane*; *lingua australiana* **B s. m.** (**f.** *-a*) ● abitante o nativo dell'Australia

australòide [comp. di *Austral(ia)* e *-oide* ✻ 1955] **agg.** ● detto di tipo umano i cui individui presentano caratteri quali capelli ricci, naso leggermente largo, pelle bruna

australopitèco [comp. di *australe* e del gr. *píthēkos* 'scimmia' ✻ 1955] **s. m.** (**pl.** *-chi* o *-ci*) ● ogni tipo umano fossile, rinvenuto nell'Africa meridionale, che presenta caratteristiche di transizione tra le grandi scimmie antropomorfe e l'uomo

austriacànte [1849] **agg. e s. m. e f.** ● (*spreg.*) che (o chi) era favorevole al governo dell'Austria in Italia

♦**austrìaco** [av. 1595] **A agg.** (**pl. m.** *-ci*) ● dell'Austria: *letteratura austriaca* | (*est.*) dell'impero austroungarico: *dominazione austriaca* **B s. m.** (**f.** *-a*; **pl. m.** *-ci*) ● abitante o nativo dell'Austria

àustro [vc. dotta, lat. *austru(m)*, di etim. incerta ✻ av. 1292] **s. m. 1** (*lett.*) vento umido e caldo che soffia da sud **SIN.** ostro②, noto **2** (*lett.*) il Sud, come punto cardinale

àustro-① **primo elemento** ● in parole composte è accorciamento di *australe*: *austroafricano*

àustro-② **primo elemento** ● in parole composte fa riferimento all'Austria o agli austriaci: *austroungarico*

austroafricàno [comp. di *austro-*① e *africano* ✻ 1955] **agg.** ● relativo all'Africa australe

austroasiàtico [comp. di *austro-* e di *asiatico* sull'es. dell'ingl. *Austro-Asiatic* ✻ 1922] **agg.** (**pl. m.** *-ci*) ● (*ling.*) di una famiglia di lingue parlate nel Sudest asiatico, a cui appartengono il laotiano, il cambogiano e il vietnamita

austronesiàno [comp. di *austro-* e di *(poli)-nesiano* sull'es. dell'ingl. *Austronesian* ✻ 1922] **agg.** ● (*ling.*) di una famiglia di lingue parlate nella maggior parte delle isole dell'Oceano Indiano e del Pacifico, dal Madagascar alle Isole di Pasqua (Cile)

austroungàrico o (*raro*) **austrungàrico** [comp. di *austro-*② e *ungarico* ✻ 1878] **agg.** (**pl. m.** *-ci*) ● relativo alla monarchia asburgica e allo Stato (1867-1918) costituito dall'Impero d'Austria e dal Regno d'Ungheria: *Impero a.*

autarchìa① [gr. *autárkeia* 'il bastare a sé stesso', comp. di *auto-*① e *arkéō* 'io basto' ✻ 1873] **s. f. 1** nella filosofia cinica e stoica, condizione di autosufficienza del saggio nei confronti di qualsiasi legame col mondo degli altri **2** autosufficienza economica tale che un Paese possa produrre all'interno tutto ciò di cui ha bisogno rinunciando agli scambi economici con l'estero

autarchìa② [vc. dotta, gr. *autarchía* 'autocrazia', comp. di *auto-*① e *archḗ* 'comando' ✻ 1819] **s. f. 1** (*raro, lett.*) padronanza, dominio di sé | (*est.*) potere assoluto **2** (*dir.*) capacità degli enti pubblici, spec. territoriali, di amministrare i propri interessi in modo autonomo

autàrchico① [da *autarchia*① ✻ 1923] **agg.** (**pl. m.** *-ci*) ● dell'autarchia, relativo all'autarchia economica: *politica autarchica* | di merce prodotta con materie prime o procedimenti non importati dall'estero: *tessuti autarchici* || **autarchicaménte**, **avv.** in modo autarchico, con autarchia

autàrchico② [da *autarchia*② ✻ 1923] **agg.** (**pl. m.** *-ci*) ● (*dir.*) dotato di autarchia amministrativa: *ente a. territoriale*

autarchìsmo [da *autarchia*① nel sign. 2 ✻ 1935] **s. m.** ● concezione e tendenza politica basate sull'autarchia

autarchizzàre [da *autarchico*② ✻ 1937] **v. tr.** ● rendere autarchico

♦**aut aut** [lat., 'o ... o' ✻ 1875] **loc. sost. m. inv.** ● alternativa, scelta a cui non ci si può sottrarre | ***imporre un aut aut***, costringere a una scelta

SFUMATURE ➤ ***alternativa***

autèntica [da *autenticare* ✻ 1342] **s. f.** ● dichiarazione scritta atta a comprovare l'autenticità di un documento, di una firma, di un oggetto, di un'opera d'arte e sim.: *a. delle reliquie di un Santo*; *apporre l'a.*

autenticàbile [1865] **agg.** ● che si può autenticare

autenticàre [lat. mediev. *authenticāre*, da *authĕnticus* 'autentico' ✻ av. 1328] **A v. tr.** (*io autèntico, tu autèntichi*) **1** (*dir.*) accertare come autografo un documento da parte di pubblico ufficiale: *a. un testamento, una firma* | ***a. una fotografia***, dichiarare, da parte di un pubblico ufficiale, che la persona in essa ritratta è la stessa che vi ha apposto la propria firma **2** (*est.*) confermare, convalidare con autorità: *a. le affermazioni di qlcu.* | ***a. un'opera d'arte***, rilasciarne l'expertise **B autenticàrsi v. rifl.** ● (*Internet*) certificare a un sistema la propria identità nell'operazione di login

autenticazióne [1570] **s. f.** ● attestazione di autenticità: *a. di un atto di citazione*

autenticità [1727] **s. f. inv.** ● condizione di ciò che è autentico: *provare l'a. di un documento, di una dichiarazione, di un'opera d'arte*

♦**autèntico** [vc. dotta, lat. tardo *authĕnticu(m)*, dal gr. *authentikós*, da *authéntēs* 'che è fatto da sé' ✻ sec. XIII] **agg.** (**pl. m.** *-ci*) **1** che proviene con certezza da chi ne è indicato quale autore: *documento a.*; *firma autentica* | ***copia autentica***, convalidata da un'autorità competente | ***interpretazione autentica***, fornita dallo stesso organo che ha emanato l'atto **2** vero, reale: *un fatto a.* | (*est.*) originale: *un mobile a. del 1700* | (*fig.*) genuino: *gli aspetti più autentici della nostra civiltà*; (*iron., intens.*) *è un a. farabutto!* **3** (*mus.*) detto di certi modi del canto fermo || **autenticaménte**, **avv.** || **autenticità**, **s. f. inv.** (V.)

SFUMATURE DI SIGNIFICATO
autentico - originale - genuino
Si definisce **autentico** ciò che proviene con certezza da chi ne è indicato come autore o come produttore; riferito a documenti, certifica la verità dei dati in esso dichiarati; detto di opere d'arte o di altri prodotti dell'ingegno, attesta la reale appartenenza al suo autore. In questo significato suo equivalente è **originale**, termine che come il precedente si attribuisce anche a prodotti industriali che non sono imitazione o addirittura contraffazione di altri; *originale* mantiene tuttavia in più una sfumatura di significato che fa riferimento alla novità della creazione, al fatto che non si richiama a nulla di precedente. Anche **genuino** esprime un'idea di originalità, ma riferita alla naturalità, alla non sofisticazione; si dice infatti soprattutto di prodotti alimentari confezionati con ingredienti naturali e procedimenti artigianali.
SFUMATURE ➤ ***vero***

autentificàre [1925] **v. tr.** (*io autentìfico, tu autentìfichi*) ● (*raro, burocr.*) autenticare || **autentificazióne**, **s. f.**

authòrity /au'tɔriti, *ingl.* ɔː'θɒrɪtɪ/ [vc. ingl., propr. 'autorità' ✻ 1985] **s. f. inv.** (**pl. ingl.** *authorities*) ● organismo pubblico indipendente che sovrintende a un determinato settore amministrativo con poteri di controllo e di indirizzo

autière [da *auto*① ✻ 1931] **s. m.** ● militare addetto alla guida di automezzi

autìsmo [ted. *Autismus*, dal gr. *autós* 'stesso' (V. *auto-*①) ✻ 1935] **s. m.** ● (*psicol.*) disturbo, frequente nella schizofrenia, caratterizzato dalla perdita di interesse per il mondo esterno, chiusura in sé stessi e produzione di fantasie, deliri e allucinazioni | ***a. infantile***, disturbo che compare nei primi anni di vita ed è caratterizzato dal mancato sviluppo di relazioni sociali, incapacità di usare il linguaggio, apatia, rigidità, giochi ripetitivi, movimenti ritmici

♦**autista**① [da *auto*① ✻ 1932] **s. m. e f.** (**pl. m.** *-i*) ● conducente professionale di autoveicoli | (*est.*) chi guida un'automobile **SIN.** guidatore

autista② [da *autismo* ✻ 1935] **agg. e s. m. e f.** (**pl. m.** *-i*) ● (*psicol.*) che (o chi) è affetto da autismo

autìstico [1931] **agg.** (**pl. m.** *-ci*) ● (*psicol.*) caratterizzato da autismo | detto di pensiero indisciplinato, impulsivo, non consapevole delle proprie contraddizioni || **autisticaménte**, **avv.** in modo autistico, con autismo

♦**àuto**① [1898] **s. f. inv.** ● accorc. di *automobile*: *a. da corsa* | ***a. blu***, V. *autoblù* | ***a. civetta***, quella priva di segni distintivi usata da agenti di polizia e sim. in borghese per sorprendere più facilmente chi trasgredisca la legge | ***senz'a.***, di giornata in cui, spec. per motivi ecologici, non è consentito l'uso delle automobili: *domenica senz'a.*

auto② /*sp.* 'auto/ [dal lat. *ăctu(m)* 'azione drammatica', da *ăgere* 'fare, rappresentare' ✻ sec. XVIII] **s. m.** (**pl. sp.** *autos*) ● dramma sacro in un atto, diffuso in Spagna e Portogallo soprattutto tra il sec. XV e il sec. XVII | ***a. sacramentale***, concernente l'eucaristia

àuto-① [dal gr. *autós* 'stesso'] **primo elemento** ● in parole composte dotte significa 'di sé stesso' o 'da sé': *autobiografia, autodifesa,* *autocombustione, autodidatta*

àuto-② primo elemento ● in parole composte è accorciamento di *automobile*: *autoambulanza, autodromo, autotrasportato*

autoabbronzànte [comp. di *auto-*① e *abbronzante* ✱ 1970] **A** **agg.** ● detto di prodotto che abbronza senza esporre il corpo al sole: *crema, olio a.* **B** anche **s. m.**

autoaccensióne [comp. di *auto-*① e *accensione* ✱ 1925] **s. f.** ● (*autom.*) fenomeno che si verifica spec. nei motori a scoppio surriscaldati quando la miscela si accende intempestivamente nei cilindri senza che scocchi la scintilla **SIN.** preaccensione, battito in testa

autoaccessòrio [comp. di *auto-*② e *accessorio* ✱ 1983] **s. m.** ● (**spec. al pl.**) accessorio per auto

autoaccùșa [comp. di *auto-*① e *accusa* ✱ 1960] **s. f.** ● attribuzione a sé stesso di una colpa

autoaccușàrsi [comp. di *auto-*① e la forma rifl. di *accusare* ✱ 1983] **v. rifl.** ● fare atto di autoaccusa (+ *di*): *a. di un furto*

autoaccușatòrio [comp. di *auto-*① e *accusatorio* ✱ 1911] **agg.** (**pl. m.** *-i* o *raro -ii*) ● che contiene o manifesta un'autoaccusa: *testimonianza autoaccusatoria; uno sguardo a.*

autoadescànte [comp. di *auto(matico)* e *adescante* ✱ 1955] **agg.** ● (*idraul.*) che compie automaticamente l'adescamento: *pompa a.*

autoadeșivo [comp. di *auto-*① e *adesivo* ✱ 1973] **agg.; anche s. m.** ● detto di prodotto la cui superficie, grazie alle speciali sostanze di cui è spalmata, aderisce a un'altra mediante la semplice pressione: *nastro a.*; *etichette autoadesive*

autoaffermazióne [comp. di *auto-*① e *affermazione* ✱ 1985] **s. f.** ● atteggiamento di chi mira a esprimere pienamente sé stesso, la propria personalità e il proprio ruolo

autoaffondaménto [comp. di *auto-*① e *affondamento* ✱ 1958] **s. m.** ● affondamento di una nave provocato dallo stesso equipaggio per evitare che essa sia catturata dal nemico (**anche fig.**): *l'a. di un partito*

autoaiùto [comp. di *auto*① e *aiuto* ✱ 1988] **s. m.** ● pratica individuale o di gruppo che mira a condurre una persona a trovare in sé stessa le risorse necessarie per affrontare e risolvere problemi fisici, psicologici o comportamentali: *combattere l'alcolismo con l'a.*

autoambulànza [comp. di *auto-*② e *ambulanza* ✱ 1931] **s. f.** ● autoveicolo attrezzato per il trasporto di ammalati o feriti **SIN.** ambulanza | (*milit.*) ***a. radiologica, odontoiatrica***, attrezzatura mobile e relativo personale per le cure speciali in zona di combattimento

autoanàlịși [comp. di *auto-*① e *analisi* ✱ 1899] **s. f. inv.** ● (*psicoan.*) analisi che un soggetto compie su sé stesso secondo i procedimenti del metodo psicanalitico

autoanticòrpo [comp. di *auto-*① e *anticorpo* ✱ 1963] **s. m.** ● (*med.*) anticorpo prodotto dall'organismo contro un autoantigene; la sua presenza è in genere correlata a malattie autoimmuni

autoantìgene [comp. di *auto-*① e *antigene* ✱ 1963] **s. m.** ● (*med.*) componente con caratteristiche di antigene verso l'organismo cui appartiene che, nelle malattie autoimmuni, induce la formazione di anticorpi

autoapprendiménto [comp. di *auto-*① e *apprendimento* ✱ 1987] **s. m. 1** apprendimento che si raggiunge senza l'intervento di un docente **2** capacità di un dispositivo elettronico programmabile di adattare il proprio comportamento in base a parametri rilevati nell'ambiente al quale viene applicato (comandi dell'operatore, tipologia dei dati, frequenza di sequenze ripetitive)

autoarticolàto [comp. di *auto-*② e *articolato*① ✱ 1963] **s. m.** ● autoveicolo costituito da una motrice e da un semirimorchio **CFR.** autosnodato

autoassoluzióne [comp. di *auto-*① e *assoluzione* ✱ 1968] **s. f.** ● l'assolvere, il giustificare sé stessi o il proprio operato

autoassòlversi [comp. di *auto-*① e *assolversi* ✱ 1983] **v. rifl.** ● giustificare, accettare incondizionatamente il proprio operato senza attribuirsi responsabilità, errori, colpe: *è un'intera classe politica che si autoassolve*

autoavveràrsi [comp. di *auto-*① e *avverarsi* ✱ 1970] **v. intr. pron.** (*io mi autoavvéro*) ● avverarsi, detto di previsioni che, benché infondate, vengono ritenute verosimili e, condizionando il comportamento delle persone, finiscono per realizzarsi

autobetonièra [comp. di *auto-*② e *betoniera* ✱ 1973] **s. f.** ● autoveicolo attrezzato di betoniera che consente l'impasto del calcestruzzo durante il tragitto dal luogo di caricamento al luogo di utilizzazione

autobiografìa [comp. di *auto-*① e *biografia* ✱ 1828] **s. f.** ● narrazione della propria vita | biografia di sé stesso

autobiogràfico [1865] **agg.** (**pl. m.** *-ci*) ● relativo all'autobiografia | che si riferisce a casi ed esperienze della propria vita: *notizia autobiografica* ‖ **autobiograficaménte**, **avv.** in forma autobiografica

autobiografìșmo [1941] **s. m.** ● tendenza di uno scrittore a porsi come protagonista della propria opera, a collegare con la propria vita i temi di cui tratta

autoblìnda [comp. di *auto-*② e *blinda* ✱ av. 1938] **s. f.** ● autoblindo

autoblindàta [1935] **s. f.** ● autoblinda

autoblindàto [comp. di *auto-*② e *blindato* ✱ 1939] **agg. 1** detto di autoveicolo armato e blindato **2** (*est.*) fornito di autoblinda, montato su autoblinda: *reparto, reggimento a.*

autoblìndo [accorc. di *autoblindomitragliatrice* ✱ 1938] **s. f. e,** *raro*, **m. inv.** ● automezzo protetto da una blindatura a prova di proiettile di fucile e variamente armato

autoblindomitragliatrìce [1961] **s. f.** ● autoblindo armato con una o più mitragliatrici

autobloccànte [comp. di *auto-*① e di un deriv. di *bloccare* ✱ 1976] **agg. 1** (*autom.*) detto di un particolare tipo di differenziale che automaticamente impedisce a una delle due ruote motrici di arrestarsi quando l'altra gira a vuoto **2** (*edil.*) detto di masselli in cemento che in fase di posa si incastrano l'uno con l'altro senza bisogno di essere cementati, usati spec. per pavimentazioni esterne

autoblù o **àuto blu** [1980] **s. f. inv.** ● automobile gener. di colore blu usata, spec. per scopi di rappresentanza, da personalità o alti funzionari del mondo politico, amministrativo, industriale e sim.

autobómba [comp. di *auto-*② e *bomba* ✱ 1982] **s. f.** (**pl.** *autobómbe*) ● automobile carica di esplosivo fatta esplodere a distanza in un attentato o lanciata da un terrorista suicida contro un obiettivo

autobótte [comp. di *auto-*② e *botte* ✱ 1918] **s. f.** ● autoveicolo per il trasporto di liquidi il cui serbatoio è internamente diviso in scomparti indipendenti fra loro

♦**àutobus** o (*pop.*) **autobùs**, (*evit.*) **autòbus** [fr. *autobus*, comp. di *auto-*② e *-bus* ✱ 1913] **s. m. inv.** ● grande autoveicolo pubblico per trasporto urbano o interurbano di persone | ***perdere l'a.***, non fare in tempo a prenderlo; (*fig.*, *colloq.*) lasciarsi sfuggire l'occasione favorevole

autocalùnnia [comp. di *auto-*① e *calunnia* ✱ 1949] **s. f.** ● (*dir.*) l'incolpare sé stessi, presso l'autorità giudiziaria, di un reato che si sa non avvenuto o di un reato commesso da altri

autocamionàle [comp. di *auto-*② e *camionale* ✱ 1955] **s. f.** ● strada costruita appositamente per essere percorsa da camion

autocampéggio [comp. di *auto-*② e *campeggio* ✱ 1939] **s. m.** ● campeggio praticato con automezzi

autocandidatùra [comp. di *auto-*① e *candidatura* ✱ 1982] **s. f.** ● candidatura proposta dalla persona stessa che si candida

autocàravan [comp. di *auto-*② e *caravan* ✱ 1974] **s. m. o f. inv.** ● autofurgone sul cui telaio cabinato è montata una struttura analoga a quella del caravan, attrezzata come un'abitazione essenziale **SIN.** motorcaravan

autocarràto [da *autocarro* ✱ 1942] **agg.** ● (*milit.*) detto di truppe o materiali trasportati con autocarri

autocàrro [fr. *autocar*, dall'ingl. *autocar*. V. *auto-*② e *carro* ✱ 1918] **s. m.** ● grande autoveicolo comprendente una cabina di guida e un cassone per trasporto di cose: *a. a cassone aperto, a cassone ribaltabile, a furgone*

autocefalìa [lat. mediev. *autocephalia*, da *autocĕphalus* 'autocefalo' ✱ 1845] **s. f.** ● nella Chiesa greca, indipendenza delle Chiese nazionali dall'autorità dei patriarchi

autocèfalo [vc. dotta, lat. *autocĕphalu(m)*, dal gr. *autoképhalos*, comp. di *auto-*① e *kephalḗ* 'testa' ✱ 1865] **A** **agg.** ● detto di ogni Chiesa greca nazionale che si regge con il sistema dell'autocefalia **B** **s. m.** ● vescovo della Chiesa greca non dipendente dal patriarca

autocelebrativo [comp. di *auto-*① e *celebrativo* ✱ 1985] **agg.** ● che celebra sé stesso, i propri meriti, le proprie opere: *discorso a.*; *concerto a.*

autocelebrazióne [comp. di *auto-*① e *celebrazione* ✱ 1957] **s. f.** ● esaltazione del proprio operato, dei propri meriti

autocensùra [comp. di *auto-*① e *censura* ✱ 1962] **s. f.** ● censura attuata spontaneamente dall'autore su una propria opera allo scopo di uniformarla preventivamente alle direttive dell'autorità pubblica | (*est.*) controllo preventivo delle proprie azioni o espressioni, detto di individui od organizzazioni

autocensuràrsi [comp. di *auto-*① e *censurare* ✱ av. 1981] **v. rifl.** ● compiere un'autocensura | (*est.*) limitare sé stessi nella manifestazione di pensieri, sentimenti, convincimenti

autocentrànte [comp. di *auto-*① e *centrante* ✱ 1955] **A** **agg.** ● (*tecnol.*) che centra automaticamente: *piattaforma a.* **B** **s. m.** ● morsa munita di tre ganasce che centra e fissa il pezzo sul tornio o su altre macchine utensili durante la lavorazione

autocentràto [comp. di *auto-*① e *centrato* ✱ 1942] **agg. 1** (*psicol.*) che si preoccupa solo di sé e delle proprie esigenze: *un individuo a.* **SIN.** egoistico, autoreferenziale **2** (*econ.*) ***sviluppo a.***, tipo di sviluppo sociale ed economico che fa leva sulle risorse interne di una comunità e sulla salvaguardia dei modelli culturali d'origine

autocèntro (o **-é-**) [comp. di *auto-*② e *centro* ✱ 1939] **s. m. 1** unità organica del servizio automobilistico militare esistente fino alla seconda Guerra mondiale **2** centro di assistenza e vendita di autovetture

autocertificàre [comp. di *auto-*① e *certificare* ✱ 1984] **v. tr.** (*io autocertìfico, tu autocertìfichi*) ● (*burocr.*) attestare qlco. mediante autocertificazione ‖ **autocertificazióne**, **s. f.** (V.)

autocertificàto [comp. di *auto-*① e *certificato* ✱ 1992] **s. m.** ● autocertificazione nel sign. 2

a

autocertificazióne [comp. di *auto-*① e *certificazione* ✱ 1984] **s. f.** ● (*burocr.*) attestazione firmata dall'interessato di alcune condizioni personali, quali data e luogo di nascita, residenza, cittadinanza, stato civile e sim. | il documento che la contiene e che sostituisce un certificato rilasciato da un ufficio pubblico **SIN.** autocertificato **CFR.** autodichiarazione

autocestèllo [comp. di *auto-*② e *cestello* ✱ 1983] **s. m.** ● autoveicolo attrezzato con un braccio elevatore, telescopico, alla cui estremità è fissata una piattaforma che consente di eseguire, a notevole altezza dal suolo, lavori di installazione e riparazione, di potatura di piante, e sim.

autocingolàto [comp. di *auto-*② e *cingolato* ✱ 1970] **s. m.** ● autoveicolo munito di cingoli al posto delle ruote

autocistèrna [comp. di *auto-*② e *cisterna* ✱ 1933] **s. f.** ● autoveicolo per il trasporto di liquidi il cui serbatoio non è internamente diviso in scomparti indipendenti

autocisternìsta [da *autocisterna* ✱ 1979] **s. m. e f.** (**pl. m.** *-i*) ● guidatore di un'autocisterna

autocitàrsi [1983] **v. rifl.** ● citare un proprio scritto o discorso

autocitazióne [comp. di *auto-*① e *citazione* ✱ av. 1926] **s. f.** ● citazione di un proprio scritto o discorso

autoclàve [fr. *autoclave*, comp. di *auto-*① e lat. *clāvis* 'chiave', in quanto si chiude da sé ✱ 1865] **s. f.** **1** chiusura ermetica per recipienti nei quali la pressione interna è maggiore di quella esterna **2** recipiente a chiusura ermetica usato per ottenere temperature superiori a 100 °C, per il trattamento di oggetti da sterilizzare o di sostanze da trasformare: *a. di disinfezione, per tintoria*

autoclavìsta [1955] **s. m. e f.** (**pl. m.** *-i*) ● operaio specializzato che sorveglia il funzionamento di un'autoclave

autocolónna (o **-ò-**) [comp. di *auto-*② e *colonna* ✱ 1938] **s. f.** ● gruppo di automezzi che viaggiano in colonna

autocombustióne [comp. di *auto-*① e *combustione* ✱ 1933] **s. f.** **1** incendio spontaneo di materiali vari, facilmente infiammabili, spec. per eccesso di calore estivo: *l'a. dei boschi* **2** (*autom.*) combustione che segue all'autoaccensione

autocommiṣeràrsi [comp. di *auto-*① e *commiserarsi* ✱ 1990] **v. rifl.** (*io mi autocommìṣero*) ● commiserare, compatire sé stessi

autocommiṣerazióne [comp. di *auto-*① e *commiserazione* ✱ 1963] **s. f.** ● il sentire pietà per sé stessi, per le proprie sventure e sim.

autocompattatóre [comp. di *auto-*② e *compattore* ✱ 1986] **s. m.** ● veicolo per la compattazione dei rifiuti

autocompensazióne [comp. di *auto-*① e *compensazione* ✱ 1993] **s. f.** ● meccanismo di compensazione automatica | fenomeno di riequilibrio automatico | (*fig.*) il trovare compensazione da sé

autocompiaciménto [comp. di *auto-*① e *compiacimento* ✱ 1935] **s. m.** ● il compiacersi vanitoso di sé stessi, dei propri successi e sim.

autoconcessionàrio [comp. di *auto-*① e *concessionario* ✱ 1981] **s. m.** (**f.** *-ia*) ● concessionario di vendita di automobili per conto di una casa produttrice

autocondànna [comp. di *auto-*① e *condanna* ✱ 1893] **s. f.** ● condanna inflitta a sé stessi

autoconservazióne [comp. di *auto-*① e *conservazione* ✱ 1966] **s. f.** ● conservazione di sé stessi, difesa della propria vita: *istinto di a.*

autoconsùmo [comp. di *auto-*① e *consumo* ✱ 1965] **s. m.** ● utilizzazione da parte degli agricoltori di un'aliquota del prodotto per le necessità familiari

autocontràtto [comp. di *auto-*① e *contratto* ✱ 1955] **s. m.** ● correntemente, contratto che il rappresentante conclude con sé stesso in proprio o come rappresentante di un'altra parte

autocontròllo [comp. di *auto-*① e *controllo* ✱ 1942] **s. m.** ● dominio, padronanza delle proprie azioni e reazioni: *perdere l'a.*

autoconvìncersi [comp. di *auto-*① e *convincersi* ✱ 1985] **v. rifl.** ● convincersi soltanto sulla base di valutazioni personali e soggettive

autoconvinciménto [comp. di *auto-*① e *convincimento* ✱ 1985] **s. m.** ● l'autoconvincersi **SIN.** autoconvinzione

autoconvinzióne [comp. di *auto-*① e *convinzione* ✱ 1990] **s. f.** ● (*raro*) autoconvincimento

autoconvocàrsi [comp. di *auto-*① e *convocarsi* ✱ av. 1926] **v. rifl.** (*io mi autocònvoco, tu ti autocònvochi*) ● riunirsi spontaneamente, senza la convocazione di organi ufficiali: *gli studenti si sono autoconvocati nella palestra*

autoconvocazióne [comp. di *auto-*① e *convocazione* ✱ 1985] **s. f.** ● l'autoconvocarsi

autoconvòglio [comp. di *auto-*② e *convoglio* ✱ 1963] **s. m.** ● convoglio di automezzi

autocopiànte [comp. di *auto-*① e del part. pres. di *copiare* ✱ 1986] **agg.** ● detto di carta che permette di ottenere una o più copie di una scrittura senza bisogno della carta carbone

autocorìa [comp. di *auto-*① e un deriv. del gr. *chōrêin* 'spostarsi, diffondersi' ✱ 1955] **s. f.** ● (*bot.*) disseminazione senza l'aiuto di agenti esterni **SIN.** autodisseminazione

autocòro [comp. di *auto-*① e un deriv. del gr. *chōrêin* 'scagliarsi' ✱ 1955] **agg.** ● (*bot.*) che presenta autocoria

autocorrelazióne [comp. di *auto-*① e *correlazione* ✱ 1966] **s. f.** ● (*stat.*) correlazione fra i valori assunti da una variabile statistica in tempi diversi

autocorrezióne [comp. di *auto-*① e *correzione* ✱ 1961] **s. f.** **1** depurazione naturale dell'acqua dei fiumi e dei laghi **2** (*pedagogia*) verifica diretta e autonoma, da parte dell'alunno, dell'esattezza delle proprie risposte

autocorrièra [comp. di *auto-*② e *corriera* ✱ 1939] **s. f.** ● autoveicolo che compie un servizio pubblico di trasporto di persone e bagagli su percorsi interurbani

autocosciènza [comp. di *auto-*① e *coscienza* ✱ 1902] **s. f.** **1** (*filos.*) coscienza di sé, del proprio esistere; consapevolezza dell'essere soggetto di pensiero **2** forma di analisi collettiva in cui varie persone si radunano per analizzare e confrontare le proprie esperienze di vita: *fare a.*; *gruppo di a.*

autòcrate o (*raro*) **autòcrata** [gr. *autocratḗs*, comp. di *auto-* 'auto-①' e *krátos* 'forza', attrav. il fr. *autocrate* ✱ 1799] **s. m. e f.** ● sovrano assoluto | (*est.*) despota, prepotente

autocràtico [fr. *autocratique*, da *autocrate* 'autocrate' ✱ av. 1807] **agg.** (**pl. m.** *-ci*) ● di autocrate, da autocrate: *governo a.*; *leggi autocratiche* **SIN.** dispotico || **autocraticaménte**, **avv.**

autocrazìa [vc. dotta, gr. *autokráteia*, da *autokratḗs* 'autocrate', prob. attrav. il fr. *autocratie* ✱ 1765] **s. f.** ● governo dispotico, tirannico

autocrìtica [comp. di *auto-*① e *critica* ✱ 1892] **s. f.** **1** capacità di giudicare e di criticare direttamente sé stessi, le proprie azioni, le proprie opere e sim.: *essere dotati di a.* | giudizio critico su sé stessi, sulle proprie azioni e sim.: *Era molto in uso fra noi fare l'a.* (N. GINZBURG) **2** in Paesi o partiti comunisti, riconoscimento pubblico, spesso imposto, dei propri errori politici

autocrìtico [1902] **agg.** (**pl. m.** *-ci*) ● caratterizzato da un giudizio critico su sé stessi e sulle proprie azioni: *assumere un atteggiamento a.*

autocròss /auto'krɔs/ [comp. di *auto-*② e dell'ingl. *cross* sul modello di *motocross* ✱ 1983] **s. m. inv.** ● sport automobilistico consistente nel percorrere piste accidentate, con vecchie auto riadattate o con auto costruite appositamente

autòctiṣi [comp. di *auto-*① e gr. *ktísis* 'creazione' ✱ 1930] **s. f. inv.** ● (*filos.*) attualismo

autoctonìa [1938] **s. f.** ● condizione, caratteristica di ciò che è autoctono

✦**autòctono** [vc. dotta, lat. tardo *autŏchthone(m)*, dal gr. *autóchthōn*, comp. di *auto-*① e *-ctono* ✱ av. 1796] **A** **agg.** ● detto di roccia o corpo geologico formatosi nel luogo in cui si trova senza aver subito trasporti tettonici **B** **agg.**; anche **s. m.** (**f.** *-a*) ● che (o chi) è nato nel luogo in cui risiede: *popolazioni autoctone*; *gli autoctoni della Valle Aurina* **CFR.** alloctono

autocùra [comp. di *auto-*① e *cura* ✱ 1986] **s. f.** ● automedicazione

autodafé o **àuto da fé** [portog. *auto da fe* 'atto della fede' ✱ 1781] **s. m. inv.** **1** (*stor.*) in Spagna, durante l'Inquisizione, proclamazione solenne della sentenza dell'inquisitore seguita dall'abiura o dalla condanna di un eretico | esecuzione sul rogo dell'eretico che non voleva sottomettersi all'abiura **2** (*est.*) abiura, ritrattazione: *costringere qlcu. all'a.* | distruzione di qlco. a scopo provocatorio: *fare un a. di quadri, di libri*

autodeciṣióne [comp. di *auto-*① e *decisione* ✱ 1918] **s. f.** ● capacità di prendere decisioni autonome, senza subire influenze estranee o costrizioni | ***a. dei popoli***, diritto dei popoli di decidere liberamente del loro destino

autodemolitóre [da *autodemolizione* ✱ 1980] **s. m.** (**f.** *-trice*) ● chi lavora nel settore dell'autodemolizione

autodemolizióne [comp. di *auto-*② e *demolizione* ✱ 1963] **s. f.** **1** demolizione di autoveicoli vecchi o inutilizzabili, da cui vengono recuperati i pezzi ancora in buono stato **2** (*est.*) luogo, centro di raccolta degli autoveicoli destinati a essere demoliti

autodenùncia o **autodenùnzia** [comp. di *auto-*① e *denuncia* ✱ 1955] **s. f.** (**pl.** *-ce* o *disus.* *-cie*) **1** denuncia di sé stesso | spontanea confessione dei propri errori e delle proprie colpe **2** (*dir.*) denuncia di un reato all'autorità competente da parte dell'autore dello stesso che se ne confessa colpevole

autodenunciàrsi o **autodenunziàrsi** [comp. di *auto-*① e la forma rifl. di *denunciare* ✱ 1982] **v. rifl.** (**pres.** *io mi autodenùncio*; **fut.** *io mi autodenuncerò*) ● fare atto di autodenuncia

autodeterminazióne [comp. di *auto-*① e *determinazione* ✱ 1930] **s. f.** **1** autodecisione: *l'a. dell'uomo, dei popoli* | ***carta di a.***, testamento biologico **2** in topografia, operazione per individuare sulla carta la posizione in cui ci si trova, cioè il punto di stazione
SFUMATURE ➤ ***autonomia***

autodi̯àgnoṣi [comp. di *auto-*① e *diagnosi* ✱ 1880] **s. f. inv.** **1** controllo delle condizioni e del funzionamento delle varie parti di un'apparecchiatura, di un motore e sim., compiuto automaticamente da un sistema elettronico-meccanico di cui la macchina è dotata **2** diagnosi effettuata su sé stessi

autodichìa [vc. dotta, dal v. gr. *autodikéin* 'avere propria (*auto-*) giurisdizione (da *díkē* 'giustizia, diritto')' ✱ sec. XIX] **s. f.** ● (*dir.*) potestà riconosciuta alle Camere e alla Corte Costituzionale di giudicare, sostituendosi in ciò agli organi della giustizia amministrativa, sulle controversie relative al rapporto di impiego del personale da essi dipendente

autodichiarazióne [comp. di *auto-*① e *dichiarazione* ✱ 1984] **s. f.** ● (*burocr.*) dichiarazione sottoscritta dall'interessato per attestare il possesso di un requisito, il godimento di un diritto, l'adempimento di un obbligo e sim: *a. di avvenuto pagamento* | il documento che la contiene CFR. autocertificazione

autodidàtta [gr. *autodídaktos*, comp. di *auto-*① e *didáskō* 'io insegno' attrav. il fr. *autodidacte* ✱ av. 1852] **s. m. e f.** (**pl. m.** *-i*) ● chi si è istruito o ha ampliato la propria cultura senza frequentare scuole e senza l'aiuto di insegnanti

autodidàttico [1844] **agg.** (**pl. m.** *-ci*) ● dell'autodidatta: *metodo a.* ‖ **autodidatticaménte**, avv.

autodifésa (o **-ṣ-**) [comp. di *auto-*① e *difesa* ✱ 1896] **s. f.** **1** attività difensiva esplicata personalmente: *l'a. di un imputato*; *arma da a.* **2** autotutela

autodimissióne [comp. di *auto-*① e *dimissione* ✱ 1985] **s. f.** ● dichiarazione da parte di un paziente della volontà di essere dimesso da un ospedale sotto la propria responsabilità e contro il parere medico: *sottoscrivere l'a.*

autodìna [comp. di *auto-*① e *(etero)dina* ✱ 1955] **s. f.** ● autoeterodina

autodirètto [comp. di *auto-*① e *diretto* ✱ 1965] **agg.** ● detto di chi ha autonoma capacità di decisione e non si lascia influenzare dai consigli degli altri

autodisciplìna [comp. di *auto-*① e *disciplina* ✱ 1955] **s. f.** **1** disciplina che l'individuo impone a sé stesso o che trova in sé stessa i motivi che la determinano **2** autoregolamentazione: *codice di a. pubblicitaria*

autodisseminazióne [comp. di *auto-*① e *disseminazione* ✱ 1955] **s. f.** ● (*bot.*) autocoria

autodistrùggersi [comp. di *auto-*① e *distruggere* ✱ 1983] **v. rifl.** (**coniug. come** *distruggere*) **1** distruggersi automaticamente, disintegrarsi, detto di ordigni, missili ecc. **2** (*fig.*) comportarsi in modo tale da causare, più o meno coscientemente, la propria rovina fisica e psichica

autodistruttìvo [1931] **agg.** ● di autodistruzione: *tendenze autodistruttive*

autodistruzióne [comp. di *auto-*① e *distruzione* ✱ av. 1926] **s. f.** ● l'autodistruggersi

autodonazióne [comp. di *auto-*① e *donazione* ✱ 1987] **s. f.** ● (*med.*) pratica medica consistente nel prelievo di sangue, nella sua modificazione o arricchimento e introduzione nello stesso individuo donatore; è effettuata a scopo terapeutico o sperimentale CFR. plasmaferesi

autòdromo, (*evit.*) **autodròmo** [comp. di *auto-*② e del gr. *drómos* 'corsa' ✱ 1908] **s. m.** ● pista destinata a gare automobilistiche e motociclistiche

autoeccitazióne [comp. di *auto-*① ed *eccitazione* ✱ 1955] **s. f.** ● (*elettr.*) fenomeno per cui l'eccitazione dei campi magnetici necessari per il funzionamento di una dinamo è creata dalla dinamo stessa

autoeditorìa [comp. di *auto-*① ed *editoria*, sul modello dell'ingl. *self publishing* (V.) ✱ 1971] **s. f.** ● pubblicazione in proprio di un volume da parte dell'autore, senza intervento di un editore, utilizzando le risorse dell'editoria digitale CFR. self publishing

autoeducazióne [comp. di *auto-*① ed *educazione* ✱ 1898] **s. f.** ● educazione spontanea di sé stesso

autoemarginazióne [comp. di *auto-*① ed *emarginazione* ✱ 1985] **s. f.** ● atto di chi volutamente e consapevolmente si mette ai margini della società, si esclude dalla vita sociale

autoemotèca [comp. di *auto-*② ed *emoteca* ✱ 1965] **s. f.** ● autoveicolo attrezzato a emoteca

autoemoterapìa [comp. di *auto-*① ed *emoterapia* ✱ 1929] **s. f.** ● (*med.*) metodo terapeutico eseguito mediante autotrasfusione CFR. autotrasfusione

autoemotrasfuṣióne [comp. di *auto-*①, *emo-* e *trasfusione* ✱ 1984] **s. f.** ● (*med.*) autotrasfusione

autoeròtico [comp. di *auto-*① ed *erotico* ✱ 1931] **agg.** (**pl. m.** *-ci*) ● di autoerotismo, relativo all'autoerotismo

autoerotịsmo [comp. di *auto-*① ed *erotismo* ✱ 1950] **s. m.** ● ricerca di sensazioni di tipo sessuale sulla propria persona | (*est.*) masturbazione

autoeṣaltazióne [comp. di *auto-*① ed *esaltazione* ✱ 1985] **s. f.** ● esaltazione compiaciuta di sé, del proprio operato, dei propri meriti

autoeṣàme [comp. di *auto-*① ed *esame* ✱ 1899] **s. m.** ● (*med.*) esame compiuto su una parte del proprio corpo | ***a. del seno***, esame del proprio seno compiuto da una donna a scopo preventivo CFR. autopalpazione

autoesclùdersi [comp. di *auto-*① ed *escludere* ✱ 1985] **v. rifl.** ● porsi deliberatamente al di fuori di qlco., estromettersi dalla partecipazione a un'attività, a un diritto o dal godimento di un bene (+ *da*): *a. da un gruppo, da un'iniziativa*

autoestinguènte [comp. di *auto-*① e di *estinguente*, part. pres. di *estinguere* in uso agg. ✱ 1987] **agg.** ● detto di materiale che a contatto col fuoco interrompe il processo di combustione: *pavimento in moquette a.*

autoeterodìna [comp. di *auto-*① ed *eterodina* ✱ 1955] **s. f.** ● circuito per la ricezione radiotelegrafica di segnali che si sovrappongono alle oscillazioni da esso generate

autofagìa [comp. di *auto-*① e *-fagia* attraverso il fr. *autophagie* ✱ 1956] **s. f.** (**pl.** *-gìe*) **1** (*fisiol.*) durante un digiuno prolungato, consumo da parte dell'organismo di materiale presente nei propri tessuti **2** (*psicol.*) manifestazione psicotica consistente in un impulso irrefrenabile a mordersi **3** (*biol.*) digestione intracellulare di materiale endogeno appartenente alla cellula stessa, che si verifica all'interno di un lisosoma

autofagosòma [vc. dotta, comp. del gr. *autophágos* 'che divora (da *phagêin* 'mangiare') sé stesso (*autós*)' e *soma* ✱ 1991] **s. m.** (**pl.** *-i*) ● (*biol.*) struttura citoplasmatica delimitata da membrana e costituita da porzioni cellulari destinate a essere demolite

autofattùra [comp. di *auto-*① e *fattura* ✱ 1979] **s. f.** ● fattura emessa nei propri confronti dall'acquirente di un bene o un servizio, anziché dal fornitore, quando quest'ultimo è esente da tale obbligo o è soggetto straniero non rappresentato fiscalmente nel nostro paese

autofecondazióne [comp. di *auto-*① e *fecondazione* ✱ 1930] **s. f.** ● autogamia

autoferrotranviàrio (o **-vịà-**) [comp. di *auto(mobilistico)*, *ferro(viario)* e *tranviario* ✱ 1950] **agg.** ● relativo ai trasporti pubblici automobilistici, ferroviari e tranviari

autoferrotranvière [1961] **s. m.** (**f.** *-a*) ● lavoratore dei trasporti autoferrotranviari

autofertilịẓẓànte [comp. di *auto-*① e *fertilizzante* ✱ 1963] **agg.** ● (*fis.*) detto di reattore nucleare in cui sono presenti nuclei non fissili che vengono trasformati in fissili dai neutroni emessi nelle reazioni di fissione

autofficìna [comp. di *auto-*② e *officina* ✱ 1955] **s. f.** **1** officina dove si riparano automobili **2** (*raro*) officina mobile montata su autocarro

autofìction /auto'fikʃon, *ingl.* 'ɔːtəˌfɪkʃən/ [comp. di *auto-*① e dell'ingl. *fiction*; cfr. fr. *autofiction* ✱ 1995] **s. f. inv.** ● (*letter.*) autofinzione

autofilettànte [comp. di *auto-*① e il part. pres. di *filettare* ✱ 1955] **agg.** ● detto di vite di acciaio che filetta direttamente il foro mentre viene avvitata

autofilotranviàrio (o **-vịà-**) [comp. di *auto(mobilistico)*, *filo(bus)* e *tranviario* ✱ 1950] **agg.** ● relativo agli autobus, ai filobus e ai tram: *rete autofilotranviaria*

autofinanziaménto [comp. di *auto-*① e *finanziamento* ✱ 1941] **s. m.** ● reimpiego totale o parziale, nell'ambito di un'impresa, degli utili da essa stessa conseguiti

autofinanziàrsi [comp. di *auto-*① e *finanziare* ✱ 1961] **v. rifl.** (*io mi autofinànzio*) ● provvedere con fonti interne di finanziamento ai fabbisogni aziendali

autofinzióne [comp. di *auto-*① e *finzione*, sul modello dell'ingl. *autofiction* (V.) ✱ 1956] **s. f.** ● genere narrativo che intreccia elementi autobiografici con fatti d'invenzione

autoflagellàrsi [comp. di *auto-*① e *flagellarsi* ✱ 1985] **v. rifl.** (*io mi autoflagèllo*) **1** flagellare sé stessi, spec. come rituale di penitenza **2** (*fig.*) esprimere un giudizio fortemente critico su di sé o sul proprio operato: *un popolo sempre pronto ad a.*

autoflagellazióne [av. 1925] **s. f.** ● l'autoflagellarsi (*anche fig.*)

autofòcus [dall'ingl. *autofocus*, comp. di *auto-*① e *focus* 'fuoco fotografico' ✱ 1980] **A** **s. m. inv.** ● speciale dispositivo per la messa a fuoco automatica di un obiettivo **B** **agg. inv.** ● detto di obiettivo, ovvero di macchina fotografica e di proiettore per diapositive dotati di tale dispositivo

autofunzióne [comp. di *auto-*① e *funzione*, calco sul ted. *Eigenfunktion* ✱ 1928] **s. f.** ● (*mat.*) ogni funzione che, soggetta all'applicazione di un operatore, ha come risultato la funzione stessa moltiplicata per una costante (detta *autovalore*)

autofurgóne [comp. di *auto-*② e *furgone* ✱ 1935] **s. m.** ● autocarro chiuso: *a. funebre, cellulare*

autogamìa [comp. di *auto-*① e *-gamia* ✱ 1913] **s. f.** **1** (*biol.*) processo di fecondazione al quale partecipano un gamete femminile e uno maschile prodotti dal medesimo individuo SIN. endogamia **2** (*bot.*) processo di impollinazione in fiori della stessa pianta in cui si è formato il polline SIN. autoimpollinazione, impollinazione diretta CONTR. allogamia

autogèneṣi [comp. di *auto-*① e *genesi* ✱ 1940] **s. f. inv.** ● generazione spontanea di esseri viventi

autògeno [gr. *autogenḗs*, comp. di *auto-*① e *-geno* ✱ 1875] **agg.** **1** che si genera da sé | (*psicol.*) ***training a.***, insieme di tecniche psicoterapeutiche fondate sulla distensione spontanea del soggetto che si concentra su sé stesso **2** detto di saldatura di due parti metalliche ottenuta mediante fusione del metallo stesso, senza aggiunta di metallo di apporto o con l'aggiunta di materiale uguale a quello da saldare

autogestióne [comp. di *auto-*① e *gestione* ✱ 1971] **s. f.** ● gestione di un'azienda da parte dei lavoratori della stessa | (*est.*) gestione di un qualsiasi organismo o attività da parte di coloro che vi operano: *a. di una scuola, di un asilo*

autogestìre [comp. di *auto-*① e *gestire* ✱ 1972] **v. tr.** (*io autogestìsco, tu autogestìsci*) ● sottoporre ad autogestione

autogìro [comp. di *auto-*② e *giro* ✱ 1929] **s. m.** ● (*aeron.*) aerogiro mosso da una normale elica a motore e sostentato da uno o più rotori folli

autogiustificàrsi [comp. di *auto-*① e *giustificarsi* ✱ 1861] **v. rifl.** (*io mi autogiustìfico, tu ti autogiustìfichi*) **1** giustificarsi da sé: *gli studenti maggiorenni possono a.* **2** giustificare, assolvere di fronte a sé stessi il proprio comportamento ‖ **autogiustificazióne**, **s. f.** l'autogiustificarsi; l'argomentazione con cui ci si autogiustifica

autogiustificatòrio [comp. di *auto-*① e *giustificatorio* ✱ 1970] **agg.** (**pl. m.** *-i* o *raro -ii*) • relativo ad autogiustificazione | che costituisce un'autogiustificazione

autogòl o **autogoal** /auto'gɔl/ [comp. di *auto-*① e *gol* ✱ 1908] **s. m. inv. 1** nel calcio, nella pallanuoto e sim., punto a vantaggio della squadra avversaria segnato da un giocatore che manda erroneamente o devia involontariamente il pallone nella propria porta **SIN.** autorete **2** (*fig.*) iniziativa che si rivela dannosa per chi l'ha assunta

autogonfiàbile [comp. di *auto-*① e *gonfiabile* ✱ 1985] **A** **agg.** • che si gonfia da sé, automaticamente: *canotto, zattera a.* **B** **s. m.** • (*mar.*) battello autogonfiabile di salvataggio, coperto ed attrezzato per la sopravvivenza dei naufraghi

autogonìa [comp. di *auto-*① e *-gonia* ✱ 1955] **s. f.** • autogenesi

autogovernàrsi [comp. di *auto-*① e *governare* ✱ av. 1975] **v. rifl.** (*io mi autogovèrno*) • amministrarsi da soli, senza controlli esterni

autogovèrno [comp. di *auto-*① e *governo* ✱ 1879] **s. m.** • facoltà concessa a un gruppo sociale di amministrarsi da solo | ***a. locale***, delle comunità locali governate da organi elettivi locali | ***a. dei popoli***, concesso ai Paesi che raggiungono l'indipendenza, spec. alle ex-colonie

autografàre [da *autografo* ✱ 1835] **v. tr.** (*io autògrafo*) **1** firmare, spec. da parte di un personaggio celebre: *a. una fotografia, un libro* **2** scrivere di proprio pugno **3** riprodurre mediante la tecnica dell'autografia

autografìa [1849] **s. f. 1** caratteristica di ciò che è autografo **2** tecnica semplice, ma grossolana e in disuso, per trasportare su pietra litografica o lastra di zinco un disegno eseguito con inchiostro grasso su carta speciale

autogràfico [1865] **agg.** (**pl. m.** *-ci*) • relativo ad autografia: *riproduzione autografica*

autògrafo [vc. dotta, lat. *autŏgraphu(m)*, dal gr. *autógraphos*, comp. di *auto-* 'auto-①' e *-graphos* '-grafo' ✱ 1741] **A** **agg.** • scritto di pugno dall'autore: *manoscritto a.* **B** **s. m. 1** manoscritto di opera letteraria vergato di mano propria dall'autore **2** qualsiasi documento scritto di pugno da una persona: *abbiamo tre autografi di Garibaldi* | (**est.**) firma: *chiedere un a. a un famoso attore*

Autogrìll® /auto'gril/ [comp. di *auto-*② e dell'ingl. *grill* (*room*) 'rosticceria' ✱ 1963] **s. m. inv.** • posto di ristoro per automobilisti situato nelle aree di servizio delle autostrade

autogrù [comp. di *auto-*② e *gru* ✱ 1939] **s. f. inv.** • autoveicolo munito di gru, usato spec. per la rimozione di altri veicoli in avaria o in sosta abusiva

autoguìda [comp. di *auto-*① e *guida* ✱ 1970] **s. f.** • (*aeron., milit.*) guida automatica di un missile, un siluro e sim. verso un bersaglio fisso o mobile, mediante informazioni ricevute direttamente dal bersaglio stesso **SIN.** homing

autoguidàto [1957] **agg.** • detto di ciò che è dotato di autoguida: *missile a.*

autoimbustànte [comp. di *auto-*① e del part. pres. di *imbustare* ✱ 1993] **A** **s. m.** • modulo che si può ripiegare e chiudere a busta **B** anche **agg.**: *modulo a.*

autoimmondìzie [comp. di *auto-*② e il pl. di *immondizia* ✱ 1973] **s. m. inv.** • autoveicolo dotato di una parte ribaltabile per il carico e lo scarico delle immondizie

autoimmùne [da *autoimmunità* ✱ 1985] **agg.** • (*med.*) caratterizzato da autoimmunità, relativo ad autoimmunità: *malattia a.*

autoimmunità [ingl. *autoimmunity*. V. *auto-*① e *immunità* ✱ 1964] **s. f. inv.** • (*med.*) stato patologico in cui, per errato riconoscimento immunitario, si ha, in un organismo, produzione di anticorpi specifici contro i costituenti dello stesso organismo

autoimmunitàrio [comp. di *auto-*① e *immunitario* ✱ 1985] **agg.** • (*biol.*) autoimmune

autoimmunizzazióne [da *autoimmunità* ✱ 1963] **s. f.** • (*med.*) processo spontaneo o indotto in grado di determinare autoimmunità

autoimpiègo [comp di *auto-*① e *impiego* ✱ 1902] **s. m.** (**pl.** *-ghi*) • avvio di una attività imprenditoriale in alternativa al lavoro dipendente

autoimpollinazióne [comp. di *auto-*① e *impollinazione* ✱ 1961] **s. f.** • (*bot.*) autogamia

autoimpórsi [comp. di *auto-*① e *imporsi* ✱ 1945] **v. tr. pron.** (**coniug. come** *imporre*) • imporre a sé stesso (**qlco.**; + *di* **seguito da inf.**): *a. il silenzio, una severa disciplina*; *si è autoimposta di non fumare al mattino*

autoimprenditorìa [comp di *auto-*① e *imprenditoria* ✱ 1987] **s. f.** • esercizio di un'attività lavorativa in proprio, come lavoratore autonomo o sotto forma di impresa

autoincensàrsi [comp. di *auto-*① e *incensarsi* ✱ 1987] **v. rifl.** (*io mi autoincènso*) • lodare esageratamente sé stessi

autoindótto [comp. di *auto-*① e *indotto*, sul modello di *autoinduzione* ✱ 1969] **agg.** • (*fis.*) relativo all'autoinduzione

autoinduttànza [comp. di *auto-*① e *induttanza* ✱ 1913] **s. f.** • (*fis.*) coefficiente di autoinduzione di un circuito elettrico

autoinduzióne [calco sull'ingl. *self-induction*. V. *auto-*① e *induzione* ✱ 1897] **s. f.** • (*fis.*) produzione di forza elettromagnetica in un circuito elettrico dovuta alla variazione della corrente nel circuito stesso

autoingànno [comp. di *auto-*① e *inganno* ✱ 1899] **s. m.** • processo mentale attraverso il quale si tende a dimenticare gli aspetti sgradevoli di una realtà, sostituendoli con altri confortanti e positivi, ma talvolta del tutto immaginari

autoinnaffiatrice [comp. di *auto-*② e *innaffiatrice* ✱ 1930] **s. f.** • autobotte attrezzata per innaffiare le strade

autoinnèsto [comp. di *auto-*① e *innesto* ✱ 1987] **s. m.** • (*chir.*) autotrapianto

autoinstallànte [comp. di *auto-*① e del part. pres. di *installare* ✱ 1996] **agg.** • (**inform.**) che si trasferisce da sé nel disco rigido di un computer: *programma a.*

autointossicazióne [fr. *autointoxication*. V. *auto-*① e *intossicazione* ✱ 1898] **s. f.** • (*med.*) intossicazione dell'organismo per azione di sostanze tossiche prodotte dallo stesso

autoinvitàrsi [comp. di *auto-*① e *invitarsi* ✱ 1989] **v. rifl.** • proporsi come invitato o presentarsi senza invito: *a. a una cena*

autoipnòsi [comp. di *auto-*① e *ipnosi* ✱ 1908] **s. f. inv.** • ipnosi esercitata su sé stessi

autoironìa [comp. di *auto-*① e *ironia* ✱ 1968] **s. f.** • capacità di ironizzare, ridere di sé stessi

autolàtra [1884] **s. m. e f.** (**pl. m.** *-i*) • chi dà prova di autolatria

autolatrìa [comp. di *auto-*① e *latria* ✱ 1851] **s. f.** • (*psicol.*) esagerata stima e adorazione di sé stesso **SIN.** egolatria

autolavàggio [comp. di *auto-*② e *lavaggio* ✱ 1981] **s. m.** • luogo appositamente attrezzato per la pulizia e il lavaggio di autoveicoli

autolegittimazióne [comp. di *auto-*① e *legittimazione* ✱ 1976] **s. f.** • legittimazione del proprio operato effettuata con criteri soggettivi e spec. nell'esclusiva valutazione del proprio interesse

autoleṣióne [comp. di *auto-*① e *lesione* ✱ 1918] **s. f.** • (*raro*) lesione, minorazione e sim. prodotta deliberatamente sul proprio corpo

autoleṣioniṣmo [comp. di *auto-*① e un deriv. di *lesione* ✱ 1934] **s. m. 1** il produrre deliberatamente una minorazione, temporanea o permanente, sul proprio corpo **2** (*fig.*) atteggiamento di chi cagiona il proprio danno: *il suo discorso è un brillante esempio di a.*

autoleṣionìsta [1918] **s. m. e f.** (**pl. m.** *-i*) • chi commette autolesionismo (*anche fig.*)

autoleṣionìstico [1955] **agg.** (**pl. m.** *-ci*) • dell'autolesionista o dell'autolesionismo: *atteggiamento a.* ‖ **autoleṣionisticaménte**, **avv.**

autolettìga [comp. di *auto-*② e *lettiga* ✱ 1929] **s. f.** • autoambulanza

autolettùra [comp. di *auto-*① e *lettura* ✱ 1985] **s. f.** • lettura dei contatori che registrano il consumo periodico di acqua, elettricità o gas, compiuta dall'utente stesso e comunicata per posta o per telefono all'azienda erogatrice

autolimitàre [comp. di *auto-*① e *limitare* ✱ av. 1937] **A** **v. tr.** • limitare qlco. di proprio: *a. i propri poteri*; *a. le spese* **B** **autolimitàrsi** **v. rifl.** • limitare sé stesso in qlco. (+ *in*): *autolimitarsi nel mangiare*

autolimitazióne [da *autolimitarsi*; nel sign. 2, sul modello dell'ingl. *self-limitation* ✱ 1929] **s. f. 1** l'autolimitare | limitazione imposta a sé stesso o a qlco. di proprio **2** mantenimento della velocità di un veicolo entro un limite massimo prefissato da un sistema elettronico

autolìnea [comp. di *auto-*② e *linea* ✱ 1950] **s. f.** • linea di comunicazione percorsa regolarmente da autoveicoli pubblici

autoliquidazióne [comp. di *auto-*① e *liquidazione* ✱ 1923] **s. f.** • calcolo e versamento delle imposte da parte del contribuente

autòliṣi [comp. di *auto-*① e del gr. *lýsis* 'scioglimento' ✱ 1955] **s. f. inv.** • (*med.*) disintegrazione spontanea delle cellule o dei tessuti per azione di sostanze da essi stessi prodotte

autolivellànte [comp. di *auto-*① e il part. pres. di *livellare* ✱ 1985] **agg. 1** detto di un sistema capace di mantenere un assetto stabilito: *sospensioni autolivellanti* **2** detto di fluido denso capace di disporsi orizzontalmente in modo omogeneo su una superficie: *malta a.*

autològico [vc. dotta, comp. di *auto-*① e *logico* ✱ 1961] **agg.** (**pl. m.** *-ci*) • detto di termine, spec. un aggettivo, che esprime una proprietà riferita a sé stesso: *polisillabico è a. in quanto composto da più di una sillaba* **CONTR.** eterologico

autòlogo [vc. dotta, comp. di *aut(o)-*① e *-ologo*, tratto da *omologo* ✱ 1980] **agg.** (**pl. m.** *-ghi*) • (*biol.*) relativo ai tessuti propri di un individuo: *trapianto a.*

autòma o †**autòmato** [vc. dotta, lat. tardo *autŏmatu(m)*, dal gr. *autómatos* 'semovente', da *autós*. V. *auto-*①. La forma *automa* è ricavata dal pl. *automati* ✱ 1589] **s. m.** (**pl.** *-i*) **1** dispositivo meccanico che riproduce i movimenti, e generalmente l'aspetto esterno, dell'uomo e degli animali | in cibernetica, sistema dotato di alcune delle proprietà che caratterizzano gli organismi viventi superiori, compreso l'uomo, quali la capacità di autoregolazione, l'adattamento all'ambiente e l'apprendimento **2** (*est.*) chi agisce, si muove e sim. in modo meccanico, senza rendersi conto dei propri atti: *camminare come un a.*; *eseguire un ordine come un a.*; *essere impassibile come un a.*

automassàggio [comp. di *auto-*① e *massaggio* ✱ 1989] **s. m.** ● massaggio praticato su sé stesso: *tecnica di a. facciale*

automàtica [f. sost. di *automatico* ✱ 1978] **s. f. 1** scienza e tecnica dell'automazione **2** pistola automatica

automaticiẓẓàre [1963] **v. tr.** ● automatizzare

♦**automàtico** [da †*automato* o dal fr. *automatique* ✱ 1770] **A** **agg.** (**pl. m.** *-ci*) **1** (*tecnol.*) detto di operazione che si compie da sé, senza intervento di un manovratore: *chiusura automatica*; *scatto a.* **2** (*est.*) detto di macchina o meccanismo che, regolato opportunamente, è in grado di compiere date operazioni senza il diretto intervento dell'uomo: *distributore a. dei biglietti* | ***ricerca automatica***, funzione telefonica che consente a chi chiama di accedere direttamente a una linea libera tra più linee a disposizione | ***orologio a.***, da polso, nel quale un congegno particolare utilizza i movimenti del braccio per caricare la molla | ***bottone a.***, bottone metallico in due parti che si incastrano a pressione mediante una molla | ***arma automatica***, qualsiasi arma da fuoco che può sparare a raffica fintanto che il grilletto resta premuto | ***pilota a.***, autopilota **3** (*fig.*) detto di movimento eseguito senza la diretta partecipazione della coscienza e della volontà: *gesti automatici*; *fece un a. cenno del capo* | detto di ciò che si verifica come diretta conseguenza di un altro fatto: *l'aumento del prezzo della benzina provoca l'a. aumento di tutti gli altri prezzi* || **automaticaménte**, **avv.** || **automaticità**, **s. f. inv.**: *l'automaticità di un congegno, di un atto* **B** **s. m. 1** bottone automatico **2** fucile automatico, spec. da caccia

automatiṣmo [fr. *automatisme* ✱ 1819] **s. m. 1** caratteristica, condizione di ciò che è automatico: *l'a. di una lavorazione meccanica, di una macchina* **2** attrezzatura automatica che sostituisce completamente l'attività manuale per l'esecuzione di un'operazione **3** (*psicol.*) carattere degli atti compiuti meccanicamente, senza partecipazione della coscienza **4** norma che, spec. in campo economico, determina incrementi, adeguamenti, correttivi automatici: *a. contrattuale*, *salariale*

automatiẓẓàre [fr. *automatiser* ✱ 1943] **A** **v. tr.** ● rendere automatico | impiegare tecniche e mezzi che rendano più efficiente un impianto industriale, un servizio ecc. con limitato intervento della manodopera **B** **automatiẓẓàrsi** **v. intr. pron.** ● diventare automatico, dotarsi di mezzi automatici || **automatiẓẓazióne**, **s. f.** automazione

†**autòmato** ➤ **automa**

automazióne [ingl. *automation*, accorciamento di *automatization* ✱ 1955] **s. f.** ● impiego di apparecchiature automatiche nell'esecuzione e nel controllo dei processi produttivi | correntemente, automatica nel sign. 1

automedicazióne [comp. di *auto-*① e *medicazione* ✱ 1986] **s. f.** ● terapia praticata con farmaci per il cui acquisto non c'è obbligo di ricetta medica: *l'aspirina è un medicinale di a.* **SIN.** autocura

automedónte [da *Automedonte*, n. dell'auriga di Achille ✱ 1827] **s. m.** ● (*lett.*, *scherz.*) cocchiere

automercàto [comp. di *auto-*② e *mercato* ✱ 1985] **s. m. 1** mercato automobilistico **2** esercizio commerciale che si occupa della compravendita di automobili

automèẓẓo [comp. di *auto-*② e *mezzo* (di trasporto) ✱ 1935] **s. m.** ● autoveicolo

automobilàstro [1950] **s. m.** (**f.** *-a*) ● (*spreg.*) automobilista inesperto o spericolato

♦**automòbile** [fr. *automobile*, comp. di *auto-* 'auto-①' e *mobile* 'che si muove' ✱ 1876] **A** **agg.** ● (*disus.*) che si muove per forza propria: *congegno, macchina a.* **B** **s. f.** ● veicolo, generalmente a quattro ruote, mosso da un proprio motore per lo più a combustione interna e destinato al trasporto su strada di un numero limitato di passeggeri | ***a. da corsa***, monoposto, di linea aerodinamica e con motore potentissimo, usata per gare in pista | ***a. elettrica***, mossa da uno o più motori elettrici | ***a. sportiva***, generalmente a due posti, molto veloce | ***automobile ecologica***, ecoauto | (*disus.*) ***a. di piazza***, taxi || **automobilàccia**, **pegg.** | **automobilétta**, **dim.** | **automobilìna**, **dim.** (V.) | **automobilóna**, **accr.**

NOMENCLATURA

automobile

● *tipi di automobile*: berlina ⇔ limousine, convertibile = decappottabile = cabriolet, coupé, giardinetta, da gran turismo, berlina, da turismo veloce, spider = a due posti, sportiva, familiare, pick up, monovolume, station-wagon, utilitaria, city car, diesel, benzina, elettrica, fuoristrada, pulmino; veloce, potente, di rappresentanza, d'occasione; nuova ⇔ vecchia = usata = di seconda mano, macinino = catorcio = bagnarola = carcassa, di serie ⇔ fuori serie, pubblica ⇔ privata; taxi, auto blu, auto blindata, autopattuglia, autocivetta, pantera della polizia, auto pirata, autobomba; prototipo, auto da corsa = monoposto da competizione;

● *gare automobilistiche*: autodromo, circuito, curva, giro, rettilineo, starter, box, gran premio, griglia di partenza, prove, pole position; rally, gare di velocità, gare di regolarità; scuderia, muletto, formula uno, due, tre, formula tremila; dragster, kart = go-kart; alettone, minigonna;

● *persone*: automobilista, corridore automobilista = pilota, kartista; navigatore; sponsor;

● *officina meccanica* (di riparazione): autoriparazione, revisione, controllo, diagnosi; convergenza fari, convergenza ruote, equilibratura gomme, registrazione freni, registrazione frizione, rettifica cilindri, rettifica valvole, smerigliatura valvole, sabbiatura candele, grafitaggio, revisione motore; buca per riparazioni, ponte di lavaggio;

● *persone*: meccanico riparatore, elettrauto, carburatorista, radiatorista;

● *autoveicoli speciali*: autobus, autotreno, autocarro, autopompa, autoambulanza, autolettiga, autoemoteca, autobetoniera, autoblindo, autobruco = cingolato, autobotte, autocestello, autogrù, autoscala, autoinnaffiatrice, autospazzatrice, spazzaneve, autostarter, bisarca, camper, autocaravan, motorhome, carro attrezzi; autocarro = camion, autotreno, autoarticolato, motrice, bilico = semirimorchio, ralla; medio, pesante, leggero; a cassone (centina, telone), a furgone (con cassone ribaltabile, frigorifero, con rimorchio); autobotte = autocisterna, autosnodato; autospeaker;

● *azioni*: avviare il motore, mettere in moto, guidare = pilotare, sorpassare, segnalare, sterzare, rallentare, accelerare, sgommare, frenare, parcheggiare, bloccare i freni, decelerare, investire, slittare, derapare, urtare, sbandare, tamponare, scontrarsi, ribaltarsi, grippare, imballare il motore, fondere le bronzine, forzare il motore, rodare, mettere in folle, cambiare, sostare, fare rifornimento, fare il pieno, riparare, revisionare, smontare, mettere a punto, vulcanizzare, cambiare una gomma = una ruota.

automobilìna [1943] **s. f. 1** dim. di *automobile* **2** piccola vettura elettrica con cui, nei parchi di divertimento, si corre su apposite piste

automobiliṣmo [1898] **s. m.** ● tutto ciò che riguarda gli autoveicoli e il loro impiego | (*per anton.*) sport delle corse in automobile

♦**automobilìsta** [1899] **s. m. e f.** (**pl. m.** *-i*) ● chi guida un'automobile | chi pratica l'automobilismo

automobilìstico [1905] **agg.** (**pl. m.** *-ci*) ● relativo all'automobile o all'automobilismo: *corse, gare automobilistiche* | relativo agli autoveicoli: *patente automobilistica*; *registro a.* || **automobilisticaménte**, **avv.**

automodelliṣmo [comp. di *auto-*② e *modellismo* ✱ 1979] **s. m.** ● tecnica e attività che riguardano la riproduzione in scala ridotta di modelli d'automobile | collezionismo di modelli d'automobile di piccole dimensioni

automontàto [comp. di *auto-*② e *montato* ✱ 1942] **agg.** ● montato su automezzi: *reparti automontati*

automorfiṣmo [comp. di *auto-*① e *-morfismo* ✱ 1980] **s. m.** ● (*mat.*) isomorfismo in cui dominio e immagine del dominio sono la stessa struttura | correntemente, isomorfismo di una struttura su sé stessa

automòtive /auto'mɔtiv, *ingl.* ˌɔːtə'məʊtɪv/ [vc. ingl., propr. 'relativo agli autoveicoli' ✱ 1992] **s. m. inv.** ● (*econ.*) il settore industriale della produzione e della vendita di autoveicoli considerato nell'insieme delle sue attività (design, componentistica, assemblaggio, commercializzazione ecc.)

automotóre [fr. *automoteur*. V. *auto-*① e *motore* ✱ 1871] **agg.** (**f.** *-trice* (V.)) ● detto di macchina o impianto che funziona per mezzo di un motore in essa contenuto

automotrìce [comp. di *auto-*① e *motrice* ✱ 1892] **s. f.** ● vettura ferroviaria, tranviaria o filoviaria a trazione autonoma per il trasporto di passeggeri, adibita anche al traino di rimorchi

automunìto [comp. di *auto-*② e *munito* ✱ 1982] **agg. e s. m.** (**f.** *-a*) ● nel linguaggio degli annunci economici, che (o chi) possiede un'automobile

automutilazióne [comp. di *auto-*① e *mutilazione* ✱ 1892] **s. f.** ● il mutilare sé stessi | il procurarsi diminuzioni nell'integrità fisica per fini illeciti

autònica [comp. di *auto-*② e *(elettro)nica* ✱ 1987] **s. f.** ● elettronica applicata agli autoveicoli

autonoleggiatóre [1965] **s. m.** (**f.** *-trice*) ● proprietario o gerente di un autonoleggio

autonoléggio [comp. di *auto-*① e *noleggio* ✱ 1941] **s. m.** ● noleggio di automobili **CFR.** rent a car | azienda che esercita tale attività

autonomìa [vc. dotta, gr. *autonomía*. V. *autonomo* ✱ av. 1739] **s. f. 1** capacità di governarsi con proprie leggi: *l'a. dello Stato*; *a. legislativa regionale*; *a. politica, amministrativa* **2** (*est.*) indipendenza: *l'a. dell'ordine giudiziario* | ***a. contrattuale***, libertà riconosciuta ai privati di concludere contratti previsti dalla legge o non previsti o previsti solo in parte **3** (*est.*) capacità di pensare e di agire liberamente, senza subire influenze estranee: *conservare la propria a.* **4** (*polit.*) movimento extraparlamentare, sorto intorno al 1970, che rifiuta totalmente le istituzioni tradizionali **5** in impianti, macchinari e sim., capacità di funzionare per un certo periodo senza ulteriore rifornimento di energia | distanza che un mezzo di trasporto può percorrere con il quantitativo di combustibile di cui è capace il serbatoio, e il periodo di tempo corrispondente

SFUMATURE DI SIGNIFICATO

autonomia - autodeterminazione

Il termine **autonomia**, nel suo significato primario, indica la capacità di uno stato o di un'altra entità giuridica di governarsi con proprie leggi; nell'uso corrente identifica invece la capacità di pensare e agire liberamente, senza subire influ-

a

enze esterne. Affine a questo significato è **autodeterminazione**, che designa la capacità di prendere decisioni autonome, senza subire condizionamenti o costrizioni; in riferimento a stati o popoli, è il diritto o la facoltà di decidere liberamente del proprio destino.
SFUMATURE ➤ *indipendenza*, ➤ *libertà*

autonominàrsi [comp. di *auto-*① e *nominarsi* ✱ av. 1971] **v. rifl.** (*io mi autonòmino*) ● investire sé stesso di una carica, una dignità | nominare sé stesso (*anche scherz.*): *mi autonomino re della festa*

autonomìșmo [1921] **s. m.** ● tendenza all'autonomia politica o amministrativa

autonomìsta [1862] **A s. m. e f.** (pl. m. *-i*) ● fautore dell'autonomia politica o amministrativa **B agg.** ● autonomistico

autonomìstico [1913] **agg.** (pl. m. *-ci*) ● relativo all'autonomismo o agli autonomisti

✦**autònomo** [vc. dotta, gr. *autónomos* 'che si governa con proprie leggi', comp. di *auto-* 'auto-①' e *nómos* 'legge' ✱ av. 1755] **A agg.** **1** dotato di autonomia: *ente a.*; *regione autonoma*; *azienda autonoma* | ***lavoro a.***, che si presta senza vincolo di subordinazione **2** (*est.*) libero, indipendente: *essere a. nelle proprie decisioni*; *attività autonoma* | non condizionato da altri fattori: *mutamento fonetico a.* **3** (*anat.*) ***sistema nervoso a.***, V. *nervoso* ‖ **autonomaménte**, avv. **B s. m.** (f. *-a*) **1** (*polit.*) chi si riconosce nelle posizioni del movimento dell'Autonomia **2** chi aderisce a organizzazioni sindacali di settore non collegate con i sindacati confederali CGIL-CISL-UIL **3** lavoratore autonomo

autopalpazióne [comp. di *auto-*① e *palpazione* ✱ 1987] **s. f.** ● il palpare una parte del proprio corpo | (*med.*) ***a. del seno***, pratica esplorativa mirante a individuare neoformazioni allo stadio iniziale

autoparchéggio [comp. di *auto-*① e *parcheggio* ✱ 1942] **s. m.** ● parcheggio per autoveicoli

autopàrco [comp. di *auto-*① e *parco* ✱ 1939] **s. m.** (pl. *-chi*) **1** autoparcheggio **2** il complesso degli autoveicoli addetti a un servizio o a un ente

autopattùglia [comp. di *auto-*② e *pattuglia* ✱ 1983] **s. f.** ● pattuglia di agenti delle forze dell'ordine che compiono servizio di vigilanza a bordo di un'automobile

autoperforànte [comp. di *auto-*① e *perforante* ✱ sec. XX] **agg.** ● (*tecnol.*) detto di vite o di altro oggetto appuntito che perfora da sé il materiale nel quale viene infisso

autopiàno [comp. di *auto-*① e *piano* 'pianoforte' ✱ 1926] **s. m.** ● (*mus.*) pianola

autopilòta [comp. di *auto-*① e *pilota* ✱ 1934] **s. m.** (pl. *-i*) ● servomeccanismo, usato a bordo di aeromobili o natanti, che a partire dai dati forniti da un sistema di navigazione inerziale o da una bussola, permette di seguire una rotta prestabilita senza l'intervento del pilota SIN. pilota automatico | ***a. giroscopico***, che funziona a mezzo di giroscopi

autopìsta [comp. di *auto-*① e *pista* ✱ 1935] **s. f.** **1** strada naturale in regione desertica, percorribile da autoveicoli **2** nei parchi di divertimento, pista per piccole automobili elettriche

autoplastìa [fr. *autoplastie*, comp. di *auto-* 'auto-①' e del gr. *plássō* 'io faccio' ✱ 1839] **s. f.** ● (*med.*) riparazione chirurgica di difetti organici con innesti prelevati dallo stesso individuo

autoplàstica [1839] **s. f.** ● autoplastia

autopoièsi [comp. di *auto-*① e *-poiesi* ✱ 1985] **s. f. inv.** ● capacità di un sistema spec. vivente di riprodurre sé stesso mantenendo invariate le proprie caratteristiche e la propria organizzazione

autopómpa [comp. di *auto-*② e *pompa* ✱ 1933] **s. f.** ● autocarro attrezzato con pompa antincendio e prese d'acqua

autoportànte [comp. di *auto-*① e *portante* ✱ 1974] **agg.** ● (*ing.*, *mecc.*) detto di struttura che ha la capacità di sostenere sé stessa, eliminando così parte delle normali strutture di sostegno

autopòrto [comp. di *auto-*① e *porto* ✱ 1969] **s. m.** ● ampio luogo di sosta per autoveicoli di trasporto e commerciali, situato nei pressi di un posto di frontiera o della periferia di grandi città, per uno smistamento o sdoganamento più veloce delle merci e per evitare ingorghi di traffico sulle strade

autopostàle [comp. di *auto*② e *postale*] **A s. m.** ● (*elvet.*) autobus delle Poste Federali Svizzere **B anche agg.**: *servizio a.*

autoprescrizióne [comp. di *auto-*① e *prescrizione* ✱ 1987] **s. f.** **1** decisione di assumere farmaci o intraprendere cure sulla base di valutazioni personali, senza un parere medico **2** facoltà concessa a un medico di prescrivere a sé stesso farmaci soggetti a restrizioni in quantità necessarie per uso professionale urgente

autopropulsióne [comp. di *auto-*① e *propulsione* ✱ 1965] **s. f.** ● propulsione di un corpo qualsiasi dovuta a sviluppo o trasformazione d'energia all'interno del corpo stesso

autopropùlso [1955] **agg.** ● detto di missile, bomba e sim. dotati di un dispositivo atto a farli muovere

autoprotètto [comp. di *auto-*① e del part. pass. di *proteggere* ✱ 1987] **agg.** ● detto di apparecchiatura provvista di un sistema automatico di protezione: *sirena antifurto autoprotetta* | ***tubo a.***, tubo radiologico che indirizza i raggi X in modo che il radiologo non sia toccato dalle radiazioni

autopsìa [vc. dotta, gr. *autopsía* 'l'osservare coi propri occhi', comp. di *auto-* 'auto-①' e *ópsis* 'vista', prob. attrav. il fr. *autopsie* ✱ 1828] **s. f.** ● esame e descrizione di un corpo dopo la morte mediante dissezione, per scopi didattico-scientifici o medico-legali, al fine di determinare le cause e il momento del decesso

autòptico [1913] **agg.** (pl. m. *-ci*) ● relativo ad autopsia: *esame a.*

autopùbblica [comp. di *auto-*① e *pubblico* ✱ 1935] **s. f.** ● automobile adibita a servizio pubblico, taxi

autopulènte [comp. di *auto-*① e il part. pres. di *pulire* ✱ 1983] **agg.** ● detto di impianto o apparecchiatura i cui rifiuti si eliminano automaticamente con processi chimici | ***forno a.***, quello per la cottura dei cibi che elimina automaticamente i residui

autopùllman /auto'pulman/ [comp. di *auto-*② e *pullman* ✱ 1942] **s. m. inv.** ● autobus turistico o di linea

autopunitìvo [comp. di *auto-*① e *punitivo* ✱ 1931] **agg.** ● di autopunizione, relativo ad autopunizione: *meccanismi autopunitivi*

autopunizióne [comp. di *auto-*① e *punizione* ✱ 1931] **s. f.** ● (*psicol.*) desiderio inconscio di punirsi in conseguenza di un complesso di colpa

autoràdio [comp. di *auto-*② e *radio*④ ✱ 1942] **s. f. inv.** **1** apparecchio radiofonico installato su un autoveicolo **2** (*disus.*) radiomobile

autoradùno [comp. di *auto-*① e *raduno* ✱ 1942] **s. m.** ● raduno di automobili, spec. a scopo sportivo o propagandistico

autoràle ➤ **autoriale**

✦**autóre** [vc. dotta, lat. *auctōre(m)* 'colui che fa avanzare, il promotore, il fattore', da *augēre* 'far crescere, accrescere' ✱ 1261 ca.] **s. m.** (f. *-trice*) **1** chi dà origine, genera, causa, determina e sim. qlco.: *l'a. di un danno, di un crimine*; *è l'a. della nostra rovina* | (*dir.*) ***a. mediato***, chi commette un reato per mezzo di altra persona | ***il Sommo A.***, (*per anton.*) Dio **2** (*dir.*) dante causa **3** chi ha creato un'opera letteraria, artistica, scientifica: *l'a. di un romanzo, di un trattato* | ***diritto d'a.***, diritto morale e patrimoniale spettante all'autore sulle opere dell'ingegno letterarie e artistiche di carattere creativo; correntemente, compenso spettante all'autore che abbia concluso un contratto di edizione | ***quadro d'a.***, di artista noto e di valore | ***fuori l'a.***, espressione spec. entusiastica del pubblico a teatro | (*per anton.*) scrittore: *gli autori classici*; *autori latini* ‖ (*spreg.*) **autorèllo**, dim. | **autoróne**, accr. | (*spreg.*) **autorùcolo**, dim. | (*spreg.*) **autorùzzo**, dim.

autoreattóre [comp. di *auto-*① e *reattore* ✱ 1950] **s. m.** ● particolare aeroreattore per altissime velocità, in cui la compressione dell'aria elimina il compressore e le sue turbine motrici, cioè tutti gli organi rotanti SIN. statoreattore

autoreferènza [vc. dotta, comp. di *auto-*① e *referenza* ✱ 1987] **s. f.** ● la condizione di chi (o di ciò che) fa riferimento soltanto a sé stesso | (*filos.*) in logica, proprietà di un enunciato nel quale si affermi qualcosa sull'enunciato stesso (per es. *sto parlando in italiano*)

autoreferenziàle [1983] **agg.** **1** che fa riferimento solo a sé stesso, alla propria realtà: *il mondo a. degli adolescenti* CFR. egoriferito **2** (*filos.*) detto di enunciato che si caratterizza per autoreferenza ‖ **autoreferenzialità**, **s. f. inv.** caratteristica di chi (o di ciò che) è autoreferenziale

autoreggènte [comp. di *auto-*① e del part. pres. di *reggere* ✱ 1987] **agg.**; **anche s. f.** ● detto di calza da donna, lunga fino alla coscia, con un bordo elastico alto in grado di sostenerla senza bisogno di reggicalze

autoregolamentazióne [comp. di *auto-*① e *regolamentazione* ✱ 1974] **s. f.** ● emanazione di norme atte a regolamentare la propria condotta, spec. nell'ambito sindacale: *a. del diritto di sciopero* CFR. autodisciplina

autoregolazióne [comp. di *auto-*① e *regolazione* ✱ 1943] **s. f.** ● regolazione automatica di impianti e sim.

autorepàrto [comp. di *auto-*② e *reparto* ✱ 1953] **s. m.** **1** (*milit.*) reparto dotato di automezzi **2** insieme di uomini e mezzi addetti agli autoveicoli dell'esercito o di altro organismo

autorespiratóre [comp. di *auto-*① e *respiratore* ✱ 1941] **s. m.** ● dispositivo costituito da una o più bombole di aria compressa o di ossigeno collegate a un boccaglio, per respirare in immersione o in situazioni di emergenza

autoréte [comp. di *auto-*① e *rete* ✱ 1942] **s. f.** ● autogol

autorevèrse /autore'vɛrs/ [comp. di *auto-*① e dell'ingl. *reverse* 'rovescio' ✱ 1981] **s. m. inv.** ● in un registratore magnetico a cassette, funzione che consente l'ascolto continuo e successivo dei due lati di una cassetta, mediante l'inversione automatica del senso di trascinamento del nastro

✦**autorévole** [vc. dotta, lat. tardo *auctorābi-le(m)*, da *auctor* 'autore' ✱ av. 1334] **agg.** ● che ha autorità: *uno scrittore a.* | (*est.*) che proviene da persona tenuta in molta considerazione: *giudizio, consiglio, proposta a.* ‖ **autorevolménte**, avv.

autorevolézza [av. 1676] **s. f.** ● caratteristica di chi (o di ciò che) è autorevole
SFUMATURE ➤ *autorità*

autorganiẓẓàrsi [comp. di *auto-*① e *organizzarsi* ✱ 1985] **v. rifl.** ● organizzarsi in modo autonomo: *a. per la manifestazione*

autoriàle o **autoràle** [da *autore* ✱ 1985]

agg. • di autore, relativo ad autore: *l'impronta a. di Fellini* ‖ **autorialità**, s. f. inv. caratteristica specifica di un autore

autoribaltàbile [comp. di *auto-*① e *ribaltabile* ✻ 1970] s. m. • autocarro con cassone ribaltabile

autoricàmbio [comp. di *auto-*② e di *ricambio* ✻ 1981] s. m. **1** settore che produce e commercializza ricambi per autoveicoli **2** (spec. al pl.) pezzo di ricambio per autoveicoli: *magazzino di autoricambi* | (al pl.) negozio in cui si vendono tali pezzi di ricambio

autoricaricàbile [comp. di *auto-*① e *ricaricabile* ✻ 1998] **A** agg. • che viene ricaricato durante l'uso, detto spec. di scheda telefonica prepagata per telefono cellulare **B** s. f. • scheda autoricaricabile

autoridùrre [comp. di *auto-*① e *ridurre* ✻ 1971] **A** v. tr. (coniug. come *condurre*) • (*raro*) sottoporre ad autoriduzione: *a. il canone* **B** **autoridùrsi** v. tr. pron. (aus. *essere*) • ridurre da sé: *autoridursi lo stipendio* | praticare l'autoriduzione: *si sono autoridotti l'affitto*

autoriduttóre [1976] s. m. (f. *-trice*) • chi pratica l'autoriduzione

autoriduzióne [1971] s. f. • forma di contestazione sociale consistente nella riduzione del prezzo di un qualsiasi bene o servizio, decisa da un singolo o, più spesso, da un gruppo organizzato

autoriferiménto [comp. di *auto-*① e *riferimento* ✻ 1986] s. m. **1** nella teoria dei sistemi, proprietà di un sistema di riferirsi a sé stesso, indipendentemente dall'ambiente esterno **2** (*psicol.*) tendenza a riferire a sé stessi gli avvenimenti della realtà circostante

autoriméssa [comp. di *auto-*② e *rimessa* ✻ 1923] s. f. • locale o gruppo di locali adibiti alla custodia di veicoli, con annessi i servizi inerenti

autoriparazióne [comp. di *auto-*② e *riparazione* ✻ 1970] s. f. • luogo in cui si effettuano riparazioni su autoveicoli

♦**autorità** o †**autoritàde**, †**autoritàte** [vc. dotta, lat. *auctoritāte(m)*, da *auctor* 'autore'; nel sign. 8, da *autore* ✻ 1261 ca.] s. f. inv. **1** (*dir.*) potere, tutelato dalla legge, di emanare atti vincolanti l'attività dei destinatari: *l'a. della legge, dello Stato; non riconoscere nessuna a.* | **agire d'a.**, in base a un potere legittimo | (*est.*) forza vincolante per disposizione di legge: *a. di cosa giudicata* **2** complesso di organi, dotati di tale potere, esplicanti specifiche funzioni: *a. legislativa, giudiziaria, governativa* | (*per anton.*) singolo organo, cui spetta nel caso concreto di esplicare le proprie funzioni | ***l'a. costituita***, riconosciuta dallo Stato | organismo pubblico indipendente che sovrintende a un determinato settore amministrativo; authority: *un'a. monetaria europea; l'A. per l'informatica* **3** (al pl., *est.*) insieme degli individui titolari di pubblici uffici: *a. civili, militari, ecclesiastiche; le a. cittadine* **4** ascendente, influsso che una persona esercita sulle altre: *abusare della propria a.* **5** (*est.*) credito, stima, prestigio: *il pregio ... della vecchiezza, el quale sia non altro che autoritate* (L.B. ALBERTI) | testimonianza autorevole: *l'a. di un filosofo, di uno scrittore* | ***principio d'a.***, quello per cui una tesi filosofica o scientifica si ritiene valida non intrinsecamente ma per l'autorevolezza di chi la sostiene **6** (*est.*) chi, per grande esperienza, competenza e sim., gode di un particolare ascendente e di un'alta stima nell'ambito dei suoi interessi, studi, attività: *è un'a. nel campo matematico* **7** (*raro, lett.*) autorevolezza, serietà: *di grande a. ne' lor sembianti* (DANTE *Inf.* IV, 113) **8** spec. in biblioteconomia, ciò che attiene all'identificazione di un autore: *catalogazione e controllo di a.* CFR. autorialità

SFUMATURE DI SIGNIFICATO

autorità - autorevolezza - potere

Autorità è un qualsiasi ente riconosciuto dalla legge che ha la forza di emanare atti vincolanti per i cittadini; in uso estensivo definisce il credito, il prestigio che si riconosce a un soggetto e dunque la capacità d'influenza che esso è in grado di esercitare. Solo in questo secondo significato **autorevolezza** è suo sinonimo, termine che sottolinea la grande considerazione di cui gode una persona o un'istituzione, indipendentemente dal ruolo pubblico che occupa. **Potere** è in questo contesto l'esercizio delle facoltà previste dalla legge da parte di un'*autorità*.

autoritarietà [da *autoritario* ✻ 1990] s. f. inv. • caratteristica del provvedimento amministrativo che consiste nella sua idoneità a comportare unilateralmente modificazioni nella sfera giuridica del destinatario

autoritàrio [fr. *autoritaire*, dal lat. *auctōritas* 'autorità' ✻ 1870] agg. • che fa valere la propria autorità con fermezza intransigente e talvolta eccessiva: *padre a.*; *preside a.* | tipico di chi è autoritario: *usare un tono a., dei modi autoritari* | (*est., raro*) prepotente: *carattere a. e ribelle* | ***governo a.***, dispotico | ***Stato a.***, quello in cui l'esecutivo accentra in sé tutti i poteri limitando o negando il ruolo dell'opposizione e le libertà individuali ‖ **autoritariaménte**, avv.

autoritarìsmo [1880] s. m. • forma di esagerata autorità esercitata da persone o istituzioni

†**autoritàte** ➤ autorità

autoritativo [1666] agg. • deciso o imposto d'autorità | (*disus.*) autoritario ‖ **autoritativaménte**, avv. (*raro*) con autorità

autoritràtto [comp. di *auto-*① e *ritratto* ✻ 1913] s. m. **1** ritratto di sé stesso, dipinto, scolpito, disegnato **2** (*letter., est.*) descrizione dei propri caratteri fisici e morali

♦**autorizzàre** [dal lat. mediev. *auctorizare*, dal lat. *auctōritas* 'autorità' ✻ sec. XIII] v. tr. **1** permettere, dare facoltà di compiere una determinata azione (+ *a* seguito da inf.): *mi hanno autorizzato a parlarti; le autorità competenti non hanno autorizzato l'apertura del locale* **2** giustificare, legittimare: *il suo comportamento autorizza i nostri sospetti* ‖ **autorizzazióne**, s. f. (V.)

SFUMATURE ➤ ***permettere***

autorizzativo [1981] agg. • (*burocr.*) che autorizza: *provvedimento a.* | che ha lo scopo di ottenere un'autorizzazione: *iter a.*

autorizzàto **A** part. pass. di *autorizzare*; anche agg. • che è permesso, consentito: *manifestazione non autorizzata* | approvato, riconosciuto ufficialmente: *traduzione autorizzata; biografia non autorizzata* | che ha il diritto o la facoltà di fare qlco. (+ *a* seguito da inf.): *non sono autorizzato a fornire informazioni* **B** s. m. (f. *-a*) • chi ha ottenuto un'autorizzazione: *accesso consentito agli autorizzati*

autorizzazióne [fr. *autorisation*, da *autoriser* 'autorizzare' ✻ 1644] s. f. **1** permesso di compiere una determinata azione **2** (*dir.*) atto di privato o di autorità amministrativa che conferisce a un soggetto la giuridica potestà di esercitare un diritto rimuovendo gli ostacoli e i limiti posti dalla legge all'esercizio dello stesso | documento contenente tale atto | ***a. a procedere***, atto con cui un'autorità a ciò legittimata consente l'inizio o la prosecuzione dell'azione penale nei confronti di una certa persona o per un certo reato

SFUMATURE ➤ ***concessione***

autosalóne [comp. di *auto*① e *salone* ✻ 1961] s. m. • locale adibito all'esposizione di automobili in vendita

autoscàfo [fr. *autoscaphe*. V. *auto-*② e *scafo* ✻ 1908] s. m. • (*raro*) motoscafo

autoscàla [comp. di *auto-*② e *scala* ✻ 1933] s. f. **1** scala estensibile montata su autocarro e usata spec. dai vigili del fuoco e dagli elettricisti **2** (*est.*) scala idraulica montata su autocarro e usata per lavori di manutenzione, riparazione, potatura e sim. a grande altezza

autoscàtto [comp. di *auto-*① e *scatto* ✻ 1935] s. m. • (*fotogr.*) dispositivo che permette di far scattare automaticamente l'otturatore dopo un numero di secondi prestabilito | (*est., colloq.*) foto scattata a sé stessi CFR. selfie

autoscioglimènto [comp. di *auto-*① e *scioglimento* ✻ 1941] s. m. • scioglimento di un ente, di un partito e sim. attuato dagli elementi stessi che lo compongono

♦**autoscóntro** [comp. di *auto-*② e *scontro* ✻ 1959] s. m. • nei parchi di divertimento, piccola vettura elettrica che su apposita pista si porta allo scontro con altre simili | pista attrezzata su cui circolano tali vetture

autoscuòla [comp. di *auto-*② e *scuola* ✻ 1941] s. f. **1** scuola per l'insegnamento teorico e pratico della guida degli autoveicoli **2** automobile, munita di doppi comandi, sulla quale si apprende la guida da un istruttore

autosemàntico [comp. di *auto-*① e *semantico* ✻ 1994] agg. (pl. m. *-ci*) • (*ling.*) detto di parola che ha un significato autonomo, indipendente dal contesto CONTR. sinsemantico

autoservìzio [comp. di *auto-*② e *servizio* ✻ 1952] s. m. • autolinea | (al pl.) rete di autolinee

autosilo [comp. di *auto-*① e *silo* ✻ 1958] s. m. (pl. *-i* o *autosilos*) • edificio a più piani, anche sotterraneo, per il parcheggio di autoveicoli

autosnodàto [comp. di *auto-*② e *snodato* ✻ 1963] s. m. • veicolo per il trasporto stradale costituito da due o più elementi collegati non rigidamente tra loro CFR. autoarticolato

autosoccórso① [comp. di *auto-*① e *soccorso* ✻ 1969] s. m. • insieme di tecniche per far fronte personalmente a situazioni di emergenza, soprattutto in montagna: *corso di a. in parete, in valanga*

autosoccórso② [comp. di *auto-*② e *soccorso* ✻ 1983] s. m. **1** autoveicolo dotato di attrezzatura per la rimozione o il traino di autovetture che hanno subito guasti o incidenti **2** il servizio effettuato con tale autoveicolo

autosòma [comp. di *auto-*① e *-soma*, tratto da *cromosoma* ✻ 1932] s. m. (pl. *-i*) • (*biol.*) ognuno dei cromosomi che non concorre alla determinazione genotipica del sesso

autosospèndersi [comp. di *auto-*① e *sospendersi* ✻ 1985] v. rifl. (coniug. come *sospendere*) • rinunciare temporaneamente all'esercizio di una carica, un mandato, un incarico e sim.: *la giunta si è autospesa per protesta*

autosostenìbile [comp. di *auto-*① e *sostenibile* ✻ 1995] agg. • che può essere realizzato con finanziamenti propri, spec. con riferimento a progetti di Paesi in via di sviluppo ‖ **autosostenibilità**, s. f. inv.

autospazzatrìce [comp. di *auto-*② e *spazzatrice* ✻ 1941] s. f. • autoveicolo attrezzato per la pulizia delle strade, per lo più munito di spazzolone rotante

autospegniménto [comp. di *auto-*① e *spegnimento* ✻ 1959] s. m. • spegnimento automatico di un apparecchio, un congegno e sim.: *computer con dispositivo di a.*

autospurgatóre [comp. di *auto-*② e *spurgatore* ✻ 1973] s. m. • autobotte con lungo braccio flessibile a pompa aspirante, attrezzata per spurgare chiusini, tombini o altri condotti del sistema fognario stradale

a

autossidazióne [comp. di *auto-*① e *ossidazione* ✱ 1955] **s. f.** ● ossidazione di una sostanza che avviene spontaneamente spec. per reazione con l'ambiente in cui è posta: *l'a. dei grassi, degli oli*

autostàrter /autos'tarter/ [comp. di *auto-*② e *starter* ✱ 1965] **s. m. inv. 1** (*sport*) nel trotto, automobile attrezzata posteriormente con due transenne pieghevoli che, disposte orizzontalmente, chiudono la pista per tutta la larghezza, e dietro le quali i cavalli, nella fase di partenza, si allineano man mano che l'automobile accelera: *partenza con l'a.* **2** (*autom.*) nei moderni motori a iniezione elettronica, starter che si inserisce e disinserisce automaticamente in base al regime di funzionamento raggiunto dal motore

autostàto [comp. di *auto-*① e *stato*②, calco sull'ingl. *eigenstate*, comp. del ted. *eigen* 'auto-①' e di *state* 'stato②' ✱ 1949] **s. m.** ● (*fis.*) ciascuno degli stati stazionari in cui può trovarsi un sistema quantistico **CFR.** autofunzione, autovalore

autostazióne [comp. di *auto*① e *stazione* ✱ 1961] **s. f. 1** stazione di servizio per rifornimento, pulizia, revisione e riparazione degli autoveicoli **2** stazione capolinea di più autolinee

autostima [comp. di *auto-*① e *stima* ✱ 1985] **s. f.** ● (*psicol.*) valutazione positiva o negativa di sé, che esprime la misura in cui una persona si considera capace, importante e di valore

autostòp [comp. di *auto*① e dell'ingl. (*to*) *stop* 'fermare' ✱ 1951] **s. m. inv.** ● il fermare autoveicoli in transito per chiedere un passaggio | tale modo di spostarsi

autostoppista [1959] **s. m. e f.** (**pl. m.** *-i*) ● chi pratica l'autostop

♦**autostràda** [comp. di *auto-*② e *strada* ✱ 1924] **s. f. 1** strada a scorrimento veloce priva di incroci e accessi privati, con due carreggiate indipendenti a più corsie per ciascun senso di marcia e spartitraffico invalicabile al centro; è riservata agli autoveicoli e ai motoveicoli al di sopra di una certa cilindrata: *a. gratuita, a pagamento*; *A. del Sole, dei Fiori, dei Laghi* | ***a. del mare***, nome generico di un'autostrada che arriva vicino a località costiere; nel linguaggio giornalistico, percorso marittimo molto seguito; linea di navigazione per trasporto merci caricate su autotreni **2** (*est.*) nell'uso giornalistico, nome per indicare genericamente una rete di trasmissione di dati ad alta velocità in grado di soddisfare contemporaneamente un gran numero di utenti: *le autostrade informatiche*

NOMENCLATURA

autostrada

● *caratteristiche*: libera ⇔ a pagamento, a due corsie, a tre corsie;
casello, barriera, ingresso, posto di pagamento del pedaggio, Viacard, telepedaggio, Telepass, uscita, isola spartitraffico, guardrail, siepe, cordonata, pannello antiabbagliante, pannello antirumore, piazzola di sosta, area di sosta, colonnina del soccorso stradale, area di parcheggio, stazione o area di servizio, autogrill, raccordo, rampa di raccordo, corsia (di marcia normale, di sorpasso, di accelerazione, di uscita, di decelerazione, di emergenza), bretella, Autovelox.

autostradàle [1941] **agg.** ● relativo ad autostrada

autostrangolaménto [comp. di *auto-*① e *strangolamento* ✱ 1985] **s. m.** ● modo di uccisione consistente nel legare a una persona mani e piedi dietro la schiena, facendole passare la corda anche intorno al collo in modo che, quando i muscoli delle gambe o delle braccia cedono, si strangoli da sola **CFR.** incaprettamento

autosufficiènte, (*evit.*) **autosufficènte** [comp. di *auto-*① e *sufficiente* ✱ 1965] **agg.** ● che basta a sé stesso, che non necessita dell'aiuto di altri | che è economicamente autonomo

autosufficiènza, (*evit.*) **autosufficènza** [comp. di *auto-*① e *sufficienza* ✱ 1935] **s. f.** ● caratteristica di chi (o di ciò che) è autosufficiente

autosuggestionàbile [1961] **agg.** ● che si autosuggestiona facilmente ‖ **autosuggestionabilità**, **s. f. inv.**

autosuggestionàrsi [1898] **v. rifl.** (*io mi autosuggestióno*) ● suggestionarsi da sé

autosuggestióne [comp. di *auto-*① e *suggestione* ✱ 1886] **s. f.** ● suggestione esercitata su sé stesso | (*psicol.*) tecnica psicoterapeutica che si propone di migliorare le proprie condizioni di salute o il proprio comportamento mediante la ripetizione di formule verbali

autosuggestìvo [comp. di *auto-*① e *suggestivo* ✱ 1983] **agg.** ● di autosuggestione, relativo ad autosuggestione: *fenomeno a.*

autotassàrsi [comp. di *auto-*① e *tassare* ✱ 1981] **v. rifl. 1** eseguire l'autotassazione **2** (*est.*) impegnarsi a pagare una quota concorrendo a una spesa **SIN.** tassarsi

autotassazióne [comp. di *auto-*① e *tassazione* ✱ 1902] **s. f.** ● pagamento delle imposte sul reddito, calcolato ed effettuato per obbligo di legge dal contribuente stesso, presso gli sportelli di un istituto di credito autorizzato che provvederà poi a versare l'importo alla tesoreria dello Stato

autotelàio [comp. di *auto-*② e *telaio* ✱ 1961] **s. m.** (**pl.** *-ai*) ● telaio dell'autoveicolo, privo di carrozzeria, ma fornito degli organi meccanici

autotipìa [comp. di *auto-*① e *-tipia* ✱ 1892] **s. f.** ● (*tipogr.*) zincografia

autotomìa [comp. di *auto-*① e del gr. *tomḗ* 'taglio' ✱ 1913] **s. f.** ● (*zool.*) amputazione spontanea di una parte del corpo compiuta a scopo di difesa da alcuni animali, soprattutto invertebrati

autotrainàto [comp. di *auto-*② e *trainato*, part. pass. di *trainare* ✱ 1970] **agg.** ● trainato mediante automezzi: *cannone a.*

autotrapiànto [comp. di *auto-*① e *trapianto* ✱ 1987] **s. m. 1** (*chir.*) trapianto di un tessuto da una parte a un'altra dello stesso organismo: *a. di cute negli ustionati, a. di midollo* **2** (*chir.*) tessuto od organo trapiantato nello stesso individuo **SIN.** autoinnesto

autotrasformatóre [comp. di *auto-*① e *trasformatore* ✱ 1961] **s. m.** ● (*elettr.*) trasformatore il cui avvolgimento secondario non è elettricamente distinto dall'avvolgimento primario

autotrasfuṣióne [comp. di *auto-*① e *trasfusione* ✱ 1963] **s. f.** ● (*med.*) trasfusione in un individuo di sangue proprio precedentemente prelevato **SIN.** autoemotrasfusione

autotrasportàre [comp. di *auto-*② e *trasportare* ✱ 1949] **v. tr.** (*io autotraspòrto*) ● trasportare persone o cose mediante autoveicoli

autotrasportatóre [1956] **s. m.** (**f.** *-trice*) ● chi esegue autotrasporti

autotraspòrto [comp. di *auto-*② e *trasporto* ✱ 1934] **s. m.** ● trasporto di persone o di merci mediante autoveicoli

autotrazióne [comp. di *auto-*① e *trazione* ✱ 1941] **s. f.** ● trazione di mezzi meccanici capaci di movimento autonomo, come autovetture, camion e sim.: *gasolio per a.*

autotrenìsta [1939] **s. m. e f.** (**pl. m.** *-i*) ● guidatore di autotreno

autotrèno [comp. di *auto-*② e *treno* ✱ 1932] **s. m.** ● su strada ordinaria, insieme di una motrice stradale, o di un autocarro atto al traino, e di uno o più rimorchi | su strada ferrata, complesso automotore costituito da automotrici termiche ed, eventualmente, da veicoli rimorchiati meccanicamente e funzionalmente fra loro inseparabili

autotrofìa [comp. di *auto-*① e *-trofia* ✱ 1955] **s. f.** ● (*biol.*) proprietà di alcuni organismi di produrre sostanze nutritive a partire da materiali inorganici **CONTR.** eterotrofia ‖ **autotròfico**, **agg.** (**pl. m.** *-ci*) relativo ad autotrofia ‖ **autòtrofo**, **agg.** dotato di autotrofia **CONTR.** eterotrofo

autotutèla [comp. di *auto-*① e *tutela* ✱ 1955] **s. f.** ● (*dir.*) potere, proprio degli enti pubblici e consentito ai privati nei soli casi legislativamente indicati, di far valere i propri diritti senza ricorrere all'autorità giudiziaria | ***a. collettiva***, difesa dei propri diritti che i lavoratori compiono mediante le organizzazioni sindacali

autovaccìno [comp. di *auto-*① e *vaccino* ✱ 1935] **s. m.** ● (*med.*) vaccino preparato con germi isolati dallo stesso focolaio infettivo che si vuole curare

autovalóre [comp. di *auto-*① e *valore*, calco sul ted. *Eigenwert* ✱ 1928] **s. m.** ● (*mat.*) costante moltiplicativa fra una funzione e l'applicazione di un operatore alla funzione stessa **CFR.** autofunzione

autovalutàre [comp. di *auto-*① e *valutare* ✱ 1962] **A v. tr.** (**coniug. come** *valutare*) ● valutare secondo parametri o standard predefiniti una propria abilità, capacità o condizione **B autovalutàrsi v. rifl.** ● valutare le proprie capacità, abilità e sim. ‖ **autovalutazióne**, **s. f.**: *test di autovalutazione*

autovalutatìvo [comp. di *auto-*① e *valutativo* ✱ 1970] **agg.** ● che serve a valutare le proprie capacità, competenze, abilità: *test a.*

autoveìcolo [comp. di *auto-*② e *veicolo* ✱ 1917] **s. m.** ● veicolo stradale per il trasporto di persone o cose, a quattro o più ruote, mosso dal proprio motore **CFR.** auto-②

Autovèlox® [comp. di *auto-*② e *velox* per 'velocità' ✱ 1981] **s. m. inv.** ● dispositivo per la rilevazione della velocità dei veicoli su strada, costituito da un tachimetro radar e da una macchina fotografica, utilizzato nel controllo del traffico

autoventilàto [comp. di *auto-*① e *ventilato* ✱ 1993] **agg.** ● provvisto di un impianto di ventilazione: *organi meccanici autoventilati*

autoverìfica [comp. di *auto-*① e *verifica* ✱ 1953] **s. f.** ● verifica effettuata sulle proprie competenze o capacità: *test di a.*

autovettùra [comp. di *auto-*② e *vettura* ✱ 1930] **s. f.** ● autoveicolo per il solo trasporto di persone

autunìte /autu'nite, otu-/ [dalla città fr. di *Autun* ✱ 1881] **s. f.** ● (*miner.*) fosfato idrato di calcio e uranio, in cristalli piatti quadrati od ottagonali di un vivace colore giallo

♦**autunnàle** [vc. dotta, lat. *autumnāle(m)*, da *autŭmnus* 'autunno' ✱ av. 1363] **agg.** ● dell'autunno: *brume autunnali* | che si svolge in autunno: *vacanze, ferie autunnali* ‖ **autunnalità**, **s. f. inv.**

♦**autùnno** o †**tutónno** [vc. dotta, lat. *autŭmnu(m)*, di orig. etrusca ✱ 1282] **s. m. 1** stagione dell'anno che dura 89 giorni e 18 ore dall'equinozio d'autunno al solstizio d'inverno, corrispondente alla primavera nell'emisfero australe | (*fig.*) ***a. caldo***, quello del 1969, in cui le battaglie sindacali furono particolarmente dure; (*est.*) qualunque periodo caratterizzato da intense lotte sindacali **2** (*fig.*) età avanzata dell'uomo, già vicina alla vecchiaia: *l'a. della vita* | (*fig.*) fase di decadenza, di declino: *l'a. del Medioevo, del Rinascimento*

aux anges /*fr.* o'zɑ̃ʒ/ [loc. fr., propr. 'tra gli

angeli' ✱ 1897] **loc. avv.** ● al colmo della gioia, al settimo cielo: *essere, sentirsi aux anges*

auxìna [comp. di *aux(o)-* e *-ina* ✱ 1950] **s. f.** ● (**bot.**) ormone vegetale che regola la crescita delle piante

àuxo- /ˈaukso/ [dal gr. *auxánein* 'aumentare'] **primo elemento** ● in parole composte, spec. della terminologia medica, significa 'accrescimento': *auxologia, auxopatia*

auxologìa [comp. di *auxo-* e *-logia* ✱ 1950] **s. f.** (**pl.** *-gìe*) ● (**biol., med.**) disciplina che studia i processi di accrescimento dell'organismo nell'età evolutiva

auxològico [1963] **agg.** (**pl. m.** *-ci*) ● dell'auxologia

auxometrìa [comp. di *auxo-* e *-metria* ✱ 1950] **s. f.** ● studio quantitativo dei fenomeni relativi allo sviluppo di un organismo

auxopatìa [comp. di *auxo-* e *-patia* ✱ 1950] **s. f.** ● (**med.**) qualsiasi malattia dell'accrescimento ‖ **auxopàtico**, **agg.** (**pl. m.** *-ci*); **anche s. m.** (**f.** *-a*) **nel sign. 2** **1** relativo ad auxopatia **2** che (o chi) soffre di auxopatia

†**auzzino** ➤ **aguzzino**

†**avacciàre** [da †*avaccio* ✱ 1288] **A** **v. tr.** ● affrettare, sollecitare **B** †**avacciàrsi** **v. intr. pron.** ● affrettarsi: *tutta la congiura si avacciò di ucciderlo* (D. COMPAGNI)

†**avàccio** [lat. *vivācius*, avv. compar. di *vīvax*, genit. *vivācis* 'vivace' ✱ 1261 ca.] **avv.** ● presto: *a. sarai dove / di ciò ti farà l'occhio la risposta* (DANTE *Inf.* XXXIII, 106-107)

†**avàle** ➤ †**aguale**

avallànte, (*evit.*) **avvallànte** **A** **part. pres.** di *avallare*; **anche agg.** ● nei sign. del v. **B** **s. m. e f.** ● chi avalla

✱**avallàre** [da *avallo* ✱ 1865] **v. tr.** **Il verbo** *avallare* **si scrive con una sola** *v* **in tutte le sue forme flesse; la 1ª persona del pres. indic. è** *io avallo*, **da non confondere con** *io avvallo*, **dal verbo** *avvallare* **1** garantire con avallo: *a. una cambiale* **2** (**fig.**) confermare, legittimare, rendere credibile: *le prove raccolte avallano la mia ipotesi* | sostenere, appoggiare: *a. un'iniziativa, un progetto*

avallàto, (*evit.*) **avvallàto** **A** **part. pass.** di *avallare*; **anche agg.** ● nei sign. del v. **B** **s. m.** (**f.** *-a*) ● beneficiario di un avallo

✱**avàllo**, (*evit.*) **avvàllo** [fr. *aval*, di etim. incerta ✱ 1795] **s. m.** **La forma 'avvallo', con due** *v*, **non è corretta** **1** garanzia di pagamento di un debito cambiario altrui mediante dichiarazione apposta sul titolo **2** (**fig.**) conferma, sostegno, approvazione

†**avaloràre** ➤ **avvalorare**

avalutativo [comp. di *a-*① e *valutativo* ✱ 1983] **agg.** ● che prescinde da giudizi di valore, spec. nelle scienze sociali e nell'epistemologia

avambécco [comp. di *avan-* e *becco*① nel sign. 6 ✱ 1955] **s. m.** (**pl.** *-chi*) ● sperone sporgente a monte dalla pila di un ponte che serve a regolare il deflusso delle acque sotto le arcate **SIN.** antibecco, rostro

avambràccio [fr. *avant-bras*, propr. 'avanti-braccio' ✱ 1771] **s. m.** (**pl.** *-ci*) ● (**anat.**) parte dell'arto superiore compresa tra il gomito e la mano nell'uomo e in altri Mammiferi **SIN.** antibraccio

avampiède [comp. di *avan-* e *piede* ✱ 1911] **s. m.** ● (**anat.**) porzione distale del piede, comprendente le ossa delle falangi, quelle metatarsali e, tra le ossa tarsali, il cuboide e le ossa cuneiformi

avampòrto [fr. *avant-port* ✱ 1896] **s. m.** ● porto situato in posizione avanzata sul mare rispetto al retroterra: *l'a. di Le Havre, di Hong Kong*

avampósto [fr. *avant-poste* ✱ 1796] **s. m.** ● (**milit.**) ogni nucleo di forze che un'unità in sosta schiera a intercettazione del nemico e con compiti di sorveglianza

avan- [per *avan(ti)*] **primo elemento** (**assume davanti a** *p* **e** *b* **la forma** *avam* **per assimilazione**) ● in parole composte indica 'anteriorità' o 'precedenza' di luogo o di tempo: *avancarica, avanguardia, avamporto, avamposto, avanspettacolo, avantreno*

avàna [dal colore dei sigari dell'*Avana*, capitale della repubblica di Cuba ✱ av. 1782] **A** **s. m. inv.** **1** tipo di tabacco coltivato nell'America centrale, spec. a Cuba | sigaro fine fatto con tale tabacco **2** colore marrone chiaro, caratteristico del tabacco omonimo **B** **anche agg. inv.**: *tabacco a.*; *un soprabito a.*

avancàrica [comp. di *avan-* e *carica* ✱ 1889] **s. f.** ● solo nella loc. ***ad a.***, detto di arma da fuoco che si carica dalla bocca: *cannoni, fucili ad a.*; *i mortai da fanteria sono ad a.*

avance /*fr.* aˈvɑ̃s/ [vc. fr., da *avancer* 'avanzare' ✱ 1692] **s. f. inv.** (**usato in fr. spec. al pl.** *avances* **nel sign. di** *profferte, proposte*) ● approccio, proposta: *fare un'a.*; *respingere le avances di qlcu.*

avancòrpo [fr. *avant-corps* ✱ 1863] **s. m.** ● tutto ciò che in un edificio sporge dal corpo principale

avancórsa [comp. di *avan-* e *corsa* ✱ 1986] **s. f.** ● in un veicolo, spec. un motociclo, distanza orizzontale tra il punto di intersezione dell'asse dello sterzo con il terreno e il punto di contatto della ruota anteriore

avanèra [sp. *habanera*, dalla città dell'*Avana* ✱ 1905] **s. f.** ● adattamento di *habanera* (V.)

avanguàrdia o †**vanguàrdia** [fr. *avant-garde* 'avanti-guardia' ✱ av. 1540] **s. f.** **1** (**milit.**) reparto che precede una colonna per evitare un attacco di sorpresa **CONTR.** retroguardia | ***essere all'a.***, (**fig.**) essere in una posizione molto avanzata e innovativa sul piano tecnico, culturale e sim.: *c'era nella generalità il desiderio … di figurare all'a.* (D. BUZZATI) **2** movimento artistico e letterario caratterizzato da atteggiamenti polemici e innovatori nei confronti della tradizione: *le avanguardie del Novecento*; *scrittore, artista d'a.*

avanguardìsmo [da *avanguardia* col suff. *-ismo* ✱ 1939] **s. m.** **1** in arte e letteratura, tendenza all'avanguardia **2** (**stor.**) al tempo del fascismo, movimento paramilitare che inquadrava i giovani dai 14 ai 18 anni

avanguardìsta [1918] **s. m. e f.** (**pl. m.** *-i*) **1** in arte e letteratura, partecipe di idee, correnti, scuole d'avanguardia **2** (**stor.**) giovane componente di organizzazioni paramilitari fasciste

avanguardìstico [1921] **agg.** (**pl. m.** *-ci*) ● relativo ad avanguardia come movimento artistico o letterario | relativo ad avanguardismo o ad avanguardista

SFUMATURE ➤ ***avanzato***①

†**avanìa** o †**vanìa** [arabo *hawān* 'umiliazione' (?) ✱ av. 1347] **s. f.** **1** pesante imposta che i Turchi imponevano ai Cristiani in Oriente | (**est.**) imposta vessatoria **2** (**raro, fig.**) torto, sopruso

avannòtto ['pesce nato quest'anno', dall'ant. *uguanno* 'quest'anno' ✱ av. 1488] **s. m.** **1** pesce appena nato, spec. d'acqua dolce **2** (**fig.**) †semplicione

avanscèna [comp. di *avan-* e *scena*; calco sul fr. *avant-scène* ✱ 1970] **s. f.** ● proscenio

avanscopèrta [comp. di *avan-* e *scoperta* ✱ 1892] **s. f.** ● (**milit.**) ricognizione a grande distanza per individuare la posizione o i movimenti del nemico | (**fig.**) sondaggio, ricerca, indagine: *vai in a. per trovare un ristorante*

avanscòrta [comp. di *avan-* e *scorta* ✱ 1937] **s. f.** ● nave che scorta un convoglio, precedendolo | (**est.**) la funzione di tale nave: *navigare in a.*

avanspettàcolo [comp. di *avan-* e *spettacolo* ✱ 1934] **s. m.** ● spettacolo di varietà un tempo rappresentato in alcune sale prima della proiezione del film | (**fig., spreg.**) ***da a.***, mediocre, grossolano: *comicità da a.*; *volgarità da a.*

†**avantàggio** e deriv. ➤ †**avvantaggio** e deriv.

avantèsto [comp. di *avan-* e *testo* ✱ 1989] **s. m.** **1** (**letter.**) l'insieme degli scritti che documentano la fase di elaborazione di un testo letterario fino alla stesura definitiva **2** in un libro, l'insieme degli elementi che precedono il testo vero e proprio, quali il frontespizio, la dedica, la premessa, l'indice e sim.

♦**avànti** o †**avànte** [lat. tardo *abănte*, comp. di *ăb* 'da' e *ănte* 'prima' ✱ av. 1250] **A** **avv.** **1** indica antecedenza nello spazio: *il capofila faccia due passi a.*, o *in a.* | ***andare a.***, procedere; (**fig.**) avanzare, continuare, fare progressi: *non aspettatemi, andate a.*; *il lavoro va a. bene*; *speriamo che andando a. lo spettacolo migliori* | ***così non si può andare a.***, per indicare impossibilità di proseguire in una data situazione, a causa di gravi problemi | ***tirare a.***, vivere alla meno peggio: *'Come va?' 'Mah, si tira a.'* | ***mettere a. scuse***, addurle, accamparle | ***farsi a.***, avanzare; (**fig.**) mettersi in vista, affermarsi | ***mandare a. bene la famiglia***, farla vivere discretamente | ***mettere le mani a.***, (**fig.**) prendere precauzioni, cautelarsi, porre per tempo delle condizioni | (**fig.**) ***essere a. negli studi, in un affare, in un'impresa*** e sim., essere a buon punto, in via di conclusione: *sono abbastanza a. nella verifica della contabilità* | anche con riferimento allo sviluppo, al progresso: *essere a. nella legislazione sociale* | (**fig.**) ***essere a. con gli anni, negli anni***, essere in età attempata | ***a. e indietro***, da un punto a un altro dello stesso percorso | ***tanto a.***, (**fig.**) a tal punto, tanto oltre | (**lett.**) ***d'a.***, V. *davanti* **SIN.** dinnanzi, innanzi **CONTR.** dietro, indietro **2** (**lett.**) indica anteriorità nel tempo: *perché non hai provveduto a.?* **SIN.** dapprima, prima **3** indica posteriorità nel tempo nelle loc. ***d'ora in a., di qui in a.***, d'ora in poi **B** **nelle loc. cong.** *a. di, a. che* ● prima di (introduce una prop. temp. sia implicita con il v. all'inf., sia esplicita con il v. al congtv.): *a. di decidersi chiede consiglio a destra e a sinistra*; *a. che se ne andasse lo pregai di un favore* **C** **inter.** **1** si usa come comando di avanzare o come invito a entrare a chi bussa alla porta, o sta su di essa: *a.! si accomodi!* | ***a.!, marsc'!***, comando a militari o ginnasti di iniziare la marcia | (**mar.**) ***a. tutta forza! a. tutta!***, ordine alla sala macchine di fare avanzare la nave sviluppando la massima potenza consentita **2** si usa come esortazione o come sollecitazione: *a.! non abbia paura*; *a.! scherzavo, non avertene a male*; *a.! smettila*; *a., o popolo!* **D** **prep.** **1** (**raro**) davanti: *ti aspetto a. casa* | anche nella loc. prep. ***avanti a***, davanti a, alla presenza di: *camminava a. a tutti*; *a. al sindaco* **2** (**lett.** o **raro**) prima di: *a. lo spuntar del sole*; *a. Cristo*; *a. la giornata di Rocroi* (A. MANZONI) | V. anche *avant'ieri* **E** **in funzione di agg. inv.** ● (posposto a un sost.) prima, precedente: *il giorno a.*; *la settimana a.*; *un anno a.*; *ti avviserò un mese a.* **F** **s. m. e f. inv.** ● (**sport**) nel calcio e sim., attaccante

avantielènco (o *-é-*) [comp. di *avanti* ed *elenco* ✱ 1978] **s. m.** (**pl.** *-chi*) ● parte iniziale dell'elenco telefonico che contiene informazioni utili alla consultazione dello stesso e al miglior uso dei servizi telefonici

avant'ièri o **avantièri** [comp. di *avanti* e *ieri*, sul modello del fr. *avant-hier* ✱ 1518] **avv.** ● il giorno prima di ieri, l'altro ieri, ieri l'altro: *l'ho visto proprio avant'ieri*; *rispondo alla tua lettera d'avant'ieri*

avantilèttera (o *-é-*) o **avànti lèttera**,

antilèttera [fr. *avant la lettre* ✱ 1930] **A** **s. f. inv.** ● prova d'incisione tirata prima che vi sia apposta l'iscrizione e perciò di maggior pregio **B** **agg. inv.** ● (*fig.*) ante litteram

avantrèno [fr. *avant-train* ✱ 1824] **s. m.** **1** (*autom.*) gruppo anteriore dell'autoveicolo comprendente le ruote, le sospensioni, i freni e gli organi dello sterzo **2** nelle artiglierie a trazione animale, parte anteriore di ogni vettura a quattro ruote

avanvòmere [comp. di *avan-* e *vomere* ✱ 1929] **s. m.** ● piccolo corpo dell'aratro che si applica sulla bure dinanzi al coltello per tagliare e rovesciare una fetta superficiale di terreno

avanzaménto [da *avanzare*① ✱ 1291] **s. m.** **1** l'avanzare | spostamento in avanti | progressione: *stato di a. dei lavori* | lunghezza di cui progredisce lo scavo di una galleria in un prefissato intervallo di tempo | ***a. in calotta***, sistema di scavo e di rivestimento di galleria che si inizia dalla parte superiore di essa **2** (*burocr.*) promozione: *ottenere un a. di grado* **3** (*fig.*) progresso: *l'a. della tecnica, delle ricerche* **4** nell'organizzazione aziendale, registrazione sistematica a consuntivo della produzione **5** nelle macchine utensili, il moto, dato all'utensile o al pezzo da lavorare, che consente di portare quest'ultimo alla forma richiesta

♦**avanzàre**① [lat. parl. **abantiāre*, da *abānte*. V. *avanti* ✱ av. 1250] **A** **v. intr.** (aus. *essere*) **1** andare avanti, procedere: *a. a piedi*; *a. nella foresta* | ***a. negli anni***, (*fig.*) invecchiare | (*fig.*) progredire (+ *in*): *a. nella conoscenza, nello studio* | (*fig.*) †crescere, aumentare **2** (*milit.*) muovere verso il nemico, conquistare terreno **3** sporgere in fuori (+ *da*): *la siepe avanza parecchi centimetri dallo steccato* **B** **v. tr.** **1** spostare in avanti, portare in avanti: *a. le trincee* | (*fig.*) presentare: *a. una domanda, una proposta* **2** (*fig.*) superare (+ *in*): *a. qlcu. in astuzia, in sapienza* | (*est.*) vincere: *a. qlcu. nella corsa, nel salto* **3** (*fig.*) elevare, promuovere: *spero che mi avanzino presto di grado* | (*lett.*) accrescere, spec. in potenza **C** **avanzàrsi** **v. intr. pron.** **1** farsi avanti: *si avanzò timidamente* | (*fig., lett.*) osare, ardire: *puoi tu sola avanzarti / a cacciarmi così?* (P. METASTASIO) **2** (*fig.*) approssimarsi: *la primavera s'avanza*

SFUMATURE DI SIGNIFICATO
avanzare - procedere - marciare
Avanzare vuol dire andare, spostarsi in avanti sia a piedi sia con un mezzo di trasporto. Anche **procedere** definisce l'andare avanti, ma si usa in riferimento al tempo oltre che allo spazio; inoltre è usato con il senso di proseguire, di continuare un'opera intrapresa. L'andare avanti, il camminare a passo di marcia, soprattutto riferito a reparti militari e, in senso esteso, lo sfilare in modo uniforme e ordinato si dice **marciare**.
SFUMATURE ➤ ***camminare***

avanzàre② [da *avanzo* ✱ 1305] **A** **v. tr.** **1** dovere avere qlco. da qlcu.: *avanzo da te una forte somma* **2** (*raro*) guadagnare risparmiando (*anche fig.*): *a. tempo e fatica* | †***a. denari***, risparmiarli **B** **v. intr.** (aus. *essere*) **1** rimanere: *non mi è avanzato un soldo*; *è avanzata un po' di torta* | (*est.*) essere sovrabbondante: *le provviste bastano e avanzano* | ***la vita, il tempo che avanza***, che ancora deve trascorrere **2** (*fig.*) †sopravvivere: *a. all'incendio*

avanzàta [da *avanzare*① ✱ 1824] **s. f.** **1** atto dell'avanzare | (*raro, fig.*) progresso: *l'a. dell'opposizione* **2** progressione di truppe vittoriose | ***a. per l'assalto***, movimento che un'unità compie per portarsi a distanza di assalto

avanzatìccio [1551] **s. m.** ● (*raro*) rimasuglio: *gli avanzaticci della cena*

avanzàto① **part. pass.** di *avanzare*①; anche **agg.** **1** che è avanti: *pattuglia avanzata* **2** (*fig.*) audace, innovatore: *essere di idee avanzate*; *portarsi su posizioni più avanzate*; *come ricercatore è uno dei più avanzati* **3** inoltrato, detto di tempo, ora, età e sim.: *era notte avanzata*; *in età avanzata* **4** detto di ciò che è più difficile o più complesso rispetto a un livello di base | (*est.*) detto di corso di studi o di libri di testo che si riferiscono a livelli di apprendimento superiore **5** (*ling.*) detto di suono che, rispetto a un suono arretrato, è articolato più vicino alle labbra

SFUMATURE DI SIGNIFICATO
avanzato - avanguardistico - rivoluzionario
Avanzato è ciò che, rispetto ai suoi analoghi o allo stato delle cose, rappresenta un elemento di modernità e innovazione. **Avanguardistico** ha lo stesso significato, ma suggerisce una maggiore audacia innovativa e un più marcato progresso. In questo crescendo, **rivoluzionario** occupa il posto più alto: qui la novità è tale da rappresentare un vero e proprio capovolgimento rispetto all'esistente.

avanzàto② **part. pass.** di *avanzare*②; anche **agg.** ● nei sign. del v. | restato, rimasto: *pane a.*

avanzatóre [av. 1294] **s. m.** (**f.** *-trice*) ● (*raro*) chi avanza | ***a. di produzione***, in una fabbrica, chi controlla l'avanzamento del programma

avànzo① [deriv. di *avanzare* ✱ av. 1390] **s. m.** **1** (*mar.*) ***a. dell'elica***, spazio percorso in un giro dall'elica, in direzione del moto della nave, rispetto all'acqua calma **2** †progresso

♦**avànzo**② [da *avanzare*② ✱ 1293] **s. m.** **1** ciò che resta di qlco.: *a. di tessuto, di pane*; (*anche assol.*) *per cena ci sono solo degli avanzi* | ***averne, essercene d'a.***, in abbondanza, di troppo | ***gli avanzi dell'Acropoli, di Pompei***, le rovine | ***gli avanzi di un'antica civiltà***, i resti | (*lett.*) ***gli avanzi mortali***, le spoglie | (*fig.*) ***a. di galera, di forca***, delinquente **2** in contabilità, eccedenza dell'entrata sull'uscita | utili o parte di utili provenienti da esercizi precedenti | somma algebrica fra le attività e le passività finanziarie | ***a. (primario)***, differenza positiva fra entrate e uscite nel bilancio dello Stato, al netto degli interessi pagati sui titoli pubblici (BOT, CCT, BTP ecc.) **3** (*mat.*) resto, in aritmetica **4** (*raro, lett.*) risparmio | †***mettere in a.***, mettere in serbo, risparmiare ‖ **avanzétto**, **dim.** | **avanzino**, **dim.**

avarìa [arabo *'awār* 'difetto, mancanza' (?) ✱ 1300] **s. f.** **1** danno o guasto subito durante il viaggio da una nave o dal suo carico **2** (*est.*) guasto di merce durante il viaggio, anche per terra **3** guasto meccanico: *avere un'a. al motore*; *motore in a.*

avariàre [1858] **A** **v. tr.** (*io avàrio*) ● guastare: *la lunga sosta ha avariato le merci* **B** **v. intr.** (aus. *essere*) e **avariàrsi** **v. intr. pron.** ● alterarsi, guastarsi: *i cibi mal conservati si avariano*
SFUMATURE ➤ ***deteriorare***

avariàto **part. pass.** di *avariare*; anche **agg.** ● nei sign. del v.

avarìzia [vc. dotta, lat. *avarĭtia(m)*, da *avārus* 'avaro' ✱ 1261 ca.] **s. f.** **1** eccessivo attaccamento al denaro e riluttanza a spenderlo: *la sua a. è nota a tutti* **SIN.** spilorceria **CFR.** parsimonia | ***crepi l'a.!***, esclamazione scherzosa nel decidere una spesa che si era ritenuta eccessiva | nella teologia cattolica, uno dei sette vizi capitali **CFR.** accidia, gola, invidia, ira, lussuria, superbia **2** †desiderio sfrenato di denaro, cupidigia: *O esecrabile A., o ingorda / fame d'avere* (L. ARIOSTO) | (*lett., raro*) avidità **3** (*lett., raro*) scarsità: *i soldati, per la a. della preda (...) erano divisi* (N. MACHIAVELLI)

SFUMATURE DI SIGNIFICATO
avarizia - cupidigia - venalità
L'**avarizia** è il tratto caratteristico di una persona che tende ad accumulare beni materiali, non spendendo se non quanto è assolutamente indispensabile. **Cupidigia** è termine letterario più forte di *avarizia*, che fa riferimento alla dimensione morale negativa della persona avara. **Venalità** sposta l'attenzione sull'agire di chi non fa nulla se non per denaro, anche se poi spende con facilità e dunque non è avaro.

♦**avàro**① [lat. *avāru(m)*, da collegare ad *avēre* 'desiderare vivamente', di etim. incerta ✱ 1258] **A** **agg.** **1** †avido: *la miseria dell'a. Mida* (DANTE *Purg.* XX, 106) **2** di chi spende a malincuore, o non spende affatto, per eccessivo attaccamento al denaro: *è un vecchio incredibilmente a.* | **PROV.** ***a padre a. figliuol prodigo***, i figli hanno spesso caratteristiche opposte a quelle dei genitori | (*est.*) improduttivo, sterile: *un terreno arido e a.* **CONTR.** prodigo **3** (*fig.*) che è eccessivamente parsimonioso o restio nel dire o fare qlco. spec. a favore di altri: *essere avari di parole, di complimenti, del proprio tempo* | (*est., lett.*) che è dato con estrema parsimonia: *cibo a.* ‖ **avaraménte**, **avv.** con avarizia **B** **s. m.** (**f.** *-a*) ● persona avara ‖ **avaràccio**, **pegg.** | **avarétto**, **dim.** | **avaróne**, **accr.** | **avarùccio**, **dim.**

àvaro② [1913] **agg. e s. m.** (**f.** *-a*) ● appartenente a un antico popolo nomade di stirpe unno-tatara, originario della Mongolia

avatàr o **àvatar** nel sign. 2 o **avatàra** [sanscrito *avatāra* 'discesa' ✱ 1843] **s. m. inv.** **1** nel brahmanesimo e nell'induismo, ciascuna delle dieci incarnazioni del dio Visnù | (*est., lett.*) reincarnazione, ritorno, trasformazione **2** (*est., inform.*) personaggio virtuale che in un programma di intelligenza artificiale si adegua alle esigenze dell'interlocutore | (*est.*) icona che identifica un utente o una situazione

àve [vc. dotta, lat. *ăve*, formula di saluto, forse di orig. punica ✱ 1268] **A** **inter.** ● si usa come saluto augurale nel linguaggio religioso cattolico, spec. in preghiere e invocazioni liturgiche | (*lett., scherz.*) salve: *Ave, o rima! Con bell'arte / su le carte / te persegue il trovadore* (G. CARDUCCI) **B** **s. f. o m. inv.** ● (*pop.*) accorc. di *Ave Maria* | (*fig.*) ***in un ave, in meno di un'ave***, in un attimo, nel tempo in cui si reciterebbe un'Ave Maria

avèlia ➤ **averla**

avellàna [lat. *abellāna(m)* (*nŭcem*) 'noce della città di Avella' ✱ sec. XIV] **s. f.** **1** nocciola **2** (*arald.*) croce avellana

avellàno [1306] **A** **s. m.** ● (*lett.*) nocciolo①: *rinnovato hanno verga d'a.* (G. D'ANNUNZIO) **B** **agg.** ● (*arald.*) ***croce avellana***, composta di quattro nocciole racchiuse nei loro involucri fogliacei e congiunte per le estremità rotonde

avèllere [vc. dotta, lat. *avĕllere* 'svellere', comp. di *ā* e di *vĕllere* 'tirare' ✱ 1319] **v. tr.** (**pass. rem.** *io avùlsi*; **part. pass.** *avùlso*) ● (*lett.*) svellere, strappare: *ch'ogni basso pensier del cuor m'avulse* (F. PETRARCA)

avellinése (o **-ş-**) [1849] **A** **agg.** ● di Avellino **B** **s. m. e f.** ● abitante o nativo di Avellino

avèllo [lat. *labĕllu(m)* 'bacino, tinozza', con la caduta della *l-* sentita come articolo ✱ 1256] **s. m.** ● (*lett.*) tomba, sarcofago | (*est.*) sepoltura
SFUMATURE ➤ ***tomba***

avemarìa o **àve Marìa**, **avemmarìa** [lat. eccl. *Ave Maria*, saluto dell'Angelo a Maria ✱ 1353] **s. f.** (*Ave Maria* nel sign. 1; **pl. inv.** o *avemarìe*) **1** preghiera alla Madonna, composta, nella prima parte, dalle parole di saluto a lei rivolte dall'arcangelo Gabriele: *dire, recitare l'Ave Maria; biascicare un'a.* | salutazione angelica | ***sapere qlco. come l'a.***, saperla a memoria **2** suono delle campane della sera, dell'alba e del mezzogiorno | correntemente, suono delle campane della sera | l'ora stessa del tramonto: *è già suonata l'a.*; *vediamoci dopo l'a.* **3** ciascuno dei piccoli grani di cui si compone il rosario **4** tipo di pasta corta da minestra, a forma di cilindretti forati, più piccola del paternostro

♦**avéna** [lat. *avēna(m)*, di orig. preindeur.: nel sign. 2 perché 'zufolo fatto con lo stelo dell'avena' ✱ 1303] **s. f.** **1** pianta erbacea delle Graminacee con fusti alti, vuoti ed erbosi, e fiori disposti a coppie in spighette pendenti, coltivata per l'alimentazione animale e umana (*Avena sativa*) **2** (*lett.*) strumento pastorale da fiato

a venire ➤ **avvenire**②

avènte **A** **part. pres.** di *avere*; **anche agg.** ● nei sign. del v. **B** **s. m.** ● nelle loc. tipiche del linguaggio giuridico: ***a. diritto***, colui al quale è riconosciuto un dato diritto, in base a una valutazione giuridica, burocratica e sim.; ***a. causa***, successore a titolo particolare per atto tra vivi o a causa di morte

aventiniàno [da *Aventino*. V. *aventinismo* ✱ 1942] **A** **agg.** ● dell'Aventino **B** **agg.**; **anche s. m.** (**f.** *-a*) **1** detto di ciascuno dei deputati italiani che nel 1924-25, dopo il delitto Matteotti, parteciparono alla secessione dell'Aventino **2** (*est.*) oppositore pregiudiziale, spec. per intransigenza morale

aventinìṣmo [da *Aventino* ✱ 1942] **s. m.** ● mancata partecipazione ai lavori di un'assemblea, spec. parlamentare, per ragioni di intransigente opposizione morale

aventinìsta [1941] **agg. e s. m. e f.** (**pl. m.** *-i*) ● aventiniano

Aventìno [lat. *Aventinum*, n. di uno dei sette colli di Roma dove avvenne la secessione della plebe romana, passato a designare quel gruppo di deputati italiani che nel 1924-25, dopo l'omicidio di G. Matteotti, si astennero dai lavori parlamentari per protesta morale contro il fascismo ✱ 1924] **s. m.** **1** (*polit.*) rifiuto di una minoranza a partecipare alle riunioni di un'assemblea **2** (*est.*) dissociazione, astensione, rifiuto a collaborare: *scegliere un orgoglioso A.* | ***ritirarsi sull'A.***, chiudersi in uno sdegnoso isolamento

♦**avére**① [lat. *habēre*, da una radice indeur. che significa 'prendere' ✱ 1065] **A** **v. tr.** (**pres.** *io ho* /ɔ*/, †*ò*, †*àggio*, †*àbbo*, †*àio*, *tu hài*, †*ài*, *egli ha* /a*/, †*à*, †*àve*, *noi abbiàmo*, †*avémo*, *voi avéte*, *essi hànno*, †*ànno*; **imperf.** *io avévo*, †*avéva*, †*avéa*, *tu avévi*; **pass. rem.** *io èbbi* (o *é-*), †*èi*, *tu avésti*, *egli èbbe* (o *é-*), *noi avémmo*, *raro èbbimo* (o *é-*), *voi avéste*, *essi èbbero* (o *é-*), †*èbbono* (o †*é-*); **fut.** *io avrò*, †*averò*, †*arò*, *tu avrài*, †*averài*, †*arài*; **condiz. pres.** *io avrèi*, †*averèi*, †*arèi*, †*avrìa*, *tu avrésti*, †*averésti*, †*arèsti*, *egli avrèbbe* (o *-é*), †*averèbbe*, †*arèbbe*, †*avrìa*; **congtv. pres.** *io àbbia*, †*àggia*, *tu àbbia*, **lett.** *àbbi*, †*àggi*, *egli àbbia*, †*àggia*, *noi abbiàmo*, *voi abbiàte*, *essi àbbiano*, †*àggiano*; **imperat.** *àbbi*, *abbiàte*; **part. pass.** *avùto*, †*aùto*; **gerund.** *avèndo*, †*abbièndo*; **le altre forme sono regolari. È v. aus. nella formazione dei tempi composti di tutti i v. tr. attivi, di vari v. intr. e dei v. servili quando il v. che segue all'infinito richiede l'aus. avere).** **I** possedere, come risultato di un atto di appropriazione, come caratteristica oppure come disposizione soggettiva **1** possedere, con riferimento a beni materiali: *a. molto denaro, una biblioteca aggiornata*; *a. l'automobile, una villa al mare* | **PROV.** ***chi più ha più vuole*** | con riferimento a entità non materiali: *a. qualche speranza*; *a. la sicurezza di riuscire*; *a. fiducia*; *a. molte amicizie* | con riferimento a qualità fisiche, psicologiche, culturali, a età e sim.: *a. i capelli bianchi*; *a. dieci anni*; *a. una discreta voce, molta memoria, poco spirito* | ***a. qlco. per la testa***, (*fig.*) essere preoccupato | ***a. qlcu. dalla propria parte***, (*fig.*) averne l'appoggio | ***a. da mangiare, da bere***, ecc., avere di che mangiare, bere e sim. a sufficienza | ***a. bisogno***, abbisognare, necessitare | ***a. un po' dell'incosciente, dello sciocco*** e sim., essere un po' incosciente, sciocco e sim. | ***a. molto del padre***, assomigliargli **2** tenere: *a. un pacco in mano*; *a. i vestiti nell'armadio* | indossare: *a. un vestito elegante*; *a. sempre il cappello in testa* | (*fam.*) ***aver su***, portare indosso: *aveva su un maglione rattoppato* **3** ottenere: *a. una forte gratifica*; *a. un posto importante*; *a. un'eredità insperata* | acquistare: *ho avuto questo libro a poco prezzo* | ricevere: *a. una lettera*; *a. delle pessime notizie* | ***dover a.***, essere creditore **4** sentire, provare: *a. sonno, freddo, dolore, compassione* | essere affetto da: *a. la febbre, il raffreddore, la polmonite* **5** (*lett.*) †venire a sapere | (*lett.*) conoscere, sapere un'arte, una disciplina e sim. **II** essere in un dato stato **1** seguito dalla prep. *da* e da un verbo all'infinito, indica obbligazione: *a. da finire il lavoro*; *ho da confidarti un segreto* | ***a. altro da fare, da pensare***, fare, pensare a cose più importanti | ***a. a che fare, a che vedere*** (o *raro* ***a. che fare, che vedere***) ***con qlcu.*** o ***qlco.***, avere rapporti con qlcu. o qlco. | ***non avere niente a che fare, a che vedere con qlcu.*** o ***qlco.***, non avere alcun rapporto con qlcu. o qlco. | ***a. a che dire con qlcu.***, litigare con qlcu. **2** (*lett.*) seguito dalla prep. *a* e da un verbo all'infinito, trasferisce il valore del suo tempo e modo al verbo che lo segue: *ebbe a soffrire*, soffrì; *temo che abbia a rovinarsi*, temo che si rovini | (*raro, lett.*) al pass. rem., seguito dalla prep. *a* e da un verbo all'infinito, indica che l'azione rappresentata dal verbo è stata sul punto di realizzarsi: *ebbe a morire*, poco mancò che morisse **3** con gli avverbi *sotto, sopra, accanto, dietro* e sim., indica un rapporto di spazio: *a. dietro una lunga fila di automobili*; *a. davanti un muro* **4** seguito da un agg. o sost., qualche volta con le prep. *a* o *in* in posizione intermedia, trasferisce il suo valore verbale all'agg. o sost.: *a. caro, a caro*, gradire; *a. cura*, curare; *a. riguardo, diligenza, zelo*; *a. a sdegno*, sdegnare; *a. in odio, disprezzo*, odiare, disprezzare; *a. a mente*, ricordarsi; *a. luogo*, svolgersi; *a. in animo*, avere intenzione | (*lett.*) ***a. per, come***, considerare: *a. qlcu. per saggio*; *Abbiate dunque ... la Famiglia ... come condizione inseparabile della vita* (G. MAZZINI) | ***a. presente qlco. o qlcu.***, ricordarsene | ***a. sulle corna***, (*fig.*) in odio | ***a. qlco. per le mani***, stare trattando o provvedendo **III** unito ai pronomi *ci* (con valore neutro) e *la* (con valore indeterm.), nella forma **avércela** (aus. *avere*) ● provare antipatia, rancore, scontentezza (+ *con*): *è chiaro che ce l'ha con lei*; *con chi ce l'hai?* **IV** unito al pronome *ne* (con valore neutro), nella forma **avérne** (aus. *avere*) ● ottenere, ricevere, in riferimento a qlco.: *la torta? ne ho avuto solo una fettina* | ***averne abbastanza***, essere stufo, non poterne più di qlco. | ***averne per un pezzo***, essere impegnato molto tempo in una data attività e sim. | ***averne!*** o (col pronome *ci* neutro) ***avercene!***, magari se ne potessero avere: *averne di professori così!*; *giocatori così? avercene!* **V** unito ai pronomi *ne* (con valore neutro) e *la* (con valore indeterm.), nelle forme **avérsene**, **avérsela** (aus. *essere*) ● nelle loc. ***aversene a male, aversela a male***, risentirsi, offendersi: *io non volevo criticarlo ma lui se n'è avuto a male* **B** **v. intr.** (**aus.** *avere*) ● (*lett.*) esserci: *non v'ha dubbio, motivo*

avére② [da *avere*① ✱ 1219] **s. m.** **1** (spec. al **pl.**) ricchezza, denaro, patrimonio: *consumare i propri averi*; *Non ti degnara porgere la mano / per quanto a. ha 'l papa e lo soldano* (C. D'ALCAMO) **2** (*ragion.*) denominazione convenzionale della sezione destra di un conto, nella quale si registrano i crediti **3** credito: *esigere la restituzione del proprio a.* | ***il dare e l'a.***, i debiti e i crediti **CONTR.** dare

avèrla o (*raro*) **avèlia**, (*pop.*) **vèrla**, (*pop.*) **vèlia**① [etim. incerta ✱ 1481] **s. f.** ● ognuno degli uccelli carnivori dei Passeriformi appartenenti al genere *Lanius*, di media grandezza, con becco uncinato, gambe lunghe, unghie robuste e con coda larga a ventaglio: *pensieri covati in nido d'altri / come i piccini della verla* (M. LUZI) | ***a. dal capo rosso***, caratterizzata dal colore rossiccio del capo (*Lanius senator*) | ***a. piccola***, caratterizzata dal colore rosso-bruno del dorso (*Lanius collurio*)

avernàle [da *averno* ✱ 1686] **agg.** ● (*lett.*) infernale

Avèrno [vc. dotta (*lăcus*) *Avĕrnu(m)* 'lago di Averno' ✱ 1336 ca.] **s. m.** ● (*lett.*) inferno
SFUMATURE ➤ ***inferno***②

averroìṣmo [1941] **s. m.** ● la dottrina che si rifà al pensiero di Aristotele, dello scienziato e filosofo arabo di Spagna Averroè (1126-1198) | indirizzo della filosofia scolastica che subisce l'influenza dell'aristotelismo di Averroè

averroìsta [av. 1498] **A** **agg.** (**pl. m.** *-i*) ● relativo al filosofo Averroè **B** **s. m.** ● seguace di Averroè e dell'averroismo

averroìstico [1955] **agg.** (**pl. m.** *-ci*) ● di Averroè, conforme alla filosofia di Averroè

†**aversièra** ➤ **versiera**

†**aversière** ➤ †**avversiere**

†**aversièro** ➤ †**avversiere**

†**avèrso** **part. pass.** di †*avertere*; **anche agg.** ● (*lett.*) rivolto altrove

†**avèrtere** [vc. dotta, lat. *avĕrtere*, comp. di *ā* 'da' e *vĕrtere* 'volgere' ✱ 1321] **v. tr.** ● (*lett.*) allontanare, volgere altrove: *Avertano gli dei qualche sciagura!* (G. BRUNO)

Avèsta [persiano mediev. *apastāk*, prob. 'testo fondamentale' ✱ 1829] **s. m. inv.** ● libro sacro della religione zoroastriana, composto di cinque parti

avèstico [1930] **A** **agg.** (**pl. m.** *-ci*) ● relativo all'Avesta e alla lingua persiana antica usata nell'Avesta **B** **s. m. solo sing.** ● antica lingua iranica, usata nell'Avesta

†**avézzo** ➤ **avvezzo**

avi- [dal lat. *ăvis* 'uccello', di orig. indeur.] **primo elemento** ● in parole composte significa 'uccello' o 'volatile': *avicoltura*

aviàrio [vc. dotta, lat. *aviāriu(m)*, da *ăvis* 'uccello' ✱ 1892] **A** **agg.** ● degli uccelli: *malattie aviarie* | ***influenza aviaria***, (*ellitt.*) ***aviaria***, infezione acuta virale dei volatili trasmissibile all'uomo **B** **s. m.** ● grande uccelliera, spec. nei giardini zoologici

♦**aviatóre** [fr. *aviateur*, dal lat. *ăvis* 'uccello' ✱ 1910] **s. m.** (**f.** *-trice*) ● addetto alla condotta o ai servizi di bordo di velivoli, elicotteri e sim.

aviatòrio [1915] **agg.** (**pl. m.** *-i* o *raro -ii*) ● che concerne l'aviazione

♦**aviazióne** [fr. *aviation*, dal lat. *ăvis* 'uccello' ✱ 1909] **s. f.** **1** scienza, tecnica e attività relative alla costruzione e all'impiego delle aerodine | aeronautica: *a. costiera*; *a. da bombardamento, da caccia, da combattimento*; *a. civile, commerciale, da diporto, sportiva* **2** (*est.*) insieme degli aviatori e dei velivoli, spec. di un determinato Paese: *l'a. italiana, inglese, statunitense* | Arma Aeronautica

avìcolo [1902] **agg.** ● relativo all'avicoltura

avicoltóre o **avicultóre** [1914] **s. m.** (**f.**

a

-*trice*) • chi esercita l'avicoltura

avicoltùra o **avicultùra** [comp. di *avi-* e *coltura* ✻ 1891] **s. f.** • scienza dell'allevamento degli uccelli, spec. di quelli da cortile

avicunìcolo [comp. del lat. *ăvis* 'uccello' e *cunīculus* 'coniglio' ✻ 1950] **agg.** • relativo alla avicunicoltura o agli avicunicoltori

avicunicoltóre o **avicunicultóre** [1965] **s. m.** (**f.** -*trice*) • chi si dedica all'avicunicoltura

avicunicoltùra o **avicunicultùra** [1965] **s. f.** • tecnica di allevamento contemporaneo di polli e conigli

†**avidézza** [av. 1600] **s. f.** • avidità

♦**avidità** [vc. dotta, lat. *aviditāte(m)*, da *ăvidus* 'avido' (V.) ✻ 1333] **s. f. inv.** • desiderio intenso, ardente: *bevve con grande a.*; *a. di conoscenza* | (*est.*) brama, cupidigia: *a. di denaro, di gloria*

SFUMATURE DI SIGNIFICATO

avidità - ingordigia - bramosia

Avidità è un desiderio ardente che può essere riferito tanto a cose materiali come ricchezze, onori ed essere perciò connotato negativamente, quanto a beni immateriali come il sapere, la conoscenza e avere allora un risvolto positivo. L'**ingordigia** è invece sempre una disposizione negativa, perché vi si associa un'idea di smodatezza, di eccesso, di insaziabilità. Termine più elevato è **bramosia**, che aggiunge ai precedenti una sfumatura di sfrenatezza ed è riferibile per questo anche ai piaceri sensuali.

♦**àvido** [vc. dotta, lat. *ăvidu(m)*, da *avēre* 'bramare' ✻ 1312] **agg.** • che sente e manifesta intenso e ardente desiderio di qlco.: *è un giovane a. di gloria*; *sono a. di conoscere la verità* | che desidera qlco. in modo eccessivo, smodato e sim.: *a. di ricchezze, di potere, di vendetta* | (*est.*) che rivela avidità: *fissava la preda con occhi avidi* **SIN.** bramoso, cupido || **avidaménte**, **avv.**

avière [comp. di *avio-* e *-iere* ✻ 1925] **s. m.** • militare di truppa dell'Arma Aeronautica: *a. semplice* | ***a. scelto***, di grado corrispondente a caporale | ***primo a.***, corrispondente a caporalmaggiore

avifàuna [comp. di *avi-* e *fauna* ✻ 1872] **s. f.** • l'insieme degli uccelli di una data località

avifaunìstico [comp. di *avi-* e *faunistico* ✻ 1984] **agg.** (**pl. m.** -*ci*) • relativo all'avifauna: *patrimonio a.*

avignonése (o -ṣ-) [1476] **A** **agg.** • di Avignone, città della Francia meridionale | ***esilio, cattività a.***, periodo durante il quale i papi fissarono la residenza in Avignone (1305-1377) **B** **s. m. e f.** • abitante o nativo di Avignone

†**avincere** ➤ **avvincere**

àvio [uso autonomo del prefissoide *avio-* ✻ 1903] **agg. inv.** • adatto, relativo ad aeromobile: *benzina a.*; *pneumatici a.*

avio- [tratto da *aviazione*] **primo elemento** • in parole composte significa 'aeromobile' o indica relazione con l'aeronautica: *avioimbarco, aviolinea, avioraduno, aviorimessa, aviotrasportato*

aviocistèrna [comp. di *avio-* e *cisterna* ✻ 1963] **s. f.** • aerocisterna

aviogètto [comp. di *avio-* e *getto*② ✻ 1952] **s. m.** • velivolo propulso da uno o più motori a reazione diretta

avioimbàrco [comp. di *avio-* e *imbarco* ✻ 1950] **s. m.** (**pl.** -*chi*) • l'operazione di prendere posto su un aereo

aviolanciàre [comp. di *avio-* e *lanciare* ✻ 1965] **v. tr.** (**pres.** *io aviolàncio*; **fut.** *io aviolancerò*) • lanciare cose o persone da un aereo per mezzo di paracadute

aviolàncio [comp. di *avio-* e *lancio* ✻ 1950] **s. m.** • lancio di cose o persone da un aereo per mezzo di paracadute

aviolìnea [comp. di *avio-* e *linea* ✻ 1931] **s. f.** • (*raro*) aerolinea effettuata a mezzo di velivoli, elicotteri e sim.

avionàl® /avjo'nal/ [marchio registrato ✻ 1942] **s. m. inv.** • (*metall.*) lega leggera da lavorazione plastica costituita da alluminio, rame, manganese, magnesio e silicio, usata per costruzioni aeronautiche e meccaniche molto sollecitate

aviònica [ingl. *avionics*, da *avion* 'aeromobile', che è il fr. *avion* (dal lat. *ăvis* 'uccello': V. *aviazione*) ✻ 1978] **s. f.** • scienza della progettazione e produzione di apparecchiature elettroniche per uso aeronautico **SIN.** aeroelettronica

aviònico [1958] **agg.** (**pl. m.** -*ci*) • relativo all'avionica: *settore a.*; *apparati avionici*

avioradùno [comp. di *avio-* e *raduno* ✻ 1942] **s. m.** • raduno di mezzi aerei a scopo sportivo o propagandistico

aviorazzo (o -zz-) [comp. di *avio-* e *razzo* ✻ 1961] **s. m.** • (*aeron.*) razzo trasportato e lanciato da un aeroplano

aviorimèssa [comp. di *avio-* e *rimessa* ✻ 1935] **s. f.** • locale chiuso per il ricovero di aeromobili **SIN.** aerorimessa, hangar

aviosbàrco [comp. di *avio-* e *sbarco* ✻ 1961] **s. m.** (**pl.** -*chi*) • azione condotta da unità paracadutiste, seguite da truppe aerotrasportate, per costituire una testa di sbarco aereo in territorio nemico, o per compiervi atti di guerra

aviosuperfìcie [comp di *avio-* e *superficie* ✻ 1968] **s. f.** • (*aeron.*) area attrezzata per attività di volo sportivo con ultraleggeri, alianti e sim.

aviotrasportàre [comp. di *avio-* e *trasportare* ✻ 1941] **v. tr.** (*io aviotraspòrto*) • aerotrasportare

aviotraspòrto [comp. di *avio-* e *trasporto* ✻ 1942] **s. m.** • aerotrasporto

aviotrùppa [comp. di *avio-* e *truppa* ✻ 1961] **s. f.** • unità paracadutista | unità aerotrasportabile

avitaminòṣi [comp. di *a-*①, *vitamina*, e *-osi* ✻ 1920] **s. f. inv.** • (*med.*) stato patologico causato da mancanza di una o più vitamine nell'organismo **CFR.** ipovitaminosi

avìto [vc. dotta, lat. *avītu(m)*, da *ăvus* 'avo' ✻ 1506] **agg.** • degli avi | (*est.*) che proviene dagli avi: *patrimonio a.*; *usanza avita*

♣**àvo** [lat. *ăvu(m)*, di orig. indeur. col sign. di 'anziano' ✻ 1258] **s. m.** (**f.** -*a*) **1** (*lett.*) padre del padre o della madre **SIN.** nonno **2** (**spec. al pl.**) antenato: *gli avi materni*

SFUMATURE DI SIGNIFICATO

avo - antenato - ascendente

Avo è il padre del padre o della madre, dunque è sinonimo elevato di *nonno*; un altro significato descrive invece un membro della stessa famiglia vissuto in un tempo più lontano: in questo caso *avo* è sinonimo di **antenato**. **Ascendente** identifica una persona dalla quale si discende, in linea diretta o indiretta; a differenza di *avo* o *antenato* può indicare anche il padre o la madre.

avocàdo [sp. del Messico *aguacate*, dall'azteco *ahuacatl*, n. dell'albero e del frutto ✻ 1955] **A** **s. m. inv.** **1** albero delle Lauracee, sempreverde, molto alto, con foglie coriacee, fiori in pannocchia e frutto a forma di pera (*Persea gratissima*) **2** frutto dell'albero omonimo, di color verde, con polpa giallicia commestibile e profumata **B** **in funzione di agg. inv. nel sign. 2** • nella loc. ***pera a.***

avocàre [vc. dotta, lat. *avocāre*, comp. di *ā* 'da' e *vocāre* 'chiamare' ✻ 1499] **v. tr.** (*io àvoco, tu àvochi*) • (*dir.*) esercitare il potere di avocazione: *a. a sé l'emanazione di un provvedimento*

avocatòrio [1955] **agg.** (**pl. m.** -*i* o **raro** -*ii*) • (*dir.*) che avoca | relativo ad avocazione

avocazióne [vc. dotta, lat. *avocatiōne(m)*, da *avocāre* 'avocare' ✻ av. 1566] **s. f.** • (*dir.*) potere legislativamente riconosciuto a organi o enti di sostituirsi ad altri nella prosecuzione di data attività

avocétta [etim. incerta ✻ 1863] **s. f.** • uccello di palude dei Caradriformi, grande come un fagiano, con lungo becco rivolto all'insù, lunghe zampe e piumaggio bianco e nero (*Recurvirostra avocetta*) **SIN.** monachina

avogadóre [vc. dotta, lat. tardo *advocatōre(m)*, da *advocāre* 'chiamare a sé' ✻ 1547 ca.] **s. m.** • (*stor.*) magistrato della Repubblica di Venezia, che in origine sosteneva le ragioni del fisco nei processi civili e penali, divenuto più tardi giudice d'appello

àvolo [vc. dotta, lat. *ăvulu(m)*, dim. di *ăvus* 'avo' ✻ av. 1292] **s. m.** (**f.** -*a*) **1** (*raro, lett.*) avo **2** (*raro*, **spec. al pl.**) antenato

†**avolteràre** e deriv. ➤ **adulterare** e deriv.

†**avoltóio** ➤ **avvoltoio**

avòrio [lat. tardo *ebŏreu(m)*, agg. di *ĕbur* 'avorio' ✻ 1287] **A** **s. m.** **1** sostanza ossea, dura e compatta, che forma le zanne dell'elefante e di altri grossi Mammiferi, come l'ippopotamo | dentina | ***nero d'a.***, carbone d'avorio in polvere di colore nero, usato come colorante e come levigante in oreficeria | ***a. artificiale***, imitazione dell'avorio, costituita generalmente da celluloide, acetilcellulosa, galalite, impastate con sostanze minerali, ossa o residui di avorio, e cementate con colla | ***a. vegetale***, sostanza simile all'avorio animale, ricavata dai semi di varie piante, usata spec. per bottoni | (*fig.*) ***torre d'a.***, V. *torre*① **2** colore bianco tendente al giallo, caratteristico della sostanza omonima: *una vecchia signora vestita d'a.* **3** (*fig., lett.*) candore: *l'a. delle mani, del seno, delle spalle* **4** (**spec. al pl.**) oggetto d'arte in avorio: *una collezione di avori cinesi* **B** **in funzione di agg. inv.** • (posposto a un sost.) che ha colore avorio: *pizzo a.*; *abito color a.*

avorniéllo o **avornèllo** [sec. XIV] **s. m.** **1** dim. di †*avornio* **2** (*bot.*) orniello

†**avórnio** o †**avórno** [lat. *labŭrnu(m)*, con la caduta della *l-* iniziale interpretata come articolo ✻ av. 1320] **s. m.** **1** (*bot.*) frassino **2** (*bot.*) maggiociondolo || **avorniéllo**, **dim.** (V.)

avrò ➤ **avere**①

avulsióne [vc. dotta, lat. *avulsiōne(m)*, da *avŭlsus* 'avulso' ✻ 1858] **s. f.** **1** (*dir.*) distacco naturale di parte di un fondo rivierasco e incorporazione della stessa a uno o più fondi frontisti o contigui **2** (*med., raro*) asportazione

avulsìvo [1930] **agg.** **1** che si può staccare, svellere **2** (*ling.*) detto di suono prodotto durante l'inspirazione

♣**avùlso** **part. pass.** di *avellere*; anche **agg.** **1** nei sign. del v. **2** (*fig.*) staccato, isolato: *un individuo a. dalla società*; *una parola avulsa dal contesto* **3** (*sport*) ***classifica avulsa***, nel calcio e in altri sport di squadra, particolare classifica basata soltanto sugli scontri diretti tra formazioni che al termine del campionato o di un torneo si trovino a pari punteggio

avuncolàto [dal lat. *avunculus* 'zio materno', dim. di *avus* 'nonno' ✻ 1955] **s. m.** • (*antrop.*) rapporto di autorità che si instaura, nelle società matrilineari, tra un individuo e il figlio della propria sorella e che corrisponde a quello padre-figlio nelle società patrilineari

avùto **part. pass.** di *avere* • nei sign. del v.

avvalènte **A** **part. pres.** di *avvalersi*; anche **agg.** • nel sign. del v. **B** **s. m. e f.** • chi si avvale, si serve di qlco.

avvalérsi [comp. di *a-*② e *valere* ✻ av. 1556] **v. intr. pron.** (**coniug. come** *valere*) • valersi, servirsi (+ *di*): *a. dei consigli di qlcu.* **SIN.** giovarsi

avvaliménto [1973] **s. m.** • (*burocr.*) l'avvalersi | (*dir.*) istituto giuridico per cui un soggetto che partecipa a una gara di appalto può soddisfare i requisiti economici, tecnici o organizzativi avvalendosi dei requisiti di un soggetto collegato che li garantisce insieme a lui

avvallaménto [av. 1696] **s. m. 1** (*geogr.*) depressione del terreno rispetto alle zone circostanti **CONTR.** prominenza **2** (*est.*) abbassamento, cedimento del terreno, dovuto a varie cause: *la strada era piena di buchi e di avvallamenti*

avvallàre [comp. di *a-*② e *valle* ✱ av. 1294] **A** **v. tr. 1** (*raro, lett.*) abbassare verso terra: *vergine che li occhi onesti avvalli* (DANTE *Purg.* XXVIII, 57) **2** (*raro, fig.*) avvilire, umiliare **B** **v. intr.** (**aus.** *essere*) ● (*raro, lett.*) scendere a valle **C** **avvallàrsi v. intr. pron. 1** abbassarsi, affondarsi: *un terreno che s'avvalla con facilità* **2** (*fig.*) †avvilirsi, umiliarsi

avvallàto, (*evit.*) **avallàto part. pass.** di *avvallare*; anche **agg. 1** che presenta avvallamento: *terreno a.* **2** posto in fondo a una valle: *paese a.*

avvallatùra [1779] **s. f.** ● avvallamento

avvaloraménto [av. 1334] **s. m.** ● l'avvalorare, l'avvalorarsi | convalida: *l'a. di un'ipotesi*

avvaloràre o †**avaloràre** [comp. di *a-*② e *valore* ✱ 1308] **A** **v. tr.** (*io avvalóro*) **1** dare valore, convalidare: *le sue risposte avvalorano la mia testimonianza* **2** (*banca*) garantire l'autenticità della firma del traente mediante l'apposizione di un visto da parte di un impiegato bancario **3** (*raro, lett.*) dar forza, rinvigorire (*anche fig.*) **B** **avvaloràrsi v. intr. pron.** ● prendere forza, acquistare valore: *è una congettura che si sta avvalorando*

avvàlso part. pass. di *avvalersi* ● nei sign. del v.

avvampaménto [1865] **s. m.** ● (*raro*) l'avvampare | vampata

✱**avvampàre** [comp. di *a-*② e *vampa* ✱ 1266] **A** **v. intr.** (**aus.** *essere*) **1** ardere divampando: *la legna secca avvampa facilmente* | (*fig.*) manifestarsi impetuosamente: *Una rabbia furiosa … avvampava nel petto di tutti* (E. SALGARI) | (*est.*) diventare rosso e luminoso come fiamma: *cielo e mare avvamparono al calar del sole* | arrossire (+ *da*, + *per*): *a. dalla vergogna*; *a. in viso per eccessiva timidezza* **2** (*fig.*) lasciarsi trasportare da sentimenti violenti (+ *di*): *a. di sdegno, d'ira, di rabbia* **B** **v. tr. 1** (*raro, lett.*) accendere, bruciare (*anche fig.*): *nel pericolo dello ardentissimo fuoco che l'avvampa* (G. VASARI) **2** abbruciacchiare, detto della biancheria posta a contatto di un ferro da stiro troppo caldo **SIN.** strinare

avvantaggiaménto [av. 1698] **s. m.** ● (*raro*) l'avvantaggiare, l'avvantaggiarsi | vantaggio

avvantaggiàre o †**avantaggiàre** [da *avvantaggio* ✱ 1321] **A** **v. tr.** (**pres.** *io avvantàggio*; **fut.** *io avvantaggerò*) **1** dare vantaggio, precedenza, superiorità e sim.: *a. la comunità* | (*est.*) far progredire, migliorare: *a. l'agricoltura, l'economia* **2** (*raro*) superare **B** **avvantaggiàrsi v. rifl. 1** portarsi avanti (+ *in*): *avvantaggiarsi negli affari, nello studio, in una competizione* **2** (*est.*) approfittare (+ *di*): *avvantaggiarsi di qualche informazione sicura* **3** (*est.*) prendere un vantaggio (+ *su*): *avvantaggiarsi su tutti i concorrenti*

avvantaggiàto part. pass. di *avvantaggiare*; anche **agg. 1** che è in una condizione di vantaggio (+ *rispetto a*, + *su*, + *nei confronti di*): *una generazione avvantaggiata rispetto a quella precedente*; *partire a. sugli altri*; *un'azienda avvantaggiata nei confronti delle concorrenti* **2** †sovrabbondante, eccedente

†**avvantàggio** o †**avantàggio** [ant. fr. *avantage*, da *avant* 'avanti' ✱ 1259] **s. m.** ● vantaggio, superiorità, preminenza | ***prendere l'a.***, prendere il sopravvento | ***d'a.***, di più, d'avanzo

†**avvantaggióso** (o -ṣ-) [1602] **agg.** ● vantaggioso ‖ †**avvantaggiosaménte**, **avv.** vantaggiosamente

✱**avvedérsi** [comp. di *a-*② e *vedere*① ✱ 1269] **v. intr. pron.** (**fut.** *io mi avvederò* o *avvedrò*; **condiz. pres.** *io mi avvederèi* o *avvedrèi*; **part. pass.** *avvedùto*; nelle altre forme coniug. come *vedere*) ● rendersi conto, accorgersi (+ *di*, anche seguito da inf.; + *che*): *a. di uno sbaglio*; *a. di avere sbagliato*; *sbagliò senza avvedersene*; *avvedendosi che si era fatto buio*

†**avvediménto** [1250 ca.] **s. m.** ● avvedutezza, accortezza | espediente ingegnoso

avvedutézza [sec. XIII] **s. f.** ● caratteristica di chi è avveduto **SIN.** accortezza, sagacia

SFUMATURE ➤ *saggezza*

✱**avvedùto part. pass.** di *avvedersi*; anche **agg.** ● sagace, accorto, giudizioso: *è un professionista a.* | (*lett.*) ***fare a. qlcu.***, avvertirlo ‖ **avvedutaménte**, **avv.** accortamente

†**avvegnaché** o †**avvègna che**, †**avvengaché**, †**avvènga che** /avvenɲa'ke*, av'vɛnga ke*/ [comp. di *avvenga* e *che*② ✱ av. 1292] **cong. 1** benché, quantunque, sebbene: *avvegna che la subitanea fuga / dispergesse color per la campagna … / i' mi ristrinsi a la fida compagna* (DANTE *Purg.* III, 1-4) **2** poiché, per il motivo che: *avvegna che per molte condizioni di grandezze le cose si possono magnificare* (DANTE)

avvelenaménto [av. 1553] **s. m. 1** contaminazione mediante veleno **2** intossicazione causata da ingestione di veleno: *presentare sintomi di a.* | uccisione o suicidio tramite veleno **3** (*fig.*) turbamento | rovina, corruzione: *a. delle coscienze*

SFUMATURE ➤ *intossicazione*

avvelenàre [comp. di *a-*② e *veleno* ✱ 1288] **A** **v. tr.** (*io avveléno*) **1** rendere velenoso, mettere veleno in qlco.: *a. il cibo, le acque, un'esca* | ammorbare, inquinare: *a. l'aria* **2** intossicare con veleno | uccidere mediante veleno **3** (*fig.*) turbare, amareggiare: *i continui dispiaceri gli avvelenavano l'esistenza* | corrompere: *certi esempi avvelenano i giovani* | anche nella forma pron. (con valore intens.) **avvelenàrsi**, rovinare, guastare a sé stessi: *Non le capisco, io, codeste imprese …! Ti sei avvelenata l'esistenza* (L. PIRANDELLO) **B** **avvelenàrsi v. rifl.** ● prendere il veleno | uccidersi col veleno

avvelenàto part. pass. di *avvelenare*; anche **agg. 1** nei sign. del v. **2** (*fig.*) irato, rabbioso | ***avere il dente a. con qlcu.***, nutrire profondo rancore

avvelenatóre [1395] **agg. e s. m.** (f. *-trice*) ● che (o chi) avvelena

†**avvelenìre** [av. 1320] **v. tr.** ● avvelenare

†**avvenànte** [fr. *avenant*, dal lat. *advenīre* 'arrivare, venir bene' ✱ av. 1348] **agg. 1** avvenente **2** nelle loc. avv. ***all'a.***, ***a questo a.***, al paragone, in proporzione

✱**avvenènte** [provenz. *avinent*. V. †*avvenante* ✱ av. 1250] **agg. 1** attraente, seducente, bello: *un giovane, una ragazza a.* **2** †di maniere graziose

avvenènza [sec. XIII] **s. f.** ● caratteristica di chi è avvenente

†**avvenévole** [1287] **agg.** ● avvenente, leggiadro, grazioso

†**avvènga che** ➤ †**avvegnaché**

†**avvengaché** ➤ †**avvegnaché**

♦**avveniménto** [av. 1250] **s. m. 1** fatto, evento importante, pubblico o privato: *questo è il principale a. del secolo*; *gli avvenimenti della mia vita*; *per i bambini la festa fu un a.* **2** †esito, conclusione **3** †venuta, avvento: *assai … dopo l'a. di Cristo* (G. VILLANI)

♦**avvenìre**① [lat. *advenīre*, comp. di *a-*② e *venīre* 'venire' ✱ av. 1250] **A** **v. intr.** (**coniug.** come *venire*; **aus.** *essere*) ● accadere, capitare, succedere (anche + *di* seguito da inf., + *che*): *l'episodio avvenne molto tempo fa*; *voglio sapere come è avvenuto l'incidente*; *ha deciso di partire, avvenga quel che vuole*; *come spesso avviene*; *come suole a.*; *le avvenne di incontrarlo per caso*; *avviene che ci si faccia prendere dall'impazienza*; *avviene che si tende piuttosto al monologo che al dialogo* (P. LEVI) **B** **avvenìrsi v. intr. pron. 1** †addirsi, convenire: *non ti si avviene* **2** †imbattersi, scontrarsi: *avvenirsi a, in qlcu.* | †capitare: *avvenirsi in un luogo*

♦**avvenìre**② o (*raro*) **a venìre** nel sign. A [da *avvenire*① ✱ 1288] **A** **agg. inv.** ● che deve venire, futuro: *il tempo, le generazioni, la vita a.* **B** **s. m. inv. 1** ciò che deve venire, tempo futuro: *bisogna pensare all'a.*; *l'a. è nelle mani di Dio* | ***per l'a., in a.***, nel tempo che verrà, in futuro **2** (*est.*) sorte futura: *fantasticare sul proprio a.* | benessere, grandezza, fortuna futuri: *pensare all'a. dei figli*; *popolo di grande a.*

avvenirìsmo [da *avvenire*② ✱ 1882] **s. m.** ● fiducia ottimistica in idee e progetti nuovi che si credono destinati ad aver fortuna in avvenire: *ostentare il proprio a.*

avvenirìsta [1871] **A** **s. m. e f.** (**pl. m.** *-i*) ● chi crede entusiasticamente nel futuro **B** **agg.** ● avveniristico

avvenirìstico [1931] **agg.** (**pl. m.** *-ci*) ● relativo all'avvenirismo, agli avveniristi | (*est.*) che anticipa il futuro: *un grattacielo a.* ‖ **avveniristicaménte**, **avv.**

†**avvenitìccio** ➤ **avventizio**

†**avvenitìzio** ➤ **avventizio**

✱**avventàre** [lat. parl. **adventāre*, comp. di *a-*② e *vĕntus* 'vento' ✱ 1313] **A** **v. tr.** (*io avvènto*) **1** (*lett.*) lanciare, scagliare con forza: *a. un sasso contro qlcu.* | (*est.*) aizzare: *avventò il cane contro il ladro* **2** (*fig.*) dire inconsideratamente: *a. giudizi azzardati* **B** **v. intr.** (**aus.** *avere*) ● (*raro, lett.*) fare effetto, colpire: *Una tale inverosimiglianza avventa* (A. MANZONI) **C** **avventàrsi v. rifl.** ● lanciarsi, gettarsi con impeto contro, o addosso a, qlcu. o qlco.: *avventarsi armati sul nemico*; *si avventò al collo del padre*

avventatàggine [av. 1621] **s. f.** ● (*raro*) avventatezza

avventatézza [av. 1698] **s. f.** ● caratteristica di chi (o di ciò che) è avventato: *agire con a.* **SIN.** inconsideratezza, sconsideratezza | (*est.*) azione, discorso, da persona avventata

avventàto part. pass. di *avventare*; anche **agg.** ● fatto, detto e sim. con eccessiva impulsività, senza riflessione: *un giudizio a.* | (*est.*) di persona che agisce con precipitazione, senza riflettere: *un ragazzo a.* ‖ **avventataménte**, **avv.** in modo avventato, senza riflessione ‖ **avventatèllo**, **dim.**

†**avventìccio** ➤ **avventizio**

avventìsta [ingl. *Adventist*, da *advent* 'avvento' ✱ 1927] **s. m. e f.** (**pl. m.** *-i*) ● seguace di una delle sette cristiane evangeliche, in prevalenza di origine americana, che predicano l'imminenza del ritorno del Cristo trionfante

avventiziàto [1928] **s. m. 1** condizione, stato di chi è avventizio in un impiego o in un lavoro | periodo durante il quale si è in tale stato: *fare un anno di a.*; *un a. di due anni* **2** la categoria dei lavoratori avventizi

avventìzio o †**avvenitìccio**, †**avvenitìzio**, †**avventìccio** [vc. dotta, lat. *adventī-*

ciu(m), da *advenīre* 'sopraggiungere' ✱ 1258] **A** **agg.** **1** (**lett.**) che viene da fuori | (**est.**) straniero: *gente, popolazione avventizia* **2** temporaneo, provvisorio, detto spec. di impiego, lavoro e sim.: *impiegato a.*; *personale a.* **3** casuale, occasionale, incerto: *guadagno a.* **4** (**anat.**) ***tunica avventizia***, o (**ellitt.**) ***avventizia***, strato di tessuto connettivo e fibre elastiche che riveste varie strutture tubulari **5** (**bot.**) detto di organo che si sviluppa in posizione anomala | ***radici avventizie***, quelle che si sviluppano sul fusto **B** **s. m.** (**f.** *-ia*) ● chi è stato assunto per sopperire a necessità transitorie, spec. nel pubblico impiego: *assumere avventizi*

✦**avvènto** [vc. dotta, lat. *advĕntu(m)*, da *advenīre* 'arrivare' ✱ av. 1294] **s. m.** **1** venuta: *sperare nell'a. di un futuro migliore* **2** (**est.**) il pervenire a una carica, a un grado e sim.: *l'a. al trono, al soglio pontificio* **3** (**relig.**; spec. con iniziale maiuscola) venuta di Gesù nel mondo e sua incarnazione | tempo liturgico che alcune Chiese cristiane dedicano alla preparazione del Natale, nelle quattro settimane che lo precedono: *una domenica di Avvento*

✦**avventóre** [lat. *adventōre(m)*, da *advenīre* 'venire' ✱ av. 1543] **s. m.** (**f.** *-trice*) ● cliente abituale di un negozio o di un locale pubblico: *il locale è pieno di avventori*

♦**avventùra** ① [fr. *aventure*, dal lat. *adventura*, part. fut. nt. pl. di *advenīre* 'avvenire' ✱ 1261 ca.] **s. f.** **1** avvenimento insolito, emozionante o imprevisto: *un'a. di viaggio*; *ha avuto una vita piena di avventure* | (**est.**) impresa, evento straordinario, rischioso o audace: *amare l'a.* | †***mettersi in a.***, correre il rischio; avventurarsi | ***per a.***, per caso; (**lett.**) forse **2** relazione amorosa breve e non impegnativa: *ha l'abitudine di raccontare le sue avventure*; *è stata solo un'a.*; *un'a. galante* ‖ **avventurétta**, **dim.**

avventùra ② [comp. di *a-* ② e *ventura* ✱ av. 1348] **s. f.** ● (**lett.**) buona sorte, fortuna

avventuràre ① [comp. di *a-* ② e *ventura* 'caso' ✱ 1483] **A** **v. tr.** ● (**lett.**) affidare alla sorte, esporre a un rischio: *a. il proprio patrimonio in un'impresa azzardata* | (**fig.**) azzardare: *a. una domanda* **B** **avventuràrsi** **v. rifl.** ● mettersi in pericolo (+ *in*): *avventurarsi in mare con la tempesta* | (**fig.**) arrischiarsi, azzardarsi (+ *a* **seguito da inf.**): *avventurarsi ad avanzare una proposta*

†**avventuràre** ② [comp. di *a-* ② e *ventura* 'fortuna' ✱ av. 1547] **v. tr.** ● rendere prospero, fortunato

avventuràto ① **part. pass.** di *avventurare* ①; **anche agg.** ● nei sign. del v. ‖ **avventurataménte**, **avv.** alla ventura

avventuràto ② **part. pass.** di †*avventurare* ②; **anche agg.** **1** nei sign. del v. **2** (**lett.**) fortunato: *O forse a. è chi s'inganna?* (U. SABA) | (**lett.**) ***bene a.***, alquanto fortunato | †***male a.***, sfortunato ‖ †**avventurataménte**, **avv.** con fortuna, con successo

avventurièro o (**lett.**) **avventurière** [fr. *aventurier* ✱ 1571] **A** **s. m.** **1** (**f.** *-a*) (**lett.**) chi va in giro per il mondo cercando con ogni mezzo di fare fortuna | (**est.**) imbroglione: *è un a. di pochi scrupoli* **2** (**stor.**) soldato di ventura, mercenario **B** **agg.** ● (**lett.**) che ama e cerca l'avventura: *gioventù avventuriera*

avventurìna o **venturìna** [fr. *aventurine*, da *aventure*, in quanto si credeva che le pagliuzze venissero messe nel vetro fuso *à l'aventure* 'a caso' ✱ 1705] **s. f.** ● (**miner.**) varietà verde di quarzo contenente lamelle di mica e clorite

avventurìṣmo [da *avventura* ① ✱ 1926] **s. m.** ● atteggiamento di chi, spec. in politica, propone soluzioni o fa delle scelte piuttosto avventate, di cui non è possibile prevedere tutte le conseguenze

avventurìsta [1975] **agg. e s. m. e f.** (**pl. m.** *-i*) ● che (o chi) dà prova di avventurismo

avventurìstico [1972] **agg.** (**pl. m.** *-ci*) ● improntato ad avventurismo: *comportamento a.*

♦**avventuróso** ① (o *-ṣ-*) [da *avventura* ① ✱ av. 1250] **agg.** **1** che è attratto dall'avventura: *un carattere a.* | (**est.**) ricco di avventure: *racconto, viaggio a.* **2** (**fig.**) rischioso: *seguire una politica avventurosa* ‖ **avventurosaménte**, **avv.** ‖ **avventurosità**, **s. f. inv.** caratteristica di chi (o di ciò che) è avventuroso

†**avventuróso** ② (o *-ṣ-*) [da *avventurare* ② ✱ av. 1249] **agg.** ● (**lett.**) fortunato | ***male a.***, sfortunato ‖ †**avventurosaménte**, **avv.** con buona fortuna

avvenùto **A** **part. pass.** di *avvenire*; **anche agg.** ● nei sign. del v. **B** **s. m. solo sing.** ● (**lett.**) accaduto: *la signora Lanucci non voleva apparire di dare importanza all'a.* (I. SVEVO)

avveràbile [1865] **agg.** ● che si può avverare: *una speranza a.*

avveraménto [sec. XIV] **s. m.** ● l'avverarsi

♦**avveràre** [comp. di *a-* ② e *vero* ✱ 1319] **A** **v. tr.** (*io avvéro*) **1** (**raro**) rendere vero, reale, effettivo **2** †affermare per vero | †confermare: *i fatti in brieve tempo avverarono le parole* (D. BARTOLI) **B** **avveràrsi** **v. intr. pron.** ● realizzarsi, verificarsi: *molte profezie si sono avverate*

avverbiàle [vc. dotta, lat. tardo *adverbiāle(m)*, da *advĕrbium* 'avverbio' ✱ 1551] **agg.** ● (**gramm.**) di avverbio: *suffisso a.* | che ha funzione d'avverbio: *locuzione a.* ‖ **avverbialménte**, **avv.** in modo di avverbio

avvèrbio [vc. dotta, lat *advĕrbiu(m)*, comp. di *ăd* 'presso' e *vĕrbum* 'parola' ✱ av. 1328] **s. m.** ● (**gramm.**) parte invariabile del discorso che modifica il senso del verbo o dell'aggettivo o di un altro avverbio: *avverbi di tempo, di maniera*

avversàre [vc. dotta, lat. *adversāri* 'fare opposizione', da *advĕrsus* 'contro' ✱ av. 1294] **A** **v. tr.** (*io avvèrso*) ● contrastare, ostacolare, opporsi: *ti ho avversato a lungo*; *a. un'iniziativa* **B** **avversàrsi** **v. rifl. recipr.** ● contrastarsi, osteggiarsi: *si avversavano clericali con anticlericali* (R. BACCHELLI)

♦**avversàrio** o †**avversàro** [vc. dotta, lat. *adversāriu(m)*, da *advĕrsus* 'avverso' ✱ 1261 ca.] **A** **s. m.** (**f.** *-ia*) **1** chi sta dalla parte avversa, rispetto a un'altra persona, in una lotta, una gara, un concorso, una discussione e sim.: *i due avversari erano uno di fronte all'altro*; *scagliò l'arma contro l'a.*; *demolì tutti gli argomenti dell'a.* | (**lett.**, **per anton.**) ***l'a.***, ***il maligno a.***, il demonio **2** (**dir.**) nel processo, la parte contraria: *replicare alle argomentazioni dell'a.* **B** **agg.** **1** contrario, avverso: *fazione, squadra avversaria* **2** (**dir.**) che si oppone in giudizio: *parte avversaria* | ***avvocato a.***, difensore della controparte | ***ragioni avversarie***, quelle dedotte in giudizio dalla parte contraria
SFUMATURE ➤ *rivale* ①

avversatìvo [vc. dotta, lat. tardo *adversatīvu(m)*, da *adversātus*, part. pass. di *adversāri* 'avversare' ✱ av. 1563] **agg.** ● che esprime un'opposizione | (**gramm.**) ***congiunzione avversativa***, congiunzione coordinativa o subordinativa che introduce una proposizione avversativa (per es.: *ma, però, tuttavia*; *mentre, laddove, quando, anziché*) | ***proposizione avversativa***, proposizione coordinata o subordinata che esprime una contrapposizione rispetto a quanto è detto nella principale o nella reggente (per es.: *lo aspettavamo oggi ma arriverà domani*; *ha detto che ci avrebbe avvisato, mentre non si è fatto vivo*; *potrebbe impegnarsi di più anziché lamentarsi sempre*) ‖ **avversativaménte**, **avv.**

avversatóre [vc. dotta, lat. *adversatōre(m)*, da *adversāri* 'avversare' ✱ sec. XIV] **s. m.** (**f.** *-trice*); **anche agg.** ● chi (o che) avversa, contrasta

†**avversièra** ➤ **versiera**

†**avversière** o †**avversière**, †**aversièro** [fr. ant. *aversier* 'avversario', cioè il diavolo ✱ av. 1306] **s. m.** (**f.** *-a* (**V.**)) ● nemico, avversario

✦**avversióne** [da *avverso* ✱ av. 1348] **s. f.** ● viva ostilità, antipatia: *provare, nutrire, sentire, dimostrare a. per qlcu.* o *qlco.* | (**est.**) ripugnanza, nausea: *ha una vera a. per certi cibi* CFR. miso-, -fobia

SFUMATURE DI SIGNIFICATO

avversione - malevolenza - odio

Un sentimento di antipatia, di fastidio o finanche di ostilità nei confronti di qualcuno o qualcosa si definisce **avversione**. **Malevolenza**, termine che si usa esclusivamente in riferimento a persone, definisce un'antipatia che si manifesta come critica, insinuazione malevola. Se l'*avversione* per una persona è totale e intensissima si dice **odio**; in accezione estesa il termine descrive anche una profonda intolleranza nei confronti di qualcosa.
SFUMATURE ➤ *odio*

avversità [vc. dotta, lat. *adversitāte(m)*, da *advĕrsus* 'avverso' ✱ av. 1250] **s. f. inv.** **1** condizione di ciò che è avverso, contrario, sfavorevole: *l'a. della sorte* **2** (**spec. al pl.**) calamità, disgrazia: *le a. della vita, della sorte*; *le a. sono materia della virtù* (L.B. ALBERTI)

✦**avvèrso** ① [vc. dotta, lat. *advĕrsu(m)*, part. pass. di *advĕrtere* 'voltare verso', comp. di *ăd* 'contro' e *vĕrtere* 'voltare' ✱ av. 1294] **agg.** **1** contrario, sfavorevole (***anche fig.***): *fortuna avversa*; *destino a.* | (**est.**) sfortunato, infelice: *stato a.*; *condizione avversa* **2** (**lett.**) †opposto, contrapposto: *i bei crin d'auro / scherzon nel petto per lo vento a.* (A. POLIZIANO) ‖ **avversaménte**, **avv.** contrariamente
SFUMATURE ➤ *sfavorevole*

avvèrso ② [lat. *advĕrsu(m)*. V. *avverso* ① ✱ 1310] **prep.** **1** (**lett.**) †contro, in opposizione: *certo assai vedrai sommerso / nel falso il creder tuo, se bene ascolti / l'argomentar ch'io li farò a.* (DANTE *Par.* II, 61-63) | usata oggi solo nel linguaggio giuridico e burocratico: *ricorrere a. la sentenza*; *proporre ricorso a. un atto della pubblica amministrazione* **2** †nella loc. avv. ***per a.***, all'opposto, al contrario, viceversa

avvertènza [1378] **s. f.** **1** cautela, prudenza: *procedere con molta a.* | ***avere l'a. di***, badare, procurare, aver cura di: *abbi l'avvertenza di spegnere il gas* **2** ammonimento, avviso, consiglio: *un'utile a.* | ***a. ai lettori***, dichiarazione premessa a uno scritto o a un libro in cui si chiariscono intenzioni, procedimenti e sim. | (**spec. al pl.**) istruzione: *avvertenze per l'uso di un medicinale*
SFUMATURE ➤ *avvertimento*, ➤ *istruzione*

avvertìbile [1858] **agg.** ● che si può percepire, spec. con l'udito ‖ **avvertibilità**, **s. f. inv.**

avvertiménto [1520] **s. m.** **1** ammonimento, consiglio: *un amichevole a.* | (**est.**) intimidazione: *un a. mafioso* SIN. avviso **2** (**sport**) invito da parte dell'arbitro o del giudice di gara agli atleti di comportarsi correttamente | ***linea di a.***, nella scherma, linea segnata sulla pedana di gara, che ha la funzione di avvertire lo schermidore che lo spazio per retrocedere concesso dal regolamento sta per finire

SFUMATURE DI SIGNIFICATO

avvertimento - avvertenza - ammonimento

L'**avvertimento** è un monito che mette in guardia dal compiere azioni che potrebbero avere conseguenze spiacevoli. Al confronto **avvertenza** ha valore più neutro, consistendo in un'informazione che richiama l'attenzione su qualcosa che è utile o necessario conoscere. L'**ammonimento** è un avvertimento che viene da una persona o da un'istituzione autorevole, la cui inosservanza può anche comportare delle responsabilità morali o penali.

♦**avvertire** [lat. *advĕrtere* 'volgere verso'. V. *avverso*① ✱1282] **A** **v. tr.** (*io avvèrto; raro avvertìsco*) **1** percepire: *a. il calore del sole, la stanchezza, un lieve rumore* | (*est., lett.*) considerare con attenzione: *a. la bellezza di un paesaggio* **2** rendere consapevole qlcu. di una circostanza a lui ignota (+ *di*): *a. un amico di un pericolo* **3** (*est.*) avvisare, ammonire, consigliare (+ *di* **seguito da inf.**, + *che*): *mi avvertì di fare attenzione; ti avverto che devi stare molto attento* | minacciare: *vi avverto che, in caso contrario, dovrò ricorrere alle maniere forti* **B** **v. tr. e intr.** (aus. *avere*) ● †fare attenzione, badare: *Se la mandate via, avvertite che ella avanza il salario di un anno* (C. Goldoni)

avvertito **part. pass.** di *avvertire*; **anche agg.** **1** nei sign. del v. **2** consapevole, cauto, accorto: *guardare con occhio a.*; *mestiere che voleva orecchio a.* (R. Bacchelli) || **avvertitaménte**, **avv.** intenzionalmente

avvezióne [vc. dotta, lat. *advectiōne(m)* 'trasporto', da *advĕctus*, part. pass. di *advĕhere* 'condurre, trasportare', comp. di *a-*② e *vĕhere* 'trasportare' (V. *veicolo*) ✱1970] **s. f.** ● (*meteor.*) trasferimento in senso orizzontale di masse d'aria: *a. di aria calda, di aria fredda*

avvezzàre [lat. parl. **advitiāre*, comp. di *a-*② e *vĭtium* 'vizio, difetto' ✱1266] **A** **v. tr.** (*io avvézzo*) ● (*raro* o *lett.*) abituare: *a. il popolo all'ubbidienza; anche la mia cognata … l'abbiamo avvezzata male* (F. Tozzi) | (*est.*) educare: *a. bene i figli* **B** **avvezzàrsi** **v. rifl.** ● (*raro* o *lett.*) abituarsi: *avvezzarsi ai rumori, alle fatiche*

♣**avvézzo** o †**avézzo** [av. 1340] **agg.** ● abituato (+ *a*, **anche seguito da inf.**): *essere a. alle privazioni, alla disciplina; menti volgari, non avvezze ad analizzare gli oggetti* (C. Beccaria) | (*lett.*) ***male a.***, educato male

†**àvvi** ➤ †**havvi**

avviaménto [1322] **s. m.** **1** l'avviare, l'avviarsi verso un dato luogo o in un'attività: *a. al lavoro, allo studio; codice di a. postale* | ***scuola d'a.***, scuola triennale che, nell'ordinamento precedente all'istituzione della scuola media unica, forniva un primo insegnamento secondario per la preparazione ai vari mestieri **2** (*econ.*) valore riconosciuto a un'azienda economica, sulla base di elementi quali il buon nome sul mercato, il volume degli affari, la clientela e sim. **3** (*mecc.*) fase transitoria di passaggio dalla quiete alla velocità di regime, di un motore, di una macchina, di una locomotiva: *dispositivi di a.; tempo, spazio d'a.* | correntemente, messa in moto, in funzione: *a. difettoso* **4** in tipografia, complesso di operazioni necessarie per mettere la macchina da stampa in condizioni di produrre copie perfette

♦**avviàre** [comp. di *a-*② e *via* ✱av. 1294] **A** **v. tr.** (*io avvìo*) **1** mettere sulla via da percorrere: *a. l'ospite alla stazione; avviò il bambino verso la madre* | (*fig.*) indirizzare verso un'attività: *a. qlcu. agli studi giuridici* **2** iniziare, dare principio, cominciare a eseguire: *a. una nuova costruzione; a. l'attività di un'impresa; a. un colloquio, un interrogatorio* | intraprendere: *a. un'indagine* | ***a. il fuoco***, accenderlo, appiccarlo **3** mettere in moto, in funzione: *a. il motore, il computer* | in tipografia, provvedere all'avviamento: *a. una macchina da stampa* **B** **avviàrsi** **v. intr. pron.** **1** mettersi in via, incamminarsi: *si avviarono di corsa verso l'uscita; avviarsi alla fine, al trionfo* **2** (*fig.*) essere sul punto di, stare per (+ *a*, **anche seguito da inf.**): *si è già avviato alla conclusione del suo intervento; si avvia a diventare un ottimo chirurgo*

avviàto **part. pass.** di *avviare*; **anche agg.** **1** nei sign. del v. **2** detto di impresa commerciale solida, ben fornita di clientela: *un negozio, un commercio ben a.*

avviatóre [1865] **s. m.** ● congegno meccanico di vario tipo usato per avviare un motore

avviatùra [av. 1865] **s. f.** **1** (*raro*) avvio **2** primo giro di un lavoro a maglia

avvicendaménto [av. 1406] **s. m.** **1** successione, alternanza spec. sistematica: *a. di pubblici impiegati; a. di truppe in prima linea* **2** successione nel tempo di colture diverse sul medesimo terreno

avvicendàre [comp. di *a-*② e *vicenda* ✱1330] **A** **v. tr.** (*io avvicèndo*) ● alternare, spec. con metodo e sistematicità (+ *a*, + *con*): *a. il lavoro allo svago, con lo svago* **B** **avvicendàrsi** **v. rifl. recipr.** ● succedersi, mutare a vicenda: *le stagioni si avvicendano* **C** **avvicendàrsi** **in funzione di s. m. inv.** ● alternanza, successione: *il sempre disuguale avvicendarsi della notte e del dì* (D. Bartoli)

avvicinàbile [1858] **agg.** ● che si può avvicinare | (*fig.*) di persona facilmente accostabile || **avvicinabilità**, **s. f. inv.**

avvicinaménto [1612] **s. m.** **1** l'avvicinare, l'avvicinarsi | (*milit.*) ***marcia d'a.***, movimento tattico che si compie per portarsi a distanza di attacco **2** (*tipogr.*) distanza fra le facce laterali contigue di due caratteri vicini tra loro

♦**avvicinàre** [comp. di *a-*② e *vicino* ✱sec. XIII] **A** **v. tr.** **1** mettere vicino o più vicino (+ *a*): *a. la sedia al tavolo, il libro alla luce* **2** farsi vicino a una persona per parlarle, entrare in rapporti con lei, conoscerla e sim.: *avvicinò il Ministro per congratularsi con lui; non è facile avvicinarlo* **3** (*fig.*) indurre a interessarsi (+ *a*): *a. i giovani al mondo della lirica* **B** **avvicinàrsi** **v. intr. pron.** **1** andare vicino, farsi vicino o più vicino (+ *a*): *il fanciullo si avvicinò alla madre* | farsi prossimo o più prossimo: *il freddo si avvicina; non è più un ragazzo, si avvicina alla trentina* | (*fig.*) cominciare a interessarsi: *avvicinarsi alla religione* **SIN.** accostarsi | (*fig.*) essere simile: *la traduzione si avvicina molto all'originale* **2** †trovarsi, essere vicino

avvignàre [comp. di *a-*② e *vigna* ✱av. 1320] **v. tr.** (**coniug. come** *segnare*) ● coltivare un terreno a vite

avvilènte **part. pres.** di *avvilire*; **anche agg.** ● che avvilisce, che mortifica || **avvilenteménte**, **avv.**

avviliménto [av. 1367] **s. m.** **1** l'avvilire, l'avvilirsi | stato di profondo abbattimento, scoraggiamento, sfiducia: *gettare nell'a.; cadere in un profondo a.; abbattersi nell'a.* **2** umiliazione | (*est.*) degradazione morale

♣**avvilìre** [comp. di *a-*② e *vile* ✱1268] **A** **v. tr.** (*io avvilisco, tu avvilisci*) **1** rendere vile, disprezzabile: *la menzogna avvilisce le tue qualità* **SIN.** degradare **2** deprimere, umiliare: *le tue parole mi avviliscono* **3** †far diminuire il prezzo, valore e sim. **B** **avvilirsi** **v. intr. pron.** **1** perdersi d'animo: *si è molto avvilito per la recente disgrazia* **2** (*raro, lett.*) rendersi vile, abbietto, spregevole: *s'è avvilito nei vizi* | (*lett.*) umiliarsi

avvilitivo [av. 1828] **agg.** ● (*lett.*) avvilente

avvilito **part. pass.** di *avvilire*; **anche agg.** **1** (*raro, lett.*) degradato, decaduto **2** che è in uno stato di abbattimento, scoraggiamento, sfiducia: *sentirsi a.*

avviluppaménto [1324] **s. m.** ● (*raro*) l'avviluppare, l'avvilupparsi | viluppo, intrico

avviluppàre [comp. di *a-*② e *viluppo* ✱av. 1313] **A** **v. tr.** **1** avvolgere in modo disordinato e confuso: *a. fili, cordami* | (*fig.*) imbrogliare: *a. qlcu. con astuzie e raggiri* **2** avvolgere con cura: *avvilupparono il ferito in una coperta* | (*est.*) coprire avvolgendo tutt'intorno: *una pesante nebbia avviluppava la città* **B** **avvilupparsi** **v. rifl.** ● ravvolgersi in qlco.: *avvilupparsi in un mantello* | (*fig., lett.*) intricarsi, imbrogliarsi: *si avviluppa in mille fantasie* **C** **avvilupparsi** **v. intr. pron.** ● ingarbugliarsi: *vele e corde si avviluppavano inestricabilmente* | (*fig.*) complicarsi: *le difficoltà si avviluppavano* (M. Serao)

SFUMATURE DI SIGNIFICATO

avviluppare - inviluppare

Avviluppare definisce un modo di avvolgere strettamente e con cura, mentre **inviluppare** indica l'avvolgere più e più volte (da qui il significato figurato di *impelagare, irretire*).

SFUMATURE ➤ ***ammatassare***, ➤ ***avvolgere***

avviluppàto **part. pass.** di *avviluppare*; **anche agg.** **1** nei sign. del v. | (*fig., lett.*) confuso, avvolto: *questo desiderio … rimane tosto a. … da mille dubbi* (M. D'Azeglio) **2** (*raro, lett.*) incerto: *entra con passo a.* (F. De Sanctis) || **avviluppataménte**, **avv.** (*raro*) in modo confuso e intricato

avvinàre [comp. di *a-*② e *vino* ✱1546] **v. tr.** **1** lavare con vino una botte nuova per toglierle l'odore del legno | lavare con vino bottiglie o fiaschi per eliminare odori e impurità | versare un po' di vino (che poi sarà gettato) in un bicchiere o in una caraffa per toglierne ogni odore estraneo e predisporli a una corretta degustazione del vino stesso **2** (*raro*) mischiare con vino: *a. l'acqua*

avvinatóre [1983] **s. m.** ● apparecchio per avvinare le bottiglie

avvinazzàre [comp. di *a-*② e del lat. tardo *vināceu(m)* 'vinacciolo' ✱sec. XIV] **A** **v. tr.** ● (*raro*) ubriacare **B** **avvinazzàrsi** **v. rifl.** ● (*raro*) ubriacarsi

avvinazzàto **A** **part. pass.** di *avvinazzare*; **anche agg.** **1** nei sign. del v. **2** alterato dal vino: *voce avvinazzata* **B** **s. m.** (**f. -a**) ● ubriaco

avvincènte **part. pres.** di *avvincere*; **anche agg.** ● che avvince, attrae, affascina: *una lettura a.*

♣**avvìncere** o †**avìncere** [comp. di *a-*② e del lat. *vincīre* 'legare' ✱av. 1292] **v. tr.** (**coniug. come** *vincere*) **1** (*lett.*) legare, stringere | cingere intorno **2** (*fig.*) attrarre fortemente, affascinare (**anche assol.**): *le sue parole mi avvincono; un romanzo che avvince*

†**avvinchiàre** ➤ **avvinghiare**

†**avvincigliàre** [comp. di *a-*② e *vinciglio* ✱av. 1565] **v. tr.** ● legare, stringere | attorcigliare, intrecciare

avvinghiaménto [1868] **s. m.** ● movimento dell'avvinghiare o dell'avvinghiarsi

avvinghiàre o †**avvinchiàre** [comp. di *a-*② e del lat. tardo *vinculāre*, da *vĭnculum* 'legame' ✱sec. XIII] **A** **v. tr.** (*io avvìnghio*) ● cingere con forza: *lo avvinghiò con le braccia* **B** **avvinghiàrsi** **v. rifl. e rifl. recipr.** ● stringersi con forza: *si avvinghiò al collo della madre*

avvinto **part. pass.** di *avvincere*; **anche agg.** **1** (*lett.*) stretto, legato **2** (*fig.*) attratto, affascinato

avvìo [da *avviare* col suff. *-io*① ✱av. 1400] **s. m.** (**pl. -ii**) ● avviamento, principio: *l'a. di un lavoro, di una impresa* | ***dare l'a.***, mettere in movimento; (*fig.*) dare inizio | ***prendere l'a.***, mettersi in movimento; (*fig.*) avere inizio

SFUMATURE ➤ ***inizio***

avvisàglia [da *avviso*① ✱av. 1333] **s. f.** **1** indizio, sintomo: *le prime avvisaglie del male si manifestarono all'improvviso* **2** (*milit.*) breve combattimento, repentino e tumultuoso

a b c d e f g h i j k l m n o p q r s t u v w x y z

a

SFUMATURE DI SIGNIFICATO
avvisaglia - indizio - sintomo
Avvisaglia è la prima manifestazione, il preavviso di un fenomeno; **indizio** è il segno dal quale si può ricostruire l'accadimento di un evento passato o prevederne uno futuro: in questo caso, dunque, non è il fatto in sé a manifestarsi, ma è l'osservatore a interpretare determinati segni come significativi del suo verificarsi. **Sintomo**, che nel significato letterale fa riferimento al manifestarsi di una malattia, figuratamente è un segnale indicatore di uno stato o una condizione prossimi a verificarsi.

♦**avvişàre**① [da *avviso*① ✱ 1266] **A v. tr. 1** dare avviso, avvertire (+ *di*): *non ti ho avvisato della mia partenza* | far sapere (+ *che*): *ti avviso che sono iniziati i lavori* **2** ammonire, consigliare (+ *di* **seguito da inf.**, + *che*): *il cartello avvisa di non sostare in quell'area*; *lo avvisammo che non doveva mentire* **B v. intr.** (**aus.** *avere*) o **avvişàrsi v. intr. pron.** ● (*raro*, *lett.*) credere | giudicare, stimare: *digli che mal s'avvisa / Chi va dei brandi longobardi in cerca* (A. MANZONI) **C avvişàrsi v. intr. pron.** ● †deliberare, proporsi: *s'avvisò di voler prima veder chi fosse e poi prender partito* (G. BOCCACCIO) | †porre mente, fare attenzione

avvişàre② [ant. fr. *aviser*, comp. di *à* 'a' e *viser* 'vedere', dal lat. parl. **vīsāre*, per il classico *vīsere*, intens. di *vidēre* 'vedere' ✱ sec. XIII] **A v. tr. 1** †scorgere, osservare, ravvisare **2** †prendere di mira **B avvişàrsi v. intr. pron.** ● (*raro*, *lett.*) accorgersi, avvedersi: *ben s'avvisaro i franchi onde de l'ire / l'impeto novo e 'l minacciar procede* (T. TASSO)

†**avvişàrsi** [da *viso* ✱ av. 1348] **v. rifl.** ● (*raro*) affrontarsi, spec. in un combattimento

avvişàto A part. pass. di *avvisare*①; anche **agg. 1** nei sign. del v. | **PROV.** ***uomo a. mezzo salvato* 2** (*lett.*) ***bene a.***, accorto | ***male a.***, malaccorto | †***andare, stare a.***, comportarsi con attenzione ‖ **avvişataménte**, **avv.** (*raro*) deliberatamente **B agg. e s. m.** (**f.** *-a*) ● che (o chi) ha ricevuto un avviso di garanzia

avvişatóre [da *avvisato*, part. pass. di *avvisare*② ✱ av. 1250] **s. m. 1** (**f.** *-trice*) chi avvisa **2** apparecchio per segnalazione: *a. di grisou, d'incendio* | ***a. acustico***, dispositivo di segnalazione acustica sugli autoveicoli **SIN.** clacson

avvìşo① [fr. ant. *avis*, dalla loc. (*ce m'est*) *à vis*, dal lat. *vīsu(m)* (part. pass. di *vidēre*) 'questo è il mio parere' ✱ 1266] **s. m. 1** avvertimento, anche a carattere ufficiale: *un a. importante* | (*dir.*) avvertenza spec. scritta di fatti o atti o intenzioni, che si dà all'interessato: *a. di sfratto*; *a. d'asta* | ***a. di reato, a. di garanzia***, informazione di garanzia | ***a. di procedimento***, comunicazione giudiziaria | (*est.*) lo scritto che riporta tale avvertimento o avvertenza **2** notizia, annuncio: *dare a. di qlco.* | ***a. di chiamata***, segnale acustico che, durante una conversazione telefonica, avvisa di un'altra chiamata in attesa | (*est.*) qualunque tipo d'inserzione pubblicitaria in giornali, riviste e periodici in genere: *avvisi economici, commerciali* | (*est.*) cartellone, manifesto **3** consiglio, ammonimento: *spero che questo a. ti faccia riflettere* | ***stare, mettere sull'a.***, attento, in guardia **4** parere, opinione: *a mio a.*, *a mio modesto a.*; *secondo il mio a.* | ***essere d'a.***, pensare, credere: *essere dello stesso a.*; *essere di a. contrario* | ***a. comune***, parere comune (V. *parere*②; calco sul fr. *avis commun*) **5** (*raro*, *lett.*) divisamento, disegno, piano | (*est.*) †trovata: *nuovi avvisi hanno li piacevoli uomeni, e spezialmente i buffoni* (F. SACCHETTI) ‖ **avvişétto**, **dim.** | **avvişìno**, **dim.**
SFUMATURE ➤ ***bollettino***

avvìşo② [sp. (*barca de*) *aviso*. V. *avviso*① ✱ 1829] **s. m.** ● nave a vapore da guerra, leggera e molto veloce, che serviva a trasmettere ordini e recar notizie da un porto all'altro

avvistaménto [1932] **s. m.** ● l'avvistare

avvistàre [comp. di *a-*② e *vista* ✱ 1266] **v. tr.** ● scorgere, riconoscere di lontano: *a. una luce, una nave, la riva*; *finalmente avvistarono terra*

avvistàto part. pass. di *avvistare*; anche **agg.** ● nei sign. del v.

avvìsto part. pass. di *avvedersi*; anche **agg.** ● (*raro*) nei sign. del v.

avvitaménto [da *avvitare*① ✱ 1923] **s. m. 1** operazione dell'avvitare **2** (*aeron.*) discesa in vite, spec. come acrobazia **3** in ginnastica artistica, nei tuffi e sim., movimento rotatorio del corpo sul proprio asse longitudinale e trasverso **4** (*fig.*) spirale negativa: *l'a. della crisi economica*

avvitàre① [comp. di *a-*② e *vite* ✱ 1863] **A v. tr. 1** introdurre una vite nella madrevite o in un foro e serrarla col cacciavite | unire per mezzo di viti **2** inserire, in un supporto o in una cavità apposita, un oggetto filettato come una vite, girandolo su sé stesso: *a. una lampadina* **B avvitàrsi v. rifl.** ● muoversi su sé stesso avvolgendosi a spirale | (*aeron.*) discendere a vite, detto di un velivolo **C avvitàrsi v. intr. pron.** ● (*fig.*) cadere in una spirale negativa: *una rabbia che si avvita su sé stessa*; *avvitarsi in una depressione*

avvitàre② [comp. di *a-*② e *vita* ✱ 1970] **v. tr.** ● stringere alla vita, rendere attillato in vita: *a. un abito*

avvitàta [da *avvitare*① ✱ 1918] **s. f. 1** l'avvitare qlco. sommariamente o in fretta **2** (*aeron.*) avvitamento

avvitàto① **part. pass.** di *avvitare*①; anche **agg. 1** nei sign. del v. **2** detto di tuffo o salto eseguito con avvitamento

avvitàto② [da *vita* ✱ 1947] **agg.** ● stretto in vita: *una giacca avvitata*

avvitatóre [di *avvitare*① ✱ 1970] **s. m.** ● apparecchio, per lo più elettrico o ad aria compressa, per l'avvitamento rapido di dadi e viti **SIN.** avvitatrice

avvitatrìce [1970] **s. f.** ● avvitatore

avvitatùra [1955] **s. f.** ● l'avvitare, nel sign. di *avvitare*① | collegamento effettuato con viti

avviticchiaménto [av. 1696] **s. m.** ● (*lett.*) l'avviticchiare, l'avviticchiarsi

avviticchiàre [comp. di *a-*② e *viticchio* ✱ 1313] **A v. tr.** (*io avviticchio*) ● (*lett.*) cingere intorno con movimento avvolgente: *come l'... ellera avviticchia il robusto olmo, così le tue braccia il mio collo avvinsero* (G. BOCCACCIO) **B avviticchiàrsi v. intr. pron. e rifl.** ● afferrarsi, avvolgersi: *i tralci della vite si avviticchiano al tronco* | (*fig.*, *lett.*) stringersi: *avviticchiarsi al collo della madre*

avvivaménto [av. 1729] **s. m.** ● (*lett.*) l'avvivare, l'avvivarsi

♦**avvivàre** [comp. di *a-*② e *vivo* ✱ 1319] **A v. tr. 1** (*lett.*) rendere vivo, dare la vita: *la linfa avviva le piante* | (*fig.*) dare vigore: *a. le forze, la memoria* **2** (*fig.*, *lett.*) animare, rendere vivace: *il suo intervento avvivò la conversazione* | (*est.*) rendere allegro, brillante, luminoso e sim.: *Quindici stelle che ... / lo cielo avvivan* (DANTE *Par.* XIII, 5) **B avvivàrsi v. intr. pron.** ● (*lett.*) acquistare vita, vigore, vivacità e sim.: *a quella vista il suo sguardo s'avvivò*

avvizziménto [1865] **s. m. 1** l'avvizzire **2** (*bot.*) perdita permanente di turgore della pianta per deficienza d'acqua | malattia provocata da funghi o da batteri localizzati nei vasi conduttori della linfa

♦**avvizzìre** [comp. di *a-*② e *vizzo* ✱ 1612] **A v. tr.** (*io avvizzisco, tu avvizzisci*) ● rendere vizzo | (*fig.*) privare di freschezza, giovinezza e sim.: *il tempo e le privazioni l'hanno avvizzita* **B v. intr.** (**aus.** *essere*) ● diventare vizzo: *con la siccità i fiori e le foglie avvizziscono* | (*fig.*) perdere freschezza, giovinezza e sim.: *la sua bellezza comincia ad a.* **SIN.** appassire, sfiorire

avvizzìto part. pass. di *avvizzire*; anche **agg.** ● vizzo | (*fig.*) sfiorito

avvocàta [av. 1284] **s. f.** (*Avvocàta* nel sign. 1) **1** patrona, titolo della Madonna **2** (*raro*) donna che esercita l'avvocatura

avvocaterìa [av. 1803] **s. f. 1** (*raro*) artificio da avvocato **2** (*spreg.*) complesso di avvocati

avvocatésco [av. 1803] **agg.** (**pl. m.** *-schi*) ● da avvocato (*spec. spreg.*): *eloquenza avvocatesca*; *cavilli avvocateschi* ‖ **avvocatescaménte**, **avv.**

avvocatéssa [av. 1767] **s. f. 1** donna che esercita l'avvocatura **2** (*scherz.*) moglie di un avvocato | (*scherz.*) donna dall'eloquenza facile che ama la polemica, la discussione e sim.

avvocatìcchio [da *avvocato* col suff. *-icchio* ✱ 1964] **s. m. 1** (*merid.*) dim. di *avvocato* | avvocato mediocre, che vale poco **2** legale cavilloso (V. nota d'uso STEREOTIPO)

♦**avvocàto** [lat. *advocātu(m)*, part. pass. di *advocāre* 'chiamare in giudizio' ✱ 1261 ca.] **s. m.** (**f.** *-a* (**V.**); *-éssa* (**V.**); **V. nota d'uso FEMMINILE**) **1** dottore in giurisprudenza, iscritto in apposito albo professionale, abilitato a difendere una parte nelle cause civili, penali e amministrative | ***a. di fiducia***, difensore di fiducia | ***a. d'ufficio***, difensore d'ufficio | (*fam.*) ***parlare come un a.***, avere facilità di parola, sapere persuadere gli altri | ***saperne quanto un a.***, essere molto abile negli intrighi, nei cavilli | (*scherz.*) ***a. delle cause perse***, chi si batte per sostenere opinioni impossibili | ***a. del diavolo***, ecclesiastico che è incaricato di sostenere le tesi contraddittorie nei processi di canonizzazione; (*fig.*) chi, in una discussione, sostiene intenzionalmente opinioni contrarie a quelle generalmente affermate **2** (*est.*) protettore, patrocinatore: *si è fatto a. delle opinioni correnti* ‖ **avvocatèllo**, **dim.** | (*spreg.*) **avvocatìcchio**, **dim.** (V.) | **avvocatìno**, **dim.** | **avvocatóne**, **accr.** | (*spreg.*) **avvocatùccio**, **dim.** | (*spreg.*) **avvocatùcolo**, **dim.**

avvocatùra [1765] **s. f. 1** professione dell'avvocato: *esercitare l'a.* **2** complesso di avvocati | ***A. dello Stato, erariale***, complesso di organi costituiti da abilitati alla professione di avvocato cui è demandata la funzione di difendere lo Stato in giudizio

avvolgènte part. pres. di *avvolgere*; anche **agg. 1** nei sign. del v. **2** che avvolge il corpo seguendone le linee: *sedili avvolgenti* **3** (*fig.*) che circonda: *manovra a.* | (*fig.*) coinvolgente, avvincente: *uno stile a.* ‖ **avvolgenteménte**, **avv.**

♦**avvòlgere** o (*lett.*) **avvòlvere** [lat. *advŏlvere*, comp. di *a-*② e *vŏlvere* 'volgere' ✱ 1282] **A v. tr.** (**coniug. come** *volgere*) **1** arrotolare, volgere qlco. attorno a un'altra o su sé stessa: *a. una fascia, una corda*; *a. una benda attorno a una ferita* | (*est.*) avviluppare (*anche fig.*): *a. un oggetto nella carta per confezionarlo*; *a. un bambino nelle coperte*; *le fiamme avvolgono l'edificio*; *la nebbia avvolgeva la vallata* | anche nella forma pron. **avvòlgersi**, arrotolare attorno a sé stessi: *si avvolse attorno al collo uno scialletto nero di lana* (L. PIRANDELLO) **2** (*fig.*, *lett.*) aggirare, ingannare: *Spesso l'ingenua frode avvolge il credulo* (G. D'ANNUNZIO) **B avvòlgersi v. intr. pron. 1** girare intorno, arrotolarsi, attorcigliarsi: *l'edera si avvolge al tronco, intorno al tronco*; *il filo si avvolgeva in una* grossa matassa; come sul capo al naufrago / l'onda s'avvolse e pesa (A. MANZONI) **2** †aggirarsi, perdersi: *Pel bosco Ferraù molto s'avvolse* (L. ARIOSTO) **C** **avvòlgersi** v. rifl. ● avvilupparsi: *avvolgersi in una coperta*

SFUMATURE DI SIGNIFICATO
avvolgere - involgere
Avvolgere è piegare una o più volte una cosa su sé stessa; in senso esteso, significa fasciare, circondare, coprire. **Involgere** è ricoprire un oggetto con qualcosa (carta, stoffa, ecc.) racchiudendolo completamente.
SFUMATURE ➤ *avviluppare*, ➤ *involgere*

avvolgìbile [1925] **A** agg. ● che si può avvolgere: *persiana a.* ‖ **avvolgibilità**, s. f. inv. **B** s. m. ● persiana formata di listelli di legno o plastica collegati trasversalmente, che si avvolgono su di un rullo SIN. tapparella

avvolgifiòcco [comp. di *avvolg(ere)* e *fiocco*② ✱ 1985] s. m. (pl. *-chi*) ● (*mar.*) avvolgitore collegato allo strallo di un'imbarcazione a vela per regolare la superficie del fiocco SIN. rullafiocco | strallo avvolgibile

avvolgimènto [av. 1334] s. m. **1** l'avvolgere, l'avvolgersi | (*lett.*) viluppo **2** (*lett.*, *fig.*) inganno, intrigo **3** (*milit.*) manovra di aggiramento di un'ala dello schieramento nemico per coglierlo alle spalle **4** (*elettr.*) complesso di conduttori che creano un campo magnetico o sono sedi di correnti indotte in una macchina o apparecchio elettrico: *a. a disco*

avvolgirànda [comp. di *avvolg(ere)* e *randa* ✱ sec. XX] s. m. inv. ● (*mar.*) avvolgitore contenuto nel boma o nell'albero di un'imbarcazione a vela per regolare la superficie della randa SIN. rullaranda

avvolgitóre [av. 1543] agg. e s. m. (f. *-trice* (V.)) **1** che (o chi) avvolge **2** (*raro*, *lett.*) ingannatore **3** operaio specializzato nella realizzazione di avvolgimenti elettrici **4** apparecchio che serve ad avvolgere | (*mar.*) congegno dotato di un tamburo che permette di avvolgere una vela attorno all'asse in cui è inferita per regolarne la superficie esposta o per riporla

avvolgitrìce [1955] s. f. ● macchina per avvolgere

†**avvolpacchiàre** [comp. di *a-*② e *volpe*, *volpacchiotto* ✱ av. 1565] **A** v. tr. ● raggirare **B** †**avvolpacchiàrsi** v. intr. pron. ● intricarsi | confondersi, imbrogliarsi

avvolticchiàre [da *avvolto* con suff. verb. iter. *-icchiare* ✱ av. 1597] **A** v. tr. (*io avvoltìcchio*) ● (*raro*) avvolgere strettamente a più capi **B** **avvolticchiàrsi** v. intr. pron. e rifl. ● (*raro*) attorcigliarsi | (*raro*, *fig.*) confondersi

avvòlto part. pass. di *avvolgere*; anche agg. ● nei sign. del v. | (*fig.*) immerso, circondato: *un paese a. nella nebbia*; *un delitto a. nel mistero*

avvoltóio o †**avoltóio** [lat. *vultŭriu(m)*, da *vŭltur* 'avvoltoio', di orig. etrusca: 'l'uccello del dio Vel', o da avvicinare a *vĕllere* 'strappare' ✱ 1261 ca.] s. m. (pl. *-ói*) **1** nome comune di uccello rapace appartenente a vari generi dei Falconiformi, caratterizzato dalla testa spesso nuda, becco uncinato e artigli aguzzi e ricurvi | ***a. calvo***, specie dell'Asia meridionale con testa a pelle nuda e rossa (*Sarcogyps calvus*) | ***a. degli agnelli***, specie diffusa nelle zone montane dell'Europa, dell'Asia e dell'Africa, caratterizzata da un ciuffo di filopiume sotto al becco (*Gypaetus barbatus*) | ***a. delle palme***, specie dell'Africa subsahariana caratterizzata da una dieta mista a base di noci di cocco e pesce morto (*Gypohierax angolensis*) | ***a. orecchiuto***, specie a diffusione africana, dotata di becco robusto e particolarmente aggressiva (*Targos tracheliotus*) | ***a. reale***, specie centro-sudamericana che deve il suo nome alla vistosa colorazione della pelle del capo (*Sarcoramphus papa*) **2** (*fig.*) persona avida, rapace e crudele, che trae profitto dalle disgrazie altrui

avvoltolàre [da *avvolto* ✱ 1620] **A** v. tr. (*io avvòltolo*) ● avvolgere più volte e disordinatamente: *a. un oggetto in un foglio di carta* **B** **avvoltolàrsi** v. rifl. ● avvolgersi più volte: *si avvoltolò nello scialle* | rotolarsi: *i maiali si avvoltolano nel fango*
SFUMATURE ➤ *ammatassare*

avvoltolàto part. pass. di *avvoltolare*; anche agg. ● nei sign. del v. ‖ **avvoltolatamènte**, avv. †in fretta, alla meno peggio

avvòlvere ➤ **avvolgere**

àxel /'aksel, *ingl.* 'æksəl/ [vc. ingl., dal n. del pattinatore artistico norvegese *Axel* Paulsen che ideò tale figura nel 1881] s. m. inv. ● (*sport*) nel pattinaggio artistico, figura che richiede l'esecuzione di un salto con una rotazione e mezza in aria: *doppio a.*, *triplo a.*

axeroftòlo [comp. di *a-*①, *xeroft(almina)* e *-olo*① ✱ 1949] s. m. ● vitamina A

axiologìa e deriv. ➤ **assiologia** e deriv.

axolòtl [vc. azteca, propr. 'servo dell'acqua' ✱ 1918] s. m. inv. ● (*zool.*) larva degli anfibi urodeli capace di riprodursi, che mantiene per tutta la vita lo stato larvale

axóne ➤ **assone**

axonèma ➤ **assonema**

ayatollàh /ajatol'la*, *persiano* ɒːjætol'lɒː/ [dall'arabo *āyatu-llāh* 'miracoloso segno di Dio', adattato alla fonetica persiana ✱ 1978] s. m. inv. ● nell'Islam sciita, la massima autorità religiosa, cui si riconoscono unanimemente particolari doti di saggezza, di preparazione teologica, dirittura morale e dedizione alla collettività

àye-àye /'aje 'aje/ [da una vc. malgascia di orig. onomat. ✱ 1874] s. m. inv. ● proscimmia con lunga coda terminante a pennacchio e alluce privo di artiglio (*Cheiromys madagascariensis*)

Ayurvèda /ajur'vɛda/ [vc. sanscrita propr. 'scienza della vita', comp. di *āyur* 'vita, potere vitale' e *veda* 'conoscenza' ✱ 1988] s. f. inv. ● antica dottrina filosofica indiana basata su complesse relazioni fra le tre forze basilari (sole, luna, vento) e i cinque elementi fondamentali della materia (terra, acqua, fuoco, aria, etere) legati ai cinque sensi (olfatto, gusto, vista, tatto, udito) | forma di medicina alternativa indiana tramandata oralmente, che privilegia la medicina preventiva e insegna pratiche terapeutiche

ayurvèdico /ajur'vɛdiko/ [1986] agg. (pl. m. *-ci*) ● che riguarda l'ayurveda o ne segue i principi: *medicina ayurvedica*

azalèa [vc. dotta, gr. *azaléa*, f. dell'agg. *azaleós* 'arido, secco', da *ázō* 'io asciugo' ✱ 1819] s. f. ● arbusto delle Ericacee molto ramificato, con piccole foglie persistenti e grandi fiori di vari colori (*Rhododendron indicum*)

azèdarach /ad'dzɛdarak/ [fr. *azédarac(h)* dal persiano *āzād-dirakht*, propr. 'albero libero', che cresce allo stato selvaggio ✱ 1894] s. m. inv. ● (*bot.*) albero delle Meliacee originario dell'Asia tropicale dal quale si ricava un legno pregiato; ha frutti con proprietà emetiche e purgative (*Melia azedarach*) SIN. albero santo

azeotropìa [comp. di *a-*①, del gr. *zeîn* 'bollire' e di *-tropia* ✱ sec. XX] s. f. ● (*chim.*) fenomeno tipico dei miscugli azeotropici

azeotròpico [ingl. *azeotropic*, comp. del gr. *a-* privativo, di un deriv. del v. *zéin* 'bollire', di estensione indeur., e *-tropic* '-tropico' ✱ 1980] agg. (pl. m. *-ci*) ● (*chim.*) detto di un miscuglio di liquidi che bolle a una definita temperatura producendo un vapore di uguale composizione: *miscela azeotropica*

azerbaigiàno [1986] **A** agg. ● dell'Azerbaigian, Stato della Transcaucasia **B** s. m. (f. *-a*) ● abitante o nativo dell'Azerbaigian **C** s. m. solo sing. ● lingua affine al turco parlata nell'Azerbaigian

azèro [1912] **A** s. m. (f. *-a*) ● abitante o nativo dell'Azerbaigian SIN. azerbaigiano **B** agg. ● appartenente, relativo agli azeri o all'Azerbaigian **C** s. m. solo sing. ● lingua del gruppo turco parlata in Azerbaigian

azèrty /ad'dzɛrti/ [dalle lettere che compaiono nei primi sei tasti della prima riga dell'area alfabetica ✱ 1992] agg. inv. ● (*inform.*) nella loc.: ***tastiera a.***, tipo di tastiera la cui distribuzione dei tasti è adottata come standard sulle macchine per scrivere e nell'informatica in Francia CFR. qwerty, qzerty

azeruòlo ➤ **lazzeruolo**

azidotimidìna [da *azoto* e *timina* ✱ 1993] s. f. ● (*farm.*) farmaco antivirale particolarmente attivo sul virus HIV dell'AIDS di cui inibisce la replicazione; in sigla AZT

azièndа [sp. *hacienda*; stessa etim. dell'it. *faccenda* ✱ 1602] s. f. ● complesso di beni organizzato per la produzione di altri beni o servizi | comunemente, impresa produttrice di beni o servizi | ***a. famigliare***, quella costituita dai beni e dal lavoro prevalentemente forniti dai componenti una famiglia | ***a. autonoma***, ufficio particolare di organi o enti amministrativi cui è riconosciuta una speciale autonomia contabile e finanziaria | ***A. sanitaria locale***, V. *Asl* | (*est.*) settore, categoria, organismo e sim. considerato nel suo insieme sotto il profilo economico: *l'a. cinema è in crisi*; *l'a. Italia* ‖ **aziendina**, dim. | **aziendóna**, accr.

aziendàle [1931] agg. ● di una azienda: *organizzazione a.*; *avviamento a.* | ***contratto collettivo a.***, contratto stipulato tra l'imprenditore e l'insieme dei lavoratori dell'impresa o una rappresentanza di essi | ***economia a.***, parte dell'economia che studia l'utilizzazione dei beni di un'azienda per il raggiungimento dei fini prestabiliti ‖ **aziendalménte**, avv. dal punto di vista aziendale ‖ **aziendalità**, s. f. inv.

aziendalése (o *-s-*) [da *aziendale* con il suff. *-ese*② ✱ 1984] **A** s. m. ● (*iron.*) linguaggio tipico di chi lavora in una determinata azienda o in un determinato settore: *l'a. della Fiat*; *l'a. bancario* **B** anche agg.: *gergo a.*

aziendalìsmo [1959] s. m. **1** studio dei problemi dell'azienda **2** tendenza a privilegiare gli interessi delle aziende o di quella in cui si lavora

aziendalìsta [1985] **A** s. m. e f. (pl. m. *-i*) **1** esperto, studioso di economia aziendale **2** chi attribuisce un'importanza primaria agli interessi delle aziende o di quella in cui lavora **B** agg. ● aziendalistico

aziendalìstica [f. sost. di *aziendalistico* ✱ sec. XX] s. f. ● disciplina che studia la gestione aziendale

aziendalìstico [1959] agg. (pl. m. *-ci*) ● proprio, tipico dell'aziendalismo, degli aziendalisti | relativo all'azienda

aziendalizzazióne [1967] s. f. ● trasformazione di un ente pubblico in azienda

aziliàno [dal n. della località di Mas d'Azil, nei Pirenei ✱ 1930] agg. ● nella loc. ***cultura aziliana***, cultura dell'età della pietra le cui manifestazioni artistiche consistono in ciottoli incisi a disegni geometrici in ocra

àzima ➤ **azzima**

àzimo ➤ **azzimo**

àzimut [arabo *as-sumūt*, pl. di *as-samt* 'direzione' ✱ 1578] s. m. inv. ● (*astron.*) angolo tra il circolo verticale di un astro e il meridiano del luogo di osservazione | angolo che la retta congiungente un punto con l'origine di un sistema di coordinate forma con una retta o un piano fissi

a b c d e f g h i j k l m n o p q r s t u v w x y z

a

azimutàle [av. 1739] **agg.** ● (*astron.*) attinente all'azimut | ***goniometro a.***, munito soltanto di cerchio graduato orizzontale, che permette di misurare l'azimut

azionàbile [da *azionabile* ✱ 1981] **agg.** **1** che si può azionare, mettere in azione **2** (*dir.*) detto di diritto che si può far valere in giudizio || **azionabilità**, **s. f. inv.**

azionaménto [da *azionare* ✱ 1965] **s. m.** ● messa in azione, in movimento

azionàre [fr. *actionner*, da *action* 'azione①' ✱ 1905] **v. tr.** (*io azióno*) ● muovere, mettere in azione: *a. il dispositivo di sicurezza*

azionariàto [da *azionario* ✱ 1944] **s. m.** **1** partecipazione nel possesso di azioni di una società | ***a. diffuso***, caratterizzato da un elevato numero di piccoli azionisti **2** insieme dei possessori di azioni di una società: *a. operaio, popolare, di Stato*

azionàrio [da *azione②* ✱ 1918] **agg.** ● relativo alle azioni: *mercato a.* | costituito da azioni: *capitale a. di una società; pacchetto a.*

azionatóre [da *azionare* ✱ 1983] **agg. e s. m.** (**f.** *-trice*) ● che (o chi) aziona

♦**azióne**① [vc. dotta, lat. *actiōne(m)*, da *ăgere* 'fare' ✱ 1255] **A** **s. f.** **1** atto dell'agire, dell'operare: *far seguire l'a. ai discorsi, alle decisioni; pensiero e a.; passare all'a.* | ***filosofia dell'a.***, ogni teoria filosofica che sostenga il primato dell'azione sulla conoscenza intellettiva; pragmatismo | ***uomo d'a.***, attivo, energico | ***entrare in a.***, cominciare ad agire, a operare | ***Partito d'A.***, partito attivo fra il 1942 e il 1947, con un programma di conciliazione fra liberalismo e socialismo **2** atto, operato individuale che implica una valutazione morale: *commettere un'a. buona, cattiva, infame, indegna; bisogna avere il coraggio delle proprie azioni* | †faccenda, negozio **3** produzione di un determinato effetto: *un farmaco che esercita un'a. sedativa; l'a. demolitrice delle onde del mare* | movimento, funzionamento: *mettere in a. un meccanismo* | (*fig.*) capacità, efficacia: *l'a. benefica delle sue parole* **4** in un'opera letteraria, teatrale o cinematografica, l'insieme delle vicende: *l'a. del romanzo si svolge in Africa* | ***unità d'a.***, semplicità dell'intreccio di un dramma o poema | movimento, ritmo: *una trama ricca di a. e colpi di scena* | ***film d'a.***, V. *film* **5** (*dir.*) attività di un privato o del Pubblico Ministero atta a provocare una decisione del giudice | ***a. comune***, adottata dal Consiglio dell'Unione europea per affrontare specifiche situazioni in cui si ritiene necessario un intervento operativo dell'Unione | ***a. collettiva***, V. *class action* **6** (*milit.*) combattimento, fatto d'armi: *a. terrestre, navale* | ***a. di fuoco***, tiro o complesso di tiri volti al raggiungimento di uno scopo tattico **7** (*sport*) modo in cui si svolge o viene condotta la fase di una gara: *a. lenta, decisa, travolgente* | manovra o insieme di manovre di uno o più atleti per realizzare o sviluppare il proprio gioco in un dato momento: *a. d'attacco, difensiva* **8** (*fis.*) forza che un sistema fisico esercita su un altro sistema: *principio di a. e di reazione* | grandezza fisica avente le dimensioni del prodotto di un'energia per un tempo **9** (*elvet.*) offerta speciale, campagna promozionale (calco sul ted. 'Aktion'): *al supermercato c'è un'a. di surgelati* **B** **in funzione di inter.** ● si usa come ordine agli attori da parte del regista cinematografico all'inizio di ogni ripresa: *a.!* || **azionàccia**, **pegg.** | (*raro*) **azioncèlla**, **dim.** | **azioncina**, **dim.**

♦**azióne**② [fr. *action*, a sua volta dal neerl. *aktie* ✱ 1673] **s. f.** ● (*dir.*) quota del capitale di una società commerciale, e documento che incorpora il diritto del socio a una quota di capitale sociale della stessa: *la società ha emesso nuove azioni* | ***a. privilegiata***, che accorda al titolare un diritto di preferenza nella distribuzione degli utili | ***a. di godimento***, attribuita ai possessori di azioni rimborsate in caso di riduzione per esuberanza del capitale sociale | ***a. di risparmio***, caratterizzata dal fatto di essere al portatore e di avere una remunerazione e un trattamento fiscale più favorevoli rispetto all'azione ordinaria | ***a. d'oro, a. aurea***, golden share || (*colloq.*) **azioncina**, **dim.**

azionìsmo [V. *azionista②* ✱ 1952] **s. m.** ● l'ideologia e la politica del Partito d'Azione (V. *azione①*) e di chi, nel corso degli anni, si è a esso richiamato

azionìsta① [da *azione②* ✱ 1690] **s. m. e f.** (**pl. m.** *-i*) ● titolare di azioni di una società: *diritto di voto degli azionisti* | ***a. di riferimento***, chi detiene una partecipazione tale da consentirgli il controllo della società

azionìsta② [da *azione①* ✱ 1944] **s. m. e f.** (**pl. m.** *-i*) ● aderente al Partito d'Azione (V. *azione①*)

azionìstico [da *azionista①* ✱ 1983] **agg.** (**pl. m.** *-ci*) ● azionario

àzo- [tratto da *azoto*] **primo elemento** ● in parole composte della terminologia chimica indica la presenza del gruppo azoico (–N=N–): *azocolorante, azocomposto*

azocolorànte [comp. di *azo-* e *colorante* ✱ 1983] **s. m.** ● (*chim.*) colorante azoico

azocompósto [comp. di *azo-* e *composto* ✱ 1950] **s. m.** ● (*chim.*) composto azoico

azòico① [dal gr. *ázōos* 'privo (*a-*) di vita (*zōḗ*)' con la terminazione aggettivale *-ico* ✱ 1829] **agg.** (**pl. m.** *-ci*) ● (*geol.*) arcaico

azòico② [comp. di *azo-* e *-ico* ✱ 1955] **agg.** (**pl. m.** *-ci*) ● (*chim.*) detto di composto organico in cui è presente il gruppo –N=N–

azòlla [dal gr. *áz(ein)* 'seccare' e *oll(ýnai)* 'perdere' (?) ✱ 1930] **s. f.** ● felce acquatica galleggiante con fusto ramificato e foglioline alterne squamiformi (*Azolla caroliniana*)

azònio [da *azoto* col suff. *-onio*, ricavato da *ammonio* ✱ 1955] **s. m.** ● (*chim.*) composto chimico contenente il radicale azo- insieme con un atomo di alogeno e un radicale idrocarburico

azoospermìa [comp. di *a-①* e un deriv. di *zoosperma* ✱ 1936] **s. f.** ● (*med.*) assenza di spermatozoi nel liquido spermatico

azotàto [1869] **agg.** ● detto di composto chimico che contiene azoto: *concime a.*

azotatùra [1954] **s. f.** ● somministrazione di concimi azotati alle colture durante la vegetazione

azotemìa [comp. di *azot(o)* ed *-emia* ✱ 1935] **s. f.** ● (*med.*) presenza nel sangue di urea o di altri composti azotati

azòtico [1726] **agg.** (**pl. m.** *-ci*) ● (*chim.*) nella loc. ***acido a.***, acido nitrico

azòto [comp. di *a-①* e del gr. *zoḗ* 'vita' ✱ 1795] **s. m.** ● elemento chimico, non metallo, gassoso, incolore, inodore, che non mantiene la combustione e la respirazione, costituente principale dell'aria, da cui si ottiene per liquefazione; è usato per la produzione dell'ammoniaca e di fertilizzanti **SIMB.** N **NUM. AT.** 7 **SIN.** (*raro*) nitrogeno **CFR.** nitro-

azotofissatóre [comp. di *azoto* e *fissatore* ✱ 1955] **A** **s. m.** ● (*biol.*) organismo capace di fissare l'azoto atmosferico **B** **anche agg.** (**f.** *-trice*): *batteri azotofissatori*

azotoiprìte [comp. di *azoto* e *iprite* ✱ 1955] **s. f.** ● liquido oleoso incolore dotato di forte potere vescicante, per cui è usato, oltre che in biologia e in medicina, anche come aggressivo chimico

azotùria o **azoturìa** [comp. di *azoto* e del gr. *ôuron* 'urina' ✱ 1955] **s. f.** ● (*med.*) quantità di azoto ureico presente nelle urine

azotùro [comp. di *azoto* e *-uro①* ✱ 1865] **s. m.** ● (*chim.*) nitruro

aztèco /as'teko, ats'tɛ-/, (*evit.*) **aztèco** [dall'indigeno *Aztecatl* 'abitante di *Aztlan*', il mitico paese di provenienza, propr. 'la terra degli aironi' ✱ 1843] **A** **s. m.** (**f.** *-a*; **pl. m.** *-chi*) ● appartenente a una antica popolazione indigena dell'America centrale, stanziata nell'attuale Messico **B** **s. m. solo sing.** ● lingua parlata dagli Aztechi **C** **agg.** (**pl. m.** *-chi*) ● degli Aztechi: *lingua, civiltà azteca*

azùki /ad'dzuki, *giapp.* a.dzɯ.ki/ [vc. di provenienza giapp. ✱ 1992] **s. m. inv.** ● piccolo arbusto delle Leguminose, con varietà che producono semi rotondeggianti di vari colori (*Vigna angularis*) | i semi commestibili di tale pianta che in cucina hanno lo stesso impiego dei fagioli

azulèjo /addzu'lɛjo, *sp.* aθu'lexo, asu'leho/ [vc. sp., prob. dall'arabo *az-zulayğ* ✱ 1892] **s. m. inv.** (**pl. sp.** *azulejos*) ● piastrella di terracotta maiolicata o verniciata, usata per pavimentazioni o per rivestimenti di pareti

azulène [comp. dello sp. *azul* 'azzurro' (di orig. araba) e *-ene* ✱ 1955] **s. m.** ● idrocarburo liquido, oleoso, di colore azzurro, isomero della naftalina, ottenuto da molti oli essenziali, impiegato nella preparazione di cosmetici

azỳgos /ad'dzigos/ [comp. di *a-①* e del gr. *zygón* 'giogo' ✱ 1729] **agg. inv.** ● (*anat.*) detto di struttura anatomica presente singolarmente, assente nella parte simmetrica del corpo, come per es. il cuore o il fegato | ***vena a.***, che raccoglie il sangue della parete superiore dell'addome e della parete toracica, risalendo a destra della colonna vertebrale

àzza o †**àccia②** [fr. *hache*, dal germ. *hapja* ✱ av. 1389] **s. f.** ● antica arma in uso fino al XVI secolo, costituita da una corta asta e da una testa a forma di accetta con penna solitamente a punta

azzannàre (o *-zz-*) o †**assannàre** [comp. di *a-②* e *zanna* ✱ 1312] **A** **v. tr.** **1** afferrare e stringere con le zanne: *il cane gli azzannò le gambe* **2** (*raro, fig.*) criticare ferocemente **B** **azzannàrsi** **v. rifl. recipr.** **1** mordersi con violenza **2** (*fig.*) litigare furiosamente

azzannàta (o *-zz-*) [1887] **s. f.** ● morso dato con le zanne: *l'a. del lupo*

azzannatùra (o *-zz-*) [1887] **s. f.** ● segno dell'azzannata

♦**azzardàre** [fr. *hasarder*, da *hasard* 'azzardo' ✱ 1553] **A** **v. tr.** **1** arrischiare: *a. una speculazione* | fare, dire, proporre con esitazione, incertezza e sim.: *a. un intervento, una domanda, un'ipotesi* **2** (*assol.*) esporsi a un rischio, agire avventatamente: *ha azzardato troppo e si è rovinato* **B** **azzardàrsi** **v. intr. pron.** ● avventurarsi, arrischiarsi, osare (spec. in frasi negative o imperative) (+ *a* **seguito da inf.**): *non si azzardava a intervenire; non azzardarti a parlarmi in questo modo!*

♦**azzardàto** **part. pass.** di *azzardare*; anche **agg.** **1** nei sign. del v. **2** audace, temerario, arrischiato: *risposta, impresa azzardata* || **azzardataménte**, **avv.**

♦**azzàrdo** [fr. *hasard*, dall'arabo *az-zahr* 'dado da gioco' ✱ 1644] **s. m.** **1** complesso di circostanze casuali che implica, fra gli esiti possibili, rischi, pericoli e sim.: *sfidare l'a.; esporsi all'a.; mettersi all'a.* | ***giochi d'a.***, quelli in cui la vincita dipende dalla sorte anziché dalla bravura del giocatore, e perciò vietati dalla legge nei luoghi pubblici o aperti al pubblico e in circoli privati | (*generic.*) rischio: *affrontare quel viaggio è stato un bel l'a.; uscire con un simile freddo è un a.* | (*econ.*) ***a. morale***, propensione a correre maggiori rischi da parte di chi sa che le eventuali conseguenze ricadranno su altri **2** †caso, sorte

◆**azzardóso** (o -ṣ-) [da *azzardo* ✱ 1641] **agg.** **1** che rivela o implica azzardo: *atto a.*; *impresa azzardosa* | (*est.*) dubbio, incerto **2** (*lett.*) che ama esporsi al rischio, detto spec. di persona ‖ **azzardosaménte**, **avv.**

-azzàre **suff.** ● insieme con il prefisso *s-*, forma verbi alterati ai quali conferisce valore frequentativo, attenuativo o peggiorativo: *sbevazzare, scopiazzare, scorrazzare, sghignazzare, spiegazzare, svolazzare*

azzeccagarbùgli (o -ẓẓ-) [dal nome di un celebre personaggio manzoniano ✱ 1849] **s. m. inv.** ● leguleio da strapazzo | intrigante (V. nota d'uso STEREOTIPO)

azzeccàre (o -ẓẓ-) [medio alto ted. *zecken* 'menare un colpo' ✱ av. 1704] **A** **v. tr.** (*io azzécco, tu azzécchi*) **1** colpire nel segno | (*est.*) assestare | (*fig.*) appioppare, rifilare **2** (*fig.*) indovinare: *ha azzeccato la risposta esatta* | ***azzeccarci***, (*colloq.*) indovinare qlco., cogliere nel segno: *brava, ci hai azzeccato!* | ***non azzeccarne mai una***, (*fam.*) non riuscire in nulla **B** **v. intr.** (**aus.** *avere*) ● (*centr.*, *merid.*) avere a che fare | ***che ci azzecca?***, che c'entra?

azzeccàto (o -ẓẓ-) **part. pass.** di *azzeccare*; **anche agg.** ● che ha colpito nel segno: *una mossa azzeccata* | opportuno, efficace, indovinato: *una battuta azzeccata*

azzeraménto [1939] **s. m.** ● l'azzerare, il venire azzerato (*anche fig.*)

azzeràre [comp. di *a-*② e *zero* ✱ 1942] **A** **v. tr.** (*io azzèro*) **1** in vari strumenti di misurazione o apparecchi di calcolo, ridurre, portare a zero **2** (*est.*) annullare, cancellare: *a. le conclusioni di un dibattito* | (*fig.*) riportare al punto di partenza: *a. gli elementi di una polemica* **B** **azzeràrsi** **v. intr. pron.** ● ridursi, portarsi a zero: *guadagni che diminuiscono fino ad azzerarsi*

azzeruòla ➤ **lazzeruola**

azzeruòlo ➤ **lazzeruolo**

àzzima o **àzima** [V. *azzimo* ✱ av. 1396] **s. f.** ● pane non lievitato, pane azzimo

◆**azzimàre** [provenz. *azesmar*, dal lat. *adaestimāre* 'apprezzare' ✱ sec. XIII] **A** **v. tr.** (*io azzimo* o *àzzimo*) ● ornare, agghindare: *a. la propria persona* | acconciare: *azzimarsi i capelli* **B** **azzimàrsi** **v. rifl.** ● ornarsi con ricercatezza (*spec. iron.*)

azzimàto **part. pass.** di *azzimare*; **anche agg.** ● acconciato con ricercatezza, agghindato ‖ **azzimataménte**, **avv.**

àzzimo o (*lett.*) **àzimo** [vc. dotta, lat. tardo *azȳmu(m)*, dal gr. *ázymos* 'senza lievito', comp. di *a-*① e *zýmē* 'lievito' ✱ av. 1306] **A** **agg.** ● non lievitato, detto spec. del pane **B** **s. m.** ● pane non lievitato consumato dagli Ebrei nella settimana pasquale e dai Cattolici durante il rito della Messa | ***festa degli Azzimi***, quella che, presso gli antichi Ebrei, cadeva sette giorni dopo la Pasqua

azzittàre (o -ẓẓ-) [1735] **v. tr.**, **intr.** (**aus. intr.** *essere*) e **azzittàrsi** **v. intr. pron.** ● azzittire, azzittirsi

azzittìre (o -ẓẓ-) [comp. di *a-*② e *zitto* ✱ av. 1850] **A** **v. tr.** (*io azzittìsco, tu azzittìsci*) ● fare star zitto: *a. la scolaresca* **B** **v. intr.** (**aus.** *essere*) e **azzittìrsi** **v. intr. pron.** ● smettere di parlare, tacere: *si azzittì di colpo* **SIN.** ammutolire

-àzzo [var. non tosc. di *-accio*] **suff.** ● aggiunto a sostantivi, aggettivi o verbi, forma sostantivi con valore per lo più spregiativo, ma talora anche accrescitivo: *amorazzo, andazzo, codazzo, pupazzo, bonazza, fontanazzo*

azzonaménto [da *zona*, sul modello dell'ingl. *zoning* ✱ 1963] **s. m.** ● (*urbanistica*) suddivisione di un ambito territoriale in zone a scopo di pianificazione e controllo delle trasformazioni urbanistiche del territorio stesso **SIN.** zonizzazione

azzoppaménto (o -ẓẓ-) [1961] **s. m.** ● l'azzoppare

azzoppàre (o -ẓẓ-) [comp. di *a-*② e *zoppo* ✱ 1525] **A** **v. tr.** (*io azzòppo*) ● far diventare zoppo **B** **v. intr.** (**aus.** *essere*) e **azzoppàrsi** **v. intr. pron.** ● diventare zoppo: *è azzoppato dopo quella brutta caduta*; *il cavallo si azzoppò*

azzoppìre (o -ẓẓ-) [1553] **v. intr.** (*io azzoppìsco, tu azzoppìsci*; **aus.** *essere*) e **azzoppìrsi** **v. intr. pron.** ● diventare zoppo

azzuffaménto (o -ẓẓ-) [sec. XIV] **s. m.** ● (*raro*) l'azzuffarsi | zuffa

azzuffàre (o -ẓẓ-) [comp. di *a-*② e *zuffa* ✱ sec. XIII] **A** **v. tr.** **1** †far venire a zuffa **2** †mescolare **B** **azzuffàrsi** **v. intr. pron.** e **rifl. recipr.** ● venire alle mani, picchiarsi (+ *con*): *azzuffarsi con alcuni tifosi*; *si azzuffarono davanti a tutti*

azzurràbile [da *azzurro*, n. dei componenti delle squadre sportive nazionali italiane (dal colore della maglia) ✱ 1942] **agg.**; **anche s. m. e f.** ● (*raro*) detto dell'atleta che potrà essere scelto quale componente di una squadra nazionale italiana

azzurràggio [1955] **s. m.** ● (*chim.*) operazione consistente nell'aggiungere a sostanze giallicce un prodotto azzurro, per renderle bianche | l'effetto di tale operazione

azzurraménto [1955] **s. m.** ● (*fis.*) trattamento mediante il quale si deposita sulla superficie di una lente uno strato molto sottile di una sostanza trasparente, con lo scopo di diminuire la riflessione e quindi di aumentare la trasparenza della lente per certe radiazioni dello spettro; i riflessi che rimangono hanno colore azzurrino

azzurràre [1863] **v. tr.** e **azzurràrsi** **v. intr. pron.** ● tingere, tingersi d'azzurro

azzurràto **A** **part. pass.** di *azzurrare*; **anche agg.** **1** nei sign. del v. **2** ***obiettivo a.***, le cui lenti sono ricoperte da uno strato antiriflettente che elimina completamente la riflessione di alcune radiazioni, ma lascia dei riflessi azzurrini **B** **s. m.** ● fregio tipografico composto da più filetti chiari, paralleli e vicinissimi l'uno all'altro

azzurreggiàre [av. 1519] **v. intr.** (**pres.** *io azzurréggio*; **fut.** *io azzurreggerò*; **aus.** *avere*) ● (*lett.*) essere azzurro, tendere al colore azzurro: *dei vigneti sul ciglio dell'altura / azzurreggiano i pali* (U. SABA)

azzurrìccio [1551] **agg.** (**pl. m.** *-ci*; **pl. f.** *-ce*) ● †che tende all'azzurro

azzurrìgno [sec. XIV] **agg.** ● (*lett.*) che ha un colore azzurro chiaro, tendente al grigio: *fumo a.*

azzurrìno [1340] **A** **agg.** ● che ha un colore azzurro tenue e delicato: *nebbia, aria azzurrina* **B** **s. m.** **1** il colore azzurrino **2** (**f.** *-a*) atleta che fa parte di una squadra nazionale italiana di categoria junior

azzurrità [1882] **s. f. inv.** ● (*lett.*) caratteristica di ciò che è azzurro: *l'a. degli oceani* | (*lett.*) distesa d'azzurro: *volare nell'immensa a.*

azzurrìte [1874] **s. f.** ● (*miner.*) carbonato idrato di rame in cristalli o in concrezioni di colore azzurro intenso

◆**azzùrro** [persiano *lāžwārd*, con la caduta della *l-* iniziale interpretata come articolo ✱ av. 1276] **A** **agg.** **1** che ha un colore variabile tra il celeste e il turchino: *cielo, mare a.*; *occhi azzurri*; *veste azzurra* **CFR.** ciano- | ***principe a.***, nelle fiabe, il principe che sposa la protagonista; (*est.*) lo sposo ideale a lungo sognato | ***pesce a.***, acciughe, sardine, sgombri **2** detto di atleta che sia stato chiamato a far parte di una formazione rappresentativa italiana contrassegnata dalla maglia di tale colore: *i calciatori azzurri* | (*est.*) relativo a una squadra sportiva nazionale italiana: *il basket a.* | (*est.*) relativo all'attività sportiva italiana sul piano internazionale: *il ritiro a.*; *dirigenti azzurri* | (*per anton.*) italiano: *le affermazioni dello sport a. alle Olimpiadi* | detto di atleta che gioca nella squadra di calcio del Napoli **3** detto di aderente al movimento politico Forza Italia **SIN.** forzista **B** **s. m.** **1** il colore azzurro **2** (**f.** *-a*) atleta che fa parte di squadra nazionale italiana: *gli azzurri scendono in campo con speranze di vittoria* | rappresentante italiano a gare, tornei e sim., internazionali | atleta che gioca nella squadra di calcio del Napoli **3** (**f.** *-a*) aderente al movimento politico Forza Italia **SIN.** forzista **4** composto chimico di colore azzurro: *a. di rame* | sostanza che colora in azzurro | ***a. di Berlino***, blu di Prussia | ***a. di metilene***, blu di metilene | ***a. oltremarino***, oltremare ‖ **azzurràstro**, **pegg.**

azzurrógnolo (o -ó-) [sec. XIV] **agg.** ● che ha un colore azzurro pallido e sbiadito: *velo a.*; *luce azzurrognola*; *nubi azzurrognole*

a b c d e f g h i j k l m n o p q r s t u v w x y z

b

b, B

Il suono rappresentato in italiano dalla lettera *B* è quello della consonante occlusiva bilabiale sonora /b/. Questa consonante può essere, secondo i casi, semplice (es. *rubàre* /ru'bare/, *tibia* /'tibja/, *libro* /'libro/, *la bellézza* /label'letstsa/; *tórbo* /'torbo/, *bellézza* /bel'letstsa/, *gran bellézza* /grambel'letstsa/) oppure geminata (es. *gòbbo* /'gɔbbo/, *ràbbia* /'rabbja/, *libbra* /'libbra/, *che bellézza* /kebbel'letstsa/).

b, (*maiusc.*) **B** [av. 1334] **s. f. o m. inv.** ● seconda lettera dell'alfabeto italiano (nome per esteso *bi*): *b minuscola*; *B maiuscolo* | nella compitazione spec. telefonica it. *b come Bologna*; in quella internazionale *b come bravo* | (*sport*) ***serie B***, suddivisione comprendente gli atleti o le squadre di valore intermedio | ***di serie B***, (*fig.*) di qualità inferiore | (*chim.*) ***vitamine del gruppo B***, V. *vitamina* | ***piano B***, V. *piano*③ | ***lato B***, V. *lato*① | ***B-movie***, V. *movie*

ba① ➤ **bah**

ba② [da *b* e *a*, prima sillaba insegnata agli scolari in passato ✱ 1943] **s. m. inv.** ● (*fam.*) solo nella loc.: ***non dire né a né ba***, non dire nulla, tacere

baathìsta /baa'tista/ [dal n. del partito *Baath*, dall'arabo *ba'ṯ* 'resurrezione, rinascita' con il suff. *-ista* ✱ 1985] **agg.** (**pl. m.** *-i*) ● relativo al Partito della rinascita socialista araba, sorto nel 1953 e al potere in Siria dal 1963, in Iraq dal 1968 al 2003

bàba [sloveno *bába* di ampia area slava, voce del linguaggio infant. ✱ 1912] **s. f.** ● (*sett.*) donna spec. vecchia: *gli uomini facevano la convalescenza in bottega e le babe in letto* (I. SVEVO)

babà [fr. *baba*, dal polacco *baba*, propr. 'nonna, vecchia' ✱ 1874] **s. m. inv.** ● dolce di pasta lievitata, a forma di fungo, intriso di rum, talvolta con l'aggiunta di uva passa

babàco [dal portog. *babacu* ✱ 1986] **s. m.** (**pl.** *-chi*) **1** (*bot.*) palma del Brasile nord-orientale coltivata per l'olio che si estrae dalle sue drupe (*Orbygnia speciosa*) **2** (*bot.*) alberello delle Caricacee coltivato nelle regioni a climi intertropicale e mediterraneo per le grandi bacche commestibili (*Carica pentagona*) | il frutto di tale pianta

babàssu [dal suo n. portog. *babaçú* di orig. tupi ✱ 1987] **s. m. inv.** ● (*bot.*) palma originaria del Brasile, dal cui frutto si estrae un olio per cosmetici e detergenti (*Orbignya martiana*) | il frutto di tale palma

babàu o **babào**, **bàu**②, **bào** [vc. onomat.: da "far *bau bau*", vc. imitativa, che già gli antichi adoperavano per richiamare l'abbaiare del cane ✱ 1553] **s. m. inv.** ● mostro immaginario, spauracchio per bambini: *se non stai buono chiamo il b.* | (*est.*) persona che mette paura

babbàccio [da *babbio* con il suff. *-accio* ✱ av. 1742] **agg. e s. m.** (**f.** *-cia*; **pl. f.** *-ce*) ● (*tosc.*) sempliciotto, babbeo: *vuol far del saccente ed è un b.* (G. PARINI)

babbagìgi [arabo *ḥabb'azīz* 'mandorla, bacca buona', comp. di *habb* 'grano, seme' e *'azīz* 'forte, sacro, buono' ✱ av. 1783] **s. m. inv.** ● (*bot.*, *tosc.*, **spec. al pl.**) tubero commestibile, di sapore zuccherino, del cipero dolce **SIN.** (*pop.*) dolcichino

babbalèo [av. 1716] **agg. e s. m.** ● (*tosc.*) babbeo

babbàno [1753] **agg. e s. m.** ● (*tosc.*) babbeo

♣**babbèo** [vc. onomat. con suff. spreg. ✱ av. 1742] **agg. e s. m.** (**f.** *-a*) ● sciocco, semplicione: *si sa che i babbei non hanno memoria* (L. SCIASCIA)

babbiàre [da *babbio* ✱ 1965] **A** **v. intr.** (**aus.** *avere*) ● (*merid.*) scherzare **B** **v. tr.** ● (*merid.*) prendere in giro

bàbbio [lat. *băbulu(m)* 'sciocco, stolto', vc. onomat. ✱ 1856] **s. m.** (**f.** *-ia*) ● (*disus.*) stolto, sciocco

babbióne [cfr. *babbio* ✱ av. 1449] **agg. e s. m.** (**f.** *-a*) ● (*tosc.*) stupido, scioccone

♦**bàbbo** [lat. parl. **băbbu(m)*, vc. infant. ✱ 1235] **s. m.** ● (*fam.*) padre (spec. in Toscana e in Sardegna): *questo è il mio b.*; *vieni, b.!* **SIN.** papà | (*tosc.*) ***a b. morto***, di debito che si salderà coi denari dell'eredità paterna (V. anche *babbomorto*) | ***cose che non hanno né b. né mamma***, prive di fondamento | ***Babbo Natale***, personaggio fantastico dall'aspetto di vecchio con una lunga barba bianca che, secondo quanto si racconta ai bambini, viene a portar loro regali la notte di Natale: *non credere più, credere ancora, a Babbo Natale* ‖ **babbàccio**, **pegg.** | **babbìno**, **dim.** | **babbóne**, **accr.** | **babbùccio**, **dim.**

babbomòrto [dalla loc. *a babbo morto* 'quando il babbo sarà *morto*' (V. *babbo*) ✱ 1797] **s. m.** (**pl.** *babbimòrti*) ● (*tosc.*) debito fatto dal figlio e pagabile alla morte del padre con l'eredità

babborivéggoli o †**babborivéggioli** [nome d'invenzione, comp. di *babbo* e un deriv. scherz. di *rivedere* ✱ av. 1612] **s. m. inv.** ● (*tosc.*, *scherz.*) solo nella loc. ***andare a b.***, morire

†**babbuàsso** [da *babbuino* con sostituzione di suff. spreg. ✱ av. 1449] **agg. e s. m.** ● sciocco, scimunito

♣**babbùccia** [fr. *babouche*, dall'arabo *bābūš*, e questi dal persiano *pāpūš*, comp. di *pā* 'piede' e *pūš* 'coperta' ✱ 1863] **s. f.** (**pl.** *-ce*) **1** calzatura di tipo orientale, con punta rivolta all'insù **2** pantofola, pianella da camera | calzatura di lana a maglia per neonati

babbuìno o †**babuìno** [fr. *babouin*, da *babine* 'labbra' di orig. onomat., per le labbra prominenti di questa scimmia ✱ av. 1328] **s. m.** **1** grossa scimmia africana cinocefala, con pelo liscio di color bruno olivastro (*Papio cynocephalus*) **2** (**f.** *-a*) (*fig.*) persona goffa e sciocca

babbùsco [da †*babbio* ✱ av. 1698] **agg.** (**pl. m.** *-schi*) ● (*lett.*) grande e grosso: *si b., tarchiato e rubesto da reggere a ogni fatica* (G. PARINI)

♣**babèle** [vc. dotta, lat. *Băbele(m)*, nome ebr. (*Bābēl*) della capitale assira, dal babilonese *Bāb-ilu* 'porta di Dio', resa celebre dal racconto biblico della altissima torre incompiuta durante la cui costruzione nacque la confusione delle lingue ✱ 1597] **s. f.** ● (anche con iniziale maiuscola) luogo pieno di trambusto e confusione | (*est.*) grande disordine e confusione: *che b. in questo ufficio!* | ***torre di B.***, (*fig.*) confuso incrociarsi di pareri, opinioni e sim.: *parlavano tutti insieme, era una torre di B.*

SFUMATURE ➤ ***marasma***

babèlico [fr. *babélique*, da *Babel* 'babele' ✱ 1689] **agg.** (**pl. m.** *-ci*) **1** (*lett.*) di Babele **2** (*fig.*) caotico, disordinato ‖ **babelicaménte**, **avv.**

†**babelònia** ➤ **babilonia**

babeṣiòṣi [1933] **s. f. inv.** **1** (*veter.*) qualsiasi malattia trasmessa da zecche causata da infezione di protozoi del genere *Babesia* e caratterizzata da febbre e anemia; si verifica in animali selvatici (spec. nei roditori) e domestici **2** (*med.*) malattia infettiva acuta caratterizzata da febbre e anemia per moltiplicazione nei globuli rossi dei protozoi del genere *Babesia*; viene trasmessa all'uomo da zecche presenti in animali infetti

†**babillòna** ➤ **babilonia**

babilonése (o **-ṣ-**) [1659] **A** **agg.** ● di Babilonia: *arte, cattività b.* **B** **s. m. e f.** ● abitante o nativo di Babilonia

babilònia o †**babelònia**, †**babillòna** [vc. dotta, lat. *Babylōnia(m)* 'provincia di Babele', nota dalla Bibbia per i suoi disordini ✱ av. 1350] **s. f.** ● confusione, disordine: *Una b. di scatole, di matasse, di matassine, di trecce* (C.E. GADDA) **SIN.** babele

babilònico [vc. dotta, lat. *Babylōnicu(m)* 'di Babele' ✱ av. 1313] **agg.** (**pl. m.** *-ci*) **1** di Babilonia **2** (*fig.*, *lett.*) fastoso e corrotto | confuso, disordinato

babirùssa [fr. *babiroussa*, dal malese *bābī* 'maiale' e *rūsa* 'cervo' ✱ 1802] **s. m. inv.** ● mammifero artiodattilo dei Suidi simile a un piccolo maiale, caratteristico delle isole Molucche, con grandi zanne che, nel maschio, sono arcuate verso l'alto (*Babirussa babirussa*)

babìṣmo [dal n. del suo fondatore, Ali Muhammad di Shīrāz (1819-1850), che si proclamò *Bāb*, cioè 'porta' (di accesso alla conoscenza del Capo supremo) ✱ 1913] **s. m.** ● dottrina professata da una setta persiana dell'Ottocento, che avversava la corruzione dei costumi, l'accattonaggio, la poligamia

babórdo [fr. *bâbord*, dal neerl. *bakboord*, comp. di *bak* 'dietro' e *boord* 'bordo,' perché il pilota voltava le spalle al lato sinistro ✱ 1520] **s. m.** ● correntemente, lato sinistro della nave, guardando verso prua (il termine non è usato nel linguaggio della marina; V. *sinistra*) **CONTR.** dritta, tribordo

†**babuìno** ➤ **babbuino**

baby /'bebi, *ingl.* 'beɪbɪ/ [ingl., dim. di *babe*, voce infant. ✻ 1877] **A** s. m. inv. (anche f. inv. nei sign. 1 e 2) (pl. ingl. *babies*) **1** neonato | bambino **2** ragazzo, ragazza: *ciao b.!* **3** (*fig.*) piccola dose di whisky **B** in funzione di agg. inv. **1** (posposto a un sost.) infantile: *moda b.* | piccolo: *zucchine, carote b.*; *computer b.* | ***pensione b.***, V. *pensione* **2** (davanti a un sost.) molto giovane: *le baby modelle*; *un b. pusher*

baby boom /bebi'bum/ [loc. ingl., propr. 'esplosione (*boom*) di (nascite di) bambini (*baby*)' ✻ 1978] loc. sost. m. inv. (pl. ingl. *baby booms*) ● rapido aumento della natalità

baby-dòll /bebi'dɔl, *ingl.* 'beɪbi,dɒl/ [propr. 'piccola bambola' (*doll*, vezz. del n. proprio *Dorothy* 'Dorotea'); dal nome della protagonista del film omonimo di E. Kazan ✻ 1959] s. m. inv. (pl. ingl. *baby-dolls*) ● camicia da notte femminile corta, completata o no da mutandine

baby gàng /bebi'gan(g), bebi'gɛn(g)/ [comp. it. delle vc. ingl. *baby* 'bambino' e *gang* 'banda di malviventi' ✻ 1990] loc. sost. f. inv. ● banda di giovani teppisti dedita ad azioni di microcriminalità

baby killer /bebi'killer/ [dall'ingl. *baby* 'giovane' e *killer* 'uccisore' ✻ 1984] loc. sost. m. e f. inv. ● giovane assassino su commissione

baby pàrking /bebi'parkin(g), *ingl.* 'beɪbɪ,pɑːkɪŋ/ [loc. pseudo-ingl. formata con le parole ingl. *baby* 'bambino' e *parking* 'parcheggio' ✻ 1965] loc. sost. m. inv. (pl. ingl. *baby parkings*) ● struttura attrezzata per la custodia temporanea di bambini: *il baby parking di un centro commerciale*

baby pensionàto /,bebipensjo'nato/ [da *baby* nel senso di 'piccolo, giovane' e *pensionato* ✻ 1983] loc. sost. m. (f. *baby pensionàta*) ● chi, dopo una breve attività lavorativa, può fruire di una rendita pensionistica in età relativamente giovane

baby-sìtter /bebi'sitter, *ingl.* 'beɪbɪ,sɪtə(r)/ [propr. 'assistente (*sitter*, da *sit* 'sedere, star seduto') di bambino (*baby*)' ✻ 1950] s. f. e m. inv. (pl. ingl. *baby-sitters*) ● chi per professione custodisce i bambini altrui

baby-sìtting /bebi'sittin(g), *ingl.* 'beɪbɪ,sɪtɪŋ/ [loc. ingl., da *baby-sitter* ✻ 1980] s. m. inv. ● l'attività di baby-sitter: *nella fiera funziona un servizio di baby-sitting*

bacàccio [av. 1871] s. m. **1** pegg. di *baco*① **2** baco da seta morto

bacàio [da *baco*① ✻ 1865] s. m. (f. *-aia*, pl. m. *-ai*) ● (*raro*) chi accudisce ai bachi da seta

bacalàre ➤ †**baccalare**②

bacalàro ➤ **baccalaro**

bacaménto [av. 1698] s. m. ● (*raro*) il bacare, il bacarsi

bacàre [da *baco*① ✻ av. 1600] **A** v. tr. (*io bàco, tu bàchi*) ● guastare, spec. moralmente: *le cattive letture gli bacano la mente* SIN. corrompere **B** v. intr. (aus. *essere*) e **bacàrsi** v. intr. pron. ● fare vermi, guastarsi: *la carne baca se non è cotta*; *con la grandine la frutta si baca*

bacaròzzo ➤ **bacherozzolo**

bacàto **A** part. pass. di *bacare*; anche agg. **1** nei sign. del v. **2** (*fig.*) corrotto | ***mente bacata***, con idee sbagliate **B** s. m. **1** (*tosc.*) allevamento dei bachi **2** (*tosc.*) produzione della seta naturale

bacatùra [av. 1907] s. f. ● il bacare, il bacarsi | (*fig.*, *lett.*) guasto morale

bàcca① [vc. dotta, lat. *bāc(c)a(m)* 'frutto d'albero agreste', di etim. incerta ✻ av. 1313] s. f. **1** (*bot.*) tipo di frutto carnoso indeiscente contenente numerosi semi, come il pomodoro e gli acini d'uva | ***b. di ginepro***, coccola **2** †perla **3** grano di collana

†**bàcca**② [lat. *Baccha*, dal gr. *Bákchē*, sacerdotessa di Bacco ✻ av. 1333] s. f. ● (*lett.*) baccante

baccagliàre o **baccaiàre** [etim. discussa: lat. *bacchāre* 'baccare, schiamazzare' (?) ✻ av. 1926] **A** v. intr. (*io baccàglio*; aus. *avere*) ● (*centr.*) vociare, litigare in modo rumoroso | protestare rumorosamente **B** v. tr. ● (*sett.*) nel linguaggio giovanile, corteggiare con insistenza SIN. tacchinare

baccalà① [etim. discussa: dal neerl. ant. *bakeljauw* (per *kabeljauw*), attraverso lo sp. *bacalao* (?) ✻ 1650 ca.] s. m. inv. **1** merluzzo salato ed essiccato all'aria | (*sett.*) stoccafisso: *b. alla vicentina* **2** (*fig.*) persona goffa, malaccorta: *fare la figura del b.* | (*fig.*) chi è come stordito, inebetito: *rimanere come un b.*; *l'aveva trovato sulla porta del cortile a guardare in piazza come un b.* (G. VERGA) **3** (*fig.*) persona magra, asciutta, rinsecchita

baccalà② [da *baccalare*②, omofono di *baccalare*①, parallelo di *baccalà*① ✻ 1913] s. m. inv. ● (*fam.*, *tosc.*) persona miscredente

baccalàre① [etim. incerta ✻ 1607] s. m. ● (*mar.*, spec. al pl.; *disus.*) ciascuno degli elementi sporgenti dal bordo della galea, la cui estremità sostiene i legni in cui si inseriscono gli scalmi

†**baccalàre**② o **bacalàre** [provenz. *bacalar* 'giovane', dal lat. parl. *baccalārem*, di etim. incerta ✻ 1284] s. m. ● baccelliere | (*iron.*) sapientone

baccalàro o **bacalàro** [da *baccalare*② con sostituzione spreg. di suff. ✻ 1554] s. m. ● (*tosc.*) garzone del vetturino

baccalaureàto [lat. mediev. *baccalaureātu(m)*, da **baccalāris* 'baccalare②' con sovrapposizione di *laureātus* 'coronato di lauro' ✻ 1908] s. m. **1** in Francia, titolo di licenza media superiore | nei Paesi anglosassoni, laurea di grado inferiore al dottorato CFR. baccelliere **2** (f. *-a*) chi ha conseguito il baccalaureato

baccanàle [vc. dotta, lat. *Bacchanāle*, abl. sing. tratto dall'usuale pl. *Bacchanālia* ✻ 1521] s. m. **1** (spec. al pl.) nell'antica Roma, festa orgiastica del culto orfico-dionisiaco **2** (*fig.*) festa chiassosa e orgiastica: *fare un b.* SIN. baldoria, gozzoviglia **3** (*mus.*) composizione corale simile al canto carnascialesco toscano, in uso nei secc. XVI e XVII

†**baccanàlia** [vc. dotta, lat. *Bacchanālia* (pl.) 'feste in onore di *Bacco*', che degeneravano facilmente in orge ✻ 1550] s. f. ● baccanale

†**baccanàrio** [1550] agg. ● bacchico, spec. in pittura: *storie baccanarie* (G. VASARI)

†**baccanèlla** [dim. dell'ant. *baccana* 'bettola', da *baccano* ✻ 1325 ca.] s. f. **1** adunanza di gente chiassosa **2** taverna, bettola

baccàno [da *baccanale* ✻ sec. XVI] s. m. **1** rumore forte e fastidioso provocato da più persone che parlano a voce alta: *fare un b. infernale* | (*est.*) rumore assordante, frastuono: *il b. del traffico* SIN. chiasso, confusione, strepito **2** (*fig.*) clamore, scalpore: *il fatto ha suscitato un gran b.*

SFUMATURE ➤ ***chiasso***①

baccànte [vc. dotta, lat. *bacchāntes* (pl.), dal part. di *bacchāri* 'baccare' ✻ sec. XIV] **A** s. f. **1** nell'antichità classica, donna che partecipava ai sacrifici orgiastici in onore di Dioniso ed era iniziata ai suoi misteri **2** (*est.*, *lett.*) donna in preda a una forte eccitazione sessuale **B** agg. ● (*lett.*) furente, come una baccante | (*est.*, *lett.*) scomposto nei movimenti

bàccara o **bàcchera** [lat. *bāccare*, abl. di *bāccar* 'pianta non determinata', dal gr. *bákkar*, vc. lidia ✻ sec. XIV] s. f. ● pianta erbacea delle Aristolochiacee con fusto strisciante, foglie reniformi e fiore a campanula di color violaceo (*Asarum europaeum*) SIN. renella

baccarà① [fr. *baccara*, di etim. incerta ✻ 1905] s. m. inv. ● gioco d'azzardo fatto con le carte | ***b. all'italiana***, macao

baccarà② s. m. inv. ● adattamento di *baccarat* (V.)

baccarat /*fr.* baka'ʀa/ [dal nome della città francese di *Baccarat*, celebre per le sue vetrerie ✻ 1908] **A** s. m. inv. ● tipo di cristallo, finissimo: *una coppa di b.* **B** in funzione di agg. inv.: *cristallo b.*

†**baccàre** [vc. dotta, lat. *bacchāri* 'festeggiare *Bacco*' e 'agitarsi sfrenatamente' ✻ 1338] v. intr. ● tripudiare come fanno le baccanti

baccellàio [da *baccello* ✻ av. 1850] s. m. (f. *-aia*, pl. m. *-ai*) **1** (*tosc.*) campo di fave **2** (*tosc.*) venditore di fave

baccellàto [1967] agg. ● (*archit.*) decorato con baccelli

baccellatùra [1939] s. f. ● motivo ornamentale architettonico a baccelli

†**baccellerìa**① [av. 1348] s. f. ● grado e titolo di baccelliere

baccellerìa② [da *baccello*, nel sign. 3 ✻ 1829] s. f. ● (*tosc.*) atto o detto sciocco

baccellétto [1565] s. m. **1** dim. di *baccello*, spec. nel sign. 2 **2** (f. *-a*) baccello, nel sign. 3

baccellieràto [1859] s. m. ● grado e titolo accademico di baccelliere

baccellière [fr. *bachelier* 'giovane aspirante a essere cavaliere', dal lat. parl. **baccalāre(m)*, di etim. incerta ✻ sec. XII] s. m. **1** aspirante cavaliere, nella cavalleria medievale **2** nell'ordinamento universitario medievale (spec. nelle facoltà di teologia), e negli ordinamenti universitari anglosassoni, grado accademico che precede la laurea e il dottorato CFR. baccalaureato **3** (*fig.*, *lett.*) saccente, sapientone

baccellìno [1779] agg. ● (*bot.*) che produce baccelli | ***piante baccelline***, leguminose

baccèllo [lat. *bacĭllu(m)* 'bastoncino' sovrapposto a *bacca*① (?) ✻ 1353] s. m. **1** frutto deiscente delle Leguminose a forma allungata, con due valve in cui sono contenuti i semi: *b. di fagioli, di fave, di piselli* | (*tosc.*) frutto della fava fresca **2** elemento decorativo, a rilievo o incavo, ottenuto dalla stilizzazione del baccello vegetale **3** (f. *-a*) (*fig.*, *tosc.*) persona semplice, sciocca, sprovveduta ‖ **baccellétto**, dim. (V.) | **baccellino**, dim. | **baccellóne**, accr. (V.)

baccellóne [1427] **A** s. m. **1** accr. di *baccello* **2** (f. *-a*) (*tosc.*, *fig.*) persona sempliciona e sprovveduta **B** agg. ● (*tosc.*) solo nelle loc. ***cacio b.***, formaggio pecorino adatto a mangiarsi con le fave; ***pisello b.***, simile alle fave per grossezza e sapore

baccheggiàre [vc. dotta, da *Bacco*, come †*baccare* ✻ 1787] v. intr. (pres. *io bacchéggio*; fut. *io baccheggerò*; aus. *avere*) ● (*lett.*) comportarsi da baccante | (*est.*, *lett.*) muoversi in modo scomposto, agitarsi chiassosamente: *la Pisana baccheggiava come una vivandiera* (I. NIEVO)

bacchèo o **bàcchio**③ [vc. dotta, lat. *bacchīu(m)*, dal gr. *bakchêios*, 'di Bacco', perché frequentemente usato nei canti in onore del dio ✻ av. 1727] s. m. ● (*ling.*) piede metrico della poesia greca e latina costituito da una breve più due lunghe, usato nei canti in onore di Bacco | verso formato da piedi bacchei

bàcchera ➤ **baccara**

baccherìna [dim. di *baccara* ✻ 1865] s. f. ● pianta erbacea delle Composite comune nei luoghi incolti, le cui foglie sono usate in medicina (*Conyza squarrosa*)

♦**bacchétta** [da *bacchetto* ✻ 1312] s. f. **1** sottile asta di legno o di altro materiale | ***b. magica***, quella dei maghi e delle fate | ***con un colpo di b. magica***, (*fig.*) quasi per magia | ***b. divinatoria***, quella biforcuta che usano i rabdomanti | (al pl.) coppia di sottili bastoncini di legno, bambù, osso, avorio o altro materiale usato come posate nella cucina cinese e di altri paesi asiatici: *mangiare usando le bacchette* **2** bastone usato in passato per infliggere pene corporali | ***comandare a b.***, (*fig.*) con piena e assoluta autorità **3** (*mus.*) verghetta, gener. di legno, usata dai direttori d'orchestra per battere il tempo e dare gli attacchi agli strumenti; (*est.*) direttore d'orchestra | (**spec. al pl.**) ciascuna delle asticciole di legno con punta a forma di piccola sfera usate in coppia per suonare il tamburo e altri strumenti a percussione | parte superiore dell'archetto, che tiene tese le corde **4** attrezzo leggero in legno a forma d'asta cilindrica usato in esercizi ginnici individuali e collettivi | ***b. del pittore***, asticciola di legno usata, spec. un tempo, dai pittori per appoggiarvi la mano **5** asticciola anche metallica fornita di battipalla e cavastracci usata un tempo per caricare o pulire le armi da fuoco ad avancarica ‖ **bacchettìna**, **dim.**

bacchettàre [av. 1742] **v. tr.** (*io bacchétto*) **1** percuotere qlco. con una bacchetta | (*raro*) punire a colpi di bacchetta; (*fig.*) criticare aspramente **2** (*tosc.*, *fig.*) vendere a bassissimo prezzo

bacchettàta [1483] **s. f.** ● colpo di bacchetta | (*fig.*) ***dare, distribuire bacchettate sulle mani, sulle dita***, rimproverare, criticare aspramente

bacchétto [dim. del lat. parl. **băccu(m)*, da *băculum* 'bastone' ✱ 1859] **s. m.** ● bastoncino tondo, leggermente più grosso della bacchetta | ***b. della frusta***, manico ‖ **bacchettino**, **dim.**

bacchettonàggine [1961] **s. f.** ● (*raro*) bacchettoneria

bacchettóne [dal *bacchetto* con cui i devoti flagellanti si percuotevano (?) ✱ 1617] **s. m.** (**f.** *-a*) **1** chi è eccessivamente zelante nelle pratiche religiose **SIN.** bigotto, baciapile **2** (*est.*) persona solo apparentemente devota o dabbene | ***fare il b.***, l'ipocrita

bacchettonerìa [av. 1698] **s. f.** ● comportamento, azione da bacchettone: *la b. che era ipocrisia* (B. Croce) **SIN.** bigottismo, santimonia

bacchiàre [da *bacchio*① ✱ sec. XV] **v. tr.** (*io bàcchio*) **1** percuotere col bacchio un albero d'alto fusto per farne cascare i frutti: *b. le castagne, le noci, le olive* **2** (*fam.*, *tosc.*) svendere

bacchiàta [da *bacchiare* ✱ 1481] **s. f.** **1** colpo di bacchio **2** (*fig.*) batosta

bacchiatóre [sec. XV] **s. m.** (**f.** *-trice*) ● chi bacchia

bacchiatùra [1881] **s. f.** ● operazione del bacchiare

bàcchico [vc. dotta, lat. *Bǎcchicu(m)* 'pertinente a Bacco' ✱ 1549] **agg.** (**pl. m.** *-ci*) ● caratteristico di Bacco | fatto in onore di Bacco: *orge bacchiche*

bacchillóne [etim. discussa: simile a *baccellone* (?) ✱ 1481] **s. m.** (**f.** *-a*) ● (*tosc.*) individuo che perde tempo in cose puerili | fannullone

bàcchio① [lat. *bǎculu(m)* 'bastone', di orig. indeur. ✱ 1481] **s. m.** ● pertica per bacchiare

bàcchio② ➤ **abbacchio**

bacchìo③ o **bàcchio** ➤ **baccheo**

baccìfero [vc. dotta, lat. *bacĭferu(m)*, comp. di *bāca* 'bacca①' e *-fer* '-fero' ✱ av. 1577] **agg.** ● che produce bacche

baccifórme [comp. di *bacca*① e *-forme* ✱ 1829] **agg.** ● che ha forma di bacca

Bàcco [vc. dotta, lat. *Bǎcchu(m)*, dal nome del dio del vino *Bacco* ✱ 1258] **s. m. solo sing.** **1** (*raro* anche *bàcco*) (*lett.*) vino: *un nappo / di dolcissimo b.* (V. Monti) | (*scherz.*) vizio del bere: *gli effetti di B.*; *dedito a B.* | **PROV.** ***B., tabacco e Venere riducon l'uomo in cenere***, V. *cenere* **2** (*fam.*, *eufem.*) nelle loc. inter. che esprimono meraviglia, stupore o contrarietà: ***per B.!***, ***per B. bacchissimo!***; ***corpo di B.!*** (V. anche *perbacco*) ‖ **baccóne**, **accr.** (*scherz.*) solo nella loc. inter. ***per B. baccone!***, che esprime meraviglia, stupore e sim.

bachata /*sp.* ba'tʃata/ [vc. sp., propr. 'festa chiassosa' ✱ 1993] **s. f. inv.** (**pl. sp.** *-as*) ● genere musicale latino-americano originario della Repubblica Dominicana, che è un ibrido fra bolero e altri ritmi come il merengue, il cha-cha-cha e il tango | danza dalle movenze sensuali che si esegue in coppia su questa musica

bachèca [vc. dotta, di etim. incerta ✱ 1618] **s. f.** **1** mobile a forma di tavolo con il piano costituito da una vetrina talvolta inclinata in cui si mettono in mostra oggetti preziosi, libri rari e sim. **2** riquadro appeso al muro nel quale si espongono documenti, avvisi, circolari e sim. **3** (*inform.*) schermo collegato a un computer attraverso cui si danno informazioni al pubblico | (*Internet*) sistema che consente agli utenti collegati in rete di scambiarsi informazioni o scrivere commenti su uno spazio appositamente dedicato; lo spazio stesso: *la b. di Facebook*

bachelìte o **bakelìte**® [dal nome dell'inventore, L.H. *Baekeland* (1863-1944) ✱ 1921] **s. f.** ● (*chim.*) resina termoindurente ottenuta per polimerizzazione di fenolo e formaldeide; insolubile e infusibile, è usata per fabbricare materiali isolanti e oggetti vari

bacherìa [da *baco*① ✱ 1865] **s. f.** ● (*disus.*) bigattiera

bacheròzzolo o **bacheròzzo**, **bagheròzzo**, **bagaròzzo**, (*centr.*, *merid.*) **bacaròzzo** [etim. discussa: dim. di *baco*① con sovrapposizione di *bozzolo* (?) ✱ 1306] **s. m.** **1** bruco | insetto **2** (*centr.*, *merid.*) scarafaggio | (*fig.*, *roman.*) prete (per il colore della veste)

bachiàno (bach-iano, ba-chia-no) /ba'kjano/ [1914] **A** **agg.** ● relativo al compositore J.S. Bach (1685-1750), alla sua opera, al suo stile: *un fugato b.* **B** **s. m.** (**f.** *-a*) ● seguace, imitatore o appassionato di Bach

bachicoltóre o **bachicultóre** [comp. di *baco*① e *-coltore* ✱ 1875] **s. m.** (**f.** *-trice*) ● chi alleva bachi da seta

bachicoltùra o **bachicultùra** [comp. di *baco*① e *coltura* ✱ 1865] **s. f.** ● allevamento dei bachi da seta

bachicultóre e deriv. ➤ **bachicoltore** e deriv.

†**bachiòcco** ➤ **baciocco**

baciamàno [comp. di *bacia(re)*① e *mano* ✱ av. 1554] **s. m.** (**pl. inv. o** *baciamàni*) ● atto del baciare la mano in segno di rispetto, riverenza o galanteria

baciaménto [sec. XIV] **s. m.** ● (*raro*) il baciare ripetutamente

baciapìle [comp. di *bacia(re)*① e il pl. di *pila* (dell'acqua santa) ✱ av. 1665] **s. m. e f. inv.** **1** chi ostenta un'eccessiva devozione religiosa **SIN.** bacchettone, bigotto **2** (*est.*) persona ipocrita

♦**baciàre**① o †**basciàre** [lat. *basiāre*, da *bāsium* 'bacio' ✱ sec. XII] **A** **v. tr.** (**pres.** *io bàcio*; **fut.** *io bacerò*) **1** premere le labbra su qlcu. o qlco. in segno di affetto, amore, rispetto: *b. qlcu. in fronte, sulle labbra, sulle guance*; *b. la mano a qlcu.* | ***bacio, baciamo le mani!***, espressione di saluto in Sicilia | (*fig.*) ***la fortuna ti ha baciato in fronte***, ti ha favorito moltissimo | anche in forma pron., nella loc. ***baciarsi il gomito, i gomiti***, V. *gomito* **2** (*fig.*, *lett.*) sfiorare, toccare: *La luna bacia il cipresseto fosco* (G. Pascoli) **SIN.** lambire | †***b. il chiavistello***, andarsene senza speranza di ritornare **B** **baciàrsi** **v. rifl. recipr.** ● darsi scambievolmente dei baci **C** **baciàrsi** **v. intr. pron.** **1** scambiare un bacio con qlcu. (+ *con*) **2** (*raro*) combaciare

baciàre② o †**basciàre** [da *baciare*① ✱ av. 1250] **s. m.** (**pl.** †*basciari*) ● atto di baciare | il bacio stesso: *gli amorosi basciari e i piacevoli abbracciari* (G. Boccaccio)

baciàtico [dal *bacio*, che suggellava la donazione ✱ 1955] **s. m.** (**pl.** *-ci*) ● nel Medioevo, donazione assegnata o promessa dal fidanzato nell'atto di baciare la futura sposa

baciàto **part. pass.** di *baciare*; anche **agg.** **1** nei sign. del v. **2** (*letter.*) ***rima baciata***, accoppiata

baciatóre [lat. *basiatōre(m)*, da *basiāre* 'baciare' ✱ 1583] **s. m.** (**f.** *-trice*) ● (*raro*) chi bacia

bacìcci [etim. incerta ✱ 1820] **s. m. inv.** ● nome di varie piante, tra cui il finocchio marino, il riscolo, il cipero dolce

bacìccia [vezz. genovese di (Giovanni) *Battista* con sovrapposizione scherz. di *ciccia* ✱ 1887] **s. m. e f. inv.** **1** (*scherz.*) appellativo che si dà ai genovesi **2** persona grassa e pigra

bacìle [etim. discussa: da *bacino* con sostituzione di suff. (?) ✱ sec. XIV] **s. m.** **1** largo recipiente di forma circolare, con incavatura centrale molto profonda, usato per lavarsi **2** (*archit.*) echino del capitello dorico

bacillàre [da *bacillo* ✱ 1874] **agg.** ● relativo a bacilli | causato da bacilli

Bacillariòfite [comp. di un deriv. del lat. *bacĭllum* 'piccolo bastone', e un deriv. del gr. *phytón* 'pianta' ✱ 1955] **s. f. pl.** (**sing.** *-a*) ● (*bot.*) Diatomee

bacillìfero [comp. di *bacillo* e *-fero* ✱ 1884] **agg.** ● che porta bacilli

bacillifórme [comp. di *bacillo* e *-forme* ✱ 1961] **agg.** ● che ha forma di bacillo

bacìllo [vc. dotta, lat. *bacĭllu(m)* 'bastoncello', dim. di *băculum*. V. *bacchio*① e *bacolo* ✱ 1888] **s. m.** **1** (*biol.*) batterio a forma di bastoncello utile come agente di molte fermentazioni o pericoloso portatore di malattie: *b. del carbonchio, del tetano* | ***b. di Koch***, della tubercolosi **2** (*zool.*) ***b. di Rossi***, insetto appartenente all'ordine dei Fasmidi dal mimetismo spiccato, con corpo esile, allungato, privo di ali e con lunghe zampe (*Bacillus Rossii*) **SIN.** insetto stecco

bacillòṣi [comp. di *bacill(o)* e *-osi* ✱ 1935] **s. f. inv.** ● (*med.*) qualsiasi malattia di origine bacillare

bacinèlla [av. 1571] **s. f.** **1** dim. di *bacino* nel sign. 1 **2** recipiente concavo di forma e materiale vari, adibito a usi domestici e industriali: *lavarsi le mani nella b.*; *bacinelle per lo sviluppo fotografico*

bacinétto [fr. ant. *bacinet*, da *bacin* 'bacino' ✱ sec. XIII] **s. m.** **1** (*anat.*) piccola cavità imbutiforme del rene che raccoglie l'urina convogliandola verso l'uretere **2** (*milit.*) armatura leggera del capo, a forma di piccolo bacino | †celata | †scodellino

bacìno [lat. parl. **baccīnu(m)* 'vaso di legno', forse di orig. gallica ✱ 1275] **s. m.** **1** recipiente di forma tonda, generalmente basso e a bordi rovesciati, un tempo spec. metallico, atto a contenere acqua e altri liquidi **2** (*anat.*) parte del corpo compresa tra l'addome e gli arti inferiori, formata da uno scheletro osseo imbutiforme e dalle parti molli circostanti | ***b. osseo***, cavità ossea formata dalle due ossa dell'anca, dal sacro e dal coccige **SIN.** pelvi **3** (*archit.*) ***volta a b.***, che ha per intradosso una calotta sferica o ellissoidale, atta a coprire un'area circolare **4** regione strutturalmente concava della superficie terrestre | (*geol.*, *miniere*) area depressa, continentale o marina, in cui si accumulano i sedimenti | correntemente, regione ricca di giacimenti minerari: *b. aurifero, carbonifero, petrolifero* | (*geogr.*) ***b. idrografico***, area che accoglie le acque che affluiscono a un dato corso d'acqua, a un dato lago, a un dato mare | ***b. imbrifero***, bacino idrografico con particolare riferimento al concorso delle acque di pioggia | ***b. montano***, regione avente un unico sistema idrografico | ***b. morenico***, zona limitata a valle e ai fianchi da apparati morenici | ***b. orografico***, zona compresa fra importanti rilievi, spec. con fondo alluvionale | ***b. ablatore***, parte inferiore di un ghiacciaio, sotto il limite delle nevi persistenti in cui avviene la fusione del ghiaccio | ***b. collettore***, parte superiore di un ghiacciaio, sopra il limite delle nevi persistenti in cui si accumula la neve che si trasforma in ghiaccio | (*idraul.*) depressione del terreno in cui ha luogo una raccolta naturale o artificiale di acqua: *b. idroelettrico* | (*fig., burocr.*) ***b. d'utenza***, area territoriale i cui abitanti utilizzano un determinato servizio, spec. pubblico | ***b. di crisi***, area territoriale colpita da disoccupazione industriale o ristagno produttivo, che necessita di aiuti speciali **5** (*mar.*) specchio d'acqua riparato naturalmente o artificialmente | ***b. di carenaggio, di raddobbo***, lunga fossa semiellittica, scavata sotto il livello del mare e dotata di porte e pompe, per contenere all'asciutto le navi e poter lavorare sotto la linea di galleggiamento | ***b. galleggiante***, zatterone con cassoni per la zavorra, che può essere affondato, posto sotto una nave e fatto riemergere portando in secco la nave stessa per riparazioni | ***b. di ricovero***, darsena || **bacinèlla**, **dim. f.** (V.) | **bacinétto**, **dim.** (V.)

SFUMATURE DI SIGNIFICATO

bacino - conca

Bacino è un'ampia depressione della crosta terrestre che produce la confluenza delle acque verso il fondo. Si chiama invece **conca** una cavità del terreno di forma approssimativamente circolare, di ampiezza e profondità variabile e chiusa su ogni lato.

♦**bàcio** ① o †**bàscio** [lat. *bāsiu(m)*, di prob. orig. celt. ✱ 1261 ca.] **s. m.** ● atto del baciare: *dare, buttare, stampare baci* | ***coprire, mangiare di baci***, baciare ripetutamente, con effusione | ***b. alla francese***, bacio sensuale, con la lingua nella bocca del (o della) partner; (*disus.*) bacio sulla guancia, che viene stretta fra l'indice e il medio | ***b. di Giuda***, (*fig.*) bacio o lusinga che maschera un tradimento | ***b. della pace***, segno di riconciliazione | (*med.*) ***malattia del b.***, mononucleosi | (*fig.*) ***b. della morte***, gesto, atto che provoca a chi lo subisce conseguenze rovinose e irreparabili | (*fig., fam.*) ***al b.***, alla perfezione, a puntino, detto di cosa fatta come si deve e ben riuscita || **bacétto**, **bacettino**, **dim.** | **bacìno**, **dim.** | **baciòne**, **accr.** | **baciòtto**, **accr.** | **baciòzzo**, **accr.** (V.)

bacio ② [lat. parl. *opacīvu(m), da *opācus* 'ombroso' ✱ sec. XIV] **A agg.** (**pl. m.** *-ìi*) ● (*raro*) volto a tramontana | ombroso: *luogo b.* **CONTR.** solatio **B s. m.** ● luogo esposto a tramontana | ***a b.***, a tramontana

baciòcco o †**bachiòcco** [etim. incerta ✱ av. 1566] **agg. e s. m.** (**pl. m.** *-chi*) ● (*disus.*) sempliciotto, grullo

baciòzzo [accr. di *bacio* ✱ 1353] **s. m.** ● (*lett.*) grosso bacio schioccante: *dandole i più grossi baciozzi del mondo* (G. Boccaccio)

bacitracìna [vc. dotta, comp. del lat. scient. *baci(llus subtilis)*, specie che produce la tossina, e del n. della bambina americana M. *Tracy*, sui tessuti della quale è stata ritrovata, col suff. *-ina*, sul modello dell'ingl. *bacitracin* ✱ 1946] **s. f.** ● (*farm.*) antibiotico polipeptidico per uso topico attivo spec. sui batteri gram-positivi e su alcuni gram-negativi

baciucchiaménto [1545] **s. m.** ● (*raro*) sbaciucchiamento

baciucchiàre [iter. di *baciare*① ✱ sec. XV] **v. tr.** (*io baciùcchio*) ● (*raro*) sbaciucchiare

baciùcchio ① [1612] **s. m.** ● (*raro*) bacio affrettato

baciucchìo ② [1865] **s. m.** (**pl.** *-ìi*) ● (*raro*) sbaciucchio

backdoor /bɛk'dɔr, *ingl.* 'bæk,dɔ:(r)/ [vc. ingl., propr. 'porta posteriore' ✱ 1996] **s. f. o m. inv.** ● (*inform.*) porta d'accesso a un computer che consente di aggirarne i sistemi di protezione **SIN.** botola

back ènd /bɛk'kend, *ingl.* 'bæk,ɛnd/ [loc. ingl., propr. 'parte finale (*end*) posteriore (*back*)' ✱ 1995] **loc. sost. m. inv.** (**pl. ingl.** *back ends*) ● (*inform.*) in un'applicazione client/server, la parte del programma che viene eseguita dal server **CFR.** front end

backgammon /bɛk'gɛmon, *ingl.* ˌbæk'gæmən, 'bæk,gæmən/ [vc. ingl., comp. di *back* 'indietro' e di *gammon*, var. mediev. di *gamen* 'gioco, divertimento', forse perché a volte le pedine di un giocatore sono obbligate a tornare *indietro* al punto di partenza ✱ 1935] **s. m. inv.** ● gioco a due il cui tavoliere presenta 24 punte bicolori, con 15 pedine a giocatore e due dadi; l'obiettivo del giocatore è far uscire per primo le proprie pedine dal tavoliere attraverso il campo di gioco avversario **CFR.** tavola reale

background /bɛk'graund, *ingl.* 'bæk,graund/ [vc. ingl., propr. 'retrofondo', comp. di *back* 'dietro' e *ground* 'fond(ament)o' ✱ 1959] **A s. m. inv. 1** complesso di condizioni, circostanze o idee che costituiscono la premessa per la realizzazione di un evento, lo sviluppo di un processo, la formazione di un individuo: *il b. storico e filosofico del romanticismo* **SIN.** retroterra **2** (*mus.*) nel jazz, musica di fondo che accompagna il canto o l'esecuzione solistica di uno strumento **3** (*inform.*) ***in b.***, modalità di esecuzione di un programma mentre l'utente esegue altre operazioni **B agg. inv.** ● (*inform.*) detto di modalità operativa di un programma quando funziona senza mostrare un'interfaccia utente

backlog /'bɛk,lɔg, *ingl.* 'bæk,lɒg/ [vc. ingl., propr. 'accumulo' ✱ 1992] **s. m. inv. 1** lavoro arretrato **2** (*inform.*) lista delle operazioni che attendono di essere eseguite dal computer

back office /bɛ'kɔffis, *ingl.* ˌbæk'ɒfɪs/ [loc. ingl., propr. 'retro-ufficio' ✱ 1978] **loc. sost. m. inv.** (**pl. ingl.** *back offices*) ● in un'azienda, l'insieme delle attività e degli uffici che non prevedono un contatto diretto con i clienti

backpacker /*ingl.* 'bæk,pækə(r)/ [vc. ingl., da *backpack* 'zaino' ✱ 1994] **s. m. e f. inv.** ● turista che viaggia con lo zaino in spalla e senza un mezzo di trasporto proprio

backslash /bɛk'zlɛʃ*, *ingl.* 'bæk,slæʃ/ [vc. ingl., propr. 'barra (*slash*) all'indietro (*back*)' ✱ 1988] **s. m. inv.** (**pl. ingl.** *backslashes*) ● (*tipogr.*) barra inversa

backspace /bɛk'speis, *ingl.* 'bæk,speɪs/ [vc. ingl., propr. 'spazio (*space*) all'indietro (*back*)'] **s. m. inv.** ● (*inform.*) tasto, contraddistinto da una freccia rivolta verso sinistra, che determina la cancellazione del carattere posto prima del cursore

backstage /bɛk'steidʒ, *ingl.* ˌbæk'steɪdʒ/ [vc. ingl. comp. di *back* 'retro' e *stage* 'palco' ✱ 1985] **s. m. inv.** ● luogo dietro al palcoscenico | (*est.*) ciò che avviene dietro le quinte di una rappresentazione teatrale, di una ripresa cinematografica o televisiva, di un avvenimento pubblico (*anche fig.*): *l'animato b. di una sfilata di moda*

back-to-back /bɛktu'bɛk, *ingl.* ˌbæktə'bæk/ [vc. ingl., accorc. di *back-to-back loan*, propr. 'prestito avallato', e *back-to-back deposit*, propr. 'credito avallato' ✱ 1992] **s. m. inv.** ● (*econ.*) operazione finanziaria mediante la quale una società costituisce un deposito presso una banca a garanzia di un finanziamento di pari importo che quest'ultima erogherà a favore di un beneficiario indicato e di norma legato da rapporti economici alla società garante

backup /be'kap, *ingl.* 'bækʌp/ [vc. ingl., comp. di *to back* 'appoggiare' (da *back* 'schiena, schienale', d'orig. germ.) e *up* 'su' (V. *blow-up*) ✱ 1988] **s. m. inv. 1** in varie tecnologie, sistema di riserva il cui intervento è previsto in caso di guasto del sistema principale **2** (*inform.*) copia di sicurezza di dati o programmi

bàco ① [estensione del sign. di *baco* 'essere pauroso' per indicare genericamente un 'verme' ✱ av. 1342] **s. m.** (**pl.** *-chi*) **1** (*zool.*) insetto che passa per il triplice stadio di bruco, crisalide e farfalla | ***b. da seta***, insetto lepidottero dei Bombicidi le cui larve bianchicce dopo quattro mute producono la seta sotto forma di filo, con il quale formano un bozzolo da cui uscirà la farfalla, bianca, pelosa, con antenne a pettine (*Bombyx mori*) **SIN.** bombice | ***fare i bachi***, allevarli per ricavarne la seta | ***castello dei bachi***, intelaiatura di legno su cui si tengono le stuoie dei bachi **2** (*pop.*) verme della farina e dei frutti | ***avere il b.***, essere bacato | (**spec. al pl.**) parassita degli intestini, spec. dei bambini **3** (*inform.*) errore all'interno di un programma che ne impedisce il corretto funzionamento **SIN.** bug **4** (*fig.*) pensiero fisso e continuo: *avere il b. del guadagno, della gelosia*; *ci aveva in corpo quel b.* (A. Fogazzaro) **SIN.** rodimento, tarlo || **bacàccio**, **pegg.** (V.) | **bacheròzzolo**, **dim.** (V.) | **bachìno**, **dim.** | **bacolino**, **dim.**

bàco ② [di etim. discussa: da *Bau* 'pauroso essere fantastico' (?) ✱ 1353] **s. m.** ● (*tosc., scherz.*) solo nella loc.: ***fare b., fare b. b.***, giocare a nascondersi e fare capolino all'improvviso, ovvero a coprirsi e scoprirsi il viso con le mani, per spaventare o far divertire i bambini

†**bacòcco** ➤ **bacucco**①

bàcolo o †**bàculo** [vc. dotta, lat. *băculu(m)* 'bastone', di orig. indeur. ✱ 1328] **s. m.** ● (*lett.*) bastone | (*lett.*) bastone vescovile, pastorale

bacologìa [comp. di *baco*① e *-logia* ✱ 1865] **s. f.** (**pl.** *-gìe*) ● studio dell'allevamento dei bachi da seta

bacològico [1869] **agg.** (**pl. m.** *-ci*) ● relativo alla bacologia, ai bachi da seta | ***campagna bacologica***, periodo in cui si allevano i bachi da seta

bacòlogo [comp. di *baco*① e *-logo* ✱ 1865] **s. m.** (**f.** *-a*; **pl. m.** *-gi*) ● esperto, studioso di bacologia

bacon /'bɛkon, *ingl.* 'beɪkən/ [vc. ingl., dall'ant. fr. *bacon*, di orig. francone (*bakko*, della stessa radice dell'ingl. *back* 'parte posteriore del corpo') ✱ 1913] **s. m. inv.** ● pancetta di maiale affumicata

baconiàno [av. 1850] **agg.** ● relativo al filosofo F. Bacon (1561-1626)

bactèrio e deriv. ➤ **batterio** e deriv.

♣**bacùcco** ① o †**bacòcco** [dal n. del profeta *Abacuc* ✱ av. 1400] **agg.; anche s. m.** (**pl. m.** *-chi*) ● (*spreg.*) detto di persona vecchia e rimbecillita: *vecchio b.*; *un gran b.* **SIN.** cucco

†**bacùcco** ② [etim. incerta ✱ av. 1589] **s. m.** ● specie di cappuccio usato anticamente per celare il volto, spec. dei prigionieri

†**bàculo** ➤ **bacolo**

bad /*ingl.* bæd/ [vc. ingl. 'cattivo' ✱ 1991] **agg. inv.** ● cattivo, in alcune loc. | ***bad boy***, V. *boy* | ***bad girl***, V. *girl* | (*econ.*) ***bad company***, V. *company*

bàda [da *badare* ✱ sec. XIII] **s. f. 1** (*lett., raro*) attesa, indugio | ***stare a b., alla b.***, indugiare, temporeggiare **2** ***tenere a b. qlcu.***, controllarlo, sorvegliarlo, contenerne l'iniziativa

†**badalóne** ① [etim. discussa: da *badare* nel significato ant. di 'indugiare' (?) ✱ 1481] **s. m. 1** bighellone, perdigiorno **2** uomo grande,

b

grosso e semplicione

badalóne② [per *bad(i)alone*, da *badiale* nel senso di 'grande' ✱ 1939] **s. m.** ● grande leggio posto al centro del coro nelle chiese

†**badaluccàre** [da *badalucco* ✱ av. 1333] **v. intr. 1** fare scaramucce col nemico: *i ragazzi de' Franceschi si misono a b., e a combattere* (G. VILLANI) **2** indugiare

†**badalùcco** [da *badare* con sovrapposizione d'altra parola ✱ sec. XIII] **s. m.** (**pl.** *-chi*) **1** (*lett.*) passatempo, svago **2** (*milit.*) scaramuccia

badanài o **badanàio**, **tatanài** [ebr. *be-adonaj* 'per il mio signore', dal Salmo CXVII, ripetuto come escl. 'per Dio' ✱ 1808] **s. m. inv.** ● (*tosc.*) chiasso, schiamazzo, spec. da parte di persone che parlano tutte insieme

badànte **A** **part. pres.** di *badare*; anche **agg.** ● nei sign. del v. **B** **s. m. e f.** ● chi per professione assiste e accudisce persone anziane, malate o non autosufficienti | (*fam.*) chi per professione accudisce i bambini altrui **SIN.** baby-sitter

badànza [da *badante* ✱ 1994] **s. f.** ● attività, lavoro di badante

♦**badàre** [lat. parl. **badāre* 'aprire la bocca', di orig. onomat. ✱ 1275] **A** **v. intr.** (**aus.** *avere*) **1** sorvegliare, prendersi cura, occuparsi di qlcu. o qlco. (+ *a*): *b. ai bambini, alla casa, al gregge* **2** fare attenzione (+ *a*, + *di*, anche seguiti da inf.; + *che*): *bada di non perdere i soldi; bada a quel che fai; bada che la porta sia ben chiusa* | ***bada, badate!***, si usa per rafforzare un avvertimento o una minaccia: *bada che non sto scherzando!; bada, la mia pazienza ha un limite!* | interessarsi di qlco. o qlcu.: *b. ai fatti propri; b. solo a divertirsi; passando non avevo badato a loro* | dare importanza: *b. al sodo; non ci b.!* | ***non b. a spese***, spendere molto, senza economia **3** †indugiare, esitare: *consolate lei dunque ch'ancor bada* (F. PETRARCA) **B** **v. tr. 1** sorvegliare, custodire: *b. le pecore* | fare oggetto di viva attenzione: *badatemi con un po' di serietà* (C. GOLDONI); *senza badarlo neppure* **2** †considerare con attenzione: *se lo 'ntelletto tuo ben chiaro bada* (DANTE *Purg.* IV, 75) **C** **badàrsi** **v. intr. pron.** ● (*raro, lett.*) guardarsi: *bàdati, badiamoci, dal rifare la storia antica a modo nostro* (G. CARDUCCI)

SFUMATURE DI SIGNIFICATO

badare - curare - assistere

Badare è sorvegliare qualcuno, in genere bambino, vecchio o malato, che non è completamente autonomo. In **curare** la sollecitudine verso la persona che è in stato di bisogno consiste nel sottoporla a trattamenti che la guariscano o almeno ne allevino le sofferenze; per questa ragione il verbo si riferisce per lo più a personale medico o paramedico. **Assistere** contiene in sé sia l'idea della sorveglianza, quindi del badare, che quella del curare.

badatóre [da *badare* ✱ 1831] **s. m.** (**f.** *-trice*) ● chi sorveglia, spec. la selvaggina

badatùra [da *badare* ✱ 1943] **s. f.** ● (*tosc.*) guardia fatta dai contadini di notte: *b. dell'uva*

badènse o **badenése** (o **-ése**) [dal toponimo *Baden* con *-ense* ✱ av. 1557] **A** **agg.** ● del Baden, regione storica della Germania sudoccidentale, o del Baden-Württemberg, il Land che comprende tale regione **B** **s. m. e f.** ● abitante o nativo del Baden o del Baden-Württemberg

†**badèrla** [per *bader(el)la* 'che serve a tenere a bada' ✱ 1338 ca.] **s. f.** ● donna sciocca

badèrna [fr. *baderne*, dal provenz. *baderno*, di etim. incerta ✱ 1813] **s. f. 1** (*mar.*) treccia di filacce e altri materiali di recupero usata per proteggere cime e catene di ormeggio dallo sfregamento | treccia tessile o sintetica che garantisce la tenuta all'acqua nel premistoppa situato all'uscita dell'asse dell'elica dallo scafo di una nave **2** (*tecnol.*) guarnizione di una tenuta a premistoppa

badéssa o †**abbadéssa**, †**abadéssa** [lat. eccl. *abatīssa(m)*, da *ăbbas* 'abate' ✱ 1262] **s. f. 1** superiora di un monastero di religiose: *madre b.* **CFR.** abate **2** (*fig.*) donna grassa e grossa | donna piena di gravità, spec. ostentata

badessàto [1602] **s. m.** ● ufficio, dignità di badessa | durata di tale ufficio

bàdge /badʒ, bɛdʒ, *ingl.* bædʒ/ [vc. ingl., dapprima 'emblema, segno destinato a distinguere un cavaliere o una schiera di soldati', da una vc. anglo-normanna d'orig. incerta ✱ 1981] **s. m. inv. 1** placchetta di riconoscimento, spesso corredata di fotografia, dei dipendenti di un'azienda, degli allievi di una scuola, dei partecipanti a convegni, e sim. | placchetta delle carte di credito o del Bancomat **2** distintivo con l'immagine di un personaggio politico, cantante e sim.

badìa [lat. eccl. *abbatīa(m)*, da *ăbbas* 'abate' ✱ 1211] **s. f. 1** V. *abbazia* **2** (*fig.*) luogo dove regna l'abbondanza | **PROV.** ***casa mia, casa mia, per piccina che tu sia, tu mi sembri una b.***, la propria casa appare sempre bellissima || **badiòla**, **dim.**

badiàle (o **-dià-**) [da *badia* ✱ av. 1367] **agg. 1** V. *abbaziale* **2** (*lett.*) di badia **3** (*est.*) grosso, enorme: *naso b.* **4** (*est.*) prosperoso, grande: *così fresco, grassoccio e b.* (G. CARDUCCI) | gioviale, pacioccone || **badialménte**, **avv.** con tutto agio e comodo

badiàna [fr. *badiane*, da una lingua orient.: persiano *bād(i)yān* ✱ 1797] **s. f.** ● (*bot.*) piccolo albero delle Magnoliacee i cui frutti aromatici disposti a stella sono usati nella fabbricazione dei liquori (*Illicium verum*) **SIN.** anice stellato

badilànte [1902] **s. m. e f.** ● manovale addetto a lavori col badile **SIN.** spalatore, sterratore

badilàta [av. 1519] **s. f.** ● colpo dato col badile | quantità di materiale che si raccoglie in una volta sola con un badile

badìle [lat. parl. **batīle(m)* per *batīllum*, di etim. incerta ✱ av. 1389] **s. m.** ● strumento con manico di legno e lama di ferro ampia, leggermente concava, di varia forma, usato per rimuovere sabbia o terra già smossa **SIN.** pala || **badilétto**, **dim.**

badinage /fr. badi'naʒ/ [vc. fr., propr. 'scherzo', da *badin*, originariamente 'stupido, sciocco', secondo il sign. dell'ant. provenz. *badar* 'restare a bocca aperta' (V. *badare*) ✱ 1950] **s. m. inv.** ● (*mus.*) movimento di danza brillante introdotto nelle suite e sonate nel sec. XVIII, poi divertimento di breve respiro **SIN.** badinerie

badinerie /fr. badin'ʀi/ [vc. fr., da *badin* 'sciocco', quindi propr. 'sciocchezza' ✱ 1766] **s. f. inv.** ● (*mus.*) badinage

badiòtto o **badiòto** [1860] **A** **agg.** ● della Val Badia, in Alto Adige **B** **s. m.** (**f.** *-a*) ● abitante o nativo della Val Badia **C** **s. m. solo sing.** ● dialetto ladino parlato in Val Badia

badminton /'bɛdminton, *ingl.* 'bædmɪntən/ [vc. ingl., da *Badminton*, residenza del duca di Beaufort, nel Gloucestershire ✱ 1953] **s. m. inv.** ● gioco simile al tennis che si svolge all'aperto o al chiuso, in singolo o doppio, col volano

badogliàno [1949] **A** **agg.** ● relativo al maresciallo d'Italia P. Badoglio, spec. negli anni 1943-45: *governo b.* **B** **s. m.** ● seguace del maresciallo Badoglio: *Abbozzarono un saluto ai badogliani* (B. FENOGLIO)

Baedeker® /be'dɛker, *ted.* 'bɛːˌdɛkʌ/ [dal n. del libraio K. *Baedeker* (1801-1859) che pubblicò per primo le rinomatissime guide ✱ 1889] **s. m. inv.** ● denominazione di guida turistica redatta in tedesco o in altre lingue

SFUMATURE ➤ ***guida***

♦**bàffo** [etim. discussa: gr. *bāphḗ* 'tintura' (?) ✱ av. 1704] **s. m. 1** (**spec. al pl.**) insieme di peli che crescono sul labbro superiore dell'uomo: *baffi biondi, bruni, brizzolati; radersi, portare i baffi; lasciarsi crescere i baffi, tagliarsi i baffi; un bel paio di baffi* | ***ridere sotto i baffi***, di nascosto, con malizia o compiacenza | ***torta da leccarsi i baffi***, particolarmente gustosa | (*fam.*) ***farsi un b.***, ***farsene un b.***, infischiarsi di qlco., non temerla, non tenerne conto (+ *di*): *me ne faccio un b. delle sue minacce!* | ***coi baffi***, (*fig.*) di persona o cosa ottima, eccellente e sim.: *una cena coi baffi* **2** (**spec. al pl.**) lungo pelo setoloso che cresce sul muso di alcuni animali: *i baffi del gatto, del topo, del leone* **3** (*fig.*) macchia, sgorbio: *fare baffi con l'inchiostro* **4** (*fig.*, **al pl.**) le due onde spumose che si formano ai lati della prua di una nave in moto **5** (*autom.*) piccolo alettone anteriore montato sulle monoposto da corsa || **baffétto**, **baffettìno**, **dim.** | **baffóne**, **accr.** (V.)

baffóne [1841] **s. m. 1** accr. di *baffo* **2** (*scherz.*) persona con baffi folti e lunghi | (*per anton., scherz., pop.*) ***Baffone***, denominazione di Josif V. Stalin, spec. negli anni successivi al termine della seconda Guerra mondiale

baffùto [1520 ca.] **agg.** ● provvisto di baffi

†**bàga** [etim. incerta ✱ av. 1519] **s. f.** ● sacco di pelle, otre

†**bagàglia** [av. 1540] **s. f.** ● bagaglio: *tutti due gli eserciti, espediti, senza alcuna b., passassino il Po* (F. GUICCIARDINI)

♦**bagagliàio** [1855] **s. m.** (**pl.** *-ai*) **1** (*ferr.*) vagone destinato esclusivamente al trasporto di merci | deposito di bagagli, nelle stazioni **2** (*aeron.*) sugli aerei, vano usato per contenere bagagli, posta, merci e sim. **3** (*autom.*) vano adibito al trasporto dei bagagli

bagaglièra [1957] **s. f.** ● (*autom.*) portabagagli nel sign. A 2 | box nel sign. 8

♦**bagàglio** [fr. *bagage*, da *baga* 'fagotto, borsa', di orig. provenz. e di etim. incerta ✱ 1607] **s. m. 1** tutto quanto si porta con sé in viaggio | (*ferr.*) ***b. presso***, correntemente ***b. appresso***, l'insieme dei colli ammessi gratuitamente nella carrozza a seguito del viaggiatore | ***b. a mano***, quello di piccolo ingombro che il passeggero di un aereo o di un pullman può tenere con sé **2** (*fig.*) ciò che una persona ha appreso con lo studio, la ricerca, l'esperienza e sim.: *b. di nozioni tecniche; b. culturale; b. di ricordi* **3** salmeria della truppa | ***con armi e bagagli***, (*fig.*) con tutto ciò che si possiede: *andarsene, partire con armi e bagagli*

†**bagaglióne** [1600] **s. m.** ● negli eserciti antichi, servo o soldato addetto ai bagagli

bagagliùme [1600] **s. m.** ● (*spreg.*) grande quantità di bagagli

bagarinàggio [1874] **s. m.** ● attività di bagarino **SIN.** incetta

bagarìno [dall'arabo parlato *baggālīn* 'mercanti che vendono al minuto' ✱ 1800] **s. m.** (**f.** *-a*) ● incettatore di ciò che si prevede di rivendere a un prezzo più elevato: *b. di biglietti teatrali*

bagaròzzo ➤ **bacherozzolo**

bagarre /fr. ba'gaʀ/ [vc. fr., dal provenz. *bagarro*, di orig. basca (*batzarre* 'riunione') ✱ 1962] **s. f. inv. 1** (*sport*) nel ciclismo, fase di gara tumultuosa e veloce, determinatasi improvvisamente e disputata in gruppo: *b. finale* **2** (*fig.*) tafferuglio, trambusto, tumulto: *l'episodio finì con una b. generale*

bagàscia [etim. incerta ✱ av. 1313] **s. f.** (**pl.** *-sce*, †*-scie*) ● (*lett., spreg.*) meretrice | sgualdrina || **bagascióna**, **accr.**

bagàscio [av. 1375] **s. m.** ● (*lett.*) bagascione

bagascióne [av. 1334] **s. m. 1** (*lett.*, *spreg.*) chi frequenta bagasce **2** (*lett.*, *spreg.*) omosessuale maschile

bagàssa [fr. *bagasse*, dallo sp. *bagazo*, da *baga* 'capsula che contiene i semi di lino', dal lat. *bāca* 'bacca' ✱ 1937] **s. f.** ● residuo della lavorazione della canna da zucchero

bagatèlla e deriv. ➤ **bagattella** e deriv.

✦**bagattèlla** o **bagatèlla** [etim. discussa: da *gabbatella*, da *gabbare* (?) ✱ 1476] **s. f. 1** cosa frivola e senza troppa importanza (*anche iron.*): *è inutile perder tempo con queste bagattelle; ingegno, virtù e carattere - tre bagattelle!* (M. D'Azeglio) **SIN.** bazzecola, inezia **2** (*mus.*) breve composizione musicale di struttura formale semplice **3** gioco analogo al biliardo **4** †gioco di prestigio fatto coi bussolotti || †**bagattellùccia**, **bagattellùzza**, **dim.**

bagattellàre o **bagatellàre** [dal ted. *Bagatell* 'bazzecola, inezia' in funzione di attributo in certi usi tecnici ✱ 1962] **agg.** ● (*dir.*) di scarsa importanza: *reato b., condono b.*

†**bagattellière** [da *bagattella* ✱ av. 1600] **s. m.** ● giocoliere

bagattìno [etim. discussa: affine a *bagattella* (?) ✱ sec. XIII] **s. m.** ● piccola moneta di mistura e poi di rame, coniata tra il XIII e il XVI sec. spec. nel Veneto

bagàtto [etim. discussa: da *Bagdad*, città di provenienza di caratteristici giocolieri (?) ✱ av. 1589] **s. m.** ● carta da gioco; il minore dei ventidue trionfi dei tarocchi

bàgel /ˈbagel, *ingl.* ˈbeɪɡəl/ [vc. ingl., assunta dall'yiddish *beygel* di provenienza germ. ✱ 1996] **s. m. inv.** ● (*cucina*) ciambella di pasta lievitata, leggermente dolce, scottata in acqua bollente e successivamente cotta al forno, che viene consumata farcita, tipica della tradizione gastronomica ebraica

baggèo [da *babbeo* con sovrapposizione di *baggiano* ✱ 1765] **s. m.** (**f.** *-a*); **anche agg.** ● (*raro*) babbeo, sciocco

baggiàna [lat. *baiāna(m)* 'fava proveniente dalla città di *Baia*, in Campania' ✱ sec. XV] **s. f. 1** (*bot.*) varietà di fava a semi molto grossi **2** (**al pl.**) †fandonie, belle parole ingannevoli

baggianàta [da *baggiano* ✱ 1765] **s. f.** ● stupidaggine, sciocchezza

baggiàno [da *baggiana* attraverso il sign. osceno di 'fava' ✱ av. 1650] **agg. e s. m.** (**f.** *-a*) **1** sciocco, grullo **2** soprannome dato un tempo ai contadini milanesi, nel Bergamasco soggetto a Venezia || **baggianèllo**, **dim.**

bàggiolo [lat. *bāiulu(m)* 'portatore, facchino', di etim. incerta ✱ 1550] **s. m.** ● sostegno architettonico per marmi e pietre

bàgher ① ➤ **baghero**

bàgher ② [forse dal ceco *bagr* 'draga, scavatrice' ✱ 1986] **s. m. inv.** ● (*sport*) nella pallavolo, fondamentale di ricezione, eseguito con gli avambracci tesi e uniti, con cui si respinge la palla in fase difensiva

bàghero o **bàgher** ①, **bàghere** [ted. dial. *Wagerl(e)*, dim. di *Wagen* 'vettura' ✱ 1882] **s. m.** ● un tempo, carrozza leggera a quattro ruote, senza cassetta || **bagherìno**, **dim.**

bagheròzzo ➤ **bacherozzolo**

baghétta [fr. *baguette*, dall'it. *bacchetta* ✱ 1933] **s. f.** ● motivo ornamentale laterale sulle calze, che dalla caviglia risale al polpaccio e termina spesso con piccolo motivo a freccia | guarnizione laterale, nei guanti **SIN.** freccia, spighetta

bagigi [per *(bab)bagigi* (V.) ✱ 1858] **s. m. pl.** ● (*sett.*) arachidi, noccioline americane

†**baglì** ➤ **balì**

bagliétto [1874] **s. m.** ● (*mar.*) baglio sottile **SIN.** lata

bàglio ① [etim. discussa: lat. parl. **bāliu(m)* per *bāiulu(m)* 'portatore', di etim. incerta ✱ 1772] **s. m.** ● (*mar.*) elemento strutturale dello scafo (in materiali compositi, legno o metallo), ortogonale all'asse longitudinale, per contrastare la compressione delle murate e sostenere i ponti | *b. massimo*, larghezza massima di costruzione dello scafo | *b. maestro*, quello principale, gener. in corrispondenza del punto più largo dello scafo

bàglio ② [dal fr. ant. *bail(e)* nel senso milit. di 'recinto fortificato' ✱ 1913] **s. m. 1** in Sicilia, cortile rustico: *una casa antica, col 'baglio' ... e un cisternone in mezzo* (L. Pirandello) **2** costruzione rurale siciliana chiusa da mura, costituita da edifici che si aprono su un ampio cortile interno

baglionàto [fr. *bâillonné*, detto di animale con la bocca spalancata, da *bâiller*, propr. 'sbadigliare' (dal lat. *bataculāre*) ✱ 1955] **agg.** ● (*arald.*) detto di animale che tiene in bocca un osso o un bastone

✦**baglióre** [etim. discussa: da *abbagliare* (?) ✱ 1381] **s. m. 1** luce improvvisa, che abbaglia: *corre il baglior della funerea lava* (G. Leopardi) **SIN.** baleno, fulgore, splendore **2** (*fig.*) splendida manifestazione di qlco.: *i primi bagliori di una nuova era; gli ultimi bagliori di una civiltà* **3** (*fig.*) apparizione breve e improvvisa di qlco.: *il b. di uno sguardo, di un sorriso* **4** †disturbo dell'occhio per cui la vista è offuscata da strie luminose

†**baglìvo** ➤ **balivo**

bàgna [sett. da *bagnè* 'bagnare'; *bagna cauda* è loc. piemontese, da *bagna* e *cauda* 'calda' ✱ 1887] **s. f. 1** (*sett.*) intingolo | *b. cauda* o (con grafia unita) *bagnacauda*, salsa preparata con olio, aglio e acciughe, che si serve bollente in un apposito tegame di terraglia tenuto su un fornello, in cui si immergono verdure spec. crude; specialità della cucina piemontese **2** (*sett.*) liquore a bassa gradazione alcolica usato in pasticceria per inzuppare dolci

bagnàbile [1986] **agg. 1** che può essere bagnato **2** detto di materiale che è permeabile all'acqua: *zolfo b.* || **bagnabilità**, **s. f. inv.**

bagnacàuda ➤ **bagna**

bagnaiuòlo [1587] **s. m.** (**f.** *-a*) ● (*disus.*) bagnino

bagnànte **A** **part. pres.** di *bagnare*; **anche agg.** ● nei sign. del v. | inoltre: (*agric.*) Detto di sostanza chimica aggiunta agli antiparassitari per favorirne l'azione sulle superfici da trattare **B** **s. m. e f.** ● chi fa il bagno o i bagni, spec. nel mare | (*est.*) chi d'estate villeggia in una località marina

✦**bagnàre** [lat. parl. **baniāre* per *balneāre*, da *bălneum* 'bagno①' ✱ av. 1250] **A** **v. tr.** (**coniug. come** *segnare*) **1** spargere liquido su qlco. o qlcu.: *b. i panni* | anche in forma pron. (con valore intens.): *bagnarsi le mani, la fronte; ti sei bagnato i pantaloni* | *bagnarsi la bocca, le labbra, la lingua* e sim., bere **SIN.** aspergere, innaffiare **CONTR.** asciugare **2** immergere, intingere: *b. un biscotto nel marsala; vide Elena nell'atto di b. le labbra in un vino biondo* (G. D'Annunzio) **3** (*fig.*) festeggiare qlco. bevendo: *b. una laurea* **4** toccare, lambire, detto di mari e fiumi a proposito di città, coste e sim.: *il Tirreno bagna Napoli; Torino è bagnata dal Po* **B** **bagnàrsi** **v. rifl.** ● fare il bagno **C** **bagnàrsi** **v. intr. pron.** ● inzupparsi, intridersi (+ *di*, + *per*): *bagnarsi di pioggia* (o *per la pioggia*) | (*est.*) ricoprirsi di un liquido (+ *di*): *gli occhi le si bagnarono di lacrime; le strade si bagnarono di sangue*

SFUMATURE DI SIGNIFICATO

bagnare - irrorare - imbevere

I tre termini indicano tutti l'azione di cospargere di liquido qualcosa: **bagnare** è il più generico e dunque quello di uso più corrente; gli altri indicano invece due modalità specifiche dell'azione: **irrorare**, quella di spruzzare diffusamente con piccole gocce; **imbevere**, quella di far penetrare il liquido in profondità, fino a che l'oggetto ne sia completamente intriso.

bagnaròla [da *bagnare* ✱ 1858] **s. f. 1** (*centr.*) tinozza per il bagno **2** (*scherz.*) mezzo di trasporto in cattive condizioni: *quel battello è una b.*

bagnasciùga [comp. di *bagna(re)* e *asciuga(re)* ✱ 1797] **s. m. inv. 1** (*mar.*) zona compresa tra la linea di galleggiamento massima e minima dello scafo **2** zona di una spiaggia di costa bassa su cui si rompono le onde **SIN.** battigia, battima

bagnàta [1875] **s. f.** ● il bagnare, il bagnarsi

✦**bagnàto** **A** **part. pass.** di *bagnare*; **anche agg. 1** nei sign. del v. **2** *sembrare, essere come un pulcino b.*, (*fig.*) starsene umile, pauroso, mortificato **B** **s. m.** ● terreno, luogo bagnato | *piovere sul b.*, (*fig.*) aggiungersi di disgrazie a disgrazie o di fortune a fortune

bagnatóre [lat. *balneatōre(m)*, da *bălneum* 'bagno①' ✱ 1618] **s. m.** (**f.** *-trice*) **1** (*raro*) chi (o ciò che) bagna **2** †bagnante

bagnatùra [1587] **s. f. 1** il bagnare, il bagnarsi **2** (**spec. al pl.**, *tosc.* o *lett.*) la stagione dei bagni | serie di bagni

bagnìno [1874] **s. m.** (**f.** *-a*) ● chi sorveglia e assiste i bagnanti sulle spiagge o nelle piscine

✦**bàgno** ① [lat. parl. **băneu(m)* per *bălneu(m)*, dal gr. *balnêion*, di orig. sconosciuta ✱ 1240] **s. m. 1** immersione del corpo nell'acqua spec. a scopo ricreativo: *bagni di mare; costume da b.; andiamo a fare il b.?* | lavaggio del corpo mediante immersione in acqua: *vasca da b.; farsi un b.; preferisco il b. alla doccia* | l'acqua in cui si fa tale immersione: *il b. è pronto; b. caldo, freddo* | *essere in un b. di sudore*, grondare di sudore | (*fig.*) *b. di sangue*, strage, massacro | *fare un b.*, (*fig.*, *gerg.*) subire una pesante sconfitta in giochi di carte, spec. al bridge | (*fig.*) *b. di folla*, il trattenersi a lungo tra una folla entusiasta durante una manifestazione pubblica, detto spec. di personaggio famoso **2** (*est.*) immersione del corpo in altri liquidi o sostanze, spec. a scopo terapeutico: *b. di fanghi, di sabbia; b. di fieno* | (*est.*) esposizione del corpo a vari agenti fisici: *b. di sole, di luce, di vapore* | *b. turco*, bagno caldo di vapore seguito da doccia e talora da massaggio **3** locale in cui sono situati gli apparecchi igienici nell'abitazione: *b. padronale, di servizio; un appartamento con doppio b.* | (*raro*) la vasca in cui si fa il bagno | *b. pubblico*, locale attrezzato per provvedere alla pulizia personale, a pagamento **4** (**spec. al pl.**) stabilimento balneare o termale: *b. Margherita; Bagni di Montecatini* | anche come nome proprio di luogo: *Bagni di Lucca; Bagni di Tivoli* **5** immersione di qlco. in acqua o altro liquido: *mettere i fagioli a b.; tenere a b. la biancheria* | *b. Maria*, V. bagnomaria | *b. fotografico*, soluzione che permette il trattamento chimico del materiale sensibile negativo o positivo | *b. galvanico*, in cui si immergono i metalli per galvanizzarli | *a b. d'olio*, detto di lubrificazione di organi meccanici | (*chim.*) recipiente contenente una data sostanza in cui si immerge un corpo per riscaldarlo indirettamente e mantenere la temperatura uniforme || **bagnétto**, **bagnettìno**, **dim.**

bàgno ② [da un *bagno* (di Costantinopoli o di Livorno), adibito a prigione ✱ 1854] **s. m.** ● luogo in cui si scontava la pena dei lavori forzati: *il b. penale di Tolone*

bagnòlo o (*lett.*) **bagnuòlo** [lat. parl. **baneŏlu(m)* per *balnĕolum*, dim. di *bălneum* 'bagno①' ✱ 1344] **s. m. 1** (*med.*) applicazione di pezzuole bagnate sulla parte lesa **2** (*edil.*) vasca trapezoidale nella quale si estingue la calce viva

bagnomarìa o **bàgno Marìa**, (*raro*) **bàgno marìa** [comp. di *bagno*① e *Maria* l'Ebrea, sorella di Mosè, ritenuta popolarmente un'alchimista ✱ av. 1537] **s. m. inv.** • sistema indiretto di riscaldamento di un recipiente che viene immerso in acqua direttamente scaldata | spec. nella loc. avv. ***a bagnomaria***: *cuocere a b.* | (*est.*) il recipiente stesso

Bagnoschiùma® [comp. di *bagno*① e *schiuma* ✱ 1983] **s. m. inv.** • prodotto che sciolto nell'acqua della vasca da bagno produce una schiuma saponosa profumata

bagnuòlo ➤ **bagnolo**

bàgola [lat. *bācula(m)* 'piccola bacca' ✱ 1865] **s. f. 1** (*bot.*, *sett.*) bacca **2** (*sett.*) ciancia, fandonia

bagolàre [da *bagola*, nel sign. 2 ✱ 1888] **v. intr.** (*io bàgolo*; **aus.** *avere*) • (*sett.*) chiacchierare, ciarlare

bagolàro [da *bagola* ✱ 1550] **s. m.** • albero delle Ulmacee con fusto liscio, fiori verdi in grappolo ascellare, corteccia grigiastra e rami molto flessibili e duri (*Celtis australis*) **SIN.** arcidiavolo, spaccasassi

bagolóne [dal dial. *bagola*, nel sign. 2 ✱ av. 1885] **s. m.** (**f.** *-a*) • (*sett.*) chiacchierone, fanfarone

bagónghi [dal n. proprio di un celebre nano da circo ✱ 1963] **s. m. e f. inv.** • (*scherz.* o *spreg.*) persona dalla statura molto al di sotto della media | (*fig.*) persona che vale poco

bagordàre o †**bigordàre** nel sign. 2 [ant. provenz. *ba(g)ordar* 'correre la giostra', dal francone **bihurdan* 'recingere lo spiazzo per il torneo' ✱ sec. XIII] **v. intr.** (*io bagórdo*; **aus.** *avere*) **1** fare stravizi, gozzovigliare **2** (*milit.*) †armeggiare, dar prova di abilità nel maneggiare le armi, spec. il bagordo

✦**bagórdo** o †**bigórdo** nel sign. 2 [ant. provenz. *beort*, dall'ant. fr. *behorder* 'bagordare' ✱ sec. XIII] **s. m. 1** (**spec. al pl.**) stravizio, gozzoviglia: *far bagordi*; *darsi ai bagordi* **2** (*milit.*) †lancia usata nei tornei, nelle giostre | prova di abilità nel maneggiare le armi

bagòss /ba'gɔs/ [vc. lomb., propr. '(abitante) di Bagolino, in provincia di Brescia' ✱ 1931] **s. m. inv.** • formaggio stagionato di latte vaccino originario della Valle del Caffaro nel Bresciano, che si consuma come formaggio da tavola o, se molto stagionato, in scaglie o grattugiato

baguette /fr. ba'gɛt/ [vc. fr., propr. 'bacchetta', dall'it. *bacchetta* ✱ 1933] **s. f. inv. 1** baghetta **2** brillante tagliato a forma di rettangolo allungato | taglio rettangolare allungato del diamante **3** filone di pane di notevole lunghezza

baguttiàno [1942] **A** **agg.** • relativo al premio letterario Bagutta: *il cenacolo b.* **B** **s. m.** (**f.** *-a*) • giudice, concorrente, frequentatore del premio stesso

bah /ba:/ o (*raro*) **ba**① /ba, ba*/ [vc. onomat. ✱ 1864] **inter.** • esprime incertezza, rassegnazione, incredulità, disprezzo con sign. analogo a 'chissà', 'forse è così', 'vada come vuole' e sim.: *bah! non so proprio cosa pensare*

bahaiṣmo /baa'izmo/ [dai nomi dei fondatori, *Bahā' Allah* e il figlio *Abdul Bahā'* ✱ 1913] **s. m.** • (*relig.*) movimento religioso sviluppatosi dal babismo intorno alla metà del sec. XIX, i cui principi fondamentali sono l'unità di tutte le religioni e la realizzazione della concordia e dell'uguaglianza sociale

bahaista [1955] **s. m. e f.; anche agg.** (**pl. m.** *-i*) • (*relig.*) seguace del bahaismo

baht /bat/ [etim. incerta ✱ 1938] **s. m. inv.** • unità monetaria della Thailandia **SIMB.** B

bài① [vc. onomat. ✱ 1913] **inter.** • riproduce l'abbaiare del cane: *baiii*; *il cane giù nel cortile continua a fare bai bai*

bài② [vc. onomat. ✱ av. 1400] **s. m. inv.** • (*fam.*) solo nella loc.: ***non dire né ai né bai***, non pronunciare parola, non dire nulla

bàia① [da *(ab)baiare*, propr. 'scherzo rumoroso' ✱ av. 1449] **s. f. 1** burla, canzonatura, scherzo: *Che baie son queste che andate facendo?*(A. CARO) | ***dare la b. a qlcu.***, burlare qlcu., spec. schiamazzandogli dietro **2** bagattella, inezia ‖ †**baiàccia**, **pegg.**

bàia② [sp. *bahía*, di etim. incerta; calco sull'ingl. *bay* 'recesso, campata, posta (nella stalla)' nel sign. 2 ✱ 1504] **s. f. 1** (*geogr.*) insenatura della costa, meno ampia di un golfo, con imboccatura relativamente stretta **2** (*aeron.*) la parte opportunamente strutturata e attrezzata di un hangar in cui un aeromobile è ospitato per essere sottoposto a lavori di manutenzione ‖ **baiétta**, **dim.**

bàia③ [fr. *baille*, dal lat. *bāiula* 'portatrice (d'acqua)', di etim. incerta ✱ 1829] **s. f.** • (*mar.*; *disus.*) tinozza di legno a doghe, cerchiata di metallo

baiadèra o **bajadèra** [fr. *bayadère*, dal portog. *balhadeira* 'ballerina', da *balhar* 'ballare' ✱ 1858] **A** **s. f.** • danzatrice indù | (*est.*) ballerina di avanspettacolo **B** **in funzione di agg. inv.** • detto di tessuto rigato a tinte vivaci in seta, cotone o lana

†**baiàre** [da *abbaiare* ✱ av. 1389] **v. intr.** • abbaiare

baiàta [da *baiare* ✱ av. 1543] **s. f. 1** (*raro*) chiasso scherzoso, o fatto per burlare qlcu. **2** (*lett.*) cosa insensata, sciocchezza

baìcolo [venez. *baicolo* 'piccolo cefalo', per la forma ✱ 1873] **s. m.** • biscottino secco, tipico di Venezia

baignoire /fr. bɛ'ɲwaʀ/ [vc. fr., propr. '(vasca da) bagno', da *baigner* 'bagnar(si)' ✱ 1905] **s. f. inv.** • barcaccia di teatro

†**bàila** ➤ **balia**①

✦**bailàmme** [dalla chiassosa festa turca del *Bayram* (V.) ✱ av. 1665] **s. m. inv.** • confusione di gente e di voci **SIN.** baraonda, chiasso

†**bailìa** ➤ **balìa**②

bàilo [ant. provenz. *baile*, dal lat. *bāiulus* 'portatore, facchino' ✱ av. 1306] **s. m. 1** (*stor.*) balio, balivo **2** (*stor.*) ambasciatore, spec. della Repubblica veneta

bailout /bei'laut, *ingl.* 'beɪl,aʊt/ [vc. ingl., propr. 'salvataggio con il paracadute' ✱ 1994] **s. m. inv.** • (*econ.*) immissione di denaro liquido nelle casse di un'azienda in crisi perché possa far fronte agli impegni più immediati, evitando la bancarotta

bàio [provenz., fr. *bai*, dal lat. *bădius*, di etim. incerta ✱ 1282] **A** **agg.** (**pl. m.** *bai*) • detto di un tipo di mantello equino di color rosso, con le estremità degli arti, la coda e la criniera nere **B** **s. m.** • cavallo con mantello baio

baiòcco [etim. incerta ✱ av. 1502] **s. m.** (**pl.** *-chi*) **1** moneta d'argento, poi di rame, in uso nello Stato pontificio fino al 1866 **2** (**spec. al pl.**) soldi, quattrini: *non avere baiocchi* | ***non valere un b.***, (*fig.*) essere di poco o nessun valore **3** (*fig.*) †sciocco: *il giubbileo, / dove van tante schiere di baiocchi* (L. PULCI)

baióne [da *baia*① ✱ 1526] **s. m. 1** †chi burla e fa chiasso **2** (*tosc.*) schiamazzo, canzonatura | ***fare il b. a qlcu.***, dileggiarlo schiamazzando e battendosi la bocca con la mano

baionétta [fr. *baïonnette*, dal nome della città di *Bayonne*, dove si fabbricò la prima volta ✱ 1690 ca.] **A** **s. f. 1** arma bianca, corta, da inastare all'estremità del fucile per i combattimenti corpo a corpo: *assalto alla b.* | ***b. in canna***, inastata **2** (*fig.*) soldato: *un esercito di otto milioni di baionette* **3** (*mecc.*) ***innesto a b.***, quello, tra due pezzi, in cui uno di questi si infila in parte sull'altro e poi si fissa mediante breve rotazione **B** **in funzione di inter.** • si usa come comando, per far inastare la baionetta sul fucile

baionettàta [1797] **s. f.** • colpo di baionetta

Bairàm ➤ **Bayram**

baironiàno ➤ **byroniano**

bàita [vc. alpina di etim. discussa: dall'ant. alto ted. *Wahta* 'guardia' (?) ✱ 1873] **s. f.** • piccola costruzione di sassi o di legname, assai comune in alta montagna, usata spec. come deposito o come ricovero dei pastori ‖ **baitèllo**, **dim. m.**

†**baiùcola** o †**baiùca** [dim. di *baia*① ✱ av. 1566] **s. f.** • bagattella, sciocchezza

†**bàiulo** [vc. dotta, lat. *bāiulu(m)* 'portatore, facchino', di etim. incerta ✱ 1308] **s. m. 1** portatore **2** precettore **3** balivo

bajadèra ➤ **baiadera**

bakelìte® ➤ **bachelite**

baklàva /ba'klava, *turco* ba'kɫaβa/ o **baklavà** [etim. incerta ✱ 1865] **s. f. o m. inv.** • dolce a base di sottili strati di pasta sfoglia, burro, zucchero o miele, farciti con frutta secca tritata e pistacchi, tipico dei Paesi mediorientali e balcanici

bàlacron® o **balacròn** [marchio registrato ✱ 1970] **s. m. inv.** • materiale vinilico usato spec. per legatoria

balafòng o **balafòn**, **balafò** [fr. *balafo(n)*, dal mandingo *balafo*, comp. di *bala* 'xilofono' e *fo* 'battere' ✱ 1823] **s. m. inv.** • (*mus.*) strumento a percussione africano e afroamericano costituito da una cassa armonica in legno che sostiene verghe pure di legno percosse con martelletti dai suonatori

balalàica o **balalàika** [russo *balalajka*, di etim. incerta ✱ 1892] **s. f.** • (*mus.*) strumento musicale a corde, con cassa armonica triangolare e lungo manico, tipico della tradizione russa

bàlance /'balans, *ingl.* 'bæləns/ [vc. ingl., propr. 'bilanciamento' dal lat. *bilanx*, comp. di *bi-* e di *lanx* 'piatto' ✱ 1986] **s. m. inv.** • negli apparecchi per la riproduzione del suono, comando per il bilanciamento dell'intensità sonora in uscita su due o più canali

balànico [da *balano-* ✱ 1958] **agg.** (**pl. m.** *-ci*) • (*anat.*) relativo al glande

balanìno [da *balano* ✱ 1887] **s. m.** • piccolo insetto dei Coleotteri con lunghissimo rostro, le cui larve sono parassite di nocciole, ghiande e sim. (*Balaninus nucum*)

balanìte① [comp. di *balano-* e *-ite*① ✱ 1829] **s. f.** • (*med.*) infiammazione del glande

balanìte② [dal gr. *bálanos* 'ghianda', di etim. incerta ✱ 1967] **s. f.** • genere di piccoli alberi tropicali che forniscono legno da lavoro e semi ricchi di olio (*Balanites*)

bàlano [vc. dotta, lat. *bălanu(m)* 'ghianda', dal gr. *bálanos*, di etim. incerta ✱ 1561] **s. m.** • crostaceo dei Cirripedi marini con sei paia di zampe che sporgono da una nicchia calcarea conica (*Balanus tintinnabulum*) **SIN.** dente di cane

bàlano- [dal gr. *bálanos* 'ghianda'. V. *balano*] **primo elemento** • in parole composte della terminologia medica significa 'glande' o indica relazione col glande: *balanite*①

Balanzóne [dal bolognese *balanzón*, propr. 'grande bilancia', simbolo della Giustizia, che ricorre spesso nella parlata della maschera ✱ 1747] **s. m.** • maschera del teatro popolare bolognese che rappresenta un sapiente dall'eloquenza inarrestabile | persona mascherata da Balanzone **CFR.** dottore nel sign. 4

balàscio o **balàsso** [arabo *baláhš*, dal nome della provincia afghana *Badaḫšān*, donde provenivano queste pietre ✱ 1306] **s. m.** • (*miner.*) varietà preziosa di spinello nobile, trasparente e di colore rosso

balàta [vc. caraibica (*bálata* nelle isole, *paláta* in terraferma) ✱ 1950] **s. f.** ● gommoresina dura, simile al caucciù, ricavata dal latice di alberi dell'America meridionale, usata per impermeabilizzare tessuti e come isolante

†**bàlatro** ➤ **baratro**

balaùsta o †**balaùstra**① [fr. *balauste*, dal lat. *balaŭstium*, e questo dal gr. *balaýstion*, di etim. incerta ✱ sec. XIV] **s. f.** ● frutto del melograno

balaùstio o **balaùsto** [1550] **s. m.** ● (*raro*, *lett.*) balausta

†**balaùstra**① ➤ **balausta**

balaùstra② [av. 1764] **s. f.** ● balaustrata ‖ **balaustrìna**, **dim.**

balaustràta [perché costituita di *balaustri* ✱ av. 1698] **s. f.** ● struttura a colonnette, collegate da un basamento e una cimasa, che serve da parapetto o divisorio

balaustràto [1631] **A agg.** ● composto, provvisto di balaustri: *finestra balaustrata* **B s. m.** ● †balaustrata

balaustrìno [da *balaustro*, per la forma ✱ 1961] **s. m.** ● compasso di precisione usato per tracciare circonferenze di piccolo raggio

balaùstro [vc. dotta, lat. *balaŭstiu(m)* 'melograno', col quale si paragonò l'ornamento del capitello ✱ 1550] **s. m.** ● colonnetta ornamentale di balaustrate e parapetti, ballatoi e terrazze

balayeuse /fr. balɛ'jøz/ [vc. fr., (= *machine à balayer*) da *balayer* 'spazzare', dalla vc. di orig. gallica *balai* 'scopa' ✱ 1905] **s. f. inv.** ● orlo a frangia, un tempo applicato per protezione alle gonne lunghe **SIN.** salvagonna

balbettaménto [1858] **s. m.** ● il balbettare | ciò che si pronuncia balbettando **SIN.** balbettio, barbugliamento, tartagliamento

balbettàre [iter. del lat. tardo *balbāre* 'vagire, balbettare' da *bălbus* 'balbo' ✱ sec. XIII] **A v. intr.** (*io balbétto*; **aus.** *avere*) **1** parlare, esprimersi con incertezza, con ripetizione di sillabe o arresti di parole, per malformazione anatomica o per cause psicologiche **SIN.** barbugliare, tartagliare **2** cominciare a parlare: *quel bambino già balbetta* | (*fig.*) essere agli inizi, detto di una scienza o sim. **B v. tr.** ● pronunciare, dire, in modo confuso e spezzato: *b. una scusa* | (*fig.*) conoscere alla peggio una lingua, una disciplina scientifica e sim.: *balbettava un latino senza eleganze* (L. SETTEMBRINI)

SFUMATURE DI SIGNIFICATO

balbettare - tartagliare - incespicare

Balbettare significa parlare con titubanza, con ripetizione di sillabe e arresti di parole, per una malformazione anatomica o problemi psicologici. Se il balbettio consiste nel ripetere più volte la lettera o la sillaba iniziale della parola si ha il **tartagliare. Incespicare** descrive invece un *balbettare* caratterizzato da continui intoppi, continue soste.

balbettìo [1858] **s. m.** (**pl.** *-ii*) ● balbettamento continuo

balbettóne [1830] **agg. e s. m.** ● (*raro*) che (o chi) balbetta

†**bàlbo** [lat. *bălbu(m)* 'balbuziente', di orig. onomat. ✱ 1319] **agg.** ● (*lett.*) balbuziente: *mi venne in sogno una femmina balba* (DANTE *Purg.* XIX, 7)

balbòa /bal'bɔa/, *sp.* °bal'βoa/ [dal n. dell'esploratore sp. Vasco Núñez de *Balboa* (1475-1519) ✱ 1949] **s. m. inv.** (**pl. sp.** *balboas*) ● unità monetaria di Panama

balbutìre o (*raro*) **balbotìre**, †**balbuzzìre** [vc. dotta, lat. *balbutīre* 'balbettare', da *bălbus* 'balbo' ✱ 1321] **v. intr. e tr.** (**pres.** *io balbutìsco, tu balbutìsci*; **part. pres.** *balbuziènte* (V.); **aus.** *avere*) ● (*lett.*) balbettare: *Ma la donna subito s'imbrogliò, balbutì, e chiamò l'uomo in aiuto* (B. FENOGLIO)

balbùzie [da *balbuziente* ✱ 1584] **s. f. inv.** ● (*med.*) ripetizione parziale e convulsa di sillabe o frequenti interruzioni della frase causata da spasmo intermittente dell'apparato fonatorio

balbuziènte [vc. dotta, lat. *balbutiĕnte(m)*, part. pres. di *balbutīre* 'balbettare' ✱ 1374] **agg. e s. m. e f.** ● che (o chi) è affetto da balbuzie

†**balbuzzìre** ➤ **balbutire**

balcànico [fr. *balkanique*, dal turco *balkan* 'catena di montagne' forse da *balk* 'fango' ✱ 1886] **agg.** (**pl. m.** *-ci*) **1** relativo ai Balcani, alla regione dei Balcani: *penisola balcanica* **2** (*fig.*) caotico, violento, ingovernabile

balcanizzàre [1931] **A v. tr.** ● (*polit.*) ridurre uno Stato nelle condizioni di disordine o di frammentazione in cui si trovavano gli Stati balcanici nei primi decenni del Novecento **B balcanizzàrsi v. intr. pron.** ● ridursi a una condizione di disordine, di frammentazione ‖ **balcanizzazióne**, **s. f.** (V.)

balcanizzazióne [1970] **s. f.** ● il balcanizzare, il venire balcanizzato | frammentazione politica, linguistica e spesso religiosa di uno Stato (per es. la ex Iugoslavia o la ex Unione Sovietica) in entità più piccole e ostili fra loro

†**bàlco** [longob. **balko*, di etim. incerta ✱ sec. XIII] **s. m. 1** balcone: *per tetti, per li balchi e per le torre, / ciascun con lumi accesi intorno corre* (M.M. BOIARDO) **2** (*tosc.*) palco, fienile

balconàta [1624] **s. f. 1** balcone di forma allungata sul quale si aprono diverse finestre **2** nelle moderne sale da spettacolo, concerto e sim., parte sovrastante la platea, con diverse file digradanti di posti **3** (*mar.*) nei vascelli e nei grandi velieri, galleria di balconi nell'estremità poppiera

balconàto [da *balcone* ✱ 1913] **agg.** ● nel linguaggio degli annunci economici, detto di appartamento o edificio dotato di uno o più balconi

balconcìno [1819] **s. m. 1** dim. di *balcone* **2** ***reggiseno, bustino a b.***, a struttura rigida o semirigida per sostenere il seno, lasciandone scoperta la parte superiore, talvolta privo di spalline **SIN.** balconnet **3** nella parte interna della porta di un frigorifero, ripiano con la sponda rialzata: *b. portauova, portabottiglie*

♦**balcóne** [da *balco* ✱ sec. XIII] **s. m.** ● struttura praticabile sporgente dal muro esterno di un edificio, protetta da un parapetto per lo più a ringhiera | (*est.*) portafinestra protetta da un parapetto a filo del muro esterno nel quale si apre ‖ (*lett.*) **balconcèllo**, **dim.** | **balconcìno**, **dim.** (V.)

balconnet® /fr. balkɔ'nɛ/ [vc. fr., dim. di *balcon* 'balcone', per la forma (?) ✱ 1950] **s. m. inv.** ● tipo di reggiseno, bustino e sim., a balconcino

baldacchìno [da *Baldac(co)*, antico nome di *Bagdad*, donde provenivano questi drappi ✱ av. 1306] **s. m. 1** copertura mobile a forma di padiglione retta da aste, sotto la quale si porta in processione il SS. Sacramento **2** ricco drappo sorretto da aste o colonne o sostenuto da un telaio che sta a coronamento di altari, troni, seggi, letti signorili **3** (*archit.*) coronamento in marmo, pietra o bronzo usato per nicchie, edicole, tombe medievali e tabernacoli contenenti la pisside | ciborio, nelle basiliche cristiane e nelle chiese barocche: *il b. del Bernini in S. Pietro in Roma*

baldànza [da *baldo* ✱ av. 1250] **s. f.** ● esuberante sicurezza nelle proprie forze: *b. giovanile* **SIN.** arditezza, spavalderia | (*lett.*) arroganza: *Curradino e sua gente ne montarono in grande superbia e b.* (G. VILLANI) **SIN.** arditezza, arroganza, spavalderia

†**baldanzeggiàre** [av. 1311] **v. intr.** ● avere un comportamento sfrontato, sfrenato

baldanzóso (o *-ṣ-*) [av. 1292] **agg. 1** che dimostra baldanza: *aspetto b.*; *arrivò con passo b.* **SIN.** ardito, spavaldo **2** (*lett.*) procace, prosperoso: *passava una villana / da' fianchi baldanzosi* (G. D'ANNUNZIO) ‖ **baldanzosètto**, **dim.** ‖ **baldanzosaménte**, **avv.** con baldanza ‖ **baldanzosità**, **s. f. inv.**

†**baldézza** [ant. provenz. *baudeza* 'ardire', da *baut* 'baldo' ✱ 1266] **s. f.** ● baldanza, fiducia, sicurezza: *voi mi date a parlar tutta b.* (DANTE *Par.* XVI, 17)

♣**bàldo** [ant. fr. *bald, baud*, ant. provenz. *baut* 'fiero, ardente', dal francone *bald* 'ardito, fiero, vivace' ✱ 1250 ca.] **agg.** ● (*lett.* o *scherz.*) che mostra disinvoltura e sicurezza **SIN.** animoso, ardito, sicuro di sé ‖ **baldaménte**, **avv.** arditamente; con franchezza

baldòria [ant. fr. *baudoire*, da *baud* 'baldo' ✱ av. 1400] **s. f. 1** allegria rumorosa, festa chiassosa: *fare un po' di b. con gli amici* **2** (*spreg.*) gozzoviglia: *fare b.* **SIN.** baccanale, crapula, stravizio **3** (*tosc.*) fuoco acceso in occasione di feste

baldósa (o *-ṣ-*) [provenz. *baudosa*, da *baudos* 'giocoso, allegro', a sua volta da *baut* 'baldo' ✱ 1481] **s. f.** ● antico strumento musicale a corde usato spec. in campagna

baldràcca [etim. discussa: da *Baldac(co)*, nome antico della città di *Bagdad* (?) ✱ 1300] **s. f.** ● (*spreg.*) meretrice ‖ **baldraccóna**, **accr.**

♦**baléna** [lat. *bal(l)ēna(m)* 'balena', forse di orig. illirica ✱ av. 1257] **s. f. 1** enorme cetaceo dei Misticeti con corpo sagomato a pesce, pelle liscia e nera, arti anteriori a forma di pinna e arti posteriori assenti, pinna caudale battente su un piano frontale, e numerose lamine cornee lunghe e strette, dette fanoni, in luogo dei denti (*Balaena* ed *Eubalena*) | correntemente, ogni grosso cetaceo marino: *caccia alla b.* | ***stecche di b.***, lamine flessibili e resistenti, ricavate dai fanoni delle balene, usate per intelaiare ombrelli e articoli di corsetteria femminile **2** (*fig.*, *scherz.*) persona deforme per grassezza ‖ **balenòtto**, **dim. m.** (V.) | **balenòttero**, **dim. m.** (V.)

balenaménto [av. 1334] **s. m.** ● il balenare **SIN.** lampeggiamento, lampo

♣**balenàre** [da *baleno* ✱ 1282] **A v. intr.** (**impers.** *baléna*; **anche pers.**; **aus.** *essere*) **1** lampeggiare | ***b. a secco***, senza tuono **2** (*est.*) splendere all'improvviso **SIN.** balugìnare, brillare **3** (*fig.*) apparire all'improvviso: *mi balenò un sospetto* **4** †barcollare | (*fig.*) tentennare **B v. tr.** ● (*lett.*) emanare, emettere luce: *fatta ella allor più gaia nel sembiante, / balenò intorno uno splendor vermiglio* (A. POLIZIANO)

baleneria [da *balena* ✱ 1941] **s. f.** ● (*raro*) l'attività dei balenieri

baléngo (o *-è-*) [etim. incerta ✱ av. 1916] **agg.** (**pl. m.** *-ghi*) ● (*sett.*) bizzarro, strano

balenièra [da *balena* ✱ av. 1470] **s. f. 1** nave da caccia alle balene **2** un tempo, imbarcazione di servizio a remi con prua e poppa affilate, adibita all'uso personale del comandante

balenière [1865] **s. m.** ● marinaio di una baleniera | cacciatore di balene

balenièro [1940] **agg.** ● attinente alle balene e alla loro caccia

balenìo [da *balenare* col suff. *-io*① ✱ av. 1850] **s. m.** (**pl.** *-ii*) ● il balenare continuo

♣**baléno**① [etim. discussa: da *balena*, popolarmente considerata un essere misterioso guizzante per l'aria (?) ✱ 1282] **s. m.** ● folgorio di luce su una superficie lucida | (*fig.*) ***in un b.***, in un attimo **SIN.** bagliore, lampo

†**baléno**② [etim. discussa: da *balena* che nel sec. XIV si chiamava *pesce baleno* ✱ sec. XIV] **agg.** ● solo nella loc. ***pesce b.***, balena

balenòttera [vc. dotta, lat. *balenŏptera(m)*, comp. del lat. *balēna* e del gr. *-pteros*, da *pterón* 'ala, piuma', per la caratteristica pinna dorsale ✱ 1819] **s. f.** ● (*zool.*) cetaceo dei Misticeti simile alle balene ma con corpo più snello, testa più piccola e con pinna dorsale e tipiche pieghe longitudinali sulla gola e sulla porzione anteriore e ventrale del tronco (*Balaenoptera*) | ***b. azzurra***, la maggiore delle balenottere, con pelle di color acciaio sul dorso, vivente negli oceani polari

balenòttero [dim. di *balena* ✱ 1963] **s. m.** ● balenotto

balenòtto [dim. di *balena* ✱ av. 1698] **s. m.** ● balena giovane

balèra [deriv. dial. lombarda di *ballare* ✱ 1949] **s. f.** ● (*sett.*) locale da ballo di modeste pretese | pista da ballo, spec. all'aperto

balèstra [lat. *ba(l)līsta(m)* 'macchina militare lancia-proiettili' da una vc. gr. deriv. da *ballízein* 'lanciare', di etim. incerta ✱ 1275] **s. f. 1** antica arma da lancio costituita da un fusto di legno con un arco fissato a croce a un'estremità per lanciare frecce e grossi dardi: *b. manesca, da posta* | (*fig.*, *lett.*) ***tiro di b.***, indicazione approssimata di distanza | (*lett.*) ***dare il pane con la b.***, (*fig.*) fare un favore malvolentieri o con mala grazia **2** (**spec. al pl.**) molla semiellittica composta di più foglie o lame, usata per la sospensione di veicoli **3** (*mar.*; *disus.*) leva di gran forza usata nel varo delle navi **4** in tipografia, speciale tipo di vantaggio con piano di sostegno estraibile || **balestrino**, **dim. m.**

†**balestràio** [1612] **s. m.** ● fabbricante o venditore di balestre

balestràre [1287] **A v. tr.** (*io balèstro*) **1** (*lett.*) scagliare, tirare con la balestra: *tender le reti o b. il dardo* (G.B. MARINO) | (*est.*) trafiggere | (*fig.*) affliggere **2** (*raro*, *lett.*) sbalestrare, scaraventare **B v. intr.** (**aus.** *avere*) ● (*lett.*) tirare con la balestra

balestràta [av. 1292] **s. f.** ● tiro o colpo di balestra

balestrerìa [1820] **s. f. 1** deposito per le balestre **2** compagnia di balestrieri | (*est.*) azione collettiva di balestrieri

balestrièra [1287] **s. f.** ● feritoia per balestre

balestrière [ant. provenz. *balestrier*, dal lat. *ballĭstārium* nel senso tardivo di 'tiratore di balestra' ✱ 1235] **s. m.** ● tiratore di balestra | soldato armato di balestra

balestrìglia o **ballestrìglia** [sp. *ballestrilla*, dim. di *ballesta* 'balestra' ✱ av. 1642] **s. f.** ● antico strumento usato per misurare gli angoli

balestrìna [1865] **s. f.** ● balestriglia

balèstro [da *balestra* ✱ 1268] **s. m.** ● (*milit.*) grossa balestra

balestróne [accr. di *balestro*, cui può assomigliare ✱ 1621] **A s. m.** ● (*mar.*) pertica che si mette in diagonale a sostenere le punte di alcune vele **SIN.** livarda, struzza **B agg.** ● (*tosc.*) solo nella loc. ***pan b.***, fatto con miele, fichi secchi e noci

balestrùccio [per la forma, che ricorda una *balestra* ✱ av. 1484] **s. m.** ● uccello dei Passeriformi simile alla rondine ma più piccolo, con gola e parte posteriore del dorso bianche e coda poco forcuta (*Delichon urbica*)

balì o †**baglì** [fr. *bailli*, dal lat. *bāiulus* 'portatore' ✱ 1509] **s. m. inv.** ● cavaliere di grado superiore in alcuni antichi ordini cavallereschi | nell'Ordine di Malta, cavaliere di grado superiore a quello di commendatore | nell'ordinamento feudale, funzionario di nomina regia a capo di una circoscrizione territoriale **SIN.** balivo

bàlia ① o †**bàila** [lat. parl. **bāila(m)*, da *bāiula* 'portatrice' ✱ 1241] **s. f. 1** donna che allatta dietro compenso i figli altrui | ***b. asciutta***, donna che ha cura dietro compenso di un bambino senza allattarlo | ***avere bisogno della b.***, (*fig.*) non essere capace di togliersi dagli impicci | (*fig.*) ***tenere a b. qlco.***, ritardarne la realizzazione | (*fig.*, *lett.*) ciò che caratterizza o accompagna l'infanzia: *e la mia b. fu malinconia* (C. ANGIOLIERI) **SIN.** nutrice **2** †levatrice || **baliétta**, **dim.**

✦**balìa** ② o †**bailìa** [fr. *baillie*, da *bail* 'bailo' ✱ 1219] **s. f. 1** (*lett.*) autorità, potere assoluto, potestà di governo **2** nella loc. ***in b.***, in potere, alla mercé (*anche fig.*): *essere, cadere, darsi, sentirsi in b. delle onde, della sorte*; *in sua b.* | ***essere, restare in b. di sé stesso***, abbandonato a sé stesso, senza alcuna protezione **3** (*lett.*) †forza, energia, vigore: *ella riman d'ogni vigor sì vòta / che di tenersi in piè non ha b.* (L. ARIOSTO) **4** nei comuni medievali, magistratura collegiale straordinaria con poteri eccezionali, che veniva creata in situazioni di emergenza e per un periodo di tempo limitato: *gli Otto di b.*

baliàggio (o **-lià-**) [fr. *bailliage*, da *bail* 'bailo' ✱ 1331] **s. m.** ● grado del balì | ufficio del balì | territorio governato dal balì

baliàtico [da *balia* ① ✱ 1612] **s. m.** (**pl.** *-ci*) **1** compito della balia e suo compenso: *contratto di b.* **2** (*raro*) bambino affidato a balia

baliàto [da *bali(a)* ② ✱ av. 1363] **s. m.** ● baliaggio

balìlla [vezz. di *Battista*, con riferimento a Giovanni Battista Perasso, il ragazzo che nel 1746 diede inizio all'insurrezione dei Genovesi contro gli occupanti austriaci; nel sign. B marchio registrato ✱ 1926] **A s. m. inv.** ● al tempo del fascismo, ognuno dei ragazzi tra gli otto e i quattordici anni organizzati in formazioni a carattere paramilitare **B s. f. inv.** ● ***Balilla***®, automobile utilitaria italiana a quattro posti, diffusa negli anni '30 del Novecento

balinése (o **-ṣ-**) [1983] **A agg.** ● dell'isola di Bali **B s. m. e f.** ● abitante o nativo dell'isola di Bali

†**bàlio** ① [variante di *balivo* ✱ 1263] **s. m.** ● governatore | ambasciatore, messo

bàlio ② [da *balia* ① ✱ 1539] **s. m.** (**pl.** *-i* o *raro -ii*) ● (*raro*) marito della balia | (*scherz.*) chi accudisce bambini piccoli

†**balióso** (o **-ṣ-**) [sp. *valioso*, da *valer* 'aver prezzo, valere', dal lat. *valēre* 'essere forte, vigoroso' ✱ 1478] **agg.** ● vigoroso, forte: *baliosi del lungo esercizio delle armi* (G. CARDUCCI)

balipèdio [vc. dotta, comp. della prima parte di *bali(stica)* e del gr. *pedíon* 'spianata, campo' ✱ 1892] **s. m.** ● (*milit.*) campo sperimentale di tiro, nel quale si eseguono tutte le prove necessarie a determinare esattamente il comportamento di un'arma da fuoco

†**balìre** [da *balia* ② ✱ av. 1294] **v. tr. 1** sostenere | maneggiare: *b. la spada* **2** reggere, governare

balìsta [vc. dotta, lat. *bal(l)ĭsta(m)* 'balestra' ✱ 1483] **s. f.** ● specie di balestra atta a lanciare sassi o grossi dardi, usata negli antichi eserciti dei Greci e dei Romani

balìstica [da *balistico* ✱ av. 1764] **s. f.** ● parte della fisica che studia il movimento e la direzione dei proiettili

balìstico [da *balista* ✱ av. 1786] **agg.** (**pl. m.** *-ci*) ● relativo alla balistica || **balisticaménte**, **avv.**

Balìstidi [comp. del lat. *balĭsta* 'balestra' (detti così dalla pinna dorsale anteriore, formata da tre spine erettili, che ricorda la forma di una balestra) e *-idi* ✱ 1950] **s. m. pl.** (**sing.** *-e*) ● (*zool.*) famiglia di Pesci dei Tetrodontiformi con il corpo ricoperto di scudetti mobili o scaglie (*Balistidae*)

balistìte [vc. dotta, comp. di *balist(ica)* e *-ite* ② ✱ 1892] **s. f.** ● esplosivo da lancio formato da nitroglicerina e nitrocellulosa

balìvo o †**baglìvo** [ant. fr. *baillif* da *bail* 'bailo' ✱ sec. XIII] **s. m.** ● nell'ordinamento feudale, funzionario di nomina regia a capo di una circoscrizione territoriale | cavaliere di grado superiore in alcuni ordini cavallereschi **SIN.** balì

bàlla [fr. *balle*, dal francone **ballā* 'palla', di orig. indeur. ✱ 1269] **s. f. 1** quantità di merci messe insieme e avvolte in tela o altra materia per essere trasportate: *b. di lana* **SIN.** involto **2** (*est.*, *tosc.*) sacco di tessuto grossolano **3** (*fig.*) frottola, fandonia, bugia: *dire, raccontare balle*; *quante balle!*; *sono tutte balle!* **4** (*sett.*) sbornia: *prendere, avere la b.* **5** (*volg.*, **spec. al pl.**) testicolo || **ballétta**, **dim.** | **ballòtto**, **dim. m.** | **ballóne**, **accr. m.**

ballàbile [da *ballare* ✱ av. 1777] **A agg.** ● detto di musica adatta al ballo || **ballabilità**, **s. f. inv.** **B s. m.** ● canzone o motivo da ballo

✦**ballàre** [lat. tardo *ballāre* 'danzare', forse dal gr. *bállein* nel senso di 'ballare' ✱ av. 1257] **A v. intr.** (**aus.** *avere*) **1** eseguire movimenti coordinati con il ritmo della musica o anche del canto: *sapere, non sapere b.*; *oh! come balli bene, bella bimba* | ***b. come un orso***, goffamente **SIN.** danzare **2** (*est.*) saltare, saltellare (+ *da*, + *per*): *b. per la gioia* | **PROV.** ***quando non c'è il gatto i topi ballano***, V. *gatto* | agitarsi: *b. dal (o per il) nervoso* | oscillare, tentennare, sobbalzare: *le finestre ballarono per il bang*; *la nave ha ballato durante la burrasca* **3** (*est.*) muoversi: *le monete gli ballano in tasca* | ***far b. i quattrini***, spenderli | ***far b. qlcu.***, sottoporlo a un elevato ritmo di lavoro, fargli subire la propria schiacciante superiorità: *far b. gli impiegati, l'avversario* | **PROV.** ***quando si è in ballo bisogna b.***, quando si è coinvolti in un'impresa non ci si può tirare indietro **4** (*fig.*) essere largo, di misure sproporzionate, detto di capi di vestiario: *la giacca gli balla addosso* **B v. tr.** ● eseguire, con riferimento a una danza: *b. un valzer*

bàllast /'ballast, *ingl.* 'bæləst/ [vc. ingl., propr. 'zavorra', per assimilazione da un precedente *barlast*, di orig. nordica: propr. 'peso (*last*) netto (*bar*)' (?) ✱ 1874] **s. m. inv. 1** (*ferr.*) strato compresso di pietrisco o ghiaia, che sostiene le traversine dei binari **SIN.** massicciata **2** in varie tecnologie, zavorra **3** (*elettr.*) reattore di lampade fluorescenti

ballàta [provenz. *balada*, da *balar* 'ballare' ✱ 1294] **s. f. 1** (*raro*) breve giro di ballo **2** (*letter.*) componimento poetico popolare, sorto in rapporto con la musica e la danza, in versi o tutti endecasillabi o tutti settenari, oppure endecasillabi e settenari, formato da una o più stanze cantate a solo e da un ritornello per il coro **SIN.** canzone a ballo | ***b. romantica***, componimento lirico narrativo della poesia romantica spec. in versi ottonari accompagnato talora dal ritornello **SIN.** romanza | correntemente, canto narrativo popolare in versi **3** (*mus.*) nel Medioevo, canto di accompagnamento alla danza **SIN.** canzone a ballo | nel periodo romantico, composizione per canto e accompagnamento o per strumento solista di ispirazione lirico-narrativa | nella musica popolare anglosassone, canzone narrativa | nella musica leggera, canzonetta ispirata a forme popolareggianti || (*lett.*) **ballatèlla**, **dim.** nel sign. 2 | (*lett.*) **ballatétta**, **dim.** nel sign. 2 | **ballatìna**, **dim.** nei sign. 1 e 2 | **ballatóna**, **accr.** nel sign. 2

ballatìsta [1983] **s. m. e f.** (**pl. m.** *-i*) ● scrittore di ballate

ballatóio ① [etim. discussa: da *bellatōriu(m)* 'galleria di combattimento (*bĕllum*)' con sovrapposizione di *ballare* (?) ✱ 1297] **s. m.** (**pl.** *-ói*) **1** balcone che gira intorno a un edificio o a parte di esso, esternamente o internamente, con parapetto di protezione **SIN.** pianerottolo, terrazzino **2** nell'alpinismo, tipo di cengia aerea **3** sporto intorno al cassero e ai castelli delle navi antiche

ballatóio② [da *ballare* ✱ av. 1936] **s. m.** (**pl.** *-ói*) ● (**spec. al pl.**) bacchettina posta di traverso nelle gabbie per far posare gli uccelli

†**ballatóre** [lat. *ballatōre(m)* 'danzatore', da *ballāre* 'ballare' ✱ 1328] **s. m.** ● danzatore, ballerino

ballerìna [av. 1492] **s. f. 1** f. di *ballerino* nei sign. 1 e 2: *b. classica, di night*; *una brava, una pessima b.* **SIN.** danzatrice | ***b. di fila***, quella che in un corpo di ballo non ha parti da solista **2** scarpa scollata femminile con tacco basso, molto flessibile e generalmente sfoderata **3** (*zool.*) cutrettola **4** (*bot.*) morella || **ballerinétta**, **dim.**

♦**ballerìno** [da *ballare* ✱ av. 1342] **A s. m. 1** (**f.** *-a*) chi balla per professione, spec. in luoghi di pubblico spettacolo: *i ballerini russi* **SIN.** danzatore **2** (**f.** *-a*) (*est.*) chi balla per diletto, spec. con abilità: *un ottimo, un pessimo b.* **3** pianta delle Orchidacee con tuberi ovoidali, foglie lanceolate con lunga spiga terminale con molti piccoli fiori gialli e rossi, e parte del calice simile a una figura umana (*Aceras anthropophorum*) **B agg. 1** che balla | ***cavalli ballerini***, quelli del circo **2** (*est.*) instabile | ***terre ballerine***, soggette a frequenti terremoti | (*fig.*) mutevole, variabile: *tempo b.* | (*fig.*) incerto, traballante: *difesa ballerina* | (*fig.*) ***asso b.***, quello che a poker il giocatore, già in possesso di una coppia, non scarta per puntare alla doppia coppia o per lasciar credere di possedere già un tris **3** detto di una specie di bomba a mano con impennaggio di tela

ballestrìglia ➤ **balestriglia**

ballettàre [da *balletto* ✱ 1865] **v. intr.** (*io ballétto*; **aus.** *avere*) ● (*lett.*, *raro*) camminare saltellando | ballare senza grazia

ballettìstico [1963] **agg.** (**pl. m.** *-ci*) ● di balletto

♦**ballétto** [av. 1543] **s. m. 1** dim. di *ballo* **2** componimento musicale a ritmo di danza | azione pantomimica con musica e danza: *i balletti russi del primo Novecento* | (*fig.*) ***balletti rosa, verdi***, incontri erotici di uomini adulti con ragazze o, rispettivamente, ragazzi **3** corpo di ballo, compagnia di ballerini professionisti: *il b. della Scala* **4** (*fig.*) alternanza di dati, notizie o fatti che si accavallano: *continua il b. delle cifre fra sindacati e imprenditori* || **ballettìno**, **dim.**

ballìsmo [dal gr. *ballismós* 'danza' ✱ 1819] **s. m.** ● (*med.*) serie di ampi movimenti involontari, violenti e improvvisi dei muscoli prossimali degli arti, causata da lesioni nervose centrali; i movimenti sono accentuati dall'emozione e si riducono con il sonno

ballìsta [da *balla*, nel sign. 3 ✱ 1942] **s. m. e f.** (**pl. m.** *-i*) ● (*fam.*) chi racconta abitualmente fandonie **SIN.** contaballe

♦**bàllo** [da *ballare* ✱ 1300] **s. m. 1** movimento ordinato del corpo e spec. dei piedi, secondo il ritmo della musica o del canto: *maestro, scuola di b.* **SIN.** danza | ***corpo di b.***, l'insieme dei ballerini stabili di un teatro lirico o di una compagnia di balletti | ***b. di gruppo***, tipo di ballo non di coppia, che si fa in gruppo e a cui si può partecipare anche da soli **SIN.** social dance | (*letter.*) ***canzone a b.***, ballata | (*fig.*) ***essere in b.***, detto di qlcu., essere coinvolto in un impegno difficile cui non ci si può sottrarre; detto di qlco., andare di mezzo, patire le conseguenze: *è in b. la mia vita* | ***mettere, tirare in b. qlcu.***, renderlo partecipe di faccende, vicende difficili | ***mettere, tirare in b. qlco.***, prenderla in esame, in considerazione, spec. per discuterla o contestarla **2** giro di danza, durata di un ballabile **3** tipo di ballabile: *il valzer è un b. a tre tempi* | ***b. liscio***, tradizionale, come il valzer, la mazurca, la polka, in contrapposizione a quello moderno con musica sincopata **4** festa danzante: *dare un b.*; *invitare a un b.*; *aprire il b.*; *il b. delle matricole*; *b. in maschera*; *b. a corte* **SIN.** veglia, veglione **5** azione scenica espressa per mezzo della pantomima e della danza, con accompagnamento di musica | ***b. Excelsior***, spettacolo coreografico allegorico della fine dell'Ottocento che celebrava, secondo lo spirito del positivismo, la vittoria della civiltà sull'oscurantismo **6** serie di sobbalzi, di scossoni: *il volo è stato tutt'un b.* **7** (*pop.*) ***b. di san Vito***, malattia del sistema nervoso caratterizzata da contrazioni muscolari e da movimenti involontari **SIN.** corea① | ***avere il b. di san Vito***, (*fig.*) essere in continuo movimento **8** †battaglia: *danzar nel sanguinoso / b. di Marte* (V. MONTI) || **ballétto**, **dim.** (V.) | **ballónzolo**, **dim.**

ballon /fr. ba'lɔ̃/ [vc. fr., propr. 'pallone', così chiamato per la forma ✱ 1953] **s. m. inv.** ● (*enol.*) bicchiere da vino dalla coppa larga e arrotondata, adatto spec. per vini rossi pregiati

ballonchiàre [da †*ballonchio* ✱ 1618] **v. intr.** (*io ballónchio*; **aus.** *avere*) **1** †ballare a salti, senz'ordine **2** (*lett.*) ballonzolare

†**ballónchio** [da *ballo*, con sviluppo pegg. ✱ 1353] **s. m.** ● ballo rustico, contadinesco

ballon d'essai /fr. ba,lɔ̃de'sɛ/ [loc. fr., propr. 'pallone (*ballon*, dall'accr. dell'it. *balla*) di prova (*essai* da *essayer* 'assaggiare')', cioè 'palloncino lanciato (un tempo) per saggiare la direzione del vento' ✱ 1892] **loc. sost. m. inv.** (**pl. fr.** *ballons d'essai*) ● notizia diffusa o iniziativa attuata per saggiare le reazioni altrui

ballonzàre [av. 1665] **v. intr.** (*io ballónzo*; **aus.** *avere*) ● (*lett.*) ballonzolare

ballonzolàre [da *ballonzolo* ✱ av. 1665] **v. intr.** (*io ballónzolo*; **aus.** *avere*) **1** ballare a salti | ballare alla buona, in famiglia **2** (*est.*) saltellare, camminare saltellando; *il cane gli ballonzola fra i piedi* | muoversi, agitarsi sussultando: *far b. un mazzo di chiavi*

ballónzolo [dim. di *ballonzo*, parallelo sett. di *ballonchio* ✱ av. 1803] **s. m.** ● ballo alla buona, senza pretese

balloon /bal'lun, *ingl.* bə'luːn/ [vc. ingl., propr. 'pallone' per la sua forma tondeggiante ✱ 1967] **s. m. inv.** ● nei fumetti, palloncino o nuvoletta con le parole che i personaggi dicono o pensano

ballòta [vc. dotta, lat. *ballōte(n)* 'marrubio bastardo', preso dal suo n. gr. *ballōtḗ* ✱ av. 1540] **s. f.** ● (*bot.*) cimiciotto, marrubio nero

ballòtta① [arabo *ballūṭa* 'ghianda' ✱ 1618] **s. f.** ● (*tosc.*) castagna lessata con la buccia **SIN.** caldallessa

ballòtta② [venez. *balota* 'pallottola' per esprimere il voto, dim. di *bala* 'palla' ✱ 1474] **s. f. 1** pallina o piccolo oggetto usato nel Medio Evo per votare **2** †palla, proiettile || †**ballottìna**, **dim.**

ballottàggio [fr. *ballottage*, da *ballotte* 'ballotta (per votazione)' ✱ 1819] **s. m. 1** secondo scrutinio decisivo fra i due candidati che hanno riportato più voti nel primo scrutinio: *essere, entrare in b.* **2** gara finale per l'assegnazione di un titolo sportivo fra due concorrenti a pari merito

ballottaménto [1846] **s. m.** ● (*disus.*) sballottamento

ballottàre [da *ballotta*② ✱ 1477] **v. tr.** (*io ballòtto*) **1** (*stor.*) votare, con le ballotte | mettere ai voti **2** (*lett.*) sballottare

ballottàta [da *ballottare*, nel sign. 2 ✱ 1851] **s. f.** ● (*sport*) nell'equitazione, figura delle arie alte, nella quale il cavallo compiendo un salto piega all'indietro le zampe anteriori e tiene gli stinchi delle posteriori perpendicolari al terreno

ballòtto [da *ballotta*① ✱ av. 1698] **s. m.** ● (*centr.*) varietà di castagno

bàlma [vc. del sostrato ligure, dalla base **bala-/pala* 'altura tondeggiante' ✱ 1919] **s. f.** ● (*sett.*) roccia sporgente | (*est.*) grotta

balneàbile [1974] **agg.** ● detto di spiaggia, acque e sim. in cui è possibile o consentita la balneazione || **balneabilità**, **s. f. inv.** caratteristica di luogo o acque balneabili; (*burocr.*) autorizzazione sanitaria a fare bagni in acque pubbliche: *concedere, revocare la balneabilità*

balneàre [vc. dotta, lat. *balneāre(m)* 'pertinente al bagno', agg. di *bălneum* 'bagno①' ✱ 1904] **agg.** ● pertinente ai bagni, spec. di mare: *stabilimento b.* | (*polit.*, *fig.*) ***governo b.***, quello destinato a rimanere in carica per la sola durata di un'estate; (*est.*) governo effimero, di breve durata || **balnearità**, **s. f. inv.**

balneàrio [vc. dotta, lat. *balneāriu(m)* 'relativo al bagno (*bălneum*)' ✱ 1750] **agg.** ● (*lett.*) balneare

balneatóre [vc. dotta, lat. *balneatōre(m)* 'padrone dei bagni' ✱ 1671] **s. m.** (**f.** *-trice*) ● proprietario o gestore di uno stabilimento balneare

balneazióne [da *balneare* ✱ 1936] **s. f. 1** (*med.*) l'attuazione di pratiche balneoterapiche **2** (*burocr.*) il fare i bagni: *in questo tratto di mare è vietata la b.*

bàlneo [dal lat. *bălneu(m)* 'bagno①' ✱ 1475] **s. m.** ● edificio in cui si faceva il bagno, nell'antichità classica

balneoterapìa [vc. dotta, comp. del lat. *bălneum* 'bagno①' e *terapia* ✱ 1875] **s. f.** ● idroterapia praticata mediante bagni in vasca o in piscina, impacchi o docce || **balneoteràpico**, **agg.** (**pl. m.** *-ci*) relativo a balneoterapia: *pratiche balneoterapiche*

†**baloàrdo** ➤ **baluardo**

baloccàggine [1305] **s. f.** ● (*raro*, *lett.*) attività inutile e puerile

baloccaménto [av. 1566] **s. m.** ● il baloccare, il baloccarsi

♣**baloccàre** [etim. incerta ✱ 1389] **A v. tr.** (*io balòcco, tu balòcchi*) ● (*raro*) far divertire qlcu. con i balocchi **SIN.** trastullare **B baloccàrsi v. rifl. 1** (*raro*) trastullarsi con i balocchi | (*fig.*) ***baloccarsi con un'idea***, coltivarla futilmente **2** gingillarsi, oziare: *si baloccava a lisciare con l'unghia d'un pollice quella dell'altro* (F. TOZZI)

♣**balòcco** [da *baloccare* ✱ 1481] **s. m.** (**pl.** *-chi*) **1** (*disus.*) giocattolo per bambini | (*fig.*) passatempo | ***paese dei balocchi***, luogo in cui la vita trascorre tra continui divertimenti (in riferimento alla località immaginaria del romanzo 'Le avventure di Pinocchio' di C. Collodi); paese della cuccagna **2** (*lett.*) sciocco, credulone || **balocchìno**, **dim.**

SFUMATURE ➤ ***giocattolo***

baloccóne [da *balocco* ✱ 1344] **A s. m.** (**f.** *-a*) ● (*fam.*, *tosc.*) chi perde il tempo in trastulli **B avv.** ● solo nella loc. †***andare b.***, oziando, con aria svagata

balògio [it. sett. *balòs* 'birbante', di etim. incerta ✱ 1618] **agg.** (**pl. f.** *-gie* o *-ge*) ● (*tosc.*) melenso, fiacco | incerto: *tempo b.*

balordàggine [1559] **s. f.** ● storditaggine, stupidità | atto o detto da balordo **SIN.** sciocchezza

†**balorderìa** [av. 1547] **s. f.** ● balordaggine

balordìa [av. 1449] **s. f.** ● (*disus.*) balordaggine | †***mandare in B.***, al paese dei balordi

♣**balórdo** [etim. discussa: fr. *balourd*, ant. fr. *beslourd*, comp. di *bis-* e del lat. *lūridus* 'pallido' e, quindi, 'sbalordito' (?) ✱ av. 1389] **A agg. 1** sciocco, tonto, che ha poco senno o giudizio: *voglio esser buona, ma non balorda* (C. GOLDONI) | privo di senso, strampalato: *idea balorda* **2** (*raro* o *lett.*) stordito, intontito, per stanchezza, sonno, stupore e sim.: *mezzo b. dal vino* **3** mal riuscito, mal fatto, poco chiaro: *affare b.*; *merce balorda* | che vale poco: *cavallo b.* | ***tempo b.***, instabile, che non promette bene ‖ **balordaménte**, **avv.** **B** **s. m.** (**f.** *-a*) **1** persona sciocca, stolida **2** (*gerg.*) piccolo delinquente, sbandato, emarginato ‖ **balordàccio**, **pegg.** | **balordóne**, **accr.**

balordóne [da *balordo* * av. 1556] **s. m.** • (*veter.*) sindrome frequente negli equini caratterizzata da manifestazioni nervose cerebro-spinali e da grave ittero

†balovàrdo ➤ **baluardo**

bàlsa [da una vc. indigena attraverso lo sp. *balsa* * 1955] **s. f.** • legno più leggero del sughero, fornito dall'*Ochroma lagopus*, albero del versante pacifico dell'America meridionale usato nell'aeromodellismo e per salvagenti

balsamèlla ➤ **besciamella**

balsàmico [1364] **A** **agg.** (**pl. m.** *-ci*) **1** di balsamo | che ha le proprietà di un balsamo **SIN.** aromatico, odoroso **2** (*fig.*) odoroso, salubre: *che aria balsamica c'è quassù!* **CONTR.** fetido, malsano, puzzolente ‖ **balsamicità**, **s. f. inv.** **B** **s. m.** • medicamento che, come il balsamo, ha la proprietà di curare infiammazioni della cute, dei bronchi, delle mucose, ecc.

balsamìna [gr. *balsamínē*, da *bálsamon* 'balsamo' * 1550] **s. f.** **1** pianta erbacea delle Balsaminacee con fusto translucido, fiori ascellari di vario colore e capsula con valve che a maturità scagliano lontano i semi (*Impatiens balsamina*) **SIN.** begliuomini **2** nome dato a diverse varietà di uve

Balsaminàcee [comp. di *balsamin(a)* e *-acee* * 1865] **s. f. pl.** (**sing.** *-a*) • (*bot.*) famiglia di piante erbacee delle Terebintali con foglie alterne od opposte e fiori zigomorfi (*Balsaminaceae*)

balsamìno [da *balsamina* * 1612] **s. m.** **1** pianta dal cui frutto si estrae un balsamo **2** vitigno dell'Emilia e delle Marche, che dà uva nera e dolce

balsamìte [da *balsamo* * sec. XIV] **s. f.** • pianta perenne delle Composite, a fiori gialli, con foglie odorose e vellutate, da cui si estrae un'essenza (*Chrysanthemum balsamita*)

bàlsamo o **†bàlsimo** [lat. *bălsamu(m)* 'balsamino (albero)' e 'balsamo', dal gr. *bálsamon*, di orig. semitica * 1266] **s. m.** **1** sostanza contenente resine, gomma, oli volatili, acidi aromatici, estratta dal tronco di molte specie di piante con particolari doti medicinali | sostanza emolliente per capelli, da applicare dopo lo shampoo **2** (*est.*) lenimento efficace per un dolore | (*fig.*, *raro*) cibo o bevanda che abbia proprietà ristoratrici o sia di squisito sapore **3** (*fig.*) conforto, lenimento, sollievo: *quella notizia è stata un b. per lui*

bàlta [etim. incerta * av. 1588] **s. f.** • (*tosc.*) sbalzo, rovesciamento | ***dare la b.***, ***dare di b.***, andare, mandare sottosopra | ***gli ha dato di b. il cervello***, è impazzito

bal tabarin /fr. ˌbaltabaˈrɛ̃/ [loc. fr. comp. di *bal* 'ballo' e *tabarin* (V.) * 1942] **loc. sost. m. inv.** • tabarin

bàlteo [vc. dotta, lat. *bălteu(m)* 'cinturone', forse di orig. etrusca * 1340] **s. m.** **1** cintura di cuoio che il soldato romano portava dalla spalla destra al fianco sinistro per appendervi la spada o altro **2** (*est.*, *lett.*) fascia o cintura portata ai fianchi o a tracolla

bàltico [dal lituano *baltas* 'palude' * av. 1557] **agg.** (**pl. m.** *-ci*) • relativo ai Paesi e ai popoli rivieraschi del Mar Baltico: *razza baltica* | ***lingue baltiche***, gruppo di lingue della famiglia indoeuropea | ***le Repubbliche baltiche***, l'Estonia, la Lituania e la Lettonia

baltoșlàvo [comp. di *balt(ic)o* e di *-slavo* * 1955] **agg.** • (*ling.*) relativo al gruppo linguistico delle lingue baltiche e delle lingue slave

✦baluàrdo o **†baloàrdo**, **†balovàrdo** [ant. provenz. *baloart*, ant. fr. *boloart*, dal medio alto ted. *bolwerk* 'balestra', comp. del v. *boln* 'gettare' e di *werk* 'macchina', protetta poi da un *baluardo* * av. 1535] **s. m.** **1** (*milit.*) gran bastione di una fortificazione **2** (*fig.*) difesa, sostegno

balùba [dal n. della tribù (*Luba*) col pref. *-ba* che indica il pl. * 1913] **A** **agg. inv.** • detto di popolazione di lingua bantu della Repubblica democratica del Congo **B** **s. m. e f. inv.** • persona appartenente alla popolazione baluba | (*scherz.*) persona rozza e incolta (V. nota d'uso STEREOTIPO)

balùci o **belùci** [da *Balōč*, n. indigeno degli abitanti del Baluchistan * 1983] **A** **s. m. e f. inv.** • abitante o nativo del Baluchistan, regione dell'Asia meridionale, tra l'Iran e il Pakistan **B** **s. m. solo sing.** • lingua del gruppo dialettale iranico nord-occidentale parlata nel Baluchistan

baluginaménto [1909] **s. m.** • il baluginare

✦baluginàre [etim. discussa: comp. di *ba* (per *bis*) e del lat. parl. **lucināre* 'splendere' (?) * av. 1756] **v. intr.** (*io balùgino*; **aus.** *essere*) **1** apparire e sparire velocemente alla vista: *sull'altare maggiore i guizzi baluginanti di due ceri* (L. PIRANDELLO) **2** (*fig.*) presentarsi alla mente in modo rapido e confuso: *mi baluginò un sospetto* **SIN.** balenare

✦baluginìo [da *baluginare* col suff. *-io*① * 1880] **s. m.** (**pl.** *-ii*) • chiarore tenue e intermittente

balùmina [dallo sp. *balumo*, e questo dal lat. *volūmen* 'tutto ciò che viene avvolto' * 1937] **s. f.** • (*mar.*; *disus.*) ultimo telo della vela latina, verso poppa

bàlza [lat. *bāltea*, pl. di *bălteu(m)* 'mura che separavano i diversi ordini nella scalea degli anfiteatri, come una cintura (*bălteus*)' * 1303] **s. f.** **1** luogo scosceso e dirupato di collina o di montagna **SIN.** dirupo **2** breve tratto pianeggiante che interrompe un dirupo **3** fregio che incornicia l'arazzo **4** striscia di stoffa posta a ornamento e rinforzo in fondo alle vesti femminili, tende, coperte e sim. **SIN.** falpalà, frangia, orlo **5** balzana di cavallo

balẓachiàno o **balẓacchiàno** [1911] **agg.** • relativo allo scrittore francese H. De Balzac (1799-1850)

balzàna [da *balza* * sec. XV] **s. f.** **1** guarnizione all'orlo di vesti, tende e sim. **2** (*sett.*) risvolto dei calzoni **3** striscia di pelo biancastro sopra gli zoccoli dei cavalli

✦balzàno [da *balzana*, nel sign. 3 * 1153] **agg.** **1** detto di cavallo che ha le balzane in uno o più arti **2** (*fig.*) stravagante, bizzarro: *cervello b.*; *idea balzana* ‖ **balzanaménte**, **avv.**

♦balzàre [lat. tardo *balteāre*, da *bălteum* 'balzo②' * 1337] **A** **v. intr.** (**aus.** *essere*) **1** saltare su di scatto, come fanno i corpi elastici (+ *su*, + *in*): *il gatto balzò sul davanzale*; *il fantino balzò in sella* | (*est.*) lanciarsi: *b. sul tram in moto* | muoversi repentinamente (+ *da*): *b. dalla poltrona* | ***b. di sella***, saltare giù con un balzo: *balzò di sella e legò il cavallo* | (*fig.*) sussultare: *il cuore gli balza* (G. D'ANNUNZIO) **2** (*fig.*) risaltare con assoluta evidenza | ***b. agli occhi***, apparire evidente **B** **v. tr.** • (*raro*) sbalzare

balzàto **part. pass.** di *balzare*; **anche agg.** **1** nei sign. del v. **2** (*mus.*) detto di colpo d'arco degli strumenti ad arco che, gettando l'arco sulla corda, permette rimbalzi per inerzia **SIN.** gettato, saltellato

balzellàre [iter. di *balzare* * 1442] **A** **v. intr.** (*io balzèllo*; **aus.** *essere*) • andare a piccoli balzi, saltellare | (*lett.*) sobbalzare, detto di cose: *facendo b. le stoviglie apparecchiate* (A. MANZONI) **B** **v. tr.** • (*tosc.*) appostare: *b. la lepre*

balzèllo① [1688] **s. m.** **1** dim. di *balzo*① **2** (*tosc.*) appostamento per abbattere selvaggina | ***fare il b.***, fare la posta | ***andare, stare a b.***, andare, stare alla posta, in agguato (*anche fig.*) ‖ **balzellóne**, **accr.**

balzèllo② [da *balzo*①, perché imposta che colpiva a *balzi* imprevisti * av. 1449] **s. m.** **1** (*stor.*) tassa, imposta straordinaria **2** tributo esoso e arbitrario

balzellóni [av. 1573] **avv.** • a piccoli balzi, a saltelli, saltellando: *camminare, procedere b.* | a scossoni, con sobbalzi: *la macchina fatale s'avanza b., e serpeggiando* (A. MANZONI); *il convoglio fischiava e andava b. rallentando la corsa* (G. VERGA) | (*fig.*) in modo interrotto e irregolare | anche nella loc. avv. ***a b.***

♦bàlzo① [da *balzare* * 1508] **s. m.** **1** salto che fa un corpo elastico dopo aver picchiato in terra | ***prendere la palla al b.***, (*fig.*) cogliere l'occasione **2** movimento repentino, salto, scatto: *Attraversò così, a balzi delle sue gambe magre, metà della scogliera* (I. CALVINO) **3** (*fig.*) superamento di una posizione precedente | ***fare un b. nella propria carriera***, migliorarla nettamente ‖ **balzèllo**, **dim.** (V.) | **balzétto**, **dim.**

bàlzo② [lat. *bălteu(m)* 'cintola' * 1313] **s. m.** **1** prominenza, sporgenza del terreno | luogo scosceso, balza **2** striscia, guarnizione **3** (*mar.*, *disus.*) bansigo

balzòla [da *balza* * 1962] **s. f.** • (*centr.*) nelle case coloniche, terrazzino coperto a capo della scala esterna che dà accesso alla casa

bàmba [reduplicazione onomat. di tipo infant. * 1353] **s. m. e f. inv.** • (*sett.*) persona rimbambita

bambacióne ➤ **bambagione**

bambàgia [lat. tardo *bambāce(m)*, di etim. discussa: dal gr. *bómbyx* 'baco da seta' (?) * 1275] **s. f.** (**pl.** *-gie*) **1** materia cellulosica di cui è rivestito il seme del cotone | cascame della filatura del cotone | cotone non filato, in fiocchi | ***vivere, stare, allevare, tenere nella b.***, (*fig.*) con ogni riguardo, nella mollezza **2** (*bot.*) ***b. selvatica***, pianta erbacea delle Composite con foglie alterne cotonose al rovescio e fiori in capolini di colore grigio o bianco (*Antennaria dioica*)

bambagiàto [da *bambagia* * 1920] **s. m.** • bozzolo difettoso per tessitura irregolare dello strato esterno

bambagìna [sec. XIV] **s. f.** **1** tela di bambagia **2** carta fabbricata con sola mezzapasta di canapa e lino

bambagìno [1282] **agg.** • di bambagia | ***tela bambagina***, bambagina

bambagióna [da *bambagia* * 1865] **s. f.** • pianta erbacea delle Graminacee con foglie pelose e fiori in pannocchia (*Holcus lanatus*) **SIN.** bambagione, bozzolina, fieno bianco

bambagióne o **bambacióne** nel sign. 1 [da *bambagia*, con sovrapp. semantica di *bamba* * 1865] **s. m.** **1** (**f.** *-a*) sempliciotto, pacioccone **2** (*bot.*) bambagiona

bambagióso (o **-ṣ-**) [av. 1597] **agg.** • che ha le caratteristiche della bambagia | morbido come bambagia

bambàra [sp. *bambarria* 'caso, fortuna (al gioco)' da *bambo* 'sciocco' * 1734] **s. f.** • gioco di carte simile alla primiera

bamberòttolo [da *†bambo* * av. 1400] **s. m.** (**f.** *-a*) **1** (*raro*, *spreg.*) bambino non ben proporzionato e grassoccio **2** (*fig.*) persona rimasta un po' bambina di fisico e di mente **SIN.** bamboccio

bambinàggine [da *bambino* * 1817] **s. f.** • (*raro*, *spreg.*) azione, comportamento ingenuo, da bambino: *è stata una b. senza malizia*

bambinàia [1855] **s. f.** (**m.** *-o*, *anche scherz.*) • chi per professione si prende cura di bambini

bambinàta [av. 1704] **s. f.** ● atto, discorso ingenuo, da bambino **SIN.** ragazzata

bambineggiàre [1870] **v. intr.** (**pres.** *io bambinéggio*; **fut.** *io bambineggerò*; **aus.** *avere*) ● comportarsi ingenuamente, da bambino **SIN.** bamboleggiare, pargoleggiare

bambinèllo [av. 1694] **s. m.** **1** (**f.** *-a*) dim. di *bambino* **2** (*per anton., merid.*) Gesù Bambino

bambinerìa [1612] **s. f.** ● (*raro*) bambinata

bambinésco [1536] **agg.** (**pl. m.** *-schi*) ● (*spec. spreg.*) ingenuo, puerile ‖ **bambinescaménte**, **avv.**

♦**bambìno** [da †*bambo* ✱ av. 1375] **A s. m.** (**f.** *-a*) **1** l'essere umano dalla nascita all'inizio della fanciullezza: *allevare, educare un b.*; *i bambini ci guardano* | ***b. prodigio***, dalle eccezionali capacità mnemoniche e intellettive | ***Gesù Bambino***, Gesù in età infantile e (*est.*) la sua raffigurazione in pittura e scultura **SIN.** bimbo, marmocchio, piccino, piccolo **2** (*est.*, **spec. al pl.**) figlio, di sesso maschile o femminile: *ha due bambini* | (*colloq.*) ***aspettare un b.***, essere incinta **3** (*fig., iron.*) persona adulta che si comporta in modo ingenuo, immaturo, puerile: *non fare il b.!* **4** (*per anton.*) Gesù Bambino **B agg.** **1** molto giovane: *sposa bambina* **2** (*fig.*) inesperto, semplice: *mente bambina* | non del tutto sviluppato: *civiltà, cultura bambina* ‖ **bambinàccio**, **pegg.** | **bambinèllo**, **dim.** (V.) | **bambinétto**, **dim.** | **bambinóne**, **accr.** (V.) | **bambinùccio**, **dim.**

bambinóne [1865] **s. m.** (**f.** *-a*) **1** accr. di *bambino* **2** (*fig., scherz.*) persona adulta ingenua e semplice come un bambino

†**bàmbo** [reduplicazione onomat. di tipo infant. ✱ sec. XIII] **A s. m.** **1** bambino **2** (*fig.*) sciocco **B agg.** ● sciocco

bamboccerìa [av. 1566] **s. f.** ● bambocciata, nel sign. 1

bamboccìante [1962] **s. m.** ● nel Seicento, pittore di bambocciate

bambocciàta [da *bamboccio*; nel sign. 2, da *Bamboccio*, soprannome del pittore olandese Pieter Van Laer ✱ av. 1673] **s. f.** **1** discorso o azione da bamboccio **2** (*pittura*) genere seicentesco di composizione pittorica, per lo più di piccolo formato, ispirato a scene quotidiane di vita popolare

bambòccio [da †*bambo* con suff. vezz. spreg. ✱ 1545] **s. m.** (**f.** *-cia*; **pl. f.** *-ce*) **1** bambino grassoccio e paffuto **2** (*fig.*) persona semplice, un po' sciocca, facilmente manovrabile | persona ancora immatura: *non fare il b.* **3** fantoccio fatto con cenci o altro materiale **SIN.** pupazzo ‖ **bamboccétto**, **dim.** | **bamboccìno**, **dim.** | **bamboccióne**, **accr.** giovane poco intraprendente, che preferisce continuare a vivere presso i genitori

♦**bàmbola** [vezz. f. di †*bambo* 'bambino' ✱ 1337] **s. f.** **1** fantoccio di vario materiale vestito da bambina o da donna, usato spec. dalle bambine per giocare: *b. di pezza, di celluloide*; *giocare con la b.* **2** (*fig.*) giovane donna con viso bello ma inespressivo | giovane donna vistosamente bella: *che b.!* **3** nel gergo sportivo, stato di intontimento e di prostrazione dovuto alla stanchezza o alla schiacciante superiorità dell'avversario: *andare in b.* **4** †vetro dello specchio ‖ **bambolétta**, **dim.** | **bambolìna**, **dim.** (V.) | **bambolóna**, **accr.** (V.)

bamboleggiaménto [1894] **s. m.** ● il bamboleggiare

bamboleggiàre [da *bambola* ✱ sec. XIII] **v. intr.** (**pres.** *io bamboléggio*; **fut.** *io bamboleggerò*; **aus.** *avere*) ● comportarsi in modo puerile | assumere un atteggiamento affettato e lezioso, detto spec. di donna **SIN.** bambineggiare, pargoleggiare

bambolifìcio [comp. di *bambola* e *-ficio* ✱ 1943] **s. m.** ● fabbrica di bambole

bambolìna [av. 1556] **s. f.** **1** dim. di *bambola* **2** (*est.*) bambina o giovane donna che pare una bambola

bàmbolo [vezz. di †*bambo* 'bambino' ✱ 1279] **s. m.** ● (*lett.*) bambino ‖ **bambolìno**, **dim.** | **bambolóne**, **accr.** (V.) | **bambolòtto**, **alter.** (V.)

bambolóna [1734] **s. f.** **1** accr. di *bambola* **2** donna matura che affetta atteggiamenti caratteristici di donna giovane | giovane donna vistosamente bella

bambolóne [av. 1675] **s. m.** (**f.** *-a* (V.)) **1** accr. di *bambolo* **2** (*fig.*) uomo spec. grosso, che si comporta in modo piuttosto goffo e puerile

bambolòtto [alter. di *bambolo* ✱ 1884] **s. m.** **1** pupazzo, fantoccio **2** (**f.** *-a*) bambino grassoccio, rotondetto | (*est.*) persona goffa, infantile

bambù [portog. *bambù*, dall'indiano *bāmbū* ✱ 1585] **s. m. inv.** **1** denominazione di numerose specie di Graminacee, di taglia molto diversa, con fusto legnoso pieno o cavo, articolato, foglie lineari, brevi e picciolate, infiorescenze a pannocchia (*Arundinaria*, *Bambusa*, *Dendrocalamus*) **2** fusto nodoso, cilindrico e flessibile delle piante omonime, usato per fare bastoni da passeggio, canne da pesca, mobili, scatole

bambuṣàia [da *bambù* con la *s* del ted. *Bambus* ✱ 1942] **s. f.** ● terreno piantato a bambù

Bambuṣèe [1955] **s. f. pl.** (**sing.** *-a*) ● (*bot.*) Bambusoidee

Bambuṣoidèe [da *Bambus(a)*, n. del genere tratto dal neerl. *bamboes*, con il suff. *-oidee* ✱ 1972] **s. f. pl.** (**sing.** *-a*) ● (*bot.*) sottofamiglia delle Graminacee, a distribuzione tropicale, comprendente i bambù (*Bambusoideae*) **SIN.** Bambusee

banàle [fr. *banal* 'appartenente a un feudo (*ban*), d'uso comune' ✱ 1854] **agg.** ● detto di ciò che è convenzionale, assolutamente comune, privo di originalità e di significato particolare: *persona, conversazione b.*; *libro, film b.* | di poco conto: *si tratta di un b. incidente* ‖ **banalòtto**, **alter.** | **banalùccio**, **dim.** ‖ **banalménte**, **avv.** in modo banale, con banalità

> **SFUMATURE DI SIGNIFICATO**
>
> ***banale - ovvio - trito - rifritto***
>
> **Banale** è ciò che è privo di originalità, valore, interesse particolare. **Ovvio** è invece ciò che si presenta con immediatezza alla mente ed è facile a pensarsi, in senso negativo indica ciò che è così evidente da risultare scontato. **Trito** descrive argomenti e idee abusati e dunque né efficaci né interessanti. Anche **rifritto** suggerisce l'immagine di un argomento riproposto con pretese di originalità ma in realtà logoro, vecchio, inefficace.
>
> **SFUMATURE** ➤ ***comune***①, ➤ ***insignificante***

banalità [1884] **s. f. inv.** **1** caratteristica di chi (o di ciò che) è banale: *cadere nella b.* **SIN.** mediocrità **2** cosa banale: *dire, fare delle b.*

banaliẓẓàre [da *banale*; nel sign. 2, dal fr. *banaliser* ✱ 1964] **A v. tr.** **1** rendere banale **2** attrezzare una linea ferroviaria, a due o più binari, in modo da rendere possibile la circolazione indifferentemente su ogni binario nei due sensi di marcia **B banaliẓẓàrsi v. intr. pron.** ● diventare banale, convenzionale ‖ **banaliẓẓazióne**, **s. f.**: *la banalizzazione di un concetto*

♦**banàna** [portog. *banana*, da una lingua della Guinea ✱ 1591] **s. f.** **1** frutto del banano: *un casco di banane* | (*fig.*) ***scivolare su una buccia di b.***, incorrere in un errore o in un incidente imprevisto | (*spreg.*) ***repubblica delle banane***, denominazione generica degli Stati dell'America centro-meridionale la cui economia è basata sulla esportazione di frutta o di materie prime in genere e che sono in una condizione di endemica arretratezza politico-istituzionale (dalla loc. ingl. *banana republic*); (*fig.*) Stato caratterizzato da corruzione, illegalità, inefficienza **2** (*est.*) rotolo di capelli a forma allungata, tipico di pettinature infantili: *Aveva, da piccolo, grossi boccoli neri, accomodati in lunghe banane sulla fronte* (N. GINZBURG) **3** (*est.*) panino di forma stretta e lunga **4** (*elettr.*) tipo di spina a un solo polo usata per collegamenti provvisori, che si inserisce nella boccola ‖ **bananìna**, **dim.** | **bananóna**, **accr.** | **bananóne**, **accr. m.**

banàna split /ba'nana split, *ingl.* bə'nɑːnə ˌsplɪt/ [loc. ingl., comp. di *banana* 'banana' e *split* 'divisione, spaccata' (d'orig. germ.) ✱ 1983] **loc. sost. f.** o (*raro*) **m. inv.** (**pl. ingl.** *banana splits*) ● dolce costituito da una banana tagliata nel senso della lunghezza, cosparsa di liquore e coperta di gelato, panna montata e nocciole tritate

bananéto [1942] **s. m.** ● piantagione di banani

bananicoltóre [1955] **s. m.** (**f.** *-trice*) ● coltivatore di banani

bananicoltùra [1942] **s. f.** ● coltivazione dei banani

bananièra [fr. (*cargo*) *bananier*, agg. di *banane* 'banana' ✱ 1937] **s. f.** ● nave attrezzata per il trasporto di banane

bananièro [1802] **A agg.** ● relativo alle banane, spec. con riferimento al loro commercio: *nave bananiera* **B s. m.** ● coltivatore, commerciante di banane

bananito /*sp.* °bana'nito/ [vc. sp., dim. di *banana* ✱ sec. XX] **s. m.** (**pl.** *bananìti* o **sp.** *bananitos*) ● varietà di banana di piccole dimensioni con polpa molto dolce e profumata

banàno [da *banana* ✱ 1858] **s. m.** ● pianta tropicale delle Musacee alta fino a 5 m, con foglie inguainanti che simulano un tronco e si aprono in un'ampia corona nel mezzo della quale si formano i fiori e poi i frutti, gialli e oblunghi, riuniti in un'infruttescenza, detta casco (*Musa sapientium*) | ***b. tessile***, abacà

banàto [da *bano* ✱ 1793] **s. m.** ● (*stor.*) titolo, ufficio di bano | territorio governato da un bano

banàuṣico [dal ted. *banausisch* deriv. a sua volta dal gr. *banausikós*, agg. di *bánausos* 'artigiano' ✱ 1942] **agg.** (**pl. m.** *-ci*) ● (*lett.*) detto di arte esclusivamente meccanica | (*est.*) di cosa meramente utilitaria

♦**bànca** [longob. *banka* 'panca', di orig. indeur. ✱ 1282] **s. f.** **1** impresa con funzione intermediaria tra risparmiatori e produttori, attuata con la raccolta e l'impiego di capitali forniti dai primi e richiesti dai secondi: *funzionario, impiegato di b.*; *biglietto di b.* | ***b. d'affari***, le cui attività principali sono la consulenza e l'intermediazione finanziaria | ***B. centrale***, istituzione indipendente che gestisce la politica monetaria di uno Stato o di più Stati che adottano la stessa moneta: *B. centrale europea* | ***b. agente***, autorizzata a operare in divisa estera | ***b. d'emissione***, che può emettere carta moneta | ***b. popolare***, di carattere locale, istituita spec. per favorire le attività artigiane | edificio o parte di edificio in cui ha sede l'impresa stessa | ***b. telematica, online***, servizio telematico che consente l'esecuzione di operazioni bancarie attraverso un terminale collegato alla rete telefonica | ***b. virtuale***, banca che offre i prodotti e i servizi di una banca tradizionale solo per via telematica, senza avere agenzie e sportelli sul territorio | ***b. multicanale***, banca che funziona sia come una banca tradizionale (con agenzie e sportelli), sia come banca virtuale | *b. del tempo*, associazione con fini di solidarietà sociale fra cittadini promossa o sostenuta da enti locali i cui aderenti si scambiano, conteggiandole in termini di tempo, prestazioni di vario genere | *b. etica*, che investe in iniziative di utilità sociale e si propone di offrire ai propri clienti trasparenza nella gestione del risparmio **2** (*med.*) deposito di organi o liquidi organici a funzione integrativa o sostitutiva: *b. degli occhi, delle ossa, del sangue, del seme* **3** (*inform.*) *b. dati*, insieme di informazioni raccolte e conservate per mezzo di sistemi elettronici **4** rinforzo a un argine di terra **5** †tavola, panca **6** (*stor.*) nel Medioevo, suprema magistratura, in varie città italiane: *capo di b.* | tribunale | †*sedere alla b.*, sedere in tribunale, giudicare **7** †tavola e registro per l'arruolamento dei soldati || **bancàccia**, **pegg.** (V.) | **bancarèlla**, **bancherèlla**, **dim.** (V.) | **banchina**, **dim.** (V.)

NOMENCLATURA

banca

● *tipi di banca*: azienda = istituto di credito, di emissione, di intermediazione, banca d'affari, di accettazione = merchant bank, di deposito, d'investimento; commerciale, popolare, offshore, consortile; banco, monte, monte dei pegni; cassa di risparmio, cassa, cassa rurale, cassa rurale e artigiana; statale = pubblica ⇔ privata, locale, regionale, nazionale, estera, centrale;

● *attrezzature e servizi bancari*: sede centrale, agenzia, filiale, riscontro, sala del tesoro, sportello; listino (dei corsi = di borsa, dei cambi, dei prezzi); cassetta di sicurezza, caveau; credito (bancario, ipotecario, agevolato, fondiario, agrario, commerciale, industriale, pubblico ⇔ privato, personale, reale, produttivo, consuntivo, ordinario, mobiliare ⇔ immobiliare, finanziario, a breve, a medio termine = mediocredito, a lungo termine), carta di credito; deposito (fiduciario, garantito, cauzionale, circolare, pecuniario, bancario; per affare, di cassa; vero = reale ⇔ fittizio, ordinario ⇔ straordinario, regolare ⇔ irregolare); assegno = chèque (bancario, circolare, trasferito, girato, domiciliato, retrodatato ⇔ postdatato, estinto; trasferibile ⇔ non trasferibile = sbarrato; a vista, a vuoto = allo scoperto, di taglio limitato, a copertura garantita, in bianco, fuori piazza, all'ordine, al portatore, a sé stesso = m. m.), libretto di assegni = sceccario, traveller's cheque, banca trassata, firma di traenza; ricevuta bancaria; versamento, cassa automatica, cassa continua, distinta, prelievo, bancomat, tessera magnetica, carta di credito, libretto di risparmio (nominativo, al portatore, di deposito), conto (aperto, scoperto, vincolato), rimborso, estinzione, saldo attivo = a credito, saldo passivo = a debito, scoperto, interesse maturato, liquidazione degli interessi; estratto conto, mandato di pagamento, bonifico; provvista, certificato di deposito, affogliamento, scuponatura; segreto bancario; apertura di credito, linea di credito, anticipazione, sconto, prestito, mutuo (bancario, ipotecario), fideiussione, fido, interesse (semplice, continuo, composto, maturato, nominale = virtuale, accumulato, arretrato; attivo ⇔ passivo, legale ⇔ usurario), saggio = tasso di interesse; prime rate, top rate; valuta; cambiale (bancabile, commutabile, girabile; avallata, girata, insoluta, pagata, protestata; finanziata, commerciale, ipotecaria, pignoratizia; in sofferenza, all'incasso), effetto, carta-foglio, farfalla, rata, tratta; pagamento, presentazione, proroga, protesto, sconto (bancario, commerciale, cambiario, finanziario, mercantile, razionale), tratta, vaglia cambiario, pagherò; titoli di credito (a reddito fisso, a reddito variabile, indicizzati, azionari), mercato mobiliare, massa titoli, valore nominale, emissione (alla pari, sopra la pari, sotto la pari, a pubblica sottoscrizione, per sindacato), conversione, congelamento, dietim, corso, buono fruttifero, buono del tesoro (ordinario, poliennale), cartella (fondiaria, di rendita), obbligazione del debito pubblico (consolidato ⇔ fluttuante, redimibile ⇔ irredimibile); certificato di credito del tesoro; fondo d'investimento; pronti contro termine; warrant;

● *persone*: impiegato, cassiere, bancario, ragioniere, funzionario, procuratore, direttore di agenzia, di filiale, regionale, centrale, azionista, amministratore delegato, presidente, consigliere di amministrazione, governatore; guardia giurata, portavalori, fattorino; banchiere; risparmiatore, intestatario di conto corrente, creditore, debitore, accreditante, girante, giratario, prenditore, scontatario, scontista; sportellista, depositante, depositario;

● *azioni*: risparmiare, affidare, depositare, accreditare, addebitare, stornare, scalare, vincolare, versare, trasferire, girare, fare, firmare, staccare un assegno, sbarrare un assegno, ritirare, incassare, prelevare, riscuotere, scontare, scomputare, aprire, chiudere un conto = una partita, estinguere; andare allo scoperto = in rosso, chiedere, ottenere un prestito; accendere un mutuo, finanziare, ridurre ⇔ aumentare il tasso d'interesse, scartellare, stringere il credito; investire, fruttare, ricapitalizzare; protestare ⇔ cancellare il protesto, andare in protesto; svaligiare = rapinare.

bancàbile [1905] **agg.** ● (*dir.*) di titolo di credito che può essere presentato a una banca per lo sconto: *cambiale b.* || **bancabilità**, **s. f. inv.**

bancàccia [1627] **s. f.** (**pl.** *-ce*) **1** pegg. di *banca* **2** (*mar.*) panca dove sedevano i timonieri delle galee

bancàle [lat. mediev. *bancāle(m)*, dal germ. *bank* 'banco' ✱ 1308] **s. m. 1** sedile lungo e stretto per più persone, gener. fornito di schienale **2** *b. di macchina utensile*, supporto, generalmente di ghisa, sul quale sono fissati tutti gli organi mobili **3** ricco drappo, spesso ricamato, usato nel Medioevo per ornare e coprire i banchi delle chiese nelle occasioni solenni **4** pallet

♦**bancarèlla** o **bancherèlla** [1889] **s. f. 1** dim. di *banca* nel sign. 5 **2** carretto o banco di vendita all'aperto di merci varie: *una b. di libri* || **bancarellina**, **dim.**

bancarellàro [av. 1934] **s. m.** (**f.** *-a*) ● (*centr.*) bancarellista

bancarellista o **bancherellista** [1935] **s. m. e f.** (**pl. m.** *-i*) ● chi vende oggetti su bancarelle

bancàrio [av. 1566] **A agg.** (**pl. m.** *-i* o *raro -ii*) ● pertinente a banca, che riguarda la banca: *assegno, vaglia b.* **B s. m.** (**f.** *-ia*; **pl. m.** *-i*) ● chi è impiegato in una banca

bancarizzàre [da (*sportello*) *bancario* ✱ 1988] **v. tr.** ● dotare una zona di sportelli bancari || **bancarizzazióne**, **s. f.**

bancaròtta [comp. di *banca* e del part. pass. di *rompere*, perché ai falliti era rotto, anticamente, il banco ✱ 1598] **s. f.** (**pl.** *bancarótte* o *bancheróttе*) **1** (*dir.*) complesso di comportamenti colposi o dolosi dell'imprenditore dichiarato fallito, specificati dalla legge, che recano pregiudizio ai creditori: *imprenditore condannato per b.* | *b. semplice*, quella commessa con colpa | *b. fraudolenta*, quella commessa con dolo | *b. preferenziale*, reato commesso dal fallito che, prima della procedura fallimentare o nel suo corso, esegue pagamenti al fine di favorire uno o più creditori a danno degli altri **2** (*fig.*) cattiva riuscita, insuccesso, fallimento: *fare b.*; *la b. dei nostri progetti*

bancarottière [da *bancarotta* ✱ 1723] **s. m.** (**f.** *-a*) ● chi fa bancarotta

bancassicurazióne [comp. di *banca* e *assicurazione* ✱ 1991] **s. f.** ● collaborazione tra società di assicurazione e banche per la vendita di prodotti assicurativi attraverso la rete commerciale degli istituti di credito

bancassurance /*fr.* bankas'yRɑ̃s, *ingl.* banka'ʃjurəns/ [vc. fr. comp. di *ban(que)* e *assurance* 'assicurazione' ✱ 1990] **s. f. inv.** ● bancassicurazione

bancàta [da *banco* ✱ 1607] **s. f. 1** (*geol.*) banco **2** (*mar.*) †distanza tra due banchi successivi di rematori **3** (*autom.*) nei motori alternativi a combustione interna, zona del basamento atta a sostenere i cilindri e i supporti che reggono l'albero motore, allineati e resi solidali tra loro

bancherèlla e deriv. ➤ **bancarella** e deriv.

banchettànte A part. pres. di *banchettare*; anche **agg.** ● nei sign. del v. **B s. m. e f.** ● chi banchetta **SIN.** commensale, convitato

banchettàre [1528] **A v. intr.** (*io banchétto*; **aus.** *avere*) ● partecipare a banchetti | (*est.*) mangiare e bere lietamente **B v. tr.** ● (*raro, lett.*) invitare a banchetto

banchettatóre [av. 1803] **s. m.** (**f.** *-trice*) ● chi banchetta

banchétto [1542] **s. m. 1** dim. di *banco* | piccolo banco dove si danno informazioni o si promuovono iniziative varie: *b. per la raccolta delle firme* **2** (*est.*) bancarella **3** lauto pranzo cui partecipano molti convitati, spec. per onorare o festeggiare qlco.: *b. di nozze, di laurea* **SIN.** convito, simposio || **banchettino**, **dim.** | **banchettóne**, **accr.**

banchettóne [1850] **s. m. 1** accr. di *banchetto* **2** (*ing.*) opera di consolidamento del terreno a protezione di muri, strade, dighe e sim., consistente nella creazione di una trincea che viene riempita con pietrame a secco, calcestruzzo o altro materiale: *b. stradale*

banchière o †**banchièro** [da *banca* ✱ 1211] **s. m.** (**f.** *-a*) **1** chi esercita l'attività bancaria **2** proprietario, grande azionista o amministratore di una banca **3** (*disus.*) croupier

banchìglia [da *banchisa* con cambio di suff. ✱ 1905] **s. f.** ● banchisa

♦**banchìna** [1828] **s. f. 1** dim. di *banca* **2** costruzione lungo il molo o alla proda del porto per l'attracco delle navi e le operazioni di carico e scarico delle merci | molo per l'ormeggio delle navi e l'imbarco di persone e cose **3** marciapiede rialzato delle stazioni ferroviarie | sentiero fiancheggiante il binario, adibito al passaggio del personale addetto alla sorveglianza e alla manutenzione **4** parte marginale della strada percorsa spec. da ciclisti e pedoni **5** (*edil.*) struttura orizzontale, posta sotto o sopra un muro, di spessore poco differente da quello del muro stesso **6** (*milit.*) nelle antiche fortificazioni, gradino di terra sul quale montano i soldati per affacciarsi al parapetto e fare fuoco sul nemico **7** (*raro*) panchina

banchinàggio [1955] **s. m.** ● (*edil.*) in un'armatura provvisoria, complesso di banchine

banchinaménto [1955] **s. m.** ● gradonamento

banchìṣa [fr. *banquise*, dai banchi (*bancs*) di ghiaccio ✱ av. 1917] **s. f.** ● distesa glaciale sui mari delle regioni polari costituita da lastroni di ghiaccio più o meno saldamente uniti fra loro **CFR.** pack

banchìsta [1942] **s. m. e f.** (**pl. m.** *-i*) ● banconiere

♦**bànco** [francone *bank* 'tavola, asse', di orig. indeur. ✱ av. 1257] **s. m.** (**pl.** *-chi*) **1** sedile lungo e stretto, fornito, a seconda degli usi, di schienale, di piano di appoggio e sim.: *b. degli imputati*; *b. dei deputati*; *banchi dei rematori* | *b. di scuola*, fornito di scrittoio o di tavolino **2** mobile a forma di lungo tavolo, destinato a varie attività | *b. di vendita*, piano che divide acquirente e venditore in negozio | (*disus.*) *roba (di) sotto b.*, detto di merce scelta, riservata a clienti di riguardo | *sotto b.*, (*fig.*) di nascosto | *farmaco da b.*, V. *farmaco* **3** grande tavolo sul quale tengono i loro ferri e attrezzi fabbri, tornitori, falegnami, scultori e sim. | ***b. di tipografia***, dove si compone e si impagina un testo | ***b. di prova***, attrezzatura dotata di appositi comandi e strumenti di misura sulla quale si fissa un motore per determinarne le caratteristiche; (*fig.*) situazione particolare, difficoltà che mette alla prova le intenzioni e le capacità di qlcu. o la validità e l'efficacia di qlco.: *l'esame sarà il b. di prova della sua preparazione* | ***b. di manovra***, per il comando, la regolazione, il controllo del funzionamento di una macchina, di un impianto, di una linea ferroviaria **4** banca: *B. di Napoli* **5** locale dove si vendono o si scambiano particolari beni o servizi: *b. dei preziosi* | ***b. dei pegni, b. di pegno***, agenzia o istituto che esercita il prestito dietro consegna in garanzia di un bene economico | ***b. del lotto***, botteghino dove si ricevono le giocate **6** nei giochi d'azzardo, posta che mette chi tiene il gioco per pagare le vincite dei giocatori: *tenere, perdere, avere il b.* | ***tenere b.***, (*fig.*) animare, guidare, dominare discussioni, riunioni e sim. | (*est.*) il giocatore che dirige e amministra il gioco, ricevendo le puntate, distribuendo le vincite, fornendo prestiti: *il b. vince* **7** (*geol.*) strato roccioso di notevole spessore | spesso strato di minerale, di origine sedimentaria: *b. di carbon fossile, di calcare* **8** ammasso di elementi vari con notevole estensione orizzontale | ***b. di sabbia***, elevazione sul fondo di un fiume o del mare, quasi affiorante alla superficie | ***b. corallino, madreporico***, tipico dei mari caldi, costituito da coralli e madrepore viventi in colonie | ***b. di nebbia***, spessa coltre di nebbia sopra una data località | ***b. di pesci***, enorme quantità di pesci che nuotano insieme || **bancàccio**, **pegg.** | **banchétto**, **dim.** (V.) | **banchìno**, **dim.** | **bancóne**, **accr.** (V.) | **bancùccio**, **dim.**

bancocèntrico [comp. di *banco* e *-centrico* ∗ 1986] **agg.** (**pl. m.** *-ci*) ● detto di sistema economico-finanziario o di concezione in cui è centrale il ruolo delle banche

bancogìro [comp. di *banco* nel sign. 4 e *giro*: 'giro di credito da conto (*banco*) a conto' ∗ 1630] **s. m.** ● operazione bancaria con cui si trasferisce una somma da un conto a un altro, senza materiale movimento di denaro

Bàncomat® [prob. da *banc(a aut)omat(ica)* ∗ 1983] **s. m. inv.** ● sistema telematico che consente ai correntisti di una banca il prelievo di contanti da appositi sportelli automatici di qualsiasi banca aderente al sistema, di effettuare acquisti, di pagare servizi | tessera magnetica che permette l'accesso a tale sistema **SIN.** carta di debito | sportello bancario automatico che permette di accedere a tale sistema | (*est., colloq.*) il prelievo così eseguito: *fare un B.*

bancóne [av. 1306] **s. m.** **1** accr. di *banco* **2** lungo tavolo chiuso da un lato sino a terra che in uffici e negozi separa gli impiegati o i venditori dal pubblico **3** antico scrittoio italiano dei secc. XV-XVI, costituito da un piano che appoggia su due cassetti sotto ai quali vi è una parte rientrante munita di tiretti **4** nella composizione tipografica a piombo, grosso mobile contenente le casse dei caratteri | banco di tipografia

banconière [1942] **s. m.** (**f.** *-a*) ● chi serve il cliente al banco di vendita: *b. di bar, di macelleria, di tavola calda*

banconìsta [1929] **s. m. e f.** (**pl. m.** *-i*) ● banconiere

banconòta [ingl. *banknote*, comp. di *bank* 'banco' e *note* 'biglietto' ∗ 1849] **s. f.** ● biglietto di banca emesso dalla Banca centrale: *una b. da cento euro*

bancopòsta [comp. di *banco* e *posta* ∗ 1981] **s. m. inv.** ● servizio dell'amministrazione postale italiana consistente nell'effettuare operazioni di deposito e pagamento simili a quelle svolte dalle banche

band /bɛnd, *ingl.* bænd/ [vc. ingl., cfr. *banda*③ ∗ 1950] **s. f. inv.** ● complesso strumentale di varia composizione | nel jazz, complesso strumentale di tipo diverso a seconda degli stili

bànda① [provenz. *banda* ∗ 1250 ca.] **s. f.** **1** (*lett.* o *raro*) lato, parte: *b. destra, sinistra* | ***da b.***, da parte | ***lasciare, mettere da b.***, evitare, tralasciare: *Mettere un poco da b. i vostri capricci* (I. NIEVO) | ***avere da b.***, avere in serbo | †***dall'altra b.***, d'altra parte, d'altronde | (*fig.*) luogo, sito: *Italia e Francia, e tutte l'altre bande / del mondo* (L. ARIOSTO) | ***da, in, per ogni b.***, dappertutto **2** (*mar.*) ciascuno dei lati della nave a dritta e a sinistra | ***andare alla b.***, detto di imbarcazione a vela che in corsa piega da un lato | ***timone alla b.***, girato alla massima inclinazione | ***due, quattro, sei alla b.***, ordine che si impartisce sulle navi da guerra per rendere gli onori col fischio agli ufficiali che salgono o scendono da bordo **3** battente **4** ala della rete da pesca

♦**bànda**② [ant. fr. *bande, bende* dal francone **binda* 'fascia' ∗ av. 1348] **s. f.** **1** striscia di colore contrastante col fondo: *cravatta a bande rosse e nere* **2** striscia di tessuto, di passamaneria e sim., spesso di tinta contrastante, applicata a un abito, alla cucitura laterale dei calzoni di un'uniforme e sim.: *calzoni con le bande rosse* | striscia di cuoio nell'interno del cappello maschile **3** (*arald.*) striscia che attraversa il campo di uno scudo diagonalmente dalla destra del capo alla sinistra della punta **4** striscia di drappo con disegni che, legata per il lungo a un'asta con la croce, si porta in processione **5** fascia a tracolla **6** (*fis.*) insieme delle righe dello spettro di un gas | (*fis.*) ***b. di valenza***, campo degli stati di energia dello spettro di un cristallo solido comprendente le energie di tutti gli elettroni che intervengono nei legami degli atomi costituenti il cristallo **7** (*radio, elettron.*) ***b. di frequenza***, o (*ellitt.*) ***banda***, serie completa di onde elettromagnetiche di frequenze comprese fra un minimo e un massimo | ***b. passante***, insieme delle frequenze trasmesse o amplificate da un apparecchio elettronico, che ne determina i limiti | ***b. cittadina***, l'insieme delle frequenze di onde corte comprese intorno ai 27 megacicli, generalmente utilizzate dai radioamatori; in sigla CB | ***larghezza di b.***, gamma di frequenze assegnate a un canale di trasmissione | ***trasmissione in b. base***, emissione di un segnale non modulato | ***b. larga, larga b.***, rete telematica che permette una velocità di trasmissione di dati superiore a 1,544 Mbps **8** (*inform.*) ***b. perforata***, nastro perforato | ***b. magnetica***, strato di materiale magnetizzabile, applicato su supporti diversi (schede, tessere, carte di credito), sul quale sono registrate informazioni **9** (*cinema*) ***b. sonora***, colonna sonora di una pellicola cinematografica || **bandìna**, **dim.** (V.)

♦**bànda**③ [got. *bandwa* 'segno', 'stendardo', di etim. incerta ∗ av. 1555] **s. f.** **1** (*stor.*) striscia di drappo o insegna di determinato colore che distingueva le milizie di uno Stato da quelle di un altro: *Giovanni dalle bande nere* | (*est.*) reparto di soldati contraddistinto da insegna di uguale colore **2** reparto di volontari che esercita la guerriglia: *bande di partigiani* | reparto di truppe irregolari **3** gruppo organizzato di malviventi: *b. di rapinatori*; *la b. del buco* | ***b. armata***, gruppo di persone armate e organizzate per compiere delitti contro lo Stato | (*est., scherz.*) brigata, compagnia di amici: *uscire in b.* **SIN.** cricca, ghenga **4** (*mus.*) complesso musicale di strumenti a fiato e a percussione, per esecuzioni gener. all'aperto: *b. militare, municipale*

bànda④ [etim. incerta ∗ 1528] **s. f.** ● lastra metallica || **bandèlla**, **dim.** (V.)

bandàio [da *banda*④ ∗ 1935] **s. m.** (**f.** *-aia*, **pl. m.** *-ai*) ● (*sett.*) lattoniere

bandàna o **bandànna** [vc. hindi (*bāndhnū*) trasmessa attraverso l'ingl. ∗ 1892] **s. f. o m.** (**pl. f.** *-e*; **pl. m. inv.**) ● fazzoletto di seta o cotone a colori vivaci portato dai giovani spec. intorno alla testa o al collo

bandàto [da *banda*② ∗ 1547] **A** **s. m.** ● (*arald.*) scudo col campo diviso diagonalmente in un numero pari di bande, a smalti alternati **B** **agg.** ● attraversato da banda

bandeau /*fr.* bɑ̃'do/ [vc. fr., cfr. *banda*② ∗ 1858] **s. m. inv.** (**pl. fr.** *bandeaux*) ● ciascuna delle due strisce di capelli lisci che, in un tipo di acconciatura femminile, incorniciano il volto raccogliendosi poi sulla nuca

†**bandeggiàre** [da *bando* ∗ sec. XIII] **v. tr.** ● mettere al bando

bandéggio [da *banda*② sul modello dell'ingl. *banding* (*techniques*) '(tecniche) per ottenere bande' ∗ 1978] **s. m.** ● (*biol.*) metodologia di laboratorio usata in citologia che permette di evidenziare differenze strutturali dei cromosomi in forma di bande colorate

bandèlla [1290] **s. f.** **1** dim. di *banda*④ **2** piastra metallica infissa su imposte, sportelli e sim. con un anello all'estremità che li fissa nei cardini **3** ala ribaltabile del piano di un tavolo | piastra metallica lunga e stretta usata come decorazione e rinforzo di mobili **4** (*edit.*) aletta, risvolto, ribaltina

banderàio [1288] **s. m.** (**f.** *-aia*, **pl. m.** *-ai*) **1** V. *bandieraio* **2** †portabandiera

banderàle o **bandieràle** [da *bandiera* ∗ 1962] **s. m.** ● (*arald.*) scudo di forma rettangolare

banderése (o *-ṣ-*) [ant. fr. *banerez* 'portabandiera', da *bannière* 'bandiera' ∗ 1340] **s. m.** ● signore feudale che in guerra guidava un certo numero di suoi vassalli sotto la propria bandiera

banderìlla /bande'rilla, *sp.* °bande'riʎa, -ija/ [dim. dello sp. *bandera* 'bandiera' ∗ 1892] **s. f.** (**pl.** *banderìlle* o **sp.** *banderillas*) ● asticciola lignea, con punta metallica, ornata di nastri, che i toreri piantano nel collo del toro durante la corrida

banderillèro /banderil'lɛro, *sp.* °banderi'ʎero, -i'je-/ [1892] **s. m.** (**pl.** *banderillèri* o **sp.** *banderilleros*) ● torero che durante la corrida pianta le banderille nel collo del toro

banderuòla o **bandieruòla**, **banderòla** [av. 1530] **s. f.** **1** dim. di *bandiera* **2** insegna metallica girevole posta sulla sommità di edifici per indicare la direzione del vento **SIN.** ventarola **3** (*fig.*) persona volubile, che cambia facilmente opinione **SIN.** girella

♦**bandièra** [ant. provenz. *bandiera*, da *banda*③, nel sign. 1 ∗ 1275] **A** **s. f.** **1** drappo di stoffa attaccato a un'asta, di uno o più colori e disegni, simboleggiante uno Stato, una città, un'associazione, un corpo militare e sim.: *alzare, ammainare la b.*; *esporre la b.* | ***b. abbrunata***, con un drappo di panno nero legato all'asta in segno di lutto | ***b. a mezz'asta***, abbassata fino a metà dell'asta, in segno di lutto | ***b. bianca***, in segno di resa e per parlamentare | ***alzare b. bianca***, (*fig.*) desistere, rinunciare a un'impresa | ***b. gialla***, per segnalare una malattia contagiosa | ***b. rossa***, simbolo del socialismo e del comunismo; bandiera usata per segnalare un pericolo | ***b. blu***, riconoscimento conferito da un ente internazionale a località marine che soddisfano standard di qualità per pulizia delle acque e servizi offerti | ***b. nera***, simbolo dell'anarchia; con aggiunta di teschio e ossa incrociate, simbolo della pirateria; nell'uso giornalistico, si attribuisce simbolicamente a una località che ha un primato negativo, per es. d'inquinamento | ***b. tricolore***, (*per anton.*) quella nazionale italiana | ***b. nazionale***, quella di uno Stato | ***battere b.***, esporre, da parte di navi o aeromobili, la bandiera dello Stato al quale appartengono | ***b. da segnali***, di forma e colori vari, isolata o a gruppi serve per le comunicazioni tra navi e tra queste e i semafori | ***b. di cortesia***, quella dello Stato straniero nelle cui acque territoriali si trova la nave | ***b. di comodo, b. ombra***, quella usata per nascondere la vera nazionalità di navi, yacht e sim. che vogliono eludere determinate imposizioni fiscali o evitare determinati vincoli | ***aiutante di b.***, ufficiale addetto alla persona dell'ammiraglio | ***a b.***, di oggetto attaccato per una estremità o un angolo | ***a bandiere spiegate***, (*fig.*) con tutti gli onori, trionfalmente; (*est.*) con successo | ***piantare la b.***, prendere possesso di un luogo (*anche fig.*) | ***abbandonare la b.***, (*fig.*) disertare | ***portare la b.***, (*fig.*) primeggiare | ***portare alta la b.***, (*fig.*) fare onore al proprio paese, partito e sim. | ***il punto, il gol della b.***, (*fig.*) l'unico conseguito da chi ha subito una grave sconfitta | ***voltare, cambiare b.***, (*fig.*) cambiare opinione, idea, partito e sim. | PROV. ***b. vecchia onor di capitano***, la bandiera (o la cosa) vecchia fa onore a chi la porta (o la possiede) SIN. insegna, stendardo, vessillo **2** (*fig.*) insegna, simbolo spec. dell'ideale o dell'opinione a cui ci si ispira, per cui si lotta e sim.: *la b. della libertà, della scienza, del progresso*; *in esilio Turati fu una b. dell'antifascismo* | ***candidato di b.***, nell'elezione a una carica, chi viene proposto da un gruppo, un partito e sim. come la persona più rappresentativa del gruppo o del partito stesso, e la cui candidatura viene portata avanti anche nel caso in cui non si preveda la possibilità di un'affermazione | (*sport*) personaggio particolarmente rappresentativo di una disciplina: *b. dello sport italiano* **3** gioco tra due gruppi di ragazzi, che gareggiano per impossessarsi di una bandiera **4** riquadro nero di stoffa o di cartone, applicato a un'asta e usato in scenotecnica per interrompere un fascio di luce **5** (*aeron.*) ***a b., in b.***, detto di un corpo aerodinamico disposto come una bandiera rispetto al vento, in modo da offrire la minima resistenza aerodinamica **6** (*tipogr.*) ***b. destra, b. sinistra***, tipo di impaginazione basata su una linea verticale ideale a cui poggiano rispettivamente l'ultima e la prima lettera di una serie di righe di testo non giustificato **7** (*mar.*) ***metter le vele in b.***, lasciar fileggiare le vele nel vento **8** (*milit.*) †truppa o compagnia di soldati raccolta sotto la stessa bandiera | nelle antiche milizie italiane, soldato a cavallo armato di lancia con bandiera **B** in funzione di agg. inv. (posposto a un sost.) **1** che è particolarmente rappresentativo di qlco., che rappresenta il simbolo di qlco.: *la scomparsa dei giocatori b.* **2** nelle loc. ***rosso, verde b.***, con riferimento ai toni di colore tipici della bandiera nazionale italiana || **banderuòla**, dim. (V.) | **bandierāccia**, pegg. | **bandierétta**, dim. | **bandierìna**, dim. (V.) | **bandieróna**, accr. | **bandieróne**, accr. m. | **bandierùccia**, dim.

SFUMATURE DI SIGNIFICATO

bandiera - stendardo - pennone - vessillo

La **bandiera** è in generale un drappo di stoffa attaccato a un'asta che simboleggia uno Stato, un ente, un'organizzazione, un partito ecc. **Stendardo** era la *bandiera* delle milizie antiche e, fino alla seconda guerra mondiale, dei reggimenti di cavalleria e artiglieria; nelle processioni religiose è il drappo con l'immagine del santo. Il **pennone** è uno *stendardo* di grandi dimensioni, usato in particolare dalla cavalleria italiana e francese fino alla metà del secolo diciottesimo. Il **vessillo** nell'antico esercito romano era un quadrato di stoffa rossa appeso in cima a un'asta con una sbarra trasversale; oggi indica in senso generico un'insegna, una *bandiera*.

SFUMATURE ➤ ***vessillo***

bandieràbile [1993] **agg.** ● (*aeron.*) che può essere disposto in bandiera: *elica, piano b.*

bandieràio o **banderàio** [av. 1400] **s. m.** (**f.** *-aia*, **pl. m.** *-ai*) ● fabbricante o venditore di insegne, bandiere, drappi, paramenti da chiesa

bandieràle ➤ **banderale**

bandierìna [1865] **s. f. 1** dim. di *bandiera* **2** (*sport*) nel calcio e sim., drappo bianco o giallo fissato a un'asta posta agli angoli del campo | ***tiro dalla b.***, calcio d'angolo **3** (*calcio*) bandiera usata dai guardalinee per segnalazioni dirette all'arbitro

bandieruòla ➤ **banderuola**

†**bandigióne** ➤ **imbandigione**

bandìna [av. 1400] **s. f. 1** dim. di *banda*② **2** (*arald.*) alta striscia formata da pezzi, ritagli, teste o zampe di animali da pelliccia

bandinèlla [1321] **s. f. 1** dim. di *banda*② **2** tessuto rado e leggero fortemente apprettato usato per avvolgere e imballare tessuti e per modelli di sartoria **3** drappo per coprire il leggio nelle chiese | labaro di confraternita religiosa **4** lungo asciugamano che scorre su due rulli fissati al muro **5** (*archit.*) decorazione rinascimentale a forma di nastro **6** protezione di frasche o stuoie usata nei vivai

✦**bandìre** o †**bannìre** [got. *bandwjan* 'dare un segno', perché si notificava l'esilio di qualcuno con un segno di tromba ✻ av. 1250] **v. tr.** (*io bandìsco, tu bandìsci*) **1** pubblicare, notificare, annunciare con pubblico avviso o bando: *b. un concorso* SIN. indire **2** esiliare, mettere al bando: *Dante fu bandito dai fiorentini* | (*fig.*) mettere da parte, evitare: *b. i complimenti*; *b. le malinconie*

bandìsta [da *banda*③, nel sign. 4 ✻ 1853] **s. m. e f.** (**pl. m.** *-i*) ● suonatore in una banda musicale

SFUMATURE ➤ ***suonatore***

bandìstico [1901] **agg.** (**pl. m.** *-ci*) ● di banda musicale: *corpo b.*

bandìta [da *bandire* ✻ 1297] **s. f.** ● zona di protezione e ripopolamento costituita da privati o enti pubblici dove sono proibiti caccia, pesca, pascolo, raccolta dei prodotti del sottobosco e passaggio senza autorizzazione

banditésco [1958] **agg.** (**pl. m.** *-schi*) ● da bandito: *azione, impresa banditesca* | (*est.*) degno di un criminale; violento, sopraffattorio: *comportamento b.* || **banditescaménte**, **avv.**

banditìṣmo [1866] **s. m. 1** presenza, attività di banditi: *la repressione del b.* **2** (*fig.*, *spreg.*) comportamento disonesto di chi è privo di scrupoli

bandìto **A** part. pass. di *bandire*; anche **agg.** **1** nei sign. del v. **2** ***corte bandita***, nel Medioevo, festa organizzata da un grande feudatario in onore dei signori dei dintorni **B** **s. m.** (**f.** *-a*) **1** (*stor.*) chi è messo al bando, esiliato dalla patria: *fu fatta la convenzione ... concedendo ... li banditi ricuperassero li loro beni* (P. SARPI) **2** chi, da solo o in banda, commette, per lo più abitualmente, atti criminosi quali rapine, assassini e sim.: *agguato, aggressione di banditi*; *dare la caccia a un b.* | ***capo b.***, V. *capobandito* SIN. brigante, delinquente, fuorilegge, malvivente **3** (*fig.*) persona disonesta e senza scrupoli || **banditèllo**, **dim.**

SFUMATURE ➤ ***rapinatore***

banditóre [da *bandire* ✻ 1238] **s. m.** (**f.** *-trice*) **1** (*stor.*) chi leggeva ad alta voce nelle strade notizie d'interesse pubblico | (*fig.*) promotore e sostenitore di un'idea, di una dottrina e sim. **2** chi, nelle aste pubbliche, annuncia gli oggetti, i prezzi e le offerte relative

bàndo o †**bànno** [fr. *ban*, dal francone *ban* ✻ 1266] **s. m. 1** pubblico annuncio, un tempo dato verbalmente a suon di tromba o di tamburo, e oggi notificato con affissi, fogli ufficiali e sim.: *b. di vendita, d'asta* | correntemente, decreto, legge, ordine dell'autorità: *b. d'arruolamento, di concorso* SIN. avviso, editto, ordine, proclama **2** (*dir.*) ordine avente forza di legge emanato dalle autorità militari in zona di guerra durante le ostilità **3** (*stor.*) condanna, spec. di esilio, proclamata in pubblico: *minacciare, intimare il b.*; *mandare in b.*; *mettere al b.* | (*est.*) esilio, cacciata: *b. perpetuo* | ***rompere il b.***, tornare dall'esilio prima del tempo | ***mettere al b.***, (*fig.*) eliminare, escludere | (*fig.*) ***b. alle chiacchiere, agli scrupoli***, lasciamoli da parte, basta

bandòla [sp. *bandola*, dal lat. *pandūra*, dal gr. *pandûra* 'strumento musicale a tre corde' ✻ 1887] **s. f.** ● (*mus.*) strumento della tradizione popolare spagnola a corde pizzicate

bandolèro /bando'lɛro, *sp.* °bando'lero/ [vc. sp., cfr. *banda*③ ✻ av. 1540] **s. m.** (**pl.** *bandolèri*, **sp.** *bandoleros*) ● bandito

bandolièra [fr. *bandoulière*, da *bande* 'banda, fascia' ✻ av. 1611] **s. f. 1** (*milit.*) striscia di cuoio o tessuto con tasche o giberne per le munizioni portata ad armacollo dai soldati o per ornamento sulle uniformi da parata **2** nella loc. avv. ***a b.***, ad armacollo, a tracolla

✦**bàndolo** [da *banda*② 'striscia' ✻ 1480 ca.] **s. m.** ● capo della matassa | (*fig.*) ***trovare il b.***, trovare la soluzione | (*fig.*) ***perdere il b.***, confondersi

bandóne [da *banda*④ ✻ 1797] **s. m. 1** lastra di ferro zincato o altro materiale metallico usata per coprire baracche, fabbricare saracinesche, recipienti, ecc.: *un vaso di b. in forma di gamella o di tegamino* (P. ARTUSI) **2** (*tosc.*) saracinesca

bandòneon o **bandònion** [ted. *bandoneon*, chiamato così perché messo in commercio dal negoziante H. *Band*, sul modello del n. di altri strumenti musicali che terminano in *-eon* ✻ 1950] **s. m. inv.** ● (*mus.*) tipo di fisarmonica con due tastiere a bottone, diffuso spec. in Argentina come accompagnamento del tango

bandòra [vc. sp., dal grecismo lat. *pandūra(m)* ✻ 1928] **s. f.** ● (*mus.*) strumento rinascimentale a pizzico

bandùra [lat. *pandūra*, dal gr. *pandûra* 'strumento musicale a tre corde' ✻ 1949] **s. f.** ● (*mus.*) strumento a corde pizzicate tipico dell'Ucraina

bandurria /*sp.* °ban'durria/ o **mandurria** /*sp.* man'durria/ [vc. sp., dal lat. tardo *pandūria* (nt. pl.), di orig. gr. ✻ 1955] **s. f. inv.** (**pl. sp.** *bandurrias*) ● (*mus.*) strumento a corde pizzicate, diffuso ancora oggi in Spagna per accompagnare la jota

bang /bang, *ingl.* bæŋ/ o **bèng** nel sign. A, **bànghete** nel sign. A [vc. ingl., di orig. onomat., propr. 'colpo, botta' ✻ 1941] **A** **inter.** ● riproduce il rumore di uno sparo, di un urto o di uno schianto, spec. nei fumetti **B** **s. m. inv. 1** il rumore stesso **2** (*aeron.*) ***b. sonico***, effetto acustico molto intenso determinato dal passaggio di un aereo, anche ad alta quota, a velocità prossima o superiore a quella del suono

bàngio [1950] **s. m.** ● adattamento di *banjo* (V.)

bangioìsta [1973] **s. m. e f.** (**pl. m.** *-i*) ● suonatore di banjo

bangladése (o *-ṣ-*) [1998] **A** **agg.** ● del Bangladesh **B** **s. m. e f.** ● abitante o nativo del Bangladesh

bangle /'bɛngəl, *ingl.* 'bæŋg(ə)l/ [vc. ingl., dall'hindi *bungri* 'vetro' ✻ 2000] **s. m. inv.** ● braccialetto di vetro o altro materiale rigido, tradizionale dell'India e di altri Paesi dell'Asia meridionale, dove trova impiego anche in pratiche rituali

banjo /'bɛndʒo, *ingl.* 'bændʒəʊ/ [ingl. *banjo*, di etim. discussa: da *bandura*, secondo la pronuncia degli schiavi negri (?) ✻ 1908] **s. m. inv. (pl. ingl.** *banjos* **o** *banjoes***)** ● (*mus.*) strumento simile alla chitarra, con cassa armonica rotonda a fondo piatto, introdotto in America dagli schiavi neri CFR. bangio

bànking /*ingl.* 'bæŋkɪŋ/ [vc. ingl., propr. 'attività bancaria' ✻ 1987] **s. m. inv.** ● servizi bancari, in alcune loc. sost. m. inv. | ***home b.***, ***b. online***, insieme di operazioni bancarie che si possono eseguire da casa mediante un terminale (comp. rispettivamente con *home* 'casa' e con *online* (V.)) | ***Internet b.***, attività di sportello bancario per mezzo di un computer collegato a Internet | ***private b.***, servizi bancari e finanziari riservati a clienti con elevate possibilità di investimento; agenzia bancaria specializzata nel fornire questi servizi (comp. con *private* 'privato')

banlieue /*fr.* bɑ̃'ljø/ [vc. fr., propr. 'giurisdizione (*ban* 'bando') fino a una lega (lat. mediev. *leuca*) dalla città' ✻ 1892] **s. f. inv.** ● con riferimento a Parigi, esteso territorio periferico comprendente sobborghi con abitazioni e strutture industriali | (*est.*) fascia periferica di una grande città

bannalità [da †*banno* ✻ 1881] **s. f. inv.** ● (*dir.*) nell'ordinamento feudale, diritto del feudatario di imporre lo svolgimento di alcune attività agricole o industriali in luoghi di sua proprietà e dietro pagamento di una tassa

bannàre [dall'ingl. *ban* nel senso di 'interdizione' ✻ 1999] **v. tr.** ● nel gergo di Internet, interdire l'accesso a un gruppo di discussione a un utente che vi abbia tenuto un comportamento scorretto

bànner /'banner, *ingl.* 'bæne(r)/ [vc. ingl., propr. *bandiera* ✻ 1996] **s. m. inv.** ● (*Internet*) inserzione pubblicitaria su una pagina web, costituita gener. da un'immagine o da un'animazione contenenti un collegamento al sito dell'inserzionista

†bannìre ➤ **bandire**

†bànno ➤ **bando**

bàno [serbo *ban*, dal mongolo *bajan* 'opulento' ✻ 1865] **s. m.** ● governatore di province in Ungheria e nei Paesi slavi, fino alla metà del XIX sec.

bànqueting /'banketin(g), *ingl.* 'bæŋkwɪtɪŋ/ [vc. ingl., da *banquet* 'banchetto' ✻ 1994] **s. m. inv.** ● servizio di preparazione di cibi e bevande e di organizzazione della loro consumazione in occasioni di gala o di rappresentanza, effettuato da ditte specializzate CFR. catering

bansìgo [vc. genovese da *bansa* 'bilancia' ✻ 1970] **s. m. (pl. -*ghi*)** ● (*mar.*) tavola di legno o imbracatura tessile sostenuta da cime che serve da sedile per lavorare sospesi all'albero o fuori bordo

bàntam [ingl. *bantam* 'piccolo gallo da combattimento' ✻ 1942] **s. m. inv.** ● (*sport*) nel pugilato, peso gallo

bànteng /*indonesiano* 'bantɛŋ/ [dal malese *banteng, banting* ✻ 1955] **s. m. inv.** ● (*zool.*) bue selvatico dal pelame bruno, con zampe bianche e corna ricurve, che vive a piccoli gruppi nelle foreste dell'Indonesia (*Bos javanicus*)

bàntu o **bantù** [vc. indigena *bantu* pl. di *muntu* 'uomo' ✻ 1882] **agg. e s. m. e f. inv.** ● appartenente alla famiglia linguistica di popoli dell'Africa nera stanziati al di sotto del 5° parallelo Nord, a eccezione dei Pigmei, Boscimani e Ottentotti | ***lingue b.***, gruppo di lingue africane

banẓai [vc. giapp., espressione di augurio, propr. 'diecimila anni' ✻ 1898] **inter.** ● esclamazione di esultanza equivalente a 'evviva!, vittoria!'

bào ➤ **babau** e **bau**①

baobàb [fr. *baobab*, da una lingua dell'Africa ✻ 1824] **s. m. inv.** ● albero tropicale delle Bombacacee, con frutti a forma di zucca superficialmente legnosi e fusto di legno molle che può raggiungere i 40 m di circonferenza (*Adausonia digitata*)

♦**bar**① [dall'ingl. *bar* 'barra', per la sbarra che esisteva in alcuni locali per appoggio, poi 'banco di mescita' e 'locale' ✻ 1897] **A s. m. inv. 1** locale pubblico in cui si consumano caffè, liquori, bibite, panini, spec. al banco | ***da bar***, (*iron.*) ozioso, inutile: *chiacchiere da bar* | ***Bar Sport***, (*per anton.*) bar in cui tifosi e sportivi discutono spec. di calcio; (*fig.*) luogo in cui si fanno chiacchiere oziose: *discussioni da bar Sport* **2** mobile per tenervi liquori e bevande in genere **B in funzione di agg. inv.** ● (posposto a un sost.): *servizio bar* || **barétto**, **barettino**, **dim.** | **barino**, **dim.**

bar② [vc. dotta, abbr. del gr. *barýs* 'pesante' ✻ 1930] **s. m. inv.** ● (*fis.*) unità di misura della pressione pari a 10^5 pascal SIMB. bar

♦**bàra** [longob. *bāra* 'lettiga', dal germ. *beran 'portare' ✻ sec. XIII] **s. f. 1** feretro, cassa da morto | (*fig.*) ***avere un piede nella b.***, essere vicino alla morte **2** carro per portare in processione le reliquie di un santo **3** †barella, lettiga | telaio di legno usato in passato per portare i morti al cimitero || **barèlla**, **dim.** (V.)

barabàsso ➤ **barbasso**

baràbba [dal n. proprio del malfattore liberato al posto di Cristo, gr. *Barabbâs*, dall'aramaico *bar abbā*, propr. 'figlio (*bar*) del padre o del padrone (*abbā*)' ✻ 1866] **s. m. inv.** ● malfattore, delinquente | (*sett.*) appartenente alla malavita: *i teppisti a Milano, i b. a Torino* (A. MORAVIA)

baracàno o **†baracàne** ➤ **barracano**

baràcca [sp. *barraca*, di orig. preromana ✻ sec. XIV] **s. f. 1** costruzione di legno o metallo per ricovero provvisorio di persone, animali, materiali e attrezzi | ***piantare b. e burattini***, (*fig.*) abbandonare ogni cosa, ogni faccenda SIN. capanno, casetta **2** (*fig., colloq.*) complesso di una famiglia, di un'amministrazione, di un'impresa e sim., dall'andamento difficoltoso: *mandare avanti la b.* **3** (*spreg.*) ciò che è in cattive condizioni o male organizzato: *questa motocicletta è una b.* | ***andare, mandare in b.***, (*fig.*) a catafascio **4** baldoria, bisboccia e sim., spec. nella loc. ***far b.*** || **baraccàccia**, **pegg.** | **baracchétta**, **dim.** | **baracchìna**, **dim.** | **baracchìno**, **dim. m.** (V.) | **baraccóna**, **accr.** | **baraccóne**, **accr. m.** (V.) | **baraccùccia**, (*lett.*) **baraccùzza**, **dim.**

baraccaménto [1909] **s. m.** ● insieme di baracche

baraccàno ➤ **barracano**

baraccàre [da *baracca* ✻ 1865] **A v. intr.** (*io baràcco, tu baràcchi*; aus. *avere*) **1** (*raro*) erigere baracche **2** (*fig., lett.*) gozzovigliare **B v. tr.** ● (*raro*) sistemare in baracche

baraccàto **part. pass.** di *baraccare*; anche **agg. e s. m.** (**f.** -*a*) ● che (o chi) abita in una baracca, spec. nell'ambito di una baraccopoli

baracchìno [1918] **s. m. 1** dim. di *baracca* **2** piccolo ricovero provvisorio per militari o alpinisti **3** (*pop.*) edicola, chiosco di bibite e sim. **4** (*gerg.*) piccolo apparecchio ricetrasmettitore per radioamatori

baracconàta [da *baraccone* ✻ 1960] **s. f.** ● spettacolo o evento poco serio, disorganizzato, di basso livello, e sim.

baraccóne [1865] **s. m. 1** accr. di *baracca* **2** costruzione provvisoria per spettacoli popolari, spec. di circo, saltimbanchi e sim. | ***fenomeno da b.***, (*fig.*) chi per inconsuete caratteristiche suscita curiosità intorno a sé (*spec. spreg.*) **3** (*fig.*) ente, organismo e sim. disorganizzato e inefficiente

baracconìsta [1970] **s. m. e f. (pl. m. -*i*)** ● (*raro*) proprietario o lavorante di baraccone da fiera

baraccòpoli [comp. di *baracca* e -*poli* ✻ 1970] **s. f. inv.** ● complesso di misere baracche abitate, spec. alla periferia di una grande città

baràggia o (*raro*) **barràggia** [da una base preromana *barra 'terreno roccioso' ✻ 1930] **s. f. (pl. -*ge*)** ● terreno argilloso e compatto pressoché sterile SIN. ferretto

♦**baraónda** [sp. *barahunda*, di etim. incerta ✻ 1849] **s. f.** ● confuso e tumultuoso movimento di gente | (*est.*) confusione, disordine: *c'è una gran b.; che b. avete combinato!*

baràre [da *baro* ✻ sec. XIV] **v. intr.** (aus. *avere*) **1** ingannare al gioco di carte o dadi **2** (*est.*) comportarsi in modo disonesto: *b. in amore*

bàratro o **†bàlatro** [lat. *bărathru(m)* 'abisso', dal gr. *bárathron*, di etim. incerta ✻ 1313] **s. m.** ● luogo profondo, cavernoso e buio: *b. infernale; sprofondare in un b.* | (*fig.*) subisso, rovina materiale o morale in cui ci si perde: *b. di miserie; nel b. del vizio* SIN. abisso, precipizio | ***b. fiscale***, (*econ.*) tracollo finanziario di uno Stato che obbliga all'aumento straordinario della tassazione e al taglio radicale della spesa pubblica

†baràtta [provenz. *barata*, di etim. incerta ✻ sec. XIII] **s. f.** ● contesa, zuffa

barattaménto [1310] **s. m.** ● scambio, baratto

barattàre [provenz. *baratar*, da *barata* (V. †*baratta*) ✻ 1263] **A v. tr. 1** scambiare una cosa con un'altra: *b. un libro con un disco* | (*fig.*) ***b. parola***, chiacchierare | (*lett.*) ***b. le carte in mano a qlcu.***, deformare il significato delle altrui parole SIN. cambiare, permutare **2** †truffare, ingannare | †sbaragliare **B v. intr.** ● †cedere, arrendersi

barattatóre [av. 1328] **s. m.** (**f.** -*trice*, *pop., disus.* -*tóra*) ● (*raro*) chi baratta

baratterìa [provenz. *baratarie*, da *barata* (V. †*baratta*) ✻ 1266] **s. f. 1** †peculato | (*est.*) inganno, frode **2** il tener banco di gioco all'aperto, nel Medioevo

barattière o **†barattièro** [provenz. *baratiers*, da *barata* (V. †*baratta*) ✻ 1287] **s. m. 1** †negoziante al minuto **2** †reo di peculato | truffatore | (*raro, est.*) brigante, malvivente **3** nel Medioevo, chi teneva banco di gioco

baràtto① [provenz. *barat*, da *barata* (V. †*baratta*) ✻ 1279] **s. m. 1** scambio diretto di un bene o di un servizio con un altro, senza l'uso della moneta: *fare un b. con qlcu.* **2** (*dir.*) permuta **3** †baratteria | (*est.*) †scaltrezza, inganno **4** †barattiere || **barattùccio**, **dim.**

†baràtto② [da †*baratta* ✻ 1269 ca.] **s. m.** ● scontro, mischia: *Tramontana e Libezzo ad un tratto / urtarno il mare insieme a rio b.* (M.M. BOIARDO)

♦**baràttolo** [etim. incerta ✻ av. 1566] **s. m.** ● contenitore di latta, vetro o altro materiale, di forma generalmente cilindrica, munito di coperchio o tappo; si usa per contenere prodotti alimentari, farmaceutici e sim. | (*est.*) quanto può essere contenuto in un barattolo: *si è mangiato un b. di marmellata* || **barattolétto**, **dim.** | **barattolìno**, **dim.** | **barattolóne**, **accr.**

♦**bàrba**① [lat. *bărba(m)*, di orig. indeur. ✻ 1250 ca.] **s. f. 1** insieme dei peli che spuntano sulle guance, sul mento e su parte della gola dell'uomo: *b. dura, morbida, lunga; radersi la b.; con una b. grande / che sul petto si spande* (B. Latini) | ***farsi la b.***, radersela | ***fare la b. a qlcu.***, radergliela; (*fig.*) essergli superiore, sopraffarlo | ***avere la b. lunga***, da radere | ***che b.!***, (*fig.*) che noia! | ***farla in b. a qlcu.***, ingannarlo: *Fategliela in b., alla finanza* (R. Bacchelli) | ***in b., alla b. di qlcu. o qlco.***, alla faccia, a dispetto: *Mangeremo ... alla b. di chi non vuole* (C. Goldoni) | ***servire qlcu. di b. e capelli***, (*fig.*) trattarlo duramente **2** (*est.*) insieme di questi peli, in quanto vengono lasciati crescere fino a costituire un'appendice del viso: *b. fluente, corta, folta, rada, curata, incolta; b. da cappuccino, da missionario; b. alla nazarena, alla Mefistofele; portare, avere la b.* **3** (*fig.*) uomo che porta la barba (nel sign. 2) | (*est., lett.*) uomo fornito di buon senso, esperienza, autorità: *vecchie barbe tradizionali* | (*fig.*) ***b. d'uomo***, uomo di valore **4** (*est.*) ciuffo di peli sul mento di alcuni animali: *la b. del capro* | nella pannocchia del mais, insieme di lunghi stili sorgenti dalle brattee: *le barbe del granoturco* | insieme di peli vegetali in alcune infiorescenze, spec. di Composite: *carciofi con la b.*, vecchi, col girello peloso **5** (**spec. al pl.**) filamento sottile della radice dei vegetali | (*est.*) la radice stessa | ***avere, mettere le barbe***, attecchire, mettere le radici (*lett., anche fig.*): *li stati che vengano subito ... non possono avere le barbe e corrispondenzie loro* (N. Machiavelli) **6** (*bot.*) ***b. di becco***, genere di piante erbacee delle Composite con capolini gialli o viola, foglie abbraccianti il fusto e acheni provvisti di un pappo a lunghi peli (*Tragopogon*) **SIN.** salsefrica, sassefrica | ***b. di bosco***, lichene grigiastro, molto ramoso (*Usnea barbata*) | ***b. di cappuccino***, pianta erbacea perenne delle Plantaginacee con foglie a rosetta, commestibile (*Plantago coronopus*) **SIN.** erba stella | ***b. di capra***, fungo basidiomicete delle Idnacee il cui gambo esce dalla scorza degli alberi dividendosi in tanti rametti (*Hydnum coralloides*) | ***b. di Giove***, arbusto sempreverde delle Papilionacee con foglie coperte di morbida peluria e piccoli fiori in ombrelle (*Anthyllis barba-Iovis*) **7** (*anat.*) ciascuno dei rami principali che si distaccano a spina di pesce dal rachide di una penna degli uccelli, costituendo insieme alle barbule da loro emergenti il vessillo della stessa **8** (**spec. al pl.**) nell'incisione su metallo, sottili lamine o rialzi sollevati dal bulino o dalla punta secca ai lati del segno **9** sfrangiatura degli orli non rifilati dei libri **10** (*mar.*) †piccola fune, gener. di materiale scadente | ***ormeggio a b. di gatto***, V. *ormeggio* ‖ **barbàccia**, **pegg.** | **barbétta**, **dim.** (V.) | **barbicèlla**, **dim.** | **barbìcina**, **dim.** | **barbìna**, **dim.** (V.) | **barbìno**, **dim. m.** | **barbolìna**, **dim.** | **barbóna**, **accr.** | **barbóne**, **accr. m.** (V.) | **barbùccia**, **dim.**

bàrba ② o †**barbàno** [da *barba* ① * 1321] **s. m. inv.** • (*sett.*) zio: *l'opere sozze / del b. e del fratel* (Dante *Par.* XIX, 136-137) | (*est.*) uomo anziano | nome dato nel Medioevo ai pastori valdesi; (*est.*) aderente alla Chiesa valdese

barbabiètola [lat. *hĕrba(m) bēta(m)* 'bietola' con sovrapposizione di *barba* ① * 1759] **s. f.** **1** pianta erbacea biennale delle Chenopodiacee spontanea nelle regioni mediterranee, con molte varietà e forme differenti coltivate per alimento e per foraggio: *b. da zucchero, da foraggio* (*Beta vulgaris*) | ***b. da costa***, V. *costa* nel sign. 7 | ***b. da foglia***, bietola | ***b. da orto, b. rossa***, rapa rossa **2** in alcune varietà di barbabietola, la radice ingrossata, di uso alimentare

barbablù [dal nome del protagonista di una fiaba di Ch. Perrault * 1875] **s. m. inv.** • marito violento e brutalmente geloso | (*est., scherz.*) persona che incute paura

barbacàne [etim. discussa: arabo volgarizzato *b-albaqára* 'porta delle vacche', perché in orig. proteggeva un recinto, posto tra esso e la muraglia principale, dove si custodiva il bestiame per il vettovagliamento (?) * 1287] **s. m.** **1** (*milit.*) opera dell'antica fortificazione fatta per rinforzo di altre opere | muro con feritoie che s'innalzava davanti alla porta della fortezza per accrescerne la difesa **2** feritoia in un muro di sostegno per consentire lo scolo delle acque

Barbacàrlo [etim. incerta * 1931] **s. m.** • vino dell'Oltrepò Pavese, di colore rosso rubino, di gusto simile alla mandorla, e di vivace schiuma, ottenuto da varie uve locali tra cui la Barbera

barbafòrte [comp. di *barba* ① 'radice' e *forte* * 1804] **s. m. o f.** • (*bot.*) cren

barbagiànni [comp. di *barba* ② 'zio' e *Gianni* 'Giovanni' per il frequente trapasso da nomi d'uomo a nomi d'animali * av. 1336] **s. m. inv.** **1** uccello rapace notturno degli Strigiformi con becco incurvato all'apice, piumaggio molle e abbondante di color giallo-rossiccio macchiettato di grigio sul petto (*Tyto alba*) **2** (*fig.*) uomo sciocco, balordo | persona pesante da sopportare

barbagliàre ① [da *barbaglio* ① * av. 1939] **v. intr.** (*io barbàglio*; **aus.** *avere*) • (*raro*) sfavillare

†**barbagliàre** ② [vc. di orig. onomat. * av. 1306] **v. intr.** • (*raro*) balbettare, tartagliare: *e la lengua barbaglia / e non sa che parlare* (Iacopone)

barbaglìàta o **barbaiàda** [dal milan. *barbajada*, n. dato alla bevanda da quello del suo inventore, Domenico *Barbaja* * 1814] **s. f.** • (*lomb.*) bevanda calda, a base di latte, caffè e cacao, da guarnire con panna montata

barbàglio ① [etim. incerta: comp. di *bis* (passato a *bar-*) e *baglio* (?) * 1360 ca.] **s. m.** • abbagliamento prodotto da luce intensa | lampo improvviso di luce

barbaglìo ② [da *barbagliare* ① col suff. *-io* ① * av. 1850] **s. m.** (**pl.** *-ii*) • bagliore intenso e ripetuto

barbaiàda ➤ **barbagliata**

†**barbalàcchio** [comp. di *barba* ② e della deformazione di qualche nome proprio * sec. XV] **s. m.** • uomo buono a nulla

barbanéra [dalla figura pop. dell'astronomo caratterizzato da una fluente *barba nera* * 1885] **s. m. inv.** • calendario popolare diffuso spec. fra gli agricoltori, contenente previsioni, consigli e aneddoti | (*est.*) lunario

†**barbàno** ➤ **barba** ②

†**barbàre** [da *barba* ① * 1306] **v. intr.** • mettere radici, attecchire (*anche fig.*)

barbareggiàre [da *barbaro* * 1718] **v. intr.** (**pres.** *io barbaréggio*; **fut.** *io barbareggerò*; **aus.** *avere*) • (*lett.*) scrivere o parlare usando barbarismi

barbarésco ① [da *barbaro* * av. 1374] **agg.** (**pl. m.** *-schi*) • (*lett.*) barbarico

barbarésco ② o **barberésco**, **berberésco** [da *Barbaria* 'Barberia' * 1298] **A agg.** (**pl. m.** *-schi*) • della Barberia, regione storica dell'Africa settentrionale (all'incirca tra il Marocco e la Libia): *pirati barbareschi* **B s. m.** (**f.** *-a*) **1** abitante o nativo della Barberia | (*est.*) saraceno | pirata barbaresco **2** cavallo da corsa della Barberia

Barbarésco ③ [dal nome del comune in provincia di Cuneo, dove viene principalmente prodotto * 1896] **s. m.** (**pl.** *-schi*) • pregiato vino rosso piemontese, asciutto, di vitigno Nebbiolo; ha colore rosso granato con riflessi aranciati e profumo caratteristico che ricorda la viola mammola

†**barbària** ➤ **barbarie**

barbarìcino [1868] **A agg.** • della Barbagia, regione della Sardegna **B s. m.** (**f.** *-a*) • nativo o abitante della Barbagia

barbàrico [vc. dotta, lat. *barbăricu(m)*, da *bărbarus* 'barbaro' * 1336 ca.] **agg.** (**pl. m.** *-ci*) **1** dei barbari: *invasioni barbariche* **2** (*est.*) degno di barbari, incivile: *usanze barbariche* ‖ **barbaricaménte**, **avv.**

barbàrie o †**barbària** [vc. dotta, lat. *barbărīe(m)*, da *bărbarus* 'barbaro' * 1481] **s. f. inv.** **1** condizione di popolo barbaro e arretrato: *essere ancora allo stato di b.* **SIN.** inciviltà **CONTR.** civiltà **2** (*est.*) atto crudele degno di barbari: *le b. della guerra* **SIN.** efferatezza, ferocia

barbarìsmo [vc. dotta, lat. *barbarĭsmu(m)*, da *bărbarus* 'barbaro' * 1261 ca.] **s. m.** **1** (*ling.*) forma di una parola non generata dalle regole della lingua, spec. dalle regole morfologiche e fonologiche, in un'epoca determinata **2** (*raro*) nelle arti, ciò che è contrario alle regole, al buon gusto

barbarità [da *barbaro* * av. 1764] **s. f. inv.** • (*raro*) crudeltà | azione crudele

barbarizzàre [vc. dotta, lat. tardo *barbarizāre*, dal gr. *barbarízein* 'parlare al modo dei barbari' * 1663] **v. intr.** (**aus.** *avere*) • (*lett.*) barbareggiare

bàrbaro o †**bàrbero** ② [vc. dotta, lat. *bărbaru(m)*, dal gr. *bárbaros* 'straniero, propr. balbettante, perché non sa farsi capire' con reduplicazione di orig. onomat. * 1258] **A s. m.** (**f.** *-a*) **1** per i Greci dell'antichità, e in seguito per i Romani, chi non apparteneva alla loro stirpe e civiltà | (*lett., est.*) straniero **2** appartenente a una nazione considerata arretrata e incivile: *gli usi, la religione dei barbari* **3** (**al pl.**, *stor.*) popoli, di diversa stirpe, che occuparono con la forza i territori dell'Impero romano: *le invasioni dei barbari* **B agg.** **1** (*stor.* o *lett.*) relativo a una popolazione straniera: *lingua barbara; voci, parole barbare* | ***poesia, metrica barbara***, che si propone di riprodurre in italiano il suono e la misura dei metri classici, così detta perché tale suonerebbe all'orecchio dei Greci e dei Latini che non vi sentirebbero alla base il senso della quantità per loro essenziale **2** dei barbari, barbarico: *costumi barbari* | (*est.*) primitivo, selvaggio: *popolo b.; usi barbari* | (*fig.*) rozzo, incolto: *gusti barbari; vestire in modo b.; scrivere in un latino b.* **3** (*fig.*) crudele, inumano: *una barbara rappresaglia* ‖ **barbaràccio**, **pegg.** ‖ **barbaraménte**, **avv.** **1** crudelmente, efferatamente **2** (*fig.*) incivilmente, scorrettamente, rozzamente: *È anche troppo ch'io sia stato burlato così barbaramente* (A. Manzoni)

SFUMATURE ➤ ***primitivo***

barbarόssa [comp. di *barba* ① e il f. di *rosso* * av. 1597] **s. f.** • denominazione di vari tipi di uva color rosso ciliegia

barbàsso o (*tosc.*) **barabàsso** [lat. *verbăscu(m)*, di etim. incerta * 1829] **s. m.** • (*bot.*) tasso barbasso

barbassòro o **barbassóre** [da *valvassore*, con sovrapposizione di *barba* ② * 1353] **s. m.** **1** †valvassore | (*est.*) persona autorevole: *mia nonna materna, ... vedova di uno dei barbassori di Corte* (V. Alfieri) **2** (*lett., iron.*) chi si dà arie di persona dotta e solenne

barbastèllo [lat. *vespertĭlio* 'pipistrello' con sovrapposizione di *barba* ① * 1525] **s. m.** • pipistrello con pelame bruno sul dorso e grigiastro sul ventre, occhi scuri e orecchie basse e molto larghe (*Barbastella Barbastellus*)

barbàta [da *barba* ① nel sign. 4 * av. 1597] **s. f.** **1** barbatella **2** l'insieme delle barbe di una pianta ‖ **barbatèlla**, **dim.** (V.)

barbatèlla [1364] **s. f.** **1** dim. di *barbata* **2** talea di vite o di albero che ha messo le barbe

barbatellàio [da *barbatella* ✻ 1902] **s. m.** **(pl. -ai)** ● parte del vivaio dove si mettono a radicare le talee di viti franche o innestate

barbàto [lat. *barbātu(m)*, da *bărba* 'barba①' ✻ 1266] **agg.** **1** detto di organo vegetale circondato da peli paralleli fra loro **2** (*lett.*) che ha la barba: *in compagnia d'un monaco b.* (L. Ariosto) **3** †savio | robusto

barbatrùcco [calco sul fr. *Barbatruc*, comp. di *Barba(papa)*, titolo di un fumetto, e *truc* 'trucco': i personaggi avevano la capacità di cambiare forma al proprio corpo ✻ 1990] **s. m.** **(pl. -chi)** ● (*scherz.*) espediente ingegnoso, abile stratagemma

barbazzàle o **barbozzàle** [dalla *barbozza* del cavallo ✻ 1481] **s. m.** **1** catenella metallica che gira attorno alla barbozza degli equini e si unisce, per mezzo di ganci, alle stanghette del morso della briglia **2** (*lett., fig.*) freno **3** (*zool.*) ciascuna delle due appendici cutanee che pendono ai lati del collo di alcune razze di capra **SIN.** tettola

barbecue /barbe'ky, *ingl.* 'bɑːbɪˌkjuː/ [vc. ingl., dallo sp. *barbacoa*, da una lingua indigena amer. ✻ 1892] **s. m. inv.** ● cottura delle carni all'aria aperta, su braci o alla griglia | griglia per tale cottura

Barbèra [etim. incerta ✻ 1857] **s. m. o f.** **(pl. m. inv., pl. f. -e)** **1** vitigno molto diffuso in Piemonte e Lombardia, ma anche in altre regioni italiane, che produce un'uva di colore blu intenso dalle sfumature grigie e dà origine a numerosi vini **2** vino rosso da tavola, spesso frizzante, ottenuto dal vitigno omonimo: *B. dell'Oltrepò Pavese* | vino del Piemonte, di color rosso rubino intenso, austero: *B. d'Asti, d'Alba, del Monferrato*; *serba la tua purpurea b.* (G. Pascoli)

barberésco ➤ **barbaresco②**

bàrber hauler /*ingl.* 'bɑːbəˌhɔːlə(r)/ [loc. ingl., comp. da un deriv. di *to haul* 'orzare' e da *Barber*, cognome dei fratelli Manning e Merritt, americani, che l'hanno inventata] **loc. sost. m. inv.** **(pl. ingl. *barber haulers*)** ● (*mar.*) su un'imbarcazione a vela, manovra corrente per regolare finemente il punto di scotta di una vela di prua, costituita da una cima che termina con una puleggia in cui scorre la scotta

barberìa ➤ **barbieria**

bàrbero① [da *Barberia* 'regione dei barbari' ✻ 1534] **s. m.** ● cavallo berbero | cavallo assai veloce impiegato per correre il palio

†**bàrbero②** ➤ **barbaro**

barbétta [1341 ca.] **A** **s. f.** **1** dim. di *barba①* | ***b. a pizzo***, intorno al mento | ***b. a mosca***, sotto il labbro inferiore **2** ciuffo di peli situato sulla faccia posteriore dello stinco degli equini, molto sviluppato nei cavalli da tiro | nel ferro di cavallo, prolungamento a forma di linguetta triangolare che si ribatte sulla parete dello zoccolo **3** luogo più elevato sul terrapieno di un'opera di fortificazione, sul quale si collocavano pezzi d'artiglieria allo scoperto | ***b. protetta, corazzata***, installazione a pozzo per artiglieria, protetta da cupola corazzata | struttura metallica circolare, in rilievo sul ponte delle navi corazzate della fine del sec. XIX, dentro la quale ruotava l'affusto del cannone **4** cavo leggero che le imbarcazioni usano per l'ormeggio e il rimorchio **B** **s. m. inv.** ● (*pop.*) uomo che porta una corta barba: *Il b. si voltava di nuovo* (C. Pavese) || **barbettina**, **dim.**

barbétto [piemontese *barbét*, di etim. discussa: per la *barba* dei pastori valdesi (?) ✻ av. 1789] **s. m.** ● (*sett., scherz.*) valdese

barbicàre [da *barba①* con sovrapposizione di *radicare* ✻ av. 1367] **v. intr.** (*io bàrbico, tu bàrbichi*; **aus.** *avere*) e **barbicàrsi** **v. intr. pron.** ● abbarbicare, abbarbicarsi

Bàrbie® /'barbi, *ingl.* 'bɑːbɪ/ [vc. ingl., dim. di *Barbara*, nome della figlia di Ruth Handler, una dei fondatori della Mattel, che nel 1957 ideò la bambola ✻ 1985] **s. f. inv.** **(pl. ingl. *Barbies*)** ● nome commerciale di una bambola modellata sulla figura di una giovane donna, fornita di un ricco guardaroba e di vari accessori | (*est., iron.*) donna o ragazza che nell'aspetto fisico, nel modo di vestire e negli atteggiamenti ricorda una bambola

♦**barbière** o †**barbièro** [fr. *barbier*, da *barbe* 'barba①' ✻ 1235] **s. m.** **(f. -a)** **1** chi per mestiere taglia e rade la barba e i capelli | (*est.*) negozio di tale artigiano **SIN.** acconciatore, parrucchiere **2** †chirurgo di basso livello

barbierìa o **barberìa** [1481] **s. f.** ● (*centr.*) negozio di barbiere

†**barbièro** ➤ **barbiere**

barbificàre [da *barba①* nel sign. 4 ✻ av. 1367] **v. intr.** (*io barbìfico, tu barbìfichi*; **aus.** *avere*) ● (*bot.*) moltiplicare ed estendere le radici nel terreno

barbìgi [lat. *barbĭtiu(m)*, da *bărba* 'barba①' ✻ av. 1735] **s. m. pl.** ● (*scherz.*) basette | baffi

barbìglio [da *barba①* (?) ✻ 1875] **s. m.** **1** (*zool.*) appendice cutanea con funzioni sensoriali che in alcuni pesci e larve di anfibi è situata all'angolo della bocca o sotto la mandibola **2** bargiglio **3** ciascuno dei due prolungamenti laterali della freccia che impediscono alla punta di uscire dal corpo in cui è infitta **4** parte uncinata dell'amo **SIN.** ardiglione

barbìna [1846] **s. f.** **1** dim. di *barba①* **2** tipo di pasta lunga simile a spaghetti estremamente fini **3** (**al pl.**) guarnizione laterale di velo, pizzo, nastri delle cuffiette ottocentesche | veli o nastri del cappello femminile, per cingere il viso da ambo i lati

♣**barbìno** [1623] **agg.** **1** gretto, meschino: *gente barbina* **2** fatto male: *pittura barbina* | insopportabile, difficoltoso: *situazione, impresa barbina* | ***fare una figura barbina***, una gran brutta figura || **barbinaménte**, **avv.**

bàrbio ➤ **barbo**

bàrbito [vc. dotta, lat. tardo, *bărbitu(m)*, dal gr. *bárbitos*, di etim. incerta ✻ 1483] **s. m.** ● strumento musicale a più corde della Grecia antica

barbitonsóre [lat. mediev. *barbitonsōre(m)*, da *bărba* 'barba①' e *tōnsor* 'tagliatore' ✻ 1527] **s. m.** **(difett. del f.)** ● (*scherz.*) barbiere

barbitùrico [vc. dotta, suggerita dal nome scient. del lichene *Usnea barbata* e dall'*urea*, dai quali sono stati tratti i componenti dell'acido ✻ 1948] **A** **agg.** **(pl. m. -ci)** ● detto di acido ottenuto per azione dell'acido malonico sull'urea, e dei composti da esso derivati **B** **s. m.** ● farmaco contenente acido barbiturico, con azione sedativa e ipnotica, tossico se usato in dosi eccessive: *avvelenamento da barbiturici*

barbiturìsmo [1930] **s. m.** ● intossicazione da barbiturici | tossicomania da barbiturici

bàrbo o **bàrbio** [lat. *bărbu(m)*, da *bărba* 'barba①' a causa dei suoi barbigli ✻ sec. XIV] **s. m.** ● pesce commestibile di acqua dolce dei Cipriniformi con quattro barbigli sul muso (*Barbus barbus*)

barbòcchio [comp. di *barba①* nel sign. 4 e *occhio* nel sign. 4 ✻ 1759] **s. m.** ● pezzo di rizoma di canna con una o più gemme, usato per la moltiplicazione della pianta

barbògio [etim. incerta ✻ sec. XIV] **agg. e s. m.** **(pl. f. -gie o -ge)** ● che (o chi) è vecchio, rimbambito, noioso, brontolone: *un vecchio b.* | (*est., lett.*) decrepito: *idee barbogie*

barboncìno [dim. di (cane) *barbone* ✻ 1868] **s. m.** **(f. -a)** ● cane barbone di piccola taglia

barbóne [av. 1535] **A** **s. m.** **1** accr. di *barba①* **2** cane con bel pelame arricciato, di colori diversi ma uniformi **3** chi ha la barba lunga **4** **(f. -a)** (*est.*) vagabondo che vive di espedienti ai margini della società **5** pianta erbacea delle Orchidacee che possiede infiorescenze di fiori con labello a margini divisi in più lobi (*Loroglossium hircinum*) **6** malattia infettiva e contagiosa dei bufali caratterizzata da tumefazione alla mascella **7** moneta d'argento di Lucca tra il XV e il XVIII sec. || **barboncino**, **dim.** del sign. 2 (V.) **B** **anche agg. del sign. 2**: *cane b.*

barbonìsmo [1966] **s. m.** ● condizione di barbone | fenomeno sociale costituito dall'insieme delle persone che vivono di espedienti ai margini della società

barbóso (o **-ṣ-**) [da *barba①* ✻ 1942] **agg.** ● (*fam.*) noioso: *discorso b.* || **barbosaménte**, **avv.** || **barbosità**, **s. f. inv.**

barbotin /*fr.* barbo'tɛ̃/ [1929] **s. m. inv.** ● (*mar.*) barbottino

barbòtta [etim. incerta: dallo sprone coperto di cuoio irsuto, come *barba①* (?) ✻ 1540] **s. f.** **1** nave medievale protetta con piastre metalliche e di cuoio, impiegata per l'assalto a fortezze marittime **2** barchetto armato di spingarda usato un tempo per la caccia alle anatre selvatiche

barbottàre [vc. onomat. ✻ 1526] **v. tr. e intr.** (*io barbòtto*; **aus.** *avere*) ● (*tosc.*) borbottare (*anche fig.*)

barbottìno [adattamento di *barbotin*, dal n. dell'inventore, il capitano di fregata fr. *Babotin* ✻ 1929] **s. m.** ● (*mar.*) ruota dentata per ingranare la catena dell'ancora al tamburo del verricello **SIN.** barbotin

barbòtto ➤ **barbozzo**

Bàrbour® /'barbur, *ingl.* 'bɑːbə(r)/ [dal n. della ditta produttrice ingl. J. *Barbour* & Son Ltd. ✻ 1990] **s. m. inv.** ● tessuto impermeabilizzato, molto resistente, usato spec. per confezionare giacconi invernali | (*est.*) giaccone confezionato con tale tessuto

barbòzza [da *barba①* nel senso di 'mento', con sovrapposizione di un deriv. di *bŭcca(m)* 'bocca' ✻ 1612] **s. f.** **1** regione della testa del cavallo tra il canale delle ganasce ed il rilievo del mento **2** barbotto

barbozzàle ➤ **barbazzale**

barbòzzo o **barbòtto** [da *barba①* ✻ 1959] **s. m.** ● nelle antiche armature, pezza aggiuntiva per integrare la celata aperta a difesa della gola e del mento

barbùdo /bar'budo, *sp.* °bar'βuðo/ [vc. sp., propr. 'barbuto', da *barba①*, per la folta barba che lo caratterizza ✻ 1959] **s. m. inv.** **(pl. sp. *barbudos*)** ● partigiano o seguace di Fidel Castro, spec. durante la rivoluzione cubana (1956-1958) | (*est.*) simpatizzante per il castrismo

barbugliaménto [av. 1698] **s. m.** ● il barbugliare

♣**barbugliàre** [vc. onomat. ✻ av. 1420] **A** **v. tr.** (*io barbùglio*) ● parlare in modo confuso, smozzicando le parole: *non capisco cosa barbugli* **SIN.** balbettare, borbottare **B** **v. intr.** (**aus.** *avere*) ● gorgogliare, borbottare, detto di liquidi e sim. sottoposti a ebollizione: *la polenta barbuglia nel paiolo*

SFUMATURE DI SIGNIFICATO

barbugliare - farfugliare - scilinguare - ciangottare

Barbugliare è parlare in modo confuso, articolando le parole in modo indistinto. **Farfugliare** descrive il parlare fra i denti, mangiandosi le parole. **Scilinguare** è pronunciare le parole come se non si riuscisse a muovere bene la lingua. Anche **ciangottare** vuol dire pronunciare le parole in modo confuso, ma si usa soprattutto in riferimento al parlare esitante dei bambini.

SFUMATURE ➤ *balbettare*

barbuglióne [1879] **s. m.** (**f.** *-a*) • (*raro*) chi parla barbugliando

bàrbula [vc. dotta, lat. *bărbula(m)* 'piccola barba', dim. di *bărba* 'barba①' ✱ 1865] **s. f. 1** ciascuno degli elementi che, agganciati fra loro per mezzo di microscopici uncini, tengono unite le barbe delle penne degli uccelli **2** ciascuna delle due piccole escrescenze carnose poste sotto la lingua del cavallo

barbùṣa [vc. emiliana, propr. 'barbosa', per le sue *barbe* ✱ 1973] **s. f.** • muschio comune sui muri, sui tetti e sui terreni calcarei, di color verde in ambiente umido, grigio-biancastro in ambiente secco

barbùta [da *barba*① 'mento' ✱ 1337] **s. f. 1** nei secc. XIV e XV, tipo di celata aperta, fornita di visiera o semplice nasale | ***b. veneziana***, la cui forma imita l'elmo greco classico **2** (*est.*) soldato fornito di tale celata

barbùto [lat. parl. **barbūtu(m)* per *barbātu(m)*, da *bărba* 'barba①' ✱ 1268] **agg.** • che è provvisto di barba | che ha una grande barba **CONTR.** glabro, imberbe, sbarbato

bàrca① [orig. prelatina (?) ✱ 1313] **s. f. 1** cumulo di covoni di grano o altri cereali, di foraggi e sim., accatastati all'aperto gli uni sugli altri **SIN.** bica **2** (*fig.*) mucchio, gran quantità: *avere una b. di soldi* ‖ **barcóne**, **accr. m.** (V.)

♦**bàrca**② [lat. tardo *bărca(m)*, da *bāris* 'barchetta a remi egizia', gr. *bâris*, di etim. incerta ✱ 1261 ca.] **s. f. 1** imbarcazione, spec. di dimensioni modeste, per trasporto di persone e cose: *b. da pesca, da diporto*; *b. a remi, a vela, a motore* | ***andare, essere in b.***, (*fig.*) in uno stato di gran confusione, in crisi | ***la B. di Pietro***, (*fig.*) la Chiesa cattolica | (*est.*) qualsiasi imbarcazione da diporto, anche di grosse dimensioni: *avere la b. a Portofino*; *fare le vacanze in b.* **CFR.** scafo-, -scafo **2** (*fig.*) la famiglia, l'azienda, il lavoro e sim.: *mandare avanti la b.*; *mantenere la b. dritta* | ***essere tutti nella stessa b.***, essere tutti in una stessa condizione, detto di un gruppo di persone **3** (*fam.*) scarpa troppo larga **4** vasca o tino per la tintura delle fibre tessili ‖ **barcàccia**, **pegg.** (V.) | **barchétta**, **dim.** (V.) | **barchétto**, **dim. m.** (V.) | **barchìna**, **dim.** | **barchìno**, **dim. m.** (V.) | **barcóna**, **accr.** | **barcóne**, **accr. m.** (V.)

SFUMATURE ➤ *imbarcazione*

barcàccia [av. 1535] **s. f.** (**pl.** *-ce*) **1** pegg. di *barca*② **2** sui velieri, l'imbarcazione più grande tra quelle di bordo, per trasporto di materiali e di persone **3** grande palco laterale nei teatri: *il teatro dalle barcacce alla piccionaia veniva giù in un subisso d'applausi* (A. SAVINIO) **SIN.** baignoire

barcaiòlo o (*roman.*) **barcaròlo**, †**barcaiuòlo**, †**barcaruòlo**, †**barcheròlo** [av. 1328] **s. m.** (**f.** *-a*) **1** chi per mestiere governa una barca | traghettatore **2** chi noleggia barche

barcalà o **barcalài** [comp. di *barca*② e il venez. *lai* 'lati, fianchi di un'imbarcazione' ✱ 1865] **inter.** • si usa come comando a scialuppe perché si portino sotto bordo

♣**barcamenàre** [comp. di *barca*② e *menare* ✱ 1849] **A** **v. intr.** (*io barcaméno*; **aus.** *avere*) • (*lett.*) destreggiarsi tra i pericoli: *La Serenissima ... soffriva e barcamenava* (I. NIEVO) **B** **barcamenàrsi** **v. intr. pron.** • agire con accortezza e senza compromettersi, in situazioni difficili: *riesco a malapena a barcamenarmi tra l'ufficio e la casa*

BarCamp /'barkamp, *ingl.* 'bɑːˌkæmp/ [vc. ingl., comp. di *bar*, gergale per 'oggetto indefinito', e *camp* 'campeggio' ✱ 2006] **s. m. inv.** • (*Internet*) incontro, dibattito in un blog su un argomento prefissato aperto al libero contributo di tutti i partecipanti

barcàna [da una vc. indigena (?) ✱ 1955] **s. f.** • duna a forma di mezzaluna con la convessità rivolta verso la parte da cui spira il vento

barcaréccio o **barcheréccio** [da *barca*② ✱ av. 1527] **s. m.** • insieme delle imbarcazioni che nelle stesse acque sono adibite al medesimo lavoro: *b. da pesca, portuale*

barcarìzzo [comp. di *barca*② e *rizza(re)* (?) ✱ 1865] **s. m.** • apertura sul fianco della nave all'altezza della coperta, cui viene applicata la scala esterna per scendere e salire a bordo | (*est.*) la scala esterna

barcaròla [dal venez. *barcaròl* 'barcaiolo' ✱ 1766] **s. f. 1** tipica canzone dei gondolieri di Venezia **2** composizione musicale ispirata a suggestioni marinaresche o a cantilene di barcaioli

barcaròlo ➤ **barcaiolo**

†**barcaruòlo** ➤ **barcaiolo**

barcàta [da *barca*② ✱ 1351] **s. f. 1** quantità di carico portata da una barca: *Caronte, passando dall'una all'altra riva ... una b. d'anime* (D. BARTOLI) **2** (*fig., colloq.*) grande quantità: *guadagna una b. di soldi*

barcavèlox [comp. di *barca* e *velox* per 'velocità', sul modello di *Autovelox* ✱ 2002] **s. m. inv.** • dispositivo per il rilevamento da terra della velocità e della distanza dalla costa di un natante; è costituito da un telelaser e da una macchina fotografica

barcheggiàre [da *barca*② ✱ av. 1597] **A** **v. intr.** (**pres.** *io barchéggio*; **fut.** *io barcheggerò*; **aus.** *avere*) • (*lett.*) andare in barca per diporto, senza meta fissa **B** **v. intr.** (**aus.** *avere*) e **barcheggiàrsi** **v. intr. pron.** • (*fig., lett.*) destreggiarsi: *Così barcheggiando si venne alla primavera* (I. NIEVO)

barchéggio [1761] **s. m.** • (*raro*) il barcheggiare

barcheréccio ➤ **barcareccio**

†**barcheròlo** ➤ **barcaiolo**

barchéssa [da *barca*① ✱ 1940] **s. f.** • tettoia annessa alla casa colonica per custodirvi fieno e grano

barchétta [sec. XIII] **s. f. 1** dim. di *barca*② **2** ogni oggetto che ha forma di piccola barca | ***scollatura a b.***, quella che si allarga verso le spalle **3** rete da trote usata in Piemonte e in Lombardia **4** (*mar.*) spazio sotto la chiglia che, in un sommergibile, viene riempito con la zavorra fissa per abbassare il centro di gravità **5** (*autom.*) vettura scoperta a due posti di piccole dimensioni **6** (*zool.*) invertebrato marino galleggiante di forma simile a una piccola barca | ***b. di S. Pietro***, che si sposta sull'acqua grazie a una struttura discoidale dotata di pneumatofori e di una sottile vela (*Velella spirans*) ‖ **barchettìna**, **dim.**

barchettàta [1865] **s. f.** • barcata | gita in barca

barchétto [av. 1342] **s. m. 1** dim. m. di *barca*② | ***b. del nostromo***, piccola barca di bordo, di forma quasi rettangolare, usata per controllare la verniciatura e lo stato esterno dello scafo della nave **2** grossa barca a vela con due alberi usata per la pesca **3** barchino nel sign. 2

barchettóne [etim. incerta ✱ 1983] **s. m.** • tipo di letto caratteristico dello stile Impero, costituito da un alto cassone con spalliere ricurve sui lati stretti **SIN.** battello nel sign. 2

barchìno [1827] **s. m. 1** dim. di *barca*② **2** piccola imbarcazione, a fondo piatto e di basse sponde, per caccia in palude **3** piccolo motoscafo usato come mezzo d'assalto

bàrco① [da *barca*② ✱ 1892] **s. m.** (**pl.** *-chi*) • veliero da trasporto con due o più alberi

bàrco② [1905] **s. m.** (**pl.** *-chi*) • barca①, bica

†**bàrco**③ ➤ **parco**①

barcobéstia [comp. di *barco* 'imbarcazione a vela' e *bestia*, che può essere interpretato come 'adatto al trasporto di animali' ✱ 1865] **s. m. inv.** • (*mar.*) goletta con tre alberi a vele auriche in cui l'albero di trinchetto è armato con vele quadre

barcollaménto [av. 1698] **s. m.** • il barcollare

barcollànte **part. pres.** di *barcollare*; anche **agg.** • che si regge male sulle gambe | ondeggiante, instabile, traballante (*anche fig.*): *passi barcollanti*; *governo b.*

barcollàre o †**barcullàre** [etim. incerta ✱ av. 1535] **v. intr.** (*io barcòllo*; **aus.** *avere*) • stare malfermo sulle gambe vacillando ora da un lato ora dall'altro: *b. sotto i colpi*; *camminava barcollando* | (*fig.*) essere in crisi, instabile, precario: *il trono barcolla* **SIN.** ondeggiare, traballare

barcollìo [1878] **s. m.** (**pl.** *-ii*) • barcollamento continuato

barcollóni o (*raro*) **barcollóne** [1541] **avv.** • barcollando, vacillando: *camminare, avanzare b.*; *l'ubriaco veniva avanti b.* | con valore rafforz.: *barcollon b.*

barcóne① [sec. XIV] **s. m. 1** accr. di *barca*② **2** barca a fondo piatto per la costruzione di ponti provvisori

barcóne② [1803] **s. m. 1** accr. di *barca*① **2** barca di covoni a base ampia, spec. quadrangolare

†**barcullàre** ➤ **barcollare**

bàrda [arabo occid. *bard'a* per *barda'a* 'copriselia, basto', di orig. persiana ✱ av. 1363] **s. f. 1** (*stor.*) armatura del cavallo da combattimento, in cuoio o in ferro, a difesa della testa, del collo, del petto e della groppa **2** sella senza arcioni ‖ **bardèlla**, **dim.** (V.)

bardàglio [da *barda* ✱ sec. XIV] **s. m.** • sacco imbottito, usato al posto della sella o del basto

bardaménto [av. 1698] **s. m.** • (*raro*) bardatura

bardàna [etim. incerta ✱ 1499] **s. f. 1** (*bot.*) pianta erbacea delle Composite con grosse radici e piccoli fiori rossi raccolti in capolini sferici con brattee uncinate che si attaccano alle vesti e al vello degli animali, attuando così la disseminazione (*Arctium lappa*) **2** (*bot.*) ***b. minore***, pianta erbacea delle Composite che vive in luoghi aridi e sabbiosi e i cui capolini hanno brattee uncinate (*Xanthium strumarium*)

bardàre [da *barda* ✱ av. 1478] **A** **v. tr. 1** (*stor.*) munire di barda un cavallo da combattimento | mettere i finimenti: *b. il cavallo* **2** (*fig.*) caricare di abiti e accessori vistosi, pretenziosi: *come hanno bardato quel bambino!* **B** **bardàrsi** **v. rifl.** • (*scherz.*) adornarsi in modo eccessivo: *bardarsi a festa*

bardàssa o **bardàsso** nei sign. A 1 e A 3 [arabo *bardağ* 'schiava', di etim. incerta ✱ 1340 ca.] **A** **s. m.** (**pl.** *-i*) **1** (*lett., spreg.*) giovane omosessuale maschile che si prostituisce **SIN.** cinedo **2** (*lett., spreg.*) ragazzaccio, giovinastro **3** (*sett.*) ragazzetto **B** **s. f. 1** (*lett., spreg.*) prostituta **SIN.** bagascia **2** (*sett.*) ragazzetta ‖ **bardassóne**, **accr.**

bardassàta [1925] **s. f.** • (*sett.*) ragazzata

bardàsso ➤ **bardassa** A nei sign. 1 e 3

bardàto **part. pass.** di *bardare*; anche **agg.** • nei sign. del v.; munito di barda, di finimenti | (*scherz.*) abbigliato in modo vistoso: *tutto b. di cuoio e di fustagno* (I. CALVINO) | (*raro*) ornato

bardatùra [1623] **s. f. 1** il bardare, il bardarsi **2** l'insieme dei finimenti del cavallo **3** (*scherz.*) abbigliamento ricco di accessori inutili e vistosi

bardèlla [av. 1348] **s. f. 1** dim. di *barda* **2** sella larga, spec. di legno, con alto arcione, usata nella Maremma e nella campagna romana **3** imbottitura sotto l'arcione della sella || **bardellóne**, **accr. m.** (V.)

bardellàre [1820] **v. tr.** (*io bardèllo*) • munire di bardella un cavallo

bardellóne [av. 1587] **s. m. 1** accr. di *bardella* **2** grossa bardella usata per domare i puledri CFR. sbardellare

bardiglio [sp. *pardillo*, da *pardo* 'il colore scuro del manto del *leopardo*' ✱ 1681] **s. m.** • varietà di marmo di colore bigio o azzurro cinereo

bardito [vc. dotta, lat. *bardītu(m)* 'canto di guerra dei Germani', da *bărdus* 'bardo' ✱ 1819] **A agg.** • (*raro, lett.*) caratteristico dei bardi **B s. m.** • (*raro, lett.*) canto guerresco degli antichi popoli germanici

✣**bàrdo**① [vc. dotta, lat. *bardu(m)*, dal celt. **bardo*, di orig. indeur. ✱ 1763] **s. m. 1** poeta vate dei popoli celtici, che celebrava le imprese dei capi illustri **2** (*est., lett.*) cantore, poeta patriottico | *il B.*, (*per anton.*), il poeta e drammaturgo inglese W. Shakespeare (1564-1616)

†**bàrdo**② [sp. *balde*, originariamente d'impiego marittimo e di etim. incerta ✱ av. 1600] **agg.** • sciocco, balordo: *b. ed ignobile ingegno* (G. Bruno)

Bardolino [dal nome della località veronese dove viene principalmente prodotto ✱ 1905] **s. m.** • vino di color rubino, aroma sottile, asciutto, ottenuto da uve locali (Corvina, Rondinella e altre): *B. classico, superiore*

†**bardòsso** [da *bisdosso*, con sostituzione di pref. ✱ 1525] **vc.** • solo nella loc. avv. ***a b.***, sul dorso nudo, senza sella, di cavallo e sim.; (*fig.*) in modo trascurato, confusamente

bardòtto [etim. discussa: fr. *bardot*, da *barda* (?) ✱ 1612] **s. m. 1** animale ibrido non fecondo che si ottiene dall'incrocio di un'asina con un cavallo CFR. mulo **2** (**f.** *-a*) (*fig.*) garzone, apprendista **3** chi è addetto al traino di natanti con l'alzaia lungo l'argine di un fiume

barebone /'berebon, *ingl.* 'bɛəbəun/ [vc. ingl., propr. 'osso (*bone*) nudo (*bare*)' ✱ 2005] **s. m. inv.** • (*inform.*) computer preassemblato solo con alcuni componenti base, in genere la scheda madre e dispositivi di ingresso e uscita, integrabile da parte dell'acquirente

barèlla [1342] **s. f. 1** dim. di *bara* **2** specie di lettuccio usato per il trasporto a braccia o a spalla di ammalati o feriti SIN. lettiga **3** tavola rettangolare con due stanghe, per il trasporto a mano di sassi, terra e sim. **4** supporto per portare in processione statue o immagini sacre || **barellìna**, **dim.**

barellànte [1923] **s. m. e f.** • barelliere nel sign. 1

barellàre [da *barella* ✱ av. 1410] **A v. tr.** (*io barèllo*) • portare qlco. o qlcu. con la barella: *b. le pietre, il fieno tagliato, un ammalato* **B v. intr.** (**aus.** *avere*) • (*lett.*) vacillare: *lo zio... barellava davvero come un ubbriaco* (G. Verga)

barellàta [1865] **s. f.** • quantità di materiale che sta in una barella

barellière [1965] **s. m.** (**f.** *-a*) **1** chi trasporta ammalati o feriti con la barella, denominato anche agente sociosanitario | (*est.*) infermiere volontario spec. nei pellegrinaggi ai santuari **2** manovale addetto al trasporto con la barella di sassi, terra e sim.

baréna① [venez. *baro* 'cespuglio', ma anche 'terreno incolto', forse dal celt. **barros* 'ciuffo', di orig. indeur. ✱ av. 1869] **s. f.** • terreno che, nei periodi di bassa marea, emerge dalle acque lagunari

barèna② [1950] **s. f.** • bareno

barenatóre [1955] **s. m.** (**f.** *-trice*) • operaio addetto alla barenatura

barenatrice [1955] **s. f.** • alesatrice speciale per operazioni di barenatura

barenatùra [dal v. sp. *barrenar* 'trivellare', da *barrena* 'succhiello, trivella' (?) ✱ 1955] **s. f.** • foratura di un cilindro metallico di notevole lunghezza eseguita prima dell'alesatura

barèno [sp. *barrena*, dall'arabo di Spagna *barrīna*, dal lat. *veruīna*, da *vĕrus*, di orig. indeur. ✱ 1962] **s. m.** • barra porta-utensili innestata al mandrino dell'alesatrice SIN. barena

†**barerìa** o †**barrerìa** [da *baro* ✱ 1509] **s. f.** • truffa, imbroglio

baresàna (o *-ṣ-*) [1958] **s. f.** • uva bianca da tavola tipica della regione pugliese

✦**barése** (o *-ṣ-*) [1475] **A agg.** • di Bari **B s. m. e f.** • abitante o nativo di Bari

barestesìa [vc. dotta, comp. del gr. *báros* 'peso' e *aisthēsía* 'sensazione' ✱ 1936] **s. f.** • (*med.*) sensibilità degli organi, o di parti del corpo umano, alla pressione

barestesiòmetro [vc. dotta, comp. di *barestesia* e *-metro* ✱ 1940] **s. m.** • apparecchio per misurare la barestesia

†**bargagnàre** [etim. incerta ✱ av. 1348] **v. intr.** • trattare, mercanteggiare

†**bargàgno** [da *bargagnare* ✱ av. 1348] **s. m.** • contratto, trattato

†**bargellàto** [av. 1566] **s. m.** • ufficio e carica di bargello

bargèllo o †**barigèllo** [francone *barigildus* 'funzionario elevato della giustizia franca' ✱ 1329] **s. m. 1** nei comuni medievali, magistrato incaricato del servizio di polizia | (*est.*) capo delle guardie | sbirro, poliziotto: *i bargelli mordevano gli uomini come lui* (L. Sciascia) **2** palazzo, con adiacente prigione, in cui risiedeva tale magistrato **3** (**f.** *-a*) (*raro, tosc.*) ficcanaso

†**bàrgia** [etim. incerta ✱ 1340 ca.] **s. f.** • giogaia dei ruminanti

bargigliàto [1962] **agg.** • (*raro*) bargigliuto

bargìglio [da *bargia* ✱ av. 1573] **s. m.** • escrescenza carnosa che pende sotto il becco di alcuni uccelli, spec. gallinacei SIN. barbiglio || **bargiglióne**, **accr.** (V.)

bargiglióne [1355] **s. m. 1** accr. di *bargiglio* **2** escrescenza carnosa del collo, caratteristica di alcune razze di Suini SIN. tettola

bargigliùto [av. 1470] **agg.** • che è fornito di bargigli

bàri- [dal gr. *barýs* 'pesante', di orig. indeur.] **primo elemento** • in parole composte spec. della terminologia scientifica significa 'pesante' o 'grave': *baricentro, barisfera*

barìa [vc. dotta, gr. *barýs* 'pesante' ✱ 1955] **s. f.** • unità di pressione corrispondente alla pressione di 1 dina per cm^2

bàribal [n. indigeno messicano ✱ 1905] **s. m. inv.** • orso americano di forma tozza e corporatura massiccia, onnivoro, con pelame bruno e fitto (*Euarctos americanus*)

baricentràle [1955] **agg.** • baricentrico

baricèntrico [1967] **agg.** (**pl. m.** *-ci*) • relativo al baricentro

baricèntro (o *-é-*) [vc. dotta, comp. di *bari-* e *centro* ✱ 1892] **s. m. 1** (*fis.*) punto di applicazione della forza peso di un corpo SIN. centro di gravità **2** (*mat.*) ***b. di un triangolo***, punto d'intersezione delle mediane

bàrico① [dal gr. *báros* 'peso', di orig. indeur. ✱ 1943] **agg.** (**pl. m.** *-ci*) **1** della pressione atmosferica **2** relativo al peso, come grandezza fisica

bàrico② [da *bario* ✱ 1943] **agg.** (**pl. m.** *-ci*) • (*chim.*) relativo al bario

†**barigèllo** ➤ **bargello**

bariglióne [fr. *barillon*, dim. di *baril* 'barile' ✱ sec. XIII] **s. m.** • (*raro, tosc.*) grosso barile per conservare pesci in salamoia e sim. | ***a bariglioni***, (*fig.*) in grande quantità | †barile ardente

barilàio o (*centr., merid.*) **barilàro** [1555] **s. m.** (**f.** *-aia*, **pl. m.** *-ai*) **1** fabbricante o venditore di barili **2** (*disus.*) portatore di barili

barilàme [sec. XVII] **s. m.** • (*raro*) insieme di barili

barilàro ➤ **barilaio**

barìle [etim. incerta; calco sull'ingl. *barrel* 'barile' nel sign. di unità di misura del petrolio ✱ sec. XII] **s. m. 1** piccola botte in legno, della capacità fino a 230 litri circa, destinata a contenere prodotti liquidi e in polvere | (*fig.*) ***fare il pesce in b.***, V. *pesce* | V. anche *scaricabarile* | †***b. ardente***, botte piena di sostanze esplosive che gli assediati gettavano sul nemico o che veniva usata per far saltare una fortificazione **2** (*est.*) ciò che è contenuto in un barile: *un b. d'olio, di petrolio; un b. d'acciughe* | (*fig.*) ***essere un b. di lardo, di ciccia, essere grasso come un b.***, essere molto grasso **3** unità di misura del volume di liquidi, variabile dai 30 ai 70 litri | (*per anton.*) unità di misura del petrolio, pari a 158,98 l **4** (*fis.*) aberrazione di distorsione di una lente per cui un oggetto quadrato ha come immagine una figura a lati curvilinei convessi **5** (*mar.*; *disus.*) parrocchetto fisso **6** moneta d'argento fiorentina della prima metà del XVI sec. con il Redentore e il Battista da un lato e il giglio dall'altro || †**barilétta**, **dim.** (V.) | **barilétto**, **dim.** (V.) | **barilóne**, **accr.** | **barilòtto**, **barilòzzo**, **dim.** (V.)

†**barilétta** o †**barlétta** [1290] **s. f. 1** dim. di *barile* **2** bariletto nel sign. 2

barilétto o †**barlétto**① [sec. XIII] **s. m. 1** dim. di *barile* **2** †fiaschetta da viaggio | †piccolo recipiente **3** nell'orologio, ruota dentata composta da un disco circolare e da un cilindro scatolato, contenente la molla **4** ***b. dell'obiettivo***, in apparecchi ottici, parte anteriore o posteriore della montatura di un obiettivo sulla quale sono fissate le lenti

barilòtto o **barilòzzo** nei sign. 1 e 2, †**barlòtto**, †**barlòzzo** nei sign. 1 e 2 [1427] **s. m. 1** dim. di *barile* **2** (*fig.*) persona piccola e tozza **3** (*mus.*) parte del clarinetto che si intercala tra il becco e la parte superiore **4** nel tiro a segno, il centro del bersaglio

barimetrìa [vc. dotta, comp. di *bari-* e *-metria* ✱ 1950] **s. f. 1** valutazione approssimativa del peso di animali vivi, compiuta basandosi sulla misura di alcune parti del corpo **2** ognuno dei metodi di misura della pressione atmosferica

bàrio [vc. dotta, ingl. *barium*, da *barytes* 'barite', minerale che contiene questo elemento ✱ 1819] **s. m.** (**pl.** *-i* o *raro -ii*) • elemento chimico, metallo alcalino terroso, bianco-argenteo, diffuso in natura nei suoi minerali SIMB. Ba NUM. AT. 56 | ***solfato di b.***, usato come mezzo di contrasto nelle indagini radiologiche del tubo digerente

barióne [dal gr. *barýs* 'grave, pesante' col suff. *-one*③ ✱ 1965] **s. m.** • (*fis.*) ogni particella subnucleare di spin semintero soggetta a interazione forte

bariònico [1987] **agg.** (**pl. m.** *-ci*) • relativo a barione

barisfèra [comp. di *bari-* e *sfera* nel senso di 'globo (terrestre)' ✱ 1931] **s. f.** • (*geol.*) nucleo centrale della Terra, formato da materiale ad alta densità e quindi molto pesante

barisfèrico [1962] **agg.** (**pl. m.** *-ci*) • relativo alla barisfera

barìsta o (*tosc.*) **barrista** [da *bar*① ✱ 1926] **s. m. e f.** (**pl. m.** *-i*) • chi, in un bar, serve al banco | chi possiede o gestisce un bar

baritàto [da *barite* (V.) ✱ 1912] **agg.** • nella loc. ***carta baritata***, carta fotografica trattata con solfato di bario, usata soprattutto in passato

barìte [vc. dotta, comp. del gr. *barýs* 'pesante' e

-*ite* ✱ 1795] **s. f. 1** idrossido di bario **2** (*miner.*) solfato di bario in cristalli piatti con lucentezza vitrea ed elevata densità

baritìna [da *barite* ✱ 1865] **s. f.** ● (*miner.*) barite

baritonàle [1865] **agg.** ● di baritono: *tono b.*

baritoneggiàre [da *baritono* ✱ 1904] **v. intr.** (**pres.** *io baritonéggio*; **fut.** *io baritoneggerò*; **aus.** *avere*) ● (*spec. iron.*) fare voce da baritono

baritonèṣi [gr. *barytónēsis*, da *barýtonos* 'dal tono (*tónos*) grave (*barýs*)' ✱ 1950] **s. f. inv.** ● (*ling.*) in alcuni antichi dialetti greci, e talora nelle lingue moderne, fenomeno per cui l'accento risale dall'ultima sillaba verso l'inizio della parola

barìtono [vc. dotta, lat. *barýtono(n)*, 'non accentato sull'ultima sillaba', dal gr. *barý tonos*, comp. di *barýs* 'grave' e *tónos* 'tono' ✱ av. 1565] **A s. m.** ● (*mus.*) voce maschile intermedia tra quella di tenore e quella di basso | (*est.*) cantante con voce di baritono **SIN.** mezzotenore **B agg.** ● (*ling.*) nella grammatica greca, detto di parola con l'accento grave sull'ultima sillaba | di parola con l'ultima sillaba atona **C agg. inv.** ● (posposto a un sost.) (*mus.*) detto di strumento musicale che, nell'ambito della propria famiglia, ha estensione simile a quella della voce di baritono: *sax b.*

barlàccio [etim. incerta ✱ av. 1527] **agg.** (**pl. f.** -*ce*) **1** (*tosc.*) andato a male, detto di uovo **2** (*fig.*) malandato, fiacco

†**barlétta** ➤ †**bariletta**

barlettàno [1862] **A agg.** ● di Barletta **B s. m.** (**f.** -*a*) ● abitante o nativo di Barletta

†**barlétto** ① ➤ **bariletto**

barlétto ② [etim. incerta ✱ 1681] **s. m.** ● specie di morsetto usato dal falegname per fissare al banco di lavoro le tavole da piallare

†**barlòtto** ➤ **barilotto**

†**barlòzzo** ➤ **barilotto**

♣**barlùme** [comp. di *bar-* (per *bis-*②) e *lume* ✱ 1353] **s. m. 1** luce debole e incerta che non permette di vedere con chiarezza: *un tenue b. illuminava la stanza* **2** (*fig.*) indizio debole e confuso dell'esistenza di qlco.: *un b. d'intelligenza, di speranza, di coraggio* **SIN.** parvenza, segno

barmaid /'barmeid, *ingl.* 'bɑː,meɪd/ [vc. ingl., comp. di *bar* 'bar' e *maid* 'serva' ✱ 1983] **s. f. inv.** ● ragazza o donna addetta a servire alcolici e a preparare cocktail in locali pubblici **CFR.** barman, bartender

bàrman /'barman, *ingl.* 'bɑːmən/ [vc. ingl., propr. 'uomo (*man*) del bar (*bar*)', secondo un modello comune di comp. ✱ 1908] **s. m. inv.** (**f. ingl.** *raro barwoman*; **pl. m. ingl.** *barmen*; **pl. f. ingl.** *raro barwomen*) **In inglese il femminile usato per 'barman' è generalmente** *barmaid*, **oppure** *bartender*; **la forma** *barwoman* **è quasi inesistente** ● uomo addetto a preparare cocktail in locali pubblici | chi, in un bar, serve al banco **CFR.** barmaid, bartender

Bar Mitzvah /*ebr.* bar mɪts'vaː/ [loc. ebr., propr. 'figlio della legge' ✱ 1961] **loc. sost. m. inv.** ● secondo la legge ebraica, momento in cui un ragazzo (al compimento dei 13 anni) diventa moralmente e religiosamente responsabile | (*est.*) la cerimonia e la festa che celebrano questo passaggio **CFR.** Bat Mitzvah

barn /barn/ [vc. ingl., che pare nata dall'espressione *as big as a barn door* 'molto grande', propr. 'grande come la porta di un fienile' ✱ 1955] **s. m. inv.** ● (*fis.*) unità di misura della sezione d'urto in processi nucleari pari a 10^{-28} m² **SIMB.** b

barnabìta [da S. *Barnaba*, titolo della chiesa milanese dove ebbe la prima sede l'ordine ✱ 1585] **s. m.** (**pl.** -*i*) ● chierico regolare dell'ordine di San Paolo, fondato a Milano nel 1530 da S. Antonio Maria Zaccaria

barnabìtico [sec. XX] **agg.** (**pl. m.** -*ci*) ● dei Barnabiti: *ordine, pellegrinaggio b.*

†**barnàggio** ➤ **baronaggio**

Bàrnum [dal n. dell'impresario amer. P. T. *Barnum* (1810-1891), celebre per il suo circo ✱ 1905] **s. m. inv.** ● situazione o fenomeno caratterizzati da un'alternanza di avvenimenti spettacolari che richiamano i numeri di un circo equestre: *il B. della Formula Uno*

bàro o †**bàrro** ② [etim. incerta; da *barone* in senso spreg. (?) ✱ av. 1449] **s. m.** (**f.** -*a*) ● chi truffa al gioco, spec. delle carte | (*est.*) imbroglione

bàro-, -baro [dal gr. *barós* 'peso, pressione'] **primo e secondo elemento** ● in parole composte della terminologia scientifica significa 'pressione' o 'gravità': *barometro*; *isobaro*

barocceggiànte [av. 1946] **agg.** ● che si ispira o tende al barocco: *stile b.* | (*est.*) vistoso, eccessivo, di gusto discutibile: *abbigliamento b.*; *moda b.*

barocchétto [da *barocco*① ✱ 1927] **s. m. 1** aspetto tardo del barocco che si manifesta con un alleggerimento delle forme preannunciante il rococò **2** stile di mobili composto di elementi barocchi, rococò e cinesi

†**baròcchio** o †**baròcco** ②, †**baròccolo** [etim. discussa: da *baro* (?) ✱ av. 1400] **s. m.** ● tipo di usura simile allo scrocchio (V. *scrocchio*②) | vendita a prezzo altissimo | frode

barocchìṣmo [da *barocco*① ✱ 1848] **s. m.** ● tendenza a un gusto barocco, che anticipa o riecheggia gli stilemi del barocco storico (*anche spreg.*): *il b. del Marino*; *il b. di De Chirico*

baròccio e deriv. ➤ **barroccio** e deriv.

baròcco ① [etim. incerta: forse vc. dell'Italia sett. che significa 'balordo, strano, irregolare, bizzarro' ✱ 1797] **A s. m.** (**pl.** -*chi*) ● gusto e stile affermatisi nell'arte e nella letteratura del Seicento, tendenti a effetti bizzarri, inconsueti, declamatori, illusionisticamente scenografici **SIN.** seicentismo ‖ **barocchétto**, **dim.** (V.) **B agg.** (**pl. m.** -*chi*; **superl.** *barocchissimo*) **1** di opera artistica o letteraria che partecipi del barocco: *poemetto b.*; *facciata barocca* | (*est.*) che si riferisce o si ispira al gusto e allo stile del barocco: *decorazione, scenografia barocca* **2** (*fig.*) fastoso, enfatico, pesante: *gusto b.* ‖ **baroccaménte**, **avv.** in modo barocco, secondo il gusto barocco

†**baròcco** ② ➤ †**barocchio**

†**baròccolo** ➤ †**barocchio**

baroccùme [da *barocco*① ✱ 1865] **s. m. 1** (*spreg.*) aspetto deteriore del gusto o dello stile barocco **2** (*est.*, *spreg.*) opera che presenta tale aspetto deteriore **3** (*fig.*, *spreg.*) insieme di oggetti pretenziosi e di cattivo gusto

barocettóre [comp. di *baro-* e *(re)cettore* ✱ 1983] **s. m.** ● (*med.*) recettore per la sensibilità alla pressione

barogràfico [1955] **agg.** (**pl. m.** -*ci*) ● relativo al barografo | che è misurato dal barografo

baròqrafo [vc. dotta, comp. di *baro-* e *-grafo* ✱ 1892] **s. m.** ● (*meteor.*) barometro con dispositivo per la registrazione cronologica delle variazioni della pressione atmosferica

barogràmma [comp. di *baro-* e *-gramma* ✱ 1955] **s. m.** (**pl.** -*i*) ● diagramma di registrazione di un barografo

Baròlo [dal nome del comune in provincia di Cuneo, forse di orig. celt., dove viene principalmente prodotto ✱ 1881] **s. m.** ● pregiato vino rosso piemontese, asciutto, austero, di vitigno Nebbiolo; ha colore rosso rubino intenso che, con l'invecchiamento, tende al granato con riflessi aranciati, e un profumo caratteristico che ricorda la viola e la rosa appassita

barometrìa [comp. di *baro-* e *-metria* ✱ 1892] **s. f.** ● (*fis.*) misurazione delle variazioni della pressione atmosferica col barometro | rilevazione della pressione atmosferica in una data regione o località

baromètrico [1649] **agg.** (**pl. m.** -*ci*) ● relativo al barometro | che è misurato dal barometro: *pressione barometrica*

baròmetro [ingl. *barometer*, comp. di *baro-* 'baro-' e *-meter* '-metro' ✱ av. 1729] **s. m. 1** (*meteor.*) strumento per la misurazione della pressione atmosferica | ***b. a mercurio***, nel quale la pressione atmosferica viene equilibrata dalla pressione idrostatica di una colonnina di mercurio contenuta in una canna di vetro | ***b. aneroide*** o ***metallico***, il cui elemento sensibile è costituito da una o più capsule metalliche che si deformano sotto l'effetto della pressione atmosferica | ***b. registratore***, barografo **2** (*fig.*, *lett.*) persona che risente le variazioni atmosferiche: *stava come quei barometri ambulanti nei quali ogni costola, ogni giuntura con doloruzzi e scricchiolamenti dà indizio del cambiar del tempo* (I. NIEVO) | (*fig.*) ciò che è sensibile alle variazioni di un determinato ambiente, e permette di valutarle: *la borsa valori è il b. della fiducia pubblica*

baronàggio o †**barnàggio** [ant. fr. *barnage*, da *baron* 'barone①' ✱ 1266] **s. m. 1** titolo e dominio di barone **2** †insieme di baroni

baronàle [av. 1735] **agg.** ● pertinente a barone o a baronia: *titolo, dignità b.*

baronàta [da *barone*② ✱ av. 1742] **s. f.** ● (*lett.*, *raro*) azione sconveniente **SIN.** bricconata, prepotenza, sopraffazione

baronàto [da *barone*① ✱ 1865] **s. m.** ● baronia

baroncìno [av. 1835] **s. m. 1** dim. di *barone*① **2** figlio di barone | giovane barone

♦**baróne** ① [fr. *baron*, dal francone *baro* 'uomo libero, atto a lottare' ✱ 1287] **s. m.** (**f.** -*éssa* (V.)) **1** titolo feudale dato dapprima a tutti i grandi di un regno, poi ai maggiori feudatari **2** titolo nobiliare immediatamente inferiore a visconte | (*est.*) la persona insignita di tale titolo | †titolo attribuito ai santi **3** (*est.*, *lett.*) personaggio nobile e molto potente | signore, capo: *se non torna tuo fratello Menico tu resti il b. della casa* (G. VERGA) **4** (*spec. spreg.*) chi esercita e amministra un grande potere economico: *i baroni dell'industria, dell'alta finanza* | (*est.*) chi, in un ambiente professionale, sfrutta il ruolo che ricopre per esercitare forme di potere personale: *i baroni dell'università, della medicina* ‖ †**baroncèllo**, **dim.** | **baroncìno**, **dim.** (V.) | (*lett.*) **baronèllo**, **dim.**

baróne ② [etim. discussa: lat. *barōne(m)* 'sciocco, imbecille' (?) ✱ 1612] **s. m.** ● (*lett.*) furfante

baronésco ① [da *barone*① ✱ sec. XVII] **agg.** (**pl. m.** -*schi*) ● pertinente a barone

baronésco ② [da *barone*② ✱ 1550] **agg.** (**pl. m.** -*schi*) ● (*lett.*) furfantesco ‖ **baronescaménte**, **avv.**

baronéssa [1287] **s. f. 1** moglie di barone **2** signora di nobili condizioni ‖ **baronessìna**, **dim.**

baronétto [ingl. *baronet*, dim. di *baron* 'barone①' ✱ 1667] **s. m.** ● titolo nobiliare inglese, di grado immediatamente inferiore a barone

baronìa [av. 1276] **s. f. 1** titolo, dignità di barone **2** dominio, giurisdizione del barone **3** †il ceto dei baroni | (*est.*) insieme di nobili **4** (*spreg.*) potere economico, istituzionale o politico dispoticamente esercitato

baropatìa [comp. di *baro-* e *-patia* ✱ 1955] **s. f.** ● (*med.*) insieme di sintomi clinici provocati sull'organismo da brusche variazioni della pressione atmosferica

baroscòpio [comp. di *baro-* e *-scopio* ✱ 1749] **s. m.** ● (*fis.*) apparecchio usato per valutare approssimativamente la pressione atmosferica | apparecchio usato per la verifica del principio di Archimede nei gas

barotermògrafo [comp. di *baro-*, *termo-* e *-grafo* ✱ 1955] **s. m.** ● strumento per la registrazione cronologica e contemporanea su di un'unica cartina dell'andamento della pressione atmosferica e della temperatura dell'aria

bàrra [etim. incerta ✱ av. 1348] **s. f. 1** asta di legno o metallo, che funge spec. da leva di comando in congegni, meccanismi e sim.: *b. degli alettoni* | ***b. spaziatrice***, nelle tastiere, quella il cui abbassamento provoca l'automatico inserimento di spazi fra caratteri scritti | ***b. scanalata***, nel tornio parallelo, quella che trasmette il movimento dal mandrino al carrello portautensili | ***b. di rimorchio, di traino***, quella, spec. a snodo, per l'attacco posteriore dei rimorchi, attrezzi agricoli e sim. ai veicoli trainanti | ***b. di torsione***, elemento in acciaio che, negli autoveicoli, funge da sospensione elastica | ***b. di controllo***, nei reattori nucleari, barra di materiale capace di assorbire bene i neutroni, usata per regolare l'andamento della reazione **2** (*mar.*) ***b. del timone***, o (*ellitt.*) ***barra***, asta che comanda l'asse del timone; (*est.*) il timone stesso | ***angolo di b.***, quello formato dalla pala del timone con l'asse longitudinale della nave | ***b. a dritta, a sinistra***, ordine impartito al timoniere per dirigere la nave **3** asta metallica piena, a sezione gener. cilindrica: *b. di rame* **4** verghetta del morso del cavallo | spazio privo di denti dove questa poggia, nella mandibola del cavallo e di altri Mammiferi domestici **5** (*raro*) sbarramento, steccato | tramezzo che nell'aula giudiziaria divide lo spazio riservato ai giudici, avvocati, ecc. da quello per il pubblico | ***andare, stare alla b.***, (*fig.*) difendere in giudizio **6** nell'equitazione, barriera **7** (*tipogr.*) sottile lineetta gener. obliqua che va da sinistra in basso a destra in alto (/), utilizzata spec. come separatore | ***b. inversa***, che va da sinistra in alto a destra in basso (\ ) | ***b. verticale***, che va dall'alto in basso (|) | ***codice a barre***, V. *codice* **8** (*inform.*) riga o colonna ai bordi dello schermo in cui sono raggruppati vari comandi azionabili col mouse: *b. delle applicazioni* | ***b. degli strumenti***, contenente le icone dei comandi più usati **SIN.** toolbar **9** ammasso di sabbia, sassi, fanghiglia, situato alla bocca dei porti, alla foce dei fiumi e sim. ‖ **barrétta**, **dim.** (V.) La barra si usa per separare i versi di una poesia, quando non si va a capo; per indicare un'alternativa o un'opposizione fra due termini: *un'attesa dolce/amara*; per descrizioni scientifiche: *125/220 V.* Frequente è l'uso della congiunzione *e/o*, di valore aggiuntivo e disgiuntivo: *cercansi tecnici e/o disegnatori*.

barracàno o **baraccàno**, **baracàno**, †**baracàne** [arabo *barrakān* 'stoffa grossolana' e 'mantello fatto di quella stoffa' ✱ 1301] **s. m. 1** pesante tessuto di pelo di cammello o di lana di capra **2** veste di lana o di tela usata dalle popolazioni dell'Africa settentrionale

barracellàre [1968] **agg.** ● relativo al barracello: *compagnia b.*

barracèllo [vc. di area sarda, dallo sp. *barrachel*, della stessa orig. dell'it. *bar(i)gello* ✱ 1886] **s. m.** ● guardia privata per la repressione e prevenzione della delinquenza rurale in Sardegna

barracùda [prob. vc. indigena dell'America Latina ✱ 1950] **s. m. inv.** ● pesce dei Teleostei feroce e aggressivo, con corpo allungato e compresso e denti robusti (*Sphyraena picuda*)

barrage /fr. ba'ʀaʒ/ [vc. fr., propr. 'barriera, sbarramento', da *barre* '(s)barra' ✱ 1940] **s. m. inv.** ● spareggio, spec. in competizioni ippiche

barràggia ➤ **baraggia**

barramìna [comp. di *(s)barra* e *mina*, per la sua funzione ✱ 1926] **s. f.** ● attrezzo per la perforazione delle rocce, costituito da una pesante asta di acciaio terminante in una punta tagliente

barrànco [sp. *barranco*, di orig. preromana ✱ 1955] **s. m.** (**pl.** *-chi*) ● profonda incisione scavata sui fianchi di un cono vulcanico

barràre [da *barra* ✱ av. 1348] **v. tr. 1** contrassegnare con una o più barre: *b. una casella, un cerchietto, un quadratino* **2** †sbarrare

barràto **part. pass.** di *barrare*; anche **agg.** ● segnato con una barra: *numero b.*; *assegno b.* | sbarrato

barratùra [1970] **s. f.** ● il barrare | sbarratura

barré /fr. ba'ʀe/ [vc. fr., propr. 'barrato', dall'uso di bloccare le corde dello strumento appoggiandovi l'indice] **s. m. inv.** ● (*mus.*) nella chitarra e strumenti affini, l'uso di appoggiare l'indice simultaneamente su tutte le corde, modificandone così lunghezza e accordo, per facilitare l'esecuzione qualora la tonalità implichi problemi di diteggiatura **CFR.** capotasto

†**barrerìa** ➤ †**bareria**

barrétta [1970] **s. f. 1** dim. di *barra* **2** prodotto alimentare che ha il formato di una tavoletta allungata: *una b. di cioccolato*

barricadèro o **barricadièro** [fr. *barricadier*, da *barricade* 'barricata' ✱ 1915] **agg.** ● rivoluzionario, estremista: *atteggiamento, discorso b.*

barricàia [da *barric-*, pronuncia del fr. *barrique* (V.), con il suff. *-aia* ✱ 1998] **s. f.** ● (*enol.*) nella cantina di un un'azienda vinicola, ambiente in cui sono collocate le barrique per l'affinamento del vino

barricaménto [da *barricare* ✱ 1967] **s. m. 1** il barricare, il barricarsi **2** l'insieme di ciò che costituisce una barricata

barricàre [fr. *barriquer*, da *barrique* 'botte', perché spesso ci si serviva di botti per i barricamenti ✱ 1598] **A** **v. tr.** (*io bàrrico, tu bàrrichi*) **1** ostruire un passaggio con barricate allo scopo di difendersi e combattere: *b. una strada* **2** (*est.*) chiudere, sprangare ogni accesso, gener. a scopo di difesa: *barricarono porte e finestre* **B** **barricàrsi** **v. rifl.** ● rinchiudersi, ripararsi in luogo ben protetto (*anche fig.*): *gli studenti si barricarono sotto il portico*; *si è barricato nel silenzio* | ***barricarsi in casa***, rinchiudervisi rifiutando ogni contatto col mondo esterno **SIN.** asserragliarsi

barricàta [fr. *barricade*, da *barriquer* 'barricare' ✱ 1598] **s. f. 1** riparo per lo più occasionale di pietre, legname e sim. eretto attraverso vie o passaggi obbligati per impedire il transito e consentire la difesa: *combattere sulle barricate* | ***fare le barricate***, (*fig.*) opporsi con tutte le forze a qlco. | ***essere dall'altra parte della b.***, (*fig.*) essere in una posizione di radicale dissenso, spec. politico e ideologico **2** ***b. di appontaggio***, rete all'estremità del ponte di volo di una portaerei per arrestare gli aerei che non siano stati trattenuti dalla barriera di appontaggio

barricàto ① **part. pass.** di *barricare*; anche **agg.** ● nei sign. del v. | (*est.*) asserragliato, rintanato: *vive b. in casa*

barricàto ② [dal fr. *barrique* (V.) ✱ 1989] **agg.** ● (*enol.*) detto di vino affinato in barrique: *un bianco, un rosso b.*

♦**barrièra** [fr. *barrière*, da *barre* 'barra' ✱ 1548] **s. f. 1** sbarramento, cancello, steccato e sim., che serve a chiudere un passaggio, a segnare un limite, un confine: *b. daziaria*; *b. doganale* | ***barriere architettoniche***, gli ostacoli di natura costruttiva che impediscono o rendono difficile ai portatori di handicap l'accesso agli edifici, e il loro uso | elemento di chiusura di un passaggio a livello | ***b. stradale***, struttura di acciaio o calcestruzzo posta ai lati di una strada per trattenere i veicoli che escono dalla carreggiata | ***b. autostradale***, casello, dove si ritira il biglietto o si paga il pedaggio, che occupa interamente la sede autostradale | ***b. di appontaggio***, sistema di cavi sul ponte di una portaerei per frenare in poco spazio gli aerei che appontano **2** (*est.*) linea di elevazione del terreno: *una b. di montagne* | ***b. corallina***, formazione madreporica che forma una frangia a breve distanza dalla costa **3** (*fig.*) impedimento, difficoltà: *superare ogni b.* | divisione: *far cadere le barriere culturali fra Est e Ovest* | pregiudizio: *b. razziale* | ***b. doganale***, eccessiva onerosità dei dazi d'importazione a scopo protezionistico **4** (*fis.*) limite per superare il quale occorrono nuovi studi, tecniche, dispositivi particolari | (*aeron.*) ***b. del suono***, muro del suono | ***b. del calore, termica***, riscaldamento aerodinamico delle superfici che si verifica ai numeri di Mach supersonici e ipersonici e costituisce ostacolo al raggiungimento di quelle velocità **5** (*est.*) schieramento difensivo di calciatori affiancati su tiro di punizione avversario **6** (*fig.*) riparo, protezione **7** nell'equitazione, palo cilindrico di legno componente un ostacolo | nell'atletica leggera, ostacolo fisso nei tremila siepi

barrique /fr. ba'ʀik/ [vc. fr. di provenienza merid., da un tipo gallo-romanzo **barrica* ✱ 1883] **s. f. inv.** ● botticella per lo più di rovere, della capacità da 200 a 250 litri, destinata all'affinamento temporaneo di determinati vini, sia bianchi che rossi

✱**barrìre** [vc. dotta, lat. *barrīre*, da *bărrus* 'elefante', di orig. indiana ✱ 1585] **v. intr.** (*io barrìsco, tu barrìsci*; **aus.** *avere*) ● emettere barriti: *gli elefanti barriscono*

barrìsta ➤ **barista**

barrìto [vc. dotta, lat. *barrītu(m)*, da *bărrus* 'elefante', di orig. indiana ✱ av. 1292] **s. m. 1** urlo acuto e potente caratteristico dell'elefante e (*est.*) di altri animali: *la giungla risuonava di barriti* **2** (*est.*) urlo forte e sgraziato, spec. umano: *i barriti di un cantante stonato*

bàrro ① [sp. *barro*, di orig. preromana ✱ av. 1704] **s. m. 1** terra per fare i buccheri **2** bucchero

†**bàrro** ② ➤ **baro**

barrocciàio o **barocciàio**, (*sett.*) **birocciàio** [1842] **s. m.** (**pl.** *-ai*) ● conducente di un barroccio

barrocciàta o **barocciàta** [1865] **s. f.** ● quantità di oggetti o di materiale contenuti in un barroccio: *una b. di pietre, di fieno* | ***a barrocciate***, (*fig.*) in grande quantità

barroccìno o **baroccìno**, (*sett.*) **biroccìno** [1803] **s. m. 1** dim. di *barroccio* **2** veicolo leggero e scoperto, a due ruote, per il trasporto di persone

barròccio o **baròccio**, (*sett.*) **biròccio** [lat. parl. **birŏtiu(m)*, comp. di *bi-* 'con due' e *rŏta* 'ruota' ✱ 1701] **s. m. 1** carro gener. a due ruote per il trasporto di merci e materiali vari **2** (*est.*) barrocciata: *un b. di pietre* ‖ **barroccìno**, **dim.** (V.)

barròtto [fr. *barrot*, di etim. incerta ✱ 1937] **s. m.** ● (*mar.*; *disus.*; **spec. al pl.**) ciascuna delle parti di un baglio interrotto da un boccaporto

bartènder /bar'tɛnder/, *ingl.* 'bɑːˌtɛndə(r)/ [vc. dell'ingl. d'America; propr. 'barista', comp. di *bar* e *tender* 'addetto' ✱ 1990] **s. m. e f. inv.** ●

barista specializzato nell'ideazione e nella preparazione di aperitivi e cocktail CFR. barman, barmaid

♦**barùffa** [germ. *raup-* (prob. imparentato con il lat. *rŭmpo*), in una forma che ha subito la seconda rotazione consonantica ✱ 1353] **s. f.** ● litigio confuso e rumoroso: *far b. con qlcu.*; *sono piccole baruffe di innamorati*
SFUMATURE ➤ ***zuffa***

baruffàre [da *baruffa* ✱ 1955] **v. intr.** (aus. *avere*) ● litigare in modo confuso e rumoroso

barzamino ➤ **Barzemino**

♦**barẓellétta** [etim. incerta ✱ 1504] **s. f.** **1** breve e rapida canzone a ballo popolare composta di settenari e ottonari SIN. frottola **2** (*est.*) storiella spiritosa e divertente: *dire, raccontare barzellette*; *una b. spinta* | aneddoto scherzoso | ***prendere, pigliare qlco. in b.***, scherzarci sopra SIN. arguzia, freddura || **barẓellettina**, **dim.**
SFUMATURE ➤ ***motto***

barẓellettàro [da *barzellett(a)* col suff. pop. *-aro* (V. *-aio*②) ✱ 1947] **agg.** ● che è caratteristico delle barzellette (*anche spreg.*): *spirito b.*

barẓellettière [1987] **s. m.** (f. *-a*) ● persona che possiede un vasto repertorio di barzellette e ama raccontarle

barẓellettìstica [da *barzelletta* col suff. *-istico* sostantivato al f. ✱ 1963] **s. f.** **1** genere umoristico che si esprime nella creazione di barzellette **2** la produzione di barzellette di un autore, un'epoca, un paese

barẓellettìstico [1985] **agg.** (pl. m. *-ci*) ● di barzelletta | (*est.*) che riflette una comicità di gusto poco raffinato

Barzemìno (o **-ẓ-**), **Barzamìno** (o **-ẓ-**), **Berzemìno** (o **-ẓ-**), **Berzamìno** (o **-ẓ-**) [da una variante di *balsamo*, per il suo sapore (?) ✱ 1955] **s. m.** ● vitigno della Lombardia, che dà un'uva dolce e aromatica

barẓòtto ➤ **bazzotto**

†**bàṣa** ➤ **base**

baṣàle [1306] **A agg.** **1** relativo alla base: *la parte b. del fusto* | che è alla base o la costituisce: *foglie basali* **2** (*med.*) essenziale per il mantenimento delle attività fondamentali di un organismo: *metabolismo b.* | detto di condizione iniziale di un'attività fisiologica o di un esame clinico **3** (*fig.*) fondamentale, basilare, essenziale **B s. m.** ● †base nel sign. 1

†**baṣalìschio** ➤ **basilisco**

baṣalìsco ➤ **basilisco**

baṣàlte ➤ **basalto**

baṣàltico [1754] **agg.** (pl. m. *-ci*) ● detto di roccia che possiede la composizione e la struttura del basalto

baṣaltìno [1779] **agg.** ● (*raro*) basaltico

baṣàlto o (*raro*) **baṣàlte** [vc. dotta, lat. *basălte(m)* 'durissimo marmo etiopico' altra forma di *basanītes*, dal gr. *basanítēs*, di orig. africana ✱ 1561] **s. m.** ● roccia effusiva nerastra, costituita da plagioclasio e augite

baṣaménto [da *basare* ✱ sec. XIV] **s. m.** **1** parte inferiore di un monumento o di un edificio, spesso sottolineata da diverso paramento murario | porzione di colore diverso alla base delle pareti interne di un locale | zoccolo continuato di mobili a struttura architettonica, quali armadi e librerie **2** struttura sulla quale appoggia una macchina: *b. metallico*; *b. in cemento armato* | incastellatura dei motori a combustione interna **3** (*geol.*) substrato cristallino della crosta terrestre | complesso di rocce cristalline e metamorfiche irrigidite su cui poggiano i terreni sedimentari CONTR. copertura

baṣamìna [vc. dotta, comp. di *basa(re)* e *mina* ✱ 1941] **s. f.** ● mazza di ferro con la punta a taglio, usata per scavare la camera per la mina

baṣanìte [vc. dotta, lat. *basanītes*, dal gr. *basanítēs* (V. *basalto*) ✱ 1717] **s. f.** ● (*geol.*) roccia eruttiva basica di colore grigio scuro, usata in età romana come materiale per lapidi e stele

♦**baṣàre** [1796] **A v. tr.** **1** collocare, stabilire su una base: *b. un edificio, una statua* **2** (*fig.*) fondare: *b. un'accusa su dati certi* **B baṣàrsi v. rifl.** ● attenersi a determinati elementi nel giudicare, nel ragionare e sim. (+ *su*): *basarsi sulle apparenze porta spesso a conclusioni errate*; *io mi baso su dati di fatto* **C baṣàrsi v. intr. pron.** ● fondarsi, poggiare (+ *su*): *la coscienza della realtà si basa sulla distinzione d'immagini reali e ... irreali* (L. PIRANDELLO)

bas-bleu /fr. ba'blø/ [vc. m. fr., propr. 'calza turchina', calco sull'ingl. *blue-stocking*, dal colore delle calze di un certo Stillingfleet, brillante frequentatore nel XVIII sec. del salotto di lady Montague ✱ 1878] **s. f. inv.** (pl. fr. *bas-bleus*) ● (*spreg.*) scrittrice, donna letterata pedante e saccente

bàsca [1965] **s. f.** ● baschina

baschìna [fr. *basquine*, dallo sp. *basquina*, forma più castigliana del precedente *basquiña*, dal portog. *vasquinha* 'proprio dei Baschi' ✱ 1883] **s. f.** ● negli abiti femminili, parte di stoffa riportata, gener. sghemba, che va dalla vita al fianco

†**bascià** ➤ **pascià**

†**basciàre** ➤ **baciare**① e **baciare**②

†**bàscio** e deriv. ➤ **bacio**① e deriv.

bàsco [sp. *vasco*, dal lat. *văsco*, di etim. incerta ✱ 1352] **A agg.** (pl. m. *-schi*) ● relativo a una popolazione stanziata nella regione litoranea del golfo di Biscaglia, presso i Pirenei, in Francia e Spagna: *lingua basca*; *berretto b.*; *regione basca* | ***palla basca***, pelota **B s. m.** **1** (f. *-a*) nativo, abitante della regione basca **2** copricapo di panno a forma di cupolino tondo, senza tesa e aderente: *usciva nella nebbia ... con in testa un b. largo* (N. GINZBURG) | berretto militare in dotazione a tutte le unità dell'esercito italiano con diverse colorazioni a seconda dell'arma o corpo | ***B. blu***, agente di polizia, spec. in tenuta da ordine pubblico | ***B. nero***, carrista | ***B. rosso, B. cremisi***, paracadutista | ***B. verde***, militare della Guardia di Finanza; appartenente all'Azione Cattolica negli anni intorno al 1950 **C s. m. solo sing.** ● lingua appartenente al gruppo delle lingue preindoeuropee, parlata dai baschi || **baschétto**, **dim.** nel sign. B2

bàscula o **bascùla** [fr. *bascule*, dal più ant. *bacule* (con avvicinamento a *basse* 'bassa'), dal v. *baculer* 'battere il didietro (*cul*) a terra, abbasso (*bas*)' ✱ 1890] **s. f.** **1** bilancia con ampio piano d'appoggio e più leve, che con piccoli pesi è in grado di equilibrare carichi molto maggiori SIN. bilancia a bilico **2** nei fucili da caccia, blocco d'acciaio al quale sono agganciate le canne mediante i ramponi

basculàggio [adattamento del fr. *basculage* dal v. *basculer* 'oscillare' ✱ 1986] **s. m.** ● oscillazione intorno a un asse | ***b. fotografico***, l'inclinazione regolabile tra i piani dell'obiettivo e della pellicola in una macchina fotografica

basculànte o (*raro*) **basculIànte** **part. pres.** di *basculare*; **anche agg.** ● (*tecnol.*) detto di sbarra, congegno e sim. che può oscillare intorno a un asse

basculàre o (*raro*) **basculIàre** [da *bascula* ✱ 1867] **v. intr.** (*io bàsculo*; aus. *avere*) ● oscillare intorno a un asse con un movimento analogo a quello della sbarra della bascula

bascùlla e deriv. ➤ **bascula** e deriv.

♦**bàṣe** o †**bàṣa** [lat. *băse(m)*, dal gr. *básis*, dal v. *baínein* 'andare', 'sostenere' ✱ 1308] **A s. f.** **1** parte inferiore di un'intera costruzione o di una membratura che funge da sostegno alle parti sovrastanti | nella colonna e nel pilastro, elemento interposto tra il fusto e il piano d'appoggio, che costituisce il raccordo fra la membratura verticale e quella orizzontale sottostante **2** (*est.*) sostegno, parte inferiore di qlco.: *la b. di un mobile, di un bicchiere*; *b. cranica* **3** (*fig.*) principio, fondamento, sostegno culturale di qlco.: *la sua moralità ha solide basi* | ***gettare, porre le basi di una dottrina***, formularne i principi | ***avere buone basi***, essere culturalmente preparato | ***mancare di basi***, essere impreparato | ***in b. a, sulla b. di***, sul fondamento di, tenendo conto di | ***a b. di***, formato, costituito specialmente da | ***prezzo di b.***, di partenza: *il prezzo di b. di una gara, di un'asta* | ***inglese di b.***, inglese fondamentale | ***ricerca di b.***, V. *ricerca* nel sign. 2 **4** (*est.*) elemento costitutivo, componente essenziale o attiva di qlco.: *il riso è la b. dell'alimentazione giapponese*; *la b. di un medicinale* **5** zona appositamente attrezzata in cui stazionano forze militari: *b. aerea, navale*; *basi militari all'estero* | ***b. d'operazione***, da cui un esercito operante trae i rifornimenti e su cui appoggia le sue comunicazioni durante una campagna di guerra | ***b. di armamento***, aeroporto dove un aereo risiede abitualmente | ***b. spaziale***, luogo, naturale o artificiale, dove si svolgono attività spaziali | (*est.*) qualunque luogo da cui si parte per un'impresa, a cui si fa capo per assistenza organizzativa e sim. | (*fig.*) ***rientrare alla b.***, riferito a cose o persone, tornare al luogo di partenza | ***non fare ritorno alla b.***, detto di reparti militari, navi e aerei che non rientrano dalla missione operativa; (*fig.*) di persone che non tornano, di cose che si smarriscono **6** (*mat.*) ***b. di una potenza***, il numero da elevare a potenza | ***b. di un logaritmo***, numero che, elevato a una potenza pari al logaritmo di un secondo numero, vale quest'ultimo | lato o poligono arbitrariamente prescelto in relazione al quale si calcola l'altezza di una figura piana o solida: *b. di un quadrato, di un triangolo, di una piramide* | in un sistema di numerazione, numero naturale con le cui potenze sono espressi gli altri numeri: *sistema a b. decimale, a b. binaria* **7** ***b. geodetica, topografica***, tratto di terreno fra due punti fissati, misurato direttamente con la massima precisione, che serve come base di una triangolazione **8** (*econ.*) ***b. imponibile***, valore cui si deve commisurare l'aliquota per determinare l'imposta | ***b. monetaria***, insieme di moneta legale in circolazione, depositi delle banche presso la Banca centrale e passività a breve delle autorità monetarie **9** (*ling.*) ***b. apofonica***, gruppo radicale o suffissale che presenta alternanza nel vocalismo **10** nel baseball, ciascuno dei vertici del diamante, che i giocatori in attacco cercano di occupare in successione per fare punti **11** uno degli elettrodi del transistor **12** l'insieme degli iscritti a un partito, a un sindacato e sim., rappresentato al vertice dagli organi direttivi che ne coordinano e ne esprimono la volontà: *consultare la b.*; *la b. preme per lo sciopero* **13** (*chim.*) composto, la cui soluzione acquosa ha sapore di liscivia e rende di colore azzurro la cartina di tornasole, che combinato con acidi forma i sali: *b. inorganica, b. organica* CONTR. acido SIN. alcali **14** ogni crema o liquido incolore che si applica sul volto per prepararlo al trucco | smalto incolore protettivo che si applica sulle unghie prima di quello colorato **15** (*mus.*) ***b. musicale***, pista musicale preregistrata, usata per ulteriori registrazioni o come accompagnamento in esibizioni dal vivo **B in funzione di agg. inv.** ● (posposto a un sost.) fondamentale, essenziale, principale: *sala-*

rio b.; *problema b.*; *testo b.*; *campo b.*

baseball /'bezbol, *ingl.* 'beɪs,bɔːl/ [vc. ingl., propr. 'palla (*ball*) a base (*base* nel sign. 10)' ✱ 1892] **s. m. inv.** ● gioco di palla che si svolge su un campo dove è tracciato un quadrato ai cui vertici sono segnate le basi, tra due squadre di nove giocatori CFR. softball

NOMENCLATURA

baseball
● *campo di gioco*: rombo = diamante, casabase = piatto, linea del battitore, box del battitore, fuoricampo, pedana di lancio = monte del lanciatore, area di presa, fuori campo, linea dei giocatori; strike, ball, inning = ripresa; cuscinetto di base, mazza da baseball;
● *attrezzatura*: mazza, palla, guanto, maschera, corazza;
● *formazione*: lanciatore = pitcher, battitore, ricevitore = catcher, corridore, prima base, seconda base, terza base, interbase = shortstop, esterno sinistro, esterno centro, esterno destro.

basedowiàno (ba-se-dow-ia-no, ba-se-do-wia-no) /bazedo'vjano/ [dal n. del medico ted. che descrisse la malattia, K. von *Basedow* (1799-1854) ✱ 1923] **A agg.** ● relativo al morbo di Basedow **B s. m.** (f. *-a*) ● chi è affetto dal morbo di Basedow

basedowìsmo (ba-se-dow-i-smo, ba-se-do-wi-smo) /bazedo'vizmo/ [1970] **s. m.** ● morbo di Basedow, malattia endocrina caratterizzata da esoftalmo e disturbi neurovegetativi

base jumping /beiz'dʒampin(g), *ingl.* 'beɪs,dʒʌmpɪŋ/ [loc. ingl., comp. della sigla *base* comp. di *b(uilding)* 'costruzione', *a(ntenna-tower)* 'torre', *s(pan)* 'campata' e *e(arth)* 'terra', i quattro tipi di struttura da cui ci si può lanciare, e *jumping* da *to jump* 'saltare' ✱ 2000] **loc. sost. m. inv.** ● pratica sportiva consistente nel lanciarsi con il paracadute da edifici, antenne, ponti e luoghi elevati in genere

baseline /*ingl.* 'beɪs,laɪn/ [vc. ingl., propr. 'linea (*line*) di base (*base*)' ✱ 1988] **s. f. inv.** ● nel linguaggio della pubblicità, breve testo, generalmente in calce o ai margini di un annuncio, con il nome, l'indirizzo e il logotipo dell'azienda committente

basèno ▸ **basino**

basétta① [etim. incerta ✱ av. 1543] **s. f.** **1** parte dei capelli che scende lungo la guancia, davanti all'orecchio, congiungendosi eventualmente con la barba **2** (*lett.*, **al pl.**) baffi ‖ **basettina**, **dim.** | **basettóne**, **accr. m.** (V.)

basétta② [da *base* ✱ 1987] **s. f.** ● (*elettron.*) supporto di plastica, ceramica o altro materiale isolante per circuiti stampati ‖ **basettina**, **dim.**

basettino [detto così per le due *basette* nere ai lati del becco ✱ 1829] **s. m.** ● piccolo passeriforme che vive nei canneti (*Panurus biarmicus*)

basettóne [av. 1698] **s. m.** **1** accr. di *basetta* **2** (*est.*) chi porta grandi basette

Basic /'bezik, *ingl.* 'beɪsɪk/ [sigla ingl. di *B(eginners) A(ll-purpose) S(ymbolic) I(nstruction) C(ode)* 'codice simbolico universale per insegnare ai principianti' ✱ 1968] **s. m. inv.** ● (*inform.*) linguaggio per la programmazione dei calcolatori elettronici, molto diffuso per la sua semplicità

basic English /'bezik 'ingliʃ*, *ingl.* 'beɪsɪk 'ɪŋglɪʃ/ [loc. ingl., propr. 'inglese (*English*) di base (*basic*)' ✱ 1972] **loc. sost. m. inv.** ● sistema linguistico semplificato, con un lessico e una grammatica elementari, basato sull'inglese

basicità [da *basico* nel sign. 2 ✱ 1869] **s. f. inv.** ● (*chim.*) proprietà delle basi SIN. alcalinità CONTR. acidità | proprietà di un acido di neutralizzare uno o più equivalenti di una base mediante gli atomi di idrogeno salificabili della sua molecola

bàsico [da *base*; nel sign. 1, attrav. l'ingl. *basic* ✱ 1865] **agg.** (**pl. m.** *-ci*) **1** (*raro*) basilare, fondamentale | di base **2** (*chim.*) relativo a base, caratteristico di una base: *reazione basica* | *terreno b.*, ricco di sali naturali e povero di acidi **3** detto di roccia eruttiva povera di silicio e di colore scuro ‖ **basicità**, **s. f. inv.** (V.)

basìdio [vc. dotta, lat. *basīdiu(m)*, corrispondente a un gr. **basídion*, dim. di *básis* 'base, piedestallo' ✱ 1869] **s. m.** ● (*bot.*) organo a forma di clava che nei Funghi dei Basidiomiceti porta le spore

Basidiomicèti [vc. dotta, comp. di *basidio* e del gr. *mýkētes* 'funghi' ✱ 1892] **s. m. pl.** (**sing.** *-e*) ● (*bot.*) classe di Funghi caratterizzata dalla produzione di basidiospore portate dai basidi (*Basidiomycetes*)

basidiospòra [comp. di *basidio* e *spora* ✱ 1950] **s. f.** ● spora dei basidiomiceti

basificàre [1892] **v. tr.** (*io basìfico, tu basìfichi*) ● aggiungere una base a un liquido per renderlo basico o per neutralizzarne l'acidità ‖ **basificazióne**, **s. f.**

basìfilo [comp. di *base* e *-filo* ✱ 1955] **agg.** ● detto di vegetale che vive di preferenza su terreni basici CONTR. acidofilo

basij /ba'siʒ, *persiano* ba'siːdʒ/ [vc. persiana, propr. 'mobilitazione' ✱ 1984] **s. m. inv.** **1** organizzazione paramilitare di volontari fedeli al regime iraniano **2** ciascun appartenente a tale organizzazione

✤**basilàre** [vc. dotta, lat. *basilāre(m)*, rifatto erroneamente da *básis* 'base' sul tipo di *similare* ✱ sec. XV] **agg.** **1** (*raro*) che fa da base **2** (*fig.*) fondamentale, essenziale: *principi basilari* ‖ **basilarità**, **s. f. inv.**

basilése (o *-ṣe*) o (*lett.*) **basileènse** [av. 1916] **A agg.** ● della città svizzera di Basilea **B s. m. e f.** ● abitante o nativo di Basilea

basiliàno [1813] **A agg.** ● relativo a S. Basilio il Grande (330 ca.-379) o alle correnti monastiche orientali che seguono la sua regola **B s. m.** (f. *-a*) ● religioso che segue la regola di S. Basilio

basìlica [vc. dotta, lat. *basĭlica(m)* 'edificio pubblico', lat. eccl. 'edificio destinato al culto cristiano', dal gr. *basilikḗ* (*oikía*) '(casa) reale, reggia', da *basiléus* 're' ✱ 1321] **s. f.** **1** edificio pubblico romano con grandi sale e corridoi per adunanze giudiziarie e politiche, comizi, letture e sim.: *la b. di Massenzio* **2** edificio dell'antica architettura cristiana, a sviluppo longitudinale e terminazione ad abside, derivato dalla basilica romana e destinato al culto: *la b. di S. Apollinare in Classe* **3** titolo di chiesa derivante da concessione apostolica o da consuetudine immemorabile, con annessi privilegi liturgici: *la b. di Pompei, di Santa Maria Maggiore* **4** (*arald.*) insegna della Camera apostolica

basilicàle [1872] **agg.** ● che è proprio delle basiliche, o che si riferisce a esse: *edificio a pianta b.*; *arte b.*

basìlico① o (*tosc.*) **bassìlico** [lat. *basĭlicu(m)*, dal gr. *basilikón* 'regio' nel senso di '(erba, pianta) regale' ✱ 1310] **s. m.** (**pl.** *-ci* o *-chi*) ● pianta erbacea delle Labiate con foglie ovali molto aromatiche (usate per insaporire i cibi o in alcune ricette) e fiori chiari raccolti in spighe (*Ocymum basilicum*)

basìlico② [vc. dotta, lat. *basĭlicu(m)*, dal gr. *basilikós* 'regio', da *basiléus* 're', di etim. incerta ✱ sec. XIV] **agg.** (**pl. m.** *-ci*) **1** (*raro*) regio | ***libri basilici***, codificazione dell'età bizantina che ha ridotto e unificato l'opera legislativa di Giustiniano **2** (*raro*) principale | (*anat.*) ***vena basilica***, superficiale del braccio, nella faccia anteriore interna

basilìsco o **basalìsco**, †**basilischio**, †**basalischio** [vc. dotta, lat. *basilĭscu(m)*, dal gr. *basilískos* 'reuccio' dim. di *basiléus* 're' ✱ sec. XII] **s. m.** (**pl.** *-schi*) **1** rettile tropicale dei Sauri con caratteristiche creste laminari erettili sul capo e sul dorso, di colore verdastro con fasce nere (*Basiliscus americanus*) **2** nella zoologia greco-romana, mostro fantastico, con poteri malefici e terribili, spesso rappresentato con una cresta a forma di corona | ***occhi di b.***, ***sguardo di b.***, (*fig.*) che incutono spavento **3** grossa colubrina del XV sec., che armava la prua di alcune galee

basilìssa o **basilissa** [gr. *basílissa*, f. di *basiléus* 're' col suff. proprio del f. *-issa* ✱ 1887] **s. f.** ● (*stor.*) imperatrice dell'impero bizantino | (*lett.*) regina

basino o **basèno** [fr. *basin*, da *bombasin* 'bambagino', di orig. it. da cui è stata staccata la prima parte, intesa come *bon* 'buono' ✱ 1829] **s. m.** ● tessuto di cotone, con effetto diagonale, usato spec. per fodere

✤**basire** [vc. gallica **basire*, da una base *ba-* 'morire' ✱ sec. XV] **v. intr.** (*io basìsco, tu basìsci*; **aus.** *essere*) **1** (*lett.*) cadere in deliquio, svenire: *b. per estrema debolezza*; *non vedete che costei è un pulcin bagnato che basisce per nulla?* (A. MANZONI) | (*est.*) allibire, sbalordire per forte, o improvvisa, emozione: *b. di paura* **2** †morire

basista [da *base* ✱ 1923] **s. m. e f.** (**pl. m.** *-i*) **1** (*polit.*) chi sostiene e segue l'orientamento politico della base di un partito in contrasto con le direttive della direzione centrale **2** (*gerg.*) chi partecipa a imprese criminose fornendo tutte le informazioni utili a stabilire un piano d'azione

✤**basito** **part. pass.** di *basire*; anche **agg.** ● fortemente sbalordito, attonito: *quando ci vide, rimase b.*

♦**bàsket** /'basket, *ingl.* 'bɑːskɪt/ [accorc. dell'ingl. *basketball*, comp. di *basket* 'cesto' (in orig. per frutta) e *ball* 'palla' ✱ 1965] **s. m. inv.** ● pallacanestro

basmàti /baz'mati, *hindi* 'basmati/ [hindi *bāsmatī* 'fragrante' ✱ 1992] **A s. m. inv.** ● varietà di riso tipica delle regioni asiatiche meridionali, con granelli molto allungati e stretti, resistente alla cottura; utilizzato spec. per la preparazione del riso pilaf **B anche agg. inv.**: *riso b.*

†**basòffia** ▸ **bazzoffia**

basofilia [comp. di *base* e *-filia* ✱ 1962] **s. f.** ● proprietà, condizione di ciò che è basofilo

basòfilo [comp. di *base-* e *-filo* ✱ 1962] **agg.** ● (*biol.*) detto di cellula che presenta affinità per i coloranti basici: *granulo b.* CONTR. acidofilo

basofobia [vc. dotta, comp. del gr. *básis* 'base, appoggio' e *-fobia* ✱ 1910] **s. f.** ● (*psicol.*) paura morbosa di camminare o di stare in posizione eretta ‖ **basofòbico**, **agg.** (**pl. m.** *-ci*); anche **s. m.** (f. *-a*) nel sign. 2 **1** relativo a basofobia **2** che (o chi) soffre di basofobia

†**bàsola** [1275] **s. f.** ● basolo

basolàio [1965] **s. m.** (f. *-aia*, **pl. m.** *-ai*) ● basolatore

basolàto [1942] **s. m.** ● pavimentazione stradale fatta con basoli

basolatóre [1955] **s. m.** (f. *-trice*) ● operaio pavimentatore

basolatùra [1965] **s. f.** ● pavimentazione di una strada con basoli

bàsolo [da *base* ✱ 1336 ca.] **s. m.** **1** †basamento, appoggio **2** grossa lastra di pietra di origine eruttiva, usata, spec. nell'Italia meridionale, per pavimentazioni stradali

bàssa① [da *basso*, come contrapposto ad *alto* 'elevato' ✱ av. 1793] **s. f.** **1** parte pianeggiante e depressa di una regione geografica: *b. padana*; *b. ferrarese* **2** (*meteor.*) zona con pressione atmosferica inferiore ai valori normali SIN. depressione

bàssa② [dal tagliando inferiore da staccare e

a b c d e f g h i j k l m n o p q r s t u v w x y z

consegnare ✱ 1881] **s. f.** ● (*milit.*) lasciapassare: *b. d'uscita*

†**bassà** ➤ **pascià**

bassacórte [adattamento del fr. *basse-cour* 'cortile (*cour*, f.) basso (*basse*)', anche materialmente, destinato alla servitù ✱ 1905] **s. f.** (**pl.** *bassecórti*) ● spazio attiguo al fabbricato colonico destinato all'allevamento del pollame e di altri piccoli animali domestici

bassadànza [sp. *baja danza*: perché caratterizzata da un passo inclinato, *basso* (?) ✱ av. 1530] **s. f.** (**pl.** *bassedànze*) ● danza lenta del cerimoniale di corte, tipica del XV secolo

bassanèllo [dal n. dell'inventore, G. *Bassano* (XVI sec.) (?) ✱ 1931] **s. m.** ● strumento musicale simile al fagotto in uso nei secc. XVI e XVII

†**bassàre** [da *basso* ✱ 1266] **A** **v. tr.** ● abbassare: *questo detto bassò il viso, piagnendo* (G. BOCCACCIO) **B** †**bassàrsi** **v. intr. pron. e rifl.** ● abbassarsi

bassàrico [vc. dotta, lat. *Bassăricu(m)* 'di Bacco', dal gr. *bassarikós* '(pelle) propria della volpe (*bassára*, di etim. incerta)' e 'baccante', che di quella pelle si rivestiva ✱ 1903] **agg.** (**pl. m.** *-ci*) ● (*lett.*) bacchico

bassàride [vc. dotta, lat. *Bassăride(m)* 'baccante', dal gr. *bassarís* 'baccante' e 'volpe' (V. *bassarico*) ✱ 1584] **s. f.** ● (*lett.*) baccante, menade

bassarìsco [dal gr. *bossára* 'volpe', di etim. incerta, col suff. dim. *-ískos* ✱ 1950] **s. m.** (**pl.** *-schi*) ● piccolo mammifero onnivoro dei Carnivori con coda molto lunga ad anelli bianchi e neri che vive nelle regioni sud-occidentali degli Stati Uniti (*Bassariscus astutus*)

bàsset hound /basset'taund, *ingl.* 'bæsɪt-ˌhaund/ [loc. ingl., propr. 'cane da caccia (*hound*) basso (*basset*, di orig. fr.)' ✱ 1987] **loc. sost. m. inv.** (**pl. ingl.** *basset hounds*) ● cane da caccia con arti corti, corpo molto robusto e allungato e orecchie pendenti

bassétta [perché gioco basato sulle carte *basse* ✱ sec. XV] **s. f.** ● antico gioco d'azzardo a carte, simile al faraone

bassétto [dim. di *basso*, nel sign. C 2 ✱ 1829] **s. m.** ● antico strumento ad arco, tra contrabbasso e violoncello, soppiantato dal contrabbasso | unito al nome di uno strumento ne indica la voce di tenore o contralto: *corno di b.*

bassézza [av. 1250] **s. f.** **1** (*raro*) condizione di chi (o di ciò che) è basso | (*fig.*) pochezza, miseria spirituale, viltà: *b. d'animo*; *b. morale* **2** †posizione bassa, depressione del terreno: *nelle bassezze delle valli* (LEONARDO) | (*fig.*) †condizione sociale umile, inferiore | (*fig.*) †decadenza politica e sociale | (*fig.*) †volgarità **3** (*fig.*) azione vile e abietta: *è capace di qualsiasi b.*

bassìlico ➤ **basilico**①

bassìna [variante di *bacina* (?) ✱ 1931] **s. f.** ● speciale bacinella rotativa di forma sferica usata nell'industria dolciaria per la preparazione dei confetti

bassinatóre [1955] **s. m.** (**f.** *-trice*) ● operaio addetto al funzionamento di una bassina

bassìsta [1913] **s. m. e f.** (**pl. m.** *-i*) ● chi suona una chitarra basso

♦**bàsso** [lat. tardo *băssu(m)*, d'orig. osca (?) ✱ av. 1257] **A** **agg.** (**compar. di maggioranza:** *più basso*, **o** *inferiore* (**V.**); **superl.** *bassissimo*, **o** *infimo* (**V.**)) **1** che non si eleva molto rispetto a un piano, in confronto a strutture analoghe: *casa bassa* | ***statura bassa***, inferiore alla normale | (*est.*) che occupa una posizione poco elevata: *i quartieri poveri sono nella parte bassa della città* | (*fig.*) ***fare man bassa di qlco.***, prenderne più che si può | (*fig.*) ***avere il morale b.***, essere triste, abbattuto | ***parti basse***, (*eufem.*) i genitali; anche, il sedere | ***colpo b.***, al di sotto della cintura; (*fig.*) azione sleale CFR. cata- CONTR. alto **2** che è privo di rilievi montagnosi: *regione bassa* **3** poco profondo: *fondale b.*; *l'acqua di questo fiume è bassa* | (*fig.*) ***essere in basse acque***, passarsela male CONTR. alto **4** grave, profondo: *le note basse della scala musicale* | sommesso: *tono b.*; *voce bassa* **5** stretto: *tessuto, nastro b.* | di esiguo spessore **6** (*est.*) pertinente alla parte più tarda di un'epoca storica, dello sviluppo di una lingua e sim.: *b. Impero*; *b. latino*; *b. Medioevo* | che è in anticipo rispetto al tempo in cui ricorre normalmente, riferito a festività mobile e sim.: *Pasqua bassa* | ***bassa stagione***, il periodo meno frequentato di una stagione turistica CONTR. alto **7** (*est.*) meridionale: *la bassa Italia* | vicino alla foce, riferito a un corso d'acqua: *il b. Po* | che è situato a valle, verso il mare: *b. Polesine* | (*ling.*) ***b. tedesco***, V. *tedesco* **8** (*est.*) che occupa un posto non elevato in una graduatoria di importanza, meriti e sim.: *bassa forza*; *bassa macelleria*; *spirito di bassa lega*; *gente di b. rango*; *i ceti più bassi*; *b. clero* | ***Messa bassa***, non cantata CONTR. alto **9** (*est.*) volgare, meschino, immorale: *bassi scopi*; *bassi istinti*; *persona, azione bassa* **10** (*est.*) piccolo, scarso: *b. prezzo, stipendio*; *un b. quoziente di intelligenza*; *pressione bassa* || **bassaménte**, **avv.** **1** in modo basso, vile **2** †umilmente **B** **avv.** **1** in giù, verso il basso, in una parte bassa: *guardare b.*; *mirare, colpire b.* | ***volare b.***, V. *volare*① nel sign. A 1 **2** con voce sommessa: *parlare b.* **C** **s. m.** **1** la parte inferiore di qlco.: *l'iscrizione si trova sul b. della colonna* | ***scendere a b., da b.***, giù, al pianterreno; V. anche *abbasso* e *dabbasso* | ***cadere in b.***, (*fig.*) ritrovarsi in una condizione di miseria; scadere moralmente | (*fig.*) ***guardare qlcu. dall'alto in b.***, con ostentata alterigia | (*fig.*) ***gli alti e bassi della vita***, i momenti favorevoli e quelli sfavorevoli **2** (*mus.*) la voce maschile più grave, che canta nel registro di petto | cantante con voce di basso: *b. cantante, b. comico, b. profondo* | lo strumento più grave di una famiglia: *b. di viola* | chiave di basso | ***b. continuo***, la parte più grave di una composizione vocale o strumentale del periodo barocco che va realizzata dall'esecutore, cioè armonizzata secondo le regole dell'armonia e affidata a uno o più strumenti (organo in chiesa, clavicembalo in camera, chitarrone, violoncello) | ***b. fondamentale***, la nota più grave dell'accordo scritto o sentito nella forma fondamentale | ***b. ostinato***, basso continuo che ripete variamente una stessa formula melodica | ***b. cifrato*** o ***b. numerato***, basso continuo sulle cui note sono indicati con cifre gli intervalli caratteristici degli accordi di accompagnamento | ***b. dato***, indicazione delle note di basso che rappresentano la struttura armonica e melodica su cui si dovrà svolgere la composizione, usata nelle improvvisazioni e nella didattica | ***b. elettrico***, (*per anton.*) ***basso***, chitarra elettrica cui è affidata, in un complesso, la voce più grave dell'accompagnamento ritmico **3** a Napoli, locale d'abitazione seminterrato, con porta di ingresso a livello stradale **4** (*pesca*) ***b. di lenza***, finale || **bassétto**, **dim.** | **bassìno**, **dim.** | **bassòtto**, **alter.** (V.) | **bassùccio**, **dim.**

bassofóndo [fr. *bas-fond*, comp. di *bas* 'basso' e *fond* 'fondo' ✱ 1846] **s. m.** (**pl.** *bassifóndi*) **1** zona del mare poco profonda, con banchi o secche pericolose per la navigazione **2** (**al pl.**, *fig.*, *raro*) strati sociali inferiori che vivono ai margini della legge | i luoghi, i quartieri cittadini abitati o frequentati dalla malavita: *i bassifondi della metropoli*

bassopiàno [comp. di *basso* e *piano* ✱ 1661] **s. m.** (**pl.** *bassipiàni* o *bassopiàni*) ● estesa regione pianeggiante poco elevata sul livello del mare

bassorilièvo [comp. di *basso* e *rilievo* ✱ av. 1519] **s. m.** (**pl.** *bassorilièvi* o *raro bassirilièvi*) ● rappresentazione scultoria a rilievo, in cui le forme sporgono di poco dal piano di fondo

♦**bassòtto** [alter. di *basso* ✱ 1585] **A** **agg.** ● alquanto basso: *un signore b., bruno, barbuto* (L. PIRANDELLO) **B** **s. m.** ● cane da tana con pelo raso, arti cortissimi, corpo molto allungato, forte e muscoloso || **bassottìno**, **dim.**

bassotùba o **bàsso tùba** [per la funzione di *basso* che assume lo strumento a fiato chiamato generalmente *tuba* ✱ 1844] **s. m. inv.** ● (*mus.*) principale rappresentante del gruppo delle tube nella famiglia dei flicorni, usato dall'orchestra e dalla banda moderna SIN. tuba bassa

bassovèntre o **bàsso vèntre** [comp. di *basso* e *ventre* ✱ 1766] **s. m.** (**pl.** *raro -i*) ● parte inferiore dell'addome | (*est.*, *eufem.*) organi genitali esterni

bass rèflex /bas 'rɛfleks, *ingl.* 'beɪs ri'flɛks/ [loc. ingl., propr. 'riflesso (*reflex*) di tono basso (*bass*)' ✱ 1974] **loc. sost. m. inv.** ● tecnica di realizzazione di altoparlanti per alta fedeltà che consente una resa migliore delle frequenze più basse

bassùra [da *basso* con contrapposizione ad *altura* ✱ sec. XIV] **s. f.** **1** (*raro*) bassopiano, avvallamento: *la superficie lunare ... piena di eminenze e bassure* (G. GALILEI) **2** (*raro*, *fig.*) bassezza morale

bàsta① o (*raro*) **bàstia**① [da *bastire* ✱ 1612] **s. f.** **1** cucitura a punti lunghi, propria dell'imbastitura **2** orlo alto fatto a un vestito per accorciarlo o per poterlo poi allungare

♦**bàsta**② [da *bastare*, forma nel contempo impersonale e imperativale ✱ 1598] **A** **inter.** ● si usa per imporre silenzio o per porre termine a un discorso o per esigere la cessazione di qlco., anche con il valore conclusivo di 'insomma': *b.! state zitti!*; *b. con queste lamentele!*; *b., per farla breve, decisi di fare tutto da solo*; *sono brutte situazioni ma b.! cambiamo discorso* | ***ma b. là, oh b. là***, (*sett.*) per esprimere meraviglia, stupore **B** **cong.** ● purché, a condizione di (introduce una prop. condiz. con il v. al congtv. o all'inf.): *otterrete il permesso, b. non insistiate*; *si riesce a fare anche le cose molto difficili, b. insistere* **C** nella **loc. cong.** ***b. che***, purché, a condizione che (introduce una prop. condiz. con il v. al congtv.): *fai quello che vuoi, b. che tu non esageri* **D** in funzione di sost., nella loc. (*fam.*) ***averne (a) b. di...***, averne abbastanza, non poterne più

†**bastàgio** o †**vastàso** [gr. **bastásios*, da *bastázein* 'portare (un carico)' ✱ 1264] **s. m.** ● facchino

bastàio [da *basto* ✱ 1853] **s. m.** (**f.** *-aia*, **pl. m.** *-ai*) ● chi fabbrica o vende basti

bastànte **part. pres.** di *bastare*; anche **agg.** ● che basta, sufficiente: *non aveva mezzi bastanti per mantenere la famiglia* || **bastanteménte**, **avv.** a sufficienza

†**bastànza** [da *bastare* ✱ av. 1257] **s. f.** ● sufficienza | (*raro*) durata | ***a b.***, abbastanza

bastàrda [f. sost. di *bastardo* ✱ 1938] **s. f.** **1** (*spreg.*) f. di *bastardo*, sign. 1 **2** tipo di scrittura caratterizzata da una forte inclinazione a destra, dalle aste grosse all'inizio e terminanti in punte sottili e acute **3** barcone delle tonnare che manovra le reti con un argano durante la mattanza **4** cannone dotato di canna molto corta rispetto al calibro

bastardàggine [1673] **s. f.** ● (*spreg.*) condizione di chi (o di ciò che) è bastardo

bastardèlla [da *bastardo* A nel sign. 3 'irregolare' ✱ 1738] **s. f.** ● recipiente di terracotta o di rame stagnato più fondo del tegame, per cuocere la carne

bastardèllo [da *bastardo A* nel sign. 3, 'eterogeneo' per il carattere vario delle annotazioni ✱ sec. XV] **s. m.** ● registro di note tenuto anticamente da notai o da pubblici ufficiali

bastàrdo [ant. fr. *bastard*, di etim. incerta ✱ 1269 ca.] **A agg. 1** (*spreg.*) nato da genitori non legittimamente coniugati: *figlio b.* **SIN.** illegittimo **2** detto di animale o vegetale nato da incrocio fra due razze diverse **3** (*fig.*) spurio, non schietto: *parole bastarde* | molto brutto, molto negativo: *tempi bastardi* | irregolare, eterogeneo, che si discosta dal modello comune: *caratteri tipografici bastardi* | (*tecnol.*) ***lima bastarda***, usata per lavori di sgrossatura e sbavatura, è al secondo posto nella classificazione delle lime per grossezza di taglio **4** (*mar.*) ***vela bastarda***, vela latina più grande, usata sulle galee | ***galea bastarda***, di grandi dimensioni **B s. m.** (**f.** *-a*) **1** (*spreg.*) figlio nato da un'unione illegittima | usato spesso come epiteto ingiurioso: *taci, b.!*; *maledetto b.!* **2** animale, spec. cane, bastardo ‖ **bastardàccio**, **pegg.** | **bastardèllo**, **dim.** | **bastardìno**, **dim.** | **bastardóne**, **accr.** | **bastardùccio**, **dim.**

bastardùme [av. 1320] **s. m. 1** (*spreg.*) progenie bastarda | (*est.*) bastardaggine **2** (*est.*) insieme di persone o cose spregevoli o eterogenee

♦**bastàre** [lat. parl. **bastāre*, dal gr. *bastázein* 'portare, sostenere' (?) ✱ 1253] **A v. intr.** (**aus.** *essere*) ● essere sufficiente (**+** *a*): *i soldi non ti bastano mai* | ***quel tanto che basta***, che è necessario | ***mi basta, non mi basta l'animo***, ho, non ho, il coraggio (**+** *di* **seguito da inf.**): *disse che non le bastava l'animo di continuare* (A. MANZONI) | (*est.*) durare, resistere (**+** *per*): *questa somma mi basterà per un mese* **B v. intr. impers.** ● essere sufficiente (**+ inf.**, **+** *che* **seguito da congtv.**): *bastava dirmelo e avrei provveduto*; *basta che tu comunichi la tua assenza ai tuoi compagni di squadra* | ***e non basta!***, e c'è dell'altro, di più | V. anche *basta*② | ***quanto basta***, in ricette di cucina, in preparati farmaceutici e sim., quanto è sufficiente a raggiungere un limite determinato o voluto (in sigla, q.b.): *aggiungere latte quanto basta*; (*fig.*) sufficientemente: *è scaltro quanto basta per non farsi infinocchiare*

†**bastèrna** [vc. dotta, lat. tardo *bastĕrna(m)*, da *bastum* 'bastone' (?) ✱ 1319] **s. f.** ● tipo di lettiga | carro

bastétto [1933] **s. m. 1** dim. di *basto* **2** (*mar.*, *raro*) lista di legno presso la murata sul ponte di alcune navi

bastévole [da *bastare* ✱ av. 1292] **agg.** ● (*lett.*) bastante ‖ **bastevolménte**, **avv.** sufficientemente, abbastanza

bàstia① ➤ **basta**①

bastìa② o **bastìta**, **bastìda** [ant. provenz. *bastida*, da *bastir* 'bastire, costruire (una casa)' ✱ sec. XIII] **s. f.** ● piccola fortezza di forma quadra, chiusa intorno da un fossato e da un terrapieno

bastiàn contràrio o **bastiancontràrio** [comp. di *bastian*, abbreviazione familiare di Sebastiano, e *contrario* ✱ 1819] **loc. sost. m.** (**f.** *bastiàn contrària*; **pl. m.** *bastiàn contràri*; **pl. f.** *bastiàn contràrie*) ● oppositore programmatico, contraddittore per partito preso o per il gusto di distinguersi

bastiancontrarìsmo [dalla loc. *bastian contrario* ✱ 1975] **s. m.** ● atteggiamento di chi, per partito preso o per il gusto di farlo, contraddice sempre tutti

bastìda ➤ **bastia**②

bastiménto [da *bastire* ✱ 1681] **s. m. 1** nome generico delle imbarcazioni a vela o a motore più grandi delle barche: *partono i bastimenti*; *è arrivato un b. carico di ...*; *b. di linea, da battaglia* | comunemente, nave **2** (*est.*) quantità di merci contenuta in un bastimento: *un b. di grano* ‖ **bastimentìno**, **dim.**

bastingàggio [fr. *bastingage*, da *bastingue*, dal provenz. *bastengo*, da *bastir* 'bastire' ✱ 1847] **s. m.** ● impavesata

bastionàre [av. 1565] **v. tr.** (*io bastióno*) ● (*raro*) fortificare con bastioni

bastionàta [av. 1642] **s. f. 1** complesso di bastioni **2** (*est.*) grande muraglia rocciosa

bastionatùra [1983] **s. f.** ● il bastionare | bastionata

bastióne [fr. *bastillon*, dim. di *bastille*, adattamento del provenz. *bastide* (V. *bastia*②) ✱ av. 1494] **s. m. 1** opera di fortificazione costituita da una massa di terra, piena o vuota nel mezzo, incamiciata di mattoni o di pietre, disposta ordinatamente agli angoli del recinto delle fortezze, con angolo saliente verso la campagna **2** (*fig.*) riparo, difesa

†**bastìre** [ant. fr., provenz. *bastir*, dal germ. **bastjan* 'tessere, intrecciare' ✱ sec. XIV] **v. tr.** ● costruire, fabbricare

bastìta ➤ **bastia**②

♣**bàsto** o †**imbàsto** [lat. *bāstu(m)*, denominale del grecismo **bastāre* 'portare un peso' (V. *bastare*) ✱ 1305] **s. m. 1** rozza sella imbottita, con arcioni alti, usata soprattutto per cavalcare muli e asini | bardatura delle bestie da soma, per assicurarvi il carico **2** (*fig.*, *lett.*) peso eccessivo e ingrato: *avere, portare il b.* | (*fig.*, *lett.*) oppressione | ***mettere il b.***, ridurre in soggezione | ***non portare il b.***, non essere schiavo di nessuno **3** ***b. rovescio***, cunetta per lo scolo delle acque, nelle strade lastricate ‖ **bastétto**, **dim.** (V.)

bastonàbile [1827] **agg.** ● (*raro*, *lett.*) meritevole di una bastonatura

bastonàre [da *bastone* ✱ av. 1292] **A v. tr.** (*io bastóno*) **1** percuotere con un bastone | (*est.*) picchiare: *lo hanno bastonato di santa ragione* | (*fig.*) ***b. il pianoforte, il violino***, suonarli male **SIN.** battere, legnare **2** (*fig.*) criticare violentemente, strapazzare, bistrattare: *b. qlcu. con male parole*; *è stato bastonato dalla vita* **3** (*fig.*) battere, sconfiggere: *b. la squadra avversaria* **B bastonàrsi v. rifl. recipr.** ● percuotersi l'un l'altro, spec. con bastoni: *si stanno bastonando*

bastonàta [sec. XIII] **s. f. 1** colpo, percossa data con un bastone: *prendere una bella b.*; *fare a* (o *alle*) *bastonate* **SIN.** bussa, legnata **2** (*fig.*) batosta: *prendere una b. in affari*; *la malattia è stata una vera b. per lui* ‖ **bastonatìna**, **dim.**

bastonàto **part. pass.** di *bastonare*; anche **agg. 1** nei sign. del v. **2** (*raro*) rotto di fatica | ***sembrare un cane b.***, essere triste e avvilito

bastonatóre [1697] **s. m.** (**f.** *-trice*); anche **agg.** ● (*raro*, *lett.*) chi (o che) bastona

bastonatùra [1738] **s. f. 1** il bastonare, il venire bastonato **2** (*fig.*) danno, batosta

bastoncèllo [1288] **s. m. 1** dim. di *bastone* **2** panino bislungo **3** (*tipogr.*) bastoncino **4** (**al pl.**) stecche maestre del ventaglio **5** (*biol.*) ciascuno degli apici cilindrici delle cellule recettrici della retina, responsabili della visione a bassa intensità luminosa **CFR.** cono

♦**bastoncìno** [1550] **s. m. 1** dim. di *bastone* **2** racchetta da sci | ***bastoncini da trekking***, racchette molto leggere, gener. telescopiche, usate in funzione di appoggio durante escursioni in montagna **3** (*archit.*) astragalo **4** (*edil.*) tondino, nelle armature **5** (*anat.*) ciascuno dei terminali del nervo ottico all'interno dell'occhio **6** (*tipogr.*) carattere tipografico più piccolo di quello a bastone **7** (**al pl.**) ***Bastoncini di pesce***®, marchio registrato di alimento costituito da polpa di pesce tritata e impanata in piccole forme rettangolari, da mangiarsi fritte

♦**bastóne** [lat. parl. **bastōne(m)*, parallelo di *băstum* 'basto' (V.) ✱ 1268] **s. m. 1** ramo d'albero arrotondato e lavorato, od oggetto allungato, anche non di legno, usato per appoggiarsi camminando e come arma: *b. nodoso*; *b. da passeggio, da montagna*; *minacciare qlcu. con il b.*; *un colpo di b.* | ***b. bianco***, quello usato dai ciechi | ***b. animato***, cavo e contenente una lama | (*fig.*) ***mettere i bastoni fra le ruote a qlcu.***, creargli delle difficoltà | ***usare il b. e la carota***, (*fig.*) alternare la maniera dura a quella dolce **2** insegna di autorità, spec. militare: *b. di maresciallo di Francia* | ***b. vescovile***, pastorale | ***bastone di Esculapio***, caduceo | ***avere il b. del comando***, (*fig.*) essere la massima autorità, comandare **3** ciascuno dei vari tipi di attrezzo sportivo usato per tirare, colpire, respingere palle, palline, dischi e sim.: *b. da golf* | in ginnastica, barra cilindrica di ferro pieno con cui si eseguono esercizi a corpo libero **4** (**al pl.**) uno dei quattro semi delle carte da gioco italiane e dei tarocchi **CFR.** coppa①, denaro, spada **5** (*fig.*) aiuto, sostegno: *sarai il b. della mia vecchiaia* **6** pane di forma allungata **SIN.** filone, sfilatino **7** (*arald.*) banda diminuita a un terzo della sua larghezza **8** (*archit.*) toro③ **9** (*tipogr.*) ***carattere a b.***, carattere tipografico privo di grazie, con aste di spessore costante ‖ **bastonàccio**, **pegg.** | **bastoncèllo**, **dim.** (V.) | **bastoncìno**, **dim.** (V.) | †**bastonétto**, **dim.**

†**bastracóne** [etim. discussa: da *bastagio* (?) ✱ av. 1400] **s. m.** ● uomo grosso e forzuto

batacchiàre [av. 1400] **v. tr.** (*io batàcchio*) ● (*raro*) colpire col batacchio | (*est.*) bastonare

batacchiàta [av. 1400] **s. f.** ● (*raro*) colpo di batacchio | (*est.*) percossa

batàcchio o (*raro*) **battàcchio** [lat. parl. **battuāculu(m)*, da *băttuere* 'battere' ✱ av. 1484] **s. m. 1** bastone usato per bacchiare **2** battaglio di campana **3** anello di ferro o altro arnese infisso sulle porte per bussare o per ornamento **SIN.** battiporta, picchiotto

bàtalo o **bàtolo** [etim. incerta ✱ av. 1348] **s. m.** ● lista di panno portata anticamente sulla toga da dottori e magistrati | falda del cappuccio medievale

batàta [da una vc. delle Antille ✱ 1525] **s. f. 1** pianta erbacea delle Convolvulacee con fiori riuniti in gruppetti e radici a tubero **2** il tubero della pianta omonima, farinoso e zuccherino, usato nell'alimentazione umana e animale **SIN.** patata americana, patata dolce

batàvo o **bàtavo** [vc. dotta, lat. *Batāvu(m)*, di etim. incerta ✱ av. 1556] **A agg.** ● dei Batavi, antica popolazione dell'Olanda meridionale **B s. m.** (**f.** *-a*) ● chi appartiene alla popolazione batava

batch /bɛtʃ, *ingl.* bætʃ/ [vc. ingl., nella loc. *batch processing* 'elaborazione a blocchi' ✱ 1972] **agg. inv.** ● (*inform.*) detto di procedura che si svolge senza l'intervento dell'operatore | detto di file che contiene una sequenza di comandi, che vengono eseguiti automaticamente

batch processing /bɛtʃ'prosesin(g), *ingl.* 'bætʃ,prəʊsesɪŋ/ [loc. ingl., propr. 'elaborazione a blocchi' ✱ 1983] **loc. sost. m. inv.** ● (*inform.*) elaborazione a posteriori e su dati preventivamente raggruppati

batéa /*sp.* ba'tea/ [vc. sp., di etim. incerta ✱ av. 1557] **s. f.** ● recipiente largo e leggermente concavo, usato dai cercatori d'oro per raccogliere la sabbia e separarla con movimenti rotatori dalle pagliuzze d'oro

bateau-mouche /*fr.* ba,to'muʃ/ [vc. fr.,

b

comp. di *bateau* 'battello' e *mouche* 'mosca', così chiamato per la sua piccolezza ✱ 1984] **s. m. inv.** (**pl. fr.** *bateaux-mouche*) ● a Parigi, battello fluviale che trasporta passeggeri in gita turistica lungo la Senna

bàti- [dal gr. *batýs* 'profondo', di orig. oscura] **primo elemento** ● in parole composte della terminologia scientifica significa 'profondo' o 'profondità': *batiscafo, batisfera*

batìda /ba'tida, *portog.* ba'tʃida/ [vc. portog., propr. '(s)battuta, frullato', dal v. *bater* 'battere' ✱ 1975] **s. f.** (**pl.** *batìde* **o inv. o portog.** *batidas*) **1** bevanda di origine brasiliana costituita da una miscela di frutta e alcol, gener. di canna da zucchero **2** ***Batida***®, nome commerciale di liquori a base di succhi di frutta, spec. di cocco

batigrafìa [comp. di *bati-* e *-grafia* ✱ 1962] **s. f.** ● disciplina che si occupa della morfologia, della profondità e della rappresentazione grafica dei fondali marini e lacustri **CFR.** batimetria

batigràfico [1955] **agg.** (**pl. m.** *-ci*) ● relativo alla batigrafia

batik [giavanese *batik* 'disegno' ✱ 1927] **s. m. inv.** ● procedimento indonesiano di colorazione delle stoffe, consistente nell'immergere il tessuto in bagni di colore, avendo prima ricoperto con cera liquida le parti destinate a rimanere incolori | il prodotto così ottenuto

batimetrìa [vc. dotta, comp. di *bati-* e *-metria* ✱ 1874] **s. f.** ● parte dell'oceanografia che riguarda la misurazione scientifica della profondità delle acque marine e lacustri **CFR.** batigrafia

batimètrico [1930] **agg.** (**pl. m.** *-ci*) ● relativo alla batimetria

batìmetro [vc. dotta, comp. di *bati-* e *-metro* ✱ 1913] **s. m.** ● scandaglio per misurare le profondità delle acque

batiscàfo [vc. dotta, comp. di *bati-* e *scafo* ✱ 1948] **s. m.** ● piccolo sommergibile per esplorare le profondità marine

batiscòpio [comp. di *bati-* e *-scopio* ✱ 1942] **s. m.** ● strumento a forma di tronco di cono con la base costituita da una lastra di vetro che si appoggia sull'acqua per osservare i fondali | lastra di vetro nello scafo di un natante o di un sottomarino per osservare i fondali dall'interno

batisfèra [vc. dotta, ingl. *bathysphere*, comp. di *bathy-* 'bati-' e *sphere* 'sfera' ✱ 1934] **s. f.** ● cabina metallica sferica, atta a resistere a forti pressioni, per esplorare le profondità marine

batìsta o **battista**① [fr. *batiste*, prob. da *Baptiste*, nome del primo fabbricante di questa stoffa ✱ av. 1704] **A** **s. f.** ● tela di lino, molto fine, usata spec. per fazzoletti e camicie **B** **in funzione di agg. inv.** ● (posposto a un sost.): *tela b.*

†**batistèo** ➤ **battistero**

Bat Mitzvah /*ebr.* bat mɪts'va:/ [loc. ebr., propr. 'figlia della legge' ✱ 1998] **loc. sost. m. inv.** ● secondo la legge ebraica, momento in cui una ragazza (al compimento dei 12 anni) diventa moralmente e religiosamente responsabile | (*est.*) la cerimonia e la festa che celebrano questo passaggio **CFR.** Bar Mitzvah

batmòtropo [comp. del gr. *bathmós* 'passo', 'grado' e *-tropo*, perché si riferisce al grado di eccitabilità del muscolo cardiaco ✱ 1962] **agg.** ● (*fisiol.*) che è in grado di eccitare le fibre muscolari, spec. con riferimento all'attività cardiaca: *alcuni farmaci hanno un effetto b.*

bàto-, -bato [dal gr. *báthos* 'profondità' (V. *bati-*)] **primo e secondo elemento** ● in parole composte della terminologia scientifica significa 'profondità' o 'abbassamento': *batometro, batosfera, isobato*

batòcchio [lat. parl. **battŭculu(m)*, da *bāttuere* 'battere' ✱ av. 1557] **s. m. 1** grosso bastone | bastone per i ciechi **2** batacchio di campana **3** battiporta

batòcio [corrispondente veneto di *battocchio* ✱ 1962] **s. m.** ● (*venez.*) grosso bastone a forma di spatola, usato spec. dalle maschere della commedia dell'arte

batofobìa [comp. di *bato-* e *fobia* ✱ 1988] **s. f.** ● (*psicol.*) paura morbosa della profondità o del vuoto; paura di cadere dall'alto ‖ **batofòbico**, **agg.** (**pl. m.** *-ci*); **anche s. m.** (**f.** *-a*) **nel sign. 2** **1** relativo a batofobia **2** che (o chi) soffre di batofobia

Batoidèi [comp. del gr. *bátos* 'pesce razza', forse di orig. preindeur., e *-oidei* ✱ 1950] **s. m. pl.** (**sing.** *-èo*) ● (*zool.*) ordine di Pesci cartilaginei dal corpo appiattito, cui appartengono le razze e le torpedini (*Batoidei*)

batolìte [comp. di *bato-* e del gr. *líthos* 'pietra' ✱ 1913] **s. f.** ● corpo geologico di grandi dimensioni, affiorante per almeno 100 km^2 che, in profondità, si collega al sial

bàtolo ➤ **batalo**

batometrìa [comp. di *bato-* e *-metria* ✱ 1962] **s. f.** ● batimetria

batomètrico [1962] **agg.** (**pl. m.** *-ci*) ● batimetrico

batòmetro [comp. di *bato-* e *-metro* ✱ 1865] **s. m.** ● batimetro

batoscòpico [1950] **agg.** (**pl. m.** *-ci*) ● atto a esplorare le profondità dei mari e dei laghi | ***sfera batoscopica***, batisfera

batosfèra [vc. dotta, comp. di *bato-* e *sfera* ✱ 1936] **s. f.** ● batisfera

batòsta [da *battere* ✱ 1340] **s. f. 1** (*raro*) percossa | (*est., lett.*) lite, zuffa: *di spade e di baston ferrati / era sì grande la b.* (G. Boccaccio) **2** (*fig.*) pesante sconfitta | grave disgrazia o danno negli affari o nella salute: *non si è ancora ripreso dalla b.* ‖ **batostìna**, **dim.** | **batostóna**, **accr.**

bàtrace o **batràce** o **batràcio**, **bàtraco** [vc. dotta, gr. *batrácheios* 'relativo alla rana (*bátrachos*)', di etim. incerta ✱ 1819] **s. m.** ● (*lett.*) rana, rospo

Batracoidifórmi [comp. del gr. *bátrachos* 'rana' con i suff. *-oide* e *-forme* ✱ 1965] **s. m. pl.** (**sing.** *-e*) ● (*zool.*) ordine di Pesci ossei con la parte anteriore del corpo più pronunciata della posteriore e la superficie vischiosa e priva di scaglie (*Batracoidiformes*)

batracomiomachìa [vc. dotta, gr. *batrachomyomachía*, comp. di *bátrachos* 'rana', *mŷs* 'topo' e *máchē* 'battaglia'; dal titolo di un poemetto comico della letteratura classica greca ✱ 1723] **s. f.** ● (*lett.*) contesa futile e ridicola

batswàna /bat'tswana/ [da *Tswana*, toponimo locale, col pref. *ba-* che indica il plurale ✱ 1871] **s. m. e f. inv.; anche agg. inv.** ● appartenente alla principale etnia degli abitanti dello stato del Botswana, nell'Africa australe

battàcchio ➤ **batacchio**

battage /*fr.* ba'taʒ/ [vc. fr., propr. 'battitura', dal v. *battre* nell'espressione *battre la grosse caisse* 'battere la grancassa' ✱ 1935] **s. m. inv.** ● massiccia campagna pubblicitaria | (*est.*) pubblicità chiassosa ed esagerata attorno a qlcu. o qlco.

♦**battàglia** [lat. tardo *batt(u)ālia(m)*, deriv., attrav. l'agg. *battuāle(m)*, di cui rappresenta il s. m. pl. (*battuālia* 'esercizi di soldati e gladiatori'), da *bătt(u)ere* 'battere' ✱ 1250 ca.] **s. f. 1** scontro armato tra eserciti o grandi unità nemiche: *b. offensiva, difensiva, controffensiva; b. aerea, terrestre; b. d'incontro, d'arresto; dare, ingaggiare, attaccare, accettare, rifiutare b.* **CFR.** -machia **SIN.** combattimento, conflitto | ***b. campale***, quella combattuta in campo aperto tra gli eserciti contrapposti; (*fig.*) impresa difficile, scontro decisivo | ***b. di retroguardia***, (*fig.*) polemica condotta su posizioni arretrate o su temi non più attuali | ***b. navale***, gioco per ragazzi in cui ciascuno dei giocatori tenta di individuare la posizione delle navi dell'avversario, segnate su una tabella quadrettata o disposte in sagoma su una scacchiera | ***campo di b.***, luogo dove avviene o è avvenuta una battaglia; (*est.*) luogo in cui regna il disordine: *la camera dei ragazzi è un campo di b.* | ***da b.***, (*fig.*) detto di oggetti o capi d'abbigliamento molto robusti, destinati a un uso continuo: *una giacca, una borsa da b.* **2** (*fig.*) contrasto, lotta: *b. per la sopravvivenza; b. contro il tempo; la vita è una continua b.* | conflitto sentimentale: *il dì che la b. / d'amor sentii la prima volta* (G. Leopardi) | ***nome di b.***, soprannome spesso adottato da chi combatte clandestinamente: *la 'Pasionaria' fu nome di b. di Dolores Ibarruri* | ***cavallo di b.***, (*fig.*) materia, lavoro in cui si eccelle; pezzo forte **3** grande campagna propagandistica per il raggiungimento di un determinato fine: *la b. del grano; la b. per i diritti civili* **4** †schiera di soldati | battaglione **5** composizione musicale polifonica su testi descriventi scene di battaglia ‖ **battagliétta**, **dim.** | **battagliùccia**, **dim.**

> **SFUMATURE DI SIGNIFICATO**
>
> ***battaglia - combattimento - scontro - scaramuccia***
>
> **Battaglia** è uno scontro armato fra eserciti o comunque fra grandi unità nemiche. Nel quadro di una battaglia, un'azione limitata nel tempo e nell'entità delle forze contrapposte si dice **combattimento**. Se il *combattimento* è di durata breve e vi sono impegnate forze molto limitate, è più pertinente l'uso di **scontro**. Ancora più ristretto è il significato di **scaramuccia**, che definisce uno *scontro* rapidissimo fra piccoli gruppi che si esaurisce in sé, senza conseguenze.
>
> **SFUMATURE** ➤ ***attacco***

battagliànte **A** **part. pres.** di *battagliare*; **anche agg.** ● (*raro*) nei sign. del v. **B** **s. m.** ● (*raro, lett.*) combattente

battagliàre [sec. XIII] **v. intr.** (*io battàglio*; **aus.** *avere*) ● (*lett.*) prendere parte a una battaglia | (*est.*) combattere, lottare, disputare: *b. con sottili argomenti*

battagliatóre [sec. XIV] **s. m.** (**f.** *-trice*); **anche agg.** ● (*raro, lett.*) combattente

†**battaglière** [1288] **A** **s. m.** ● (*raro, lett.*) chi combatte | guerriero **B** **agg.** ➤ **battagliero**

battaglierésco [av. 1290] **agg.** (**pl. m.** *-schi*) ● (*lett.*) pertinente a battaglia | bellicoso, battagliero

♦**battaglièro** o †**battaglière** [1288] **agg.** ● bellicoso, pugnace: *esercito, giovane b.* | (*fig.*) polemico, combattivo: *animo, temperamento b.*

†**battagliévole** [av. 1332] **agg.** ● pertinente a battaglia | bellicoso, battagliero ‖ †**battaglievolménte**, **avv.** per via di battaglia

battàglio [provenz. *batalh*, che corrisponde, per orig. e sign., a *batacchio* (V.) ✱ 1275] **s. m. 1** ferro che pende dentro la campana per farla suonare | ***capo del b.***, parte più grossa che batte sulla campana **2** batacchio, battiporta, picchiotto

battagliòla o (*lett.*) **battagliuòla** [da *battaglia*: perché di difesa durante la *battaglia* (?) ✱ 1602] **s. f.** ● ringhiera costituita da cavi metallici (*draglie*) tesi tra paletti metallici (*candelieri*) posta sul bordo dei ponti scoperti delle imbarcazioni

battaglióne [da *battaglia* nel sign. 4 ✱ 1520] **s. m.** ● (*milit.*) unità dell'esercito costituita da più compagnie e comandata da un maggiore o da un tenente colonnello

battagliuòla ➤ **battagliola**

battàna [da †*batto* ✱ 1908] **s. f.** ● piccolo battello a fondo piatto usato nelle lagune venete e di Comacchio

battellière [fr. *batelier*, da *batel* 'battello' ✱

1598] **s. m.** ● chi pilota un battello

♦**battèllo** [ant. fr. *batel*, dim. dell'anglosassone *bât* 'imbarcazione' ✱ sec. XIII] **s. m. 1** imbarcazione generalmente a motore adibita a particolari impieghi: *b. da pesca, b. pilota* | ***b. porta***, cassone galleggiante che può essere affondato per chiudere bacini di carenaggio | imbarcazione a remi o a vela che, in passato, era all'ordine di una grande nave a vela | ***b. pneumatico***, gommone **2** barchettone ‖ **battellétto**, **dim.** | **battellino**, **dim.**

SFUMATURE ➤ *nave*

battentatùra [da *battente* ✱ 1955] **s. f.** ● elemento ligneo sporgente della parte inferiore esterna dei battenti di porte e finestre per assicurarne la chiusura e l'impenetrabilità all'acqua

battènte **A** **part. pres.** di *battere*; **anche agg. 1** nei sign. del v. | ***pioggia b.***, abbondante e insistente **2** ***a tamburo b.***, (*fig.*) con grande rapidità e decisione **B** **s. m. 1** imposta, anta di porta o di finestra | parte dello stipite su cui battono la porta o la finestra quando si chiudono **SIN.** battuta | ***chiudere i battenti***, (*fig.*) cessare un'attività: *l'azienda ha dovuto chiudere i battenti per le difficoltà economiche* **2** incavo di una cornice o di una specchiera, in cui s'incastra il quadro o il cristallo **SIN.** battitoio **3** batacchio, battiporta, picchiotto **4** parte del telaio per tessitura che serve da appoggio alla navetta nel suo moto e serra fortemente la trama dopo il suo passaggio **5** pezzo mobile che batte le ore sulla campana, negli orologi a suoneria **6** lembo della campana contro cui picchia il battaglio **7** lato mobile di una cassa, da alzarsi e abbassarsi **8** bordura esterna della tasca tagliata: *tasca a b.* **9** (*idraul.*) differenza di quota fra la superficie libera di un bacino e il punto più alto di un'apertura sommersa | ***bocca a b.***, apertura praticata nella parete di un bacino contenente del liquido, che risulta totalmente sommersa ‖ **battentino**, **dim.** (V.)

battentìno [1935] **s. m. 1** dim. di *battente* **2** passamano usato nella bordatura di cuscini

♦**bàttere** [lat. *bàttuere*, attrav. il lat. parl. *bàttere*, di etim. sconosciuta ✱ av. 1250] **A** **v. tr.** (**pass. rem.** *battéi*; **part. pass.** *battùto*) **1** effettuare una serie di colpi su qlcu. o qlco., con vari mezzi e per vari fini: *b. il cavallo con la frusta, un chiodo col martello*; *Caron dimonio … / batte col remo qualunque s'adagia* (DANTE *Inf.* III, 109-111) | ***b. i panni, i tappeti***, spolverarli | ***b. il grano***, trebbiarlo | ***b. i frutti***, bacchiarli | ***b. la carne***, pestarla | ***b. la verdura***, tritarla | ***b. la porta***, bussare | ***b. un colpo***, nelle sedute spiritiche, detto di spirito evocato che segnala la sua presenza: *se ci sei, batti un colpo*, (*anche scherz.*) | ***b. una punizione, un fallo laterale, un rigore***, nel calcio e sim., effettuarne il tiro | ***b. moneta***, coniarla | ***b. il tamburo***, suonarlo | ***b. la grancassa***, (*fig.*) fare gran pubblicità | ***b. cassa***, (*fig.*) chiedere soldi | ***b. banco***, (*fig.*) tenerlo, in giochi di carte e sim. | ***b. il chiodo***, (*fig.*) insistere sullo stesso argomento | ***b. il ferro finché è caldo***, (*fig.*) insistere approfittando della situazione favorevole | ***b. l'acqua nel mortaio***, (*fig.*) affaticarsi inutilmente | ***b. la fiacca***, (*fig.*) evitare la fatica, lavorare poco e svogliatamente | ***b. i tacchi***, (*fig.*) fuggire | ***b. i denti***, per freddo, paura e sim. | ***b. le mani***, applaudire | ***b. i piedi***, di bambino bizzoso; (*fig.*) di adulto caparbio, ostinato | ***b. il naso***, (*fig.*) imbattersi | ***b. il capo***, (*fig.*) ostinarsi in qlco. senza riuscirci | ***non sapere dove b. il capo***, (*fig.*) essere disperato; non sapere che fare | ***non batter ciglio***, (*fig.*) rimanere imperturbabile | ***senza batter ciglio***, (*fig.*) con impassibilità, senza scomporsi | ***b. le ali, le penne***, prendere il volo (*anche fig.*) | ***b. bandiera***, essere di una data nazionalità, detto di una nave o di un aeromobile | ***b. il passo***, segnarlo ritmicamente coi piedi sul terreno | ***b. il tempo***, in musica, dirigerlo, marcarlo | ***b. le ore***, scandirle con rintocchi | ***b. la diana, la ritirata***, darne il segnale con suoni di tromba o rulli di tamburo | ***b. la ritirata***, (*est., lett.*) scappare; (*fig.*) ritirarsi, tirarsi indietro: *la signora Beatrice colle trombe nel sacco batte la ritirata* (C. GOLDONI) | anche nella forma pron. (con valore intens.) **bàttersela** (con il pron. *la* indeterm.), (*colloq.*) andarsene via di nascosto, svignarsela: *quello che se l'è battuta, per non essere impiccato* (A. MANZONI) | ***b. una fortezza, una città***, colpirla ripetutamente con tiro d'artiglieria o altri mezzi di offesa bellica | ***b. in breccia***, dirigere i tiri delle artiglierie in un solo luogo per far breccia; (*fig.*) sconfiggere, superare nettamente | ***essere battuto dal vento***, di luogo dove il vento soffia con forza **2** sbattere, urtare una parte del corpo contro qlco.: *è caduto battendo la testa sul pavimento* **3** scrivere un testo usando una tastiera: *b. un articolo*; *b. la tesi al computer* | ***b. a macchina*** o (*assol.*) ***b.***, dattilografare **4** percorrere: *b. la via, il cammino* | (*fig.*) ***b. la strada degli impieghi, dello studio***, dedicarsi a tali carriere | frequentare, girare, scorrere: *b. la città, il mercato* | perlustrare: *b. la campagna* | ***b. una pista da sci***, rendere la neve compatta percorrendola sistematicamente con gli sci o con il gatto delle nevi | ***b. il marciapiede***, (*assol.*) ***battere***, (*fig.*) esercitare la prostituzione per strada **5** (*fig.*) vincere: *b. il nemico, l'orgoglio altrui*; *b. qlcu. in velocità*; *Italia batte Bulgaria 2 a 0* | superare: *b. un primato, il record degli incassi* | †abbattere | †umiliare: *Iddio glorioso … i peccatori batte e gastiga* (DANTE) **6** dominare, essere a cavaliere su una zona di territorio: *fece una fortezza … in su una punta di colle, e per questo batteva tutto il porto e gran parte della città di Genova* (N. MACHIAVELLI) **7** (*lett.*) lambire, bagnare, toccare, detto del mare, dell'onda: *il mare detto Terreno … che colle sue rive batte la contrada di Maremma* (G. VILLANI) **B** **v. intr.** (**aus.** *avere*); **anche v. tr. nel sign. 2** **1** cadere con insistenza, con violenza (+ *su*): *sul castello di Verona / batte il sole a mezzo giorno* (G. CARDUCCI); *la pioggia batte sui vetri* | bussare (+ *a*): *b. alla porta* | pulsare, palpitare (+ *per*): *il polso batte regolarmente*; *il cuore mi batteva per l'emozione* **2** urtare, cozzare contro qlco.: *scivolò battendo con il capo su un gradino* | ***b. in testa***, detto del rumore caratteristico prodotto, nei motori a scoppio, da una combustione irregolare **3** effettuare la battuta, nel tennis, nel baseball e in altri sport di palla **4** rintoccare: *all'orologio del campanile battevano le quattro* **5** (*fig.*) insistere (+ *su*): *non si stancherà di b. su questi principi* | ***b. su un tasto, sullo stesso tasto***, insistere sulla stessa questione | †tendere, andare a parare: *l'instanza di questo filosofo batte qua* (G. GALILEI) **6** fuggire, svignarsela, nella loc. ***b. in ritirata*** **C** **in funzione di s. m. solo sing. 1** battito: *All'intorno era un batter di mani e di piedi* (A. MANZONI) | ***in un batter d'occhio, di ciglio, di palpebre, d'ali***, (*fig.*) in un attimo **2** (*mus.*) nella loc. ***in b.***, che indica i tempi forti di una battuta **CONTR.** in levare **D** **bàttersi** **v. tr. pron.** (**aus.** *essere*) ● battere una parte del proprio corpo: *Io vidi il vecchio re battersi il volto* (M.M. BOIARDO) | ***battersi il petto***, (*fig.*) pentirsi | ***battersi i fianchi***, (*fig., lett.*) esaltarsi a freddo, artificialmente | ***†battersi il fianco***, rammaricarsi **E** **bàttersi** **v. intr. pron. 1** lottare, combattere: *battersi per un'idea, per vincere* **2** (*raro*) imbattersi: *battersi in qlcu.* **F** **bàttersi** **v. rifl. recipr.** ● combattere, duellare: *battersi all'ultimo sangue*

♦**batterìa** [fr. *batterie*, da *battre* 'battere' ✱ 1520] **s. f. 1** unità d'artiglieria costituita dall'insieme di quattro o sei pezzi e del personale, dei materiali vari e dei mezzi occorrenti per farla operare e muovere: *b. costiera, contraerea* | ***scoprire le proprie batterie***, (*fig.*) rivelare le proprie intenzioni, i propri piani e pensieri | †bombardamento | †luogo nel quale si collocavano i pezzi d'artiglieria per battere le mura di una fortezza o città **2** (*mar.*) ***ponte di b.***, (*ellitt.*) ***batteria***, primo ponte sotto coperta delle navi, dove un tempo erano sistemati i cannoni **3** insieme di vari elementi riuniti preordinatamente per uno scopo comune: *b. di test psicotecnici* | ***b. da cucina***, l'insieme degli utensili e recipienti usati in cucina | ***b. elettrica***, unione di elementi voltaici, quali pile, accumulatori e sim., per ottenere tensioni, correnti, capacità o potenze superiori a quelle dei singoli elementi che la compongono: *caricare la b. dell'automobile* | ***b. anodica***, unione di pile a secco o di accumulatori per l'alimentazione dei circuiti anodici di tubi elettronici **4** insieme di strumenti ritmici a percussione nelle orchestre spec. di jazz e di musica leggera **5** meccanismo di orologio che fa battere le ore **6** meccanismo di sparo di un fucile, spec. da caccia **7** speciale gabbia a più compartimenti utilizzata per l'allevamento industriale del pollame e di altri animali: *polli allevati in b.* **8** (*sport*) turno eliminatorio per la qualificazione alla finale o a una prova intermedia, che si disputa quando il numero dei concorrenti è tale da non poter gareggiare tutti insieme in un confronto diretto **9** muta di cani da caccia, spec. da seguito | insieme dei richiami in una rete per uccelli

battericìda o **battericìda** [vc. dotta, comp. di *batteri(o)* e *-cida* ✱ 1891] **A** **s. m.** (**pl.** *-i*) ● qualsiasi sostanza in grado di distruggere i batteri **B** **anche agg.**: *sostanza b.*

battèrico o **bactèrico** [1910] **agg.** (**pl. m.** *-ci*) ● di batteri, relativo a batteri: *coltura batterica* ‖ **battericaménte**, **avv.** per quanto riguarda i batteri **SIN.** batteriologicamente ‖ **battericità**, **s. f. inv.**

batteriemìa [comp. di *batteri(o)* ed *-emia* ✱ 1908] **s. f.** ● (*med.*) presenza di batteri vitali nel circolo sanguigno

battèrio o **bactèrio** [vc. dotta, lat. scient. *bacteriu(m)*, dal gr. *baktḗrion* 'bastoncino', dim. di *báktron*, di orig. indeur. ✱ 1888] **s. m.** ● (*biol.*) microrganismo unicellulare senza nucleo distinto | ***b. patogeno***, che produce malattie **SIN.** schizomicete

batteriòfago o **bacteriòfago** [vc. dotta, comp. di *batterio* e *-fago* ✱ 1950] **s. m.** (**pl.** *-gi*) ● (*biol.*) qualsiasi virus che infetta una cellula batterica, dalla quale viene moltiplicato e di cui in genere induce la lisi **SIN.** fago

Batteriòfite [comp. di *batterio* e del pl. f. di *-fito* ✱ sec. XX] **s. f. pl.** (**sing.** *-a*) ● (*bot.*) divisione della sistematica botanica comprendente gli organismi procarioti comunemente noti come batteri (*Bacteriophyta*)

batteriolìsi [comp. di *batterio* e *-lisi* ✱ 1948] **s. f. inv.** ● fenomeno di distruzione dei batteri per dissolvimento, determinato da speciali sostanze, o da un particolare fermento, o da cause fisiche o chimiche

batteriolìtico [1910] **agg.** (**pl. m.** *-ci*) ● relativo a batteriolisi | che provoca batteriolisi: *enzima b.*

batteriologìa o **bacteriologìa** [vc. dotta, comp. di *batterio* e *-logia* ✱ 1886] **s. f.** (**pl.** *-gìe*) ● branca della biologia che ha per oggetto lo studio dei batteri

batteriològico o **bacteriològico** [1890] **agg.** (**pl. m.** *-ci*) ● relativo alla batteriologia o ai batteri: *esame b. del sangue* | ***guerra batteriologica***, che prevede l'uso di batteri patogeni come armi di offesa || **batteriologicaménte**, avv. per quanto riguarda la batteriologia, sotto l'aspetto batteriologico

batteriòlogo o **bacteriòlogo** [vc. dotta, comp. di *batterio* e *-logo* ✱ 1894] **s. m.** (**f.** *-a*; **pl. m.** *-gi*) ● studioso di batteriologia

batterioscopìa [comp. di *batterio* e *-scopia* ✱ 1955] **s. f.** ● (*med.*) esame al microscopio di batteri a fini diagnostici o di ricerca

batteriòsi o **bacteriòsi** [comp. di *batteri(o)* e *-osi* ✱ 1962] **s. f. inv.** ● malattia delle piante provocata da batteri

batteriostàtico o **bacteriostàtico** [vc. dotta, comp. di *batterio* e dell'agg. gr. *statikós* 'che ferma, arresta' ✱ 1948] **agg.** (**pl. m.** *-ci*) ● che impedisce o rallenta lo sviluppo dei batteri: *sostanze batteriostatiche* || **batteriostaticità**, s. f. inv.

batterioterapìa o **bacterioterapìa** [vc. dotta, comp. di *batterio* e *terapia* ✱ 1886] **s. f.** ● cura di alcune malattie per mezzo di batteri || **batterioteràpico**, **agg.** (**pl. m.** *-ci*) relativo alla batterioterapia

batterìsta [da *batteria* ✱ 1950] **s. m. e f.** (**pl. m.** *-i*) ● suonatore di batteria

battesimàle [lat. mediev. *baptisimāle(m)*, deriv. di *baptĭsmus* 'battesimo' ✱ 1354] **agg.** ● relativo al battesimo: *rito, cerimonia, acqua, fonte, vasca b.* | ***innocenza b.***, totale

battésimo o (*lett.*) **battésmo** [vc. dotta, lat. eccl. *baptĭsmu(m)*, dal gr. *baptismós* 'immersione', da *báptein* 'immergere' ✱ 1065] **s. m.** (anche *Battesimo* nel sign. 2) **1** rito di immersione nell'acqua, a mezzo del quale si era iniziati in alcune sette orientali precristiane **2** primo sacramento di molte Chiese cristiane, amministrato per versamento dell'acqua sulla testa o per immersione: *tal nome mi diede il santo B.* (B. CELLINI) | ***b. per infusione***, proprio del rito romano-cattolico, consistente nell'aspergere l'acqua santa e nel farla defluire sulla testa del battezzando | ***tenere qlcu. a b.***, fare da padrino o da madrina a un neonato | ***tenere a b. qlco.***, (*fig.*) inaugurarla, promuoverla | ***nome di b.***, quello personale che precede il cognome, imposto all'atto del battesimo **3** (*fig.*) cerimonia inaugurativa di qlco.: *b. di una campana, di una nave* **4** (*fig.*) atto, rito di iniziazione | ***b. del fuoco***, la prima partecipazione a un combattimento; (*fig.*) la prima prova in un'attività impegnativa o singolare | ***b. dell'aria***, primo volo su un aereo | ***b. dell'equatore***, scherzosa cerimonia in cui vengono spruzzati d'acqua marina i passeggeri o i marinai di una nave che passino per la prima volta la linea dell'equatore

battezzàndo [sec. XVII] **s. m.** (**f.** *-a*); anche **agg.** ● chi (o che) deve ricevere il battesimo

battezzànte **A** **part. pres.** di *battezzare* ● nei sign. del v. **B** **s. m.** ● chi amministra il battesimo

battezzàre [vc. dotta, lat. eccl. *baptizāre*, dal gr. *baptízo*, da *báptein* 'immergere' ✱ 1258] **A** **v. tr.** (*io battézzo*) **1** amministrare il battesimo **2** tenere a battesimo, far da padrino o madrina: *gli ho battezzato l'ultimo figlio* **3** dare il nome per mezzo del battesimo: *lo hanno battezzato Giuseppe* | (*est.*) denominare, chiamare **4** (*scherz.*) bagnare | ***b. il vino***, annacquarlo **B** **battezzàrsi** **v. intr. pron.** **1** ricevere il battesimo **2** (*fig., raro*) assumere abusivamente un titolo, una qualifica e sim.: *battezzarsi principe*

battezzàto **A** **part. pass.** di *battezzare*; anche **agg.** ● nei sign. del v. **B** **s. m.** (**f.** *-a*) ● chi ha ricevuto il battesimo

battezzatóio ➤ **battezzatorio**

battezzatóre [vc. dotta, lat. eccl. *baptizatō-re(m)*, da *baptizāre* 'battezzare' ✱ sec. XIII] **s. m.** (**f.** *-trice*) ● chi battezza

battezzatòrio o **battezzatóio** [1313] **s. m.** ● vasca dove si battezzava per immersione | recipiente che contiene l'acqua per battezzare

battezzière [av. 1563] **s. m.** ● battezzatore

battibaléno [comp. di *battere* e *baleno* ✱ 1863] **s. m.** ● attimo, momento brevissimo, nella loc. ***in un b.***

battibeccàre [da *battibecco* ✱ 1929] **v. intr.** (*io battibécco, tu battibécchi*; **aus.** *avere*) ● avere battibecchi, discutere vivacemente: *hanno battibeccato a lungo su chi doveva pagare il conto*

✤**battibécco** [comp. di *battere* e *becco*[1] ✱ 1848] **s. m.** (**pl.** *-chi*) ● breve disputa verbale **SIN.** alterco, diverbio

SFUMATURE DI SIGNIFICATO

battibecco - diverbio - disputa

Battibecco è uno scambio polemico di battute, rapido e aspro, ma di breve durata e spesso su argomenti di scarsa rilevanza. **Diverbio**, parola di registro più elevato, è piuttosto una discussione animata, anche di lunga durata, su un argomento generalmente non futile. Il battibecco e il diverbio appartengono al piano della quotidianità; **disputa** invece nel suo significato proprio è una discussione dotta fra persone esperte che esprimono pareri contrastanti su un tema scientifico, filosofico ecc.

battìbile [1952] **agg.** ● che può essere battuto, sconfitto || **battibilità**, s. f. inv.

†**battibùglio** [da *battere* col suff. d'altri n. semanticamente vicini, come *(subb)uglio, (taffer)uglio, (guazzab)uglio* ✱ 1765] **s. m.** ● lite, disputa: *dopo che … ebbe con voi quel certo b. rissoso* (C. GOLDONI)

batticàrne [comp. di *battere* e *carne* ✱ av. 1910] **s. m. inv.** ● attrezzo di legno o di metallo usato per assottigliare le fette di carne prima della cottura

batticchiàppe [comp. di *battere* e il pl. di *chiappa* ✱ 1960] **s. m. inv.** ● anticamente, pugnale che pendeva sulle natiche

batticóda [comp. di *battere* e *coda* ✱ av. 1572] **s. f. inv.** ● (*zool.*) cutrettola

batticòffa [comp. di *battere* e *coffa* ✱ 1829] **s. f.** ● (*mar.*) rinforzo di tela cucito sul fondo delle vele di gabbia per garantirle dall'attrito delle coffe

batticòre ➤ **batticuore**

batticùlo [comp. di *battere* e *culo* ✱ av. 1576] **s. m.** **1** nelle antiche armature, parte appesa alla schiena della corazza, per proteggere le natiche **2** giberna appesa alla bandoliera **3** (*pop., disus.*) falde dell'abito a coda maschile **4** (*mar.*) cima d'ormeggio che va dalla poppa dell'imbarcazione a una bitta in banchina più a proravia, utilizzata in manovra per scostare la prua dalla banchina | bozza per mantenere il cavo di rimorchio lungo l'asse del rimorchiatore | †vela aurica portata all'estrema poppa **SIN.** mezzanella

batticuòre o (*pop.*) **batticòre** [comp. di *battere* e *cuore* ✱ av. 1389] **s. m.** ● palpitazione di cuore per fatica, timore o altro | ***avere il b.***, (*fig.*) essere ansioso, trepidante | ***far venire il b.***, (*fig.*) provocare ansia, trepidazione

battifàlce [comp. di *battere* e *falce* ✱ 1965] **s. m. inv.** ● piccola incudine per battervi la lama della falce, quando ha perso il filo

battifiàcca [comp. di *battere* (*la*) *fiacca*, loc. di orig. milit., nata da un ironico impiego di *battere* (i segnali col tamburo) ✱ 1950] **s. m. e f. inv.** ● bighellone, fannullone

battifiànco [comp. di *battere* e *fianco* ✱ 1865] **s. m.** (**pl.** *-chi*) ● parete o asse mobile che separa le poste dei cavalli nella stalla

battifòlle [comp. di *battere* e *follare*, per il prob. sign. originario di 'gualchiera' ✱ sec. XIII] **s. m.** ● (*stor.*) fortificazione provvisoria, per lo più di grossi legnami e in forma di torre

battifóndo [comp. di *battere* e *fondo* ✱ 1908] **s. m.** ● gioco d'azzardo al biliardo, con un fondo, o posta, illimitato | partita di carte in cui un solo sfidante si cimenta successivamente con più avversari

battifrédo [ant. fr. *berfroi*, dal medio alto ted. *bërcvrit*, comp. di *bërgen* 'assicurare' e *vride* 'protezione', con sovrapposizione di *battere* ✱ sec. XIII] **s. m.** ● torre di vedetta tipica delle fortificazioni medievali | torre mobile lignea usata negli assedi

✤**battìgia** [da *battere* ✱ 1839] **s. f.** (**pl.** *-gie* o *-ge*) ● parte della spiaggia battuta dalle onde **SIN.** bagnasciuga, battima

battilàno o **battilàna** [comp. di *battere* e *lana*, con la terminazione m. ✱ 1342] **s. m.** (**f.** *-a*) ● (*disus.*) operaio che batteva e ungeva la lana | materassaio

battilàrdo [comp. di *battere* e *lardo* ✱ 1923] **s. m. inv.** ● tagliere in legno di piccole dimensioni su cui si battono carne, lardo, verdure e sim.

battilàstra [comp. di *battere* e *lastra* (di metallo) ✱ 1970] **s. m. e f. inv.** ● operaio che raddrizza la lamiera grezza battendola con speciali martelli

battilòcchio [fr. *battant-l'oeil*, comp. di *battant* 'che batte' e *oeil* 'occhio' ✱ 1751] **s. m.** ● antica cuffia femminile ricadente sugli occhi

battilòglia [av. 1742] **s. f.** ● battilocchio

battilòglio [av. 1400] **s. m.** ● battilocchio

battilòro [comp. di *battere* e *oro* ✱ 1321] **s. m. inv.** ● artigiano che batte l'oro e l'argento, riducendoli in sottili lamine o foglie

bàttima [dal *battere* delle onde sulla spiaggia ✱ 1922] **s. f.** ● battigia, bagnasciuga

battimàno o **battimàni** [comp. di *battere* e *mano* ✱ 1797] **s. m.** ● (spec. al pl.) dimostrazione di favore e approvazione espressa battendo le mani: *battimani frequenti si levavano dall'assemblea*

battimàre [propr. 'dove *batte il mare*' ✱ 1813] **s. m. inv.** ● riparo dalla violenza delle onde posto sul ponte delle navi

battimàzza [comp. di *battere* e *mazza* ✱ 1853] **s. m. inv.** ● (*disus.*) chi nella fucina batte la mazza | garzone del fabbro

battiménto [1342] **s. m.** **1** (*raro*) il battere | sbattimento | palpito: *i battimenti del cuore rallentarono* **2** (*fis.*) alternativo aumentare e diminuire dell'ampiezza di oscillazioni acustiche, ottiche o di altro genere, dovuto alla sovrapposizione di due onde di frequenze vicine **3** (*mecc.*) detonazione provocata in un motore a scoppio dalla difettosa accensione del carburante

battimùro [comp. di *battere* e *muro* ✱ 1920] **s. m. inv.** ● gioco di ragazzi nel quale vince chi fa cadere più vicino alla base di un muro una moneta, una figurina, un bottone o altro oggetto, che diventa proprietà del vincitore

battipàlle [comp. di *battere* e *palla* ✱ 1853] **s. m. inv.** ● estremità più massiccia della bacchetta che si usava per calcare la munizione nei fucili ad avancarica

battipàlo [comp. di *battere* e *palo* ✱ 1570] **s. m.** (anche **f.** nel sign. 2) **1** macchina che serve a infiggere pali nel terreno mediante caduta di un maglio **SIN.** berta **2** operaio addetto alla manovra della macchina omonima

battipànni [comp. di *battere* e il pl. di *panno* ✱ 1912] **s. m. inv.** ● spatola di giunco intrecciato o di plastica con cui si battono coperte, tappeti, materassi e sim. per farne uscire la polvere

battipénna [comp. di *battere* e *penna* nel sign. di 'plettro' ✱ 1983] **s. m. inv.** ● (*mus.*) in alcuni strumenti a corda, placca di materiale resistente che protegge la tavola armonica dai colpi del plettro

battipista [comp. di *battere*, nel senso di 'preparare (avanzando per primo)' e *pista* ✱ 1970] **A** s. m. inv. (anche f. nel sign. 1) **1** chi rende percorribile una pista sciistica battendo la neve con gli sci **2** (*est.*) mezzo semovente cingolato che svolge la stessa funzione **B** anche agg. inv. nel sign. 2: *mezzi b.*

battipòrta [comp. di *battere* e *porta* ✱ 1582] s. m. inv. **1** batacchio, picchiotto **2** seconda porta, di rinforzo alla prima

battiràme [comp. di *battere* e *rame* ✱ 1561] s. m. e f. inv. ● artigiano che lavora il rame

battiscópa [comp. di *battere* (durante la pulizia) e *scopa* ✱ 1967] s. m. inv. ● fascia di legno, pietra o altro materiale che corre in basso lungo le pareti di una stanza a protezione del muro SIN. salvamuro

battiségola [comp. di *battere* e *segola* ✱ 1554] s. m. inv. ● (*bot.*, *tosc.*) fiordaliso

battisóffia [comp. di *battere* e *soffiare* (del cuore) ✱ av. 1400] s. f. ● (*raro*, *lett.*) paura che provoca palpitazioni di cuore

battispiàggia [comp. di *battere* e *spiaggia* ✱ 1962] s. m. inv. ● (*disus.*) antico battello doganale guardacoste

battispólvero o **battispólvere** [comp. di *battere* e *spolvero* ✱ 1853] s. m. ● specie di sacchetto di tessuto molto rado, pieno di gesso o di polvere di carbone, usato dai disegnatori per spolverizzare un disegno

battìsta ① ➤ **batista**

battìsta ② [vc. dotta, lat. eccl. *baptīsta(m)* 'battezzatore', dal gr. *baptistḗs*, da *baptízein* 'battezzare' ✱ 1065] **A** s. m. e f. (pl. m. *-i*) **1** (*lett.*) battezzatore | ***Giovanni B.***, San Giovanni, profeta e precursore di Gesù **2** chi apparteneva a una delle antiche sette orientali che praticavano il battesimo **3** chi appartiene a una delle confessioni cristiane riformate che ritengono efficace soltanto il battesimo amministrato al fedele adulto e consapevole del significato del sacramento **B** agg. ● relativo a una di tali sette o confessioni: *Chiesa b.*

battistèro o (*raro*) **battistèrio**, †**battistèo** [vc. dotta, lat. *baptistēriu(m)* 'bagno, piscina', lat. eccl. 'fonte battesimale', dal gr. *baptistḗrion*, da *baptízein* 'battezzare' ✱ sec. XIII] s. m. ● costruzione a pianta centrale situata un tempo nelle immediate vicinanze della chiesa e contenente il fonte battesimale che venne successivamente incorporato alla chiesa stessa, spec. sotto forma di cappella: *il b. di Parma, di Firenze, di Pisa* | (*est.*) †fonte battesimale

battistìna [da (S. Giovanni) *Battist(a)* col suff. *-ina* ✱ 1955] s. f.; anche agg. ● religiosa dell'ordine di S. Giovanni Battista

battistràda [comp. di *battere* e *strada* ✱ 1817] s. m. inv. (anche f. nei sign. 2 e 3) **1** servitore che precedeva a cavallo la carrozza del padrone | chi, spec. per motivi di sicurezza, apre la strada a cortei ufficiali, processioni e sim. **2** (*scherz.*) chi precede o annunzia altri: *è il suo b.*; *col marito davanti, b., si disponeva a uscire dalla sala* (L. PIRANDELLO) | (*iron.*) chi agevola o favorisce qlcu.: *fare da b. a una persona per un impiego* **3** chi, in una gara di corsa, fa l'andatura in testa a tutti, guidando e regolando la gara **4** parte sagomata esterna dello pneumatico, che viene a contatto con la strada, provvista di scolpiture per aumentarne l'aderenza al suolo spec. in caso di pioggia

battisuòcera [comp. di *battere* e *suocera* ✱ 1561] s. m. inv. ● (*bot.*, *tosc.*) fiordaliso

battitàcco [comp. di *battere* e *tacco* ✱ 1962] s. m. (pl. *-chi*) ● nastro di rinforzo per proteggere l'orlo interno dei calzoni

battitappéto [comp. di *battere* e *tappeto* ✱ 1963] s. m. ● specie di aspirapolvere per pulire tappeti, moquette e sim.

battitìccio [da *battere* nel sign. di 'trebbiare' ✱ 1865] **A** s. m. ● (*disus.*) residuo, sull'aia, del grano battuto **B** anche agg. (pl. m. *-ci*; pl. f. *-ce*): *paglia battiticcia*

bàttito [sec. XIV] s. m. **1** il battere, il palpitare | (*est.*) serie di colpi continui e regolari: *il b. della pioggia, dell'orologio* **2** (*med.*) fenomeno acustico provocato dalla contrazione cardiaca e dalla pulsazione arteriosa **3** (*mecc.*) ***b. in testa***, autoaccensione **4** †tremito

battitóia [da *battere* ✱ 1829] s. f. **1** (*tipogr.*) legno squadrato con cui si pareggiano i caratteri o la forma prima di stampare **2** (*mus.*) nel tamburo, la pelle superiore da percuotere

battitóio [1313] s. m. (pl. *-ói*) **1** battente nei sign. 1 e 2 **2** bacchetta o rotolo di carta per battere la musica, spec. nelle chiese **3** macchina dell'industria cotoniera usata per la battitura del cotone **4** antica macchina da guerra, simile all'ariete, usata per abbattere le mura **5** †lastrico

battitóre [av. 1264] s. m. (f. *-trice* nei sign. 1, 2 e 3) **1** chi batte: *b. di grano, di lana, di ferro* **2** nei giochi di palla, chi effettua la battuta | nel baseball, giocatore della squadra in attacco che dalla casa base ha il compito di colpire la palla con la mazza | ***b. libero***, nel calcio, giocatore della difesa senza specifici compiti di marcatura; (*fig.*) chi agisce in modo autonomo rispetto a un'organizzazione, a una corrente culturale e sim. | (*fig.*) ***fare da b. libero***, essere del tutto autonomo rispetto agli schieramenti che agiscono in un dato settore **3** chi batte un bosco, un tratto di campagna e sim. per stanare la selvaggina **4** battente **5** organo della trebbiatrice che concorre col controbattitore a separare i chicchi di grano dalla paglia e dalla pula

battitrice [1913] s. f. ● trebbiatrice

battitùra [1268] s. f. **1** il battere | scrittura eseguita con macchina per scrivere o mediante la tastiera di un computer: *la b. di un testo* **2** trebbiatura del grano e di altri cereali sull'aia | periodo in cui si compie tale lavoro **3** percossa, colpo: *recare i segni delle battiture subite* | (*est.*) impronta lasciata da un colpo, spec. di martello **4** (*fig.*, *lett.*) castigo | danno: *le battiture della fortuna* (U. FOSCOLO) **5** parte del rame che, sotto forma di scaglie, cade a terra nel batterlo a caldo | impronta prodotta sul rame dai colpi di martello

†**bàtto** [retroformazione da *battello*, inteso come dim. ✱ av. 1348] s. m. ● imbarcazione a remi

battòcchio [da *batacchio* con sostituzione di suff. e il *-tt-* di *battere* (?) ✱ 1651] s. m. ● (*raro*) batacchio

bàttola [da *battere* ✱ 1841] s. f. **1** tabella nel sign. 3 | oggetto che, agitato, produce rumore; è usato dai cacciatori per stanare la selvaggina **2** utensile per spianare, in varie tecnologie **3** (al pl.) davantini di tela bianca inamidata che completano la toga di magistrati, avvocati e, anticamente, di religiosi **4** (*relig.*) crepitacolo **5** (*raro*, *fig.*) ciarlone | parlantina

battologìa [vc. dotta, lat. *battologĭa(m)*, dal gr. *battología*, da *battologêin* 'ciarlare', di orig. onomat. ✱ 1745] s. f. (pl. *-gìe*) ● (*lett.*) inutile e noiosa ripetizione di parole e frasi

battològico [1865] agg. (pl. m. *-ci*) ● (*lett.*) che ripete inutilmente parole o frasi

battóna [da *battere* nel sign. A 2 ✱ 1959] s. f. ● (*pop.*, *centr.*) prostituta da strada

battùra [dal *battere* per 'incassare' le tavole (?) ✱ 1820] s. f. ● (*mar.*) incavo longitudinale sui due lati del trave di chiglia in legno

♦**battùta** [1320] s. f. **I** il battere **1** (*raro*) percossa o serie di percosse | (*est.*) il segno che resta impresso **2** colpo o serie di colpi dati sulla superficie di un corpo: *b. del pettine di un telaio* | nella macchina per scrivere o nella tastiera del computer, ogni pressione su un tasto: *180 battute al minuto* | (*est.*) spazio di un carattere o intervallo fra parole **3** accento, nella metrica latina e greca **4** nel dialogo teatrale, ciò che dice ogni volta ciascun attore: *saltare, perdere, dare la b.* | ***non perdere una b.***, (*fig.*) prestare molta attenzione a ciò che viene detto | (*est.*) frase, motto spiritoso e mordace: *avere la b. pronta*; *da quella b. rampollava una antica storiella* (L. SCIASCIA) **5** (*mus.*) spazio sul pentagramma delimitato da due stanghette verticali in cui sono contenuti i valori ritmici assunti come unità di base e indicati all'inizio del brano SIN. misura | ***b. binaria***, formata da due tempi di uguale durata | ***b. ternaria***, formata da tre tempi di uguale durata | ***tempo di b.***, uno dei tempi in cui essa è suddivisa | ***b. d'aspetto***, quella in cui tace una voce o uno strumento | ***b. d'arresto***, (*mus.*) battuta d'aspetto; (*fig.*) interruzione, pausa: *la trattativa ha subito una b. d'arresto* | ***a b.***, a tempo | ***contro b.***, controtempo | ***alle prime battute***, (*fig.*) agli inizi di qlco. **6** caccia fatta con battitori | (*est.*) ogni partita di caccia in comitiva | (*fig.*) vasta operazione di polizia per la cattura di malviventi **7** nella pallavolo, tennis e ping-pong, servizio | ***in prima, in seconda b.***, nel calcio, rispettivamente, con intervento diretto del difensore sull'attaccante o con intervento di un secondo difensore | ***in prima b.***, (*fig.*) inizialmente; anzitutto | ***in seconda b.***, (*fig.*) successivamente | nel baseball e sim., colpo eseguito dal battitore | nel salto, momento di stacco effettuato con uno o due piedi | nella ginnastica artistica e sim., azione che si effettua sulle pedane, sul trampolino e sim. **8** (*cucina*) preparazione della carne di manzo tipica del Piemonte, consistente nel tagliare la carne cruda in piccoli pezzetti per poi darle la giusta consistenza con il coltello e servirla con olio, limone, sale ecc. **II** luogo dove batte qlco. **1** parte dello stipite o della soglia su cui si arresta il battente **2** ***b. di un fiume***, parte della riva su cui l'acqua batte più forte **3** (*raro*) via frequentata, pista | ***andare per la b.***, (*fig.*) fare ciò che fanno gli altri ‖ **battutàccia**, pegg. | **battutèlla**, dim. | **battutina**, dim. | **battutóna**, accr.

battutàro [da *battuta* nel sign. I 4 ✱ 1984] **A** s. m. (f. *-a*); anche agg. ● (*colloq.*) detto di chi ama fare delle battute o dire frasi spiritose **B** agg. ● che si basa su battute: *comicità battutara*

battutìsta [1980] **A** s. m. e f. (pl. m. *-i*) ● comico che ha un vasto repertorio di battute | (*est.*) persona che fa spesso battute spiritose **B** anche agg.: *attore b.*

battùto **A** part. pass. di *battere*; anche agg. **1** nei sign. del v. | ***terra battuta***, costipata, spianata | ***strada battuta***, molto frequentata **2** ***ferro, rame b.***, lavorato al martello | ***a spron b.***, (*fig.*) a tutta velocità | ***un posto b. dal vento***, in cui il vento soffia spesso o impetuosamente **B** s. m. **1** trito o pesto di verdure, di solito con lardo o prosciutto per condimento **2** pesto di carne e uova o altro, per ripieni di vivande **3** pavimento costruito con calcestruzzo di cemento, lisciato e passato con la bocciarda per renderne zigrinata la superficie: *b. di un marciapiede* ‖ **battutìno**, dim.

✦**batùffolo** o (*raro*) **batùfolo** [etim. incerta ✱ 1612] s. m. ● piccolo e soffice ammasso di bambagia, lana, cotone e sim.: *un b. di cotone* | (*fig.*) bambino o animale piccolo e grasso: *quel piccino è un b. roseo* ‖ **batuffolétto**, dim. | **batuffolìno**, dim. | **batuffolóne**, accr.

bàu ① o **bào** [vc. onomat. ✱ 1481] inter. ● ri-

b

produce l'abbaiare del cane: *bau bau* | ***fare bau bau***, fare paura ai bambini, spaventarli

bàu ② ➤ **babau**

bàud /baud, *fr.* bo, *ingl.* bɔːd/ [dal n. dell'ingegnere J. M. E. *Baud(ot)* (1845-1903) ✶ 1937] **s. m. inv.** ● unità di misura della velocità di trasmissione dei dati su linee telegrafiche e telefoniche, pari a 1 bit al secondo **SIMB.** B o Bd

Bauhaus /bau'aus, *ted.* 'bao,haos/ [vc. ted. ideata dall'architetto W. Gropius (1883-1969), comp. di *Bau* 'costruzione' e *Haus* 'casa', propr. 'laboratorio di costruzione' ✶ 1945] **A** **s. m. o f. inv.** ● nome di una scuola d'arte attiva in Germania nella prima metà del Novecento, che innovò l'architettura e il design su basi razionaliste e funzionaliste **B** **in funzione di agg. inv.** ● (posposto a un sost.) che si ispira allo stile caratteristico di tale scuola d'arte: *edifici B.*

baulàre [da *baule* ✶ 1950] **v. tr.** (*io baùlo*) ● sistemare un terreno mediante baulatura

baulatùra [da *baulare* ✶ 1955] **s. f.** ● sistemazione della superficie del terreno a schiena d'asino per facilitare lo sgrondo delle acque

baùle [sp. *ba(h)úl*, dall'ant. fr. *bahur*, di etim. incerta ✶ 1618] **s. m.** La pronuncia *bàule* non è consigliabile **1** cassa da viaggio in legno o cuoio, spesso rinforzata da bandelle o borchie metalliche, munita di solito di coperchio ricurvo e, ai lati, di grosse maniglie | (*fig.*) ***viaggiare come i bauli***, senza vedere niente **2** (*autom.*) bagagliaio **SIN.** bagagliera **3** †zaino ‖ **baulétto**, **dim.** (V.) | **baulìno**, **dim.** | **baulóne**, **accr.** | **baulòtto**, **alter.**

baulerìa [1983] **s. f.** ● assortimento di bauli

baulétto [av. 1698] **s. m. 1** dim. di *baule* **2** cofanetto per oggetti femminili, spec. per gioielli | (*est.*) borsetta rigida e con manici corti, da signora | beauty case **3** nei motocicli, piccolo contenitore **4** (*cucina*) involtino di carne ripieno

baùscia /ba'uʃʃa, *lomb.* ba'yʃa/ [senso fig. del lombardo *bauscia* 'bava' ✶ 1954] **s. m. inv.** **1** (*sett.*) fanfarone **2** (*scherz.*) milanese

baùtta o (*raro*) **baùta** [venez. *bauta*, connesso con *bava* ✶ 1721] **s. f. 1** mantellina nera, di seta o velluto e pizzo, con cappuccio e maschera, usata dai veneziani durante il Carnevale nel Settecento **2** mascherina di seta o velluto per coprire la parte superiore del volto

bauxìte [fr. *bauxite*, dal nome della località provenz. di Les *Baux*, dove si trovano giacimenti di questo minerale ✶ 1892] **s. f.** ● (*geol.*) roccia base per l'estrazione dell'alluminio, costituita da un miscuglio di differenti minerali idrati di alluminio

bàva [da **baba*, vc. espressiva propria del linguaggio infant. ✶ 1313] **s. f. 1** liquido schiumoso che esce dalla bocca di certi animali e da quella di persone in un particolare stato fisico e psicologico | ***avere la b. alla bocca***, (*fig.*) essere furibondo; (*fig.*) provare un irrefrenabile desiderio nei confronti di qlco. o di qlcu. | ***far venire la b. alla bocca a qlcu.***, (*fig.*) farlo arrabbiare molto **2** filo di materia serica avvolto attorno al bozzolo, prodotto dal baco | seta debole, che non si può filare **3** soffio leggero di vento, spec. sul mare tranquillo, che spira con forza 1 della scala del vento Beaufort: *b. di vento, di scirocco, d'aria* **4** (*tecnol.*, **al pl.**) scabrosità dei metalli che escono dalla forma | parti di metallo che nella fusione scappano attraverso le fessure **5** (*pesca*) filo in materiale plastico usato per lenze e finali ‖ **bavétta** ①, **dim.** (V.)
SFUMATURE ➤ *vento*

bavaglìno [1865] **s. m. 1** dim. di *bavaglio* **2** piccolo tovagliolo che si allaccia al collo dei bambini piccoli **SIN.** bavetta

✣**bavàglio** [da *bava*, con *-aglio* ✶ av. 1311] **s. m. 1** pezzo di stoffa o fazzoletto che, strettamente legato o applicato alla bocca, impedisce a qlcu. di parlare o di gridare | ***mettere il b. a qlcu.***, (*fig.*) impedirgli di esprimere la sua volontà e le sue idee | ***mettere il b. alla libertà***, (*fig.*) ridurla o eliminarla **2** (*raro*) bavaglino ‖ **bavaglìno**, **dim.** (V.) | **bavaglióne**, **accr.**

bavagliòlo o (*lett.*) **bavagliuòlo** [da *bavaglio*, con *-olo*③ ✶ 1400 ca.] **s. m.** ● bavaglino ‖ **bavagliolìno**, **dim.**

bavarése (o **-ṣ-**) [1686] **A** **agg.** ● della Baviera: *costumi bavaresi* **B** **s. m. e f.** ● abitante o nativo della Baviera **C** **s. f. 1** bevanda calda a base di latte, cioccolata o tè, uova e liquore, preparata frullando tutti gli ingredienti **2** semifreddo a base di latte, uova, panna e gelatina

bavàrico [av. 1374] **agg.** (**pl. m.** *-ci*) ● (*lett.*) dei Bavari, della Baviera

bàvaro ① [av. 1347] **s. m.** (**f.** *-a*) ● (*lett.*) abitante o nativo della Baviera

†**bàvaro** ② ➤ **bavero**

bavatùra [1970] **s. f.** ● (*tecnol.*) sbavatura

bavèlla [da *bava* ✶ 1319] **s. f. 1** insieme delle bave esterne del bozzolo del filugello che si estraggono come cascame prima del filamento continuo di seta **2** (*est.*) tessuto ricavato dal filo omonimo

bàvera [da *bavero* ✶ 1848] **s. f.** ● collo ampio increspato o pieghettato che circonda una scollatura | scialletto o mantellina femminile, che scende sulle spalle e sul petto ‖ **baverìna**, **dim.**

bàvero o †**bàvaro**② [etim. discussa: da *bava* (?) ✶ av. 1400] **s. m.** ● colletto della giacca, del soprabito, del cappotto | ***prendere qlcu. per il b.***, afferrarlo o aggredirlo; (*fig.*) prenderlo in giro ‖ **baverétto**, **dim.** | **baverìna**, **dim. f.** | **baverìno**, **dim.**

bavétta ① [da *bava* ✶ 1568] **s. f. 1** sbavatura del metallo fuso **2** riparo, per lo più di gomma o tela gommata, sospeso dietro le ruote dei veicoli contro gli spruzzi e la polvere **3** (**al pl.**) tipo di pasta alimentare a forma di strisce strette e sottili **CFR.** linguina, trenetta ‖ **bavettìna**, **dim.**

bavétta ② [adattamento del fr. *bavette* 'bavaglino' ✶ 1951] **s. f.** ● pettorina | bavaglino

bavièra [fr. *bavière*, da *bave* 'bava' ✶ av. 1431] **s. f. 1** nelle antiche armature, parte mobile della celata chiusa che protegge la gola e il mento **2** striscia attaccata a berretti di lana usata un tempo per riparare la bocca dal freddo

bavósa (o **-ṣ-**) [per il muco (*bava*) abbondante ✶ 1913] **s. f.** ● (*pop.*) denominazione di vari Pesci ossei marini commestibili, appartenenti al genere blennio

bavóso (o **-ṣ-**) [av. 1332] **agg.** ● cosparso di bava | che cola bava: *vecchio, bambino b.*

Bayràm o **Bairàm** [vc. turca, propr. 'festa' ✶ 1602] **s. m. inv.** ● (*relig.*) nome di due feste musulmane | ***Piccolo B.***, della durata di tre giorni, successivo al digiuno del Ramadan | ***Grande B.***, della durata di quattro giorni, settanta giorni dopo il piccolo Bayram **CFR.** bailamme

baẓàr [persiano *bāzār* 'mercato' ✶ av. 1340] **s. m. inv. 1** mercato tipico dell'Oriente islamico e dell'Africa settentrionale **2** (*est.*) emporio di merci d'ogni genere **3** (*fig.*) luogo in cui regna un grande disordine
SFUMATURE ➤ *mercato*

bazooka /bad'dzuka, *ingl.* bə'zuːkə/ [vc. ingl. d'America, propr. 'strumento simile al trombone': dal pop. *bazoo* 'trombetta' (?) ✶ 1943] **s. m. inv. 1** (*milit.*) lanciarazzi anticarro portatile **2** (*cinema*) cavalletto a un solo piede usato per sostenere la cinepresa durante riprese in luoghi angusti

baẓùca [1966] **s. m. inv.** ● adattamento di *bazooka* (V.)

bàẓẓa ① (o **-zz-**) [etim. incerta ✶ av. 1535] **s. f. 1** (*disus.*) in alcuni giochi di carte, la carta o le carte vinte all'avversario **2** colpo fortunato: *che b.!*; *è proprio una b.!*

bàẓẓa ② (o **-zz-**) [etim. incerta ✶ 1863] **s. f.** ● mento molto sporgente | (*fam.*, *scherz.*) mento: *pulirsi la b.*

baẓẓàna [ant. provenz. *bazana*, dall'arabo parl. *biṭāna* 'pelle di pecora' e 'fodera' ✶ 1582] **s. f.** ● pelle assai morbida di pecora, usata per rilegare libri

baẓẓècola (o **-é-**) [etim. incerta; da *bazza*① (?) ✶ av. 1565] **s. f.** ● cosa insignificante, di poco conto: *questo problema è una b. per me* **SIN.** bagattella, inezia

bàzzica [etim. incerta ✶ 1532] **s. f. 1** gioco di carte, le cui regole sono simili in parte alla briscola e in parte al tressette | gruppo di tre o quattro carte uguali nel gioco medesimo **2** gioco al biliardo **SIN.** trentuno reale

bazzicàre [etim. sconosciuta ✶ 1288] **A** **v. tr.** (*io bàzzico, tu bàzzichi*) ● (*raro*) frequentare abitualmente: *bazzicano caffè e trattorie da molti anni* (E. DE AMICIS) **B** **v. intr.** (aus. *avere*) ● intrattenersi sistematicamente in qualche luogo o presso qlcu. (+ *in*, + *per*): *quel tale bazzica troppo in casa nostra*; *tornando a b. per i mercati di campagna* (R. BACCHELLI)

†**bazzicatùra** [1355] **s. f.** ● (**spec. al pl.**) cianfrusaglia, cosa di poco pregio

bazzicòtto [da *bazzica*① ✶ 1761] **s. m. 1** nel gioco della bazzica, combinazione di tre carte uguali **2** nella bazzica al biliardo, colpo che abbatte tutti i birilli meno il centrale ‖ **bazzicottóne**, **accr.** (V.)

bazzicottóne [accr. di *bazzicotto* ✶ 1865] **s. m.** ● nel gioco della bazzica, combinazione di quattro carte uguali

baẓẓòffia o †**baṣòffia** [etim. incerta ✶ 1585] **s. f. 1** (*centr.*) minestrone o (*est.*) cibo abbondante e grossolano **2** (*centr.*, *fig.*) complesso di cose in disordine | discorso, scritto e sim., lungo e confuso

baẓẓóne [da *bazza*② ✶ 1962] **s. m.** (**f.** *-a*) ● chi ha una grande bazza

✣**baẓẓòtto** o (*centr.*) **barẓòtto** [lat. *bădiu(m)* '(di colore) baio', cioè 'intermedio', con suff. attenuante ✶ 1605] **agg. 1** detto di uovo cotto in acqua bollente in modo tale da non diventare completamente sodo **2** (*fig.*) detto di cosa o persona che si trova in una condizione indefinita | ***tempo b.***, né sereno né piovoso

baẓẓùto [da *bazza*② ✶ 1955] **agg.** ● (*raro*) che ha il mento molto sporgente | (*raro*) aguzzo

†**be** ● V. **bi**

bè /'bɛː/ o **bèe** /'bɛɛ/ [vc. onomat., come il lat. *bee* ✶ 1348] **inter. 1** riproduce il belato delle pecore, degli agnelli, delle capre e sim. **2** (*fig.*) esprime derisione verso chi si dimostra pauroso

be' ① /bɛ/ [av. 1306] **agg. m. pl.** ● (*tosc.*) troncamento di *bei* (pl. m. di *bello* (V.)): *i be' visi leggiadri* (F. PETRARCA)

be' ② /bɛ/ ➤ **bene**①

be' ③ ➤ **beh**

beach /*ingl.* 'biːtʃ/ [vc. ingl. 'spiaggia' ✶ 1987] **s. f. inv.** (**pl. ingl.** *beaches*) ● spiaggia, in alcune loc. sost. m. inv. | ***beach volley***, pallavolo che si gioca sulla spiaggia con squadre costituite da due giocatori | ***beach tennis***, tennis giocato su un campo di sabbia con apposite racchette, nel quale i giocatori (singoli o a coppie) devono colpire la palla sempre al volo | ***beach soccer***, tipo di calcio giocato a piedi nudi sulla spiaggia da due squadre composte al massimo di cinque giocatori (comp. con l'ingl. amer. *soccer* 'gioco del calcio') | ***beach wear***, o (con grafia unita) ***beachwear***, abbigliamento da spiaggia (comp. con l'ingl. *wear* 'vestiario')

beagle /ˈbigol, *ingl.* ˈbiːg(ə)l/ [vc. ingl., di orig. sconosciuta ✱ 1913] **s. m. inv.** ● piccolo cane da caccia di origine inglese, dal mantello generalmente tricolore a tinte vivaci

beànte ① [ant. fr. *béant*, part. pres. di *beer*, da *baer* 'stare aperto', dal lat. parl. **batāre* 'stare a bocca aperta', di orig. onomat. ✱ 1908] **agg.** **1** (*med.*) che rimane aperto: *vena b.* **2** (*geol.*) detto di faglia o sim. che separa due masse rocciose per mezzo di una fessura

beànte ② **part. pres.** di *beare*; **anche agg.** ● (*raro, lett.*) che dà beatitudine

bear /ˈbear, *ingl.* bɛə/ [vc. ingl., propr. 'orso', deriv. prob. da frasi proverbiali, come il noto *vendere la pelle dell'orso prima di averlo preso* ✱ 1955] **s. m. inv.** ● (*banca*) nel linguaggio della borsa, speculatore al ribasso **SIN.** orso, ribassista **CFR.** bull, toro

♦**beàre** [vc. dotta, lat. *beāre* 'rendere felice', di etim. incerta ✱ 1268] **A** **v. tr.** (**pres.** *io bèo*; **fut.** *io beerò*) ● (*raro*) far contento, felice, deliziare qlcu.: *b. qlcu. di parole*; *il raggio / che primo la beò: un amico* (U. SABA) **B** **beàrsi v. intr. pron.** ● dilettarsi, compiacersi, estasiarsi: *bearsi alla vista di un quadro*; *si beava della loro allegria* (L. PIRANDELLO)

bearnése (o -ṣ-) [1950] **A** **agg.** ● del Béarn, regione storica della Francia sud-occidentale | ***salsa b.***, salsa a base di rosso d'uovo, cipolla, burro fuso, aceto, sale e pepe, particolarmente adatta ad accompagnare carne o pesce alla griglia **B** **s. m. e f.** ● abitante o nativo del Béarn | (*per anton.*) ***il Bearnese***, Enrico IV di Francia

beat ① /*ingl.* biːt/ [vc. ingl., che traduce propr. 'battuta', dal part. pass. di *to beat* 'colpire', di orig. indeur. ✱ 1959] **s. m. inv.** ● (*mus.*) tempo di battuta | nel jazz, pulsazione ritmica fondamentale, di due o quattro tempi, eseguita dalle percussioni in contrasto con la linea melodica

beat ② /*ingl.* biːt/ [vc. ingl., propr. 'battuto, avvilito, esaurito', sottinteso *generation* 'generazione' ✱ 1959] **A** **s. m. e f. inv.** **1** appartenente a un movimento letterario e culturale di protesta sorto negli Stati Uniti nei primi anni '50 del Novecento **2** (*est.*) negli anni '50 e '60 del Novecento, giovane contestatore ribelle e anticonformista **B** **agg. inv.** **1** pertinente ai beat: *letteratura, moda, locale b.* **2** (*mus.*) detto di movimento musicale sorto in Inghilterra negli anni '60 del Novecento, con influenza del blues e del primo rock americano

†**beatànza** [1308] **s. f.** ● beatitudine

beatificàbile [1745] **agg.** ● che si può dichiarare beato

beatificàre [vc. dotta, lat. tardo *beatificāre*, comp. di *beātus* 'felice' e *făcere* 'fare' ✱ av. 1306] **v. tr.** (*io beatìfico, tu beatìfichi*) **1** (*raro, lett.*) beare, deliziare: *Una profonda pace lo beatifica* (G. D'ANNUNZIO) **2** dichiarare beato mediante atto di beatificazione (V.)

beatificazióne [av. 1406] **s. f.** ● atto con il quale la Chiesa cattolica permette che un servo di Dio, morto in fama di santità, sia onorato con culto pubblico e con titolo di beato **CFR.** canonizzazione | cerimonia pontificia nella quale un servo di Dio è proclamato beato | ***causa di b.***, processo canonico nel quale si approvano o si respingono i titoli per una proposta di beatificazione

beatìfico [vc. dotta, lat. tardo *beatĭficu(m)*, comp. di *beātus* 'felice' e *făcere* 'fare' ✱ av. 1406] **agg.** (**pl. m.** *-ci*) ● (*lett.*) che fa beato | ***visione beatifica***, godimento di Dio, proprio dei beati

beatitùdine [vc. dotta, lat. *beatitūdine(m)*, da *beātus* 'felice' ✱ 1268] **s. f.** **1** condizione perfetta dell'anima, che, nel Paradiso, gode della contemplazione di Dio **2** ciascuno dei principi di perfezione evangelica che sono enunciati nel Discorso della Montagna (che contiene il nucleo essenziale dell'insegnamento di Gesù Cristo) **3** (*est.*) stato di felicità completa: *aspirare alla b.*; *essere immerso in una totale b.*

beatnik /*ingl.* ˈbiːtnɪk/ [vc. ingl., da *beat* col suff. d'altra vc., come in *(sput)nik* ✱ 1961] **s. m. e f. inv.** ● beat②

♦**beàto** [vc. dotta, lat. *beātu(m)* 'felice', part. pass. di *beāre* 'beare' ✱ 1224 ca.] **A** **part. pass.** di *beare*; **anche agg.** **1** che è in uno stato di completa felicità | si usa in escl. per esprimere ammirazione, invidia benevola o indicare sorte fortunata: *b. lui!*; (*iron.*) *è felice nella sua beata ignoranza* | ***b. fra le donne***, di chi si trova, unico uomo, fra più donne | ***b. chi lo vede!***, di chi si vede raramente | ***vita beata***, serena **2** (*relig.*) che gode della visione beatifica di Dio: *la Beata Vergine* ‖ **beataménte**, **avv.** con beatitudine, con contentezza **B** **s. m.** (**f.** *-a*) **1** (*relig.*) chi gode della perfetta felicità nella contemplazione di Dio | ***il Regno dei beati***, il Paradiso **2** (*relig.*) titolo con il quale un servo di Dio, in seguito a processo canonico di beatificazione, è elevato all'onore degli altari **3** (*fig., spreg.*) †bacchettone, bigotto

†**beatóre** [1561] **s. m.** (**f.** *-trice* (V.)); **anche agg.** ● (*raro*) chi (o che) dispensa beatitudine, rende beati

beatrìce [1294] **A** **s. f.** **1** (*raro, lett.*) dispensatrice di beatitudine, di gioia spirituale: *Vaghe faville ... beatrici / de la mia vita* (F. PETRARCA) **2** (*raro, lett.*) ispiratrice (con riferimento alla Beatrice dantesca): *disse: 'Ritroverai la b.'* (G. PASCOLI) **B** **anche agg.**

beau geste /*fr.* boˈʒɛst/ [loc. fr. comp. di *beau* 'bello' e *geste* 'gesto' ✱ 1949] **loc. sost. m. inv.** (**pl. fr.** *beaux gestes*) ● (*iron.*) bel gesto

Beaujolais /*fr.* boʒɔˈlɛ/ [vc. fr., ellissi di *vin du Beaujolais* 'vino della regione del Beaujolais', nel Massiccio Centrale, dove si produce ✱ 1907] **s. m. inv.** ● (*enol.*) vino rosso dell'omonima regione francese, commercializzato particolarmente come vino novello (*B. nouveau*)

beauty /*ingl.* ˈbjuːtɪ/ [vc. ingl. 'bellezza' (dal fr. *beauté*) ✱ 1960] **A** **s. f. inv.** ● bellezza, spec. in alcune loc. (sempre davanti a un sost.) | nella loc. sost. m. inv. ***beauty case*** (o accorc. ***beauty***), piccola valigia a forma di bauletto contenente gli oggetti di toeletta e i prodotti di bellezza necessari per il trucco (loc. pseudo-ingl. comp. con *case* 'cassetta'; in ingl. *vanity case*) | nella loc. sost. m. inv. ***beauty center***, istituto di bellezza (comp. con *center*, var. USA di *centre* 'centro') | nella loc. sost. f. inv. ***beauty farm***, albergo che offre agli ospiti terapie fisiche e trattamenti estetici o dietetici (comp. con *farm* 'fattoria') **B** **s. m. inv.** ● (*fis.*) bottom

beauty contest /bjutiˈkɔntest, *ingl.* ˈbjuːtɪˌkɒntest/ [loc. ingl., propr. 'concorso (*contest*) di bellezza (*beauty*)' ✱ 1998] **loc. sost. m. inv.** ● (*econ.*) metodo di attribuzione del diritto di sfruttamento di un bene pubblico a un soggetto privato che si basa su una preselezione dei concorrenti da ammettere all'asta in base all'esperienza maturata nel settore, alle risorse finanziarie disponibili e al piano industriale proposto

bebè [fr. *bébé*, prob. adattamento dell'ingl. *baby* (V.) ✱ 1875] **s. m. inv. e** *raro* **f. inv.** **1** bambino molto piccolo: *è nato un b.*; *il mio b. compie tre mesi* **2** nella loc. agg. inv. ***alla b.***, detto di ciò che è destinato ai bambini, oppure presenta caratteristiche di tipo infantile | ***scarpe alla b.***, calzature classiche per bambini scollate e con cinturino orizzontale sul collo del piede | ***capelli alla b.***, taglio di capelli femminili molto corto alla nuca | ***colletto alla b.***, piccolo e rotondo

be-bòp /biˈbɔp, *ingl.* ˈbiːˌbɒp/ [vc. di creazione arbitraria (onomat.) per indicare l'incoerente dissonanza di questo tipo di jazz ✱ 1950] **s. m. inv.** **1** (*mus.*) stile di jazz dei neri americani nato in America negli anni '40 del Novecento, ostico e provocatorio, caratterizzato da nuova articolazione ritmica, ricchezza armonica e salti di note **2** ballo a ritmo veloce, derivante dall'omonimo stile jazzistico

†**bécca** ① [etim. incerta ✱ sec. XV] **s. f.** **1** specie di sciarpa di seta nera portata anticamente da professori universitari e magistrati **2** bandoliera militare **3** nastro di seta usato un tempo per legare le calze sotto al ginocchio

bécca ② [da *becco*① ✱ 1865] **s. f.** **1** angolo, estremità di un fazzoletto e sim. **2** piega che si fa all'angolo esterno del foglio di un libro per ritrovare la pagina **3** (*sett.*) picco montano **4** berretta a due punte tipica dei dogi veneziani **5** nella piccozza da alpinismo, solida lama d'acciaio appuntita e seghettata

beccàbile [av. 1601] **agg.** ● (*raro*) che si può beccare

beccàccia [per la forma del *becco* ✱ 1598] **s. f.** (**pl.** *-ce*) ● uccello commestibile dei Caradriformi con zampe brevi, becco lungo e diritto, piumaggio molto mimetico (*Scolopax rusticola*) | ***b. di mare***, con becco rosso più corto e zampe rosse più lunghe della beccaccia (*Haematopus ostralegus*)

beccaccìno [da *beccaccia* ✱ 1598] **s. m.** **1** uccello commestibile migratore dei Caradriformi, più piccolo della beccaccia e con zampe più lunghe (*Capella gallinago*) **2** (*mar.*) deriva da regata con scafo a spigolo, randa e fiocco **SIN.** snipe

beccaccióne [pegg. di *becco* nel senso di 'cornuto' ✱ 1941] **s. m.** (**f.** *-a* **nel sign.** *est.*) ● (*roman.*) marito tradito | (*est.*) persona sciocca, credulona

†**beccaficàta** [av. 1698] **s. f.** **1** (*raro*) scorpacciata di beccafichi **2** banchetto tenuto dagli Accademici della Crusca, al momento del rinnovo delle cariche **SIN.** stravizzo

beccafìco [comp. di *becca(re)* e *fico*① ✱ 1481] **s. m.** (**pl.** *-chi*) **1** uccello canoro dei Passeriformi simile alla capinera ma di colore bigio (*Sylvia borin*) **2** (*cucina*) ***sarde a b.***, sarde arrotolate e farcite con pangrattato, uvetta e pinoli e cotte al forno con cipolla, specialità siciliana

beccàio [da *becco*② ✱ av. 1292] **s. m.** (**f.** *-aia*, **pl. m.** *-ai*) **1** († o *centr., merid.*) macellaio **2** †carnefice

beccamòrti o **beccamòrto** [comp. di *becca(re)* e il pl. di *morto* ✱ av. 1340] **s. m. e f. inv.** ● (*spreg.*) becchino (anche come ingiuria)

beccamòrto [sec. XIV] **s. m.** **1** V. *beccamorti* **2** (*fig., scherz.*) corteggiatore, spasimante: *fa il b. con tutte le donne*

beccamoschìno [comp. di *becca(re)* e *moschino*① ✱ 1930] **s. m.** ● piccolo uccello dei Passeriformi con piumaggio rossiccio e sottili strisce nere (*Cisticola iuncidis*)

beccapésci [comp. di *becca(re)* e il pl. di *pesce* ✱ 1827] **s. m. inv.** ● uccello marino dei Lariformi con becco nero slanciato dalla punta gialla, coda sviluppatissima e piedi palmati neri (*Sterna sandvicensis*)

♦**beccàre** [da *becco*① ✱ 1282] **A** **v. tr.** (*io bécco, tu bécchi*) **1** prendere col becco: *la gallina becca il granoturco* | colpire, ferire col becco: *quell'uccello ha beccato il compagno* | (*est.*) pizzicare: *mi ha beccato un tafano* | (*est., scherz.*) mangiucchiare: *b. qlco. prima di pranzo* **2** (*fig., colloq.*) ottenere, con fortuna o astuzia: *ogni moglie che becca un marito* (G. PARINI) | sorprendere, cogliere, spec. in fallo: *l'hanno beccato mentre rubava* | anche nella forma pron. (con valore intens.) **beccàrsi**, prendersi, buscarsi: *con la speranza*

... *di beccarsi un discreto guadagno* (C. Collodi); *beccarsi una denuncia, un ceffone; s'è beccato l'influenza* **3** (*fig.*) provocare, polemizzare | in teatro, disapprovare con vivace prontezza battute o sbagli di attori: *i loggionisti hanno beccato il tenore* | ***farsi b. dal pubblico***, farsi disapprovare vivacemente **B** **v. intr.** (**aus.** *avere*) **1** (*colloq.*) subire una sconfitta: *la Juventus ha beccato dall'ultima in classifica* **2** difettare d'equilibrio, detto di fucile da caccia **C** **beccàrsi** **v. rifl. recipr.** • colpirsi reciprocamente col becco | (*fig., colloq.*) bisticciarsi: *quei due si beccano sempre per delle stupidaggini*

beccàta [av. 1306] **s. f.** **1** colpo di becco | (*est.*) quantità di cibo che un uccello prende col becco **2** (*fig.*) in teatro, commento ironico e derisorio del pubblico a un qualsiasi incidente o errore scenico || **beccatèlla**, **dim.** | **beccatìna**, **dim.**

beccatèllo [da *becco*①, per la forma ✱ 1344] **s. m.** **1** (*archit.*) mensoletta spec. di legno per sostenere parti in aggetto di un edificio | nell'antica architettura militare struttura sporgente, gener. costituita da un archetto su mensole, destinata a respingere dall'alto gli assalitori **2** piolo dell'attaccapanni

beccatóio [da *beccare* ✱ av. 1494] **s. m.** (**pl.** *-ói*) • recipiente che contiene il becchime nella gabbia per uccelli

beccatùra [1539] **s. f.** • il beccare | (*est.*) segno lasciato da un colpo di becco

beccheggiàre [frequentativo di *beccare*, per il movimento simile a quello di un uccello che becca ✱ 1797] **v. intr.** (**pres.** *io becchéggio*; **fut.** *io beccheggerò*; **aus.** *avere*) • compiere movimenti di beccheggio, detto di nave e di aeromobile

beccheggiàta [1941] **s. f.** • (*mar., aeron.*) movimento di beccheggio

becchéggio [da *beccheggiare* ✱ 1813] **s. m.** • (*mar., aeron.*) movimento di oscillazione pendolare della nave o dell'aereo intorno all'asse trasversale **CFR.** rollio, imbardata | ***asse di b.***, asse attorno al quale avviene tale oscillazione

beccherìa [da *beccaio* ✱ av. 1325] **s. f.** • (*disus.* o *centr., merid.*) macelleria | †macello

becchettàre [da *beccare* ✱ 1856] **A** **v. tr.** (*io becchétto*) • beccare con frequenza e rapidità **B** **becchettàrsi** **v. rifl. recipr.** • beccarsi a piccoli colpi | (*fig.*) bisticciarsi

becchettìo [1911] **s. m.** (**pl.** *-ìi*) • il becchettare | il rumore insistente che ne deriva

becchétto [da *becco*① con suff. dim. ✱ 1321] **s. m.** **1** punta del cappuccio medievale **2** parte superiore e laterale delle scarpe dove sono i fori per infilare le stringhe

becchìme [da *beccare* ✱ 1779] **s. m.** • cibo per volatili, spec. domestici

becchincróce [dal *becco* a punte *incrociate* ✱ 1955] **s. m. inv.** • (*zool.*) crociere

becchìno [da *beccare*. V. *beccamorti* ✱ 1353] **s. m.** (**f.** *-a*) • chi trasporta e seppellisce i morti **SIN.** necroforo

♦**bécco**① [lat. *bĕccu(m)*, di prob. orig. celt. ✱ 1282] **s. m.** (**pl.** *-chi*) **1** caratteristica formazione cornea costituita da due pezzi che rivestono la mascella e la mandibola degli Uccelli, dei Cheloni e dei Monotremi, la cui forma e grandezza è in rapporto al regime alimentare | (*fig., scherz.*) ***ecco fatto il b. all'oca***, ecco fatto tutto | (*fig.*) ***non avere il b. d'un quattrino***, essere senza un soldo **2** (*fig., scherz.*) bocca umana | ***aprire, chiudere il b.***, parlare, cessare di parlare | ***tenere il b. chiuso***, tacere | ***mettere il b. in qlco.***, intromettersi, ingerirsi, spec. a sproposito | ***restare a b. asciutto***, essere escluso da qlco. | ***bagnarsi il b.***, bere **3** (*est.*) sporgenza appuntita di vari oggetti: *il b. della caffettiera, della piccozza, del bulino, del calcio del fucile* | bocchino di alcuni strumenti a fiato **4** ***b. d'oca***, specie di pinzetta usata per conservare l'arricciatura ai capelli **SIN.** beccuccio **5** bruciatore a gas provvisto di un regolatore di intensità della fiamma: *b.* (*di*) *Bunsen* **6** (*edil.*) ***b. di civetta***, tipo di modanatura incurvata | piastrella di rivestimento con spigolo arrotondato, usata come terminale di una fascia di rivestimento **7** (*miner.*) ***b. di stagno***, cassiterite a cristalli geminati **8** monte dalla vetta affilata e dai fianchi scoscesi || **becchétto**, **dim.** | **beccùccio**, **dim.** (V.)

bécco② [etim. incerta ✱ av. 1288] **s. m.** (**pl.** *-chi*) **1** maschio della capra **SIN.** caprone, (*lett.*) irco **2** (*pop., fig.*) marito di donna infedele **SIN.** cornuto | ***b. e bastonato***, chi, oltre al danno, subisce anche le beffe

beccofrusóne o **beccofrosóne** [comp. di *becco*① e *frusone* ✱ 1869] **s. m.** • uccello dei Passeriformi con ampia bocca fornita di becco corto e diritto, ciuffo erettile sul capo e piumaggio soffice e denso di color grigio rossastro (*Bombycilla garrulus*) **SIN.** galletto di bosco

beccolàre [1612] **v. tr.** (*io béccolo*) • (*raro*) beccare lentamente qua e là (*anche assol.*)

beccucchiàre [1865] **v. tr.** (*io beccùcchio*) • (*raro*) beccare leggermente, a riprese

beccùccio [1550] **s. m.** **1** dim. di *becco*① **2** piccolo prolungamento sporgente e adunco di ampolle, anfore, storte e sim. da cui si versa un liquido **3** pinzetta usata per conservare l'arricciatura ai capelli **SIN.** becco d'oca

beccùto [1748] **agg.** • (*raro*) fornito di becco | (*est.*) che ha un lungo becco

beccuzzàre [da *becc(o)* col suff. *-uzzare* ✱ 1882] **v. tr.** • (*raro*) beccucchiare

beceràggine [1903] **s. f.** • volgarità, cafonaggine | comportamento, espressione o azione da becero

beceràre [da *becero* ✱ 1947] **v. intr.** (*io bécero*; **aus.** *avere*) • parlare in modo volgare, chiassoso e spesso anche senza criterio, a vanvera

beceràta [1865] **s. f.** • azione o discorso da becero

beceréşco [av. 1918] **agg.** (**pl. m.** *-schi*) • da becero

♣**bécero** (o -è-) [etim. incerta ✱ av. 1492] **A** **s. m.** (**f.** *-a*) • persona volgare e insolente | persona rozza e ineducata **B** **agg.** • volgare, insolente: *gente becera* || **beceróne**, **accr.** || **beceraménte**, **avv.**

becerùme [da *becero* ✱ 1863] **s. m.** • (*tosc.*) marmaglia, gentaglia

béchamel /*fr.* beʃa'mɛl/ [1766] **s. f. inv.** • besciamella

bècher /'bɛker, *ted.* 'bɛçʌ/ [ted. *Becher*, dal lat. parl. *bicārium* 'bicchiere' (V.) ✱ 1905] **s. m. inv.** (**pl. ted. inv.**) • recipiente cilindrico, spec. di vetro, munito di beccuccio, resistente al fuoco, usato nei laboratori chimici

bèchico [vc. dotta, lat. *bēchicu(m)*, dal gr. *bēchikós*, da *bḗx* genit. *bēchós* 'tosse' di etim. incerta ✱ 1567] **A** **agg.** (**pl. m.** *-ci*) • detto di medicamento contro la tosse **B** **anche s. m.**

béco [da *Beco*, dim. di *Domenico* ✱ av. 1588] **s. m.** (**f.** *-a*; **pl. m.** *-chi*) • (*tosc.*) contadino o popolano rozzo, goffo

becquerel /*fr.* bɛk'rɛl/ [dal n. del fisico fr. A.H. *Becquerel* (1852-1908) ✱ 1972] **s. m. inv.** • (*fis.*) unità di misura dell'attività di una sostanza radioattiva nel Sistema Internazionale, pari a un decadimento al secondo **SIMB.** Bq

bedanatrìce [dal fr. *bédâne*, comp. di *bec d'ane* 'becco d'anatra' (per la forma), confuso poi con (*bec*) *d'âne* 'd'asino' ✱ 1955] **s. f.** • macchina per forare tavole di legno

bed and breakfast /*ingl.* bɛd ən-'brɛkfəst/ [loc. ingl., propr. 'letto (*bed*) e (*and*) prima colazione (*breakfast*)' ✱ 1984] **A** **loc. sost. m. inv.** (**pl. ingl.** *bed and breakfasts*) • forma di alloggio turistico spec. a conduzione familiare, che comprende il pernottamento e la prima colazione | (*est.*) struttura o casa privata che offrono tale sistemazione **B** **anche loc. agg. inv.**: *trattamento bed and breakfast*

bedàno [fr. *bédâne*, da intendere *be(c) d'âne* 'becco d'asino' ✱ 1617] **s. m.** • scalpello a lama stretta, adatto per eseguire scanalature e incastri

bedụìna [da *beduino*, per la foggia ✱ 1853] **s. f.** • lungo mantello femminile con cappuccio, usato un tempo per la sera

bedụìno [arabo *bedawī* 'abitante del deserto (*badw*)' ✱ sec. XV] **A** **s. m.** (**f.** *-a*) **1** nomade arabo delle steppe e dei deserti del Medio Oriente e dell'Africa settentrionale **2** (*fig.*) persona dall'apparenza rozza o strana **B** **agg.** • di beduini: *tribù beduine*

bèe • V. **bè**

bèen /bɛɛn/ [dal persiano *bahman* 'undicesimo mese dell'anno (corrispondente circa a gennaio)', quando la radice è raccolta e mangiata ✱ 1550] **s. m. inv.** • (*bot.*) nome di alcune specie arboree delle Moringacee, a distribuzione tropicale, con fiori bianchi profumati e semi in capsule (*Moringa oleifera, Moringa aptera, Moringa arabica*) | ***olio di b.***, olio che si estrae dai semi di tali piante, usato come alimento, lubrificante e cosmetico

beep /*ingl.* bi:p/ [1990] **s. m. inv.** • bip

beeper /'biper, *ingl.* 'bi:pə(r)/ [vc. ingl., dal v. *to beep* 'far bip (*beep*)' ✱ 1988] **s. m. inv.** • cercapersone

beethoveniàno (bee-tho-ven-ia-no, bee-tho-ve-nia-no) /beetove'njano/ [1900] **A** **agg.** • relativo al musicista tedesco Ludwig van Beethoven (1770-1827) o alla sua opera: *le nove sinfonie beethoveniane* **B** **s. m.** (**f.** *-a*) • cultore o studioso di Beethoven

♦**befàna** [lat. *epiphănia(m)*. V. *Epifania* ✱ av. 1363] **s. f.** (*Befàna* **nei sign. 1 e 2**) **1** (*pop.*) Epifania: *per la B. andremo a sciare; fra due giorni è la B.* **2** personaggio fantastico dall'aspetto di vecchia che, secondo quanto si racconta ai bambini, scende per la cappa del camino a portar loro doni nella notte dell'Epifania: *che cosa ti ha portato la B.?; credere, non credere più, alla B.* **3** (*est.*) donna vecchia e brutta: *tua suocera è diventata proprio una b.!* **4** (*est.*) i regali fatti per l'Epifania: *guarda che bella b. hai avuto!* || **befanàccia**, **pegg.** | **befanèlla**, **dim.** | **befanétta**, **dim.** | **befanìna**, **dim.** | **befanóna**, **accr.** | **befanóne**, **accr. m.**

befanàta [da *befana* ✱ 1847] **s. f.** • rito tradizionale della campagna toscana durante la sera precedente l'Epifania, in cui gruppi di adulti o bambini vanno di casa in casa cantando e chiedendo regali | (*est.*) canzone cantata in tale occasione

♣**bèffa** [di orig. onomat. ✱ 1268] **s. f.** • burla, inganno, architettati contro qlcu. per schernirlo: *fare una b. a qlcu.* | gesto o parola di scherno | ***farsi beffe di qlcu.***, prendersi gioco di qlcu. | ***restare col danno e con le beffe***, danneggiato e deriso **SIN.** baia, derisione, dileggio

SFUMATURE ➤ ***scherzo***

♣**beffàrdo** [1313] **A** **agg.** **1** che si compiace di deridere e beffare: *un tipo cinico e b.* **SIN.** mordace **2** che rivela scherno o ironia: *riso b.*; *espressione beffarda* **SIN.** derisore, ironico, schernitore || **beffardaménte**, **avv.** **B** **s. m.** • †burlone, canzonatore

beffàre [da *beffa* ✱ 1287] **A** **v. tr.** (*io bèffo*) • burlare, schernire: *Così con un riso schernevole beffandolo* (I. Sannazaro) | gabbare, turlupinare: *si è lasciato b. come uno sciocco* **B** **beffàrsi** **v. intr. pron.** • prendersi gioco di qlcu. o qlco. (+ *di*): *beffarsi di tutto e di tutti*

SFUMATURE DI SIGNIFICATO
beffare - deridere - canzonare
Beffare è farsi gioco di qualcuno per il gusto di divertirsi, non necessariamente con intenzioni maligne. **Deridere** presuppone invece una volontà deliberata di ferire: se la persona beffata può infatti ridere insieme a chi la beffa, la persona derisa si sentirà piuttosto oggetto del disprezzo altrui. **Canzonare** ha lo stesso significato di *beffare* ma con una più accentuata sfumatura di leggerezza e giocosità.

beffatóre [1265] **s. m.** (**f.** *-trice*); anche **agg.** ● (*lett.*) beffeggiatore: *sia preso questo traditore e b. di Dio e de' santi* (G. BOCCACCIO)

beffeggiaménto [1612] **s. m.** ● (*raro*) il beffeggiare

beffeggiàre [av. 1332] **v. tr.** (**pres.** *io beffĕggio*; **fut.** *io beffeggerò*) ● beffare con particolare cattiveria e accanimento: *b. le cose sacre e profane*

beffeggiatóre [1585] **A** **s. m.** (**f.** *-trice*); anche **agg.** ● (*raro, lett.*) chi (o che) fa beffe **B** **agg.** ● (*raro*) ironico, canzonatorio

†**beffeggiatòrio** [av. 1767] **agg.** ● derisorio

bèga (o **-é-**) [got. **bēga*, connesso con l'ant. alto ted. *bâga* 'lite, contesa' * 1651] **s. f.** **1** litigio, contrasto: *beghe amorose* **2** faccenda fastidiosa, spiacevole: *cacciarsi nelle beghe, in una b.*; *pigliarsi delle beghe*; *non voler beghe*

begàrdo [ant. fr. *bégard*, da *béguin*, con sostituzione di suff. spreg. * 1585] **s. m.** (**f.** *-a*) ● membro di un movimento cattolico riformatore sorto in Fiandra nel XIII sec., che adottò la regola e la dottrina delle beghine e fu dichiarato eretico

beghìna [fr. *béguine*, di etim. discussa: di orig. fiamminga (?) * 1363] **s. f.** **1** religiosa di comunità cattoliche fondate nel XII sec., poi in parte assorbite dai movimenti francescano e domenicano **2** donna che vive in una comunità religiosa osservando i voti temporanei di castità e ubbidienza **3** (*spreg.*) bigotta, bacchettona

beghinàggio [fr. *béguinage*, da *béguine* 'beghina' * 1828] **s. m.** **1** comunità delle beghine | piccolo quartiere nel quale dimoravano le beghine **2** (*spreg.*) devozione esagerata e ostentata, da beghina

beghinismo [1796] **s. m.** ● (*spreg., raro*) bigottismo

beghìno [fr. *béguin*, da *béguine* 'beghina' * sec. XIII] **s. m.** (**f.** *-a*) **1** religioso del movimento dei Begardi **2** (*spreg., raro*) bigotto, bacchettone

bègli ➤ **bello**

begliuòmini o **begliòmini** [comp. dei pl. di *bello* e *uomo* * 1802] **s. m. pl.** ● (*bot.*) balsamina

†**begolàrdo** [da †*begolare* * 1288] **s. m.** ● ciarlatano, imbonitore: *Dante Alleghier, s'i' so' buon b.* (C. ANGIOLIERI)

†**begolàre** ➤ †**bergolare**

begònia [fr. *bégonia*, dal cognome dell'intendente di S. Domingo, Michel *Bégon* (1638-1710), in onore del quale fu imposto il nome a questa pianta * 1815] **s. f.** ● genere di piante arbustive o erbacee delle Begoniacee, comprendente molte specie coltivate per le foglie e i fiori variamente colorati (*Begonia*)

Begoniàcee [comp. di *begonia* e *-acee* * 1865] **s. f. pl.** (**sing.** *-a*) ● (*bot.*) famiglia di piante delle Dicotiledoni con foglie alterne provviste di lobi (*Begoniaceae*)

beguine /be'gin, *ingl.* bɪ'giːn/ o **béguine** /*fr.* bə'gin/ [vc. creola delle Antille (*biguine*) di orig. ingl. (dal v. *begin* 'dar inizio, attaccare') * 1964] **s. f. inv.** ● ballo d'origine caraibica, a ritmo lento

bègum o **begùm** [vc. ingl. di orig. persiana (*begam*, dal turco orient. *bigím* 'principessa', f. di *big* 'principe, bey') * 1825] **s. f. inv.** ● principessa, signora di rango elevato nel mondo musulmano

♦**beh** /bɛː/ o (*fam.*) **be'**③ /bɛ/ [da *be(ne)* * av. 1400] **inter.** ● (*colloq.*) con valore discorsivo, in breve, insomma: *'Che ne pensi?' 'Beh, è un po' presto per dare un giudizio'* | con valore conclusivo o interr., ebbene, e così, e allora, dunque: *beh! fate voi*; *beh! hai ragione tu!*; *beh, andiamocene!*; *beh, cosa vuoi?*; *beh, cosa vogliamo fare?*; *beh, che ve ne sembra?* | con valore avversativo, però: *beh (anche ripetuto: beh, beh), piano con certi discorsi!* | anche nella loc. ***e beh***: *e beh, non mi pare una novità …*

behaviorismo /beavjo'rizmo/ [dall'ingl. *behaviour*, variante americana *behavior*, 'comportamento', formato dal v. *to behave* con sovrapposizione di *havior* 'possesso' * 1942] **s. m.** ● (*psicol.*) comportamentismo

behavioristico /beavjo'ristiko/ [1949] **agg.** (**pl. m.** *-ci*) ● (*psicol.*) comportamentistico

bèi①, (*evit.*) **bei** [av. 1806] **s. m. inv.** ● adattamento di *bey* (V.)

bèi② ➤ **bello**

beige /*fr.* bɛʒ/ [vc. fr., di etim. incerta * 1905] **A** **agg. inv.** ● detto di sfumatura di grigio tendente al nocciola più o meno chiaro **B** **s. m. inv.** ● il colore beige

beignet /*fr.* bɛ'ɲɛ/ [1892] **s. m. inv.** ● bignè

beilicàle [turco *beylik* 'relativo al *bey*, principato', ampliato col suff. *-ale*① * 1894] **agg.** ● (*stor.*) relativo al bey e alla sua carica

beilicàto [1939] **s. m.** ● (*stor.*) giurisdizione, carica di un bey

bèisa [vc. somala * 1955] **s. f.** ● antilope dell'Africa Orientale caratterizzata da lunghe corna diritte (*Oryx beisa*)

bèl① ➤ **bello**

bèl② [dal nome del fisico A. Graham Bell (1847-1922) * 1955] **s. m. inv.** ● (*fis.*) unità di misura del guadagno o dell'attenuazione di potenza di strumenti, componenti e sim. espresso mediante il logaritmo decimale del rapporto tra le potenze di due segnali **SIMB.** B

belànte **A** **part. pres.** di *belare*; anche **agg.** **1** nei sign. del v. **2** (*fig.*) lamentoso, noioso: *voce, pianto b.* **B** **s. f. e m.** ● (*raro, lett.*) pecora, agnello: *un branco … / di candide belanti* (V. MONTI)

belàre [lat. *bēlāre*, di orig. onomat. * sec. XIII] **A** **v. intr.** (*io bèlo*; **aus.** *avere*) **1** emettere belati: *il gregge belava lamentosamente* **2** (*fig.*) frignare, piagnucolare, lamentarsi | cicalare noiosamente: *Se si fosse messo anche lui a b. d'amore* (I. SVEVO) **B** **v. tr. e intr.** (**aus.** *avere*) ● (*fig.*) parlare, declamare, cantare, in modo lamentoso e sdolcinato: *b. una canzone, una poesia*; *si udì b. di dentro una voce asmatica* (G. VERGA)

♦**belàto** [da *belare* * av. 1306] **s. m.** **1** verso flebile e lamentoso caratteristico della pecora, dell'agnello e della capra: *i dolci belati delle pecore al pascolo* **2** (*fig.*) piagnisteo: *non sopporto i belati di quella donna* | canto, recitazione e sim. lamentosi

belcantismo [1985] **s. m.** ● tecnica o culto del belcanto

belcantìstico [1985] **agg.** (**pl. m.** *-ci*) ● che riguarda il belcanto o ne riflette le caratteristiche: *gusto b.*; *esecuzione belcantistica*

belcànto o **bèl cànto** [1905] **s. m.** solo **sing.** ● (*mus.*) stile interpretativo, riferito spec. all'opera italiana fino a Rossini, caratterizzato da scarso interesse per il rapporto voce-ruolo, vocalità stilizzata e non realistica, gusto per la fioritura, l'improvvisazione e il virtuosismo | (*est.*) vocalità virtuosistica

belemnìta o **belemnìte** [dal gr. *belemnítēs* (sottinteso *líthos*) '(pietra) a forma di dardo (*bélemnon*, da *bállein* 'lanciare, scagliare')' * av. 1730] **s. m.** (**pl.** *-i*) ● cefalopode fossile dei Dibranchiati la cui parte massiccia è facilmente rinvenibile in sedimenti mesozoici (*Belemnites*)

♦**bèlga** [vc. dotta, lat. *Bĕlga(m)*, di prob. orig. celt. * 1481] **A** **agg.** (**pl. m.** *-gi*; **pl. f.** *-ghe*) **1** del Belgio: *popolo b.* **2** ***razza b.***, pregevole razza equina da tiro pesante, di tipo brachimorfo **3** ***insalata b.***, varietà di cicoria bianca dal caratteristico cespo compatto sottile e allungato, di sapore amarognolo **B** **s. m. e f.** ● abitante o nativo del Belgio

†**belgioìno** ➤ **benzoino**

†**belgiuìno** ➤ **benzoino**

belinàta [1981] **s. f.** ● (*genovese, volg.*) sciocchezza, stupidaggine: *non dire belinate!* **SIN.** cazzata

belìno o **belìn** [prob. da *buelin*, propr. 'budellino' * 1920] **A** **s. m.** ● (*genovese, volg.*) pene **B** in funzione di **inter.** ● (*genovese, volg.*) esprime meraviglia, disappunto o rafforza un'affermazione | (*volg.*) niente, con valore rafforz., nella loc. negativa ***un b.***: *non hai capito un b.!*

belìo [da *belare* col suff. *-io*① * 1865] **s. m.** (**pl.** *-ii*) ● (*raro, lett.*) il belare continuo

♦**bèlla** [av. 1300] **s. f.** **1** donna bella, avvenente: *la b. del quartiere*; *la b. e la bestia* | ***b. mia!***, appellativo affettuoso (**anche** *iron.*) **2** (*per anton.*) la donna amata: *addio, mia b., addio!* **3** bella copia: *copiare, mettere in b.* **4** nei giochi, spec. di carte, e in alcuni sport, l'ultimo incontro decisivo tra avversari alla pari **SIN.** spareggio **5** (*bot.*) ***b. di giorno***, pianta erbacea delle Convolvulacee con fusti eretti e fiori con corolle imbutiformi, molto delicate, di color roseo o violetto (*Convolvulus tricolor*) | ***b. di notte***, pianta erbacea delle Nictaginacee con foglie ovali lanceolate e fiori di color giallo o rosso o bianco (*Mirabilis jalapa*); (*fig.*) prostituta | ***b. vedova***, pianta erbacea rizomatosa delle Iridacee con foglie lunghe e fiori giallo-verdastri (*Hermodactylus tuberosus*) | ***b. delle undici***, latte di gallina (V. *latte*) | ***b. montanina***, (*tosc.*) varietà di giglio **6** piatto di ceramica rinascimentale in cui venivano ritratti volti di giovani donne, prodotto spec. a Casteldurante e Faenza || **bellóna**, **accr.** (V.)

belladònna [comp. di *bello* e *donna*: perché sta a base di un unguento di bellezza (?) * av. 1577] **s. f.** (**pl.** *belledònne*) **1** pianta erbacea delle Solanacee con fusto ramoso alto circa 1 m, foglie ovate, fiori bruni ascellari, bacche brune e lucenti (*Atropa belladonna*) **2** (*est.*) estratto ottenuto dalle foglie e dalle radici della pianta omonima, usato in farmacologia

belladonnìna [da *belladonna* * 1962] **s. f.** ● (*chim.*) alcaloide estratto dalle foglie di belladonna

†**bellàre** [vc. dotta, lat. *bellāre*, da *bĕllum* 'guerra', di etim. incerta * 1314] **v. intr.** ● combattere

†**bellatóre** [vc. dotta, lat. *bellatōre(m)*, da *bellāre* 'combattere' * av. 1375] **agg. e s. m.** ● (*raro*) guerriero

bellavìsta o **bèlla vìsta** [comp. di *bello* e *vista* 'dalla bella apparenza' * 1970] **s. f.** (**pl.** *belleviste*) **1** bella veduta, bello spettacolo **2** nella loc. ***in b.***, riferita a vivande servite in gelatina, con bordure varie di verdure, sottaceti e sim.: *salmone in b.*

belle époque /*fr.* ˌbɛle'pɔk/ [espressione fr., propr. 'bella epoca' * 1963] **loc. sost. f. inv.** ● periodo che va dalla fine dell'Ottocento all'inizio della prima Guerra mondiale, caratterizzato, nell'ambito della borghesia europea, da benessere economico e vita spensie-

a **b** c d e f g h i j k l m n o p q r s t u v w x y z

rata: *il can can è il ballo tipico della belle époque*

bellétta [forse var. di *melletta*, affine a *melma* ✱ av. 1292] **s. f.** ● (*lett.*) fanghiglia, melma

belletterista o **bellettrista** [adattamento del fr. *bellettriste*, da *belles lettres* 'belle lettere' ✱ 1837] **s. m. e f.** (**pl. m.** *-i*) ● (*disus.*, *spec. spreg.*) cultore, spec. dilettante, di letteratura, di belle lettere

belletteristica o **bellettristica** [1932] **s. f.** ● (*disus.*, *spec. spreg.*) letteratura, spec. dilettantesca

belletteristico o **bellettristico** [av. 1907] **agg.** (**pl. m.** *-ci*) ● (*disus.*) relativo alla belletteristica

bellétto [prob. da *bello*, per la sua funzione ✱ av. 1455] **s. m.** **1** crema o cosmetico per il trucco del viso: *darsi il b.* **2** (*fig.*, *lett.*) artificio stilistico

bellettrista e deriv. ➤ **belletterista** e deriv.

♦**bellézza** [lat. parl. **bellĭtia(m)*, da *bĕllus* 'bello' ✱ av. 1250] **s. f.** **1** qualità di chi (o di ciò che) è bello: *la b. di una donna, di un'opera d'arte; le bellezze naturali; la b. della virtù; la b. è una specie di armonia visibile che penetra soavemente nei cuori umani* (U. FOSCOLO) | ***b. greca***, conforme ai canoni estetici di proporzioni ed euritmia propri della civiltà greca classica | ***concorso di b.***, dove si premiano le ragazze più belle | ***istituto di b.***, per il trattamento estetico della persona | ***per b.***, per ornamento | ***che b.!***, escl. di gioia (*anche iron.*) | ***chiudere, finire in b.***, concludere un'attività in modo molto positivo CONTR. bruttezza **2** cosa, persona bella: *è una b.*; *ciao, b.!* | ***b. mia!***, escl. affettuosa (*anche iron.*) | ***che è una b.***, (*colloq.*) molto bene, ottimamente: *il lavoro procede che è una b.*; *andiamo d'accordo che è una b.* (L. SCIASCIA) **3** (*fig.*) grande quantità, lunga durata: *durare la b. di dieci anni* ‖ **bellezzina**, **dim.**

Definizione d'autore

La **bellezza** è una fortuna e una condanna a un tempo. Ma è una condanna dolce, da prendere con leggerezza, perché in fondo nessuno è davvero possessore della propria **bellezza**: ognuno è bello nello sguardo degli altri. Dunque la **bellezza**, che è fuggevole, non ci appartiene mai: noi siamo soltanto i suoi ospiti e dobbiamo prendercene cura. E per farlo non servono i bei vestiti, o il trucco, perché non è solo nel corpo che si ospita la **bellezza**: bisogna saper coltivare se stessi e lasciare che si irradi ciò che dentro a noi brilla.

Sophia Loren

bellicismo [fr. *bellicisme*, dal lat. *bĕllicus* 'bellico', sul modello di *pacifisme* 'pacifismo' ✱ 1942] **s. m.** ● tendenza a risolvere i problemi internazionali con la forza

bellicista [fr. *belliciste*, da *bellicisme* 'bellicismo' ✱ 1933] **s. m. e f.; anche agg.** (**pl. m.** *-i*) ● chi (o che) sostiene il bellicismo

bellicistico [1956] **agg.** (**pl. m.** *-ci*) ● relativo al bellicismo

bèllico① [vc. dotta, lat. *bĕllicu(m)*, da *bĕllum* 'guerra', forma recente di *duĕllum*, di etim. incerta ✱ av. 1328] **agg.** (**pl. m.** *-ci*) ● pertinente alla guerra: *apparato, sforzo b.* | ***occupazione bellica***, di tutto o di parte del territorio di uno Stato belligerante da parte del nemico

bellìco② [lat. *umbilīcu(m)* 'ombelico' (V.) ✱ sec. XIII] **s. m.** (**pl.** *-chi*) **1** (*bot.*) infossamento lasciato dal picciolo nel punto in cui si è staccato il frutto **2** V. *ombelico*

†**bellicóne** [medio alto ted. *willekomen* 'benvenuto', comp. di *wille* 'volere, desiderare' e *kome* 'venire' ✱ 1685] **s. m.** ● bicchiere panciuto

bellicóso (o *-ṣ-*) [vc. dotta, lat. *bellicōsu(m)*, da *bĕllicus* 'bellico①' ✱ 1325] **agg.** **1** incline alla guerra: *nazione bellicosa* **2** (*est.*) combattivo, battagliero: *individuo, atteggiamento, spirito b.* ‖ **bellicosaménte**, **avv.** in modo guerresco, battagliero ‖ **bellicosità**, **s. f. inv.** caratteristica di bellicoso; (*est.*) spirito battagliero

bèllide [vc. dotta, lat. *bĕllide(m)*, da *bĕllus* 'bello' (?) ✱ 1733] **s. f.** ● (*bot.*) margheritina

belligerànte [vc. dotta, lat. *belligerănte(m)*, part. pres. di *belligerăre*, comp. di *bĕllum* 'guerra' e *gĕrere* 'fare' ✱ 1480] **agg. e s. m. e f.** ● che (o chi) è in stato di guerra: *Stati belligeranti*; *violento scontro tra belligeranti* CFR. non belligerante

belligerànza [vc. dotta, da *belligerante* ✱ 1939] **s. f.** ● condizione di uno Stato in guerra implicante un complesso di diritti o di obblighi allo stesso riconosciuti o imposti dal diritto internazionale: *rapporto di b. tra Stati* CFR. non belligeranza

belligero [vc. dotta, lat. *bellĭgeru(m)*, comp. di *bĕllum* 'guerra' e *gĕrere* 'condurre, fare' ✱ 1342] **agg.** ● (*lett.*) guerresco | bellicoso

bellimbùsto o †**bell'imbùsto** [comp. di *bello* e *busto* ✱ av. 1665] **s. m.** (**pl.** *bellimbùsti*, †*beglimbùsti*) ● uomo ricercato nel vestire, fatuo e galante SIN. cicisbeo, ganimede, zerbinotto

Bellini [dal n. del pittore G. *Bellini* (1432 ca.-1516); il cocktail fu così chiamato in occasione di una mostra dei suoi quadri a Venezia ✱ 1948] **s. m. inv.** ● cocktail a base di succo di pesca bianca e prosecco spumante

belliniàno [1874] **A** **agg.** ● che riguarda il musicista italiano Vincenzo Bellini (1801-1835) e la sua arte: *la produzione operistica belliniana* **B** **s. m.** (**f.** *-a*) ● ammiratore, seguace di V. Bellini

bellìno [av. 1547] **agg.** **1** dim. di *bello* | grazioso, carino **2** affettato | ***fare il bello b., le belle belline***, (*lett.*) fare moine

bellinzonése (o *-ṣ-*) **A** **agg.** ● della città svizzera di Bellinzona **B** **s. m. e f.** ● abitante o nativo di Bellinzona

♦**bèllo** [lat. *bĕllu(m)*, dim. di *bŏnus* 'buono' ✱ 1224 ca.] **A** **agg.** (**sing. m.** *bèllo*, **pl. m.** *bèlli*, **posposti a un sost.; sing. m.** *bèl*, **pl. m.** *bèi* (*tosc.* *be'*) **davanti a consonante che non sia** *s* **impura,** *gn, pn, ps, x, z*; **sing. m.** *bèllo*, **pl. m.** *bègli*, **davanti a vocale,** *s* **impura,** *gn, pn, ps, x, z*; **pl. f. regolare. Si elide al sing. in** *bell'* **davanti a vocale).** *Bello* **si tronca in** *bel* **davanti a consonante:** *un bel gatto, bel tempo, che bel tipo*; **rimane però** *bello* **davanti a** *s impura, z, x, gn, ps* **e (ma non sempre)** *pn*: *bello scrittoio, bello stivale, bello zaino*; **si elide in** *bell'* **davanti a vocale:** *bell'aspetto, bell'e fatto, bell'operaio, bell'uomo*. **Al plurale,** *belli* **diventa** *bei* **davanti a consonante:** *bei pomodori, bei fiori, bei libri*; **diventa però** *begli* **davanti a vocale o a** *s impura, z, x, gn, ps* **e (ma non sempre)** *pn*: *begli atleti, begli uomini, begli stupidi*. **Al femminile, la forma del singolare** *bella* **si può elidere davanti a vocale:** *bell'attrice*; **invece il plurale** *belle* **si elide raramente:** *belle immagini* **(meglio di** *bell'immagini*). **(V. nota d'uso ELISIONE e TRONCAMENTO)** **1** che, per le sue qualità estetiche, provoca impressioni gradevoli (**+** *a*, **+** *da*, **seguiti da inf.**): *persona, cosa bella*; *uno spettacolo b. a vedersi*; *è un film b. da vedere*; *sopr'un gran letto assai b. a vedere* (G. BOCCACCIO) CFR. calli-, callo-, calo- CONTR. brutto | (*est.*) ***belle lettere***, letteratura | ***belle arti, arti belle***, arti figurative | ***b. scrivere***, stile letterario considerato come modello di eleganza e di correttezza | ***bel tempo***, sereno | ***bella giornata***, serena | ***bel mare***, calmo | ***bel sesso***, il sesso femminile | ***bel mondo***, società ricca ed elegante | ***bell'ingegno***, persona di intelligenza vivace, brillante | ***b. spirito***, (*iron.*) persona superficialmente spiritosa e frivola | ***begli anni***, la gioventù | ***bella stagione***, primavera, estate | ***bella vita***, (*spreg.*) spensierata, mondana | ***farsi b.***, adornarsi, agghindarsi | ***farsi b. di qlco.***, (*fig.*) vantarsene, attribuirsene i meriti quando non sono propri | ***darsi al bel tempo***, (*fig.*) dedicarsi all'ozio e ai piaceri **2** vistoso, cospicuo, grande: *una bella altezza, rendita, eredità, spesa*; *un bel patrimonio* | (*colloq.*) con valore intens. (preposto a un sost. o a un agg.): *un bel sì*; *è bell'e fatto*; *è bell'e morto*; *nel bel mezzo*; *il sole era già b. alto*; *una pizza bella croccante* | (*colloq.*) ***b. che***, con valore intens. (preposto a un agg. o a un part. pass.): *lui il problema l'avrebbe già b. che risolto!* | ***avere un bel dire, un bel fare***, continuare a dire o fare qlco. inutilmente: *e si stava meglio, hanno un bel dire* (R. BACCHELLI) | ***un bel niente***, V. *niente* nel sign. C 1 | ***a b. studio, a bella posta***, con tutta l'intenzione | ***bell'e buono***, vero e proprio | con valore intens. scherz. (preposto a un sost.): *una bella insolenza*; *un bel matto*; *una bella bestia* | ***questa è bella, l'hai fatta bella***, (*iron.*) questa è grossa, l'hai fatta grossa | con valore neutro: *è troppo b. per essere vero!* | ***che b.!***, che bellezza: *si va a cena fuori? che b.!* | ***oh bella!***, (*ellitt.*, *iron.*) esprime sorpresa, disapprovazione, disappunto e sim. | ***ne ha dette delle belle, di belle***, (*iron.*) ha detto delle cose curiose o intriganti oppure delle assurdità, delle enormità | ***belle cose!***, (*per antifrasi*) brutte cose | ***bella figura!***, (*per antifrasi*) brutta figura | con valore pleonast.: *ogni regola ha la sua bella eccezione* | ***un bel giorno, un bel mattino***, nelle narrazioni, un certo giorno, un certo mattino **3** buono: *una bella azione* | dignitoso: *un bel morir tutta la vita onora* (F. PETRARCA) | ***giovane di belle speranze***, promettente | ***fare una bella riuscita***, riuscire bene | ***un bel lavoro***, fatto bene (*anche iron.*) ‖ **bellaménte**, **avv.** **1** in modo garbato, conveniente **2** beatamente, con comodo **3** abilmente, con garbo (*anche iron.*): *le avea fatto capire bellamente che non l'amava più* (G. VERGA) **B** **in funzione di avv.** **1** nella loc. ***bel b.***, adagio adagio, lemme lemme; (*anche rafforz.*) *pian piano, bel b.* **2** nella loc. ***alla bell'e meglio***, in modo approssimativo **C** **s. m. solo sing.** **1** ciò che per aspetto esteriore o per qualità intrinseche provoca impressioni gradevoli: *avere il gusto, l'amore del b.* **2** tempo bello, sereno: *la stagione si mette al b.*; *fa b.* **3** ciò che è positivo, piacevole ecc.: *cos'hanno di b. tutti costoro?* (A. MANZONI) | con valore colloquiale, di cortesia, per dare a una domanda un tono familiare, accattivante: *che cosa fai di b.?*; *dove vai di b.?*; *Cosa scrive di b. il signor conte?* (I. NIEVO) | ***il suo b.***, (*fam.*) il suo lato positivo, il suo vantaggio: *con una bizzarria che ha il suo b.* (D. BARTOLI) | ***il b. è che***, la cosa strana è che | ***ha di b. che***, il suo lato positivo è che | ***sul più b.***, nel momento culminante, più importante | ***ci volle del b. e del buono***, molta fatica | (*scherz.*) ***adesso viene, comincia il b.***, il difficile **4** con valore neutro e gener. enfatico, in riferimento a categorie generali di cui si vuole esaltare una qualità specifica: *donna è b.*; *single è b.* **D** **s. m.** (**f.** *-a* (V.)) **1** uomo avvenente: *il b. del paese* | ***fare il b.***, civettare | ***fare il b. in piazza***, pavoneggiarsi | ***b. mio!***, (*centr.*) ***b. di mamma!***, appellativi affettuosi (*anche iron.*): *Parlate per voi, b. mio!* (R. BACCHELLI) **2** (*per anton.*) l'uomo amato ‖ **bellino**, **dim.** (V.) | **bellòccio**, **alter.** (V.) | **bellóne**, **accr.** | (*vezz.*) **bellùccio**, **dim.**

bellòccio [alter. di *bello* ✱ 1524] **agg.** (**pl. f.** *-ce*) ● che ha un tipo di bellezza fresca, semplice ma non raffinata

bellóna [1820] **s. f.** **1** accr. di *bella* **2** donna avvenente, spec. di bellezza vistosa e non particolarmente raffinata

†**bellóre** [av. 1276] **s. m.** ● bellezza

bellospìrito o **bèllo spìrito** [comp. di *bello* e *spirito* ✻ av. 1556] **s. m.** (**pl.** *bègli spìriti*) ● persona di ingegno vivace e piacevole | (*iron.* o *spreg.*) chi è spiritoso in modo superficiale e affettato **SIN.** bellumore, burlone

✦**bellụìno** [vc. dotta, lat. tardo *bel(l)uīnu(m)* 'bestiale', da *bēl(l)ua* 'animale' ✻ av. 1730] **agg.** ● (*lett.*) di belva | (*est.*) feroce, selvaggiamente brutale: *ira belluina* **SIN.** ferino ‖ **belluinaménte**, **avv.**

bellumóre o **bell'umóre** [comp. di *bello* e *umore* ✻ av. 1609] **s. m.** (**pl.** *bègli umóri*, **raro** *bellumóri*) ● persona di carattere allegro e bizzarro (**anche iron.**) **SIN.** bellospirito, burlone

bellunése (o -ṣ-) [da *Belluno*, di etim. discussa: di orig. celt. per contrazione di **Belodunum*, come dire la 'città fortificata (*dunum*) brillante (radicale **bel-*)' in senso esornativo (?) ✻ 1607] **A** **agg.** ● della città di Belluno **B** **s. m. e f.** ● abitante o nativo di Belluno

bellùria [da *bello* con suff. ripreso da altre vc. in *-uria* ✻ 1840] **s. f.** **1** (*fam.*, *tosc.*) bellezza apparente **2** (*lett.*, **spec. al pl.**) eleganza artificiosa e di gusto mediocre, spec. nello scrivere

bèlo [per *bel(at)o* ✻ av. 1492] **s. m.** ● (*raro*, *lett.*) belato: *il doloroso b. / della madre, che perde il caro agnello* (L. de' Medici)

belodónte [vc. dotta, comp. del gr. *bélos* 'dardo' e *odoýs*, genit. *odóntos* 'dente' ✻ 1940] **s. m.** ● genere di grandi rettili fossili del triassico superiore (*Belodon*)

Beloniformi [comp. del n. scient. *Belone*, dal gr. *belónē* 'ago' e *-forme* ✻ 1965] **s. m. pl.** (**sing.** *-e*) ● (*zool.*) ordine di Pesci dei Teleostei marini dal corpo affusolato e pinne a raggi molli, tra cui l'aguglia (*Beloniformes*)

belorùsso ➤ **bielorusso**

Bèl Paèṣe o **Belpaèṣe**® nel sign. 2 [dal titolo d'ispirazione petrarchesca del noto libro di divulgazione scientifica *Il Bel Paese* di A. Stoppani, pubblicato nel 1875 ✻ 1374] **s. m. inv.** **1** (*per anton.*) l'Italia: *i problemi ambientali del Bel Paese* **2** marchio registrato di un tipico formaggio a pasta molle ma compatta, prodotto in Lombardia

beltà o †**beltàde**, †**beltàte**, †**biltà** [ant. provenz. *beltat*, dal lat. parl. **bellitāte(m)*, da *bĕllus* 'bello' ✻ sec. XII] **s. f. inv.** **1** (*lett.*) bellezza: *questo nostro caduco e fragil bene, / ch'è vanto et ombra, et ha nome beltate* (F. Petrarca) **2** (*lett.*) donna di grande bellezza

belùci ➤ **baluci**

belùga [vc. russa, da *bélyj* 'bianco', di orig. indeur. ✻ 1955] **s. m. inv.** **1** grosso cetaceo degli Odontoceti, di colore nero o grigio negli esemplari giovani, tendente al bianco con il progredire dell'età (*Delphinapterus leucas*) **2** ladano② | caviale caratterizzato da uova grigie o nere di medie dimensioni che si ricava da tale pesce

bélva [lat. *bēl(l)ua(m)* 'bestia': vc. onomat. (?) ✻ 1319] **s. f.** ● animale feroce (**anche fig.**): *di sua tana stordita esce ogni b.* (A. Poliziano); *quando beve diventa una b.* **CFR.** terio-, -terio **SIN.** fiera ‖ **belvàccia**, **pegg.** | **belvétta**, **dim.**

belvedére [comp. di *bel(lo)* e *vedere*① ✻ 1571] **A** **s. m.** (**pl. inv.** o *-i*) **1** luogo elevato da cui si gode una bella veduta **2** (*mar.*) terzultima vela quadra, a partire dal ponte, dell'albero di mezzana **3** pianta erbacea delle Chenopodiacee con foglie verde chiaro che in autunno acquistano una colorazione rossa (*Kochia scoparia*) **SIN.** cipressina, granata **B** **in funzione di agg. inv.** ● (posposto a un sost.) che consente una bella veduta | ***carrozza b.***, alla testata di alcuni tipi di elettrotreni

Belzebù [vc. dotta, lat. eccl. *Beelzebūb*, dal gr. *Beelzeboúb*, nome di un'antica deità fenicia ✻ 1313] **s. m. inv.** ● nome con il quale nel Nuovo Testamento si indica il principe dei Diavoli

†**belzoìno** ➤ **benzoino**

†**belzụìno** ➤ **benzoino**

bèma [dal gr. *bêma* 'passo', dipendente dal v. *báinein* 'camminare', di struttura indeur. ✻ 1930] **s. m. inv.** **1** nell'antica Grecia, unità di misura di lunghezza equivalente a m 0,74 **2** nell'antica Grecia, piedistallo di pietra o legno da cui parlavano gli oratori **3** nelle basiliche cristiane, banco situato lungo la curva dell'abside | nelle chiese bizantine, il presbiterio con la relativa abside

bembè o †**ben be'** [duplicazione e riduzione di *ben* ✻ av. 1494] **inter.** ● (*lett.*, *tosc.*) bene, bene bene (spec. con intonazione dubitativa e con valore conclusivo): *'B. sentiremo', rispose Agnese* (A. Manzoni)

Bèmberg® /'bemberg, *ted.* 'bɛmbɛʌk/ [marchio registrato ✻ 1942] **s. m. solo sing.** ● fibra tessile artificiale composta soprattutto di cellulosa, succedanea della seta, usata spec. nella produzione di fodere

bemòlle o (*raro*) **bimòlle** [comp. di *be*, n. ant. della nota musicale si, e *molle*, riferito al Si più basso dei due possibili nella scala diatonica ✻ av. 1449] **A** **s. m.** (**pl.** *-i* **o inv.**) ● (*mus.*) alterazione che abbassa di un semitono la nota cui si riferisce, fissa se posta in chiave, temporanea se precede immediatamente la nota: *re b.*; *un b. in chiave* **B** **anche agg.**

bemollizzàre [1793] **v. tr.** ● (*mus.*) alterare una nota con un bemolle

bemparlànte ➤ **benparlante**

bempensànte ➤ **benpensante**

bemportànte ➤ **benportante**

✦**bèn** [sec. XII] **A** **avv.** ● forma tronca di *bene*①: *l'atleta italiano si è ben comportato*; *chiudi ben bene quella valigia*; *ben ti sta!* **B** **s. m. inv.** ● forma tronca di *bene*②: *Dolce mio ben che contento mi fai* (G. Boccaccio) | ***ben di Dio***, V. *bendidio*

benaccètto o **ben accètto**, **beneaccètto** [comp. di *ben(e)* e *accetto* ✻ 1766] **agg.** ● (*lett.*) gradito: *questo tuo dono è b.*

benacènse [vc. dotta, lat. *Benacēnse(m)* dal n. del lago di Garda, *Benācu(m)* ✻ 1809] **agg.** ● del lago di Garda

†**benaffètto** o †**ben affètto** [comp. di *ben(e)* e *affetto* (V.) ✻ av. 1613] **agg.** ● fedele

benallevàto [comp. di *ben(e)* e *allevato* ✻ 1745] **agg.** ● (*raro*, *lett.*) che ha ricevuto una buona educazione

benaltrìsmo [da *ben altro* ✻ 1991] **s. m.** ● nel linguaggio giornalistico, atteggiamento di chi, spec. in politica, tende a non occuparsi di qlco. sostenendo polemicamente che ben altri sono i problemi da affrontare

benalzàto o **ben alzàto** [comp. di *ben(e)* e *alzato* ✻ 1865] **A** **agg. spec. in funzione di inter.** ● si usa come saluto augurale a chi si è alzato dal letto (**anche iron.**): *b.!*; *benalzata!* **B** **s. m. solo sing.** ● la formula stessa del saluto: *dare il b. a qlcu.*

benamàto ➤ **beneamato**

benànche o (*lett.*) **benànco**, (*lett.*) **ben ànco** [comp. di *ben(e)* e *anche* ✻ 1528] **avv.** ● (*lett.*) perfino, pure, ancorché (con valore rafforz., talora posposto al v.): *voglio riuscire, dovessi b. impiegarci un anno*; *ben anco a noi la tua possanza invitta / è manifesta* (V. Monti)

benandànte [comp. di *ben(e)* e *andante* ✻ 1973] **s. m.** ● nel Friuli dei secc. XVI-XVII, chi celebrava antichi riti agrari di fertilità in difesa dei raccolti contro streghe e stregoni, perseguitato a sua volta come stregone dall'Inquisizione | (*est.*) stregone

benandàta [comp. di *ben(e)* e *andata* ✻ 1385] **s. f.** **1** (*disus.*) mancia **2** (*disus.*) buonuscita

benarrivàto o **ben arrivàto** [comp. di *ben(e)* e *arrivato* ✻ av. 1628] **A** **agg. spec. in funzione di inter.** ● si usa come saluto a chi arriva, per esprimere buona accoglienza: *b.!*; *benarrivati a casa nostra!* **B** **s. m.** **1** (**f.** *-a*) persona che giunge gradita: *siate i benarrivati*; *sei il b.* **2** la formula stessa del saluto: *dare il b. a qlcu.*

benaugurànte o **beneaugurànte** [comp. di *ben(e)* e del part. pres. del v. *augurare* ✻ 1900] **agg.** ● che è di buon augurio: *formula b.*

benauguràto [comp. di *ben(e)* e *augurato* ✻ 1688] **agg.** ● (*raro*) fortunato ‖ **benaugurataménte**, **avv.** con buon augurio

benauguróso (o -ṣ-) [comp. di *ben(e)* e *auguroso* ✻ 1840] **agg.** ● (*raro*, *lett.*) di buon augurio

benavére o **ben avére**, **beneavére** [comp. di *ben(e)* e *avere*① ✻ 1712] **A** **v. intr.** (**difett. usato solo all'inf.**) ● (*raro*) avere tranquillità, pace, spec. nella loc. ***non lasciare b. qlcu.*** **B** **anche in funzione di s. m. solo sing.**: *non lascia più b. a nessuno*

†**benavvedùto** [comp. di *ben(e)* e *avveduto* ✻ sec. XIII] **agg.** ● (*raro*) accorto, prudente

†**benavventuràto** [comp. di *ben(e)* e *avventurato* ✻ 1268] **agg.** ● fortunato, felice: *re per molte vittorie ottenute con gravissimi pericoli chiamato b.* (F. Guicciardini)

†**benavventuróso** (o -ṣ-) [comp. di *ben(e)* e *(av)venturoso* ✻ av. 1250] **agg.** ● fortunato ‖ †**benavventurosaménte**, **avv.** con buona fortuna

✦**benché** o †**ben che** [da *ben(e)* e *che*② ✻ 1266] **cong.** **1** sebbene, quantunque (introduce una prop. concessiva di preferenza con il v. al congtv.): *b. sia tardi, passerò a prenderti* | con l'ellissi del v.: *b. ammalato volle uscire ugualmente* | (*assol.*) anche se (con il v. all'indic.): *b., per dir il ver, non han bisogno / di maestro* (T. Tasso) **2** (*lett.*) ma, tuttavia (con valore avversativo e il v. all'indic.): *furon marito e moglie: b. la poveretta se ne pentì poi, in capo a tre giorni* (A. Manzoni) **3** con valore rafforz. nella loc. ***il b. minimo***, nemmeno il più piccolo: *non fa il b. minimo sforzo*

benchmark /'bentʃmark, *ingl.* 'bɛntʃmɑːk/ [vc. ingl., nell'uso fig. di 'segno (*mark*) sul banco di lavoro (*bench*)' ✻ 1986] **s. m. inv.** ● insieme di dati presi come parametri di riferimento per valutare le prestazioni di un dispositivo, la produttività di un processo o il rendimento di uno strumento finanziario

bencreàto o **ben creàto** [comp. di *ben(e)* e *creato* ✻ av. 1557] **agg.** ● (*raro*, *lett.*) bene educato

bènda (o -é-) [germ. **binda* 'fascia', di orig. indeur. ✻ 1234] **s. f.** **1** striscia di tela o garza per la fasciatura di ferite, fratture e sim. | ***b. elastica***, di tessuto elastico | ***b. gessata***, impiegata nella confezione di apparecchi gessati **2** striscia di tessuto avvolta intorno al capo in segno di sovranità, dignità, onore e sim., o per ornamento: *bende sacerdotali* | ***auree bende***, il diadema regale | ***le sacre bende***, quelle dei sacerdoti pagani o delle monache **3** velo o drappo portato in capo dalle donne, spec. nel Medio Evo, secondo l'età e la condizione | ***bende vedovili***, i veli neri portati in segno di lutto dalle vedove **4** fascia che copre gli occhi e impedisce la vista: *la b. nera dei condannati a morte* | ***avere la b. agli occhi***, (*fig.*) non rendersi conto della realtà | ***gli è caduta la b. dagli occhi***, (*fig.*) si è accorto di come stanno realmente le cose **5** (*mar.*) nelle vele, striscia di tela trasversale di rinforzo dove sono fissate le borose ‖ **bendìna**, **dim.** | **bendóne**, **accr. m.** (V.) | †**bendùccio**, **dim. m.** (V.)

bendàggio [fr. *bandage*, da *bande* 'benda' * 1886] **s. m. 1** il bendare | insieme delle bende con cui si effettua una medicazione **SIN.** fasciatura **2** nel pugilato, fasciatura che protegge le mani e i polsi del pugile sotto i guantoni: *b. duro, molle*

bendàre [av. 1294] **A v. tr.** (*io bèndo* o *béndo*) **1** fasciare con bende: *b. un occhio, una ferita, un arto malato* **2** coprire gli occhi a qlcu. con una benda, per impedirgli la vista: *b. un condannato*; *b. qlcu. per gioco* | ***b. gli occhi a qlcu.***, (*fig.*) confondergli la mente, impedirgli d'accorgersi di qlcu.: *l'animosità gli occhi non benda* (T. Tasso) **B** anche **bendàrsi v. tr. pron.** (aus. *essere*): *bendarsi una mano* | ***bendarsi gli occhi***, (*fig.*) fingere di non vedere

bendàto **part. pass.** di *bendare*; **anche agg. 1** nei sign. del v. **2** (*est., lett.*) che porta la benda, detto spec. di monache | che porta il turbante: *i bendati Sultani* (G. Parini) | ***la dea bendata***, la fortuna

bendatùra [av. 1342] **s. f.** ● fasciatura con bende | †acconciatura

bendidìo /bendi(d)'dio/ o **bèn di Dìo** [comp. di *ben(e)* e *di Dio* * 1676] **s. m. inv.** ● grande quantità di cose, spec. cibi, leccornie e sim.: *alla festa c'era ogni b.*; *il popolaccio gavazzava nell'abbondanza d'ogni ben di Dio* (I. Nievo)

bènding /*ingl.* 'bendɪŋ/ [vc. ingl., propr. 'il piegarsi', 'il curvarsi' * 1993] **s. m. inv.** ● (*chim.*) moto di vibrazione dei legami chimici secondo direzioni diverse da quelle della loro lunghezza **CFR.** stretching

♣**bendispósto** o **ben dispósto** [comp. di *ben(e)* e *disposto* * 1282] **agg.** ● favorevole a qlcu. o qlco.: *essere b. verso qlcu., nei confronti di qlcu.*

bendóne [av. 1400] **s. m. 1** accr. di *benda* **2** striscia pendente da mitrie, cuffie e sim.

†**bendùccio** [1344] **s. m. 1** dim. di *benda* **2** striscia di panno che si applicava sulle spalle o alla cintola come decorazione **3** fazzoletto

♦**bène**① o (*fam.*) **be'**② [lat. *bĕne*, da *bŏnus*, di etim. incerta * sec. XII] **A avv.** (troncato in *bèn* (V.), spec. se in posizione proclitica; compar. di maggioranza *meglio*; superl. *benissimo*, od *ottimamente*) **1** in modo buono, giusto, retto: *fare qlco. b.*; *agire b.*; *comportarsi b.* **CFR.** eu- **2** in modo soddisfacente, pienamente adeguato: *crescere b.*; *lo conosco b.*; *il conto torna b.*; *gli affari vanno b.*; *gli è andata b.*; *vestire b.*; *quest'abito mi sta b.*; *stare, sentirsi b.* | ***stare, sentirsi poco b.***, essere indisposto, ammalato | ***gli sta b.!, ben gli sta!***, se lo merita | ***vederci, sentirci b.***, in modo chiaro e distinto | ***b.*** (o ***ben***) ***che vada, per b. che vada*** (con valore concessivo), anche nell'ipotesi migliore: *ben che vada, non saremo a casa prima delle otto* | ***va b.!***, (*fam.*) ***va be'!***, (*fam., roman.*) ***vabbè!***, esprime consenso, approvazione e talora rassegnazione: *Partiamo domani? va b.!*; *e vabbè, andiamo a piedi ...* | ***va bene che***, (*fam.*) ***va be' che***, (*fam., roman.*) ***vabbè che***, d'accordo che: *va bene che sei a dieta, ma almeno un po' di pesce ...*; *vabbè che ci vuol pazienza: ma quel che è troppo è troppo!* | ***ben detto, ben fatto!***, di cosa detta o fatta a proposito | ***trattare b.***, con riguardo | ***passarsela b.***, vivere con agiatezza | ***nascere b.***, da famiglia socialmente elevata | ***b. o male***, in un modo o nell'altro, comunque: *b. o male abbiamo finito* | ***di b. in meglio***, sempre meglio (*anche iron.*) | ***guadagnare b.***, molto | ***star b. a quattrini***, possederne molti | (*iter.*) ***ben b.***, molto bene, molto, completamente, accuratamente e sim.: *legare, chiudere ben b.*; *guardare ben b. in viso qlcu.* **CONTR.** male **3** molto, parecchio (con valore rafforz. e intens.): *è ben grande!*; *si tratta di ben altro* | completamente: *ben cotto* | addirittura, proprio: *pesa ben cento chili*; *ne sei ben certo?* | certamente: *sai b. che non lo posso fare* | ***ben presto***, V. *presto*① **4** per antifrasi: *si è conciato b.!*; *adesso sì che siamo ben messi!* **B** in funzione di **agg. inv.** ● che si riferisce ai ceti socialmente più elevati: *gente b.*; *quartiere b.* **C** in funzione di **inter. 1** esprime soddisfazione, consenso, ammirazione, entusiasmo: *b., adesso puoi andare!*; *bravo!, b.!*; *b., bis!* **2** si usa per introdurre o concludere un discorso, una conversazione, per tagliar corto: *b., sentiamo cos'hai da dirmi*; *b., b., ora possiamo andarcene*; *b., basta così* | V. anche *beh* ‖ **benìno**, **dim.** abbastanza bene: *oggi sto benino* | **benóne**, **accr.** molto bene: *Parlamentare coi ladri! benone per diana!* (I. Nievo)

♦**bène**② [V. *bene*① * 1065] **s. m. 1** principio su cui si fonda l'ordine etico | (*est.*) ciò che è buono, giusto e onesto: *tendere, aspirare al b.* | azione buona: *non c'è nessuno scellerato che non faccia qualche b.* (F. Guicciardini) | ***a fin di b.***, con buone intenzioni | ***opere di b.***, opere buone, di carità **CONTR.** male **2** nella teologia cristiana, Dio come fine ultimo dell'uomo: *il sommo Bene* **SIN.** beatitudine **3** ciò che è utile, piacevole, conveniente: *il b. della patria*; *pace e b.* | ***l'ha fatto per il tuo b.***, per la tua felicità, nel tuo interesse | ciò che è opportuno, utile, vantaggioso; buona cosa: *è b. che tu non ci sia*; *sarebbe b. che venisse anche lui* | (*lett.*) ***condurre, portare a b.***, ottenere un risultato favorevole **4** affetto, amore | ***voler b., voler del b. a qlcu.***, amare | ***un b. dell'anima***, un grandissimo affetto | (*est.*) la persona per cui si nutre affetto: *l'amato b.* **5** (*raro*) pace, quiete: *non avere un giorno di b.* **6** (*dir.*) ogni possibile oggetto di diritti: *b. mobile, immobile*; *b. privato, demaniale*; *comunione di beni tra coniugi*; *beni dotali, parafernali* | ***beni culturali***, beni, mobili o immobili, di notevole importanza per il patrimonio culturale e che costituiscono documento di storia, arte e scienza: *Ministero dei beni culturali e ambientali* **7** (*econ.*) tutto quanto serve a soddisfare i bisogni dell'uomo: *b. complementare, supplementare*; *b. produttivo, improduttivo* | ***beni di consumo***, destinati a un consumo immediato, consistente nella loro distruzione o trasformazione fisica, e non alla produzione di altri beni | ***beni*** (***di***) ***rifugio***, quelli che conservano il loro potere d'acquisto nel tempo, e che si acquistano quindi per sicurezza, spec. durante i periodi di forte crescita dell'inflazione | ***beni immateriali***, quelli non tangibili, come marchi, brevetti, licenze e sim. **8** (spec. al pl.) ricchezza, proprietà: *ha perso tutti i suoi beni*; *i beni di famiglia* | (*fig.*) valore: *la libertà è un b. supremo* | ***ben di Dio***, V. *bendidio*

SFUMATURE ➤ *possedimento*

beneaccètto ➤ **benaccetto**

beneamàto o **benamàto** [comp. di *bene* e *amato* * 1370] **agg.** ● (*lett.*) che è molto amato **SIN.** diletto, prediletto

beneaugurànte ➤ **benaugurante**

beneavére ➤ **benavere**

benedettìno [1596] **A agg.** ● di S. Benedetto da Norcia (480 ca.-547): *regola benedettina* | relativo a uno degli ordini monastici di S. Benedetto o di S. Scolastica: *monaca benedettina* **B s. m. 1** (**f.** *-a*) appartenente agli ordini benedettini **2** (*fig., raro*) persona molto erudita e paziente: *lavoro da b.* **3** liquore di erbe aromatiche preparato in origine dai benedettini francesi

♦**benedétto** o †**benedìtto** **part. pass.** di *benedire*; **anche agg. 1** nei sign. del v. **2** beato, santo, sacro: *b. colui che viene nel nome del Signore*; *la memoria benedetta di mio nonno* **3** (*est.*) colmo di ogni bene | ***terra benedetta***, assai fertile | ***clima b.***, assai salubre **4** fausto: *in quel giorno b. l'ho conosciuto* **CONTR.** maledetto **5** si usa in escl. per esprimere ammirazione, lode o impazienza, rimprovero benevolo: *b. te che puoi correre!*; *benedetti ragazzi che non stan mai fermi!* | (*per antifrasi*) maledetto: *questo b. ascensore è sempre guasto!*

benedicènte **part. pres.** di *benedire*; **anche agg.** ● che dà la benedizione: *mano b.*; *Cristo b.*

†**benedìcere** ➤ **benedire**

benedìcite [dalla prima parola (*benedīcite* 'benedite') di una preghiera lat. * sec. XIII] **s. m. inv.** ● formula di preghiera che gli appartenenti a ordini religiosi fanno precedere alla consumazione dei pasti

♦**benedìre** o †**benedìcere** [vc. dotta, lat. *benedīcere*, comp. di *bene* 'bene' e *dīcere* 'dire', adattato nel lat. eccl. al significato dal gr. *eulogêin* 'benedire' * 1114 ca.] **v. tr.** (**imperf. indic.** *io benedicévo*, **pop.** *benedìvo*; **pass. rem.** *io benedìssi*, **pop.** *benedìi*; **imperat.** *benedìci*; **part. pass.** *benedétto*, †*benedìtto*; **nelle altre forme coniug. come** *dire*) **1** invocare la protezione divina su qlcu. o su qlco.: *b. il cibo*; *tutti, o figli miei, vi benedissi* (G. Pascoli) | consacrare con rito religioso, in particolare con la benedizione: *b. una chiesa* | (*fam., iron.*) ***mandare qlcu. a farsi b.***, mandarlo alla malora | (*fam., iron.*) ***è andato tutto a farsi b.***, è andato tutto perduto **2** esprimere gratitudine per qlco. o qlcu.: *benedico il suo buon cuore* **3** accordare protezione, grazie e sim., detto spec. di Dio: *Dio benedica la tua casa*; *è un'iniziativa che la fortuna ha benedetto* | ***Dio ti benedica!***, escl. di gratitudine e sim. **CONTR.** maledire **4** lodare, esaltare: *b. il nome, la memoria di qlcu.*

†**benedìtto** ➤ **benedetto**

benedizionàle [1913] **s. m.** ● libro liturgico, contenente le formule rituali della benedizione, ad uso del vescovo

benedizióne [vc. dotta, lat. eccl. *benedictiōne(m)*, da *benedīcere* 'benedire' * 1224 ca.] **s. f. 1** in alcune religioni (Ebraismo, Cristianesimo, Islamismo), azione sacra che una persona, rivestita di potere sacerdotale, compie per attrarre il favore divino su persone e su cose | nella liturgia cattolica, rito amministrato dal sacerdote per la consacrazione di cose o persone o per invocare la protezione divina: *dare, impartire la b.*; *b. delle palme*; *b. nuziale*; *b. col Santissimo Sacramento* | ***b. apostolica***, del Papa | ***b. papale***, del vescovo in nome e per delegazione del Papa **2** (*per anton.*) correntemente, funzione religiosa cattolica nella quale si benedicono i fedeli con il SS. Sacramento **3** invocazione di bene per qlcu. o qlco.: *ecco la mia paterna b.* | (*per antifrasi, fam.*) improperio, maledizione: *sai le benedizioni che mi ha mandato!* | (*est.*) chi (o ciò che) è fonte di bene e di gioia: *tu sei la mia b.*; *quest'acqua è una b. per la terra* **CONTR.** maledizione ‖ **benedizioncèlla**, **dim.** | **benedizioncìna**, **dim.**

♦**beneducàto** o **ben educàto** [comp. di *ben(e)* ed *educato* * 1765] **agg.** ● che ha ricevuto una buona educazione | (*est.*) che ha maniere garbate: *giovane b.* **CONTR.** maleducato

†**benefàre** [vc. dotta, lat. *benefăcere*, comp. di *bĕne* 'bene' e *făcere* 'fare' * av. 1589] **v. intr.** ● fare del bene: *benefacendo alla repubblica* (T. Campanella)

†**benefattìvo** [comp. di *bene* e *fattivo* * av. 1595] **agg.** ● meritevole

♣**benefattóre** [vc. dotta, lat. tardo *benefactōre(m)*, da *benefăcere* 'benefare' * 1261 ca.] **s. m.** (**f.** *-trice*; *pop., disus.* *-tóra*); **anche agg.** ● chi (o che) fa del bene al prossimo: *un b. dell'umanità* | chi (o che) fa opere di beneficenza **SIN.** filantropo

beneficàre [vc. dotta, lat. *beneficāre*, da *benĕficus* 'benefico' ✻ av. 1292] **v. tr.** (*io benèfico, tu benèfichi*) ● fare del bene, aiutare: *b. un'opera pia con lasciti testamentari*

beneficàto **A** **part. pass.** di *beneficare*; anche **agg.** ● nei sign. del v. **B** **s. m.** (**f.** *-a*) ● chi ha ricevuto benefici

beneficatóre [da *beneficare* ✻ av. 1294] **s. m.** (**f.** *-trice*); anche **agg.** ● chi (o che) dà un beneficio

beneficènte [da *beneficenza* ✻ av. 1338] **agg.** ● (*lett.*) benefico

beneficènza, (*evit.*) **beneficiènza** [vc. dotta, lat. *beneficĕntia(m)*, da *benĕficus* 'benefico' ✻ 1268] **s. f.** ● abituale opera di aiuto agli indigenti: *fare della b.*; *elargire denaro in b.*; *opera, istituto di b.*; *serata, ballo, lotteria di b.* | ***qui non si fa della b.***, (*fig.*) non si regala niente | opera buona **SIN.** carità, filantropia

beneficiàle [vc. dotta, lat. tardo *beneficiāle(m)*, da *beneficium* 'beneficio' ✻ 1540] **agg.** ● attinente a beneficio ecclesiastico: *lite b.*, *fondo b.* **SIN.** beneficiario

beneficialista [1673] **s. m. e f.** (**pl. m.** *-i*) ● giurista particolarmente versato nelle materie beneficiali

beneficiàre o †**benefiziàre** [vc. dotta, lat. tardo *beneficiāre*, da *beneficium* 'beneficio' ✻ av. 1292] **A** **v. tr.** (**pres.** *io beneficio*; **fut.** *io beneficerò*) ● (*disus.*) beneficare: *b. qlcu. di una rendita* **B** **v. intr.** (**aus.** *avere*) ● trarre beneficio o vantaggio da qlco. (**+ di**): *b. di una tessera gratuita* **SIN.** godere, usufruire

beneficiàrio [vc. dotta, lat. *beneficiāriu(m)* 'che concerne un favore', da *beneficium* 'beneficio' ✻ av. 1557] **A** **agg.** **1** beneficiale: *fondo b.* | ***erede b.***, che ha accettato l'eredità con beneficio di inventario **2** detto di persona rispetto alla quale si producono gli effetti favorevoli di un contratto o di un atto: *terzo b.* **B** **s. m.** (**f.** *-ia*) ● beneficiato

beneficiàta [1618] **s. f.** **1** rappresentazione teatrale il cui introito va a profitto di uno o più attori **2** (*fig.*) seguito di eventi favorevoli per una stessa persona

beneficiàto **A** **part. pass.** di *beneficiare*; anche **agg.** **1** nei sign. del v. **2** ***eredità beneficiata***, accettata col beneficio d'inventario **B** **s. m.** **1** chierico titolare di un beneficio ecclesiastico **SIN.** beneficiario **2** (**f.** *-a*) persona in favore della quale si compie un atto o si rilascia un titolo: *il b. di una cambiale*

beneficiènza ● (*evit.*) ➤ **beneficenza**

benefìcio o **benefìzio** [vc. dotta, lat. *beneficiu(m)*, da *benĕficus* 'benefico' ✻ 1268] **s. m.** **1** azione che reca ad altri un vantaggio, un bene: *colmare qlcu. di benefici*; *non è la più labile cosa che la memoria de' benefici ricevuti* (F. GUICCIARDINI) **2** (*est.*) utilità, giovamento: *trarre b. dalla cura* | ***b. di legge***, vantaggio accordato legislativamente | (*org. az.*) ***b. accessorio***, V. *fringe benefit* | (*dir.*) ***b. d'inventario***, facoltà dell'erede di accettare un'eredità mantenendo la propria responsabilità per i debiti ereditari nei limiti della consistenza del patrimonio ereditato | ***con b. d'inventario***, (*fig.*) con riserva | nel diritto feudale, concessione di terreno come compenso di servizi resi **3** ***b. ecclesiastico***, ente giuridico, eretto dalla competente autorità ecclesiastica, costituito da un complesso di beni stabilmente destinati al mantenimento del titolare di un ufficio sacro | correntemente, complesso dei beni oggetto del beneficio || †**beneficióne**, **accr.**

SFUMATURE ➤ ***privilegio***

benèfico [vc. dotta, lat. *benĕficu(m)*, comp. di *bĕne* 'bene' e *-ficus*, da *făcere* 'fare' ✻ 1363] **agg.** (**pl. m.** *-ci*; **difett. del superl., sostituito, nell'uso, da** *molto benefico* **o da** *beneficentissimo*, **superl. di** *beneficente*) **1** che è utile, vantaggioso, che arreca beneficio: *clima b.* **2** che fa del bene | che fa sistematicamente opere di beneficenza: *persona benefica*; *ente b.* || **beneficaménte**, **avv.**

SFUMATURE ➤ ***caritatevole***

bènefit /'bɛnefit, *ingl.* 'bɛnɪfɪt/ [1981] **s. m. inv.** ● accorc. di *fringe benefit*

benefìzio e deriv. ➤ **beneficio** e deriv.

†**benègno** ➤ **benigno**

beneinformàto ➤ **beninformato**

beneintenzionàto ➤ **benintenzionato**

beneintéso ➤ **beninteso**

benemerènte [vc. dotta, lat. *bĕne merĕnte(m)*, comp. di *bĕne* 'bene' e del part. pres. di *merēre* 'meritare' ✻ 1499] **agg.** ● (*lett.*) benemerito

benemerènza [vc. dotta, da *benemerente* ✻ 1541] **s. f.** ● merito acquisito nei confronti di istituzioni, comunità e sim. | ***attestato di b.***, riconoscimento ufficiale dei meriti

benemeritàre [1438] **v. intr.** (*io benemèrito*; **aus.** *avere*) ● (*lett.*) diventare benemerito: *b. della patria*

benemèrito [vc. dotta, lat. *bĕne mĕritu(m)*, comp. di *bĕne* 'bene' e del part. pass. di *merēre* 'meritare' ✻ 1328] **A** **agg. e s. m.** (**f.** *-a*; **difett. del superl., sostituito, nell'uso, da** *molto benemerito*, **o da** *benemerentissimo*, **superl. di** *benemerente*) ● che (o chi) ha acquisito merito nei confronti di istituzioni, comunità e sim.: *b. della cultura* | ***l'Arma benemerita***, o (**ellitt.**) ***la Benemerita***, l'Arma dei Carabinieri || **benemeritaménte**, **avv.** **B** **s. m.** ● †beneficio, benemerenza, merito

†**benenànza** ➤ †**benignanza**

beneplàcito [vc. dotta, lat. *beneplăcitu(m)*, comp. di *bĕne* 'bene' e del part. pass. di *placēre* 'piacere, acconsentire' ✻ 1308] **s. m.** **1** approvazione, consenso: *ottenere il b. dalle autorità* **2** (*raro*) volontà, arbitrio, potestà: *non può pensare di agire a suo b.*

♦**benèssere** [comp. di *ben(e)* ed *essere* ✻ 1309] **s. m.** (**pl.** *-i*) **1** buono stato di salute: *provare un senso di b.* | ***centro b.***, V. *centro* nel sign. II 5 | (*est.*) stato di soddisfazione interiore generata dal giusto equilibrio di fattori psicofisici **2** agiatezza: *vivere nel b.* | ***economia, società del b.***, sistema economico-sociale che si prefigge determinate finalità a vantaggio di tutto l'aggregato sociale, come aumento e stabilità dell'occupazione, elevato reddito nazionale, perequazione sociale, aumento dei consumi e sim.

SFUMATURE ➤ ***prosperità***, ➤ ***sanità***

♦**benestànte** [comp. di *bene* e *stante* ✻ av. 1294] **s. m. e f.**; anche **agg.** ● chi (o che) possiede mezzi finanziari sufficienti per vivere con una certa agiatezza: *è una persona b.* **SIN.** abbiente, agiato, facoltoso

benestàre [comp. di *bene* e *stare* ✻ av. 1556] **s. m. inv.** **1** (*raro, lett.*) benessere, agiatezza: *minacciare il pane e il b. del popolo* (R. BACCHELLI) **2** esplicita e formale approvazione di determinati atti, progetti e sim.: *il sindaco ha concesso il b. all'iniziativa* **SIN.** autorizzazione, consenso

benestarìsta [da *benestare* ✻ 1983] **s. m. e f.** (**pl. m.** *-i*) ● (*org. az.*) chi è addetto al controllo o collaudo di prodotti industriali, dei quali attesta la compatibilità con le norme o le tolleranze prestabilite

beneventàno [1258] **A** **agg.** ● di Benevento | ***scrittura beneventana***, tipo di scrittura molto geometrica e con i tratti diritti spezzati, entrata nell'uso alla fine dell'VIII sec. e diffusa nel ducato di Benevento fino al XIII sec. **B** **s. m.** (**f.** *-a*) ● abitante o nativo di Benevento

†**benevogliènza** ➤ **benevolenza**

benevolènte o †**benvogliènte**, †**benevogliènte**, †**benvolènte**, †**benivolènte** [vc. dotta, lat. *benevolĕnte(m)*, comp. di *bĕne* 'bene' e *vĕlle* 'volere' ✻ av. 1250] **A** **agg.** ● (*lett.*) favorevolmente disposto || **benevolenteménte**, **avv.** con segni di benevolenza **B** **s. m.** ● †chi ha buoni rapporti di amicizia con qlcu.

benevolènza o †**benvogliènza**, †**benevogliènza** [vc. dotta, lat. *benevolĕntia(m)*, da *benĕvolus* 'benevolo' ✻ av. 1250] **s. f.** **1** buona disposizione d'animo verso qlcu.: *provare, dimostrare b. verso qlcu.*; *trattare qlcu. con b.*; *cattivarsi la b. di tutti* **CONTR.** malevolenza **2** indulgenza, favore, spec. nell'ambito di rapporti gerarchici: *mi affido alla sua b.*

SFUMATURE DI SIGNIFICATO

benevolenza - degnazione - condiscendenza
Un atteggiamento di affettuosa indulgenza nei confronti di qualcuno è detto **benevolenza**. Se questo atteggiamento è venato da senso di superiorità si parla piuttosto di **degnazione**. **Condiscendenza** ha un doppio significato: da un lato definisce l'atteggiamento di chi è pronto ad accondiscendere ai desideri altrui, ed è dunque comprensivo e malleabile, dall'altro descrive un modo di trattare gli altri dall'alto in basso.

♣**benèvolo** o †**benivolo** [vc. dotta, lat. *benĕvolu(m)*, comp. di *bĕne* 'bene' e *vĕlle* 'volere' ✻ 1261 ca.] **agg.** (**difett. del superl., sostituito da** *benevolentissimo*) ● che è ben disposto, indulgente, amichevole, affettuoso: *è stato b. verso i miei errori* | benigno, affabile: *è b. con tutti* **CONTR.** malevolo || **benevolménte**, **avv.** con benevolenza, in modo favorevole

♣**benfàtto** o **ben fàtto** [comp. di *ben(e)* e *fatto* ✻ 1288] **agg.** **1** ben formato fisicamente: *corpo b.*; *una ragazza molto benfatta* **CONTR.** malfatto **2** eseguito bene: *un lavoro b.*

bèng ➤ **bang**

bengàla [dal nome della regione indiana *Bengala* dove si usavano fuochi colorati per segnalazioni nella caccia alla tigre ✻ 1857] **s. m. inv.** ● fuoco d'artificio variamente colorato | (*milit.*) dispositivo illuminante lanciato con un razzo e dotato di paracadute che, scendendo lentamente, illumina una vasta zona

bengalése (o *-ṣ-*) [1860] **A** **agg.** ● relativo al Bengala **B** **s. m. e f.** ● abitante o nativo del Bengala **C** **s. m. solo sing.** ● (*ling.*) lingua indiana parlata nella regione del delta del Gange

bengàli [hindi *baṅgālī*, dal n. della regione (*Baṅgāl*) ✻ 1865] **s. m. inv.**; anche **agg. inv.** ● bengalese (nel sign. C): *letteratura in b.*; *lingua b.*

bengalìna [1927] **s. f.** ● stoffa di lana o seta con trama cordonata, originariamente prodotta nel Bengala

bengalìno ① [1847] **agg. e s. m.** (**f.** *-a*) ● bengalese

bengalìno ② [dal nome del presunto paese di provenienza, il *Bengala* ✻ 1797] **s. m.** ● piccolo uccello canoro dei Passeriformi di colore grigiastro, con vivace livrea nuziale a capo rosso (*Amandava amandava*)

bengòdi [comp. di *ben(e)* e *godi*, imperat. di *godere* ✻ 1353] **s. m. inv.** ● paese immaginario dove regna l'abbondanza | (*est.*) luogo in cui si mangia e beve a sbafo **SIN.** cuccagna

♣**beniamìno** [dal nome del figlio prediletto di Giacobbe, ebr. *Binyāmīn*, comp. di *bēn* 'figlio' e *yāmīn* '(mano) destra', del lato, cioè, di buon auspicio ✻ 1751] **s. m.** (**f.** *-a*) **1** figlio prediletto **2** (*est.*) chi gode di particolare predilezione: *b. della sorte*; *il b. del superiore* **SIN.** favorito, preferito

†**benignànza** o †**beninànza**, †**benenànza** [adattamento di *beninanza*, dall'ant. provenz. *benenansa* 'benessere', da *benigne* 'benigno' ✻ av. 1250] **s. f.** ● benignità, benevolenza: *o ritornare a la sua benenanza* (C. DAVANZATI)

benignità [lat. *benignitāte(m)*, da *benĭgnus* 'benigno' ✻ 1268] **s. f. inv.** **1** atteggiamento di

simpatia, cortesia, affabilità: *trattare, considerare con b.*; *usare b. verso qlcu.* | (*est., lett.*) mitezza, bontà: *b. del clima* **2** indulgenza, clemenza **3** (*med.*) natura o carattere benigno di una malattia
SFUMATURE ➤ ***bontà***

✦**benìgno** o †**benégno** [lat. *benīgnu(m)* 'di buona natura', comp. di *bĕne* 'bene' e *gīgnere* 'nascere, produrre' ✱ 1229] **agg. 1** che è ben disposto, comprensivo, cortese: *rivolgere uno sguardo b.*; *sorriso, gesto b.* **2** indulgente, clemente, favorevole: *sorte benigna*; *interpretazione benigna*; *critica benigna*; *astro b.* **3** di malattia e sim., non pericolosa per la vita: *forma benigna*; *decorso b.* | ***tumore b.***, che non produce metastasi ‖ **benignaménte**, **avv.** con benignità, affabilmente; con indulgenza, favorevolmente

†**beninànza** ➤ †**benignanza**

beninformàto o **beneinformàto** [comp. di *ben(e)* e *informato* ✱ 1894] **agg. e s. m.** ● che (o chi) possiede od ottiene informazioni, notizie e sim. sicure e di prima mano

benintenzionàto o **ben intenzionàto**, **beneintenzionàto** [comp. di *ben(e)* e *intenzionato* ✱ 1619] **agg. e s. m.** (**f.** *-a*) ● che (o chi) ha propositi favorevoli: *essere b. verso qlcu.* CONTR. malintenzionato ‖ **benintenzionataménte**, **avv.**

✦**benintéso** (o **-ṣ-**) o **ben intéso** (o **-ṣ-**), **beneintéso** (o **-ṣ-**) [comp. di *ben(e)* e *inteso*, preso dal fr. *bien entendu* ✱ 1681] **A avv.** ● certamente, naturalmente, come risposta affermativa per sottolineare il consenso o come rafforz.: *'allora ci pensi tu?' 'b.!'*; *b., ci divideremo anche le responsabilità* **B** nella **loc. cong.** ***b. che***, purché, alla condizione che (introduce una prop. concessiva con il v. al congtv.): *ti darò una risposta, b. che tu ti faccia vedere* **C agg.** ● (*raro*) inteso opportunamente, a proposito: *un ben inteso orgoglio*; *un senso di carità b.* CONTR. malinteso

†**benivolènte** ➤ **benevolente**

†**benìvolo** ➤ **benevolo**

benmeritàre /bemmeri'tare/ [comp. di *ben(e)* e *meritare*, come in lat. *merēre bĕne* ✱ 1865] **v. intr.** (*io benmèrito*; **aus.** *avere*) ● (*raro*) essere benemerito: *b. della cultura, del Paese*

bènna [lat. *bĕnna(m)* 'caretta gallica su quattro ruote', di orig. celt. ✱ av. 1367] **s. f. 1** recipiente rovesciabile o apribile, retto da una gru, per il sollevamento, il trasporto e lo scarico di materiale sciolto: *b. trascinata*; *b. mordente* **2** treggia

bennàto o (*lett.*) **ben nàto** [comp. di *ben(e)* e *nato*, propr. *'nato* sotto *buona* stella' ✱ av. 1294] **agg.** ● (*lett.*) gentile, beneducato | †nato da una famiglia socialmente elevata | †portato al bene, fortunato

benparlànte /bempar'lante/ o **ben parlànte**, (*raro*) **bemparlànte** [comp. di *ben(e)* e *parlante* ✱ av. 1250] **s. m. e f.**; **anche agg. 1** (*raro*) chi (o che) parla la propria lingua materna correttamente **2** (*raro, lett.*) chi (o che) parla con facilità ed eloquenza

✦**benpensànte** /bempen'sante/ o **ben pensànte**, (*raro*) **bempensànte** [comp. di *ben(e)* e *pensante*, ripreso dal fr. *bien pensant* ✱ 1865] **s. m. e f.**; **anche agg.** ● chi (o che) segue la mentalità e le opinioni politiche e sociali dominanti, spec. in senso conservatore e tradizionalistico

benportànte /bempor'tante/ o **ben portànte**, (*raro*) **bemportànte** [comp. di *ben(e)* e *portante*, calcato dal fr. *bien portant* ✱ av. 1698] **agg.** ● di aspetto sano e giovanile, nonostante l'età: *un vecchio b.*

benservìto o †**ben servìto** [comp. di *ben(e)* e *servito*, da *servire* ✱ 1600] **s. m.** ● dichiarazione relativa alle capacità di un lavoratore rilasciata dal datore di lavoro al momento della cessazione del rapporto di lavoro | ***dare il b. a qlcu.***, (*iron.*) licenziarlo

✦**bensì** [comp. di *ben(e)* e *sì* ✱ sec. XIII] **A cong.** ● con valore avversativo, però, ma, invece, anzi (in correlazione con una espressione negativa): *non bisogna indugiare, b. agire* | unito a 'ma' rafforz.: *è chiaro che la polizia non aveva voluto minacciare la folla, ma b. ristabilire l'ordine* | (*raro*) tuttavia, per altro: *l'ho trattato male, b. a malincuore* **B avv.** ● (*lett.*) con valore rafforz., sì, certo, certamente (con sign. più efficace del solo 'sì'): *più delle leggi può b. la forza delle ragioni e l'onore delle opinioni* (U. FOSCOLO) | contrapposto a un 'ma' successivo: *conclusero che i guai vengono b. spesso, perché ci si è dato cagione; ma che la condotta più cauta e più innocente non basta a tenerli lontani* (A. MANZONI)

bentaẓóne® [marchio registrato ✱ 1987] **s. m.** ● (*chim.*) diserbante indicato per il trattamento selettivo del riso, del frumento e di altre colture

bènthos /'bεntos/ o **bèntos** [vc. dotta, gr. *bénthos* 'abisso (del mare)', connesso con l'agg. *bathýs* 'profondo' (V. *bati-*) ✱ 1930] **s. m. inv.** ● (*biol.*) il complesso degli organismi animali e vegetali che vivono a diretto contatto con il fondo del mare o delle acque interne

bénto /'bento, *giapp.* bɛn.tɔ/ [giapp. *bentō* 'cestino' ✱ 1992] **s. m. inv.** ● contenitore a scomparti, anche da asporto, per pietanze giapponesi | (*est.*) la pietanza contenuta

bentònico [1930] **agg.** (**pl. m.** *-ci*) ● del benthos, relativo al benthos: *organismi bentonici*

bentonìte [dal nome della località di Fort *Benton*, nel Montana ✱ 1942] **s. f.** ● tipo di argilla formatasi per alterazione idrotermale di rocce feldspatiche o di ceneri vulcaniche, con alte proprietà di adsorbimento e assorbimento

bentornàto o **ben tornàto** [comp. di *ben(e)* e *tornato* ✱ 1353] **A agg. spec. in funzione di inter.** ● si usa come saluto a chi torna da un viaggio o comunque dopo una lunga assenza: *bentornati!*; *b. fra noi!* **B s. m. 1** (**f.** *-a*) persona bene accolta al suo ritorno: *siate i bentornati!* **2** la formula stessa del saluto: *dare il b. a qlcu.*

bèntos ➤ **benthos**

✦**bentòsto** o **ben tòsto** [comp. di *bene* e *tosto* 'subito', sull'es. del corrispondente fr. *bien tôt* ✱ 1287] **avv.** ● (*lett.*) presto, subito: *l'ordine feudale ... fu b. sopraffatto* (G. CARDUCCI)

bentrovàto o **ben trovàto** [comp. di *ben(e)* e *trovato* ✱ 1353] **A agg. spec. in funzione di inter.** ● si usa come saluto rivolto a chi si incontra o si trova in un luogo, anche come risposta a 'bentornato' e a 'benvenuto': *ben trovato!*; *ben trovata!*; *ben trovati!* **B s. m.** (**f.** *-a*) ● †persona che si incontra volentieri: *che tu sia il b.!*

benvedùto o **ben vedùto** [comp. di *ben(e)* e *veduto* ✱ av. 1472] **agg.** ● (*raro*) benvisto

benvenùto o **ben venùto** [comp. di *ben(e)* e *venuto* ✱ av. 1292] **A agg. spec. in funzione di inter.** ● si usa come saluto per esprimere buona accoglienza e gradimento a chi arriva o si presenta in un luogo: *b. a casa nostra!*; *benvenuti a Roma!* **B s. m. 1** (**f.** *-a*) persona o cosa ben accolta, gradita: *siate il b. tra noi* **2** la formula stessa del saluto: *dare il b. a qlcu.*

benvìsto o **ben vìsto** [comp. di *ben(e)* e *visto* ✱ 1532] **agg.** ● che gode stima e rispetto: *la sua attività è benvista in tutti gli ambienti* CONTR. malvisto

†**benvogliènte** ➤ **benevolente**

†**benvogliènza** ➤ **benevolenza**

†**benvolènte** ➤ **benevolente**

✦**benvolére** o **ben volére** [comp. di *ben(e)* e *volere*① ✱ 1287] **A v. tr.** (**difett., usato solo all'inf. pres., al part. pass. e al part. pres.**) ● provare e manifestare stima, simpatia, affetto per qlcu.: *farsi b. da qlcu.*; *è benvoluto da tutti* | ***prendere qlcu. a b.***, prenderlo in simpatia, affezionarsi a lui: *Don Venerando aveva preso a b. tutta la famiglia* (G. VERGA) CONTR. malvolere **B s. m. solo sing.** ● †benevolenza: *mostrare b. a qlcu.*

benvolùto **part. pass.** di *benvolere*; **anche agg.** ● nei sign. del v.

benẓaldèide [comp. di *benz(oe)* e *aldeide* ✱ 1907] **s. f.** ● aldeide liquida, incolore, con odore di mandorle amare, ottenuta per ossidazione del toluolo, usata nell'industria dei profumi e come intermedio per molti processi industriali SIN. aldeide benzoica

Benẓedrìna® [etim. incerta ✱ 1961] **s. f.** ● nome commerciale dell'amfetamina

benẓène [vc. dotta, da *benzoe* ✱ 1907] **s. m.** ● benzolo

benẓènico [1930] **agg.** (**pl. m.** *-ci*) ● derivato dal benzene, relativo al benzene: *anello b.*; *serie benzenica* | detto di composto aromatico caratterizzato da un anello benzenico

benẓidìna [prob. dal ted. *Benzidine*, comp. di *Benzi(n)* 'benzina' e dei suff. *-id* '-ide' e *-ine* '-ina' ✱ 1962] **s. f.** ● (*chim.*) diammina aromatica dalla quale derivano importanti sostanze coloranti; trova anche impiego nell'analisi chimica

benẓìle [comp. di *benz(oe)* e del suff. chimico *-ile*② ✱ 1962] **s. m.** ● radicale aromatico, monovalente, derivato dal toluolo

benẓìlico [1889] **agg.** (**pl. m.** *-ci*) ● detto di composto contenente il radicale benzile o da questo derivabile

✦**benẓìna** [vc. dotta, da *benzoe* ✱ 1863] **A s. f.** ● liquido volatile e infiammabile ottenuto dal petrolio, formato da quantità variabili di idrocarburi alifatici e aromatici, usato come carburante e come solvente | ***b. auto***, per motori di autoveicoli | ***b. normale, super***, carburante per auto con diverso numero di ottano | ***b. avio***, per motori di aerei | ***benzine leggere, medie, pesanti***, successive frazioni della distillazione degli oli leggeri del petrolio | ***b. naturale***, ottenuta dal gas naturale | ***b. verde***, V. *verde* | ***b. etilata***, contenente piombo tetraetile, colorata artificialmente in rosso o azzurro | (*colloq.*) ***fare b.***, rifornire di carburante la propria automobile | ***rimanere senza b.***, (*fig.*) senza energia psicofisica **B s. m. inv.** ● nel linguaggio commerciale, motore a benzina | (*est.*) autoveicolo con motore a benzina: *un diesel allo stesso prezzo del b.*

benẓinàio o (*roman.*) **benẓinàro** [1955] **s. m.** (**f.** *-aia*, **pl. m.** *-ai*) ● persona addetta ad un distributore di benzina

bènẓo- o **benẓ-** [vc. dotta, da *benzoe*] **primo elemento** ● in parole composte della terminologia chimica indica le molecole organiche derivate dal benzolo: *benzaldeide, benzopirene*

benẓoàto [vc. dotta, da *benzoe* ✱ 1865] **s. m.** ● sale o estere dell'acido benzoico

benẓocaìna [comp. di *benzo-* e *(co)caina* ✱ 1955] **s. f. 1** (*chim.*) molecola organica ad azione protettiva contro i raggi ultravioletti **2** (*farm.*) anestetico locale in grado di mediare la soppressione del dolore in una zona delimitata del corpo

benẓochinóne [comp. di *benzo-* e *chinone* ✱ 1913] **s. m.** ● (*chim.*) chinone derivato dal benzene; se ne conoscono due isomeri diffusi in natura

benẓodiaẓepìna [comp. di *benzo-*, *diazo-* e del suff. *-ina* ✱ 1985] **s. f.** ● (*chim., farm.*) sostanza organica azotata comunemente usata in terapia come ansiolitico, miorilassante e come farmaco induttore del sonno

benẓòe [lat. mediev. *benzoe*, della stessa orig. di *benzoino* ✱ 1905] **s. m.** ● benzoino nel sign. 2

benẓofenóne [ingl. *benzophenone*, comp. di *benzo-* per *benzoic* 'benzoico' e *phenone* 'fenone' ✱ 1913] **s. m.** ● (*chim.*) chetone aromatico dall'intenso odore di geranio; usato nell'industria dei cosmetici per saponi e profumi, in quella farmaceutica per ipnotici e antistaminici

benẓòico [1795] **agg.** (**pl. m.** *-ci*) ● detto di composto contenente il radicale benzoile o da questo derivabile | ***acido b.***, acido organico bianco, cristallino, impiegato in profumeria, medicina e industria alimentare | ***aldeide benzoica***, benzaldeide

benẓoìle [1913] **s. m.** ● radicale aromatico, monovalente, derivato dall'acido benzoico

benẓoìno o †**belgioìno**, †**belgiuìno**, †**belẓoìno**, †**belẓuìno** [arabo *lubān ǧāwī* 'incenso di Giava' ✱ 1540 ca.] **s. m.** **1** albero delle Ebenacee con foglie alterne, ovali e fiori bianchi riuniti in grappoli terminali (*Styrax benzoin*) **2** sostanza balsamica ottenuta da varie specie della pianta omonima, costituita principalmente di resina e acido benzoico, usata in profumeria e in medicina **SIN.** benzoe **3** (*chim.*) composto della serie aromatica ottenuto per condensazione della benzaldeide

benẓolìṣmo [1950] **s. m.** ● (*med.*) intossicazione cronica dovuta a benzolo

benẓòlo [vc. dotta, da *benzoe* ✱ 1865] **s. m.** ● idrocarburo aromatico liquido, tossico, ottenuto da catrame di carbon fossile e da petrolio, usato come solvente e nella preparazione di intermedi per l'industria chimica e farmaceutica **SIN.** benzene

benẓopirène [comp. di *benzo-* e *pirene* ✱ 1938] **s. m.** ● idrocarburo aromatico policiclico, contenuto nel catrame del carbon fossile; è fortemente nocivo alla salute

benẓopiridìna [comp. di *benzo-* e *piridina* ✱ 1950] **s. f.** ● (*chim.*) chinolina

bèola [dal nome della località di *Beura* (sul Toce, nei pressi di Domodossola), dove esistono grandi cave di gneiss ✱ 1905] **s. f.** ● (*miner.*) varietà di gneiss riducibile in lastre, usata in edilizia per finiture

beóne o (*lett.*) **bevóne** [per *bevone*, da *bevere*, var. di *bere* ✱ 1535 ca.] **s. m.** (**f.** *-a*) ● chi ha il vizio di bere **SIN.** ubriacone

beòta [vc. dotta, lat. *Boeōtu(m)* 'della Beozia', regione greca nota per i suoi abitanti, ritenuti rozzi e stupidi ✱ sec. XIV] **A** **s. m. e f.** (**pl. m.** *-i*) **1** abitante o nativo della Beozia, regione della Grecia **2** (*fig.*) persona stupida, ottusa **SIN.** idiota, sciocco, tardo **B** **agg.** ● da stupido: *sguardo, riso b.*

beòtico [vc. dotta, lat. *Boeōticu(m)*, dal gr. *boiōtikós* 'abitante della Beozia (*Boiōtía*, n. di prob. orig. illirica)' ✱ 1550] **agg.** (**pl. m.** *-ci*) ● della Beozia

bequàdro o **beqquàdro**, †**biquàdro** [comp. di *be*, dalla lettera *b*, che indicava la nota musicale 'si', e di *quadro* (o *duro*) riferito al Si più alto dei due possibili nella scala diatonica ✱ av. 1573] **A** **s. m.** ● (**pl.** *-i* o **inv.**) (*mus.*) alterazione che ne annulla una precedente, riportando la nota alla sua altezza naturale **B** **anche agg.**

ber /ber/ ➤ **bere**①

berberésco ➤ **barbaresco**②

Berberidàcee [comp. di *berberid(e)* e *-acee* ✱ 1865] **s. f. pl.** (**sing.** *-a*) ● (*bot.*) famiglia di piante arbustive o erbacee con foglie semplici o variamente composte, fiori attinomorfi e frutti a bacca (*Berberidaceae*)

berbèride [lat. scient. *Berberide(m)*, nom. *Berberis*, dall'arabo *barbārīs* ✱ 1829] **s. f.** ● genere di piante arbustive delle Berberidacee, con foglie dai rami lunghi e spinosi, fiori in grappoli e frutto a bacca (*Berberis*)

bèrbero [arabo *barbarī*, dal gr. *bárbaros* 'barbaro' ✱ 1819] **A** **agg.** **1** (*antrop.*) detto di chi appartiene a gruppi fisicamente affini a quelli mediterranei, parlanti una lingua semitica diffusa in Africa settentrionale e in particolare nelle regioni dell'Atlante e nell'interno dell'Algeria, della Tunisia e della Libia **2** (*zool.*) ***cavallo b.***, purosangue arabo da sella e da tiro leggero, molto apprezzato per le sue doti di forza e resistenza **3** (*raro*) barbaresco: *pirati berberi* **B** **s. m.** (**f.** *-a*) **1** chi appartiene alla popolazione berbera **2** cavallo berbero **3** (*raro*) abitante o nativo della Barberia **C** **s. m. solo sing.** ● lingua della famiglia camitica, parlata dai Berberi

†**berbìce** [lat. parl. *berbīce(m)*, di etim. incerta ✱ 1291] **s. f.** ● pecora, agnello

berceau /fr. bɛʀ'so/ [1776] **s. m. inv.** (**pl. fr.** *berceaux*) ● bersò

berceuse /fr. bɛʀ'søz/ [vc. fr., propr. 'la cullatrice', da *bercer* 'cullare', dal lat. parl. **bertiāre*, di orig. gallica ✱ 1905] **s. f. inv.** ● composizione musicale ispirata alla ninna nanna

berchèlio o **berkèlio** [da *Berkeley*, in California, dove è stato isolato ✱ 1963] **s. m.** (**pl.** *-i* o *raro -ii*) ● elemento chimico, metallo artificiale transuranico appartenente al gruppo degli attinidi, ottenuto per bombardamento dell'americio con particelle alfa **SIMB.** Bk **NUM. AT.** 97

berciàre [dal lat. tardo *bĕrbex* 'pecora' ✱ 1863] **v. intr.** (**pres.** *io bèrcio*; **fut.** *io bercerò*; **aus.** *avere*) ● (*tosc.*) gridare, strillare in modo sguaiato

bèrcio [da *berciare* ✱ 1865] **s. m.** ● (*tosc.*) grido sguaiato, strillo

bercióne [1865] **s. m.** (**f.** *-a*) ● (*tosc.*) chi bercia spesso

♦**bére**① o †**bévere** [lat. *bĭbere*, di orig. indeur. ✱ sec. X] **A** **v. tr.** (**talora troncato in** *ber*) (**pres.** *io bévo*; **pass. rem.** *io bévvi* **o lett. o raro** *bevètti*, **lett.** *bevéi*, **lett. raro** *bébbi*, *tu bevésti*; **fut.** *io berrò* **o raro** *beverò*; **condiz. pres.** *io berrèi* **o** †*beverèi*; **le altre forme dal tema** *bev-*) **1** inghiottire un liquido: *b. acqua*; *b. un bicchiere di vino*; *beviamo qualcosa?*; *b. a garganella, a centellini* | ***b. a collo, a fiasco***, senza servirsi del bicchiere | ***b. come una spugna***, molto | ***b. alla salute***, brindare | ***b. un bicchiere di più***, ubriacarsi | ***b. un uovo***, suggerlo da un foro fatto nel guscio | ***uova da b.***, molto fresche | (*fig.*) ***b. il sangue di qlcu.***, sfruttarlo | (*fig., pop.*) ***b. un avversario***, vincerlo con grande facilità | ***o b. o affogare***, (*fig.*) non avere alternative, avere una sola via d'uscita **2** (*assol.*) ingerire bevande alcoliche, spec. abitualmente: *beve per dimenticare*; *quella donna beve*; *offrire, pagare da b. a qlcu.* | **PROV.** ***chi non beve in compagnia o è un ladro o è una spia*** **3** (*fig.*) credere ingenuamente: *questa non la bevo*; *l'ha bevuta!*; *darla a b. a qlcu.* | ***b. le parole di qlcu.***, ascoltarlo con attenzione | ***berle grosse***, essere credulone **4** assorbire: *questo terreno beve acqua* | consumare benzina o sim. in quantità eccessiva (*anche assol.*): *questo motore beve benzina, olio*; *una macchina che beve* | ***il cavallo non beve***, (*fig.*) detto di situazione economica generale che ristagna a causa dell'assenza di domanda e di investimenti produttivi **5** al gioco del biliardo, far guadagnare punti all'avversario con un tiro mal riuscito **6** †ricevere un colpo **B** **anche bérsi** **v. tr. pron.** (**aus.** *essere*) ● (con valore intens.): *bersi una birra*; *s'è bevuta tutta la bottiglia* | (*fig.*) ***bersi lo stipendio***, spendere tutto in alcolici | (*fig.*) ***bersi qlcu. con gli occhi***, guardarlo intensamente, con ammirazione o desiderio | (*fig., fam.*) ***ti sei bevuto il cervello?***, sei impazzito? | **bérsela** (con il pron. *la* indeterm.), (*fig.*) credere ingenuamente a qlco.: *La cosa è andata benissimo. Il povero signor Luca se l'è bevuta* (C. GOLDONI)

SFUMATURE DI SIGNIFICATO

bere - tracannare - sorseggiare

Il termine più generale per designare l'azione di ingerire un liquido è **bere**; **tracannare** indica più precisamente il *bere* velocemente e con ingordigia, in un fiato, mentre **sorseggiare** definisce il *bere* a piccoli sorsi.

♦**bére**② o †**bévere** [da *bere*① ✱ av. 1306] **s. m.** (**pl.** †*-i*) ● il fatto di bere: *il bever un becchier di vernaccino* (C. ANGIOLIERI) | abitudine a bere, spec. con riferimento a bevande alcoliche: *per dimenticare si è dato al b.* | (*raro*) ciò che si beve: *spende per il b.*

berecìnzio o **berecìntio** [lat. *berecy̆ntiu(m)* 'proprio dei Frigi o Berecinti (*Berecy̆ntes*, dal gr. *Berékyntes*)' ✱ 1566] **agg.** ● (*lett.*) frigio

Bereṣìna [dal n. del fiume *Berezina*, nella Bielorussia, dove nel novembre 1812 le truppe napoleoniche in ritirata furono duramente sconfitte ✱ 1883] **s. f.** ● (*per anton.*) grave sconfitta, disfatta: *per quel partito le elezioni furono un'autentica B.* **CFR.** Caporetto, rotta①

†**berétta**① ➤ **berretta**

Berétta®② [dal n. della ditta bresciana *Beretta* che la costruì nel 1915 ✱ 1955] **s. f. inv.** ● (*per anton.*) pistola semiautomatica calibro 9 in dotazione alle Forze armate italiane

berettìno ➤ **berrettino**

bèrga [medio alto ted. *bërge*, da *bërgen* 'coprire, difendere' ✱ 1865] **s. f.** ● (*disus.*, *sett.*) argine

bergamàsca [1618] **s. f.** ● antica canzone a ballo popolare, originaria della città di Bergamo | (*est.*) brano musicale a essa ispirato

bergamàsco [da *Bergamo* col suff. *-asco* ✱ 1313] **A** **agg.** (**pl. m.** *-schi*) ● di Bergamo **B** **s. m.** (**f.** *-a*) ● abitante o nativo di Bergamo

bergamìna [dal n. delle Prealpi di Bergamo donde le vacche scendevano stagionalmente ✱ av. 1829] **s. f.** **1** (*sett.*) vacca lattifera **2** (*lomb.*) impresa di allevamento e produzione di bovini da latte

bergamìno [da *bergamina* ✱ 1955] **s. m.** (**f.** *-a*) ● (*zootec.*) imprenditore o lavoratore che alleva bovini da latte

bergamòtta [da *bergamotto* ✱ 1539] **A** **agg. solo f.** ● detto di varietà di pera dal profumo di cedro **B** **anche s. f.**

bergamòtto [turco *beg armudī* 'il pero (*armudī*) del signore (*beg*, oggi *bey*)' ✱ av. 1565] **s. m.** **1** pregiata varietà di pero **2** albero delle Rutacee simile all'arancio, con fiori bianchi e frutto piccolo e rotondo (*Citrus bergamia*) **3** il frutto non commestibile dell'albero omonimo, giallo e rotondo | ***essenza, olio di b.***, olio etereo che si estrae dalla buccia del frutto omonimo, usato in profumeria e nell'industria dei liquori

bergère /fr. bɛʀ'ʒɛʀ/ [vc. fr., propr. 'pastora' (forse per le raffigurazioni di scene di pastori frequenti nella tappezzeria), f. di *berger*, dal lat. parl. **vervecārius*, da *vĕrvex*, genit. *vervēris* 'pecora' ✱ 1851] **s. f. inv.** ● poltrona imbottita, ampia e profonda con poggiatesta laterali: *seduto di fronte a lui, in una più grande e soave b.* (A.M. ORTESE)

†**berghinèlla** [etim. incerta ✱ av. 1565] **s. f.** ● ragazza ciarliera | ragazza scostumata

†**bergolàre** o †**begolàre** [lat. parl. **berbecāre*, da *bĕrbex* 'pecora' ✱ av. 1388] **v. intr.** ● cianciare, cicalare

†**bèrgolo**① [da †*bergolare* ✱ 1353] **s. m.** ● chiacchierone | sempliciotto

bèrgolo② [da *berga* ✱ av. 1320] **s. m.** ● specie di cesta di vimini

beribèri o **bèri bèri** [vc. indigena malese (*biri-biri* 'pecora, montone', per l'aspetto assunto dai colpiti da questa malattia) ✱ 1828] **s. m. inv.** ● malattia da carenza di vitamina B_1, caratterizzata da polinevrite

Bericifórmi [comp. del n. lat. scient. del genere *Beryx* e del pl. di *-forme* ✱ 1965] **s. m. pl.** (**sing.** *-e*) ● (*zool.*) ordine di Pesci ossei viventi lungo le coste dei mari caldi, con occhi grandi e colori vivaci (*Beryciformes*)

berìllio [dal *berillo*, dal quale è estratto ✱ 1889] **s. m.** (**pl.** *-i* o *raro -ii*) ● elemento chimico, metallo raro, leggero, grigiastro, ottenuto spec. per elettrolisi di suoi sali, richiesto dalla tecnologia nucleare quale moderatore di neutroni **SIMB.** Be **NUM. AT.** 4

berìllo [vc. dotta, lat. *bēryllu(m)*, dal gr. *bḗryllos*, di orig. indiana ✱ av. 1327] **s. m.** ● (*miner.*) silicato di berillio e alluminio, in cristalli prismatici esagonali di vari colori **CFR.** acquamarina, morganite, smeraldo

berimbàu /portog.-brasiliano berim'bau/ [vc. del portog. brasiliano propr. 'scacciapensieri' ✱ 1987] **s. m. inv.** (**pl.** portog. *berimbaus*) ● strumento musicale di origine brasiliana, formato da un arco di legno, dotato di una corda metallica che viene percossa da una bacchetta, e da una zucca vuota ed essiccata, che funge da cassa armonica, fissata a un'estremità dell'arco stesso

beriòlo o (*lett.*) **beriuòlo** [it. sett. *beveròlo*, da *bevere* ✱ 1865] **s. m.** ● beverino

berk /bɛrk/ [etim. incerta ✱ sec. XX] **s. m. inv.** ● (*fis.*) unità di misura del potenziale gravitazionale terrestre

berkèlio ➤ **berchelio**

†**berlèffe** [ant. fr. **beleffre*, da *be-* (per *bis-*②) e *leffre* 'labbra' ✱ av. 1708] **s. m.** ● sberleffo

†**berléngo** (o **-è-**) [francone *brëdling*, dim. di *brët* 'tavola (da gioco)', forse attraverso l'ant. fr. *brelenc*, *berlenc* ✱ av. 1565] **s. m.** ● nel gergo della malavita, tavola da pranzo o da gioco

berlìcche o **berlìc**, **berlòcche**, (*raro*) **berlòc** [vc. di orig. espressiva ✱ av. 1803] **s. m. inv.** ● (*disus.*, *pop.*) diavolo | (*fig.*) ***far b. berlocche***, mancare di parola | (*fig.*) ***restare come b.***, restare scornato

berlìna① [di etim. incerta ✱ av. 1327] **s. f.** **1** antica pena inflitta a certi condannati esponendoli in luogo pubblico e rendendo noto con bando o per iscritto la loro colpa **CFR.** gogna | (*est.*) il luogo stesso della pena **2** (*fig.*) scherno, derisione | ***mettere in, alla b.***, esporre al ridicolo **3** gioco di società in cui un giocatore deve indovinare quale degli altri giocatori ha espresso su di lui i giudizi che gli vengono riferiti

berlìna② [fr. *berline*, dal nome della città di Berlino, dove apparve per la prima volta questo tipo di vettura ✱ av. 1735] **s. f.** **1** carrozza di gala a quattro ruote e a doppio fondo **2** automobile chiusa a due o quattro porte **3** vagoncino usato nelle miniere per trasportare il carbone estratto fino all'ascensore ‖ **berlinétta**, **dim.**

berlinése (o **-ṣ-**) [1764] **A** **agg.** ● di Berlino **B** **s. m. e f.** ● abitante o nativo di Berlino

berlìnga [fr. *brelingue*, in orig. 'moneta per giocare', dall'ant. fr. *brelenc* 'tavola da gioco' (V. †*berlengo*) ✱ 1827] **s. f.** ● moneta milanese d'argento del valore di 20 soldi coniata nel XVI-XVII secolo

berlingàccio [spreg. da *berlingare* ✱ 1385] **s. m.** ● (*tosc.*) giovedì grasso, ultimo giovedì di Carnevale

†**berlingàre** [da *berlengo* nel senso di 'mensa', 'crapula' ✱ 1355] **v. intr.** ● ciarlare, pettegolare: *millanterie ch'ella fa quando berlinga con l'altre femmine* (G. Boccaccio)

berlingòzzo [da *berlingaccio*, perché mangiato soprattutto a carnevale (?) ✱ 1479] **s. m.** ● ciambella con crosta croccante e internamente soffice, tipica della Toscana

berlòc ➤ **berlicche**

berlòcca [fr. *berloque*, *breloque*, 'segnale, col tamburo, dell'ora del pasto', di orig. onomat. ✱ 1955] **s. f.** ● l'ora del pasto e del riposo di mezzogiorno per i marinai e gli operai dei cantieri navali

berlòcche ➤ **berlicche**

bèrma [fr. *berme*, dal neerlandese *berm* 'argine', di orig. indeur. ✱ 1955] **s. f.** ● (*edil.*) platea in calcestruzzo costruita ai piedi di un argine o di un terrapieno per proteggerli dal pericolo di erosioni del terreno

bermùda [ingl. *bermudas* per *Bermuda shorts*, dal n. delle isole *Bermuda*, dove questo tipo di indumento è abitualmente indossato ✱ 1952] **s. m. pl.** ● tipo di calzoni maschili e femminili che arrivano sopra il ginocchio

bermudiàna [ingl. d'America *Bermudian* 'proprio delle isole Bermuda' ✱ 1955] **s. f.** **1** albero delle Cupressacee con fiori turchini e legno bianco (*Juniperus bermudiana*) **2** randa triangolare | attrezzatura velica che fa uso di tale randa **SIN.** Marconi

†**bernàcla** o †**bernìcca** [fr. *bernacle*, ingl. *barnacle*, dall'irlandese *bairneach* con sovrapposizione di *bernicle*, dal bretone *bernic* 'sorta di conchiglia' per la credenza popolare che quest'oca nascesse dalle conchiglie ✱ av. 1698] **s. f.** ● palmipede simile all'anatra, dal tipico collo bianco

bernàrda [da *Bernardo*, secondo l'uso di chiamare l'organo genitale femminile con nomi di persona ✱ 1976] **s. f.** ● (*volg.*) organo genitale femminile

bernardìno [1955] **A** **agg.** ● relativo all'ordine religioso fondato da Bernardo di Chiaravalle (1091-1153) **B** **s. m.** ● monaco appartenente a tale ordine

Bernàrdo l'eremìta [in fr. *Bernard-l'hermite*, denominazione scherz. suggerita dall'abitudine del crostaceo di ritirarsi nel guscio vuoto di un mollusco ✱ 1779] **loc. sost. m. inv.** ● (*zool.*) paguro

berneggiàre [dal n. del poeta Francesco *Berni* (1497-1535) ✱ av. 1565] **v. intr.** (**pres.** *io bernéggio*; **fut.** *io berneggerò*; **aus.** *avere*) ● (*lett.*) imitare lo stile poetico giocoso e satirico del Berni

bernésca [av. 1600] **s. f.** ● genere di poesia, modellato su quella di F. Berni

bernésco [1538] **agg.** (**pl. m.** *-schi*) **1** relativo al poeta F. Berni (1497-1535) **2** (*fig.*) giocoso, faceto, satirico

bernése (o **-ṣ-**) [1585] **A** **agg.** ● della città di Berna o dell'omonimo cantone svizzero **B** **s. m. e f.** ● abitante o nativo della città o del cantone di Berna

bèrnia [sp. *bernia*, di etim. incerta ✱ av. 1543] **s. f.** ● sontuoso mantello femminile, in voga nell'epoca rinascimentale

†**bernicca** ➤ †**bernacla**

berninìano [1924] **agg.** ● che riguarda l'arte e la produzione dell'architetto e scultore Gian Lorenzo Bernini (1598-1680): *il barocco b.*; *le fontane berniniane*

bernòccolo o **bernòcchio** [etim. discussa: da *ber* (per *bis*) e *nocchio* (?) ✱ av. 1492] **s. m.** **1** piccola protuberanza cranica naturale o dovuta a contusione: *cadendo si è fatto un b. in fronte* **SIN.** bozza **2** (*fig.*) naturale disposizione a certi studi o attività (secondo teorie scientifiche del XVIII sec., la conformazione della testa avrebbe un influsso sulle inclinazioni personali): *avere il b. della matematica, del critico, dell'inventore* **SIN.** attitudine, inclinazione **3** (*raro*, *lett.*) piccola sporgenza su una superficie ‖ **bernoccolétto**, **dim.** | **bernoccolìno**, **dim.** | **bernoccolóne**, **accr.**

bernoccolùto [1605] **agg.** ● che ha bernoccoli

berrétta o †**berétta**① [V. *berretto* ✱ 1282] **s. f.** **1** copricapo di foggia varia: *b. da notte* | ***b. da prete***, rigida, di forma quadrata, a tre o quattro spicchi con una piccola nappa nel mezzo | ***b. vescovile, prelatizia***, di color rosso **2** (*bot.*) ***b. da prete***, arbusto delle Celastracee con foglie opposte, fiori piccoli giallognoli e frutti rossi a capsula quadrangolare di forma simile alla berretta di un prete (*Evonymus europaeus*) **SIN.** evonimo, fusaggine ‖ **berrettàccia**, **pegg.** | **berrettìna**, **dim.**

berrettàio [1275] **s. m.** (**f.** *-aia*, **pl. m.** *-ai*) ● chi fabbrica o vende berretti

berretterìa [1865] **s. f.** ● negozio di berretti

berrettifìcio [1942] **s. m.** ● fabbrica di berretti

berrettinàio [1865] **s. m.** (**f.** *-aia*, **pl. m.** *-ai*) ● berrettaio

berrettìno o (*raro*) **berettìno**, †**bertìno** [etim. discussa: arabo *bārūdī* 'colore della polvere da sparo (*bārūd*)' ✱ 1322] **A** **agg.** **1** †grigio, cenerognolo: *essendo le piante spogliate delle loro foglie, si dimostran di colore b.* (Leonardo) **2** detto del colore azzurro cinereo applicato su piatti e vasi prodotti nel Rinascimento dai maiolicai faentini **3** (*raro*, *lett.*, *fig.*) ingannatore, malvagio: *gente berrettina* **B** **s. m.** ● †il colore berrettino

♦**berrétto** [ant. provenz. *berret*, dal lat. tardo *bĭrrus* 'mantello con cappuccio' ✱ 1357] **s. m.** ● copricapo aderente al capo, spesso con visiera: *b. da fantino, da collegiale, da ciclista*; *b. basco* | ***b. da notte***, papalina | ***b. goliardico***, usato dagli studenti universitari, di diverso colore a seconda delle Facoltà | ***b. frigio***, a corno, con la punta piegata in avanti, simbolo di libertà durante la Rivoluzione francese | ***B. verde***, appartenente a reparti speciali dell'esercito degli Stati Uniti particolarmente addestrati a reprimere la guerriglia | ***b. dogale***, corno, acidario ‖ **berrettàccio**, **pegg.** | **berrettìno**, **dim.** | **berrettóne**, **accr.** (V.) | **berrettùccio**, **dim.**

berrettóne [1539] **s. m.** **1** accr. di *berretto* **2** copricapo speciale di pelliccia d'orso, usato dai granatieri del vecchio esercito piemontese **3** un tempo, copricapo di dottori, giudici e sim. **4** (*est.*, *spreg.*) persona tronfia, che si dà importanza

†**berriuòla** [etim. discussa: da *berretta* con mutamento di suff. (?) ✱ av. 1348] **s. f.** (**m.** *-o*) ● berretta, papalina

†**berrovàglia** [1618] **s. f.** ● sbirraglia

†**berrovière** o †**birrovière** [ant. fr. *berruier*, perché dalla provincia di *Berry* venivano arditi cavalieri ✱ 1282] **s. m.** ● sbirro | masnadiero

bersagliàre [da *bersaglio* ✱ av. 1389] **v. tr.** (*io bersàglio*) **1** colpire ripetutamente tirando con un'arma contro un bersaglio: *b. il nemico* **2** (*est.*) colpire più volte (+ *di*, + *con*): *b. qlcu. di pugni*; *l'aeroporto è stato bersagliato con razzi incendiari* | (*fig.*) tempestare: *lo hanno bersagliato di domande* | (*fig.*) perseguitare: *b. qlcu. di scherzi*; *essere bersagliato dalla sfortuna*

bersaglièra [1883] **s. f.** **1** (*scherz.*) donna molto pronta e decisa **2** nella loc. avv. ***alla bersagliera***, alla maniera dei bersaglieri; (*fig.*) con energica disinvoltura: *portare il cappello alla b.*; *correre, affrontare qlco. alla b.*

bersaglière [da *bersaglio*, di cui erano esperti i primi *bersaglieri* ✱ 1844] **s. m.** **1** soldato dello speciale Corpo di fanteria leggera istituito nel 1836 **SIN.** fante piumato **2** (*fig.*) persona molto energica e decisa: *hai un passo da b.!*

bersaglierésco [1926] **agg.** (**pl. m.** *-schi*) ● tipico del bersagliere | (*est.*) energico, impulsivo, spavaldo | agile, svelto: *passo b.* ‖ **bersaglierescaménte**, **avv.**

♦**bersàglio** o †**berzàglio** [ant. fr. *bersail*, da *berser* 'tirare con l'arco', di orig. francone (**birson* 'andare a caccia') ✱ sec. XIII] **s. m.** **1** l'obiettivo da colpire, spec. con un'arma o in esercitazioni sportive: *b. fisso, mobile; mirare al b.; colpire, mancare il b.; tiro al b.* | ***b. grosso***, nel pugilato, il torace | ***b. valido***, nella scherma, quello consentito dal regolamento **2** (*est.*) obiettivo | ***colpire il b.***, (*fig.*) raggiungere i propri intenti **3** (*fig.*) persona o cosa perseguitata da scherzi, critiche, sfortuna e sim.: *mi truovo / di sciocchi e d'empi favola e b.* (T. Campanella) **4** (*elettron.*) superficie anodica colpita dagli elettroni emessi dal catodo di un tubo a raggi X | elettrodo del tubo a raggi catodici della telecamera soggetto al bombardamento del pennello elettronico analizzatore **5** (*fis.*) l'atomo o il nucleo che in una reazione atomica o nucleare è inizialmente fermo **6** †zuffa, combattimento: *parmi mill'anni or d'essere al berzaglio* (L. Pulci)

bersò [adattamento, secondo la pronuncia, del fr. *berceau*, dal lat. parl. *bertiāre*, di orig. gallica * av. 1803] **s. m. inv.** ● tipo di pergolato a cupola formato da strutture di legno o metallo ricoperte da piante rampicanti

bèrta① [dal n. proprio *Berta*, deprezzato per la sua frequenza (?) * sec. XIV] **s. f.** ● (*lett.*) burla, beffa | ***dar la b.***, deridere

bèrta② [fr. *berthe* 'leggera pellegrina per coprire la scollatura', vc. pubblicitaria richiamantesi alla saggia e modesta madre di Carlo Magno, *Berta* * 1913] **s. f.** ● nell'abbigliamento femminile ottocentesco, ampia bordura di merletto nelle scollature | scialle di merletto

bèrta③ [da *bert(esc)a* (?) * 1638] **s. f.** ● maglio, battipalo

bèrta④ [etim. incerta * 1829] **s. f.** ● (*zool.*) puffino

bèrta⑤ [dal n. di *Bertha* Krupp nelle cui officine veniva fabbricato * 1918] **s. f.** ● nella loc. ***grossa, gran b.***, cannone a gran potenza di fuoco e lunga gittata, usato dall'esercito tedesco nella prima Guerra mondiale

bertabèllo ➤ **bertuello**

berteggiàre [da *berta*① * 1524] **v. tr.** (**pres.** *io bertéggio*; **fut.** *io berteggerò*) ● (*lett.*) burlare, beffeggiare (*anche assol.*): *quell'uomo non si propone di b. né di censurare, ma unicamente di sfogare il suo umore* (F. De Sanctis)

bertésca [lat. mediev. *brittīsca(m)*, dal lat. parl. **brĭttus* 'bretone': 'fortificazione di tipo bretone' (?) * 1268] **s. f. 1** nelle antiche fortificazioni, opera difensiva, stabile o provvisoria, a forma di piccola torre | riparo mobile, da potersi alzare e abbassare, posto tra due merli di fortezza | torretta con feritoie **2** (*caccia*) osservatorio rialzato, con feritoie, nei roccoli **3** †impalcatura per pittori, muratori e sim.

bertibèllo ➤ **bertuello**

†**bertìno** ➤ **berrettino**

bertòccio [da *vertecchio* con mutamento di suff. * 1820] **s. m.** ● (*mar.*) ognuna delle piccole sfere di legno che, infilate in un pezzo di cavo come grani di rosario, formano la trozza **SIN.** paternostro

bertòldo (o **-ó-**) [da *Bertoldo*, n. di un astuto contadino protagonista di un racconto di G. C. Croce (1550-1609) * av. 1827] **s. m.** ● uomo rozzo ma astuto | finto tonto

bertóne [etim. incerta * av. 1533] **s. m. 1** †cavallo con le orecchie mozze **2** (*lett.*) amante o protettore di prostitute

bertovèllo ➤ **bertuello**

bertùccia [dal n. proprio *Berta*, passato a indicare una 'donna ciarliera' * sec. XIII] **s. f.** (**m.** †*-cio*; **pl. f.** *-ce*) **1** scimmia catarrina priva di coda, con pelame folto di color grigio bruno, muso molto espressivo di colore rosato come i piedi e le mani (*Macacus inuus*) | (*est.*) ***far la b. a qlcu.***, scimmiottarlo **2** (*fig.*) persona brutta, sgradevole e petulante, spec. donna **3** specie di antico cannone ‖ **bertuccìna**, **dim.** | **bertuccióne**, **accr. m.** (V.)

bertuccióne [av. 1330] **s. m. 1** accr. di *bertuccia* **2** (*fig.*) uomo goffo e brutto

bertuèllo o **bertovèllo**, **bertibèllo**, **bertabèllo** [lat. parl. **vertibĕllu(m)*, dim. di *vertībulum* 'vertebra', da *vĕrtere* 'volgere, girare' * 1320 ca.] **s. m. 1** specie di nassa con più ritrosi per la pesca di orate, saraghi, e sim. **2** rete a imbuto per la cattura di uccelli **3** (*tosc.*, *fig.*) imbroglio, impiccio

Beruf /*ted.* be'ʀuf, *ted.* bə'ʀu:f/ [vc. ted., in origine sin. di *Ruf*, propr. 'chiamata' * av. 1904] **s. m. inv.** (**pl. ted.** *Berufe*) ● mestiere, professione | (*lett.*) vocazione

†**bèrza** [etim. incerta * 1313] **s. f.** ● parte della gamba dal ginocchio al piede | calcagno, tallone

†**berzàglio** ➤ **bersaglio**

Berzamìno ➤ **Barzemino**

Berzemìno ➤ **Barzemino**

besciamèlla o (*pop.*) **balsamèlla** [fr. (*sauce à la*) *Béchamel*, dal nome di un noto buongustaio del Seicento, L. de *Béchamel* * 1790] **s. f.** ● salsa a base di farina cotta in latte e burro: *con qualche cucchiaiata di balsamella e rigaglie* (P. Artusi)

†**bèscio** ➤ †**besso**

†**bessàggine** [da †*besso* * 1353] **s. f.** ● balordaggine

†**bèsso** o †**bèscio** [etim. incerta * av. 1336] **agg.** ● (*tosc.*) sciocco, insulso | (*scherz.*) senese

†**bestegnàre** ➤ **bestemmiare**

bestémmia o †**bestégna**, †**biastéma**, †**biastèmia** [lat. eccl. *blasphēmia(m)* con sovrapposizione di *bestemmiare* * 1268] **s. f. 1** espressione oltraggiosa contro la divinità, i simboli, le persone venerati da una religione: *dire, tirare delle bestemmie* **SIN.** (*fam.*) moccolo **2** (*est.*) espressione, giudizio e sim. gravemente offensivi nei confronti di persone degne di considerazione e rispetto: *parlare male di tuo padre è una b.!* | imprecazione, maledizione **3** (*est.*) sproposito, affermazione assurda ‖ **bestemmiàccia**, **pegg.** | **bestemmióne**, **accr. m.**

bestemmiàre o †**bestegnàre**, †**bistemàre**, †**biastemiàre** [lat. parlato **blastemāre* per il lat. eccl. *blasphemāre*, dal gr. *blasphemêin*, di orig. incerta * 1266] **A v. tr.** (*io bestémmio*) **1** offendere la divinità o le cose sacre con espressioni ingiuriose pronunciando bestemmie: *Deh perché mi farete disperare e bestemmiare Iddio...?* (G. Boccaccio) **2** maledire: *b. la propria sorte; poco manca ch'io non bestemmi il cielo e la natura* (G. Leopardi) | (*est.*, *lett.*) offendere, bistrattare: *b. la verità* | parlare una lingua stentatamente: *b. un po' d'inglese* **B v. intr.** (**aus.** *avere*) ● dire bestemmie; (*est.*) imprecare: *non faceva che b. dietro ai postiglioni perché correvano* (P. Verri) **SIN.** sacramentare, (*fam.*) smoccolare | ***b. come un turco, come un facchino***, frequentemente | dire assurdità, spropositi: *ma che dici? stai bestemmiando!*

bestemmiatóre o †**biastematóre** [lat. eccl. *blasphematōre(m)* con sovrapposizione di *bestemmiare* * 1268] **s. m.** (**f.** *-trice*, *pop.*, *disus.* *-tóra*); **anche agg.** ● chi (o che) bestemmia abitualmente

♦**bèstia** (o **-è-**) [lat. *bēstia(m)*, di etim. incerta * 1261 ca.] **s. f. 1** animale, in senso generico | ***bestie feroci***, fiere | ***bestie da soma***, che portano carichi | ***bestie da tiro***, che trainano veicoli | ***lavorare, sudare, faticare come una b.***, molto duramente | ***vivere, dormire, mangiare come una b.***, in modo adatto più a un animale che a un uomo | ***andare in b.***, (*fig.*) infuriarsi | ***b. rara***, (*fig.*) persona fuori dal comune | ***b. nera***, (*fig.*) cosa o persona che ossessiona, che costituisce un incubo: *la matematica è la sua b. nera* | ***brutta b.***, (*fig.*) cosa o persona che si teme **2** (*fig.*) persona rozza, ignorante e violenta | insulto generico: *sei una b.!* **3** (*fam.*) persona o cosa di eccezionale forza, vigore, potenza: *questa macchina è una b.!* **4** (*fam.*, *scherz.*) stola, piccola pelliccia **5** gioco d'azzardo a carte ‖ **bestiàccia**, **pegg.** | **bestióna**, **accr.** | **bestióne**, **accr. m.** (V.) | **bestiùccia**, **dim.** | †**bestiuòlo**, **dim. m.**

bestiàio [av. 1779] **s. m.** (**f.** *-aia*, **pl. m.** *-ai*) ● (*tosc.*) chi governa il bestiame

bestiàle [vc. dotta, lat. tardo *bestiāle(m)*, da *bēstia* 'bestia' * 1261 ca.] **agg. 1** pertinente a bestia **2** (*est.*) da bestia, tipico di una bestia: *espressione, violenza b.* | crudele, disumano: *'l suo gran successore, / che superbia condusse a bestial vita* (F. Petrarca) **3** (*est.*, *colloq.*) molto intenso: *fa un freddo b.; una fame b.; ho sentito un male b.* ‖ **bestialàccio**, **pegg.** ‖ **bestialménte**, **avv.** in modo bestiale, da bestia ‖ **bestialità**, **s. f. inv.** (V.)

bestialità [1261 ca.] **s. f. inv. 1** caratteristica di chi (o di ciò che) è bestiale: *ha mostrato la sua b.* | (*fig.*) grosso sproposito: *ha fatto due b. nel compito di matematica* **2** (*raro*) rapporto sessuale con un animale

♦**bestiàme** [da *bestia* col suff. *-ame* * av. 1292] **s. m.** ● l'insieme degli animali domestici: *allevamenti di b.* | ***b. grosso***, buoi, vacche e sim. | ***b. minuto***, capre, pecore e sim.

bestiàrio① [da *bestia* * av. 1729] **s. m.** (**pl.** *-i* o *raro* *-ii*) **1** nell'antica Roma, chi combatteva contro le fiere nel circo **2** (*est.*) guardiano di bestie feroci

bestiàrio② [vc. dotta, lat. *bestiāriu(m)*, da *bēstia* 'bestia' * 1914] **s. m.** (**pl.** *-i* o *raro* *-ii*) **1** trattato medievale che descrive, gener. con scopo allegorico, qualità e comportamento, veri o presunti, degli animali **2** decorazione scultoria a base di mostri e bestie in edifici medievali

bestìno [lat. parl. **bestīnu(m)*, da *bēstia* 'bestia' * 1797] **s. m.** ● (*raro*) odore o tanfo di bestia | odore sgradevole

bestiòla o (*lett.*) **bestiuòla** [vc. dotta, lat. *bestiŏla(m)*, dim. di *bēstia* 'bestia' * sec. XIII] **s. f. 1** piccola bestia **2** (*fig.*, *fam.*) persona poco intelligente ‖ **bestiolétta**, **dim.** | **bestiolìna**, **dim.**

bestióne [1353] **s. m.** (**f.** *-a*) **1** accr. di *bestia* **2** (*fig.*) persona di grande corporatura, rozza e poco intelligente ‖ (*lett.*) **bestionàccio**, **pegg.**

bestiuòla ➤ **bestiola**

best practice /bɛst'praktis, *ingl.* ˌbɛst'præktɪs/ [loc. ingl., propr. 'procedura (*practice*) migliore (*best*)' * 1997] **loc. sost. f. inv.** ● in vari ambiti, metodologia sperimentata come la migliore nella gestione di un'attività o nell'esecuzione di un processo

best sèller o **bestsèller** /bes(t)'seller, *ingl.* 'bɛstˌsɛlə(r)/ [loc. ingl., propr. 'ciò che si vende (*seller*) meglio (*best*)' * 1950] **loc. sost. m. inv.** (**pl. ingl.** *best sellers*) ● libro, disco e sim. che per numero di copie vendute supera tutti gli altri, per un certo periodo di tempo

bestsellerista /bes(t)selle'rista/ [1973] **s. m. e f.** (**pl. m.** *-i*) ● autore di best seller

bèta [gr. *bêta*, adattamento della seconda lettera dell'alfabeto fenicio *beth* 'casa' * 1763] **A s. f. o m. inv. 1** nome della seconda lettera dell'alfabeto greco **2** (*astron.*) seconda stella in ordine decrescente della luminosità visuale di una costellazione **B in funzione di agg. inv.** (**posposto a un sost.**) **1** (*fis.*) nelle loc. ***raggi, particelle b.***, elettroni emessi dal nucleo durante alcune disintegrazioni radioattive **2** (*fisiol.*) detto di recettore adrenergico la cui stimolazione tende ad aumentare l'attività delle cellule cardiache e arteriose **3** (*inform.*) detto di versione già avanzata (dunque non alfa) di un software, data in prova a utenti esperti perché ne testino il funzionamento prima dell'immissione sul mercato

betabloccànte [comp. di *(adrenergico) beta* e del part. pres. di *bloccare* * 1983] **A s. m.** ● (*farm.*) agente capace di inibire la trasmissione beta adrenergica **B anche agg.**: *farmaco b.*

betacarotène [comp. di *beta* e *carotene* * 1941] **s. m.** ● pigmento vegetale fortemente colorato di rosso-arancione, di natura terpenica, precursore della vitamina A; è presente in elevate concentrazioni in molte piante e frutti come carota, zucca, pomodori, broccoli, cavolo e patate

betacișmo [da *beta*, n. della *b* gr., sul modello di *deltacismo, iotacismo, rotacismo* * 1950] **s. m.** ● (*ling.*) in fonetica, passaggio dalla consonante labiodentale fricativa sonora *v* alla corrispondente bilabiale occlusiva *b*, caratteristico dei dialetti centro-meridionali, del sardo, del corso, dello spagnolo ecc. | (*med.*) disturbo della pronuncia per cui diverse consonanti sono sostituite dalla *b*

betaìna [dal lat. *bēta* 'bietola', da cui si ricava * 1930] **s. f.** ● sostanza cristallina derivata dalla glicocolla, che rappresenta un costituente naturale dei tessuti vegetali e animali

beta-lattàmico [da *beta, lattam(e)* col suff. *-ico* * 1989] **agg.** (**pl. m.** *bèta-lattàmici*) ● (*farm.*) relativo a una struttura molecolare organica eterociclica con gruppo ammidico, tipica di antibiotici naturali prodotti da funghi quali le penicilline e le cefalosporine: *antibiotico beta-lattamico*

betamimètico [comp. di *beta* nel sign. B2 e *mimetico* * sec. XX] **agg. e s. m.** (**pl. m.** *-ci*) ● (*farm.*) betastimolante

betastimolànte [comp. di *beta* nel sign. B2 e *stimolante* * 1986] **agg.; anche s. m.** ● (*farm.*) detto di farmaco o agente capace di produrre risposte fisiologicamente analoghe a quelle prodotte dalla stimolazione dei recettori adrenergici di tipo beta **SIN.** betamimetico

bèta tèster [loc. ingl., comp. di *beta* 'beta' e *tester* 'collaudatore' * 1996] **loc. sost. m. e f. inv.** ● (*inform.*) utente esperto che testa la versione beta di un software

betatróne [vc. dotta, ingl. *betatron*, comp. di *(raggi) beta* e *(elec)tron* * 1945] **s. m.** ● (*fis.*) acceleratore per elettroni nel quale l'accelerazione è ottenuta mediante un campo elettrico d'induzione

bètel [portog. *bétel(e)*, nel Malabar *véttila*, comp. di *veru* 'semplice' e *ila* 'foglia' * 1508] **s. m. inv.** **1** pianta arbustiva rampicante delle Piperacee con foglie acuminate e aromatiche (*Piper betle*) **2** bolo da masticare costituito da noce di areca, calce viva, aromi, avvolti in una foglia di betel, in uso nel mondo indo-malese

bètilo [vc. dotta, lat. *bāetulu(m)*, dal gr. *báitylos*, forse dall'ebr. *bēt'ēl* 'casa del Dio' * av. 1796] **s. m.** ● (*archeol.*) pietra rituale alta più di un metro, a forma conica, che si trova spec. in Sardegna

betlemìta [1847] **A agg.** (**pl. m.** *-i*) ● di Betlemme **B s. m. e f.** ● abitante o nativo di Betlemme

betòn [fr. *béton*, ant. fr. *betun* 'fango' dal lat. *bitūmen* 'bitume' * 1905] **s. m. inv.** ● calcestruzzo

betonàggio [fr. *bétonnage*, da *béton* 'beton' * 1962] **s. m.** ● complesso di operazioni occorrenti alla preparazione del calcestruzzo

betònica o **bettònica**, (*pop.*) **brettònica**, (*pop.*) **vettònica** [lat. *vettōnica(m)*, di etim. discussa: dal nome del popolo ibero-celtico dei *Vettōnes* (?) * 1320] **s. f.** ● pianta erbacea perenne delle Labiate con fiori rosa riuniti in spiga e foglie dalle nervature molto marcate (*Betonica officinalis*) | (*fig., scherz.*) ***avere più virtù della b.***, possedere ottime qualità | (*fig., scherz.*) ***essere conosciuto come, più della b.***, essere conosciutissimo

betonièra [fr. *bétonnière*, da *béton* 'beton' * 1927] **s. f.** ● impastatrice per calcestruzzo

betonìsta [da *beton* * 1969] **s. m. e f.** (**pl. m.** *-i*) ● operaio edile addetto alla preparazione del calcestruzzo

bétta ① [etim. incerta * 1602] **s. f.** ● piccola nave ausiliaria, per trasporto

bètta ② [giavanese *bettah* 'guerriero' (?) * 1930] **s. f.** ● piccolo pesce d'acqua dolce dei Perciformi il cui maschio è noto per l'aggressività verso i suoi simili (*Betta splendens*) **SIN.** pesce combattente

bètting /'betin(g), *ingl.* 'betɪŋ/ [vc. ingl., da *to bet* 'scommettere' * 1900] **s. m. inv.** **1** il fenomeno delle scommesse sportive **2** negli ippodromi, area riservata agli scommettitori

béttola ① [etim. incerta * 1478] **s. f.** ● osteria di basso livello | (*fig.*) ***parole, modi da b.***, volgari || **bettolàccia**, **pegg.** | **bettolìno**, **dim. m.** (V.)

bèttola ② [adattamento del genovese *béttoa*, da *betta* ① * 1955] **s. f.** ● (*tosc.*) grossa chiatta da rimorchio, per trasporto di terriccio e sim. || **bettolìna**, **dim.** (V.)

bettolànte [1598] **s. m. e f.** ● (*raro, lett.*) chi frequenta le bettole: *far baldoria e lega con contadini e bettolanti* (I. NIEVO) | bettoliere

bettolière [1585] **s. m.** (**f.** *-a*) ● (*lett.*) chi gestisce una bettola **SIN.** oste, taverniere

bettolìna [dim. di *bettola* ② * 1937] **s. f.** ● grossa chiatta per trasporto di materiali e di merci | piccola nave ausiliaria, spec. per trasporto di liquidi (acqua, carburanti e sim.)

bettolìno [av. 1874] **s. m.** **1** dim. di *bettola* ① **2** (*disus.*) spaccio di bevande e cibi nelle stazioni, caserme, carceri e sim.

bettònica ➤ **betonica**

bètula ➤ **betulla**

Betulàcee [comp. del lat. *bĕtula* 'betulla' e di *-acee* * 1892] **s. f. pl.** (**sing.** *-a*) ● (*bot.*) famiglia di piante delle Dicotiledoni con foglie alterne, fiori in amenti e frutto a cono (*Betulaceae*)

betùlla o (*tosc.*) **bètula** [lat. *bĕtula(m)*, *betŭlla(m)*, di orig. celt. * 1561] **s. f.** ● albero delle Betulacee con corteccia biancastra che si sfoglia facilmente, foglie romboidali dal lungo picciolo e frutti alati (*Betula alba*)

bèuta o **bèvuta** ① [etim. incerta * 1935] **s. f.** ● recipiente conico di vetro resistente al calore, usato nei laboratori chimici

BeV [abbr. dell'ingl. *b(illion) e(lectron) V(olts)* '(del valore di un) miliardo di elettronvolt' * 1963] **s. m. inv.** ● (*fis.*) unità di misura di energia, pari a un miliardo di elettronvolt **SIN.** GeV

béva [da †*bevere* * 1625] **s. f.** **1** (*raro, lett.*) bevanda **2** degustazione del vino | gusto di un vino | momento in cui un vino è nelle migliori condizioni per essere bevuto: *vino di pronta b.*

bevàce o **bibàce** [lat. *bibāce(m)*, da *bĭbere* 'bere' * 1584] **agg.** ● (*raro, lett.*) che si imbeve facilmente: *la b. creta / figlia dei fiumi* (G. D'ANNUNZIO)

♦**bevànda** [dal lat. *bibĕnda* 'che è da bere', nt. pl. del gerundivo di *bĭbere* 'bere' * sec. XIII] **s. f.** ● ogni liquido che si beve: *b. alcolica, medicinale* | ***b. energetica***, che associa stimolanti come la caffeina a sostanze in grado di supplire a carenze vitaminiche e sali minerali, aumentando la resistenza allo sforzo fisico e favorendo il recupero || **bevandìna**, **dim.**

NOMENCLATURA

bevande (cfr. vino)
● *caratteristiche*: corroborante, tonica, medicinale, effervescente, frizzante, gasata, rinfrescante, aromatica, amarascata, amaricante, stimolante, eccitante, afrodisiaca; alcolica ⇔ analcolica, amara, secca, zuccherata, dolce ⇔ aspra, fredda ⇔ calda; liscia, con selz, con soda, con ghiaccio, on the rocks, allungata, annacquata, diluita; bibita = pozione = beverone = beveraggio; balsamo, ambrosia, intruglio; cocktail, aperitivo (alcolico ⇔ analcolico), drink;
● *birra*: bionda = chiara ⇔ scura, rossa, dolce ⇔ amara; alla spina, in bottiglia; macinazione del malto, mescolamento con l'acqua, ammostatura, decantazione, bollitura col luppolo, raffreddamento, fermentazione, maturazione, filtrazione, pastorizzazione; malto, orzo, lievito, luppolino;
● *liquori*: maraschino, alchermes, mistrà, anice = anisetta = sambuca = fumetto = sassolino = vespetrò, arquebuse, assenzio, amaretto, cordial Campari, cerasella, nocino, millefiori, limoncello, visciolato, nocino, chartreuse, certosino, genepì, centerbe, fiordalpe, alpestre, Strega; punch, rum, kümmel, Vov, sidro, calvados, china, fernet; acquavite (kirsch = cherry brandy, slivoviz, vodka, whisky, gin, brandy = cognac = armagnac, grappa, acquavite di genziana, prunella, aguardiente, mistrà, arak); rabarbaro, tequila, batida, curaçao, triple-sec, pulque, mescàl, rachi, sakè = vino di riso, toddy = vino di palma, ratafià, rosolio;
● *bevande analcoliche*: caffè, tè, caffè e latte, latte macchiato, cappuccino, caffè macchiato, marocchino, cioccolata, camomilla, infuso (di tiglio, di malva, di menta, di sambuco, di verbena, di alloro); latte (scremato, intero, condensato, pastorizzato, sterilizzato, a lunga conservazione); acqua minerale (liscia = naturale, gasata), seltz, limonata, aranciata, cedrata, spremuta di limone, spremuta di arancia, succo di frutta (albicocca, pesca, pera, pompelmo, mela, pomodoro, ananas, uva, mirtillo), granatina, frullato = frappé, orzata, tamarindo, gassosa; sciroppo, latte di mandorle, latte di cocco, spuma, acqua tonica, chinotto, Coca-Cola; carcadè, tisana, decotto;
● *azioni*: bere (a fior di labbra, a sorsi, a garganella, d'un fiato, dalla bottiglia = a canna), appagare la sete, sorbire, libare, inumidirsi, bagnarsi le labbra, sorseggiare, centellinare, †zinzinare, brindare, alzare i bicchieri, bere alla salute, assaggiare, assaporare, centellinare, sorseggiare, gustare, degustare; tracannare, trincare, sbevazzare, bere come una spugna, ingozzarsi, alzare il gomito, ubriacarsi, ingollare; dissetarsi, rinfrescarsi, abbeverarsi; mescolare, girare, versare, mescere, offrire da bere; zuccherare, addolcire, annacquare, diluire, distillare.

bevazzàre [1441] **v. intr.** (aus. *avere*) ● (*raro*) sbevazzare

beveràggio [ant. fr. *bevrage*, dal lat. *bĭbere* 'bere' * 1288] **s. m.** **1** (*raro*) bevanda | beverone | (*est.*) intruglio **2** (*scherz., fam.*) bevanda in genere: *dove posso trovare del b.?*; *ho comprato un po' di beveraggi per la festa* **3** †mancia, ricompensa: *Dammi un buon b., ch'io lo merto* (L. DE' MEDICI)

†**beveràre** [da †*bevere* * 1481] **v. tr.** ● abbeverare

beveratóio [1307] **s. m.** (**pl.** *-ói*) ● abbeveratoio

†**bévere** ➤ **bere** ① e **bere** ②

beveréccio [da †*bevere* * av. 1604] **A agg.** ● †gradevole a bersi **B s. m.** ● (*raro, lett.*) umidità del terreno

beverèllo [1865] **s. m.** ● beverino

beverìa [ant. provenz. *beveria*, da *beure* 'bere' * 1266] **s. f.** ● (*lett.*) bevuta, sbevazzamento: *gioco, beverie, donne, erano le sue tre virtù principali* (I. NIEVO)

beverìno [da †*bevere* * 1803] **s. m.** ● abbeveratoio nelle gabbie degli uccelli

†**bévero** ➤ †**bivero**

beveròlo [da †*bevere* * 1983] **s. m.** ● (*sett.*) beverino

beveróne [da †*bevere* ✱ sec. XIV] **s. m.** **1** bevanda per le bestie, composta d'acqua e farina o crusca **2** bevanda abbondante insipida o poco gradevole | (*est.*) bevanda medicamentosa: *trangugiare il b.* | †filtro

bevévo ➤ **bere**①

bevìbile [1750] **agg.** ● che si può bere | (*fig., scherz.*) plausibile: *la notizia non è b.* ‖ **bevibilità**, **s. f. inv.** caratteristica di ciò che è bevibile; caratteristica di un vino spec. giovane che si beve volentieri

bevicchiàre [1598] **A** **v. tr.** (*io bevìcchio*) ● bere poco, di tanto in tanto **B** **v. intr.** (**aus.** *avere*) ● bere vino o alcolici, spesso e in una certa quantità

†**bevigióne** ➤ †**bevizione**

bevimènto [sec. XIV] **s. m.** ● (*raro, lett.*) il bere

bevitóre [lat. tardo *bibitōre(m)*, da *bĭbere* 'bere' ✱ 1258] **A** **s. m.** (**f.** *-trice*, *pop., disus.* *-tóra*) ● chi beve | (*raro*) chi beve bevande alcoliche in locali pubblici: *rissa tra bevitori* | chi beve molto, spec. bevande alcoliche, e resiste bene agli effetti di queste: *è un buon b., un gran b.* **B** **agg.** ● (*raro*) che beve

†**bevizióne** o †**bevigióne** [lat. tardo *bibitiōne(m)*, da *bĭbere* 'bere' ✱ sec. XIV] **s. f.** ● il bere, bevuta

bévo ➤ **bere**①

bevóne ➤ **beone**

bevucchiàre [1865] **v. tr.** (*io bevùcchio*) ● bevicchiare

bèvuta① ➤ **beuta**

bevùta② [da †*bevere* ✱ 1639] **s. f.** **1** il bere | ***fare una b.***, bere parecchio | ciò che si beve in una volta **2** bicchierata, rinfresco: *una b. tra amici*; *offrire una b.* **3** (*fig.*) nel gioco del biliardo, errore che fa guadagnare punti all'avversario ‖ **bevutina**, **dim.** | **bevutóna**, **accr.**

bevùto **part. pass.** di *bere*; anche **agg.** **1** nei sign. del v. **2** (*fam.*) ubriaco, ebbro: *dalla festa tornò a casa b.*

bévvi ➤ **bere**①

bèy /bεi, be'i*/ [vc. turca, *bey* 'capo, signore', dal turco ant. *bäg*, forse di orig. iranica (*bag* 'divino') ✱ 1641] **s. m. inv.** ● nell'Impero ottomano, titolo attribuito ai governatori di province, agli alti ufficiali dell'esercito e ai funzionari amministrativi **CFR.** bei①

bezoàrio o **bezoàr** [dall'arabo *bāzahr*, persiano *pādzahr*, propr. 'antidoto' ✱ 1582] **s. m.** (**pl.** *-i*) ● (*zool.*) massa occludente rinvenibile nell'apparato digerente dei Mammiferi, per lo più dei Ruminanti, formata da peli e ritenuta dalla medicina antica efficace contro i veleni; formazioni simili possono essere presenti nei bambini

bezzicàre [da *beccare* con sovrapposizione di *pizzicare* ✱ av. 1400] **A** **v. tr.** (*io bézzico, tu bézzichi*) **1** beccare rapidamente **2** (*fig.*) †molestare con parole offensive **B** **bezzicàrsi** **v. rifl. recipr.** ● †litigare, bisticciarsi

†**bezzicàta** [da *bezzicare* ✱ 1325] **s. f.** ● colpo di becco

bezzicatùra [1829] **s. f.** ● (*raro*) il bezzicare | segno prodotto dal bezzicare

bèzzo (o **-é-**) [ted. della Svizzera *Bätzen* 'monete di Berna con la raffigurazione di un orso (*petz*)' ✱ 1545] **s. m.** **1** antica moneta veneziana da mezzo soldo, d'argento, poi di rame e di lega **2** (*sett.*, **al pl.**) soldi, quattrini: *il vecchio ... cantava sempre miseria, e nascondeva i suoi bezzi* (G. VERGA)

bhutanése /buta'nese/ (o **-ṣ-**) o **butanése** (o **-ṣ-**) [1987] **A** **agg.** ● del Bhutan, Stato dell'Asia, tra l'India e la Cina **B** **s. m. e f.** ● abitante o nativo del Bhutan

bi /bi*/ o †**be** /be*/ [1314] **s. m. o f. inv.** ● nome della lettera *b*

bi- [dal lat. *bĭs* 'due (volte)'] **primo elemento** ● in parole composte significa 'due', 'due volte', 'composto di due', 'che ha due', 'doppio', e sim.: *bilinguismo, bisettimanale, bimensile* | in parole composte della terminologia chimica, un tempo indicava la presenza di due atomi o di due molecole o di due radicali uguali (**CFR.** di-②); anche i sali acidi: *bicarbonato*

biàcca [longob. *blaich* 'sbiadito' ✱ 1288] **s. f.** **1** sostanza colorante bianca | ***b. di piombo***, carbonato basico di piombo, tossico, che annerisce all'aria, usato per vernici | ***b. di zinco***, litopone | ***b. usta***, prodotto della calcinazione della biacca **2** (*per anton.*) correntemente, biacca di piombo

biàcco [come *biacca*, forse dal longob. *blaich* 'pallido', per il suo colore (?) ✱ av. 1525] **s. m.** (**pl.** *-chi*) ● nome comune di serpente non velenoso dei Colubridi di colore giallo verdastro (*Coluber viridiflavus*) **CFR.** biscia

biàda [lat. mediev. *blāda*, dal francone **blād* 'prodotto di un campo' ✱ 1238] **s. f.** **1** qualunque cereale usato per l'alimentazione del bestiame, spec. da soma e da cavalcare: *dare la b. ai cavalli* **SIN.** foraggio **2** (*lett.*, spec. al **pl.**) messi: *veggionvisi... i campi pieni di biade* (G. BOCCACCIO)

biadaiòlo o †**biadaiuòlo** [1285] **s. m.** (**f.** *-a*) ● (*raro*) venditore di biade

biadàre [1779] **v. tr.** ● (*tosc.*) dare la biada alle bestie

biadeṣivo [comp. di *bi-* e *adesivo* ✱ 1990] **agg.** ● che è adesivo da ambo i lati: *nastro b.*

biadétto [da †*biado*① ✱ av. 1406] **A** **s. m.** ● (*lett.*) colore azzurrognolo **B** **agg.** ● che ha colore azzurrognolo

†**biàdo**① ➤ **biavo**

†**biàdo**② [1272] **s. m.** ● biada

biàlbero [comp. di *bi-* e *albero* ✱ 1962] **agg. inv.** ● (*autom.*) detto di un motore alternativo a combustione interna che ha due alberi a camme in testa che comandano rispettivamente le valvole di scarico e quelle di aspirazione: *propulsore b.*

biànca [da *bianco* ✱ 1829] **s. f.** **1** (*zool.*) primo sonno dei bachi da seta **2** (*tipogr.*) facciata del foglio o del nastro di carta, che viene stampata per prima o in cui compare la prima pagina della segnatura | ***b. e volta***, le due facciate contrapposte di un foglio di carta da stampare **3** (*edit., ellitt.*) cronaca bianca

biancàna [1779] **s. f.** ● (*geol.*) formazione rotondeggiante, di natura argillosa o arenaceo-argillosa, tipica delle zone collinari circostanti Siena e Volterra

biancàstro [av. 1698] **agg.** ● che tende al bianco | ***viso b.***, pallido

biancaẓẓùrro o **biancoaẓẓùrro** [comp. di *bianc(o)* e *azzurro* ✱ 1950] **agg. e s. m.** (**pl. m.** *-i*) ● biancoceleste

biancheggiamènto [1612] **s. m.** ● il biancheggiare

biancheggiàre [1313] **A** **v. intr.** (**pres.** *io biancnéggio*; **fut.** *io biancheggerò*; **aus.** *avere*) **1** (*lett.*) apparire bianco, tendere al colore bianco | ***il mare biancheggia***, per le spume mosse dal vento **2** (*est.*) diventare bianco di capelli, incanutire **B** **v. tr.** ● †imbiancare

◆**biancherìa** [da *bianco* col suff. di *(tel)eria* ✱ sec. XIV] **s. f.** ● complesso degli indumenti intimi: *b. personale*; *b. di seta, di nylon, di cotone*; *b. da uomo, b. per signora* | complesso dei panni di uso domestico | ***b. da letto***, lenzuola, federe e sim. | ***b. da tavola***, tovaglie, tovaglioli e sim. | ***b. da bagno***, asciugamani e sim.

NOMENCLATURA

biancheria = lingeria

● *caratteristiche*: stirata, inamidata, operata (damascata, ricamata), liscia, personale = intima; sporca = sudicia ⇔ pulita = linda = candida; di seta, di cotone, di nylon; da uomo, per signora; corredo, parure, muta, ricambio; camicia = camicetta (collo, sprone, polso, polsino, gemelli), pigiama, camicia da notte, baby-doll, maglia = maglietta, T-shirt, canottiera (di lana, di filo, di cotone; a bretelline, con mezze maniche, con manica lunga), mutandoni, mutanda = mutandina = slip = culottes, tanga, perizoma, body, busto, pagliaccetto, panciera, reggipancia, ventriera, boxer, fazzoletto, pedalini, calzini, calze, sopraccalze, reggicalze, collant (a rete, di pizzo, autoreggente, coprente, velato, setificato, crespato, smagliato), guaina, sottovita, reggiseno, reggipetto (a balconcino = balconnet), giarrettiera, guêpière, calzamaglia, accappatoio, veste da camera, liseuse, vestaglia, vestaglietta, matinée, négligé, sottoveste, sottana;

● *azioni*: cucire, ricamare, cifrare, rammendare, aggiustare; sgualcire, cambiare, lavare, sciorinare, stendere, asciugare, stirare, inamidare, apprettare; indossare.

biancherìsta [1962] **s. m. e f.** (**pl. m.** *-i*) ● chi è addetto alla confezione, al ricamo o alla cucitura della biancheria

bianchétto o (*sett.*) **gianchétto**, nel sign. B2 [sec. XV] **A** **agg.** **1** dim. di *bianco* **2** (*raro*) che ha un debole colore bianco **B** **s. m.** **1** sostanza imbiancante, in polvere o liquida, a base di biacca, variamente impiegata: *b. per i muri, per le scarpe, per i panni*; *b. per cancellare* **2** (**al pl.**) sardine e acciughe neonate, trasparenti e incolori, che lessate diventano bianche **3** (*centr., sett.*) bicchiere di vino bianco

bianchézza [av. 1292] **s. f.** ● caratteristica di ciò che è bianco **SIN.** biancore, candidezza

bianchìccio [1436] **agg.** (**pl. m.** *-ci*; **pl. f.** *-ce*) **1** dim. di *bianco* **2** che tende al colore bianco, che ha un colore bianco sporco

bianchimènto [av. 1537] **s. m.** **1** il bianchire **2** soluzione di acido solforico e acqua che serve a pulire i metalli preziosi

bianchìno [1970] **s. m.** **1** dim. di *bianco* **2** (*sett.*) bicchiere di vino bianco

bianchìre [1282] **A** **v. tr.** (*io bianchìsco, tu bianchìsci*) **1** far diventare bianco: *b. lo zucchero, il sale* **SIN.** imbiancare **2** pulire i metalli preziosi **3** (*tosc.*) scottare, per rapida immersione in acqua bollente: *b. la carne* **B** **v. intr.** (**aus.** *essere*) ● †diventar bianco

biancicàre [da *bianco*: sull'es. del corrispondente lat. *albicāre* ✱ 1266] **v. intr.** (*io biàncico, tu biàncichi*; **aus.** *avere*) ● (*lett.*) biancheggiare: *un albore biancicò sugli specchi delle risaie* (R. BACCHELLI)

biancicóre [1882] **s. m.** ● (*lett.*) biancore diffuso: *un b. dubbio stendevasi innanzi nella chiarità plenilunare* (G. D'ANNUNZIO)

◆**biànco** [germ. *blank* 'bianco', in orig. 'lucente' ✱ sec. XII] **A** **agg.** (**pl. m.** *-chi*; **superl.** *bianchissimo*) **1** che ha colore chiaro, simile a quello del latte o della neve: *farina bianca*; *vino b.*; *uva bianca*; *carni bianche*; *pane b.*; *b. rosato*; *b. avorio* **CFR.** leuco- | ***diventare b. per la paura***, pallidissimo | ***mosca bianca***, (*fig.*) cosa o persona molto rara | ***carbone b.***, (*fig.*) forza idraulica per produrre elettricità | ***notte in b., bianca***, (*fig.*) insonne (V. *notte* nel sign. 2) | ***arma bianca***, (*fig.*) non da fuoco | ***calor b.***, temperatura altissima | (*fig.*) ***portare l'entusiasmo al calor b.***, al culmine | ***b. e rosso***, di colorito sano, spec. nel volto | ***bandiera bianca***, segno di resa (*anche fig.*) | ***colletto b.***, (*fig.*) impiegato **2** immacolato, pulito (*anche fig.*): *il camice b.*; *la veste bianca* | canuto: *vecchio dai capelli bianchi* | ***fare i capelli bianchi in un lavoro***, dedicarvi molti anni | ***far venire i capelli bianchi a*** *qlcu.*, dargli molte preoccupazioni | non scritto, privo dei segni di scrittura: *scheda bianca*; *consegnare il foglio b. in un compito di esame* | ***dare, avere carta bianca***, (*fig.*) piena libertà d'azione | ***libro b.***, V. *libro* | ***voce bianca***, quella di bambino o di cantore evirato | ***omicidio b., morte bianca***, la morte di operai sul lavoro, causata dalla mancanza di adeguate misure di sicurezza | ***lupara bianca***, V. *lupara* | ***sciopero b.***, V. *sciopero* **3** invernale, nevoso: *sport b.*; *b. Natale* | ***settimana bianca***, V. *settimana* **4** (*fig.*) reazionario, legittimista: *terrore b.*; *Russi bianchi* **5** detto di organizzazioni sociali d'ispirazione cristiana: *cooperative bianche* **6** (*stor.*) detto di molte fazioni cittadine durante l'età dei Comuni: *guelfo di parte bianca* **B** **s. m.** **1** il colore bianco: *il b. delle nevi*; *b., rosso e verde*; *un b. accecante* | ***non distinguere b. da nero***, (*fig.*) non capire nulla | ***far vedere nero per b.***, (*fig.*) dare a intendere una cosa per un'altra | ***di punto in b.***, V. *punto*① nel sign. 1 **2** parte bianca di qlco. | (*pop.*) ***il b. dell'occhio***, la sclerotica | (*fam.*) ***il b. dell'uovo***, l'albume, spec. cotto **3** ogni sostanza o composto di colore bianco o che colora di bianco: *b. di barite*; *b. di zinco* | intonaco delle pareti: *dare il b.*; *dare una mano di b.* **4** abito, ornamento bianco, spec. nelle loc. ***sposarsi in b.***; ***vestire di b.*** **5** biancheria, spec. nella loc. ***cucitrice in b.***, ***di b.*** **6** foglio di carta non scritto, nella loc. ***mettere nero su b.***, mettere per iscritto, spec. con riferimento a un accordo, un'intesa e sim. **7** nella loc. ***b. e nero***, in contrapposizione a colorato: *disegno, fotografia, cinema in b. e nero* **8** (*tipogr.*) elemento della composizione che non risulta nella stampa e dà quindi luogo a uno spazio bianco **9** nel gioco degli scacchi, il giocatore che ha i pezzi bianchi e cui tocca la prima mossa: *il b. muove e matta in tre mosse* **10** (*numism.*) denominazione di molte monete di basso billone imbiancate con un leggero strato d'argento **11** (**f.** *-a*) persona di pelle bianca, appartenente al gruppo umano europoide: *discriminazioni fra bianchi e neri*; *la tratta delle bianche* **12** (**f.** *-a*) (*stor.*) appartenente a una fazione bianca durante l'età dei Comuni: *i Bianchi e i Neri* **13** (**f.** *-a*) russo controrivoluzionario: *i Bianchi e i Rossi* **14** vino bianco (anche come denominazione): *un bicchiere di b.*; *B. dei Colli Euganei*; *B. di Toscana* **15** nella loc. ***in b.***, di foglio, documento e sim., privo di segni di scrittura: *consegnare il compito in b.* | ***foglio in b.***, documento già firmato che dovrà essere riempito secondo l'accordo intervenuto tra le parti | ***firmare in b.***, (*fig.*) prendere un impegno senza conoscere condizioni, rischi, responsabilità | ***cambiale, assegno in b.***, privo, al momento dell'emissione, di una o più indicazioni essenziali; correntemente, privo dell'indicazione dell'importo **16** (*fig.*) nella loc. ***in b.***, privo di sughi e spezie, con riferimento a vivande lessate e poco condite: *mangiare in b.* | ***pesce in b.***, lesso, condito solo con olio e limone **17** (*fig.*) nella loc. ***in b.***, relativa a scopi primari o usuali per qualunque ragione non conseguiti: *notte in b.*; *matrimonio in b.* | ***andare in b.***, fallire, non riuscire in un'impresa || **biancàstro**, **pegg.** | **bianchétto**, **dim.** (V.) | **bianchìccio**, **dim.** (V.) | **bianchino**, **dim.** (V.) | **biancolino**, **dim.**

SFUMATURE DI SIGNIFICATO

bianco - candido - chiaro - pallido

Una sensazione visiva dovuta a una particolare miscela di luci monocromatiche e, più in generale, tutto ciò che ha colore particolarmente chiaro, in contrapposizione a ciò che è nero o più scuro, si dice **bianco**. **Candido** descrive un *bianco* puro e luminoso, e in senso figurato esprime innocenza, sincerità, semplicità d'animo. **Chiaro** invece è ciò che ha luminosità, oppure, soprattutto in riferimento ai colori, è di una tonalità tenue, poco intensa. In riferimento a colori **pallido** ha lo stesso significato di *chiaro*, ma si usa anche per descrivere un colorito esangue, dovuto a malattia o emozione improvvisa.

biancoazzùrro ➤ **biancazzurro**

biancocelèste [comp. di *bianco* e *celeste*, i colori della squadra ✱ 1940] **agg. e s. m. e f.** ● che (o chi) gioca nella squadra di calcio romana della Lazio o ne è sostenitore **SIN.** biancoazzurro

biancofióre [da *Biancofiore*, n. dell'eroina di una diffusa leggenda mediev. (?) ✱ 1813] **s. m.** **1** antica danza ballata da due coppie **2** fino al 1994, inno della Democrazia Cristiana | (*est.*) la Democrazia Cristiana

biancolìna [1865] **s. f.** ● seconda dormita dei bachi da seta

biancomangiàre [fr. *blanc-manger* per il colore 'bianco' (*blanc*) di questo 'cibo' (*manger*) ✱ av. 1546] **s. m.** **1** vivanda dolce o salata a base di latte o latte di mandorle e farina rappresi **2** (*merid.*) bianchetti fritti

bianconàto [1955] **agg.** ● detto del grano duro affetto da bianconatura

bianconatùra [da *bianco*: per le macchie farinose che provoca nelle cariossidi ✱ 1955] **s. f.** ● malattia caratteristica delle cariossidi dei grani duri che si presentano in alcuni punti farinosi e non vitrei

biancóne [1827] **s. m.** ● uccello rapace diurno dei Falconiformi, con testa grossa e larga, becco corto e uncinato, ali lunghe e piumaggio bruno sul dorso e bianco sulla parte inferiore del corpo (*Circaetus gallicus*)

bianconéro [comp. di *bianco* e *nero*, i colori della squadra ✱ 1921] **agg. e s. m.** (**f.** *-a*; **pl.** *-i*) ● che (o chi) gioca nella squadra di calcio torinese della Juventus, dell'Udinese, dell'Ascoli, del Cesena o di altre squadre con la maglia bianca e nera, o ne è sostenitore

✦**biancóre** [1340 ca.] **s. m.** ● (*lett.*) candore, bianchezza | lucore, luce diffusa

biancorùsso [1942] **agg.** (**pl. m.** *-i*); anche **s. m.** (**f.** *-a*) ● bielorusso

biancoségno [comp. di *bianco* e *segno*, sul modello del corrispondente fr. *blanc-seign* ✱ 1863] **s. m.** ● (*dir.*) scrittura privata firmata in bianco e destinata a essere riempita in seguito da un terzo di fiducia delle parti in base a un accordo preventivamente preso

biancóso (o **-ṣ-**) [av. 1472] **agg.** ● (*raro, lett.*) bianco, bianchiccio

biancospino [comp. di *bianco* e *spino* ✱ av. 1334] **s. m.** (**pl.** *biancospìni*) ● arbusto delle Rosacee con rami spinosi, foglie ovali e divise e piccoli fiori bianchi raccolti in corimbi (*Crataegus oxyacantha*) **SIN.** prunalbo

biancostàto [etim. incerta ✱ 1965] **s. m.** ● (*sett.*) spuntatura di maiale e di bue

biancovestito [vc. dotta, comp. di *bianco* e *vestito* ✱ 1319] **agg.** ● (*lett.*) vestito di bianco

biancùme [sec. XIV] **s. m.** ● (*raro, lett.*) bianchezza | insieme di cose bianche

†**biante** ➤ †**viante**

bias /ingl. 'baɪəs/ [vc. ingl., propr. 'deviazione, inclinazione' ✱ 1960] **s. m. inv.** **1** (*scient.*) in una misurazione o nella formulazione di ipotesi, errore sistematico che distorce il risultato **2** (*psicol.*) distorsione del giudizio determinata da preconcetto | ***b. di conferma***, processo mentale per cui si è portati a dar credito solo alle informazioni che confermano opinioni preesistenti

biàscia [da *biasciare* ✱ av. 1887] **s. f.** (**pl.** *-sce*) ● (*tosc.*) saliva che si forma sulle labbra di chi biascica

biasciàre [vc. onomat. ✱ av. 1328] **v. tr.** (**pres.** *io biàscio*; **fut.** *io biascerò*) ● (*raro*) biascicare

biascicaménto [sec. XIV] **s. m.** ● il biascicare | rumore prodotto da chi biascica

biascicapaternòstri [comp. di *biascica(re)* e il pl. di *paternostro* ✱ 1887] **s. m. e f. inv.** ● (*raro, disus.*) persona bigotta

✦**biascicàre** o **ṣbiascicàre** [iter. di *biasciare* ✱ av. 1400] **v. tr.** (*io biàscico, tu biàscichi*) ● mangiare lentamente qlco. masticandola male e facendo rumore: *b. un pezzo di pane* | (*fig.*) parlare lentamente, accorciando e pronunciando male le parole: *b. le orazioni* | ***b. le parole***, parlare in modo inintelligibile, balbettare

biascicaroṣàri [comp. di *biascica(re)* e il pl. di *rosario* ✱ 1808] **s. m. e f. inv.** ● (*raro, disus.*) persona bigotta

biascicatùra [1865] **s. f.** ● (*raro*) biascicamento | (*raro*) cosa biascicata

biascichìo [1918] **s. m.** (**pl.** *-ii*) ● biascicamento intenso e continuo | (*est.*) rumore prodotto da una o più persone che biascicano

biascicóne [1865] **s. m.** (**f.** *-a*) ● (*fam.*) chi ha l'abitudine di biascicare

biaṣimàbile [sec. XIV] **agg.** ● (*raro*) biasimevole

✦**biaṣimàre** o †**biaṣmàre**, †**blaṣmàre** [ant. fr. *blasmer*, dal lat. parl. **blastemāre* 'bestemmiare' ✱ av. 1250] **A** **v. tr.** (*io biàṣimo*) ● esprimere un giudizio negativo su qlcu. o qlco.: *b. la condotta di qlcu.* **SIN.** criticare, disapprovare, riprendere, riprovare **CONTR.** elogiare **B** **biaṣimàrsi** **v. rifl.** ● rimproverare sé stesso: *non biasimarti per quell'errore* **C** **biaṣimàrsi** **v. intr. pron.** ● †dolersi, lamentarsi di qlcu. o qlco.: *forse di te si biasimerà* (G. BOCCACCIO)

SFUMATURE DI SIGNIFICATO

biasimare - criticare - condannare

Biasimare vuol dire esprimere un giudizio morale fortemente negativo sull'operato o sul comportamento di qualcuno. Anche **criticare** vuol dire esprimere giudizi severi, ma senza che ciò implichi necessariamente una valutazione morale. **Condannare** significa invece *biasimare* con particolare forza, riconoscendo implicitamente delle colpe o responsabilità.

SFUMATURE ➤ ***disapprovare***, ➤ ***rimproverare***, ➤ ***riprendere***, ➤ ***sindacare***①

†**biaṣimatóre** [av. 1292] **s. m.**; anche **agg.** ● chi (o che) biasima

✦**biaṣimévole** o †**biaṣmévole** [av. 1292] **agg.** ● meritevole di biasimo: *tenere un comportamento b.* **SIN.** riprovevole **CONTR.** lodevole || **biaṣimevolménte**, **avv.**

✦**biàṣimo** o (*lett.*) **biàṣmo**, †**blàṣmo** [da *biasimare* ✱ 1266] **s. m.** ● dura critica, rimprovero, disapprovazione: *meritare il b.*; *e se non fosse blasmo che pavento / io seguirei là ove l'amor mi pinge* (C. DAVANZATI) | †***dare b.***, biasimare | †***avere b.***, essere biasimato

†**biaṣmàre** e deriv. ➤ **biasimare** e deriv.

biassiàle [comp. di *bi-* e *asse*②, con suff. aggettivale ✱ sec. XX] **agg.** ● (*fis.*) che ha due assi ottici

biàssico [comp. di *bi-* e *asse*②, con suff. aggettivale ✱ 1962] **agg.** (**pl. m.** *-ci*) ● (*fis.*) biassiale

†**biastéma** e deriv. ➤ **bestemmia** e deriv.

†**biastèmia** e deriv. ➤ **bestemmia** e deriv.

biathlèta o **biatlèta** [1986] **s. m. e f.** (**pl. m.** *-i*) ● chi partecipa a gare di biathlon

bìathlon /'biatlon/, **bìatlon** [vc. dotta, comp. di *bi-* e del gr. *âthlon* 'gara, lotta' ✱ 1977] **s. m. inv.** ● (*sport*) negli sport invernali, gara comprendente due prove, lo sci di fondo e il tiro alla carabina | (*est.*) gara comprendente due prove di diverse specialità

biatòmico [comp. di *bi-* e *atomo*, con suff. aggettivale ✱ 1865] **agg.** (**pl. m.** *-ci*) ● (*chim.*) diatomico

biauricolàre [comp. di *bi-* e *auricolare* ✱

1935] **agg.** • che riguarda entrambe le orecchie: *cuffia per audizione b.*

biàvo o †**biàdo**① [ant. fr. *blau*, fr. dial. *blave*, dal francone *blāo* ✱ 1483] **agg.** • (*lett.*) che ha un colore azzurro chiaro, sbiadito: *gli enormi occhi biavi* (L. PIRANDELLO)

bibàce ➤ **bevace**

bibàgno o **bibàgni** [comp. di *bi-* e di *bagno*① ✱ 1983] **agg. inv.** • nel linguaggio degli annunci economici, che ha due bagni: *vendesi appartamento b.*

bibànda [comp. di *bi-* e *banda*② ✱ 1995] **agg. inv.; anche s. m. inv.** • (*radio, tel.*) detto di sistema ricetrasmittente in grado di operare su due bande: *antenna b.* **CFR.** dual band

bibàṣico [comp. di *bi-* e *basico* ✱ 1865] **agg.** (**pl. m.** *-ci*) • (*chim.*) dibasico

Bìbbia [vc. dotta, lat. eccl. *bĭblia(m)*, dal gr. *biblía* (pl.) 'libri' ✱ 1287] **s. f.** (*bìbbia* **nei sign. 3 e 4**) **1** complesso delle Sacre Scritture (Antico e Nuovo Testamento), delle quali i libri dell'Antico Testamento sono comuni agli Ebrei e ai Cristiani | ***B. vulgata***, nella traduzione latina di S. Girolamo **2** (*est.*) manoscritto o stampa del testo della Bibbia **3** (*fig.*) opera o autore considerato fondamentale e indiscutibile per completezza e autorità: *l'Eneide fu la b. di Dante* **4** (*fig.*) †discorso o scritto lungo e noioso

bìbbio [lat. *vīpio*, di orig. onomat. ✱ av. 1564] **s. m.** • (*zool., tosc.*) fischione

bibelot /fr. bib'lo/ [vc. fr., di orig. onomat. ✱ 1886] **s. m. inv.** • soprammobile di poco pregio, anche se grazioso | ninnolo, oggettino decorativo e da collezione: *occupatevi di calze e di b.* (S. ALERAMO)

biberon /bibe'rɔn, fr. bib'ʀɔ̃/ [fr. *biberon*, dal lat. *bĭbere* 'bere' ✱ 1861] **s. m. inv.** • poppatoio | ***avere ancora bisogno del b.***, (*fig.*) detto di adulto che si comporta con ingenuità e immaturità

♦**bìbita** [vc. dotta, lat. *bĭbita* pl., da *bĭbitum*, part. pass. di *bĭbere* 'bere' ✱ 1618] **s. f.** • bevanda dissetante, analcolica o a bassissimo contenuto alcolico

bibitàro [av. 1948] **s. m.** (**f.** *-a*) • (*centr.*) venditore di bibite

biblicìṣmo [1962] **s. m.** • rigida aderenza alla Bibbia, spec. come tendenza di alcuni teologi protestanti

✦**bìblico** [vc. dotta, da *Bibbia* ✱ av. 1694] **agg.** (**pl. m.** *-ci*) **1** della Bibbia, relativo alla Bibbia: *testo b.*; *esegesi biblica* | proprio dell'epoca e della civiltà documentate nell'Antico Testamento | ***stile b.***, proprio della Bibbia o che lo imita | ***società bibliche***, associazioni per diffondere la Bibbia **2** (*fig.*) solenne, drammatico, grandioso: *maledizione biblica*; *impresa biblica* || **biblicaménte**, **avv.** secondo il testo della Bibbia || **biblicità**, **s. f. inv.**

biblio- [dal gr. *biblíon* 'libro', di orig. incerta] **primo elemento** • in parole dotte significa 'libro': *bibliofilo, biblioteca*

bìbliobus [comp. di *biblio-* e *-bus* ✱ 1931] **s. m. inv.** • autoveicolo, autobus o furgone, adibito a biblioteca o libreria

bibliodiversità [comp. di *biblio-* e *diversità* ✱ 1998] **s. f. inv.** • differenziazione tra libri che trattano lo stesso argomento e si rivolgono agli stessi utenti, determinata dalle diverse scelte creative degli autori e dall'impostazione grafica degli editori

bibliòfago [comp. di *biblio-* e *-fago* ✱ 1986] **agg.** (**pl. m.** *-gi*) • detto di piccoli animali che rosicchiano o mangiano libri, carte, documenti: *la tarma è un insetto b.*

bibliofilìa [vc. dotta, comp. di *biblio-* e *-filia* ✱ 1892] **s. f.** • amore per i libri, spec. se pregevoli e rari

bibliòfilo [vc. dotta, comp. di *biblio-* e *-filo* ✱ 1797] **s. m.** (**f.** *-a*) • amatore, conoscitore, ricercatore e collezionista di libri, spec. rari

bibliografìa [vc. dotta, comp. di *biblio-* e *-grafia* ✱ 1765] **s. f. 1** tecnica della descrizione sistematica e catalogazione di libri **2** elenco delle opere scritte intorno a una branca scientifica, un argomento, un autore e sim. | elenco dei libri consultati per la compilazione di un'opera scientifica | ***b. essenziale***, comprendente solo le opere più importanti **3** complesso delle opere pubblicate in un dato periodo relative a un determinato autore o argomento

bibliogràfico [1766] **agg.** (**pl. m.** *-ci*) • relativo alla bibliografia | ***bollettino, notiziario b.***, periodico con annunci di libri nuovi, recensioni e sim. || **bibliograficaménte**, **avv.** secondo le norme bibliografiche

bibliògrafo [vc. dotta, comp. di *biblio-* e *-grafo* ✱ 1768] **s. m.** (**f.** *-a*) • esperto di bibliografia

bibliolatrìa [vc. dotta, comp. di *biblio-* e *-latria* ✱ 1908] **s. f.** • (*raro*) fede cieca nei libri, culto esagerato dei libri

bibliologìa [vc. dotta, comp. di *biblio-* e *-logia* ✱ 1829] **s. f.** (**pl.** *-gìe*) • disciplina che si occupa dei libri, della loro storia, della loro conservazione e utilizzazione culturale

bibliòlogo [comp. di *biblio-* e *-logo* ✱ 1987] **agg. e s. m.** (**f.** *-a*; **pl. m.** *-gi*) • studioso, cultore di bibliologia

bibliòmane [comp. di *biblio-* e *-mane* ✱ 1771] **s. m. e f.** • (*iron.*) chi ha la mania di collezionare libri spec. rari

bibliomanìa [vc. dotta, comp. di *biblio-* e *-mania* ✱ 1771] **s. f.** • (*iron.*) mania di ricercare e collezionare libri, spec. rari e antichi

bibliomanzìa [vc. dotta, comp. di *biblio-* e *-manzia* ✱ 1865] **s. f.** • divinazione ottenuta aprendo a caso un libro, spec. la Bibbia, e interpretando le prime parole che si leggono

bibliomediatèca [comp. di *biblio-* e *mediateca* ✱ 1985] **s. f.** • biblioteca che mette a disposizione del pubblico anche documenti digitali e laboratori audio-video

bibliometrìa [comp. di *biblio-* e *-metria* ✱ 1975] **s. f.** • nella ricerca scientifica, metodo statistico per la valutazione della produttività di un ricercatore sulla base della diffusione e della rilevanza dei lavori da lui prodotti

bibliomètrico [1945] **agg.** (**pl. m.** *-ci*) • relativo alla bibliometria, basato sulla bibliometria: *criterio b.*

♦**bibliotèca** [vc. dotta, lat. *bibliothēca(m)*, dal gr. *bibliothḗkē*, comp. di *biblio-* 'biblio-' e *thḗkē* '-teca' ✱ av. 1292] **s. f. 1** ambiente in cui sono raccolti e conservati libri | edificio, sala con grandi raccolte di libri a disposizione del pubblico per la lettura e la consultazione: *b. universitaria, comunale, popolare* | ***b. capitolare***, annessa a una cattedrale | ***b. circolante***, che dà in prestito libri ai soci | (*fig., scherz.*) ***b. ambulante, vivente***, persona molto erudita **2** collezione di libri, similari per formato, argomento, editore: *B. dei classici italiani*; *B. di monografie scientifiche Zanichelli* **3** scaffale destinato a contenere libri; libreria **4** (*inform.*) ***b. di programmi***, software || **bibliotechìna**, **dim.** | **bibliotecùccia**, **dim.**

bibliotecàrio [vc. dotta, lat. *bibliothecārius(m)*, da *bibliothēca* 'biblioteca' ✱ 1529] **A s. m.** (**f.** *-ia*) • chi dirige una biblioteca o è addetto al suo funzionamento **B agg. 1** relativo a biblioteca o a biblioteche: *sistema b.*; *servizio b.* **2** relativo a chi si occupa di una bilioteca: *professione bibliotecaria*

biblioteconomìa [comp. di *biblioteca* e un deriv. del gr. *nómos* 'legge, regola' ✱ 1867] **s. f.** • disciplina che studia l'amministrazione e il funzionamento delle biblioteche

biblioteconomìsta [1965] **s. m. e f.** (**pl. m.** *-i*) • chi è esperto di biblioteconomia

biblìsta [dal lat. *bĭblia* 'bibbia' ✱ 1865] **s. m. e f.** (**pl. m.** *-i*) • studioso di biblistica

biblìstica [1865] **s. f.** • insieme delle discipline relative allo studio della Bibbia

bìbulo [vc. dotta, lat. *bĭbulu(m)*, da *bĭbere* 'bere' ✱ sec. XIV] **agg. 1** (*raro, lett.*) che assorbe, che si imbeve facilmente | ***carta bibula***, carta assorbente **2** (*raro, scherz., lett.*) che beve volentieri alcolici, beone

bìca [longob. *bīga* 'mucchio' ✱ 1313] **s. f. 1** cumulo di covoni di grano **SIN.** barca① **2** (*est., lett.*) cumulo, ammasso di cose

bicameràle [comp. di *bi-* e *camera* ✱ 1878] **A agg. 1** detto di sistema parlamentare basato su due Camere legislative **2** detto di commissione parlamentare formata da rappresentanti di ambedue le Camere **B s. f.** • (*ellitt.*) commissione bicamerale

bicameralìṣmo [da *bicamerale* ✱ 1950] **s. m.** • sistema parlamentare in cui il potere legislativo è affidato a due Camere

bicàmere [comp. di *bi-* e del pl. di *camera*① ✱ 1983] **agg. inv.** • nel linguaggio degli annunci economici, detto di appartamento costituito da due camere

bicaràttere [comp. di *bi-* e *carattere* ✱ 1983] **s. m.** • (*inform.*) byte

bicarbonàto [vc. dotta, comp. di *bi-* e *carbonato* ✱ 1865] **s. m. 1** (*chim.*) sale dell'acido carbonico **SIN.** carbonato acido | ***b. di sodio, sodico***, sostanza cristallina, bianca, impiegata per bevande effervescenti, come antiacido e in vari usi domestici **2** (*per anton.*) correntemente, bicarbonato di sodio

bicarbossìlico [comp. di *bi-* 'di due (gruppi)' e *carbossilico* ✱ 1955] **agg.** (**pl. m.** *-ci*) • (*chim.*) dicarbossilico

bicchèrna [etim. sconosciuta ✱ 1936] **s. f.** • (*stor.*) fino al XVIII sec., esattoria del comune di Siena | (*est.*) registro annuale dei tributi | (*pittura*) ***tavolette di b.***, tavolette dipinte usate come copertura dei registri dell'erario comunale di Siena

bicchieràio [1321] **s. m.** (**f.** *-aia*, **pl. m.** *-ai*) • (*raro*) chi fabbrica o vende bicchieri

bicchieràta [1851] **s. f. 1** quantità di liquido che può essere contenuta in un bicchiere **2** (*est.*) bevuta fatta in compagnia, spec. per festeggiare qlcu.: *tutto finì con una b. in casa del console* (R. BACCHELLI)

♦**bicchière** o †**bicchièri**, †**bicchièro** [etim. incerta ✱ 1234] **s. m. 1** piccolo recipiente, spec. di vetro, di varie forme e misure, in cui si versa il liquido da bere: *b. di vetro, di cristallo, d'argento, di plastica, di cartone*; *b. da acqua, da vino, da birra, da cognac, da whisky*; *riempire un b. di vino*; *versare il vino nel b.* | ***il b. della staffa***, l'ultimo prima di congedarsi | ***levare il b.***, brindare | ***bere un b. di più, di troppo***, ubriacarsi | (*fig.*) ***affogare in un bicchier d'acqua***, confondersi davanti a piccole difficoltà | (*fig.*) ***tempesta in un bicchier d'acqua***, V. *tempesta* nel sign. 4 | ***fondo, culo di b.***, (*fig.*) diamante falso **2** (*est.*) quantità di liquido contenuta in un bicchiere: *bere un b. di vino* **3** antica misura per liquidi **4** involucro esterno di una granata esplosiva || **bicchierétto**, **dim.** | **bicchierìno**, **dim.** (V.) | **bicchieróne**, **accr.** | **bicchieròtto**, **accr.** | (*fam.*) **bicchieròzzo**, **accr.**

bicchierìno [sec. XIV] **s. m. 1** dim. di *bicchiere* **2** bicchiere piccolo, da liquore | quantità di liquido, spec. alcolico, contenuta in un bicchierino: *un b. di vermut*; *bere, farsi un b.* **3** vasetto di vetro per luminarie o per ornare tombe e sim.

†**bicchièro** ➤ **bicchiere**

†**bicciacùto** [provenz. *bezagut*, dal lat. *bisacūtus* 'a punta (*acūtus*) nell'una e nell'altra parte (*bis*)' ✱ 1342 ca.] **s. m.** • scure a due tagli

a b c d e f g h i j k l m n o p q r s t u v w x y z

b

bicciàrsi [da †*beccio* 'capro': dal lat. parl. **ibíceus*, agg. di *ibex* 'stambecco, capra selvatica' (?) ✻ 1865] **v. rifl. recipr.** (**pres.** *io mi bìccio*; **fut.** *io mi bicceró*) ● (*raro, lett.*) cozzare, spec. di animali cornuti

bicèfalo [vc. dotta, comp. del lat. *bi-* 'a due' e del gr. *kephalḗ* 'testa' ✻ 1798] **agg.** ● (*raro, lett.*) che ha due teste: *mostro b.*

bicentenàrio [comp. di *bi-* e *centenario*① ✻ av. 1910] **s. m.** ● secondo centenario di un avvenimento memorabile

bichìni [1950] **s. m. inv.** ● adattamento di *bikini* (V.)

♦**bìci** [1941] **s. f. inv.** ● (*colloq.*) accorc. di *bicicletta*

♦**biciclétta** [fr. *bicyclette*, dim. dell'ingl. *bicycle* 'biciclo' ✻ 1892] **s. f.** ● veicolo a due ruote allineate, montate su telaio e azionate da movimenti di spinta sui pedali collegati per mezzo di una catena alla ruota posteriore | ***b. a motore***, ciclomotore | ***b. a pedalata assistita***, dotata di un motore elettrico che, inserito, alleggerisce lo sforzo di chi pedala | ***appendere la b. al chiodo***, (*fig.*) di corridore ciclista, cessare l'attività agonistica | ***b. da neve***, ski-bob ‖ **biciclettina**, **dim.** | **biciclettóna**, **accr.**

biciclettàta [av. 1916] **s. f.** ● giro, escursione in bicicletta, spec. in gruppo

bicìclo [ingl. *bicycle*, comp. del lat. *bi-* 'di due' e del gr. *kýklos* 'cerchio' ✻ 1886] **s. m.** ● antico modello di bicicletta con i pedali applicati alla ruota anteriore molto più grande della posteriore

bicilìndrico [comp. di *bi-* e *cilindro*, con suff. ✻ 1962] **agg.** (**pl. m.** *-ci*) **1** (*mecc.*) dotato di due cilindri: *motore b.* **2** (*fis.*) di lente avente due superfici cilindriche

bicìpite [vc. dotta, lat. *bicĭpite(m)*, comp. di *bi-* 'di due' e *-cĭpitis*, da *căput* 'capo, testa' ✻ av. 1673] **A** **agg.** **1** (*anat.*) detto di muscolo a due capi che confluiscono in una massa comune **2** detto dell'animale spec. araldico raffigurato con due teste: *l'aquila b. austriaca* **B** **s. m.** ● (*anat.*) ogni muscolo a due capi che confluiscono in una massa comune: *b. brachiale*; *b. femorale* | bicipite brachiale

bicloruro [vc. dotta, comp. di *bi-* e *cloruro* ✻ 1865] **s. m.** ● (*chim.*) sale dell'acido cloridrico, la cui molecola contiene due atomi di cloro | composto organico contenente due atomi di cloro

bicòcca [etim. incerta ✻ 1260] **s. f.** **1** (*lett.*) piccola rocca o castello alla sommità di un monte **2** (*raro, lett.*) fortificazione malandata **3** (*spreg.*) casupola, catapecchia: *abitare in una b.*

bicolóre [vc. dotta, lat. *bicolōre(m)*, comp. di *bi-* 'di due' e *cŏlor* 'colore' ✻ 1340] **A** **agg.** ● che ha due colori: *nastro b.* | (*fig.*) ***governo b.***, formato da due partiti di diverse tendenze **B** **s. f.** ● macchina tipografica che stampa a due colori

bicomàndo [vc. dotta, comp. di *bi-* 'con due' e (posti di) *comando* ✻ 1970] **agg. inv.** ● dotato di doppio comando, detto di mezzi, dispositivi e sim. che possono essere comandati da due diversi agenti umani o meccanici: *aereo, apparato, vettura b.*

bicòncavo [vc. dotta, comp. di *bi-* 'ambo (le parti)' e *concavo* ✻ 1869] **agg.** ● concavo da ambedue le parti, detto spec. di lente

bicondizionàle [comp. di *bi-* e *condizionale* ✻ 1988] **s. m.**; anche **agg.** ● (*mat.*) connettivo logico che dà un risultato vero solo quando ambedue le espressioni che collega sono vere

bicònico [comp. di *bi-* e *conico* ✻ 1970] **A** **agg.** (**pl. m.** *-ci*) ● che ha forma di due coni contrapposti **B** **s. m.** (**pl.** *-ci*) ● (*archeol.*) vaso funerario a forma di due coni uniti per la base, munito di coperchio e gener. di un solo manico

biconvèsso [vc. dotta, comp. di *bi-* 'ambo (le parti)' e *convesso* ✻ 1869] **agg.** ● convesso da ambedue le parti, detto spec. di lente

bicòppia [vc. dotta, comp. di *bi-* 'doppio' e *coppia* ✻ 1955] **s. f.** ● insieme di due coppie di fili telefonici o telegrafici

bicòrdo [vc. dotta, comp. di *bi-* 'doppio' e *corda* 'nota' ✻ 1865] **s. m.** ● (*mus.*) doppia corda | doppia nota | insieme di due suoni eseguiti contemporaneamente sopra uno strumento a corde

bicoriàle [comp. di *bi-* e *corion*, con suff. aggettivale ✻ 1962] **agg.** ● (*biol.*) che deriva da due corion, i quali producono due gruppi di annessi: *gemelli bicoriali*

bicòrne o (*raro*) **bicòrno** [vc. dotta, lat. *bicŏrne(m)*, comp. di *bi-* 'di due' e *cŏrnus* 'corno' ✻ 1342] **agg.** ● che ha due corna o punte: *cappello b.*

bicòrnia [lat. parl. **bicŏrnia*, variante di *bicŏrnis* 'bicorne' ✻ 1585] **s. f.** ● piccola incudine, spec. per orafi, orologiai e sim.

bicòrno [comp. di *bi-* 'doppio' e *corno* ✻ av. 1389] **A** **s. m.** ● cappello a due punte volte verso l'alto e ornato di veli, usato dalle donne del Medio Evo | cappello voluminoso e con punte verso il basso, portato dagli uomini nel primo Impero | feluca, portata con l'alta uniforme dagli ufficiali di marina, dagli accademici di Francia, dai diplomatici **B** **agg.** ➤ **bicorne**

bicornùto [av. 1406] **agg.** ● che ha due corna; bicorne

bicromàtico [comp. di *bi-* e *cromatico* ✻ sec. XX] **agg.** (**pl. m.** *-ci*) ● dicromatico ‖ **bicromaticità**, **s. f. inv.**

bicromàto [comp. di *bi-* e *cromato*② ✻ 1955] **s. m.** ● sale dell'acido bicromico

bicromìa [fr. *bichromie*, vc. dotta, comp. di *bi-* 'a due' e *chromie*, dal gr. *chrôma* 'colore' ✻ 1962] **s. f.** ● procedimento per ottenere una riproduzione colorata di soggetti utilizzando due colori | (*est.*) riproduzione così ottenuta

bicròmico [comp. di *bi-* e *cromico*① ✻ sec. XX] **agg.** (**pl. m.** *-ci*) ● detto di composto chimico contenente due atomi di cromo

bicùbito [vc. dotta, lat. *bicŭbitu(m)*, comp. di *bi-* 'di due' e *cŭbitum* 'cubito (misura)' ✻ av. 1588] **s. m.** ● misura di due cubiti

bicuspidàle [1940] **agg.** ● (*archit.*) bicuspide: *facciata b.*

bicuspidàto [1829] **agg.** ● bicuspide

bicùspide [vc. dotta, comp. di *bi-* 'con due' e *cuspide* ✻ av. 1810] **agg.** **1** che è formato di due cuspidi o punte **2** (*anat.*) di organo o formazione a due lembi lanceolati | ***valvola b.***, valvola mitrale

bid bònd /bid'bɔnd, *ingl.* 'bɪd,bɒnd/ [dall'ingl. *bid* 'offerta, cauzione' e *bond* 'titolo a garanzia' ✻ 1993] **loc. sost. m. inv.** (**pl. ingl.** *bid bonds*) ● (*econ.*) nei contratti internazionali, garanzia bancaria riguardante la fornitura di un appalto o di una merce da esportare

bidè [fr. *bidet*, propr. 'cavallino', di etim. incerta ✻ av. 1795] **s. m. inv.** ● sanitario a forma di vaschetta bassa di forma allungata, su cui si sta a cavalcioni, per lavarsi le parti intime | (*est.*) lavaggio delle parti intime fatto usando tale sanitario: *farsi un b.*

bidellerìa [1915] **s. f.** ● in una scuola, locale riservato ai bidelli

♦**bidèllo** [ant. fr. *bedel* 'poliziotto', dal francone **bidal* 'messo giudiziario' ✻ av. 1425] **s. m.** (**f.** *-a*) **1** chi è addetto alle pulizie e alla custodia di una scuola **2** (*est.*) inserviente presso un ufficio | †inserviente di banda musicale

bidentàle [vc. dotta, lat. *bidentāle(m)*, da *bĭdens* 'animale (alla seconda dentizione) pronto a essere sacrificato' ✻ 1828] **s. m.** ● presso gli antichi Romani, spazio sacro nel quale era caduto il fulmine ed era stata sacrificata, per espiazione, una pecora di due anni

bidènte [vc. dotta, lat. *bidĕnte(m)*, comp. di *bi-* 'di due' e *dēns* 'dente' ✻ av. 1292] **A** **s. m.** **1** zappa a due denti **2** forca a due rebbi **3** presso gli antichi Romani, animale, spec. pecora, di due anni, adatto al sacrificio **B** **agg.** ● (*lett.*) detto di animale che è alla seconda dentizione, che ha due anni: *pecora b.*

bidet /*fr.* bi'dɛ/ [1813] **s. m. inv.** ● bidè

bidimensionàle [comp. di *bi-* e di *dimensione*, con suff. aggettivale ✻ 1960] **agg.** ● che ha due dimensioni ‖ **bidimensionalità**, **s. f. inv.** proprietà di ciò che è bidimensionale

bidirezionàle [comp. di *bi-* e *direzionale* ✻ 1981] **agg.** ● che ha due direzioni, anche opposte: *corrente, antenna b.* | (*inform.*) detto della scrittura di una stampante ‖ **bidirezionalità**, **s. f. inv.**

bidistillàto [comp. di *bi-* e *distillato* ✻ 1965] **agg.** ● detto di liquido che ha subito due procedimenti di distillazione

bidonàre [da *bidone*, nel sign. 3 ✻ 1955] **v. tr.** (*io bidóno*) ● (*colloq.*) imbrogliare, truffare

bidonàta [1950] **s. f.** ● (*colloq.*) imbroglio, truffa | opera scadente

♦**bidóne** [fr. *bidon*, da una vc. nordica *bidha* 'recipiente', di etim. incerta ✻ 1846] **s. m.** **1** recipiente metallico o in materia plastica, di media capacità, di forma cilindrica, atto al trasporto di prodotti liquidi: *b. di benzina* **2** (*colloq.*) truffa, imbroglio: *tirare un b. a qlcu.*; *prendersi un b.*, *un gran b.* | (*colloq.*) appuntamento mancato: *m'ha fatto il b.* **SIN.** pacco **3** (*colloq.*) apparecchiatura, congegno, macchina che non funziona o funziona poco e male | (*colloq.*) atleta di doti modeste e scarsa abilità ‖ **bidoncìno**, **dim.**

bidonìsta [da *bidone*, nel sign. 3 ✻ 1946] **s. m. e f.** (**pl. m.** *-i*) ● (*raro, fam.*) truffatore, imbroglione

bidonvìa [scherz. da *bidon(e)*, sul modello di *seggiovia* ✻ 1970] **s. f.** ● tipo di funivia con piccole cabine aperte di forma cilindrica

bidonville /*fr.* bidɔ̃'vil/ [comp. fr., propr. 'città (*ville*) dei bidoni (*bidons*, sing. *bidon*)' ✻ 1953] **s. f. inv.** ● quartiere di baracche costruite con materiali vari, spec. lamiere di bidoni, alla periferia di una grande città

♦**bièco** [lat. *oblīquu(m)* 'torto, piegato' con sovrapposizione di *aēquu(m)* 'uguale' ✻ sec. XIII] **agg.** (**pl. m.** *-chi*, †*-ci*) **1** (*lett.*) obliquo, torvo, spec. dello sguardo: *guardare con occhio b.* **2** (*fig.*) sinistro, minaccioso, turpe: *persona bieca*; *volto b.* | (*fig.*) †ingiusto, malvagio: *siate fedeli, e a ciò far non bieci* (DANTE *Par.* V, 65) ‖ **biecaménte**, **avv.** in modo bieco; torvamente: *usciva di là com'ebbro guardando biecamente il mare* (L. PIRANDELLO)

Biedermeier /bider'maier, *ted.* 'biːdʌ,maeʌ/ [vc. ted., dal n. di un personaggio inventato da Kussmaul ed Eichrodt che rappresentava il tedesco borghese e conformista ✻ 1963] **agg.**; anche **s. m. inv.** ● detto di stile di arredamento diffuso nelle case tedesche borghesi nella prima metà dell'Ottocento, ispirato allo stile Impero, ma più semplice e pratico

bièlica [comp. di *bi-* 'a doppia' ed *elica* ✻ 1970] **agg. inv.** ● fornito di due eliche: *apparato motore b.*

bièlla [fr. *bielle*, di etim. incerta ✻ 1853] **s. f.** ● (*mecc.*) elemento che in un apparato motore ha la funzione di convertire il moto rettilineo alternato del pistone nel moto rotatorio dell'albero di trasmissione | ***b. madre***, nei motori stellari o a più file di cilindri, biella principale cui sono articolate altre bielle | ***b. d'accoppiamento***, quella che collega l'asse motore agli assi accoppiati di una locomotiva ‖ **biellétta**, **dim.**

biellése (o *-ṣ-*) [1667] **A** **agg.** ● di Biella **B** **s. m. e f.** ● abitante o nativo di Biella

bielorùsso o **belorùsso** [adattamento del russo *belorús*, propr. 'russo bianco', cioè di quella parte della Bielorussia chiamata Bianca, epiteto d'incerta spiegazione ✱ 1955] **A** **agg.** ● della Bielorussia **B** **s. m.** (**f.** *-a*) ● abitante o nativo della Bielorussia **C** **s. m. solo sing.** ● lingua appartenente al gruppo orientale delle lingue slave, parlata nella Bielorussia

biennàle [vc. dotta, lat. *biennāle(m)*, da *biēnnium* 'periodo di due anni' ✱ 1585] **A** **agg.** **1** che dura due anni: *carica, impiego b.* **2** che avviene o ricorre ogni due anni: *manifestazione b.*; *emigrazione b.* **3** (*bot.*) bienne ‖ **biennalménte**, **avv.** ogni due anni ‖ **biennalità**, **s. f. inv.** durata o periodicità biennale **B** **s. f.** ● manifestazione che si fa ogni due anni: *la B. di Venezia*

biènne [vc. dotta, lat. *biēnne(m)*, comp. di *bi-* e *ănnus* 'anno' ✱ av. 1803] **agg.** **1** (*raro, lett.*) di due anni **2** (*bot.*) detto di pianta erbacea il cui ciclo vitale dura due anni **SIN.** biennale

biènnio [vc. dotta, lat. *biĕnniu(m)*, comp. di *bi-* e *ănnus* 'anno' ✱ av. 1514] **s. m.** (**pl.** *-i* o *raro -ii*) ● periodo di due anni | corso di studi con durata complessiva di due anni

biergòlo [comp. di *bi-* ed *ergolo* sul modello di *monoergolo* e *propergolo* ✱ 1986] **s. m.** ● (*chim.*) bipropellente

bièrre [dalla lettura (*bi erre*) della sigla *B(rigate) R(osse)* ✱ 1978] **A** **s. m. e f. inv.**; **anche agg.** ● nel linguaggio giornalistico, appartenente alle Brigate Rosse **B** **s. f. pl.** ● il gruppo terroristico delle Brigate Rosse

bièta ➤ **bietola**

bietìcolo [1955] **agg.** ● concernente la bieticoltura

bieticoltóre o **bieticultóre** [vc. dotta, comp. di *bieta* e *-coltore* ✱ 1941] **s. m.** (**f.** *-trice*) ● chi coltiva barbabietole da zucchero

bieticoltùra o **bieticultùra** [vc. dotta, comp. di *bieta* e *coltura* ✱ 1925] **s. f.** ● coltivazione per lo più intensiva delle barbabietole da zucchero per uso industriale

bieticultùra e deriv. ➤ **bieticoltura** e deriv.

biètola o **bièta** [lat. *bēta(m)*, di prob. orig. celt., confuso con *blĕta(m)*, *blītu(m)*, nome di altra pianta, dal gr. *blíton*, di etim. incerta ✱ 1290] **s. f.** **1** varietà di barbabietola da orto, con foglie e costole fogliari commestibili (*Beta vulgaris cicla*) **SIN.** barbabietola da foglia **2** correntemente, barbabietola ‖ **bietolìna**, **dim.** | **bietolóne**, **accr. m.** (V.)

bietolàio [1962] **s. m.** (**pl.** *-ai*) ● campo coltivato a barbabietole da zucchero

bietolóne [1362] **s. m.** **1** accr. di *bietola* **2** (*bot.*) atreplice **3** (**f.** *-a*) (*fig.*) persona insulsa e sciocca, semplicione

biétta [etim. incerta ✱ av. 1320] **s. f.** **1** pezzo di legno o di metallo, di forma troncoconica, usato per serrare, fendere legni e sim. **SIN.** chiavetta, cuneo | (*mus.*) nasetto **2** (*edil.*) pezzo di legno di forma parallelepipeda che viene inserito trasversalmente in due travi fra loro collegate, per trasmettere sforzi di taglio

bifacciàle [comp. di *bi-* e di un deriv. di *faccia* ✱ 1973] **agg.** ● che ha due facce | che presenta determinate caratteristiche su entrambe le facce

bifamiliàre o **bifamigliàre** [comp. di *bi-* e *fami(g)liare* ✱ 1985] **agg.** ● che è adatto a ospitare due famiglie, detto di villa, casa e sim. **CFR.** unifamiliare ‖ **bifamiliarità**, **s. f. inv.**

bifàse [vc. dotta, comp. di *bi-* e *fase* ✱ 1930] **agg.** (**pl.** *-i* o **inv.**) **1** che ha due fasi **2** (*elettr.*) di sistema di due forze elettromotrici alternate di ugual periodo, sfasate tra loro di un quarto di periodo

bìfero [vc. dotta, lat. *bĭferu(m)*, comp. di *bi-* 'doppio' e *-fer*, da *fĕrre* 'portare, produrre' ✱ 1865] **agg.** ● (*bot.*) detto di pianta che fiorisce o fruttifica due volte all'anno

bìffa [longob. *wiffa* 'fastello di paglia' assunto come segno di confine ✱ 1586] **s. f.** **1** asta usata in operazioni di livellamento **2** piastra in gesso o vetro a X posta alla fenditura di un muro per verificare se si allarga

biffàre [da *biffa* ✱ 1859] **v. tr.** **1** marcare con biffe un terreno per rilevamenti topografici **2** apporre biffe alla fenditura di un muro **3** segnare, cancellare uno scritto, uno stampato e sim. con un segno a forma di X **4** (*fig., raro*) rubare con abilità e destrezza

bìfido [vc. dotta, lat. *bĭfidu(m)*, comp. di *bi-* 'in due' e *-fidus*, da *fĭndere* 'dividere, spaccare' ✱ av. 1537] **agg.** ● diviso in due parti: *lingua bifida* **SIN.** biforcuto | (*med.*) ***spina bifida***, rachischisi

bifilàre [comp. di *bi-* e dell'agg. di *filo* ✱ 1865] **A** **agg.** **1** composto di due fili | (*elettr., elettron.*) ***circuito b.***, costituito da due fili a conduttori metallici **2** detto di caricatore di pistola semiautomatica o automatica in cui le cartucce sono disposte in due file parallele **B** **s. m.** ● tipo di antenna a due conduttori per apparecchi radioriceventi

bifobìa [comp. di *bi(sessuale)* e *-fobia* ✱ 2001] **s. f.** ● avversione per la bisessualità e i bisessuali

bifocàle [comp. di *bi-* e dell'agg. di *f(u)oco* ✱ 1963] **agg.** ● di sistema ottico che possiede due fuochi | detto di lente da occhiali avente nella parte centrale e in quella inferiore una diversa curvatura, per vedere nitidamente con la prima da lontano e con la seconda da vicino **CFR.** varifocale

†**bifólca** ➤ **biolca**

bifolcherìa [av. 1306] **s. f.** **1** (*raro*) azione villana **2** †mansione di bifolco

✦**bifólco** o (*sett.*) **biólco** [lat. **bufŭlcu(m)*, variante di *bubŭlcu(m)* 'custode di buoi (*bŏves*)' ✱ 1258] **s. m.** (**f.** *-a*; **pl. m.** *-chi*) **1** salariato che accudisce al bestiame e lo impiega nei lavori agricoli **2** (*fig., spreg.*) persona villana, di maniere rozze

†**bifonchiàre** ➤ **bofonchiare**

bìfora [vc. dotta, lat. *bĭfore(m)* 'che ha due (*bi-*) porte o aperture (*fŏres*)' ✱ 1881] **A** **s. f.** ● finestra suddivisa in due aperture per mezzo di un pilastrino o di una colonnina: *campanile con bifore* **B** **anche agg. solo f.**: *finestra b.*

biforcaménto [av. 1320] **s. m.** ● (*raro*) biforcatura | biforcazione

biforcàre [da †*biforco* ✱ av. 1327] **A** **v. tr.** (*io bifórco, tu bifórchi*) ● (*raro*) dividere in due come una forca **B** **biforcàrsi** **v. intr. pron.** ● diramarsi: *la strada si biforca presso il fiume*

biforcatùra [1831] **s. f.** ● il biforcarsi | punto in cui qlco. si biforca

biforcazióne [da *biforcare* ✱ av. 1519] **s. f.** **1** il biforcarsi | punto in cui qlco. si biforca: *la b. di un ramo* **2** diramazione di due linee ferroviarie, strade e sim. **SIN.** bivio

†**bifórco** [vc. dotta, lat. *bifŭrcu(m)*, comp. di *bi-* 'con due (punte)' e *fŭrca* 'forca' ✱ 1340 ca.] **s. m.** ● legno biforcuto

biforcùto [comp. di *bi-* e *forcuto* ✱ av. 1333] **agg.** ● diviso in due, come una forca: *ramo b.* | ***piede b.***, caprino | ***lingua biforcuta***, quella di alcuni rettili; (*fig.*) di persona velenosa e maligna

bifórme [vc. dotta, lat. *bifŏrme(m)*, comp. di *bi-* 'di due' e *fŏrma* 'forma' ✱ 1319] **agg.** ● (*lett.*) che ha due forme: *divinità, mostro b.*

bifrónte [vc. dotta, lat. *bifrŏnte(m)*, comp. di *bi-* 'con due' e *frŏns* 'fronte, faccia' ✱ av. 1340] **A** **agg.** **1** che ha due fronti o due facce: *una costruzione b.* **2** detto del dio latino Giano, che era rappresentato con due opposte facce **3** (*fig.*) che muta i suoi atteggiamenti in modo opportunistico e sleale: *individuo b.* | (*fig.*) che presenta due aspetti contrastanti: *discorso, politica b.* **4** detto di parola, che, letta alla rovescia, dà luogo a una diversa parola (per es. Roma-amor; acetone-enoteca) **CFR.** palindromo **B** **s. m.** ● gioco enigmistico che consiste nel trovare una o più parole o frasi bifronti

bifùel /bi'fuel, *ingl.* 'baɪ,fjuːəl/ [dall'ingl. *bi-fuel* 'doppio (*bi-*) combustibile (*fuel*)' ✱ 1996] **agg. inv.**; **anche s. m. inv.** ● (*autom.*) detto di veicolo con motore a doppio sistema di alimentazione (in genere, benzina e metano o benzina e GPL), in grado di funzionare indifferentemente con l'uno o l'altro carburante

big /*ingl.* bɪg/ [vc. ingl., propr. 'grosso', di etim. incerta: di orig. scandinava (?) ✱ 1948] **s. m. e f. inv.** ● personaggio importante, esponente autorevole: *un big dell'industria*

SFUMATURE ➤ ***personaggio***

bìga① [vc. dotta, lat. *bīga(m)*, da *biiŭgum*, comp. di *bi-* 'a due' e *iŭgum* 'giogo' ✱ 1321] **s. f.** **1** nell'antichità classica, cocchio a due ruote tirato da due cavalli, usato anche nelle corse **2** carrozzella scoperta a due posti **3** (*mar.*) gru elementare formata da due antenne unite all'estremità superiore e articolate da cavi e paranchi usata nei porti | coppia di grosse travi messe per rinforzare l'albero della nave **4** (*mecc.*) rudimentale gru costituita da due montanti uniti in modo da formare una V capovolta

bìga② [etim. sconosciuta ✱ sec. XX] **s. f.** ● (*cucina*) amalgama preliminare di una piccola quantità di farina, acqua e lievito che una volta fermentato si unisce al grosso della farina e agli altri ingredienti in modo da accelerare e rendere omogenea la lievitazione dell'intero impasto

bigamìa [av. 1396] **s. f.** **1** (*dir.*) reato commesso dal bigamo **2** correntemente, condizione di chi è bigamo

bìgamo [vc. dotta, lat. tardo *bĭgamu(m)* per *dĭgamu(m)*, dal gr. *dígamos*, comp. di *di-* 'doppio' e *gamêin* 'sposare' ✱ av. 1342] **A** **s. m.** (**f.** *-a*) **1** (*dir.*) secondo l'ordinamento civile chi, già coniugato, contrae un altro matrimonio avente effetti civili o, non coniugato, contrae matrimonio avente effetti civili con persona già coniugata | secondo l'ordinamento canonico, chi, legato da matrimonio religioso, ne contrae un secondo anche solo con rito civile **2** correntemente, chi ha due mogli o due mariti **B** **anche agg.**: *uomo b.*

bìgaro ➤ **bighero**

bigàto [vc. dotta, lat. *bigātu(m)*, da *bīga* 'biga' ✱ 1561 ca.] **s. m.** ● moneta d'argento romana repubblicana che reca incisa una biga

bigattàia [da *bigatto* ✱ sec. XIV] **s. f.** ● (*raro*) bigattiera

bigattièra [1819] **s. f.** ● luogo predisposto per l'allevamento dei bachi da seta | tavolo su cui si allevano i bachi

bigattière [1853] **s. m.** (**f.** *-a*) ● (*sett.*) addetto all'allevamento dei bachi da seta

bigattìno [da *bigatto* ✱ 1982] **s. m.** **1** dim. di *bigatto* **2** (*pesca*) cagnotto

bigàtto [vc. sett. *bigàt*, di etim. incerta, forse dal lat. *bŏmbyce(m)* 'baco da seta' con il suff. dim. *-attu* ✱ 1340] **s. m.** **1** (*sett.*) baco da seta **2** (*fig.*) †uomo furbo e sornione ‖ **bigattino**, **dim.** (V.)

big bang /big'bɛn(g), *ingl.* 'bɪg,bæŋ/ [loc. ingl., propr. 'grande esplosione', comp. di *big* 'grande' (V. *big*) e *bang* (V.) ✱ 1963] **loc. sost. m. inv.** ● la grande esplosione dalla quale, secondo alcune teorie cosmologiche, ha avuto origine l'universo | (*fig.*) evento nuovo e straordinario: *il big bang nella trattazione dei titoli in Borsa*

b

big crunch /big'krantʃ, *ingl.* 'bɪg,krʌntʃ/ [loc. ingl., propr. 'grande (*big*) contrazione (*crunch*)' ✱ 1995] **loc. sost. m. inv.** (**pl. ingl.** *big crunches*) ● (*astron.*) secondo una teoria cosmologica, collasso della materia con cui avrà fine la vita dell'universo

big data /big 'data, *ingl.* ˌbɪg'deɪtə/ ➤ **data**②

bigèllo [da *bigio*, per il suo colore ✱ 1303] **s. m.** ● panno grossolano a pelo lungo di color grigio spento

bigeminàta [vc. dotta, comp. del lat. *bi-* 'doppio' e *geminātus* 'geminato' ✱ 1863] **agg. solo f.** ● detto di foglia con lembo diviso in due parti e picciolo unico

bigeminìsmo [da *bigemin(o)* con il suff. *-ismo* ✱ 1887] **s. m.** ● (*med.*) l'evento di un fenomeno che si manifesta con duplice modalità | ***b. cardiaco***, aritmia caratterizzata da una alternanza costante di un'extrasistole con una sistole

bigèmino [vc. dotta, lat. *bigĕminu(m)*, comp. di *bi-* e della seconda parte di analoghi comp. come *trigĕminu(m)* e *quadrigĕminu(m)* ✱ 1890] **agg. 1** gemellare: *parto b.* **2** che manifesta bigeminismo: *polso b.*, *ritmo b.*

bigenitoriàle [comp. di *bi-* e *genitoriale* ✱ 1988] **agg. 1** detto di famiglia in cui sono presenti due genitori **SIN.** biparentale **CFR.** monogenitoriale, unigenitoriale, monoparentale | che riguarda entrambi i genitori: *affidamento b.* **2** relativo a bigenitorialità || **bigenitorialità**, **s. f. inv.** diritto reciproco di ciascuno dei genitori e dei figli a mantenere un rapporto continuativo anche dopo una separazione o un divorzio

bighellàre [etim. incerta ✱ 1865] **v. intr.** (*io bighèllo*; **aus.** *avere*) e **bighellàrsi v. intr. pron.** ● (*raro*) bighellonare

bighellonàggio [1990] **s. m. 1** il bighellonare: *guida al b. notturno in città* **2** il vivere senza fissa dimora

bighellonàre [da *bighellone* ✱ 1863] **v. intr.** (*io bighellóno*; **aus.** *avere*) ● perdere il tempo senza concludere nulla | girellare senza scopo: *b. per le strade tutto il giorno*

bighellóne [etim. discussa: per *bigolone* con sovrapposizione di altra parola (?) ✱ 1566] **s. m.** (**f.** *-a*) ● individuo perditempo e ozioso **SIN.** ciondolone, fannullone, infingardo, perdigiorno

bighellóni [1887] **avv.** ● bighellonando: *andar b. per la città*

bigherìno [da *bighero* ✱ 1829] **s. m.** ● guarnizione di merletto applicata un tempo sull'orlo delle vesti femminili

bìghero o **bìgaro** [it. sett. **bigo* da ico per *(bom)bice* ✱ 1612] **s. m.** ● trina, merletto || **bigherìno**, **dim.** (V.)

bìgia [dal colore *bigio* delle penne ✱ 1956] **s. f.** (**pl.** *-gie*) ● piccolo uccello dei Passeriformi, grigio, con testa nera e petto bianco (*Sylvia hortensis*)

bigiàre [vc. dial. lombarda, di etim. incerta ✱ 1918] **v. tr.** (**pres.** *io bìgio*; **fut.** *io bigerò*) ● (*sett.*) marinare la scuola (*anche assol.*)

bigiarèlla [da *bigio* per il colore del piumaggio ✱ 1887] **s. f.** ● piccolo uccello canoro dei Passeriformi dal piumaggio grigio, simile alla capinera (*Sylvia curruca*)

bigìno [vc. dial. lombarda (*bigin* 'libriccino') di etim. incerta ✱ 1899] **s. m.** ● (*sett.*, *pop.*) libretto contenente la traduzione letterale, spec. interlineare, di testi di autori greci e latini | (*est.*) bignamino

♣**bìgio** [etim. incerta ✱ 1279] **agg.** (**pl. f.** *-gie* o *-ge*) **1** che ha un colore grigio spento: *asino b.* | cupo, tenebroso: *cielo b.* | ***tempo b.***, nuvoloso | ***pane b.***, (*lett.*) pane scuro, di farina integrale **2** (*fig.*, *lett.*) scialbo **3** †malvagio || **bigiàstro**, **pegg.** | **bigìccio**, **dim.**

bigiógnolo (o *-ò-*) [av. 1813] **agg.** ● di colore tendente al grigio

bigiotterìa [fr. *bijouterie*, da *bijou* 'gioiello' (V. *bigiù*) ✱ 1794] **s. f.** ● assortimento di collane, spille, orecchini, bracciali decorativi realizzati con materiali non preziosi | (*est.*) negozio dove si vendono tali oggetti

bigiù [1858] **s. m. inv.** ● (*raro*) adattamento di *bijou* (V.)

bìglia ➤ **bilia**

bigliàrdo e deriv. ➤ **biliardo** e deriv.

bigliettàio o (*raro*) **bigliettàrio** [av. 1906] **s. m.** (**f.** *-aia*, **pl. m.** *-ai*) ● chi vende biglietti per il viaggio su mezzi pubblici di trasporto o per l'accesso a locali pubblici

bigliettazióne [1974] **s. f.** ● (*burocr.*) distribuzione di biglietti, spec. su mezzi pubblici di trasporto: *b. automatica*

biglietterìa [1938] **s. f.** ● luogo in cui si vendono biglietti d'ingresso a locali pubblici, per uso di mezzi pubblici di trasporto e sim.: *b. dello stadio*; *b. ferroviaria* | ***b. del teatro***, botteghino

♦**bigliétto** o †**vigliétto** [fr. *billet*, ant. fr. *billette* da *bullette*, dim. di *bulle* 'bolla', per sovrapposizione di *bille* 'palla' ✱ av. 1600] **s. m. 1** piccolo foglio di carta | (*est.*) breve testo scritto su tale piccolo foglio **2** piccolo foglio o cartoncino | (*est.*) breve testo contenente saluti, auguri e sim. | ***b. da visita***, (*lett.*) ***b. di visita***, cartoncino a stampa contenente il nome e il cognome di qlcu., e talvolta l'indirizzo, i titoli professionali e sim. **3** rettangolo di cartone o carta stampata che dà diritto, gener. dietro pagamento, ad assistere a spettacoli sia pubblici che privati, o a usufruire di pubblici servizi: *b. ferroviario, tranviario*; *b. d'ingresso, d'invito* | ***b. orario***, valido per un periodo di tempo determinato, generalmente nell'arco di una giornata | ***b. chilometrico***, valido per una determinata percorrenza in chilometri entro un periodo definito | ***b. numerato***, sul quale è indicato il numero del posto da occupare | ***b. elettronico***, acquistato online o telefonicamente **CFR.** ticketless | ***b. di lotteria***, con cui si partecipa all'estrazione di una lotteria **4** ***b. di banca***, o (*assol.*) ***biglietto***, cartamoneta emessa da una banca, a ciò autorizzata dallo Stato: *gli tirai fuori … quei biglietti da mille* (E. Vittorini) **SIN.** banconota | ***b. verde***, nel linguaggio giornalistico, il dollaro degli Stati Uniti (dal colore delle banconote): *rimonta del b. verde sull'euro* **5** ***b. postale***, foglio di carta da scrivere che l'Amministrazione postale pone in vendita già piegato, gommato e affrancato **6** †ordine scritto || **bigliettìno**, **dim.** | **bigliettóne**, **accr.** (V.) | **bigliettùccio**, **dim.**

bigliettóne [1946] **s. m. 1** accr. di *biglietto* **2** (*fam.*) banconota di grosso taglio

biglióne ➤ **billone**

big match /big'mɛtʃ, *ingl.* 'bɪg,mætʃ/ ➤ **match**

Bignàmi® o (*colloq.*) **bignamìno** [dal n. dell'editore E. *Bignami* ✱ 1954] **s. m. inv.** ● testo di piccolo formato, a circolazione scolastica, che riassume in forma piana le nozioni basilari di una determinata disciplina

bignè [fr. *beignet*, da *beigne* 'bugna, bernoccolo' (di etim. incerta) per la forma gonfia e rotonda ✱ 1747] **s. m. inv. 1** specie di pasta dolce, piccola e tonda, cotta in forno e farcita di crema, zabaione e sim. | preparazione analoga farcita con ripieno salato **2** (*centr.*) panino a forma di grossa rosetta

bignòla [da *bignè* con il suff. *-olo*③ al f. ✱ 1964] **s. f.** ● (*piemontese*) bignè || **bignolìna**, **dim.**

bignònia [dal cognome dell'abate fr. J. *Bignon* (1589-1656), a ricordo del quale fu dato il nome ✱ 1829] **s. f.** ● genere di arbusti rampicanti delle Bignoniacee con foglie composte, fiori a campanula e frutti a capsula (*Bignonia*)

Bignoniàcee [comp. di *bignoni(a)* e *-acee* ✱ 1865] **s. f. pl.** (**sing.** *-a*) ● (*bot.*) famiglia di piante legnose, rampicanti, con fiori irregolari e foglie composte (*Bignoniaceae*)

bìgo [da *biga*, nel sign. 3, con valore dim., di etim. incerta ✱ 1930] **s. m.** (**pl.** *-ghi*) ● (*mar.*) albero e relativo picco di carico di una nave

bigodìno o **bigudìno**, **bigodì** [fr. *bigoudi*, di etim. incerta ✱ 1927] **s. m.** ● piccolo cilindro gener. di plastica su cui si avvolgono le ciocche di capelli per la messa in piega **SIN.** diavoletto, diavolino

bìgolo [vc. veneta, di etim. incerta ✱ av. 1803] **s. m.** ● (**spec. al pl.**) pasta alimentare a forma di vermicelli, in uso nel Veneto

bigóncia [da *bigoncio* ✱ 1297] **s. f.** (**pl.** *-ce*) **1** recipiente di legno a doghe privo di coperchio e di manici per trasportare l'uva durante la vendemmia | ***a bigonce***, (*fig.*) in gran quantità **2** †antica unità di misura di capacità per liquidi **3** †pulpito, cattedra da cui si parlava nelle accademie e nelle università | ***montare, salire in b.***, (*fig.*, *lett.*) fare il saccente

bigóncio [lat. parl. **bicŏngium* e poi, per metatesi, **bigŏnciu(m)*, comp. di *bi-* 'a due' e **gŏncius* per *cŏngius* 'congio, misura per liquidi' ✱ 1282] **s. m. 1** recipiente più largo e più basso della bigoncia, con due doghe più alte e forate per introdurvi una pertica e facilitarne il trasporto **2** all'ingresso dei teatri e dei cinema, cassetta in cui l'addetto introduce il tagliando del biglietto presentato dallo spettatore || **bigonciòlo**, (*lett.*) **bigonciuòlo**, **dim.**

†**bigordàre** e deriv. ➤ **bagordare** e deriv.

bigòtta [da *biga* ✱ 1847] **s. f.** ● (*mar.*) carrucola senza girella, a faccia spianata e fornita di tre buchi, per tenere rigida e tesa la manovra alla cui estremità è impiombata

bigotterìa [1688] **s. f.** ● bigottismo | azione da bigotto

bigottìsmo [da *bigotto* ✱ 1746] **s. m.** ● caratteristica o atteggiamento da bigotto **SIN.** bacchettoneria, beghinismo, santimonia

♣**bigòtto** [fr. *bigot*, di etim. incerta: dall'escl. anglosassone *bī god* 'per Dio', intercalare attribuito per spregio ai Normanni (?) ✱ 1688] **s. m.** (**f.** *-a*); **anche agg.** ● chi (o che) ostenta una grande religiosità dedicandosi soprattutto alle pratiche esteriori del proprio culto: *fare il b.* | bacchettone, ipocrita: *non è religioso, ma b.* **SIN.** baciapile, collotorto, picchiapetto, tartufo || **bigottóne**, **accr.** || **bigottaménte**, **avv.**

bigudìno ➤ **bigodino**

biettìvo [1970] **agg.** ● (*mat.*) soddisfacente alla definizione di biiezione

biiezióne [comp. di *bi-* 'a doppia' e *-iezione* di altri comp. della stessa serie ✱ 1965] **s. f.** ● (*mat.*) applicazione di un insieme su un altro, che mette in relazione ogni elemento del primo con uno e un solo elemento del secondo

biiodùro [vc. dotta, comp. di *bi-* e *ioduro* ✱ 1865] **s. m.** ● sale dell'acido iodidrico, la cui molecola contiene due atomi di iodio | composto organico contenente due atomi di iodio

bijou /*fr.* bi'ʒu/ [vc. fr., dal bretone *bizou* 'anello', da *biz* 'dito' ✱ 1688] **s. m. inv.** (**pl. fr.** *bijoux*) **1** gioiello **2** (*fam.*, *fig.*) persona o cosa che si ammirano per la loro grazia e raffinatezza: *con quel vestito sei proprio un b.* **CFR.** bigiù

biker /'baiker, *ingl.* 'baɪkə(r)/ [vc. ingl. d'America, da *bike* 'motocicletta' ✱ 1989] **s. m. e f. inv. 1** motociclista | chi guida moto di grossa cilindrata: *raduno di b.* **2** ciclista

bike sharing /baik'ʃerin(g), *ingl.* 'baɪk,ʃɛərɪŋ/ [loc. ingl., comp. di *bike* 'bicicletta' e *sharing* 'condivisione' ✱ 2008] **loc. sost. m. inv.** ● in un centro urbano, noleggio di biciclette con riconsegna in uno dei relativi punti di parcheggio

bikini® o **bichini** [dal n. di un atollo dell'Oceano Pacifico in cui furono eseguiti esperimenti atomici: quindi 'esplosivo' ✱ 1946] **s. m. inv.** ● costume da bagno femminile a due pezzi CFR. bichini

bilabiàle [vc. dotta, comp. di *bi-* 'a due' e *labiale* ✱ 1938] **A agg.** ● (*ling.*) detto di suono articolato per mezzo del labbro inferiore e di quello superiore **B s. f.** ● consonante bilabiale (in italiano: *b, m, p*)

bilabiàto [vc. dotta, comp. di *bi-* 'a due' e *labiato* ✱ 1829] **agg.** ● detto di organo vegetale che forma due labbra: *calice b., corolla bilabiata*

bilabiodentàle [comp. di *bi-*, *labio-* e *dentale* ✱ 1983] **agg. e s. f.** ● (*ling.*) labiodentale

bilàma [comp. di *bi-* e *lama*① ✱ 1974] **agg. inv.** ● detto di un tipo di rasoio a due lame sovrapposte: *rasoi b.*

bilaminàto [comp. di *bi-* e *laminato* ✱ 1990] **s. m.** ● pannello truciolare rivestito su ambedue le facce con un foglio di laminato plastico

bilancèlla [da *bilancia*, perché la pesca avviene con due barche in coppia ✱ 1872] **s. f.** ● paranzella | piccola barca da pesca

♦**bilància**① o †**bilànza** [lat. parl. **bilăncia(m)*, da *bĭlanx*, comp. di *bi-* 'con due' e *lānx* 'piatto' ✱ 1250 ca.] **s. f.** (**pl.** *-ce*) **1** strumento, gener. a due bracci uguali con due piatti o coppe, che serve a misurare l'uguaglianza o la differenza di peso dei corpi posti sui piatti | ***b. di precisione, b. da analisi***, con approssimazione, nelle pesate, a 0,2-0,1 mg | ***b. automatica***, quella munita di una lancetta che indica su un quadrante il peso dell'oggetto posto sul piatto | ***b. a molla***, dinamometro | ***b. a bilico***, bascula | ***b. romana***, stadera | ***b. pesabambini***, V. *pesabambini* | ***b. pesapersone***, V. *pesapersone* | ***dare il crollo, il tracollo, il tratto alla b.***, farla traboccare da una parte | ***mettere sulla b.***, (*fig.*) valutare, tener conto | ***ago della b.***, V. *ago* nel sign. A 2 | ***mettere sulla b. dell'orafo***, (*fig.*) valutare, esaminare, con cura minuziosa | (*fis.*) ***b. di Archimede, b. idrostatica***, usata per la determinazione del peso volumico o specifico dei corpi, funzionante in base al fatto che un corpo immerso in un fluido riceve una spinta uguale e contraria al peso del fluido spostato **2** (*econ.*) ***b. commerciale***, rilevazione dell'andamento delle importazioni e delle esportazioni di merci di un Paese in un tempo determinato | ***b. dei pagamenti***, rilevazione delle uscite e delle entrate valutarie globali di un Paese in un dato periodo **3** simbolo e attributo della giustizia **4** rete da pesca quadra, con gli angoli uniti a due braccia incrociate, appesa ad un'asta e sollevata con un argano o verricello, comandato a mano o elettricamente **5** (*ferr.*) valvola di sicurezza in opera sulle caldaie a vapore **6** asta orizzontale, cui sono applicate varie lampade, per l'illuminazione dall'alto del palcoscenico **7** (*edil.*) ponteggio provvisorio **8** (*miniere*) elevatore a saliscendi **9** bilanciere in un orologio a pendolo ‖ **bilancétta**, **dim.** | **bilancìna**, **dim.** | **bilancìno**, **dim. m.** (V.) | **bilanciòne**, **accr. m.**

Bilància② [V. *bilancia*① ✱ 1319] **A s. f. 1** (*astron.*) costellazione dello zodiaco che si trova tra quella della Vergine e quella dello Scorpione **2** (*astrol.*) settimo segno dello zodiaco, compreso tra 180 e 210 gradi dell'anello zodiacale, che domina il periodo compreso tra il 24 settembre e il 23 ottobre **B s. m. e f. inv.** ● persona nata sotto il segno della Bilancia

bilanciàio [1321] **s. m.** (**f.** *-aia*, **pl. m.** *-ai*) ● (*raro*) chi fabbrica o vende bilance

bilanciaménto [1527] **s. m. 1** il bilanciare, il bilanciarsi **2** insieme di accorgimenti atti a ridurre le vibrazioni in una macchina **3** spostamento del carico a bordo di una nave per equilibrarla

bilanciàre [da *bilancia* ✱ 1266] **A v. tr.** (**pres.** *io bilàncio*; **fut.** *io bilancerò*) **1** (*raro*) pesare con la bilancia | (*fig.*) considerare, ponderare: *b. le proprie possibilità, i propri argomenti* **2** pareggiare: *b. le entrate e le uscite* | (*fig.*) compensare: *b. i vantaggi e gli svantaggi di qlco.* **3** mantenere in equilibrio, soppesare: *b. la lancia; b. la vanga sulla spalla* | (*fig.*) equilibrare: *b. una dieta* **B bilanciàrsi v. rifl. e rifl. recipr.** ● equilibrarsi: *le loro forze si bilanciano; in lui, qualità e difetti si bilanciano* | tenersi in equilibrio | ***bilanciarsi fra due partiti***, (*fig.*) tenersi in posizione equidistante da entrambi

bilanci'àrm o **bilanciàrm** [da *bilanci(ate) (le) arm(i)* ✱ av. 1927] **loc. sost. m. inv.** ● ordine impartito ai soldati perché durante la marcia impugnino l'arma col braccio teso in basso, tenendola orizzontale e bilanciata | posizione assunta in seguito a tale ordine

bilanciàto① **part. pass.** di *bilanciare*; anche **agg. 1** che è in equilibrio | (*fig.*) equilibrato: *dieta bilanciata* **2** (*fig.*) †dubbio, incerto ‖ **bilanciataménte**, **avv.** in equilibrio

bilanciàto② [da *bilancio* ✱ 1970] **agg.** ● posto, iscritto in un bilancio: *spesa bilanciata*

†**bilanciatóre** [av. 1604] **s. m.; anche agg.** ● chi (o che) bilancia, esamina

bilanciatùra [1960] **s. f.** ● il bilanciare | (*autom.*) equilibratura

bilancière [da *bilancia* ✱ 1588] **s. m. 1** organo meccanico costituito da un braccio oscillante, che serve a trasformare un moto oscillante in rotatorio, o viceversa | organo oscillante che rende regolare la marcia degli orologi e dei pendoli **2** pressa manuale comandata da una vite munita superiormente di braccio che porta due contrappesi | macchina per coniare monete e medaglie SIN. torchio a vite **3** lunga pertica per trasportare pesi agganciati alle estremità, appoggiandola sulle spalle | lunga e sottile asta con cui i funamboli si aiutano per mantenere l'equilibrio | (*sport*) nel sollevamento pesi, sbarra di acciaio alle cui estremità vengono assicurati dischi di ferro, ghisa o gomma dura di vario peso **4** piccolo scafo laterale, collegato con traverse allo scafo principale, destinato a garantire la stabilità del proa e del trimarano **5** (*zool.*, **spec. al pl.**) ciascuna delle ali posteriori dei Ditteri trasformate in organi sottili a forma di piccola clava

bilancìno [1734] **s. m. 1** dim. di *bilancia* nei sign. 1 e 4 | bilancia di precisione, spec. in laboratori chimici, farmaceutici, e sim. | ***pesare col b.***, (*fig.*) esaminare con cura, prendere in attenta considerazione **2** parte del calesse sporgente dalle stanghe, cui si attaccano le tirelle del cavallo **3** cavallo da tiro aggiunto di rinforzo a fianco di quello che è tra le stanghe SIN. trapelo **4** impugnatura a forma di croce cui sono collegati i fili che muovono le marionette **5** nello sci nautico, asticella che si impugna durante la corsa e che è collegata con due corde alla fune di traino

♦**bilàncio** [da *bilanciare* 'equilibrare, pareggiare' ✱ 1463] **s. m. 1** conteggio delle entrate e delle uscite relative a un dato periodo della gestione amministrativa di un'azienda o di un ente, o dei guadagni e delle spese di una famiglia o di una persona: *b. di una società, familiare, trimestrale* | pareggiamento nella gestione aziendale delle entrate e delle uscite | ***b. preventivo***, compilato prima che si verifichino i fatti SIN. budget | ***b. consuntivo***, redatto alla fine dell'esercizio | ***b. di chiusura***, elenco dei componenti del capitale alla fine dell'esercizio | ***b. consolidato***, quello unificato di diverse società di uno stesso gruppo industriale | ***b. certificato***, esaminato da una società di revisione che ne garantisce l'attendibilità con lettera di certificazione | ***b. ministeriale***, di ogni singolo ministero | ***b. governativo, b. statale***, composto dai bilanci ministeriali | ***Ministero del B.***, che coordinava e dirigeva la gestione finanziaria dello Stato; le sue funzioni sono ora attribuite al Ministero dell'Economia e delle Finanze | ***b. familiare***, rilevazione delle spese per consumi effettuate dalle famiglie, utilizzata spec. nel calcolo degli indici del costo della vita | ***patto di b.***, patto di stabilità (V. *stabilità*) **2** (*fig.*) valutazione riassuntiva di una situazione in tutti i suoi aspetti, anche contrastanti: *il b. dell'affare è positivo; fare il b. delle proprie azioni* ‖ **bilancìno**, **dim.** | **bilanciòne**, **accr.**

bilancista [1965] **s. m. e f.** (**pl. m.** *-i*) **1** bilanciaio **2** tecnico che cura la manutenzione di bilance elettriche, elettroniche e sim.

†**bilànza** ➤ **bilancia**①

bilàrzia e deriv. ➤ **bilharzia** e deriv.

bilateràle [vc. dotta, formata modernamente col lat. *bi-* 'a due' e con l'agg. *laterāle(m)* 'proprio del lato' ✱ 1748] **agg. 1** che concerne due lati: *paralisi b. dei muscoli laringei* **2** (*dir.*) che concerne due parti | ***negozio giuridico b.***, quello per la cui efficace conclusione la legge richiede l'intervento di entrambe le parti dello stesso | ***contratto b.***, caratterizzato dalle obbligazioni che sorgono a carico di entrambi i contraenti **3** (*ragion.*) ***conto b.***, con due ordini di quantità **4** (*biol.*) ***simmetria b.***, caratteristica di organo composto di due parti simmetriche **5** (*ling.*) ***opposizione b.***, che intercorre fra due fonemi che si distinguono per un solo elemento ‖ **bilateralménte**, **avv.** ‖ **bilateralità**, **s. f. inv.**

bilateralìsmo [da *bilaterale* ✱ 1955] **s. m.** ● (*polit.*) nei rapporti internazionali, tendenza a privilegiare gli accordi diretti bilaterali

bilàtero [comp. di *bi-*, dal lat. *bĭs* 'due (volte)', e di un deriv. dal lat. *lătus*, genit. *lăteris* 'lato' ✱ 1965] **agg. 1** che ha due lati o facce **2** (*zool.*) detto di animale a simmetria bilaterale

bilbaìno [1987] **A agg.** ● di Bilbao, città della Spagna **B s. m.** (**f.** *-a*) ● abitante o nativo di Bilbao

Bildungsromàn /*ted.* 'bɪlduŋzʀoˌman/ [vc. ted., propr. 'romanzo (*Roman*) di educazione, formazione (*Bildung*)' ✱ 1959] **s. m. inv.** (**pl. ted.** *Bildungsromane*) ● (*letter.*) romanzo di formazione

bìle [vc. dotta, lat. *bīle(m)*, di etim. incerta ✱ 1481] **s. f. 1** (*anat.*) liquido vischioso e filante, giallo-verdastro, secreto dal fegato, che si raccoglie nella cistifellea CFR. cole- | nell'antica medicina, uno dei quattro umori dell'organismo umano CFR. atrabile, flemma, sangue **2** (*fig.*) collera, stizza: *sputare, ingoiare b.; attacco di b.; rodersi, crepare dalla b.; essere giallo, verde, livido, dalla b., di b.*

SFUMATURE DI SIGNIFICATO

bile - fiele

Nell'uso familiare, **bile** è un accesso intenso e improvviso di rabbia, dall'antica credenza secondo cui nel liquido secreto dal fegato si concentrasse l'umore che provocava le passioni. **Fiele** ha lo stesso significato, ma aggiunge una sfumatura di astio, di livore coltivato a lungo.

SFUMATURE ➤ ***rabbia***

-bile ➤ **-abile**, **-ibile**, **-ubile**

†**bilènco** (o **-é-**) [ant. fr. *bellinc*, comp. del lat. *bis* e del francone **link* 'sinistro' ✱ 1438] **agg.** ● storto | sbilenco

bilhàrzia /bi'lartsja/ o **bilàrzia** [dal n. dello scopritore, il medico ted. Th. *Bilharz* (1825-1862) ✱ 1859] **s. f.** ● (*med.*) schistosoma

b

bilharziòṣi /bilar'tsjɔzi/ o **bilarziòṣi** [da *bilharzia* ✱ 1934] **s. f. inv.** ● (*med.*) schistosomiasi

bìlia o **bìglia** [fr. *bille*, di etim. incerta ✱ sec. XVII] **s. f. 1** palla del biliardo | buca del biliardo | ***fare b.***, mandare nella buca la palla dell'avversario **2** pallina di vetro, terracotta o plastica con cui giocano i ragazzi

biliardàio o **bigliardàio** [1865] **s. m.** (**f.** *-aia*, **pl. m.** *-ai*) ● chi fabbrica o vende biliardi

biliardière o **bigliardière** [1865] **s. m.** ● (*disus.*) gestore di una sala di biliardo

biliardìno o **bigliardìno** [1940] **s. m. 1** dim. di *biliardo* **2** biliardo di piccola misura, con diversa disposizione delle buche, dove si gioca con stecche più corte | ***b. elettrico***, flipper | (*impropr.*) calcio-balilla

biliàrdo o **bigliàrdo** [fr. *billard*, propr. 'bastone ricurvo per spingere delle palle' da *bille* 'parte di albero pronta per essere lavorata' ✱ 1555] **s. m. 1** gioco su un apposito tavolo nel quale delle bilie vengono colpite con una stecca o sospinte con le mani secondo regole particolari | ***palla da b.***, bilia un tempo d'avorio, oggi di materiali vari, che si usa per tale gioco | (*scherz.*) ***essere calvo come una palla da b.***, essere completamente calvo **2** speciale tavolo rettangolare per il gioco omonimo, coperto di panno verde, con alte sponde, in cui si aprono sei buche e con piccoli birilli al centro | (*fig.*) ***liscio come un b.***, di piano o superficie del tutto priva di rugosità, sporgenze e sim. **3** (*est.*) stanza o locale pubblico in cui si trova il biliardo || **biliardìno**, **dim.** (V.)

biliàre [da *bile* ✱ 1744] **agg.** ● (*med.*) che concerne la bile: *secrezione b.*; *vie biliari* | ***acido b.***, ciascuno dei due acidi contenuti nella bile

bilicàre [lat. parl. **umbilicāre*, da *umbilīcus*, nel senso di 'centro (di equilibrio)' ✱ 1481] **A v. tr.** (*io bìlico, tu bìlichi*) **1** (*raro*) mettere in bilico **2** (*fig.*) †riflettere bene prima di decidere **B bilicàrsi v. rifl. e intr. pron.** ● †mettersi o essere in bilico

bìlico [da *bilicare* ✱ av. 1348] **s. m.** (**pl.** *-chi* o *-ci*) **1** posizione di un corpo in equilibrio instabile: *porre in b.*; *essere, stare in b.* | (*fig.*) stato di dubbio, di incertezza: *tenere qlcu. in b.*; *in b. tra la vita e la morte* **2** tipo di cerniera per sportelli, finestre e sim., costituita da due piccole piastre, di cui una munita di un perno cilindrico che s'introduce in un apposito foro dell'altra **3** ciascuno dei due perni di ferro su cui si muove la campana **4** punto della bilancia in cui è attaccato il ferro dal quale pendono i piatti **5** (*ferr.*) ***ponte a b.***, per la pesatura dei carri **SIN.** stadera a ponte | ***carro con b.***, carro provvisto di traversa girevole su ralla montata al centro del pavimento per trasporto di elementi di carico di grande lunghezza **6** autoarticolato **7** †punto centrale

bilineàre [comp. di *bi-* e dell'agg. di *linea* ✱ 1692] **agg.** ● (*mat.*) detto di polinomio in due variabili che sia di primo grado in ciascuna di esse separatamente || **bilinearità**, **s. f. inv.**

bilìneo [vc. dotta, comp. di *bi-* e *linea* ✱ 1674] **agg.** ● (*mat.*) contenente due linee

bilìngue o †**bilìnguo** [vc. dotta, lat. *bilīngue(m)*, comp. di *bi-* 'di due' e *lĭngua* ✱ av. 1425] **A agg.** (**pl.** *-i* o **inv.**) **1** che usa o parla correntemente e normalmente due lingue: *persona b.*; *popolo b.* | ***zona, regione b.***, in cui si parlano due lingue | scritto in due lingue: *iscrizione b.*; *dizionari bilingui* **2** (*fig., lett.*) insincero **B s. m. e f.** ● persona bilingue

bilinguìṣmo [1917] **s. m. 1** condizione di chi è bilingue **2** situazione linguistica nella quale i soggetti parlanti sono portati a utilizzare alternativamente due lingue diverse, a seconda delle circostanze | divisione di una regione, di uno Stato e sim. in due gruppi linguistici

bilinguità [1962] **s. f. inv.** ● (*raro*) caratteristica di bilingue

†**bilìnguo** ➤ **bilingue**

bilióne o †**billióne** [fr. *billion*, comp. di *bi-* 'doppio' e *(mi)llion* ✱ 1765] **s. m. 1** miliardo, secondo l'uso contemporaneo in quasi tutti i Paesi **2** milione di milioni, mille miliardi, secondo l'uso italiano e inglese antico e quello contemporaneo tedesco

†**biliórsa** [propr. 'dalla doppia (*bi-*) natura di leone (*lio*) e orso (*orsa*)' (?) ✱ av. 1584] **s. f.** ● (*raro*) orco, mostro, spauracchio

♣**bilióso** (o -ṣ-) [vc. dotta, lat. tardo *biliōsu(m)*, da *bīlis* 'bile' ✱ av. 1589] **agg. 1** (*disus.*) biliare **2** (*fig.*) irritabile, collerico: *carattere b.*; *persona biliosa* || **biliosaménte**, **avv.** || **biliosità**, **s. f. inv.** irascibilità

biliottàto [da *bilia* sul modello del fr. *billeté*, da *bille* ✱ av. 1348] **agg.** ● (*arald.*) cosparso di macchie a forma di gocce

bilirubìna [comp. del lat. *bīli(s)* 'bile' (nom.) e di un deriv. di *rŭber* 'rosso' ✱ 1898] **s. f.** ● pigmento biliare di color giallo-rosso derivante dalla trasformazione dell'emoglobina

bilirubinemìa [comp. di *bilirubina* ed *-emia* ✱ 1931] **s. f.** ● (*med.*) concentrazione della bilirubina nel sangue, molto elevata in malattie emolitiche, epatiche e sim.

bilirubinurìa o **bilirubinùria** [comp. di *bilirubina* e *-uria* ✱ 1933] **s. f.** ● (*med.*) presenza di bilirubina nell'urina

biliverdìna [comp. del lat. *bīli(s)* 'bile' (nom.) e di un deriv. di *verde* ✱ 1865] **s. f.** ● pigmento biliare di color verde derivante dalla trasformazione dell'emoglobina

†**bìlle** ➤ †**billi**

billétta [fr. *billette* 'bastone, sbarra', propr. dim. di *bille* 'tronco d'albero' (forse d'orig. gallica) ✱ 1955] **s. f.** ● (*metall.*) laminato metallico, da cui si ottengono barre e profilati, di sezione quadrata fino a 4 cm

†**bìlli** o †**bìlle** nel sign. B [dal grido di richiamo, proprio dei tacchini ✱ 1480 ca.] **A s. m. pl.** ● (*iter.*) moine, carezze | (*fig.*) cautele | ***fare b. b. col capo***, (*fig.*) tentennarlo **B inter.** ● (*tosc., iter.*) si usa come richiamo per i polli, spec. per dar loro il becchime

bìlling /'billin(g), *ingl.* 'bɪlɪŋ/ [vc. ingl., propr. 'elencazione, fatturato' ✱ 1980] **s. m. inv.** ● budget che un'agenzia pubblicitaria amministra per conto dei clienti

†**billióne** ➤ **bilione**

billóne o **biglióne** [fr. *billon*, ant. 'lingotto', 'lega di oro con altro metallo' ✱ sec. XVIII] **s. m.** ● lega di rame e argento usata spec. nella monetazione imperiale romana del III sec. d.C.

bilobàto [comp. di *bi-* 'a due' e un agg. di *lobo* ✱ 1829] **agg. 1** (*bot.*) detto di organo vegetale diviso in due lobi **2** (*archit.*) detto di arco o di elemento terminante ad arco, la cui centinatura forma due lobi o due archi di cerchio intersecanti tra loro: *finestra bilobata*

bìlobo o **bilòbo** [comp. di *bi-* e *lobo* ✱ 1863] **agg.** ● bilobato

bilocàle [comp. di *bi-* e *locale*② ✱ 1986] **s. m.** ● appartamento costituito da due locali abitabili più i servizi

bilocazióne [vc. dotta, comp. di *bi-* 'in due (luoghi)' e del lat. *locatiōne(m)* 'collocazione' ✱ 1900] **s. f.** ● in parapsicologia, presenza simultanea di un corpo in due posti diversi

†**biltà** ➤ **beltà**

biltong /*afrikaans* 'biltɔŋ/ [vc. afrikaans, prob. dal neerl. *bil* 'posteriore di bue' e *tong* 'lingua, striscia' ✱ 1950] **s. m. inv.** ● alimento tradizionale sudafricano, costituito da strisce di carne di bue o altri animali, seccate al sole

bilùce [comp. di *bi-* e *luce* ✱ 1962] **agg. inv.** ● detto di lampada a due luci, spec. di proiettori d'autoveicolo

bilùstre [vc. dotta, lat. *bilūstre(m)*, comp. di *bi-* 'di due' e *lūstrum* 'quinquennio' ✱ 1548] **agg.** ● (*lett.*) di due lustri

bìmane [V. *bimano* ✱ sec. XVIII] **s. m. e f.** ● (*sport*) giocatore di tennis che colpisce la palla impugnando la racchetta con entrambe le mani

bìmano [vc. dotta, fr. *bimane*, comp. di *bi-* 'con due' e *mănus* 'mano' ✱ 1773] **agg.** ● provvisto di due mani, detto spec. dell'uomo in contrapposizione ai quadrumani

bìmare o **bimàre** [vc. dotta, lat. *bĭmare(m)*, comp. di *bi-* 'su due' e *măre* 'mare' ✱ 1868] **agg.** ● (*lett.*) che si affaccia su due mari: *i folti riccioli simili alle uve / della b. Corinto* (G. D'ANNUNZIO)

♦**bìmbo** [vc. infant. ✱ av. 1528] **s. m.** (**f.** *-a*) ● bambino || **bimbétto**, **dim.** | **bimbìno**, **dim.** | **bimbóne**, **accr.**

bimbomìnkia [comp. di *bimbo* e *minchia* nel sign. 2 ✱ 2007] **s. m.** (**f.** *bimbamìnkia*, **pl. m.** *bimbimìnkia*, **pl. f.** *bimbemìnkia*) ● (*Internet*) adolescente che comunica attraverso i social network un'immagine trasgressiva di sé, usando nella scrittura quasi esclusivamente abbreviazioni ed emoticon

bimèmbre o (*lett.*) **bimèmbro** [vc. dotta, lat. *bimĕmbre(m)*, comp. di *bi-* 'di due' e *mĕmbrum* 'membro' ✱ 1559] **agg.** ● (*raro*) che ha doppie membra | che ha duplice natura | che si compone di due parti

bimensìle [vc. dotta, comp. di *bi-* e *mensile* ✱ av. 1910] **agg.** ● che ha luogo, si pubblica e sim. due volte al mese: *pagamento, seduta, rivista b.*

bimestràle [da *bimestre* ✱ av. 1803] **agg.** ● che dura due mesi: *contratto b.* | che ricorre ogni due mesi: *scadenza b.* || **bimestralménte**, **avv.** ogni due mesi || **bimestralità**, **s. f. inv.** durata o periodicità bimestrale; somma di denaro pagata o riscossa ogni due mesi: *riscuotere le bimestralità arretrate*

bimèstre [vc. dotta, lat. *bimēstre(m)*, comp. di *bi-* 'di due' e *-mēstris*, da *mēnsis* 'mese' ✱ 1729] **s. m.** ● periodo di due mesi | ***pagare a bimestri***, ogni due mesi

bimetàllico [comp. di *bi-* e *metallico* ✱ 1865] **agg.** (**pl. m.** *-ci*) ● che si compone di due metalli

bimetallìṣmo [vc. dotta, comp. di *bi-* e *metallismo* ✱ 1885] **s. m.** ● sistema monetario in cui le monete a corso legale sono coniate in due metalli, di solito oro e argento

bimetàllo [comp. di *bi-* e *metallo* ✱ 1955] **s. m.** ● lamina costituita da due strisce di metalli diversi unite mediante laminazione

bimillenàrio [comp. di *bi-* e *millenario* ✱ 1956] **A s. m.** ● celebrazione, ricorrenza di evento avvenuto duemila anni prima **B agg.** ● che si verifica ogni duemila anni

bimodàle① [comp. di *bi-* e *modale*① ✱ 1986] **agg. 1** detto di mezzo di trasporto che può viaggiare sia su strada che su rotaia | ***filobus b.***, che può circolare alimentandosi sia dalla rete elettrica che a carburante **2** detto di trasporto effettuato con due diversi mezzi, per es. treno e nave

bimodàle② [comp. di *bi-* e *modale*② ✱ 1955] **agg.** ● (*stat.*) detto di una distribuzione di frequenza caratterizzata da due valori modali || **bimodalità**, **s. f. inv.**

bimòlle ➤ **bemolle**

bimotóre [vc. dotta, comp. di *bi-* e *motore* ✱ 1931] **A agg.** ● fornito di due motori: *aereo, apparato, motoscafo b.* **B s. m.** ● aeroplano bimotore

binàre [lat. parl. **bināre*, da *bīni* 'a due a due',

da *bis-*① (V.) ✱ av. 1525] **A** **v. tr.** **1** (*raro*) ripetere due volte una stessa azione | unire due cose | ***b. la Messa***, celebrarne due in uno stesso giorno per autorizzazione vescovile | ***b. una consonante***, raddoppiarla **2** (*tess.*) abbinare **B** **v. intr.** (aus. *avere*) ● †partorire due gemelli

binària [dal senso etim. di *binario* 'composto di due' ✱ 1970] **s. f.** ● (*astron.*) ciascuna delle stelle che, in una coppia, ruota attorno all'altra

♦**binàrio** [vc. dotta, lat. *binārĭu(m)* 'doppio', da *bīni* 'a due a due', da *bis-*① (V.) ✱ av. 1328] **A** **agg.** (**pl. m.** *-i* o *raro -ii*) **1** costituito da due parti | ***verso b.***, di due sillabe **2** (*chim.*) detto di composto formato da due soli elementi **3** detto di sistema di numerazione che ha per base il numero due e che utilizza solo le cifre 0 e 1, usato spec. nell'elaborazione elettronica **CFR.** ottale, decimale, duodecimale, esadecimale **4** (*astron.*) ***stelle binarie***, coppia di stelle che orbitano l'una attorno all'altra **5** (*ling.*) ***tratto b.***, nella teoria fonologica di R. Jakobson (1896-1982), il tratto distintivo (acustico, articolatorio o percettivo) che può essere presente o assente in un fonema **B** **s. m.** ● complesso delle due rotaie su cui rotolano, guidate, le ruote dei veicoli ferroviari e tranviari | ***b. morto, b. tronco***, allacciato agli altri da un solo estremo, che non prosegue | ***essere su un b. morto***, (*fig.*) in una situazione che non mostra di avere vie d'uscita | ***rientrare nel b. della legalità***, (*fig.*) nell'ambito della legalità | ***politica del doppio b.***, (*fig.*) che si prefigge contemporaneamente due scopi, e attua due metodi diversi, per conseguirne almeno uno

binarìșmo [da *binario* nel sign. A 5 ✱ 1978] **s. m.** ● (*ling.*) teoria fonologica che analizza i fonemi di una lingua facendo uso dei tratti binari

†**binàto**① [lat. parl. **bināti* 'gemelli', da *bīni*; V. *binare* ✱ av. 1311] **agg.** **1** gemello **2** biforme

binàto② **part. pass.** di *binare*; anche **agg.** **1** nei sign. del v. **2** accoppiato, duplicato **3** detto di torre corazzata, con due cannoni, in una nave da guerra

binatóia [av. 1836] **s. f.** ● (*tess.*) binatrice nel sign. 1

binatóio [1819] **s. m.** (**pl.** *-ói*) ● (*tess.*) binatrice, nel sign. 1

binatrice [1924] **s. f.** **1** macchina tessile che accoppia i fili per la torcitura **SIN.** accoppiatrice **2** operaia tessile addetta alla binatura

binatùra [da *binare* ✱ 1965] **s. f.** ● (*tess.*) operazione dell'accoppiare più fili per la torcitura

binauràle [vc. dotta, comp. del lat. *bīni* 'a due a due' e di un deriv. di *āuris* 'orecchia' ✱ 1987] **agg.** ● relativo a entrambe le orecchie: *sordità b.*

binauricolàre [comp. del lat. *bīni* 'due per volta' (V. *binario*) e di *auricolare* ✱ 1983] **agg.** ● detto di fenomeno che interessa entrambe le orecchie: *audizione b.*

binazióne [1955] **s. f.** ● il binare | celebrazione, da parte di un sacerdote, di due messe nello stesso giorno, per autorizzazione vescovile

bìnda [ant. alto ted. *windā* 'argano, arcolaio', dal v. *windan* 'torcere, avvolgere' ✱ 1863] **s. f.** ● macchina per il sollevamento di carichi a piccola altezza, azionata a manovella **SIN.** cric②

bindèlla [dim. di *binda* 'striscia di tela' ✱ av. 1485] **s. f.** **1** fettuccia, nastro **2** striscia di acciaio che unisce, mediante saldatura, le canne di una doppietta

bindellàre [1965] **v. tr.** (*io bindèllo*) ● applicare il bindello a scatole di lamiera stagnata

bindellatùra [1962] **s. f.** ● operazione del bindellare

bindellìna [dim. di *bindella* ✱ 1935] **s. f.** ● passamano metallico avvolto in seta, tipico di alcuni paramenti ecclesiastici

bindèllo [dim. di *binda* 'striscia (originariamente di tela, poi anche di metallo)' ✱ 1548] **s. m.** ● nastrino di latta impiegato per la chiusura ermetica di scatole contenenti generi alimentari

binder /'bainder, *ingl.* 'baɪndə(r)/ [ingl. *binder* 'legante' ✱ 1986] **s. m. inv.** ● nelle pavimentazioni stradali, manto di conglomerato bituminoso

bindolàre [da *bindolo* ✱ av. 1767] **v. tr.** (*io bìndolo*) ● (*raro*) abbindolare

bindolerìa [1734] **s. f.** ● (*raro*) imbroglio, inganno

bìndolo [ant. alto ted. **windel*, dim. di *windâ* 'binda' ✱ 1663] **s. m.** **1** un tempo, macchina idrovora per attingere acqua da pozzi, per prosciugare terreni, e sim., spesso azionata da animali **2** arcolaio, aspo **3** (*fig.*) inganno, raggiro | (*est.*, *raro*) ingannatore, imbroglione ‖ **bindolìno**, **dim.** | **bindolóne**, **accr.**

bìnge drìnking /bindʒ'drinkin(g), *ingl.* 'bɪndʒ,drɪŋkɪŋ/ [loc. ingl., propr. 'il bere in modo frenetico' ✱ 1997] **loc. sost. m. inv.** ● abitudine, diffusa in particolare tra i giovani, di bere bevande alcoliche in grande quantità fino a stordirsi

bìngo /'bingo, *ingl.* 'bɪŋgəʊ/ [vc. ingl. d'orig. oscura, forse da *bing*, vc. onomat. che indica il suono del campanello che trilla per indicare il vincitore ✱ 1963] **A** **s. m. inv.** ● gioco affine alla tombola effettuato sia con le cartelle numerate che con le carte da gioco | ***fare b.***, (*fig.*) avere un colpo di fortuna, raggiungere un obiettivo insperato **B** **in funzione di inter.** ● (*fam.*) esprime soddisfazione per un obiettivo raggiunto o un insperato colpo di fortuna: *b., siamo primi!* **CFR.** tombola①

†**bìno** [lat. *bīnu(m)*, sing. di *bīni* 'a due a due', da *bis* (V.) ✱ av. 1327] **agg.** ● (*lett.*) doppio, gemello: *i ben della nostr'anima vivente / son divisi da' savi in parte bina, / l'una razional, l'altra che sente* (L. DE' MEDICI)

binòcolo o †**binòccolo** [vc. dotta, comp. del lat. *bīni* 'a due' e di *ŏculus* 'occhio' ✱ av. 1754] **s. m.** ● strumento costituito da due cannocchiali gemelli, usato per osservare con ambedue gli occhi oggetti lontani, e per vederli ingranditi | ***b. prismatico***, con prismi incorporati che permettono di aumentare la distanza fra gli assi degli oculari, migliorando la sensazione di rilievo dovuta alla visione binoculare | (*fig.*) ***col b.!***, neanche per sogno! ‖ **binocolìno**, **dim.** | **binocolóne**, **accr.**

binoculàre [da *binocolo* ✱ 1869] **agg.** ● detto di visione di un oggetto che avviene mediante tutti e due gli occhi contemporaneamente **CFR.** monoculare ‖ **binocularità**, **s. f. inv.**

binomiàle [1494] **agg.** ● (*mat.*) relativo a binomio | (*stat.*) ***distribuzione b.***, relativa a una variabile casuale che può assumere due modalità (per es. il risultato del lancio di una moneta)

binòmio [vc. dotta, lat. mediev. *binōmiu(m)*, da *bi-* 'con due' e *nōmen* 'nome' ✱ 1543] **A** **s. m.** **1** (*mat.*) polinomio costituito da due monomi **2** (*est.*) insieme di due cose o persone in stretto rapporto tra loro: *il b. turismo-vino* **B** **agg.** ● che si compone di due nomi o di due termini: *denominazione binomia*

bìnubo [vc. dotta, lat. *binūbu(m)*, comp. di *bis-*① e *nūbere* 'sposare' ✱ 1865] **agg. e s. m.** (**f.** *-a*) ● che (o chi) si è sposato due volte

binucleàto [comp. di *bi-* e *nucleato* ✱ 1950] **agg.** ● (*biol.*) detto di elemento cellulare dotato di due nuclei

bio-, -bio [dal gr. *bíos* 'vita', di orig. indeur.] primo e secondo elemento ● in parole composte della terminologia scientifica significa 'vita' o 'essere vivente': *biografia, biologia*; *anaerobio* | in altri casi significa 'biologia', 'biologico': *bioagricoltura, biosociologia, biotecnologia*

bìo [1999] **agg. inv.** ● accorc. di *biologico* nel sign. 2: *prodotti bio*

bioagricoltùra [comp. di *bio-* e *agricoltura* ✱ 1985] **s. f.** ● (*agric.*) tecnica di coltivazione della terra che, per limitare i danni all'ambiente, tende a ridurre o a eliminare l'impiego di fertilizzanti e pesticidi chimici **SIN.** agricoltura biologica

bioarchitettùra [comp. di *bio-* e *architettura* ✱ 1987] **s. f.** ● (*archit.*) orientamento e ramo dell'architettura che, spec. nella costruzione di abitazioni civili, si propone il rispetto dell'ambiente naturale, privilegiando l'impiego di materiali e di tecniche che consentano un risparmio energetico **SIN.** eco-architettura

bioastronàutica [comp. di *bio-* e *astronautica* ✱ 1990] **s. f.** ● studio dei problemi biologici, comportamentali e medici concernenti l'astronautica

bioattivatóre [da *bioattivo* ✱ 1959] **A** **s. m.** ● (*biol.*) materiale biologicamente attivo costituito di microrganismi o enzimi in grado di esercitare una trasformazione molecolare delle sostanze a cui è applicato, per rigenerare terreni agricoli, stimolare i processi metabolici delle piante, neutralizzare cattivi odori **B** anche **agg.** (**f.** *-trice*): *materiale b.*

bioattìvo [comp. di *bio-* e *attivo*, analogo all'ingl. *bioactive* ✱ 1990] **agg.** ● (*biol.*) detto di molecola o sostanza con azione stimolatrice o curativa su un organismo ‖ **bioattività**, **s. f. inv.**

biobànca [comp. di *bio-* e *banca* ✱ 2000] **s. f.** ● raccolta di materiali biologici (plasma, siero, DNA ecc.) a scopo di conservazione o ricerca in campo medico

biobibliografìa [vc. dotta comp. di *bio-* e *bibliografia* ✱ av. 1937] **s. f.** ● bibliografia che comprende l'elenco delle opere di un autore e la letteratura su di lui

biocarburànte [comp. di *bio-* e *carburante* ✱ 1987] **s. m.** ● (*chim.*) carburante ottenuto con trattamenti fisici e chimici di sostanze vegetali

biocatalizzatóre [comp. di *bio-* e *catalizzatore* ✱ 1965] **s. m.** ● sostanza che attiva o favorisce le reazioni biochimiche

biòcco [estratto da *bioccolo* ✱ 1956] **s. m.** (**pl.** *-chi*) ● (*lett.*) bioccolo: *e su nel cielo pieno / di sorte incerta lui / trapassa qualche b. / di nuvola, e si perde* (E. MONTALE)

biòccolo [lat. *bŭccula(m)* nel senso tardivo di 'ricciolo' con sovrapposizione di *fiocco* ✱ 1481] **s. m.** **1** ciuffo di cotone o di lana non ancora filato: *lana in bioccoli* **2** (*est.*) batuffolo di qualsiasi materiale soffice: *b. di schiuma, di neve* | colaticcio della candela **3** (*raro*) grumo, groppo ‖ **bioccolétto**, **dim.** | **bioccolìno**, **dim.**

bioccolùto [av. 1597] **agg.** ● fatto a bioccoli, pieno di bioccoli

bioccupàto [comp. di *bi-* e *occupato* ✱ 1981] **s. m.** (**f.** *-a*) ● chi svolge una doppia attività lavorativa **CFR.** doppiolavorista

biocenologìa [vc. dotta, comp. di *bio-*, *ceno-*③ e *-logia* ✱ 1988] **s. f.** (**pl.** *-gìe*) ● branca della biologia che studia le comunità di organismi animali e vegetali in natura

biocenòși [vc. dotta, comp. di *bio-* e del gr. *koinōsis* 'unione, comunanza' ✱ 1935] **s. f. inv.** ● (*biol.*) complesso di individui di diverse specie animali o vegetali che coabitano in un determinato ambiente

biocentrìșmo [comp. di *bio-* e *centrismo* in particolare accezione ✱ av. 1991] **s. m.** ● concezione che pone al centro dell'universo la vita animale e vegetale, in tutte le sue manifestazioni CFR. antropocentrismo

biocerămica [comp. di *bio-* e *ceramica* * 1984] **s. f.** • biomateriale costituito da fibre minerali con cui si può riparare il tessuto osseo; trova applicazione in ortopedia, odontoiatria e altri settori clinici, soprattutto per la costruzione di protesi

biochìmica [vc. dotta, comp. di *bio-* e *chimica* * 1874] **s. f.** • disciplina che studia i processi chimici che avvengono negli esseri viventi

biochìmico [1903] **A agg.** (**pl. m.** *-ci*) **1** relativo alla biochimica **2** detto di sedimento formato dalla precipitazione di minerali, sia per l'azione diretta di organismi, sia per le condizioni ambientali determinate dagli organismi viventi **B s. m.** (**f.** *-a*) • studioso di biochimica

biochip /bio'tʃip, *ingl.* 'baɪəʊ,tʃɪp/ [vc. ingl., comp. di *bio-* e *chip* * 1984] **s. m. inv.** • (*inform.*) chip costituito di molecole biologiche di sintesi in grado di processare dati a una velocità molto superiore a quella dei chip di semiconduttori

biocìda [comp. di *bio-* e *-cida* * 1983] **agg.**; anche **s. m.** (**pl. m.** *-i*) • detto di sostanza che distrugge la vita delle piante

bioclàstico [vc. dotta, comp. di *bio-* e *clastico* * 1970] **agg.** (**pl. m.** *-ci*) • (*geol.*) detto di sedimento formato da detriti di gusci e di altri resti organogeni | detto di processo di fratturazione delle rocce causato da organismi viventi

bioclimàtica [1999] **s. f.** • bioclimatologia

bioclimàtico [1962] **agg.** (**pl. m.** *-ci*) **1** relativo alla bioclimatologia: *condizioni bioclimatiche* **2** (*edil.*) detto di progettazione, costruzione o impianto che adottano soluzioni che riducono al minimo l'utilizzo di fonti energetiche non rinnovabili: *edilizia, serra bioclimatica*

bioclimatologìa [comp. di *bio-* e *climatologia* * 1963] **s. f.** (**pl.** *-gìe*) • (*geogr., biol.*) disciplina che studia le relazioni tra organismi viventi e clima

bioclimatòlogo [2003] **s. m.** (**f.** *-a*, **pl. m.** *-gi*) • esperto di bioclimatologia

biocombustìbile [comp. di *bio-* e *combustibile* * 1976] **s. m.** • combustibile ottenuto da prodotti vegetali o da residui animali non fossili

biocompatìbile [comp. di *bio-* e *compatibile* * 1986] **agg.** • che non ha effetti dannosi sulle funzioni biologiche ‖ **biocompatibilità**, **s. f. inv.** (V.)

biocompatibilità [comp. di *bio-* e *compatibilità* * 1989] **s. f. inv.** • proprietà dei materiali che non danneggiano i tessuti organici o gli organi: *la b. di alcune protesi dentarie*

bioculàre [comp. di *bi-* 'doppio' e *oculare* * 1955] **agg.** • detto di microscopio con un obiettivo e due oculari per la visione con entrambi gli occhi

biodànza [comp. di *bio-* e *danza* * 1990] **s. f.** • forma di espressione corporea che integra danza, musica e canto e si basa su tecniche di comunicazione di gruppo

biodegradàbile [comp. di *bio-* e *degradabile* * 1969] **agg.** • (*biol., chim.*) detto di composto organico inquinante scomponibile in composti meno o non inquinanti, ad opera di microrganismi, con processi catalizzati da enzimi ‖ **biodegradabilità**, **s. f. inv.**

biodegradàre [1979] **v. tr.** • sottoporre a biodegradazione

biodegradazióne [1974] **s. f.** • (*chim.*) insieme delle trasformazioni chimiche di tipo demolitivo di molecole organiche mediate da microrganismi aerobici e anaerobici

biodiesel /bio'dizel/ [comp. di *bio-* e *diesel* * 1991] **s. m. inv.** • biocombustibile per motori diesel ottenuto da oli vegetali attraverso un procedimento chimico che lo rende molto simile al gasolio derivato dal petrolio

biodinàmica [comp. di *bio-* e *dinamica* * 1874] **s. f. 1** bioenergetica, nel sign. 1 **2** concezione derivata dall'antroposofia, che muove dall'esigenza di conoscere il rapporto della Terra col cosmo come premessa per un rispetto assoluto della natura e delle sue leggi, anche al fine di accrescere la fertilità del terreno e migliorare la qualità dei prodotti agricoli **3** (*geol.*) modellamento della superficie terrestre a opera degli organismi viventi

biodinàmico [comp. di *bio-* e *dinamico* * 1981] **agg.** (**pl. m.** *-ci*) **1** relativo alla biodinamica **2** ***agricoltura biodinamica***, metodo di coltivazione che fa uso di fertilizzanti naturali che si ritengono resi più attivi mediante trattamenti bioenergetici preliminari | ***prodotto b.***, proveniente da coltivazioni biodinamiche ‖ **biodinamicità**, **s. f. inv.**

biodisponibilità [comp. di *bio-* e *disponibilità* * 1985] **s. f. inv.** • (*farm., fisiol.*) meccanismo che permette a una sostanza farmacologica o a un alimento di liberare i loro principi attivi nell'organismo che deve assorbirli | percentuale di un farmaco o di un alimento utilizzata dall'organismo

biodiversità [comp. di *bio-* e *diversità* * 1990] **s. f. inv.** • (*biol.*) varietà di organismi viventi in un ecosistema

biódo (o **-ò-**), (*tosc.*) **biódolo** [lat. parl. **bluda(m)*, da **bŭdula(m)*, dim. di *bŭda(m)* * 1727] **s. m.** • pianta erbacea delle Sparganiacee con rizoma strisciante, foglie coriacee erette e infiorescenze a pannocchia (*Sparganium erectum*)

bioecologìa [comp. di *bio-* e *ecologia* * 1933] **s. f.** (**pl.** *-gìe*) • branca della biologia che studia le interrelazioni degli organismi viventi fra loro e con l'ambiente

bioedilìzia [comp. di *bio-* ed *edilizia* * 1985] **s. f.** • edilizia che nella scelta dei materiali e delle soluzioni abitative mette in primo piano le esigenze della salubrità ambientale, del risparmio energetico e del minimo impatto ecologico

bioelettricità [comp. di *bio-* ed *elettricità* * 1965] **s. f. inv.** • complesso dei fenomeni elettrici che si verificano nei tessuti viventi | effetto di tali fenomeni

bioelèttrico [1965] **agg.** (**pl. m.** *-ci*) • relativo alla bioelettricità (V.)

bioelettrònica [comp. di *bio-* ed *elettronica* * 1983] **s. f.** • disciplina che studia l'applicazione delle tecniche elettroniche alla biologia

bioenergètica [comp. di *bio-* ed *energetica* * 1959] **s. f. 1** disciplina che studia gli effetti dei processi dinamici (movimento, accelerazione, mancanza di peso e sim.) negli organismi viventi SIN. biodinamica **2** branca della biologia che studia le trasformazioni di energia negli organismi viventi **3** disciplina che, riferendosi alle teorie di W. Reich (1897-1957), studia la personalità sulla base dei processi energetici del corpo

bioenergètico [1983] **agg.** (**pl. m.** *-ci*) • della bioenergetica, relativo alla bioenergetica

bioenergìa [comp. di *bio-* ed *energia* * 1985] **s. f.** (**pl.** *-gìe*) • energia prodotta spec. con l'impiego di biogas o di etanolo

bioequivalènte [comp. di *bio-* e *equivalente* * 1977] **agg.** • (*farm.*) detto di farmaco che produce effetti identici a quelli di un altro farmaco

bioequivalènza [comp. di *bio-* ed *equivalenza*, analogo all'ingl. *bioequivalence* * 1996] **s. f.** • (*farm.*) proprietà di un farmaco di presentare la stessa attività farmacologica di un altro preparato contenente lo stesso principio attivo

bioètica [comp. di *bio-* ed *etica* * 1985] **s. f.** • disciplina che studia i problemi etici e normativi relativi all'applicazione all'uomo, agli animali e all'ambiente delle nuove conoscenze acquisite dalla ricerca biomedica

bioeticìsta [da *bioetica* * 1953] **s. m. e f.** (**pl. m.** *-i*) • studioso o ricercatore nel campo della bioetica SIN. bioetico

bioètico [1986] **A agg.** (**pl. m.** *-ci*) • che riguarda la bioetica **B s. m.** (**f.** *-a*) • bioeticista

biofàbbrica [comp. di *bio(logico)* e *fabbrica* * 1987] **s. f.** • azienda che fornisce all'agricoltura tecnologie per la lotta biologica

biofarmacèutica [comp. di *bio-* e *farmaceutica* * 1983] **s. f.** • settore della farmaceutica che studia le tecniche necessarie per ottenere farmaci nei quali si realizzi la massima disponibilità biologica dei principi attivi

biofarmacèutico [2001] **agg.** (**pl. m.** *-ci*) • relativo alla biofarmaceutica: *ricerca biofarmaceutica*

biofeedback /bio'fidbek/ [comp. di *bio-* e *feedback* * 1978] **s. m. inv.** • (*psicol.*) tecnica che consente di acquisire il controllo di alcune funzioni fisiche quali il battito cardiaco, il grado di rilassamento e sim., tramite l'informazione immediata delle modificazioni ottenute, fornita da apparecchiature specifiche

biofertilizzànte [comp. di *bio-* e *fertilizzante* * 1970] **A s. m.** • fertilizzante ottenuto dalla decomposizione di sostanze organiche, cioè non trattato chimicamente **B** anche **agg.**: *sostanza b.*

biofilìa [vc. dotta, comp. di *bio-* e *-filia* * 1940] **s. f.** • disponibilità affettiva innata della specie umana nei confronti di altri organismi con i quali essa ha convissuto nel corso dell'evoluzione CONTR. biofobia

biòfilo [comp. di *bio-* e *-filo* * 1980] **agg.** • che protegge o favorisce la vita: *l'ossigeno è un elemento b.*

biofìsica [vc. dotta, comp. di *bio-* e *fisica* * 1942] **s. f.** • disciplina che studia i fenomeni biologici mediante gli strumenti e i principi della fisica

biofìsico [1962] **A agg.** (**pl. m.** *-ci*) • relativo alla biofisica **B s. m.** (**f.** *-a*) • studioso di biofisica

biofobìa [comp. di *bio-* e *fobia* * 1955] **s. f.** • (*psicol.*) avversione innata della specie umana nei confronti di determinati organismi quali i ragni o i serpenti CONTR. biofilia ‖ **biofòbico**, **agg.** (**pl. m.** *-ci*); anche **s. m.** (**f.** *-a*) nel sign. 2 **1** relativo a biofobia **2** che (o chi) soffre di biofobia

biogàs [comp. di *bio-* e *gas* * 1981] **s. m. inv.** • gas naturale che si ottiene, a opera di batteri anaerobi, da escrementi umani e animali raccolti in contenitori stagni privi di ossigeno

biogenerazióne [comp. di *bio-* e *generazione* * 1990] **s. f.** • (*scient.*) produzione di energia mediante trasformazione di residui organici

biogènesi [vc. dotta, comp. di *bio-* e *genesi* * 1908] **s. f. inv.** • dottrina dell'origine della sostanza vivente fondata sul principio che ogni essere vivente deriva da altro essere vivente preesistente CONTR. abiogenesi

biogenètico [1899] **agg.** (**pl. m.** *-ci*) • relativo alla biogenesi | ***teoria biogenetica***, teoria sull'origine e l'evoluzione degli esseri viventi secondo la quale lo sviluppo embrionale dell'individuo (*ontogenesi*) passa attraverso gli stessi stadi dell'evoluzione della specie (*filogenesi*)

biogenìa [comp. di *bio-* e *-genia* * 1908] **s. f.**

● (*disus.*) disciplina che studia l'evoluzione degli organismi viventi

biogènico [comp. di *bio-* e *-genico* ✱ 1970] **agg.** (**pl. m.** *-ci*) ● detto di tutto ciò che ha origine da organismi viventi o è generato da processi biologici: *gas b.*

biògeno [vc. dotta, comp. di *bio-* e *-geno* ✱ 1942] **A agg.** ● che è stato formato da organismi viventi **B s. m.** ● elemento chimico costitutivo della materia vivente

biogeografìa [comp. di *bio-* e *geografia* ✱ 1913] **s. f.** ● parte della geografia che studia la distribuzione degli organismi animali e vegetali sulla Terra e le cause che l'hanno determinata; si distingue in 'fitogeografia' (V.) e 'zoogeografia' (V.)

biografàre [da *biografia* ✱ 1890] **v. tr.** (*io biògrafo*) ● (*raro*) scrivere una biografia: *i giornali son tutti intenti ... a b. i nuovi eletti* (L. Sciascia)

biografìa [dal gr. *biographía* 'scrittura' (*graphía*) di una vita (*bíos*) ✱ 1765] **s. f.** ● storia della vita di una persona, spec. famosa | opera letteraria in cui tale storia è narrata

biogràfico [da *biografia* ✱ 1753] **agg.** (**pl. m.** *-ci*) ● che concerne la biografia: *notizie biografiche* | ***dizionario b.***, che contiene biografie ‖ **biograficaménte**, **avv.**

biògrafo [vc. dotta, comp. di *bio-* e *-grafo* ✱ 1756] **s. m.** (**f.** *-a*) ● autore di biografie

biohèrma /bio'ɛrma/ [etim. incerta ✱ 1970] **s. m. inv.** ● (*geol.*) roccia sedimentaria sottomarina formatasi per concrezione di scheletri di organismi bentonici come coralli, alghe, ecc.

bioindicatóre [comp. di *bio-* e *indicatore*① ✱ 1992] **s. m.** (**f.** *-trice*); **anche agg.** ● (*biol.*) ogni organismo vegetale o animale utilizzato per rilevare variazioni nei caratteri chimici o fisici dell'ambiente

bioinformàtica [comp. di *bio-* e *informatica* ✱ 1986] **s. f.** ● parte della bioingegneria che applica sistemi informatici alle biotecnologie

bioingegnère [comp. di *bio-* e *ingegnere* ✱ 1981] **s. m.** (**f.** *raro -a*) ● studioso di bioingegneria

bioingegnerìa [comp. di *bio-* e *ingegneria* ✱ 1971] **s. f.** ● (*biol.*) applicazione di nozioni di matematica, chimica, ingegneria, biologia e fisiologia allo studio e progettazione di materiali, protesi e strumenti utilizzati in medicina e biologia

biòlca o †**bifòlca** [da *bifolco*, propr. 'la terra che può arare un *bifolco* in un giorno' ✱ 1297] **s. f.** ● antica misura agraria di superficie, tuttora in uso nell'Emilia e nel Veneto: *Ed in quanti vivete su quelle 53 biolche?* (L. Einaudi)

biòlco ➤ **bifolco**

biolìstica [comp. di *biol(ogia)* e *(bal)istica* ✱ 1992] **s. f.** ● (*biol.*) metodo utilizzato per introdurre in una cellula vegetale molecole di DNA legandole a particelle microscopiche inserite nella cellula stessa

biologìa [vc. dotta, comp. di *bio-* e *-logia* ✱ 1828] **s. f.** (**pl.** *-gìe*) ● l'insieme delle scienze che si occupano di tutte le manifestazioni della vita, comprendente anatomia, fisiologia, zoologia, botanica e sim. | correntemente, scienza che studia i fenomeni comuni a tutti gli esseri viventi, animali e vegetali: *b. animale, vegetale*; *b. generale* | ***b. evolutiva dello sviluppo***, branca della biologia che studia il rapporto fra sviluppo ed evoluzione e fra filogenesi e ontogenesi **SIN.** Evo-Devo | ***b. molecolare***, branca delle scienze biologiche che studia a livello molecolare struttura e funzionamento degli esseri viventi

biològico [1865] **agg.** (**pl. m.** *-ci*) **1** relativo alla biologia | ***ciclo b.***, ciclo vitale di un organismo animale o vegetale | ***guerra biologica***, V. *guerra* | ***fossa biologica***, V. *fossa* **2** (*agric.*) detto di tecniche agricole che escludono o limitano l'impiego di fertilizzanti e pesticidi chimici; detto dei prodotti così ottenuti | ***agricoltura biologica***, V. *bioagricoltura* ‖ **biologicaménte**, **avv.** secondo le leggi della biologia; dal punto di vista biologico: *una sostanza biologicamente attiva* ‖ **biologicità**, **s. f. inv.**

biologìsmo [comp. di *bio(logia)* e *-ismo* sul modello dell'ingl. *biologism* ✱ 1865] **s. m.** ● teoria che riconduce a fatti biologici l'interpretazione di fenomeni sociali, religiosi o politici

biòlogo [vc. dotta, comp. di *bio-* e *-logo* ✱ 1865] **s. m.** (**f.** *-a*; **pl. m.** *-gi*) ● studioso di biologia

bioluminescènza [comp. di *bio-* e *luminescenza* ✱ 1920] **s. f.** ● produzione di energia luminosa da parte di organismi viventi: *la b. della lucciola*

biòma [dal gr. *bíos* '(ambiente di) vita' ✱ 1955] **s. m.** (**pl.** *-i*) ● (*biol.*) complesso di comunità animali e vegetali stabilizzate mantenuto dalle condizioni ambientali di una determinata area

biomanipolazióne [comp. di *bio-* e *manipolazione* ✱ 1993] **s. f.** ● (*biol.*) modificazione del patrimonio genico di cellule indotta attraverso tecniche di ingegneria genetica

biomarcatóre [comp. di *bio-* e *marcatore*, analogo all'ingl. *biomarker* ✱ 1996] **s. m.** ● (*biol.*) molecola biologica utilizzata come indicatore per evidenziare la sostanza o il processo in esame **SIN.** biomarker | marcatore tumorale

biomàrker /bio'marker, *ingl.* 'baɪəʊ‚mɑːkə(r)/ [comp. di *bio-* e *marker* ✱ 1993] **s. m. inv.** ● (*med.*) biomarcatore

biomàssa [comp. di *bio-* e *massa* ✱ 1963] **s. f.** **1** (*biol.*) l'insieme degli organismi viventi presenti in un'unità di superficie o di volume **2** qualsiasi sostanza di origine organica, animale o vegetale, usata come combustibile per generare energia

biomatemàtica [comp. di *bio-* e *matematica* ✱ 1986] **s. f.** ● disciplina che studia le applicazioni della matematica e della statistica alla ricerca biomedica

biomateriàle [comp. di *bio-* e *materiale* ✱ 1986] **s. m.** ● materiale costituito spec. da leghe, metalli, polimeri, sostanze ceramiche, utilizzato in chirurgia nella sostituzione di organi o di parti di organi dei quali è in grado di rispettare la funzione biologica

biomeccànica [comp. di *bio-* e *meccanica* ✱ 1900] **s. f.** ● disciplina che studia le applicazioni della meccanica alla biologia e alla medicina

biomeccànico [1985] **agg.** (**pl. m.** *-ci*) ● che riguarda la biomeccanica

biomedicàle [comp. di *bio-* e dell'agg. ingl. *medical* 'della medicina' ✱ 1985] **agg.** ● che è di supporto alla biomedicina o ne segue i principi: *apparecchiatura, tecnica b.*

biomedicìna [comp. di *bio-* e *medicina* ✱ 1985] **s. f.** ● disciplina che conduce studi e ricerche nel campo della medicina e in quello delle scienze biologiche

biomèdico [comp. di *bio-* e *medico* ✱ 1983] **agg.** (**pl. m.** *-ci*) ● che riguarda la biomedicina: *sperimentazione biomedica*

biometeorologìa [comp. di *bio-* e *meteorologia* ✱ 1942] **s. f.** (**pl.** *-gìe*) ● parte della meteorologia che studia gli effetti delle condizioni meteorologiche sugli esseri viventi

biometrìa [comp. di *bio-* e *-metria* ✱ 1930] **s. f.** **1** disciplina che utilizza metodi matematico-statistici per analizzare i fenomeni biologici e medici **2** nelle assicurazioni sulla vita, il calcolo dell'aspettativa di vita

biomètrico [da *biometria* ✱ 1955] **agg.** (**pl. m.** *-ci*) ● relativo alla biometria

biometrìsta [da *biometria* ✱ 1983] **s. m. e f.** (**pl. m.** *-i*) ● studioso, esperto di biometria

biomicroscopìa [comp. di *bio-* e *microscopia* ✱ 1934] **s. f.** ● (*med.*) esame microscopico di tessuti viventi, spec. dell'occhio umano

biomimèṣi [comp. di *bio-* e *mimesi* ✱ 2000] **s. f. inv.** ● biomimetica

biomimètica [comp. di *bio-* e *mimetica*, sul modello dell'ingl. *biomimetics* ✱ 1996] **s. f.** ● disciplina che studia i processi meccanici e biologici degli esseri viventi per utilizzarli come modelli nella realizzazione di prodotti tecnologici

biomimètico [1980] **agg.** (**pl. m.** *-ci*) ● relativo alla biomimetica

biomòrfo [comp. di *bio-* e *-morfo* ✱ 1986] **A s. m.** **1** (*inform.*) creazione virtuale, ma biologicamente plausibile, generata da un programma informatico in base alle informazioni contenute in un codice genetico **2** in pittura e scultura, oggetto o figura che richiama vagamente una forma vivente **B** anche **agg.**: *scultura biomorfa*

bionaturàle [comp. di *bio-* e *naturale* ✱ 1974] **agg.** ● che mira al benessere della persona usando sostanze naturali: *detergente, fondotinta b.* | ***discipline bionaturali***, discipline curative, basate su metodi naturali e non legate direttamente alle professioni mediche e sanitarie, che considerano la persona come entità globale e mirano a stimolarne le risorse vitali (per es. lo yoga, lo shiatsu, la riflessologia, l'arteterapia ecc.)

biónda ① [da *biondo*; nel sign. 2, per il colore del tabacco (?) ✱ 1970] **s. f.** **1** donna dai capelli biondi: *una bella b.* **2** (*gerg.*) sigaretta **3** birra chiara ‖ **biondìna**, **dim.** | **biondóna**, **accr.**

biónda ② ➤ **blonda**

†**biónda** ③ [fr. *blonde*, da *blond* '(di colore) biondo' ✱ av. 1484] **s. f.** ● tintura per far diventare biondi i capelli

biondàstro [1886] **agg.** ● che ha un colore tendente al biondo

biondeggiànte **part. pres.** di *biondeggiare*; **anche agg.** ● nei sign. del v.

biondeggiàre [sec. XIII] **v. intr.** (**pres.** *io biondéggio*; **fut.** *io biondeggerò*; **aus.** *avere*) ● essere o apparire biondo | ***le messi biondeggiano***, cominciano a essere bionde, prossime alla maturazione

biondèlla [dal colore *biondo* ✱ sec. XIV] **s. f.** ● (*pop.*) centaurea minore

biondézza [1333] **s. f.** ● caratteristica di biondo: *la luminosa b. dell'ottobre romano* (G. D'Annunzio)

biondìccio [1551] **agg.** (**pl. m.** *-ci*; **pl. f.** *-ce*) ● che ha un colore biondo pallido, slavato: *capelli biondicci*

biondìno [da *biondo* col suff. dim. *-ino* ✱ 1882] **s. m.** (**f.** *-a*) ● giovane dai capelli biondi e dalla figura minuta

♦**bióndo** [etim. incerta ✱ 1193] **A agg.** **1** che ha un colore intermedio fra il giallo e il castano chiaro, con gradazioni diverse, detto spec. di capelli, barba e sim.: *testa, chioma bionda*; *baffi biondi* | (*fig.*) ***il b. metallo***, l'oro | (*fig.*) ***messi, spighe bionde***, mature | (*fig.*) ***il b. Tevere***, dal colore delle acque spesso cariche di fanghiglia | (*fig.*) ***il b. dio***, Apollo **2** di persona, che ha i capelli biondi: *fanciulla bionda*; *bambino b.* **B s. m.** **1** il colore biondo **2** (**f.** *-a* (V.)) persona che ha i capelli biondi ‖ **biondàccio**, **pegg.** | **biondétto**, **dim.** | **biondìno**, **dim.** (V.) | **biondóne**, **accr.**

biondóna [accr. di *bionda* ✱ 1878] **s. f.** (*scherz.* **m.** *-e*) ● donna procace e vistosamente bella con capelli di un biondo intenso: *una biondona fatale*

biònica [ingl. *bionics*, comp. di *bio-* e *(tech)nics* 'tecniche' ✱ 1903] **s. f.** ● (*biol.*) parte della cibernetica che studia l'applicazione della biologia alla progettazione e realizzazione di dispositivi elettronici, meccanici e sim. che simulano il funzionamento di organi o apparati presenti negli esseri viventi

biònico [1967] **A agg.** (**pl. m.** *-ci*) ● relativo alla bionica: *occhio b.* **B s. m.** (**f.** *-a*) ● esperto di bionica

bionomìa [comp. di *bio-* e *-nomia* ✱ 1962] **s. f. 1** (*disus.*) scienza che studia le leggi organiche della natura **2** settore dell'ecologia che studia il popolamento vegetale e animale in rapporto con particolari fattori fisici

biopàrco [comp. di *bio-* e *parco* ✱ 1994] **s. m.** (**pl.** *-chi*) ● giardino zoologico gestito con criteri che mirano alla conservazione di specie in via di estinzione

biopatìa [comp. di *bio-* e *-patia* ✱ 1983] **s. f.** ● (*med.*) qualsiasi perturbazione generalizzata dell'organismo || **biopàtico**, **agg.** (**pl. m.** *-ci*); **anche s. m.** (**f.** *-a*) **nel sign. 2 1** relativo a biopatia **2** che (o chi) soffre di biopatia

biopìc /bio'pik, *ingl.* 'baɪəʊ,pɪk/ [vc. ingl., comp. di *bio(graphical)* 'biografico' e *pic(ture)* 'film' ✱ 1989] **s. m. inv.** (**pl. ingl.** *biopics*) ● genere cinematografico a carattere biografico | film che appartiene a tale genere

bioplàstica [comp. di *bio-* e *plastica*, parallelo dell'ingl. *bioplastics* ✱ 1987] **s. f.** ● plastica biodegradabile ottenuta da materie prime vegetali come mais, semi di girasole, ecc.

biopolìtica [comp. di *bio-* e *politica* ✱ 1993] **s. f.** ● la politica relativa alle scienze della vita e a temi posti alla coscienza etica collettiva dagli sviluppi della ricerca biologica e medica (per es., l'ingegneria genetica, l'eutanasia, la procreazione assistita ecc.) **CFR.** bioetica

biopolìtico [1995] **agg.** (**pl. m.** *-ci*) ● relativo ai rapporti tra la biologia e la politica | della biopolitica, basato sulla biopolitica

biopotére [comp. di *bio-* e *potere* ✱ 1985] **s. m.** ● il potere politico quando viene esercitato sulla vita degli individui e sulla società nel suo insieme

bioproteìna [comp. di *bio-* e *proteina* ✱ 1986] **s. f.** ● (*biol.*) proteina ottenuta da colture di microrganismi e impiegata in zootecnia per integrare i mangimi

biopsìa [vc. dotta, comp. di *bio-* e del gr. *ópsis* 'vista, vedere' ✱ 1905] **s. f.** ● (*med.*) asportazione chirurgica di un frammento di tessuto vivente, a scopo diagnostico

biòptico [1955] **agg.** (**pl. m.** *-ci*) ● (*med.*) relativo alla biopsia: *esame b.*

bioràrio [comp. di *bi-* e *orario* ✱ 1881] **agg.** ● che prevede due diverse fasce orarie: *contratto b.* | che varia di prezzo in base a due differenti fasce orarie: *tariffa bioraria dell'elettricità* **CFR.** monorario, multiorario

bioreattóre [comp. di *bio-* e *reattore*, analogo all'ingl. *bioreactor* ✱ 1990] **s. m.** ● (*biol.*) sistema tecnologico per la biodegradazione mediante microrganismi o altre strutture biologiche; ne sono esempi i fermentatori utilizzati nell'industria alimentare e farmaceutica e i reattori a fanghi attivati degli impianti di depurazione dei liquami

bioriduttóre [comp. di *bio-* e *riduttore* ✱ sec. XX] **s. m.** (**f.** *-trice*); **anche agg.** ● organismo che partecipa al processo di decomposizione della materia organica

biorìtmico [1976] **agg.** (**pl. m.** *-ci*) ● che riguarda il bioritmo o i bioritmi: *ciclo b.*

biorìtmo [comp. di *bio-* e *ritmo* ✱ 1959] **s. m. 1** manifestazione ciclica di un fenomeno vitale **2** l'insieme dei ritmi, positivi e negativi, relativi all'attività fisica, emotiva e intellettuale di una persona, calcolato secondo apposite tabelle

biorizzazióne [etim. incerta ✱ 1955] **s. f.** ● sterilizzazione del latte ottenuta nebulizzando il latte stesso sotto pressione in un recipiente scaldato per effetto degli ultrasuoni

bìos [sigla ingl. di *b(asic) i(nput) o(utput) s(ystem)* 'sistema fondamentale di ingresso e uscita' ✱ 1991] **s. m. inv.** ● (*inform.*) sistema operativo di base per la gestione delle operazioni elementari di avviamento del computer

biosatèllite [comp. di *bio-* e *satellite* ✱ 1983] **s. m.** ● satellite artificiale attrezzato per ospitare esseri umani e animali, per un determinato periodo di tempo, e in grado di ritornare poi sulla Terra

biòscia [da †*bioscio* ✱ 1802] **s. f.** (**pl.** *-sce*) ● (*raro, tosc.*) neve che si scioglie appena caduta | (*raro*) minestra brodosa e sgradevole

biosciènza [comp. di *bio-* e *scienza* ✱ 1961] **s. f.** ● termine che definisce l'insieme delle scienze che si occupano degli esseri viventi (biologia, biomedicina, neuroscienze, ecologia ecc.)

†**biòscio** [longob. **blauz* 'nudo': di orig. nordica (?) ✱ av. 1492] **agg.** ● sbieco | ***a b.***, di traverso

bioscopìa [comp. di *bio-* e *-scopia* ✱ 1950] **s. f.** ● (*med.*) esame medico-legale delle funzioni vitali per accertare la condizione di vita o di morte di un individuo

biosensóre [comp. di *bio-* e *sensore* ✱ 1989] **s. m.** ● (*chim.*) dispositivo che impiega materiale di origine biologica per la rilevazione e il dosaggio quantitativo di una sostanza

biosfèra [vc. dotta, comp. di *bio-* e *sfera* ✱ 1950] **s. f.** ● insieme delle parti della Terra, idrosfera e atmosfera comprese, abitate da organismi viventi | (*est.*) insieme degli organismi viventi nella biosfera **SIN.** ecosfera

biosimilàre [comp. di *bio-* e *similare* ✱ 2005] **agg.** ● detto di farmaco sviluppato partendo da molecole simili presenti in natura || **biosimilarità**, **s. f. inv.**

biosìntesi [comp. di *bio-* e *sintesi* ✱ 1962] **s. f. inv.** ● sintesi chimica attuata da organismi viventi

biosistèma [comp. di *bio-* e *sistema* ✱ 1983] **s. m.** (**pl.** *-i*) ● (*biol.*) ecosistema

biosociologìa [comp. di *bio-* e *sociologia* ✱ 1970] **s. f.** (**pl.** *-gìe*) ● disciplina ausiliaria della sociologia che indaga le relazioni tra fenomeni biologici e fenomeni sociali

biòssido [vc. dotta, comp. di *bi-* e *ossido* ✱ 1865] **s. m.** ● diossido

biostimolazióne [comp. di *bio-* e *stimolazione* ✱ 1981] **s. f. 1** trattamento medico-estetico per ridare tonicità alla pelle mediante infiltrazioni sottocutanee di sostanze in grado di rivitalizzare i tessuti | (*med.*) ***b. laser***, laserterapia **2** (*agric.*) trattamento delle piante con concimi che, stimolando le capacità di assorbimento delle sostanze nutritive, favoriscono la crescita e la produttività oppure rinforzano le autodifese naturali dai parassiti

biostratigrafìa [comp. di *bio-* e *stratigrafia* ✱ 1965] **s. f.** ● branca della geologia stratigrafica che suddivide le rocce in una successione ordinata distinguendole per mezzo del loro contenuto in fossili

biot /*fr.* bjo/ [dal n. del fisico, matematico e astronomo fr. J.-B. *Biot* (1774-1862) ✱ 1971] **s. m. inv.** ● (*fis.*) unità di misura dell'intensità di corrente elettrica, pari a 10 ampere **SIMB.** Bi

biotèch /bio'tɛk, *ingl.* 'baɪəʊ,tɛk/ [abbr. ingl. di *biotech(nology)* 'biotecnologia' ✱ 1992] **A s. m. o f. inv.** ● accorc. di *biotecnologia* **B agg. inv.** ● accorc. di *biotecnologico*

biotècnica [1986] **s. f.** ● settore della ricerca che applica i principi della tecnica alla biologia

biotecnologìa [comp. di *bio-* e *tecnologia* ✱ 1981] **s. f.** (**pl.** *-gìe*) ● settore tecnologico e industriale che impiega materiali o sistemi biologici per lo sviluppo di nuovi processi o prodotti | ciascuna specifica applicazione in questo settore, per es. in biologia molecolare, nell'ingegneria genetica, nell'industria agroalimentare e sim.

biotecnològico [1985] **agg.** (**pl. m.** *-ci*) ● che riguarda la biotecnologia

biotecnòlogo [comp. di *bio-* e *tecnologo* ✱ 1986] **s. m.** (**f.** *-a*; **pl. m.** *-gi*) ● ricercatore, esperto nel campo della biotecnologia

bioterapìa [comp. di *bio-* e *terapia* ✱ 1962] **s. f.** ● (*med.*) terapia effettuata con prodotti biologici quali vaccini e sieri, o microrganismi viventi come i lattobacilli || **bioteràpico**, **agg.** (**pl. m.** *-ci*) relativo a bioterapia || **bioterapèuta**, **s. m. e f.** (**pl. m.** *-i*) chi studia o si occupa di bioterapia

bioterrorìsmo [comp. di *bio-* e *terrorismo* ✱ 1998] **s. m.** ● impiego di armi biologiche e chimiche a scopo terroristico

bioterrorìsta [da *bioterrorismo* ✱ 1998] **A s. m. e f.** (**pl. m.** *-i*) ● chi compie azioni di bioterrorismo **B anche agg.**: *attentato, psicosi b.*

biotestaménto [comp. di *bio-* e *testamento* ✱ 2009] **s. m.** ● testamento biologico

biòtico [vc. dotta, gr. *biotikós* 'relativo alla vita (*bíos*)' ✱ 1955] **agg.** (**pl. m.** *-ci*) ● biologico, spec. nel campo dell'ecologia o della biogeografia

biotìna [dal gr. *biotikós* 'proprio della vita (*bíos*)' con sostituzione del suff., adattato ai n. chimici in *-ina* ✱ 1965] **s. f.** ● (*chim.*) vitamina H

biotìpo o **biòtipo** [comp. di *bio-* e *tipo* ✱ 1930] **s. m. 1** (*biol.*) insieme di individui che hanno il medesimo genotipo **2** (*med.*) complesso dei caratteri morfologici funzionali e degli aspetti intellettuali e psichici di una persona

biotipologìa [comp. di *biotipo* e *-logia* ✱ 1922] **s. f.** (**pl.** *-gìe*) ● branca della medicina che studia i tipi costituzionali

biotìte [ted. *Biotit*, dal n. del fisico fr. J.-B. *Biot* (V. *biot*) ✱ 1892] **s. f.** ● (*miner.*) mica di magnesio e ferro, di colore da nero a bronzeo, molto diffusa nelle rocce eruttive

biòtopo [vc. dotta, comp. di *bio-* e del gr. *tópos* 'luogo' ✱ 1937] **s. m.** ● (*biol.*) unità dell'ambiente fisico in cui si svolge la vita di una singola popolazione di organismi o di un'associazione biologica

biotrituratóre [comp. di *bio-* e *trituratore* ✱ 1995] **s. m.** ● piccola macchina a motore che tritura i residui vegetali della lavorazione dell'orto o del giardino

biòttico [comp. di *bi-* e *ottico* ✱ 1987] **agg.** (**pl. m.** *-ci*) ● detto di sistema ottico costituito da due gruppi di lenti ad assi paralleli

biòtto [got. *blauts* 'nudo', di prob. orig. nordica ✱ sec. XIV] **agg. 1** (*sett.*) nudo **2** (*raro*) misero, meschino

biòva [vc. milan. d'etim. incerta ✱ 1965] **s. f.** ● forma di pane tondeggiante a pasta soffice, diffusa nell'Italia settentrionale || **biovétta**, **dim.**

biovétro [comp. di *bio-* e *vetro* ✱ 1986] **s. m.** ● (*chim.*) materiale biocompatibile di composizione simile a quella del vetro, usato negli interventi chirurgici di inserimento di protesi ossee

biovulàre [comp. di *bi-* e *ovulo*, con suff. aggettivale ✱ 1932] **agg.** ● (*biol.*) detto di ognuno dei due gemelli nati dalla fecondazione e dallo sviluppo di due uova **CFR.** monovulare **SIN.** dizigotico

bip [ingl. *beep* di orig. imitativa ✱ 1977] **s. m. inv. 1** voce onomatopeica che riproduce il segnale acustico di alcuni apparecchi elettronici **2** (*est.*) cicalino, cercapersone e sim.

3 nel corso di trasmissioni televisive, radiofoniche e sim., segnale acustico che sostituisce parole che non si vogliono mandare in onda

bipàla [comp. di *bi-* 'due' e *pala* ✱ 1970] **agg. inv.** ● (*aeron.*) fornito di due pale: *elica b.*; *rotore b.*

biparentàle [comp. di *bi-* e *parentale* ✱ 1920] **agg. 1** bigenitoriale **2** (*biol.*) che deriva da due genitori di sesso differente che formano una coppia | detto di riproduzione anfigonica tipica degli animali superiori come i Mammiferi | detto della cura con cui entrambi i genitori si occupano della prole

bìparo [comp. di *bi-* e *-paro* ✱ 1962] **agg.** ● (*bot.*) detto di un tipo di infiorescenza che si divide in due rami opposti al disotto dell'apice principale, il quale si arresta precocemente

bipartìbile [1829] **agg.** ● che si può bipartire

bipartìre [vc. dotta, lat. *bipartīre*, comp. di *bi-* 'in due (parti)' e *partīre* 'dividere' ✱ 1395] **A v. tr.** (*io bipartisco, tu bipartisci*) ● dividere in due parti (*anche fig.*) **B bipartìrsi v. intr. pron.** ● biforcarsi

bipàrtisan /bai'partizan, *ingl.* baɪ'pɑːtɪˌzæn, ˌbaɪpɑːtɪ'zæn/ [vc. ingl. comp. di *bi-* 'bi' e *partisan* 'partigiano, che parteggia' ✱ 1993] **agg. inv.** ● (*polit.*) detto di linea politica o di provvedimento sostenuti sia dalla maggioranza che dall'opposizione: *politica estera b.*

bipartìtico [da *bipartito*① ✱ 1950] **agg.** (**pl. m.** *-ci*) ● formato o attuato da due partiti: *sistema b.*

bipartitìsmo [da *bipartito*① ✱ 1955] **s. m.** ● sistema politico caratterizzato dall'esistenza di due soli partiti che si alternano al governo e all'opposizione

bipartìto① [comp. di *bi-* 'doppio' e *partito*① ✱ 1955] **A agg.** ● pertinente a due partiti o parti politiche: *governo b.* **B s. m.** ● alleanza di due partiti o parti politiche

bipartìto② **part. pass.** di *bipartire*; anche **agg. 1** nei sign. del v. **2** (*bot.*) detto di organo vegetale diviso abbastanza profondamente in due parti

bipartizióne [vc. dotta, lat. *bipartitiōne(m)*, da *bipartīre* 'bipartire' ✱ 1797] **s. f.** ● divisione in due parti

bip bip [vc. onomat., dall'ingl. *beep-beep* ✱ 1958] **s. m. inv. 1** segnale acustico ripetuto di apparecchi elettronici **2** (*est.*) l'apparecchio stesso, spec. con riferimento al cercapersone

bìpede [vc. dotta, dal lat. *bĭpede(m)*, comp. di *bi-* e *-pede* ✱ av. 1563] **A agg.** ● che ha due piedi: *animale b.* **B s. m.** (**anche f. nel sign. 1**) **1** animale con due piedi | (*per anton.*, *scherz.*) l'uomo **2** coppia di arti di un quadrupede: *b. anteriore, posteriore, laterale, diagonale*

bipennàto [comp. di *bi-* e *pennato* ✱ 1809] **agg.** ● detto di foglia composta di foglioline disposte come le barbe di una penna su peduncoli secondari a loro volta attaccati su un peduncolo principale

bipènne (o **-é-**) [vc. dotta, lat. *bipĕnne(m)*, comp. di *bi-* 'a due' e *pĕnna* 'ala' ✱ av. 1292] **s. f.** ● (*lett.*) scure a due tagli

bipiràmide [comp. di *bi-* 'doppio' e *piramide* ✱ 1930] **s. f. 1** solido formato da due piramidi uguali in semipiani opposti rispetto al poligono di base in comune **2** (*miner.*) forma cristallina equivalente a due piramidi ripetute da un piano di riflessione ortogonale all'altezza

biplàcca [comp. di *bi-* e *placca* ✱ 1962] **s. f.** ● tubo elettronico che contiene due anodi distinti nello stesso involucro

biplàno [fr. *biplan*, comp di *bi-* 'a due' e *plan* 'piano', nel senso di 'ala (d'aeroplano)' ✱ 1909] **A agg.** ● (*aeron.*) munito di due piani aerodinamici: *rotore, velivolo b.* **B s. m.** ● velivolo munito di due piani aerodinamici

bipolàre [vc. dotta, comp. di *bi-* e *polo*, con suff. aggettivale ✱ 1869] **agg. 1** (*fis.*) che ha due poli **2** detto di politica internazionale basata essenzialmente su due poli d'influenza | detto di sistema politico basato sul bipolarismo **3** (*med.*) detto di disturbo mentale caratterizzato da gravi oscillazioni dell'umore con un'alternanza di fasi di inibizione (depressive) e di eccitazione (maniacali o ipomaniacali): *depressione b.* **CFR.** maniaco-depressivo ‖ **bipolarità**, **s. f. inv.** condizione o proprietà di ciò che è bipolare

bipolarìsmo [da *bipolare* ✱ 1929] **s. m. 1** situazione per cui, nell'ambito di uno Stato pluripartitico, il sistema politico tende a polarizzarsi in due blocchi contrapposti **2** nell'ambito della politica internazionale, sistema di accordi politici, economici o commerciali basato su due sole nazioni e, in particolare, su due grandi potenze **3** (*med.*) condizione psicopatologica caratterizzata dall'alternarsi di stati depressivi a stati esageratamente euforici **CFR.** bipolare, maniaco-depressivo

bipolarista [da *bipolarismo* ✱ 1994] **s. m. e f.; anche agg.** (**pl. m.** *-i*) ● (*polit.*) sostenitore del bipolarismo

bipolarità ➤ **bipolare**

bipolarizzazióne [1979] **s. f.** ● (*polit.*) in uno Stato pluripartitico, tendenza dell'elettorato a raccogliersi intorno ai due partiti maggiori

bipòlide [comp. di *bi-* 'con doppia' e del gr. *pólis* 'città' ✱ 1942] **agg. e s. m. e f.** ● che (o chi) possiede una doppia cittadinanza

bipòlo [comp. di *bi-* 'doppio' e *polo* ✱ 1965] **s. m.** ● circuito elettrico a due morsetti

bipósto [vc. dotta, comp. di *bi-* 'a due' e *posto* ✱ 1955] **A agg. inv.** ● munito di due posti: *aereo, automobile b.* **B s. m. inv.** ● aereo a due posti

bipropellènte [comp. di *bi-* e *propellente* ✱ 1986] **s. m.** ● (*chim.*) propellente liquido costituito da un combustibile e da un ossidante messi a contatto solo al momento dell'impiego

biquadràtico [comp. di *bi-* e *quadratico* ✱ 1874] **agg.** (**pl. m.** *-ci*) ● (*mat.*) di polinomio o equazione di quarto grado in cui l'incognita compare solo alla seconda e alla quarta potenza

†**biquàdro** ➤ **bequadro**

biràcchio [etim. incerta ✱ av. 1665] **s. m.** ● (*raro*, *lett.*) brandello, pezzo di stoffa lacera | (*fig.*) minima quantità di qlco.

†**bìrba**① [etim. incerta ✱ av. 1686] **s. f.** ● carrozza scoperta a due cavalli

♣**bìrba**② [fr. *bribe* 'tozzo di pane dato per elemosina' (onomat.) ✱ 1400 ca.] **s. f. 1** (*lett.*) persona scaltra e malvagia **2** (*scherz.*) ragazzo vivace, che unisce impertinenza a furberia: *come scolaro è una gran b.* **SIN.** monello **3** †frode, malizia ‖ **birbacciόne**, **accr. m.** | **birbétta**, **dim.** | **birbóne**, **accr. m.** (V.)

birbantàggine [av. 1865] **s. f.** ● azione, comportamento da birbante

♣**birbànte** [da **birbare* 'mendicare' (V. *birba*②) ✱ 1686] **s. m. e f. 1** persona astuta e disonesta **SIN.** furfante, mascalzone **2** (*scherz.*) monello ‖ **birbantàccio**, **accr.** | **birbantèllo**, **dim.** | **birbantóne**, **accr.**

birbanteggiàre [1879] **v. intr.** (**pres.** *io birbantéggio*; **fut.** *io birbanteggerò*; **aus.** *avere*) ● comportarsi da birbante

birbanterìa [av. 1712] **s. f. 1** caratteristica di chi è birbante: *la sua b. è nota a tutti* **SIN.** birbonaggine, bricconaggine, furfanteria **2** azione da birbante **SIN.** bricconaggine, furfanteria, malefatta

birbantésco [av. 1749] **agg.** (**pl. m.** *-schi*) ● caratteristico di birbante ‖ **birbantescaménte**, **avv.**

birbàta [av. 1802] **s. f.** ● (*raro*) azione da birba

birberìa [1823] **s. f.** ● birbanteria

birbésco [av. 1850] **agg.** (**pl. m.** *-schi*) ● (*raro*) birbantesco

bìrbo [da *birba*② ✱ 1379] **A s. m.** (**f.** *-a*) ● (*raro*) birbante, furfante **B agg.** ● furbo, scaltro: *occhi birbi*

birbonàggine [1857] **s. f.** ● birbanteria

birbonàta [1729] **s. f.** ● azione da birbone **SIN.** bricconata, malefatta

birbóne [1508] **A s. m.** (**f.** *-a*) **1** accr. di *birba*② **2** furfante, persona scaltra e malvagia **SIN.** briccone, canaglia, mascalzone **3** (*scherz.*) birbante, monello **4** †vagabondo, mendicante **B agg. 1** cattivo, maligno: *un tiro b.* **2** con valore rafforz. (*scherz.*) molto forte e intenso: *freddo b.*; *sete birbona*; *fame birbona* ‖ **birbonàccio**, **pegg.** | **birboncèllo**, **dim.**

birboneggiàre [1750] **v. intr.** (**pres.** *io birbonéggio*; **fut.** *io birboneggerò*; **aus.** *avere*) ● fare il birbone

birbonerìa [1729] **s. f.** ● birbanteria **SIN.** bricconaggine, furfanteria

birbonésco [1765] **agg.** (**pl. m.** *-schi*) ● birbantesco ‖ **birbonescaménte**, **avv.** da birbone

bìrcio [etim. incerta ✱ 1555] **agg.** (**pl. f.** *-ce*) ● (*tosc.*, *raro*) guercio, strabico | miope

bird-watcher /bird'wɔttʃer, *ingl.* 'bɜːd-ˌwɒtʃə(r)/ [vc. ingl., propr. 'osservatore (*watcher*) di uccelli (*bird*)' ✱ 1981] **s. m. e f. inv.** (**pl. ingl.** *bird-watchers*) ● chi pratica il bird watching

birdwatching /bird'wɔttʃin(g), *ingl.* 'bɜːd-ˌwɒtʃɪŋ/ [vc. ingl., propr. 'osservazione (*watching*) degli uccelli (*bird*)' ✱ 1956] **s. m. inv.** ● attività ricreativa e sportiva consistente nell'osservare gli uccelli o talora altri animali, gener. attraverso un binocolo, andando a cercarli e seguendoli nel loro ambiente naturale

bireattóre [comp. di *bi-* 'doppio' e *reattore* ✱ 1955] **A agg.** ● (*aeron.*) detto di aviogetto dotato di due propulsori a reazione diretta **B s. m.** ● (*aeron.*) aviogetto bireattore

birème (o **-é-**) [vc. dotta, lat. *birēme(m)*, comp. di *bi-* 'a due' e *rēmus* 'remo' ✱ sec. XIV] **s. f.** ● antica nave leggera, a due ordini di remi

biribìssi o **biribìsso** [vc. espressiva ✱ av. 1708] **s. m. inv. 1** antico gioco d'azzardo italiano simile alla lotteria, con puntate sui numeri da 1 a 70 **2** piccola trottola rudimentale costituita da uno stecco infilato nell'anima di un bottone

biricchìno e deriv. ➤ **birichino** e deriv.

birichinàta o (*raro*) **biricchinàta** [1854] **s. f.** ● azione da birichino **SIN.** monelleria

birichinerìa [1929] **s. f.** ● atteggiamento o comportamento da birichino

♦**birichìno** o (*raro*) **biricchìno** [da *briccone* (?) ✱ 1801] **A s. m.** (**f.** *-a*) ● ragazzo vivace, monello: *quel b. ha fatto un gran chiasso in cortile* **SIN.** birba | (*scherz.*) persona furba, maliziosa: *Quel bricchino ne indovina parecchie* (I. SVEVO) | (*lett.*) furfante: *quel b. di loro padre fu in prigione* (R. BACCHELLI) **B agg.** ● vispo e irrequieto: *ragazzo b.* | vivace, malizioso: *con gli occhi socchiusi e un sorriso b. su le labbra* (L. PIRANDELLO) **SIN.** furbo ‖ **birichinaménte**, **avv.**

biricòccola [1855] **s. f.** ● (*bot.*) frutto a drupa commestibile del biricoccolo, con polpa gialla venata di rosso, dolce e gradevolmente profumata, usata un tempo per preparare confetture

biricòccolo [dall'arabo *al-barqūq* 'albicocco' ✱ 1874] **s. m.** ● (*bot.*) ibrido naturale tra l'al-

b

bicocco e il mirabolano, raramente coltivato per il frutto

birifrangènte [fr. *biréfringent*, comp. di *bi-* 'doppio' e *réfringent* 'rifrangente' ✱ 1865] **agg.** • detto di corpo dotato di birifrangenza

birifrangènza [fr. *biréfringence*, comp. di *bi-* 'doppio' e *réfringence* 'rifrangenza' ✱ 1902] **s. f.** • (*fis.*) proprietà di certi corpi cristallini di scindere il raggio luminoso che li attraversa in due raggi diversamente polarizzati e uscenti dal cristallo diversamente rifratti: *la b. dello spato d'Islanda* **CFR.** monorifrangenza

birifraziòne [comp. di *bi-* e *rifrazione* ✱ 1955] **s. f.** • doppia rifrazione in sostanze birifrangenti

birignào [vc. onomat. ✱ 1923] **s. m. inv.** • nel linguaggio dello spettacolo, pronuncia artificiosa e ridicola di attori o cantanti | (*est.*) modo di parlare artificioso

birìllo [etim. incerta; da *brillare* 'roteare' (?) ✱ 1797] **s. m. 1** cilindro sagomato di legno o di avorio che, in alcuni giochi quali biliardo, bowling e sim., si tenta di far cadere mediante palle o bocce **2** gamba di mobile dalla forma di un birillo capovolto **3** (**al pl.**) gioco infantile consistente nell'abbattere con palle cilindri di legno **4** cono gener. di plastica usato per segnalazioni stradali provvisorie || **birillóne**, **accr.**

birincèllo ➤ **brincello**

✦**birmàno** [ingl. *Burman*, con un'oscillazione vocalica della pronuncia loc. della regione (*bĕrna*) ✱ 1828] **A agg.** • della Birmania (ora Myanmar) **B s. m.** (**f.** *-a*) • abitante o nativo della Birmania **C s. m. solo sing.** • lingua della famiglia cino-tibetana, parlata dai Birmani

bìro® [marchio registrato, dal n. dell'inventore, l'ungherese László Biró (1899-1985) ✱ 1948] **A s. f. inv.** • penna a sfera **B anche agg. inv.**: *penna b.*

biròccio e deriv. ➤ **barroccio** e deriv.

biròldo (o **-ò-**) [etim. incerta ✱ av. 1449] **s. m.** • (*tosc.*) insaccato fatto con sangue di vitello o di maiale con l'aggiunta di pezzi di interiora, condito con spezie **CFR.** sanguinaccio, buristo, mallegato

birotóre [comp. di *bi-* 'doppio', e *rotore* ✱ 1970] **agg.** • munito di due rotori: *elicottero, sistema b.*

birr /bir/ [vc. amarica, propr. 'argento' ✱ 1975] **s. m. inv.** • unità monetaria dell'Etiopia

✦**bìrra** [ted. *Bier*: dal lat. *bĭbere* 'bere' (?) ✱ 1521] **s. f.** • bevanda ottenuta per fermentazione alcolica di una decozione acquosa di malto di orzo, di frumento e di altri cereali, mescolata a sostanze aromatizzanti come il luppolo e contenente anidride carbonica: *b. scura; b. rossa; b. chiara, bionda* | ***b. alla spina***, spillata direttamente dalla botte | ***b. analcolica***, quella con grado saccarometrico in volume compreso tra 3% e 8% | ***b. light, b. leggera***, quella con grado saccarometrico in volume compreso tra 5% e 10,5% | (*fig.*) ***a tutta b.***, a grande velocità (prob. dalla loc. 'a tutta briglia', fr. 'à toute bride', deformata per analogia con le loc. 'a tutto vapore, a tutto gas' e con accostamento 'birra-benzina') | ***dare la b. a qlcu.***, (*fig.*) superarlo nettamente, spec. in gare sportive | (*fig., pop.*) ***farci la b.***, considerare inutile qlco. || **birrétta**, **birrettina**, **dim.** | **birrino**, **dim. m.**

birràcchio [da *birro*① per il colore del manto col suff. dim. *-acchio* ✱ 1625] **s. m.** • (*centr.*) vitello dal primo al secondo anno di età

birràglia ➤ **sbirraglia**

birràio [da *birra* ✱ 1797] **s. m.** (**f.** *-aia*, **pl. m.** *-ai*) • chi fabbrica o vende birra

birràrio [1955] **agg.** • attinente alla fabbricazione della birra

birrerìa① [da *birra* ✱ 1824] **s. f. 1** locale pubblico dove si vende birra e spesso si possono consumare piatti freddi o caldi **2** (*raro*) fabbrica di birra

†**birrerìa**② ➤ †**sbirreria**

birrésco ➤ **sbirresco**

birrifìcio [comp. di *birra* e *-ficio* ✱ 1950] **s. m.** • fabbrica di birra

bìrro① [lat. tardo *bĭrru(m)* 'rosso', per *bŭrru(m)*, dal gr. *pyrrós*, di etim. incerta ✱ av. 1336] **s. m. 1** mozzetta dei vescovi cattolici **2** V. *sbirro*①

bìrro② o **ṣbirro**② [da *(s)birro*①, perché tiene legato un oggetto, come il birro fa con il prigioniero (?) ✱ 1805] **s. m.** • (*mar.*) spezzone di cima o cavo metallico dotato di due anelli, usato per assicurare un paranco e sim.

†**birrovière** ➤ †**berroviere**

bis [vc. dotta, lat. *bĭs*, forma più recente di *dŭis* 'due volte' ✱ av. 1835] **A inter.** • si usa come acclamazione nei teatri, nelle sale di concerti e sim. per chiedere la replica di un brano: *bis!, bis!; bene, bis!; bravo, bis!* **B in funzione di s. m. inv. 1** ripetizione immediata, richiesta dal pubblico, di un brano dello spettacolo o del concerto in corso: *chiedere un bis; concedere, fare il bis* **2** (*est.*) replica, ripetizione: *questo vino è ottimo: facciamo il bis* **C in funzione di agg. inv.** • (posposto a un sost.) supplementare o, spec. nelle numerazioni, aggiuntivo: *treno bis; Via Marconi, 12 bis*

bis-① [dal lat. *bĭs* 'due volte'] **primo elemento** **Nella divisione sillabica di alcune parole composte con *bis* è ammesso considerare il prefisso come prima sillaba anche in violazione delle usuali regole di divisione: *bis-lin-gua* e *bis-ni-po-te* sono corrette come *bi-slin-gua* e *bi-sni-po-te*. Si noti che la divisione con *bis-* in genere si legge più facilmente e meglio corrisponde alla pronuncia effettiva (che di solito introduce una breve pausa dopo il prefisso).** • in parole composte significa 'due', 'due volte', 'doppio' e sim.: *biscotto* **CFR.** bi- | indica anche, in nomi di parentela, un grado più remoto: *bisnipote, bisnonno*; in altri casi indica un grado successivo: *biscroma, bisunto*

bis-② [lo stesso pref. *bis-*①, che dal senso di allontanamento, presente in *bisnonno, bisdrucciolo*, ecc., ha assunto quello di diminuzione e, quindi, di peggioramento] **pref. V.** *bis-*①. • fa assumere significato spec. peggiorativo ai verbi e agli aggettivi coi quali entra in composizione: *bistrattare, bislungo, bistorto*

†**bisàcca** ➤ **bisaccia**

bisaccàride [comp. di *bi-* 'doppio', e *saccaride* ✱ 1965] **s. m.** • (*chim.*) disaccaride

biṣàccia o †**biṣàcca** [lat. *bisăccia*, pl. di *bisăccium*, comp. di *bi-* 'con due' e *săccus* 'sacco' ✱ 1290] **s. f.** (**pl.** *-ce*) **1** grossa borsa di stoffa o di pelle, a due tasche, da appendere alla sella o da portare a tracolla, usata un tempo spec. da contadini e frati in questua | (*est.*) ciascuna di queste due tasche **2** antica misura agraria di superficie della Sicilia || **biṣaccìna**, **dim.** | **biṣaccétta**, **dim.**

biṣànte [vc. dotta, gr. mediev. *byzántis* 'bizantino' ✱ 1287] **s. m. 1** moneta d'oro dell'impero bizantino | nome di varie altre monete coniate in Oriente **2** dischetto d'oro o d'argento, simile a moneta senza conio, usato anticamente per ornamento e sim. **3** (*arald.*) figura simile a una moneta non impressa, posta da sola o in numero sullo scudo

biṣantìno ➤ **bizantino**

biṣàrca [comp. di *bis-*① e *arca* ✱ 1963] **s. f.** • grande automezzo a due piani che trasporta le automobili nuove dalla fabbrica ai luoghi di vendita **SIN.** cicogna nel sign. 3

biṣarcàvolo [vc. dotta, comp. di *bis-*① e *arcavolo* 'trisavolo' ✱ av. 1606] **s. m.** (**f.** *-a*) • padre dell'arcavolo o dell'arcavola

biṣàvo [vc. dotta, lat. mediev. *bisăvu(m)* 'due volte (*bĭs*) nonno (*ăvus*)' ✱ 1321] **s. m.** (**f.** *-a*) **1** bisnonno **SIN.** bisavolo **2** (*est.*, **spec. al pl.**) antenato

✦**biṣàvolo** [da *bisavo*, col dim. *avolo* ✱ 1300 ca.] **s. m.** (**f.** *-a*) • bisavo

✦**biṣbètico** [vc. dotta, gr. *amphisbētikós*, comp. di *amphís* 'dall'una e dall'altra parte' e un deriv. di *bàinein* 'andare' ✱ av. 1629] **A agg. e s. m.** (**f.** *-a*; **pl. m.** *-ci*) • detto di chi ha un carattere lunatico, litigioso e difficilmente contentabile: *un vecchio b.*; *la bisbetica domata* **B agg.** • (*raro*) di ciò che appare strano, bizzarro: *parole bisbetiche* | (*raro*) fastidioso, complicato: *Son mali bisbetici (...) non c'è tempo da perdere* (A. MANZONI) || **biṣbeticaménte**, **avv.** da bisbetico

biṣbigliaménto [av. 1698] **s. m.** • bisbiglio

biṣbigliàre [vc. onomat. ✱ av. 1348] **A v. intr.** (*io biṣbìglio*; **aus.** *avere*) **1** parlare sottovoce: *il pubblico cominciò a b.* **SIN.** mormorare, sussurrare **2** (*est.*) far pettegolezzi su qlco. o qlcu.: *sul suo conto bisbigliano molto; seguitavano a bisbigliar di lui* (L. PIRANDELLO) **SIN.** mormorare, sparlare **B v. tr. 1** dire sottovoce qlco.: *mi bisbigliò alcune parole incomprensibili* **SIN.** mormorare, sussurrare **2** (*est.*) insinuare (+ *che* **seguito da congtv.**): *si bisbiglia che abbia un amante*

†**biṣbigliatóre** [da *bisbigliare*, nel sign. A1 ✱ av. 1565] **s. m.; anche agg.** • chi (o che) sparla di qlcu. o qlco.

†**biṣbigliatòrio** [av. 1400] **agg.** • che bisbiglia

✦**biṣbìglio**① [da *bisbigliare* ✱ sec. XIV] **s. m. 1** sussurro | chiacchiericcio | (*est.*, *raro*) voce, diceria: *un b. infondato* **SIN.** mormorio, pissi pissi **2** (*poet.*) fruscio: *il b. de' zefiri fra le frondi* (U. FOSCOLO)

✦**biṣbiglìo**② [1618] **s. m.** (**pl.** *-ii*) • un bisbigliare frequente, continuato: *il b. delle vecchiette* **SIN.** brusio

†**biṣbiglióne** [av. 1565] **s. m.** (**f.** *-a*) • pettegolo

✦**biṣbòccia** [dal fr. *débauche*, di etim. incerta ✱ 1863] **s. f.** (**pl.** *-ce*) • allegra riunione per mangiare e bere abbondantemente **SIN.** baldoria, festa

biṣbocciàre [1863] **v. intr.** (**pres.** *io biṣbòccio*; **fut.** *io biṣboccerò*; **aus.** *avere*) • fare bisboccia, baldoria

biṣboccióne [1863] **s. m.** (**f.** *-a*) • chi fa abitualmente bisboccia

bìsca [etim. incerta ✱ av. 1563] **s. f.** • locale in cui si gioca d'azzardo: *b. clandestina* || **biscàccia**, **biscàzza**, **pegg.**

biscaglìna o **biscaggìna** [dal nome della regione di provenienza, la *Biscaglia* ✱ 1510] **s. f.** • (*mar.*) scaletta volante di corda

biscaglìno [1521] **A agg.** • della Biscaglia, provincia della Spagna **B s. m. 1** (**f.** *-a*) abitante o nativo della Biscaglia **2** grosso fucile usato come arma da spalto fino al XVIII secolo

biscaiòlo o †**biscaiuòlo** [da *bisca* ✱ av. 1665] **s. m.** (**f.** *-a*) • (*raro*) frequentatore di bische

†**biscantàre** [da *discantare* con sovrapposizione di *bis-*② ✱ 1328] **v. tr.** • canterellare

†**biscànto**① [da *biscantare* ✱ av. 1328] **s. m.** • cantilena

†**biscànto**② [comp. di *bis-*① e *canto* 'cantone' ✱ av. 1374] **s. m.** • doppio cantone | (*est.*) angolo, cantonata: *un certo b. di muro, dove il muro muta cammino e gira* (N. MACHIAVELLI)

†**biscazzàre** [da *biscazza*, pegg. di *bisca* ✱ 1243] **A v. intr.** • giocare nelle bische **B v. tr.** • giocare qlco. in una bisca | sperperare al gioco: *biscazza e fonde la sua facultade* (DANTE *Inf.* XI, 44)

biscazzière [1282] **s. m.** (**f.** *-a*) **1** gestore di una bisca | †frequentatore di bische **2** chi segna i punti fatti dai giocatori al biliardo

bischeràggine [da *bischero* ✱ 1954] **s. f.** ● (*pop.*, *tosc.*) sciocchezza, stupidità

bischeràta [1962] **s. f. 1** (*pop.*, *tosc.*) azione o discorso da bischero, stupidata **2** cosa da niente: *non preoccuparti: è una b.*

†**bischerièra** [1640] **s. f.** ● parte dove si trovano i bischeri negli strumenti musicali a corda

bìschero [etim. sconosciuta ✱ 1353] **s. m. 1** legnetto per tendere le corde negli strumenti musicali a corda **SIN.** pirolo, caviglia **2** (*volg.*, *tosc.*) pene **3** (**f.** *-a*) (*pop.*, *tosc.*) persona sciocca, ingenua **SIN.** minchione ‖ **bischeràccio**, **pegg.** | **bischeróne**, **accr.**

bischétto [etim. discussa: da *dischetto* con sovrapposizione di *bis-*② (?) ✱ 1797] **s. m.** ● deschetto da lavoro dei calzolai

†**bischizzàre** [etim. discussa: longob. *biskizzan* 'ingannare' (?) ✱ 1623] **v. intr.** ● far giochi di parole | fantasticare, almanaccare

†**bischìzzo** ➤ **bisticcio**

bìscia [lat. tardo *bīstia(m)*, per *bēstia(m)* 'bestia' ✱ 1313] **s. f.** (**pl.** *-sce*, *lett.* *-scie*) ● nome comune di serpente non velenoso dei Colubridi di colore giallo verdastro (*Coluber viriduflavus*) **CFR.** biacco | ***b. d'acqua***, natrice | (*fig.*) †***in b.***, ***a b.***, a zig zag | (*fig.*) †***a b.***, a bizzeffe, a iosa: *ho in mano danari a b.* (F. REDI) ‖ **bisciolìna**, **dim.** | **biscióne**, **accr. m.** (V.)

bìscio [1881] **s. m.** ● (*tosc.*) biscia

†**bìsciola** ➤ **visciola**

bìsciolo [vc. onomat. ✱ 1863] **agg. e s. m.** (**f.** *-a*) ● bleso

biscióne [av. 1535] **s. m. 1** accr. di *biscia* **2** nome dello stemma raffigurante una grossa biscia, appartenuto ai Visconti, signori di Milano, simbolo della città stessa | (*est.*) denominazione di aziende milanesi (Alfa Romeo, Mediaset) che hanno tale biscia nel loro marchio **3** dolce emiliano a forma di biscia, a base di pasta di mandorle

biscottàre [da *biscotto* ✱ 1554] **v. tr.** (*io biscòtto*) ● cuocere a lungo, togliendo all'alimento ogni umidità e rendendolo croccante

biscottàto **part. pass.** di *biscottare*; anche **agg.** ● nei sign. del v.: *pane b.*; *fette biscottate*

biscotterìa [1763] **s. f. 1** fabbrica di biscotti | negozio dove si vendono i biscotti **2** assortimento di biscotti, dolci e sim.

biscottièra [1887] **s. f.** ● recipiente per biscotti

biscottière [1936] **s. m.** (**f.** *-a*) ● fabbricante di biscotti

biscottièro [1970] **agg.** ● attinente all'industria dei biscotti

biscottifìcio [1942] **s. m.** ● fabbrica di biscotti

biscottìno [1874] **s. m. 1** dim. di *biscotto* **2** (*tosc.*) buffetto

♦**biscòtto** [lat. *biscŏctu(m)* 'cotto (*cŏctum*) due volte (*bĭs*)' ✱ 1310] **A s. m. 1** pasta dolce, di varia forma, a base di farina, zucchero e grassi, con eventuale aggiunta di uova, cotta in forno: *b. all'anice*; *b. di Novara* | ***fare il b.***, (*fig.*, *gerg.*) truccare una gara sportiva, spec. concordando in anticipo il risultato (prob. dalla pratica illecita di somministrare, sotto forma di biscotto, sostanze dopanti a un cavallo prima di una gara ippica) **2** pane cotto due volte per renderlo più conservabile, in uso spec. in marina come alimento di riserva **3** terracotta o porcellana di prima cottura destinata a ricevere il rivestimento vetroso **B agg.** ● biscottato ‖ †**biscottèllo**, **dim.** | **biscottìno**, **dim.** (V.) | **biscottóne**, **accr.**

biscròma [vc. dotta, comp. di *bis-*① e di *(semi)croma*, nel senso che due *biscrome* hanno il valore di durata di una *semicroma* ✱ 1659] **s. f.** ● (*mus.*) figura di nota della durata di 1/32 di semibreve

biscugìno [vc. dotta, comp. di *bis-*① e *cugino* ✱ 1349] **s. m.** (**f.** *-a*) ● cugino di secondo o terzo grado

biscuit /*fr.* bis'kɥi/ [vc. fr., propr. 'biscotto', perché ottenuta con doppia cottura ✱ 1890] **s. m. inv. 1** porcellana bianca, opaca, senza smalto, simile al marmo, usata spec. nel sec. XVIII per statuette e altri oggetti ornamentali | oggetto fabbricato con tale porcellana **2** biscotto nel sign. 3 **3** gelato semifreddo

biṣdòsso [comp. di *bis-*② e *dosso* ✱ av. 1449] **vc.** ● solo nella loc. avv. ***a b.***, sul dorso nudo del cavallo o sim., senza sella: *montare*, *cavalcare*, *andare a b.*

biṣdrùcciolo [comp. di *bis-*① e *sdrucciolo* ✱ 1842] **agg.** ● detto di parola accentata sulla quartultima sillaba, come *diteglielo*, *scivolano*, *andandosene* (V. nota d'uso ACCENTO)

bisecànte [comp. di *bi-* 'in due' e del lat. *secānte(m)*, part. pres. di *secāre* 'tagliare' ✱ 1925] **A agg.** ● che biseca **B s. f.** ● retta, semiretta bisecante

bisecàre [comp. di *bi-* 'doppio', dal lat. *bĭs* 'due (volte)', e *secāre* 'tagliare' ✱ 1905] **v. tr.** (*io bìseco*, *tu bìsechi*) ● (*mat.*) dividere a metà un angolo

bisecolàre [comp. di *bi-* 'doppio' e *secolare* ✱ 1840] **agg.** ● di due secoli, che ha due secoli: *quercia b.*

biségolo [comp. di *bi-* 'doppio' e *segolo* ✱ 1863] **s. m.** ● utensile di legno duro o metallo usato dal calzolaio, per la levigatura di suole e tacchi

biṣellàre [da *bisello* ✱ 1970] **v. tr.** (*io biṣèllo*) ● smussare il bordo di lamiere, lenti, cliché e sim.

biṣellatrìce [1970] **s. f.** ● (*mecc.*) macchina con cui si esegue il bisello

biṣellatùra [1965] **s. f.** ● (*tecnol.*) smussatura

biṣèllo [fr. *biseau* (ant. **bisel*): comp. del lat. *bis* 'due volte' e un deriv. di *āla* nel senso di 'angolo' (?) ✱ 1967] **s. m. 1** (*mecc.*) smusso a piano inclinato inserito fra due superfici perpendicolari di un pezzo lavorato | smusso ottenuto negli spigoli di una lamiera o di un altro pezzo lavorato mediante un taglio inclinato **2** profilo acuminato dell'orlo di una lente da occhiali **3** (*archit.*) modanatura costituita da un piano inclinato che collega due superfici parallele

bisèmico [fr. *bisémique*, comp. di *bi-* e *sémique* 'semico, del significato' (V. *sema*) ✱ 1983] **agg.** (**pl. m.** *-ci*) ● (*ling.*) detto di parola che ha due significati diversi a seconda dei contesti

bisènso [vc. dotta, comp. di *bi-* e *senso* ✱ 1891] **A agg. inv.** ● che ha un doppio significato: *parole b.* **B s. m. 1** parola che ha doppio significato **CFR.** omonimo **2** gioco enigmistico che, date una parola e una serie di numeri che indicano di quante lettere sono le parole che compongono una frase, richiede l'individuazione della frase stessa, che deve definire la parola di partenza e avere nello stesso tempo significato autonomo (per es. *cucchiaino* (*5*, *6*, *2*, *13*), la cui soluzione è *mezzo minuto di raccoglimento*, frase che può anche significare 'piccolo strumento per raccogliere')

bisessuàle [vc. dotta, comp. di *bi-* 'doppio' e del lat. tardo *sexuāle(m)* 'pertinente al sesso' ✱ 1851] **A agg.** ● che ha i caratteri dei due sessi | ***fiore b.***, con stami e pistilli **B agg. e s. m. e f.** ● che (o chi) prova attrazione sessuale per persone di entrambi i sessi **CFR.** eterosessuale, omosessuale, transgender ‖ **bisessualità**, **s. f. inv.** (V.)

bisessualità [av. 1852] **s. f. inv. 1** proprietà di ciò che è bisessuale | caratteristica di chi è bisessuale **2** (*psicoan.*) teoria freudiana secondo cui ogni persona avrebbe costituzionalmente disposizioni sessuali sia maschili che femminili

bisessuàto [vc. dotta, da **sessuare*, formato su *sessuale* ✱ 1962] **agg.** ● bisessuale nel sign. A

biṣestìle [vc. dotta, lat. *bisextīle(m)*, da *bisĕxtus* 'bisesto' ✱ av. 1328] **agg.** ● detto dell'anno di 366 giorni, che ha il bisesto

biṣèsto (o **bis-**) [vc. dotta, lat. *bisĕxtu(m)*, comp. di *bĭs* 'due volte' e *sĕxtum* 'sesto', perché era l'intercalare aggiunto al *sesto* giorno antecedente alle calende di marzo, cioè il 24 febbraio ✱ 1258] **A s. m. 1** giorno che ogni quattro anni si aggiunge al mese di febbraio **2** †anno bisestile **B agg.** ● (*raro*) bisestile, spec. nella loc. ***anno b.***, ***anno funesto***

bisettimanàle [comp. di *bi-* 'doppio' e *settimana*, con suff. aggettivale ✱ 1916] **agg.** ● che avviene, è pubblicato, trasmesso e sim., due volte ogni settimana: *lezioni bisettimanali* ‖ **bisettimanalménte**, **avv.** due volte la settimana: *le lezioni si terranno bisettimanalmente*

bisettóre [comp. di *bi-* 'doppio' e del lat. *sectōre(m)* 'tagliatore, divisore' ✱ 1955] **agg.** (**f.** *-trice*) ● (*mat.*) che divide a metà: *piano b.*

bisettrìce [vc. dotta, comp. di *bi-* 'in due' e del lat. *sectrīce(m)*, f. di *sĕctor* (V. *settore*①) ✱ 1892] **s. f.** ● (*mat.*) semiretta uscente dal vertice dell'angolo, che divide l'angolo stesso in due angoli uguali

bisèx [abbr. di *bisessuale*, con influenza dell'ingl. *sex* ✱ 1973] **agg. e s. m. e f. inv. 1** bisessuale **2** unisex

biseзióne [vc. dotta, comp. di *bi-* 'in due' e *sectiōne(m)* 'sezione' ✱ 1874] **s. f.** ● (*mat.*) divisione in due parti uguali di un angolo piano o di un diedro

bisfenòide [comp. di *bi-* e *sfenoide* ✱ 1955] **s. m.** ● solido geometrico che ha per facce quattro triangoli isosceli o scaleni

†**biṣgènero** [comp. di *bis-*① e *genero* ✱ av. 1600] **s. m.** ● marito della nipote

biṣiàco o **biṣiàcco** [dall'arcaico veneto *bisiàc* di etim. incerta ✱ 1894] **A agg.** (**pl. m.** *-chi*) ● relativo alla Bisiacaria, zona del Friuli-Venezia Giulia tra il fiume Isonzo e il Timavo **B s. m.** (**f.** *-a*) ● abitante o nativo della Bisiacaria **C s. m. solo sing.** ● variante del dialetto veneto parlato in tale zona

bisillàbico [1987] **agg.** (**pl. m.** *-ci*) ● bisillabo ‖ **bisillabicità**, **s. f. inv.**

bisìllabo [vc. dotta, lat. *bisўllabu(m)*, comp. di *bi-* 'di due' e *sўllaba* 'sillaba' ✱ av. 1530] **A agg.** ● che è formato da due sillabe **B s. m.** ● parola formata da due sillabe | verso di due sillabe con l'accento sulla prima

biṣlaccherìa [1765] **s. f.** ● (*raro*) stravaganza

♣**biṣlàcco** o (*pop.*) †**ṣbillàcco** [vc. espressiva, di orig. oscura ✱ 1608] **agg.** (**pl. m.** *-chi*) ● stravagante, strambo: *cervello b.* ‖ **biṣlaccaménte**, **avv.**

biṣlìngua [comp. di *bis-*② e *lingua*, nel senso di 'foglia simile a lingua' ✱ sec. XIV] **s. f.** ● pianta perenne sempreverde delle Ruscacee, simile al pungitopo, con cladodi non pungenti e fiori in piccole ombrelle (*Ruscus hypoglossum*)

biṣlùngo [lat. mediev. *bislŏngu(m)*, comp. di *bis-* 'due volte' e *lŏngu(m)* 'lungo' ✱ av. 1334] **agg.** (**pl. m.** *-ghi*) ● che ha forma allungata: *piatto b.* | che ha forma allungata e irregolare: *un naso b.* ‖ **biṣlungaménte**, **avv.** (*raro*) in modo bislungo

biṣmàlva [forse lat. *(hi)bĭs(cum) mălva(m)*: V. *ibisco* e *malva* ✱ av. 1320] **s. f.** ● (*bot.*) altea

Bismarck /'bizmark/ [n. proprio di Otto von Bismarck (V. *bismarckiano*) ✱ 1932] **A nella loc.**

b

agg. inv. ***alla B.***, detto di pietanza servita con sopra uno o più uova: *bistecca, pizza, asparagi alla B.* | detto di cappotto di taglio militaresco **B** **s. f. inv.** ● (*ellitt.*) bistecca o pizza servita in tal modo: *ordinare una B.*

bismarckiàno (bi-smarck-ia-no, bi-smar-ckia-no) [av. 1904] **agg.** ● relativo al politico prussiano Otto von Bismarck (1815-1898), presidente del Consiglio e ministro degli Esteri della Prussia e poi del Secondo Reich dal 1862 al 1890

bismùto, (*evit.*) **bismuto** [vc. dotta, ted. *Wismut*, comp. del topomino *Wiesen* e di *muten* 'sollecitare una concessione mineraria', ottenuta appunto nel sec. XV in Boemia, in località *Wiesen* 'Prati' ✶ av. 1625] **s. m.** ● elemento chimico, metallo bianco-rossiccio, fragile, ottenuto per lo più dalla lavorazione del rame e di altri metalli, usato spec. per leghe e per prodotti farmaceutici **SIMB.** Bi **NUM. AT.** 83

bisnipóte [comp. di *bis-*① e di *nipote* ✶ 1306] **s. m. e f.** ● figlio o figlia di un nipote **SIN.** pronipote

♦**bisnònno** [comp. di *bis-*① e *nonno* ✶ 1698] **s. m.** (**f.** *-a*) ● genitore del nonno o della nonna **SIN.** bisavolo

bisógna [ant. fr. *besoigne*, dal francone **bisunnja*, comp. del pref. germ. *bi-* 'presso, vicino' e di un deriv. del v. **sunnjôn* 'occuparsi' ✶ 1261 ca.] **s. f.** ● (*lett.*) affare, faccenda: *le bisogne domestiche* | necessità: *sopperire alla b.*; *le volgari bisogne della lor vita* (G. Vico)

♦**bisognàre** [da *bisogno* ✶ 1261 ca.] **A** **v. intr.** (*io bisógno*; **coniug. come** *segnare*; **aus.** *essere*, **raro** *avere*) **1** (*raro*) essere necessario, occorrere: *ti bisognano altri denari?* **SIN.** necessitare **2** (*lett.*) aver bisogno: *tutte le giovani ... non bisognano d'altri ornamenti* (U. Foscolo) **B** **v. intr. impers.** (**aus.** *essere*) ● essere necessario (**+ inf.**, **+** *che* **seguito da congtv.**): *bisogna decidersi a partire*; *bisogna che tu vada*; (*enfat.*) *bisognava vedere! bisognava sentire!* | ***non bisogna***, non si deve: *non bisogna dimenticare!*

♣**bisognévole** [av. 1292] **A** **agg.** **1** (*raro, lett.*) che è necessario, opportuno, occorrente **2** (*raro, lett.*) che è bisognoso: *un poveraccio b. di tutto* **B** **s. m. solo sing.** ● (*raro, lett.*) ciò che è necessario

bisognìno [dim. di *bisogno* ✶ 1970] **s. m.** ● (*eufem., fam.*) bisogno nel sign. 3: *devo fare un b.*

♦**bisógno** [germ. **bisundhī* 'lavoro, affare, cura' (V. *bisogna*) ✶ 1261 ca.] **s. m.** **1** necessità di procurarsi qlco. che manca: *bisogni reali, fittizi*; *essere pieno di bisogni*; *il quotidiano b. di denaro*; *avere b. di*; *c'è b. del parere di un tecnico* | (*generic.*) necessità, occorrenza: *al b.*; *in caso di b.*; *secondo il b.*; *non c'è b. di piagnucolare* | ***fare al b.***, (*raro*) essere adatto, opportuno; fare al caso **2** (*est.*) mancanza di mezzi, povertà: *essere, trovarsi, vivere in grande, urgente, assoluto, estremo b.* | (**spec. al pl.**) necessità o desiderio diffuso che dà origine alla domanda di uno o più beni economici | **PROV.** ***al b. si conosce l'amico***, nei momenti di difficoltà si riconoscono i veri amici **3** forte stimolo fisico o psicologico a compiere una determinata azione: *sento il b. di sfogarmi* **CFR.** -mania | (**spec. al pl.**, *eufem.*) necessità di orinare o di andare di corpo: *ho un b. urgente* | (*est.*) urina, feci: *fare i propri bisogni* ‖ **bisognétto**, **dim.** | **bisognìno**, **dim.** (V.)

bisognóso (o -ṣo) [1290] **agg. e s. m.** (**f.** *-a*) ● che (o chi) ha bisogno: *b. di guida, di consigli* | povero: *dare lavoro ai bisognosi*; *assistere famiglie bisognose* ‖ **bisognosaménte**, **avv.**

SFUMATURE ➤ *povero*

bisolfàto [vc. dotta, comp. di *bi-* e *solfato* ✶ 1863] **s. m.** ● sale dell'acido solforico **SIN.** solfato acido

bisolfìto [comp. di *bi-* e *solfito* ✶ 1852] **s. m.** ● sale dell'acido solforoso **SIN.** solfito acido

bisolfùro [vc. dotta, comp. di *bi-* e *solfuro* ✶ 1863] **s. m.** ● sale dell'acido solfidrico, la cui molecola contiene due atomi di zolfo | composto organico contenente due atomi di zolfo

bisònico [comp. di *bi-* e dell'agg. di *s(u)ono* ✶ 1970] **agg.** (**pl. m.** *-ci*) ● che ha o raggiunge una velocità doppia della velocità del suono: *aereo b.*

bisónte [vc. dotta, lat. *bisŏnte(m)*, di etim. incerta ✶ av. 1367] **s. m.** **1** grosso mammifero selvatico degli Artiodattili con la parte anteriore del tronco molto più sviluppata di quella posteriore, gibbosità dorsale, fronte convessa e larga, corna brevi e lunghi peli sul corpo (*Bison*) **2** (*fig.*) ***b. della strada***, ogni autotreno, autoarticolato e sim. di grandi dimensioni

†**bisquìzzo** ➤ **bisticcio**

bissàre [da *bis* ✶ 1877] **v. tr.** ● replicare, o far replicare un pezzo, un'esecuzione | (*est.*) ripetere, rifare

bìssino [vc. dotta, lat. *bўssinu(m)*, dal gr. *býssinos*, agg. di *býssos* 'bisso' ✶ sec. XIII] **agg.** ● di bisso

bìsso [vc. dotta, lat. tardo *bўssu(m)* dal gr. *býssos*, di orig. egiziana ✶ 1306] **s. m.** **1** tessuto di lino, rado e sostenuto, per biancheria ricamata da tavola e da letto | tela finissima di lino usata dagli antichi per vesti lussuose **2** sostanza secreta da Molluschi dei Lamellibranchi, che solidifica formando un fascio di filamenti con i quali l'animale si fissa a un sostegno | fibra tessile anticamente ricavata da tale sostanza **SIN.** seta marina | tessuto ottenuto con questa fibra

bissòlo [dall'it. sett. *bissa*, la 'biscia' dei Visconti, impressa sul conio ✶ 1930] **s. m.** ● tipo di moneta milanese dei Visconti, con l'incisione di una piccola biscia

bissóna [accr. venez. di *bissa* 'biscia', per la sua forma lunga ✶ 1892] **s. f.** **1** imbarcazione veneziana da parata a otto remi, per feste e regate **2** moneta milanese coniata da Bernabò Visconti con la biscia sul dritto | grosso da tre soldi coniato nella zecca di Milano da Luigi XII

bistàbile [comp. di *bi-* e *stabile* ✶ 1966] **agg.** ● (*elettron.*) detto di multivibratore caratterizzato da due stati stabili di funzionamento **CFR.** astabile, monostabile

†**bistànte** [comp. di *bi(s)*① e *stante* ✶ av. 1367] **s. m.** ● frattempo: *in questo b.*

♦**bistécca** [ingl. *beefsteak*, comp. di *beef* 'carne di bue' e *steak* 'bistecca' ✶ 1844] **s. f.** ● fetta di carne di manzo o di vitello tagliata sulla costola, cotta sulla graticola o nel tegame: *b. alla fiorentina* | ***b. con l'osso***, costata | ***b. al sangue***, cotta solo in superficie | ***b. alla Bismarck***, cotta alla griglia e con uovo sopra | ***b. alla svizzera***, di carne tritata ‖ **bistecchìna**, **dim.** | **bisteccóna**, **accr.** | **bisteccóne**, **accr. m.**

bistecchièra [1926] **s. f.** ● piastra o graticola usata per cuocere le bistecche

†**bistentàre** [comp. di *bi(s)-*② e *stentare* ✶ sec. XIII] **v. intr.** ● penare | indugiare

†**bistènto** [da *bistentare* ✶ av. 1348] **s. m.** ● stento, indugio, pena

bisticciaménto [av. 1698] **s. m.** ● bisticcio

♦**bisticciàre** [adattamento tosc. di †*bischizzare* ✶ av. 1328] **A** **v. intr.** (**pres.** *io bistìccio*; **fut.** *io bisticcerò*; **aus.** *avere*) ● altercare, litigare con particolare vivacità di espressioni verbali: *non voglio sentir b.*; *b. con i compagni*; *b. per futili motivi*; *bisticciano su tutto* **B** **bisticciàrsi** **v. rifl. recipr.** ● litigarsi: *bisogna che smettiate di bisticciarvi*

♣**bistìccio** o †**bischizzo** nel sign. 2, †**bisquìzzo** [da *bisticciare* (V.) ✶ sec. XIV] **s. m.** **1** litigio, spec. passeggero e dovuto a cause non gravi: *bisticci fra amiche*; *sono i soliti bisticci degli innamorati* **2** (*ling.*) paronomasia **3** scioglilingua o gioco di parole basato su vocaboli di suono simile ma di significato diverso (per es. *chi non risica non rosica*)

†**bistondàre** [av. 1572] **v. tr.** ● rendere bistondo

bistóndo [comp. di *bis-*② e *tondo* ✶ av. 1597] **agg.** ● che ha forma irregolarmente rotonda **SIN.** tondeggiante

bistorì ➤ **bisturi**

bistòrta [vc. dotta, per la forma *bistorta* della sua radice ✶ av. 1320] **s. f.** ● (*bot.*) pianta erbacea delle Poligonacee, rizomatosa, con foglie inferiormente glauche e fiori rosei raccolti in spighe (*Polygonum bistorta*)

bistòrto [da *distorto*, con mutamento di pref. ✶ av. 1292] **agg.** **1** (*raro*) molto torto, piegato: *gambe bistorte* **2** (*fig., lett.*) malizioso | bisbetico

bistràre [fr. *bistrer*, da *bistre* 'bistro' ✶ 1890] **v. tr.** ● tingere col bistro: *bistrarsi gli occhi*

bistràto **part. pass.** di *bistrare*; **anche agg.** ● ***occhi bistrati***, truccati col bistro

♣**bistrattàre** [comp. di *bis-*② e *trattare* ✶ 1509] **v. tr.** ● maltrattare (**anche fig.**): *b. un dipendente*; *b. l'italiano*

bìstro [fr. *bistre*, di etim. incerta ✶ av. 1773] **s. m.** ● materia colorante nero-blu, preparata con fuliggine del legno di faggio e perossido di manganese, usata in pittura e come cosmetico: *truccarsi gli occhi col b.*

bistrò [1931] **s. m. inv.** ● adattamento di *bistrot* (V.)

bistrot /*fr.* bis'tʀo/ [vc. fr., di etim. incerta ✶ 1953] **s. m. inv.** ● caffè, spec. a Parigi, dove si possono anche consumare pasti rapidi o spuntini

bìsturi o (*raro*) **bistorì** [fr. *bistouri*, originariamente 'pugnale', di etim. discussa: dal nome lat. (*Pistoria*) della città di *Pistoia*, celebre per la fabbricazione d'armi da taglio (?) ✶ 1771] **s. m. inv.** ● (*med.*) coltello gener. a lama breve, di varia forma, usato negli interventi chirurgici spec. per incidere i tessuti molli | (*gerg.*) ***b. freddo***, ***b. di ghiaccio***, apparecchio e tecnica mediante i quali si realizzano interventi di criochirurgia | ***b. laser***, (*gerg.*) ***b. di luce***, apparecchio e tecnica che applica il laser a interventi di neurochirurgia | ***b. elettrico***, V. *elettrobisturi*

†**bisùlco** [vc. dotta, lat. *bisŭlcu(m)*, comp. di *bis* 'in due' e *sŭlcus* 'solco' ✶ av. 1530] **agg.** (**pl. m.** *-chi*) ● (*lett.*) diviso in due, detto spec. dei piedi dei ruminanti: *un'orma / che bisulca non sia, ferina e vaga* (I. Sannazaro)

bisùnto [comp. di *bis-*① e *unto* ✶ 1353] **agg.** ● molto unto: *unto e b.*

bit [abbr. dell'ingl. *bi(nary) (digi)t*, propr. 'cifra (*digit*) binaria (*binary*)' ✶ 1961] **s. m. inv.** ● (*inform.*) unità di misura della quantità di informazione, equivalente alla scelta di una fra due possibili alternative ugualmente probabili

bitagliènte [comp. di *bi-* 'doppio' e *tagliente* ✶ 1850] **agg.** ● che ha doppio taglio

bitartràto [comp. di *bi-* e *tartrato* ✶ 1955] **s. m.** ● (*chim.*) tartrato acido derivato dall'acido tartarico | ***b. di potassio***, cremor tartaro

bitcoin /bit'kɔin, *ingl.* 'bɪt,kɔɪn/ [vc. ingl., propr. 'moneta (*coin*) in forma di *bit*' ✶ 2011] **s. m. inv.** ● unità di una criptomoneta creata nel 2008 da un ignoto con lo pseudonimo di Satoshi Nakamoto

bite /*ingl.* baɪt/ [vc. ingl., propr. 'morso' ✶ 1994] **s. m. inv.** **1** (*med.*) controllo del rapporto esistente fra l'arcata dentale superiore e quella inferiore ottenuto mediante un morso impresso su un materiale modellante **2** apparecchio ortodontico, di norma in resina, che viene interposto fra le arcate dentarie al fine di evitare malocclusione e digrignamento dei denti

bitemàtico [comp. di *bi-* 'doppio' e *tema*, con suff. aggettivale ✱ 1941] **agg.** (**pl. m.** *-ci*) ● (*mus.*) detto di sonate e composizioni affini, imbastite su due temi principali

bitematìṣmo [da *bitematico* ✱ 1962] **s. m.** ● (*mus.*) uso di due temi principali, di carattere opposto, tipico del primo tempo di sonate, sinfonie, quartetti

bìtmap /ˈbitmap, *ingl.* ˈbɪtˌmæp/ [vc. ingl. comp. di *bit* 'bit' e *map* 'mappa' ✱ 1998] **A** **s. f. inv.** ● (*inform.*) in computer grafica, immagine realizzata attribuendo uno specifico colore a ognuno dei pixel che la compongono **B** anche **agg. inv.**: *grafica b.*

bitonàle [comp. di *bi-* 'doppio' e *tono*①, con suff. aggettivale ✱ 1955] **agg.** **1** (*mus.*) che presenta bitonalità **2** detto di avvisatore acustico a due note: *clacson b.*

bitonalità [da *bitonale* ✱ 1955] **s. f. inv.** ● in un pezzo musicale, uso simultaneo di due tonalità diverse

bitórzolo (o *-ò-*) [comp. di *bis-*② e **torzo(lo)* per *torsolo* (?) ✱ av. 1304] **s. m.** ● piccola sporgenza irregolare sulla pelle o su altra superficie: *ha il viso pieno di bitorzoli* ‖ **bitorzolétto**, **dim.** | **bitorzolìno**, **dim.**

bitorzolùto [av. 1484] **agg.** ● pieno di bitorzoli: *naso b.*

bit rate o **bitrate** /bitˈreit, *ingl.* ˈbɪtˌreɪt/ [loc. ingl., comp. di *bit* e *rate* 'velocità' ✱ 1968] **loc. sost. m. inv.** ● (*inform.*) quantità di dati digitali trasferibili attraverso un canale di telecomunicazione nell'unità di tempo

bìtta [fr. *bitte*, dallo scandinavo ant. *biti* 'traversa della nave' ✱ 1771] **s. f.** ● (*mar.*) colonna di legno o di ferro, sulla coperta della nave o sulle banchine dei porti, per dar volta alle cime d'ormeggio o alle catene delle ancore | ***giro di b.***, bittatura; (*fig., gerg.*) gallone a forma di anello nei gradi degli ufficiali della marina militare

bittàre [fr. *bitter*, da *bitte* 'bitta' ✱ 1865] **v. tr.** ● (*mar.*; *disus.*) abbittare

bittatùra [1865] **s. f.** ● (*mar.*; *disus.*) giro della catena dell'ancora intorno alla bitta

bìtter [ingl. *bitter*, dal neerl. *bitter* 'amaro', originariamente 'tagliente, pungente' ✱ 1887] **s. m. inv.** ● aperitivo amaro

bìtto [dal monte *Bitto*, nelle Alpi Orobie, luogo orig. di produzione ✱ 1931] **s. m.** ● formaggio grasso, a pasta cotta e dura, di sapore dolce e delicato, prodotto con latte vaccino intero, tipico della Valtellina

bittóne [da *bitta* ✱ 1853] **s. m.** ● (*mar.*) grossa bitta per dar volta alle cime | ***b. d'ormeggio***, colonnetta che, sulla calata dei porti, serve per ormeggiare le navi

bitumàre [sec. XIV] **v. tr.** ● rivestire con bitume: *b. una strada, la barca*

bitumatóre [1955] **s. m.** (**f.** *-trice*) ● operaio addetto alla bitumatura

bitumatrìce [1938] **s. f.** ● macchina per spargere il bitume sul fondo stradale

bitumatùra [1938] **s. f.** ● operazione del bitumare | strato di bitume sul fondo stradale

bitumazióne [1986] **s. f.** ● bitumatura

bitùme o †**bitùmine** [vc. dotta, lat. *bitūmine(m)*, nom. *bitūmen*, di etim. incerta ✱ av. 1292] **s. m.** **1** miscela di idrocarburi solidi o semisolidi usata spec. per rivestimenti impermeabilizzanti e antipolvere di marciapiedi, strade e sim. **2** miscela di catrame, zolfo, sego od olio di pesce, che un tempo si spalmava calda sulla carena di legno delle navi per proteggerla

bituminàre [vc. dotta, lat. *bitumināre*, da *bitūmen* 'bitume' ✱ sec. XIV] **v. tr.** (*io bitùmino*) ● bitumare

†**bitùmine** ➤ **bitume**

bituminóso (o *-ṣ-*) [vc. dotta, lat. *bituminōsu(m)*, da *bitūmen* 'bitume' ✱ av. 1367] **agg.** ● che contiene bitume

bitumiẓẓazióne [1955] **s. f.** ● trattamento con bitume di oggetti o costruzioni lignee a scopo protettivo

bitùrbo [comp. di *bi-* e *turbo* ✱ 1982] **agg. inv.**; anche **s. m. inv.** ● (*autom.*) detto di motore equipaggiato con doppio turbocompressore

biturgènse [dal lat. eccl. *Biturgēnse(m)*, abitante della città chiamata in gr. *Bitourgía*] **A** **agg.** ● di Sansepolcro, in provincia di Arezzo **B** **s. m. e f.** ● abitante o nativo di Sansepolcro **CFR.** borghese②

biunivocità [da *biunivoco* ✱ 1965] **s. f. inv.** ● (*mat.*) corrispondenza secondo cui a un elemento di un insieme corrisponde un solo elemento di un secondo insieme e viceversa

biunìvoco [comp. di *bi-* 'doppio' e *univoco* ✱ 1941] **agg.** (**pl. m.** *-ci*) **1** (*mat.*) univoco in entrambi i sensi | ***corrispondenza biunivoca***, che presenta biunivocità **2** (*mat.*) biiettivo ‖ **biunivocaménte**, **avv.**

biùta [lat. parl. **ablūta(m)*, part. pass. f. di *ablŭere* 'lavare (*lŭere*) via (*ab*)' ✱ 1340 ca.] **s. f.** ● mistura di materie grasse, usata come intonaco o per turare buchi sui tronchi di piante | (*est.*) †belletto | (*centr.*) crosta lucida sui dolci

bivaccàre [da *bivacco* ✱ 1812] **v. intr.** (*io bivàcco, tu bivàcchi*; aus. *avere*) **1** stare a bivacco, detto di soldati, escursionisti, alpinisti e sim.: *b. al campo*; *b. in parete* **2** (*est.*) sistemarsi provvisoriamente, alla meglio, in un luogo: *bivaccarono un mese dai parenti*

bivàcco [fr. *bivouac*, dal ted. dial. *bûvache*, comp. di *bî* 'presso' e *wacht* 'guardia' ✱ 1667] **s. m.** (**pl.** *-chi*) **1** stazionamento di truppe allo scoperto | (*est.*) qualunque sosta o sistemazione di fortuna all'aperto, spec. notturna: *fuochi di b.* | ***b. in parete***, su una cengia o un'amaca, durante un'ascensione **2** luogo del bivacco | ***b. fisso***, piccola costruzione in legno o lamiera per il pernottamento di un numero limitato di alpinisti

bivalènte [vc. dotta, comp. di *bi-* e *valente* ✱ 1942] **A** **agg.** **1** (*chim.*) di atomo o raggruppamento atomico che può combinarsi con due atomi d'idrogeno | di sostanza che presenta nella molecola due identici gruppi funzionali **2** (*med.*) ***vaccinazione b.***, quella che immunizza contro due tipi di malattie **3** (*fig.*) che ammette due possibilità diverse di applicazione, interpretazione, soluzione: *principio, teoria b.* **B** **s. f.** ● (*med.*) vaccinazione bivalente

bivalènza [1942] **s. f.** **1** proprietà di atomi e raggruppamenti atomici bivalenti **2** (*fig.*) caratteristica di ciò che è bivalente

bivàlve [vc. dotta, comp. di *bi-* e il pl. di *valva* ✱ 1561] **agg.** (**pl.** *-i* o *raro* **inv.**) **1** (*zool.*) detto di conchiglia di mollusco costituita da due valve unite da una specie di cerniera **2** (*bot.*) detto di frutto che, mediante due fenditure longitudinali, può essere diviso in valve

Bivàlvi [av. 1725] **s. m. pl.** (**sing.** *-e*) ● (*zool.*) Lamellibranchi

†**bìvero** o †**bévero** [lat. *bĭbru(m)*, di orig. celt., parallelo al lat. *fiber*, propr. 'bruno' ✱ 1313] **s. m.** ● castoro

bivière [siciliano *bliveri*, dal lat. *vivārium* 'vivaio' ✱ 1883] **s. m.** ● (*merid.*) palude, lago: *il b. di Lentini*

bìvio [vc. dotta, lat. *bĭviu(m)*, comp. di *bi-* 'con due' e *vĭa* 'via, strada' ✱ sec. XIV] **s. m.** (**pl.** *-i* o *raro -ii*) **1** punto in cui una via di comunicazione si biforca: *al b., imboccate il viottolo a sinistra*; *b. ferroviario* **SIN.** biforcazione **2** (*fig.*) momento o condizione in cui si impone una scelta tra due diverse soluzioni o possibilità: *la nostra attività è giunta a un b.* | (*est.*) scelta: *porre qlcu. davanti a un grave b.*

bivòmere [comp. di *bi-* e *vomere* ✱ 1955] **agg. inv.** ● detto di aratro con due vomeri

biẓantìna [1955] **s. f.** **1** moneta d'oro coniata a Bisanzio **2** sopravveste corta e impreziosita di gemme, usata dalle donne bizantine

biẓantineggiàre [1905] **v. intr.** (**pres.** *io biẓantinéggio*; **fut.** *io biẓantineggerò*; aus. *avere*) **1** imitare l'arte bizantina **2** (*fig.*) indugiare in sottigliezze eccessive e in distinzioni o discussioni pedanti

biẓantinerìa [1900] **s. f.** ● (*raro*) bizantinismo

biẓantinìṣmo [1874] **s. m.** **1** nelle arti figurative, tendenza a uno stile affine a quello bizantino, o presenza, nell'opera di un artista, di elementi di gusto o di cultura bizantina: *il b. della basilica di S. Marco a Venezia*; *il b. di Duccio* | (*est.*) preziosismo ricercato ed estetizzante in arte o in letteratura **2** atteggiamento di sottigliezza inutile e pedante | disputa, distinzione pedante

biẓantinìsta [1903] **s. m. e f.** (**pl. m.** *-i*) ● studioso dell'arte o della civiltà bizantina

biẓantìno o (*lett.*) **biṣantìno** [vc. dotta, lat. tardo *Byzantīnu(m)* 'di Bisanzio' ✱ 1585] **agg.** **1** di Bisanzio, antico nome di Costantinopoli e dell'odierna Istanbul | della civiltà o dell'impero d'Oriente che aveva per capitale Bisanzio: *età, architettura, bizantina* **2** (*est.*) eccessivamente raffinato e ricco: *eleganza bizantina* **3** (*fig.*) sottile, cavilloso e pedante: *mente bizantina*

✦**bìẓẓa** [etim. incerta ✱ av. 1729] **s. f.** ● accesso momentaneo di collera, capriccio, stizza: *per la b. che ci aveva contro di lui* (G. Verga) | ***fare le bizze***, fare i capricci, detto spec. di bambini; (*fig.*) detto di qlco., non funzionare bene: *oggi il computer fa le bizze*

biẓẓarrìa [sec. XIII] **s. f.** **1** caratteristica di chi (o di ciò che) è bizzarro: *la sua b. non ha limiti* **SIN.** stranezza, stravaganza **2** comportamento o idea bizzarra **SIN.** capriccio, stranezza **3** †iracondia, collera

SFUMATURE DI SIGNIFICATO

bizzarria - stravaganza - stramberia

Bizzarria è un comportamento, un'azione o un'idea che si distaccano nettamente dalla normalità, originali. **Stravaganza** indica il discorso o l'atteggiamento che va al di là della consuetudine perché particolarmente estroso, fantasioso. **Stramberia** si riferisce a un'azione, a un discorso strani, sconclusionati; a differenza dei precedenti, il termine ha però una connotazione piuttosto negativa.

✦**biẓẓàrro** [etim. incerta; da *bizza* (?) ✱ 1313] **agg.** **1** che non segue i comportamenti considerati comuni e abituali: *ha modi bizzarri*; *non gli badare, è un tipo b.* **SIN.** originale, stravagante **2** focoso, che si imbizzarrisce facilmente, detto spec. di cavallo **3** (*raro, lett.*) vivace | †iracondo, stizzoso ‖ **biẓẓarraménte**, **avv.**

biẓẓèffe [arabo dial. *bizzēf* 'molto' ✱ av. 1494] **vc.** ● solo nella loc. avv. ***a b.***, in grande quantità, in grande abbondanza: *avere quattrini a b.*; *a primavera, fiori a b., e, a suo tempo, noci a b.* (A. Manzoni)

biẓẓòcco ➤ **bizzoco**

biẓẓòco o (*raro*) **biẓẓòcco**, †**biẓẓòchero** [etim. incerta ✱ 1211] **s. m.** (**f.** *-a*; **pl. m.** *-chi*); anche **agg.** **1** membro di comunità di laici, spec. terziari francescani, che nei secc. XIII e XIV praticavano vita povera e devota | (*est.*) appartenente alla setta eretica italiana dei Fraticelli (XIV sec.), che respingevano l'autorità pontificia e dichiaravano essenziale per la salvezza la povertà assoluta **2** (*fig.*, *spreg.*) bigotto

+**bizzóso** (o -ṣ-) [da *bizza* * av. 1597] **agg.** ● che fa le bizze, i capricci: *un bambino b.* | che si irrita facilmente, detto spec. di cavallo **SIN.** ombroso ‖ **bizzosétto**, **dim.** | **bizzosìno**, **dim.** ‖ **bizzosaménte**, **avv.** ‖ **bizzosità**, **s. f. inv.** caratteristica di chi è bizzoso; comportamento bizzoso: *la bizzosità e i rapidi trapassi d'umore propri dell'adolescenza* (V. Pratolini) **SIN.** ombrosità

blablà o **bla bla**, **bla-blà**, **blablablà** [vc. onomat. * 1966] **s. m. inv.** ● chiacchiericcio prolungato, discorso futile e inconcludente: *nel b. / dell'alta società* (E. Montale)

black blòc /ˈblɛk ˈblɔk, *ingl.* ˌblækˈblɒk/ [loc. ingl., propr. 'blocco, gruppo (*bloc*) vestito di nero (*black*)' * 2001] **A** **loc. sost. m. e f. inv.** (**pl. ingl.** *black blocs*) ● aderente a un'organizzazione europea di ispirazione anarco-insurrezionalista che compie azioni di guerriglia urbana e atti di vandalismo utilizzando tecniche paramilitari **B** **anche agg. inv.**: *movimento black bloc*

black bòttom /ˈblɛk ˈbɔtom, *ingl.* ˈblæk-ˌbɒtəm/ [ingl. d'America, propr. 'il fondo (*bottom*, di orig. indeur.) nero (*black*, pure di orig. indeur.)', orig. n. di un'area depressa abitata da una popolazione di colore * 1940] **loc. sost. m. inv.** ● danza in voga negli Stati Uniti e in Europa negli anni '30 del Novecento

black còmedy /ˈblɛk ˈkɔmedi, *ingl.* ˈblæk-ˌkɒmɪdɪ/ [loc. ingl., propr. 'commedia (*comedy*) nera (*black*)' * 1990] **loc. sost. f. inv.** (**pl. ingl.** *black comedies*) ● genere teatrale o cinematografico caratterizzato dal ricorso al macabro e alla rappresentazione cruda di fatti di sangue, ma con intenti satirici

blackjack /blekˈdʒɛk, *ingl.* ˈblækˌdʒæk/ [vc. ingl. d'America, comp. di *black* 'nero' e *jack* 'fante' (delle carte da gioco) * 1983] **s. m. inv.** ● gioco d'azzardo, simile al sette e mezzo, che si gioca con due mazzi di carte

black list /ˈblɛk ˈlist/ [loc. ingl., propr. 'lista nera' * 1897] **loc. sost. f. inv.** (**pl. ingl.** *black lists*) ● lista nera (V. *lista* nel sign. 2) | (*Internet*) lista di indirizzi considerati una fonte di messaggi non richiesti

black music /ˈblɛk ˈmjuzik, *ingl.* ˈblæk-ˌmjuːzɪk/ [loc. ingl., propr. 'musica (*music*) nera (*black*)' * 1984] **loc. sost. f. inv.** ● musica afroamericana

blackout /blekˈaut, *ingl.* ˈblækaʊt/ [vc. ingl., 'oscuramento', comp. di *black* 'nero, scuro' e *out* 'fuori', entrambi di orig. indeur. * 1949] **s. m. inv.** **1** oscurità totale e paralisi di qualsiasi apparecchiatura mossa dall'energia elettrica, che conseguono a un'improvvisa interruzione nell'erogazione dell'energia stessa: *ieri vi sono stati dieci minuti di b.* | (*est.*) interruzione improvvisa e completa nell'erogazione di un servizio pubblico nell'ambito delle telecomunicazioni: *b. telefonico, televisivo* | interruzione delle comunicazioni tra un veicolo spaziale e le stazioni di collegamento a terra, durante l'ultima fase di rientro **2** (*fig.*) assoluta mancanza di notizie, silenzio completo nei riguardi di qlco.: *il b. sul caso X è totale; b. giornalistico* | (*est.*) vuoto di memoria: *ho avuto un momento di b.*

black power /ˈblɛk ˈpawer, *ingl.* ˈblæk-ˌpaʊə(r)/ [loc. ingl., propr. 'potere (*power*) nero (*black*)' * 1966] **loc. sost. m. inv.** ● movimento sorto negli anni '60 del Novecento per la conquista di un potere politico ed economico da parte dei neri d'America

blagueur /*fr.* blaˈgœʀ/ [vc. fr., da *blague* 'borsa per tabacco' e, fig., 'scherzo' o 'fandonia, frottola': dal neerlandese *blagen* 'gonfiarsi' (?) * 1880] **s. m. inv.** (**f. fr.** *blagueuse*) ● spaccone, persona che non va presa sul serio **SIN.** fanfarone

blah ➤ **bleah**

blandiménto [vc. dotta, lat. *blandimĕntu(m)*, da *blandīre* 'blandire' * 1321] **s. m.** ● (*lett.*) lusinga, carezza: *così vid'io quella / luce risplendere a' miei blandimenti* (Dante *Par.* XVI, 29-30)

+**blandìre** [vc. dotta, lat. tardo *blandīri*, lat. *blandīre*, da *blăndus* 'blando' * 1342] **v. tr.** (*io blandìsco, tu blandìsci*) **1** (*lett.*) carezzare | sfiorare | (*fig.*) lenire: *b. i dolori altrui* **2** (*fig.*) lusingare: *b. gli animi* | ***b. le passioni, i vizi***, secondarli, favorirli

+**blandìzia** o **blandìzie** [lat. *blandĭtia(m)*, da *blăndus* 'blando' * av. 1328] **s. f.** ● (**spec. al pl.**) allettamento, lusinga: *discorso pieno di blandizie*

+**blàndo** [vc. dotta, lat. *blăndu(m)*, di etim. discussa: vc. espressiva (?) * av. 1306] **agg.** ● che si manifesta o che agisce con moderazione, con delicatezza: *una blanda punizione; cura, carezza blanda; un lassativo b.* | †che cede facilmente alle lusinghe: *La carne d'i mortali è tanto blanda* (Dante *Par.* XXII, 85) | (*est.*) dolce, delicato: *la voce blanda di una fontana* (A. Fogazzaro) **CONTR.** energico ‖ **blandaménte**, **avv.** in modo blando; leggermente, delicatamente

blanquette /*fr.* blɑ̃ˈkɛt/ [vc. fr., dal provenz. moderno *blanqueto*, deriv. di *blanc(o)* 'bianco', perché vi predominano le carni bianche * 1990] **s. f. inv.** ● (*cucina*) piatto tipico della cucina francese a base di spezzatino, spec. di vitello o agnello, legato da una salsa a base di burro, farina e uova

blasé /*fr.* blaˈze/ [vc. fr., part. pass. di *blaser* 'rendere insensibile', di orig. neerlandese (*blasen* 'soffiare') * 1821] **agg. inv.** ● che si mostra scettico, indifferente

blasfèma [vc. dotta, lat. eccl. *blasphēmia(m)* dal gr. *blasphēmía* da *blasphēmêin* 'blasfemare' * av. 1306] **s. m. e f.** (**pl. m.** *-i*) ● (*raro, lett.*) bestemmia

blasfemàre [vc. dotta, lat. eccl. *blasphemāre*, dal gr. *blasphēmêin*, di etim. incerta * av. 1306] **v. intr.** (*io blasfèmo*; **aus.** *avere*) ● (*raro, lett.*) bestemmiare

blasfematóre [1475] **s. m.** (**f.** *-trice*); **anche agg.** ● (*raro, lett.*) bestemmiatore

blasfematòrio [1865] **agg.** (**pl. m.** *-i* o *raro -ii*) ● (*raro, lett.*) empio, irriverente

blasfemìa [av. 1306] **s. f.** **1** †bestemmia **2** dissacrazione di opere o figure religiose

+**blasfèmo** [lat. tardo *blasphēmu(m)*, dal gr. *blásphēmos* 'che dice parole empie' * av. 1334] **A** **agg.** ● che costituisce un'offesa per la divinità: *atto b.; parola blasfema* | (*spreg.*) eretico | (*est.*) irriverente ‖ **blasfemaménte**, **avv.** **B** **s. m.** (**f.** *-a*) ● (*raro*) bestemmiatore

†**blaṣmàre** e deriv. ➤ **biasimare** e deriv.

blaṣonàre [1709] **v. tr.** (*io blaṣóno*) ● descrivere un blasone secondo le regole araldiche

blaṣonàrio [1962] **s. m.** ● raccolta di blasoni

blaṣonàto [1844] **A** **agg.** ● fornito di blasone: *famiglia blasonata* **SIN.** nobile, titolato | che vanta molti titoli, primati, successi: *squadra, società blasonata* **B** **s. m.** (**f.** *-a*) ● persona aristocratica, appartenente alla nobiltà

+**blaṣóne** [fr. *blason*, anche 'scudo', di etim. incerta * 1672] **s. m.** **1** stemma gentilizio, insegna araldica: *ritratti di famiglia decorati da un grosso b.* | (*est.*) disegno, motto e sim. che indica distinzione, appartenenza a un gruppo chiuso, a un'élite e sim.: *b. del collegio* | (*fig.*) parola d'ordine, concetto dominante che riassume, ispira una situazione, un comportamento: *ha fatto della generosità il suo b.* **2** arte di comporre e descrivere le insegne araldiche **SIN.** araldica **3** (*est.*) nobiltà di stirpe

blaṣònico [1797] **agg.** (**pl. m.** *-ci*) ● pertinente al blasone

blaṣonìsta [1865] **s. m. e f.** (**pl. m.** *-i*) ● studioso di blasoni, di araldica

†**blastèma**① o †**blastèmia** [da *blasfema* con sovrapposizione di *bestemmia* * 1483] **s. f.** ● bestemmia | imprecazione

blastèma② [fr. *blastème* dal gr. *blástēma*, da *blastánein* 'germogliare', di etim. incerta * 1963] **s. m.** (**pl.** *-i*) ● (*biol.*) tessuto embrionale ancora indifferenziato da cui si sviluppa un organo sia animale che vegetale

†**blastèmia** ➤ †**blastema**①

blàstico [ricavato da *blast(oma)* * 1955] **agg.** (**pl. m.** *-ci*) **1** che è causa di tumore: *attività blastica* **2** tumorale: *farmaco b.*

blàsto-, -blàsto [dal gr. *blastós* 'germe', di orig. oscura] **primo e secondo elemento** ● in parole composte della terminologia scientifica significa 'germe' o 'embrione' o 'cellula': *blastocele, blastomicete, eritroblasto*

blastocèle [comp. di *blasto-* e del gr. *kóilos* 'cavità', di orig. indeur. * 1929] **s. m.** ● (*biol.*) cavità delimitata da uno strato di cellule che si forma nel secondo stadio di segmentazione dell'uovo in molti animali

blastòcero [vc. dotta, comp. di *blasto-* e *-cero* * 1931] **s. m.** ● (*zool.*) mammifero dei Cervidi diffuso in Argentina e Patagonia, che conduce vita notturna di branco presso i corsi d'acqua; i maschi possiedono corna che si biforcano alla radice (*Blastocerus campestris*)

blastocìsti [comp. di *blasto-* 'germe' e *cisti* 'cavità' * 1962] **s. f. inv.** ● (*biol.*) stadio dello sviluppo embrionale degli Euteri; corrisponde a un germe cavo ed è simile a una blastula, pur avendo un'origine e un significato diversi

blastodèrma [comp. di *blasto-* e *-derma* * 1913] **s. m.** (**pl.** *-i*) ● (*biol.*) strato di cellule che si forma dopo la fecondazione in corrispondenza della cicatricola delle uova molto ricche di tuorlo, come quelle degli Uccelli, dei Rettili e dei Pesci

blastòfaga [comp. di *blasto-* e *fago* * 1913] **s. f.** ● genere di Insetti appartenenti agli Imenotteri che realizza l'impollinazione del fico passando da un'infiorescenza all'altra (*Blastophaga*)

blastogèneṣi [comp. di *blasto-* e *genesi* * 1962] **s. f. inv.** **1** (*biol.*) riproduzione asessuata per gemmazione **2** (*biol.*) fase iniziale dello sviluppo di un embrione con formazione del blastoderma

Blastòidi [comp. di *blasto-* e un deriv. del gr. *êidos* 'forma' * 1892] **s. m. pl.** (**sing.** *-e*) ● (*zool.*) classe di Echinodermi fossili dell'era paleozoica (*Blastoidea*)

blastòma [vc. dotta, comp. di *blast(o)-* e *-oma* * 1914] **s. m.** (**pl.** *-i*) ● (*med.*) tumore con cellule di tipo embrionale

blastòmero [comp. di *blasto-* e del gr. *méros* 'parte' * 1931] **s. m.** ● (*biol.*) qualsiasi cellula prodotta dalle divisioni iniziali dello zigote

Blastomicèti [comp. di *blasto-* e del gr. *mýkētes*, pl. di *mýkēs* 'fungo' * 1955] **s. m. pl.** (**sing.** *-e*) ● (*bot.*) classe di lieviti appartenenti al gruppo dei Funghi imperfetti (*Blastomycetes*)

blastòporo [comp. di *blasto-* e del gr. *póros* 'passaggio' (V. *poro*) * 1932] **s. m.** ● (*biol.*) in embriologia, foro che mette in comunicazione la cavità interna della gastrula con l'esterno

blàstula [vc. dotta, dim. del gr. *blástē* 'germe'

✱ 1934] **s. f.** ● (*biol.*) stadio dello sviluppo embrionale di numerosi gruppi animali, esclusi i Placentati, in cui i blastomeri sono disposti a delimitare una cavità centrale

blateraménto [1865] **s. m.** ● il blaterare | serie di chiacchiere sgradevoli

♣**blateràre** [vc. dotta, lat. *blaterāre*, vc. onomat. ✱ 1827] **A v. intr.** (*io blàtero*; aus. *avere*) ● (*spreg.*) parlare rumorosamente e a vanvera: *smettila di b.!* | ripetere insistentemente affermazioni assurde o sgradevoli: *Ti prego poi di non andare a b. di queste cose al Caffè Vasco* (G. Giacosa) **SIN.** cianciare, ciarlare, cicalare **B v. tr.** ● andar dicendo a sproposito: *che cosa stai blaterando?*

blateróne [vc. dotta, lat. *blaterōne(m)*, da *blaterāre* 'blaterare' ✱ av. 1563] **s. m.** (**f.** *-a*); anche **agg.** ● (*raro, lett.*) chiacchierone, sgradevolmente prolisso

blàtta [vc. dotta, lat. *blătta(m)*, di etim. incerta ✱ sec. XV] **s. f.** ● nome comune di vari Insetti dei Blattoidei, particolarmente di quelli dei generi *Blatta*, *Blattella* e *Periplaneta*, attivi soltanto di notte, infestatori di case, magazzini e sim., con corpo solitamente piatto e di color bruno scuro, zampe lunghe e antenne filiformi **SIN.** piattola nel sign. 3, scarafaggio | ***b. orientale***, di colore nerastro (*Blatta orientalis*) | ***b. germanica***, di dimensioni ridotte e di sagoma snella (*Blattella germanica*) | ***b. americana***, di color ruggine (*Periplaneta americana*)

Blattoidèi [comp. di *blatt(a)* e *-oidei* ✱ 1955] **s. m. pl.** (**sing.** *-èo*) ● (*zool.*) ordine di Insetti terrestri con lunghe zampe e antenne filiformi (*Blattoidea*)

blazar /ingl. 'bleɪzaː(r)/ [sigla che indica gli oggetti astronomici del tipo *BL Lacertae*, con la terminazione di *(quas)ar* ✱ 1991] **s. m. inv.** ● (*astron.*) denominazione di una classe di galassie il cui nucleo produce emissioni concentrate di raggi gamma ad altissima energia

blazer /'blɛzer, *ingl.* 'bleɪzə(r)/ [vc. ingl., propr. 'quello che fiammeggia', dal v. *blaze*, di orig. indeur., con allusione al suo colore ✱ 1938] **s. m. inv.** ● giacca sportiva a righe vistose o in tinta unita con stemma applicato sul taschino, tipica dei collegi inglesi | giacca di maglia, senza collo né risvolti

blé ➤ **blu**

bleah /ble'aː*/ o **blah** /bla:*/ [vc. di orig. onomat. ✱ 1992] **inter.** ● esprime evidente fastidio, disgusto, avversione per qlcu. o qlco.: *b. che schifo!* **CFR.** puah

blefarìte [vc. dotta, comp. di *blefaro-* e *-ite*① ✱ 1865] **s. f.** ● (*med.*) infiammazione del margine delle palpebre

blèfaro- [dal gr. *blépharon* 'palpebra'] **primo elemento** ● in parole composte della terminologia medica significa 'palpebra': *blefarostato*

blefaroplàstica [comp. di *blefaro-* e *-plastica* ✱ 1879] **s. f.** ● (*med.*) operazione di chirurgia plastica sui tessuti delle palpebre

blefarospàṣmo [vc. dotta, comp. di *blefaro-* e *spasmo* ✱ 1962] **s. m.** ● chiusura delle palpebre per spasmo persistente del muscolo orbitale

blefaròstato [vc. dotta, comp. di *blefaro-* e del gr. *statós* 'fisso, fermo' ✱ 1940] **s. m.** ● strumento usato per mantenere divaricate le palpebre durante interventi chirurgici sull'occhio

bleffàre e deriv. ➤ **bluffare** e deriv.

blènda [fr. *blende*, dal ted. *Blende*, da *blenden* 'accecare, ingannare', perché questo minerale assomiglia alla galena, ma non produce piombo ✱ 1797] **s. f.** ● (*miner.*) voce del gergo minerario per indicare la sfalerite

blènded /ingl. 'blendɪd/ [vc. ingl. dalla loc. *blended (whisky)*, propr. 'whisky mescolato' ✱ 1989] **agg. inv.** ● detto di whisky ottenuto mescolando distillati di malto d'orzo con altri ricavati da cereali diversi

blènnio [gr. *blénna* 'muco' ✱ 1935] **s. m.** (**pl.** *-i* o *raro -ii*) ● genere di Pesci ossei marini commestibili dei Perciformi, cui appartiene la bavosa (*Blennius*)

blèno- [dal gr. *blénna* 'muco', 'pus'] **primo elemento** ● in parole composte della terminologia medica significa 'muco' o 'pus': *blenorrea*, *blenostasi*

blenorragìa [vc. dotta, comp. di *bleno-* e *-ragia* ✱ 1819] **s. f.** (**pl.** *-gìe*) ● malattia infettiva contagiosa, trasmessa di solito con i rapporti sessuali, causata dal gonococco: *b. acuta*; *b. cronica* **SIN.** blenorrea, gonorrea, (*pop.*) scolo

blenorràgico [1863] **agg. e s. m.** (**pl. m.** *-ci*) ● che (o chi) è affetto da blenorragia

blenorrèa [comp. di *bleno-* e *-rea* ✱ 1869] **s. f.** ● blenorragia

blenorròico [da *blenorrea* ✱ 1962] **agg. e s. m.** (**pl. m.** *-ci*) ● blenorragico

blenòstaṣi o **blenostàṣi** [vc. dotta, comp. di *bleno-* e del gr. *stásis* 'immobilità, l'essere stazionario' ✱ sec. XX] **s. f. inv.** ● (*med.*) arresto di scolo purulento

blenùria o **blenurìa** [vc. dotta, comp. di *bleno-* e del gr. *ôuron* 'urina' ✱ 1829] **s. f.** ● (*med.*) presenza di mucopus nelle urine

bleṣità [da *bleso* ✱ 1908] **s. f. inv.** ● (*med.*) disturbo della parola caratterizzato da deformazione, sostituzione o soppressione di una o più consonanti (spec. *l* e *s*)

blèṣo (o *-é-*) [vc. dotta, lat. *blaēsu(m)*, dal gr. *blaisós* 'storto, sbilenco', di etim. incerta ✱ sec. XIV] **agg. e s. m.** (**f.** *-a*) ● che (o chi) è affetto da blesità

bleu /fr. blø/ [V. *blu* ✱ 1764] **agg. e s. m. inv.** (**pl. fr.** *bleus*) ● blu

blimp /ingl. blɪmp/ [vc. ingl., prob. comp. di *(type) B* e *limp* 'floscio' ✱ 1966] **s. m. inv.** ● custodia per insonorizzare macchine per riprese cinematografiche usate in diretta

blìnda [fr. *blinde*, dal ted. *Blende*, da *blenden* 'accecare, chiudere' ✱ 1663] **s. f.** ● copertura o rivestimento per proteggere materiali o persone da esplosioni o tiri di armi da fuoco

blindàggio [fr. *blindage*, da *blinder* 'blindare' ✱ 1853] **s. m.** ● rafforzamento o protezione di una struttura per renderla più resistente agli effetti delle esplosioni

blindaménto [da *blindare* ✱ 1940] **s. m.** ● struttura resistente di materiale vario destinata ad aumentare la protezione dei lavori di fortificazione contro esplosioni

blindàre [1853] **v. tr.** **1** proteggere con blinda o blindatura: *b. un veicolo* **2** (*est.*) sottoporre a eccezionali misure di sorveglianza: *b. una città, un quartiere* | (*fig.*) adottare provvedimenti che rendano qlco. non modificabile: *b. la legge finanziaria, un articolo della Costituzione*

blindàto **A** **part. pass.** di *blindare*; anche **agg.** **1** protetto con blinda o blindatura: *proiettile b.*; *carro, treno b.*; *camera blindata* | ***vetro b.***, a fogli sottilissimi alternati a strati di plastica, per schermo di pallottole e impedimento di furti | ***porta blindata***, porta rinforzata da strutture o meccanismi in grado di proteggerla da tentativi di effrazione | ***reparto b.***, dotato di veicoli blindati **2** (*est.*) presidiato da mezzi blindati e forze di polizia: *quartiere b.* | (*fig.*) protetto da rigorose misure di sicurezza: *comizio b., vita blindata* | (*fig.*) non modificabile: *maggioranza blindata*; *manovra economica blindata* **B** **s. m.** ● (*milit.*) veicolo rivestito da una corazza protettiva

blindatùra [da *blindare* ✱ 1918] **s. f.** **1** il blindare (*anche fig.*): *la b. della finanziaria* **2** corazzatura leggera

blind date /ingl. ˌblaɪn'deɪt/ [loc. ingl., comp. di *blind* 'buio, oscuro' e *date* 'appuntamento' ✱ 1998] **loc. sost. m. inv.** (**pl. ingl.** *blind dates*) ● appuntamento al buio (V. *appuntamento*② nel sign. 1)

blìndo [1942] **s. f. inv.** ● accorc. di *autoblindo*

Blindoṣbàrra® [comp. di *blinda* e *sbarra* ✱ 1942] **s. f.** ● sistema per la distribuzione di energia elettrica a soffitto o a parete, spec. per uso industriale, costituito da un involucro metallico rigido contenente barre di rame, dotato di aperture che consentono derivazioni dalla linea principale

blind tèst /ingl. ˌblaɪn'test/ ➤ **test**

blind trust /blain'trast, *ingl.* 'blaɪn(d),trʌst/ [loc. dell'ingl. d'America, propr. 'amministrazione fiduciaria (*trust*) cieca (*blind*)' ✱ 1992] **loc. sost. m. inv.** (**pl. ingl.** *blind trusts*) ● (*econ.*) negli Stati Uniti, rapporto tra fiduciante e fiduciario caratterizzato dal fatto che il primo non è a conoscenza delle modalità di impiego del proprio patrimonio da parte del secondo, il quale è tenuto unicamente a fornire periodico resoconto dei risultati della gestione

bling-bling /blin(g)'blin(g), *ingl.* 'blɪŋblɪŋ/ [vc. dello slang americano, propr. 'gioielli' ✱ 2003] **A s. m. inv.**; anche **agg. inv.** ● detto di capo di abbigliamento o di ornamento vistoso, ostentato: *abito sobrio, senza bling-bling*; *collana, monile bling-bling* **B agg. inv.** ● (*est.*) detto di chi si veste con tali capi di abbigliamento | (*fig.*) appariscente, talora volgare: *personaggio, stile bling-bling*

blinì o **bliny** /russo 'blji'ni/ o **blinis** /fr. bli'ni/ [dal russo *bliny*, m. pl. di *blin* 'piccola crêpe' ✱ 1913] **s. m. pl.** (**sing. inv. o russo** *blyn*) ● (*cucina*) piccola crêpe salata di origine russa di farina di frumento e grano saraceno e impastata con lievito di birra, servita spesso con panna acida o burro e accompagnata a caviale o salmone affumicato

blìnker /'blinker, *ingl.* 'blɪŋkə(r)/ [vc. ingl., riduzione di *blinker light* 'luce (*light*) intermittente (dal v. *to blink* 'lampeggiare')' ✱ 1987] **s. m. inv.** ● (*autom.*) dispositivo che aziona il funzionamento a intermittenza di tutte le luci di direzione di un autoveicolo

blìster /'blister, *ingl.* 'blɪstə(r)/ [vc. ingl., propr. 'vescica, bolla', nell'uso it. corrisponde all'ingl. *blister pack* ✱ 1983] **s. m. inv.** ● tipo di confezione, spec. farmaceutica, per contenere capsule, compresse e sim., a forma di placchetta composta da un involucro trasparente incollato su alluminio da cui si estrae il prodotto mediante pressione delle dita | (*est.*) confezione consistente in un involucro di plastica trasparente: *modelli di auto d'epoca in b.*

blisteràto [2003] **agg.** ● (*comm.*) confezionato in un blister: *farmaco b.* | (*est.*) confezionato in un involucro plastificato trasparente: *volume b.*; *pile blisterate*

blitz /ted. blɪts/ [ingl. *blitz*, dal ted. *Blitzkrieg*, propr. 'guerra lampo' (comp. di *Blitz* 'lampo' e *Krieg* 'guerra') ✱ 1945] **s. m. inv.** (**pl. ingl.** *blitzes*, **pl. ted.** *Blitze*) ● operazione militare o di polizia, caratterizzata dall'imprevedibilità dell'attacco e dalla rapidità dell'esecuzione | (*est.*) nel linguaggio giornalistico o familiare, azione di forza molto rapida, colpo di mano

blìzzard /ingl. 'blɪzəd/ [vc. ingl. d'America, di etim. incerta ✱ 1899] **s. m. inv.** ● violenta tempesta di neve tipica delle regioni settentrionali dell'America | forte vento polare misto a neve

blob /blɔb, *ingl.* blɒb/ [dal n. del film dell'orrore americano *'The Blob'* del 1958, poi titolo di una fortunata trasmissione televisiva italiana; in ingl., propr. 'goccia di sostanza vischiosa' ✱ 1989]

b

s. m. inv. ● rapida successione di spezzoni selezionati da varie trasmissioni televisive, accostati in modo da provocare effetti comici, satirici o grotteschi | (*est.*) serie di insoliti accostamenti, strana mescolanza, gioco di contrasti: *nei giornali c'è il b. della campagna elettorale*

blobbàre [denominale di *blob* ✻ 1991] **v. tr.** (*io blòbbo*) ● assemblare immagini o sequenze di immagini in modo apparentemente casuale, ma con l'intento di sottolineare aspetti comici o grotteschi | (*est.*) fare oggetto di satira

bloccàggio [fr. *blocage*, da *bloquer* 'bloccare' ✻ 1942] **s. m.** ● il bloccare, il bloccarsi

♦**bloccàre** [fr. *bloquer*, da *blocus* 'blocco②' ✻ 1644] **A v. tr.** (*io blòcco, tu blòcchi*) **1** (*milit.*) assediare città o territori del nemico controllando tutti gli accessi per impedire rifornimenti e comunicazioni **2** (*est.*) impedire l'accesso, il transito o l'uscita da un luogo: *una frana ha bloccato la strada*; *b. il transito, le uscite* **3** arrestare il movimento di qlcu. o qlco.: *la polizia bloccò il corteo dei dimostranti*; *sono stato bloccato dalla nevicata* | immobilizzare: *le guardie hanno bloccato il ladro*; *un attacco di artrite lo ha bloccato a letto* **SIN.** fermare **4** arrestare l'azione dell'avversario | nei giochi di palla, fermare il pallone trattenendolo, spec. da parte del portiere (*anche assol.*): *b. al volo, a terra*; *b. un tiro a rete*; *il portiere blocca a terra* **5** vietare, limitare per legge la variazione di taluni fenomeni economici: *b. i prezzi, gli affitti, i licenziamenti* | ***b. un conto, un assegno***, in banca, porre su di esso il fermo **6** interdire, con riferimento a tubi elettronici **7** fissare un organo meccanico mobile in una posizione voluta **B v. intr.** (**aus.** *avere*) ● (*raro*) fare blocco: *b. su un solo candidato* **C bloccàrsi v. intr. pron. 1** arrestarsi, fermarsi: *il motore si è bloccato* **2** avere un blocco psicologico, emotivo (+ *su*): *a un certo punto, durante l'esame, si è bloccato*; *bloccarsi su un argomento*

bloccaruòta [comp. di *blocca(re)* e *ruota* ✻ 1989] **A s. m. inv.** ● congegno che serve a bloccare le ruote di un autoveicolo **SIN.** ganascia **B anche agg. inv.**: *ceppi b.*

bloccastèrzo [comp. di *blocca(re)* e *sterzo* ✻ 1963] **s. m. inv.** ● antifurto a serratura che blocca il volante di guida o il manubrio

bloccàto **part. pass.** di *bloccare*; **anche agg. 1** nei sign. del v.: *prezzi bloccati* **2** ostacolato, impedito | immobilizzato | (*fig.*) inibito: *io invece ero b., non rispondevo che a monosillabi* (I. CALVINO)

bloccatùra [av. 1684] **s. f.** ● (*raro*) bloccaggio

blocchétto [1926] **s. m. 1** dim. di *blocco*①: *un b. di cioccolata* | piccolo blocc-notes; insieme di biglietti o tagliandi uniti alla matrice: *il b. degli assegni* **2** (*metrologia*) ***b. di riscontro***, parallelepipedo di acciaio o di ceramica di cui è nota la distanza fra le due coppie di facce con l'approssimazione del millesimo di millimetro **3** piccolo dado da incastrare nelle fessure della roccia, usato dagli alpinisti per la progressione o l'assicurazione ‖ **blocchettino**, **dim.**

blocchièra [da *blocco*① ✻ 1955] **s. f.** ● macchina impiegata per la costruzione di blocchi artificiali di calcestruzzo

blocchìsta [da *blocco*① ✻ 1946] **s. m. e f.** (**pl. m.** *-i*) ● commerciante all'ingrosso

blòcco① [fr. *bloc*, dal neerl. *blok* 'tronco squadrato' ✻ 1833] **s. m.** (**pl.** *-chi*) **1** massa compatta di considerevoli dimensioni: *un b. di granito, di marmo* | notevole quantità di merce: *un b. di tessuti, di libri* | ***in b.***, in massa | ***vendere, comprare in b.***, in una sola volta un'intera partita di merce | (*fig.*) ***considerare, valutare qlco. in b.***, nell'insieme **2** (*geol.*) elemento di roccia clastica di diametro superiore a 25 cm | ***b. di accrezione***, frammento della crosta terrestre, delimitato da faglie, caratterizzato da storia geologica propria **3** (*autom.*) ***b. cilindri, b. motore***, blocco, per lo più fuso in ghisa o in lega leggera, in cui sono ricavati i cilindri dei motori a combustione interna **4** (*edit.*) ***b. libro***, l'insieme delle segnature cucite **5** (*sport*) ***blocchi di partenza***, in atletica, nuoto e sim., attrezzi o strutture su cui l'atleta appoggia i piedi per imprimere maggiore spinta all'azione di partenza **6** (*fig.*) unione, alleanza: *unirsi in b., in un b.* | ***fare b.***, allearsi | ***fare b. intorno a qlcu. o qlco.***, sostenere, difendere in modo compatto qlcu. o qlco. | ***b. politico***, alleanza di due o più forze politiche per uno scopo definito, come elezioni e sim. | nella pallacanestro, nella pallanuoto e sim., azione concordata con cui si libera un compagno ostacolando regolarmente il suo avversario diretto **7** (*filatelia*) insieme di quattro o più francobolli ancora uniti tra loro **8** (*elettr.*) parte di un dispositivo elettrico che ha una ben determinata funzione **9** (*inform.*) insieme omogeneo di dati trasferito unitariamente da una unità periferica all'elaboratore o viceversa **10** insieme di fogli staccabili riuniti a formare un quaderno ‖ **blocchétto**, **dim.** (V.)

SFUMATURE ➤ ***unione***

blòcco② [fr. *blocus*, dal neerl. *blochuus* 'casa di tronchi', quindi 'posto di sorveglianza, fortino' ✻ 1644] **s. m.** (**pl.** *-chi*) **1** il bloccare, il bloccarsi | interruzione, arresto: *b. di una macchina, di un congegno* | sospensione: *b. degli scrutini* **2** sbarramento di forze militari, spec. navali, destinato a chiudere le vie di accesso, di rifornimento, di comunicazione con un luogo, un porto, uno Stato: *b. navale*; *b. continentale*; *b. pacifico, bellico*; *rompere il b.* | ***posto di b.***, sbarramento posto lungo le vie di comunicazione da forze militari o di polizia per effettuare operazioni di controllo **3** vincolo legislativamente imposto al mutamento di una data situazione, spec. per arrestare o regolare un fenomeno economico: *b. dei fitti, dei salari* **4** (*med.*) interruzione di una funzione organica: *b. cardiaco*; *b. renale* **5** (*psicol.*) arresto improvviso del pensiero o dell'azione, vuoto di memoria a seguito di un eccesso d'ansia: *b. emotivo* **6** regime di esercizio ferroviario che, mediante opportuni segnali ribaltabili e di apparecchiature elettriche, assicura il distanziamento dei treni su una linea: *sezione, posto di b.*

blockbuster /blok'baster, *ingl.* 'blɒk,bʌstə(r)/ [vc. ingl. propr. 'grande bomba per la demolizione di vaste aree', comp. di *block* 'caseggiato' e *buster* 'che demolisce' ✻ 1988] **s. m. inv.** ● film o libro di grande successo commerciale

bloc-notes /*fr.* blɔk'nɔt/, (*evit.*) *pseudo-ingl.* **block-notes** [comp. fr., 'blocco (*bloc*) per annotazione (*notes*)' ✻ 1905] **s. m. inv.** (**pl. fr.** *blocs-notes*) ● taccuino per appunti formato da fogli staccabili

blog /blɔg, *ingl.* blɒg/ [vc. ingl., contrazione di *weblog*, comp. di *web* 'rete' e *log* 'diario di bordo' (V. *login*) ✻ 2000] **s. m. inv.** ● sito Internet nel quale l'autore tiene una sorta di giornale personale, trattando argomenti di suo interesse e invitando i visitatori a commentarli

Definizione d'autore

Aprire un **blog** richiede una certa dose di coraggio. Scandito dalle date dei giorni che scorrono come nel più classico dei diari, non ha lucchetti, né lo nascondi sotto la biancheria. Può essere molto intimo, ma non segreto. Per questo si addice ai timidi che desiderano osare e sperimentare nuove parti di sé, così come agli estroversi che cercano un pubblico. Incalzato dai social media e dai loro ritmi incessanti, oggi il **blog** è soprattutto per chi desidera raccontare, conservare e ritrovare per sé e per gli altri i propri pensieri, un tratto di vita o esperienze memorabili. Proprio come il più classico dei diari, anzi molto meglio.

Luisa Carrada

blògger /'blɔger, *ingl.* 'blɒgə(r)/ [vc. ingl., deriv. di *blog* (V.) ✻ 2000] **s. m. e f. inv.** ● (*Internet*) chi crea o gestisce un blog

blogosfèra [adattamento dell'ingl. *blogosphere*, propr. 'l'insieme (*sphere*) dei blog' ✻ 2002] **s. f.** ● l'insieme dei blog in Internet

blónda o **biónda**② [fr. *blonde*, da *blond* 'biondo' perché originariamente del colore della seta cruda ✻ av. 1804] **s. f.** ● merletto a fuselli con fondo a rete in uso in Francia alla metà del XVIII secolo

blondin /*fr.* blɔ̃'dɛ̃/ [vc. ingl., dal n. dell'acrobata fr. Ch. *Blondin* (1824-1897), che effettuò l'attraversamento del Niagara con un apparecchio di questo genere ✻ 1950] **s. m. inv.** ● apparecchiatura usata nella costruzione di dighe, ponti e sim., costituita da due piloni fissi o mobili che sostengono una o più funi portanti lungo le quali si muove il carrello che porta il carico, mobile verticalmente per mezzo di una fune di sollevamento

blondinìsta [da *blondin* ✻ 1983] **s. m. e f.** (**pl. m.** *-i*) ● operaio addetto al funzionamento di un blondin

bloodhound /blud'aund, *ingl.* 'blʌd,haʊnd/ [vc. ingl., comp. di *blood* 'sangue' e *hound* 'cane' ✻ 1861] **s. m. inv.** ● (*zool.*) cane molecolare

Bloody Mary /bladi'meri, *ingl.* ,blʌdɪ'mɛərɪ/ [loc. ingl., propr. 'Maria (*Mary*) sanguinaria (*bloody*)' per il colore di un suo componente, il succo di pomodoro ✻ 1980] **loc. sost. m. inv.** (**pl. ingl. inv.**) ● cocktail a base di succo di pomodoro, vodka, succo di limone, tabasco e altri aromi

bloom /*ingl.* blu:m/ [dall'antico ingl. *blōma*, che ha lo stesso significato; l'eventuale rapporto con l'omonimo *bloom* 'fiore', anche in altre lingue germaniche, non è chiarito ✻ 1942] **s. m. inv.** ● (*metall.*) blumo

blouse /*fr.* blu:z/ [vc. fr., V. *blusa* ✻ av. 1861] **s. f. inv.** ● camicetta, blusa

blouson /*fr.* blu'zɔ̃/ [vc. fr., accr. di *blouse*, di etim. incerta ✻ 1965] **s. m. inv.** ● giubbotto piuttosto corto, di linea morbida

blow-up /blo'ap, *ingl.* 'bləʊ,ʌp/ [vc. ingl., propr. 'esplosione', poi 'ingrandimento fotografico', comp. di *blow* 'colpo di vento, ventata' (d'orig. germ.) e *up* 'sopra' (vc. germ. d'orig. indeur.) ✻ 1973] **s. m. inv.** (**pl. ingl.** *blow-ups*) ● ingrandimento fotografico di notevoli dimensioni

♦**blu** /blu*/ o (*sett.*) **blé** /ble*/, (*evit.*) **blù** [fr. *bleu*, dal francone **blāo* 'biado' ✻ 1701] **A agg. 1** che ha un colore azzurro cupo, in varie sfumature: *il cielo blu di una notte serena* | ***avere il sangue blu, essere di sangue blu***, essere nobile | (*fam.*) ***prendersi una fifa blu***, spaventarsi a morte | ***morbo blu***, (*pop.*) tetralogia di Fallot | ***Popolo blu***, i Tuareg **2** nel linguaggio giornalistico, detto di beni assegnati in uso a funzionari pubblici: *telefonino blu, auto blu* (V. *autoblù*) **B s. m. inv. 1** il colore blu | ***blu reale***, intenso | ***blu elettrico***, particolarmente brillante | ***blu marino***, turchino scuro, oltremare | ***blu navy***, molto scuro (dal colore della divisa della Marina Inglese) **2** ogni sostanza o composto chimico di colore blu o che colora di blu: *blu di metilene*; *blu di Parigi, di Prussia* (V. nota d'uso ACCENTO)

bluàstro [fr. *bleuâtre*, da *bleu* 'blu' col suff. *-âtre* proprio delle sfumature di colori ✻ 1881] **agg.** ● che ha un colore tendente al blu: *livido b.*; *sfumatura bluastra*

blucerchiàto [comp. di *blu* e *cerchiato*, dal colore e disegno della maglia ✻ 1950] **agg. e s. m. (f. *-a*; pl. m. *-i*)** ● che (o chi) gioca nella squadra di calcio genovese della Sampdoria o ne è sostenitore

blue chip /blu'tʃip, *ingl.* 'blu,tʃɪp/ [loc. ingl., propr. 'gettone blu' (quello di valore più elevato) ✻ 1979] **loc. sost. f. inv. (pl. ingl. *blue chips*)** ● (*borsa*) azione di società considerata affidabile per rendimento e mantenimento del valore

blue-jeans /blu'dʒinz, *ingl.* 'blu:,dʒi:nz/ [vc. ingl., propr. '(calzoni) di tela (*jean*: dal n. fr. di Genova, *Gênes*?) di colore blu (*blue*)' ✻ 1956] **s. m. pl.** ● tipo di calzoni confezionati con tela di cotone molto resistente gener. di colore blu, con cuciture impunturate

blue movie /blu'muvi, *ingl.* 'blu:,mu:vɪ/ ➤ **movie**

blues /*ingl.* blu:z/ [vc. ingl., dalla loc. *to have the blues* 'essere malinconico' ✻ 1942] **s. m. inv. 1** (*mus.*) genere vocale e strumentale proprio dei neri americani derivante dalla fusione di elementi della tradizione nera e occidentale **2** ballo moderno, derivato dal canto omonimo

Bluetooth® /blu'tut, *ingl.* 'blu:,tu:θ/ [marchio registrato, propr. 'dente (*tooth*) azzurro (*blue*)' che era il n. attribuito al re vichingo Harald II ✻ 1999] **s. m. inv.** ● (*inform.*) sistema di comunicazione a microonde (2,45 GHz) a breve raggio (10-100 m) per il collegamento di dispositivi elettronici portatili (personal computer, telefoni cellulari ecc.)

bluètte /bly'ɛt/ [f. del fr. *bleu* 'blu' ✻ 1930] **A agg. inv.** ● che ha un colore turchino tenue: *abito b.* **B s. m. inv.** ● il colore bluette

bluff /blɛf, -uf, *ingl.* blʌf/ [vc. di gioco dell'ingl. d'America di prob. orig. neerl. ✻ 1908] **s. m. inv. 1** in alcuni giochi di carte, spec. nel poker, mossa tattica tendente a ingannare l'avversario, facendogli credere di avere un gioco superiore a quello reale **2** (*est.*) montatura destinata a far credere ciò che non è, a intimidire avversari, concorrenti e sim.: *la sua ricchezza è un b.*; *la loro potenza militare era solo un b.*

bluffàre o **bleffàre** [da *bluff* ✻ 1918] **v. intr. (aus. *avere*) 1** in alcuni giochi di carte, spec. nel poker, comportarsi come se si avessero in mano ottime carte, per disorientare l'avversario **2** (*est.*) tentare di ingannare gli altri con false apparenze, millantando meriti, ricchezze o possibilità di cui si è privi: *non credergli, sta bluffando*

bluffatóre o **bleffatóre** [1918] **s. m. (f. *-trice*)** ● chi bluffa

blùmo [adattamento di *bloom* (V.) ✻ 1955] **s. m.** ● (*metall.*) prodotto di laminatoio, con sezione fino a 40×40 cm, destinato a successive lavorazioni

Blu-ray Disc® /*ingl.* 'blu:,reɪ dɪsk/ o **Blu-ray**® [loc. ingl., propr. 'disco con raggio (*ray*) blu' ✻ 2002] **loc. sost. m. inv. (pl. ingl. *Blu-ray Discs*)** ● disco ottico in grado di archiviare filmati, suoni o dati informatici, con capacità fino a 54 gigabyte, che viene letto da un raggio laser di colore blu **CFR.** dvd

blurb /blurb, *ingl.* blɜ:b/ [vc. ingl., propr. 'risvolto di un libro' ✻ 1962] **s. m. inv.** ● testo elogiativo e promozionale di un libro o del suo autore, spec. quello contenuto nel risvolto di copertina **CFR.** soffietto

blùṡa [fr. *blouse*, di etim. incerta ✻ 1846] **s. f. 1** camicetta da donna non aderente **2** camiciotto da lavoro: *la b. del pittore* || **bluṡétta**, **dim.** | **bluṡìna**, **dim.** | **bluṡòtto**, **accr. m.**

bluṡànte [da *blusa* ✻ 1949] **agg.** ● detto di indumento di linea sciolta, non aderente

blush /*ingl.* blʌʃ/ [vc. ingl., propr. 'colore roseo' ✻ 1988] **s. m. inv. (pl. ingl. *blushes*)** ● fard

bluṡòtto [da *blusa* ✻ 1941] **s. m.** ● camiciotto da uomo, corto e con mezze maniche

b-movie /bi'muvi, *ingl.* bi:'mu:vɪ/ ➤ **movie**

bo ➤ **boh**

bòa ① [vc. dotta, lat. *bŏa(m)*, di etim. incerta ✻ av. 1342] **s. m. inv. 1** rettile dei Boidi lungo circa tre metri, con tronco poderoso, dorso bruno chiaro con macchie scure sui fianchi e ventre giallo punteggiato di nero (*Boa constrictor*) **2** (*fig.*) specie di lunga sciarpa fatta di piume di struzzo o di pelliccia, portata dalle donne intorno al collo: *ho un magnifico boa grigio* (A. PALAZZESCHI)

bòa ② [etim. discussa: sp. *boya*, dal medio neerlandese *bo(e)ye*, propr. 'legame', dal fr. *boie*, *buie*, di orig. lat. (*bōia*) (?) ✻ 1813] **s. f. 1** galleggiante di varia forma, solidamente ancorato, per l'ormeggio delle navi, per segnalare secche o bassifondi, per indicare il percorso di una regata, e sim. | ***giro di boa***, in una regata, virata che si fa dopo aver passato una boa; (*fig.*) svolta decisiva **2** ***boa aerea***, pallone colorato per segnalazioni **3** (*raro*) segnale luminoso || **boétta**, **dim.**

bòa ③ [fr. *bouée*, di etim. incerta ✻ 1983] **s. f.** ● (*sett.*) frana, smottamento fangoso, spec. di terreni argillosi

board /bɔrd, *ingl.* bɔ:d/ [vc. ingl., propr. 'tavola', anche per riunioni ✻ 1942] **s. m. inv.** ● consiglio, comitato direttivo di un ente, un'azienda e sim.

boarìa [da *boaro* ✻ 1908] **s. f. 1** tipica azienda agricola con stalla centralizzata affidata a un salariato fisso **2** contratto di lavoro per aziende zootecniche

boarìna o **bovarìna** [da *bo(v)aro*, perché come tale sembra comportarsi, essendo solita seguire i buoi al lavoro ✻ 1622] **s. f.** ● (*zool.*) cutrettola

boàrio [vc. dotta, lat. *boāriu(m)*, da *bōs* 'bue' ✻ 1863] **agg.** ● relativo ai buoi, spec. nella loc. ***foro b.***, luogo in cui si tiene un mercato di bovini

boàro ➤ **bovaro** nei sign. 1 e 2

✦**boàto** ① [vc. dotta, lat. *boātu(m)*, da *boāre*, prestito dal gr. *boân*, di orig. onomat. ✻ av. 1342] **s. m. 1** rombo forte e cupo: *prima del terremoto si udì un b. sotterraneo* **SIN.** rimbombo, tuono **2** (*aeron.*) ***b. sonico***, specie di tuono determinato da un aereo che vola a velocità prossima o superiore a quella del suono **SIN.** bang sonico

boàto ② /*portog.* °'bwatu/ [vc. portog. della stessa orig. di *boato*① ✻ 1985] **s. m. (usato spec. al pl. portog. *boatos*)** ● nel linguaggio giornalistico, indiscrezione, voce di corridoio

boat people /bot'pipol, *ingl.* 'bəʊt,pi:p(ə)l/ [loc. ingl., propr. 'gente (*people*) delle barche (*boat*)' ✻ 1979] **loc. sost. m. pl.** ● profughi in fuga o alla deriva su imbarcazioni di fortuna, spec. con riferimento alle vicende dell'Indocina

boattière [dall'it. sett. *bo* 'bue' con i suff. *-atto* (proprio dei piccoli animali) e *-iere* ✻ 1342] **s. m. 1** (*sett.*) custode o mercante di buoi **2** (*centr.*) piccolo proprietario che lavora il terreno suo o di altri col proprio bestiame

bob /bɔb, *ingl.* bɒb/ [ingl. d'America, per *bobsled* o *bobsleigh*, comp. di *bob* 'coppia di guide di legno robusto' e *sled*, *sleigh* 'slitta' ✻ 1930] **s. m. inv.** ● (*sport*) slitta da corsa, montata su quattro pattini, di cui gli anteriori girevoli | ***bob a due, a quattro***, a due o quattro posti | (*est.*) sport praticato con tale slitta su speciali piste **SIN.** guidoslitta

bòba ① ➤ **sbobba**

bòba ② [gr. *bóōpa*, acc. di *bóōps* 'pesciolino dai grandi occhi', comp. di *bôus*, genit. *boós* 'bue' e *ôps*, genit. *ōpós* 'occhio' ✻ 1955] **s. f.** ● (*zool.*) boga

bòbba ➤ **sbobba**

bòbbia ➤ **sbobba**

bobbìsta o **bobìsta** [da *bob* ✻ 1935] **s. m. e f. (pl. m. *-i*)** ● chi pratica lo sport del bob

bobìna [fr. *bobine*, di orig. onomat. ✻ 1833] **s. f. 1** conduttore elettrico isolato, avvolto in spire a uno o più strati su un isolante o su un nucleo di ferro, il cui scopo è quello di realizzare un'induttanza | ***b. d'accensione***, negli autoveicoli, quella che trasforma la bassa tensione della batteria in alta tensione per le candele **2** lungo nastro di carta avvolto intorno a un'anima per la stampa di giornali e sim. su macchine da stampa rotative **3** rocchetto dove si avvolge la lenza: *b. del mulinello* **4** parte del caricatore sul quale viene avvolta la pellicola fotografica o cinematografica **5** insieme costituito da due dischi uniti da un supporto centrale su cui si avvolge il nastro magnetico o la pellicola cinematografica pronta per la proiezione **6** cilindro sul quale si avvolge il nastro di fibre durante i vari passaggi di preparazione alla filatura || **bobinétta**, **dim.** | **bobinóne**, **accr. m.**

bobinàre [1970] **v. tr.** ● in varie tecnologie, avvolgere in bobine

bobinatóre [1955] **s. m. (f. *-trice* (V.))** ● operaio addetto alla bobinatura

bobinatrìce [1942] **s. f. 1** operaia addetta alla bobinatura **2** (*tess.*) macchina per bobinare **SIN.** spolatrice

bobinatùra [1931] **s. f.** ● operazione del bobinare

bobìsta ➤ **bobbista**

†**bobólca** [vc. dotta, lat. **bubŭlca(m)* 'bifolca' ✻ 1320 ca.] **s. f.** ● biolca

†**bobólco** o †**bubùlco** [vc. dotta, lat. *bubŭlcu(m)* 'bifolco, custode di buoi (*bŏves*)' ✻ 1321] **s. m. (f. *-a*; pl. m. *-chi*; pl. f. *-ce*)** ● bifolco

bobtail /bob'teil, *ingl.* 'bɒb,teɪl/ [vc. ingl., propr. 'dalla coda (*tail*) mozzata (dal v. *to bob*)' ✻ 1955] **s. m. inv.** ● cane di razza inglese, originariamente da pastore, dal pelo grigio, folto e lungo, privo di coda e con grossa testa quadrata

✦**bócca** [lat. *bŭcca(m)*, di etim. incerta ✻ av. 1250] **s. f. 1** (*anat.*) cavità nella parte inferiore del capo, limitata dalle labbra, che costituisce la prima porzione del tubo digerente, ed è sede del senso del gusto e, nell'uomo, della parola | ***respirazione b. a b.***, nel soccorso in casi di asfissia e sim., quella in cui l'aria è direttamente insufflata dal soccorritore alla persona soccorsa | ***b. fatta***, quella di un animale che presenta tutti gli incisivi permanenti | ***duro, tenero di b.***, di cavallo poco o molto sensibile al freno **CFR.** oro-①, stomato- **2** (*fig.*) in varie loc. con riferimento alla cavità anatomica | ***restare a b. aperta***, per stupore, sbalordimento e sim. | ***cadere in b. al nemico***, (*fig.*) finire proprio nel mezzo del pericolo | (*per antifrasi*) ***in b. al lupo!***, formula d'augurio a chi affronta una prova difficile o va incontro a una sorte incerta, a un pericolo e sim. | ***avere, sentirsi il cuore in b.***, sentirlo battere molto forte per spavento, emozione e sim. | (*fig.*) ***non ricordare dal naso alla b.***, essere di memoria molto corta **3** (*fig.*) in varie loc., con riferimento alle funzioni nutritive e gustative | ***a b. asciutta***, digiuni | ***restare, lasciare qlcu. a b. asciutta***, (*fig.*) rimanere deluso, deludere qlcu. | ***avere, lasciare la b. buona, cattiva***, (*fig.*) restare soddisfatti, insoddisfatti | ***essere di b. buona***, mangiare di tutto; (*fig.*) contentarsi facilmente | ***essere di b. dolce***, delicato nel mangiare; (*fig.*) difficilmente contentabile | ***fare la b. a qlco.***, abituarsi a qlco. | ***rifarsi la b.***, togliere un cattivo sapore; (*fig.*) cancellare una cattiva impressione | ***far venire l'acquolina in b.***, solleticare l'appetito; (*fig.*) far nascere il desiderio di qlco. | ***togliersi il pane di b.***, (*fig.*) fare grandi sacrifici | ***togliere, levare il pane di b. a qlcu.***,

b

(*fig.*) privarlo anche del necessario per vivere | (*est.*) persona a carico: *avere molte bocche da sfamare* **4** (*fig.*) in varie loc., con riferimento alla funzione vocale | ***non aprir b.***, non dir niente | ***chiudere, cucire, tappare la b.***, (*fig.*) far tacere | (*fig.*) ***b. d'oro***, chi dice cose sagge e giuste | ***tenere la b. chiusa, cucita***, tacere ostinatamente per mantenere un segreto | ***parlare, dire, suggerire, ammettere, rispondere a mezza b.***, con scarsa convinzione, con reticenza | ***per b. di qlcu.***, per mezzo di altra persona | ***cavar di b.***, (*fig.*) riuscire con fatica a far dire qlco. | ***mettere in b. a qlcu.***, (*fig.*) suggerire o attribuire qlco. a qlcu. | ***avere qlcu., qlco. in, sulla b.***, (*fig.*) parlarne sempre | ***essere, andare sulla b. di tutti***, (*fig.*) dare adito a molte chiacchiere | ***non avere né b. né orecchie***, (*fig.*) non voler parlare né ascoltare | ***passare di b. in b.***, (*fig.*) di cosa riferita dall'uno all'altro | ***lasciarsi sfuggire, scappare qlco. di b.***, (*fig.*) dire ciò che non si dovrebbe | ***mettere b. in qlco.***, intromettersi | ***togliere la parola di b. a qlcu.***, (*fig.*) anticiparlo mentre sta per parlare | ***acqua in b.!***, silenzio! | ***parole che riempiono la b.***, pompose e altisonanti | ***essere la b. della verità***, (*fig.*) detto di persona sincera **5** (*fig.*) labbra: *baciare qlcu. sulla b.*; *picchiare, colpire sulla b.* | ***storcere la b.***, fare smorfie per disgusto, rabbia, scherno e sim. **6** (*fig.*) apertura di recipienti e oggetti svariati: *b. del sacco, di un vaso, della manica* | ***a raso b.***, di liquido che riempie completamente una bottiglia e sim. | (*metall.*) ***b. del forno***, l'apertura superiore del forno a tino, per l'introduzione del materiale | V. anche *boccadopera* **7** (*tecnol.*) l'apertura compresa fra le ganasce di una pinza o una tenaglia, destinata a racchiudere il pezzo da afferrare o lavorare: *pinza a doppia b. per lattonieri e idraulici* **8** parte anteriore dell'anima di ogni arma da fuoco | ***b. da fuoco***, parte del pezzo d'artiglieria che serve per il lancio del proiettile; (*est.*) pezzo d'artiglieria **9** foce di fiume: *b. di Magra* | (**al pl.**) stretto passo di mare fra due terre: *Bocche di Bonifacio* | stretto passo di montagna fra rocce a picco: *B. di Brenta* | ***b. del ghiacciaio***, apertura alla fronte del ghiacciaio dalla quale esce il torrente glaciale | ***b. vulcanica***, apertura nel suolo da cui escono i prodotti vulcanici **10** (*bot.*) ***b. di leone***, antirrino | ***b. di lupo***, piccola pianta erbacea delle Labiate con foglie ovali, cordate e grandi fiori rosei o bianchi (*Melittis melissophyllum*) **11** ***b. di dama***, pasta dolce a base di uova, mandorle e zucchero **12** (*milit.*) ***b. di lupo***, difesa accessoria della fortificazione costituita da una luce troncoconica con uno o più pali aguzzi piantati verticalmente sul fondo **13** (*edil.*) ***b. di lupo***, apertura di aerazione nella parete di un locale interrato, affacciata su un'intercapedine sotto il piano stradale e protetta da grate; nelle carceri, schermo di cemento posto davanti alle finestre che lascia filtrare la luce attraverso una fessura; (*est.*) la finestra munita di tale schermo **14** (*mar.*) ***b. di lupo***, nodo scorsoio | ***b. di rancio***, piastra metallica sagomata in forma di tenaglia aperta, dentro la quale passano le cime d'ormeggio **15** (*elettron.*) ***b. irradiante***, terminazione aperta di guida d'onda, generalmente a forma di tromba, avente funzione di antenna **16** (*idraul.*) ***b. d'acqua***, ogni apertura per far fluire un liquido all'esterno **17** (*tess.*) ***b. d'ordito***, apertura che si forma per lasciar passare la navetta, durante il movimento dei licci **18** foratico, nella tonnara **19** ***b. del martello***, la parte piana leggermente convessa con cui si batte **20** (*archit.*) ***b. di lupo***, collegamento ortogonale tra due travi rettangolari **21** (*anat.*) ***b. dello stomaco***, nel linguaggio comune, la regione superiore dell'addome che corrisponde all'epigastrio || **boccàccia**, **pegg.** (V.) | **bocchèllo**, **dim. m.** (V.) | **bocchétta**, **dim.** (V.) | **bocchìna**, **dim.** | **bocchìno**, **dim. m.** (V.) | **boccóna**, **accr.** | **boccùccia**, **dim.** (V.)

NOMENCLATURA

bocca (cfr. sapore, gusto)

● *caratteristiche*: stretta ⇔ larga, regolare ⇔ irregolare, piccola ⇔ grande; di miele, di rosa, amorosa, sorridente, sensuale ⇔ fredda; aperta, spalancata ⇔ serrata, chiusa; amara = cattiva = impastata; sdentata;

● *parti della bocca*: mascella = osso mascellare superiore, mandibola = osso mascellare inferiore, ganascia, muscolo orbicolare;

● *labbra* (inferiore, superiore): sottili, grosse, carnose, tumide, sporgenti; vestibolo; gengiva; arcata dentale (superiore, inferiore);

● *denti* (corona, smalto, dentina, polpa; colletto, radice, apice, alveolo): incisivi, canini, premolari, molari;

● *cavità orale*: volta del palato, palato (duro, molle, velo pendulo = velo palatino), pavimento, frenulo = filetto, caruncole linguali, lingua (punta, faccia inferiore, faccia superiore, solco mediano, papille, margine laterale); tonsille; ugola; pilastri delle fauci, fauci; ghiandole salivari, saliva;

● *movimenti della bocca*: abbassamento ⇔ inarcazione; allungamento ⇔ accorciamento; protrusione ⇔ retrazione; lateralizzazione, accartocciamento; smorfia;

● *funzioni della bocca*: masticazione, salivazione, insalivazione, deglutizione; respirazione, fonazione;

● *azioni*: chiudere ⇔ aprire, boccheggiare; mangiare, imboccare, masticare, mordere; succhiare, leccare, deglutire, bere; parlare, cantare, gridare, fischiare; sorridere, ridere; baciare; schioccare, fare boccacce, respirare, alitare, soffiare, sbuffare eruttare, sbadigliare; inumidirsi le labbra, umettare, salivare, sbavare, sputare = sputacchiare, scatarrare = scaracchiare = espettorare, sciacquarsi la bocca, gargarizzare = fare gli sciacqui = fare i gargarismi; imbavagliare = tappare;

● *termini medici*: stomatologia, stomatite, trisma, afta, collutorio.

bócca- [V. *bocca*] **primo elemento** ● in parole composte significa 'apertura' in genere: *boccaporto, boccascena, boccadopera*

boccaccésco [av. 1635] **agg.** (**pl. m.** *-schi*) **1** boccacciano **2** (*est.*) licenzioso, salace come in certe novelle del Boccaccio: *storielle boccaccesche*; *situazione boccaccesca* || **boccaccescaménte**, **avv.** licenziosamente

SFUMATURE DI SIGNIFICATO

boccaccesco - piccante - erotico

Boccaccesco (dal nome di Giovanni Boccaccio, autore di novelle tradizionalmente considerate licenziose) identifica situazioni, descrizioni, scritti di argomento sessuale, ai quali non è tuttavia estranea una vena di leggerezza, di divertimento e anche di mordacità. **Piccante** ha significato molto simile, e si usa in riferimento a fatti o discorsi scabrosi osservati con malizia divertita, e senza esprimere valutazioni morali. **Erotico** è in questa serie la parola più generale e più neutra, che identifica tutto ciò che pertiene agli istinti, ai desideri, alle manifestazioni della sfera sessuale, così come si manifestano nella realtà o sono rappresentati nell'arte.

SFUMATURE ➤ ***osceno***

boccaccévole [1539] **agg.** ● (*lett.*, *spreg.*) boccaccesco, detto spec. della lingua e dello stile di imitatori del Boccaccio

boccàccia [av. 1584] **s. f.** (**pl.** *-ce*) **1** pegg. di *bocca*: *aprì la b. sdentata e fetida* (L. PIRANDELLO) | bocca amara **2** smorfia fatta con la bocca, per disgusto, scherno e sim.: *fare le boccacce* **3** (*fig.*) persona maldicente o sboccata: *è una maledetta b. che non sa tacere*

boccacciàno [1516] **agg.** ● relativo allo scrittore G. Boccaccio (1313-1375)

boccadòpera o **bócca d'òpera** [comp. di *bocca d(i) opera* ✻ 1879] **s. f.** (**pl.** *bocchedòpera*) ● boccascena

boccadòro [trad. del soprannome dell'eloquente padre della Chiesa S. Giovanni *Crisostomo*, in gr. *Chrysóstomos*, comp. di *chrysós* 'oro' e *stóma* 'bocca' ✻ 1340 ca.] **s. m. inv.** **1** epiteto di S. Giovanni patriarca di Costantinopoli **2** (*est.*) persona di grande eloquenza | (*iron.*) persona saccente e troppo loquace

boccàglio [da *bocca* ✻ 1824] **s. m.** **1** (*idraul.*) parte terminale di un tubo di scarico **2** (*idraul.*) apparecchio di strozzamento per la misurazione della portata di un fluido in pressione **3** imboccatura di vari strumenti e apparecchi: *b. del megafono, dell'autorespiratore* | tubo che si usa insieme alla maschera per respirare e osservare il fondo marino nuotando in superficie

boccàle① [lat. tardo *baucāle(m)*, dal gr. *baukális*, di orig. egiziana ✻ sec. XIII] **s. m.** **1** recipiente panciuto, fornito di manico e talvolta di beccuccio: *b. di terracotta, di vetro* | ***a boccali***, (*fig.*) abbondantemente **2** quantità di liquido contenuto in un boccale: *un b. di birra* **3** misura di capacità per liquidi, variante da l 0,8 a l 2,2 || **boccalétto**, **dim.** | **boccalìno**, **dim.** | **boccalóne**, **accr.**

boccàle② o **buccàle** [da *bocca* ✻ 1865] **agg.** ● (*anat.*) pertinente alla bocca: *mucosa b.*

boccalerìa [da *boccale*① ✻ 1934] **s. f.** ● arte della maiolica in genere

boccalìno [da *bocca*, come 'apertura all'estremità' ✻ av. 1311] **s. m.** ● boccaglio terminale delle manichette di tela delle tubazioni d'incendio e di lavaggio a bordo delle navi

boccalóne [1865] **s. m.** (**f.** *-a*) **1** chi ha la bocca larga | chi sta abitualmente a bocca aperta | (*est.*) piagnucolone, spec. bambino | (*fig.*) persona ingenua e credulona **2** (*fig.*) persona volgare, sboccata o maldicente

boccàme [da *bocca*, come 'estremità (di colata)' ✻ 1853] **s. m.** ● materiale di recupero di fonderia proveniente dalla sbavatura del pezzo

†**boccapòrta** [1612] **s. f.** ● boccaporto

boccapòrto [comp. di *bocca-* e *porto* ✻ 1612] **s. m.** **1** apertura munita di portello di chiusura a tenuta stagna, ricavata sul ponte delle navi, che immette nei locali sottostanti e nelle stive **2** (*ferr.*) apertura praticata nella parete anteriore del focolare delle caldaie a vapore per l'introduzione del combustibile || **boccaportèllo**, **dim.**

boccaròla [da *bocca* ✻ 1942] **s. f.** ● (*pop.*) fastidiosa lesione cutanea agli angoli della bocca

boccascèna [comp. di *bocca-* e *scena* ✻ 1858] **s. m. inv.** e (*raro*) **f.** (**pl. f.** *-e*) ● apertura del palcoscenico verso la platea | l'insieme degli elementi scenografici che incorniciano tale apertura **SIN.** boccadopera

boccàta [lat. parl. **buccāta(m)*, da *bŭcca* 'bocca' ✻ 1310] **s. f.** **1** ciò che si può tenere o prendere in bocca in una sola volta: *una b. di pane, di fumo, d'acqua* | ***prendere una b. d'aria***, uscire per una breve passeggiata **2** †colpo sulla bocca a mano aperta **SIN.** labbrata || **boccatìna**, **dim.**

†**boccatùra** [1612] **s. f.** ● (*milit.*) calibro

boccétta [av. 1571] **s. f.** **1** dim. di *boccia* **2** bottiglietta: *una b. di profumo* **3** bilia di avorio più piccola delle normali palle da biliardo **4** (**al pl.**) gioco analogo alle bocce ma praticato sul biliardo || **boccettìna**, **dim.** | **boccettìno**, **dim. m.**

boccheggiaménto [1666] **s. m.** ● il boccheggiare: *il b. del pesce fuor d'acqua*

boccheggiànte **part. pres.** di *boccheggiare*; anche **agg.** ● nei sign. del v.: *essere b. per l'afa* | (*est.*) agonizzante, moribondo | (*fig.*) ***un'azienda b.***, in gravissima crisi

boccheggiàre [da *bocca* ✻av. 1469] **v. intr.** (**pres.** *io bocchéggio*; **fut.** *io boccheggerò*; **aus.** *avere*) ● aprire e chiudere la bocca, respirando affannosamente e muovendo le labbra ma senza emettere alcun suono: *i pesci fuor d'acqua boccheggiano*; *l'asmatico boccheggiava* | (*est.*) agonizzare | (*fig.*) essere in crisi, stare per finire

bocchèllo [dim. di *bocca* ✻av. 1519] **s. m.** ● piccola apertura negli argini dei canaletti d'irrigazione o di scolo per il deflusso delle acque

bocchétta [av. 1537] **s. f.** **1** dim. di *bocca* **2** piccola apertura o imboccatura di vasi, canali, tubi, strumenti a fiato, e sim. | piccola apertura per la circolazione dell'aria: *b. di ventilazione* **3** borchia o cornicetta metallica che orna e protegge la toppa della serratura **4** *b. stradale*, coperchio traforato di ghisa o di pietra che copre i tombini **5** nella scarpa, striscia di pelle che, partendo dalla tomaia, fascia il collo del piede **6** valico, sella, varco in una cresta montuosa, in genere all'estremità di un vallone || **bocchettìna**, **dim.** | **bocchettóne**, **accr. m.** (V.)

bocchettóne [accr. di *bocchetta* ✻1962] **s. m.** **1** imboccatura di un tubo o serbatoio gener. munita di raccordo per valvola, tappo o sim. a chiusura ermetica **2** (*mecc.*) elemento filettato di giunzione fra tubi

bocchìno [av. 1561] **s. m.** **1** dim. di *bocca* | smorfia fatta stringendo le labbra: *scorgevo il b., il risolino, l'occhiolino magnetico d'una delle signorine* (M. D'Azeglio) **2** nelle antiche armi da fuoco portatili, pezzo metallico all'estremità anteriore della cassa che guarnisce l'imboccatura del canale della bacchetta | risalto per fissare la baionetta nei fucili **3** piccola imboccatura di alcuni strumenti a fiato **4** cannellino di foggia e materiale vari in cui si infila la sigaretta o il sigaro da fumare | parte della sigaretta che si mette tra le labbra, di solito costituita dal filtro | imboccatura della pipa **5** (*volg.*) fellatio

bòccia [etim. incerta ✻1362] **s. f.** (**pl.** *-ce*) **1** (*raro, scherz.*) capo, testa: *mi duole la b.* **2** vaso tondeggiante di vetro o cristallo per acqua o vino **3** palla di legno duro o di materiale sintetico usata in alcuni giochi: *b. da bowling* **4** (**al pl.**) gioco tra due giocatori o due squadre, in cui vince chi manda le proprie bocce più vicino al boccino: *giocare, fare una partita alle bocce* | (*fig.*) ***a bocce ferme***, dopo che la situazione si è stabilizzata: *ci ragioneremo a bocce ferme* **5** †pustola della pelle **SIN.** bolla **6** (*lett.*) bocciolo di fiore || **boccétta**, **dim.** (V.) | **boccìno**, **dim. m.** (V.) | **boccióna**, **accr.** | **boccióne**, **accr. m.**

bocciàrda [fr. *boucharde*, adattamento, per sovrapposizione di *bouche* 'bocca', di *bocard*, dal ted. *Pochwerk* 'utensile (*Werk*) per battere (*pochen*)' ✻1955] **s. f.** **1** strumento di ferro, simile a un pestello, usato per rendere zigrinata la superficie dei battuti di cemento **2** martello con bocca munita di punte piramidali usato per lavorare le pietre

bocciardàre [1983] **v. tr.** ● trattare con la bocciarda o la bocciardatrice la superficie di pietre o battuti di cemento

bocciardàto **part. pass.** di *bocciardare*; anche **agg.** ● detto di superficie di pietra o di battuto di cemento trattati con una bocciarda o una bocciardatrice

bocciardatrìce [1987] **s. f.** ● macchina utensile per bocciardare

bocciardatùra [1618] **s. f.** ● trattamento di una superficie di pietra o di cemento mediante una bocciarda o una bocciardatrice

♦**bocciàre** o (*raro*) **sbocciàre**② nel sign. 3 [da *boccia*, nel sign. 3; nei sign. 1 e 2, sul modello dell'ingl. *to blackball* 'dar palla nera' ✻1850] **A** **v. tr.** (**pres.** *io bòccio*; **fut.** *io boccerò*) **1** respingere: *b. una legge, una proposta, un emendamento* **2** respingere agli esami: *l'hanno bocciato e dovrà ripetere l'anno* **3** nel gioco delle bocce, lanciare a parabola una boccia per colpire e spostare quella avversaria o il boccino **B** **v. intr.** (**aus.** *avere*) **1** (*fam.*) urtare, scontrarsi con l'automobile **2** effettuare una bocciata

bocciàta [1941] **s. f.** **1** nel gioco delle bocce, lancio a parabola per colpire e spostare una boccia o il boccino **2** (*fam.*) urto, scontro con l'automobile

bocciatóre [1930] **s. m.** (**f.** *-trice*) ● nel gioco delle bocce, chi effettua la bocciata

bocciatùra [1880] **s. f.** **1** il fatto di venire respinto, bocciato: *la b. di una proposta di legge*; *la b. di uno studente* **CONTR.** approvazione, promozione **2** (*fam.*) urto, scontro con l'automobile | ammaccatura della carrozzeria causata dallo scontro

boccìno [1863] **s. m.** **1** dim. di *boccia* **2** (*raro, scherz.*) capo, testa: *girare, rompere il b.* **3** nel gioco delle bocce, la palla più piccola alla quale si devono accostare le proprie bocce più di quelle avversarie per realizzare punti **SIN.** pallino

bòccio [forma m. di *boccia* ✻av. 1543] **s. m.** **1** bocciolo, spec. nella loc. ***in b.*** | ***un fiore in b.***, non ancora sbocciato (*anche fig.*): *garofani in b.*; *una fanciulla in b.* **2** †bozzolo, nel sign. di *bozzolo*① || **bocciòlo**, **dim.** (V.)

bocciòdromo, (*evit.*) **bocciodròmo** [comp. di *boccia* e *-dromo* ✻1942] **s. m.** ● impianto attrezzato con vari campi per il gioco delle bocce

bocciòfila [1928] **s. f.** ● (*ellitt.*) società bocciofila

bocciòfilo [comp. di *boccia* e *-filo* ✻1930] **A** **agg.** ● relativo al gioco delle bocce | ***società bocciofila***, associazione che propaganda il gioco delle bocce; (*est.*) luogo dove si pratica, anche a livello agonistico, il gioco delle bocce **B** **s. m.** (**f.** *-a*) ● chi pratica il gioco delle bocce

bocciòlo o (*raro*) **bòcciolo**, (*lett.*) **bocciuòlo**, **bucciòlo**① [dim. di *boccio* ✻av. 1320] **s. m.** **1** fiore che non è ancora sbocciato | ***essere un b. di rosa***, (*fig.*) detto di donna giovane e graziosa **2** (*tosc., lett.*) tratto della canna fra un nodo e l'altro | (*est.*) cannello di vari materiali e con varie funzioni: *il b. della botte* **3** (*mecc.*) camma, eccentrico: *un b. dell'albero di distribuzione* **4** (*tosc., lett.*) parte del candeliere in cui viene infilata la candela || **bocciolétto**, **dim.** | **bocciolìno**, **dim.**

bòccola① (o *-ò-*) [lat. *bŭccula(m)*, dim. di *bŭcca* 'bocca' e anche 'pomo dello scudo' ✻sec. XIII] **s. f.** **1** borchia, fibbia ornamentale **2** (*mecc.*) corpo cilindrico cavo di bronzo o di acciaio usato come supporto, cuscinetto o guida di perni e sim. **3** (*ferr.*) nel materiale rotabile, organo destinato a trasmettere il carico ai fusi, a lubrificarli e a proteggerli **4** (*elettr.*) tipo di presa fissa unipolare **5** anello di ferro che fascia la testata di un legno soggetto a notevole pressione **6** nelle armature antiche, umbone o brocco della rotella **7** nel pattinaggio artistico, figura obbligatoria composta di due cerchi e due occhielli **8** nel tessuto a maglia, ansa formata da un capo di filato intrecciantesi con sé stesso o con altri fili disposti parallelamente **9** in falegnameria, cilindretto, inserito nel truciolare, che garantisce un solido collegamento con viti dei vari pezzi che compongono mobili, scaffalature e sim.

bòccola② (o *-ò-*) ➤ **buccola**

bòccolo (o *-ò-*) o **bùccolo** [da *boccola*② ✻1845] **s. m.** ● ciocca di capelli avvolta a spirale || **boccolétto**, **dim.** | **boccolòtto**, **accr.** | **boccolóne**, **accr.**

†**bocconàta** [av. 1625] **s. f.** ● (*raro*) boccone

bocconcìno [av. 1556] **s. m.** **1** dim. di *boccone*① **2** boccone molto saporito | (*est.*) cibo squisito: *sa preparare certi bocconcini!* | (*fig.*) giovane donna molto desiderabile: *Vecchiaccio rabbioso, questo b. non è per te* (C. Goldoni) **3** piccola palla di ricotta fritta, specialità della cucina romana **4** piccola mozzarella di forma tondeggiante, del peso di circa 50 grammi **5** (**al pl.**) spezzatino

♦**boccóne**① [da *bocca* ✻sec. XIII] **s. m.** **1** quantità di cibo che si può mettere in bocca in una sola volta: *un b. di pane, di minestra* | ***fra un b. e l'altro***, durante il pasto | ***guadagnarsi un b. di pane***, (*fig.*) tanto da vivere | ***levarsi il b. di bocca***, (*fig.*) privarsi del necessario per darlo agli altri | ***contare i bocconi***, (*fig.*) dare da mangiare in quantità appena sufficiente | ***avere ancora il b. in bocca***, (*fig.*) avere appena finito di mangiare | ***b. da re***, (*fig.*) squisito | ***b. del prete***, (*fig., fam.*) parte posteriore del pollo; (*est.*) parte prelibata, particolarmente gustosa | (*fig.*) ciò che piace, che si desidera: *è un b. che fa gola a molti* | ***bocconi amari***, (*fig.*) umiliazioni, rimproveri **2** (*est.*) piccola quantità di qlco. | ***a pezzi e bocconi***, poco per volta **3** (*est.*) pasto frugale, spuntino: *mangiamo un b. e poi andiamo a teatro* | ***prendere, mandar giù un b.***, mangiare poco o in fretta **4** †grossa pillola medicinale | pezzetto di carne o altro cibo avvelenato, per animali | esca, trappola || **bocconcèllo**, **dim.** | **bocconcìno**, **dim.** (V.) | **bocconòtto**, **accr.**

boccóne② ➤ **bocconi**

♦**boccóni** o (*raro*) **boccóne**② [da *bocca* ✻1287] **avv.** ● stando disteso sul ventre con la faccia in giù: *giacere, dormire, cadere b.* **SIN.** prono **CONTR.** supino

bocconiàno [1960] **agg.** e **s. m.** (**f.** *-a*) ● che (o chi) si è laureato o ha frequentato un corso di studi all'Università Bocconi di Milano

bocconòtto [da *boccone* ✻1931] **s. m.** ● pasticcino o piccolo pasticcio di pasta sfoglia o frolla con ingredienti vari a seconda delle regioni

boccùccia [1353] **s. f.** (**pl.** *-ce*) **1** dim. di *bocca* | ***fare b.***, mostrare disgusto o disprezzo **2** (*est.*) persona schifiltosa

boccùto [av. 1535] **agg.** ● (*raro, lett.*) che ha grande bocca

†**bóce** ➤ **voce**

boche /fr. bɔʃ/ [vc. fr., da *(Al)boche*, alterazione gerg. di *Allemand* 'tedesco', attraverso *Allemoche* ✻1980] **s. m.** ● (*spreg.*) tedesco, per i francesi

bòcia [vc. veneta, di etim. incerta ✻1919] **s. m. inv.** ● (*sett.*) ragazzo | (*est., gerg.*) recluta degli alpini

†**bociàre** e deriv. ➤ **vociare** e deriv.

bòdda ➤ **botta**②

bodegón [vc. sp., accr. di *bodega* 'taverna' ✻1962] **s. m. inv.** ● genere della pittura barocca spagnola che rappresenta nature morte in scene di vita quotidiana (taverne, ambienti di cucina, mercati)

bodìno ➤ **budino**

†**bòdola** ➤ **botola**

bodóni [dal n. del tipografo G. *Bodoni* (1740-1813) ✻1951] **s. m. inv.** ● carattere tipografico moderno dall'occhio rotondo e marcato

bodoniàno [1789] **agg.** ● relativo al tipografo Bodoni: *edizioni bodoniane* | che ha o imita lo stile di Bodoni: *carattere b.* | (*ellitt.*) ***alla bodoniana***, detto di rilegatura di libri eseguita con semplice cartoncino

†**bodrière** ➤ †**budriere**

bòdy /'bɔdi, *ingl.* 'bɒdi/ [vc. ingl., propr. 'corpo', di orig. germ. ✻1966] **A** **s. m. inv.** (**pl. ingl.** *bodies*) ● indumento intimo femminile che riunisce in un solo pezzo corpetto e mutandine | indumento analogo, anche maschile, usato in varie attività sportive **B** **in alcune loc. (sempre davanti a un sost.)** | nella loc. sost. f. inv. ***body art***, movimento e fenomeno artistico degli anni 1960-70, in cui il corpo dell'artista diventa esso stesso strumento espressivo grazie a gesti e azioni dimostrative da questo compiute | nella loc. sost. m. inv. ***body building***, culturismo (comp. con *building*, part. pres. di *to build* 'fabbricare, trasformare') | nella loc. sost. m. inv. ***body casting***, lifecasting, nel sign. 1 | nella loc. sost. m. inv. ***body copy***, testo descrittivo di uno slogan pubblicitario (comp. con *copy* 'testo') | nella loc. sost. m. inv. ***body painting***, tecnica pittorica in cui viene dipinto il corpo umano oppure in cui il corpo umano, cosparso di colore, viene utilizzato per dipingere (comp. con *painting* 'pittura') | nella loc. sost. m. inv. ***body pump***, ginnastica che consiste in un misto di aerobica e body building; si esegue su una base musicale impiegando un apposito bilanciere (comp. con *pump* (V.)) | nella loc. sost. m. inv. ***body scanner***, scanner tridimensionale in grado di visualizzare mediante microonde o raggi X ciò che una persona nasconde sotto i vestiti; è usato soprattutto negli aeroporti come strumento di prevenzione antiterroristica (comp. con *scanner* (V.)) | nella loc. sost. m. inv. ***body sculpture***, o ***body sculpt***, serie di esercizi fisici eseguiti a ritmo di musica, a corpo libero o con piccoli attrezzi, mirati al modellamento della muscolatura del corpo (comp. con *sculpture* 'scultura') **C** **nella loc. agg. inv. *total b.***, relativo a tutto il corpo (comp. con *total* 'tutto', 'intero'): *massaggio total b.*; *TAC, risonanza magnetica total b.* | ***allenamento total b.***, ginnastica a ritmo di musica che ha lo scopo di tonificare la muscolatura di tutto il corpo (dalla loc. *total b. workout* 'esercizio total body')

bodyguard /bɔdi'gard, *ingl.* 'bɒdɪ,gɑːd/ [vc. ingl. comp. di *body* 'corpo' e *guard* 'guardia' ✱ av. 1963] **s. m. e f. inv.** ● guardia del corpo

Boeing® /*ingl.* bəʊɪŋ/ [vc. ingl., dal n. dell'omonima compagnia aerea che costruì il suo primo aereo nel 1916 ✱ 1968] **s. m. inv.** ● nome commerciale di aviogetti di grandi dimensioni per il trasporto di passeggeri e merci

boèmo [lat. *Boihaēmiu(m)*, appartenente alla tribù celt. dei *Boi* ✱ 1325] **A** **agg.** ● della Boemia, regione della Repubblica Ceca: *popolo b.*; *lingua boema* **B** **s. m.** (**f.** *-a*) ● abitante o nativo della Boemia

boèro [neerl. *Boer*, propr. 'contadino', di orig. dial. ✱ 1899] **A** **agg.** ● relativo ai coloni olandesi trapiantatisi nel Sudafrica nel XVII secolo: *popolazione boera*; *guerra anglo-boera* **B** **s. m.** **1** (**f.** *-a*) chi appartiene alla popolazione boera **2** grosso cioccolatino, contenente liquore e una ciliegia sotto spirito

bòffice [da *suffice* con sovrapposizione onomat. di *boff* (?) ✱ av. 1660] **agg.** **1** (*raro*) soffice, morbido | ***pane b.***, molto lievitato **2** (*lett.*) grassoccio, paffuto

✦**bofonchiàre** o (*pop.*) **ṣbofonchiàre**, (*raro*, *pop.*) **ṣbufonchiàre**, †**bifonchiàre**, †**bufonchiàre** [da *bofonchio* ✱ 1300 ca.] **A** **v. intr.** (*io bofónchio*; aus. *avere*) ● brontolare, borbottare: *se ne andò bofonchiando*; *cominciò subito a b. e a piangere* (C. COLLODI) **B** **v. tr.** ● dire borbottando: *bofonchiò ... le più spropositate assurdità* (C.E. GADDA)

bofónchio① [lat. parl. **bufūnculu(m)*, da *bufōne(m)*, var. region. di *bubōne(m)* 'gufo' ✱ 1726] **s. m.** ● (*tosc.*) calabrone

✦**bofonchìo**② [deriv. di *bofonchiare* ✱ 1901] **s. m.** (**pl.** *-ii*) ● un bofonchiare insistente e prolungato: *riscotendosi al fitto b. precipitoso della sorella* (L. PIRANDELLO)

bòga (o **-ó-**) [lat. *bōca(m)*, dal gr. *bóax*, *bôx*, acc. *bôka*, fatto deriv. da *boê* 'grido, rumore', perché ritenuto l'unico pesce capace di gridare ✱ 1797] **s. f.** ● (*zool.*) pesce osseo commestibile dei Perciformi dal corpo allungato ricoperto di squame sottili, grigie dorsalmente e bianche sul ventre (*Boops boops*) **SIN.** boba

bogàra [da *boga* ✱ 1797] **s. f.** ● lunga rete per la pesca delle boghe alle foci dei fiumi

†**bogliènte** ➤ **bollente**

boglìre ➤ **bollire**

boh /bɔː/ o **bo** /bɔː/ [vc. onomat. ✱ 1823] **inter.** ● esprime incertezza, noncuranza, incredulità, disprezzo

bohème /*fr.* bɔ'ɛm/ [fr. *bohème* 'boemo' e 'zingaro', diffuso con le *Scènes de la vie de bohème* di H. Murger (1822-1861) e con l'omonima opera di G. Puccini (1858-1924) ✱ 1858] **s. f. inv.** ● vita libera, disordinata e anticonformista, tipica di giovani artisti poveri | insieme di artisti che conducono tale vita

bohémien /*fr.* bɔe'mjɛ̃/ [1883] **A** **s. m. inv.** (**f. fr.** *bohémienne*) ● chi conduce una vita di bohème **B** **anche agg.**: *un artista b.*

bohémienne /*fr.* bɔe'mjɛn/ [vc. fr., *bohemiénne* 'zingaresca' (da *bohémien* 'zingaro', ritenuto proveniente dalla *Boemia*) ✱ 1905] **s. f. inv.** ● danza popolare simile alla mazurca

bòhrio /'bɔrjo/ [dal n. del fisico danese Niels Bohr (1885-1962)] **s. m.** ● elemento chimico transuranico artificiale **SIMB.** Bh **NUM. AT.** 107

bòia [lat. *bōia(m)* 'catena, ceppo', dal gr. *boêiai* (sottinteso *doraí*) '(corregge) di cuoio di bue' ✱ 1481] **A** **s. m. inv.** e *raro* **s. f. inv.** **1** chi deve eseguire la sentenza capitale | ***essere il b. di qlcu.***, (*fig.*) tormentare qlcu. in modo spietato, crudele **SIN.** carnefice **2** (*est.*) spietato persecutore, aguzzino: *il b. di Auschwitz, di Srebrenica* | (*est.*) delinquente, mascalzone: *è un vero b.* | ***faccia, espressione da b.***, viso sinistro, truce **3** nelle loc. inter. ***b. d'un mondo!***; ***b. d'un cane!***; ***b. d'una miseria!*** e sim. per esprimere ira, disappunto, rabbia e sim. **B** **in funzione di agg. inv.** ● cattivo, tristo, spec. in loc. inter.: ***mondo b.!***; ***b. cane!***; ***miseria b.!*** | (*iperb.*) insopportabile, terribile: *caldo, freddo b.* ‖ (*pop.*) **boiàccio**, **pegg.**

boiàcca [etim. incerta ✱ 1931] **s. f.** ● (*edil.*) malta cementizia fluida usata, durante la messa in opera di piastrelle e mattoni di rivestimento, per unirli fra loro e farli aderire al pavimento o alla parete

boiardésco [1983] **agg.** (**pl. m.** *-schi*) ● relativo al poeta M. M. Boiardo (1441-1494): *poesia boiardesca*

boiàrdo o **boiàro** [russo *bojar*, di etim. discussa: dall'agg. turco (ant.) *bai* 'ricco' col suff. persiano *-ar*, cioè 'uomo ricco, nobile' (?) ✱ av. 1557] **s. m.** **1** in epoca zarista, nobile russo o slavo proprietario terriero **2** (**f.** *-a*) (*fig.*, *spreg.*) alto dirigente, spec. di un ente economico pubblico

boiàta [da *boia* ✱ 1873] **s. f.** ● (*pop.*) carognata, mascalzonata: *è una delle sue solite boiate* | (*raro*) stupidaggine: *smettila di dire boiate!* | cosa fatta o riuscita malissimo: *questo libro è una gran b.*

boicottàggio [fr. *boycottage*, da *boycotter* 'boicottare' ✱ 1888] **s. m.** ● attività consistente nel boicottare o (*est.*) nell'ostacolare qlcu. o qlco.

boicottàre [fr. *boycotter*, dall'ingl. *to boycott* 'comportarsi come i coloni di lord Erne verso il suo inumano amministratore, capitano C.C. *Boycott* (1832-1897), contro il quale attuarono varie forme di rappresaglia' ✱ 1881] **v. tr.** (*io boicòtto*) **1** danneggiare economicamente un imprenditore o uno Stato produttore di determinati beni sottraendogli elementi indispensabili alla produzione o impedendo la vendita delle merci prodotte **2** (*est.*) ostacolare la riuscita di qlco.: *hanno boicottato tutte le nostre iniziative* | ostacolare l'attività di qlcu., isolare qlcu.

boicottatóre [1940] **s. m.** (**f.** *-trice*); **anche agg.** ● chi (o che) boicotta

Bòidi [vc. dotta, comp. di *bo(a)*① e del suff. *-idi* ✱ 1930] **s. m. pl.** (**sing.** *-e*) ● (*zool.*) famiglia di Rettili comprendente specie di grande mole, prive di veleno, ma dotate di grande forza muscolare (*Boidae*)

bòiler /'bɔiler, *ingl.* 'bɔɪlə(r)/ [ingl. *boiler* 'bollitore' ✱ 1960] **s. m. inv.** ● scaldaacqua ad accumulazione

bòina /'bɔjna, *sp.* °'bɔina/ [vc. sp., di orig. basca ✱ av. 1936] **s. f.** (**pl.** *boine* o **sp.** *boinas*) ● berretto basco

boiserie /*fr.* bwaz'ʀi/ [vc. fr., da *bois* 'legno' (dal sign. originario di 'bosco') ✱ 1962] **s. f. inv.** ● rivestimento ligneo di pareti variamente lavorato e decorato

boîte /*fr.* bwat/ [vc. fr., propr. 'scatola', dal lat. parl. *bŭxida* 'scatola di bosso', come *bussola* (V.) ✱ 1935] **s. f. inv.** ● piccolo locale notturno: *le boîtes di Parigi*

bolarmènico o **bolarmèno** [vc. dotta, comp. di *bolo* e *armenico* 'armeno', dalla regione di provenienza ✱ av. 1320] **s. m.** (**pl.** *-ci*) ● bolo nel sign. 4

bolcióne ➤ **bolzone**

bold /bold, *ingl.* bəʊld/ [vc. ingl., dal medio ingl. *bald* propr. 'essenziale, nitido', di orig. indeur. ✱ 1988] **A** **s. m. inv.** ● (*tipogr.*) grassetto, neretto **B** **anche agg. inv.**: *carattere b.*

boldìna [1955] **s. f.** ● alcaloide estratto dal boldo, dotato di azione coleretica e colagoga

bòldo [sp. *boldo*, da una lingua dell'America merid. ✱ 1950] **s. m.** ● piccolo albero originario del Cile con fiori biancastri e foglie coriacee ovali di odore aromatico, usate come rimedio nelle affezioni epatiche (*Peumus boldus*)

†**boldóne** [lat. *bŏtulu(m)* 'salsiccia', di etim. incerta, con sovrapposizione di altra parola ✱ av. 1556] **s. m.** ● (*sett.*) sanguinaccio

†**boldróne** [etim. incerta ✱ 1298] **s. m.** ● vello o pelle di pecora con tutta la lana

bolentìno [genovese *bolentìn*, propr. 'volantino', cioè oggetto che vola ✱ sec. XII] **s. m.** ● lenza a mano per pesca sul fondo, spec. in mare, con più ami e grosso piombo terminale

bolèro [sp. *bolero*, di etim. incerta ✱ 1828] **s. m.** **1** musica e danza popolare spagnola, forse d'origine araba, in ritmo ternario **2** corto giacchetto maschile, aperto sul davanti, caratteristico del costume spagnolo | indumento femminile di foggia analoga, ma senza maniche **3** cappello di feltro, tipico dei torери, a tesa diritta, gener. ornato di nappe ‖ **bolerino**, **dim.** nel sign. 2

bolèto (o **-é-**) [lat. *bolētu(m)*, di etim. incerta ✱ 1374] **s. m.** ● genere di Funghi dei Basidiomiceti comprendente varie specie anche commestibili, come alcune specie di porcino, caratterizzate da un cappello al di sotto del quale si trovano numerosi tubuli rivestiti dall'imenio (*Boletus*) | ***b. Satana***, porcino malefico

bolgètta [av. 1536] **s. f.** **1** dim. di *bolgia* **2** (*lett.*) borsa chiusa di pelle per documenti e sim. **3** borsa dei postini | sacco o altro contenitore per il trasporto della posta

✦**bòlgia** [ant. fr. *bolge* 'valigia', dal lat. *bŭlga*, di orig. gallica ✱ 1313] **s. f.** (**pl.** *-ge*) **1** †borsa, bisaccia, valigia | ampia tasca di stoffa o cuoio, per attrezzi e strumenti **2** (*per anton.*) ciascuna delle dieci fosse dell'ottavo cerchio dell'Inferno dantesco **3** (*fig.*) luogo in cui vi è grande agitazione, confusione, affollamento: *che b.!* ‖ **bolgètta**, **dim.** (V.)

bòlide [vc. dotta, lat. *bŏlide(m)*, dal gr. *bolís*, genit. *bolídos* 'oggetto lanciato', da *bállein* 'lanciare' ✱ 1813] **s. m.** **1** (*astron.*) meteorite assai luminosa e durevole **2** (*est.*) ciò che è dotato di grande velocità: *è passato come un b.*; *sul-*

l'autostrada va come un b. | nel calcio e sim., tiro in porta di notevole potenza **3** automobile da corsa: *i bolidi di Les Mans* **4** (*fam., scherz.*) persona grossa e corpulenta

bolìna o **bulìna**, **borìna**, **burìna** [fr. *boline*, dall'ingl. *bowline*, comp. di *bow* 'prua' e *line* 'cavo'; le forme con la *-r-* provengono attrav. il catalano *borina* ∗ av. 1470] **s. f.** ● (*mar.*) nell'attrezzatura velica tradizionale, manovra usata per tesare verso prua la caduta verticale della vela quadra in modo che questa prenda meglio il vento | andatura di un'imbarcazione a vela la cui rotta forma con la direzione del vento un angolo inferiore a 90°: *navigare, andare di b.* | ***b. stretta***, stringendo il vento al massimo | ***b. larga***, quella con un angolo di 45°-90°

bolinàre [1829] **A** **v. tr.** ● tesare le boline **B** **v. intr.** (**aus.** *avere*) ● andare di bolina

bolívar /bo'livar, *sp.* °bo'liβar/ [dal n. dell'eroe sudamericano Simón *Bolívar* (1783-1830) ∗ 1892] **s. m. inv.** (**pl. sp.** *bolivares*) ● unità monetaria del Venezuela **SIMB.** Bs

♦**boliviàno** [1889] **A** **agg.** ● della Bolivia **B** **s. m.** **1** (**f.** *-a*) abitante o nativo della Bolivia **2** unità monetaria della Bolivia

♦**bólla**① o †**bùlla** [lat. *bŭlla(m)* 'bolla d'acqua', vc. di orig. espressiva che rimanda all'idea di rotondità ∗ 1266] **s. f.** **1** rigonfiamento di forma pressoché sferica che si forma sui liquidi per ebollizione o depressione | ***b. di sapone***, quella che si ottiene soffiando aria, con una cannuccia, nell'acqua saponata; (*fig.*) cosa effimera | ***è finito tutto in una b. di sapone***, (*fig.*) nel nulla | (*borsa*) ***bolla speculativa***, o (*ellitt.*) ***bolla***, aumento del valore di un titolo azionario per l'aspettativa di una costante crescita della sua quotazione e non sulla base del suo effettivo valore o delle reali possibilità di futuri utili (calco sull'ingl. *South Sea Bubble*, il clamoroso crollo finanziario della Compagnia dei mari del Sud, avvenuto a Londra nel 1720) | ***b. immobiliare***, bolla speculativa applicata al mercato immobiliare | ***in b.***, perfettamente orizzontale, con riferimento alla livella a bolla d'aria **2** (*med.*) raccolta di liquido sieroso negli strati superficiali della cute, più grande della vescicola **CFR.** fiso- **3** (*bot.*) malattia fungina che si manifesta su germogli, frutti e foglie di alcune piante con rigonfiamenti e ispessimenti dei tessuti **4** occlusione gassosa che rimane nel vetro o nel metallo fuso per difetto di affinaggio **5** rigonfiamento sferoidale in vetro che è parte di alcuni apparecchi chimici e che ha diverse funzioni: *gorgogliatore, refrigerante a b.*; *b. di sicurezza* | apparecchio per concentrare nel vuoto soluzioni sciroppose, conserve, succhi alimentari e sim., usato spec. negli zuccherifici **6** difetto di tessitura costituito da rigonfiamenti del tessuto ‖ **bollicìna**, **dim.** (V.) | †**bollìcola**, **dim.**

bólla② o †**bùlla** [lat. *bŭlla(m)* 'bolla' (V. *bolla*①) e (*est.*) la 'borchia d'oro o di cuoio, che i giovani patrizi romani portavano al collo'; poi (dal VI sec.) quella 'simile nella forma, ma di piombo, attaccata ad atti e lettere, quindi la lettera stessa' ∗ av. 1304] **s. f.** **1** (*stor.*) sigillo di metallo recante un'impronta su ciascuna faccia | impronta di un sigillo apposta per l'autenticazione di atti **2** (*stor.*) lettera papale o episcopale munita di sigillo | diploma degli imperatori del Sacro Romano Impero **3** ricevuta, rilasciata a prova dell'avvenuta consegna di merce o dell'avvenuto pagamento di diritti: *b. di spedizione, di carico, di scarico, di consegna* **4** (*org. az.*) nella catena di montaggio, ordine dato agli operai per iniziare un lavoro **5** nell'antica Roma, ciondolo ornamentale **6** (*lett.*) borchia ornamentale d'oro o d'argento ‖ **bollétta**, **dim.** (V.)

bollandìsta [1759] **s. m. e f.** (**pl. m.** *-i*) ● scrittore di vite di santi secondo l'ordine dei giorni e dei mesi, in continuazione dell'opera iniziata nel XVII sec. dal gesuita Jean Bolland (1596-1665)

bollàre [lat. *bullāre*, da *bŭlla* 'bolla②' ∗ av. 1294] **v. tr.** (*io bóllo*) **1** applicare un bollo su un documento, un atto e sim. per comprovarne la validità o attestare l'avvenuto pagamento di un tributo: *b. un registro, la merce, il passaporto* **2** (*fig.*) segnare con un marchio disonorevole, di disprezzo: *le sue azioni lo bolleranno d'infamia; la sua proposta fu bollata come 'vergognosa'* **SIN.** infamare, tacciare **3** (*raro, fig.*) ingannare, danneggiare

bollàrio [1585] **s. m.** ● raccolta di bolle pontificie

bollàto **part. pass.** di *bollare*; **anche agg.** **1** nei sign. del v. | ***carta bollata***, carta da bollo **2** (*fig.*) disonorato, infamato: *b. a vita*

bollatóre [1863] **s. m.** (**f.** *-trice*) ● chi bolla documenti, lettere e sim.

bollatrìce [1970] **s. f.** ● macchina per apporre bolli, timbri e sim.

bollatùra [1334] **s. f.** ● operazione del bollare

bollazióne **s. f.** ● (*burocr.*) bollatura

bollènte o †**bogliènte** **part. pres.** di *bollire*; **anche agg.** **1** nei sign. del v. **2** caldissimo: *il brodo appena versato è b.* | (*fig.*) ardente, focoso: *temperamento, carattere b.* | (*fig., colloq.*) di contenuto erotico: *messaggini bollenti*

bollétta① o (*raro*) **bullétta** [1321] **s. f.** **1** dim. di *bolla*② **2** polizza rilasciata a prova dell'avvenuta consegna di merce o dell'avvenuto pagamento di denaro: *b. di spedizione, b. del dazio* | fattura periodica relativa a forniture di servizi primari: *b. del gas, del telefono* **3** V. *bulletta* nel sign. 1 ‖ **bollettìno**, **dim. m.** (V.)

bollétta② o (*raro*) **bullétta** [dall'uso di affiggere in pubblico le polizze (*bollette*) dei falliti ∗ 1819] **s. f.** ● nella loc. ***essere, stare in b.***, senza denaro

bollettàrio [1626] **s. m.** ● blocco a madre e figlia, da cui si staccano bolle o ricevute

bollettazióne [da *bollettare*, non in uso ∗ 1991] **s. f.** ● (*burocr.*) emissione di una bolletta relativa al consumo di una utenza: *b. bimestrale; b. del gas*

♦**bollettìno** o (*raro*) **bullettìno** [av. 1502] **s. m.** **1** dim. di *bolletta*① **2** polizza: *b. di consegna, di acquisto, di carico e scarico* | ***b. di versamento***, modulo da compilare per ogni versamento sul conto corrente postale **3** notiziario periodico specializzato, relativo ad argomenti riguardanti l'attività di istituzioni, organizzazioni, uffici e sim.: *b. dei protesti cambiari; b. d'informazione; b. meteorologico; b. dell'Unione Matematica Italiana* | ***b. medico***, che informa sul decorso della malattia di qlcu., spec. di personaggi illustri o famosi | ***b. bibliografico***, con annunci di libri nuovi, recensioni e sim. | ***B. ufficiale***, periodico redatto a cura di ciascun ministero contenente gli atti amministrativi che interessano gli impiegati del ministero stesso | ***b. ufficiale delle società per azioni e a responsabilità limitata***, sul quale vanno pubblicati gli atti delle società nei casi previsti dalla legge | ***B. ufficiale della Regione***, giornale per la pubblicazione degli atti regionali | ***b. di guerra***, comunicato periodico sullo svolgimento delle operazioni militari emesso dal comando supremo delle forze armate in uno stato belligerante **4** nelle gare a punteggio e a cronometro, modulo su cui vengono registrati i risultati conseguiti dagli atleti

SFUMATURE DI SIGNIFICATO

bollettino - comunicato - avviso

Bollettino è un notiziario periodico emanato da istituzioni pubbliche o private relativo alle proprie attività. Se l'istituzione produce un documento formale che si riferisce a un fatto specifico si ha piuttosto un **comunicato**, oppure un **avviso** se il fine è quello di emanare delle avvertenze al pubblico, ai dipendenti ecc. In altra accezione, *avviso* è un avvertimento giudiziario o amministrativo.

bólli bólli [dall'imperat. di *bolli(re)*, reduplicato ∗ 1827] **loc. sost. m. inv.** ● (*disus.*) tumulto, sommossa

†**bollicàre** ➤ **bulicare**

†**bollichìo** [da †*bollicare* ∗ 1374] **s. m.** ● ribollimento

bollicìna [1866] **s. f.** **1** dim. di *bolla* **2** (**al pl.**) le piccole bolle di anidride carbonica che si sviluppano nello champagne e nei vini spumanti **SIN.** perlage | (*colloq.*) acqua con le bollicine, acqua frizzante | (*est.*) spumante, champagne: *nel cenone, gran consumo di bollicine italiane* | (*est.*) bevanda gassata in genere

bollilàtte [comp. di *bolli(re)* e *latte* ∗ 1965] **s. m. inv.** ● bollitore per latte con coperchio fornito di fori per impedire l'uscita della schiuma al momento dell'ebollizione

bolliménto [1268] **s. m.** ● (*raro, lett.*) bollore, ebollizione | (*fig., lett.*) agitazione

bollinàre [da *bollino* ∗ 1722] **v. tr.** ● (*burocr.*) contrassegnare con un bollino, un marchio e sim. | (*est.*) convalidare, vidimare

bollinatùra [1772] **s. f.** ● (*burocr.*) operazione del bollinare

bollìno [1942] **s. m.** **1** dim. di *bollo*② **2** tagliandino di carta variamente contrassegnato che comprova un acquisto o l'avvenuto adempimento di un obbligo | etichetta adesiva che indica la caratteristica di un prodotto: *i capi col b. giallo sono scontati del 30%* | ***b. blu, b. verde***, che certifica la conformità di un'autovettura alle norme antinquinamento o la regolare manutenzione di un impianto di riscaldamento | ***b. rosso***, contrassegno per le giornate in cui è previsto un grande traffico di veicoli: *fine settimana da b. rosso* | indicatore con funzioni diverse: *b. di qualità per aziende che assumono disabili* **3** negli anni della seconda Guerra mondiale, tagliando della carta annonaria **4** marchio di garanzia su un prodotto che ne certifica l'origine e la conformità ai requisiti di legge: *b. CE; il b. sulle carni macellate*

♦**bollìre** o (*tosc.*) **boglìre** [lat. *bullīre*, da *bŭlla* 'bolla①', propr. 'fare *bul-bul*' ∗ 1282] **A** **v. intr.** (*io bóllo*; **aus.** *avere*) **1** formare bolle di gas, detto dei liquidi durante il loro passaggio dallo stato liquido allo stato di vapore: *l'acqua bolle a cento gradi* | ***avere il sangue che bolle***, (*fig.*) essere di temperamento passionale **2** (*est.*) cuocere in un liquido che bolle: *le patate bollono* | ***quel che bolle in pentola***, (*fig.*) ciò che si sta preparando più o meno in segreto | ***lasciar b. qlcu. nel suo brodo***, (*fig.*) non curarsene | gorgogliare, detto di recipiente in cui bolle un liquido: *la pentola bolle* **3** (*fig.*) soffrire per l'eccessivo calore: *in quella camera si bolle* | essere arrabbiato o in grande agitazione (+ *di*, + *da*): *b. d'ira, di rabbia, dalla rabbia* **4** fermentare, del mosto **B** **v. tr.** ● far cuocere nell'acqua o in altro liquido bollente: *b. una gallina* **SIN.** lessare

bollisiringhe [comp. di *bolli(re)* e del pl. di *siringa* ∗ 1970] **s. m. inv.** ● recipiente per la bollitura sterilizzante delle siringhe da iniezione

bollìta [1887] **s. f.** ● breve bollitura ‖ **bollitìna**, **dim.**

bollìto **A** **part. pass.** di *bollire*; **anche agg.** ●

b

nei sign. del v. | (*fig., colloq.*) logorato, sfiancato, sfinito: *arriverà b. alle elezioni* CFR. decotto **B** s. m. ● vivanda di carne, spec. bovina, bollita: *mangiare il b.*; *b. misto*; *b. con sottaceti* | (*est.*) carne adatta a essere bollita SIN. lesso

bollitóre [1865] s. m. **1** ogni recipiente che nell'uso domestico, industriale o scientifico serve a portare un liquido all'ebollizione | autoclave di grande capacità, usata spec. per farvi avvenire reazioni chimiche, resistente a pressioni e temperature modeste **2** (f. *-trice*) in varie industrie, operaio addetto alla bollitura

bollitùra [1612] s. f. **1** il bollire | durata dell'ebollizione: *la b. della carne* | acqua o altro liquido in cui sia stata bollita qlco. **2** (*metall.*) ***b. a fuoco***, saldatura a fuoco

†**bollizióne** [av. 1320] s. f. ● bollitura | (*lett., fig.*) agitazione

bóllo① [da *bollire* ✻ 1562] s. m. ● (*sett.*) bollore

bóllo② [da *bollare* ✻ 1588] s. m. **1** impronta su qlco. (atti, documenti, bestiame, generi alimentari, contenitori per vari usi, e sim.) apposta per autenticazione, identificazione, tassa di registrazione o garanzia | ***b. postale***, annullo per l'affrancatura delle spedizioni | ***imposta di b.***, tributo che grava su certi atti scritti | ***carta da b.***, quella legale munita di bollo | ***marca da b.***, V. *marca*① | ***b. ordinario***, carta bollata | ***b. straordinario***, marca da bollo o bollo a punzone o visto per bollo | ***b. virtuale***, pagamento del tributo all'ufficio competente senza che ciò risulti dall'atto | ***b. di circolazione***, (*ellitt.*) ***bollo***, contrassegno di carta che attesta l'avvenuto pagamento della tassa di possesso di un autoveicolo **2** strumento che serve per bollare | ***b. a secco***, impronta in rilievo di un sigillo | ***b. a umido***, impronta con inchiostro **3** (*pop.*) francobollo **4** †marchio sul corpo, spec. sulla fronte, dei condannati per certi reati | (*fig.*) segno, simbolo infamante **5** (*fig., fam.*) segno, livido: *ha le gambe piene di bolli* | ammaccatura ‖ **bollìno**, dim. (V.)

> **SFUMATURE DI SIGNIFICATO**
> ***bollo - timbro - timbratura - sigillo***
> Il **bollo** è un'impronta, una traccia che viene posta per autenticare, identificare, registrare. **Timbro** è propriamente lo strumento che serve per imprimere scritte o bolli; in senso esteso il termine è usato per indicare il bollo stesso. **Timbratura** è sinonimo di *timbro* in quest'ultima accezione; in particolare si chiama timbratura il timbro applicato sui francobolli. Il **sigillo** è invece un'impronta solitamente fatta su cera o piombo per garantire l'integrità, l'originalità di un documento.
> SFUMATURE ➤ ***marchio***

♣**bollóre** [da *bollire* ✻ sec. XIII] s. m. **1** il bollire; stato di ebollizione di un liquido | ***dare un b.***, portare il liquido a ebollizione e subito sospenderla | ***levare, alzare il b.***, cominciare a bollire | ***essere a b.***, aver raggiunto la temperatura richiesta per la bollitura **2** (*est.*) caldo eccessivo: *il b. dell'estate* **3** (*fig.*) stato di agitazione, di eccitazione: *b. di sdegno, d'ira, di passioni* | (*fig.*) entusiasmo, fervore: *al giovanil bollor, tutto par lieve* (V. ALFIERI)
SFUMATURE ➤ ***canicola***

bollóso (o *-ṣ-*) [da *bolla*① ✻ 1865] agg. ● pieno di bolle

Bòllywood /'bollivud, *ingl.* 'bɒlɪwʊd/ [da *(Ho)llywood* con sovrapposizione di *Bo(mbay)* ✻ 1993] **A** s. m. solo sing. ● nel linguaggio giornalistico, l'industria cinematografica indiana **B** anche agg. inv.: *un film B.*

bòlo [vc. dotta, lat. tardo *bōlu(m)* 'grossa pillola', dal gr. *bôlos* 'palla di terra', di etim. incerta ✻ sec. XIII] s. m. **1** piccola massa di cibo masticato e insalivato pronto per la deglutizione: *b. alimentare, masticatorio* | (*med.*) ***b. isterico***, sensazione di costrizione o di ingombro alla gola propria degli isterici **2** (*zool.*) piccola massa di sostanze non digerite, come peli o penne, che si forma nello stomaco di uccelli, spec. rapaci, e che viene poi rigurgitata SIN. borra **3** pillola di grandi dimensioni, morbida e facilmente inghiottibile, usata oggi solo in veterinaria per somministrare farmaci di sapore sgradevole **4** miscela argillosa contenente ossidi di ferro che le conferiscono una colorazione prevalentemente rossa | impasto costituito da tale argilla, usato da pittori e doratori per fare aderire la foglia d'oro su cornici, dipinti e sim.: *dorare a b.* SIN. bolarmenico

-bolo [dal gr. *bólos* 'lancio, getto'] secondo elemento ● in parole composte dotte o della terminologia scientifica significa 'che lancia' o 'che getta': *discobolo*

♦**bolognése** (o *-ṣ-*) [1278] **A** agg. ● di Bologna | ***alla b.***, (*ellitt.*) detto di condimento fatto con odori e vari tipi di carne battuti, soffritti e cotti in salsa di pomodoro: *ragù alla b.* **B** s. m. e f. ● abitante o nativo di Bologna

bolognìno [dal n. della città di *Bologna* ✻ 1211] s. m. ● denaro coniato a Bologna dal 1191 al 1612

bolomètrico [1930] agg. (pl. m. *-ci*) ● relativo a bolometro | misurato con il bolometro

bolòmetro [comp. del gr. *bolḗ* 'raggio' (con riferimento all'energia *raggiante*) e *-metro* ✻ 1929] s. m. ● (*fis.*) strumento che misura l'energia delle onde elettromagnetiche

bolsàggine [da *bolso* ✻ 1772] s. f. **1** grave difficoltà respiratoria del cavallo, dovuta a uno stato enfisematoso del polmone **2** (*fig.*) fiacchezza, mancanza di vigoria

bolscevìco, (*evit.*) **bolscèvico** [russo *bol'ševík* 'uno della maggioranza', da *ból'šij* 'massimo' ✻ 1917] agg. e s. m. (f. *-a*; pl. m. *-chi*) ● relativo o appartenente alla tendenza di sinistra e maggioritaria dell'antico partito socialdemocratico russo | (*est.*) comunista

bolscevìsmo [russo *bol'ševízm*, da *ból'šij* 'massimo' ✻ 1919] s. m. ● teoria e prassi del partito bolscevico | (*est.*) comunismo

bolscevizzàre [da *bolscevico* ✻ 1920] v. tr. ● rendere bolscevico ‖ **bolscevizzazióne**, s. f.

♣**bólso** [lat. *vŭlsu(m)*, part. di *vĕllere* 'schiantare' ✻ 1353] agg. **1** detto di animale, spec. cavallo, affetto da bolsaggine **2** che respira male, asmatico | (*est.*) fiacco, floscio | (*fig.*) †***ferro b.***, smussato | (*fig.*) goffo, che manca di vigoria: *un uomo dall'aria bolsa*; *prosa bolsa* ‖ **bolsaménte**, avv.

♦**bolzanìno** (o *-ẓ-*) [1933] **A** agg. ● di Bolzano **B** s. m. (f. *-a*) ● abitante o nativo di Bolzano

†**bolzonàre** o †**ṣbolzonàre** [da *bolzone* ✻ av. 1340] v. tr. ● percuotere col bolzone

bolzonàto part. pass. di †*bolzonare*; anche agg. **1** nei sign. del v. **2** ***moneta bolzonata***, segnata col bolzone per toglierla dal corso legale

bolzóne o **bolcióne** [ant. fr. *bonzon*, dal lat. mediev. *bultiōne(m)*, di orig. germ. (?) ✻ av. 1276] s. m. **1** testa in ferro dell'ariete, macchina bellica usata un tempo per sfondare le muraglie | specie di freccia con punta smussata o a corona **2** ciascuna delle travi usate un tempo per manovrare il ponte levatoio **3** punzone a molla usato per macellare i maiali colpendoli sulla fronte **4** punzone usato per segnare monete, medaglie e sim. **5** (*mar.*) convessità del ponte in senso trasversale per facilitare il deflusso delle acque **6** argento in lega con metallo vile, usato per moneta SIN. billone **7** (*archit.*) asta trasversale passante, nella testa di chiavi da muro o da volta, destinata a trattenere le chiavi stesse durante la tensione

bòma o **bòme** [fr. *bôme*, dal neerl. *boom*, di orig. germ. ✻ 1813] s. m. inv. o s. f. ● (*mar.*) asta incernierata all'albero, che aiuta a mantenere tesa la base della randa e a regolarne l'orientamento

♦**bómba** [di orig. onomat. ✻ 1470 ca.] **A** s. f. **1** antico proietto da mortaio, di forma sferica, cavo, pieno di esplosivo, che scoppiava a distanza variante a seconda della lunghezza della miccia, accesa all'atto dello sparo dalla vampa della carica di lancio | proietto dei moderni mortai, di forma aerodinamica, dotato di impennaggi e funzionante a percussione | qualunque ordigno costituito da un involucro racchiudente materia esplosiva e munito di congegno di accensione | ***b. a mano***, di impiego bellico, da lancio individuale, a raggio limitato | ***b. a tempo***, il cui scoppio è prefissato per un dato momento | ***b. carta***, rudimentale ordigno esplosivo costituito da polvere nera avvolta in molti fogli di carta legati strettamente, che, esplodendo, ha effetto rumoroso più che distruttivo | ***b. molotov***, V. *molotov* | ***b. asfissiante, incendiaria, fumogena, lacrimogena, dirompente, illuminante***, con riferimento alle materie contenute, agli effetti corrispondenti | ***b. di profondità***, contenente una notevole carica di scoppio, lanciata o lasciata cadere in mare | ***b. da aereo***, lanciata da aeroplani | ***b. a grappolo***, costituita da un ordigno principale il cui scoppio lancia un gran numero di piccole bombe in un'area; cluster bomb | ***b. da mortaio, da bombarda***, costruite in modo da poter essere lanciate a una certa distanza col mortaio o con la bombarda | ***b. a orologeria***, con dispositivo che provoca l'accensione con ritardo e al momento voluto; (*fig.*) ciò che è destinato a produrre effetti clamorosi in un momento successivo | ***b. d'acqua***, palloncino pieno d'acqua che i ragazzi si lanciano per gioco; nel linguaggio giornalistico, pioggia violenta che produce danni devastanti | ***b. A, b. atomica***, ordigno che utilizza come carica di scoppio una sostanza fatta esplodere per innesco di una reazione nucleare a catena | ***b. H, b. all'idrogeno, termonucleare, nucleare***, che sfrutta l'energia liberata nella trasformazione dell'idrogeno in elio | ***b. N, b. al neutrone***, ordigno nucleare di energia relativamente limitata, i cui effetti letali sono dovuti prevalentemente all'emissione di neutroni veloci | ***a prova di b.***, detto di un ricovero o riparo resistentissimo; (*fig.*) di ciò che è particolarmente solido e resistente: *un'amicizia a prova di b.* | ***corpo di mille bombe!***, (*fig., scherz.*) per indicare stupore, dispetto e sim. **2** ***bombe d'artificio***, fuochi artificiali (V. *fuoco* nel sign. A 2) **3** ***b. vulcanica***, frammento di lava fusa eruttato da un vulcano **4** (*fig., tosc.*) fandonia, balla: *non raccontar bombe!* **5** (*fig.*) notizia esplosiva, evento clamoroso | scandalo **6** (*fig., pop.*) sostanza eccitante usata dagli atleti per accrescere il loro rendimento in gara | (*gerg.*) spinello **7** pasta dolce soffice, ripiena di marmellata o crema, a forma di palla **8** pallottola di gomma da masticare che produce bolle colorate **9** (*med.*) apparecchiatura metallica di forma sferica usata in radioterapia: *b. al cobalto, al cesio* **10** (*aeron.*) figura acrobatica in cui gli aerei, partendo da una formazione raccolta, puntano verso l'alto allargandosi in diverse direzioni così da simulare la deflagrazione di una bomba **11** (*fis.*) ***b. manometrica***, strumento usato per la determinazione della pressione dei gas provocati dall'accensione di una miscela esplosiva **12** (*chim.*) ***b. calorimetrica***, strumento usato per la determinazione del potere calorifico delle sostanze o per scopi di analisi chimica **13** (*raro*) cappello a cilindro **14** nei giochi infantili, luogo o punto che deve essere raggiunto prima di essere individuato dall'avversario | (*fig.*) ***tornare a b.***, dopo una divagazione, tornare all'argomento principale **B in funzione di agg. inv.** ● (posposto a un sost.) che contiene al suo interno un ordigno esplosivo: *pacco b.*; *camion b.* | (*fig.*) sensazionale, che desta scalpore, esplosivo: *notizia b.* ‖ **bombétta**, **dim.** (V.)

Bombacàcee [comp. del lat. mediev. *bŏmbax*, variante di *bămbax* 'bambagia', e *-acee* ✱ 1930] **s. f. pl.** (**sing.** *-a*) ● (*bot.*) famiglia di piante arboree con foglie alterne, fiori grandi e frutti polposi (*Bombacaceae*)

bombàggio [dal fr. *bomber* 'arrotondare come una bomba (*bombe*)' ✱ 1965] **s. m.** ● tipico rigonfiamento delle scatole di conserve alimentari, dovuto ad alterazione del prodotto in esse contenuto

†**bombànza** [ant. provenz. *bo(m)bansa*, ant. fr. *bo(m)bance*, di orig. onomat. ✱ 1250 ca.] **s. f.** ● vanità, ostentazione

bombàrda [ant. fr. *bombarde*, dal lat. *bŏmbus* 'bombo②' ✱ av. 1348] **s. f. 1** rudimentale tipo di bocca da fuoco dei secc. XIII e XIV | specie di mortaio di semplice struttura usato durante la prima Guerra mondiale per distruggere reticolati e lanciare aggressivi chimici **2** veliero con un albero a vele quadre quasi al centro e uno più piccolo a vele auriche quasi a poppa **3** strumento a fiato dal suono profondo **4** (*mus.*) denominazione comune per strumenti a fiato ad ancia doppia in uso fino al sec. XVII | registro dell'organo ‖ **bombardèlla**, **dim.** spec. nel sign. 1 | **bombardìno**, **dim. m.** nel sign. 3 (V.) | **bombardóne**, **accr. m.** nel sign. 3 (V.)

♦**bombardaménto** [1764] **s. m. 1** lancio sistematico di bombe: *b. a puntamento diretto*; *b. a tappeto*; *b. di copertura*; *aerei da b.*; *le vittime dei bombardamenti* **2** (*fig.*) serie rapida e intensa di domande, accuse e sim. **3** (*fis.*) ***b. catodico, elettronico***, afflusso di elettroni sull'anticatodo che si verifica nella produzione dei raggi X **4** (*fis.*) invio contro un bersaglio di un fascio di particelle o fotoni per indurre reazioni nucleari o elettromagnetiche

bombardàre [da *bombarda* ✱ 1509] **v. tr. 1** colpire sistematicamente uno o più obiettivi con bombe o proiettili: *b. con l'aereo, con l'artiglieria pesante* **2** (*fig.*) sottoporre a un'azione intensa e insistente: *b. qlcu. di domande, di accuse*; *siamo bombardati da messaggi di ogni tipo* **3** (*fis.*) inviare contro un bersaglio un fascio di particelle o di fotoni **4** (*med.*) sottoporre un calcolo a litotripsia a onde d'urto

bombardatóre [1848] **s. m.** (**f.** *-trice*); **anche agg.** ● (*raro*) chi (o che) bombarda

bombardièra [1464] **s. f.** ● feritoia nei muri delle fortezze per tirare con le bombarde

bombardière [av. 1492] **s. m. 1** aereo da bombardamento | pilota o membro dell'equipaggio di tale aereo **2** pescatore di frodo che impiega esplosivi per la cattura del pesce **3** (*stor.*) soldato addetto a una bombarda | †artificiere **4** insetto coleottero rosso mattone che, se disturbato, emette una scarica di liquido irritante finemente polverizzato (*Brachinus crepitans*) **5** (*sport*, *raro*) nel calcio, nel pugilato o nel tennis, atleta che si distingue per l'eccezionale violenza ed efficacia dei suoi colpi

bombardièro [av. 1557] **agg.** ● dotato di bombarde | ***nave bombardiera***, antica nave armata di bombarde

bombardìno [1863] **s. m. 1** dim. di *bombarda* **2** (*mus.*) specie di strumento a fiato **SIN.** flicorno baritono

bombardóne [1863] **s. m. 1** accr. di *bombarda* **2** (*mus.*) specie di strumento a fiato **SIN.** flicorno basso grave

bombàre① [da *bomba* 'bevanda', vc. infant. ✱ sec. XIII] **v. tr.** (*io bómbo*) ● (*tosc.*) bere abbondantemente, trincare (***anche assol.***)

†**bombàre**② [da *bomba* ✱ av. 1537] **v. intr.** ● rimbombare, tuonare

bombàre③ [fr. *bomber*, da *bombe* 'bomba' per la forma arrotondata ✱ 1970] **v. tr.** (*io bómbo*) ● in varie tecnologie, rendere convesse superfici metalliche spec. battendole dal rovescio

bombaròlo [forma romanesca, da *bomba*, sul modello di *tombarolo* ✱ 1973] **s. m.** (**f.** *-a*) ● chi compie attentati terroristici con esplosivi

bombàto **part. pass.** di *bombare*③; **anche agg. 1** nei sign. del v. **2** convesso, tondeggiante

bombatùra [1957] **s. f.** ● in varie tecnologie, rigonfiamento

bombé /*fr.* bɔ̃'be/ [vc. fr., per la forma 'a bomba (*bombe*)' ✱ 1846] **agg. inv.** ● convesso, tondeggiante: *bicchiere, coperchio b.* **SIN.** rigonfio

bòmber /'bɔmber, *ingl.* 'bɒmə(r)/ [vc. ingl., propr. 'bombardiere', da *to bomb* 'bombardare' (*bomb* 'bomba') ✱ 1982] **s. m. inv. 1** (*sport*) nel calcio, cannoniere | nel pugilato, picchiatore **2** accorc. di *bomber jacket*

bomberìna [etim. incerta ✱ 1983] **s. f.** ● chiodo a testa larga e convessa, simile alla bulletta

bomber jàcket /bomber'dʒaket, *ingl.* 'bɒmə(r),dʒækɪt/ [dall'ingl. *bomber* '(pilota) bombardiere' e *jacket* 'giacca' ✱ 1987] **loc. sost. m. inv.** (**pl. ingl.** *bomber jackets*) ● tipo di giubbotto di linea abbondante indossato da piloti americani durante la seconda Guerra mondiale | (*est.*) giubbotto imbottito, corto e stretto in vita

†**bómbero** ➤ **vomere**①

bombétta① [da *bomba* per la forma ✱ 1908] **s. f.** ● cappello maschile di feltro rigido con cupola tondeggiante e piccola tesa rialzata ai lati **SIN.** tubino

bombétta② [1983] **s. f. 1** dim. di *bomba* **2** piccolo petardo che si fa esplodere per scherzo | fialetta contenente liquido puzzolente, spec. acido solfidrico, che si infrange per scherzo, gioco e sim.

bombettàre [iter. di *bombare*① ✱ 1552] **v. intr.** (*io bombétto*; **aus.** *avere*) ● (*tosc.*) bere spesso

bómbice [vc. dotta, lat. *bombyce(m)*, dal gr. *bómbyx*, di orig. orient. ✱ 1585] **s. m.** ● (*zool.*) baco da seta

Bombìcidi [comp. di *bombic(e)* e *-idi* ✱ 1962] **s. m. pl.** (**sing.** *-e*) ● (*zool.*) famiglia di Insetti dei Lepidotteri con corpo tozzo e peloso, antenne filiformi o a pettine, cui appartiene il bombice o baco da seta (*Bombycidae*)

†**bombicìno**① [vc. dotta, lat. *bombycinu(m)*, da *bŏmbyx* 'baco da seta' ✱ 1476] **agg.** ● di seta

bombicìno② [vc. dotta, lat. tardo (*chărta(m)*) *bombўcina(m)*, perché un tempo si riteneva fabbricata con la '*bambagia* (*bŏmbyx*, genit. *bombўcis*, var. di *bămbyx*)' ✱ 1727] **agg.** ● nella loc. ***carta bombicina***, carta proveniente dalla città araba di el-Mambiğ, anticamente chiamata Bambice

†**bombìre** [vc. dotta, lat. *bombīre*, dal gr. *bombèin*, vc. onomat. ✱ 1572] **v. intr.** ● rumoreggiare | (*lett.*) ronzare, spec. delle api

bombìsta [da *bomba* ✱ av. 1708] **s. m. e f.** (**pl. m.** *-i*) **1** †bombardiere nel sign. 3 **2** (*fig.*, *tosc.*) bugiardo

bómbito [da *bombire* ✱ 1894] **s. m.** ● (*lett.*) rimbombo

bómbo① [di orig. onomat. ✱ 1581] **s. m. 1** (*lett.*) rumore cupo, rimbombo: *assorda il b. e il tuono* (T. Tasso) **2** (*lett.*) ronzio, spec. di api **3** insetto degli Imenotteri comunissimo nei prati, con corpo tozzo, peloso, a strisce di colore nero, rosso, giallo e bianco (*Bombus terrestris*): *tacevano le vespe e i bombi* (S. Slataper)

bómbo② [lat. *bŏmbu(m)*, dal gr. *bómbos*, di orig. onomat. ✱ sec. XIV] **s. m.** ● (*tosc.*) bevanda

♦**bómbola** [lat. parl. **bōmbyla(m)*, dal gr. *bombýlē*, da *bómbos*, di orig. espressiva ✱ 1618] **s. f.** ● recipiente di metallo a forma cilindrica, trasportabile, di capacità non superiore a 150 litri, destinato a contenere gas compressi o liquidi ‖ **bombolétta**, **dim.** (V.) | **bombolìna**, **dim.** | **bombolóna**, **accr.** | **bombolóne**, **accr. m.** (V.)

bombolétta [da *bombola* ✱ 1983] **s. f. 1** dim. di *bombola* **2** ***b. aerosol, b. spray***, piccolo recipiente cilindrico in alluminio, banda stagnata, vetro o materia plastica, il cui contenuto è proiettato all'esterno sotto forma di nebbiolina o di schiuma da un erogatore spray

bómbolo [da *bombola* ✱ 1941] **s. m.** ● (*scherz.*) persona piccola e tozza ‖ **bombolìno**, **dim.**

bombolóne [accr. di *bomba* nel senso fig. di 'oggetto sferico' ✱ 1908] **s. m. 1** accr. di *bombola* **2** piccolo dolce fritto, di forma tondeggiante, ripieno di crema o marmellata **3** (*centr.*, *merid.*) caramella di zucchero fuso, variamente colorata, venduta spec. in occasione di fiere **4** grande bombola per gas liquidi, di capacità non superiore a 1000 litri, trasportabile

bombolòtto [1973] **s. m.** ● (**spec. al pl.**) tipo di pasta da minestra in forma di cannelloni rigati e ricurvi

bombóne① [da *bomba* nel sign. 4 ✱ 1912] **s. m.** (**f.** *-a*) ● (*tosc.*) millantatore

†**bombóne**② [da *bombare*① ✱ 1583] **s. m.** ● beone

bombóne③ [av. 1827] **s. m. inv.** ● (*disus.*) adattamento di *bonbon* (V.)

bombonièra [fr. *bonbonnière*, da *bonbon* ✱ 1858] **s. f. 1** scatola elegante contenente dolciumi, spec. confetti nuziali o di prima comunione | (*est.*) piccolo oggetto regalato dagli sposi insieme ai confetti **2** (*fig.*) ambiente molto elegante e raccolto: *quel locale è una vera b.*

bòme ➤ **boma**

†**bomicàre** ➤ †**vomicare**

†**bomìre** ➤ **vomire**

bomprèsso [fr. *beaupré*, dal medio basso ted. *bâghsprêt*, comp. di *bâgh* 'braccio, prua' e *sprêt* 'verga, barra' ✱ 1598] **s. m.** ● (*mar.*) asta quasi orizzontale, fissa o mobile, sistemata sulla prua per allungare la base del piano velico

bon /bɔn/ [riduzione dial. di *b(u)on(o)* 'bene!' ✱ 1833] **inter.** ● (*fam.*, *sett.*) esprime approvazione, consenso: *'Facciamo così?' 'Bon!'* | con intonazione perentoria, si usa per concludere o troncare un discorso: *bon, finiamola qui!*

bòna [f. di *bono* ✱ 1868] **s. f.**; **anche agg.** ● (*centr.*) donna vistosamente bella ‖ **bonàzza**②, **alter.** | (*raro*) **bonàzzo**, **alter. m.** | **bonazzóna**, **accr.** | **bonóna**, **accr.**

✱**bonàccia** o (†, *ven.*) **bonàzza**① [etim. discussa: dal lat. parl. **bonăcia(m)* con mutamento della prima parte, ritenuta deriv. da *mălus* 'male', di *malăcia(m)*, preso dal gr. *malakía* 'mollezza', da *malakós* 'morbido' (?) ✱ 1261 ca.] **s. f.** (**pl.** *-ce*) **1** stato del mare in calma e privo di vento: *mare in b.*; *oggi c'è b.* **2** (*fig.*) calma, pace | (*est.*, *lett.*) buona sorte: *Ruggier, mentre Agramante ebbe b. / mai non l'abbandonò* (L. Ariosto)

†**bonacciàre** [sec. XIV] **v. intr.** • essere in bonaccia

†**bonàccio** [da *buono* ✱ av. 1602] **agg.** (**pl. f.** *-ce*) • (*raro*) bonario, semplice

bonacciòne [da *bonaccio* ✱ 1865] **agg. e s. m.** (**f.** *-a*) • che (o chi) ha indole semplice, buona e affabile **SIN.** bonario, gioviale, pacioccone

bonaerènse [1950] **A agg.** • della provincia di Buenos Aires **B s. m. e f.** • abitante o nativo della provincia di Buenos Aires **CFR.** portegno

bonàga [etim. incerta ✱ 1561] **s. f.** • (*bot., tosc.*) ononide

bonagràzia ➤ **buonagrazia**

bonalàna ➤ **buonalana**

bonàle [dal dial. *bón* 'buono' ✱ sec. XX] **agg.** • (*dir., elvet.*) amichevole, stragiudiziale: *accordo b.*

bonamàno ➤ **buonamano**

bonamòrte ➤ **buonamorte**

bonànima ➤ **buonanima**

bonanòtte ➤ **buonanotte**

bonapartìsmo [dal n. della famiglia *Bonaparte* ✱ 1850] **s. m. 1** orientamento politico di quanti, dopo la caduta di Napoleone Bonaparte (1769-1821), vivevano nel culto della sua memoria e vagheggiavano la restaurazione della sua dinastia **2** (*est.*) regime politico personale e autoritario, che richiede l'approvazione popolare mediante plebisciti

bonapartìsta [1798] **s. m. e f.;** anche **agg.** (**pl. m.** *-i*) • chi (o che) segue o sostiene il bonapartismo

Bonàrda [etim. sconosciuta ✱ 1892] **A s. f.** • nome di vari vitigni coltivati in Italia settentrionale che danno uva nera, da vino e da tavola **B s. f. o s. m. inv.** • vino rosso, profumato, talvolta amabile, prodotto in Lombardia, Piemonte ed Emilia-Romagna dal vitigno omonimo

bonarietà [1288] **s. f. inv.** • caratteristica di chi (o di ciò che) è bonario **SIN.** affabilità, bonomia, mitezza

SFUMATURE DI SIGNIFICATO

bonarietà - bonomia

Il carattere di chi è affabile, mite, propenso a giudicare con indulgenza si dice improntato a **bonarietà**. **Bonomia** ha significato simile ma può indicare negativamente un'eccessiva ingenuità.

✤**bonàrio** [ant. fr. *de bon aire* 'di buon aspetto' ✱ 1490 ca.] **agg. 1** mite, indulgente e affabile: *è una persona semplice e bonaria* **2** (*dir.*) amichevole, stragiudiziale: *accordo b.* ‖ **bonariaménte**, **avv.** affabilmente, con dolcezza, senza malizia

SFUMATURE ➤ ***indulgente***

bonaséra ➤ **buonasera**

†**bonavòglia** ➤ **buonavoglia**

†**bonàzza** ① ➤ **bonaccia**

bonàzza ② ➤ **bona**

bonbon /*fr.* bɔ̃'bɔ̃/ [vc. fr., *bonbon*, reduplicazione infant. di *bon* 'buono' ✱ 1803] **s. m. inv.** (**pl. fr.** *bonbons*) • confetto, piccolo dolce **CFR.** bombone③

boncinèllo [dim. di *bolcione*, var. di *bolzone* ✱ av. 1470] **s. m.** • ferro a staffa che riceve la stanghetta della serratura

†**bóncio** ➤ **broncio**①

bond /bɔnd, *ingl.* bɒnd/ [vc. ingl., propr. 'legame', 'obbligo' ✱ 1985] **s. m. inv.** • (*banca*) titolo obbligazionario | nella loc. sost. m. inv. ***junk b.***, obbligazione ad alto rischio (loc. ingl., propr. 'titolo spazzatura', comp. con *junk* 'robaccia') | nella loc. sost. m. inv. ***project b.***, emissione di titoli obbligazionari finalizzati alla realizzazione di un'opera, spec. infrastrutturale, che saranno rimborsati con i flussi finanziari generati dal suo esercizio (comp. con *project* 'progetto')

bòndage /'bɔndadʒ, *ingl.* 'bɒndɪdʒ/ [vc. ingl., da *to bond* 'legare' ✱ 1990] **s. m. inv.** • pratica sessuale di tipo sadomasochista consistente nell'immobilizzare il partner con corde, manette, catene, bavagli e sim.

bonderiẓẓazióne [fr. *bondérisation*, dall'ingl. *bonderizing*, da *bond* 'fascia di protezione' ✱ 1955] **s. f.** • (*metall.*) trattamento antiruggine a base di fosforo per metalli ferrosi

bondiòla o **bondòla** [da †*boldone*, con sostituzione di suff. ✱ 1718] **s. f.** • salume da cuocersi, tipico di Emilia, Lombardia e Veneto

bonèllo [prob. vc. d'orig. gallica ✱ 1697] **s. m.** • ognuna delle zone ricoperte da pochi palmi d'acqua e da continui canneti tipiche del basso litorale veneto

bonèt /*piemontese* bo'nɛt/ o **bunèt** /*piemontese* bu'nɛt/ [francesismo piemontese, propr. 'berretto', poi 'recipiente a forma di berretto' e, infine, il 'dolce' preparato in questo recipiente ✱ 1990] **s. m. inv.** • (*cucina*) budino di cacao e amaretti, tipico della cucina piemontese

†**bonétta** [fr. *bonnette*, da *bonnet* 'berretto' ✱ 1266] **s. f.** • bisaccia

bonétto [fr. *bonnet*, dal lat. mediev. *abonnis*, di etim. incerta ✱ sec. XV] **s. m. 1** (*raro*) in passato, berretto militare con visiera di cuoio lucido | tipo di berretto calzato sotto il cappello **2** piccolo rialzo di terra sul lato fortificato della trincea a riparo del capo dei soldati

bòng [dalla vc. thai *baung* 'canna di bambù' ✱ 1993] **s. m. inv.** • sorta di grande pipa nella quale il fumo, prima di essere aspirato, passa attraverso una camera contenente acqua **SIN.** pipa ad acqua

bongiórno ➤ **buongiorno**

bòngo ① [vc. africana ✱ 1930] **s. m.** (**pl.** *-ghi*) • mammifero africano dei Bovidi, dotato in ambedue i sessi di voluminose corna avvolte a spirale, dirette all'indietro (*Tragelaphus eurycerus*)

bóngo ② o **bongó** /*sp.* °boŋ'go/ [vc. dello sp. delle Antille, introdotta dai neri d'Africa (*bongo* 'tamburo dei neri') ✱ 1963] **s. m.** (**pl.** *-ghi* o sp. *bongos*) • strumento a percussione di origine afrocubana, formato da due piccoli tamburi che si battono con le dita

†**bòn govèrno** ➤ **buongoverno**

bon gré mal gré /*fr.* bɔ̃,gʀemal'gʀe/ [loc. fr., propr. 'buon grado mal grado' ✱ 1992] **loc. avv.** • di buon grado o no, per amore o per forza: *bon gré mal gré hanno rinunciato alle vacanze*

bongustàio ➤ **buongustaio**

bonheur-du-jour /*fr.* bɔ,nœrdy'ʒuʀ/ [vc. fr., del Settecento, propr. 'felicità (*bonheur*) del giorno (*jour*)' ✱ 1983] **s. m. inv.** (**pl. fr.** *bonheurs-du-jour*) • piccolo scrittoio per signora entrato nell'uso in Francia verso la metà del XVIII sec., costituito da un tavolo e da una minuscola alzata arretrata rispetto al piano

bonìfica [da *bonificare* ✱ 1846] **s. f. 1** complesso di lavori di varia natura coordinati tra loro, per risanare i terreni paludosi e renderli atti alla coltura | ***b. integrale***, risanamento completo di un territorio dove, oltre alle opere idrauliche e agrarie, si costruiscono strade, acquedotti, case e sim.: *consorzio di b.* | decontaminazione di terreni o falde acquifere inquinate **2** (*est.*) il terreno reso coltivabile mediante lavori di bonifica: *bonifiche ferraresi* **3** ***b. di guerra***, quella che si fa rimuovendo da un terreno proiettili inesplosi, mine, rottami e sim. **4** (*metall.*) trattamento termico dell'acciaio consistente in una tempra seguita da rinvenimento **5** (*fig.*) risanamento, miglioramento: *b. morale*; *b. di un quartiere malfamato*

bonificàbile [1941] **agg.** • che si può bonificare

bonificaménto [1356] **s. m.** • (*raro*) bonifica **SIN.** risanamento

bonificàre [lat. mediev. *bonificāre*, comp. di *bŏnus* 'buono' e *făcere* 'fare, rendere' ✱ av. 1327] **v. tr.** (*io bonìfico, tu bonìfichi*) **1** mettere a coltura un terreno rimuovendo le cause che ne impediscono la coltivazione: *b. una palude* **2** liberare un terreno da mine o proiettili inesplosi **3** ridurre di prezzo, abbuonare **4** (*banca*) ordinare o eseguire un bonifico **5** (*est.*) risanare, ripulire (+ *da*): *b. un quartiere dalla malavita* ‖ **bonificazióne**, **s. f.** (*raro*) bonifica

bonificatóre [1858] **s. m.** (**f.** *-trice*) **1** chi fa lavori di bonifica **2** chi è addetto alla bonifica di campi minati

bonìfico [1858] **s. m.** (**pl.** *-ci*) **1** riduzione di prezzo, abbuono **2** (*banca*) operazione mediante la quale, su richiesta di un cliente, si trasferisce da un conto corrente a un altro, o si mette a disposizione di qlcu., una somma di denaro

bonìno ➤ **buonino**

bon mot /*fr.* bɔ̃'mo/ [loc. fr., propr. 'buon motto' ✱ 1813] **loc. sost. m. inv.** (**pl. fr.** *bons mots*) • arguzia, battuta di spirito

bonne /*fr.* bɔn/ [vc. fr., propr. 'buona', da espressione carezzevole infant., come *ma bonne* 'la mia buona ...' ✱ 1818] **s. f. inv.** • bambinaia, spec. francese

bòno ➤ **buono**①

bonòbo [n. indigeno dell'animale ✱ 1989] **s. m.** • (*zool.*) scimmia antropomorfa del Congo, simile a uno scimpanzé di piccola taglia (*Pan paniscus*)

✤**bonomìa** [fr. *bonhomie*, da *bonhomme* 'bonomo' ✱ av. 1835] **s. f. 1** caratteristica di chi (o di ciò che) è mite e semplice **SIN.** benignità, bonarietà **2** (*raro, lett.*) ingenuità

SFUMATURE ➤ ***bonarietà***

bonòmo ➤ **buonuomo**

bonsài /bon'sai, *giapp.* bo:n.sai/ [vc. giapp., che significa 'piantato in vaso piatto' ✱ 1963] **s. m. inv.** • tecnica di coltivazione di alcune specie di piante e arbusti ornamentali mantenute nane in piccoli vasi bassi mediante taglio di radici, potatura di polloni, attorcigliamento di fili attorno ai rami | la pianta o l'arbusto così coltivato

✦**bontà** o †**bontàde**, †**bontàte** [lat. *bonitā-te(m)*, da *bŏnus* 'buono' ✱ sec. XII] **s. f. inv. 1** qualità di chi (o di ciò che) è buono; disposizione naturale a fare del bene: *b. d'animo*; *non approfittare della sua b.* | (*est.*) benevolenza, compiacenza, cortesia: *abbiate la b. di ascoltarci* | (*iron.*) ***b. sua, vostra***, ecc., per grazia sua, vostra, ecc.: *dopo due mesi, b. sua, si è degnato di rispondermi!* **2** qualità di ciò che è buono in sé stesso o in relazione alla sua funzione: *la b. di una merce, di una macchina*; *la b. del clima* | cosa buona, squisita: *questa torta è una b.!* **3** †titolo di una moneta

SFUMATURE DI SIGNIFICATO

bontà - mitezza - benignità

La qualità di chi è portato naturalmente a fare il bene altrui si definisce **bontà**. **Mitezza** è invece dolcezza di modi accompagnata da indulgenza nel giudicare gli altri: può essere una manifestazione della bontà, ma rappresenta più un tratto del carattere che non una qualità morale. La clemenza nel giudicare, unita all'abitudine a trattare il prossimo con gentilezza e simpatia, si definisce invece **benignità**.

†**bontadióso** (o *-ṣ-*) [da *bontade*, var. di *bontà* ✱ av. 1292] **agg.** • prode, valoroso

†**bontàte** ➤ **bontà**

bontempóne ➤ **buontempone**

bon ton /*fr.* bɔ̃'tɔ̃/ [loc. fr., propr. 'buon tono' ✱ 1813] **loc. sost. m. e agg. inv.** • un tempo, comportamento ricercato, elegante, garbato | (*est.*) buone maniere; comportamento educato o conforme a quello predominante in un certo ambiente

bònus [vc. ingl. 'premio, gratifica (ai dipendenti)', dal lat. *bŏnus* 'buono' ✱ 1983] **s. m. inv.** **1** (*org. az.*) gratifica erogata a titolo d'incentivo da un datore di lavoro spec. ai dirigenti d'azienda in aggiunta allo stipendio base **2** ciò che viene dato in aggiunta come riconoscimento, premio, agevolazione o sim.: *nella graduatoria i residenti avranno un b. di tre punti* | ***b. track***, brano musicale inserito a scopo promozionale nella riedizione di un album o in una particolare edizione | ***b. bebè***, comunemente, incentivo economico concesso dallo Stato o da un ente locale ai genitori in occasione della nascita di un figlio

bònus-màlus [vc. nata in Germania, comp. del ted. *Bonus* 'dividendo, premio assicurativo' (dal lat. *bŏnus* 'buono') e del lat. *mălus* 'cattivo' (V. *male*①) ✱ 1983] **s. m. inv.** ● tipo di polizza assicurativa per veicoli secondo la quale il premio annuale diminuisce per l'assicurato che nell'anno precedente non abbia causato incidenti e aumenta per l'assicurato che nell'anno precedente ne abbia causati

bon vivant /*fr.* bɔ̃vi'vɑ̃/ [loc. fr., propr. 'che vive (*vivant*) bene (*bon*)' ✱ 1905] **loc. agg. inv.**; anche **loc. sost. m. inv.** ● che (o chi) ama vivere bene godendo dei piaceri della vita: *un raffinato bon vivant* **SIN.** gaudente

bónza [vc. lomb. di etim. incerta ✱ 1918] **s. f.** ● macchina per lavori stradali, atta a trasportare e mantenere fluido il bitume

bónẓo [portog. *bonzo*, dal giapp. *bōzu* ✱ 1549] **s. m.** **1** monaco buddista **2** (*fig.*) persona che si dà arie di importanza e ostenta gravità

boogie-woogie /*ingl.* 'bu:gɪ 'wu:gɪ/ [vc. ingl. d'America, di etim. discussa: da *boogie*, soprannome dei neri d'America, con altra parola con essa rimata (?) ✱ 1945] **s. m. inv.** **1** (*mus.*) stile di jazz, originariamente pianistico, con cui si eseguono temi di blues, spesso ripetendone ossessivamente le frasi o le note **2** ballo derivato dall'omonimo stile di jazz **CFR.** bughi-bughi || **boogie**, **accorc.**

book /*ingl.* bʊk/ [vc. ingl., propr. 'libro' ✱ 1981] **s. m. inv.** ● raccoglitore che contiene foto professionali di modelli, indossatori, attori e sim. | fascicolo con foto che illustrano le caratteristiche di un prodotto commerciale, di una linea di prodotti o di un'azienda **CFR.** portfolio

bookcròssing /buk'krɔssin(g), *ingl.* 'bʊk,krɒsɪŋ/ [vc. ingl. comp. di *book* 'libro' e *crossing* 'incrocio, scambio' ✱ 2002] **s. m. inv.** ● iniziativa che mira a fare circolare un libro abbandonandolo in un luogo frequentato, con l'invito a chi lo trova a fare altrettanto

booking /'bukin(g), *ingl.* 'bʊkɪŋ/ [vc. ingl., dal v. *to book* 'prenotare, riservare' ✱ 1942] **s. m. inv.** ● prenotazione: *b. alberghiero, teatrale*

booklet /'buklet, *ingl.* 'bʊklɪt/ [vc. ingl., propr. 'libretto', comp. di *book* 'libro' e del suff. dim. *-let* ✱ 1995] **s. m. inv.** ● libretto illustrativo o di istruzioni che, inserito nella custodia, accompagna i compact disc

bookmaker /buk'meker, *ingl.* 'bʊk,meɪkə(r)/ [vc. ingl., comp. di *book* 'libro, lista, registro' e *maker* 'colui che fa', o, in questo caso, 'compila' ✱ 1887] **s. m. inv.** ● allibratore

bookmark /'bukmark, *ingl.* 'bʊk,mɑ:k/ [vc. ingl., propr. 'segnalibro' ✱ 1996] **s. m. inv.** ● (*Internet*) segnalibro nel sign. 2

bookshòp /buk'ʃɔp, *ingl.* 'bʊk,ʃɒp/ [vc. ingl., propr. 'negozio (*shop*) di libri (*book*)' ✱ 1984] **s. m. inv.** ● libreria, spec. all'interno di un museo, di una mostra e sim.

booktrailer /buk'treiler, *ingl.* 'bʊk,treɪlə(r)/ [vc. ingl., comp. di *book* (V.) e *trailer* (V.) ✱ 2004] **s. m. inv.** ● videoclip realizzato per pubblicizzare un libro

booleàno /bule'ano/ [1955] **agg.** ● relativo al matematico George Boole (1815-1864) e alle sue teorie | ***algebra booleana***, sistema algebrico che rappresenta una logica a due valori

boom /*ingl.* bu:m/ [vc. ingl., di orig. onomat. ✱ 1911] **s. m. inv.** **1** periodo di intenso sviluppo economico: *gli anni del b.* | rapido incremento: *il b. delle nascite* **2** (*aeron.*) ***b. sonico***, boato sonico **3** (*fig.*) rapido fiorire di un'industria, di un'azienda e sim.: *il b. dell'industria automobilistica* | improvviso successo, rapida diffusione: *il b. dell'agriturismo*
SFUMATURE ➤ *successo*②

boomerang /'bumeran(g), *ingl.* 'bu:mərӕŋ/ [forma ingl. di una vc. australiana ✱ 1863] **s. m. inv.** **1** arma da getto australiana costituita da un bastone ricurvo che ha la proprietà di ritornare nei pressi del lanciatore, quando non colpisce il bersaglio **CFR.** bumerang **2** (*fig.*) atto ostile che si ritorce contro l'autore

booster /'buster, *ingl.* 'bu:stə(r)/ [vc. ingl., dal v. to *boost* 'potenziare, spingere', di etim. incerta ✱ 1949] **s. m. inv.** **1** in varie tecnologie, apparecchio ausiliario | (*mus.*) amplificatore di suoni **2** (*astron.*) razzo ausiliario che fornisce una spinta supplementare a un missile o a un'astronave, impiegato spec. nelle fasi di lancio

bootleg /'butlɛg, *ingl.* 'bu:t,lɛg/ [vc. ingl., propr. 'gambale', dall'uso dei vecchi contrabbandieri di nascondere le bottiglie di liquore negli stivali ✱ 1982] **s. m. inv.** ● album musicale realizzato illegalmente, che contiene registrazioni dal vivo o altri brani inediti | (*est.*) qualsiasi prodotto editoriale (libro, registrazione musicale, film ecc.) realizzato in violazione del diritto d'autore

bootstrap /'butstrap, *ingl.* 'bu:t,strӕp/ [vc. ingl. propr. 'linguetta' (*strap*) per sollevare gli stivali (*boot(s)*); la loc. agg. *'by one's own bootstrap'* si riferisce all'immagine di una persona che si leva da terra tirando le linguette degli stivali e significa 'autosufficiente' ✱ 1985] **s. m. inv.** ● (*inform.*) caricamento iniziale del sistema operativo da una memoria di massa, gener. un disco rigido

bop /bɔp, *ingl.* bɒp/ [1975] **s. m. inv.** ● accorc. di *be-bop*

bòra [lat. *bŏrea(m)* 'tramontana, borea' ✱ 1328] **s. f.** ● (*meteor.*) vento di est-nord-est freddo, per lo più secco, violento, che scende dal Carso sul golfo di Trieste e prosegue impetuoso sull'Adriatico | ***b. scura***, o ***b. ciclonica***, caratterizzata da nubi, pioggia o neve | ***b. chiara***, o ***b. anticiclonica***, caratterizzata da cielo sereno || **borino**, **dim. m.**

boràce o †**borràce** [vc. dotta, lat. mediev. *borāce(m)*, dall'arabo *bawraq* e questo dal persiano *būraq* 'nitro' ✱ 1364] **s. m.** ● (*chim.*) borato idrato di sodio, bianco, solubile, cristallino, usato in farmacia, per saldature e nella fabbricazione di vetri e smalti

boracèra [1561] **s. f.** ● piatto di marmo o pietra sul quale gli orefici preparano, sciolto in acqua, il borace per la saldatura

boracìfero [vc. dotta, comp. di *borace* e *-fero* ✱ 1838] **agg.** ● che contiene o che produce borace | ***soffione b.***, getto di vapore acqueo ricco di acido borico che sgorga violento dal terreno

Boraginàcee ➤ **Borraginacee**

boràgine ➤ **borragine**

boràsso [vc. dotta, gr. *bórassos*, di orig. egiziana ✱ 1865] **s. m.** ● pianta tropicale delle Palme con larghe foglie a ventaglio e frutto a drupa (*Borassus flabelliformis*)

boràto [da *boro* ✱ 1795] **s. m.** ● (*chim.*) sale o estere dell'acido borico | etere borico

†**borbogliaménto** [sec. XIII] **s. m.** ● il borbogliare | borbottio

†**borbogliànza** [sec. XIV] **s. f.** ● borbottio, gorgoglio, spec. del ventre

borbogliàre [vc. onomat. ✱av. 1400] **v. intr.** (*io borbóglio*; aus. *avere*) ● (*raro, lett.*) mormorare, borbottare, gorgogliare: *chi mormora di qua, e chi borboglia di là* (F. SACCHETTI)

borbóglio [av. 1325] **s. m.** (pl. *-ii*) **1** (*raro*) mormorio, gorgoglio: *nel b. cupo e lento di quel mare* (L. PIRANDELLO) | borborigmo **2** †rumore, frastuono **3** †tumulto

borbònico [av. 1768] **A** **agg.** (pl. m. *-ci*) **1** dei Borbone, relativo ai Borbone (dinastia francese così chiamata dal castello di Bourbon, in Francia); relativo al ramo collaterale della famiglia, che governò le Due Sicilie dal 1734 al 1861: *la politica borbonica in Italia* **CFR.** duosiciliano **2** (*fig.*) retrivo, retrogrado: *mentalità borbonica* **B** **s. m.** (f. *-a*) ● (*stor.*) fautore, seguace dei Borbone

borborìgmo [vc. dotta, fr. *borborygme*, dal gr. *borborygmós*, di orig. onomat. ✱ 1797] **s. m.** ● (*med.*) gorgoglio addominale spontaneo prodotto dal rapido spostamento dei gas e liquidi intestinali

borbottaménto [av. 1562] **s. m.** ● il borbottare | borbottio, brontolio

◆**borbottàre** [vc. onomat. ✱av. 1306] **A** **v. intr.** (*io borbòtto*; aus. *avere*) **1** parlare in modo confuso o indistinto, o sottovoce: *borbòttano di certe grige notizie che una di loro ha saputo* (C. DOSSI) | brontolare, lamentarsi **SIN.** bofonchiare, mormorare, parlottare **2** (*est.*) produrre un rumore sordo e confuso, rumoreggiare: *la pentola borbotta*; *lo stomaco borbotta per la fame* **B** **v. tr.** ● pronunciare in modo indistinto: *la vecchina borbottava le preghiere*; *sorrise e borbottò qualche cosa in meneghino* (I. SVEVO)

borbottìno [da *borbottare* ✱ 1685] **s. m.** **1** †vaso di vetro con collo stretto e curvo, dal quale il liquido esce gorgogliando **2** (*raro, lett.*) manicaretto molto gustoso

borbottìo [da *borbottare* col suff. *-io*① ✱ sec. XIV] **s. m.** (pl. *-ii*) **1** rumore continuato, spec. di parole dette a bassa voce | rumore sordo e prolungato: *il b. del tuono* **2** gorgoglio di liquidi

borbottóne [av. 1600] **s. m.** (f. *-a*); anche **agg.** ● (*raro*) brontolone

bòrchia [lat. parl. **borcula* per **broccula* '(cosa) puntuta' con sovrapposizione di altra parola (?) ✱ 1525] **s. f.** **1** capocchia ornamentale di chiodi usati per fissare cuoi e tessuti su mobili, oggetti d'arredamento, infissi, serramenti e sim. **2** piccolo disco in metallo, avorio, plastica e sim. usato per chiusura, ornamento, protezione in cinture, borse e altri oggetti di pelletteria, abiti, antiche armature e rilegature di libri **3** bocchetta della serratura **4** guarnizione circolare convessa in metallo, legno, plastica, usata come rifinitura per attacchi, allacciamenti, in varie tecnologie || **borchiètta**, **dim.** | **borchióne**, **accr. m.**

borchiàto [1858] **agg.** ● ornato di borchie

borchiettàto [1822] **agg.** ● borchiato

bórda [etim. incerta ✱1561] **s. f.** ● (*disus.*) vela latina all'albero maestro delle galee

bordàglia [etim. incerta ✱av. 1363] **s. f.** ● (*raro*) ciurmaglia, marmaglia: *si tenevano in disparte a tutto potere da questa b.* (I. NIEVO)

bordàme [da *bordo* ✱ 1937] **s. m.** ● (*mar.*) grembiule

bordàre① [da *bordo* nel sign. 4 ✱ 1585] **v. tr.** (*io bórdo*) **1** fare un orlo o un bordo a qlco.: *b. una tovaglia, un vestito*; *b. una lamiera*; *b. la tomaia della scarpa* | (*fig.*) delimitare con un segno: *b. una busta a lutto* | delimita-

b

re: *una pianta utilizzata per b. le aiuole* SIN. orlare **2** (*mar.*) cazzare una vela **3** †percuotere

†**bordàre**② [etim. incerta * 1723] **v. intr.** • darsi da fare

bordàta [da *bordo* nel sign. 1 * 1772] **s. f.** **1** (*mar.*; *disus.*) bordo **2** sparo simultaneo dei cannoni di una nave sullo stesso lato: *una b. a salve* **3** (*fig.*) serie, successione rapida di qlco.: *una b. d'ingiurie, di fischi; scaraventò in coperta l'intera b. di un'articolessa di tre colonne* (C.E. GADDA)

bordatìno [da *bordare*① * 1865] **s. m.** • tessuto di cotone forte, a righe sottili, adatto per grembiulini e abiti per bambini SIN. bordato, rigatino

bordàto **A** **part. pass.** di *bordare*①; *anche* **agg.** • nei sign. del v. | delimitato, cinto (+ *di*): *un viale b. di cipressi* **B** **s. m.** • bordatino

bordatóre [1940] **s. m.** **1** (**f.** *-trice* (V.)) chi rifinisce orli e bordi nei manufatti **2** nella macchina per cucire, dispositivo per fare gli orli SIN. orlatore

bordatrìce [1933] **s. f.** **1** rifinitrice di orli e bordi nei manufatti **2** macchina che esegue sagome e bordature su lamiere sottili | macchina per formare i bordi dei contenitori metallici e predisporli alle successive lavorazioni

bordatùra [1376] **s. f.** **1** operazione consistente nel sagomare o bordare le estremità delle lamiere **2** orlatura per evitare la sfilacciatura o a fine ornamentale di vesti, tende, coperte e sim.

bordeaux /fr. bɔʀ'do/ [dal n. della città di *Bordeaux*, nella Francia sud-occidentale, in lat. *Burdigala*, di oscura interpretazione * 1818] **A** **s. m. inv.** **1** (gener. con iniziale maiuscola) vino francese, bianco o rosso, prodotto nella regione di Bordeaux, spec. da vitigni Cabernet e Merlot (per i rossi) e Sauvignon (per i bianchi) **2** colore rosso tendente al bruno CFR. bordò **B** **in funzione di agg. inv.** • (posposto a un sost.) che ha colore rosso tendente al bruno: *rosso b.*; *scarpe b.*

bordeggiaménto [1962] **s. m.** • il bordeggiare

bordeggiàre [fr. *bordoyer*, da *bord* 'bordo' (?) * 1612] **v. intr.** (**pres.** *io bordéggio*; **fut.** *io bordeggerò*; **aus.** *avere*) **1** (*mar.*) veleggiare di bolina, cambiando frequentemente di bordo per risalire controvento | effettuare brevi navigazioni lungocosta **2** (*est.*, *raro*) camminare a sghimbescio **3** (*fig.*, *lett.*) destreggiarsi

bordéggio [1865] **s. m.** **1** (*mar.*) nella vela, andatura a zigzag, spec. di bolina, cambiando di volta in volta di bordo per risalire controvento **2** bordeggiamento

†**bordellàre** [av. 1370] **v. intr.** • stare in un bordello

bordellière [av. 1334] **s. m.** • (*disus.*) frequentatore di bordelli

bordèllo [ant. provenz. *bordel*, dim. di *borda* 'capanna', dal francone *bord* 'tavola' * 1266] **s. m.** **1** casa in cui si esercita la prostituzione **2** (*fig.*) ambiente corrotto e malfamato **3** (*fig.*) luogo pieno di confusione e disordine SIN. (*colloq.*) casino | (*est.*) schiamazzo | ***fare b.***, fare fracasso

bordereau /fr. bɔʀdə'ʀo/ [da *bord* 'orlo, margine', perché le note erano scritte sul margine del foglio * 1905] **s. m. inv.** (**pl. fr.** *bordereaux*) • borderò

borderline /border'lain, *ingl.* 'bɔːdəˌlaɪn/ [vc. ingl., propr. 'linea di confine' comp. di *border* 'confine, limite' e *line* 'linea' * 1986] **agg. inv.** **1** detto di chi (o di ciò che) è al limite tra due condizioni, una delle quali in genere non regolare: *un'esperienza b.* **2** (*med.*) detto di una condizione al limite fra stato fisiologico e patologico | (*psicol.*) ***disturbo b.***, disturbo della personalità caratterizzato da instabilità nelle relazioni interpersonali, eccesso di impulsività ed emotività, alterazione dell'identità

borderò [adattamento di *bordereau* * 1802] **s. m. inv.** **1** distinta, elenco di documenti o titoli di credito o monete, che si producono o versano in pagamento | ***b. di sconto***, distinta di effetti scontati **2** nei cinema o teatri, nota degli incassi compilata ogni sera **3** cifra che un giornale spende mensilmente per la remunerazione di collaborazioni varie | distinta di tali collaborazioni

†**bordìglio** [etim. incerta * av. 1530] **s. m.** • tipo di filato

bordìno [1925] **s. m.** **1** dim. di *bordo* | piccola orlatura **2** parte del cerchione delle ruote dei veicoli ferroviari e tranviari che serve per guidare il veicolo nel binario

♦**bórdo** [ant. fr. *bort*, fr. *bord*, dal francone *bord* 'tavola, asse' * sec. XIII] **s. m.** **1** (*mar.*) contorno estremo di un natante | fianco della nave | ***nave di alto b.***, che ha fianchi assai alti, e più ordini di ponti e di batterie | ***persona, gente d'alto b.***, (*fig.*) altolocata, di elevata posizione sociale | (*est.*) la nave nel suo complesso: *carta, documento, libro di b.*; *vita, gente di b.* | ***andare, salire a b.***, sulla nave | ***a b.!***, comando di salire sul bastimento | ***fuori b.***, sul lato esterno della murata; V. anche *fuoribordo* | ***b. libero***, la distanza dal pelo dell'acqua al ponte di coperta di una nave **2** tratto percorso da una barca a vela che sta bordeggiando, tra una virata e l'altra | ***virare di b.***, manovrare in modo da prendere il vento dall'altro lato dell'imbarcazione; (*fig.*) detto di qlcu., mutare la direzione del cammino, e anche opinione, argomento e sim. | ***star sui bordi***, aspettare bordeggiando **3** lo spazio interno di qualunque mezzo di trasporto, spec. nella loc. ***a b. di***: *a b. di un'automobile, di un aereo* **4** orlo, margine, contorno di qlco.: *il b. del fazzoletto; sedersi sul b. del divano; il b. delle aiuole* | (*aeron.*) ***b. d'attacco*** o ***d'entrata***, ***b. di fuga*** o ***d'uscita***, quello rispettivamente anteriore o posteriore di un'ala o altra superficie aerodinamica | (*sport*) ***b. campo***, V. *bordocampo* **5** guarnizione di stoffa che serve anche per rinforzare e allungare abiti, tende e sim. **6** striscia tessuta o dipinta all'orlo di un drappo o di uno zoccolo di parete || **bordìno**, **dim.** (V.)

bordò [av. 1803] **s. m. inv.** • adattamento di *bordeaux* (V.)

bordocampìsta [2003] **s. m. e f.** (**pl. m.** *-i*) • giornalista radio-televisivo che segue una partita a bordocampo intervenendo con brevi commenti spec. dal settore delle panchine

bordocàmpo o **bórdo càmpo** [comp. di *bordo* e *campo* * 1984] **s. m.** (**pl. inv.** o *bordicàmpo*) • (*sport*) nel calcio e sim., la zona adiacente alle linee laterali e di fondo che delimitano il campo di gioco: *il giocatore infortunato viene assistito a b.*

bordolése (o *-ṣ-*) [fr. *bordelais*, dalla città di *Bordeaux* (lat. *Burdigala*, d'orig. incerta) * 1860] **A** **agg.** **1** di Bordeaux **2** in varie loc. relative a enologia e viticoltura | ***poltiglia b.***, (*ellitt.*) ***bordolese***, miscela di latte di calce e solfato di rame, usata per combattere varie malattie crittogamiche e specialmente la peronospora della vite | ***tazza b.***, tazza liscia e di forma semplice usata per l'esame organolettico e la degustazione dei vini CFR. taste-vin | ***bottiglia b.***, (*ellitt.*) ***bordolese***, da vino, di forma cilindrica e capacità di circa 3/4 di litro | ***fusto b.***, (*ellitt.*) ***bordolese***, in legno, della capacità di 225 litri, per la spedizione di vini **B** **s. m. e f.** • abitante o nativo di Bordeaux

bordóne① [fr. ant. *bourdon*, prob. dal lat. *burdōne(m)* 'mulo' e anche 'sostenitore' e, quindi, 'bastone' (?) * 1275] **s. m.** • un tempo, lungo bastone da pellegrino con manico ricurvo | †trave, palo

bordóne② [etim. discussa; da *bordone*① per la sua rigidità (?) * 1612] **s. m.** • penna di uccello che comincia a spuntare | (*fig.*) ***far venire i bordoni***, la pelle d'oca || **bordoncìno**, **dim.**

bordóne③ [fr. ant. *bourdon*, di prob. orig. onomat. * 1319] **s. m.** • (*mus.*) canna senza fori che emette una sola nota d'accompagnamento in alcuni strumenti a fiato come la cornamusa; anche il procedimento compositivo che ne imita l'effetto | registro più grave di uno strumento | registro d'organo di suono cupo | voce inferiore nella polifonia antica | ***falso b.***, V. falsobordone | (*fig.*) ***tener b. a qlcu.***, aiutarlo spec. in imprese disoneste || **bordoncìno**, **dim.**

bordùra [fr. *bordure*, da *bord* 'orlo, margine' * 1672] **s. f.** **1** bordatura: *b. di un abito* **2** margine di aiuole o spazi erbosi, abbellito da piante ornamentali, spec. nane **3** decorazione che circonda a mo' di cornice la parte centrale di un arazzo **4** (*arald.*) gallone che gira intorno al campo dello scudo **5** guarnizione intorno a una pietanza

SFUMATURE ➤ *finimento*

bòrea [vc. dotta, lat. *bŏrea(m)*, dal gr. *boréas*, di etim. incerta * av. 1292] **s. m.** o †**f.** (**pl. m.** *-i*; **pl. f. inv.**) **1** vento gelido di tramontana **2** (*lett.*) settentrione

boreàle [vc. dotta, lat. *boreale(m)*, da *bŏrea* 'borea' * av. 1304] **agg.** • (*geogr.*) settentrionale, spec. detto dell'emisfero compreso tra l'equatore e il Polo Nord: *aurora b.* | ***clima b.***, molto rigido, come nell'estremo Nord CONTR. australe

borgàta [da *borgo* * sec. XIII] **s. f.** **1** piccolo raggruppamento di case in campagna, spec. lungo una strada maestra **2** a Roma, rione popolare sito all'estrema periferia, un tempo separato dalla città: *vivevo in una b. tutta calce / e polverone* (P.P. PASOLINI) || **borgatèlla**, **dim.** | **borgatìna**, **dim.**

borgatàro [da *borgata* * 1977] **s. m.** (**f.** *-a*) • a Roma, abitante di una borgata (*anche spreg.*)

borgesiàno (bor-ges-ia-no, bor-ge-sia-no) /bɔrge'sjano/ (o *-ṣ-*) [1983] **agg.** • dello scrittore argentino J. L. Borges (1899-1986) | caratteristico delle sue opere o ispirato al suo stile: *metafore, invenzioni, miti borgesiani*

♦**borghése**① (o *-ṣ-*) o †**borgése** [da *borgo*, sull'es. del fr. *bourgeois* * 1287] **A** **agg.** **1** †pertinente alla città SIN. cittadino CONTR. villano **2** pertinente alla classe della borghesia, al suo costume di vita, alla sua mentalità, cultura e sim.: *famiglie borghesi*; *romanzo b. dell'Ottocento*; *Nel quartiere b., c'è la pace / di cui ognuno dentro si contenta* (P.P. PASOLINI) **3** (*est.*) incline al quieto vivere, amante dell'ordine costituito: *mentalità b.* | (*spreg.*) privo di buon gusto, di raffinatezza: *maniere borghesi* **4** civile, in contrapposizione a militare, ecclesiastico | (*ellitt.*) ***in b.***, ***alla b.***, in abito civile, senza uniforme || **borgheseménte**, **avv.** **B** **s. m. e f.** **1** †abitante del borgo o della città non sottoposto alla giurisdizione feudale **2** chi appartiene alla classe della borghesia: *medio, alto b.* | ***piccolo b.***, appartenente alla piccola borghesia; (*est.*, *spreg.*) persona di corte vedute, di opinioni meschine, di comportamenti banali e sim. **C** **s. m. e f.** • chi non veste in uniforme: *militari, borghesi e ragazzi* || **borghesóne**, **accr.** | (*spreg.*) **borghesùccio**, **dim.** | (*spreg.*) **borghesùcolo**, **dim.**

borghése② (o *-ṣ-*) [da *Borgo* (San Sepolcro), n. tradizionale della città * 1494] **A** **agg.** • di Sansepolcro, in provincia di Arezzo **B** **s. m. e f.** • abitante o nativo di Sansepolcro CFR. biturgense

♦**borghesìa** (o -ṣ-) [da *borghese*, sull'es. dell'ant. fr. *bourgesie* ✱ 1650] **s. f.** ● nell'età comunale, medio ceto cittadino, legato all'esercizio delle libere professioni e al monopolio della ricchezza mobiliare | nell'età moderna, classe sociale composta dai proprietari dei mezzi di produzione e dai gruppi sociali che ne condividono modi di vita, aspirazioni e ideali, quali commercianti, artigiani, liberi professionisti, dirigenti industriali e sim. | ***alta, grande, grossa b.***, lo strato superiore composto dai grandi proprietari | ***media b.***, il ceto formato dai proprietari di aziende di medie dimensioni, dai liberi professionisti, dai dirigenti industriali e sim. | ***piccola b.***, lo strato composto dai piccoli artigiani e dagli impiegati

borghesìṣmo (o -eṣi-) [1880] **s. m.** ● caratteristica, condizione di chi (o di ciò che) è borghese | (*spreg.*) mentalità, comportamento e sim. retrivi e meschini

borgheṣùccio [1900] **s. m.** (**f.** *-cia*; **pl. f.** *-ce*) **1** dim. di *borghese* | chi appartiene alla piccola borghesia: *Egli non è d'origine se non un b., figlio di un fabbricante di porcellane* (G. D'ANNUNZIO) **2** (*spreg.*) persona che ha una visione limitata della vita, formalista nel comportamento e nei rapporti umani

borghesùme (o -ṣ-) [av. 1875] **s. m.** ● (*spreg.*) il complesso dei borghesi

borghigiàno [sec. XIV] **A** **s. m.** (**f.** *-a*) ● abitante o nativo di un borgo o di una località nel cui nome compaia la parola *Borgo* **B** **agg.** **1** che abita in un borgo **2** pertinente a un borgo

borgiàno [1876] **agg.** **1** pertinente alla famiglia Borgia **2** (*fig.*, *lett.*) detto di periodo, comportamento politico e sim., dominato o ispirato dalla violenza e dall'intrigo

borgiòtto ➤ **brogiotto**

bórgo [lat. tardo *bŭrgu(m)*, dal germ. *bŭrgs* 'cittadina', 'forte' ✱ 1258] **s. m.** (**pl.** *-ghi*) **1** piccolo centro abitato: *un b. marinaio*; *un b. rustico*; *di molte case un ricco b. e grosso* (L. ARIOSTO) | frequente come nome proprio di luogo: *B. a Mozzano (LU)*, *Borgofranco d'Ivrea* **2** quartiere, sobborgo cittadino che si trova, o si trovava originariamente, in periferia, o fuori dalla cerchia delle antiche mura: *andandomene per lo b. de' Greci* (G. BOCCACCIO) ‖ **borghétto**, **borghettino**, **dim.** | (*raro*) **borghicciòlo**, **dim.** | **borgùccio**, **dim.**

Borgógna [dal n. della regione francese ✱ 1766] **s. m. inv.** ● vino francese, bianco o rosso, spesso di gran pregio, prodotto in Borgogna spec. da vitigni Pinot nero (per i rossi) e Chardonnay (per i bianchi)

borgognóna [agg. sostantivato ✱ 1962] **s. f.** ● (*ellitt.*) bottiglia borgognona | poltiglia borgognona

borgognóne [fr. *bourguignon* 'abitante della Borgogna', dal lat. *Burgundiōne(m)* 'burgundo' ✱ sec. XIII] **A** **agg.** (**f.** *-a*) **1** della Borgogna **2** in varie loc. relative a enologia e viticoltura | ***poltiglia borgognona***, poltiglia anticrittogamica simile a quella bordolese | ***bottiglia borgognona***, bottiglia da vino, di forma conico-cilindrica e capacità di circa 3/4 di litro | ***fusto b.***, (*ellitt.*) ***borgognone***, fusto in legno della capacità di 225 litri usato per la spedizione di vini **3** burgundo **B** **s. m.** **1** (**f.** *-a*) abitante o nativo della Borgogna **2** (**f.** *-a*) appartenente alla popolazione burgunda **3** (*zool.*) ciuffolotto **4** fusto borgognone

borgognòtta [sp. *borgoñota*, dal fr. *bourguignotte*, sin. di *bourguignonne* 'della Borgogna' ✱ 1566] **s. f.** ● nelle antiche armature, celata aperta e leggera, provvista di cresta, tesa frontale, gronda, guanciali a cerniera e, talvolta, buffa

borgomàstro [alto ted. ant. *burgmeister*, comp. di *burg* 'borgo, città' e *meister* 'capo' ✱ av. 1527] **s. m.** ● capo dell'amministrazione comunale, in Germania e altri stati europei

✱**bòria** [lat. *bŏrea(m)* 'borea, vento di tramontana' col senso di 'aria (d'importanza)' ✱ 1342] **s. f.** ● vanitosa ostentazione di sé e dei propri meriti reali o immaginari: *metter su b.*; *essere pieno di b.*; *la b. de' dotti, i quali, ciò ch'essi sanno, vogliono che sia antico quanto che 'l mondo* (G. VICO) **SIN.** burbanza, superbia, vanagloria

SFUMATURE DI SIGNIFICATO
boria - spocchia - sufficienza
Il comportamento di chi è vanitoso e ostenta i propri meriti si definisce **boria.** Se il vantarsi si manifesta in forme supponenti, antipatiche, venate di senso di superiorità si parla di **spocchia.** **Sufficienza** definisce il comportamento di chi, per senso di superiorità, presta poca attenzione agli altri, li tratta con degnazione e senza troppa confidenza.
SFUMATURE ➤ ***superbia***

boriàrsi [sec. XIV] **v. intr. pron.** (*io mi bòrio*) ● montare in superbia, vantarsi di qlco.: *b. dei propri meriti*

†**boricco** ➤ †**buricco**① e †**buricco**②

bòrico [da *boro* ✱ 1829] **agg.** (**pl. m.** *-ci*) **1** (*chim.*) detto di composto del boro trivalente: *acido b.* **2** che contiene acido borico: *acqua, pomata borica*

borìna ➤ **bolina**

borino [da *bora* ✱ av. 1920] **s. m.** ● lieve vento di bora

✱**borióso** (o -ṣ-) [da *boria* ✱ 1340] **agg.** ● pieno di boria, vanaglorioso: *persona boriosa*; *atto, comportamento b.* ‖ **boriosétto**, **dim.** ‖ **boriosaménte**, **avv.** ‖ **boriosità**, **s. f. inv.** carattere, atteggiamento borioso

borìre o †**borrìre** [etim. discussa: longob. *burrjan* 'alzare, scovare' (?) ✱ sec. XVIII] **v. tr.** (*io borisco, tu borìsci*) ● (*raro*) far levare a volo uccelli a cui sparare

borlànda ➤ **burlanda**

borlonatùra [da *borlone* ✱ 1955] **s. f.** ● sgusciatura e pulitura dei semi usati nell'industria dei bottoni

borlóne [cfr. *burlare*② ✱ 1905] **s. m.** ● macchina a cilindri rotanti per la borlonatura

borlòtto [vc. dial. sett. (milan. *borlòt*), dalla base *borl-* che allude a 'oggetto tondeggiante' ✱ 1931] **s. m.** ● varietà di fagiolo da sgranare, con semi ovali, color rosso variegato, di media grossezza

†**bòrnia** [fr. *borgne* 'losco, guercio', riferito anche a un racconto 'falso', di etim. incerta ✱ av. 1698] **s. f.** ● fandonia

†**bòrnio**① [ant. fr. *borgne*, di etim. incerta ✱ av. 1327] **agg.** ● cieco da un occhio | guercio, losco | abbagliato, allucinato

bòrnio② [fr. *borne*, dall'ant. fr. *bodne* di orig. discussa: celt. **botina* 'pietra di confine' (?) ✱ 1313] **s. m.** **1** †pietra, roccia sporgente **2** concio o mattone sporgente che forma l'addentellato

bornìte [dal n. del mineralogista I. von *Born* (1742-1791) ✱ 1962] **s. f.** ● (*miner.*) solfuro di rame e ferro in masse compatte, la cui superficie per esposizione all'aria si ricopre di patine iridescenti e vivaci **SIN.** erubescite

bòro [da *borace* ✱ 1863] **s. m.** ● elemento chimico, semimetallo, bruno, duro, ottenuto per riduzione dell'anidride borica, usato come dissossidante in metallurgia **SIMB.** B **NUM. AT.** 5

borósa (o -ṣ-) [vc. dial., di etim. incerta ✱ 1822] **s. f.** ● (*mar.*) cimetta che serve per legare le vele ai pennoni | manovra per fissare al boma il punto di scotta di una randa terzarolata

Borotàlco® [comp. di *boro* e *talco* ✱ 1904] **s. m.** (**pl.** *-chi*) ● nome commerciale di una polvere finissima a base di talco naturale, usata spec. sulle pelli delicate per le sue proprietà assorbenti e rinfrescanti

bórra (o -ò-) [lat. tardo *bŭrra(m)*, di etim. incerta ✱ 1298] **s. f.** **1** insieme dei fili, non utilizzabili per la filatura, che sostengono il bozzolo ai ramoscelli del bosco **SIN.** ragna, spelaia **2** insieme di cimature di lana o mescolanze di peli e crini animali, usato per fare imbottiture e feltri di qualità scadente: *b. per basti* **3** (*zool.*) bolo **4** disco di feltro o sim. per separare il piombo dalla polvere, nelle cartucce da caccia **5** (*fig.*) materiale di scarto | (*est.*, *lett.*) parole, frasi inutili: *è impossibile che chi dice o scrive molte cose non vi metta di molta b.* (F. GUICCIARDINI)

borràccia [sp. *borracha*, da *borracho* 'ubriaco', dal lat. *bŭrrus* 'rossiccio', per il colore di chi ha bevuto ✱ 1539] **s. f.** (**pl.** *-ce*) ● recipiente di alluminio, plastica o altro materiale, atto a contenere acqua e altre bevande, usato spec. da soldati, alpinisti, ciclisti e sim. ‖ **borraccétta**, **dim.**

borraccina, (*evit.*) **borracìna** [da *borra* ✱ 1555] **s. f.** ● muschio con fusticini in parte sdraiati e ricchi di foglie a margini dentellati

borràccio [da *borra* ✱ 1301] **s. m.** ● (*sett.*) canovaccio, tovagliolo

†**borràce** ➤ **borace**

borracìna ● (*evit.*) ➤ **borraccina**

borràggine ➤ **borragine**

borràggio [da *borrare* ✱ 1955] **s. m.** **1** (*miniere*) operazione del borrare: *b. a sabbia*; *b. ad acqua* **2** insieme degli elementi (borra o altri dischetti) che separano il piombo dalla polvere

Borraginàcee o **Boraginàcee** [comp. di *borragin(e)* e *-acee* ✱ 1865] **s. f. pl.** (**sing.** *-a*) ● (*bot.*) famiglia di piante dicotiledoni delle Tubiflorali con foglie pelose e fiori che formano un'infiorescenza scorpioide (*Borraginaceae*)

borràgine o **boràgine**, **borràggine** [lat. tardo *borragine(m)*: dall'arabo *abū 'araq* 'padre del sudore', 'sudorifero', per le proprietà di questa pianta (?) ✱ 1310] **s. f.** ● pianta erbacea annuale delle Borraginacee con grosso fusto succoso, grandi foglie rugose e ruvide e fiori turchini; è usata in cucina (le foglie) e in farmacia (i fiori) (*Borago officinalis*)

borràna① [variante di *borragine* ✱ 1310] **s. f.** ● (*sett.*) borragine

†**borràna**② [da *borro* ✱ 1353] **s. f.** ● borro, torrente

borràre [da *borra* ✱ 1853] **v. tr.** (*io bórro*) ● occludere il foro da mina con tampone di materiale inerte perché l'esplosivo possa agire con la massima efficacia

†**borràsca** ➤ **burrasca**

borratóre [da *borra* ✱ 1932] **s. m.** ● maglio a forma di ogiva usato per il consolidamento del terreno

borratùra [1820] **s. f.** ● (*miniere*) borraggio

†**borrìre** ➤ **borire**

bórro (o -ò-) [lat. tardo *bŏrra(m)*, bene attestato nella toponomastica ✱ 1292] **s. m.** **1** (*lett.*) burrone **2** fosso scavato dalle acque in luogo scosceso **3** canale di scolo di una palude

♦**bórsa**① [lat. *bŭrsa(m)*, dal gr. *býrsa* 'cuoio', 'otre', di etim. incerta ✱ av. 1250] **s. f.** **1** contenitore di pelle, stoffa, plastica e sim. di varia forma e grandezza, per lo più provvista di manici o tracolla, per tenervi e portare con sé denaro, documenti e oggetti vari: *la b. del postino*; *b. da avvocato*; *la b. della spesa*; *la b. per il tabacco* | ***b. da viaggio***, con l'occorrente per la toeletta | ***b. diplomatica***, tipo di valigetta rigida e bassa per documenti, lettere e sim. | ***b. dell'acqua calda***, in gomma, da riempire con acqua calda per riscaldare una parte del corpo | ***b. da*** (o ***del***) ***ghiaccio***, in tessuto impermeabile, per applicazioni di ghiaccio su una parte del corpo | ***b. termica***, contenitore in materiale termoisolante per conservare e trasportare cibi e bevande **2** un tempo, sacchetto per portare il denaro | ***o la b. o la vita***, intimazione di rapinatori | ***avere la b. piena, vuota***, avere molto, poco denaro | ***aprire, sciogliere la b.***, spendere e donare con larghezza | ***chiudere, stringere la b.***, fare economia | ***mettere mano alla b.***, cominciare a pagare | ***toccar qlcu. nella b.***, chiedergli denaro | ***pagare di b. propria***, col proprio denaro | sussidio finanziario dato a studenti, laureati, ricercatori scientifici e sim.: *b. di studio*; *b. premio* | nel pugilato, la somma pattuita per un incontro per ciascun contendente **3** busta di seta o di lino in cui si ripone il corporale, nella liturgia cattolica **4** ***b. di pastore***, pianta erbacea delle Crocifere a fusto eretto, fiori in racemo e frutti a siliquetta, di forma simile alla borsa in cui il pastore tiene il sale per gli animali (*Capsella bursa-pastoris*) **5** guscio che racchiude i semi di alcune piante **6** (*anat.*) qualsiasi formazione a sacca: *b. scrotale* | ***b. mucosa, sierosa***, vescicola ripiena di liquido chiaro filante, interposta tra tendini e ossa o tra muscoli per facilitarne lo scorrimento | correntemente, parte del corpo la cui forma ricorda quella di una borsa | ***avere le borse sotto gli occhi***, le occhiaie gonfie | ***la b. del canguro***, il marsupio **7** (*est.*) rigonfiamento, deformazione degli abiti: *calzoni con le borse alle ginocchia* **8** (*pop.*) scroto | (*fig.*) noia, persona noiosa: *che b.!* **9** (*bot.*) parte ingrossata del ramo che porta il frutto nelle Pomacee ‖ **borsàccia**, **pegg.** | **borsèllo**, **dim. m.** (V.) | **borsétta**, **dim.** (V.) | **borsétto**, **dim. m.** (V.) | †**borsìglio**, **dim. m.** (V.) | **borsìna**, **dim.** | **borsóna**, **accr.** | **borsóne**, **accr. m.** | **borsòtto**, **dim. m.** (V.)

♦**bórsa**② [dal nome dei van der *Burse*, in casa dei quali si riunivano, a Bruges, nel XVI sec., i mercanti veneziani ✱ av. 1638] **s. f. 1** (anche con iniziale maiuscola) istituzione pubblica o privata in cui si svolge la compravendita di valori mobiliari o merci: *listino di b.*; *riunione di b.*; *rialzo, ribasso in b.* | ***B. merci***, in cui si contrattano merci di largo mercato | ***B. valori***, in cui si trattano titoli o divise estere | ***B. telematica***, in cui le negoziazioni avvengono a mezzo di strumenti telematici | ***giocare in B.***, specularvi | V. anche *dopoborsa* **2** (*est.*) il luogo, l'edificio in cui avvengono le contrattazioni di borsa **3** (*est.*) mercato, compravendita: *la b. dei calciatori* ‖ **borsìno**, **dim. m.** (V.)

NOMENCLATURA

borsa

● *tipi di borsa*: valori = finanziaria, titoli, merci = delle derrate; borsanera; fuoriborsa;

● *caratteristiche*: debole, buona, sostenuta, in rialzo ⇔ in ribasso, oscillante, fluttuante; invariata, ferma ⇔ instabile;

● *attività di borsa*: seduta, durante, riunione, contrattazioni, grida, recinto delle grida = corbeille; andamento, indice di borsa (M.I.B.TEL.), apertura, chiusura, orario, calendario, gioco, fixing, quotazione, listino, prezzo nominale, aggio, disaggio, collasso, negoziazione, contrattazione, azione = titolo azionario (ordinario, postergato, preferenziale = privilegiato, nominativo, di risparmio), fissato bollato, flottante, future, ripartizione degli utili, riparto, residuo, dividendo, interessenza, partecipazione, diritto di prelazione sugli utili; girata, incetta, trasferimento, nominatività, pacchetto azionario; cedola, cedolare; aggiotaggio, arbitraggio; mercato (primario, secondario; languido, fiacco, fermo, morto, sostenuto; interno ⇔ esterno, libero = aperto ⇔ chiuso = regolato, mercato ristretto = coulisse), borsino, dopoborsa = dopolistino; diritto di opzione, Opa (Offerta pubblica d'acquisto), Opv (Offerta pubblica di vendita); aumento di capitale, fondo comune d'investimento (azionario, obbligazionario bilanciato), capital gain, riporto, riporto alla pari, deporto, CONSOB (Commissione Nazionale per le Società e la Borsa);

● *persone*: agente, operatore di cambio, broker = intermediario = mediatore, remisier, dealer, agente di borsa, negoziatore, contrattista, speculatore, cassettista, procuratore alle grida, investitore, azionista = obbligazionista, quotista, aumentista = rialzista = (*gerg.*) toro ⇔ ribassista = (*gerg.*) orso, cordata, risparmiatore, parco buoi; borsanerista;

● *azioni*: investire, giocare, comprare, vendere, svendere, rialzare, giocare al rialzo, ribassare, giocare al ribasso, quotare, trattare, optare, opzionare, sottoscrivere, speculare, frequentare la borsa; rastrellare, scalare una società, sospendere la contrattazione di un titolo azionario, esercitare, abbandonare un contratto.

borsàio [1211] **s. m.** (**f.** *-aia*, **pl. m.** *-ai*) ● chi fabbrica o vende borse

borsaiòlo o (*lett.*) **borsaiuòlo** [da *borsa*① col suff. d'agente *-aio* e il suff. spreg. *-olo*③ ✱ av. 1665] **s. m.** (**f.** *-a*) ● ladro che con abilità e sveltezza ruba dalle tasche o dalle borse **SIN.** borseggiatore

SFUMATURE ➤ *ladro*

†**borsàle** [da *borsa*① ✱ 1673] **agg.** ● pertinente alla borsa, nel sign. di borsa② | mercantile

Borsalìno® [marchio registrato della ditta che li produce, la *Borsalino* ✱ 1905] **s. m. inv.** ● tipo di cappello maschile di feltro a tesa media

borsanéra o **bórsa néra** [comp. di *borsa*② e il f. di *nero*, con allusione a operazioni compiute di notte ✱ 1942] **s. f.** (**pl.** *borsenére*) ● traffico illegale, clandestino, di merci razionate o rare, a prezzi maggiorati, spec. in periodo bellico

borsanerìsta [1946] **s. m. e f.** (**pl. m.** *-i*) ● chi pratica la borsa nera **SIN.** borsaro nero

borsàro [1949] **s. m.** (**f.** *-a*) ● (*centr.*) nella loc. ***b. nero***, chi pratica la borsa nera

borsàta [da *borsa*① ✱ 1865] **s. f. 1** quantità di roba che può essere contenuta in una borsa **2** colpo o percossa inferta con una borsa

borsavalóri [comp. di *borsa* e del pl. di *valore* ✱ sec. XX] **s. f.** (**pl.** *borsevalóri*) ● (*banca*) mercato organizzato per la compravendita dei valori mobiliari e delle divise

borseggiàre [da *borsa*① ✱ 1877] **v. tr.** (**pres.** *io borséggio*; **fut.** *io borseggerò*) ● derubare una persona con abilità e sveltezza di qlco. che porta addosso o con sé: *l'hanno borseggiato del portafoglio*

borseggiatóre [1877] **s. m.** (**f.** *-trice*) ● borsaiolo

borséggio [da *borseggiare* ✱ 1877] **s. m.** ● furto commesso con abilità e sveltezza su una persona

♦**borsellìno** [av. 1400] **s. m. 1** dim. di *borsello* **2** portamonete da tenersi in tasca o in borsetta | ***vuotare il b.***, spendere tutto **3** tasca in cima a una lunga mazza per raccogliere le elemosine in alcune chiese cattoliche e protestanti **4** taschino dell'orologio

borsèllo [1303] **s. m. 1** †dim. di *borsa*① **2** †portamonete **3** borsa per uomo, di dimensioni generalmente non grandi, talvolta anche con tracolla, per tenervi documenti, denaro e oggetti vari **SIN.** borsetto ‖ **borsellìno**, **dim.** (V.)

borsétta [1353] **s. f. 1** dim. di *borsa*① **2** borsa da signora, di varia forma e dimensione, in pelle, tessuto, paglia e sim.: *una b. sportiva*; *b. da sera* ‖ **borsettìna**, **dim.**

borsettàio [1963] **s. m.** (**f.** *-aia*, **pl. m.** *-ai*) ● fabbricante o venditore di borsette

borsetterìa [comp. di *borsett(a)* ed *-eria* ✱ 1985] **s. f. 1** settore artigianale o industriale che si occupa della fabbricazione di borse **2** negozio di borse

borsettière [1942] **s. m.** (**f.** *-a*) ● borsettaio

borsettifìcio [comp. di *borsetta* e *ficio* ✱ 1987] **s. m.** ● fabbrica di borsette e articoli analoghi

borsétto [1973] **s. m. 1** dim. di *borsa*① **2** borsello

†**borsìglio** [sec. XIV] **s. m. 1** dim. di *borsa*① **2** sacchetto per profumi **3** portamonete **4** (*fig.*) denaro

borsìno [1950] **s. m. 1** dim. di *borsa*② **2** ufficio bancario dove, in collegamento con le borse valori, si compiono operazioni su titoli **3** contrattazione di titoli che avviene a borsa chiusa

borsìsta① [da *borsa*① ✱ 1941] **s. m. e f.** (**pl. m.** *-i*) ● chi fruisce di una borsa di studio, di ricerca e sim.

borsìsta② [da *borsa*② ✱ 1796] **s. m. e f.** (**pl. m.** *-i*) ● chi specula in borsa

borsìstico [1908] **agg.** (**pl. m.** *-ci*) ● di borsa, relativo alla borsa, nel sign. di borsa②: *contrattazioni borsistiche*

borsìte o **bursìte** [da *borsa* (di siero) con il suff. *-ite*② ✱ 1892] **s. f.** ● (*med.*) infiammazione di una borsa mucosa o sierosa: *b. scrotale*

borsòtto [av. 1327] **s. m. 1** dim. di *borsa*① **2** borsa di pelle per pallini da caccia

bort /fr. bɔʀ/ [vc. fr., dall'ant. fr. *bort* 'bastardo' (?) ✱ 1950] **s. m. inv.** ● varietà microcristallina di diamante usata come abrasivo

bòrtsch /bɔrʃ/ o **boršč** /*russo* bwɔrʃː/ [russo *boršč*, parola che in orig. indicava la pianta d'acanto, con cui si faceva una minestra ✱ 1956] **s. m. inv.** (**pl.** russo *bortschi*) ● minestra a base di cavolo, barbabietola e crema acida, tipica della cucina russa

†**borzacchìno** [sp. *borceguí*, dall'arabo *murzuqī* '(cuoio) di Murzuq' (?) ✱ av. 1529] **s. m.** ● stivaletto

borzàcchio ➤ **bozzacchio**

bòsa [sp. *boza*. V. *bozza*② ✱ 1829] **s. f.** ● (*mar.*) ognuna delle tre maniglie situate negli angoli inferiori di una vela quadra alle quali si applicano i tre spezzoni di cima con cui termina la bolina

†**boscàggio** [ant. fr. *bosc(h)age*, da *bos(c)* 'foresta' ✱ sec. XIII] **s. m.** ● boscaglia

boscàglia [ant. fr. *bosc(h)aille*, da *bos(c)* 'foresta' ✱ 1351] **s. f.** ● bosco fitto e incolto | vasta macchia di arbusti

boscaiòlo o (*lett.*) **boscaiuòlo** [av. 1327] **A s. m.** (**f.** *-a*) **1** chi taglia legna nei boschi **SIN.** spaccalegna, taglialegna **2** chi provvede alla coltivazione e alla conservazione dei boschi **SIN.** guardaboschi **B agg.** ● del bosco, tipico del bosco: *abbigliamento b.*, *camicia boscaiola* | nella loc. agg. inv. ***alla boscaiola***, (*cucina*) detto di preparazione culinaria in cui sono presenti funghi, talora con salsa di pomodoro: *spezzatino, penne alla boscaiola*

boscaréccio ➤ **boschereccio**

†**boscàta** [1459] **s. f.** ● tratto di terreno coperto di bosco

boscàtico [da *bosco* ✱ sec. XVI] **s. m.** (**pl.** *-ci*) ● uso civico medievale consistente nel diritto di far legna in un bosco di proprietà comune | imposta pagata per esercitare tale diritto

boscàto [av. 1313] **agg.** ● coperto di boschi: *terreno b.* **SIN.** boscoso

boschéggio [etim. incerta ✱ 1983] **s. m.** ● (*ragion.*) operazione contabile consistente nel ricercare fra diverse registrazioni tutte quelle che si riferiscono a una stessa voce

boscheréccio o (*lett.*) **boscaréccio** [da *bosco* ✱ 1330] **agg.** (**pl. f.** *-ce*) **1** del bosco, che proviene dal bosco: *fragole boscherecce* **SIN.** forestale, silvestre **2** (*fig.*, *lett.*) semplice, privo di raffinatezza | ***poesia boschereccia***, poesia pastorale, bucolica

boschétto [1300] **s. m. 1** dim. di *bosco* **2** bosco ameno | gruppo di piante ombrose **3** piccolo bosco artificiale disposto in modo da attirare gli uccelli verso un sistema di trappole o reti

†**boschière** [1623] **s. m.** ● boscaiolo

boschìvo [av. 1764] **agg. 1** coltivato, tenuto a bosco: *terreno b.* | ricco di boschi: *zona boschiva* **2** del bosco: *vegetazione boschiva*

boscìmano [neerlandese *bosjesman*, 'uomo (*man*) della boscaglia (*bosje*)' ✱ 1901] **A agg.** ● detto di alcune popolazioni dell'Africa sud-occidentale, che presentano pelle giallastra, steatopigia, statura piccola e capelli crespi **B s. m. (f. -*a*)** ● chi appartiene alla popolazione boscimana **C s. m. solo sing.** ● lingua africana parlata dai Boscimani, simile all'ottentotto

♦**bòsco** [etim. discussa: germ. *bosk 'macchia, boschetto' (?) ✱ 1219] **s. m. (pl. -*chi*) 1** estensione di terreno coperta di alberi, spec. di alto fusto, e di arbusti selvatici | il complesso di tali organismi vegetali: *b. di querce, di faggi, di castagni* | ***b. ceduo***, sottoposto per la rinnovazione a tagli periodici | †***buono da b. e da riviera***, (*fig.*) detto di chi è adatto a ogni situazione e capace di far di tutto | ***essere, diventare uccel di b.***, (*fig.*) detto di chi si rende irreperibile a chi tenta di imprigionarlo, spec. alla polizia | ***portar legna al b.***, (*fig.*) fare una cosa inutile | **PROV.** ***meglio uccel di b. che uccel di gabbia***, V. *uccello* **SIN.** foresta, selva **2** (*fig.*) insieme di cose fitte, intricate: *un b. di capelli* **3** fascetti di rami, disposti in modo diverso, usati per sostenere i bachi da seta durante la tessitura del bozzolo | ***andare al b.***, dei bachi che salgono sui rami **4** (*raro, poet.*) legname ‖ (*raro*) **boscherèllo**, **dim.** | **boschétto**, **dim.** (V.)

NOMENCLATURA

bosco

● *caratteristiche*: d'alto fusto, ceduo, di latifoglie, di aghifoglie, misto; rigoglioso ⇔ spoglio, folto ⇔ rado, giovane ⇔ secolare, puro ⇔ misto, demaniale ⇔ privato; sottobosco, selva, foresta (folta, intricata, impraticabile; equatoriale, subequatoriale = a galleria, tropicale, mediterranea, boreale); sezione del bosco, sentiero forestale, strada di esbosco, risina = scivolo per i tronchi; vivaio forestale, semenzaio forestale, ceppaia; patrimonio forestale, demanio forestale, leggi forestali, vincolo forestale; guardia forestale, ispettore forestale;

● *tipi di bosco*: abetaia, abetina, acereto, cipresseto, lariceto, lecceto, pineta, palmeto, querceto, olmeto, gelseto, saliceto, carpineta, castagneto, faggeta, pioppeto, oliveto; soprassuolo, sottobosco; cespuglio, fratta, matricina, pollone; radura, roveto, forteto, stipa;

● *persone*: tagliaboschi = taglialegna, legnaiolo, boscaiolo, segatore, guardaboschi = guardia forestale; silvicoltore;

● *azioni*: piantare, abbattere, atterrare, segare, sradicare, scortecciare, infoltire ⇔ sfoltire, sfrondare, tagliare, scapezzare, tenere a ceppaia, rimboscare ⇔ disboscare, imboscarsi; accatastare, trasportare.

boscosità (o **-oṣi-**) [1862] **s. f. inv.** ● densità dei boschi di una data zona rispetto alla sua superficie totale: *b. alta, bassa*

boscóso (o **-ṣo**) [av. 1292] **agg.** ● coperto, ricco di boschi: *colline boscose* ‖ **boscosità**, **s. f. inv.** (V.)

bòsforo [vc. dotta, dal nome del *Bosforo*, lat. *Bosp(h)ŏrus*, dal gr. *Bósporos*: propr. 'guado del bue' (*boôs póros*) ✱ 1539] **s. m.** ● (*lett.*) stretto di mare

boṣgnàcco [var. dial. veneta giuliana di *bosniaco*, con spostamento d'accento ✱ 1913] **A agg. (pl. m. -*chi*)** ● della popolazione bosniaca di religione musulmana **B s. m. (f. -*a*)** ● bosniaco musulmano

†**bòṣima** ➤ **bozzima**

boṣinàta o **boṣinàda** [vc. milan., da *buccinare* ✱ 1840] **s. f.** ● composizione satirica in dialetto milanese, recitata o cantata dai bosini

boṣìno [1905] **s. m.** ● cantastorie delle campagne milanesi | (*sett.*) campagnolo, uomo zotico

♦**boṣnìaco** [1844] **A agg. (pl. m. -*ci*)** ● della Bosnia Erzegovina **B s. m. (f. -*a*)** ● abitante o nativo della Bosnia Erzegovina **C s. m. solo sing.** ● lingua del gruppo slavo parlata in Bosnia-Erzegovina

boṣóne [dal cognome del fisico S. N. *Bose* (1894-1974) ✱ 1955] **s. m.** ● (*fis.*) particella di spin intero, che segue la statistica di Bose-Einstein | ***b. scalare***, con spin nullo | ***b. vettore***, con spin unitario | ***b. di Higgs***, ipotetico bosone scalare che media le interazioni nel campo di Higgs

boss /bɔs, *ingl.* bɒs/ [vc. ingl. d'America, dal neerlandese *baas* 'padrone', di area limitata e orig. incerta ✱ 1918] **s. m. inv. (pl. ingl. *bosses*)** ● capo di un'organizzazione, padrone, spec. se e quando si comporta con arroganza o arbitrio: *i b. della mafia; il b. dell'azienda; i boss dell'industria chimica* | (**est., scherz.**) dirigente, capufficio e sim.: *è a colloquio col b.*

bòssa nòva /*portog.* ˈbɔsa ˈnɔva/ [vc. portog. del Brasile: 'tendenza (dal senso originale di 'bernoccolo') nuova' (?) ✱ 1963] **loc. sost. f. inv.** ● genere musicale d'origine brasiliana, derivante dal samba

bòssing /ˈbɔssin(g), *ingl.* ˈbɒsɪŋ/ [vc. ingl., da *boss* 'capo, superiore' sul modello di *mobbing* ✱ 1999] **s. m. inv.** ● forma di mobbing esercitato da un superiore nei confronti di un sottoposto

bòsso o (*tosc.*) **bòssolo**②, (*centr.*, *sett.*) **bùsso**② [lat. *bŭxu(m)*, dal gr. *pýksos*, di orig. asiatica ✱ av. 1313] **s. m. 1** arbusto perenne sempreverde delle Buxacee con piccole foglie coriacee e lucenti e legno durissimo (*Buxus sempervirens*) **2** legno di bosso

bòssola [da *bossolo*① ✱ 1943] **s. f. 1** spazzola per cavalli **2** antica misura veneta di capacità per liquidi, di circa tre litri

bòssolo① o †**bùssolo** [lat. tardo *bŭxida*, dal gr. *pýksis*, con sovrapposizione di *bŭxulum, dim. di *bŭxeum* 'oggetto di bosso' ✱ 1275] **s. m. 1** †vasetto per cosmetici, medicamenti, profumi e sim. **2** urna per elezioni e votazioni | bussolotto per il gioco dei dadi | †cassetta per elemosine **3** involucro cilindrico contenente la carica di lancio dei proiettili delle armi da fuoco e munito dell'innesco per la deflagrazione della carica ‖ **bossolétto**, **dim.** | **bossolìno**, **dim.** | †**bossolòtto**, **dim.** (V. *bussolotto*)

bòssolo② ➤ **bosso**

†**bossolòtto** ➤ **bussolotto**

bòston /ˈbɔston, *ingl.* ˈbɒstən/ [dal nome della città statunitense d'origine, *Boston* ✱ 1896] **s. m. inv. 1** ballo di origine nordamericana, simile al valzer ma di ritmo più lento **2** gioco di carte simile al whist

bostonìàno [1978] **A agg.** ● di Boston **B agg. e s. m. (f. -*a*) 1** abitante o nativo di Boston **2** (*raro, est., lett.*) raffinato, elitario

Bostrìcidi [comp. di *bostrico* e *-idi* ✱ 1950] **s. m. pl. (sing. -*e*)** ● (*zool.*) famiglia di Insetti dei Coleotteri; si nutrono di legno e hanno corpo cilindrico allungato e arti corti (*Bostrychidae*)

bòstrico [vc. dotta, gr. *bóstrychos* 'ricciolo', di etim. incerta ✱ 1819] **s. m. (pl. -*chi*)** ● insetto coleottero con testa incassata nel torace, zampe corte e apparato boccale robustissimo mediante il quale scava gallerie nel legno (*Bostrychus capucinus*)

bòṣu [vc. ingl., sigla di *both sides up* 'sui due lati' ✱ 2003] **s. m. inv.** ● attrezzo ginnico costituito da una pedana sormontata da una cupola di gomma morbida che consente i movimenti dello step e in più esercizi di equilibrio e di postura

Bot /bɔt/ [sigla di *b(uono) o(rdinario del) t(esoro)* ✱ 1977] **s. m. inv.** ● (*econ.*) titolo di credito a scadenza annuale, semestrale o trimestrale emesso dallo Stato italiano

botànica [vc. dotta, gr. *botanikḗ*, f. di *botanikós* 'botanico', sottinteso *téchnē* 'arte, scienza' ✱ 1754] **s. f.** ● scienza che ha come oggetto lo studio e la classificazione dei vegetali | ***b. farmaceutica***, disciplina che ha come oggetto lo studio di vegetali da cui si estraggono i farmaci

botànico [vc. dotta, gr. *botanikós*, da *botánē* 'erba' ✱ av. 1698] **A agg. (pl. m. -*ci*)** ● relativo alla botanica | ***orto, giardino b.***, in cui si coltivano piante a scopo di ricerca e di studio ‖ **botanicaménte**, **avv.** **B s. m. (f. -*a*)** ● studioso di botanica

botellón /*sp.* boteˈʎon/ [vc. sp., propr. 'bottiglione', da *botella* 'bottiglia' ✱ 2003] **s. m. inv. (pl. sp. *botellones*)** ● ritrovo all'aperto a base di musica e alcol, in cui i giovani portano con sé e consumano bottiglie di vino, birra ecc.

†**bóto** e deriv. ➤ **voto**① e deriv.

bòtola o †**bòdola** [etim. incerta; dal lat. mediev. *bauta* 'balta', attrav. i dial. sett. ✱ av. 1742] **s. f. 1** apertura dotata di un'imposta ribaltabile che mette in comunicazione due vani, uno soprastante e uno sottostante: *aprire una b. nel pavimento, nel soffitto* **2** (*inform.*) backdoor ‖ **botolìna**, **dim.**

♣**bòtolo** [etim. incerta ✱ 1319] **s. m. 1** cane piccolo, tozzo e ringhioso **2** (*fig.*) uomo stizzoso e pronto alla lite, ma debole e pauroso ‖ **botolétto**, **dim.** | **botolìno**, **dim.**

bòtri [vc. dotta, lat. *bŏthru(m)*, dal gr. *bótrys*, propr. 'grappolo' ✱ av. 1498] **s. m. inv.** ● varietà di artemisia fortemente aromatica (*Chenopodium botrys*)

bòtrio-① [dal gr. *bótrion* 'piccola fossa', di orig. non chiara] **primo elemento** ● in parole composte della terminologia scientifica significa 'fossa' o 'solco': *botriocefalo*

bòtrio-② [dal gr. *bótrys* 'grappolo'] **primo elemento** ● in parole composte della terminologia scientifica significa 'grappolo' o 'a forma di grappolo': *botriomicosi*

botriocèfalo [vc. dotta, comp. di *botrio-*① e *-cefalo* ✱ 1923] **s. m.** ● grosso platelminta, parassita intestinale, simile alla tenia ma privo di ventose e con due solchi laterali (*Diphyllobotrium latum*)

botriomicòṣi [comp. di *botrio-*②, del gr. *mýkēs* 'fungo' e del suff. della med. *-osi* ✱ 1950] **s. f. inv.** ● malattia infettiva del cavallo dovuta a micrococchi, che si manifesta con noduli e fistole nel tessuto cutaneo e sottocutaneo

botrioterapia [vc. dotta, comp. di *botrio-*② e *terapia* ✱ 1940] **s. f.** ● ampeloterapia

botrìte [vc. dotta, lat. *botryīte(m)*, dal gr. *botryîtis*, propr. 'a forma di grappolo (*bótrys*)' ✱ 1829] **s. f.** ● genere di Funghi imperfetti dei Deuteromiceti, saprofiti o parassiti di molte piante coltivate (*Botrytis*) **SIN.** muffa grigia

bótro (o **-ò-**) [gr. *bóthros* 'fossa, voragine', di etim. incerta ✱ 1290] **s. m.** ● (*tosc.* o *lett.*) fossato scosceso in cui scorre un piccolo corso d'acqua: *il favellar leggero / dell'acque pei botri* (G. D'ANNUNZIO)

♦**bòtta**① [da *bottare* ✱ 1250 ca.] **A s. f. 1** colpo, percossa data con un corpo contundente: *dare una b. col bastone, col martello* | (**al pl., fam.**) percosse: *se non la smetti ti do le botte!* | ***fare a botte, prendersi a botte***, picchiarsi | ***botte da orbi***, colpi violenti e dati alla cieca | ***parare le botte***, (*fig.*) difendersi | colpo provocato da un urto contro qlco.: *cadendo ho preso una gran b.* | (**est.**) il segno che resta sul corpo dopo un urto o una percossa violenta: *guarda che b. ho sul ginocchio* | †**di tutta b.**, a tutta prova | †**a b. di**, a prova di | **tenere b.**, (*fig.*) resistere, perseverare, non mollare | **a b. calda**, (*fig.*) sotto l'impressione di un fatto doloroso, spiacevole e sim. appena avvenuto | **a b.**, (*colloq.*) alla volta, gener. con riferimento a somme di denaro: *in quel ristorante ti chiedono cento euro a b.* | (*colloq.*) **b. di vita**, V. *vita*① nel sign. 8 | (*pop.*) **b. di culo**, V. *culo* nel sign. 1 **2** (*fig.*) danno grave: *la perdita dell'azienda è stata per lui una terribile b.* | (*fig.*) sconfitta: *sono venuti per vincere e hanno preso una bella b.!* **3** rumore prodotto da oggetti che si urtano con violenza o da un'esplosione: *una b. di fucile* SIN. botto **4** (*fig.*) motto pungente, frase offensiva: *dirigere, indirizzare una b. a qlcu.* SIN. battuta, frizzo **5** nella scherma, colpo | **b. dritta**, stoccata **6** rosa di pallini da caccia che investono un selvatico | **restare sulla b.**, di animale colpito in pieno **7** sponda concava di un meandro erosa dalla corrente del fiume **B** nella loc. sost. m. o (*raro, lett.*) f. **b. e risposta** (pl. m. inv.; pl. f. *botte e risposte*) ● rapido scambio di battute polemiche: *continuano i b. e risposta tra i due dirigenti politici; Dopo qualche altra b. e risposta … Renzo strisciò una bella riverenza* (A. MANZONI) ‖ **bottàccia**, pegg. | **bottarèlla**, **botterèlla**, dim.

bòtta② o (*raro*) **bòdda** [etim. incerta ✱ sec. XIII] s. f. **1** (*tosc.*) rospo | **camminare come una b.**, (*fig.*) saltellando | **gonfio come una b.**, vanesio **2** (*est., lett., tosc.*) persona bassa e sgraziata

bottàccio① [accr. di *botte*, per la forma ✱ av. 1294] s. m. **1** †fiasco, damigiana | quantità di vino anticamente prelevata da un carico e data ai vetturali come compenso **2** bacino di raccolta delle acque che alimentano un mulino | pozzetto praticato nei fossati per diminuire la velocità dell'acqua e facilitare il deposito dei detriti **3** (*sett.*) botte per lo spurgo dei pozzi neri ‖ **bottacciòlo**, dim. (V.)

bottàccio② [etim. incerta ✱ av. 1484] s. m.; anche agg. (pl. f. *-ce*) ● (*centr.*) varietà di tordo

bottàccio③ ➤ **bottazzo**

bottacciòlo o †**bottacciuòlo** [av. 1328] s. m. **1** dim. di *bottaccio*① **2** †pustola **3** lesione della pellicola dell'intonaco, provocata dal rigonfiamento di un granello di calce **4** (*fig., raro*) persona piccola e grassa

bottàio o †**bottàro** [da *botte* ✱ 1301] s. m. (f. *-aia*, pl. m. *-ai*) ● chi fabbrica, ripara o vende botti

bottalàre [da *bottale* ✱ 1983] v. tr. ● trattare le pelli nel bottale

bottàle [da *botte*, per la forma ✱ 1931] s. m. ● apparecchiatura rotante nella quale vengono conciate le pelli

bottalìsta [1962] s. m. e f. (pl. m. *-i*) ● operaio di conceria addetto al bottale

bottàme [sec. XIV] s. m. ● insieme delle botti, dei tini e dei fusti di una cantina

†**bottàre** [ant. fr. *boter* 'spingere, battere, germogliare', dal francone *bōtan* 'battere' ✱ sec. XIV] v. tr. ● percuotere, colpire

bottàrga [arabo *baṭrah*, in relazione col gr. *tárichos* 'salagione', di etim. incerta ✱ av. 1547] s. f. ● uova di muggine o di tonno compresse, seccate e salate; si mangia tagliata a fettine e condita, oppure si grattugia sulla pasta

†**bottàro** ➤ **bottaio**

bottàta [da *bottare* ✱ 1306] s. f. **1** †colpo, percossa | †danno grave e improvviso SIN. botta **2** (*lett.*) frase pungente, spesso allusiva: *finisce per bottate rotte e scomposte* (G. GIUSTI)

bottatrìce [etim. incerta ✱ 1932] s. f. ● pesce dei Teleostei di acqua dolce, commestibile, con corpo grosso anteriormente e compresso verso la coda, coperto di resistentissima pelle olivastra (*Lota lota*)

bottàzzo o **bottàccio**③ [da *botte* ✱ 1829] s. m. ● (*mar.*) raddoppiamento del fasciame in legno nello scafo, spec. per proteggerlo dagli urti

♦**bótte** [lat. tardo *bŭtte(m)* 'piccolo vaso', di etim. incerta ✱ 1221] s. f. **1** recipiente in legno, di forma bombata, costituito da un insieme di doghe tenute unite da cerchi di metallo, destinato a contenere prodotti liquidi, spec. vino: *spillare il vino dalla b.* | PROV. **nelle botti piccole sta il vino buono**, le persona piccole di statura hanno buone qualità | (*est.*) recipiente simile, ma di minori dimensioni, per conservarvi pesce, olive e sim. | **dare un colpo al cerchio e uno alla b.**, serrare fra loro le doghe (con riferimento al lavoro dei bottai); (*fig.*) barcamenarsi | PROV. **non si può avere la b. piena e la moglie ubriaca**, non si possono realizzare due obiettivi contrastanti | (*fig.*) **essere in una b. di ferro**, al sicuro **2** appostamento palustre, costituito da una botte o da un piccolo tino dentro cui si apposta il cacciatore SIN. tina nel sign. 2 **3** (*edil.*) **volta a b.**, semicircolare **4** a Roma, vettura pubblica a cavalli SIN. botticella **5** antica unità di misura per liquidi, con valori variabili da regione a regione **6** (*mar.*) antica unità di misura di stazza, equivalente alla tonnellata ‖ **botticèlla**, dim. (V.) | †**botticèllo**, dim. m. | **botticìna**, dim. | (*lett.*) **botticino**, dim. m.

♦**bottéga** [lat. *apothēca(m)*, dal gr. *apothḗkē* 'deposito', dal v. *apotithénai* 'porre (*tithénai*) lontano, in disparte (*apó*)' ✱ sec. XII] s. f. **1** locale gener. a pian terreno e accessibile dalla strada, dove si vendono merci al dettaglio: *la b. del fruttivendolo, del panettiere, del macellaio* | **mettere su b.**, **aprire b.**, cominciare un commercio, un'attività | **star di b.**, avere la bottega in un dato luogo | **chiudere b.**, (*fig.*) smettere di fare qlco. | †**essere a uscio e b.**, **a** (o **di**) **casa e b.**, abitare, stare molto vicino a qlcu. o a qlco. | **scarto di b.**, (*fig.*) cosa, persona, di nessun pregio | **far b. di tutto**, (*fig.*) trafficare disonestamente con ogni cosa | **affari, calcoli, convenienze di b.**, (*fig.*) personali, di parte | (*scherz.*) **avere la b. aperta**, i calzoni sbottonati **2** laboratorio, officina d'artigiano: *b. del falegname* | **ferri di b.**, arnesi di mestiere | **mettersi, andare, stare a b. da qlcu.**, per farvi l'apprendista | **via delle Botteghe Oscure**, o (*ellitt.*) **le Botteghe Oscure**, (*per anton.*) fino al 2000, gli organi direttivi nazionali dei Democratici di Sinistra (in precedenza, fino al 1998, del Partito democratico della Sinistra; fino al 1991, del Partito comunista italiano) che avevano sede in tale via a Roma **3** studio, laboratorio di artista affermato, frequentato da allievi e aiuti, durante il Medioevo fino al XVII sec.: *b. di Giotto* | **opera di b.**, stilisticamente riferibile a un artista, ma, data la più scadente qualità, forse eseguita da allievi e aiuti ‖ **botteghétta**, dim. | **botteghina**, dim. | **botteghino**, dim. m. (V.) | **bottegóne**, accr. m. | **bottegùccia**, dim.

SFUMATURE ➤ *negozio*

bottegàio o (*centr.*) **bottegàro** [1313] **A** s. m. (f. *-aia*, pl. m. *-ai*) **1** chi gestisce una bottega, spec. di generi alimentari SIN. negoziante **2** (*fig., lett., spreg.*) trafficante | (*spreg.*) persona interessata, gretta, venale (V. nota d'uso STEREOTIPO) **3** †avventore, cliente **B** agg. ● (*lett., spreg.*) interessato, gretto, venale: *onesta ipocrisia bottegaia* (G. CARDUCCI)

bottegànte [1865] s. m. e f. ● (*raro, lett.*) bottegaio

bottegàro ➤ **bottegaio**

botteghìno [av. 1557] s. m. **1** dim. di *bottega* **2** biglietteria: *b. del teatro, dello stadio* **3** banco del lotto **4** **il B.**, (*per anton.*) fino al 2007, la sede del partito dei Democratici di sinistra (in riferimento alla vecchia sede di via delle Botteghe Oscure, a Roma, denominata *Bottegone*) | (*est.*) gli organi direttivi di tale partito

bottèllo [da *botto*①, perché lavoro eseguito con una pressione (*botto*) sulla carta ✱ 1865] s. m. ● (*raro*) cartellino che si mette sopra le bottiglie o sui libri per indicarne il contenuto o il titolo

botticèlla [sec. XIV] s. f. **1** dim. di *botte* **2** a Roma, vettura pubblica a cavalli SIN. botte **3** (*bot.*) ingrossamento della parte apicale del culmo dei cereali prima dell'emissione della spiga: *grano in b.*

botticelliàno [1903] agg. **1** relativo al pittore S. Botticelli (1445-1510) **2** (*est., lett.*) che ha forme esili e raffinate: *profilo b.*; *una fanciulla di bellezza botticelliana*

botticèllo [1348] s. m. **1** dim. di *botte* **2** vaso di cristallo a forma di botte

♦**bottìglia** [ant. fr. *boteille*, dal lat. tardo *but(t)ĭcula*, dim. di *bŭttis* 'botte' ✱ 1365] **A** s. f. **1** recipiente spec. cilindrico, generalmente di vetro, con collo di diametro relativamente più ridotto del corpo e imboccatura adatta a chiusure di vario tipo, destinato a contenere vini, liquori, acque minerali, latte, olio e sim.: *stappare, sturare una b.* | **vino di b.**, invecchiato, pregiato | **fondi di b.**, (*fig., spreg.*) imitazioni di pietre preziose **2** quantità di liquido contenuta in una bottiglia: *ha bevuto una b. di vino* **3** recipiente, di forma e materiale vari, usato spec. a scopo scientifico | **b. di Leyda**, condensatore elettrico in forma di grossa bottiglia | (*chim.*) **b. fiorentina**, V. *fiorentina* **4** **b. molotov**, V. *molotov* **B** in funzione di agg. inv. ● (posposto al sost.) nella loc. **verde b.**, verde scuro ‖ **bottigliétta**, dim. | **bottiglìna**, dim. | **bottiglìno**, dim. m. | **bottigliòna**, accr. | **bottiglióne**, accr. m. (V.)

NOMENCLATURA

bottiglia da vino o da champagne o spumante

● *bottiglie comuni* (0,75 litri): bordolese, borgognona, chiantigiana, renana, sciampagnotta; fiasco (gener. di 2 litri);

● *bottiglie particolari*: magnum (1,5 litri, cioè due bottiglie comuni), Marie-Jeanne (per vini fermi, 2,25 litri, 3 bottiglie comuni), doppio magnum (3 litri, 4 bottiglie comuni), Réhoboam (4,5 litri, 6 bottiglie comuni), imperiale (per vini fermi) o Mathusalem (per champagne o spumanti) (6 litri, 8 bottiglie comuni), Salmanazar (9 litri, 12 bottiglie comuni), Balthazar (12 litri, 16 bottiglie comuni), Nabuchodonosor (15 litri, 20 bottiglie comuni), Melchior (18 litri, 24 bottiglie comuni), Salomon (24 litri, 32 bottiglie comuni).

bottigliàio o (*centr.*) **bottigliàro** [1910] s. m. (f. *-aia*, pl. m. *-ai*) **1** operaio di una vetreria addetto alla fabbricazione delle bottiglie **2** (*centr.*) chi compra bottiglie o altri oggetti usati

bottigliàta [1952] s. f. ● colpo dato con una bottiglia

bottiglièra [1874] s. f. ● settore del banco di un bar che contiene bottiglie

bottiglière [ant. fr. *boteillier*, da *boteille* 'bottiglia' ✱ 1303] s. m. **1** †soprintendente ai vini della mensa in case signorili SIN. cantiniere **2** †fabbricante o venditore di bibite e liquori **3** mobiletto a più ripiani usato per contenere bottiglie, spec. di vino

bottiglierìa [1550] s. f. **1** negozio dove si vendono vini e liquori spec. in bottiglia **2** locale, ambiente in cui si conservano bottiglie di vino **3** quantità di bottiglie assortite

bottiglióne [1598] s. m. **1** accr. di *bottiglia* **2** grossa bottiglia della capacità di circa due litri **3** bobina di filato per maglieria

bottinàio [da *bottinare*① ✱ 1846] **s. m.** (**f.** *-aia*, **pl. m.** *-ai*) ● chi è addetto alla vuotatura di pozzi neri

bottinàre① [da *bottino* (2) ✱ 1955] **v. tr.** ● concimare con bottino

bottinàre② [fr. *butiner*, da *butin* 'bottino *(1)*' ✱ av. 1557] **A** **v. tr. e intr.** ● †saccheggiare **B** **v. intr.** (**aus.** *avere*) ● volare alla raccolta di nettare e polline, detto delle api operaie | andare a raccogliere cibo, detto di formiche operaie

bottinatrìce [da *bottinare*② ✱ 1929] **s. f.** ● ape operaia adulta che raccoglie nettare e polline

bottinatùra [da *bottinare*① ✱ 1955] **s. f.** ● concimazione del terreno mediante bottino

bottìno① [fr. *butin*, dal medio basso ted. *bu(i)te* 'partizione' ✱ 1339] **s. m.** **1** preda di guerra: *i soldati fecero gran b.* | (**lett.**) ***mettere a b.***, saccheggiare | (**est.**) ricavato di furti, rapine e sim.: *i rapinatori trovarono un magro b.* | (**colloq.**, **scherz.**) frutto, risultato di un'attività: *i cacciatori sono tornati con un ricco b.*; *magro b. dei ciclisti italiani in Francia* | ***fare b. pieno***, nel linguaggio giornalistico, vincere: *la Lazio a Torino ha fatto b. pieno* **2** (**milit.**) sacco destinato al corredo del soldato | il bagaglio contenuto in tale sacco

bottìno② [da *botte* ✱ 1310] **s. m.** **1** pozzo nero | contenuto di tale pozzo, usato spec. come concime **2** imboccatura di una fogna | cunicolo **3** negli acquedotti, recipiente per depurare le acque

bòtto① [da *bottare* ✱ 1266] **s. m.** **1** (**raro**, **lett.**) percossa, colpo, botta | rintocco: *b. di campana* **2** rumore forte, secco, improvviso spec. di spari, oggetti infranti o caduti e sim.: *bocche da fuoco che non mandavano più fuori se non b., fumo e stoppaccio* (L. PIRANDELLO) | ***di b.***, di colpo, all'improvviso | ***in un b.***, in un attimo **3** (**spec. al pl.**, **merid.**) fuoco di artificio: *i botti della notte di S. Silvestro*; *fare, sparare, i botti* | (**fig.**) ciò che colpisce suscitando grande sorpresa o entusiasmo: *a fine serata c'è stato il b.*; *un esordio, un finale col b.*

bòtto② [da *botta*② ✱ av. 1327] **s. m.** ● (**centr.**) rospo

bòttom /ˈbɔttom, *ingl.* ˈbɒtəm/ [vc. ingl., propr. 'basso' ✱ 1990] **s. m. inv.** ● (**fis.**) numero quantico corrispondente al quinto tipo (o sapore) dei quark **SIN.** beauty

bottonàio [1797] **s. m.** (**f.** *-aia*, **pl. m.** *-ai*) ● chi fabbrica o vende bottoni

bottonàto [1847] **agg.** ● (**arald.**) detto dei fiori, spec. rose, con la parte centrale di smalto diverso dai petali

†**bottonatùra** [1360] **s. f.** ● abbottonatura

♦**bottóne** [ant. fr. *bouton*, da *boter* 'bottare' ✱ 1282] **s. m.** **1** piccolo disco di materiale vario, piatto, convesso, talvolta ricoperto di tessuto, che, infilato nell'occhiello, serve per allacciare le parti di un indumento e talvolta per ornare: *bottoni d'osso, di madreperla, dorati* | ***bottoni gemelli***, V. *gemello* nel sign. B 2 | ***b. automatico, a pressione***, costituito da due dischetti metallici, uno dei quali si incastra nell'altro a pressione | ***attaccare un b. a qlcu., con qlcu.***, (**fig.**) obbligarlo ad ascoltare un discorso lungo e noioso; cominciare a parlargli, tentare un approccio: *cercò di attaccare b. con una ragazza* **2** (**est.**) oggetto, strumento di forma simile al bottone | ***b. della spada, del fioretto***, nella scherma, dischetto che copre e rende innocua l'estremità della lama | ***b. di manovella***, perno di articolazione della biella | dispositivo di comando, di piccole dimensioni, per lo più sporgente, in molte apparecchiature spec. elettriche: *il b. dell'ascensore, del campanello, della luce* | ***stanza dei bottoni***, (**fig.**) centro direzionale da cui si diramano ordini, direttive e sim.; centro del potere politico | (**inform.**) pulsante **3** (**bot.**) bocciolo | ***b. d'argento***, pianta erbacea delle Composite con larghi cespi di fiori in capolini bianchi (*Achillea ptarmica*) | ***botton d'oro***, pianta erbacea delle Ranuncolacee con fiori gialli (*Trollius europaeus*) **4** groviglio di fibre appallottolate, che costituisce difetto nella filatura **5** (**anat.**) qualsiasi formazione nodulare | ***b. gustativo***, in cui risiedono le cellule del gusto, nella lingua **6** (**med.**) ***b. di Aleppo, b. d'Oriente***, malattia tropicale cutanea provocata nell'uomo da protozoi del genere Leishmania **7** (**mus.**) negli strumenti ad arco, caviglia di legno che fissa la cordiera alla fascia | nell'organo ogni comando manuale | tasto della fisarmonica **8** †vasetto, boccetta: *due bottoni di olio di cedro* (F. REDI) ‖ (**lett.**) **bottoncèllo**, **dim.** | **bottoncìno**, **dim.**

bottonièra [1585] **s. f.** **1** serie di bottoni su indumenti e scarpe **2** occhiello di un indumento **3** quadro con pulsanti elettrici: *b. dell'ascensore* **SIN.** pulsantiera

bottonière [1585] **s. m.** (**f.** *-a*) **1** †bottonaio **2** industriale che opera nel settore bottoniero: *Associazione dei bottonieri italiani*

bottonièro [1942] **agg.** ● pertinente all'industria dei bottoni

bottonifìcio [1941] **s. m.** ● fabbrica di bottoni

botulìgeno [comp. di *botuli(smo)* e *-geno* ✱ 1983] **agg.** ● detto di ciò che genera botulismo: *alimenti botuligeni*

botulìnico [1947] **agg.** (**pl. m.** *-ci*) ● relativo al bacillo botulino o da esso causato: *intossicazione botulinica*

botulìno [lat. scient. *bacĭllus botulīnus*, dal lat. *bŏtulus* 'salsiccia, budello' (prob. di orig. osca) ✱ 1955] **s. m.** **1** germe sporigeno saprofita che si sviluppa nelle carni insaccate o in alimenti inscatolati o mal conservati, elaborando una potente tossina che provoca il botulismo **2** la tossina del botulino, che opportunamente trattata trova applicazioni sia in medicina sia in chirurgia estetica per trattamenti antirughe

botulìṣmo [da *botulino* ✱ 1923] **s. m.** ● avvelenamento provocato dalla tossina elaborata dal bacillo botulino nei cibi mal conservati o inscatolati **SIN.** allantiasi

bouclé /*fr.* buˈkle/ [vc. fr., da *boucle* 'riccio, anello', dal lat. *bŭccula*, dim. di *bŭcca* 'bocca' ✱ 1936] **A** **agg. inv.** ● detto di tessuto o filato a pelo lungo, con molti ricci e anelli: *stoffa, lana, tessuto b.* **B** **s. m. inv.** ● tessuto, filato bouclé

boudoir /*fr.* buˈdwaʀ/ [vc. fr., dal v. *bouder* 'ritirarsi in disparte (col broncio)', di orig. espressiva ✱ av. 1821] **s. m. inv.** ● salottino privato da signora, per conversazione o toilette, di moda nel sec. XVIII

bouillabaisse /*fr.* bujaˈbɛs/ [vc. fr., comp. di *bouill(e)* 'bolli' e *abaisse* 'abbassa', per esprimere la rapidità della cottura, trad. del provenz. *bouia-baisso* ✱ 1880] **s. f. inv.** ● zuppa di pesce tipica della cucina marsigliese

bouldering /ˈbolderin(g), *ingl.* ˈbəʊldərɪŋ/ [vc. ingl., da *boulder* 'masso roccioso' ✱ 1999] **s. m. inv.** ● sassismo

boule /*fr.* bul/ [vc. fr., propr. 'bolla, palla' ✱ 1905] **s. f. inv.** **1** (**chim.**) bolla **2** borsa gener. di gomma da riempire con acqua calda o ghiaccio per riscaldare o raffreddare una parte del corpo

boulevard /*fr.* bulˈvaʀ/ [dal neerlandese *bolwerc* 'opera (*werc*) di fortificazione con tavole (*bol*)', adibita poi, non più utilizzata, a pubblica passeggiata ✱ 1853] **s. m. inv.** ● viale generalmente alberato, spec. a Parigi

bounty killer /bauntiˈkiller, *ingl.* ˈbaʊntɪˌkɪlə(r)/ [dall'ingl. *bounty* 'taglia' e *killer* 'uccisore' ✱ 1965] **loc. sost. m. inv.** (**pl. ingl.** *bounty killers*) ● chi dà la caccia ai ricercati per catturarli o ucciderli e incassare la taglia

bouquet /*fr.* buˈkɛ/ [propr. 'boschetto', dim. di *bois* 'bosco' ✱ 1747] **s. m. inv.** **1** mazzolino di fiori: *il b. della sposa* **2** (**enol.**) complesso delle sensazioni odorose di un vino spec. se invecchiato **3** in profumeria, insieme delle essenze caratteristiche di un profumo **4** nella televisione a pagamento, insieme di canali ai quali l'utente può accedere con un unico abbonamento

bouquiniste /*fr.* bukiˈnist/ [vc. fr., da *bouquin*, 'libretto', dim. del neerlandese *boek* 'libro' ✱ 1888] **s. m. e f. inv.** ● rivenditore di libri usati

bourbon /ˈburbon, *ingl.* ˈbɜːbən/ [da *Bourbon* County, nel Kentucky, località d'origine ✱ 1963] **s. m. inv.** ● whisky di origine americana, ottenuto per fermentazione e distillazione di grano, segale, malto d'orzo

bourguignonne /*fr.* buʀgiˈɲɔn/ [sec. XX] **s. f. inv.** ● (**cucina**) accorc. di *fondue bourguignonne* (V. *fondue*)

bourrée /*fr.* buˈʀe/ [etim. incerta ✱ 1892] **s. f. inv.** ● (**mus.**) antica danza popolare francese che, stilizzata, si è diffusa nella musica colta spec. del sec. XVIII

boutade /*fr.* buˈtad/ [vc. fr., dall'it. *botta(ta)*, termine degli schermidori (?) ✱ 1693] **s. f. inv.** ● battuta, motto di spirito

boutique /*fr.* buˈtik/ [vc. fr., propr. 'bottega', dal gr. *apothḗkē* 'magazzino, deposito' ✱ 1956] **s. f. inv.** ● negozio elegante di abiti e accessori di abbigliamento

bouzouki /*gr. moderno* buˈdzuki/ o **buẓùki** [vc. del gr. moderno, dal turco *bozuk* ✱ 1967] **s. m. inv.** ● strumento musicale a tre o quattro corde doppie, simile al liuto, caratteristico della musica popolare greca | (**est.**) danza e musica popolare greca

bovarìna ➤ **boarina**

bovarìṣmo [dal n. della protagonista del romanzo di G. Flaubert (1821-1880), (Madame) *Bovary* ✱ 1911] **s. m.** ● (**lett.**) stato di insoddisfazione spirituale, desiderio di evasione dal conformismo della vita borghese con vaghe aspirazioni mondane, sentimentali e letterarie

bovarìsta [1987] **agg.** (**pl. m.** *-i*) ● (**lett.**) relativo al bovarismo

bovàro o **boàro** [vc. dotta, lat. *bovārĭu(m)*, da *bōs* 'bue' ✱ 1258] **s. m.** (**f.** *-a*) **1** salariato fisso addetto alla custodia dei bovini | mercante di buoi **2** (**fig.**, **spreg.**) persona rozza e ignorante **3** cane dell'Europa centrale robusto, brevilineo, ottimo per la guardia del bestiame bovino

bòve ➤ **bue**

Bòvidi [comp. del lat. *bōs*, genit. *bŏvis* 'bue' e di *-idi* ✱ 1930] **s. m. pl.** (**sing.** *-e*) ● (**zool.**) grande famiglia di Mammiferi ruminanti, i cui individui hanno corna formate da un astuccio corneo che riveste le protuberanze dell'osso frontale (*Bovidae*)

†**bovìle** [vc. dotta, lat. *bovīle(m)*, da *bōs* 'bue' ✱ 1612] **s. m.** ● stalla dei buoi

bovìna o (**pop.**) **buìna** nel sign. 1 [av. 1320] **s. f.** **1** letame costituito da sterco bovino **2** mucca, vacca, vaccina: *bovine da latte*

bovìndo [1950] **s. m.** ● adattamento di *bow window* (V.)

Bovìni [1892] **s. m. pl.** (**sing.** *-o*) ● (**zool.**) sottofamiglia dei Bovidi comprendente animali di mole notevole con due corna cave rotonde e lisce, muso nudo, giogaia e coda terminante in un ciuffo di peli (*Bovinae*)

bovìno [vc. dotta, lat. *bovīnu(m)*, da *bōs* 'bue' ✱ 1310] **A** **agg.** **1** di bue, dei buoi o dei bovini in genere: *carne bovina* | ***occhi bovini***, tondi e sporgenti come quelli dei buoi

b

2 (*fig.*) che è torpido e ottuso: *comportamento b.*; *intelligenza bovina* ‖ **bovinaménte**, **avv.** **B** **s. m.** ● (*zool.*) ogni individuo appartenente alla sottofamiglia dei Bovini

bòvo [etim. incerta ✱ 1892] **s. m.** ● (*disus.*) piccolo veliero simile alla bombarda, armato con sole vele latine

bòvolo [venez. *bòvolo* 'chiocciola', per le corna che ricordano quelle del *bove* ✱ av. 1519] **s. m.** ● conformazione particolare a spirale conica: *molla a b.*; *scala a b.*

bowling /'bulin(g), *ingl.* 'bəulɪŋ/ [vc. ingl., deriv. da *bowl* 'boccia' col suff. *-ing*, propr. dei n. verb. ✱ 1963] **s. m. inv.** ● gioco di origine americana, in cui si lancia su una pista di legno una boccia pesante per abbattere dei birilli | (*est.*) locale in cui si pratica tale gioco

bow window /bo'windo, *ingl.* 'bəu,wɪndəu/ [loc. ingl., propr. 'finestra (*window*, dall'ant. nordico *vindauga* 'occhio (*auga*) al vento (*vindr*)') ad arco (*bow*, di orig. germ.)' ✱ 1918] **loc. sost. m. inv.** (**pl. ingl.** *bow windows*) ● in un edificio, parte di un ambiente sporgente verso l'esterno, simile a un balcone di forma tondeggiante o poligonale chiuso da vetrate **CFR.** bovindo

box /bɔks, *ingl.* bɒks/ [vc. ingl., originariamente '(recinto fatto con legno di) *bosso*' ✱ 1865] **s. m. inv.** (**pl. ingl.** *boxes*) **1** spazio ricavato in un ambiente più grande mediante tramezzi, pareti, vetrate e sim.: *il box doccia* | (*est.*) cabina adibita a vari usi: *il box del posteggiatore di auto* | specie di palchetto ottenuto nella galleria di un teatro mediante una bassa tramezzatura **2** nelle stalle o nelle scuderie, piccolo recinto destinato ad accogliere un solo animale **3** negli autodromi, posto di rifornimento o riparazione per le vetture in corsa **4** piccolo garage, situato al piano terreno o seminterrato di edifici di abitazione **5** piccolo recinto talvolta pieghevole in cui si mettono i bambini quando non sanno ancora camminare **6** in una pagina a stampa, riquadro che racchiude una parte del testo alla quale si vuole dare particolare rilievo **7** (*sport*) ***box del battitore, del ricevitore***, nel baseball, zona dove operano questi giocatori **8** contenitore da montare sul tetto di un'autovettura

boxàre [da *boxe* ✱ 1831] **v. intr.** (*io bòxo*; **aus.** *avere*) ● praticare il pugilato

boxe /*fr.* bɔks/ [vc. fr., dall'ingl. *box*, di etim. incerta ✱ 1894] **s. f. inv.** ● pugilato | ***tirare di b.***, praticare il pugilato | ***possedere una buona b.***, una buona tecnica pugilistica | ***b. francese***, savate

bòxer /'bɔkser, *ingl.* 'bɒksə(r)/ [vc. ingl., propr. 'pugile' da *boxer shorts* 'calzoncini da pugile' ✱ 1826] **s. m. inv.** **1** cane da guardia e da difesa, con mantello fulvo o tigrato, testa tozza e labbra ricadenti **2** (*autom.*) ***motore b.***, a cilindri contrapposti **3** (**spec. al pl.**) tipo di mutande a calzoncino, spesso di tessuto fantasia

boxeur /*fr.* bɔk'sœʀ/ [vc. fr., da *boxe*, sul tipo del corrispondente ingl. *boxer* ✱ 1857] **s. m. inv.** ● pugile

boxista /bok'sista/ [da *box* ✱ 1895] **s. m. e f.** (**pl. m.** *-i*) **1** in un negozio di abbigliamento, chi cura i rapporti con i clienti per conto di un determinato marchio: *essere assunta come b.* **2** (*raro*) proprietario di un box auto **3** (*raro*) pugile

box òffice /bɔk'sɔffis, *ingl.* 'bɒks,ɒfɪs/ [loc. ingl., propr. 'ufficio (*office*) di affitto dei palchi (*box*) in teatro' ✱ 1957] **loc. sost. m. inv.** (**pl. ingl.** *box offices*) **1** botteghino di un cinema o di un teatro **2** incasso di un film | (*est.*) successo commerciale di un film rispetto alla concorrenza: *conquistare il box office*

boy /*ingl.* bɔɪ/ [vc. ingl., propr. 'ragazzo', di area germ. ✱ 1892] **s. m. inv.** (**pl. ingl.** *boys*) **1** ballerino di uno spettacolo di rivista **2** (*raro*) nel calcio, allievo **3** giovane inserviente d'albergo | nel tennis, raccattapalle | mozzo di stalla **4** (posposto a un altro sost.) giovane e fervente sostenitore di un personaggio noto: *raduno di Papa-boys* **5** giovane uomo, ragazzo, in alcune loc. sost. m. inv. | ***golden boy***, giovane uomo ricco e di grande successo (comp. con *golden* 'd'oro') | ***bad boy***, personaggio riprovevole, ragazzaccio (comp. con *bad* 'cattivo') | V. anche *boyfriend, boy scout, playboy, teddy boy*

boyfriend /bɔj'frɛnd, *ingl.* ˌbɔɪ'frɛnd/ [vc. ingl., comp. di *boy* 'ragazzo' e *friend* 'amico' ✱ 1940] **s. m. inv.** ● giovane innamorato, accompagnatore fisso

boy scout /bɔjs'kaut, *ingl.* 'bɔɪ,skaʊt/ [loc. ingl., propr. 'giovane (*boy*) esploratore (*scout*)' ✱ 1918] **loc. sost. m. e f. inv.** (**pl. ingl.** *boy scouts*) ● giovane esploratore, appartenente al movimento dello scoutismo

bòzza ① [forma sett. di *boccia* ✱ sec. XIII] **s. f.** **1** pietra lavorata rozzamente, sporgente da un muro **SIN.** bozzo, bugna **2** protuberanza, bernoccolo, gonfiore: *ho battuto la testa e mi è spuntata una bella b.* | (*anat.*) ***bozze frontali, orbitarie***, parti sporgenti del cranio **3** (*mar.*) legatura provvisoria eseguita con una corta cima impiegata per tenere in forza una manovra corrente | ***b. a gancio***, a un'estremità della quale è fissato un gancio metallico | ***b. rompente***, impiegata per frenare la velocità della nave durante il varo **SIN.** abbozzatura ‖ **bozzèllo**, **dim. m.** (V.) | **bozzétta**, **dim.**

bòzza ② [est. del sign. di *bozza* ①; V. vc. precedente ✱ 1511] **s. f.** **1** prima stesura, schema di un lavoro, spec. letterario o artistico, da sottoporre a correzioni, rifacimenti e sim., che precede l'esecuzione definitiva **SIN.** abbozzo, bozzetto **2** prova di stampa di una composizione tipografica usata per correggere gli eventuali errori: *correggere, riscontrare le bozze*; *tirare una b.* | ***b. in colonna, incolonnata***, di una composizione non ancora suddivisa in pagine | ***b. in pagina, impaginata***, di una pagina nella sua forma definitiva | ***prime, seconde, terze bozze***, secondo le successive fasi di correzione | ***giro di bozze***, ognuna di queste fasi ‖ **bozzétto**, **dim. m.** (V.) | **bozzóne**, **accr. m.** (V.)

SFUMATURE ➤ *traccia*

bozzàcchio o **borzàcchio** [da *bozza* ① nel senso di 'enfiatura' ✱ av. 1328] **s. m.** ● susina priva di nocciolo, allungata e flaccida, deformata a opera di un fungo parassita

bozzàgo o **bozzàgro**, **buzzàgo** [ant. provenz. *buzac*, dal lat. *būteo*, di etim. incerta ✱ sec. XIII] **s. m.** (**pl.** *-ghi*) ● (*zool.*) poiana

†**bozzàre** [da *bozza* ② ✱ sec. XV] **v. tr.** ● abbozzare, sbozzare

bozzàto [perché lavorato a *bozze* ✱ 1863] **s. m.** ● (*archit.*) bugnato

bozzèllo [dim. di *bozza* ① nel sign. 3 ✱ 1797] **s. m.** ● (*mar.*) carrucola a una o più pulegge

bozzettìsmo [1884] **s. m.** ● tendenza di uno scrittore o di un artista a usare frequentemente il bozzetto, preferendolo ad altre forme espressive

bozzettìsta [1878] **s. m. e f.** (**pl. m.** *-i*) **1** chi scrive bozzetti letterari **2** disegnatore che prepara un bozzetto

bozzettìstica [1950] **s. f.** ● arte di scrivere bozzetti

bozzettìstico [1962] **agg.** (**pl. m.** *-ci*) ● proprio, caratteristico del bozzetto | (*fig.*) vivace, spontaneo, anche se talvolta sommario, frammentario ‖ **bozzettisticaménte**, **avv.**

bozzétto [dim. di *bozza* ② nel sign. 1 ✱ av. 1764] **s. m.** **1** modello o disegno preliminare in scala ridotta di un'opera | disegno colorato raffigurante la scena teatrale o cinematografica da realizzare | in televisione, modellino in scala delle scene da costruire | schizzo di un annuncio pubblicitario **2** piccola, vivace composizione figurativa, di spunto generalmente realistico, di fattura rapida e spontanea **3** racconto breve, che ritrae situazioni o personaggi tratti dalla vita quotidiana | ***b. drammatico***, atto unico di contenuto realistico ‖ **bozzettìno**, **dim.** | **bozzettóne**, **accr.**

SFUMATURE ➤ *schizzo*

bòzzima o †**bòsima** [lat. tardo *apŏzema(m)*, dal gr. *apózema*, dal v. *apozéin* 'far bollire' ✱ 1367] **s. f.** **1** (*tess.*) soluzione di sostanze che vengono assorbite dai filati e, seccando su di essi, li rendono lisci, flessibili e resistenti **2** miscuglio di crusca e acqua, per i polli **SIN.** pastone **3** (*agric.*) miscuglio acquoso di terriccio e letame nel quale si immergono le radici delle piante arboree prima della messa a dimora **4** (*est.*) miscuglio sozzo e sgradevole

bòzzo ① [da *bozza* ① nel sign. 1 ✱ 1516] **s. m.** **1** pietra lavorata rozzamente, sporgente da un muro **SIN.** bozza ①, bugna **2** bernoccolo, protuberanza **SIN.** bozza ① **3** †abbozzo ‖ **bozzétto**, **dim.**

†**bòzzo** ② [da *bozza* ① nel sign. 2 (?) ✱ av. 1300] **s. m.**; **anche agg.** ● chi (o che) è tradito dalla moglie | ***fare b.***, (*fig.*) disonorare

bòzzo ③ [lat. parl. **bŏdiu(m)*, di orig. ligure ✱ 1767] **s. m.** ● buca poco profonda piena d'acqua, pozzanghera

bozzolàccio [1970] **s. m.** **1** pegg. di *bozzolo* ① **2** bozzolo da cui è uscita la farfalla

bozzolàia [1925] **s. f.** ● stanza grande in cui si tengono i bozzoli dei bachi da seta

bozzolàio [1777] **s. m.** (**pl.** *-ai*) **1** (**f.** *-aia*) chi vende bozzoli di bachi da seta **2** bozzolaia

bozzolàre [1865] **v. tr.** (*io bòzzolo*) ● sbozzolare

bozzolìna [da *bozzolo* ① nel sign. 1, per la forma della pannocchia ✱ 1955] **s. f.** **1** pianta erbacea delle Poligalacee con foglie semplici, alterne e fiori in grappoli di color rosa e azzurro (*Polygala vulgaris*) **2** bambagiona

bòzzolo ① [dim. della variante sett. di *boccio* ✱ sec. XIV] **s. m.** **1** involucro ovale fabbricato dalla larva di certi Lepidotteri, spec. dal baco da seta, mediante una bava coagulata emessa da un apposito apparato secretore | ***b. fresco***, che contiene la crisalide viva | ***b. secco***, che contiene la crisalide uccisa dalla stufatura | ***bozzoli doppioni***, che contengono due crisalidi | ***bozzoli calcinati***, che contengono il baco infetto da calcina o muffa bianca | ***bozzoli bambagiati***, flosci e in genere più grossi dei normali | ***bozzoli aperti***, quelli che il baco, per malattia o per deficiente sviluppo, non è riuscito a chiudere | ***bozzoli sfarfallati***, forati per fuoriuscita della farfalla | ***bozzoli spuntati***, quelli che hanno le estremità meno ricche di fibra degli altri tratti | ***bozzoli rugginosi***, macchiati di giallo ruggine | ***bozzoli negroni***, macchiati di nero per putrefazione della crisalide | ***uscire dal b.***, del baco che diventa farfalla; (*fig.*) di chi si rende autonomo, si apre a nuove esperienze | ***chiudersi nel proprio b.***, (*fig.*) isolarsi **2** nodo che si forma nel filo, rendendolo disuguale | grumo di farinacei non ben sciolti nell'acqua **3** †bozza, enfiatura ‖ **bozzolàccio**, **accr.** (V.) | **bozzolétto**, **dim.** | **bozzolìno**, **dim.**

bòzzolo ② [etim. incerta ✱ av. 1484] **s. m.** **1** †ramaiolo usato dai tintori per prelevare dalle caldaie la materia colorante **2** antica misura per cereali corrispondente alla quantità di farina dovuta al mugnaio in compenso della macinatura

bozzolóso (o **-ṣ-**) [da *bozzolo* ① ✱ 1612] **agg.**

● pieno di bozzoli, di bitorzoli: *pasta bozzolosa; filato b.*

bozzolùto [1612] **agg.** ● bozzoloso

bozzóne① [1955] **s. m. 1** accr. di *bozza*② **2** bozza di una intera pagina di giornale su cui il redattore impaginatore e il correttore fanno un ultimo controllo

bozzóne② [etim. incerta ✱ 1881] **s. m. 1** (*tosc.*) agnello castrato **2** (**f.** *-a*) (*tosc., est.*) persona ignorante e goffa

bra /bra*/ [dal n. della località di commercializzazione, *Bra*, in provincia di Cuneo ✱ 1931] **s. m. inv.** ● (*cucina*) formaggio semigrasso di latte vaccino, a pasta tenera, che indurisce con la stagionatura, tipico della provincia di Cuneo

brabantìno [1585] **A agg.** ● relativo al Brabante, regione oggi suddivisa in due province, una in Belgio e una in Olanda | ***aratro b.***, con avantreno rigido a carrello **B s. m.** (**f.** *-a*) ● abitante o nativo del Brabante

bràca o (*sett.*) **bràga** [lat. *brāca(m)*, di orig. celt. ✱ 1266] **s. f. 1** (*raro*) ognuna delle due parti che costituiscono i calzoni **2** (**spec. al pl.**) un tempo, ampi calzoni, lunghi fino al ginocchio | (*sett.*) pantaloni, calzoni | ***calare le brache***, (*fig.*) umiliarsi, cedere | ***farsi cascare le brache***, (*fig.*) intimorirsi | (*fig., pop.*) ***restare, essere in braghe di tela***, rimanere, essere deluso, scornato o privo di risorse, spec. dopo aver subito un raggiro, un inganno, un rovescio economico **3** allacciatura di cuoio che imbraca un operaio sospeso nel vuoto **4** legaccio con cui si imbracano polli e uccelli | comoda legatura per tenere semiliberi uccelli da richiamo **5** striscia di carta incollata dai rilegatori sopra un foglio strappato per renderlo più saldo **6** (*mar.*) cavo per imbracare | ***b. da rimorchio***, anello di cavo, gener. metallico, che si passa intorno alla bitta e a cui si lega il cavo di rimorchio | ***b. del palombaro***, cavo con cui il palombaro si tiene legato all'imbarcazione di appoggio durante un'immersione **7** (*tosc.*, **spec. al pl.**) chiacchiera, ciarla, pettegolezzo ‖ **brachétta**, **dim.** (V.) | **bracóne**, **accr. m.** (V.)

†**bracàle** [av. 1528] **agg.** ● relativo alle brache

bracalóne [av. 1562] **A s. m.** (**f.** *-a*); **anche agg.** ● (*fam.*) chi (o che) ha i pantaloni sempre cascanti | (*fig.*) che (o chi) è trasandato e sciatto, spec. nell'abbigliamento **B nella loc. agg. inv.; anche loc. avv.** (*a*) ***bracaloni***, detto di calze, pantaloni o abiti cascanti

bracàto [lat. *bracātu(m)*, da *brāca* 'braca' ✱ av. 1326] **agg.** ● (*raro*) munito di brache

braccàre [da *bracco* ✱ 1539] **v. tr.** (*io bràcco, tu bràcchi*) **1** inseguire la selvaggina: *i cinghiali furono braccati fino in fondo valle* **2** (*fig.*) inseguire qlcu. senza dargli tregua, con ostinazione: *le forze di polizia braccarono gli assassini*

braccàta [da *braccare* ✱ av. 1921] **s. f. 1** battuta di caccia, spec. al cinghiale in Maremma **2** (*est.*) luogo in cui si svolge la battuta

braccatóre [1865] **s. m.** (**f.** *-trice*); **anche agg.** ● (*raro*) chi (o che) è abile nel braccare

braccatùra [1945] **s. f.** ● il braccare, il venire braccato

braccésco [1476] **agg.** (**pl. m.** *-schi*) **1** relativo al condottiero Braccio da Montone (1368-1424): *milizie braccesche* **2** (*fig.*) †violento, prepotente

braccétto [1803] **s. m.** (**pl.** *-i* o *raro -e*, **f. nel sign. 1**) **1** dim. di *braccio* **2** nella loc. ***a b.***, sottobraccio | ***prendere qlcu. a b.***, intrecciare il braccio con quello di un altro | ***andare a b. con qlcu.***, (*fig.*) essere d'accordo con lui **3** (*mar.*) braccio dei velacci e controvelacci **4** pezzo di legno o ferro sporgente in fuori **5** modo di nuotare in cui le braccia leggermente arcuate si portano alternativamente fuor d'acqua, la testa è tenuta alta sopra l'acqua e le gambe eseguono la battuta a ogni singola bracciata

braccheggiàre [da *braccare* ✱ 1618] **A v. tr.** (**pres.** *io bracchéggio*; **fut.** *io braccheggerò*) ● (*raro*) braccare: *b. la selvaggina* **B v. intr.** (**aus.** *avere*) ● (*fig., lett.*) andare gardingo e curiosando: *Capitava spesso a ciondolare, fiutare, b. intorno ai mulini* (R. Bacchelli)

braccheggiatóre [1863] **s. m.** (**f.** *-trice*) ● (*raro*) chi braccheggia

bracchéggio [da *braccheggiare* ✱ av. 1729] **s. m.** ● (*raro*) accurata e insistente ricerca

bracchétto [1309 ca.] **s. m. 1** dim. di *bracco* **2** cane da caccia piccolo e robusto, con pelo fitto e raso

bracchière [da *bracco* ✱ 1555] **s. m.** ● chi nelle battute di caccia guida e custodisce i cani | chi con rumori e grida spinge la selvaggina verso le poste

†**bracciaiuòla** [sec. XIV] **s. f.** ● bracciale

bracciàle [lat. *brachiāle(m)* 'relativo al braccio (*brăchium*), braccialetto' ✱ 1336 ca.] **s. m. 1** braccialetto | ***b. tennis***, braccialetto costituito da una fila di diamantini montati su un supporto in oro bianco (dall'ingl. *tennis bracelet*, nome che la tennista americana C. Evert usò nel 1987 per indicare un suo braccialetto) | ***b. elettronico***, radiotrasmettitore che, allacciato al polso o alla caviglia di un individuo soggetto a misure cautelari (per es. gli arresti domiciliari), ne segnala gli spostamenti all'autorità di polizia **2** fascia che si porta a un braccio, per contrassegno, distintivo e sim. **3** ***pallone a b.***, V. *pallone*, sign. 3 | attrezzo di legno, cavo e fornito di punte o denti, che copre la mano e il polso del giocatore di pallone a bracciale **4** (**spec. al pl.**) bracciolo nel sign. 4 **5** parte dell'armatura antica che protegge il braccio **6** bracciolo di poltrona **7** †bracciolo da pesca **8** anello ornamentale di ferro o bronzo infisso nelle facciate di edifici spec. rinascimentali ‖ **braccialétto**, **dim.** (V.) | **braccialino**, **dim.**

♦**braccialétto** [dim. di *bracciale* ✱ 1589] **s. m. 1** ornamento, per lo più prezioso, a forma di cerchio, che si porta al polso **2** striscia di cuoio o di metallo con la quale si allaccia l'orologio al polso **SIN.** cinturino **3** ***b. elettronico***, bracciale elettronico ‖ **braccialettino**, **dim.**

bracciantàle [da *bracciante* ✱ 1942] **agg.** ● bracciantile

bracciantàto [1918] **s. m.** ● condizione e categoria dei braccianti

bracciànte [da *braccio* ✱ 1840] **s. m. e f.** ● lavoratore agricolo non specializzato, solitamente a giornata o stagionale

bracciantìle [1950] **agg.** ● pertinente ai braccianti: *lavoro, classe b.*

bracciàre [da *braccio* nel sign. 7 ✱ 1862] **v. tr.** (**pres.** *io bràccio*; **fut.** *io braccerò*) ● (*mar.*) orientare i pennoni in modo che le vele prendano il vento

bracciàta [sec. XIV] **s. f. 1** quantità di materiale che si può portare in una volta sulle braccia: *una b. di fieno, di paglia* | ***a bracciate***, (*fig.*) in considerevole quantità **2** nel nuoto, ciclo completo del movimento degli arti superiori in cui si inserisce la respirazione | (*est.*) tratto compiuto con una bracciata **3** (*raro*) colpo dato con le braccia **4** †abbraccio ‖ **bracciatèlla**, **dim.** | **bracciatìna**, **dim.**

bracciatùra [1808] **s. f.** ● (*disus.*) misurazione in braccia di un tessuto

braccière [1617] **s. m.** ● (*lett.*) chi accompagnava una dama dandole il braccio: *mandò una carrozza, con un vecchio b., a prender la madre e la figlia* (A. Manzoni)

braccìno [dim. di *braccio* ✱ 1861] **s. m.** (**pl.** *-i* o *braccìne* **f. nel sign. 1**) **1** braccio piccolo, sottile: *I suoi braccini / s'alzavano a pregare* (G. Pascoli) | (*fig., scherz.*) ***avere il b. corto***, essere avaro **2** (*fig.*) nel tennis, stato di emozione che coglie talvolta un giocatore quando sta per vincere un incontro e che gli fa commettere gravi errori (quasi che il braccio sia diventato più corto o più debole)

♦**bràccio** [lat. *brāchium*, dal gr. *brachīōn*: perché più corto (*brachýs*) dell'avambraccio (?) ✱ 1238] **s. m.** (**pl.** *bràccia*, **f., nei sign. 1, 2, 3, 4, 5, 11, 12, 13; pl.** *bràcci*, **m., nei sign. 6, 7, 8, 9, 10; più in generale: f. in senso proprio e come unità di misura, m. in tutti gli altri casi**) **V. partitivo**
1 sezione dell'arto superiore umano che sta tra la spalla e il gomito **CFR.** brachio- | correntemente, ciascuno dei due arti superiori del corpo umano, dalla spalla alla mano: *muovere, sollevare, piegare, allungare il b., le braccia* | ***sollevare, trasportare a braccia***, a forza di braccia, sulle braccia | †***fare alle braccia***, lottare | ***con le braccia in croce***, in segno di preghiera, supplica, adorazione | ***avere un b. al collo***, portare un braccio, spec. ingessato, appeso al collo mediante una fascia, un foulard e sim., per meglio sostenerne il peso | ***avere le braccia rotte per la fatica***, (*fig.*) indolenzite, stremate | ***allargare le braccia***, (*fig.*) esprimere rassegnazione, impotenza | ***alzare le braccia***, (*fig.*) arrendersi | ***incrociare le braccia***, (*fig.*) rifiutarsi di eseguire il proprio lavoro, scioperare | ***tenere, portare qlco. sotto b.***, fra il braccio e il fianco | ***prendere, tenere in b.***, sulle braccia piegate | ***dare, offrire il b. a qlcu.***, (*fig.*) perché vi si possa appoggiare camminando | ***buttare, gettare le braccia al collo***, (*fig.*) abbracciare con trasporto | ***stendere, aprire le braccia***, (*fig.*) per accogliere amorevolmente | ***darsi, gettarsi in b. a qlcu.***, (*fig.*) abbandonarsi, affidarsi completamente a qlcu. | ***essere, andare nelle braccia di Morfeo***, (*fig.*) dormire, andare a dormire | ***sentirsi cascare le braccia***, (*fig.*) avvilirsi, scoraggiarsi | ***ricevere a braccia aperte***, (*fig.*) accogliere molto cordialmente o con affetto | ***discorso, versi a b.***, (*fig.*) improvvisati, non studiati, non letti **2** (*fig.*) facoltà, forza, potere: *il b. della legge; obbediente al b. regio* (N. Machiavelli) | ***b. secolare***, l'autorità statale, in contrapposizione a quella ecclesiastica | ***avere le braccia lunghe***, (*fig.*) essere potente, influente | ***avere le braccia legate***, (*fig.*) essere impedito nell'agire | ***essere il b. destro***, (*fig.*) l'aiuto, il principale sostegno | ***se gli dai un dito si prende un b.***, (*fig.*) approfitta della generosità e comprensione altrui **3** (**al pl.**, *fig.*) la mano d'opera impiegata in un certo settore dell'agricoltura, dell'industria e sim.: *l'agricoltura manca di braccia; l'industria ha braccia in eccedenza* | (*fig.*) lavoro | ***avere buone braccia***, essere abile e tenace lavoratore | ***avere sulle braccia qlcu.***, mantenere qlcu. col proprio lavoro | ***vivere sulle proprie braccia***, col proprio lavoro **4** ***b. di ferro***, gara di forza in cui si cerca di piegare il braccio dell'avversario appoggiando il gomito su un piano e stringendosi reciprocamente le palme; (*fig.*) prova di forza, di resistenza a oltranza in dispute, controversie e sim.: *fare b. di ferro, a b. di ferro con qlcu.; continua il b. di ferro tra governo e opposizione* **5** nei quadrupedi, regione dell'arto anteriore che ha per base scheletrica l'omero **6** (*est.*) oggetto fisso o mobile che sporge, si protende o si dirama rispetto a un piano verticale o a un asse centrale: *il b. della lampada, della stadera; i bracci della croce, della bilancia* | ***b. a pinza***, dispositivo per manipolare, stando a distanza, sostanze pericolose, spec. radioattive **SIN.** manipolatore | (*mar.*) marra **7** (*mar.*) manovra corrente fissata all'estremità di pennoni, tangoni e antenne, per orientarli in senso orizzontale | scotta so-

b

pravvento dello spinnaker **8** (*est.*) ala di una costruzione, di un edificio: *i bracci del transetto*; *i bracci del carcere* | ***b. della morte***, nei penitenziari degli Stati nei quali vige la pena capitale, settore in cui i condannati a morte aspettano di essere giustiziati **9** (*est.*) diramazione, espansione | ***b. di fiume***, ramo, diramazione | ***b. di mare***, canale, stretto | ***b. di terra***, istmo **10** (*fis.*) ***b. di una coppia di forze***, distanza fra le rette d'azione delle due forze costituenti la coppia | ***b. di una forza rispetto a un punto***, distanza del punto dalla retta d'azione della forza **11** unità di misura delle profondità marine, equivalente a 1,8288 m **SIMB.** fm **12** antica unità di misura lineare, specie per stoffe, il cui valore oscillava tra 0,58 m e 0,70 m **13** (*zool.*) ognuna delle cinque parti del corpo delle stelle marine | tentacolo dei Cefalopodi ‖ **braccétto**, **dim.** (V.) | **braccino**, **dim.** (V.) | **braccióne**, **accr.** | **bracciòtto**, **alter.**

bracciòlo o (*lett.*) **bracciuòlo** [lat. *brachĭŏlu(m)*, dim. di *brăchium* 'braccio' ✻ 1288] **s. m.** **1** sostegno laterale di poltrona o sedia, per riposo dell'avambraccio di chi siede | ***b. a scomparsa***, nei sedili posteriori delle auto o nei treni, quello che, rialzato, si inserisce in un apposito incavo dello schienale | ***b. scrittoio***, piatto e molto largo usato come piano per scrivere **2** corrimano delle scale **3** spezzone di nylon che, nelle lenze a più ami, si distacca dalla lenza madre e termina con un amo **SIN.** †bracciale **4** (**spec. al pl.**) tipo di salvagente per bambini e principianti, consistente in due anelli gonfiabili in cui si infilano le braccia **SIN.** bracciale

bràcco [germ. **brakko* 'cane da caccia', di orig. indeur. ✻ av. 1292] **s. m.** (**pl.** *-chi*) **1** cane da ferma e da riporto, con pelo generalmente corto e fitto, di color bianco, talora a macchie di vario colore **2** (*fig.*, *raro*) poliziotto, segugio ‖ **bracchétto**, **dim.** (V.)

bracconàggio [1940] **s. m.** ● attività del bracconiere

bracconière [fr. *braconnier*, da *braconner*, originariamente 'cacciare con i giovani bracchi (ant. fr. *bracons*)' ✻ 1884] **s. m.** ● cacciatore di frodo | ***alla bracconiera***, (*ellitt.*) denominazione di vari piatti regionali che hanno come ingrediente principale carne di cacciagione: *fagiano, camoscio, pappardelle alla bracconiera*

♦**bràce** o (*lett.*) †**bràgia**, †**bràcia**, †**bràge**, †**bràṣa** [dal lat. tardo *brăsa(m)* 'carbone', di orig. germ. ✻ 1268] **s. f.** **1** fuoco senza fiamma che resta da legna o carbone bruciati: *cuocere le salsicce sulla b.*; *una bistecca alla b.* | (*fig.*) ***sguardo di b.***, ardente, appassionato | ***occhi di b.***, (*fig.*, *lett.*) arrossati per l'ira, minacciosi | ***farsi di b.***, (*fig.*) arrossire violentemente | ***soffiare sulle braci***, (*fig.*) stimolare odio, passioni e sim. | **PROV.** ***cadere dalla padella nella b.***, (*fig.*) passare dal male al peggio: *lo fare' volentieri, ma non vorrei uscir dalla padella e cascar nella b.* (MICHELANGELO) | ***essere sulle braci***, (*fig.*) in attesa impaziente e preoccupata di qlco. o qlcu. **2** (*tosc.*) carbone spento di legna minuta **SIN.** carbonella

bracerìa [1995] **s. f.** ● ristorante la cui specialità sono vari piatti spec. di carne e di pesce cotti alla brace

brachésse o (*sett.*) **braghésse** [it. sett. *braghesse*, da *braga* 'braca' ✻ 1525] **s. f. pl.** ● brache larghe, alla turca | (*scherz.*) larghi calzoni | (*scherz.*) mutandoni femminili

brachétta o (*sett.*) **braghétta** [sec. XIII] **s. f.** **1** dim. di *braca* **2** parte abbassabile fissata da bottoni sul davanti di alcuni calzoni **3** (**spec. al pl.**) mutandine corte | (**al pl.**) calzoncini corti, sopra il ginocchio **4** nell'armatura antica, protezione del basso ventre fissata alle falde della maglia e fatta del medesimo materiale **5** (*edit.*) linguetta avvolta attorno al dorso di una segnatura su cui si incolla un inserto, in libri, riviste, ecc.

Brachétto [etim. incerta ✻ 1896] **s. m.** ● vino piemontese amabile, di colore rosso rubino, dal profumo di rosa, ottenuto con uve del vitigno omonimo

bràchi- [dal gr. *brachýs* 'corto, breve'] **primo elemento** ● in parole composte della terminologia scientifica significa 'breve' o 'corto': *brachicefalia, brachimorfo*

brachiàle [vc. dotta, lat. *brachiāle(m)*, da *brāchium* 'braccio' ✻ 1499] **agg.** ● (*anat.*) del braccio: *plesso, arteria b.*

brachialgìa [vc. dotta, comp. di *brachi-* e *-algia* ✻ 1899] **s. f.** (**pl.** *-gìe*) ● (*med.*) nevralgia brachiale

brachiazióne [comp. di *brachia-*, dal lat. *brachĭum* 'braccio' e *-zione* ✻ 1952] **s. f.** ● modalità di spostamento caratteristica soprattutto dei primati arboricoli, che consiste nel passare di ramo in ramo tenendosi afferrati con gli arti superiori

brachiblàsto [comp. di *brachi-* e *-blasto* ✻ 1906] **s. m.** ● ramo poco sviluppato e fittamente ricoperto di foglie

brachicardìa [vc. dotta, comp. di *brachi-* e del gr. *kardía* 'cuore' ✻ 1905] **s. f.** ● (*med.*) bradicardia

brachicefalìa [vc. dotta, comp. di *brachi-* e *-cefalia* ✻ 1871] **s. f.** ● (*med.*) prevalenza della larghezza sulla lunghezza, nel cranio

brachicèfalo [vc. dotta, gr. *brachyképhalos*, comp. di *brachy-* 'brachi-' e *kephalḗ* 'testa' ✻ 1864] **agg. e s. m.** (**f.** *-a*) ● (*med.*) che (o chi) presenta i caratteri della brachicefalia

Brachìceri [comp. di *brachi-* e *-cero*: detti così per le antenne corte ✻ 1892] **s. m. pl.** (**sing.** *-o*) ● (*zool.*) sottordine di Ditteri con corpo tozzo e antenne corte al quale appartengono i Muscidi (*Brachycera*)

bràchico [vc. dotta, dal lat. *brăc(c)hiu(m)* 'braccio' ✻ 1865] **agg.** (**pl. m.** *-ci*) ● (*raro*) brachiale

brachière o †**braghière** [provenz. *braguier*, da *brago* 'braca' ✻ sec. XII] **s. m.** **1** fasciatura di cuoio per contenere l'ernia **SIN.** cinto erniario **2** †cintura di cuoio per sostenere le brache

brachigrafìa [vc. dotta, comp. di *brachi-* e *grafia* ✻ 1797] **s. f.** ● scrittura abbreviata, per compendio o troncamento delle parole

brachilogìa [vc. dotta, gr. *brachylogía*, comp. di *brachy-* 'brachi-' e *lógos* 'discorso' ✻ 1819] **s. f.** (**pl.** *-gìe*) ● (*ling.*) concisione ottenuta spec. mediante l'eliminazione di una o più parti del discorso **CFR.** ellissi

brachilògico [da *brachilogia* ✻ 1970] **agg.** (**pl. m.** *-ci*) ● che è detto o scritto con brevità ‖ **brachilogicaménte**, **avv.** in modo brachilogico, per brachilogia

brachimòrfo [comp. di *brachi-* e *-morfo* ✻ 1965] **agg.** ● (*zool.*) detto di tipo morfologico caratterizzato da prevalenza dei diametri trasversali su quelli longitudinali

bràchio- [dal lat. *brāchiu(m)* 'braccio'] **primo elemento** ● in parole composte della terminologia scientifica significa 'braccio' o indica relazione col braccio: *brachioradiale*

Brachiòpodi [vc. dotta, comp. di *brachio-* e del gr. *pódes* 'piedi' ✻ 1819] **s. m. pl.** (**sing.** *-e*) ● (*zool.*) gruppo di animali marini con corpo racchiuso fra due valve, una dorsale e l'altra ventrale, non unite da legamenti (*Brachiopoda*)

brachioradiàle [comp. di *brachio-* e *radiale*② ✻ 1829] **s. m.** ● (*anat.*) muscolo esterno del braccio

brachipnèa [vc. dotta, gr. *brachýpnoia*, comp. di *brachýs* 'corto' e *pnoḗ* 'respiro' ✻ 1819] **s. f.** ● (*med.*) respirazione affannosa per riduzione d'ampiezza degli atti respiratori

brachistòcrona [vc. dotta, dal gr. *bráchistos* 'cortissimo', superl. di *brachýs* 'brachi-', e *chrónos* 'tempo' ✻ 1785] **s. f.** ● (*mat.*) curva che, tra tutte quelle che congiungono due punti, ha il minor tempo di percorrenza

brachiterapìa [comp. di *brachi-* e *terapia* ✻ 1973] **s. f.** ● (*med.*) in radioterapia, trattamento in cui la fonte delle radiazioni ionizzanti è introdotta o posta a contatto dei tessuti corporei ‖ **brachiteràpico**, **agg.** (**pl. m.** *-ci*) relativo a brachiterapia

brachitìpo o **brachìtipo** [comp. di *brachi-* e *tipo* ✻ 1950] **s. m.** ● tipo costituzionale brevilineo **CFR.** longitipo, normotipo

Brachiùri [comp. di *brachi-* e del gr. *ourá* 'coda' ✻ 1829] **s. m. pl.** (**sing.** *-o*) ● (*zool.*) sottordine di Crostacei dei Decapodi con cinque paia di piedi ambulacrali, ampio cefalotorace, addome ridotto e ripiegato ventralmente, forniti di chele (*Brachyura*) **SIN.** (*pop.*) granchi

†**bràcia** ➤ **brace**

braciàio [1865] **s. m.** (**pl.** *-ai*) **1** cassetta nella quale i fornai riponevano la brace, per riutilizzarla **2** bracino

braciaiòla [av. 1571] **s. f.** ● fossetta sotto la graticola dei fornelli, in cui cade la brace

braciaiòlo [av. 1742] **s. m.** (**f.** *-a*) ● bracino

bracière [da *brace* e *-iere*; cfr. il fr. *brasier*, da *braise* 'brace' ✻ 1559] **s. m.** ● recipiente di rame o altro metallo, spesso lavorato artisticamente, contenente la brace per riscaldare una stanza o anche, nell'antichità, per celebrare riti religiosi ‖ **bracierìno**, **dim.**

bracìno [da *brace* ✻ 1818] **s. m.** **1** (*disus.*) operaio addetto alla carbonaia **2** (*tosc.*) venditore di brace o carbone al minuto: *nero come un b.* **3** (*est.*, *disus.*) persona sudicia o volgare

braciòla o (*lett.*) **braciuòla** [da *brace* ✻ 1542] **s. f.** **1** fetta di carne da cuocere alla griglia o in padella: *b. di maiale, di vitello* **2** (*fam.*, *scherz.*) taglio al viso, spec. provocato durante la rasatura ‖ **braciolétta**, **dim.** | **braciolìna**, **dim.** | **braciolóna**, **accr.**

†**bràco** ➤ **brago**

bracóne [av. 1600] **s. m.** **1** accr. di *braca* **2** (*fig.*, *tosc.*) persona impicciona, pettegola

bracòtto [da *braca* nel sign. 6 ✻ 1829] **s. m.** ● (*mar.*) spezzone di cavo terminante con due ganci o due bozzelli, variamente utilizzabile nelle navi a vela

bracòzzo ➤ **bragozzo**

bràdi- [dal gr. *bradýs* 'lento', prob. di orig. indeur.] **primo elemento** ● in parole composte dotte o della terminologia scientifica significa 'lento': *bradicardia, bradisismo* **CONTR.** tachi-

bradicardìa [vc. dotta, comp. di *bradi-* e del gr. *kardía* 'cuore' ✻ 1899] **s. f.** ● riduzione di frequenza del battito cardiaco

bradicàrdico [1958] **A** **agg.** (**pl. m.** *-ci*) ● relativo alla bradicardia **B** **agg. e s. m.** (**f.** *-a*) ● che (o chi) presenta bradicardia

bradichinìna [comp. di *bradi-* e *chinina* ✻ 1992] **s. f.** ● (*chim.*) piccolo peptide basico presente nel sangue e prodotto per azione dell'enzima callicreina sulle globuline plasmatiche; è un potente vasodilatatore e provoca aumento della permeabilità capillare

bradifaṣìa [vc. dotta, comp. di *bradi-* e del gr. *phásis* 'espressione' ✻ 1892] **s. f.** ● rallentamento del linguaggio

bradifraṣìa [vc. dotta, comp. di *bradi-* e del gr. *phrásis* 'discorso' ✻ 1892] **s. f.** ● lentezza nel formulare le frasi

bradilalìa [vc. dotta, comp. di *bradi-* e del gr. *lalía* 'loquacità' ✻ 1939] **s. f.** ● lentezza nell'articolazione delle parole

bradipepsìa [vc. dotta, comp. di *bradi-* e del gr. *pépsis* 'digestione' ✻ 1778] **s. f.** ● lentezza nelle funzioni digestive

bràdipo [vc. dotta, comp. di *bradi-* e del gr. *poûs* 'piede' ✱ 1793] **s. m. 1** genere di Mammiferi arboricoli brasiliani degli Sdentati di 50-70 cm di lunghezza, con coda cortissima, testa piccola, lunghi arti con artigli robusti e folta pelliccia caratterizzata da una vistosa scriminatura ventrale, che si muovono con estrema lentezza appendendosi ai rami con il dorso verso il suolo (*Bradypus*) **SIN.** poltrone | ***b. tridattilo***, specie caratterizzata da arti piuttosto lunghi, ognuno provvisto di tre dita (*Bradypus tridactylus*) **2** (*fig.*) persona molto lenta, pigra

bradipsichìşmo [vc. dotta, comp. di *bradi-* e *psichismo* ✱ 1932] **s. m.** ● rallentamento delle funzioni psichiche

bradisìşmico [1930] **agg.** (**pl. m.** *-ci*) ● di bradisismo, relativo a bradisismo: *rilevamento, fenomeno b.*

bradisìşmo [vc. dotta, comp. di *bradi-* e del gr. *seismós* 'scotimento' ✱ 1883] **s. m.** ● movimento lento e regolare di innalzamento o di abbassamento del suolo: *b. negativo, positivo*

✤**bràdo** [lat. tardo *brāida(m)* 'pianura', di orig. longob., con sovrapposizione di *bravo* ✱ 1310] **agg. 1** non addomesticato, che vive allo stato libero, detto spec. di Bovini ed Equini **2** detto di allevamento di animali all'aperto **3** (*fig.*) che è libero, primitivo, fuori dalle convenienze sociali: *vita brada*; *essere, vivere, allo stato b.*

bràga [sec. XIII] **s. f. 1** V. *braca* **2** pezzo da interporre fra gli elementi di una tubazione verticale di scarico per immettervi uno o più tubi di scarico orizzontali **3** robusta staffa di ferro a prolungamento della culatta di alcune antiche artiglierie a retrocarica

†**bràge** ➤ **brace**

braghésse ➤ **brachesse**

braghétta ➤ **brachetta**

†**braghière** ➤ **brachiere**

†**bràgia** ➤ **brace**

bràgo o †**bràco** [lat. parl. **brăcu(m)* 'palude', di provenienza celt. ✱ 1302] **s. m.** (**pl.** *-ghi*) **1** (*lett.*) fango, melma, spec. di porcile: *i porci si avvoltolano nel b.*; *E come appar su putrido / b. una morta bolla* (A. Boito) **2** (*fig., lett.*) abiezione, degradazione morale

bragòzzo o **bracòzzo** [etim. incerta ✱ 1799] **s. m.** ● (*mar.*) tradizionale barca da pesca in legno caratteristica dell'alto Adriatico, fornita di ponte con prua e poppa tondeggianti, due alberi e vele al terzo, scafo e vele decorati a colori vivaci

brahmanéşimo /brama'nezimo/ o **bramanéşimo**, **brahmanìşmo** /brama'nizmo/, **bramanìşmo**, **braminìşmo** [1843] **s. m.** ● sistema di pensiero religioso-filosofico e complesso di istituzioni e ordinamenti elaborati dai brahmani, che costituisce il fondamento della religione induista

brahmànico /bra'maniko/ o **bramànico**, **bramìnico** [1843] **agg.** (**pl. m.** *-ci*) ● relativo al brahmanesimo e ai brahmani

brahmanìşmo ➤ **brahmanesimo**

brahmàno /bra'mano/ o **bramàno**, **bramìno**① [vc. dotta, sanscrito *brahmán*, originariamente 'poeta, cantore', da *bráhma* 'formula, rappresentazione', di etim. incerta ✱ av. 1347] **s. m.** ● anticamente, sacerdote della religione induistica | membro della casta più elevata della comunità indù, cui appartengono i sacerdoti

brahmsiàno (brahms-ia-no, brahm-sia-no) /bram'sjano/ **A agg.** ● relativo al musicista tedesco Johannes Brahms (1833-1897) o alla sua opera: *un Lied b.* **B s. m.** (**f.** *-a*) ● ammiratore, seguace di J. Brahms

†**bràida** [longob. *braida* 'pian(ur)a' ✱ sec. XIII] **s. f.** ● (*sett.*) campo, prato nei pressi della città

braidènse [da †*braida*, da cui s'è originato il dial. *Brera*, nome di un palazzo e di un quartiere centrale di Milano, con *-ense* ✱ 1801] **agg.** ● relativo alla biblioteca e alla pinacoteca di Brera, che hanno sede nell'omonimo palazzo milanese

braidése (o -ş-) [1882] **A agg.** ● di Bra, città in provincia di Cuneo **B s. m. e f.** ● abitante o nativo di Bra

Braille® /fr. 'bʀaj/ [dal n. dell'inventore, il fr. Louis *Braille* (1809-1852) ✱ 1930] **A s. m. inv.** ● sistema di scrittura per ciechi formato da punti in rilievo simboleggianti le lettere dell'alfabeto, che si leggono passandovi sopra i polpastrelli **B anche agg.**: *scrittura B.*

brainstòrming /brein'stɔrmin(g)/, *ingl.* 'breɪn,stɔːmɪŋ/ [vc. ingl. d'America, cioè 'tempesta (*storming*, dal v. *to storm* 'tempestare') di cervelli (*brain*)' ✱ 1970] **s. m. inv.** ● tecnica di analisi in gruppo in cui la ricerca della soluzione di un dato problema avviene attraverso la libera esposizione di idee e di proposte da parte di tutti i partecipanti a una riunione

brain trust /brein'trast/, *ingl.* 'breɪn,trʌst/ [loc. ingl. d'America, cioè '*trust* di cervelli (*brain*)' ✱ 1935] **loc. sost. m. inv.** (**pl. ingl.** *brain-trusts*) ● gruppo di esperti, tecnici, scienziati e gener. consulenti, costituito, spec. in un'azienda, per discutere e aiutare a risolvere problemi di particolare complessità e rilievo **SIN.** trust dei cervelli

†**braire** o †**şbraire** [lat. parl. **bragīre*, di orig. onomat. ✱ sec. XIII] **v. intr. 1** (*lett.*) cantare, cinguettare **2** gridare, urlare

†**braitàre** [lat. parl. **bragitāre* 'gridare', iter. di **bragīre* 'braire' ✱ 1750] **v. intr.** ● sbraitare

✤**bràma** [da *bramare* ✱ sec. XIII] **s. f.** ● desiderio ardente e intenso, quasi smodato: *b. di uccidere*; *b. di onori*; *b. di apprendere*; *una lupa, che di tutte brame / sembiava carca ne la sua magrezza* (Dante *Inf.* I, 49-50) **SIN.** avidità, bramosia

SFUMATURE ➤ ***desiderio***

bramàbile [1584] **agg.** ● (*raro*) che si può bramare **SIN.** desiderabile

bramanéşimo ➤ **brahmanesimo**

†**bramangière** [ant. fr. *blanc-mangier* 'biancomangiare' ✱ 1356] **s. m.** ● biancomangiare

bramanìşmo ➤ **brahmanesimo**

bramàno e deriv. ➤ **brahmano** e deriv.

bramantésco [1858] **agg.** (**pl. m.** *-schi*) ● che riguarda l'arte e la produzione dell'architetto Donato Bramante (1444-1514): *la cupola bramantesca di S. Maria delle Grazie a Milano*

✤**bramàre** [ant. provenz. *bramar* 'urlare di animali (specie del cervo in amore)', dal germ. **brammon* 'muggire' ✱ av. 1250] **v. tr.** ● (*lett.*) desiderare intensamente, appassionatamente: *avrebbe bramato rivederlo* (A. Boito); *io bramava di sapere il suo nome* (U. Foscolo) | (con valore attenuativo) desiderare: *bramerei che tu restassi presso di me* (I. Nievo)

Brambìlla [da un cognome molto comune a Milano ✱ 1981] **s. m. e f. inv.** ● (*scherz.*) piccolo imprenditore lombardo: *i B. si ribellano all'aumento delle imposte*

braminìşmo ➤ **brahmanesimo**

bramìno① e deriv. ➤ **brahmano** e deriv.

bramìno② [etim. incerta] **s. m.** ● sbramino

✤**bramìre** [stessa etim. di *bramare* ✱ 1865] **v. intr.** (*io bramìsco, tu bramìsci*; **aus.** *avere*) **1** emettere bramiti: *si udirono i cervi b. di dolore* **2** (*est., lett.*) gridare selvaggiamente, detto di persone: *la gente gridava … tripudiava, bramiva* (R. Bacchelli)

✤**bramìto** o (*poet.*) **bràmito** [da *bramire* ✱ 1623] **s. m. 1** grido alto e lamentoso caratteristico di animali selvatici, spec. del cervo e dell'orso **2** (*est., lett.*) grido umano quasi selvaggio: *un b. di terrore*

bràmma [ted. *Bramme*, di etim. incerta ✱ 1955] **s. m.** (**pl.** *-i*) ● (*metall.*) prodotto di laminatoio, usato come materiale di partenza per la fabbricazione delle lamiere, a sezione rettangolare

bramosìa (o -ş-) [da *bramoso* ✱ 1337] **s. f.** ● (*lett.*) desiderio sfrenato: *un'acre b. di sangue* (G. Pascoli)

SFUMATURE ➤ ***avidità***

✤**bramóso** (o -ş-) [1268] **agg.** ● (*lett.*) che ha e dimostra brama, avidità: *b. di perfezione* (A. Manzoni) ‖ **bramosétto**, **dim.** ‖ **bramosaménte**, **avv.** con brama ‖ **bramosità**, **s. f. inv.** (*raro*) bramosia

brànca [lat. *brănca(m)*, di etim. incerta ✱ sec. XIII] **s. f. 1** (*lett.*) zampa di animale armata di artigli | †chela del granchio e dello scorpione **2** (*est.*) mano protesa ad afferrare qlco. | (*spreg.*, **al pl.**) potere, controllo, dominio: *si dibatte nelle branche del vizio* (G. D'Annunzio) **SIN.** grinfie **3** ciascuna delle due parti di alcuni arnesi che servono ad afferrare e a stringere: *le branche delle pinze, delle tenaglie, del compasso* **4** ramo di albero o arbusto | ***b. madre***, ramo principale **5** (*fig.*) ramo della scienza o dello scibile: *le varie branche del diritto, della medicina* **SIN.** parte, suddivisione **6** (*anat.*) ciascuno dei rami in cui si risolve un organo a struttura fascicolare: *le tre branche del nervo trigemino* **7** (*mar.*) spezzone di corda con due anelli alle estremità | mazzetto di tre o quattro cavetti terminanti con un anello e riuniti tra loro per l'altro capo | ***b. di bolina***, a tre capi, per fissare la bolina alla ralinga di caduta delle vele quadre **8** (*raro*) rampa di scala

Brancaleóne [da (*armata*) *Brancaleone* ✱ 1971] **s. m. inv.** ● (*per anton.*) persona che in modo disordinato e incoerente si impegna, con esito negativo, in grandi cause: *i B. della politica* | ***armata B.***, V. *armata*

brancàre [da *branca* ✱ sec. XIII] **v. tr.** ● (*sett.*) abbrancare, afferrare

brancarèlla [da *branca* ✱ 1832] **s. f.** ● (*mar.*) maniglia di cavo incordonata agli orli delle vele, usata spec. per passarvi i cavetti che allacciano le vele stesse ai pennoni

brancàta [av. 1431] **s. f. 1** quantità di cose che si può stringere in una mano: *una b. di sassolini* **SIN.** manciata **2** (*raro, lett.*) zampata, manata **3** (*raro, lett.*) branco ‖ **brancatìna**, **dim.**

brànchia [vc. dotta, lat. *brănchia(m)*, dal pl. *brănchiae*, a sua volta dal gr. *bránchia*, pl. di *bránchion*, di etim. sconosciuta ✱ sec. XIV] **s. f.** ● (*zool.*) struttura respiratoria di solito fogliacea o laminare, di varia origine, grazie alla quale gli animali acquatici possono respirare l'ossigeno disciolto nell'acqua ‖ **branchiétta**, **dim.**

branchiàle [1825] **agg.** ● pertinente alle branchie

Branchiàti [1925] **s. m. pl.** (**sing.** *-o*) ● (*zool.*) denominazione degli animali acquatici che, per tutta la vita o soltanto per parte di essa, respirano mediante branchie (*Branchiata*)

brànchio- [dal lat. *brănchia* 'branchia'] **primo elemento** ● in parole composte della terminologia scientifica significa 'branchie' o indica relazione con le branchie: *branchiosauro*

Branchiòpodi [vc. dotta, comp. di *branchio-* e del gr. *pódes* 'piedi' ✱ 1829] **s. m. pl.** (**sing.** *-e*) ● (*zool.*) ordine di Crostacei di acqua dolce con corpo protetto da un carapace bivalve, arti atti al nuoto e alla respirazione (*Branchiopoda*)

branchiosàuro [vc. dotta, comp. di *bran-*

b

chio- e del gr. *sâuros* 'lucertola' ✱ 1930] **s. m.** ● anfibio degli Stegocefali del Paleozoico, con faccia ventrale coperta di scaglie analoghe a quelle dei rettili (*Branchiosaurus*)

Branchiùri [comp. di *branchi(o)-* e *-uro*② ✱ 1962] **s. m. pl.** (**sing.** *-o*) ● (*zool.*) sottoclasse di Crostacei dal corpo appiattito, muniti di ventose, parassiti di pesci e anfibi (*Branchiura*)

brancicaménto [av. 1342] **s. m.** ● (*raro*) il brancicare

♦**brancicàre** [iter. di *brancare* ✱ av. 1333] **A** **v. intr.** (*io bràncico, tu bràncichi*; **aus.** *avere*) ● andare a tentoni, annaspando con le mani per cercare la direzione giusta: *b. nel buio* **B** **v. tr.** ● toccare, maneggiare, palpare insistentemente o brutalmente o sensualmente e sim.: *Egli mi stringeva, mi brancicava* (S. ALERAMO)

brancicatùra [1865] **s. f.** ● (*raro*) il brancicare | segno che resta su ciò che si è brancicato: *frutta piena di brancicature*

brancichìo [1862] **s. m.** (**pl.** *-ii*) ● (*raro*) un brancicare continuato

♦**brànco** [da *branca*, passata a significare 'gruppo' ✱ 1399] **s. m.** (**pl.** *-chi*) **1** raggruppamento di animali della medesima specie: *un b. di cavalli, di pecore*; *un b. di lupi*; *un b. di cicogne, di pesci* **2** (*est.*, *spreg.*) insieme di persone: *un b. di fannulloni* | ***andare, muoversi in b.***, (*fig.*) passivamente raggruppati, come gli animali | ***mettersi in b., entrare nel b.***, (*fig.*) seguire conformisticamente la via della maggioranza | (*spreg.*) gruppo di giovani che tende a comportamenti deprecabili o delinquenziali e spec. a compiere violenze sessuali: *l'omertà del b.* **SIN.** banda③ || **branchétto**, **dim.**

SFUMATURE DI SIGNIFICATO

branco - mandria - gregge - stormo

Branco è il termine più generico per indicare un raggruppamento di animali della stessa specie. Se l'aggregato è costituito da animali domestici di grossa taglia, come sono cavalli, bufali o buoi, il termine specifico è **mandria**. Un gruppo di pecore o capre riunito sotto la sorveglianza di un pastore costituisce invece un **gregge**. Lo **stormo** è un gruppo di uccelli in volo.

brancolaménto [1865] **s. m.** ● il brancolare

brancolàre [da *branca*, nel senso di 'mano protesa ad afferrare' ✱ 1313] **v. intr.** (*io bràncolo*; **aus.** *avere*) **1** andare a tentoni, spec. nel buio: *b. nell'oscurità* **SIN.** annaspare **2** (*fig.*) agire, muoversi con incertezza: *gli inquirenti brancolano ancora nel buio*

brancolóne o **brancolóni** [1353] **avv.** ● (*raro*) brancolando, a tentoni, a tastoni: *andare, muoversi b.*; *cercare qlco. brancoloni*

brand /*ingl.* brænd/ [vc. ingl., propr. 'marchio' ✱ 1983] **s. m. inv.** ● (*econ.*) nome commerciale, marca | ***b. image***, nel marketing, immagine, impressione che l'utente o il consumatore ha di un prodotto | ***b. manager***, in una organizzazione commerciale, il responsabile di un prodotto o di una linea di prodotti

Definizione d'autore

Ogni giorno ci muoviamo in una costellazione di marche. I **brand** sono più di un prodotto, sono più di un segno, sono più di un nome. Sono percezioni, emozioni, storie condensate in uno spazio che vive nella mente delle persone. Sono le marche che guidano le nostre scelte di acquisto e ci rendono clienti fedeli. Che hanno costruito un universo di valori condivisi attorno a una semplice bibita. Che ci fanno vedere molto di più nell'icona di una mela e rendono alcune aziende più profittevoli di altre. E nella nuova era digitale e dei social media non è più la marca a raccontare se stessa ma sono le persone a raccontare la marca costruendo la sua immagine e definendo nuovi modelli di relazioni tra aziende e consumatori.

Roberto Lobetti Bodoni

brànda [etim. incerta ✱ 1797] **s. f.** **1** letto a telaio metallico pieghevole o smontabile, con rete metallica o con un piano di grossa tela, usato spec. in caserme, carceri e campeggi o come letto d'emergenza **2** amaca di tela usata a bordo dai marinai come letto || **brandìna**, **dim.**

brandeburghése (o *-ṣ-*) [1955] **A** **agg.** ● del Brandeburgo, regione storica della Germania | ***Concerti brandeburghesi***, i sei concerti che J.S. Bach dedicò al margravio del Brandeburgo **B** **s. m. e f.** ● abitante o nativo del Brandeburgo

brandeggiàbile [1983] **agg.** ● (*mar. milit.*) che si può brandeggiare, soggetto a brandeggio | (*tv*) detto di telecamera munita di uno speciale dispositivo che ne permette l'orientamento sul piano orizzontale e su quello verticale, anche contemporaneamente || **brandeggiabilità**, **s. f. inv.**

brandeggiàre [da *brandire* ✱ 1865] **A** **v. tr.** (**pres.** *io brandéggio*; **fut.** *io brandeggerò*) ● (*lett.*) brandire | (*milit., est.*) ruotare sul piano orizzontale una bocca da fuoco | (*est.*) ruotare su un piano orizzontale, intorno a un asse verticale, apparecchiature, strumenti, congegni e sim. **B** **v. intr.** (**aus.** *avere*) **1** oscillare **2** (*mar.*) ruotare, spec. con moto pendolare, di un'imbarcazione attorno alla sua linea d'ancoraggio

brandéggio [1889] **s. m.** **1** (*mar.*) movimento di rotazione di un'imbarcazione all'ancora per effetto del vento e della corrente | (*mar. milit.*) rotazione di una bocca da fuoco sul piano orizzontale | ***angolo di b.***, quello formato dall'asse longitudinale della nave con la linea di mira e misurato, da 0° a 360°, in senso orario a partire dalla prua **2** in varie tecnologie, rotazione su un piano orizzontale

♣**brandèllo** o (*raro*) **brindèllo** [etim. discussa: da *branello*, dim. di *brano*, con sovrapposizione di altra vc. (?) ✱ 1525] **s. m.** **1** frammento strappato di tessuto o di altro materiale: *un b. di fodera*; *un b. di pelle* | ***avere l'abito a brandelli***, tutto strappato **SIN.** pezzo **2** (*fig.*) piccola quantità, parte di qlco.: *non avere un b. di intelligenza, di pudore, di ritegno* **SIN.** briciola || **brandellétto**, **dim.** | **brandellìno**, **dim.**

SFUMATURE ➤ ***frammento***

†**brandiménto** [av. 1563] **s. m.** ● il brandire

branding /'brendin(g), *ingl.* 'brændɪŋ/ [vc. ingl., dal v. *to brand* 'marchiare a fuoco', di area germ. ✱ 1994] **s. m. inv.** **1** pratica consistente nel marchiare a fuoco la pelle umana con scritte o simboli **2** il complesso delle attività volte alla promozione del marchio di un'azienda

♣**brandìre** [ant. fr. *brandir*, dall'ant. fr. *brant* 'brando' ✱ 1308] **A** **v. tr.** (*io brandìsco, tu brandìsci*) ● impugnare saldamente o agitare con forza un corpo contundente: *b. la spada, un coltello, un bastone* | (*est.*) agitare qlco. con violenza **B** **v. intr.** (**aus.** *avere*) ● (*tosc.* o *lett.*) tremare, vibrare, oscillare

brandistòcco [fr. *brandestoc, brindestoc*, dal neerl. *springstok*, propr. 'pertica, bastone (*stok*) da saltare (*springen*)' ✱ av. 1665] **s. m.** (**pl.** *-chi*) ● arma da punta in uso nel sec. XVI, costituita da tre lame rientranti nel manico cavo

†**branditóre** [da *brandire* ✱ 1723] **s. m.**; anche **agg.** ● (*raro*) chi (o che) brandisce

brandiẓẓàre [da *brand* ✱ 1988] **v. tr.** **1** mettere in evidenza su un prodotto il marchio di chi lo mette in vendita **2** consentire il funzionamento di un apparecchio solo con accessori o materiali di consumo forniti dal produttore || **brandiẓẓazióne**, **s. f.**

bràndo [ant. fr. *brant* 'spada', 'ferro della lancia', dal francone **brand* 'lama della spada', propr. 'tizzone (ardente)' per il suo splendore ✱ sec. XIII] **s. m.** **1** antico spadone a due tagli, che si impugnava con una o due mani **2** (*poet.*) spada: *mena a due mane quel b. tagliente* (M.M. BOIARDO)

†**brandóne**① [etim. incerta, come per *brandello* ✱ sec. XIII] **s. m.** ● brandello

†**brandóne**② [ant. fr. *brandon*, dal francone **brand* 'tizzone' ✱ 1287] **s. m.** ● tizzone, torcia

brandy /'brendi, *ingl.* 'brændɪ/ [vc. ingl., da *brandwine*, dal neerlandese *brandewijn*, lett. 'vino (*wijn*) bruciato (dal v. *branden*, che ha assunto poi anche il sign. di 'distillare')' ✱ 1829] **s. m. inv.** (**pl. ingl.** *brandies*) ● acquavite che si ottiene in Italia dalla distillazione del vino, poi maturata, corretta e invecchiata in fusti di rovere **CFR.** cognac

†**brània** [di etim. discussa: dal lat. parl. **fragina* 'frana' (?) ✱ 1768] **s. f.** ● tratto di campo, di terreno

♦**bràno** [ant. fr. *braon*, dal francone *brādo* ampliato col suff. accr. *-on* ✱ 1313] **s. m.** **1** pezzo, parte strappata con violenza: *brani di stoffa, di carne* | ***fare a brani, ridurre in brani***, sbranare | ***cadere a brani***, (*anche fig.*) cadere a pezzi, cadere in rovina | (*lett.*) ***a b. a b.***, pezzo per pezzo: *La memoria dei fatti le tornava a brani* (A. MORAVIA) **SIN.** brandello, pezzo **2** frammento di opera musicale o letteraria: *ascoltare un b. di musica classica*; *leggere un b. della Divina Commedia* | ***brani scelti***, frammenti di vari autori, selezionati con criterio antologico **SIN.** passo || **branétto**, **dim.**

branzino (o *-ẓ-*) [it. sett. *bransin*, per l'apparenza delle sue 'branchie' (*branzi*) ✱ 1761] **s. m.** ● (*zool., sett.*) spigola

†**bràṣa** ➤ **brace**

braṣàre [da †*brasa* ✱ 1598] **v. tr.** **1** (*raro*) far cuocere sulle braci spec. carni **2** cuocere a fuoco lento, in pentola chiusa, con aromi vari e poco liquido (vino, brodo e sim.) **3** sottoporre a brasatura, in varie tecnologie

braṣàto **A** **part. pass.** di *brasare*; anche **agg.** ● nei sign. del v. **B** **s. m.** ● carne di bue cotta a fuoco lento, in pentola chiusa, con aromi vari e poco liquido (vino, brodo e sim.)

braṣatóre [1955] **s. m.** (**f.** *-trice*) ● operaio addetto alla brasatura metallica

braṣatùra [1941] **s. f.** ● saldatura di pezzi metallici mediante materiale di apporto che funge da adesivo tra le facce dei metalli

bràsca [da †*brasa* (?) ✱ 1865] **s. f.** ● scorie e spurgo del ferro lavorato

braṣile [etim. discussa: per il colore simile alla brace (*brasa*) (?) ✱ 1555] **s. m.** **1** legno di color rosso brace fornito da alcune specie dell'America centrale e meridionale **SIN.** verzino **2** varietà coltivata di tabacco

♦**braṣiliàno** [dal n. dello Stato del *Brasile*, in portog. e sp. *Brasil*, così chiamato per l'abbondanza delle piante tintorie chiamate *brasili* ✱ 1765] **A** **agg.** ● del Brasile: *flora, fauna, lingua brasiliana* | ***slip alla brasiliana***, o (*ellitt.*) ***la brasiliana***, tipo di slip intimo o da spiaggia molto sgambato **CFR.** tanga **B** **s. m.** (**f.** *-a*) ● abitante o nativo del Brasile **C** **s. m. solo sing.** ● lingua portoghese parlata in Brasile

brasserie /*fr.* bʀas'ʀi/ [vc. fr., comp. di *brasser* 'fabbricare la birra' dal lat. parl. **braciāre*, denominale di *brāce(m)* 'malto', ed *-erie* '-eria' ✱ 1892] **s. f. inv.** ● birreria o piccola trattoria

bràssica [vc. dotta, dal lat. *brăssica(m)* 'cavolo', di etim. incerta ✱ av. 1498] **s. f.** ● genere di piante erbacee delle Crocifere a foglie intere o pennate, fiori gialli o bianchi in racemi e frutti a siliqua (*Brassica*)

brassìcolo [dal fr. *brassicole* 'birrario', dall'ant. fr. *brais* 'malto', ingrediente principale della birra ✱ 1980] **agg.** ● relativo alla produzione di birra; birrario: *impianto b.*

brassière /*fr.* bra'sjɛr/ [vc. fr., comp. di *bras* 'braccio' e del suff. *-ière* detto di parte del corpo coperta ✱ 1966] **s. f. inv. 1** camicetta corta da donna, attillata e molto scollata **2** reggiseno a bustino con spalline larghe

brattàre o **ṣbrattàre**② [napol. *brattà*, da *bratto* ✱ 1955] **v. intr.** (**aus.** *avere*) ● vogare con un sol remo posto a poppa dell'imbarcazione

bràttea [vc. dotta, dal lat. *brāttea(m)* 'lamina di metallo', di etim. incerta ✱ 1797] **s. f. 1** (*bot.*) foglia modificata che accompagna fiori o infiorescenze con funzione spec. protettiva **2** lamina metallica, spec. d'oro o d'argento, con varie decorazioni, usata anticamente per ornamento

bratteàto [vc. dotta, dal lat. *bratteātu(m)*, da *brāttea* 'brattea' ✱ 1779] **A agg. 1** (*bot.*) che è fornito di brattee **2** di moneta o medaglia falsificata mediante la sovrapposizione di una lamina d'oro o d'argento a un metallo vile **B s. m.** ● moneta medievale d'argento dal tondello molto sottile, coniata da una sola faccia, caratteristica della Germania dal XII al XIV sec.

bratteifórme [vc. dotta, comp. di *brattea* e *-forme* ✱ 1829] **agg.** ● che ha forma di brattea

brattèola [vc. dotta, dal lat. *brattĕola(m)*, dim. di *brāttea* 'brattea' ✱ 1829] **s. f.** ● (*bot.*) brattea molto ridotta inserita sul peduncolo di alcuni fiori

bratteolàto [da *bratteola* ✱ 1955] **agg.** ● (*bot.*) che è fornito di bratteole: *peduncolo b.*

bràtto o **ṣbràtto**② [napol. *bratto*: dal lat. *bāttulum* 'battola' (?) ✱ 1889] **s. m.** ● propulsione di un battello con un solo remo posto a poppa estrema e mosso alternativamente verso dritta e verso sinistra: *remo da b.*

bravacciàre [1931] **v. intr.** (**pres.** *io bravàccio*; **fut.** *io bravaccerò*; **aus.** *avere*) ● (*lett., raro*) fare il bravaccio

bravacciàta o **bravazzàta** [1863] **s. f.** ● (*lett.*) azione da bravaccio | smargiassata

bravàccio o **bravàzzo** [1525] **s. m. 1** pegg. di *bravo* **2** (*lett.*) sgherro | uomo prepotente e millantatore

bravàre [da *bravo* ✱ 1483] **A v. intr.** (**aus.** *avere*) ● (*lett.*) parlare o comportarsi in modo arrogante, provocatorio **B v. tr. 1** (*lett.*) minacciare, provocare | sfidare: *avea continuato a bravar la morte* (R. Bacchelli) **2** (*lett.*) rimproverare duramente: *la vostra signora madre mi ha bravato moltissimo* (C. Goldoni)

bravàta [1536] **s. f. 1** (*lett.*) comportamento, atto o discorso arrogante e provocatorio: *a far bravate con gli operai della diga* (I. Calvino) **SIN.** smargiassata, spacconata **2** azione rischiosa compiuta per spavalderia: *ha voluto fare la b. di uscire con la febbre; ti pentirai di certe bravate!* **3** (*lett.*) sgridata

†**bravatòrio** [av. 1704] **agg.** ● provocatorio, minaccioso

bravazzàta ➤ **bravacciata**

bravàzzo ➤ **bravaccio**

braveggiàre [1481] **v. intr.** (**pres.** *io bravéggio*; **fut.** *io braveggerò*; **aus.** *avere*) ● (*raro*) parlare e comportarsi con spavalderia

braverìa [1525] **s. f. 1** (*raro, lett.*) vanteria, azione, comportamento arrogante **SIN.** spavalderia **2** (*raro, lett.*) atteggiamento da bravo | l'insieme dei bravi

bravétta [prob. dal fr. *brouette* 'carriola' ✱ 2007] **s. f.** ● carrello a due ruote per il trasporto di piccoli carichi

†**bravézza** [1550] **s. f.** ● valentia

♦**bràvo** [lat. *prāvu(m)*, con sovrapposizione di *barbaru(m)* (?) ✱ 1314] **A agg. 1** che compie la propria opera con impegno e abilità (+ *a*, + *in*, **anche seguiti da inf.**): *un b. operaio, una brava professionista; uno studente b. in matematica; è proprio b. al volante!; un oratore b. a trovare argomenti convincenti; un'attrice brava nell'interpretare una parte*; (*iron.*): *b. furbo!; b. fesso!* | (*fam.*) ***chi ci riesce è b.!***, per indicare lavori, concetti, discorsi particolarmente difficili **SIN.** abile, capace **CONTR.** inetto **2** buono, onesto, dabbene: *una brava moglie; un b. giovane* | in formule di cortesia, spesso iron.: *ascoltate, brav'uomo!* | per esortazione, incoraggiamento: *su, da b.!* **3** (*lett.*) animoso, coraggioso, prode: *gli epici canti del tuo popol b.* (G. Carducci) | ***fare il b.***, ostentare coraggio, spesso solo a parole | ***notte brava***, in cui si compiono bravate teppistiche | ***alla brava***, (*ellitt.*) alla maniera di chi fa il bravo, cioè in modo spavaldo e arrogante: *portare il cappello alla brava*; (*est.*) alla svelta, con sicura abilità: *dipinto alla brava* **4** (*pleonast., fam.*) preposto a un sost. con valore intens.: *ogni giorno fa la sua brava passeggiata* **5** †erto, scosceso **6** †brado, indomito: *ognun lo fugge come fera brava* (L. Pulci) ‖ **bravaménte**, **avv. 1** con bravura; efficacemente **2** con spavalderia **B in funzione di inter.** ● esprime soddisfazione, consenso, ammirazione: *b., bis!* **C s. m. 1** nell'Italia secentesca, bandito che si rifugiava presso un signorotto e gli assicurava i suoi servizi ricevendone impunità e sostentamento **2** (*est.*) guardia armata assoldata da un personaggio potente, spec. per compiere prepotenze ‖ **bravàccio**, **pegg.** (V.) | **bravétto**, **bravettìno**, **dim.** | **bravìno**, **dim.** | **bravóne**, **accr.** (V.) | **bravùccio**, **dim.**

bravóne [av. 1565] **s. m.** (**f.** *-a*) **1** accr. di *bravo* **2** (*raro*) bravaccio | ***fare il b.***, fare lo spaccone

bravùra [1476] **s. f. 1** abilità, perizia, capacità (+ *in*, **anche seguito da inf.**): *mostrare la propria b.; dimostrare b. in un lavoro; ha dimostrato la sua b. nel convincere gli ascoltatori; E monsieur diventai colla b. / Di storpiare le fanciulle e i putti* (C. Goldoni) | ***pezzo di b.***, lavoro la cui esecuzione richiede un'eccezionale abilità **2** (*mus.*) unito a nomi di brani vocali o strumentali indica difficoltà tecniche e carattere virtuosistico: *allegro di b., aria di b.* | nella loc. ***con bravura***, quando si richiede un'esecuzione brillante **3** (*lett.*) audacia, ardimento **4** (*lett.*) spavalderia, arroganza **5** †ferocia

SFUMATURE ➤ ***capacità***

break① /brɛk, *ingl.* breɪk/ [vc. ingl., dal v. *to break* 'interrompere, staccare' ✱ 1937] **A s. m. inv. 1** interruzione, pausa, spec. nel corso di un lavoro intellettuale, manageriale e sim.: *facciamo un b. e prendiamoci un caffè* | breve annuncio pubblicitario trasmesso interrompendo un programma televisivo o radiofonico **2** (*sport*) nella pallacanestro e in altre discipline di squadra, il momento della partita in cui una compagine distanzia notevolmente nel punteggio quella avversaria **3** (*sport*) nel tennis, la conquista del game nel quale l'avversario è al servizio **B inter.** ● (*sport*) nel pugilato, ordine di separarsi dato dall'arbitro ai contendenti quando, venuti strettamente a contatto, si impediscono reciprocamente i movimenti tenendosi con le braccia | nel rugby, comando di sciogliere la mischia

break② /brɛk, *ingl.* breɪk/ [vc. ingl., variante grafica di *brake* 'carrozza, cocchio' ✱ 1873] **s. f. inv. 1** in Gran Bretagna, tipo di carrozza aperta, a quattro ruote **2** station wagon (nome usato spec. per i modelli francesi)

break dance /brɛk'dɛns, *ingl.* 'breɪk,dæns/ [loc. ingl., comp. di *break* 'interruzione' (V. *break*①) e *dance* 'danza', perché è danza a movimenti spezzati ✱ 1984] **loc. sost. f. inv.** ● ballo moderno caratterizzato da movimenti a scatti, bruschi e spezzati che richiedono notevoli doti atletiche

breakdown /brɛk'daun, *ingl.* 'breɪk,daʊn/ [vc. ingl., propr. 'rottura', dal v. *to break* 'rompere' ✱ 1989] **s. m. inv.** ● improvviso arresto di elaboratori o impianti elettrici

break even /brɛk'iven, *ingl.* 'breɪk,iːv(ə)n/ [loc. ingl., propr. 'chiusura (*break*) alla pari (*even*)' ✱ 1984] **loc. sost. m. inv.** ● (*econ.*) pareggio di bilancio nella gestione di un'azienda

breakfast /'brɛkfast, *ingl.* 'brɛkfəst/ [vc. ingl., comp. di *to break* 'rompere' e *fast* 'digiuno' ✱ 1892] **s. m. inv.** ● prima colazione

breaking /'brɛkin(g), *ingl.* 'breɪkɪŋ/ [vc. ingl., propr. 'rottura, interruzione', da *to break* (V. *break*①) ✱ 1983] **s. m. inv. 1** break dance **2** ***b. news***, V. *news*

breakpoint /brɛk'pɔint, *ingl.* 'breɪk,pɔɪnt/ [vc. ingl., propr. 'punto (*point*) di interruzione (*break*)' ✱ 1989] **s. m. inv. 1** (*inform.*) istruzione di arresto dell'elaborazione inserita nel listato di un programma per permetterne la verifica in corso di esecuzione **2** (*sport*) nel tennis, punto che dà la possibilità di strappare il servizio all'avversario

brèccia① [fr. *brèche*, dal francone **brëka* 'rottura, fenditura', di orig. indeur. ✱ 1342] **s. f.** (**pl.** *-ce*) ● apertura fatta rompendo muri o terrapieni di qualunque opera di fortificazione, mediante tiro di artiglieria o lavoro di mina, per penetrarvi a viva forza | ***battere in b.***, dirigere i tiri delle artiglierie sul luogo dove si vuol fare la breccia; (*fig.*) demolire una tesi, un'argomentazione; in una competizione, battere l'avversario proprio sul traguardo | ***spianare la b.***, tirare sulla rottura già fatta per appianare le macerie | ***essere, rimanere sulla b.***, (*fig.*) continuare a svolgere brillantemente la propria attività | ***morire, cadere sulla b.***, (*fig.*) nel compimento del proprio lavoro o dovere | (*fig.*) ***fare b. nell'animo, nel cuore, nei pensieri, di qlcu.***, fargli impressione favorevole, persuaderlo

brèccia② [lat. parl. **brĭccia(m)*, dal tema mediterr. *brikka-* 'rilievo roccioso, erto' (?) ✱ 1342] **s. f.** (**pl.** *-ce*) **1** insieme di ciottoli e frantumi di sassi portati dalla corrente dei fiumi | insieme dei sassi opportunamente spezzati con cui, un tempo, si pavimentavano le strade **2** (*geol.*) roccia sedimentaria costituita da detriti angolosi cementati ‖ **breccétta**, **dim.** | **breccìno**, **dim. m.** | **bricciòla**, **dim.** (V.)

brecciaiòlo [1911] **s. m.** ● spaccapietre

brecciàle [1918] **s. m.** ● pietrisco, ghiaia: *scaricare i mucchi del b.* (L. Pirandello)

brecciàme [1922] **s. m.** ● pietrisco, ghiaia

brecciòla [1962] **s. f. 1** dim. di *breccia*② **2** brecciame costituito da sassi di dimensioni ridotte ‖ **brecciolìna**, **dim.** | **brecciolìno**, **dim. m.** (V.)

brecciolìno [1959] **s. m. 1** dim. di *brecciola* **2** (*merid.*) brecciame molto minuto

brecciόso (o **-ṣ-**) [av. 1502] **agg.** ● coperto di breccia

brechtiàno (brecht-ia-no, brech-tia-no) /brek'tjano, brex'tjano/ [1961] **agg.** ● relativo allo scrittore e drammaturgo tedesco B. Brecht (1898-1956)

breeder /'brider, *ingl.* 'briːdə(r)/ [vc. ingl., riduzione di *breeder reactor*, dal v. *to breed* 'generare, produrre' ✱ 1957] **s. m. inv.** ● (*fis.*) reattore autofertilizzante

breeding /'bridin(g), *ingl.* 'briːdɪŋ/ [vc. ingl., gerund. di *to breed* 'allevare' ✱ 1942] **s. m. inv.** ● selettocoltura

brefotròfio [vc. dotta, lat. *brephotrophīu(m)*,

b

dal gr. *brephotrophêion*, comp di *bréphos* 'bambino' e *tréphein* 'allevare' ✻ 1819] **s. m.** ● istituto dove si raccolgono e allevano bambini abbandonati

bregantino ➤ **brigantino**

brègma [vc. dotta, dal lat. tardo *brĕgma(m)*, dal gr. *brégma*, di etim. incerta ✻ av. 1729] **s. m.** (**pl.** *-i*) ● (*anat.*) punto di incontro della sutura coronale e sagittale del cranio

Breitschwanz /*ted.* 'bʀaet,ʃvants/ [vc. ted., cioè 'coda (*Schwanz*) larga (*breit*)', ambedue vc. di orig. germ. ✻ 1938] **s. m. inv.** (**pl. ted.** *Breitschwänze*) ● pelliccia di agnellini persiani nati prematuri, con pelo lucente e cuoio sottile

breloque /*fr.* bʀə'lɔk/ [vc. fr., forse di orig. onomat. ✻ 1831] **s. f. inv.** ● ciondolo da collo, spec. medaglione apribile

Bremsstrahlung /*ted.* 'bʀɛms,ʃtʀa:luŋ/ [vc. ted. comp. di *Bremse* 'freno' e *Strahlung* 'radiazione' ✻ 1942] **s. f. inv.** (**pl. ted.** *Bremsstrahlungen*) ● (*fis.*) radiazione elettromagnetica emessa da una particella carica sottoposta ad accelerazione

brèndolo (o **-é-**) [etim. discussa: da *brindello* (?) ✻ 1856] **s. m.** ● (*raro, tosc.*) brandello

brénna [ant. fr. *braine* '(animale) sterile', variante di *brehaing* 'sterile', di etim. incerta (?) ✻ av. 1375] **s. f.** ● cavallo di poco valore **SIN.** ronzino, rozza

brent /*ingl.* brɛnt/ [da *Brent*, n. di un pozzo petrolifero nel Mar del Nord, noto per l'ottima qualità del greggio ✻ 1985] **s. m. inv.** ● petrolio greggio

brénta [vc. sett., di prob. orig. preromana ✻ 1390] **s. f. 1** (*sett.*) recipiente di legno per il trasporto a spalla del vino dal vinaio all'acquirente **2** (*sett.*) antica misura di capacità per liquidi, spec. vino || **brentìna**, **dim.** | **brentóne**, **accr. m.**

brentatóre [da *brenta* ✻ 1783] **s. m.** ● (*sett.*) un tempo, chi trasportava a spalla il vino nelle brente

Brèntidi [dal gr. *brénthos*, n. di un uccello acquatico, di etim. incerta ✻ 1930] **s. m. pl.** (**sing.** *-e*) ● (*zool.*) famiglia di Coleotteri dal corpo allungato, a forte dimorfismo sessuale, per lo più tropicali, che vivono sotto le cortecce degli alberi (*Brenthidae*)

bréntolo (o **-è-**) [etim. incerta ✻ 1813] **s. m.** ● (*bot.*) brugo

bresàola [da *brasare* (?) ✻ 1931] **s. f.** ● carne di manzo, salata ed essiccata, specialità della Valtellina

brésca [lat. tardo *brĭsca(m)*, di etim. incerta ✻ 1323] **s. f.** ● (*tosc.*) favo di api

†**bresciàlda** o †**bresciòlda** [variante di *bresciana* 'donna di Brescia' e poi 'signora', con sign. opposto ✻ av. 1565] **s. f.** ● (*raro*) donna volgare | (*raro*) prostituta

bresciàna [dal nome della città di *Brescia* ✻ 1865] **s. f. 1** pala sottile di ferro, per ammassare rena, calcinacci e sim. **2** brescianella

brescianèlla [adattamento del lomb. *bresanela* 'fatta alla maniera bresciana (*bresana*)' ✻ 1858] **s. f.** ● impianto stabile di uccellagione, a reti verticali

bresciàno [1312] **A agg.** ● di Brescia **B s. m.** (**f.** *-a*) ● abitante o nativo di Brescia

†**bresciòlda** ➤ †**bresciàlda**

bretèlla [fr. *bretelle*, dall'ant. alto ted. *brittil* 'redine' ✻ 1825] **s. f. 1** (**spec. al pl.**) ciascuna delle strisce di vario materiale, nastro, elastico, cuoio e sim., che passano sopra le spalle e si allacciano ai calzoni per sostenerli **2** (**spec. al pl.**) lista di tessuto che, passando sopra le spalle, sostiene sottovesti e altri indumenti femminili **SIN.** spallina **3** cinghia per portare il fucile a spalla | ***b. rientrante***, che può rientrare avvolgendosi automaticamente nell'interno del calcio **4** raccordo, collegamento fra due strade di grande comunicazione o fra due autostrade: *la b. Ivrea-Santhià*; *b. autostradale* | ***b. di rullaggio***, in un aeroporto, raccordo fra le piste principali **5** (*milit.*) elemento di fortificazione campale che collega due capisaldi o punti forti per natura del terreno **6** traversa di binari || **bretellìna**, **dim.** | **bretellóna**, **accr.**

brètone o **brèttone** [lat. tardo *Brĕttone(m)* 'abitante della *Bretagna*, tanto continentale, quanto insulare' ✻ sec. XIII] **A agg.** ● della Bretagna, regione della Francia nord-occidentale: *lingua b.*, *coste, isole bretoni* | ***ciclo b.***, ***romanzi bretoni***, dei cavalieri della Tavola rotonda | ***razza b.***, razza cavallina di tipo brachimorfo da tiro pesante rapido **B s. m. e f.** ● abitante o nativo della Bretagna **C s. m. solo sing.** ● lingua appartenente al gruppo britannico delle lingue celtiche, parlata dai bretoni

†**brétto** [prob. da *brettone* (?) ✻ sec. XIII] **agg. 1** sterile, brullo **2** (*fig.*) meschino, sordido, gretto

brèttone ➤ **bretone**

brettònica ➤ **bettonica**

Bretzel ➤ **Brezel**

breunnerìte [dal n. dell'ingegnere minerario P. *Breunner* ✻ 1829] **s. f.** ● minerale ferrifero che costituisce una varietà di magnesite

bréva (o **-è-**) [vc. sett., lomb. *bréva*, prob. dalla stessa radice di *brivido* (V.) ✻ 1819] **s. f.** ● vento periodico caratteristico dei laghi lombardi, che spira da sud-sudovest verso le montagne

✦**brève** o †**briève** [lat. *brĕve(m)*: connesso col gr. *brachýs* 'corto' (?) ✻ 1219] **A agg. 1** che ha scarsa durata temporale: *lavoro, recita, discorso, spettacolo b.*; *b. incontro*; *brevi vacanze*; *un b. periodo di riposo* | ***tra b.***, tra poco tempo | ***a b. termine***, ***a b. scadenza***, ***a b.***, entro poco tempo, nel prossimo futuro: *ci riuniremo a b.*; *è un progetto da realizzare a b. scadenza* **CFR.** brachi- **SIN.** fugace, rapido, spiccio **CONTR.** durevole, lungo, lento **2** (*est.*) conciso, stringato: *b. esposizione di fatti, teorie, idee* | ***essere brevi***, (*fig.*) non dilungarsi su qlco. | ***in b.***, in modo conciso | ***a farla, a dirla b.***, in poche parole **SIN.** compendioso, succinto **CONTR.** prolisso **3** che si estende di poco nello spazio: *una strada, un viottolo b.* **CFR.** brachi- **SIN.** corto **CONTR.** lungo **4** (*lett.*) piccolo, angusto, stretto: *bassa palude e b. stagno* (T. TASSO) **CONTR.** ampio, grande, largo **5** (*ling.*) detto di vocale o sillaba che abbia una durata minore della lunga || **breveménte**, **avv. 1** in poco tempo **2** concisamente **B in funzione di avv.** ● (*lett.*) in poche parole, brevemente, concisamente: *Dicerolti molto b.* (DANTE *Inf.* III, 45) **C s. m. 1** lettera pontificia, sigillata con l'anello piscatorio, concernente per lo più affari del dominio temporale **2** (*stor.*) lettera di un re o di un principe **3** nel Medioevo, documento relativo a un atto o negozio giuridico | nel Medioevo, documento su cui era scritta la formula del giuramento prestato dai nuovi magistrati | (*est.*) statuto, spec. di corporazione **4** piccolo involto di stoffa contenente reliquie o formule di preghiere, da portarsi al collo per devozione | (*est.*) amuleto, talismano **D s. f. 1** antica nota musicale con durata equivalente a due semibrevi **2** notizia di poche righe pubblicata da un giornale

SFUMATURE DI SIGNIFICATO

breve - momentaneo - passeggero

Breve è ciò che ha scarsa durata nel tempo o nello spazio. **Momentaneo** è invece ciò che dura un momento, ossia un tempo molto breve, e si riferisce pertanto solo a una dimensione temporale. Con **passeggero** la brevità viene colta nel suo aspetto di transitorietà, di fugacità.

SFUMATURE ➤ *fugace*, ➤ *provvisorio*

brevettàbile [da *brevettare* ✻ 1981] **agg.** ● detto di ciò che può essere brevettato || **brevettabilità**, **s. f. inv.**

brevettàre [1798] **v. tr.** (*io brevétto*) **1** munire qlco. di brevetto: *b. un medicinale* **2** fornire qlcu. di brevetto: *b. un pilota*

brevettàto **part. pass.** di *brevettare*; anche **agg. 1** nei sign. del v. **2** (*fig., scherz.*) detto di ciò di cui si vuole garantire bontà o efficacia: *questo è un sistema b. per far quattrini*

brevettazióne [1979] **s. f.** ● (*burocr.*) il brevettare | certificazione di un brevetto: *ottenere la b. europea*

brevétto [fr. *brevet*, dim. di *brief* 'breve' nel senso di '(breve) scritto' ✻ 1616] **s. m. 1** attestato amministrativo della paternità di un'invenzione e del diritto esclusivo di godere, per un periodo di tempo determinato, degli utili economici che ne derivino **2** attestato ufficiale della capacità di esercitare determinate funzioni: *b. aeronautico* | ***b. di ufficiale***, documento che comprova la nomina nel grado | ***b. da pilota, di pilotaggio***, che attesta l'idoneità a guida di navi, aeromobili e sim. | ***b. sportivo***, certificato di abilità per giovani praticanti una disciplina sportiva; certificato di idoneità come tecnico sportivo **3** decreto con cui erano anticamente conferite onorificenze, prebende, gradi militari e sim.

brevettuàle [1963] **agg.** ● che riguarda un brevetto

brèvi- [dal lat. *brĕvis* 'breve'] **primo elemento** ● in parole composte dotte o della terminologia scientifica significa 'corto' o 'breve': *brevilineo*

breviàrio [vc. dotta, lat. *breviāriu(m)*, da *breviāre* 'abbreviare' ✻ 1332] **s. m. 1** libro contenente l'ufficio divino che gli ecclesiastici dovevano recitare a varie ore del giorno | liturgia delle ore, ufficio divino **2** (*fig.*) opera, autore a cui si ricorre spesso: *la Divina Commedia è il suo b.* **3** compendio, sommario, antologia, usato spec. nei titoli di opere letterarie: *il 'Breviario di estetica' di B. Croce*; *il 'Breviario del brivido'*

brevilìneo [comp. di *brevi-* e *linea* ✻ 1938] **agg.** ● (*med.*) detto di tipo costituzionale in cui prevale lo sviluppo del tronco su quello degli arti

breviloquènte [vc. dotta, lat. *breviloquĕnte(m)*, comp. di *brĕvis* 'breve' e *lŏquor* 'parlare' ✻ av. 1704] **agg.** ● (*lett.*) che si esprime in modo conciso: *prevedere e comprendere colla b. lettera della legge* (C. CATTANEO)

breviloquènza [vc. dotta, lat. *breviloquĕntia(m)*, comp. di *brĕvis* 'breve' e *loquĕntia* 'loquela' ✻ 1598] **s. f.** ● (*lett.*) brevità, concisione nello scrivere o nel parlare

brevilòquio [vc. dotta, lat. *brevilŏquiu(m)*, comp. di *brĕvis* 'breve' e *lŏquor* 'parlare' ✻ av. 1389] **s. m.** ● (*raro, lett.*) laconicità, concisione

✦**brèvi mànu** [loc. lat., propr. 'con una mano (*manu*) corta (*brevi*)' ✻ 1892] **loc. avv.** ● direttamente, personalmente, senza formalità, detto spec. di consegna di lettera, oggetti e sim. fatta a mano

brevità o †**brevitàde**, †**brevitàte** [vc. dotta, lat. *brevitāte(m)*, da *brĕvis* 'breve' ✻ 1266] **s. f. inv. 1** caratteristica di ciò che è breve: *la b. della bella stagione, della vita, della felicità*; *data la b. del cammino andremo a piedi* | ***b. di sillaba***, durata di una sillaba che si pronuncia in un tempo solo | (*est.*) concisione: *b. del discorso, dell'esporre* **2** diritto spettante alla banca per il servizio di incasso di cambiali a brevissima scadenza

Definizione d'autore

Sintesi è una parola greca (σύνθεσις) che significa "composizione" (l'azione di mettere insieme). È, quindi, un destino etimologico: la composizione ha il dovere d'essere sintetica, quand'è possibile. Nessuno aveva intuito, alla fine del XX secolo, quanto i messaggi di testo (sms) avrebbero cambiato la nostra vita. Insieme alle mail, a WhatsApp e ai social network – Facebook e Twitter in testa – hanno riportato la scrittura al centro della comunicazione del XXI secolo. E nella scrittura la **brevità** rende, perché è costretta ad arrivare all'essenziale. Uno sforzo che risparmiamo al destinatario. La sintesi è una spremuta di pensiero, fa bene alla salute mentale. Aiuta a capire e a far capire. È un lavoro che facciamo per qualcun altro: ce ne sarà riconoscente. Nella scrittura – in tutte le forme di comunicazione – le parole superflue non sono inutili, infatti. Sono dannose.

Beppe Severgnini

brevitossìna [comp. di *brevi-* e *tossina* ✱ 1989] **s. f.** ● (*med.*) tossina prodotta da alghe marine unicellulari (*Gymnodiniu, Karenia*) la cui assunzione, mediante inalazione o ingestione di molluschi, provoca un grave avvelenamento neurotossico

Brezel o **Bretzel**, **Prètzel** [da un deriv. lat. mediev. del lat. *brăchiu(m)* 'braccio' o per la forma o per l'ant. usanza di infirlarlo in un braccio ✱ 1931] **s. m. inv.** (**pl. ted.** *Brezeln*) ● biscotto croccante a forma di ciambella intrecciata, cosparso di sale, anice o cumino, tipico dei Paesi di lingua tedesca **CFR.** pretzel

brézza (o **-zz-**) [etim. incerta ✱ 1468] **s. f.** ● (*meteor.*) vento debole o moderato, a periodicità giornaliera, che si genera tra zone vicine sottoposte a diverso riscaldamento | ***b. di mare***, vento che spira dal mare verso terra, di giorno | ***b. di terra***, vento che spira da terra verso il mare, di notte | ***b. di monte***, notturna, che soffia lungo le valli, verso la pianura | ***b. catabatica***, vento catabatico | ***b. di valle***, diurna, che spira dalla pianura verso i monti | ***b. anabatica***, vento anabatico | ***b. leggera***, ***b. tesa***, che soffiano rispettivamente con forza 2 e 3 della scala Beaufort del vento ‖ **brezzétta**, **brezzettìna**, **dim.** | **brezzolìna**, **dim.**

SFUMATURE ➤ ***vento***

brezzàre [da *brezza* ✱ 1863] **A** **v. tr.** (*io brézzo*) ● ventilare il grano, per separarlo dalla pula **B** **v. intr.** (**aus.** *essere*) ● (*raro*) spirare, tirare, detto della brezza

brezzatóre [1962] **s. m.** (**f.** *-trice*) ● chi ventila il grano

brezzatùra [1955] **s. f.** ● operazione del brezzare il grano

brezzeggiàre [av. 1673] **v. intr.** (**pres.** *io brezzéggio*; **fut.** *io brezzeggerò*; **aus.** *essere*) ● (*lett.*) spirare, detto del vento

Briàcee [dal gr. *brýon* 'muschio', V. *brio*②, e *-acee* ✱ 1962] **s. f. pl.** (**sing.** *-a*) ● (*bot.*) famiglia di Muschi comprendente vari generi, tra cui il brio (*Bryaceae*)

briàco e deriv. ➤ **ubriaco** e deriv.

briantèo [1812] **agg.** ● brianzolo, detto di cose

brianzòlo o (*lett.*) **brianzuòlo** [1858] **A** **agg.** ● della Brianza, zona della Lombardia a nord di Milano, tra i fiumi Seveso e Adda **B** **s. m.** (**f.** *-a*) ● abitante o nativo della Brianza **C** **s. m. solo sing.** ● dialetto lombardo parlato in Brianza

bric① o **brik**② [variante dell'ingl. *brig*, abbr. di *brigantine* 'brigantino', dall'it. ✱ 1797] **s. m. inv.** ● brigantino

bric② [var. dial. di *bricco*④ ✱ av. 1963] **s. m. inv.** ● cima montuosa dell'Appennino ligure-piemontese | cima cuspidata delle Alpi occidentali

†**brìca** ➤ **briga**

bric-à-brac /fr. bʀika'bʀak/ [vc. onomat. ✱ 1873] **s. m. inv.** **1** cianfrusaglie | insieme di anticaglie variamente mescolate **2** (*est.*) negozio, bancarella dove si vendono tali anticaglie | venditore di tali anticaglie

†**brìcca** [etim. incerta ✱ av. 1484] **s. f.** ● luogo scosceso e selvaggio: *per boschi e bricche e per balzi e per macchie* (L. PULCI) **SIN.** balza, rupe

bricchétta [fr. *briquette*, dim. di *brique* 'mattone', di orig. germ. ✱ 1932] **s. f.** ● mattonella di materiale agglomerato, spec. carbone o lignite

brìccica [etim. discussa: dall'ant. it. *bricia* 'minuzzolo di pane', da *briciare*, dal lat. parl. *brisāre*, di etim. incerta ✱ 1846] **s. f.** ● (*tosc.*) cosa da nulla, inezia, minuzia **SIN.** briciola

brìcco① ➤ †**buricco**①

brìcco② [turco *ibrik* 'brocca, cuccuma', dall'arabo *ibrīq* ✱ av. 1698] **s. m.** (**pl.** *-chi*) ● recipiente di ceramica o metallo, più largo in fondo, con manico e beccuccio, per caffè o latte **SIN.** cuccuma ‖ **bricchétto**, **bricchettìno**, **dim.**

brìcco③ [fr. *brique*, di orig. germ. ✱ sec. XII] **s. m.** (**pl.** *-chi*) ● quadrello, mattone

brìcco④ [vc. prob. di orig. preindeur. ✱ av. 1557] **s. m.** (**pl.** *-chi*) ● (*sett.*) erta scoscesa, cima di collina

brìcco⑤ [etim. incerta ✱ 1834] **s. m.** (**pl.** *-chi*) ● (*disus.*) becco, montone

brìccola o (*ven.*) **brìcola** nel sign. 2 [etim. discussa: da †*bricco*⑤ nel sign. 1 (?) ✱ av. 1444] **s. f.** **1** antica macchina da assedio per lanciare grosse pietre e sim. | ***battere di b.***, ***in b.***, con tiro curvo, obliquo o di rimbalzo contro bersagli defilati **2** ciascuno dei pali o spec. dei gruppi di tre o più pali che nella laguna veneta servono da ormeggio o delimitazione di passaggi navigabili **CFR.** palina

bricconàggine [1865] **s. f.** ● bricconeria

bricconàta [1632] **s. f.** ● azione da briccone **SIN.** malefatta

briccóne [etim. incerta: dal fr. ant. *bric* 'stolto (?)' ✱ 1266] **A** **s. m.** (**f.** *-a*) **1** persona malvagia e disonesta: *un b. matricolato* **SIN.** birbante, furfante, mascalzone **2** (*est.*, *fam.*) persona, ragazzo vivace e astuto: *quel b. di mio figlio* **B** **agg.** ● (*raro*) malvagio, disonesto: *gente briccona* ‖ **bricconàccio**, **pegg.** | **bricconcèllo**, **dim.**

†**bricconeggiàre** [1618] **v. intr.** ● fare il briccone

bricconerìa [1612] **s. f.** **1** caratteristica di chi è briccone **2** azione, comportamento da briccone

bricconésco [1760] **agg.** (**pl. m.** *-schi*) ● (*raro*) da briccone: *atto b.* ‖ **bricconescaménte**, **avv.**

brìcia [da *briciare* ✱ sec. XIII] **s. f.** (**pl.** *-cie* o *-ce*) ● (*raro*, *lett.*) pezzettino, frammento, minuzzolo: *stanno fissi ... / su qualche b. di pane* (G. PASCOLI) ‖ **brìciola**, **dim.** (V.)

♦**brìciola** [dim. di *bricia* ✱ sec. XIII] **s. f.** **1** minuto frammento di cibo, spec. di pane: *riempire la tavola di briciole; le briciole dei biscotti, della torta* **2** (*est.*) quantità minima di qlco. (*anche fig.*): *ha ricevuto solo le briciole del patrimonio* | ***andare in briciole***, frantumarsi | ***ridurre in briciole***, distruggere **SIN.** minuzzolo ‖ **briciolétta**, **dim.** | **briciolìna**, **dim.**

brìciolo [av. 1565] **s. m.** ● briciola (*spec. fig.*): *non ha un b. di cervello; non avete dunque neppure un b. di pietà?* ‖ **briciolìno**, **dim.**

brìcola ➤ **briccola**

bricolage /fr. bʀikɔ'laʒ/ [vc. fr., da *bricoler* 'passare da un'occupazione all'altra, eseguire piccoli lavori', a sua volta da *bricole*, che all'inizio significava 'catapulta', poi, con riferimento al movimento della catapulta, 'lavoro fatto a intervalli': dall'it. *briccola* 'catapulta' ✱ 1953] **s. m. inv.** ● attività consistente nel fare da sé, spec. per diletto, piccole riparazioni in casa, piccoli lavori di artigianato, falegnameria e sim.

bricòlla [fr. *bricole* 'briccola, macchina da guerra', di orig. it., passata a indicare anche le 'corde o cinghie (della macchina militare)' ✱ 1824] **s. f.** ● specie di cesta o sacco usato dai contrabbandieri delle zone alpine per il trasporto a spalla della merce | (*est.*) carico di merci di contrabbando

brìda [ant. fr. *bride*, di orig. germ. ✱ av. 1292] **s. f.** **1** †briglia: *degli Italiani è peculiar laude il cavalcare bene alla b.* (B. CASTIGLIONE) **2** antica macchina da guerra per afferrare dall'alto delle mura le macchine da assedio dei nemici e renderle inoffensive **3** morsetto, impiegato gener. nei torni

bridge① /ingl. brɪdʒ/ [vc. ingl., adattamento di *biritch*, n. di un gioco russo o turco ✱ 1908] **s. m. inv.** ● gioco di carte, fatto da due coppie di persone, in cui vince chi realizza il numero di prese per il quale si è impegnato nella dichiarazione iniziale

bridge② /ingl. brɪdʒ/ [vc. ingl., propr. 'ponte', perché unisce due diverse tipologie ✱ 2011] **A** **agg. inv.** ● di fotocamera che ha le funzionalità avanzate di una reflex e la facilità d'uso di una compatta (V. *fotocamera*) **B** anche **s. f. inv.**

bridgìsta /brid'dʒista/ [1940] **s. m. e f.** (**pl. m.** *-i*) ● chi gioca a bridge

bridgìstico /brid'dʒistiko/ [1958] **agg.** (**pl. m.** *-ci*) ● relativo al bridge

brie /fr. bʀi/ [dal n. della regione fr. a Est di Parigi (*Brie*) dove viene prodotto ✱ 1884] **s. m. inv.** ● formaggio francese di latte vaccino a pasta molle e cruda con crosta morbida

brief /ingl. bri:f/ [vc. ingl., propr. 'memoria (riassuntiva)' ✱ 1986] **s. m. inv.** ● nel linguaggio pubblicitario, breve documento che fornisce i risultati di indagini di mercato e indica le strategie di lancio di un prodotto

briefing /'brifin(g), ingl. 'bri:fɪŋ/ [vc. ingl., da *to brief* 'riassumere, dare istruzioni concise', da *brief* 'breve' ✱ 1973] **s. m. inv.** ● breve riunione in cui il responsabile di un gruppo impartisce ai partecipanti istruzioni o informazioni

†**brième** ➤ **breve**

†**briffàlda** [dal f. del fr. *brifaud* 'ghiottone', prob. da *brif(f)er* 'mangiare avidamente', di orig. onomat. ✱ av. 1566] **s. f.** ● prostituta

briffàre [dall'ingl. *to brief* 'ragguagliare' (V. *briefing*) ✱ 1990] **v. tr.** ● (*gerg.*) informare, aggiornare, istruire, spec. all'interno di un'azienda

♣**briga** o †**brìca** [etim. discussa: gallico **brig-* 'forza' poi 'prepotenza' (?) ✱ 1264] **s. f.** **1** molestia, fastidio, problema difficile: *gli è capitata una bella b.!; è un tipo che non vuole brighe; le tue brighe te le sbrogli da solo* | ***darsi***, ***prendersi la b. di***, darsi pensiero, prendersi un impegno gravoso | †***a gran b.***, a malapena: *ca 'l coraggio n'è feruto / c'a gran b. n'è guaruto* (IACOPONE) **2** controversia, lite: *attaccare, cercare b.; venire a b.* **3** †contesa, battaglia, guerra: *e vinse in campo la sua civil b.* (DANTE *Par.* XII, 108)

♦**brigadière** [fr. *brigadier*, da *brigade* 'brigata', di orig. it. ✱ 1668] **s. m.** ● sottufficiale dell'Arma dei Carabinieri e della Guardia di Finanza, che ha grado corrispondente a quello di sergente maggiore nell'esercito e di sovrintendente nella polizia di Stato | ***brigadier generale***, grado presente nel vecchio ordinamento militare italiano e ancora in vigore per i generali dei corpi logistici, equivalente al grado di generale di brigata

b

brigantàggio [1768] **s. m. 1** attività di brigante: *darsi al b.* **2** complesso di bande organizzate che agiscono contro la persona o la proprietà, spec. in riferimento al fenomeno sviluppatosi nell'Italia meridionale dopo il 1861

♦**brigànte** [da *brigare* ✱ av. 1342] **s. m.** (**f.** *-éssa* (**V.**)) **1** (*stor.*) malvivente che, stando alla macchia compiva rapine a mano armata | †soldato di piccole compagnie di ventura **2** bandito, predone: *un gruppo di briganti terrorizza la zona* **3** (*est.*, *raro*) individuo privo di scrupoli | (*fam.*, *scherz.*) briccone, birbone: *sei un gran b.!* | **PROV.** ***a brigante brigante e mezzo***, di fronte a un disonesto occorre usare le sue stesse armi ancor meglio di lui **4** †uomo gioviale, che ama feste e brigate: *Era questo frate Cipolla … il miglior b. del mondo* (G. Boccaccio) || **brigantàccio**, **pegg.** | **brigantèllo**, **dim.**

briganteggiàre [1859] **v. intr.** (**pres.** *io briganteggio*; **fut.** *io briganteggerò*; **aus.** *avere*) ● (*raro*, *lett.*) far vita da brigante

brigantésco [1861] **agg.** (**pl. m.** *-schi*) ● di brigante | degno di un brigante || **brigantescaménte**, **avv.**

brigantéssa [1950] **s. f.** ● (*stor.*, *raro*) donna che praticava il brigantaggio | (*raro*, *fig.*) donna ardita, priva di scrupoli

brigantìno o **bregantìno** [etim. incerta: da *brigante*, perché facente parte di una *briga* 'compagnia di navi' (?) ✱ av. 1359] **s. m.** ● veliero a due alberi a vele quadre | ***b. a palo***, con due alberi a vele quadre e un terzo a vele auriche | ***b. goletta***, con il primo albero a vele quadre e il secondo a vele auriche

brigàre [da *briga* ✱ 1268] **A v. intr.** (*io brigo*, *tu brìghi*; **aus.** *avere*) **1** intrigare per ottenere qlco.: *sta brigando per ottenere quella carica* **2** (*lett.*) darsi da fare, ingegnarsi **3** (*lett.*) occuparsi: *quanto … la filosofia si debba b. delle cose umane* (G. Leopardi) **B v. tr.** ● (*raro*, *lett.*) intrigare per ottenere qlco.: *né ho brigato cariche mai* (U. Foscolo)

brigàta [da *brigare* ✱ 1266] **s. f. 1** riunione di persone | gruppo, comitiva di amici: *una b. di vecchi amici, di compagni di scuola*; *una lieta, un'allegra b.*; *una onesta b. di sette donne e di tre giovani* (G. Boccaccio) | **PROV.** ***poca b., vita beata***, quando non si è in molti, si sta benissimo | †***di b.***, insieme | †famiglia **2** (*milit.*) nell'esercito italiano, grande unità tattica costituita da più battaglioni di specialità diverse e comandata da un generale di brigata: *b. meccanizzata, corazzata, di cavalleria, alpina* | ***b. aerea***, aerobrigata **3** (*est.*) grande gruppo organizzato di combattenti, anche irregolari, in vari conflitti: *b. partigiana* | ***Brigate Internazionali***, formazioni militari di volontari stranieri, combattenti a favore dei repubblicani durante la guerra civile spagnola | ***Brigate Nere***, negli anni e sul territorio della Repubblica Sociale Italiana, corpo combattente di iscritti al Partito Fascista Repubblicano militarizzati per azioni contro i partigiani antifascisti | ***Brigate Rosse***, formazione terroristica clandestina di estrema sinistra operante in Italia spec. negli anni 1970-80 con intenti eversivi | †gruppo di armati **4** †branco di animali || **brigatàccia**, **pegg.** | **brigatèlla**, **dim.** | **brigatina**, **dim.**

brigatìsmo [1980] **s. m. 1** il fenomeno dell'organizzazione in brigate eversive o terroristiche **2** fenomeno e attività delle Brigate Rosse

brigatìsta [1950] **s. m. e f.** (**pl. m.** *-i*) ● appartenente alle Brigate Nere | appartenente alle Brigate Rosse

brigatóre [1298] **s. m.** ● (*disus.*) chi briga, intrigante

Brighèlla [da *brigare* ✱ 1741] **s. m. inv. 1** maschera della commedia dell'arte che rappresenta un servo astuto e intrigante | persona mascherata da Brighella **2** (anche con iniziale minuscola) (*raro*, *fig.*) intrigante | (*raro*, *fig.*) buffone: *fare il brighella*

brigidìno [perché in orig. fatti dalle monache pistoiesi di S. *Brigida* (?) ✱ 1797] **A s. m. 1** biscottino di forma tondeggiante, molto sottile, con anice, tipico della Toscana **2** coccarda di nastro pieghettato a uno o due colori fissata sul cappello a cilindro dei servitori in livrea | (*est.*) coccarda, distintivo in genere **3** (**f.** *-a*) religioso appartenente all'ordine fondato da Santa Brigida di Svezia (1303- 73) o a quello di Santa Brigida di Kildare (ca. 452-523) **B agg.** ● relativo all'ordine dei brigidini o delle brigidine: *regola brigidina*

brìglia [prob. da *brida* ✱ 1339] **s. f. 1** (**spec. al pl.**) insieme dei finimenti (testiera, filetto, morso e redini) con cui si guida il cavallo | (**spec. al pl.**) correntemente, ciascuna delle due redini **2** (*fig.*) freno, guida | ***a b. sciolta***, (*fig.*) senza freni | ***a tutta b.***, (*fig.*) velocemente | ***dar la b. sul collo***, (*fig.*) lasciar libero | ***tirare la b.***, (*fig.*) usare rigore **3** (**spec. al pl.**) ciascuna delle strisce di cuoio con cui si sorreggono i bambini che muovono i primi passi **4** staffa per tenere uniti più pezzi **5** (*mar.*) ciascuno dei cavi o delle catene che tendono verso il basso e lateralmente un'asta orizzontale: *b. del bompresso* **6** (*idraul.*) manufatto costruito trasversalmente lungo l'alveo di un torrente per limitare l'asportazione di materiale dal fondo dovuta alla forte pendenza **SIN.** traversa **7** (*med.*) formazione naturale o patologica a forma di cordone che aderisce o strozza i visceri vicini: *b. fibrosa* || **brigliétta**, **dim.**

brigóso (o **-ṣ-**) [da *briga* ✱ sec. XIII] **agg.** ● (*lett.*) molesto, faticoso, difficile | †litigioso

brik① [accorc. di *Tetra Brik*®, marchio registrato della ditta Tetra Pak® ✱ 1986] **s. m. inv.** ● contenitore di cartone per alimenti liquidi a forma di parallelepipedo

brik② ➤ **bric**①

brillaménto [da *brillare*① ✱ av. 1584] **s. m. 1** il brillare | (*astron.*) ***b. solare***, repentino e temporaneo aumento della luminosità di una piccola zona del disco solare **2** accensione ed esplosione di mine e sim.: *b. elettrico*; *b. a miccia*

brillantànte [da *brillante* ✱ 1983] **s. m.** ● speciale detersivo per macchine lavastoviglie che conferisce brillantezza alle stoviglie stesse

brillantàre [av. 1764] **v. tr. 1** sfaccettare: *b. un diamante, un cristallo* **2** adornare con brillanti spec. piccoli, lustrini e sim. **3** rendere brillante un metallo con speciali procedimenti chimici | (*est.*) lustrare, lucidare: *brillantarsi le unghie* **4** in pasticceria, rivestire alcuni tipi di confetti di uno strato di zucchero lucido e trasparente

brillantàto **part. pass.** di *brillantare*; anche **agg. 1** nei sign. del v. **2** (*fig.*, *lett.*) sovraccarico, nello stile letterario: *b. discorso* (G. Carducci)

brillantatùra [1871] **s. f.** ● operazione del brillantare

♦**brillànte** [part. pres. di *brillare*① ✱ av. 1606] **A agg. 1** che brilla, che splende: *cristallo, specchio b.*; *occhi brillanti come stelle* | (*est.*) vivace: *un verde b.*; *colori brillanti* **2** (*fig.*) di chi (o di ciò che) spicca, suscita ammirazione, ha successo, spec. per spirito, vivacità e sim.: *attore, oratore b.*; *commedia b.* | spiritoso, raffinato, mondanamente elegante: *conduce una vita b.*; *conversazione b.*; *donna molto b. in società* | eccellente: *una b. carriera*; *risultato b.* | geniale, felice, azzeccato: *un'idea, una trovata b.* || **brillanteménte**, **avv. 1** in modo brillante, con spirito e vivacità **2** con grande bravura, con successo **3** (*raro*) con brillio: *Un raggio di sole … illuminava brillantemente il vasellame* (A. Moravia) **B s. m. 1** particolare taglio delle pietre preziose, a forma di due piramidi sfaccettate, unite per la base e di cui la superiore è tronca | diamante così tagliato **2** (*est.*) anello con brillante: *il b. di fidanzamento* **3** ruolo del teatro italiano ottocentesco, comprendente parti vivaci e allegre || **brillantìno**, **dim.** | **brillantóne**, **accr.**

brillantézza [1948] **s. f.** ● proprietà, caratteristica di ciò che è brillante (*anche fig.*)

brillantìna① [fr. *brillantine*, da *briller* (originariamente riferito a una 'stoffa *brillante*'), di orig. it. ✱ 1892] **s. f.** ● cosmetico a base di olio, alcol e sostanze aromatiche, usato per tenere a posto i capelli e renderli lucenti: *b. solida, liquida*

brillantìna② [da *brillare*① per la lucentezza delle sue glumette ✱ 1955] **s. f.** ● pianta delle Graminacee con foglie lineari e lucide e infiorescenza a spighette cuoriformi (*Briza minor*)

brillantìno [da *brillante*, per l'aspetto luccicante ✱ 1797] **s. m.** ● tessuto operato in lucido di seta o fibra artificiale

brillànza [da *brillare*① ✱ 1938] **s. f.** ● (*fis.*) rapporto fra l'intensità luminosa emessa in una data direzione da una sorgente praticamente puntiforme e l'area apparente

♦**brillàre**① [da *brillo*② ✱ av. 1503] **A v. intr.** (**aus.** *avere*) **1** risplendere di luce viva e tremula: *b. come una stella* | (*est.*) luccicare, rilucere (+ *di*, + *da*, + *per*): *i suoi occhi brillavano di gioia, dalla contentezza, per la soddisfazione* | detto di sentimento, manifestarsi luminosamente: *la speranza brillava negli occhi di entrambi* (G. Deledda) **2** (*fig.*) spiccare, spec. per ingegno, spirito, vivacità e sim. (+ *per*): *brillava fra i convitati per il suo inesauribile brio* | (*scherz.*) ***b. per l'assenza***, farsi notare proprio perché assente **SIN.** emergere **3** accendersi ed esplodere, detto di mine **4** (*fig.*) †gioire, esultare: *il cor mi brilla* (L. de' Medici) | †fare spuma, detto di buon vino **B v. tr.** ● far esplodere: *b. cariche di esplosivo*

brillàre② [variante di *prillare* ✱ 1808] **v. intr.** ● (*disus.*) girare rapidamente, frullare | sorreggersi in aria battendo rapidamente le ali, detto di uccelli

brillàre③ [da *brillare*①, perché operazione mediante la quale il riso diviene *brillante* ✱ av. 1597] **v. tr.** ● conferire ai semi di riso, orzo, miglio e sim. un aspetto brillante mediante vari trattamenti

brillatóio [1797] **s. m.** (**pl.** *-ói*) **1** apparecchio per la brillatura del riso **2** locale o stabilimento in cui si effettua la brillatura del riso

brillatóre① [da *brillare*① ✱ 1955] **s. m.** ● nelle miniere, nei cantieri stradali e sim., chi è addetto all'esplosione delle mine

brillatóre② [da *brillare*③ ✱ 1945] **s. m.** (**f.** *-trice*) ● chi è addetto alla brillatura dei cereali, spec. del riso

brillatùra [1759] **s. f.** ● operazione del brillare i cereali e spec. il riso

brillìo [1910] **s. m.** (**pl.** *-ii*) ● il brillare, nel sign. di brillare①

♣**brillo**① [etim. discussa: da *brillare*①, per gli occhi *brill(ant)i* ✱ av. 1665] **agg.** ● che è leggermente inebriato da bevande alcoliche **SIN.** alticcio

brillo② [lat. *beryllu(m)* 'berillo' ✱ 1320 ca.] **s. m.** ● pianta legnosa delle Salicacee con foglie opposte e fiori maschili in spighe dalle antere color porpora (*Salix purpurea*)

brìna [lat. *pruīna(m)*, della stessa radice di *prurīre* 'bruciare (per il calore o per il gelo)', con sovrapposizione di altra vc. ✱ 1282] **s. f.**

1 (*meteor.*) deposito di cristalli di ghiaccio sul terreno nelle notti molto fredde per solidificazione del vapore acqueo **2** (*raro, lett., fig.*) canizie incipiente: *una spruzzata di b. sulle tempie* **3** (*fig., poet.*) †carnagione candida: *viene a celar le fresche brine / sotto le rose onde il bel viso infiora* (T. TASSO)

brinaménto [da *brina* ✱ 1979] **s. m.** ● (*fis.*) passaggio di una sostanza dallo stato aeriforme direttamente allo stato solido **CFR.** sublimazione

brinàre [da *brina* ✱ sec. XIV] **A v. intr. impers.** (**aus.** *essere*; **pop. anche** *avere*) ● formarsi e depositarsi, detto della brina: *per il freddo notturno è brinato sui campi* **B v. tr. 1** coprire di brina: *il freddo ha brinato la campagna* | (*fig.*) screziare di bianco: *b. i capelli* **2** umettare l'orlo di un bicchiere, spec. con succo di limone, immergendolo poi nello zucchero | immergere un bicchiere in ghiaccio tritato o lasciarlo in freezer sino a che non si sia ricoperto di brina

brinàta [da *brinare* ✱ av. 1292] **s. f. 1** formazione e deposito di brina | (*est.*) brina **2** (*fig., lett.*) canizie ‖ **brinatìna**, **dim.**

brinàto **part. pass.** di *brinare*; anche **agg. 1** nei sign. del v. **2** (*fig., lett.*) screziato di bianco: *cavallo b.*

brincèllo o **birincèllo** [da *briciolo*, con sovrapp. di *brandello* ✱ 1865] **s. m.** ● (*tosc.*) brandello

brindàre [sp. *brindar*, da *brindis* 'brindisi' ✱ 1628] **v. intr.** (**aus.** *avere*) ● fare un brindisi: *brindiamo al vostro successo*

brindèllo ➤ **brandello**

brindellóne [da *brindello* ✱ 1863] **s. m.** (**f.** *-a*) ● persona trasandata, sciatta nel vestire | fannullone

brindìllo [gr. *brindille*, dim. di *brin*, di orig. celt. (?), con la *-d-* d'altra vc. ✱ 1955] **s. m.** ● rametto sottile di piante arboree terminante con una gemma a frutto

†**brindiṣévole** [av. 1698] **agg.** ● (*scherz.*) adatto a fare il brindisi

brìndiṣi [dalla loc. ted. (*ich*) *bring dir's* 'te lo porto, offro', formula di prammatica nel brindare ✱ 1534] **s. m. inv. 1** saluto, augurio per onorare o festeggiare qlcu. o qlco., pronunciato in un gruppo di persone, spec. commensali, levando il bicchiere e invitando gli altri a bere insieme, talvolta toccandosi reciprocamente i bicchieri prima di bere (+ *a*, + *per*, **anche seguito da inf.**): *fare un b.*; *un b. agli sposi!*; *un b. per Carlo!*; *facciamo un b. per festeggiare la vittoria* **2** componimento poetico da recitarsi a tavola durante il brindisi **3** (*mus.*) aria in forma di canzone, in una scena di convito

brindiṣìno [1374] **A agg.** ● di Brindisi **B s. m.** (**f.** *-a*) ● abitante o nativo di Brindisi

brìnell [dal n. dell'ideatore, l'ingegnere svedese A. *Brinell* (1849-1925) ✱ 1955] **s. m. inv.** ● unità di misura della durezza dei metalli **SIMB.** HB

brinóso (o **-ṣ-**) [da *brina* ✱ 1336 ca.] **agg.** ● coperto di brina: *prati e campi brinosi*

✦**brìo**① [sp. *brío*, dal provenz. *briu* e questo dal celt. **brīgos* 'forza, vivacità' ✱ 1604] **s. m. solo sing. 1** spontanea vivacità di spirito che si esprime con modi allegri, spigliati e sim.: *un ragazzo pieno di b.* **SIN.** gaiezza **2** vivacità espressiva, stilistica, in produzioni culturali, composizioni artistiche e sim.: *un racconto pieno di b.* | *con b.*, detto di esecuzione musicale vivace e brillante **SIN.** estro

brìo② [vc. dotta, lat. *brўon* 'muschio', dal gr. *brýon*, di etim. incerta ✱ 1585] **s. m.** (**pl.** *-ii*) ● piccolo muschio verde argento delle Briacee, comune sui muri e ai margini delle strade (*Bryum argenteum*)

brìo- [dal gr. *brýon* 'muschio' (V. *brio*②)] **primo elemento** ● in parole composte della terminologia botanica significa 'muschio' o indica relazione con i muschi: *briofite*

brioche /fr. bʀi'jɔʃ/ [vc. fr., deriv. dell'ant. normanno *brier* 'impastare col mattarello' (*brie*), con suff. alterante ✱ 1868] **s. f. inv.** ● tipo di pasta dolce a base di farina, burro, lievito e uova | piccolo dolce fatto con tale pasta, cotto al forno, spesso farcito di marmellata, crema o cioccolato: *fare colazione con cappuccino e b.* **CFR.** brioscia

Briòfite [vc. dotta, comp. di *brio-* e *fito* ✱ 1930] **s. f. pl.** (**sing.** *-a*) ● (*bot.*) divisione di piante con organizzazione a tallo e con alternanza di generazione cui appartengono i Muschi e le Epatiche (*Bryophyta*)

briografìa [vc. dotta, comp. di *brio-* e *-grafia* ✱ 1865] **s. f.** ● briologia

briologìa [vc. dotta, comp. di *brio-* e *-logia* ✱ 1819] **s. f.** (**pl.** *-gie*) ● parte della botanica che studia le Briofite

briònia [vc. dotta, lat. *bryōnia(m)*, dal gr. *bryonía*, da *brýon* 'brio②' ✱ 1310] **s. f.** ● pianta erbacea rampicante delle Cucurbitacee con grossa radice carnosa e lattiginosa, fiori giallognoli e bacche rosse (*Bryonia dioica*) **SIN.** vite bianca, zucca marina, zucca selvatica

briòscia [av. 1886] **s. f.** (**pl.** *-sce*) ● adattamento di *brioche* (V.) ‖ **brioscìna**, **dim.**

✦**brióso** (o **-ṣ-**) [sp. *brioso*, da *brío* 'brio①' ✱ av. 1519] **agg.** ● che ha brio, che è pieno di brio: *giovane, stile b.*; *recitazione briosa* | (*fig.*) *colore b.*, gaio, vivace | *vino b.*, vino giovane e leggermente frizzante ‖ **briosétto**, **dim.** ‖ **briosaménte**, **avv.** in modo brioso, con brio ‖ **briosità**, **s. f. inv.**

Briozòi [vc. dotta, comp. di *brio-* e del gr. *zô(i)on* 'animale' ✱ 1874] **s. m. pl.** (**sing.** *-ẓòo*) ● (*zool.*) tipo di animali marini piccolissimi, che vivono in colonie sostenute da formazioni calcaree (*Bryozoa*)

brìscola [etim. incerta ✱ 1820] **s. f. 1** gioco di carte a due o a quattro giocatori, con tre carte per uno e una carta, la briscola, in tavola **2** carta del seme di briscola, di valore superiore alle carte degli altri tre semi **CFR.** carico① nel sign. 10 | *contare quanto il due di b.*, (*fig.*) non contare niente | *essere l'asso di b.*, (*fig.*) avere molta importanza **3** (**al pl.**, *fig., fam.*) botte, percosse: *si è preso certe briscole!* ‖ **briscolétta**, **dim.** | **briscolìna**, **dim.** (V.) | **briscolóne**, **accr. m.** (V.)

briscolàta [1887] **s. f.** ● (*fam.*) partita a briscola

briscolìna [1828] **s. f. 1** dim. di *briscola* **2** carta di briscola di poco valore

briscolóne [1887] **s. m. 1** accr. di *briscola* **2** carta di briscola di grande valore, come il tre e l'asso **3** gioco di carte analogo alla briscola in cui fa la presa chi getta la carta di valore più elevato purché dello stesso seme di quella gettata dal primo giocatore

brisée /fr. bʀi'ze/ [vc. fr., propr. 'sbriciolata', dal v. *briser* 'spezzare', 'ridurre in briciole' ✱ 1989] **agg. solo f. inv.** (**pl. fr.** *brisées*) ● (*cucina*) detto di pasta che si sbriciola facilmente, a base di farina, burro e acqua fredda; è utilizzata per torte dolci e salate

bristol® /'bristol, *ingl.* 'brɪst(ə)l/ [dal n. della città ingl. di *Bristol* ✱ 1874] **s. m. inv.** ● cartoncino semilucido

briṣùra [fr. *brisure*, da *briser* 'rompere' ✱ 1950] **s. f.** ● (*arald.*) alterazione di un'arme gentilizia allo scopo di distinguere i rami di una famiglia o le linee bastarde **SIN.** spezzatura

britànnico [vc. dotta, lat. *Britānnicu(m)*, da *Britānnia* 'Bretagna' ✱ 1499] **A agg.** (**pl. m.** *-ci*) **1** dell'antica Britannia | *lingue britanniche*, gruppo comprendente alcune lingue celtiche, quali il cornico, ormai estinto, il gallese e il bretone **2** della Gran Bretagna: *il governo di Sua Maestà Britannica* | correntemente, inglese ‖ **britannicità**, **s. f. inv.** **B s. m.** (**f.** *-a*) ● abitante o nativo della Gran Bretagna | correntemente, Inglese

britànno [vc. dotta, lat. *Britānnu(m)*, di etim. incerta ✱ 1258] **agg. e s. m.** (**f.** *-a*) **1** appartenente alla popolazione celtica abitante l'antica Britannia **2** (*est., lett.*) inglese

brìtish /*ingl.* 'brɪtɪʃ/ [vc. ingl., dall'ant. *brettar* 'bretone' di orig. celtica ✱ 1984] **agg. inv.** ● britannico | tipicamente inglese: *eleganza rigorosamente b.*

Brìtish thèrmal unit /*ingl.* 'brɪtɪʃ 'θɜːməl,juːnɪt/ [ingl., propr. 'unità termica britannica' ✱ sec. XX] **loc. sost. f. o m. inv.** ● (*fis.*) unità di misura anglosassone della quantità di calore pari a 1055,1 joule **SIMB.** Btu

brit-pòp /brit'pɔp, *ingl.* 'brɪt,pɒp/ [accorc. ingl. di *brit(ish)* 'britannico' e *pop* '(musica) pop' ✱ 1996] **s. m. inv.** ● genere di musica pop originaria della Gran Bretagna che si ispira allo stile melodico dei Beatles, diffuso negli anni '90 del Novecento

brivìdio [1812] **s. m.** (**pl.** *-ii*) ● brivido continuato: *Allor prese i tiranni un b.* (A. MANZONI)

✦**brìvido** [etim. incerta, forse di origine onomat. ✱ 1612] **s. m. 1** tremore involontario, convulsivo, ritmico, della maggior parte dei muscoli, con sensazione di freddo **2** (*fig.*) emozione forte, intensa: *provare il b. della velocità*; *un b. di piacere* | *che dà, mette, fa venire i brividi*, (*fig.*) che incute terrore, orrore e sim.; che provoca una forte emozione | *da b.*, che fa rabbrividire; (*est.*) molto emozionante; (*fig., iperb.*) straordinario, eccezionale: *temperatura da b.*; *un finale da b.*; *ha speso una cifra da b.*; *un cantante da b.* ‖ **brividìno**, **dim.** | **brividóne**, **accr.**

†**brivilègio** e deriv. ➤ **privilegio** e deriv.

brizzolàto [da *pezzato* con sovrapposizione di *brina* (?) ✱ av. 1587] **agg. 1** macchiato, picchiettato di colore differente dal colore di fondo: *cavallo b.* **2** che comincia a incanutire: *capelli brizzolati*; *un signore b.*

brizzolatùra [av. 1712] **s. f. 1** aspetto brizzolato: *b. dei capelli* **2** operazione del rendere brizzolata una superficie: *la b. di una parete*

broadband /'brɔdbend, *ingl.* 'brɔːd,bænd/ [vc. ingl. comp. di *broad* 'ampio' e *band* 'banda' ✱ 1969] **s. f. inv.** ● (*elettron.*) banda larga

broadcast /brɔd'kast, *ingl.* 'brɔːd,kɑːst/ [vc. ingl., propr. 'radiodiffusione', 'teletrasmissione', dal v. *to broadcast* 'seminare' e poi 'diffondere' ✱ 1996] **s. m. inv.** ● sistema in cui un'emittente radiofonica e televisiva fa da capofila ad altre che funzionano come semplici ripetitori

†**bròbbio** ➤ **obbrobrio**

brocantage /fr. bʀɔkɑ̃taʒ/ [vc. fr., dal v. *brocant(er)* 'commerciare in anticaglie' ✱ 1986] **s. m. inv.** ● attività di chi raccoglie e commercializza mobili e oggetti vecchi, usati, d'occasione

brocante /fr. bʀɔ'kɑ̃t/ [vc. fr. 'anticaglie', dall'alto ted. *Brocken* 'frammento' ✱ 1985] **s. f. o m. inv.** (**pl. f. fr.** *brocantes*) ● commercio, mercato di piccolo antiquariato

brocàrdico o **broccàrdico** [da *brocardo* ✱ 1766] **agg.** (**pl. m.** *-ci*) ● di brocardo | (*est.*) di difficile e ardua soluzione: *punto b.*

brocàrdo o **broccàrdo** [etim. discussa: dal nome del giurista *Burchard* di Worms (?) ✱ 1314] **s. m.** ● sintetica e antica massima giuridica: *citare brocardi*

✦**bròcca**① [etim. discussa: gr. *próchous* 'vaso per versare (acqua)' dal v. *prochêin* 'versare', comp. di *pro* 'davanti' e *chêin* 'spandere', con sovrapposizione di *brocco* (?) ✱ sec. XIII] **s. f.** ● vaso di terracotta, metallo o vetro, fornito di manico e beccuccio, per contenere liquidi | (*est.*) quantità di liquido contenuto in una brocca: *una b. d'acqua* ‖ **brocchétta**, **dim.** | **brocchìna**, **dim.** | **brocchìno**, **dim. m.**

bròcca② o **bròccia**① [da *brocco* * av. 1492] **s. f. 1** piccolo ramo spoglio | germoglio **2** (*disus.*) canna divisa in cima in più punte, o provvista di imbuto, panierino o sim., per cogliere fichi o altra frutta **3** piccolo chiodo per scarpe | †chiodo a borchia per ornamento **4** †bersaglio, centro del bersaglio ‖ **brocchétta**, **dim.**

broccàggine [1984] **s. f.** ● caratteristica di chi è brocco: *partita persa per la b. del portiere* **SIN.** incapacità, inettitudine

broccàio [1351] **s. m.** (**pl.** *-ai*) ● utensile in ferro con due punte vive, atto a praticare fori e sim. **SIN.** punteruolo

broccàme [da *brocca*② nel sign. 3 * 1941] **s. m.** ● insieme dei chiodi delle scarpe da montagna

broccàrdo e deriv. ➤ **brocardo** e deriv.

broccàre [da *brocca*② * 1342] **A v. tr.** (*io bròcco, tu bròcchi*) **1** †spronare il cavallo **2** nell'industria tessile, ornare un tessuto con fili d'oro o d'argento annodati in modo da formare piccoli ricci o brocchi **B v. intr.** ● †germogliare

†**broccàta** [1353] **s. f. 1** colpo di sprone **2** (*fig.*) prova, tentativo

broccatèllo [sec. XIV] **s. m. 1** dim. di *broccato* **2** tessuto a grandi disegni formati sull'ordito e rilevati rispetto alla trama, usato spec. per tappezzerie e addobbi sacri **3** marmo giallo o rossiccio con macchie nere e violacee

broccàto [da *broccare* per gli ornamenti, che sembrano rilevati sul tessuto di fondo * 1482] **s. m. 1** prezioso tessuto di seta pesante, con ricci o brocchi e talvolta con fili d'oro e d'argento, usato per tappezzerie, tendaggi e abiti da sera **2** (*est.*) veste di broccato ‖ **broccatèllo**, **dim.** (V.)

brocchière o **brocchièro** [ant. provenz. *broquier*, da *bloca* '(boccola dello) scudo' con sovrapposizione di altra vc. * sec. XIV] **s. m.** ● piccolo scudo circolare, munito al centro di brocco

bròccia① ➤ **brocca**②

bròccia② [fr. *broche* 'brocca' nel senso etim. di 'arnese fornito di denti' * 1941] **s. f.** (**pl.** *-ce*) ● (*mecc.*) utensile metallico allungato dotato di taglienti laterali a diversa sporgenza, usato per fare scanalature **SIN.** spina dentata

†**brocciàre** [ant. fr. *brochier*, da *broche* 'broccio, spiedo' * 1287] **v. tr.** ● spronare

brocciatrìce [1942] **s. f.** ● macchina utensile per asportare i sovrametalli **SIN.** spinatrice

brocciatùra [1963] **s. f.** ● lavorazione di superficie eseguita con la broccia

bròccio [fr. *broche*, dal lat. *brŏccus* 'brocco' * 1334] **s. m. 1** †stocco, lancia **2** fuso di legno usato nella lavorazione degli arazzi

bròcco [lat. *brŏccu(m)* 'sporgente (spec. di denti)', forse di orig. celt. * sec. XIII] **s. m.** (**pl.** *-chi*) **1** ramo secco, stecco, spino | spuntone di ramo residuo dopo la potatura **2** †germoglio **3** punta metallica conica al centro dello scudo **4** †segno al centro di un bersaglio | ***dare nel b.***, colpire il bersaglio, imbroccare, azzeccare (*anche fig.*) **5** (*raro*) riccio in rilievo nella tessitura dei broccati **6** cavallo di poco pregio **SIN.** ronzino **7** (*fig.*) atleta di doti modeste e scarsa abilità | (*est.*) persona che vale poco, di scarse capacità

broccolétto [1887] **s. m. 1** dim. di *broccolo* **2** (**spec. al pl.**) infiorescenza della rapa raccolta prima che sboccino i fiori e consumata come ortaggio: *broccoletti all'agro, in padella*

bròccolo [da *brocco* nel sign. 2 * 1612] **s. m. 1** varietà di cavolo con fusto eretto, foglie cerose e fiori raccolti in un'infiorescenza verde meno compatta di quella del cavolfiore (*Brassica oleracea botrytis*) **2** grappolo floreale allungato del cavolo, della rapa, della verza **3** (**f.** *-a*) (*fig.*) persona stupida e goffa ‖ **broccolétto**, **dim.** (V.) | **broccolìno**, **dim.** | **broccolóne**, **accr.**

†**broccùto** [1342 ca.] **agg.** ● nodoso | ruvido

broche /fr. bʀɔʃ/ [vc. fr., della stessa orig. di *brocco*, dal lat. *brŏccus* 'sporgente (detto spec. dei denti)' * 1846] **s. f. inv. 1** spilla, ornamento prezioso o di bigiotteria da fissarsi sull'abito **2** (*raro*) spiedo: *pollo alla b.*

brochure /fr. brɔ'ʃyʀ/ [1765] **s. f. inv. 1** brossura **2** opuscolo, spec. pubblicitario, con un numero limitato di pagine

bròda [da *brodo* * 1313] **s. f. 1** liquido che resta dopo la cottura di legumi, pasta e sim. | (*est.*, *spreg.*) brodaglia (*anche fig.*) | †***gettar la b. addosso a qlcu.***, (*fig.*) dargli la colpa **2** (*raro*) acqua fangosa e sporca ‖ **brodàccia**, **pegg.**

brodàglia [da *brodo* * 1841] **s. f. 1** (*spreg.*) brodo lungo | (*est.*) minestra poco saporita **2** (*fig.*, *spreg.*) scritto, discorso lungo e noioso

†**brodaiòlo** o †**brodaiuòlo** [1353] **A s. m. 1** ghiottone **2** (*spreg.*) frate **B agg. 1** ingordo **2** (*fig.*, *spreg.*) fratesco: *la lor brodaiuola ipocrisia* (G. Boccaccio)

brodàme [1865] **s. m.** ● (*raro*) broda

brodettàre [1865] **v. tr.** (*io brodétto*) ● condire, preparare una vivanda con brodetto

brodétto [1310] **s. m. 1** dim. di *brodo* **2** zuppa di pesce tipica delle coste adriatiche **3** brodo con uova frullate e succo di limone, usato come salsa **4** †pozione, intruglio **5** (*fig.*, *lett.*) opera raffazzonata e di stile composito | †guazzabuglio

brodìno [1865] **s. m. 1** dim. di *brodo* **2** brodo ristretto e in poca quantità **3** (*fig.*, *fam.*) rimedio, aiuto o sim. di poco conto

bròdo [germ. **bròd*, che indica un tipo di cibo non usuale nelle mense romane * 1322] **s. m. 1** alimento liquido, utilizzabile anche nella preparazione di risotti o minestre, ottenuto facendo bollire in acqua salata carne, verdure o altro, con l'aggiunta eventuale di aromi e spezie: *b. grasso, magro, lungo, ristretto*; *b. di manzo, di cappone, di pesce, di tartaruga* | ***b. di dadi***, ottenuto per soluzione in acqua bollente di dadi d'estratti alimentari | ***primo b.***, che si leva dopo la prima scottatura della carne | ***lasciare cuocere qlcu., qlco. nel suo b.***, (*fig.*) non curarsene | ***andare in b. di giuggiole***, (*fig.*) gongolare di gioia | (*fig.*) ***tutto fa b.***, tutto serve | **PROV.** ***gallina vecchia fa buon b.***, V. *gallina* **2** quantità di brodo contenuta in una tazza, scodella e sim.: *prendere un b.* **3** (*spreg.*) broda | (*fig.*) discorso lungo e noioso **4** (*biol.*) ***b. di coltura***, V. *brodocoltura*; (*fig.*) ambiente o contesto favorevole alla nascita e allo sviluppo di qlco.: *il b. di coltura del terrorismo* | ***b. primordiale***, le acque dell'Oceano primitivo ricche di componenti organiche, da cui, secondo una teoria biologica, avrebbe avuto origine la vita sulla Terra ‖ **brodàccio**, **pegg.** | **brodétto**, **dim.** (V.) | **brodìno**, **dim.** (V.)

brodocoltùra o **brodocultùra** [1986] **s. f.** ● soluzione bilanciata di sale, glucidi e amminoacidi, con aggiunta eventuale di siero o di estratti embrionali, usata per le colture in vitro

brodolóne [da *brodo* * 1845] **s. m.** (**f.** *-a*) ● chi si insudicia mangiando | (*est.*) persona sporca, disordinata

†**brodolóso** (o **-ṣ-**) [av. 1492] **agg.** ● imbrattato di brodo | sudicio

brodóso (o **-ṣ-**) [1641] **agg.** ● con molto brodo: *minestra brodosa* | (*est.*) troppo liquido: *sugo b.*; *risotto b.* ‖ **brodosétto**, **dim.**

brogiòtto o **borgiòtto**, **brugiòtto** [dal nome della fertile città sp. di produzione *Burjazot* (Valencia) * sec. XV] **A s. m.** ● varietà di fico a frutto grosso con polpa bianca o rossastra che matura in agosto **B in funzione di agg.** ● nella loc. ***fico b.***

brogliàccio o (*raro*) **brogliàzzo** [fr. *brouillard* 'prima nota', da *brouiller* 'mescolare', da cui si è sviluppato poi il sign. di 'mettere in disordine' e, quindi, 'scrivere malamente' * 1863] **s. m. 1** registro di prima nota delle entrate e delle uscite di una amministrazione **2** scartafaccio | diario

brogliàre [vc. dell'Italia sett., dal fr. *brouiller* (V. *brogliaccio*) * 1321] **v. intr.** (*io bròglio*; **aus.** *avere*) **1** (*raro*) intrigare, brigare **2** †agitarsi confusamente

brogliàzzo ➤ **brogliaccio**

bròglio [da *brogliare* * av. 1565] **s. m.** ● falsificazione, intrigo, spec. per ottenere cariche elettive: *brogli elettorali*

SFUMATURE ➤ *pastetta*

†**bròilo** ➤ **brolo**

bròker /'brɔker, 'bro-, *ingl.* 'brəukə(r)/ [vc. ingl., da una vc. fr. che significava 'colui che vende vino alla brocca' * 1892] **s. m. e f. inv.** ● (*econ.*) professionista che funge da intermediario nell'acquisto o nella vendita di titoli, derrate o servizi in cambio di una commissione: *b. finanziario* | ***b. di assicurazioni***, professionista che studia per il cliente polizze ad hoc da sottoporre a varie compagnie di assicurazioni **SIN.** mediatore

brokerage /ingl. 'brəukərɪdʒ/ [vc. ingl. 'mediazione', da *broker* 'intermediario, mediatore', di lontana orig. fr. * 1942] **s. m. inv.** ● l'attività del broker

brokeràggio /broke'raddʒo/ [1981] **s. m.** ● adattamento di *brokerage* (V.)

brolétto [vc. dell'Italia sett., dim. di *brolo*, il 'prato dove si teneva anticamente giustizia' * 1554] **s. m. 1** piazza in cui, nei comuni medievali, si teneva l'assemblea popolare **SIN.** arengo **2** palazzo municipale di alcune città lombarde, nel Medioevo

†**bròllo** ➤ **brullo**

bròlo o †**bròilo**, †**bruòlo** [vc. dell'Italia sett., dal lat. tardo *brŏgilu(m)*, di orig. celt. * 1305] **s. m. 1** (*raro*, *lett.*) orto, frutteto, giardino | luogo alberato **2** (*poet.*) †ghirlanda, corona: *Beltà di fiori al crin fa b.* (A. Poliziano)

bromàto [da *bromo* * 1865] **A s. m.** ● sale dell'acido bromico **B agg.** ● che contiene bromo

bromatologìa [vc. dotta, comp. del gr. *brô-mata*, pl. di *brôma* 'cibo', e *-logia* * 1819] **s. f.** (**pl.** *-gie*) ● branca della chimica che studia la composizione, le alterazioni e la conservabilità delle sostanze alimentari

bromatològico [1887] **agg.** (**pl. m.** *-ci*) ● relativo alla bromatologia

bromatòlogo [1955] **s. m.** (**f.** *-a*; **pl. m.** *-gi*) ● studioso, esperto di bromatologia

Bromeliàcee [dal n. di O. *Bromel*, botanico svedese al quale Linneo dedicò una di queste piante esotiche, e *-acee* * 1829] **s. f. pl.** (**sing.** *-a*) ● (*bot.*) famiglia di piante erbacee delle Monocotiledoni con foglie coriacee e pelose e fiori in spighe o racemi (*Bromeliaceae*)

bròmico [vc. dotta, fr. *bromique*, da *brome* 'bromo' * 1863] **agg.** (**pl. m.** *-ci*) ● detto di composto del bromo pentavalente: *acido b.*

bromidràto [comp. di *bromo* e *idrato* * 1955] **s. m.** ● sale ottenuto dalla reazione tra acido bromidrico e un composto organico basico

bromìdrico [vc. dotta, comp. di *bromo* e *idro(geno)* * 1865] **agg.** (**pl. m.** *-ci*) ● (*chim.*) ***acido b.***, composto da un atomo di bromo e uno di idrogeno; gassoso, di odore irritante **SIN.** idrobromico

bromidròṣi [vc. dotta, comp. di *bromo* e del

gr. *hidrôs* 'sudore' ✱ 1930] **s. f. inv.** • sudorazione accompagnata da cattivo odore

bromìṣmo [vc. dotta, da *bromo* ✱ 1940] **s. m.** • intossicazione cronica da preparati bromici

bròmo [vc. dotta, lat. *brŏmu(m)* 'odore fetido' dal gr. *brômos*, per il suo odore penetrante ✱ 1829] **s. m.** • elemento chimico alogeno liquido di colore rosso-bruno, non metallo, tossico, di odore sgradevole e irritante, ottenuto dalle acque marine, usato in varie lavorazioni industriali e farmaceutiche **SIMB.** Br **NUM. AT.** 35

bromofòrmio [vc. dotta, comp. di *bromo* e della seconda parte di *(cloro)formio* ✱ 1865] **s. m.** • composto organico liquido, incolore, di sapore dolciastro, analogo al cloroformio, usato in medicina come sedativo, spec. nella pertosse

bromògrafo [comp. di *bromo* e *-grafo* ✱ 1938] **s. m.** • apparecchio per la riproduzione per contatto di pellicole fotografiche

bromòlio [comp. di *brom(uro)* e *olio* ✱ 1955] **s. m.** (**pl.** *-i* **o** *raro -ii*) • procedimento mediante il quale l'immagine fotografica positiva viene sostituita da un'immagine all'inchiostro grasso **SIN.** oleobromia

bromuràto [1865] **agg.** • detto di composto o sostanza contenente bromo o bromuro

bromurazióne [1955] **s. f.** • reazione per effetto della quale si introduce uno o più atomi di bromo nella molecola di un composto organico

bromùro [da *bromo* ✱ 1865] **s. m.** • sale dell'acido bromidrico | ***b. di sodio***, farmaco blandamente sedativo

bronchiàle [da *bronco*① ✱ av. 1758] **agg.** • dei bronchi: *asma, affezione b.*

bronchiettaṣìa o **bronchiectaṣìa** [comp. di *bronchi*, pl. di *bronco*①, ed *ettasia*, var. di *ectasia* ✱ 1892] **s. f.** • (*med.*) dilatazione patologica dei bronchioli con abbondante secrezione catarrale

bronchìolo [1955] **s. m. 1** dim. di *bronco*① **2** (*anat.*) parte terminale sottilmente ramificata dell'albero bronchiale

bronchìte [vc. dotta, comp. di *bronco*① e *-ite*① ✱ 1829] **s. f.** • infiammazione dei bronchi: *b. acuta, cronica* ‖ **bronchitèlla**, **dim.** | **bronchitìna**, **dim.**

bronchìtico [1955] **A agg.** (**pl. m.** *-ci*) • di bronchite; caratteristico della bronchite **B agg. e s. m.** (**f.** *-a*) • che (o chi) è affetto da bronchite

✤**bróncio**① o †**bóncio** [prob. dal fr. ant. *(em)-bronchier* 'vacillare, essere incerto, pensieroso', di orig. incerta, attrav. il v. *imbronciare* ✱ 1363] **s. m.** • atteggiamento del volto, in particolare delle labbra, che manifesta malumore, cruccio, irritazione: *fare il b.*; *mettere, portare il b. a qlcu.*; *smettere il b.* ‖ **broncétto**, **dim.**

bróncio② [da *imbronciarsi* ✱ sec. XIV] **agg.** (**pl. f.** *-ce*) • (*raro, lett.*) imbronciato: *serrando la bocca broncia* (G. D'ANNUNZIO)

brónco① [vc. dotta, lat. *brŏnchu(m)*, dal gr. *brónchion*, di etim. incerta ✱ 1574] **s. m.** (**pl.** *-chi*) • (*anat.*, **spec. al pl.**) ciascuna delle ramificazioni delle vie respiratorie dalla trachea fino alle ultime diramazioni: *b. principale, secondario* ‖ **bronchiolo**, **dim.** (V.)

brónco② [etim. discussa: lat. parl. *brŭncu(m)*, per sovrapposizione di *trŭncus* 'tronco' a *brŏccus* 'oggetto appuntito' (?) ✱ 1313] **s. m.** (**pl.** *-chi*) **1** (*lett.*) ramo nodoso e spoglio | sterpo della coppaia di un albero vecchio e secco | cespuglio di spini: *non v'è albero, non tugurio, non erba. Tutto è bronchi* (U. FOSCOLO) **2** (*zool.*) ramificazione delle corna dei Cervidi ‖ **broncóne**, **accr.** (V.)

broncodilatatóre [comp. di *bronco*① e *dilatatore* ✱ 1980] **A agg.** (**f.** *-trice*) • (*farm.*) detto di farmaco che agisce dilatando la cavità bronchiale **B s. m.** • il farmaco stesso

broncografìa [comp. di *bronco*① e *-grafia* ✱ 1936] **s. f. 1** tecnica radiologica di visualizzazione dei bronchi **2** broncogramma

broncogràmma [comp. di *bronco*① e *-gramma* ✱ 1955] **s. m.** (**pl.** *-i*) • immagine radiografica dei bronchi ottenuta mediante broncografia | lastra radiografica dei bronchi

broncolìtico [comp. di *bronco*① e *-litico*② ✱ 1986] **A agg.** (**pl. m.** *-ci*) • (*farm.*) detto di farmaco che agisce sciogliendo il secreto bronchiale **B s. m.** • il farmaco stesso

broncóne [av. 1375] **s. m. 1** accr. di *bronco*② **2** grosso ramo, irto di monconi delle ramificazioni minori, tagliato dal suo ceppo | robusto palo biforcuto per sostenere le viti

broncopatìa [comp. di *bronco-* e *-patia*, analogo all'ingl. *broncopathy* ✱ 1982] **s. f.** • (*med.*) qualsiasi malattia a carico dei bronchi ‖ **broncopàtico**, **agg.** (**pl. m.** *-ci*); **anche s. m.** (**f.** *-a*) **nel sign.** 2 **1** relativo a broncopatia **2** che (o chi) soffre di broncopatia

broncopleurìte [vc. dotta, comp. di *bronco*① e *pleurite* ✱ 1892] **s. f.** • infiammazione dei bronchi e di una o di ambedue le pleure

broncopolmonàre [vc. dotta, comp. di *bronco*① e *polmonare* ✱ 1910] **agg.** • che concerne i bronchi e i polmoni: *affezione b.*

broncopolmonìte [vc. dotta, comp. di *bronco*① e *polmonite* ✱ 1892] **s. f.** • infiammazione dei bronchi e dei polmoni

broncorragìa [vc. dotta, comp. di *bronco*① e *-ragia* ✱ 1962] **s. f.** (**pl.** *-gìe*) • emorragia bronchiale

broncoscopìa [vc. dotta, comp. di *bronco*① e *-scopia* ✱ 1915] **s. f.** • esame ottico diretto dei bronchi

broncoscòpio [comp. di *bronco*① e *-scopio* ✱ 1950] **s. m.** • apparecchio ottico per effettuare la broncoscopia

broncospàṣmo [comp. di *bronco*① e *spasmo* ✱ 1986] **s. m.** • (*med.*) contrazione spastica della muscolatura liscia bronchiale con conseguente ostacolo al passaggio dell'aria

broncostenòṣi [vc. dotta, comp. di *bronco*① e *stenosi* ✱ 1896] **s. f. inv.** • restringimento patologico di un bronco

broncotomìa [vc. dotta, comp. di *bronco*① e *-tomia* ✱ 1832] **s. f.** • (*chir.*) incisione della parete di un bronco

brònto- [dal gr. *brontḗ* 'tuono', da *brémein* 'rombare, rumoreggiare', di prob. orig. espressiva] **primo elemento** • in parole composte della terminologia scientifica significa 'tuono': *brontofobia, brontoscopia*

brontofobìa [vc. dotta, comp. di *bronto-* e *-fobia* ✱ 1828] **s. f.** • (*psicol.*) paura morbosa dei temporali ‖ **brontofòbico**, **agg.** (**pl. m.** *-ci*); **anche s. m.** (**f.** *-a*) **nel sign.** 2 **1** relativo a brontofobia **2** che (o chi) soffre di brontofobia ‖ **brontòfobo**, **agg. e s. m.** (**f.** *-a*) (*disus.*) brontofobico nel sign. 2

brontolaménto [av. 1587] **s. m.** • il brontolare

✦**brontolàre** [vc. onomat. ✱ 1314] **A v. intr.** (*io bróntolo*; **aus.** *avere*) **1** lagnarsi a voce più o meno bassa proferendo parole di risentimento: *quando è in casa non fa che b.*; *b. contro tutto* **SIN.** borbottare **2** rumoreggiare, di tuono, tempesta e sim.: *il temporale si avvicina brontolando* **B v. tr.** • dire tra i denti, borbottare: *b. insulti*

brontolìo [av. 1735] **s. m.** (**pl.** *-ii*) • un brontolare continuato: *un b. iroso*; *il b. del mare*; *urtava ... il tramontano con b. roco* (G. PASCOLI)

brontolóne [1797] **s. m.** (**f.** *-a*); **anche agg.** • chi (o che) brontola spesso e noiosamente | (*est.*) chi (o che) è sempre insoddisfatto

brontosàuro [vc. dotta, comp. di *bronto-* e del gr. *sâuros* 'lucertola' ✱ 1930] **s. m.** • rettile terrestre erbivoro del Giurassico, di grandi dimensioni, dell'ordine dei Dinosauri, con testa piccola, denti a cucchiaio, arti anteriori più corti dei posteriori (*Brontosaurus*)

brontoscopìa [vc. dotta, comp. di *bronto-* e *-scopia* ✱ 1955] **s. f.** • divinazione basata sui rumori dei tuoni

brontotèrio [vc. dotta, comp. di *bronto-* e del gr. *thēríon* 'belva' ✱ 1940] **s. m.** • grosso mammifero preistorico simile al rinoceronte (*Brontotherium*)

brónẓa [da *bronzo*, materiale di cui è fatto ✱ 1829] **s. f.** • campanaccio

bronẓàre [da *bronzo* ✱ sec. XV] **v. tr.** (*io brónzo*) **1** rivestire di bronzo | dare colore di bronzo **2** brunire

bronẓàto **part. pass.** di *bronzare*; **anche agg.** **1** nei sign. del v. | rivestito di bronzo **2** (*lett.*) bronzeo **3** detto di mantello equino sauro o baio che presenta riflessi bronzei **4** detto di razza di tacchini con piumaggio bronzeo

bronẓatóre [1955] **A s. m.** (**f.** *-trice*) • operaio addetto alla bronzatura dei metalli **B agg.** • che si usa per la bronzatura: *macchina bronzatrice*

bronẓatrìce [1911] **s. f.** • macchina per la bronzatura

bronẓatùra [da *bronzare* ✱ 1865] **s. f. 1** rivestimento di superfici metalliche con uno strato di bronzo **2** brunitura **3** comparsa di macchie bronzee sulle foglie del pomodoro **4** offuscamento di certe tinture delle fibre tessili

✤**brónẓeo** (o *-ò-*) [vc. dotta, da *bronzo* secondo il modello del lat. *āureus* e sim. ✱ 1821] **agg.** **1** che è fatto di bronzo: *statua bronzea* **2** (*fig.*) tenace, inflessibile: *carattere b.* **3** che ha il colore del bronzo | abbronzato: *carni bronzee* **4** che ha un suono forte, simile a quello del bronzo: *voce bronzea*; *risonanze bronzee*

brònzer /'brɔndzer, *ingl.* 'brɒnzə(r)/ [vc. ingl., da *to bronze* 'abbronzare' ✱ 2004] **s. m. inv.** • prodotto cosmetico abbronzante: *b. in crema, in polvere*

bronẓétto [1797] **s. m. 1** dim. di *bronzo* **2** piccola scultura in bronzo

bronẓìna [da *bronzo* ✱ 1797] **s. f. 1** (*mecc.*) cuscinetto antifrizione, originariamente di bronzo, che si interpone fra un albero rotante e il perno che lo sostiene **2** campanellina di bronzo al collo spec. di animali al pascolo

bronẓìno [av. 1431] **A agg. 1** bronzeo: *un odor di vento ... era nel tuo corpo b.* (D. CAMPANA) **2** (*med.*) ***mal b.***, ***morbo b.***, morbo di Addison **B s. m. 1** (*raro*) campanellino in bronzo | medaglia di bronzo **2** (*bot.*, *region.*) porcino nero, moreccio

bronẓìsta [1726] **s. m. e f.** (**pl. m.** *-i*) **1** chi esegue lavori in bronzo **2** venditore di oggetti artistici in bronzo

bronẓìstica [da *bronzo* col suff. *-istico* sostantivato al f. ✱ sec. XX] **s. f.** • l'arte di lavorare il bronzo o la produzione artistica ad essa connessa: *la b. greca*; *la b. di Donatello*

brónẓo [etim. incerta ✱ sec. XIII] **s. m. 1** lega di rame e stagno in varie proporzioni in cui possono entrare piccole quantità di altri elementi: *fusione in b.* | ***b. dorato***, rivestito di una patina d'oro | ***b. d'alluminio***, cupralluminio | ***polvere di b.***, per operare la bronzatura | ***età del b.***, età preistorica caratterizzata dall'invenzione e dall'uso del bronzo | ***medaglia di b.***, o (*ellitt.*) ***bronzo***, quella data in premio al terzo classificato in una competizione sportiva | ***faccia di b.***, (*fig.*) persona impudente, sfrontata | ***petto, cuore di b.***, (*fig.*) per durezza o grande coraggio | ***incidere qlco. nel b.***, (*fig.*, *lett.*) lasciarne tracce imperiture **2** oggetto, spec. opera d'arte, in

b

bronzo: *possedere un b. del Rinascimento* **3** (*lett.*) cannone, pezzo d'artiglieria | (*lett.*) arma di bronzo **4** (*lett.*) campana: *muto de' bronzi il sacro squillo* (V. MONTI) || **bronzétto**, dim. (V.)

bròscia o **sbròscia** [etim. discussa: da *broda* con sovrapposizione d'altra vc. (?) * 1863] **s. f.** (pl. *-sce*) **1** (*tosc.*) residuo del mosto **2** (*tosc.*) minestra o bevanda scipita e disgustosa

brossùra [adattamento del fr. *brochure*, da *brocher* nel sign. 'fare in fretta, senza cura', quindi, propr., 'legatura alla buona' * 1854] **s. f.** ● tipo di legatura di libri, oggi usata spec. per le edizioni economiche, in cui la copertina è di semplice carta pesante: *edizione in b.* | ***b. fresata***, quella in cui i fogli non sono cuciti, ma incollati con uno speciale procedimento

brossuràto [1983] **agg.** ● detto di libro legato in brossura

brossuratrìce [1986] **s. f.** ● in legatoria, macchina per applicare la copertina a libri in brossura

brougham /'brugam, *ingl.* 'bru:əm/ [vc. ingl., dal nome del politico e letterato Lord H. P. Brougham (1778-1868), che lo usò per primo * 1857] **s. m. inv.** ● carrozza chiusa a quattro ruote, per due persone: *Ed ecco aprirsi con violenza lo sportello del b.* (C. DOSSI) **CFR.** brum[1]

brovàda [friulano *brovàde*, dal v. germ. *brōjan* 'immergere nell'acqua calda' * av. 1861] **s. f.** ● preparazione gastronomica tipica della cucina del Friuli-Venezia Giulia, a base di rape affettate e macerate in un bagno di vinacce, utilizzata spec. come contorno o in minestre

browniàno (brown-ia-no, brow-nia-no) /brau'njano/ [dal n. di chi per primo lo studiò, il botanico scozzese Robert *Brown* (1773-1858) * 1868] **agg.** ● (*fis.*) nella loc. ***moto b.***, movimento continuo e disordinato di particelle solide o liquide microscopiche in sospensione in un fluido, dovute all'agitazione termica delle molecole del fluido stesso

Browning® /'braunin(g), *ingl.* 'braunɪŋ/ [dal n. del disegnatore di vari tipi di armi, lo statunitense J. M. *Browning* (1855-1926) * 1914] **s. f. inv.** ● denominazione di vari tipi di armi automatiche e semiautomatiche | (*per anton.*) pistola semiautomatica di dimensioni ridotte

brown sùgar /braun'ʃugar, *ingl.* 'braun,ʃugə(r)/ [loc. ingl., propr. 'zucchero (*sugar*) scuro (*brown*)', cioè 'grezzo' * 1978] **loc. sost. m. inv.** ● tipo di eroina di provenienza orientale

browser /'brauzer, *ingl.* 'brauzə(r)/ [vc. ingl., dal v. *to browse* 'sfogliare' * 1995] **s. m. inv.** ● (*inform.*) programma che consente all'utente di navigare in Internet

brr /brr/ [vc. onomat. * 1883] **inter.** ● riproduce lo sbattere dei denti, il tremolio di chi è colto da brividi di febbre, di freddo, di paura

bru bru /bru(b)'bru*/ [vc. onomat. * 1905] **loc. sost. m. e f. inv.** ● (*sett.*) chi, dotato di una fluente loquela, riesce a farsi avanti, a concludere ottimi affari e sim., anche senza troppi scrupoli

brucàre [da *bruco* * av. 1321] **v. tr.** (*io brùco, tu brùchi*) **1** rodere foglie e fronde, come fanno i bruchi | strappare a piccoli morsi erba, foglie e sim. per cibarsi, come fanno le pecore **2** sfrondare una frasca scorrendola con la mano dopo aver chiuso il pugno attorno a essa | ***b. la foglia***, dei gelsi per darla ai bachi da seta, o di altri alberi per darla al bestiame | ***b. le olive***, spiccarle a mano dai rami **3** (*est.*) †strappare, portar via **4** (*fig.*) †scemare, affievolire

brucatóre [1803] **s. m.** (f. *-trice*) ● chi effettua la brucatura delle foglie o delle olive

brucatùra [1788] **s. f.** **1** (*raro*) il brucare **2** raccolta delle foglie di gelso | raccolta a mano delle olive

Bruce /*ingl.* bru:s/ [vc. ingl., da un n. proprio] **s. f. inv.; anche agg. inv.** ● (*mar.*) ancora a due marre fisse progettata per l'ormeggio delle piattaforme di perforazione e usata anche per imbarcazioni da diporto

brucèa [n. dato in onore dell'esploratore scozzese James *Bruce* (1730-1794) * 1865] **s. f.** ● genere di piante tropicali delle Simarubacee, con poche specie usate in medicina (*Brucea*)

brucèlla [dal n. dello scopritore, il medico australiano David *Bruce* (1855-1931) * 1942] **s. f.** ● genere batterico comprendente specie gram-negative, cocco-bacillari, parassite intracellulari, patogene per gli animali domestici e per l'uomo nei quali causano brucellosi (*Brucella*)

brucellòsi [comp. di *brucell(a)* e *-osi* * 1932] **s. f. inv.** **1** (*med.*) infezione causata da brucelle, a carattere febbrile intermittente, che si trasmette all'uomo dagli animali **SIN.** febbre maltese, febbre ondulante **2** (*veter.*) malattia infettiva ad andamento cronico, caratterizzata da aborto, che colpisce Bovini, Ovini e Caprini

brucènte [da *bruciare* con la terminazione di *rovente* e sim. * 1865] **agg.** ● (*lett., tosc.*) che brucia, che scotta **SIN.** bruciante, rovente

bruciàbile [av. 1696] **agg.** ● che si può bruciare || **bruciabilità**, s. f. inv.

bruciacchiàre [da *bruci(are)* con suff. attenuativo *-acchiare* * 1852] **v. tr.** (*io bruciàcchio*) ● bruciare superficialmente: *b. il pollo* | anche in forma pron.: *bruciacchiarsi le dita*

bruciacchiatùra [1865] **s. f.** ● il bruciacchiare | parte bruciacchiata | bruciatura superficiale

bruciàglia [av. 1729] **s. f.** ● (*raro*) insieme di rami secchi e sim. per accendere il fuoco

bruciagràssi [1990] **A** **agg. inv.** ● di sostanza, alimento o esercizio fisico che favorisce lo scioglimento dei grassi accumulati nell'organismo: *dieta, ginnastica b.* **B** anche **s. m. inv.**: *un b. naturale*

bruciaménto [1581] **s. m.** ● (*raro*) il bruciare | incendio

bruciànte part. pres. di *bruciare*; anche **agg.** **1** (*raro*) che brucia | (*fig.*) che ferisce, che umilia: *una b. umiliazione*; *una b. sconfitta* **SIN.** cocente **2** fulmineo: *superare gli avversari con uno scatto b.*

bruciapélo [da *brucia(re)* il *pelo* dell'animale cacciato con uno sparo molto ravvicinato * 1842] **s. m.** **1** nella loc. avv. ***a b.***, da pochissima distanza, da molto vicino, con riferimento a colpo di fucile o pistola: *sparare, tirare a b.* | (*fig.*) alla sprovvista, all'improvviso: *fare una domanda a b.*; *me l'ha detto a b.* **2** (*tess.*) macchina per bruciare la peluria nei tessuti di cotone

bruciaprofùmi [comp. di *brucia(re)* e il pl. di *profumo* * 1939] **s. m. inv.** ● recipiente di metallo o ceramica con coperchio abitualmente traforato, spesso lavorato artisticamente, usato per bruciare sostanze odorose

♦**bruciàre** o †**brugiàre** [lat. parl. **brusiāre*, di etim. incerta * sec. XIII] **A** **v. tr.** (pres. *io brùcio*; fut. *io brucerò*) **1** consumare, distruggere, per azione del fuoco o di altra sorgente di calore: *b. la legna, l'incenso*; *b. una casa*; *b. la camicia col ferro da stiro* | ***b. la carne, la salsa***, cuocerla troppo in modo che si attacchi al recipiente di cottura | (*fig.*) ***b. la scuola***, marinarla | (*fig.*) ***b. le tappe, b. i tempi***, procedere con grande rapidità in un'impresa, un'attività, una carriera e sim. | ***b. i ponti***, (*fig.*) rompere completamente le relazioni **2** (*est., impropr.*) corrodere, intaccare: *l'acido muriatico brucia i tessuti cutanei* | (*pop.*) cauterizzare: *b. un porro, una ferita* | inaridire, seccare: *il gelo ha bruciato i germogli*; *la siccità ha bruciato i campi* **3** (*fig.*) infiammare: *lo brucia l'ambizione* | consumare, esaurire rapidamente: *b. le proprie forze, gli anni migliori* | eliminare: *un esercizio utile per b. un po' di calorie, di grassi* | sprecare, mandare in fumo: *b. un'occasione, una possibilità* | ***b. la carriera di qlcu.***, comprometterla definitivamente | ***b. gli avversari, i concorrenti***, batterli, superarli spec. all'ultimo momento **B** **v. intr.** (aus. *essere*; si usa per i tempi comp. solo nel sign. proprio) **1** essere acceso, in fiamme: *il fuoco brucia va nel camino*; *il bosco brucia ancora* | consumarsi, danneggiarsi col fuoco: *l'incenso brucia nel turibolo*; *l'arrosto sta bruciando* **2** essere molto caldo, emanare calore intenso: *un coperchio che brucia*; *b. di febbre*; *la campagna bruciava sotto il sole*; *senti come brucia il sole* **SIN.** scottare **3** produrre bruciore, infiammazione: *la tintura di iodio brucia* | essere riarso, infiammato: *la ferita brucia*; *gli brucia la gola* | ***b. dalla sete***, patirla tormentosamente | (*fig.*) produrre un forte dispiacere, dispiacere, offesa e sim.: *quell'insulto gli brucia ancora* **4** (*fig.*) essere intenso, forte, detto di sentimenti, passioni e sim.: *mi brucia in petto una voglia* | provare intensamente una passione, un sentimento (+ *di*, + *da*): *b. d'amore, di vergogna*; *brucia dal desiderio di rivederla* **5** (*fig., poet.*) svanire, annullarsi: *ogni attimo bruciava / negl'istanti futuri senza tracce* (E. MONTALE) **C** **bruciàrsi** **v. tr. pron.** (aus. *essere*) ● scottarsi: *bruciarsi un dito, la lingua* | (*fig.*) compromettere definitivamente per propria responsabilità: *con quell'errore si è bruciata ogni possibilità di successo* | ***bruciarsi le cervella***, (*fig.*) uccidersi sparandosi alla testa | ***bruciarsi le ali***, (*fig.*) danneggiarsi scherzando incautamente col pericolo; (*est.*) non avere più alcuna possibilità di riuscita in un'attività, una competizione e sim. **D** **bruciàrsi** **v. intr. pron. e rifl.** **1** scottarsi (+ *con*): *si è bruciato con l'acqua bollente* **SIN.** ustionarsi **2** andare distrutto a opera del fuoco o di altra fonte di calore: *si è bruciato tutto l'arrosto*; *con questa siccità l'erba si brucerà completamente* **3** (*fig.*) sprecarsi (+ *in*): *bruciarsi in attività inutili* | compromettersi, fallire: *nella politica, ormai s'è bruciato*

bruciàta [av. 1484] **s. f.** ● caldarrosta **SIN.** arrostita || **bruciatina**, dim.

bruciatìccio [av. 1742] **A** **agg.** (pl. m. *-ci*; pl. f. *-ce*) ● bruciacchiato **B** **s. m.** **1** rimasuglio di cosa bruciata: *il b. della carta* **2** odore, sapore di cose bruciate: *sapere di b.*

♦**bruciàto** **A** part. pass. di *bruciare*; anche **agg.** **1** nei sign. del v. **2** (*fig.*) ***ore bruciate***, quelle molto calde del primo pomeriggio | ***b. dal sole***, abbronzato | ***gioventù bruciata***, quella turbolenta e priva di fondamenti morali cresciuta negli anni che seguirono immediatamente la seconda Guerra mondiale | ***terra bruciata*** (*anche fig.*), V. *terra*, sign. A II 2 **3** detto di tonalità del colore dei mantelli equini che ricorda quella del caffè tostato **B** **s. m.** ● gusto, odore di cose bruciate: *sapere di b.* | (*fig.*) situazione poco chiara, sospetta, rischiosa: *sento puzzo di b.*

bruciatóre [1767] **s. m.** **1** apparecchiatura o impianto usati per bruciare, per incenerire: *b. di rifiuti* **2** apparecchio usato per immettere in un focolare il combustibile gassoso o liquido finemente polverizzato insieme alla quantità d'aria necessaria per la combustione **3** (*aeron.*) dispositivo che inietta quantità dosate di combustibile nei combustori dei turbomotori

bruciatorìsta [1965] **s. m. e f.** (pl. m. *-i*) ● operaio addetto al funzionamento e al controllo di un bruciatore

bruciatùra [1767] **s. f.** **1** il bruciare, il bruciarsi | scottatura, ustione **2** batteriosi fogliare del tabacco || **bruciaturina**, dim.

brucìna [da *brucea*, da cui si credeva estratta *

1829] **s. f.** ● alcaloide amarissimo, contenuto nel seme di noce vomica, con azione sul midollo spinale simile, ma assai più blanda, a quella della stricnina

brùcio① [sing. tratto da *bruci*, pl. di *bruco* ✱ 1761] **s. m.** ● (*tosc.*) bruco

bruciò② [da *bruciare* col suff. *-io*① ✱ 1865] **s. m. (pl. *-ii*)** ● bruciore

brucióne [da *bruciare*, per il suo aspetto di terra bruciata ✱ 1932] **s. m.** ● parte superficiale, alterata, dei giacimenti di minerali metalliferi, spec. ferriferi

brucióre [av. 1328] **s. m.** **1** sensazione di dolore dovuta a punture, scottature e sim.: *il b. dell'alcol su una ferita; il b. della pelle scottata, della gola irritata* **2** (*fig., lett.*) desiderio intenso, ardore | (*fig.*) umiliazione cocente: *il b. della sconfitta* ‖ **bruciorino**, **dim.**

brucìte [dal n. del suo primo analista, il mineralista amer. A. *Bruce* (1777-1818) ✱ 1955] **s. f.** ● (*miner.*) idrossido di magnesio in cristalli lamellari

♦**brùco** [lat. tardo *brūchu(m)* 'specie di cavalletta senza ali', dal gr. *broûchos*, di etim. incerta ✱ av. 1313] **A** **s. m. (pl. *-chi*)** **1** (*zool.*) larva di farfalla | (*est.*) larva di qualsiasi insetto | ***b. del pisello***, piccolo coleottero fitofago la cui larva divora il seme del pisello (*Bruchus pisorum*) **2** cilindretto cui stanno attaccati i segnali del messale, del breviario e sim. ‖ **bruchétto**, **dim.** | **bruchìno**, **dim.** | **brucolìno**, **dim.** **B** in funzione di **agg.** ● (*tosc.*) poverissimo, nelle loc.: *nudo b.*; *nudo e b.*; *b. b.*

brùfolo o (*raro*) **brùffolo** [vc. dial., di etim. incerta ✱ 1931] **s. m.** ● piccolo foruncolo ‖ **brufolétto**, **dim.** | **brufolìno**, **dim.** | **brufolóne**, **accr.**

brufolóso (o **-ṣ-**) [1965] **agg.** ● che è pieno di brufoli

brughièra [lat. parl. *brucāria(m), da *brūcus* 'erica', di prob. orig. celt. ✱ 1766] **s. f.** ● terreno alluvionale permeabile, incolto, ricoperto di cespugli e di arbusti fra i quali tipica è l'erica

brughièro [1955] **agg.** ● di terreno che ha i caratteri della brughiera

†**brugiàre** ➤ **bruciare**

brugiòtto ➤ **brogiotto**

brùgo [lat. tardo *brūcu(m)* 'erica', di orig. celt. ✱ av. 1829] **s. m. (pl. *-ghi*)** ● piccolo arbusto sempreverde delle Ericacee con fiori rosei in lunghi grappoli terminali (*Calluna vulgaris*) **SIN.** brentolo, crecchia

brùgola [dal n. del produttore Egidio *Brugola* ✱ 1983] **s. f.** ● vite con testa a incavo esagonale

bruire [fr. *bruire*, dal lat. parl. **brūgere* per *rugīre* 'ruggire' con sovrapposizione d'altra parola con *br-* iniziale ✱ 1584] **v. intr.** (*io bruisco, tu bruisci*; aus. *avere*) ● (*lett.*) frusciare, emettere leggeri rumori, detto di pioggia, foglie mosse dal vento, e sim.: *la pioggia che bruiva / tepida e fuggitiva* (G. D'Annunzio)

†**bruito** [1290] **s. m.** **1** il bruire **2** (*raro, lett.*) urlo di animale: *le tigri, gli orsi, gli leoni ... manderanno dal ferino petto ... i lor ... bruiti* (G. Bruno)

†**brulàzzo** o †**brullàsco**, †**burlàsco** [da *brullo* (?) ✱ av. 1449] **agg.** **1** cisposo **2** spiantato, miserabile

brûlé /fr. bry'le/ [vc. fr., propr. 'bruciato', part. pass. di *brûler* 'ardere, bruciare' ✱ 1848] **agg. inv.** ● detto di vino, solitamente rosso, scaldato, aromatizzato con spezie e zuccherato

brulicàme [da *brulicare* ✱ av. 1535] **s. m.** ● moltitudine di insetti brulicanti | (*est.*) moltitudine di esseri viventi

♣**brulicànte** **part. pres.** di *brulicare*; anche **agg.** ● nei sign. del v.: *Contra il nemico b. al piano* (G. Carducci); *una spiaggia b. di bagnanti*

♣**brulicàre** [da *bulicare* con sovrapposizione di *brucare* (?) ✱ av. 1472] **v. intr.** (*io brùlico, tu brùlichi*; aus. *avere*) **1** muoversi confusamente, riferito a un insieme numeroso d'insetti o a esseri viventi in genere: *le formiche brulicavano; una folla di curiosi brulicava nella strada* (G. Verga) | (*est.*) muoversi, facendo più o meno rumore: *vi mette l'orecchio, per sentire se qualcheduno russa, fiata, brulica là dentro* (A. Manzoni) | (*est.*) essere pieno di ciò che si muove confusamente (+ *di*): *la carogna brulicava di vermi*; *il viale brulica di gente* **SIN.** formicolare, pullulare **2** (*fig.*) sorgere, affollarsi: *tentazioni strane le brulicavano nel cervello* (G. Verga) | pullulare di pensieri e sim.: *la mia mente brulica di idee*

♣**brulichìo** [da *brulicare* col suff. *-io*① ✱ 1611] **s. m. (pl. *-ii*)** **1** movimento continuo e confuso di insetti o di esseri viventi in genere: *un b. di api, di persone* **2** (*fig.*) il pullulare di pensieri e sim.: *un b. di ricordi*

†**brullàsco** ➤ †**brulazzo**

♣**brùllo** o †**bròllo** [da **brullare*, rendere nudo come un giunco, in dial. *brulla* (?) ✱ av. 1292] **agg.** **1** privo di vegetazione: *campagna brulla* | (*fig., lett.*) arido, desolato, tetro: *discende alla sua foce / la vita brulla* (E. Montale) **2** †povero, seminudo

brulòtto [fr. *brûlot*, da *brûler* 'bruciare' e questo dal lat. parl. **brustulāre*, variante di *ustulāre* ✱ 1641] **s. m.** ● un tempo, piccolo natante carico di esplosivo che veniva diretto contro le navi nemiche per farle esplodere

brum① [1881] **s. m. inv.** ● adattamento di *brougham* (V.): *la videro in b. chiuso con un ufficiale di cavalleria* (G. Verga)

brum② [vc. onomat. ✱ 1868] **inter.** **1** riproduce il rumore del motore di un veicolo in accelerazione (spec. iter.) **SIN.** vroom **2** riproduce il rumore di qlco. che si rompe con fracasso: *a un tratto, brum! Non so quanti piatti per terra* (L. Pirandello) **SIN.** crash nel sign. A

♣**brùma**① [vc. dotta, lat. *brūma(m)*, per **brĕvima* (*dĭes*) '(giorno) più breve', da *brĕvis*, perché indicava, propr., il giorno più *breve* dell'anno ✱ 1327] **s. f.** **1** foschia, nebbia (*anche fig.*): *la b. del mattino*; *le brume del futuro* **2** (*raro, lett.*) solstizio d'inverno, pieno inverno: *tempi sereni sette giorni avanti e sette doppo la b.* (T. Tasso)

SFUMATURE ➤ ***nebbia***①

brùma② [vc. dotta, lat. *brūma(m)*, dal gr. *brôma* 'cibo' e 'cosa mangiata' ✱ 1614] **s. f.** **1** (*zool.*) teredine **2** (*est.*) ogni organismo vegetale o animale che si attacca su oggetti sommersi

brumàio [fr. *brumaire*, da *brume* 'bruma①', con la terminazione di *(genn)aio* e *(febbr)aio* ✱ av. 1828] **s. m. (pl. *-ai*)** **1** secondo mese del calendario rivoluzionario francese, il cui inizio corrisponde al 22 ottobre e il termine al 20 novembre **2** (*est., lett.*) autunno

brumàle [vc. dotta, lat. *brumāle(m)*, da *brūma* 'bruma①' ✱ av. 1320] **agg.** ● (*raro, lett.*) invernale: *piovea per la b. / nebbia lividi raggi alta la luna* (G. Carducci) | (*raro, lett.*) nebbioso

bruméggio [dal genovese *brümeso*, dal nizzardo *bromech* 'esca①', di orig. gr. (*brôma* 'cibo') ✱ 1863] **s. m.** ● pastura per pesci di mare ottenuta spec. tritando avanzi e scarti di pesce

brumìsta [da *brum*① ✱ 1865] **s. m. (pl. *-i*)** ● (*sett.*) vetturino

♣**brumóso** (o **-ṣ-**) [vc. dotta, lat. tardo *brumōsu(m)*, da *brūma* 'bruma①' ✱ 1883] **agg.** ● pieno di bruma, nebbioso ‖ **brumosità**, **s. f. inv.**

brunàstro [1869] **agg.** ● di colore che tende al bruno: *giallo b.*

brunch /brantʃ, ingl. brʌntʃ/ [vc. ingl., fusione di *br(eakfast)* 'prima colazione' e *(l)unch* 'pranzo' ✱ 1965] **s. m. inv. (pl. ingl. *brunches*)** ● pasto della tarda mattinata costituito da una prima colazione ricca e variata, in grado di sostituire il pranzo

brunèlla [variante di *prunella* per sovrapposizione di *bruno* ✱ 1820] **s. f.** ● pianta erbacea odorosa delle Labiate con foglie ovali e fiori violacei (*Brunella vulgaris*)

Brunèllo [da *bruno*, con riferimento al colore dell'uva ✱ 1896] **s. m.** ● vino rosso pregiato prodotto in Toscana nella zona di Montalcino con uva di un vitigno Sangiovese selezionato; ha un colore rosso rubino intenso che tende al granato con l'invecchiamento, un profumo ricco e un sapore asciutto

brunétto [dim. di *bruno* ✱ 1340] **A** **agg.** ● (*raro*) alquanto bruno, tendente al bruno: *colore b.* **B** **agg. e s. m. (f. *-a*)** ● che (o chi) ha i capelli scuri, detto spec. con tono affettuoso o ammirativo: *In casa d'una gentile e bella brunetta* (U. Foscolo) ‖ **brunettino**, **dim.**

brunìccio [1865] **agg. (pl. m. *-ci*; pl. f. *-ce*)** ● di colore che tende al bruno

bruniménto [1632] **s. m.** ● brunitura

brunìre [ant. provenz. *brunir*, da *brun* 'nero' ✱ av. 1294] **v. tr.** (*io brunisco, tu brunisci*) **1** lucidare i metalli col brunitoio **2** scurire i metalli per ossidazione **3** rendere lucido e levigato un oggetto o una superficie metallica

brunìto **part. pass.** di *brunire*; anche **agg.** **1** nei sign. del v. **2** (*est.*) scuro e levigato: *legno b.* | ***pelle brunita***, abbronzata

brunitóio [av. 1537] **s. m. (pl. *-ói*)** **1** strumento costituito da un'asticciola con un'estremità generalmente arrotondata, di acciaio o di agata, usato per lucidare i metalli mediante sfregamento **2** ruota di legno usata dagli arrotini per lucidare le lame dopo averle affilate

brunitóre [sec. XV] **s. m. (f. *-trice*)** ● operaio addetto alla brunitura

brunitùra o **burnitùra** [av. 1571] **s. f.** **1** metallocromia **2** lucidatura di una superficie metallica mediante il brunitoio | bronzatura **3** lucidatura dei tagli dei libri, che precede la doratura

♦**brùno** [lat. parl. *brūnu(m)*, dal francone **brūn* 'scuro brillante' ✱ av. 1250] **A** **agg.** **1** che ha un colore scuro, quasi nero: *terra bruna*; *occhi bruni* **2** di persona, che ha carnagione, capelli, occhi bruni: *una ragazza bruna* **3** detto del colore del mantello dei bovini che può variare dal castano scuro al grigio chiaro | ***razza bruna alpina***, razza bovina di origine svizzera con mantello bruno più o meno intenso **4** (*lett.*) poco illuminato, privo di luce: *questa via solinga e bruna* (T. Tasso) **5** (*fig., raro, poet.*) mesto, turbato: *mia giornata incerta e bruna* (G. Leopardi) | †ostile **B** **s. m.** **1** il colore bruno **2** (*est., lett.*) oscurità, tenebre **3** (**f. *-a***) persona che ha carnagione e capelli bruni: *le brune e le bionde* **4** abito nero o altro segno di lutto: *mettere, prendere, portare, vestire, deporre il b.* | ***parare a b.***, abbrunare **SIN.** gramaglie, lutto ‖ **brunèllo**, **dim.** | **brunétto**, **dim.** (V.) | **brunòtto**, **alter.** | (*raro*) **brunóne**, **accr.**

†**bruòlo** ➤ **brolo**

brùsca① [lat. tardo *brūscu(m)* 'pungitopo', dal precedente *rūscu(m)*, incontratosi prob. con **brūcu(m)* 'erica' ✱ sec. XIV] **s. f.** **1** spazzola dura di varia forma e dimensione, adatta a usi diversi: *la b. per strigliare i cavalli*; *lavare i panni con la b.* **2** (*bot., tosc.*) coda cavallina ‖ **bruschétto**, **dim. m.** (V.) | **bruschìno**, **dim. m.** (V.)

brùsca② [etim. incerta ✱ av. 1380] **s. f.** **1** ramoscello, festuca **2** (*mar.*) antico regolo graduato e pieghevole impiegato per disegnare il garbo generale dell'ossatura degli scafi ‖ **bruschétta**①, **dim.** (V.)

brùsca③ [dal lat. parl. *brusicāre*. (V. *bruscare*③) ✱ 1950] **s. f.** ● (*bot.*) nella patologia ve-

a b c d e f g h i j k l m n o p q r s t u v w x y z

getale, disseccazione degli apici fogliari o delle terminazioni di piccoli rami, di colore simile a una bruciatura, dovuto alla rapida evaporazione di goccioline d'acqua o all'azione di Funghi parassiti SIN. abbruscatura, bruscatura

bruscàndolo [dal lat. *brūscu(m)* 'pungitopo' (*est.*) 'pianta pungente' ✱ av. 1557] **s. m.** ● (*sett.*) nome regionale del luppolo | (*est.*) il germoglio commestibile della pianta, simile per aspetto e sapore a un asparago selvatico

bruscàre① [da *brusca*① ✱ 1533] **v. tr.** (*io brùsco, tu brùschi*) ● spazzolare con la brusca

†**bruscàre**② [da *brusca*② ✱ av. 1557] **v. tr.** ● potare, ripulire le piante

bruscàre③ [lat. parl. **brusicāre*, iter. di **brusiāre* 'bruciare' ✱ 1614] **v. tr.** (*io brùsco, tu brùschi*) ● (*sett.*) abbrustolire

bruscatùra [1955] **s. f.** ● (*bot.*) brusca③

bruscèllo [etim. discussa: da *(ar)boscello* con sovrapposizione di *brusco*② (?) ✱ 1865] **s. m.** **1** ramo d'albero impaniato per cacciare uccelli di notte **2** grosso ramo di leccio o cipresso pittorescamente ornato, portato in processione | rappresentazione popolare toscana recitata o cantata su un testo in ottave incatenate da gruppi di giovani che portano in processione per le vie il ramo omonimo

bruschétta① [av. 1396] **s. f.** **1** dim. di *brusca*② **2** (**spec. al pl.**) gioco infantile consistente nello scegliere a caso un fuscello tra molti di diversa lunghezza; vince chi ha scelto il fuscello più lungo o più corto, secondo quanto stabilito in precedenza

bruschétta② [da *bruscare*③ ✱ 1931] **s. f.** **1** fetta di pane abbrustolita, strofinata con aglio e condita con sale e olio di frantoio, tipica della cucina dell'Italia centrale SIN. (*tosc.*) fettunta **2** (*tosc.*) zuppa a base di cavolo nero bollito, olio e pane abbrustolito e strofinato con aglio

bruschétto [1939] **s. m.** **1** dim. di *brusca*① **2** spazzola quasi rotonda, di setole o di saggina, per i cavalli

bruschézza [da *brusco*① ✱ av. 1375] **s. f.** **1** (*raro*) asprezza di sapore: *la b. del limone* **2** maniera aspra: *tratta tutti con molta b.* | (*fig.*) secchezza di stile **3** (*raro*) rapidità: *frenare, fermarsi con b.*

bruschinàre [1940] **v. tr.** ● ripulire col bruschino | (*est.*) strofinare con energia

bruschìno [1865] **s. m.** **1** dim. di *brusca*① **2** spazzola molto dura, anche metallica, per vari usi

♦**brùsco**① [da *brusca*① ✱ 1282] **A** **agg.** (**pl. m.** *-schi*) **1** che ha sapore tendente all'aspro, ma gradevole: *vino b.*; *frutta brusca* SIN. acido, acre, agro **2** che è sgarbato, burbero | ***con le brusche***, (*ellitt.*) con modi o parole aspre | (*fig.*) rigido, secco, detto di stile **3** improvviso, inatteso | rapido: *una brusca frenata* **4** (*raro*) nuvoloso, tempestoso: *tempo b.* | pungente: *vento b.* | (*lett.*) pieno di pericoli e difficoltà: *ci mancò poco che non fosse una giornata brusca come ieri, o peggio* (A. MANZONI) || **bruscaménte**, **avv.** **1** in modo burbero, senza complimenti **2** improvvisamente **B** **s. m.** ● sapore aspro di vini, agrumi, salse e sim. (*anche fig.*) | ***tra il lusco e il b.***, all'imbrunire; (*fig.*) in una situazione incerta, con incertezza di umore || **bruschétto**, **dim.**

†**brùsco**② [lat. *brūscu(m)* 'radice nodosa, nodo del legno' ✱ 1328] **s. m.** ● festuca | minuzzolo di legno, paglia e sim. | granello || **brùscolo**, **dim.** (V.)

brùsco③ [lat. tardo *brūscu(m)*, per il classico *rūscu(m)* con sovrapposizione d'altra vc. di pianta che inizia per *br-* ✱ 1623] **s. m.** (**pl.** *-schi*) ● (*bot., centr.*) pungitopo

brùscola [etim. incerta ✱ av. 1839] **s. f.** ● specie di gabbia in giunco o sparto dentro cui si mette la pasta di olive da spremere con presse idrauliche SIN. fiscolo

bruscolìno [1942] **s. m.** **1** dim. di *bruscolo* **2** (*roman.*) brustolino nel sign. 1 **3** (**al pl.**, *fig., colloq.*) somma irrilevante, quantità trascurabile: *cinque miliardi non sono bruscolini*

♣**brùscolo** [av. 1320] **s. m.** **1** dim. di †*brusco*② **2** particella di materiale, spec. polvere e sim. (*anche fig.*): *mi è entrato un b. in un occhio*; *il vento solleva i bruscoli* | ***levare i bruscoli dagli occhi***, (*fig.*) liberarsi dai fastidi SIN. briciola, festuca, minuzzolo **3** (*fig.*) persona piccina e minuta **4** (*raro*) foruncolo || **bruscolétto**, **dim.** | **bruscolìno**, **dim.** (V.)

brushing /'brʌʃʃin(g), *ingl.* 'brʌʃɪŋ/ [vc. ingl., propr. 'spazzolatura' dal v. *to brush* 'spazzolare' di provenienza fr. ✱ 1994] **s. m. inv.** ● stiratura dei capelli con spazzola e phon

♣**brusìo** [da *brusire* ✱ 1830] **s. m.** (**pl.** *-ii*) ● rumore confuso e sommesso prodotto da molte persone riunite che parlano o si muovono, oppure da animali o cose in movimento: *il b. degli spettatori, degli insetti*; *il b. delle foglie mosse dal vento*

brusìre [vc. parallela di *bruire* ✱ 1891] **v. intr.** (*io brusìsco, tu brusìsci*; **aus.** *avere*) ● (*lett.*) produrre brusio: *dappertutto nelle stanze brusivano mosche* (C. PAVESE)

brusóne [vc. lomb. (*brüsón*), dal v. *brüsar* 'bruciare' ✱ 1825] **s. m.** ● malattia causata dal fungo *Pyricularia grisea* frequente nel riso e in varietà coltivate di pero, che provoca una colorazione rosso-bruna sulle parti colpite

†**brustolàre** [lat. parl. **brustulāre*, di etim. incerta ✱ av. 1557] **v. tr.** ● abbrustolire, tostare

brustolìno [da *brustolare* ✱ 1856] **s. m.** **1** seme di zucca salato e tostato **2** (*raro, sett.*) tostino per il caffè

brut /*fr.* bryt/ [vc. fr., propr. 'bruto', nel senso di 'naturale, genuino, primitivo', non avendo subito la seconda fermentazione ✱ 1927] **agg. inv.** ● detto di champagne o spumante molto secco, privo di zucchero

†**brutàglia** [1584] **s. f.** ● insieme di gente rozza, volgare e sim.

♦**brutàle** [vc. dotta, lat. *brutāle(m)*, da *brūtus* 'bruto' ✱ av. 1342] **agg.** **1** da bruto: *atto, comportamento b.* | feroce, violento: *reazione b.* SIN. bestiale, crudele, violento **2** spietato, brusco, duro: *una domanda, una risposta b.* | (*est.*) senza alcuna delicatezza: *b. franchezza* || **brutalménte**, **avv.** in modo brutale || **brutalità**, **s. f. inv.** (V.)

brutalìsmo [adattamento dell'ingl. *brutalism*, da *brutal* 'brutale, rozzo' per la rudezza del disegno ✱ 1964] **s. m.** ● (*archit.*) movimento architettonico, sviluppatosi principalmente in Gran Bretagna alla metà del sec. XX, che attribuisce particolare valore espressivo alla struttura e ai materiali, in particolare al cemento grezzo

brutalità [fr. *brutalité*, da *brutal* 'brutale' ✱ 1598] **s. f. inv.** ● caratteristica di chi (o di ciò che) è brutale: *la b. degli istinti* | ferocia: *agire con b. insensata* | (*est.*) completa mancanza di delicatezza | atto o espressione brutale SIN. bestialità, crudeltà, violenza

brutalizzàre [fr. *brutaliser*, da *brutal* 'brutale' ✱ 1890] **v. tr.** ● fare oggetto di brutalità: *b. uomini e animali* | (*est.*) violentare sessualmente || **brutalizzazióne**, **s. f.**

brùto [vc. dotta, lat. *brūtu(m)*, di orig. osca, col senso primitivo di 'grave, pesante' ✱ 1282] **A** **agg.** **1** privo della ragione umana: *animale, istinto b.* | inanimato, inerte: *materia bruta* **2** grezzo, privo di elaborazione: *i fatti bruti* | ***arte bruta***, tipo di arte spontanea nata intorno al 1950, che valorizza particolarmente opere di naïf, bambini e sim. **3** brutale, animalesco, violento: *forza bruta* **4** (*chim.*) ***formula bruta***, V. *formula* || **brutaménte**, **avv.** in modo bruto, da bruto **B** **s. m.** **1** (*lett.*) essere vivente privo della ragione umana **2** (*est.*) uomo violento e brutale | (*est.*) uomo violento che compie atti perversi o di violenza carnale: *la povera ragazza è stata assassinata da un b.*

brùtta [1950] **s. f.** ● (*fam.*) brutta copia: *stendere in b.*

bruttàre [da *brutto* nel prob. senso originario di 'sporco' ✱ 1243] **v. tr.** **1** (*lett.*) imbrattare, sporcare, macchiare: *b. qlcu. di sangue, di fango* **2** (*fig., lett.*) contaminare, deturpare: *b. il candore dell'infanzia*

bruttarèllo o (*raro*) **brutterèllo** [dim. di *brutto* ✱ 1623] **A** **agg.** ● piuttosto brutto: *i ragazzi erano bruttarelli ma simpatici* **B** **s. m.** (**f.** *-a*) ● persona piuttosto brutta: *mentre la bruttarella a lui si spinse / sfacciata per baciar* (G.B. MARINO)

bruttézza [1266] **s. f.** **1** caratteristica, condizione di chi (o di ciò che) è brutto CONTR. bellezza **2** caratteristica, condizione di chi (o di ciò che) è considerato abbietto, immorale **3** cosa brutta (*anche fig.*): *bruttezze architettoniche*; *le bruttezze della vita* **4** (*raro, lett.*) azione moralmente riprovevole | †abominio, vergogna

bruttìno [dim. di *brutto* ✱ 1817] **agg.** ● piuttosto brutto: *La ragazza era bruttina, ma aveva una bella voce* (G. VERGA)

♦**brùtto** [lat. *brūtu(m)* 'bruto' con raddoppiamento della consonante in vc. di provenienza sett. ✱ av. 1269] **A** **agg.** **1** che per aspetto esteriore o per caratteristiche intrinseche suscita impressioni sgradevoli (+ *a*, + *da*, **seguiti da inf.**): *una persona brutta*; *un quadro, un romanzo b.*; *uno spettacolo b. da vedere, a vedersi*; *divinità … terribili, odiose, brutte a vedere* (G. LEOPARDI) | (*lett.*) segnato da sofferenze: *era b. di piaghe da decubito* (P. LEVI) | (*lett.*) sporco, imbrattato: *colle vesti discinte, brutte di sangue e di polvere* (I. NIEVO) | con valore intens., spec. in insulti (preposto a un agg. o a un sost.): *b. cattivo!*; *b. bugiardo!* | ***b. odore***, disgustoso | ***b. tempo***, piovoso, nuvoloso | ***mare b.***, agitato | ***brutta notizia***, sgradevole, negativa | ***b. segno***, indizio preoccupante | ***brutta ferita***, pericolosa | ***b. male***, (*eufem.*) tumore maligno | ***b. scherzo***, pesante | ***b. momento***, inopportuno | ***brutta copia***, minuta | ***brutte carte***, di valore minimo o tali da offrire scarse possibilità di gioco | (*fig.*) ***fare una brutta figura***, apparire inadeguato, ridicolo | (*fig.*) ***avere una brutta cera***, un aspetto malato | ***alle brutte***, (*ellitt.*) alla peggio, nel peggiore dei casi | ***vedersela brutta***, trovarsi in difficoltà | ***farla brutta a qlcu.***, fare uno scherzo pesante | ***con le brutte***, (*ellitt.*) con le maniere brutte, in modo sbrigativo e rude | ***venire alle brutte***, (*ellitt.*) alle maniere brutte, a contrasto violento | ***passarne delle brutte***, attraversare periodi duri, difficili CONTR. bello **2** moralmente riprovevole: *una brutta azione*; *un b. vizio* SIN. cattivo || **bruttaménte**, **avv.** in modo brutto; indecorosamente **B** **in funzione di avv.** ● nella loc. ***di b.***, all'improvviso e in malo modo, in modo ostile e minaccioso: *si arrabbiò di b.*; *guardare di b.*; (*est.*) furiosamente: *piove di b.* **C** **s. m. solo sing.** **1** ciò che per aspetto esteriore o per caratteristiche intrinseche suscita impressioni sgradevoli: *il b. e il bello sono in continua opposizione* **2** tempo brutto, nuvolo: *la stagione volge al b.*; *fa b.* **3** con valore neutro e gener. rafforz.: *il b. è che*, la difficoltà sta in | ***ha di b. che***, il suo lato negativo, il suo difetto, è che **D** **s. m.** (**f.** *-a*) ● persona brutta: *i belli e i brutti* || **bruttàccio**, **pegg.** | **bruttarèllo**, **brutterèllo**, **dim.** (V.) | **bruttìno**, **dim.** (V.) | **bruttóne**, **accr.**

SFUMATURE ➤ ***sgradevole***

✦**bruttùra** [da *brutto* ✱ av. 1294] **s. f. 1** cosa brutta: *questo mobile è una vera b.* | sudiciume, sozzura **2** (*lett.*) vergogna, abiezione: *se le brutture spariranno dal mondo* (B. CROCE)

bruxellése (o -ṣ-) o **brussellése** (o -ṣe) [av. 1930] **A agg.** ● di Bruxelles **B s. m. e f.** ● abitante o nativo di Bruxelles

bruxìṣmo [ingl. *bruxism* dal v. gr. *brýchein* 'digrignare i denti', malamente traslitterato, con il suff. *-ism* '-ismo' ✱ 1989] **s. m.** ● (*med.*) digrignamento ritmico e spasmodico dei denti durante il sonno

†**bruzzàglia** [etim. discussa: prob. da *bruciaglia* nel senso di 'legna da *bruciare*' ✱ av. 1606] **s. f. 1** marmaglia **2** (*est.*) confusione

brùzzico [etim. discussa: di orig. onomat. (?) ✱ 1863] **s. m.** (**pl.** *-chi*) ● (*tosc.*) bruzzolo

brùzzolo [etim. incerta ✱ av. 1333] **s. m.** ● (*tosc.*) crepuscolo mattutino o serotino

bu /bu*, bu/ [vc. onomat. ✱ 1385] **inter. 1** riproduce l'abbaiare del cane (*spec. iter.*) **2** si usa, spec. per gioco, per spaventare i bambini

bùa [vc. infant. ✱ av. 1449] **s. f.** ● (*infant.*, *fam.*) dolore fisico | piccola ferita

†**buàccio** [da *bue* ✱ av. 1520] **s. m.** ● persona stupida, ignorante

buàggine [da *bue* nel senso fig. di 'sciocco' ✱ 1598] **s. f.** ● balordaggine, melensaggine

buàna [1968] **s. m. e f. inv.** ● adattamento di *bwana* (V.)

buassàggine [da *buasso*, forma sett. di *buaccio* 'grosso bue' ✱ 1566] **s. f.** ● (*raro*, *lett.*) ottusa ignoranza: *la b. è il miglior dono che la natura faccia a un animale* (G. LEOPARDI)

bùbalo [gr. *bóubalis* 'antilope (africana)', da *bôus* 'bue' ✱ 1930] **s. m.** ● mammifero degli Artiodattili con pelame corto di color rossiccio e corna anellate (*Bubalis*) **SIN.** alcelafo

✦**bùbbola**① [da *bubbolo* ✱ 1513] **s. f. 1** (**spec. al pl.**) menzogna, fandonia, frottola: *non raccontar bubbole!* **2** (**spec. al pl.**) cosa di poca importanza: *sempre a parlar di bubbole* (A. MANZONI) **SIN.** bagattella, inezia

bùbbola② [lat. parl. **upŭpula(m)*, dim. di *ŭpupa* 'upupa' ✱ 1476] **s. f.** ● (*zool.*, *tosc.*) upupa

bùbbola③ [etim. incerta ✱ av. 1449] **s. f.** ● (*bot.*) ***b. maggiore***, fungo commestibile delle Agaricacee con gambo bianco e cappello largo coperto di squame (*Lepiota procera*) **SIN.** mazza di tamburo

bubbolàre① [lat. *bubulāre*, da *būbo* 'gufo', di orig. onomat. ✱ 1750] **v. intr.** (*io bùbbolo*; **aus.** *avere*) **1** (*tosc.*) risuonare, rumoreggiare, del mare, del tuono e sim. | (*est.*) brontolare **2** (*raro* o *lett.*) tremare: *là rannichiati entro un pagliajo, bubbolando pel freddo* (C. DOSSI)

bubbolàre② [da *bubbola*① ✱ 1829] **v. tr.** (*io bùbbolo*) ● (*pop.*, *tosc.*) ingannare | carpire con l'inganno

bubbolièra [da *bubbolo* ✱ 1865] **s. f.** ● sonagliera di cavalli, muli e sim. formata di bubboli

bubbolìna [da un dim. di *bubbolo*, per la forma ✱ 1829] **s. f.** ● fungo commestibile delle Agaricacee con cappello color grigio cenere a lamelle inferiori e gambo senza anello (*Amanita vaginata*)

✦**bubbolìo** [da *bubbolare*① col suff. *-io*① ✱ 1885] **s. m.** (**pl.** *-ii*) **1** (*lett.*) rumore, mormorio sordo e confuso: *un b. lontano* (G. PASCOLI) **2** tintinnio continuo di sonagliere

bùbbolo [da *bubbolare*① ✱ av. 1698] **s. m.** ● sonaglio tondo, di ottone o bronzo, contenente una pallottolina mobile di ferro, usato per formare la sonagliera degli equini, o applicato al collare dei cani ‖ **bubbolìno**, **dim.**

bubbóne [vc. dotta, lat. *bubōne(m)*, dal gr. *boubṓn*, di etim. incerta ✱ sec. XV] **s. m. 1** (*med.*) qualsiasi tumefazione tondeggiante, spec. delle ghiandole linfatiche, per infezione acuta **2** (*fig.*) piaga, infezione morale che guasta gli animi, la società e sim.: *il b. della corruzione*

bubbònico [1841] **agg.** (**pl. m.** *-ci*) ● detto di malattia che si manifesta con bubboni: *peste bubbonica*

bubolàre o **bubilàre** [vc. onomat. ✱ av. 1910] **v. intr.** (*io bùbolo*; **aus.** *avere*) ● (*raro*) detto del gufo e dell'allocco, emettere il caratteristico verso rauco

†**bubóne** [vc. dotta, lat. *bubōne(m)*, vc. onomat. ✱ sec. XIV] **s. m.** ● gufo

bubù [vc. onomat. ✱ 1899] **s. f. inv.** ● (*infant.*, *fam.*, *raro*) bua | (*raro*) babau

†**bubùlco** ➤ †**bobolco**

✦**bùca** [lat. tardo *būca(m)*, forma parallela a *bŭcca* 'bocca' ✱ sec. XIII] **s. f. 1** cavità o apertura, naturale o artificiale, comunemente più profonda che estesa, nel suolo o in altra superficie: *fare, praticare una b. nel terreno*; *una strada piena di buche* | ***b. sepolcrale***, tomba | ***b. del suggeritore***, botola coperta da un cupolino posta al centro del palcoscenico vicino alla ribalta, nella quale prende posto il suggeritore durante la rappresentazione | ***b. dell'orchestra***, in un teatro, lo spazio riservato all'orchestra **SIN.** fossa | ***b. delle lettere***, sistemata lungo le strade e fornita di una fessura in cui si introducono le lettere da impostare, o nell'ingresso di case, per ricevere le lettere in arrivo | ***b. del golf***, ciascuna delle piccole cavità cilindriche praticate lungo il percorso, in cui i giocatori mandano la pallina; (*est.*) percorso per arrivare a ciascuna buca | ***b. del biliardo***, in cui cadono le bilie | ***andare in b.***, mandare in buca la pallina da golf o la bilia del biliardo **2** depressione del terreno | valle stretta fra due monti **SIN.** bassura **3** ristorante, trattoria posta sotto il livello stradale: *'la b. di Bacco'* **4** depressione su letti, poltrone e sim., prodotta da corpi umani od oggetti che vi sono stati a lungo **5** (*colloq.*) ***dare b.***, mancare a un appuntamento, non adempiere a un impegno; (*est.*) imbrogliare ‖ **bucàccia**, **pegg.** | **bucherèlla**, **dim.** | **buchétta**, **dim.** (V.) | **buchìna**, **dim.**

bucacchiàre [1612] **v. tr.** (*io bucàcchio*) ● (*raro*) bucherellare, sforacchiare

bucanéve [comp. di *buca(re)* e *neve* ✱ 1812] **s. m. inv.** ● pianta erbacea delle Amarillidacee con un fiore bianco e pendulo a fioritura molto precoce che si sviluppa dal bulbo in mezzo a due foglie (*Galanthus nivalis*)

bucanière [fr. *boucanier* 'cacciatore di buoi, di cui preparava la carne affumicata (*boucan*, di prob. orig. caraibica)' ✱ 1682] **s. m.** ● pirata, gener. francese, inglese od olandese, che spec. nel XVII secolo si dedicava alla guerra corsara

✦**bucàre** [da *buco* ✱ av. 1342] **A v. tr.** (*io bùco, tu bùchi*) **1** fare buchi (*anche fig.*): *b. una parete*; *un fischio che buca l'aria* | ***b. i biglietti***, fare il foro di controllo in biglietti ferroviari e sim., da parte del personale apposito | (*fig.*) ***b. il video, lo schermo, le pagine di un giornale***, imporsi all'attenzione dei telespettatori o dei lettori: *un uomo politico che buca il video*; *una notizia che buca le prime pagine* **2** ***b. una gomma, uno pneumatico***, subire accidentalmente la bucatura di uno pneumatico | (*anche assol.*): *ha bucato sulla ghiaia* **SIN.** forare **3** (*fig.*) fallire l'intervento sulla palla o sul pallone | (*est.*) ***b. una notizia***, nel gergo giornalistico, ignorarla e perciò non pubblicarla **4** attraversare, penetrare: *il grillo insidioso buca / i vestiti di seta vegetale* (E. MONTALE) | pungere, ferire, detto di oggetti ruvidi, appuntiti o taglienti | ***b. il corpo, il ventre, la pancia a qlcu., di qlcu.***, ferirlo, colpirlo con un'arma bianca | (*est.*) colpire, anche con armi da fuoco **B v. intr.** (**aus.** *avere*) ● (*raro*, *lett.*) penetrare, aprirsi un varco in qlco. (*anche fig.*): *b. in un impiego* **C bucàrsi v. intr. pron.** ● subire una bucatura, detto di cose: *si è bucata la gomma* **D bucàrsi v. intr. pron. e rifl.** ● pungersi, ferirsi: *bucarsi con una spina, con un ago* | (*gerg.*) drogarsi iniettandosi spec. eroina: *si buca da qualche mese*

bucatàio [da *bucato*② ✱ 1612] **s. m.** (**pl.** *-ai*) **1** (**f.** *-aia*) (*tosc.*) lavandaio **2** (*tosc.*) stanza del bucato

bucatìno [da *bucato*① ✱ 1931] **s. m.** ● (**spec. al pl.**) tipo di pasta simile agli spaghetti, ma più grossa e bucata

bucàto① **part. pass.** di *bucare*; **anche agg. 1** nei sign. del v. **2** ***avere le mani bucate***, (*fig.*) avere facilità a spendere

bucàto② [da **bucare* 'liscivare', ant. fr. *bugar*, dal francone **būkōn* 'immergere' ✱ 1306] **s. m. 1** lavatura della biancheria con acqua bollente, sapone, liscivia o altro detersivo: *sapone da, per b.*; *mettere i panni in b.*; *fare il b.* | ***lenzuola di b.***, pulitissime perché appena lavate **2** la biancheria lavata in una volta: *stendere, stirare il b.* ‖ **bucatìno**, **dim.** | **bucatóne**, **accr.**

bucatùra [da *bucare* ✱ 1863] **s. f. 1** il bucare: *la b. dei biglietti* | (*est.*) segno lasciato da arnesi appuntiti, punture d'insetti e sim. **2** foratura di una gomma, di uno pneumatico: *il corridore fu vittima di una b.* **3** (*pop.*) iniezione ‖ **bucaturìna**, **dim.**

buccàle ➤ **boccale**②

†**bùccaro** ➤ **bucchero**

buccellàto [lat. tardo *buccellātu(m)* 'pane militare': da *buccĕlla*, nel senso di 'panino a forma di corona o bocca (*bŭcca*)' (?) ✱ av. 1342] **s. m.** ● ciambella tipica di Sarzana e della Lucchesia, variamente aromatizzata | in Sicilia, dolce tipico natalizio, a base di fichi secchi

bùcchero o †**bùccaro** [sp. *búcaro* 'vaso da bere' e 'terra profumata da vasi' dal lat. *pōculum* 'coppa', prob. attrav. il portog. *púcaro* (?) ✱ 1668] **s. m. 1** terra odorosa, argillosa e nera, con cui sono fatti molti vasi etruschi | terra rossastra, odorosa, proveniente da più Paesi, anche dall'America, molto di moda nel sec. XVII, usata anche per fare pastiglie e profumare gli ambienti **2** vaso fatto con tali terre: *b. etrusco*

✦**bùccia** [etim. incerta ✱ 1275] **s. f.** (**pl.** *-ce*) **1** strato esterno membranoso di frutti, tuberi e sim.: *la b. della mela, dell'arancia, della patata* | pellicola che riveste il seme di taluni frutti indeiscenti: *la b. della noce, della mandorla* | ***scivolare su una b. di banana***, (*fig.*) V. *banana* | sottile corteccia delle piante: *b. del leccio*; *incidere la b.* **2** (*est.*) pellicola o crosta che ricopre insaccati, farinacei e sim.: *b. del formaggio, del salame* | ***rivedere le bucce***, (*fig.*) cercare e correggere con pignoleria errori, colpe **3** (*fig.*) pelle umana | ***essere di b. dura, avere la b. dura***, essere molto resistente, forte | ***lasciarci, rimetterci la b.***, morire | epidermide di animali, spec. rettili **4** (*est.*) rivestimento esteriore (*anche fig.*): *questa è rettorica che però rimane alla b.* (F. DE SANCTIS) ‖ **buccétta**, **dim.** | **bucciolìna**, **dim.**

bùccina o †**bùcina** [vc. dotta, lat. *būcina(m)*, di etim. discussa: comp. di *bōs* 'bue' e *cănō* 'canto', perché strumento tratto da un corno di bue (?) ✱ sec. XIV] **s. f. 1** conchiglia del buccino **2** strumento a fiato, ricurvo, simile al corno da caccia, usato nelle antiche milizie romane

buccinàre o †**bucinàre**, †**ṣbuccinàre** [vc. dotta, lat. *bucināre*, da *būcina* 'buccina' ✱ av. 1334] **A v. intr.** (*io bùccino*; **aus.** *avere*) ● †suonare la buccina **B v. tr.** ● (*lett.*) spargere voci, insinuazioni, spec. in modo furtivo: *per appurare se già in paese si buccinasse qualcosa intorno all'omicidio* (L. PIRAN-

DELLO)

buccinatóre o †**bucinatóre** [vc. dotta, lat. *bucinatōre(m)*, da *būcina* 'buccina' ✱ sec. XVII] **A** s. m. **1** †suonatore di buccina | (*est., lett.*) chi propala voci, dicerie **2** (*anat.*) piccolo muscolo appiattito situato nella guancia **B** anche agg. nel sign. 2: *muscolo b.*

bùccino [vc. dotta, lat. *būcinu(m)* 'trombetta' e 'conchiglia' (a forma di tromba?) da *būcina* 'buccina' ✱ av. 1498] s. m. ● mollusco marino dei Gasteropodi con conchiglia a forma di chiocciola (*Tritonium nodiferum*)

†**bùccio** ① [da *buccia* ✱ sec. XIII] s. m. **1** buccia, scorza | pelle **2** parte esterna delle pelli che si conciano

†**bùccio** ② ➤ †**bucio**

bucciòlo ① ➤ **bocciolo**

†**bucciòlo** ② [adattamento del sett. *bozzolo*: con sovrapposizione di *buccia* (?) ✱ av. 1566] s. m. ● bozzolo, nel sign. di *bozzolo*①

bùccola o **bóccola** ② [lat. *bŭccula(m)* 'ornamento metallico di forma rotonda', da *bŭcca* 'mascella, bocca' ✱ 1739] s. f. **1** orecchino: *le pareva di vederla ... metter le buccole sfolgoranti alle orecchie* (F. DE ROBERTO) **2** ricciolo di capelli ‖ **buccolétta**, dim.

†**buccòlica** ① ➤ **bucolica**

buccòlica ② [da *bucolica* con la sovrapposizione scherz. di *bocca* ✱ av. 1449] s. f. ● (*lett., scherz.*) ciò che si riferisce al mangiare

†**buccòlico** ➤ **bucolico**

bùccolo ➤ **boccolo**

bucèfalo [vc. dotta, lat. *bucĕphalu(m)*, dal gr. *Bouképhalos*, comp. di *bôus* 'bue' e *kephalḗ* 'capo', n. del cavallo di Alessandro Magno ✱ 1591] s. m. ● (*scherz.*) cavallo, spec. di poco valore

†**bucentàuro** ➤ **bucintoro**

†**bucentòro** ➤ **bucintoro**

bùcero [vc. dotta, lat. *būceru(m)* 'che ha le corna di bue', dal gr. *boúkerōs*, comp. di *bôus* 'bue' e *kéras* 'corno' ✱ 1819] s. m. ● nome comune di voluminosi uccelli appartenenti ad alcune specie dei Coraciformi, in particolare di quelli del genere *Buceros*, caratterizzati dal becco enorme incurvato e compresso, sormontato alla base da un rilievo di forma e dimensioni varie | ***b. bicorne***, bucero con voluminoso becco giallo ricurvo, guarnito superiormente da una protuberanza giallo-rossa che arriva alla fronte (*Buceros bicornis*) | ***b. rinoceronte***, con enorme becco sormontato da una prominenza rossa incurvata verso l'alto come un corno (*Buceros rhinoceros*) SIN. calao

Buceròtidi [comp. di *bucero* e *-idi* ✱ 1930] s. m. pl. (sing. *-e*) ● (*zool.*) famiglia di Uccelli equatoriali, provvisti di appendici sul becco, cui appartiene il bucorvo (*Bucerotidae*)

bucheràme [dal n. della città di provenienza, *Buhārā*, nell'Usbechistan; dal sanscrito *vihāra* 'monastero' (?) ✱ 1250] s. m. ● tessuto fine, traforato in uso nel Medioevo

†**bucheràre** [da *buco* ✱ 1427] **A** v. tr. **1** bucare **2** (*fig.*) colpire **B** v. intr. ● brigare | procacciarsi voti

†**bucheratìccio** [1550] agg. ● bucherellato

bucherellàre [av. 1811] v. tr. (*io bucherèllo*) ● forare con molti piccoli buchi: *i tarli bucherellano i vecchi mobili*

bucherellàto part. pass. di *bucherellare*; anche agg. ● nei sign. del v.

buchétta [av. 1537] s. f. **1** dim. di *buca* **2** nelle corse atletiche di velocità, ciascuna delle due piccole buche scavate nel terreno che avevano un tempo la stessa funzione degli attuali blocchi di partenza ‖ **buchettina**, dim.

buchétto [av. 1537] s. m. **1** dim. di *buco* **2** fossetta nel mento, nelle guance ‖ **buchettino**, dim.

bùci [vc. onomat. ✱ av. 1742] inter. ● (*tosc.*) si usa per ordinare silenzio o per raccomandare segretezza | anche rafforz.: *zitto e b.!*

†**bùcina** e deriv. ➤ **buccina** e deriv.

†**bùcine** [lat. *būcinu(m)* 'buccino, specie di conchiglia' (?) ✱ 1357] s. m. ● rete a forma di conchiglia, per pescare o per uccellare

bucintòro o †**bucentòro**, †**bucentàuro** [etim. discussa: gr. *boukéntauros 'grande centauro', comp. di *bôus* 'bue' e *kéntauros* 'centauro' (?) ✱ av. 1449] s. m. ● nave con quaranta remi ornata di fregi, ori e pitture, usata a Venezia dal doge in occasione di solennità | (*est.*) nave di rappresentanza o diporto in uso presso i sovrani degli antichi Stati italiani

†**bùcio** o †**bùccio** ② [etim. incerta ✱ sec. XIII] s. m. ● nome generico di vari tipi di imbarcazione

♦**bùco** ① [da *buca* ✱ 1290] s. m. (pl. *-chi*) **1** cavità o apertura, naturale o artificiale, profonda e stretta, generalmente tondeggiante: *il b. della serratura; un b. nella tasca; fare un b. nel muro* | ***banda del b.***, quella di ladri che penetrano nei locali da svaligiare attraverso un foro opportunamente praticato in muri, pareti divisorie e sim. | ***non cavare un ragno dal b.***, (*fig.*) non raggiungere alcun risultato valido | ***fare un b. nell'acqua***, fallire | orifizio corporale: *buchi del naso, delle orecchie* | PROV. ***non tutte le ciambelle riescono col b.***, V. *ciambella* SIN. foro, pertugio **2** ambiente angusto, spec. squallido e buio: *questa camera è un b.* | luogo nascosto, recesso: *l'aveva condotto per tutti i buchi* (A. MANZONI) | ***vivere nel proprio b.***, in modo modesto e ritirato **3** (*mar.*) ***b. del gatto***, apertura nella piattaforma della coffa per consentire il passaggio degli uomini di equipaggio **4** (*astron.*) ***b. nero***, regione dello spazio da cui, a causa dell'intensa forza gravitazionale generata dal collasso di una stella, la luce non può sfuggire; (*fig.*) ciò che consuma, inghiotte, annulla e sembra non avere fondo **5** (*fig.*) mancanza, lacuna: *una preparazione piena di buchi; b. di memoria* | debito, disavanzo finanziario | ***tappare, turare un b.***, pagare un debito, colmare un disavanzo | mancata pubblicazione, in un giornale, di una notizia importante data da altri | nel gioco del calcio e sim., fallito intervento sulla palla **6** (*fig.*) intervallo di tempo libero in un orario di lavoro: *ho un b. di un'ora* **7** (*elettron.*) posizione libera nella banda di valenza di un semiconduttore che si comporta come una carica elettronica positiva con una massa positiva **8** (*gerg.*) iniezione di droga, spec. eroina | ***stanza del b.***, nel linguaggio giornalistico, narcosala ‖ **bucàccio**, pegg. | **bucherèllo**, **bucherellino**, dim. | **buchétto**, dim. (V.) | **buchino**, dim. | **bucolino**, dim. | **bucóne**, accr.

bùco ② [da *buco*① ✱ av. 1449] agg. (pl. m. *-chi*) ● (*raro*) bucato, forato | ***osso b.***, V. *ossobuco* | (*fam.*) ***andare b.*** (o ***buca***), fallire, avere esito negativo | ***avere un'ora buca***, non avere impegni, avere una pausa di un'ora durante un'attività lavorativa

bucòlica o †**buccòlica** ① [vc. dotta, lat. *bucŏlica* (n. pl.), dal gr. *boukolikós* 'pastorale', da *boukólos* 'pastore (*-kólos*) di buoi (*bôus*)' ✱ 1374] s. f. ● poesia pastorale spec. in forma di egloga

♣**bucòlico** o †**buccòlico** [vc. dotta, lat. *bucŏlicu(m)*, dal gr. *boukolikós* (V. *bucolica*) ✱ 1316] agg. (pl. m. *-ci*) **1** pastorale: *poesia bucolica* | ***dieresi bucolica***, dopo il quarto metro dell'esametro greco e latino **2** che evoca l'ambiente sereno dei campi e la vita campestre: *paesaggio b.* ‖ **bucolicaménte**, avv. ‖ **bucolicità**, s. f. inv.

bucòrvo [comp. di *bu(e)* e *corvo*, come trad. del n. lat. scient. *Bucorax* ✱ 1930] s. m. ● uccello con piumaggio nero lucente, della famiglia dei Bucerotidi, munito di una grossa prominenza a elmo sulla base del grosso becco (*Bucorax abyssinicus*)

bucrànio [vc. dotta, lat. *bucrāniu(m)*, dal gr. *boukrānion*, comp. di *bôus* 'bue' e *kranion* 'cranio' ✱ 1827] s. m. ● motivo ornamentale architettonico dello stile dorico che riproduce un cranio di bue

Bùdda o **Buddha** [sanscrito *buddhāh*, part. pass. di *bódhati* 'svegliare, illuminare' ✱ 1843] s. m. (pl. *Bùdda* o *Bùddi*) **1** epiteto del principe Gotama, vissuto in India nel VI-V sec. a.C., il quale predicò le dottrine morali e filosofiche che sono all'origine del buddismo | epiteto di ogni altro asceta buddista | dipinto o statua raffigurante il Budda **2** (*est.*) ***viso di, da B.***, dall'espressione indifferente ed enigmatica | (*ellitt.*) ***alla B.***, con le gambe incrociate sotto il tronco: *stare seduto alla B.*

Buddha e deriv. ➤ **Budda** e deriv.

buddhìsmo e deriv. ➤ **buddismo** e deriv.

buddìsmo o **buddhìsmo** /bud'dizmo/ [1839] s. m. ● dottrina etica e filosofica predicata dal Budda, che ha assunto forma di religione in molti Paesi orientali

buddìsta o **buddhista** [1831] s. m. e f.; anche agg. (pl. m. *-i*) ● seguace del buddismo

buddìstico o **buddhistico** [1843] agg. (pl. m. *-ci*) ● relativo al buddismo

budellàme [av. 1338] s. m. ● (*raro*) massa di budella, spec. di animali

budèllo [lat. *botĕllu(m)* 'salsiccia', deriv. di *bŏtulum* 'sanguinaccio', di prob. orig. osca ✱ 1288] s. m. (pl. *budèlla* f., *raro budèlle* f. nel sign. proprio; pl. *budèlli* m. nel sign. fig.) **1** (*pop.*) intestino | ***empirsi le budella***, mangiare molto | ***cavare le budella***, (*fig.*) uccidere | ***sentirsi tremare, torcere, rimescolare le budella***, (*fig.*) avere paura **2** (*fig.*) tubo: *un b. di gomma per annaffiare* | imbottitura di oggetti vari **3** (*fig.*) vicolo lungo e stretto, spec. maleodorante | corridoio lungo e angusto **4** (*bot.*) ***b. pollinico***, formazione che esce dal granulo pollinico e trasporta i gameti maschili nell'ovulo ‖ **budellino**, dim. | **budellóne**, accr. (V.)

budellóne [1761] s. m. (f. *-a*) **1** accr. di *budello* **2** (*fig., spreg.*) gran mangiatore | grassone: *Un b. d'un frate gli venne incontro* (P.P. PASOLINI)

budget /'baddʒet, *ingl.* 'bʌdʒɪt/ [vc. ingl., dal fr. *bougette* 'piccola borsa (*bouge*)', poi la 'borsa del ministro del Tesoro', quindi 'bilancio dello stato' ✱ 1779] s. m. inv. **1** bilancio di previsione di un'azienda **2** (*est.*) piano finanziario, programma di spesa di un'azienda o di un settore di essa | ***b. pubblicitario***, somma stanziata per una campagna pubblicitaria | (*est.*) somma a disposizione: *il nostro b. per le vacanze è limitato*

budgetàrio /buddʒe'tarjo/ o **buggettàrio** [1942] agg. ● pertinente al budget | ***controllo b.***, riscontro sistematico dei risultati di gestione con le previsioni del budget

♦**budino** o (*raro*) **bodino**, †**pudino** [ingl. *pudding*, dal fr. *boudin* 'sanguinaccio', di etim. incerta, che ha influenzato nella forma e in alcuni sign. la vc. it. ✱ 1747] s. m. ● dolce di consistenza molle a base di latte, uova e zucchero, cotto in forno o a bagnomaria in apposito stampo, sformato freddo, spesso accompagnato da salse dolci o panna montata: *b. di cioccolata* | (*est., impropr.*) sformato, flan: *b. di asparagi*

†**budrière** o †**bodrière** [fr. *baudrier*, di etim. incerta ✱ 1643] s. m. ● larga striscia di cuoio portata dai soldati ad armacollo per appendervi la sciabola o la spada | bandoliera

♦**bùe** o (*lett.*) **bòve** [lat. *bŏve(m)*, di orig. indeur., che, attrav. *bŏe(m) – donde un *buŏe, che rappresenterebbe il sing. di *buoi* –, è approdato a *bue* ✱ 1221] s. m. (f. †*buèssa* (V.); pl. m. *buòi*) **1** genere di Mammiferi ruminanti appartenenti alla famiglia dei Bovidi, con corpo grosso e tozzo, corna presenti in entrambi i sessi (*Bos*) | (*per anton.*) una specie di tale genere (*Bos taurus*) **CFR.** muggire | ***bue marino***, dugongo | ***bue muschiato***, grosso mammifero ruminante con orecchie piccole, corna larghe e appiattite alla base, vello lunghissimo e ondulato e coda ridottissima (*Ovibos moschatus*) **2** correntemente, maschio adulto castrato dei bovini addomesticati | ***occhio di bue***, (*fig.*) occhio molto grande; (*est.*) finestrino tondo; (*est.*) lente convessa di lanterna | (*cucina*) ***uova all'occhio di bue***, uova fritte in un tegame in modo che il tuorlo rimanga intero | ***chiudere la stalla quando i buoi sono scappati***, V. *stalla*, sign. 1 | ***mettere il carro davanti ai buoi***, V. *carro* | **PROV.** ***moglie e buoi dei paesi tuoi***, V. *moglie* **3** (*est.*) carne di bue macellata o cucinata: *bue brasato al barolo* **4** (*fig.*) uomo stolido, ignorante, duro nell'apprendere | ***parco buoi***, (*gerg.*) l'insieme di coloro che, privi di adeguate competenze tecniche, giocano in borsa attratti dal miraggio di facili guadagni || †**buàccio**, **pegg.** (V.)

buen retiro /'bwen re'tiro, *sp.* 'bwen re'tiro/ [loc. sp., propr. 'buon ritiro, buon asilo', nome di un possedimento reale presso Madrid ✱ 1888] **loc. sost. m. inv.** ● luogo calmo e appartato, in cui si cercano riposo e tranquillità | (*est.*) ritrovo di amanti

†**buèssa** [deriv. scherz. di *bue* ✱ 1582] **s. f.** ● vacca | (*fig.*) donna rozza

bùfala [1303] **s. f. 1** femmina del bufalo: *mozzarella di b.* **2** (*fig.*, *scherz.*) errore, svista madornale | notizia giornalistica priva di fondamento **3** (*fig.*, *scherz.*) cosa di scarsa qualità: *dopo tante bufale, finalmente un buon film!*

bufalàio [av. 1589] **s. m.** (**f.** *-aia*, **pl. m.** *-ai*) ● (*merid.*) lavoratore addetto al governo e alla mungitura delle bufale e delle vacche | chi custodisce le mandrie di bufali

†**bufalàta** [av. 1584] **s. f.** ● corsa delle bufale, nella Firenze antica

bufalìno [1303] **agg.** ● di bufalo: *carne bufalina*

bùfalo o †**bùffalo**, (*lett.*) **bùffolo**, (*lett.*) **bùfolo** [lat. parl. *būfalu(m)*, parallelo di *būbalu(m)*, dal gr. *bóubalos*, di etim. incerta ✱ 1282] **s. m.** (**f.** *-a* (V.)) **1** genere di Mammiferi ruminanti dei Bovidi con arti robusti, pelame duro e setoloso, corna larghe e assai sviluppate e fronte convessa (*Bubalus*) | ***b. cafro***, dotato di grandi corna ricurve, molto aggressivo, diffuso nell'Africa subsahariana (*Syncerus caffer*) | (*fig.*) ***mangiare come un b.***, senza moderazione | (*fig.*) ***soffiare come un b.***, respirare affannosamente **2** (*fig.*) uomo goffo e grossolano || **bufalàccio**, **pegg.** | **bufalóne**, **accr.** | **bufalòtto**, **alter.**

†**bufàre** [forma dial. di *buffare* ✱ av. 1698] **v. intr. 1** †nevicare con vento **2** V. *buffare*

bufèra [da *buffare* in forma sett. ✱ 1313] **s. f. 1** fortunale, tempesta, tormenta **2** (*fig.*) sconvolgimento psicologico, sociale e sim. | periodo denso di avvenimenti drammatici: *la b. della rivoluzione* **SIN.** burrasca, tormenta

SFUMATURE ➤ *turbine*

bùffa① [vc. onomat., come *buffare* ✱ av. 1294] **s. f. 1** (*raro*, *lett.*) forte e improvviso soffio di vento: *la corta b. / d'i ben che son commessi a la fortuna* (DANTE *Inf.* VII, 61-62) **2** (*raro*, *lett.*) beffa, burla

bùffa② [da *buffa*①, in quanto 'parte dell'elmo per cui si respira (?)' ✱ 1618] **s. f. 1** cappuccio delle cappe di alcune confraternite | †berretto che copriva gli orecchi e parte della faccia **2** nelle antiche armature, visiera amovibile della celata aperta a protezione del volto dalla fronte alla bocca | †***tirar giù la b.***, (*fig.*) calare la maschera

†**bùffalo** ➤ **bufalo**

buffàre o †**bufàre** nel sign. 1 [vc. onomat., da *buff-* 'soffiare, gonfiare' ✱ sec. XIII] **A v. intr.** (aus. *avere*) **1** (*lett.*) sbuffare | (*lett.*) soffiare con forza, detto del vento **2** emettere un caratteristico soffio, detto di branchi di anatre in volo **3** (*fig.*) †dire sciocchezze **B v. tr.** ● nel gioco della dama, portar via all'avversario il pezzo con cui ha omesso di mangiare: *b. una pedina*

buffàta [av. 1803] **s. f.** ● soffio di vento, fumo e sim.: *una b. di vento portò fin lì dei canti lontani* (G. D'ANNUNZIO) **SIN.** sbuffo

buffatóre [1962] **s. m.** ● anticamente, operaio di vetreria che faceva i fiaschi soffiando nel vetro con l'apposita canna

buffè [av. 1722] **s. m. inv.** ● adattamento di *buffet* (V.)

buffer /'baffer, *ingl.* 'bʌfə(r)/ [vc. ingl., propr. 'cuscinetto' ✱ 1983] **s. m. inv.** ● (*inform.*) memoria di transito sulla quale si immagazzinano dati prima del loro trasferimento sull'unità periferica oppure prima del loro trasferimento in memoria centrale

bufferizzàre /bafferid'dzare, bufferid'dzare/ [da *buffer* ✱ 1994] **v. tr.** ● (*inform.*, *elettr.*) dotare un dispositivo di buffer || **bufferizzazióne**, **s. f.**

buffet /buf'fε*, *fr.* by'fε/ [vc. fr., di etim. incerta ✱ av. 1646] **s. m. inv. 1** credenza a uno o due corpi usata per conservare o esporre argenterie e stoviglie **CFR.** buffetto③ **2** tavola su cui nei ricevimenti sono esposti o serviti cibi, vini, bibite e sim. | ***a b.***, detto di pasto in cui i commensali si servono da soli | (*est.*) rinfresco **CFR.** buffetto③ **3** bar, caffè con tavola calda o fredda, ristorante in luoghi di transito o sosta: *b. della stazione ferroviaria* **CFR.** buffè

buffetterìa① [da *buffet* ✱ 1955] **s. f.** ● servizio di buffet

buffetterìa② [fr. *buffeteries* 'oggetti di pelle di bufalo (*buffle*)' ✱ 1812] **s. f.** ● (**spec. al pl.**) l'insieme degli accessori in cuoio del cacciatore e del soldato

buffétto① [dalla vc. onomat. *buff-* 'soffio; gonfio' per la sua leggerezza ✱ av. 1449] **agg.** ● nella loc. ***pan b.***, (*sett.*) tipo di pane fino, soffice

♦**buffétto**② [da *buffa*①, con lo stesso sviluppo che ha portato il fr. *souffler* 'soffiare' a *soufflet* 'schiaffo' ✱ av. 1363] **s. m.** ● colpo leggero dato con le dita sulla guancia o (*raro*, *lett.*) facendo schioccare le dita: *lo salutò con un b. affettuoso*

buffétto③ [av. 1646] **s. m.** ● (*raro*, *lett.*) adattamento di *buffet* (V.) nei sign. 1 e 2

bùffo① [da *buffare* ✱ sec. XIV] **s. m.** ● soffio, impetuoso e improvviso: *giungevano buffi salmastri* (E. MONTALE) | sbuffo di fumo e sim. **SIN.** buffata || **buffétto**, **dim.**

SFUMATURE ➤ *folata*

♦**bùffo**② [tratto da *buffone*① ✱ av. 1764] **A agg. 1** che provoca ilarità: *un tipo b.* | che è ridicolo e bizzarro insieme: *mi fate una figura così buffa* (G. CARDUCCI) **2** comico: *opera buffa*; *attore b.* || **buffaménte**, **avv.** **B s. m.** ● attore cui sono affidati i ruoli comici o grotteschi nell'opera lirica **C s. m. solo sing.** ● cosa buffa, elemento o particolare ridicolo: *il b. è che ha ragione lui* | comicità: *scoprire, notare il b. di una situazione*

SFUMATURE ➤ *comico*

bùffo③ [vc. di orig. espressiva ✱ 1950] **s. m.** ● (*roman.*) debito: *fare un b.*; *essere pieno di buffi*

†**bùffola** [dalla vc. onomat. *buff-* 'soffio' ✱ 1309] **s. f.** ● (*raro*) inezia

bùffolo ➤ **bufalo**

buffonàggine [da *buffone*① ✱ 1634] **s. f.** ● (*raro*) mancanza di serietà | azione, discorso, comportamento da buffone

†**buffonàre** [av. 1400] **v. intr.** ● fare il buffone

buffonàta [av. 1731] **s. f. 1** antica azione scenica all'aperto rappresentata durante il Carnevale in Versilia **2** azione, discorso da buffone | azione, discorso di nessuna serietà: *fare, dire buffonate*; *è una b., non una cosa seria* **SIN.** pagliacciata

♦**buffóne**① [dall'onomat. *buff-* 'gonfiare (le gote)' per far ridere ✱ 1266] **s. m.** (**f.** *-a*) **1** individuo per lo più fisicamente deforme che nel Medio Evo e nel Rinascimento esercitava il mestiere di divertire i signori: *b. di corte* **SIN.** giullare **2** (*fig.*) chi volge in ridicolo le cose serie e intrattiene gli altri divertendoli **SIN.** burlone, pagliaccio **3** (*fig.*) persona priva di serietà e dignità: *qual motivo di ridere trovate in ciò? b.* (C. GOLDONI) || **buffonàccio**, **pegg.** | **buffoncèllo**, **dim.** | **buffoncìno**, **dim.**

buffóne② [da *buffo* 'gonfio', per la sua forma ✱ 1618] **s. m.** ● vaso di vetro, panciuto e corto di collo, usato un tempo per tenere in fresco le bevande || **buffoncìno**, **dim.**

buffoneggiàre [da *buffone*① ✱ av. 1325] **v. intr.** (**pres.** *io buffonéggio*; **fut.** *io buffoneggerò*; **aus.** *avere*) ● fare il buffone

buffonerìa [av. 1396] **s. f. 1** (*lett.*, *raro*) arte, spettacolo del buffone **2** atteggiamento, atto o discorso da buffone | buffonata

buffonésco [1483] **agg.** (**pl. m.** *-schi*) ● (*raro*) di buffone | (*est.*) ridicolo, privo di serietà || **buffonescaménte**, **avv.**

buffonìsta [trad. it. del fr. *bouffon* 'attore di opere buffe', dall'it. *buffone* ✱ av. 1795] **s. m. e f.** (**pl. m.** *-i*) ● (**spec. al pl.**) ciascuno degli attori italiani che nel XVIII sec. introdussero in Francia l'opera buffa e altri spettacoli leggeri

bùfolo ➤ **bufalo**

†**bufonchiàre** ➤ **bofonchiare**

†**bufóne** [vc. dotta, lat. *būfōne(m)*, vc. onomat. ✱ av. 1342] **s. m.** ● rospo

buftalmìa [vc. dotta, da *buftalmo* ✱ 1819] **s. f.** ● (*med.*) protrusione dell'occhio dalla cavità orbitaria

buftàlmo [dal gr. *boúphthalmos*, comp. di *bôus* 'bue' e *ophthalmós* 'occhio' ✱ 1561] **s. m. 1** pianta erbacea delle Composite con foglie alterne su uno stelo gracile e grandi capolini solitari di fiori gialli (*Buphtalmum salicifolium*) **SIN.** (*pop.*) occhio di bue **2** (*med.*) idroftalmo

bug /bag, *ingl.* bʌg/ [vc. ingl., propr. 'cimice, insetto', che negli Stati Uniti assunse anche il sign. di 'difetto in un meccanismo' ✱ 1983] **s. m. inv.** ● (*inform.*) baco

buganvìllea, (*evit.*) **buganvillèa** [dal n. del navigatore al quale è stata dedicata, L.-A. de *Bougainville* (1729-1811) ✱ 1839] **s. f.** (**pl.** *buganvillee*, *evit. buganvillée*) ● pianta arbustiva delle Nictaginacee con rami spinosi e fiori piccoli avvolti da tre brattee di colore variabile dal rosa al porpora (*Bougainvillea spectabilis*)

bugànza [etim. incerta ✱ 1585] **s. f.** ● (*sett.*) gelone

bùggera [da *buggerare* ✱ av. 1803] **s. f. 1** (*tosc.*) sproposito, fandonia, stupidaggine **SIN.** buggerata **2** (*tosc.*, **spec. al pl.**) stizza, rabbia

buggeràre [dal lat. tardo *būgeru(m)*, var. di *būlgaru(m)* 'bulgaro', poi 'eretico' (perché i bulgari avevano aderito all'eresia patarina), quindi 'sodomita' (secondo l'uso di adoperare n. di eretici come termini d'insulto) ✱ av. 1327] **v. tr.** (*io bùggero*) **1** (*volg.*) †compiere atti di sodomia **2** (*fig.*, *colloq.*) ingannare: *s'è lasciato b. come un novellino* **SIN.** buscherare

buggeràta [av. 1803] **s. f. 1** (*tosc.*) stupidaggine, fandonia, frottola: *badate ai fatti vostri e alle buggerate che vi contano* (R.

BACCHELLI) **2** (*tosc.*) buggeratura

buggeratùra [1959] s. f. ● (*colloq.*) raggiro, imbroglio

buggerìo [av. 1802] s. m. (pl. -ii) **1** (*tosc.*) chiasso, frastuono, confusione **2** (*tosc.*) gran quantità

buggeróne [av. 1327] **A** s. m. (f. -a); anche agg. ● (*tosc.*) chi (o che) buggera **B** agg. ● (*tosc.*) molto grande, straordinario: *paura buggerona*

buggettàrio ➤ **budgetario**

bùghi-bùghi [1945] s. m. inv. ● (*raro*) adattamento di *boogie-woogie* (V.)

bugìa① [fr. *bougie*, dal n. della città algerina *Bougie*, da cui si importavano cera e candele rinomate ✱ 1622] s. f. (pl. -gìe) ● portacandela la cui base è costituita da un piattellino con manico | lucerna a olio costituita da una piccola cassetta cilindrica

✦**bugìa**② [ant. provenz. *bauzia*, dal germ. *bausja* 'cattiveria, inganno' ✱ 1261 ca.] s. f. (pl. -gìe) **1** affermazione volutamente contraria alla verità: *dire, raccontare bugie, un sacco di bugie*; *io non venni qui per dirvi le bugie* (G. BOCCACCIO) | *b. pietosa*, che dissimula la verità per evitare conseguenze dolorose o comunque gravi: *la b. pietosa / A' medici è concessa...* (F.M. PIAVE *La Traviata* di G. Verdi) SIN. fandonia, frottola, menzogna | PROV. *le bugie hanno le gambe corte*, le bugie vengono presto scoperte e non ti portano lontano **2** (*fam.*) macchietta bianca sulle unghie **3** (*cucina*, spec. al pl.) nome usato in Piemonte per il cencio (V. *cencio* nel sign. 6) || **bugiàccia**, pegg. | **bugiétta**, dim. | **bugiòla**, dim.

SFUMATURE DI SIGNIFICATO

bugia - menzogna - falsità

Un'affermazione coscientemente contraria alla verità è una **bugia**. Mentre la *bugia* può essere di lieve entità, e talvolta anche simpatica, **menzogna** sancisce un comportamento riprovevole, le cui conseguenze non sono mai leggere. **Falsità** è una frase o un'azione non corrispondente al vero, ma può anche non essere conseguenza di un'intenzione fraudolenta.

SFUMATURE ➤ *fandonia*, ➤ *invenzione*, ➤ *menzogna*

bugianèn /budʒa'nɛn/ [vc. piemontese, propr. 'che non (*nen*) si muove (dal v. *bugié*)', variamente interpretato: 'pigro' oppure 'che non si sposta dalla posizione conquistata' ✱ 1860] s. m. e f. inv. ● (*scherz.*) nomignolo dato ai piemontesi | (*est.*) persona tenace e caparbia | (*spreg.*) persona indolente

bugiardàggine [1955] s. f. ● caratteristica di chi è bugiardo

bugiarderìa [av. 1742] s. f. **1** (*raro*) menzogna **2** (*raro, lett.*) bugiardaggine

bugiardìno [deriv. scherz. di *bugiardo* ✱ 1983] s. m. ● foglietto accluso alla confezione di un farmaco, del quale spiega le caratteristiche, le indicazioni terapeutiche, la posologia e sim.

✦**bugiàrdo** [ant. provenz. *bauzios*, da *bauzia* 'bugia②', con suff. pegg. ✱ 1268] **A** agg. **1** che dice bugie | †*fare b. qlcu.*, smentirlo **2** (*lett.*) ingannevole, illusorio: *la bugiarda speranza ti guida intanto per mano* (U. FOSCOLO) | falso, menzognero: *lacrime, promesse bugiarde* | che non rispecchia il reale andamento di una prova, una gara e sim.: *un risultato b.* **3** †detto di una qualità di pera che sembra acerba e non lo è || **bugiardaménte**, avv. falsamente **B** s. m. (f. -a) ● persona bugiarda: *è un b. incorreggibile*; *dare a qlcu. del b.* SIN. impostore || **bugiardàccio**, pegg. | **bugiardèllo**, dim. | **bugiardìno**, dim. | **bugiardóne**, accr.

SFUMATURE ➤ *insincero*

†**bugiàre**① [ant. provenz. *bauzar* 'ingannare con bugia (*bauza*)' ✱ sec. XIII] v. intr. ● dire bugie: *e certo i' non vi bugio* (DANTE *Purg.* XVIII, 109)

†**bugiàre**② [da *bugio* nel senso di 'buco' ✱ 1532] v. tr. ● bucare

✦**bugigàttolo** [da *bugio* del *gatto* (?) ✱ sec. XV] s. m. ● stanzino oscuro, spec. usato come ripostiglio: *un b. d'una cameruccia di questa giovane serva* (B. CELLINI) | abitazione ristretta e squallida: *vivere in un b.*

†**bùgio** o (*sett.*) †**bùso** [sing. tratto dal pl. di 'buco' nella forma sett. *bugi* (?) ✱ 1321] agg. ● bucato, vuoto

†**bugliàre** [da *buglia* ✱ av. 1388] v. intr. e †**bugliàrsi** v. intr. pron. ● imbrogliarsi, ingarbugliarsi

bugliòlo o (*lett.*) **bugliuòlo** [dal lat. parl. *būlliu(m) 'tino', di orig. celt. (?) ✱ sec. XIV] s. m. **1** (*mar.*) secchio con un cavo collegato al manico, per attingere acqua dal mare **2** vaso per escrementi, in uso, spec. in passato, nelle carceri

buglióne [fr. *bouillon*, da *bouillir* 'bollire' ✱ sec. XIII] s. m. **1** †brodo, broda **2** (*raro, fig., lett.*) mescolanza, accozzaglia di gente e cose disparate

bugliuòlo ➤ **bugliolo**

buglòssa [vc. dotta, lat. *buglōssa(m)*, dal gr. *bóuglōssos*, comp. di *bôus* 'bue' e *glôssa* 'lingua' ✱ sec. XIV] s. f. ● pianta erbacea delle Borraginacee con fusto eretto, foglie intere e fiori in racemi di color viola o bianco (*Anchusa officinalis*) SIN. lingua di bue | *b. vera*, borragine

bùgna [lat. parl. *būnia(m), di etim. incerta ✱ 1550] s. f. **1** pietra lavorata sporgente da un muro: *b. rozza* o *rustica, piana* o *liscia, a diamante* SIN. bozza **2** (*mar.*) rinforzo metallico, di corda o di cuoio degli angoli delle vele, dotato di un anello cui si fissano le manovre; (*est.*) l'anello stesso | deformazione della carena della nave provocata da una collisione | raddoppio della carena per rinforzo e protezione **3** arnia

bugnàre [1853] v. tr. (coniug. come *segnare*) ● lavorare a bugne una facciata o un muro

bugnàto **A** part. pass. di *bugnare*; anche agg. **1** nel sign. del v. **2** (*mar.*) *carena bugnata*, cui è stata sovrapposta la bugna **B** s. m. ● paramento murario formato da bugne, in uso nell'architettura romana e medievale e spec. nei palazzi del Rinascimento | *b. rustico*, a bugne appena sbozzate dalla superficie ruvida | *b. liscio*, a bugne regolarmente squadrate dalla superficie levigata | *b. a punta di diamante*, a bugne sfaccettate in forma di piramide con la punta rivolta verso l'esterno

bùgno [da *bugna* ✱ sec. XIII] s. m. ● arnia rustica per api a favo fisso simile al ricovero naturale

bùgnola [da *bugna* ✱ av. 1449] s. f. **1** (*tosc.*) paniere di paglia per biade, crusca e sim. | cestina **2** (*tosc.*) cattedra, spec. degli accademici della Crusca

bùgola o (*tosc.*) **bùgula** [etim. incerta ✱ 1829] s. f. ● pianta erbacea delle Labiate con stoloni, foglie ovate opposte e fiori blu-violetti (*Ajuga reptans*)

buh ➤ **buu**

buiatrìa [comp. di *bu(e)* e *-iatria* ✱ 1969] s. f. ● settore della veterinaria che si occupa delle malattie dei bovini

†**buìccio** [av. 1527] s. m. **1** dim. di *buio* **2** penombra: *così al b.* (N. MACHIAVELLI)

bùina ➤ **bovina**

✦**bùio** o †**bùro** [lat. parl. *būriu(m), da *būrrus* 'rosso cupo' con sovrapposizione di altra vc. ✱ sec. XIII] **A** agg. (pl. m. *bui*) **1** che è privo di luce, che non è illuminato: *stanza buia*; *era una notte buia* | *tempo b.*, nuvoloso | (*fig.*) preoccupante, triste: *avvenire b.*; *tempi bui* SIN. oscuro, tenebroso **2** (*fig.*) corrucciato, triste: *mi sono alzata così buia!* (V. PRATOLINI) **3** (*fig.*) di difficile comprensione: *la mia narrazion buia* (DANTE *Purg.* XXXIII, 46) | PROV. *al b. tutti i gatti sono bigi*, in certe situazioni non si possono fare distinzioni SIN. astruso **B** s. m. **1** mancanza di luce: *il paesino era immerso nel b.* | *b. pesto, fitto, che si affetta*, molto intenso | *al b.*, nell'oscurità | *avvolto nel b.*, (*fig.*) ignorato, misterioso | *essere al b.*, (*fig.*) ignorare | *tenere al b.*, (*fig.*) nascondere | *fare un salto nel b.*, (*fig.*) affrontare qlco. senza poterne prevedere le conseguenze | *mettere al b.*, (*raro*) in prigione SIN. oscurità, tenebra CONTR. luce **2** (*fig., lett.*) ciò che è poco comprensibile o poco noto: *ti perdi nel b.* (L. PIRANDELLO) **3** nel gioco del poker, puntata effettuata prima di vedere le carte, di valore doppio del piatto: *aprire al b.* || **buiàccio**, pegg. | †**buìccio**, dim. (V.) | **buiétto**, dim.

SFUMATURE DI SIGNIFICATO

buio - cupo - tenebroso

Buio è ciò che è privo di luce, non è illuminato. **Cupo** ha lo stesso significato, ma aggiunge una sfumatura di tristezza, di oppressione; sia *cupo* sia *buio* possono essere usati figuratamente per descrivere una situazione che appare preoccupante e priva di prospettive di miglioramento. **Tenebroso** è ugualmente ciò che è avvolto dalla più completa oscurità, ed evoca insieme un senso di mistero, di pericolo imminente; in riferimento a persona, si usa per descrivere comportamenti poco chiari, elusivi.

SFUMATURE ➤ *oscurità*

†**buióre** [av. 1292] s. m. ● oscurità

buiósa [av. 1587] s. f. ● (*gerg., lett.*) prigione

bulbàre [1879] agg. ● (*anat.*) del bulbo, relativo al bulbo

bulbicoltóre [comp. di *bulbo* e *-coltore* ✱ 1986] s. m. (f. *-trice*) ● chi si dedica alla bulbicoltura

bulbicoltùra [comp. di *bulbo* e *-coltura* ✱ 1965] s. f. ● branca della floricultura relativa alla coltivazione delle piante bulbose da fiore

bulbìfero [vc. dotta, comp. di *bulbo* e *-fero* ✱ 1817] agg. ● fornito di bulbo

bulbifórme [vc. dotta, comp. di *bulbo* e *-forme* ✱ 1829] agg. ● che ha forma di bulbo

bulbìllo [vc. dotta, lato *bulbĭllu(m)*, dim. di *bŭlbus* 'bulbo' ✱ 1829] s. m. ● (*bot.*) gemma aerea che, staccata dalla pianta madre, è capace di emettere radici dando origine a una nuova pianta

bùlbo [vc. dotta, lat. *bŭlbu(m)*, dal gr. *bolbós*, con reduplicazione fonosimbolica ✱ av. 1313] s. m. **1** (*bot.*) grossa gemma sotterranea formata da un breve fusto circondato da foglie a forma di squame **2** (*anat.*) formazione globosa o fusiforme | *b. pilifero*, radice germinale del pelo | *b. oculare*, nella cavità orbitale, sfera nella cui sezione anteriore è posta la cornea | *b. rachidiano*, midollo allungato **3** involucro di vetro delle lampadine: *b. azzurrato*; *b. bianco* **4** (*est.*) oggetto sferico atto a contenere liquidi: *nel b. del termometro è posto il mercurio* **5** (*mar.*) corpo affusolato, gener. in ghisa o piombo, posto in funzione di zavorra all'estremità della deriva per migliorare la stabilità trasversale dello scafo | (*est.*) la deriva stessa | *prua a b.*, rigonfiamento posto all'estremità della parte immersa della prua profilato per ridurre la resistenza all'avanzamento **6** (*ferr.*) *ferro a b.*, laminato con la sezione simile a quella della rotaia || **bulbétto**, **bulbettìno**, dim.

bulbocàstano [vc. dotta, comp. di *bŭlbu(m)* 'bulbo' e del gr. *kástanon* 'castagna' ✱ 1832] s. m. ● pianta erbacea delle Apiacee con fiori bianchi e radice tuberosa commestibile (*Bunium bulbocastanum*) **SIN.** castagna di terra

bulbósa (o -ṣ-) [f. sost. di *bulboso* ✱ 1829] **s. f.** ● (**spec. al pl.**) nel giardinaggio, ogni pianta con fusti sotterranei perenni quali bulbi, tuberi e rizomi

bulbóso (o -ṣ-) [lat. *bulbōsu(m)*, da *bŭlbus* 'bulbo' ✱ 1561] **agg.** ● fornito di bulbo | bulbiforme

†**buldriàna** [etim. incerta ✱ av. 1484] **s. f.** ● baldracca

bulè o **bùle** [vc. dotta, gr. *boulḗ* ✱ 1892] **s. f. inv.** ● nell'antica Grecia, consiglio dei rappresentanti della polis

†**bulèṣia** [etim. incerta ✱ sec. XIV] **s. f.** ● (*zool.*) fettone

bulèuta [vc. dotta, gr. *bouleutḗs* ✱ 1892] **s. m.** (**pl.** *-i*) ● nell'antica Grecia, membro della bulè

bùlgaro [lat. tardo *Bŭlgaru(m)*: propr. 'uomini del Volga (*Bolg*)' (?) ✱ av. 1367] **A agg. 1** della Bulgaria: *cittadino b.*; *cuoio, ricamo b.*; *lingua bulgara* **2** (*fig.*; *spreg.*) grigio, rigido, ottuso (con riferimento al regime bulgaro degli anni 1946-1990, il più allineato all'ex Unione Sovietica): *burocratismo, dogmatismo b.* | ***elezioni bulgare***, caratterizzate da risultati plebiscitari (V. nota d'uso STEREOTIPO) **B s. m. 1** (**f.** *-a*) abitante o nativo della Bulgaria **2** cuoio pregiato, rosso cupo e odoroso, usato in pelletteria e in legatoria **3** ricamo vivacemente variopinto **C s. m. solo sing.** ● lingua del gruppo slavo, parlata dai Bulgari

bulge /baldʒ, *ingl.* bʌldʒ/ [ant. fr. *bouge*, da *bŭlga* 'sacco di cuoio', per la forma concava ✱ 1955] **s. m. inv.** ● (*mar.*) controcarena

bulgur /*turco* bul'gur/ [vc. turca ✱ 1794] **s. m. inv.** ● semola ottenuta dalla macinazione grossolana di cariossidi di grano precotte e seccate, utilizzata spec. nella cucina mediorientale

bulicàme [da *bulicare* ✱ 1313] **s. m. 1** (*raro*) sorgente da cui l'acqua sgorga bollendo e gorgogliando | gorgoglio d'acque correnti | (*lett.*) spec. nell'Inferno dantesco, fiume di sangue bollente: *parea che di quel b. uscisse* (DANTE *Inf.* XII, 117) **2** (*geol.*) vulcanetto di fango **SIN.** salsa② **3** (*fig.*) moltitudine confusa di persone o di cose

bulicàre o †**bollicàre** [lat. **bullicāre*, iter. di *bullire* 'bollire' ✱ 1385] **v. intr.** (*io bùlico, tu bùlichi*; **aus.** *avere*) **1** (*lett.*) bollire, ribollire, spec. dell'acqua **2** (*raro, fig.*) brulicare | agitarsi

†**bùlima** [etim. incerta ✱ av. 1587] **s. f.** ● frotta confusa di persone

bulimìa [vc. dotta, gr. *boulimía* 'fame divoratrice', comp. di *bôus* 'bue' nel senso di 'grande' e *limós* 'fame' ✱ 1499] **s. f.** ● (*med.*) sensazione morbosa di appetito insaziabile con necessità di ingerire eccessive quantità di cibo **SIN.** polifagia, licoressia **CFR.** anoressia

SFUMATURE ➤ *fame*

bulìmico [1985] **A agg.** (**pl. m.** *-ci*) ● (*med.*) che riguarda la bulimia **B agg. e s. m.** (**f.** *-a*) ● che (o chi) soffre di bulimia

bulìna ➤ **bolina**

bulinàre [da *bulino* ✱ av. 1698] **v. tr.** ● incidere col bulino: *b. il rame*

bulinatóre [1955] **s. m.** (**f.** *-trice*) ● chi incide col bulino | incisore

bulinatùra [sec. XV] **s. f.** ● incisione col bulino

bulinìsta [1753] **s. m. e f.** (**pl. m.** *-i*) ● bulinatore

bulìno [etim. incerta: dal longob. **boro* 'succhiello' (?) ✱ 1427] **s. m.** ● piccolo strumento di acciaio con punta tagliente per incidere metalli, cuoio e pelli | ***arte del b.***, quella dell'incisione

bull /*ingl.* bul/ [vc. ingl., propr. 'toro': V. l'opposto *bear* 'orso' ✱ 1955] **s. m. inv.** ● (*banca*) nel linguaggio della borsa, speculatore al rialzo **SIN.** rialzista, toro **CFR.** bear, orso

†**bùlla** ➤ **bolla**① e **bolla**②

bullàggine [1985] **s. f.** ● caratteristica di chi si comporta da bullo **SIN.** spavalderia, sfrontatezza **CFR.** bullismo

bulldòg /bul'dɔg, *ingl.* 'bul,dɒg/ [vc. ingl., comp. di *bull* 'toro' e *dog* 'cane' ✱ 1844] **s. m. inv.** ● razza di cani tozzi e massicci, a pelo raso e con accentuato prognatismo della mandibola | correntemente, cane di tale razza

bulldòzer /bul'dɔddzer, *ingl.* 'bul,dəuzə(r)/ [da *to bulldoze*, nell'ingl. d'America 'intimidire con la forza', di etim. incerta ✱ 1945] **s. m. inv.** ● macchina semovente cingolata, munita anteriormente di una grande lama per sbancare e spianare terreni, estirpare alberi e cespugli, sgomberare macerie e sim. | (*fig.*) schiacciasassi

bulleggiàre [da *bullo* ✱ 1986] **v. intr.** (**pres.** *io bulléggio*; **fut.** *io bulleggerò*; **aus.** *avere*) ● comportarsi da bullo, da prepotente

bullétta o **bollétta**① [dim. del lat. *bŭlla* 'bolla②', per la forma ✱ av. 1367] **s. f. 1** chiodo corto a capocchia larga **2** V. *bolletta*① nei sign. 1 e 2 ‖ **bullettina**, **dim.** | **bullettóne**, **accr. m.**

bullettàio [1362 ca.] **s. m.** (**f.** *-aia*, **pl. m.** *-ai*) ● fabbricante o venditore di bullette

bullettàme [av. 1374] **s. m.** ● insieme di bullette o chiodi, di forma e grandezza varia

bullettàre [1822] **v. tr.** (*io bullétto*) ● ornare con bullette

bullettatùra [1887] **s. f.** ● operazione del bullettare | guarnizione di bullette

bullettìno ➤ **bollettino**

bullettonàto [da *bullettone*, accr. di *bulletta*, per la forma dei pezzi che lo compongono ✱ 1955] **A s. m.** ● tipo di pavimento costituito da pezzi di marmo o travertino uniti con malta di cemento **B anche agg.**: *pavimento b.*

bullionìṣmo [ingl. *bullionism*, da *bullion*, neerlandese *bulioen*, di orig. fr. (*billon*, anche 'lingotto'), accr. di *bille* nel senso di 'parte di albero' ✱ 1955] **s. m.** ● sistema monetario teorizzato nell'Ottocento, in cui la libera convertibilità dei biglietti in circolazione è garantita dall'integrale copertura in oro presso l'istituto emittente

bullionìsta [1955] **A agg.** (**pl. m.** *-i*) ● basato sul bullionismo: *politica monetaria b.* **B s. m. e f.** ● sostenitore del bullionismo

bullìṣmo [da *bull(o)* con il suff. *-ismo* ✱ 1958] **s. m.** ● comportamento da bullo da parte di un individuo o di un gruppo sociale: *il fenomeno del b. nelle scuole* | ***b. online***, cyberbullismo **CFR.** bullaggine

bullìstico [1994] **agg.** (**pl. m.** *-ci*) ● relativo a bullo o a bullismo | da bullo: *atteggiamenti bullistici*

bùllo o **bùlo** [etim. incerta ✱ 1547] **A s. m.** (**f.** *-a*) **1** giovane prepotente | teppista: *bulli di quartiere, di periferia* **2** (*est.*) bellimbusto | chi si mette in mostra con spavalderia: *fare il b.* ‖ **bullétto**, **dim.** **B agg.** ● spavaldo, sfrontato, prepotente: *aria bulla*

bullonàggio [1986] **s. m.** ● bullonatura

bullonàre [da *bullone* ✱ 1921] **v. tr.** (*io bullóno*) ● unire o inchiodare con bulloni

bullonatùra [1965] **s. f.** ● applicazione di bulloni

bullóne [fr. *boulon*, dim. di *boule* 'bolla①' ✱ 1892] **s. m.** ● organo di collegamento di parti di macchine, composto da una vite di unione e da un dado avvitato all'estremità filettata della vite ‖ **bulloncìno**, **dim.**

bullonerìa [1950] **s. f. 1** fabbrica di bulloni **2** insieme dei vari tipi di bulloni usati nei collegamenti meccanici

bull tèrrier /bul'terier, *ingl.* 'bul,teriə(r)/ [loc. ingl. comp. di *bull(dog)* e *terrier* ✱ sec. XX] **loc. sost. m. inv.** (**pl. ingl.** *bull terriers*) ● cane di taglia media, assai robusto, caratterizzato da pelo corto e ruvido e testa a forma di uovo, ottenuto dall'incrocio fra il terrier e il bulldog

bùlo ➤ **bullo**

†**bulsìno** [da *bolso* ✱ sec. XIV] **s. m.** ● (*raro*) bolsaggine

bum [vc. onomat. ✱ 1860] **inter. 1** riproduce il rumore forte e rimbombante di un colpo, spec. quello di un'esplosione | riproduce il suono della grancassa (*spec. iter.*): *cin cin bum bum* **2** (*fig.*) esprime incredulità, sottolineando ironicamente una grossa bugia, una spacconata

bùmerang [1908] **s. m. inv.** ● adattamento di *boomerang* (V.)

bùna® [comp. con le sillabe iniziali di *bu(tadiene)* e *na(trium)* 'sodio' ✱ 1938] **s. f.** ● gomma sintetica ottenuta per polimerizzazione del butadiene usando come catalizzatore il sodio

bundle /'bandol, *ingl.* bʌnd(ə)l/ [vc. ingl., propr. 'fascio, involto' ✱ 1994] **s. m. inv.** ● combinazione di prodotti offerti in vendita a un prezzo vantaggioso

bunèt ➤ **bonet**

bungalow /'bangalo(v), 'bu-, *ingl.* 'bʌŋgə,ləu/ [vc. ingl., di orig. indostana: *banglā* 'bengalese' cioè originariamente '(casa) del Bengala' ✱ 1844] **s. m. inv.** ● villino a un piano, con grandi verande | (*est.*) casetta per turisti, spec. in campeggi e villaggi di vacanza

bungee jumping /*ingl.* 'bʌndʒi,dʒʌmpiŋ/ [loc. ingl., propr. 'saltatore (*jumping*) con corda speciale (*bungee*, di orig. sconosciuta)' ✱ 1993] **loc. sost. m. inv.** ● pratica sportiva consistente nel lanciarsi da un'altezza di varie decine di metri, di solito da ponti, legati per i piedi con una lunga corda elastica assicurata a un sostegno; si cade fino a una certa distanza dal suolo o dall'acqua rimbalzando ripetutamente verso l'alto

bùnker① /'bunker, *ingl.* 'bʌŋkə(r)/ [vc. ingl., propr. 'deposito (di carbone in un'officina)' ✱ 1852] **s. m. inv. 1** deposito di carbone o di altro combustibile, in navi, locomotive e sim. **2** (*sport*) ostacolo artificiale su un percorso di golf, gener. consistente in una buca riempita di sabbia e munita di un riparo opposto alla direzione della palla

bùnker② /'bunker, *ted.* 'buŋkʌ/ [vc. ted., presa nel sec. XIX dall'ingl. *bunker* (V. *bunker*①) ✱ 1940] **A s. m. inv.** (**pl. ted.** *Bunker*) **1** ricovero militare sotterraneo in cemento armato, spesso protetto da lastre d'acciaio | casamatta in cemento armato **2** (*fig.*) luogo talmente protetto da risultare quasi inaccessibile: *si è chiuso nel b. del suo ufficio* **B in funzione di agg. inv.**: *aula b.*

bunkeràggio /bunke'raddʒo/ [1942] **s. m.** ● (*mar.*) rifornimento di carburante

bunkeràre /bunke'rare/ [da *bunker*① ✱ 1942] **A v. tr.** (*io bùnkero*) ● (*mar.*) rifornire una nave di carburante **B v. intr.** (**aus.** *avere*) ● (*mar.*) rifornirsi del combustibile necessario per coprire la rotta stabilita

Bunodónti [comp. del gr. *bounós* 'montagna, collina' (di orig. sconosciuta) e di *odonto-*: detti così perché hanno i denti molari arrotondati nella corona ✱ 1892] **s. m. pl.** (**sing.** *-e*) ● (*zool.*) famiglia di Artiodattili a dentatura completa, spesso con zanne e molari a cuspidi arrotondate (*Bunodontia*)

buonacristiàna [comp. del f. di *buono* e del f. di *cristiano* ✱ 1738] **s. f. inv.** ● (*bot.*) pera William

buonafède o **buòna féde** [comp. del f. di *buono*① e *fede* ✱ 1219] **s. f.** (**pl.** *buonefédi*, *ra-*

ro) **1** convinzione di pensare o agire onestamente, giustamente e senza arrecare danno a nessuno: *era in b. quando ha preso la sua decisione* **2** ingenuità, fiducia: *approfittare della b. di qlcu.*

buonagràzia o **buòna gràzia**, (*raro*) **bonagràzia** [comp. del f. di *buono*① e *grazia* ✻ 1797] **s. f.** (**pl.** *buonegràzie*) ● cortesia, gentilezza | ***con tua b.***, se non ti spiace, se permetti

buonalàna o **buòna làna**, (*raro*) **bonalàna** [comp. del f. di *buono*① e *lana* ✻ 1865] **s. f.** (**pl.** *buonelàne*) ● birbante (*spec. iron.*)

buonamàno o **buòna màno**, (*raro*) **bonamàno** [comp. del f. di *buono*① e *mano* ✻ av. 1793] **s. f.** (**pl.** *buonemàni*) ● (*disus.*) mancia

buonamòrte o **buòna mòrte**, **bonamòrte** [comp. del f. di *buono*① e di *morte* ✻ av. 1492] **s. f.** (**pl.** *buonemòrti*) ● morte serena, spec. dei cattolici muniti dei conforti religiosi | (*est.*) preghiera o funzione liturgica per ottenere una buona morte

buonànima o **buòn'ànima**, (*raro*) **bonànima** [comp. del f. di *buono*① e di *anima* ✻ 1802] **A** **s. f.** (**pl.** *buonànime*) ● persona defunta degna di memoria affettuosa e rispettosa: *così diceva sempre la b.*; *la b. di mia nonna, di mio zio* **B** in funzione di **agg. inv.**: *mio nonno b.*; *tua madre b.*

buonanòtte o **buòna nòtte**, **bonanòtte** [comp. del f. di *buono*① e *notte* ✻ 1353] **A** **inter.** ● si usa come saluto augurale o di commiato lasciandosi a tarda ora o prima di andare a letto | (*fam.*) ***b.!***, ***b. suonatori!***, ***b. al secchio!***, non c'è più niente da fare, è finita e sim. **B** **s. f. inv.** **1** la formula stessa del saluto: *dare, augurare la b.*; *il bacio della b.* **2** (*pop.*) bricco o tazza di ceramica, sorretti da un corpo cilindrico bucherellato contenente un lumino a olio o a cera, in cui un tempo si tenevano caldi per la notte infusi, tisane e sim.

♦**buonaséra** o **buòna séra**, **bonaséra** [comp. del f. di *buono*① e *sera* ✻ 1365] **A** **inter.** **1** si usa come saluto augurale nel mezzo del pomeriggio o alla sera, incontrandosi o accomiatandosi **2** (*fam.*) esprime disappunto o sorpresa di fronte a contrarietà o eventi inaspettati: *b., ho sbagliato di nuovo!* **B** **s. f. inv.** (*raro* **m.**) ● la formula stessa del saluto: *dare la b.*

buonauscìta ➤ **buonuscita**

buonavòglia o (*lett.*) **buòna vòglia**, †**bonavòglia** [comp. del f. di *buono*① e *voglia*, nel senso di 'volontario' ✻ av. 1250] **A** **s. f.** (**pl.** *buonevòglie*) ● (*raro*) buona volontà, lena | ***di b.***, volentieri: *tornò a lavorare di b.* (G. VERGA) **B** **s. m. inv.** **1** (*tosc.*) giovane medico che presta servizio gratuito negli ospedali **2** †chi remava volontariamente nelle galee, in pagamento di un debito

♣**buoncostùme** o **buòn costùme** [comp. di *buon(o)*① e *costume* ✻ 1765] **A** **s. m.** (*raro* **pl.** *-i* o *buon costumi*) ● modo di comportarsi conforme alla morale comune: *reati contro il b.* | ***squadra del b.***, speciale reparto di polizia cui è affidata la tutela della pubblica moralità **B** **s. f. inv.** ● (*ellitt.*) squadra del buoncostume

buondì o **buòn dì** [comp. di *buon(o)*① e *di* ✻ 1353] **A** **inter.** ● buongiorno **B** anche **s. m. inv.**: *dare il b.*

buòn frésco [1955] **loc. sost. m.** (**pl.** *buòni fréschi*) ● (*pittura*) affresco eseguito sull'intonaco umido con colori stemperati ad acqua

♦**buongiórno** o **buòn giórno**, **bongiórno** [comp. di *buon(o)*① e *giorno* ✻ 1353] **A** **inter.** ● si usa come saluto augurale spec. al mattino o nel corso della mattinata: *b. a tutti!* **B** **s. m. inv.** ● la formula stessa del saluto: *dare, ricevere il b.* **SIN.** buondì

buongovèrno o **buòn govèrno**, †**bòn govèrno** [comp. di *buon(o)*① e *governo* ✻ 1483] **s. m. solo sing.** **1** modo di governare giusto, prudente e sollecito del bene pubblico **2** nome di varie magistrature e organi amministrativi e di polizia negli antichi Stati italiani

buongràdo o **buòn gràdo** [comp. di *buon(o)*① e *grado* ✻ 1757] **vc.** ● solo nella loc. avv. ***di b.***, volentieri

buongustàio o **bongustàio** [1781] **s. m.** (**f.** *-aia*, **pl. m.** *-ai*) ● chi ama la buona cucina | (*est.*) raffinato intenditore in campo artistico, letterario e sim.

buongùsto o **buòn gùsto** [comp. di *buon(o)*① e *gusto* ✻ av. 1497] **s. m. solo sing.** **1** capacità di individuare e apprezzare ciò che è bello in campo artistico, letterario e sim.: *l'avere avuto in poesia buon gusto* (L. ARIOSTO) | capacità di apprezzare le cose belle o raffinate: *veste sempre con b.*; *un appartamento arredato con b.* **2** atteggiamento di decoro, misura, delicatezza: *abbi il b. di tacere*

buonìno o (*centr.*) **bonìno** [dim. di *buono* ✻ av. 1313] **agg.** ● buono (con tono affettivo o vezzeggiativo): *Sii buonina, via, mamma! Andiamoci* (G. VERGA) | ***bonino!***, stai quieto, spec. rivolto a bambini: *Vedete di giocare un po' insieme, bonini eh?* (L. PIRANDELLO)

buonìsmo [da *buon(o)* col suff. *-ismo* ✻ 1993] **s. m.** ● nel linguaggio giornalistico, atteggiamento bonario e tollerante che ripudia i toni aspri dello scontro politico; esibizione di buoni sentimenti (*spesso iron.*) **CFR.** cattivismo

buonìsta [da *buon(o)* col suff. *-ista* ✻ 1993] **s. m. e f.**; anche **agg.** (**pl. m.** *-i*) ● chi (o che) dimostra buonismo

♦**buòno**① o (*pop.*) **bòno** [lat. *bŏnu(m)*, isolato nella famiglia indeur., connesso forse con una vc. sanscrita con il senso di 'omaggio' ✻ 1250 ca.] **A** **agg.** (**compar.** di maggioranza *più buono* o *migliore* (**V.**); **superl.** *buonissimo* o *ottimo* (**V.**)) *Buono* si tronca in *buon* davanti a vocale o a consonante seguita da vocale o da *l* e *r*: *buon affare, buon anno, buon diavolo, buon carattere, buon profumo.* ATTENZIONE! la forma femminile singolare *buona*, che non muta davanti a consonante, si elide davanti a vocale e richiede perciò l'uso dell'apostrofo: *buona madre, buona macchina, buon'amica. Buono* rimane tale davanti a *s impura, z, x, gn, ps* e *pn*: *buono scultore* (nell'uso è tuttavia frequente il mantenimento della forma tronca: *un buon pneumatico, un buon stipendio*). Al plurale, *buoni* e *buone* normalmente non si elidono: *buoni ottici, buone amicizie.* (V. nota d'uso ELISIONE e TRONCAMENTO) **1** che si considera conforme ai principi morali: *un uomo b.*; *una donna buona*; *un'anima buona*; *una buona azione*; *buoni sentimenti*; *buone intenzioni*; *buona volontà*; *buona fede* **CFR.** eu- **CONTR.** cattivo **2** docile, mansueto, pacifico: *è un buon figliolo*; *ragazzo, vecchio b.* | ***un buon diavolo, un buon uomo***, (*fig.*) una persona semplice | ***b. come il pane***, buonissimo | ***essere tre volte b.***, essere molto buono; essere ingenuo | ***troppo b.!***, V. *troppo* nel sign. C | ***essere in buona***, (*ellitt.*) di buon umore | ***alla buona***, (*ellitt.*) in modo semplice, senza eccessive pretese di perfezione | quieto, tranquillo (*anche iter.*): *siate buoni*; *se ne stava b. b. in un angolo* | ***mare b.***, calmo **SIN.** mite **3** cortese, affabile: *buone maniere*; *buone parole*; *buona grazia*; *buon garbo* | ***fare buon viso, buona cera***, fare accoglienza favorevole | ***con le buone***, (*ellitt.*) senza asprezza, con modi cortesi | ***con le buone o con le cattive***, (*ellitt.*) in tutti i modi possibili | benevolo, affettuoso: *sii b. con me* | ***tenersi b. qlcu.***, conservarsene la simpatia, la benevolenza | ***buoni uffici***, mediazione, intervento benevolo | ***una buona parola***, una raccomandazione | ***di buona voglia, di buon grado, di buon animo***, volentieri, con piacere | ***di buon cuore***, con affetto | ***di buon occhio***, con benevolenza **4** abile e idoneo ad adempiere la propria funzione (+ *a*, anche seguito da **inf.**): *un buon soldato*; *un buon medico*; *una buona vista*; *un b. stomaco*; *chi studia e medita, è b. a creare* (F. DE SANCTIS) | ***essere un b. a nulla*** (o, più *raro*, ***un b. a niente***), un inetto, un incapace | ***una buona penna***, (*fig.*) un abile scrittore | ***essere in buone mani***, al sicuro | ***essere in b. stato***, ben conservato | ***una buona forchetta***, (*fig.*) gran mangiatore, buongustaio | ***essere di bocca buona***, non avere particolari esigenze riguardo ai cibi; (*fig.*) essere di facile contentatura **5** utile, vantaggioso (+ *a*, + *per*, anche seguiti da **inf.**): *buoni affari*; *buon prezzo*; *un farmaco b. per il mal di gola*; *uno strumento b. per* (o *a*) *tutti gli usi*; *b. a sapersi* | ***a buon mercato***, a poco prezzo | ***buon pro ti faccia***, ti giovi | ***buona uscita***, V. *buonuscita* | propizio, favorevole: *buon vento*; *buona stagione*; *buon Natale!* | ***Dio ce la mandi buona!***, (*ellitt.*) ci protegga | ***nascere sotto una buona stella***, (*fig.*) sotto auspici favorevoli | ***avere buon gioco***, trovarsi in mano una combinazione di carte favorevole; (*fig.*) essere nelle condizioni migliori, più idonee a fare qlco. **6** giusto, valido, accettabile: *battersi per una buona causa*; *buone ragioni*; *una buona scusa* | ***a buon diritto***, con ragione | ***far b.***, abbuonare qlco. | ***questa è proprio buona!***, escl. anche iron. | ***bello e b.***, (*enfat.*) autentico, vero e proprio: *questa è una prepotenza bella e buona!* | ***una buona volta***, (*enfat.*) finalmente: *smettila una buona volta!* | ***a ogni buon conto***, per buona regola | ***moneta buona***, in corso | ***palla buona***, in vari sport, quella che non esce dall'area stabilita, rimanendo in gioco **7** grande, abbondante: *un buon numero, una buona quantità*; *dalla stazione a qui ci sono due chilometri buoni* | ***una buona dose***, una grande quantità | ***un buon voto***, alto | con valore gener. intens.: *di buon'ora, di buon mattino*, presto | ***essere a buon punto***, essere avanti in un'attività, negli studi e sim. | ***di buon passo***, velocemente | ***di buona lena***, con energia | ***buon ultimo***, V. *ultimo* **8** che è in una posizione considerata socialmente elevata, e riflette una situazione di agiatezza ed eleganza: *buona famiglia*; *buona società*; *buon partito* **9** bello, pregevole esteticamente o tecnicamente: *un buon dramma*; *una buona esecuzione del concerto* | ***salotto b.***, V. *salotto* **10** gradevole, gradito ai sensi (+ *da*, *lett.* + *a*): *buon odore, sapore*; *un buon risotto, dei buoni dolci*; *una sostanza buona da fiutare, da palpare, da mangiare* (G. D'ANNUNZIO); *or le sorbe e le nespole ... per noi non son buone a mangiare* (G. LEOPARDI) | piacevole: *essere in buona compagnia*; *avere una buona notizia* | ***buona cera***, aspetto di chi è in soddisfacente stato di salute o in una situazione psicologica positiva | ***fare una buona vita***, (*fig.*) vivere negli agi | (*fig.*) ***darsi (al) buon tempo***, divertirsi **11** (*lett.*) bello, grazioso: *non avea troppo bone mani* (B. CASTIGLIONE) ‖ **buonaménte**, **avv.** **B** **s. m. solo sing.** **1** ciò che è buono: *in lui c'è del b.* | ***essere un, una poco di b.***, una persona poco onesta: *se vi sono dei giovani poco di b.* (C. GOLDONI) | ***buon per me***, per mia fortuna **2** bel tempo: *la stagione si mette al b.* **3** con valore neutro nelle loc.: ***ci volle del bello e del b.***, molta fatica | (*fam.*) ***portare b.***, portare fortuna: *sembra che toccare quella statua porti b.* **4** †bene | †***darsi al b.***, al bene **C** **s. m.** (**f.** *-a*) ● persona buona: *i buoni saranno premiati*; *i buoni e i cattivi* **D** **avv.** ● († o *merid.*) bene: *qui si sta buono* | ***va b.***, va bene: *va b., siamo d'accordo!* (V. anche *vab-*

buò) || **buonino**, **dim.** (V.)

♦**buòno**② [dall'espressione *buono per ...*, cioè 'valevole per ...' ✱1796] **s. m.** ● documento che legittima il possessore a pretendere una determinata prestazione: *b. nominativo, al portatore; b. di carico, di scarico; b. omaggio; b. sconto* | ***b. di cassa***, ricevuta rilasciata dal cassiere di una banca per la presentazione ad altro sportello della stessa banca | ***b. di consegna***, che dà diritto al prelievo da un magazzino della quantità di merce indicata dalla polizza di carico | ***b. del tesoro***, titolo dello Stato a breve o media scadenza, fruttifero di interessi **CFR.** Bot | ***b. fruttifero***, titolo emesso da istituti di credito, rappresentativo di un deposito a interesse, vincolato alla scadenza indicata | ***b. scuola***, contributo pubblico erogato alle famiglie di studenti a titolo di parziale rimborso delle spese scolastiche sostenute | ***b. pasto***, contributo fornito al dipendente dal datore di lavoro, utilizzabile per usufruire di pasti presso mense o ristoranti convenzionati

buonóra o **buòn'óra**, (*lett.*) **buòna óra**, †**buon'ótta** [comp. del f. di *buono*① e *ora*① ✱1260] **s. f. solo sing. 1** nella loc. avv. ***di b.***, (*lett.*) †***a b.***, di buon mattino, la mattina presto: *partire di b., uscire di casa di b.* | presto: *cenare di b.; andare a dormire, coricarsi di b.* **2** nella loc. inter. ***alla b.***, una buona volta, finalmente; in ogni modo, comunque: *sei arrivato, alla buon'ora; ce l'hai fatta!, alla buon'ora!*

buonsènso o **buòn sènso** [comp. di *buon(o)*① e *senso* ✱1611] **s. m. solo sing.** ● capacità di giudicare e comportarsi con saggezza, senso della misura ed equilibrio: *un ragazzo pieno di b.*

SFUMATURE DI SIGNIFICATO

buonsenso - equilibrio - moderazione

Buonsenso è la capacità di comportarsi con saggezza e senso della misura, attenendosi a criteri di opportunità generalmente condivisi. Significato non molto diverso ha **equilibrio**, che esprime l'atteggiamento di chi si comporta valutando il pro e il contro delle cose, pertanto agisce con ponderazione, senza sbilanciarsi. **Moderazione** è ugualmente senso della misura, del limite; in politica esprime l'atteggiamento di chi è su posizioni aliene da radicalismi o estremismi.

SFUMATURE ➤ ***giudizio***, ➤ ***senno***

buontèmpo o **buòn tèmpo** [comp. di *buon(o)*① e *tempo* ✱1353] **s. m. solo sing.** ● vita allegra | ***darsi (al) b.***, godersela

buontempóne o **bontempóne** [da *buontempo*, con suff. accr. ✱1758] **A s. m.** (f. *-a*) ● chi ama vivere allegramente **B agg.** ● gaudente, gioviale

♦**buonumóre** o **buòn umóre** [comp. di *buon(o)*① e *umore* ✱1803] **s. m.** ● disposizione d'animo gioiosa e serena: *essere di b.; perdere, ritrovare il b.*

buonuòmo o **buòn uòmo**, (*pop.*) **bonòmo** [comp. di *buon(o)*① e *uomo* ✱1261 ca.] **s. m.** (**pl.** *buonuòmini*, †*buoni uòmini*) ● uomo onesto, mite, ingenuo | appellativo usato un tempo da persone di alto ceto verso i popolani: *ehi, b.!*

buonuscita o **buonauscita** [comp. del f. di *buono*① e *uscita* ✱1918] **s. f. 1** somma di denaro data dal locatore o da un terzo all'inquilino perché lasci libero l'immobile prima dello scadere del contratto **2** indennità di anzianità data dal datore al prestatore di lavoro alla cessazione del rapporto intercorso **CFR.** trattamento di fine rapporto

buprèste [vc. dotta, lat. *buprēste(m)*, dal gr. *bóuprēstis*, comp. di *bôus* e *prḗthein* 'bruciare', perché causa d'infiammazione ✱av. 1498] **s. m.,** *raro* **f.** ● genere di Insetti dei Coleotteri parassiti di molte piante (*Buprestis*)

Buprèstidi [comp. di *buprest(e)* e *-idi* ✱1962] **s. m. pl.** (**sing.** *-e*) ● (*zool.*) grande famiglia di Coleotteri con corpo tozzo, spesso di colori metallici, le cui larve vivono nel legno (*Buprestidae*)

buralista [fr. *buraliste* 'ricevitore postale'] **s. m. e f.** (**pl. m.** *-i*) ● (*elvet.*) responsabile di Ufficio postale

burattàio [1887] **s. m.** (**pl.** *-ai*) ● abburattatore

burattàre [da *buratto* ✱sec. XIV] **v. tr. 1** abburattare: *b. la farina, il riso* **2** (*raro, fig.*) vagliare

burattatóre [av. 1557] **s. m.** (f. *-trice*) ● abburattatore

burattatùra [1955] **s. f.** ● abburattatura

burattèllo [dim. di *buratto* ✱sec. XIII] **s. m. 1** sacchetto usato un tempo per abburattare la farina **2** †veste fatta di buratto (nel sign. 1)

burattinàio [da *burattino*① ✱1734] **s. m.** (**f.** *-aia*, **pl. m.** *-ai*) **1** chi muove sulla scena i burattini | fabbricante o venditore di burattini **2** (*fig.*) chi trama dietro le quinte, chi muove i fili di qualche manovra

burattinàta [1751] **s. f. 1** commedia di burattini **2** (*est.*) spettacolo teatrale di scarsissimo valore | (*fig.*) buffonata

burattinésco [av. 1803] **agg.** (**pl. m.** *-schi*) ● di burattino | da burattino | (*fig.*) poco serio: *azioni burattinesche* || **burattinescaménte**, **avv.**

♦**burattino**① [etim. discussa: da *Burattino*, n. del secondo zanni della Commedia dell'arte, così chiamato perché, per i suoi moti incomposti, sembrava *burattare* la farina (?) ✱av. 1665] **s. m. 1** fantoccio di legno, manovrato dalla mano del burattinaio infilata dal basso nella veste, usato per rappresentare farse e commedie popolari o infantili **CFR.** marionetta | ***teatro, baracca dei burattini***, impalcatura di legno coperta di stoffe, col palcoscenico in cui si muovono i burattini | ***piantare baracca e burattini***, (*fig.*) andarsene all'improvviso, lasciando tutto così come sta **2** (**al pl.**) rappresentazione di burattini: *fare i burattini; andare ai burattini* **3** (*fig.*) persona priva di volontà propria che agisce per impulso altrui | persona volubile **SIN.** fantoccio, marionetta

†**burattino**② [dim. di *buratta*, di orig. imperativale, da *burattare* ✱av. 1510] **s. m.** ● abburattatore

buràtto [lat. parl. **būra(m)*, di orig. sconosciuta ✱av. 1566] **s. m. 1** tessuto di crine usato un tempo per montare setacci e sim. | †tessuto a trama rada su cui si eseguivano i ricami **SIN.** stamigna **2** macchina munita di setacci usata in varie tecnologie per separare impurezze e spec. per separare la farina dalla crusca **SIN.** frullone **3** insegna dell'Accademia della Crusca | (*fig.*) l'Accademia stessa **4** †bersaglio costituito da una mezza figura girevole da colpire con la lancia correndo a cavallo in giostra || **burattèllo**, **dim.** (V.)

bùrba [etim. incerta ✱1941] **s. f. 1** (*gerg.*) recluta **2** (*est.*) uomo sciocco

♣**burbànza** [etim. discussa: ant. fr. *bobance* 'pompa, ostentazione', con sovrapposizione di *burbero* (?) ✱1266] **s. f.** ● alterigia sprezzante e piena di arroganza **SIN.** boria, superbia, presunzione

♣**burbanzóso** (o *-ṣ-*) [sec. XIV] **agg.** ● pieno di burbanza: *cipiglio, atteggiamento b.; modi burbanzosi* **SIN.** arrogante, borioso, superbo || **burbanzosaménte**, **avv.** con burbanza

bùrbera o **bùrbara** [etim. incerta ✱av. 1537] **s. f.** ● piccolo argano costituito da un cilindro orizzontale su cui si avvolge una fune, azionato manualmente

♣**bùrbero** [etim. incerta ✱1539] **agg. e s. m.** (**f.** *-a*) ● che (o chi) ha maniere scortesi e brusche: *un vecchio b.* | ***il b. benefico***, persona che sotto modi scontrosi e bruschi cela bontà e gentilezza d'animo (dal titolo italiano dell'opera *Le bourru bienfaisant* scritta in francese da C. Goldoni nel 1771) || **burberàccio**, **pegg.** || **burberaménte**, **avv.**

SFUMATURE DI SIGNIFICATO

burbero - arcigno - scostante

Burbero è chi, per i suoi modi bruschi e spicci, risulta di non facile approccio, e anzi sembra già nell'aspetto voler dissuadere gli altri dall'avvicinarlo. Se in *burbero* ai modi esteriori può non corrispondere un'effettiva rudezza di carattere, **arcigno** rimanda a una severità, una durezza di modi che è sempre riflesso di asprezza del carattere. **Scostante** è invece chi allontana gli altri da sé più per antipatia o supponenza che per essere *burbero* o *arcigno*.

Burberry® /ˈbarberi, *ingl.* ˈbɜːbərɪ, -bɛrɪ/ [marchio registrato della ditta, che lo brevettò, la *Burberrys* Ltd. ✱1923] **s. m. inv.** ● soprabito impermeabile di taglio sportivo

†**bùrchia** [da *burchio* ✱av. 1449] **s. f.** ● ***alla b.***, a caso, trascuratamente; (*fig.*) copiando gli scritti altrui

burchielleggiàre [av. 1729] **v. intr.** (**pres.** *io burchielléggio*; **fut.** *io burchielleggerò*; **aus.** *avere*) ● (*lett.*) imitare lo stile giocosamente bizzarro e oscuro del poeta Burchiello

burchiellésco [sec. XV] **A agg.** (**pl. m.** *-schi*) **1** relativo al poeta Burchiello (1404-1449): *stile b.* **2** (*est., lett.*) oscuro, bizzarro **B s. m.** ● poeta imitatore del Burchiello

burchièllo [sec. XIII] **s. m. 1** dim. di *burchio* **2** piccola barca per trasporto di passeggeri e merci sui fiumi

bùrchio [etim. incerta: dal longob. **burgi* 'recipiente per tenervi i pesci' (?) ✱sec. XIII] **s. m. 1** barca a fondo piatto a remi, a vela o trainata dall'alzaia, per navigare su fiumi, canali e lagune **2** (*lett.*) †barca a remi: *Come tal volta stanno a riva i burchi* (DANTE *Inf.* XVII, 19) **3** antica unità di misura per liquidi, usata a Venezia || **burchièllo**, **dim.** (V.)

bùre [vc. dotta, lat. *būri(m)*, di etim. incerta ✱1491] **s. f.** ● asse o fusto centrale dell'aratro cui è attaccato anteriormente il giogo

bureau /*fr.* byˈʀo/ [vc. fr., da *bure* 'stoffa ordinaria' per coprire la scrivania, quindi, la 'scrivania' stessa e poi l''ufficio' ✱1747] **s. m. inv.** (**pl. fr.** *bureaux*) **1** grande scrittoio francese del XVIII sec. **2** ufficio di direzione e contabilità in un albergo **CFR.** burò

†**burèlla** [da †*buro* 'buio' ✱1287] **s. f. 1** luogo sotterraneo, angusto e buio: *natural b. / ch'avea mal suolo e di lume disagio* (DANTE *Inf.* XXXIV, 98-99) **2** antro, caverna | prigione sotterranea

burétta① [fr. *bourrette*, dim. di *bourre* 'borra' ✱1955] **s. f.** ● stoffa fatta con cascame di seta

burétta② [fr. *burette*, dim. dell'ant. fr. *buie* 'vaso di terra', di etim. incerta ✱1931] **s. f.** ● tubo di vetro cilindrico calibrato e graduato, destinato alla misurazione dei volumi dei liquidi

bùrga [etim. incerta ✱1906] **s. f. 1** gabbione riempito di terra, ghiaia, pietre, per difesa contro l'erosione delle acque dei fiumi **2** cesto di vimini per conservare vivo il pesce **SIN.** viero

burgensàtico [dal lat. *burgēnses* (pl.) 'borghesi' ✱1673] **agg.** (**pl. m.** *-ci*) ● allodiale

burgraviàto [1829] **s. m.** ● dignità e giurisdizione di burgravio

burgràvio [medio alto ted. *burcgrâve*, comp. di *burc* 'borgo' e *grâve* 'conte' ✱1551] **s. m.** (**f.** *-ia*) ● nel Medioevo, titolo del comandante militare della cittadella fortificata nelle città tedesche e fiamminghe

burgùndo [vc. dotta, lat. tardo *Burgŭndii* (nom. pl.), n. della tribù, col senso originario di 'abitanti del borgo' (?) ✱1525] **s. m.; anche agg.**

b

● appartenente a un'antica popolazione del gruppo germanico orientale, di origine scandinava, emigrata nel III sec. a.C. sul Meno e stanziatasi poi nel V sec. lungo il Reno e il Lemano

burïàna [etim. discussa: da *bŏrea(m)* 'tramontana' (?) * 1797] **s. f. 1** (*centr.*) temporale di estensione e intensità limitata **2** (*fig., pop.*) trambusto, chiasso, grande confusione: *fare b.*; *smettetela con questa b.!*

†**burïàsso** [etim. incerta * av. 1470] **s. m. 1** chi addestrava e metteva in campo i giostratori **2** suggeritore nelle recite

burïàto [dal russo *burjat*, dal n. mongolo *burijad* * 1829] **s. m.** (f. *-a*); **anche agg.** ● appartenente a un gruppo etnico mongolo della Siberia, stanziato prevalentemente nella repubblica autonoma dei Buriati

†**burìcco**① o (*centr.*) **bricco**①, †**boricco** [sp. *boricco*, dal lat. *burricu(m)* 'cavallino', di etim. incerta * av. 1729] **s. m.** ● (*raro*) asino

†**burìcco**② o †**boricco** [etim. incerta * av. 1530] **s. m.** ● lunga veste in lana in uso nel XVI e nel XVII sec.

burìdda [dal provenz. *bourido*, var. di *boulido*, dal v. *boulì* 'bollire' * 1955] **s. f.** ● (*cucina*) piatto ligure a base di pesci vari (triglie, occhiate, calamaretti, seppioline, gamberi, ecc.) cotti in tegame alternati a strati di pomodori a pezzi e cipolle

burìna ➤ **bolina**

burìno [vc. roman. di etim. incerta * av. 1866] **s. m.** (f. *-a*); **anche agg.** ● (*roman., spreg.*) contadino | (*est.*) chi (o che) è zotico e grossolano **SIN.** buzzurro ‖ **burinàccio**, **pegg.** | **burinèllo**, **dim.** | **burinòtto**, **alter.**

burìsto [adattamento tosc. del ted. *Wurst* 'salsiccia' * 1865] **s. m.** ● (*cucina, tosc.*) sanguinaccio **CFR.** biroldo, mallegato

bùrka ➤ **burqa**

burkinabé [n. delle parlate locali * 1986] **A agg. inv.** ● del Burkina Faso, Stato dell'Africa occidentale **B s. m. e f. inv.** ● abitante o nativo del Burkina Faso

✦**bùrla** [sp. *burla*, di etim. incerta * 1526] **s. f. 1** scherzo, spec. non maligno e offensivo: *è stata una b. gustosissima* | ***da b.***, non serio | ***mettere, prendere in b.***, trattare da cosa ridicola, da gioco | battuta scherzosa **SIN.** beffa, celia **2** (*est.*) cosa da poco, facile: *risolvere questo problema per me è una b.* **SIN.** bagattella, inezia, sciocchezza **3** nel Settecento, opera comica italiana ‖ **burlétta**, **dim.** (V.)

SFUMATURE ➤ ***scherzo***

burlànda o **borlànda** [milan. *borlanda*, da *borlà* 'cascare', da *borlo* 'rullo, rotolo', da *bóra* 'tronco d'albero rotondo' * 1887] **s. f.** ● residuo della fabbricazione dell'alcol da materiali amidacei

✦**burlàre**① [da *burla* * 1513] **A v. tr.** ● beffare, canzonare: *eccellenti nell'arte di b. il pubblico* (F. De Sanctis) **B v. intr.** (aus. *avere*) ● scherzare **C burlàrsi v. intr. pron.** ● farsi beffe: *tutti si burlano di lui*

burlàre② [da una base di orig. incerta *bŏrra* 'legno tondo' * 1313] **A v. tr.** ● †rotolare, spingere avanti | (*fig.*) sperperare **B v. intr.** (aus. *essere*) ● (*lomb.*) cadere

†**burlàsco** ➤ †**brulazzo**

burlatóre [da *burlare*① * 1528] **s. m.** (f. *-trice*); **anche agg.** ● (*raro*) chi (o che) burla

burlésca [1965] **s. f.** ● (*mus.*) composizione strumentale scherzosa e capricciosa

burlésco [da *burla* * 1537] **A agg.** (pl. m. *-schi*) **1** fatto per burla | derisorio: *con un certo fare tra b. e rispettoso* (A. Manzoni) **2** di stile realistico caricaturale: *poeta b.*; *poesia burlesca* ‖ **burlescaménte**, **avv.** **B s. m. solo sing.** ● lato, elemento o caratteristica burlesca | ciò che ha tale caratteristica: *cadere nel b.*

burlèsque /bur'lɛsk, *ingl.* bɜː'lɛsk/ [vc. ingl., cfr. *burla* * 1950] **s. m. inv.** ● genere teatrale di carattere satirico fiorito in Inghilterra nel Settecento | spettacolo americano molto popolare costituito da numeri di varietà e di spogliarello

burlétta [av. 1676] **s. f. 1** dim. di *burla* **2** scherzo, celia, avvenimento ridicolo | ***mettere in b.***, in ridicolo | ***far la b.***, parlare scherzosamente

burlévole [1550] **agg.** ● (*raro, lett.*) burlesco | che ama fare burle: *un giovanotto b.* ‖ **burlevolménte**, **avv.** in modo burlesco

burlièro [av. 1566] **agg.** ● (*lett.*) burlone

burlóne [1558] **A s. m.** (f. *-a*) ● chi fa abitualmente burle: *sei un gran b.!* **SIN.** buontempone, mattacchione **B agg.** ● scherzoso: *un tipo b.* **SIN.** allegro, canzonatore

burnitùra ➤ **brunitura**

burnout /bur'naut, *ingl.* 'bɜːn,aʊt/ [vc. ingl., propr. 'essere bruciato', nel senso di 'esaurito, scoppiato' * 1985] **s. m. inv.** ● (*psicol.*) esaurimento psicofisico che colpisce chi è sottoposto a fattori di stress particolarmente intensi e protratti

burnùs [arabo *búrnus*, di prob. orig. gr. * 1839] **s. m. inv. 1** ampio mantello tagliato in un solo pezzo, gener. con cappuccio, usato dalle popolazioni arabo-berbere dell'Africa mediterranea **2** mantello femminile da sera ispirato alla foggia dei mantelli arabo-berberi

†**bùro** ➤ **buio**

burò [1798] **s. m. inv.** ● adattamento di *bureau* (V.)

bùro- [da *buro(crazia)*] **primo elemento** ● in parole composte, fa riferimento alla burocrazia, spec. con connotazioni negative: *burocratese*

buròcrate o †**buròcrata** [fr. *bureaucrate*, da *bureaucratie* 'burocrazia' * 1798] **s. m. e f. 1** impiegato, spec. di alto grado e spec. delle amministrazioni pubbliche **2** (*fig., spreg.*) chi esercita le proprie mansioni o comunque si comporta in modo pedante e formalistico: *i burocrati della cultura*

burocratése (o *-ṣ-*) [da *burocrat(e)* col suff. *-ese*② * 1979] **s. m.** ● (*iron.*) il linguaggio e lo stile pesanti e involuti dei burocrati

burocràtico [fr. *bureaucratique*, da *bureaucratie* 'burocrazia' * 1802] **agg.** (pl. m. *-ci*) **1** della burocrazia: *esigenze burocratiche*; *apparato b.* **2** (*fig., spreg.*) metodico e formalistico fino alla pedanteria | ***tono b.***, distaccato e impersonale ‖ **burocraticaménte**, **avv.** in modo burocratico; dal punto di vista della burocrazia ‖ **burocraticità**, **s. f. inv.**

burocratìṣmo [1879] **s. m. 1** eccessivo sviluppo della burocrazia | vincolo burocratico | mentalità burocratica: *funzionario affetto da b.* **2** (*ling.*) parola o locuzione tipica del linguaggio burocratico

burocratiẓẓàre [1884] **A v. tr.** ● rendere burocratico: *b. i servizi sociali* **B burocratiẓẓàrsi v. intr. pron.** ● diventare burocratico ‖ **burocratiẓẓazióne**, **s. f.**

burocrazìa [fr. *bureaucratie*, comp. di *bureau* 'ufficio' e *-cratie* '-crazia' * 1781] **s. f. 1** potere amministrativo, spec. quello degli enti pubblici, nel rispetto delle leggi e dei regolamenti: *b. statale* **2** (*spreg.*) pedanteria, lungaggine, formalismo eccessivo, spec. nel disbrigo di pratiche amministrative **3** complesso degli impiegati, spec. pubblici

burosàuro [comp. di *buro(crate)* e *(dino)sauro*, da 'I burosauri' titolo di una commedia di S. Ambrogi * 1963] **s. m.** (f. *-a*) ● (*scherz., spreg.*) burocrate che opera con pignoleria nell'osservanza formale di norme desuete

buròtica [da *buro(cratico)* incrociato con *(informa)tico* sul modello di *robotica* * 1980] **s. f.** ● organizzazione e automazione del lavoro d'ufficio mediante apparecchi e sistemi elettronici e informatici

bùrqa /arabo 'burka/ o **bùrka** [dal n. hindi *burka* di provenienza araba * 1975] **s. m.** o (*raro*) **f. inv.** (pl. arabo *baràkia*) ● nella tradizione di alcuni Paesi musulmani, indumento femminile che copre tutto il corpo, lasciando solo una griglia di tessuto più rado all'altezza degli occhi

SFUMATURE ➤ ***velo***

burràco [prob. dal portog. *buraco* 'setaccio' * 1991] **s. m. inv.** ● gioco di carte affine alla canasta, di origine sudamericana, che si gioca con due mazzi di carte francesi completi di matte

burràia [da *burro* * 1920] **s. f.** ● (*raro*) locale in cui si prepara il burro

burràio [1789] **s. m.** (f. *-aia*, pl. m. *-ai*) ● (*raro*) chi fa o vende burro

✦**burràsca** o †**borràsca** [vc. dial., venez. *borasca*, da *bora* (V.) * 1539] **s. f. 1** (*meteor.*) tempesta, spec. marina, con vento violento di forza 8-9 della scala del vento Beaufort: *far b.*; *tempo di b.*; *il mare è in b.* **2** (*fig.*) sconvolgimento psicologico, sociale e sim. | periodo denso di avvenimenti drammatici: *burrasche finanziarie* ‖ **burraschétta**, **dim.** | **burrascóna**, **accr.** | **burrascóne**, **accr. m.**

SFUMATURE DI SIGNIFICATO

burrasca - fortunale - uragano

Nel linguaggio della meteorologia si chiama **burrasca** una tempesta di pioggia e vento molto forte, specialmente marina. Il **fortunale** è una perturbazione atmosferica caratterizzata da vento fortissimo più violenta della burrasca, corrispondente al grado 11 sulla scala Beaufort del vento, e che produce a terra gravi devastazioni e in mare onde altissime. Di violenza ancora maggiore è l'**uragano**, con vento che supera i 118 km all'ora, corrispondenti al grado 12 sulla scala Beaufort. Il termine indica propriamente i cicloni tropicali, spec. quelli che si sviluppano nell'Oceano Atlantico, e nell'uso corrente le perturbazioni di particolare furia, con piogge torrenziali e vento vorticoso.

SFUMATURE ➤ ***mareggiata***

burrascóso (o *-ṣo*) [1684] **agg. 1** che è in burrasca: *mare b.* **2** (*fig.*) molto agitato, turbolento: *convegno, colloquio b.* ‖ **burrascosaménte**, **avv.**

burràta [da *burro* * 1931] **s. f.** ● latticinio tipico pugliese costituito da un involucro di pasta di mozzarella con all'interno un ripieno di stracciatella

†**burràto**① [da *borro* * 1313] **s. m.** ● burrone, dirupo

burràto② [da *burro* * sec. XV] **agg.** ● (*raro*) imburrato: *pane b.*

burrìda [vc. sarda di origine genovese, a sua volta dal provenz. *bourrido*, *boulido* dal v. *boulì* 'bollire' * 1931] **s. f.** ● piatto sardo a base di filetti di pesce gattuccio (o palombo, razza, ecc.) che vengono fatti bollire in acqua salata e lasciati marinare in una salsa d'olio, aceto e pesto di noci e fegatini dello stesso pesce

burrièra [1926] **s. f.** ● piccolo recipiente per il burro da cucina o da tavola **SIN.** portaburro

burrificàre [1930] **v. tr.** (*io burrìfico, tu burrìfichi*) ● trasformare in burro: *b. la panna* ‖ **burrificazióne**, **s. f.**

burrificàto **part. pass.** di *burrificare*; **anche agg. 1** nei sign. del v. **2** ***formaggio b.***, di latte poco grasso cui è stato aggiunto burro

burrifìcio [1908] **s. m.** ● fabbrica di burro

burrìmetro [comp. di *burro* e *-metro* * 1955] **s. m.** ● butirrometro

burrìno [da *burro* * av. 1910] **s. m.** ● formaggio a forma di piccola pera ripiena di burro **SIN.** butirro, manteca

♦**bùrro** [ant. fr. *burre*, attrav. il fr. moderno *beurre*, cfr. *butirro* ✱ 1310] **s. m. 1** prodotto costituito dalla materia grassa del latte di vacca, dal quale si ricava per centrifugazione in apposite scrematrici e successiva zangolatura della crema così ottenuta: *b. fresco, rancido; pane e b.; un panetto di b.* | ***b. da tavola***, di prima scelta, da mangiare crudo | ***uova al b.***, cotte col burro | ***riso al b.***, condito con burro **2** (*chim.*) ***b. vegetale***, grasso commestibile, preparato per idrogenazione di oli vegetali | ***b. di palma***, grasso giallo usato spec. nella fabbricazione dei saponi | ***b. di cacao***, grasso bianco che si ricava dai semi di cacao, usato in medicina, in cosmesi e nell'industria dolciaria **3** (*chim.*) sostanza di aspetto e consistenza simile al burro: *b. di arsenico, di stagno, b. essiccativo* **4** (*agric.*) ***b. nero***, letame di stalla decomposto e ben maturo **5** ***albero del b.***, albero tropicale delle Sapotacee con foglie coriacee, fiori ascellari e frutto a bacca (*Bassia butyracea*) **6** (*fig.*) sostanza morbida: *questa carne è un b.* | ***avere le mani di b.***, lasciare cadere tutto

burrocacào [da *burro di cacao*, che originariamente era l'ingrediente principale ✱ 1964] **s. m. inv.** ● cosmetico per la protezione delle labbra, gener. in forma di stick **CFR.** burro di cacao

burróna [da *burro* ✱ 1865] **agg. solo f.** ● detto di pera o pesca a polpa molto tenera

♦**burróne** [accr. di *borro* ✱ av. 1342] **s. m.** ● profondo scoscendimento nel terreno fra pareti dirupate ‖ **burroncèllo**, **dim.** | **burroncino**, **dim.**

burróso (o -ṣ-) [da *burro* ✱ 1797] **agg. 1** ricco di burro: *formaggio b.* **2** (*est.*) che ha il colore o la consistenza del burro ‖ **burrosità**, **s. f. inv.**

bursàle [vc. dotta, dal lat. *bùrsa* 'borsa①' ✱ 1797] **A s. m.** (*anat.*) ● muscolo del femore **B** anche **agg.**: *muscolo b.*

bursite ➤ **borsite**

burst /burst, *ingl.* bɜːst/ [vc. ingl., propr. 'scoppio, esplosione' ✱ 1963] **s. m. inv. 1** (*scient.*) aumento rapido e temporaneo del valore di una grandezza variabile nel tempo **2** (*astron.*) aumento improvviso e di breve durata dell'intensità delle onde radio emesse dal Sole, spesso in corrispondenza di brillamenti solari

burundése (o -ṣ-) **A agg.** ● del Burundi, Stato dell'Africa centrale **B s. m. e f.** ● abitante o nativo del Burundi

bus① [accorc. di *autobus* ✱ 1935] **s. m. inv.** ● autobus, spec. nella segnaletica stradale

bus② /bus, *ingl.* bʌs/ [uso fig. ingl. di *bus*① ✱ 1986] **s. m. inv.** (**pl. ingl.** *buses*) ● (*inform.*) il complesso delle linee di collegamento fra diverse unità di uno stesso sistema

-bus [da *omnibus*] **secondo elemento** ● in parole composte indica mezzi di trasporto pubblico: *aerobus, filobus*

†**buṣbaccàre** [da †*busbacco* ✱ av. 1444] **v. intr.** ● truffare, imbrogliare

bùsca① [sp. *busca*, da *buscar* 'buscare' ✱ av. 1565] **s. f. 1** (*raro, lett.*) cerca | ***andare alla b.***, all'accatto | ***vivere alla b.***, di accatto o furto | ***cane da b.***, da cerca **2** reato del militare che, in guerra, senza necessità, ordine o autorizzazione, s'impossessa di viveri, oggetti di vestiario o equipaggiamento

bùsca② [lat. parl. **bŭsca*, pl. nt. collettivo di un germ. **bûsk* 'bacchettina' ✱ av. 1338] **s. f.** ● (*sett.*) bruscolo, fuscello

buscalfàna [etim. incerta ✱ av. 1400] **s. f.** ● (*lett.*) ronzino: *un cavallaccio ... che era una b., alto e magro, che parea la fame* (F. SACCHETTI)

♦**buscàre** [sp. *buscar*, di etim. incerta ✱ sec. XV] **v. tr.** (*io bùsco, tu bùschi*) **1** procacciarsi qlco. cercando: *b. da vivere* | (*ellitt.*) **buscàrle**, (*fam.*) essere picchiato, prenderle | anche nella forma pron. (con valore intens.) **buscàrsi**, prendersi; procurarsi: *buscarsi una sgridata, un raffreddore; si contentava di buscarsi il pane colle sue braccia* (G. VERGA) **2** (*lett.*) rubare, predare (*anche assol.*): *gli andava a b. della paglia e del fieno di notte* (G. VERGA) **3** cercare e riportare selvaggina ferita o uccisa, detto del cane

buscheràre [var. eufem. di *buggerare* ✱ 1850] **v. tr.** (*io bùschero*) **1** (*tosc.*) buggerare, ingannare **2** (*raro*) sciupare

buscheràta [av. 1850] **s. f.** ● (*tosc.*) sproposito, fandonia: *non dire buscherate!* | cosa da nulla

buscheratùra [1952] **s. f.** ● (*tosc.*) buggeratura

buscherìo [1844] **s. m.** (**pl.** *-ii*) **1** (*tosc., fam.*) chiasso, frastuono di molte persone insieme **2** grande quantità: *un b. di gente, di quattrini*

buscheróne [1887] **agg.** ● (*tosc., fam.*) buggerone: *fa un freddo b.*

†**buscióne** [fr. *bouisson*, dim. dell'ant. fr. *bos(c)* 'bosco' ✱ av. 1311] **s. m.** ● cespuglio spinoso

†**bùsco** [da *busca*② ✱ sec. XIII] **s. m.** ● bruscolo

buṣécca [etim. discussa: da una forma sett. di *buzzo* (?) ✱ 1554] **s. f. 1** trippa di bovini **2** specie di zuppa con trippa e fagioli, tipica della cucina milanese

buṣécchia [var. di *busecca* ✱ 1353] **s. f. 1** (*tosc.*) budello di animale, spec. quello suino, usato per fare salsicce **2** (*tosc.*, **al pl.**) intestini

buṣécchio [av. 1400] **s. m.** ● busecchia

bùshel /*ingl.* 'bʊʃəl/ [vc. ingl., dal fr. ant. *boiss(i)el* 'piccolo recipiente', dal gallico **bostia* 'ciò che si può prendere con le mani', 'manipolo' ✱ 1818] **s. m. inv.** ● unità di misura di capacità, usata in Inghilterra e negli Stati Uniti, per fluidi e aridi, pari a circa 36 litri **SIMB.** bu

♦**buṣìllis** o (*fam.*) **buṣìlli** [dalla frase lat. *in diebus illis* 'in quei giorni', erroneamente separata *in die* ('nel giorno') *busillis*; da che, poi, ci si chiedeva che cosa significasse mai *busillis* ✱ av. 1698] **s. m. inv.** ● difficoltà, problema di difficile soluzione: *questo è il b.; Mi tocca dunque decidere da me, e qui sta il b.* (M. D'AZEGLIO)

business /*ingl.* 'bɪznɪs/ [vc. ingl., con il sign. orig. di 'impresa, lavoro' ✱ 1895] **s. m. inv.** ● affare, transazione commerciale | impresa industriale o commerciale

business angel /*ingl.* 'bɪsnɪsˌeɪndʒəl/ [loc. ingl., propr. 'finanziatore (*angel* in gergo) di affari (*business*)' ✱ 1993] **loc. sost. m. e f. inv.** (**pl. ingl.** *business angels*) ● investitore individuale, disposto a mettere a disposizione di una nuova impresa capitali, capacità ed esperienze utili per la fase iniziale dell'attività

business class /*ingl.* 'bɪznɪsˌklɑːs/ [loc. ingl., propr. 'classe (*class*) commerciale (da *business* 'affari')' ✱ 1981] **loc. sost. f. inv.** (**pl. ingl.** *business classes*) ● sugli aerei, classe intermedia tra la prima e la turistica **CFR.** economy class | classe analoga su alcuni treni

business game /*ingl.* 'bɪznɪsˌgeɪm/ [loc. ingl., comp. di *business* 'affare' (V. *business*) e *game* 'gioco, gara' (d'orig. germ.) ✱ 1989] **loc. sost. m. inv.** (**pl. ingl.** *business games*) ● (*org. az.*) tecnica di addestramento dei dirigenti consistente nel simulare la gestione di un'azienda partendo da dati noti e raggiungendo obiettivi prefissati

businessman /*ingl.* 'bɪznɪsˌmæn/ [vc. ingl., lett. 'uomo (*man*) d'affari (*business*: V.)' ✱ 1905] **s. m. inv.** (**f. ingl.** *businesswoman*, **pl. m.** *businessmen*, **pl. f.** *businesswomen*) ● uomo d'affari

business school /*ingl.* 'bɪznɪsˌskuːl/ [loc. ingl., propr. 'scuola (*school*) di commercio (*business*)' ✱ 1984] **loc. sost. f. inv.** (**pl. ingl.** *business schools*) ● scuola superiore o postuniversitaria per la formazione o la specializzazione nei vari settori dell'economia e del commercio

busker /'basker, *ingl.* 'bʌskə(r)/ [vc. ingl., deriv. del v. to *busk* 'intrattenere con esecuzioni musicali nelle strade', di orig. sconosciuta ✱ 1987] **s. m. e f. inv.** ● artista che si esibisce per strada, spec. come musicista, cantastorie, saltimbanco

†**bùṣo** ➤ †**bugio**

bùssa [da *bussare* ✱ 1306] **s. f.** ● (**spec. al pl.**) colpo, percossa: *dare, ricevere busse*

♦**bussàre** [etim. incerta ✱ sec. XIII] **A v. intr.** (aus. *avere*) **1** battere a una porta per farsi aprire: *chi ha bussato?* | ***b. alla porta di qlcu.***, (*fig.*) ricorrere a qlcu. per aiuto | (*fig.*) ***b. a quattrini***, chiederne in prestito **SIN.** picchiare **2** nel gioco del tressette, battere le nocche sul tavolo per invitare il compagno a calare la carta migliore del seme che si sta giocando: *b. a bastoni, a spade* **B v. tr.** ● (*raro*) percuotere, picchiare

bussàta [av. 1600] **s. f. 1** il bussare | colpo battuto a una porta **2** chiamata, nel gioco del tressette **3** (*tosc., fig.*) disgrazia, batosta ‖ **bussatìna**, **dim.**

bussatóio [1865] **s. m.** (**pl.** *-ói*) **1** (*disus.*) battente della porta d'ingresso **SIN.** picchiotto **2** nella pesca, frugatoio

bussétto [da *busso*② ✱ sec. XV] **s. m.** ● utensile di legno o di metallo che il calzolaio adopera per lucidare suole e tacchi

bùsso① [da *bussare* ✱ 1282] **s. m. 1** (*centr., sett.*) colpo | (*centr., sett.* o *lett.*) il rumore che ne deriva: *ho sentito un b.; che cosa sono questi bussi?* | (*lett.*) fracasso: *di fischi e bussi tutto el bosco suona* (A. POLIZIANO) **2** †confusione, tumulto

bùsso② ➤ **bosso**

bùssola① [da *bossolo*① ✱ 1342] **s. f.** ● spazzola, brusca, spec. per cavalli

bùssola② [lat. parl. *bŭxida(m)* 'cassetta', dal gr. tardo *pyxís*, da *pýxos* 'bosso', di etim. incerta ✱ 1829] **s. f. 1** specie di portantina chiusa **2** antiporta di stanza | seconda porta d'ingresso di chiese, caffè, appartamenti, per riparo dal freddo e dal vento; vano tra porta esterna e porta interna | (*est.*) porta girevole **3** recinto di paraventi da dove il Papa poteva ascoltare le prediche senza essere visto **4** cassetta per raccogliere le elemosine, le schede di una votazione, i biglietti di una lotteria e sim. **5** (*mecc.*) boccola

bùssola③ [V. *bussola*② ✱ 1395] **s. f. 1** strumento di orientamento che utilizza la proprietà di un ago magnetico di orientarsi verso il polo Nord magnetico | ***b. giroscopica***, che indica la direzione del Nord geografico mediante un sistema giroscopico **SIN.** girobussola | ***b. solare***, impiegata in prossimità dei poli dove, per eccessiva discrepanza tra Nord magnetico e Nord geografico, le normali bussole magnetiche sono inutilizzabili | ***b. azimutale, topografica***, per la misura dei rilevamenti mediante un traguardo a essa connesso **2** (*fig.*) criterio di orientamento | (*fig.*) ***perdere la b.***, confondersi ‖ **bussolétta**, **dim.** | **bussolìna**, **dim.**

bussolànte [da *bussola*② 'portantina' ✱ 1780] **s. m. 1** †addetto al trasporto di persone con la portantina **2** addetto all'anticamera papale | titolo di familiari del Papa

†**bùssolo** ➤ **bossolo**①

bussolòtto o †**bossolòtto** [da *bussolo* col suff. dim. *-otto* ✱ 1585] **s. m. 1** bicchiere, di vario materiale, per scuotervi i dadi, o contenitore usato dai prestigiatori nei loro giochi | ***giocatore di bussolotti***, prestigiatore; (*fig.*) imbroglione | ***gioco dei bussolotti***, gioco di prestigio; (*fig.*) inganno **2** ***bicchiere a b.***, basso, largo, con fondo massiccio, usato spec. per whisky **3** barattolo

♦**bùsta** [ant. fr. *boiste*, dal lat. tardo *bŭxida(m)* 'cassetta di legno di bosso' ✱ sec. XIV] **s. f. 1** involucro formato da un foglio di carta piegato in quattro e chiuso su tre lati, usato per spedire lettere e sim.: *affrancare una b.*; *b. chiusa, sigillata* | ***b. a finestra***, con riquadro di carta trasparente per consentire la lettura dell'indirizzo scritto sulla lettera | ***b. postale***, ***b. bollata***, su cui è già stampato il francobollo | ***b. primo giorno***, su cui è applicato un francobollo, o una serie di francobolli, con l'annullo del giorno di emissione | ***b. paga***, contenente la retribuzione del lavoratore dipendente di una azienda | (***est.***) il foglio su cui sono indicate la retribuzione stessa e le sue varie componenti **2** (***est.***) custodia, astuccio, contenitore flessibile di piccole dimensioni, in cartone, pelle, tessuto, plastica o altro materiale, per riporvi libri, gioielli, strumenti di lavoro, documenti, generi alimentari e sim.: *la b. degli occhiali, delle posate, del medico*; *b. d'archivio*; *una b. di sottaceti* **3** (***est.***) borsetta femminile, appiattita e priva di manico ‖ **bustarèlla**, **dim.** (V.) | **bustìna**, **dim.** (V.) | **bustóna**, **accr.** | **bustóne**, **accr. m.**

bustàia [da *busto* ✱ 1879] **s. f.** ● donna che confeziona o vende busti

bustàio [da *busta* ✱ 1955] **s. m.** (**f.** *-aia*, **pl. m.** *-ai*) ● operaio addetto alla fabbricazione delle buste

bustarèlla [1931] **s. f. 1** dim. di *busta* **2** (*fig.*) compenso illecito dato sottomano per ottenere favori, sollecito disbrigo di pratiche amministrative e sim.: *dare, ricevere, prendere la b.*

bustier /fr. bys'tje/ [vc. fr., da *buste* 'busto' ✱ 1986] **s. m. inv.** ● bustino con reggiseno a balconcino e spesso senza spalline

bustìna [1955] **s. f. 1** dim. di *busta* **2** foglietto di carta piegato a forma di busta contenente una razione, spec. di farmaci in polvere **SIN.** cartina | razione, dose confezionata in una bustina: *una b. di tè, di zucchero* | (***est.***) confezione tascabile: *una b. di fiammiferi* **3** berretto militare pieghevole, a forma di busta: *la b. degli avieri*

bustìno [1720] **s. m. 1** dim. di *busto* **2** corpino aderente sostenuto da stecche, che le donne indossavano per stringere la vita **3** corpino di abito femminile, spec. da sera

bùsto [lat. *būstu(m)* 'luogo dove si bruciavano i cadaveri' (dal part. pass. di **būrere*, ricavato da *ambūrere* 'far consumare tutt'intorno', comp. di *amb-* 'intorno' e *ūrere* 'bruciare'), con passaggio semantico a 'sepolcro' e poi a 'immagine del defunto posta sul sepolcro' ✱ 1238] **s. m. 1** parte superiore del tronco umano, dal collo ai fianchi **2** scultura a tutto tondo rappresentante una figura umana dalla testa alla vita, senza le braccia | ***ritratto a mezzo b.***, raffigurazione pittorica del personaggio dalla testa sino a parte del petto **3** indumento intimo femminile con o senza stecche, in tessuto elastico o compatto, usato per modellare la figura | ***b. intero***, quello che in alto termina con reggiseno | ***b. a balconcino***, busto femminile a stecche, privo di spalline **4** parte attillata e ricamata di alcuni costumi tradizionali femminili, che va dal collo alla vita **5** (***med.***) protesi ortopedica per malformazioni del tronco e della colonna vertebrale **6** ***pollo a b.***, pollo pronto per la cottura, posto in vendita privo di testa, di zampe e di interiora **7** †tumulo, sepoltura | (***est.***) †cadavere ‖ **bustìno**, **dim.** (V.) ‖ **bustìno**, **dim.** (V.)

bustòcco [1860] **A agg.** (**pl. m.** *-chi*) ● di Busto Arsizio **B s. m.** (**f.** *-a*) ● abitante o nativo di Busto Arsizio

bustòmetro [comp. di *busta* e *-metro* ✱ 1970] **s. m.** ● grafico o modello per la misurazione del formato delle buste usate per la corrispondenza

bustrofèdico [vc. dotta, lat. tardo *bustrophēdon*, dal gr. *boustrophēdón*, comp. di *bôus* 'bue' e *strophḗ* 'volgimento', cioè 'voltando alla maniera dei buoi (quando arano)' ✱ 1930] **agg.** (**pl. m.** *-ci*) ● detto di antiche scritture le cui righe andavano alternativamente da sinistra a destra e da destra a sinistra, come i solchi tracciati da un aratro

bùta- [da *but(irrico)*, agg. dell'acido con questa composizione] **primo elemento** ● in chimica organica indica che un composto contiene un gruppo con 4 atomi di carbonio: *butano, butadiene*

butadiène [comp. di *buta-*, *di-* 'doppio' ed *-ene* ✱ 1931] **s. m.** ● idrocarburo contenente due legami etilenici, che per poliaddizione fornisce gomme sintetiche **SIN.** eritrene

butanése ➤ **bhutanese**

butàno [vc. dotta, comp. di *buta-* e *-ano*[2] ✱ 1889] **s. m.** ● idrocarburo paraffinico, gassoso, incolore, ottenuto dalla distillazione del petrolio, che si usa, liquefatto e posto in bombole solo o con propano, come combustibile per usi domestici

butanodótto [comp. di *butano* e *-dotto*, ricavato da *acquedotto* ✱ 1983] **s. m.** ● conduttura che porta il butano dal luogo di produzione a quello di consumo

butanòlo [comp. di *butano* e *-olo*[1] ✱ 1962] **s. m.** ● alcol butilico

butìle [comp. di *(acido) but(inico)* e *-ile*[2] ✱ 1950] **s. m.** ● radicale monovalente ottenuto dal butano

butìlico [1889] **agg.** (**pl. m.** *-ci*) ● detto di composto che contiene il radicale butile o che deriva da esso: *alcol b.*

butìnico [sec. XX] **agg.** (**pl. m.** *-ci*) ● del butino

butìno [comp. di *but(a)-* e *-ino* ✱ 1955] **s. m.** ● (*chim.*) idrocarburo insaturo a quattro atomi di carbonio contenente un legame triplo

butìrrico [1819] **agg.** (**pl. m.** *-ci*) **1** detto di acido organico, monobasico, liquido, incolore, di odore disgustoso, presente spec. nel burro **2** che produce acido butirrico: *fermentazione butirrica* **3** detto di composto ottenuto da burro, latte e sim.

butirrificazióne [1983] **s. f.** ● burrificazione

butìrro [lat. *butȳru(m)*, dal gr. *bóutyron*, comp. di *bôus* 'mucca' e *tyrós* 'formaggio' ✱ sec. XIII] **A s. m. 1** (***sett.***) burro **2** burrino **B agg.** ● detto di pera con polpa fondente e zuccherina | detto di fagiolo con baccelli grossi, teneri, biancastri

butirròmetro [comp. di *butirro* e *-metro* ✱ 1925] **s. m.** ● strumento per misurare la quantità di grasso nel latte

butirróso (o *-ṣ-*) [1755] **agg.** ● burroso

bùtta [etim. incerta ✱ 1955] **s. f.** ● puntello per armare le gallerie di miniera ‖ **buttóne**, **accr. m.**

buttadéntro [comp. di *butta(re)* e *dentro*, sul modello di *buttafuori* ✱ 1985] **s. m. e f. inv. 1** chi è addetto alla selezione dei clienti all'entrata di locali notturni e sim. **CFR.** buttafuori nel sign. 2 **2** procacciatore di clienti per ristoranti, bar e sim.

buttafuòco [comp. di *butta(re)* e *fuoco* ✱ 1587] **s. m.** (**pl.** *-chi*) ● asta con una miccia all'estremità usata anticamente per dare fuoco ai cannoni ad avancarica

buttafuòri [comp. di *butta(re)* e *fuori*, sul modello del fr. *boute-(de)hors* ✱ 1797] **s. m. inv.** (**anche f. nel sign. 2**) **1** foglietto contenente appropriate battute a soggetto che si affiggeva un tempo agli ingressi di scena | chi un tempo dava agli attori il segnale per entrare in scena **2** nei bar e nei locali notturni, chi allontana dalla sala i clienti molesti **CFR.** buttadentro nel sign. 1 **3** (***mar.***) ogni asta o pertica che si fa sporgere dall'imbarcazione per tenere tesa una vela, un cavo e sim.

♦**buttàre** [ant. provenz. *botar*, dal francone **bōtan* 'battere' e 'buttar fuori (i germogli)' ✱ 1268] **A v. tr. 1** gettare, lanciare vicino o lontano: *b. qlco. in terra, nell'acqua*; *b. un oggetto dalla finestra*; *b. una persona per terra* | ***b. fuori***, cacciare via: *l'hanno buttato fuori di casa* | ***b. giù un muro, una casa*** e sim., atterrarli, abbatterli | ***b. giù la pasta, la verdura*** e sim., metterle nell'acqua quando questa bolle | ***b. giù una carta***, giocarla | ***b. giù due righe, uno scritto, una lettera, un articolo*** e sim., scriverli affrettatamente | ***b. giù il cibo, un boccone, un sorso d'acqua*** e sim., inghiottirli in fretta | (***fig.***) ***b. giù un'offesa, un affronto***, subirli, tollerarli | (***fig.***) ***b. giù una persona***, parlarne male | (***fig.***) ***b. giù***, avvilire, prostrare nel fisico e nel morale: *questa faccenda mi butta giù*; *la malattia lo ha buttato molto giù* | ***b. là***, dire con ostentata indifferenza: *b. là una frase, una proposta* | ***b. all'aria***, mettere sottosopra: *i bambini hanno buttato all'aria tutta la casa* **2** disfarsi di qlco.: *butta (via) quella sigaretta!*; *finalmente ho buttato (via) il mio vecchio cappotto* | sprecare, sciupare: *b. (via) il denaro, il tempo, la fatica, le energie; anche nella loc.* ***b. al vento***: *b. al vento un'occasione* | ***da buttar via***, di cosa o persona di nessun valore, che non serve più: *guarda che non sono ancora da buttar via!* | (***fig., fam.***) ***b. via il bambino insieme con l'acqua sporca***, eliminare senza distinzione ciò che è valido insieme a ciò che non lo è **3** emettere, mandar fuori (***anche assol.***): *la ferita butta sangue, pus*; *la piaga non butta più* | generare, germogliare (***anche assol.***): *gli alberi buttano le foglie nuove*; *le piante cominciano a b. in marzo* **4** †rendere, fruttare **B v. intr.** (**aus.** *avere*) **1** volgere, tendere (**+** *a*): *sembra che il tempo butti al bello*; *un colore che butta al grigio* **2** (***fam.***) prendere una determinata piega, con riferimento a situazioni e sim.: *aspettiamo a vedere come butta*; *la faccenda butta male* | ***come ti butta?***, (***fam.***) come va? **C buttàrsi v. rifl. 1** gettarsi verso o contro qlcu. o qlco.: *buttarsi nell'acqua, dalla finestra*; *buttarsi in ginocchio*; *buttarsi sul letto, su una poltrona*; *buttarsi al collo, ai piedi di qlcu.*; *il bambino si buttò tra le braccia della madre* | ***buttarsi alla macchia, alla campagna***, darsi alla latitanza | ***buttarsi nel fuoco per qlcu.***, (***fig.***) essere pronto a tutto pur di aiutarlo | (***fig.***) ***buttarsi via***, sprecarsi in attività dappoco o con persone non degne | (***fig.***) ***buttarsi giù***, demoralizzarsi, perdersi d'animo **2** (***fig.***) dedicarsi a qlco. con decisione ed entusiasmo (**+** *a* **seguito da inf.**): *ultimamente si è buttato a dipingere* | (***assol.***) non lasciarsi sfuggire un'occasione favorevole: *è il tuo momento, buttati!* **3** detto di uccelli, posarsi sopra una pianta, un prato o sull'acqua, spec. se richiamati

buttasèlla [comp. di *butta(re)* e *sella*, sul modello del fr. *boute-selle* ✱ 1561] **s. m. inv.** ● (***milit.***) nei reparti a cavallo, comando di insellare dato a voce o con apposito segnale di tromba: *suonare, eseguire il b.*

buttàta [1863] **s. f. 1** nei giochi di carte, la carta calata in tavola **2** generazione di nuove foglie o nuovi germogli | germoglio, getto **3** (***caccia***) discesa di uccelli in un luogo determinato | il luogo stesso | ***pianta di b.***, albero predisposto in una tesa e preferito dagli uccelli per posarvisi

butteràre [da *buttero*[1] ✱ 1370] **v. tr.** (*io*

bùttero) • coprire di butteri

butteràto **part. pass.** di *butterare*; anche **agg.** • coperto di butteri

butteratùra [1941] **s. f.** **1** insieme di cicatrici o butteri lasciati dal vaiolo sulla pelle **2** comparsa di macchie tondeggianti sulla buccia e nella polpa delle mele **SIN.** maculatura

bùttero① [arabo *buṯūr*, pl. di *baṯr* 'pustola' ✱ av. 1484] **s. m.** • cicatrice residua alla pustola vaiolosa

bùttero② [vc. centro-merid., forse dal gr. *bútoros*, comp. di *bôus* 'bue' e un deriv. del v. *têirein* 'spingere' (?) ✱ av. 1696] **s. m.** • nella Maremma toscana, guardiano a cavallo delle mandrie di bufali, tori, cavalli

bùtto [da *buttare* ✱ 1313] **s. m.** **1** getto, spec. d'acqua **2** (*raro*) germoglio | †***di b.***, di colpo, a un tratto

button-down /batton'daun, *ingl.* ˌbʌtən-'daʊn/ [loc. ingl., comp. di *button* 'bottone' e *down* 'giù, basso', in origine agg. di *collar* 'colletto' ✱ 1989] **agg. inv.** • detto di camicia con le punte del colletto fissate con due bottoncini alla camicia stessa

bùu /buu/ o **bùuu**, **buh**, **bu**② [vc. onomat. ✱ 1829] **A** **inter.** • si usa per esprimere disapprovazione nei confronti di un oratore o di un artista **B** **anche in funzione di s. m. inv.**: *i buu del loggione*

bùuu ➤ **buu**

buvette /*fr.* by'vɛt/ [vc. fr., da *boire* 'bere', ma sul radicale *buv-* ✱ 1867] **s. f. inv.** • piccola mescita di bibite e liquori, in ritrovi o luoghi pubblici

Buxàcee [comp. di *bŭxus*, n. lat. scient. del bosso, e *-acee* ✱ 1929] **s. f. pl.** (**sing.** *-a*) • (*bot.*) famiglia di piante delle Dicotiledoni cui appartiene il bosso (*Buxaceae*)

buy-back /*ingl.* 'baɪˌbæk/ [vc. ingl., propr. 'comperare (*buy*) di nuovo (*back*)' ✱ 1987] **s. m. inv.** • (*banca*) acquisto di azioni proprie da parte di una società

buyer /'bajer, *ingl.* baɪə(r)/ [vc. ingl. 'acquirente, compratore', da *to buy* 'acquistare', di orig. germ. ✱ 1957] **s. m. e f. inv.** • funzionario o collaboratore di una ditta, di un grande magazzino, e sim., che tratta con i fornitori e assicura il rifornimento delle merci

buy-out /bai'aut, *ingl.* 'baɪˌaʊt/ [vc. ingl., propr. 'indennizzare perché uno abbandoni un posto, una proprietà', dal v. *to buy* 'comprare' ✱ 1987] **s. m. inv.** (**pl. ingl.** *buy-outs*) • (*econ.*) acquisto, detto di aziende o attività commerciali

buzùki ➤ **bouzouki**

buzzàgo ➤ **bozzago**

buzzer /'baddzer, *ingl.* bʌzə(r)/ [vc. ingl., dal v. *to buzz* 'ronzare' ✱ 1989] **s. m. inv.** • segnalatore acustico, spec. in sveglie e orologi

†**buzzicàre** [etim. incerta ✱ sec. XIV] **v. intr.** **1** muoversi leggermente **2** mormorare, sussurrare

†**buzzichìo** o †**bùzzico**① [sec. XIV] **s. m.** • leggero movimento | lieve rumore, mormorio

†**bùzzico**① ➤ †**buzzichio**

bùẓẓico② [dall'arabo *būzzaq* 'pancione'] **s. m.** (**pl.** *-chi*) • (*centr.*) recipiente di latta provvisto di un lungo beccuccio usato per versare l'olio || **buzzicóne**, **accr.** (V.)

bùzzico③ [etim. incerta ✱ 1908] **s. m.** (**pl.** *-chi*) • (*centr.*) gioco infantile simile al chiapparello

buẓẓicóne **s. m.** **1** accr. di *buzzico*② **2** (**f.** *-a*) (*roman.*) persona corpulenta e dai modi poco raffinati

buzz màrketing /badz'marketin(g), *ingl.* ˌbʌz'mɑːkɪtɪŋ/ [loc. ingl., propr. 'vendita (*marketing*) per passaparola (*buzz*)' ✱ 2005] **loc. sost. m. inv.** • strategia promozionale che consiste nel determinare occasioni per cui delle persone parlino positivamente di un prodotto, confidando poi nel passaparola per aumentarne la notorietà

bùẓẓo① (o **-zz-**) [di orig. espressiva (?) ✱ sec. XV] **s. m.** • (*pop.*) pancia | (*fig.*) ***di b. buono***, con impegno: *si è messo a lavorare di b. buono* || **buẓẓóne**, **accr.** (V.)

bùẓẓo② [etim. incerta ✱ av. 1342] **s. m.** • (*sett.*) arnia, bugno

bùẓẓo③ [etim. incerta ✱ av. 1837] **agg.** • (*tosc.*) taciturno, imbronciato | ***tempo b.***, nuvoloso, piovoso

buzzonàglia [vc. sicil. di etim. discussa ✱ 1976] **s. f.** • la carne del tonno vicina alla lisca centrale o all'addome, di colore scuro e qualità poco pregiata

†**buẓẓonàio** [1777] **s. m.** • trippaio

buẓẓóne① [1797] **s. m.** (**f.** *-a*) **1** accr. di *buzzo*① **2** (*pop.*) persona panciuta | pancione

buzzóne② [emiliano *buzon* 'gabbione', di etim. incerta ✱ 1887] **s. m.** • gabbia di fascine riempita di pietre a difesa di argini

buẓẓùrro [etim. incerta ✱ 1808] **s. m.** (**f.** *-a*) **1** un tempo, venditore ambulante di castagne, castagnacci, polenta dolce **2** (*disus.*) persona giunta da poco in una data città | (*per anton.*, *spreg.*) piemontese, a Roma dopo il 1870 **SIN.** forestiero **3** (*spreg.*) persona rozza, zotica e ignorante **SIN.** burino, cafone (V. nota d'uso STEREOTIPO)

bwàna /*swahili* 'bwana/ [in swahili propr. 'signore, padrone' e anche 'Dio, Signore' ✱ 1967] **s. m. e f. inv.** • appellativo con cui, in epoca coloniale, la popolazione africana si rivolgeva ai bianchi **CFR.** buana

bye-bye /bai'bai, *ingl.* 'baɪˌbaɪ/ [vc. ingl., inizialmente propria del linguaggio infant. ✱ 1935] **inter.** • addio | arrivederci

bylìna /*russo* bi'ljinʌ/ [vc. russa, dal dial. *bylìná* 'ciò che è stato', da *bil* 'fu' ✱ 1913] **s. f.** (**pl. inv.** o *byline* o **russo** *byliny*) • canto popolare del Medioevo russo

by night /*ingl.* baɪ'naɪt, bə-/ [loc. ingl., propr. 'presso (*by*, avv. di orig. germ. con valore attributivo) la notte (*night*, di orig. indeur.)' ✱ 1961] **loc. agg. inv.** • notturno, di notte: *Roma by night*

bypàss /bai'pas, *ingl.* 'baɪˌpɑːs/ [vc. ingl., propr. 'passaggio (*pass*, di orig. fr.) accanto (*by*, avv. di orig. germ. con valore attributivo)' ✱ 1905] **s. m. inv.** **1** (*idraul.*) diramazione di un condotto posta in prossimità di un organo di chiusura o di una pompa, con cui si mette in comunicazione la parte a monte dell'organo con quella a valle **2** (*chir.*) deviazione artificiale che, in un vaso sanguigno o in un'altra struttura canalizzata parzialmente o totalmente occlusa, consente di superare l'ostruzione **3** (*urbanistica*) percorso alternativo a quello abituale o tradizionale

bypassàre /baipas'sare/ [denominale di *bypass* ✱ 1964] **v. tr.** **1** fare deviare o ripristinare un passaggio applicando un bypass **2** (*fig.*) eludere, aggirare una difficoltà, un ostacolo

bypassàto /baipas'sato/ [da *bypassare* ✱ 1993] **agg. e s. m.** (**f.** *-a*) • (*med.*) che (o chi) ha subìto l'applicazione di un bypass

byronìano (by-ron-ia-no, by-ro-nia-no) /bairo'njano/ o **baironìano** [1871] **agg.** • relativo al poeta inglese G. G. Byron (1788-1824)

byte /bajt, *ingl.* baɪt/ [prob. dall'ingl. *bite* 'morso', modificato per non confondersi con *bit* (V.) ✱ 1966] **s. m. inv.** • (*inform.*) unità di misura della quantità di informazione corrispondente a 8 bit: *una memoria da un milione di b., un record di 100 b.* **SIMB.** B

C

c, C

I suoni rappresentati in italiano dalla lettera *C* sono principalmente due: 'duro' o velare e 'dolce' o postalveopalatale. La *C* dura, consonante occlusiva velare non-sonora /k/, è scritta semplicemente *c* davanti alle vocali *a, o, u* e davanti a consonante (es. *càllo* /'kallo/, *còlle* /'kɔlle/, *cùlla* /'kulla/, *clìma* /'klima/, *crésta* /'kresta/); è scritta invece *ch* davanti alle vocali *e* e *i* (es. *chéto* /'keto/, *chìno* /'kino/). Può essere, secondo i casi, semplice (es. *èco* /'ɛko/, *richiùdo* /ri'kjudo/, *declàmo* /de'klamo/, *sètte chiòdi* /'sɛtte 'kjɔdi/; *èsco* /'ɛsko/, *chiòdi* /'kjɔdi/, *ventùn chiòdi* /ventuŋ'kjɔdi/) oppure geminata (es. *ècco* /'ɛkko/, *racchiùdo* /rak'kjudo/, *acclàmo* /ak'klamo/, *tre chiòdi* /trek'kjɔdi/). La *C* dolce, consonante semiocclusiva, o affricata, postalveopalatale non-sonora /tʃ/, è scritta semplicemente *c* davanti alle vocali *e* e *i* (es. *cènto* /'tʃɛnto/, *cìnto* /'tʃinto/); è scritta invece *ci*, con *i* muta, davanti alle altre vocali (es. *ciàlda* /'tʃalda/, *cióndolo* /'tʃondolo/, *ciùrma* /'tʃurma/) ed eccezionalmente anche davanti a *e* (es. *pasticcière* /pastitʃ'tʃɛre/, *spècie* /s'pɛtʃe/); non è mai seguita da consonante. Può essere, secondo i casi, semplice (es. *mìcia* /'mitʃa/, *la céna* /la'tʃena/; *mància* /'mantʃa/, *céna* /'tʃena/, *per céna* /per'tʃena/) oppure geminata (es. *miccia* /'mitʃtʃa/, *a céna* /atʃ'tʃena/). La lettera *C* fa poi parte del digramma *sc*, che rappresenta in italiano il suono della consonante costrittiva, o fricativa, postalveopalatale non-sonora /ʃ/. Analogamente a quello della *C* dolce, questo suono è scritto semplicemente *sc* davanti alle vocali *e* e *i* (es. *scélto* /*'ʃelto/, *scìșma* /*'ʃizma/); è scritto invece *sci*, con *i* muta, davanti alle altre vocali (es. *sciàbola* /*'ʃabola/, *sciòlto* /*'ʃɔlto/, *sciupàre* /*ʃu'pare/) ed eccezionalmente anche davanti a *e* (es. *uscière* /uʃ'ʃɛre/, *cosciènza* /koʃ'ʃɛntsa/); non è mai seguito da consonante. Questo suono può essere semplice (es. *cònscio* /'kɔnʃo/, *in sciòpero* /in'ʃɔpero/) o, tra due vocali, sempre geminato (es. *còscia* /'kɔʃʃa/, *lo sciòpero* /loʃ'ʃɔpero/). Davanti a lettere diverse da *e* e *i*, il gruppo grafico *sc* ha il valore di *S* non-sonora + *C* 'dura' /sk/ (es. *scuòla* /s'kwɔla/, *scrìtto* /s'kritto/). Per il gruppo grafico *cq*, V. la lettera *Q*.

c, (*maiusc.*) **C** [1516] **A** **s. f. o m. inv.** • terza lettera dell'alfabeto italiano (nome per esteso *ci*): *c minuscola*; *C maiuscolo* | nella compitazione spec. telefonica it. *c come Como*; in quella internazionale *c come Charlie* | (*sport*) ***serie C***, suddivisione comprendente gli atleti e le squadre di livello inferiore | ***di serie C***, (*fig.*) di qualità scadente | (*chim.*) ***vitamina C***, V. *vitamina* **B** **s. m. inv.** • (*inform.*) linguaggio per la programmazione dei calcolatori elettronici, adatto alla programmazione strutturata

†**c'** ➤ **che**①, **che**②

†**ca'** /ka, ka*/ o †**ca** [troncamento di *casa* ✳ av. 1257] **s. f. 1** casa: *reducemi a ca' per questo calle* (DANTE *Inf.* XV, 54) | oggi usato per designare palazzi antichi o in toponomastica (*spec. sett.*): *Ca' d'Oro*; *Ca' Venier*; *Ca' d'Andrea* **2** (*raro*) casato: *madonna Lisetta da ca' Quirino* (G. BOCCACCIO) (V. nota d'uso ELISIONE e TRONCAMENTO)

cab /kab, kɛb, *ingl.* kæb/ [vc. ingl., abbr. del fr. *cabriolet* (V.) ✳ 1842] **s. m. inv.** • carrozzella inglese di piazza, a due ruote, nella quale il cocchiere stava dietro in alto, in uso nell'Ottocento

càbala o (*raro*) **càbbala** nel sign. 1 [ebr. *kabbâlah* 'dottrina ricevuta, tradizione' ✳ 1486] **s. f. 1** corrente del misticismo ebraico medievale che considera la creazione del mondo come processo di emanazioni in forma di lettere **2** (*est.*) tecnica popolare per indovinare il futuro per mezzo di lettere, di numeri, di figure o di sogni | ***c. del lotto***, che vuole indovinare i numeri che verranno estratti con operazioni aritmetiche **3** (*fig.*) intrigo, imbroglio: *quella buona voglia che sapeva impiegare nell'ordir cabale* (A. MANZONI)

cabalàre [1647] **v. intr.** (*io càbalo*; **aus.** *avere*) **1** (*raro*) fare cabale **2** (*fig.*) congiurare ai danni di qlcu.

cabalétta [dim. di *co(b)bola* (?) ✳ 1812] **s. f.** • (*mus.*) breve aria d'opera, vivace, dal motivo ritmico uniforme e ripetuto, spesso alla fine di una scena o di un concertato: *la c. del Trovatore*

cabalìsta o (*raro*) **cabbalìsta** nel sign. 1 [da *cabala* ✳ 1486] **s. m. e f.** (**pl. m.** *-i*) **1** chi studia la cabala **2** chi cerca di indovinare con la cabala il futuro e spec. i numeri del lotto

cabalìstico o (*raro*) **cabbalìstico** nel sign. 1 [av. 1563] **agg.** (**pl. m.** *-ci*) **1** relativo alla cabala **2** (*est.*) oscuro, misterioso | ***segni cabalistici***, strani e indecifrabili ‖ **cabalisticaménte**, **avv.** in modo cabalistico; secondo la cabala

cabalóne [1823] **s. m.** (**f.** *-a*) • (*raro*, *fig.*) chi ordisce inganni e raggiri

caban /*fr.* ka'bɑ̃/ [vc. fr., propr. 'gabbano, cappotto' ✳ 1984] **s. m. inv.** • giaccone sportivo, per lo più in panno, spesso doppiopetto e con bottoni dorati

cabarè [V. *cabaret* ✳ av. 1828] **s. m. inv. 1** adattamento di *cabaret* (V.) **2** (*sett.*) vassoio

cabaret /*fr.* kaba'ʀɛ/ [dal neerl. *cabret*, a sua volta dal piccardo *cambrette* 'piccola camera' ✳ 1768] **s. m. inv.** • locale notturno con spettacoli di varietà | (*est.*) gli spettacoli stessi: *cantante di c.*; *numeri di c.*

cabarettìșmo [da *cabaret* ✳ 1965] **s. m.** • il genere degli spettacoli di varietà

cabarettìsta [1985] **s. m. e f.** (**pl. m.** *-i*) • attore di cabaret

cabarettìstico [1942] **agg.** (**pl. m.** *-ci*) • di cabaret, da cabaret

càbbala ➤ **cabala**

Cabernet /*fr.* kabɛʀ'nɛ/ [fr., vc. dial. di etim. incerta ✳ 1907] **s. m. inv. 1** vitigno originario della regione di Bordeaux, coltivato nell'Italia nordorientale e, più recentemente, anche in altre regioni | ***C. Sauvignon***, da cui si ottiene un vino più morbido | ***C. Franc***, da cui si ottiene un vino più rustico e vigoroso **2** vino rosso dal caratteristico profumo erbaceo che si ottiene dal vitigno omonimo

cabestàno [fr. *cabestan*, deformazione di *cabestran*, da *cabestre* 'corda, puleggia': stessa etim. dell'it. *capestro* ✳ 1659] **s. m. 1** macchina usata per il traino di carri ferroviari mediante fune **2** (*mar.*) argano ad asse verticale costituito da una campana intorno alla quale si avvolge il cavo da tirare, usato spec. per il traino di vagoni e per salpare l'ancora

cabìla [arabo *qabīlah* 'tribù' ✳ 1892] **s. f. 1** la tribù dei Beduini, in Arabia **2** (*est.*) il principale raggruppamento etnico di popoli islamizzati anche fuori dall'Arabia

♦**cabìna** o (*sett.*, *merid.*) **gabìna** [fr. *cabine*, dall'ingl. *cabin*, dal lat. tardo *capănna(m)* 'capanna' ✳ 1853] **s. f. 1** cameretta a bordo delle navi per uso dei viaggiatori e del personale di direzione **2** vano dove prendono posto i passeggeri negli aerei, funivie, ascensori e altri mezzi di trasporto **3** vano dove si trova il posto di guida, manovra o pilotaggio di un autocarro, locomotiva, aereo e sim. | ***c. spaziale***, quella delle navicelle spaziali **4** vano di dimensioni variabili, adibito a usi diversi e diversamente attrezzato | ***c. telefonica***, contenente un telefono pubblico | ***c. elettrica***, contenente impianti per la trasformazione e la distribuzione dell'energia | ***c. di manovra***, contenente i congegni per la manovra dei segnali ferroviari, dei deviatoi e sim. | ***c. di proiezione***, in una sala cinematografica, quella che contiene la macchina da proiezione | ***c. di regia***, V. *regia*② | ***c. elettorale***, nella quale l'elettore può esercitare il suo diritto in piena segretezza | ***c. armadio***, V. *armadio* **5** sulle spiagge, piccola costruzione adibita a spogliatoio ‖ **cabinétta**, **dim.**

SFUMATURE DI SIGNIFICATO

cabina - vano - abitacolo

Dei tre termini **vano** è quello di significato più generico, poiché identifica ogni piccolo spazio, cavità o anche ambiente destinati a un uso particolare. Se tale spazio è il posto di pilotaggio di un aereo, oppure è il luogo destinato ad alloggiare i viaggiatori su una nave, prende il nome di **cabina**; se invece è la parte di un veicolo a motore nella quale prendono posto i passeggeri, il suo nome è **abitacolo**.

cabinànte [1983] **s. m. e f.** • su una nave, chi è addetto alle cabine e ai passeggeri

cabinàto [1947] **A** **agg.** • detto di imbarcazione da diporto fornita di cabina | detto di autoveicoli, spec. autocarri, in cui il posto di guida isolato e chiuso assomiglia a una cabina **B** **s. m.** • imbarcazione da diporto fornita di cabina: *c. a motore, a vela*

càbinet /'kabinet, *ingl.* 'kæbɪnət/ [vc. ingl., propr. 'armadietto', dal fr. *cabinet*, dim. di *cabine* 'cabina' ✳ 1999] **s. m. inv.** • involucro, gener. metallico, che fa da contenitore a un'apparecchiatura elettronica (per es. la tower del personal computer) SIN. case

cabinìsta [1926] s. m. e f. (pl. m. *-i*) **1** operaio addetto alla sorveglianza e alla manutenzione di una cabina elettrica **2** nei cinema, l'addetto alla proiezione dei film

cabinovìa [da *cabina*, sul modello di *funivia* e *seggiovia* ✱ 1963] **s. f.** ● funivia costituita da numerose piccole cabine a due o più posti

cablàggio [fr. *câblage*, da *câble* 'cavo', dal lat. tardo *căpulu(m)* 'cappio' ✱ 1965] **s. m.** ● insieme di cavi o conduttori colleganti le diverse parti di un'apparecchiatura elettrica o elettronica, o di un impianto elettrico | (*est.*) l'allestimento di tale apparecchiatura

cablàre [fr. *câbler*, da *câble* 'cavo' (V. *cablaggio*) ✱ 1939] **v. tr. 1** collegare apparecchiature elettriche, dispositivi elettronici e sim. mediante cavi o fibre ottiche **2** (*gerg.*) trasmettere una notizia, spec. giornalistica, per cablogramma

cablàto **part. pass.** di *cablare*; anche **agg. 1** nei sign. del v. **2** collegato via cavo: *città cablata*

cablatóre [1965] **s. m.** (**f.** *-trice*) **1** chi predispone i cablaggi **2** cablografista

cablatùra [1987] **s. f.** ● realizzazione di collegamenti via cavo, spec. con l'impiego di fibre ottiche CFR. cablaggio

câblé /fr. ka'ble/ [vc. fr., part. pass. di *câbler* 'ritorcere un cavo', da *câble* 'cavo' ✱ sec. XX] **A** **agg.** (**f.** *câblée*) ● detto di filato di cotone o di lana ritorto più volte **B** **s. m. inv.** ● tale tipo di filato

càblo [1941] **s. m. inv.** ● accorc. di *cablogramma*

cablografàre [da *cablogramma*, sul modello di *telegrafare* ✱ 1962] **v. tr.** (*io cablògrafo*) ● (*raro*) cablare

cablografìa [da *cablografare*, sul modello di *telegrafia* ✱ 1955] **s. f.** ● trasmissione di telegrammi mediante sottomarini

cablogràfico [1955] **agg.** (**pl. m.** *-ci*) ● relativo alla cablografia

cablografìsta [1955] **s. m. e f.** (**pl. m.** *-i*) ● persona addetta alla trasmissione e ricezione di cablogrammi

cablogràmma [fr. *câblogramme*, a sua volta dall'ingl. *cablegram*, comp. dell'ingl. *cable* 'gomena', poi 'cavo elettrico sottomarino' e *-gram* '-gramma' ✱ 1905] **s. m.** (**pl.** *-i*) ● telegramma trasmesso mediante cavi sottomarini

cablòtto [fr. *cablot* 'cavo', da *câble* 'canapo' ✱ 1937] **s. m.** ● (*mar.*) cavo dell'ancorotto

cabochon /fr. kabɔ'ʃɔ̃/ [fr., da *caboche* 'chiodone, testa', sovrapposizione del lat. *căput* 'capo' al fr. *bosse* 'bozza' ✱ 1892] **s. m. inv.** ● tipo di lavorazione delle pietre, preziose e non, che ne arrotonda la superficie senza sfaccettarla | ogni pietra sottoposta a tale lavorazione

cabotàggio [fr. *cabotage*, da *caboter* 'cabotare' ✱ 1765] **s. m.** ● (*mar.*) navigazione delle navi mercantili e da diporto lungo le coste | ***grande, piccolo c.***, in dipendenza della lunghezza dei percorsi effettuati tra porto e porto | ***di piccolo c.***, (*fig.*) di scarso rilievo, di modesta importanza

cabotàre [fr. *caboter*, di etim. discussa: ant. fr. *cabo* 'lingua di terra che si addentra nel mare', di orig. sp. (?) ✱ 1937] **v. intr.** (*io cabòto*; **aus.** *avere*) ● (*mar.*) praticare il cabotaggio

cabotière [fr. *cabotier*, da *cabotage* 'cabotaggio' ✱ av. 1912] **s. m.** ● (*mar.*) chi pratica il cabotaggio

cabotièro [1937] **A** **agg.** ● di cabotaggio: *traffico c.* **B** **s. m.** ● (*mar.*) piccolo mercantile da cabotaggio

cabràre [fr. *cabrer* 'alzarsi come una capra', dal provenz. *cabra* 'capra' ✱ 1923] **A** **v. intr.** (**aus.** *avere*) ● (*aeron.*) di un aeromobile, alzare la prua con variazione di assetto o di traiettoria: *l'aereo cabra* CONTR. picchiare② **B** **v. tr.** ● far alzare la prua di un aeromobile: *il pilota cabra l'aereo*

cabràta [1936] **s. f.** ● movimento, manovra del cabrare

cabrèo [sp. *cabreo*, dal lat. *căput brĕve* 'sommario principale' ✱ 1846] **s. m.** ● (*stor.*) registro, mappa catastale

cabriolè [1796] **s. f. o m. inv.** ● adattamento di *cabriolet* (V.)

cabriolet /fr. kabʀijɔ'lɛ/ [fr., da *cabrioler* 'fare capriole' ✱ 1771] **A** **s. m. inv. 1** piccola carrozza a due ruote, con mantice **2** (*gerg.*) assegno scoperto o a vuoto **B** **s. f. o m. inv.; anche agg. inv.** ● automobile scoperta a due o quattro posti munita di capote CFR. roadster, spider ‖ **càbrio**, **accorc.** nel sign. B

càca ➤ **cacca**

cacadùbbi [comp. di *caca(re)* e il pl. di *dubbio* ✱ 1739] **s. m. e f. inv.** ● (*pop.*, *spreg.*) persona titubante e piena di dubbi

cacaiòla [dim. dell'ant. *cacaia*, dal lat. *cacāre* 'cacare' ✱ sec. XIV] **s. f. 1** (*raro*, *volg.*) dissenteria | ***avere, far venire la c.***, (*fig.*) una gran paura **2** (*raro*, *pop.*) nella loc. ***avere le scarpe, le calze alla c.***, non allacciate, a bracaloni

cacào o (*pop.*) **caccào** [dall'azteco *cacahuatl*, propr. 'grano di cacao', attrav. lo sp. *cacao* ✱ av. 1557] **s. m. inv. 1** pianta delle Sterculiacee, molto alta, con foglie grandi e persistenti, fiori bianchi o rossi, frutti di forma allungata dai semi simili a mandorle (*Theobroma cacao*) **2** sostanza alimentare aromatica che si ottiene, per torrefazione e macinazione, dai semi della pianta omonima, e costituisce il principale ingrediente della cioccolata | ***burro di c.***, sostanza grassa, di color bianco-giallastro, estratta dai semi del cacao

cacàre o (*sett.*) **cagàre** [lat. *cacāre*, vc. infant. ✱ sec. XIII] **A** **v. intr.** (*io càco, tu càchi*; **aus.** *avere*; **aus.** *essere* **nella forma pron.** (**con valore intens.**) *cacarsi*) ● (*volg.*) defecare, andare di corpo | anche in forma pron., nella loc. ***cacarsi sotto, cacarsi addosso***, (*fig.*) avere una gran paura **B** **v. tr.** ● (*volg.*) eliminare, espellere dal corpo (**anche** *fig.*): *si me fusse forza ... non potrei cacar altro che l'anima com'un appiccato* (G. BRUNO) | ***c. sangue***, avere la dissenteria; (*fig.*) stentare, faticare molto | anche in forma pron. (con valore intens.), nella loc. ***non cacarsi qlcu.***, (*fig.*, *volg.*) disprezzarlo, infischiarsene | (*fig.*, *volg.*) ***non lo cago nemmeno***, non mi curo minimamente di lui, lo ignoro del tutto

cacarèlla o **cacherèlla** [1541] **s. f.** ● (*pop.*) dissenteria | ***avere, fare venire la c.***, (*fig.*) una gran paura | ***a c.***, a bracaloni

†**cacariùzza** [av. 1556] **s. f.** ● (*fig.*) moina, leziosaggine

†**cacasàngue** [comp. di *caca(re)* e *sangue* ✱ 1478] **s. m. inv.** ● (*pop.*) dissenteria | ***ti venga il c.!***, ti venga un accidente

cacasénno [da *Cacasenno*, n. del protagonista di una novella di A. Banchieri (1568-1634), comp. di *caca(re)* e *senno* ✱ 1866] **s. m. e f. inv.** ● (*spreg.*) sputasentenze

cacasentènze [comp. di *caca(re)* e il pl. di *sentenza* ✱ av. 1584] **s. m. e f. inv.** ● (*pop.*, *spreg.*) persona saccente e noiosa

†**cacasòdo** [comp. di *caca(re)* e *sodo* ✱ 1555] **s. m.** ● (*pop.*, *spreg.*) chi si dà soverchia importanza

cacasótto [comp. di *caca(re)* e *sotto* ✱ 1534] **s. m. e f. inv.** ● (*pop.*, *spreg.*) persona vigliacca

†**cacastécchi** [comp. di *caca(re)* e il pl. di *stecco* ✱ sec. XIV] **s. m. e f. inv.** ● (*pop.*, *spreg.*) spilorcio | persona incerta | persona dappoco

cacàta o (*sett.*) **cagàta** [av. 1749] **s. f. 1** (*volg.*) atto del cacare | escrementi **2** (*volg.*, *fig.*) cosa brutta, malfatta, noiosa e sim. ‖ **cacatèlla**, **dim.** | **cacatìna**, **dim.** | **cacatóna**, **accr.**

cacatòa ➤ **cacatua**

cacatóio o (*sett.*) **cagatóio** [da *cacare* ✱ av. 1449] **s. m.** (**pl.** *-ói*) ● (*raro*, *volg.*) latrina

cacatùa o **cacatòa** [malese *kakatūwa*, di etim. incerta, prob. attrav. il portog. ✱ 1708] **s. m. inv.** ● genere di pappagalli di media lunghezza, con grande becco robusto compresso lateralmente, testa sormontata da un ciuffo erettile e piumaggio di colore non appariscente (*Cacatua*)

cacatùra o (*sett.*) **cagatùra** [av. 1306] **s. f.** ● (*volg.*) cacata | escremento, spec. di insetti

†**cacazibétto** [comp. di *caca(re)* e *zibetto* ✱ 1585] **s. m. inv.** ● (*pop.*, *spreg.*) bellimbusto, vagheggino

càcca o (*centr.*) **càca** [vc. infant. V. *cacare* ✱ av. 1484] **A** **s. f. 1** (*infant.*, *pop.*) escrementi, spec. umani | ***avere la c. al culo***, (*fig.*, *volg.*) avere una gran paura **2** (*est.*, *infant.*) cosa sudicia | cosa da non toccare, da cui stare lontano **3** (*fig.*, *volg.*, *spreg.*) boria, superbia **B** **in funzione di inter.** ● (*pop.*) esprime dispetto, rabbia, ira e sim. ‖ **cacchétta**, **dim.** | **cacchìna**, **dim.** | **caccóna**, **accr.**

†**caccabàldola** [etim. incerta ✱ sec. XIV] **s. f.** ● (**spec. al pl.**) smanceria, gesto lezioso

caccào ➤ **cacao**

caccavèlla [lat. tardo *caccabella(m)*, dim. di *caccăbus* 'pentola' dal gr. *kákkabos* ✱ 1841] **s. f. 1** (*merid.*) pentola di terracotta **2** strumento popolare napoletano costituito da una pignatta chiusa superiormente da una pelle d'asino in cui è infilato un bastone che, agitato ritmicamente, provoca un caratteristico suono crepitante

cacchiàta [alterazione eufem. di *cazzata* ✱ 1993] **s. f.** ● (*eufem.*, *pop.*) cazzata: *smettila di dire cacchiate!*

càcchio① [alterazione eufem. di *cazzo* ✱ 1943] **s. m.** ● (*eufem.*, *pop.*) cazzo: *che c. vuoi?*

càcchio② [lat. *cătulu(m)* 'piccolo cane, piccolo animale', di etim. incerta ✱ 1663] **s. m.** ● getto non fruttifero che si sviluppa su piante coltivate e che deve essere asportato

cacchióne [da *cacchio*② ✱ sec. XIV] **s. m. 1** uovo di mosca o di altri insetti | larva vermiforme dell'ape **2** (**spec. al pl.**) punta delle prime penne dei Gallinacei e di altri Uccelli **3** (*merid.*) lepre

♦**càccia**① [da *cacciare* ✱ av. 1250] **s. f.** (**pl.** *-ce*) **1** attività del catturare o uccidere animali selvatici con trappole e con armi, spec. col fucile: *c. al cinghiale, alla volpe*; *ha la passione della c.* | ***c. grossa***, quella che si dà agli animali selvaggi di grosse dimensioni | cattura e uccisione della selvaggina nelle condizioni stabilite dalla legge: *apertura della c.*; *riserva di c.*; *battuta di c.* | (*est.*) appostamento e cattura di un animale da parte di un altro: *la c. dei leoni alle antilopi* | (*est.*) ***c. fotografica***, attività volta a fotografare animali selvatici nel loro ambiente naturale **2** pesca praticata con armi da fuoco, ad aria compressa e sim.: *c. subacquea*; *c. alla balena* **3** (*est.*) selvaggina presa a caccia e uccisa | (*est.*) pietanza di selvaggina: *cucinare, mangiare la c.* SIN. cacciagione **4** (*est.*) inseguimento, ricerca attiva: *dare la c. a un topo, a una farfalla* | ***dare la c. a qlcu.***, inseguirlo allo scopo di trovarlo e prenderlo: *la polizia sta dando la c. ai rapinatori* | ***c. all'uomo***, di un bandito, un fuggiasco, e sim. | (*est.*) ricerca minuziosa e incessante di qlcu.: *dare la c. a una diva in incognito, al vincitore di una lotteria* | ***c. alle streghe***, V. *strega* | †***correre, andare, fuggire in c.***, essere inseguito **5** azione militare diretta a rintracciare e colpire aerei o navi nemiche:

C

c. aerea, navale | ***aereo da c.***, aereo impiegato in tali azioni militari SIN. caccia② **6** (*fig.*) ricerca avida e affannosa di qlco.: *andare a c. di onori, di guadagni; un giornalista a c. di notizie* | ***dare la c. a qlco.***, perseguirla senza sosta **7** ogni gioco caratterizzato dalla ricerca di qlco.: *c. al tesoro; c. agli errori* **8** (*letter.*) componimento poetico, spesso musicato, a rime libere di versi brevi frammisti a endecasillabi, in cui è per lo più scritta o rappresentata una scena di caccia ‖ **cacciarèlla**, **dim.** (V.)

càccia② [1917] **s. m. inv. 1** accorc. di *aereo da caccia* (V. *caccia*① nel sign. 5) **2** accorc. di *cacciatorpediniere*

cacciabàlle [comp. di *caccia(re)* nel senso dial. di 'tirar fuori' e il pl. di *balla* nel sign. di 'bugia' ✱1986] **s. m. e f. inv.** ● (*fam.*) chi inventa e racconta balle, fandonie, frottole

cacciabombardière [comp. di *caccia(re)* e *bombardiere* ✱1950] **s. m.** ● aereo atto alla caccia e anche al bombardamento leggero

cacciachiòdo [comp. di *caccia(re)* e *chiodo* ✱1865] **s. m.** (**pl.** *-i* **o inv.**) ● barretta d'acciaio con estremità troncoconica usata per l'estrazione dei chiodi

cacciadiàvoli [comp. di *caccia(re)* e il pl. di *diavolo* ✱1526] **s. m. inv. 1** †scongiuratore, esorcista **2** (*bot., pop.*) iperico

cacciafèbbre [comp. di *caccia(re)* e *febbre* ✱1865] **s. f. inv.** ● (*bot., pop.*) biondella

cacciagióne [1287] **s. f. 1** selvaggina: *è un luogo ricco di c.* | (*est.*) ciò che rappresenta il frutto di una battuta di caccia **2** (*est.*) carne della selvaggina commestibile: *cucinare la c.; pasticcio di c.*

cacciamìne [comp. di *caccia(re)* e del pl. di *mina* ✱1947] **s. m. inv.** ● (*mar.*) nave appositamente attrezzata per la ricerca, l'individuazione e la distruzione delle mine

cacciamósche ➤ **scacciamosche**

†**cacciapàlla** [comp. di *caccia(re)* e *palla* ✱ sec. XVI] **s. m.** ● asta con una specie di grosso cucchiaio all'estremità per estrarre la palla dalle artiglierie ad avancarica

cacciapiètre [comp. di *caccia(re)* e il pl. di *pietra* ✱1962] **s. m. inv.** ● (*ferr.*) sprone di ferro fissato anteriormente al telaio dei mezzi di trazione, a poca distanza dalla rotaia, allo scopo di rimuovere gli ostacoli che vi si potessero trovare

♦**cacciàre** [lat. parl. *captiāre, da *căpere* 'prendere' ✱1255] **A v. tr.** (**pres.** *io càccio*; **fut.** *io caccerò*) **1** inseguire un animale selvatico per catturarlo o ucciderlo (*anche assol.*): *c. le lepri, le quaglie* | (*est., raro*) inseguire, incalzare, braccare **2** allontanare a forza o con comandi decisi (*anche fig.*): *c. qlcu. a pugni e calci; c. la malinconia* | bandire, esiliare SIN. espellere **3** spingere, ficcare, spec. con violenza, o alla rinfusa, o sbadatamente: *c. qlcu. in prigione; dove hai cacciato gli occhiali?* | †***c. mano a qlco.***, dare di piglio | anche nella forma pron. (con valore intens.) **cacciàrsi**, spingere dentro o dietro qlco. di proprio: *cacciarsi una mano in tasca; facendo l'atto di cacciarsi indietro il berretto* (G. VERGA) **4** estrarre: *c. il coltello, il portafoglio* **5** †inseguire **B v. intr.** (**aus.** *avere*) ● andare a caccia: *che per cacciar nel bosco ne veniva* (L. ARIOSTO) **C cacciàrsi v. rifl. e intr. pron.** ● introdursi, ficcarsi (*anche fig.*): *cacciarsi tra la folla; cacciarsi nei pasticci* | (*est., colloq.*) nascondersi: *dove ti sei cacciato?* | (*colloq.*) andare a finire: *dove mai s'è cacciata la mia borsa?*

cacciarèlla [dim. di *caccia*① ✱1947] **s. f.** ● nel Lazio e nella Maremma, battuta di caccia al cinghiale

cacciasommergìbili [comp. di *caccia(re)* e il pl. di *sommergibile* ✱1930] **s. m. inv.** ● nave da guerra di piccole dimensioni, destinata a combattere i sommergibili

cacciaspolétta [comp. di *caccia(re)* e *spoletta* ✱1847] **s. m. inv.** ● strumento cilindrico con manico, atto a togliere la spoletta dal proiettile o a forzarla meglio su di esso

cacciàta [1312] **s. f. 1** lo scacciare, il venire scacciato, spec. con la forza: *la c. degli Angioini* SIN. allontanamento, bando, espulsione **2** (*raro*) partita di caccia **3** †cavata, levata: *c. di sangue*

cacciatóra [1825] **s. f. 1** nella loc. avv. e agg. ***alla c.***, alla maniera dei cacciatori | ***giacca alla c.***, in velluto a coste o fustagno, con ampie tasche e tascone posteriore per riporvi la preda | ***alla c.***, detto di pietanze cucinate in umido con cipolla, pomodoro e vino: *coniglio, pollo alla c.* | ***salamino alla c.***, di piccola pezzatura **2** (*ellitt.*) giacca alla cacciatora: *una c. di velluto*

♦**cacciatóre** [1250 ca.] **s. m. 1** (**f.** *-trice*) chi esercita la caccia, spec. col fucile | ***c. di frodo***, chi caccia senza licenza o con mezzi illeciti o in terreni riservati o in tempi proibiti | ***c. subacqueo***, chi va a cacciare pesci munito di apposito fucile e attrezzatura per muoversi sott'acqua | ***cacciatori di teste***, popoli primitivi, spec. antropofagi, che, per motivi magici o rituali, conservano e mummificano le teste dei nemici vinti | (*org. az.*) ***c. di teste***, nel linguaggio giornalistico, persona od organizzazione che ricerca, per conto di un'impresa, personale altamente specializzato senza passare attraverso annunci economici SIN. head-hunter **2** (**f.** *-trice*) (*fig.*) chi va alla ricerca ostinata di qlco.: *c. di guadagni, di onori, di facili amori* | ***c. di dote***, chi mira solo ad ammogliarsi con una donna ricca **3** (**spec. al pl.**) soldato a piedi o a cavallo, vestito, armato e addestrato per l'impiego nella milizia leggera: *Cacciatori delle Alpi* **4** (*raro*) aereo da caccia | pilota di tale aereo **5** servo in livrea che sedeva vicino al cocchiere nelle carrozze delle famiglie nobili **6** †persecutore

cacciatorìno [da (*salamino alla*) *cacciatora* ✱1970] **s. m.** ● piccolo salame di pasta dura

cacciatorpedinière [comp. di *caccia(re)* e il pl. di *torpediniera* ✱1905] **s. m. inv.** ● nave da guerra, con dislocamento fino a 4000 tonnellate, con compiti antisiluranti, antiaerei e antisommergibili, armata con cannoni, siluri, missili

♦**cacciavìte** [comp. di *caccia(re)* e *vite* ✱1772] **s. m.** (**pl. inv.** o *-i*) ● attrezzo per stringere o allentare le viti, costituito da uno stelo di ferro che termina con un tagliente o una punta a croce, innestato in un manico | (*elettr.*) ***c. cercafase***, V. *cercafase*

cacciù [malese *kāchu*, attrav. il portog. *cachú* e il fr. *cachou* ✱av. 1684] **s. m. inv.** ● (*bot.*) catecù

cacciùcco o **caciùcco** [turco *kačukli* 'minutaglia' ✱1864] **s. m.** (**pl.** *-chi*) ● zuppa di pesce alla marinara, con cipolla, aglio, pepe, vino bianco o rosso, tipica di Livorno

càccola [da *cacca* ✱1427] **s. f. 1** (**spec. al pl.**) lo sterco a pallottole di alcuni animali, o quello puntiforme di alcuni insetti: *caccole di capra, di mosca* | sudiciume appallottolato tra la lana di capre, pecore e sim. **2** (*pop.*) muco rappreso del naso | cispa degli occhi ‖ **caccolétta**, **dim.** | **caccolìna**, **dim.**

caccolóne [1865] **s. m.** (**f.** *-a*) ● (*pop.*) chi si toglie continuamente caccole dal naso

caccolóso (o **-ṣ-**) [av. 1306] **agg. 1** cisposo | pieno di caccole **2** (*est., pop.*) sporco, sudicio: *crollato ... a sedere sulla brandina caccolosa* (P.P. PASOLINI)

caccóso (o **-ṣ-**) o (*sett.*) **cagóso** (o **-ṣ-**) [da *cacca* ✱1955] **agg.** ● (*volg.*) sporco di escrementi

cachàça /*portog.* ka'ʃassa/ [vc. portog. propr. 'acquavite' ✱1985] **s. f. inv.** (**pl. portog.** *cachaças*) ● distillato di canna da zucchero, caratteristico del Brasile

cache /kaʃ*, kɛʃ*, *ingl.* kæʃ/ [vc. ingl., propr. 'nascondiglio', di orig. fr. ✱1980] **A agg. inv.** ● (*inform.*) detto di memoria del computer ad accesso molto rapido che registra i dati usati dai programmi, in modo da rendere più veloce una loro successiva utilizzazione | ***Copia c.***, pagina web che viene registrata in copia nella memoria cache **B s. f. inv.** ● memoria cache

cache-coeur /*fr.* kaʃ'kœʀ/ [vc. fr., propr. 'nascondi-cuore', comp. di *cacher* 'nascondere' e *coeur* 'cuore' ✱1996] **s. m. inv.** (**pl. fr.** *cache-coeurs*) ● (*abbigliamento*) scaldacuore

cache-col /*fr.* kaʃ'kɔl/ [vc. fr., propr. 'nascondi-collo', comp. di *cacher* 'nascondere' e *col* 'collo' ✱1938] **s. m. inv.** (**pl. fr.** *cache-cols* **o inv.**) ● fazzoletto da collo annodato sulla camicia dal collo aperto

cachemire /'kaʃmir, *fr.* kaʃ'miʀ/ [vc. fr., dalla regione asiatica del *Kashmir* ✱1797] **s. m. inv.** ● tipo di lana a pelo lungo ottenuta da una razza di capre del Kashmir | tessuto leggero e morbido di lana omonima CFR. cascimir, cascimirra, casimiro, casimirra

cache-nez /*fr.* kaʃ'ne/ [vc. fr., propr. 'nascondi-naso', comp. di *cacher* 'nascondere' e *nez* 'naso' ✱1905] **s. m. inv.** ● sciarpa da avvolgersi attorno al collo e alla parte inferiore del viso per ripararli dal freddo

cache-pot /*fr.* kaʃ'po/ [vc. fr., propr. 'nascondi-vaso', comp. di *cacher* 'nascondere' e *pot* 'vaso' ✱1892] **s. m. inv.** (**pl. fr.** *cache-pots* **o inv.**) ● portavasi

cacherèlla ➤ **cacarella**

cacherèllo [da *cacare* ✱1340 ca.] **s. m.** ● sterco di animali

cache-sexe /*fr.* kaʃ'sɛks/ [vc. fr., propr. 'nascondi-sesso', comp. di *cacher* 'nascondere' e *sexe* 'sesso' ✱1931] **s. m. inv.** (**pl. fr.** *cache-sexes* **o inv.**) ● indumento molto ridotto che, in uomini e donne, copre appena gli organi sessuali

cachessìa [vc. dotta, lat. tardo *cachĕxia(m)*, dal gr. *kachexìa* 'cattiva disposizione', comp. di *kakós* 'cattivo' e *héxis* 'disposizione' ✱1681] **s. f.** ● (*med.*) stato di grave deperimento organico

cachet /*fr.* ka'ʃɛ/ [vc. fr., da *cacher* 'nascondere' ✱1892] **s. m. inv. 1** involucro di ostia, o capsula di sostanza amidacea, che racchiude farmaci in polvere | (*est.*) compressa usata per calmare i dolori, spec. di testa **2** carattere particolare di un tipo di eleganza: *una donna che ha molto c.* **3** contratto temporaneo per singole prestazioni nei vari rami dello spettacolo e sim. | compenso pattuito per tale singola prestazione **4** prodotto impiegato come colorante dei capelli

cachèttico [vc. dotta, lat. tardo *cachĕcticu(m)*, dal gr. *kachektikós*, da *kachexía* 'cachessia' ✱sec. XIV] **agg.** (**pl. m.** *-ci*) ● (*med.*) proprio della cachessia | che è affetto da cachessia: *preferisce un cinquantenne c. a un giovanotto spalluto e muscoloso* (A. SAVINIO)

cachettìsta /kaʃʃet'tista/ [da *cachet* nel sign. 3 ✱1983] **s. m. e f.** (**pl. m.** *-i*) ● chi viene pagato a cachet, a ogni singola prestazione, spec. nell'ambito dello spettacolo

càchi① o **kàki** [ingl. *khaki*, dal persiano *khāk* 'polvere' ✱1908] **A agg. inv.** ● che ha un colore giallo sabbia, caratteristico degli abiti coloniali: *uniforme, berretto c.* **B s. m. inv.** ● il colore cachi

càchi② o (*pop.*) **càco**, (*raro*) **kàki** [vc. di orig. giapp. ✱1836] **s. m. inv.** ● albero delle Ebenacee, originario di Cina settentrionale e Giappone, con foglie coriacee oblunghe, fiori ascellari e frutto a bacca (*Diospyros kaki*) SIN. diospiro, loto del Giappone | il frutto commestibile di tale pianta, rotondo, di colore aranciato o giallo-scuro | *c. mela*, varietà di cachi con polpa compatta a maturità

cachinno [vc. dotta, lat. *cachĭnnu(m)*, di orig. onomat. ✱1308] **s. m.** ● (*lett.*) sghignazzata sonora e beffarda: *lo tuo riso sia sanza c.* (DANTE)

cachistocrazìa o **kakistocrazìa** [comp. del gr. *kákistos* 'peggiore', superl. di *kakós* 'cattivo', e *-crazia*, sul modello di *aristocrazia* ✱av. 1803] **s. f.** ● il governo, il dominio dei peggiori

caciàia o (*centr.*) **caciàra**① [da *cacio* ✱sec. XIV] **s. f.** ● locale adibito alla stagionatura e conservazione del cacio

caciàio ➤ **casaro**

caciàra① ➤ **caciaia**

caciàra② [da avvicinare a *gazzarra* ✱1931] **s. f.** ● (*roman.*) gazzarra, confusione: *fare un po' di c.*; *tutta una gran confusione, una gran allegria, la c. del sabato sera* (P.P. PASOLINI)

caciaróne [da *caciara* ✱1977] **s. m.** (**f.** *-a*) ● (*roman.*) chi fa confusione, chiasso

cacìcco o **cacico** [dal caraibico *kacia* ✱1525] **s. m.** (**pl.** *-chi*) **1** capo indiano nell'America centrale e nel Perù, al tempo dell'occupazione spagnola **2** (*est.*, *raro*) notabile politico

cacimpèrio o **cacimpèro** [comp. di *cacio* e un secondo termine di etim. incerta ✱av. 1837] **s. m. 1** (*centr.*) vivanda di formaggio grattugiato, burro, uova sbattute, latte o brodo, simile alla fonduta **2** (*raro*, *merid.*) pinzimonio **CFR.** cazzimperio

càcio o †**càscio**② [lat. *cāseu(m)* 'formaggio', di etim. incerta ✱1279] **s. m.** ● (*tosc.*) formaggio | ***essere alto come un soldo di c.***, (*fig.*) di bambino o persona di piccola statura: *nel Maradagàl ci sono anche dei vigili alti come du soldi di c.* (C.E. GADDA) | ***il c. sui maccheroni***, (*fig.*) ciò che viene a proposito | ***essere pane e c.***, (*fig.*) essere molto amici

caciocavàllo [comp. di *cacio* e *cavallo*, forse perché conservato in coppie a cavallo di un supporto ✱1311] **s. m.** (**pl.** *caciocavàlli* o *caciacavàlli*) ● formaggio tipico dell'Italia meridionale, di pasta dura, cruda, a forma allungata strozzata in alto, preparato con latte intero di vacca

cacioricòtta [comp. di *cacio* e *ricotta* ✱1811] **s. f.** ● formaggio di latte vaccino, ovino o caprino o misto, tipico dell'Italia meridionale che si mangia fresco o grattugiato dopo una breve stagionatura

caciòtta o (*tosc.*) **caciòla** [da *cacio* ✱1694] **s. f.** ● formaggio tenero, in forma schiacciata e rotondeggiante, diffuso nell'Italia centrale ‖ **caciottèlla**, **dim.** | **caciottìna**, **dim.**

caciottàro [1959] **s. m.** ● (*centr.*) fabbricante o venditore di caciotte

caciùcco ➤ **cacciucco**

càco ➤ **cachi**②

càco- [dal gr. *kakós* 'cattivo', di etim. incerta] **primo elemento** ● in parole composte dotte o della terminologia scientifica significa 'cattivo' o 'sgradevole' o 'deforme': *cacografia*, *cacofonia*

cacodèmone [vc. dotta, lat. tardo *cacodaemone(m)*, dal gr. *kakodáimōn* 'posseduto da cattivo genio', comp. di *kakós* 'cattivo' e *dáimōn* 'demone' ✱av. 1600] **s. m.** ● (*raro*, *lett.*) spirito maligno

cacofagìa [comp. di *caco-* e *-fagia* ✱1962] **s. f.** (**pl.** *-gìe*) ● (*med.*) patologia che si manifesta con la tendenza a mangiare sostanze ripugnanti

cacofonìa [vc. dotta, gr. *kakophōnía*, comp. di *kakós* 'cattivo' e *-fonia* ✱1585] **s. f. 1** (*ling.*) effetto sgradevole prodotto dall'incontro di certi suoni, spec. dalla ripetizione di sillabe uguali; per es. in: *Insegni, con l'acre tua cura / rodendo la pietra e la creta* (G. PASCOLI) **2** in musica, successione o simultaneità di suoni sgradevoli **CONTR.** eufonia ‖ **cacofònico**, **agg.** (**pl. m.** *-ci*) relativo alla cacofonia; che ha un suono sgradevole **CONTR.** eufonico ‖ **cacofonicaménte**, **avv.** ‖ **cacofonicità**, **s. f. inv.**

cacografìa [comp. di *caco-* e *-grafia* ✱1865] **s. f. 1** scrittura non conforme ai modelli grafici **CONTR.** calligrafia **2** scrittura errata

cacologìa [vc. dotta, gr. *kakología* 'maldicenza, calunnia', comp. di *kakós* 'cattivo' e *-logia* ✱av. 1639] **s. f.** (**pl.** *-gìe*) ● espressione difettosa, desueta o in contrasto con l'abituale logica del discorso

cacóne o (*sett.*) **cagóne** [da *cacare* ✱1353] **s. m.** (**f.** *-a*) **1** (*volg.*) chi va spesso di corpo **2** (*fig.*, *volg.*) persona paurosa

cacoṣmìa [vc. dotta, gr. *kakosmía*, comp. di *kakós* 'cattivo' e *osmḗ* 'odore' ✱1930] **s. f.** ● (*med.*) disturbo dell'olfatto consistente nella percezione di odori ripugnanti

Cactàcee [vc. dotta, comp. di *cact(us)* e *-acee* ✱1865] **s. f. pl.** (**sing.** *-a*) ● (*bot.*) famiglia di piante tropicali delle Dicotiledoni con fusti verdi e carnosi spesso di forma strana, fornite di aculei o peli a ciuffi, con notevole riduzione e anche scomparsa delle foglie e fiore in genere solitario (*Cactaceae*) **SIN.** (*pop.*) piante grasse

càctus o **càcto** nel sign. 2 [lat. *căctu(m)*, dal gr. *káktos* 'pianta spinosa', di orig. preindeur. ✱1793] **s. m.** (**pl. inv.** o *càcti* **nel sign. 2; pl. lat. inv.**) **1** genere di piante comprendente poche specie con fusto carnoso sempreverde, foglie trasformate in spine e fiori vivacemente colorati (*Cactus*) **2** nome generico di varie piante appartenenti alla famiglia delle Cactacee

cacùme [vc. dotta, lat. *cacūmen*, da collegare alla radice indeur. **ak* 'cima' ✱1319] **s. m.** ● (*raro*, *lett.*) sommità di un monte: *lo monte del cui bel c. / li occhi de la mia donna mi levaro* (DANTE *Par.* XVII, 113-114) **SIN.** cima, vetta

cacuminàle [1955] **agg. 1** (*lett.*) inerente alla vetta | che si trova sulla vetta **2** (*ling.*) detto di suono nella cui articolazione la parte anteriore della lingua batte contro la sommità del palato

Cad /kad, *ingl.* kæd/ [sigla ingl. di *c(omputer-) a(ided) d(esign)* 'progettazione aiutata dal computer' ✱1983] **s. m. inv.** ● (*inform.*) progettazione e disegno assistiti da elaboratore elettronico

cadaùno o †**cadùno**, †**cataùno**, †**catùno** [comp. del gr. *katá* 'per' e di *uno* ✱1211] **pron. indef.** e (*lett.*) **agg. solo sing.** ● ciascuno, ognuno, spec. nel linguaggio commerciale: *saponette al prezzo di un euro cadauna*; *nel giorno di San Bastiano di cadaun anno* (I. NIEVO)

♦**cadàvere** [vc. dotta, lat. *cadāvere*, abl. di *cadāver*, che va accostato a *cădere* 'cadere' ✱sec. XIII] **s. m.** ● corpo umano dopo la morte: *seppellire il c.*; *bianco, freddo come un c.* | (*fig.*) ***c. ambulante***, persona macilenta e dall'aspetto sofferente **CFR.** necro- ‖ **cadaverìno**, **dim.**

cadavèrico [1745] **agg.** (**pl. m.** *-ci*) ● di cadavere, caratteristico del cadavere: *rigidità, pallore c.* | (*fig.*) che ha l'aspetto di un cadavere: *un vecchio macilento e c.* ‖ **cadavericaménte**, **avv.**

cadaverìna [1930] **s. f.** ● (*chim.*) diammina fortemente tossica, appartenente al gruppo delle ptomaine, che si forma negli organismi animali in putrefazione

caddie /ˈkɛddi, *ingl.* ˈkædɪ/ [ingl., dal fr. *cadet* (V. *cadetto*) ✱1950] **s. m. inv.** ● nel golf, assistente che porta la sacca con i bastoni

cadeau /*fr.* kaˈdo/ [vc. fr., col sign. di 'dono', assunto attraverso quello di 'ornamento' deriv., a sua volta, dal senso primitivo di 'lettera (ornamentale)' che aveva l'ant. provenz. *capdel* (dal lat. tardo *capitĕllum*, dim. di *căput* 'capo') dal quale proviene ✱1905] **s. m. inv.** (**pl. fr.** *cadeaux*) ● dono, regalo

cadènte **A** **part. pres.** di *cadere*; anche **agg. 1** nei sign. del v. **2** ***palazzo, edificio c.***, che va in rovina | ***vecchio c.***, decrepito | ***anno, mese c.***, (*fig.*) che volge al termine | ***sole c.***, (*fig.*) che tramonta | ***stella c.***, bolide **B** **s. m.** ● †corpo cadente; grave

cadènza [vc. dotta, lat. *cadĕntia*, part. nt. pl. di *cădere* 'cadere', propr. 'cose che cadono' ✱1550] **s. f. 1** modulazione della voce o di un suono prima della pausa | (*est.*) inflessione della voce nel leggere, nel parlare o nel declamare: *una c. monotona, sonora* | (*est.*) inflessione tipica di una lingua o di un dialetto: *la c. veneziana, siciliana* **2** misura o ritmo di un passo, di una marcia, di un ballo | (*est.*) ritmo, frequenza: *c. bimestrale* **3** (*mus.*) nell'aria e nel concerto, episodio solistico nel silenzio dell'orchestra, previsto verso la fine del brano dopo un accordo sospensivo, e lasciato all'improvvisazione del solista o scritto dall'autore o talvolta anche da altri: *le cadenze di Beethoven per i concerti di Mozart* | in armonia, formula che conclude un brano, un suo periodo o una sua sezione

cadenzaménto [da *cadenzare* ✱1987] **s. m.** ● determinazione dell'orario di servizi di trasporto, tale che sul medesimo percorso le partenze si effettuino allo stesso minuto di ciascuna ora prevista (per es. 9h10', 11h10', 13h10')

cadenzàre [fr. *cadencer*. V. *cadenza* ✱1826] **A** **v. tr.** (*io cadènzo*) ● imprimere a qlco. una cadenza: *c. la voce, il passo* **SIN.** ritmare **B** **v. intr.** ● (*mus.*) realizzare o accentuare una cadenza

cadenzàto **part. pass.** di *cadenzare*; anche **agg. 1** nei sign. del v. **SIN.** ritmato, scandito **2** detto di mezzo di trasporto, che ha frequenza regolare, con partenze per una data destinazione effettuate allo stesso minuto di ciascuna ora prevista (per es. 9h10', 11h10', 13h10') | ***orario c.***, quello che stabilisce le partenze per una data destinazione allo stesso minuto di ciascuna ora prevista ‖ **cadenzataménte**, **avv.**

♦**cadére** o †**càggere** [lat. *cădere*, con metaplasmo già nel lat. parl., da una radice **kad-* non chiara ✱sec. XII] **v. intr.** (**pass. rem.** *io càddi, tu cadésti, egli càdde*, †*cadètte*; **fut.** *io cadrò*; **congtv. pres.** *io càda*, †*càggia*; **condiz. pres.** *io cadrèi*; **part. pass.** *cadùto*; **gerund.** *cadèndo*, †*caggèndo*; **aus.** *essere*) **1** andare senza sostegni dall'alto verso il basso, lentamente o rapidamente (**anche fig.**): *è caduto dall'albero*; *la bottiglia gli cadde di mano*; *il vaso era caduto a terra*; *un marinaio è caduto in mare*; *sono cadute molte macchie sul tavolo*; *gli cadono i capelli*; *d'autunno cadono le foglie* | ***c. dalle nuvole***, (*fig.*) meravigliarsi, stupirsi | ***c. in piedi***, (*fig.*) uscire bene da una situazione pericolosa | pendere: *i capelli le cadevano fino alla vita* | ***il cappotto cade bene***, (*fig.*) è tagliato bene | ***far c. le braccia***, (*fig.*) deprimere, far disperare **SIN.** cascare **2** precipitare provocando distruzioni, crollare (**anche fig.**): *il soffitto cadde con un rumore assordante*; *la fortezza è caduta* | (*fig.*) finire, essere rovesciato: *è caduto il governo* **SIN.** rovinare **3** (*fig.*) venirsi a trovare in una situazione difficile (+ *in*): *c. ammalato, in disperazione, in miseria, in peccato, in rovina, in sospetto, in trappola* | ***c. dalla padella nella brace***, (*fig.*) passare da una situazione negativa a una ancora peggiore | (*fig.*) fallire: *c. agli esami*; *la commedia cadde alla prima rappresentazione* | (*fig.*) rimanere ucciso: *c. in battaglia, in guerra* | ***c. ai piedi di qlco. o qlcu.***, inginocchiarsi per supplicare o rendere omaggio | (*lett.*) peccare **4** (*fig.*) calare, finire: *al c. del giorno, del sole; il vento cadde improvvisamente; tutti i suoi sospetti sono caduti* | (*fig.*) venire a mancare, interrompersi: *è caduta la linea* | (*fig.*) ***lasciar c. il discorso, la proposta***, abbandonarli | ***far c. qlco. dall'alto***, (*fig.*) concedere qlco. con difficoltà e in modo altero | (*fig.*) ***lasciar c. una parola, una frase e sim.***, presentarle con falsa noncuranza per ottenere un effetto particolare **5** (*fig.*) capitare, apparire improvvisamente, sopraggiungere: *c. a proposito; c. sotto gli occhi; cade la notte* | posarsi (+ *su*): *in una parola tronca l'accento cade sull'ultima sillaba* | ricorrere con regolarità, periodicità: *oggi cade il mio compleanno* **6** (**gramm.**, *raro*) uscire, terminare: *verbi che cadono in -ere*

SFUMATURE DI SIGNIFICATO

cadere - cascare - precipitare

L'azione di spostarsi senza sostegni dall'alto verso il basso, con lentezza o rapidità si dice **cadere. Cascare** ha lo stesso significato ma è di uso più familiare ed espressivo. Per descrivere il cadere con velocità e violenza si usa **precipitare**, che può essere usato anche in senso figurato per definire l'evolversi improvviso di un evento, una situazione.

SFUMATURE ➤ ***rovinare***, ➤ ***precipitare***

cadétto [fr. *cadet*, dal guascone *capdet* 'capo' ✱ 1554] **A agg. 1** nelle famiglie nobili di un tempo, detto di figlio maschio non primogenito, senza diritto di successione | di ramo collaterale nella discendenza di una famiglia nobile **2** (*sport*) di seconda categoria, di serie B: *squadra cadetta; campionato c.* **B s. m. 1** nelle famiglie nobili di un tempo, figlio maschio non primogenito senza diritto di successione | (*est.*) figlio secondogenito **2** (**f.** *-a*) allievo di un'accademia militare **3** (**f.** *-a*) (*sport*) componente di una squadra cadetta

cadì [arabo *qāḍī* 'giudice' ✱ 1264] **s. m. inv.** ● magistrato musulmano che amministra la giustizia applicando le norme del diritto islamico

†**cadiménto** [1268] **s. m.** ● caduta (*anche fig.*)

caditóia [da *cadere* ✱ 1287] **s. f. 1** apertura fatta negli sporti e nei ballatoi delle antiche fortificazioni e nelle volte delle torri, da cui si scagliavano sassi o altro per colpire il nemico **SIN.** piombatoia **2** apertura nella cunetta della strada per l'immissione dell'acqua nella fognatura

cadmìa o **càdmia** [vc. dotta, lat. *cadmīa(m)*, dal gr. *kadmêia* (sottinteso *gê* 'terra') 'ossido di zinco' che si trovava vicino all'acropoli di Tebe, chiamata 'Cadmia' ✱ av. 1498] **s. f.** ● fuliggine metallica che si forma nei recipienti o nei forni in cui si fondono metalli

cadmiàre [1942] **v. tr.** (*io càdmio*) ● rivestire un metallo, mediante galvanostegia, di un sottile strato di cadmio

cadmiatùra [1921] **s. f.** ● operazione del cadmiare

càdmio [da *cadmia* ✱ 1820] **s. m.** (**pl.** *-i* o *raro -ii*) ● elemento chimico, metallo bianco-argenteo, duttile, malleabile, ottenuto come sottoprodotto nella metallurgia dello zinco, usato spec. in galvanostegia **SIMB.** Cd **NUM. AT.** 48

cadorìno [av. 1796] **A agg.** ● della zona del Cadore, nel Veneto **B s. m.** (**f.** *-a*) ● abitante o nativo del Cadore

cadrèga o (*ven.*) †**carèga** [vc. dial. lombarda, dal lat. *cătedra(m)* 'sedia', 'seggio' (V. *cattedra*), attraverso una forma metatetica (*cadreda*), poi dissimilata (*cadrega*) ✱ 1320] **s. f.** ● (*sett.*) sedia, scanno ‖ **cadreghìno**, **dim. m.** (V.)

cadreghìno [1973] **s. m. 1** dim. di *cadrega* **2** (*sett., fig.*) la sedia, intesa come simbolo del potere: *perdere il c.*

cadùca [f. sost. di *caduco* ✱ 1874] **s. f.** ● (*anat.*) decidua

caducàre [da *caduco* ✱ 1830] **v. tr.** (*io cadùco, tu cadùchi*) ● (*dir.*) annullare

caducazióne [av. 1744] **s. f.** ● (*dir.*) il venir meno degli effetti di un atto giuridico per scadenza del termine

caduceàto [1830] **agg.** ● (*poet.*) dotato di caduceo

caducèo o **cadùceo** [vc. dotta, lat. *cadūceu(m)*, dal gr. *karýkeion*, da *kâryx* 'araldo' ✱ av. 1334] **s. m. 1** bastone alato con due serpenti attorcigliati che si guardano, usato da Mercurio, messaggero degli dei, per comporre le liti **2** bastone con un serpente attorcigliato intorno, simbolo della professione medica **SIN.** bastone di Esculapio

Caducicòrni [vc. dotta, comp. di *caduc(o)* e del pl. di *corno*] **s. m. pl.** (**sing.** *-e* o *-o*); **anche agg.** ● (*zool.*) Plenicorni

caducìfero [vc. dotta, lat. *caducĭferu(m)*, comp. di *cadūceum* 'caduceo' e *fĕrre* 'portare' ✱ 1499] **agg.** ● (*poet.*) che porta il caduceo

caducifòglio [comp. di *caduco* e *foglia* ✱ 1955] **agg.** ● detto di pianta o di formazione vegetale a foglie decidue: *albero, bosco c.; una pianta caducifoglia* o (**ellitt.**) *una caducifoglia* **CONTR.** sempreverde

♣**caducità** [vc. dotta, lat. tardo *caducitāte(m)*, nom. *cadūcitas*, da *cadūcus* 'caduco' ✱ 1589] **s. f. inv. 1** condizione di ciò che è caduco | (*est.*) fragilità, transitorietà: *la c. della bellezza fisica* **2** (*dir.*) inefficacia di un atto o negozio giuridico per il sopravvenire di condizioni previste dalla legge

♣**cadùco**, (*evit.*) **càduco** [vc. dotta, lat. *cadūcu(m)*, da *cădere* 'cadere' ✱ sec. XIII] **agg.** (**pl. m.** *-chi*, †*-ci*; **superl.** *caducissimo*) **1** che cade presto | (*fig., lett.*) che ha breve durata: *bellezza caduca; o caduche speranze, o pensier folli!* (F. PETRARCA) **SIN.** effimero, fugace, labile | ***mal c.***, (*pop.*) epilessia **2** (*biol.*) detto di organo animale o vegetale destinato a cadere e, talvolta, a essere sostituito da un altro, anche permanente: *foglie caduche; denti caduchi; palchi caduchi* **3** (*ling.*) detto di suono soggetto a indebolimento e a caduta **SIN.** evanescente ‖ **caducaménte**, **avv.** (*raro*) in modo caduco

SFUMATURE ➤ ***fugace***

†**cadùno** ➤ **cadauno**

♦**cadùta** [da *cadere* ✱ 1275] **s. f. 1** movimento senza sostegni dall'alto verso il basso: *c. delle foglie, della pioggia, della neve, della grandine* | capitombolo, ruzzolone: *ha fatto una brutta c.* | perdita (**anche fig.**): *c. dei capelli; c. della vocale finale di una parola* | crollo: *c. di un muro* | (*fis.*) ***c. dei gravi***, discesa spontanea dei corpi sotto l'azione della gravità | (*elettr.*) ***c. di tensione***, differenza di potenziale fra due punti di un circuito percorso da corrente | (*fis.*) ***c. termica***, differenza fra entalpia iniziale e finale nell'espansione di un aeriforme | ***c. d'acqua***, salto d'acqua | ***c. libera***, nel paracadutismo, parte della caduta tra il lancio dall'aereo e l'apertura del paracadute; (*fig.*) collasso, rapido crollo: *prezzi in c. libera; popolarità in c. libera* **2** (*fig.*) capitolazione, resa: *per la sì presta c. della città erano forte imbaldanziti* (D. BARTOLI) | (*fig.*) rovina: *la c. dell'Impero romano* **SIN.** crollo | (*est., lett.*) peccato **3** (*fig.*) cessazione, fine di un potere politico, una carica e sim.: *la c. del governo, del ministero, della dittatura, della monarchia* **4** (*mar.*) lato verticale delle vele quadre e delle moderne vele di prua non inferite | lato poppiero delle vele triangolari e trapezoidali **5** (*astrol.*) nello zodiaco, segno in cui un corpo celeste non trova nessuna affinità e ha perciò una diminuzione del proprio influsso particolarmente accentuata **CONTR.** esaltazione ‖ **cadutàccia**, **pegg.** | **cadutìna**, **dim.**

SFUMATURE ➤ ***tracollo***

cadùto A part. pass. di *cadere*; **anche agg.** ● nei sign. del v. **B s. m.** ● chi è morto in combattimento o nell'adempimento del proprio dovere: *monumento ai caduti; i caduti per la libertà; i caduti sul lavoro*

cady /ka'di*/ [prob. alterazione del fr. *cadis* 'rascia', di orig. sconosciuta ✱ sec. XX] **s. m. inv.** ● tessuto pregiato di lana o seta, leggermente ruvido, usato spec. per abiti da sera

†**caèndo** [lat. *quaerĕndo* 'cercando', gerundio di *quaerĕre* 'chiedere, cercare' ✱ 1287] **vc. verb.** ● solo nelle loc. ***andare, venire c.***, cercando, chiedendo

cafàrnao o †**Cafàrnau** [dalla città della Galilea *Cafarnao*; il senso di 'disordine, confusione' deriva dalla turba venuta per vedere Cristo ✱ av. 1400] **s. m.** (**pl. inv.** o *cafàrnai*) ● (*disus.*) confusione, grande disordine | (*lett.*) luogo in cui c'è grande confusione | ***andare in C.***, perdersi, smarrirsi; †venire inghiottito, detto di cibo

café chantant /fr. ka'fe ʃɑ̃'tɑ̃/ [loc. fr., propr. 'caffè cantante' ✱ 1890] **loc. sost. m. inv.** (**pl. fr.** *cafés chantants*) ● caffè concerto

café-society /ka'fe so'sajeti, *ingl.* 'kæfeɪ sə'saɪətɪ/ [vc. ingl., propr. 'società da caffè' ✱ 1960] **s. f. inv.** ● il bel mondo, il complesso delle persone che frequentano i luoghi alla moda

cafetàno ➤ **caffettano**

♦**caffè** [turco *kahve*, dall'arabo *qahwa* 'bevanda eccitante' ✱ 1585] **A s. m. inv. 1** arbusto tropicale sempreverde delle Rubiacee con foglie ovate e glabre, fiori bianchi ascellari, frutto consistente in una drupa rossa con nocciolo contenente uno o due semi (*Coffea arabica*) | ogni seme di tale pianta **2** sostanza aromatica ottenuta per torrefazione e macinazione dei semi contenuti nei frutti della pianta del caffè: *grani, chicchi di c.; c. in grani; c. macinato* | ***c. verde***, qualsiasi caffè in seme, privato della buccia, prima della torrefazione | ***c. torrefatto***, caffè verde sottoposto a un qualsiasi grado di torrefazione | ***c. decaffeinato***, dal quale è stata estratta la caffeina | ***c. solubile***, sostanza solida, disidratata e solubile in acqua, ottenuta a partire dal caffè torrefatto **3** bevanda preparata per decozione a caldo di caffè torrefatto e macinato: *fare, preparare il c.; offrire una tazza di c., un c.; c. caldo, freddo* | ***c. nero***, senza latte, puro | ***c. macchiato***, a cui viene aggiunto un po' di latte | ***c. corretto***, con l'aggiunta di un liquore | ***c. turco, alla turca***, denso, preparato col bricco, non filtrato | ***c. espresso***, preparato al momento con apposita macchina | ***c. lungo, alto***, poco concentrato | ***c. americano***, caffè molto lungo ottenuto con lento filtraggio del macinato | ***c. ristretto, basso***, molto concentrato | (*ellitt., colloq.*) ***al c.***, al momento del caffè, dopo il pranzo: *ne parleremo al c.* | (*colloq.*) ***caffè caffè***, un vero caffè, un caffè fatto come si deve: *mi prepari un c.? ma che sia un caffè caffè!* | (*napol.*) ***c. sospeso***, V. *sospeso* | ogni bevanda succedanea del caffè ottenuta dai semi di varie piante: *c. d'orzo; c. di cicoria, di ghianda* | ***c. bianco***, specie di sorbetto al sapore di caffè **4** locale pubblico dove si servono, oltre al caffè, gelati, bevande alcoliche e analcoliche, pasticceria e sim.: *andare al c.; passare la serata al c.* **SIN.** bar | ***chiacchiere, politica da c.***, oziose, astratte dalla realtà | ***c. concerto***, caffè con orchestrina, cantanti e attrazioni varie, diffuso spec. tra la fine dell'Ottocento e i primi decenni del Novecento; café chantant **B in funzione di agg. inv.** ● (posposto a un sost.) che ha il colore bruno dorato caratteristico del caffè tostato: *un paio di scarpe color c.* ‖ **cafferìno**, **dim.** | **caffettìno**, **dim.** | **caffettùccio**, **dim.** | **caffeùccio**, **dim.**

caffeàrio [1942] **agg.** ● del caffè: *industria caffearia*

caffè e làtte ➤ **caffellatte**

caffèico [dal fr. *caféique*, da *café* 'caffè' * 1865] **agg.** (**pl. m.** *-ci*) **1** (*chim.*) *acido c.*, acido organico aromatico in cristalli poco solubili in acqua, dotato di notevole potere riducente **2** detto di droghe che contengono caffeina

caffeìcolo [1962] **agg.** ● che concerne la coltivazione del caffè

caffeìfero [1955] **agg.** ● che produce caffè: *regione caffeifera*

caffeìna [1865] **s. f.** ● alcaloide contenuto nel caffè, dotato di azione stimolante sul cuore e su altri organi

caffeinòmane [1989] **s. m. e f.** ● chi beve abitualmente molti caffè (*spec. scherz.*)

caffeìṣmo [1899] **s. m.** ● intossicazione da caffeina caratterizzata da tremori, insonnia, facile irritabilità

caffellàtte o **caffelàtte**, (*raro*) **caffè e làtte** /kaf'fɛ el'latte/, (*raro*, *poet.*) **càff'e làtte** [comp. di *caffè* e *latte* * 1832] **A** **s. m. inv.** ● bevanda composta di latte e caffè con cui comunemente si fa colazione la mattina **B** **in funzione di agg. inv.** ● (posposto a un sost.) che ha il colore bruno chiaro della bevanda omonima: *vestito c.*

caffeomanzìa [comp. di *caffè* e *-manzia* * 1924] **s. f.** ● pratica di divinazione mediante l'esame delle figure create dai fondi del caffè rovesciati in un recipiente pieno d'acqua

caffettàno o **caffetàno**, **cafetàno**, **caftàno**, **caftàn** [arabo *qafṭān* 'cotta di maglia' * 1481] **s. m.** **1** ampia e lunga veste maschile con maniche svasate tipica dei paesi musulmani **2** (*est.*) abito femminile lungo e largo, con maniche ampie, spesso ricamato, simile nella foggia al precedente

caffetterìa [1754] **s. f.** **1** complesso di bevande e paste offerte nei caffè **2** reparto di un esercizio alberghiero che si occupa della prima colazione | locale dove si possono consumare bevande e generi di ristoro, spec. all'interno di musei, teatri, mostre, stazioni ecc.

caffettièra [fr. *cafetière*. V. *caffè* * 1711] **s. f.** **1** recipiente in cui si prepara il caffè | bricco col quale si serve il caffè in tavola **2** (*scherz.*) autoveicolo vecchio e sgangherato: *funziona ancora questa c.?* | locomotiva vecchia e sbuffante

caffettière [fr. *cafetier*. V. *caffè* * 1740] **s. m.** (**f.** *-a*) ● proprietario o gestore di una bottega di caffè

càffo [arabo *kaff* 'palmo della mano' o *qaffa* 'cambiare rapidamente una moneta fra le dita' * 1282] **A** **s. m.** **1** (*tosc.*) numero dispari | ***giocare a pari e c.***, a pari e dispari, a un gioco simile alla morra; (*fig.*, *lett.*) mettere a rischio qlcu. o qlco. **2** †il primo di tutti, l'unico: *tu sei 'l c. d'ogni traditore* (L. PULCI) **B** **agg.** ● (*tosc.*) dispari: *il tre è numero c.*

cafisso [arabo *qafīz* 'misura di capacità' * av. 1347] **s. m.** ● antica unità di misura di capacità agraria per grano e olio: *il Cellerario di cucina consegnava loro ... due cafissi d'olio* (F. DE ROBERTO)

cafonàggine [da *cafone* * 1940] **s. f.** ● caratteristica, comportamento di cafone: *una c. senza pari* | cafonata: *una delle sue solite cafonaggini*

cafonàta [1951] **s. f.** ● azione, frase da cafone: *fare, dire una c.*

cafóne [etim. incerta * 1861] **A** **s. m.** (**f.** *-a*) **1** (*merid.*) contadino: *i cafoni del Sud* **2** (*est.*, *spreg.*) persona rozza, villana o maleducata: *non faccia il c.!*; *comportarsi da c.* **SIN.** buzzurro, zotico **B** **agg.** ● zotico, villano, maleducato: *la plebe contadina e cafona* (G. CARDUCCI) || **cafonàccio**, **pegg.** | **cafoncèllo**, **dim.**

SFUMATURE ➤ ***maleducato***

cafonerìa [1946] **s. f.** ● cafonaggine

cafonésco [1900] **agg.** (**pl. m.** *-schi*) ● da cafone: *gesto c.* || **cafonescaménte**, **avv.** in modo cafone, in modo villano

cafonìṣmo [av. 1932] **s. m.** ● comportamento da cafone

càfro [dall'arabo *kāfir* 'infedele' * 1525] **agg. e s. m.** (**f.** *-a*) ● appartenente ai gruppi di lingua bantu stanziati nell'Africa sud-orientale

caftàn ➤ **caffettano**

caftàno ➤ **caffettano**

cagàre e deriv. ➤ **cacare** e deriv.

†**càggere** ➤ **cadere**

cagionàre [sec. XIII] **v. tr.** (*io cagióno*) **1** (*tosc.* o *lett.*) causare, provocare: *La tortura ... cagiona una reale infamia a chi ne è la vittima* (C. BECCARIA) **2** †incolpare

cagionatóre [av. 1406] **s. m.** (**f.** *-trice*); **anche agg.** ● (*raro*) chi (o che) dà cagione, causa

cagióne [lat. *occasiōne(m)*. V. *occasione* * 1250 ca.] **s. f.** **1** (*tosc.* o *lett.*) causa determinante di qlco.: *i dispiaceri furono la c. della sua morte* **2** †occasione, motivo: *la rigida giustizia che mi fruga / tragge cagion del loco ov'io peccai* (DANTE *Inf.* XXX, 70-71) **3** †pretesto, cavillo | †scusa **4** †colpa

♣**cagionévole** [da *cagione* * 1353] **agg.** ● che è di costituzione debole, che si ammala facilmente: *un ragazzo gracile e c.* | (*est.*) malaticcio | malfermo: *salute c.*

cagionevolézza [1642] **s. f.** ● (*raro*) caratteristica di chi è cagionevole di salute

cagionóso (o **-ṣ-**) [av. 1698] **agg.** ● (*tosc.*) cagionevole

†**cagiù** ➤ **acagiù**

†**cagliàre**① [sp. *callar* 'tacere, dissimulare', dal lat. parl. **callāre*, dal gr. *chaláō* 'io lascio andare' * av. 1543] **v. intr.** **1** perdersi d'animo, allibire **2** tacere

cagliàre② o **quagliàre** [lat. *coagulāre*. V. *coagulare* * av. 1336] **A** **v. intr.** (*io càglio*; **aus.** *essere*) ● rapprendersi a causa dell'acidità del caglio aggiunto, detto del latte **B** **v. tr.** ● far rapprendere: *poi col presame cagliò la metà di quel candido latte* (G. PASCOLI)

♦**cagliaritàno** [1847] **A** **agg.** ● di Cagliari **B** **s. m.** (**f.** *-a*) ● abitante o nativo di Cagliari

cagliàta [da *cagliare*② * 1663] **s. f.** ● massa gelatinosa ottenuta per coagulazione della caseina del latte

cagliatùra [1962] **s. f.** ● processo di coagulazione del latte

càglio① o †**quàglio** [lat. *coāgulu(m)*. V. *coagulare* * 1561] **s. m.** **1** sostanza acida, tratta dall'abomaso di ruminanti lattanti, che aggiunta al latte lo fa cagliare **SIN.** presame **2** (*zool.*) abomaso

càglio② [da *caglio*① perché serve a cagliare * av. 1826] **s. m.** ● pianta erbacea delle Rubiacee con fiori gialli in pannocchie, un tempo usata per far cagliare il latte (*Galium verum*) | carciofo selvatico

cagliostrésco [1895] **agg.** (**pl. m.** *-chi*) ● di Cagliostro, tipico di Cagliostro | (*est.*) truffaldino

cagliòstro [dal n. del famoso avventuriero del sec. XVIII, Giuseppe Balsamo, conte di *Cagliostro* * 1913] **s. m.** ● (*disus.*) avventuriero, ciarlatano: *l'odiosa tirannia di quel c.* (L. PIRANDELLO)

càgna [lat. parl. **cānia(m)*, f. di *cānis* 'cane' * sec. XIII] **s. f.** **1** femmina del cane **2** (*fig.*) donna impudica **SIN.** baldracca, sgualdrina **3** (*fig.*) †donna dal carattere aspro e rabbioso **4** (*fig.*) cattiva attrice, spec. cantante || **cagnàccia**, **pegg.** | **cagnétta**, **dim.** (V.) | (*lett.*) **cagnòla**, **dim.** | **cagnolìna**, **dim.**

cagnàccio o †**cagnàzzo** [av. 1546] **s. m.** (**f.** *-cia*; **pl. f.** *-ce*) **1** pegg. di *cane* **2** grosso pesce cartilagineo dei Selacimorfi col dorso rossastro e macchie nere sul ventre (*Carcharias ferox*)

cagnàra [1824] **s. f.** **1** (*raro*) latrato di molti cani **2** (*fig.*, *colloq.*) chiasso di gente che litiga o si diverte: *fare c.*; *una c. assordante*

†**cagnàzzo** [1313] **A** **agg.** **1** brutto, deforme **2** di colore paonazzo: *Poscia vid'io mille visi cagnazzi / fatti per freddo* (DANTE *Inf.* XXXII, 70-71) **B** **s. m.** ➤ **cagnaccio**

cagnésca ➤ **canesca**

♣**cagnésco** o (*raro*) **canésco** [1353] **agg.** (**pl. m.** *-schi*) **1** (*raro*) che è tipico del cane **2** (*fig.*, *lett.*) ostile, minaccioso: *volto indietro il viso più torvo e più c. che avesse fatto* (A. MANZONI) | ***guardare in c.***, guardare torvo | (*lett.*) ***stare, essere in c.***, essere sdegnato || **cagnescaménte**, **avv.** rabbiosamente

cagnétta [1885] **s. f.** **1** dim. di *cagna* **2** (*region.*) pappagallo, nel sign. 5 **3** (*gerg.*) cannone da campagna da 75 mm

cagnétto [av. 1907] **s. m.** **1** (**f.** *-a*) dim. di *cane*; *un cagnetto ... di colore bianco pezzato* (E. MORANTE) **2** pesce di acqua dolce dei Blennidi con corpo allungato, muso tozzo e occhi sporgenti, di color verde scuro superiormente e giallo a macchie verdi e brune sul ventre (*Blennius fluviatilis*) || **cagnettìno**, **dim.**

Cagnìna [forse da *cagna* con passaggio fig. poco chiaro * 1905] **s. f.** **1** nelle Marche e in Romagna, denominazione del vitigno Canaiolo **2** vino rosso da dessert, prodotto in Romagna dal vitigno omonimo; ha colore rosato carico, profumo vinoso, fruttato e sapore di uva matura su piacevole fondo acidulo

cagnòlo [da *cagna*, perché ricorda le gambe dei cani * 1955] **agg.** ● detto di cavallo che presenta nell'appiombo il difetto di una rotazione dello zoccolo verso l'interno

cagnóne [vc. lombarda, da *cagnón* 'larva d'insetto', a cui il chicco di riso viene paragonato * 1850] **s. m.** ● nella loc. ***riso in c.***, in bianco, cotto in acqua e condito con burro fuso e parmigiano

cagnotte /*fr.* ka'ɲɔt/ [vc. fr., di provenienza provenzale, prob. da *cagne* 'cagna' per la figura del piattello * 1892] **s. f. inv.** ● piattello, vassoio dove i partecipanti a un gioco d'azzardo versano piccole somme di denaro gener. a favore del croupier | (*est.*) la somma così raccolta

cagnòtto [da *cagna* * sec. XIV] **s. m.** **1** un tempo, sicario, persona prezzolata al servizio di un signore per difesa personale o per compiere prepotenze: *attorniato da parassiti e da cagnotti di vilissima sorta* (G. D'ANNUNZIO) **2** (*pesca*) larva della mosca carnaria dal colorito bianco-cereo sporco usata come esca per quasi tutti i pesci d'acqua dolce **SIN.** bigattino

cagoulard /*fr.* kagu'laʀ/ [vc. fr., da *cagoule* 'cappuccio', che gli aderenti a un'organizzazione francese d'estrema destra portavano in occasione di certe manifestazioni: stessa orig. dell'it. *cocolla* * 1955] **s. m. inv.** ● (*stor.*) membro di un'organizzazione terroristica francese di estrema destra denominata 'Cagoule', attiva fra il 1936 e il 1945

cahier de doléances /*fr.* ka,jedədɔle'ɑ̃s/ [loc. fr., propr. 'quaderno di lamentele' * 1938] **loc. sost. m. inv.** (**pl. fr.** *cahiers de doléances*) **1** (*stor.*, **spec. al pl.**) raccolta di rimostranze e richieste che nella Francia del XVIII sec., prima della rivoluzione, veniva redatta durante le assemblee elettorali e presentata al re dagli Stati Generali **2** (*est.*) serie di lamentele, di proteste

caì [vc. onomat. * 1983] **inter.** ● riproduce il guaito del cane (*spec. iter.*)

C

càia [etim. incerta ✻ 1965] **s. f.** ● farfalla dei Lepidotteri con le ali anteriori bianche a chiazze marrone e le posteriori aranciate a macchie nere (*Arctia caja*)

caiàc ➤ **kayak**

caiàcco ➤ **kayak**

caiàco ➤ **kayak**

†**càiba** ➤ **gabbia**

caìcco o **caicchio** [turco *qayk* ✻ 1583] **s. m.** (**pl.** *-chi*) **1** antica imbarcazione a remi **2** imbarcazione tipica delle coste turche, originariamente da trasporto, oggi da diporto

càid [arabo *qā'id* 'chi guida, capo' ✻ 1908] **s. m. inv.** ● funzionario musulmano nell'Africa del Nord

càieput ➤ **cajeput**

caimàno [sp. *caimán*, di orig. amer. ✻ av. 1557] **s. m.** ● genere di Rettili degli Alligatoridi (*Caiman*) | *c. dagli occhiali*, rettile americano dei Coccodrilli con muso allungato e arrotondato, corazza robusta uniformemente scura (*Caiman crocodylus*)

Caìno [dal n. del figlio di Adamo, che uccise a tradimento il fratello Abele ✻ av. 1348] **s. m.** (**f.** *raro -a*) **1** (*per anton.*) fratricida | uccisore di parenti o di amici **2** (*est.*) traditore

Càio [vc. dotta, lat. *Gāiu(m)*, prenome roman., per errata lettura del segno *C* che, nell'ortografia latina arcaica, valeva tanto per la sorda *c*, quanto per la sonora *g* ✻ 1766] **s. m.** (**pl.** *Cai*) ● nome proprio con cui si indica una persona indeterminata che non si vuole o non si può nominare; è usato per lo più insieme ai nomi di *Tizio* e *Sempronio*, di analogo significato: *invece di tacere, è andato a dire tutto a Tizio, C. e Sempronio*

caipirìnha /portog. kaipi'riɲa/ [vc. portog., dim. di *caipira* 'contadino' ✻ 1989] **s. f. inv.** (**pl.** portog. *caipirinhas*) ● cocktail di cachaça, lime, zucchero di canna e ghiaccio tritato, tipico del Brasile

caipiròska [comp. di *caipir(inha)* (V.) e di un secondo elemento di etim. incerta ✻ 1993] **s. f.** (**pl. inv.** o *-e*) ● cocktail a base di vodka, lime, zucchero di canna e ghiaccio tritato, spesso con aggiunta di frutta o sciroppo: *c. alla fragola*

cairn /kern, *ingl.* kɛən/ [vc. ingl. di orig. gaelica, propr. 'mucchio' ✻ 1874] **s. m. inv.** **1** cumulo di pietre usato come monumento sepolcrale in alcune culture del periodo neolitico ed eneolitico **2** (*est.*) cippo di confine **SIN.** ometto nel sign. 3

cairòta [da *Cairo* ✻ 1963] **A agg.** (**pl. m.** *-i*) ● del Cairo, capitale dell'Egitto **B s. m. e f.** ● abitante o nativo del Cairo

càjeput /'kajeput, *ingl.* 'kædʒəˌpʊt/ o **càieput** /'kajeput/ [dal malese *kāyupūtih* 'albero bianco' ✻ 1820] **s. m. inv.** ● albero delle Mirtacee, tipico della regione indo-malese dalle cui foglie si ottiene, per distillazione, un liquido incolore usato in medicina (*Melaleuca leucadendron*)

cajun /ka'ʒun, *fr.* ka'ʒœ̃, *ingl.* 'keɪdʒən/ [vc. del fr. d'America, che imita la pronuncia locale di *acadien* 'acadiano' ✻ 1953] **A s. m. e f. inv.** ● abitante francofono dello Stato americano della Louisiana **B** anche **agg.**: *cucina c.*

cake /keik, *ingl.* keɪk/ [vc. ingl., propr. 'torta, focaccia' ✻ 1986] **s. m. inv.** ● accorc. di *plum-cake*

cake-walk /*ingl.* 'keɪkˌwɔːk/ [nell'ingl. degli Stati Uniti, orig., 'gara consistente nel camminare (*walk*) con stile, che aveva per premio una torta (*cake*)' ✻ av. 1908] **s. m. inv.** ● (*mus.*) danza afroamericana di ritmo binario sincopato, che rivoluzionò la danza di sala agli inizi del Novecento

càla① [vc. di orig. preindeur. ✻ av. 1557] **s. f.** **1** insenatura marina, molto piccola e poco profonda, in costa alta **SIN.** calanca **2** intaglio che si pratica alla base di un blocco di marmo per staccarlo dalla fronte della cava **SIN.** sottoscavo ‖ **calétta**, **dim.** (V.)

càla② [fr. *cale*, dal provenz. *calo*, deriv. di *calar* 'calare, abbassare' ✻ 1824] **s. f.** ● (*mar.*) fondo della stiva della nave | locale di bordo destinato a magazzino

calabràche [comp. di *cala(re)* e il pl. di *braca*, da *calar le brache* 'darsi per vinto' ✻ 1545] **A s. m. e f. inv.** ● (*pop.*) persona eccessivamente remissiva e pusillanime **B s. m.** ● gioco di carte fra due persone, nel quale vince chi riesce a raccogliere il maggior numero di carte

♦**calabrése** (o **-ṣ-**) [1321] **A agg.** ● della Calabria | *alla c.* (*ellitt.*), alla maniera dei calabresi | *cappello alla c.*, di feltro nero a pan di zucchero e tesa larga, solitamente adorno di nastri variopinti **B s. m. e f.** ● abitante o nativo della Calabria **C s. m. solo sing.** ● ogni dialetto parlato in Calabria

calabresèlla (o **-ṣ-**) [da *calabrese* ✻ 1825] **s. f.** ● terziglio

càlabro [1516] **A agg.** **1** relativo a un'antica popolazione messapica stanziata nella penisola salentina **2** (*lett.*) calabrese **B s. m.** (**f.** *-a*) ● chi apparteneva alla popolazione calabra: *i Calabri e gli Apuli*

càlabro- primo elemento ● in parole composte fa riferimento alla Calabria: *Appennino calabro-lucano*

calabróne o †**scalabróne** [lat. *crabrōne(m)*, di orig. indeur. ✻ av. 1333] **s. m.** **1** grosso insetto degli Imenotteri con corpo bruno rossiccio e addome variegato di giallo la cui femmina è fornita di pungiglione (*Vespa crabro*) **CFR.** ronzare | (*fig.*) *essere nero come un c.*, avere un colorito bruno molto scuro; (*est.*) essere di cattivo umore **2** (*fig.*) corteggiatore insistente | persona importuna

calabrósa (o **-ṣ-**) [etim. incerta ✻ 1910] **s. f.** ● rivestimento di ghiaccio tenace, compatto, translucido proveniente dal rapido congelamento di goccioline d'acqua sopraffuse

calafatàggio [1824] **s. m.** ● operazione del calafatare

calafatàre [sec. XIV] **v. tr.** **1** stoppare e rincatramare le fessure del fasciame di un'imbarcazione in legno per renderlo impermeabile **2** rendere stagna una giunzione tra lamiere o tubi

calafàto [gr. tardo *kalaphátēs*, di etim. incerta ✻ 1314] **s. m.** ● operaio specializzato nel calafataggio delle navi **SIN.** stoppatore②

calamàio o (*raro*) **calamàro** [lat. tardo *calamāriu(m)*, da *cālamus* 'canna, penna per scrivere' ✻ 1282] **s. m.** (**pl.** *-ai*) **1** piccolo recipiente di varia forma e materiale per tenervi l'inchiostro e intingervi la penna per scrivere **2** (*tipogr.*) nelle macchine da stampa, serbatoio dell'inchiostro **3** V. *calamaro* nei sign. 1 e 2 ‖ **calamaiétto**, **dim.**

calamàndra [etim. incerta ✻ 1955] **s. f.** ● pregiato legno bruno venato di nero ricavato da un albero indiano

calamarétto [av. 1939] **s. m.** **1** dim. di *calamaro* **2** calamaro di piccole dimensioni: *un fritto di calamaretti e gamberi*

calamarièra [da *calamaro* ✻ 1987] **s. f.** ● totanara

calamàro o **calamàio** [da *calamaio*, per il liquido nero che contiene ✻ 1306] **s. m.** **1** mollusco marino dei Cefalopodi, commestibile, con corpo bianco roseo punteggiato di scuro e prolungato in dieci tentacoli, che, in caso di pericolo, emette un liquido nero che intorbida l'acqua (*Loligo vulgaris*) **2** (*fig.*, **spec. al pl.**) occhiaia livida: *avere i calamari agli occhi*; *Lei, signorino, soffre… l'ha i calamai… studia troppo…* (C. Dossi) **3** (*raro*) V. *calamaio* nei sign. 1 e 2 ‖ **calamarétto**, **dim.** (V.) | **calamaróne**, **accr.**

†**calambà** [sp. *calambac*, dal malese *kalambak* ✻ av. 1636] **s. m.** ● legno della Cina, pregiato per il suo odore

†**calambùcco** [av. 1588] **s. m.** ● legno di aloe tinto di rosso, di odore molto gradevole

calaménto [da *calare* ✻ av. 1694] **s. m.** ● parte finale della lenza

calamìna [fr. *calamine*, prob. rifacimento semidotto del lat. *cadmīa*. V. *cadmia* ✻ 1748] **s. f.** ● (*miner.*) emimorfite

calamìnta [vc. dotta, lat. *calamīnthe(m)*, dal gr. *kalamínthē*, di orig. preindeur. ✻ sec. XIV] **s. f.** ● (*bot.*) pianta erbacea delle Labiate ricoperta di molti peli, con piccoli fiori rosa o lilla in cime peduncolate munite di piccole brattee (*Satureja calamintha*) **SIN.** nepitella

calamìstro [vc. dotta, lat. *calamĭstru(m)*, prob. connesso con *cālamus*, V. *calamo* ✻ sec. XIV] **s. m.** **1** (*zool.*) organo formato da setole ricurve situato sul quarto paio di zampe dei ragni **2** ferro usato un tempo per arricciare i capelli

calamìta [etim. incerta ✻ av. 1249] **s. f.** **1** (*fis.*) corpo generalmente metallico che attrae il ferro o altre sostanze ferromagnetiche **SIN.** magnete **2** (*est.*) piccolo oggetto ornamentale fornito di calamita, usato per fissare promemoria, foto, ecc. su una superficie metallica **3** (*fig.*) chi (o ciò che) possiede una forte attrattiva: *quella ragazza è una vera c. per gli uomini!*

♣**calamità** [vc. dotta, lat. *calamitāte(m)*, di orig. non romana ✻ av. 1292] **s. f. inv.** **1** sventura o disgrazia che colpisce molte persone | *c. naturali*, terremoti, inondazioni ecc. **SIN.** catastrofe **2** (*fig.*) persona o cosa molesta, insopportabile o dannosa

calamitàre [da *calamita* ✻ 1564] **v. tr.** (*io calamìto*) **1** magnetizzare per induzione **2** (*fig.*) attirare: *c. l'attenzione, l'interesse generale*

calamitàto **part. pass.** di *calamitare*; anche **agg.** **1** nei sign. del v. **2** *ago c.*, quello della bussola

calamitazióne [1865] **s. f.** ● (*raro*) magnetizzazione

†**calamìtico** [av. 1642] **agg.** (**pl. m.** *-ci*) ● magnetico

calamitóso (o **-ṣ-**) [vc. dotta, lat. *calamitōsu(m)*, da *calămitas* 'calamità' ✻ av. 1363] **agg.** ● (*lett.*) pieno di sventure: *tempi calamitosi*; *vita calamitosa* | (*est.*, *burocr.*) caratterizzato da disastri, lutti ecc.: *eventi calamitosi* **SIN.** rovinoso ‖ **calamitosaménte**, **avv.** in modo disgraziato

càlamo [vc. dotta, lat. *călamu(m)* 'canna' poi 'penna' con corrispondenze nelle altre lingue indeur. ✻ av. 1365] **s. m.** **1** genere di Palme con fusto flessuoso molto lungo e sottile, munito di aculei coi quali si attacca alle piante vicine (*Calamus*) | *c. aromatico*, pianta erbacea delle Aracee con foglie verdi a sciabola e piccoli fiori giallognoli in spiga (*Acorus calamus*) **SIN.** acoro **2** fusto sottile di alcune piante, internamente vuoto ed esternamente liscio | parte del fusto della canna situata fra un nodo e l'altro **3** (*lett.*) stelo **4** (*zool.*) parte basale del rachide della penna degli uccelli impiantato nella cute **5** cannuccia o penna di volatile appuntita usata un tempo per scrivere | (*est.*, *lett.*) penna per scrivere **6** (*poet.*) freccia: *ond'era uscito il c. omicida* (L. Ariosto) **7** (*anat.*) porzione caudale del quarto ventricolo encefalico, che si continua nel canale ependimale del midollo spinale

calànca [fr. *calanque*. V. *cala*① ✻ 1772] **s. f.** ● piccola e profonda insenatura in una costa alta e rocciosa **SIN.** cala①

calànco [vc. preindeur. (?) ✻ 1898] **s. m.** (**pl.** *-chi*) ● solco di erosione inciso dalle acque dilavanti nei terreni argillosi

calàndo [da *calare* ✻ 1826] **s. m. inv.** ● (*mus.*)

diminuendo **CONTR.** crescendo
calàndra① [gr. *kálandros*, di orig. preindeur. ✱ av. 1292] **s. f.** ● uccello dei Passeriformi simile all'allodola, ma più grosso, con una lunga unghia nel dito posteriore (*Melanocorypha calandra*) ‖ **calandrèlla**, **dim.** (V.) | **calandrina**, **dim.**
calàndra② [etim. incerta ✱ 1829] **s. f.** ● (*zool.*) genere di Coleotteri dei Curculionidi, con specie le cui larve si nutrono in prevalenza di frumento (*Calandra granaria*) o di riso (*Calandra oryzae*) **SIN.** punteruolo
calàndra③ [fr. *calandre*, dal gr. *kýlindros* 'cilindro' attrav. il lat. parl. ✱ 1765] **s. f.** **1** in varie tecnologie, macchina costituita da pesanti cilindri a contatto, per distendere in fogli sottili varie sostanze o per spianare, levigare e lucidare tessuti, carta e sim. **2** (*tipogr.*) nella tipografia in piombo, pressa per comprimere il flano contro la forma tipografica **3** parte anteriore, spec. verticale, della carrozzeria delle automobili | nei fuoribordo, carenatura che ricopre il motore **CFR.** mascherina ‖ **calandrétta**, **dim.**
calandràggio [1797] **s. m.** ● calandratura
calandràre [fr. *calandrer*, da *calandre* 'calandra③' ✱ 1797] **v. tr.** (*io calàndro*) ● passare, lavorare alla calandra: *c. un tessuto, la carta*
calandratóre [1955] **s. m.** (**f.** *-trice*) ● chi manovra una calandra
calandratùra [da *calandra*③ ✱ 1906] **s. f.** ● lavorazione di vari materiali eseguita con la calandra
calandrèlla [dim. di *calandra*① ✱ 1797] **s. f.** ● passeriforme affine all'allodola ma più piccolo e di colore più chiaro (*Calandrella brachydactyla*)
†**calandrìno**① [da avvicinare a *calandra*③ 'macchina per stirare la carta' (?) ✱ 1550] **s. m.** ● squadra per falegnami, scalpellini e sim.
calandrìno② [dal n. di un personaggio credulone nel *Decameron* del Boccaccio ✱ sec. XIII] **s. m.** ● (*lett.*) persona sciocca e credulona | ***fare qlcu. c.***, imbrogliarlo
calàndro [V. *calandra*① ✱ sec. XIII] **s. m.** ● piccolo uccello dei Passeriformi di aspetto slanciato, con becco breve e piumaggio color grigio gialliccio (*Anthus campestris*)
calandróne [da *calandra*①, perché uccello canoro ✱ 1830] **s. m.** ● flauto contadinesco con imboccatura come quella della zampogna
Calanoidèi [dal lat. scient. *Calanus*: Calano era un gimnosofista indiano uccisosi alla presenza di Alessandro Magno ✱ sec. XX] **s. m. pl.** (**sing.** *-èo*) ● (*zool.*) gruppo di Crostacei dei Copepodi con piccolo addome e grande cefalotorace, comunissimi nel plancton marino (*Calanoidea*)
calànte **part. pres.** di *calare*; anche **agg.** **1** nei sign. del v. | che cala, che diminuisce | ***Luna c.***, in fase decrescente, tra il plenilunio e il novilunio **CONTR.** crescente **2** (*mus.*) detto di nota stonata in quanto emessa con frequenza più bassa di quella giusta **CONTR.** crescente
calào [vc. dell'estremo Oriente ✱ 1830] **s. m. inv.** ● (*zool.*) bucero
Calàppidi [dal malese *kalappa* 'noce di cocco', per la forma simile a mezza noce di cocco, e *-idi* ✱ 1991] **s. m. pl.** (**sing.** *-e*) ● (*zool.*) famiglia di Crostacei dei Decapodi dal carapace molto convesso e ricoperto di tubercoli (*Calappidae*)
calàppio o †**galàppio** [etim. discussa; da una sovrapposizione di *laccio* a *cappio* (?) ✱ 1481] **s. m.** **1** laccio, per prendere o tenere ferma la selvaggina **2** (*fig.*) agguato, insidia | inganno
calaprànẓi [comp. di *cala(re)* e il pl. di *pranzo* ✱ 1876] **s. m. inv.** ● piccolo montacarichi per far salire e scendere pietanze, stoviglie e sim. tra la cucina e la sala da pranzo, se situate su piani diversi
♦**calàre** [lat. tardo *calāre* 'sospendere', dal gr. *chaláō* 'io allento' ✱ 1290] **A** **v. tr.** **1** far scendere lentamente qlco., sostenendola con le mani o per mezzo di qualche strumento: *c. un secchio nel pozzo*; *c. la scialuppa, le reti* | ***c. le vele***, ammainarle | abbassare: *Fa, fa che le ginocchia cali* (Dante *Purg.* II, 28) | ***c. le brache***, (*fig.*, *pop.*) cedere per paura o viltà | anche in forma pron.: *calarsi i pantaloni*; *calarsi le brache* **CONTR.** alzare **2** nei lavori a maglia, diminuire progressivamente il numero delle maglie, man mano che aumentano i giri **CONTR.** aumentare **3** nei giochi di carte, giocare una carta senza fare presa **4** (*mat.*) ***c. la perpendicolare***, considerare, tracciare la retta perpendicolare **B** **v. intr.** (aus. *essere*) **1** estendersi verso il basso: *Or chi sa da qual man la costa cala* (Dante *Purg.* III, 52) | scendere, discendere: *alcune tribù nomadi calarono dalla Siberia*; *i lupi affamati calano al piano* **2** diminuire (+ *di*): *c. di peso, volume, lunghezza, livello, durata* | diminuire di prezzo: *la benzina è calata* | decadere (+ *in*): *c. nel credito, nella considerazione, nella stima* | indebolirsi: *gli è calata la voce* | †cessare: *d'assalirli non calavan mai* (G. Boccaccio) **3** diminuire, detto della luminosità o della fase di un astro: *la luna cala dopo il plenilunio* | giungere lentamente: *sta calando la nebbia*; *già calavano le prime ombre della sera* | tramontare, declinare: *il sole / ridea calando dietro il Resegone* (G. Carducci) **4** (*mus.*) emettere un suono più basso di quello giusto; stonare | diminuendo **CONTR.** crescendo **C** **calàrsi** **v. rifl.** **1** muoversi, spec. con lentezza, dall'alto verso il basso, usando punti d'appoggio naturali o strumenti: *si calarono dalle mura*; *gli speleologi si calano nella grotta* **2** (*fig.*) immedesimarsi, identificarsi (+ *in*): *calarsi nella parte*; *calarsi nei panni di qlcu.* **D** **calàrsi** **v. tr. pron.** (aus. *essere*) ● (*gerg.*) assumere oralmente sostanze stupefacenti (*anche assol.*): *calarsi una pasticca*; *ha smesso di calarsi*
†**calascióne** ➤ **colascione**
calàstra [lat. *catāsta(m)* 'palco dove si collocavano gli schiavi posti in vendita'. V. *catasta* ✱ sec. XV] **s. f.** **1** trave di sostegno per la filiera delle botti **2** †ciascuno dei due sostegni sagomati sui quali poggiano le imbarcazioni sistemate sui ponti delle navi **SIN.** sella
calastrèllo [da *calastra* ✱ 1830] **s. m.** **1** (*mecc.*) collegamento trasversale fra due elementi uguali di una struttura composta compressa, atto a diminuirne il pericolo di flessione laterale **2** (*milit.*) ciascuna delle traverse metalliche che collegano rigidamente fra loro le due cosce dell'affusto
calàta [da *calare* ✱ 1334 ca.] **s. f.** **1** abbassamento, discesa | invasione: *si sparsero tutte in una volta le notizie della c. dell'esercito* (A. Manzoni) **2** nell'alpinismo, discesa controllata: *c. a corda doppia* **3** luogo per cui ci si cala: *una c. abbastanza scoscesa* **SIN.** china, pendio **4** cadenza dialettale: *la c. romana, bolognese* **5** tipo di ballo italiano del XVI sec. **6** banchina per il carico e lo scarico delle navi ‖ **calatina**, **dim.**
calàtide [gr. *kalathís*, genit. *kalatídos*, dim. di *kálathos* 'canestro, paniere'. V. *calato* ✱ 1820] **s. f.** ● (*bot.*) tipo di infiorescenza con il capolino allargato a forma di disco
càlato [vc. dotta, lat. *călathu(m)*, dal gr. *kálathos*, di etim. incerta ✱ av. 1544] **s. m.** **1** paniere largo di bocca e stretto di fondo, in uso nell'antichità **2** copricapo a forma di cesto tipico di alcune divinità della terra (come Gea o Demetra) e delle sacerdotesse addette al loro culto **3** capitello a forma di calice che poggia sulla testa di cariatidi
calatóia [1955] **s. f.** ● calatoio
calatóio [da *calare* ✱ 1955] **s. m.** (**pl.** *-ói*) ● piano di mobile, ribaltabile in senso verticale e usato spesso come appoggio per scrivere | anta ribaltabile
calavèrna [etim. incerta ✱ av. 1328] **s. f.** **1** (*mar.*) fasciatura di protezione al ginocchio del remo nelle imbarcazioni, o anche alle parti di attrezzatura navale come antenne, pennoni e sim., soggetti a usura per attrito **2** (*meteor.*) galaverna
calàẓa [gr. *chálaza* 'grandine', da una radice indeur. che indica 'ghiaccio' ✱ 1820] **s. f.** ● (*biol.*) ciascuno degli ispessimenti di albume che nelle uova degli uccelli tengono sospeso il tuorlo
calàzio [vc. dotta, gr. *chalázion* 'chicco di grandine', dim. di *chálaza* 'grandine', per la forma a chicco di grandine ✱ 1874] **s. m.** ● (*med.*) piccola tumefazione dura, benigna, nello spessore della palpebra
càlca [da *calcare*① ✱ av. 1292] **s. f.** ● moltitudine di gente stretta insieme: *entrare nella c.*; *farsi largo nella c., tra la c.* | ***fare c.***, affollarsi **SIN.** affollamento, folla, ressa
SFUMATURE ➤ *folla*
calcàbile [vc. dotta, lat. tardo *calcābile(m)*, da *calcāre* 'calcare①' ✱ av. 1342] **agg.** ● che si può calcare
calcafògli [comp. di *calca(re)*① e il pl. di *foglio* ✱ 1865] **s. m. inv.** ● (*disus.*) fermacarte
†**calcagnàre** [av. 1494] **v. intr.** ● scappare
calcagnàta [1917] **s. f.** ● colpo dato col calcagno
†**calcagnìno** [av. 1400] **s. m.** **1** dim. di *calcagno* **2** tacco
calcàgno [lat. tardo *calcāneu(m)*, per il classico *călce(m)* 'calcagno, calcio' ✱ av. 1306] **s. m.** (**pl.** *calcàgni* **m.**, **nel sign. proprio;** *calcàgna*, †*calcàgne* **f.**, **in alcuni usi fig.**) **1** (*anat.*) osso voluminoso del piede, di cui rappresenta la parte postero-inferiore che poggia direttamente sul terreno | (*est.*) parte posteriore del piede | ***avere qlcu. alle calcagna***, (*fig.*) averlo sempre dietro, essere inseguito | ***mostrare, voltare, battere le calcagna***, (*scherz.*) fuggire | †***dare delle calcagne***, (*fig.*) stimolare, spronare **SIN.** tallone **2** (*est.*) parte della calza o della scarpa che ricopre il calcagno ‖ †**calcagnìno**, **dim.** (V.)
calcagnòlo o †**calcagnuòlo** [da *calcagno* ✱ av. 1537] **s. m.** **1** (*mar.*) parte esterna inferiore della ruota di poppa, che serve da sostegno per il timone **2** scalpello corto usato da scultori e scalpellini per lavorare il marmo
calcalèttere (o **-é-**) [comp. di *calca(re)*① e il pl. di *lettera* ✱ av. 1859] **s. m. inv.** ● (*disus.*) fermacarte
calcaménto [av. 1320] **s. m.** ● (*raro*) il calcare **SIN.** compressione, pigiatura
calcaneàre [dal lat. tardo *calcāneum* 'calcagno' ✱ 1962] **agg.** ● (*anat.*) relativo al calcagno: *regione c.*
calcàra [lat. *calcāria(m)* (sottinteso *fornācem*), da *cālx*, genit. *călcis* 'calce①' ✱ 1348] **s. f.** **1** fornace da calce **2** antico forno fusorio in cui venivano preparate le fritte nelle fornaci vetrarie
♣**calcàre**① [lat. *calcāre*, da *călx*, genit. *călcis* 'calcagno' ✱ 1282] **A** **v. tr.** (*io càlco, tu càlchi*) **1** premere coi piedi: *c. la terra smossa* | (*fig.*) ***c. le scene, il palcoscenico***, fare l'attore, recitare in teatro | pigiare: *c. l'uva nel tino* | (*est.*) percorrere: *c. una strada* | ***c. le orme di qlcu.***, (*fig.*) imitarlo, seguirne l'esempio **2** premere con forza, pigiare: *c. i vestiti in una valigia*; *c. il cappello in testa a qlcu.* | ***c. la mano***, (*fig.*) eccedere in rigore, esigenza e sim. | anche nella forma pron. **calcàrsi**, premere, pigiare su di sé o dentro

qlco. di proprio: *calcarsi il cappello*; *E si calcò frettoloso in saccoccia quel volume* (U. Foscolo) **3** mettere in rilievo, sottolineare in vario modo con la voce: *c. le parole, alcune sillabe* **4** copiare un disegno passando una punta sui contorni in modo che questi si imprimano su un foglio sottostante tramite un foglio di carta da ricalco | riprodurre una scultura per calco **5** (*fig.*) †opprimere, conculcare **6** †fecondare la femmina, detto dei volatili | covare: *c. le uova* **B** **calcàrsi** **v. intr. pron.** ● †accalcarsi

SFUMATURE ➤ *premere*

calcàre② [fr. *calcaire*, dall'agg. lat. *calcārius* 'che concerne la calce' da *călx*, genit. *călcis* 'calce①' ✱ 1830] **A** **s. m.** ● roccia sedimentaria costituita prevalentemente di calcite | deposito di carbonato di calcio lasciato dall'acqua su tubi, rubinetti, apparecchi e sim.: *il c. ha danneggiato la lavatrice* **B** **anche agg.** ● nella loc. ***pietra c.***, calcare

calcàre③ [vc. dotta, lat. *călcar*, genit. *calcāris* 'sprone', da *căIx*, genit. *călcis* 'calcagno' ✱ 1865] **s. m.** ● (*lett.*) sperone

calcàreo [vc. dotta, lat. *calcāriu(m)*, da *căIx*, genit. *călcis* 'calce①' ✱ av. 1730] **agg.** ● che ha natura di calcare: *roccia calcarea* | che è ricco di calcare: *terreni calcarei*

calcàrico [da *calcare*② ✱ 1778] **agg.** (**pl. m.** *-ci*) ● (*raro*) calcareo

calcaróne [da *calcara* ✱ av. 1925] **s. m.** ● fossa circolare poco profonda nella quale, in Sicilia, si accumulano e si bruciano i materiali zolfiferi per estrarne lo zolfo

calcàta [da *calcare*① ✱ 1543] **s. f.** **1** atto del calcare **2** †via battuta ‖ **calcatìna**, **dim.**

calcatóio [cfr. lat. tardo *calcatōriu(m)* 'luogo dove si pigia l'uva', da *calcāre* 'calcare①' ✱ 1665] **s. m.** (**pl.** *-ói*) **1** nelle artiglierie ad avancarica, asta di legno con testa cilindrica per spingere e calcare nella bocca da fuoco la carica e la palla | nelle artiglierie a retrocarica, bastone corto per spingere il proietto nella culatta **2** strumento atto a spingere nel foro da mina la carica esplosiva e il relativo borraggio **3** strumento a punta che serve a calcare i disegni

calcatréppola [lat. mediev. *calcatrĭppa(m)*, di etim. incerta ✱ sec. XIV] **s. f.** ● pianta erbacea perenne delle Apiacee, con foglie pennatosette azzurro-violacee nella parte superiore, e fiori bianco-azzurri in capolini globosi (*Eryngium amethystinum*)

calcatréppolo [sec. XIV] **s. m.** ● calcatreppola

calcatùra [da *calcare*① ✱ av. 1320] **s. f.** ● il calcare | pigiatura

càlce① [lat. *călce(m)*, nom. *călx* 'calce', prob. dal gr. *chálix*, genit. *chálikos* 'ciottolo' ✱ 1296] **A** **s. f.** ● composto solido, bianco, poroso ottenuto per decomposizione del calcare in appositi forni, usato per formare malte da costruzione e per imbiancare | ***c. viva***, pura, senz'acqua | ***c. spenta***, trattata con acqua | ***c. sodata***, miscela di calce e soda usata come disidratante e assorbente di anidride carbonica | ***c. idraulica***, con tenore di argilla tale da permettere la presa anche sott'acqua | ***latte di c.***, calce stemperata con molta acqua, usata per imbiancare i muri | ***acqua di c.***, liquido trasparente che affiora sul latte di calce se lasciato posare **B** **in funzione di agg. inv.** ● (posposto a un sost.) detto di colore bianco intenso

càlce② [vc. dotta, lat. *calce(m)* 'calcagno', poi in generale 'parte inferiore di qlco.', di orig. preindeur. ✱ 1532] **s. m. solo sing.** ● parte bassa di qlco. | ***in c.***, a piè di pagina: *firma, nota, in c.*

calcedònio [vc. dotta, lat. *Chalcedŏnium* (sottinteso *lăpis*) 'pietra di Calcedonia', dal gr. *Chalkēdónios*, agg. della città di Calcedonia ✱ 1263] **s. m.** **1** (*miner.*) varietà di quarzo microcristallino a struttura fibroso-raggiata **2** tipo di vetro più o meno venato fatto a imitazione di pietre dure

calcemìa [comp. di *calcio*③ ed *-emia* ✱ 1950] **s. f.** ● (*med.*) contenuto di calcio nel sangue

càlceo [vc. dotta, lat. *călceu(m)*, da *călx* 'calcagno' ✱ 1698] **s. m.** ● calzatura romana antica simile a uno stivaletto

calcèola [dal lat. *calcĕolus*, dim. di *călceus* 'scarpa' (V. *calceo*): detta così dalla forma ✱ 1874] **s. f.** ● corallo fossile del Paleozoico dalla tipica foggia a scarpetta

calceolària [dal lat. *calcĕolus*, dim. di *călceus* 'calceo', perché il fiore ha la foggia di scarpetta ✱ 1828] **s. f.** ● genere delle Scrofulariacee comprendente piante erbacee ramose con foglie pelose e fiori a forma di scarpetta (*Calceolaria*)

calceolàto [vc. dotta, dal lat. *calcĕolus* (V. *calceola*) ✱ 1819] **agg.** ● (*bot.*) a forma di scarpetta: *labello c.*

calcescìsto [comp. di *calce*① e *scisto* ✱ 1930] **s. m.** (**pl.** *calcescìsti*) ● roccia metamorfica, con netta scistosità, costituita spec. da calcite e miche

calcése (o **-ṣ-**) [dal gr. *karchḗsion* 'coppa', poi 'calcese', di etim. incerta ✱ av. 1470] **s. m.** ● (*mar.*) albero di un solo pezzo con un bozzello incorporato in cima, per il passaggio della scotta | estremità superiore di tale albero

calcestrùzzo [da una base **calcestre*, prob. deriv. di *calce*① e *-uzzo* ✱ 1375] **s. m.** ● materiale da costruzioni costituito da un impasto di sabbia, ghiaia e pietrisco con cemento e acqua

calcétto① [dal lat. *călceus* 'calceo' ✱ 1329] **s. m.** ● scarpa scollata di pelle sottile, usata in passato da ballerini, schermidori e sim.

calcétto② [1963] **s. m.** **1** dim. di *calcio*① **2** calcio-balilla **3** (*sport*) calcio a cinque

calciàre [da *calcio*① ✱ av. 1306] **A** **v. intr.** (**pres.** *io càlcio*; **fut.** *io calcerò*; **aus.** *avere*) ● tirar calci: *il mulo calcia*; *il bambino calciava dalla rabbia* **B** **v. tr.** **1** spingere col piede: *c. un ciottolo*; *c. i sassi per strada* **2** nel calcio e nel rugby, colpire il pallone col piede per effettuare un tiro o un passaggio (*anche assol.*)

♦**calciatóre** [da *calcio*① ✱ 1903] **s. m.** (**f.** *-trice*) **1** (*raro*) chi calcia **2** giocatore di una squadra di calcio

calciatùra [da *calcio*② ✱ 1970] **s. f.** ● parte inferiore in legno della cassa da fucile comprendente l'impugnatura e il calcio

càlcico [1865] **agg.** (**pl. m.** *-ci*) ● di calcio, a base di calcio: *composto c.* | che contiene calcio: *acqua calcica*

calcicòṣi [da *calcio*③ col suff. *-osi* ✱ 1987] **s. f. inv.** ● (*med.*) affezione polmonare causata da prolungata inalazione di polvere di marmo

calcidése (o **-ṣ-**) [1550] **A** **agg.** ● dell'antica città greca di Calcide, nell'isola di Eubea **B** **s. m. e f.** ● abitante o nativo di Calcide

calcìdico [da *Calcide*, antica città greca nell'isola di Eubea, che nella vicina penisola fondò numerose colonie ✱ 1504] **agg.**; **anche s. m.** (**f.** *-a*; **pl. m.** *-ci*) ● calcidese | ***penisola Calcidica***, penisola greca nel Mar Egeo settentrionale, che si articola in tre penisole minori

calciferòlo [comp. di *calcio*③ e *fer(ro)*, con il suff. *-olo* (2) ✱ 1990] **s. m.** ● (*chim.*) sostanza liposolubile che si forma per irradiazione dell'ergosterolo **SIN.** vitamina D2

calcificàre [da *calcio*③ ✱ 1941] **A** **v. tr.** (*io calcìfico, tu calcìfichi*) ● incrostare di sali di calcio **B** **calcificàrsi** **v. intr. pron.** ● indurirsi per eccessivo deposito di sali di calcio, detto dei tessuti viventi ‖ **calcificazióne**, **s. f.** (V.)

calcificàto **A** **part. pass.** di *calcificare* ● nei sign. del v. **B** **agg.** ● (*med.*) detto di struttura biologica in cui si è verificata deposizione di calcio

calcificazióne [fr. *calcification*. V. *calcio*③ e *-ficazione* ✱ 1874] **s. f.** ● deposizione di sali di calcio nei tessuti viventi

calcìfico [comp. di *calci(o)*③ e *-ifico* ✱ 1932] **agg.** (**pl. m.** *-ci*) ● (*med.*) che forma calcio o che comporta deposizione di sali di calcio

calcimetrìa [comp. di *calcio*③ e *-metria* ✱ 1965] **s. f.** ● misurazione della percentuale di calcio contenuta in rocce o terreni

calcìmetro [comp. di *calcio*③ e *-metro* ✱ 1950] **s. m.** ● strumento per la calcimetria

calcìna [lat. tardo *calcīna(m)*, da *călx*, genit. *călcis* 'calce,①' ✱ 1275] **s. f.** **1** pietra calcare cotta in fornace e spenta con acqua | (*est.*) calce viva **2** malta ottenuta mescolando a sabbia e pietrisco la calce spenta | ***c. dolce***, poco tenace | ***c. forte***, molto tenace | ***c. magra***, con molta sabbia | ***c. grassa***, con poca sabbia | ***muro a c.***, fatto con mattoni e calcina

calcinàccio [da *calcina* ✱ 1290] **s. m.** **1** pezzo di calcina secca che si stacca dal muro intonacato | ***un mucchio di calcinacci***, di rovine **2** (*veter.*) malattia dei volatili e spec. dei polli causata da rassodamento di sterco negli intestini

calcinàio [da *calcina* ✱ 1329] **s. m.** (**pl.** *-ai*) **1** vasca per spegnervi con acqua la calce viva **2** manovale addetto alla preparazione della calcina **3** vasca per la calcinatura delle pelli

calcinàre [da *calcina* ✱ 1302] **v. tr.** **1** (*chim.*) portare una sostanza ad alta temperatura per ottenere la sua decomposizione o per eliminare acqua di cristallizzazione o parti volatili | trasformare un metallo in ossido mediante riscaldamento **2** trasformare il calcare in calce viva scaldandolo sopra i 600 gradi centigradi **3** spargere calce sui terreni acidi per correggerne la reazione | dare la calce alle sementi, spec. dei cereali, a scopo protettivo **4** immergere le pelli da conciare, rinverdite, in un bagno di calce

calcinàto **part. pass.** di *calcinare*; **anche agg.** **1** nei sign. del v. **2** detto del baco da seta morto per calcino

calcinatùra [1499] **s. f.** ● calcinazione

calcinazióne [av. 1328] **s. f.** ● il calcinare | immersione delle pelli da conciare in un bagno di calce

calcincùlo [dai *calci in culo* dati agli avversari che cercano di conquistare un oggetto messo in palio ✱ 1969] **s. m. inv.** ● (*pop.*) tipo di giostra con sedili sospesi a lunghe catene penzolanti nel vuoto

calcìno [dal colore bianco come di *calce* che i bachi assumono quando vengono colpiti da questa malattia ✱ 1837] **s. m.** ● malattia del baco da seta dovuta a un fungo parassita che rende le larve bianche, simili per consistenza e colore a tanti blocchetti di calce

calcinòṣi [da *calcio*③ col suff. *-osi* ✱ 1915] **s. f. inv.** ● (*med.*) qualsiasi condizione patologica caratterizzata dalla deposizione di sali di calcio nei tessuti dell'organismo

calcinóso (o **-ṣ-**) [da *calcina* ✱ 1302] **agg.** ● che ha caratteristiche o aspetto di calcina

♦**càlcio**① [dal lat. *călx*, genit. *călcis* 'calcagno' ✱ sec. XIII] **s. m.** **1** colpo che si dà col piede: *prendere a calci*; *essere preso a calci* | ***mandare via a calci***, (*fig.*) scacciare in malo modo | ***dare un c. a qlcu., trattare qlcu. a calci***, (*fig.*) trattarlo villanamente | ***dare un c. a qlco.***, (*fig.*) rifiutarla | (*fig.*) ***questi argomenti fanno a calci***, sono assolutamente contrari tra loro | ***dare, tirar calci al rovaio, al vento, all'aria***, (*fig., lett.*) essere impiccato; morire di morte violenta **SIN.** pedata

2 percossa data colla zampa da animali forniti di zoccolo: *il c. del cavallo, del mulo* | ***il c. dell'asino, del mulo***, (*fig.*) offesa recata a chi, un tempo potente, non può più difendersi (con riferimento a una favola di Fedro in cui un asino prende a calci un vecchio leone morente) **3** (*sport*) gioco che oppone due squadre, ciascuna di undici giocatori, che si contendono un pallone cercando di farlo entrare nella porta avversaria colpendolo con il piede o con qualunque parte del corpo tranne le mani e le braccia **SIN.** football | ***c. fiorentino***, a Firenze, antico gioco fra due squadre consistente nel colpire la palla col calcio e col pugno | ***c. a cinque***, gioco molto simile al calcio che si pratica su un campo di dimensioni ridotte con soli cinque giocatori per squadra **SIN.** calcetto, futsal | ***c. a otto***, calciotto | ***c. a due***, Jorkyball **4** (*sport*) colpo dato con il piede al pallone nel gioco del calcio e sim. | ***c. di punizione***, concesso alla squadra che ha subito un fallo e battuto dal punto in cui questo è stato commesso | ***c. di rigore***, battuto da undici metri contro la porta difesa dal solo portiere per fallo grave in area di rigore o per decidere il risultato di un incontro a eliminazione diretta terminato in parità | ***c. di rinvio***, che rimette in gioco il pallone uscito dalla linea di fondo | ***c. d'angolo***, battuto per fallo di fondo da uno degli angoli del campo in cui si trova la bandierina **SIN.** corner | ***c. da fermo***, effettuato senza rincorsa; (*per anton.*) calcio d'angolo o calcio di punizione | ***c. a due in area***, calcio di punizione di seconda nell'area avversaria | ***c. d'inizio***, nel calcio, il primo dato al pallone dal giocatore della squadra designata, dando inizio alla partita | ***c. piazzato***, nel rugby, quello dato al pallone collocato sul terreno | ***c. di rimbalzo***, quello dato al pallone subito dopo il primo rimbalzo **5** (*sport*) nel biliardo, tiro per il quale la palla battente tocca almeno una sponda del tavolo prima di colpire un'altra bilia | sponda: *tiro di c.* ‖ **calcétto**, **dim.** (V.) | **calcióne**, **accr.**

NOMENCLATURA

calcio

● *campo di gioco*: porta (rete, pali, traversa), linea di porta, area di porta, area di rigore (dischetto di rigore), linea di fondo, linea laterale, linea di metà campo, cerchio di centro campo, area di corner = d'angolo (bandierina), zona;
● *formazione*: squadra = compagine, portiere, terzino destro e sinistro, centromediano, mediano = laterale (destro e sinistro), mediano di spinta, ala destra e sinistra, mezzala destra e sinistra, regista, mezzapunta, centrattacco = centravanti; battitore libero, centrocampista, stopper, attaccante, cannoniere, capitano, difensore, riserva, titolare; campagna acquisti, calcio mercato, ingaggio, premio partita; mister, trainer, allenatore, presidente, direttore tecnico, direttore sportivo, massaggiatore, medico;
● *svolgimento del gioco*: partita (di andata, di ritorno, derby, spareggio, finale), pallone = palla, calcio d'inizio, tiro (di prima, di seconda), di collo pieno, di destro, di sinistro, passaggio, rimessa in gioco dall'area di porta, calcio di punizione (di prima, di seconda), tiro a rete = in porta, gol o goal = rete, autogol = autorete, goleada, parata, tuffo, uscita, cannonata, calcio di rigore, calcio d'angolo = corner, colpo di testa, dribbling, sbarramento di giocatori, palla fuori gioco, rimessa laterale, posizione fuori gioco = offside, fallo (di fondo, di mani, laterale), ostruzione, rovesciata, contropiede, ripartenza, difesa, lancio, assist, pallonetto, marcamento, marcatura a uomo, tackle, melina, pressing, gioco a zona, catenaccio, traversone = cross; assistente arbitrale = guardalinee, arbitro, terna arbitrale, quarto uomo; cartellino giallo, rosso; primo, secondo tempo, intervallo; tempi supplementari; campionato; calcio storico, in costume, in livrea;
● *azioni*: vincere, pareggiare, sconfiggere; giocare in casa o fuori casa (in trasferta); attaccare, difendersi, rinviare, segnare, battere un calcio di punizione, effettuare un passaggio, caricare, parare; arbitrare una partita, fare il tifo per una squadra;
● *stadio*: tribuna, gradinate, recinto, campo (fondo del campo), spogliatoi, docce, infermeria, biglietterie, ingressi, panchina, tifoso, tifoseria, club.

càlcio ② [da *calcio* ①, passato poi a indicare 'la parte inferiore di qlco.' ✱ 1275] **s. m.** **1** parte del fucile che si appoggia alla spalla | impugnatura della pistola | ***c. a pistola***, con impugnatura curvata come quella delle pistole | ***c. all'inglese***, dritto senza curvatura **2** †calcagno **3** (*est.*, *lett.*) parte inferiore di una pianta, di una montagna e sim.: *l'altro sedeva al c. di un castagno* (G. PASCOLI)

càlcio ③ [dal lat. *călx*, genit. *călcis* 'calce' ✱ 1830] **s. m.** ● elemento chimico, metallo alcalino-terroso tenero, bianco-argenteo, indispensabile alla vita sia animale che vegetale, ottenuto per elettrolisi dei suoi sali, usato come disossidante, ricostituente e in diverse leghe **SIMB.** Ca **NUM. AT.** 20

calcioantagonìsta [comp. di *calcio* ③ e *antagonista* ✱ 1990] **A** **agg.** (**pl. m.** *-i*) ● (*farm.*) detto di farmaco che, inibendo l'afflusso di ioni di calcio all'interno delle cellule miocardiche e della muscolatura liscia vascolare, viene impiegato nella terapia dell'insufficienza coronarica e nell'ipertensione **B** **anche s. m.**

càlcio-balìlla [comp. di *calcio* ① nel sign. 3 e *balilla*: detto così perché di piccole dimensioni ✱ av. 1959] **s. m. inv.** ● tavolo fornito di piccole sagome riproducenti i giocatori di due squadre calcistiche con le quali, manovrando le apposite barre trasversali a cui sono fissate, è possibile disputare una specie di partita di calcio | gioco che si pratica su tale tavolo

calciocianammìde o **calciocianamìde**, **calciocianàmide** [comp. di *calcio* ③ e *cianamide* ✱ 1931] **s. f.** ● (*chim.*) sostanza ottenuta per azione dell'azoto sul carburo di calcio a elevata temperatura, usata spec. come concime

calciòfilo [comp. di *calcio* ① nel sign. 3 e *-filo* ✱ 1985] **agg. e s. m.** (**f.** *-a*) ● (*raro*, *spec. scherz.*) che (o chi) ama il gioco del calcio

calciòlo [da *calcio* ② ✱ 1847] **s. m.** ● guarnizione metallica, in corno o altra materia, posta per protezione alla base del calcio del fucile e sim.

càlcio-mercàto [comp. di *calcio* ① nel sign. 3 e *mercato* ✱ 1972] **s. m. inv.** ● complesso di incontri, riunioni e sim. durante i quali si tratta la compravendita di calciatori

calcioscommésse [comp. di *calcio* ① nel sign. 3 e il pl. di *scommessa* ✱ 1985] **s. m. inv.** ● totonero

calcioterapìa [comp. di *calcio* ③ e *terapia* ✱ 1987] **s. f.** ● impiego di sali di calcio a scopo terapeutico

calciòtto [da *calci(o)* ① con il suff. dim. *-otto* ✱ 1995] **s. m.** ● (*sport*) gioco simile al calcio per regolamento ma che si pratica su un campo di dimensioni ridotte e con soli otto giocatori per squadra **SIN.** calcio a otto

Calcispònge o **Calcispòngie** [comp. del lat. *călx*, genit. *călcis* 'calce ①' e *spŏngia* 'spugna' ✱ 1940] **s. f. pl.** (**sing.** *-gia*) ● (*zool.*) classe di Spugne con scheletro formato da spicole calcaree (*Calcispongiae*)

calcìstico [da *calcio* ① nel sign. 3 ✱ 1921] **agg.** (**pl. m.** *-ci*) ● relativo al gioco del calcio: *incontro c.*; *passione calcistica*; *discussioni, polemiche calcistiche* ‖ **calcisticaménte**, **avv.** per quanto riguarda il gioco del calcio

calcìte [da *calcio* (3) ✱ 1869] **s. f.** ● (*miner.*) carbonato di calcio trigonale in cristalli romboedrici, comune costituente delle rocce

calcitonìna [comp. di *calci(o)* ③, del gr. *tónos* 'tensione' e del suff. *-ina* ✱ 1980] **s. f.** ● (*fisiol.*) ormone polipeptidico secreto dalla tiroide che favorisce la diminuzione del calcio e dei fosfati del sangue

calcitràre [vc. dotta, lat. *calcitrāre* 'tirar calci', da *cālx*, genit. *cālcis* 'calcagno' (V. *calcio* ①) ✱ sec. XIII] **v. intr.** (*io càlcitro*; **aus.** *avere*) ● (*lett.*) recalcitrare

càlco [da *calcare* ① ✱ 1587] **s. m.** (**pl.** *-chi*) **1** impronta di una scultura ricavata in materia molle come cera, argilla o gesso, allo scopo di trarne copie dell'originale | copia così ottenuta: *una mostra di calchi da sculture antiche* **2** copia di un disegno ottenuta calcandone i contorni **3** impronta di una matrice di stampa per riprodurre copie mediante vari procedimenti **4** (*ling.*) trasposizione di modelli lessicali e sintattici da una lingua a un'altra (es. *'fai da te'* rispetto all'inglese *'do-it-yourself'*) **CFR.** forestierismo, prestito

càlco-, -càlco [dal gr. *chalkós* 'rame'] **primo e secondo elemento** ● in parole composte della terminologia scientifica significa 'rame' o indica relazione col rame: *calcotipia*; *oricalco*

calcocìte [ingl. *chalcocite*, dal gr. *chalkós* 'rame' e *-ite*, dall'originario n. fr. *chalcosine* ✱ 1930] **s. f.** ● (*miner.*) solfuro di rame di colore grigio scuro con iridescenze

calcòfora [comp. di *calco-* e *-foro*, detta così dal colore ✱ 1950] **s. f.** ● coleottero dei Buprestidi dal rivestimento molto duro, verde con riflessi cuprei, che vive preferibilmente nel tronco di pini morti (*Chalcophora*)

calcògeno [comp. di *calco-* e *-geno* ✱ 1965] **s. m.** ● elemento del gruppo dell'ossigeno

calcografìa [comp. di *calco-* e *-grafia* ✱ 1550] **s. f.** **1** procedimento di stampa a mezzo di matrici in rame incise in incavo sia manualmente che chimicamente **2** il complesso delle tecniche manuali d'incisione in incavo **3** stabilimento o museo dove si stampano e si conservano le matrici di rame incise: *c. nazionale*

calcogràfico [av. 1796] **agg.** (**pl. m.** *-ci*) ● relativo a calcografia: *inchiostro c.* ‖ **calcograficaménte**, **avv.** mediante calcografia

calcògrafo [comp. di *calco-* e *-grafo* ✱ av. 1696] **s. m.** (**f.** *-a*) **1** chi esercita la calcografia | intagliatore in rame | stampatore o riproduttore di matrici calcografiche **2** venditore di incisioni

calcoidèo [vc. dotta, gr. *chalkoeidḗs* 'simile al rame', comp. di *chalkós* 'rame' e *-eidḗs* '-oide' ✱ av. 1673] **agg.** ● (*anat.*) di ciascuna delle tre ossa cuneiformi del tarso

càlcola [da *calcare* ① ✱ 1353] **s. f.** **1** (**spec. al pl.**) nei telai a mano, ognuno dei pedali che, uniti con funicelle ai licci del pattino e mossi dai piedi del tessitore, servono per aprire e serrare le file dell'ordito mentre passa la spola **2** in vari arnesi o congegni, parte che, mossa col piede, opera come le calcole dei tessitori

calcolàbile [1765] **agg.** ● che si può calcolare: *ricchezza difficilmente c.* **CONTR.** incalcolabile ‖ **calcolabilità**, **s. f. inv.**

♦**calcolàre** [vc. dotta, lat. tardo *calculāre* 'contare', da *călculus* 'calcolo' ✱ 1330] **v. tr.** (*io càlcolo*) **1** determinare qlco. per mezzo di un calcolo: *c. la distanza, l'estensione, la superficie di qlco.*; *c. l'ammontare di una somma* | (*assol.*) fare calcoli: *non sa ancora c.*; *imparare a c.* **2** (*est.*) comprendere in un calcolo: *ti ho calcolato come assente* | tenere in considerazione: *se c'è da decidere, dovete c. anche me*; *nessuno mi calcola* **3** valutare, prevedere con un esame attento: *c. le probabilità di riuscita, i rischi*; *c. i pro e i contro* | prevedere, far conto (+ *di* **seguito da inf.**, + *che* **seguito da congtv. o da fut.**): *quan-*

a b c d e f g h i j k l m n o p q r s t u v w x y z

do calcoli di partire?; *calcolo che siano meno di venti*; *calcolo che saranno qui fra un'ora* | considerare, tenere conto (+ *che*): *calcola che dovrò usare i mezzi pubblici*

calcolatóre [vc. dotta, lat. tardo *calculatō-re(m)*, da *calculāre* 'calcolare' ✱ 1342] **A agg.** (**f.** *-trice*) **1** che esegue calcoli: *ingegnere c.* | atto a eseguire calcoli: *regolo c.* **2** (*fig.*) che, prima di agire, valuta con attenzione e freddezza gli elementi di una situazione pensando spec. al proprio interesse: *un uomo infido e c.* **B s. m. 1** (**f.** *-trice*) chi esegue calcoli **2** (**f.** *-trice*) (*fig.*) persona calcolatrice **3** ***c. elettronico***, o (*assol.*) ***calcolatore***, elaboratore elettronico | ***c. di processo***, usato nel controllo di processi industriali

calcolatrìce [vc. dotta, lat. tardo *calculatrī-ce(m)*, da *calculāre* 'calcolare' ✱ 1881] **s. f.** ● macchina da tasca o da tavolo che permette l'esecuzione automatica delle quattro operazioni aritmetiche ed eventualmente anche di loro combinazioni o di operazioni speciali: *c. manuale, automatica, scrivente, tascabile*

†**calcolazióne** [vc. dotta, lat. tardo *calculatio-ne(m)*, da *calculāre* 'calcolare' ✱ 1330] **s. f.** ● calcolo

calcolìsta [da *calcolo* ✱ 1983] **A s. m. e f.** (**pl. m.** *-i*) ● ingegnere edile che si occupa di redigere i progetti delle strutture in cemento armato **B anche agg.**: *ingegnere c.*

calcolitografìa [comp. di *calco-* e *litografia* ✱ 1955] **s. f.** ● processo di stampa basato sul trasporto sopra pietra litografica o zinco di un'immagine originale ottenuta con la calcografia, da stampare poi coi metodi litografici

calcolitogràfico [1986] **agg.** (**pl. m.** *-ci*) ● relativo alla calcolitografia: *stampa calcolitografica*

♦**càlcolo** [vc. dotta, lat. *cǎlculu(m)* 'sassolino', e in particolare 'sassolino per fare i conti, pietruzza', da *cǎlx*, genit. *cǎlcis* 'calce①' ✱ sec. XIV] **s. m. 1** (*mat.*) insieme di operazioni fatte sugli enti dati per ottenere gli enti richiesti: *c. algebrico, numerico* | ***c. differenziale***, parte del calcolo infinitesimale che studia le funzioni, deducendone le proprietà da quelle delle loro derivate e dei loro differenziali | ***c. infinitesimale***, quello fondato sul concetto di limite di espressioni, che contengono grandezze infinitesime e su quelli di derivata e integrale | ***c. delle probabilità***, quello che studia la certezza, l'impossibilità o il grado di possibilità, la frequenza di eventi aleatori | ***c. elettronico***, quello svolto con l'impiego di circuiti elettronici | ***macchine da c.***, le addizionatrici e calcolatrici nei loro vari tipi **2** (*per anton.*) matematica, aritmetica | ***sapere far di c.***, saper contare **3** (*fig.*) valutazione, conto: *fare il c. dei danni* | (*fig.*) ***far c. su qlcu. o qlco.***, farvi assegnamento | (*est.*) congettura, previsione: *i tuoi calcoli sono assurdi* | ***agire per c.***, considerando solo il proprio utile | ***fare i propri calcoli***, considerare i dati di fatto, le prospettive future e sim. **4** (*med.*) concrezione anomala di sali inorganici presente lungo le vie di eliminazione degli escreti e dei secreti: *c. biliare*; *c. renale* **5** †pietruzza ‖ **calcolétto**, **dim.** | **calcolìno**, **dim.**

calcolòṣi [da *calcolo* nel sign. 4 col suff. *-osi* ✱ 1899] **s. f. inv.** ● (*med.*) affezione prodotta dalla presenza di calcoli: *c. biliare, epatica, renale, urinaria* **SIN.** litiasi

calcolóso (o *-ṣ-*) [sec. XIII] **agg. 1** (*med.*) relativo a calcolo **2** (*raro*) sofferente di calcoli

calcolòtico [1986] **agg.** (**pl. m.** *-ci*) ● (*med.*) relativo a calcolosi

calcomanìa [comp. di *calco* 'disegno calcato' e *mania* ✱ 1905] **s. f.** ● decalcomania

calcopirìte [comp. di *calco-* e *pirite* ✱ 1797] **s. f.** ● (*miner.*) solfuro di rame e ferro di color giallo ottone e lucentezza metallica

calcosiderografìa [comp. di *calco(grafia)* e *siderografia* ✱ 1962] **s. f.** ● (*tipogr.*) calcografia su lastre d'acciaio

calcosilografìa [comp. di *calco-* e *silografia* ✱ 1955] **s. f.** ● processo di stampa che combina l'incisione in rame con quella in legno

calcotèca [vc. dotta, gr. *chalkothḗkē*, comp. di *chalkós* 'rame' e *thḗkē* 'teca' ✱ 1955] **s. f.** ● raccolta di calchi di sculture

calcotipìa [fr. *chalcotypie*, comp. del gr. *chalkós* 'rame' e *týpos* 'impronta' ✱ 1892] **s. f.** ● processo di stampa con matrici in rilievo di rame

càlda [da *caldo* ✱ av. 1484] **s. f. 1** operazione che consiste nel tenere il ferro o l'acciaio nel fuoco perché prenda il grado di calore necessario a fonderlo e lavorarlo | (*lett.*, *fig.*) ***fare due chiodi e una c.***, prendere due piccioni con una fava **2** †caldana

caldàia o †**caldàra** [lat. tardo *caldāria(m)*, da *cǎlidus* 'caldo' ✱ 1287] **s. f. 1** recipiente metallico grande e rotondo per farvi bollire o cuocere qlco.: *la c. dell'acqua bollente pei maccheroni, gorgogliava* (M. SERAO) | (*est.*) quantità di liquido contenuto in una caldaia: *una c. di acqua bollente* **2** in varie tecnologie, apparecchio per riscaldare o far evaporare liquidi: *la c. del termosifone* | ***c. a vapore***, che serve a trasformare l'acqua in vapore sotto pressione, per azionare turbine, macchine a vapore e sim. | (*est.*) il complesso del generatore di vapore, comprendente la caldaia propriamente detta, il focolare, il camino e gli accessori ‖ **caldaiétta**, **dim.** | **caldaìna**, **dim.**

caldàico [vc. dotta, lat. *Chaldǎicu(m)*, dal gr. *Chaldaikós*, da *Chaldâios* 'Caldeo' ✱ sec. XIV] **agg.** (**pl. m.** *-ci*) ● (*lett.*) caldeo | ***lingua caldaica***, (*impropr.*) l'aramaico dei testi biblici

caldàio o †**caldàro** [lat. *calidāriu(m)*, da *cǎlidus* 'caldo' ✱ 1282] **s. m.** (**pl.** *-ai*) **1** grosso recipiente, solitamente di rame, in cui si fa bollire qlco.: *il c. dell'acqua* **2** nella marina militare, pentolone per la minestra dell'equipaggio ‖ **calderóne**, **accr.** (V.) | **calderòtto**, **dim.** (V.)

caldaìsta [da *caldaia* ✱ 1955] **s. m. e f.** (**pl. m.** *-i*) ● operaio addetto alla manovra e alla sorveglianza di una caldaia

caldallèssa [comp. di *caldo* e *allesso* ✱ av. 1536] **s. f.** (**pl.** *caldallésse* o *càlde allésso*) ● castagna cotta nell'acqua con la sua scorza **SIN.** ballotta①

caldàna [da *caldo* ✱ 1362] **s. f. 1** (*raro*) calore afoso **2** improvvisa e fastidiosa sensazione di calore al viso | (*fig.*) improvviso scatto d'ira o di rabbia **3** sottofondo del pavimento, fatto con sabbia o materiale coibente mescelato con piccola quantità di cemento, a scopo di isolamento **4** caldano, nel sign. 2 **5** nelle risaie, vasca o superficie di terreno circondata da arginelli, per intiepidire l'acqua di irrigazione

SFUMATURE ➤ *vampa*

caldanìno [1808] **s. m.** ● dim. di *caldano* | (*disus.*) piccolo scaldino di rame

caldàno [da *caldo* ✱ 1464] **s. m. 1** recipiente di rame, ferro o terracotta, contenente braci o carboni accesi per riscaldare l'ambiente **SIN.** braciere **2** piccola stanza sopra la volta del forno, in cui si metteva il pane affinché lievitasse **SIN.** caldana ‖ **caldanìno**, **dim.** (V.)

†**caldàra** ➤ **caldaia**

caldarerìa [da *caldaia* ✱ 1948] **s. f.** ● officina in cui si lavorano lamiere per la costruzione di caldaie, recipienti metallici e sim.

caldarìna o **calderìna** [1889] **s. f.** ● piccola caldaia destinata ad alimentare i servizi ausiliari a bordo delle navi

†**caldàro** ➤ **caldaio**

caldaróne ➤ **calderone**

caldarròsta [comp. di *caldo* e *arrosto* ✱ av. 1536] **s. f.** (**pl.** *caldarròste* o *càlde arròsto*) ● castagna arrostita con la sua scorza in una padella bucherellata **SIN.** arrostita, bruciata

caldarrostàio o (*centr.*) **caldarrostàro** [av. 1613] **s. m.** (**f.** *-aia*, **pl. m.** *-ai*) ● venditore di caldarroste

♣**caldeggiàre** [da *caldo* ✱ av. 1363] **v. tr.** (**pres.** *io caldéggio*; **fut.** *io caldeggerò*) ● raccomandare con calore, sostenere decisamente: *c. una proposta, un progetto, una soluzione*

caldèo [vc. dotta, lat. *Chaldaeu(m)* 'Caldeo', poi 'astrologo, indovino', dalla regione della *Caldea* ✱ 1258] **A agg. 1** relativo a una antica popolazione semitica stanziata nella Mesopotamia verso il sec. XI a.C. **2** ***Chiesa caldea***, costituita attualmente da cristiani di Mesopotamia e Kurdistan distaccatisi dal nestorianesimo e riuniti con la Chiesa cattolica | ***rito c.***, tradizione liturgica orientale seguita da tali cristiani e da quelli siro-malabarici **B s. m.** (**f.** *-a*) **1** chi appartiene alla popolazione caldea **2** chi appartiene alla Chiesa caldea o professa il rito caldeo **3** †astrologo, impostore

caldèra [sp. *caldera* 'caldaia' ✱ av. 1328] **s. f.** ● (*geol.*) grande depressione circolare a pareti ripide, con fondo pianeggiante, formatasi in seguito all'esplosione o allo sprofondamento di un vulcano

calderàio o (*centr.*) **calderàro** [da *caldaia* ✱ 1302] **s. m.** (**f.** *-aia*, **pl. m.** *-ai*) **1** chi fabbrica caldaie, paiuoli, casseruole e sim. **2** operaio addetto a una caldaia **3** (*stor.*) affiliato a società segreta costituitasi nell'Ottocento, spec. nel meridione d'Italia, con scopi legittimisti

calderìna ➤ **caldarina**

calderìno ➤ **cardellino**

♣**calderóne** o **caldaróne** [1353] **s. m. 1** accr. di *caldaio* **2** (*fig.*) quantità disordinata di cose | ***mettere tutto nello stesso c.***, (*fig.*) confondere cose diverse, considerarle allo stesso modo

calderòtto [av. 1320] **s. m. 1** dim. di *caldaio* **2** piccola caldaia con coperchio e più stretta verso la bocca

calderùgia [da *calderugio* ✱ 1955] **s. f.** (**pl.** *-gie*) ● pianta erbacea annua delle Composite, dai capolini cilindrici pelosi, comune in orti, terreni incolti e sim. (*Senecio vulgaris*)

calderùgio [da *calderino*, var. di *cardellino*, con mutamento di suff. ✱ 1374] **s. m.** ● (*tosc.*) cardellino

†**caldézza** [sec. XIII] **s. f.** ● calore, caldo | (*fig.*) affetto, calore: *l'autore non ha c. di cuore* (F. DE SANCTIS)

caldìna [da *caldo* ✱ 1887] **s. f.** ● aiuola per colture orticole anticipate, protetta a nord e con la superficie inclinata a mezzogiorno **SIN.** costiera

†**caldìno** [1348] **s. m.** ● (*lett.*) luogo riparato ed esposto al sole: *noi ci staremo un pezzo a un c.* (L. DE' MEDICI)

♦**càldo** [lat. *cǎldu(m)*, pop. per il classico *cǎlidu(m)*, di orig. indeur. ✱ av. 1257] **A agg. 1** che produce una sensazione di calore, che ha una temperatura superiore al normale o a quella con cui la si confronta: *clima c.*; *ora, giornata, stagione calda*; *avere la fronte, le mani, le orecchie calde* | (*pop.*) ***animali a sangue c.***, omeotermi | che tiene caldo il corpo: *stoffa calda* **CONTR.** freddo **2** (*fig.*) che si entusiasma, si sdegna, si appassiona rapidamente e con facilità: *ha un temperamento, un carattere c.*; *sono ragazzi dalla fantasia fervida e calda* **SIN.** focoso, impetuoso | (*lett.*, *fig.*) sensuale, passionale: *tutta calda in quella sua pelle colorita d'arancio* (G. D'ANNUNZIO) | (*fig.*) ***essere una testa calda***, essere una persona esaltata, impetuosa, dalle idee avventate | ***avere il sangue c.***, (*fig.*) essere eccitabile, emotivo | affettuoso, cordiale: *ci accolsero con calda e sincera simpatia* **SIN.** caloroso | (*fig.*) ***piangere a calde lacrime***, dirottamente e con dolore | (*fig.*) ***pigliarsela calda***, preoccuparsi, agitarsi, eccitarsi **CONTR.** freddo **3** che ha appena finito di cuocersi: *pane c.* | che contiene cibi appena cucinati: *piatto c.* | ***tavola calda***, V. *tavola* nel sign. 3 | (*fig.*) appena eseguito, appena arrivato, molto recente e sim. (*spec. iter.*): *notizie calde*; *aveva tentato il colpo maestro di condurlo c. c. alle carceri* (A. MANZONI) | ***a botta calda***, V. *botta*① **4** (*est.*) di colore intenso e luminoso nelle varietà tra il giallo e il rosso: *ocra c.* | (*est.*) che ha un suono profondo e gradevole: *una voce calda* **5** (*fig.*) che è caratterizzato da conflitti, tensioni e sim., risultando quindi particolarmente critico e difficile: *zona calda*; *giorni caldi* | ***autunno c.***, V. *autunno* ‖ **caldaménte**, **avv.** **1** †in modo caldo **2** (*fig.*) con intensità, con ardore: *quei desiri, / che m'acceser di voi sì caldamente* (G. STAMPA) **3** (*fig.*) con fervore, con insistenza: raccomandare caldamente **B** **in funzione di avv.** **1** †con passione **2** †subito **C** **s. m.** **1** calore intenso | temperatura elevata: *c. della stufa, del letto*; *il tuo cappotto tiene molto c.*; *oggi è, fa c.* | ***lavorare a c.***, detto di metalli od oggetti metallici resi incandescenti e malleabili col fuoco | ***tenere in c. un piatto***, metterlo nell'apposito scaldavivande, all'imboccatura del forno, gener. in un posto caldo | ***tenere qlcu. in c.***, (*fig.*) trattarlo con particolare cura e riguardo; non soddisfarlo subito nei suoi desideri, pur tenendoselo buono | ***tenere qlco. in c.***, (*fig.*) accantonarla senza pregiudicarne la soluzione | stagione calda, spec. estiva: *non vedo l'ora che arrivi il c.* | ***qualcosa di c.***, cibo o bevanda caldi, spec. per ristorarsi: *prendi qualcosa di c. dopo il viaggio* **2** (*fig., lett.*) ardore, desiderio, entusiasmo intenso: *audace e baldo / il fea degli anni e dell'amore il c.* (T. TASSO) | ***nel c. del discorso***, nel colmo, nel momento più vivo | ***non fare né c. né freddo***, lasciare indifferente | (*fig., raro*) estro, calore: *essere in c.* **3** (*fig.*) nella loc. ***a c.***, appena l'evento è successo, con immediatezza: *chiedere un'impressione a c.*; *parole dette a c.* ‖ **caldàccio**, **pegg.** | **caldétto**, **dim.** | **caldìccio**, **dim.** | **caldìno**, **dim.** | **caldùccio**, **dim.**

SFUMATURE ➤ *calore*

NOMENCLATURA

caldo

● *caratteristiche*: tepore, calore, vampa, vampata, afa, afosità, calura, siccità, aridità, arsura, sete; canicola, solleone, forno, fornace; secco, umido, soffocante, opprimente, torrido, tropicale; tiepido, rovente, ardente, bollente, cocente, infocato, d'inferno, equatoriale, infiammato, scottante, incandescente, avvampante, bruciante; accaldato, sudato, grondante sudore, boccheggiante;

● *azioni*: fare caldo o un gran caldo, sentire, avere caldo, scoppiare dal caldo, sudare, soffocare, cuocere, bollire, arrostire, essere, stare al caldo, accaldarsi, accalorarsi, tenere caldo, scaldare, scaldarsi, riscaldare, intiepidire, irradiare, irradiarsi, irraggiarsi, affocare, infocare, ardere, arroventare, surriscaldare.

caldùccio [dim. di *caldo* ✱av. 1492] **s. m.** ● caldo molto gradevole, tepore: *tu vai: io me ne resto al c.*; *Goditi pure il c. del letto*; *alla casa ci bado io* (L. PIRANDELLO) ‖ (*lett.*) **calduccìno**, **dim.**

caldùra [av. 1320] **s. f.** ● (*raro*) caldo intenso e afoso proprio dell'estate: *strade male odoranti dove le femmine cantavano nella c.* (D. CAMPANA) **SIN.** calura, canicola

SFUMATURE ➤ *canicola*

càle ➤ **calere**

caledonìano [da *Caledonia*, n. dato dai Romani alla Britannia settentrionale ✱1955] **A** **s. m.** ● (*geol.*; gener. con iniziale maiuscola) periodo orogenetico che va dal Cambriano superiore al Devoniano **B** **anche agg.**: *periodo c.*

†**calefaciènte** [lat. *calefaciĕnte(m)* part. pres. di *calefăcere* 'rendere caldo', comp. di *călidus* 'caldo' e *făcere* 'fare' ✱av. 1698] **agg.** ● detto di ciò che produce senso di calore: *cibo, bevanda, medicamento c.*

calefazióne [vc. dotta, lat. tardo *calefactiōne(m)*, da *calefăcere* 'render caldo'. V. †*calefaciente* ✱av. 1320] **s. f.** ● fenomeno per cui un liquido, versato su una superficie caldissima, forma gocce che corrono su questa senza entrare in ebollizione

†**caleffàre** o †**galeffàre** [da *calefăcere* 'riscaldare' (?) ✱1332] **v. tr.** ● schernire, burlare

caleidoscòpico [1923] **agg.** (**pl. m.** *-ci*) **1** relativo al caleidoscopio **2** (*fig.*) che presenta un avvicendamento di luci, colori, immagini e sim.; vario, mutevole: *una città caleidoscopica* ‖ **caleidoscopicità**, **s. f. inv.**

caleidoscòpio [ingl. *kaleidoscope*, comp. del gr. *kalós* 'bello', *êidos* 'figura' e *-scope* '-scopio' ✱1818] **s. m.** **1** tubo opaco nel cui interno sono disposti per il lungo alcuni specchietti piani ad angolo acuto tra loro, i quali, riflettendo i piccoli oggetti colorati e mobili situati in fondo al tubo, danno luogo a disegni variati e simmetrici **2** (*fig.*) insieme di elementi vari e mutevoli: *un c. di ricordi*

calembour /fr. kalɑ̃'buʀ/ [fr., di etim. incerta ✱1818] **s. m. inv.** ● freddura basata su un gioco di parole

calèn [V. *calende* ✱1266] **A** **s. m. inv.** ● †primo giorno del mese: *la notte alla quale il c. di gennaio seguitava* (G. BOCCACCIO) **B** **s. f. pl.** ● (*lett.*) ➤ **calende**

calendàrio [vc. dotta, lat. tardo *calendāriu(m)*, da *calĕndae* 'calende' ✱1282] **s. m.** **1** sistema convenzionale di divisione e distribuzione del tempo in vari periodi, basato sul moto apparente del Sole o della Luna: *c. solare, lunare*; *c. giuliano, gregoriano* (V.) **2** tabella o fascicolo in cui sono notati per ordine tutti i giorni dell'anno suddivisi in settimane e mesi, sono indicate le festività civili e religiose e, spesso, le fasi lunari, il santo del giorno e sim. **SIN.** lunario | ***c. civile***, con l'indicazione delle feste riconosciute dallo Stato | ***c. scolastico***, con indicazione della durata dei giorni di lezione e delle festività | ***c. giudiziario***, con i giorni di udienza e le ferie **3** programma di manifestazioni o attività cronologicamente ordinate sulla base del calendario: *c. sportivo, venatorio, di borsa, agricolo* ‖ **calendariétto**, **dim.**

calendarìsta [1963] **s. m. e f.** (**pl. m.** *-i*) ● chi compila calendari | chi si occupa dei problemi relativi al calendario

calendarìstica [1955] **s. f.** ● disciplina che si occupa dei problemi concernenti il calendario

calendarìstico [1962] **agg.** (**pl. m.** *-ci*) ● che riguarda il calendario

calendarizzàre [da *calendario* ✱1985] **v. tr.** ● (*burocr.*) programmare un'attività o un impegno in base a date o scadenze precise: *c. una riunione*; *c. le interpellanze parlamentari* ‖ **calendarizzazióne**, **s. f.**

calènde o †**calèndi** [vc. dotta, lat. *calĕndae*, nom. pl. di etim. incerta ✱1211] **s. f. pl.** (*lett.* **troncato in** *calèn* (**V.**)) ● primo giorno del mese secondo il calendario romano antico | (*scherz.*) ***rimandare qlco. alle c. greche***, a tempo indeterminato, poiché le calende non esistevano nel calendario greco

calendimàggio o (*lett.*) **calèn di màggio** [da *calen(de) di maggio* ✱1312] **s. m. inv.** ● primo giorno di maggio | (*est.*) antica festa della primavera, celebrata a Firenze in tale giorno

calèndula o **calèndola** [dal lat. *calĕndae* 'calende'; detta così perchè nella buona stagione i fiori si aprono ogni mese ✱1550] **s. f.** ● pianta erbacea delle Composite, pelosa e dall'odore sgradevole, con foglie alterne dentate e fiori di color giallo-aranciato (*Calendula officinalis*) **SIN.** fiorrancio

calenzòla ➤ **calenzuola**

calenzòlo ➤ **calenzuolo**

calenzuòla (o **-z-**), (*pop.*) **calenzòla** (o **-z-**) [etim. incerta ✱1950] **s. f.** ● pianta erbacea delle Euforbiacee con fusto peloso, foglie arrotondate e latice bianco di sapore acre (*Euphorbia helioscopia*)

calenzuòlo (o **-z-**), (*pop.*) **calenzòlo** (o **-z-**) [etim. incerta ✱av. 1469] **s. m.** ● (*zool.*, *pop.*) verdone

✦**calepìno** [dal primo dizionario latino per le scuole, stampato a Reggio Emilia nel 1502, del bergamasco Ambrogio dei conti di *Calepio* ✱1552] **s. m.** **1** grosso vocabolario, spec. latino: *lo scolaro ... / spolvera il badiale c.* (G. PASCOLI) | (*scherz.*) volume di gran mole, spec. antico **2** registro, taccuino: *annotò il debito in un suo c.* (R. BACCHELLI)

calére [lat. *calēre* 'essere caldo, essere inquieto', da avvicinare a *călidus* 'caldo' ✱1266] **v. intr. impers.** (**difett. usato solo in alcune forme dei tempi semplici: pres.** *càle*; **imperf.** *caléva*; **pass. rem.** *càlse*; **congtv. pres.** *càglia*; **congtv. imperf.** *calésse*; **gerund.** *calèndo*) ● (*raro, lett.*) stare a cuore, interessare: *di ciò non mi cale*; *Non ti cal d'allegria, schivi gli spassi* (G. LEOPARDI) | ***mettere, porre qlco. in non cale***, trascurarla

calèrna [portog. *calem(a)*: vc. africana (?) ✱1970] **s. f.** ● (*geogr.*) grandioso frangente di onde lunghe e veloci su una costa alta

†**calèsce** ➤ **calesse**

calèsse o †**calèsce** [fr. *calèche*, dal ted. *Kalesche*, dal ceco *kolesa*, tipo di vettura ✱1660] **s. m.** ● vettura leggera a due ruote, con o senza mantice, trainata da un solo cavallo ‖ **calessétto**, **dim.** | **calessìno**, **dim.**

calessìna [1825] **s. f.** ● calesse piccolo a quattro posti

†**calèstro** [di orig. preindeur. (?) ✱av. 1597] **s. m.** ● terreno magro, sassoso, adatto per le viti

calétta① **s. f.** ● dim. di *cala*①

calétta② [da *calettare* ✱1962] **s. f.** ● incavo o taglio praticato in modo da fare combaciare esattamente due pezzi di metallo o di legno

calettaménto [1925] **s. m.** ● (*mecc.*) il calettare | accoppiamento tra pneumatico e ruota

calettàre [etim. incerta; forse da avvicinare a *calare* ✱1797] **A** **v. tr.** (*io calétto*) ● (*mecc.*) unire due pezzi in modo che la sporgenza dell'uno si inserisca nella rientranza dell'altro **B** **v. intr.** (**aus.** *avere*) ● combaciare perfettamente

calettatùra [1797] **s. f.** ● calettamento

càli [dall'arabo *(al-)qaly* 'potassa' ✱1499] **s. f. inv.** ● pianta erbacea spinosa delle Chenopodiacee, tipica dei terreni salmastri, con foglie carnose lineari e fiori ermafroditi ascellari (*Salsola kali*)

calìa [lat. tardo *cadīvu(m)* 'cadente, caduco', da *cădere* 'cadere' ✱av. 1400] **s. f.** **1** perdita di metallo nella lavorazione di oggetti preziosi **2** (*fig.*) cosa di nessun valore | anticaglia | futilità **3** (*fig.*) persona malaticcia | persona pignola e noiosa **4** (*mar.*; *raro*) calma assoluta di mare per totale caduta di vento

calibràre [fr. *calibrer* ✱1771] **v. tr.** (*io càlibro*) **1** portare un pezzo cilindrico o una cavità cilindrica a un determinato diametro

2 ridonare le esatte misure a un bossolo di cartuccia già sparato che si era dilatato con lo sparo | rettificare l'anima interna della canna di un'arma da fuoco per portarla al diametro esatto **3** cernere e classificare la frutta e i semi **4** tarare | (*fig.*) misurare, adattare con prudenza: *c. la risposta a una domanda delicata*

calibràto **part. pass.** di *calibrare*; anche **agg.** **1** nei sign. del v. | (*fig.*) calcolato con esattezza; ben vagliato **2** ***taglie calibrate***, di abiti confezionati in modo da potersi adattare alla diversa conformazione fisica delle persone

calibratóio [av. 1680] **s. m.** (**pl.** *-ói*) **1** (*mecc.*) alesatore **2** strumento per verificare l'esatto calibro di un'arma da fuoco **3** piccolo attrezzo per riportare al giusto calibro cartucce da caccia già sparate

calibratóre [1955] **s. m.** **1** calibratoio per caccia **2** specie di buratto usato per la cernita di frutta e ortaggi **3** (**f.** *-trice*) in varie tecnologie, chi misura e ispeziona pezzi, prodotti o materiali a vista o con appositi strumenti di controllo

calibratrìce [1965] **s. f.** ● macchina per la cernita e la classificazione di frutta o semi

calibratùra [1924] **s. f.** ● cernita e classificazione della frutta e dei semi

calibrazióne [da *calibrare* ✱ 1955] **s. f.** ● operazione che pone in corrispondenza la scala dello strumento con i valori della grandezza da misurare

càlibro o †**calìbro** [arabo *qālib* 'forma da scarpe, forma da fondere', attrav. il fr. *calibre* ✱ 1606] **s. m.** **1** nelle armi da fuoco moderne, diametro interno della bocca misurato tra i pieni della rigatura, espresso in mm o centesimi di pollice | ***piccolo c.***, fino a 100 mm | ***medio c.***, da 100 a 210 mm | ***grosso c.***, oltre i 210 mm | in artiglieria, unità di misura della lunghezza di bocche da fuoco | nelle armi antiche o da caccia a canna liscia, numero che caratterizza l'anima della canna e che corrisponde alla quantità di pallottole sferiche, di diametro pari a quello dell'anima della canna, ottenibili da una libbra di piombo **2** (*est.*) bocca da fuoco, nella loc. ***piccolo, medio, grosso c.***; ***sparano i grossi calibri*** | ***grosso c.***, (*fig.*) persona molto importante, pezzo grosso | (*fig.*) importanza, portata: *un politicone di quel c.!* (A. MANZONI) **3** strumento per misurare con precisione le dimensioni e la forma di pezzi meccanici e sim.: *c. a corsoio*

Calicantàcee [vc. dotta, comp. di *calican-t(o)* e *-acee* ✱ 1865] **s. f. pl.** (**sing.** *-a*) ● (*bot.*) famiglia di piante policarpiche arbustive delle Dicotiledoni con corteccia aromatica, foglie opposte, semplici, e fiori aciclici (*Calycanthaceae*)

calicànto [comp. del gr. *kálix*, genit. *kálikos* 'involucro di un fiore, calice' e *ánthos* 'fiore' ✱ 1820] **s. m.** ● genere di piante delle Calicantacee con foglie odorose e frutti ad achenio, cui appartengono due sole specie (*Calycanthus*) | ***c. d'estate***, a foglie grandi, ovali e fiori di color rosso bruno usati per infusi medicinali (*Calycanthus floridus*) | ***c. d'inverno***, con foglie lanceolate e fiori a forma di stella che compaiono in inverno, gialli a punta rossastra (*Chimonanthus precox*)

càlice① [vc. dotta, lat. *călice(m)*, di orig. indeur. ✱ 1261 ca.] **s. m.** **1** bicchiere che dalla bocca va restringendosi verso il fondo, sostenuto da un piede a base rotonda | ***a c.***, in forma di calice | ***gonna a c.***, svasata in fondo | ***colletto a c.***, svasato **2** (*est.*) bicchiere; il liquido contenuto in un bicchiere: *un c. di cristallo*; *bersi un c. di rosso* | ***levare i calici***, brindare | (*fig.*, *lett.*) ***bere al c. dell'amarezza, del piacere***, provare, sperimentare quel sentimento o quella sensazione | ***bere il c. fino alla feccia***, (*fig.*, *lett.*) provare tutte le amarezze possibili **3** vaso sacro, di metallo prezioso, che il sacerdote adopera per consacrare e bere il vino nella Messa **4** (*anat.*) ***c. renale***, ciascuno dei tre condotti a forma di imbuto che portano l'urina dalle papille renali al bacinetto ‖ **calicétto**, **dim.** (V.) | **calicìno**, **dim.**

càlice② [vc. dotta, lat. *cӑlyce(m)*, dal gr. *kálix*, di etim. incerta ✱ 1585] **s. m.** ● (*bot.*) involucro esterno del fiore costituito da sepali liberi o saldati tra loro ‖ **calicétto**, **dim.** (V.)

calicétto① [av. 1543] **s. m.** ● dim. di *calice*① | piccolo calice di vino: *bersi un c.* | bicchierino di liquore

calicétto② [1820] **s. m.** **1** dim. di *calice*② **2** (*bot.*) complesso di brattee posto esternamente al calice

caliciforme [comp. di *calice*① e *-forme* ✱ 1962] **agg.** ● che ha forma di calice: *cellula c.*

calicìno [da *calice* ✱ 1865] **agg.** ● (*bot.*) relativo al calice del fiore

calicò [1790] **s. m. inv.** ● adattamento di *calicot* (V.)

calicòṣi [dal gr. *chálix*, genit. *chálikos* 'ciottolo, selce', di orig. indeur., col suff. *-osi* ✱ 1930] **s. f. inv.** ● (*med.*) alterazione dei polmoni dovuta a prolungata inalazione di polvere di pietra

calicot /*fr.* kali'ko/ [dal n. della città di *Calicut* (India), nota per i suoi tessuti ✱ 1874] **s. m. inv.** ● specie di tessuto di cotone stampato **CFR.** calicò

calidàrio [vc. dotta, lat. *calidāriu(m)*, da *cӑlidus* 'caldo' ✱ av. 1798] **s. m.** ● nelle antiche terme, stanza per i bagni d'acqua calda o di vapor acqueo

†**calidità** [vc. dotta, lat. tardo *caliditāte(m)*, nom. *calĭditas*, da *cӑlidus* 'caldo' ✱ 1282] **s. f.** ● (*lett.*) calore

†**càlido** [vc. dotta, lat. *cӑlidu(m)* 'caldo' ✱ av. 1332] **agg. e s. m.** ● caldo

califfàto [av. 1367] **s. m.** **1** autorità e titolo di califfo **2** territorio sottoposto alla signoria di un califfo

califfo [arabo *ḫalīfa* 'successore, sostituto', deriv. del v. *ḫàlafa* 'seguire' ✱ 1264] **s. m.** **1** capo supremo dell'Islam, con poteri di monarca assoluto e difensore della fede | titolo dei sultani ottomani dal 1517 al 1924 **2** (**f.** *-a*) (*fig.*, *spreg.*) persona dispotica, autoritaria **3** (*scherz.*) uomo che ha relazioni amorose con più donne contemporaneamente

californiàno [1860] **A** **agg.** **1** della California: *clima c.* **2** (*est.*, *sport*) detto di stile di scalata in cui l'arrampicata libera è compiuta sfruttando al massimo le risorse naturali offerte dalla roccia prima di ricorrere all'uso di mezzi artificiali **B** **s. m.** (**f.** *-a*) ● abitante o nativo della California

califòrnio [dalla *California*, dove fu isolato nel 1950 ✱ 1962] **s. m.** (**pl.** *-i* o *raro -ii*) ● elemento chimico, metallo artificiale transuranico, appartenente al gruppo degli attinidi, ottenuto bombardando il curio con particelle alfa **SIMB.** Cf **NUM. AT.** 98

càliga [vc. dotta, lat. *cӑliga(m)* 'scarpa dei soldati', forse prestito da una lingua straniera ✱ sec. XIV] **s. f.** ● tipo di scarpa dei soldati romani con una suola di cuoio, chiodi di ferro e strisce che la legavano al piede e alla tibia

†**caligàio** [lat. tardo *caligāriu(m)*, da *cӑliga* 'caliga' ✱ 1211] **s. m.** ● calzolaio

†**caligaménto** [av. 1694] **s. m.** ● (*lett.*) oscuramento

†**caligàre** [vc. dotta, lat. *caligāre*, da *calīgo* 'caligine' ✱ 1321] **v. intr.** ● (*lett.*) oscurarsi per vapori di nebbia o altro

caligarìṣmo [dal film *Il gabinetto del dott. Caligari*, diretto nel 1920 da R. Wiene (1881-1938) ✱ 1950] **s. m.** ● tendenza stilistica cinematografica influenzata dai film espressionisti

calìgine [vc. dotta, lat. *calīgine(m)*, di etim. incerta ✱ av. 1292] **s. f.** **1** sospensione nell'aria di microscopiche particelle materiali secche che danno al paesaggio un aspetto opalescente | (*est.*) nebbia, vapore, fumo: *le ciminiere della fabbrica provocavano una densa c.* **2** †***c. della vista***, cateratta **3** †fuliggine **4** (*fig.*, *raro*) ottenebramento intellettuale **5** (*fig.*, *lett.*) stato di colpa, peccato, decadenza: *purgando la c. del mondo* (DANTE *Purg.* XI, 30)

SFUMATURE ➤ *nebbia*①

caliginóso (o *-ṣ-*) [vc. dotta, lat. *caliginō-su(m)*, da *calīgo*, genit. *calīginis* 'caligine' ✱ av. 1306] **agg.** **1** offuscato da caligine: *aria caliginosa* **2** (*est.*, *lett.*) oscuro, buio

calìgo [vc. dotta, lat. *calīgo*, nom. di etim. incerta ✱ av. 1328] **s. m. o f.** (**pl. m.** *calìghi*, **pl. f. inv.**) ● (*lett.*) caligine

caliórna o **calórna** [fr. *caliorne*, dal provenz. moderno *caliourno*, deriv. forse dal gr. *kálōs* 'gomena', di orig. sconosciuta ✱ 1839] **s. f.** ● (*mar.*) paranco con un bozzello doppio e uno triplo, usato per sollevare grossi pesi

calipso [1970] **s. m.** ● adattamento di *calypso* (V.)

calìptra o **calìttra** [vc. dotta, lat. tardo *calȳptra(m)*, dal gr. *kalýptra* 'copertura della testa delle donne', da *kalýptein* 'nascondere' ✱ 1820] **s. f.** **1** velo usato dalle donne dell'antica Grecia per coprirsi il capo o il volto in alcune cerimonie **2** (*bot.*) rivestimento che racchiude l'urna contenente le spore nelle Briofite | tessuto parenchimatico che riveste e protegge l'apice radicale

calìttra ➤ **caliptra**

call /*ingl.* kɔːl/ [vc. ingl. 'chiamata' ✱ 1942] **A** **s. m. inv.** ● (*borsa*) contratto a termine nel quale il compratore, dietro pagamento di un premio, si riserva a scadenza la facoltà di recedere dalla transazione stabilita **CFR.** put **B** in funzione di **agg. inv.**: *opzione c.*

càlla① [lat. tardo *cӑlla(m)*, per il classico *cӑlle(m)* 'calle' ✱ 1319] **s. f.** **1** †apertura, varco, via: *la c. onde saline / lo duca mio* (DANTE *Purg.* IV, 22-23) **2** in un corso d'acqua, apertura munita di cateratta per regolare il flusso delle acque ‖ **callóne**, **accr. m.** (V.)

càlla② [errore di lettura del lat. *calsa*, n. di pianta registrata da Plinio, già *calla* in codici umanistici e nella traduzione pliniana di Cristoforo Landino (sec. XV) ✱ 1820] **s. f.** ● pianta delle Aracee con rizoma strisciante o galleggiante, foglie alterne cuoriformi e infiorescenza a spadice avvolta da una spata verdastra (*Calla palustris*) | correntemente, pianta delle Aracee con grosso rizoma, foglie lucide di color verde scuro e spadice giallo avvolto da una spata bianca (*Zantedeschia aethiopica*)

callàia [da *calla*① ✱ 1319] **s. f.** **1** apertura che si fa nelle siepi per poter entrare nei campi | (*est.*) viottolo di campagna | †via di città **2** (*raro*, *lett.*) valico, stretto passaggio **3** †cateratta **4** †steccaia, pescaia da mulino ‖ **callaiétta**, **dim.** | **callaiòla**, †**callaiuòla**, **dim.** (V.)

callaiòla o †**callaiuòla** [da *callaia*, nel sign. 2 ✱ sec. XIV] **s. f.** **1** dim. di *callaia* **2** rete a due staggi, per prendere lepri ai passi obbligati

call cènter /kol'sɛnter, *ingl.* 'kɔːl,sɛntə(r)/ [loc. ingl., comp. di *call* 'chiamata, telefonata' e *center* 'centro' ✱ 1993] **loc. sost. m. inv.** (**pl.** **ingl.** *call centers*) ● azienda specializzata nella fornitura di servizi di varia natura tramite telefono (per es. telemarketing, vendita, informazioni)

càlle [lat. *cӑlle(m)*, di etim. incerta ✱ 1266] **A** **s. m. o †f.** ● (*poet.*) sentiero campestre o strada stretta | (*est.*) cammino: *per calli sco-*

nosciuti / declinandoli ei venne (A. Manzoni) **B** s. f. **1** strada di Venezia **2** (*est.*, *ven.*) strada stretta ‖ **callétta**, dim.

call girl /kol'gɛrl, *ingl.* 'kɔːl,gɜːl/ [loc. ingl., comp. di *to call* 'chiamare, telefonare' (vc. germ.) e *girl* 'ragazza' ✱ 1953] **loc. sost. f. inv.** (**pl. ingl.** *call girls*) ● ragazza squillo

càlli- o **càllo-**, **càlo-** [dal gr. *kállos* 'bellezza', prob. di orig. indeur.] **primo elemento** ● in parole composte dotte significa 'bello': *calligramma*

callicreìna [dal gr. *kallikréas* 'pancreas' ✱ 1955] **s. f.** ● (*chim.*) enzima proteolitico presente nel plasma ematico, nel succo pancreatico, nella saliva e nell'urina; determina la formazione della bradichinina a partire da un precursore inattivo

callidità [vc. dotta, lat. *calliditāte(m)*, da *cāllidus* 'callido' ✱ 1309] **s. f. inv.** ● (*lett.*) astuzia, furberia

♣**càllido** [vc. dotta, lat. *cāllidu(m)*, da *callēre* 'aver fatto il callo', quindi 'essere pratico, astuto' ✱ 1261 ca.] **agg.** ● (*lett.*) astuto, accorto ‖ **callidaménte**, avv. (*lett.*) in modo callido, astuto

Callifòridi [comp. di *calli-* e *-foro*: chiamati così per la loro bellezza ✱ 1930] **s. m. pl.** (**sing.** *-e*) ● (*zool.*) famiglia di Ditteri cui appartengono mosconi dai vivaci colori metallici che depongono le uova su animali vivi o morti (*Calliphoridae*)

callìfugo, (*evit.*) **callifùgo** [comp. di *callo* e *-fugo*, sul modello di *febbrifugo* ✱ 1886] **A** s. m. (**pl.** *-ghi*) ● rimedio contro i calli dei piedi **B** anche **agg.**: *pomata callifuga*

calligrafìa [vc. dotta, gr. *kalligraphía*, comp. di *kállos* 'bellezza' e *-graphía* '-grafia' ✱ 1737] **s. f.** **1** esecuzione accurata dei modelli grafici: *insegnare, imparare c.* CONTR. cacografia **2** (*est.*) scrittura: *avere una c. bella, brutta, illeggibile, infantile*

calligràfico [vc. dotta, gr. tardo *kalligraphikós*, da *kalligraphía* 'calligrafia' ✱ 1839] **agg.** (**pl. m.** *-ci*) **1** di calligrafia: *tecnica calligrafica* | ***carattere c.***, carattere tipografico che riproduce una calligrafia **2** relativo alla scrittura: *esame c.* **3** (*fig.*) di artista o di opera d'arte che cura eccessivamente la forma ‖ **calligraficaménte**, avv.

calligrafìsmo [da *calligrafia* ✱ 1932] **s. m.** ● tendenza artistica caratterizzata da eccessiva preoccupazione formale: *un libro, un film che pecca di c.*

callìgrafo [vc. dotta, gr. tardo *kalligráphos*, da *kalligraphía* 'calligrafia' ✱ 1726] **s. m.** (**f.** *-a*) **1** chi esercita o insegna l'arte della calligrafia | ***perito c.***, chi giudica sull'autenticità di una scrittura **2** (*lett.*, *raro*) chi ha una bella scrittura **3** (*fig.*) artista che cura eccessivamente la forma

calligràmma [fr. *Calligrammes*, titolo di una raccolta di poesie di G. Apollinaire: comp. di *calli-* 'calli-' e *-gramme* '-gramma' ✱ 1963] **s. m.** (**pl.** *-i*) ● carme figurato

calliònimo [lat. *calliōnymu(m)*, dal gr. *kalliṓnymos*, propr. 'dal bel nome', comp. di *kállos* 'bellezza' (V. *calligrafia*) e *ónyma*, var. di *ònoma* 'nome' (V. *onomastico*) ✱ av. 1564] **s. m.** ● genere di Pesci dei Teleostei dai colori vivaci, con muso aguzzo e grandi occhi (*Callionymus*)

callìope [dal n. della musa *Calliope* ✱ 1930] **s. f.** ● piccolo uccello dei Passeriformi simile all'usignolo (*Luscinia calliope*)

callipìgia o (*raro*) **callipìge** [vc. dotta, lat. tardo *callipȳge(m)*, dal gr. *kallípygos* 'dalle belle natiche', comp. di *kállos* 'bellezza' (V. *calli-*) e *pygḗ* 'natiche' ✱ av. 1796] **A** agg. f. (**m.** *raro -gio*, **pl. f.** *raro -gie*) ● dalle belle natiche, detto di Venere **B** s. f. solo sing. ● (*per anton.*) Venere

callìsta [da *callo* ✱ 1797] **s. m. e f.** (**pl. m.** *-i*) ● chi cura o estirpa i calli

callistenìa [ingl. *callisthenics*, comp. del gr. *kállos* 'bellezza' (V. *calli-*) e *sthénos* 'forza' (di etim. incerta) ✱ 1950] **s. f.** ● complesso delle tecniche, degli esercizi e sim. atti a sviluppare forza e bellezza nel corpo umano

callistènico [ingl. *callisthenic*; V. *callistenia* e *sthénos* 'forza' (d'etim. incerta) ✱ sec. XX] **agg.** (**pl. m.** *-ci*) ● relativo alla callistenia

càllo [lat. *cāllu(m)*, di etim. incerta ✱ av. 1294] **s. m.** **1** (*med.*) ispessimento superficiale e circoscritto della cute, spec. delle mani e dei piedi | ***fare il c. a qlco.***, (*fig.*) abituarvisi: *Due mesi di osservazione! Gli parvero eterni. Ma ci fece il c.* (C.E. Gadda) | ***pestare i calli a qlcu.***, (*fig.*) causargli grave molestia, disturbo e sim. **2** (*med.*) ***c. osseo***, tessuto di cicatrice tra i monconi di frattura di un osso, che si trasforma in tessuto osseo **3** protuberanza callosa delle gambe del cavallo, presso le articolazioni **4** (*bot.*) neoformazione di tessuti che suberificano alla superficie di una ferita sul tronco o sui rami di un vegetale ‖ **callétto**, dim.

càllo- [dal gr. *kállos* 'bellezza', prob. di orig. indeur.] **primo elemento** ● in parole composte della lingua dotta e della terminologia scientifica significa 'bello': *callorinco*

callóne [1618] **s. m.** **1** accr. di *calla*① **2** apertura che si lascia nelle pescaie dei fiumi per permettere il passaggio alle barche

callorìnco [comp. di *callo-* e *-rinco* ✱ 1874] **s. m.** (**pl.** *-chi*) ● genere di Pesci degli Olocefali, viventi spec. nei mari freddi, caratterizzati da una sporgenza sul muso terminante con un lobo cutaneo volto all'indietro (*Callorhynchus*)

callorìno [comp. di *callo-* e *-rino* ✱ 1965] **s. m.** ● (*zool.*) ***c. dell'Alasca***, mammifero acquatico degli Otaridi, simile alla foca, dalla pregiata pelliccia grigio-argentea (*Callorhinus ursinus*) SIN. foca orsina

callosità (o **-ṣ-**) [vc. dotta, lat. tardo *callositāte(m)*, da *cāllum* 'callo' ✱ sec. XIII] **s. f. inv.** **1** formazione callosa **2** caratteristica o aspetto di ciò che è calloso: *c. di una superficie, della pianta di un piede*

callóso (o **-ṣ-**) [vc. dotta, lat. *callōsu(m)*, da *cāllum* 'callo' ✱ 1314] **agg.** **1** pieno di calli: *mani callose* **2** (*est.*) indurito: *viso c.* | (*fig.*) †***coscienza callosa***, che non prova rimorsi **3** (*anat.*) ***corpo c.***, lamina di sostanza bianca tra i due emisferi cerebrali ‖ **callosità**, s. f. inv. (V.)

callotipìa [vc. dotta, comp. di *callo-* e *-tipia* ✱ 1955] **s. f.** ● antico sistema di stampa fotografica ai sali d'argento

callotìpo [1983] **s. m.** ● fotografia eseguita con il sistema della callotipia

†**callùto** [da *callo* ✱ av. 1333] **agg.** ● calloso | bernoccoluto

♦**càlma** [lat. tardo *cāuma(m)*, dal gr. *kâuma* 'ardore, vampa', da *káiō* 'io brucio' ✱ 1342] **s. f.** **1** (*meteor.*) assenza di vento | ***c. equatoriale***, bonaccia di vento che regna nella fascia di convergenza dei due alisei | ***c. tropicale***, zona di calma o di venti deboli che si estende sugli oceani intorno a 30 gradi di latitudine Nord e Sud **2** (*est.*) silenzio, tranquillità: *la c. dei pomeriggi festivi*; *amare, cercare la c.* SIN. pace, quiete **3** (*fig.*) stato di serenità, di tranquillità psichica e nervosa: *dopo il lavoro e le fatiche è necessaria la c.*; *esaminare con c. qlco.*; *conservare, non perdere la c.* | ***prendersela con c.***, non agitarsi, non preoccuparsi di fronte a difficoltà, impicci e sim. | ***c. e sangue freddo!***, esortazione a non lasciarsi turbare o sconvolgere in situazioni difficili e sim. | (*fam.*) ***c. e gesso!***, invito alla riflessione, ad agire con cautela (dall'uso dei giocatori di biliardo di passare il gesso sulla punta della stecca prima di un tiro) SIN. quiete, tranquillità CONTR. agitazione **4** (*est.*) flemma, lentezza: *lavorare, agire con c.*; *Lei vien dietro con c.* (D. Buzzati) CONTR. fretta

calmànte **A** part. pres. di *calmare*; anche **agg.** ● nei sign. del v. **B** s. m. ● farmaco che calma il dolore o placa la tensione nervosa: *prendere un c.*

♦**calmàre** [av. 1294] **A** v. tr. **1** ridurre alla calma: *c. l'ira* SIN. placare **2** ridurre o eliminare una sofferenza fisica: *c. il mal di testa, uno spasmo* SIN. alleviare, lenire **B** **calmàrsi** v. intr. pron. **1** diventare calmo: *il mare si è calmato* SIN. placarsi | ritrovare la calma, tranquillizzarsi: *su, calmati e cerca di ragionare!* **2** diminuire d'intensità o cessare totalmente: *il mal di stomaco si è calmato* SIN. attutirsi, sopirsi

calmàta [da *calmare* ✱ 1987] **s. f.** **1** (*mar.*) periodo di tranquillità temporanea che segue a una tempesta **2** (*fam.*) ***darsi una c.***, calmarsi, detto di chi è troppo agitato e ha perso il controllo di sé ‖ **calmatìna**, dim.

†**calmerìa** [av. 1588] **s. f.** ● costante stato di calma del mare

calmieraménto [1970] **s. m.** ● provvedimento o insieme di provvedimenti atti a calmierare

calmieràre [1923] **v. tr.** (*io calmièro*) ● sottoporre a calmiere: *c. le aree fabbricabili*

calmieratóre [1957] **agg.** (**f.** *-trice*) ● (*raro*) che funge da calmiere

calmière [vc. di area sett., di etim. incerta ✱ sec. XVIII] **s. m.** ● il prezzo più alto stabilito dall'autorità, per il commercio, spec. al minuto, di determinate merci, spec. derrate alimentari, al fine d'impedirne il rincaro per manovre speculatorie

♦**càlmo**① [part. apocopato di *calmare* ✱ sec. XIV] **agg.** **1** che si trova in uno stato di calma: *mare c.*; *giornata calma* SIN. pacifico CONTR. agitato **2** (*est.*) quieto, tranquillo, non agitato, come condizione abituale o momentanea: *carattere, temperamento c.*; *è un tipo c.*; *oggi finalmente tuo padre è c.*; *parleremo quando sarai più calma* ‖ **calmìno**, dim.

càlmo② [lat. *cālamu(m)*. V. *calamo* ✱ av. 1547] **s. m.** ● (*ven.*) pollone, tralcio

calmùcco [russo *Kalmyki*, da una vc. mongolica ✱ 1764] **A** agg. (**pl. m.** *-chi*) **1** relativo a una popolazione mongolica nomade delle steppe dell'Asia centrale **2** che, per i tratti somatici, ricorda la fisionomia di un calmucco: *profilo, viso c.* **B** s. m. **1** (**f.** *-a*) appartenente alla popolazione calmucca **2** specie di panno a pelo lungo

càlo [da *calare* ✱ 1321] **s. m.** **1** calata, discesa, abbassamento **2** (*est.*) diminuzione: *c. dell'inflazione*; *la disoccupazione è in c.*; *c. della vista*; *c. d'interesse* | (*fig.*) perdita di potenza, prestigio e sim.: *e 'l regno degli Assiri fe' tal c.* (F. Sacchetti) **3** diminuzione di altezza, peso, prezzo, volume e sim. di merce, spec. per cause naturali

càlo- [dal gr. *kalós* 'bello', di orig. sconosciuta] **primo elemento** ● in parole composte dotte o della terminologia scientifica significa 'bello': *calosoma, calomelano*

calòcchia [V. *conocchia* ✱ av. 1523] **s. f.** ● bastone del correggiato, antico strumento per la battitura dei cereali SIN. vetta

†**calógna** e deriv. ➤ **calunnia** e deriv.

calomelàno o (*raro*) **calomèlano** [fr. *calomélas*, comp. del gr. *kalós* 'bello' e *mélas* 'nero', detto così perché a contatto con gli alcali puri prende un colorito nero ✱ 1820] **s. m.** ● composto bianco, polverulento, usato in medicina con azione purgativa e vermifuga e nella fabbricazione di elettrodi di riferimento per misuratori di pH SIN. cloruro mercuroso

†**calònaco** e deriv. ➤ **canonico** e deriv.

†**calònico** e deriv. ➤ **canonico** e deriv.

†**calónnia** e deriv. ➤ **calunnia** e deriv.

Calopterìgidi [comp. di *calo-* e del gr. *ptéryx*,

genit. *ptérygos* 'ala' (V. *ptero-*) ✱ 1955] **s. m. pl.** (**sing.** *-e*) • (*zool.*) famiglia di Insetti degli Odonati con maschi dalle ali vivacemente colorate (*Calopterygidae*)

♦**calóre** [lat. *calōre(m)*, da *calēre* 'aver caldo', di orig. indeur. ✱ av. 1250] **s. m. 1** (*fis.*) energia della materia dipendente dall'energia cinetica del moto disordinato delle particelle che costituiscono la materia stessa: *c. solare, terrestre*; *c. molare, specifico* **CFR.** piro-, -termia, termo-, -termo | ***calor rosso***, temperatura a cui un corpo appare rosso quando è sottoposto a riscaldamento, attorno ai 500 °C | ***calor bianco***, temperatura a cui un corpo appare bianco quando è sottoposto a riscaldamento, attorno ai 2000 °C; (*fig.*) momento, stadio di massima tensione: *la crisi è giunta al calor bianco* **2** sensazione prodotta dall'energia termica insita in un corpo: *il benefico c. della fiamma* **3** canicola, calura: *il c. estivo* **4** (*fig.*) intensa partecipazione emotiva ed affettiva: *sono persone prive di c. umano* | fervore, entusiasmo: *parlare con c.*; *approvare con c. un progetto, una proposta* **SIN.** ardore **CONTR.** freddezza **5** (*med., pop.*) aumento della temperatura locale per processo infiammatorio | ***colpo di c.***, V. *colpo* **6** estro: *andare in c.* || **calorétto**, **dim.** | **calorino**, **dim.**

SFUMATURE DI SIGNIFICATO
calore - caldo
In fisica si definisce **calore** una forma di energia della materia che risulta dal movimento delle sue particelle; nell'uso corrente la parola indica la sensazione di caldo prodotta da un corpo, o anche l'elevata temperatura atmosferica di alcuni mesi dell'anno; in senso figurato sta a indicare un'intensa partecipazione affettiva. **Caldo** definisce invece un tipo particolare di calore, cioè la temperatura elevata di un ambiente, un calore intenso che produce sensazioni gradevoli o fastidiose; inoltre, spesso preceduto dall'articolo determinativo, *caldo* si riferisce all'estate o al clima di alcuni periodi dell'anno.

calorìa [fr. *calorie*, dal lat. *călor* 'calore' ✱ 1340 ca.] **s. f. 1** (*fis.*) unità di misura della quantità di calore pari all'energia necessaria per portare un grammo di acqua distillata da 14,5 °C a 15,5 °C alla pressione di un'atmosfera; una caloria è pari a 4,1855 joule **SIMB.** cal | in biologia la caloria è usata per indicare il contenuto energetico dei vari alimenti e il fabbisogno energetico dell'organismo: *i dolci sono ricchi di calorie* | nell'uso comune spesso è usata impropriamente per la kilocaloria: *un atleta necessita di 4000 calorie giornaliere* | (*fis.*) ***grande c.***, o (**ellitt.**) ***Caloria***, erroneamente usate per kilocaloria | (*fis.*) ***piccola c.***, erroneamente usata per caloria **2** fertilità residua lasciata nel terreno da colture miglioratrici o da abbondanti concimazioni organiche o minerali

calòrico [fr. *calorique*. V. *calore* ✱ 1795] **A agg.** (**pl. m.** *-ci*) • relativo al calore o alle calorie: *fabbisogno c.* || **caloricità**, **s. f. inv.** **B s. m.** • ipotetico fluido con cui nel XVIII sec. si spiegavano i fenomeni di trasferimento del calore: *teoria del c.*

calorìfero [comp. di *calore* e *-fero* ✱ 1839] **s. m.** • impianto ad aria calda a circolazione naturale | ciascun radiatore di tale impianto | comunemente, qualunque impianto centralizzato per il riscaldamento di locali **CFR.** termosifone

calorìfico [vc. dotta, lat. tardo *calorĭficu(m)*, comp. di *călor*, genit. *calōris* 'calore' e *făcere* 'fare, produrre' ✱ 1621] **agg.** (**pl. m.** *-ci*) • che produce calore | ***potere c. di un combustibile***, quantità di calore sviluppata nella combustione della sua unità di massa

calorìgeno [comp. di *calore* e *-geno* ✱ 1900] **agg.** • calorifico

calorimetrìa [fr. *calorimétrie*. V. *calore* e *-metria* ✱ 1865] **s. f.** • parte della fisica che si occupa della misura delle quantità di calore

calorimètrico [1955] **agg.** (**pl. m.** *-ci*) • di calorimetria

calorìmetro [fr. *calorimètre*. V. *calore* e *-metro* ✱ 1795] **s. m.** • strumento per la determinazione di varie grandezze calorimetriche come il calore specifico, la capacità termica, il calore di fusione o di vaporizzazione

calorizzazióne [da *calore*, con influsso dell'ingl. *to calorize* ✱ 1987] **s. f.** • (*metall.*) trattamento a caldo per deporre su un acciaio uno strato anticorrosivo di ferro-alluminio

calórna ➤ **caliorna**

caloróso (o -ṣ-) [da *calore* ✱ av. 1519] **agg. 1** (*raro*) che produce calore: *fuoco c.* | che riscalda: *è una stufa molto calorosa*; *il pepe e il chiodo di garofano sono spezie calorose* **2** detto di persona, che non soffre il freddo: *è c., sta sempre con le finestre aperte* **CONTR.** freddoloso **3** (*fig.*) fatto con entusiasmo e calore: *ci riservarono un'accoglienza calorosa*; *furono accolti da un c. applauso* **SIN.** cordiale **CONTR.** freddo || **calorosaménte**, **avv.** con calore, con fervore; con cordialità || **calorosità**, **s. f. inv. 1** (*raro*) caratteristica di ciò che produce calore **2** (*fig.*) grande cordialità o fervore

calòscia ➤ **galoscia**

calosòma [comp. di *calo-* e *-soma* ✱ 1830] **s. m.** (**pl.** *-i*) • insetto coleottero dei Carabidi (*Calosoma*)

calòstra ➤ **colostra**

calotipìa [comp. di *calo-* e *-tipia* ✱ 1986] **s. f.** • processo di stampa fotografica che utilizza sali d'argento, inventato nel 1835 dall'inglese W. N. Fox Talbot

calòtipo [comp. del gr. *kalós* 'bello' e *-tipo* ✱ 1983] **s. m.** • (*fotogr.*) stampa ottenuta mediante calotipia

calòtta [fr. *calotte*, di etim. incerta ✱ 1643] **s. f. 1** (*mat.*) ciascuna delle due parti di una superficie sferica tagliata da un piano secante **2** (*est.*) parte, struttura od oggetto di forma analoga a quella di una calotta sferica: *le calotte polari*; *la c. artica, antartica* | ***la c. del paracadute***, la parte che si apre a ombrello | coperchio convesso di metallo, plastica e sim. che ricopre un meccanismo: *la c. dell'orologio, dell'autoclave, dello spinterogeno* **3** (*archit.*) in una cupola, parte sferica sovrapposta al tamburo o ai pennacchi | parte superiore delle gallerie **4** (*anat.*) insieme delle ossa che formano la volta cranica **5** cupola del cappello maschile o femminile | berretto privo di tesa aderente al capo | zucchetto, papalina | reticella per i capelli | cuffia di gomma, con i colori della squadra di appartenenza, che i giocatori di pallanuoto portano assicurata sotto il mento **6** cima di monte ghiacciata o a forma sferica **7** (*milit., gerg.*) lega degli ufficiali subalterni di un reparto || **calottìna**, **dim.** | **calottìno**, **dim. m.**

calpàcco [turco *kalpak* ✱ 1865] **s. m.** (**pl.** *-chi*) • berretto tondo, alto, senza tesa, dei sacerdoti bizantini e ortodossi

calpestàbile [1672] **agg.** • che può essere calpestato | ***superficie c.***, V. *superficie* || **calpestabilità**, **s. f. inv.**

calpestaménto [1612] **s. m.** • (*raro*) il calpestare

♦**calpestàre** [dal sovrapporsi di *pestare* a *calcare* ✱ 1264] **v. tr.** (**pres.** *io calpésto*; **part. pass.** *calpestàto*, †*calpésto*) **1** pestare con forza e ripetutamente coi piedi, spesso in segno d'ira, rabbia o sim.: *c. il tappeto*; *gettò per terra la lettera e la calpestò* **2** (*fig.*) disprezzare, offendere, conculcare: *c. i diritti, la dignità, l'onore, gli affetti di qlcu.* **SIN.** violare

SFUMATURE DI SIGNIFICATO
calpestare - pestare - schiacciare
L'azione di premere qualcosa con i piedi camminandoci sopra, in genere deformandola o rompendola, si definisce **calpestare** o anche **pestare**; tuttavia quest'ultimo verbo è di significato più ampio, perché contempla che l'azione possa essere portata a termine anche con le mani o con un oggetto contundente. **Schiacciare** condivide con gli altri verbi l'idea di una compressione, ma pone l'accento più sul risultato dell'azione (riduzione di volume, perdita della forma originaria ecc.) che non sul processo o i mezzi per realizzarla.

calpestatóre [av. 1617] **s. m.** (**f.** *-trice*) • (*raro*) chi calpesta

calpestatùra [1581] **s. f.** • (*raro*) calpestamento

♣**calpestìo** [da *calpestare* col suff. *-io*① ✱ 1353] **s. m.** (**pl.** *-ii*) • il calpestare prolungato | rumore prodotto dal passaggio di molte persone o animali: *il c. durò tutta la notte*

†**calpésto** **part. pass.** di *calpestare*; anche **agg.** • calpestato: *l'arenoso sentier c. e trito* (T. Tasso)

†**calpicciàre** ➤ **scalpicciare**

†**calpitàre** ➤ **scalpitare**

càlta [vc. dotta, lat. *căltha(m)*, forse di orig. preindeur. ✱ av. 1494] **s. f.** • pianta erbacea perenne delle Ranuncolacee con fusto aereo spugnoso, glabro, fiori larghi con calice petaloideo (*Caltha palustris*)

†**calterìre** [lat. tardo *cauterire*, dal gr. *kautēriázō* 'io brucio con ferro rovente', da *káiō* 'io brucio' ✱ 1340 ca.] **v. tr.** • scalfire | guastare

calùgine o (*raro*) **calùggine** [lat. parl. **calūgine(m)*, per il classico *calīgine(m)*. V. *caligine* ✱ av. 1294] **s. f. 1** la prima peluria degli uccelli e (*est.*) degli adolescenti **2** lanugine che riveste foglie e frutti

calumàre [etim. incerta ✱ 1516] **A v. tr.** (*io càlumo*) • (*mar.*) calare cavi, catene e sim., spec. fuori bordo **B calumàrsi v. rifl.** • lasciarsi calare adagio con una imbragatura lungo un albero o fuori bordo

calumet /kalu'mɛ*, *fr.* kaly'mɛ/ [forma normanno-piccarda, corrispondente al fr. *chalumeau* 'cannello (di paglia)', dal lat. *călamus*. V. *calamo* ✱ 1786] **s. m. inv.** • pipa sacra degli indiani d'America | ***fumare il c. della pace***, (*fig.*) rappacificarsi con qlcu.

calùmo [da *calumare* ✱ 1839] **s. m.** • (*mar.*) parte di cavo o di catena che si trova fuori dalla nave mentre è ormeggiata, al traino o all'ancora: *c. dell'ancora*

♦**calùnnia** o †**calónnia**, †**calógna** [vc. dotta, lat. *calŭmnia(m)*, da *călvi* 'ingannare' ✱ 1258] **s. f. 1** (*dir.*) reato commesso da chi denuncia come colpevole qlcu. che egli sa innocente, o simula a suo carico indizi di colpevolezza **2** (*est.*) accusa inventata per diffamare o screditare qlcu.: *spargere, fabbricare calunnie*; *difendersi da una c.* **SIN.** denigrazione, diffamazione | (*scherz.*) bugia, falsità: *non sono stato io, è una c.*

calunniàbile [1865] **agg.** • che si può calunniare

calunniaménto [av. 1311] **s. m.** • (*raro*) il calunniare

♦**calunniàre** o (*lett.*) †**calonniàre**, †**calognàre** [vc. dotta, lat. *calumniāri*, da *calŭmnia* 'calunnia' ✱ av. 1294] **v. tr.** (*io calùnnio*) • accusare falsamente: *c. un innocente*; *è stato ingiustamente calunniato dai colleghi* **SIN.** denigrare, diffamare, screditare
SFUMATURE ➤ ***denigrare***

calunniatóre o †**calonniatóre**, †**calognatóre** [vc. dotta, lat. *calumniatōre(m)*, da *calŭmnia* 'calunnia' ✱ 1308] **agg. e s. m.** (**f.** *-trice*) • che (o chi) sparge calunnie: *discorso c.*; *odiare i calunniatori* **SIN.** denigratore, diffamatore, maldicente

calunnióso (o **-ṣ-**) [vc. dotta, lat. tardo *calunniōsu(m)*, da *calŭmnia* 'calunnia' ✱ 1310] **agg.** ● che ha carattere o scopo di calunnia: *spargere voci calunniose sul conto di qlcu.* SIN. denigratorio, diffamatorio, maligno ‖ **calunniosaménte**, **avv.** ‖ **calunniosità**, **s. f. inv.**

♣**calùra** [lat. parl. **calūra(m)*, da *calēre* 'aver caldo' ✱ 1250 ca.] **s. f.** ● caldo intenso e afoso
SFUMATURE ➤ ***canicola***

calutróne [ingl. *calutron*, da *Cal(ifornia) U(niversity) (Cyclo)tron* ✱ 1955] **s. m.** ● (*ing.*) apparecchiatura elettromagnetica utilizzata per separare isotopi in base alla differenza delle loro masse

calvados /*fr.* kalva'dos/ [fr., perché prodotto nel dipartimento di *Calvados*, in Normandia ✱ 1955] **s. m. inv.** ● acquavite di mele

†**calvàre** [da *calvo* ✱ av. 1306] **v. tr.** ● rendere calvo

†**calvària** [vc. dotta, lat. *calvāria(m)*, da *călva* 'cranio'. V. *calvo* ✱ 1585] **s. f.** ● cranio, teschio

calvàrio [vc. dotta, lat. eccl. *Calvāriu(m)*, luogo dove Gesù fu crocifisso, da *calvāria* 'teschio'; calco sull'aramaico *Gylgalthā* 'luogo del teschio' ✱ 1614] **s. m.** (**pl.** *-i* o *raro -ii*) **1** tipica scultura popolare bretone, collocata, dal Medioevo in poi, presso chiese o cimiteri e raffigurante, oltre al Crocefisso, simboli e personaggi della Passione **2** ***stazioni del c.***, edicole o quadretti che rappresentano le varie fasi della Passione di Cristo **3** (*fig.*) patimento e dolore prolungato: *quella disgrazia è stata il c. della sua vita; tutti abbiamo il nostro c.*

†**calvézza** [lat. tardo *calvĭtie(m)*, da *călvus* 'calvo' ✱ sec. XIV] **s. f.** ● calvizie

calvìlla [dal fr. *calville*, da *Calleville*, in Normandia ✱ 1865] **s. f.** ● (*bot.*) varietà di mela con sapore simile a quello della fragola o del lampone

calvinïàno① [1588] **A** **s. m.** (**f.** *-a*) ● calvinista **B** **agg.** ● calvinistico

calvinïàno② [1956] **A** **agg.** ● relativo allo scrittore Italo Calvino (1923-1985), alla sua opera, al suo stile **B** **agg. e s. m.** (**f.** *-a*) ● che (o chi) si ispira allo stile o al modello letterario di I. Calvino

calvinìṣmo [1594] **s. m.** **1** dottrina religiosa di G. Calvino (1509-1564) e della Chiesa cristiana riformata da lui fondata a Ginevra **2** (*fig.*) intransigenza morale

calvinìsta [1571] **A** **s. m. e f.** (**pl. m.** *-i*) ● chi segue la dottrina di Calvino **B** **agg.** ● calvinistico

calvinìstico [av. 1636] **agg.** (**pl. m.** *-ci*) ● di Calvino, del calvinismo

calvìzie [vc. dotta, lat. tardo *calvĭtie(m)*, da *călvus* 'calvo' ✱ 1509] **s. f. inv.** ● perdita progressiva e definitiva dei capelli: *c. precoce, incipiente* | mancanza totale o parziale dei capelli

†**calvìzio** [vc. dotta, lat. *calvĭtiu(m)*, da *călvus* 'calvo' ✱ sec. XIV] **s. m.** ● calvizie

càlvo [lat. *călvu(m)*, di orig. indeur. ✱ 1275] **A** **agg.** **1** privo di capelli: *cranio c.; testa calva; un uomo c.* SIN. pelato **2** (*raro, fig.*) privo di vegetazione: *la cima calva di un monte* **B** **s. m.** **1** (**f.** *-a*) chi è affetto da calvizie **2** †calvizie

calỳpso /ka'lipso, *ingl.* kə'lɪpsəʊ/ [dal n. della ninfa ricordata nell'Odissea (?) ✱ 1958] **s. m. inv.** (**pl. ingl.** *calypsos*) ● ballo o ritmo moderno originario delle Antille CFR. calipso

♦**càlza** [lat. mediev. *călcea(m)*, dal lat. *călceus* 'scarpa, stivaletto'. V. *calceo* ✱ 1250] **s. f.** **1** indumento a maglia che riveste il piede e parte della gamba: *c. da uomo, da donna; c. di lana, di seta, di cotone, di nylon; calze velate, con cucitura, senza cucitura* | ***c. a staffa***, con passante al posto del pedule | ***c. elastica***, in maglia elastica ben sostenuta usata per contenere le vene varicose | ***c. maglia***, V. *calzamaglia* | ***ferri da c.***, atti a eseguire a mano lavori a maglia | ***fare la c.***, lavorare ai ferri, con filati vari, calze, golf, guanti e sim. | ***la c. della Befana***, quella che si appende nella notte dell'Epifania, perché la Befana vi ponga i doni spec. per i bambini **2** rivestimento in maglia metallica che costituisce la schermatura di fili flessibili **3** (**al pl.**) †calzoni, calzabraca **4** (*raro*) lucignolo nei lumi a petrolio, a olio o a benzina: *ritornò nel mezzo della cucina ad alzare la c. della lampada* (G. STUPARICH) **5** †sacchetto di tela per filtrare il vino o altro ‖ **calzétta**, **dim.** (V.) | **calzétto**, **dim. m.** (V.) | **calzìna**, **dim.** | **calzìno**, **dim. m.** (V.)

calzabràca [comp. di *calza* e *braca* ✱ av. 1557] **s. f.** (**pl.** *calzebràche*) ● calzamaglia, nel sign. 2

†**calzaiòlo** o †**calzaiuòlo** [1302] **s. m.** ● calzettaio

calzamàglia o **càlza màglia** [da *calza a maglia* ✱ 1955] **s. f.** (**pl.** *calzemàglie* o *calzamàglie*) **1** indumento di maglia di lana, cotone o fibra sintetica che fascia tutta la persona dal collo fino ai piedi o, a volte, solo dalla vita in giù **2** nel Medioevo italiano, calzoni molto aderenti del costume maschile

†**calzaménto** [lat. *calceamĕntu(m)*, da *călceus* 'calceo' ✱ 1258] **s. m.** ● tutto ciò che copre il piede e la gamba | calzatura

calzànte **A** **part. pres.** di *calzare*; anche **agg.** **1** nei sign. del v. **2** (*fig.*) che si adatta bene, che cade a proposito: *esempio, dimostrazione c.* **B** **s. m.** ● calzatoio
SFUMATURE ➤ ***appropriato***

♦**calzàre**① [lat. *calceāre*, da *călceus* 'calceo' ✱ 1282] **A** **v. tr.** **1** introdurre il piede, la gamba, la mano o altra parte del corpo in un indumento particolarmente aderente: *c. stivali, guanti, cappelli* | (*lett.*) ***c. il socco, il coturno***, (*fig.*) scrivere, recitare commedie, tragedie | (*est.*) avere, portare indosso: *calzava guanti e scarpe di camoscio* **2** fornire di calzature: *quel negozio calza una clientela scelta* | far indossare le scarpe: *lo vestirono e lo calzarono* **3** (*lett.*) puntellare botti, mobili e sim. con cunei o zeppe **4** †rincalzare **B** **v. intr.** (**aus.** *avere* **nel sign. proprio,** *essere* **nel sign. fig.**) ● essere bene aderente, adatto: *queste scarpe calzano benissimo* | (*fig.*) essere opportuno, appropriato: *il tuo esempio calza a pennello*

calzàre② [dal lat. *călceus* 'calceo' ✱ sec. XIII] **s. m.** ● (**spec. al pl.**, *lett.*) calzatura | ***andare coi calzari di piombo***, agire con molta circospezione e riflessione ‖ **calzarétto**, **dim.** | **calzarìno**, **dim.**

calzascàrpe [comp. di *calza(re)*① e il pl. di *scarpa* ✱ 1950] **s. m. inv.** ● calzatoio

calzàta [1970] **s. f.** ● misura che, nella scarpa, esprime la larghezza della forma in corrispondenza alla misura delle dita del piede

calzàto **part. pass.** di *calzare*①; anche **agg.** **1** nei sign. del v. **2** (*lett.*) nella loc.: ***c. e vestito***, tutto intero, completamente | (*fig.*) ***asino c. e vestito***, persona ignorante e grossolana **3** (*arald.*) detto di scudo caricato da una pezza a forma di triangolo isoscele col vertice nella punta e la base nel capo

calzatóia [da *calzare*① ✱ 1612] **s. f.** **1** cuneo che, posto a ridosso delle ruote, serve a bloccare un veicolo fermo su una strada in pendenza **2** sgabello su cui si appoggia il piede quando si puliscono o si infilano le scarpe **3** (*raro*) calzatoio

calzatóio [da *calzare*① ✱ 1548] **s. m.** (**pl.** *-ói*) ● piccolo oggetto di corno, di metallo o di materiale plastico, che aiuta a calzare le scarpe SIN. calzascarpe, corno

calzatùra [av. 1698] **s. f.** ● ogni tipo o forma di scarpa: *c. da passeggio, elegante, da sera*

NOMENCLATURA

calzatura = scarpa

● *caratteristiche*: imbullettata, sformata, sfondata, risuolata, scalcagnata, rappezzata; da camera, da passeggio, da sera, da ginnastica, da ballo, da sport; di vitello, di capretto, di cuoio grasso, di tela, di corda, di raso, con i tacchi, di vernice, di coppale, di camoscio, di seta; larga ⇔ stretta, su misura, anatomica, ortopedica, correttiva, foderata ⇔ sfoderata, bassa ⇔ alta, scollata ⇔ accollata, morbida ⇔ rigida, nuova ⇔ vecchia; scarpe che fanno male ⇔ comode;

● *tipi di calzatura*: pantofole, ciabatte, babbucce, pianelle, scalferotti; espadrilles, ballerine, paperine, scarpette; sandali, infradito = giapponesi; mocassini; gambali, stivali (da caccia, da palude, alla scudiera, alla ussara, a fisarmonica, all'inglese, da cavallo), stivaletti, polacchine; scarponi; zoccoli, zatteroni, sabot; doposcì, moon boot, ciocie, galosce, ghette, soprascarpe; décolleté, scarpetta, scarpino;

● *parti*: tacco (basso ⇔ a spillo = alto; a rocchetto), soprattacco, zeppa, fiosso, calcagno, quartiere, toppone, bocca, suola (di cuoio, di gomma, di para, chiodata), tramezza, tomaia, lunetta, soletta, sugherato, sottopiede, soprassuola, linguetta, lacci = stringhe, mascherina, occhiello, gambaletto, tirante, sperone, punta, salvapunta; alzo.

calzaturière [1950] **s. m.** ● (**f.** *-a*) industriale della calzatura

calzaturièro [1963] **A** **agg.** ● concernente le calzature: *mercato c.; industria calzaturiera* **B** **s. m.** (**f.** *-a*) ● operaio di un calzaturificio

calzaturifìcio [comp. di *calzatura* e *-ficio* ✱ 1905] **s. m.** ● fabbrica di calzature

calzeròtto [da *calzare*② ✱ 1400 ca.] **s. m.** ● calza corta, spec. da uomo o da bambino, di lana o di cotone, che si arresta poco sopra la caviglia o sale fin sopra il polpaccio

calzétta [av. 1370] **s. f.** **1** dim. di *calza* **2** calzino **3** calza fine, di seta | ***mezza c.***, (*fig.*) persona mediocre, di scarse capacità ‖ **calzettìna**, **dim.**

calzettàio [1282] **s. m.** (**f.** *-aia*, **pl. m.** *-ai*) **1** fabbricante o venditore di calze **2** operaio in un calzificio

calzetterìa [1970] **s. f.** **1** fabbrica di calze | negozio in cui si vendono calze **2** insieme di calze e articoli affini: *esportazione di c.*

calzétto [1858] **s. m.** **1** dim. di *calza* **2** calzetta ‖ **calzettìno**, **dim.** | **calzettóne**, **accr.** (V.)

calzettóne [av. 1566] **s. m.** **1** accr. di *calzetto* **2** (**spec. al pl.**) calza spessa, per lo più di lana, lunga fin sotto il ginocchio: *calzettoni da uomo, da ragazzo*

calzifìcio [comp. di *calza* e *-ficio* ✱ 1928] **s. m.** ● fabbrica di calze

♦**calzìno** [1513] **s. m.** **1** dim. di *calza* **2** calzerotto

†**càlzo** [da *calzare* (V.) ✱ sec. XV] **s. m.** **1** calzare, scarpa **2** zeppa, bietta

calzolàio o (*centr.*) †**calzolàro** [lat. *calceolāriu(m)*, da *călceus* 'calceo' ✱ 1232] **s. m.** (**f.** *-aia*, **pl. m.** *-ai*) ● artigiano che fa o aggiusta scarpe e calzature in genere

calzolerìa [da *calzolaio* ✱ sec. XIII] **s. f.** **1** bottega del calzolaio | negozio di calzature **2** (*raro*) arte del calzolaio

♦**calzoncìni** [av. 1646] **s. m. pl.** (**sing.** *-o*) **1** dim. di *calzoni* **2** calzoni corti: *c. da bambino, da bagno; c. da donna* **3** mutande femminili molto corte

♦**calzóne** [da *calza* ✱ 1497] **s. m.** **1** (**spec. al pl.**) indumento che veste la persona dalla vita alle caviglie e copre ogni gamba separatamente: *calzoni lunghi, corti, con risvolto; un c. elegante, ben tagliato* | ***calzoni a coscia***,

C

molto aderenti | ***calzoni a campana, a zampa d'elefante***, che si allargano verso il basso | ***calzoni a staffa***, con una striscia che passa sotto i piedi | ***mettersi i calzoni lunghi***, (*fig.*) passare dall'adolescenza all'età adulta | (*fam.*) ***farsela nei calzoni***, avere molta paura **SIN.** brache, pantaloni **2** ognuna delle due parti dei calzoni, che ricoprono le gambe: *c. destro, sinistro* **3** disco di pasta da pizza, farcito con mozzarella, prosciutto, pomodoro e ingredienti diversi secondo le regioni, ripiegato a metà e cotto al forno oppure fritto ‖ **calzonàccio**, **pegg.** | **calzoncìni**, **dim. pl.** (V.) | (*raro*) **calzonétto**, **dim.**

calzuòlo [da *calzo* ✻ 1612] **s. m. 1** zeppa o cuneo infilata sotto un mobile, affinché non traballi **2** puntale metallico di bastone o di ombrello

cam [2001] **s. f. inv.** ● accorc. di *webcam*

camàglio [ant. fr. *camail*, dal provenz. *capmalh*, da **capmalhar* 'rivestire la testa di un'armatura analoga alla cotta di maglia' ✻ 1336 ca.] **s. m. 1** antica armatura a difesa del collo, di maglia di ferro più fitta di quella della cotta **2** (*lett.*) passamontagna

camaldolése (o **-ṣ-**) [dall'eremo o dalla contrada di *Camaldoli* ✻ av. 1498] **A agg.** ● relativo all'ordine dei benedettini eremiti fondato in Camaldoli da S. Romualdo: *regola c.*; *monaco c.* **B s. m.** ● monaco di tale ordine

camaleónte [vc. dotta, lat. *chamaeleōnte(m)*, nom. *chamaeleon*, dal gr. *chamailéōn*, propr. 'leone che striscia a terra', comp. di *chamái* 'a terra' e *léōn*, genit. *léontos* 'leone' ✻ sec. XIII] **s. m.** (**f.** †*-éssa*) **1** rettile dei Sauri simile a una lucertola, ma più corto e tozzo, con tronco compresso, coda prensile, estremità a dita opponibili a tenaglia, occhi grandi e sporgenti, lingua protrattile; è in grado di variare il colore della pelle per mimetizzarsi nell'ambiente circostante (*Chamaeleo chamaeleo*) **2** (*fig.*) persona che cambia spesso opinione in base alle circostanze **3** (*chim.*) ***c. verde***, manganato di potassio | ***c. minerale, c. violetto***, permanganato di potassio

♣**camaleòntico** [1858] **agg.** (**pl. m.** *-ci*) ● di camaleonte | (*fig.*) tipico di chi per opportunismo cambia spesso opinione: *contegno c.* ‖ **camaleonticaménte**, **avv.** ‖ **camaleonticità**, **s. f. inv.**

camaleontiṣmo [da *camaleonte* ✻ 1820] **s. m.** ● atteggiamento o comportamento di chi muta spesso opinione, partito politico e sim. per opportunismo o tornaconto personale

camàllo o **camàlo** [arabo *ḥammāl* 'portatore' ✻ sec. XV] **s. m.** ● (*sett.*) scaricatore di porto, spec. nel porto di Genova

†**camamìlla** ➤ **camomilla**

†**camangiàre** [comp. di *capo* e *mangiare* (?) ✻ 1290] **s. m. 1** verdura commestibile **2** (*est.*) companatico | viveri

camarìlla [sp. *camarilla* 'cameretta, gabinetto privato del re', dim. di *cámara* 'camera' ✻ 1833] **s. f. 1** (*stor.*) consiglio privato della corona, nelle monarchie spagnole **2** (*est.*) consorteria, combriccola che ordisce inganni, intrighi e sim., favorendo il proprio tornaconto

†**camarléngo** o **camarlìngo** ➤ **camerlengo**

†**camàto** e deriv. ➤ **scamato** e deriv.

camàuro [lat. mediev. *camauru(m)*, di orig. sconosciuta ✻ 1476] **s. m. 1** berretto caratteristico del Papa, in velluto o raso rosso, orlato di pelo bianco, a forma di cuffia, che scende fin sotto gli orecchi **2** (*est., lett.*) casco di aviatori

†**cambellòtto** ➤ **cammellotto**

càmber /'kamber, *ingl.* 'kæmbə(r)/ [vc. ingl., da *to camber* 'incurvare', dal fr. *cambrer* 'piegare', deriv. di *cambre* 'piegato', che è il lat. *cămuru(m)*, forse di orig. etrusca ✻ 1883] **s. m. inv.** ● (*autom.*) inclinazione delle ruote di un autoveicolo rispetto al terreno | ***angolo di c.***, campanatura

cambiàbile [1865] **agg.** ● che si può cambiare **SIN.** commutabile, permutabile ‖ **cambiabilità**, **s. f. inv.**

cambiadìschi [comp. di *cambia(re)* e il pl. di *disco* ✻ 1955] **s. m. inv.** ● nei giradischi e nei jukebox, dispositivo che consente il cambio automatico dei dischi

cambiàle① [da *cambio*, nei sign. 5 e 6 ✻ 1723] **agg.** ● (*anat., bot.*) relativo al cambio: *strato c.*; *zona c.*

cambiàle② [(*lettera*) *cambiale*, da *lettera di cambio* ✻ 1723] **s. f. 1** titolo di credito all'ordine contenente la promessa o l'ordine di pagare al beneficiario una determinata somma di denaro a una scadenza stabilita o a vista: *firmare, emettere, girare una c.*; *c. in bianco*; *protesto di una c.* **SIN.** effetto, farfalla | ***c. a certo tempo data***, che scade dopo un certo periodo dalla data dell'emissione | ***c. a certo tempo vista***, che scade dopo un certo periodo dalla data di accettazione | ***c. all'incasso***, consegnata a una banca per l'incasso | ***c. a vista***, pagabile all'atto della presentazione | ***c. finanziaria***, quella emessa dalle imprese come strumento di finanziamento alternativo all'obbligazione, rispetto alla quale ha scadenza più breve e richiede minori adempimenti normativi | ***c. tratta, c. pagherò***, V. *tratta* e *pagherò* | ***c. ipotecaria***, garantita da ipoteca | ***c. commerciale***, a regolamento di operazioni commerciali | ***c. di comodo, di favore***, quella emessa in assenza di un reale rapporto di debito con lo scopo di far ottenere al beneficiario un finanziamento altrimenti non ottenibile | ***c. agraria***, quella garantita da privilegio legale su prodotti agricoli | ***c. pesca***, quella garantita da privilegio legale sul pescato | ***firmare, rilasciare una c. in bianco***, (*fig.*) prendersi un impegno verso qlcu. concedendogli la massima fiducia **2** (*fig., lett.*) promessa: *la c. di matrimonio* ‖ **cambialétta**, **dim.** | **cambialìna**, **dim.** | **cambialóne**, **accr. m.** | **cambialùccia**, **dim.**

♦**cambiaménto** [1310] **s. m.** ● il cambiare, il cambiarsi | mutamento, trasformazione: *c. di opinione, di stagione, di posto, di abito* | ***c. di scena***, (*fig.*) improvviso mutare di una situazione

cambiamonéte [comp. di *cambia(re)* e il pl. di *moneta* ✻ 1825] **s. m. e f. inv.** ● cambiavalute

♦**cambiàre** [lat. tardo *cambiāre*, di orig. gallica ✻ 1255] **A v. tr.** (*io càmbio*) **1** mettere una persona, una cosa e sim. al posto di un'altra dello stesso tipo: *c. i fiori nel vaso*; *c. idea, parere, discorso*; *c. casa, parrucchiere* | ***c. strada***, (*fig.*) comportarsi diversamente | ***c. aria***, cercare un clima diverso per ragioni di salute; (*fig.*) trasferirsi in un luogo meno pericoloso | ***tanto per c.***, solo per fare una cosa diversa: *questa volta vorrei andare in montagna, tanto per c.*; (*iron.*) come sempre, come al solito: *anche oggi piove, tanto per c.!* | ***c. un bambino***, cambiargli l'abito, la biancheria o i pannolini | ***la cosa cambia aspetto***, è diversa | ***c. le carte in tavola***, (*fig.*) cercare di fare apparire diversa una situazione o di cambiare i termini di una questione a proprio favore | ***c. colore, espressione, sguardo***, alterarsi in viso per un'improvvisa emozione | ***c. vita***, passare da uno stile di vita a un altro, spec. in senso morale e con un'idea di miglioramento | ***c. treno***, per prendere un'altra linea | ***c. vestito***, toglierne uno per indossarne un altro | anche in forma pron. (con valore intens.): *vai a cambiarti la camicia* **SIN.** mutare **2** scambiare, permutare, barattare: *c. un orologio con una collana*; *queste sei candele le cambierò collo speziale in tanto zucchero* (C. GOLDONI) **SIN.** convertire | †trasferire | †contraccambiare **3** dare l'equivalente di una determinata moneta in moneta di altra specie (+ *in*): *c. gli euro <u>in</u> dollari* | (*est.*) cambiare in moneta spicciola (+ *con*): *può cambiarmi un biglietto da cento euro <u>con</u> due da cinquanta?* **SIN.** spicciolare② **4** manovrare il cambio di velocità per passare da una marcia all'altra negli autoveicoli (*anche assol.*): *c. la marcia*; *c. in curva* **5** trasformare: *la vita militare lo ha cambiato*; *l'industrializzazione ha cambiato l'aspetto di questa regione* **SIN.** mutare **B v. intr.** (**aus.** *essere*) **1** diventare diverso, mutare: *il tempo cambia*; *le mie idee col tempo sono cambiate* | (*colloq.*) ***c. di posto, di camera, di opinione***, cambiare posto, camera, opinione **SIN.** variare **2** avere una determinata quotazione sul mercato dei cambi (+ *a*): *la lira cambiava <u>a</u> 1936,27 sull'euro* **C cambiàrsi v. rifl.** ● mutarsi d'abito o di biancheria: *cambiarsi per la cena*; *cambiarsi dopo il bagno* **D cambiàrsi v. intr. pron.** ● trasformarsi (+ *in*): *la pioggia si cambiò <u>in</u> grandine*; *spesso la gioia si cambia <u>in</u> dolore* **SIN.** convertirsi

cambiàrio [da *cambio* ✻ av. 1742] **agg.** ● relativo a cambiale, nel sign. di *cambiale*②

cambiatensióne [comp. di *cambia(re)* e *tensione* nel sign. 5 ✻ 1963] **s. m. inv.** ● in apparecchi elettrici, dispositivo che serve a cambiare la tensione di funzionamento relativamente al valore della tensione della rete di distribuzione dell'energia elettrica

†**cambiatóre** [1260] **s. m.** (**f.** *-trice*) ● cambiamonete, cambiavalute | banchiere

cambiavalùte [comp. di *cambia(re)* e il pl. di *valuta* ✻ 1760] **s. m. e f. inv.** ● persona o ente che esercita professionalmente l'attività di compera e vendita delle monete estere

♦**càmbio** [da *cambiare* ✻ sec. XII] **s. m. 1** il cambiare | sostituzione di qlcu. o qlco. con altro dello stesso tipo: *effettuare un c.*; *un c. d'abito, di casa* | ***c. della guardia***, avvicendamento delle sentinelle al termine del turno di guardia; (*fig.*) avvicendamento in un incarico | ***dare il c. a qlcu.***, sostituirlo | ***rendere a qlcu. il c.***, contraccambiare ciò che si è ricevuto | ***in c. di***, al posto di; invece di; in sostituzione di | ***fare a c.***, barattare, scambiare qlco. con qlcu. **SIN.** cambiamento **2** (*econ.*) operazione di scambio di una moneta con un'altra o di un titolo con un altro | ***c. a consegna***, che assicura contro l'alea delle variazioni dei corsi dei cambi per operazioni in valuta estera a scadenza | ***c. alla pari***, parità dei cambi, riferimento di una moneta a un'altra presa come punto di riferimento | (*est.*) valore di una moneta espresso in moneta diversa, di altro Stato: *listino dei cambi* **3** (*dir.*) ***lettera di c.***, documento contenente l'ordine dell'emittente a un corrispondente di pagare a un terzo **4** (*mecc.*) dispositivo atto a cambiare i rapporti di trasmissione tra due organi rotanti: *c. di velocità*; *il c. della bicicletta*; *c. a mano, automatico, sincronizzato*; *la leva del c.*; *c. a cloche, al volante* **5** (*bot.*) strato di cellule meristematiche che si produce nella radice e nel fusto della maggior parte delle piante, formando esternamente il libro e internamente il legno **6** (*anat.*) strato del periostio sede delle cellule formatrici del tessuto osseo **7** gioco enigmistico in cui, sostituendo una vocale, una consonante o una sillaba di una parola con un'altra, si ottiene una parola di diverso significato, di diverso numero o di diverso genere (per es. *casa-cosa, fama-fame, pizzo-pizza*)

cambìsta [da *cambio* ✻ 1723] **s. m. e f.** (**pl. m.** *-i*) **1** cambiavalute **2** (*gerg.*) chi presta denaro con alti tassi di interesse ai giocatori che frequentano i casinò

♦**cambogiàno** [1860] **A agg.** ● della Cambogia: *Stato c.* **B** **s. m.** (**f.** *-a*) ● abitante o nativo della Cambogia **C** **s. m. solo sing.** ● lingua della famiglia austroasiatica, parlata in Cambogia

càmbra [fr. *cambre* 'curvatura', vc. piccarda o normanna, dal lat. *cămur* 'piegato verso l'interno', vc. di orig. straniera ✱ 1955] **s. f.** ● grappa a due punte, usata per fissare elementi lignei da costruzione | (*tecnol.*) cavallotto ‖ **cambrétta**, **dim.** (V.)

cambrétta [1908] **s. f.** **1** dim. di *cambra* **2** chiodo a due punte, a forma di U, usato per fissare fili, cordoni, piante rampicanti e sim.

cambrì [da *Cambric*, forma ingl. della città fr. di Cambrai, dove si fabbricava questo tessuto ✱ 1573] **s. m. inv.** ● tela di cotone finissima, per biancheria, analoga alla batista

cambriàno [da *Cambria*, n. latinizzato del Galles ✱ 1892] **A** **s. m.** ● (*geol.*; gener. con iniziale maiuscola) Cambrico **B** **anche agg.**

càmbrico [stessa etim. di *cambriano* ✱ 1874] **A** **s. m.** ● (*geol.*; gener. con iniziale maiuscola) primo periodo dell'era paleozoica **B** **anche agg.** (**pl. m.** *-ci*): *periodo c.*

cambriglióne [fr. *cambrillon*, da *cambrer* 'curvare', cfr. *cambra* ✱ 1865] **s. m.** ● nella scarpa, rinforzo che si applica nella parte stretta del sottopiede fra tacco e pianta

cambùṣa [genovese *cambüsa*, dal fr. *cambuse*, dal neerl. *kabuis*, *kombuis* 'cucina sulla nave' ✱ 1889] **s. f.** ● nelle navi e negli aeroplani, deposito dei viveri | (*est.*) l'insieme dei viveri stessi | (*scherz.*) la dispensa di casa: *era affamato e mi ha vuotato la c.*

cambuṣière [fr. *cambusier*. V. *cambusa* ✱ 1889] **s. m.** (**f.** *-a*) ● chi è addetto alla custodia e alla distribuzione dei viveri sulle navi

camciadàle [1983] **A** **agg.** ● della penisola di Camciatca, nella parte nordorientale della Russia **B** **s. m. e f.** ● abitante o nativo della penisola di Camciatca **C** **s. m. solo sing.** ● lingua indigena della famiglia paleoasiatica parlata in Camciatca

camcòrder /kam'kɔrder, *ingl.* 'kæm-ˌkɔːdə(r)/ [vc. ingl., comp. di *cam* (accorc. di *camera* 'telecamera') e *corder* (accorc. di *recorder* 'registratore') ✱ 1989] **s. m. inv.** ● particolare tipo di telecamera portatile con videoregistratore incorporato

camecèraṣo [vc. dotta, lat. *chamaecĕrasu(m)*, dal gr. *chamaikérasos*, comp. di *chamái* 'a terra' e *kérasos* 'ciliegio' ✱ av. 1498] **s. m.** ● pianta erbacea delle Caprifogliacee con foglie acute e rugose, fiori rosei profumati e frutti a bacca di color giallo-arancio (*Lonicera alpigena*) **SIN.** ciliegio di montagna

camèdrio [vc. dotta, lat. *chamaedry(m)*, dal gr. *chamáidrys*, comp. di *chamái* 'a terra' e *drŷs* 'quercia' ✱ av. 1498] **s. m.** ● pianta erbacea delle Labiate con fusti inferiormente legnosi, foglie a margine lobato e fiori rosei (*Teucrium chamaedrys*) | *c. alpino*, driade **SIN.** querciola

camèlia [n. dato da Linneo in onore del gesuita G. J. *Kamel* (1661-1706), che importò questa pianta in Europa dal Giappone ✱ 1843] **s. f.** ● albero delle Teacee con foglie lucide e coriacee, fiori doppi dai colori variabili dal bianco al rosso (*Camellia japonica*)

Camèlidi [comp. del lat. *camēlus* 'cammello' e di *-idi* ✱ 1874] **s. m. pl.** (**sing.** *-e*) ● (*zool.*) famiglia di Mammiferi ruminanti degli Artiodattili, privi di corna, con due dita a ogni arto (*Camelidae*)

camelìna o **camellìna** [comp. del gr. *chamái* 'a terra', di orig. indeur., e di *línon* 'lino' ✱ 1865] **s. f.** ● pianta erbacea delle Crocifere con fusto molto ramificato, foglie lanceolate e grappoli di fiori gialli (*Chamaelina sativa*)

camèllo ➤ **cammello**

camèlo [neerl. *kameel* 'cammello' ✱ 1516] **s. m.** **1** (*mar.*; *disus.*) gomena maggiore nell'attrezzatura di una nave **2** †V. *cammello*

†**camelopàrdo** [lat. tardo *camelopărdu(m)*, dal gr. *kamēlopárdalis*, comp. di *kámēlos* 'cammello' e *párdalis* 'pantera' ✱ av. 1367] **s. m.** ● (*raro*) giraffa

camembert /fr. kamɑ̃'bɛʀ/ [fr., n. di un villaggio fr. in cui veniva prodotto all'inizio ✱ 1895] **s. m. inv.** ● formaggio francese di latte vaccino a pasta molle, di forma rotonda, con lievi muffe superficiali

camèna [vc. dotta, lat. *Camēna(m)*, prob. di orig. etrusca ✱ 1374] **s. f.** ● (*lett.*, **spec. al pl.**) Musa, simbolo dell'ispirazione poetica

camèo ➤ **cammeo**

camepìzio [vc. dotta, lat. *chamaepity(m)*, dal gr. *chamáipitys* 'pino nano', comp. di *chamái* 'a terra' e *pítys* 'pino' ✱ av. 1498] **s. m.** ● pianta erbacea annua medicinale delle Labiate con foglie tripartite e fiori gialli con striature rossastre sul labbro inferiore (*Ajuga chamaepitys*)

♦**càmera** ① [lat. *cămera(m)*, dal gr. *kamára* 'volta di una stanza, camera a volta' ✱ sec. XII] **s. f.** (**spesso scritto con la maiuscola nei sign. 6, 7 e 8**) **1** locale d'abitazione in un edificio, in un appartamento: *c. da pranzo, da letto*; *c. di soggiorno*; *la c. dei giochi, degli ospiti*; *appartamento di quattro camere* **CFR.** stanza① | ***musica da c.***, V. *musica* | ***c. delle meraviglie***, V. *meraviglia* nel sign. 2 | †ricovero, dimora (*anche fig.*) **2** (*per anton.*) camera da letto: *è restato in c. sua per tutto il giorno*; *affittare una c.* | ***c. ammobiliata***, che si prende o si dà in affitto completa di mobili | ***fare la c.***, metterla in ordine | ***veste da c.***, vestaglia | ***maestro di c.***, addetto al servizio personale di principi, prelati e sim. | ***valletto di c.***, paggio **3** (*est.*) il complesso dei mobili che costituiscono l'arredamento di un dato locale d'abitazione: *una c. da pranzo in stile impero*; *la sua c. è in noce* **4** (*est.*) locale chiuso adibito a usi diversi | ***c. a gas***, nei lager nazisti, luogo in cui venivano sterminati i prigionieri mediante l'immissione di gas tossici; nei penitenziari di alcuni Stati degli Stati Uniti, locale dove si eseguono le condanne a morte | ***c. ardente***, quella, adorna di candele e parata a lutto, nella quale si espone al pubblico omaggio la salma di un defunto | ***c. blindata***, quella, opportunamente attrezzata con pareti d'acciaio contro furti, calamità naturali e sim., in cui vengono depositati i valori | ***C. di consiglio***, in cui il giudice o il collegio giudicante si ritira per deliberare | ***c. di punizione***, in cui i soldati scontano la punizione loro inflitta | ***c. di sicurezza***, cella in cui si rinchiudono individui sospetti di reato, in commissariati e questure | ***c. oscura***, quella dove si manipola il materiale sensibile fotografico; V. anche sign. 5 | ***c. sterile***, negli ospedali, locale mantenuto asettico, usato spec. nel corso del trattamento delle leucemie e linfopatie **5** in varie tecnologie, spazio cavo destinato a usi diversi e opportunamente attrezzato | ***c. a bolle***, tipo di camera a nebbia in cui una particella ionizzata lascia una scia di bolle in un liquido trasparente surriscaldato | ***c. a eco***, ambiente chiuso studiato per produrre artificialmente effetti d'eco | ***c. a nebbia***, apparato per lo studio del comportamento delle particelle ionizzate mediante il quale vengono fotografate le scie di vapori formati da esse per condensazione in un vapore sovrassaturo | ***c. d'aria***, intercapedine lasciata nelle murature delle costruzioni a scopo di isolamento termico e acustico o di alleggerimento; involucro di gomma che si riempie d'aria, costituente la parte interna dei palloni o degli pneumatici | ***c. da mina***, allargamento predisposto nella roccia, in fondo a un cunicolo, destinato a contenere l'esplosivo nelle mine a fornello | ***c. della morte***, parte della tonnara dove avviene l'uccisione dei tonni | ***c. di caricamento***, nelle bocche da fuoco, parte posteriore organizzata per contenere la carica di lancio o il bossolo e il proiettile | ***c. di combustione, di scoppio***, situata alla sommità del cilindro sopra lo stantuffo, dove avvengono la compressione e la combustione della miscela nei motori a combustione interna | ***c. di decompressione***, V. *decompressione* | ***c. oscura***, vano interno della macchina fotografica con pareti annerite dove viene collocata la pellicola; V. anche sign. 4 **6** organo legislativo in uno Stato a sistema rappresentativo: *la c. dei deputati* | ***le Camere***, quella dei deputati e il Senato, che insieme formano il Parlamento | ***C. alta, bassa***, nel sistema bicamerale inglese, rispettivamente quella dei Lord (o dei Pari) e quella dei Comuni | ***la Camera***, (*per anton.*) quella dei deputati | ***C. dei rappresentanti***, organo legislativo che assieme al Senato forma il Congresso (cioè il Parlamento) degli Stati Uniti | †cancelleria; corte del Sovrano **7** (*est.*) ente che tutela particolari interessi e diritti | ***C. del lavoro***, associazione territoriale di lavoratori | ***C. di commercio, industria e agricoltura***, ente ufficiale istituito per coordinare e promuovere le attività economiche di una zona territorialmente definita, o per favorire l'interscambio tra due Paesi | ***c. arbitrale***, che ha lo scopo di esaminare controversie e decidere su di esse **8** organo, ufficio finanziario | ***C. apostolica***, quella che nella Curia Romana è preposta alla cura dei beni e dei diritti temporali della Santa Sede | ***chierico di c.***, titolo di dignità in curia | †erario, tesoro **9** tribunale, magistratura, organo giudiziario, in antichi Stati **10** (*anat.*) cavità contenente umor acqueo, nell'occhio: *c. anteriore*; *camere posteriori* **11** (*fis.*) ***c. a scintille***, rivelatore di particelle cariche, costituito da una serie di spinterometri piani paralleli in cui il passaggio delle particelle innesca scintille elettriche rendendo visibili le traiettorie ‖ **cameràccia**, **pegg.** | **camerèlla**, **dim.** (V.) | **camerétta**, **dim.** (V.) | **camerìna**, **dim.** | **camerìno**, **dim. m.** (V.) | **cameróna**, **accr.** | **cameróne**, **accr. m.** | **cameròtto**, **alter. m.** | **camerùccia**, **dim.**

càmera ② [dall'ingl. *camera* della stessa orig. di *camera*① ✱ 1942] **s. f.** ● macchina da presa fotografica, cinematografica o televisiva

camera caritatis, in [1842] ➤ **in camera caritatis**

cameràle [da *camera*① ✱ 1314] **agg.** **1** (*raro*) da camera: *canto c.* **2** (*stor.*) che riguarda l'amministrazione e l'erario dello Stato: *beni camerali* **3** (*dir.*) attinente alla Camera: *riunione, deliberazione c.* | ***procedimento c.***, che si svolge in camera di consiglio | ***imposta c.***, pagata dagli iscritti alla Camera di Commercio

cameralìṣmo [dal ted. *Kameralismus* ✱ 1955] **s. m.** **1** insieme delle dottrine, dette anche *scienze camerali*, fiorite nei secc. XVII e XVIII spec. in Germania, che hanno come interessi principali l'amministrazione statale e il benessere delle popolazioni **2** teoria economica che pone particolare enfasi sulle entrate dello Stato come fattore di benessere sociale

càmeraman /'kameramen, *ingl.* 'kæmərəˌmæn/ [vc. ingl., comp. di *camera* 'camera②' e *man* 'uomo' (di orig. germ.) ✱ 1959] **s. m. inv.** (**pl. ingl.** *cameramen*) ● operatore televisivo incaricato della messa a punto e della manovra delle telecamere

cameràrio [lat. tardo *camerāriu(m)*, da *cămera* 'camera①' ✱ av. 1472] **s. m.** ● nel Medioevo, custode e amministratore dei beni del sovrano, di una comunità religiosa o civile e sim.

cameràta ① [da *camera*① ✱ av. 1584] **s. f.**

1 stanza di vaste dimensioni che funge da dormitorio in collegi, caserme, ospedali e sim. **2** compagnia di collegiali o di militari che dormono nella stessa stanza: *la c. dei più piccoli era la meno rumorosa* **3** gruppo, sodalizio di persone che si riuniscono periodicamente e perseguono fini culturali: *c. dei Bardi, dei poeti* **SIN.** circolo

cameràta② [sp. *camarada*, prob. attrav. il fr. dal lat. *cămera* 'camera①' ✱av. 1665] **s. m. e f. (pl. m. -*i*; in testi arcaici la forma f. pl. -*e* è usata anche in riferimento a maschi) 1** compagno d'armi, commilitone | compagno di collegio | amico, compagno di fiducia: *un contadino di nome Tonio, buon c., allegro* (A. MANZONI) **2** nome con cui si chiamavano tra loro gli iscritti al partito fascista **3** †gentiluomo che accompagnava gli ambasciatori e i principi, spec. durante i loro viaggi

cameratésco [da *camerata*② ✱1941] **agg. (pl. m. -*schi*)** ● da camerata: *tono, saluto c.* **SIN.** solidale || **cameratescaménte**, **avv.**

cameratìṣmo [da *camerata*② ✱1908] **s. m.** ● spirito amichevole che impronta i rapporti tra compagni d'arme, di studi, di fede politica e sim. **SIN.** solidarietà

SFUMATURE ➤ ***amicizia***

camerèlla [av. 1325] **s. f. 1** dim. di *camera*① **2** spazio che le cortine racchiudono intorno al letto a baldacchino

camerétta [av. 1374] **s. f. 1** dim. di *camera*① | nel linguaggio commerciale, complesso dei mobili che costituiscono l'arredamento di una camera per bambini o ragazzi **2** apertura fissa praticata su piani stradali per accedere alle tubazioni sotterranee dei servizi pubblici, quali telefono, acqua, gas, elettricità e sim.

camerièra [1279] **s. f. 1** persona di servizio: *avere, non avere la c.*; *restare senza c.* | domestica che serve in tavola **2** negli alberghi, donna addetta al riordino e alla pulizia dei vari locali e ad altre mansioni eventuali: *c. ai piani* | donna che serve cibi e bevande ai clienti di un ristorante || **camerierìna**, **dim.**

♦**camerière** [provenz. *camarier*, dal lat. tardo *camerāriu(m)*. V. *camerario* ✱av. 1292] **s. m. (f. -*a* (V.) nei sign. 1 e 2) 1** persona di servizio **SIN.** servitore | domestico che serve in tavola **2** in ristoranti, bar e sim., chi serve i clienti al tavolo | negli alberghi, chi è addetto al servizio nelle camere o al tavolo **3** titolo dato al gentiluomo di corte addetto alle stanze del sovrano | ***gran c.***, capo dei camerieri, dei gentiluomini e dei paggi di corte | ***c. segreto***, un tempo, dignitario laico o ecclesiastico della corte papale, titolo per lo più onorifico || **camerierìno**, **dim.**

camerinése (o -**ṣ**-) [1646] **A** **agg.** ● di Camerino, città delle Marche **B** **s. m. e f.** ● abitante o nativo di Camerino **CFR.** camerte

camerinìsta [1987] **s. m. e f. (pl. m. -*i*)** ● chi svolge servizio di assistenza agli attori nei camerini

camerìno [av. 1494] **s. m. 1** dim. di *camera*① **2** piccola stanza adibita al trucco o al riposo dell'attore (o del cantante, del direttore d'orchestra ecc.) durante le rappresentazioni teatrali, le riprese cinematografiche e televisive e sim. **3** (*disus.*) luogo di decenza **SIN.** cesso, latrina **4** nelle navi da guerra, stanzetta riservata a ufficiali e sottufficiali

camerìsta [da *camera*①; nei sign. B e C, sp. *camarista*, da *cámara* 'camera①' ✱1678] **A** **s. m. e f. (pl. m. -*i*)** ● chi esegue musica da camera **B** **s. f.** ● cameriera di corte o di famiglie signorili | (*lett.*) cameriera: *la voce della vecchia c. squillò alta* (A. SAVINIO) **C** **s. m.** ● camerario

camerìstica [f. sost. di *cameristico* ✱sec. XX] **s. f.** ● musica da camera

camerìstico [1941] **agg. (pl. m. -*ci*)** ● relativo alla musica da camera: *società cameristica di Lugano*

camerlèngo (o -**è**-) o †**camarlèngo** (o -**è**-), †**camerlingo**, †**camarlingo** [germ. *kamarling* 'addetto alla camera del re', dal lat. *cămera* 'camera①' ✱1219] **s. m. (pl. -*ghi*) 1** (*stor.*) nel Medioevo, amministratore delle entrate e dei beni di un sovrano, di una comunità, di un'istituzione religiosa | tesoriere, cassiere **2** titolo del cardinale che amministra la Camera apostolica e che rappresenta la S. Sede nella vacanza conseguente a morte del pontefice | amministratore del collegio dei Cardinali e redattore degli atti concistoriali | titolo onorifico dell'ecclesiastico che presiede le conferenze del clero romano

camèrte [lat. *Camertes* 'Camerti', antica popolazione che dette origine a Camerino ✱1615] **agg.; anche s. m. e f.** ● (*raro*) camerinese: *ateneo c.*

camerunènse o **camerunése** (o -**ṣ**-) [1987] **A** **agg.** ● del Camerun **B** **s. m. e f.** ● abitante o nativo del Camerun

càmice [da avvicinare a *camicia* ✱1287] **s. m. 1** lunga casacca spec. bianca usata dal personale sanitario e da alcune categorie di tecnici | ***camici bianchi***, (*per anton.*) medici; (*raro*) tecnici, ricercatori **2** veste di lino bianco o di tela portata dai sacerdoti, dai diaconi e dai suddiaconi sotto i paramenti, nella celebrazione degli uffici divini **SIN.** alba② **3** veste con cui un tempo si avvolgevano i morti

camicerìa [fr. *chemiserie*, da *chemise* 'camicia' ✱1905] **s. f. 1** fabbrica di camicie | negozio in cui si vendono camicie **2** insieme di camicie e generi affini: *c. per uomo, per donna*

camicétta [1866] **s. f. 1** dim. di *camicia* **2** indumento femminile di foggia, tessuto e colori vari, da portarsi dentro o fuori dalla gonna o dai pantaloni **SIN.** blusa

♦**camìcia** [lat. tardo *camīsia(m)*, di etim. incerta ✱1266] **s. f. (pl. -*cie*) 1** indumento maschile e femminile, di stoffa generalmente leggera, con maniche lunghe o corte e abbottonatura sul davanti, che copre la parte superiore del corpo: *c. di cotone, di lana, di lino, di seta, di flanella, di nylon*; *c. a righe, a scacchi* | ***c. alla Robespierre***, con ampio colletto rovesciato, che lascia scoperto il collo | ***c. da notte***, indumento spec. femminile che si indossa andando a letto | ***c. di forza***, specie di corpetto di tela molto robusta con maniche chiuse, che si allaccia dietro, usato spec. in passato per immobilizzare i malati di mente più agitati; (*fig.*) coercizione, costrizione, imposizione | ***in maniche di c., in c.***, senza giacca | ***rimanere, ridursi in c.***, (*fig.*) diventare povero | ***darebbe la c.***, (*fig.*) di persona caritatevole, generosa | ***sudare sette camicie***, (*fig.*) faticare molto | ***giocarsi la c.***, (*fig.*) perdere tutto al gioco | (*fig.*) ***uova in c.***, sgusciate e cotte in acqua che bolle **2** simbolo esteriore delle organizzazioni paramilitari di un movimento, di un partito e sim.: *indossare la c. nera, rossa* | (*est.*) l'insieme dei membri di tali organizzazioni | ***C. rossa***, volontario di Garibaldi | ***C. nera***, aderente al movimento fascista e, più tardi, membro della Milizia Volontaria per la Sicurezza Nazionale | ***C. bruna***, aderente al partito nazionalsocialista tedesco | ***C. azzurra***, membro di una organizzazione paramilitare dei nazionalisti italiani, dopo la prima Guerra mondiale | ***C. verde***, militante della Lega Nord **3** (*mar.*) camisaccio **4** involucro che fodera o ricopre strutture, recipienti e strumenti a scopo protettivo o di rivestimento oppure per creare un'intercapedine in cui far scorrere fluidi: *la c. della caldaia, dei cilindri*; *rivestire un terrapieno con una c. di mattoni*; *c. di un proiettile* **5** (*milit.*) blindatura **6** (*burocr.*) foglio di cartoncino piegato in due per contenere documenti **7** †placenta | ***nato con la c.***, detto di chi è spesso fortunato (nel Medioevo si riteneva che nascere con la placenta intatta fosse segno di buon auspicio) || **camicétta**, **dim.** (V.) | **camicìna**, **dim.** | **camicìno**, **dim. m.** (V.) | **camiciòla**, **camiciuòla**, **dim.** (V.) | **camicióna**, **accr.** | **camicióne**, **accr. m.** | **camiciòtto**, **accr. m.** (V.)

camiciàia **s. f.** ● lavorante addetta alla confezione di camicie spec. da uomo | negoziante di camicie

camiciàio [1739] **s. m. (f. -*aia* (V.), pl. m. -*ai*)** ● fabbricante o negoziante di camicie

camiciàta [da *camicia*, perché la sudata inzuppa tale indumento ✱av. 1536] **s. f.** ● (*raro, tosc.*) sudata abbondantissima

camiciàto [1970] **agg.** ● detto di proiettile conico rivestito di una blindatura di metallo duro

camicìno [1846] **s. m. 1** dim. di *camicia* | piccola camicia per neonati **2** davantino femminile di tela fine che un tempo si metteva sotto il vestito e copriva le spalle e il petto **3** corpetto maschile di raso, usato un tempo

camiciòla o (*lett.*) **camiciuòla** [av. 1665] **s. f. 1** dim. di *camicia* **2** (*tosc.*) indumento intimo di maglia **3** camicetta estiva con maniche corte e aperta al collo: *c. da uomo, da donna* || **camiciolìna**, **dim.** | **camiciolìno**, **dim. m.**

camicióne [1353] **s. m. 1** accr. di *camicia* **2** casacca ampia e lunga da indossare sopra la gonna o i pantaloni | largo abito femminile: *c. premaman*

camiciòtto [alter. di *camicia* ✱1287] **s. m. 1** camicia di tela, con collo aperto e tasche, da indossare sopra i pantaloni **2** blusa da lavoro, di tela resistente

camiciuòla ➤ **camiciola**

camillìno o **camilliàno** [dal n. del fondatore, *Camillo* de Lellis (1550-1614) ✱1931] **s. m. (f. -*a*)** ● religioso dell'ordine dei chierici regolari ministri degli infermi **SIN.** (*pop.*) crocifero, padre del bel morire

†**caminàre** ➤ **camminare**

†**caminàta**① o †**camminàta**② [vc. dotta, lat. mediev. *camināta(m)* 'stanza fornita di camino', da *camīnus* 'camino①' ✱1313] **s. f. 1** (*lett.*) stanza con camino | sala: *Non era c. di palagio / là 'v' eravam* (DANTE *Inf.* XXXIV, 97-98) **2** (*raro, est.*) corridoio, loggia

†**caminàta**② ➤ **camminata**①

†**caminatóre** ➤ **camminatore**

caminétto o (*tosc.*) **camminétto** [1550] **s. m. 1** dim. di *camino*① **2** piccolo camino, usato nelle abitazioni anche a scopo decorativo: *sedere accanto al c.*; *raccogliersi attorno, davanti al c.* **3** (*raro*) nell'alpinismo, spaccatura verticale nella roccia più piccola del camino

caminièra [da *camino*① ✱1602] **s. f. 1** parafuoco metallico posto davanti al caminetto **2** cassa elegante usata per la legna da ardere che nella parte superiore presenta talora uno scaffaletto per libri **3** specchio sopra il caminetto a scopo ornamentale **4** mensola che sporge superiormente al caminetto

♦**camìno**① o (*tosc.*) **cammìno**② [lat. *camīnu(m)* 'focolare', dal gr. *káminos* 'forno, fucina', prestito di orig. incerta ✱av. 1292] **s. m. 1** impianto domestico dove si accende il fuoco, per cucinare o riscaldare, ricavato nello spessore del muro o posto a ridosso del muro stesso, costituito da un ripiano di pietra o mattoni e sovrastato dalla cappa: *accendere il c.*; *radunarsi attorno al c.* | ***cappa del c.***, specie di volta sovrastante il camino, collegata alla canna fumaria | ***gola del c.***, canna fumaria o fumaiolo, che dalla cappa del camino arriva al tetto, per far uscire il fumo **2** (*est.*) canna fumaria **3** condotto verticale destinato a disperdere nell'atmosfera, a conveniente altezza dal suolo, i gas provenienti da un focolare o da apparecchi industriali o l'aria estratta da ambienti ventilati, e a produrre o favorirne il movimento | ***fumare come un c.***, (*fig.*) con riferimento a chi fuma molto, e continuamente **4** nell'alpinismo, solco fra due pareti rocciose di larghezza tale da consentire all'arrampicatore di penetrarvi con tutto il corpo: *salire per un c.* **5** (*geol.*) condotto naturale di un vulcano a forma di pozzo che mette in comunicazione il focolaio col cratere ‖ **caminétto**, **dim.** (V.)

†**camino** ② ➤ **cammino** ①

♦**càmion** [fr. *camion*, di etim. incerta ✱ 1875] **s. m. inv.** ● autocarro | *c. bar*, (*colloq.*) autocarro o furgone adibito a punto vendita di bibite, panini, caffè ecc. ‖ **camioncino**, **dim.** (V.)

camionàbile [1919] **A agg.** ● di strada che può essere percorsa da camion **B s. f.** ● strada camionabile

camionàle [1932] **A agg.** ● detto di strada adatta al transito di mezzi pesanti **B s. f.** ● strada camionale: *il traffico sulla c. era intenso*

camionàta [1959] **s. f.** ● il complesso delle merci e sim. che costituiscono il carico di un camion | (*est.*, *colloq.*) grande quantità

♦**camioncino** [1938] **s. m. 1** dim. di *camion* **2** piccolo autocarro per trasportare merci su brevi percorsi

camionétta [fr. *camionnette*, da *camion* ✱ 1942] **s. f.** ● piccolo autocarro veloce, spec. in dotazione alle forze armate e di polizia

camionista [1935] **s. m. e f.** (**pl. m.** *-i*) ● guidatore di camion

camionìstico [1956] **agg.** (**pl. m.** *-ci*) ● relativo ai camion o ai camionisti

camiṣàccio [da *camisa*, forma dial. di *camicia* ✱ 1935] **s. m.** ● casacca corta usata dai marinai militari

camìta [da *Cam*, figlio di Noè ✱ 1843] **A s. m. e f.** (**pl. m.** *-i*) ● chi appartiene alla famiglia etnico-linguistica dei Camiti, comprendente popolazioni non negridi stanziate nell'Africa nord-orientale **B agg.** ● relativo ai Camiti; camitico

camìtico [1843] **agg.** (**pl. m.** *-ci*) ● dei Camiti | ***gruppo c.***, famiglia di lingue di alcune popolazioni egiziane ed etiopiche

camito-semìtico [1986] **A s. m. solo sing.** ● (*ling.*) gruppo linguistico comprendente le lingue camitiche e semitiche **B anche agg.** (**pl. m.** *camito-semitici*): *gruppo camito-semitico*

càmma [fr. *came*, dal neerl. *kamm* 'pettine' ✱ 1905] **s. f.** ● (*mecc.*) pezzo metallico di forma arrotondata variabile, che si monta sugli assi rotanti di certe macchine per trasformare il moto rotatorio uniforme in moto rettilineo alternativo, spec. usato per il comando delle valvole nei motori a combustione interna **SIN.** eccentrico

†**cammeìsta** [da *cammeo* ✱ 1753] **s. m. e f.** (**pl. m.** *-i*) ● incisore di cammei

cammellàto [1942] **agg.** ● trasportato su cammelli | ***truppe cammellate***, (*fig.*, *iron.*) nel linguaggio giornalistico, gruppi di persone che si spostano o vengono portate in massa in un luogo: *alla fine del discorso dell'esponente politico, ovazioni da parte delle sue truppe cammellate*

cammellière [sec. XIV] **s. m.** ● conduttore di cammelli

cammèllo o (*raro*) **camèllo**, †**camèlo** [lat. *camēlu(m)*, dal gr. *kámēlos*, di orig. semitica ✱ 1266] **A s. m. 1** genere di Mammiferi ruminanti dei Camelidi comprendente due specie (il *dromedario* (V.) e il *cammello* vero e proprio), dotate rispettivamente di una e di due gobbe dorsali (*Camelus*) | (*per anton.*) mammifero ruminante con due gobbe dorsali, pelame abbondante e testa piccola (*Camelus bactrianus*) **2** tessuto morbido di lana un tempo lavorato con pelo di cammello, oggi con pelo di capre pregiate: *un cappotto, una giacca di c.* ‖ **cammellino**, **dim.** | **cammellóne**, **accr.** **B** in funzione di **agg. inv.** ● (posposto a un sost.) che ha il colore nocciola, scuro e caldo, caratteristico dell'animale omonimo: *un cappotto c.*

cammellòtto o †**cambellòtto**, †**ciambellòtto** [fr. *camelot*. V. *cammello* ✱ 1308] **s. m.** ● tessuto di pelo di capra o di cammello | indumento confezionato con questo tessuto

cammèo o (*raro*) **camèo** [etim. incerta ✱ 1464] **s. m. 1** prodotto della lavorazione in rilievo di alcune pietre dure (agata, diaspro, sardonica e sim.) spec. con strati di colorazione diversa tali da ottenere figure chiare su sfondi scuri | conchiglia tenera a due colori simile alla corniola che, intagliata, imita il cammeo in pietra dura **2** (*est.*) oggetto ottenuto con tale lavorazione, usato come ornamento | (*fig.*) ***avere un profilo da c.***, dai lineamenti perfetti **3** nel linguaggio cinematografico, ruolo di non primaria importanza a cui le doti dell'interprete conferiscono particolare rilievo

camminaménto [fr. *cheminement*, da *cheminer* 'camminare' ✱ 1917] **s. m. 1** (*milit.*) passaggio scavato che immette nelle trincee al riparo dalle offese nemiche **2** passaggio mascherato per accostare la selvaggina, nella caccia

camminànte **A part. pres.** di *camminare*; **anche agg.** ● nei sign. del v. **B s. m. e f. 1** (*raro*) chi cammina, chi fa escursioni | †viandante | †vagabondo, girovago **2** (**al pl.**) ***Camminanti***, gruppo nomade diffuso in Sicilia

♦**camminàre** o †**caminàre** [da *cammino* ① ✱ 1275] **A v. intr.** (**aus.** *avere*, †*essere*) **1** spostarsi a piedi: *c. adagio, in fretta, a fatica, piano* **CFR.** -grado | ***c. molto, poco***, fare molto, poco moto | ***cammina, cammina***, dopo aver camminato a lungo, espressione ricorrente spec. nelle fiabe | (*fig.*, *fam.*) ***c. sulle uova***, camminare con passi cauti; (*est.*) comportarsi con grande prudenza | ***c. sui calli a qlcu.***, (*fig.*, *fam.*) nuocergli | ***c. sul sicuro***, (*fig.*) comportarsi in modo da evitare delusioni | ***c. diritto***, (*fig.*) comportarsi onestamente | ***pare un morto che cammina***, di chi è malandato in salute **2** (*est.*) muoversi, di veicoli e sim.: *la mia auto non cammina più* | funzionare, di meccanismi, congegni e sim.: *dopo la caduta l'orologio non camminava più* **3** (*fig.*) svilupparsi nel tempo, progredire: *la scienza cammina; le cose, gli affari camminano* | svolgersi ordinatamente: *un discorso che cammina; lo stile cammina ben più naturale e più piano* (A. MANZONI) **B v. tr.** ● (*raro*, *lett.*) percorrere: *tu cammini la terra* (U. FOSCOLO)

SFUMATURE DI SIGNIFICATO

camminare - incedere - arrancare

Lo spostarsi, il muoversi a piedi si definisce genericamente **camminare**. Un *camminare* caratterizzato da gravità e solennità si dice **incedere**, mentre il *camminare* con grande fatica, a stento, affannosamente, al limite delle proprie possibilità è l'**arrancare**.

SFUMATURE ➤ ***avanzare*** ①

♦**camminàta** ① o †**caminàta** ② [da *camminare* ✱ av. 1388] **s. f. 1** passeggiata, spec. prolungata: *fare, farsi una c.; dopo una lunga c. arrivammo a casa* | (*est.*, *raro*) prova sportiva non competitiva ad ampia partecipazione, consistente nel percorrere a passo di marcia o di corsa un tracciato prestabilito | ***c. nordica***, pratica sportiva consistente nel camminare a passo sostenuto impiegando dei bastoncini d'appoggio analoghi a quelli usati per lo sci di fondo **SIN.** nordic walking **2** modo di camminare: *riconoscere qlcu. dalla c.; ha una c. inconfondibile* **SIN.** andatura ‖ **camminatina**, **dim.** | **camminatóna**, **accr.**

†**camminàta** ② ➤ †**caminata** ①

camminatóre o †**caminatóre** [1308] **s. m.** (**f.** *-trice*) **1** chi cammina molto e volentieri a piedi **2** (*burocr.*) nei ministeri, commesso che trasporta le pratiche da un reparto all'altro

camminatùra [1842] **s. f.** ● modo di camminare

camminétto ➤ **caminetto**

♦**cammino** ① o †**camino** ② [lat. tardo **camminu(m)*, di orig. gallica ✱ 1261 ca.] **s. m. 1** spostamento a piedi da un luogo all'altro: *mettersi in c.; riprendere il c.; due ore di c.* | ***essere in c.***, in viaggio | ***cammin facendo***, lungo la strada **2** luogo per dove si cammina, direzione: *indicare, chiedere il c.; un c. accidentato* | ***c. battuto***, frequentato; (*fig.*) facile | †***essere fuori di c.***, (*fig.*) lontano dall'argomento | ***aprirsi il c.***, (*fig.*) progredire superando le difficoltà | (*est.*) luogo in cui si cammina | ***c. coperto***, camminamento coperto | ***c. di ronda***, stretto passaggio posto internamente ai muri perimetrali e alla sommità di fortezze, bastioni e sim. percorso dalle sentinelle **SIN.** percorso, strada, tragitto **3** (*est.*) moto degli astri: *il c. della luna, dei pianeti* | corso di un fiume: *il c. del Po* | rotta: *il transatlantico allungò il c.* | (*fig.*) corso della vita umana: *tutto ciò che si lascia o si perde lungo il c. della vita* (L. PIRANDELLO) **4** (*fig.*) modo di comportarsi, condotta morale: *il c. della virtù, del vizio, della gloria; il retto c.* | sviluppo, progresso: *far molto c.* **5** (*mat.*) in un grafo, percorso nel quale nessuno spigolo sia ripetuto più volte | curva **6** (*fis.*) ***c. libero medio***, percorso medio di una particella tra due successive collisioni in un mezzo

cammino ② ➤ **camino** ①

cammuccà o **cammoccà**, **camuccà** [persiano *hāmhā* ✱ sec. XIV] **s. m. inv.** ● antica stoffa pregiata, d'origine orientale

†**càmo** [lat. tardo *cāmu(m)* 'museruola', dal gr. *kamós*, di etim. incerta ✱ sec. XIII] **s. m.** ● (*lett.*) morso, briglia | (*fig.*) freno morale

càmola [etim. discussa; lat. *cāmura(m)*, f. dell'agg. *cāmur*, 'ricurvo' (?) ✱ 1565] **s. f. 1** (*sett.*, *merid.*) tarlo, tarma **2** (*sett.*, *merid.*) larva di insetto

camolàto [1830] **agg.** ● (*sett.*, *merid.*) tarmato

camomìlla o †**camamilla** [lat. tardo *camomīlla(m)*, dal gr. *chamáimēlon*, propr. 'melo terrestre', comp. di *chamái* 'a terra' e *mêlon* 'melo' ✱ 1287] **s. f. 1** pianta erbacea medicinale delle Composite con foglie finemente lobate e capolini a fiori gialli al centro e bianchi nei raggi (*Matricaria chamomilla*) **2** infuso di fiori di camomilla, dotato di azione calmante: *bere una tazza di c., una c.* | (*fig.*) ***alla c.***, soporifero, noioso: *un film alla c.*

camomillièra [1970] **s. f.** ● recipiente in cui si prepara l'infuso di camomilla

camòra ➤ **gamurra**

camòrra ① ➤ **gamurra**

camòrra ② [vc. napol., di orig. dubbia ✱ 1861] **s. f. 1** associazione della malavita napoletana, nata sotto gli Spagnoli e affermatasi nell'Ottocento, molto potente e organizzata secondo rigorose leggi e gerarchie | organizzazione di tipo mafioso attiva nel Napoletano **2** (*est.*) associazione di persone disoneste, unite per ottenere illeciti guadagni e favori, anche con la violenza, a danno di altri | ***fare c.***, unirsi per danneggiare qlcu. **SIN.** camarilla

camorrìṣmo [1890] **s. m.** ● (*raro*) atteg-

C

giamento da camorrista
camorrìsta [1861] **s. m. e f.** (**pl. m.** *-i*) **1** chi fa parte della camorra **2** (*est.*) chi agevola amici o cerca di raggiungere illecitamente guadagni o cariche, mediante favoritismi | (*est.*) persona prepotente e rissosa
camorrìstico [1890] **agg.** (**pl. m.** *-ci*) • della camorra | da camorrista || **camorristicaménte**, **avv.**
camosciàre [da *camoscio* * sec. XV] **v. tr.** (**pres.** *io camòscio* o *camóscio*; **fut.** *io camoscerò*) • (*raro*) scamosciare
camosciatùra [sec. XIV] **s. f.** • (*raro*) scamosciatura
camòscio① (o **-ó-**), †**scamòscio**② [lat. tardo *camōce(m)*, parola di orig. alpina * 1367] **s. m. 1** mammifero ruminante artiodattilo della famiglia dei Bovidi, agilissimo, con corna brevi, erette e ricurve a uncino e pelo fitto bruno o grigio (*Rupicapra rupicapra*) **2** pelle dell'animale omonimo, che una concia particolare rende morbida e liscia: *guanti, giacca, borsa di c.*
†**camòscio**② (o **-ó-**) [da *camuzo*, accostato per etim. pop. a *camoscio*① * av. 1400] **agg.** • camuso: *il naso c., le labbra tumide* (G. LEOPARDI)
camòzza (o **-ó-**) [veneto *camozza*. V. *camoscio*① * sec. XIV] **s. f. 1** (*sett.*) la femmina del camoscio **2** (*fig.*) †donna sguaiata e sudicia
camp① /ingl. kæmp/ [vc. ingl., propr. 'accampamento' * 1989] **s. m. inv.** • struttura ricreativa per ragazzi, per lo più durante le vacanze, finalizzata a obiettivi specifici: *camp di vela, di ginnastica, di inglese* **SIN.** campo nel sign. I 2
camp② /kεmp, *ingl.* kæmp/ [vc. di slang ingl. di orig. sconosciuta * 1965] **agg. inv.** • affettato, artificioso, manierato: *persona c.*; *linguaggio c.*
♦**campàgna** [lat. tardo *campānia(m)*, da *cămpus* 'campo' * 1266] **s. f. 1** ampia distesa di terreno aperto e pianeggiante, coltivato o coltivabile, lontano dai grossi centri abitati: *amare la c.*; *la quiete, il silenzio della c.*; *una c. verde, ubertosa, arida* | ***buttarsi alla c.***, a fare il bandito o alla latitanza, darsi alla macchia | ***battere la c.***, (*fig.*) compiere azioni di scorreria, polizia, guerra o guerriglia, fuori dai centri abitati | zona coltivata, con piccoli paesi, abitati spec. da popolazioni agricole, e case sparse: *vivere, trasferirsi, villeggiare in c.*; *si è fatto la villa in c.* | ***gente di c.***, contadini **CFR.** agri-, agro- **2** (*est.*) stagione, periodo in cui si svolge un'attività agricola: *la c. delle barbabietole* **3** terreno adatto alla rapida manovra delle truppe, a battaglie campali e sim.: *artiglieria da c.*; *la solitudine di queste campagne è piena di cadaveri* (G. CARDUCCI) **4** ciclo d'operazioni militari caratterizzato da compiutezza d'insieme nel tempo e nello spazio: *le campagne d'Africa* | ***c. di guerra***, periodo passato sotto le armi in zona di guerra, durante una campagna, presso enti mobilitati **5** (*fig., scherz.*) esperienza amorosa: *in gioventù ha fatto le sue campagne*; *ha fatto più campagne di Garibaldi* **6** (*mar.*) navigazione in mare aperto, lontano dal porto e dal proprio paese **7** (*est.*) complesso di iniziative di varia natura, prolungate nel tempo, intese al raggiungimento di un particolare scopo: *c. elettorale* | ***c. pubblicitaria***, finalizzata al lancio o al rafforzamento di un prodotto sul mercato | ***c. di stampa***, serie di articoli o servizi giornalistici pubblicati per sensibilizzare l'opinione pubblica a un dato problema | ***c. fotografica***, viaggio compiuto da un fotografo spec. professionista in una certa regione per ritrarne organicamente tutti gli aspetti più interessanti; anche la serie delle fotografie risultanti | ***c. dividendi, c. assembleare***, in borsa, l'insieme dei rialzi o, in genere, dei movimenti delle quotazioni azionarie durante il periodo in cui le assemblee delle società per azioni decidono l'entità dei dividendi da pagare agli azionisti | ***c. acquisti***, nel calcio, complesso delle trattative che si svolgono tra le varie società, nei periodi stabiliti, per l'ingaggio, la vendita e lo scambio dei giocatori **8** (*arald.*) fascia che copre il terzo inferiore dello scudo || **campagnétta**, **dim.**
campagnòla® [marchio registrato * 1955] **s. f.** • (*autom.*) tipo di autovettura fuoristrada fabbricata dalla FIAT dal 1951 al 1987
campagnòlo o (*lett.*) **campagnuòlo** [1612] **A agg.** • di campagna: *gente campagnola* **SIN.** agreste, rustico **B s. m.** (**f.** *-a*) • chi vive in campagna, o lavora la terra
càmpago ➤ **compago**
campàio ➤ **camparo**
campàle [lat. mediev. *campale(m)*, da *cămpus* 'campo' * 1336 ca.] **agg. 1** che avviene o si svolge in campo aperto: *battaglia, scontro c.* **2** relativo al campo di battaglia | ***fortificazione c.***, complesso di opere provvisorie costruite sul campo di battaglia | ***artiglieria c.***, artiglieria da campagna | ***giornata c.***, la giornata dello scontro decisivo; (*fig.*) giornata molto impegnativa, faticosa
†**campaménto** [da *campare*① * av. 1292] **s. m. 1** quanto occorre per campare **2** scampo
♦**campàna** [lat. tardo *campāna(m)*, da (*vāsa*) *campāna* 'vasi di bronzo della Campania' * av. 1294] **s. f. 1** strumento gener. di bronzo, di varie dimensioni, a forma di bicchiere rovesciato, che viene suonato mediante percussione di un battaglio appeso all'interno o di un martello esterno: *il suono, il rintocco delle campane*; *le campane della chiesa, del duomo*; *campane a festa*; *campane a morto*; *la c. dell'Ave Maria, del vespro, di mezzogiorno* | ***concerto di campane***, scampanio in accordo melodico | ***suonare le campane a martello***, a rintocchi, come percosse da un martello, per annunciare un pericolo | ***legare le campane***, non suonarle, in segno di lutto, dal Giovedì al Sabato Santo | ***sciogliere, slegare le campane***, riprendere a suonarle, dopo la resurrezione, in segno di gioia | ***sentire tutte e due le campane***, (*fig.*) ascoltare le ragioni di tutte e due le parti | ***sordo come una c.***, completamente sordo | (*fig.*) ***stare in c.***, stare in guardia, all'erta | ***a c.***, scampanato: *gonna a c.* **2** calotta o contenitore a forma di campana, utilizzato per vari scopi: *proteggere con una c. le colture ortive premature*; *conservare un prodotto chimico sotto una c.*; *la c. del lume a petrolio*; *la c. del pasticciere* | tipo di contenitore per la raccolta differenziata dei rifiuti: *c. per la raccolta del vetro, della plastica* | ***c. di vetro***, (*per anton.*) quella usata per custodire soprammobili o altri oggetti delicati: *i frutti di marmo protetti dalle campane di vetro* (G. GOZZANO) | ***sotto una c. di vetro***, (*fig.*) in un ambiente troppo protetto, tra eccessivi riguardi o precauzioni: *vivere, tenere i figli sotto una c. di vetro* | ***c. pneumatica***, parte superiore dell'impianto per fondazioni subacquee, atto a immettere nel cassone affondato l'aria compressa, gli operai e i materiali, necessari a eseguire i lavori | ***c. da palombaro***, apparato a forma di campana calato sott'acqua per consentire lavori sul fondo, mantenuto vuoto da aria compressa **3** (*archit.*) parte interna del capitello corinzio, avvolta dalla foglia di acanto o da altri motivi ornamentali **4** gioco infantile consistente nello spostare, saltellando su un solo piede, un sassolino, che va depositato in appositi riquadri disegnati sul suolo **SIN.** settimana **5** (*mus.*) negli strumenti a fiato, padiglione | ***campane tubolari***, strumento a percussione formato da una serie di tubi in acciaio accordati || **campanèlla**, **dim.** (V.) | **campanétta**, **dim.** | **campanìna**, **dim.** | **campanóna**, **accr.** | **campanóne**, **accr. m.** (V.)
campanàccio [1542] **s. m. 1** pegg. di *campano*② **2** campana appesa al collo dei bovini al pascolo per evitare la dispersione della mandria e facilitarne il ritrovamento **SIN.** bronza **3** campana di terracotta per richiamare le api
campanàio ➤ **campanaro**
campanàrio [av. 1537] **agg.** • della campana, delle campane | ***torre campanaria***, campanile | ***cella campanaria***, parte del campanile in cui si trovano le campane
campanàro o (*tosc.*) **campanàio** [lat. mediev. *campanāriu(m)*, da *campāna* 'campana' * av. 1327] **s. m.** (**f.** *-a*) **1** chi ha il compito di suonare le campane **2** †fonditore di campane
campanatùra [1869] **s. f. 1** (*autom.*) angolo caratteristico delle ruote di un autoveicolo rispetto al suolo **SIN.** camber **2** conformazione a campana più o meno accentuata, di un fiore, una scodella, un paralume e sim. | (*aeron.*) ***c. di un'elica***, incurvamento delle pale che trasforma il disco dell'elica in un cono molto aperto e può essere causato dalle forze aerodinamiche, oppure previsto in sede di progetto
campanèlla [1275] **s. f. 1** dim. di *campana* **2** campanello: *suonare la c.*; *la c. della scuola* **3** anello di ottone o di ferro appeso al portone per bussare, oppure infisso nei muri di palazzi antichi, rimesse, stalle e sim. per attaccarvi i cavalli | cerchietto di ferro posto tra le narici dei bovini, per guidarli | ognuno dei due cerchietti di metallo posti all'estremità inferiore del morso del cavallo a cui si attaccano le redini **4** ciascuno degli anelli metallici cuciti alle tende e infilati in un ferro orizzontale, per farle scorrere | anello che si fissa al fodero della sciabola per agganciarla al cinturino **5** ognuno dei due cerchietti d'oro o d'argento che si portavano agli orecchi per ornamento **6** (*bot.*) nome popolare di varie specie del genere Campanula || **campanellìna**, **dim.**
♦**campanèllo** [da *campana*; nel sign. 4, con evoluzione semantica non chiara * av. 1370] **s. m. 1** oggetto, a forma di piccola campana, che si suona agitandolo per il manico o, se sospeso, tirando il cordone: *il c. della porta* | ***c. a scatto***, che si suona tirando una maniglia o premendo un pulsante **2** ***c. elettrico***, o (*assol.*) ***campanello***, strumento per la trasmissione di segnali acustici mediante correnti elettriche | ***c. d'allarme***, dispositivo per segnalare tentativi di effrazione, furto e sim.; (*fig.*) segnale anticipatore di avvenimenti negativi **3** (*mus.*) (**spec. al pl.**) strumento a percussione costituito originariamente da una serie di piccole campane, più tardi da sbarrette d'acciaio **SIN.** Glockenspiel **4** taglio di carne bovina, magro, ricavato dal quarto posteriore || (*raro*) **campanellétto**, **dim.** | **campanellìno**, **dim.** | (*lett.*) **campanellùccio**, **campanellùzzo**, **dim.**
campanifórme [comp. di *campana* e *-forme* * 1865] **agg.** • che ha forma di campana: *fiore c.*
♦**campanìle** [lat. mediev. *campanīle*, da *campāna* 'campana' * av. 1328] **s. m. 1** costruzione a torre, attigua alla chiesa o facente corpo con essa, destinata a contenere nella sua parte terminale le campane: *c. romanico, gotico*; *il c. di Giotto a Firenze* | ***alto come un c.***, detto spec. di persona molto alta | ***a c.***, che si innalza in linea verticale: *volo a c.* | ***tiro a c.***, nel calcio, quello con parabola alta e verticale **2** (*fig.*) paese natio | ***amore di c.***, del proprio paese o della città natale | ***questioni di c.***, (*fig.*) grette, meschine **3** nell'alpinismo, caratteristica formazione dolomitica di for-

ma snella con pareti verticali e punta aguzza || **campanilétto**, dim. | **campanilóne**, accr.

campanilismo [da *campanile* ✳ 1891] s. m. ● eccessivo attaccamento al proprio paese o alla propria città natale

campanilista [1883] s. m. e f. (pl. m. -*i*) ● chi dà prova di campanilismo

campanilistico [1890] agg. (pl. m. -*ci*) ● di campanilismo o campanilista || **campanilisticaménte**, avv. con spirito campanilistico

campanino [da *campana*, perché risuona ✳ 1550] s. m. ● tipo di marmo toscano

♦**campàno**① [vc. dotta, lat. *campānu(m)*, da *Campānia* 'Campania' ✳ sec. XIV] **A** agg. ● della Campania: *dialetto c.* **B** s. m. (f. -*a*) ● abitante o nativo della Campania: *gli antichi Campani* **C** s. m. solo sing. ● ogni dialetto parlato in Campania

campàno② [da *campana* ✳ 1803] s. m. ● campana appesa al collo degli animali al pascolo || **campanàccio**, pegg. (V.)

campanóne [av. 1646] s. m. **1** accr. di *campana* **2** (*per anton.*) campana principale di una chiesa: *il c. di S. Pietro* **3** (*milit.*) specie di antico mortaio con bocca campaniforme

campànula [dim. del lat. *campāna* 'campana' ✳ 1499] s. f. ● genere di piante erbacee delle Campanulacee, cui appartengono molte specie, con fiori in spighe o in racemi di colore blu, bianco o purpureo (*Campanula*) | (*per anton.*) pianta erbacea delle Campanulacee a fiori penduli di color violetto riuniti in grappoli (*Campanula medium*)

Campanulàcee [vc. dotta, comp. di *campanul(a)* e -*acee* ✳ 1865] s. f. pl. (sing. -*a*) ● (*bot.*) famiglia comprendente piante erbacee annuali, biennali e perenni con fiori vistosi, ermafroditi, con corolla campanulata gamopetala (*Campanulaceae*)

campanulàto [1797] agg. ● (*bot.*) che ha forma di campana: *fiore c.*; *corolla campanulata*

campàre① [V. *scampare* ✳ av. 1250] **A** v. intr. (aus. *essere*) **1** provvedere alla propria esistenza (+ *di*, + *con*, + *su*): *E come avete fatto a c.?* (C. Collodi); *c. di rendita, del proprio lavoro*; *campano con la pensione minima*; *era un povero diavolo che campava su di quel po' di mandra* (G. Verga) | (*pop.*) vivere, sia pur con sforzo e difficoltà | ***c. d'aria***, (*fig.*) non avere mezzi per vivere; mangiare pochissimo | ***si campa***, si tira avanti, si riesce a vivere alla meglio: *tra il mestiere di mio marito, e qualcosa che abbiamo al sole, si campa* (A. Manzoni) | ***tirare a c.***, badare a vivere senza impegnarsi troppo e senza assumersi grandi responsabilità | PROV. ***campa cavallo (che l'erba cresce)***, invito ironico o rassegnato ad aspettare a lungo qlco. che non si sa se e quando si realizzerà **2** (*lett.*) sfuggire, scampare a una situazione pericolosa: *c. dalla prigionia, dalla morte*; *campar dalle fiere* (G. Vico) **B** v. tr. **1** (*lett.*) liberare, salvare da un pericolo: *Fui mandato ad esso / per lui c.* (Dante *Purg.* I, 61-62) **2** (*merid.*) provvedere al mantenimento, sostentare: *i genitori l'hanno campato fino a 30 anni* **3** †sfuggire, schivare, scampare: *c. la morte, il pericolo*

campàre② [da *campo* ✳ 1550] v. tr. ● far risaltare: *c. una figura sullo sfondo*

campàro o (*tosc.*) **campàio** [da *campo* ✳ 1297] s. m. ● (*centr., merid.*) guardia campestre

campàta [da *campo* 'porzione di spazio' ✳ 1905] s. f. ● (*archit., edil.*) parte di costruzione compresa tra due sostegni o piedritti consecutivi | (*sport*) in ginnastica, elemento unitario della spalliera

†**campàtico** [da *campo* ✳ av. 1756] s. m. (pl. -*ci*) ● imposta sui redditi agrari

campàto part. pass. di *campare*②; anche agg. **1** nei sign. del v. **2** *c. in aria*, infondato

campéccio ➤ **campeggio**②

campeggiaménto [av. 1675] s. m. ● (*milit.*) il campeggiare | campagna militare | accampamento

♦**campeggiàre** [da *campo* ✳ 1336 ca.] **A** v. intr. (pres. *io campéggio*; fut. *io campeggerò*; aus. *avere*) **1** (*milit.*) anticamente, stare in campo con l'esercito cambiando spesso alloggiamento, senza attaccare direttamente il nemico, così da indurlo a muoversi | fronteggiare il nemico in campo o dal campo | accamparsi **2** stare in un campeggio, attendarsi all'aria aperta: *campeggiarono sul Garda* **3** risaltare su uno sfondo: *nell'affresco campeggiano due sole figure*; *la Mole Antonelliana campeggia su Torino*; *il busto in bronzo campeggia nella piazza* | (*fig.*) avere un particolare risalto: *in tutto il romanzo campeggia la figura del padre* **B** v. tr. **1** †assediare **2** †campire: *c. un dipinto*

campeggiatóre [1942] s. m. (f. -*trice*) ● chi pratica il campeggio

♦**campéggio**① [da *campeggiare* ✳ 1924] s. m. ● forma di turismo all'aria aperta che consiste nel vivere in una tenda, in una roulotte e sim. | terreno custodito e dotato di attrezzature igieniche, in cui si può soggiornare in tenda, roulotte e sim. SIN. camping CFR. campo

campéggio② o **campéccio** [dal n. dello stato del Messico *Campeche* ✳ 1758] s. m. **1** albero delle Papilionacee con tronco spinoso sempreverde, foglie persistenti composte, fiori piccoli gialli in grappoli e legno molto duro (*Haematoxylon campechianum*) **2** legno del campeggio, di color rosso brunastro

campeggista [da *campeggio*① ✳ 1934] s. m. e f. (pl. m. -*i*) ● campeggiatore

campeggìstico [da *campeggio*① ✳ 1959] agg. (pl. m. -*ci*) ● relativo al campeggio

càmper /'kamper, *ingl.* 'kæmpə(r)/ [vc. ingl., propr. 'campeggiatore', da *to camp* 'accamparsi' ✳ 1978] s. m. inv. ● furgone o pulmino la cui parte interna è stata attrezzata in modo da essere abitabile SIN. motorhome || **camperino**, dim.

†**camperéccia** [1738] s. f. (pl. -*ce*) ● terreno da coltivare

camperéccio [da *campo* ✳ av. 1313] agg. (pl. f. -*ce*) **1** (*raro*) campestre: *mi seguiva volentieri nelle mie scorrerie camperecce* (I. Nievo) | ***fosso c.***, scolina **2** terragnolo: *uccello c.*

camperista [1981] s. m. e f. (pl. m. -*i*) ● chi viaggia o campeggia in camper

campèro /*sp.* kam'pero/ [vc. sp., propr. 'campestre' ✳ 1979] s. m. inv. (pl. *camperi* o sp. *camperos*) ● stivale di pelle grezza, con punta stretta o squadrata, talora con intarsi e ricami

campesino /kampe'sino, *sp.* kampe'sino/ [vc. sp., da *campo* 'campo' ✳ 1940] s. m. (f. -*a*; pl. m. -*i*, sp. -*os*; pl. f. -*e*, sp. -*as*) ● contadino dell'America centro-meridionale

♦**campèstre** [vc. dotta, lat. *campĕstre(m)*, da *cămpus* 'campo' ✳ av. 1348] agg. ● dei campi | della campagna: *vita, festa c.*; *fiori campestri* | ***guardia c.***, addetta alla sorveglianza dei campi | ***corsa c.***, (*ellitt.*) ***campestre***, in vari sport, gara o corsa che si svolge su un terreno accidentato di campagna SIN. campagnolo

campétto [sec. XIII] s. m. **1** dim. di *campo* **2** campo sportivo più piccolo e dotato di minori strutture rispetto a quello regolamentare || **campettino**, dim.

campicchiàre [da *campare*① col suff. -*icchiare* ✳ 1865] v. intr. (*io campìcchio*; aus. *essere*) ● campare alla meglio, stentatamente SIN. vivacchiare

campidàno [deriv. dal lat. *cămpus* 'campo' ✳ 1838] s. m. ● in Sardegna, zona pianeggiante: *il c. di Cagliari*

campièllo [lat. parl. **campitĕllu(m)*, dim. di *cămpus* 'campo' ✳ 1756] s. m. ● a Venezia, piazzetta in cui sboccano le calli

campière o **campièro** [da *campo* ✳ 1880] s. m. ● in Sicilia, guardia campestre privata: *i volti barbuti dei 'campieri' che stazionavano armati* (G. Tomasi di Lampedusa)

campigiàna [da *Campi*, paese vicino a Firenze ✳ 1865] s. f. ● tipo di mattone di spessore ridotto usato spec. per pavimentare terrazzi

campimetrìa [comp. di *camp(o)* e -*metria* ✳ 1962] s. f. ● (*med.*) indagine per valutare l'estensione del campo visivo

camping /'kɛmpin(g), *ingl.* 'kæmpɪŋ/ [vc. ingl., propr. 'attività di campeggio' dal v. *to camp* 'campeggiare', dal fr. *camper*, denominale di *camp* 'campo' ✳ 1911] s. m. inv. ● campeggio, nel sign. di *campeggio*①

campionaménto [1955] s. m. ● il campionare

campionàre [1853] v. tr. (*io campióno*) ● scegliere, prelevare campioni, spec. da un insieme di merci o materiali geologici | (*stat.*) selezionare all'interno di una popolazione un numero di elementi che siano il più possibile rappresentativi della sua totalità | (*elettron.*) eseguire una sequenza di misure di un segnale elettrico con cadenza prefissata

SFUMATURE ➤ *classificare*

campionàrio [1876] **A** s. m. ● raccolta di campioni, spec. per saggio di merci **B** agg. ● formato, costituito da campioni, spec. nella loc. ***fiera campionaria***, esposizione di merci e prodotti tipici di una nazione o di un ramo dell'industria, a scopo commerciale

campionarista [1932] s. m. e f. (pl. m. -*i*) ● chi è addetto alla scelta dei campioni e alla preparazione dei campionari di vendita | chi mostra i campionari alla clientela

♦**campionàto** [fr. *championnat* 'prova sportiva in cui il vincitore riceve il titolo di campione' ✳ 1886] s. m. ● gara periodica, unica o in più prove, per l'assegnazione del titolo di campione a un atleta o a una squadra: *c. di calcio, di ciclismo, di automobilismo*; *c. italiano, del mondo*; *c. maschile, femminile* CFR. regular season

campionatóre [1955] s. m. **1** (f. -*trice*) chi è addetto alla campionatura **2** (*tecnol.*) dispositivo per effettuare campionamenti

campionatùra [1915] s. f. ● operazione del campionare

campioncino [1955] s. m. **1** dim. di *campione* **2** confezione di dimensioni ridotte di un prodotto: *un c. di profumo* **3** (f. -*a*) chi ha le qualità per diventare un campione

♦**campióne** [lat. tardo *campiōne(m)*, dal francone **kampio*, a sua volta dal lat. *cămpus* 'campo di battaglia' ✳ av. 1294] **A** s. m. **1** (f. -*éssa*) nel Medioevo, chi scendeva in campo e combatteva in duello per sostenere le ragioni di un terzo | (*fig.*) chi difende una causa, un'ideologia: *c. della libertà, della fede, del progresso* SIN. difensore, paladino **2** (f. -*essa*) atleta o squadra che ha vinto un campionato o un torneo: *c. del mondo*; *c. iridato*; *c. in carica* | ***c. d'inverno***, in un campionato, la squadra al comando della classifica al termine del girone d'andata | ***c. assoluto***, il vincitore di un campionato cui sono ammesse tutte le categorie o il vincitore della massima categoria | (*est.*) atleta eccellente, di grande classe: *un c. del pedale* | (*fig.*) chi eccelle in un'attività particolare: *è un c. della matematica*; *in fisica è un vero c.* | V. anche *campionissimo* **3** piccolo saggio tratto da un insie-

me, atto a indicarne le caratteristiche e le qualità: *un c. di stoffa, di vino; prelevare un c. da un giacimento minerario* | ***vendita su c.***, in cui la merce deve essere conforme al campione da essa tratto | ***c. senza valore***, inviato per posta in involucro non sigillato, a tariffa ridotta | ***c. di riserva***, controcampione | (*iron.*) ***un bel c.!***, persona di scarse qualità **4** (*fis.*) prototipo di riferimento delle unità di misura fondamentali: *il c. internazionale del metro, del kilogrammo; c. primario di frequenza* **5** (*stat.*) parte di una totalità di unità che compongono il fenomeno collettivo: *c. rappresentativo; c. a scelta casuale, ragionata* | ***metodo del c.***, tecnica di rilevazione statistica con cui si rileva solo una parte dei casi che compongono il fenomeno collettivo **6** †libro, registro del catasto, dei conti, della dogana **B** **in funzione di agg. inv.** (**posposto a un sost.**) **1** vittorioso in un campionato, in un torneo sportivo, spec. nella loc. ***squadra c.*** **2** relativo a una parte rappresentativa di un tutto: *analisi c.; indagine c.* | idoneo come copia, misura, riscontro e sim.: *metro c.* ‖ **campioncìno**, **dim.** (V.)
SFUMATURE ➤ ***esemplare***②

campionése (o -ṣ-) [1868] **A** **agg.** • di Campione d'Italia, in provincia di Como | ***Maestri campionesi***, gruppo di scultori, lapicidi e architetti originari per lo più della zona di Campione, attivi in varie regioni d'Italia tra la seconda metà del sec. XII e la fine del sec. XIV **B** **s. m. e f.** • abitante o nativo di Campione

campionìssimo [da *campione* col suff. *-issimo* dei superl. ✱ 1931] **s. m.** (**f.** *-a*) • atleta che si è particolarmente distinto per numero di vittorie nella sua specialità | (*per anton.*) il corridore ciclista F. Coppi (1919-1960)

campionìsta [da *campione* ✱ 1983] **s. m. e f.** (**pl. m.** *-i*) • nell'industria, chi è addetto allo studio e all'esecuzione di campioni o modelli di prodotti tecnici

campìre [da *campo* ✱ 1550] **v. tr.** (*io campìsco, tu campìsci*) • in pittura, dipingere il campo o fondo | stendere il colore in maniera uniforme in una zona nettamente delimitata | ***c. le lacune***, nella tecnica del restauro, ricoprire le zone di colore perduto con tinte locali o neutre, senza far uso di disegno o di chiaroscuro

campitùra [1970] **s. f.** • il campire | in una superficie pittorica, zona campita

•**càmpo** [lat. *cămpu(m)*, di etim. incerta, forse di orig. italica ✱ sec. XIII] **s. m.** (**pl.** *càmpi* **m.**, †*càmpora* **f.**) **I** porzione di terreno o di territorio **1** superficie agraria delimitata, coltivata o coltivabile: *un c. di grano, di patate, d'insalata; arare, coltivare, seminare un c.; c. coltivato a maggese; una distesa di campi arati, seminati, brulli, irrigui* | (*est.*, **spec. al pl.**) campagna: *scegliere, preferire la vita dei campi; la pace, il silenzio dei campi* **2** area opportunamente delimitata e adattata per usi particolari: *c. di calcio; c. da* (più raro *di*) *tennis; c. da golf; c. di* (o *da*) *sci* | ***c. di gioco, c. di gara***, su cui si svolge una competizione sportiva | ***fondo c.***, V. *fondocampo* | ***fuori c.***, V. *fuoricampo* nel sign. 2 | ***c. neutro***, V. *neutro* nel sign. A 1 | ***c. giochi***, zona verde urbana, attrezzata per lo svago dei bambini | struttura ricreativa per bambini e ragazzi durante i periodi di vacanza, finalizzata a obiettivi specifici (anche assol.): *c. estivo, invernale; un c. per giovani scout* **SIN.** camp① **CFR.** campeggio① | ***c. solare***, centro di educazione e ricreazione urbano, frequentato durante l'estate da alunni di scuola dell'infanzia e primaria | ***c. d'aviazione***, apprestato per il decollo e l'atterraggio di velivoli spec. leggeri | ***c. scuola***, impianto destinato all'insegnamento di una pratica sportiva; soggiorno organizzato per gruppi di persone in una determinata località, finalizzato all'insegnamento o alla pratica di attività culturali e sportive | ***c. di fortuna***, sommariamente apprestato per l'atterraggio ed eventualmente il decollo di piccoli velivoli costretti ad atterrare per avaria o altre cause | ***c. di tiro***, in cui si esercita il tiro a volo | ***a tutto c.***, nel linguaggio sportivo, detto del modo di giocare di una squadra o di un singolo giocatore sull'intero campo di gioco; (*est.*) detto di iniziativa a vasto raggio, senza limiti prefissati: *colloqui a tutto c.* **3** accampamento: *mettere, piantare il c.; levare, muovere il c.; vita al c.; ospedale da c.* | ***c. di Agramante***, (*fig.*) gruppo di persone discordi e litigiose fra loro | nell'alpinismo, base attrezzata sulla montagna da scalare | ***c. base***, la base logistica della spedizione | ***campi alti***, quelli posti sui fianchi della montagna per portarvisi e ridurre il cammino verso la vetta | vasta area destinata ad accogliere un ingente numero di persone, per varie ragioni lontane dai luoghi abituali di residenza: *c. di raccolta per gli alluvionati, i terremotati; campi internazionali di lavoro e vacanza; campi di lavoro coatto; c. profughi; c. di prigionia* | ***c. di concentramento***, per prigionieri di guerra o internati civili | ***c. di annientamento, di eliminazione, di sterminio***, quelli attrezzati dai nazisti per la soppressione in massa dei loro avversari politici e razziali **4** luogo dove si combatte, si compiono esercizi militari o si organizzano e attuano piani militari, strategici, di sicurezza e sim.: *c. di battaglia* | ***scendere in c.***, combattere, accettare una sfida; (*fig.*) impegnarsi in una discussione o in una competizione per sostenere un'idea, un piano, un progetto | ***abbandonare il c.***, ritirarsi (*anche fig.*) | ***rimanere padrone del c.***, vincere (*anche fig.*) | ***mettere in c.***, schierare in combattimento; (*fig.*), addurre, presentare | ***tenere il c.***, (*fig.*) mantenere con decisione le proprie posizioni in una disputa, contesa e sim. | ***scelta di c.***, (*fig.*) presa di posizione, spec. su avvenimenti politici o sociali | ***c. minato***, cosparso di mine anticarro, antiuomo e miste; (*fig.*) argomento insidioso, situazione rischiosa o che presenta troppe incognite | ***c. di tiro***, zona che può essere battuta dal tiro di un'arma | ***c. di Marte***, piazza d'armi | ***promozione sul c.***, quella che si ottiene per il coraggio e l'abilità dimostrati in combattimento, quando questo ancora dura o è appena cessato | (*stor.*) ***C. di marzo, di maggio***, l'assemblea dei liberi in armi, che si riuniva all'inizio di ogni primavera intorno ai re merovingi e carolingi **5** (*fig.*) agio, opportunità d'azione: *aver c. di riflettere su un problema* | ***avere c. libero***, avere piena libertà d'azione **6** spazio di terreno aperto allo stato naturale: *c. di neve* | ***sul c.***, detto di ricerca, indagine, osservazione e sim., realizzata nello stesso ambiente in cui avviene il fenomeno oggetto di studio **7** a Venezia, piazza **II** porzione di spazio **1** (*fis.*) regione dello spazio in ogni punto della quale è definita una grandezza fisica misurabile | (*est.*) il valore della grandezza stessa in ciascun punto: *all'interno della bobina il campo magnetico è di 10 kilogauss* | ***c. scalare***, a ogni punto del quale è associato un solo valore numerico | ***c. di Higgs***, ipotetico campo, costante in tutto lo spazio, tramite il quale le particelle elementari acquisiscono massa | ***c. vettoriale***, in ogni punto del quale è definito un vettore | ***c. di forze***, campo vettoriale in cui il vettore è una forza | ***c. elettrico***, campo di forze circostante un corpo elettrizzato o un magnete in movimento | ***c. magnetico***, campo di forze circostante un magnete o un conduttore percorso da corrente | ***c. elettromagnetico***, regione di spazio in cui esistono forze elettriche e magnetiche | ***c. stellare***, zona della sfera celeste dove si trovano molti astri | ***c. gravitazionale***, regione di spazio in cui viene esercitata una forza gravitazionale | ***c. visivo, di visione***, tratto d'orizzonte abbracciato dall'occhio immobile | ***c. ottico***, in uno strumento ottico, angolo solido entro cui può essere posto un oggetto, continuando l'obiettivo a formarne l'immagine | (*colloq.*) ***non c'è c.***, ***non ho c.***, nella telefonia cellulare si dice quando il valore del campo elettromagnetico che trasmette i segnali non è sufficiente per stabilire la comunicazione **2** (*cinema, tv*) ***c. d'immagine***, spazio inquadrato dall'obiettivo e riprodotto sulla pellicola o sul monitor | ***profondità di c.***, V. *profondità* nel sign. 6 | ***fuori c.***, V. *fuoricampo* nel sign. 1 | ***c. lungo***, comprendente figure distanti oltre 30 metri dalla macchina da presa, ma bene individuabili | ***c. medio***, comprendente uno spazio abbastanza vasto, con figure umane a distanza inferiore a 30 metri | ***c. lunghissimo***, ripreso da una camera in distanza, senza alcun oggetto in primo piano **3** (*inform.*) in un database, ogni porzione di un record contenente un'unica informazione e identificata da un nome comune a tutti i record **III** porzione esterna di un oggetto **1** superficie sulla quale sono distribuite le immagini di un dipinto o di un rilievo **SIN.** sfondo **2** (*numism.*) superficie del dritto o del rovescio nella moneta o nella medaglia **3** (*arald.*) superficie dello scudo: *gigli d'oro in c. azzurro* **IV** parte o settore, variamente delimitato **1** settore specifico di attività culturale, indagine scientifica, studio, discussione e sim.: *restiamo sul c. della matematica; il diritto è il c. di sua competenza* **SIN.** ambito, ramo **2** (*ling.*) ***c. semantico***, settore del lessico i cui elementi sono tra loro legati per rapporti di significato **3** (*mat.*) corpo nel quale la moltiplicazione è commutativa | ***c. di razionalità***, insieme dei numeri che si possono ottenere dai numeri dati con le operazioni razionali | ***c. di definizione***, dominio ‖ **campàccio**, **pegg.** | (*lett.*) **camperèllo**, **dim.** | **campétto**, **dim.** (V.) | **campicèllo**, **dim.**

campobassàno [sec. XX] **A** **agg.** • di Campobasso **B** **s. m.** (**f.** *-a*) • abitante o nativo di Campobasso

camporèlla [da *campora*, ant. pl. di *campo* ✱ 1943] **s. f.** • (*sett.*, *scherz.*) campicello, spec. nella loc. ***andare in c.***, amoreggiare in luoghi appartati di campagna

càmpos /*portog.* 'kɐ̃mpuʃ, 'kɜ̃mpus/ [stessa etim. dell'it. *campo* ✱ 1955] **s. m. pl.** • savane situate a sud delle foreste del bacino del Rio delle Amazzoni

camposànto o **càmpo sànto** [comp. di *campo* e *santo* ✱ sec. XIV] **s. m.** (**pl.** *campisànti* o *camposànti*) • cimitero | ***andare al c.***, (*fig.*) morire

camptodattilìa [vc. dotta, comp. del gr. *kamptós* 'flessibile' e di un deriv. di *-dattilo* ✱ 1988] **s. f.** • (*med.*) deformità congenita costituita da flessione fissa di uno o più dita, spec. del dito mignolo

càmpus /'kampus, *ingl.* 'kæmpəs/ [vc. ingl., lat. *cămpus*, nom., 'campo' ✱ 1940] **s. m. inv.** (**pl. ingl.** *campuses*) • insieme dei terreni e degli edifici che fanno parte di un'università, spec. negli Stati Uniti | (*est.*) l'università stessa

camuccà ➤ **cammuccà**

camuffaménto [1889] **s. m.** • mascheramento, travestimento (*anche fig.*)

camuffàre [prob. dall'ant. *camuffo* (V.) ✱ av. 1342] **A** **v. tr.** **1** vestire in maniera da far assumere un aspetto diverso: *c. qlcu. da Arlecchino, da brigante* | (*fig.*) ***c. le proprie aspirazioni***, nasconderle **SIN.** mascherare, travestire **2** †ingannare **B** **camuffàrsi** **v. rifl.** • travestirsi, mascherarsi: *camuffarsi da mendicante*

camùffo [etim. incerta ✻ av. 1494] **s. m.** **1** †cappuccio che copre il volto **2** †ladruncolo, tagliaborse **3** (*sett.*, *raro*) ornamento: *piucché alla sostanza s'abbada ... ai fronzoli, ai camuffi* (I. NIEVO)

camùno [vc. dotta, lat. *Camūni*, nom. pl., n. di un popolo retico o euganeo ✻ 1764] **A** **agg.** ● della Val Camonica: *preistoria camuna* **B** **s. m.** (**f.** *-a*) ● abitante o nativo della Val Camonica

camùrra ➤ **gamurra**

camùṣo [forse da *muso*, con un pref. *ca-* pegg. ✻ 1310] **agg.** ● di naso, schiacciato, piatto | (*est.*) di persona, che ha il naso piatto e schiacciato: *individuo c.*; *Or qual conviensi / al c. Etiope il naso* (G. PARINI)

can [1521] **s. m. inv.** ● adattamento di *khan* (V.)

Canadair® /*fr.* kana'dɛʀ/ [dal n. della ditta canadese che lo produce ✻ 1985] **s. m. inv.** ● (*aeron.*) anfibio impiegato contro gli incendi

♦**canadése** (o **-ṣ-**) [1787] **A** **agg.** ● del Canada: *parlamento c.* | ***bottiglia c.***, tipo di bottiglia usata dall'esercito canadese nella seconda Guerra mondiale, e attualmente da alcune fabbriche di birra | ***tenda c.***, tipo di tenda da campeggio a struttura triangolare, costituita da semplici teli di copertura sorretti da due paletti **B** **s. m. e f.** ● abitante o nativo del Canada **C** **s. m.** ● (*med.*) in ortopedia, bastone metallico a semi-bracciale usato per appoggiarsi camminando **D** **s. f.** ● (*ellitt.*) bottiglia canadese | tenda canadese

♣**canàglia** [da *cane* ✻ av. 1338] **A** **s. f.** **1** persona malvagia, spregevole, disonesta: *non ti fidare: è una c.* **SIN.** birbante **2** (*lett.*, **solo sing.**) insieme di gente ignobile, disprezzabile: *Bisognava veder che c., che facce* (A. MANZONI) **SIN.** marmaglia **B** **in funzione di agg. inv.** ● (posposto a un sost.) ***Stato c.***, che costituisce un pericolo per la sicurezza mondiale (calco sull'ingl. *rogue State*) ‖ **canagliàccia**, **pegg.** | **canagliétta**, **dim.** | **canaglióne**, **accr. m.**

canagliàta [1865] **s. f.** ● azione da canaglia

canagliésco [1765 ca.] **agg.** (**pl. m.** *-schi*) ● da canaglia ‖ **canagliescaménte**, **avv.**

canagliùme [av. 1704] **s. m.** ● insieme di canaglie

canàio o (*centr.*, *merid.*) **canàro** [lat. *canārĭu(m)*, da *cānis* 'cane' ✻ 1865] **s. m.** (**f.** *-aia* **nel sign. 1, pl. m.** *-ai*) **1** chi alleva o custodisce cani **2** latrato di molti cani | (*est.*) chiasso, confusione

canaiòla [sec. XIV] **s. f.** ● canaiolo

Canaiòlo o †**canaiuòlo** [da *cane*, cui quest'uva piace ✻ 1772] **s. m.** ● vitigno toscano e dell'Italia centrale usato spec. nella preparazione del Chianti | vino ottenuto da tale vitigno

canalàre [da *canale* in senso anatomico ✻ 1995] **agg.** ● (*med.*) detto di tipo di terapia odontoiatrica della polpa dentale

♦**canàle** [lat. *canāle(m)* 'canale, condotto d'acqua, tubo', da *cănna* 'canna' ✻ 1219] **s. m.** **1** corso d'acqua che scorre in un alveo costruito artificialmente: *c. di bonifica, di irrigazione, di scolo, di drenaggio*; *un c. navigabile* | ***Canal Grande***, (*per anton.*) la più vasta e importante via d'acqua interna, a Venezia **2** in alpinismo, solco erosivo su pendii rocciosi **3** tubo o conduttura attraverso cui scorre una sostanza liquida **4** (*geogr.*) tratto di mare, più vasto di uno stretto, compreso fra due terre: *c. d'Otranto* **5** (*anat.*) formazione tubolare allungata, delimitata da pareti proprie: *c. uretrale*; *c. vertebrale* **SIN.** dotto② **6** (*elettr.*) unità elementare di apparecchiatura in alta o bassa frequenza, utilizzata come mezzo di trasmissione di segnali telefonici o telegrafici | *c.* (***radiofonico, televisivo***), gamma di frequenza delle onde radioelettriche utilizzata da un impianto trasmittente radiofonico o televisivo; (*est.*) emittente televisiva: *primo, secondo c.* | ***c. tematico***, V. *tematico* **7** (*fig.*) via, tramite, mezzo di comunicazione, di collegamento, di diffusione: *c. gerarchico, burocratico, diplomatico* | ***canali di distribuzione***, organizzazioni intermediarie attraverso le quali avviene il trasferimento dei beni dai produttori ai consumatori **8** (*inform.*) organo che permette il trasferimento o la trasmissione di informazioni, spec. fra unità centrale e unità periferiche | ***c. d'entrata, di uscita***, connettore a più vie che assicura il flusso dei dati e dei segnali di controllo fra unità centrale e unità periferiche ‖ **canalàccio**, **pegg.** | **canalétta**, **dim. f.** (V.) | **canalétto**, **dim.** | **canalìna**, **dim. f.** (V.) | **canalìno**, **dim.** (V.) | **canalóne**, **accr.** (V.)

canalétta [1830] **s. f.** **1** dim. di *canale* **2** manufatto per portare e distribuire nei campi l'acqua di irrigazione **3** negli edifici industriali, passaggio protetto ricavato solitamente sotto il livello del pavimento per cavi o altre condutture **CFR.** canalina nel sign. 2 **4** (*mar.*) incavo ricavato nel profilo di alberi e stralli metallici della moderna attrezzatura a vela destinato ad accogliere l'inferitura delle vele

canalicolàre [1874] **agg.** ● relativo a canalicolo | (*med.*) ***ascesso c.***, ascesso mammario che comunica con i dotti galattofori

canalìcolo [vc. dotta, lat. *canalĭculu(m)*, dim. di *canālis* 'canale' ✻ 1874] **s. m.** **1** (*bot.*) sottile canale che si forma nelle pareti delle cellule e le fa comunicare fra loro **2** (*anat.*) struttura a forma di tubulo, quale un dotto ghiandolare

canalìna [1992] **s. f.** **1** dim. di *canale* **2** all'interno di un edificio, conduttura spec. di materiale plastico per il passaggio di fili elettrici **CFR.** canaletta nel sign. 3

canalìno [1820] **s. m.** **1** dim. di *canale* | piccola scanalatura **2** in alpinismo, stretto e breve solco erosivo nelle pareti di una montagna

canalìsta [da *canale* ✻ 1983] **s. m. e f.** (**pl. m.** *-i*) ● operaio specializzato nella costruzione di canali

canaliẓẓàre [fr. *canaliser*, da *canal* 'canale' ✻ 1881] **A** **v. tr.** **1** solcare un terreno, una regione e sim. con una rete di canali per la bonifica, l'irrigazione, la navigazione e sim.: *c. una zona paludosa*; *c. una pianura povera d'acqua* | ***c. le acque***, regolarne il deflusso e la distribuzione mediante canali o condutture **2** (*fig.*) rivolgere verso una determinata direzione: *c. i reclami all'ufficio competente* | convogliare, incanalare: *c. il traffico* **3** (*chir.*) creare chirurgicamente una via di deflusso per il drenaggio di umori stagnanti **B** **canaliẓẓàrsi** **v. intr. pron.** **1** incanalarsi **2** (*fig.*) indirizzarsi, rivolgersi ‖ **canaliẓẓazióne**, **s. f.** (V.)

canaliẓẓàto **part. pass.** di *canalizzare*; anche **agg.** **1** nei sign. del v. **2** ***traffico c.***, flusso di veicoli che, mediante apposite corsie, viene smistato in varie direzioni

canaliẓẓazióne [1857] **s. f.** **1** il canalizzare **2** insieme dei canali e delle condutture di un determinato comprensorio **3** (*est.*) rete di condutture per distribuire acqua, gas, energia elettrica e sim. **4** (*med.*) formazione naturale o patologica di canali | creazione chirurgica di canali per drenare umori stagnanti

canalóne [av. 1927] **s. m.** **1** accr. di *canale* **2** profondo solco di erosione in una parete rocciosa di montagna, spesso coperto di elementi detritici

cananàico [1987] **s. m. solo sing.** ● (*ling.*) uno dei due sottogruppi, insieme all'aramaico, della famiglia semitica nord-occidentale

cananèo [vc. dotta, lat. *Chananǣu(m)*, dal gr. *Chananâios* 'abitante della terra di *Chanáan*' (ebr. *Kéna'an*)' ✻ av. 1292] **A** **agg.** ● della regione di Canaan, antica denominazione della Palestina **B** **s. m.** (**f.** *-a*) ● chi appartiene alle stirpi pre-israelitiche stanziatesi nella regione di Canaan

cànapa [lat. *cănnabe(m)*, dal gr. *kánnabis*, di orig. orient. ✻ 1303] **s. f.** **1** pianta erbacea annuale delle Cannabacee con radice a fittone, fusto diritto e ricoperto di peli, foglie palmato-lanceolate, fiori maschili separati in pannocchia terminale, e femminili portati da individui diversi (*Cannabis sativa*) **2** fibra tessile tratta dal fusto della pianta omonima | ***c. greggia***, ottenuta con la semplice separazione dei canapuli dalle fibre di canapa | ***c. di Manila***, abacà | ***c. di Calcutta***, iuta **3** tessuto ruvido ottenuto con la fibra omonima **4** corda o spago di canapa **5** *c.* ***indiana***, pianta erbacea delle Cannabacee, ricca di sostanze resinose, dalla quale si estrae la droga omonima usata come analgesico, narcotico e stupefacente (*Cannabis indica*) ‖ **canapóne**, **accr. m.** (V.) | **canapùccia**, **dim.** (V.)

canapacciàia [1955] **s. f.** ● coltura di canapacci per la produzione del seme della canapa

canapàccio [1865] **s. m.** ● pianta femminile della canapa **SIN.** canapone

canapàia [1772] **s. f.** ● campo coltivato a canapa

canapàio o (*raro*) **canapàro** [1322] **s. m.** (**pl.** *-ai*) **1** canapaia **2** (**f.** *-aia*) chi raccoglie, lavora o vende la canapa

canapè [fr. *canapé*, dal lat. *canapēu(m)*, dal gr. *kōnōpêion* 'zanzariera', da *kṓnōps* 'zanzara' ✻ 1563] **s. m. inv.** **1** divanetto imbottito e fornito di spalliera e braccioli **2** fetta di pane spec. in cassetta, tagliata in forme diverse, spalmata o guarnita con composti vari e servita gener. come antipasto

canapìcolo [comp. di *canapa* e *-colo* ✻ 1941] **agg.** ● relativo alla coltivazione della canapa

canapicoltóre [comp. di *canapa* e *-coltore* ✻ 1955] **s. m.** (**f.** *-trice*) ● coltivatore di canapa

canapicoltùra [comp. di *canapa* e *coltura* ✻ 1920] **s. f.** ● coltivazione della canapa

canapièro [da *canapa* ✻ 1962] **agg.** ● relativo alla lavorazione della canapa: *industria canapiera*

canapifìcio [comp. di *canapa* e *-ficio* ✻ 1905] **s. m.** ● stabilimento per la lavorazione della canapa

canapìglia [da *canapa*, per il colore delle penne ✻ 1830] **s. f.** ● uccello degli Anseriformi di color bruno con frange nere e arancioni, abile volatore (*Anas strepera*)

canapìna [1865] **s. f.** ● tela greggia che i sarti mettono per rinforzo sotto i davanti delle giacche

canapìno① [da *canapa* ✻ 1663] **A** **agg.** **1** di canapa: *panno c.*; *tela canapina* **2** che ha un colore biondo molto chiaro simile a quello della canapa: *capelli canapini* **B** **s. m.** **1** (**f.** *-a*) chi lavora la canapa **2** canapina

canapìno② [da *canapino*①, per il colore ✻ 1622] **s. m.** ● piccolo uccello canoro dei Passeriformi, insettivoro, di colore giallastro (*Hippolais polyglotta*)

cànapo [da *canapa* ✻ sec. XII] **s. m.** ● grossa fune fatta di canapa ‖ **canapétto**, **dim.**

canapóne [1797] **s. m.** **1** accr. di *canapa* **2** canapaccio

canapùccia [1622] **s. f.** (**pl.** *-ce*) **1** dim. di *canapa* **2** seme di canapa

canapùle, (*evit.*) **canapùlo** [da *canapa* ✻ 1652] **s. m.** ● fusto legnoso della canapa, spo-

C

gliata delle sue fibre, usato come combustibile | frammento del fusto della canapa privato del tiglio

canard /fr. ka'naʀ/ [vc. fr., propr. 'anatra', da *cane*, deformazione di *ane*, dal lat. *ănate(m)* 'anitra', con evoluzione semantica non chiara ✱ 1862] **s. m. inv.** **1** notizia, informazione giornalistica falsa o montata per determinati scopi **2** (*aeron.*) velivolo con gli impennaggi posti nella parte anteriore della fusoliera

canària [fr. *canaries*, dal n. fr. delle *Canarie* ✱ 1624] **s. f.** ● danza spagnola di corteggiamento simile alla giga, fiorita in Europa dal XV al XVII sec.

canaricoltùra [comp. di *canari(no)* e *coltura* ✱ 1987] **s. f.** ● allevamento dei canarini

♦**canarìno** o (*centr.*) **canerino** [dalle isole *Canarie*, da cui proviene; nel sign. 3, in riferimento al sign. A 5 di 'cantare①'; nel sign. 4, al prevalente colore giallo della maglia ✱ 1663] **A s. m.** (**f.** *-a*); **anche agg. nel sign. 4** **1** uccello dei Passeriformi con piumaggio verde screziato di grigio e giallo chiaro, e interamente giallo in talune specie di allevamento (*Serinus canarius*) **CFR.** gorgheggiare, trillare | ***mangiare come un c.***, (*fig.*) mangiare pochissimo **2** (*fig.*) persona dall'aspetto fragile e delicato **3** (*fig., gerg.*) informatore della polizia **4** (*fig.*) chi (o che) gioca nella squadra di calcio del Modena o ne è sostenitore **5** bevanda a base di acqua calda e scorza di limone **B in funzione di agg. inv.** ● (posposto a un sost.) di colore giallo chiaro: *sciarpa c.*; *guanti c.*

canàrio [sp. *canario* 'delle isole Canarie' ✱ av. 1596] **s. m.** **1** (*merid.*) canarino **2** danza antica detta più comunemente *canaria*

canàro ➤ **canaio**

canàsta [sp. *canasta* 'canestro' ✱ 1949] **s. f.** **1** gioco di carte affine al ramino, di origine sudamericana, che si gioca con tre mazzi di 52 carte ognuno **2** gruppo di sette o più carte dello stesso valore, che costituisce la serie tipica di questo gioco: *una c. di sette, di re* ‖ **canastóne**, **accr. m.** (V.)

canastóne [1963] **s. m.** **1** accr. di *canasta* **2** gioco di carte simile alla canasta

canàto ➤ **khanato**

canattière [da *can(e)* con il doppio suff. di mestiere *-att(o)* e *-iere* ✱ av. 1405] **s. m.** (**f.** *-a*) ● (*lett.*) custode di cani, spec. da caccia: *i canattieri corrono ... appare un uomo che agita il collare e il guinzaglio di Timbra* (G. D'ANNUNZIO)

†**canavàccio** ➤ **canovaccio**

cancan ① /fr. kɑ̃'kɑ̃/ [deformazione infant. di *canard* 'anatra' (V. *canard*); la danza sarebbe detta così perché i movimenti ricordano lo sculettare dell'anitra ✱ 1865] **s. m. inv.** ● vivace danza francese da caffè concerto in auge nella seconda metà dell'Ottocento

cancàn ② [dal lat. *quămquam* 'benché', secondo la pronuncia fr.; il termine avrebbe indicato dapprima le dissertazioni in latino degli scolari, in cui questa parola ricorreva spesso ✱ av. 1898] **s. m. inv.** ● chiasso, confusione: *non fate tanto c.* | (*fig.*) scandalo: *che c. per una cosa da nulla!*

cancaneggiàre [da *cancan*② ✱ 1901] **v. intr.** (**pres.** *io cancanéggio*; **fut.** *io cancaneggerò*; **aus.** *avere*) ● (*lett.*) fare uno scandalo clamoroso

cancellàbile o (*pop.*) **scancellàbile** [1745] **agg.** ● che si può cancellare ‖ **cancellabilità**, **s. f. inv.**

cancellaménto [av. 1327] **s. m.** ● (*raro*) cancellazione

♦**cancellàre** o (*lett., pop.*) **scancellàre** [lat. *cancellāre* 'ingraticolare', poi 'cancellare uno scritto', dal fatto che per annullare uno scritto vi si facevano sopra dei segni simili a cancelli ✱ 1280] **A v. tr.** (*io cancèllo*) **1** rendere illeggibile ciò che è scritto o disegnato mediante segni, freghi o sim.: *c. una frase, una parola, un disegno*; *c. con la gomma, con un tratto di penna* | (*est.*) eliminare, far scomparire del tutto scritti o disegni, spec. sulla lavagna **2** (*fig.*) annullare: *ha cancellato tutti i suoi appuntamenti*; *c. una sentenza* | (*fig.*) far sparire: *c. un'impressione sbagliata*; *così mai scancellata la memoria fia di te, madre* (A. POLIZIANO) **3** †chiudere con un cancello (*anche fig.*) **B cancellàrsi v. intr. pron.** ● scomparire, dileguarsi (*anche fig.*): *un ricordo destinato a non cancellarsi*

†**cancellarìa** ➤ **cancelleria**

†**cancellàrio** [1483] **s. m.** ● cancelliere

cancellàta [da *cancello* ✱ 1296] **s. f.** ● chiusura o recinzione costituita da una serie di elementi, spec. di metallo o di legno, debitamente distanziati fra loro: *la c. di una villa, di un parco, dei giardini pubblici*

cancellatóre [1865] **agg. e s. m.** (**f.** *-trice*) ● (*raro*) che (o chi) cancella

cancellatùra o (*pop.*) **scancellatùra** [da *cancellare* ✱ 1282] **s. f.** ● segno fatto per cancellare o tracce di tale segno

cancellazióne o (*raro*) **scancellazióne** [1330] **s. f.** ● il cancellare, il venire cancellato | (*fig.*) annullamento, eliminazione: *c. di un volo*

cancellerésca [f. sost. di *cancelleresco*; detta così perché usata nelle cancellerie ✱ 1549] **s. f.** ● scrittura artificiosamente elaborata, per dare ad atti solenni carattere di inconfondibilità e di autenticità, in uso spec. presso le cancellerie imperiali, reali e pontificia

cancellerésco [av. 1519] **agg.** (**pl. m.** *-schi*) ● relativo alla cancelleria o ai cancellieri: *carattere c.*; *scrittura cancelleresca* | ***stile c.***, burocratico e pedante

cancellerìa o †**cancellarìa** [fr. *chancellerie*, da *chancelier* 'cancelliere' ✱ 1303] **s. f.** **1** sede del cancelliere presso un organo giudiziario: *depositare un atto in c.* | cancellierato: *aiutante di c.*; *funzione di c.* **2** ufficio competente alla preparazione, redazione, autenticazione, registrazione e spedizione degli atti e documenti di pubbliche autorità: *c. apostolica* | amministrazione degli affari esteri in vari Stati: *la cancelleria di Bonn* | (*elvet.*) segreteria: *c. comunale* **3** l'insieme dei materiali che servono per scrivere, come penne, matite, carte, inchiostri, gomme e sim.: *articoli, oggetti, di c.*; *hai provveduto alla c.?*

cancellétto [1902] **s. m.** **1** dim. di *cancello* **2** (*sport*) ***c. di partenza***, nelle gare di sci, coppia di paletti verticali, attraverso i quali il concorrente, partendo, deve passare muovendo una barretta orizzontale che attiva i cronometri di gara **3** nome del carattere # | tasto corrispondente a tale carattere nelle tastiere di computer e telefoni **CFR.** hashtag

cancellieràto [av. 1704] **s. m.** **1** la carica, l'ufficio di cancelliere | periodo di durata in carica del cancelliere **2** sistema politico-costituzionale, tipico di Austria e Germania, in cui il cancelliere, capo del Governo, è nominato dal parlamento **CFR.** premierato

cancellière [lat. tardo *cancellāriu(m)* 'usciere che stava presso i *cancelli* che separavano il pubblico dal luogo dove sedevano i principi o i giudici', attrav. il fr. *chancelier* ✱ 1288] **s. m.** (**f.** *-a* **nei sign. 1, 2 e 3**) **1** capo dell'ufficio della cancelleria **2** pubblico ufficiale che svolge attività spec. accessorie rispetto a quelle proprie dell'ufficio giudicante, ma necessarie all'organizzazione e al funzionamento del meccanismo processuale **3** ministro della giustizia | in Germania e in Austria, primo ministro | ***C. dello Scacchiere***, in Inghilterra, ministro delle finanze e del tesoro **4** (*stor.*) titolo dato al più alto ufficiale della giustizia nell'impero bizantino e nelle corti europee

cancellìno [da *cancellare* ✱ 1962] **s. m.** ● girella di cimosa, per cancellare gli scritti sulla lavagna **SIN.** cassino②

♦**cancèllo** [lat. *cancĕlli*, nom. pl. 'cancellata', dim. di *căncri* 'graticci' ✱ 1289] **s. m.** **1** chiusura di porta o ingresso, in ferro o legno, costituita da barre verticali variamente distanziate e tenute ferme tra loro da traverse | (*est.*) apertura chiusa da un cancello: *fermarsi a parlare sul c.* | grata **2** punto di passaggio in un casello di autostrada **3** in equitazione, tipo di ostacolo usato nei concorsi ippici: *c. arcuato, diritto* **4** (*dir.*) ***vendere a c. chiuso***, vendere un podere con tutto ciò che vi è dentro di asportabile ‖ **cancellétto**, **dim.** (V.) | **cancellìno**, **dim.** | **cancellóne**, **accr.**

cancerìgno [1941] **agg.** ● che costituisce un cancro: *tessuto c.*; *formazione cancerigna*

cancerizzàrsi [dal lat. *căncer* 'cancro' ✱ 1963] **v. intr. pron.** ● trasformarsi in cancro: *la ferita si cancerizza*

cancerizzazióne [dal lat. *căncer* 'cancro' ✱ 1931] **s. f.** ● (*med.*) trasformazione in cancro di un processo proliferativo

cancerogèneṣi [comp. del lat. *căncer* 'cancro' e *genesi* ✱ 1987] **s. f. inv.** ● (*med.*) processo di formazione e sviluppo di un cancro **CFR.** oncogenesi

cancerogènico [1966] **agg.** (**pl. m.** *-ci*) ● (*med.*) cancerogeno ‖ **cancerogenicità**, **s. f. inv.** (*med.*) capacità che presentano alcuni agenti fisici, chimici o biologici di indurre la formazione di un cancro

canceròGeno [comp. del lat. *căncer* 'cancro' e di *-geno* ✱ 1937] **A agg.** ● che è capace di provocare l'insorgenza del cancro: *agente c.*; *sostanza cancerogena* **B s. m.** ● sostanza cancerogena: *il benzopirene è un c.*

cancerologìa [comp. del lat. *căncer* 'cancro' e di *-logia* ✱ 1950] **s. f.** (**pl.** *-gìe*) ● branca della medicina che si occupa delle neoplasie maligne e dei relativi metodi di cura

canceròlogo [comp. del lat. *căncer* 'cancro' e di *-logo* ✱ 1962] **s. m.** (**f.** *-a*; **pl. m.** *-gi*) ● studioso di cancerologia

canceróso (o **-ṣ-**) o (*pop.*) **cancheróso** (o **-ṣ-**) [vc. dotta, lat. tardo *cancerōsu(m)*, da *căncer* 'granchio', poi 'cancro' ✱ 1539] **A agg.** ● di cancro, che ha natura di cancro: *processo c.*; *formazione cancerosa* ‖ **cancerosità**, **s. f. inv.** **B s. m.** (**f.** *-a*); **anche agg.** ● chi (o che) è affetto da cancro

cànchero [1350 ca.] **A s. m.** **1** V. *cancro*② **2** (*pop.*) malattia, malanno **3** (*pop., fig.*) persona molesta e importuna **B in funzione di inter.** ● esprime ira, rabbia, meraviglia, impazienza ‖ **cancherìno**, **dim.**

cancheróso ➤ **canceroso**

cancrèna o **gangrèna**, †**cangrèna** [sec. XIV] **s. f.** **1** (*med.*) necrosi massiva di un organo o tessuto **2** (*fig.*) vizio insanabile, incallito | corruzione che guasta gli animi, la società e sim.: *la c. della corruzione*

cancrenàre o **gangrenàre** [1767] **A v. tr.** (*io cancrèno*) ● (*fig., raro*) guastare, corrompere **B v. intr.** (**aus.** *essere*) **e cancrenàrsi v. intr. pron.** **1** V. *gangrenare* **2** (*fig., raro*) corrompersi moralmente

cancrenóso ➤ **gangrenoso**

càncro ① [vc. dotta, lat. *căncru(m)*, di orig. indeur. ✱ 1282] **s. m.** ● granchio

♦**càncro** ② o (*pop.*) **cànchero** [da *cancro*①, perché le ramificazioni del tumore ricordano le zampe del granchio ✱ 1350 ca.] **s. m.** **1** (*med.*) proliferazione incontrollata, irreversibile e progressiva di cellule anormali e irregolari, che distrugge e invade i tessuti adiacenti, metastatizza e risulta letale se non curata; forme di cancro sono quelle tumorali maligne (carcinoma, sarcoma) e non tumorali (leucemia, linfoma) **CFR.** tumore, neoplasia, carcino- **2** (*fig.*) male estremo, vizio insanabile: *il c. della droga*; *un c. che distrugge le nostre istituzioni* **3** (*fig.*) tormento, rovello, idea fissa: *il c. del dubbio, della gelosia, del sospetto* **4** (*bot.*) malattia fungina di organi periferici legnosi ed erbacei delle piante che si manifesta spec. sotto forma di piaga necrotizzata o di iperplasia irregolare | escrescenza formata in seguito alla presenza di batteri in piante legnose ed erbacee con formazione di metastasi

Càncro③ [V. *cancro*① ∗1282] **A** **s. m.** **1** (*astron.*) costellazione dello zodiaco, che si trova fra quella dei Gemelli e quella del Leone **2** (*astrol.*) quarto segno dello zodiaco, compreso fra 90 e 120 gradi dell'anello zodiacale, che domina il periodo tra il 22 giugno e il 22 luglio **B** **s. m. e f. inv.** ● persona nata sotto il segno del Cancro

candeggiànte **A** **part. pres.** di *candeggiare*; anche **agg.** ● nei sign. del v. **B** **s. m.** ● sostanza idonea ad aumentare il grado di bianco di fibre, filati, tessuti, carte e sim.

candeggiàre [lat. parl. **candidiāre*, da *candĭdius*, compar. nt. di *căndidus* 'bianco'. Nel lat. tardo esiste *candidāre* 'rendere bianco'. V. *candido* ∗1926] **v. tr.** (**pres.** *io candéggio*; **fut.** *io candeggerò*) ● sottoporre a candeggio tessuti, filati, carta e sim. prima di tingerli o per metterli in commercio allo stato bianco

candeggiatóre [1955] **s. m.** (**f.** *-trice*) ● addetto a operazioni di candeggio

candeggìna [1942] **s. f.** ● soluzione diluita di ipoclorito sodico, usata nel candeggio domestico **SIN.** varecchina

candéggio [da *candeggiare* ∗1905] **s. m.** **1** operazione di decolorazione cui vengono sottoposti spec. i filati o i tessuti **SIN.** sbianca | imbianchimento: *il c. della carta* **2** nel bucato domestico, eliminazione del colore giallognolo e di macchie residue dalla biancheria mediante l'uso di candeggianti

♦**candéla** [lat. *candēla(m)*, da *candēre* 'risplendere, brillare' ∗sec. XII] **s. f.** **1** elemento di cera, stearina, paraffina, sego e sim., per lo più di forma cilindrica, munito, lungo l'asse verticale, di stoppino, che si accende per illuminare: *accendere, spegnere una c.*; *cenare, leggere a lume di c.* | *c. vergine*, mai accesa | ***struggersi come una c.***, dimagrire per malattia e sim. | ***accendere una c. a un Santo***, per ringraziamento di una grazia ricevuta | ***accendere una c. a qlcu.***, (*fig.*) essergli infinitamente grato | ***reggere la c.***, (*fig.*) favorire una relazione amorosa con la propria presenza | (*fig.*) ***non valere la c.***, non valer la pena: *il gioco non vale la c.* | (*fam.*) ***avere la c. al naso***, avere il naso sporco di moccio **SIN.** cera, moccolo **2** (*fis.*) unità di misura dell'intensità luminosa nel Sistema Internazionale, definita come l'intensità luminosa in una data direzione di una sorgente che emette una radiazione monocromatica di frequenza $540 \cdot 10^{12}$ hertz e la cui intensità energetica in tale direzione è pari a 1/683 watt/steradiante: *lampadina da 60 candele* **SIMB.** cd **3** (*mecc.*) organo, a forma cilindrica, avvitato nella parete della camera di combustione dei motori a scoppio, in cui scoccano le scintille per l'accensione della miscela d'aria e carburante **4** (*sport*) ***a c.***, nel calcio, a campanile: *calciare, tirare la palla a c.* | ***tuffo a c.***, entrata in acqua con i piedi, in posizione perfettamente verticale | in ginnastica, posizione verticale rovesciata in appoggio su spalle e collo ‖ **candelétta**, **dim.** (V.) | **candelìna**, **dim.** (V.) | **candelìno**, **dim. m.** | **candelòtto**, **accr. m.** (V.) | **candelùccia**, (*lett.*) **candelùzza**, **dim.**

candelàbra [1900] **s. f.** ● composizione ornamentale, a rilievo o dipinta, che richiama la forma di un candelabro stilizzato, usata nell'arte classica e rinascimentale per decorare spec. pilastri, stipiti, lesene e sim. **SIN.** candeliera

candelàbro [vc. dotta, lat. *candelābru(m)*, da *candēla* 'candela' ∗sec. XIII] **s. m.** **1** anticamente, sostegno di forma diversa atto a reggere una candela, una fiaccola, un lume a olio e sim. | grande candeliere ornamentale a due o più bracci **2** (*agric.*) ***a c.***, detto di forma obbligata di allevamento di alcune piante da frutto

candelàggio [1926] **s. m.** ● (*fis.*) misura, in candele, dell'intensità luminosa di una lampada

†**candelàio** [1321] **s. m.** **1** (**f.** *-a*) chi fabbrica o vende candele **2** candeliere

candelétta [av. 1400] **s. f.** **1** dim. di *candela* **2** ***c. medicata***, (*ellitt.*) ***candeletta***, cilindretto di glicerina solidificata o di burro di cacao fusibili alla temperatura del corpo, contenente sostanze medicamentose, per applicazioni uretrali o vaginali **3** (*mar.*) candelizza, frascone

candelièra [1930] **s. f.** ● candelabra

candelière [ant. fr. *chandelier*. V. *candela* ∗1271] **s. m.** **1** fusto di legno, metallo, vetro o ceramica, con piede, usato per reggere una o più candele: *c. di chiesa, per altare, da pianoforte* | ***mettere qlcu. sul c.***, (*fig.*) tenerlo in grande stima | ***reggere il c.***, (*fig.*) assistere agli amori altrui favorendoli o a qualche fatto con indifferenza **2** (*mar.*) asta metallica verticale per sostenere le draglie della battagliola o i tendalini

candelìna [av. 1936] **s. f.** **1** dim. di *candela* **2** ciascuna delle piccole candele che si mettono su una torta per festeggiare un compleanno e che vengono spente con un soffio da chi compie gli anni: *spegnere le candeline*

candelìzza [sp. *candeliza*, dim. di *candela* nel sign. 1 ∗1820] **s. f.** ● (*mar.*) paranco di grande potenza per sollevare carichi pesanti **SIN.** candeletta

†**candélo** [1282] **s. m.** ● candela

Candelòra [lat. mediev. *festum Candelārum* 'festa delle candele' ∗1243] **s. f.** ● festa della Purificazione della Madonna che ricorre il 2 febbraio, nella quale si benedicono le candele

candelòtto [sec. XIV] **s. m.** **1** accr. di *candela* **2** candela piuttosto corta e grossa per lumiere, candelabri e sim. | candela per le processioni **3** cilindro contenente una carica esplosiva: *c. di dinamite* | ***c. fumogeno***, cilindro contenente sostanze che producono grandi quantità di nebbia artificiale | ***c. lacrimogeno***, cilindro contenente sostanze che sprigionano gas lacrimogeni **4** (*cucina*, **spec. al pl.**) tipo di pasta simile ai cannelloni

candènte [vc. dotta, lat. *candĕnte(m)*, part. pres. di *candēre* 'essere bianco, abbagliante, incandescente' ∗1321] **agg.** ● (*lett.*) rilucente, abbagliante: *su' ghiacciai candenti* (G. Carducci)

càndida [dal lat. *căndidu(m)* 'splendente' ∗1955] **s. f.** ● genere di Funghi imperfetti (*Candida*) simili a lieviti di cui alcune specie sono ospiti abituali delle mucose e della cute degli animali e dell'uomo

candidàbile [1888] **agg.** ● che può essere candidato ‖ **candidabilità**, **s. f. inv.**

candidàre [ricavato da *candidato* ∗1972] **A** **v. tr.** (*io càndido*) ● presentare, proporre come candidato a una carica o a un ufficio, spec. elettivi, sia pubblici che privati (+ *a*): *la coalizione l'ha candidato alla presidenza*; *il partito la candida come capolista* **B** **candidàrsi** **v. rifl.** ● presentarsi come candidato a una carica o a un ufficio, spec. elettivi, sia pubblici che privati (+ *a*, + *per*): *si è candidata a sindaco*; *la città si è candidata come sede del convegno*; *non intendo candidarmi per il vostro partito* | (*est.*) dimostrare concrete possibilità di raggiungere un dato obiettivo: *con questo successo il Milan si è candidato alla vittoria finale*

♦**candidàto** [vc. dotta, lat. *candidātu(m)* 'vestito di bianco', da *căndidus* 'bianco', detto così perché, nell'antica Roma, chi poneva la propria candidatura a una carica pubblica indossava una toga bianchissima ∗av. 1292] **s. m.** (**f.** *-a*) **1** persona che ha posto, o di cui è stata posta, la candidatura a una carica o a un ufficio (+ *a*, **anche seguito da inf.**, + *per*): *i candidati alle elezioni politiche*; *ci sono tre candidati alla carica di amministratore delegato*; *le candidate a miss Italia*; *i due candidati a sindaco*; *i primi candidati a ricevere un organo trapiantato*; *il c. per la circoscrizione* **2** chi si presenta a un concorso o a sostenere un esame (+ *a*): *i candidati all'esame di maturità*; *le candidate a un concorso di bellezza* | (*est.*) chi ha buone possibilità di successo: *la squadra della capitale è la principale candidata al titolo di campione d'Italia*

candidatùra [1848] **s. f.** ● proposta, presentazione di una persona, fatta da lei stessa o da altri, perché sia scelta a coprire una carica o un ufficio, spec. elettivi, sia pubblici che privati: *avanzare, sostenere, ritirare una c.*

càndid càmera /'kandid 'kamera, *ingl.* 'kændɪd 'kæmərə/ [loc. ingl. comp. di *candid* 'spontaneo' e *camera* 'cinepresa, telecamera' ∗1966] **loc. sost. f. inv.** ● genere di spettacolo televisivo e cinematografico realizzato mediante la ripresa di fatti ed episodi della vita quotidiana all'insaputa delle persone che ne sono oggetto, determinando particolari effetti di comica imprevedibilità

candidézza [av. 1313] **s. f.** **1** caratteristica, proprietà di ciò che è candido: *la c. dei lenzuoli lavati* **SIN.** candore **2** (*raro*, *fig.*) semplicità, purezza: *il cui stile ha … una semplicità e una c. sua propria* (G. Leopardi) **3** (*fig.*) innocenza **SIN.** candore

candidìaṣi [sec. XX] **s. f. inv.** ● (*med.*) candidosi

♦**càndido** [vc. dotta, lat. *căndidu(m)*, da *candēre* 'risplendere, brillare' ∗av. 1292] **A** **agg.** **1** che ha un colore bianco puro e luminoso: *mostravano ignude le candidissime braccia* (I. Sannazaro) **SIN.** immacolato **2** (*poet.*) lucente, splendente: *candidi soli e riso di tramonti* (G. Carducci) **3** (*fig.*) innocente, sincero: *cuore c.*; *anima, coscienza candida*; *candide parole* | che ha un animo puro, semplice, ingenuo: *ragazzo, uomo c.* ‖ **candidaménte**, **avv.** in modo candido; (*fig.*) con sincerità, con ingenua schiettezza: *rispondere, osservare, confessare candidamente* **B** **s. m.** ● (*raro*, *lett.*) candore ‖ **candidétto**, **dim.**

SFUMATURE DI SIGNIFICATO

candido - eburneo - niveo

Ciò che ha un colore bianco purissimo, luminoso e intenso si dice **candido**; più specificamente, **eburneo** identifica ciò che è *candido* come l'avorio e **niveo** ciò che è *candido* come la neve.

SFUMATURE ➤ ***bianco***

candidòṣi [comp. di *candida* e del suff. *-osi* ∗1986] **s. f. inv.** ● (*med.*) infezione della pelle e delle mucose caratterizzata da macchie biancastre causata da Funghi del genere *Candida* **SIN.** candidiasi, moniliasi

candiòtto o **candiòto**, **candiòta** [1483] **A** **agg.** ● della città greca di Candia **B** **s. m.** (**f.** *-a*) ● abitante o nativo di Candia

candìre① [vc. dotta, lat. *candēre*. Cfr. *candido* ∗1340] **v. tr.** (*io candìsco, tu candìsci*) ● (*raro*, *lett.*) imbiancare: *Il lampo che candisce /*

C

alberi e muri (E. MONTALE)

candire② [arabo *qandī* 'succo di canna da zucchero condensato' ✱ av. 1698] **v. tr.** (*io candìsco, tu candìsci*) **1** immergere e far bollire ripetutamente la frutta in successivi sciroppi concentrati in modo da permearla e rivestirla di zucchero SIN. confettare **2** fare cristallizzare lo zucchero estraendolo mediante evaporazione da sciroppi zuccherini

candito **A** **part. pass.** di *candire*②; anche **agg.** ● nel sign. del v. **B** **s. m.** ● frutto sottoposto a canditura: *guarnire un dolce coi canditi*

canditóre [1983] **s. m.** ● apparecchio per candire la frutta

canditùra [1955] **s. f.** ● operazione del candire

♣**candóre** [vc. dotta, lat. *candōre(m)*, da *candēre*. Cfr. *candido* ✱ av. 1294] **s. m.** **1** bianchezza intensa e splendente: *il c. di un abito nuziale; il c. delle divine membra* (U. FOSCOLO) SIN. biancore **2** (*fig.*) innocenza, semplicità, ingenuità: *il c. dei suoi sentimenti* SIN. purezza **3** purezza e proprietà di stile: *un c. che rasenta il calligrafismo*

♦**càne**① [lat. *căne(m)*, di orig. indeur. ✱ 1268] **A** **s. m.** (**f.** *càgna* (**V.**)) **1** mammifero domestico dei Carnivori, onnivoro, con odorato eccellente, pelame folto di vario colore, pupilla rotonda, dimensioni, forma del muso e attitudini variabili secondo la razza (*Canis lupus familiaris*): *c. da guardia, da caccia, da gregge, da ferma, da punta, da presa, da riporto, da corsa, da combattimento, da compagnia, da soccorso, da difesa, da tana* CFR. abbaiare, uggiolare, guaire, guaiolare, mugolare, ustolare, gagnolare, schiattire, latrare, ringhiare, ululare, cino-① | ***c. lupo***, pastore tedesco | ***c. guida***, addestrato per l'accompagnamento dei ciechi | ***c. molecolare***, in grado di discriminare finemente le molecole odorose e perciò addestrato per rilevare e seguire con l'olfatto le minime tracce di persone o di altri animali SIN. bloodhound | ***c. poliziotto***, addestrato per coadiuvare i reparti di polizia nella ricerca, l'inseguimento e l'immobilizzazione di malfattori | ***c. delle praterie***, cinomio | ***c. da pagliaio***, V. *pagliaio* | ***c. di Sant'Uberto***, bloodhound, cane molecolare | ***menar il can per l'aia***, (*fig.*) tirare in lungo qlco. per guadagnare tempo | ***essere come c. e gatto***, (*fig.*) sempre in disaccordo | ***trattare qlcu. come un c.***, in modo brutale | ***mangiare, dormire da cani***, molto male | ***lavorare da c.***, (*fig.*) duramente | ***vita da cani***, (*fig.*) insopportabile | ***stare come il c. alla catena***, (*fig.*) sentirsi costretto | ***tempo da cani***, molto cattivo | ***cose da cani, fatte da c.***, di cattiva qualità o fatte male | ***non trovare un c.***, nessuno | ***sentirsi come un c. bastonato***, avvilito, umiliato | ***voler drizzare le gambe ai cani***, (*fig.*) tentare l'impossibile | ***solo come un c., morire solo come un c.***, completamente solo, e in circostanze tristi | ***c. sciolto***, (*fig.*) chi opera politicamente svincolato da qualsiasi organizzazione | (*fig.*, *spreg.*) ***cani e porci***, chiunque, qualunque tipo di persona: *ha invitato cani e porci* | (*fig.*) ***colore di can che fugge***, incerto, sbiadito **2** (*fig.*) persona crudele, iraconda, avara: *si è comportato da c.* | ***fare il c.***, dimostrarsi spietato | (*lett.*) ***c. grosso***, personaggio potente | PROV. ***non destare il can che dorme***, V. *destare*; ***c. non mangia c.***, un potente o un malvagio non attacca e non danneggia un suo simile; ***can che abbaia non morde***, chi fa molte minacce raramente le mette in pratica **3** (*fig.*) persona assolutamente incapace nel proprio lavoro, spec. attore, cantante e sim.: *quel tenore è un c.!* **4** (*fig.*, *spreg.*) persona vile, abbietta, spec. in loc. inter.: *ah, c.!; tacete, cani!; figlio di c.!* | †designazione ingiuriosa di persona professante un'altra religione, spec. fra Cristiani, Ebrei e Musulmani: *c. d'infedele* **5** parte del meccanismo di un'arma da fuoco che, percuotendo la carica di lancio, provoca lo sparo **6** in falegnameria, blocchetto di legno duro o metallo che, nelle mortase del banco da falegname, serve da appoggio e impedisce lo spostamento orizzontale del pezzo in lavorazione **7** (*archit.*) ***c. corrente***, motivo ornamentale costituito da una serie di elementi curvilinei orientati tutti nello stesso verso, che danno l'impressione di un movimento di fuga; si riscontra già nella pittura greca del VI sec. a.C. **B** **in funzione di agg. inv.** (**posposto a un sost.**) **1** (*spreg.*) cattivo, infame, spec. in loc. inter.: ***mondo c.!*** **2** (*colloq.*) forte, intenso, nelle loc. ***freddo, fame c.*** e sim. ‖ **cagnàccio**, **cagnàzzo**, **pegg.** (V.) | **cagnétto**, **dim.** (V.) | (*lett.*) **cagnolétto**, **dim.** | **cagnolìno**, **dim.** | **cagnòlo**, †**cagnuòlo**, **dim.** | **cagnolóne**, **accr.** | **cagnóne**, **accr.** | **cagnùccio**, **cagnùzzo**, **dim.** | **canàccio**, **pegg.** | **canìno**, **dim.** | **canóne**, **accr.**

càne② [sec. XIV] **s. m.** ● (*raro*) adattamento di *khan* (V.)

♣**canèa** [da *cane*① ✱ 1849] **s. f.** **1** (*lett.*) urlo rabbioso e insistente dei cani che inseguono la selvaggina | (*est.*) muta di cani | (*est.*) gruppo di persone che gridano, schiamazzano e sim.: *la c. degli inseguitori* **2** (*est.*) schiamazzo | (*fig.*) clamore rabbioso di critiche maligne: *la c. dei critici e dei giornalisti e dei professori* (G. CARDUCCI)

canèderlo o (*raro*) **canèdolo** [dal ted. *Knödel* 'gnocco' (di orig. germ.) ✱ 1931] **s. m.** ● (*cucina*, **spec. al pl.**) grosso gnocco di forma tondeggiante, fatto di pane con aggiunta di speck oppure fegato o formaggio e cotto nel brodo, specialità del Trentino e dell'Alto Adige

canèfora [vc. dotta, lat. *canēphora(m)*, dal gr. *kanēphóros*, comp. di *káneon* 'cestello' e *-foro* ✱ 1741] **s. f.** **1** fanciulla che, in alcune cerimonie religiose della Grecia antica, portava sulla testa un canestro con offerte e oggetti rituali **2** (*archeol.*) cariatide che reca un cesto sul capo

canerìno ➤ **canarino**

canésca o **cagnésca** [vc. di orig. napol., comp. di *cane*① col suff. dim. di orig. gr. *-isco* al f. ✱ 1923] **s. f.** ● squalo lungo da uno a due metri, col dorso grigio e il ventre bianco, comune lungo le coste anche del Mediterraneo (*Galeo canis*) SIN. galeo

canésco ➤ **cagnesco**

canèstra [da *canestro*① ✱ sec. XIV] **s. f.** ● paniere di vimini con sponde basse, di solito a due manici ‖ **canestrèlla**, **dim.** | **canestrìna**, **dim.**

canestràio [1342] **s. m.** (**f.** *-aia*, **pl. m.** *-ai*) ● chi fa o vende canestri

canestràta [1865] **s. f.** ● quantità di roba che può essere contenuta in un canestro

canestràto [sicil. *ncannistratu*, da *cannistru* 'canestro', perché viene riposto in cestelle di vimini ✱ 1931] **s. m.** ● formaggio duro, piccante, simile al pecorino, tipico della Sicilia

canestrèllo [vc. genovese che significa 'radancia' e 'ciambella' ✱ 1819] **s. m.** **1** (*mar.*) anello di metallo, legno o cima, che serve a collegare un oggetto o una manovra | dispositivo che scorre all'interno della canaletta di inferitura per collegare la vela all'antenna **2** dolce in forma di disco o di piccola ciambella, tipico di alcune regioni italiane **3** (*zool.*) nome di alcuni Molluschi marini dei Lamellibranchi CFR. pettine

♦**canèstro**① [lat. *canĭstru(m)*, dal gr. *kánastron*, prob. da *kánna* 'canna' ✱ sec. XIII] **s. m.** **1** recipiente con o senza manico, realizzato con listelli di legno sfogliato, vimini intrecciati, fili o nastri di materia plastica, impiegato nel confezionamento di fiori, primizie, piccole piante ornamentali | il contenuto di tale recipiente: *un c. di frutta* SIN. cesta, paniere **2** nella pallacanestro, cerchio di ferro con reticella tronco-conica fissato a un tabellone, attraverso cui si deve far passare la palla per segnare punti | (*est.*) punto segnato in tale modo: *realizzare un c.; fare un c.; andare a c.* SIN. cesto ‖ **canestrìno**, **dim.** | (*lett.*) **canestrùccio**, **dim.**

canèstro② [ted. *Kanister*, dal lat. *canĭstru(m)* 'canestro①'] **s. m.** ● adattamento di *canister* (V.)

càneva ➤ **canova**

†**canevàccio** ➤ **canovaccio**

cànfora [arabo *kâfûr* ✱ 1310] **s. f.** ● (*chim.*) chetone bianco translucido di odore penetrante, ottenuto per distillazione del legno del canforo, ma soprattutto per sintesi, usato in medicina, come plastificante e come antitarmico | ciascuno dei vari composti ossigenati derivati dagli idrocarburi terpenici simili, per proprietà, alla canfora

canforàceo [1983] **agg.** ● che ha un odore simile a quello della canfora

canforàre [1897] **v. tr.** (*io cànforo*) ● trattare con, o impregnare di, canfora

canforàto [1499] **A** **s. m.** ● sale o estere dell'acido canforico **B** **agg.** ● che contiene canfora | ***olio, spirito c.***, mescolato con canfora, impiegato per uso esterno come antisettico, rubefacente e analgesico

canfòrico [1865] **agg.** (**pl. m.** *-ci*) ● derivato dalla canfora: *acido c.* | contenente canfora

cànforo [1933] **s. m.** ● grande albero sempreverde delle Lauracee con foglie ovali odorose, fiori piccoli gialli in pannocchie ascellari e frutto a drupa (*Cinnamomum camphora*)

cànga① o **càngia** [arabo *qanğa* ✱ 1874] **s. f.** ● barca leggera a vela e a remi, in uso sul Nilo

cànga② [portog. *canga*, d'orig. orientale ✱ av. 1861] **s. f.** ● anticamente, tavola quadrata che, nei Paesi orientali, veniva fissata al collo del condannato e non gli permetteva di nutrirsi da solo né di riposare

cangévole [da *cangiare* ✱ 1548] **agg.** ● (*lett.*) che cambia, mutevole

cangiàbile [av. 1729] **agg.** ● (*lett.*) che cambia facilmente | che può cambiare

cangiaménto [1563] **s. m.** ● (*lett.*) cambiamento

cangiànte **A** **part. pres.** di *cangiare*; anche **agg.** **1** nei sign. del v. **2** di ciò che cambia colore a seconda dell'angolo da cui è osservato: *tessuto, seta c.* **B** **s. m.** ● colore cangiante | tessuto di colore cangiante

cangiantìṣmo [1911] **s. m.** ● effetto cangiante di un colore o di un tessuto alla luce | la tecnica con cui tale effetto viene reso in pittura: *il c. di Giotto*

cangiàre [ant. fr. *changer*, dal lat. tardo *cambiāre* 'cambiare' ✱ av. 1250] **A** **v. tr.** (**pres.** *io càngio*; **fut.** *io cangerò*) ● (*lett.*) cambiare: *chi ha cangiata mia dolcezza in tòsco?* (L. ARIOSTO) **B** **v. intr.** (**aus.** *essere, raro, lett. avere*) ● (*lett.*) mutare | ***c. di colore***, (*fig.*) impallidire **C** **cangiàrsi** **v. intr. pron.** ● (*lett.*) trasformarsi

†**càngio** [da *cangiare* ✱ av. 1349] **s. m.** **1** colore cangiante **2** cambio

†**cangrèna** ➤ **cancrena**

cangùro [australiano *känguru* 'quadrupede', prob. attrav. il fr. o l'ingl. ✱ 1784] **s. m.** (**f.** *-a*) **1** mammifero australiano dei Marsupiali con arti posteriori sviluppatissimi atti al salto e coda robusta, la cui femmina è dotata di un marsupio ventrale a borsa in cui la prole completa il suo sviluppo (*Macropus*) **2** nel linguaggio giornalistico, appartenente a una squadra sportiva australiana: *i canguri del rugby battono la Francia*

canìccio ➤ **canniccio**

♣**canìcola** [vc. dotta, lat. *canĭcula(m)* 'cagnolino', dim. di *cănis* 'cane①', che anticamente designava Sirio, la stella più brillante della costellazione del Cane, che in agosto sorge assieme al Sole ✻ av. 1313] **s. f.** ● periodo più caldo dell'estate | (*est.*) grande caldo: *la c. estiva*

SFUMATURE DI SIGNIFICATO

canicola - afa - calura - caldura -bollore

Propriamente si definisce **canicola** il periodo più caldo dell'estate; in senso esteso, il termine si usa in riferimento al forte riscaldamento di alcune ore del giorno. Con **afa** ci si riferisce a un'aria calda particolarmente pesante, stagnante, carica di umidità. Per descrivere un caldo opprimente e afoso si usa **calura**, mentre è disusato **caldura**, e indica il calore molto intenso, soffocante dell'estate. Un caldo eccessivo, ardente è anche descritto da **bollore**.

canicolàre o (*lett.*) **caniculàre** [1313] **agg.** ● di canicola: *giornata c.* | (*est.*) estremamente caldo: *agosto c.*

Cànidi [vc. dotta, comp. di *cane*① e *-idi* ✻ 1892] **s. m. pl.** (**sing.** *-e*) ● (*zool.*) famiglia di Mammiferi carnivori, con zampe fornite di unghie non retrattili, testa allungata, udito e olfatto molto acuti (*Canidae*)

canìle [lat. parl. **canile*, da *cănis* 'cane①' ✻ 1490 ca.] **s. m. 1** casotto con cuccia per cani **2** luogo dove si custodiscono o allevano cani **3** (*fig.*) stanza o letto sporco e miserabile

canìno [lat. *canīnu(m)*, da *cănis* 'cane①' ✻ 1268] **A agg.** ● di cane, di cani, da cane: *mostra canina* | ***fame, rabbia canina***, (*fig.*) molto forte | ***mosca canina***, molesta | (*pop.*) ***tosse canina***, pertosse | (*bot.*) ***rosa canina***, rosa di bosco | (*anat.*) ***dente c.***, terzo dente superiore e inferiore, subito a lato degli incisivi ‖ **caninaménte**, **avv.** alla maniera dei cani **B s. m.** ● dente canino: *gli hanno estratto un c.*

canister /ingl. 'kænɪstə(r)/ [vc. ingl., stessa etim. dell'it. *canestro*② ✻ 1955] **s. m. inv.** ● piccolo bidone, spec. di plastica, usato per contenere benzina o altri liquidi **CFR.** canestro②

♣**canìzie** [vc. dotta, lat. *canĭtie(m)*, da *cānus* 'bianco, canuto'. V. †*cano* ✻ av. 1328] **s. f. inv. 1** progressivo scolorimento dei capelli e dei peli per scomparsa del pigmento melanico, che si verifica con l'invecchiamento: *in attesa che la c. venisse a imbiancare le loro barbe bionde* (I. CALVINO) | imbiancamento dei capelli **2** (*est.*, *lett.*) chioma bianca **3** (*fig.*, *lett.*) età avanzata e degna di rispetto: *adorna la c. / di liete voglie sante* (A. MANZONI) **SIN.** vecchiaia

canìzza [da *cane*① ✻ 1825] **s. f. 1** l'abbaiare rabbioso di una muta di cani che insegue la preda **SIN.** canea **2** (*fig.*) gazzarra, chiasso, cagnara: *La vil c. gazzettante* (G. D'ANNUNZIO)

♦**cànna** [lat. *cănna(m)*, dal gr. *kánna*, di orig. assiro-babilonese ✻ 1250] **s. f. 1** pianta erbacea perenne delle Graminacee con fusto alto, sottile ed elastico, cavo negli internodi, e infiorescenza a pannocchia (*Arundo donax*) | ***c. di palude***, pianta erbacea delle Graminacee, con fiori in pannocchie scure (*Phragmites communis*) **SIN.** cannuccia | ***c. d'India***, pianta della famiglia delle palme, i cui fusti lunghi e sottili servono per produrre stuoie, intrecci, bastoni da passeggio e sim. (*Calamus rotang*) | ***c. indica***, pianta erbacea ornamentale delle Cannacee, con foglie lunghe (*Canna indica*) | ***c. da zucchero***, pianta erbacea delle Graminacee con rizoma perenne e fusto internamente ripieno di un tessuto zuccherino (*Saccharum officinarum*) | (*est.*) il fusto della canna | ***c. di bambù***, il fusto cavo dei bambù, usato per fare bastoni, mobili ecc. | ***essere come una c. al vento***, (*fig.*) essere di carattere debole e influenzabile | ***tremare come una c.***, (*fig.*) violentemente | (*fig.*) ***povero in c.***, molto povero **2** (*est.*) bastone, pertica, fatta di canna o sim., che serve a vari usi: *c. da passeggio* | ***c. da pesca***, attrezzo di vari materiali flessibili, composto in genere da elementi smontabili o riducibili, usato per lanciare e controllare la lenza **3** (*per anton.*) canna da pesca | (*est.*) pescatore: *lassù si sono radunate tutte le canne della regione* **4** (*est.*) strumento, oggetto, organo e sim. che per la forma assomiglia a una canna | nel telaio della bicicletta da uomo, tubo che va dalla sella al manubrio: *portare qlcu. in c.* | ***c. metrica***, asta graduata intera o scomponibile, per misurare piccole distanze | ***c. da vetraio***, bacchetta di ferro, forata, usata per soffiare il vetro attinto dal crogiolo | (*est.*) tubo sottile e flessibile: *la c. per innaffiare*; *la c. del gas* | (*fig.*, *colloq.*) ***essere alla c. del gas***, trovarsi in una situazione disperata, al limite del suicidio **5** (*lett.*) gola: *gridava quanto n'aveva in c.* (A. MANZONI) | (*raro*) trachea, esofago: *i fiaschi che s'erano vuotati in c.* (C.E. GADDA) | (*fam.*) ***bere a c.***, direttamente dalla bottiglia, dal fiasco | ***c. del polmone***, trachea **6** antica misura di lunghezza, con valore compreso tra i due e i tre metri: *c. lineare, metrica, quadra* **7** parte essenziale delle armi da fuoco, costituita da un tubo di metallo chiuso a una estremità, nel quale è posta la carica per lanciare il proiettile | ***baionetta in c.***, inastata **8** (*mus.*) tubo che contiene la colonna d'aria negli strumenti a fiato e negli organi | (*est.*, *poet.*) zampogna: *dando spirto alle sonore canne / chiamò il suo gregge* (L. ARIOSTO) **9** ***c. fumaria***, tratto verticale del camino in cui sono convogliati i fumi derivanti da combustione: *c. fumaria ramificata* **10** (*gerg.*) sigaretta di marijuana o hascisc: *farsi una c.* **SIN.** spinello ‖ **cannèlla**, **dim.** (V.) | **cannèllo**, **dim. m.** (V.) | **cannètta**, **dim.** (V.) | †**cannóne**, **accr.** (V.) | **cannùccia**, **dim.** (V.)

Cannabàcee [vc. dotta, comp. del gr. *kánnabis* 'canapa' e di *-acee* ✻ 1962] **s. f. pl.** (**sing.** *-a*) ● (*bot.*) famiglia di piante delle Dicotiledoni comprendente specie con fiori dioici e frutto ad achenio, cui appartengono la canapa e il luppolo (*Cannabaceae*)

cannabìna [dal gr. *kánnabis* 'canapa' (vc. di orig. orient.) ✻ 1874] **s. f.** ● (*chim.*) alcaloide derivato dalla canapa indiana usato come ipnotico o sedativo

cannabinòlo [comp. di *cannabin(a)* e *-olo*② ✻ 1955] **s. m.** ● (*chim.*) olio incolore, che costituisce una delle sostanze stupefacenti presenti nei derivati della canapa indiana come la marijuana e l'hascisc

cànnabis [dal lat. scient. *Cannabis* (*Indica*) 'canapa (indiana)' ✻ 1976] **s. f. inv.** ● (*bot.*) genere delle Cannabacee, comprendente una sola specie, nota come canapa indiana (*Cannabis*)

cannabìsmo [dal gr. *kánnabis* 'canapa' ✻ 1908] **s. m.** ● (*med.*) intossicazione cronica da canapa indiana

Cannàcee [comp. di *canna* e *-acee* ✻ 1892] **s. f. pl.** (**sing.** *-a*) ● (*bot.*) famiglia di piante erbacee delle Zingiberali con foglie lunghe e fiori in racemi o in pannocchie terminali (*Cannaceae*)

cannàio [lat. **cannāriu(m)*, da *cănna* 'canna' ✻ 1612] **s. m.** (**pl.** *-ai*) **1** ampio graticcio sul quale si secca la frutta | cesto **2** specie di panca, con apposito spazio in cui gli orditori mettono i gomitoli **3** strumento per catturare i pesci **4** chiusa di canne nei fiumi

cannaiòla [da *cannaio* nel sign. 4 ✻ av. 1729] **s. f.** ● uccello dei Passeriformi dal piumaggio bruno olivastro superiormente e bianco inferiormente, che nidifica nei canneti (*Acrocephalus scirpaceus*)

cannalàdra [comp. di *canna* e il f. di *ladro* ✻ 1965] **s. f.** ● pertica con cesoie a un'estremità, per potare alberi o cogliere frutta

†**cannamèle** [lat. **cănna(m) mĕllis* 'canna del miele' ✻ sec. XIII] **s. f.** ● (*lett.*) canna da zucchero

cannàre [etim. incerta ✻ 1973] **A v. tr.** ● (*gerg.*) sbagliare grossolanamente, fallire: *ho cannato il compito in classe* | respingere, bocciare: *all'esame lo hanno cannato* **B v. intr.** (**aus.** *avere*) ● (*gerg.*) non riuscire in una prova, fallire

cannàta① [1561] **s. f. 1** (*raro*) colpo dato con una canna **2** graticcio di canne

cannàta② [dal v. *cannare* 'sbagliare grossolanamente', di orig. sconosciuta ✻ 1990] **s. f.** ● (*gerg.*) errore madornale

canneggiàre [1623] **A v. intr.** (**pres.** *io cannéggio*; **fut.** *io canneggerò*) ● †colpire con aste, con picche (in una corrida) **B v. tr.** ● (*disus.*) misurare il terreno con la canna metrica

canneggiatóre [da *canneggiare* ✻ 1868] **s. m.** (**f.** *-trice*) ● tecnico addetto alla misurazione di terreni, tracciati stradali e sim.

cannéggio [1955] **s. m.** ● misurazione eseguita con la canna usata come unità di misura

cannèlla① [sec. XIII] **s. f. 1** dim. di *canna* **2** parte finale di una condutture d'acqua a cui spesso è collegato un rubinetto **3** corto tubo di legno con o senza rubinetto, che si innesta nel foro della botte per spillare il vino: *mettere la c. alla botte* ‖ **cannellina**, **dim.**

cannèlla② [da *cannella*①, per la forma della scorza che, disseccandosi, ha l'aspetto di una cannuccia ✻ av. 1292] **A s. f. 1** albero delle Lauracee con foglie persistenti coriacee glabre, fiori piccoli bianco-giallastri in pannocchie, frutto a drupa e corteccia aromatica (*Cinnamomum zeylanicum*) **2** scorza interna, assai aromatica, della pianta omonima, usata come aroma in cucina **B in funzione di agg. inv.** ● (posposto a un sost.) che ha il colore giallo bruno molto caldo caratteristico della corteccia omonima: *un vestito c.*; *una stoffa color c.*

cannellàto [da *cannello*, per l'aspetto ✻ 1670] **A s. m.** ● tessuto a coste piuttosto distanziate e vistose **B anche agg.**: *tessuto c.*

cannellétto [sec. XIV] **s. m. 1** dim. di *cannello* **2** beccuccio di vaso a forma di cannello

cannellìno [etim. incerta: forse dal gusto che ricorda quello della *cannella* ✻ 1935] **s. m. 1** vino bianco dolce dei Castelli Romani **2** (**al pl.**) tipo di fagioli bianchi e piccoli

cannèllo [1297] **s. m. 1** dim. di *canna* **2** pezzo di canna aperto ai due lati e tagliato fra un nodo e l'altro | fusto della canapa **3** (*est.*) cilindretto forato di vario materiale e per vari usi: *c. di vetro*; *il c. della pipa* | asticciola della penna da scrivere | †parte vuota della penna d'oca **4** (*tecnol.*) dispositivo costituito da un beccuccio in cui un gas combustibile viene miscelato a ossigeno e bruciato generando una fiamma ad alta temperatura, usato per il taglio e la saldatura dei metalli: *c. ossidrico, ossiacetilenico* | ***c. per saldare***, piccolo tubo ricurvo da un lato, usato per mandare col soffio la fiamma su ciò che si vuole saldare **5** frammento di materiale, di forma cilindrica e non forato: *un c. di ceralacca* **6** nei cannoni ad avancarica, tubetto contenente la miscela per accendere la carica **7** (*tess.*) rocchetto messo nella spola dopo avervi avvolto una certa quantità di filo della trama **8** (*zool.*, *centr.*, *sett.*) cappalunga **9** asticciola della chiave che reca a un

C

estremo la mappa ‖ **cannellétto**, **dim.** (V.) | **cannellino**, **dim.** | **cannellóne**, **accr.** (V.)

cannellóne [1851] **s. m. 1** accr. di *cannello* **2** (**spec. al pl.**) involto cilindrico di pasta all'uovo farcito con un ripieno e cotto al forno

canneté /kanne'te*/ [dal fr. *canne* 'canna', per la forma (è un falso francesismo) ✱ 1942] **A s. m. inv.** ● tessuto con sottili coste in rilievo **B an-che agg.**: *nastro c.*

cannéto [lat. tardo *cannētu(m)*, da *cănna* 'canna' ✱ 1287] **s. m.** ● terreno in cui crescono vari tipi di canne | terreno piantato con canna comune | (*fig.*) †***fare il diavolo nel c.***, fare fracasso

cannétta [av. 1365] **s. f. 1** dim. di *canna* **2** (*sett.*) asticciola della penna **3** bastoncino elegante da passeggio **4** nei tessuti, sottile costa in rilievo

cannettàto [italianizzazione di *canneté* (V.) ✱ 1955] **s. m.**; **anche agg.** ● canneté

cannìbale [sp. *caníbal*, alterazione di *caribal*, a sua volta dal caraibico *Karaiba* 'ardito', passato a denominare il popolo stesso ✱ 1494] **A s. m. e f. 1** antropofago **2** (*fig.*) persona crudele e spietata **B agg.** ● detto di scrittore italiano degli anni '90 del Novecento che si ispirava al genere pulp

cannibalésco [1890] **agg.** (**pl. m.** *-schi*) ● dei cannibali: *usanze cannibalesche* | (*fig.*) feroce, disumano: *crudeltà cannibalesca* ‖ **cannibalescaménte**, **avv.**

cannibàlico [1931] **agg.** (**pl. m.** *-ci*) ● (*raro*) cannibalesco

cannibalìṣmo [fr. *cannibalisme*, da *cannibale* 'cannibale' ✱ 1800 ca.] **s. m. 1** antropofagia **2** (*fig.*) crudeltà disumana **SIN.** barbarie **3** (*biol.*) assimilazione e distruzione di una cellula a opera di un'altra

cannibaliẓẓàre [ingl. *to cannibalize*: deriv. di *cannibal* 'cannibale', in uso scherz. (?) ✱ 1950] **v. tr. 1** prelevare elementi da un impianto, una macchina, un apparecchio e sim. per usarli come pezzi di ricambio: *c. un aereo*; *c. un elaboratore* **2** (*econ.*) conquistare con un nuovo prodotto quote di mercato, togliendole a prodotti analoghi commercializzati dalla stessa organizzazione ‖ **cannibaliẓẓazióne**, **s. f.**

canniccìaia [1754] **s. f.** ● stuoia di cannucce per seccare castagne, fichi e sim.

canniccìata [1567] **s. f.** ● palizzata di cannicci usata come difesa dal vento in orti e giardini

cannìccio o **caniccio** [lat. tardo *cannīciu(m)*, da *cănna* 'canna' ✱ 1303] **s. m. 1** stuoia di canne palustri usata per proteggere colture dalle avversità atmosferiche o come riparo in genere: *chiudere la finestra con cannicci* **2** graticcio su cui si allevano i bachi da seta o si secca la frutta **3** decorazione simile a un graticcio, caratteristica di mobili di stile neoclassico

cannìsta [1963] **s. m. e f.** (**pl. m.** *-i*) ● chi esercita la pesca spec. sportiva con la canna

cannòcchia ➤ **canocchia**②

cannocchiàle o (*pop.*) **canocchiàle** [comp. di *canna* e *occhiale* ✱ 1611] **s. m.** ● strumento ottico, composto essenzialmente da un obiettivo e da un oculare, che serve per osservare oggetti lontani e per vederli ingranditi | ***fucile a c.***, con un cannocchiale montato sulla canna per tiri di precisione | ***c. astronomico***, correntemente, telescopio rifrattore | (*est.*) ***a c.***, detto di strumento costituito da tubi rientranti uno nell'altro ‖ **cannocchialétto**, **dim.** | **cannocchialino**, **dim.**

cannòcchio o **canòcchio** [da *canna* ✱ 1612] **s. m. 1** barbocchio **2** tutolo della pannocchia

cannolìcchio [da *cannolo* col suff. *-icchio* ✱ 1634] **s. m. 1** (*zool.*, *merid.*) cappalunga **2** (**spec. al pl.**) pasta da minestra, corta e forata

cannòlo [siciliano *cannolu*, da *canna* ✱ 1634] **s. m. 1** pasta dolce a forma cilindrica, fritta e farcita con un composto di ricotta, zucchero, pezzetti di frutti canditi e cioccolato, specialità siciliana **2** pasta sfoglia a forma cilindrica, cotta al forno e farcita di crema o panna **SIN.** cannoncino

cannonàta [da *cannone* ✱ 1526] **s. f. 1** colpo di cannone | (*est.*) rimbombo dello sparo di cannone | ***non lo svegliano neanche le cannonate***, di chi ha il sonno durissimo **2** (*fig.*, *lett.*) fandonia, vanteria esagerata **3** (*fig.*) avvenimento o spettacolo eccezionale: *quel film è una c.* **4** (*fig.*) nel calcio, forte tiro in porta con traiettoria tesa

Cannonàu o **Canonàu**, **Canonào** [etim. incerta ✱ 1896] **s. m. inv. 1** principale vitigno rosso della Sardegna, da cui si ottengono vini secchi o amabili **2** vino rosso asciutto prodotto spec. nel Campidano dal vitigno omonimo; ha profumo vinoso e sapore vellutato e armonico su leggero retrogusto amarognolo

cannoncìno [av. 1537] **s. m. 1** dim. di *cannone* **2** cannone leggero, di piccolo calibro, gener. montato su veicoli, mezzi corazzati e sim. **3** piccola piega rigonfia in vestiti femminili o infantili **4** cannolo nel sign. 2

♦**cannóne** [propr. accr. m. di *canna* ✱ 1306] **A s. m. 1** pezzo di artiglieria con canna di lunghezza superiore a 23 calibri e calibro superiore a 20 mm per il lancio di proiettili a lunga distanza con traiettoria tesa: *c. di piccolo, medio, grosso calibro*; *c. anticarro, senza rinculo, navale, antiaereo, atomico* | (*fig.*, *fam.*) ***essere un c.***, essere molto abile in qualche attività, essere un asso | ***carne da c.***, la massa dei soldati in quanto manovrati dall'alto ed esposti cinicamente alla morte | (*est.*) spingarda da caccia | ***c. ad acqua***, idrante impiegato in operazioni di ordine pubblico per disperdere i manifestanti **2** parte posteriore delle antiche bombarde, che contiene la carica di lancio ed è avvitata o incastrata alla tromba **3** nell'armatura antica, ciascuno dei due pezzi tubolari del bracciale a difesa del braccio e dell'avambraccio **4** (*tosc.*) pezzo di canna grossa, attorno al quale si avvolge il filo per tessere **5** grosso tubo: *c. dell'acquaio, della stufa*; *circondando poi tal cilindro e corda con un c. pur di legno* (G. Galilei) **6** in sartoria, doppia piega che può essere stirata o fissata solo in alto e lasciata sciolta **7** stinco degli equini **8** ***c. elettronico***, struttura meccanica, costituente la parte essenziale di molti dispositivi elettronici, che produce un fascio di elettroni e può defletterlo, metterlo a fuoco e controllarne la posizione e l'intensità **9** ***c. sparaneve, c. d'innevamento***, V. *sparaneve* **10** nei finimenti del cavallo, parte trasversale dell'imboccatura che entra nella bocca del cavallo **11** †grossa canna **B in funzione di agg. inv.** ● (posposto a un sost.) abnormemente, enormemente grasso, spec. nella loc. ***donna c.*** ‖ **cannoncèllo**, **dim.** | **cannoncino**, **dim.** (V.)

cannoneggiaménto [1853] **s. m.** ● tiro regolare e prolungato con cannoni o altri pezzi d'artiglieria **SIN.** bombardamento

cannoneggiàre [1771] **A v. tr.** (**pres.** *io cannonéggio*; **fut.** *io cannoneggerò*) ● colpire con regolarità e a lungo col fuoco dell'artiglieria: *c. le postazioni nemiche* **SIN.** bombardare **B v. intr.** (**aus.** *avere*) ● sparare col cannone

cannonièra [da *cannone* ✱ 1540] **s. f. 1** apertura praticata nei parapetti o nei muri delle opere di fortificazione, per farvi passare la bocca da fuoco dei pezzi d'artiglieria | portello quadrato o rettangolare aperto sui fianchi delle antiche navi da guerra per il tiro delle artiglierie **2** nave da guerra di piccolo tonnellaggio, armata con cannoni di piccolo calibro, caratterizzata dal modesto pescaggio | (*fig.*) ***politica delle cannoniere***, quella di intimidazione usata dalle grandi potenze nei confronti dei Paesi più deboli

cannonière [1598] **s. m. 1** marinaio addetto ai cannoni di bordo | artigliere **2** (**f.** *-a*) (*fig.*) nel calcio, attaccante che segna molti gol: *classifica dei cannonieri*

cannóso (o **-ṣ-**) [vc. dotta, lat. tardo *cannōsu(m)*, da *cănna* 'canna' ✱ sec. XIV] **agg.** ● (*raro*) di terreno coperto di canne

cannotìglia ➤ **canutiglia**

cannòtto [da *canna* ✱ 1962] **s. m.** ● elemento di tubo metallico usato in particolari applicazioni

cannùccia [1305] **s. f.** (**pl.** *-ce*) **1** dim. di *canna* **2** tubicino in paglia, plastica o vetro per sorbire bibite | asticella forata: *c. della pipa* **3** (*bot.*) canna di palude ‖ **cannuccina**, **dim.**

cànnula [vc. dotta, lat. tardo *cănnula(m)*, dim. di *cănna* 'canna' ✱ 1865] **s. f.** ● strumento allungato, tubolare, usato in medicina per vari scopi

cannutìglia ➤ **canutiglia**

†**càno** [vc. dotta, lat. *cānu(m)*, di orig. indeur. ✱ av. 1327] **agg.** ● canuto

canòa [sp. *canoa*, dal caraibico *canaua* ✱ 1493] **s. f. 1** imbarcazione sottile e leggera, gener. scavata in un tronco o costruita con scorza d'albero, sostenuta da traversini, in uso presso diversi popoli primitivi **2** imbarcazione leggera aperta, anfidroma, di forma allungata, mossa per mezzo di pagaie | (*est.*) ***sport della c.***, quello praticato con tale imbarcazione condotta da uno, due o quattro atleti | ***c. polo***, V. *polo*② ‖ **canoìno**, **dim. m.** (V.)

canòcchia① ➤ **conocchia**

canòcchia② o (*raro*) **cannòcchia** [da *canna*, per la forma allungata ✱ 1829] **s. f.** ● crostaceo marino degli Stomatopodi molto apprezzato dal punto di vista alimentare, caratterizzato da due macchie violacee all'estremità caudale del corpo, da una sagoma appiattita e da un atteggiamento simile a quello della mantide (*Squilla mantis*) **SIN.** cicala di mare, pannocchia

canocchiàle ➤ **cannocchiale**

canòcchio ➤ **cannocchio**

canoìno [1942] **s. m. 1** dim. di *canoa* **2** tipo di canoa di dimensioni ridotte e molto leggera | sandolino

canoìṣmo [1970] **s. m.** ● sport della canoa

canoìsta [1938] **s. m. e f.** (**pl. m.** *-i*) ● chi pratica lo sport della canoa

canoìstico [1988] **agg.** (**pl. m.** *-ci*) ● della canoa, dei canoisti: *raduno c.*

cañón /*sp.* ka'ɲon/ [vc. sp., 'canale', da *caño* 'tubo', dal lat. *cănna(m)* 'canna' ✱ 1892] **s. m. inv.** (**pl. sp.** *cañones*) ● canyon

Canonàu o **Canonào** ➤ **Cannonau**

♣**cànone** [vc. dotta, lat. *cănone(m)*, dal gr. *kanṓn* 'fusto, bastone dritto e lungo', poi 'regola, norma', da *kánna* 'canna' ✱ av. 1334] **s. m. 1** criterio normativo per un qualsiasi campo di conoscenze o di azioni: *i canoni della ricerca scientifica, della pittura astratta*; *comportarsi secondo i canoni della buona educazione* **SIN.** norma **2** (*dir.*) controprestazione in denaro o in altre forme che viene pagata periodicamente: *c. d'abbonamento*; *c. mensile, annuo*; *c. d'affitto, di locazione*; *c. enfiteutico* | ***equo c.***, canone d'affitto stabilito da una apposita legge che disciplinava le locazioni degli immobili urbani **3** norma giuridica posta o fatta valere dalla Chiesa

4 ogni singola disposizione del codice di diritto canonico contrassegnata da un numero progressivo: *commentare il c. dieci* **5** catalogo dei libri che, in alcune religioni, sono riconosciuti rivelati, sacri o autentici: *c. buddistico, ebraico, cristiano* **6** (**relig.**) nella liturgia cattolica, parte della celebrazione della Messa, dal prefazio alla comunione, ora denominata prece eucaristica **7** elenco di autori e di opere considerati come modelli da un periodo culturale, una scuola, un genere letterario e sim. **8** (*mus.*) forma polifonica in cui l'intera linea melodica e ritmica viene ripetuta da due o più voci oltre la voce principale: *c. semplice, c. diretto, c. chiuso* | composizione a sé stante, o parte di altre composizioni, come nella fuga

canònica o †**calònaca**, †**calònica** [da *canonico* ✱ 1274] **s. f.** ● abitazione del parroco, gener. attigua alla chiesa

canonicàle [1585] **agg.** **1** di canonico, da canonico: *abito c.* | dei canonici: *capitolo c.* **2** (*fig.*) tranquillo, privo di preoccupazioni: *vita c.* ‖ **canonicalménte**, **avv.**

canonicàto o †**calonacàto**, †**calonicàto** [1306] **s. m.** **1** ufficio di canonico, con annessa prebenda **2** (*fig., scherz.*) ufficio in cui si lavora poco e si guadagna molto SIN. sinecura

✱**canònico** o †**calònaco**, †**calònico** [vc. dotta, lat. tardo *canŏnicu(m)*, dal gr. *kanonikós*, 'conforme alla regola' (detto quindi anche di chi appartiene al clero regolare), da *kanṓn* 'canone' ✱ sec. XII] **A** **agg.** (**pl. m.** *-ci*) **1** che è conforme a un canone prestabilito: *stile c.* | (*est.*) valido, regolare: *procedimento c.* **2** attinente o conforme alle leggi della Chiesa: *atto, impedimento, matrimonio c.* | ***diritto c.***, complesso delle norme giuridiche poste e fatte valere dalla Chiesa nel governo dei fedeli e (*est.*) disciplina che studia tali norme | ***ore canoniche***, le ore stabilite per la recita delle varie parti del breviario; le parti stesse del breviario | ***ora canonica***, (*fig., scherz.*) il momento più opportuno per fare qlco.: *è l'ora canonica della sua passeggiata* **3** appartenente al canone delle Sacre Scritture: *libri canonici* ‖ **canonicaménte**, **avv.** **1** secondo le dovute regole **2** secondo i canoni della Chiesa; regolarmente ‖ **canonicità**, **s. f. inv.** **B** **s. m.** (**f.** *canonichéssa*, †*-a*) **1** chierico che fa parte di un capitolo regolare o secolare **2** (**spec. al pl.**) ecclesiastico che vive in comunità secondo le regole agostiniane **3** (*fig., raro*) chi ama fare una vita tranquilla

canonìsta [da *canone* ✱ av. 1342] **s. m. e f.** (**pl. m.** *-i*) ● esperto o scrittore di questioni attinenti al diritto canonico

canonizzàre o †**calonizzàre** [vc. dotta, lat. tardo *canonizāre* 'mettere nel numero dei libri canonici', dal gr. *kanonízein*, da *kanṓn* 'canone' ✱ sec. XIII] **v. tr.** **1** includere un beato nel catalogo dei santi **2** (*fig.*) indicare come norma e modello, spec. in campo culturale: *c. l'uso di un neologismo* **3** nel diritto canonico, recepire una norma tratta da altro ordinamento giuridico ‖ **canonizzazióne**, **s. f.** (V.)

canonizzazióne [1363] **s. f.** **1** solenne cerimonia religiosa con cui il Papa dichiara santo un beato CFR. beatificazione **2** (*fig.*) legittimazione, riconoscimento ufficiale di validità

canòpico [1584] **agg.** (**pl. m.** *-ci*) ● relativo al canopo

canòpo [dalla città egiziana di *Canopo*, dove particolarmente si trovavano urne di questo tipo ✱ 1796] **A** **s. m.** ● vaso funerario in uso nell'antico Egitto e in Etruria, raffigurante nella parte superiore una testa umana, spesso destinato a contenere i visceri del defunto **B** anche **agg.**: *vaso c.*

canorità [1865] **s. f. inv.** ● caratteristica di chi (o di ciò che) è canoro

canòro [vc. dotta, lat. *canōru(m)*, da *cănor* 'melodia', da *cănere* 'cantare' ✱ av. 1382] **agg.** **1** che canta bene o spesso: *uccelli canori* | (*est.*) che diffonde suoni, spec. gradevoli, detto di esseri animati o inanimati: *gola canora; canore corde* (T. TASSO) SIN. canterino, melodioso **2** (*lett., est.*) che è caratterizzato da suoni, spec. melodiosi | (*est., lett.*) armonioso, dolce e sim.: *l'onda canora de' sentimenti* (F. DE SANCTIS) | (*est., lett., spreg.*) vuoto, superficialmente retorico: *canore ciance* (V. MONTI) ‖ **canoraménte**, **avv.**

†**canóscere** e deriv. ➤ **conoscere** e deriv.

Canòssa [dal n. del castello di *Canossa*, presso Reggio Emilia, dove nel 1077 l'imperatore Enrico IV si umiliò di fronte a papa Gregorio VII ✱ 1878] **s. f.** ● solo nella loc. ***andare a C.***, umiliarsi, ritrattando e riconoscendo il proprio errore

canossiàna [1892] **A** **s. f.** ● religiosa della congregazione fondata dalla santa Maddalena di Canossa al principio del XIX sec. **B** anche **agg.**: *monaca c.*

canossiàno [1847] **A** **agg.** **1** relativo alla contessa Matilde di Canossa (1046-1115): *castello c.* CFR. matildico **2** relativo ai Canossiani o alle Canossiane **B** **s. m.** (**f.** *-a* (V.)) ● religioso appartenente alla Congregazione dei Figli della Carità, istituita nei primi decenni del XIX sec.

canòtta [1985] **s. f.** ● canottiera nel sign. 1 ‖ **canottìna**, **dim.**

canottàggio [fr. *canotage*, da *canot* 'canotto' ✱ 1896] **s. m.** ● attività sportiva del remare, praticata in gare di velocità su imbarcazioni leggere condotte da singoli atleti o da equipaggi, con o senza timoniere

NOMENCLATURA

canottaggio

● *caratteristiche*: da gara, da diporto, a remi, a pagaia; remata = vogata (di punta, di coppia; corta ⇔ lunga), palata, remo (attacco, passata in acqua, estrazione, ripresa, manico, impugnatura, guarnizione, stroppo, attacco della pala), scalmo, scalmiera, pagaia (semplice ⇔ doppia); canotto, fuori scalmo, remo, palella (di punta, di coppia; singolo di coppia, due senza, doppio di coppia, due con, quattro senza, quattro di coppia, quattro con, otto; singolo = skiff; con (timone) ⇔ senza (timone)), canotto pneumatico, rafting, acque bianche; battuta, levata, arrancata, abbordaggio, montacasa, abbrivio, partenza volante; arranca!, inguala;

● *azioni*: remigare, remeggiare, pagaiare, vogare in piedi, alla veneziana, a larga e tira = largatira, passavogare, brattare, sciare, filare i remi, arrancare, agguantare, spalare;

● *persone*: canottiere = vogatore = voga, prodiere, timoniere, giudice arbitro, commissario di boa e di percorso, allineatore;

● *tipi di canoa*: kayak, canadese (da velocità, da maratona, da slalom, da rapide), K1, K2, K3, K4, C1, C2, pagaia a doppia pala, a pala singola; outrigger, fuoriscalmo.

canottièra [fr. *canotière*, chiamata così perché adoperata dai canottieri ✱ 1936] **s. f.** **1** maglietta di lana, cotone o altre fibre, scollata e senza maniche, simile a quella portata dai canottieri **2** cappello maschile o femminile, di paglia pesante e rigida a cupola bassa e piatta, con nastro annodato da un lato, simile a quello portato un tempo dai canottieri ‖ **canottierìna**, **dim.**

canottière [fr. *canotier*, da *canot* 'canotto' ✱ 1838] **s. m.** (**f.** *-a*) **1** chi pratica lo sport del canottaggio **2** guidatore o rematore di canotto

canottièro [fr. *canotier*, da *canot* 'canotto' ✱ 1941] **agg.** ● relativo al canottaggio

♦**canòtto** [fr. *canot*. V. *canoa* ✱ av. 1769] **s. m.** ● piccola imbarcazione | ***c. pneumatico***, in materiale sintetico, gonfiabile e smontabile, a remi, a vela o con motore fuoribordo, adatto al salvataggio e al diporto | sulle navi, la minore imbarcazione disponibile: *c. di salvataggio* | (*fig., iron.*) ***labbra a c.***, labbra trattate con silicone o con altre sostanze per renderle più piene (per la forma accentuata che ricorda quella dei bordi di un canotto pneumatico) ‖ **canottìno**, **dim.**

cànova o (*ven.*) **càneva** [lat. tardo *cănaba(m)* 'baracca', poi 'cantina', di etim. discussa; dal gr. *kánnabos* 'carcassa di legno' (?) ✱ 1310] **s. f.** **1** (*centr., sett.*) bottega dove si vendono al minuto vino e altri generi alimentari **2** †magazzino di vettovaglie

canovàccio o †**canavàccio**, †**canevàccio** [da *canapa* ✱ 1282] **s. m.** **1** grossa tela di canapa usata di solito per strofinacci | (*est.*) strofinaccio, spec. da cucina **2** tela rada di lino, di cotone o di canapa usata come base per ricami **3** (*teatro*) traccia schematica dell'azione scenica, seguita dagli attori nella commedia dell'arte: *È, in pratica, un c. sul quale dovrò improvvisare di volta in volta* (D. FO) | (*est.*) schema, abbozzo di un'opera letteraria | (*est.*) trama, intreccio: *il c. di una commedia*

SFUMATURE ➤ *traccia*

†**canovàio** o †**canovàro** [lat. tardo *canabāriu(m)*, da *cănaba*. V. *canova* ✱ 1330] **s. m.** (**f.** *-a*) **1** bettoliere, cantiniere **2** anticamente, addetto al magazzino dei viveri | addetto alla dispensa nei conventi | †rivenditore di sale

†**canovière** [av. 1527] **s. m.** ● canovaio

cansàre [lat. *campsāre* 'doppiare', termine marinaresco, dal gr. *kámptō* 'io piego' ✱ av. 1257] **A** **v. tr.** ● (*lett.*) scansare | evitare: *Io voglio cansar l'abisso / che mi sento ai piedi* (G. PASCOLI) **B** **v. intr.** e **cansàrsi** **v. intr. pron.** ● †scansarsi, ripararsi: *né da quello era loco da cansarsi* (DANTE *Purg.* XV, 144)

cantàbile [vc. dotta, lat. tardo *cantābile(m)*, da *cantāre* 'cantare①' ✱ 1584] **A** **agg.** **1** che si può cantare **2** (*lett.*) molto melodico, musicale, spec. di versi: *le ariette cantabili metastasiane* **3** (*mus.*) indicazione espressiva, spec. nella musica strumentale, che richiede esecuzione scorrevole, senza artifici | unito ad altra indicazione, detto di titolo di brano musicale o di una parte di esso: *adagio molto e c. della IX Sinfonia di Beethoven* ‖ **cantabilità**, **s. f. inv.** **B** **s. m.** ● melodia, composizione melodica

cantàbrico [1528] **agg.** (**pl. m.** *-ci*) ● relativo alla Cantabria, provincia spagnola affacciata sul golfo di Biscaglia: *Cordigliera cantabrica*

cantabrigiàno [ingl. *cantabrigian*, da *Cantabrigia*, forma latineggiante di *Cambridge* ✱ sec. XX] **A** **agg.** ● (*lett.*) di Cambridge **B** **s. m.** (**f.** *-a*) ● abitante o nativo di Cambridge

cantafàvola [comp. di *cantare*① e *favola* ✱ sec. XIII] **s. f.** **1** racconto lungo, inverosimile, pieno di noiose sciocchezze SIN. cantafera **2** racconto misto di prosa e versi, spesso in forma dialogata, di origine popolare

cantafèra [da *tantafera* (di etim. incerta) con sovrapposizione di *cantare*① ✱ av. 1470] **s. f.** ● (*raro*) cantilena, tiritera: *i libelli, i versacci, le cantafere che andarono attorno a quel tempo* (I. NIEVO)

cantaiòlo [da *cantare*① ✱ av. 1566] **agg.** ● (*raro*) detto di animale, spec. uccello, che canta bene: *merlo, grillo c.*

cantalùpo [dal n. della località laziale *Cantalupo in Sabina*, dove è stato prodotto per la prima volta ✱ 1874] **s. m.** (**pl.** *-i* o **inv.**) ● (*bot.*) varietà di melone a superficie verrucosa, profondamente divisa in spicchi

cantambànco o **cantimbànco** [da *canta in banco* 'colui che canta sui banchi' (nelle fiere) ✱ 1536] **s. m.** (**f. inv.** o *-a*; **pl. m.** *-chi*) **1** cantore popolare che, in epoca medievale, declamava storie sulle pubbliche piazze **2** (**est.**) cantastorie, imbonitore, ciarlatano

♦**cantànte** **A** **part. pres.** di *cantare*①; anche **agg.** ● nei sign. del v. **B** **s. m. e f.** (*raro* **f.** *-éssa*) ● chi esercita l'arte del canto: *c. d'opera, di musica leggera* ‖ **cantantìno**, **dim.** | (*spreg.*) **cantantùcolo**, **dim.**

SFUMATURE DI SIGNIFICATO

cantante - interprete - cantautore

Con la parola **cantante** si indica in generale chi esercita, per professione o per diletto, l'arte del canto. Se il *cantante*, come spesso accade, esegue composizioni scritte da altri si dice che è un **interprete**. Se invece esegue canzoni di cui ha egli stesso scritto i testi o le musiche è un **cantautore**.

♦**cantàre** ① [lat. *cantāre*, intens. di *cănere* 'cantare' ✱ sec. XII] **A** **v. intr.** (**aus.** *avere*) **1** modulare musicalmente la voce: *gli piace c.*; *su, cantiamo insieme* | ***canta che ti passa***, (**scherz.**) invito a non preoccuparsi, a non dar troppo peso a fatti o avvenimenti spiacevoli, e sim. | ***c. a orecchio***, senza conoscere la musica | ***lasciare c. qlcu.***, non dare peso alle sue parole | ***c. e portare la croce***, (**fig.**, **colloq.**) fare contemporaneamente due attività impegnative **2** (**est.**) emettere, diffondere suoni, spec. con effetto gradevole, detto di esseri animati o inanimati: *i grilli, le cicale, gli uccelli, cantano*; *il vento faceva c. i rami degli alberi* | funzionare regolarmente: *Finalmente il motore cantò* (C. Pavese) **3** fare il cantante, come professione: *canta alla radio*; *c. da tenore, da soprano* **4** (**fig.**) manifestare sentimenti di gioia e sim.: *l'inno della vittoria gli cantava nel cuore* (I. Nievo) **5** (**fig.**) confessare, fare la spia, riferire segreti: *dopo tre giorni di interrogatori ha cantato* **SIN.** soffiare, spiattellare, spifferare **6** (**fig.**, **lett.**) narrare, spec. in versi: *Poeta fui, e cantai di quel giusto / figliuol d'Anchise* (Dante *Inf.* I, 73-74) **B** **v. tr.** **1** esprimere con il canto: *c. una canzone, un'aria, una romanza*; *cantarono un vecchio motivo popolare* | ***c. Messa***, celebrare la Messa solenne, cantandone alcune parti secondo le prescrizioni liturgiche | anche nella forma pron. **cantàrsela** (con il pron. *la* indeterm.), nella loc. ***se la canta e se la suona***, (**fig.**, **iron.**) fa tutto da solo, afferma, smentisce o commenta le sue affermazioni, e sim. **2** (**fig.**, **lett.**) attestare, enunciare con chiarezza: *Il vostro caso è serio ...: la grida canta chiaro* (A. Manzoni) | (**fig.**) ***c. vittoria***, esultare, rallegrarsi per un successo, anche prima di averlo ottenuto | (**fig.**, **fam.**) ***c. la solfa a qlcu.***, rimproverarlo | (**fig.**, **fam.**) **cantàrle**, **cantàrne**, esprimere apertamente critiche, rimproveri e sim. (**+ a**): *quando è rincasato, suo padre gliel'ha cantate, gliene ha cantate quattro!* **3** (**fig.**) narrare, celebrare in opere letterarie, spec. in versi: *c. le imprese di qlcu.*; *l'inclito verso di colui che l'acque / cantò fatali* (U. Foscolo)

cantàre ② [sostantivazione di *cantare*① ✱ av. 1249] **s. m.** **1** nella letteratura italiana dei secc. XIV e XV, poemetto d'intonazione popolare, composto spec. in ottave, di materia epica e cavalleresca, recitato anche nelle piazze **2** (**est.**) storia in versi: *i cantari siciliani*

cantarèlla ① [da *cantare*① ✱ 1585] **s. f.** **1** sottospecie di allodola (*Alauda arvensis canterella*) **2** (**tosc.**) cicala **3** richiamo artificiale per attirare le starne **4** cantaro, nel sign. 3

cantarèlla ② ➤ **canterella**

cantarellàre ➤ **canterellare**

cantarèllo [da *cantaro*①, per la forma del cappello ✱ 1820] **s. m.** ● (**bot.**) gallinaccio②

cantàride [vc. dotta, lat. *canthărĭde(m)*, dal gr. *kantharís*, dim. di *kántharos* 'scarabeo' ✱ av. 1498] **s. f.** **1** coleottero di color verde metallico dall'odore sgradevole (*Lytta vesicatoria*) **2** sostanza ricavata dall'insetto omonimo, con proprietà revulsive, vescicatorie e afrodisiache

cantaridìna [fr. *cantharidine*. V. *cantaride* ✱ 1825] **s. f.** ● principio attivo della cantaride

càntaro ① [vc. dotta, lat. *cănthăru(m)*, dal gr. *kántharos* 'tazza', di etim. incerta ✱ av. 1494] **s. m.** **1** vaso greco con corpo a calice su alto piede e due anse alte verticali a nastro **2** nelle basiliche paleocristiane, vasca per le abluzioni, situata nell'atrio **3** pesce dei Teleostei commestibile con corpo ovale, allungato, argenteo con riflessi violetti sul dorso (*Spondyliosoma cantharus*) **SIN.** cantarella **4** V. *cantero*

cantàro ② [arabo *qinṭār* ✱ sec. XIII] **s. m.** ● antica misura di peso, variabile dai 50 agli 80 kilogrammi

cantastòrie [comp. di *cantare*① e il pl. di *storia* ✱ av. 1850] **s. m. e f. inv.** **1** chi, spec. in occasione di feste o mercati, canta sulle piazze storie in versi **2** (**spreg.**) ciarlatano, saltimbanco

cantàta [1612] **s. f.** **1** canto prolungato, eseguito a scopo di svago **2** (**mus.**) composizione sacra o profana, per voci e orchestra, che combina recitativo e aria ‖ **cantatina**, **dim.**

cantàto **part. pass.** di *cantare*①; anche **agg.** ● nei sign. del v.

cantatóre [vc. dotta, lat. *cantatōre(m)*, da *cantāre* 'cantare①' ✱ 1282] **s. m.** (**f.** *-trice*, **pop.**, **disus.** *-tora*); anche **agg.** ● (*raro*) chi (o che) canta | cantante

cantautoràle o **cantautoriàle** [1985] **agg.** ● relativo a un cantautore o alla sua produzione

cantautóre [comp. di *cant(ante)* e *autore* ✱ 1961] **s. m.** (**f.** *-trice*) ● cantante che interpreta canzoni scritte o musicate da lui stesso **SFUMATURE** ➤ ***cantante***

Definizione d'autore

I cantautori erano un'altra cosa. Di solito non diplomati maestri di musica, con voci ben diverse dallo stile del bel canto, però con forti vocazioni letterarie, essi si imposero e crearono un fenomeno che si provò a definire: è cantante, è autore, sia **cantautore** e non ci si pensi più.

Gli antichi Romani, giunti in Africa, si trovarono di fronte a uno strano animale, che non avevano mai visto prima: la giraffa. Ma non lo chiamarono così. Come stazza poteva ricordare un cammello; come colore un leopardo. Fu quindi "camelopardo". Ecco cosa sono i cantautori, tutti camelopardi: un fenomeno non ben definito, un essere forse mutevole che, come la sirena oraziana, è sì *mulier formosa superne*, donna bella nella parte superiore ma, ahimè, in quella inferiore, mostruosamente finisce in pesce.

Francesco Guccini

cante hondo /sp. ˌkante'ɔndo/ o **cante jondo** /sp. ˌkante'xɔndo/ [loc. sp., propr. 'canto profondo', sia in senso proprio ('che viene dal profondo degli organi fonatori'), sia in senso figurato ('che proviene dal fondo del cuore') ✱ 1994] **loc. sost. m. inv.** (**pl. sp.** *cantes hondos*) ● (**mus.**) canto popolare andaluso con elementi arabi, ebraici, andalusi

cànter /'kanter, *ingl.* 'kæntə(r)/ [ingl., abbr. di *Canterbury gallop* 'galoppo di Canterbury', dall'andatura lenta dei cavalli dei pellegrini che andavano a S. Tommaso di Canterbury ✱ 1905] **s. m. inv.** ● nell'ippica, corsa di preparazione, breve e a moderata velocità, che si fa compiere ai cavalli poco prima della partenza di una gara

càntera [etim. incerta ✱ 1790] **s. f.** ● (**tosc.**) cassetto del canterano

canteràle [av. 1842] **s. m.** ● canterano

♣**canteràno** [etim. incerta: prob. da avvicinare a *canto*② 'angolo' ✱ 1694] **s. m.** ● cassettone a quattro o più cassetti sovrapposti

canterèlla o **cantarèlla** ② [dal lat. *canthărĭde(m)*, nom. *canthăris*, di orig. gr., col suff. dim. *-ella* ✱ av. 1338] **s. f.** ● (**zool.**) cantaride

canterellàre o **cantarellàre** [da *cantare*① ✱ sec. XIV] **v. tr. e intr.** (*io canterèllo*; **aus.** *avere*) ● cantare sommessamente, distrattamente, spec. di tanto in tanto: *canterellava una canzone*; *lavora canterellando* **SIN.** canticchiare

canterellìo [1865] **s. m.** (**pl.** *-ii*) ● un canterellare continuo

canterìno [1484] **A** **agg.** ● che canta bene o a lungo: *grillo c.* **B** **s. m.** (**f.** *-a*) **1** chi canta volentieri e spesso **2** chi recitava cantari nel XIV e XV sec. **3** †cantante **C** **s. m.** ● (**spec. al pl.**) un tempo, spec. nell'Italia centrale, cantore stipendiato dal comune per esibirsi durante feste solenni

càntero o (**merid.**) **càntaro** ① [V. *cantaro*① ✱ 1688] **s. m.** **1** (**centr.**, **merid.**) vaso da notte, recipiente per bisogni corporali **2** †coppa, vaso da bere

càntica [vc. dotta, lat. *căntica*, nt. pl. di *cănticum* 'cantico' ✱ 1319] **s. f.** ● componimento narrativo o religioso in più canti in terza rima | (**per anton.**) ciascuna delle tre parti della Divina Commedia

canticchiàre [dal lat. *cantĭculu(m)*, dim. di *cănticum* 'cantico' col suff. *-icchiare* ✱ 1531] **v. tr. e intr.** (*io canticchio*; **aus.** *avere*) ● canterellare

canticchiatóre [1865] **s. m.** (**f.** *-trice*) ● chi canticchia

càntico [vc. dotta, lat. *cănticu(m)*, da *căntus* 'canto①' ✱ av. 1332] **s. m.** (**pl.** *-ci*) **1** componimento poetico lirico di contenuto religioso o civile | ***Cantico dei Cantici***, uno dei libri poetici dell'Antico Testamento, attribuito a Salomone **2** monologo cantato nella commedia latina **3** (**poet.**) inno

cantieràbile [1984] **agg.** **1** (**burocr.**) detto di progetto edilizio che consente la pronta apertura di un cantiere: *un progetto immediatamente c.* **2** (**burocr.**) detto di area o zona destinata a ospitare un cantiere ‖ **cantierabilità**, **s. f. inv.**

cantieràre [da *cantiere* ✱ 1989] **v. tr.** (*io cantièro*) ● iniziare la realizzazione di un progetto edilizio aprendo un cantiere: *c. un ponte, un'autostrada*

♦**cantière** [lat. *canthēriu(m)* 'cavallo castrato', poi 'travicello', dal gr. *kanthḗlios* 'asino', vc. di orig. straniera ✱ 1739] **s. m.** **1** complesso di impianti, strumenti e sim. per eseguire lavori di costruzione o riparazione | ***c. navale***, arsenale | ***c. aeronautico***, quello in cui vengono eseguite costruzioni aeronautiche | ***c. edile***, quello, allestito nel luogo stesso in cui la costruzione verrà eseguita, in cui si preparano e lavorano i materiali per la costruzione di edifici, ponti, strade | ***avere qlco. in c.***, (**fig.**) avere qlco. in preparazione **2** ***c. scuola, di lavoro***, impresa organizzata dall'autorità pubblica al fine di consentire l'avviamento a un lavoro dei disoccupati **3** ***c. di abbattimento, di coltivazione***, il settore della miniera o della cava in cui si effettua l'asportazione del materiale utile ‖ **cantierétto**, **dim.** | **cantierìno**, **dim.** | **cantieróne**, **accr.**

cantierìstica [f. sost. di *cantieristico* ✱ 1983] **s. f.** ● insieme delle attività relative alla costruzione di navi e imbarcazioni

cantierìstico [1947] **agg.** (**pl. m.** *-ci*) ● del cantiere | relativo ai cantieri, spec. navali: *industria cantieristica*

cantierizzàre [1987] **v. tr.** ● (**burocr.**) occupare allestendo un cantiere: *c. un'area* | (**burocr.**) realizzare, rendere esecutivo allestendo un cantiere: *c. un progetto, un'opera infrastrutturale* ‖ **cantierizzazione**, s. f.

cantiga /portog. kaŋ'tiga/ [vc. sp. e portog., propr. 'cantica' ✱1929] **s. f. inv. (pl. portog.** *cantigas*) ● componimento lirico medioevale in lingua gallego-portoghese

♣**cantilèna** [vc. dotta, lat. *cantilēna(m)*, da *căntus* 'canto①' ✱1321] **s. f. 1** (*mus.*) composizione semplice, dal ritmo uniforme **2** (*lett.*) canto epico-lirico **3** (*est.*) filastrocca, ninna nanna | canto che produce un'impressione di monotonia | (*est.*) tono della voce che produce un'impressione di monotonia: *parla con quella sua c.* **4** (*fig.*) discorso noioso, lungo, lamentoso: *è sempre la solita c.* **5** (*lett.*) canto religioso SIN. salmodia

cantilenàre [av. 1803] **v. tr. e intr.** (*io cantilèno*; **aus.** *avere*) ● cantare con voce lenta e noiosa: *c. una filastrocca; quando parla sembra che cantileni*

cantilèver /kanti'lɛver, *ingl.* 'kæntɪ,li:və(r)/ [vc. ingl., propr. 'mensola' ✱1941] **s. m. inv. 1** trave con parti sporgenti a mensola **2** tipo di ponte in cui le travature principali poggiano su mensole

cantillazióne [vc. dotta, dal lat. *cantilāre*, da *cantilēna* 'cantilena' ✱1962] **s. f.** ● (*relig.*) recitazione modulata melodicamente e fatta con voce nasale, usata dagli Ebrei nella lettura dei brani in prosa della Bibbia e dai cristiani orientali nella lettura dei testi liturgici

cantimbànco ➤ **cantambanco**

cantimplòra [voce sp., comp. del lat. *cantāre* 'cantare①' e *plorāre* 'piangere', cioè 'cantare e piangere', dal rumore del liquido versato ✱1651] **s. f.** ● (*tosc.*) recipiente usato un tempo per rinfrescare il vino mediante ghiaccio o neve posti in un vano interno SIN. rinfrescatoio

♦**cantìna** [prob. da *canto②*, nel senso di 'luogo appartato, ripostiglio' ✱1298] **s. f. 1** locale fresco, interrato o seminterrato, adibito alla produzione e conservazione familiare del vino | (*est.*) ripostiglio o locale interrato o seminterrato di un edificio: *conservare in c. le vecchie cose* | ***andare in c.***, (*fig.*, *teatro*) calare di tono mentre si recita o si canta **2** (*fig.*) luogo umido e oscuro: *quell'appartamento è una c.* **3** (*enol.*) insieme dei locali per la preparazione e conservazione industriale del vino | ***c. sociale***, dove i produttori associati conferiscono l'uva **4** osteria **5** (*disus.*) spaccio di una caserma **6** (*miniere*) fossa profonda un paio di metri, dal fondo della quale si inizia la perforazione dei sondaggi profondi ‖ **cantinétta**, **dim.** (V.) | **cantinóne**, **accr. m.**

cantinàto [1942] **s. m.** ● scantinato

cantinèlla [da avvicinare a *canto②* nel sign. 1 ✱1585] **s. f. 1** lista di legno lunga e sottile impiegata per vari usi **2** lunga lista di legno per sostenere gli elementi di scena | fila verticale di lampade posta dietro la quinta

cantinétta [dim. di *cantina* ✱1820] **s. f.** ● specie di ripiano in legno, plastica e sim. costruito in modo da potervi collocare, inclinate, le bottiglie di vino

cantinière [da *cantina* ✱1618] **s. m.** (**f.** *-a*) **1** chi ha cura della cantina | addetto alla vinificazione delle uve **2** oste, taverniere, vinaio **3** (*disus.*) gestore di spaccio militare

cantìno [da *canto①* ✱av. 1722] **s. m.** ● (*mus.*) corda più sottile e acuta degli strumenti ad arco e a corda

♦**cànto①** [lat. *căntu(m)*, da *cănere* 'cantare' ✱1282] **s. m. 1** (*mus.*) uso della voce umana seguendo una linea melodica e un andamento ritmico, con o senza parole, con o senza accompagnamento strumentale CFR. melo- | ***c. ambrosiano, anglicano, bizantino, gregoriano***, stili con ritmi e misure fissati da liturgia e tradizione | ***c. fermo*** (in lat. *cantus firmus*), nella polifonia, la melodia che si svolge per l'intera composizione ed è la base del contrappunto delle altre voci; nei secc. XVII-XX, soggetto o canto dato contrappuntistico | ***c. fratto*** (in lat. *cantus fractus*), musica organizzata secondo unità ritmiche | ***c. piano*** (in lat. *cantus planus*), musica ritmicamente libera, senza misure, come nel canto gregoriano e sim. | (*est.*) composizione musicale solo vocale | in una composizione vocale-strumentale, la parte vocale | in una composizione strumentale, la parte cui è affidata la melodia **2** arte, stile e tecnica del cantare: *lezione di c.* | ***bel c.***, V. *belcanto* **3** emissione di voce degli uccelli, spec. se melodiosa o comunque gradevole: *il c. dell'usignolo* | ***il c. del cigno***, quello melodioso che, secondo la leggenda, emette il cigno morente; (*fig.*) l'ultima opera pregevole di un artista; (*fig.*) l'ultima impresa di qlcu. **4** suono di uno strumento musicale: *il c. di un violino, di un pianoforte* **5** (*est.*) suono emesso da oggetti inanimati, spec. con effetto gradevole: *il c. della trebbia, / il c. delle sartie al vento* (G. D'Annunzio) **6** componimento lirico: *i canti del Leopardi*; *canti popolari* | ognuna delle parti in cui sono suddivisi un poema o una cantica: *i canti dell'Orlando Furioso, della Gerusalemme Liberata*; *il quinto c. dell'Inferno* | (*lett.*) poesia: *tu non altro che il c. avrai del figlio* (U. Foscolo)

Definizione d'autore

Dio non canta. Forse non ha mai cantato: si vede che non gli serviva. Ha dato il **canto** a tutti gli elementi che popolano questo mondo e che si danno da fare per tenerlo vivo. Il rumore dell'esistenza è **canto**. Canta l'acqua, il vento, cantano le fronde degli alberi, le pietre, cantano gli animali, canta l'uomo. Il **canto** è un grido, un ululato a gola aperta. Sfiora e urta e sfonda e spacca e libera e imprigiona. Non gli serve di essere ascoltato per avere valore. È una liberazione. Una manifestazione della verità. E non ha bisogno di spettatori.

Mina

♣**cànto②** [lat. tardo *cănthu(m)*, dal gr. *kanthós* 'angolo dell'occhio', di orig. celtica ✱av. 1294] **s. m.** (**pl.** *-i*, †*càntora*) **1** angolo esterno o interno formato da due muri che si incontrano: *il c. della strada*; *il c. della stanza*; *nel c. il più lontano dall'uscio* (A. Manzoni) SIN. cantone **2** parte, lato, banda | (*lett.*) ***a c.***, V. *accanto* | ***in un c., da c.***, (*fig.*) in disparte | ***d'altro c.***, d'altronde | ***da un c. e dall'altro***, da un certo punto di vista e da un altro | ***dal c. mio, suo***, ecc., per quanto mi riguarda, lo riguarda, ecc. | ***per ogni c.***, dovunque | †***per c.***, di traverso | †***su tutti i canti***, ovunque ‖ **cantùccio**, **dim.** (V.)

cantonàle① [fr. *cantonal*, da *canton* 'cantone②' ✱1801] **agg.** ● che è proprio di singoli cantoni svizzeri

cantonàle② [da *cantone①* ✱1863] **s. m. 1** armadietto di forma triangolare, destinato a occupare l'angolo di una stanza | cantoniera② **2** ferro profilato per uso murario ottenuto per laminazione, costituito da due ali o lati perpendicolari uguali o diseguali SIN. angolare **3** elemento a sezione triangolare applicato all'interno degli angoli di una cassa, allo scopo di rinforzare l'unione delle testate con le fiancate

cantonàta [da *cantone①* ✱sec. XIV] **s. f. 1** angolo o spigolo di un edificio che coincide con l'angolo di una strada | (*disus.*) ***dare una c.***, urtare contro un ostacolo **2** (*fig.*) errore, equivoco, sbaglio | ***prendere una c.***, prendere un grosso abbaglio

cantóne① [da *canto②* ✱av. 1328] **s. m. 1** angolo, canto: *a un c. della strada* | ***in un c.***, in disparte | ***gioco dei quattro cantoni***, gioco da ragazzi eseguito in cinque: quattro si dispongono negli angoli di un quadrato, e mentre essi correndo si scambiano il posto, il quinto, partendo dal centro, tenta di occupare un cantone libero **2** tratto di strada o di ferrovia affidato alla cura di un cantoniere **3** (*arald.*) pezza quadrata posta in angolo nello scudo **4** ogni striscia di vario colore in cui può essere suddivisa una bandiera **5** ciascuno dei due denti posti alle estremità dell'arcata degli incisivi dei Bovini e degli Equini ‖ (*lett.*) **cantoncèllo**, **dim.** | **cantoncìno**, **dim.**

cantóne② [fr. *canton*. V. *cantone①* ✱av. 1527] **s. m. 1** in vari Stati, regione, distretto **2** ognuna delle unità politico-amministrative di cui è formata la Svizzera

cantóne③ [di orig. preindeur. (?) ✱av. 1537] **s. m.** ● grossa pietra utilizzata come spigolo di muro

cantonése (o *-ṣ-*) [1825] **A agg.** ● di Canton, città della Cina meridionale | ***riso c., alla c.***, riso prima bollito e poi fritto, mescolato con piselli, carote, pezzetti di prosciutto cotto e di frittata **B s. m. e f.** ● abitante o nativo di Canton **C s. m. solo sing.** ● dialetto cinese parlato a Canton

cantonièra① [da *cantoniere* ✱av. 1873] **A agg. solo f.** ● nella loc. ***casa c.***, nella quale abita il cantoniere stradale o ferroviario **B s. f.** ● casa cantoniera SIN. casello

cantonièra② [sp. *cantonera*, da *cantón* 'angolo' ✱1525] **s. f. 1** mobile a ripiani digradanti destinato a occupare l'angolo di una stanza | cantonale, angoliera **2** †meretrice

cantonière [fr. *cantonnier*. V. *cantone①* ✱1875] **s. m.** (**f.** *-a*) ● chi è addetto al controllo e alla manutenzione di un tratto di strada o di ferrovia

cantóre [lat. *cantōre(m)*, da *cănere* 'cantare①' ✱1321] **A s. m.** (**f.** *-tóra*) **1** chi canta nel coro di una chiesa **2** (*raro*) cantante | corista **3** (*fig.*, *lett.*) poeta, aedo: *Omero, il c. di Achille*; *la libera creazione ritmica del c.* (G. D'Annunzio) **B agg. 1** che dirige il coro dei canonici: *canonico c.* **2** ***maestri cantori***, fino all'Ottocento, in Germania, componenti di corporazioni artigiane di musicisti e poeti ‖ **cantorìno**, **dim.**

cantorìa [1773] **s. f. 1** scuola corale al servizio di corti e chiese **2** parte della chiesa in cui stanno i cantori **3** complesso dei cantori

cantorìno [da *cantore* ✱1797] **s. m. 1** titolo di libro liturgico coi canti sillabici della Messa **2** libro di canti liturgici cattolici per il coro

càntra [fr. *cantre*, di etim. incerta ✱1940] **s. f.** ● (*tess.*) parte dell'orditoio che accoglie i rocchetti dei vari fili

cantùccio [propr. dim. di *canto②* ✱av. 1342] **s. m. 1** angolo interno di una stanza, di un mobile e sim.: *cercare in tutti i cantucci* | (*est.*) luogo appartato, nascondiglio: *cercare un c. caldo e tranquillo per dormire* | ***stare in un c.***, (*fig.*) stare da parte, in disparte **2** cantonata **3** pezzetto di pane e sim. con molta crosta | (**spec. al pl.**) piccolo biscotto secco insaporito con mandorle, pinoli e semi di anice, tipico della Toscana: *cantucci e vinsanto* ‖ **cantuccìno**, **dim.**

†**canutézza** [da *canuto* ✱1268] **s. f.** ● canizie

canutìglia o **cannutìglia**, **cannotìglia** [sp. *canutillo*, da *cana* 'canna' ✱1577] **s. f. 1** ricamo a fili d'oro o d'argento, usato spec. per paramenti e vesti liturgiche **2** strisciolina attorcigliata d'oro o d'argento per ricamo **3** cannellino di vetro colorato per ornare cappelli e vestiti **4** trafilato di piombo usato per le lastre delle vetrate

†**canutìre** ➤ **incanutire**

♣**canùto** [lat. *canūtu(m)*, da *cānus* 'cano' ✱av. 1292] **agg. 1** bianco, detto di capelli, barba, baffi e sim. **2** di persona, che ha capelli, barba, baffi e sim. bianchi: *un vecchio c.* | (*est.*) vecchio | (*lett.*) ***età, stagione canuta***, la vecchiaia **3** (*fig., lett.*) che ha la saggezza e l'assennatezza tipiche della vecchiaia: *sotto biondi capei canuta mente* (F. Petrarca) **4** (*est., lett.*) biancheggiante, detto di cose: *schiume, onde canute* | (*poet.*) ammantato di neve: *or, che l'alpi canute ... / rende ... il pigro verno* (T. Tasso)

C

canùtola [da *canuto* * sec. XIV] **s. f.** • (*bot.*) polio

cànvas /'kanvas, *ingl.* 'kænvəs/ [vc. ingl., propr. 'tela di canapa', dal fr. *canevas*, a sua volta dal lat. **cannabăceu(m)* 'di canapa' * 1955] **A s. m. inv.** • tessuto robusto, spec. di cotone, che ricorda l'intreccio della canapa: *pantaloni in c.* **B anche agg. inv.**: *tela c.*; *cotone c.*

canyon /'kɛnjon, *ingl.* 'kænjən/ [adattamento angloamericano di *cañón* (V.) * 1932] **s. m. inv.** • valle stretta e profonda originata dall'erosione fluviale su rocce relativamente tenere in regioni aride | ***c. sottomarino***, stretta valle sottomarina a versanti ripidi

SFUMATURE DI SIGNIFICATO

canyon - gola - forra

Canyon è una parola inglese che designa in maniera specifica una valle tipica dell'America settentrionale, originata dall'erosione fluviale, molto stretta e con pareti a strapiombo. In italiano, una profonda incisione a pareti ripide, prodottasi in una montagna per l'azione erosiva delle acque si chiama invece **gola**. Una *gola* particolarmente profonda e incassata, sul cui fondo scorre un corso d'acqua è una **forra**.

canyoning /'kɛnjonin(g), *ingl.* 'kænjənɪŋ/ [vc. ingl., da *canyon* * 1995] **s. m. inv.** • (*sport*) torrentismo

†**canzóna** ➤ **canzone**

canzonàre [da *canzone* * av. 1492] **A v. tr.** (*io canzóno*) **1** burlare, deridere, prendere in giro: *tutti lo canzonano per la sua pronuncia* **SIN.** beffare **2** †cantare, celebrare **B v. intr.** (**aus.** *avere*) **1** (*lett.*) parlare e agire per scherzo: *Credono ch'io canzoni; ma l'è proprio così* (A. Manzoni) **2** †comporre canzoni

SFUMATURE ➤ ***beffare***

canzonatóre [1846] **A s. m.** (**f.** *-trice*; *pop., disus.* *-tóra*) • chi ha l'abitudine di canzonare gli altri **B agg.** • (*lett.*) canzonatorio: *prese anche lui un'aria canzonatrice* (G. Deledda)

canzonatòrio [1750] **agg.** (**pl. m.** *-i* o *raro* *-ii*) • di chi canzona | che deride e prende in giro: *tono, sguardo c.*; *con una serietà mezzo canzonatoria* (A. Manzoni) **SIN.** beffardo, derisorio ‖ **canzonatoriaménte**, **avv.** (*raro*) in modo canzonatorio

canzonatùra [1798] **s. f.** • presa in giro, derisione: *lo guarda con un sorrisetto di canzonatura* (E. Morante) **SIN.** beffa

SFUMATURE ➤ ***scherzo***

♦**canzóne** o †**canzóna** [lat. *cantiōne(m)*, da *căntus* 'canto①' * av. 1250] **s. f. 1** (*letter.*) componimento lirico sorto in rapporto con la musica, formato da più stanze che in origine si corrispondevano per numero, disposizione dei versi (prevalentemente endecasillabi e settenari) e intreccio di rime, ed erano seguite da un commiato: *c. dantesca, petrarchesca* | ***c. libera, leopardiana***, nella quale la divisione in stanze non è più vincolata da schemi precisi | ***c. pindarica***, che nella divisione in strofe, antistrofe, epodo, si ricollega a esemplari classici | ***c. a ballo***, ballata | ***c. di gesta***, poema epico medievale che canta le imprese dei cavalieri **2** (*mus.*) composizione per canto e strumenti, orecchiabile, solitamente con ritornello: *il festival della c.* **3** (*fig.*) ciò che si ripete con frequenza, producendo un effetto di monotonia: ***in ufficio è sempre la stessa c.*** ‖ **canzonàccia**, **pegg.** | **canzoncìna**, **dim.** | **canzonétta**, **dim.** (V.)

canzonèlla [propr. dim. di *canzone* * av. 1803] **s. f.** • (*raro*) burla, scherno | ***mettere in c.***, deridere

canzonétta [sec. XIII] **s. f. 1** dim. di *canzone* **2** canzone tenue o leggera o popolare composta da versi brevi e strofe | ***c. anacreontica, arcadica***, elegante, leziosa, melodica, in uso presso gli Arcadi **SIN.** arietta **3** (*mus.*) breve composizione per canto e strumenti facilmente orecchiabile e di soggetto leggero ‖ **canzonettàccia**, **pegg.** | **canzonettìna**, **dim.**

canzonettista [1903] **s. f. e m.** (**pl. m.** *-i*) • cantante di canzonette, di musica leggera

canzonettìstico [1983] **agg.** (**pl. m.** *-ci*) • (*raro*) relativo a canzonetta

canzonière o †**canzonèro** [da *canzone*; nel sign. 4 attraverso il fr. *chansonnier*, da *chanson* 'canzone' * av. 1250] **s. m. 1** raccolta di poesie liriche di uno o più autori **2** raccolta di canzoni o canzonette musicali **3** †verseggiatore, poeta **4** (*disus.*) compositore o versificatore di canzonette

caolinìte [comp. di *caolino* e *-ite*② * 1913] **s. f.** • (*miner.*) silicato di alluminio idrato con struttura a strati, in cristalli lamellari molto fini

caolinizzazióne [1956] **s. f.** • trasformazione dei feldspati in caolinite e altri silicati per alterazione da parte di acque superficiali e idrotermali

caolìno [dalla località di *Kaoling* in Cina dove fu trovato per la prima volta * 1817] **s. m.** • (*geol.*) roccia argillosa di solito bianca costituita in prevalenza da caolinite, usata spec. nella fabbricazione della porcellana

caorlìna [dal n. del centro di *Càorle*, in provincia di Venezia * 1962] **s. f.** • veloce barca da pesca diffusa nella laguna veneta, con scafo lungo e affusolato, provvisto alle estremità di un ferro a rostro

♦**càos** o †**caòsse** [lat. *chăos*, dal gr. *cháos* 'fenditura', poi 'caos', da *cháinō* 'mi apro, mi spalanco' * sec. XIII] **s. m. inv. 1** (*filos.*) secondo le antiche cosmologie, stato originario di disordine della materia nel periodo antecedente alla formazione del mondo **CFR.** cosmo **2** (*fig.*) grande confusione, disordine: *questa stanza è un c.*; *l'attentato gettò il paese nel c.*; *cacciò le mani in quel c. di carte* (A. Manzoni) **3** (*fis.*) caratteristica di sistemi dinamici in cui variazioni anche minime nelle condizioni iniziali provocano grandi differenze nell'evoluzione successiva, che perciò non può essere prevista nel suo comportamento dettagliato

SFUMATURE ➤ ***confusione***

♦**caòtico** [1858] **agg.** (**pl. m.** *-ci*) • del caos | (*fig.*) disordinato, confuso: *traffico c.*; *idee caotiche*; *un c. ammasso di rottami* ‖ **caoticaménte**, **avv.** ‖ **caoticità**, **s. f. inv.**

cap① /*ingl.* kæp/ [vc. ingl., orig. 'cappa', dal lat. *căppa(m)* 'mantello con cappuccio', poi genericamente 'copricapo' * 1994] **s. m. inv.** • in equitazione, particolare copricapo protettivo indossato dai cavalieri

Cap② /kap/ [1967] **s. m. inv.** • sigla di codice di avviamento postale. (V. *codice*)

càpa [lat. *căput* 'capo' * 1953] **s. f.** • (*merid.*) testa, capo | ***c. tosta***, V. *capatosta*

♦**capàce** [vc. dotta, lat. *capāce(m)*, da *căpere* 'prendere, comprendere, capire' * sec. XIII] **agg. 1** che può contenere una data quantità di persone o cose (+ *di*): *sala c. di cento posti*; *disegnarono nella chiesa cattedrale il luogo della sessione c. di quattrocento persone* (P. Sarpi) | (*est.*) spazioso, ampio: *salone molto c.*; *una borsa c., poco c.* **2** che è in grado di fare qlco. (+ *di*, *lett.* + *a*, **anche seguiti da inf.**): *un atleta c. di qualunque risultato*; *ormai è c. di leggere*; *consideravano il re essere poco c. a sostenere da sé solo un pondo sì grave* (F. Guicciardini) | (*est.*) che è particolarmente abile in una data attività: *è un disegnatore c.* **SIN.** abile, esperto **3** (*est.*) intelligente, dotato: *un giovane serio e c.* **4** (*dir.*) dotato di capacità | ***essere c. di testare***, di stare in giudizio **5** (*fam.*) che è disposto a fare qlco. (+ *di*, **anche seguito da inf.**): *è c. di ogni perfidia*; *non è mai c. di sgridarlo*; *se non lo fermi è c. di partire subito* | ***è c. di tutto***, (*fig.*) non ha freni | (*colloq.*) ***è c. che*** (*ellitt.* ***capace che***), è possibile, probabile, che: *è c. che piova*; *c. che si metta a piovere* **6** (*lett.*) persuaso, capacitato, nelle loc. ***fare, farsi, rimanere c. di qlco.***

SFUMATURE ➤ ***adatto***

capacìmetro [comp. di *capacità* e *-metro* * 1963] **s. m.** • strumento per misurare capacità elettriche

♦**capacità** [vc. dotta, lat. *capacitāte(m)*, da *căpax*, genit. *capācis* 'capace' * 1294] **s. f. inv. 1** attitudine a contenere (+ *di*): *una botte di grande c.*; *lo stadio ha una c. di centomila persone* | ***c. di un recipiente***, volume di sostanze liquide o polverizzate che esso può contenere **SIN.** capienza **2** abilità, idoneità a fare, ad agire, a comportarsi in un dato modo (+ *di*): *ha la c. di organizzare bene il lavoro*; *la sua vera c. è comprendere gli altri*; *manca di c. critica*; *persona di grandi c., di c. limitate, priva di c.* **3** (*dir.*) ***c. giuridica***, attitudine alla titolarità di rapporti giuridici | ***c. d'agire***, idoneità a compiere atti giuridici relativi ai propri interessi | ***c. a delinquere***, naturale inclinazione a commettere fatti previsti come reati | ***c. d'intendere e di volere***, attitudine a valutare il valore sociale dei propri atti e ad autodeterminarsi **4** (*econ.*) ***c. produttiva***, complesso di risorse produttive disponibili in un'impresa o in un sistema economico; quantità di lavoro che un impianto è in grado di svolgere | (*econ.*) ***c. contributiva***, possibilità di corrispondere un determinato volume di imposte in base all'ammontare del reddito **5** (*fis.*) ***c. elettrica***, quantità di elettricità presente in un conduttore riferita al potenziale al quale esso si eleva | ***c. dell'accumulatore***, quantità di elettricità che esso è capace di erogare prima che la tensione ai morsetti scenda sotto un valore minimo prefissato | ***c. termica***, quantità di calore necessaria ad elevare di 1 °C la temperatura di un corpo | (*est.*) condensatore **6** (*med.*) ***c. vitale***, volume massimo d'aria che i polmoni possono contenere dopo un'inspirazione profonda **7** (*sport*) ***c. fisiche***, quelle relative a forza, velocità, resistenza, mobilità articolare e coordinazione **SIN.** qualità fisiche

SFUMATURE DI SIGNIFICATO

capacità - abilità - bravura

Capacità è la caratteristica di chi è idoneo, adatto a fare determinate cose o ad agire in un certo modo; rispetto a *capacità*, **abilità** identifica un livello superiore e si riferisce a chi è molto adatto, molto capace e valente. **Bravura** indica la qualità di chi, oltre ad essere adatto a qualcosa, è anche efficiente, accorto e volenteroso nel compiere la propria opera.

capacitànte **part. pres.** di *capacitare*; **anche agg.** • (*lett.*) convincente

capacitànza [da *capacitante* * 1931] **s. f.** • (*fis.*) reattanza capacitiva

capacitàre [da *capacità* * 1690] **A v. tr.** (*io capàcito*) • convincere, persuadere: *questa scusa non mi capacita* **B capacitàrsi v. intr. pron.** • rendersi conto, rimanere persuaso e convinto (+ *di*, **anche seguito da inf.**; + *che* **seguito da congtv.**): *non mi capacito di tanto disastro*; *non si capacita di essere stato respinto*; *non si capacitava che Amelia ... passasse i pomeriggi da sola* (C. Pavese)

capacitìvo [1956] **agg.** ● (*fis.*) che si riferisce alla capacità elettrica, o che la possiede ‖ **capacitività**, **s. f. inv.** (*fis.*) capacità elettrostatica dell'unità di volume

capacitóre [1987] **s. m.** ● (*raro*) condensatore elettrico

†**capàle** [da *capo* ✱1527] **s. m.** ● elmo

♦**capànna** [lat. tardo *capănna(m)*, di etim. incerta ✱1276] **s. f.** **1** piccolo ricovero o costruzione, spec. di frasche, paglia, legno e sim.: *c. di pastori* | (*est.*) casa misera, tugurio | (*fig.*) ***due cuori e una c.***, espressione che simboleggia l'amore contrapposto agli agi materiali | (*fig.*, *scherz.*) ***pancia mia fatti c.***, esclamazione di chi si accinge a mangiare abbondantemente | ***a c.***, di tetto a due falde | ***facciata a c.***, a due spioventi che abbracciano in un unico profilo triangolare le navate interne di diversa altezza **2** stanza rustica per attrezzi o prodotti campestri **3** rifugio alpino ‖ **capannèlla**, **dim.** | **capannétta**, **dim.** | **capannìna**, **dim.** (V.) | **capannùccia**, **dim.** (V.)

capannèlla [sec. XIII] **s. f.** **1** dim. di *capanna* **2** †capannello

capannèllo [sec. XV] **s. m.** **1** dim. di *capanno* **2** gruppo di persone che in strada si riuniscono per discutere o commentare avvenimenti: *nei capannelli si commentava il risultato delle elezioni*; *cianciano le comari in c.* (G. Pascoli) **SIN.** crocchio **3** †catasta di legno o altro, spec. quella su cui venivano bruciati i condannati al rogo

capannìna [1865] **s. f.** **1** dim. di *capanna* **2** ***c. meteorologica***, piccola costruzione, con pareti fatte a persiana per la libera circolazione dell'aria, dove vengono posti strumenti meteorologici per proteggerli da tutte le radiazioni dirette e indirette

capannìsta [1955] **s. m. e f.** (**pl. m.** *-i*) ● chi caccia in capanno terrestre o palustre

capànno [da *capanna* ✱sec. XIII] **s. m.** **1** piccola capanna dove si apposta il cacciatore o per vari usi agricoli **2** pergolato a forma di cupola per terrazze, giardini e sim. **3** piccola costruzione, gener. di legno, adibita a spogliatoio sulle spiagge ‖ **capannèllo**, **dim.** (V.) | **capannétto**, **dim.** | **capannìno**, **dim.** | **capannóne**, **accr.** (V.) | **capannùccio**, **dim.**

♦**capannóne** [1607] **s. m.** **1** accr. di *capanno* **2** vasta costruzione rustica utilizzata come fienile, magazzino, stalla **3** fabbricato industriale a un solo piano fuori terra, destinato a magazzino, laboratorio, officina e sim.

capannùccia [1395] **s. f.** (**pl.** *-ce*) **1** dim. di *capanna* **2** (*est.*, *tosc.*) piccolo presepe natalizio

caparbiàggine [1865] **s. f.** ● (*raro*) caparbieria

caparbierìa [1585] **s. f.** **1** (*raro*, *lett.*) caparbietà **2** (*raro*) azione da persona caparbia

✦**caparbietà** o †**caparbietàde**, †**caparbietàte** [av. 1472] **s. f. inv.** ● testardaggine, ostinazione **SIN.** cocciutaggine **CONTR.** arrendevolezza

✦**capàrbio** [da *capo* (?) ✱1441] **agg.** ● che agisce di testa propria senza tener conto di pareri, critiche, difficoltà **SIN.** cocciuto **CONTR.** arrendevole ‖ **caparbiaménte**, **avv.**

SFUMATURE DI SIGNIFICATO

caparbio - ostinato - cocciuto

Caparbio è chi persegue un obiettivo con determinazione senza dar ascolto a suggerimenti o consigli. **Ostinato** si dice di chi è molto risoluto nei suoi propositi, uso a far di testa propria, anche in modo inopportuno. **Cocciuto** mette invece in evidenza l'ostinazione estrema, che giunge fino all'irragionevolezza.

capàre [da *capo* ✱av. 1306] **v. tr.** ● (*centr.*, *merid.*) scegliere | mondare: *c. la cicoria*

caparòzzolo ➤ **caperozzolo**

capàrra [comp. di *capo* e *arra* ✱1302] **s. f.** **1** somma di denaro o altro bene fungibile che una parte dà all'altra come anticipo a garanzia dell'adempimento di un contratto: *versare, rendere la c.*; *c. confirmatoria*; *c. penitenziale* **SIN.** arra **2** (*fig.*, *lett.*) garanzia, anticipazione: *c. di felicità, di sventura*

caparràre [1302] **v. tr.** ● (*raro*) accaparrare

capasànta o **càpa sànta**, **cappasànta**, **càppa sànta** [comp. di *capa*, forma veneta per *cappa*②, e *santa*, perché portata con sé dai pellegrini diretti a Santiago de Compostela in Spagna ✱1858] **s. f.** (**pl.** *capesànte*) ● (*ven.*) mollusco dei Lamellibranchi commestibile con conchiglia a grosse coste radiali e formata da valve disuguali (*Pecten jacobaeus*)

capàta [da *capo* ✱1618] **s. f.** **1** (*centr.*, *merid.*) colpo dato con la testa: *dare una c. nel muro* | ***dare, fare una c. in un luogo***, farvi un'apparizione fugace **2** †cenno del capo ‖ **capatìna**, **dim.** (V.)

capataz /sp. kapa'taθ, -as/ [vc. sp., propr. 'capo-operaio, caposquadra', dal lat. *căput* 'capo', di formazione poco chiara ✱sec. XVII] **s. m. inv.** ● (*scherz.*) capo, dirigente | chi esercita con una certa ostentazione la propria autorità

capatìna [1855] **s. f.** **1** dim. di *capata* **2** brevissima visita, apparizione fugace, spec. nelle loc. ***dare, fare una c. in un luogo***

capatòsta o **càpa tòsta** [comp. di *capa* e *tosto*② ✱1681] **agg.** (**pl. f.** *capetòste*, **raro m.** *capitòsti*) **e s. f.** ● (*merid.*) che (o chi) è ostinato, tenace, testardo: *quel ragazzo è una vera c.*

càpe ➤ **capire**

capécchio [lat. *capĭtulu(m)* 'parte superiore degli alberi', da *căput*, genit. *căpitis* 'capo' ✱1303] **s. m.** **1** materia grezza e ruvida, tratta dalla prima pettinatura del lino e della canapa, utilizzata come imbottitura **2** (*bot.*) scotano

capeggiaménto [1965] **s. m.** ● (*raro*) direzione, guida

capeggiàre [da *capo* ✱1866] **v. tr.** (**pres.** *io capéggio*; **fut.** *io capeggerò*) ● essere a capo di qlco.: *c. una fazione politica*

capeggiatóre [1919] **s. m.** (**f.** *-trice*) ● chi capeggia

†**capellaménto** o †**capillaménto** [lat. *capillamĕntu(m)*, da *capĭllus* 'capello' ✱sec. XIV] **s. m.** **1** (*raro*) capigliatura **2** (*bot.*) apparato radicale di una pianta

capellatùra [lat. tardo *capillatūra(m)*, da *capĭllus* 'capello' ✱sec. XIII] **s. f.** **1** (*lett.*) capigliatura | (*fig.*) insieme delle fronde di un albero: *scarse capellature / di tamerici pallide* (E. Montale) **2** †irradiazione

capellièra [da *capello* ✱av. 1584] **s. f.** ● (*raro*, *lett.*) capigliatura: *la bruna c. / il lato collo e l'ampie spalle inonda* (G. Carducci)

capellìno① [1846] **s. m.** **1** dim. di *capello* **2** (**spec. al pl.**) tipo di pasta alimentare lunga e molto sottile **SIN.** capelli d'angelo

†**capellìno**② [detto così perché ricorda il colore dei *capelli* ✱av. 1673] **agg.** ● di colore castano

†**capellìzio** ➤ **capillizio**

♦**capéllo** o †**cavèllo** [lat. *capĭllu(m)*, di etim. incerta ✱av. 1250] **s. m.** (**pl.** *poet.* †*capégli*, †*cavégli*, *capéi*) **1** ciascuno dei peli del cuoio capelluto: *capelli biondi, rossi, castani, radi, folti, canuti, ricciuti, morbidi*; *erano i capei d'oro a l'aura sparsi* (F. Petrarca) **CFR.** trico-, -trico | ***perdere i capelli***, diventare calvo | (*fig.*) ***avere un diavolo per c.***, essere molto irritato | ***essere sospeso a un c.***, (*fig.*) in continuo pericolo | ***essere a un c. da qlco.***, vicinissimo | ***al c.***, in modo estremamente esatto | ***tirare qlcu. per i capelli***, (*fig.*) costringerlo | ***spaccare un c. in quattro***, (*fig.*) fare un'analisi molto sottile | ***un c.***, (*fig.*) nulla: *non rischiare un c.*; *non spostarsi di un c.* | ***non torcere un c.***, non fare alcun male | ***mettersi le mani nei capelli***, (*fig.*) essere disperato, adirato e sim. | ***averne fin sopra i capelli***, essere stanco di qlco. | ***sentirsi rizzare i capelli***, (*fig.*) sentire paura, ribrezzo e sim. | ***prendersi per i capelli***, (*fig.*) litigare | ***fino alla punta dei capelli***, (*fig.*) dalla testa ai piedi | ***avere più guai che capelli***, (*fig.*) essere molto sfortunato | ***fare i capelli bianchi***, (*fig.*) invecchiare, spec. fra esperienze faticose e dolorose | (*fig.*) ***c. d'angelo***, speciale tipo di lima al titanio, sottilissima e flessibile | ***capelli d'angelo***, capellini **2** (*fam.* o *lett.*) chioma, capigliatura: *lozione per irrobustire il c.*; *capel bruno: alta fronte: occhio loquace* (A. Manzoni) **3** (*bot.*) ***c. di Venere***, capelvenere ‖ **capellàccio**, **pegg.** | **capellìno**, **dim.** (V.) | **capellùzzo**, **dim.**

capellóne [1927] **A** **s. m.** **1** (**f.** *-a*) chi ha molti o lunghi capelli **2** (**f.** *-a*) spec. negli anni '60 del Novecento, chi portava i capelli molto lunghi come segno di protesta e di anticonformismo **3** moneta d'argento settecentesca di Modena coniata dal duca Francesco III che vi figurava effigiato con lunghi capelli **B** **agg.** **1** che ha molti o lunghi capelli **2** pertinente ai capelloni: *moda capellona*

capellùto [av. 1348] **agg.** **1** che ha molti capelli **SIN.** chiomato, zazzeruto | ***cuoio c.***, V. *cuoio*, sign. 2 **2** detto di radice di piante con fitte barbe **3** (*lett.*) detto di cometa fornita di chioma: *la capelluta cometa stravagante* (G. Carducci)

capelvènere [vc. dotta, lat. tardo *capĭllu(m) Vĕneris* 'capello di Venere' ✱1310] **s. m.** ● felce delle Polipodiacee con grandi foglie composte dal lungo picciolo sottile e foglioline a ventaglio (*Adiantum capillus Veneris*) | ***c. doppio***, cedracca **SIN.** adianto

†**càpere**① [lat. *căpere* 'prendere', da una radice **kēp*, **kōp* ✱sec. XIII] **v. tr.** (**part. pass.** *càtto*) ● prendere, catturare: *veggio in Alagna intrar lo fiordaliso, / e nel vicario suo Cristo esser catto* (Dante *Purg.* XX, 86-87)

†**capére**② ➤ **capire**

caperòzzolo o **caparòzzolo** [da *caperozzo*, dim. di *capo* ✱1370] **s. m.** **1** †capocchia | †prepuzio **2** (*ven.*) vongola: *risotto con i caperozzoli*

capestrerìa [1536] **s. f.** **1** (*lett.*, *raro*) Azione da scapestrato | (*lett.*) bizzarria, capriccio **2** (*lett.*) gioco di parole

capèstro (o *-é-*) [lat. *capĭstru(m)* 'corda, capestro', di etim. incerta ✱av. 1276] **A** **s. m.** **1** fune dotata di cappio scorsoio usata per impiccare | (*est.*) forca | ***mandare qlcu. al c.***, condannare all'impiccagione | ***persona da c.***, (*fig.*) delinquente **2** fune o cavezza con cui si legano le bestie | ***mettere il c. a qlcu.***, (*fig.*) piegarlo, sottometterlo **3** specie di laccio di spago, che si mette al collo delle anatre da richiamo nelle tese palustri e che si ancora al fondo **4** cordone dei frati francescani: *quel c. / che solea far i suoi cinti più macri* (Dante *Inf.* XXVII, 92-93) **B** **in funzione di agg. inv.** (**posposto a un sost.**) ● che impone clausole, condizioni durissime: *contratto c.*

capetìngio [av. 1740] **agg.** (**pl. f.** *-ge* o *-gie*); **anche s. m.** ● appartenente alla dinastia reale iniziata da Ugo Capeto (987) e succeduta in Francia ai Carolingi

capétto [dim. di *capo* nel sign. A3 ✱1865] **s. m.** (**f.** *-a*) ● (*spec. spreg.*) chi ha limitate funzioni di comando ma le esercita con una certa arroganza

capézza ➤ **cavezza**

capezzàgna o **cavedàgna** [V. *capitagna* ✱

1777] **s. f.** ● strada di accesso in terra battuta lungo le testate dei campi

♣**capezzàle** o †**cavezzàle** [lat. parl. **capitiāle*, da *căput* 'capo' ✻ 1282] **s. m. 1** stretto guanciale della larghezza del materasso che viene posto sotto il lenzuolo inferiore a capo del letto per rialzare il cuscino | (*est.*) letto, spec. di malato o moribondo: *accorrere, stare al c. di qlcu.* **2** ridosso staccato dalle rive e coperto nelle piene dei fiumi **3** †colletto di un vestito: *donne col c. ... aperto* (F. SACCHETTI)

†**capezzàta** [dal lat. *capĭtu(m)* 'cosa che riguarda il capo' ✻ 1688] **s. f.** ● corona o cappello con cui termina la sommità di un'opera muraria

capezzièra o **cavezzièra** [V. *capezzale* ✻ 1887] **s. f. 1** poggiatesta ricamato per poltrone **2** ciascuno dei due fasci di cordicelle con cui si sospende la branda o l'amaca

capezzolàre [1956] **agg.** ● (*anat.*) del capezzolo

capézzolo [dim. del lat. *capĭtiu(m)*, a sua volta dim. di *căput* 'capo' ✻ 1539] **s. m.** ● (*anat.*) parte centrale, pigmentata, a forma di sferula, della mammella

capibàra o **capivàra** [vc. portoghese di orig. tupi ✻ 1802] **s. m. inv.** ● mammifero dei Roditori simile a una voluminosa cavia, con tronco tozzo, privo di coda ed estremità degli arti adattate al nuoto, presente in America Centrale (*Hydrochoerus isthmius*) e in America Meridionale (*Hydrochoerus hydrochaeris*)

capicòllo ➤ **capocollo**

capidòglio ➤ **capodoglio**

capiènte [vc. dotta, lat. *capiĕnte(m)*, part. pres. di *căpere* 'prendere' ✻ 1855] **agg.** ● che ha capacità di contenere: *serbatoio c.*

capiènza [vc. dotta, lat. *capiĕntia*, part. nt. pl. di *căpere* 'prendere' ✻ 1848] **s. f.** ● capacità di contenere: *un teatro della c. di mille persone*

capifòsso ➤ **capofosso**

capifuòco [comp. di *capo* e *fuoco* ✻ av. 1537] **s. m.** (**pl.** *-chi*) ● (*raro*) alare

capigliatùra [lat. tardo *capillatūra(m)*, con l'influenza di *capegli*, pl. ant. di *capello* ✻ 1483] **s. f.** ● massa dei capelli, chioma: *folta, ricca c.*

†**capiglièra** [da *capegli*, pl. ant. di *capello* ✻ av. 1431] **s. f.** ● (*lett.*) capigliatura

Capilène® [marchio registrato della Patagonia Inc. ✻ 1993] **s. m. inv.** ● fibra sintetica a base di polipropilene dotata di ottime caratteristiche di coibenza, idrorepellenza e leggerezza, utilizzata spec. per capi di biancheria intima e di abbigliamento sportivi

†**capillaménto** ➤ †**capellamento**

♣**capillàre** [vc. dotta, lat. tardo *capillāre(m)* 'che riguarda i capelli' ✻ sec. XIV] **A agg. 1** sottile come un capello | (*anat.*) *vaso c.*, di calibro ridottissimo e a pareti sottili, formate dal solo endotelio **2** (*fig.*) diffuso dappertutto: *organizzazione, propaganda c.* | (*fig.*) estremamente minuzioso e particolareggiato: *analisi c.* || **capillarménte**, **avv.** || **capillarità**, **s. f. inv.** (V.) **B s. m. 1** vaso capillare | parte estrema, sottilissima, della ramificazione dei vasi sanguigni e linfatici: *c. arterioso, venoso, linfatico* **2** (*bot.*) canaletto sottile nel quale scorre la linfa delle piante **3** (*fis.*) tubo, con diametro interno non superiore a 1-2 mm, nel quale sono sensibili i fenomeni di capillarità

capillarità [1862] **s. f. inv. 1** caratteristica di ciò che è capillare (*anche fig.*): *la c. dei tubi delle provette; la c. della propaganda politica* **2** (*fis.*) insieme dei fenomeni, dovuti alle interazioni fra le molecole di un liquido e di un solido sulla loro superficie di separazione, per cui, nei tubi capillari, i liquidi che bagnano le pareti subiscono un'ascensione capillare, mentre i liquidi che non bagnano le pareti subiscono una depressione capillare

capillarizzàre [da *capillare* ✻ 1948] **v. tr.** e **capillarizzàrsi v. intr. pron.** ● rendere o diventare capillare | diffondere, suddividere o suddividersi in modo capillare || **capillarizzazióne**, **s. f.**

capillìfero [comp. del lat. *capĭllus* 'capello' e *-fero* ✻ 1886] **agg.** ● (*anat.*) che genera o sostiene il capello

capillìzio o †**capellìzio** [vc. dotta, lat. *capillĭtiu(m)*, da *capĭllus* 'capello' ✻ 1621] **s. m. 1** parte del cuoio capelluto che è ricoperta di capelli **2** (*bot.*) trama di filamenti presente in organi di Funghi (corpi fruttiferi dei Gasteromiceti e sporangi dei Mixomiceti) **3** (*bot.*) *c. radicale*, ultima e più fine ramificazione delle radici, che si identifica con la zona assorbente **4** †irradiazione di luce che appare attorno ai corpi luminosi: *quel capillizio che ci par di vedere intorno alla fiammella di una candela* (G. GALILEI)

capinéra [detta così dal *capo nero* ✻ av. 1400] **s. f.** ● piccolo uccello canoro dei Passeriformi con zampette esili, capo nerissimo nel maschio e color ruggine nella femmina (*Sylvia atricapilla*) **CFR.** cinguettare, ciangottare

capintèsta [da *capo in testa* ✻ 1917] **s. m. e f. inv. 1** (*sport; raro*) chi guida la classifica di una corsa o la graduatoria di una competizione od occupa il primo posto in un campionato a squadre **2** (*spreg.* o *scherz.*) chi guida un gruppo di persone, o dirige un'impresa **SIN.** caporione

♦**capìre** o †**capére**② [lat. *căpere*. V. †*capere*① ✻ av. 1257] **A v. tr.** (**pres.** *io capìsco, tu capìsci*; **la variante** †*capére* **è difett. e usata solo nelle terze pers. sing. e pl. di alcuni tempi semplici: pres. indic.** *càpe, càpono*; **imperf.** *capéva, capévano*; **condiz. pres.** *caperèbbe*) **1** intendere, afferrare, comprendere con la mente: *non capisco cosa vuole da me; non ho capito una parola di questo libro* | (*fig.*) ***c. l'antifona***, intendere il senso nascosto di qlco. | ***c. a*** (o ***al***) ***volo***, subito | ***c. fischi per fiaschi***, una cosa per un'altra | ***c. la musica, la poesia***, sentirle profondamente, comprenderne i significati | ***c. una persona***, penetrarne il carattere **SIN.** comprendere | (*fig., intens.*) ***non c. un fico secco, un accidente, un tubo***, non capire niente | (*colloq.*) ***capirci, non capirci***, riuscire, non riuscire a comprendere qlco.: *non ci capisco proprio più niente; io ci capisco poco in questa faccenda* | ***capirai!***, escl. gener. intens. o, a volte, ironica, di compatimento e sim.: *Capirai! bella fatica! non ha mai lavorato in vita sua!* | ***si capisce***, certamente: *verrai domani? Sì, si capisce* **2** rendersi conto di qlco. (+ *di* **seguito da inf.**, + *che*): *capisco di avere sbagliato; capisco che i tempi sono cambiati* | ***non volerla c.***, (*fig.*) non volere persuadersi di qlco., non voler accettare una situazione **3** considerare con simpatia o indulgenza, scusare, giustificare, anche assol.: *c. i giovani; c. i casi della vita; solo tu mi puoi c.; bisogna capirlo* **4** †contenere, accogliere **B v. intr.** (**aus.** *avere* **nel sign. 1; difett. nel sign. 2**) **1** essere intelligente: *un ragazzo che capisce poco* **2** (*lett.*) stare, essere contenuto, trovare posto: *come veggion le terrene menti / non capere in triangol due ottusi* (DANTE *Par.* XVII, 14-15) | (*fig.*) †***non c. in sé dalla gioia***, non stare in sé dalla gioia | ***non mi cape***, non mi persuade, non mi convince (oggi usato in tono scherz.) **C capìrsi v. rifl. recipr.** ● intendersi, trovarsi d'accordo: *sono certo che riusciremo a capirci* | ***ci siamo capiti***, formula escl. o interr., con cui si concludono discorsi perentori: *e che non ne senta più parlare; ci siamo capiti?* **D in funzione di s. m. solo sing.** ● il comprendere: *talora il capire è più importante del fare*

SFUMATURE DI SIGNIFICATO

capire - cogliere - apprendere

Il comprendere, penetrare qualcosa con la mente si dice **capire**. **Cogliere** è invece il verbo più adatto per descrivere un processo di comprensione veloce o addirittura immediato, basato su un misto di intelligenza, intuito, sagacia. Se la comprensione di qualcosa si accompagna alla sua memorizzazione e dunque si traduce in acquisizione stabile si ha **apprendere**, verbo che in altra accezione descrive il venire a conoscenza di qualcosa di cui si era completamente all'oscuro.

capirósso o **caporósso** [detto così dal *capo rosso* ✻ 1830] **s. m.** ● (*zool., pop.*) cardellino | (*centr., sett.*) fischione | (*centr.*) moriglione

†**capistèo** o †**capistèro**, †**capistèrio**, †**capistèio** [lat. *capistĕriu(m)*, dal gr. *skaphistḗrion* ✻ 1303] **s. m.** ● specie di conca rettangolare di legno, adibita a vari usi

capitàgna [lat. tardo *capitāneu(m)*, da *căput* 'capo', perché è quella parte di terra che sta in capo a un campo ✻ 1777] **s. f.** ● testata del campo adiacente alla capezzagna che si ara trasversalmente

♦**capitàle**① [lat. *capitāle(m)* 'che riguarda il capo', poi 'principale, essenziale', da *căput*, genit. *căpitis* 'capo' ✻ 1268] **agg. 1** mortale: *pena, sentenza, condanna, supplizio c.* | ***peccato c.***, che comporta la morte spirituale | ***vizio c.***, la ripetizione di un peccato mortale | (*est.*) spietato, inesorabile: *odio, nemico c.* **2** che ha estrema importanza: *punto, argomento, importanza c.* **SIN.** principale **3** ***scrittura c.***, antica scrittura latina a lettere maiuscole, tracciata dentro un sistema bilineare e geometrizzata nelle forme, così detta perché in seguito fu usata solo per le iniziali | ***lettera c.***, tipica di tale scrittura **4** ***bene c.***, bene impiegato nella produzione di beni di consumo || **capitalménte**, **avv.** in modo capitale; †mortalmente

♦**capitàle**② [da *capitale*① ✻ av. 1595] **s. f. 1** città principale di uno Stato, in cui hanno sede il capo dello Stato e gli organi centrali del governo: *Roma è la c. d'Italia* | (*est.*) luogo che costituisce il centro vitale o fondamentale di svariate attività o che primeggia per determinate caratteristiche: *Torino è la c. dell'automobile; l'Italia è la c. dell'arte* **2** scrittura o lettera capitale: *c. rustica, quadrata*

♦**capitàle**③ [da *capitale*① ✻ 1211] **s. m. 1** somma da cui frutta un reddito: *c. investito in titoli* **2** parte della ricchezza prodotta in epoca anteriore, e impiegata nella produzione di nuovi beni | ***c. fisso***, complesso dei beni utilizzati in più cicli produttivi | ***c. circolante***, complesso di beni che si consumano in un solo ciclo produttivo | ***c. netto***, somma algebrica dei valori attivi e passivi del capitale | ***c. sociale versato, c. sociale***, complesso dei conferimenti, valutati in denaro, versati dai soci | ***c. sociale nominale, c. nominale***, l'ammontare dei conferimenti in società, interamente versati o no, come risultano dall'iscrizione nel registro delle imprese **3** valore in denaro dei beni posseduti: *calcolare il c. di un commerciante* | (*est.*) ricchezza, patrimonio individuale: *ha un c. di gioielli* | (*est.*) somma enorme, fortuna: *quella pelliccia mi è costata un c.* | ***accumulare un c.***, arricchire | (*fig.*) ***avere un c. di cognizioni***, essere ricco di sapere, di saggezza | †***tenere, avere qlcu., qlco. in c.***, tenerne gran conto, averne stima, vantaggio **4** (*fig.*) la classe dei proprietari dei mezzi di produzione | ***lotta tra c. e lavoro***, fra classe padronale e classe lavoratrice **5** (*fig., scherz.*) birba, briccone, nelle loc. ***bel, buon c.*** || **capitalétto**, **dim.** | **capitalùccio**, **dim.**

SFUMATURE DI SIGNIFICATO
capitale - patrimonio - fortuna
In senso proprio **capitale** è parola del linguaggio economico che designa il complesso di beni e denaro impiegati in un investimento produttivo o anche la somma di denaro che produce un interesse; comunemente il termine è usato per descrivere un'ingente somma di denaro. Stesso significato ha nell'uso corrente **patrimonio**, che tuttavia in senso proprio identifica il complesso dei beni appartenenti a una persona o a un ente, indipendentemente dalla loro consistenza. **Fortuna** è in questa serie un'ingente somma di denaro, o il complesso delle risorse economiche di una persona; è parola della lingua d'uso che non trova impiego in ambiti specialistici.

càpital gain /'kapital 'gein, *ingl.* 'kæpɪt(ə)l 'geɪn/ [loc. ingl., propr. 'incremento di capitale' ✻ 1985] **loc. sost. m. inv.** (**pl. ingl.** *capital gains*) ● (*econ.*) plusvalenza

capitalìṣmo [da *capitale*③, prob. attrav. il fr. *capitalisme* ✻ 1889] **s. m.** ● sistema economico-sociale la cui caratteristica principale risiede nella proprietà privata dei mezzi di produzione, e nella conseguente separazione tra classe dei capitalisti e classe dei lavoratori | ***c. di Stato***, sistema economico-sociale in cui l'ente pubblico statale avoca a sé la proprietà dei mezzi di produzione

capitalìsta [da *capitale*③, prob. attrav. il fr. *capitaliste* ✻ 1744] **A s. m. e f.** (**pl. m.** *-i*) **1** possessore di capitali **2** (*est., colloq.*) persona molto ricca **B agg.** ● capitalistico: *società c.*

capitalìstico [1875] **agg.** (**pl. m.** *-ci*) ● pertinente al capitalismo o ai capitalisti: *sistema c.*; *In Italia l'urbanesimo non è solo ...un fenomeno di sviluppo c.* (A. GRAMSCI) || **capitalisticaménte**, **avv.** secondo le teorie del capitalismo

capitaliẓẓàre [fr. *capitaliser*. V. *capitalismo* ✻ 1821] **v. tr. 1** mettere a frutto interessi o redditi trasformandoli in capitale: *c. i dividendi* | (*fig.*) sfruttare, far rendere: *c. in termini elettorali la propria popolarità* **2** determinare il capitale che, in base a un certo tasso, ha fruttato un determinato reddito: *c. un vitalizio* || **capitaliẓẓazióne**, **s. f.** (V.)

capitaliẓẓazióne [1821] **s. f. 1** trasformazione in capitale | (*est.*) il capitale stesso | ***c. degli interessi***, accorpamento nel capitale iniziale degli interessi maturati, costituendo un montante che diventa base di calcolo degli interessi nel periodo successivo | ***sistema pensionistico a c.***, quello in cui i contributi versati dai lavoratori in attività, investiti, costituiscono un montante che finanzia le pensioni future di tali lavoratori | ***c. dell'imposta***, calcolo della quota ideale di capitale sottratta al contribuente mediante l'imposta stessa **2** ***c. di Borsa***, o (*assol.*) ***capitalizzazione***, valore di mercato di una società quotata, ottenuto moltiplicando il numero di azioni emesse per il loro valore

capitàna [1282] **A s. f. 1** (*scherz.*) la moglie del capitano | donna che ha una posizione di comando **2** un tempo, nave che portava lo stendardo sotto il quale andavano le altre della stessa squadra (denominata oggi ammiraglia) **B in funzione di agg. solo f.**: *nave c.*

capitanàre [da *capitano* ✻ av. 1348] **v. tr. 1** (*raro*) comandare un esercito come capitano **2** (*est.*) reggere, dirigere come capo: *c. un movimento politico*; *c. la sommossa, l'insurrezione* **SIN.** comandare, guidare

capitanàto o †**capitaneàto A part. pass.** di *capitanare*; **anche agg.** ● nei sign. del v. **B s. m.** ● (*stor.*) dignità e ufficio di capitano d'eserciti | distretto e durata della giurisdizione e dell'autorità del capitano | edificio in cui risiedeva il capitano

†**capitaneggiàre** [av. 1292] **v. tr.** ● capitanare

capitanerìa o †**capitanìa** [1310] **s. f. 1** †capitanato **2** compartimento del litorale su cui ha giurisdizione un'autorità amministrativa marittima | ***c. di porto***, ufficio nel quale risiede l'autorità amministrativa marittima che ha giurisdizione in quella zona

capitanéssa [sec. XIV] **s. f.** ● (*scherz.*) capitana

†**capitanìa** ➤ **capitaneria**

♦**capitàno** o †**cattàneo** [lat. parl. **capitānu(m)*, da *căput*, genit. *căpitis* 'capo' ✻ 1253] **s. m.** (**f.** *-a* (V.), *-éssa* (V.)) **1** (*stor.*) titolo dato in passato ai vassalli di importanti località rurali | ***c. del popolo***, nell'ordinamento comunale, magistrato di parte popolare che, di fronte al comune dominato dai magnati, aveva la rappresentanza politica degli esclusi dal potere | ***c. generale***, nell'ordinamento comunale, signore della città con poteri sia civili sia militari | ***capitani reggenti***, i due capi dello Stato della Repubblica di S. Marino **2** nella gerarchia militare, massimo grado degli ufficiali inferiori attribuito al comandante di una compagnia di fanteria, di uno squadrone di cavalleria o di una batteria di artiglieria | (*stor.*) ***c. di ventura***, comandante, condottiero di una compagnia di ventura | †capo, comandante supremo, condottiero: *canto l'armi gloriose e il c.* (T. TASSO) **3** nella marina militare, grado degli ufficiali superiori | ***c. di vascello***, equivalente al grado di colonnello nell'esercito | ***c. di fregata***, equivalente al grado di tenente colonnello nell'esercito | ***c. di corvetta***, equivalente al grado di maggiore nell'esercito | ***c. di porto***, comandante della capitaneria di porto **4** (*mar.*) chi ha il comando di una nave o, anticamente, di una flotta | ***c. marittimo***, nella marina mercantile, qualifica professionale degli ufficiali di coperta e di macchina | ***c. di lungo corso***, capitano marittimo abilitato al comando di una nave di qualsiasi tonnellaggio senza limiti geografici | ***c. di armamento***, chi è responsabile dell'armamento e del rifornimento di una flotta mercantile **5** comandante di una squadriglia di aerei **6** (*est.*) chi occupa una posizione di comando e di prestigio: *il c. dei rivoltosi, dei congiurati* | ***c. d'industria***, grande industriale **SIN.** capo **7** nel calcio e sim., il giocatore responsabile della disciplina dei compagni in campo e autorizzato a parlare con l'arbitro | nel ciclismo, caposquadra **8** maschera della Commedia dell'arte che tratteggiava comicamente la figura del guerriero

♦**capitàre** [lat. parl. **capitāre* 'far capo', da *căput*, genit. *căpitis* 'capo' ✻ 1287] **A v. intr.** (*io càpito*; **aus.** *essere*) **1** arrivare, giungere casualmente e improvvisamente: *siamo capitati in piazza proprio nel giorno di mercato*; *leggeva quanti libri gli capitavano* (U. FOSCOLO) | ***c. bene, male***, venirsi a trovare in una buona, cattiva situazione **2** accadere, presentarsi, verificarsi (+ *di*): *son cose che capitano*; *me ne sono capitate di tutti i colori*; *gli capita raramente di arrivare in ritardo* | ***c. tra capo e collo***, all'improvviso **3** (*raro, lett.*) andare a finire, sboccare, far capo: *ogni diversità de riti nella religione ... in fine capitano a scisma* (P. SARPI) **B v. intr. impers.** ● succedere, accadere (+ *di* **seguito da inf.**, + *che* **seguito da congtv.**): *talvolta capita di sbagliare per eccesso di zelo*; *capita spesso che ci si veda in città* | darsi il caso che: *capita che io suoni il piano piuttosto bene* | ricorrere, cadere (+ *di*, + *in*): *quest'anno l'Epifania capita di lunedì*; *la Pasqua del 2009 capita nella seconda settimana di aprile* **SIN.** avvenire **C v. tr.** ● †concludere

capitàrio [dal lat. *căput*, genit. *căpitis* 'capo' ✻ 1970] **agg.** ● a testa, pro capite: *quota capitaria*

capitàto [vc. dotta, lat. *capitātu(m)*, da *căput*, genit. *căpitis* 'capo' ✻ 1830] **agg. 1** (*bot.*) detto di organo vegetale sottile la cui parte apicale è rotondeggiante **2** (*anat.*) ***osso c.***, il più voluminoso delle ossa del carpo posto in posizione centrale

capitazióne [vc. dotta, lat. tardo *capitatiōne(m)*, da *căput*, genit. *căpitis* 'capo' ✻ av. 1750] **s. f. 1** imposta personale applicata dalla Roma imperiale sugli abitanti delle province **2** (*raro*) imposizione fiscale per cui i contribuenti sono tenuti a pagare tutti una stessa somma

capitecènso [av. 1338] **s. m.** ● adattamento di *capite census* (V.)

càpite cènsus [loc. dotta, lat. *capite cēnsi*, comp. di *căpite* (abl. di *căput* 'testa') e *cēnsus* (part. pass. di *censēre* 'tassare') 'coloro che erano iscritti solo per la persona (senza patrimonio)' ✻ av. 1580] **loc. sost. m. inv.** (**pl. lat.** *capite censi*) ● nell'antica Roma, chi, non possedendo beni, era censito solo per la sua presenza fisica e non era quindi tenuto a pagare tributi

capitèllo [lat. *capitĕllu(m)*, dim. di *capĭtulum*, a sua volta dim. di *căput* 'capo' ✻ 1326] **s. m. 1** (*archit.*) parte superiore, con funzione decorativa, della colonna, o del pilastro, su cui posa l'architrave o l'arco: *c. dorico, ionico, corinzio, composito, rinascimentale* **2** (*anat.*) prominenza arrotondata, sferoidale di un osso: *c. del perone, del radio* **3** (*edit.*) bordatura in tessuto o in pelle applicata in testa e al piede del dorso di un volume rilegato **4** sommità dell'alambicco **SIN.** duomo, elmo

capitolàrdo [fr. *capitulard*, da *capituler* 'capitolare①' col suff. spreg. di *couard* 'codardo' ✻ sec. XX] **s. m.** (**f.** *-a*); **anche agg.** ● (*spreg.*) pronto a capitolare, vigliacco | disfattista

capitolàre① [lat. tardo *capitulāre*, da *capĭtulum* 'capitolo①' ✻ 1310] **A v. intr.** (*io capìtolo*; **aus.** *avere*) **1** stabilire la convenzione militare che sanziona la resa di un corpo di truppe al nemico | stabilire i capitoli del trattato di resa **2** (*est.*) cedere, arrendersi: *ha insistito tanto che ho capitolato* **B v. tr.** ● †dividere in capitoli

capitolàre② [lat. tardo *capitulāre(m)*, agg. di *capĭtulum* 'capitolo①' ✻ av. 1600] **agg. 1** relativo a un capitolo di canonici o di religiosi: *archivio c.*; *biblioteca, sala c.* | ***vicario c.***, che funge da vescovo in sede vacante **2** pertinente alle capitolazioni: *regime c.*

capitolàre③ [da *capitolo*① ✻ av. 1750] **s. m. 1** nel diritto franco, testo di legge promulgato dal re e diviso in capitoli **2** raccolta delle deliberazioni di un'adunanza ecclesiastica o civile

capitolàto① [da *capitolare*③ ✻ 1691] **s. m.** ● (*dir.*) complesso delle condizioni e modalità relative all'esercizio di una concessione fatta dalla pubblica amministrazione a un privato o alla esecuzione di un contratto, spec. d'appalto | ***c. di prova***, indicazione specifica, distinta in vari articoli o capitoli, dei fatti che una parte vuole provare in giudizio e delle persone che su di essi possono essere interrogate

capitolàto② [da *capitolo*① ✻ av. 1342] **agg. 1** scritto a capitoli **2** patteggiato

capitolazióne [vc. dotta, lat. tardo *capitulatiōne(m)*. V. *capitolare*① ✻ 1509] **s. f. 1** accordo tra belligeranti con il quale si stipula la resa a condizioni specificamente pattuite di un'entità militare | complesso dei patti in cui l'accordo tra le parti si è concretizzato: *firmare la c.* **2** (*est.*) resa, caduta, cedimento **3** (**spec. al pl.**) accordo internazionale per cui ai cittadini di uno Stato europeo spettavano, in altro Stato non cristiano del Levante e dell'Estremo Oriente, particolari privilegi: *regime delle capitolazioni*

capitolèssa [da *capitolo*① ✱ av. 1543] **s. f.** ● componimento faceto in terza rima

capitolìno [vc. dotta, lat. *capitolīnu(m)*, agg. di *Capitōlium* 'Campidoglio' ✱ sec. XIV] **agg.** **1** del Campidoglio: *colle, monte, archivio, museo c.* | ***oche capitoline***, quelle che, starnazzando, avvertirono i Romani dell'assalto notturno dei Galli al Campidoglio **2** (*est.*) romano

♦**capìtolo**① o †**capìtulo** [vc. dotta, lat. *capĭtulu(m)*, dim. di *căput* 'capo' ✱ 1261 ca.] **s. m.** **1** suddivisione del testo di un'opera, che ha importanza immediatamente inferiore alla parte: *il romanzo è diviso in dieci capitoli* | (*fig.*) periodo: *si tratta di un triste c. della sua vita* | (*fig.*) questione, argomento: *affrontare il c. delle riforme istituzionali*; *riaprire il capitolo (delle) pensioni* **2** (*est.*) suddivisione, sezione di un regolamento, di un contratto e sim. SIN. articolo | ciascun settore di un bilancio, spec. di quello statale: *verificare i principali capitoli di spesa* **3** (*letter.*) componimento giocoso in terza rima: *i capitoli del Berni* | saggio, capriccio tipico della prosa d'arte novecentesca **4** (**al pl.**) patti stabiliti in un trattato ‖ **capitolàccio**, **pegg.** | **capitolétto**, **dim.**

capìtolo② [dal lat. eccl. *īre ăd capĭtulum* 'andare alla lettura di un capitolo delle Scritture' ✱ 1262] **s. m.** **1** corpo e adunanza dei canonici di una cattedrale o di una collegiata | ***aver voce in c.***, (*fig.*) godere di notevole autorità, prestigio e sim. **2** assemblea periodica o straordinaria che riunisce i rappresentanti degli appartenenti a un ordine o congregazione, con potere deliberante o elettivo | (*est.*) luogo in cui si riunisce tale assemblea

capitombolàre [da *capitombolo* ✱ 1612] **v. intr.** (*io capitómbolo*; **aus.** *essere*) ● ruzzolare: *c. per le scale* SIN. cadere
SFUMATURE ➤ *precipitare*

capitómbolo [comp. di *capo* e *tombolo*① ✱ av. 1546] **s. m.** **1** caduta col capo all'ingiù: *ha fatto un terribile c. sulla strada ghiacciata* | (*est.*) caduta, ruzzolone **2** (*fig.*) improvviso e brusco insuccesso negli affari, nella politica e sim.

capitombolóni [1865] **avv.** ● (*raro*) a capitomboli: *ha fatto tutta la scala c.*

capitóne [lat. *capitōne(m)* 'che ha la testa grossa', da *căput*, genit. *căpitis* 'capo' ✱ sec. XIV] **s. m.** **1** grossa anguilla con carni assai pregiate, piatto tradizionale delle feste natalizie **2** †filo di seta grossa e disuguale **3** (*centr.*, *sett.*) alare del camino

capitonné /fr. kapitɔ'ne/ [vc. fr., part. pass. di *capitonner* 'coprirsi il capo', poi 'imbottire', da *capiton* 'borra di seta', dall'it. *capitone*, che anticamente aveva anche questo sign. ✱ 1950] **s. m. inv.** ● imbottitura di mobili, trapunta a losanghe

†**capitóso** (o -**ṣ**-) [da *capo* ✱ av. 1363] **agg.** ● testardo, caparbio

capitòzza [forse comp. di *capo* e *tozzo*① ✱ av. 1597] **s. f.** ● (*agric.*) forma di potatura di alcuni alberi ottenuta con il taglio del tronco a diversa altezza, per favorire l'emissione di nuovi rami | forma di trattamento del ceduo semplice

capitozzàre [av. 1597] **v. tr.** (*io capitòzzo*) ● (*agric.*) potare a capitozza

capitozzatùra [1912] **s. f.** ● (*agric.*) potatura a capitozza

†**capìtulo** ➤ **capitolo**①

capivàra ➤ **capibara**

†**capivòlgere** e deriv. ➤ **capovolgere** e deriv.

†**capivoltàre** ➤ **capovoltare**

capnomanzìa [comp. del gr. *kapnós* 'fumo', di orig. indeur., e di *-manzia* ✱ 1610] **s. f.** ● antica forma di divinazione compiuta osservando la direzione e il colore del fumo

capnometrìa [comp. del gr. *kapnós* 'fumo' e *-metria* ✱ 1962] **s. f.** ● misurazione dell'opacità dei fumi emessi dagli impianti industriali

♦**càpo** [lat. *căput*, da avvicinare a forme analoghe di altre lingue indeur. ✱ 1260] **A** **s. m.** (**pl.** *càpi*, **m.**, †*càpita*, **f.**) **I** con riferimento a esseri umani **1** parte superiore del corpo umano, congiunta al tronco per mezzo del collo, sede degli organi che regolano la vita sensitiva e intellettuale: *c. canuto, biondo, calvo*; *tenere il cappello in c.*; *scoprirsi il c. in segno di rispetto*; *avere mal di c.* CFR. -cefalia, cefalo-, -cefalo SIN. testa | ***battere il c. contro il muro***, (*fig.*) intraprendere un'impresa disperata | ***non sapere dove battere il c.***, (*fig.*) non sapere dove andare o a chi rivolgersi | ***chinare, abbassare, piegare il c.***, (*fig.*) obbedire, rassegnarsi | (*lett.*) ***alzare il c.***, (*fig.*) ribellarsi | ***scuotere il c.***, in segno di scontento, incredulità, disprezzo | ***grattarsi il c.***, in segno di perplessità, imbarazzo e sim. | ***fra c. e collo***, (*fig.*) di cosa spiacevole che accade all'improvviso | ***prendere una lavata di c.***, un rimprovero | ***non avere né c. né coda***, di cosa disordinata e inconcludente | ***dar di c.***, (*fig.*) imbattersi | †***la pena del c.***, della decapitazione **2** (*fig.*) intelletto, mente: *c. ameno, sventato* | ***rompersi il c.***, scervellarsi, lambiccarsi il cervello | ***mettersi in c. qlco.***, convincersi di un'idea e mantenerla ostinatamente | ***passare per il c.***, di idee che vengono all'improvviso in mente | ***c. scarico***, V. *caposcarico* **3** (**f. inv.** o *-a*) persona investita di specifiche funzioni di comando: *il c. della famiglia, di un'impresa, di un reparto*; *qui il c. sono io!* CFR. -arca | ***ehi c.!***, (*pop.*) apostrofe per richiamare l'attenzione di qlcu. | ***c. dello Stato***, chi ricopre la più alta carica dello Stato, come il Presidente della Repubblica in Italia | ***c. del Governo***, il Presidente del Consiglio dei ministri | ***C. di Stato Maggiore***, ufficiale di stato maggiore che dirige l'attività di tutti gli ufficiali componenti lo Stato Maggiore di una grande unità o di un alto comando territoriale | ***essere a c. di qlco.***, comandare, dirigere qlco. | ***in c.***, di chi è al di sopra di tutti per autorità e potere: *comandante in c.* **4** (**f. inv.** o *-a*) (*est.*) chi comanda, dirige, guida, senza disporre di particolari titoli o cariche: *il c. dei rivoltosi, degli scioperanti*; *è il c. riconosciuto della mafia locale* | (*est.*) chi sa organizzare imprese e comandare uomini o mostra spiccate attitudini in questo senso: *è un c., un vero c.* | ***c. storico***, ispiratore o fondatore di movimenti spec. politici **5** in un'azienda, chi svolge mansioni direttive intermedie SIN. quadro **6** nella marina militare, denominazione generica dei sottufficiali: *c. cannoniere*; *c. di prima, di seconda, di terza classe* | ***secondo c.***, sergente maggiore **II** con riferimento ad animali **1** (*raro*) testa degli animali **2** (*est.*, **spec. al pl.**) individuo di una determinata specie animale: *capi di bestiame*; *una mandria, un branco di 500 capi*; *selezionare i capi da riproduzione* **III** con riferimento a oggetti inanimati **1** parte più alta di qlco.: *il c. della scala, di una colonna* | ***in c. a***, sopra | ***a c. di***, nella, vicino alla parte superiore di qlco.: *a c. del letto* | (*est.*) parte estrema, iniziale o finale di qlco.: *prendere il c. di una corda, di un filo*; *corse fino all'altro c. del paese*; *un colpo esplose … in capo alla strada* (C. PAVESE) | ***c. di un circuito elettrico***, terminale | ***c. grosso***, punto in cui convergono più linee da parti diverse | ***far c.***, andare a finire, sboccare, terminare: *la via fa c. nella piazza* | ***far c. a qlcu.***, ricorrere, fare riferimento a qlcu., spec. per consigli | PROV. ***cosa fatta c. ha***, ciò che è fatto è fatto e non si può più cambiare | (*fig.*) ***in c. al mondo***, in un luogo molto lontano SIN. estremità, fine, inizio **2** (*fig.*) principio: *cominciare, ricominciare da c.*, nella loc. avv. e sost. inv. ***a c.***, V. *accapo* | (*fig.*) fine, conclusione | ***in c. a un mese, a un anno***, tra un mese, tra un anno | ***venire a c. di qlco.***, concluderla, risolverla | V. anche *capodanno, daccapo* **3** uno dei fili che, ritorti insieme, costituiscono i filati semplici | (*est.*) canapo, corda **4** parte di un corpo, di uno strumento, di un vegetale e sim. che si allarga quasi simulando una testa: *c. di un chiodo, di uno spillo*; *il c. dell'aglio, della cipolla* | (*est.*) estremità dello stelo, dove si apre il fiore **5** singolo oggetto di una serie: *c. di biancheria, di vestiario* | ***scegliere c. per c.***, dettagliatamente | (*fig.*) sezione, parte di un testo; capitolo: *altri due capi della legge Publilia* (G. VICO) | ***riferire qlco. per sommi capi***, sommariamente | (*dir.*) ***c. d'accusa***, imputazione | ***c. primo …, c. secondo …***, formula per introdurre un'enumerazione **6** (*geogr.*) sporgenza di una costa in mare | estremità di una penisola o di un continente | promontorio **7** (*arald.*) fascia che occupa il terzo superiore dello scudo **8** (*anat.*) parte terminale di una formazione anatomica, di solito in rapporto con altre strutture | ***c. articolare di un osso***, estremità di un segmento scheletrico in contatto con un altro osso **B** **in funzione di agg. inv.** ● (posposto a un sost.) che dirige, comanda: *commissario c.*; *redattore c.*; *ingegnere c. del Genio Civile* ‖ **capàccio**, **pegg.** | **capétto**, **dim.** (V.) | **capìno**, **dim.** | **capolìno**, **dim.** (V.) | **capóne**, **accr.** (V.)

càpo- [V. *capo*] **primo elemento** ● in parole composte significa 'che è a capo', 'dirigente' (*capostazione*) o indica eccellenza o preminenza (*capolavoro*) o inizio di qualche cosa (*capofila*)

capoàrea [comp. di *capo-* e *area* ✱ 1983] **s. m. e f.** (**pl. m.** *capiàrea*; **pl. f. inv.**) ● (*org. az.*) responsabile del coordinamento e del controllo di gruppi di venditori in una data area geografica, spec. nel settore dei beni di largo consumo SIN. area manager

capoàrma [comp. di *capo-* e *arma* ✱ 1953] **s. m.** (**pl.** *capiàrma*) ● nella squadra di mitraglieri, il soldato che cura la manutenzione e la postazione dell'arma

capobànda [comp. di *capo-* e *banda* ✱ 1824] **s. m. e f.** (**pl. m.** *capibànda*, **pl. f. inv.**, *evit.* *capobànde*) **1** chi dirige una banda musicale **2** capo di una banda di malviventi | (*scherz.*) chi comanda una brigata di buontemponi

capobandìto [comp. di *capo* e *bandito* ✱ av. 1665] **s. m.** (**pl.** *capibandìti*) ● chi comanda banditi organizzati in banda

capobàrca [comp. di *capo-* e *barca* ✱ 1937] **s. m. e f.** (**pl. m.** *capibàrca*, **pl. f. inv.**) ● chi comanda una barca da pesca o da trasporto

capobastóne [comp. di *capo-* e *bastone* ✱ 1983] **s. m.** (**pl.** *capibastóne*) ● nella gerarchia mafiosa, chi, nei limiti delle proprie competenze circoscrizionali, detiene il potere decisionale e mantiene i collegamenti con gli altri capi

capobrànco [comp. di *capo-* e *branco* ✱ 1960] **s. m. e f.** (**pl. m.** *capibrànco*; **pl. f. inv.**) **1** animale che guida il branco **2** nell'associazione dei giovani esploratori, chi comanda un gruppo di lupetti

capobrigànte [comp. di *capo-* e *brigante* ✱ 1864] **s. m.** (**pl.** *capibrigànti*) ● capo di una banda di briganti

capòc ➤ **kapok**

capocàccia [comp. di *capo-* e *caccia*① ✱ av. 1543] **s. m. e f.** (**pl. m.** *capicàccia*, **pl. f. inv.**) ● il cacciatore che dirige una battuta di caccia, in cacce al seguito, battute a grossa selvaggina e sim.

capocannonière [comp. di *capo-* e *cannoniere* * 1916] **s. m. (f. -*a* nel sign. 2; pl. m. *capocannonièri*) 1** il sottufficiale più anziano su una nave da guerra **2** il calciatore che è in testa alla classifica dei cannonieri

capocantière [comp. di *capo-* e *cantiere* * 1943] **s. m. e f. (pl. m. *capicantière*; pl. f. inv.)** • chi organizza e dirige il lavoro degli operai di un cantiere

capocarcerière [comp. di *capo-* e *carceriere* * 1832] **s. m. (f. -*a*; pl. m. *capicarcerièri*)** • carceriere che sovraintende agli altri agenti di custodia in un carcere

capocàrico [comp. di *capo-* e *carico*① * 1955] **s. m. (pl. *capicàrichi*)** • sottufficiale che ha in consegna le armi, le munizioni e i materiali relativi, su una nave da guerra

capocàrro [comp. di *capo-* e *carro* * 1983] **s. m. (pl. *capicàrro*)** • sottufficiale o graduato che comanda l'equipaggio di un carro armato | ufficiale che comanda una sezione o una compagnia di carri armati

capoccèlla [1959] **s. f.** • (*roman.*) dim. di *capoccia* | ***fare c.***, affacciarsi, sporgere la testa da un riparo, un nascondiglio e sim.: *il prete fece c. sulla porta* (P.P. PASOLINI)

capòcchia [da *capo* * av. 1519] **s. f. 1** estremità arrotondata di spilli, fiammiferi, chiodi, viti e sim., più grossa del fusto **2** (*scherz., pop.*) testa | (*fig.*) ***fare, dire qlco. a c.***, agire, parlare a vanvera ‖ **capocchiétta**, **dim.** | **capocchina**, **dim.**

capocchierìa [da *capocchio* * 1596] **s. f.** • (*raro*) bizzarria, balordaggine: *come vi veggo ora rider tutti della mia c.!* (I. NIEVO)

†**capòcchio** [da *capo* * 1481] **agg.** • (*lett.*) bizzarro, balordo

capocchiùto [av. 1597] **agg.** • fornito di capocchia | ***aglio c.***, con bulbo molto sviluppato

capòccia o (*raro*) **capòccio** nel sign. A [da *capo* * 1534] **A s. m. (pl. *capòccia* o *capòcci*) 1** capo della famiglia colonica: *il c. ha dato ordine di iniziare la vendemmia* **SIN.** reggitore, vergaio **2** chi sorveglia una squadra di lavoranti, di pastori o di vaccari **3** (*spreg.*) caporione: *il c. di una banda di ladri* **B s. f. (pl. -*ce*)** • (*roman.*) testa, capo: *Il maestro ... riabbassò la c. sulla cattedra* (P.P. PASOLINI) ‖ **capoccèlla**, **dim.** (V.) | **capoccétta**, **dim.** | **capocciòna**, **accr.** | **capoccióne**, **accr. m.** (V.)

capocciàta [1970] **s. f.** • (*roman.*) colpo dato con la testa: *una c. nel muro*

capòccio ➤ **capoccia**

capoccióne [1799] **s. m. 1** (*roman.*) accr. di *capoccia* nel sign. B2 **2** (**f. -*a***) (*roman., est.*) persona con la testa grossa | (*fig., scherz.*) persona di grande intelligenza **3** (**f. -*a***) (*roman., spreg.*) persona che ricopre una carica importante, personaggio influente, pezzo grosso: *i capoccioni cittadini*

capocèllula [comp. di *capo-* e *cellula* * 1959] **s. m. e f. (pl. m. *capicèllula*, pl. f. inv., evit. *capocèllule*)** • chi dirige una cellula

capocèntro (o **-é-**) [comp. di *capo-* e *centro* * 1970] **s. m. e f. (pl. m. *capicèntro*; pl. f. inv.)** • persona che dirige un centro meccanografico o elettronico

capocièlo [comp. di *capo-* e *cielo* * sec. XV] **s. m.** • baldacchino sospeso alla volta sopra l'altare maggiore

capoclàn [comp. di *capo-* e *clan* * 1985] **s. m. e f. (pl. m. *capiclan*; pl. f. inv.)** • capo di un clan

capoclàque /kapo'klak/ [comp. di *capo-* e *claque* * 1884] **s. m. e f. inv.** • chi dirige e coordina l'attività di una claque

capoclàsse [comp. di *capo-* e *classe* * 1925] **s. m. e f. (pl. m. *capiclàsse*; pl. f. inv.)** • alunno incaricato di particolari funzioni, d'ordine e di organizzazione

capoclassìfica [comp. di *capo-* e *classifica* * 1985] **s. m. e f. (pl. m. *capiclassìfica*; pl. f. inv.)** • atleta o squadra al primo posto in classifica

capocòffa [comp. di *capo-* e *coffa* * 1865] **s. m. (pl. *capicòffa*)** • (*mar.*) primo gabbiere che dalla coffa dirige i marinai in una manovra

capocòllo o **capicòllo** [comp. di *capo* e *collo*① * sec. XVI] **s. m. (pl. *capicòlli*) 1** parte carnosa intorno al collo di bestia da macello **2** nell'Italia centrale, coppa② nel sign. 3

capocomicàto [1947] **s. m.** • carica di capocomico

capocòmico [comp. di *capo-* e *comico* * av. 1798] **s. m. (f. -*a*; pl. m. *capocòmici* o *capicòmici*; pl. f. *capocòmiche*)** • un tempo, chi era a capo di una compagnia teatrale e scritturava gli attori

capocomitìva [comp. di *capo-* e *comitiva* * sec. XX] **s. m. e f. (pl. m. *capicomitìva*; pl. f. inv.)** • chi guida una comitiva

capocommèssa [comp. di *capo-* e *commessa* * 1983] **s. m. e f. (pl. m. *capicommèssa*; pl. f. inv.) 1** (*org. az.*) responsabile del coordinamento e della predisposizione delle offerte alla clientela dei prodotti di un'industria **2** azienda che, avendo ottenuto una commessa, subappalta alcune lavorazioni a terzi mantenendo la direzione del progetto e la responsabilità del rispetto di tempi e qualità

capoconvòglio [comp. di *capo-* e *convoglio* * 1874] **s. m. e f. (pl. m. *capiconvòglio*)** • nave che guida un convoglio

capocòrda [comp. di *capo-* e *corda* * 1955] **A s. m. (pl. *capicòrda*)** • (*elettr.*) elemento terminale di un conduttore elettrico, atto a collegarlo con altri conduttori **B s. m. e f. (pl. f. inv.)** • nell'alpinismo, capocordata

capocordàta [comp. di *capo-* e *cordata* * 1934] **s. m. e f. (pl. m. *capicordàta*; pl. f. inv.) 1** chi guida la cordata durante un'ascensione alpinistica **SIN.** capocorda **2** (*econ.*) chi è a capo di una cordata

capocorrènte [comp. di *capo-* e *corrente*② nel sign. 5 * 1983] **s. m. e f. (pl. m. *capicorrènte*; pl. f. inv.)** • (*polit.*) chi è a capo di una corrente di partito

capocrònaca [comp. di *capo-* e *cronaca* * 1887] **s. m. (pl. *capicrònaca*)** • in un giornale, articolo dedicato ad avvenimenti o problemi di rilevante interesse locale, che apre la pagina dedicata alla cronaca cittadina

capocronìsta [comp. di *capo-* e *cronista* * 1918] **s. m. e f. (pl. m. *capicronìsti*, pl. f. *capocronìste*)** • redattore che presiede ai servizi di cronaca di un giornale

capocuòco [comp. di *capo-* e *cuoco* * 1716] **s. m. (f. -*a*); (pl. m. *capocuòchi* o *capicuòchi*; pl. f. *capocuòche*)** • cuoco che, nella cucina di un grande albergo o di un ristorante, dirige il servizio di cucina e l'attività di altri cuochi **SIN.** primo cuoco

capocùrva [comp. di *capo-* e *curva* nel sign. 4 * 1994] **s. m. e f. (pl. m. *capicùrva*; pl. f. inv.)** • leader della tifoseria organizzata più focosa di una squadra di calcio

capodànno o (*raro*) **càpo d'ànno** [1297] **s. m. (pl. *capodànni*)** • primo giorno dell'anno

capodibànda [comp. di *capo-* e *banda*① * 1955] **s. m. (pl. *capidibànda*)** • (*mar.*) bordo di una barca | orlo superiore dell'opera morta degli scafi in legno

capodimónte [1955] **A agg. inv.** • detto di porcellana fabbricata a Capodimonte, presso Napoli | di oggetto realizzato con tale porcellana: *vassoio, piatto c.* **B s. m. inv.** • oggetto di porcellana capodimonte

capodipartiménto [comp. di *capo-* e *dipartimento* * 1962] **s. m. e f. (pl. m. *capidipartiménto*; pl. f. inv.)** • chi dirige un dipartimento amministrativo, tecnico e sim.

capodivisióne [comp. di *capo-* e *divisione* * av. 1829] **s. m. e f. (pl. m. *capidivisióne*; pl. f. inv.)** • chi dirige una divisione della pubblica amministrazione: *c. del Ministero della Salute*

capodòglio o **capidòglio** [da *capo d'olio* per la grande quantità di liquido oleoso che si estrae dal capo di questo animale * sec. XIV] **s. m.** • grosso mammifero acquatico dei Cetacei, tozzo, con capo enorme (*Physeter macrocephalus*)

capodòpera o **càpo d'òpera** [fr. *chef-d'œuvre*, V. *capo-* e *opera* * 1685] **s. m. (pl. *càpi d'òpera*, raro *capidòpera*)** • (*raro*) capolavoro

capoeira /kapo'eira, *portog.* kapu'eira/ [vc. portog.-brasiliana di etim. sconosciuta * 1984] **s. f. inv. (pl. portog. *capoeiras*)** • lotta tipica dei neri d'Africa deportati in Brasile in condizione di schiavitù, trasformatasi nel tempo in una pratica sportiva e in una forma di danza

capofàbbrica [comp. di *capo-* e *fabbrica* * 1846] **s. m. e f. (pl. m. *capifàbbrica*; pl. f. inv.)** • chi, in una fabbrica, sovrintende ai lavori

capofabbricàto [comp. di *capo-* e *fabbricato* * 1942] **s. m. e f. (pl. m. *capifabbricàto*; pl. f. inv.)** • durante la seconda Guerra mondiale, l'inquilino incaricato di far osservare nel proprio caseggiato le prescritte misure di sicurezza

capofamìglia [comp. di *capo-* e *famiglia* * av. 1338] **s. m. e f. (pl. m. *capifamìglia*, pl. f. inv.)** • chi ha la responsabilità giuridica della famiglia, solitamente individuabile in chi ne costituisce la principale fonte di sostentamento

capofficìna o **capoofficìna** [comp. di *capo-* e *officina* * 1894] **s. m. e f. (pl. m. *capiofficìna*, pl. f. inv.)** • chi sovrintende ai lavori di un'officina

capofìla [comp. di *capo-* e *fila* * av. 1680] **s. m. e f. (pl. m. *capifìla*, pl. f. inv., evit. *capofìle*) 1** chi è primo in una fila di persone, animali, veicoli, navi: *seguire il c.* **2** testa di una fila | ***in c.***, al primo posto **3** (*fig.*) principale esponente di una corrente politica, letteraria e sim.: *il c. di un movimento di avanguardia*

capofìtto [comp. di *capo* e *fitto*① * av. 1400] **agg. 1** (*raro, lett.*) col capo all'ingiù: *cadere capofitti* **2** nella loc. avv. ***a c.***: ***lanciarsi a c. nell'acqua*** | (*fig.*) ***buttarsi, gettarsi a c. in un'impresa, in un lavoro e sim.***, di slancio, con impeto

capofòsso o **capifòsso** [comp. di *capo-* e *fosso* * 1801] **s. m. (pl. *capifòsso*)** • canale di scolo posto ai bordi di ciascun appezzamento di terreno che raccoglie l'acqua dalle fosse campestri

capogabbière [comp. di *capo-* e *gabbiere* * 1937] **s. m. (pl. *capigabbièri*)** • (*mar.*) gabbiere esperto che dirige altri gabbieri nella manovra delle vele **SIN.** capomanovra

capogabinétto [comp. di *capo-* e *gabinetto* nel sign. 7 * 1920] **s. m. e f. (pl. m. *capigabinétto*; pl. f. inv.)** • chi è a capo del gabinetto di un ministro

capogàtto [etim. incerta * av. 1597] **s. m. (pl. *capogàtti* o *capigàtti*) 1** (*raro*) capogiro, vertigine **2** (*veter.*) capostorno **3** (*agric.*) tipo di propaggine consistente nel piegare ad arco il ramo per interrarne l'estremità affinché emetta radici

capogìro o †**capogìrlo**, †**capogìrolo** [comp. di *capo* e *giro* * av. 1363] **s. m. (pl. *capogìri*) 1** vertigine | ***da c.***, (*fig.*) esorbitante, sbalorditivo: *prezzi da c.* **2** †ghiribizzo
SFUMATURE ➤ *vertigine*

capogrùppo [comp. di *capo-* e *gruppo* ✱ 1886] **A s. m. e f. (pl. m.** *capigrùppo*; **pl. f. inv.)** ● chi dirige, coordina, guida un gruppo di persone, come lavoratori, ricercatori scientifici, parlamentari, turisti **B s. f. inv.** ● società che ha una partecipazione di maggioranza in altre società

capoguàrdia [comp. di *capo-* e *guardia* ✱ 1885] **s. m. anche f. nel sign. 1 (pl. m.** *capiguàrdia*; **pl. f. inv.) 1** capo delle guardie municipali o carcerarie **2** sottufficiale che presiede ai marinai di guardia

capòk ➤ **kapok**

♦**capolavóro** [comp. di *capo-* e *lavoro* ✱ av. 1729] **s. m. (pl.** *capolavóri* o *raro capilavóri*) **1** la migliore opera di un artista, di una scuola, di una corrente letteraria e sim.: *è il c. di Giotto* | (*est.*) opera eccellente nel suo genere: *quel quadro è un c.*; *come autostrada è un vero c.* | (*iron.*) l'opera e l'azione peggiore: *questo compito è un c. d'ignoranza* **2** manufatto od opera eseguita da un operaio o da un artigiano per dimostrare il grado di abilità raggiunto, a conclusione di un periodo di istruzione professionale e prima di essere definitivamente assunto

capoléga [comp. di *capo-* e *lega*① ✱ 1907] **s. m. e f. (pl. m.** *capiléga*, **pl. f. inv.) 1** chi è a capo di una lega **2** in epoca anteriore al fascismo, segretario di una lega di braccianti nella bassa padana

capolèpre [detto così dal *capo* che ricorda quello di una *lepre* ✱ 1955] **s. m.** ● (*zool.*) pesce palla

capolèttera (o **-é-**) [comp. di *capo-* e *lettera* ✱ 1956] **s. m. (pl.** *capilèttera* o *capiléttera*) **1** emblema usato, dopo la Rivoluzione francese, come intestazione nei documenti di Stato e in seguito adottato anche nella corrispondenza privata **2** lettera più grande delle altre usata per cominciare un articolo giornalistico, un capitolo di libro e sim.

capolètto [comp. di *capo-* e *letto* ✱ 1308] **s. m. (pl.** *capolètti*) ● drappo che si appendeva in capo al letto | arazzo: *è meravigliosa cosa vedere i capoletti intorno alla sala dove mangiamo* (G. BOCCACCIO)

capolìnea [comp. di *capo-* e *linea* ✱ 1929] **s. m. (pl. inv. o** *capilìnea*) ● stazione terminale di una linea di trasporto pubblico, da cui riparte la corsa successiva **CFR.** terminal | ***essere, arrivare al c.***, (*fig.*) giungere al termine, alla conclusione

capolìno [dim. di *capo* ✱ av. 1336] **s. m. 1** dim. di *capo* | *far c.*, sporgere il capo da un riparo parzialmente, cautamente, furtivamente | (*est.*) detto di cose, apparire fugacemente, spuntare: *Due lagrimone ... fecero c. dalle palpebre* (I. NIEVO) **2** (*bot.*) infiorescenza di fiori piccoli, sessili, impiantati sul ricettacolo, distinti in fiori periferici e interni, e tanto fitti da simulare un fiore unico

capolìsta [comp. di *capo-* e *lista* ✱ 1865] **A s. m. e f. (pl. m.** *capilìsta*; **pl. f. inv.) 1** chi, in una lista, è segnato per primo: *c. in una circoscrizione elettorale* | (*est.*) chi ha ottenuto il maggior numero di voti in una competizione elettorale | (*fig.*, *raro*) capofila: *il c. del cubismo* **2** inizio di una lista: *essere in, a c.* **B s. f.** ● nel calcio e sim., la squadra che nel corso del campionato è in testa alla classifica **C in funzione di agg. inv.** ● (posposto a un sost.) che sta al primo posto in una lista o graduatoria: *candidato c.*; *squadra c.*

♦**capoluògo** [fr. *chef-lieu*. V. *capo-* e *luogo* ✱ 1771] **A s. m. (pl.** *capoluòghi* o *capiluòghi*) ● località principale di un territorio sede dell'autorità preposta all'amministrazione dello stesso: *Bologna è il c. dell'Emilia-Romagna* **B anche in funzione di agg. inv. (posposto a un sost.)**: *le città c. di provincia*

capomacchinìsta [comp. di *capo-* e *macchinista* ✱ 1962] **s. m. e f. (pl. m.** *capomacchinìsti*, **pl. f.** *capomacchinìste*) **1** capo dei macchinisti **2** (*mar.*) direttore di macchina

capomaèstro (o **-é-**) ➤ **capomastro**

capomàfia [comp. di *capo-* e *mafia* ✱ 1956] **s. m. e f. (pl. m.** *capimàfia*; **pl. f. inv.)** ● capo di un gruppo mafioso

capomanìpolo [comp. di *capo-* e *manipolo* ✱ 1930] **s. m. (pl.** *capimanìpolo*) ● nella milizia fascista, comandante di un manipolo

capomanòvra [comp. di *capo-* e *manovra* ✱ 1937] **s. m. (pl.** *capimanòvra*) ● (*mar.*) capogabbiere

capomàstro o **capomaèstro** [comp. di *capo-* e *mastro* ✱ sec. XIII] **s. m. (pl.** *capomàstri* o *capimàstri*) ● muratore al quale è affidata la sorveglianza tecnica e disciplinare di un gruppo di muratori | (*est.*) piccolo imprenditore edile che sorveglia direttamente il lavoro

capomènsa [comp. di *capo-* e *mensa* ✱ 1983] **s. m. e f. (pl. m.** *capimènsa*; **pl. f. inv.)** ● responsabile della conduzione e dell'organizzazione di una mensa, spec. aziendale

capomissióne [comp. di *capo-* e *missione* ✱ av. 1910] **s. m. e f. (pl. m.** *capimissióne*; **pl. f. inv.)** ● chi dirige una missione diplomatica

†**capomòrto** [comp. di *capo* e *morto* ✱ 1680] **s. m. (pl.** *capimòrti* o *capomòrti*) ● residuo, scoria (*anche fig.*)

capomoviménto [comp. di *capo-* e *movimento* ✱ 1940] **s. m. e f. (pl.** *capimoviménto*, **pl. f. inv.)** ● dirigente responsabile della circolazione dei treni

capomùșica [comp. di *capo-* e *musica* ✱ 1887] **s. m. e f. (pl. m.** *capimùșica*, **pl. f. inv.)** ● chi dirige il corpo musicale di un reggimento

caponàggine [da *capone*① ✱ av. 1742] **s. f.** ● (*raro*) testardaggine

caponàre ➤ **capponare**②

caponàta o **capponàta**② [sp. *caponada* (V. *cappone*①), forse per la forma o per ironia ✱ 1931] **s. f. 1** galletta inzuppata in acqua, ben premuta e condita con olio, olive, capperi e acciughe **2** pietanza siciliana a base di melanzane fritte, capperi, olive e sedano, condita in agrodolce ‖ **caponatìna**, **dim.**

capóne① [da *capo* ✱ 1585] **s. m. (f. -a)**; **anche agg.** ● (*tosc.*) chi (o che) ha la testa molto grossa | (*fig.*) chi (o che) è ostinato e caparbio

†**capóne**② ➤ **cappone**①

capóne③ o **cappóne**② [etim. incerta ✱ 1846] **s. m.** ● (*mar.*; *disus.*) paranco sospeso fuoribordo e munito di grosso gancio usato per sollevare l'ancora a ceppo dall'acqua

caponerìa [da *capone*① ✱ 1612] **s. f.** ● (*raro*) ostinazione, testardaggine

caponièra o **capponièra** [per la forma che ricorda quella di una *capponaia* ✱ av. 1680] **s. f.** ● opera di fortificazione costruita nel fondo del fossato per impedirne il passaggio al nemico

capoofficìna ➤ **capofficina**

capopàgina [comp. di *capo-* e *pagina* ✱ 1765] **s. m. (pl.** *capipàgina*) **1** fregio a stampa posto in cima alle pagine con cui iniziano le principali divisioni di un'opera **SIN.** frontone, testata **2** inizio di una pagina: *andare a c.*

capopàrte [comp. di *capo-* e *parte* ✱ av. 1566] **s. m. e f. (pl. m.** *capipàrte*, **pl. f. inv.)** ● chi capeggia una fazione politica: *c. di plebe* (G. VICO); *c. dei guelfi*

capopàrto [comp. di *capo-* e *parto* ✱ 1830] **s. m. (pl.** *capipàrto*) ● prima mestruazione dopo il parto

capopattùglia [comp. di *capo-* e *pattuglia* ✱ 1953] **s. m. e f. (pl. m.** *capipattùglia*; **pl. f. inv.)** ● (*milit.*) comandante di una pattuglia

capopésca [comp. di *capo-* e *pesca*② ✱ 1959] **s. m. e f. (pl. m.** *capipésca*, **pl. f. inv.)** ● chi, su un peschereccio, dirige le operazioni di pesca

capopèzzo [comp. di *capo-* e *pezzo* ✱ 1921] **s. m. (pl.** *capipèzzo*) ● comandante la squadra dei serventi di un pezzo di artiglieria

capopòpolo [comp. di *capo-* e *popolo* ✱ 1385] **s. m. e f. (pl. m.** *capipòpolo*, **pl. f. inv.)** ● chi dirige e guida il popolo, spec. in rivolte o sommosse

capopósto [comp. di *capo-* e *posto* ✱ 1865] **s. m. (pl.** *capipósto*) ● (*disus.*) graduato di truppa comandante di un posto di guardia

caporalàto [da *caporale*, nel sign. A4 ✱ 1849] **s. m.** ● sistema illecito di reclutamento di manodopera mediante caporali (V. *caporale* nel sign. A 4)

♦**caporàle** [lat. mediev. *caporale(m)*, da *capora*, pl. ant. di *capo* ✱ 1308] **A s. m. (f. inv. o** *-éssa*, **nei sign. 1 e 2,** (*scherz.*) *-a* **nel sign. 2) 1** primo graduato della gerarchia militare, comandante una squadra | ***c. di giornata, di settimana***, comandato, per i periodi relativi, a sovrintendere alle pulizie e all'assetto dei locali di uso generale della compagnia, squadrone o batteria | ***c. maggiore***, V. *caporalmaggiore* **2** (*est.*) persona autoritaria e sgarbata (V. nota d'uso STEREOTIPO) **3** (*disus.*) capo di una squadra di operai | salariato fisso di azienda agricola **4** (*pop.*) chi recluta abusivamente operai spec. agricoli ignorando le leggi sul lavoro e le normative sindacali **5** (*tipogr.*, **al pl.**) tipo di virgolette costituite da due linee che convergono a formare un angolo acuto e ricordano il grado delle mostrine dei caporali (« ») | (*est.*) segnali a forma di V rovesciata, usati da soli o in sequenza nella segnaletica stradale **6** †capo di una famiglia, di una fazione | †comandante **B agg.** ● †principale ‖ **caporalàccio**, **pegg.** | **caporalétto**, **dim.** | **caporalóne**, **accr.**

caporalésco [1892] **agg. (pl. m.** *-schi*) ● rude, sgarbato, autoritario: *cipiglio c.*; *modi caporaleschi*

caporalìșmo [1914] **s. m.** ● (*spreg.*) autorità esercitata con imperiosità militaresca

caporalmaggióre o **caporàl maggióre** [da *caporal(e)* e *maggiore* ✱ 1892] **s. m.** ● graduato immediatamente superiore al caporale

caporchèstra [comp. di *capo-* e *orchestra* ✱ av. 1910] **s. m. e f. (pl. m.** *capiorchèstra*, **pl. f. inv.)** ● chi è a capo di una orchestra jazz

caporedattóre [comp. di *capo-* e *redattore* ✱ av. 1936] **s. m. (f.** *caporedattrìce*; **pl. m.** *capiredattóri*; **pl. f.** *caporedattrìci*) ● chi è a capo di una redazione, redattore capo

caporepàrto o **càpo repàrto** [comp. di *capo-* e *reparto* ✱ 1908] **s. m. e f. (pl. m.** *capirepàrto*; **pl. f. inv.)** ● chi è a capo di un settore aziendale, di un reparto amministrativo, sanitario e sim.

Caporétto [dalla località omonima, dove, durante la prima Guerra mondiale, l'esercito italiano subì una grave sconfitta ✱ 1959] **s. f. inv.** ● (*per anton.*) grave sconfitta, disfatta **SIN.** Beresina, rotta①

†**caporìccio** [comp. di *capo* e *riccio*, con allusione ai capelli irti per lo spavento, la sorpresa o una forte emozione ✱ av. 1313] **s. m. 1** raccapriccio **2** voglia, capriccio

caporióne (o **-riò-**) [comp. di *capo-* e *rione* ✱ 1377] **s. m. (pl.** *caporióni*; **pl.** *capirióni* **nel sign. 2) 1** (**f.** *-a*) chi è a capo di un gruppo di persone disoneste, facinorose e sim. | †capo, guida **SIN.** capoccia **2** †capo di un rione

caporivèrso [comp. di *capo* e *riverso* ✱ av. 1665] **avv.** ● (*raro*) caporovescio

caporónda [comp. di *capo-* e *ronda* ✱ 1865] **s. m. (pl.** *capirónda*) ● graduato o sottufficiale che comanda una ronda

caporósso ➤ **capirosso**

caporovèscio [comp. di *capo* e *rovescio* ✻ av. 1665] **avv.** ● (*raro*) a testa in giù: *cadere c.* | anche nella loc. avv. ***a c.***

caposàla [comp. di *capo-* e *sala* ✻ 1910] **s. m. e f.** (**pl. m.** *capisàla*; **pl. f. inv.**) ● persona addetta alla sorveglianza del personale di una sala o di un reparto in uffici pubblici, stazioni ferroviarie, ospedali e sim.

caposàldo [comp. di *capo* e *saldo* ✻ 1797] **s. m.** (**pl.** *capisàldi*) **1** punto stabile, facilmente individuabile sul terreno, del quale è nota la posizione planimetrica e altimetrica, usato nelle livellazioni **2** (*milit.*) opera fortificata destinata ad assicurare il possesso di una posizione di importanza strategica **3** (*fig.*) elemento, punto o principio essenziale, fondamentale: *questi sono i capisaldi del vivere civile* **SIN.** base, fondamento, principio

caposcàla [comp. di *capo-* e *scala* ✻ 1354] **A s. m.** (**pl.** *capiscàla*) ● pianerottolo in cima a una scala **B s. m. e f.** (**pl. f. inv.**) ● in un condominio con più scale d'accesso, rappresentante dei condòmini di ogni scala

caposcàlo [comp. di *capo-* e *scalo* ✻ 1942] **s. m. e f.** (**pl. m.** *capiscàlo*; **pl. f. inv.**) ● in un aeroporto, chi è preposto dall'esercente di una linea aerea alla direzione dei vari servizi

caposcàrico o **càpo scàrico** [comp. di *capo* e *scarico* 'scaricato', cioè 'libero, vuoto' ✻ 1842] **s. m. e f.** (**pl. m.** *capiscàrichi* o *càpi scàrichi*; **pl. f. inv.**) ● buontempone

caposcuòla [comp. di *capo-* e *scuola* ✻ av. 1755] **s. m. e f.** (**pl. m.** *capiscuòla*; **pl. f. inv.**) ● chi, nelle arti, nelle lettere e nella scienza, è a capo di una nuova scuola, corrente e sim.

caposervìzio [comp. di *capo-* e *servizio* ✻ 1918] **s. m. e f.** (**pl. m.** *capiservìzio*; **pl. f. inv.**) **1** in imprese pubbliche o private, funzionario preposto a un settore organizzativo **2** redattore preposto a un particolare servizio o sezione di un giornale, quale esteri, interni, sport e sim.: *c. esteri, interni*

caposèsto [comp. di *capo-* e *sesto* 'garbo' ✻ 1874] **s. m. inv.** ● nelle imbarcazioni in legno, le due ultime coste a prua e a poppa

caposettóre [comp. di *capo-* e *settore* ✻ 1985] **A agg. inv.** ● detto di azienda che svolge una funzione di guida in un determinato settore produttivo **B s. m. e f.** (**pl. m.** *capisettóre*; **pl. f. inv.**) ● chi è a capo di un settore di un'azienda pubblica o privata

caposezióne [comp. di *capo-* e *sezione* ✻ 1799] **s. m. e f.** (**pl. m.** *capisezióne*; **pl. f. inv.**) **1** chi, in un ufficio pubblico, è preposto a una sezione **2** nell'equitazione, cavaliere che sta in testa durante gli esercizi al maneggio

†**caposòldo** [comp. di *capo* e *soldo* ✻ 1280] **s. m.** ● soprassoldo

caposspàlla [comp. di *capo* e *spalla* ✻ 1981] **s. m.** (**pl.** *capispàlla*) ● capo d'abbigliamento fornito di spalle, come cappotti e giacche

caposquàdra [comp. di *capo-* e *squadra* ✻ 1550] **s. m.** (**anche f. nel sign. 1**; **pl. m.** *capisquàdra*; **pl. f. inv.**, **evit.** *caposquàdre*) **1** chi dirige e coordina una squadra di persone come lavoratori, atleti, alunni ecc. **2** sottufficiale o graduato comandante di squadra di fanteria

caposquadrìglia [comp. di *capo-* e *squadriglia* ✻ 1933] **s. m. e f.** (**pl. m.** *capisquadrìglia*, **pl. f. inv.**) ● chi comanda una squadriglia di navi siluranti o di aeromobili | chi comanda una squadriglia di giovani esploratori

capostànza [comp. di *capo-* e *stanza* ✻ 1914] **s. m. e f.** (**pl. m.** *capistànza*; **pl. f. inv.**) ● (*disus.*) impiegato con funzioni di sorveglianza sui colleghi che lavorano nella stessa stanza

capostazióne [comp. di *capo-* e *stazione* ✻ 1866] **s. m. e f.** (**pl. m.** *capistazióne*; **pl. f. inv.**) ● dirigente di una stazione ferroviaria

capostìpite [comp. di *capo-* e *stipite* ✻ 1819] **s. m.** (**anche f. nei sign. 1 e 2**; **pl.** *capostìpiti*) **1** il primo antenato di una progenie o famiglia **2** (*est.*) il primo esemplare di una serie di cose più o meno simili **3** in filologia, archetipo

SFUMATURE ➤ ***antenato***

capostórno [comp. di *capo* e *stornare* ✻ 1585] **s. m.** ● malattia degli erbivori, caratterizzata da vertigini e mancanza di coordinazione nei movimenti, prodotta da un parassita (cenuro) che determina la formazione di una cisti nel cervello **SIN.** capogatto, cenurosi

capostruttùra [comp. di *capo-* e *struttura* ✻ 1985] **s. m. e f.** (**pl. m.** *capistruttùra*; **pl. f. inv.**) ● nell'ambito di un'azienda, chi è a capo di un insieme di settori collegati: *c. televisivo*

capotambùro [comp. di *capo-* e *tamburo* ✻ 1864] **s. m.** (**pl.** *capotambùri* o *capitambùri*) ● nel vecchio esercito piemontese, sottufficiale che comandava i tamburini **SIN.** tamburo maggiore

capotàre e deriv. ➤ **cappottare** e deriv.

capotàsto [comp. di *capo-* e *tasto* ✻ av. 1647] **s. m.** (**pl.** *capotàsti*) ● (*mus.*) pezzetto di ebano o avorio posto a capo della tastiera degli strumenti a corde, che le tiene sollevate per farle vibrare | nella chitarra e strumenti affini, sbarretta mobile che accorcia simultaneamente la lunghezza di tutte le corde, modificandone così l'accordo, usata per facilitare l'esecuzione qualora la tonalità implichi problemi di diteggiatura **CFR.** barré

capotàvola [comp. di *capo-* e *tavola* ✻ 1525] **A s. m. e f.** (**pl. m.** *capitàvola*; **pl. f. inv.**) ● chi siede a tavola al posto d'onore **B s. m. inv.** ● il posto stesso: *sedere, mettersi, stare a c.*

capote /fr. ka'pɔt/ [fr. da *cape* 'cappa' ✻ 1901] **s. f. inv.** **1** tettuccio apribile, spec. di tela impermeabile, di automobili, carrozze, piccoli velivoli ecc. **CFR.** capotta, cappotta① **2** copertura in materiale flessibile per proteggere qlco.

capotècnico [comp. di *capo-* e *tecnico* ✻ av. 1938] **s. m.** (**f.** *-a*; **pl. m.** *capitècnici* o *capotècnici*; **pl. f.** *capotècniche*) ● responsabile tecnico che dirige una squadra di operai

capotèsta [comp. di *capo-* e *testa* ✻ 1937] **s. m.** (**pl.** *capitèsta*) ● (*mar.*; *disus.*) maglia di catena all'ancora, senza traversino, posta in testa a ogni lunghezza di catena

capotoràce [comp. di *capo* e *torace* ✻ 1962] **s. m.** ● (*zool.*) cefalotorace

capotòrto [comp. di *capo* e *torto* (part. pass. di *torcere*) ✻ 1865] **s. m. inv.** ● (*zool.*) torcicollo

capotrèno [comp. di *capo-* e *treno* ✻ av. 1886] **s. m. e f.** (**pl. m.** *capitrèno* o *capotrèni*, **pl. f. inv.**) ● capo del personale di servizio di un treno

capotribù [comp. di *capo-* e *tribù* ✻ 1832] **s. m. e f.** (**pl. m.** *capitribù*; **pl. f. inv.**) ● capo di una tribù

capòtta [1935] **s. f.** ● adattamento di *capote* (V.)

capottàre e deriv. ➤ **cappottare** e deriv.

capotùrno o **càpo tùrno** [comp. di *capo-* e *turno* ✻ 1886] **s. m. e f.** (**pl. m.** *capitùrno*; **pl. f. inv.**) ● responsabile di un gruppo di lavoro che esegue turni lavorativi

capoufficio o **càpo ufficio**, **capufficio** [comp. di *capo-* e *ufficio* ✻ 1908] **s. m. e f.** (**pl. m.** *càpi ufficio*, *raro capiufficio*; **pl. f. inv.**) ● chi dirige un ufficio

capovaccàio [comp. di *capo* e *vaccaio* ✻ 1865] **s. m.** (**pl.** *capivaccài*) ● grosso uccello rapace dei Falconiformi, simile all'avvoltoio, con piumaggio bianco e remiganti nere (*Neophron percnopterus*)

capoverdiàno [1983] **agg.** ● delle isole di Capo Verde, nell'Oceano Atlantico, o dell'omonimo Stato dell'Africa occidentale, a ovest della costa del Senegal

capovèrso [comp. di *capo-* e *verso*③ ✻ 1309] **s. m.** (**pl.** *capovèrsi*) **1** principio di verso o di periodo | rientranza della prima linea di un paragrafo | ***a c.***, a capo | (*est.*) parte di scritto compresa fra due capoversi **2** (*dir.*) comma di un articolo di provvedimento normativo, successivo alla prima parte: *il secondo c. di un articolo corrisponde al terzo comma dello stesso*

capovóga (o **-ò-**) [comp. di *capo-* e *voga* ✻ 1925] **s. m. e f.** (**pl. m.** *capivóga*; **pl. f. inv.**) ● marinaio o canottiere al remo che dirige la vogata in una imbarcazione

capovòlgere o †**capivòlgere** [comp. di *capo* e *volgere* ✻ av. 1597] **A v. tr.** (**coniug. come** *volgere*) **1** voltare di sotto in su: *c. un bicchiere* **2** (*fig.*) mutare completamente: *c. la situazione* **SIN.** rovesciare **B capovòlgersi v. intr. pron.** ● rovesciarsi: *la barca si capovolse improvvisamente* | (*fig.*) cambiare radicalmente: *la graduatoria si è capovolta*

capovolgiménto [1906] **s. m.** ● il capovolgere, il capovolgersi | (*fig.*) cambiamento radicale | (*fig.*) ***c. di fronte***, nel calcio, repentino cambio della direzione dell'azione di gioco | nella vela, scuffia **SIN.** ribaltamento, rovesciamento

capovòlta [da *capovolto* ✻ av. 1306] **s. f.** **1** capovolgimento | ***salto con c.***, salto mortale **2** nel nuoto, virata con capriola effettuata dai dorsisti | in ginnastica, rotazione del corpo di 180° intorno all'asse trasversale

capovoltàre o †**capivoltàre** [comp. di *capo* e *voltare* ✻ av. 1673] **v. tr.** (*io capovòlto*) ● (*raro*) capovolgere

capovòlto o †**capivòlto**, **part. pass.** di *capovolgere*; anche **agg.** ● nei sign. del v.

càppa① [lat. tardo *căppa(m)* 'cappuccio', poi 'mantello', forse da *căput* 'capo' ✻ 1288] **s. f.** **1** un tempo, mantello corto con cappuccio usato da gentiluomini e cavalieri | oggi, mantello di varia lunghezza e foggia con o senza cappuccio: *la c. dei dignitari ecclesiastici, dei frati*; *una c. da sera, in velluto* | (*fig.*) ***c. di piombo***, oppressione, peso morale; calura soffocante | ***c. magna***, V. *cappamagna* | †***cavarne c. o mantello***, venire a una risoluzione | ***film, racconti di c. e spada***, che rappresentano avventure amorose e guerresche in epoca medievale o rinascimentale **2** padiglione murato sul camino o copertura fissata al di sopra di un fornello, per raccogliere fumi e vapori e convogliarli nella canna fumaria | (*fig.*) ***la c. del cielo***, la volta del cielo **3** (*mar.*) copertura di tela con la quale si proteggono molti oggetti di bordo dalle intemperie | andatura che una nave è costretta a prendere per affrontare con il minimo danno una tempesta: *navigare alla c.* | ***vele di c.***, le vele più piccole e pesanti, adatte per affrontare una tempesta **4** (*mar.*) ***diritto di c.***, premio speciale spettante al comandante della nave per la diligente esecuzione del carico o accessorio del nolo spettante all'armatore per le piccole avarie ‖ **capparèlla**, dim. | **cappétta**, dim. | **cappìna**, dim.

càppa② [dalla forma di *cappa* 'mantello' ✻ av. 1464] **s. f.** ● correntemente, ogni mollusco commestibile con conchiglia a due valve | ***c. santa***, V. *capasanta*

càppa③ [lat. tardo *căppa(m)*, dal gr. *káppa*, di orig. fenicia ✻ av. 1729] **s. f. o m. inv.** **1** nome della lettera *k* **2** nome della decima lettera dell'alfabeto greco

cappalùnga [comp. di *cappa*② e *lunga* ✻ 1894] **s. f.** (**pl.** *cappelùnghe*) ● (*zool.*) nome

a b c d e f g h i j k l m n o p q r s t u v w x y z

di alcune specie di Molluschi dei Lamellibranchi con conchiglia a forma di tubetto allungato; vivono infossati nella sabbia e hanno carni saporite **SIN.** cannello, cannolicchio

cappamàgna o **càppa màgna** [lat. eccl. *căppa(m) măgna(m)* 'cappa grande' ✱ 1673] **s. f. (pl.** *cappemàgne***)** ● cappa indossata da alti prelati in cerimonie solenni | ***vestirsi, mettersi in c.***, (*fig.*) con grande sfarzo

Capparidàcee [vc. dotta, comp. del lat. *căpparis* 'cappero' e di *-acee* ✱ 1865] **s. f. pl. (sing.** *-a***)** ● (*bot.*) famiglia di piante erbacee o arbustive con foglie semplici o composte e fiori riuniti in racemi (*Capparidaceae*)

cappasànta o **càppa sànta** ➤ **capasanta**

cappàto [da *cappa*① ✱ sec. XIV] **agg. 1** †vestito con cappa | insigne, illustre **2** (*arald.*) di scudo diviso da due linee curve che partono dal centro del capo e arrivano alla metà dei fianchi

cappeggiàre [da *cappa*① nel sign. 3 ✱ 1582] **v. intr. (pres.** *io cappéggio*; **fut.** *io cappeggerò*; **aus.** *avere***)** ● (*mar.*) navigare alla cappa

cappéggio [da *cappeggiare* ✱ 1889] **s. m.** ● (*mar.*) navigazione alla cappa

cappèlla① [dal luogo dove era venerata la *cappa* di S. Martino di Tours ✱ av. 1292] **s. f. 1** piccola chiesa, sia isolata, sia adiacente, sia incorporata in altro edificio di maggiori dimensioni come un palazzo, un cimitero o una chiesa | edicola con altare, posta lateralmente nelle navate delle chiese | ***c. gentilizia***, costruita a spese di una famiglia | ***c. palatina***, di un palazzo reale | ***c. mortuaria***, nei cimiteri, per esporvi i morti e celebrare gli uffici funebri **2** ***c. papale***, solenne ufficiatura divina celebrata alla presenza del Papa | ***tener c.***, si dice del Papa che assiste alle cerimonie di culto celebrate in sua presenza **3** tabernacolo con immagine sacra, eretto per lo più a scopo votivo o commemorativo **4** corpo di musici e cantori addetti a una chiesa | ***maestro di c.***, direttore di tale corpo | (*mus.*) ***a c.***, denominazione, usata a partire dal XVIII sec., della musica vocale polifonica senza accompagnamento di strumenti ‖ **cappellétta**, **dim.** | **cappellìna**, **dim.** | **cappellùccia**, **dim.**

cappèlla② [da *cappello* ✱ av. 1850] **s. f. 1** capocchia di chiodi di grosse dimensioni | parte superiore, convessa, di numerosi funghi **SIN.** cappello **2** (*fig.*, *scherz.*) nel gergo militare, giovane recluta **3** (*volg.*) glande | (*fig.*, *colloq.*) errore grossolano: *fare, prendere una c.*

cappellàccia [da *cappello* ✱ 1865] **s. f. (pl.** *-ce***)** ● piccolo uccello simile all'allodola, di colore grigio-bruno, che vive e fa il nido a terra (*Galerida cristata*)

cappellàccio [1483] **s. m. 1** pegg. di *cappello* **2** (*fig.*) †rabbuffo: *fare, dare un c. a qlcu.* **3** (*miniere*) coltre di minerale alterato che sovrasta i giacimenti poco profondi **SIN.** brucione

cappellàio [1287] **s. m. (f.** *-aia*, **pl. m.** *-ai***) 1** fabbricante o venditore di cappelli da uomo **2** †falconiere che metteva e levava il cappuccio ai falconi

cappellanàto [sec. XIII] **s. m.** ● (*raro*) ufficio di cappellano

cappellanìa [da *cappellano* ✱ av. 1566] **s. f.** ● ente ecclesiastico costituito per testamento o donazione da parte di un fedele per un fine di culto, spec. per la celebrazione di messe

cappellàno [da *cappella* ✱ 1295] **s. m. 1** sacerdote cui è affidata l'ufficiatura di una cappella o di un oratorio, senza cura d'anime **2** titolare di una cappellania | sacerdote addetto al servizio religioso presso enti determinati: *c. militare*; *il c. dell'ospedale*

cappellàta① [da *cappello* ✱ 1854] **s. f. 1** colpo dato col cappello **2** quantità di roba che sta in un cappello: *c. di frutta* | ***a cappellate***, in gran quantità

cappellàta② [da *cappella*② ✱ 1986] **s. f.** ● (*pop.*) errore grossolano: *fare, prendere una c.*

cappellerìa [1866] **s. f.** ● negozio dove si vendono cappelli maschili

cappellétto [1344] **s. m. 1** dim. di *cappello* **2** difesa del capo, in acciaio o cuoio, senza visiera, anticamente usata come casco, spec. in Oriente | (*stor.*) cavalleggero dalmata o albanese al servizio della Repubblica di Venezia, che indossava un copricapo di questo tipo **SIN.** albanese, stradiotto **3** negli ombrelli, cerchietto di tela impermeabile collocato nel punto in cui convergono le stecche **4** rinforzo sulla punta della calza **5** (*veter.*) tumefazione molle, deformante ma non dolorosa al tarso del cavallo **SIN.** igroma calcareo | ***c. rovesciato***, situato all'articolazione del carpo **SIN.** igroma carpico **6** salume simile allo zampone, a forma di tricorno, che si mangia bollito **7** (**spec. al pl.**) involucro circolare di pasta all'uovo con ripieno, caratteristico della cucina emiliana

cappellièra [1691] **s. f. 1** custodia di cartone, cuoio, tela e sim., per riporre e trasportare cappelli **2** negli aerei, piccolo vano sopra i sedili usato per riporre indumenti e il bagaglio a mano

cappellifìcio [1942] **s. m.** ● fabbrica di cappelli

cappellìna [da *cappello* ✱ 1300] **s. f. 1** cappello estivo di paglia leggera ad ala ampia e ricadente **2** †specie di berretto da uomo o da donna | †berretta da notte **3** †cervelliera

cappellinàio [da *cappellino* ✱ av. 1471] **s. m. (pl.** *-ai***)** ● (*tosc.*) gancio o serie di ganci per cappelli; attaccapanni

cappellìno [1618] **s. m. 1** dim. di *cappello* **2** cappello femminile

♦**cappèllo** [lat. parl. **cappĕllu(m)*, da *căppa* 'copricapo', passato poi a significare vari oggetti, o parte di oggetti che coprono, che stanno sopra ad altri ✱ 1233] **s. m. 1** copricapo maschile o femminile, con tesa più o meno larga, di materiale vario e foggia diversa secondo la moda: *c. di feltro, di pelliccia, di tessuto, di paglia* | ***c. a cilindro***, tuba | ***c. a lucerna***, a due punte, con la tesa riunita da due lati sul cocuzzolo, come quello dei carabinieri | ***c. a pan di zucchero***, V. *pane*① nel sign. 5 | ***c. cardinalizio***, quello di color rosso dei cardinali; (*fig.*) la dignità stessa di cardinale | ***c. romano***, V. *Saturno*① nel sign. 2 | ***c. da cuoco***, copricapo bianco, particolarmente alto spec. per favorire la circolazione dell'aria sulla testa, di forma cilindrica e leggermente rigonfio alla sommità | ***c. da pasticciere***, simile a quello da cuoco ma dalla forma più schiacciata | ***tenere il c. sulle ventitré***, inclinato su un orecchio | ***far di c.***, salutare togliendosi il cappello | (*fig.*) ***cavarsi il c., fare tanto di c.***, riconoscere il merito e l'abilità di qlcu. | ***presentarsi con il c. in mano***, (*fig.*) in atteggiamento sottomesso | ***prender c.***, (*fig.*) impermalirsi | ***mettere il c. su una sedia*** o sim., per occupare un posto (*anche fig.*) | ***mettere il c. su qlco.***, (*fig.*) attribuirsi il merito, il successo di qlco.: *mettere il c. su una manifestazione politica* **2** (*est.*) oggetto, struttura, formazione e sim. che per forma, funzione o posizione ricorda un cappello: *il c. di un chiodo, del comignolo, dell'alambicco*; *un c. di nubi copriva la cima* | ***c. del lume***, paralume che para la luce da ogni parte | ***c. da prete***, insaccato suino, di forma triangolare, costituito da un involucro di cotica ripieno di carni, grassi e cotiche macinate, salate e drogate, da mangiarsi cotto | massa di raspi e vinacce galleggiante sul mosto in fermentazione **3** (*bot.*) parte superiore del corpo fruttifero di molti Funghi, che ha sulla parte inferiore lamelle o tuboli rivestiti dall'imenio **4** (*fig.*) breve introduzione a uno scritto, spec. a un articolo di giornale **5** simbolo a forma di cappello da cuoco usato in guide turistiche per classificare, a seconda del loro numero, la qualità di un ristorante **6** †corona, ghirlanda, elmo e sim. ‖ **cappellàccio**, **pegg.** (V.) | **cappellétto**, **dim.** (V.) | **cappellìno**, **dim.** (V.) | **cappellóne**, **accr.** (V.) | **cappellùccio**, **dim.**

NOMENCLATURA

cappello

● *caratteristiche*: alto ⇔ basso, duro ⇔ molle, nuovo ⇔ usato, rigido ⇔ floscio, stirato ⇔ sgualcito, sbertucciato; di feltro, di paglia, di seta, di panno; a cupola, a punta, a lobbia, a staio, a cencio, alla bersagliera, alla tirolese, alla moschettiera, alla marinara, alla raffaella, alla calabrese, alla sbarazzina; da alpino, da bersagliere;

● *tipi di cappello*: copricapo, berretto, borsalino, panama, paiolino, floscio, monachina, morione, toque, cloche, pamela, cappellina, cuffia, tuba, cilindro, gibus, bombetta = tubino = mezza tuba, paglietta = magiostrina, turbante, cappuccio, tòcco, berretto goliardico; berretto da notte; tricorno, galero, papalina, nicchio, triregno, mitra, tiara, camauro; colbacco, di pelliccia, passamontagna = mefisto, paraorecchie, feluca, chepì, zucchetto, fez, kefiah, kippah, sombrero, casco, elmo, elmetto, lucerna, bustina, nordovest, basco, petaso, purillo, coppola; frigio; lucernone;

● *persone*: modista = crestaia = cappellaia = cappellinaia; cappellaio;

● *parti del cappello maschile*: cocuzzolo, fascia, nastro, orlo, piega, calotta, tesa, ala, visiera, falda, sottofalda;

● *parti del cappello femminile*: carcassa, cupola, balza, merletto, nastro, fiori, guarnizione, veletta, aigrette, asprì.

cappellóna [1923] **A s. f.** ● (*fam.*) monaca dell'Ordine delle Figlie della Carità, dalla caratteristica grande cuffia **B anche agg. solo f.**: *suora c.*

cappellóne [av. 1584] **s. m. (f.** *-a* **(V.)) 1** accr. di *cappello* **2** (*est.*) chi porta grandi cappelli **3** nel gergo cinematografico, cowboy dei film western **4** (*scherz.*) coscritto, recluta

cappellòtto o **cappellòzzo** [1865] **s. m. 1** rinforzo che si applica alla punta della calzatura **2** specie di tappo impiegato per la protezione del collo della damigiana **3** capsula di ottone o rame con sostanza detonante per innescare le armi da fuoco a percussione

capperéto [av. 1597] **s. m.** ● terreno coltivato a capperi

càppero [lat. *căppare(m)*, dal gr. *kápparis*, di orig. preindeur. (?) ✱ 1325] **s. m. 1** pianta arbustiva delle Capparidacee con foglie ovali semplici, fiori grandi di color bianco o rosa e frutto a bacca (*Capparis spinosa*) | boccio fiorale di tale pianta conservato sotto sale o in salamoia e usato come condimento **2** (*eufem.*, *fam.*) niente, nulla: *non m'importa un c.* | ***capperi!***, esprime meraviglia, sorpresa, ammirazione e sim.: *Oh capperi, chi vedo!* (C. GOLDONI)

capperóne [da *cappa*① nel sign. 1 ✱ 1275] **s. m.** ● tipo di cappuccio che copriva il cappello e si abbottonava sul mantello

capperùccia [da *cappa*① nel sign. 1 ✱ av. 1449] **s. f. (pl.** *-ce***)** ● †cappuccio | cuffia monacale | (*fig.*) bigotto

càppio [lat. tardo *căpulu(m)* 'cappio', da *căpere* 'prendere' ✱ sec. XIII] **s. m. 1** nodo fatto in modo da sciogliersi se tirato per uno dei due capi | (*est.*) nastro ornamentale annodato in tale maniera **2** capestro | ***avere il c. al collo***, (*fig.*) non essere libero ‖ **cappiétto**, **dim.**

cappóna [f. di *cappone*① ✱ 1869] **s. f.** ● pollastra privata delle ovaie e ingrassata

capponàia [da *cappone*① ✱av. 1566] **s. f.** **1** gabbia dove si tengono i capponi per farli ingrassare **2** (*gerg.*) prigione

capponàre① [da *cappone*① ✱av. 1400] **v. tr.** (*io cappóno*) e **capponàrsi** **v. intr. pron.** ● (*raro*) accapponare, accapponarsi

capponàre② o **caponàre**, **accapponàre**② [da *cappone*② ✱1830] **v. tr.** ● (*mar.*; *disus.*) incocciare l'ancora a ceppo col gancio del capone per issarla sulla coperta

capponàta① [da *cappone*① ✱1879] **s. f.** ● scorpacciata di capponi **SIN.** scapponata

capponàta② ➤ **caponata**

capponatùra [da *capponare*① ✱1887] **s. f.** ● (*raro*) accapponatura

cappóne① o †**capóne**② [lat. parl. **cappō-ne(m)*, per il classico *capōne(m)*, da avvicinare al gr. *kóptō* 'io taglio' ✱1266] **s. m.** **1** gallo castrato da giovane, quindi particolarmente tenero e grasso: *c. lesso, arrosto, in umido, ripieno* | (*fig.*) ***far la pelle di c.***, rabbrividire **2** ***c. di galera***, piatto marinaresco a base di mollica di pane, carne di vari pesci e altri ingredienti mescolati in un impasto a forma di cappone | (*cucina*) ***c. magro***, piatto ligure a base di verdure, pesce e crostacei lessati, con uova sode, alici, olive e salsa verde **3** (*zool.*) denominazione di varie specie di Pesci dell'ordine degli Scorpeniformi ‖ **capponcèllo**, **dim.** | **capponcìno**, **dim.**

cappóne② ➤ **capone**③

capponéssa [f. di *cappone*① ✱sec. XV] **s. f.** ● cappona

capponièra ➤ **caponiera**

cappòtta① [1935] **s. f.** **1** adattamento di *capote* (V.) **2** telo impermeabile o altra struttura flessibile per coprire auto, moto, barche ecc. ‖ **cappottìna**, **dim.**

cappòtta② [da *cappa*① ✱1865] **s. f.** ● un tempo, cappello femminile a forma di cuffietta che si annodava con dei nastri

cappottaménto o **capottaménto**, **capotaménto** [1928] **s. m.** ● (*raro*) cappottata

cappottàre o **capottàre**, **capotàre** [fr. *capoter*, dall'espressione *faire capot*, originariamente termine di gioco 'far cappotto' ✱1919] **v. intr.** (*io cappòtto*; aus. *avere*) ● detto di aereo, capovolgersi mentre sta correndo al suolo, dopo aver puntato il muso a terra: *c. all'atterraggio, in decollo* | detto di autoveicolo, ribaltarsi, capovolgersi: *c. in curva*

cappottàta o **capottàta**, **capotàta** [1983] **s. f.** ● capovolgimento di aereo che corre al suolo o di autoveicolo

cappottatùra [da *cappotta*① ✱1962] **s. f.** ● copertura aerodinamica degli organi esterni di un aeromobile

cappottìno [av. 1936] **s. m.** **1** dim. di *cappotto*① **2** uniforme lunga a doppio petto con galloni e bottoni dorati, degli ufficiali di marina

♦**cappòtto**① [da *cappa*① ✱1564] **s. m.** **1** pesante soprabito invernale da uomo o da donna | ***c. alla Bismarck***, V. *Bismarck* **2** (*edil.*) rivestimento isolante applicato sul lato esterno o interno di una parete: *coibentazione a c.* ‖ **cappottàccio**, **pegg.** | **cappottìno**, **dim.** (V.) | **cappottóne**, **accr.** | **cappottùccio**, **dim.**

cappòtto② [dal fr. *faire capot*, di etim. incerta ✱1797] **s. m.** ● spec. nella loc. ***fare, dare c.***, in alcuni giochi e sport, concludere una partita senza che l'avversario abbia realizzato nemmeno un punto | ***fare c.***, nella caccia, tornare senza preda | ***fare c.***, capovolgersi, detto di imbarcazione **SIN.** scuffia

cappucciàto [da *cappuccio*① ✱1793] **agg.** ● (*raro*) detto di petalo o foglia che ha forma di cappuccio

cappuccìna [da *cappuccio*①, per la forma del fiore ✱1565] **s. f.** **1** varietà di lattuga a foglie larghe, tondeggianti, riunite a cespo (*Lactuca sativa capitata*) **2** pianta erbacea delle Tropeolacee con foglie rotonde, peltate e fiori speronati, di colore giallo-aranciato o rosso (*Tropaeolum maius*) **SIN.** nasturzio indiano | (*pop.*) nasturzio

cappuccinésco [da *cappuccino*① ✱1761] **agg.** (**pl. m.** *-schi*) ● (*raro, lett.*) proprio o caratteristico dei frati cappuccini

cappuccìno① [dal *cappuccio* portato da questi frati ✱av. 1587] **A s. m.** (**f.** *-a*) ● frate della famiglia autonoma dei Minori Francescani, fondata da Matteo da Bascio nel XVI sec. | ***vita da c.***, ritirata | ***pazienza da c.***, inesauribile **B anche agg.**: *frate c.*

cappuccìno② [dal colore analogo a quello dell'abito dei *cappuccini* ✱1905] **s. m.** ● bevanda a base di caffè espresso con l'aggiunta di latte caldo cremoso e schiumoso

cappuccìno③ [dal *cappuccio* 'ciuffo' che ha sul capo ✱1962] **s. m.** ● falco di palude | colombo che ha le penne del collo rovesciate a guisa di cappuccio

cappùccio① [da *cappa*① ✱av. 1276] **s. m.** **1** copricapo a forma spec. conica, fissato al bavero dell'impermeabile o di altro indumento: *mantello con c.*; *giacca a vento con c. staccabile* **2** (*est.*) copricapo per cavalli, contro la pioggia o il sole **3** (*est.*) nome di vari rivestimenti a forma conica o piramidale: *il c. della biro*; *il c. di stagnola di una bottiglia* **4** rivestimento d'acciaio saldato alla punta di un proiettile perforante **5** (*edil.*) coronamento superiore in pietra da taglio del rostro del piedritto di un ponte ‖ **cappuccètto**, **dim.**

cappùccio② [etim. discussa: forse dalla forma ant. *cambugio*, con accostamento a *cappuccio* per etim. pop. (?) ✱1550] **agg.** (**pl. m.** *-ci*) ● detto di varietà di cavolo con le foglie avvolte strettamente in modo da assumere l'aspetto di una palla: *cavolo c.*

cappùccio③ [da *cappuccino*② ✱1983] **s. m.** ● (*colloq.*) cappuccino: *bersi un c.*

♦**càpra**① [lat. *căpra(m)*, f. di *căper* 'capro' ✱1275] **s. f.** **1** mammifero ruminante domestico degli Artiodattili, con gambe brevi e robuste, orecchie corte, testa corta e larga alla fronte, corna falciformi curvate all'indietro e pelo liscio e lungo (*Capra hircus*) **CFR.** belare | ***luogo, sentiero da capre***, scosceso | ***salvare c. e cavoli***, (*fig.*) risolvere vantaggiosamente insieme due opposte esigenze (con riferimento a un contadino che traghettò al di là di un fiume una capra, un cavolo e un lupo senza che il lupo mangiasse la capra e la capra mangiasse il cavolo) | †***cavalcare la c.***, (*fig.*) avere torto **2** pelle conciata o grezza dell'omonimo animale ‖ **caprétta**, **dim.** (V.) | **caprétto**, **dim. m.** (V.)

càpra② [dalla forma di *capra* ✱1550] **s. f.** **1** cavalletto di legno a tre gambe, con carrucola e fune, atto a sollevare grandi pesi o magli, oppure a quattro gambe, per altri usi **2** (*mar.*) su grandi imbarcazioni a vela, sostegno mobile che regge il peso del boma all'ormeggio | macchina per alberare **SIN.** forchetta **3** struttura che collega la fusoliera di un aereo a una o più ali sovrastanti ‖ **caprétta**, **dim.** (V.)

capràggine [lat. tardo *caprāgine(m)*, da *căpra* 'capra①', perché viene data da mangiare alle capre ✱1759] **s. f.** ● (*bot.*) galega

capràio o (*centr.*) †**capràro** [lat. *caprāriu(m)*, da *căpra* 'capra①' ✱1504] **s. m.** (**f.** *-aia*, **pl. m.** *-ai*) ● guardiano, custode di capre

capraréccia [1803] **s. f.** (**pl.** *-ce*) ● stalla invernale per le capre

†**capràro** ➤ **capraio**

capreolàto [1499] **agg.** ● decorato con capreoli: *capitello c.*

caprèolo o **capriòlo**② [dalla forma, come di corna di *capriolo* ✱1499] **s. m.** **1** (*raro, lett.*) cirro, viticcio **2** (*lett.*) ornamento architettonico a forma di viticcio

caprése (o *-ṣ-*) [1860] **A agg.** ● dell'isola di Capri **B s. m. e f.** ● abitante o nativo di Capri **C s. f.** ● tipo di insalata a base di pomodori, mozzarella e olive

caprétta [1272] **s. f.** **1** dim. di *capra* **2** utensile dell'incisore in legno ‖ **caprettìna**, **dim.**

caprétto o †**cavrétto** [dim. di *capra*① ✱1275] **s. m.** **1** il nato della capra, di età inferiore a un anno **2** pelle grezza o conciata di capra giovane: *scarpe, guanti di c.* ‖ **caprettìno**, **dim.**

capriàta [da *capra*② ✱1908] **s. f.** ● (*edil.*) struttura triangolare di sostegno per tetti a spioventi, costituita da travi in legno, ferro o cemento armato: *soffitto a capriate*

♦**caprìccio** [etim. incerta: forse da †*caporiccio* (V.) ✱av. 1292] **s. m.** **1** desiderio, idea o progetto improvvisi e bizzarri: *avere più capricci che capelli in testa*; *cavarsi, levarsi, togliersi un c.* **SIN.** ghiribizzo, grillo | azione o discorso bizzarri e inattesi: *ben presto tornarono in campo i soliti dispetti e i soliti capricci* (A. MANZONI) **SIN.** bizzarria, stramberia | ***fare i capricci***, detto spec. di bambini, lamentarsi, agitarsi, comportarsi in modo bizzarro; (*est.*) detto di cose, essere difettoso: *oggi il televisore fa i capricci* **SIN.** bizza | ***agire a c.***, in modo improvvisato e leggero **2** (*est.*) infatuazione amorosa, superficiale e passeggera: *è uno dei suoi tanti capricci* **3** avvenimento o fenomeno strano, incomprensibile: *un c. della sorte*; *i capricci della natura* **4** †bizzarria: *alcune medagliette d'oro, che ogni signore e gentiluomo li piaceva far scolpire in esse un suo c. o impresa* (B. CELLINI) **5** (*mus.*) composizione strumentale di schema libero e di carattere estroso **6** nelle arti figurative, stampa o piccolo dipinto che compone dati reali in una figura, scena o veduta fantastica, talora estrosa e bizzarra: *un c. del Guardi* **7** mantovana drappeggiata **8** †ribrezzo, raccapriccio: *scossa / Da sùbito c.* (G. PARINI) ‖ **capricciàccio**, **pegg.** | **capriccétto**, **dim.**

SFUMATURE DI SIGNIFICATO

capriccio - ghiribizzo

Il **capriccio** è un desiderio, un'idea o un atto imprevedibili, inaspettati e singolari, spesso dovuti a leggerezza o improvvisazione. **Ghiribizzo** ha lo stesso significato ma accentua l'idea di stranezza, di stravaganza.

SFUMATURE ➤ ***fisima***

capricciόso (o *-ṣ-*) [1540 ca.] **agg.** **1** pieno di capricci, che fa capricci: *è un bambino molto c.*; *sei una ragazza troppo capricciosa* **SIN.** bizzoso **2** estroso, originale: *un abitino c.* | bizzarro, stravagante: *ha dipinto la casa con colori capricciosi*; *la mia chiacchiera capricciosa fece divertire tutti* (I. SVEVO) **SIN.** singolare, strano | ***pizza, insalata capricciosa***, fatte con l'aggiunta di ingredienti vari **3** mutevole, instabile: *stagione capricciosa* ‖ **capricciosétto**, **dim.** ‖ **capricciosaménte**, **avv.** ‖ **capricciosità**, **s. f. inv.**

càprico [fr. *caprique*, dal lat. *căpra* 'capra①' ✱1865] **agg.** (**pl. m.** *-ci*) ● (*chim.*, *raro*) caprinico

capricòrno① [vc. dotta, lat. *capricŏrnu(m)*, comp. di *căper* 'capro' e *cŏrnu* 'corno' ✱1282] **s. m.** ● mammifero ruminante degli Artiodattili simile alla capra, con corna leggermente incurvate (*Capricornis*)

Capricòrno② [V. *capricorno*① ✱1282] **A s. m.** **1** (*astron.*) costellazione dello zodiaco che si trova tra quella del Sagittario e quella dell'Acquario **2** (*astrol.*) decimo segno dello zodiaco, compreso fra 270 e 300 gradi dell'anello zodiacale, che domina il periodo compreso tra il 22 dicembre e il 20 gennaio **B** **s. m. e f. inv.** ● persona nata sotto il segno del Capricorno

caprificàre [vc. dotta, lat. *caprificāre*. V. *caprifico* ✱ 1340 ca.] **v. tr.** (*io caprifico, tu caprifichi*) ● favorire la fecondazione dei fiori del fico domestico, sospendendo ai rami le infiorescenze del caprifico ‖ **caprificazióne**, **s. f.** (V.)

caprificazióne [da *caprificare* ✱ av. 1566] **s. f.** ● (*bot.*) impollinazione e fecondazione dei fiori femminili del fico domestico mediante il polline dei fiori maschili del fico selvatico o caprifico

caprifìco [lat. *caprificu(m)*, comp. di *căper* 'capro' e *fīcus* 'fico' ✱ 1340 ca.] **s. m.** (**pl.** *-chi*) ● fico selvatico

Caprifogliàcee [vc. dotta, comp. di *caprifoglio* e *-acee* ✱ 1830] **s. f. pl.** (**sing.** *-a*) ● (*bot.*) famiglia di piante erbacee, arbustive o lianose con foglie opposte, fiori in infiorescenze cimose e frutto a bacca (*Caprifoliaceae*)

caprifòglio [lat. tardo *caprifŏliu(m)*, comp. di *căper* 'capro' e *fŏlium* 'foglia' ✱ sec. XIV] **s. m.** ● arbusto rampicante delle Caprifogliacee con foglie opposte e fiori profumati tubolosi di color bianco o porpora (*Lonicera caprifolium*) **SIN.** abbracciabosco, madreselva, vincibosco

caprìgno [1516] **agg.** ● (*lett.*) caprino

†**caprìle** [lat. *caprīle*, da *căper* 'capro' ✱ 1325 ca.] **s. m.** ● stalla per capre

Caprimulgifórmi [comp. di *caprimulgo* e il pl. di *-forme* ✱ 1965] **s. m. pl.** (**sing.** *-e*) ● (*zool.*) ordine di Uccelli con becco corto, piumaggio morbido e zampe brevi (*Caprimulgiformes*)

caprimùlgo [vc. dotta, lat. *caprimŭlgu(m)*, comp. di *căpra* 'capra①' e *mulgēre* 'mungere' ✱ 1481] **s. m.** (**pl.** *-gi*) ● genere di Uccelli dei Caprimulgiformi con ali lunghe e appuntite, cui appartiene il succiacapre (*Caprimulgus*)

Caprìni [da *capra*① ✱ 1881] **s. m. pl.** (**sing.** *-o*) ● (*zool.*) sottofamiglia di Mammiferi artiodattili dei Bovidi con corna di forma e dimensioni diverse, presenti in entrambi i sessi, e un ciuffo di peli sotto il mento (*Caprinae*)

caprìnico [V. *caprico* ✱ 1930] **agg.** (**pl. m.** *-ci*) ● detto di acido che si trova nel latte e nel burro di capra e di composti di analoga origine o da esso derivati **SIN.** caprico

caprìno [lat. *caprīnu(m)*, da *căpra* 'capra①' ✱ 1282] **A** **agg.** ● relativo alla capra e ai caprini in genere: *corna caprine*; *lana caprina* | (*fig.*) ***questione di lana caprina***, inutile, senza valore né importanza (da un'*Epistola* di Orazio, con riferimento allo scarso valore della lana di capra) **B** **s. m.** **1** puzzo di capra **2** sterco di capra usato come concime **3** formaggio di latte di capra

capriola① o (*lett.*) **cavriòla**, (*lett.*) **cavriuòla** [f. di *capriolo*① ✱ 1342] **s. f.** ● femmina del capriolo

♦**capriola**② o (*lett.*) **capriuòla**, †**cavriola** [etim. discussa: per traslato da *capriola*①? ✱ 1536] **s. f.** **1** salto che si fa appoggiando le mani o il capo a terra e lanciando le gambe in aria per voltarsi sul dorso **2** (*est.*) ogni altro salto: *fare le capriole per la gioia* | (*scherz.*) caduta, capitombolo | ***far una c.***, (*fig.*) subire un rovescio di fortuna; mutare idee, spec. politiche | ***fare le capriole***, (*fig.*) fare l'impossibile, fare i salti mortali **3** salto dei ballerini, eseguito sollevandosi da terra e scambiando la posizione dei piedi **4** nell'equitazione, figura delle arie alte, nella quale il cavallo, sollevandosi con un salto da terra con le quattro zampe alla stessa altezza, piega le anteriori e protende insieme all'indietro le posteriori come sferrando un calcio ‖ **capriolétta**, **dim.**

capriolàre [av. 1764] **v. intr.** (*io capriòlo*; **aus.** *avere*) ● (*raro*, *lett.*) far capriole: *i delfini a coppie / capriolano coi figli* (E. MONTALE)

capriòlo① o (*raro*) **capriuòlo**, †**cavriòlo**, †**cavriuòlo** [lat. *caprĕolu(m)*, da *caprea* 'capra selvatica' ✱ 1258] **s. m.** (**f.** *-a* (V.)) **1** mammifero ruminante degli Artiodattili di statura breve, con zampe lunghe e portamento elegante, pelame bruno rossiccio e, nei soli maschi, con brevi palchi solitamente a tre rami (*Capreolus capreolus*) **2** ***c. corrente***, nel tiro a segno, sagoma mobile dell'animale che corre su un binario orizzontale ‖ **capriolétto**, **dim.** | **capriolìno**, **dim.**

capriòlo② ➤ **capreolo**

caprìpede [vc. dotta, dal lat. *caprĭpede(m)*, comp. di *capr(o)* e *-pede* ✱ av. 1729] **agg.** ● (*lett.*) che ha i piedi di capra: *il c. e cornigero Pan* (G. PASCOLI)

capriuòla ➤ **capriola**②

capriuòlo ➤ **capriolo**①

càpro [vc. dotta, lat. *căpru(m)*, di etim. incerta ✱ 1325] **s. m.** ● maschio della capra | (*fig.*) ***c. espiatorio***, persona che sconta le pene altrui ‖ **capróne**, **accr.** (V.)

capròico [da *capra*① ✱ 1865] **agg.** (**pl. m.** *-ci*) ● (*chim.*) detto di acido che si trova nel latte di capra e di vacca, e di composti di analoga origine o da esso derivati

caproìna [comp. di *capro(ico)* e *-ina* ✱ 1865] **s. f.** ● gliceride dell'acido caproico contenuto nel burro di capra

caprolattàme [comp. di *capro(ico)* e *lattame* ✱ 1987] **s. m.** ● sostanza organica eterociclica che costituisce il prodotto di partenza per fabbricazione di alcune fibre poliammidiche

capróne [lat. parl. **caprōne(m)*, da *căper*. V. *capro* ✱ 1536] **s. m.** **1** accr. di *capro* **2** maschio della capra **3** (*fig.*, *spreg.*) persona rozza, grossolana, dall'aspetto incolto: *Non sa una parola d'italiano quel c.!* (E. MONTALE)

capronico [1907] **agg.** (**pl. m.** *-ci*) ● (*chim.*) caproico

caprùggine [etim. incerta ✱ 1363] **s. f.** ● intaccatura delle doghe, nella quale si incastrano i fondi della botte

capsaicìna o **capsicìna** [dall'ingl. *capsaicin*, dal gr. *kapsikós* (V. *capsico*), nome dato all'alcaloide dal chimico L. T. Thresh, il primo a sintetizzarlo in forma cristallina nel 1846 ✱ 1844] **s. f.** ● (*chim.*) alcaloide presente nelle piante del genere *Capsicum*, che conferisce il sapore piccante alle varietà commestibili di peperoncino

capsèlla [vc. dotta, lat. *capsĕlla(m)* 'piccola (*-ĕlla*) cassa (*căpsa*)' ✱ 1499] **s. f.** **1** cassetta, gener. di materiale pregiato, utilizzata anticamente per contenere reliquie o particole **2** (*bot.*) genere di piante erbacee delle Crocifere

capsicìna ➤ **capsaicina**

càpsico [vc. dotta, gr. *kapsikós*, da *kápsa*, a sua volta dal lat. *căpsa* 'cassetta' ✱ 1830] **s. m.** (**pl.** *-ci*) **1** genere di piante erbacee o suffruticose delle Solanacee con foglie semplici e alterne, fiori bianchi solitari e frutto a bacca; originario dell'America meridionale, comprende specie coltivate come il peperone e il tabasco (*Capsicum*) **2** componente di preparazioni farmaceutiche ottenuto dal frutto di una specie di tali piante

càpside [dal lat. *căpsa* 'cassa' ✱ 1983] **s. m.** ● (*biol.*) in virologia, involucro proteico di una particella virale o virione

capsòmero [comp. di *caps(ula)* e *-mero* ✱ 1974] **s. m.** ● (*biol.*) unità proteica componente del capside

càpsula o (*raro*) **càssula** [vc. dotta, dal lat. *căpsula(m)*, dim. di *căpsa* 'cassa' ✱ sec. XV] **s. f.** **1** (*bot.*) frutto secco deiscente che si divide in valve nelle quali sono inseriti i semi **2** (*anat.*) involucro per lo più di tessuto connettivo con funzioni di copertura o di contenzione: *c. articolare* | ***c. surrenale***, ghiandola surrenale | (*biol.*) involucro esterno alla parete batterica, costituito da polisaccaridi complessi secreti dal batterio, che svolge funzione protettiva ed è dotato di potere antigene **3** piccolo rivestimento metallico contenente miscela fulminante o detonante che provoca l'accensione della polvere da sparo in cartucce o mine **4** (*farm.*) involucro solubile di cheratina, gelatina e sim. usato per racchiudere medicamenti sgradevoli o che debbano passare inalterati dallo stomaco all'intestino | la confezione così ottenuta: *inghiottire una c.* **5** recipiente di porcellana a forma semisferica usato spec. nei laboratori e nelle industrie chimiche **6** (*aeron.*) contenitore per strumenti, esseri viventi e sim., trasportato da un missile nello spazio: *c. orbitale, spaziale* | ***c. di rientro***, destinata a rientrare integra nell'atmosfera e a posarsi indenne **7** (*tel.*) accessorio del microtelefono costituito essenzialmente da una membrana sensibile alle onde sonore | ***c. ricevente***, che trasforma le onde elettriche in onde acustiche | ***c. trasmittente***, che trasforma le onde acustiche in onde elettriche **8** tipo di chiusura in metallo o plastica applicabile esternamente sul collo o sulla apertura di un contenitore | cappuccio di stagnola applicato al collo delle bottiglie di vini pregiati **9** (*med.*) in odontoiatria, involucro, metallico o ceramico, che ricopre la corona di un dente per protezione o per sostenere una protesi **10** in biblioteconomia, classificatore, raccoglitore di estratti, opuscoli e sim. ‖ **capsulétta**, **dim.** | **capsulìna**, **dim.**

capsulàre [1865] **agg.** ● (*anat.*) relativo a una capsula: *tessuto c.*

capsulatrìce [1955] **s. f.** ● macchina per applicare le capsule a contenitori, bottiglie e sim.

capsulatùra [1955] **s. f.** ● applicazione di una capsula a contenitori, bottiglie e sim.

capsulìsmo [da *capsula*, con *-ismo* ✱ 1930] **s. m.** ● meccanismo a elementi rotanti ad alta velocità che serve per l'aspirazione di un liquido o di un gas

captàre [vc. dotta, lat. *captāre*, intens. di *căpere* 'prendere' ✱ av. 1498] **v. tr.** **1** (*raro*) cercare di ottenere: *c. l'appoggio di qlcu.* **SIN.** cattivarsi, procurarsi **2** riuscire a prendere, a raccogliere: *c. l'acqua piovana per utilizzarla* **3** ricevere, intercettare, per mezzo di apposite apparecchiature, trasmissioni telegrafiche, radiofoniche, televisive e sim.: *c. un programma musicale* | ***c. una radio***, una stazione **4** (*fig.*) cogliere al volo, intendere per intuito: *sei riuscito a c. le sue intenzioni?* **SIN.** intuire

♣**captàtio benevolèntiae** /lat. kap'tattsjo benevo'lɛntsje/ [loc. lat., propr. 'conquista (dal v. *captare* 'riuscire a prendere') della benevolenza' ✱ 1973] **loc. sost. f. inv.** (**pl. lat.** *captationes benevolentiae*) ● espediente per assicurarsi la benevolenza o il consenso di chi legge o ascolta

captatìvo [fr. *captatif*, da *capter* 'captare' ✱ 1983] **agg.** ● (*psicol.*) relativo alla captazione | caratterizzato da captazione: *comportamento c.* ‖ **captatività**, **s. f. inv.** (*psicol.*) caratteristica di chi (o di ciò che) è captativo

captatóre [1970] **s. m.** ● apparecchio usato per la captazione, nel sign. 3

captatòrio [1673] **agg.** (**pl. m.** *-i* o *raro -ii*) ● (*dir.*) compiuto da captatore o con captazione: *atteggiamento c.*

captazióne [vc. dotta, lat. *captatiōne(m)*. V.

captare ∗ 1887] **s. f. 1** (*raro*) il captare: *c. di onde radiofoniche*; *c. di acque sorgive* **2** (*dir.*) raggiro colpevole posto in essere per indurre qlcu. a disporre per testamento in proprio favore **3** operazione che consiste nell'allontanare o precipitare minuscole particelle, contenute spec. nei fluidi industriali, a scopo di depurazione o di recupero **4** (*psicol.*) tendenza ad accentrare e conservare in maniera esclusiva gli affetti del proprio ambiente, spec. familiare

càptcha /'kaptʃa, *ingl.* 'kæptʃə/ [sigla di *C(ompletely) A(utomated) P(ublic) T(uring test to tell) C(omputers and) H(umans) A(part)* 'test di Turing pubblico e completamente automatico per distinguere computer e umani' ∗ 2003] **s. m. inv.** ● (*inform.*) test inserito all'interno di una procedura interattiva per proteggere il sistema che la gestisce da intromissioni automatiche; consiste nella decifrazione e digitazione di una sequenza alfanumerica scritta in maniera confusa, distorta, decifrabile solo da un soggetto umano | (*est.*) la sequenza stessa

†**captivàre** ➤ **cattivare**

captività ➤ **cattività**

captìvo o †**cattivo** [dal lat. *captīvu(m)*, 'prigioniero' da *căpere* 'prendere' ∗ av. 1306] **A agg. 1** (*lett.*) prigioniero **2** *stilo, proiettile c.*, in vari apparecchi per macellare animali, punta metallica che viene sparata ma non espulsa totalmente dall'apparecchio stesso **B s. m.** (**f.** *-a*) ● (*lett.*) chi è prigioniero: *concedanmi gli Achivi altra captiva* (V. MONTI)

captologìa [calco sull'ingl. *captology*, da CAPT, sigla di *Computers As Persuasive Technologies* ('I computer come tecniche di persuasione') ∗ 1998] **s. f.** (**pl.** *-gìe*) ● (*psicol.*) disciplina che studia l'incidenza delle tecnologie informatiche interattive sugli atteggiamenti, i comportamenti e la mentalità delle persone

capuàno [av. 1326] **A agg.** ● di Capua, in provincia di Caserta **B s. m.** (**f.** *-a*) ● abitante o nativo di Capua

capuffìcio ➤ **capoufficio**

capùt [1940] **agg. inv.**; anche **avv.** ● adattamento di *kaputt* (V.)

✦**capzióso** (o *-ṣ-*) [vc. dotta, lat. *captiōsu(m)*, da *căptio* 'frode, danno', da *căpere* 'prendere' ∗ 1584] **agg.** ● insidioso, ingannevole, cavilloso: *ragionamento c.*; *hanno dato una risposta vana, capziosa, piena d'inganni* (P. SARPI) ‖ **capziosaménte**, **avv.** ‖ **capziosità**, **s. f. inv.** cavillosità, sofisticheria

CAR [sigla di *C(entro) A(ddestramento) R(eclute)* ∗ 1955] **s. m. inv.** ● istituzione militare che si occupa dell'addestramento di base delle reclute | (*est.*) l'addestramento stesso

†**càra** ① [provenz. *cara*, dal gr. *kára* 'testa, capo', di orig. indeur. ∗ sec. XIII] **s. f.** ● (*raro*, *lett.*) viso, volto, aspetto

càra ② [V. *carezza*② ∗ 1983] **s. f.** ● (*infant.*, *fam.*) carezza | *fare c. c.*, accarezzare

càra ③ [vc. dotta, lat. *chāra(m)*, di orig. straniera ∗ 1865] **s. f.** ● genere della famiglia delle Caracee comprendente alghe caratterizzate dalla presenza, nel fusticino, di numerosi verticilli di raggi; vivono sul fondo di acque stagnanti (*Chara*) **SIN.** putera

✦**carabàttola** o (*pop.*) **scarabàttola**②, †**garabàttola** [dal lat. *grabātum* 'lettuccio', dal gr. *krábatos*, di orig. sconosciuta ∗ 1566] **s. f. 1** masserizia, oggetto di poco pregio: *prendi le tue carabattole e vattene!* **2** (*fig.*, *lett.*) bazzecola, bagattella

caràbba ➤ **caramba**①

Caràbidi [comp. di *carab(o)* e *-idi* ∗ 1887] **s. m. pl.** (**sing.** *-e*) ● (*zool.*) famiglia di Insetti dei Coleotteri carnivori e predatori, che emettono un liquido di odore acre e sgradevole come difesa (*Carabidae*)

carabìna [fr. *carabine*, da *carabin* 'soldato della cavalleria leggera', di etim. incerta ∗ 1614] **s. f.** ● fucile di precisione a una canna, ad anima rigata, per caccia e tiro | *c. automatica*, il cui ricaricamento avviene per la forza di rinculo | *c. ad aria compressa*, che usa, come propulsore, l'aria compressa anziché l'esplosivo ‖ **carabinétta**, **s. f.** piccola carabina per gare di tiro a segno

carabinàta [1910] **s. f.** ● colpo di carabina

✦**carabinière** [fr. *carabinier*, da *carabine* 'carabina' ∗ 1660] **s. m. 1** un tempo, soldato a piedi o a cavallo, armato di carabina **2** (**f.** *-a*) appartenente all'Arma dei Carabinieri che svolge compiti di polizia civile, militare e giudiziaria: *c. a piedi, a cavallo* | *c. di quartiere*, V. *quartiere* | *fare il c., essere un c.*, (*fig.*) comportarsi in modo particolarmente severo e autoritario

càrabo [lat. *cārabu(m)*, dal gr. *kárabos*, di etim. incerta ∗ 1829] **s. m. 1** genere di Insetti dei Carabidi, dai colori metallici e brillanti, divoratore di insetti nocivi (*Carabus*) **2** barca a vela in uso nel Medioevo | barca a remi greco-romana

carabottìno [etim. incerta ∗ 1869] **s. m.** ● (*mar.*) graticolato posto sul fondo delle imbarcazioni o dei locali delle navi dove ristagna acqua | chiusura graticolata, a riparo di boccaporti e sim.

caracàl [dal turco *karakulak* 'che ha l'orecchio (*kulak*) nero (*kara*)' ∗ av. 1803] **s. m. inv.** ● (*zool.*) nome comune della lince africana (*Lynx caracal*)

caracàlla [vc. dotta, lat. tardo *caracălla(m)*, di orig. gallica ∗ 1734] **s. f.** ● veste che dal collo scendeva fino al tallone, usata nella Gallia in epoca romana

caràcca [arabo *ḥarrāqa* 'brulotto' ∗ sec. XIV] **s. f.** ● grossa nave mercantile e da guerra di alto bordo, con due castelli, in uso spec. presso i Genovesi e i Portoghesi dal XIV al XVII sec.

Caràcee [comp. di *cara*③ e *-acee* ∗ 1865] **s. f. pl.** (**sing.** *-a*) ● (*bot.*) famiglia di alghe verdi di acqua dolce o salmastra con asse calcificato (*Characeae*)

carachìri [1918] **s. m. inv.** ● adattamento di *harakiri* (V.)

Caracìnidi [dal gr. *chárax*, n. di un pesce, da *charássein* 'rendere aguzzo', d'etim. incerta ∗ 1962] **s. m. pl.** (**sing.** *-e*) ● (*zool.*) famiglia di Pesci dei Cipriniformi sudamericani e africani con corpo alto e compresso, a volte feroci predatori, come i piranha (*Characinidae*)

caracollàre o †**garagollàre** [sp. *caracolear* 'volteggiare il cavallo', da *caracol* 'chiocciola' ∗ 1618] **v. intr.** (*io caracòllo*; **aus.** *avere*) **1** nell'equitazione, volteggiare a destra e a sinistra, a piccoli salti, cambiando di mano (detto del cavallo o del cavaliere) **2** (*milit.*) eseguire il caracollo **3** (*colloq.*) trotterellare: *il piccino caracollava allegramente sul prato*

caracòllo [sp. *caracol* 'chiocciola' ∗ 1573] **s. m. 1** movimento del cavallo in tondo o mezzo tondo a piccoli salti **2** (*milit.*) evoluzione particolare dell'antica cavalleria in combattimento, consistente nell'assalire il nemico in linee successive, ciascuna delle quali scaricava contemporaneamente le pistole e si ritirava in coda per lasciare il posto alla linea susseguente **SIN.** chiocciola

caracùl o **caràcul** [1940] **s. m. inv.** ● adattamento di *karakul* (V.)

Caradrifórmi [comp. di *caradrio* e il pl. di *-forme* ∗ 1930] **s. m. pl.** (**sing.** *-e*) ● (*zool.*) ordine di Uccelli che comprende specie molto diffuse, come i trampolieri, di norma adattate agli ambienti acquatici (*Charadriformes*)

caràdrio [vc. dotta, lat. tardo *charădriu(m)*, dal gr. *charadriós*, forse da *charádra* 'torrente, gola, burrone' ∗ sec. XIV] **s. m.** ● uccello dei Caradriformi, slanciato, elegante, con zampe alte e sottili, ali lunghe e appuntite (*Charadrius*)

caràffa [arabo *ġarrāfa*, prob. attrav. lo sp. ∗ 1524] **s. f. 1** recipiente per liquidi, di vetro o altro materiale, panciuto, con collo stretto e una larga bocca, provvisto di manico: *una c. di cristallo* **CFR.** decanter | quantità di liquido contenuto in una caraffa: *una c. d'acqua, di vino* **2** antica misura napoletana per liquidi ‖ **caraffétta**, **dim.** | **caraffìna**, **dim.** | **caraffìno**, **dim. m.** | **caraffóne**, **accr. m.**

caraìbico ➤ **caribico**

caraìbo ➤ **caribo**①

caràmba ① o **caràbba** [da *carab(iniere)*, con accorciamento e deformazione espressiva ∗ 1905] **s. m. e f. inv.** ● (*gerg.*, *sett.*) carabiniere (*spreg.* o *scherz.*): *sti caramba dell'ostrega... fin dentro la chiesa mi vengono a tampinare* (D. FO)

caràmba ② [inter. sp., deviazione eufem. di *cara(jo)* 'pene' ∗ 1892] **inter.** ● esprime stupore, meraviglia, ammirazione: *c., che sorpresa!* **CFR.** caspita

caràmbola ① [sp. *carambola*, dal malese *karambil* 'noce di cocco' ∗ 1708] **s. f.** ● alberetto delle Oxalidacee con foglie caduche, fiori in grappoli di colore da bianco rosato a rosso intenso, e frutti commestibili gialli, carnosi e aciduli (*Averrhoa carambola*) | il frutto di tale pianta

caràmbola ② [sp. *carambola* 'palla rossa del biliardo' ∗ 1846] **s. f. 1** nel gioco del biliardo, colpo con cui si manda la propria palla a colpire quella dell'avversario e il pallino | gioco del biliardo basato su tale colpo **2** nel calcio, tiro del pallone che, dopo essere rimbalzato su uno o più giocatori, assume una traiettoria deviata **3** (*fig.*) urto, spinta, scontro di due o più automobili: *la nebbia ha provocato una c. mortale*

carambolàre [sp. *carambolar*, da *carambola* 'carambola②' ∗ 1865] **v. intr.** (*io caràmbolo*; **aus.** *avere*) ● far carambola (+ *su*): *la palla è entrata in rete dopo aver carambolato sulla schiena del portiere*

caramèle ➤ **caramello**

✦**caramèlla** [V. *caramello* ∗ 1754] **A s. f. 1** piccolo dolce di zucchero cotto, variamente aromatizzato e colorato, gener. a pasta dura, a volte ripieno di gelatina di frutta, liquore e sim.: *c. di menta, di anice*; *c. al liquore, al caffè, alla frutta*; *c. ripiena* **2** (*fig.*) monocolo: *si toglieva la c., ripulendola in un fazzoletto bianchissimo* (N. GINZBURG) **B in funzione di agg. inv.** ● (posposto al sost.) nella loc. *rosa c.*, tonalità di rosa intenso, tipico delle caramelle al lampone o alla fragola ‖ **caramellìna**, **dim.**

caramellàio [1875] **s. m.** (**f.** *-aia*, **pl. m.** *-ai*) ● fabbricante o venditore di caramelle

caramellàre [1875] **A v. tr.** (*io caramèllo*) **1** portare lo zucchero allo stato di caramello **2** ricoprire di caramello: *c. un dolce* **3** colorare in bruno bevande col caramello **B v. intr.** (**aus.** *avere*) ● assumere l'aspetto e la consistenza del caramello

caramellàto **part. pass.** di *caramellare*; anche **agg.** ● nei sign. del v.

caramellìsta [1928] **s. m. e f.** (**pl. m.** *-i*) ● chi è addetto alla lavorazione delle caramelle

caramèllo o (*disus.*) **caramèle** [sp. *caramel*, dal lat. *cănna(m) *mĕllis*. V. †*cannamele* ∗ 1865] **A s. m. 1** massa brunastra, ottenuta dallo zucchero per forte riscaldamento, che, a freddo, si rapprende formando una lastra vetrosa; si usa in pasticceria e per colorare vini e sim. **2** (*est.*) colore tipico dello zucchero caramellato: *una tinta che sta fra il giallo e il c.* **B in funzione di agg. inv.** ● (posposto a un sost.) che ha il colore fulvo dello zucchero bruciato: *tessuto c.*; *feltro color c.*

C

caramellóso (o -ṣ-) [av. 1952] **agg. 1** che ha le caratteristiche della caramella **2** (*fig.*) sdolcinato, lezioso: *discorso c.* ‖ **caramellosità**, **s. f. inv.** caratteristica di ciò che è caramelloso; (*fig.*) sdolcinatezza

†**caramògio** [persiano *ḫarmūš* 'grosso topo' ✱ av. 1676] **s. m. 1** statuetta, spec. di porcellana, raffigurante un personaggio grottesco e deforme **2** persona piccola e deforme

carampàna [vc. venez., dalla contrada veneziana delle *Carampane* (da *Cà* 'casa' *Rampani*, n. di una famiglia), abitata da prostitute ✱ 1908] **s. f. 1** donna sguaiata e volgare **2** donna brutta e trasandata

caramuṣàle o **caramussàle** [turco *qarâmussal*, prob. attrav. il gr. moderno ✱ 1602] **s. m.** ● antico vascello mercantile turco da carico con poppa assai alta

Caràngidi [dal lat. scientifico *Caranx*, tratto dallo sp. *caranga* di orig. sconosciuta ✱ 1955] **s. m. pl.** (**sing.** *-e*) ● (*zool.*) famiglia di Pesci ossei dei Teleostei diffusa in tutti i mari caldi e temperati, rilevanti ai fini alimentari e noti con vari nomi comuni, quale il sugarello e la leccia

carantàno [da *Carantana*, n. ant. della Carinzia ✱ 1577] **s. m.** ● (*numism.*) nome dato al grosso tirolino d'argento quando i conti del Tirolo divennero duchi di Carinzia

carapàce [fr. *carapace*, dallo sp. *carapacho* 'guscio dei granchi e di altri crostacei', di etim. incerta ✱ 1827] **s. m. 1** (*zool.*) scheletro esterno non segmentato che riveste il corpo di taluni animali, quale il guscio del cefalotorace dei Crostacei e l'involucro osseo dei Cheloni **2** (*geol.*) parte superiore esterna, arcuata verso l'alto, di una coltre di ricoprimento

caràssio [slavo *karas* ✱ 1903] **s. m.** ● genere di Pesci dei Teleostei della famiglia dei Ciprinidi, propri delle acque dolci (*Carassius*) | *c. comune*, di color bruno giallastro (*Carassius vulgaris*) | *c. dorato*, di colorazione varia, molto ricercato a scopo ornamentale (*Carassius auratus*) **SIN.** pesce rosso

caratàre [da *carato* ✱ av. 1519] **v. tr. 1** pesare a carati: *c. un metallo prezioso, una gemma* **2** †valutare, vagliare, stimare

caratèllo o †**carratèllo** [da *carro*, perché era una botte che si trasportava con carri ✱ av. 1327] **s. m.** ● botticella affusolata per vini pregiati e liquori | quantità di liquido in esso contenuta

caratìsta [da *carato* nel sign. 4 ✱ av. 1829] **s. m. e f.** (**pl. m.** *-i*) **1** chi ha la proprietà di una caratura di nave **2** (*econ.*) chi partecipa a una società il cui capitale è suddiviso in quote

caràto [arabo *qīrāṭ* 'ventiquattresima parte di un denaro', dal gr. *kerátion* 'carruba', il cui seme si adoperava per pesare ✱ 1266] **s. m. 1** antico valore ponderale coniato come moneta d'argento all'epoca di Costantino **2** unità di misura del titolo dell'oro, equivalente alla ventiquattresima parte di contenuto in oro puro **SIMB.** ct | *oro a 24 carati*, purissimo **3** unità di peso usata per le pietre preziose e le perle, equivalente a quattro grani o a un quinto di grammo **SIMB.** ct **4** ognuna delle 24 quote in cui è divisa la proprietà di una nave mercantile, secondo una tradizione internazionale | (*est.*) quota di partecipazione in una società

caratteràccio [pegg. di *carattere* ✱ 1926] **s. m.** ● pessimo carattere: *con il c. che si ritrova; che c.!*

♦**caràttere** [vc. dotta, lat. *charactēre(m)*, dal gr. *charaktḗr*, 'impronta', da *charássō* 'io incido' ✱ av. 1306] **s. m. 1** segno tracciato a cui si dia un significato: *caratteri scritti dalla Sibilla sopra le foglie* (D. Bartoli) | ciascuna delle rappresentazioni grafiche delle lettere di un alfabeto o dei segni di una scrittura: *caratteri alfabetici, ideografici; caratteri ebraici, greci, latini; c. maiuscolo, minuscolo* | (*est.*) modo di scrivere di una persona, grafia: *io vagheggio il suo c. e la diligenza de l'ortografia* (T. Tasso) **2** (*tipogr.*) *c. mobile*, nella composizione tipografica, piccolo parallelepipedo in lega tipografica, legno o plastica che ha sulla parte superiore una lettera o segno incisa a rovescio per la stampa | segno stampato secondo caratteristiche formali, stilistiche e storiche (anche nella videoscrittura e nella fotocomposizione): *c. tondo, corsivo; c. Garamond, Granion; caratteri veneziani, antico stile, transizionali, moderni, bastoni, fantasie* | *c. di fonderia*, quello componibile a mano | *c. chiaro, neretto* o *grassetto, nero, nerissimo*, secondo lo spessore delle aste | *c. di testo*, quello che per la sua leggibilità viene usato per libri, periodici e in genere per scritti molto lunghi **3** (*psicol.*) insieme dei tratti psichici, morali e comportamentali di una persona, che la distingue dalle altre | correntemente, indole, modo di essere: *avere un buon, un ottimo, un pessimo, un cattivo c.; essere di c. forte, debole, aggressivo, pacifico* e sim. | personalità forte, decisa, volitiva: *un uomo di c.; non avere c.; essere senza c.; essere privo di c.* **SIN.** temperamento **4** (*est.*) caratteristica: *tutte le lingue hanno i loro propri e distinti caratteri* (G. Leopardi); *notare, rilevare, sottolineare i caratteri salienti di qlco.* | *essere in c.*, in armonia con qlco.: *l'abito era in c. con la cerimonia* | (*biol.*) *c. dominante*, che compare in tutti i discendenti della prima generazione in un incrocio | *c. recessivo*, che non compare nei discendenti della prima generazione **5** insieme delle caratteristiche essenziali di un personaggio trasferite realisticamente nella recitazione di un attore **6** (*relig.*) qualità indelebile impressa dai sacramenti del battesimo, cresima e ordine: *c. sacramentale* **7** (*stat.*) singolo aspetto sotto cui un fenomeno collettivo viene considerato: *c. qualitativo, quantitativo* **8** (*inform.*) nei sistemi di trattamento automatico delle informazioni, quantità d'informazione formata da un numero di bit sufficiente a rappresentare, con le loro combinazioni, una cifra decimale, una lettera dell'alfabeto, ed eventuali altri segni | *c. ottico*, carattere specialmente disegnato per la stampa di documenti destinati alla lettura ottica, ma perfettamente leggibili anche dall'occhio umano | *c. jolly*, che può assumere diversi valori ‖ **caratteràccio**, **pegg.** (V.) | **carratterino**, **dim.** (V.)

SFUMATURE ➤ ***indole***

caratteriàle [fr. *caractériel*, da *caractère* 'carattere' ✱ 1963] **A agg. 1** relativo al carattere: *indagine c.* **2** di bambino o adolescente affetto da disturbi del comportamento, quali l'impulsività e l'aggressività ‖ **caratterialménte**, **avv.** sotto l'aspetto caratteriale ‖ **caratterialità**, **s. f. inv.** caratteristica di chi (o di ciò che) è caratteriale; insieme di aspetti che delineano un carattere **B s. m. e f.** ● bambino o adolescente caratteriale: *scuola per caratteriali*

caratterìno [sec. XVII] **s. m. 1** dim. di *carattere* **2** (*iron.*) indole difficile, scontrosa o aggressiva: *ha un c. poco simpatico* | persona che ha tale indole

caratterìsta [da *carattere* ✱ 1818] **s. m. e f.** (**pl. m.** *-i*) ● attore non protagonista che impersona con vivacità realistica e spesso con arguzia un tipo umano esemplare

♦**caratterìstica** [fr. *caractéristique*, da *caractère* 'carattere' ✱ 1639] **s. f. 1** speciale qualità che serve a determinare la natura di una cosa o di una persona e a distinguerla da qualunque altra: *questo bracciale ha tutte le caratteristiche di un gioiello di gran classe; è una c. dei bugiardi* **SIN.** carattere **2** (*mat.*) *c. di un logaritmo*, parte intera del logaritmo | *c. di una matrice* o *di un determinante*, massimo fra gli ordini dei minori non nulli che si possono estrarre dalla matrice **3** rappresentazione grafica in un sistema di coordinate dell'andamento di un fenomeno fisico in funzione di uno o più parametri **4** nel teatro drammatico dell'Ottocento, attrice con ruolo di caratterista

SFUMATURE DI SIGNIFICATO

caratteristica - prerogativa - attributo

Caratteristica è qualsiasi particolare utile a determinare una cosa o una persona e a distinguerla da tutte le altre dello stesso tipo. **Prerogativa** è suo sinonimo, ma accentua il carattere di dote particolare, quindi esprime in genere una caratteristica positiva. **Attributo** è anch'esso una qualità peculiare, ma si riferisce esclusivamente a persona e ha un'accezione particolare in grammatica, dove indica la funzione dell'aggettivo.

♦**caratterìstico** [fr. *caractéristique*. V. *caratteristica* ✱ 1553] **agg.** (**pl. m.** *-ci*) **1** che costituisce un carattere specifico, tipico, distintivo di qlco. o di qlcu.: *segno c.; note caratteristiche; elementi caratteristici* **2** (*mus.*) *nota caratteristica*, il terzo grado della scala, che ne caratterizza il modo maggiore o minore ‖ **caratteristicaménte**, **avv.**

caratteriẓẓàre [fr. *caractériser*, da *caractère* 'carattere' ✱ 1587] **A v. tr. 1** costituire la caratteristica specifica di una persona o di una cosa: *ha risposto con la cortesia che lo caratterizza; questi sono gli elementi che caratterizzano i contratti* **SIN.** distinguere, qualificare **2** rappresentare con acutezza, descrivere qlcu. o qlco. mettendone in luce i caratteri tipici: *c. una persona, una situazione, un'epoca* **B caratteriẓẓàrsi v. intr. pron.** ● distinguersi, qualificarsi (+ *per*): *il film si caratterizza per il suo vivace umorismo* ‖ **caratteriẓẓazióne**, **s. f.** (V.)

caratteriẓẓazióne [1780] **s. f.** ● il fatto di caratterizzare, di caratterizzarsi, di venire caratterizzato | rappresentazione, descrizione delle caratteristiche principali di qlcu. o qlco.: *la c. di un periodo storico* | interpretazione che conferisce un carattere particolare: *la c. di un personaggio da parte di un attore*

caratterologìa [comp. di *carattere* e *-logia* ✱ 1929] **s. f.** (**pl.** *-gìe*) ● (*psicol.*) studio e classificazione dei caratteri

caratterològico [1955] **agg.** (**pl. m.** *-ci*) ● relativo alla caratterologia ‖ **caratterologicaménte**, **avv.** dal punto di vista caratterologico

caratteropatìa [comp. di *carattere* e *-patia* ✱ 1987] **s. f.** ● (*psicol.*) alterazione del comportamento capace di disturbare più o meno gravemente e diffusamente il carattere di un individuo ‖ **caratteropàtico**, **agg.** (**pl. m.** *-ci*); **anche s. m.** (**f.** *-a*) **nel sign. 2 1** relativo a caratteropatia, caratterizzato da caratteropatia: *stato mentale caratteropatico* **2** che (o chi) soffre di caratteropatia

caratùra [da *carato* ✱ 1881] **s. f. 1** misurazione di un prezioso in carati: *c. dell'oro, dei diamanti* | (*fig.*) valore, rilievo: *un atleta di c. mondiale* **2** porzione di proprietà di una nave espressa in carati | (*est.*) quota di partecipazione in una società o in un affare

caravaggésco [av. 1793] **agg.** (**pl. m.** *-schi*) ● relativo al pittore Caravaggio (1573-1610): *quadro, stile c.; scuola caravaggesca*

càravan /'karavan, *ingl.* 'kærə,væn/ [ingl., 'carovana, carrozzone', poi 'roulotte'; stessa etim. dell'it. *carovana* ✱ 1966] **s. m. inv.** ● roulotte

†**caravàna** ➤ **carovana**

caravanìsta [1970] **s. m. e f.** (**pl. m.** *-i*) ● chi pratica il caravanning **SIN.** roulottista

caravànning /kara'vanin(g), *ingl.* 'kærə-

ˌvænɪŋ/ [1935] **s. m. inv.** ● forma di turismo praticata utilizzando il caravan

♦**caravanserràglio** [persiano *kärwân-särâi* 'albergo per carovane' ✱ 1542] **s. m. 1** nel mondo islamico e nell'Asia occidentale, luogo recintato e talvolta protetto da tettoie dove si ricoverano le carovane per la notte o il riposo **2** (*fig.*) luogo pieno di chiasso, confusione e disordine: *nei giorni di mercato la piazza è un vero c.*

caravèlla① [portog. *caravela*, da *caravo* 'nave asiatica a vele latine', dal lat. tardo *cārabu(m)* 'carabo' (V.) ✱ av. 1336] **s. f. 1** nave a vela veloce e leggera a un solo ponte con tre o quattro alberi usata spec. da Portoghesi e Spagnoli nel XV-XVI sec. **2** colla forte da falegname (chiamata così prob. perché adoperata per gli assiti delle navi omonime)

caravèlla② [deformazione del fr. *calville*, dal n. di un villaggio fr. ✱ av. 1566] **s. f.** ● varietà di mela o di pera con buccia rugginosa

carbammàto [fr. *carbamate*. V. *carbammico* ✱ 1865] **s. m.** ● (*chim.*) sale o estere dell'acido carbammico **SIN.** uretano

carbàmmico [fr. *carbamique*. V. *carbone* e *amido* ✱ 1865] **agg.** (**pl. m.** *-ci*) ● (*chim.*) detto di acido che si ottiene dalla reazione tra ammoniaca e acido carbonico, e di composti da esso derivati

carbammìde [fr. *carbamide*. V. *carbone* e *ammide* ✱ 1889] **s. f.** ● (*chim.*) urea

†**càrbaṣo** [vc. dotta, lat. *cārbasu(m)*, dal gr. *kárpasos*, dal sanscrito *karpāsah* 'cotone' ✱ 1316] **s. m. 1** veste sottile di lino finissimo | manto di tela di lino **2** vela nobile, ricca, dipinta

carbinòlo [ted. *Karbinol*, da *carbo-* ✱ 1874] **s. m.** ● (*chim.*, *raro*) metanolo

càrbo- [dal lat. *carbo*, genit. *carbōnis* 'carbone', di etim. incerta] **primo elemento** ● in parole composte della terminologia chimica indica la presenza di carbonio o carbone: *carboidrato*, *carbolico*

carbochìmica [comp. di *carbo-* e *chimica* ✱ 1978] **s. f.** ● la parte della chimica che studia i composti del carbonio **SIN.** chimica organica

carbocianìna [comp. di *carbo-* e *cianina* ✱ 1986] **s. f.** ● (*chim.*) sostanza colorante del gruppo delle cianine; viene impiegata come sensibilizzatore in campo fotografico

carboidràṣi [comp. di *carboidr(ato)* e del suff. *-asi* ✱ 1962] **s. f. inv.** ● (*chim.*) ogni enzima che provoca la scissione idrolitica dei glucidi in composti più semplici

carboidràto [comp. di *carbo-* e *idrato* ✱ 1913] **s. m.** ● (*chim.*) glicide

carbòlico [comp. di *carbo-* e *-olo*①, con suff. agg. ✱ 1955] **agg.** (**pl. m.** *-ci*) ● (*chim.*, *raro*) fenico: *acido c.*

carbonàdo [portog., propr. 'carbonato' ✱ 1892] **s. m.** ● (*miner.*) varietà nera durissima di diamante

carbonàia [lat. *carbonāria(m)* 'donna che vende il carbone', poi 'fornace per il carbone', da *carbo*, genit. *carbōnis* 'carbone' ✱ 1280] **A s. f. 1** catasta conica di legna coperta di terra battuta che, per lenta combustione, si trasforma in carbone **2** luogo dove si conserva il carbone: *La c. è appena rischiarata da una lampadina elettrica* (V. PRATOLINI) | (*mar.*, *raro*) carbonile **3** (*fig.*) luogo sudicio e buio **B agg. solo f.** ● di nave attrezzata per il trasporto del carbone

carbonàio o (*centr.*) **carbonàro** [lat. *carbonāriu(m)*, da *cārbo*, genit. *carbōnis* 'carbone' ✱ 1314] **s. m.** (**f.** *-aia*, **pl. m.** *-ai*) **1** chi prepara la carbonaia e ne sorveglia la combustione **2** venditore al minuto di carbone, legna e sim.

carbonaménto [1937] **s. m.** ● rifornimento di carbone su una nave a vapore

carbonàre [1937] **v. intr.** (*io carbóno*; **aus.** *avere*) ● (*mar.*) imbarcare il carbone per la navigazione

carbonàro [1554] **A s. m. 1** membro della carboneria **2** V. *carbonaio* **B agg.** ● dei carbonari, della carboneria: *moti carbonari* | ***alla carbonara***, (*ellitt.*) ***carbonara***, detto di pasta condita con guanciale soffritto, uova sbattute, abbondante formaggio grattugiato e pepe nero: *spaghetti alla carbonara*

carbonàta [av. 1349] **s. f. 1** mucchio di carbone **2** carne di maiale salata, arrostita sul carbone o cotta in padella

carbonatazióne [da *carbonato* ✱ 1956] **s. f.** ● (*chim.*) processo in cui si aggiunge anidride carbonica a una sostanza o a un miscuglio

carbonàto [fr. *carbonate* ✱ 1795] **A s. m.** ● (*chim.*) sale o estere dell'acido carbonico | ***c. acido***, bicarbonato | ***c. di calcio, calcico***, sale bianco, diffuso in natura, usato nell'industria cartaria, vetraria, della gomma e in cosmetica | ***c. di potassio, potassico***, sale bianco preparato per carbonizzazione della potassa caustica, usato nella lavorazione dei saponi e dei vetri, in tintoria e in conceria **SIN.** potassa | ***c. di sodio, sodico***, sale bianco, prodotto dal cloruro di sodio mediante processo Solvay, usato nella produzione dei saponi, dei vetri, dei detersivi, della carta **SIN.** soda **B anche agg.**: (*chim.*) *gruppo c.*

carbonatùra [da *carbone*, per il colore ✱ 1962] **s. f. 1** insieme di chiazze nere sul mantello dei cavalli **2** procedimento per rendere copiativo il retro delle prime copie di un modulo a più copie

carboncèllo [av. 1306] **s. m. 1** dim. di *carbone* **2** pustola del carbonchio **3** rubino

carbónchio (o *-ò-*) [lat. *carbŭnculu(m)*, dim. di *cărbo*, genit. *carbōnis* 'carbone' ✱ av. 1250] **s. m. 1** (*agric.*) malattia del grano dovuta a un fungo che attacca la spiga ricoprendola di spore simili a una polvere nerastra **2** (*med.*) malattia batterica acuta, altamente contagiosa dei ruminanti causata dal *Bacillus anthracis* le cui spore sono trasmissibili all'uomo mediante contatto con animali infetti o loro prodotti contaminati **3** †foruncolo **4** †rubino

carbonchióso (o *-ṣ-*) [av. 1320] **agg. e s. m.** (**f.** *-a*) ● che (o chi) è affetto da carbonchio

carboncìno [sec. XIV] **s. m. 1** dim. di *carbone* **2** bastoncino di carbone morbido usato per disegnare | (*est.*) disegno eseguito con tale bastoncino

†**carbóncolo** ➤ †**carbuncolo**

carbon còpy /karbonˈkɔpi, *ingl.* ˈkɑːb(ə)nˌkɒpɪ/ [loc. ingl., propr. 'copia (*copy*) carbone (*carbon*)' ✱ 1999] **loc. sost. f. inv.** (**pl. ingl.** *carbon copies*) ● (*Internet*) nella posta elettronica, copia di un messaggio inviata per conoscenza a terzi; in sigla cc.

†**carbónculo** ➤ †**carbuncolo**

♦**carbóne** [lat. *carbōne(m)*, di etim. incerta ✱ 1268] **A s. m. 1** sostanza solida, nera, costituita principalmente di carbonio, prodotta per riscaldamento, fuori del contatto con l'aria, di sostanze organiche **CFR.** antraco-, carbo- | ***c. animale, d'ossa***, ottenuto da ossa sgrassate, molto poroso usato come decolorante, adsorbente, deodorante **SIN.** nero animale, nero d'ossa | ***c. vegetale***, ottenuto da segatura, gusci di mandorle, noci, molto poroso, usato come adsorbente e anti-putrido | ***c. attivo***, indica il carbone animale o d'ossa e il carbone vegetale | ***c. di legna***, ottenuto da legno, usato come combustibile, adsorbente, anti-putrido | ***c. di storta***, duro, compatto, lucente, ottenuto come residuo nella parte alta delle storte in cui si fa la distillazione del litantrace, dotato di alta conducibilità elettrica, usato per elettrodi | ***c. dolce***, di legno leggero | ***c. forte***, di legno compatto | ***c. fossile***, che si origina per complesse decomposizioni e trasformazioni di resti vegetali nel sottosuolo, usato come combustibile e per ottenerne numerosi prodotti mediante distillazione | (*fig.*) ***c. bianco***, l'insieme delle riserve idriche utilizzate per produrre energia elettrica; (*est.*) l'energia elettrica stessa | ***nero come il c.***, molto nero | (*fig.*) ***un'anima nera come il c.***, malvagia | ***c. spento***, (*fig.*, *lett.*) ciò che vale poco; persona apatica **2** pezzo di carbone acceso, di brace: *avere gli occhi brillanti come carboni* | ***essere, stare, trovarsi sui carboni accesi***, (*fig.*) provare un acuto disagio, imbarazzo e sim.; essere agitato, in ansia **3** (*raro*, *est.*) colore nero intenso: *il c. dei capelli* **4** (*bot.*) malattia fungina di diverse piante che si manifesta con la comparsa sulle parti colpite di una polvere nera, simile a quella del carbone, e con grosse ipertrofie del fusto e delle infiorescenze **SIN.** golpe② **5** (*fis.*) nelle lampade ad arco, ognuno degli elettrodi **6** †carbonchio **7** †pustola **8** †rubino **B in funzione di agg. inv.** ● (posposto a un sost.) che ha il colore nero intenso, caratteristico del carbone: *occhi color c.* | ***carta c.***, V. *cartacarbone* ‖ **carboncèllo**, **dim.** (V.) | **carboncìno**, **dim.** (V.) | **carbonèlla**, **dim. f.** (V.)

carbonèlla [1663] **s. f. 1** dim. di *carbone* **2** carbone di legna minuta

carbonèra [detta così perché, trovandosi sopra il fumaiolo, si anneriva facilmente ✱ 1839] **s. f.** ● (*mar.*) vela di strallo

carbonerìa [detta così perché gli affiliati fingevano di essere *carbonai* ✱ 1820] **s. f.** ● setta segreta, con rituale di derivazione massonica, sorta a Napoli all'inizio del XIX sec. e di lì diffusasi nel resto d'Italia, in Francia e Spagna, caratterizzata da un programma di opposizione ai governi assoluti

carbonétto [propr. dim. di *carbone* ✱ av. 1764] **s. m.** ● (*raro*) varietà di corallo di color rosso cupo

carbonicazióne [da *carbonico* ✱ 1930] **s. f.** ● immissione di anidride carbonica nei vini, per renderli artificialmente frizzanti o spumanti

carbonìccio [av. 1524] **agg.** (**pl. m.** *-ci*; **pl. f.** *-ce*) ● (*raro*) che ha un colore nerastro simile a quello del carbone

♦**carbònico** [fr. *carbonique*. V. *carbone* ✱ 1795] **A agg.** (**pl. m.** *-ci*) ● detto di composto del carbonio tetravalente | ***acido c.***, acido inorganico, bibasico, conosciuto solo in soluzione acquosa | ***anidride carbonica***, V. *anidride* **B agg.**; **anche s. m.** ● (*geol.*) Carbonifero

carbonièra [da *carbone* ✱ av. 1539] **s. f. 1** carbonaia **2** nave carbonaia **3** (*raro*) tender

carbonière [1956] **s. m. 1** (**f.** *-a*) industriale del carbone | commerciante in carbone **2** minatore che lavora nelle miniere di carbone fossile

carbonièro [1962] **agg.** ● del carbon fossile: *industria carboniera*

carbonìfero [comp. di *carbone* e *-fero* ✱ 1865] **A agg. 1** che è ricco di carbon fossile: *terreno, bacino c.*; *zona carbonifera* **2** (*geol.*) relativo al Carbonifero **B s. m.** ● (*geol.*; gener. con iniziale maiuscola) quinto periodo del Paleozoico, suddiviso in due parti e cinque piani, cui appartengono numerose fasi dell'orogenesi ercinica

carbonìle① [da *carbone* ✱ 1868] **A s. m.** ● locale destinato sulle navi all'immagazzinamento del carbone **SIN.** carbonaia **B agg.** ● di zona destinata a deposito di carbone: *area c.*

carbonìle② [comp. di *carbonio* e *-ile*② ✱ 1889] **A s. m.** ● (*chim.*) gruppo funzionale bivalente =CO, caratteristico di aldeidi e chetoni | composto dell'ossido di carbonio con uno

a b c d e f g h i j k l m n o p q r s t u v w x y z

C

o più atomi di un metallo **B** anche **agg.**: *metallo c.*

carbonìlico [da *carbonile*② ✱ 1907] **agg.** (**pl. m.** *-ci*) ● (*chim.*) relativo a carbonile | ***gruppo c.***, carbonile

carbònio [fr. *carbone* ✱ 1795] **s. m.** (**pl.** *-i* o *raro -ii*) **1** elemento chimico non metallo, insapore, inodore, solubile solo nei metalli fusi, diffuso in natura sia allo stato libero, come diamante e grafite, sia come composto, principale costituente delle sostanze organiche, usato come assorbente e riducente **SIMB.** C **NUM. AT.** 6 **CFR.** carbo- | ***c. 14***, isotopo radioattivo del carbonio, avente numero di massa 14, usato spec. per la datazione di materiali archeologici **SIN.** radiocarbonio **2** (*astron.*) ***ciclo del c.***, reazione termonucleare che si suppone avvenga all'interno delle stelle per la continua produzione di energia mediante trasformazione di idrogeno in elio

carbonióso (o **-ṣ-**) [1865] **agg.** ● che contiene carbone

carbonìte [comp. di *carbo-* e *-ite*② ✱ 1956] **s. f.** ● esplosivo di sicurezza costituito generalmente da nitroglicerina e da nitrati, usato nelle miniere di carbone

carboniẓẓàre [fr. *carboniser* ✱ 1816] **A v. tr. 1** trasformare in tutto o in parte una sostanza organica in carbone, spec. per forte riscaldamento **2** bruciare qualunque cosa, rendendola simile al carbone **B carboniẓẓàrsi v. intr. pron.** ● ridursi in carbone || **carboniẓẓazióne**, **s. f.** (V.)

carboniẓẓatùra [1975] **s. f.** ● (*tess.*) carbonizzazione

carboniẓẓazióne [fr. *carbonisation* ✱ 1795] **s. f. 1** trasformazione di una sostanza organica in carbone **2** (*tess.*) trattamento chimico con sostanze acide cui si sottopone la lana per sbarazzarla dalle impurità vegetali che l'accompagnano **SIN.** carbonizzatura, carbonizzo **3** processo di riduzione delle sostanze organiche, tendente a conservare solo il carbonio

carbonìẓẓo [1962] **s. m.** ● (*tess.*) carbonizzazione | forno in cui si compie la carbonizzazione

carbon tàx /karbon'taks, *ingl.* 'kɑːb(ə)n-ˌtæks/ [loc. ingl., propr. 'imposta (*tax*) sul carbone (*carbon*)' ✱ 1990] **loc. sost. f. inv.** (**pl. ingl.** *carbon taxes*) ● imposizione fiscale sui prodotti energetici calcolata in base alla quantità di sostanze inquinanti generate dalla loro combustione

carborùndo [1913] **s. m.** ● adattamento di *Carborundum*® (V.)

Carborùndum® [ingl. *carborundum*, comp. di *carbo(n)* 'carbonio' e *(co)rundum* 'corindone' ✱ 1929] **s. m. inv.** ● carburo di silicio ottenuto trattando in forno elettrico silice e carbone, usato, per la sua durezza, per fabbricare mole e smerigli

carbosiderùrgico [comp. di *carbo(ne)* e *siderurgico* ✱ 1962] **agg.** (**pl. m.** *-ci*) ● che concerne l'industria siderurgica e quella del carbone: *stabilimento c.*

carbossịemoglobìna [comp. di *carbo-*, del gr. *oxýs* 'acuto' (V. *ossalico*) e di *emoglobina* ✱ 1901] **s. f.** ● composto stabile, derivante dalla combinazione dell'emoglobina con l'ossido di carbonio, che determina la morte per asfissia

carbossilàre [1970] **v. tr.** ● introdurre uno o più carbossili in un composto

carbossilàṣi [comp. di *carbossil(are)* e *-asi* ✱ 1962] **s. f. inv.** ● (*chim.*) qualsiasi enzima che catalizza una reazione di carbossilazione a carico di una molecola organica

carbossilazióne [1955] **s. f.** ● introduzione di uno o più carbossili in un composto

carbossìle [comp. di *carbo-* e del gr. *oxýs* 'acuto' (V. *ossalico*) col suff. *-ile*② ✱ 1889] **A s. m.** ● gruppo funzionale, monovalente, –COOH, caratteristico degli acidi organici **B** anche **agg.**: *gruppo c.*

carbossìlico [1907] **agg.** (**pl. m.** *-ci*) ● relativo al carbossile | che contiene uno o più gruppi carbossili

†**carbùncolo** o †**carbùnculo**, †**carbóncolo**, †**carbónculo** [vc. dotta, lat. *carbŭnculu(m)*, dim. di *cărbo*, genit. *carbōnis* 'carbone' ✱ sec. XIII] **s. m.** ● rubino

♦**carburànte** [fr. *carburant*, da *carbure* 'carburo' ✱ 1931] **s. m.** ● ogni combustibile capace di formare con un gas comburente una miscela esplosiva | qualsiasi combustibile capace di bruciare in un motore a combustione interna | gas o liquido volatilizzabile che nei motori a scoppio forma con l'aria la miscela esplosiva necessaria al loro funzionamento

♣**carburàre** [fr. *carburer* ✱ 1865] **A v. tr.** ● sottoporre a carburazione **B v. intr.** (aus. *avere*) **1** compiere il processo di carburazione: *un motore che non carbura* **2** (*fig.*, *gerg.*) essere energico e dinamico, essere in forma: *oggi non carburo*

carburatóre [fr. *carburateur* ✱ 1908] **s. m.** ● dispositivo in cui si forma la miscela d'aria e carburante per l'alimentazione dei motori a scoppio | ***c. a doppio corpo***, usato nelle autovetture veloci, composto di due carburatori uniti insieme, di cui uno entra in funzione soltanto alle alte velocità

carburatorìsta [1989] **s. m. e f.** (**pl. m.** *-i*) ● meccanico specializzato nella riparazione dei carburatori

carburazióne [fr. *carburation* ✱ 1865] **s. f. 1** formazione nel carburatore di una miscela di vapori di carburante con la quantità di aria sufficiente per la combustione prima della fase di aspirazione nei cilindri del motore a scoppio **2** reazione del carbonio o di suoi composti con metalli per formare carburi **3** (*metall.*) trattamento termico di una lega in modo da facilitare la diffusione di carbonio nel suo strato superficiale per aumentarne la durezza | cementazione carburante **4** processo di arricchimento di un gas combustibile mediante vapori di idrocarburi liquidi per aumentarne il potere calorifico **5** (*fig.*) stato di forma, di efficienza fisica e mentale

carbùro [fr. *carbure*, da *carbone* 'carbonio' ✱ 1795] **s. m. 1** composto del carbonio con un elemento elettropositivo | ***c. di calcio***, composto cristallino, grigio, duro, prodotto trattando in forno elettrico calce viva e carbone, usato per la fabbricazione dell'acetilene **2** (*per anton.*) carburo di calcio

†**càrca** ➤ **carica**

carcadè o **karkadè** [vc. di orig. eritrea ✱ 1939] **s. m. inv. 1** pianta erbacea delle Malvacee dell'Africa tropicale con fiori gialli dal calice rosso carnoso, e frutti a capsula (*Hibiscus sabdariffa*) **2** bevanda di colore rosso lievemente acidula, ottenuta per infusione dei petali e dei sepali della pianta omonima

carcàme① [etim. discussa: da avvicinare ad *arcame* (?) ✱ av. 1338] **s. m.** ● (*lett.*) carcassa nel sign. 1 | (*lett.*) corpo umano (contrapposto allo spirito)

†**carcàme**② [fr. *carcan*, di etim. incerta ✱ av. 1543] **s. m.** ● collana, diadema, monile

†**carcàre** e deriv. ➤ **caricare** e deriv.

Carcàridi [vc. dotta, comp. del gr. *karkharías* 'pescecane' e di *-idi* ✱ 1887] **s. m. pl.** (**sing.** *-e*) ● (*zool.*) famiglia di squali con muso conico, cinque fessure branchiali, denti presenti sia sulla mascella sia sulla mandibola (*Carcharidae*)

carcarodónte [vc. dotta, gr. *karcharódōn*, genit. *karcharódontos* 'dai denti acuti', comp. di *kárcharos* 'acuto' e *odoús*, genit. *odóntos* 'dente' ✱ 1820] **s. m.** ● grosso e vorace squalo lungo fino a dieci metri, bianco nella parte ventrale e grigio scuro dorsalmente, con la prima pinna dorsale molto alta e appuntita (*Carcharodon carcharias*) **SIN.** squalo bianco

carcàssa [etim. incerta ✱ av. 1558] **s. f. 1** complesso delle ossa che racchiudono la cavità toracica di un animale | (*est.*) scheletro di un animale morto: *la c. di un bue* **SIN.** carcame **2** animale macellato, scuoiato ed eviscerato | insieme delle due mezzene **3** (*fig.*) corpo umano malridotto, emaciato: *quelle povere carcasse umane* (G. D'Annunzio) **4** ossatura di una nave | (*est.*) struttura portante di vari oggetti, macchinari e sim. | ***c. del fucile***, parte centrale metallica | negli pneumatici, ossatura costituita da più tele gommate, composte di fibre tessili e, a volte, di fili d'acciaio **5** involucro fisso di una macchina elettrica | scatola molto robusta che racchiude gli organi rotanti di alcune macchine e ne costituisce il supporto **6** residuo della struttura di un mobile, di una costruzione, di una macchina e sim. | (*fig.*) veicolo o imbarcazione vecchi e sconquassati

carceraménto [1612] **s. m.** ● (*disus.*) carcerazione

carceràre [lat. tardo *carcerāre*, da *cărcer*, genit. *cărceris* 'carcere' ✱ av. 1292] **v. tr.** (*io càrcero*) ● mettere in carcere **SIN.** imprigionare

carceràrio [vc. dotta, lat. *carcerāriu (m)*, da *cărcer*, genit. *cărceris* 'carcere' ✱ 1499] **agg.** ● relativo alle carceri: *ordinamento c.* | ***guardia carceraria***, agente di polizia penitenziaria (V. *agente*)

carceràto A part. pass. di *carcerare*; anche **agg.** ● nei sign. del v. **B s. m.** (**f.** *-a*) ● detenuto: *visitare i carcerati* | ***far vita da c.***, vivere in forzato isolamento

carcerazióne [1342] **s. f. 1** provvedimento di arresto e di reclusione in carcere | ***c. preventiva***, custodia cautelare **2** prigionia, permanenza in carcere: *la c. lo fa molto soffrire* **SIN.** detenzione

♦**càrcere** [lat. *cărcere(m)* 'recinto', poi 'prigione', da una radice raddoppiata di orig. incerta ✱ av. 1292] **s. m.** o (*lett.*) **f.** (**pl.** *càrceri* **f.** o *raro* **m.**, †*càrcere* **f.**) **1** stabilimento in cui vengono scontate le pene detentive: *entrare in c.*; *evadere dal c.* | ***c. circondariale***, quello istituito in ogni città che sia sede di tribunale | ***c. di massima sicurezza***, quello per detenuti di particolare pericolosità sociale, nel quale sono minime le possibilità di fuga **SIN.** prigione **2** correntemente, carcerazione: *scontare tre anni di c.* | ***c. preventivo***, carcerazione preventiva **3** (*est.*) luogo chiuso, in cui si gode scarsissima libertà: *questa casa per me è un vero c.* **4** nei circhi romani, il recinto dove stavano cavalli e bighe prima della corsa

carcerière [1587] **s. m.** (**f.** *-a*, **spec. nel sign. fig.**) **1** custode del carcere **SIN.** secondino **2** (*fig.*, *spreg.*) chi esercita con eccessivo rigore funzioni di sorveglianza e sim.

carceriẓẓàre [da *carcere* ✱ 1971] **v. tr.** ● punire con il carcere: *c. i tossicodipendenti* || **carceriẓẓazióne**, **s. f.**: *tasso di carcerizzazione*

càrcino- [dal gr. *karkínos* 'granchio', poi 'cancro', di orig. indeur.] **primo elemento** ● in parole composte della terminologia scientifica significa 'granchio, crostaceo' e anche, nella terminologia medica, 'tumore, cancro': *carcinologia, carcinogenesi*

carcinogèneṣi [comp. di *carcino-* e *genesi* ✱ 1986] **s. f. inv.** ● (*med.*) processo di formazione e sviluppo di un carcinoma

carcinògeno [comp. di *carcino-* e *-geno* ✱ sec. XX] **agg.**; anche **s. m.** ● detto di sostanza o agente in grado di determinare un carcinoma | (*est.*) detto di sostanza o agente che causa cancro

carcinologìa [comp. di *carcino-* e *-logia* ✱ 1930] **s. f.** (**pl.** *-gìe*) ● parte della zoologia riguardante i Crostacei

carcinòma [fr. *carcinome*, dal lat. *carcinōma*, a sua volta dal gr. *karkínōma*, da *karkínos* 'granchio' ✱av. 1498] **s. m.** (**pl.** *-i*) ● tumore maligno di origine epiteliale

carcinomatóso (o **-ṣ-**) [fr. *carcinomateux* ✱1865] **agg.** **1** di carcinoma, che ha natura di carcinoma **2** che è affetto da carcinoma

carcinòṣi [vc. dotta, gr. *karkínōsis*, da *karkínos* 'granchio, cancro'. V. *carcinoma* ✱1874] **s. f. inv.** ● cancro diffuso

carciofàia [1759] **s. f.** ● terreno coltivato a carciofi **SIN.** carciofeto

carciofàio [1853] **A** **agg.** (**pl. m.** *-ai*) ● che produce carciofi **B** **s. m.** **1** (*raro*) carciofaia **2** (**f.** *-aia*) chi coltiva o vende carciofi

carciofèto [av. 1597] **s. m.** ● carciofaia

carciofìno [av. 1950] **s. m.** **1** dim. di *carciofo* **2** parte più tenera del carciofo, conservata sott'olio o sott'aceto

carciòfo o †**carciòffo** [arabo *ḫaršūf* 'cardo spinoso' ✱av. 1535] **s. m.** **1** pianta erbacea perenne coltivata delle Composite, con foglie oblunghe, fiori azzurri tubulosi e capolini commestibili avvolti da grosse brattee di color verde-violaceo (*Cynara carduncùlus scolymus*) | il capolino fiorale commestibile di tale pianta: *carciofi lessi, fritti; carciofi alla romana, alla giudia* **2** *c. selvatico*, pianta erbacea spontanea delle Composite a foglie con spine marginali gialle e capolini piccoli (*Cynara carduncùlus silvestris*) **SIN.** caglio **3** (*fig.*) uomo sciocco, incapace: *sei un gran c.!* ‖ **carciofétto**, **dim.** | **carciofìno**, **dim.** (V.) | **carciofóne**, **accr.**

†**carciòfola** [1508] **s. f.** ● carciofo

†**càrco**① ➤ **carico**①

†**càrco**② ➤ **carico**②

card /kard, *ingl.* kɑːd/ [vc. ingl., propr. 'carta' ✱ 1985] **s. f. inv.** **1** tessera nominativa che permette al titolare di usufruire di alcuni servizi | nella loc. sost. f. inv. ***code card***, tessera contenente un codice elettronico che permette di accedere a determinate funzioni (comp. con *code* 'codice'): *la code card per ottenere la duplicazione delle chiavi di un autoveicolo* | ***social c.***, carta di credito concessa dallo Stato a chi vive sotto la soglia di povertà; è dotata mensilmente di una piccola somma (comp. con *social* (V.)) **2** accorc. di *credit card*

càrda [da *cardare* ✱1892] **s. f.** ● (*tess.*) macchina per la cardatura, formata da un insieme di cilindri rotanti coperti di punte metalliche più o meno grosse dette scardassi o guarnizioni ‖ **cardìna**, **dim.**

cardàio [da *cardo*① ✱av. 1859] **s. m.** (**f.** *-aia*, **pl. m.** *-ai*) ● chi fabbrica o vende strumenti per cardare

cardaiòlo o †**cardaiuòlo** [sec. XIV] **s. m.** ● cardatore

cardàmine [vc. dotta, dal gr. *kardamínē* di prob. orig. straniera ✱1865] **s. f.** ● (*bot.*) genere delle Crocifere comprendente specie erbacee annue o bienni dei Paesi a clima temperato (*Cardamine*)

cardamòmo o †**cardamóne** [vc. dotta, lat. *cardamōmu(m)*, dal gr. *kardámōmon*, comp. di *kárdamon* 'crescione' e *ámōmon* 'amomo' ✱1266] **s. m.** ● pianta erbacea perenne delle Zingiberacee con lungo rizoma, foglie lanceolate alterne, infiorescenza composta (*Elettaria cardamomum*) | il frutto di tale pianta, usato in medicina e in profumeria e nella preparazione del curry

cardànico [dal n. del matematico G. *Cardano* (1501-1576) ✱1865] **agg.** (**pl. m.** *-ci*) ● (*mecc.*) detto di giunto che permette di trasmettere il moto rotatorio fra due alberi anche con assi geometrici non coincidenti | detto di sospensione che permette di sorreggere un corpo lasciandone libero l'orientamento

cardàno [da *cardanico* ✱1918] **s. m.** ● giunto cardanico

cardàre [da *cardo*① ✱av. 1294] **v. tr.** ● sottoporre a cardatura

cardàta [sec. XV] **s. f.** **1** operazione del cardare **2** (*est.*) la quantità di lana, canapa, lino che si carda in una sola volta

cardàto **A** **part. pass.** di *cardare*; anche **agg.** ● nei sign. del v. **B** **s. m.** ● tessuto di lana cardata

cardatóre [1298] **s. m.** (**f.** *-trice* (V.)) ● chi carda lana, canapa, lino

cardatrìce [1962] **s. f.** **1** operaia addetta alla cardatura **2** carda

cardatùra [1298] **s. f.** ● (*tess.*) operazione che ha per scopo di trasformare in velo continuo la fibra in fiocco, eliminando contemporaneamente le materie eterogenee

cardellìno o (*tosc.*) **calderìno** [dim. di *cardello* ✱1481] **s. m.** ● piccolo uccello canoro dei Passeriformi, dal piumaggio variamente colorato in nero, giallo, rosso e bianco (*Carduelis carduelis*) **SIN.** capirosso

cardèllo [lat. tardo *cardĕllu(m)*, in luogo del classico *carduēle(m)*, da *cărduus* 'cardo①', pianta frequentata da quest'uccello ✱1622] **s. m.** ● (*raro*) cardellino

cardènia ➤ **gardenia**

carderìa [da *cardare* ✱1955] **s. f.** ● reparto di uno stabilimento tessile dove si cardano le fibre

cardéto [lat. tardo *carduētu(m)*, da *cărduus* 'cardo①' ✱1340] **s. m.** ● campo piantato a cardi

càrdia ➤ **cardias**

-cardia [V. *cardia*] secondo elemento ● in parole composte della terminologia medica significa 'cuore', o indica relazione con il cuore: *bradicardia, tachicardia*

cardìaco o †**cordìaco** [vc. dotta, lat. *cardĭacu(m)*, dal gr. *kardiakós*, da *kardía*. V. *cardia* ✱av. 1342] **A** **agg.** (**pl. m.** *-ci*) ● del cuore: *collasso c.* **B** **s. m.** (**f.** *-a*); anche **agg.** ● (*raro*) cardiopatico

cardiàle [1955] **agg.** ● del cardias

cardịalgìa [vc. dotta, gr. *kardialgía*, comp. di *kardía* 'cuore' e *álgos* 'dolore' ✱1651] **s. f.** (**pl.** *-gìe*) ● (*med.*) dolore a livello del cardias o (*est.*) della regione gastrica | (*med.*) dolore di origine cardiaca

càrdias o **càrdia** [gr. *kardía* 'cuore, estremità cardiaca dello stomaco' ✱av. 1730] **s. m. inv.** ● (*anat.*) orifizio superiore dello stomaco, dove sbocca l'esofago

càrdigan /'kardigan, *ingl.* 'kɑːdɪgən/ [ingl., dal n. del generale J. Th. Brudenell, conte di *Cardigan* (1797-1868) ✱1960] **s. m. inv.** ● giacca di maglia senza collo né risvolti

Cardìidi [comp. di *cardi(o)* e *-idi* ✱1962] **s. m. pl.** (**sing.** *-e*) ● (*zool.*) famiglia di Lamellibranchi la cui conchiglia, vista di profilo, somiglia a un cuore (*Cardiidae*)

cardinalàto [sec. XIII] **s. m.** ● ufficio e dignità di cardinale | durata di tale ufficio

♦**cardinàle**① [vc. dotta, lat. tardo *cardinā-le(m)*, da *cărdo*, genit. *cărdinis* 'perno, cardine' ✱ 1211] **A** **agg.** **1** basilare, fondamentale: *i principi cardinali di una dottrina, di una scienza* | ***virtù cardinali***, nella dottrina cattolica, fortezza, giustizia, prudenza, temperanza, che sono il fondamento di tutte le altre | ***vocale c.***, fondamentale, la cui articolazione è ben definita | ***numero c.***, che indica una quantità numerica in senso assoluto (per es. 1, 2, 3 ecc.) | ***punti cardinali***, che indicano i punti principali dell'orizzonte, dividendolo in quattro quadranti, cioè Est, Sud, Ovest e Nord | ***venti cardinali***, che spirano dai quattro punti cardinali **2** (*astrol.*) detto dei segni zodiacali dell'Ariete, Cancro, Bilancia e Capricorno che coincidono con i solstizi e gli equinozi **B** **s. m.** **1** Principe della Chiesa, nominato dal Papa, suo collaboratore e avente diritto di eleggere il nuovo papa: *collegio dei cardinali* | ***c. prete, vescovo, diacono***, avente corrispondente titolo di una delle chiese romane | ***c. prefetto***, che è a capo di una congregazione ecclesiastica | (*fig., fam.*) ***boccone, cibo da c.***, vivanda prelibata **2** †architrave | †cardine **3** †ognuno dei mattoni lunghi che reggevano il cielo del forno **C** **in funzione di agg. inv.** ● (posposto a un sost.) che ha il colore rosso porpora caratteristico delle vesti cardinalizie: *rosso c.*

cardinàle② [per il colore rosso, come il manto di un cardinale ✱1932] **s. m.** ● uccello canoro dei Passeriformi di color rosso vivo con ciuffo di piume erette sul capo (*Richmondena cardinalis*)

cardinalésco [1319] **agg.** (**pl. m.** *-schi*) **1** cardinalizio (*spec. spreg.*): *atteggiamento, lusso c.* **2** †rosso vivo, come le insegne cardinalizie, detto di colore ‖ **cardinalescaménte**, **avv.**

cardinalità [ingl. *cardinality*, da *cardinal* 'cardinale①' ✱1959] **s. f. inv.** ● (*mat.*) classe di equivalenza d'insiemi definita dalla relazione di corrispondenza biunivoca | correntemente, numero di elementi di un insieme

cardinalìzio [da *cardinale*① ✱av. 1606] **agg.** ● relativo a cardinale, ai cardinali: *titolo c.* | ***cappello c.***, insegna della dignità di cardinale

♦**càrdine** [lat. *cărdine(m)* 'cardine', di etim. incerta ✱1319] **s. m.** **1** ferro su cui si inseriscono e girano i battenti delle porte, le imposte delle finestre e sim. | ***c. del timone***, agugliotto **2** (*fig.*) fondamento, sostegno di una dottrina, di un sistema e sim. **SIN.** base, principio **3** †punto cardinale **4** †cardo②

càrdio [dal gr. *kardía* 'cuore', per la forma ✱ 1962] **s. m.** ● genere di Molluschi bivalvi frequenti nel Mediterraneo (*Cardium*)

càrdio-, -càrdio [dal gr. *kardía* 'cuore'] primo e secondo elemento ● in parole composte della terminologia scientifica, spec. medica, significa 'cuore' o indica relazione col cuore: *cardiogramma, cardiologia, miocardio*

cardioangiologìa [comp. di *cardio-* e *angiologia* ✱1957] **s. f.** (**pl.** *-gìe*) ● (*med.*) ramo della medicina che studia e cura le malattie del cuore e dei vasi sanguigni | (*est.*) reparto ospedaliero o unità operativa di diagnosi e cura delle patologie cardiovascolari

Cardioaspirìna® [comp. di *cardio-* e *Aspirina* ✱1998] **s. f.** ● (*farm.*) preparazione di acido acetilsalicilico a basso dosaggio assunta come anticoagulante **CFR.** Aspirina

cardioattìvo [comp. di *cardio-* e *attivo* ✱sec. XX] **A** **s. m.** ● farmaco che agisce sul cuore migliorandone la funzionalità **B** anche **agg.**: *farmaco c.*

cardiocentèṣi o **cardiocentèṣi** [comp. di *cardio-* e del gr. *kéntēsis* 'puntura' (V. *paracentesi*) ✱1962] **s. f. inv.** ● (*chir.*) puntura delle cavità cardiache a scopo diagnostico o terapeutico

cardiochirurgìa [comp. di *cardio-* e *chirurgia* ✱1970] **s. f.** (**pl.** *-gìe*) ● (*chir.*) branca della chirurgia che interviene sul cuore e sui grossi vasi sanguigni intratoracici | (*est.*) reparto ospedaliero per pazienti che necessitano di un intervento chirurgico al cuore

cardiochirùrgico [1985] **agg.** (**pl. m.** *-ci*) ● di cardiochirurgia

cardiochirùrgo [comp. di *cardio-* e *chirurgo* ✱1985] **s. m.** (**pl.** *-ghi* o *-gi*) ● chirurgo che opera sul cuore

cardiocinètico [comp. di *cardio-* e del gr. *kinētikós* 'che muove', agg. di *kínēsis* 'movimento' ✱ 1913] **A** **s. m.** (**pl.** *-ci*) ● farmaco che stimola

a b c d e f g h i j k l m n o p q r s t u v w x y z

il lavoro e il rendimento del muscolo cardiaco aumentandone la forza delle contrazioni **B** **anche agg.**: *farmaco c.* **SIN.** cardiostimolante

cardiocircolatòrio [comp. di *cardio-* e *circolatorio* * 1948] **agg.** (**pl. m.** *-i* o *raro -ii*) • relativo al cuore e ai vasi sanguigni: *apparato c.*

C

cardiodilatazióne [comp. di *cardio-* e *dilatazione* * 1930] **s. f.** • anomalo dilatamento delle cavità cardiache

cardiofitness /kardjo'fitnes, *ingl.* ˌkɑːdɪəʊ'fɪtnəs/ [comp. di *cardio-* e *fitness* * 1984] **s. m. inv.** • attività fisica finalizzata alla stimolazione del sistema cardiocircolatorio e respiratorio, con o senza l'impiego di attrezzi

cardiofrequenzimetro o **cardiofrequenziòmetro** [comp. di *cardio-* e *frequenzimetro* * 1986] **s. m.** • (*fisiol.*) apparecchio elettronico impiegato per la misura della frequenza cardiaca

cardiogènico [comp. di *cardio-* e *-genico* * 1983] **agg.** (**pl. m.** *-ci*) • che trae origine dal cuore

cardiografìa [comp. di *cardio-* e *-grafia* * 1865] **s. f.** • tecnica di registrazione grafica dei movimenti cardiaci

cardiògrafo [comp. di *cardio-* e *-grafo* * 1874] **s. m.** • apparecchio per la cardiografia

cardiogràmma [comp. di *cardio-* e *-gramma* * 1902] **s. m.** (**pl.** *-i*) • tracciato ottenuto con il cardiografo

cardiòide [vc. dotta, gr. *kardioeidḗs* 'a forma di cuore'. V. *cardio-* e *-oide* * 1865] **s. f.** • (*mat.*) curva a forma di cuore, tracciata da un punto fissato sulla circonferenza di un cerchio, quando questo rotola attorno a un altro di ugual raggio

cardiọipertrofìa [comp. di *cardio-* e *ipertrofia* * 1962] **s. f.** • (*med.*) aumento di volume e di peso del cuore per ipertrofia del tessuto muscolare

cardiologìa [comp. di *cardio-* e *-logia* * 1865] **s. f.** (**pl.** *-gìe*) • branca della medicina che si occupa della struttura, della funzione, delle patologie del cuore | (*est.*) reparto ospedaliero per pazienti che necessitano di cure per tali patologie

cardiològico [1957] **agg.** (**pl. m.** *-ci*) • della cardiologia, attinente alla cardiologia

cardiòlogo [comp. di *cardio-* e *-logo* * 1965] **s. m.** (**f.** *-a*; **pl. m.** *-gi*) • medico specializzato in cardiologia

cardiomegalìa [comp. di *cardio-* e *-megalia* * 1961] **s. f.** • (*med.*) aumento di volume, congenito o acquisito, del cuore, causato da ipertrofia o da dilatazione delle cavità

cardionevròṣi [comp. di *cardio-* e *nevrosi* * 1962] **s. f. inv.** • (*med.*) disturbo funzionale del sistema cardiocircolatorio causato spec. da uno stato d'ansia e caratterizzato da astenia, tachicardia e dolore precordiale

cardiopàlmo o **cardiopàlma** [comp. di *cardio-* e del gr. *palmós* 'palpito, vibrazione' * 1828] **s. m.** (**pl.** *-i*) • palpitazione cardiaca che si può manifestare sia in malattie organiche sia in molte forme nervose o per intensa emotività | (*fig.*) ***al c., da c.***, di ciò che provoca grande agitazione, intensa emozione e sim.: *il finale del film è da c.*

cardiopatìa [comp. di *cardio-* e *-patia*, prob. attrav. il fr. *cardiopathie* * 1865] **s. f.** • (*med.*) qualsiasi malattia di cuore: *c. congenita*; *c. acquisita* ‖ **cardiopàtico**, **agg. e s. m.** (**f.** *-a*; **pl. m.** *-ci*) che (o chi) è affetto da cardiopatia

cardioplegìa [comp. di *cardio-* e *-plegia* * 1962] **s. f.** (**pl.** *-gìe*) • paralisi cardiaca spesso indotta artificialmente per eseguire interventi di cardiochirurgia

cardiopolmonàre [comp. di *cardio-* e *polmonare* * 1962] **agg.** • (*anat.*) pertinente al cuore e ai polmoni

cardioreumàtico [comp. di *cardio-* e *reumatico* * 1983] **agg. e s. m.** (**f.** *-a*; **pl. m.** *-ci*) • che (o chi) è affetto da reumatismo cardiaco

cardiosclerọ̀ṣi o **cardiosclèroṣi** [comp. di *cardio-* e *sclerosi* * 1962] **s. f. inv.** • sclerosi del cuore

cardiospàṣmo [comp. di *cardio-* (con riferimento al *cardias*) e *spasmo* * 1962] **s. m.** • malattia dell'esofago, congenita o acquisita, che provoca disturbi nel transito del cibo e allungamento dell'esofago

cardiostenòṣi [comp. di *cardio-* e *stenosi* * 1841] **s. f. inv.** • stenosi cardiaca

cardiostimolànte [comp. di *cardio-* e *stimolante* * 1955] **agg. e s. m.** • cardiocinetico

cardiotelèfono [comp. di *cardio-* e *telefono* * 1982] **s. m.** • (*med.*) apparecchiatura telefonica che consente al medico, spec. di un centro ospedaliero, l'auscultazione a distanza dei battiti e degli altri suoni cardiaci di un paziente

cardiotocografìa [comp. di *cardio-*, del gr. *tókos* 'parto' e *-grafia* * sec. XX] **s. f.** • (*med.*) tecnica diagnostica usata per monitorare il battito cardiaco fetale e le contrazioni uterine spec. durante il parto

cardiotocògrafo [comp. di *cardio-*, del gr. *tókos* 'parto' e *-grafo* * sec. XX] **s. m.** • (*med.*) apparecchio per cardiotocografia

cardiotònico [comp. di *cardio-* e *tonico* * 1930] **A** **s. m.** (**pl.** *-ci*) • farmaco che aumenta le contrazioni del cuore **B** **anche agg.**: *farmaco c.*

cardiovascolàre [comp. di *cardio-* e *vascolare* * 1897] **agg.** • del cuore e dei vasi sanguigni: *sistema c.*; *malattia c.*

cardioversióne [comp. di *cardio-* e dell'ingl. *version*, che nella terminologia medica indica 'rovesciamento' (cfr. *versione*) * 1987] **s. f.** • (*med.*) tecnica consistente in uno shock elettrico al cuore per la terapia di alcune aritmie cardiache

cardìte [dal gr. *kardía* 'cuore' * 1830] **s. f.** • infiammazione del cuore

càrdo ① [lat. *cărduu(m)*, di etim. incerta * av. 1294] **s. m.** **1** pianta erbacea perenne, orticola, delle Composite, con foglie biancastre lunghe e carnose dai peduncoli commestibili (*Cynara cardunculus altilis*) **SIN.** cardone | ***c. dei lanaioli***, pianta erbacea delle Dipsacacee con capolini terminali che, seccati, vengono usati per cardare la lana (*Dipsacus fullonum*) | ***c. della Madonna***, pianta erbacea delle Composite con foglie spinose macchiate di bianco lungo le nervature e fiori tubulosi in capolini, di color porpora (*Silybum marianum*) | ***c. santo, benedetto***, pianta erbacea delle Composite con fusto peloso, foglie spinose e fiori tubulosi, giallognoli, in capolini (*Cnicus benedictus*) **2** (*tosc.*) riccio della castagna **3** strumento per cardare, costituito da due assicelle in cui sono impiantati filari di denti curvi **SIN.** scardasso ‖ **cardùccio**, **dim.**

càrdo ② [lat. *cărdo*, nom. V. *cardine* * 1939] **s. m.** (**pl. lat.** *cardines*) • (*stor.*) via principale, da Nord a Sud, nel campo militare romano **CFR.** decumano

cardóne [vc. dotta, lat. tardo *cardōne(m)*, per il classico *cărduu(m)* 'cardo①' * 1367] **s. m.** • (*bot.*) cardo | germoglio del cardo e del carciofo ‖ **cardoncèllo**, **dim.** | **cardonétto**, **dim.** (V.)

cardonétto [1973] **s. m.** **1** dim. di *cardone* **2** bietola

carduccianéṣimo [1973] **s. m.** • gusto letterario e, in passato, stile di vita ispirati all'opera di G. Carducci

carducciàno [1908] **A** **agg.** • relativo al poeta G. Carducci (1835-1907) **B** **s. m.** (**f.** *-a*) • studioso, seguace, imitatore del Carducci

†**carèga** ➤ **cadrega**

careggiàre e deriv. ➤ **carezzare** e deriv.

careliàno [1755] **A** **agg.** • della Carelia, regione dell'Europa settentrionale a est della Finlandia **B** **s. m.** **solo sing.** • lingua del gruppo ugro-finnico parlata in questa regione

carèlla [dal lat. tardo *quădru(m)* 'quadrato' * 1970] **s. f.** • rete da pesca a sacco per la cattura delle anguille

†**carèllo** o **carièllo** nel sign. 2 [ant. fr. *carrel*, dal lat. parl. **quadrĕllu(m)*, da *quădrus* 'quadrato, quadro' * 1287] **s. m.** **1** cuscino **2** coperchio di latrina

Carèma [dal n. della località nei pressi di Ivrea, dove viene prodotto * 1907] **s. m. inv.** • vino rosso secco, dal sapore morbido, vellutato, prodotto in Piemonte con uva del vitigno Nebbiolo

carèna (o **-é-**) [lat. *carīna(m)*, attrav. il genovese o il venez. * av. 1340] **s. f.** **1** parte inferiore dello scafo che rimane immersa nell'acqua **SIN.** opera viva **2** (*anat.*) formazione, organo e sim. di forma sporgente **3** (*zool.*) lamina ossea prominente dello sterno degli Uccelli volatori **4** (*bot.*) l'insieme dei due petali inferiori del fiore delle Papilionacee saldati fra loro | sporgenza lineare su organi vegetali **5** superficie esterna del dirigibile

carenàggio [fr. *carénage* * 1771] **s. m.** • lavoro del carenare | ***bacino di c.***, dove si porta la nave a secco per eseguire lavori di riparazione

carenàre [fr. *caréner* * av. 1764] **v. tr.** (*io carèno*) **1** scoprire la carena di una nave per pulirla o eseguire lavori di riparazione **2** fornire di carenatura: *c. un veicolo, un aereo*

Carenàti [1931] **s. m. pl.** (**sing.** *-o*) • (*zool.*) gruppo di Uccelli muniti di sterno carenato, buoni volatori (*Carinatae*)

carenàto [lat. *carinātu(m)* 'a forma di carena'] **part. pass.** di *carenare*; **anche agg.** **1** nei sign. del v. | provvisto di carenatura **2** detto di organo animale o vegetale dotato di carena, in particolare dello sterno degli Uccelli in grado di volare e, impropriamente, di quello umano prominente a causa di malformazioni o di patologie **3** (*archit.*) detto di arco formato da due curve che hanno ciascuna un punto di flesso | ***soffitto c.***, ligneo, a forma di carena di nave

carenatùra [da *carenare* * 1936] **s. f.** **1** profilatura sovrapposta a organi di un veicolo per ridurre la resistenza all'avanzamento o per proteggerli **2** (*aeron.*) rivestimento rigido di elementi esposti a una corrente per diminuirne la resistenza aerodinamica

†**carèno** [vc. dotta, lat. tardo *caroenu(m)*, dal gr. *károinon*, prob. di orig. preindeur. * 1340 ca.] **s. m.** • tipo di mosto cotto

♣**carènte** [vc. dotta, lat. *carēnte(m)*, part. pres. di *carēre* 'essere privo' * av. 1294] **agg.** • mancante di alcuni elementi che sarebbero necessari (+ *di*): *questo discorso è c. di logica*; *alimentazione c. di ferro* | detto di chi è scarso, poco preparato (+ *in*): *il ragazzo è un po' c. in italiano*

♣**carènza** [vc. dotta, lat. tardo *carĕntia(m)*, da *cărens*, genit. *carĕntis*, part. pres. di *carēre* 'essere privo' * av. 1342] **s. f.** **1** mancanza, insufficienza di elementi necessari (**anche** ***fig.*** e ***assol.***): *c. di cibo, di grano, di medicinali*; *c'è molta c. d'idee in quel libro*; *il bambino mostra gravi carenze affettive*; *uno studente con molte carenze* | ***c. legislativa***, mancanza di una regolamentazione giuridica relativa a determinate materie | ***c. di potere***, deficienza di autorità in organi pubblici **SIN.** assenza, insufficienza **CFR.** -penia **2** (*med.*) mancanza di un elemento indispensabile negli alimenti: *malattia da c.*; *c. vitaminica*

carenzàto [1955] **agg.** ● (*med.*) di carenza, spec. nella loc. ***dieta carenzata***, mancante di un dato fattore alimentare

carenziàle [1974] **agg.** ● (*med.*) caratterizzato o causato da carenza vitaminica: *malattia c.*

carestìa [etim. incerta ✱1282] **s. f. 1** grande scarsezza di generi di prima necessità e spec. di viveri, dovuta a cause naturali o a guerre, crisi economiche e sim.: *quella fu un'annata di c. e di pestilenza* **2** (*est.*) penuria, mancanza: *c. di viveri, di denaro, di mezzi di trasporto* **3** †avarizia

carestóso (o **-ṣo**) o †**carestióso** [1530] **agg. 1** (*lett.*) misero, scarso | †afflitto da carestia: *anno c.* | †sterile: *terreno c.* **2** (*centr., merid.*) che vende a prezzi troppo alti (come quelli che si praticano in tempo di carestia): *negoziante c.*

carétta [fr. *caret*, dal malese *kārēt* 'guscio di tartaruga' ✱1931] **s. f.** ● tartaruga marina con scudo a grandi placche, comune nel Mediterraneo (*Caretta caretta*)

carétto [lat. *carĕctu(m)*, da *cārex*, genit. *cāricis* 'carice' ✱sec. XIV] **s. m.** ● (*bot.*, *tosc.*) carice

carézza ① [da *caro* ① ✱av. 1744] **s. f.** ● (*raro*) caratteristica di ciò che è caro

♦**carézza** ② [dal lat. *cārus* 'caro ①' ✱1287] **s. f. 1** dimostrazione di affetto, amicizia, benevolenza fatta sfiorando o toccando leggermente con la mano il volto o un'altra parte del corpo: *fare, ricevere carezze*; *essere prodigo di carezze*; *dopo la battaglia esse donne e fanciulli fanno carezze alli guerrieri* (T. CAMPANELLA) | (*iron.*) ***le carezze del bastone***, bastonate SIN. moina, vezzo **2** (*est.*) tocco leggero che sfiora appena: *la c. del vento, del sole* **3** (*fig.*) †lusinga **4** (*raro, lett.*) cura, premura, sollecitudine ‖ **carezzina**, **dim.**

†**carezzaménto** o †**careggiaménto** [av. 1600] **s. m.** ● il carezzare

♣**carezzàre** o (*lett.*) **careggiàre** [av. 1363] **v. tr.** (*io carézzo*) **1** accarezzare | (*lett.*) contemplare, vagheggiare: *Carezzò con gli occhi ... quel corpo fiorente* (L. PIRANDELLO) | anche in forma pron.: *carezzarsi la barba* **2** (*fig., lett.*) trattare con eccessiva condiscendenza

♣**carezzévole** [1585] **agg.** ● che accarezza | amorevole: *gesto c.*; *tono di voce c.* SIN. affettuoso, dolce, soave ‖ **carezzevolménte**, **avv.**

carezzóso (o **-ṣ-**) [1858] **agg.** ● (*lett.*) carezzevole

càrfano [prob. lat. *fărfarum* 'farfaro' ✱1962] **s. m.** ● (*bot.*, *tosc.*) ninfea

carfologìa [vc. dotta, lat. tardo *carphŏlŏgia(m)*, dal gr. *karphología*, comp. di *kárphos* 'pagliuzza' e *légō* 'io raccolgo' ✱1820] **s. f.** (**pl.** *-gìe*) ● (*med.*) movimento delle mani come per afferrare fili, fiocchi o altro, tipico di gravi stati febbrili SIN. crocidismo

càrgo /'kargo, *ingl.* 'kɑːɡəʊ/ [ingl., da *cargo-boat* 'battello da carico', comp. dello sp. *cargo* 'carico' e dell'ingl. *boat* 'nave' ✱1919] **s. m.** (**pl.** *-go* o *-ghi*, **pl. ingl.** *cargoes* o *cargos*) **1** nave da carico **2** aereo da carico
SFUMATURE ➤ ***nave***

cària [vc. dotta, dal gr. *karýa* 'noce' ✱1986] **s. f.** ● (*bot.*) genere di piante arboree delle Iuglandacee, originarie dell'America settentrionale (*Carya*)

cariàggio ➤ **carriaggio**

cariàre [fr. *carier*. V. *carie* ✱1763] **A v. tr.** (*io càrio*) ● produrre la carie: *i dolci cariano i denti* | (*est.*) corrodere: *il tempo caria le più solide costruzioni* **B cariàrsi v. intr. pron.** ● essere attaccato dalla carie: *i denti si cariano lentamente*

cariàtide [vc. dotta, lat. tardo *caryătide(m)*, dal gr. *karyâtis*, 'donna di Caria', perché a sostenere gli architravi vennero raffigurate le donne di Caria fatte prigioniere dagli Ateniesi ✱av. 1617] **s. f. 1** statua femminile usata in funzione di elemento architettonico portante per sostenere trabeazioni, mensole, cornicioni, balconi, logge e sim. | correntemente, ogni statua femminile, o anche maschile, che assolve tale funzione **2** (*est.*) persona che sta immobile e in silenzio | (*fig.*) fautore di istituzioni passate: *è una c. del vecchio regime* | persona vecchia e brutta: *una c. rinsecchita*

cariàto **part. pass.** di *cariare*; anche **agg. 1** colpito dalla carie: *dente c.* **2** (*est., raro*) corroso

carìbico o **caraìbico** spec. nel sign. A 2 [1913] **A agg.** (**pl. m.** *-ci*) **1** relativo ai caribi e alle regioni da essi abitate **2** relativo ai Caraibi, denominazione comune delle Antille: *isole caraibiche* | del mare delle Antille: *fauna caraibica* **B s. m.** (**f.** *-a*) ● caribo **C s. m. solo sing.** ● famiglia di lingue parlate nei Caraibi

carìbo ① o **caraìbo** [sp. *caribe*, dal caraibico *karaiba* 'ardito' ✱av. 1557] **agg. e s. m.** (**f.** *-a*) ● appartenente a una popolazione indigena dell'America meridionale diffusa nelle Antille e in alcune zone del Rio delle Amazzoni

†**carìbo** ② o †**garìbo** [provenz. *garip*, forse dall'arabo *qaṣīb* ✱sec. XIII] **s. m.** ● canzone a ballo: *danzando al loro angelico c.* (DANTE *Purg.* XXXI, 132)

caribù [fr. *caribou*, dall'algonchino *kalibú* ✱1802] **s. m. inv.** ● mammifero ruminante degli Artiodattili, delle regioni artiche, simile alla renna ma più robusto, con corna brevi e massicce (*Rangifer caribou*)

♦**càrica** o †**càrca** [da *caricare* ✱1262] **A s. f. 1** (*raro*) caricamento | †peso, carico **2** mansione, ufficio di un certo rilievo, spec. pubblico e conferito in modo ufficiale: *c. di sindaco, ministro, assessore*; *rivestire una c. importante* | ***le più alte cariche***, le persone che occupano i più alti uffici | ***essere in c.***, nell'esercizio di qualche funzione | (*est.*) ***il campione in c.***, quello che detiene un titolo **3** congegno o quantità di energia atta a far funzionare un meccanismo | ***c. di un accumulatore***, accumulazione di energia elettrica in un accumulatore alimentato a corrente continua | ***dare la c.***, caricare **4** (*chim.*) materiale inerte che non modifica la qualità di un prodotto ma ne aumenta il peso o il volume | sostanza aggiunta a un prodotto per conferirgli nuove proprietà | ***dare la c.***, trattare un prodotto industriale con tali sostanze **5** (*fis.*) ***c. elettrica***, proprietà fondamentale della materia che dà luogo a forze di attrazione o repulsione fra corpi | ***c. elementare***, unità di misura della carica elettrica uguale alla carica del protone e pari a $1{,}602 \cdot 10^{-19}$ coulomb **6** quantità di esplosivo contenuta nei bossoli delle armi da fuoco, nell'ogiva di proiettili e bombe, nella camera di scoppio delle mine | ***c. di lancio***, per lanciare proiettili | ***c. di scoppio***, per farli esplodere | (*est.*) insieme degli elementi che compongono una cartuccia da caccia, cioè polvere, cartoncini, borre e pallini **7** (*fig.*) cumulo di energie fisiologiche o psicologiche in una persona: *c. affettiva, psichica, erotica*; *dare una c. di fiducia*; *avere una forte c. di simpatia* | forza, tensione di natura emozionale, affettiva e sim. contenute in un'idea, un'azione, un'opera artistica e sim.: *la c. poetica della parola*; *la c. drammatica di una rappresentazione* **8** (*milit.*) assalto decisivo | ***c. di cavalleria***, urto portato dalla cavalleria sul nemico, per colpirlo con l'arma bianca e travolgerlo | ***c. alla baionetta***, assalto di truppe di fanteria | ***tornare alla c.***, (*fig.*) insistere in qualche richiesta | ***passo di c.***, molto svelto e deciso | segnale di tromba o rullo di tamburo per dare l'ordine dell'azione alla cavalleria o alle truppe | (*est.*) assalto di reparti militari o paramilitari: *una c. della polizia contro i dimostranti* **9** nel calcio e sim., azione del giocatore che contrasta con la spalla l'avversario in possesso del pallone: *c. irregolare* | nell'hockey su ghiaccio, azione con cui si tenta di ostacolare l'avversario colpendo il suo bastone con il proprio **B in funzione di inter.** ● si usa come comando a voce per ordinare la carica di un reparto di cavalleria

SFUMATURE DI SIGNIFICATO
carica - mansione - grado
Con **carica** si intende lo specifico incarico, che comporta in genere responsabilità e prestigio, attribuito a una persona nell'ambito delle attività di un ente o un'istituzione. Un rilievo meno significativo ha la **mansione**, che fa riferimento allo svolgimento di compiti di minore impegno e responsabilità. Il **grado** fa riferimento al ruolo lavorativo di una persona nella gerarchia di cui è parte; esiste in contesti sia civili sia militari, ma in ambito militare la differenza di grado comporta maggiore rigidità di rapporti.
SFUMATURE ➤ ***attacco***, ➤ ***funzione***, ➤ ***poltrona***

caricabàlle [comp. di *caricare* e il pl. di *balla* ✱1970] **s. m. inv.** ● macchina per raccogliere balle di fieno e collocarle sul rimorchio

caricabatterìa o **caricabatterìe** [comp. di *carica(re)* e *batteria* ✱1974] **s. m. inv.** ● alimentatore elettrico per caricare pile ricaricabili o accumulatori

caricabbàsso o **caricabàsso** [comp. di *caricare* nel sign. A6, e *abbasso* ✱1889] **s. m. inv.** ● (*mar.*) manovra che trattiene verso il basso parte dell'attrezzatura, in particolare il tangone e il boma | ***c. del boma***, vang | qualsiasi cima impiegata per ammainare aste, pennoni, vele o bandiere

caricabolìna [comp. di *caricare* nel sign. A6, e *bolina* ✱1983] **s. f.** ● (*mar.*) manovra che serve a chiudere parte della vela quadra, facendo forza sulla ralinga di caduta SIN. serrapennone

Caricàcee [vc. dotta, comp. del lat. *cārica* 'fico della Caria', f. sost. di *Cāricus*, dal gr. *Karikós* 'della Caria', e di *-acee* ✱1935] **s. f. pl.** (**sing.** *-a*) ● (*bot.*) famiglia di piante arboree o arbustive con foglie grandi, lobate, fiori riuniti in racemi e frutto a bacca (*Caricaceae*)

caricafièno [comp. di *carica(re)* e *fieno* ✱1956] **s. m. inv.** ● macchina per raccogliere e caricare il fieno disposto in andane

†**caricàggio** [1313] **s. m.** ● spesa occorrente per caricare delle merci

caricaletàme [comp. di *carica(re)* e *letame* ✱1970] **s. m. inv.** ● attrezzatura con benna o gru per il carico del letame sui carri o sullo spandiletame

caricaménto [av. 1292] **s. m. 1** operazione del caricare: *procedere al c. di un'arma da fuoco, di una cartuccia, di una cinepresa* | operazione del caricare merci su un mezzo di trasporto **2** (*inform.*) trasferimento di dati o programmi nella memoria di un elaboratore elettronico **3** azione di preparazione a un balzo o salto, effettuata piegando gli arti inferiori e flettendo il busto **4** ***c. del premio***, differenza fra il premio effettivamente pagato dall'assicurato e quello che egli matematicamente dovrebbe pagare per il rischio contro il quale si assicura (costituisce la parte destinata a coprire le spese dell'impresa assicuratrice)

♦**caricàre** o †**carcàre** [lat. parl. **carricāre*, da *cărrus* 'carro' ✱1280] **A v. tr.** (*io càrico, tu càrichi*) **1** porre qlcu. o qlco. sopra un sostegno o un mezzo di trasporto: *c. i bagagli sul treno, i passeggeri sul battello*; *c. il grano, il bestiame, su un carro* | anche nella forma pron. **caricàrsi**, prendere su di sé un carico: *per pigliarsi il tempo di caricarsi la maiali-*

C

na sulle spalle (G. Verga) **2** gravare con un peso eccessivo (*anche fig.*) (+ *di*): *c. la nave oltre la sua portata*; *c. l'auto di bagagli*; *c. qlcu. di debiti, tasse, commissioni*; *c. un film di significati* | ***c. lo stomaco***, riempirlo troppo di cibo **SIN.** appesantire **3** (*fig.*) esagerare: *c. le dosi* | ***c. la mano***, eccedere in violenza | ***c. le tinte***, dare eccessivo risalto a un colore; (*fig.*) esagerare i particolari nella descrizione di qlco. | †mormorare malignamente **4** disporre qlco. a funzionare: *c. la molla di un orologio, la stufa, una batteria* | ***c. la macchina fotografica***, introdurvi la pellicola | ***c. la pipa***, riempirla di tabacco **5** predisporre allo sparo un'arma da fuoco, introducendovi l'apposito proiettile: *c. un fucile, il cannone* | ***c. una cartuccia, una mina e sim.***, mettere insieme nell'apposito involucro i vari elementi della carica **6** (*mar.*) mettere in forza una manovra o una vela **7** (*milit.*) attaccare con impeto il nemico | (*est.*) effettuare una carica: *la polizia ha caricato i dimostranti* **8** nel calcio, nell'hockey su ghiaccio, e in altri sport, effettuare una carica su un avversario | ***c. uno sci***, portarvi sopra il peso del corpo **9** dare la carica a un prodotto industriale quale tessuto, carta o gomma **10** collegare a un generatore di energia elettrica, a un motore e sim., il suo carico **11** (*inform.*) effettuare il caricamento di dati o programmi **12** nel gioco della briscola, giocare un carico **B** **caricàrsi** **v. rifl.** **1** gravarsi eccessivamente di qlco. (+ *di*): *caricarsi di abiti, di cibo, di attività*; *caricarsi di debiti*; *caricarsi di una responsabilità* | (*fig.*) ***†caricarsi di sdegno, di stupore***, irritarsi o stupirsi fortemente **2** (*fig.*) cumulare in sé stesso le energie psicofisiche in vista di un impegno: *caricarsi prima di un esame, per la gara*

caricàto o **†carcàto** **part. pass.** di *caricare*; **anche agg.** **1** nei sign. del v. | (*fig.*) concentrato, pieno di energie psicofisiche: *essere c. in vista dell'esame* **SIN.** carico[2] **2** (*fig.*) affettato, artificioso, esagerato: *maniere caricate*; *la premura ch'egli ha di veder Giacinta, pare un po' caricata* (C. Goldoni) **3** (*arald.*) detto del campo e delle figure di uno scudo che ne hanno altre sovrapposte **4** messo in caricatura || **caricataménte**, **avv.**

†caricatóio [av. 1530] **A** **agg.** ● da carico **B** **s. m.** ● scalo

caricatóre [sec. XIV] **A** **s. m.** **1** (**f.** *-trice*) chi carica | facchino, manovale che carica e scarica le merci | operaio che carica i forni siderurgici **2** servente di artiglieria che introduce il proiettile e il bossolo nella culatta della bocca da fuoco per caricare il pezzo **3** (**f.** *-trice*) chi richiede il trasporto marittimo e consegna le merci da trasportare **4** serbatoio, nastro, piastrina, gener. metallici, contenenti un certo numero di cartucce per alimentare il fuoco delle armi a ripetizione | ***vuotare il c. addosso a qlcu.***, tempestarlo di proiettili | congegno che introduce più cartucce simultaneamente nel serbatoio delle armi da fuoco a ripetizione **5** attrezzatura atta al carico e allo scarico di vari materiali **6** (*fotogr., cinema*) scatola a tenuta di luce per il materiale sensibile negativo o la pellicola cinematografica vergine **7** parte del proiettore per diapositive destinata ad accogliere le diapositive stesse **8** (*inform.*) programma, gener. integrato nel sistema operativo, che trasferisce nella memoria centrale di un elaboratore file in formato eseguibile, compiendo tutte le operazioni necessarie alla sua esecuzione **SIN.** loader **B** **agg.** ● che carica: *ponte c.* | ***piano c.***, banchina sopraelevata per facilitare le operazioni di carico e scarico delle merci dai veicoli ordinari e ferroviari

caricatùra [da *caricare*, nel sign. A3 ✻ sec. XV] **s. f.** **1** ritratto o scritto che, con intenti comici o satirici, accentua fino alla deformazione i tratti caratteristici del soggetto: *fare la c. di una personalità politica* | ***mettere in c.***, ridicolizzare | (*est.*) imitazione maldestra di qlcu. o qlco., tale da suscitare il riso: *quel ragazzo è la c. di un divo del cinema*; *quello non è un vestito, è solo la sua c.* | esagerazione: *quell'inaugurazione è stata una vera c.* | (*est.*) persona ridicola **2** ***c. fotografica***, deformazione di un'immagine ottenuta, prevalentemente con mezzi ottici, al momento della presa o della stampa **3** †caricamento

caricaturàle [1903] **agg.** ● di caricatura, che ottiene l'effetto di una caricatura: *interpretazione c.* | (*spreg.*) da caricatura || **caricaturalménte**, **avv.** || **caricaturalità**, **s. f.**

caricaturàre [da *caricatura* ✻ 1973] **v. tr.** (*io caricatùro*) ● (*raro*) porre, mettere in caricatura | ridicolizzare

caricaturìsta [1858] **s. m. e f.** (**pl. m.** *-i*) ● chi fa caricature

caricazióne [da *caricare* ✻ 1937] **s. f.** ● operazione del caricare, spec. merci su una nave

càrice [lat. *cārice(m)*, da avvicinarsi a *cārere* 'cardare' ✻ 1340] **s. f.** ● genere delle Ciperacee cui appartengono piante erbacee perenni, cespitose, con foglie strette verde-pallido e fiori in spighe (*Carex*)

carichìno [da *caricare* ✻ 1955] **s. m.** ● operaio addetto al caricamento delle mine

♦**càrico**[1] o **†càrco**[1] [da *caricare* ✻ 1261 ca.] **s. m.** (**pl.** *-chi*) **1** operazione del caricare: *sbrigare in poco tempo il c. della merce*; *bolla, polizza di c.* **2** ciò che si carica addosso a una persona o a un animale, o sopra un mezzo di trasporto: *il c. dei manovali*; *l'asino procedeva con difficoltà per l'eccessivo c.*; *aumentare il c. della nave*; *viaggiare a pieno c.* | ***c. utile***, portata di un mezzo di trasporto **3** (*est.*) entrata di merci in magazzino: *libro di c.* **4** aggravio, onere, peso (*anche fig.*): *c. di coscienza*; *c. di lavoro*; *il c. della responsabilità, dei doveri sociali* | ***c. fiscale, tributario***, complesso, espresso in cifre, dei tributi che gravano su determinate persone o collettività | ***persona a c.***, che si provvede a mantenere | ***avere qlcu. a c.***, provvedere al suo mantenimento | ***a c. di***, relativo a qlco., che riguarda qlco.: *un'infezione a c. del fegato* | (*est., lett.*) preoccupazione, molestia, tormento: *el carco della infirmità* (L.B. Alberti) | ***farsi c. di qlco.***, assumersene l'onere, la responsabilità | (*est.*) accusa, colpa: *fare c. di qlco. a qlcu.*; *segnare qlco. a c. di qlcu.* | ***deporre a c. di qlcu.***, contro qlcu. | ***certificato dei carichi pendenti***, rilasciato da pubblico ufficiale competente e relativo all'esistenza o meno di procedimenti penali in corso a carico di date persone **5** (*fig.*) †incarico | carica, autorità, dignità **6** (*fig.*) †danno **7** in varie tecnologie, forza che sollecita una qualsiasi struttura: *c. permanente, statico, dinamico* **8** nelle macchine elettriche, potenza attiva o apparente erogata, trasformata o assorbita **9** grandezza che esprime l'energia idraulica per unità di massa **10** nel gioco della briscola, l'asso e il tre non di briscola | ***c. da undici***, l'asso, che vale undici punti | ***calare, metterci il c. da undici***, (*fig., colloq.*) attaccare qlcu. o qlco. con l'argomento o l'elemento di maggior peso **11** (*med.*) ***prova di c.***, procedimento con cui si valuta la capacità funzionale di un organo, somministrando una sostanza e osservando la funzionalità metabolica dell'organo in esame **12** (*sport*) ***c. di lavoro***, l'insieme degli allenamenti di un determinato periodo; quantità e intensità di un singolo allenamento

♦**càrico**[2] o **†càrco**[2] [part. pass. contratto di *caricare* ✻ 1309 ca.] **agg.** (**pl. m.** *-chi*) **1** che porta un peso (+ *di*): *un carro c. di sassi* | sovraccarico, troppo gravato: *un vestito c. di ornamenti* | (*fig.*) oppresso, gravato: *c. di tasse, di debiti* | ***cielo c.***, (*fig.*) coperto di nuvole **2** (*fig.*) colmo, ricco (+ *di*): *c. di onori* **3** intenso: *colore c.* | (*est.*) denso, concentrato, forte: *tè, caffè c.* **4** pronto, atto a funzionare: *orologio c.* | ***fucile c.***, fornito di carica **5** (*fig., colloq.*) concentrato, pronto, pieno di energia: *ho visto i giocatori (belli) carichi* **SIN.** caricato **6** (*fis.*) dotato di carica elettrica

càrie [vc. dotta, lat. *cărie(m)* 'corrosione', da una radice indeur. che indica 'rompere, rovinare' ✻ av. 1698] **s. f. inv.** **1** (*med.*) processo distruttivo della sostanza ossea | ***c. dentaria***, che colpisce lo smalto e la dentina, con formazione di cavità nei denti **2** (*bot.*) ***c. del frumento***, malattia dovuta a un fungo delle Ustilaginacee che colpisce le cariossidi del grano trasformandone l'interno in una massa bruna e maleodorante | ***c. dell'ulivo***, malattia dovuta a varie specie di Funghi che colpisce il tronco e i rami grossi dell'albero **3** erosione nell'interno delle canne di un fucile, prodotta dagli esplosivi

carièllo ➤ †carello

cariglióne [1750] **s. m.** ● (*raro*) adattamento di *carillon* (V.)

carillon /fr. kari'jõ/ [vc. fr., dal lat. *quaterniōne(m)* 'gruppo di quattro cose', qui 'di quattro campane' ✻ 1593] **s. m. inv.** ● serie di campane graduate e accordate, che, suonate da uno speciale meccanismo, producono semplici melodie **SIN.** concerto di campane | congegno applicato spec. a orologi pubblici che segnala con diversi suoni di campane lo scoccare delle ore e delle loro frazioni | congegno in soprammobili e sim. che produce, mediante vibrazione di lamelle metalliche toccate da un cilindro che ruota, noti motivi musicali

carinerìa [da *carino* ✻ 1953] **s. f.** ● caratteristica di chi è carino | (*est.*) atto, comportamento e sim. gentile e garbato: *le sue carinerie mi hanno conquistata*

♦**carìno** [1761] **agg.** (**superl.** *carinissimo*) **1** dim. di *caro*[1] **2** grazioso, gradevole: *una ragazza molto carina*; *un ragazzo carinissimo* | piacevole, divertente: *uno spettacolo c.*; *una barzelletta proprio carina* | (*est.*) gentile, amabile: *cerca di essere più carina con lui* | affettuoso, delicato: *un pensiero, un gesto davvero c.*

càrio- [dal gr. *káryon* 'noce, nucleo', di orig. sconosciuta] **primo elemento** ● in parole composte della terminologia scientifica significa 'nucleo', 'seme': *cariocinesi*

carióca [vc. portog. di origine tupi comp. di *cari* 'bianco' e *oca* 'casa' ✻ 1939] **A** **s. f. inv.** ● danza popolare sud-americana **B** **s. m. e f. inv.**; **anche agg. inv.** ● abitante o nativo di Rio de Janeiro | (*est.*) brasiliano

cariocinèṣi o **cariocìneṣi** [comp. di *cario-* e *-cinesi* ✻ 1889] **s. f. inv.** ● (*biol.*) mitosi

cariocinètico [1965] **agg.** (**pl. m.** *-ci*) ● della cariocinesi

Cariofillàcee [dal lat. scient. *caryophillon* 'garofano' e *-acee* ✻ 1817] **s. f. pl.** (**sing.** *-a*) ● (*bot.*) famiglia di piante erbacee delle Cariofillali, annue o perenni, con foglie opposte, fusti ingrossati ai nodi e fiori a calice (*Caryophyllaceae*)

Cariofillàli [vc. dotta, dal lat. *caryophillon* (V. *garofano*) ✻ sec. XX] **s. f. pl.** (**sing.** *-e*) ● (*bot.*) ordine di piante delle Dicotiledoni comprendente circa 3500 specie, quasi sempre erbacee, con foglie senza stipole, ovario supero, semi con abbondante involucro (*Caryophyllales*) **SIN.** Centrosperme

cariofillàta [stessa etim. di *cariofillacee* (V.) ✻ 1865] **s. f.** ● pianta erbacea perenne delle Rosacee, comune nei luoghi ombrosi, con grosso rizoma, foglie pennatosette e piccoli fiori gialli (*Geum urbanum*)

cariogamìa [comp. di *cario-* e *-gamia* ✱ 1962] **s. f.** ● (*biol.*) processo di fusione di due nuclei, spec. di quelli dei gameti, in seguito alla fecondazione

cariogènesi [comp. di *cario-* e *genesi* ✱ 1983] **s. f. inv.** ● (*biol.*) formazione di un nucleo cellulare

cariogenètico [da *cariogenesi* ✱ 1983] **agg.** (**pl. m.** *-ci*) ● (*biol.*) relativo alla cariogenesi

cariògeno [comp. di *carie* e *-geno* ✱ 1987] **agg.** ● (*med.*) che è in grado di generare la carie

cariòla ➤ **carriola**

cariolànte ➤ **carriolante**

cariologìa [comp. di *cario-* e *-logia* ✱ 1956] **s. f.** (**pl.** *-gìe*) ● (*biol.*) ramo della citologia che tratta il nucleo e i processi a esso correlati

carioplàsma [comp. di *cario-* e del gr. *plásma* 'forma' (da *plássō* 'io formo') ✱ 1913] **s. m.** (**pl.** *-i*) ● (*biol.*) parte del protoplasma contenuto nel nucleo delle cellule **SIN.** nucleoplasma

carióso (o *-s-*) [vc. dotta, lat. *cariōsu(m)*, da *cărĭes* 'carie' ✱ 1499] **agg.** ● (*raro*) guastato dalla carie

cariòsside [comp. di *cario-* e del gr. *ópsis*, genit. *ópseōs* 'aspetto' ✱ 1820] **s. f.** ● (*bot.*) frutto secco indeiscente con un unico seme che aderisce al pericarpo

cariotìpico [da *cariotipo* ✱ 1983] **agg.** (**pl. m.** *-ci*) ● (*biol.*) relativo al cariotipo

cariòtipo [comp. di *cario-* e *-tipo* ✱ 1955] **s. m.** ● (*biol.*) assetto cromosomico tipico di una specie o di un individuo, definito sia nel numero che nella morfologia dei cromosomi

♣**carìsma** [vc. dotta, lat. tardo *charĭsma*, dal gr. *chárisma* 'dono, grazia', da *cháris* 'grazia' ✱ av. 1342] **s. m.** (**pl.** *-i*) **1** dono dello Spirito Santo | grazia concessa in forma e con effetti soprannaturali **2** (*fig.*) prestigio personale derivante da innate capacità di comando, da forza di persuasione e sim.: *un leader politico dotato di c.*

Definizione d'autore

Carisma deriva dal greco *chárisma* che significa "dono, grazia". Quello che mi affascina del **carisma** è che non possiede un contrario. Esiste il contrario di leggerezza, di virtù, di talento. Ma di **carisma** no. C'è la sua assenza, ma non il suo contrario. E il motivo risiede nel fatto che esso è, appunto, un dono, una grazia. È quindi una luce che si ha o no. Ma come ogni dono, il **carisma** va curato, lavorato, nutrito. Altrimenti muore. Ho avuto la fortuna, nella mia vita, di percepirlo io stesso dentro di me e di conoscere persone con un enorme **carisma**. E mi sono sembrate tutte unite da un'unica grande qualità: la libertà. Perché dentro questo dono risiede la libertà più grande dell'uomo: quella di aver scoperto una propria verità, senza maschere, senza veli, e di aver deciso di condividerla con il mondo.

Roberto Bolle

♣**carismàtico** [1931] **agg.** (**pl. m.** *-ci*) **1** del carisma, relativo al carisma: *dono c.* **2** (*fig.*) che fonda la legittimità del suo potere su un'innata capacità di comando: *capo, leader c.* **3** appartenente a una corrente interna alla chiesa cattolica e alle denominazioni protestanti che ricerca la manifestazione dei doni dello Spirito Santo (per es. guarigioni, profezia, glossolalia): *movimento c.* ‖ **carismaticaménte**, **avv.** ‖ **carismaticità**, **s. f. inv.**

carìssimo [1847] **agg.** **1** superl. di *caro*① **2** formula di cortesia spec. nelle intestazioni o nei saluti epistolari: *c. amico*

♦**carità** o †**caritàde**, †**caritàte** [lat. *caritā-te(m)* 'benevolenza, amore', da *cārus* 'caro①' ✱ sec. XII] **s. f. inv.** **1** amore di Dio e del prossimo, una delle tre virtù teologali **CFR.** fede, speranza **2** disponibilità a comprendere e ad aiutare ogni persona: *animo pieno di c.* | (*est.*) compassione, pietà **3** beneficenza, elemosina: *chiedere, fare, ricevere la c.*; *vivere di c.* | (*fig.*) **c. pelosa**, non disinteressata | attività organizzata di assistenza gratuita a persone bisognose svolta da gruppi religiosi o laici **4** (*est.*) cortesia, favore: *usami la c. di andartene*; *come se la scongiurasse di non dire di più, di tacere, per c.* (D. BUZZATI) | **per c.!**, esclamazione che rafforza un rifiuto o una raccomandazione, esprime sdegno o impazienza o ha il valore di 'beninteso, s'intende' spec. in frasi negative: *per c., non voglio incontrarlo!*; *per c., non pretendo di convincerla!* **5** (*lett.*) affetto, amore vivo e disinteressato: *c. di patria*; *c. fraterna*; *la c. del natio loco / mi strinse* (DANTE *Inf.* XIV, 1-2)

SFUMATURE ➤ ***solidarietà***

♣**caritatévole** o †**caritévole** [av. 1311] **agg.** ● che ha o dimostra amore per gli altri: *atto, azione c.* | pietoso: *uomo c.*; *parole caritatevoli* ‖ **caritatevolménte**, **avv.**

SFUMATURE DI SIGNIFICATO

caritatevole - pietoso - benefico

L'inclinazione di chi è animato da amore per gli altri ed è pronto all'aiuto si definisce **caritatevole. Pietoso** suggerisce un atteggiamento di compassione, di empatia per le sofferenze altrui. **Benefico** si usa soprattutto in riferimento a istituzioni impegnate in beneficenza.

SFUMATURE ➤ ***altruista***, ➤ ***generoso***

caritativo [1308] **agg.** ● ispirato a fini caritatevoli: *istituto c.* | (*raro*) benevolo: *avea trovato padri caritativi* (G. GALILEI) ‖ **caritativaménte**, **avv.**

carité **s. m. inv.** ● (*bot.*) adattamento di *karité* (V.)

†**caritévole** ➤ **caritatevole**

Càriti [vc. dotta, lat. *Chărites*, dal gr. *Chárites*, propr. pl. di *cháris* 'grazia' (V. *carisma*) ✱ 1618] **s. f. pl.** ● (*lett.*) le tre Grazie

†**cariuòla** ➤ **carriola**

†**carìzia** [V. *carenza* ✱ 1288] **s. f.** ● privazione, mancanza

carlìna [etim. incerta ✱ av. 1326] **s. f.** ● genere di piante erbacee delle Composite con foglie grandi, spinose e fiori tubulosi avvolti da brattee (*Carlina*) | (*per anton.*) pianta erbacea perenne delle Composite con il capolino molto sviluppato e brattee bianche e lucenti disposte a raggiera (*Carlina acaulis*)

carlìnga [fr. *carlingue*, dall'ant. scandinavo *kerling* ✱ 1577] **s. f.** **1** (*aeron.*) parte di un aereo destinata ad alloggiare il motore, o anche l'equipaggio e il carico | fusoliera **2** (*mar.*) †scassa

carlìno① [da *Carlo I* d'Angiò che per primo la fece coniare nel 1278 ✱ 1282] **s. m.** ● antica moneta del Regno di Napoli, d'oro o d'argento, coniata poi anche in altri Stati d'Italia, con tipi e valori diversi fino al sec. XIX | **c. d'oro**, moneta da 10 scudi coniata a Torino nel XVIII sec. | **il resto del c.**, (*fig.*, *disus.*) l'ultimo di una serie di guai; originariamente, quando il carlino valeva 10 centesimi, il giornaletto che, a Bologna, veniva dato di resto a chi comprava un sigaro toscano che costava 8 centesimi

carlìno② [fr. *carlin*, dal n. dell'attore it. Carlo Bertinazzi (1710-1783), detto *Carlino*, che interpretava a Parigi la parte di Arlecchino, con una maschera nera ✱ 1955] **s. m.** ● cane da compagnia di taglia molto piccola con pelo corto e bruno, orecchie piccole, testa rotonda e muso schiacciato **SIN.** mops

carlìsta [av. 1842] **A** **s. m. e f.** (**pl. m.** *-i*) **1** nell'Ottocento, fautore di Don Carlos di Spagna o dello spodestato Carlo X di Francia **2** seguace della famiglia Borbone-Parma pretendente al trono spagnolo **3** (*raro*) legittimista, reazionario **B** **agg.** ● relativo ai carlisti

carlóna [da *Carlo* Magno, rappresentato come un bonaccione nei poemi cavallereschi più tardi ✱ 1527] **vc.** ● solo nella loc. avv. ***alla c.***, alla buona, in fretta, con trascuratezza e in modo grossolano: *fare le cose alla c.*; *tirar giù un lavoro alla c.*

carlòtta **s. f.** ● (*disus.*) adattamento di *charlotte* (V.)

carmagnòla [dalla località piemontese di *Carmagnola* ✱ 1798] **s. f.** **1** giubba a corte falde indossata dai popolani durante la Rivoluzione francese **2** canto e ballo in voga durante la Rivoluzione francese

càrme [vc. dotta, lat. *cărmen*, da *cănere* 'cantare' ✱ 1319] **s. m.** **1** nella poesia greca e latina, componimento poetico lirico: *i carmi di Orazio* | **c. elegiaco**, elegia | **c. bucolico**, V. *bucolica* | **c. ascreo**, didascalico e cosmogonico | ***carmi trionfali***, cantati dai soldati romani nei trionfi | **c. figurato**, i cui versi suggeriscono, con la disposizione grafica, immagini **2** componimento lirico, tipico della letteratura italiana, di argomento elevato e tono solenne | (*lett.*) poesia, canto **3** †vaticinio, profezia **4** †incantesimo **5** †suono, squillo: *Grida la tromba in bellicosi carmi* (G.B. MARINO)

carmelìta [av. 1492] **agg. e s. m.** (**pl. m.** *-i*) ● carmelitano

carmelitàno [sec. XIV] **A** **agg.** ● relativo o appartenente all'ordine eremitico fondato nel XII sec. sul Monte Carmelo **B** **s. m.** (**f.** *-a*) ● religioso di tale ordine | ***Carmelitani scalzi, Carmelitane scalze***, della famiglia carmelitana riformata da S. Teresa d'Avila (1515-1582)

†**carminàre**① [lat. *carmināre* 'cardare', da *cărmen*, genit. *carminis* 'pettine da cardare la lana' (attestato però solo molto tardi) da accostarsi a *cărere* 'cardare' ✱ 1306] **v. tr.** **1** pettinare, cardare la lana **2** (*fig.*) vagliare punto per punto: *carminandosi la questione per tutte le congiunture* (F. SACCHETTI) **3** (*fig.*) bastonare

carminàre② [vc. dotta, lat. *carmināre* 'fare incantesimi', da *cărmen* 'carme', perché si credeva che gli incantesimi fossero efficaci contro i dolori ✱ sec. XIV] **v. tr.** (*io càrmino*) ● (*med.*) eliminare i gas dello stomaco o dell'intestino

carminativo [dal lat. *carmināre* 'carminare②' (V.) ✱ sec. XIV] **A** **s. m.** ● medicamento atto a far eliminare dall'intestino i gas sviluppatisi in modo eccessivo **B** **anche agg.**: *farmaco c.*

carminazióne [1983] **s. f.** ● espulsione di gas intestinali

carmìnico [1955] **agg.** (**pl. m.** *-ci*) ● detto dell'acido che costituisce il carminio | ***acido c.***, colorante antrachinonico rosso cristallino

♣**carmìnio** o (*lett.*) **carmino** [lat. mediev. *carminiu(m)*, nato prob. dall'incontro tra l'arabo *qirmiz* 'colore scarlatto' (V. *alchermes*) e il lat. *mĭnium* 'minio' ✱ 1754] **A** **s. m.** **1** sostanza rossa, estratta dalla cocciniglia, costituita essenzialmente di acido carminico, usata nella fabbricazione di colori per pittura, cosmetici, dolci e sim. | **c. di robbia**, estratto dalla robbia | **c. d'indaco**, indigotina **2** colore rosso vivo: *un fiore sfumato di c.*; *labbra di c.* **B** **in funzione di agg. inv.** ● (posposto a un sost.): *rosso c.*

†**carnàggio** [ant. fr. *charnage*, dal lat. parl. **carnātĭcu(m)*, da *căro*, genit. *cărnis* 'carne' ✱ av. 1363] **s. m.** **1** ogni specie di carne commestibile | vivanda di carne | ***fare c.***, fare provvista di carne **2** (*est.*) carneficina, strage, macello **3** parte del canone per esercitare il diritto di pascolo su un fondo, pagata in natura: *avevano portato i 'carnaggi', quella par-*

a b c d e f g h i j k l m n o p q r s t u v w x y z

C

te del canone che si pagava in natura (G. Tomasi di Lampedusa)

♦**carnagióne** [lat. tardo *carnatiōne(m)*, da *căro*, genit. *cărnis* 'carne' ✱ av. 1363] **s. f.** ● aspetto, colorito della pelle umana, spec. del volto: *c. rosea, bruna, delicata, olivastra* **SIN.** cera, incarnato

SFUMATURE DI SIGNIFICATO

carnagione - colorito - cera

Carnagione è la qualità, l'aspetto e il colore della pelle umana, intesi come caratteri permanenti. **Colorito** identifica invece il colore della pelle esclusivamente in riferimento al volto, e può anche definire uno stato momentaneo dipendente da fattori accidentali o da particolari condizioni fisiche. Molto vicino a *colorito* è **cera**, che descrive l'aspetto generale del viso di una persona soprattutto come conseguenza del suo stato di salute.

carnàio [lat. *carnāriu(m)*, da *căro*, genit. *cărnis* 'carne' ✱ sec. XIII] **s. m.** (**pl.** *-ai*) **1** luogo di sepoltura comune: *gli parve di sentirsi afferrare pe' panni dal becchino e buttar giù nel c.* (L. Capuana) **2** ammasso di cadaveri | (*est.*) strage: *fare un c. dei soldati nemici* **SIN.** massacro **3** (*spreg.*) affollamento di persone seminude | (*est.*) il luogo in cui vi è tale affollamento: *la spiaggia era un vero c.* **4** locale in cui si conserva la carne macellata **SFUMATURE** ➤ ***folla***

†**carnaiòlo** o †**carnaiuòlo** [1235] **s. m.** **1** carniere: *ha pieno il carnaiuol di starne* (L. de' Medici) | bisaccia, tasca **2** (*raro*) macellaio | (*fig.*) carnefice

carnàle [lat. tardo *carnāle(m)*, da *căro*, genit. *cărnis* 'carne' ✱ 1268] **agg.** **1** (*raro, lett.*) relativo alla carne: *i timidi bucaneve d'un pallore c.* (R. Bacchelli) **2** (*lett.*) che riguarda il corpo umano, l'esperienza sensibile, la materia, spec. in contrapposizione allo spirito: *la materia c. ed il peso e la crassa sustanza* (G. Bruno) **3** lussurioso, sensuale: *amore, appetito, peccato c.* | ***violenza c.***, reato di chi impone ad altri un rapporto sessuale con la violenza | (*dir.*) ***congiunzione c.***, coito, accoppiamento sessuale **4** congiunto strettamente da parentela | ***fratello c.***, figlio degli stessi genitori | ***cugini carnali***, figli di fratelli o sorelle **SIN.** consanguineo **5** †affettuoso, tenero ‖ †**carnalàccio**, **pegg.** ‖ **carnalménte**, †**carnaleménte**, **avv.** **1** in modo sensuale, lussurioso: *peccare carnalmente*; ***conoscere, giacere, unirsi carnalmente***, avere rapporti sessuali **2** per stretta parentela: *essere cugini carnalmente* **3** †affettuosamente ‖ **carnalità**, **s. f. inv.** (V.)

carnalità o †**carnalitàde**, †**carnalitàte** [lat. tardo *carnalitāte(m)*, da *căro*, genit. *cărnis* 'carne' ✱ sec. XIII] **s. f. inv.** **1** caratteristica di ciò che è carnale **2** sensualità **3** †affetto, tenerezza

carnallìte [chiamata così in onore di R. von *Carnall*, direttore di miniere in Prussia ✱ 1962] **s. f.** ● (*miner.*) cloruro doppio di potassio e magnesio in masse compatte di aspetto salino

carnàme [da *carne* ✱ sec. XIII] **s. m.** **1** massa di carne putrefatta o in putrefazione **2** (*est., spreg.*) affollamento di persone

carnàrio [1983] **agg.** **1** (*raro*) relativo a cadavere: *fossa carnaria* **2** (*zool.*) ***mosca carnaria***, V. *mosca*

Carnaròli [prob. dal n. di una cascina in Lombardia ✱ 1954] **A** **s. m. inv.** ● varietà di riso superfino dai granelli molto grandi, lunghi e affusolati, utilizzata spec. per preparare risotti **B** **anche agg. inv.**: *riso c.*

†**carnascïàle** o †**carnescïàle** [comp. di *carne* e *lasciare*. V. *carnevale* ✱ 1290] **s. m.** ● carnevale

carnascialésco [da *carnasciale* ✱ av. 1529] **agg.** (**pl. m.** *-schi*) ● (*lett.*) carnevalesco | ***canto c.***, poesia che si cantava a Firenze nelle mascherate di carnevale

carnàto [vc. dotta, lat. tardo *carnātu(m)*, da *căro*, genit. *cărnis* 'carne' ✱ sec. XIII] **A** **s. m.** ● (*tosc.*) incarnato: *una ragazza dal c. fresco* **B** **agg.** **1** (*raro*) che ha un colore simile a quello della carne **2** †incarnato | (*fig.*) †congenito

carnaùba [dal guaranì, attrav. il fr. *carnauba* ✱ 1865] **s. f.** ● sostanza cerosa che essuda dalle foglie di una palma brasiliana, usata spec. per le creme da calzature e per la cera da pavimenti

♦**càrne** [lat. *cărne(m)*, che aveva anticamente il sign. di 'parte' ✱ 1234] **s. f.** **1** insieme dei tessuti molli dell'uomo e degli animali vertebrati, formati prevalentemente dai muscoli scheletrici **CFR.** sarco- | ***avere molta, poca c. addosso***, essere grasso, magro | ***essere bene in c.***, essere florido, in buone condizioni fisiche | ***in c. e ossa***, in persona | ***c. viva***, i tessuti non cutanei | ***color c.***, colore rosa pallido caratteristico della carne umana | ***color c. viva***, rosso intenso **2** (*est.*) il corpo dell'uomo, spec. in contrapposizione a spirito: *mortificazione della c.*; *le tentazioni della c.* | la sensualità: *i piaceri della c.* | (*fig.*) ***essere di c. debole***, soggetto a peccare | (*fig.*) uomo in senso generico o collettivo | ***trafficante di c. umana***, di schiavi | ***c. da macello, da cannone***, la massa dei soldati in quanto manovrati dall'alto ed esposti cinicamente alla morte | (*fig.*; *disus.*) ***c. battezzata***, cristiano | ***Resurrezione della c.***, in teologia, ricostituzione dei corpi dopo il giudizio universale | consanguineo, spec. figlio o figlia: *è c. della mia c.* **3** parte commestibile degli animali, spec. di mammiferi e uccelli ma anche di pesci, crostacei e molluschi; è costituita prevalentemente dal tessuto muscolare e adiposo e da quantità variabile di tendini: *c. bovina, ovina, suina, equina*; *c. in conserva, in scatola, congelata, affumicata*; *la pregiata c. dei branzini* | ***c. secca, salata, insaccata***, di maiale, conservata col sale | ***c. bianca***, di pollo o vitello | ***c. rossa***, di manzo, cavallo, maiale | (*fig., disus.*) ***la c. dei poveri***, i fagioli | ***mettere molta c. al fuoco***, (*fig.*) cominciare più cose contemporaneamente | (*fig.*) ***non essere né c. né pesce***, essere privo di caratteristiche definite **4** (*est.*) polpa dei frutti: *pesche ricche di c.* **5** (**spec. al pl.**) costituzione fisica: *essere di carni sode, fresche, bianche, sane* | carnagione: *carni rosee, olivastre, abbronzate* **6** la parte dei pellami che era aderente all'animale ‖ **carnàccia**, **pegg.**

carnè **s. m. inv.** ● adattamento di *carnet* (V.)

Carnèade [da *Carneade* (214 a.C.-129), filosofo gr. di Cirene che risultava sconosciuto a don Abbondio, nei Promessi Sposi ('Carneade! Chi era costui?', cap. VIII) ✱ 1905] **s. m. e** (*raro*) **f.** ● persona poco conosciuta o ignota

carnéfice [lat. *carnĭfice(m)*, comp. di *căro*, genit. *cărnis* 'carne' e *făcere* 'fare' ✱ sec. XIII] **s. m. e f.** **1** persona incaricata di eseguire le sentenze di morte **SIN.** boia, giustiziere **2** (*fig., lett.*) tormentatore, tiranno: *è il c. di sé stesso e di chi gli sta accanto*

carneficìna o (*raro*) **carnificìna** [vc. dotta, lat. *carnificīna(m)*, da *cărnifex* 'carnefice' ✱ av. 1498] **s. f.** **1** uccisione crudele di molte persone: *i soldati fecero una terribile c.* | (*est.*) strage, massacro (*anche fig.*): *all'esame c'è stata una vera c.* **2** (*fig., lett.*) strazio, tormento

càrneo [vc. dotta, lat. tardo *cărneu(m)*, agg. di *căro*, genit. *cărnis* 'carne' ✱ sec. XIII] **agg.** **1** (*lett.*) di carne: *massa carnea* **2** composto di carne, detto di cibo e sim.: *vitto c.*; *alimentazione carnea* **3** (*lett.*) che ha la freschezza, la consistenza o il colore della carne umana: *fiori carnei*

Carnèra [dal n. di P. *Carnera* (1906-1967), pugile italiano campione dei pesi massimi ✱ 1942] **s. m. inv.** ● (*fam.*) persona straordinariamente grande e forte

†**carnescïàle** ➤ †**carnasciale**

carnesécca [comp. di *carne* e *secco* ✱ sec. XIV] **s. f.** (**pl.** *carnisécche*) ● (*tosc.*) carne suina salata

carnet /fr. kaʀˈnɛ/ [fr., dal lat. *quatĕrni*, distributivo di *quăttuor* 'foglio piegato in quattro' ✱ 1891] **s. m. inv.** **1** libretto, blocchetto: *c. d'assegni bancari* | ***c. d'ordini***, l'insieme delle commesse da eseguire da parte di un'azienda | taccuino | (*est.*) biglietto a prezzo scontato valido per usufruire più volte di un servizio: *un c. di ingressi al cinema*; *un c. di dieci corse della metro* | ***c. di ballo***, su cui le dame annotavano il nome dei cavalieri che si prenotavano per ballare **CFR.** carnè **2** (*autom.*) libretto contenente i dati di un veicolo, che era richiesto dalle dogane di certi Paesi per consentirne l'ingresso temporaneo

carnevalàre o (*disus.*) **carnovalàre** [1532] **v. intr.** (**aus.** *avere*) ● (*raro*) divertirsi durante il Carnevale | (*fig.*) fare baldoria

carnevalàta [1886] **s. f.** **1** divertimento di Carnevale | mascherata **2** (*est.*) gesto poco serio | buffonata, pagliacciata

♦**carnevàle** o (*disus.*) **carnovàle** [comp. di *carne* e *levare*, perché dopo il carnevale inizia la proibizione di mangiare carne ✱ sec. XIII] **s. m.** (*Carnevàle* **nel sign. 1**) **1** periodo dell'anno che precede la Quaresima e culmina nei balli e nelle mascherate dell'ultima settimana | **PROV.** ***a C. ogni scherzo vale*** | (*est.*) insieme di festeggiamenti e di manifestazioni che si tengono durante tale periodo: *il c. di Viareggio, di Venezia* **2** (*fig.*) tempo di baldorie, godimenti, spensieratezze | ***fare C.***, (*fig.*) divertirsi | baraonda, chiasso, gran confusione **3** (*fig., spreg.*) pagliacciata, carnevalata **4** fantoccio raffigurante il carnevale, arso in piazza l'ultima sera del carnevale stesso | ***bruciare il C.***, (*fig.*) festeggiarne la fine ‖ **carnevalétto**, **dim.** | **carnevalìno**, **dim.** (V.) | **carnevalóne**, **accr.** (V.)

carnevalésco o (*disus.*) **carnovalésco** [1587] **agg.** (**pl. m.** *-schi*) **1** di carnevale: *ballo, trattenimento c.* **2** (*fig.*) privo di ritegno e serietà

carnevalìno [1940] **s. m.** **1** dim. di *carnevale* **2** la prima domenica di Quaresima

carnevalóne [av. 1566] **s. m.** **1** accr. di *carnevale* **2** nella diocesi milanese, prolungamento del Carnevale per tutta la settimana delle Ceneri, per privilegio della Chiesa ambrosiana

carnezzerìa [dal sicil. *carnizzeria*, deriv. di *carnizzeri* 'macellaio', a sua volta deriv. dallo sp. *carnicero*, da *carniza* 'carne macellata' ✱ 1987] **s. f.** ● (*sicil.*) macelleria

carnìccio o †**carnizzo**, †**carnézzo** [1329] **s. m.** **1** (*conceria*) insieme dei brandelli di carne che restano attaccati alla pelle degli animali scuoiati e che vengono eliminati con la scarnatura **2** (*est.*) avanzo, rimasuglio di carne di cattiva qualità

carnicìno [da *carne*, per il colore ✱ 1499] **A** **agg.** ● che ha un colore roseo, simile a quello della carnagione umana: *un mazzo di rose carnicine* **B** **s. m.** ● il colore carnicino

càrnico [1842] **agg.** (**pl. m.** *-ci*) ● della Carnia, regione storico-geografica del Friuli-Venezia Giulia comprendente l'alto corso del fiume Tagliamento **CFR.** carniello

carnièllo [1986] **s. m.** (**f.** *-a*) ● abitante o nativo della Carnia **CFR.** carnico

carnièra [da *carne* ✱ 1612] **s. f.** **1** tascone posteriore di giacchette da caccia, per riporvi la preda | giubba da caccia con tale tascone **2** (*raro*) carniere

carnière [provenz. *carnier*, dal lat. *carnā-*

riu(m). V. *carnaio* ✱ 1298] **s. m. 1** borsa con lunga tracolla in cui il cacciatore mette la selvaggina **2** (*est.*) insieme delle prede uccise in una partita di caccia: *un buon c.* ‖ **carnierino**, **dim.**

carnificazióne [fr. *carnification*, comp. del lat. *căro*, genit. *cărnis* 'carne' e *făcere* 'fare' ✱ 1830] **s. f.** ● (*med.*) indurimento di un tessuto fino ad assumere consistenza carnea | ***c. polmonare***, evoluzione grave della polmonite, con indurimento del polmone

carnificìna ➤ **carneficina**

carnitìna [da *carne* ✱ 1962] **s. f.** ● (*chim.*) composto azotato non proteico, mediatore del metabolismo energetico cellulare, presente spec. nel tessuto muscolare, estratto da carne animale, usato nella patologia cardiaca e nelle miopatie

Carnìvori [av. 1730] **s. m. pl.** (**sing.** *-o*) ● (*zool.*) ordine di Mammiferi le cui specie hanno dentatura completa con grandi canini atti a lacerare e molari cuspidati e taglienti (*Carnivora*)

carnìvoro [vc. dotta, lat. *carnivoru(m)*, comp. di *căro*, genit. *cărnis* 'carne' e *vorāre* 'divorare' ✱ 1499] **A agg. 1** detto di animale che si alimenta prevalentemente o esclusivamente di carne **2** ***pianta carnivora***, pianta, appartenente spec. alle Angiosperme, che cattura insetti e altri piccoli animali per nutrirsene **B s. m. 1** (*zool.*) mammifero appartenente all'ordine dei Carnivori **2** (**f.** *-a*) (*scherz.*) detto di chi mangia molta carne

†**carnìzzo** ➤ **carniccio**

carnosità (o **-ṣ-**) [vc. dotta, lat. tardo *carnositāte(m)*, da *căro*, genit. *cărnis* 'carne' ✱ av. 1519] **s. f. inv. 1** caratteristica di ciò che è carnoso **2** (*est.*) pienezza di un frutto | (*fig.*) morbidezza delle linee di un disegno **3** escrescenza carnosa

♦**carnóso** (o **-ṣ-**) [vc. dotta, lat. *carnōsu(m)*, da *căro*, genit. *cărnis* 'carne' ✱ av. 1292] **agg. 1** che è bene in carne: *corpo c. e sodo* | ***labbra carnose***, tumide **2** carneo **3** (*est.*) che ha lo spessore e la consistenza della carne, detto spec. di vegetali: *i petali carnosi dei fiori* | ***frutta carnosa***, ricca di polpa ‖ **carnosità**, **s. f. inv.** (V.)

carnotite [dal n. del chimico e mineralogista fr. M.-A. *Carnot* (1839-1920) ✱ 1931] **s. f.** ● (*miner.*) vanadato idrato di potassio e uranile, in cristalli lamellari di colore giallo brillante

carnovàle e deriv. ➤ **carnevale** e deriv.

carnùme [da *carne* ✱ 1601] **s. m. 1** escrescenza di carne **2** (*merid.*) uovo di mare

carnùta o **cornùta** [da *cornuta*, con accostamento a *carne* ✱ av. 1675] **s. f.** ● cassa o cesta in cui si portano le vivande ai cardinali in conclave

♦**càro** ① [lat. *cāru(m)*, di orig. indeur. ✱ av. 1250] **A agg.** (**superl.** *carissimo* (**V.**)) **1** che suscita sentimenti di affetto: *persone care*; *avere cara la patria, la famiglia*; *ci siete più cari degli occhi* | ***mia cara, mio c.***, modo confidenziale di rivolgere la parola a qlcu. o di cominciare una lettera | ***cari saluti, tanti cari saluti***, formula di cortesia usata per concludere una lettera | ***cara te, c. lei, c. signore!***, escl. iron. o di impazienza: *Lei non sa quello che si dice, mio c. signore* (A. Fogazzaro) | ***il c. estinto***, la persona defunta, spec. nei confronti dei familiari | gradevole, gradito, simpatico: *è proprio una cara donna* | ***ma che c.!, quant'è c.!***, (*iron.*) escl. di insofferenza, fastidio e sim. nei confronti di persone che riescono irritanti **SIN.** amato **2** che è pregiato, importante, prezioso: *la vostra salute ci è particolarmente cara* | ***tenersi c. qlcu.***, conservare la sua amicizia | ***avere c., avere a c.***, gradire, stimare | ***mi è c. ricordare***, ricordo con piacere | ***tenere c.***, conservare, custodire con cura affettuosa **3** che costa molto: *vitto, alloggio, oggetto c.*; *questa pelliccia è troppo cara* | ***vendere la pelle a c. prezzo, vendere cara la pelle, la vita***, difendersi con tutti i mezzi prima di soccombere | ***pagarla cara***, scontare duramente qlco. | che vende a caro prezzo: *il macellaio sta diventando c.* **SIN.** costoso, dispendioso **B in funzione di avv.** ● a prezzo elevato, spec. nelle loc. ***vendere, pagare, costare, comprare c.***: *il lusso costa c.* | ***costare c.***, (*fig.*) riuscire penoso, di sacrificio **C s. m.** (**f.** *-a*) ● persona per cui si prova affetto | ***i miei, i tuoi cari***, genitori, parenti, familiari ‖ **carétto**, **dim.** | **carino**, **dim.** (V.) | **carùccio**, **dim.** ‖ **caraménte**, **avv. 1** affettuosamente: *Tu lascerai ogne cosa diletta / più caramente* (Dante *Par.* XVII, 55-56) **2** (*raro*) a caro prezzo

càro ② [sost. di *caro*① ✱ 1319] **s. m. 1** (*lett.*) rialzo dei prezzi di beni o servizi di prima necessità: *scioperi e agitazioni per il c. dei viveri e per la disoccupazione* (R. Bacchelli) **2** †scarsità, penuria

càro- primo elemento ● in parole composte formate modernamente, significa 'alto prezzo', 'alto costo': *carobenzina, carovita, carovacanze*

carodenàro [comp. di *caro-* e *denaro* ✱ 1989] **s. m. inv.** ● elevato costo del denaro

Caroficee [dal genere *chara* che vi appartiene, col suff. *-ficee* ✱ 1962] **s. f. pl.** (**sing.** *-a*) ● (*bot.*) classe di alghe verdi pluricellulari con talli macroscopici ramificati a candelabro (*Charophyceae*)

♦**carógna** [lat. parl. **carōnia*, da *căro*, genit. *cărnis* 'carne' ✱ sec. XIII] **s. f. 1** corpo di animale morto, spec. in decomposizione: *alcuni animali si cibano di carogne* | †cadavere umano **2** (*fig.*, *raro*) animale malandato o denutrito **3** (*fig.*, *spreg.*) persona malvagia, perfida: *si comporta da c. con tutti* ‖ **carognàccia**, **pegg.** | **carognétta**, **pegg.** | **carognóne**, **accr. m.**

carognàta [da *carogna* nel sign. 3 ✱ 1911] **s. f.** ● (*colloq.*) azione meschina, malvagia, perfida: *fare una c. a qlcu.*; *andarsene così è stata proprio una c.*

carognésco [1985] **agg.** (**pl. m.** *-schi*) ● (*spreg.*) da carogna: *atteggiamento c.* **SIN.** malvagio, perfido ‖ **carognescaménte**, **avv.**

càrol /'karol, *ingl.* 'kærəl/ [vc. ingl., propr. 'ballata', cfr. *carola* ✱ 1983] **s. f. inv.** ● in Inghilterra, canto del XIV-XVI sec. simile alle laudi spirituali italiane

+**caròla** [ant. fr. *carole*, dal lat. *choràule(m)* 'flautista del coro', dal gr. *choraúlēs*, comp. di *chorós* 'coro' e *auléō* 'io suono il flauto' ✱ 1321] **s. f. 1** antica danza eseguita da più persone in cerchio, solitamente accompagnata dal canto **2** canto che accompagnava tale ballo **3** (*lett.*) †canzone: *diversi uccelli cantan lor carole* (G. Boccaccio)

†**carolàre** [fr. *caroler* ✱ 1353] **v. intr.** ● danzare carole | (*est.*) ballare, girare attorno (*anche fig.*): *ore … carolando intorno / all'aura mattutina, / … l'umana vita prolungate, e 'l giorno* (T. Tasso)

carolìna ① [da *carambola* (?) ✱ 1869] **s. f.** ● gioco di biliardo, con cinque palle di colori diversi, senza birilli né pallino

carolìna ② [dagli Stati della *Carolina* (USA), dove viene prodotta ✱ 1955] **s. f.** ● tessuto di cotone per grembiuli, a disegni minuti, a righe o a riquadri

carolìngio [da *Carŏlus*, n. lat. di Carlo Magno (742-814) ✱ 1843] **agg.** (**pl. f.** *-ge* o *-gie*) ● relativo a Carlo Magno, ai suoi successori e ai loro tempi: *arte carolingia* | ***ciclo c.***, ciclo di poemi cavallereschi sulle gesta di Carlo Magno e i suoi paladini, in antica lingua francese

carolìno [da *Carŏlus*, n. lat. di Carlo Magno ✱ av. 1750] **agg.** ● di Carlo Magno e del suo tempo | ***scrittura carolina***, scrittura sviluppatasi con la rinascita culturale promossa da Carlo Magno, caratterizzata dalla chiarezza di esecuzione, dall'uniformità delle lettere, dalla rotondità e dall'assenza quasi completa di abbreviazioni

caròlo [dal lat. tardo *cărius* 'tarlo', da avvicinare a *căries*. V. *carie* ✱ 1830] **s. m. 1** (*veter.*) micosi dello zoccolo degli equini **2** (*bot.*) brusone del riso

càron /'karon, *ingl.* 'kærən/ [vc. ingl. di orig. sconosciuta ✱ sec. XX] **s. m. inv.** ● (*ling.*) hacek

carónc ola ➤ **caruncola**

caropàne [comp. di *caro-* e *pane*, sul modello di *carovita* ✱ 1958] **s. m. solo sing.** ● alto prezzo del pane | ***indennità di c.***, concessa nel secondo dopoguerra ai dipendenti dello Stato e degli enti pubblici, sostituita dalla indennità di carovita, poi dall'indennità di contingenza

caroṣèllo o †**garoṣèllo** [napol. *carusiello* 'palla di creta' (dalla forma come la testa di un *caruso* 'ragazzo'), perché i giocatori si lanciavano reciprocamente palle di creta ✱ 1551] **s. m. 1** (*stor.*) torneo spettacolare di cavalieri, con esercizi di bravura, evoluzioni e sim. **2** (*sport*) evoluzione in ordine composto di un gruppo di cavalieri **3** (*est.*) movimento rapido e circolare spec. di autoveicoli: *un c. di jeep della polizia* | (*fig.*) massa confusa: *nella sua mente si agitava un c. d'idee* **4** giostra per i bambini | (*est.*) trasmissione serale costituita da sketch pubblicitari, un tempo diffusa dalla televisione italiana

♦**caròta** [vc. dotta, lat. tardo *carōta(m)*, dal gr. *karōtón*, forse da *kára* 'testa' ✱ av. 1400] **A s. f. 1** pianta erbacea delle Apiacee con fiori composti bianchi e violetti, foglie pennatosette, frutto a diachenio, e grossa radice carnosa commestibile (*Daucus carota*) | la radice commestibile di tale pianta, di colore rosso-aranciato: *carote al burro*; *arrosto con contorno di carote* | ***usare il bastone e la c.***, (*fig.*) V. *bastone* | (*fig.*) ***pel di c.***, persona dai capelli rossi **2** (*fam.*, *tosc.*) panzana, menzogna | ***piantare, vendere carote***, raccontar bugie **3** (*miniere*, *geol.*, *agric.*) campione cilindrico di terreno prelevato con apposito attrezzo durante il sondaggio, per studiare la costituzione del sottosuolo **SIN.** nucleo, testimone **B in funzione di agg. inv.** ● (posposto a un sost.) che ha il colore rosso arancio molto vivo caratteristico della radice omonima: *abito color c.*; *un uomo dai capelli c.* ‖ **carotina**, **dim.**

carotàggio [da *carota* nel sign. A 3 ✱ 1935] **s. m.** ● (*miniere*) prelievo di un campione di terreno per lo studio del sottosuolo | (*est.*) prelievo di un campione da un ghiacciaio o da un nevaio

carotàio [1612] **s. m.** (**f.** *-aia*, **pl. m.** *-ai*) ● chi vende carote | (*fig.*, *tosc.*) chi racconta frottole

carotàre [1965] **v. tr.** (*io caròto*) ● (*miniere*, *geol.*, *agric.*) sottoporre a carotaggio

carotatrice [1983] **s. f.** ● (*miniere*, *geol.*, *agric.*) utensile adoperato per il carotaggio

carotène [dalla *carota*, che contiene questa sostanza ✱ 1942] **s. m.** ● idrocarburo giallo, noto in diverse forme isomere, contenuto spec. nelle carote, che viene trasformato dal fegato in vitamina A

carotenòide [comp. di *caroten(e)* e del suff. *-oide* ✱ 1955] **s. m.** ● (*chim.*) gruppo di sostanze colorate dal giallo al violetto, contenenti quaranta atomi di carbonio, diffuse nei fiori (per es. dalia), nei frutti (per es. pesca, albicocca), nelle radici (per es. carota) e in molti tessuti animali (per es. l'epidermide dei pesci)

caròtide [fr. *carotide*, dal gr. *karōtídes*, pl., prob. da *káros* 'sopore', perché comprimendo questa arteria si provoca sonno ✻av. 1673] **s. f.** ● (*anat.*) ognuna delle due arterie che passano per il collo e portano il sangue al capo: *c. destra, sinistra*

carotidèo [1820] **agg.** ● della carotide

carotière [da *carota* nel sign. 3 ✻ 1955] **s. m.** ● (*miniere, geol., agric.*) organo della sonda che effettua il prelievo di campioni cilindrici, o carote, dal sottosuolo

carovàna o †**caravàna**, †**cherovàna** [persiano *kârwân* 'compagnia di mercanti che fanno viaggio insieme' ✻ 1345 ca.] **s. f. 1** gruppo di persone che attraversano insieme, con carri e bestie da soma, luoghi deserti o pericolosi: *una c. di mercanti, di beduini, di pellegrini* | ***far c.***, unirsi ad altre persone per compiere un viaggio **2** complesso di persone e veicoli incolonnati: *la c. del circo avanzava lentamente* | convoglio di navi che procedono insieme per maggior sicurezza | (*est.*) gruppo numeroso e chiassoso di persone: *siamo andati a fare una gita con una c. di amici* **SIN.** brigata, comitiva, compagnia **3** (*sport*) complesso dei concorrenti e del seguito di una corsa ciclistica, spec. a tappe: *la c. del giro d'Italia* **4** (*lett.* o *disus.*) tirocinio, noviziato, pratica: *fare la c.*

carovanièra [av. 1918] **s. f.** ● pista per carovane

carovanière [1908] **s. m.** ● chi guida gli animali di una carovana

carovanièro [1889] **agg.** ● di carovana: *strada, pista carovaniera*

carovìta [comp. di *caro-* e *vita*, sul modello del fr. *vie chère* ✻ 1927] **s. m. solo sing.** ● forte rialzo dei prezzi, spec. dei generi di prima necessità | (*disus., elvet.*) ***indennità di c.***, indennità di contingenza

carovìveri [comp. di *caro-* e *viveri*, sul modello di *carovita* ✻ 1911] **s. m. solo sing.** ● carovita

càrpa [lat. tardo *cărpa(m)*, di orig. germ. (?) ✻ 1663] **s. f.** ● pesce commestibile d'acqua dolce dei Ciprinidi diffuso in molte varietà, con quattro barbigli e il primo raggio della pinna dorsale spiniforme (*Cyprinus carpio*) | ***c. a specchi***, varietà con scaglie molto sviluppate

carpàccio [denominato così da G. Cipriani, fondatore e titolare, a Venezia, dell'Harry's Bar, perché il piatto fu inventato in occasione della mostra del pittore V. *Carpaccio* (1465-1526) ✻ 1963] **s. m.** ● vivanda consistente in carne, gener. filetto, affettata molto sottile, condita con olio e formaggio parmigiano in scaglie e consumata cruda | (*est.*) preparazione simile a base di pesce: *c. di salmone crudo*; *c. di pesce spada*

carpàle [da *carpo* ✻ 1955] **agg.** ● (*anat.*) del carpo: *osso c.* | ***tunnel c.***, canale carpale del polso

†**carpàre** [lat. *cărpere* 'cogliere, staccare' ✻ 1319] **A v. tr.** ● afferrare **B v. intr.** ● andare carponi: *i' mi sforzai carpando appresso lui* (DANTE *Purg.* IV, 50)

carpàtico [1843] **agg.** (**pl. m.** *-ci*) ● dei Carpazi

càrpe dìem [loc. lat., propr. 'cogli il giorno', massima di Orazio (Odi I, 11, 8) ✻ 1913] **loc. sost. m. inv.** ● invito a cogliere i doni e i piaceri del momento, senza fare troppo assegnamento su ciò che la vita potrà offrire in futuro

carpellàre [1869] **agg.** ● relativo al carpello

carpèllo [fr. *carpelle*, dal gr. *karpós* 'frutto' (V. *carpo-*) ✻ 1865] **s. m.** ● (*bot.*) foglia modificata che partecipa alla formazione del pistillo

carpenterìa [1908] **s. f. 1** tecnica di costruzione di strutture portanti in legno o in metallo **2** struttura definitiva o provvisoria di legno o ferro risultante dal lavoro di carpenteria **3** reparto di un cantiere riservato ai carpentieri e ai loro attrezzi

carpentière [provenz. *carpentier*, dal lat. tardo *carpentāriu(m)*, da *carpĕntum* 'carro' ✻ 1308] **s. m.** (**f.** *-a*) **1** operaio che esegue lavori di carpenteria **2** marinaio addetto ai lavori in legno e in ferro

carpènto [vc. dotta, lat. *carpĕntu(m)*, di orig. gallica ✻ 1287] **s. m. 1** antico carro romano, a due ruote **2** †quanto può portare un carro

carpétta [sp. *carpeta*, dal fr. *carpette*, a sua volta dall'it. ant. *carpita* 'coperta', che risale al lat. *cărpere* 'cardare la lana' ✻ 1963] **s. f.** ● (*burocr.*) cartella per documenti

carpiàto [da *carpio* ✻ 1962] **agg.** ● di salto o tuffo eseguito con il corpo in posizione di carpio: *tuffo c.*

carpìgna [etim. incerta ✻ 1881] **s. f.** ● (*bot.*) acetosella

càrpine ➤ **carpino**

carpinèlla [da *carpino* ✻ 1813] **s. f.** ● albero delle Betulacee con scorza bruno-rossastra, foglie ovate leggermente pubescenti, legno rosso molto duro (*Ostrya carpinifolia*) **SIN.** carpino nero

carpinéta [av. 1911] **s. f.** ● terreno coltivato a carpini

carpinéto [1865] **s. m.** ● carpineta

càrpino o **càrpine** [lat. *cărpinu(m)*, di orig. preindeur. (?) ✻ 1340 ca.] **s. m.** ● albero delle Betulacee con corteccia liscia e grigia e foglie doppiamente seghettate (*Carpinus betulus*) | ***c. nero***, carpinella

càrpio [V. *carpione* ✻ 1663] **s. m. 1** (*zool.*) carpione **2** nei tuffi e in ginnastica, posizione del corpo a squadra, con un angolo almeno di 90°, a gambe tese, unite o divaricate: *tuffo, salto con c.*

carpionàre [1561] **v. tr.** (*io carpióno*) ● conservare un pesce fritto in una marinata di aceto e aromi

carpióne [da *carpa* ✻ av. 1367] **s. m. 1** pesce di lago, commestibile, dei Salmonidi, argenteo con dorso bruno-rossastro, vorace predatore (*Salmo carpio*) **2** nella loc. agg. inv. e avv. ***in c.***, modo di cucinare i pesci, spec. il carpione, o le verdure che consiste nel friggerli e nel metterli poi sotto aceto con cipolle e aromi: *trota, anguilla, zucchine in c.*

carpìre [lat. *cărpere* 'cogliere, staccare', di orig. indeur. ✻ av. 1313] **v. tr.** (*io carpìsco, tu carpìsci*) **1** († o *centr.*) raccogliere, prendere: *apresso abbranca el tronco e piegalo, e carpisce el frutto* (L.B. ALBERTI) **2** (*lett.*) strappare via: *Astolfo, perché tutto non se 'l beva, glielo carpì di man con furia pazza* (P. ARETINO) | (*lett.*) sottrarre, portare via con l'inganno o la violenza: *Dormì molto bene, e la detta saccoccia gli fu carpita* (A. POLIZIANO) **3** (*fig.*) riuscire a ottenere con l'astuzia o la frode: *c. un segreto a qlcu.*; *c. il consenso con la menzogna* | ***c. la buonafede di qlcu.***, ingannarne la fiducia | ***c. denaro a qlcu.***, estorcerlo

†**carpìta** [lat. mediev. *carpīta(m vestem)*, dal classico *cărpere* 'prendere, smembrare' (quindi 'scardassare'). V. *carpire* ✻ sec. XIII] **s. f.** ● panno peloso con cui si facevano coperte da letto

càrpo [vc. dotta, lat. tardo *cārpu(m)*, dal gr. *karpós* 'giuntura, polso', di orig. indeur. (?) ✻ 1551] **s. m. 1** (*anat.*) parte ossea compresa fra avambraccio e metacarpo, a formare il polso **2** (*zool.*) regione compresa fra l'avambraccio e lo stinco

càrpo-, -càrpo [dal gr. *karpós* 'frutto', di orig. indeur.] **primo e secondo elemento** ● in parole composte della terminologia scientifica significa 'frutto': *carpologia, endocarpo*

carpocàpsa [comp. di *carpo-* e prob. del gr. *kápsis* 'inghiottimento' ✻ 1955] **s. f.** ● piccola farfalla che allo stadio larvale danneggia piante e frutti (*Carpocapsa pomonella*)

carpologìa [comp. di *carpo-* e *-logia* ✻ 1820] **s. f.** (**pl.** *-gìe*) ● branca della botanica che studia scientificamente i frutti

carpóni o (*raro*) **carpóne** [da *carpare* ✻ 1312] **avv.** ● nella posizione di chi sta o procede con le ginocchia e le mani a terra: *stare, camminare, trascinarsi c.*; *strisciare c. sul pavimento* | con valore rafforz.: ***carpon c.***, quando il movimento si prolunga o è fatto con pena e fatica o con circospezione | anche nella loc. avv. ***a c.***

car pool /kar'pul, *ingl.* 'kɑːˌpuːl/ [loc. ingl., propr. 'consorzio (*pool*) riguardante l'autovettura (*car*)' ✻ 1992] **loc. sost. m. inv.** (**pl. ingl.** *car pools*) ● gruppo di persone che compiono abitualmente un tragitto analogo e si accordano per l'uso di una sola automobile

carràbile [da *carro* ✻ 1942] **agg.** ● che è percorribile con carri e (*est.*) con autoveicoli: *strada c.* | ***passo c.***, tratto di marciapiede antistante un ingresso, inclinato sul bordo per facilitare il passaggio dei veicoli

carradóre o (*raro*) **carratóre** [da *carro* ✻ 1275] **s. m. 1** artigiano che costruisce o ripara carri, barocci e sim. **2** (*sett.*) carrettiere

carrageen /*ingl.* 'kærəˌgiːn/ [da *Carragheen*, n. di una località dell'Irlanda ✻ 1931] **s. m. inv.** ● alga delle Rodoficee, tipica delle coste atlantiche, con tallo carnoso e appiattito dal quale si estrae la carragenina (*Chondrus crispus*)

carragenìna [con iperb. di *carrage(e)n* e *-ina* ✻ 1983] **s. f.** ● sostanza gelatinosa che si ottiene, per bollitura, dal tallo del carrageen, largamente usata nell'industria farmaceutica e alimentare

carràia [lat. **vĭa(m) carrāria(m)* 'strada per carri', da *cărrus* 'carro' ✻ 1302] **s. f. 1** strada carrabile: *Il giorno schietto / d'inverno inasprisce le carraie* (M. LUZI) **2** porta dei palazzi riservata all'entrata e all'uscita dei carri

carràio o †**carràro** [1561] **A agg.** (**pl. m.** *-ai*) ● che consente il transito di carri, autoveicoli e sim.: *passo c.*; *porta carraia* **B s. m. 1** costruttore di carri **2** †carrettiere

carraréccia [da *carro* ✻ av. 1537] **s. f.** (**pl.** *-ce*) **1** strada di campagna percorribile dai carri e, con difficoltà, dalle automobili **2** carreggiata, nei sign. 3 e 4

carrarése (o *-ṣ-*) [1313] **A agg.** ● di Carrara **B s. m. e f.** ● abitante o nativo di Carrara

carrarmàto [1991] **s. m. 1** carro armato (V. *carro* nel sign. 4) **2** pesante suola di gomma provvista di rilievi e scanalature

†**carràro** ➤ **carraio**

carràta [da *carro* ✻ 1266] **s. f.** ● quantità di materiale che si può portare in un carro: *una c. di pietre* | ***a carrate***, (*fig.*) in grande quantità

†**carratèllo** ➤ **caratello**

carratóre ➤ **carradore**

carré /*fr.* ka'ʀe/ [fr., 'quadrato', dal lat. *quadrātu(m)* 'quadrato' ✻ 1839] **A s. m. inv. 1** (*abbigliamento*) sprone **2** lombata **3** nel gioco della roulette, combinazione di quattro numeri riuniti su cui si può puntare **4** pietra preziosa di forma quadrata | tipo di taglio di pietra preziosa **5** tipo di taglio in cui i capelli vengono nettamente pareggiati **B in funzione di agg. inv.** ● nella loc. ***pan c.***, pane in cassetta

carreggiàbile [1750] **A agg.** ● carrabile, carrozzabile **B anche s. f.**: *una c. ampia e comoda*

carreggiaménto [da *carreggiare* ✻ 1881] **s. m.** ● (*geol.*) traslazione, spec. orizzontale, di vaste zone rocciose sopra ad altri terreni per distanze di molti kilometri

carreggiàre [da *carro* ✻ 1291] **A v. tr.**

(**pres.** *io carréggio*; **fut.** *io carreggerò*) ● trasportare con il carro: *c. merci varie*; *c. pietre e sassi* | (**est.**, **lett.**) portare con sé | †percorrere col carro **B** **v. intr.** (**aus.** *avere*) ● (**lett.**) fare trasporti col carro | †viaggiare su un carro

carreggiàta [da *carreggiare* ✱1328] **s. f.** **1** parte della strada percorribile dai veicoli: *la c. Sud, Nord, dell'autostrada* **2** (***fig.***) retta via, giusto cammino | ***stare, mantenersi in c.***, seguire la via giusta; (**est.**) restare in argomento | ***uscire di c.***, deviare dalla retta via; (**est.**) cambiare bruscamente argomento | ***rimettersi in c.***, ritornare sulla retta via, colmare uno svantaggio; (**est.**) rientrare in argomento **3** distanza fra le ruote di un veicolo situate sullo stesso asse **4** traccia delle ruote dei veicoli sulla strada | strada battuta dai carri

carréggio [da *carreggiare* ✱1336] **s. m.** **1** trasporto di cose con il carro | trasporto su vagonetti del minerale estratto nelle miniere: *galleria di c.* **2** (**raro**) transito intenso di veicoli **3** gran numero di carri | complesso dei veicoli al seguito delle truppe per il trasporto dei materiali di reparto **4** nel Medioevo, obbligo di porre gratuitamente i carri a disposizione di un pubblico servizio | imposta sui carri che entravano in città

carrellàbile [da *carrello* ✱1987] **agg.** ● che può essere trasportato su carrello, detto spec. di natante

carrellàre [1965] **v. intr.** (*io carrèllo*; **aus.** *avere*) ● riprendere una scena mediante carrellata

carrellàta [da *carrello* ✱1941] **s. f.** **1** spostamento sul piano orizzontale della cinepresa o della telecamera in qualsiasi direzione | ***c. a seguire***, (**gerg.**) effettuata per seguire un attore in movimento **2** (***fig.***) rapida scorsa, esposizione sommaria **CFR.** panoramica

carrellàto [1955] **agg.** ● montato su carrello | trasportato con carrello | ***artiglierie carrellate***, scomponibili e trainabili in montagna per mezzo di appositi carrelli

carrellìsta [1955] **s. m. e f.** (**pl. m.** *-i*) **1** chi, nelle stazioni ferroviarie, vende cibi e bevande, o giornali e altri oggetti esposti su appositi carrelli **2** operaio addetto agli spostamenti del carrello cinematografico | operaio addetto agli spostamenti delle giraffe nello studio televisivo

♦**carrèllo** [da *carro* ✱1908] **s. m.** **1** telaio metallico montato su ruote con forma e disposizione varia a seconda dell'uso e del carico: *c. portabagagli*; *c. della spesa* | (**autom.**) ***c. tenda***, piccolo rimorchio che si trasforma in una tenda da campeggio | ***c. per veicoli ferroviari***, montato su due o più assi a piccolo interasse, provvisto di dispositivi su cui appoggia il telaio principale del veicolo | ***c. da teleferica***, sospeso a due o più ruote che scorrono su di una fune metallica **2** nel commercio elettronico, pagina che visualizza gli acquisti in corso e l'ammontare delle spese prima della conferma dell'ordine; (**est.**) l'icona che rinvia alla pagina stessa **3** mezzo di trasporto interno ausiliario per le lavorazioni di produzione: *c. trasportatore, elevatore* **4** (**aeron.**) complesso delle ruote e loro supporti in un aereo terrestre per il decollo, l'atterraggio e le manovre al suolo | (**est.**) complesso di pattini, sci, slitte, galleggianti e sim., e loro supporti in un aereo non munito di ruote **5** piattaforma scorrente talvolta su rotaie, sulla quale viene montata la cinepresa per riprese in movimento | ***c. aereo***, fissato al soffitto del teatro di posa, per effettuare carrellate dall'alto **6** nelle imbarcazioni da canottaggio, il sedile scorrevole su rotelle che permette al vogatore di sfruttare anche la spinta delle gambe e, di conseguenza, di aumentare l'ampiezza della palata **7** specie di tavolino montato su quattro rotelle, solitamente a due ripiani, usato per trasportare e servire cibi e bevande **8** nelle macchine per scrivere, organo mobile o fisso, sul quale vengono montati i fogli di carta **9** (*mar.*) ***c. di randa***, guida trasversale che, nelle imbarcazioni a vela, consente la regolazione laterale del punto di scotta della randa **CFR.** trasto || **carrellìno**, **dim.**

carrétta [1282] **s. f.** **1** dim. di *carro* **2** piccolo carro a due ruote e con sponde alte per il trasporto di roba | ***tirare la c.***, (***fig.***) fare lavori faticosi, addossarsi il maggior peso di un'attività, tirare avanti stentatamente **3** (*spreg.*) piroscafo da carico non di linea | (***spreg.***) nave, aereo o veicolo vecchio e malridotto: *c. del mare, del cielo*; *quando ti compri un'auto nuova ed elimini quella c.?* || **carrettèlla**, **dim.** (V.) | **carrettìna**, **dim.**

carrettàio [av. 1573] **s. m.** (**f.** *-aia*, **pl. m.** *-ai*) **1** chi guida la carretta **2** fabbricante o noleggiatore di carrette

carrettàta [1269] **s. f.** ● quanta roba si può trasportare su una carretta o su un carretto | ***a carrettate***, (***fig.***) in grande quantità

carrettèlla [av. 1828] **s. f.** **1** dim. di *carretta* **2** carrozzino per due persone **3** (***fig.***, ***gerg.***) artificioso rallentamento o sottolineatura di una parte della battuta con cui l'attore cerca di provocare l'applauso **SIN.** padovanella

carrettière o †**carrettièro** [provenz. *carratier*, dal lat. *cărrus* 'carro' ✱sec. XIII] **s. m.** (**f.** *-a*) **1** chi guida la carretta o il carro | ***alla carrettiera***, (***ellitt.***) alla maniera dei carrettieri | ***spaghetti alla carrettiera***, con sugo piccante a base di pomodoro e, secondo le regioni, carne o tonno o funghi **2** (***fig.***, ***spreg.***) individuo volgare e sboccato (V. nota d'uso STEREOTIPO) **3** †cocchiere

carrettinìsta [1962] **s. m. e f.** (**pl. m.** *-i*) ● chi espone o vende libri usati o altra merce su un carrettino

carrétto [1258] **s. m.** **1** dim. di *carro* | ***c. siciliano***, a due ruote, con le fiancate e la cassa decorate con arabeschi e figure folcloristiche **2** armatura per sostenere e cambiare le quinte nei teatri || **carrettìno**, **dim.** | **carrettóne**, **accr.** (V.)

carrettonàio [1865] **s. m.** (**f.** *-aia*, **pl. m.** *-ai*) ● (*tosc.*) chi guida o trasporta materiale col carrettone

carrettonàta [1865] **s. f.** ● (*raro*) carico trasportato su un carrettone

carrettóne [1385] **s. m.** **1** accr. di *carretto* **2** grosso carro a sponde alte, di cui quella posteriore abbassabile, usato per trasportare calcinacci, letame e sim. | carro a quattro ruote col quale si esercitano i cavalli al traino **3** (*centr.*) carro funebre | cellulare **4** †carrettiere

carriàggio o **cariàggio** [fr. *chariage*, dal lat. *cărrus* 'carro' ✱1313] **s. m.** **1** carro robusto e pesante, a quattro ruote, impiegato un tempo per il trasporto dei bagagli e dei materiali vari al seguito delle truppe **2** (**spec. al pl.**) insieme dei trasporti a ruote e del relativo materiale caricato di un esercito

♦**carrièra** [provenz. *carreira*, V. *carraia* ✱1266] **s. f.** **1** la via scelta negli studi, nella professione, nel lavoro: *la c. militare, forense, medica* | successione di promozioni, incarichi e sim. all'interno di una data professione: *possibilità di c.*; *prospettive di c.* | ***far c.***, procedere bene nella professione prescelta, ottenendo promozioni e avanzamenti e raggiungendo i livelli più alti | ***in c.***, detto di chi sta impegnandosi per far carriera: *donne in c.* **2** andatura naturale più veloce del cavallo che procede a grandi balzi accentuando i movimenti del galoppo **3** (**est.**) corsa: *andare di c.*, *di gran c.* **4** †spazio assegnato alla corsa dei carri o dei cavalli || **carrieróna**, **accr.** | **carrieróne**, **accr. m.**

carrierìsmo [1918] **s. m.** ● grande ambizione di fare carriera

carrierìsta [da *carriera* ✱1918] **s. m. e f.** (**pl. m.** *-i*) ● chi cerca con ogni mezzo di far carriera

carrierìstico [av. 1937] **agg.** (**pl. m.** *-ci*) ● del carrierismo | da carrierista || **carrieristicaménte**, **avv.**

♦**carriòla** o (*pop.*) **cariòla**, †**cariuòla** [da *carro* ✱av. 1328] **s. f.** **1** piccola carretta a mano, con una ruota e due stanghe, per trasportare materiali a breve distanza **2** quantità di materiale che può entrare in una carriola **3** carretto a una ruota degli arrotini ambulanti

carriolànte o (*pop.*) **cariolànte** [av. 1936] **s. m.** **1** manovale addetto al trasporto con carriola del materiale di sterro **2** operaio agricolo addetto ai trasporti con carri a traino animale

carrìsta [da *carro* ✱1938] **A** **s. m. e f.** (**pl. m.** *-i*) ● soldato appartenente alla specialità di fanteria dotata di carri armati **B** **agg.** ● relativo a specialità della fanteria dotata di carri armati: *unità carriste*

♦**càrro** [lat. *cărru(m)* 'carro a quattro ruote', di orig. gallica, della stessa orig. del lat. *curru(m)* 'carro a due ruote', da avvicinare a *cŭrrere* 'correre' ✱1282] **s. m.** (**pl.** *càrri* **m.**, †*càrra* **f.** **spec. nel sign. 2**) (*Càrro* **nel sign. 6**) **1** veicolo a trazione animale o meccanica, usato per il trasporto di materiali da costruzione o di merci in genere | ***mettere il c. davanti ai buoi***, (***fig.***) parlare, agire, fare proposte e sim., in modo prematuro | ***l'ultima ruota del c.***, (***fig.***) chi conta meno di tutti | ***c. funebre***, per il trasporto dei cadaveri | ***c. allegorico***, carro con figure allegoriche allestito in occasione di rievocazioni storiche o sfilate di carnevale | ***c. botte***, cisterna per spargere liquidi o per trattamenti antiparassitari | ***c. frigorifero***, per trasportare e conservare merci deperibili | ***c. riparazioni***, ***c. a torre***, munito di una torretta estensibile sormontata da una piattaforma, usato per riparare linee elettriche, tranviarie e sim. | ***c. serbatoio***, autobotte | ***c. rifiuti***, attrezzato per la raccolta dei rifiuti | ***c. pompa***, autopompa | ***c. attrezzi***, V. *carroattrezzi* | V. anche *carrogrù* | ***c. marsupio***, veicolo a due piani per il trasporto di autoveicoli su lunghe distanze | ***c. falcato***, antico carro da guerra, armato lateralmente di falci taglienti | ***c. ferroviario***, adibito in ferrovia al trasporto delle merci, del bestiame o per usi speciali: *c. merci*, *c. bestiame* | ***saltare sul c. del vincitore***, (***fig.***) schierarsi opportunisticamente dalla parte di chi ha vinto **2** quantità di materiale contenuto in un carro: *un c. di legna, di ghiaia* | antica misura di volume: *due carri di legna* **3** ***c. di Tespi***, teatro ambulante **4** ***c. armato***, autoveicolo da combattimento, interamente chiuso, corazzato, mosso da cingoli e armato di cannone e di mitragliatrici di vario calibro; (***fig.***) persona che agisce con grande determinazione, superando ostacoli e impedimenti **5** parte inferiore di carrozze, calessi e sim. **6** (***astron.***, ***pop.***) denominazione delle costellazioni dell'Orsa maggiore e dell'Orsa minore | ***Gran C.***, l'Orsa maggiore | ***Piccolo C.***, l'Orsa minore **7** una delle figure nel gioco dei tarocchi **8** †cocchio || **carrétta**, **dim. f.** (V.) | **carrétto**, **dim.** (V.) | **carrùccio**, **dim.**

carroattrézzi o **càrro attrézzi** [comp. di *carro* e *attrezzi* ✱1890] **s. m.** (**pl. inv.** o *carriattrézzi*) ● automezzo attrezzato per l'assistenza agli autoveicoli, per il loro traino e sim.

carròbbio ① [vc. dell'Italia sett., lat. *quadrŭviu(m)*, comp. di *quăttuor* 'quattro' e *vĭa* 'via' ✱

1842] **s. m.** • quadrivio

†**carróbbio**② ➤ **carrubo**

carròccio [da *carro* ✻ av. 1250] **s. m.** • carro da guerra degli antichi comuni italiani, di cui simboleggiava la libertà, a quattro ruote, trainato da buoi, pavesato con insegne e stendardi, con un altare e una campana, sempre difeso da milizie sceltissime | (*polit.*) nel linguaggio giornalistico, il movimento politico Lega Nord

C

carrogrù o **càrro gru** [comp. di *carro* e *gru* ✻ 1964] **loc. sost. m.** (**pl.** *carrigrù*) • automezzo fornito di gru per sollevare e spostare carichi

carronàta [fr. *caronade*, dall'ingl. *carronade*, dal paese di *Carron* in Scozia, dove fu fabbricata ✻ 1790] **s. f.** • cannone usato fino al 1800 su vascelli, fregate e corvette a vela per il tiro con palla piena o con mitraglia

carropónte [comp. di *carro* e *ponte* ✻ 1942] **s. m.** (**pl.** *carripónte*) • apparecchio di sollevamento costituito da una trave orizzontale metallica, mobile su due rotaie, su cui scorre un carrello-argano

carropontìsta [1955] **s. m. e f.** (**pl. m.** *-i*) • operaio addetto al carroponte

♦**carròzza** [da *carro* ✻ 1575] **s. f.** **1** vettura per il trasporto di persone, a quattro ruote, con o senza mantice, trainata da cavalli | (*fig.*) ***andare in paradiso in c.***, pretendere di avere qlco. di molto ambito senza fatica né sacrifici **2** veicolo ferroviario destinato al trasporto di persone: *c. di 1ª, di 2ª classe*; *c. salone, letti, ristorante*; *signori, in c.!* **3** ***mozzarella in c.***, preparazione gastronomica tipica della cucina napoletana, consistente in due fette di pan carré (o, tradizionalmente, di pane campano raffermo) con in mezzo mozzarella e filetti d'acciuga, imbevute d'uovo e fatte friggere ‖ **carrozzèlla**, **dim.** (V.) | **carrozzétta**, **dim.** (V.) | **carrozzìna**, **dim.** (V.) | **carrozzìno**, **dim. m.** (V.) | **carrozzóne**, **accr. m.** (V.)

carrozzàbile [1651] **A** **agg.** • di strada percorribile dalle carrozze e (*est.*) dagli autoveicoli **B** **s. f.** • strada carrozzabile

carrozzàio [av. 1673] **s. m.** (**f.** *-aia*, **pl. m.** *-ai*) **1** chi fabbrica o ripara carrozze **2** (*centr.*) meccanico che ripara carrozzerie

carrozzàre [da *carrozza* ✻ 1942] **v. tr.** (*io carròzzo*) • fornire, provvedere un veicolo di carrozzeria

carrozzàta [1668] **s. f.** • quantità di persone che stanno in una carrozza

carrozzàto **part. pass.** di *carrozzare*; anche **agg.** **1** nei sign. del v. **2** (*pop.*, *scherz.*) ***ben carrozzata***, detto di donna di forme belle e procaci

carrozzèlla [av. 1886] **s. f.** **1** dim. di *carrozza* **2** vettura pubblica a cavalli, a Roma e a Napoli **3** piccolo veicolo per invalidi, mosso a mano o da un motore **4** carrozzina, nel sign. 2

SFUMATURE DI SIGNIFICATO

carrozzella - carrozzina

La sedia a rotelle destinata al trasporto di invalidi si definisce **carrozzella**; la **carrozzina** è invece una sorta di lettino montato su ruote, utilizzata per portare a passeggio i neonati.

carrozzerìa [1908] **s. f.** **1** parte dell'autoveicolo destinata a ospitare i passeggeri o le merci | ***c. portante***, che costituisce un'intelaiatura rigida per cui non necessita di un telaio e porta essa stessa il motore e gli altri organi meccanici | (*est.*) azienda od officina che costruisce o ripara carrozzerie **2** (*pop.*, *scherz.*) forme femminili piene e procaci: *hai visto che c.?*

carrozzétta [av. 1642] **s. f.** **1** dim. di *carrozza* **2** carrozzina, nel sign. 2 **3** carrozzino, nel sign. 3

carrozzière [1612] **s. m.** **1** †carrozzaio, nel sign. 1 **2** (**f.** *-a*) meccanico che ripara carrozzerie | chi progetta e costruisce carrozzerie **3** chi, un tempo, dava carrozze a nolo | (*lett.*) cocchiere: *Il vecchio c. ... s'era svegliato dall'alto della cassetta* (I. Calvino)

carrozzìna [1887] **s. f.** **1** dim. di *carrozza* **2** specie di lettino, montato su ruote e spinto a mano, per portare a passeggio i neonati
SFUMATURE ➤ *carrozzella*

carrozzìno [av. 1642] **s. m.** **1** dim. di *carrozza* **2** piccola carrozza elegante, comunemente a due posti, trainata da un solo cavallo **3** piccolo veicolo a una ruota fissato a lato di una motocicletta **SIN.** sidecar **4** carrozzina, nel sign. 2

carrozzóne [1865] **s. m.** **1** accr. di *carrozza* **2** mezzo di trasporto abituale dei circhi nomadi **3** (*tosc.*) carro funebre **SIN.** carrettone **4** (*raro*) cellulare della polizia, per il trasporto dei detenuti **5** (*fig.*, *spreg.*) ente od organismo, spec. pubblico, pletorico e inefficiente | ***c. legislativo***, complesso confuso e disorganico di leggi o provvedimenti governativi

carrùba o †**carùba** [1310] **s. f.** • frutto del carrubo, consistente in un legume di forma piatta con esocarpo coriaceo di color violetto e grosso mesocarpo con polpa biancastra e dolce

†**carrùbbio** ➤ **carrubo**

carrubéto [1962] **s. m.** • terreno coltivato a carrubi

carrùbo o †**carùbo**, †**carrùbbio**, †**carróbbio**② [arabo *ḫarrūb* ✻ 1395] **s. m.** • albero sempreverde delle Papilionacee con foglioline larghe, coriacee, di color verde scuro, fiori senza corolla in grappoli rossastri e frutto commestibile (*Ceratonia siliqua*): *dove il c. trema nel fumo delle stoppie* (S. Quasimodo)

carrùcola [dal lat. *carrūca(m)* 'carro a quattro ruote', di orig. gallica, come *carro* ✻ 1306] **s. f.** • macchina semplice per sollevare pesi, costituita da un disco con una scanalatura (o gola) nella quale scorre una fune: *c. fissa, mobile* ‖ **carrucolétta**, **dim.** | **carrucolìna**, **dim.**

carrucolàre [1547] **v. tr.** (*io carrùcolo*) **1** (*raro*) sollevare qlco. con la carrucola | (*est.*, *lett.*) trascinare **2** (*fig.*) †abbindolare

carrùga [lombardo *carüga*, comp. del lat. *erūca* 'bruco' e forse *cāries* (V. *carie*) ✻ 1869] **s. f.** • insetto dei Coleotteri simile al maggiolino, ma più tozzo, con livrea dai riflessi metallici, divoratore delle foglie della vite (*Anomalia vitis*)

carrùggio o **carrùgio**, **carùggio** [vc. genovese, lat. *quadrŭviu(m)*. V. *carrobbio*① ✻ 1939] **s. m.** • (*ligure*) strada stretta, tipica delle città liguri

car sharing /kar'ʃerin(g), *ingl.* 'kɑːˌʃɛəriŋ/ [loc. ingl., comp. di *car* 'automobile' e *sharing* 'compartecipazione', da *to share* 'spartire' ✻ 1994] **loc. sost. m. inv.** • autonoleggio secondo una formula che prevede una quota fissa annuale e pagamenti in base all'utilizzo effettivo

càrsico [1889] **agg.** (**pl. m.** *-ci*) **1** del Carso: *regione carsica* **2** relativo al carsismo: *fenomeno c.* | detto di rilievo calcareo solcato da fenditure tali da permettere un rapido assorbimento delle acque e uno sviluppo della loro circolazione sotterranea **3** (*fig.*) che riemerge dopo un periodo di latenza

carsìsmo [da *Carso* ✻ 1942] **s. m.** • complesso dei fenomeni dovuti all'azione chimica delle acque meteoriche su rocce calcaree fessurate, tipici della regione del Carso

carsolino [1912] **A** **agg.** • del Carso: *Amo queste donne carsoline* (S. Slataper) **B** **s. m.** (**f.** *-a*) • abitante o nativo del Carso

♦**càrta** [lat. *chărta(m)*, dal gr. *chártēs*, di etim. incerta ✻ 1219] **s. f.** **1** prodotto ottenuto per feltrazione di fibre cellulosiche e ridotto, per disidratazione ed essiccamento, a falde sottili: *c. di legno, di seta*; *c. a mano, di Fabriano*; *c. da lettere, da imballaggio, da pacchi, da disegno, da musica*; *c. vetrata, oleata, moschicida, smerigliata, vergata, velina* | ***c. assorbente***, per asciugare l'inchiostro subito dopo avere scritto | ***c. abrasiva***, cosparsa di granuli di pomice, silice, vetro e sim., usata spec. per la levigatura | ***c. crespata***, con grinze ravvicinate e continue | ***c. filigranata***, che porta nella pasta una filigrana di vario tipo | ***c. igienica***, sottile, per l'igiene intima del corpo | ***c. kraft***, carta da pacco | ***c. patinata***, levigata e resistente, ricoperta da una patina che la rende adatta alla stampa di illustrazioni | ***c. pergamena***, di aspetto pellicolare e trasparente | ***c. reattiva***, che col cambiamento di colore rivela la reazione della sostanza con cui viene a contatto | ***c. india*** o ***Oxford***, carta molto leggera e sottile impiegata nella stampa di libri con un numero molto elevato di pagine: *una Bibbia in c. india* | ***c. da parati***, patinata e successivamente stampata, anche lavabile, usata per tappezzerie | ***c. da zucchero***, V. *zucchero* | V. anche *cartacarbone*, *cartamoneta*, *cartapecora*, *cartapesta*, *cartastraccia* **2** (*est.*) foglio, pagina | ***affidare alla c., mettere su c., prendere c. e penna***, scrivere | ***sulla c.***, in teoria: *sulla c. la nostra squadra è più forte* | ***restare sulla c.***, non venire realizzato: *progetti che resteranno sulla c.* | (*fig.*) ***mandare, andare a carte quarantotto***, mandare, andare all'aria, a catafascio | ***dare c. bianca***, (*fig.*) dare piena libertà di agire | ***c. stampata***, i giornali, i periodici, i libri | ***c. bollata, da bollo, legale***, foglio richiesto per il compimento di alcuni atti, gravato da bollo ordinario | ***c. libera***, semplice, non bollata | ***c. protocollo***, rigata e con margine per scritture cui si vuol dare ordine o solennità | (*raro*) lettera, biglietto | ***c. da visita***, biglietto da visita | **PROV.** ***c. canta e villan dorme***, V. *villano* **3** (*est.*) in un ristorante, lista: *c. dei dessert*; *c. dei vini* | (*per anton.*) lista delle vivande | ***mangiare alla c.***, scegliendo i piatti nella lista delle vivande, non a prezzo fisso **4** documento: *c. notarile* | ***c. d'identità***, documento personale di riconoscimento rilasciato dal comune di residenza | (*pop.*) ***c. annonaria***, tessera annonaria | (*banca*) ***c. di credito***, tessera magnetica rilasciata da una banca o altro istituto che permette al titolare di fruire di beni e servizi senza esborso di contanti | (*banca*) ***c. assegni***, rilasciata da una banca, garantisce il pagamento da parte della banca stessa degli assegni emessi dal titolare fino a un importo massimo stabilito | (*banca*) ***c. di debito*** o ***di addebito***, tessera magnetica che abilita il titolare a pagare mediante giroconto immediato, con addebito sul proprio conto corrente, i beni e servizi acquistati presso dei punti vendita collegati a una rete di trasmissione elettronica dei dati | ***c. telefonica prepagata***, scheda telefonica (V. *scheda*) | ***c. di credito telefonica***, tessera magnetica che permette di effettuare, tramite apparecchi abilitati, chiamate da addebitarsi in bolletta | ***c. SIM***, V. *SIM*② | ***c. d'argento***, tessera personale rilasciata da vari enti, come le Ferrovie dello Stato, alle persone che abbiano compiuto 60 anni di età; consente di usufruire di sconti e agevolazioni per viaggi, spettacoli e sim. | ***c. verde***, documento di colore verde che attesta che un autoveicolo è assicurato contro i danni ai terzi, anche nei Paesi stranieri; documento rilasciato dalle Ferrovie dello Stato ai giovani dai 12 ai 26 anni di età, che consente di usufruire di riduzioni sul prezzo dei biglietti | ***mettere sulla c.***, stendere per iscritto dichiarazioni, impegni contrattuali e sim. | ***pezzo di c.***, V. *pezzo* | ***c. di autodetermina-***

zione, testamento biologico | ***avere le carte in regola***, disporre dei documenti richiesti; (*fig.*) essere qualificato per svolgere determinate attività | ***fare carte false***, (*fig.*) fare di tutto per riuscire in qlco. | ***carte di bordo***, documenti che i comandanti di navi devono tenere a bordo | ***c. d'imbarco***, tagliando rilasciato da una compagnia aerea o di navigazione che il passeggero deve consegnare al personale di controllo al momento dell'imbarco **5** dichiarazione solenne di principi: *c. atlantica* | legge fondamentale, costituzione, statuto di uno Stato o di enti od organi internazionali: *c. costituzionale*; *c. delle Nazioni Unite* | ***c. di Treviso***, raccolta di norme comportamentali di autodisciplina sottoscritta nel 1995 da giornalisti e altri operatori della comunicazione per tutelare il diritto alla riservatezza dei minori **6** (**al pl.**) scritti di vario genere, conservati e raccolti in archivi e sim.: *quante carte polverose!*; *da queste carte riaffiora la vita dei secoli passati* | ***le sacre carte***, la Bibbia **7** ***c. geografica***, rappresentazione su un foglio, ridotta in scala e con uso di simboli convenzionali, di una parte o di tutta la superficie terrestre | ***c. fisica, politica, geologica, climatica, economica, etnica, linguistica, meteorologica, stradale***, a seconda dell'aspetto prevalente evidenziato | ***c. topografica***, con scala da 1:10 000 a 1:200 000 | ***c. corografica***, con scala da 1:200 000 a 1:1 000 000 | ***c. generale***, con scala superiore a 1:1 000 000 | ***c. muta***, carta geografica priva dei nomi dei luoghi | ***c. celeste***, rappresentazione piana della sfera celeste o di singole parti di essa | ***c. nautica***, che mette in evidenza gli elementi utili alla navigazione (profondità delle acque, correnti, fari, scogli affioranti, ecc.) **8** (**spec. al pl.**) ciascuno dei cartoncini figurati riuniti in mazzo, per vari giochi di abilità o di azzardo | ***carte francesi***, che hanno per semi cuori, quadri, fiori, picche | ***carte italiane***, che hanno per semi spade, bastoni, denari e coppe | ***fare le carte***, mescolarle e distribuirle prima di un gioco | ***dare le carte***, distribuirle | ***calare le carte***, metterle sul tavolo | ***cambiare le carte in tavola***, (*fig.*) esprimersi o agire in modo intenzionalmente ingannevole | ***mettere le carte in tavola***, (*fig.*) esprimersi o agire con franchezza | ***giocare l'ultima c.***, (*fig.*) fare l'estremo tentativo | ***avere buone carte in mano***, (*fig.*) disporre di elementi favorevoli al successo | ***imbrogliare le carte***, (*fig.*) creare confusione | ***a carte scoperte***, (*fig.*) senza nascondere nulla | ***leggere le carte, fare le carte***, predire il futuro per mezzo delle carte | ***farsi fare le carte***, farsi predire il futuro da una cartomante **9** l'insieme delle cambiali che costituiscono il portafoglio di una banca | ***c. commerciale***, cambiale finanziaria **10** (*fam.*) banconota: *una c. da duecento euro* | (*borsa*) titoli obbligazionari o azionari contrapposti al denaro contante o ai valori immobiliari | ***c. contro c.***, acquisto di titoli azionari in cambio di altri titoli azionari **11** (*fig.*) nella loc. ***di c.***, detto di cosa fragile, poco robusta: *stomaco, nervi di c.* | ***tigre di c.***, chi lancia minacce senza poi saperle o poterle attuare per intrinseca debolezza | ***c. straccia***, V. *cartastraccia* ‖ **cartàccia**, **pegg.** (V.) | **cartina**, **dim.** (V.) | †**cartùccia**, **dim.** (V.)

cartacarbóne o **càrta carbóne** [comp. di *carta* e *carbone* ✻ 1913] **s. f.** (**pl.** *cartecarbóne*) ● carta leggera con patina colorata o nera a base di cera, oli vegetali e colori all'anilina che si interpone tra fogli per ottenere più copie di uno scritto

cartàccia [av. 1535] **s. f.** (**pl.** *-ce*) **1** pegg. di *carta* | carta che si butta **SIN.** cartastraccia **2** complesso di carte e cartoni usati, sottoposti al macero per la rigenerazione della pasta **3** nel gioco, carta di poco valore **4** (*spreg.*) carta stampata di nessun pregio o valore: *bruciate quella c.!*

cartàceo [vc. dotta, lat. tardo *chartăceu(m)*, agg. di *chărta* 'carta' ✻ av. 1730] **agg.** ● di carta: *ritagli cartacei* | su carta (spec. rispetto a ciò che è informatizzato): *dizionario c.*; *archivio c.*; *l'edizione cartacea di un giornale* | (*est.*) simile alla carta | ***ludi cartacei***, (*spreg.*) nel linguaggio del fascismo, le elezioni democratiche; (*fig., scherz.*) polemiche giornalistiche

cartaginése (o -ṣ-) [vc. dotta, lat. *Carthaginiēnse(m)*, da *Carthāgo*, genit. *Carthāginis* 'Cartagine' ✻ 1258] **A** **agg.** ● dell'antica Cartagine **B** **s. m. e f.** ● abitante o nativo dell'antica Cartagine

cartaglòria [carta su cui è scritto il *Gloria in excelsis* ✻ 1797] **s. f.** (**pl.** *carteglòrie* o *cartaglòrie* o *carteglòria*) ● ciascuna delle tabelle che si ponevano al centro dell'altare e ai due lati, con scritti testi della liturgia della Messa

cartàio [da *carta* ✻ av. 1556] **s. m.** (**f.** *-aia*, **pl. m.** *-ai*) **1** chi fabbrica o vende carta o carte da gioco **2** operaio dell'industria cartaria **3** artigiano che mette la carta da parati **4** chi distribuisce le carte giocando

càrtamo [arabo *qurṭum* ✻ sec. XIV] **s. m.** ● pianta erbacea delle Composite con foglie a margine spinoso e fiori gialli in capolini (*Carthamus tinctorius*) **SIN.** zafferano falso, zafferanone

cartamodèllo [comp. di *carta* e *modello* ✻ 1963] **s. m.** ● modello tagliato in carta, per l'esecuzione di un indumento

cartamonéta o **càrta monéta** [comp. di *carta* e *moneta* ✻ 1834] **s. f. solo sing.** ● (*banca*) moneta costituita dai biglietti di banca emessi dalla Banca centrale o dal Tesoro

cartamùṣica [calco sul sardo *papperemùsica* per la sua sottigliezza ✻ av. 1936] **s. f. inv.** ● tipo di pane sardo a forma di disco molto sottile e croccante, adatto a essere conservato a lungo

cartapècora o (*raro*) **càrta pècora** [comp. di *carta* e *pecora* ✻ 1353] **s. f.** (**pl.** *cartapècore, raro cartepècore*) **1** pergamena animale | (*fig.*) ***faccia di c.***, incartapecorita, grinzosa **2** (*est.*) documento, scritto su pergamena: *mia madre fruga / tutte le cartapecore / degli scaffali* (G. D'ANNUNZIO)

cartapésta [comp. di *carta* e *pesta* (part. pass. f. di *pestare*) ✻ 1618] **s. f.** (**pl.** *cartapéste* o *cartepéste*) ● mistura di carta macerata, argilla, colla e altro usata per fabbricare statue, statuine, fantocci, bambole, e sim. | (*fig.*) ***gente di c.***, debole e fiacca | (*fig.*) ***eroe di c.***, che vanta una falsa gloria

cartàrio ① [1962] **agg.** ● che riguarda la fabbricazione della carta: *industria cartaria*

cartàrio ② [lat. tardo *chartărium*, da *chărta* 'carta' ✻ 1838] **s. m.** ● raccolta dei titoli e dei documenti relativi a un ente, a un'istituzione, a una persona

cartastràccia o **càrta stràccia** [comp. di *carta* e il f. di *straccio* ① ✻ av. 1535] **s. f.** (**pl.** *cartestràcce*) **1** carta già usata **2** carta scadente adatta a fare pacchi **3** (*fig.*) scritto o cartamoneta di nessun valore

cartaṣùga [comp. di *carta (a)s(ci)uga(nte)* ✻ 1913] **s. f.** (**pl.** *carteṣùghe*) ● (*raro*) carta asciugante

cartàta [1855] **s. f.** ● quanto si può avvolgere in un foglio di carta: *una c. di biscotti* **SIN.** cartoccio

cartavetràre [da *carta vetra(ta)*, con suff. verbale ✻ 1973] **v. tr.** (*io cartavétro*) ● rendere liscia una superficie, passandovi sopra la carta vetrata, spec. nelle tecnologie dei carrozzieri automobilistici, falegnami e mobilieri

carteggiàre [da *carta* ✻ 1536] **A** **v. intr.** (**pres.** *io cartéggio*; **fut.** *io carteggerò*; **aus.** *avere*) **1** in marina e aeronautica, effettuare il carteggio **2** (*lett.*) corrispondere con qlcu. mediante lettere **B** **v. tr.** **1** lisciare una superficie passandovi sopra la carta vetrata, spec. nelle tecnologie dei carrozzieri automobilistici, falegnami e dei mobilieri **2** †sfogliare un libro

cartéggio [da *carteggiare* ✻ 1742] **s. m.** **1** corrispondenza epistolare: *s'avviò tra le due parti un c. … continuato* (A. MANZONI) **2** (*est.*) raccolta delle lettere scambiate con altri da un personaggio: *il c. Cavour-Nigra* **3** complesso delle operazioni grafiche e di calcolo, effettuate dal navigatore sulle carte nautiche e aeronautiche per preparare e controllare la navigazione marittima e aerea

cartel /fr. kaʀ'tɛl/ [vc. fr., dall'it. *cartello* ① ✻ 1983] **s. m. inv.** ● orologio a pendolo da muro

♦**cartèlla** [dim. di *carta* ✻ 1553] **s. f.** **1** foglio recante scritte, spec. a stampa, con indicazioni varie | ***c. della lotteria***, biglietto numerato di una lotteria | ***c. della tombola***, cartoncino con una serie di numeri per il gioco della tombola | ***c. clinica***, negli ospedali e nelle cliniche, scheda personale su cui vengono annotati tutti i dati (anamnesi, analisi, diagnosi, terapia, decorso della malattia e sim.) relativi a un ricoverato | ***c. esattoriale***, avviso inviato ai contribuenti per specificare gli importi dovuti per imposte, tasse e sim. | ***c. pazza***, nel linguaggio giornalistico, cartella esattoriale contenente richieste erronee di pagamenti non dovuti **2** (*tipogr.*) unità di misura della lunghezza di un testo pari a un numero di caratteri generalmente compreso fra 1500 e 2000: *una traduzione di 200 cartelle* **3** documento, certificato di credito: *c. fondiaria, esattoriale* | ***c. di rendita***, titolo rappresentativo di una obbligazione dello Stato **4** tabella variamente incorniciata, inserita in un'opera di architettura, scultura o pittura come motivo puramente ornamentale o per contenere iscrizioni **5** custodia di vario materiale per fogli, libri, fascicoli e sim.: *la c. dell'avvocato*; *ogni studente ha la sua c.* **6** ciascuna delle due piastre parallele, per lo più di ottone, tra cui sono incastrati il castello e gli assi delle ruote di un orologio **7** piastra su cui è sistemato il meccanismo d'accensione delle antiche armi da fuoco, alla cui cassa è fissata con viti | in molte armi moderne a ripetizione e automatiche, copertura del meccanismo di caricamento e sparo **8** (*inform.*) rappresentazione grafica di una directory, contraddistinta da un nome e da un'icona a forma di contenitore per fogli **SIN.** folder ‖ **cartellétta**, **dim.** | **cartellina**, **dim.**

cartellàre [1830] **A** **v. intr.** ● (*disus.*) pubblicare cartelli, libelli **B** **v. tr.** ● (*disus.*) sfidare qlcu. a duello

cartellàrio [1865] **s. m.** ● mobile per documenti

cartellàta [dal pugliese *carteddata* ✻ 1931] **s. f.** ● (*cucina*, **spec. al pl.**) piccolo dolce natalizio pugliese costituito da un nastrino di pasta sfoglia a forma di piccola rosa, fritto nell'olio e condito con miele, zucchero e cannella

cartellièra [1940] **s. f.** ● mobile in cui si dispongono ordinatamente cartelle con documenti, carteggi e sim.

cartellinàre [1957] **v. tr.** ● munire di cartellino: *c. le bottiglie*

cartellìno [1846] **s. m.** **1** dim. di *cartello* ① **2** foglietto, cartoncino e sim. applicato su vari oggetti, con indicazioni relative a essi: *applicare un c. su un libro*; *esporre le merci col c. del prezzo* **3** modulo contenente indicazioni di vario tipo: *c. segnaletico, bibliografico, d'iscrizione* | ***c. di presenza***, quello che i lavoratori subordinati timbrano quotidianamente all'inizio e alla fine d'ogni periodo di lavoro | ***timbrare il c.***, (*est.*) essere un lavoratore dipendente **4** (*sport*) documento ufficiale dell'identità di un atleta che, firmato, lo vincola a una società per una o più stagioni **5** (*sport*) *c. rosso, giallo*, quello che l'arbitro di calcio mostra al giocatore per segnalargli rispettivamente l'espulsione o l'ammonizione; (*fig.*) sanzione, ammonimento più o meno severi

C

cartellìsta [da *cartello*② ✱ 1934] **A** **s. m. e f.** (**pl. m.** *-i*) ● chi appartiene a un cartello economico o politico **B** **agg.** ● cartellistico

cartellìstico [1933] **agg.** (**pl. m.** *-ci*) ● relativo ai cartelli economici o politici

♦**cartèllo**① [da *carta* ✱ 1483] **s. m. 1** avviso, scritto o stampato su vari materiali, spec. per comunicazioni pubbliche: *c. pubblicitario*; *c. indicatore, stradale* | *c. di riserva*, indica proibizione riservata di caccia | *c. di bandita*, indica un luogo dove si alleva e si protegge la selvaggina e dove la caccia è vietata a tutti | *c. di sfida*, biglietto recante la sfida a un duello | *artista di c.*, molto noto, famoso | (*est.*) tavoletta di legno o cartone affissa a un'asta e contenente scritte varie che i dimostranti inalberano nei cortei, nelle riunioni e sim. **2** insegna di un negozio **3** iscrizione sul dorso del libro **4** †libello diffamatorio | †scritto infamante appeso al collo dei condannati **5** †piccola targa con stemma ‖ **cartellétto**, **dim.** | **cartellìno**, **dim.** (V.) | **cartellóne**, **accr.** (V.)

cartèllo② [ted. *Kartell*, in orig. 'cartello di sfida' ✱ 1892] **s. m. 1** (*econ.*) accordo tra imprese concorrenti diretto a disciplinare la concorrenza: *c. di prezzi, di divisione di zona* | *c. bancario, interbancario*, accordo tra le varie banche riguardante spec. le condizioni da concedere ai clienti in vigore prima dell'emanazione delle norme per la tutela della concorrenza | *c. doganale*, accordo di cooperazione tra più Stati per prevenire e reprimere il contrabbando **2** (*est.*) alleanza tra forze o gruppi che perseguono scopi comuni: *c. delle sinistre*

♦**cartellóne** [1661] **s. m. 1** accr. di *cartello*① **2** grande e vistoso manifesto pubblicitario **3** tabella coi 90 numeri del gioco della tombola, per riscontro dei numeri usciti **4** nel calcio e sim., programma delle partite di una giornata di campionato | in altri sport, elenco degli iscritti a una competizione **5** programma di una stagione teatrale, musicale o cinematografica | *tenere il c.*, (*fig.*) detto di spettacolo che esercita un forte richiamo sul pubblico e che si rappresenta da tempo

cartellonìsta [1910] **s. m. e f.** (**pl. m.** *-i*) ● chi si dedica alla realizzazione dei cartelloni pubblicitari

cartellonìstica [1935] **s. f.** ● arte e tecnica del cartellonista

càrter /ˈkarter, *ingl.* ˈkɑːtə(r)/ [dal n. dell'inventore J.H. *Carter* ✱ 1905] **s. m. inv.** ● involucro metallico che protegge parti mobili di macchine, talora anche con funzioni di deposito dell'olio lubrificante; in particolare, copricatena di biciclette e motociclette

cartesianìsmo [av. 1764] **s. m.** ● movimento filosofico dei secoli XVII e XVIII ispirato al razionalismo di Cartesio

cartesiàno [fr. *cartésien*, da *Cartesius*, forma latinizzata di R. *Descartes* (1596-1650) ✱ 1711] **A** **agg. 1** di Cartesio: *razionalismo c.* **2** (*fig.*) caratterizzato da razionalità, chiarezza e sim.: *ragionamento c.*; *ha una mente cartesiana* **3** (*mat.*) *assi cartesiani*, sistema di assi di riferimento, in genere ortogonali, per il tracciamento di diagrammi ‖ **cartesianaménte**, **avv.** **B** **s. m.** (**f.** *-a*) ● seguace della filosofia di Cartesio

cartevalóri o **càrte valóri** [comp. del pl. di *carta* e del pl. di *valore* ✱ 1906] **s. f. pl.** ● termine generico con cui si designano vari documenti cartacei aventi valore negli scambi, quali cartamoneta, titoli azionari, cedole di Stato, assegni, francobolli e sim.

carticìno [da *carta* ✱ 1865] **s. m. 1** foglio di quattro pagine intercalato in un normale foglio di stampa **2** foglio di quattro pagine incorporato in un libro per specificare eventuali errata-corrige

cartièra [1607] **s. f. 1** stabilimento dove si fabbrica la carta **2** (*iron.*, *econ.*) società che emette e incassa fatture false, stornando parte del ricavato al cliente

cartifìcio [1970] **s. m.** ● (*raro*) cartiera

cartìglia [sp. *cartilla*, dim. di *carta* 'carta' ✱ av. 1584] **s. f. 1** nel gioco delle carte, carta di poco valore | nel gioco del terziglio o della calabresella, gruppo di carte dello stesso seme **2** †foglietto

cartìglio [V. *cartiglia* ✱ 1550] **s. m. 1** motivo ornamentale raffigurante un rotolo di carta in parte svolto, spesso sorretto da una figura e contenente il più delle volte un'iscrizione sacra, dedicatoria, esplicativa | nelle iscrizioni egiziane, figura di forma ovale che riporta i nomi dei faraoni **2** (*raro*) striscia di carta

cartilàgine [vc. dotta, lat. *cartilāgine(m)*, di etim. incerta ✱ 1282] **s. f.** ● (*anat.*) particolare forma di tessuto connettivale, di consistenza fibrosa o elastica: *c. articolare* **CFR.** condro-

cartilagìneo [vc. dotta, lat. *cartilagĭneu(m)*, da *cartilāgo*, genit. *cartilāginis* 'cartilagine' ✱ 1684] **agg.** ● di cartilagine, relativo a cartilagine

cartilaginóso (o -ṣ-) [vc. dotta, lat. *cartilaginōsu(m)*, da *cartilāgo*, genit. *cartilāginis* 'cartilagine' ✱ sec. XIV] **agg.** ● che ha aspetto o natura di cartilagine

♦**cartìna** [av. 1696] **s. f. 1** dim. di *carta* **2** foglietto di carta per arrotolare sigarette **3** piccola busta che può contenere vari oggetti: *c. per aghi, automatici, ganci* | (*est.*) ciò che è contenuto in tale piccola busta **4** involtino di carta preparato in farmacia contenente sostanze medicinali in polvere | quantità di medicamento in essa contenuto **5** piccola carta geografica; pianta: *una c. di Venezia* **6** (*chim.*) *c. al* (o *di*) *tornasole*, V. *tornasole* **7** nel gioco delle carte, carta di poco valore

cartìṣmo [ingl. *chartism*, dalla *people's charter*, propr. 'carta del popolo', n. del documento programmatico di una associazione di lavoratori, diffuso nel 1838 ✱ 1881] **s. m.** ● movimento politico-sociale che, nella prima metà del sec. XIX, convogliava le aspirazioni dei lavoratori inglesi verso una maggiore democrazia politica

cartìsta [1843] **A** **s. m. e f.** (**pl. m.** *-i*) ● seguace del cartismo **B** **anche agg.**: *movimento c.*

cartocciàta [1865] **s. f.** ● quanto è contenuto in un cartoccio: *una c. di castagne*

cartòccio [da *carta* ✱ 1300] **s. m. 1** foglio di carta avvolto per contenere qlco.: *riponete quei chiodi in un c.* | (*est.*) ciò che vi è contenuto: *un c. di castagne, di viti* **2** (*cucina*) foglio di carta oleata o di alluminio molto sottile con il quale si avvolge il cibo da cuocere al forno: *pesce, pollo al c.* **3** carica di lancio per artiglieria, confezionata opportunamente per essere allogata nell'apposita camera a polvere | *c. proietto*, quando il bossolo contenente la carica fa corpo unico col proietto **4** complesso delle brattee che avvolgono la pannocchia di granturco **5** motivo ornamentale caratteristico dell'arte barocca che raffigura un rotolo cartaceo dai lembi arrotolati in fantasiose volute **6** tubetto di vetro dei lumi a petrolio **7** nella scherma, colpo di attacco o di risposta al fianco dell'avversario con il pugno portato con le unghie rivolte in basso: *battuta di terza e c.* ‖ **cartoccétto**, **dim.** | **cartoccìno**, **dim.**

cartòffia ➤ **scartoffia**

cartòfilo [comp. di *carto(lina)* e *-filo* ✱ 1990] **s. m.** (**f.** *-a*) ● collezionista di cartoline illustrate

cartografìa [comp. di *carta* e *-grafia* ✱ 1858] **s. f.** ● parte della geografia che si occupa della costruzione di carte geografiche, corografiche e topografiche

cartogràfico [1873] **agg.** (**pl. m.** *-ci*) ● relativo alla cartografia ‖ **cartograficaménte**, **avv.** per mezzo della cartografia

cartògrafo [comp. di *carta* e *-grafo* ✱ 1873] **s. m.** (**f.** *-a*) ● chi è esperto in cartografia

cartogràmma [comp. di *carta* e *-gramma* ✱ 1900] **s. m.** (**pl.** *-i*) ● (*stat.*) rappresentazione cartografica che, con opportuni simboli, mette in evidenza la distribuzione di un dato fenomeno, preso a oggetto di studio

cartolàio o (*centr.*) **cartolàro**① [lat. tardo *chartulāriu(m)* 'archivista', da *chărtula*, dim. di *chărta* 'carta' ✱ 1298] **s. m.** (**f.** *-aia*, **pl. m.** *-ai*) ● chi vende quaderni, penne e articoli di cancelleria in genere | †libraio

cartolàre① o †**cartolàro**② [dal lat. *chărtula* 'documento' nel quale è incorporata l'obbligazione detta appunto *cartolare* ✱ 1406] **A** **s. m. 1** (*tosc.*) cartella per fogli, disegni e sim. **2** †diario, registro **B** **agg. 1** (*dir.*) di diritto che può essere fatto valere solo presentando il documento che lo certifica: *l'assegno è un titolo c.* **2** (*burocr.*) nella loc. *controllo c.*, esercitato da un organo a ciò deputato sulla base della documentazione prodotta, senza accertamento sostanziale ‖ **cartolarità**, **s. f. inv.**

cartolàre② o **cartulàre** [V. *cartolare*① ✱ sec. XVIII] **v. tr.** (*io càrtolo*) ● numerare le pagine di un manoscritto o di un codice

cartolàrio ➤ **cartulario**① e **cartulario**②

cartolarità ➤ **cartolare**①

cartolarizzàre [da *cartolare*① ✱ 1997] **v. tr.** ● (*econ.*) trasformare crediti, spec. di banche, aziende ed enti pubblici, in titoli negoziabili sul mercato **SIN.** titolarizzare ‖ **cartolarizzazióne**, **s. f.**

cartolàro① ➤ **cartolaio**

†**cartolàro**② ➤ **cartolare**①

♦**cartolerìa** [1846] **s. f.** ● negozio del cartolaio

cartolibràio [comp. di *carto(laio)* e *libraio* ✱ 1941] **s. m.** (**f.** *-aia*, **pl. m.** *-ai*) ● gestore di una cartolibreria | venditore nel settore cartolibrario

cartolibràrio [da *cartolibreria* ✱ 1942] **agg.** ● relativo al commercio dei libri e degli oggetti da cancelleria

cartolibrerìa [comp. di *carto(leria)* e *libreria* ✱ 1939] **s. f.** ● cartoleria che vende anche testi scolastici e libri in genere

♦**cartolìna** [dim. del lat. *chărtula*, a sua volta dim. di *chărta* 'carta' ✱ 1476] **s. f. 1** cartoncino di forma rettangolare su cui si scrive, che si invia per posta non chiuso in busta: *c. con risposta pagata* | *c. doppia, c. postale*, che l'amministrazione postale pone in vendita già affrancata | *c. illustrata*, che reca su una faccia disegni, fotografie e sim. | *c. in franchigia*, esente da affrancatura, distribuita ai soldati durante la prima e la seconda Guerra mondiale | *c. precetto*, documento contenente l'ordine individuale di chiamata alle armi delle reclute o di richiamo dei militari in congedo da mobilitare | (*pop.*) *c. rosa*, cartolina precetto, un tempo di colore rosa **2** †foglietto, biglietto **3** tipo di passamaneria, costituita da una striscia di pergamena avvolta a spirale da una fibra tessile **4** †cartina nel sign. 4

cartolinésco [1972] **agg.** (**pl. m.** *-schi*) ● (*raro*) falso e manierato come se fosse riprodotto da una cartolina illustrata: *quadro c.*

cartomànte [da *cartomanzia* ∗ 1926] **s. m. e f.** ● chi pratica la cartomanzia

cartomanzìa [fr. *cartomancie*, comp. del lat. *chărta* 'carta' e del gr. *mantéia* 'divinazione' ∗ 1830] **s. f.** ● divinazione del futuro per mezzo delle carte

cartonàggio [fr. *cartonnage*, da *cartonner* 'legare libri in cartone' ∗ 1890] **s. m.** **1** tecnica della utilizzazione e della lavorazione del cartone **2** imballaggio di cartone o cartoncino predisposto per l'utilizzazione

cartonàre [1965] **v. tr.** (*io cartóno*) **1** incollare su cartone **2** rinforzare o rilegare con cartone

cartonàro [1990] **s. m.** (**f.** *-a*) ● (*pop.*) chi raccoglie cartoni per poi rivenderli

cartonàto **part. pass.** di *cartonare*; anche **agg.** **1** nei sign. del v. **2** di cartone, rivestito di cartone: *copertina cartonata*

cartonatùra [sec. XX] **s. f.** ● in legatoria, il rinforzare la copertina di un libro con cartone rivestito di carta stampata, pelle, tessuto o altro materiale

cartoncìno [av. 1764] **s. m.** **1** dim. di *cartone* **2** tipo di carta, la cui grammatura supera i 200 grammi per m^2, fabbricata normalmente a un foglio: *c. Bristol* **3** biglietto in cartoncino, usato per biglietti da visita, partecipazioni e sim. **4** (*tipogr.*) foglietto di 2, 4, 8 pagine, che serve a completare un volume o a sostituire pagine con errori

♦**cartóne** [da *carta* ∗ 1508] **s. m.** **1** carta molto spessa e resistente, con grammatura da 400 grammi per m^2 in su: *c. ondulato, catramato* | *c.* ***presspan***, molto duro, perfettamente lucidato, privo di acidi e di alcali, largamente impiegato nell'industria elettrotecnica | ***di c.***, (*fig.*) finto | ***uomo di c.***, (*fig.*) senza forza **2** disegno preparatorio per dipinti, vetrate, mosaici, arazzi, eseguito su carta pesante, nelle stesse dimensioni dell'opera definitiva, in modo da poter essere riportato sulla superficie da decorare **3** ***c. animato***, film in cui il movimento dell'immagine viene analizzato in singole fasi, di cui ognuna deve essere disegnata, dipinta e fotografata singolarmente **4** custodia per raccogliere opuscoli, disegni e sim. **5** scatolone, imballaggio di cartone; ciò che vi è contenuto: *un c. di vino* ‖ **cartoncino**, **dim.** (V.) | **cartonétto**, **dim.**

cartonféltro [comp. di *carton(e)* e *feltro* ∗ 1986] **s. m.** (**pl.** *cartonféltri*) ● materiale costituito da un impasto di carta con fibre tessili naturali, impregnato di bitume, usato per impermeabilizzazioni

cartongèsso [comp. di *carton(e)* e *gesso* ∗ 1985] **s. m.** (**pl.** *cartongèssi*) ● materiale termoisolante costituito da uno strato di gesso ricoperto da fogli di cartone, usato per rivestire pareti interne o per fare controsoffitti

cartonifìcio [1983] **s. m.** ● stabilimento dove si fabbrica cartone

cartonìsta [da *cartoni* (*animati*), sul modello dell'ingl. *cartoonist* ∗ 1963] **s. m. e f.** (**pl. m.** *-i*) ● (*cinema*) realizzatore di cartoni animati

cartoon /kar'tun, *ingl.* kɑː'tuːn/ [vc. ingl., 'cartone, vignetta' (dal fr. *carton*: stessa etim. dell'it. *cartone*) ∗ 1934] **s. m. inv.** ● (*cinema*) cartone animato

cartoonist /kar'tunist, *ingl.* kɑː'tuːnɪst/ [vc. ingl., da *cartoon* ∗ 1966] **s. m. e f. inv.** ● cartonista

cartotèca [comp. di *carta* e *-teca* ∗ 1950] **s. f.** **1** raccolta di carte geografiche conservate in apposita custodia **2** schedario

cartotècnica [comp. di *carta* e *tecnica* ∗ 1962] **s. f.** ● industria che lavora carta e la trasforma in manufatti

cartotècnico [comp. di *carta* e *tecnico* ∗ 1962] **A** **agg.** (**pl. m.** *-ci*) ● relativo alla cartotecnica **B** **s. m.** (**f.** *-a*) ● chi lavora nell'industria cartotecnica

cartuccèra ➤ **cartucciera**

cartùccia① [fr. *cartouche*, a sua volta dall'it. *cartuccia* 'pezzo di carta (nella quale era involta la carica per un'arma da fuoco)' ∗ 1824] **s. f.** (**pl.** *-ce*) **1** insieme composto da bossolo di metallo o carta, carica di lancio, pallottola o pallini e capsula | involucro di carta contenente la polvere da sparo e la palla introdotto nelle antiche armi da fuoco | ***sparare l'ultima c.***, (*fig.*) fare un ultimo sforzo o tentativo | ***mezza c.***, (*fig.*) persona da poco **2** filtro sostituibile, di carta pieghettata o altro, usato per es. nelle prese d'aria dei carburatori **3** contenitore di inchiostro che si inserisce in fax e stampanti o, di piccole dimensioni, in alcuni tipi di penne stilografiche per alimentarle **4** involucro di plastica che contiene una pellicola cinematografica e che viene inserito in un apposito proiettore, semplificandone così il caricamento

cartùccia② [av. 1396] **s. f.** (**pl.** *-ce*) **1** †dim. di *carta* **2** carta da gioco di valore scarso o nullo

cartuccièra o **cartuccèra** [da *cartuccia*① ∗ 1780] **s. f.** ● cintura o gilet con piccole tasche cilindriche per cartucce da caccia

cartulàre ➤ **cartolare**②

cartulàrio① o **cartolàrio** [lat. mediev. *chartulāriu(m)*, dal gr. biz. *cartoulariós* ∗ 1727] **s. m.** ● nel basso Impero e in epoca medievale, funzionario addetto all'amministrazione dell'erario

cartulàrio② o **cartolàrio** [lat. mediev. *chartulāriu(m)*, da *chărtula*, dim. di *chărta* 'carta' ∗ 1727] **s. m.** ● raccolta di documenti relativi a un istituto, a una città, a un argomento e sim.

†**carùba** ➤ **carruba**

†**carùbo** ➤ **carrubo**

carùggio ➤ **carruggio**

carùncola o **caróncola** [fr. *caroncule*, dal lat. *carŭncula(m)*, dim. di *căro*, genit. *cărnis* 'carne' ∗ 1491] **s. f.** **1** (*anat.*) escrescenza carnosa | ***c. lacrimale***, piccolo rilievo carnoso all'interno dell'occhio **2** (*zool.*) rilievo carnoso sul capo degli uccelli **3** (*bot.*) piccolo rigonfiamento che si forma sulla superficie di alcuni semi ‖ **caruncolétta**, **dim.**

carùso [lat. *cariōsu(m)* 'tarlato', poi 'calvo, tosato'. V. *carioso* ∗ 1894] **s. m.** ● (*sicil.*) ragazzo | garzone nelle miniere di zolfo in Sicilia

càrvi [lat. mediev. *carvi*, dall'arabo *karawiyā*, a sua volta dal gr. *cáron* ∗ 1310] **s. m. inv.** ● (*bot.*) cumino dei prati: *essenza di c.*

càrving /'karvin(g), *ingl.* 'kɑːvɪŋ/ [vc. ingl. da *to carve* 'intagliare, incidere' ∗ 1996] **s. m. inv.** ● attività sciistica praticata con un tipo di sci da discesa più corto del normale e notevolmente sciancrato | (*est.*) tale tipo di sci

♦**càsa** (o *-ṣ-*) [lat. *căsa(m)* 'capanna', di etim. incerta ∗ 1213] **s. f.** **I** edificio di uso privato **1** costruzione adibita ad abitazione per una o più famiglie: *c. di campagna, di città, rurale, colonica, rustica, operaia, signorile*; *una c. di pietra, in legno*; *case prefabbricate*; *avere una c. al mare, in montagna* CFR. eco- | ***prima c.***, quella dove si vive e dove di solito è anche la residenza anagrafica | ***seconda c.***, diversa da quella dove si risiede e gener. situata in una località di villeggiatura | ***case popolari***, la cui costruzione avviene a opera o con agevolazioni dello Stato, per particolari categorie di cittadini meno abbienti | ***la C. Bianca***, la residenza del presidente degli Stati Uniti; (*est.*) il governo americano | (*colloq.*) ***il padrone di c.***, il locatore rispetto all'inquilino | (*fig.*) ***grande come una c.***, di ciò che ha dimensioni enormi **2** appartamento o sim. che rappresenta il luogo in cui una persona o una famiglia vive abitualmente: *cercare, trovare c.*; *il problema della c.*; *tornare, andare a c.*; *uscire di c.*; *stare spesso in c.*; *fare vita di c.*; *avere una bella c., una c. modesta, accogliente*; *arredare la c.*; *rassettare la c.*; *faccende, lavori di c.* | ***cambiare c.***, traslocare | ***chiudere c.***, prepararsi a un'assenza piuttosto lunga | ***aprire, riaprire c.***, renderla abitabile dopo un'assenza | ***stare di c. in un posto***, abitarvi | ***stare in, a c. di qlcu.***, abitare presso qlcu. | ***donna di c.***, casalinga | ***vestito da c.***, piuttosto dimesso | ***fatto in c.***, di produzione casalinga: *dolci fatti in c.* | ***c. del diavolo***, l'Inferno: *mandare qlcu. a c. del diavolo* | (*fig.*) ***abitare a c. del diavolo***, in un luogo fuorimano, difficile da raggiungere | ***a c. mia***, (*fig.*) a mio parere (spec. con un tono lievemente polemico) | ***riportare la pelle a c.***, (*fig.*) salvarsi, detto spec. di chi torna da impresa bellica o comunque molto rischiosa | ***tieni le mani a c.!***, (*fig.*) brusco invito a non essere manesco, a non allungare le mani | ***essere, sentirsi a c. propria***, (*fig.*) sentirsi a proprio agio | ***non sapere dove qlco. stia di c.***, (*fig.*) non conoscerla minimamente: *tu non sai dove sta di c. la gratitudine* | PROV. ***c. mia, c. mia, per piccina che tu sia, tu mi sembri una badia***, V. *badia* **3** (*est.*) tana, nido e sim. di animali, spec. in favole o racconti per bambini: *la c. dei tre porcellini* **4** (*fig.*) l'insieme delle persone che costituiscono uno stesso nucleo familiare: *quando sono fuori penso sempre a c.*; *ricordati di scrivere a c.* | ***mandare, tirare avanti la c.***, la famiglia | ***il padrone di c.***, il capofamiglia | ***c. Rossi***, la famiglia Rossi | ***essere di c.***, frequentare assiduamente una famiglia | ***essere tutto c. e famiglia***, molto attaccato alla vita familiare | ***essere c. e chiesa***, molto religioso e affezionato alla famiglia | ***fare gli onori di c.***, accogliere gli ospiti | ***mettere su c.***, (*fig.*) sposarsi, formare una famiglia **5** (*est.*) casato, stirpe: *essere di c. nobile, patrizia* | dinastia: *c. Savoia* | ***c. reale***, i principi regnanti e la loro corte | ***maestro di c.***, maggiordomo **6** (*fig.*) patria: *avere gli stranieri in c.* **II** edificio di uso pubblico o aperto al pubblico **1** edificio destinato a una collettività o a una pluralità di persone: *c. comunale* | ***c. di Dio***, chiesa, tempio | ***c. di ricovero, di riposo***, che alloggia e dà assistenza agli anziani | ***c. famiglia***, struttura in cui sono ospitati minori in attesa di affidamento, disabili, malati di mente o ex tossicodipendenti | ***c. albergo***, residence | ***c. di pena***, prigione | ***c. di cura***, clinica privata | ***c. del popolo***, dove spec. un tempo avevano sede partiti o associazioni popolari, di lavoratori | ***c. dello studente***, pensionato o collegio spec. universitario | ***c. da gioco***, in cui si pratica il gioco d'azzardo SIN. casinò **2** convento, monastero: *c. religiosa* | ***c. madre***, il primo in ordine di tempo dei conventi e dei monasteri di un ordine religioso; (*fig.*) sede principale di aziende, istituzioni e sim. **3** (*dir.*) istituto di prevenzione e pena: *c. di correzione, di lavoro*; *c. di cura e di custodia* **4** ditta, azienda, società: *c. editrice*; *c. di spedizioni* | ***c. di moda***, dove si confezionano, presentano e vendono modelli esclusivi di abiti | ***c. di pegno***, agenzia di prestiti su pegno | ***c. di vetro***, (*fig.*) gestione, condotta d'affari pubblici e privati irreprensibile sotto l'aspetto della morale finanziaria | (*est.*) negozio specializzato nella vendita di una sola merce nei suoi tipi più vari: *c. del caffè, del formaggio, del giocattolo* **5** (*eufem.*) luogo in cui si pratica la prostituzione (autorizzato un tempo in Italia): *c. di tolleranza, c. chiusa* | (*eufem.*) locale in cui hanno luogo incontri amorosi di tipo mercenario, nelle loc. ***c. equivoca, c. di appuntamenti, c. squillo*** **III** porzione di spazio variamente delimitata **1** nel calcio e sim., il campo della propria sede: *giocare in c., fuori c.* | ***i padroni di c.***,

C

la squadra ospitante | *c.* ***base***, nel baseball, l'angolo del diamante dove ha inizio il gioco e prendono posto il ricevitore e l'arbitro **2** casella, riquadro in giochi a scacchiera: *la c. degli scacchi, della dama*; *le case del gioco dell'oca* **3** ***c. avanzata***, a un incrocio regolato da semaforo, area fra la linea d'arresto usuale e un'altra tracciata parallelamente poco più indietro, riservata ai ciclisti in attesa del verde, perché possano riprendere la marcia in sicurezza **4** ***c. astrologica***, una delle dodici zone d'influenza in cui è ripartito lo zodiaco, coincidente con un segno zodiacale **5** (*astron.*) †un dodicesimo della sfera celeste ‖ **casàccia**, **pegg.** | **casétta**, **dim.** (V.) | **casina**, **dim.** | †**casino**, **dim. m.** (V.) | **casóna**, **accr.** | **casóne**, **accr. m.** (V.) | **casòtta**, **accr.** | **casùccia**, **dim.** | **casùpola**, (*lett.*) **casìpola**, **dim.** (V.)

SFUMATURE ➤ *famiglia*

NOMENCLATURA

casa

● *caratteristiche*: nuova ⇔ vecchia, d'epoca, sfarzosa = lussuosa = sontuosa, accogliente = ospitale ⇔ inospitale, ridente = allegra, ariosa = arieggiata, ventilata, soleggiata, luminosa ⇔ buia = soffocata = angusta, tetra, triste, fresca ⇔ calda = afosa, umida = malsana, piccola ⇔ grande = spaziosa, solida ⇔ cadente, pericolante; signorile ⇔ popolare, di ringhiera, pulita ⇔ imbrattata; abitabile ⇔ inabitabile; arredata = ammobiliata ⇔ vuota;

● *tipi di casa*: abitazione, dimora, domicilio, residenza; di città, di montagna, di campagna = rurale, rustica, al mare; casa albergo; di cura, di ricovero, di riposo; di pena, di correzione; chiusa = da tè = di tolleranza = di malaffare = di appuntamenti = equivoca = squillo; da gioco; operaia, del popolo, dello studente, del soldato, della giovane; casupola = abituro, bicocca, baracca, catapecchia, stamberga, tugurio, topaia, basso = sottano; edificio, palazzo, palazzina; condominio, caseggiato, casamento, casermone; grattacielo; casa prefabbricata; castello, villa, villetta a schiera, villino; appartamento = alloggio, miniappartamento = monolocale, bilocale, trilocale, attico, superattico, mansarda, abbaino, pied-à-terre, garçonnière, foresteria, loft; open space, prima, seconda casa; casa cantoniera, casa colonica, casale, cascina = masseria, fattoria, rustico, trullo, nuraghe, malga, maso, torre, torrino, faro; baita, cottage, chalet, bungalow; capanna, tenda, igloo, isba, dacia, tucul, tepee, wigwam, iurta; kibbutz;

● *parti della casa*: facciata = prospetto; cantonata, fiancata, parete, clinker, curtain wall; zoccolo, pavimento; muro (principale = maestro = di sostegno = portante, perimetrale, divisorio, tavolato, di spina, di testa, d'ala, d'ambito, di risvolto, tagliafuoco, tramezzo; cieco, grezzo, a cortina, a bugnato, a bozza, a tenuta, a secco, a contrafforti esterni, al rustico, a una testa, a due, a tre, a quattro teste); finestra (V.), balcone; androne = atrio (portone, passatoia, guida, zerbino = stuoino, portineria, cassetta delle lettere), ascensore (pozzo = vano, cabina, guide, pattini di guida, cavo elettrico, fune di sospensione, contrappeso); scala (V.); pianerottolo; porta (V.), scantinato, cantina, seminterrato, ammezzato = mezzanino, piano terra, nobile, rialzato; primo, secondo, terzo, attico, mansarda, solaio = soffitta, soffitto, terrazza, abbaino, lucernario; tetto (V.);

● *azioni*: costruire = edificare = fabbricare, sbancare, gettare le fondamenta, armare, centinare, impalcare, elevare = alzare = innalzare = erigere; prefabbricare ricostruire; restaurare = riattare = ristrutturare = ammodernare, sopraelevare = sopraedificare, ampliare; rivestire = impiallacciare, isolare = coibentare, piastrellare, pavimentare, ripulire, rinfrescare, abbellire = ornare = decorare, tinteggiare, imbiancare, intonacare; demolire, spianare, livellare, smantellare, puntellare; sporcare = deturpare = imbrattare; appaltare subappaltare; abitare = alloggiare; vendere ⇔ comprare, affittare, subaffittare, sfrattare; trasferirsi = traslocare; uscire ⇔ entrare, rincasare, accasarsi = metter su casa, ammobiliare, mobiliare, arredare; rassettare, pulire;

● *persone*: portiere = portinaio, custode; domestico; casalingo, casalinga = massaia; inquilino, coinquilino, condomino, vicino ⇔ dirimpettaio; amministratore, intestatario, locatore, proprietario = padrone, comproprietario, intermediario = mediatore, agente immobiliare, notaio; abusivo, senzatetto, sfrattato, baraccato, sfollato, profugo.

caṣàcca [da (*veste*) *cosacca* 'veste dei cosacchi' ✱ 1480] **s. f. 1** lunga giacca chiusa fino al collo in certe uniformi militari | (*fig.*) ***voltare, mutare c.***, cambiare idee politiche e sim. **2** specie di giacca di taglio diritto e piuttosto ampia **3** nell'ippica, giubba indossata dai fantini e dai guidatori di trotto | maglia dei giocatori di calcio, dei corridori ciclisti e sim. quale simbolo di appartenenza a una squadra ‖ **caṣacchétta**, **dim.** | **caṣacchìna**, **dim.** | **caṣacchìno**, **dim. m.** | **caṣaccóne**, **accr. m.**

caṣàccio [1541] **s. m. 1** pegg. di *caso* **2** nella loc. avv. ***a c.***, senza ordine, senza riflettere, senza meta: *agire, parlare, girare a c.*

casàle (o **-ṣ-**) [lat. tardo *casāle(m)*, agg. di *căsa* 'casa' ✱ sec. XIII] **s. m. 1** gruppetto di case nella campagna: *un c. si intravedeva da lontano* **2** (*centr.*) casa di campagna ‖ **casalìno**, **dim.** | **casalóne**, **accr.**

casalése (o **caṣaléṣe**) [1847] **A** **agg.** ● di Casale Monferrato (AL), di Casal di Principe (CE) o di una località di nome Casale **B** **s. m. e f.** ● abitante o nativo di tali località

casalìna (o **-ṣ-**) [detta così perché di stoffa rozza, fatta in *casa* ✱ 1950] **s. f.** ● tessuto rigato di cotone, usato soprattutto per grembiuli da massaia

♦**casalìnga** (o **-ṣ-**) [av. 1895] **s. f.** (**m.** *-o*, *anche scherz.*) ● donna di casa, che si dedica ai lavori della propria casa | ***c. di Voghera*** (*per anton.*), prototipo della casalinga, anche come spettatrice di spettacoli televisivi

casalinghitùdine (o **-ṣ-**) [dal titolo di un romanzo di C. Sereni (1946 -) ✱ 1987] **s. f. 1** la condizione della casalinga | (*est.*) condizione di chi vive il lavoro casalingo come una limitazione a esprimersi in altri ambiti **2** tendenza a vivere di preferenza in casa

casalìngo (o **-ṣ-**) [1351] **A** **agg.** (**pl. m.** *-ghi*) **1** che riguarda la casa | ***pane c.***, fatto in casa | ***alla casalinga***, (*ellitt.*) di pietanza alla buona, genuina e saporita | (*est.*) che è semplice, discreto, intimo: *un'atmosfera quieta e casalinga* **2** che sta molto o volentieri in casa, e se ne prende cura: *un uomo, un tipo c.* **3** (*sport*) ***incontro c.***, disputato sul proprio campo | ***vittoria, sconfitta casalinga***, conquistata, subita sul proprio campo **B** **casalìngo** **s. m.** (**f.** *-a*, **V.**) ● uomo che si prende cura della casa (*anche scherz.*) **C** **casalìnghi** **s. m. pl.** ● oggetti di uso domestico: *negozio di casalinghi*

casamàtta (o **-ṣ-**) [etim. discussa: da *casa matta* 'casa falsa' (?) ✱ 1520] **s. f.** (**pl.** *casemàtte*) **1** (*milit.*) opera di fortificazione, chiusa, con volta protetta, fornita di una o più cannoniere per il tiro delle artiglierie sistemate all'interno **2** (*milit.*) sulle navi da guerra, alloggiamento, spec. corazzato e girevole, dei cannoni

casaménto (o **-ṣ-**) [lat. mediev. *casamentu(m)*, da *căsa* 'casa' ✱ 1284] **s. m.** ● grande casa popolare, composta di numerosi appartamenti | (*est.*) le persone che vi abitano: *tutto il c. è in agitazione*

casamòbile (o **-ṣ-**) [comp. di *casa* e *mobile* 'che si può muovere' ✱ 1974] **s. f.** ● tipo di grossa roulotte non rimorchiabile da un'automobile che, per gli spostamenti, deve essere trainata da veicoli speciali, come trattori e autocarri

casanòva (o **-ṣ-**) [dal n. di G. *Casanova* (1725-1798), famoso avventuriero veneziano ✱ 1935] **s. m. inv.** ● (*per anton.*) grande seduttore (*anche scherz.*)

casaréccio ➤ **casereccio**

caṣàro o (*tosc.*) **caciàio** [lat. *caseāriu(m)* 'relativo al formaggio', da *căseus* 'formaggio' ✱ 1687] **s. m.** (**f.** *-a*) ● addetto alla trasformazione del latte in burro e formaggi

casàta (o **-ṣ-**) [da *casa* ✱ av. 1306] **s. f.** ● l'insieme delle famiglie discendenti, spec. per la linea maschile, dallo stesso stipite | (*est.*) stirpe, lignaggio

SFUMATURE ➤ *casato*

casàtico (o **-ṣ-**) [lat. mediev. *casaticu(m)*, da *căsa* 'casa' ✱ 1282] **s. m.** (**pl.** *-ci*) ● antica imposta sulle case | †magazzinaggio

casàto (o **-ṣ-**) [da *casa* ✱ sec. XIII] **s. m. 1** (*disus.*) cognome di una famiglia o di una persona **2** famiglia, lignaggio: *è l'ultimo discendente di un nobile c.* **SIN.** stirpe

SFUMATURE DI SIGNIFICATO

casato - casata - dinastia

Una famiglia nobile, di antica origine o di elevata condizione sociale si definisce **casato.** **Casata** è invece un gruppo di famiglie di condizione elevata e discendenti tutte dallo stesso capostipite. All'interno di una famiglia nobile, la serie di re o principi che si succedono sul trono di uno stato si definisce **dinastia**.

casatórre (o **-ṣ-**) [comp. di *casa* e *torre* ✱ 1955] **s. f.** (**pl.** *casetórri*) ● casa medievale con notevole sviluppo in altezza

càṣba o **càṣbah**, **kàṣba**, **kàṣbah** /'kazba, *arabo* 'qɒsba/, **qàṣba** /'kazba, *arabo* 'qɒsba/ [arabo *qaṣaba* 'fortezza' ✱ 1875] **s. f. 1** vecchio quartiere arabo nelle città dell'Africa settentrionale o della Spagna moresca **2** (*est.*) quartiere malfamato di una città

cascàggine [dal lat. *căscu(m)* 'antico, vecchio' ✱ av. 1673] **s. f.** ● (*raro*) fiacchezza, sonnolenza | (*lett.*) debolezza (*anche fig.*): *tribolazioni che sempre paiono soverchie alla smoderatezza e c. umana* (I. NIEVO)

cascàme [da *cascare* ✱ 1865] **s. m. 1** (**spec. al pl.**) residuo, scarto o sottoprodotto della lavorazione di vari prodotti industriali, spec. di fibre tessili: *cascami di seta, di lana, di cotone* **2** (*fig.*, **spec. al pl.**) aspetto o propaggine di scarso valore in un fenomeno culturale, un'ideologia e sim.: *i cascami della pittura astrattista*

SFUMATURE ➤ *scarto*①

✦**cascamòrto** [comp. di *cascare* e *morto* ✱ 1716] **s. m.** (**f.** *-a*, *raro*) ● chi ostenta svenevolmente una passione amorosa: *tutti mi fanno i cascamorti* (C. GOLDONI)

cascànte **part. pres.** di *cascare*; **anche agg. 1** nei sign. del v. **2** flaccido: *seno c.* | (*fig.*, *lett.*) languido, svenevole: *coll'andatura c. che le sembrava molto sentimentale* (G. VERGA) | (*fig.*) fiacco

càscara sagràda [sp. *cáscara sagrada*, 'corteccia santa', da *casca* 'corteccia' ✱ 1892] **loc. sost. f. inv. 1** arbusto delle Ramnacee con foglie seghettate e piccoli fiori bianchi (*Rhamnus purshiana*) **2** estratto della corteccia della pianta omonima con azione purgativa

♦**cascàre** [lat. parl. **casicāre*, da *cāsus* 'caduta' ✱ 1287] **v. intr.** (*io càsco, tu càschi*; **aus.** *essere*) **1** (*colloq.*) cadere, spec. all'improvviso: *c. dal letto*; *cascar morto*; *c. a terra* | ***c. dal sonno, dalla fame, dalla stanchezza***, (*fig.*) non reggersi più dal sonno, fame, ecc. | ***c. male, bene***, (*fig.*) venire a trovarsi in una cattiva o in una buona situazione **SIN.** capitare | (*fig.*) ***far c. le braccia***, deprimere, scoraggiare | ***c. dalle nuvole***, (*fig.*) cadere dalle nuvole | ***qui casca l'asino!***, qui viene il difficile | ***non casca il mondo!***, non è una cosa tanto grave | ***c. addosso***, (*fig.*) capitare, spec. detto di disgrazia | ***c. di dosso***, (*fig.*)

detto di abiti larghi **2** **cascàrci**, cadere in un tranello; essere vittima di uno scherzo, abboccare: *le ho detto che ti sei sposato e lei c'è cascata* **3** (*lett.*) scorrere impetuosamente in basso | †calare verso il basso: *Come casca dal ciel falcon maniero* (L. Ariosto)

SFUMATURE ➤ *cadere*

♦**cascàta** [da *cascare* ✱ av. 1494] **s. f.** **1** (*raro*) caduta: *ha fatto una terribile c.* SIN. capitombolo **2** salto che fa l'acqua corrente per un'improvvisa depressione, naturale o artificiale, del suo letto | ***a c.***, (*fig.*) detto di eventi che si susseguono connessi l'uno all'altro | ***piovere a cascate***, (*iperb.*) a dirotto: *sotto la pioggia che veniva giù a cascate* (P.P. Pasolini) **3** ornamento, acconciatura, gioiello di foggia morbida o ricadente | ***c. di perle***, collana lunga da girarsi due o tre volte attorno al collo **4** (*tecnol.*) nella loc. ***in c.***, detto di più sistemi collegati l'uno a valle dell'altro (*anche fig.*) || **cascatèlla**, **dim.** | **cascatìna**, **dim.** | **cascatóne**, **accr. m.**

cascatìccio [da *cascato* ✱ av. 1320] **agg.** (**pl. m.** *-ci*; **pl. f.** *-ce*) **1** che cade facilmente dall'albero: *frutti cascaticci* **2** (*fig.*, *raro*) debole

cascàto **part. pass.** di *cascare*; anche **agg.** ● nei sign. del v.

†**cascatóio** [av. 1588] **agg.** ● debole, cadente

cascatóre [1953] **s. m.** (**f.** *-trice*) **1** controfigura che, durante le lavorazioni di un film, sostituisce l'attore nelle azioni rischiose come salti dall'auto in corsa, tuffi nel vuoto e sim. SIN. stuntman **2** (*gerg.*) nel gioco del calcio, attaccante che simula delle cadute allo scopo di procurare alla propria squadra un calcio di rigore

cascatùra [1945] **s. f.** **1** (*raro*) ciò che cade nel vagliare grano o cereali **2** massa di capelli utilizzati per la fabbricazione delle parrucche

cascèr **agg. inv.** ● adattamento di *kasher* (V.)

cascherino [etim. incerta ✱ 1884] **s. m.** ● (*roman.*) garzone del fornaio che porta il pane nelle case

caschétto [1670] **s. m.** **1** dim. di *casco* **2** cervelliera **3** tipo di pettinatura, spec. femminile, con i capelli corti e compatti che incorniciano il viso | (*est.*) i capelli stessi così pettinati: *un c. biondo*

caschimpètto [comp. di *casca(re)* e *in petto* ✱ 1918] **s. m.** ● un tempo, gioiello appeso a una catenella o a un nastro ricascante sul petto, spesso custodia di foto e sim.

cascimìr **s. m. inv.** ● adattamento di *cachemire* (V.)

cascimìrra [1905] **s. f.** ● adattamento di *cachemire* (V.)

♦**cascìna** ① [vc. di area sett., prob. dal lat. parl. **căpsia(m)*, per il classico *căpsa(m)* 'cassa, recipiente' (?) ✱ 1554] **s. f.** ● casa colonica o parte di essa destinata al ricovero degli animali di allevamento, al deposito di mangime e attrezzi, con locali in cui si producono burro e formaggio | (*sett.*) azienda agricola a prevalente indirizzo zootecnico per la produzione del latte | (*sett.*) fattoria, casolare || **cascinétta**, **dim.** | **cascinòtto**, **alter. m.**

cascìna ② [dal lat. *căpsa* 'cassa, recipiente' (?) ✱ 1759] **s. f.** **1** (*tosc.*) sottile cerchio di legno di faggio, dentro cui si pressa il latte rappreso per fare il formaggio **2** (*tosc.*) assicella di legno di faggio per fabbricare cassette: *legno di c.*

cascinàio [da *cascina* ① ✱ 1773] **s. m.** (**f.** *-aia*, **pl. m.** *-ai*) **1** proprietario o sovrintendente di cascina **2** casaro

cascinàle [da *cascina* ① ✱ 1799] **s. m.** **1** gruppo di case coloniche: *i cascinali della Valle Padana* **2** cascina: *abbiamo un bel c.*

cascìno [da *cascina* ② ✱ 1781] **s. m.** ● (*tosc.*) forma di legno per fare il cacio

càscio ① o **càsso** ④ [dal lat. *căpsa* 'cassa, recipiente' (?) ✱ 1868] **s. m.** ● nella lavorazione della carta a mano, cornice in legno che si applicava sulla forma per impedire alla pasta di debordare

†**càscio** ② ➤ **cacio**

casciòtta /ka'ʃɔtta/ [da *cascio* ①, var. antica di *cacio*] **s. f.** ● formaggio grasso, a pasta semicotta, di sapore dolce, prodotto con latte ovino misto a latte vaccino, tipico della zona di Urbino

casciù ➤ **catecù**

♦**càsco** ① [fr. *casque*, dallo sp. *casco*, di etim. discussa ✱ 1772] **s. m.** (**pl.** *-schi*) **1** copricapo difensivo o protettivo di metallo o altro materiale resistente, usato da militari, sportivi e sim.: *i caschi delle antiche armature*; *il c. dei paracadutisti, dei motociclisti* | ***c. coloniale***, copricapo in tela e sughero, atto a riparare dal sole, usato spec. nelle zone tropicali | ***C. blu***, tipico dei reparti internazionali dell'ONU; (*est.*) militare di detti reparti | ***c. iridato***, campione del mondo di motociclismo | nel pugilato, protezione in cuoio della zona sopracciliare e della nuca | ***C. giallo***, tipico degli operai del settore siderurgico; (*est.*) operaio siderurgico **2** apparecchio elettrico ad aria calda usato dai parrucchieri per asciugare i capelli **3** (*raro*) caschetto nel sign. 3 **4** infruttescenza del banano || **caschétto**, **dim.** (V.)

càsco ② ● (*evit.*) ➤ **kasko**

càscola [da *cascolare* ✱ 1765] **s. f.** ● caduta anticipata di gemme, fiori e frutti

cascolàre [intens. di *cascare* ✱ 1955] **v. intr.** (*io càscolo*; **aus.** *essere*) **1** (*merid.*) aprirsi e cadere, detto delle castagne quando sono mature **2** (*merid.*, *fig.*) perdere le forze, deperire

càscolo [da *cascolare* ✱ 1865] **s. m.** ● grappolo d'uva stentato, misero

case ① /*ingl.* keɪs/ [vc. ingl., propr. 'contenitore', dal fr. ant. *casse* ✱ 1997] **s. m. inv.** ● (*inform.*) cabinet

case ② /*ingl.* keɪs/ [vc. ingl., attraverso il fr. *cas*, dal lat. *casus* 'caso' ✱ 1962] **s. m. inv.** ● caso, vicenda, affare, in alcune loc. | nella loc. sost. f. inv. ***case history***, descrizione, spec. a fini didattici o esemplificativi, delle modalità con cui un determinato problema è stato affrontato: *la case history del lancio della Cinquecento* (comp. con *history* 'storia') | nella loc. sost. m. inv. ***case study***, studio analitico di un esempio concreto per completare o verificare l'acquisizione di concetti teorici ed esemplificarne l'applicazione (comp. con *study* 'studio')

caṣeàrio [vc. dotta, lat. tardo *caseāriu(m)*, da *cāseus* 'cacio' ✱ 1865] **agg.** ● relativo alla produzione e lavorazione dei latticini: *industria casearia*; *prodotti caseari*

caseggiàto (o **-ṣ-**) [da *casa* ✱ 1779] **s. m.** **1** luogo occupato prevalentemente da case **2** gruppo di case: *le costruzioni di quel c. sono contigue* **3** casamento di grandi proporzioni: *caseggiati popolari*

caṣeificàre [comp. del lat. *cāseus* 'cacio' e di *-ficare* ✱ 1837] **A** **v. tr.** (*io caṣeìfico*, *tu caṣeìfichi*) ● trasformare il latte in formaggio mediante caseificazione (*spec. assol.*) **B** **v. intr.** (**aus.** *essere*) e **caṣeificàrsi** **v. intr. pron.** ● subire un processo di caseificazione || **caṣeificazióne**, **s. f.** **1** coagulazione della caseina del latte a opera del caglio, fase iniziale della fabbricazione del formaggio; (*est.*) insieme delle operazioni per preparare i formaggi **2** (*med.*) processo necrobiotico, tipico della tubercolosi, in cui il tessuto acquista colore e consistenza simili al formaggio fresco

caṣeifìcio [comp. del lat. *cāseus* 'cacio' e di *-ficio* ✱ 1886] **s. m.** ● stabilimento per la produzione di burro e formaggio

caṣeifórme [comp. del lat. *cāseus* 'cacio' e di *-forme* ✱ 1865] **agg.** ● che ha l'aspetto del formaggio

caṣeìna [fr. *caséine*, dal lat. *cāseus* 'formaggio' ✱ 1865] **s. f.** ● (*chim.*) gruppo eterogeneo di proteine acide contenenti fosfato, presenti nel latte, precipitabili per acidificazione, per aggiunta di ioni di calcio o di enzimi proteolitici; si usa spec. nell'industria casearia, della carta e delle resine sintetiche

caṣeìnico [1987] **agg.** (**pl. m.** *-ci*) ● relativo alla caseina | che contiene caseina o deriva dalla caseina: *fibre caseiniche*

♦**casèlla** (o **-ṣ-**) [lat. tardo *casĕlla(m)*, dim. di *căsa* 'casa' ✱ 1268] **s. f.** **1** †piccola casa | celletta di vespe, api e sim. **2** scompartimento di un mobile destinato a raccogliere carte, documenti e sim. | ognuno degli scompartimenti della cassetta del tipografo compositore | ***c. postale***, compartimento numerato affittato a privati presso l'Ufficio Postale per ricevere la corrispondenza in arrivo | (*Internet*) ***c. di posta elettronica***, zona di memoria nella quale vengono conservati i messaggi destinati a un abbonato a un servizio di posta elettronica | (*Internet*) ***c. vocale***, zona di memoria nella quale vengono conservati i messaggi vocali destinati a un abbonato a un servizio di telefonia o di posta elettronica **3** spazio segnato, sulla carta, da linee orizzontali e verticali intersecantisi SIN. quadretto **4** ***c. evaporante***, ***c. salante***, in una salina, vasca in cui avvengono rispettivamente l'evaporazione dell'acqua marina e il deposito del sale **5** contenitore di refrattario per materiali che, nei forni, non devono avere contatti con la fiamma **6** (*ling.*) posto che un fonema occupa nel sistema || **casellìna**, **dim.** | **casellìno**, **dim. m.**

casellànte (o **-ṣ-**) [1888] **s. m. e f.** **1** sorvegliante di ferrovia o strada, che abita nel casello SIN. cantoniere **2** addetto a un casello autostradale

casellàrio (o **-ṣ-**) [da *casella* ✱ 1874] **s. m.** **1** mobile suddiviso in tante caselle mediante divisori interni | ***c. postale***, dove sono riunite le caselle postali in un Ufficio Postale **2** ***c. giudiziale***, registro esistente presso ogni Tribunale, in cui sono annotati i provvedimenti in materia penale, civile o amministrativa emanati a carico delle persone nate nel circondario | correntemente, l'ufficio in cui è conservato tale registro

casellìsta (o **-aṣe-**) [1962] **s. m. e f.** (**pl. m.** *-i*) ● chi tiene in affitto una casella postale

casèllo (o **-ṣ-**) [da *casella* ✱ 1798] **s. m.** **1** casa cantoniera posta lungo una ferrovia o una strada statale **2** stazione di accesso o di uscita di una autostrada, attrezzata per il pagamento del pedaggio

caṣentinése (o **-ṣe**) [av. 1334] **A** **agg.** ● del Casentino, subregione della Toscana comprendente l'alta valle dell'Arno, a nord di Arezzo **B** **s. m. e f.** ● abitante o nativo del Casentino

caṣentìno [dal *Casentino*, zona della Toscana dove si fabbrica questo tessuto ✱ av. 1936] **s. m.** **1** tessuto di lana ruvida e pesante color arancione, tinto anche in altri colori **2** cappotto confezionato con tale tessuto, guarnito di un collo di pelliccia, spec. volpe

càṣeo [vc. dotta, lat. tardo *cāseu(m)* 'formaggio'. V. *cacio* ✱ 1585] **s. m.** ● coagulo del latte

caṣeóso (o **-ṣo**) [da *caseo* ✱ 1865] **agg.** **1** relativo a caseificazione | colpito da caseificazione **2** simile al caseo

caṣèra [lat. tardo *caseāria(m)* 'luogo dove si fa il cacio', da *cāseus* 'formaggio' ✱ av. 1875] **s. f.** **1** (*sett.*) casa di montagna dove, durante l'alpeggio, si lavora il latte: *come gli altri,*

C

aveva l'innamorata, giù alle casere di San Nicola (D. BUZZATI) **2** (*sett.*) magazzino del caseificio adibito alla stagionatura dei formaggi

caseréccio (o -ṣ-) o **casaréccio** (o -ṣ-) [da *casa* ✱ av. 1400] **agg.** (**pl. f.** *-ce*) ● casalingo: *pane c.*; *cucina casereccia* | (*est.*) grezzo, rozzo, non raffinato: *ironia casareccia*

casèrma (o -ṣ-) [fr. *caserne*, dal provenz. *caserma* 'casotto destinato a quattro soldati', dal lat. *quatĕrnu(m)* 'a quattro a quattro' ✱ 1647] **s. f. 1** complesso di edifici, di terreni liberi e relativi servizi e infrastrutture dove alloggiano i militari o gli appartenenti a organizzazioni civili analoghe, come i vigili del fuoco | (*spreg.*) ***modi, linguaggio da c.***, volgari, rozzi **2** (*fig., spreg.*) ambiente o Paese regolato da un ferreo militarismo || **casermétta**, **dim.** (V.) | **casermóne**, **accr. m.** (V.)

casermàggio (o -ṣ-) [1798] **s. m.** ● tutto il materiale mobile occorrente per l'arredo di caserme, uffici, alloggi militari

casermerìa (o -ṣ-) [1880] **s. f.** ● (*raro*) posto di guardia in una caserma

casermésco (o -aṣe-) [1945] **agg.** (**pl. m.** *-schi*) ● (*spreg.*) da caserma

casermétta (o -ṣ-) [1959] **s. f. 1** dim. di *caserma* **2** edificio adibito all'alloggiamento di un singolo reparto minore nell'ambito di una caserma

casermìstico (o -aṣe-) [1936] **agg.** (**pl. m.** *-ci*) ● che ricorda gli usi e la disciplina di una caserma: *ambiente c.*

casermóne (o -ṣ-) [av. 1911] **s. m. 1** accr. di *caserma* **2** (*fig.*) edificio grande e disadorno, spec. per abitazione popolare: *i casermoni della periferia*

casertàno (o -ṣ-) [1847] **A agg.** ● di Caserta **B s. m.** (**f.** *-a*) ● abitante o nativo di Caserta

casétta (o -ṣ-) **s. f. 1** dim. di *casa* **2** tipo di tenda da campeggio spec. stabile, costituita da due o più ambienti separati fra loro, dotati di porte e finestre, sorretti da una struttura metallica || **casettina**, **dim.**

cash /kaʃ*, kɛʃ*, *ingl.* kæʃ/ [vc. ingl., propr. 'cassa, denaro liquido' ✱ 1892] **A s. m. inv.** ● pagamento in contanti | (*est.*) denaro liquido **B avv.** ● in contanti: *pagare c.*

cash-and-carry /kaʃʃen'kɛrri, kɛʃ-, *ingl.* ˌkæʃ(ə)ŋ'kæri/ [vc. ingl., propr. 'paga e porta via', da *to cash* 'incassare' (dal fr. ant. *casse* 'cassa') e *to carry* 'portare' (dal lat. parl. **carricāre* 'caricare', attrav. il fr. ant.) ✱ 1950] **s. m. inv.** ● sistema di vendita secondo cui i dettaglianti acquistano gli articoli in magazzini di grandissime dimensioni, pagando in contanti e assicurandone il trasporto con i propri mezzi | (*est.*) il magazzino in cui si effettua questo tipo di vendita

cash dispènser /kaʃ dis'pɛnser, kɛʃ-, *ingl.* kæʃ dɪs'pɛnsə(r)/ [loc. ingl., comp. di *cash* (V.) e *dispenser* 'distributore' ✱ 1987] **loc. sost. m. inv.** (**pl. ingl.** *cash dispensers*) ● distributore automatico di denaro contante, prelevabile da un correntista bancario mediante una tessera magnetica personale

cashes /*ingl.* 'kæʃɪz/ [sigla della loc. ingl. *Convertible And Subordinated Hybrid Equity-linked Securities* 'Titoli ibridi equiparati a strumenti di capitale, convertibili e subordinati' ✱ 2008] **s. m. pl.** ● (*econ.*) titoli obbligazionari convertibili in azioni ordinarie dell'ente che li ha emessi

cash flow /kaʃ'flo, kɛʃ-, *ingl.* 'kæʃ,fləʊ/ [loc. ingl., propr. 'flusso di cassa', comp. di *cash* 'cassa' (dal fr. ant. *casse* 'cassa') e *flow* 'flusso' (d'orig. germ.) ✱ 1966] **loc. sost. m. inv.** ● (*econ.*) ammontare delle disponibilità finanziarie generate da un'azienda in un dato periodo; è dato dall'utile netto non distribuito più gli accantonamenti a fronte di ammortamento delle attività fisse **SIN.** autofinanziamento

càshmere /'kaʃmir, *ingl.* 'kæʃmɪə/ [1892] **s. m. inv.** ● cachemire

casière (o -ṣ-) [lat. tardo *casāriu(m)*, da *căsa* 'casa' ✱ 1275] **s. m.** (**f.** *-a*) ● (*tosc.*) chi custodisce una casa o una villa, spec. di campagna

casigliàno (o -ṣ-) [da *casa* ✱ 1536] **s. m.** (**f.** *-a*) ● (*tosc.*) coinquilino

caṣimìr [1797] **s. m. inv.** ● (*disus.*) adattamento di *cachemire* (V.)

caṣimìra **s. f.** ● (*disus.*) adattamento di *cachemire* (V.)

caṣimìro [1883] **s. m.** ● (*disus.*) adattamento di *cachemire* (V.)

caṣimìrra **s. f.** ● (*disus.*) adattamento di *cachemire* (V.)

casinàro (o -ṣ-) [da *casino*, nel sign. 6 ✱ 1970] **s. m.** (**f.** *-a*) ● (*roman.*) casinista

casinìsta (o -aṣi-) [da *casino*, nel sign. 6 ✱ 1967] **s. m. e f.** (**pl. m.** *-i*) ● (*colloq.*) pasticcione, confusionario

casìno (o -ṣ-) [propr. dim. m. di *casa* ✱ 1584] **s. m. 1** †piccola casa **2** residenza signorile rustica: *c. di campagna, di caccia* **3** un tempo, luogo di riunioni per lettura, gioco, conversazione **SIN.** circolo, club **4** (*raro*) casinò: *passava la sera al C. da gioco* (C. PAVESE) **5** (*pop.*) casa di prostituzione **SIN.** bordello **6** (*fig., colloq.*) baccano, confusione, disordine: *fare c.*; *che c. in questa stanza!* | (*est.*) scenata: *piantare un c.* | (*est.*) pasticcio, faccenda intricata e disordinata, e sim.: *combinare un c.*; *ti prego di non farmi casini nel lavoro*; *qui è successo un c.* | (*est.*) grande quantità: *ci ha rimesso un c. di soldi* | (*colloq.*) ***un c.***, molto, moltissimo: *mi piace un c.*

casinò (o -ṣ-) [fr. *casino*, a sua volta dall'it. *casino* ✱ 1933] **s. m. inv.** ● casa da gioco

caṣìpola ➤ **casupola**

†**caṣìpula** ➤ **casupola**

caṣìsta o **caṣuìsta** nel sign. 1 [sp. *casuista*, dal lat. *căsus* 'caso' ✱ 1607] **s. m. e f.** (**pl. m.** *-i*) ● scrittore o studioso di casistica

caṣìstica [da *caso* ✱ 1819] **s. f. 1** nella teologia cattolica, esame metodico dei comportamenti umani, anche ipotetici, per definire la norma di morale speculativa applicabile a ciascuno di essi **2** (*med.*) elenco di esempi o casi pratici: *una malattia molto rara, priva di c.* **3** formulazione ed elencazione di una pluralità di casi specifici, per derivarne un principio generale o per applicare a essi una norma o un principio già formulato: *una c. relativa agli incidenti stradali*

♦**càṣo** [vc. dotta, lat. *căsu(m)*, da *cădere* 'cadere' ✱ 1261 ca.] **s. m. 1** avvenimento imprevisto, circostanza fortuita: *il vederti oggi è stato un c.* | ***parlare, agire a c.***, a vanvera, inconsideratamente | ***a c.***, in modo non consapevole, per combinazione: *scegliere qlco. a c.* | ***non a c.***, intenzionalmente, di proposito | ***per c., per puro c.***, accidentalmente | ***fare c. a qlco.***, farvi attenzione; dare importanza a qlco.: *non farci c.* | ***si dà il c. che***, accade, succede | ***guarda c.*** o (con grafia unita) ***guardacaso***, ***vedi c.***, inciso che sottolinea un elemento di sorpresa o di stranezza, spesso con una connotazione ironica: *la parte è stata data a Rossi che, guarda c., è amico del regista* | (*dir.*) ***c. fortuito***, evento indipendente dalla volontà umana e imprevedibile per chi abbia adottato precauzioni ordinarie **2** causa misteriosa e remota degli avvenimenti umani: *il c. ci ha fatto incontrare*; *non bisogna attribuire tutto al c.*; *affidarsi al c.* **SIN.** fatalità, sorte **3** fatto, situazione, evento: *c. brutto, disperato, imbarazzante*; *un c. strano, singolare, emblematico* | vicenda privata: *mi ha parlato dei casi suoi* | ***del c.***, opportuno, necessario in una data situazione: *le cure del c.*; *adottare i provvedimenti del c.* | ***fare al c.***, giovare, essere adatto a una data situazione (gener. seguito da un agg. poss.): *intese meglio di me quello che faceva al c. nostro* (I. SVEVO) | vicenda spec. giudiziaria che ha vasta risonanza: *il c. Dreyfus* | ***c. freddo***, nel linguaggio giornalistico, caso giudiziario o investigativo che non è stato risolto | ***c. di Stato***, (*fig.*) di importanza enorme, talora spropositata: *di una questione da nulla ne ha fatto un c. di Stato!* | ***c. limite***, situazione che presenta certe caratteristiche accentuate in modo estremo | ***c. da manuale***, da prendersi a esempio | ***c. di scuola***, circostanza o vicenda tipica, esemplare; anche, circostanza soltanto virtuale (calco sull'ingl. *school case*) | ***c. di coscienza***, quello per il quale è dubbio se si accordi o meno con la morale cristiana; (*est.*) quello che pone un problema di rapporto fra una situazione o esperienza individuale e regole morali generali **SIN.** circostanza, contingenza, evento **4** (*med.*) stato patologico considerato come argomento di indagine o di controllo: *i medici stanno ancora studiando il c.* | ogni manifestazione di una malattia spec. infettiva o epidemica; (*est.*) ogni individuo che ne è affetto: *un c. di colera* | ***c. clinico***, ogni individuo sottoposto a indagini cliniche; (*fig.*) persona o cosa fuori del normale | ***c. patologico***, soggetto sottoposto a indagini cliniche e portatore di affezioni morbose; (*fig., iron.*) persona che manifesta tendenze, sentimenti e sim. eccessivi o anormali **5** ipotesi, possibilità: *nel primo c. è necessario cedere, nel secondo essere severi*; *in c. di pioggia, di nebbia*; *in c. di necessità* | ***in ogni c., in tutti i casi***, comunque, sempre | ***in nessun c.***, mai | ***nel c.*** (***che***), qualora (introduce una prop. condiz. con il v. al congtv.): *nel c. (che) tu decida di partire, telefonami* | ***nel c., al c.***, eventualmente, semmai: *nel c., telefonami*; *al c., rivolgiti al portiere* | ***non c'è c.***, non esiste possibilità | ***in c. contrario***, altrimenti | ***porre, mettere il c. che***, supporre | ***poni c.***, V. *porre* nel sign. 6 | ***c. mai***, V. *casomai* **SIN.** evenienza, eventualità, probabilità **6** opportunità: *regolati secondo il c.* | ***fare al c.***, essere opportuno | ***è il c. che, di***, è necessario (che) | ***non è il c.***, non conviene: *non so se sia il c. di parlarne* **7** †caduta: *ne la mia mente fé sùbito c. / questo ch'io dico* (DANTE *Par.* XIV, 4-5) **8** (*ling.*) aspetto assunto da una parola flessa, in relazione a una determinata funzione grammaticale: *c. genitivo, dativo* || **caṣàccio**, **pegg.** (V.) | **caṣétto**, **dim.**
SFUMATURE ➤ *fortuna*

caṣoàrio ➤ **casuario**

caṣoàre ➤ **casuario**

casolàre (o -ṣ-) [lat. mediev. *casulare*, dal lat. tardo *căsula*, dim. di *căsa* 'capanna' ✱ 1273] **s. m.** ● casa di campagna, piccola e isolata

♦**caṣomài** o **càṣo mài** [1533] **A cong.** ● eventualmente, nel caso che (introduce una prop. condiz. con il v. al congtv.): *c. venisse, salutamelo*; *risponderò io, c. telefonasse* **B avv.** ● semmai, eventualmente: *ora non posso, c. domani*; *c. sono io che dovrei lamentarmi*

caṣoncèllo o **caṣonsèo** [dal lat. *cāseu(m)* 'formaggio' ✱ 1885] **s. m.** ● (**spec. al pl.**) raviolo con ripieno di carne e spezie varie, condito con burro, salvia, pancetta e formaggio, specialità della cucina bresciana e bergamasca

casóne ① (o -ṣ-) [1551] **s. m. 1** accr. di *casa* **2** grande fabbricato, spec. popolare, con molti appartamenti **3** abitazione rustica del Veneto, a pianta rettangolare e tetto spiovente di paglia | costruzione rurale di zone vallive o di recente bonifica | ***cason di valle***, grosso capanno per cacciatori e pescatori, col tetto di paglia e un vasto camino al centro

caṣóne ② [dal lat. *cāseus* 'cacio' ✱ 1844] **s. m.**

• (*lomb.*) caseificio

casonsèo ➤ **casoncello**

†**casóso** (o **-ṣo**) [da *caso* ✱ av. 1565] **agg.** • puntiglioso, meticoloso

casòtto (o **-ṣ-**) [da *casa* ✱ 1552] **s. m. 1** costruzione posticcia di piccole dimensioni, per lo più a un solo vano, in legno, adibita a vari usi: *il c. della sentinella, del custode, del cacciatore, del giornalaio, dei burattini, del cane* **SIN.** baracca | ***c. da spiaggia***, capanno, cabina balneare | (*raro*) casello ferroviario **2** (*mar.*; *disus.*) camera sul ponte di comando **3** (*pop.*) casa di prostituzione **SIN.** bordello **4** (*fig., pop.*) baccano, confusione, chiasso: *fare, piantare c.* ‖ **casottino**, **dim.**

càspa [etim. incerta ✱ 1865] **s. f.** • ceppaia

càspita [eufem. per *cazzo* ✱ 1753] **inter.** • (*eufem.*) esprime meraviglia, impazienza, contrarietà e sim. **CFR.** caramba ‖ **caspiterìna**, **dim.** | **caspitìna**, **dim.**

casqué /kas'ke*/ [dal fr. *casquer* 'cascare' (falso francesismo (?)) ✱ 1963] **s. m. inv.** • figura del tango in cui il cavaliere si china sulla dama facendola piegare con la schiena all'indietro: *ballare il tango col c.*

casquette /*fr.* kas'kɛt/ [vc. fr., propr. dim. di *casque* 'casco' ✱ 1931] **s. f. inv.** • berretto con visiera, spec. da uomo

♦**càssa** [lat. *căpsa(m)*, di etim. incerta ✱ 1275] **s. f. I** recipiente per materiali solidi **1** recipiente parallelepipedo, realizzato in vario materiale, impiegato per la spedizione e il trasporto di oggetti vari: *c. di legno, metallo, cartone* | ***c. mobile***, container | ***c. da morto***, feretro, bara **2** mobile di forma squadrata, con coperchio e serrature, usato per riporvi roba: *conservare in una c. gli abiti pesanti* | madia, arca **3** (*est.*) quantità di roba contenuta in una cassa: *una c. di frutta, di biancheria, di vasellame* **4** mobile a più scomparti per conservare denaro e preziosi: *una c. di monete* | (*est.*) dispositivo elettrico o a mano, atto a registrare i pagamenti effettuati e a contenere le somme relative: *la c. di un bar*; *stare alla c.*; *ritirare lo scontrino alla c.* **5** (*est.*) sportello di una banca o settore di un pubblico esercizio dove si eseguono o si ricevono i pagamenti: *passare alla c.*; *presentare un assegno, un mandato alla c.*; *c. cambiali, titoli, cedole*; *buono di c.* | ***tenere la c.***, ricevere ed effettuare i pagamenti | ***c. continua***, specie di cassaforte collocata nell'interno della banca, collegata con l'esterno per mezzo di un sistema simile alla posta pneumatica, grazie al quale i clienti, mediante l'introduzione di bossoli, possono effettuare operazioni di versamento anche dopo l'ora di chiusura | (*fig., colloq.*) ***battere c.***, chiedere denari **6** (*est.*) somma di denaro contenuta in una cassa: *scappare, fuggire con la c.* | ***ammanco di c.***, sottrazione fraudolenta di denaro da tale somma | ***fondo di c.***, quantità di denaro che deve trovarsi in cassa per servire alle normali operazioni di scambio | ***piccola c.***, fondo di cassa dal quale viene prelevato il denaro necessario per le spese di ammontare limitato | ***libro di c.***, in cui vengono annotate le entrate e le uscite di denaro | (*fig.*) ***a pronta c.***, in contanti: *pagare a pronta c.* | (*est.*) ufficio preposto alla conservazione e all'amministrazione di denaro per conto di un'organizzazione: *la c. di un partito, di un'associazione* **7** (*dir.*) istituzione con fini spec. previdenziali: *c. depositi e prestiti*; *c. per gli assegni familiari* | ***C. per il Mezzogiorno***, ente di diritto pubblico, istituito per il progresso economico e sociale dell'Italia meridionale; posto in liquidazione negli anni intorno al 1985, le sue funzioni sono ora svolte dal ministro per gli Interventi Straordinari nel Mezzogiorno | ***c. integrazione salari, c. integrazione***, organismo facente parte dell'INPS (Istituto Nazionale di Previdenza Sociale) che, in caso di riduzione o sospensione temporanea del lavoro in un'azienda, fornisce ai dipendenti, tramite l'azienda stessa, una parte di salario | istituto bancario: *C. rurale* | ***C. di risparmio***, istituto di credito destinato a favorire la formazione e la raccolta del risparmio | ***c. peota***, associazione tradizionale veneta che organizzava la raccolta di piccoli risparmi tra gli associati per concedere prestiti di importo limitato **II** oggetto, organo o struttura cava di varia natura e utilizzazione **1** involucro che serve a proteggere il movimento dell'orologio **2** (*tipogr.*) cassetto del banco di composizione suddiviso in vari scomparti contenenti ognuno un certo numero di caratteri tipografici uguali **3** affusto di legno della balestra e delle antiche artiglierie, sagomato in modo da agevolarne il maneggio **SIN.** ceppo, letto, teniere | nel fucile da caccia, parte in legno comprendente impugnatura e calcio **4** (*mar.*) ***c. d'acqua***, serbatoio per l'acqua, sulle navi | ***casse d'aria***, compartimenti stagni nelle lance di salvataggio | ***c. d'assetto, d'immersione, di emersione***, serbatoi che, vuotandosi o empiendosi, consentono l'equilibrio, la discesa e l'ascesa dei sommergibili **5** (*anat.*) formazione cava, delimitata da pareti ossee od osteo-muscolari | ***c. toracica***, scheletro e parti molli che delimitano il torace | ***c. del timpano***, cavità dell'orecchio medio **6** (*mus.*) ***c. armonica, di risonanza***, corpo cavo sonoro di alcuni strumenti, quali gli archi, le chitarre e sim., che ha lo scopo di amplificare e migliorare i suoni emessi | ***c. di risonanza***, (*fig.*) tutto ciò che dà maggior risalto a qlco., amplificandone l'importanza e la diffusione | ***c. dell'organo***, somiere | ***c. rullante***, tamburo di forma cilindrica allungata e con cassa di risonanza in legno | V. anche *grancassa* **7** (*mus.*) ***c. acustica***, (*ellitt.*) ***cassa***, di uno o più altoparlanti per impianti stereofonici **8** (*edil.*) ***muro a c. vuota***, muro formato da due elementi di mattoni, pieni o forati, i quali formano un'intercapedine ‖ **cassétta**, **dim.** (V.) | **cassétto**, **dim. m.** (V.) | **cassóne**, **accr. m.** (V.)

cassafórma [comp. di *cassa* e *forma* ✱ 1942] **s. f.** (**pl.** *casseförme*) • (*edil.*) forma di legno o di metallo in cui viene effettuato un getto di calcestruzzo e che viene rimossa dopo l'indurimento

cassafòrte [comp. di *cassa* e *forte*, calco sul fr. *coffre-fort* ✱ 1866] **s. f.** (**pl.** *cassefòrti*) • cassetta murata in una parete o armadio metallico, spec. in acciaio, chiusi con serrature di sicurezza per custodire denaro, preziosi e altro

cassaintegràto o **cassintegràto** [comp. di *cassa* (nel sign. I 7) e di *integrato*, part. pass. di *integrare*, con riferimento all'*integrazione* dei salari di cui si fruisce ✱ 1981] **s. m.** (**f.** *-a*); **anche agg.** • lavoratore dipendente di un'azienda posto in cassa integrazione

cassàio [lat. tardo *capsāru(m)*, da *căpsa* 'cassa' ✱ 1830] **s. m.** (**f.** *-aia*, **pl. m.** *-ai*) **1** chi fabbrica, vende o ripara casse **2** artigiano che fabbrica casse armoniche per strumenti musicali

cassamàdia [comp. di *cassa* e *madia* ✱ av. 1449] **s. f.** (**pl.** *cassemàdie*) • specie di cassa usata come madia **SIN.** arcile

cassaménto [da *cassare* ✱ 1310] **s. m.** • (*raro*) cassatura

cassàndra [dal n. della figlia del re Priamo, la quale, non creduta, prediceva la distruzione di Troia ✱ 1865] **s. f.** • persona che è solita fare previsioni catastrofiche, senza che nessuno le presti fede

cassapànca [comp. di *cassa* e *panca* ✱ 1325] **s. f.** (**pl.** *cassapànche* o *cassepànche*) • mobile costituito da un cassone talvolta munito di dorsale e di braccioli, usato come sedile e come ripostiglio

cassàre o (*raro, pop.* o *lett.*) **scassàre**[③] nei sign. 1 e 2 [vc. dotta, lat. tardo *cassāre*, da *căssus* 'vuoto' ✱ 1219] **v. tr.** (**part. pass.** *cassàto*, †*càsso*) **1** (*lett.*) cancellare da un foglio di carta, da una lavagna o sim. ciò che vi è scritto o disegnato: *Scrissi, riscrissi, cassai* (U. FOSCOLO) **2** radiare qlcu. da un ruolo | (*raro*) destituire, licenziare **3** (*dir.*) annullare un provvedimento giudiziario, una legge e sim.: *c. una sentenza* | ***c. un debito***, estinguerlo

†**càssaro** ➤ **cassero**

cassàta [etim. incerta ✱ 1905] **s. f. 1** torta tipica della Sicilia, fatta con ricotta e guarnita di dadini di cioccolato e di frutta candita **2** gelato di panna con frutta candita ‖ **cassatèlla**, **dim.** | **cassatìna**, **dim.**

cassatóio [da *cassare* ✱ 1869] **s. m.** (**pl.** *-ói*) • coltellino per raschiare uno scritto

cassatùra [1304] **s. f.** • (*raro*) cancellazione | cancellatura

cassàva [sp. *cazabe*, dall'haitiano *cazabi* 'torta di manioca' ✱ 1986] **s. f. 1** (*bot.*) manioca **2** (*bot.*) galletta di tapioca

cassazióne[①] [dal ted. *Gasse* 'strada' (di orig. germ.), perché in orig. era eseguita all'aria aperta (?) ✱ 1826] **s. f.** • (*mus.*) composizione strumentale dei secc. XVII e XVIII affine alla serenata

cassazióne[②] [da *cassare* nel sign. 3 ✱ 1342] **s. f.** • (*dir.*) annullamento di un provvedimento giurisdizionale: *c. di una sentenza*; *ricorso per c.* | ***Corte di Cassazione*** o (*ellitt.*) ***Cassazione***, il supremo organo giurisdizionale | ***sezioni unite della Corte di Cassazione***, organo giudicante costituito da più sezioni della Corte di Cassazione; si pronuncia sulle questioni più importanti o quando vi siano orientamenti contrastanti fra diverse sezioni

cassazionìsta [da *cassazione*[②] ✱ 1962] **s. m. e f.** (**pl. m.** *-i*) • avvocato iscritto nell'albo dei patrocinanti davanti alla Corte di Cassazione

casse /*fr.* kas/ [vc. fr., propr. 'rottura', da *casser* 'rompere', dal lat. *quassāre* 'scuotere' (V. *squassare*) ✱ 1983] **s. f. inv.** • intorbidimento e alterazione del vino dovuti a modificazioni delle sostanze coloranti per fenomeni di natura fisico-chimica od enzimatica

casserétto [dim. di *cassero* ✱ 1869] **s. m.** • sulle navi mercantili con cassero centrale, cassero di poppa generalmente destinato ad alloggi per il personale di bordo

càssero o †**càssaro** [arabo *qaṣr* 'castello', dal biz. *kástron*, a sua volta dal lat. *căstrum* 'castello, fortezza' ✱ 1294] **s. m. 1** (*mar.*) nelle navi mercantili, sovrastruttura che ospita alloggiamenti e sale | ***c. di prua***, castello **2** cassaforma **3** (*edil.*) costruzione in legno o ferro o cemento armato per costruire fondazioni in presenza d'acqua **4** †parte più alta e più fortificata di una fortezza ‖ **casserétto**, **dim.** (V.)

casseruòla o **casseròla** [fr. *casserole*, dal lat. mediev. *cattia* 'tazza', di etim. incerta ✱ 1771] **s. f.** • recipiente di metallo o altro materiale, più fondo del tegame, usato per cucinare ‖ **casseruolìna**, **dim.**

♦**cassétta** [1280] **s. f. 1** dim. di *cassa*: *una c. di frutta*; *la c. degli arnesi* | ***c. per le api***, arnia | ***c. per le lettere***, sistemata lungo le strade e fornita di una fessura in cui si introducono le lettere da impostare, o nell'ingresso di case, per ricevere le lettere in arrivo | ***c. delle elemosine***, recipiente chiuso che, nelle chiese, serve per raccogliere oblazioni ed elemosine | ***c. da fiori***, fioriera | ***muro a c.***, muro di ripieno, cioè con le pareti tirate a mattoni e stipato nel mezzo di pietra e calcinacci | ***pane a, in c.***, qualità di pane a forma

C

di parallelepipedo usato spec. per toast e tramezzini | ***c. di sicurezza***, forziere metallico installato nei locali di una banca, per la custodia di cose e valori, e messo a disposizione dei clienti, dietro pagamento di un canone | ***titolo di c.***, titolo azionario di largo mercato soggetto a rialzi o ribassi relativamente modesti, perciò acquistabile come sicuro investimento a lungo termine **2** recipiente aperto su un lato, posto sotto la tramoggia per regolare la caduta del grano nella macina **3** congegno o apparecchio simile a una piccola cassa | ***c. di derivazione***, di distribuzione dell'energia elettrica | ***c. di resistenza***, contenente campioni tarati di resistenza, usata per le misure di resistenze elettriche | ***c. di distribuzione***, in telefonia, organo che provvede al collegamento tra i cavi secondari e le linee di abbonato che raggiungono direttamente l'apparecchio da servire | ***c. di manovra***, contenente le leve di comando degli aghi di uno scambio ferroviario **4** nei banchi dei negozi, piccolo vano o cassetto per gli incassi giornalieri | (*fig.*) ***far buona c.***, guadagnare bene | (*est.*) incasso di un negozio, e sim. | (*fig.*) nel gergo teatrale e cinematografico, l'incasso complessivo di un'opera rappresentata o proiettata | (*fig.*) ***spettacolo, film di c.***, con finalità commerciali e non artistiche **5** cavità, incavo | (*mus.*) ***c. armonica***, carillon **6** sedile per il cocchiere, nella parte anteriore della carrozza: *sedere a c.*; *montare, prendere posto a c.* **7** (*tosc.*) cassetto **8** (*colloq.*) audiocassetta, musicassetta; videocassetta ‖ **cassettina**, **dim.**

cassettàta [1865] **s. f.** ● quantità di roba che può essere contenuta in una cassetta o in un cassetto

cassettièra [1965] **s. f.** ● mobile costituito da più cassetti sovrapposti | scomparto di mobile costituito da una serie di cassetti sovrapposti: *armadio con c.*

cassettìsta [1930] **s. m. e f.** (**pl. m.** *-i*) **1** chi ha in affitto presso la banca una cassetta di sicurezza **2** (*borsa*) chi investe in titoli azionari con l'intenzione di conservarli a tempo indeterminato

♦**cassétto** [1479] **s. m. 1** dim. di *cassa* **2** cassetta quadrata o rettangolare con o senza coperchio, fornita di maniglia e incastrata in un mobile dove scorre orizzontalmente su due guide | ***manoscritto, libro, romanzo nel c.***, scritto e non pubblicato | (*fig.*) ***sogni nel c.***, aspirazioni segrete, intime **SIN.** tiretto **3** ***c. di distribuzione***, organo di forma simile a quella di un cassetto, caratteristico di un tipo di distribuzione nelle motrici a vapore alternative ‖ **cassettino**, **dim.**

cassettóne [da *cassetto* ✻ 1536] **s. m. 1** mobile a cassetti di forma abitualmente quadrangolare | canterano | comò **2** motivo di decorazione architettonica consistente in un riquadro incavato, usato per rivestire soffitti piani, volte o cupole: *soffitto a cassettoni* **SIN.** lacunare ‖ **cassettoncìno**, **dim.**

casseur /*fr.* ka'sœʀ/ [vc. fr., dal v. *casser* 'rompere, sfasciare', dal lat. tardo *quassāre* 'scuotere violentemente' ✻ 1985] **s. m. inv.** (**f. fr.** *casseuse*) ● chi danneggia beni pubblici o privati spec. durante una manifestazione di protesta

càssia [vc. dotta, lat. *căsia(m)*, dal gr. *kasía*, di orig. orient. ✻ 1303] **s. f.** ● genere delle Papilionacee comprendente piante non spinose erbacee, arbustive o arboree, con foglie alterne composte e fiori gialli in grappoli (*Cassia*) | ***c. fistula***, albero delle Papilionacee i cui frutti hanno una polpa scura usata come lassativo | ***c. romana***, gaggia

càsside [vc. dotta, lat. *căsside(m)* 'elmo di metallo', di orig. etrusca (?) ✻ 1340] **s. f. 1** copricapo difensivo con visiera abbassabile, usato dai Romani **2** genere di Molluschi dei Gasteropodi le cui conchiglie sono usate spec. per la fabbricazione di cammei (*Cassis*)

cassìdico o **chassìdico** /kas'sidiko/ o **hasìdico** /a'sidiko/ [1933] **A agg.** (**pl. m.** *-ci*) ● del cassidismo **B s. m.** (**f.** *-ca*) ● seguace del cassidismo

cassidìsmo o **chassidìsmo** o **hasidìsmo** [dall'ebr. *hāsīdh* 'pio' ✻ 1932] **s. m.** ● movimento mistico popolare ebraico, caratterizzato da un intransigente rigore morale, diffuso dalla seconda metà del Settecento fra i ghetti dell'Europa orientale, dove si espresse anche con una ricca fioritura letteraria di canti e racconti

cassière [fr. *caissier*, da *caisse* 'cassa' ✻ 1370] **s. m.** (**f.** *-a*) ● chi, in un negozio, in una banca e sim., è addetto all'incasso e al pagamento di somme e ha la responsabilità delle operazioni effettuate

cassinése (o *-se*) [da *(Monte)cassino* ✻ av. 1547] **A agg. 1** dell'Abbazia di Montecassino **2** dell'ordine benedettino di Montecassino: *monaco c.* **B s. m.** ● monaco benedettino della congregazione che ha la sua sede abbaziale a Montecassino

cassìno ① [dal lat. *capsu(m)* 'cassa della carrozza' ✻ 1781] **s. m. 1** un tempo, carretto usato dagli accalappiacani o per portare via la spazzatura **2** ciascuna delle assi che vengono aggiunte verticalmente alle sponde del carro per trattenere un carico (terra, letame, ecc.) che può cadere **3** cassa da calessi, barroccini e sim.

cassìno ② [da *cassare*, nel sign. 1 ✻ 1942] **s. m.** ● cancellino

cassintegràto ➤ **cassaintegrato**

càssio [da *cassia* (?) ✻ 1887] **s. m.** ● colore rosso intenso, ottenuto aggiungendo alcune gocce di soluzione di cloruro d'oro a una soluzione di cloruro stannoso: *porpora di c.*

cassiopèo o **cassiopèio** [dal n. mitico di *Cassiopea*, eroina della mitologia greca ✻ 1955] **s. m.** ● (*chim.*, *raro*) lutezio

cassis /*fr.* ka'sis/ [vc. fr., prob. dal lat. *căsia(m)* 'cassia' per le affini proprietà terapeutiche ✻ 1895] **s. m. inv.** (**pl. fr. inv.**) ● (*bot.*) ribes nero | liquore che si ottiene dalla macerazione alcolica delle bacche di ribes nero

cassiterite [fr. *cassitérite*, dal gr. *kassíteros* 'stagno', di etim. incerta ✻ 1940] **s. f.** ● (*miner.*) diossido di stagno, in cristalli pesanti, grigi, spesso geminati

†**càsso** ① [lat. *căssu(m)* 'vuoto', di etim. incerta ✻ av. 1294] **agg. 1** inutile, vano **2** sfornito, vuoto

†**càsso** ② **part. pass.** di *cassare*; anche **agg.** ● nei sign. del v. | cancellato | rimosso

†**càsso** ③ [lat. *capsu(m)* 'cassa della carrozza, gabbia'. V. *cassa* ✻ av. 1292] **s. m.** ● (*lett.*) cassa toracica, busto

càsso ④ ➤ **cascio** ①

cassoeula /*lomb.* kas'sœla/ [vc. lomb., propr. 'casseruola' ✻ 1931] **s. f.** ● (*cucina*) tipico piatto lombardo a base di carne suina, cucinata in poco brodo con verza, altre verdure e spezie

cassonàto [da *cassone* nel sign. 6 ✻ 1958] **agg.**; anche **s. m.** ● detto di veicolo munito di cassone per il carico: *camion, furgone, autocarro c.*; *vendesi c. usato*

cassóne [1325] **s. m. 1** accr. di *cassa* **2** mobile a forma di cassa spesso riccamente decorato, assai diffuso nel Medioevo e nel Rinascimento e usato inizialmente come baule, armadio, cassaforte, sedile, letto **3** telaio in legno o muratura per semenzai o letti caldi **4** particolare cassaforma, costruita fuori acqua e gener. senza fondo, impiegata nella costruzione di fondazioni subacquee o in terreni acquitrinosi **5** carro per trasporto delle munizioni di artiglieria **6** vano aperto dell'autocarro, destinato al carico: *c. ribaltabile* **7** intercapedine tra i due teli della vela del parapendio che, durante il volo, si gonfia d'aria **8** (*mar.*) ***cassoni di galleggiamento***, camere a tenuta stagna, ricavate nello scafo di una deriva, che assicurano la galleggiabilità all'imbarcazione anche in caso di rovesciamento **9** (*med.*) ***malattia dei cassoni***, V. *malattia* **10** †arca, sarcofago ‖ **cassoncìno**, **dim.** | **cassonétto**, **dim.** (V.)

cassonétto [av. 1571] **s. m. 1** dim. di *cassone* **2** scatola parallelepipeda, sotto l'architrave delle finestre, per contenere le persiane avvolgibili o coprire il meccanismo di scorrimento di una tenda **3** contenitore mobile di grande capienza, collocato nelle strade per la raccolta dei rifiuti

cassoulet /*fr.* kasu'lɛ/ [vc. fr. di provenienza dial. (Linguadoca), da *cassolo* 'terrina' e poi 'vivanda che si mette a cuocere in una terrina', con suff. dim. ✻ 1976] **s. m. inv.** ● (*cucina*) tipica pietanza francese costituita da uno stufato di carne di oca, anatra, agnello o montone con salsicce, cotenne e fagioli

càssula ➤ **capsula**

cast /kast, *ingl.* kɑːst/ [ingl., da *to cast* 'assegnare le parti agli attori', di etim. incerta ✻ 1930] **s. m. inv.** ● complesso degli attori partecipanti a un film o a uno spettacolo

♦**càsta** [portog. *casta* 'razza pura', dal lat. *căstu(m)* 'casto' ✻ 1583] **s. f. 1** ciascuno dei gruppi sociali che, rigidamente separati tra loro in base a leggi religiose o civili, inquadrano in un sistema sociale fisso i vari strati della popolazione: *la c. dei bramini* **2** (*est.*, *spreg.*) gruppo di persone che, caratterizzate da elementi comuni, hanno o pretendono il godimento esclusivo di determinati diritti o privilegi: *quel Paese è dominato da una c. di militari* **3** (*zool.*) tra gli Insetti sociali, gruppo di individui diversi per morfologia e fisiologia che coabitano e collaborano tra loro SFUMATURE ➤ ***classe***

♦**castàgna** [lat. *castănea(m)*, dal gr. *kástanon*, prob. di orig. preindeur. ✻ 1200 ca.] **s. f. 1** frutto del castagno, costituito da un pericarpo coriaceo di color bruno lucente contenente una polpa bianca e farinosa: *andare nel bosco a raccogliere le castagne*; *cuocere le castagne*; *farina di castagne* | ***castagne lesse***, ballotte | ***castagne arrostite***, caldarroste | ***castrare le castagne***, fenderne il guscio perché non scoppino mentre cuociono | †***a scorza di c.***, colore bruno rossiccio come la buccia della castagna | (*fig.*) ***prendere qlcu. in c.***, coglierlo in fallo | (*fig.*) ***togliere, cavare le castagne dal fuoco a*** (o ***per***) ***qlcu.***, liberarlo da un pericolo, un impaccio e sim. a proprio rischio | (*raro*, *fig.*) ***cavar la c. dal fuoco con le zampe del gatto***, fare qlco. a proprio vantaggio lasciando i pericoli agli altri **2** (*bot.*) ***c. d'acqua***, pianta acquatica delle Onagracee con foglie sommerse opposte, fiori ascellari bianchi, frutto coriaceo e spinoso commestibile (*Trapa natans*) **SIN.** trapa | ***c. di terra***, bulbocastano | ***c. d'India***, frutto amaro dell'ippocastano **3** ***c. dell'argano***, dente che gli impedisce di sfuggire indietro **4** nel pugilato, pugno di notevole potenza | nel calcio, tiro secco e violento in porta **5** (*zootec.*) produzione cornea rugosa irregolarmente ovale, vestigia del primo dito, che si trova nella faccia mediale delle gambe del cavallo, subito sopra le ginocchia e sotto i garretti **SIN.** castagnetta **6** †***far le castagne***, fare schiocchi con le dita; porre il pollice tra l'indice e il medio in segno di scherno **7** (*fig.*) †cosa di poco o di nessun valore | ***meno che una c.***, nulla ‖ **castagnétta**, **dim.** (V.) | **castagnòla**, **castagnuòla**, **dim.** (V.)

castagnacciàio [1865] **s. m.** (**f.** *-aia*, **pl. m.** *-ai*) ● (*tosc.*) chi fa e vende castagnacci

castagnàccio [av. 1449] **s. m.** ● schiacciata di farina di castagne al forno, spesso con zibibbo, semi di finocchio, pinoli, mandorle **SIN.** migliaccio, pattona

castagnàio [1803] **s. m.** (**f.** *-aia*, **pl. m.** *-ai*) **1** chi coltiva un castagneto **2** raccoglitore di castagne **3** chi vende castagne

castagnàta [1954] **s. f.** ● mangiata collettiva di castagne arrostite, spec. in occasione di sagre o feste popolari

castagnatùra [1865] **s. f.** ● raccolta delle castagne | (*est.*) l'epoca di tale raccolta

castagnéto [lat. *castanētu(m)*, da *castănea* 'castagna', rifatto sull'it. *castagna* ✶ sec. XIII] **s. m.** ● luogo piantato a castagni | bosco di castagni

castagnétta① [1941] **s. f. 1** dim. di *castagna* **2** castagnola, petardo **3** (*zootec.*) castagna

castagnétta② [sp. *castañeta*, dim. di *castaña* 'castagna', dallo scoppio che fanno le castagne nella brace ✶ 1623] **s. f. 1** (**spec. al pl.**) nacchera **2** (**spec. al pl.**) schiocco prodotto strisciando con forza il dito pollice contro il medio

†**castagnìccio** [av. 1349] **agg.** ● che tende al castano, detto di colore

castagnìno [av. 1569] **agg. 1** (*raro*) castano **2** detto di terreno che si presta alla coltivazione del castagno

castàgno① ➤ **castano**

castàgno② [da *castagna* ✶ 1287] **s. m. 1** albero delle Fagacee con scorza scura, foglie caduche, picciolate, lanceolate, frutti commestibili contenuti in numero di due o tre dentro un involucro spinoso detto riccio (*Castanea sativa*) | ***c. d'India***, ippocastano **2** legno dell'albero omonimo, molto duro, usato per travi, pali e come combustibile

castagnòla o **castagnuòla** [1863] **A s. f. 1** (*raro*) dim. di *castagna* **2** petardo di carta con polvere pirica, per fuochi artificiali **SIN.** castagnetta **3** frittella dolce, la cui forma ricorda vagamente quella delle castagne, tipica della Romagna **4** pesce osseo dei Perciformi, ovale, bruno, con riflessi argentei o dorati (*Helisates chromis*) **B castagnòle s. f. pl.** ● nacchere, castagnette

castagnoléta [1803] **s. f.** ● bosco di castagnoli

castagnòlo o (*lett.*) **castagnuòlo** [1289] **s. m. 1** castagno giovane **2** bastone di castagno

castagnuòla ➤ **castagnola**

castagnuòlo ➤ **castagnolo**

castàlda [1761] **s. f.** ● moglie del castaldo

castalderìa [1310] **s. f.** ● carica, ufficio e abitazione del castaldo | fattoria

†**castaldìa** [1305] **s. f.** ● castalderia

castàldo o **gastàldo** [longob. *gastald* 'fattore' ✶ 1235] **s. m.** (**f.** *-a* (**V.**)) **1** in epoca longobarda, dignitario con funzioni di amministratore per conto del re **2** in epoca medievale, capo di un'arte **3** un tempo, amministratore dei beni di una famiglia o di un monastero **4** fattore | (*merid.*) lavoratore agricolo

castàle [da *casta* ✶ 1843] **agg.** ● relativo a una casta: *privilegi castali*

castàlio [vc. dotta, lat. *castăliu(m)* ✶ 1340] **agg.** ● (*lett.*) della fonte Castalia | (*est.*) pertinente alle Muse, ad Apollo e, in generale, alla poesia: *le sue dolci rime, / tutte c. nettare stillanti* (I. PINDEMONTE)

castàneo ➤ **castano**

castanìcolo [comp. del lat. *castănea* 'castagna' e di *-colo* ✶ 1955] **agg.** ● relativo alla coltivazione del castagno

castanicoltùra [comp. del lat. *castănea* 'castagna' e di *coltura* ✶ 1952] **s. f.** ● coltivazione del castagno

♦**castàno** o (*raro*) **castàgno**①, (*lett.*) **castàneo** [dal lat. *castănea(m)* 'castagna' ✶ 1585] **A agg.** ● che ha un colore marrone rossiccio simile a quello della buccia della castagna matura: *capelli castani* **B s. m.** ● il colore castano: *il castaneo cupo della capellatura* (G. GOZZANO)

castellàna [av. 1400] **s. f.** ● moglie del castellano | signora del castello

†**castellanìa** [av. 1547] **s. f.** ● dignità, governo del castellano | territorio posto sotto la giurisdizione di un castellano

castellàno① [lat. *castellānu(m)*, agg., 'del castello' ✶ 1279] **A s. m.** (**f.** *-a* (**V.**)) **1** nell'ordinamento feudale e comunale, responsabile della custodia di un castello, signore del castello **2** feudatario **3** (*raro*) abitante di un castello **B agg.** ● relativo al castello

castellàno② [1336 ca.] **A agg.** ● di Città di Castello, in Umbria | di ogni località in cui compaia il nome Castello **B s. m.** (**f.** *-a*) ● abitante o nativo di Città di Castello **SIN.** tifernate

castellàno③ o **castigliàno** [dallo sp. *castellano* 'della Castiglia' ✶ 1970] **s. m.** ● moneta d'oro medievale della Castiglia

castellànza [sec. XIV] **s. f.** ● (*raro*) castellania

castellàre① [1294] **s. m. 1** (*stor.*) territorio sottoposto a un castello **2** castello in rovina

†**castellàre**② [sec. XIV] **A v. tr.** ● costruire un castello | fornire le navi dei casseri **B v. intr.** ● accamparsi

castellatùra [da *castello* ✶ 1965] **s. f.** ● ossatura in legno posta a rinforzo dei mobili

castellétto [sec. XIII] **s. m. 1** dim. di *castello* **2** torre, per lo più in traliccio di profilati metallici, eretta alla bocca dei pozzi di miniera per sorreggere i rinvii delle funi di estrazione **3** impalcatura di legno o di metallo usata dai muratori per lavorare a una certa altezza **4** (*tipogr.*) nella composizione in piombo, blocchetto a vite che scorre lungo il compositoio e segna la giustezza della riga tipografica **5** (*banca*) registro o schedario in cui le banche iscrivono l'ammontare del fido concesso per sconto di cambiali, a ogni cliente | ammontare del fido concesso da una banca a un cliente, utilizzabile spec. per sconto di cambiali: *cifra di c.* **6** nell'amministrazione del gioco del lotto, registro in cui sono riportate le somme giocate e le vincite presunte

castellière [da *castello* ✶ 1877] **s. m.** ● villaggio preistorico, fortificato, costruito in luogo elevato

castellìna [1301] **s. f. 1** dim. di *castello* **2** mucchio di quattro noci o nocciole nel gioco del nocino

♦**castèllo** [lat. *castĕllu(m)*, dim. di *căstrum* 'fortezza' ✶ sec. XII] **s. m.** (**pl.** *castèlli* **m.**, †*castèlla* **f.**) **1** costruzione medievale adibita a residenza abituale del signore, munita di torri e mura a scopo difensivo **SIN.** maniero **2** (*est.*) dimora signorile che imita nella struttura il castello medievale, ma senza funzione difensiva, eretta spec. fuori dai centri urbani | (*fig.*) ***castelli in aria***, progetti fantastici e irrealizzabili | ***c. di carte***, fatto con carte da gioco, per divertimento | ***crollare, cadere come un c. di carte***, (*fig.*) come costruzione fragile, priva di fondamenta | (*fig.*) concatenazione di diversi elementi: *un c. di bugie*; *demolire il c. accusatorio* **3** fortezza posta in luogo dominante a difesa di una posizione **4** paese, borgo in origine circondato da mura e fortificazioni (anche nei nomi propri di luogo): *Castello di Fiemme*; *Castelnuovo* **5** (*mar.*) parte più elevata della nave verso prua **6** antica macchina da assedio in legno, a forma di torre che, carica di armati, veniva accostata alle mura per abbatterle o superarle **7** in varie tecnologie, struttura, impalcatura od ossatura in legno o metallo adibita ai più diversi usi: *il c. di un maglio, di una gru* | ***c. di estrazione***, castelletto | ***c. motore***, struttura di un aereo che sostiene uno o più motori propulsori | ***c. dei bachi da seta***, telaio per il loro allevamento | ***letto a c.***, a due o più lettiere sovrapposte | ***colonna idraulica a c.***, serbatoio d'acqua sopraelevato per rifornitura delle caldaie **8** impalcatura che sostiene i trampolini e le piattaforme per i tuffi e in ginnastica gli anelli: *c. degli anelli* | impalcatura di tubi metallici, posta spec. nei parchi, su cui i bambini possono arrampicarsi **9** (*sport*) nel biliardo, complesso dei birilli dislocati al centro del tavolo in alcuni giochi di origine italiana: *abbattere tutto il c.* ‖ **castellàccio**, **pegg.** | **castellétto**, **dim.** (V.) | **castellìna**, **dim. f.** (V.) | **castellìno**, **dim.** | **castellòtto**, **dim.** | **castellùccio**, **dim.**

castellologìa [comp. di *castello* e *-logia* ✶ 1983] **s. f.** (**pl.** *-gie*) ● branca della storia dell'architettura che studia i castelli e le opere fortificate in genere

castelmàgno [da *Castelmagno*, comune in provincia di Cuneo, luogo di produzione ✶ 1931] **s. m. inv.** ● (*cucina*) formaggio di latte vaccino a pasta semi-dura e cruda, tipico della provincia di Cuneo

castigàbile [vc. dotta, lat. *castigābile(m)* 'che merita un castigo', da *castigāre* 'castigare' ✶ 1925] **agg.** ● che si può castigare

castigamàtti o (*tosc.*) **gastigamàtti** [comp. di *castigare* e il pl. di *matto* ✶ 1514] **s. m. inv.** (**anche f. nel sign. 2**) **1** bastone con cui, anticamente, si tenevano a bada i pazzi nei manicomi **2** (*fig., lett.*) mezzo o rimedio per punire chi si ribella alla ragione | (*scherz.*) persona capace di ridurre alla ragione gli individui più turbolenti: *se non la smettete, chiamo il c.!*

castigàre o (*tosc.*) **gastigàre** [lat. *castigāre*, all'orig. 'rendere puro, casto qualcuno', da *căstus* 'casto' ✶ 1266] **A v. tr.** (*io castìgo, tu castìghi*) **1** infliggere una punizione a scopo disciplinare | †criticare, rimproverare, ammaestrare | (*lett.*) mortificare, reprimere: *sono esortati gli spettatori a c. la carne e a pensare alla vita eterna* (F. DE SANCTIS) **SIN.** punire **2** (*lett.*) emendare, perfezionare: *c. il proprio stile, le proprie rime* **3** (*raro*) potare, sfrondare: *c. i pioppi, le viti* **4** †vincere in durezza un metallo, lavorarlo **B castigàrsi v. rifl.** ● †emendarsi

castigatézza o †**gastigatézza** [da *castigato* ✶ 1794] **s. f.** ● irreprensibilità e sobrietà di vita, costumi, comportamento **SIN.** moderazione, temperanza **CONTR.** licenziosità

castigàto **part. pass.** di *castigare*; anche **agg. 1** nei sign. del v. **2** (*fig.*) irreprensibile, morigerato: *è una ragazza di costumi castigati* | corretto, sobrio: *stile c., una prosa castigata* ‖ **castigataménte**, **avv.**

castigatóre o (*tosc.*) **gastigatóre** [vc. dotta, lat. *castigatōre(m)*, da *castigāre* 'castigare' ✶ 1268] **agg. e s. m.** (**f.** *-trice*) ● che (o chi) castiga

†**castigazióne** o †**gastigazióne** [vc. dotta, lat. *castigatiōne(m)*, da *castigāre* 'castigare' ✶ av. 1294] **s. f.** ● castigo | correzione

castigliàno [1476] **A agg.** ● della regione spagnola della Castiglia | ***la lingua castigliana***, (*per anton.*) lo spagnolo **B s. m. 1** (**f.** *-a*) abitante o nativo della Castiglia **2** V. *castellano*③ **C s. m. solo sing.** ● dialetto originariamente parlato in Castiglia, divenuto poi lingua ufficiale della Spagna

†**castiglióne** [lat. mediev. *castellione(m)*, da *castĕllum* 'castello' ✶ 1618] **s. m.** ● grosso paese o castello cinto da mura

castigo o (*tosc.*) **gastigo** [da *castigare* ✱ 1287] **s. m.** (**pl.** *-ghi*) ● punizione inflitta a scopo correttivo: *dare un c.*; *subire il meritato c.* | (*colloq.*) ***mettere in c.***, sottoporre a una punizione | ***essere, stare in c.***, scontare una punizione **SIN.** lezione, penitenza | ***c. di Dio***, grave calamità; (*fam., scherz.*) persona molesta: *quel bambino è un vero c. di Dio*

SFUMATURE DI SIGNIFICATO

castigo - correzione - penitenza

Una punizione inflitta a scopo correttivo da una persona a un'altra si dice correntemente **castigo**, parola che si usa nel linguaggio religioso per indicare una punizione divina. Un sinonimo di *castigo* è **correzione**, che suggerisce con forza ancora maggiore un intento educativo e può anche riferirsi semplicemente a un rimprovero verbale, una sgridata. **Penitenza** è invece qualsiasi privazione, punizione o mortificazione che si accetta volontariamente per riparare a una colpa commessa; il termine ha un largo uso nel linguaggio religioso, dove designa tanto la preghiera o l'opera buona che il confessore impone al fedele come *correzione* del peccato commesso, quanto il sacramento della remissione dei peccati.

castimònia [vc. dotta, lat. *castimōnia(m)*, da *căstus* 'casto' ✱ av. 1492] **s. f.** ● (*lett.*) astinenza, castità

†**castimoniàle** [vc. dotta, lat. tardo *castimoniāle(m)*, da *castimōnia*. V. *castimonia* ✱ 1340 ca.] **agg.** ● che preserva la castità

castina [fr. *castine*, dal ted. *Kalkstein*, propr. 'pietra (*Stein*) di calce (*Kalk*)' ✱ 1865] **s. f.** ● (*metall.*) fondente calcareo per altoforno

càsting /ˈkastin(g), *ingl.* ˈkɑːstɪŋ/ [vc. ingl., da *to cast* 'assegnare le parti agli attori'; nel sign. 2, accorc. di *casting director* 'distributore delle parti' ✱ 1980] **s. m. inv.** (**anche f. nel sign. 2**) **1** distribuzione delle parti di un film, di una rappresentazione teatrale o di uno spettacolo televisivo **2** chi è incaricato di tale distribuzione; in particolare, chi ha il compito di scegliere gli attori comprimari e generici

✣**castità** o †**castitàde**, †**castitàte** [lat. *castitāte(m)*, da *căstus* 'casto' ✱ 1261 ca.] **s. f. inv.** **1** caratteristica di chi (o di ciò che) si mantiene casto: *c. di vita, di pensieri* | ***voto di c.***, uno dei voti richiesti ai sacerdoti secolari e regolari e alle monache, consistente nella rinunzia a ogni piacere sessuale **SIN.** purezza **CONTR.** lussuria **2** (*lett., fig.*) purezza di lingua, di stile

✣**càsto** [lat. *căstu(m)*, di orig. indeur. ✱ 1224 ca.] **agg.** **1** puro, continente, sobrio, spec. in senso sessuale: *la casta sposa*; *affetti casti*; *'l saggio e c. / Iosef* (F. PETRARCA) | ***orecchie caste, occhi casti***, che non sopportano spettacoli sconvenienti | ***la casta Susanna***, (*scherz.*) donna che ostenta la sua castità (dal nome del personaggio biblico falsamente accusato di adulterio) | (*iron.*) ***fare il c. Giuseppe, la casta Susanna***, fingersi virtuosi **CONTR.** lussurioso **2** (*lett.*) semplice, castigato: *stile, arredamento c.* ‖ **castaménte**, **avv.**

castóne [ant. fr. *caston*, dal germ. *kasto* 'scatola' ✱ 1365] **s. m.** **1** sede per pietra preziosa costituita da una incavatura e da un contorno di metallo da addossarsi, mediante l'incastonatura, sulla pietra per fermarla **2** in orologeria, anello metallico in cui è incastrato un rubino con funzione di cuscinetto

castòreo o **castòrio**, **castòro** [lat. *castŏreu(m)*, dal gr. *kastóreion* ✱ 1286] **s. m.** ● sostanza, un tempo usata in medicina e oggi in profumeria, secreta da ghiandole situate presso i genitali del castoro

castorìno [da *castoro* ✱ 1830] **s. m.** **1** nutria **2** pelliccia fornita da questo animale **3** tipo di tessuto misto scadente e di basso prezzo, che ha in genere ordito di cotone e trama di lana meccanica **4** tessuto di lana morbido e rasato, a imitazione della pelliccia **SIN.** pannino

castòrio ➤ **castoreo**

castòro [lat. *căstore(m)*, dal gr. *kástōr*, forse di orig. preindeur. ✱ 1266] **s. m.** **1** genere di Mammiferi dei Roditori con folto pelame bruno, coda piatta squamosa e zampe posteriori palmate (*Castor*) **2** pelliccia fitta e morbida, di colore scuro, fornita dall'animale omonimo **3** pelo di castoro, utilizzato per feltri: *cappello di c.* **4** V. *castoreo*

castracàni [comp. di *castra(re)* e il pl. di *cane* ✱ av. 1568] **s. m. e f. inv.** **1** (*disus.*) chi castra i cani e gli altri animali **2** (*spreg.*) cattivo chirurgo

castrametazióne [dal lat. tardo *castrametāri* 'porre l'accampamento', comp. di *căstra* 'accampamento' e *metāri* 'delimitare' ✱ av. 1588] **s. f.** ● anticamente, arte di disporre accampamenti militari

castrànte **part. pres.** di *castrare*; anche **agg.** **1** nei sign. del v. **2** (*fig.*) che blocca psicologicamente, che impedisce l'esplicazione di un'attività, di una funzione e sim.: *un'esperienza c.*

castrapòrci [comp. di *castra(re)* e il pl. di *porco* ✱ 1554] **s. m. e f. inv.** **1** chi esercita il mestiere di castrare i maiali **2** (*spreg.*) chirurgo inesperto

castràre [lat. *castrāre*, di orig. indeur. ✱ sec. XIII] **v. tr.** **1** rendere un animale o un essere umano incapace di riprodursi asportando le ghiandole genitali o rendendole atrofiche **2** ***c. le castagne***, inciderle prima di arrostirle perché non scoppino **3** (*fig.*) togliere vitalità, originalità a qlcu. o qlco.: *non lasciarsi snervare … e c. dalla felicità, o rammollire dalle delizie* (D. BARTOLI) **4** (*fig., lett.*) censurare

castràto **A** **part. pass.** di *castrare*; anche **agg.** **1** nei sign. del v. **2** (*fig.*) di carattere debole o effeminato **3** (*fig.*) inibito, frustrato **B** **s. m.** **1** animale o persona incapace di riprodursi perché privo di ghiandole genitali funzionanti **2** agnello castrato, spec. macellato: *coscio di c.* | (*est.*) carne di agnello castrato: *c. in umido* **3** cantante evirato, presente sulle scene fino al sec. XVIII per interpretare ruoli femminili ‖ **castratèllo**, **dim.** | **castratino**, **dim.**

castratóio [lat. tardo *castratōriu(m)*, agg. 'che serve alla castrazione', da *castrāre* 'castrare' ✱ 1340 ca.] **s. m.** (**pl.** *-ói*) ● coltello per castrare gli animali

castratóre [vc. dotta, lat. tardo *castratōre(m)*, da *castrāre* 'castrare' ✱ 1478] **s. m.** (**f.** *-trice*) **1** chi castra animali **2** (*fig.*) censore

castratùra [vc. dotta, lat. tardo *castratūra(m)*, da *castrāre* 'castrare' ✱ 1340 ca.] **s. f.** ● il castrare, il venire castrato (*anche fig.*)

castrazióne [vc. dotta, lat. *castratiōne(m)*, da *castrāre* 'castrare' ✱ 1550] **s. f.** **1** operazione del castrare **2** (*bot.*) asportazione degli stami dai fiori o della gemma terminale dai germogli **3** (*psicoan.*) ***complesso di c.***, complesso collegato a quello di Edipo, che accompagna la scoperta delle differenze anatomiche fra i sessi, per cui il bambino teme di venire castrato dal padre per il suo amore verso la madre e la bambina vive l'assenza del pene come una menomazione **4** (*est.*) inibizione, frustrazione

castrènse [vc. dotta, lat. *castrēnse(m)*, da *căstra* 'accampamento' ✱ av. 1292] **agg.** ● relativo al campo militare e all'esercito | ***vescovo c.***, che ha giurisdizione sui cappellani militari | ***corona c.***, in premio ai soldati che per primi entravano nel campo nemico

castrìno [da *castrare* ✱ 1869] **s. m.** **1** (*tosc.*) piccolo coltello per castrare le castagne | (*est.*) coltello di cattivo taglio **2** capretto, agnello o puledro castrato **3** chi per mestiere castra gli animali

castrìṣmo [dal n. del politico cubano F. *Castro* (1927-) ✱ 1959] **s. m.** ● ideologia e prassi politica, di tipo comunista, che si ispira alla rivoluzione cubana di Fidel Castro

castrìsta [1963] **A** **agg.** (**pl. m.** *-i*) ● relativo al castrismo **B** **s. m. e f.** ● fautore del castrismo

càstro [vc. dotta, lat. *căstru(m)* 'castello, fortezza' (V. *castrametazione*) ✱ 1287] **s. m.** ● (*raro*) accampamento militare romano

castronàggine [da *castrone* ✱ 1526] **s. f.** ● (*pop.*) balordaggine

castróne [da *castrare* ✱ 1289] **s. m.** **1** agnello o puledro castrato **2** cavallo evirato per adattarlo meglio a certi tipi di corse, spec. allo steeple-chase **3** (*fig., pop.*) persona sciocca, ignorante ‖ **castronàccio**, **pegg.** | **castroncèllo**, **dim.**

castronerìa [da *castrone* ✱ 1513] **s. f.** ● (*pop.*) balordaggine, sciocchezza: *dire, fare una c.* | sproposito, sbaglio grossolano

casual /ˈkɛʒwal, *ingl.* ˈkhæʒjuəl/ [vc. ingl., propr. 'casuale', quindi 'trascurato, alla buona' ✱ 1977] **A** **agg. inv.** ● detto di un genere di abbigliamento informale, di taglio sportivo: *moda, abbigliamento c.*; *maglieria, pantaloni c.* **B** **s. m. inv.** ● genere di abbigliamento casual: *salone, mercato del c.* | (*est.*) capo di abbigliamento casual: *un c. di pelle, di velluto* **C** **in funzione di avv.** ● in modo casual: *abitualmente veste c.*

caṣuàle [vc. dotta, lat. tardo *casuāle(m)*, da *căsus* 'caso' ✱ 1321] **agg.** ● dovuto al caso: *incontro c.* | (*dir.*) ***condizione c.***, in cui il verificarsi dell'evento dipende dal caso o dalla volontà di un terzo estraneo al negozio giuridico cui la condizione è apposta **SIN.** accidentale, fortuito, occasionale ‖ **caṣualménte**, **avv.** per caso ‖ **caṣualità**, **s. f. inv.** (V.)

SFUMATURE DI SIGNIFICATO

casuale - occasionale - eventuale

Casuale è tutto ciò che avviene per caso, che non è preordinato. **Occasionale** esprime una stessa idea di accidentalità, di fortuità, tuttavia definisce anche ciò che avviene saltuariamente in maniera non preordinata. Con **eventuale** si considera un accadimento dal punto di vista della sua possibilità di verificarsi, nel senso che può accadere o no; dunque tutto ciò che è *casuale* od *occasionale* è di fatto anche *eventuale*.

caṣualìṣmo [1892] **s. m.** ● concezione filosofica secondo la quale la costituzione dell'universo e tutti gli altri accadimenti sono frutto del caso, non dovuti a rapporti di causalità intellegibili

caṣualità [1363] **s. f. inv.** **1** caratteristica di ciò che è casuale: *la c. dei vari fatti concomitanti* **SIN.** accidentalità, contingenza **2** caso: *accadere, verificarsi per c.*

SFUMATURE ➤ ***possibilità***

caṣualiẓẓàre [1986] **v. tr.** ● rendere casuale | randomizzare | considerare qlco. come dovuto esclusivamente al caso ‖ **caṣualiẓẓazióne**, **s. f.**

Caṣuarifórmi [comp. di *casuario* e *-forme* ✱ 1965] **s. m. pl.** (**sing.** *-e*) ● (*zool.*) ordine di Uccelli non volatori con ali molto ridotte e piedi a tre dita (*Casuariformes*)

caṣuàrio o **caṣuàro**, **caṣoàrio**, **caṣoàro** [malese *kasuwārī* ✱ 1797] **s. m.** ● genere di Uccelli dei Casuariformi, corridori, inetti al volo perché privi di carena (*Casuarius*) | ***c. dall'elmo***, uccello australiano dei Casuariformi, nero, con il capo sormontato da una sporgenza a elmo e bargigli colorati (*Casuarius casuarius*)

caṣuìsta ➤ **casista**

càṣula [vc. dotta, lat. tardo *căsula(m)*, prob. da *căsa* 'capanna', perché protegge tutto il corpo ✱ 1793] **s. f.** ● pianeta del sacerdote

caṣùpola (o **-ṣ-**) o (*lett.*) **caṣìpola** (o **-ṣ-**),

†**casìpula** [da *casa* ✱ av. 1342] **s. f.** ● casa piccola e modesta ‖ **casupolètta**, **dim.**

✦**càsus bèlli** [loc. lat., propr. 'occasione di guerra' ✱ 1892] **loc. sost. m. inv. (pl. lat. inv.)** **1** atto o evento in grado di provocare l'inizio di una guerra fra due Stati **2** (*fig., scherz.*) motivo di attrito, contrasto, litigio | ***fare di qlco. un casus belli***, drammatizzare, ingigantire una questione da poco

càta- [dal gr. *katá* 'giù'] **primo elemento** ● in parole composte dotte o della terminologia scientifica significa 'verso il basso', 'giù' o 'conforme a', 'relativo a': *catadiottro, catafascio, catatonia*

catàbaṣi [vc. dotta, lat. tardo *catăbasi(m)*, dal gr. *katábasis*, comp. di *katá* 'giù' e *básis* 'cammino' ✱ 1923] **s. f. inv.** **1** presso gli antichi Greci, discesa dell'anima agl'Inferi **2** (*lett.*) ritirata

catabàtico [1956] **agg. (pl. m. -ci)** ● (*meteor.*) detto di vento locale, caratteristico dell'Antartide, provocato dalla discesa, per gravità lungo i pendii montuosi, di masse d'aria fredda **CONTR.** anabatico

catabòlico [dal gr. *katabolḗ* 'il gettare in basso', da *katabállō* 'io getto giù' ✱ 1956] **agg. (pl. m. -ci)** ● relativo a catabolismo: *fase catabolica*

catabolìṣmo [dal gr. *katabállein* 'gettare giù'. V. *catabolico* ✱ 1908] **s. m.** ● (*biol.*) complesso dei fenomeni attraverso i quali gli organismi degradano i materiali cellulari in sostanze più semplici che vengono espulse **SIN.** disassimilazione

catabòlito o **catabòlita** [da *catabolismo* ✱ 1956] **s. m.** ● (*biol.*) prodotto del catabolismo, come l'anidride carbonica, l'urea, l'acido urico, l'ammoniaca e sim.

catàclaṣi [fr. *cataclase*, dal gr. *katáklasis* 'deviazione', da *kláō* 'io rompo' ✱ 1820] **s. f. inv.** ● (*geol.*) intensa azione di frantumazione di rocce

✦**cataclìṣma** o †**cataclìṣmo** [lat. *catăclysmu(m)*, dal gr. *kataklysmós* 'inondazione', da *kataklýzō* 'io inondo' ✱ 1584] **s. m. (pl. -i)** **1** grave catastrofe naturale | (*lett.*) inondazione, diluvio **2** (*fig.*) grave sconvolgimento: *un c. sociale, economico, politico, familiare* | (*fig.*) disastro, rovina: *i cataclismi della guerra*

catacliṣmàtico [1900] **agg. (pl. m. -ci)** ● relativo a cataclisma | che ha le caratteristiche di un cataclisma: *evento c.* **SIN.** cataclismico | (*fig.*) disastroso

catacliṣmico [1844] **agg. (pl. m. -ci)** ● cataclismatico

catacómba [lat. tardo *catacŭmba(m)*, comp. del gr. *katá* 'sotto' e del lat. *cŭmba* 'cavità' ✱ sec. XIV] **s. f.** **1** complesso cimiteriale sotterraneo dei primi cristiani che, oltre a seppellirvi i morti, vi celebravano il loro culto durante le persecuzioni **2** (*fig.*) luogo chiuso e cupo

catacombàle [1965] **agg.** ● di catacomba: *cunicolo c.* | (*est.*) oscuro e silenzioso come una catacomba: *luogo, paesaggio c.* | (*fig.*) clandestino, accessibile a pochi: *stampa dalla circolazone c.*

catacrèṣi o **catàcreṣi** [fr. *catachrèse*, dal lat. tardo *catachrēsis*, dal gr. *katáchrēsis* 'abuso', da *katachráomai* 'io adopero' ✱ 1540] **s. f. inv.** ● (*ling.*) particolare forma di traslato di uso comune che serve per designare un'idea o un oggetto per i quali la lingua non possiede un termine proprio: *il collo della bottiglia* **SIN.** abusione

catadiòttrica [fr. *catadioptrique*, comp. di *cata-* e del gr. *dioptrikḗ* 'arte di misurare le altezze e le distanze' ✱ 1830] **s. f.** ● parte dell'ottica che ha per oggetto la luce riflessa e rifratta

catadiòttrico [1820] **agg. (pl. m. -ci)** ● relativo alla catadiottrica o alla diottrica | ***obiettivo c.***, sistema ottico nel quale l'immagine viene formata dalla convergenza dei raggi riflessi dalla superficie concava di uno specchio

catadiòttro [comp. di *cata-* e del gr. *díoptron* 'specchio', comp. a sua volta di *diá* 'attraverso' (V. *diafano*) e *ṓps*, genit. *ōpós* 'occhio' (V. *-opia*) ✱ 1956] **s. m.** **1** dispositivo a lente o a prisma, atto a rinviare verso la sorgente la luce ricevuta **2** catarifrangente

catàdromo [comp. di *cata-* e del gr. *drómos* 'corsa' (V. *-dromo*) ✱ 1956] **agg.** ● detto di pesce che dalle acque dolci torna in mare per deporvi le uova (come, per es., le anguille) **SIN.** talassotoco **CFR.** anadromo

catafàlco [etim. incerta ✱ 1483] **s. m. (pl. -chi)** **1** palco di legno, ornato con drappi e circondato da candele, sul quale si depone la bara nelle funzioni funebri **2** (*fig., scherz.*) struttura ingombrante, tozza **3** †palco

catafàscio o (*pop.*) **scatafàscio** [comp. di *cata-* e *sfasciare* ✱ sec. XV] **s. m.** ● (*raro*) insieme di cose alla rinfusa: *al primo scontro un c. di oggetti disparati casca in terra* (I. CALVINO) | spec. nella loc. avv. ***a catafascio***, sottosopra, in disordine: *cose messe a c.*; *buttare a c.* | ***andare, mandare a c.***, in rovina, a rotoli

catafìllo [fr. *cataphylles*, comp. di *cata-* e del gr. *phýllon* 'foglia' ✱ 1906] **s. m.** ● foglia priva di clorofilla con funzione protettiva o di riserva **SIN.** scaglia, squama

catàfora [vc. dotta, dal gr. *kataphorá* 'caduta, letargo'. V. *cataforesi* ✱ 1830] **s. f.** **1** (*med.*) stato discontinuo di letargia **2** (*ling.*) procedimento linguistico mediante il quale un termine rimanda a una parola, a un gruppo di parole o a una frase che compaiono più avanti nello stesso contesto: *lo so che domani partirai* (*lo* è catafora di *che domani partirai*) **CONTR.** anafora

catafoRèṣi [dal gr. *kataphoréō* 'conduco giù', comp di *katá* 'giù' (V. *cata-*) e *phérō* 'io porto' ✱ 1956] **s. f. inv.** **1** elettrolisi effettuata su particelle colloidali **SIN.** elettroforesi **2** ionoforesi

catafràtta [vc. dotta, lat. *cataphrăcte(n)* 'armatura di maglie di ferro', dal gr. *kataphráktes*, deriv. di *kataphrássō* 'io chiudo, munisco' ✱ av. 1252] **s. f.** ● armatura pesante e completa che proteggeva sia il cavaliere che il cavallo

catafràtto [vc. dotta, lat. *cataphrăctu(m)*, dal gr. *katáphraktos* 'coperto di armatura'. V. *catafratta* ✱ 1520] **A agg.** **1** difeso da armatura pesante e completa **2** (*fig., lett.*) protetto, ben difeso **B s. m.** ● guerriero antico coperto d'armatura intera, montato su cavallo anch'esso protetto da corazza

cataglòsso [vc. dotta, comp. di *cata-* e *glosso* ✱ 1962] **s. m.** ● (*med.*) abbassalingua

catalanésco [1312] **agg. (pl. m. -schi)** ● (*raro*) catalano

catalàno [lat. mediev. *Catalanu(m)*, agg. della *Catalogna* ✱ 1299] **A agg.** ● della regione spagnola della Catalogna: *lingua catalana* **B s. m. (f. -a)** ● abitante o nativo della Catalogna **C s. m. solo sing.** ● lingua del gruppo romanzo, parlata in Catalogna, Andorra, nelle isole Baleari, in alcune zone della Francia e nella città di Alghero

catalèssi ① [vc. dotta, lat. tardo *catalēxi(m)*, dal gr. *katálēxis* 'cessazione, chiusura', da *katalḗgō* 'io finisco, cesso' ✱ 1892] **s. f. inv.** ● (*ling.*) mancanza della sillaba finale di verso greco o latino

catalèssi ② ➤ **catalessia**

catalessìa o **catalèssi** ② [vc. dotta, lat. tardo *catalēpsi(m)*, *catalēpsia(m)*, dal gr. *katálēpsis* 'il prendere', da *katalambánō* 'io prendo' ✱ 1750] **s. f.** ● (*med.*) stato di rigidità dei muscoli senza possibilità di movimento attivo frequente nell'isteria, epilessia e schizofrenia

catalèttico ① [lat. tardo *catalēmpticu(m)*, dal gr. *katalēptikós*. V. *catalessia* ✱ av. 1730] **agg. (pl. m. -ci)** ● (*med.*) di catalessia | che provoca la catalessia

catalèttico ② [vc. dotta, lat. tardo *catalēcticu(m)*, dal gr. *katalēktikós*. V. *catalessi* ① ✱ av. 1550] **agg. (pl. m. -ci)** ● (*ling.*) detto di verso greco o latino che manca di qualche sillaba nell'ultimo metro o piede | ***c. in disyllabum***, se del piede incompleto restano due sillabe | ***c. in syllabam***, se ne resta una sola

catalètto [lat. parl. **catalĕctu(m)*, comp. di *căta* (V. *cata-*) e *lĕctus* 'letto ②' ✱ 1316] **s. m.** **1** feretro, bara **2** (*tosc.*) barella per trasportare malati o feriti: *portare il c. al campo della zuffa* (L.A. MURATORI) **3** †lettiga

catàliṣi [vc. dotta, lat. tardo *catălysi(m)* 'cessazione', dal gr. *katálysis* 'scioglimento', comp. di *katá* 'giù' (V. *cata-*) e *lýsis* 'scioglimento' ✱ 1874] **s. f. inv.** ● (*chim.*) fenomeno in cui si aumenta la velocità di reazione chimica mediante l'azione di un catalizzatore | ***c. eterogenea, omogenea***, quando le sostanze che intervengono nella reazione formano, rispettivamente, un miscuglio eterogeneo od omogeneo | ***c. negativa***, quando la reazione è rallentata

catalìtico [vc. dotta, gr. *katalytikós* 'atto a sciogliere', da *katálysis*. V. *catalisi* ✱ 1874] **agg. (pl. m. -ci)** ● relativo alla catalisi | ***marmitta catalitica***, V. *marmitta* ‖ **cataliticaménte**, **avv.** mediante catalisi, per via di catalisi ‖ **cataliticità**, **s. f. inv.**

catalizzàre [1942] **A v. tr.** **1** provocare la catalisi **2** munire una vettura a motore di marmitta catalitica **3** (*fig.*) affrettare, favorire, concentrare | (*fig.*) attrarre, calamitare: *c. l'attenzione, l'interesse* **B catalizzàrsi v. intr. pron.** ● (*fig.*) concentrarsi ‖ **catalizzazióne**, **s. f.** (V.)

catalizzàto [1988] **agg.** ● detto di autoveicolo dotato di marmitta catalitica

catalizzatóre [fr. *catalysateur*. V. *catalisi* ✱ 1901] **A s. m.** **1** (*fis.*) sostanza che, in piccole quantità, è in grado di aumentare la velocità delle reazioni chimiche senza prendervi apparentemente parte in quanto alla fine del processo si ritrova chimicamente inalterata | ***c. negativo***, quello che impedisce o rallenta una reazione | ***c. positivo***, quello che aumenta la velocità di una reazione **SIN.** (*raro*) accelerante **2** (*fig.*) idea o avvenimento capaci di produrre mutamenti e reazioni dell'opinione pubblica **3** (*autom.*) marmitta catalitica **B anche agg. (f. -trice)**: *minerale c.*; *slogan c.*

catalizzazióne [1940] **s. f.** **1** (*chim., raro*) catalisi **2** installazione della marmitta catalitica su una vettura a motore **3** (*fig.*) attrazione

Catallòy® /katal'lɔi/ [marchio registrato Himont ✱ sec. XX] **s. m. inv.** ● (*chim.*) nome commerciale di catalizzatore composito ottenuto da composti del titanio, alluminio, magnesio e sostanze organiche varie, utilizzato per la polimerizzazione del polipropilene o di altre poliolefine

catalogàbile [1922] **agg.** ● che si può catalogare ‖ **catalogabilità**, **s. f. inv.**

catalogàre [da *catalogo* ✱ 1663] **v. tr.** (*io catàlogo, tu catàloghi*) **1** registrare in un catalogo: *c. i libri, le riviste* | (*est.*) inserire in una data categoria: *quell'allenatore rifiuta di essere catalogato tra i difensivisti* **2** (*est.*) elencare, enumerare: *c. i pregi e i difetti dei conoscenti*

SFUMATURE DI SIGNIFICATO

catalogare - rubricare - schedare

Catalogare è inserire qualcosa in una lista ordinata di nomi od oggetti dello stesso genere, spesso accompagnando l'annotazione con una sintetica descrizione dell'oggetto inserito. L'atto di *catalogare* nomi, indirizzi, numeri di telefono e sim. si definisce specificamente **rubricare**, che è l'annotare in una rubrica, ossia in un quaderno

con margini a scaletta, segnati con lettere dell'alfabeto per facilitarne la consultazione. Lievemente diverso il significato di **schedare**, che designa il registrare su una scheda apposita dati e informazioni relativi a persone o cose, allo scopo di poterli facilmente reperire e consultare in seguito.
SFUMATURE ➤ ***registrare***

catalogatóre [av. 1941] **s. m. (f. *-trice*); anche agg.** ● chi (o che) cataloga

catalogazióne [1767] **s. f.** ● operazione del catalogare

cataloghìsta [1765] **s. m. e f. (pl. m. *-i*)** ● chi compila cataloghi

catalògico [1956] **agg. (pl. m. *-ci*)** ● relativo a catalogo; che ha per oggetto un elenco ordinato di persone o cose: *poesia catalogica*

catalógna [dalla *Catalogna*, regione della Spagna da cui proviene ✱ 1953] **s. f. 1** (*lomb.*) varietà di cicoria dalle foglie molto sviluppate **2** tipo di coperta di lana

catalógno [dalla *Catalogna*, regione di provenienza ✱ 1869] **s. m.** ● pianta arbustiva delle Oleacee con foglie composte lanceolate e fiori bianchi solitari molto profumati, usati in profumeria (*Jasminum grandiflorum*) **SIN.** gelsomino di Spagna

♦**catàlogo** [vc. dotta, lat. tardo *catălogu(m)*, dal gr. *katálogos* 'enumerazione, lista', da *katalégō* 'io scelgo' ✱ av. 1292] **s. m. (pl. *-ghi*) 1** elenco ordinato di oggetti dello stesso genere, talvolta accompagnato da una breve descrizione: *il c. dei quadri di una mostra*; *c. alfabetico, metodico, per autori, per oggetti* | (*est.*) volume, fascicolo e sim. costituente un catalogo: *consultare il c. di una biblioteca* | ***c. filatelico***, pubblicazione periodica spec. annuale con descrizione, riproduzione e quotazione commerciale di ogni francobollo | ***c. stellare***, elencazione di stelle con le relative coordinate e caratteristiche fisiche **2** (*fig.*) lunga enumerazione: *fare il c. delle proprie virtù e difetti* **SIN.** elencazione **3** nei poemi epici e cavallereschi, elenco di eroi, imprese e sim. ‖ **catalogghétto**, **dim.** | **cataloghìno**, **dim.** | **catalogóne**, **accr.**

catalogràfico [comp. di *catalo(go)* e *-grafico* ✱ 1990] **agg. (pl. m. *-ci*)** ● che concerne la compilazione di cataloghi

†**catalóne** ➤ †**catellone**

catàlpa [da un dialetto indiano d'America, attrav. lo sp. ✱ 1830] **s. f.** ● genere di piante arboree delle Bignoniacee a foglie opposte e fiori bianchi, rosei o anche gialli in pannocchie terminali (*Catalpa*)

catamaràno o **catamaràn** [tamil *kattumaran* 'legno legato' ✱ 1930] **s. m. 1** zattera in uso sulle coste sudorientali dell'India, costituita da più tronchi legati fra loro e di cui il centrale sporge a guisa di prua | imbarcazione tipica dell'Oceania, a remi o a vela, formata da due canoe collegate da traverse **2** imbarcazione a vela o a motore, formata da due scafi uguali e paralleli collegati da traverse o da un ampio ponte

catameniàle [da *catamèni* 'mestruazioni', dal gr. *kataménia*, nt. pl. sost. di *katamḗnios* 'mensile', comp. di *katá* con senso distributivo e *mḗn*, genit. *mēnós* 'mese' ✱ 1911] **agg.** ● mestruale

catamnèṣi o **catàmneṣi** [comp. di *cata-* e del gr. *-mnēsis*, che si ricava da *anámnēsis* (V. *anamnesi*) ✱ 1962] **s. f. inv.** ● (*med.*) raccolta dei dati clinici dell'ammalato nel periodo successivo alla diagnosi e alla terapia **CFR.** anamnesi

catàna ① [etim. incerta ✱ 1906] **s. f.** ● (*centr., merid.*) carniera

catàna ② [dalla famiglia *Catani* che la fabbricava ✱ 1956] **s. f.** ● tipo di pistola a canna corta usata in Corsica

catàna ③ [it. *katàna* (V.) ✱ av. 1636] **s. f.** ● adattamento di *katana* (V.)

catanése (o -ṣ-) [av. 1292] **A agg.** ● di Catania **B s. m. e f.** ● abitante o nativo di Catania

♦**catanẓarése** (o -z-) (o -ṣ-) [1848] **A agg.** ● di Catanzaro **B s. m. e f.** ● abitante o nativo di Catanzaro

catapàno [lat. mediev. *catapanu(m)*, dal biz. *katapános* 'colui che sta sopra' ✱ 1476] **s. m.** ● (*stor.*) governatore di territori sottoposti all'impero di Bisanzio

catapécchia [etim. incerta ✱ 1532] **s. f. 1** casa estremamente misera e cadente: *vive in una c.* **2** †luogo selvaggio e disabitato

♣**catapláṣma** o (*pop.*) **cataplàsmo** [vc. dotta, lat. tardo *cataplăsma*, dal gr. *katáplasma*, da *kataplássō* 'io spalmo', prob. attrav. il fr. *cataplasme* ✱ 1499] **s. m. (pl. *-i*) 1** medicamento pastoso da applicarsi sulla superficie corporea con azione emolliente o revulsiva **SIN.** impiastro **2** (*fig.*) persona noiosa e molesta | (*fig.*) persona piena di malanni **SIN.** catorcio, impiastro

cataplessìa [lat. *cataplēxi(n)*, dal gr. *katáplēxis* 'sbalordimento, stupore, spavento', da *kataplḗssō* 'io stordisco', comp. di *katá* 'giù' (V. *cata-*) e *plḗssō* 'io percuoto' ✱ 1820] **s. f.** ● (*med.*) improvviso e breve arresto dei movimenti muscolari senza perdita della coscienza

catalèttico [1956] **A agg. (pl. m. *-ci*)** ● di cataplessia **B s. m.; anche agg.** ● chi (o che) è affetto da cataplessia

cataptòṣi [fr. *cataptose*, dal gr. *katáptōsis* 'caduta', da *katapíptō* 'io cado giù', comp. di *katá* 'giù' (V. *cata-*) e *píptō* 'io cado' ✱ 1830] **s. f. inv.** ● (*med.*) improvvisa caduta per attacco epilettico o apoplettico

catapùlta [vc. dotta, lat. *catapŭlta(m)*, dal gr. *katapéltēs*, comp. di *katá* 'giù' (V. *cata-*) e *pállō* 'io scuoto, palleggio' ✱ sec. XIV] **s. f. 1** antica macchina da guerra per lanciare grosse pietre e sim. **2** dispositivo per imprimere a un aereo o sim. la velocità occorrente alla partenza: *c. a vapore*; *c. di portaerei*

catapultàbile [1970] **agg.** ● che può essere catapultato

catapultaménto [1935] **s. m.** ● il catapultare, il venire catapultato

catapultàre [1935] **A v. tr. 1** lanciare con la catapulta **2** (*est.*) spingere, mandare con forza, con vigore (*anche fig.*): *fu catapultato dalla vettura*; *il successo lo ha catapultato nel mondo del cinema* **B catapultàrsi v. rifl.** ● buttarsi, lanciarsi con impeto: *si catapultò fuori di casa*

cataràffio [etim. incerta ✱ 1865] **s. m.** ● strumento del calafato a forma di accetta, per cacciare le stoppe nelle commessure

cataràtta ➤ **cateratta**

catàrda [gr. *katartía* 'sartia', da *katartân* 'appendere, sospendere', comp. di *katá* 'giù' (V. *cata-*) e *artân* 'appendere', da *aéirein* 'appendere', di orig. indeur. ✱ 1889] **s. f.** ● (*mar.*; *disus.*) manovra realizzata legando una cima all'estremità di un pennone in modo da disporlo verticalmente

catarifrangènte [comp. di *cata-* e *rifrangente*, part. pres. di *rifrangere* ✱ 1939] **A agg.** ● che produce catarifrangenza: *gemma c.* **B s. m.** ● placca di vetro o plastica che, al buio, riflette la luce ricevuta verso la sorgente; si usa per segnalazioni di ostacoli e per delimitare la sagoma dei veicoli

catarifrangènza [da *catarifrangente* ✱ 1941] **s. f.** ● fenomeno per cui un raggio luminoso, colpendo attraverso una lente prismatica una superficie speculare, viene riflesso da questa e rifratto da quella

catarìṣmo [da *cataro* ✱ 1931] **s. m.** ● dottrina eretica di origine manichea, che predicava l'opposizione dualistica fra il bene e il male e la rigida pratica ascetica e che si diffuse in Europa, in forme ecclesiastiche organizzate, dal sec. XI in poi

càtaro [gr. *katharós* 'puro', di etim. incerta ✱ av. 1750] **A agg.** ● relativo al catarismo **B s. m. (f. *-a*)** ● eretico seguace del catarismo **CFR.** albigese

catarràle [da *catarro* ✱ av. 1613] **agg.** ● di catarro, relativo a catarro: *febbre c.*

Catarrìne [vc. dotta, gr. *katárrin*, genit. *katárrinos* 'che ha il naso all'ingiù', comp. di *katá* 'giù' e *rís*, genit. *rinós* 'naso' ✱ 1820] **s. f. pl. (sing. *-a*)** ● (*zool.*) sottordine di Mammiferi dei Primati a cui appartengono le scimmie asiatiche e africane con setto nasale stretto, prive di coda prensile e bocca con trentadue denti (*Catarrhina*)

catàrro [vc. dotta, lat. tardo *catărrhu(m)*, dal gr. *katárrous* 'che scorre giù', da *katarréō* 'io scorro giù', comp. di *katá* 'giù' e *réō* 'io scorro' ✱ 1310] **s. m.** ● prodotto di secrezione di una mucosa infiammata o congestionata: *c. nasale, bronchiale, gastrico* ‖ **catarróne**, **accr.**

catarróso (o -ṣ-) [vc. dotta, lat. tardo *catarrhōsu(m)*, da *catărrhus* 'catarro' ✱ 1395] **A agg.** ● che è affetto da catarro, che è pieno di catarro: *sputo c.* ‖ **catarrosaménte**, **avv. B s. m. (f. *-a*)** ● chi è affetto da catarro

♣**catàrsi** [vc. dotta, gr. *kátharsis* 'purificazione, espiazione', da *kathái̇rō* 'io pulisco, purifico', da *katharós* 'puro' (V. *cataro*) ✱ 1586] **s. f. inv. 1** nella religione e in alcune filosofie della Grecia antica, purificazione del corpo o dell'animo | secondo l'estetica di Aristotele, purificazione o rasserenamento delle passioni prodotto dalla tragedia | (*est.*) azione purificatrice e liberatrice della poesia e dell'arte **2** nella psicoanalisi, rilassamento della tensione e dell'ansia, ottenuto rivivendo gli eventi del passato, spec. quelli repressi, e affrontando la causa dei disturbi attuali **3** (*fig.*) processo di radicale rinnovamento: *c. morale*

♣**catàrtico** [vc. dotta, lat. tardo *cathărticu(m)*, dal gr. *kathartikós* 'atto a purificare', da *kátharsis* 'catarsi' ✱ sec. XIV] **A agg. (pl. m. *-ci*) 1** della catarsi | che opera la catarsi **2** (*psicoan.*) detto di terapia o metodo terapeutico fondato sulla catarsi **3** †che ha proprietà purgative ‖ **catarticaménte**, **avv. B s. m.** ● †medicamento purgativo

catàsta [lat. *catăsta(m)*, forse dal gr. *katástasis* 'collocazione' ✱ 1288] **s. f. 1** mucchio di oggetti posti l'uno sull'altro alla rinfusa: *una c. di tronchi, di libri, di legna da ardere* | ***a catasste***, in grande quantità **2** antica misura di legna da bruciare **3** (*lett.*) rogo su cui si bruciavano i cadaveri | †graticola per torturare col fuoco o bruciare vivi i condannati

catastàle [da *catasto* ✱ 1847] **agg.** ● relativo al catasto: *ufficio, estimo c.*; *rendita, imposta, mappa, particella c.* | ***partita c.***, numero attribuito a ciascuna unità immobiliare di un singolo proprietario

catastàre ① [da *catasta* ✱ 1600] **v. tr.** ● (*raro*) accatastare, accumulare

catastàre ② [da *catasto* ✱ av. 1606] **v. tr.** ● mettere a catasto

catàstaṣi [vc. dotta, gr. *katástasis* 'posizione, posto'. V. *catasta* ✱ 1561] **s. f. inv. 1** (*ling.*) prima fase dell'articolazione delle consonanti, corrispondente al predisporsi degli organi fonatori per l'atto vocale **2** parte della tragedia classica in cui l'azione si svolge e muove verso la catastrofe **3** parte dell'orazione forense classica in cui si dichiarano i punti da trattare

catasterìṣmo [vc. dotta, gr. *katasterismós*, da *katasterízein* 'collocare fra gli astri', comp. di *katá* 'su' e *astḗr* 'astro' ✱ 1813] **s. m.** ● nella mitologia greco-romana, trasformazione di esseri viventi in astri

catàsto [gr. tardo *katástichon*, da *katá stíchon* 'riga per riga' (*stíchos* 'riga') ✻ 1318] **s. m.** ● complesso delle operazioni dirette a stabilire la consistenza e la rendita dei beni immobili al fine di applicarvi la relativa imposta | insieme di atti e registri contenenti i risultati di tali operazioni: *c. terreni*; *c. fabbricati* | sede in cui si compiono tali attività e si conservano detti documenti

catastrofàle [1983] **agg.** ● di catastrofe | conseguente a una catastrofe: *danni catastrofali*

catàstrofe [vc. dotta, lat. tardo *catăstrophe(m)*, dal gr. *katastrophḗ* 'rivolgimento, soluzione, catastrofe', da *katastréphō* 'io rivolto, rovescio', comp. di *katá* 'giù' e *stréphō* 'io volto' ✻ 1543] **s. f. 1** parte della tragedia classica in cui avviene lo scioglimento dell'intreccio **2** sciagura gravissima, evento disastroso: *lo scontro provocò una c.*; *la morte di mio padre fu una vera, grande c.* (I. Svevo) **SIN.** calamità **3** (*mat.*) discontinuità | ***teoria delle catastrofi***, classificazione delle discontinuità matematiche in base alle loro caratteristiche topologiche

catastròfico [da *catastrofe* ✻ 1899] **agg.** (**pl. m.** *-ci*) **1** che costituisce o provoca una catastrofe: *avvenimento c.*; *inondazione, eruzione, guerra catastrofica* | (*est.*) disastroso **2** che annuncia catastrofi: *notizie, previsioni catastrofiche* | (*est.*) che prevede sempre il peggio: *individuo c.* || **catastroficaménte**, **avv.** || **catastroficità**, **s. f. inv.**

SFUMATURE ➤ ***tragico***

catastrofìsmo [da *catastrofe* ✻ 1899] **s. m. 1** teoria secondo la quale i maggiori cambiamenti geologici furono causati da improvvise catastrofi naturali **2** tendenza a fare previsioni catastrofiche **3** genere di produzione cinematografica basata sulla descrizione di eventi catastrofici e calamità naturali

catastrofìsta [1792] **A s. m. e f.** (**pl. m.** *-i*) ● chi fa previsioni catastrofiche, chi dà prova di eccessivo pessimismo **B agg. 1** incline al catastrofismo: *non essere c.* **2** improntato a catastrofismo: *considerazioni catastrofiste*

catastrofìstico [1986] **agg.** (**pl. m.** *-ci*) ● da catastrofista: *previsioni catastrofistiche*

catatonìa [ted. *Katatonie*, dal gr. *katátonos* 'che tende in giù', da *katatéinein* 'tendere in giù', comp. di *katá* 'giù' e *téinein* 'tendere' ✻ 1892] **s. f.** ● (*med.*) stato patologico, associato alla schizofrenia, caratterizzato spec. da alterazioni del tono muscolare o della reattività motoria

catatònico [1898] **A agg.** (**pl. m.** *-ci*) ● di catatonia **B s. m.** (**f.** *-a*; **pl. m.** *-ci*); **anche agg.** ● chi (o che) è affetto da catatonia

†**cataùno** ➤ **cadauno**

càtboat /'katbot, *ingl.* 'kæt,bəʊt/ [vc. ingl. d'America ✻ 1913] **s. m. inv.** ● (*mar.*) imbarcazione da pesca e da diporto, originaria delle coste del New England, molto larga e attrezzata con grande randa aurica su un albero posto all'estrema prua

catch /kɛtʃ, *ingl.* kætʃ/ [vc. ingl., abbr. di *catch as catch can* 'afferra come puoi afferrare'; *catch* è dall'ant. fr. *chacier* 'cacciare', dal lat. parl. **captiāre* 'cacciare' (V.) ✻ 1935] **s. m. inv.** ● variante americana della lotta libera, nella quale sono ammessi tutti i colpi possibili

catcher /'kɛttʃer, *ingl.* 'kætʃə(r)/ [vc. ingl. 'che prende', da *to catch* 'prendere', dal lat. parl. **captiāre*, per il classico *captāre* 'cercar di prendere' (V. *captare*) ✻ 1953] **s. m. inv.** ● nel baseball, ricevitore

catechèṣi [vc. dotta, lat. tardo *catechēsi(n)*, dal gr. *katḗchēsis* 'istruzione a viva voce', da *katēchéō* 'io istruisco a viva voce' ✻ 1619] **s. f. inv.** ● istruzione nelle dottrine elementari del Cristianesimo

catechèta [vc. dotta, gr. *katēchētḗs*. V. *catechesi* ✻ 1830] **s. m. e f.** (**pl. m.** *-i*) ● chi insegna la dottrina cristiana

catechètica [vc. dotta, gr. *katēchētikḗ* (sottinteso *téchnē*) 'arte dell'istruzione', da *katḗchēsis* 'catechesi' ✻ 1865] **s. f.** ● ramo della teologia cattolica che si occupa della catechesi **SIN.** catechistica

catechètico [1956] **agg.** (**pl. m.** *-ci*) ● relativo alla catechesi

catechìna [da *catecù* ✻ 1956] **s. f.** ● (*chim.*) sostanza organica del gruppo dei polifenoli, esistente in talune piante sia in forma libera sia sotto forma di glucoside; assunta dall'organismo, per es., attraverso il tè verde o il vino rosso, esercita un'azione antiossidante

♦**catechìṣmo** [vc. dotta, lat. tardo *catechĭsmu(m)*, dal gr. *katēchismós*, da *katḗchēsis* 'catechesi' ✻ av. 1396] **s. m. 1** esposizione dei principi fondamentali della dottrina cristiana in forma di domande e risposte | libretto che contiene tale esposizione **2** (*est.*) l'insieme degli elementi fondamentali di una dottrina, spec. politica

catechìsta [vc. dotta, lat. tardo *catechĭsta(m)*, dal gr. *katēchistḗs*, da *katḗchēsis* 'catechesi' ✻ av. 1603] **s. m. e f.** (**pl. m.** *-i*) ● chi insegna il catechismo

catechìstica [da *catechistico* ✻ 1840] **s. f.** ● catechetica

catechìstico [vc. dotta, gr. *katēchistikós*, da *katēchistḗs* 'catechista' ✻ av. 1729] **agg.** (**pl. m.** *-ci*) **1** che riguarda il catechismo **2** (*est.*) di insegnamento o ammaestramento che si impernia su formule fisse: *metodo c.* | ***sistema c.***, a domanda e risposta || **catechisticaménte**, **avv.** in modo conforme al catechismo

catechiẓẓàre [vc. dotta, lat. tardo *catechizāre*, dal gr. *katēkízō*, da *katēchistḗs* 'catechista' ✻ av. 1484] **v. tr. 1** istruire nel catechismo: *c. i pagani* **2** (*est.*) cercare di fare accettare un'opinione: *c. qlcu. in una dottrina politica* | persuadere con ragionamenti, fare opera di convincimento: *mi vuole c. per bene, ma non ci riuscirà* || **catechiẓẓazióne**, **s. f.**

catechiẓẓatóre [1857] **s. m.** (**f.** *-trice*) ● chi catechizza

catecolamìna o **catecolammìna** [comp. di *catecol(o)* (a sua volta deriv. da *catecù*) e *amina* ✻ 1980] **s. f.** ● (*chim.*) composto appartenente a una classe di sostanze organiche azotate caratterizzate dalla presenza nella molecola di un gruppo derivato della catechina

catecù o **casciù** [fr. *catechu*, variante di *caoutchouc* 'caucciù' ✻ av. 1730] **s. m. inv. 1** albero delle Mimosacee a fiori giallognoli riuniti in spighe (*Acacia catechu*) **2** sostanza estratta dalla pianta omonima, costituita da una miscela igroscopica di solfuri organici e di composti solforati del sodio, usata in medicina e in tintoria

catecumenàle [sec. XX] **agg.** ● che concerne i catecumeni

catecumenàto [1830] **s. m.** ● condizione e preparazione del catecumeno

catecùmeno [vc. dotta, lat. tardo *catechūmenu(m)*, dal gr. *katēchoúmenos*, part. pass. di *katēchéō*. V. *catechesi* ✻ av. 1342] **s. m.** (**f.** *-a*) ● chi sta ricevendo l'istruzione nella dottrina cristiana fondamentale, per essere ammesso al battesimo | ***Messa dei catecumeni***, la parte della Messa che precede il Credo, alla quale, nell'antica Chiesa, erano ammessi ad assistere anche i catecumeni

†**càtedra** e deriv. ➤ **cattedra** e deriv.

categorèma [vc. dotta, gr. *katēgórēma* 'accusa', da *katēgoréuō* 'io parlo contro uno', comp. di *katá* 'contro' e *agoréuō* 'io parlo' ✻ av. 1623] **s. m.** (**pl.** *-i*) ● (*filos.*) ciò che si afferma o si nega di un soggetto

categoremàtico [da *categorema* ✻ 1768] **agg.** (**pl. m.** *-ci*) ● nella grammatica e nella logica medievale, detto di ogni parte del discorso che ha un significato di per sé stessa **CONTR.** sincategorematico

♦**categorìa** [vc. dotta, lat. *categŏria(m)* 'accusa, categoria logica', dal gr. *katēgoría* 'accusa, imputazione, predicato', da *katēgoréō* 'io accuso, mostro, indico'. V. *categorema* ✻ 1584] **s. f. 1** (*filos.*) nel pensiero aristotelico, determinazione propria di un ente che il pensiero deve cogliere per conoscerlo e descriverlo | nella filosofia di Kant, ciascuna delle forme a priori della conoscenza, che rappresentano i principi ordinatori della realtà fenomenica **2** (*est.*) complesso di cose o persone raggruppate in base a caratteristiche o condizioni comuni: *appartiene alla c. dei ricchi, degli ingenui* | tipo, classe: *cose della stessa c.* | ***categorie grammaticali***, classi in cui si ripartiscono gli elementi del discorso | ***c. professionale***, complesso di lavoratori considerati dalla legge unitariamente in base al lavoro al quale si dedicano | (*dir.*) ***c. protetta***, che comprende lavoratori, aventi specifiche caratteristiche, particolarmente tutelati dalla legge **3** (*sport*) suddivisione in base alla quale atleti, squadre o mezzi vengono distinti secondo criteri di abilità, peso, età, potenza, lunghezza e sim. e come tali ammessi a competere in determinate gare e campionati: *c. assoluti, allievi, juniores* **4** (*mat.*) struttura algebrica individuata da una legge di composizione tale che: se uno dei prodotti $a(bc)$, $(ab)c$ è definito, lo è anche l'altro, e sono uguali; se ab e bc sono definiti, lo è pure $a(bc)$; per ogni elemento v'è un elemento neutro componibile con esso a destra, ed uno componibile a sinistra | insieme dotato della struttura di categoria

SFUMATURE DI SIGNIFICATO

categoria - genere - classe - ordine

Categoria è concetto generico che associa in uno stesso insieme cose e persone che hanno delle caratteristiche comuni. **Genere** è termine più specifico e si riferisce preferibilmente a un gruppo sistematico, come nella classificazione animale o vegetale. **Classe** raggruppa sia persone sia entità che hanno dei requisiti comuni, ma all'interno di una classificazione che li distingue e li enumera. Un raggruppamento, una *categoria* istituiti all'interno di un complesso omogeneo si definisce **ordine**; in zoologia e in botanica l'*ordine* è un gruppo sistematico inferiore alla *classe*.

SFUMATURE ➤ ***ordine***

categoriàle [1956] **agg. 1** (*filos.*) che concerne le categorie **2** che riguarda una determinata categoria di persone: *interessi categoriali* || **categorialità**, **s. f. inv.**

♣**categòrico** [vc. dotta, lat. tardo *categŏricu(m)*, dal gr. *katēgorikós*, da *katēgoría* 'categoria' ✻ av. 1505] **agg.** (**pl. m.** *-ci*) **1** (*filos.*) in Aristotele, affermativo, asseverativo | ***sillogismo c.***, quello costituito esclusivamente da proposizioni asseverative | in Kant, detto di asserzione o giudizio che ha valore assoluto, che non è limitato da alcuna condizione | ***imperativo c.***, la norma morale kantiana, in quanto obbligo assoluto **2** (*est.*) che non lascia dubbi e non ammette discussioni: *tono, discorso c.*; *risposta categorica* **SIN.** netto, reciso **3** relativo a una determinata categoria di cose o di persone || **categoricaménte**, **avv.** || **categoricità**, **s. f. inv.**: *la categoricità di un ordine, di un'affermazione*

categoriẓẓàre [av. 1861] **v. tr.** ● disporre, classificare, ordinare secondo categorie || **categoriẓẓazióne**, **s. f.**

categorùmeno [vc. dotta, part. del gr. *katēgoréō*. V. *categorema* ✻ 1940] **s. m.** ● (*filos.*) categorema

C

catèllo [lat. *catĕllu(m)*, dim. di *cătulus* 'il piccolo di ogni quadrupede', poi 'cagnolino' ✱ av. 1257] **s. m.** ● (*lett.*) cagnolino | (*est.*) cucciolo di altri animali ‖ **catellino**, **dim.**

†**catellóne** o †**catellóni**, †**catalóne** [da *catello*, perché il cane si accosta pian piano alla preda ✱ av. 1400] **avv.** ● nelle loc. avv. ***catellon c., catellon catelloni***, quatto quatto, piano piano, di soppiatto

♦**caténa** [lat. *catēna(m)*, prob. di orig. etrusca ✱ av. 1257] **s. f. 1** serie di elementi, spec. anulari e metallici, connessi l'uno nell'altro e mobili, usata per legare persone o cose, per ornamento e, in varie tecnologie, per sollevamento di pesi o trasmissione del moto: *legare gli schiavi con le catene; portare una c. d'oro al collo; la c. dell'orologio; la c. del cane, dell'ancora; la c. della bicicletta* | ***la c. della porta***, che va da un battente all'altro per tenerlo socchiuso | ***la c. del camino, del pozzo***, per appendervi il paiolo, il secchio | ***catene da neve, antineve***, che si montano attorno agli pneumatici degli autoveicoli per la marcia su strade innevate | ***c. di distribuzione***, che trasmette il moto dell'albero a gomito all'albero a camme nei motori a scoppio **2** (*fig.*) legame, vincolo: *le catene dell'amore, dell'odio* | (*est.*) stato di servitù o soggezione, impedimento, ostacolo | ***essere in catene***, (*fig.*) privo di libertà | ***ridurre, tenere qlcu. in catene***, (*fig.*) in completa schiavitù e sottomissione | ***spezzare le catene***, (*fig.*) riacquistare, spec. con la forza, la libertà | ***avere la c. al collo***, (*fig.*) essere privo di libertà | ***rodere, mordere la c.***, (*fig.*, *lett.*) consumarsi di rabbia per la mancanza di libertà **SIN.** oppressione **3** (*lett.*) collana, monile: *togliesi di fronte una c. / vaga di perle* (U. FOSCOLO) | (*lett.*) corona, ghirlanda **4** serie, successione (*anche fig.*): *una c. di sventure ha funestato la sua vita* | ***fare la c.***, detto di persone, mettersi in fila tenendosi per mano e sim., o mettersi in fila e passarsi oggetti l'un l'altro | ***c. umana***, fila di persone che si tengono per mano, spec. come manifestazione di protesta | ***c. migratoria***, V. *migratorio* | ***c. di montagne, montuosa***, successione continua di montagne più o meno allineate tra loro | ***c. parlata***, successione continua di elementi nel linguaggio articolato | ***c. di montaggio, di lavorazione***, in varie tecnologie, linea di avanzamento meccanizzato, da un posto di lavoro al successivo, dei pezzi da montare o trasformare | concatenazione: *c. di interessi, di affari* | ***a c.***, detto di eventi, fenomeni e sim., che si susseguono ininterrottamente, spesso l'uno provocato dall'altro | ***reazione a c.***, V. *reazione* nei sign. 5 e 6 | ***c. di sonetti***, collana di sonetti con un certo legame tra l'ultimo verso del precedente e il primo del seguente | ***c. di S. Antonio***, serie di lettere anonime in cui si invita il destinatario a eseguire una particolare pratica religiosa e a trasmettere lo stesso messaggio ad altre persone, pena gravi disgrazie; (*est.*) serie di lettere spedite a più persone contemporaneamente, che invitano a versare una somma che si recupererà maggiorata spedendo la stessa lettera ad altre persone | ***c. di distribuzione***, insieme dei rapporti di collaborazione spec. tra dettaglianti o tra grossisti, per ottenere migliori condizioni di approvvigionamento e più razionali forme di distribuzione dei prodotti | ***c. del freddo***, continuità di impiego delle basse temperature nella congelazione e conservazione a – 18 °C dei surgelati, fino al momento del consumo | ***c. frigorifera***, continuità di impiego degli impianti e dei mezzi di trasporto che permettono di far pervenire in buono stato di conservazione al consumatore i prodotti alimentari | ***c. di giornali, di negozi e sim.***, che dipendono da uno stesso proprietario | (*biol.*) ***c. alimentare***, serie di organismi ciascuno dei quali si nutre a spese del precedente e costituisce a sua volta alimento del successivo **5** (*tess.*) ordito **6** (*chim.*) insieme di atomi legati l'un l'altro **7** (*milit.*) ordine rado di combattimento: *stendersi in c.* **8** (*archit.*) membratura tesa in ossature reticolari di acciaio, cemento armato, legno | asta tesa destinata a sopportare la spinta orizzontale dell'arco **SIN.** tirante **9** (*mus.*) negli strumenti ad arco, assicella d'abete incollata nel piano armonico per equilibrare le vibrazioni; nel clavicembalo, insieme di listelli di legno sotto la tavola armonica per irrigidirla, con funzione acustica; nel pianoforte, insieme di fasce d'abete di sostegno della tavola armonica **10** antica misura di lunghezza e di superficie, spec. agraria ‖ **catenèlla**, **dim.** (V.) | **catenèllo**, **dim. m.** (V.) | **catenina**, **dim.** (V.) | **catenóna**, **accr.** | **catenóne**, **accr. m.** | (*lett.*) **catenùzza**, **dim.**

catenacciàro [1961] **A s. m.** (f. *-a*) ● (*gerg.*) nel gioco del calcio, chi privilegia una tattica basata sul rafforzamento dello schieramento difensivo **B** anche **agg.**: *allenatore c.*

catenàccio [detto così perché le porte si chiudevano con catene ✱ 1374] **A s. m. 1** sbarra di ferro che scorre in anelli o tra due guide infisse nei battenti della porta, per chiuderla: *mettere il c.; chiudere con il c.* **SIN.** chiavistello, paletto | parte del congegno di una serratura **2** nel calcio, tattica rigidamente difensiva: *adottare il c.* **3** (*fig.*, *scherz.*) automobile vecchia e malandata | (*spreg.*) vecchio fucile in cattivo stato | oggetto in pessime condizioni **4** nel gergo giornalistico, dicitura che, posta per ultima dopo l'occhiello, il titolo e il sommario, contribuisce con nuovi particolari all'efficace presentazione del pezzo **5** †grande cicatrice sul viso **B** in funzione di **agg. inv.** ● (posposto a un sost.) che blocca, chiude, impedisce | ***decreto c.***, quello relativo a materie fiscali o economiche che, per impedire evasioni fiscali o incetta di merci, entra in vigore appena emanato | ***esame c.***, nel linguaggio studentesco, ogni esame che, se non superato, preclude uno o più esami successivi ‖ **catenaccétto**, **dim.**

†**catenàre** [lat. *catenāre*, da *catēna* 'catena' ✱ av. 1306] **v. tr.** ● incatenare

catenària [dall'agg. lat. *catenārius*, da *catēna* 'catena' ✱ 1748] **s. f.** ● (*fis.*) curva secondo la quale si dispone un filo fissato alle estremità, per effetto della forza di gravità

catenèlla [1308] **s. f. 1** dim. di *catena* | catena sottile di metallo prezioso usata come ornamento, per l'orologio da tasca e sim. **2** serie di maglie di avvio di un lavoro all'uncinetto | ***punto a c.***, punto di ricamo che imita il disegno della catena **3** cucitura della scarpa intorno al tacco **4** †collana

catenèllo [1957] **s. m. 1** dim. di *catena* **2** ognuno dei travicelli che collegano i pali di una palizzata o di un cancello

catenina [av. 1547] **s. f. 1** dim. di *catena* **2** piccola e sottile catena d'oro o d'altro metallo prezioso che si porta come ornamento al collo o anche al polso o alla caviglia

catenòide [comp. di *caten(a)* e *-oide* ✱ 1956] **s. f.** ● (*mat.*) superficie descritta dalla rotazione della catenaria attorno al proprio asse

càtera [riduzione pop. di *Cater(in)a*, inteso come dim., così detta perché si mangia per la festa di S. Caterina, alla fine di aprile ✱ 1986] **s. f.** ● (*agric.*; *merid.*) mandorla ancora immatura, con l'endocarpo molle **CFR.** mollesco

cateràtta o **cataràtta** [lat. *catarăcta(m)*, dal gr. *katarráktēs* 'che precipita', da *katarrássō* 'getto giù' ✱ 1290] **s. f. 1** serie di piccole cascate che si succedono lungo il corso di un fiume: *le cateratte del Nilo* **2** chiusura a saracinesca in canali, serbatoi e sim., per regolare il decorso delle acque: *aprire, chiudere le cateratte* | ***a cateratte***, con eccessiva abbondanza: *piove a cateratte* | ***si aprono le cateratte del cielo***, comincia una pioggia a dirotto **3** (*med.*; più comune *cataratta*) perdita di trasparenza del cristallino: *c. congenita, senile* **4** †saracinesca all'ingresso di castelli, fortezze e sim. **5** †botola

caterinétta [fr. *catherinette*, dal n. di S. *Caterina* d'Alessandria (X sec.), patrona delle sarte ✱ 1931] **s. f. 1** sartina o modista molto giovane **2** piccolo attrezzo usato nei lavori a maglia per creare cordoncini tubolari

càtering /'katerin(g), *ingl.* 'keɪtərɪŋ/ [vc. ingl., da *to cater* 'provvedere, organizzare' propr. 'accattare' ✱ 1971] **A s. m. inv.** ● il complesso delle operazioni di rifornimento di cibi, bevande e sim. effettuato da apposite organizzazioni per aerei, treni o ristoranti, alberghi, collegi, ospedali e sim. | banqueting **B** anche in funzione di **agg. inv.** (posposto a un sost.): *servizio c.*

Caterpillar® /kater'pillar, *ingl.* 'kætəˌpɪlə(r)/ [marchio registrato della Caterpillar Inc. ✱ 1936] **s. m. inv.** ● veicolo cingolato impiegato su terreni accidentati e per lavori stradali ed edilizi | (*fig.*) schiacciasassi

♣**catèrva** [vc. dotta, lat. *catĕrva(m)* 'moltitudine, turba', di etim. incerta ✱ av. 1292] **s. f.** ● moltitudine di persone o animali: *ridurre questa c. di scellerati a' termini debiti* (F. GUICCIARDINI) | quantità disordinata di cose (*anche fig.*): *c. di libri, di mobili; una c. di errori*

SFUMATURE DI SIGNIFICATO

caterva - congerie - profluvio

Caterva è termine generalmente spregiativo per indicare una moltitudine confusa di persone, di animali o di cose. Suo equivalente, ma solo in riferimento a un insieme di cose, è **congerie**. In **profluvio** l'insieme disordinato è considerato come un flusso continuo, una serie ininterrotta.

catetère o, più diffuso ma meno corretto, **catètere** [fr. *cathéter*, dal lat. tardo *cathetēra*, a sua volta dal gr. *kathetḗr*, genit. *kathetêros*, da *kathíēmi* 'io mando dentro' ✱ 1771] **s. m.** ● cannula di gomma o altro materiale che si introduce in una cavità del corpo per favorire lo scolo del contenuto, per introdurre sostanze medicamentose o a scopo diagnostico: *c. vescicale, ureterale*

cateterìsmo [fr. *cathétérisme*, dal lat. tardo *catheterĭsmu(m)*, a sua volta dal gr. *kathetērismós*, da *kathetḗr* 'catetere' ✱ 1771] **s. m.** ● introduzione del catetere in un organo: *c. cardiaco; c. vescicale*

cateterizzàre [1970] **v. tr.** ● (*med.*) trattare con il catetere ‖ **cateterizzazióne**, **s. f.**

catèto [vc. dotta, lat. tardo *căthetu(m)* 'linea perpendicolare', dal gr. *káthetos*, da *kathíēmi* 'io mando giù' ✱ sec. XIV] **s. m.** ● (*mat.*) in un triangolo rettangolo, ciascuno dei lati adiacenti all'angolo retto

catetòmetro [fr. *cathétomètre*, comp. del gr. *káthetos* 'linea perpendicolare' (V. *cateto*) e di *-metro* ✱ 1887] **s. m.** ● (*fis.*) strumento di misurazione dei dislivelli dei manometri ad aria libera e dei dislivelli barometrici

catgut /'kɛtgat, *ingl.* 'kætˌgʌt/ [ingl., propr. 'budello di gatto', comp. di *cat* 'gatto' e *gut* 'budello', di orig. germ. ✱ 1890] **s. m. inv.** ● filo per suture fatto con budello di gatto o di pecora, caratterizzato dalla capacità di riassorbirsi in breve tempo

càthedra, ex ➤ **ex cathedra**

catilinària [vc. dotta, lat. *Catilināria(m)* 'di Catilina' ✱ 1744] **s. f. 1** ciascuna delle quattro orazioni scritte da Cicerone contro Catilina

2 (*est.*) discorso veemente, invettiva contro qlcu. SIN. filippica

♦**catinèlla** [1297] **s. f. 1** dim. di *catino* | ***a catinelle***, (*fig., lett.*) in abbondanza | ***piovere a catinelle***, diluviare | PROV. ***cielo a pecorelle acqua a catinelle*** **2** (*est.*) catinellata: *una c. d'acqua*

catinellàta [1865] **s. f.** ● quantità di liquido che può stare in una catinella

catino① [lat. *catīnu(m)*, di etim. incerta ✻ 1234] **s. m. 1** recipiente rotondo e concavo di metallo, ceramica, plastica e sim., per uso domestico SIN. bacile | (*est.*) quantità di materiale, spec. liquido, contenuto in un catino **2** conca alla bocca della fornace per raccogliere il metallo fuso **3** (*geogr.*) luogo concavo a forma circolare circondato da alture SIN. bacino, conca **4** (*archit.*) semicalotta che termina superiormente un'abside o una nicchia semicircolare **5** (*fig.*) lo stadio di gioco, visto dall'interno e dall'alto: *i giocatori sono entrati nel grande c.* **6** (*lett.* o *raro*) vassoio, scodella: *La vecchia porta sulla tavola un c. d'insalata* (C. PAVESE) ‖ **catinèlla**, **dim. f.** (V.) | **catinétto**, **dim.**

†**catino**② [vc. dotta, lat. tardo *cattīnu(m)* 'da gatto' (detto degli occhi), da *cāttus* 'gatto' ✻ av. 1729] **agg.** ● (*lett.*) ceruleo: *colore c.*

catióne [comp. di *cat(odo)* e *ione* ✻ 1892] **s. m.** ● (*fis.*) ione positivo che per elettrolisi si dirige al catodo

catiùscia ➤ **katiuscia**

catlèia ➤ **cattleya**

catoblèpa o **catòblepa** [vc. dotta, lat. *catōblepa(m)*, comp. del gr. *kátō* 'in giù' e *blépō* 'io vedo' ✻ av. 1367] **s. m.** (**pl.** *-i*) ● nell'antica zoologia greca e romana, specie di serpente o di rettile non individuata che si distingueva per la posizione della testa, volta verso il basso

catòcala [comp. del gr. *kátō* 'giù' e di *kalós* 'bello' ✻ 1956] **s. f.** ● genere di farfalle notturne con ali anteriori grigiastre o brune che in posizione di riposo coprono quelle posteriori vivacemente colorate (*Catocala*)

catòdico [1905] **agg.** (**pl. m.** *-ci*) ● del catodo, relativo al catodo, emesso dal catodo: *tubo c.* | ***raggi catodici***, formati dagli elettroni emessi dal catodo in un tubo a bassa pressione

càtodo, (*evit.*) **catòdo** [vc. dotta, gr. *káthodos* 'discesa', comp. di *katá* 'giù' e *hodós* 'strada' ✻ 1865] **s. m.** ● (*fis.*) elettrodo collegato al polo negativo di una sorgente di corrente CONTR. anodo | ***c. attivizzato***, catodo di tubo elettronico ricoperto di ossido di torio o di metalli alcalino-ferrosi

†**católlo** [etim. incerta ✻ av. 1566] **s. m.** ● scheggia, frammento

catóne [da *Catone* il Censore (234-149 a.C.) e *Catone* l'Uticense (95-46 a.C.), famosi per la loro severità e austerità ✻ av. 1449] **s. m.** ● persona dotata di rigido senso morale (*anche iron.*): *fare il c.*; *atteggiarsi a c.*

catoneggiàre [da *Catone* ✻ av. 1494] **v. intr.** (**pres.** *io catonéggio*; **fut.** *io catoneggerò*; **aus.** *avere*) ● atteggiarsi a rigido moralizzatore

catoniàno [vc. dotta, lat. *Catoniānu(m)*, agg. 'di Catone' ✻ 1528] **agg. 1** di Catone, da Catone | (*est., lett.*) intransigente, rigidamente moralistico (*anche iron.*): *severità catoniana* **2** ***regola catoniana***, nel diritto romano, principio secondo cui un legato invalido al momento della confezione del testamento non può essere convalidato successivamente

catòptrica ➤ **catottrica**

catòptrico ➤ **catottrico**

catòrbia [incrocio del napol. *catoio* 'stanza a pian terreno' e *orba* 'cieca' ✻ 1748] **s. f.** ● (*gerg.*) prigione, gattabuia

†**catòrchio** ➤ **catorzolo**

♣**catòrcio** o **scatòrcio** nel sign. 2 [V. *catorzolo* ✻ av. 1557] **s. m. 1** (*raro, tosc.*) chiavistello **2** (*fig., fam.*) oggetto vecchio e sconquassato: *quel c. della tua macchina* | persona malandata in salute: *è diventata proprio un c.!* SIN. cataplasma, impiastro **3** V. *catorzolo* ‖ **catorcétto**, **dim.** | **catorcióne**, **accr.**

catòrzolo o **catòrzo**, †**catòrchio** [gr. tardo *katóchion* 'chiavistello della porta', da *katéchō* 'io tengo, trattengo' ✻ av. 1597] **s. m.** ● (*tosc.*) tralcio secco delle viti | prominenza nodosa su una superficie legnosa

catorzolùto [av. 1597] **agg. 1** che ha molti catorzoli: *albero c.* **2** secco: *ramo c.*

catòttrica o **catòptrica** [da *catottrico* ✻ av. 1730] **s. f.** ● parte dell'ottica che si occupa della riflessione della luce

catòttrico o **catòptrico** [dal gr. *katoptrikós* 'dello specchio', da *kátoptron* 'specchio' ✻ 1679] **agg.** (**pl. m.** *-ci*) ● detto di sistema ottico che utilizzi solo superfici riflettenti

catottromanzìa [comp. del gr. *kátoptron* 'specchio' e *mantéia* 'divinazione' ✻ 1962] **s. f.** ● antica arte divinatoria che pretendeva di prevedere il futuro mediante le immagini riflesse in uno specchio

†**catrafòsso** [comp. di *catra-* (nato dalla sovrapposizione di *tra-* a *cata-*) e *fosso* ✻ av. 1566] **s. m.** ● fosso profondissimo | precipizio: *i … catrafossi dentro i quali … gemevano le anime dei dannati* (A. SAVINIO)

catramàre [da *catrame* ✻ av. 1636] **v. tr.** ● spruzzare o spalmare di catrame una massicciata stradale, un foglio di cartone e sim., per consolidamento e impermeabilizzazione

catramatóre [1956] **s. m.** (**f.** *-trice*) ● operaio addetto alla catramatura

catramatrìce [1965] **s. f.** ● macchina per liquefare il catrame e stenderlo sulla strada

catramatùra [1913] **s. f. 1** operazione del catramare **2** strato di catrame spalmato su una superficie

catràme [arabo *qaṭrān* ✻ 1308] **s. m.** ● sostanza nera, vischiosa, prodotta nella distillazione secca dei carboni fossili o del legno, di composizione variabile a seconda della materia prima di partenza o delle condizioni in cui avviene la distillazione; viene usato come impermeabilizzante, nella preparazione di vernici ecc., e se ne ricava una vasta gamma di prodotti: *c. di lignite, di litantrace, di torba* | ***c. vegetale***, tratto dal legno

Catramìna® [marchio registrato ✻ 1885] **s. f.** ● denominazione di alcuni prodotti farmaceutici contenenti catrame vegetale, usati nelle affezioni bronchiali

catramìsta [1962] **s. m. e f.** (**pl. m.** *-i*) ● catramatore

catramóso (o **-ṣ-**) [1941] **agg.** ● che contiene catrame | che è simile al catrame

catriòsso [etim. incerta ✻ 1481] **s. m. 1** carcassa di uccelli **2** (*fig., scherz.*) †persona magrissima e denutrita

càtta [vc. dotta, lat. *cătta(m)* 'gatta', f. di *cāttus* 'gatto' ✻ 1956] **s. f.** ● lemure del Madagascar con muso appuntito e lunga coda ad anelli bianchi e neri (*Lemur catta*)

cattàneo o **cattàno** [da *capitano* o dal provenz. *captan* 'capo' ✻ sec. XIII] **s. m. 1** (*lett.*) signore di un castello, piccolo vassallo: *venne in Versilia a gastigare i cattani discordanti* (G. PASCOLI) **2** †V. *capitano*

†**cattàre** [lat. *captāre*, intens. di *căpere* 'prendere' ✻ 1351] **v. tr.** ● procacciarsi, acquistare | prendere, catturare

♦**càttedra** o †**catèdra** [vc. dotta, lat. *căthedra(m)*, dal gr. *kathédra*, comp. di *katá* e *hédra* 'sedia' ✻ av. 1292] **s. f. 1** antico sedile destinato a personaggi importanti **2** complesso di sedile e di tavolo, spesso sopraelevati, dove siede l'insegnante, nelle aule scolastiche | (*fig., scherz.*) ***stare, montare, parlare in c.***, atteggiarsi a persona autorevole **3** (*est.*) il ruolo di un professore, spec. universitario: *chiamata a c.*; *bandire un concorso a c.* | (*est.*) disciplina, campo d'insegnamento ufficialmente riconosciuto, spec. in un'università: *c. di diritto romano, di storia economica* | ***c. ambulante***, insegnamento, spec. di materia agraria, impartito da una persona che si spostava da un luogo all'altro, trasformata poi in ispettorato agrario provinciale | (*est.*) ***trattamento di c.***, retribuzione che viene corrisposta agli insegnanti non di ruolo degli istituti di istruzione secondaria o artistica **4** trono coperto da baldacchino, occupato dal pontefice o dal vescovo durante le funzioni | ***c. di San Pietro***, dignità e autorità del papato | ***c. vescovile***, dignità di vescovo

cattedràle [vc. dotta, lat. tardo *cathedrāle(m)* 'che riguarda la cattedra', detta così perché in essa c'è il seggio (*cattedra*) del vescovo ✻ 1305] **A agg. 1** relativo a una sede vescovile: *capitolo c.*; *canonici cattedrali* **2** che è sede di una cattedra vescovile: *chiesa c.* **B s. f.** ● chiesa principale di una diocesi in cui ha sede la cattedra vescovile e dove il vescovo solitamente presiede le celebrazioni liturgiche | (*fig.*) ***c. nel deserto***, costruzione, impianto e sim. di grande imponenza e perfezione tecnologica, ma inutile o inutilizzato in un determinato contesto | (*fig.*) luogo particolarmente rinomato per l'attività che vi si svolge: *una discoteca che è la c. del ballo*

cattedrànte o †**catedrànte** [1483] **s. m. e f.** ● (*raro*) professore che ha una cattedra | (*est., spreg.*) professore pedante

cattedràtico o †**catedràtico** [vc. dotta, lat. tardo *cathedrāticu(m)*, agg. di *căthedra* 'cattedra' ✻ 1675] **A agg.** (**pl. m.** *-ci*) **1** relativo a cattedra, a chi occupa una cattedra: *disciplina cattedratica*; *insegnamento c.* **2** (*spreg.*) saccente, sussiegoso, pedantesco: *Rispondeva … con una certa sufficienza cattedratica* (I. CALVINO) ‖ **cattedraticaménte**, **avv.** **B s. m.** (**f.** *-a*) ● professore universitario titolare di una cattedra

†**cattivànza** [sec. XIII] **s. f. 1** prigionia, schiavitù, anche morale **2** azione malvagia

cattivàre o †**captivàre** [lat. tardo *captivāre* 'fare prigioniero', da *captīvus* 'prigioniero', da *căpere* 'prendere' ✻ sec. XIII] **A v. tr.** ● †prendere prigioniero **B v. intr.** (**aus.** *avere*) ● †vivere in una condizione di schiavitù **C cattivàrsi v. tr. pron.** (**aus.** *essere*) ● acquistarsi l'amicizia, la benevolenza e sim. di qlcu.: *ha saputo cattivarsi la nostra stima* SIN. accattivarsi

cattivèllo [1290] **A agg. e s. m.** (**f.** *-a*) **1** dim. di *cattivo* **2** (*scherz.*) che (o chi) è piuttosto cattivo: *sei un ragazzo proprio c.* **3** †misero, infelice **B s. m.** ● cerchio di ferro cui è appeso il battaglio della campana

cattivèria o †**cattiverìa** [av. 1328] **s. f. 1** caratteristica di chi è cattivo, disposizione al male: *persona piena di c.*; *ha agito con incredibile c.* CONTR. bontà **2** azione cattiva: *fare cattiverie*; *la tua è una vera c.* | frase, insinuazione maligna **3** (*est., sport*) nel linguaggio giornalistico, combattività, determinazione, capacità di iniziativa nel corso di una competizione

cattivézza [av. 1294] **s. f.** ● †cattiveria

cattivìṣmo [da *cattiv(o)* sul modello di *buonismo* ✻ 1995] **s. m.** ● (*spec. iron.*) nel linguaggio giornalistico, atteggiamento di chi usa intenzionalmente toni aspri o esibisce cattivi sentimenti CFR. buonismo

cattività o (*lett.*) **captività** [lat. *captivitāte(m)* 'prigionia', da *captīvus* 'prigioniero'. V. *cattivare* ✻ 1258] **s. f. inv. 1** (*lett.*) schiavitù, prigionia: *restarono per lunghi anni in c.*; *la c. babilonese*; *qui trovarrete a l'animo ceppi,*

C

legami, catene, c. (G. BRUNO) **2** condizione degli animali non domestici che sono tenuti in gabbie o che, comunque, non vivono più allo stato libero **3** †cattiveria, ribalderia **4** furberia **5** †calunnia

♦**cattìvo** [lat. *captīvu(m)* 'prigioniero', da *căpere* 'prendere', attrav. il lat. cristiano *captīvu(m) diăboli* 'prigioniero del diavolo' ✱ 1258] **A agg.** (**compar. di maggioranza** *più cattivo* **o** *peggiore* (V.); **superl.** *cattivissimo* **o** *pessimo* (V.)) **1** che si considera contrario a principi morali: *uomo c.*; *persona cattiva*; *consigli cattivi*; *azioni, letture, compagnie cattive* | ***c. soggetto***, persona di costumi riprovevoli | ***cattiva fama***, disonorevole | †depravato, turpe **SIN.** malvagio, perfido, perverso, scellerato **CONTR.** buono **2** inquieto, turbolento, sgarbato: *bambino c.*; *cattive maniere* | ***mare c.***, burrascoso | ***tempo c.***, brutto tempo | ***essere di c. umore***, essere nervoso, arrabbiato | ***con le cattive***, (*ellitt.*) con modi bruschi e minacciosi **CONTR.** buono **3** che non è abile e idoneo ad adempiere la propria funzione: *c. metodo*; *strada, memoria, medicina cattiva*; *c. impiegato, operaio, professionista* | ***essere in c. stato***, mal conservato | che è di qualità scadente: *legname, vetro, macchinario c.* | negativo, sfavorevole: *notizia, situazione cattiva*; *affari cattivi*; *idee cattive*; *cattiva salute* | ***cattiva cera***, aspetto che indica salute malandata | (*fig.*) ***nascere sotto cattiva stella***, in condizioni sfavorevoli, sfortunate | ***essere, navigare, trovarsi in cattive acque***, (*fig.*) attraversare momenti difficili, spec. economicamente **SIN.** inabile, incapace, inefficiente, mediocre **CONTR.** bravo, buono **4** nocivo, pericoloso: *animale c.*; *febbre, ferita cattiva* | ***c. augurio***, malaugurio **5** brutto, non pregevole esteticamente o tecnicamente: *un c. libro*; *l'attore ha dato una cattiva interpretazione del suo personaggio* **CONTR.** bello, buono **6** sgradevole, spiacevole: *odore, sapore c.* | guasto: *una mela cattiva* | (*fig.*) ***farsi c. sangue, il sangue c.***, amareggiarsi, tormentarsi, arrabbiarsi **CFR.** caco- **SIN.** disgustoso **CONTR.** buono **7** †infelice, triste | ***†me c.!, c. a me!***, disgraziato, povero me! | ***†dir c.***, essere una sfortuna **8** (*lett.*) prigioniero | V. *captivo* ‖ **cattivaménte**, **avv.** malamente; †sgradevolmente **B s. m. 1** (**f.** *-a*) persona cattiva: *su, non fare il c.*; *sperare nella punizione dei cattivi* **2** (**f.** *-a*) (*lett.*) prigioniero **3** parte guasta di qlco. | odore o sapore sgradevole: *questo frutto sa di c.* **4** brutto tempo: *la giornata si mette al c.* ‖ **cattivàccio**, **pegg.** | **cattivèllo**, **dim.** (V.) | **cattivétto**, **dim.** | **cattivóne**, **accr.** | **cattivùccio**, **cattivùzzo**, **dim.**

cattlèya /kat'tlɛja/ o **catlèia** [dal n. del botanico W. *Cattley* (1788-1835) ✱ 1943] **s. f. inv.** ● genere di piante tropicali delle Orchidacee, con fiori vistosi caratterizzati dal labello più sviluppato degli altri sepali (*Cattleya*)

†**càtto**① [lat. *căptu(m)*, part. pass. di *căpere* 'prendere'. V. †*capere*①] **part. pass. di** †*capere*①; **anche agg.** ● catturato, fatto prigioniero

†**càtto**② ➤ **gatto**

càtto- primo elemento ● in parole composte formate modernamente, significa 'cattolico': *cattocomunista*

cattocomunìsta [comp. di *catto-* e *comunista* ✱ 1978] **A agg.** (**pl. m.** *-i*) ● (*spreg.*) che sostiene la possibilità di conciliare gli ideali del cattolicesimo con quelli del comunismo: *la sinistra c.* **B s. m. e f.** ● (*spreg.*) cattolico che aderisce a partiti o movimenti comunisti

cattolicéṣimo o **cattolicìṣmo** [1607] **s. m. 1** religione e dottrina cattolica | ***c. liberale***, insieme delle correnti del mondo cattolico che, nel sec. XIX, in Europa, cercarono di conciliare la fede cattolica con l'accettazione delle idee e delle istituzioni liberali **2** mondo cattolico, insieme di cattolici: *il c. militante*

cattolicìssimo [1847] **agg. 1** superl. di *cattolico* **2** titolo attribuito ai re d'Austria: *c. principe*

cattolicità [1771] **s. f. inv. 1** condizione, caratteristica di chi (o di ciò che) è cattolico | universalità: *c. della Chiesa* **2** conformità alla dottrina della Chiesa cattolica **3** complesso dei cattolici: *fare appello alla c.*

cattoliciẓẓàre [1918] **v. tr.** ● rendere cattolico ‖ **cattoliciẓẓazióne**, **s. f.**

♦**cattòlico** [vc. dotta, lat. tardo *cathŏlicu(m)*, dal gr. *katholikós* 'universale', dall'avv. *kathólou* 'universalmente', da *hólos* 'tutto' ✱ 1261 ca.] **A agg.** (**pl. m.** *-ci*; **superl.** *cattolicissimo* (V.)) **1** universale, con riferimento alla Chiesa cristiana di Roma, in quanto aperta a ogni uomo: *la Chiesa cattolica* **2** relativo alla Chiesa di Roma: *dottrina cattolica*; *dogma c.*; *fede cattolica* **3** che si ispira ai principi religiosi, morali e sociali propugnati dalla Chiesa cattolica: *partito c.*; *filosofo c.*; *azione cattolica* **4** che professa la religione cattolica: *clero c.*; *associazione di lavoratori cattolici* ‖ **cattolicità**, **s. f. inv.** (V.) **B s. m. 1** (**f.** *-a*) chi professa la religione cattolica **2** titolo del vescovo supremo di alcune Chiese orientali **C agg.**; **anche s. m.** ● titolo attribuito in passato ai re di Spagna: *il re Cattolico*; *Ferdinando il Cattolico* ‖ **cattolicaménte**, **avv.** secondo la religione cattolica

cattùra [lat. *captūra(m)*, da *căpere* 'prendere' ✱ 1337] **s. f. 1** il fatto di catturare, di venire catturato: *la c. di un evaso, di un cinghiale* | (*pesca, sport*) l'insieme dei pesci o la singola preda ittica di buone dimensioni catturata nel corso di una uscita **2** (*dir.*) restrizione della libertà personale introduttiva della custodia cautelare, avente carattere non provvisorio: *mandato, ordine di c.* **3** (*geogr.*) ***c. fluviale***, fenomeno per cui un fiume accresce il proprio bacino idrografico catturando, a causa dell'erosione regressiva, parte del bacino di un altro corso d'acqua **4** (*fis.*) processo di collisione in cui un sistema atomico o nucleare acquisisce una particella addizionale: *c. elettronica* **5** (*astron.*) attrazione di un corpo celeste nel campo gravitazionale di un altro di massa maggiore

catturàbile [1881] **agg.** ● che può essere catturato ‖ **catturabilità**, **s. f. inv.**

catturàndo [da *cattur(are)*, con il suff. *-ando* ✱ 1864] **agg. e s. m.** (**f.** *-a*) ● (*burocr.*) che (o chi) deve essere arrestato | ***squadra catturandi***, squadra della polizia o dei carabinieri che si occupa della ricerca e della cattura dei latitanti

♦**catturàre** [da *cattura* ✱ 1612] **v. tr. 1** far prigioniero: *c. i nemici dispersi, un animale* | sequestrare: *c. merce di contrabbando* **2** (*fig.*) attrarre, attirare, conquistare: *c. l'attenzione, il consenso* **3** (*geogr.*) accrescere il proprio bacino erodendone un altro, detto di fiume

catulliàno [vc. dotta, lat. *catulliānu(m)*, da *Catŭllus* 'G. V. Catullo' (84-54 a.C.) ✱ 1528] **agg.** ● relativo al poeta latino Catullo: *stile c.*

†**catùno** ➤ **cadauno**

caucàṣico [1843] **A agg.** (**pl. m.** *-ci*) **1** del Caucaso o della Caucasia: *monte c.*; *popolazioni caucasiche* | ***lingue caucasiche***, famiglia di lingue parlate nel Caucaso e nelle regioni vicine **2** (*impropr.*) caucasoide (calco sull'ingl. *Caucasian*) **B s. m.** (**f.** *-a*) ● chi appartiene a una popolazione autoctona del Caucaso

caucaṣòide [da *Caucaso* ✱ 1936] **s. m. e f.** ● europoide

caucciù [fr. *caoutchouc*, dal caraibico *kahuchu* ✱ 1828] **s. m. inv. 1** idrocarburo, polimero dell'isoprene, contenuto allo stato colloidale nel latice di piante equatoriali, usato nell'industria per le sue proprietà elastiche che vengono migliorate mediante vulcanizzazione **SIN.** gomma naturale **2** (*gerg.*) nella macchina da stampa offset, tessuto gommato usato per trasferire l'immagine dalla matrice alla carta

cauchemar /fr. koʃ'maʀ/ [vc. fr., comp. di una vc. del v. *caucher* 'premere' e del neerl. *mare* 'fantasma' ✱ 1832] **s. m. inv.** ● incubo, sensazione di angoscia, ossessione

caucus /ingl. 'kɔːkəs/ [vc. ingl., proveniente dal New England, di orig. oscura ✱ av. 1875] **s. m. inv.** (**pl. ingl.** *caucuses*) ● negli Stati Uniti, riunione politica ristretta nel corso della quale i rappresentanti di un partito scelgono i loro candidati a una carica pubblica

caudàle [dal lat. *cāuda* 'coda' ✱ 1865] **agg. 1** della coda, relativo alla coda: *vertebra c.* **2** (*anat.*) disposto verso l'estremità opposta a quella del cranio

caudatàrio [lat. mediev. *caudatariu(m)*, da *cāuda* 'coda' ✱ 1584] **s. m.** (**f.** *-ia*) **1** chi regge lo strascico delle vesti prelatizie nelle cerimonie **2** (*fig., scherz.*) chi è al seguito di un alto personaggio e si comporta con servilismo nei suoi riguardi

Caudàti [1956] **s. m. pl.** (**sing.** *-o*) ● (*zool.*) Urodeli

caudàto [lat. mediev. *caudatu(m)*, da *cāuda* 'coda' ✱ sec. XIV] **agg.** ● fornito di coda | ***stella caudata***, cometa | ***sonetto c.***, con versi aggiunti ai tradizionali quattordici, per lo più un settenario e due endecasillabi

caudifórme [comp. del lat. *cāuda* 'coda' e *-forme* ✱ 1987] **agg.** ● (*raro*) che ha forma di coda: *appendice c.*

caudillìṣmo /kaudil'lizmo, *sp.* kauði'ʎizmo, -i'jiz-/ [vc. sp., da *caudillo* ✱ 1893] **s. m.** ● sistema politico in cui il potere assoluto è assunto da un capo militare

caudìllo /kau'dillo, *sp.* kau'ðiʎo, -ijo/ [vc. sp., propr. 'piccolo capo', dal lat. tardo *capitĕllum*, dim. di *căput* 'capo, testa' ✱ 1942] **s. m.** (**pl.** *caudilli* **o sp.** *caudillos*) ● titolo attribuito a capi politici e militari con poteri dittatoriali in Spagna e nell'America Latina | (*per anton.*) il generale Francisco Franco, al quale il titolo fu attribuito nel 1938

caudìno [av. 1338] **agg.** ● relativo alla valle di Caudio, antica città del Sannio (oggi Montesarchio) | ***Forche Caudine***, località in cui gli antichi Romani, vinti dai Sanniti, subirono l'onta di passare sotto una specie di giogo; (*fig.*) momento o situazione in cui si deve sottostare a una grave umiliazione

càule [vc. dotta, lat. *caule(m)* 'gambo, fusto', di etim. incerta ✱ 1440] **s. m.** ● (*bot.*) fusto, spec. di pianta erbacea

caulèrpa [comp. del gr. *kaylós* 'stelo, fusto', di orig. indeur., ed *hérpein* 'strisciare', di orig. indeur. ✱ 1830] **s. f.** ● genere di alghe verdi delle Caulerpacee, unicellulari, con una parte strisciante e una frondosa (*Caulerpa*)

Caulerpàcee [comp. di *caulerpa* e *-acee* ✱ 1931] **s. f. pl.** (**sing.** *-a*) ● (*bot.*) famiglia di alghe verdi frondose cui appartiene il genere Caulerpa (*Caulerpaceae*)

caulinàre [1830] **agg.** ● relativo al fusto delle piante vascolari

†**càulo** ➤ **cavolo**

càuri [indostano *kaurī* ✱ 1586] **s. m. inv.** ● conchiglia del genere Ciprea, usata come moneta e anche come ornamento da alcune popolazioni africane

†**càuro** ➤ **coro**②

♦**càuṣa** [vc. dotta, lat. *cāusa(m)*, forse di orig. straniera ✱ 1261 ca.] **s. f. 1** (*filos.*) principio determinante di ogni essere o divenire | ***c. efficiente***, che produce direttamente un effetto | ***c. finale***, il fine a cui tende un divenire | ***c. prima***, nel pensiero cristiano, Dio **CFR.**

ezio- **2** correntemente, ciò che è origine, motivo, ragione determinante di qlco.: *la superbia è c. di molti mali*; *arricchimento senza c.*; *il moto è c. d'ogni vita* (LEONARDO) | ***per c. mia, tua*** ecc., per colpa mia, tua ecc.: *ha sofferto molto per c. sua* | **PROV.** ***chi è c. del suo mal pianga sé stesso***, chi con il suo comportamento si è procurato un danno deve rimproverare sé stesso e non gli altri | nella loc. prep. ***a c., per c. di***, (*ellitt.*) ***causa*** (***qlco.***), a motivo di, in conseguenza di: *i raccolti sono compromessi a c. della siccità*; *c. la forte nevicata, la strada è stata interrotta* | ***c. di forza maggiore***, evento che non dipende e non può essere controllato dalla volontà umana | (*dir.*) ***giusta c.***, fatto che, verificatosi, non consente neppure in via provvisoria la prosecuzione del rapporto di lavoro | ***c. del negozio giuridico***, funzione economico-sociale del negozio, tipica dello stesso | ***avente c., dante c.***, titolare di un diritto da altri acquistato o ad altri trasferito | (*gramm.*) ***complemento di c.***, indica il motivo per cui si fa l'azione o si verifica la situazione espressa dal verbo; risponde alle domande *perché?, per quale motivo?*, ed è introdotto dalle prep. *per, di, da, con* o, più raramente, *a, in, tra* e dalle loc. prep. *a causa di, in conseguenza di, per effetto di, in seguito a*, e sim.; può essere costituito dalla part. pron. *ne* (per es.: *ridere per la gioia, di gioia; piangere di dolore; il concerto è stato annullato a c. di un malore dell'artista; ancora ne soffre*) | (*gramm.*) ***complemento di c. efficiente***, V. *agente* nel sign. B 1 | (*est.*) pretesto: *appigliarsi a ogni c.* **SIN.** fonte, occasione, principio, radice **3** (*dir.*) materia sostanziale del contendere, e quindi materia del provvedere per il giudice: *c. del processo*; *discussione, esame della c.* | (*est.*) processo: *c. civile, penale, in tribunale*; *chiamare qlcu. in c.*; *concorso di cause* | ***fare, muovere c.***, compiere le attività necessarie a instaurare un processo | ***essere parte in c.***, (*fig.*) essere direttamente interessato a qlco. | ***chiamare in c. qlcu.***, (*fig.*) coinvolgerlo | ***dar c. vinta***, cessare la lite; (*fig.*) cessare una polemica, una discussione | ***avvocato delle cause perse***, (*fig.*) chi si impegna in questioni e problemi irresolubili, in difese impossibili e sim. | ***con cognizione di c.***, (*fig.*) conoscendo bene tutti gli elementi di qlco. | (*fig., lett.*) questione, disputa **4** complesso di aspirazioni, rivendicazioni, ideali e sim. spec. connessi all'azione sistematica di un'organizzazione o gruppo sociale: *c. buona, cattiva, bella, dubbia, persa, sballata*; *la c. della giustizia, della libertà*; *la c. dei lavoratori, degli oppressi, dei poveri, del popolo* | ***abbracciare, sposare una c.***, dedicarsi completamente a essa | ***tradire una c.***, abbandonarla | ***fare c. comune con qlcu.***, mettere in comune con qlcu. progetti e attività ‖ **causétta**, **dim.** nel sign. 3

SFUMATURE DI SIGNIFICATO

causa - origine - principio

Causa è ciò che produce un effetto. In questo senso ogni fatto ha **origine** da un altro, che a esso consegue. In una catena consequenziale di avvenimenti, cioè derivati uno dall'altro, **principio** indica l'anello originario, il primo momento di uno sviluppo.

SFUMATURE ➤ ***fonte***, ➤ ***motivo***, ➤ ***ragione***

causàle [vc. dotta, lat. tardo *causāle(m)*, da *causa* 'causa' ✱ av. 1334] **A** **agg.** **1** che deriva da una causa, che ha forza di causa: *principio c.* **2** (*gramm.*) ***congiunzione c.***, che introduce una proposizione causale (per es.: *perché, poiché, siccome, giacché, che, dato che, dal momento che*) | ***proposizione c.***, proposizione subordinata che indica la causa di ciò che è detto nella reggente; può essere costituita anche dal solo gerundio o dal participio passato di un verbo (per es.: *ha preso l'ombrello perché piove; dato che sei qui, dammi una mano; conoscendolo, so che sarà puntuale; irritato dal rumore, chiuse la finestra*) **3** che costituisce la causa di qlco. o che ad essa si riferisce: *elemento c.* | ***titolo c.***, titolo di credito in cui è menzionato il rapporto giuridico che ne ha determinato l'emissione | ***negozio giuridico c.***, negozio patrimoniale caratterizzato dalla presenza di una giustificazione legale degli effetti posti in essere mediante lo stesso | ***nesso c.***, rapporto di causalità | ***terapia c.***, quella diretta contro la causa di una malattia **CFR.** nosotropico ‖ **causalménte**, **avv.** in conseguenza di una causa ‖ **causalità**, **s. f. inv.** (V.) **B** **s. f.** **1** (*gramm.*) proposizione causale **2** (*burocr.*) motivo, movente: *la c. di un pagamento, di un delitto*

causalgìa [vc. dotta, comp. del gr. *kâusis* 'bruciore, calore', da *káiō* 'io brucio' e *-algia* ✱ 1962] **s. f.** (**pl.** *-gìe*) ● (*med.*) sindrome da lesione parziale di un nervo periferico caratterizzata da dolore, sensazione di bruciore e alterazioni del trofismo cutaneo **SIN.** termalgia

causalità o †**causalitàde**, †**causalitàte** [da *causale* ✱ 1363] **s. f. inv.** ● rapporto di causa ed effetto | (*filos.*) ***principio di c.***, quello in base al quale è necessario che ogni effetto abbia una sua causa

♦**causàre** [vc. dotta, lat. *causāri*, da *causa* 'causa' ✱ 1261 ca.] **v. tr.** (*io càuso*) ● essere l'origine, la causa che determina l'insorgenza di qlco.: *c. danni, dolori, gioia* **SIN.** arrecare, cagionare, procurare, provocare

causatìvo [vc. dotta, lat. tardo *causatīvu(m)*, da *causa* 'causa' ✱ 1308] **agg.** **1** (*lett.*) atto a causare qlco.: *si può comprendere la tristizia essere causativa dell'ira* (G. BOCCACCIO) **2** (*gramm.*) di forma verbale che enuncia una azione fatta eseguire dal soggetto, e non direttamente compiuta da questo (per es. *far vergognare qlcu.*; *far ridere*) **SIN.** ergativo

causeur /fr. ko'zœʀ/ [vc. fr., da *causer* 'discorrere, parlare' ✱ 1905] **s. m. inv.** (**f.** fr. *causeuse*; **pl. m.** *causeurs*; **pl. f.** *causeuses*) ● conversatore brillante, raffinato

causeuse /fr. ko'zøz/ [vc. fr., dal v. *causer* 'parlare, conversare', perché adatta a due persone che si siedano ad intrattenersi familiarmente ✱ 1905] **s. f. inv.** ● divanetto francese imbottito, a due posti **SIN.** amorino

causìdico [vc. dotta, lat. *causĭdicu(m)*, comp. di *causa* 'causa' e *dīcere* 'dire, pronunciare' ✱ 1363] **s. m.** (**pl.** *-ci*) ● anticamente, chi agiva in giudizio in rappresentanza di un litigante senza essere avvocato | (*spreg.*) avvocato di poco valore **SIN.** azzeccagarbugli, cavalocchio, leguleio

càustica [da *caustico* ✱ 1712] **s. f.** ● (*fis.*) superficie formata dalla intersezione dei raggi riflessi da uno specchio curvo di grande apertura o rifratti da una lente convergente di grande apertura che partono da uno stesso punto luminoso

causticàre [da *caustico* ✱ 1499] **v. tr.** (*io càustico, tu càustichi*) ● sottoporre all'azione di un caustico o a causticazione

causticazióne [da *caustico* ✱ 1872] **s. f.** **1** (*med.*) distruzione di porri, verruche, condilomi e sim. per mezzo di sostanze caustiche **2** lesione in tessuti dell'organismo provocata dall'azione di caustici

causticità [1766] **s. f. inv.** **1** proprietà delle sostanze caustiche **2** (*fig.*) spirito o tono caustico, mordace: *la sua c. è proverbiale*

♦**càustico** [vc. dotta, lat. *caustĭcu(m)*, dal gr. *kaustikós*, da *káiō* 'io brucio' ✱ 1499] **A** **agg.** (**pl. m.** *-ci*) **1** detto di composto, spec. di idrossido alcalino, altamente corrosivo per i tessuti organici: *soda, potassa caustica* **2** (*fig.*) aspro e mordace: *discorso, tono c.* **SIN.** corrosivo ‖ **causticaménte**, **avv.** ‖ **causticità**, **s. f. inv.** (V.) **B** **s. m.** ● composto o sostanza caustica

caustificàre [comp. del gr. *kaustós* 'bruciato' (V. *caustico*) e di *-ficare* ✱ 1962] **v. tr.** (*io caustìfico*) ● (*chim.*) trasformare un carbonato alcalino nell'idrossido corrispondente ‖ **caustificazióne**, **s. f.**

♣**cautèla** [vc. dotta, lat. *cautēla(m)*, da *cāutus* 'cauto' ✱ 1268] **s. f.** **1** nel diritto romano, consiglio o collaborazione del giurista al componimento di atti e negozi giuridici conformi al diritto **2** prudenza e accortezza che mira a evitare danni a sé e agli altri: *parlare, agire con c.* **SIN.** circospezione | (*est.*) accorgimento, precauzione: *ho preso le dovute cautele* **SIN.** avvertenza **3** †astuzia, inganno

SFUMATURE ➤ ***prudenza***

cautelàre① [da *cautela* ✱ 1962] **agg.** ● che tende a evitare un danno | ***procedimento c.***, procedimento speciale tendente alla emanazione di un provvedimento giurisdizionale cautelare | (*dir.*) ***provvedimento c.***, emanato dal giudice al fine di evitare che un diritto subisca un pregiudizio irreparabile nel tempo necessario a concludere il giudizio | ***giurisprudenza c.***, complesso delle opere dei giureconsulti romani dell'età repubblicana relative alla loro attività di collaborazione all'attività giuridica pratica | ***custodia c.***, V. *custodia* ‖ **cautelarménte**, **avv.** a scopo cautelare ‖ **cautelarità**, **s. f. inv.**

♣**cautelàre**② [1342] **A** **v. tr.** (*io cautèlo*) ● assicurare prendendo la dovuta cautela: *c. i propri interessi* **SIN.** difendere **B** **cautelàrsi** **v. rifl.** ● difendersi da qlco. premunendosi (+ *da*, + *contro*): *cautelarsi dal freddo, dalla mala fede altrui*; *cautelarsi contro i furti, gli infortuni*

cautelarità ➤ **cautelare**①

cautelatìvo [1879] **agg.** ● che tende a cautelare: *misura cautelativa* ‖ **cautelativaménte**, **avv.**

cautelóso (o **-ṣ-**) [1363] **agg.** ● (*raro*) pieno di cautela

cautèrio o **cautère** [vc. dotta, lat. tardo *cautēriu(m)*, dal gr. *kautḗrion*, da *káiō* 'io brucio' ✱ sec. XIV] **s. m.** ● strumento chirurgico usato per la bruciatura terapeutica di verruche, nei, piccoli tumori superficiali della pelle e sim. | V. anche *criocauterio* e *termocauterio*

cauterizzàre [vc. dotta, lat. tardo *cauterizāre*, dal gr. *kauteriázō*, da *kautḗrion* 'cauterio' ✱ 1300 ca.] **v. tr.** ● (*med.*) distruggere tessuti viventi patologicamente danneggiati (per es. un porro, un neo), o arrestare emorragie, mediante agenti chimici (come nitrato di argento e acido tricloroacetico) o fisici come il calore (termocauterio) e l'elettricità (elettrocauterio) ‖ **cauterizzazióne**, **s. f.**

cautézza [da *cauto* ✱ 1476] **s. f.** ● (*raro*) accortezza, prudenza

♣**càuto** [vc. dotta, lat. *cāutu(m)*, da *cavēre* 'guardarsi' ✱ 1268] **agg.** **1** che agisce con cautela: *è un affarista molto c.* | ***far c.***, mettere sull'avviso | ***andar c.***, agire con circospezione | ***mal c.***, V. *malcauto* | che mostra cautela: *discorso, tono c.* **SIN.** accorto, avveduto, circospetto, prudente **2** †furtivo, segreto: *il giovane per via assai cauta ... se ne venne* (G. BOCCACCIO) ‖ **cautaménte**, **avv.** in modo cauto, prudente

cauzionàle [vc. dotta, lat. tardo *cautionāle(m)*, da *cautio*, genit. *cautiōnis* 'cauzione' ✱ 1781] **agg.** ● (*dir.*) relativo a cauzione: *attività c.* | ***deposito c.***, di somma o titoli a garanzia del buon fine di lavoro da eseguirsi

cauzionàre [1700] **v. tr.** (*io cauzióno*) ● garantire con cauzione: *c. un proprio futuro comportamento*

cauzióne [vc. dotta, lat. *cautiōne(m)*, da *cavēre* 'guardarsi' ✱ 1268] **s. f.** **1** (*dir.*) deposito di una somma di denaro, di titoli di credito e sim. effettuato a garanzia di un determinato comportamento: *dare, richiedere una c.* | (*est.*) la somma di denaro, di titoli di credito e sim. così depositata: *perdere, restituire la c.* **2** †cautela: *gli uomini nelle opere loro procedono alcuni con impeto, alcuni con rispetto e con c.* (N. MACHIAVELLI)

càva [lat. *căva(m)*, f. dell'agg. *căvus* 'cavo' ✱ av. 1292] **s. f. 1** †luogo cavo o scavato, cavità | fossa, buca | (*est.*) tana, canile **2** (*geol.*) scavo a cielo aperto o raggiungibile in galleria, da cui si estraggono minerali, rocce o torba: *c. di marmo, di zolfo, di gesso* | (*est.*) il materiale estraibile | (*est.*) il luogo dello scavo **3** (*fig.*) †grande quantità: *una c. di denari* SIN. miniera **4** (*elettr.*) scanalatura in cui sono collocati organi o strumenti atti a realizzare collegamenti o registrazioni ‖ **cavètta**, **dim.**

cavabórra [comp. di *cava(re)* e *borra* ✱ 1846] **s. m. inv. 1** strumento a forma di succhiello per estrarre la borra dalle armi da fuoco ad avancarica **2** strumento a forma di lungo uncino con il quale si toglieva l'imbottitura da selle o altri finimenti imbottiti

cavachiòdi [comp. di *cava(re)* e il pl. di *chiodo* ✱ 1983] **s. m. inv.** ● ferro speciale per togliere i chiodi nel montaggio di una tomaia

cavadènti [comp. di *cava(re)* e il pl. di *dente* ✱ av. 1449] **s. m. inv.** (**anche f. nel sign. 2**) **1** chi un tempo esercitava il mestiere di estrarre o curare i denti, spec. come girovago e all'aperto **2** (*spreg.*) dentista di scarso o nullo valore professionale

cavafàngo [comp. di *cava(re)* e *fango* ✱ 1865] **s. m. inv.** ● draga impiegata per rimuovere melma e fanghiglia dal fondo di porti e canali SIN. cavafondo

cavàgna [1948] **s. f.** ● (*raro, sett.*) cavagno

cavàgno o †**gavàgno** [etim. incerta ✱ av. 1556] **s. m.** ● (*sett.*) cesto, paniere ‖ **cavagnìno**, **dim.** | **cavagnòlo**, **dim.**

cavagnòla [da *cavagno*, il 'cesto' sul quale orig. si ponevano le poste ✱ av. 1799] **s. f.** ● antico gioco d'azzardo basato su un tabellone suddiviso in caselle sulle quali venivano disposte le puntate

cavaiòlo o †**cavaiuòlo** [da *cava* ✱ 1596] **s. m. 1** (*tosc.*) operaio delle cave di marmo o di pietra **2** (**f.** *-a*) (*disus.*) abitante o nativo di Cava de' Tirreni SIN. cavese

cavalcàbile [av. 1723] **agg.** ● (*raro*) che si può cavalcare: *cavallo difficilmente c.* | che si può percorrere a cavallo: *sentiero, ponte c.* ‖ **cavalcabilità**, **s. f. inv.**

†**cavalcadùra** ➤ **cavalcatura**

cavalcànte **A** **part. pres.** di *cavalcare*; **anche agg.** ● nei sign. del v. **B** **s. m.** ● †chi cavalca | †soldato a cavallo | †domestico che a cavallo seguiva il padrone | †chi, stando a cavallo, guidava la prima coppia delle mute di una carrozza

♦**cavalcàre** [lat. tardo *caballicāre*, da *cabăllus* 'cavallo' ✱ av. 1257] **A** **v. tr.** (*io cavàlco, tu cavàlchi*) **1** montare un cavallo o altro animale: *c. un puledro, un purosangue*; *c. un mulo, un asino* | ***c. la tigre***, (*fig.*) tentare di controllare una situazione disperata | (*fig.*) ***c. una situazione, una protesta***, cercare di trarne vantaggio | (*est.*) stare a cavalcioni di qlcu. o qlco.: *c. un ramo, un muretto* **2** passar sopra ad avvallamenti, strade, corsi d'acqua e sim., detto di arcate, ponti e sim.: *il viadotto cavalca l'intera valle* **3** †percorrere con la cavalleria un paese nemico per devastarlo **4** †percorrere una via e sim. **B** **v. intr.** (**aus.** *avere*) ● andare a cavallo: *imparare, insegnare a c.*; *mi piace molto c.* | ***c. all'amazzone***, con tutte e due le gambe da un lato della sella | ***c. a bisdosso, a bardosso, a ridosso***, senza sella | viaggiare a cavallo: *cavalcarono tutta la notte*

cavalcàta [da *cavalcare* ✱ 1260] **s. f. 1** passeggiata, viaggio a cavallo: *fare una c. nella prateria* | (*fig.*) breve rassegna, panoramica, excursus: *una c. attraverso la letteratura americana* **2** gruppo, corteo di persone a cavallo: *una gran c. di nobili; la c. sarda a Sassari fa sfilare i sessanta diversi costumi regionali* **3** †scontro o scorreria di uomini armati a cavallo: *attendevano con correrie e cavalcate grosse a predare i bestiami* (F. GUICCIARDINI)

cavalcatóre [av. 1292] **A** **s. m.** (**f.** *-trice*); **anche agg.** ● chi (o che) cavalca, spec. con abilità: *ottimo c., vestiva per vezzo da domatore di puledri* (R. BACCHELLI) **B** **s. m.** ● †soldato a cavallo

cavalcatùra o †**cavalcadùra** [sec. XIII] **s. f. 1** animale, spec. cavallo, da sella: *avere una buona, una cattiva c.*; *M'ero comprata una c. di campagna* (M. D'AZEGLIO) **2** (*raro*) somma pagata per il nolo di un cavallo

cavalcavìa [comp. di *cavalca(re)* e *via* ✱ 1612] **s. m. inv.** ● ponte che passa al di sopra di una via attraversandola | ponte di passaggio fra due edifici o parti di uno stesso edificio

†**cavalcherésco** [1554] **agg.** ● adatto per cavalcare: *abito c.*

♣**cavalcióni** o (*raro*) **cavalcióne** [ant. fr. *chevauchions*, da *chevauchier* 'cavalcare' ✱ 1353] **avv. 1** nella posizione di chi va a cavallo, con una gamba da una parte e una dall'altra di qlco., spec. nella loc. avv. ***a c.***: *stare, mettersi a c. di una panca, di un muretto* **2** stando seduto con una gamba accavallata sull'altra | anche nella loc. avv. ***a c.***: *due uomini, seduti … il più giovane con le mani in tasca, una gamba a c. dell'altra* (A. FOGAZZARO) **3** a cavalluccio: *portava c. sopra le spalle un bimbo*

cavalieràto [1532] **s. m.** ● grado iniziale di ordini cavallereschi, militari, ospitalieri

♦**cavalière** o †**cavalièro** [provenz. *cavalier*, dal lat. tardo *caballārius(m)* 'palafreniere' ✱ sec. XII] **s. m.** (**f.** †*-a*, †*-éssa*) **1** chi va a cavallo: *c. abile, provetto, esperto*; *un c. improvvisato, da strapazzo* | (*est.*) chi partecipa a gare di equitazione **2** soldato a cavallo | soldato dell'arma di cavalleria **3** membro della cavalleria medievale: *diventare c.*; *un c. nobile, famoso, ardito, leggendario*; *c. senza macchia e senza paura*; i cavalieri della Tavola rotonda | †***c. bagnato***, per la cerimonia del bagno usata, durante l'investitura, come simbolo di purificazione | ***fare, creare, armare qlcu. c.***, con la cerimonia dell'investitura | ***c. errante, di ventura***, che andava per il mondo affrontando cimenti in difesa degli oppressi | ***il C. dalla triste figura***, Don Chisciotte | (*est.*) guerriero, eroe: *le donne, i cavallier, l'arme, gli amori / … io canto* (L. ARIOSTO) | (*fig., lett.*) campione, difensore | (*raro, scherz.*) ***C. d'industria***, chi maschera con un'apparenza di perbenismo la sua natura di avventuriero | (*econ.*) ***c. bianco***, finanziere che interviene in soccorso di una società minacciata da una scalata ostile (calco sull'ingl. *White Knight*) **4** (*est.*) l'uomo che accompagna una donna, spec. a manifestazioni mondane, divertimenti e sim. | (*est.*) l'uomo che si comporta abitualmente con raffinata cortesia, spec. nei confronti delle donne: *è un perfetto c.* | l'uomo che guida e accompagna la dama nel ballo: *è il mio c. fisso* **5** †gentiluomo dedito al servizio di una dama | ***cavalier servente***, secondo l'uso del XVIII sec., corteggiatore, cicisbeo **6** chi è stato decorato di un'insegna cavalleresca: *c. al merito della Repubblica*; *c. di Malta, della SS. Annunziata*; *c. di Vittorio Veneto* | ***c. del lavoro***, chi è insignito dell'ordine al merito del lavoro per particolari benemerenze nei vari settori dell'economia nazionale **7** nella Roma antica, membro dell'ordine equestre | nell'età comunale, ufficiale del podestà **8** elemento dell'antica fortificazione, costituito da una sopraelevazione di terra o di muro, per dare alla difesa maggiore dominio di vista e di tiro | ***a c.***, in posizione sopraelevata, dominante | (*fig.*) ***a c. di due secoli***, tra due secoli **9** †nel gioco degli scacchi, il cavallo **10** cavalierino, nel sign. 2 **11** cartoncino posto all'interno della custodia trasparente di una cassetta magnetica che reca l'intestazione e i titoli **12** (*zool., ven., ligure, tosc.*) baco da seta | ***c. d'Italia***, uccello dei Caradriformi con lungo becco sottile e diritto, zampe lunghissime ed esili e livrea bianca e nera (*Himantopus himantopus*) ‖ **cavalierìno**, **dim.** (V.) | (*lett.*) **cavalieròtto**, **alter.**

cavalierìno [1956] **s. m. 1** dim. di *cavaliere* **2** piccolo peso, a forma di U capovolta, che permette di eseguire rapidamente pesate di precisione **3** targhetta fissata ai bordi delle schede di uno schedario, per evidenziare determinate informazioni e facilitare la consultazione: *c. segnaletico*

†**cavalièro** ➤ **cavaliere**

cavàlla [lat. *cabălla(m)*. V. *cavallo* ✱ 1282] **s. f. 1** femmina del cavallo **2** traliccio verticale di legno o metallo, per divisione o sostegno, in scaffalature e strutture varie **3** (*mar.*) carbonera ‖ **cavallìna**, **dim.** (V.) | **cavallóna**, **accr.** (V.)

cavallàio o (*centr.*) **cavallàro** [lat. tardo *caballārius(m)* 'palafreniere', da *cabăllus* 'cavallo' ✱ 1362 ca.] **s. m.** (**f.** *-aia*, **pl. m.** *-ai*) **1** guardiano di un branco di cavalli SIN. buttero | chi guida cavalli da tiro **2** chi commercia in cavalli **3** †corriere, guida, messo

cavallànte **A** **part. pres.** di *cavallare* ● nel sign. del v. **B** **s. m.** ● custode di cavalli | (*sett.*) chi esegue trasporti con carri trainati da cavalli

†**cavallàre** [1336 ca.] **v. tr.** ● montare a cavallo

cavallàro ➤ **cavallaio**

cavallàta [1275] **s. f. 1** †scorreria a cavallo | †soldato a cavallo **2** (*stor.*) nei comuni medievali, milizia arruolata in caso di guerra e formata da cittadini che avevano l'obbligo di fornire e mantenere il cavallo | ***imposta di c.***, o (*ellitt.*) ***cavallata***, l'obbligo di fornire un uomo e un cavallo per la milizia o di sostenerne le spese

cavalleggèro o **cavalleggère**, **cavalleggière**, **cavalleggièro** [fr. *chevau-léger* 'soldato a cavallo armato alla leggera' ✱ 1546] **s. m. 1** anticamente, soldato a cavallo armato alla leggera **2** negli eserciti attuali, soldato di cavalleria

cavallerésco [1305 ca.] **agg.** (**pl. m.** *-schi*) **1** relativo alla cavalleria medievale | ***letteratura, poesia cavalleresca***, il complesso dei poemi e dei romanzi ispirati alla cavalleria e ai suoi eroi **2** relativo ai cavalieri: *insegne cavalleresche*; *codice c.* **3** (*est.*) nobile, ardito, generoso: *animo, gesto c.* SIN. cortese, leale ‖ **cavallerescaménte**, **avv.** in modo cavalleresco, nobile; †con franchezza, con semplicità

SFUMATURE DI SIGNIFICATO

cavalleresco - nobile

I termini **cavalleresco** e **nobile** identificano un comportamento, un gesto, un animo alti e generosi; *cavalleresco* suggerisce un'idea di lealtà e di fair play, mentre *nobile* accentua l'aspetto dell'eleganza e della signorilità.

SFUMATURE ➤ ***cortese***, ➤ ***magnanimo***

cavallerìa [da *cavaliere* ✱ 1275] **s. f. 1** milizia a cavallo | ***c. grossa*** o ***grave, leggera***, secondo il tipo di armatura e di armamento del cavaliere | ***passare in c.***, (*fig.*) detto di cosa prestata e non più resa o di cosa a suo tem-

po convenuta e non realizzata (dal gergo militare; la cavalleria era considerata la più prestigiosa delle armi ed era spesso accusata di tenere un atteggiamento arrogante nei confronti delle altre armi) | (*lett.*) folto gruppo di cavalieri: *la contessa ... con molta c. gli andò incontro* (G. VILLANI) | †milizia **2** una delle Armi costitutive dell'attuale esercito italiano, non più montata su cavalli ma su mezzi corazzati: *c. blindata* | ***c. dell'aria***, specialità dell'arma di cavalleria che utilizza mezzi aerei leggeri a sostegno delle unità operative sul terreno **3** istituzione militare e religiosa sorta tra la nobiltà feudale, che si prefiggeva la lotta in difesa dei deboli, della donna e della Chiesa cristiana | (*est.*) insieme dei cavalieri e delle imprese da essi compiute | ***libri, poesia, poeti di c.***, che trattano o cantano i fatti d'arme e d'amore compiuti dagli eroi della cavalleria **4** (*est.*) complesso di norme morali che costituivano il fondamento della cavalleria feudale | (*est.*) lealtà, generosità: *trattare con c. il nemico vinto*; *c. rusticana* | comportamento maschile caratterizzato da raffinata cortesia e signorilità: *comportarsi con c.*; *usare c. con le signore* **5** †valore militare | †ardire, coraggio
SFUMATURE ➤ *cortesia*

cavallerìzza [sp. *caballeriza* 'scuderia', da *caballero* 'cavaliere' ✱ av. 1431] **s. f.** ● maneggio | equitazione

cavallerìzzo [sp. *caballerizo*. V. *cavallerizza* ✱ 1546] **s. m. 1** (**f.** *-a*) chi cavalca con abilità: *un c. spericolato* | ***alla cavallerizza***, secondo l'uso dei cavallerizzi, detto spec. di alcune fogge d'abito e in particolare di calzoni larghi dalla coscia al ginocchio e stretti nella gamba **2** (**f.** *-a*) chi ammaestra i cavalli e insegna a cavalcare **3** (**f.** *-a*) chi presenta i cavalli ammaestrati in un circo e si esibisce dando mostra di grande abilità nel montarli **4** ***c. maggiore***, titolo del sovrintendente alle scuderie in alcune antiche corti

♦**cavallétta**① [da *cavallo*, per i salti che fa (?) ✱ sec. XIV] **s. f. 1** correntemente, insetto ortottero degli Acridoidei e Locustoidei, spesso dannoso alle colture CFR. stridere **2** (*fig.*) persona avida e vorace | ***essere come le cavallette, peggio delle cavallette***, di persona estremamente fastidiosa e invadente

cavallétta② [dim. di *cavalla* nel sign. 3 ✱ 1556] **s. f.** ● (*mar.*) mezzanella

cavallétto [1302] **s. m. 1** dim. di *cavallo* **2** supporto di legno o metallo, costituito da due elementi a forma di V rovesciata, per sostenere tavoli e sim. **3** supporto a tre piedi, di legno o metallo, per sostenere oggetti o strumenti: *il c. del cannocchiale, della lavagna, della macchina fotografica, da pittore* | ***c. dendrometrico***, strumento per misurare il diametro degli alberi **4** antico strumento di tortura SIN. eculeo **5** struttura di notevole altezza, in ferro o in legno o in cemento armato, atta a reggere carichi quali gru, teleferiche e sim. **6** (*milit.*) supporto in funzione di affusto per le antiche armi da getto e da fuoco | treppiede su cui si fissano alcune armi da fuoco moderne quali mitragliatrici e sim. | ***c. di puntamento***, treppiede su cui si appoggia il fucile per addestrare le reclute al puntamento **7** ***sistemazione a c.***, coltura tipica dei terreni argillosi di pianura del Bolognese e di altre zone emiliane caratterizzata dalla creazione di strisce di terra a schiena d'asino (*cavalletti*) tra campo e campo, su cui viene coltivata la vite

cavallìna [av. 1803] **s. f. 1** dim. di *cavalla* **2** (*fig.*) ***correre la c.***, condurre una vita sbrigliata, disordinata, ricca di divertimenti, spec. in campo amoroso **3** nella ginnastica, attrezzo per esercizi di salto-volteggio di dimensioni minori del cavallo **4** gioco infantile consistente nel saltare un ragazzo chinato

cavallìno① [lat. *caballīnu(m)*, da *cabăllus* 'cavallo' ✱ 1306] **agg. 1** (*raro*) equino: *genere c.* | da cavallo: *muso c.* | ***mosca cavallina***, che punge cavalli e buoi per succhiarne il sangue; (*fig.*) persona oltremodo molesta **2** (*pop.*) ***tosse cavallina***, pertosse

cavallìno② [av. 1494] **s. m. 1** dim. di *cavallo* | ***fare il c.***, dondolare il bambino sulle ginocchia, cantandogli una cantilena | ***C. rampante***, (*per anton.*) la scuderia automobilistica Ferrari (delle cui vetture costituisce il simbolo) **2** pelle di puledro conciata e usata in pellicceria: *una giacca di c.* **3** ***cavallini di Sardegna***, bolli a inchiostro o a secco di vario valore, raffiguranti un genietto a cavallo, impressi sulle carte postali bollate del Regno di Sardegna in funzione di tassa postale **4** (*mar.*) concavità longitudinale del ponte di coperta **5** (*mecc.*) pompa a vapore a stantuffo, che alimenta l'acqua alle caldaie

♦**cavàllo** [lat. *cabăllu(m)* 'cavallo castrato', prob. di orig. preindeur. ✱ sec. XII] **s. m. 1** (**f.** *-a*) mammifero domestico degli Equini, erbivoro, con collo eretto ornato di criniera, piede fornito di un solo dito protetto dallo zoccolo, variamente denominato a seconda del colore del mantello (*Equus caballus*): *c. baio, bianco, morello, sauro*; *c. da corsa, da tiro, da sella* CFR. nitrire, ippo- | ***c. da monta***, stallone | ***c. da posta***, usato un tempo per lunghi viaggi, che veniva cambiato a ogni stazione di posta | ***c. sottomano***, nelle pariglie, quello non montato, che il conducente del cavallo montato guidava con le sole redini | ***c. a dondolo***, giocattolo di legno, cartapesta e sim., riproducente un piccolo cavallo montato su due assicelle ricurve che gli permettono di dondolare | ***a c.!, tutti a c.!***, ordine o segnale impartito ai soldati di cavalleria perché montino in sella | ***stare a c. di qlco.***, a cavalcioni | ***c. di razza***, (*fig.*) persona dotata di grandi qualità, di prestigio, carisma e sim. | ***a ferro di c.***, V. *ferro* | ***a c. di due secoli***, (*fig.*) nel periodo comprendente la fine di un secolo e l'inizio di quello successivo | ***medicina, cura da c.***, (*fig.*) fortissima | ***dose da c.***, molto abbondante | ***febbre da c.***, (*fig.*) molto alta | ***essere a c.***, (*fig.*) in posizione o situazione nettamente favorevole | ***c. di battaglia***, quello che gli antichi condottieri riservavano al combattimento; (*fig.*) commedia o scena in cui un attore mostra le sue migliori qualità; (*est.*) attività in cui una persona si sente più sicura di sé, della propria riuscita | ***c. di San Francesco***, (*fig.*) il bastone (unico compagno di viaggio del Santo di Assisi) | (*fig.*) ***andare col c. di S. Francesco***, a piedi | ***c. di Troia***, cavallo di legno con cui i Greci penetrarono nascostamente nella città; (*fig.*) tranello, inganno | ***c. di ritorno***, (*fig.*) notizia che torna come di rimbalzo, dopo un lungo giro, al punto di origine | PROV. ***a caval donato non si guarda in bocca***, un regalo va accettato di buon grado così com'è SIN. cavalcatura, corsiero, destriero, giumento **2** (*fis.*) ***c. vapore***, o (*ellitt.*) ***c.***, unità di misura della potenza nel sistema tecnico, pari a 735,499 watt, cioè alla potenza necessaria per sollevare in un secondo un peso di 75 kg all'altezza di un metro: *potenza di quindici cavalli*; *motore da venti cavalli* SIMB. CV | ***c. vapore fiscale***, indice della cilindrata di un'autovettura usato un tempo per il calcolo della tassa di circolazione e oggi per il calcolo delle tariffe assicurative **3** ***c. di Frisia***, ostacolo mobile della fortificazione campale, costituito da un telaio di materiale e di forma diversi, armato di filo spinato, per sbarrare strade, passaggi obbligati, varchi dei reticolati **4** nella ginnastica, attrezzo per esercizi di volteggio, composto da un telaio di legno o metallo, retto da due o quattro sostegni, imbottito e ricoperto di cuoio | ***c. con maniglie***, con due appoggi che il ginnasta impugna per compiere particolari evoluzioni; (*est.*) specialità della ginnastica artistica maschile **5** pezzo del gioco degli scacchi, a forma di testa di cavallo | ***mossa del c.***, spostamento a L di questo pezzo sulla scacchiera; (*fig.*) iniziativa abile e inattesa, che permette di liberarsi da un impedimento o di uscire da una situazione critica | figura delle carte da gioco italiane **6** nel gioco della roulette, combinazione di due numeri vicini su cui si può puntare **7** inforcatura dei pantaloni o delle mutande **8** (*gerg.*) piccolo spacciatore di droga **9** †soldato a cavallo **10** †flutto, cavallone ‖ **cavallàccio**, **pegg.** | **cavallétto**, **dim.** (V.) | **cavallìno**, **dim.** (V.) | **cavallóne**, **accr.** (V.) | **cavallòtto**, **alter.** (V.) | **cavallùccio**, **dim.** (V.)

cavallóna [1908] **s. f. 1** accr. di *cavalla* **2** (*fig.*, *scherz.*) donna alta, robusta e priva di grazia

cavallóne [av. 1342] **s. m. 1** (**f.** *-a* (V.)) accr. di *cavallo* | (*fig.*) persona dinamica e scomposta nei movimenti **2** grande ondata marina: *un c. rovesciò il battello*; *la furia dei cavalloni era terribile*

cavallottìno [1983] **s. m. 1** dim. di *cavallotto* **2** chiodo a due punte usato per fissare cordoni, grossi fili e sim.

cavallòtto [alter. di *cavallo* ✱ 1305] **s. m. 1** (*elettr.*) ponticello **2** (*tecnol.*) elemento metallico piegato a forma di U, spesso filettato alle due estremità e munito di dadi, utilizzato per bloccare tubi o serrare insieme funi | chiodo ricurvo a due punte SIN. cambretta | denominazione delle staffe che mantengono unite le foglie sovrapposte delle molle a balestra **3** moneta d'argento, poi di mistura, coniata nell'Italia settentrionale nel XVI e XVII sec., con la figura di un cavaliere sul rovescio ‖ **cavallottìno**, **dim.** (V.)

cavallùccio [1558] **s. m. 1** dim. di *cavallo* **2** (*lett.*, *spreg.*) cavallo magro e malandato **3** posizione di chi sta seduto sulle spalle di un altro, con le gambe appoggiate una sulla sua spalla destra e una sulla sinistra, spec. nella loc. ***a c.***: *portar un bimbo a c.* **4** ***c. marino***, (*pop.*) ippocampo **5** (*burocr.*) foglio ripiegato sul dorso di un fascicolo, contenente indicazioni sommarie sul suo contenuto **6** pasticcino duro, ovale e leggermente schiacciato, con miele, specialità di Siena

cavalòcchio o (*raro*) **cavalòcchi** [comp. di *cava(re)* e *occhio* ✱ av. 1400] **s. m. 1** (*tosc.*) libellula **2** chi faceva il legale in piccole cause senza essere addottorato | avvocato disonesto SIN. azzeccagarbugli, leguleio **3** †esattore esoso

cavaménto [1310] **s. m.** ● (*raro*) scavo

cavàna [lat. *capănna(m)* ✱ 1585] **s. f.** ● (*ven.*) nelle valli da pesca venete, rimessa per le imbarcazioni, costituita da una tettoia chiusa su tre lati

cavapiètre [comp. di *cava(re)* e il pl. di *pietra* ✱ 1941] **s. m. e f. inv.** ● operaio scavatore delle cave di pietra

♦**cavàre** [lat. *cavāre* 'incavare, render cavo', da *căvus* 'cavo' ✱ 1282] **A v. tr. 1** †scavare, incavare **2** estrarre, tirare fuori in modo più o meno rapido e violento (*anche fig.*) (+ *da*, + *di*): *c. marmi, pietre preziose dalle miniere*; *c. le parole di bocca a qlcu.* | ***c. sangue***, salassare | (*fig.*) ***c. sangue da una rapa, da un sasso***, pretendere l'impossibile | ***non c. un ragno dal buco***, non raggiungere alcun risultato | ***c. gli occhi a qlcu.***, accecarlo SIN. estrarre **3** togliere (*anche fig.*): *c. la giacca, le scarpe*; *c. un vizio, un difetto* | ***c. le macchie***, smacchiare **4** ricavare, ottenere, dedurre | ***c. i numeri del lotto***, indovinarli deducendo da sogni e sim. | guadagnare: *Di Sicilia non cava molto* (F. GUICCIARDINI) **5** †li-

berare **6** (*fig.*) †escludere **B** **v. intr.** (**aus.** *avere*) ● nella scherma, eseguire una cavazione **C** **cavàrsi v. tr. pron.** (**aus.** *essere*) **1** togliersi: *cavarsi le scarpe*; *cavarsi un dente* | (*fig.*) ***cavarsi gli occhi sui libri***, affaticare la vista nel leggere | ***cavarsi la fame, la sete, una voglia***, soddisfarle: *mal gliene coglie / chi vuol cavarsi tutte le sue voglie* (L. PULCI) **2** **cavàrsela** (con il pron. *la* indeterm.), uscire con pochi danni da una situazione difficile, pericolosa e sim.: *anche questa volta se la caverà*; *se l'è cavata per miracolo* | riuscire discretamente in qlco. (+ *con*, + *in*): *come te la cavi con il ballo?*; *in matematica me la cavo* **D** **cavàrsi v. rifl.** ● togliersi (+ *da*, + *di*): *cavarsi dai pasticci*; *cavarsi d'impaccio*; *il Boccaccio se n'è accortamente cavato* (G. CARDUCCI)
SFUMATURE ➤ *districare*

ça va sans dire /*fr.* savasã'diʀ/ [loc. fr., propr. 'va senza che lo si dica, è ovvio' ✱ 1863] **loc. avv.** ● non c'è bisogno di dirlo; ovviamente, naturalmente: *Vieni anche tu? Ça va sans dire!*; *anche oggi, ça va sans dire, lui è arrivato in ritardo*

cavastivàli [comp. di *cava(re)* e il pl. di *stivale* ✱ 1748] **s. m. inv.** ● arnese di legno in cui si conficca il tacco in modo da facilitare l'estrazione dello stivale

cavastràcci [comp. di *cava(re)* e il pl. di *straccio* ✱ av. 1675] **s. m. inv.** ● specie di succhiello applicato alla bacchetta per cavare la borra e togliere la carica o per avvolgervi stoppe per pulire la canna delle armi da fuoco ad avancarica portatili

cavàta [1330] **s. f.** **1** (*raro*) estrazione | ***c. di sangue***, salasso (*anche fig.*) **2** (*mus.*) qualità e quantità di suono che si trae da uno strumento, spec. ad arco, variabile da esecutore a esecutore | nella musica vocale, arioso che si conclude con un recitativo **3** ***c. dei fuochi***, il periodo annuale di sospensione del lavoro nelle vetrerie muranesi ‖ **cavatìna**, **dim.** (V.)

cavatàppi [comp. di *cava(re)* e il pl. di *tappo* ✱ 1846] **s. m. inv.** ● strumento metallico con asta a succhiello per sturare bottiglie **SIN.** cavaturaccioli

cavatèllo [da *cavare* per la sua forma cava, con il suff. dim. *-ello* per il formato corto ✱ 1931] **s. m.** ● (**spec. al pl.**) tipo di pasta alimentare corta, di forma simile a gnocchetti cavi, tipico dell'Italia meridionale

cavatìccio [1539] **agg.**; anche **s. m.** (**pl. m.** *-ci*; **pl. f.** *-ce*) ● (*raro*) detto di terra scavata: *terra cavaticcia*; *il c. s'ammucchia ai bordi dello scavo*

cavatìna [1788] **s. f.** **1** dim. di *cavata* **2** (*mus.*) aria d'opera che spesso introduce un nuovo personaggio delineandone il carattere: *la c. di Norma* | nella musica strumentale, brano lirico senza sviluppo **3** (*fig.*, *raro*) espediente ingegnoso

cavatóia [da *cavare* ✱ 1889] **s. f.** ● (*mar.*; *disus.*) fenditura in alberi, pennoni di navi, bracci di gru e sim., nella quale sta la puleggia e passa la corda

cavatóre [lat. *cavatōre(m)* 'che scava', da *cavāre*. V. *cavare* ✱ 1282] **s. m.** (**f.** *-trice*) **1** chi è addetto a lavori di scavo: *c. in una miniera di zolfo*; *c. di trincee* **2** ricercatore di tartufi, tartufaio

cavatrìce [1956] **s. f.** ● macchina per eseguire scanalature o mortase nel legno **SIN.** mortasatrice

cavatùberi [comp. di *cava(re)* e il pl. di *tubero* ✱ 1956] **s. m. inv.** ● macchina per estrarre tuberi, spec. patate, dal terreno

cavatùra [vc. dotta, lat. tardo *cavatūra(m)* 'cavità', da *cavāre* 'cavare' ✱ 1284] **s. f.** **1** (*raro*) operazione dello scavare **2** (*est.*) scavo

cavaturàccioli [comp. di *cava(re)* e il pl. di *turacciolo* ✱ 1831] **s. m. inv.** ● cavatappi

cavazióne [vc. dotta, lat. *cavatiōne(m)* 'cavità, concavità', da *cavāre* 'rendere cavo'. V. *cavare* ✱ 1550] **s. f.** ● nella scherma, azione eseguita per movimento di polso che serve a svincolare la lama del proprio ferro da un legamento dell'avversario

cave /*fr.* kav/ [fr. 'cantina', dal lat. *căva(m)* 'cava' ✱ 1905] **s. f. inv.** ● scantinato, spec. parigino, adibito a locale notturno in cui si svolgono spettacoli musicali o di cabaret

càvea [lat. *căvea(m)*, di etim. incerta ✱ 1483] **s. f.** ● nei teatri e anfiteatri antichi, l'insieme delle gradinate riservate agli spettatori

càveat [vc. lat., propr. 'stia in guardia', dal v. *cavēre* 'fare attenzione' ✱ 1892] **s. m. inv.** ● ammonimento, avvertimento: *un c. di Bankitalia agli istituti di credito* | diffida, intimazione: *c. dei sindacati al governo* | (*milit.*) limitazione operativa: *i c. sull'impiego del contingente italiano in Afghanistan*

caveau /*fr.* ka'vo/ [fr., dim. di *cave* 'cantina'. V. *cave* ✱ 1913] **s. m. inv.** (**pl. fr.** *caveaux*) ● luogo in cui la banca custodisce valori **SIN.** tesoro

cavedàgna ➤ **capezzagna**

cavédano o †**cavédine** [lombardo *cavéden*, dal lat. *capĭtine(m)*, da *căput*, genit. *căpitis* 'testa'. V. *capitone* ✱ sec. XIV] **s. m.** ● pesce dei Ciprinidi, commestibile, di acqua dolce, privo di barbigli, con squame voluminose verdastre e argentee (*Leuciscus cephalus*)

cavèdio [vc. dotta, lat. *cavăediu(m)*, da *căvum ăedium* 'il vuoto della casa' (*aedes* 'casa') ✱ 1565] **s. m.** **1** cortile scoperto della casa romana con logge | atrio **2** cortile piccolo, atto a dare aria e luce a locali secondari, come scale, corridoi, servizi igienici

†**cavèlle** [lat. *quăm vĕlles* 'quanto tu voglia' ✱ 1258] **pron. indef.** **1** qualche cosa, un nonnulla: *se tu vuo' ch'io te comperi c.* (L. DE' MEDICI) **2** niente, nulla, preceduto da negazione: *non mi dee dare c.* (F. SACCHETTI)

†**cavèllo** ➤ **capello**

cavèola [vc. dotta, dal lat. *căvea(m)*, interpretata come 'cavità', col suff. dim. *-ola* ✱ sec. XX] **s. f.** ● (*biol.*) ognuna delle minute cavità presenti sulla superficie di alcuni tipi cellulari specializzati, formate dall'invaginazione del plasmalemma e aperte sull'ambiente esterno

♦**cavèrna** [vc. dotta, lat. *cavĕrna(m)*, da *căvus* 'cavo' ✱ 1282] **s. f.** **1** cavità sotterranea, più ampia che lunga, formatasi per l'azione solvente delle acque minerali nel gesso e nel calcare: *una c. sotterranea*; *esplorare una c.* **SIN.** antro, spelonca **CFR.** grotta, speleo- | ***uomo delle caverne***, uomo preistorico; (*fig.*) persona rozza **2** (*fig.*) casa sudicia, buia e malsana: *abitare in una c.* **3** grotta artificiale | ***postazione in c.***, per le artiglierie **4** (*med.*) cavità formata in un organo da un processo morboso | ***c. polmonare***, formata dalla fusione di focolai tubercolari nel polmone ‖ **cavernàccia**, **pegg.** | **cavernétta**, **dim.**

cavernìcolo o †**cavernìcola** [comp. di *caverna* e *-colo* ✱ 1499] **A** **s. m.** (**f.** *-a*) **1** abitante delle caverne: *i cavernicoli dell'età della pietra* **SIN.** troglodita **2** (*est.*) chi vive in catapecchie sudicie e buie: *vita da c.* **3** (*fig.*, *scherz.*) persona rozza e intrattabile | selvaggio: *urlare come un c.* **B** **agg.** ● che abita nelle caverne: *uomo c.*; *fauna cavernicola*

cavernosità (o *-ṣ-*) [1585] **s. f. inv.** **1** (*raro*) caratteristica di ciò che è cavernoso | (*est.*) parte cavernosa di qlco. **2** (*med.*) vuoto formatosi per processo patologico

cavernóso (o *-ṣ-*) [vc. dotta, lat. *cavernōsu(m)*, da *cavĕrna* 'caverna' ✱ av. 1334] **agg.** **1** pieno di caverne: *luogo c.* **2** (*anat.*) riferito a, o contenente, spazi cavi o caverne | ***corpo c.***, proprio del pene e del clitoride | ***seno c.***, uno dei seni della duramadre **3** fatto a, simile a, caverna: *una buca cavernosa* **4** (*fig.*) cupo, roco, profondo: *che voce cavernosa!* ‖ **cavernosaménte**, **avv.** ‖ **cavernosità**, **s. f. inv.** (V.)

cavetterìa [da *cavetto*① ✱ 1990] **s. f.** ● insieme di cavi e cavetti per impianti elettrici e telefonici

cavétto① [1962] **s. m.** **1** dim. di *cavo*② **2** insieme di due fili metallici protetti e isolati tra loro, per il trasporto di energia o segnali elettrici

cavétto② [1550] **s. m.** **1** dim. di *cavo*① **2** (*archit.*) modanatura ricurva a profilo concavo, caratteristica dell'architettura dorica e assai usata anche in età barocca **SIN.** guscio

cavézza o (*raro*) **capézza** [lat. *capĭtia*, nt. pl. di *capĭtium* 'apertura superiore della tunica per cui passa il collo' (da *căput*, genit. *căpitis* 'capo') ✱ 1303] **s. f.** **1** finimento di corda o cuoio per la testa degli equini e dei bovini, per condurli a mano o tenerli legati alla greppia | ***prendere qlcu. per la c.***, (*fig.*) costringerlo a qlco. **2** laccio che si mette al collo delle anatre di richiamo per fermarle al fondo **SIN.** capestro **3** (*lett.*, *fig.*) freno | ***togliere a qlcu. la c.***, (*fig.*) liberarlo **4** †fune per impiccare **5** (*fig.*) †furfante, canaglia ‖ **cavezzìna**, **dim.** | **cavezzóne**, **accr. m.**

cavezzàle [V. *capezzale* ✱ av. 1348] **s. m.** **1** in Emilia, striscia di terreno incolto alla testata di un campo **2** †V. *capezzale*

cavezzièra ➤ **capezziera**

càvia [lat. scient. *cavia*, dal portog. brasiliano *cavia* 'topo', vc. della lingua tupi ✱ 1874] **A** **s. f.** **1** genere di Roditori con testa tondeggiante, piccolo muso allungato, coda ridotta e arti brevi (*Cavia*) | ***c. comune***, roditore americano con orecchie brevi, privo di coda, usato per esperimenti nei laboratori scientifici (*Cavia cobaya*) **SIN.** porcellino d'India **2** (*fig.*) ogni animale o persona sottoposta a esperimenti scientifici, indagini sociologiche e sim.: *c. umana* | (*est.*) chi si presta a compiere per primo un'impresa rischiosa: *fare da c.* **B** **in funzione di agg. inv.** ● (posposto a un sost.) sperimentale, sottoposto a esperimenti, prove, verifiche e sim.: *città c.*; *uomo c.*

caviàle o †**caviàre** [turco *hawjar* ✱ av. 1347] **s. m.** ● alimento pregiato prodotto spec. in Russia e in Iran, costituito da uova di storione sottoposte a particolare lavorazione: *tartine al c.* | ***sinistra al c.***, V. *sinistra* nel sign. 4

cavìcchia [lat. tardo *cavĭcla(m)*, per il classico *clavĭcula(m)*, dim. di *clāvis* 'chiave' ✱ 1275] **s. f.** **1** chiavarda nel sign. 1 **2** grosso cavicchio

cavìcchio [V. *cavicchia* ✱ 1497] **s. m.** **1** pezzo di legno appuntito, talvolta privo di manico, usato per fare buchi in terra per semine o trapianti **SIN.** foraterra **2** piolo delle scale di legno **3** legnetto appuntito, da piantarsi nel terreno per sostenere le corde delle reti da uccelli | legno per turare fori in mura, scafi e sim. **4** (*pop.*) protuberanza ossea frontale su cui si sviluppa il corno dei Cavicorni

†**cavicciòlo** o †**cavicciùlo**, †**cavicciùle** [lat. *capĭtulu(m)* 'piccolo capo', dim. di *căput* 'capo' (?) ✱ 1290] **s. m.** ● capestro | cavezza

Cavicòrni [comp. del pl. di *cavo*① e del pl. di *corno* ✱ 1874] **A** **s. m. pl.** (**sing.** *-e* o *-o*) ● mammiferi dei Ruminanti con corna costituite da un rivestimento corneo che copre come un astuccio le protuberanze dell'osso frontale **B** **anche agg.**: *Mammiferi cavicorni*

cavidótto [comp. del pl. di *cav(o)* e *dotto* 'condutture' ✱ 1993] **s. m.** ● conduttura, in genere tubolare, dentro la quale si fanno passare cavi o tubi di sezione inferiore

♦**cavìglia** [provenz. *cavilha*, dal lat. tardo *cavīcla(m)*. V. *cavicchia* ✱ av. 1294] **s. f.** **1** regione compresa tra gamba e piede, corrispondente all'articolazione tibio-tarsica: *c. grossa, sottile*; *frattura alla c.*; *abito che arriva alla c.* **2** (*mar.*) elemento fusiforme in legno o metallo con un'estremità di sezione maggiore dell'altra, adibito a svariati usi | ognuno dei prolungamenti dei raggi della ruota del timone usati per manovrarla **3** grossa vite a legno che serve a fissare le rotaie alle traverse | (*raro, mus.*) bischero **4** †cavigliatoio

cavigliatóio [1865] **s. m.** (**pl.** *-ói*) ● (*tosc.*) strumento usato dai setaioli per torcere la seta

cavigliéra [av. 1557] **s. f. 1** fascia elastica protettiva delle caviglie | striscia imbottita di sabbia o sim. da applicare alle caviglie o ai polsi per aumentare lo sforzo durante gli esercizi ginnici **2** monile (cerchietto, catenella e sim.) che si porta attorno alla caviglia a scopo ornamentale **3** (*mar.*) rastrelliera di caviglie posta ai piedi degli alberi, lungo le murate e nelle coffe, su cui si dà volta alle manovre correnti

caviglière [da *caviglia*, nel sign. 3 ✱ 1965] **s. m.** ● estremità superiore degli strumenti ad arco con i bischeri che tendono le corde

†**cavìglio** [sec. XIV] **s. m.** ● cavicchio ‖ **cavigliòlo**, **dim.** | **cavigliòtto**, **accr.**

†**cavigliòlo** o †**cavigliuòlo** [sec. XIII] **s. m.** ● cavicchio, piolo

cavillaménto [1955] **s. m.** ● cavillatura

♣**cavillàre** o †**gavillàre** [vc. dotta, lat. *cavillāri*. V. *cavillo* ✱ av. 1292] **A v. intr.** (**aus.** *avere*) **1** sottilizzare con argomentazioni speciose e complicate (+ *su*): *c. su ogni cosa per spirito polemico* **SIN.** arzigogolare, polemizzare, sofisticare **2** detto di maioliche, dar luogo a cavillatura **B v. tr.** ● †criticare con cavilli

cavillatóre [vc. dotta, lat. *cavillatōre(m)*. V. *cavillo* ✱ 1555] **s. m.** (**f.** *-trice*); **anche agg.** ● chi (o che) è solito cavillare

cavillatùra [da *cavillare* ✱ 1970] **s. f.** ● screpolatura o rete di screpolature nella vernice o nello smalto di un oggetto in ceramica dovuto al tempo, al variare della temperatura di cottura o al naturale essiccamento **SIN.** cavillamento, craquelure, cretto

cavillazióne o †**gavillazióne** [vc. dotta, lat. *cavillatiōne(m)*. V. *cavillo* ✱ 1298] **s. f.** ● (*lett.*) discussione condotta con cavilli

♣**cavillo** [lat. tardo *cavĭllu(m)* 'motteggio, scherzo pungente', di etim. incerta ✱ 1570] **s. m. 1** argomento sottile, formalmente valido ma pretestuoso, che ha soltanto lo scopo di trarre in inganno, creare ostacoli o perdite di tempo e sim.: *senza cavilli e trappole per pigliare gli incauti* (P. SARPI) **SIN.** sofisma, sottigliezza **2** cavillatura

SFUMATURE ➤ *pretesto*

♣**cavillóso** (o -ṣ-) o †**gavillóso** [vc. dotta, lat. tardo *cavillōsu(m)*. V. *cavillo* ✱ 1357] **agg.** ● che usa cavilli: *individuo c. e pedante* | che contiene o si fonda su cavilli: *discussione cavillosa* **SIN.** capzioso, sofistico ‖ **cavillosaménte**, **avv.** ‖ **cavillosità**, **s. f. inv.** pedanteria, capziosità: *la cavillosità di una persona, di un ragionamento*

♦**cavità** [vc. dotta, lat. tardo *cavitāte(m)*, da *căvus* 'cavo' ✱ av. 1340] **s. f. inv. 1** parte incavata di qlco.: *tronco pieno di piccole c.* | grotta, caverna: *si rifugiarono in una c. della roccia* **SIN.** buca, cavo, vuoto **2** (*anat.*) spazio cavo all'interno del corpo o di un suo organo: *c. orale, gastrica, uterina* **3** (*elettron.*) buco

cavitàre [1913] **v. intr.** (*io càvito*; **aus.** *avere*) ● (*fis., tecnol.*) essere soggetto a cavitazione, detto spec. di eliche di nave

cavitàrio [comp. di *cavità* col suff. *-ario* ✱ 1941] **agg.** ● (*biol.*) riferito a organo o a organulo caratterizzato da una o più cavità

cavitazióne [da *cavità* ✱ 1908] **s. f. 1** (*fis.*) all'interno di una corrente liquida, formazione, per cause idrodinamiche, di bolle di vapore o gassose con conseguente corrosione dei materiali a contatto dei quali si produce **2** (*med.*) formazione di una o più cavità in un organo o in un tessuto, spec. come conseguenza di una malattia

♦**càvo**① [lat. *căvu(m)*, di etim. incerta ✱ 1288] **A agg. 1** incavato, vuoto: *un albero c.* | infossato (*anche fig.*): *Ne li occhi era ciascuna oscura e cava* (DANTE *Purg.* XXIII, 22) | profondo **2** (*anat.*) *vena cava*, che porta il sangue all'atrio destro del cuore: *vena cava superiore, inferiore* **3** (*milit.*) *carica cava*, carica di esplosivo nella cui massa è praticata una cavità in corrispondenza della quale si producono particolari effetti distruttivi e di perforazione **B s. m. 1** incavatura, concavità: *c. della mano* **2** cavità anatomica: *c. orale* **3** †scavo, fossato ‖ **cavétto**, **dim.** (V. *cavetto*②)

♦**càvo**② [etim. discussa: sp. *cabo* (dal lat. *căpulu(m)* 'manico, impugnatura') o genovese *cavo* 'capo' ✱ av. 1470] **s. m. 1** grossa fune costituita da più fili di vari materiali | (*mar.*) grossa corda, canapo grosso che si adopera sulle navi | (*aeron.*) *c. guida, c. moderatore, c. stabilizzatore*, cavo pesante e lungo fino al suolo, trascinato da un aerostato per moderare la velocità e stabilizzarsi a una certa quota rispetto al suolo **2** conduttore per il trasporto dell'energia elettrica, per comunicazioni telefoniche, telegrafiche e sim.: *c. unipolare, multipolare*; *c. coassiale*; *trasmissione via c.* ‖ **cavétto**, **dim.** (V. *cavetto*①)

cavobuòno [comp. di *cavo*② e *buono* ✱ 1819] **s. m.** (**pl.** *cavibuòni*) ● (*mar.*) ciascuno dei cavi che servono per ghindare o sghindare gli alberi di gabbia e gli alberetti

cavolàia① [da *cavolo* ✱ 1803] **s. f.** ● luogo piantato a cavoli | quantità di cavoli

cavolàia② [da *cavolo*, perché in esso vivono i bruchi di questa farfalla ✱ 1874] **s. f.** ● farfalla con corpo esile e ali bianche macchiate di nero le cui larve divorano le foglie dei cavoli (*Pieris brassicae*) | *c. minore*, rapaiola

cavolàio [1771] **s. m.** (**pl.** *-ai*) ● terreno piantato a cavoli

cavolàta [av. 1336] **s. f. 1** scorpacciata di cavoli **2** minestra a base di cavoli con aggiunta di pasta **3** (*fig., eufem., colloq.*) balordaggine, sciocchezza: *fare, dire una c.*

cavolétto [1955] **s. m. 1** dim. di *cavolo* **2** *cavoletti di Bruxelles*, i piccoli germogli commestibili, di forma rotonda, del cavolo di Bruxelles

cavolfióre o **càvolo fióre** [comp. di *cavolo* e *fiore* ✱ av. 1597] **s. m. 1** varietà coltivata di cavolo a fusto eretto, foglie con grossa nervatura mediana bianca, infiorescenza compatta, grossa, globosa di color bianco crema (*Brassica oleracea botrytis*) **2** *nube a c.*, nube di ceneri vulcaniche a volute arrotondate, simile al cumulo

cavolìno [1290] **s. m. 1** dim. di *cavolo* **2** cavolo novello | piccola pianta di cavolo da trapiantare | *cavolini di Bruxelles*, cavoletti di Bruxelles

càvolo o †**càulo** [gr. *kaulós*, di etim. incerta. Cfr. *caule* ✱ sec. XIII] **A s. m. 1** pianta erbacea spontanea delle Crocifere con fusto eretto, foglie glauche lobate e fiori gialli riuniti in grappoli (*Brassica oleracea palmifolia*) | *c. broccolo*, varietà coltivata di cavolo simile al cavolfiore ma con foglie più piccole e più strette di color verde-scuro (*Brassica oleracea botrytis*) **SIN.** broccolo | *c. cappuccio*, varietà coltivata di cavolo le cui foglie si avvolgono strettamente in modo da renderlo simile a una palla (*Brassica oleracea capitata*) | *c. di Bruxelles*, varietà coltivata di cavolo a fusto alto su cui si sviluppano germogli simili a piccole palle, commestibili (*Brassica oleracea gemmifera*) | *c. fiore*, V. *cavolfiore* | *c. nero*, varietà coltivata di cavolo priva dell'apice vegetativo centrale, con foglie lanceolate di colore verde scuro e superficie bollosa, usato spec. nella cucina toscana (*Brassica oleracea*) | *c. rapa*, varietà coltivata di cavolo con il fusto ingrossato alla base (*Brassica oleracea gongylodes*) | *c. verde*, varietà coltivata di cavolo con fusto alto e foglie aperte (*Brassica oleracea acephala*) | *c. verzotto, c. verza*, varietà coltivata di cavolo a foglie grinzose (*Brassica oleracea sabauda*) | *c. palmizio*, l'apice vegetativo commestibile della palma *Oreodoxa oleracea* | *c. marittimo*, pianta erbacea perenne delle Crocifere le cui foglie somigliano a quelle del cavolo (*Crambe maritima*) | *andare a ingrassare i cavoli*, (*fig.*) morire | *entrarci come i cavoli a merenda*, di cosa o discorso inopportuno, non appropriato o pertinente | *salvare capra e cavoli*, V. *capra*① | *cavoli riscaldati*, (*fig.*) cosa stantia che si vuol far credere nuova **2** (*fig., eufem., pop.*) *testa*, (*lett.*) *torso di c.*, persona stupida, inabile, sprovveduta: *io restavo come un torso di c.* (A. FOGAZZARO) **3** (*fig., eufem., pop.*) niente, con valore rafforz., nelle loc. negative *non capire, non dire, non fare, non importare, non sapere, non sentire, non valere, non vedere un c.* e sim. | *col c.!, un c.!*, nient'affatto | *del c.*, di nessun valore o importanza: *un libro, un film del c.*; pessimo: *un viaggio del c.*; (*pleonast.*) fastidiosissimo, insopportabile: *spegni quel televisore del c.!* | *grazie al c.!*, per sottolineare l'ovvietà di una risposta, proposta e sim. | (*pleonast.*) *ma che c. fai?*; *dove c. stai andando?* **4** (**al pl.**; *fig., eufem., volg.*) affari, fatti, nella loc. *fare, farsi, i cavoli propri* e sim. | *cavoli amari, acidi*, (*fig., eufem., volg.*) pasticci, guai **B in funzione di inter.** ● (*eufem., pop.*) esprime ira, stupore e sim. o energica affermazione ‖ **cavolàccio**, **pegg.** | **cavolétto**, **dim.** (V.) | **cavolìno**, **dim.** (V.) | **cavolóne**, **accr.**

cavouriàno (ca-vour-ia-no, ca-vou-ria-no) /kavu'rjano/ o **cavourriàno** /kavur'rjano/, **cavuriàno**, **cavurriàno** [1862] **agg.** ● relativo allo statista Camillo Benso conte di Cavour (1810-1861): *politica cavouriana*

†**cavrétto** ➤ **capretto**

cavriòla ➤ **capriola**① e **capriola**②

†**cavriòlo** ➤ **capriolo**①

cavriuòla ➤ **capriola**①

†**cavriuòlo** ➤ **capriolo**①

cavuriàno ➤ **cavouriano**

cavurriàno ➤ **cavouriano**

cavurrìno [dal n. di C. Benso di *Cavour* (1810-1861) ✱ av. 1873] **s. m. 1** tipo di sigaro messo in vendita al tempo di Cavour **2** banconota da due lire, che raffigurava Cavour

cayàk /ka'jak/ ● (*evit.*) ➤ **kayak**

càzza [lat. mediev. *catia(m)*. V. *casseruola* ✱ sec. XIII] **s. f. 1** recipiente nel quale si fondono i metalli **2** mestolo di metallo

cazzàme [da *cazzare* ✱ 1937] **s. m.** ● (*mar.*; *disus.*) bordame

cazzàre [sp. *cazar*, propr. 'cacciare' ✱ 1607] **v. tr.** ● (*mar.*) tesare, tendere un cavo di manovra, spec. la scotta di una vela **CONTR.** lascare

cazzàro [etim. incerta ✱ 1959] **agg. e s. m.** (**f.** *-a*) ● (*roman.*) fanfarone, spaccone

cazzaròla o **cazzeruòla** [var. ritenute meno francesizzanti di *casseruola*; nel sign. B, con influsso di *cazzo* ✱ 1818] **A s. f.** ● (*raro*) casseruola **B in funzione di inter.** ● (*pop., eufem.*) esprime sorpresa, contrarietà o decisa affermazione

cazzascòtte [comp. di *cazza(re)* e il pl. di *scotta* ✱ 1839] **s. f.** ● (*mar.*; *disus.*) puleggia incassata nel bordo di un veliero, per tesare le scotte

cazzàta [da *cazzo* ✱ 1964] **s. f. 1** (*volg.*) balordaggine, stupidaggine: *smettila di dire cazzate!* | (*volg.*) errore grossolano: *ha fatto una vera c.* **SIN.** sciocchezza **2** (*volg.*) inezia, cosa da poco: *hanno litigato per una c.* | (*volg.*) prodotto molto scadente: *quello spettacolo è un'autentica c.* ‖ **cazzatèlla**, **dim.** | **cazzatìna**, **dim.**

cazzeggiàre [da *cazzo* ✱ 1980] **v. intr.** (**pres.** *io cazzéggio*; **fut.** *io cazzeggerò*; **aus.** *avere*) ● (*volg.*) parlare a vanvera o non seriamente | fare cose sciocche, frivole; perdere tempo senza far niente

cazzéggio [da *cazzeggiare* ✱ 1989] **s. m.** ● (*volg.*) il cazzeggiare | discorso o atteggiamento di chi cazzeggia

cazzeruòla ➤ **cazzarola**

cazzịàre (o **-zià-**) [da *cazziata* ✱ 1985] **v. tr.** (*io càzzịo*) ● (*merid.*) rimproverare duramente

cazzịàta (o **-zià-**) [vc. napol., da *cazzià* 'sgridare' (deriv. di *cazzo*) ✱ 1959] **s. f.** ● (*merid.*) duro rimprovero, lavata di capo, sgridata ‖ **cazziatóne**, **accr. m.**

càzzica [dall'inter. *cazzo* con occultamento eufem. ✱ 1524] **inter.** ● (*lett.*, *volg.*) caspita, accidenti: *C., che testa! Neanche un mulo!* (L. Pirandello)

cazzìllo [vc. merid., dim. di *cazzo* ✱ 1998] **s. m. 1** (*merid.*) piccolo oggetto o aggeggio di poco conto che non si sa o non si vuole definire **SIN.** coso **2** (**spec. al pl.**) crocchetta di patate, specialità della cucina siciliana

cazzimpèrio [var. merid. di *cacimperio* ✱ sec. XX] **s. m.** ● (*merid.*) pinzimonio

càzzo [etim. incerta ✱ av. 1310] **A s. m. 1** (*volg.*) pene **2** per gli usi fig. V. *cavolo*, che spesso lo sostituisce per eufemismo nei sign. A 2, 3, 4 | (*volg.*) con valore pleonast. o rafforz.: *che c. ti prende?*; *dove hai messo quelle c. di chiavi?* | ***testa di c.***, (*volg.*) persona stupida, incapace o perfida | (*eufem.*) anche nella forma scritta ***c...***: *non me ne importa un c...*; *testa di c...* | ***un c. di***, (*fig.*, *volg.*) nessuno (con valore rafforzativo in frasi negative): *Sono guarito e sano ... in grazia dell'aver fatto a modo mio, cioè non aver usato un c. di medicamenti* (G. Leopardi) | ***col c.***, ***manco per il c.***, (*volg.*) niente affatto | ***stare sul c. a qlcu.***, (*fig.*, *volg.*) essere molto antipatico, sgradito ecc. | (**al pl.**, *volg.*) affari: *fatti i cazzi tuoi!* | ***cazzi amari***, ***acidi***, (*volg.*) pasticci, grossi guai: *se rifiutano la nostra proposta, sono cazzi amari* **B** in funzione di **inter.** ● (*volg.*) esprime ira, stupore, acuto dolore e sim. o energica affermazione **SIN.** (*eufem.*) capperi, caspita, cavolo ‖ **cazzàccio**, **pegg.** | **cazzétto**, **dim.** | **cazzóne**, **accr.** (V.)

cazzòla ➤ **cazzuola**

cazzóne [1967] **s. m. 1** accr. di *cazzo* **2** (**f.** *-a*) (*fig.*, *volg.*) persona molto sciocca, stupida

cazzottàre [da *cazzotto* ✱ 1772] **A v. tr.** (*io cazzòtto*) ● (*pop.*) colpire con pugni **B cazzottàrsi v. rifl. recipr.** ● azzuffarsi, prendersi a pugni: *si sono cazzottati ben bene*

cazzottàta [1915] **s. f.** ● (*pop.*) cazzottatura

cazzottatùra [1908] **s. f.** ● (*pop.*) violento scambio di pugni: *una solenne c.*

cazzòtto [da *cazzo* (?) ✱ av. 1573] **s. m. 1** (*pop.*) forte pugno: *prendere qlcu. a cazzotti* **2** tipo di tabacco aromatico, da masticare ‖ **cazzottóne**, **accr.**

cazzuòla o **cazzòla** [da *cazza* ✱ 1340 ca.] **s. f. 1** attrezzo del muratore, di forma triangolare, per distribuire la calcina | ***maestro di c.***, muratore **2** †girino della rana **3** (*fig.*) †chiacchiera vana ‖ **cazzuolétta**, **dim.**

cazzùto [da *cazzo* ✱ 1974] **agg.** ● (*volg.*) furbo, bravo, in gamba: *una persona cazzuta* | grintoso, aggressivo

Cct /tʃittʃit'ti*/ [sigla di *C(ertificato di) c(redito del) t(esoro)* ✱ 1979] **s. m. inv.** ● (*econ.*) titolo del debito pubblico di durata almeno biennale, con cedola semestrale o annuale a interesse variabile in base al rendimento dei Bot

♦**cd** /tʃid'di*, *ingl.* ˌsiː'diː/ o **CD** [1985] **s. m. inv.** (**pl. ingl.** *cds*) ● sigla di *compact disc* **CFR.** ciddì | (*fam.*) lettore di compact disc | ***cd-rom***, per sola lettura

♦**cd-rom** /tʃidi'rɔm, tʃiddi'rɔm, *ingl.* 'siːˌdiː-ˌrɒm/ [sigla ingl. di *c(ompact) d(isc) r(ead) o(nly) m(emory)* 'memoria a sola lettura su compact disc' ✱ 1986] **s. m. inv.** (**pl. ingl.** *cd-roms*) ● (*inform.*) compact disc per applicazioni informatiche

♦**ce** ① /tʃe/ [1282] **A pron. pers. atono di prima pers. pl.** (**forma che il pron.** *ci* **assume davanti ai pron. atoni** *la, le, li, lo* **e alla particella** *ne* **sia proclitici, sia enclitici nelle forme** *-celo, -cela* **ecc., e** *-cene*; **talora, nell'uso lett.,** *lo* **e** *ne* **proclitici si troncano e si uniscono a** *ce* **dando luogo alle forme** *cel* **e** *cen*) **1** ci (come compl. di termine): *ce ne ha parlato a lungo*; *non ce l'ha voluto prestare*; *ce li ha fatti solamente vedere*; *non puoi impedircelo*; *raccontacelo*; *parlacene*; *la natura assai apertamente cel mostra* (G. Boccaccio); *ché di nulla cen cale* (A. Caro) **2** nella coniug. dei v. pron. e rifl.: *ce lo siamo dimenticati*; *non ce ne siamo ricordati*; *ce ne laviamo le mani*; *ce ne renderemo conto* | (*pleonast.*) con valore rafforz.: *andate dalla zia? salutatecela tanto*; *non volendo / cominciar senza voi, cen* ('ce ne') *rimanemmo* (I. Pindemonte) **3** †come compl. oggetto: *La concreata e perpetua sete / del deiforme regno cen portava* (Dante *Par.* II, 19-20) **B avv.** (**forma che l'avv.** *ci* **assume davanti ai pron. atoni** *la, le, li, lo* **e alla particella** *ne*, **sia proclitici, sia enclitici nelle forme** *-celo*, *-cela*, **ecc., e** *-cene*) **1** qui, in questo luogo, in quel luogo e sim. (con verbi di stato e di moto): *ce l'ho mandato io*; *ce li abbiamo messi noi*; *sono andato, ma non ce l'ho trovato*; *hai messo molto tempo a trovarcelo?*; *speravo di trovarcene ancora un po'* **2** con valore indet. di tempo e di luogo (*anche pleonast.*): *ce l'hai un libro da prestarmi?*; *ce ne hai messo del tempo!*; *ce ne volle per convincerlo!*

†**ce** ② ➤ **ci** ②

CE ③ [1989] **s. f. o m. inv.** ● sigla di *Comunità Europea*, posta come marchio su prodotti che hanno i requisiti di qualità imposti dalle norme dell'Unione Europea

Cèbidi [comp. di *ceb(o)* e di *-idi* ✱ 1930] **s. m. pl.** (**sing.** *-e*) ● (*zool.*) famiglia di scimmie delle Platirrine, il cui genere più rappresentativo è il *cebo* (*Cebidae*)

cèbo [vc. dotta, gr. *kêbos* 'scimmia', di etim. incerta ✱ 1820] **s. m.** ● genere di scimmie comprendente varie specie diffuse nell'America centrale e meridionale (*Cebus*) | ***c. cappuccino***, scimmia americana grossa come un gatto, bruna, con una caratteristica macchia nera sul capo e coda prensile (*Cebus capucinus*)

cèca o **cièca** [lat. *caeca(m)* 'cieca'. V. *cieco* ✱ av. 1729] **s. f. 1** giovane anguilla di aspetto filiforme e trasparente **2** incavo fatto per adattarvi il capo di un chiodo o di una vite, in modo che non sporga

cecàggine [da *cieco* ✱ av. 1292] **s. f. 1** abbassamento della vista | (*est.*) pesantezza delle palpebre dovuta al sonno **2** (*fig.*) mancanza di discernimento

cecàle o **ciecàle** [1830] **agg.** ● (*anat.*) relativo all'intestino cieco: *appendice c.*

cecàre o **ciecàre** [av. 1306] **v. tr.** (*io cièco* o *cèco*, *tu cièchi* o *cèchi*; **la** *e* **di regola si muta in** *ie* **solo se tonica**) ● († o *centr.*, *merid.*) accecare | oggi spec. in tono scherz.: *mi possano c. se non è vero*

cecarèlla [da *cecare*, perché può portare alla cecità ✱ 1929] **s. f.** ● (*med.*, *pop.*) agalassia

cécca ① [da *Cecca*, forma pop. di 'Francesca' ✱ 1830] **s. f. 1** (*pop.*, *tosc.*) gazza **2** (*fig.*, *tosc.*) donna volgare e chiacchierona

cécca ② [V. *cecca* ① ✱ av. 1907] **s. f. 1** stecca **2** nella loc. ***far c.***, far cilecca, di arma da fuoco che scatta senza far partire il colpo; (*fig.*) fallire in qlco.: *pareva godesse soltanto nel sapere che altri, come lui, aveva fatto c. in qualche impresa* (L. Pirandello)

cecchinàggio [da *cecchino* ✱ 1972] **s. m. 1** (*raro*) azione del cecchino **2** (*gerg.*) azione di disturbo compiuta da un parlamentare, consistente nel votare, nel segreto dell'urna, contro il governo sostenuto dal proprio partito

cecchìno [da *Cecco* (*Beppe*), n. pop. dell'imperatore d'Austria, Francesco Giuseppe (1830-1916) ✱ 1918] **s. m.** (**f.** *-a*) **1** tiratore scelto di un esercito regolare o franco tiratore che, appostato, spara di sorpresa contro il nemico | (*est.*, *gerg.*) tiratore **2** (*fig.*, *gerg.*) parlamentare che, nel segreto dell'urna, vota contro il governo sostenuto dal proprio partito

ceccóna ➤ **ciaccona**

céce o (*tosc.*) **cécio** [lat. *cĭcer*, forse prestito da una lingua straniera ✱ 1282] **s. m. 1** pianta erbacea delle Papilionacee con fusto peloso, foglie composte da foglioline dentate, fiori solitari ascellari, bianchi, rosei o rossi, e semi commestibili (*Cicer arietinum*) | il seme di tale pianta, usato nell'alimentazione umana: *pasta e ceci*; *ceci lessati* | ***ceci maritati***, minestra di pasta e ceci | (*fig.*) ***avere il c. nell'orecchio***, essere sordo **2** (*fig.*, *scherz.*) birba, piccolo impertinente | vanesio, damerino | ***un bel c.***, un bel tipo **3** (*fig.*) piccola escrescenza carnosa di forma rotonda: *avere un c. sulla guancia, sul naso* ‖ **cecìno**, **dim.** (V.)

cecèno [dal russo *chechenets*, ant. *chechén* ✱ 1941] **s. m.** (**f.** *-a*); **anche agg. 1** appartenente a una popolazione di religione islamica stanziata prevalentemente nel Caucaso **2** (*est.*) abitante o nativo della repubblica autonoma russa della Ceceno-Inguscezia

†**cécero** o †**cécino** ② [lat. parl. **cycinu(m)*, per il classico *cȳcnu(m)* 'cigno' ✱ sec. XIII] **s. m.** ● cigno

†**cechézza** [sec. XIV] **s. f.** ● cecità (*anche fig.*)

†**cechità** ➤ **cecità**

†**cechitàde** ➤ **cecità**

†**cechitàte** ➤ **cecità**

cecìdio [gr. *kēkídion*, dim. di *kēkís*, genit. *kēkîdos* 'umore, succo, noce di galla', di orig. sconosciuta ✱ 1892] **s. m.** ● (*bot.*) formazione abnorme che si sviluppa sul fusto, sulle radici o sulle foglie delle piante come reazione alla puntura di insetti o parassiti vegetali **SIN.** galla

cecidiologìa o **cecidologìa** [vc. dotta, comp. di *cecidio* e *-logia* ✱ 1955] **s. f.** (**pl.** *-gìe*) ● branca della botanica che studia i cecidi

cecidomìa [comp. del gr. *kēkís*, genit. *kēkîdos* 'noce di galla' e *mŷia* 'mosca' ✱ 1865] **s. f.** ● genere di Insetti dei Ditteri dannosi alle colture (*Cecidomyia*) | ***c. del grano***, simile a una zanzara le cui larve danneggiano le coltivazioni (*Mayeticola destructor*)

cecìlia [vc. dotta, lat. *caecĭlia(m)*, da *caecus* 'cieco' ✱ av. 1577] **s. f.** ● anfibio degli Apodi con corpo serpentiforme diviso in segmenti che vive nelle zone umide dell'America (*Coecilia*)

cecìno ① [av. 1749] **s. m.** (**f.** *-a*) **1** dim. di *cece* **2** fanciullo grazioso **3** (*iron.*) birbante

†**cécino** ② ➤ †**cecero**

cécio ➤ **cece**

cecità o †**cecitàde**, †**cecitàte**, †**cechità**, †**cechitàde**, †**cechitàte** [vc. dotta, lat. *caecitāte(m)*, da *caecus* 'cieco' ✱ av. 1306] **s. f. inv.** **1** (*med.*) perdita completa della capacità visiva: *c. congenita, acquisita* | ***c. relativa***, ambliopia | ***c. assoluta***, amaurosi | ***c. cromatica parziale***, daltonismo **2** (*fig.*) ignoranza o incapacità di comprendere e giudicare: *la c. degli uomini*

cèco① ➤ **cieco**

♦**cèco**② o **czèco** /'tʃɛko, k'tsɛko/, (*raro*) **cèko** [ceco *čech* ✱ av. 1557] **A agg. (pl. m. -*chi*)** ● appartenente alle popolazioni slave che abitano la Boemia e la Moravia: *lingua ceca; popolo c.* **B s. m. (f. -*a*)** **1** abitante di stirpe slava della Boemia e della Moravia **2** abitante o nativo della Repubblica Ceca **C s. m. solo sing.** ● lingua del gruppo slavo occidentale parlata in Boemia e Moravia

cecogràfico [comp. di *ceco*① e *-grafico* ✱ 1970] **agg. (pl. m. -*ci*)** ● relativo a cecogramma

cecogràmma [comp. di *ceco*① e *-gramma* ✱ 1970] **s. m. (pl. -*i*)** ● testo, comunicazione privata o altro documento scritto in Braille e spedito per posta

cecomegalìa [comp. di *ceco*① e *-megalia* ✱ 1990] **s. f.** ● (*med.*) malformazione consistente in un'abnorme grandezza dell'intestino cieco

cecoslovàcco [comp. di *ceco*② e *slovacco* ✱ 1918] **A agg. (pl. m. -*chi*)** ● della ex Repubblica di Cecoslovacchia: *territorio cecoslovacco* **B s. m. (f. -*a*)** ● abitante o nativo della ex Repubblica di Cecoslovacchia

cecoviàno [av. 1956] **agg.** ● relativo allo scrittore russo A. Čechov (1860-1904)

cecròpio [vc. dotta, lat. *cecrŏpiu(m)*, dal gr. *kekrópios*, da *Kékrops*, genit. *Kékropos* 'Cecrope' re dell'Attica, fondatore della rocca di Atene ✱ 1504] **agg.** ● (*lett.*) ateniese

Cècubo [vc. dotta, lat. *Caēcubu(m)*, da *Caēcubum*, pianura del Lazio famosa per i suoi vini ✱ 1788] **s. m.** ● vino rosso da pasto, di colore rubino intenso, dal profumo delicato e asciutto, prodotto in provincia di Latina con uve locali

cedènte **A part. pres.** di *cedere*; **anche agg.** **1** nei sign. del v. **2** (*raro, fig.*) arrendevole, obbediente: *si professa vinta, ma non c.* (G. LEOPARDI) **B s. m. (anche f. nei sign. 1 e 2)** **1** (*dir.*) chi trasferisce un diritto mediante cessione **2** chi dà effetti o altri titoli di credito all'incasso **3** (*mecc.*) organo condotto CONTR. movente

cedènza [av. 1642] **s. f.** **1** †cedimento | scarsa resistenza a pressioni, sforzi e sim.: *mezzi ... di diversa cedenza, quali per esempio son l'acqua e l'aria* (G. GALILEI) **2** (**spec. al pl.**) perdita, diminuzione di valore dei titoli azionari e obbligazionari: *generali cedenze alla borsa di Londra*

♦**cèdere** [vc. dotta, lat. *cēdere* 'andare, ritirarsi', di etim. incerta ✱ sec. XIII] **A v. intr.** (**pass. rem.** *io cedètti* o **lett.** *cedéi*, †*cèssi*, *tu cedésti*; **part. pass.** *cedùto*, †*cèsso*; **aus.** *avere*) **1** arretrare, capitolare (**anche fig.**) (+ *a*): *c. al l'impeto dell'offensiva nemica* SIN. arrendersi, piegarsi CONTR. resistere, opporsi | (*est.*) rassegnarsi, darsi per vinto, soccombere: *c. al destino avverso, alla malattia, allo sconforto; c. di fronte alle ragioni di qlcu.; è stato costretto a c. davanti alle pressioni; Comprese bene ch'egli non avrebbe mai ceduto su quel punto* (L. PIRANDELLO) | concedersi alle offerte amorose (detto spec. di una donna): *pensava ... prima di respingere Leo e poi di cedergli* (A. MORAVIA) **2** **cèderla** (con il pron. *la* indeterm.), in frasi negative, essere inferiore: *in fatto di eleganza non la cede a nessuno* **3** abbassarsi, per assestamenti del terreno o collasso degli elementi costruttivi sottostanti, detto di fondazioni, pilastri o parti di costruzioni in genere (+ *a*, + *sotto*): *la pavimentazione ha ceduto; il terrapieno cedette sotto il peso; l'argine ha ceduto alla pressione delle acque* | (*est.*) non resistere a una pressione, rompersi, piegarsi ecc.: *È chiusa: il battente non cede* (G. D'ANNUNZIO) | (*est.*) sformarsi, deformarsi: *l'abito ha ceduto* **4** (*fig.*, **lett.**) dare luogo, lasciare il posto: *il dolore cedette alla rassegnazione; questo giorno ch'omai cede alla sera* (G. LEOPARDI) **B v. tr.** **1** mettere, lasciare qlco. a disposizione di qlcu.: *se la tua automobile è rotta, ti cedo la mia; c. il turno, il posto* | ***c. terreno***, indietreggiare | ***c. il passo***, dare la precedenza; (*fig.*) farsi da parte per far posto ad altri | ***c. la mano, la destra***, lasciar libero il lato destro della strada | ***c. le armi***, (*fig.*) arrendersi SIN. concedere, dare **2** trasferire a qlcu. diritti, azioni, titoli e sim. mediante negozi giuridici: *c. la proprietà, un credito, un pacchetto azionario; gli ha ceduto il biglietto della lotteria* SIN. vendere

♦**cedévole** [av. 1738] **agg.** **1** che cede facilmente, che è pronto a cedere | ***terreno c.***, molle SIN. duttile, malleabile, pieghevole **2** (*fig.*) arrendevole, docile: *carattere c.* SIN. docile ‖ **cedevolménte**, **avv.**

cedevolézza [av. 1729] **s. f.** **1** proprietà, caratteristica di ciò che è cedevole: *la c. femminea del rame* (P. LEVI) SIN. duttilità, malleabilità **2** (*fig.*) docilità

cèdi [vc. di orig. africana ✱ 1987] **s. m. inv.** ● unità monetaria del Ghana

cedìbile [da *cedere* ✱ 1909] **agg.** ● che si può cedere: *diritto, bene c.* ‖ **cedibilità**, **s. f. inv.**

cedìglia o †**zedìglia** [fr. *cédille*, dallo sp. *cedilla*, dim. di *zeda* 'zeta' ✱ 1569] **s. f.** ● segno grafico (¸) che in alcune lingue si pone sotto la lettera *c* (o più di rado sotto *s, t*) per indicarne una pronuncia alterata: *curaçao*

cediménto [da *cedere* ✱ 1612] **s. m.** ● crollo, rottura per peso eccessivo, spinta, trazione o sim.: *c. del fondo stradale* SIN. avvallamento, franamento | (*fig.*) capitolazione, ritiro, rinuncia: *un c. della volontà*

ceditóre [1865] **s. m. (f. -*trice*)** ● chi cede

cèdola o †**cèdula** [lat. tardo *schĕdula(m)*, dim. di *schĕda* 'scheda' ✱ 1260] **s. f.** **1** appendice di alcuni titoli di credito, separabile per l'esercizio di diritti: *c. azionaria* | ***c. di interessi***, che dà diritto alla riscossione degli interessi obbligazionari | ***c. di dividendo***, che accorda al titolare di azioni di società il diritto alla distribuzione dei dividendi | ***c. chiavistello***, cedola di obbligazioni a tasso variabile il cui rendimento non può scendere al di sotto di un livello minimo concordato | ***obbligazioni a c. zero***, titoli a reddito fisso la cui remunerazione non avviene attraverso stacchi di cedola, ma come sconto d'acquisto sul valore nominale esigibile a scadenza | ***ex c.***, detto di un titolo venduto privo della cedola di prossima scadenza **2** †biglietto, foglietto, breve testo scritto ‖ **cedolina**, **dim.** | **cedolìno**, **dim. m.** (V.) | **cedolóne**, **accr. m.**

cedolàre [1962] **A agg.** ● relativo a una cedola: *diritto c.* | ***imposta c.***, imposta che colpisce i dividendi, e gli utili in genere, dei titoli **B s. f.** ● imposta cedolare | ***c. secca***, imposta percentuale fissa su uno specifico reddito (rendimento di titoli pubblici, canone di locazione di un'abitazione), il quale non va perciò a sommarsi agli altri redditi assoggettati a imposta progressiva

cedolìno [1869] **s. m.** **1** dim. di *cedola* **2** documento che mensilmente riporta le voci che compongono la retribuzione di un lavoratore dipendente

cedràcca [persiano *shītarak* ✱ sec. XIV] **s. f.** ● piccola felce con foglie coperte di peli color ruggine nella pagina inferiore, usata, spec. in passato, come astringente e diuretico (*Ceterach officinarum*) SIN. capelvenere doppio, erba ruggine

cedràia [da *cedro*① ✱ av. 1727] **s. f.** ● tipo di pergolato usato per proteggere d'inverno gli agrumi, nelle zone del Garda

cedràngolo ➤ **cetrangolo**

cedràre [da *cedro*① ✱ av. 1698] **v. tr.** (*io cédro*) ● trattare con succo di cedro

cedràta [sec. XIII] **s. f.** **1** bibita dissetante a base di sciroppo di cedro **2** dolce a base di scorza di cedro, miele e zucchero, specialità siciliana

cedràto [av. 1698] **agg.** ● che ha odore e sapore di cedro

cedréto [1951] **s. m.** **1** cedriera **2** bosco di cedri del Libano

cedrièra [da *cedro*① e *(2)* ✱ 1970] **s. f.** ● terreno piantato a cedri

cedrina o (*raro*) **cetrina** [da *cedro*① ✱ 1546] **s. f.** ● arbusto delle Verbenacee con foglie lanceolate e fiori azzurri riuniti in pannocchie (*Lippia citriodora*): *davanzali coperti di vasi e cassette pieni di garofani e c.* (A.M. ORTESE)

cedrìno① [da *cedro*① ✱ av. 1590] **A agg.** ➤ **citrino** **B s. m.** ● varietà di cedro dalla scorza dei cui frutti si estrae un'essenza

cedrìno② [vc. dotta, lat. *cĕdrinu(m)*, da *cĕdrus* 'cedro②' ✱ 1324] **agg.** ● relativo al cedro del Libano: *legno c.*

†**cedriòlo** ➤ **cetriolo**

†**cedriuòlo** ➤ **cetriolo**

cédro① [lat. *cĭtru(m)*, forse da una lingua preindeur. ✱ 1340] **A s. m.** **1** alberetto sempreverde delle Rutacee con foglie persistenti semplici, fiori bianchi e frutto tondeggiante di colore giallo (*Citrus medica*) **2** il frutto della pianta omonima, grosso, verrucoso, con buccia bitorzoluta, è usato in pasticceria, liquoreria e farmacia **B in funzione di agg. inv.** ● (*raro*) che ha il colore giallo verdastro, brillante, caratteristico del frutto omonimo

cédro② (o **-è-**) [lat. *cĕdru(m)*, dal gr. *kédros*, di orig. preindeur. ✱ 1282] **s. m.** ● genere delle Pinacee comprendente piante arboree sempreverdi, con scorza bruna, foglie aghiformi, strobili eretti, cono con squame persistenti (*Cedrus*) | ***c. del Libano***, conifera delle Pinacee con chioma larghissima e legno pregiato (*Cedrus libani*) | legno del cedro

cedróne [da *cedro*① ✱ av. 1336] **A s. m.** ● †frutto del cedro **B in funzione di agg.** ● nella loc. ***gallo c.***, urogallo

cedronèlla① [da *cedro*① ✱ av. 1556] **s. f.** ● (*bot., pop.*) melissa

cedronèlla② [da *cedrone*, per il colore simile a quello del cedro ✱ av. 1556] **s. f.** ● farfalla dei Pieridi con ali gialle nei maschi e bianchicce nelle femmine (*Gonepteryx rhamni*)

ceduazióne [da *ceduo* ✱ 1962] **s. f.** ● taglio degli alberi del bosco ceduo | epoca in cui tale taglio viene effettuato

†**cèdula** ➤ **cedola**

cèduo [vc. dotta, lat. *caēduu(m)* 'ceduo', 'che si può tagliare', da *caēdere* 'tagliare' ✱ 1587] **A agg.** ● detto di bosco, albero, macchia e sim. che si tagliano periodicamente **B s. m.** ● bosco ceduo | ***c. semplice***, forma di rigenerazione per via organica dalle ceppaie | ***c. composto***, forma di rigenerazione per via organica dalle ceppaie e per via sessuale dalle matricine

cedùta [da *cedere* ✱ 1965] **s. f.** ● nella scherma, movimento difensivo che si esegue assecondando il ferro avversario

cefalalgìa o **cefalgìa** [vc. dotta, lat. tardo *cephalălgia(m)*, dal gr. *kephalalgía*, comp. di *kephalḗ* 'testa' e *álgos* 'dolore' ✱ sec. XIV] **s. f.** (**pl.** *-gie*) ● cefalea

C

cefalàlgico [vc. dotta, lat. tardo *cephalălgicu(m)*, dal gr. *kephalalgikós*, da *kephalalgía* 'cefalalgia' ✱ 1865] **A agg.** (**pl. m.** *-ci*) **1** relativo a cefalalgia: *dolore c.* **2** che soffre di cefalalgia **B s. m.** (**f.** *-a*) ● (*raro*) chi è affetto da cefalalgia

cefalèa [vc. dotta, lat. *cephalăea(m)*, dal gr. *kephaláia*, da *kephalḗ* 'testa' ✱ 1585] **s. f.** ● mal di capo **SIN.** cefalalgia

cefalgìa ➤ **cefalalgia**

-cefalìa [dal gr. *kephalḗ* 'testa', di orig. indeur.] **secondo elemento** ● in parole composte della terminologia scientifica, spec. medica, fa riferimento al capo, alla testa: *brachicefalia, microcefalia*

cefàlico [vc. dotta, lat. tardo *cephălicu(m)*, dal gr. *kephalikós*, da *kephalḗ* 'testa' ✱ sec. XIV] **agg.** (**pl. m.** *-ci*) ● (*anat.*) relativo al capo | ***polo c.***, vertice superiore del corpo | ***vena cefalica***, del braccio, sul margine esterno | ***indice c.***, rapporto centesimale fra larghezza e lunghezza massima del cranio

cefalìna [da *cefalo-*, perché si ricava dal cervello ✱ 1930] **s. f.** ● fosfolipide presente nei tessuti degli organismi vegetali e animali, abbondante nel cervello, probabile fattore coagulante del sangue

cefalizzazióne [da *cefalo-* ✱ 1956] **s. f.** ● (*zool.*) il differenziamento del capo nella parte anteriore del corpo di un animale

cèfalo [lat. tardo *cĕphalu(m)*, dal gr. *képhalos*, da *kephalḗ* 'testa', detto così per la testa grossa ✱ 1534] **s. m.** ● pesce dei Teleostei commestibile dei Mugiliformi, con grosso corpo rivestito da grandi squame argentee e occhio protetto da una palpebra adiposa (*Mugil cephalus*) **SIN.** muggine

cèfalo-, -cèfalo [dal gr. *kephalḗ* 'testa'. V. *-cefalia*] **primo e secondo elemento** ● in parole composte della terminologia scientifica significa 'testa' o 'capo': *cefaloplegia, microcefalo*

Cefalocordàti [comp. di *cefalo-* e *cordati* ✱ 1951] **s. m. pl.** (**sing.** *-o*) ● (*zool.*) sottotipo dei Cordati con corpo fusiforme e corda dorsale lunga quanto il corpo (*Cephalochordata*) **SIN.** Acrani

cefaloematòma [comp. di *cefalo-* ed *ematoma* ✱ 1868] **s. m.** (**pl.** *-i*) ● (*med.*) ematoma esterno del cranio del neonato, dovuto a emorragia durante il travaglio del parto

cefalòide [fr. *céphaloïde*, dal gr. *kephaloeidḗs*. V. *cefal(o)-* e *-oide* ✱ 1830] **agg.** ● che ha forma simile a una testa

cefalometrìa [fr. *céphalométrie*. V. *cefalo-* e *-metria* ✱ 1956] **s. f.** ● craniometria

cefalòmetro [fr. *céphalomètre*. V. *cefalo-* e *-metro* ✱ 1830] **s. m.** ● strumento per la cefalometria

cefaloplegìa [comp. di *cefalo-* e del gr. *plēgḗ* 'colpo, percossa' ✱ 1654] **s. f.** (**pl.** *-gìe*) ● (*med.*) paralisi dei movimenti del capo

Cefalòpodi [comp. di *cefalo-* e del gr. *póus*, genit. *podós* 'piede' ✱ 1820] **s. m. pl.** (**sing.** *-e*) ● (*zool.*) classe di Molluschi marini con tentacoli muniti di ventose che circondano il capo e corpo simmetrico foggiato a sacco, cui appartengono il polpo e la seppia (*Cephalopoda*)

cefalorachidèo [comp. di *cefalo-* e del gr. *ráchis* 'spina dorsale' ✱ 1913] **agg.** ● (*anat.*) cefalorachidiano

cefalorachidiàno [comp. di *cefalo-* e *rachide*, con suff. aggettivale ✱ 1874] **agg.** ● (*anat.*) relativo al capo e alla colonna vertebrale | ***liquido c.***, V. *liquido*

cefalosporìna [ingl. *cephalosporin*, dal n. del genere *Cephalosporium*, comp. di *cephalo-* 'cefalo-' e *-sporium* (dal gr. *sporá* 'seme': V. *sporo-*) ✱ 1975] **s. f.** ● (*farm.*) ognuno degli appartenenti a una classe di antibiotici, derivati dal micete *Acremonium* (in passato detto *Cephalosporium*), attivi sui microrganismi resistenti alla penicillina

cefalotìna [dal n. della pianta appartenente al genere *Cephalotus*, che è il gr. *kephalōtós* 'provvisto di testa' (da *kephalḗ* 'testa': V. *cefalo-*) ✱ 1983] **s. f.** ● (*med.*) cefalosporina ad assorbimento parenterale

cefalotoràce [comp. di *cefalo-* e *torace* ✱ 1874] **s. m.** ● parte anteriore del corpo di alcuni Artropodi formata dal capo e dal torace

cefalòttera [comp. di *cefalo-* e *-ptero* ✱ 1820] **s. f.** ● grosso pesce cartilaginoso dei Selacimorfi con corpo depresso a forma di rombo (*Cephaloptera giornai*) **SIN.** diavolo di mare

cefèide [dal n. della costellazione di Cefeo, in cui si trova il prototipo della classe (*Delta Cephei*) ✱ 1930] **s. f.** ● appartenente a una classe di stelle dalla luminosità variabile regolarmente, per le quali esiste una relazione nota tra il periodo della variazione e la luminosità assoluta

†**ceffàta** [da *ceffo* ✱ 1375] **s. f.** ● colpo dato a mano aperta sul viso: *io non so a ch'io mi tengo ch'io non ti dia una gran c.* (F. SACCHETTI) ‖ **ceffatina**, **dim.** | **ceffatóne**, **accr. m.**

†**ceffaùtte** [etim. discussa: turco *čifut*, dall'arabo *gehud*, termine spregiativo per gli Ebrei (?) ✱ 1623] **s. m.** ● (*lett.*) figura deforme

cèffo (o **-é-**) [fr. *chef* 'testa', dal lat. *căput* 'capo' ✱ sec. XIII] **s. m.** **1** †muso d'animale: *non altrimenti fan di state i cani / or col c., or col piè* (DANTE *Inf.* XVII, 49-50) **2** (*est.*, *spreg.*) volto umano brutto e deforme | (*raro*, *lett.*) ***guardare a c. torto***, guardare ostilmente, in cagnesco, fare il broncio **SIN.** grugno, muso **3** (*est.*) persona dall'espressione sinistra: *un brutto c.*; *un c. da galera* ‖ **ceffàccio**, **pegg.**

ceffóne [da *ceffo* ✱ 1612] **s. m.** ● colpo violento dato a mano aperta sul viso: *dare, mollare un c. a qlcu.*; *prendere qlcu. a ceffoni* **SIN.** schiaffo

cèfo [vc. dotta, lat. *cēphu(m)* 'scimmia', dal gr. *kêpos*, variante di *kêbos*. V. *cebo* ✱ av. 1367] **s. m.** ● scimmia del genere cercopiteco, originaria dell'Africa occidentale (*Cercopithecus cephus*)

cèiba [sp. *ceiba*, vc. dell'America centro-meridionale ✱ av. 1557] **s. f.** ● albero delle Bombacacee di notevole altezza, con foglie palmate mucronate, fiori solitari bianchi o rosa, frutto a capsula contenente numerosi semi (*Ceiba casearia*); dai peli lanuginosi che rivestono la parte interna del frutto di alcune specie si ricava il kapok

cèko ➤ **ceco**②

cél ➤ **ce**① nel sign. A

cèla [indostano *celā* ✱ 1956] **s. m. inv.** ● in India, novizio che viene iniziato alle dottrine buddiste

†**cèlabro** ➤ **cerebro**

Celacantifórmi [comp. del n. del genere *Coelacanthus* (comp. del gr. *kôilos* 'cavo' (V. *celia-co*) e *ákantha* 'spina' (V. *acanto*)), e il pl. di *-forme* ✱ 1965] **s. m. pl.** (**sing.** *-e*) ● (*zool.*) ordine di Pesci ossei comprendente molte forme estinte e una sola vivente, la latimeria (*Coelacanthiformes*)

celamèlla ➤ **cennamella**

♣**celàre** [vc. dotta, lat. *celāre* 'nascondere', da una radice **kel* 'nascondere' ✱ av. 1246] **A v. tr.** (*io cèlo*) ● (*lett.*) nascondere, occultare, sottrarre alla vista: *celando li occhi, a me sì dolci e rei* (F. PETRARCA) | tenere segreto: *c. la verità al malato* | anche nella forma pron. **celàrsi**, nascondere una parte del proprio corpo: *lo vidi che si celava il viso fra le mani* (G. VERGA) **SIN.** coprire, nascondere, velare **B celàrsi v. rifl.** ● nascondersi

Celastràcee [comp. di *celastr(o)* e *-acee* ✱ 1913] **s. f. pl.** (**sing.** *-a*) ● (*bot.*) famiglia di piante delle Dicotiledoni comprendente alberi e arbusti spesso spinosi (*Celastraceae*)

celàstro [gr. *kélastros*, di orig. incerta, forse preindeur. ✱ 1879] **s. m.** ● pianta delle Celastracee con rami volubili e semi che, in autunno, sono avvolti da un involucro rosso aranciato (*Celastrus scandens*)

celàta① [etim. discussa: da *celare* 'nascondere', o da *celare* 'cesellare' (elmo cesellato) ✱ 1448] **s. f.** **1** parte dell'armatura che protegge il capo, meno pesante dell'elmo e priva di cimiero e cresta, di forme varie, introdotta nel XV sec. e in uso fin verso la fine del sec. XVII | ***c. di plastica***, usata attualmente nei caschi di protezione di cui fa uso la polizia durante manifestazioni, disordini e sim. **2** (*est.*) †uomo d'arme che porta la celata ‖ **celatina**, **dim.** | **celatóne**, **accr. m.**

†**celàta**② [da *celare* ✱ sec. XIV] **s. f.** ● imboscata

♣**celàto** **part. pass.** di *celare*; **anche agg.** **1** nei sign. del v. **2** †***alla celata***, (*ellitt.*) di nascosto ‖ **celataménte**, **avv.** nascostamente

-cèle [dal gr. *kḗlē* 'tumore'] **secondo elemento** ● in parole composte della terminologia medica indica tumefazioni non neoplastiche: *meningocele, varicocele*

celèbe o **chelèbe** [vc. dotta, gr. *kelébē*, di orig. semitica (?) ✱ 1956] **s. m.** ● vaso greco panciuto a larga bocca

celebèrrimo [vc. dotta, lat. *celebĕrrimu(m)*, superl. di *cĕleber* 'celebre' ✱ av. 1405] **agg.** ● superl. di *celebre* | universalmente noto

celebràbile [vc. dotta, lat. tardo *celebrābile(m)*, da *celebrāre* 'celebrare' ✱ av. 1729] **agg.** ● che si può celebrare | degno di essere celebrato

†**celebràndo** [vc. dotta, lat. *celebrăndu(m)*, gerundivo di *celebrāre* 'celebrare' ✱ sec. XV] **agg.** ● degno di essere celebrato

celebrànte **A part. pres.** di *celebrare*; **anche agg.** ● nei sign. del v. **B s. m.** ● sacerdote che celebra la Messa o altra funzione sacra

♦**celebràre** [vc. dotta, lat. *celebrāre*, da *cĕleber*, genit. *cĕlebris* 'celebre' ✱ av. 1292] **v. tr.** (*io cèlebro*) **1** (*lett.*) esaltare, lodare pubblicamente con parole o scritti: *gli uomini ... incominciaron a c. la libertà dell'umano arbitrio* (G. VICO) **2** festeggiare con solennità anniversari, ricorrenze civili, religiose e sim.: *c. l'onomastico* | ***c. le feste***, nel linguaggio ecclesiastico, astenersi dal lavoro e assistere alle cerimonie religiose | †***c. le ferie***, osservare il divieto di amministrare la giustizia in giorni particolari **3** eseguire una funzione sacra conformemente alla liturgia: *c. la Messa* **4** compiere un atto o svolgere un procedimento secondo le regole di rito: *c. un contratto*; *c. il matrimonio*; *c. un processo*

celebratìvo [1903] **agg.** **1** che serve o tende a celebrare: *apparato c.* **2** detto di francobollo emesso nel giorno della celebrazione di un avvenimento

celebràto **part. pass.** di *celebrare*; **anche agg.** **1** nei sign. del v. **2** illustre, famoso: *attore, scrittore c.*

celebratóre [vc. dotta, lat. *celebratōre(m)*, da *celebrāre* 'celebrare' ✱ 1585] **s. m.** (**f.** *-trice*); **anche agg.** ● chi (o che) celebra

celebrazióne [vc. dotta, lat. *celebratiōne(m)*, da *celebrāre* 'celebrare' ✱ 1324] **s. f.** **1** (*lett.*) lode, esaltazione pubblica **2** solenne festeggiamento di una ricorrenza: *la c. della nascita di Dante* | svolgimento di una funzione sacra, di un procedimento e sim.: *la c. di un matrimonio, di un processo*; *assistere alla c. della Messa* | (*est.*) pubblica solennità: *c. nazionale*

SFUMATURE DI SIGNIFICATO

celebrazione - esaltazione - apoteosi

Con **celebrazione** si indica una lode pubblica, effettuata a parole o per iscritto, o anche una commemorazione, cioè il festeggiamento solenne di anniversari, ricorrenze civili o religiose. Un altro termine per definire la *celebrazione* dei pregi o delle virtù di qualcuno o qualcosa è **esaltazione**, che include tuttavia una sfumatura di esagerazione, di enfasi ingiustificata. Ancora più enfatica e reboante è l'**apoteosi**.

SFUMATURE ➤ *lode*

♦**cèlebre** [vc. dotta, lat. *cĕlebre(m)*, di etim. incerta ✻ 1308] **agg.** (**superl.** *celeberrimo* (**V.**)) ● che è molto conosciuto, rinomato: *un c. artista, attore, scienziato, scrittore, uomo politico*; *monumento, quadro c.* | (*spreg.*) famigerato: *un c. bandito* **SIN.** autorevole, famoso, illustre ‖ **celebreménte**, **avv.** (*raro*) famosamente

SFUMATURE DI SIGNIFICATO

celebre - noto - popolare

Celebre è chi è famoso, molto conosciuto per delle sue particolari abilità. **Noto** ha un significato più ristretto e presuppone la conoscenza diffusa in un ambito o ambiente particolare. **Popolare** aggiunge alla celebrità o alla notorietà il favore e la simpatia generali.

SFUMATURE ➤ *storico*

cèlebret [lat. 'che egli celebri', 3ª pers. sing. congtv. pres. di *celebrāre* 'celebrare' ✻ 1950] **s. m. inv.** ● autorizzazione concessa dal vescovo a un sacerdote perché celebri la Messa in altra diocesi | documento che contiene tale autorizzazione

†**celebrévole** [av. 1292] **agg.** ● degno di essere celebrato

celebrità o †**celebritàde**, †**celebritàte** [vc. dotta, lat. *celebritāte(m)*, da *cĕleber*, genit. *cĕlebris* 'celebre' ✻ 1258] **s. f. inv.** **1** fama, rinomanza: *raggiungere grande c. nel campo della medicina*; *da tante cose dipende la c. dei libri* (A. Manzoni) | †pompa, solennità **2** †affluenza di cose o persone **3** persona molto nota e autorevole, di grande fama: *è una c. nel suo settore* **CFR.** celebrity, vip

celèbrity /se'lɛbriti, *ingl.* sə'lɛbrətɪ/ [vc. ingl., propr. 'celebrità' ✻ 1978] **s. f. inv.** (**pl. ingl.** *celebrities*) ● persona molto conosciuta, personaggio famoso, spec. nel mondo dello spettacolo **SIN.** vip **CFR.** celebrità

Celenteràti [comp. del gr. *kôilos* 'concavo' (di orig. indeur.) ed *énteron* 'intestino' ✻ 1874] **s. m. pl.** (**sing.** *-o*) ● (*zool.*) invertebrati acquatici, quasi tutti marini, a simmetria raggiata, con corpo gelatinoso provvisto di tentacoli con cellule urticanti, cui appartengono le meduse e i coralli (*Coelenterata*)

celeràre [vc. dotta, lat. *celerāre*, da *cĕler* 'celere' ✻ 1483] **v. tr.** ● (*lett.*, *raro*) accelerare

cèlere [vc. dotta, lat. *cĕlere(m)*, da avvicinarsi al gr. *kélēs* 'cavallo da corsa' ✻ 1476] **A agg.** (**superl.** *celerissimo* o **lett.** *celerrimo* (**V.**)) **1** rapido, svelto, pronto, veloce, immediato: *comunicazioni celeri*; *un mezzo, una spedizione c.*; *reparti celeri di polizia* **CONTR.** lento **2** che ha breve durata: *corsi celeri di istruzione* ‖ **celerménte**, †**celereménte**, **avv.** con celerità **B s. f. solo sing.** ● (*disus.*) nome dei reparti celeri autotrasportati del corpo degli agenti della polizia di Stato impiegati in interventi di ordine pubblico: *Chiamate le guardie! La C.!* (I. Calvino)

celerìfero [comp. da *celere* e *-fero*, attraverso il fr. *célérifère* ✻ 1838] **s. m.** **1** (*raro*) velocifero **2** veicolo a due ruote, simile alla draisina ma privo di manubrio, costruito alla fine del XVIII sec.

celerimensùra [comp. del lat. *cĕler* 'celere' e *mensūra* 'misura' ✻ 1862] **s. f.** ● tacheometria

celerimètrico [da *celerimetro* ✻ 1990] **agg.** (**pl. m.** *-ci*) ● relativo alla celerimensura

celerìmetro [fr. *célérimètre*. V. *celere* e *-metro* ✻ 1874] **s. m.** ● tacheometro

celerìno [1948] **s. m.** (**f.** *-a*) ● (*pop.*) agente della Celere

celerità [vc. dotta, lat. *celeritāte(m)*, da *cĕler* 'celere' ✻ 1306] **s. f. inv.** **1** caratteristica di chi (o di ciò che) è celere **CONTR.** lentezza **2** (*med.*) ritmo con cui un'arteria si dilata e si restringe **3** *c. di tiro*, frequenza con cui si succedono i colpi di arma da fuoco automatiche

celèrrimo [dal lat. *celerrĭmu(m)*, superl. di *cĕler* 'celere' ✻ 1481] **agg.** ● (*lett.*) superl. di *celere*; velocissimo

celèsta o **celèste**② [vc. dotta, prob. da *celeste*①, per il timbro del suono ✻ 1927] **s. f.** ● (*mus.*) strumento a tastiera del XIX sec. costituito da lamine d'acciaio fatte vibrare da martelletti, usato spec. in orchestra **SIN.** tipofono

♦**celèste**① o (*lett.*) **cilèstro**, (*raro*, *lett.*) **cilèstre**, †**celèstre**, †**celèstro**, †**celèsto** [vc. dotta, lat. *caelĕste(m)*, da *caelum* 'cielo' ✻ 1275] **A agg.** **1** relativo al cielo come entità naturale: *volta, arco c.*; *fenomeni celesti* **2** relativo al cielo considerato come sede di esseri soprannaturali: *misericordia, punizione, grazia c.* | ***Mensa c.***, eucaristia | ***corte c.***, gli angeli e i santi | (*est.*) solenne, sublime, divino, soprannaturale: *armonia c.*; *uno spirto c., un vivo sole / fu quel ch'io vidi* (F. Petrarca) | ***C. Impero***, nome che indicava la Cina imperiale **SIN.** divino **3** (*est.*) che ha il colore del cielo sgombro dalle nuvole: *vestito c.*; *occhi celesti* **SIN.** azzurro, ceruleo **4** (*mus.*) ***registro, voce c.***, nell'organo, registro producente un suono tremulo ‖ †**celesteménte**, **avv.** in modo adatto al cielo, con serena beatitudine **B s. m.** **1** il colore celeste **2** (*lett.*, **spec. al pl.**) spirito che abita il cielo: *L'uniforme degli uomini sembianza / Spiacque a' Celesti* (G. Parini) ‖ **celestino**, **dim.**

celèste② ➤ **celesta**

♣**celestiàle** o †**celestriàle**, †**cilestriàle** [da *celeste*① ✻ 1253] **A agg.** **1** (*raro*, *lett.*) del cielo, quale sede del Paradiso: *anime celestiali* **2** degno del cielo | sovrumano, ineffabile: *musica, voce c.*; *le celestiali bellezze di madonna Lisetta* (G. Boccaccio) **SIN.** divino, paradisiaco ‖ **celestialménte**, **avv.** ‖ **celestialità**, **s. f. inv.** **B s. m.** ● (**al pl.**) †gli angeli, i beati che abitano il Paradiso

celestìna [da *celeste*① ✻ 1830] **s. f.** ● (*miner.*) solfato di stronzio in cristalli prismatici celesti o biancastri

celestino① o †**celestrino** [lat. tardo *caelestīnu(m)*, da *caelēstis* 'celeste①' ✻ 1294] **A agg.** ● che ha un colore celeste tenue **B s. m.** ● il colore celestino

celestino② [1585] **s. m.** ● monaco benedettino della regola di Pietro di Isernia, cioè papa Celestino V (1215-1296)

celestino③ [da *celeste*② ✻ 1830] **s. m.** ● (*mus.*) celesta

†**celèsto** ➤ **celeste**①

†**celèstre** e deriv. ➤ **celeste**① e deriv.

†**celèstro** ➤ **celeste**①

celétto [deriv. di *cielo* ✻ 1965] **s. m.** ● elemento di scena che fa le veci del soffitto, nel palcoscenico di un teatro

♣**cèlia** [etim. discussa: da *Celia*, n. di una commediante che faceva la parte della serva (?) ✻ av. 1665] **s. f.** ● (*lett.* o *tosc.*) scherzo, spec. verbale | ***per c.***, per scherzo | ***mettere qlcu. in c.***, canzonare | ***reggere alla c.***, stare allo scherzo | (*raro*) ***fare c.***, scherzare **SIN.** beffa

celiachìa [da *celiaco* ✻ 1962] **s. f.** ● sindrome da malassorbimento indotta dall'ingestione di cibi contenenti glutine, in individui privi degli enzimi per la digestione di tale complesso proteico

celìaco [vc. dotta, lat. *coelĭacu(m)*, dal gr. *koiliakós* 'cavità, ventre', da *kôilos* 'cavo' ✻ av. 1698] **A agg.** (**pl. m.** *-ci*) ● (*anat.*) relativo all'intestino | ***arteria celiaca***, una delle tre arterie dell'apparato digerente **B s. m.** (**f.** *-a*) ● (*med.*) chi soffre di celiachia

♣**celiàre** [da *celia* ✻ av. 1704] **v. intr.** (*io cèlio*; **aus.** *avere*) ● (*lett.* o *tosc.*) scherzare, spec. con parole: *smettila di c. su questo argomento*

celiatóre [1844] **s. m.** (**f.** *-trice*) ● (*lett.* o *tosc.*) chi ama scherzare

celibatàrio [fr. *célibataire*, da *célibat* 'celibato' ✻ av. 1797] **s. m.** ● (*disus.*) individuo celibe, spec. di età piuttosto avanzata

celibàto [vc. dotta, lat. *caelibātu(m)*, da *caelebs*, genit. *caelibis* 'celibe' ✻ 1554] **s. m.** ● stato, condizione dell'uomo celibe: *c. religioso, ecclesiastico*; *li cattolici propongono un casto matrimonio ad un c. contaminato* (P. Sarpi)

♦**cèlibe** [vc. dotta, lat. *caelibe(m)*, di etim. incerta ✻ 1340] **s. m.** ***lett.*** **f.**; **anche agg.** ● chi (o che) non è congiunto in matrimonio, detto di uomini: *un vecchio c.*; *è ancora c.* **SIN.** scapolo | (*lett.*) chi (o che) non è congiunto in matrimonio, detto di donne: *rimanendo c. per aver rifiutati tutti i partiti che le si erano offerti* (A. Manzoni) **SIN.** nubile

celìcola o †**celìcolo** [vc. dotta, lat. *caelĭcola(m)*, comp. di *caelum* 'cielo' e *cŏlere* 'abitare' ✻ av. 1334] **s. m.** (**pl.** *-i*) ● abitatore del cielo, detto, nella mitologia classica, degli dei che hanno sede nell'Olimpo

celidònia o **chelidònia** [vc. dotta, lat. *chelidŏnia(m)*, dal gr. *chelidónion*, da *chelidṓn* 'rondine', perché si credeva che le rondini curassero con essa gli occhi malati dei rondinini ✻ av. 1292] **s. f.** ● pianta erbacea perenne delle Papaveracee con fiori gialli in ombrelle e frutto allungato a capsula (*Chelidonium maius*) **SIN.** erba da porri

celioscopìa [vc. dotta, comp. del gr. *koilía* 'cavità' e di *-scopia* ✻ 1948] **s. f.** ● (*med.*) laparoscopia

celioscòpio [comp. del gr. *koilía* 'cavità' e di *-scopio* ✻ 1956] **s. m.** ● laparoscopio

celite [vc. di formazione incerta ✻ 1930] **s. f.** ● (*ing.*) alluminato di calcio e ferro, importante costituente dei cementi

♦**cèlla**① [vc. dotta, lat. *cĕlla(m)*, da avvicinare a *celāre* 'celare' ✻ 1266] **s. f.** **1** camera dei frati o delle suore in un convento **2** stanza di segregazione in stabilimenti di pena, collegi, accademie militari e sim.: *c. di rigore, di punizione* **3** (*archeol.*) parte interna e centrale del tempio antico col simulacro del dio **4** vano ristretto e di piccole dimensioni adibito a usi particolari | ***c. frigorifera***, ambiente mantenuto a temperatura sufficientemente bassa per conservarvi alimenti e prodotti deperibili; (*raro*) freezer | ***c. calda***, ambiente schermato in cui possono essere manipolati materiali radioattivi | ***c. campanaria***, abitacolo delle campane, alla sommità del campanile **5** †dispensa, cantina: *Cercando ogni c., / non vi trovava da mangiar niente* (L. Pulci) **6** nell'arnia, ognuno dei piccoli buchi di forma esagonale all'interno del favo, dove le api depongono le uova, il miele e il polline **7** (*miner.*) ***c. elementare***, minima porzione di volume che contiene tutti gli elementi caratteristici di un reticolo cristallino **8** ***c. elettrolitica***, recipiente contenente l'elettrolito e i due elettrodi **9** (*inform.*) ***c. di memoria***, il più piccolo elemento fisico componente una memoria; (*est.*) la più piccola suddivisione di una memoria, cioè quella parte che può contenere un'unità elementare d'informazione singolarmente indirizzabile e trattabile, per es. un carattere o una parola **10** ***c. solare, fotovoltaica***, dispositivo semiconduttore per la conversione diretta della luce in energia elettrica **11** (*meteor.*) struttura della circolazione atmosferica a grande scala ‖ **cellétta**, **dim.** (V.) | (*lett.*) **cellùzza**, **dim.**

cèlla② [lat. tardo *aucĕlla(m)* 'uccellino' (V. *uccello*), dall'aquila che vi era incisa * 1452] **s. f.** ● piccola moneta d'argento coniata nel XV sec. in alcune zecche del regno di Napoli

C

†**cellàio**① o †**cellàrio** [lat. tardo *cellāriu(m)*, originariamente agg. di *cĕlla* 'cella': *lŏcu(m) cellāriu(m)* * 1290] **s. m.** ● cantina, dispensa **SIN.** celliere

cellàio② o †**cellàrio** [lat. *cellāriu(m)*, da *cĕlla* 'cella' col suff. di mestiere *-āriu(m)* * sec. XIII] **s. m.** (**f.** *-aia*, **pl. m.** *-ai*) ● dispensiere, cantiniere: *del ... c. salito ... a recarmi quel delicato umor di vigna* (A. SAVINIO)

celleràio o **celleràrio** [lat. tardo *cellarāriu(m)*, da *cellāriu(m)* 'cellaio①' * sec. XII] **s. m.** (**f.** *-aia*, **pl. m.** *-ai*) ● monaco che, nei conventi, cura la dispensa e gli interessi temporali della comunità **SIN.** credenziere, dispensiere

cellétta [sec. XIV] **s. f.** ● dim. di *cella*① | piccola cella d'alveare

†**cellière** o †**cellièro** [ant. fr. *cellier*, dal lat. tardo *cellāriu(m)*. V. †*cellaio*① * 1235] **s. m.** **1** credenza, dispensa **2** cantina dove si conserva il vino **SIN.** cellaio①

cellìsta [da *cella*①, nel sign. 4 * 1983] **s. m. e f.** (**pl. m.** *-i*) ● nelle industrie di conservazione degli alimenti, chi è addetto alle celle frigorifere

cèllo [1956] **s. m.** ● (*mus.*) violoncello

-cèllo ➤ **-ello**

cellobiòṣio [comp. di *cell(ulosa)*, *bi-* e *(glu-c)osio* * 1956] **s. m.** ● (*chim.*) disaccaride formato da due molecole di glucosio; si ottiene per idrolisi della cellulosa

cèllofan o **cellofàn**, **cellofàne** [1935] **s. m. inv.** ● adattamento di *cellophane* (V.)

cellofanàre [1950] **v. tr.** (*io cellòfano*) ● avvolgere in una pellicola di cellofan: *c. un libro*

cellofanatrìce [1983] **s. f.** ● macchina che avvolge prodotti e oggetti vari in una pellicola di cellofan, spec. a scopo igienico

cellofanatùra [1983] **s. f.** ● operazione consistente nell'avvolgere un prodotto nel cellofan

cèllophane® /'tʃɛllofan, *fr.* sɛlɔ'fan/ [vc. fr., marchio registrato * 1939] **s. m. inv.** ● materiale incolore o colorato, trasparente, ottenuto per laminazione dalla viscosa, usato per involucri o per la formazione di fibre artificiali **CFR.** cellofan

♦**cèllula** [vc. dotta, lat. *cĕllula(m)*, dim. di *cĕlla* 'cella①' * av. 1328] **s. f.** **1** †piccola cavità di corpi, sostanze minerali e sim. **2** (*biol.*) unità fondamentale degli organismi viventi capace di vita autonoma, che consta di una membrana cellulare contenente il citoplasma e il nucleo | ***c. atipica***, che ha perso i normali caratteri morfologici e di riproduzione, propria dei tumori maligni | ***c. uovo***, gamete femminile | ***c. madre***, quella che si divide per formare cellule figlie | ***c. figlia***, cellula prodotta dalla mitosi o dalla meiosi **CFR.** blasto-, -blasto, cito, -cito, -gonio **3** ***c. fotoelettrica***, apparecchio che sfrutta l'effetto fotoelettrico **4** spec. in passato, elemento di base dell'organizzazione di un partito comunista **5** (*aeron.*) l'intera struttura di un aeromobile, esclusi i mezzi di propulsione **6** (*meteor.*) ***c. ciclonica, anticiclonica***, area di bassa o di alta pressione atmosferica ‖ **cellulina**, **dim.**

♦**cellulàre** [fr. *cellulaire*, da *cellule* 'cellula' * av. 1730] **A** **agg.** **1** (*biol.*) formato da cellule: *tessuto c.* | che riguarda le cellule: *patologia c.* | ***divisione c.***, citocinesi **2** diviso in celle: *carcere c.* | ***furgone c.***, furgone appositamente attrezzato per il trasporto dei detenuti | ***sistema di segregazione c.***, sistema punitivo per cui i carcerati vengono tenuti segregati in piccole celle | ***telefono c.***, V. *telefono* **B** **s. m.** **1** (*ellitt.*) furgone o vettura cellulare **2** tessuto a trama larga, utilizzato spec. per biancheria estiva **3** telefono cellulare (V. *telefono*): *chiamare qlcu. sul* (o *al*) *c.* **SIN.** telefonino

†**cellulàto** [av. 1730] **agg.** ● fatto a cellule

cellulìte① [comp. di *cellul(a)* e *-ite*① * 1874] **s. f.** ● (*med.*) infiammazione del tessuto cellulare lasso sottocutaneo | correntemente, deposito di adipe dovuto spec. a disfunzioni endocrine

cellulìte② [comp. di *cellul(a)* e *-ite*② * 1956] **s. f.** ● (*edil.*) calcestruzzo leggero e poroso ottenuto impastando schiume speciali con malta di cemento

cellulìtico [da *cellulite*① * 1987] **agg.** (**pl. m.** *-ci*) ● (*med.*) caratterizzato da cellulite

cellulòide [ingl. *celluloid*, da *cellul(osa)* con il suff. *-oide* * 1892] **s. f.** **1** materia plastica incolore, trasparente, infiammabile, ottenuta gelatinizzando nitrocellulosa con alcol e canfora, usata per pellicole fotografiche e per svariati oggetti di uso comune **2** (*fig.*) il cinema, nelle loc. ***il mondo, i divi della c.*** e sim.

cellulósa (o **-ṣ-**) [fr. *cellulose*, detta così perché è il principale componente della membrana *cellulare* di tutte le piante * 1874] **s. f.** ● polisaccaride bianco, fibroso, componente della parte cellulare dei vegetali, usato per fabbricare carta, fibre artificiali, pellicole, vernici, esplosivi

cellulòṣico [1939] **agg.** (**pl. m.** *-ci*) ● pertinente alla cellulosa

cellulòṣio [1865] **s. m.** (**pl.** *-i* o *-ii*) ● cellulosa

cellulóso (o **-ṣ-**) [da *cellula* * 1750] **agg.** ● formato di cellule, spugnoso: *quarzo c.*; *tufo c.*

†**cèlo** ➤ **cielo**

-celo ➤ **ce**① nel sign. A

celodurìṣmo [dalla loc. volg. *ce l'ho dur(o)*, con riferimento all'organo sessuale maschile * 1993] **s. m.** ● ostentata esibizione, spec. nello scontro politico, di grinta e virile risolutezza

celòma [vc. dotta, gr. *kóilōma*, da *kôilos* 'cavo' * 1931] **s. m.** (**pl.** *-i*) ● (*biol.*) cavità generale del corpo, delimitata dal mesoderma; nei Mammiferi è ripartito in un compartimento pericardico, in uno pleurale e in uno peritoneale

Celomàti [1931] **s. m. pl.** (**sing.** *-o*) ● gruppo di Metazoi provvisti di celoma (*Coelomata*)

celomàtico [1956] **agg.** (**pl. m.** *-ci*) ● (*zool.*) relativo al celoma: *cavità celomatica*

celòṣia [da *gelosia*①, pop. 'amaranto' * 1865] **s. f.** ● genere delle Amarantacee comprendente piante annuali a fusto eretto con foglie alterne, fiori piccoli e privi di corolla, con brattee colorate in dense spighe (*Celosia*)

celòstata o **celòstato** [comp. del lat. *cāelum* 'cielo' e di *-stato* * 1950] **s. m.** (**pl.** *-i*) ● (*astron.*) sistema di due specchi piani, di cui uno mobile, utilizzato per riflettere sempre in una stessa direzione la luce proveniente dagli astri

Cèlotex® o **Celotèx** [marchio registrato * 1956] **s. m. inv.** ● materiale composto da fibre vegetali impastate e compresse, con agglomeranti, usato in edilizia quale coibente e isolante acustico

celotomìa [dal gr. *kēlotomía*, comp. di *kḗlē* 'ernia', e *tomḗ* 'taglio' * 1820] **s. f.** ● (*chir.*) resezione del sacco dell'ernia

Cèlsius [dal n. dell'astronomo svedese A. *Celsius* (1701-1744) * 1816] **agg. inv.** ● (*fis.*) detto di scala termometrica che attribuisce valore 0 alla temperatura del ghiaccio fondente e valore 100 a quella dell'acqua bollente alla pressione di 1 atmosfera | ***grado C.***, grado centigrado, grado relativo a detta scala **SIMB.** °C | ***termometro C.***, quello con scala Celsius **CFR.** scala

cèlta [vc. dotta, lat. *Cĕltae*, nom. pl. * 1481] **A** **s. m. e f.** (**pl. m.** *-i*) ● ogni appartenente a popolazioni indoeuropee originarie della Francia orientale e dei territori del Danubio superiore, stanziatesi in seguito a successive migrazioni in gran parte dell'Europa centro-occidentale e nelle isole britanniche **B** **agg.** ● (*raro*) celtico

celtibèro (o **-ì-**) o **celtibèrico** [av. 1292] **agg.** ● appartenente o relativo all'antico popolo dei Celtiberi, stanziati nella Spagna centrale

cèltico [vc. dotta, lat. *Cĕlticu(m)*, da *Cĕltae* 'Celti'. Le *malattie celtiche* sono dette così perché ritenute di orig. francese (cfr. *mal francese*) * sec. XIV] **A** **agg.** (**pl. m.** *-ci*) **1** relativo ai Celti: *lingua celtica*; *popolo c.* **2** venereo: *malattie celtiche* | ***morbo c.***, sifilide, mal francese **B** **s. m. solo sing.** ● gruppo di lingue della famiglia indoeuropea, normalmente suddiviso nei sottogruppi gaelico (V.) e britannico (V.)

cèltio o **cèlzio** [dal n. lat. dei Celti (*Cĕltae*) * 1951] **s. m.** (**pl.** *-i* o *raro -ii*) ● (*chim.*, *raro*) afnio

celtìṣmo [1956] **s. m.** ● elemento linguistico celtico sopravvissuto in lingue dell'Europa centro-occidentale

celtìsta [1843] **s. m. e f.** (**pl. m.** *-i*) ● chi studia le lingue e la civiltà dei Celti

cèlzio ➤ **celtio**

cembalàio [sec. XVII] **s. m.** (**f.** *-aia*, **pl. m.** *-ai*) ● fabbricante di clavicembali e sim.

cembalìsta [vc. dotta, lat. *cymbalĭsta(m)*, dal gr. *kymbalistés*, da *kýmbalon* 'cembalo' * 1887] **s. m. e f.** (**pl. m.** *-i*) ● suonatore di cembalo | compositore di musica per cembalo

cembalìstico [1956] **agg.** (**pl. m.** *-ci*) ● relativo al cembalo e al clavicembalo: *musica cembalistica*

cémbalo (o **-è-**) o **cìmbalo**, †**cémbolo**, †**ciómbalo** [lat. *cȳmbalu(m)*, dal gr. *kýmbalon*, da *kýmbē* 'bacino, ciotola', forse di orig. straniera * av. 1313] **s. m.** **1** strumento a tasti simile al pianoforte **SIN.** clavicembalo, spinetta **2** (**spec. al pl.**) antico strumento a percussione, composto da due piccoli piatti cavi da battere insieme | antico tamburello a un fondo, piatto, con sonagli ‖ **cembalétto**, **dim.** | **cembalìno**, **dim.** | **cembalóne**, **accr.**

cembanèlla o **cimbanèlla**, †**cemmanèlla**, †**cemmamèlla** [da *cembalo*, con dissimilazione * av. 1484] **s. f.** **1** antico strumento musicale simile al timpano **2** (**spec. al pl.**) strumento simile ai piatti

cémbia ➤ **cembra**

†**cémbolo** ➤ **cembalo**

cémbra o **cìmbra**, **cémbia**, **cìmbia** [sp. *cimbra*, da *cimbrar* 'curvare', dal lat. parl. **cincturāre* 'centinare', da *cinctūra* 'cintura' * av. 1798] **s. f.** ● (*archit.*) modanatura a profilo concavo posta alle due estremità del fusto della colonna | corrispondente modanatura di pilastri e sim.

cémbro o (*sett.*) **zémbro** [etim. incerta * 1550] **s. m.** ● albero delle Pinacee con foglie aciculari riunite in fascetti e strobili di forma ovale (*Pinus cembra*)

cementànte **A** **part. pres.** di *cementare*; anche **agg.** ● nei sign. del v. **B** **s. m.** ● (*edil.*) qualsiasi materiale che serve a cementare

cementàre [1499] **A** **v. tr.** (*io ceménto*) **1** (*edil.*) unire saldamente con cemento | rivestire di cemento: *c. una parete* **2** (*miniere*) consolidare o impermeabilizzare mediante iniezioni di malta di cemento: *c. uno scavo* **3** (*fig.*) consolidare, rinforzare, rinsaldare: *il mutuo rispetto cementa l'amore; unire ... e cementar col sangue le due Italie* (G. Pascoli) **4** (*metall.*) sottoporre a cementazione **B** **cementàrsi** **v. intr. pron.** **1** fissarsi saldamente per mezzo del cemento **2** (*fig.*) consolidarsi, rinsaldarsi: *la loro amicizia si è cementata nelle tragedie della guerra*

cementàrio [vc. dotta, lat. *caementāriu(m)* s. m. ✱ 1585] **agg.** ● che concerne la fabbricazione e la lavorazione del cemento

cementazióne [1786] **s. f.** **1** operazione del cementare | il cementarsi, il venire cementato **2** (*chim.*) processo di precipitazione di un elemento a opera di un altro che lo precede nella serie elettrochimica degli elementi **3** (*metall.*) diffusione di un metallo o di un non metallo in un prodotto metallurgico con lo scopo di conferirgli particolari proprietà superficiali, spec. di durezza | *c.* (*carburante*), diffusione di carbonio in una lega ferrosa con formazione di carburo di ferro e conseguente indurimento dello strato superficiale: *c. dell'acciaio*

cementerìa [1943] **s. f.** ● cementificio

cement gun /*ingl.* sɪ'mɛnt,gʌn/ [loc. ingl., propr. 'cannone da cemento', comp. di *cement* 'cemento' e *gun* 'cannone', di etim. incerta ✱ 1956] **loc. sost. m. inv.** (**pl. ingl.** *cement-guns*) ● apparecchio ad aria compressa usato per spruzzare una miscela di cemento, sabbia e acqua, allo scopo di formare intonaci impermeabili

cementière [1922] **s. m.** (**f.** *-a*) ● industriale del cemento

cementièro [1942] **A** **agg.** ● relativo alla fabbricazione del cemento, che è proprio del cemento: *industria cementiera* **B** **s. m.** (**f.** *-a*) ● operaio addetto alla fabbricazione del cemento

cementìfero [comp. di *cemento* e *-fero* ✱ 1970] **agg.** ● che dà o produce cemento: *zona, industria cementifera*

cementificàre [1984] **v. tr.** (*io cementifico, tu cementifichi*) ● costruire edifici in modo indiscriminato, spesso deturpando il paesaggio (*anche assol.*) ‖ **cementificazióne**, **s. f.**

cementificio [1930] **s. m.** ● fabbrica di cemento

cementìsta [1925] **s. m. e f.** (**pl. m.** *-i*) ● operaio che costruisce particolari architettonici prefabbricati di cemento, come cornicioni o altro

cementìte [da *cemento* ✱ 1929] **s. f.** **1** carburo di ferro durissimo e fragile, presente nelle ferroleghe e spec. nelle ghise bianche **2** vernice opaca, a forte pigmentazione, adatta per muri, legno, metalli

cementìzio [1957] **agg.** **1** del cemento, concernente il cemento: *industria cementizia* **SIN.** cementiero **2** detto di materiale costituito da cemento o contenente cemento

♦**cemènto** [vc. dotta, lat. *caemĕntu(m)* 'pietra rozza da tagliare', da *caedere* 'tagliare' ✱ sec. XIII] **s. m.** **1** polvere grigia ottenuta per cottura, in speciali forni, di miscele naturali o artificiali di calcare e argille, che, bagnata, fa presa sia all'aria che in acqua | *c. naturale*, ottenuto cuocendo e quindi macinando marne che contengono opportuna dosatura di calcare e argilla | *c. artificiale*, ottenuto portando ad alta temperatura una miscela perfettamente omogeneizzata di calcare e argilla | *c. idraulico*, che fa presa e indurisce anche sott'acqua | *c. amianto*, materiale edilizio di cemento impastato con fibre di amianto, con il quale si fanno tubi, lastre ondulate e piane, tegole e sim. **SIN.** fibrocemento | *c. armato*, struttura mista, costituita da calcestruzzo di cemento e da barre di ferro o di acciaio in esso incorporate, disposte in maniera da resistere agli sforzi di trazione | *c. ferrico*, ottenuto dalla cottura di una miscela di calcare, argilla e pirite ricca di ferro **2** (*fig.*) ciò che consolida un vincolo, rafforza un'unione e sim.: *la stima è il c. dell'amore* **3** (*anat.*) tessuto duro, che riveste la radice e il colletto del dente, esternamente alla dentina **4** (*med.*) sostanza impiegata in odontoiatria per le otturazioni dentarie

†**cemetèrio** e deriv. ➤ **cimitero** e deriv.

†**cemmamèlla** ➤ **cembanella**

†**cemmanèlla** ➤ **cembanella**

cén ➤ **ce**① nei sign. A e B

♦**céna** [lat. *cēna(m)*, forse da **kert-snā* 'porzione' (?) ✱ sec. XII] **s. f.** **1** pasto che si fa la sera, ultimo pasto della giornata: *andare, essere invitato, a c.; andare fuori a c.; è ora di c.* | (*est.*) cibo consumato durante questo pasto: *una c. lauta, frugale, parca, sostanziosa* | ***non riuscire a mettere assieme il pranzo con la c.***, (*fig.*) guadagnare molto poco | (*est.*) momento della giornata in cui si consuma abitualmente questo pasto: *incontrarsi prima di c.; vieni a trovarmi dopo c.?* **2** ultima cena consumata da Gesù con gli Apostoli, durante la quale Egli istituì l'eucaristia: *la Cena; l'ultima c.* | *C. eucaristica*, la Comunione | *sacra c.*, consumazione del pane e del vino in alcune comunità protestanti | (*est.*) quadro che rappresenta l'ultima cena di Gesù ‖ **cenétta**, **dim.** (V.) | **cenìna**, **dim.** | **cenìno**, **dim. m.** | **cenóna**, **accr.** | **cenóne**, **accr. m.** (V.)

cenàcolo [vc. dotta, lat. *cenāculu(m)*, da *cēna* 'cena' ✱ av. 1334] **s. m.** **1** anticamente, sala in cui si cenava | (*per anton.*) luogo nel quale Gesù e gli Apostoli consumarono l'ultima cena **2** dipinto che rappresenta l'ultima cena di Gesù con gli Apostoli, e che spesso decora una parete del refettorio di un convento: *il c. di Leonardo* **3** (*fig., lett.*) luogo di riunione di artisti e letterati | (*est.*) circolo ristretto di amici e artisti, pensatori, letterati di un dato indirizzo culturale: *Ci mancavi. Mancavi ai nostri cenacoli* (M. Luzi) **SIN.** accolta, gruppo

♦**cenàre** [lat. *cenāre*, da *cēna* 'cena' ✱ 1258] **A** **v. intr.** (*io céno*; **aus.** *avere*) ● consumare la cena: *c. fuori, in casa, da amici; c. con verdura e formaggio* **B** **v. tr.** ● †mangiare a cena: *egli et ella cenarono un poco di carne salata* (G. Boccaccio)

cenàta [av. 1729] **s. f.** ● (*raro*) abbondante e buona cena

cenciàia [1613] **s. f.** **1** (*tosc.*) mucchio o deposito di cenci **2** (*fig.*) †sciocchezza, bazzecola

cenciàio [1346] **s. m.** (**f.** *-aia*, **pl. m.** *-ai*) ● (*tosc.*) chi compra o rivende cenci, spec. per le cartiere

cenciaiòlo o (*lett.*) **cenciaiuòlo** [sec. XV] **s. m.** (**f.** *-a*) ● (*tosc.*) cenciaio, rivenditore di stracci | operaio classificatore di stracci

cenciàme [av. 1704] **s. m.** ● (*tosc.*) insieme di stracci

cenciàta [1865] **s. f.** ● (*raro, tosc.*) colpo dato con un cencio | (*est.*) pulizia fatta in fretta con un cencio

céncio [etim. incerta ✱ av. 1292] **s. m.** **1** pezzo di stoffa logora, spec. usato per lavori domestici: *c. da spolverare* | ***bianco come un c. lavato***, (*fig.*) pallidissimo | ***crollare come un c.***, (*fig.*) svenire | †***dare fuoco al c.***, (*fig.*) aiutare | †***dare in cenci***, fallire | (*est.*) brandello di vestito | (*est.*) vestito logoro o molto scadente: *coperto di cenci; non aver neppure un c. da mettersi; si accasciò in terra ... nel mucchio largo dei suoi cenci* (A. Moravia) **SIN.** straccio **2** ***cappello a c.***, di feltro morbido o di tessuto, quindi floscio **3** (**al pl.**) materia prima per la produzione della mezzapasta nella fabbricazione della carta **4** (*tosc., fig.*) cosa di poco valore | ***stare, essere nei propri cenci***, (*fig.*) accontentarsi della condizione in cui ci si trova | ***uscire dai cenci***, (*fig.*) uscire dalla miseria | (*est.*) chi è in uno stato di grande debolezza fisica o psicologica: *le fatiche lo riducono un c.* **SIN.** straccio **5** (*med.*) parte centrale, necrotica del favo o del foruncolo **6** (*cucina*, **spec. al pl.**) dolce di pasta all'uovo, tagliato a cerchi, rettangoli o strisce e fritto o cotto al forno, tipico del Carnevale **CFR.** bugia, chiacchiera, crostolo, frappa, galano ‖ **cencètto**, **dim.** | **cencìno**, **dim.**

cencióso (o **-ṣ-**) [da *cencio* ✱ av. 1306] **A** **agg.** **1** rattoppato, lacero, a brandelli: *vestito c.* **2** di persona, che indossa vesti logore, stracciate: *una vecchia cenciosa; monello c.* ‖ **cenciosaménte**, **avv.** ‖ **cenciosità**, **s. f. inv.** **B** **s. m.** (**f.** *-a*) ● persona miserabile e mendica

cenciùme [1855] **s. m.** ● (*raro*) insieme di cenci o di cose sudice, di nessun valore

cèncro [lat. *cĕnchride(m)*, dal gr. *kénchros* 'serpente dalla pelle picchiettata', da *kénchros* 'miglio' ✱ 1313] **s. m.** ● (*lett.*) favoloso serpente velenoso dal ventre screziato: *Più non si vanti Libia con sua rena; / ché se chelidri, iaculi e faree / produce, e cencri con anfisibena* (Dante *Inf.* XXXIV, 85-87)

-cène① [dal gr. *kainós* 'nuovo', attrav. il fr. *-cène*] **secondo elemento** ● in parole composte della terminologia cronologica geologica significa 'recente': *eocene, oligocene*

-cene② ➤ **ce**① nel sign. A

cenèma [dal gr. *kenós* 'vuoto' col suff. *-ema* di *fonema, morfema* ecc. ✱ 1970] **s. m.** (**pl.** *-i*) ● (*ling.*) entità linguistica che non contiene un significato

ceneràccio o **ceneràcciolo** [1347] **s. m.** **1** un tempo, cenere che restava dopo che si era versato il ranno sul bucato | grosso canovaccio che copriva il bucato per proteggerlo dal ranno bollente **2** recipiente messo sotto il fornello per raccogliere la cenere

ceneràio [1853] **s. m.** (**pl.** *-ai*) **1** (**f.** *-aia*) (*tosc.*) chi, un tempo, comprava o vendeva cenere **2** nelle navi di un tempo, tubo che scaricava in mare rifiuti di cucina e immondizie **3** ceneratoio

ceneràrio ➤ **cinerario**

ceneràta [1329] **s. f.** ● cenere mescolata e bollita con acqua, per usi vari

ceneratóio [1869] **s. m.** (**pl.** *-ói*) ● nel focolare delle caldaie, vano sottostante alla griglia, in cui si raccoglie la cenere

♦**cénere** [lat. *cĭnere(m)*, da avvicinare al gr. *kónis* 'polvere' ✱ 1268] **A** **s. f.** **1** residuo fisso della combustione di una sostanza | correntemente, residuo polveroso, grigio, della combustione di legna e carbone | *c. vulcanica*, minutissimi granuli piroclastici emessi da un vulcano | ***andare, ridursi in c.***, bruciare, restare completamente distrutto; (*fig.*) svanire | ***ridurre qlco. in c.***, distruggerla | **PROV.** ***Bacco, tabacco e Venere riducon l'uomo in c.***, il vino, il fumo e il sesso sono vizi che portano alla rovina | ***covare sotto la c.***, (*fig.*) detto di sentimento o passione che non si manifesta apertamente **2** (**al pl.**) residui dell'ulivo benedetto arso che il sacerdote pone in segno di penitenza sulla testa dei fedeli nel primo giorno di Quaresima | ***le Ceneri***, festa liturgica che dà inizio alla Quaresima: *mercoledì delle Ceneri* | ***cospargersi il capo di c.***, (*fig.*) umiliarsi, manifestare pentimento o contrizione (con riferimento al rito cattolico del mercoledì delle Ceneri) **3** (**spec. al pl.**) polvere a cui si riducono i cadaveri, spec. quelli un tempo arsi sul rogo | ***ridurre qlcu. in c.***, (*fig.*) farlo morire | ***risorgere dalle ceneri***, risuscitare **4** (*fig., lett.*) simbolo della morte e della fine di ogni cosa umana: *ov'è 'l valore, ov' è l'antica gloria? / ... oimè son c.* (I. Sannazaro) **B in funzione di agg. inv.** ● (posposto a un sost.) che ha il colore grigio chiaro e sorprattutto caratteristico della cenere: *calze, capelli c.* | ***biondo c.***, tonalità di biondo molto pallido **C s. m. solo sing.** **1** color cenere: *alberi dalle fronde di un c. spento* **2** (*poet.*) resti mortali: *la madre or sol, ... / parla di me col tuo c. muto* (U. Foscolo) || **cenerìna**, **dim.** (V.)

cenerèntola [da *cenere* (*del focolare*); titolo di una fiaba di C. Perrault (1628-1703) ✱ 1870] **s. f.** (**m.** *-o*, ***scherz.***) ● ragazza ingiustamente maltrattata e umiliata | (*est.*) persona o cosa a torto trascurata, non tenuta nella debita considerazione: *per molto tempo quel paese fu la c. dell'Europa*

cenerìccio o (*lett.*) **cinerìccio**, (*lett.*) **cinerìzio** [lat. tardo *cinerīciu(m)*, da *cĭnis*, genit. *cĭneris* 'cenere' ✱ av. 1438] **agg.** (**pl. m.** *-ci*; **pl. f.** *-ce*) ● che ha un colore cenerino smorto

cenerièra [dal fr. *cendrier*, da *cendre* 'cenere' ✱ 1918] **s. f.** ● (*raro*) portacenere

cenerìna [1754] **s. f.** **1** dim. di *cenere* **2** cenere non spenta del tutto **3** razza di gallina dal piumaggio grigio chiaro **4** la seconda dormita dei bachi da seta **SIN.** biancolina

cenerìno o (*lett.*) **cinerìno**, †**cinerigno** [da *cinereo* ✱ 1525] **A agg.** ● che ha un colore grigio chiaro simile a quello della cenere: *nebbia cenerina* **SIN.** bigio **B s. m.** ● il colore cenerino

ceneróġnola (o **-ò-**) [1835] **s. f.** ● prima dormita dei bachi da seta **SIN.** bianca

ceneróġnolo (o **-ò-**) o **cineróġnolo** (o **-ò-**) [1341 ca.] **A agg.** ● che ha un colore cenerino non puro, con sfumature giallastre: *nubi cenerognole* **B s. m.** ● il colore cenerognolo

ceneróne [da *cenere* ✱ av. 1597] **s. m.** **1** mescolanza di cenere e letame, usata in passato per concimare alcune piante **2** ceneraccio

ceneróso (o **-ṣ-**) [vc. dotta, lat. tardo *cinerōsu(m)*, da *cĭnis*, genit. *cĭneris* 'cenere' ✱ av. 1342] **agg.** ● (*raro*) cosparso, sporco di cenere

cenerùme [da *cenere* ✱ av. 1735] **s. m.** ● residui di materiale combusto

cenestèṣi o **cenesteṣìa** [comp. di *ceno-*③ ed *-estesia* ✱ 1935] **s. f. inv.** ● complesso delle sensazioni che nascono dal funzionamento del corpo umano, e che si concreta in un senso di benessere o di malessere

cenestèṣico [av. 1916] **agg.** (**pl. m.** *-ci*) ● relativo alla cenestesi

cenestopatìa [comp. di *cenest(esi)* e *-patia* ✱ 1918] **s. f.** ● (*med.*) in varie condizioni di malessere psichico, sensazione di sofferenza non riconducibile a cause organiche || **cenestopàtico**, **agg.** (**pl. m.** *-ci*); **anche s. m.** (**f.** *-a*) **nel sign. 2** **1** relativo a cenestopatia **2** che (o chi) soffre di cenestopatia

cenétta [sec. XIII] **s. f.** **1** dim. di *cena* **2** cena semplice e appetitosa | cena intima e raffinata: *una c. a lume di candela* || **cenettìna**, **dim.**

cèngia (o **-è-**) [lat. *cĭngula(m)* 'cintura'. V. *cinghia* ✱ 1908] **s. f.** (**pl.** *-ge*) ● risalto con andamento quasi orizzontale, su una parete di roccia | terreno montano pianeggiante circondato da dirupi

cèngio [lat. *cĭngulu(m)* 'cintura'. V. †*cinghio* ✱ 1908] **s. m.** ● (*raro*) cengia

†**cènit** o †**cenìt** ➤ **zenit**

cennamèlla o **celamèlla**, **ceramèlla**, **ciaramèlla**, **ciramèlla** [fr. ant. *chalemelle*, dal lat. tardo *calamĕllu(m)*, dim. di *călamus* 'canna'. V. *calamo* ✱ 1268] **s. f.** ● antico strumento popolare italiano a fiato, simile all'oboe, diffuso oggi in Abruzzo **SIN.** oboe degli Abruzzi

†**cennàre** [da *cenno* ✱ 1328] **v. intr.** ● accennare: *indi a suo banditor cenna dal palco, / che dia la voce* (G.B. Marino)

cénno [lat. tardo *cĭnnu(m)*, di etim. incerta ✱ 1266] **s. m.** **1** segno che si fa con gli occhi, la mano, il capo per fare intendere, indicare o comandare qlco.: *fare c. di fermarsi*; *gli fece c. che aveva capito* | ***fare c.***, accennare: *fece c. di sì, di no* | ***comunicare a cenni***, senza parlare **SIN.** accenno, gesto **2** (*lett.*) gesto, atto, comportamento: *piace una signorile persona, ma uno disonesto c. ... la rende vilissima* (L.B. Alberti) **3** traccia, spiegazione sommaria: *mi ha dato qualche c. del tema che tratterà* | breve e succinta notizia: *il giornale dà solo un c. dell'accaduto* | ***fare c. a qlco.***, fare un accenno, un riferimento a qlco.: *non fece c. all'accaduto* **4** (*est.*) indizio, avviso, manifestazione: *il ponte dà cenni di cedimento*; *reagire ai primi cenni di stanchezza* **5** †segnalazione fatta in guerra per mezzo di fuochi, spari e sim.: *con tamburi e con cenni di castella* (Dante *Inf.* XXII, 8)

SFUMATURE ➤ ***gesto***

cèno-① [dal gr. *kainós* 'recente'] **primo elemento** ● in parole composte dotte significa 'recente': *cenozoico*

cèno-② [dal gr. *kenós* 'vuoto'] **primo elemento** ● in parole composte dotte significa 'vuoto': *cenotafio*

cèno-③ [dal gr. *koinós* 'comune'] **primo elemento** ● in parole composte dotte significa 'comune': *cenobio*

cenobiàrca [fr. *cénobiarque*, comp. del gr. *koinóbion* (V. *cenobio*) e *archós* 'guida, capo' ✱ 1894] **s. m.** (**pl.** *-chi*) ● superiore, abate dei cenobiti

cenòbio [vc. dotta, lat. tardo *coenŏbiu(m)*, dal gr. *koinóbion* 'vita comune', comp. di *koinós* 'comune' e *bíos* 'vita' ✱ sec. XIV] **s. m.** **1** (*biol.*) riunione in colonie di organismi vegetali o animali unicellulari con perdita della libertà di ogni individuo **2** comunità di religiosi, convento di monaci

cenobìta [vc. dotta, lat. tardo *coenobīta(m)*, da *coenŏbium* 'cenobio' ✱ 1333 ca.] **s. m.** (**pl.** *-i*) **1** monaco che vive in una comunità religiosa riconosciuta dalla Chiesa e retta da proprie regole, per raggiungere la perfezione cristiana in isolamento non eremitico **2** (*fig.*) persona che vive isolata da tutti, dedicandosi allo studio e alla meditazione: *fare il c.*

cenobìtico [1766] **agg.** (**pl. m.** *-ci*) **1** relativo al cenobio o al cenobita **2** (*fig.*) austero, appartato: *vita cenobitica* || **cenobiticaménte**, **avv.** (*raro*) da cenobita

cenobitìṣmo [1931] **s. m.** ● tipo di vita monastica proprio dei cenobiti

cenóne [1865] **s. m.** **1** accr. di *cena* **2** ricca cena, spec. quella della vigilia di Natale o della notte di Capodanno

cenòṣi [vc. dotta, lat. tardo *cenōsis*, dal gr. *koínōsis* 'unione' ✱ 1930] **s. f. inv.** ● (*biol.*) biocenosi

cenotàfio [vc. dotta, lat. tardo *cenotăphiu(m)*, dal gr. *kenotáphion*, comp. di *kenós* 'vuoto' e *táphos* 'tomba' ✱ 1698] **s. m.** (**pl.** *-i* o *raro* *-ii*) ● monumento funerario a ricordo di un personaggio sepolto altrove

SFUMATURE ➤ ***sepolcro***

cenoẓòico [comp. di *ceno-*① e *-zoico* ✱ 1892] **A s. m. solo sing.** ● (gener. con iniziale maiuscola) era geologica caratterizzata da un grande sviluppo dei Mammiferi e dal declino dei Rettili **B agg.** (**pl. m.** *-ci*) ● relativo all'era omonima: *fossile c.* **SIN.** terziario

censìbile [1766] **agg.** ● (*burocr.*) che può essere rilevato da un censimento | (*est.*) che può essere catalogato || **censibilità**, **s. f. inv.**

censiménto [da *censire* ✱ 1749] **s. m.** ● operazione statistica di rilevazione simultanea, intesa ad accertare in un dato momento lo stato di un fatto collettivo: *c. della popolazione, delle aziende industriali e commerciali, delle aziende agricole*

censìre [lat. *censēre*, dalla radice **kens* 'dichiarare' ✱ sec. XIV] **v. tr.** (*io censìsco, tu censìsci*) ● sottoporre a censimento: *c. la popolazione, i fabbricati* | iscrivere nei registri del censo | (*est.*) catalogare

censìto **part. pass.** di *censire*; **anche agg.** ● nei sign. del v.

cènso [vc. dotta, lat. *cēnsu(m)*, da *censēre* 'valutare, controllare' ✱ 1240] **s. m.** **1** nell'antica Roma, elenco dei cittadini e dei loro averi **2** nel Medioevo, canone in denaro, derrate o prestazioni, che i contadini dovevano al signore in riconoscimento del suo diritto di proprietà | †catasto **3** patrimonio del cittadino che può essere sottoposto a tributi | (*est.*) ricchezza, grosso patrimonio **4** (*mat.*) †seconda potenza di un'incognita | †***c. di c.***, quarta potenza di un'incognita

censoràto [av. 1698] **s. m.** ● ufficio e carica di censore in collegi, accademie e sim.

censóre [vc. dotta, lat. *censōre(m)*, da *censēre* 'censire' ✱ av. 1292] **s. m.** **1** nella Roma antica, magistrato preposto all'ufficio della censura **2** chi, per incarico dell'autorità, accerta che le opere da pubblicare o da rappresentare non offendano lo Stato, la religione, la morale **3** nei convitti, sorvegliante della disciplina dei convittori **4** revisore di componimenti letterari in alcune accademie **5** (**f.** *-a*) (*fig.*) critico abituale e severo dell'attività e del comportamento altrui (***spec. iron.***): *si erge sempre a c.*; *rigido c. degli uomini che non si regolavan come lui* (A. Manzoni)

censoriàle [1962] **agg.** ● (*raro*) censorio

censòrio [vc. dotta, lat. *censōriu(m)*, da *cēnsor*, genit. *censōris* 'censore' ✱ av. 1292] **agg.** (**pl. m.** *-i* o *raro* *-ii*) ● di censore, da censore: *atteggiamento, spirito c.*

censuàle [vc. dotta, lat. tardo *censuāle(m)*, da *cēnsus* 'censo' ✱ 1362 ca.] **agg.** ● che riguarda il censo, di un tributo

censuàrio [dal lat. *cēnsus* 'censo' ✱ 1310] **A agg.** ● del censo, relativo al censo **B s. m.** (**f.** *-ia*) ● persona gravata della corresponsione di un censo

♦**censùra** [vc. dotta, lat. *censūra(m)*, da *cēnsus* 'censo' ✱ 1330] **s. f.** **1** nella Roma antica, magistratura non permanente con funzioni di censimento, di amministrazione finanziaria e, in seguito, di vigilanza sulla condotta morale e civile dei cittadini **2** controllo compiuto dall'autorità su opere da pubblicare o da rappresentare per accertare che non offendano lo Stato, la religione, la morale: *incorrere nei rigori della c.* | correntemente, l'ufficio che compie detto controllo | controllo esercitato dal vescovo e da altra autorità ecclesiastica a ciò delegata sulle opere a stampa pubblicate da ecclesiastici o da cattolici che chiedono l'accertamento della loro conformità alle dottrine della Chiesa **3** sanzione disciplinare consistente in un formale rimprovero, prevista spec. per i pubblici impiegati | in diritto canonico, pena stabilita dai canoni, come la scomunica, l'interdizione, la sospensione **4** (*fig.*) critica severa, biasimo, riprensione: *mozione di c.* **5** nella psicoanalisi, insieme di fattori che regolano l'emergenza di idee o desideri nella coscienza e mantengono la repressione di altre

censuràbile [1745] **agg.** ● che si può o si deve censurare: *un comportamento c.* **SIN.** criticabile, biasimevole || **censurabilità**, **s. f. inv.**

censuràre [1552] **v. tr.** **1** sottoporre a censura: *c. un libro, un film, una trasmissione televisiva* **2** (*fig.*) biasimare, criticare: *c. l'operato di qlcu.*

SFUMATURE ➤ ***criticare***, ➤ ***rimproverare***

censuratóre [1726] **agg. e s. m. (f. *-trice*)** ● (*raro*) che (o chi) censura

cènt /'tsɛnt, *ingl.* sɛnt/ [dal lat. *centesimu(m)*, da *centu(m)* 'cento' ✱ 1818] **s. m. inv. 1** moneta equivalente alla centesima parte dell'euro **SIN.** eurocent **2** moneta equivalente alla centesima parte del dollaro e di altre unità monetarie **3** (*mus.*) unità di misura dell'intervallo musicale risultante dalla divisione dell'ottava in 1200 parti

†**cénta** ➤ **cinta**

centaurèa o **centàurea** [vc. dotta, lat. tardo *centauria(m)*, dal gr. *kentáureion*, dal centauro Chirone, esperto dell'arte medica ✱ 1310] **s. f.** ● genere delle Composite comprendente piante erbacee, annuali o perenni, con foglie alterne, capolini con involucro globoso formato da brattee, fiori sia ligulati che tubulosi (*Centaurea*) | *c. **maggiore***, con rizoma e fusti aerei modificati, foglie lanceolate, capolini di fiori azzurri o gialli (*Centaurea centaurium*) | *c. **minore***, pianta erbacea delle Genzianacee con foglie basali ellittiche e piccoli fiori riuniti in infiorescenze cimose di color porpora (*Erythraea centaurium*) **SIN.** biondella, cacciafebbre

centàurico [vc. dotta, lat. *centauricu(m)*, dal gr. *kentaurikós*, da *kéntauros* 'centauro' ✱ 1779] **agg. (pl. m. *-ci*)** ● relativo ai centauri

centàuro [vc. dotta, lat. *centāuru(m)*, dal gr. *kéntauros*, di orig. incerta ✱ av. 1292] **s. m. (f. *-a*, *-éssa*, *raro*, *lett.* nel sign. 1) 1** mostro mitologico con testa e busto umani e con corpo di cavallo **2** (*astron.*) ***centauro***, costellazione dell'emisfero australe **3** (*fig.*) corridore motociclista ‖ **centaurino**, **dim.**

centàvo /*portog.* sẽn'tavu, *sp.* θen'taβo, sen-/ [sp., da *ciento* 'cento' ✱ 1892] **s. m. inv. (pl. portog. e sp. *centavos*)** ● moneta divisionale di varie monete sudamericane

centellàre [da *centello* ✱ av. 1400] **v. tr.** (*io centèllo*) ● (*raro*) centellinare

✦**centellinàre** [da *centellino* ✱ 1846] **v. tr.** (*io centellìno*, (*evit.*) *centèllino*) **1** bere a piccoli sorsi, degustando: *c. un vino, un liquore* | (*fig.*) gustare qlco. con intenzionale lentezza, traendone il massimo piacere: *centellinava quelle parole tanto attese* **2** (*fig.*) distribuire, concedere un po' alla volta e a piccole dosi: *c. gli sforzi, le interviste* **SIN.** dosare

SFUMATURE DI SIGNIFICATO

centellinare - sorbire

Centellinare descrive il bere piano, a piccoli sorsi, assaporando appieno; in senso figurato designa il gustare qualcosa poco a poco, traendone il massimo piacere. **Sorbire** aggiunge al significato letterale di bere lentamente quello figurato di sopportare a lungo una cosa o una persona noiosa.

SFUMATURE ➤ ***degustare***

✦**centellìno** o (*tosc.*) **ciantellìno**, †**cintellìno** [da *cento* 'centesima parte' ✱ av. 1449] **s. m.** ● piccolo sorso di una bevanda | ***a centellini***, (*fig.*) a poco a poco

centèllo [V. *centellino* ✱ sec. XIV] **s. m.** ● centellino

centèna [lat. *centēnu(m)* 'a cento a cento', da *cĕntum* 'cento' ✱ 1940] **s. f. 1** (*stor.*) presso gli antichi Germani, antica suddivisione della popolazione, costituita forse da cento famiglie **2** (*stor.*) nell'ordinamento franco, circoscrizione territoriale su cui aveva giurisdizione l'ufficiale pubblico detto centenario

centenàrio① [vc. dotta, lat. *centenāriu(m)*, da *cĕntum* 'cento' ✱ sec. XIV] **A agg. 1** che ha cento anni, detto di cosa e di persona: *querce centenarie*; *nonno c.* **2** che ricorre ogni cento anni **B s. m. 1 (f. *-ia*)** chi ha cento anni **2** centesimo anniversario di un avvenimento memorabile: *il settimo c. della nascita di Dante* | (*est.*) cerimonia che si celebra in tale occasione

centenàrio② [lat. tardo *centenāriu(m)* 'centurione' ✱ 1956] **s. m.** ● nell'antico ordinamento franco, ufficiale pubblico con funzioni di amministrazione della giustizia

centennàle [da *centenne* ✱ 1900] **A agg. 1** che dura cento anni | (*est.*) secolare **2** che ricorre ogni cento anni **B s. m.** ● (*raro*) centesimo anniversario **SIN.** centenario

centènne [lat. tardo *centĕnne(m)*, comp. di *cĕntum* 'cento' e *ănnus* 'anno' ✱ 1865] **A agg. 1** che ha cento anni **2** che dura da cento anni | (*est.*) secolare: *ingiustizia c.* **B s. m. e f.** ● chi ha cento anni d'età

centènnio [da *centenne*, sul modello di *biennio* ecc. ✱ av. 1869] **s. m. (pl. *-i* o *raro -ii*)** ● periodo di tempo di cento anni

centèrbe [comp. di *cento* e il pl. di *erba* ✱ 1863] **s. m. inv.** ● liquore distillato da varie erbe aromatiche, specialità abruzzese

centèṣima o †**centèṣma** [lat. *centēsima(m)* (sottinteso *pārtem*) 'centesima parte', f. di *centēsimus* 'centesimo' ✱ 1321] **s. f. 1** †la centesima parte di qlco. **2** antica imposta basata sull'esazione della centesima parte del prodotto o della vendita **3** differenza di 11 minuti esistente tra l'anno solare e l'anno computato secondo il calendario giuliano

centeṣimàle [sec. XIV] **agg. 1** che costituisce la centesima parte **2** che è diviso in cento parti

centèṣimo (o **-é-**) o †**centèṣmo** [vc. dotta, lat. *centēsimu(m)*, da *cĕntum* 'cento' ✱ sec. XIII] **A agg. num. ord. 1** corrispondente al numero cento in una pluralità, in una successione (rappresentato da C nella numerazione romana, da 100° in quella araba): *si è classificato c.*; *ne ho pagata la centesima parte*; (**ellitt.**) *due alla centesima* | con valore iperb.: *te lo ripeto per la centesima volta*; *non vale la centesima parte di quanto vali tu* **2** in composizione con altri numerali, semplici o composti, forma gli ordinali superiori: *centesimoprimo*; *millecentesimo*; *milletrecentesimo* **B s. m. 1** ciascuna delle cento parti uguali di una stessa quantità: *quest'oggetto vale un c. di quello che l'hai pagato*; *calcolare i tre centesimi di un numero* **2** moneta che vale la centesima parte dell'euro o di altra unità monetaria **3** un tempo, moneta equivalente alla centesima parte della lira: *Luca andava a lavorare … per cinquanta centesimi al giorno* (G. VERGA) | (*est.*) nulla, quasi nulla (in espressioni negative): *non avere un c. in tasca*; *non avere l'ombra di un c.*; *non guadagnare un c.*; *non valere un c. bucato* | (*est.*) denaro, spec. in minima quantità | ***contare, lesinare il c.***, spendere con parsimonia | ***pagare al c.***, pagare scrupolosamente | ***spendere sino all'ultimo c.***, tutto quanto si possiede **4** †secolo ‖ **centeṣimìno**, **dim.**

†**centèṣma** ➤ **centesima**

†**centèṣmo** ➤ **centesimo**

cènti- [da un tipo già diffuso in lat. (da *cĕntum* 'cento'), che spesso riproduce analoghi modelli greci con *hekato-* (da *hekatón* 'cento')] **primo elemento** ● in parole composte dotte o dell'uso corrente significa 'cento' o 'che ha cento': *centimano*; o, anteposto a un'unità di misura, la divide per cento, cioè la moltiplica per 10^{-2}: *centigrammo, centilitro* **SIMB.** c

centiàra [fr. *centiare*. V. *centi-* e *ara* 'unità di misura'] **s. f.** ● centesima parte dell'ara, pari a 1 m^2

✦**centigrado** [comp. di *centi-* e *grado* ✱ 1839] **agg.** ● diviso in cento gradi, detto spec. del termometro Celsius, dove lo zero corrisponde alla temperatura del ghiaccio fondente e il 100 a quella dell'acqua pura bollente alla pressione normale di 76 cm di mercurio | ***scala centigrada***, scala graduata in gradi Celsius **CFR.** scala | ***grado c.***, grado Celsius **SIMB.** °C

centigràmmo [fr. *centigramme*. V. *centi-* e *grammo*] **s. m.** ● unità di misura di massa, equivalente a un centesimo di grammo **SIMB.** cg

centìle [da *(per)centile* (V.) ✱ 1887] **s. m.** ● (*stat.*) percentile

centìlitro [fr. *centilitre*. V. *centi-* e *litro*] **s. m.** ● unità di misura di volume equivalente a un centesimo di litro **SIMB.** cl

centilòquio [comp. di *cento* e del lat. *lŏqui* 'parlare' ✱ 1374] **s. m.** ● (*lett.*) opera letteraria divisa in cento parti, capitoli e sim.

centìmano [vc. dotta, lat. *centĭmanu(m)*, comp. di *cĕntum* 'cento' e *mānus* 'mano' ✱ 1561] **agg.** ● (*lett.*) che ha cento mani, detto spec. di mostri e di giganti della mitologia classica

centimetràre [da *centimetro* ✱ 1956] **v. tr.** (*io centìmetro*) ● suddividere in centimetri

centimetràto **part. pass.** di *centimetrare*; **anche agg.** ● nel sign. del v.

✦**centìmetro** [fr. *centimètre*. V. *centi-* e *metro* ✱ 1799] **s. m. 1** unità di misura di lunghezza corrispondente alla centesima parte del metro **SIMB.** cm **2** (*fam.*) nastro centimetrato, generalmente di tela cerata e lungo un metro e mezzo, usato in sartoria **CFR.** metro② nel sign. 2

cèntina [etim. discussa: lat. *cĭnctum* 'cintura' (?) ✱ 1550] **s. f. 1** (*archit.*) ossatura resistente provvisoria, di legno o acciaio, destinata a dare forma e sostegno all'arco della volta della cupola durante la costruzione **2** (*edil.*) struttura metallica permanente che sostiene la copertura di tettoie, stazioni ferroviarie, capannoni e sim. **3** elemento di una struttura aeronautica con funzioni di forma e di forza: *c. alare*; *c. di fusoliera* **4** leggera piegatura data a un legno o a un ferro | ***a c.***, di cornice o spalliera ricurva di mobile **5** disegno di una smerlatura | ***punto a c.***, a smerlo, a festone ‖ **centinóne**, **accr. m.**

✦**centinàio** o †**centinàro** [lat. *centenāriu(m)*. V. *centenario*① ✱ 1232] **s. m. (pl. *centinàia*, f.) 1** complesso, serie di cento, o circa cento, unità: *dieci centinaia di unità equivalgono a un migliaio*; *era presente un c. di persone* | ***centinaia e centinaia***, moltissimi: *l'ho ripetuto centinaia e centinaia di volte* | ***a centinaia***, in gran numero: *c'erano libri a centinaia* **2** †secolo

centinaménto [av. 1764] **s. m.** ● operazione del centinare

centinàre [V. *cembra* ✱ av. 1696] **v. tr.** (*io cèntino*) **1** armare o sostenere con centine: *c. una volta* **2** piegare o sagomare ad arco: *c. una sbarra* **3** ricamare con punto a centina

†**centinàro** ➤ **centinaio**

centinatùra [da *centinare* ✱ av. 1696] **s. f. 1** operazione del centinare **2** struttura provvisoria di centine **3** curvatura data a ferri profilati per ottenere le sagome richieste e la traccia di montaggio | profilo di un arco o di un oggetto centinato: *c. ogivale*

centinòdia [vc. dotta, lat. tardo (*hĕrbam*) *centenōdia(m)* 'erba a cento nodi', comp. di *cĕntum* 'cento' e *nōdus* 'nodo' ✱ 1550] **s. f.** ● pianta erbacea delle Poligonacee con foglie lineari, fiori molto piccoli bianco-verdastri, frutto ad achenio (*Polygonum aviculare*) **SIN.** correggiola

centinòdio [1733] **s. m. (pl. *-i* o *raro -ii*)** ● (*bot.*) centinodia

centìsta [1942] **s. m. e f. (pl. m. *-i*)** ● centometrista

✦**cènto** [lat. *cĕntu(m)*, di orig. indeur. ✱ 1211] **agg. num. card. inv. (si elide davanti ad *anni*: *cent'anni*); anche s. m. e f. inv. (pl. †*cènti* nel sign. II, 3) (V. nota d'uso NUMERI E NUMERALI)**

● dieci volte dieci, dieci decine, rappresentato da *100* nella numerazione araba, da *C* in quella romana. **I** come agg. ricorre nei seguenti usi **1** rispondendo o sottintendendo la domanda 'quanti?' indica la quantità numerica di cento unità (spec. preposto a un sost.): *c. kilogrammi equivalgono a un quintale; la guerra dei Cent'anni; costa c. euro; correre i c. metri; i Cento giorni di Napoleone; le c. novelle; scommettere c. contro uno; elevare c. alla terza* | ***a c. a c., di c. in c.***, cento per volta | ***una volta su c.***, (*est.*) raramente | ***al c. per c.***, completamente | ***novantanove volte su c.***, quasi sempre | ***avere novantanove probabilità su c. di riuscire***, averne molte CFR. centi-, etto- **2** (*est.*) molti, parecchi (con valore indet.): *avere c. idee per la testa; trovare c. scuse per non fare qlco.; essere in c. contro uno; te l'ho ripetuto c. volte!; ho non una ma c. ragioni* | ***c. di questi giorni!***, espressione d'augurio spec. in occasione di compleanni | con valore approssimativo, anche preceduto dall'art. indef. 'un': *ci saranno stati c. bambini; è lontano un c. kilometri* **3** (posposto a un sost.) rispondendo o sottintendendo la domanda 'quale?', identifica qlco. in una pluralità, in una successione, in una sequenza: *anno c. a.C.; leggere a pagina c., il paragrafo c.* **4** nelle loc. ***uno, due, tre, dieci, venti e sim. per c.***, V. *per cento* | ***rendere, guadagnare il c. per cento***, il doppio; (*est.*) moltissimo | (*fig.*) ***essere sicuro al c. per c.***, in massimo grado, assolutamente | V. anche *per cento* e *percentuale* **5** in composizione con altri numeri semplici o composti, forma i numeri superiori: *centouno* o (*raro*) *centuno; centodue; centotré; centootto* o (*raro*) *centotto; centoventotto; centottanta* o (*raro*) *centoottanta; duecento; trecento; millecento; milleottocentottanta; dodicimilacento* **II** come sost. ricorre nei seguenti usi **1** il numero cento (per ellissi di un sost.): *il c. nel mille ci sta dieci volte; il Consiglio dei C.; il cento d.C.* **2** il segno che rappresenta il numero cento **3** †centinaio **4** (*sport, ellitt.*, al pl.) nell'atletica e nel nuoto, distanza di cento metri su cui si sviluppa la classica gara di velocità | (*est.*) la gara stessa: *vincere i c.; esordire nei c.*

centòcchi o **centòcchio** [av. 1449] **s. m. inv.** ● (*bot., pop.*) centonchio

centocinquànta [comp. di *cento* e *cinquanta*] **agg. num. card. inv.; anche s. m. e f. inv.** (V. nota d'uso NUMERI E NUMERALI) ● quindici volte dieci, quindici decine, rappresentato da *150* nella numerazione araba, da *CL* in quella romana. **I** come agg. ricorre nei seguenti usi ● rispondendo o sottintendendo la domanda 'quanti?', indica la quantità numerica di centocinquanta unità: *costa c. euro* | (*per anton.*) ***le c. ore***, corsi sperimentali di scuola primaria e secondaria istituiti appositamente per i lavoratori **II** come sost. ricorre nei seguenti usi **1** il numero centocinquanta (per ellissi di un sost.) **2** il segno che rappresenta il numero centocinquanta

centodiciòtto o **118** [1991] **s. m. inv.** ● numero telefonico che si compone per mettersi in contatto con la guardia medica | (*est.*) il personale sanitario della guardia medica: *essere soccorso dal c.*

centodièci [comp. di *cento* e *dieci*] **agg. num. card. inv.; anche s. m. e f. inv.** (V. nota d'uso NUMERI E NUMERALI) **1** undici volte dieci o dieci decine più dieci unità, rappresentato da *110* nella numerazione araba, da *CX* in quella romana **2** il voto massimo nella valutazione dell'esame di laurea nella maggior parte dei corsi di laurea italiani: *prendere, ottenere, conseguire c.; c. e lode* **3** (*sport, ellitt.*, al pl.) nell'atletica, distanza di centodieci metri a ostacoli su cui si sviluppa una gara | (*est.*) la gara stessa: *correre i c.*

centodódici o **112** [comp. di *cento* e *dodici*] **s. m. inv.** ● numero telefonico che si compone per mettersi in contatto con la squadra di pronto intervento dei carabinieri | (*est.*) la squadra stessa: *chiamare il c.; è arrivato il c.* | numero europeo per le emergenze (sostituirà gradualmente anche il 113)

centofòglie [lat. *centifŏliu(m)*, comp. di *cĕntum* 'cento' e *fŏlium* 'foglia' ✱ 1865] **s. m. inv.** ● (*bot., pop.*) achillea

centogàmbe [comp. di *cento* e il pl. di *gamba* ✱ 1585] **s. m. inv.** ● (*zool.*) centopiedi

centokilòmetri o **cènto kilòmetri** [comp. di *cento* e il pl. di *kilometro* ✱ 1964] **s. f. inv.** ● classica corsa ciclistica su strada non più presente nel programma gare

centometrìsta [da (*corsa sui*) *cento metri* ✱ 1942] **s. m. e f.** (pl. m. *-i*) ● atleta specialista della corsa dei cento metri piani | nuotatore dei cento metri stile libero SIN. centista

centomìla [vc. dotta, lat. *cĕntu(m) mīlia*] **agg. num. card. inv.; anche s. m. e f. inv.** (V. nota d'uso NUMERI E NUMERALI) ● cento volte mille, cento migliaia, rappresentato da *100 000* nella numerazione araba, da $\overline{C}$ in quella romana. **I** come agg. ricorre nei seguenti usi **1** rispondendo o sottintendendo la domanda 'quanti?', indica la quantità numerica di centomila unità (spec. preposto a un sost.): *abbiamo versato c. euro per il nuovo appartamento; un esercito di c. uomini; un'automobile che ha percorso oltre c. kilometri; uno, nessuno e c.* **2** (*est.*) molti, parecchi (con valore indet. o iperbolico): *l'ho già detto e ripetuto c. volte; trovano sempre c. scuse* **3** rispondendo o sottintendendo la domanda 'quale?', identifica qlco. in una pluralità, in una successione, in una sequenza (posposto a un sost.): *l'auto con targa c.* **II** come sost. ricorre nei seguenti usi **1** il numero centomila (per ellissi di un sost.): *il c. in un milione ci sta dieci volte* **2** il segno che rappresenta il numero centomila **3** (*pop.*) prima dell'introduzione dell'euro, banconota da centomila lire: *mi presti un c.?*

centomillèṣimo (o *-é-*) **A** **agg. num. ord.** ● corrispondente al numero centomila in una pluralità, in una successione (rappresentato da $\overline{C}$ nella numerazione romana, da *100 000°* in quella araba): *dieci è la centomillesima parte di un milione* **B** **s. m.** ● ciascuna delle centomila parti uguali di una stessa quantità

centonàrio [1913] **agg.** ● relativo al centone: *poesia centonaria* | di centoni: *poeta c.*

centónchio [lat. *centŭnculu(m)*, dim. di *cĕnto*, genit. *centōnis* (V. *centone*① nel sign. 4), per l'aspetto ✱ av. 1449] **s. m.** ● pianta erbacea delle Cariofillacee con fusti sdraiati, foglie ovate e piccoli fiori bianchi (*Stellaria media*)

centóne① [vc. dotta, lat. *centōne(m)* 'panno composto di pezzi di stoffa differenti, cuciti insieme', di etim. incerta ✱ av. 1292] **s. m. 1** spec. nella tarda classicità, componimento letterario composto di brani presi da vari autori **2** (*est., spreg.*) scritto, discorso privo di idee originali **3** composizione musicale e rapsodica formata di brani di diversi autori **4** †rozzo panno o veste confezionata con più pezze di vario colore SIN. schiavina **5** (*bot., tosc.*) centonchio

centóne② [da *cento* ✱ 1959] **s. m.** ● (*pop.*) prima dell'introduzione dell'euro, banconota da centomila lire

centonèrvia [comp. di *cento* e del pl. di *nervo* con la terminazione f. *-a*, cosiddetta per le numerose nervature ✱ 1894] **s. f.** ● (*bot.*) piantaggine

centonovèlle [comp. di *cento* e il pl. di *novella* ✱ 1524 ca.] **s. m. inv.** ● libro di cento novelle, come il Novellino o il Decamerone

centopèlle o **centopèlli** [lat. *centipelliōne(m)*, comp. di *cĕntum* 'cento' e *pellis* 'pelle' ✱ 1804] **s. m. inv.** ● (*zool.*) omaso

centopièdi [lat. *centĭpede(m)*, comp. di *cĕntum* 'cento' e *pēs*, genit. *pĕdis* 'piede' ✱ 1858] **s. m. inv.** ● (*zool.*) individuo dei Chilopodi SIN. centogambe

centoquìndici o **115** [1987] **s. m. inv.** ● numero telefonico che si compone per mettersi in contatto con il pronto intervento dei vigili del fuoco | (*est.*) la squadra di pronto intervento: *l'incendio è stato spento dal c.*

centotrédici o **113** [comp. di *cento* e *tredici* ✱ 1973] **s. m. inv.** ● numero telefonico che si compone per mettersi in contatto con la squadra di polizia di pronto intervento (sarà gradualmente sostituito dal 112 come numero per le emergenze) | (*est.*) la squadra stessa: *chiamare il c.; è arrivato il c.*

centrafricàno o **centroafricàno** [1985] **A** **agg.** ● relativo all'Africa centrale o alla Repubblica Centrafricana **B** **s. m.** (f. *-a*) ● abitante o nativo della Repubblica Centrafricana o di un Paese dell'Africa centrale

centràggio [fr. *centrage*, da *centre* 'centro' ✱ 1942] **s. m. 1** (*mecc.*) centratura **2** (*aeron.*) posizione del baricentro di un aereo rispetto ai riferimenti previsti

♦**centràle** [vc. dotta, lat. *centrāle(m)*, agg. di *cĕntrum* 'centro' ✱ 1395] **A** **agg. 1** del centro, che costituisce il centro, che sta nel centro: *punto c. di un territorio; strada c.; edificio c.; riscaldamento c.; sede, direzione, amministrazione c.* | (*fig.*) fondamentale, basilare, nodale, essenziale: *problema c.; nucleo c. del ragionamento* | (*archit.*) ***pianta c.***, quella in cui gli elementi si dispongono simmetricamente rispetto a un centro, come nella pianta circolare, quadrata, poligonale o a croce greca **2** detto della parte mediana di un territorio: *Italia, Europa c.* **3** (*mus.*) detto di una nota, o del registro di una voce o di uno strumento, intermedi fra i gravi e gli acuti **4** (*ling.*) detto di vocale che si può situare nella parte centrale della cavità orale ‖ **centralménte**, avv. (*raro*) al centro; (*est.*) principalmente, fondamentalmente ‖ **centralità**, s. f. inv. (V.) **B** **s. f.** ● centro direttoriale da cui dipendono organismi periferici: *la c. e le filiali; la c. di una banca; c. sindacale; c. di polizia; riferire alla c.* | ***c. di tiro***, su navi, casematte, fortini, per coordinare il fuoco delle armi offensive | centro di produzione di beni e servizi che vengono distribuiti capillarmente: *c. del latte; c. elettrica, termica, telefonica, nucleare* **C** **s. m. e f.** ● (*sport*) in alcune discipline di squadra, ruolo ricoperto dal giocatore che sul terreno di gioco occupa prevalentemente una posizione centrale | giocatore che ricopre tale ruolo

centralìna [da *centrale* ✱ 1977] **s. f. 1** centrale periferica, telefonica o elettrica, da cui dipende l'erogazione del servizio in uno o più quartieri di una città **2** (*elettron.*) circuito di controllo elettronico di un impianto: *c. di accensione*

centralinista [1942] **s. m. e f.** (pl. m. *-i*) ● chi è addetto a un centralino telefonico

centralìno [da *centrale* ✱ 1917] **s. m.** ● apparecchiatura installabile presso un abbonato per i collegamenti di telefoni derivati interni

centraliṣmo [fr. *centralisme*, da *central* 'centrale' col suff. *-isme* 'ismo' ✱ 1870] **s. m.** ● sistema di governo che tende all'accentramento dei poteri negli organi centrali dello Stato | ***c. democratico***, principio organizzativo dei partiti comunisti che doveva garantire sia la partecipazione democratica della base che il carattere unitario della linea politica e in realtà vincolava l'intero partito all'applicazione delle decisioni prese dagli organismi dirigenti

centralìsta [fr. *centraliste*, da *central* 'centrale' col suff. *-iste* '-ista' ✱ 1843] **s. m. e f.** (**pl. m.** *-i*) **1** (*polit.*) sostenitore del centralismo **2** chi lavora in una centrale elettrica

centralìstico [1910] **agg.** (**pl. m.** *-ci*) ● che si basa sul centralismo: *sistema c.*

centralità [1843] **s. f. inv. 1** (*raro*) caratteristica di ciò che è centrale | (*fig.*) posizione fondamentale, preminente: *la c. di un problema* **2** (*polit.*) collocazione politica di centro, moderata

centralizzàre [fr. *centraliser*, da *central* 'centrale' ✱ 1797] **A v. tr. 1** accentrare, spec. in un unico potere centrale: *la burocrazia ..., centralizzando gli affari, sopprimeva ogni libertà e movimento locale* (F. DE SANCTIS) CONTR. decentrare **2** impostare le attività aziendali secondo un criterio di rapporto gerarchico rigidamente autoritario **3** rendere centrale, unificare in un unico centro o comando: *c. l'impianto di riscaldamento* **B centralizzàrsi v. intr. pron.** ● accentrarsi, concentrarsi ‖ **centralizzazióne**, **s. f.**

centralizzàto **part. pass.** di *centralizzare*; **anche agg. 1** nei sign. del v. **2** detto di impianto unificato, di cui usufruiscono tutti gli appartamenti di un edificio: *riscaldamento c.*; *antenna centralizzata* | detto di impianto manovrato da un unico organo di comando: *chiusura delle porte centralizzata*

centralizzatóre [fr. *centralisateur*, da *centraliser* 'centralizzare' ✱ 1881] **agg. e s. m.** (**f.** *-trice*) ● che (o chi) centralizza

centraménto [da *centrare* ✱ 1956] **s. m. 1** centratura **2** (*aeron.*) predisposizione e distribuzione di pesi e carichi in modo che la posizione del baricentro risulti entro i limiti previsti per la sicurezza dell'aereo: *c. facile, difficoltoso*

centramericàno o **centroamericàno** [1984] **A agg.** ● dell'America centrale **B s. m.** (**f.** *-a*) ● abitante o nativo di un Paese dell'America centrale

centrànto [comp. del gr. *kéntron* 'pungiglione' e *ánthos* 'fiore' ✱ 1865] **s. m.** ● genere di piante erbacee o perenni suffruticose delle Valerianacee cui appartiene la valeriana rossa (*Centranthus*)

centràre [da *centro* ✱ 1797] **A v. tr.** (*io cèntro* (o *-é-*)) **1** colpire nel centro, colpire in pieno: *c. il bersaglio* | ***c. il canestro***, nella pallacanestro, realizzare il punto | (*fig.*) ***c. il personaggio***, di attore che interpreta bene una parte | (*fig.*) mettere a fuoco con precisione il nucleo di un problema, di una questione **2** fissare nel centro: *c. l'asse dell'elica* | (*est.*) equilibrare: *c. una ruota* **B v. intr.** (aus. *avere*) ● nel calcio, crossare

centrasiàtico o **centroasiàtico** [1986] **agg.** (**pl. m.** *-ci*) ● dell'Asia centrale

centràta [da *centrare* ✱ 1913] **s. f.** ● (*raro*) nel calcio, traversone

centràto **part. pass.** di *centrare*; **anche agg. 1** nel sign. del v. **2** (*fis.*) detto di sistema ottico in cui le superfici componenti sono sferiche e i loro centri stanno tutti su una retta | ***lente centrata***, lente sferica di forma circolare il cui centro ottico coincide col centro geometrico del contorno **3** di colpo, tiro e sim. assestato con precisione nel punto giusto: *pugno c.* | (*fig.*) azzeccato, indovinato: *un intervento c.* **4** (*arald.*) detto di qualsiasi pezza piegata ad arco

centratóre [1962] **s. m. 1** strumento, dispositivo e sim. usato in operazioni di centratura **2** strumento di misura, del tipo del minimetro, che si può sostituire all'utensile tagliente di un tornio per ottenere la centratura di un pezzo cilindrico da riprendere o da rifinire

centrattàcco o **centroattàcco** [comp. di *centro* e *attacco*; calco sull'ingl. *centre forward* ✱ 1916] **s. m. e f.** (**pl. m.** *-chi*; **pl. f. inv.**) ● nel calcio, il giocatore al centro della linea degli avanti SIN. centravanti

centratùra [da *centrare* ✱ 1962] **s. f. 1** il centrare, il venire centrato; il modo in cui qlco. è centrato | (*mecc.*) operazione con la quale, nel piazzamento del pezzo cilindrico da lavorare, si fa coincidere il suo asse con l'asse della macchina utensile, spec. tornio **2** operazione che consiste nel montare le lenti di un obiettivo in modo che i centri di tutte le loro superfici siano allineati su una retta, che è l'asse ottico dell'obiettivo **3** operazione con la quale, in fase di stampa fotografica, si dispone al centro la parte più interessante di un'immagine **4** posizione della vignetta del francobollo rispetto ai bordi dentellati o ai margini se si tratta di esemplare emesso non dentellato

centravànti o **centroavànti** [comp. di *centro* e *avanti*; calco sull'ingl. *centre forward* ✱ 1912] **s. m. e f. inv.** ● nel calcio, centrattacco

centreuropèo ➤ **centroeuropeo**

cèntrica [f. sost. di *centrico* ✱ sec. XX] **s. f.** ● (*ottica*) figura di diffrazione che si forma al centro di un'onda sferica

cèntrico [vc. dotta, gr. *kentrikós*, da *kéntron* 'centro' ✱ 1464] **agg.** (**pl. m.** *-ci*) ● che è posto simmetricamente rispetto al centro: *struttura centrica*

-cèntrico [V. *centrico*] **secondo elemento** ● in aggettivi composti del linguaggio scientifico, significa 'che costituisce il centro, che ha al centro': *eliocentrico, geocentrico* | in aggettivi composti spec. di formazione più recente, significa 'che pone al centro', 'che considera essenziale, fondamentale': *antropocentrico, adultocentrico*

centrìfuga [f. sost. di *centrifugo* ✱ 1913] **s. f.** ● (*mecc.*) macchina, autonoma o inserita in altra macchina, costituita principalmente da un organo in rapida rotazione per produrre azioni centrifughe; si usa in varie tecnologie e lavorazioni: *separare particelle solide da un liquido con la c.*; *asciugare la biancheria con la c. della lavatrice* | ***c. umana***, grossa centrifuga che può alloggiare una persona, usata per studiare le reazioni umane alla navigazione spaziale

centrifugàre [1906] **v. tr.** (*io centrìfugo, tu centrìfughi*) ● sottoporre all'azione di una centrifuga: *c. una sospensione*; *c. il burro*; *c. mele, carote*

centrifugàto **A part. pass.** di *centrifugare*; **anche agg.** ● nel sign. del v. **B s. m.** ● bibita ottenuta centrifugando verdura o frutta: *c. di carota*; *c. di mela* CFR. frappè, frullato

centrifugazióne [1905] **s. f.** ● operazione del centrifugare

centrìfugo [comp. di *centro* e del lat. *fŭgere* 'fuggire', prob. attrav. il fr. *centrifuge* ✱ av. 1730] **agg.** (**pl. m.** *-ghi*) **1** diretto radialmente verso l'esterno CONTR. centripeto | ***forza centrifuga***, in un sistema in moto rotatorio, quella che tende ad allontanare le singole parti dal centro | ***estrattore c.***, per trarre l'olio direttamente dalle paste d'oliva | ***chiarificatore c.***, per liberare i vini dalle impurità **2** (*fig.*) che tende ad allontanarsi da regole, principi, istituzioni e sim., spec. per assumere una posizione autonoma: *tendenze centrifughe*

centrìna [vc. dotta, gr. *kentrínēs*, da *kéntron* 'pungiglione' ✱ 1684] **s. f.** ● squalo tozzo, rivestito di placchette, con bocca fornita di zanne inferiori triangolari (*Oxynotus centrina*) SIN. pesce porco

centrìno [dim. di *centro* ✱ av. 1936] **s. m.** ● tovaglietta di pizzo o di tessuto ricamato, di varia forma, che si mette sui mobili per ornamento o per appoggiarvi vasi o soprammobili

centrìolo [ingl. *centriole*, dal lat. *cĕntrum* 'centro' ✱ 1931] **s. m.** ● (*biol.*) organulo al centro dell'apparato della sfera nelle cellule animali

centrìpeto [comp. di *centro* e del lat. *pĕtere* 'tendere verso', prob. attrav. il fr. *centripète* ✱ 1731] **agg.** ● diretto verso il centro CONTR. centrifugo | ***forza centripeta***, in un sistema in moto rotatorio, quella che tende ad avvicinare le singole parti al centro

centrìsmo [1922] **s. m.** ● (*polit.*) tendenza di gruppi politici a formare una coalizione di centro dalla quale siano escluse le destre e le sinistre

centrìsta [1923] **A agg.** (**pl. m.** *-i*) ● ispirato o caratterizzato da centrismo: *governo, politica c.* **B agg. e s. m. e f.** ● appartenente al centro in senso politico

centritalìano ➤ **centroitaliano**

♦**cèntro** (o *-é-*) [vc. dotta, lat. *cĕntru(m)*, dal gr. *kéntron* 'pungiglione, perno', poi 'punto centrale' ✱ 1282] **s. m.** **I** elemento, dato o concetto statico in rapporto allo spazio circostante **1** (*mat.*) centro di simmetria di una figura | ***c. di simmetria***, in una figura piana (o in un solido) punto tale che ogni retta che passi per esso incontra vertici, spigoli o facce che si corrispondono | ***c. di cristallizzazione***, punto geometrico attorno al quale si riuniscono particelle materiali a formare un cristallo **2** punto, area, zona considerata, in modo più o meno convenzionale o approssimativo, come il punto mediano o più interno di qlco. (*anche fig.*): *il c. della terra*; *il c. di una piazza* | ***c. ottico***, punto di una lente da cui i raggi che lo attraversano emergono parallelamente alla direzione di incidenza | ***fare c.***, colpire esattamente un bersaglio; (*fig.*) indovinare o risolvere qlco. | ***essere al c. dei desideri, dell'attenzione*** e sim. ***di qlcu.***, costituirne l'oggetto principale | (*est.*) zona interna di una città, dove sono concentrati edifici storici e amministrativi e numerose attività culturali e commerciali: *il c. di Roma, di Milano*; *andare in c. a fare spese* CONTR. periferia | ***c. storico***, nucleo di città o paese formatosi prima dell'età industriale, gener. circoscritto in passato da una cerchia di mura, dove si possono riconoscere i valori monumentali, edilizi e ambientali tradizionali **3** (*est.*) settore di mezzo in un emiciclo assembleare: *sedere al c.* | (*fig.*) raggruppamento politico di tendenza moderata, sia di uno schieramento di partiti che all'interno di un partito: *partiti di c.*; *deputati del c.* **4** (*fig.*) punto fondamentale, principale: *il c. di un problema, di una questione, di un ragionamento* | ***c. d'interesse***, parte di un'immagine fotografica che richiama per prima l'attenzione di chi la osserva; in didattica, argomento principale che serve da filo conduttore a tutta una serie di lezioni o di ricerche **5** nel calcio, punto centrale del campo di gioco, segnato da un disco bianco sul terreno | ***rimettere la palla al c.***, per riprendere il gioco dopo la realizzazione di un gol **II** elemento o complesso dinamico, in rapporto allo spazio o all'ambiente circostante **1** (*fis.*) ***c. di gravità***, baricentro | ***c. delle forze parallele***, punto d'applicazione della risultante di un sistema di forze parallele applicate ai vari punti | (*mar.*) ***c. di carena***, baricentro del volume immerso di un galleggiante | (*mar.*) ***c. velico***, punto di applicazione della risultante dell'azione del vento sulle vele **2** (*anat.*) organo o parte di organo che svolge una specifica funzione: *c. del linguaggio, del respiro* | ***c. nervoso***, nucleo di cellule nervose che presiede a determinate funzioni dell'organismo **3** (*anat.*) corpo vertebrale **4** polo che attrae o punto dal quale si irradiano attività, iniziative e sim. (*anche fig.*): *c. d'attrazione, d'influenza* | ***c. sismico***, punto di origine di un terremoto SIN. ipocentro | ***c. di fuoco***, elemento difensivo costituito da una o più armi in postazione | ***centri di potere***, strutture politiche, istituzionali, economiche e sim. in grado di influire sulle decisioni relative alla vita pubblica o a una data attività | ***c. di eccellenza***, V. *eccellenza* **5** nucleo urbanistico autonomo: *un grosso c. abitato; i prosperosi centri della provincia* SIN. città, paese | complesso edilizio destinato a determinate attività: *c. industriale, commerciale, direzionale* | ***c. fieristico***, destinato a ospitare una fiera | ***c. sociale***, complesso di strutture organizzate e gestite da istituzioni, in cui si svolgono attività culturali, assistenziali, ricreative: *c. sociale per anziani*; edificio autogestito in cui gruppi giovanili o politici organizzano incontri e attività varie | ***c. benessere***, struttura attrezzata per terapie fisiche, trattamenti estetici, dietetici e sim. **6** istituzione, organo direttoriale da cui dipendono organismi periferici | (*est.*) istituzione che organizza e promuove una determinata attività: *c. didattico; c. raccolta profughi; c. per lo studio del cancro* | ***C. per l'impiego***, ufficio pubblico che offre servizi di informazione, orientamento e consulenza sul mondo del lavoro ed esplica la funzione di intermediario tra persone in cerca di occupazione e datori di lavoro **7** complesso organizzato di uomini e mezzi, per la produzione e la distribuzione di beni o di servizi: *c. trasmittente, elettronico, meccanografico, meteorologico* | ***c. di produzione***, complesso di studi, sale di sincronizzazione e sim. utilizzato per la produzione dei programmi televisivi e radiofonici | ***c. di costo***, settore aziendale isolato e definito per l'imputazione delle spese | ***c. media***, azienda che seleziona, programma e segue per conto dei clienti, la diffusione di messaggi pubblicitari su diversi mezzi di comunicazione **8** nel calcio e in altri giochi di squadra, giocatore o gruppo di giocatori che si trova nella posizione centrale | (*est.*) traversone, cross **9** nella pallacanestro, pivot ‖ **centrino**, **dim.** (V.)

cèntro- [da *centro*] **primo elemento** ● in parole composte significa 'centrale': *centrocampista, centroeuropeo*

centroafricàno ➤ **centrafricano**

centroamericàno ➤ **centramericano**

centroaṣiàtico ➤ **centrasiatico**

centroattàcco ➤ **centrattacco**

centroavànti ➤ **centravanti**

centrobòa [comp. di *centro-* e *boa*② ✻ sec. XX] **s. m. e f. inv.** ● nella pallanuoto, il giocatore più avanzato in attacco

centrocampìsta [1960] **s. m. e f. (pl. m. -*i*)** ● nel calcio, giocatore che svolge la sua azione nel centrocampo

centrocàmpo [comp. di *centro* e *campo* ✻ 1951] **s. m.** ● nel calcio, zona centrale del campo: *dominare a c.* | (*est.*) complesso dei centrocampisti

centroclassìfica [comp. di *centro* e *classifica* ✻ 1984] **s. m. inv.** ● (*sport*) insieme delle posizioni centrali di una classifica

centrodèstra [comp. di *centro* e *destra* ✻ av. 1913] **s. m. inv.** ● alleanza politica tra partiti di centro e di destra

centrodèstro [comp. di *centro* e *destro* ✻ 1965] **s. m. (f. -*a*)** ● (*disus.*) nel calcio, mezzala destra

centroeuropèo o **centreuropèo** [comp. di *centro-* ed *europeo*; calco sul ted. *Mitteleuropäisch*, agg. di *Mitteleuropa* 'Europa centrale' ✻ 1940] **agg.** ● dell'Europa centrale

centroitaliàno o **centritaliàno** [1987] **agg.** ● dell'Italia centrale

centrolecìtico [comp. di *centro* e *lecitico*, dal gr. *lékythos* 'tuorlo' col suff. *-ico* ✻ 1962] **agg. (pl. m. -*ci*)** ● (*biol.*) detto di gamete femminile contenente notevoli quantità di deutoplasma, totalmente o prevalentemente nelle porzioni centrali del citoplasma

centromediàno [comp. di *centro* e *mediano* ✻ 1925] **s. m.** ● (*disus.*) nel calcio, giocatore schierato al centro della linea dei mediani con compiti prevalentemente difensivi SIN. (*raro*) centrosostegno

centròmero [comp. di *centro* e *-mero* ✻ 1948] **s. m.** ● (*biol.*) nella divisione cellulare, punto di attacco dei cromosomi alle fibrille del fuso acromatico

centropàgina [comp. di *centro* e *pagina* ✻ 1965] **s. m. inv.** ● articolo o pezzo stampato nella parte centrale di una pagina

centrosfèra [comp. di *centro* e *sfera* ✻ 1962] **s. f.** ● (*biol.*) parte esterna dell'apparato della sfera che, nella cellula, diviene evidente durante la divisione

centrosinìstra [1897] **s. m. inv.** ● alleanza politica tra partiti di centro e di sinistra

centrosinìstro [comp. di *centro* e *sinistro* ✻ 1965] **s. m. (f. -*a*)** ● (*disus.*) nel calcio, mezzala sinistra

centrosòma [comp. di *centro* e del gr. *sôma* 'corpo' ✻ 1962] **s. m. (pl. -*i*)** ● (*biol.*) parte centrale dell'apparato della sfera nelle cellule animali

centrosostégno [comp. di *centro* e *sostegno* ✻ 1962] **s. m.** ● (*disus.*) nel calcio, centromediano

Centrospèrme [comp. di *centro-* e del gr. *spérma* 'seme' ✻ 1929] **s. f. pl. (sing. -*a*)** ● (*bot., disus.*) cariofillali

centrotàvola [comp. di *centro* e *tavola* ✻ 1970] **s. m. (pl. *centritàvola*)** ● oggetto o composizione d'oggetti d'argento, cristallo, porcellana, collocato al centro di una tavola, spec. imbandita, con funzione decorativa

cèntum o **kèntum** [dal lat. *cĕntum* 'cento' ✻ 1956] **agg. inv.** ● (*ling.*) ***lingue c.***, insieme di lingue indoeuropee (per es. il latino e il greco) che hanno conservato la velare occlusiva sorda /k/, laddove le lingue satem l'hanno cambiata in sibilante

centumviràle [vc. dotta, lat. *centumvirāle(m)*, da *centŭmviri* 'centumviri' ✻ av. 1580] **agg.** ● dei centumviri

centumviràto [1874] **s. m.** ● dignità, ufficio, collegio dei centumviri

centùmviro [vc. dotta, lat. *centŭmviri*, nom. pl., comp. di *cĕntum* 'cento' e il pl. di *vĭr* 'uomo' ✻ av. 1338] **s. m.** ● nella Roma antica, membro di un collegio composto di cento magistrati

centuplicàre [vc. dotta, lat. tardo *centuplicāre*, da *cĕntum* 'cento' ✻ av. 1369] **v. tr.** (*io centùplico, tu centùplichi*) **1** moltiplicare per cento, accrescere di cento volte: *c. la potenza di un motore* **2** (*fig.*) rendere molto più grande: *c. gli sforzi* SIN. accrescere, aumentare

centùplice [vc. dotta, lat. *centŭplice(m)*, comp. di *cĕntum* 'cento' e il suff. *-plex* (V. *duplice*) ✻ 1956] **agg.** ● che è composto di cento parti

cèntuplo [vc. dotta, lat. tardo *cĕntuplu(m)*, da *cĕntum* 'cento' ✻ av. 1342] **A agg.** ● che è cento volte maggiore, relativamente ad altra cosa analoga: *rendimento c. rispetto a prima* **B s. m.** ● quantità, misura cento volte maggiore: *ricavare, rendere, guadagnare il c.*

†**centùra** e deriv. ➤ **cintura** e deriv.

centùria [vc. dotta, lat. *centŭria(m)*, da *cĕntum* 'cento' ✻ av. 1292] **s. f. 1** nell'antica costituzione romana repubblicana, unità base del comizio centuriato **2** in età romana, porzione rettangolare di terreno base per la centuriazione **3** unità della legione romana costituita da cento soldati | compagnia di cento soldati a cavallo **4** nel periodo fascista, reparto in cui era divisa la milizia volontaria per la sicurezza nazionale **5** complesso, serie di cento unità | (*raro, est.*) insieme di cento persone | (*est.*) raccolta di cento componimenti poetici | †periodo di cento anni

centuriàre [vc. dotta, lat. *centuriāre*, da *centŭria* 'centuria' ✻ sec. XIV] **v. tr.** (*io centùrio*; raro fuorché nel part. pass. *centuriàto*) ● nell'antica Roma, ordinare, dividere il popolo in centurie

centuriàto **part. pass.** di *centuriare*; anche **agg.** ● nel sign. del v. | ***comizio c.***, nella Roma antica, assemblea popolare con funzioni legislative, in cui il popolo votava per centurie

centuriazióne [vc. dotta, lat. tardo *centuriatiōne(m)*, da *centuriātus*, part. pass. di *centuriāre* ✻ 1934] **s. f.** ● nella Roma antica, durante la fondazione di una colonia, divisione del terreno da assegnare in proprietà

centurionàto [vc. dotta, lat. *centurionātu(m)*, da *centŭrio*, genit. *centuriōnis* 'centurione' ✻ sec. XIV] **s. m.** ● nell'esercito romano, grado e carica di centurione

centurióne [vc. dotta, lat. *centuriōne(m)*, da *centŭria* 'centuria' ✻ 1258] **s. m. 1** nell'esercito romano, comandante di una centuria **2** nel periodo fascista, comandante di una centuria

cenùro [comp. del gr. *koinós* 'comune' e *ourá* 'coda' ✻ 1830] **s. m.** ● platelminta dei Cestodi che allo stato adulto vive parassita nell'intestino del cane e allo stato larvale nell'encefalo delle pecore (*Tenia coenurus*)

cenuròṣi [comp. di *cenur(o)* e *-osi* ✻ 1930] **s. f. inv.** ● (*veter.*) capostorno

Cèo /ˈtʃɛo, *ingl.* ˌsiːiːˈəʊ/ [sigla dell'ingl. *Chief Executive Officer*, propr. 'funzionario esecutivo principale' ✻ 1993] **s. m. e f. inv.** ● amministratore delegato | direttore generale

cèpola [vc. dotta, lat. tardo *cēpula(m)* 'cipolla' ✻ 1965] **s. f.** ● genere di Pesci ossei dei Perciformi con corpo allungato e nastriforme (*Cepola*) | ***c. rosseggiante***, di color rosso violaceo (*Cepola rubescens*)

céppa [V. *ceppo* ✻ 1841] **s. f. 1** parte interrata dell'albero da cui si dipartono le radici **2** cavità spontaneamente formatasi sul ceppo di un albero

ceppàia [da *ceppo* ✻ av. 1597] **s. f. 1** parte della pianta che rimane nel terreno dopo il taglio del tronco vicino a terra **2** (*raro*) terreno ricoperto di ceppi di alberi tagliati | (*raro, al pl.*) alberi di un bosco ceduo

ceppàre [da *ceppo* ✻ 1865] **v. intr.** (*io céppo*; aus. *avere*) ● (*raro*) mettere le radici, detto di albero

ceppàta [av. 1712] **s. f. 1** ceppaia **2** insieme di pali per ormeggio infissi sul fondo di acque spec. basse ‖ **ceppatèlla**, **dim.** (V.)

ceppatèlla [1942] **s. f. 1** dim. di *ceppata* **2** ramo d'albero che si può trapiantare

ceppatèllo [1555] **s. m. 1** dim. di *ceppo* **2** (*tosc.*) fungo porcino

céppo [lat. *cĭppu(m)* 'cippo, colonnetta', di etim. incerta ✻ 1266] **s. m. 1** parte inferiore di una pianta legnosa da cui si diramano le radici e si alza il tronco **2** (*fig., lett.*) capostipite di una famiglia, origine di una stirpe | ***nascere dal medesimo c.***, avere antiche origini comuni **3** (*est.*) grosso pezzo di legno da ardere | (*est., tosc.*) ciocco che si brucia la notte di Natale | (*est., tosc.*) il Natale: *penso di starmi in Pavia le vacanze di c., di carnevale e di Pasqua* (U. FOSCOLO) **4** (*fig.*) †uomo ignorante, balordo e testardo: *figurarsi s'io voglio star qui ... a giocare ... con questo c.* (C. GOLDONI) **5** massiccio blocco di legno adatto a vari usi, spec. quello su cui si decapitavano i condannati a morte: *che mettessero il c. e la mannaia in piazza* (D. COMPAGNI) **6** (*est.*) pesante parte di legno di certi congegni | ***c. dell'aratro***, organo di sostegno e di guida all'estremità posteriore della bure | ***c. dell'ancora***, trave di legno o metallo, perpendicolare al piano delle marre, fissata all'estremità superiore del fuso dell'ancora ammiragliato **7** affusto delle antiche artiglierie **8** (*mecc.*) elemento del freno a espansione, in ghisa o altro metallo, rivestito da una guarnizione d'attrito che, premuto contro un organo di rotazione, ne determina l'arresto **9** base della croce **10** †cassetta per raccogliere le elemosine **11** (**al pl.**) blocchi di legno per immobilizzare i piedi dei prigionieri | (*fig.*) schiavitù, asservimento | ***spezzare i ceppi***, (*fig.*) liberarsi **12** (**al pl.**) attrezzi ginnici analoghi agli appoggi, ma di forma tronco-piramidale **13** ***ceppi bloccaruota***, V. *bloccaruota* **14** (*biol.*) linea di discendenza di organismi di una specie o varietà che presentano in modo costante uno o più caratteri geneticamente determinati | in microbiologia, coltura pura di microrganismi costituita da discendenti di un unico isolamento microbico || **ceppatèllo**, **dim.** (V.) | (*lett.*) **cepperèllo**, **dim.** | **ceppóne**, **accr.**

céra ① [lat. *cēra(m)*, di etim. incerta ✻1262] **s. f.** **1** miscela di esteri, associati ad acidi o alcoli e talvolta a idrocarburi: *c. animale, vegetale, naturale, sintetica* | ***c. di Spagna***, ceralacca | ***c. carnauba***, carnauba | ***c. d'api***, quella secreta dalle ghiandole addominali delle api, che costituisce le celle esagonali dei favi degli alveari, usata spec. per la produzione di candele, in farmacologia e cosmetica | ***c. vergine***, ottenuta da quella d'api per fusione e separazione delle sostanze estranee | ***c. da scarpe***, lucido, crema per calzature | ***c. da pavimenti***, prodotto detersivo per lucidare i pavimenti | ***essere di c.***, (*fig.*) molto delicato | ***parere di c.***, essere molto pallido **2** (*per anton.*) cera d'api: *una candela di c.* | (*per anton.*) cera da pavimenti: *dare la c.; scivolare sulla c.; tirare, lucidare a c.* **3** (*est.*) candela | ***fabbrica di c.***, di candele | (*est.*) oggetto o statua di cera: *museo delle cere* | ***c. anatomica***, preparato in cera, o altro materiale malleabile, di parti anatomiche a scopo di studio **4** ***c. perduta***, ***c. persa***, metodo di fusione dei bronzi mediante la liquefazione di un modello in cera | ***c. molle***, tecnica d'incisione analoga all'acquaforte, in cui la vernice antiacido, pastosa, viene asportata indirettamente ricalcando il disegno **5** †tavoletta incerata usata come materiale scrittorio **6** †materia, corpo, in quanto soggetti a influenza plasmatrice del cielo || **cerétta**, **dim.** (V.)

céra ② (o **-è-**), †**cièra** [ant. fr. *chiere* 'viso', dal gr. *kára* 'testa, faccia' ✻av. 1250] **s. f.** ● aspetto del viso che manifesta lo stato di salute: *avere una buona, una bella, un'ottima c.; una brutta, una cattiva, una pessima c.* | aspetto o espressione che rivela uno stato d'animo: *lo specchio riflette quella c. fissa e brusca* (G. D'ANNUNZIO) | ***fare buona c.***, accogliere, ricevere cordialmente | (*lett.*) ***aver c.***, aver l'impudenza, il coraggio: *Torna mo a dirmi di no, se hai c.!* (I. NIEVO) | (*lett.*) ***aver c. di***, aver l'apparenza di: *La lettera ... m'ha c. di voler essere lunghissima* (G. LEOPARDI) **SIN.** aria || **ceràccia**, **pegg.**
SFUMATURE ➤ *carnagione*

ceràio [da *cera*① ✻1887] **A s. m.** (**f.** *-aia*, **pl. m.** *-ai*) ● fabbricante o venditore di cera **B agg.** ● che produce cera: *ape ceraia*

ceraiòlo o †**ceraiuòlo** [da *cera*① ✻1288] **s. m.** (**f.** *-a*) **1** chi produce o vende candele, ceri e sim. **2** modellatore in cera **3** portatore di cero in processioni, feste religiose e sim.

ceralàcca [comp. di *cera*① e *lacca* ✻1667] **s. f.** (**pl.** *ceralàcche*) ● miscuglio di resine, sostanze minerali di carica e coloranti, che, in presenza del calore, si rammollisce per poi nuovamente indurirsi; si usa per sigillare pacchi e sim.

ceràmbice [gr. *kerámbyx*, genit. *kerámbykos*, formazione pop. da avvicinare a *kéras* 'corno' ✻1874] **s. m.** ● denominazione di alcune specie della famiglia dei Cerambicidi (*Cerambyx*) | ***c. del ciliegio***, che colpisce il ciliegio | ***c. del nocciolo***, che fora la corteccia del nocciolo scavando gallerie nel midollo: *sono investito ... dall'odore terribile del c. muschiato* (G. GOZZANO)

Cerambìcidi [comp. di *cerambic(e)* e *-idi* ✻av. 1955] **s. m. pl.** (**sing.** *-e*) ● (*zool.*) grande famiglia di Coleotteri dal corpo allungato, con grandi zampe e lunghe antenne, fitofagi allo stato larvale (*Cerambycidae*)

ceramèlla ➤ **cennamella**

ceràmica [fr. *céramique*, dal gr. *keramikós*, da *kéramos* 'argilla, terra da vasaio', di etim. incerta ✻1865] **s. f.** **1** impasto con acqua di sostanze plastiche minerali, in genere argilla, usato per la fabbricazione di terrecotte, refrattari, abrasivi, faenze, gres, terraglie **2** arte e tecnica di manipolare, formare e cuocere tale impasto | (*est.*) ogni oggetto o prodotto ottenuto con tale tecnica: *una c. antica; le ceramiche di Faenza, di Urbino, di Vietri*

ceràmico [1836] **agg.** (**pl. m.** *-ci*) ● di ceramica, relativo alla ceramica: *prodotti ceramici; arte ceramica*

ceramista [fr. *céramiste*. V. *ceramica* ✻1892] **s. m. e f.** (**pl. m.** *-i*) ● artigiano o artista che esegue lavori in ceramica

ceramiẓẓàre [1974] **v. tr.** **1** rivestire un materiale con uno strato di ceramica a scopo protettivo o estetico **2** detto del vetro, controllarne in maniera opportuna la cristallizzazione per renderlo resistente agli sbalzi di temperatura || **ceramiẓẓazióne**, **s. f.**

ceramografia [comp. del gr. *kéramos* 'argilla' (V. *ceramica*) e *-grafia* ✻1962] **s. f.** **1** tecnica della pittura su ceramica **2** (*raro*) descrizione dei lavori dell'arte ceramica

ceramògrafo [comp. del gr. *kéramos* 'argilla' (V. *ceramica*) e di *-grafo* ✻1962] **s. m.** (**f.** *-a*) ● artista che decora con pitture oggetti di ceramica

ceramologia [comp. del gr. *kéramos* 'argilla' (V. *ceramica*) e di *-logia* ✻1962] **s. f.** (**pl.** *-gìe*) ● studio dell'arte e della tecnica ceramica

ceramòlogo [comp. del gr. *kéramos* (V. *ceramica*) e di *-logo* ✻1962] **s. m.** (**f.** *-a*; **pl. m.** *-gi*) ● studioso di ceramologia

ceràre [lat. *cerāre*, da *cēra* 'cera①' ✻1853] **v. tr.** (*io céro*) ● (*raro*) spalmare o impregnare di cera

ceràṣa o **ciràṣa** [lat. *cerăsia*, nt. pl. del tardo *cerăsium* 'ciliegia' con sovrapposizione del sin. *cĕrasum*, dal gr. *kérasos*, di prob. orig. asiatica ✻1303] **s. f.** ● (*centr., merid.*) ciliegia || **ceraṣèlla**, **dim.** (V.)

ceraṣèlla [1935] **s. f.** **1** dim. di *cerasa* **2** liquore di amarena e altri aromi di frutta, specialità dell'Abruzzo

ceraṣéto [da *ceraso*① ✻1955] **s. m.** ● terreno coltivato a ciliegi | piantagione di ciliegi

ceraṣicoltùra o **ceraṣicultùra** [comp. di *ceras(o)*① e *-coltura*] **s. f.** **1** coltivazione del ciliegio **2** studio delle tecniche e dei sistemi di coltivazione del ciliegio

ceràṣo ① o **ciràṣo** [lat. *cerăseu(m)* 'di ciliegio'; V. *ciliegio* ✻av. 1646] **A s. m.** ● (*centr., merid.*) ciliegio **B** in funzione di **agg.** ● (*centr., merid.*) che ha il colore della ciliegia

ceràṣo ② [vc. dotta, lat. *cĕrasu(m)*; V. *ciliegio* ✻av. 1597] **s. m.** ● (*bot.*) solo nella loc. ***lauro c.***, lauroceraso

ceraṣòlo ➤ **cerasuolo**

ceràsta [1313] **s. f.** ● (*lett.*) ceraste

ceràste [vc. dotta, lat. *cerăste(n)*, dal gr. *kerástēs* 'armato di corna', da *kéras* 'corno' ✻sec. XIII] **s. m.** ● rettile africano e asiatico degli Ofidi, velenoso, simile a una vipera, caratterizzato da due cornetti posti sopra gli occhi (*Aspis cerastes*)

ceraṣuòlo o (*lett.*) **ceraṣòlo** [da *cerasa* ✻1916] **A agg.** ● di colore rosso ciliegia **B s. m.** ● (gener. con iniziale maiuscola) vino di colore rosa o rosso ciliegia prodotto spec. in Sicilia, Abruzzo e Calabria con uve locali: *C. di Vittoria*

ceràta [da *cerato* ✻1913] **s. f.** ● giaccone o lunga casacca, talora con pantaloni, in tessuto impermeabile, usata spec. da marinai e naviganti

ceràto **A part. pass.** di *cerare*; anche **agg.** **1** nei sign. del v. **2** ***tela cerata***, impermeabile **B s. m.** **1** tessuto apprettato con sostanze cerose, che presenta una faccia molto lucida e liscia **2** preparazione medicinale a base di cera per uso esterno

cèrato- ➤ **cherato-**

Ceratodifórmi [comp. del gr. *kéras* 'corno' (V. *cerambice*), *odóus* 'dente' (V. *odonto-*) e *-forme* ✻1987] **s. m. pl.** (**sing.** *-e*) ● (*zool.*) ordine di Pesci ossei dei Dipnoi con quattro branchie e pinne pari molto sviluppate (*Ceratodiformes*)

ceratòpside [comp. di *cerato-* e del gr. *ópsis* 'occhio, faccia' ✻1991] **s. m.** ● (*paleontologia*) rettile erbivoro dell'Era secondaria delle dimensioni del bue attuale e fornito di lunghe corna

ceratosàuro [comp. del gr. *kéras*, genit. *kératos* 'corno' e *sâuros* 'lucertola' ✻1905] **s. m.** ● rettile fossile dei Dinosauri del Giurassico, provvisto di un corno sulle ossa nasali (*Ceratosaurus*)

ceratùra [da *cerare* ✻1956] **s. f.** **1** operazione del cerare **2** trattamento di finitura del legno lavorato, con cera disciolta in acquaragia ed eventuali sostanze coloranti

ceràunio [vc. dotta, lat. *cerauniu(m)*, dal gr. *keráunios*, agg. di *keraunós* 'fulmine' ✻av. 1327] **s. m.** ● utensile preistorico in pietra, che si riteneva prodotto dalla caduta di fulmini

ceraunògrafo [vc. dotta, comp. del gr. *keráunios* 'fulmine' e *-grafo* ✻1865] **s. m.** ● (*geofis.*) strumento per registrare scariche elettriche atmosferiche e ricavarne informazioni sul decorso dei temporali

ceràzia [vc. dotta, lat. *cerătia(m)*, dal gr. *keratías* 'cornuto', da *kéras*, genit. *kératos* 'corno' ✻1476] **s. m.** (**pl.** *-i*) ● genere di Pesci ossei dei Lofiformi i cui maschi sono di dimensioni ridotte e vivono come parassiti delle femmine, che sono almeno dieci volte più grandi (*Caratias*)

ceràzio [vc. dotta, lat. *cerătiu(m)*, dal gr. *kerátion* 'cornetto', dim. di *kéras*, genit. *kératos* 'corno' ✻1865] **s. m.** ● genere di Protozoi dei Dinoflagellati con guscio e prolungamenti a forma di corna (*Ceratium*)

✦**cèrbero** [vc. dotta, lat. *Cĕrberu(m)*, dal gr. *Kérberos*, n. di un mostro canino con tre teste, custode dell'ingresso dell'Ade ✻1313] **s. m.** ● custode, guardiano arcigno | persona intrattabile e sgarbata

cerbiàtta [av. 1530] **s. f.** **1** femmina del cerbiatto **2** (*fig.*) giovane donna dal corpo agile e dalle gambe snelle o dagli occhi grandi, espressivi

cerbiàtto o †**cerviàtto** [dal lat. tardo *cĕrvia* (f. di *cĕrvus* 'cervo'), con il suff. *-atto*, proprio dei piccoli animali ✻1353] **s. m.** (**f.** *-a*) ● giovane cervo || **cerbiattino**, **dim.** | **cerbiattolino**, **dim.**

†**cèrbio** ➤ **cervo**

cerbottàna [sp. *cerbotana*, dall'arabo *zarbaṭāna* ✻1438] **s. f.** **1** arma primitiva composta di un lungo tubo di bambù, legno o metallo, mediante il quale, soffiando, si possono lanciare piccole frecce | giocattolo simile a tale arma primitiva per lanciare coni di carta **2** schioppo dalla lunga canna, usato nel XV sec. **3** †cannuccia usata per parlare sottovoce con qlcu. o per comunicare a distanza | ***parlare per c.***, in segreto o indirettamente

cerbottanière [1983] **s. m.** ● nel XV sec., soldato armato di cerbottana

cérca [1288] **s. f. 1** attività diretta a trovare qlcu. o qlco.: *andare, mettersi, essere in c. di qlcu.* | †perlustrazione **2** questua dei frati degli ordini mendicanti | ***fare la c., andare alla c.***, questuare **3** azione del cane da caccia diretta a scovare la selvaggina **4** †giro sul carro che veniva fatto fare per la città ai condannati a morte

cercàbile [sec. XIV] **agg.** ● che si può cercare

†**cercadóre** ➤ **cercatore**

cercafàse [comp. di *cerca(re)* e *fase* ✱ 1987] **s. m. inv.** ● (*elettr.*) specie di cacciavite, fornito di un apposito congegno luminoso, che serve a individuare le fasi di un sistema elettrico polifase

cercafùghe [comp. di *cerca(re)* e il pl. di *fuga* ✱ 1987] **s. m. inv.** ● apparecchio usato per rivelare eventuali fughe di gas

†**cercaménto** [av. 1292] **s. m.** ● il cercare | ricerca

cercametàlli [comp. di *cerca(re)* e il pl. di *metallo* ✱ 1979] **s. m. inv.** ● metaldetector

cercamìne [comp. di *cerca(re)* e il pl. di *mina* ✱ 1956] **s. m. inv.** ● apparecchio a ricezione di onde cortissime usato per localizzare mine nascoste

cercànte **part. pres.** di *cercare*; **anche agg. 1** (*raro*) nei sign. del v. **2** questuante: *frate c.*

cercapersóne [comp. di *cerca(re)* e il pl. di *persona* ✱ 1970] **A** **s. m. inv.** ● dispositivo radio-telefonico collegato con un centralino telefonico, che, in un'area urbana, consente di mandare messaggi alla persona cercata **SIN.** beeper **B** **anche agg. inv.**: *dispositivo c.*; *impianti c.*

cercapòli [comp. di *cerca(re)* e il pl. di *polo* (elettrico) ✱ 1962] **s. m. inv.** ● dispositivo per individuare il polo positivo e il polo negativo di due terminali in un sistema elettrico

♦**cercàre** [lat. tardo *circāre* 'fare il giro di, andare intorno a', da *circa* 'intorno' ✱ av. 1250] **A** **v. tr.** (**pres.** *io cérco, tu cérchi*; **part. pass.** *cercàto*, †*cérco*) **1** impegnarsi, adoperarsi per trovare qlcu. o qlco.: *c. qlco. nelle tasche*; *c. casa, lavoro*; *c. moglie, marito*; *c. un ristorante, un albergo*; (*colloq.*) *c. da dormire* | ***ti cercano***, (*fam.*) ***cercano di te***, chiedono di te (al telefono, alla porta o sim.) | ***c. qlcu. per mare e per terra***, (*fig.*) dovunque | ***c. il pelo nell'uovo***, (*fig.*) essere pignolo | **PROV.** ***chi cerca trova*** **2** desiderare, sforzarsi di ottenere: *c. la gloria, la ricchezza* | ***c. rogne***, procurarsi guai **3** (*raro, lett.*) percorrere attentamente, perlustrare, frugare, perquisire: *c. il mondo, un paese*; *tutto dovunque va cerca col fiuto* (G.B. MARINO) **B** **v. intr.** (**aus.** *avere*) ● tentare, sforzarsi (+ *di* **seguito da inf.**, *lett.* + *che*): *c. di fuggire, di farsi capire, di fare presto*; *cerca che nell'animo tuo stia niuna malinconia* (L.B. ALBERTI) **C** **cercàrsi** **v. tr. pron.** (**aus.** *essere*) **1** impegnarsi per trovare qlcu. o qlco. (con valore intens.): *cercarsi un albergo, un dentista, un lavoro* | (*colloq.*) ***cercarsi rogne, guai***, agire in modo da procurarsi danni, guai ecc. **2** **cercàrsela** (con il pron. *la* indeterm.), (*colloq.*) cercarsi rogne, attirarsi guai: *se l'è proprio cercata*; *è andato a cercarsela* (*o se l'è andata a cercare*)!

cercària [vc. dotta, comp. del gr. *kérkos* 'corda' col suff. *-aria* ✱ 1865] **s. f.** ● (*zool.*) larva parassita di un gruppo di Trematodi, caratterizzata dalla forma a girino

cercàta [av. 1484] **s. f.** ● ricerca veloce e poco accurata || **cercatina**, **dim.**

cercatóre o †**cercadóre** [av. 1292] **A** **agg.** ● che cerca **B** **s. m. 1** (**f.** *-trice*, *pop.*, *disus.* *-tóra*) chi va alla ricerca di qlco.: *c. d'oro, di antichità* **2** frate che fa la cerca **SIN.** questuante **3** piccolo cannocchiale a grande campo per puntare per la ricerca nel cielo degli oggetti da puntare con i grandi telescopi, ai quali è generalmente connesso

†**cercatùra** [1282] **s. f.** ● ricerca

cérchia [da *cerchio* ✱ 1275] **s. f. 1** struttura di forma circolare, naturale o artificiale, spec. di notevoli dimensioni: *una c. di montagne, di colline*; *una c. di mura merlate* | (*geogr.*) ***c. morenica***, rilievo a forma di ferro di cavallo, deposto alla fronte di un ghiacciaio vallivo **2** (*fig.*) insieme di persone con le quali si stabiliscono relazioni sociali, culturali e sim.: *una ristretta c. di amici*; *la c. dei sostenitori, dei simpatizzanti*; *allargare la c. delle proprie conoscenze* | ***la c. familiare***, la famiglia **SIN.** ambito

cerchiàggio [deriv. di *cerchiare* ✱ 1956] **s. m. 1** (*chir.*) impiego di dispositivi circolari per cingere una struttura indebolita o un orifizio troppo largo: *c. dell'utero* **2** (*chir.*) in ortopedia, applicazione a scopo contenitivo di fili o lamine metalliche per il fissaggio di frammenti di osso fratturato

cerchiàia [av. 1930] **s. f.** ● rete pendente da un cerchio, per pescare spec. nei fiumi

cerchiàio [av. 1484] **s. m.** (**f.** *-aia*, **pl. m.** *-ai*) ● chi fabbrica cerchi per botti

cerchiaménto [sec. XIV] **s. m.** ● (*raro*) cerchiatura

cerchiàre [lat. tardo *circulāre* 'disporre a cerchio', poi 'circondare, accerchiare', da *cĭrculus* 'cerchio', dim. di *cĭrcus* 'cerchio' ✱ 1266] **A** **v. tr.** (*io cérchio*) **1** stringere, serrare con uno o più cerchi: *c. una botte* **2** cingere, circondare: *c. la città di fortificazioni* **3** evidenziare mediante un cerchio: *c. un nome, un numero* **4** †percorrere in giro: *Chi è costui che 'l nostro monte cerchia ...?* (DANTE *Purg.* XIV, 1) **B** **v. intr.** ● †compiere una rotazione, girare: *la notte, che opposita a lui cerchia* (DANTE *Purg.* II, 4)

cerchiàta [av. 1783] **s. f.** ● traliccio a forma di arco per sostenere piante nei giardini o terrazzi

cerchiàto **part. pass.** di *cerchiare*; **anche agg. 1** nei sign. del v. **2** ***occhi cerchiati***, con occhiaie | (*arald.*) detto della botte che ha i cerchi di smalto diverso dalle doghe, e anche dell'aquila diademata

cerchiatóre [1789] **s. m.** (**f.** *-trice*) ● chi cerchia tini, botti, barili e sim.

cerchiatùra [1565] **s. f. 1** il cerchiare | applicazione di anelli metallici a corpi cilindrici o tronco-conici per aumentarne la resistenza **2** insieme dei cerchi di una botte **3** (*veter.*) difetto di accrescimento dell'unghia per cui lo zoccolo degli equini presenta dei rilievi circolari

cerchièllo [1310] **s. m. 1** dim. di *cerchio* **2** (*raro*) orecchino ad anello | anellino **3** †calibro per palle da cannone || **cerchiellino**, **dim.**

cerchiettàre [1879] **v. tr.** (*io cerchiétto*) ● stringere, serrare con uno o più cerchietti

cerchiettino [sec. XIV] **s. m. 1** dim. di *cerchietto* **2** cerchiello nel sign. 2

cerchiétto [1282] **s. m. 1** dim. di *cerchio* | ***c. per capelli***, semicerchio di vario materiale, usato per tenere fermi i capelli **2** braccialetto, anello | ***c. d'oro***, fede nuziale **3** rete da pesca a sacco, usata in Lombardia, con cerchio di m 1,50 di diametro e maglie di mm 12 **4** filo metallico semplice o multiplo racchiuso nel tallone dello pneumatico come rinforzo **5** (**al pl.**) gioco infantile in cui si lancia e si riprende al volo, con due bacchette, un piccolo cerchio || **cerchiettino**, **dim.** (V.)

♦**cérchio** [lat. *cĭrculu(m)*. V. *cerchiare* ✱ 1263] **s. m.** (**pl.** *cérchi* **m.**, †*cérchia* **f.**) **1** (*mat.*) superficie piana racchiusa da una circonferenza **CFR.** ciclo-, -ciclo | circonferenza | ***c. massimo***, per una sfera, circonferenza avente lo stesso centro della sfera | ***c. osculatore***, circonferenza che oscula una curva data | ***quadratura del c.***, uno dei problemi classici della geometria greca, insolubile con gli strumenti richiesti, cioè riga e compasso; (*fig.*) questione impossibile a risolversi | ***chiudere il c.***, (*fig.*) concludere, risolvere una questione rimasta aperta | ***il c. si è chiuso***, (*fig.*) la faccenda è stata risolta, un evento si è compiuto, e sim. **2** attrezzo, struttura, figura e sim. a forma di cerchio: *giocare col c.*; *compiere esercizi ginnici col c.* | ***c. della morte***, acrobazia spettacolare di motociclisti che percorrono una pista circolare elevata verticalmente; in aeronautica, gran volta | (*sport, est.*) specialità della ginnastica ritmica sportiva **3** (*est.*) ciò che ha forma circolare, e cinge, circonda, attornia qlco.: *c. della botte* | ***c. d'oro***, orecchino, anello, diadema | ***dare un colpo al c. e uno alla botte***, serrare fra loro le doghe (con riferimento al lavoro dei bottai); (*fig.*) destreggiarsi fra due posizioni in contrasto tra loro **4** cerchione, nel sign. 2 **5** (*est.*) gruppo di cose o persone disposte in circolo: *valle chiusa da un c. di montagne*; *un c. di curiosi* | ***in c.***, in tondo | ***fare, mettersi in c.***, formare un circolo | ***fare c. attorno a qlcu.***, circondarlo **6** (*poet.*) †sfera celeste: *s'i trascorro il ciel di c. in c., / nessun pianeta a pianger mi condanna* (F. PETRARCA) | ***c. zodiacale***, zodiaco **7** (*fig., lett.*) periodo di tempo: *Nove anni, chiuso c.* (G. UNGARETTI) || **cerchièllo**, **dim.** (V.) | **cerchiétto**, **dim.** (V.) | **cerchiolìno**, **dim.** | **cerchióne**, **accr.** (V.)

cerchiobottìsmo [comp. col suff. *-ismo* di *cerchio* e *botte*, s. tratto dalla loc. *dare un colpo al cerchio e uno alla botte* ✱ 1996] **s. m.** ● (*iron.*) nel linguaggio giornalistico, atteggiamento di chi esprime contemporaneamente consenso e critiche sia a una parte che a un'altra in contrasto con la prima

cerchiobottìsta [1996] **A** **s. m. e f.** (**pl. m.** *-i*) ● (*iron.*) chi dà prova di cerchiobottismo **CFR.** equivicino **B** **anche agg.**: *commentatore c.*

cerchióne [1692] **s. m. 1** accr. di *cerchio* **2** cerchio metallico su cui si adatta lo pneumatico in biciclette, autoveicoli e motocicli **3** (*ferr.*) cerchio d'acciaio con bordino di guida montato sulla corona della ruota dei vagoni, delle carrozze e delle motrici

cercinàre [1956] **v. tr.** (*io cércino*) ● (*bot.*) sottoporre a cercinatura: *c. un ramo*

†**cercinàta** [av. 1646] **s. f.** ● lavoro fatto a cercine

cercinatùra [da *cercine*, nel sign. 3 ✱ 1913] **s. f.** ● (*bot.*) anellazione

cércine (o *-è-*) o †**cércino** [lat. *cĭrcinu(m)* 'compasso', dal gr. *kírkinos*, da *kírkos* 'anello' ✱ 1317] **s. m. 1** involto di panno in forma di cerchio, usato da chi porta pesi sul capo | (*est.*) acconciatura femminile, coi capelli avvolti a cercine **2** (*arald.*) rotolo di nastri dei colori dello scudo, attorcigliati in cerchio sull'elmo **3** (*bot.*) neoformazione di tessuti disposti ad anello a ricoprire lesioni sul fusto e sui rami | rigonfiamento per cattiva circolazione della linfa nelle piante

†**cérco** ① [lat. *circu(m)* 'cerchio'. V. *cerchiare* ✱ av. 1367] **s. m.** ● cerchio

cérco ② [vc. lat., dal gr. *kérkos* 'coda', di orig. sconosciuta ✱ 1913] **s. m.** (**pl.** *-ci*) ● (*zool.*; **spec. al pl.**) appendice presente talvolta nell'ultimo segmento addominale degli insetti

†**cérco** ③ **part. pass.** di *cercare* ● cercato: *Io me la ho cerca, la mi è tocca* (N. MACHIAVELLI)

cèrco-, -cèrco [dal gr. *kérkos* 'coda' (V. *cer-*

*co*②)] **primo e secondo elemento** ● in parole composte della terminologia scientifica significa 'coda': *cercopiteco, cisticerco, eterocerco*

cercolètto [vc. dotta, comp. di *cerco-* e del gr. *léptēs* 'che prende' dal v. *lambánein* 'prendere, afferrare' ✱ 1828] **s. m.** ● (*zool.*) mammifero dei Carnivori affine al procione, diffuso nel Messico meridionale e nell'America centrale; arboricolo, ha una lunghezza di 80-100 cm, compresa la caratteristica coda prensile (*Potus flavus*)

†**cercóne** [etim. incerta ✱ sec. XIII] **A s. m.** ● vino guasto **B anche agg.**: *vino c.*

Cercòpidi [dal gr. *kerkṓpē*, n. di una cicala, di etim. incerta: prob. da avvicinare a *kérkos* 'coda' ✱ 1930] **s. m. pl.** (**sing.** *-e*) ● (*zool.*) famiglia di Insetti degli Omotteri con ali anteriori coriacee, più grandi dell'addome, cui appartiene la sputacchina (*Cercopidae*)

Cercopitècidi [vc. dotta, comp. di *cercopitec(o)* e *-idi* ✱ 1956] **s. m. pl.** (**sing.** *-e*) ● (*zool.*) famiglia di scimmie delle Catarrine comprendente molti generi, fra cui il macaco e il cercopiteco (*Cercopithecidae*)

cercopitèco [vc. dotta, lat. *cercopithēcu(m)*, dal gr. *kerkopíthēkos*, comp. di *kérkos* 'coda' e *píthēkos* 'scimmia' ✱ av. 1367] **s. m.** (**pl.** *-chi* o *-ci*) ● genere di scimmie erbivore dei Cercopitecidi, grandi quanto un gatto, abili saltatrici, viventi sugli alberi dell'Africa tropicale ed equatoriale (*Cercopithecus*)

cercòspora [comp. di *cerco-* e *spora* ✱ 1931] **s. f.** ● genere di Funghi dei Deuteromiceti, con circa 400 specie, prevalentemente parassite, molte delle quali sono dannose a varie colture (*Cercospora*)

cereàle [vc. dotta, lat. *cereāle(m)*, da *Cĕres*, dea della terra e dell'agricoltura; nel sign. 2 calco sull'ingl. *cereals* ✱ 1483] **A s. m. 1** (**spec. al pl.**) denominazione di ciascuna delle varie piante erbacee delle Graminacee (come il grano, il riso, il granturco, l'orzo e sim.) e del grano saraceno (appartenente alle Poligonacee), che forniscono frutti e semi usati, spec. sotto forma di farina, nella alimentazione umana e animale | (**est.**, **al pl.**) i frutti e i semi prodotti da tali piante: ***produzione, commercio, macinatura di cereali*** **2** (**est.**, **al pl.**) fiocchi di granturco, di avena e sim. (calco sull'ingl. *cereals*): *fare colazione con latte e cereali* **B anche agg.**: *piante cereali*

cerealìcolo [comp. del pl. di *cereale* e di *-colo* ✱ 1904] **agg.** ● relativo ai cereali e alla loro coltivazione

cerealicoltóre o **cerealicultóre** [comp. del pl. di *cereale* e di *-coltore* ✱ 1951] **s. m.** (**f.** *-trice*) ● agricoltore specializzato nella coltivazione dei cereali

cerealicoltùra o **cerealicultùra** [comp. del pl. di *cereale* e di *coltura* ✱ 1870] **s. f.** ● coltivazione dei cereali

cerealicultóre ➤ **cerealicoltore**

cerealicultùra ➤ **cerealicoltura**

cerebellàre [da *cerebello* ✱ 1887] **agg.** ● (*anat.*) del cervelletto

cerebellìte [fr. *cérébellite*. V. *cerebello* ✱ 1874] **s. f.** ● (*med.*) infiammazione del cervelletto

cerebèllo [vc. dotta, lat. *cerebĕllu(m)*, dim. di *cerĕbrum* 'cervello' ✱ av. 1639] **s. m.** ● (*anat.*) cervelletto

cerebràle [da †*cerebro*; *celabralità* sul modello del fr. *cérébralité* ✱ av. 1730] **agg. 1** (*anat.*) del cervello: *sostanza c.*; *emorragia c.*; *arteria c.* **2** (*fig.*) di artista od opera in cui la razionalità prevale sul sentimento e sulla spontaneità: *poesia, scultore c.* || **cerebralménte**, **avv.** || **cerebralità**, **s. f. inv.** caratteristica di cerebrale; (**est.**, *lett.*) eccesso di intellettualismo: *disumana e… inguaribile 'cerebralità'* (L. PIRANDELLO)

cerebralìsmo [da *cerebrale* ✱ 1903] **s. m.** ● predominanza degli aspetti razionali su quelli sentimentali e fantastici: *un romanzo, un autore che pecca di c.*

cerebrazióne [da †*cerebro* ✱ 1896] **s. f.** ● (*med.*) attività cerebrale

cerebrifórme [fr. *cérébriforme*. V. *cerebro-* e *-forme* ✱ av. 1730] **agg.** ● che ha forma o aspetto simile a quello del cervello

cerebrìte [da †*cerebro*, con il suff. *-ite*① ✱ 1830] **s. f.** ● (*med.*) infiammazione del cervello

cèrebro o (*lett.*) **cerèbro**, †**cèlabro** [vc. dotta, lat. *cerĕbru(m)*, da una radice *keras* 'testa' ✱ 1275] **s. m. 1** (*lett.*) cervello | (*lett.*) ingegno **2** (*zool.*, *raro*) cervello, negli invertebrati

cèrebro- [dal lat. *cerĕbru(m)* 'cervello'] **primo elemento** ● in parole composte della terminologia medica significa 'del cervello': *cerebropatia, cerebrospinale*

cerebrolèso [comp. di *cerebro* e *leso* ✱ 1930] **agg. e s. m.** (**f.** *-a*) ● (*med.*) che (o chi) ha subito una lesione cerebrale da cui deriva gener. un'alterazione delle funzioni mentali e fisiche

cerebropatìa [comp. di *cerebro-* e *-patia* ✱ 1899] **s. f.** ● (*med.*) qualsiasi malattia cerebrale: *c. neoplastica* || **cerebropàtico**, **agg.** (**pl. m.** *-ci*); **anche s. m.** (**f.** *-a*) **nel sign. 2** **1** relativo a cerebropatia **2** che (o chi) è affetto da cerebropatia

cerebroplegìa [comp. di *cerebro-* e *-plegia* ✱ 1899] **s. f.** (**pl.** *-gie*) ● (*med.*) apoplessia cerebrale

cerebrospinàle [fr. *cérébro-spinal*. V. *cerebro-* e *spinale* ✱ 1843] **agg.** ● (*anat.*) relativo al cervello e al midollo spinale: *meningite c.*

†**ceremònia** e deriv. ➤ **cerimonia** e deriv.

♣**cèreo**① [vc. dotta, lat. *cēreu(m)*, da *cēra* 'cera①' ✱ 1475] **A agg. 1** di cera **2** che è pallido come la cera: *viso c.*; *mani, guance cereе* **3** (*fig.*, *lett.*) plasmabile **B s. m.** ➤ **cero**

SFUMATURE DI SIGNIFICATO

cereo - pallido
Ciò che ha la bianchezza fredda della cera si dice **cereo**; in riferimento al viso di una persona identifica un colorito smorto, dovuto a malattia, stanchezza, improvvisa emozione. Anche **pallido** si usa per descrivere un colorito innaturale della pelle, bianco ed esangue; in senso esteso identifica una luce poco intensa, debole o un colore molto chiaro.

cèreo② [da *cereo*①, perché ha la forma di un *cero* ✱ 1986] **s. m.** ● genere delle Cactacee comprendente piante perenni, succulente, con fusti carnosi costolati e guarniti di aculei, e fiori notturni (*Cereus*)

cererìa [da *cera*① ✱ 1754] **s. f.** ● luogo dove si fabbricano e si vendono candele, cera lavorata e sim.

cerèsina [da *cera*① ✱ 1892] **s. f.** ● sostanza bianca o gialla, di aspetto ceroso e composizione simile a quella della paraffina, usata in varie preparazioni industriali

cerétta [1830] **s. f. 1** dim. di *cera*① **2** preparato adesivo per depilazione **3** (*disus.*) pomata per ungere o tingere capelli

cerfìco [sta per *(a)cer(o)fico*, perché stilla un latice dolce, simile a quello del fico ✱ 1965] **s. m.** (**pl.** *-chi*) ● albero delle Aceracee con foglie ampie simili a quelle del platano ma più sottili, fiori giallo-verdastri in corimbi e frutto alato (*Acer platanoides*) **SIN.** acero riccio

cerfòglio o †**cerfùglio** [lat. *caerefŏliu(m)*, dal gr. *chairéphyllon*, da *phýllon* 'foglia', il sign. della prima parte della parola è incerto ✱ 1310] **s. m.** ● pianta erbacea aromatica delle Apiacee con fusto striato, ramoso, e fiori bianchi in ombrelle sessili (*Anthriscus cerefolium*)

cèrico [da *cerio* ✱ 1865] **agg.** (**pl. m.** *-ci*) ● (*chim.*) detto di composto del cerio tetravalente

cerìfero [comp. di *cera*① e *-fero* ✱ 1951] **agg.** ● che produce cera

cèrilo [dal gr. *kḗrylos* ✱ 1889] **s. m.** ● (*poet.*) fiabesco uccello marino identificabile forse con l'alcione

♦**cerimònia** o †**ceremònia**, †**cirimònia** [vc. dotta, lat. *caerimōnia(m)*, forse di orig. etrusca ✱ 1268] **s. f. 1** (*relig.*) celebrazione rituale o solenne dei culti religiosi | festa solenne di carattere sacro: *c. di iniziazione* **2** complesso di atti che si compiono per celebrare avvenimenti, ricorrenze e sim.: *la c. del giuramento, dell'inaugurazione* | ***abito da c.***, abbigliamento che si indossa durante cerimonie | ***maestro di cerimonie, di cerimonia, delle cerimonie***, cerimoniere **3** (**al pl.**) esagerato formalismo nei rapporti fra persone; convenevoli, complimenti: *lasciar da parte le cerimonie* | ***senza cerimonie***, con semplicità | ***senza tante cerimonie***, in modo brusco

SFUMATURE DI SIGNIFICATO

cerimonia - funzione - rito
Cerimonia è la celebrazione solenne di fatti e ricorrenze che hanno rilievo per una comunità; in accezione religiosa indica il complesso degli atti rituali che danno luogo a una pratica di culto. Un equivalente di *cerimonia* come pratica di culto cattolico è **funzione**. **Rito** è in generale il complesso di regole a cui si deve conformare un atto sacro per avere validità; per estensione il termine identifica ogni *cerimonia* religiosa svolta seguendo una prassi codificata.

cerimoniàle o †**ceremoniàle**, †**cirimoniàle** [vc. dotta, lat. tardo *caerimoniāle(m)*, da *caerimōnia* 'cerimonia' ✱ 1483] **A s. m. 1** complesso e successione degli atti e delle regole prescritti per una particolare cerimonia: *c. di corte* **SIN.** rituale **2** libro che contiene tali regole **B agg.** ● (*lett.*) di cerimonia || **cerimonialménte**, **avv.** (*raro*) secondo il cerimoniale || **cerimonialità**, **s. f. inv.** aspetto, carattere o tono solenne, da cerimonia

SFUMATURE DI SIGNIFICATO

cerimoniale - rituale - etichetta
L'insieme delle norme che disciplinano lo svolgimento di un rito o di una cerimonia laica o religiosa si definisce **cerimoniale** o **rituale**. *Rituale* identifica anche l'insieme dei comportamenti cultuali di una religione; oppure l'insieme delle cerimonie proprie di una festa o di una liturgia; oppure il libro che contiene tali norme. Il particolare *cerimoniale* degli usi da osservare nelle corti reali si chiama **etichetta**; in senso esteso il termine definisce il complesso delle norme di comportamento a cui attenersi in società e in occasione di particolari eventi.

cerimonialìsmo [1983] **s. m.** ● importanza attribuita alle cerimonie come mezzi di liberazione e salvezza in alcune religioni, spec. primitive

cerimoniàre [da *cerimonia* ✱ 1524] **v. intr.** (*io cerimònio*; **aus.** *avere*) ● (*raro*) fare cerimonie, complimenti

cerimonière o †**ceremonière** [1585] **s. m.** ● chi ha la funzione di regolare le cerimonie ufficiali, sia religiose che civili

cerimonióso (o *-ṣ-*) o †**cirimonióso** [vc. dotta, lat. tardo *caerimoniōsu(m)*, da *caerimōnia* 'cerimonia' ✱ 1483] **agg.** ● di persona troppo formalista e complimentosa: *non essere così c.!* | di atto, comportamento o scritto manierato e affettato: *lettera cerimoniosa* || **cerimoniosaménte**, **avv.** || **cerimoniosità**, **s. f. inv.**

cerinàio [1899] **s. m.** (**f.** *-aia*, **pl. m.** *-ai*) **1** operaio addetto alla fabbricazione dei cerini **2** (*raro*) un tempo, venditore ambulante di cerini

cerìno [1803] **s. m. 1** dim. di *cero* **2** fiammifero con lo stelo intriso di cera | ***passare il c. acceso***, (*fig.*) passare incarichi gravosi, responsabilità e compiti difficili ad altri, fare a scaricabarile | (*fig.*) ***gioco del c.***, spec. nel linguaggio giornalistico, situazione in cui ciascuno cerca di lasciare ad altri una responsabilità sgradita **3** stoppino incerato per accendere candele, spec. in chiesa | un tempo sottile candela avvolta a gomitolo, usata per illuminazione

cèrio [dal n. del planetoide *Cerere* ✱ 1865] **s. m.** (**pl.** *-i* o *raro -ii*) ● elemento chimico, metallo, tenero, duttile, malleabile, grigio, appartenente al gruppo delle terre rare e il più abbondante tra queste, ottenuto per elettrolisi del cloruro, impiegato per leghe con altri metalli **SIMB.** Ce **NUM. AT.** 58

cerivastatìna [dall'ingl. *cerivastatin*, comp. di *ceri* (sigla di *CoEnzyme Reductase Inhibitor*), di *va(leric acid)* 'acido valerianico' e di *statin* 'statina' ✱ 1998] **s. f.** ● (*farm.*) farmaco che inibisce la sintesi epatica del colesterolo abbassandone la quantità presente nel sangue

cèrna ① ➤ **cernia**

†**cèrna** ② [da *cernere* ✱ 1321] **s. f. 1** (*lett.*) divisione | cernita **2** corpo di fanteria reclutato nelle province o nel contado | (*est.*) milizia **3** soldato inesperto e novellino

cernécchio [lat. tardo *cernĭculu(m)* 'crivello, scriminatura', da *cĕrnere* 'scegliere, separare' ✱ av. 1665] **s. m.** ● (*tosc.*) ciocca di capelli arruffati o posticci: *cernecchi rossicci gli escivano di sotto il cappello* (G. D'ANNUNZIO)

cèrnere [vc. dotta, lat. *cĕrnere* 'vagliare, separare, setacciare', da una radice indeur. che significa 'vagliare' ✱ 1266] **v. tr.** (**pres.** *io cèrno*; **pass. rem.** *io cernéi* o *cernètti*, *tu cernésti*; **part. pass.** *raro cernìto*; **raro nei tempi composti**) **1** (*lett.*) scegliere, separare, vagliare: *c. i buoni dai cattivi* **2** †setacciare **3** †discernere, vedere | (*fig.*) considerare, comprendere: *ma questo è quel ch'a cerner mi par forte, / perché predestinata fosti* (DANTE *Par.* XXI, 76-77)

cèrnia o **cèrna** ① [lat. tardo *acĕrnia(m)*, per il classico *achărna(m)*, dal gr. *achárnas*, di etim. incerta ✱ 1797] **s. f.** ● nome di varie specie di Pesci dei Perciformi dalle carni pregiate, con mandibola prominente e lunga pinna dorsale sorretta da aculei (*Epinephelus*, *Polyprion*)

cernièra [fr. *charnière*, dal lat. parl. **cardināria(m)*, da *cărdo*, genit. *cărdinis* 'cardine' ✱ 1708] **s. f. 1** congegno che tiene uniti due elementi, di cui almeno uno è mobile, attorno a un asse | sistema di snodo in vari oggetti **2** specie di serratura a incastro per porte, finestre, scatole, borse, portamonete | ***c. lampo***, dispositivo di chiusura per vestiti, borse e sim., consistente in una doppia fila di dentini in metallo o plastica che si incastrano azionando un cursore **SIN.** zip **3** (*zool.*) giunzione delle due valve della conchiglia dei Molluschi bivalvi **4** (*geol.*) in una piega sinclinale o anticlinale, la zona di maggior curvatura **5** (*fig.*) elemento o punto di collegamento, di raccordo: *la musica di G. Mahler fa da c. tra Ottocento e Novecento* **6** gioco enigmistico consistente nel togliere la parte iniziale a una prima parola, l'uguale parte finale a una seconda e nel fondere le parti residue formando una terza parola (*roMANI*, *NEro* = *MANINE*) **CFR.** lucchetto || **cernierìna**, **dim.**

cernière [fr. *charnier*, dal lat. *carnāriu(m)* 'uncino da appendervi la carne', poi 'dispensa', da *căro*, genit. *cărnis* 'carne' ✱ 1889] **s. m.** ● (*mar.*; *raro*) serbatoio metallico con rubinetto per l'acqua potabile

†**cernìre** [sec. XIII] **v. tr.** ● cernere

✦**cèrnita** [vc. dotta, lat. tardo *cĕrnitu(m)*, part. pass. di *cĕrnere*. V. *cernere* ✱ 1663] **s. f. 1** scelta, selezione effettuata in base a criteri stabiliti: *c. della frutta*; *c. degli scritti su un argomento*; *c. manuale* | ***c. magnetica***, dei minerali magnetici, a mezzo di calamite | (*miniere*) ***c. di cantiere***, effettuata sul minerale appena abbattuto **2** gioco enigmistico consistente nell'eliminare a gruppi di due tutte le lettere uguali di una parola o di una frase e nel ricavare un'altra parola anagrammando le lettere restanti (per es. in *MARMELLATA* si eliminano le due *M*, le due *A*, le due *L* e restano *R.E.T.A.* = *ARTE*) | ***c. totale***, quando, dopo l'eliminazione delle coppie identiche, non rimane alcuna lettera (per es., in *IO NON STIMO ME STESSO*)

cernitóre [av. 1347] **s. m. 1** (**f.** *-trice*) chi è addetto a operazioni di cernita | chi abburatta la farina **2** apparecchio per separare materiali diversi quali semi, frutta, verdura e sim.

cernitùra [av. 1566] **s. f.** ● cernita

cernozëm /*russo* tʃɪrna'zjɔm/ [russo 'terra nera', comp di *cërnyj* 'nero' e *zemlja* 'terra' ✱ 1931] **s. m. inv.** (**pl. russo** *cernozëmy*) ● tipo di suolo nero e grasso comune nella Russia centro-meridionale **SIN.** terra nera

céro o (*poet.*) †**cèreo** ① [da *cera* ① ✱ 1233] **s. m. 1** grossa candela di cera | candela votiva | ***c. pasquale***, benedetto il Sabato Santo e collocato accanto all'altare, si accende nelle funzioni fino all'Ascensione; anche il candelabro, spesso decorato, destinato a sostenerlo | ***dritto come un c.***, lungo e rigido nei movimenti | ***accendere un c. alla Madonna***, (*fig.*, *fam.*) rallegrarsi e ringraziare il cielo per essere uscito indenne da un pericolo, aver evitato un rischio, e sim. **2** grande e pesante costruzione spec. in legno vagamente simile a una candela o a un candeliere, portata a spalla in processioni religiose || **cerìno**, **dim.** (V.)

-cero [dal gr. *kéras* 'corno'] **secondo elemento** ● in parole composte della terminologia zoologica indica 'corna' e più comunemente le 'antenne' degli insetti: *ropalocero*

ceroferàrio [vc. dotta, lat. tardo *ceroferāriu(m)*, comp. di *cēra* 'cera ①' e *fĕrre* 'portare' ✱ 1622] **s. m.** ● chi porta il cero nelle funzioni

cerografìa [comp. di *cer(a)* e *-grafia* ✱ 1962] **s. f.** ● procedimento di incisione in cui il disegno viene tracciato su una lastra spalmata di cera poi immersa in un acido che incide solo il solco lasciato dal bulino

ceròma [vc. dotta, lat. *cerōma*, dal gr. *kērōma*, da *kēróō* 'io copro di cera' ✱ av. 1798] **s. m.** (**pl.** *-i*) ● unguento di cera e olio di cui si spalmavano gli antichi atleti

ceróne [da *cera* ① ✱ 1925] **s. m.** ● pasta colorata usata nel trucco teatrale o cinematografico

ceroplàsta [vc. dotta, lat. tardo *ceroplăsta(m)*, dal gr. *kēroplástēs*, comp. di *kērós* 'cera ①' e *plássō* 'io plasmo' ✱ av. 1612] **s. m. e f.** (**pl. m.** *-i*) ● artista che modella la cera

ceroplàstica [fr. *céroplastique*, dal gr. *kēroplastikḗ* (sottinteso *téchnē* 'arte'). V. *ceroplasta* ✱ av. 1798] **s. f.** ● arte del modellare la cera

ceróso ① (o *-ṣ-*) [vc. dotta, lat. *cerōsu(m)*, da *cēra* 'cera ①' ✱ av. 1584] **agg.** ● che contiene cera | di aspetto simile alla cera

ceróso ② (o *-ṣ-*) [fr. *céreux* 'del cerio' (V.) ✱ 1865] **agg.** ● (*chim.*) detto di composto del cerio trivalente

ceròtico [da *cera* ① ✱ 1865] **agg.** (**pl. m.** *-ci*) ● detto di composto estratto dalla cera | ***acido c.***, acido organico, saturo, monobasico, cristallino, presente, spesso sotto forma di estere, in molte cere

cerottìno [da *cerott(o)* col suff. dim. *-ino* ✱ 1996] **s. m. 1** dim. di *cerotto* **2** ***c. nasale***, supporto adesivo al quale sono fissate due alette di plastica rigida; posizionato al centro del naso, migliora la respirazione agendo meccanicamente sui tessuti nasali

ceròtto [lat. *cerōtu(m)*, dal gr. *kērōtón* 'unguento di cera' ✱ sec. XIV] **s. m. 1** medicamento a base di resine o corpi grassi a notevole potere adesivo, con incorporate sostanze medicinali, che spalmato su tela viene applicato sulla cute | ***c. adesivo***, nastro di tela, seta e sim. ricoperto da un lato da uno strato di sostanza adesiva, impiegato nelle medicazioni, per fissare le bende o le garze | ***c. transdermico***, V. *transdermico* | (*fig.*) rimedio provvisorio e insufficiente: *mettere un c. al problema del traffico* **2** (*fig.*) persona malaticcia o molesta **3** †impiastro, unguento || **cerottìno**, **dim.** (V.) | **cerottóne**, **accr.**

†**ceròttolo** [sec. XIV] **s. m.** ● cerotto

cerpellìno ➤ **scerpellino**

cerpellóne ➤ **scerpellone**

†**cèrqua** [lat. parl. **cĕrqua(m)*, metatesi di *quĕrcus* 'quercia' ✱ av. 1328] **s. f.** ● quercia

cerréta [da *cerro* ② ✱ 1701] **s. f.** ● cerreto

cerretàno [dal paese di *Cerreto* (Umbria), da dove provenivano i primi ciarlatani ✱ av. 1459] **s. m.** (**f.** *-a*) **1** (*lett.*) venditore ambulante, medico girovago: *un certo c. ... / promise al padre suo renderlo sano* (N. MACHIAVELLI) **2** (*lett.*) ciarlatano, impostore

cerréto [da *cerro* ② ✱ 1236] **s. m.** ● bosco di cerri

†**cérro** ① [lat. *cĭrru(m)* 'ciocca di capelli'. V. *cirro* ✱ av. 1581] **s. m.** ● ciocca di capelli | frangia || †**cerrolìno**, **dim.**

cèrro ② [lat. *cerru(m)*, di orig. preindeur. ✱ 1282] **s. m. 1** albero delle Cupulifere con foglie oblunghe, lobate e cupola a squame libere e lineari (*Quercus cerris*) **2** il legno di tale albero

certaldése (o *-ṣ-*) [1353] **A agg.** ● di Certaldo, comune in provincia di Firenze **B s. m. e f.** ● abitante o nativo di Certaldo | ***il Certaldese***, (*per anton.*) il Boccaccio

certàme o †**certàmine** [vc. dotta, lat. *certāme(n)*, da *certāre* 'combattere'. V. †*certare* ✱ 1441] **s. m. 1** (*lett.*) combattimento, contesa, duello: *eccovi i patti del c. e Giove / testimonio ne sia* (V. MONTI) | ***singolar c.***, duello **2** (*lett.*) gara letteraria e poetica | ***C. coronario***, bandito nel XV sec. da L. B. Alberti per una composizione in volgare

†**certàno** [provenz. *certan*, dal lat. parl. **certānu(m)*, deriv. di *cĕrtus* 'certo' ✱ av. 1264] **A agg.** ● certo, sicuro: *lo crede c.* (M.M. BOIARDO) || †**certanaménte**, **avv.** in modo certo; certamente **B avv.** ● certamente, per certo, di certo: *libertà ... in questo mondo c. è riputata la più cara cosa che sia* (G. VILLANI)

†**certànza** [provenz. *certansa* ✱ sec. XII] **s. f.** ● certezza, sicurezza: *e credolo 'n c.* (G. GUINIZZELLI)

†**certàre** [vc. dotta, lat. *certāre* 'combattere', intens. di *cĕrnere*. V. *cernere* ✱ av. 1269] **v. intr.** ● combattere, gareggiare

certazióne [da *certo* ✱ 1950] **s. f.** ● (*raro*) accertamento, certificazione: *atto amministrativo di c.*

certézza [1275] **s. f. 1** condizione di ciò che è certo, sicuro, indubitabile: *nessuna c. è dove non si può applicare una delle scienze matematiche* (LEONARDO); *bisogna garantire la c. della pena* | †prova, conferma: *Io ben d'esserle caro altra c. / veduta n'ho* (L. ARIOSTO) | (*lett.*) sicurezza, garanzia: *Chi vuol esser lieto sia: / di doman non c'è c.* (L. DE' MEDICI) **SIN.** verità **2** persuasione ferma e sicura (+ *di*, **anche seguito da inf.**): *acquistare c.*; *affermare con c.*; *con tutta c.*; *c. assoluta*; *avere la c. della vittoria*; *la squadra ha ormai la c. matematica di vincere lo scudetto* | ***c. morale***, ricavata da una persuasione interiore | (**al pl.**) convinzioni: *non ha più le certezze di un tempo*

certificàre [vc. dotta, lat. tardo *certificāre*, comp. di *cĕrtus* 'certo' e *făcere* 'fare' ✱ 1288] **A v. tr.** (*io certìfico, tu certìfichi*) **1** attestare, affermare, spec. in documenti pubblici (+ *di* **seguito da inf.**, + *che*): *io sottoscritto certifico di essere residente a …; si certifica che il titolare è esentato dal …* **2** †assicurare, convincere **B certificàrsi v. rifl.** ● (*raro, lett.*) accertarsi: *indusse … li protestanti a certificarsi che …* (P. SARPI) | (*lett.*) essere convinto ‖ **certificazióne**, **s. f.** (V.)

♦**certificàto** [da *certificare* ✱ 1677] **s. m.** ● attestazione scritta, da parte di pubblico ufficiale competente, della sussistenza di date condizioni: *c. di nascita; c. di buona condotta; c. dei carichi pendenti* | ***c. penale***, attestazione delle iscrizioni relative a condanne penali esistenti nel casellario giudiziale a carico di una persona | ***c. di lavoro***, documento rilasciato dal datore di lavoro all'atto della cessazione del rapporto di dipendenza nel caso in cui non sia obbligatorio il libretto di lavoro | ***c. di navigabilità***, attesta la navigabilità di un aereo o natante | ***c. di deposito***, titolo emesso da una banca al cliente che deposita fondi per un periodo di tempo definito | ***c. immobiliare***, titolo atipico comprovante la partecipazione a un affare immobiliare | ***c. di origine***, emesso dalle competenti autorità, accompagna i documenti relativi a una spedizione di merci spec. per l'estero | ***c. di origine*** o ***c. genealogico***, documento che attesta l'origine e la genealogia di un animale appartenente a una razza pura | ***c. medico***, quello rilasciato dal medico sull'esistenza di una malattia o di una lesione o sullo stato di salute di una persona

certificatóre [1874] **A agg.** (**f.** *-trice*) **1** (*econ.*) detto di chi compie l'attività di certificazione di bilancio **2** di ente autorizzato a rilasciare le certificazioni di qualità **B s. m.** (**f.** *-trice*) ● chi certifica

certificatòrio [1984] **agg.** ● che costituisce o richiede una certificazione: *atto c.*

certificazióne [1333 ca.] **s. f. 1** attestazione mediante un certificato | ***c. di un documento***, sua autenticazione **2** (*econ., org. az.*) ***c. di bilancio***, parere espresso da una società specializzata sull'attendibilità del bilancio di un'azienda in seguito a revisione contabile | ***c. di qualità***, ***c. accreditata di qualità***, attestazione che aziende, organizzazioni e sim. ottengono da appositi enti accreditati se soddisfano uno schema di norme standardizzato a livello internazionale

†**certitùdine** [vc. dotta lat. tardo *certitūdine(m)*, da *cĕrtus* 'certo' ✱ 1258] **s. f.** ● certezza, sicurezza

♦**cèrto** [lat. *cĕrtu(m)*, part. pass. di *cĕrnere* 'distinguere' ✱ 1219] **A agg. 1** che appare sicuro, indubitabile (posposto al sost.; V. anche il sign. C 1): *notizia certa; i valori più certi; tenere, ritenere per c.; il suo ritorno è dato per c.; è c. che arriverà domani; non si sa ancora nulla di c.* | ***provvedimento, rimedio c.***, efficace **2** chiaro, evidente: *è un dato c. della malattia; c. che è giusto!* | (*est., lett.*) vero, reale: *qual che tu sii, od ombra od omo c.!* (DANTE *Inf.* I, 66) **3** che è fermamente persuaso, convinto di qlco. (+ *di*, **anche seguito da inf.**; + *che*): *sono c. della sua venuta; c. di un tuo interessamento, ti saluto cordialmente; sono c. di farcela; non sono c. che sia già partito; sono c. che è qui* | ***fare c. qlcu.***, assicurarlo ‖ **certaménte**, **avv. 1** con certezza; *no certamente, sì certamente*, indubbiamente no, sì **2** sicuramente: *è una faccenda certamente antipatica* **B s. m. solo sing.** ● ciò che è certo: *lasciare il c. per l'incerto* **C agg. indef. 1** alcuno, qualche, alquanto (sempre preposto al sost., indica una qualità o quantità indeterminata; V. anche il sign. A 1): *esco con certi amici miei; devo finire certi lavori* | con valore determ.: *le visite sono ammesse solo in certi giorni; certe sciocchezze sono inammissibili; sono stato da quella certa persona* | con valore limitativo o attenuativo: *ha un c. ingegno* | con valore accrescitivo, rafforzativo: *ha certi nervi oggi; ha certi piedi* | con valore spregiativo: *certa gente bisogna proprio evitarla; si fanno certi discorsi in certi luoghi!; ha certe pretese!* **2** indica qualcosa di indefinito e ha valore neutro nelle espressioni ***un c. non so che, un c. che, quel c. che***: *sentire un c. che; ha un c. non so che di attraente* **3** tale: *un c. Negri non meglio specificato; ha telefonato un c. signor Rossi* | anche seguito da una prop. consecutiva: *ha certi dolori che non gli danno tregua; aveva certi occhi che mettevano paura* **D avv.** ● certamente, sicuramente, indubbiamente: *lo troverai c. a casa sua; la cosa non finisce c. qui* | in incisi, con valore rafforz.: *tu, c., non potevi averlo visto; c., lei è in buonafede* | nelle risposte con valore affermativo è più forte del 'sì': *'verrai anche tu?' 'c.!'* | con valore rafforz.: *Ma c.!; sì, c.!; c. che sì; c. che no; c. che sono d'accordo!* | nella loc. avv. ***di c., per c.***, con certezza, con sicurezza, certamente: *'Ma tu lo sapevi?' 'No di c.!'* **E cèrti pron. indef. pl.** ● alcuni, taluni, certuni: *certi dicono così; certe affermano il contrario* | anche correl.: *certi sono del tuo parere, certi no*

certósa (o -ṣ-) [fr. *chartreuse*, dal n. di una località nelle Alpi del Delfinato, dove S. Brunone fondò, nel 1084, il suo monastero ✱ 1333 ca.] **s. f. 1** monastero di Certosini **2** (*sett.*) cimitero, spec. nell'Italia settentrionale: *la C. di Bologna* **3** (*raro, fig.*) luogo silenzioso che invita al raccoglimento interiore **4** formaggio lombardo simile al certosino

certosìno (o -ṣ-) o †**certosàno** [da *certosa* ✱ av. 1400] **A agg. 1** relativo all'ordine religioso fondato da S. Brunone: *monaco c.; regola certosina* **2** (*fig.*) detto di ciò che è caratterizzato da un regime di vita ritirata, solitaria, degna dei monaci dell'ordine omonimo: *pazienza certosina* | ***alla certosina***, detto di decorazione a intarsio di disegno geometrico, ottenuta su una superficie di noce con pezzetti di osso o avorio **3** detto di gatto dal corpo grosso e pesante, con pelo morbido, spesso vellutato, di colore grigio-azzurro uniforme **B s. m. 1** monaco certosino | (*est.*) chi conduce una vita di solitudine e astinenza | ***lavoro da c.***, che richiede molta pazienza e meticolosità **2** gatto certosino **3** chartreuse **4** dolce natalizio a base di miele, spezie e frutta candita, tipico di Bologna **SIN.** pan speziale **5** formaggio grasso e molle prodotto in Lombardia

♦**certùno** [comp. di *certo* e *uno* ✱ 1636] **A pron. indef.** ● (*lett., raro*) alcuno, taluno: *avendo udito dir da c.* (G. LEOPARDI) | (**al pl.**) alcuni, certe persone (*anche spreg.*): *certuni si sono disimpegnati bene, cert'altri meno; non vorrai fare come certuni di mia conoscenza; certuni la coscienza l'hanno dietro le spalle, poveretti loro!* (G. VERGA) **B** (*lett., raro*) **anche agg. indef.**: *alla meditazione su certune poesie* (C. PAVESE)

♣**cerùleo** [vc. dotta, lat. *caerŭleu(m)*, V. *cerulo* ✱ av. 1340] **A agg. 1** (*lett.*) di colore azzurro chiaro: *percorreva / … col c. sguardo / l'argivo campo* (U. FOSCOLO) **2** (*lett.*) di persona, che ha gli occhi azzurri: *l'agonia / de' cerulei Germani* (G. CARDUCCI) **B s. m.** ● (*lett.*) il colore ceruleo

cèrulo [vc. dotta, lat. *cāerulu(m)* 'color del cielo', da *caelum* 'cielo', con dissimilazione ✱ 1810] **agg.** ● (*lett.*) ceruleo: *le cerule barbe del glicine* (L. ROMANO)

cerùme [da *cera*① ✱ 1491] **s. m. 1** prodotto di secrezione delle ghiandole sebacee del condotto auditivo **2** (*raro*) colaticcio di cera

ceruminóso (o -ṣ-) [1820] **agg. 1** che secerne cerume: *ghiandole ceruminose* **2** simile a cerume: *liquido c.*

†**cerusìa** o †**cirusìa** [lat. *chirūrgia(m)*, dal gr. *cheirourgía* 'chirurgia' ✱ 1268] **s. f.** ● chirurgia

cerùsico o †**cirùsico** [lat. tardo *chirūrgicu(m)*, dal gr. *cheirourgikós* 'chirurgo' ✱ 1318 ca.] **A s. m.** (**pl.** *-ci*, †*-chi*) **1** †chirurgo | flebotomo, dentista **2** (*spreg.*) chirurgo da poco **B anche agg.** ● nella loc. †***arte cerusica***, cerusia, chirurgia ‖ **cerusichèllo**, **dim.**

cerùssa [lat. *cerŭssa(m)*, forse dal gr. *kērós* 'cera①' ✱ av. 1320] **s. f.** ● (*raro*) biacca di piombo | ***c. usta***, sostanza rossa, ossido salino di piombo

cerussìte [da *cerussa* ✱ 1888] **s. f.** ● (*miner.*) carbonato di piombo, in cristalli prismatici bianchi o incolori

cervantìno /servan'tino/ [dall'agg. sp. *cervantino* ✱ 1970] **agg.** ● relativo allo scrittore spagnolo Miguel de Cervantes (1547-1616)

cervàto [da *cervo* ✱ 1521] **agg.** ● detto del colore di mantello equino intermedio fra il rosso e il bianco simile a quello del pelame del cervo

cervellàccio [av. 1584] **s. m. 1** pegg. di *cervello* **2** (*lett.*) mente rozza: *tumultuosi … pensieri … ribollivano in que' cervellacci* (A. MANZONI) **3** (*fig.*) persona stravagante ma non priva di intelligenza

†**cervellàggine** [da *cervello* ✱ av. 1543] **s. f.** ● capriccio, bizzarria

cervellàta [sec. XV] **s. f.** ● salsiccia fatta con carne, cervella e aromi

cervellétto [1574] **s. m. 1** dim. di *cervello* **2** (*anat.*) porzione dell'encefalo caudale rispetto al mesencefalo, che nei Mammiferi è caratterizzata da due emisferi e controlla numerose funzioni nervose **3** (*fig.*) †indole bizzarra e stravagante

cervellièra [ant. fr. *cervelière*. V. *cervello* ✱ 1243] **s. f.** ● nelle antiche armature, calotta metallica che si poneva sotto l'elmo a difesa del capo **SIN.** cappellina, caschetto

†**cervellinàggine** [da *cervellino*, nel sign. 3 ✱ av. 1471] **s. f.** ● leggerezza, sventatezza: *per c. della fanciulla, la si truova gravida di quattro mesi* (N. MACHIAVELLI)

cervellìno [1370] **A s. m. 1** dim. di *cervello* **2** intelligenza limitata **3** (**f.** *-a*) (*fig.*) persona sventata, di poco senno **B agg.** ● spensierato, capriccioso, sventato: *eccoli ambidue, avventatelli e cervellini del pari* (I. NIEVO)

♦**cervèllo** [lat. *cerebĕllu(m)*, dim. di *cerĕbrum* 'cervello'. V. *cerebro* ✱ 1258] **s. m.** (**pl.** *cervèlli* **m. nei sign. fig.**, *cervèlla* **f. e** *cervèlle* **f. nel sign. proprio di materia cerebrale**) **1** (*anat.*) parte principale dell'encefalo nei Mammiferi e negli Uccelli; comprende i due emisferi cerebrali e il talamo ed è la sede delle attività neurali integrate | ***bruciarsi, farsi saltare le cervella***, uccidersi sparandosi alla testa **CFR.** cerebro- **2** (*est.*) senno, intelletto, intelligenza: *avere molto, poco c.; giudicare col proprio c.; parendogli che Neri di Gino avesse più c. che alcuno altro cittadino in Firenze* (F. GUICCIARDINI); *persona senza c.; comportarsi con poco c.* | ***avere il c. di una gallina, di una formica***, (*fig.*) avere poca intelligenza | ***avere un gran c.***, (*fig.*) avere una grande intelligenza, un'intelligenza eccezionale | ***avere il c. nelle nuvole***, (*fig.*) essere sventato | ***essere in c.***, in senno | ***gli ha dato di volta il c., è uscito di c.***, (*fig.*) è impazzito (*anche scherz.*) | ***tornare in c.***, (*fig.*) rinsavire | ***lambiccarsi, stillarsi il c.***, (*fig.*) studiare un problema con grande attenzione, aguzzare l'ingegno | ***ti sei bevuto il c.?***, (*fig., fam.*) sei impazzito? **3** (*fig.*) mente direttiva di un'organizzazione: *il c. del partito, della banda, del movimento* | persona di eccezionali doti

a b c d e f g h i j k l m n o p q r s t u v w x y z

intellettuali, culturali e sim.: *fuga dei cervelli dall'Europa* **4** persona, in quanto essere ragionevole: *c. strambo, leggero, da poco, fino; è veramente un gran c.* **5** ***c. elettronico***, elaboratore elettronico ‖ **cervellàccio**, **pegg.** (V.) | **cervellétto**, **dim.** (V.) | **cervellino**, **dim.** (V.) | **cervellóne**, **accr.** (V.) | (*raro*) **cervellùccio**, **cervellùzzo**, **dim.**

cervellóne [1605] **s. m.** **1** accr. di *cervello* **2** (**f.** *-a*) persona di eccezionali doti intellettuali | (*iron.*, *raro*) persona rozza e poco intelligente **3** (*scherz.*) elaboratore elettronico

cervellòtico [da *cervello* ✱ av. 1729] **agg.** (**pl. m.** *-ci*) ● bizzarro, strano, illogico: *idea cervellotica* ‖ **cervelloticaménte**, **avv.**

cervellùto [av. 1698] **agg.** ● (*scherz.*, *raro*) assennato

†**cerviàtto** ➤ **cerbiatto**

cervicàle [fr. *cervical*. V. *cervice* ✱ 1574] **A** **agg.** ● (*med.*) relativo alla cervice: *plesso, vertebra c.; artrosi c.* | relativo alla cervice uterina: *canale, muco c.* **B** **s. f.** ● (*fam.*, *ellitt.*) artrosi cervicale

cervìce [lat. *cervīce(m)*, dalla stessa radice da cui deriva anche *cerĕbrum*. V. *cerebro* ✱ av. 1294] **s. f.** **1** (*lett.*) parte posteriore del collo: *la sudata c. e il casto petto* (U. Foscolo) | ***piegare la c.***, (*fig.*) sottomettersi | ***di dura c.***, (*fig.*) caparbio | (*fig.*) ***c. altera***, persona superba **2** (*anat.*) ***c. uterina***, collo dell'utero

cervicìte [comp. di *cervic(e)* e *-ite*① ✱ 1980] **s. f.** ● (*med.*) infiammazione del collo dell'utero

Cèrvidi [dal lat. *cĕrvus* 'cervo', e *-idi* ✱ 1892] **s. m. pl.** (**sing.** *-e*) ● (*zool.*) famiglia di Mammiferi degli Artiodattili i cui maschi posseggono corna ossee caduche, in genere ramificate (*Cervidae*)

†**cervière** [fr. *cervier*, dal lat. (*lŭpum*) *cervāriu(m)* 'lupo veloce come un cervo, che dà la caccia ai cervi' ✱ 1261 ca.] **s. m.** ● lince

†**cervièro** [var. di †*cerviere* ✱ av. 1292] **agg.** **1** di lince | ***lupo c.***, lince **2** (*fig.*, *poet.*) acutissimo, detto di sguardo, occhio, vista: *chiara alma, pronta vista, occhio c.* (F. Petrarca)

cervìno [lat. *cervīnu(m)*, da *cĕrvus* 'cervo' ✱ av. 1340] **A** **agg.** **1** del cervo: *odore c.* **2** di colore simile a quello del mantello del cervo **B** **s. m.** ● pianta erbacea perenne delle Graminacee con foglie pungenti e fiori in sottili spighe (*Nardus stricta*) **SIN.** nardo sottile

cervióna ➤ **cervona**

♦**cèrvo** o †**cèrvio**, †**cèrbio** [lat. *cĕrvu(m)*, dalla radice indeur. **ker* 'testa' ✱ sec. X] **s. m.** **1** (**f.** *-a*) mammifero ruminante degli Artiodattili con coda corta, pelame bruno rossiccio e, nei soli maschi, con palchi ramificati, destinati a cadere annualmente (*Cervus*) **CFR.** bramire **2** ***c. volante***, insetto dei Coleotteri con testa quadrata e larga, munita nel maschio di grandi mandibole ramificate simili alle corna di un cervo (*Lucanus cervus*) **3** (*fig.*) ***c. volante***, aquilone | apparecchio per rilevazioni spec. meteorologiche simile a un aquilone ‖ **cervétto**, (*lett.*) **cerviétto**, **dim.** | **cervóne**, **accr.**

cervògia [ant. fr. *cervoise*, dal lat. *cervīsia(m)*, parola gallica ✱ 1258] **s. f.** (**pl.** *-gie*) ● (*raro*) specie di birra | (*lett.*) birra

cervóna o **cervióna** [da *cervo* ✱ 1745] **agg.** solo **f.** ● ***colla c.***, V. *colla*②

cervóne [da *cervo*, perché munito di cornetti ✱ av. 1572] **s. m.** ● rettile dei Colubridi di grandi dimensioni, ma innocuo, caratterizzato da quattro linee nere sul dorso (*Elaphe quatuorlineata*)

cerzioràre [vc. dotta, lat. tardo *certiorāre*, da *cĕrtior*, compar. di *cĕrtus* 'certo' ✱ 1565] **A** **v. tr.** (*io cerzióro* (o *-ò-*)) ● (*lett.*) informare **B** **cerzioràrsi** **v. rifl.** ● (*lett.*) accertarsi, assicurarsi

Cesalpiniàcee [dal n. del botanico A. *Cesalpino* (1519-1603), che per primo descrisse la pianta, e *-acee* ✱ 1956] **s. f. pl.** (**sing.** *-a*) ● (*bot.*) famiglia delle Dicotiledoni comprendente specie legnose prevalentemente delle regioni tropicali e mediterranee, con fiori zigomorfi a cinque petali liberi, come nel siliquastro

cèṣare (o *-è-*) [vc. dotta, lat. *Cāesare(m)*, dal n. di C. Giulio Cesare (102 o 101 o 100-44 a.C.), per errata tradizione considerato il primo imperatore romano ✱ 1258] **s. m.** **1** (*lett.*) imperatore, sovrano: *per triunfare o c. o poeta* (Dante *Par.* I, 29) **2** (*lett.*, *fig.*) †signore: *libera farmi al mio c. parve* (F. Petrarca)

ceṣàreo① [vc. dotta, lat. *caesăreu(m)*, da *Cāesar* 'Cesare, imperatore' ✱ av. 1420] **agg.** **1** (*stor.*) di Cesare: *politica cesarea; scritti cesarei* **2** (*est.*, *lett.*) dell'imperatore, imperiale | ***poeta c.***, poeta di corte, spec. della corte imperiale di Vienna

ceṣàreo② [lat. scient. *sectio caesarea*, dal n. *Cāesar*, che secondo Plinio significava *caeso matris utero* 'dall'utero tagliato della madre' (da *caedere* 'tagliare') ✱ 1596] **agg.** ● (*med.*) detto del parto che avviene mediante incisione dell'addome e dell'utero, e dell'incisione così praticata: *parto, taglio c.*

ceṣariàno [vc. dotta, lat. *Caesariānu(m)*, da *Cāesar* 'Cesare' ✱ sec. XIII] **A** **agg.** ● di Giulio Cesare: *stile c.* **B** **s. m.** ● partigiano o seguace di Giulio Cesare: *i cesariani e i pompeiani*

†**ceṣàrie** [vc. dotta, lat. *caesărie(m)* 'capigliatura', di orig. indeur. ✱ 1499] **s. f. inv.** ● (*lett.*) chioma, capigliatura lunga e folta

ceṣariṣmo [fr. *césarisme*, dal lat. *Cāesar* 'Cesare' ✱ 1866] **s. m.** ● dittatura politica personale legittimata da un plebiscito e garantita dall'esercito

ceṣarìsta [1875] **A** **s. m. e f.** (**pl. m.** *-i*) ● seguace o fautore del cesarismo **B** **agg.** ● del cesarismo

ceṣaropapiṣmo [comp. di *cesar(ismo)* e *papismo* ✱ 1913] **s. m.** ● sistema di relazioni fra potere politico e potere religioso nel quale il primo estende la sua giurisdizione anche su terreni tradizionalmente riservati al secondo

ceṣaropapìsta [1970] **A** **s. m. e f.** (**pl. m.** *-i*) ● seguace o fautore del cesaropapismo **B** **agg.** ● del cesaropapismo, relativo al cesaropapismo

ceṣellaménto [1550] **s. m.** ● il cesellare | opera di cesello

ceṣellàre [1550] **v. tr.** (*io ceṣèllo*) **1** lavorare, con mazzetta e ceselli, oro, argento e altri metalli **2** (*est.*) eseguire un'opera d'arte con cura minuziosa perseguendo intenti di estrema perfezione formale: *c. un ritratto, un sonetto*

ceṣellàto **part. pass.** di *cesellare*; anche **agg.** ● nei sign. del v.

ceṣellatóre [1797] **s. m.** (**f.** *-trice*) **1** artista o artigiano che fa lavori di cesello **2** (*est.*) chi esegue il proprio lavoro, spec. artistico, con minuziosa cura, tendendo a risultati di estrema perfezione: *un c. di versi, di note*

ceṣellatùra [1599] **s. f.** **1** lavoro eseguito col cesello | arte e tecnica della lavorazione col cesello **2** (*fig.*) opera, spec. artistica, rifinita con estrema cura

ceṣèllo o †**ciṣèllo** [lat. parl. **caesĕllu(m)*, da *caedere* 'tagliare', di etim. incerta ✱ av. 1537] **s. m.** **1** specie di punzone quadrangolare rastremato alle estremità, con la punta forgiata in varie forme, che serve a sbalzare o incidere metalli e si usa battendo sulla testa con un martelletto | ***lavorare di c.***, cesellare (*anche fig.*) **2** arte del rifinire, o impreziosire con i ceselli, figure e ornamentazioni modellate a sbalzo su lastre metalliche spec. preziose od ottenute per fusione ‖ **ceṣellétto**, **dim.** | **ceṣellìno**, **dim.**

ceṣèna [etim. incerta ✱ 1874] **s. f.** ● uccello dei Passeriformi simile al tordo, con piumaggio grigio-blu nella parte superiore, giallo aranciato sulla gola (*Turdus pilaris*)

ceṣenàte [1619] **A** **agg.** ● di Cesena **B** **s. m. e f.** ● abitante o nativo di Cesena

cèṣio [vc. dotta, lat. *cāesiu(m)* 'azzurro, verdastro', di orig. preindeur.; nel sign. B 2, per le righe azzurre che caratterizzano il suo spettro ✱ av. 1543] **A** **agg.** ● (*lett.*) di colore celeste chiaro, detto spec. di occhi **B** **s. m.** (**pl.** *-i* o *raro -ii*) **1** (*lett.*) il colore cesio **2** elemento chimico, metallo alcalino, tenero, duttile, bianco-argenteo, ottenuto per riduzione dell'ossido, usato per formare leghe e per cellule fotoelettriche **SIMB.** Cs **NUM. AT.** 55

ceṣioterapìa [comp. di *cesio* nel sign. B 2 e *terapia* ✱ 1983] **s. f.** ● impiego terapeutico del cesio e dei suoi composti

ceṣóia o (*pop.*, *tosc.*) **ciṣóia** [lat. parl. **caesōria*, nt. pl., da *cāedere* 'tagliare' ✱ 1272] **s. f.** **1** (**spec. al pl.**) grosse forbici da giardiniere o da sarto **2** utensile a due lame usato per tagliare lamiere, lastre di metallo e sim. ‖ **ceṣoiétta**, **dim.**

ceṣoiàta [1865] **s. f.** ● taglio prodotto da una cesoia

ceṣoiatóre [1956] **s. m.** (**f.** *-trice*) ● operaio addetto alla cesoiatrice **SIN.** cesoista

ceṣoiatrìce [da *cesoia* ✱ 1956] **s. f.** ● macchina usata per tagliare lamiere, lastre metalliche, profilati e sim.

ceṣoìsta [1987] **s. m. e f.** (**pl. m.** *-i*) ● cesoiatore

†**cespitàre** o †**cespicàre** [da *cespite*, nel sign. 2 ✱ sec. XIV] **v. intr.** ● inciampare

♣**céspite** (o *-è-*) [vc. dotta, lat. *cāespite(m)*, prob. di orig. preindeur. ✱ 1342] **s. m.** **1** (*lett.*) cespo: *sopra i nudi cespiti menare i lievi sonni* (G. Boccaccio) **2** fonte di guadagno, di reddito: *ha vari cespiti* | in contabilità, bene strumentale per l'attività dell'impresa

céspo [lat. *cāespes*, nom., 'zolla erbosa' (V. *cespite*) ✱ av. 1374] **s. m.** ● insieme di rami o foglie che si sviluppano dalla base di un fusto formando una specie di ciuffo ‖ **cespétto**, **dim.**

cespugliàme [da *cespuglio* ✱ 1983] **s. m.** ● insieme di cespugli

cespugliàto [da *cespuglio* ✱ av. 1334] **agg.** ● che è ammassato in modo da formare un cespuglio | (*est.*) che è coperto di cespugli

♦**cespùglio** [da *cespo* ✱ av. 1313] **s. m.** **1** insieme dei rami che si dipartono da una sola radice in una pianta priva di fusto principale **2** (*fig.*, *scherz.*) grosso ciuffo di capelli **3** nel linguaggio giornalistico, formazione politica di minore entità all'interno di un'alleanza: *i cespugli della Quercia, dell'Ulivo, del Polo* **4** †mucchio ‖ **cespugliétto**, **dim.** | **cespuglióne**, **accr.**

cespuglióso (o *-ṣo*) [av. 1374] **agg.** **1** pieno di cespugli, coperto di cespugli **2** che forma un cespuglio: *arbusto c.* **3** (*fig.*) a ciuffi molto folti: *barba cespugliosa*

cèssa [da *cessare* ✱ 1928] **s. f.** ● striscia di terreno, priva di vegetazione, lasciata nel bosco per arginare gli incendi

cessànte **A** **part. pres.** di *cessare*; anche **agg.** **1** nel sign. del v. | (*lett.*) indolente, pavido **2** ***lucro c.***, danno che consiste in un mancato guadagno conseguente a un illecito altrui **B** **s. m.** ● †debitore insolvente

♦**cessàre** [lat. *cessāre* 'indugiare, ritardare', intens. di *cēdere* 'cedere' ✱ 1250 ca.] **A** **v. intr.** (*io cèsso*; aus. *essere* nel sign. 1, *avere* nel sign. 2) **1** avere fine, termine: *il brutto tempo è cessato; è un dolore che non cessa* | †***cessi Dio che***, non avvenga che: *ma cessi Iddio che ... noi qua entro ricevere vi vogliamo* (G. Boccaccio) **2** interrompere un'attività commerciale: *la società ha cessato* **3** †ritirarsi:

prega / che da l'impresa cessi (T. Tasso) | (*fig.*) †rinunciare: *la Musica trae a sé li spiriti umani ... sì che quasi cessano da ogni operazione* (Dante) **4** †indugiare **B** **v. tr. 1** porre fine a qlco., sospendere: *c. le ostilità* | (*milit.*) ***cessate il fuoco!***, comando dato per far smettere di sparare | anche nella loc. sost. m. inv. ***cessate il fuoco***, tregua, sospensione dei combattimenti: *rigoroso rispetto del cessate il fuoco* | smettere (+ *di* **seguito da inf.**): *c. di parlare, di scrivere, di vivere; non cessava di farmi domande* **2** †allontanare, scansare **C** **cessàrsi v. rifl.** ● †ritirarsi | †astenersi

cessazióne [vc. dotta, lat. *cessatiōne(m)*, da *cessāre*. V. *cessare* ✻ 1282] **s. f.** ● il cessare **CFR.** -pausa, -stasi | interruzione di cosa incominciata: *la c. delle ostilità* | ***c. di esercizio***, chiusura di un negozio

cessinàre [1955] **v. tr.** ● (*tosc.*) concimare col cessino: *c. un campo*

cessìno [da *cesso*② ✻ 1768] **s. m.** ● concime organico costituito dalle deiezioni umane accumulate nel pozzo nero **SIN.** bottino

cessionàrio [vc dotta, lat. tardo *cessionāriu(m)*, da *cēdere* 'cedere' ✻ 1342] **A** **s. m.** (**f.** -*ia*) ● (*dir.*) colui a favore del quale si compie una cessione: *il cedente e il c.; il c. di un effetto bancario* **B** **anche agg.**: *creditore c.; istituto c.*

cessióne [vc. dotta, lat. *cessiōne(m)*, da *cēdere* 'cedere' ✻ 1310] **s. f. 1** trasferimento di qlco. ad altri **2** (*dir.*) negozio giuridico di trasferimento ad altri di diritti, azioni e sim.: *c. dei crediti, del contratto, di azienda* | ***c. dei beni ai creditori***, contratto con cui il debitore incarica i creditori di liquidare tutto o parte del proprio patrimonio e di ripartire tra loro il ricavato | ***c. di territorio***, accordo con cui uno Stato cede ad altro la sovranità su una parte del proprio territorio | ***c. del quinto***, disposizione riguardante i dipendenti pubblici e consistente in un mutuo che viene restituito a rate mensili versando al mutuante la quinta parte dello stipendio **3** cambiale ricevuta o ceduta per mezzo di girata
SFUMATURE ➤ ***rinuncia***

†**cèsso**① **part. pass.** di *cedere* ● nei sign. del v.

cèsso② [lat. *recēssu(m)*, da *recēdere* 'ritirarsi, retrocedere'. V. *recedere* ✻ 1295] **s. m. 1** (*pop.*) gabinetto, latrina, ritirata **2** (*est.*, *volg.*) luogo lurido, immondo: *quel vicolo era un c.* **3** (*fig.*, *volg.*) cosa o persona brutta, malfatta o di nessun pregio: *questo romanzo è proprio un c.* **4** †luogo appartato, spec. nelle loc. avv. ***in c., da c., di c.***, in disparte, discosto, lontano: *Ma stien i Malebranche un poco in c.* (Dante *Inf.* XXII, 100) ‖ **cessétto**, **dim.**

♦**césta** [lat. *cista(m)*, dal gr. *kístē*, di orig. preindeur. ✻ av. 1193] **s. f. 1** tipo di canestro o paniere a sponde alte, intessuto di vimini, canne e sim.: *la c. per il pane; mettere il bucato in una c.* | ***a ceste***, (*fig.*) in grande quantità | (*est.*) il contenuto di una cesta: *una c. di fichi, di noci* **2** specie di barroccio con il piano formato da una lunga cesta, usato un tempo in Toscana per trasportare fiaschi di vino **3** navicella di aerostato, spec. di vimini **4** nella pelota basca, attrezzo di vimini a forma di lungo cucchiaio, che, applicato a un guanto in cui si infila la mano, viene usato per raccogliere e gettare la palla **SIN.** chistera **5** corredo di scena di un attore ‖ **cestàccia**, **pegg.** | **cestina**, **dim.**

cestàio [sec. XIV] **s. m.** (**f.** -*aia*, **pl. m.** -*ai*) **1** chi fabbrica o vende ceste **2** †garzone di fornaio che portava il pane a domicilio con la cesta

cestèlla [lat. *cistĕlla(m)*, dim. di *cīsta* 'cesta' ✻ 1354] **s. f. 1** piccola cesta **2** cestola **3** (*zool.*) concavità delle zampe posteriori dell'ape operaia in cui è raccolto il polline per portarlo all'alveare ‖ **cestellina**, **dim.**

cestèllo [1296] **s. m. 1** dim. di *cesto*① **2** contenitore di metallo, plastica e sim. per bottiglie di vino, birra, acqua minerale **3** nelle macchine lavabiancheria, parte metallica destinata a contenere la biancheria durante il lavaggio | nelle lavastoviglie, ripiano mobile su cui si mettono le stoviglie da lavare | recipiente metallico usato per sterilizzare materiale medico e chirurgico **4** piattaforma montata gener. su autocarro e mossa da un braccio telescopico e articolato, su cui si possono compiere lavori vari a notevole altezza dal suolo ‖ **cestellìno**, **dim.**

cesterìa [da *cesta* ✻ 1963] **s. f.** ● (*raro*) fabbrica, bottega di ceste o altri oggetti di vimini

Cèstidi [comp. del lat. *cēstus* 'cintura' (V. *Cestodi*) e di -*idi* ✻ 1956] **s. m. pl.** (**sing.** -*e*) ● (*zool.*) famiglia di Ctenofori dal corpo nastriforme allungato, appiattito nel piano sagittale, cui appartiene il Cinto di Venere (*Cestidae*)

cestinàre [da *cestino* ✻ 1886] **v. tr. 1** gettare nel cestino della carta straccia, detto spec. di corrispondenza, documenti e sim. che non interessano: *c. la corrispondenza evasa* **2** (*fig.*) non stampare, non pubblicare, detto di manoscritti, articoli e sim. inviati a un giornale o a una casa editrice | (*fig.*) non tenere in considerazione lettere, documenti e sim.: *c. una domanda*

♦**cestìno** [av. 1587] **s. m. 1** dim. di *cesto*①: *il c. del pescatore* | ***c. da lavoro***, contenente tutto ciò che occorre per cucire o ricamare **2** contenitore per carta straccia e piccoli rifiuti | (*inform.*) contenitore virtuale, rappresentato da un'icona a forma di cestino, in cui si raccolgono i file cancellati dall'utente **3** contenitore per alimenti, vaschetta: *un c. di fragole* | ***c. da viaggio***, sacchetto di carta robusta, plastica o sim., contenente cibi e bevande per chi viaggia

cestìre [da *cesto*② ✻ 1374] **v. intr.** (*io cestìsco, tu cestìsci*; **aus.** *avere*) ● detto di piante, accestire, far cesto

cestismo [da *cesto*① nel sign. 2 ✻ 1964] **s. m.** ● (*raro*) attività sportiva della pallacanestro

cestìsta [da *cesto*① nel sign. 2 ✻ 1935] **s. m. e f.** (**pl. m.** -*i*) ● giocatore di pallacanestro

cestìstico [da *cestismo* ✻ 1955] **agg.** (**pl. m.** -*ci*) ● relativo alla pallacanestro: *torneo c.* ‖ **cestisticaménte**, **avv.** dal punto di vista della pallacanestro

♦**césto**① [da *cesta* ✻ 1343] **s. m. 1** cesta, paniere | (*est.*) il contenuto di un cesto **2** (*sport*) canestro ‖ **cestèllo**, **dim.** (V.) | **cestìno**, **dim.** (V.) | **cestóne**, **accr.**

césto② [lat. *cĭsthu(m)*, nom. *cĭsthos*, dal gr. *kísthos*, di orig. preindeur. ✻ 1313] **s. m. 1** (*bot.*) insieme di fusticini e di foglie in una pianta erbacea | ***far c.***, accestire | (*fig.*) †***bel c.***, bellimbusto **2** †parte del ceppo con le barbe

cèsto③ [lat. *caestu(m)*, di etim. incerta ✻ sec. XIV] **s. m.** ● specie di armatura fatta di strisce di cuoio e di metallo che nell'antichità i pugilatori si avvolgevano attorno all'avambraccio e alla mano lasciando libere le dita | (*est.*) gara tra pugili armati di cesto

cèsto④ [vc. dotta, lat. *cēstu(m)*, dall'agg. sost. gr. *kestós*, propr. 'trapunto, ricamato' riferito a *himás* 'cintura' ✻ 1499] **s. m.** ● (*lett.*) cinto portato dalle spose greche e romane il giorno delle nozze e ornamento di Venere: *Venere è certo / costei ch'io veggio / ... / Ma dov'è il c. / di cui si cinge?* (G.B. Marino)

Cestòdi [dal lat. *cēstus* 'cintura', dal gr. *kestós* 'ricamato, trapunto', da *kentéō* 'io pungo' ✻ 1892] **s. m. pl.** (**sing.** -*e*) ● (*zool.*) classe di Platelminti parassiti con corpo diviso o no in proglottidi e, di solito, organi adesivi anteriori (*Cestoda*)

céstola [lat. *cĭstula(m)*, da *cīsta* 'cesta' ✻ 1539] **s. f.** ● tipo di trappola, proibita, per la cattura degli uccelli, costituita da una piccola cesta di vimini con apertura a scatto

cestóso (o -*ṣo*) [da *cesto*② ✻ 1600] **agg.** ● di pianta che ha un cesto rigoglioso

ceṣùra [vc. dotta, lat. *caesūra(m)*, da *caedere* 'tagliare' ✻ 1374] **s. f. 1** (*ling.*) nella metrica classica, pausa ritmica all'interno di un verso e in fine di parola | nella metrica latina pausa che si trova prevalentemente all'interno di un piede | ***c. maschile***, se si trova dopo il tempo forte | ***c. femminile***, se si trova dopo il tempo debole **2** (*fig.*) pausa, sospensione **3** (*mus.*) sosta lievissima che indica una suddivisione di una frase musicale o la sua fine **4** in enigmistica, gioco che consiste nel segmentare in altro modo le parole di un'espressione così da ottenerne una diversa (per es. *casti godimenti* in *castigo di menti*)

ceṣuràle [1983] **agg.** ● di cesura

Cetàcei [dal lat. *cētus*, dal gr. *kêtos* 'mostro marino, balena', di etim. incerta ✻ 1561] **s. m. pl.** (**sing.** -*o*) ● (*zool.*) ordine di Mammiferi acquatici con corpo pisciforme a pinna caudale orizzontale, pelle nuda, arti posteriori mancanti e arti anteriori trasformati in pinne (*Cetacea*)

cetàno [da *cet(ina)* col suff. -*ano* ✻ 1956] **s. m.** ● idrocarburo paraffinico con sedici atomi di carbonio, solido, madreperlaceo, facilmente liquefacibile, contenuto nel petrolio | ***numero di c.***, indice dell'attitudine di un combustibile a essere impiegato in motori Diesel

†**cètera**① o †**cètere** [lat. *cētera*, nt. pl., 'le cose rimanenti', dalla radice del dimostr. indeur. ✻ sec. XIII] **s. f. pl. 1** discorsi confusi, oscuri o noiosi | chiacchiere inutili **2** nelle loc. ***e c.***, ***et c.***, e il rimanente; V. anche *eccetera*

†**cétera**② (o -*è*-) ➤ **cetra**①

†**ceteratóio** [da †*cetera*② ✻ 1353] **s. m.** ● solo nella loc. ***andarsene col c.***, restare ingannato da discorsi inutili

†**ceteratóre** [da †*cetera*② ✻ av. 1292] **s. m.** ● suonatore di cetra

cèteris pàribus [loc. lat., comp. dell'abl. di *cēterus* 'rimanente, che resta' (V. †*cetera*①) e di *pār*, genit. *păris* 'pari'] **loc. avv.** ● a parità delle altre condizioni, date le stesse circostanze e sim.

cetile [comp. di *cet(ina)* e -*ile*② ✻ 1865] **s. m.** ● radicale monovalente, ottenuto dal cetano per perdita di un atomo di idrogeno

cetìlico [da *cetile* ✻ 1865] **agg.** (**pl. m.** -*ci*) ● detto di composto chimico che contiene il radicale cetile

cetìna [da †*ceto*②. V. *Cetacei* ✻ 1865] **s. f.** ● sostanza solida cristallina, bianca, estere dell'acido palmitico con l'alcol cetilico, che si ottiene dall'olio di spermaceti | (*est.*) spermaceti

cètnico [dal serbo *četnik*, deriv. di *četa* 'banda' ✻ 1943] **A** **s. m.** (**f.** -*a*; **pl. m.** -*ci*) ● membro delle bande dei partigiani bulgari, serbi e greci che combatterono gli Ottomani nei Balcani durante il XIX secolo | a partire dal 1918, aderente al nazionalismo serbo; dopo la disgregazione della Iugoslavia (1991-'92), membro delle bande di combattenti serbi che lottavano per la creazione di un proprio Stato autonomo in regioni diverse dalla Serbia (Croazia e Bosnia-Erzegovina) **B** **anche agg.**: *guerriglieri cetnici*

cèto① (o -*é*-) [lat. *coetu(m)*, da *coīre* 'riunirsi', comp. di *cŭm* 'con' e *īre* 'andare' ✻ av. 1530] **s. m. 1** gruppo di persone caratterizzato dalle medesime condizioni economiche e sociali: *c. infimo, basso, medio, alto; il c. impiegatizio; voi che appellarvi osate il c. medio / proverò siete il c. de' più brutti* (V. Alfieri) | (*dir.*) ***c. creditorio***, gruppo di soggetti acco-

munati dall'essere creditori di uno stesso debitore **2** †gruppo, riunione
SFUMATURE ➤ *classe*

†cèto ② [V. *Cetacei* * av. 1311] **s. m.** ● (*lett.*) balena

cetologìa [comp. di †*ceto*② e *-logia* * 1820] **s. f.** (**pl.** *-gìe*) ● parte della zoologia che si occupa dello studio dei Cetacei

C

cetònia [etim. discussa: da avvicinare al lat. *cetiōnides*, pl., n. di una pietra preziosa a noi sconosciuta (?) * 1874] **s. f.** ● genere di Insetti dei Coleotteri, comprendente varie specie di colore verde a riflessi metallici, comunissimi sui fiori dei giardini e dei prati (*Cetonia*)

cetorino [comp. del gr. *kêtos* 'mostro marino, balena' (V. *Cetacei*) e di *-rino* * 1913] **s. m.** ● grosso pesce cartilaginoso dei Selacimorfi lungo fino a 15 metri, inoffensivo (*Cetorhinus maximus*)

cétra ① o **cètra**, **†cétera** ②, (*lett.*) **†citara**, (*lett.*), **†citera** [lat. *cĭthara(m)*, dal gr. *kithára*, di etim. incerta * sec. XII] **s. f.** **1** (*mus.*) nome italiano di diversi strumenti a corde pizzicate con plettro o dita, ma anche ad arco, alcuni derivanti dall'antichità greca | ***c. da tavolo***, Zither **2** (*fig., poet.*) facoltà o ispirazione poetica: *secca è la vena de l'usato ingegno, / e la cetera a rivolta in pianto* (F. PETRARCA)

cètra ② [vc. dotta, lat. *cētra(m)*, forse di orig. preindeur. * av. 1646] **s. f.** ● piccolo scudo rotondo di cuoio, anticamente usato da varie popolazioni barbare

cetràngolo o **cedràngolo** [etim. incerta * 1310] **s. m.** ● (*bot.*) arancio amaro

cetrina ➤ **cedrina**

†cetrino ➤ **citrino**

cetriòlo o **†cetriuòlo**, **†citriòlo**, **†cedriòlo**, **†cedriuòlo** [lat. tardo **citrĭolu(m)*, da *cĭtriu(m)* 'cetriolo', da *cĭtrus* 'cedro' * 1303] **s. m.** **1** pianta erbacea delle Cucurbitacee con fusto sdraiato, peloso, foglie cuoriformi e ruvide e frutti oblunghi, gialli a maturità (*Cucumis sativus*) | il frutto commestibile di tale pianta **2** (*zool.*) ***c. di mare***, oloturia **3** (*fig., lett.*) giovane aitante, robusto: *vedeva che era un bel c.* (G. VERGA) | (*fig.*) †uomo sciocco e senza senno ‖ **cetriolino**, **dim.** | **cetriolóne**, **accr.**

cetuàle [da *ceto*① * 1974] **agg.** ● relativo a ceto sociale: *stratificazione c.*

Chablis /fr. ʃa'bli/ [vc. fr., dal n. della località della Borgogna dove viene prodotto * 1865] **s. m. inv.** ● vino bianco secco della Borgogna, delicato e fragrante, prodotto con uve del vitigno Chardonnay

cha cha cha /sp. tʃatʃa'tʃa/ [loc. sp., di orig. onomat. * 1955] **loc. sost. m. inv.** ● ballo di origine cubana a ritmo molto veloce, derivato dal mambo

chadòr /tʃa'dɔr, *persiano* tʃɒ:'dor/ [vc. persiana, propr. 'velo' * 1979] **s. m. inv.** ● lungo velo che copre la testa e il volto, lasciando scoperti solo gli occhi, tradizionalmente indossato dalle donne di religione islamica | ampio scialle che copre il capo e viene fermato o annodato al collo, indossato dalle donne di religione islamica
SFUMATURE ➤ *velo*

chairman /'tʃɛrmen, *ingl.* 'tʃɛəmən/ [vc. ingl., comp. di *chair* 'sedia, cattedra' e *man* 'uomo' * av. 1853] **s. m. inv.** (**pl. ingl.** *chairmen*) ● presidente di una società | chi presiede una riunione, un'assemblea, un congresso e sim.

chaise longue /fr. ʃɛz'lɔ̃g/ [loc. fr., propr. 'sedia lunga': *chaise* è dal lat. parl. **cathedra(m)*, per il classico *căthedra(m)* (V. *cattedra*) e *longue* è il f. di *long* 'lungo', dal lat. *lŏngu(m)* 'lungo' * 1892] **loc. sost. f. inv.** (**pl. fr.** *chaises longues*) ● sedia o poltrona allungata, gener. imbottita

chàkra /'tʃakra/ [sanscrito *cakráḥ* 'ruota, cerchio' * 1992] **s. m. inv.** (**pl. hindi** *chakro*) ● in alcune filosofie orientali, termine che indica i centri energetici che presiedono alle funzioni organiche, psichiche ed emotive

chalet /fr. ʃa'lɛ/ [vc. fr., dal preindeur. **cala* 'rientranza, riparo' * 1851] **s. m. inv.** ● piccola villa in legno o pietra, con tetto molto spiovente, caratteristica delle regioni montane

chàllenge /'tʃallendʒ, *ingl.* 'tʃælɪndʒ/ [vc. ingl., propr. 'sfida', dall'ant. fr. *chalenge* 'calunnia, sfida', dal lat. *calŭmnia* 'calunnia' * 1907] **s. m. inv.** ● gara sportiva con l'assegnazione di un titolo o di un trofeo che deve essere rimesso in palio dopo un certo periodo | titolo o trofeo disputato in tale gara

chàllenger /'tʃallendʒer, *ingl.* 'tʃælɪndʒə(r)/ [vc. ingl., da *challenge* (V.) * 1905] **s. m. inv.** ● sfidante del detentore di un titolo, concorrente di un challenge

chambré /*ʃam'bre, *fr.* ʃɑ̃'bʀe/ [vc. fr., propr. 'tenuto nella stanza' (*chambre*), dove il vino è servito * 1989] **agg. inv.** ● detto di vino portato a temperatura ambiente prima di essere servito

Champagne /*ʃam'paɲ*, *fr.* ʃɑ̃'paɲ/ [vc. fr., n. della regione fr. dove viene prodotto * 1747] **A s. m. inv.** ● vino spumante bianco o rosé, prodotto nella omonima regione francese con uve Pinot e Chardonnay **CFR.** sciampagna **B in funzione di agg. inv.** ● (posposto a un sost.; gener. con l'iniziale minuscola) che ha il colore biondo spento tipico del vino omonimo: *capelli color c.*; *abito c.*

champenois /*ʃampe'nwa, *fr.* ʃɑ̃pə'nwa/ [vc. fr., propr. 'della Champagne', regione della Francia nord-orientale * 1931] **agg.**; **anche s. m. inv.** ● detto di metodo tradizionale di fermentazione naturale in bottiglia dello champagne, usato anche per altri vini spumanti **CFR.** charmat

champignon /*ʃampiɲ'ɲɔn, *fr.* ʃɑ̃pi'ɲɔ̃/ [vc. fr., propr. 'fungo', dal fr. ant. *champignuel* 'prodotto della campagna' * 1892] **s. m. inv.** ● fungo prataiolo coltivato

Champions League /*ingl.* ˌtʃæmpɪənsˈli:g/ o (*gerg.*, *ellitt.*) **Champions** [loc. ingl. comp. di *champions* 'campioni' e *league* 'lega, federazione' * 1992] **loc. sost. f. inv.** ● (*sport*) torneo organizzato dalla Uefa su scala europea tra le migliori squadre classificate nei rispettivi campionati nazionali; fino alla stagione 1992-'93 era denominata 'Coppa dei campioni'

chance /*ʃans, *fr.* ʃɑ̃s/ [vc. fr., dal lat. *cadĕntia*, part. pres. nt. pl. di *cădere* 'cadere' (in questo caso 'caduta dei dadi') * 1886] **s. f. inv.** **1** probabilità di successo in una gara e sim. **2** (*est.*) occasione favorevole: *è la mia ultima c.*

chanson de geste /fr. ʃɑ̃ˌsɔd'ʒɛst/ [loc. fr., propr. 'canzone di gesta' * 1892] **loc. sost. f. inv.** (**pl. fr.** *chansons de geste*) ● poema epico o componimento musicale del Medioevo francese, di contenuto cavalleresco

chansonnier /*ʃanson'nje, *fr.* ʃɑ̃sɔ'nje/ [vc. fr., da *chanson* 'canzone' (stessa etim. dell'it. *canzone*) * 1930] **s. m. inv.** ● interprete, spec. francese, di canzoni di cui spesso è anche l'autore

chanteuse /fr. ʃɑ̃'tøz/ [vc. fr., f. di *chanteur* 'cantore', dal lat. *cantōre(m)* 'cantore' * 1823] **s. f. inv.** ● canzonettista di cabaret

chantilly /fr. ʃɑ̃ti'ji/ [vc. fr., dal n. della città fr. di *Chantilly* * 1790] **A s. m. inv.** **1** pregiato merletto francese a tombolo in seta bianca o nera **2** tipo di stivali di pelle lucida alti fino al ginocchio **B s. f. inv.** ● preparazione a base di panna montata | panna montata, zuccherata e profumata con vaniglia **C anche agg.**: *crema c.*

chapati /*hindi* tʃa'pati/ [vc. anglo-indiana, dall'hindi *capati*, in sanscrito *carpati* * 1988] **s. m. inv.** (**pl. hindi** *chapatiya* o *chapatiyo*) ● pane rotondo e schiacciato, di pasta di farina integrale non lievitata, cotto su una piastra, tipico della cucina indiana

chapeau /fr. ʃa'po/ [vc. fr. propr. 'cappello' in uso assoluto tratto dalle loc. *tirer son chapeau* 'togliersi il cappello' e *chapeau bas* 'giù il cappello' * 1985] **inter.** ● nel significato di 'tanto di cappello', esprime ammirazione per qlcu. o qlco.: *c.!, è un lavoro eccellente!*

chaperon /fr. ʃap'ʀɔ̃/ [vc. fr., propr. 'cappuccio', da *chape* 'cappa①' * 1881] **s. m. inv.** ● donna anziana che, nelle famiglie aristocratiche e borghesi di un tempo, fungeva da accompagnatrice di giovinette e giovani donne in società | (*est.*, *scherz.*) chi introduce qlcu. in un ambiente sociale a lui nuovo

chapiteau /fr. ʃapi'to/ [vc. fr., propr. 'capitello', poi 'coperchio' * 1983] **s. m. inv.** (**pl. fr.** *capiteaux*) ● tendone circolare che sovrasta la pista di un circo ambulante | (*est.*) il circo stesso

chaplinìano (cha-plin-ia-no, cha-pli-nia-no) /tʃapli'njano, tʃe-/ [1948] **agg.** ● relativo all'attore e regista cinematografico Charlie Chaplin (1889-1977)

charàngo /tʃa'rango, *sp.* tʃa'raŋgo/ [vc. sp., prob. di orig. peruviana * 1976] **s. m. inv.** (**pl. sp.** *charangos*) ● strumento musicale sudamericano simile a una piccola chitarra, la cui cassa è ricavata dalla corazza di armadillo

Chardonnay /fr. ʃaʀdɔ'nɛ/ [vc. fr., propr. n. di un comune della Borgogna * 1931] **s. m. inv.** **1** vitigno originario delle regioni francesi di Borgogna e Champagne, ma coltivato diffusamente anche in Italia, da cui si ottengono pregiati vini bianchi, tra cui numerosi vini spumanti **2** denominazione di numerosi vini ottenuti da tale vitigno

chàrity /'tʃariti, *ingl.* 'tʃærɪtɪ/ [vc. ingl., propr. 'carità, elemosina, beneficenza' * 1987] **s. f. inv.** (**pl. ingl.** *charities*) **1** spettacolo o evento mondano organizzati per raccogliere fondi da devolvere in beneficenza: *una c. per i malati di aids* **2** ente benefico

chàrleston /'tʃarleston, *ingl.* 'tʃɑ:lstən/ [dalla città di *Charleston*, negli Stati Uniti * 1926] **s. m. inv.** ● ballo d'origine nordamericana, del genere ragtime, a ritmo vivace

charlotte /fr. ʃaʀ'lɔt/ [vc. fr., forse dal n. proprio *Charlotte* 'Carlotta' * 1854] **s. f. inv.** **1** torta semifredda a base di latte, uova, panna, biscotti e frutta **CFR.** carlotta, ciarlotta **2** cuffia femminile di batista con l'ala formata da un volant ricamato e ornata di nastri, in uso nel XIX secolo

charm /tʃarm, *ingl.* tʃɑ:m/ [vc. ingl., propr. 'incanto, fascino', dal fr. *charme* (V.) * 1986] **s. m. inv.** **1** (*fis.*) numero quantico corrispondente al quarto tipo (o sapore) di quark **SIN.** incanto① **2** piccolo ciondolo da appendere a bracciali, collane, orecchini e sim.

charmant /fr. ʃaʀ'mɑ̃/ [vc. fr., part. pres. di *charmer* 'affascinare', da *charme* (V.) * 1698] **agg. inv.** (**f. fr.** *charmante*; **pl. m.** *charmants*; **pl. f.** *charmantes*) ● affascinante, attraente, seducente

charmat /fr. ʃaʀ'ma/ [vc. fr., dal n. dell'ingegnere fr. E. *Charmat* che brevettò il metodo nel 1907 * 1982] **agg.**; **anche s. m. inv.** ● detto di metodo di spumantizzazione che prevede la rifermentazione del vino in un grande contenitore (autoclave); è un metodo più rapido ed economico dello champenois

charme /fr. 'ʃaʀm/ [vc. fr., dal lat. *cărme(n)* 'carme, formula magica, incantesimo' * 1822] **s. m. inv.** ● grazia, fascino: *una donna di grandissimo c.*

charmeur /fr. ʃaʀ'mœʀ/ [vc. fr., dal v. *charm(er)* 'incantare, affascinare' con il suff. *-eur*, proprio dei nomi d'agente * 1905] **A s. m. inv.** (**f. fr.** *charmeuse* (V.); **pl. m.** *charmeurs*; **pl. f.**

charmeuses) ● persona di grande fascino **B** anche **agg.**: *uno sguardo c.*

charmeuse /*fr.* ʃaʀ'møz/ [vc. fr., propr. f. di *charmeur* (V.) ∗1918] **s. f. inv.** ● tessuto in raso di seta molto soffice e lucente

chàrter /'tʃarter, *ingl.* 'tʃɑ:tə(r)/ [vc. ingl., propr. 'statuto, carta', dall'ant. fr. *chartre*, dal lat. *chărtula(m)*. V. *cartolaio* ∗1964] **A s. m. inv.** **1** (*mar.*) noleggio a tempo di una nave o di una imbarcazione **2** (*aeron.*) aereo che non presta servizio regolare di linea, ma viene noleggiato per i percorsi desiderati: *noleggiare un c.*; *volare su un c.* | (*est.*) volo con tale aereo: *partire con un c.* **B** anche **agg.** nel **sign. 2**: *aereo, volo c.*

chartreuse /*fr.* ʃaʀ'tʀøz/ [vc. fr., dall'abbazia detta *la Grande Chartreuse*, dal n. del luogo in cui S. Brunone fondò un monastero nel 1084 ∗1887] **s. f. inv.** ● liquore di erbe aromatiche, fabbricato originariamente dai monaci certosini

chassepot /*fr.* ʃas'po/ [vc. fr., dal n. dell'armaiolo A.-A. *Chassepot*, che lo costruì nel 1866 ∗1892] **s. m. inv.** ● fucile a retrocarica calibro 11 in uso in Francia nel XIX secolo

chassìdico e deriv. ➤ **cassidico** e deriv.

châssis /*fr.* ʃa'si/ [vc. fr., da *châsse* 'cassa' ∗1905] **s. m. inv.** (**pl. fr. inv.**) **1** telaio per autoveicoli SIN. autotelaio | (*est.*) telaio di un'apparecchiatura o di un dispositivo **2** (*fotogr.*) contenitore per pellicole piane o lastre fotografiche

chat /tʃat, *ingl.* 'tʃæt/ [vc. ingl., propr. 'chiacchierata' ∗1992] **s. f. inv.** **1** (*Internet*) messaggio e sessione di scambio di messaggi effettuati su una chat line **2** accorc. di *chat line* e di *chat room*

châtelaine /*fr.* ʃat(ə)'lɛn/ [vc. fr., propr. 'castellana', orig. *chaine châtelaine* 'catena castellana', l'una e l'altra vc. di orig. lat. ∗1970] **s. f. inv.** ● tipo di ciondolo ornamentale che, attaccato all'orologio da taschino, pende fuori dalla tasca

chat line o **chatline** /tʃat'lain, *ingl.* 'tʃæt-ˌlaɪn/ [loc. ingl., propr. 'linea telefonica (*line*) per (fare) quattro chiacchiere (*chat*)' ∗1994] **loc. sost. f. inv.** ● (*Internet*) sistema di comunicazione attraverso la rete che consente a due o più persone di scambiarsi messaggi scritti in tempo reale | sito nel quale è possibile effettuare tali comunicazioni | ***chat line telefonica***, hot line per conversazioni erotiche

chat room /tʃat'rum, *ingl.* 'tʃæt,ru:m/ [loc. ingl., propr. 'stanza, luogo (*room*) di conversazione (*chat*)' ∗1993] **loc. sost. f. inv.** (**pl. ingl.** *chat rooms*) ● (*Internet*) spazio virtuale in cui è possibile scambiarsi messaggi scritti: *una chat room molto frequentata*

chattàre /tʃat'tare/ [adattamento del s. ingl. *chat* 'chiacchierata' ∗1995] **v. intr.** (**aus.** *avere*) ● in Internet, conversare in tempo reale con uno scambio di messaggi scritti

chàttering /'tʃatterin(g), *ingl.* 'tʃætərɪŋ/ [vc. ingl., dal v. *to chatter* 'vibrare' ∗1997] **s. m. inv.** ● nel motociclismo, fenomeno per cui la moto, inclinata in curva entra in vibrazione per l'impossibilità delle sospensioni di assorbire le sollecitazioni generate dal contatto delle ruote con la strada

chauceriàno (chau-cer-ia-no, chau-ce-ria--no) /tʃose'rjano/ [av. 1981] **agg.** ● relativo allo scrittore inglese G. Chaucer (1343-1400)

chaud-froid /*fr.* ʃo'fʀwa/ [vc. fr., propr. 'caldo-freddo' ∗1995] **A agg. inv.** (**f. e pl. fr. inv.**) ● (*cucina*) detto di salsa lucida e trasparente a base di burro, farina, gelatina e altri ingredienti, che viene impiegata per ricoprire uova, pollame, pesce, galantine ecc. **B s. m. inv.** ● (*est.*) ***chaud-froid al cioccolato***, gelato ricoperto di cioccolato caldo

chauffeur /*fr.* ʃo'fœʀ/ [vc. fr., propr. 'che alimenta il fuoco', poi 'fuochista di una macchina a vapore' e 'autista': deriv. di *chauffer* 'riscaldare', dal lat. *calefăcere* (V. *calefazione*) ∗1905] **s. m. inv.** ● (*disus.*) autista

♦**che** ① o †**ke** /ke*/ [lat. *quĭd*, nt. di *quĭs* ∗960] **A pron. rel. m. e f. inv.** (si può elidere davanti a parola che comincia con vocale: *ch'io, ch'egli*; † troncato in *c'* davanti alle forme del verbo *avere* o a parola che inizia con *a, o* o *u*: *Donne, c'avete ne' begli occhi il sole* (T. TASSO); *il re d'Algier, c'ha membra di gigante* (L. ARIOSTO); † anche nella forma *chéd* davanti a vocale, con l'aggiunta della *d* eufonica: *sì come quella cosa / ched è sì preziosa / e sì alta* (B. LATINI)) **1** il quale, la quale, i quali, le quali (con funzione di soggetto e complemento oggetto): *il libro che è sul tavolo è di Paolo*; *osservare le persone che passano*; *non dire a nessuno la cosa che ti ho confidato*; *è l'umidità che mi fa male*; *Luigi è di là che guarda la tv*; *Laudato si' (...) per quelli ke perdonano per lo tuo amore* (FRANCESCO D'ASSISI) **2** (*lett.*) †cui (nei casi obliqui, con o senza prep.): *i rai di che son pie le stelle* (U. FOSCOLO) | oggi anche fam.: *le stoffe con che si foderano le poltrone* **3** (*colloq.*) in cui (con valore locativo o temporale): *paese che vai, usanza che trovi*; *il giorno che feci ritorno*; *l'anno che scoppiò la guerra* **4** la qual cosa (con valore neutro, riferito a una intera prop., per lo più preceduto dall'art. o da una prep.): *tenterò di fargli altre raccomandazioni, che è del tutto inutile*; *ho provato a farlo ragionare, il che è come sbattere contro un muro*; *non ho accettato l'invito, del che ora mi pento*; *disse di non saperne nulla, al che mi misi a ridere*; *rimango ancora cinque minuti, dopo di che me ne vado* | (*lett.*) ***per lo che***, per la qual cosa | ***dal che***, dalla qual cosa **B pron. interr.** († o *centr., merid.* anche nella forma *chéd* davanti a vocale, con l'aggiunta della *d* eufonica: *'Aòh, ma ched'è?' gridò* (P.P. PASOLINI)) ● quale cosa (in prop. interr. dirette e indirette): *che ne dici?*; *che vuoi?*; *di che ti offendi?*; *a che stai pensando?*; *non sa che fare*; *non vedo di che tu possa lamentarti*; *non ho di che lagnarmi*; *'Grazie!' 'Non c'è di che'* | ***e che, o che, ma che?***; domande che esprimono incredulità o stupore | ***che più***, non c'è altro da aggiungere | ***a che?, a che pro?***, a quale scopo? | ***che è, che non è***, tutto a un tratto | ***non c'è che dire***, proprio così: *è un ottimo pianista, non c'è che dire* **C agg. interr. m. e f. inv.** ● quale, quali: *che ora è?*; *che intenzioni hai?*; *che cosa mi dici mai?*; *che tipo è?*; *ed alle genti svela di che lacrime grondi e di che sangue* (U. FOSCOLO) | ***non sapere che pesci pigliare***, (*fig.*) non sapere quale risoluzione prendere **D pron. escl.** ● quale cosa, quali cose (in frasi escl. esprimenti meraviglia, disappunto, rifiuto e sim.): *che vedo!*; *che sento!*; *ma che dite!* | come inter.: *che! che!, questi sono capricci*; *che! non ci credo!* | ***ma che!***, per nulla, niente affatto, neanche per sogno (V. anche *macché*) **E agg. escl. m. e f. inv.** ● quale, quali: *che bella idea!*; *che cielo limpido!*; *che uomo buono!*; *in che stato ti sei ridotto!*; *sciocchina che sei!*; *stupido che non sei altro!* | (*colloq.*) com'è, quant'è: *che bello!*; *che simpatico!*; *che tardi!* **F** in funzione di **pron. indef. m. solo sing.** ● indica qualche cosa di indeterminato nelle loc.: ***un che, un certo che, un non so che, un certo non so che***: *ha un che di strano nello sguardo*; *crede di avere chi sa che* | (*fam.*) ***gran che***, una persona o cosa di qualche importanza o valore: *si crede di essere un gran che*; *questo libro non è poi un gran che* (V. anche *granché*) | ***un minimo, ogni minimo che***, la più piccola cosa, un nonnulla: *spaventarsi per un minimo, per ogni minimo che* (V. nota d'uso ACCENTO)

♦**che** ② o †**ke** /ke*/ [lat. *quĭa*, nt. pl. arcaico di *quī* 'il quale' ∗960] **cong.** († si tronca in *c'* davanti alle forme del verbo *avere* o a parola che inizia con *a, o* o *u*: *Questo sappi, c'han trovato l'arte del volare* (G. GALILEI); *costei par c'ognor si rinovelle* (I. SANNAZARO); *Ora non le mando altro c'un sonetto* (T. TASSO); † anche nella forma *chéd* davanti a vocale, con l'aggiunta della *d* eufonica: *Ma tuttor non volea ched i' v'entrasse* (DANTE)) **I** introduce varie specie di proposizioni subordinate **1** prop. dichiarativa (soggettiva od oggettiva) con il v. al congtv. o all'indic.: *è possibile che arrivi in ritardo*; *spero che tu venga* | in taluni casi viene omesso quando il v. è al congtv.: *temo (che) sia malato*; *speriamo (che) non sia in ritardo* | (*colloq.*) in usi enfatici (con ellissi di un sost., di un agg. o del v.): *è che ti vengono troppe idee!*; *non è che non sia intelligente, ma studia poco*; *... mi faceva la corte. Non che mi parlasse, ma passeggiava sotto le mie finestre* (E. MORANTE) **2** prop. causale con il v. al modo indic. o congtv.: *vai a dormire che ne hai bisogno*; *andiamo, che è tardi*; *sono contento che tu abbia vinto* **3** prop. consecutiva con il v. all'indic. o al congtv. (generalmente in correl. con agg. o avv. come 'così', 'tale', 'tanto' e sim.): *parla forte che ti senta*; *è bianco che pare uno straccio lavato*; *era tanto spaventato che non capiva più niente* | anche nelle loc. cong. ***in modo che, al punto che, a tal segno che*** e sim. **4** prop. finale con il v. al congtv.: *fatelo entrare che si riscaldi un poco*; *guarda che non faccia sciocchezze* | anche ellitt.: *che non combini qualche guaio!* **5** prop. temporale con il v. all'indic. (con il sign. di 'quando', 'da quando', 'dopo che'): *arrivai che era ancora presto*; *saranno anni che non lo vedo* | (*lett.*) con ellissi di 'dopo' e posposto a un part. pass.: *giunto che fu*; *mangiato che ebbe* **6** prop. imperativa od ottativa con il v. al congtv. (gener. con ellissi del verbo reggente): *che passi!*; *che entrino!*; *che sia benedetto!* **7** prop. condizionale con il v. al congtv.: *nel caso che*; *posto che*; *a patto che*; *ammesso che tu lo desideri*; *posto che te lo domandino* **8** prop. con valore limitativo, con il v. al congtv. (con il sign. di 'per quanto'): *che io sappia non è successo niente*; *non ti rivedrò, ch'io creda, / un'altra volta* (G. LEOPARDI) **9** prop. comparativa: *preferisco andare di persona che scrivere*; *è stato più veloce che non credessi* **10** prop. eccettuativa (in espressioni negative spec. in correl. con 'altro', 'altrimenti' e sim.): *non fa che parlare*; *non desidero che accontentarti* | anche nelle loc. cong. ***senza che, tranne che, salvo che*** e sim.: *non farei nulla senza che tu me lo dica* **II** ricorre con diverso valore in molte espressioni **1** con valore compar. introduce il secondo termine di paragone ed è di rigore quando il paragone viene fatto tra due agg., o part., o inf., o s. e pron. preceduti da prep.: *corre più veloce che il vento*; *vado più volentieri in montagna che al mare*; *starai meglio con lui che con noi*; *è più furbo che intelligente* | in correl. con 'tanto': *vale tanto questo che quello*; *sono buoni tanto l'uno che l'altro* | in espressioni che hanno quasi valore superlativo: *è più bella che mai*; *è più che naturale* **2** con valore eccettuativo: *non pensa che a sé, ad altro che a sé*; *non c'è che lui per lavori di questo genere*; *non sa agire che così* **3** con valore coordinativo in espressioni correl.: *sia che sia che, o che o che* e sim.: *sia che tu lo voglia, sia che tu non lo voglia* **III** ricorre nella formazione di molte cong. composte e loc. cong.: *allorché*; *affinché*; *acché*; *benché*; *poiché*; *perché*; *giacché*; *appena che*; *in modo che*; *sempre che*; *nonostante che*; *secondo che*; *tranne che*; *senza che*; *a meno che*; *dopo che*; *prima che* e sim. (V. nota d'uso ACCENTO)

♦**ché** /ke*/ [aferesi di *perché* ∗av. 1250] **cong.** ●

(*lett.*) perché (introduce una prop. causale o interr. con il v. all'indic., o una prop. finale con il v. al congtv.): *vieni vicino, ché voglio vederti meglio*; *Padre mio, ché non m'aiuti?* (DANTE *Inf.* XXXIII, 69) (V. nota d'uso ACCENTO)

cheap /*ingl.* tʃi:p/ [vc. ingl., di orig. germ. ✱ 1924] **agg. inv.** ● di poco valore, di qualità inferiore | (*est.*) privo di classe, meschino, mediocre: *gente c.*; *in quell'ambiente è tutto molto c.*

cheating /*ingl.* 'tʃi:tɪŋ/ [vc. ingl., da *to cheat* 'imbrogliare, barare' ✱ 1991] **s. m. inv** ● pratica consistente nel copiare o nell'avvalersi di strumenti non consentiti durante una prova scolastica | in una gara o in una partita, il ricorrere a pratiche che procurano vantaggi, violando le regole del gioco

chécca [vezzeggiativo, d'orig. region., del n. proprio *Francesca* ✱ 1959] **s. f.** ● (*spreg.*) omosessuale maschile che assume atteggiamenti particolarmente effemminati

checcàggine [1985] **s. f.** ● condizione o atteggiamento da checca (*spec. spreg.*)

♦**checché** o **che che** /kek'ke*/ [lat. *quĭd quĭd* ✱ av. 1306] **pron. rel. indef.** ● (*spec. lett.* o *scherz.*) qualunque cosa (come soggetto e complemento oggetto con valore neutro e il v. sempre al congtv.): *c. avvenga, ho deciso di andarmene*; *farò così, c. tu ne pensi*

checchessìa o **checché sìa**, **che che sìa** /kekkes'sia/ [comp. di *checché* e *sia* (congtv. pres. di *essere*) ✱ 1525] **pron. indef. solo sing.** **1** (*lett.*) qualsiasi cosa, qualunque cosa: *c. facciate a lui va sempre bene*; *compra e vende c.* **2** (*lett.*) nulla, niente, alcuna cosa (in frasi negative): *non posso accettare c.*

che che ➤ **checché**

che che sìa ➤ **checchessìa**

check /*ingl.* tʃɛk/ [vc. ingl., dal fr. ant. *eschec*; ha avuto dapprima il sign., di 'scacco' e poi quello di 'verifica' ✱ 1966] **s. m. inv.** ● controllo, verifica: *un rapido c. del sistema di allarme* | ***check-in***, operazione preliminare dei viaggi aerei, che si svolge a terra e consiste nel controllo del biglietto e nel ritiro del bagaglio dei passeggeri; (*est.*) procedura di registrazione degli ospiti di un albergo e sim. | (*org. az.*) ***c. list***, in attività complesse, elenco ragionato di compiti da svolgere o controlli da effettuare nell'ordine stabilito | (*autom.*) ***c. panel***, quadro di controllo, installato nel cruscotto di una vettura, che segnala una serie di dati relativi al funzionamento del veicolo (stato del motore, usura dei freni, consumi, ecc.) | ***check-point***, posto di blocco (V. *blocco*②) | ***check-up***, serie di analisi ed esami clinici miranti a dare un quadro completo delle condizioni di salute di una persona (spec. a scopo preventivo); (*est.*) revisione generale cui vengono periodicamente sottoposti apparecchi, meccanismi, impianti e sim.; (*fig.*) controllo sistematico: *avviare un check-up della rete idrica*

ched /ked/ ➤ **che**① nei sign. A e B, **che**②

chèddar /'tʃɛddar, *ingl.* 'tʃɛdə(r)/ [dal n. del luogo orig. di produzione, *Cheddar* nel Somerset, in Inghilterra ✱ sec. XX] **s. m. inv.** ● formaggio grasso semicotto a pasta dura, molto diffuso nei Paesi anglosassoni

cheddìte /ked'dite, *ʃed-/ [fr. *cheddite*, dalla località di *Chedde*, nell'Alta Savoia, dove fu fabbricata ✱ 1921] **s. f.** ● esplosivo per mine o bombe, di composizione variabile, costituito generalmente da una miscela formata da un clorato o perclorato, da un nitrocomposto aromatico e da una sostanza grassa

chedivè ➤ **kedivè**

cheek to cheek /tʃiktu'tʃik, *ingl.* tʃi:k tə-'tʃi:k/ [loc. ingl. 'guancia a guancia' (*cheek* 'guancia' è vc. d'orig. germ.) ✱ 1966] **loc. avv.** ● guancia a guancia: *ballare cheek to cheek*

cheerleader /tʃir'lider, *ingl.* 'tʃɪə,li:də(r)/ [vc. ingl., comp. di *cheer* 'incitamento' e *leader* 'guida' ✱ 1986] **s. f. e** (*raro*) **m. inv.** ● spec. negli Stati Uniti, chi (gener. una ragazza) durante una gara sportiva organizza il tifo con slogan e canti e accompagna i giocatori in campo, ballando e agitando nastri colorati CFR. ragazza pompon

cheesebùrger /tʃiz'burger, *ingl.* 'tʃi:z-,bɜ:gə(r)/ [vc. ingl., comp. di *cheese* 'formaggio' e *(ham)burger* ✱ 1986] **s. m. inv.** ● panino imbottito con hamburger e formaggio

cheesecake /tʃis'keik, *ingl.* 'tʃi:zkeɪk/ [vc. ingl., propr. 'torta (*cake*) al formaggio (*cheese*)' ✱ 1968] **s. f. o m. inv.** ● dolce a base di crema di formaggio, specialità della cucina statunitense

chef /*fr.* ʃɛf/ [vc. fr., 'capo', dal lat. *căput* 'capo' ✱ 1894] **s. m. inv.** ● capocuoco

che fàre [1986] **loc. sost. m. inv.** ● decisione da prendere | attività da svolgere

chèfir o **chefir**, **kèfir** [russo *kefir*, vc. del Caucaso ✱ 1905] **s. m. inv.** ● bevanda acidula ottenuta per fermentazione del latte, tipica del Caucaso e dell'Asia centrale

cheilìte [comp. di *cheil(o)-* e *-ite*① ✱ 1963] **s. f.** ● (*med.*) infiammazione delle labbra

chèilo- o **chilo-**② [dal gr. *chéilos* 'labbro'] **primo elemento** ● in parole composte della terminologia medica significa 'labbro': *cheilodieresi*, *cheiloschisi*

cheilodièresi [comp. di *cheilo-* e del gr. *diáiresis* 'separazione' ✱ 1964] **s. f. inv.** ● (*med.*) labbro leporino

cheilofagìa [comp. di *cheilo-* e *-fagia* ✱ 1930] **s. f.** (**pl.** *-gìe*) ● tendenza nevrotica a mordersi continuamente le labbra

cheiloschìsi [comp. di *cheilo-* e del gr. *schísis* 'separazione' (da *schízō* 'io spacco') ✱ 1931] **s. f. inv.** ● (*med.*) labbro leporino

chèiro- ➤ **chiro-**

cheironomìa ➤ **chironomia**

cheirospàsmo o **chirospàsmo** [comp. di *cheiro-* e *spasmo* ✱ 1908] **s. m.** ● grafospasmo SIN. crampo degli scrivani

chèla o **chèle** [lat. tardo *chēlae*, nom. pl., dal gr. *chēlḗ* 'unghia biforcuta, forbice' ✱ 1483] **s. f.** ● (*zool.*, **spec. al pl.**) appendice foggiata a pinza di molti Crostacei ed Aracnidi

chelàto [da *chela* per la forma ✱ 1951] **A agg.** **1** (*zool.*) dotato di chele: *arti chelati* **2** (*chim.*) detto di composto complesso a struttura ciclica contenente legami coordinati **B anche s. m. nel sign. 2**

chelaziòne [comp. di *chela* (per la forma della molecola legante) e del suff. *-zione* ✱ 1964] **s. f.** ● (*chim.*) formazione di un complesso costituito da un atomo o ione metallico legato mediante almeno due legami con una molecola organica neutra o dotata di cariche negative

chèle ➤ **chela**

chelèbe ➤ **celebe**

chèli [vc. dotta, lat. *chĕly(m)*, dal gr. *chélys* 'testuggine': di orig. indeur. (?). Il sign. di 'lira' deriva dal fatto che la lira fu costruita la prima volta da Mercurio col guscio di una testuggine ✱ av. 1729] **s. f. inv.** ● (*lett.*) mitica lira di Mercurio e di Apollo | (*est.*) cetra

Cheliceràti [da *cheliceri* ✱ 1956] **s. m. pl.** (**sing.** *-o*) ● (*zool.*) sottotipo di Artropodi con il corpo diviso in due parti e sei paia di appendici articolate (*Chelicerata*)

chelìceri [comp. del gr. *chēlḗ* 'chela' (V. *chela*) e *kéras* 'corno' (V. *cerambice*) ✱ 1865] **s. m. pl.** (**sing.** *-o*) ● (*zool.*) il primo paio di arti della testa degli Aracnidi e dei Merostomi, preorali nell'adulto (*Chelicera*)

chelidònia ➤ **celidonia**

chelìdra [vc. dotta, lat. *chelȳdru(m)*, dal gr. *chélydros* 'testuggine acquatica', comp. di *chélys* 'testuggine' (V. *cheli*) e *hýdōr* 'acqua' ✱ 1797] **s. f.** ● testuggine americana che vive nei fiumi o nelle paludi (*Chelydra serpentina*)

chelìdro [V. *chelidra* ✱ 1313] **s. m.** ● nome di un antico serpente anfibio non identificato

chelleàno /*ʃelle'ano/ [dalla città fr. di *Chelles* ✱ 1931] **A agg.** ● relativo a una cultura preistorica di epoca paleolitica: *periodo c.*; *civiltà chelleana* **B s. m.** ● periodo di tale cultura preistorica

chellerìna ➤ **kellerina**

chelòide [fr. *chéloïde*. V. *chela* e *-oide* ✱ 1830] **s. f.** ● cicatrice cutanea fibrosa di formazione naturale o secondaria a fatti infiammatori, o anche, presso molti popoli primitivi, provocata da sostanze particolari come segno di distinzione o di iniziazione

Chelóni [dal gr. *chelṓnē* 'tartaruga' ✱ 1830] **s. m. pl.** (**sing.** *-e*, *-io*) ● (*zool.*) ordine di Rettili terrestri o acquatici con corpo depresso, protetto da una corazza in cui sono retraibili il capo, gli arti e la coda (*Chelonia*)

chemigrafìa [comp. di *chemio-* e *-grafia* ✱ 1965] **s. f.** ● riproduzione grafica dovuta ad azione chimica spec. su superfici metalliche

chemiluminescènza [comp. di *chemio-* e *luminescenza* ✱ 1930] **s. f.** ● luminescenza generata da reazioni chimiche

chemin-de-fer /*fr.* ʃ(ə),mɛ̃d(ə)'fɛʀ/ [vc. fr., propr. 'ferrovia, strada ferrata' ✱ 1905] **s. m. inv.** ● gioco d'azzardo simile al baccarà

chèmio [1992] **s. f. inv.** ● (*med.*) accorc. di *chemioterapia*

chèmio- o **chèmo-** [dall'ingl. *chemio-*, *chemo-*, tratti da *chemical* 'chimico'] **primo elemento** ● in parole composte della terminologia scientifica indica una relazione con la chimica o con un composto chimico: *chemiosintesi*, *chemioterapia*

chemiocettóre o **chemocettóre** [comp. di *chemio-* e *(re)cettore* ✱ 1964] **s. m.** ● (*biol.*) chemiorecettore

chemioelettricità [comp. di *chemio-* ed *elettricità* ✱ 1965] **s. f. inv.** ● elettricità derivata da reazioni chimiche

chemiogènesi [comp. di *chemio-* e *genesi* ✱ 1965] **s. f. inv.** ● influenza di fattori chimici su processi di formazione della vita organica

chemioprevenzióne [comp. di *chemio-* e *prevenzione* ✱ 1991] **s. f.** ● trattamento atto a prevenire malattie croniche e degenerative attraverso l'impiego di sostanze farmacologiche o estratte da alimenti in grado di bloccare nelle sue prime fasi il processo patologico

chemioprofilàssi [comp. di *chemio-* e *profilassi* ✱ 1980] **s. f. inv.** ● (*med.*) trattamento preventivo di malattie infettive o parassitarie mediante sostanze farmacologiche antimicrobiche o antiparassitarie in grado di evitare l'infezione: *c. antimalarica*

chemioradioterapìa [comp. di *chemio-* e *radioterapia* ✱ 1967] **s. f.** ● (*med.*) terapia combinata che impiega la radioterapia e la chemioterapia SIN. radiochemioterapia ‖ **chemioradioteràpico**, **agg.** (**pl. m.** *-ci*) relativo a chemioradioterapia

chemiorecettóre o **chemorecettóre** [comp. di *chemio-* e *recettore* ✱ 1987] **s. m.** ● (*biol.*) struttura atta alla ricezione di stimoli di natura chimica, come, per es., i recettori dell'olfatto e del gusto

chemiosìntesi o **chemosìntesi** [comp. di *chemio-* e *sintesi* ✱ 1965] **s. f. inv.** ● sintesi di composti organici per mezzo di energia derivata da reazioni chimiche CONTR. fotosintesi

chemiotàssi [ingl. *chemiotaxis*, comp. di *chemio-* e del gr. *táxis* 'ordine, disposizione' ✱ 1964] **s. f. inv.** **1** proprietà di certe sostanze solubili di promuovere o impedire la fuoriuscita di leucociti dai vasi sanguigni **2** chemiotattismo

chemiotassìa [1986] s. f. ● (*biol.*) chemiotattismo

chemiotattìṣmo [comp. di *chemio-* e *tattismo* ✱ 1931] s. m. ● tattismo provocato da stimoli chimici: *c. dei leucociti* SIN. chemiotassia

chemioterapìa [comp. di *chemio-* e *terapia* ✱ 1910] s. f. **1** ramo della medicina che studia l'impiego di sostanze chimiche per scopi terapeutici **2** (*est.*) trattamento terapeutico, con sostanze chimiche, delle malattie infettive, causate da batteri, protozoi, virus, e delle malattie tumorali ‖ **chemioteràpico**, agg. (pl. m. *-ci*); anche s. m. nel sign. 2 **1** della chemioterapia, relativo alla chemioterapia **2** detto di farmaco capace di ostacolare i processi vitali dei microrganismi patogeni o la moltiplicazione cellulare, con scarsi effetti lesivi sull'organismo del malato

chemiotropìṣmo o **chemotropìṣmo** [comp. da *chemio-* e *tropismo* ✱ 1895] s. m. ● tropismo provocato da stimoli chimici

chemisier /fr. ʃ(ə)mi'zje/ [vc. fr., da *chemise* 'camicia' ✱ 1963] s. m. inv. ● abito femminile in un solo pezzo, semplice e sobriamente rifinito, che si ispira alle caratteristiche della camicia maschile

chèmo- ➤ **chemio-**

chemocettóre ➤ **chemiocettore**

chemorecettóre ➤ **chemiorecettore**

chemosfèra [da *chemo-* (var. di *chemio-*), sul modello di *atmosfera* ✱ 1983] s. f. ● (*geofis.*) regione dell'atmosfera terrestre compresa fra 20 e 110 km di altezza, caratterizzata da frequenti reazioni chimiche

chemosìnteṣi ➤ **chemiosintesi**

chemotropìṣmo ➤ **chemiotropismo**

Chenopodiàcee [comp. di *chenopodi(o)* e *-acee* ✱ 1865] s. f. pl. (sing. *-a*) ● (*bot.*) famiglia di piante erbacee con foglie semplici e fiori piccoli, in infiorescenze cimose (*Chenopodiaceae*)

chenopòdio [comp. del gr. *chḗn*, genit. *chēnós* 'oca' e di *-podio* ✱ 1726 ca.] s. m. (pl. *-i* o *raro -ii*) ● genere di piante erbacee o arbustive delle Chenopodiacee, con foglie alterne, fiori piccoli, sessili, frutti a capsula o a bacca, di cui alcune specie sono frequenti come malerbe (*Chenopodium*) | *c. **buon-Enrico***, spinacio buon-Enrico

†**chènte** [da *che*, con la finale degli avv. in *-mente* ✱ 1261 ca.] **A** agg. e pron. m. e f. **1** quale **2** quanto (gener. accompagnato da 'quale'): *chenti e quali li nostri ragionamenti sieno* (G. BOCCACCIO) **3** qualunque (seguito da che): *le divine cose, chenti che elle si fossero … a denari e vendevano e comperavano* (G. BOCCACCIO) **B** avv. ● come: *c. v'è paruta questa vivanda?* (G. BOCCACCIO) | *c. **che***, in qualunque modo, comunque

chènzia ➤ **kenzia**

chepì o **cheppì** [1867] s. m. inv. ● adattamento di *képi* (V.)

chéppia o **chièppa** [lat. tardo **clĭpea(m)*, per il classico *clŭpea(m)*, di etim. incerta ✱ sec. XIV] s. f. **1** (*zool.*) alosa **2** †persona sciocca e balorda

chèque /fr. ʃɛk/ [vc. fr., dall'ingl. *check*, dal v. *to check* 'controllare' ✱ 1874] s. m. inv. ● assegno bancario: *emettere uno c.*

cheratina [dal gr. *kéras*, genit. *kératos* 'corno' ✱ 1874] s. f. ● sostanza proteica, diffusa spec. nelle parti di rivestimento e di protezione degli animali e dell'uomo, quali peli, unghie e sim. che, sciolta, serve in farmacia a cheratinizzare pillole

cheratiniẓẓàre [da *cheratina* ✱ 1959] v. tr. ● sottoporre pillole, confetti medicamentosi e sim. a cheratinizzazione ‖ **cheratiniẓẓazióne**, s. f. (V.)

cheratiniẓẓazióne [1956] s. f. **1** trasformazione in cheratina delle sostanze componenti le cellule dello strato corneo dell'epidermide **2** rivestimento con cheratina di farmaci che debbano passare inalterati attraverso il succo gastrico e agire solo nell'intestino

cheratinocìta [vc. dotta, comp. di *cheratin(a)* e *-cita* ✱ 1991] s. m. (pl. *-i*) ● (*anat.*) cellula dell'epidermide che sintetizza la cheratina

cheratìte [comp. di *cherato-* e *-ite*① ✱ 1860] s. f. ● (*med.*) infiammazione della cornea durante un intervento per cataratta

chèrato- o **cèrato-** [dal gr. *kéras*, genit. *kératos* 'corno'] primo elemento ● in parole composte della terminologia scientifica significa 'corneo' o 'sostanza cornea' o 'strato corneo' o indica relazione con la cornea dell'occhio: *cheratite, cheratoplastica*

cheratocòno [comp. di *cherato-* e *cono*① ✱ 1964] s. m. ● (*med.*) deformazione, a carattere evolutivo, della parte centrale della cornea che tende ad assumere una forma conica

cheratodermìa [comp. di *cherato-* e *-dermia* ✱ 1930] s. f. ● malattia cutanea che provoca un ispessimento dello strato corneo dell'epidermide, spesso accompagnato da infiammazione

cheratògeno [comp. di *cherato-* e *-geno* ✱ 1956] agg. ● che genera sostanza cornea

cheratolìtico [comp. di *cherato-* e *-litico*② ✱ 1956] **A** s. m. (pl. *-ci*) ● farmaco capace di sciogliere lo strato corneo dell'epidermide **B** anche agg.: *farmaco c.*

cheratòma [comp. di *cherat(o)-* e del suff. *-oma* ✱ 1931] s. m. (pl. *-i*) ● (*med.*) alterazione benigna della cute caratterizzata da ispessimento dello strato corneo dell'epidermide

cheratoplàstica [comp. di *cherato-* e *-plastica* ✱ 1855] s. f. ● (*chir.*) trapianto corneale

cheratòṣi [comp. di *cherat(o)-* e del suff. *-osi* ✱ 1889] s. f. inv. ● (*med.*) anomala proliferazione di tessuto corneo dell'epidermide, come la verruca e il callo

cheratotomìa [comp. di *cherato-* e *-tomia* ✱ 1956] s. f. ● (*chir.*) incisione della cornea durante un intervento per cataratta

†**chérca** ➤ **chierica**

†**chérco** ➤ **chierico**

†**chercùto** ➤ **†chiercuto**

†**chèrere** ➤ **chiedere**

†**chérica** ➤ **chierica**

†**chérico** ➤ **chierico**

cherìgma [gr. *kḗrygma* 'predicazione', deriv. di *kērýssein* 'proclamare, bandire', prob. d'orig. indeur. ✱ 1987] s. m. (pl. *-i*) ● nella teologia cristiana, l'annuncio o predicazione del Vangelo, in cui la verità viene presentata nel suo contenuto psicologico e storico

cherigmàtico [1987] agg. (pl. m. *-ci*) ● relativo a cherigma

chèripo [vc. di orig. indiana ✱ av. 1704] s. m. ● ostrica madreperlacea

chèrmes o **kèrmes**, **chèrmiṣi**, **chermiṣì**, **crèmiṣi**, †**chèrmoṣi**, †**chèrmeṣi** [sp. *quermes*, dall'arabo *qirmiz* ✱ 1550] s. m. inv. **1** insetto degli Omotteri (*Chermes*) **2** colorante naturale rosso vivo, ricavato da cocciniglie, largamente usato, in passato, per tingere i tessuti, oggi solo per la colorazione di alcuni liquori come l'alchermes **3** V. *cremisi*

chèrmiṣi o **chermiṣì** ➤ **cremisi**

chermiṣino ➤ **cremisino**

†**chèrmoṣi** ➤ **chermes**

cheroṣène o **keroṣène** [dal gr. *kērós* 'cera', di etim. incerta, col suff. *-ene* ✱ 1874] s. m. ● miscela di idrocarburi, ottenuta come frazione nella distillazione del petrolio, utilizzata per l'illuminazione, come carburante per motori a reazione e come combustibile

†**cherovàna** ➤ **carovana**

cherry brandy /'tʃɛrɪ'brɛndɪ, *ingl.* 'tʃɛrɪ-ˌbrændɪ/ [loc. ingl., comp. di *cherry* 'ciliegia' (stessa etim. dell'it. *ciliegia*) e *brandy* (V.) ✱ 1922] loc. sost. m. inv. (pl. ingl. *cherry brandies*) ● liquore di ciliegie, piuttosto denso e di colore rosso

cherùbico [da †*cherubo* ✱ 1321] agg. (pl. m. *-ci*) ● (*lett.*) di cherubino, da cherubino

cherubìno [vc. dotta, lat. tardo *Chĕrubin*, dall'ebr. *kerûbhîm* (pl. di *kerûbh*) 'esseri sovrumani e spirituali' ✱ 1258] s. m. **1** nella tradizione biblica, angelo presente dinanzi alla gloria di Dio | nella teologia cristiana, ciascuno degli angeli del secondo ordine o coro della prima gerarchia **2** immagine dipinta o scolpita raffigurante un angelo **3** (*est.*) persona, spec. bambino o fanciulla, di delicata bellezza | ***testa da c.***, dai capelli biondi e ricciuti

†**cherùbo** o **chèrubo** [lat. tardo *Cherub* ✱ 1321] s. m. ● (*poet.*) cherubino: *sono un caduto c., / dannato a errar sul mondo* (A. BOITO)

chessò ➤ **sapere**①

†**chèsta** [lat. *quaesta(m)*, f. di *quaestus* 'chiesto', da *quaerere* 'cercare' ✱ av. 1294] s. f. ● ricerca, richiesta

chetammìna o **ketamìna** [comp. di *cheto-*② e *ammina* ✱ 1968] s. f. inv. ● anestetico usato in medicina e in veterinaria, che assunto come droga produce effetti psichedelici con conseguenze anche gravi

chetàre [da *cheto* ✱ av. 1250] **A** v. tr. (*io chéto*) ● (*tosc.* o *lett.*) calmare, far stare tranquillo, far tacere: *c. un bambino*; *c. una persona chiassosa, un tumulto, una discussione*; *c. il cicalio poetico* (A. MANZONI) | ***c. un creditore***, pagarlo SIN. placare, quietare, rabbonire **B** **chetàrsi** v. intr. pron. ● (*tosc.* o *lett.*) mettersi zitto, calmo

chetichèlla [da *cheto* 'quieto' ✱ av. 1565] vc. ● solo nella loc. avv. ***alla c.***, di nascosto, furtivamente, zitto zitto e senza farsi vedere: *entrare, andarsene, uscire, svignarsela alla c.*; *fare qlco. alla c.*

chéto (o *-è-*) [V. *quieto* ✱ av. 1250] **A** agg. **1** (*tosc.* o *lett.*) silenzioso, quieto, tranquillo: *c. c.*; *zitto e c.*; *l'aria sta cheta ed ogni fronde salda* (L. DE' MEDICI) | ***acqua cheta***, (*fig.*) persona solo apparentemente buona e tranquilla | PROV. ***l'acqua cheta rovina i ponti***, V. *acqua* **2** †segreto, nascosto **3** †sommesso ‖ **chetaménte**, avv. in silenzio, senza rumore **B** avv. ● †tranquillamente, senza far rumore: *diede la volta ritornando passo passo e c. verso l'albergo* (F. SACCHETTI) | sommessamente: *parlar c.*

chèto-① [dal gr. *cháitē* 'chioma'] primo elemento ● in parole composte della terminologia scientifica significa 'fornito di peli' o 'fornito di setole' o 'fornito di appendici filiformi': *chetognati*

chèto-② [da *cheto(ne)*] primo elemento ● in parole composte della terminologia chimica è abbreviazione di 'chetone': *chetoacido, chetogeno*

chetoàcido [comp. di *cheto-*② e *acido* ✱ 1956] s. m. ● composto organico che contiene nella molecola tanto la funzione chetonica quanto quella acida

chetògeno [comp. di *cheto-*② e *-geno* ✱ 1956] agg. ● detto di composto che genera chetoni

Chetognàti o (*raro*) **Chetògnati** [comp. di *cheto-*① e *-gnato* ✱ 1951] s. m. pl. (sing. *-o*) ● (*zool.*) gruppo di piccoli animali marini con corpo fusiforme, trasparente, terminante con una pinna caudale orizzontale (*Chaetognatha*)

chetóne [ingl. *ketone*, dal ted. *keton*, variante di *Aceton* 'acetone' ✻ 1889] **s. m.** ● (*chim.*) composto organico contenente uno o più gruppi carbonilici in ciascuno dei quali le due valenze libere sono saturate da radicali idrocarburici | *c. alifatico*, se i radicali sono entrambi alifatici | *c. aromatico*, se i radicali sono entrambi aromatici | *c. misto*, se i radicali sono diversi | *c. semplice*, se i radicali sono uguali

chetonemìa [comp. di *cheton(e)* ed *-emia* ✻ 1938] **s. f.** ● (*med.*) acetonemia

chetònico [1956] **agg.** (**pl. m.** *-ci*) ● di chetone, relativo a un chetone | che possiede la funzione chetonica | ***corpi chetonici***, sostanze chimiche presenti nel sangue e nelle urine, negli stati di acidosi diabetica

chetòso [comp. di *cheto-*② e del suff. *-oso*② ✻ 1956] **s. m.** ● (*chim.*) monosaccaride che contiene nella molecola una funzione chetonica **CFR.** aldoso

chetosteròide [comp. di *cheto-*② e *steroide* ✻ 1964] **s. m.** ● (*chim.*) composto organico con la struttura chimica di uno steroide che presenta una funzione chetonica

†**cheùnque** ➤ **chiunque**

chèviot /'tʃɛviot, *ingl.* 'tʃiːviət, 'tʃɛv-/ [dai monti *Cheviot*, in Gran Bretagna, dove pascolano queste pecore ✻ 1877] **s. m. inv. 1** pregevole razza ovina inglese **2** tessuto di lana, spesso e ruvido, ottenuto dal vello di ovini della razza omonima, impiegato per confezionare cappotti e giacche **CFR.** sceviò

chevreau /*fr.* ʃə'vʀo/ [vc. fr., 'capretto', V. *capra*① ✻ 1905] **s. m. inv.** (**pl. fr.** *chevreaux*) ● pelle di capretto conciata al cromo, lucidata, usata per guanti e calzature

chewing-gum /'tʃuingam, *ingl.* 'tʃuːɪŋˌgʌm/ [vc. amer., 'gomma (*gum*, stessa etim. dell'it.) da masticare (*chewing*, dall'ant. sassone *cēowan*)' ✻ 1927] **s. m. inv.** ● gomma da masticare, in tavolette o palline **SIN.** gomma americana

chèwua ➤ **chichewa**

♦**chi**① /ki*/ [lat. *quī*, nom. sing. ✻ av. 1250] **A pron. rel. m. e f. 1** (**al sing.**) colui il quale, colei la quale (con funzione di soggetto e di complemento): *chi studia è promosso*; *ammiro chi è generoso*; *dillo a chi vuoi*; *esci con chi ti pare*; *non mi fido di chi già mi ha ingannato* | ***chi di dovere***, la persona che svolge una data funzione: *mi rivolgerò a chi di dovere* | ***chi per lui***, persona che può sostituire qlcu.: *devi chiedere al direttore o a chi per lui* **2** (**al pl.**) †coloro che **3** (*lett.*) †cui (preceduto da prep.): *proverai tua ventura / fra magnanimi pochi, a chi 'l ben piace* (F. Petrarca) **B pron. rel. indef. m. e f. sing. 1** uno che, qualcuno che: *c'è chi la pensa in questo modo*; *è difficile trovare chi possa farlo*; *si salvi chi può!*; *non trovo chi mi aiuti* | se qualcuno (con valore ipotetico anche in prop. incisive): *chi volesse provare, è libero di farlo*; *questo, chi avesse denaro liquido, sarebbe un vero affare*; *chi non lo sapesse*; *chi guardi attentamente, non è poi cosa tanto strana* **2** chiunque: *può entrare chi vuole*; *esco con chi mi pare* **C pron. indef. m. e f. sing.** ● (con valore correl.) qualcuno, qualcun altro; alcuni, altri: *c'era molta allegria: chi cantava, chi rideva*; *chi la pensa in un modo, chi nell'altro*; *fuggirono chi da una parte, chi dall'altra* **D pron. interr. m. e f.** ● quale persona, quali persone (in funzione di soggetto e di complemento, riferito sia al sing. sia al pl., in prop. interr. dirette e indirette): *chi siete?*; *chi è venuto?*; *con chi te la prendi?*; *chi credi di essere?*; *non so con chi uscire*; *dimmi chi dei due preferisci* | ***chi mi dice che non sia proprio così?***, chi me lo assicura? | ***chi lo sa?***, esprime incertezza | ***chi va là?***, intimazione a farsi riconoscere | ***chi te lo fa fare?***, perché tanta fatica? ne vale la pena? | ***me l'ha riferito non so chi***, una persona sconosciuta o che non si vuole nominare | con valore rafforz. con 'mai' e fam. con 'diavolo', 'cavolo' ecc.: *chi mai sarà?*; *chi diavolo sei?* | posposto a un nome, con connotazione tra l'ironico e lo spregiativo: *Rossi? Rossi chi?* | anche in prop. esclamative: *chi si rivede!*; *a chi lo dici!* | nella loc. sost. m. inv. ***chi è***, elenco, lista di persone importanti o celebri in un certo settore d'attività, delle quali spesso si forniscono notizie biografiche (calco sulla loc. ingl. *Who's Who*, catalogo di personalità pubblicato nel mondo anglosassone): *il chi è della finanza europea, della moda italiana*

chi② /ki*/ [dal gr. *chi* ✻ 1955] **s. f. o m. inv.** ● nome della ventiduesima lettera dell'alfabeto greco

chiaccheràre e deriv. ➤ **chiacchierare** e deriv.

chiàcchiera o (*pop.*) **chiàcchera** [vc. onomat. ✻ 1508] **s. f. 1** (**spec. al pl.**) discorso, conversazione, spec. su argomenti di scarsa importanza, oppure futile, inconcludente: *perdersi in chiacchiere*; *non m'appagherò più di chiacchiere* (A. Manzoni) | ***fare due, quattro chiacchiere***, (*fig.*, *colloq.*) parlare del più e del meno | ***a chiacchiere***, a parole, non coi fatti | ***poche chiacchiere, basta con le chiacchiere***, brusco invito a terminare discorsi inutili o prolissi, a concludere, passare all'azione e sim. **2** (**spec. al pl.**) discorso privo di fondamento; invenzione maligna, notizia falsa o volontariamente distorta: *corrono chiacchiere sul suo conto* | ***è tutta una c.!***, una cosa non vera **SIN.** diceria, mormorazione, pettegolezzo **3** loquacità, parlantina: *ha molta c.*; *con la sua c. persuade tutti* **4** (*lett.*) †chiacchierata **5** (**spec. al pl.**, *cucina*) nome usato in Lombardia per il cencio (V. *cencio* nel sign. 6) || **chiacchierétta**, **dim.** | **chiacchierìna**, **dim.**

♦**chiacchieràre** o (*pop.*) **chiaccheràre** [vc. onomat. ✻ 1527] **v. intr.** (*io chiàcchiero*; aus. *avere*) **1** discorrere, parlare: *se continuate a c. non riesco a studiare!* | conversare su argomenti di poca importanza, o in modo futile, inconcludente: *dopo cena siamo rimasti a c.* **2** fare maldicenze, diffondere pettegolezzi: *c. sul conto di qlcu.* **SIN.** malignare, spettegolare

SFUMATURE ➤ *conversare*①

chiacchieràta o (*pop.*) **chiaccheràta** [da *chiacchierare* ✻ 1690] **s. f. 1** lunga conversazione amichevole: *una c. che mi ha fatto piacere* **2** discorso lungo e noioso: *una c. in fin dei conti inutile* **3** (*lett.*) †composizione lunga e inconcludente **SIN.** cicalata || **chiacchieratìna**, **dim.**

chiacchieràto o (*pop.*, *raro*) **chiaccheràto** part. pass. di *chiacchierare*; anche **agg.** ● detto di persona di cui si parla molto, che è oggetto di pettegolezzi: *ragazza frivola e chiacchierata*

chiacchierìccio [1849] **s. m.** ● chiacchierio, cicaleccio

chiacchierìno o (*pop.*) **chiaccherìno** [av. 1565] **A agg. 1** che chiacchiera spesso e volentieri: *ragazza chiacchierina* **2** (*tosc.*) ***briscola chiacchierina***, che si gioca interrogando il compagno **B s. m. 1** (**f.** *-a*) persona che chiacchiera molto e volentieri **2** delicato merletto annodato eseguito con una piccola spola

chiacchierìo [av. 1698] **s. m.** (**pl.** *-ii*) ● il chiacchierare prolungato e confuso di più persone: *non si udiva che un continuo c. da un uscio all'altro* (G. Verga) **SIN.** chiacchierìccio, cicaleccio

♦**chiacchieróne** o (*pop.*) **chiaccheróne** [sec. XIV] **s. m.** (**f.** *-a*); anche **agg. 1** chi (o che) chiacchiera molto e volentieri **SIN.** ciarliero, loquace, pettegolo **2** chi (o che) non sa tenere un segreto: *non ci si può fidare di quel c.*

chiàgnere [var. merid. di *piangere* ✻ av. 1596] **v. intr.** (**pres.** *io chiàgno, tu chiàgni*; **congtv. pres.** *io chiàgna*; **pass. rem.** *chiagnètti*; **gerund.** *chiagnènno*; **part. pass.** *chiagnùto*; **nelle altre forme coniug. come** *spegnere*; **aus.** *avere*) ● (*napol.*) piangere

chiàma [da *chiamare* ✻ 1306] **s. f.** ● appello nominale, spec. in ordine alfabetico: *c. degli scolari, dei soldati, dei senatori e deputati*; *fare la c.*; *rispondere, mancare alla c.*

♦**chiamàre** o (*poet.*) †**clamàre** [lat. *clamāre*, dalla stessa radice di *calāre* 'chiamare, convocare' ✻ 1219] **A v. tr. 1** rivolgersi a un essere animato mediante la parola o altri segnali per attirarne l'attenzione, ricevere una risposta o portarlo a compiere una data azione: *c. a voce, con un fischio*; *c. a raccolta*; *c. per nome*; *c. al telefono*; *c. da parte, in disparte*; *le campane chiamano i fedeli* | (*ellitt.*) telefonare: *ti chiamerò domani*; *chiamami appena arrivi* | (*fig.*) esortare a fare qlco.: *la patria ci chiama*; *il dovere mi chiama* | far venire, fare intervenire: *c. il prete, la polizia, il medico, l'idraulico* | svegliare: *domattina chiamami alle sette* | convocare: *c. qlcu. a testimoniare* | ***c. l'ascensore***, farlo arrivare al piano dove ci si trova azionando l'apposito tasto | ***mandare a c. qlcu.***, farlo venire | ***c. qlcu. a consiglio***, consigliarsi con qlcu. | ***c. fuori, al proscenio***, applaudire un attore perché si presenti sul palcoscenico | ***Dio l'ha chiamata a sé***, detto di persona defunta | ***c. alle armi, sotto le armi***, convocare la classe di leva o i congedati a compiere il servizio militare **2** (*dir.*) ***c. una causa***, aprire, da parte di un ufficiale giudiziario, l'udienza relativa a una data causa di cui sono annunciati i termini | ***c. qlcu. alla successione***, istituirlo erede per testamento | ***c. qlcu. in giudizio, in causa***, dare attuazione alla chiamata | (*est.*) ***c. in causa qlcu.***, coinvolgerlo **3** ispirare per forza soprannaturale e trarre alla vocazione (+ *a*): *c. i giovani alla vita religiosa* | ***essere chiamato***, avere vocazione o (*est.*) una particolare predisposizione per qlco. (+ *a*): *essere chiamato al sacerdozio*; *si sentiva chiamato alla musica* **4** mettere nome, soprannome: *chiameranno Maria la loro prima figlia*; *il suo nome è Giuseppe, ma tutti lo chiamano Pino* | indicare con un nome o un simbolo: *chiamiamo 'a' il lato più corto*; *Fra lor le donne dea vi chiaman* (G. Cavalcanti) | definire, qualificare: *questo periodo si può c. romantico* | ***c. le cose con il loro nome***, parlare francamente, senza finzioni **5** invocare, sollecitare, richiedere: *c. Dio in testimonio*; *c. aiuto, giustizia* | ***c. una carta***, calarne una del seme che si desidera sia successivamente giocato dal compagno | ***c. la palla***, in vari sport, sollecitarne il passaggio | ***c. la stoccata***, da parte dello schermidore che ritiene di aver portato a segno il colpo | evocare: *c. l'anima, lo spirito di qlcu.* **6** eleggere, destinare, assegnare a un ufficio, a una carica (+ *a*, **anche seguito da inf.**): *fu chiamato al regno*; *è stato chiamato a un importante incarico pubblico*; *mi chiamarono, ancor molto giovine … a insegnare in una delle prime università* (G. Carducci) **7** tirare, trarre a sé, attirare (*anche fig.*): *la ricchezza chiama l'invidia, la povertà il disprezzo*; *vendetta chiama vendetta* | ***parole che chiamano disgrazia***, di cattivo augurio | ***un vento che chiama la pioggia***, che attira o precede la pioggia **SIN.** produrre, suscitare **8** †gridare, esclamare (*anche assol.*) **B chiamàrsi v. intr. pron.** ● aver nome, cognome, soprannome: *si chiama Giovanni*; *come si chiama il ristorante dove siamo an-*

dati ieri? | (*enfat.*) ***questo si chiama parlar chiaro!***, questo è parlar chiaro! **C chiamàrsi v. rifl.** ● (*lett.*) dichiararsi, riconoscersi: *chiamarsi vinto, offeso*; *fatelo, che ve ne chiamerete contento* (C. Goldoni) | ***chiamarsi fuori***, in alcuni giochi di carte, dichiarare di avere raggiunto il punteggio vincente durante una mano di gioco, interrompendola; (*est.*) ritirarsi da qlco., disinteressarsene | ***chiamarsi in colpa***, dichiararsi colpevole

♦**chiamàta** [1294] **s. f. 1** il fatto di chiamare, di venire chiamato: *dare una c. a qlcu.*; *accorrere a una c.* | ***c.*** (***telefonica***), serie di squilli che annunciano una telefonata; richiesta di conversazione telefonica: *una c. interurbana*; *c'è una c. da Roma per te* | ***c. luminosa, acustica***, in alberghi, collegi, ospedali e sim. segnale, spec. intermittente, con cui si richiede la presenza o l'intervento del personale addetto | chiama, appello: *non rispondere alla c.* **2** invito, richiesta, ordine, di presentarsi in un dato luogo, o di svolgere una data attività: *c. alla polizia*; *c. alle armi*; *il medico ha ricevuto una c. urgente* | (*dir.*) ***c. in causa, in giudizio***, atto con cui una parte invita un terzo a intervenire in un processo | ***c. di correo***, accusa rivolta a un terzo di aver concorso a commettere un reato, mossa da chi sia già imputato per il medesimo | ***c. alla successione, all'eredità***, designazione a succedere fatta dalla legge o da un testamento **3** lungo applauso del pubblico, per chiamare un attore alla ribalta **4** (*raro*) elezione, nomina a un ufficio o a una carica | ***c. a cattedra***, invito formale da parte di un consiglio di facoltà a ricoprire un posto di insegnante di ruolo **5** vocazione: *c. al sacerdozio* **6** nel gioco delle carte, invito fatto con segni opportuni al compagno affinché giochi la carta desiderata **7** il tirare la briglia perché il cavallo rallenti, volti o si fermi | (*est.*) ciascuno dei due anelli a cui si attaccano le redini, ai lati del morso del cavallo **8** in una scrittura, segno con cui si richiama l'attenzione su un'aggiunta, una correzione e sim. | nota a uno scritto in margine o a lato di una pagina ‖ **chiamatìna**, **dim.**

chiamatóre [lat. *clamatōre(m)* 'strillone', da *clamāre* 'chiamare' ✱ 1337] **s. m.** (**f.** *-trice*) **1** (*raro*, *lett.*) chi chiama | nelle aste, banditore **2** nel gioco del pallone a bracciale toscano e nel pallone elastico, l'incaricato di gridare i punti

†**chiàmo** [da *chiamare* ✱ 1314] **s. m.** ● chiamata

chiàna [vc. di orig. preindeur. ✱ av. 1336] **s. f.** ● (*tosc.*) pianura sulla quale stagnano le acque | ristagno paludoso

chiànca [vc. dial., dal grecismo lat. *plănca(m)* 'asse, tavola' ✱ 1993] **s. f.** ● in Puglia, lastra di pietra usata in pavimentazioni stradali o come copertura di costruzioni

chianìno [1869] **agg.** ● della Val di Chiana, in Toscana | ***razza chianina***, razza di Bovini pregiati, di mole notevole, con mantello bianco, allevati in Toscana e in Umbria

Chiànti [dal n. della regione collinosa tra Firenze e Siena, dove questo vino si produce ✱ av. 1665] **s. m. inv.** ● vino rosso toscano, prodotto nella zona omonima con uve Sangiovese (75-100%) e, a volte, Canaiolo (max 10%), Trebbiano o Malvasia bianca (max 6%) o altri vitigni a bacca rossa autorizzati (es. Merlot, max 15%); ha un colore rosso rubino tendente al granato con l'invecchiamento, un profumo intenso, spec. di mammola, un sapore asciutto, con retrogusto amarognolo

chiantigiàna [1967] **s. f.** ● (*ellitt.*) bottiglia chiantigiana

chiantigiàno [da *Chianti*, sul modello di *alpigiano*, *valligiano* ✱ av. 1816] **A agg.** ● relativo al Chianti | ***bottiglia chiantigiana***, da vino, a base circolare schiacciata e collo sottile allungato, della capacità di circa 1 litro e 3/4 **B s. m.** (**f.** *-a*) ● abitante o nativo del Chianti

chiàppa① [etim. discussa: lat. *căpula(m)* 'coppa', per la forma tondeggiante (?) ✱ 1481] **s. f.** ● (*pop.*, spec. al pl.) natica ‖ **chiappétta**, **chiappettìna**, **dim.** | **chiappóna**, **accr.**

chiàppa② [da *chiappare* ✱ 1313] **s. f.** ● (*fam.*, *tosc.*) presa, cattura | (*scherz.*, *pop.*) nel linguaggio venatorio, ricca preda: *fare una bella c.*

†**chiàppa**③ [da una vc. preindeur. *klappa 'roccia, sasso' ✱ 1313] **s. f.** ● spuntone di roccia o pietra: *montar di c. in c.* (Dante *Inf.* XXIV, 33)

chiappacàni [comp. di *chiappa(re)* e il pl. di *cane* ✱ av. 1910] **s. m. e f. inv.** ● accalappiacani

chiappamèrli [comp. di *chiappa(re)* e il pl. di *merlo* ✱ 1865] **s. m. e f. inv.** ● persona semplice

chiappamósche [comp. di *chiappa(re)* e il pl. di *mosca* ✱ 1830] **s. m. inv.** (**anche f. nel sign. 2**) **1** acchiappamosche **2** (*fig.*) persona incapace, da poco

chiappanùvole o **chiappanùvoli** [comp. di *chiappa(re)* e il pl. di *nuvola* ✱ av. 1850] **s. m. e f. inv.** ● persona che si perde in fantasticherie

chiappàre [lat. *capulāre* 'accalappiare', da *cāpulum* 'laccio'. V. *cappio* ✱ sec. XIV] **v. tr. 1** (*pop.*) afferrare **2** (*pop.*) prendere alla sprovvista, cogliere in fallo **3** (*pop.*) carpire, rubare: *son chiacchiere per c. il soldo del giornale* (G. Verga)

chiapparèllo o **chiapperèllo** [1865] **s. m. 1** (*tosc.*) discorso traditore, a trabocchetto **2** gioco infantile consistente nel rincorrersi per acchiapparsi **SIN.** acchiapparella, acchiapparello **CFR.** buzzico③

chiappìno [da *chiappare* ✱ 1841] **s. m. 1** oggetto che serve per prendere qlco., presa, molletta | parte di un oggetto che serve ad afferrarlo **2** chiapparello nel sign. 2 **3** (*disus.*) sbirro

†**chiàppola** [da †*chiappolare*, iter. di *chiappare* ✱ av. 1388] **s. f.** ● bagattella, inezia: *ognun ride a veder questa c.* (L. Pulci) | ***non valere una c.***, non valer nulla

†**chiappolerìa** [da †*chiappola* ✱ 1556] **s. f.** ● cosa da nulla

chiàra [lat. *clāra(m)*, f. di *clārus* 'chiaro' ✱ sec. XIV] **s. f.** ● (*colloq.*) albume dell'uovo crudo

chiarantàna o **chiarentàna**, **chiarenzàna**, **chiarintàna**, **chiarinzàna**, †**chirinzàna** [da *Chiarentana*, n. ant. della Carinzia ✱ av. 1449] **s. f.** ● ballo di origine popolare in voga già nel XV sec.

†**chiaràre** [lat. *clarāre* 'rischiarare', da *clārus* 'chiaro' ✱ 1275] **v. tr.** ● rendere chiaro

chiaràta [av. 1665] **s. f. 1** chiara sbattuta usata come medicamento da applicare su ferite e contusioni o come cosmetico **2** (*disus.*) chiarificante organico del vino

†**chiarèa** [ant. fr. *clarée*, part. dal lat. *clarāre*. V. †*chiarare* ✱ av. 1311] **s. f.** ● bevanda medicinale di vino, acquavite, zucchero e spezie

†**chiareggiàre** [av. 1332] **A v. tr.** ● rendere chiaro | (*fig.*) rendere intelligibile **B v. intr.** ● farsi chiaro, più chiaro (detto anche di suono): *gli squilli chiareggiano* (G. Pascoli)

chiarèlla [da *chiaro* ✱ 1869] **s. f.** ● tratto rado in un tessuto, per difetto di tessitura

chiarèllo [da *chiaro* ✱ sec. XIV] **s. m.** ● vino chiaro, leggero | vino annacquato

chiarentàna ➤ **chiarantana**

chiarenzàna ➤ **chiarantana**

chiarétto [nei sign. A 2 e B, cfr. l'ant. fr. *claret*, dal lat. *clāru(m)* 'chiaro' ✱ 1585] **A agg. 1** dim. di *chiaro* **2** detto di vino di colore tra il rosso e il rosato **B s. m.** ● (gener. con iniziale maiuscola) vino rosato leggero, di fresco bouquet, secco, prodotto spec. nell'Italia settentrionale con varie uve locali: *C. del lago d'Iseo*; *C. del lago di Garda*

♦**chiarézza** o †**clarézza** [1261 ca.] **s. f. 1** caratteristica di ciò che è chiaro, limpido, splendente: *la c. del cielo*; *c. cristallina dell'acqua* **SIN.** limpidezza | (*fig.*) lucidità della mente: *la sua c. intellettuale … è in visibile contrasto con quei giri avviluppati e affannosi del suo periodo* (F. De Sanctis) **2** (*fig.*) caratteristica di ciò che viene compreso facilmente e in modo certo, preciso, privo di ambiguità: *la c. è l'unico pregio del libro* | modo di esprimersi semplice e chiaro: *parlare, scrivere, spiegare con c.* **SIN.** comprensibilità, perspicuità **3** †lustro, decoro, fama | nobiltà

chiarìa [1903] **s. f. 1** (*raro*, *poet.*) chiarore, luminosità | schiarita **2** radura in zona boschiva: *per sentieri di chiarìe salivo* (D. Campana)

chiarificànte A part. pres. di *chiarificare*; **anche agg.** ● nei sign. del v. **B s. m.** ● sostanza organica o minerale per chiarificare il vino

chiarificàre o †**clarificàre** [lat. tardo *clarificāre* 'illustrare, glorificare', comp. di *clārus* 'illustre' e *făcere* 'fare' ✱ av. 1320] **v. tr.** (*io chiarìfico, tu chiarìfichi*) **1** rendere chiaro, limpido, spec. un liquido **2** (*fig.*) chiarire, spiegare: *note che chiarificano a sufficienza* **3** (*fig.*) †esaltare, glorificare, celebrare ‖ **chiarificazióne**, **s. f.** (V.)

chiarificatóre [1865] **A agg. e s. m.** (**f.** *-trice*) ● che (o chi) chiarifica: *un discorso c.* **B s. m.** ● strumento per la chiarificazione di liquidi

chiarificazióne o †**clarificazióne** [lat. tardo *clarificatiōne(m)* 'glorificazione'. V. *chiarificare* ✱ 1370] **s. f. 1** operazione del chiarificare: *procedere alla c. dei vini* **2** (*fig.*) chiarimento, spiegazione: *la c. di un concetto, di un problema* **3** †dichiarazione

chiariménto [1336 ca.] **s. m. 1** (*raro*) il chiarire **2** spiegazione: *chiedere un c.*

chiarìna o **clarìna** [V. *clarino* ✱ av. 1543] **s. f.** ● piccola tromba dal suono acuto

chiarìno [1539] **s. m.** ● chiarina

chiarintàna ➤ **chiarantana**

chiarinzàna ➤ **chiarantana**

♦**chiarìre** o †**clarìre** [lat. *clarēre*, da *clārus* 'splendente' ✱ 1224 ca.] **A v. tr.** (*io chiarìsco, tu chiarìsci*) **1** (*raro*) rendere chiaro, limpido: *c. lo zucchero* **2** (*fig.*) rendere intelligibile, spiegare: *c. un concetto, una questione controversa* | appurare, risolvere: *vorrei* (…) *che voi mi chiariste un dubbio ch'io ho nella mente* (B. Castiglione) | anche nella forma pron. **chiarìrsi**, spiegare a sé stesso: *chiarirsi le idee* **3** mettere in chiaro (**+ *di* seguito da inf., + *che***): *chiarisco subito di non volermene occupare*; *vorrei c. che tra noi non ci sono problemi* **4** (*lett.*) informare, rendere certo **5** †denunciare **B v. intr.** (**aus.** *essere*) **e chiarìrsi v. intr. pron.** ● diventare chiaro, limpido (**anche fig.**): *il tempo non è ancora chiarito*; *la situazione non si è ancora chiarita* **C chiarìrsi v. rifl. e rifl. recipr. 1** acquistare certezza, venire in chiaro: *chiarirsi di qlco.* **SIN.** certificarsi, informarsi **2** spiegarsi eliminando incomprensioni o dubbi: *mi sono chiarito con Carlo*; *alla fine ci siamo chiariti*
SFUMATURE ➤ ***accertare***, ➤ ***risolvere***

chiarìṣmo [da *chiaro* ✱ sec. XX] **s. m.** ● movimento pittorico italiano sorto intorno al 1930, caratterizzato dall'uso di toni chiari e luminosi

chiarìssimo [sec. XIII] **agg. 1** superl. di *chiaro* **2** titolo dato nel Medioevo e nell'età moderna alle persone nobili, attualmente ai docenti universitari

chiarità o †**chiaritàde**, †**chiaritàte** (*lett.*)

†**clarità**, †**claritàde**, †**claritàte** [lat. *claritā-te(m)*, da *clārus* 'chiaro' ✱ av. 1276] **s. f. inv.** **1** (*lett.*) chiarezza, limpidezza, purezza **2** (*poet.*) splendore, luminosità (*anche fig.*): *la c. del tuo viso passa la luce d'Apollo* (G. Boccaccio) **3** (*fig.*) †chiarezza di mente **4** †fama, celebrità

C

chiarìto o †**clarito** nel sign. 2 **part. pass.** di *chiarire*; **anche agg.** **1** nei sign. del v. | reso limpido | (*fig.*) risolto, messo in chiaro: *una questione ormai chiarita* **2** †splendente, luminoso: *Emilia bella col viso c.* (G. Boccaccio)

chiaritóio [da *chiarire* ✱ 1865] **s. m.** (**pl.** *-ói*) **1** filtro per chiarificare l'olio di oliva **2** locale dell'oleificio dove l'olio, lasciato in riposo, si libera delle sostanze estranee

chiaritóre [av. 1827] **s. m.** (**f.** *-trice*); **anche agg.** ● (*lett.*) chi (o che) chiarisce, spiega: *Eurimedonte, chiaritor di sogni* (U. Foscolo)

†**chiaritùdine** o †**claritùdine** [lat. *claritūdi-ne(m)*, da *clārus* 'chiaro, famoso' ✱ av. 1332] **s. f.** **1** splendore **2** (*fig.*) fama, rinomanza

chiaritùra [av. 1698] **s. f.** ● operazione del chiarire: *la c. dei liquidi, dello zucchero*

♦**chiàro** o (*poet.*) †**clàro** [lat. *clāru(m)* 'chiaro' (dalla stessa radice di *clamāre* 'chiamare'), prima adoperato per la voce, poi per la vista ✱ av. 1250] **A** **agg.** (**superl.** *chiarissimo* (V.)) **1** pieno di luminosità: *tempo c.*; *la giornata è chiara* | ***giorno c.***, mattino avanzato | ***un locale c.***, ben illuminato **2** pallido, tenue, poco intenso, detto di colore: *blu, rosso c.*; *il rosa e l'azzurro sono colori chiari* | che ha un colore tenue e pallido, detto di cosa: *vestito c.*; *mobili chiari* **CFR.** leuco- **CONTR.** scuro **3** che ha una certa trasparenza: *un'acqua chiara* | ***liquido c.***, limpido | ***cristallo c.***, puro **4** (*fig.*) onesto, sincero, schietto: *sguardo c.*; *propositi chiari* **5** che si percepisce, si ode, si vede distintamente: *voce, immagine chiara* | (*fig.*) ***a chiare note***, apertamente, esplicitamente | (*fig.*) netto, deciso: *un c. rifiuto*; *un no c. e tondo* **6** (*fig.*) facilmente comprensibile: *un linguaggio c.* | ***essere c.***, farsi intendere | ***cantarla, dirla chiara***, esprimere idee, opinioni, critiche e sim. senza mezzi termini, senza peli sulla lingua | ***è c.?***, domanda fatta allo scopo di accertarsi della comprensione di qlco. o per ribadire un concetto, spec. in modo perentorio (*anche ellitt.*): *il sillogismo parte da una premessa, è c.?*; *non intendo accettare, (è) c.?*; *non rientrare più a quest'ora, c.?* | ***c. come la luce del sole***, chiarissimo | ***a chiare lettere***, chiaramente, apertamente | ***avere le idee chiare***, decise su ciò che si vuole | (*raro, lett.*) ***fare c. qlcu.***, informarlo **7** evidente: *è c. che è già partito*; (*ellitt.*) *c. che non voglia compromettersi* | (*ling.*) anteriore: *vocale chiara* **8** detto di carattere tipografico la cui asta ha spessore molto piccolo **9** (*lett.*) illustre, insigne: *quei che Fama meritaron chiara* (F. Petrarca); *uno studioso di chiara fama* **10** †lieto, allegro **11** †forte, gagliardo, valoroso ‖ **chiarétto**, **dim.** (V.) ‖ **chiaraménte**, **avv.** **1** in modo chiaro; apertamente: *me l'ha detto chiaramente* **2** (*colloq.*) manifestamente, evidentemente: *chiaramente, non vuoi seguire il mio consiglio* **B** **s. m.** **1** chiarezza, luminosità: *far c. con una torcia*; *c. di luna* | ***far c.***, (*fig.*) far chiarezza | ***con questi chiari di luna***, (*fig.*) con riferimento a periodo o situazione fortunosa, incerta o economicamente travagliata | ***mettere in c.***, (*mar.*) liberare da intralci o da nodi, detto di cavo; (*fig.*) definire qlco. con maggior precisione, chiarire | (*radio, tel.*) ***in c.***, detto di comunicazione scritta o trasmessa che non sia in codice **2** colore chiaro: *preferire il c. allo scuro* | abito di colore chiaro: *vestire di c.* **CONTR.** scuro **3** parte di paludi, stagni e sim. in cui non si trovano canneti e piante acquatiche **4** (**spec. al pl.**) parte in luce, in disegni, quadri o incisioni **CONTR.** scuro **C** **in funzione di avv.** ● chiaramente, apertamente, francamente, senza reticenze: *Parliamoci un po' c., una volta!* (M. D'Azeglio) | con valore rafforz.: *parlare c. e tondo*; *dire c. e netto* | (*fig.*) ***non vederci c. in qlco.***, sospettare che vi siano degli imbrogli

SFUMATURE DI SIGNIFICATO
chiaro - evidente - esplicito
In senso figurato, **chiaro** è ciò che non lascia spazio a dubbi, ed è dunque del tutto comprensibile. Ciò che è talmente *chiaro* da imporsi immediatamente alla comprensione, da non aver bisogno di dimostrazione, si definisce **evidente**. **Esplicito** è invece ciò che viene subito messo in *chiaro* in modo da evitare sottintesi o malintesi.
SFUMATURE ➤ ***bianco***

chiaróre o †**claróre** [da *chiaro* ✱ av. 1250] **s. m.** **1** luce più o meno viva che appare nel buio | luminosità diffusa nell'aria **SIN.** biancore **2** †nobiltà **3** (*lett., fig.*) fulgore

chiaroscuràle [1941] **agg.** ● che è ottenuto per mezzo del chiaroscuro: *gradazioni chiaroscurali*; *modellato c.*

chiaroscuràre [av. 1629] **v. tr.** ● disegnare, dipingere e sim. a chiaroscuro (*anche assol.*): *c. un'incisione*

chiaroscùro [comp. di *chiaro* e *scuro* ✱ av. 1519] **s. m.** (**pl.** *chiaroscùri*) **1** procedimento pittorico che, usando il bianco, il nero e le gradazioni intermedie, serve a riprodurre il passaggio graduale dalla luce all'ombra, in modo da suggerire la terza dimensione, determinando così il modellato | ***effetti di c.***, in scultura e in architettura, quando il passaggio dai piani avanzati a quelli arretrati o dai pieni ai vuoti è graduato e non brusco **2** (*est.*) alternanza di luci e di ombre: *si cominciavano a vedere fra il c. della sera le prime case* (I. Nievo) **3** (*fig.*) alternanza, contrasto, di eventi lieti e dolorosi: *i chiaroscuri della vita* | variazione di tono, alternanza di motivi o di accenti, spec. in una creazione o un'interpretazione artistica

chiarosonànte [comp. di *chiaro* e *sonante* ✱ 1903] **agg.** ● (*lett.*) che ha suono chiaro e limpido

chiaroveggènte [comp. di *chiaro* e *veggente*, calcato sul fr. *clairvoyant* ✱ 1709] **agg. e s. m. e f.** (**pl.** *chiaroveggènti*) ● che (o chi) ha chiaroveggenza

chiaroveggènza [comp. di *chiaro* e *veggenza*; calco sul fr. *clairvoyance* ✱ av. 1729] **s. f.** **1** capacità di prevedere il futuro o di vedere, con facoltà intellettive, ciò che gli altri non vedono **2** (*fig.*) grande perspicacia **SIN.** lungimiranza

chiàṣma (o **chià-**) [V. *chiasmo* ✱ 1820] **s. m.** (**pl.** *-i*) **1** (*raro, ling.*) chiasmo **2** (*anat.*) punto in cui le fibre dei due nervi ottici s'incontrano nella cavità cranica **3** (*biol.*) rapporto di connessione tra i cromatidi di due cromosomi omologhi nel corso della meiosi

chiaṣmàtico [1964] **agg.** (**pl. m.** *-ci*) ● (*anat.*) relativo al chiasmo

chiàṣmo (o **chià-**) [vc. dotta, lat. tardo *chiă-smu(m)*, dal gr. *chiasmós* dalla forma della lettera chi (χ) ✱ 1820] **s. m.** **1** (*ling.*) figura retorica che consiste nella disposizione in modo incrociato e speculare dei membri corrispondenti di una o più frasi; per es. in: *rotto dagli anni, et dal camino stanco* (F. Petrarca) **2** (*anat., biol.*) chiasma

Chiaṣmodòntidi [comp. di *chiasmo* 'incrocio' e *odonto-*: detti così dalla forma dei denti ✱ sec. XX] **s. m. pl.** (**sing.** *-e*) ● (*zool.*) famiglia di Pesci ossei abissali con bocca grandissima munita di lunghi denti, in grado di ingoiare prede più grandi di loro (*Chiasmodontidae*)

chiassaiòla o †**chiassaiuòla** [da *chiasso*② ✱ 1516] **s. f.** ● canale di scolo per l'acqua piovana, nei campi in pendio

chiassàre [da *chiasso*① ✱ 1856] **v. intr.** (**aus.** *avere*) ● (*lett.*) fare chiasso, giocare rumorosamente

chiassàta [da *chiasso*① ✱ av. 1449] **s. f.** **1** strepito, divertimento rumoroso: *sono chiassate da ragazzi* **2** lite rumorosa: *una volgare c.* **SIN.** scenata **3** azione clamorosa e violenta: *Era un giovane pacifico e alieno da ogni sorta di chiassate* (R. Bacchelli) **4** †frotta, moltitudine

chiassìle [dal fr. *châssis* 'telaio', da *châsse* 'cassa' (stessa etim. dell'it. *cassa*) ✱ 1956] **s. m.** ● telaio in legno o metallo inserito nel vano della finestra per sorreggere il serramento

♦**chiàsso**① [etim. incerta ✱ 1572] **s. m.** **1** forte rumore prodotto da cose o persone: *ho sentito un c. terribile* **SIN.** bailamme, frastuono, strepito **2** (*est.*) manifestazione di allegria rumorosa, spec. in connessione con giochi infantili: *i ragazzi fanno c. in cortile* | (*tosc.*) ***per c.***, per burla, per scherzo **SIN.** cagnara **3** (*est.*) scandalo, scalpore: *uomo comodo e nemico dei chiassi* (R. Bacchelli) | ***far c.***, (*fig.*) suscitare commenti e discussioni, far parlare di sé: *Fa c. il vostro matrimonio, don Gesualdo!* (G. Verga) **SIN.** clamore, scalpore

SFUMATURE DI SIGNIFICATO
chiasso - baccano - trambusto
Chiasso è un rumore molto intenso, prodotto da cose o persone; il termine si usa spesso in riferimento alla rumorosità vivace dei bambini. **Baccano** è un rumore forte, anche assordante, prodotto da molte persone che parlano a voce alta. **Trambusto** indica invece una confusione, un'agitazione movimentata, disordinata e rumorosa, non necessariamente accompagnata da vocìo di persone.

chiàsso② [lat. *clăsse(m)* 'classe, categoria', forse di orig. etrusca ✱ 1273] **s. m.** **1** viuzza stretta: *seguivo un carro entro l'oscuro c.* (U. Saba) **2** †postribolo ‖ **chiassétto**, **dim.** | (*raro*) **chiassòlo**, (*lett.*) **chiassuòlo**, **dim.**

chiassóne [da *chiasso*① ✱ 1840] **agg. e s. m.** (**f.** *-a*) ● che (o chi) è solito far molto chiasso

chiassóso (o **-ṣo**) [da *chiasso*① ✱ 1858] **agg.** **1** rumoroso, pieno di chiasso: *piazza chiassosa* | che fa chiasso o ama l'allegria rumorosa: *gente, comitiva chiassosa* **2** (*fig.*) che attira l'attenzione per la vistosità della forma, dei colori e sim.: *un abito c.*; *quella cravatta è troppo chiassosa* **SIN.** appariscente, sgargiante ‖ **chiassosaménte**, **avv.** ‖ **chiassosità**, **s. f. inv.** **1** rumorosità **2** (*fig.*) eccessiva vistosità

chiàstico (o **chià-**) [da *chiasmo* ✱ 1956] **agg.** (**pl. m.** *-ci*) ● (*ling.*) che è proprio del chiasmo

chiàtta [da *chiatto* ✱ 1766] **s. f.** ● grossa barca a fondo piatto, usata in porti, canali o fiumi, o come traghetto su brevi distanze | ***ponte di chiatte***, sostenuto da chiatte allineate e legate fra loro **SIN.** barcone
SFUMATURE ➤ ***nave***

chiàtto [stessa orig. di *piatto*, ma venuto attrav. un dialetto merid. ✱ 1865] **A** **agg.** **1** piatto, schiacciato | ***battello c.***, a fondo piatto **2** (*merid.*) grasso, detto di persona **B** **s. m.** ● (*disus.*) trave di forma larga e piana

chiavàccio [dal lat. *clāvis* 'chiave, catenaccio'. V. *chiave* ✱ 1290] **s. m.** ● grosso chiavistello: *chiudere, serrare a c.*

†**chiavacuòre** [comp. di *chiavare*① e *cuore* ✱ sec. XV] **s. m.** ● fermaglio, fibbia, cintura, d'oro o d'argento, per donne | pittura o lavoro d'oreficeria raffigurante un cuore trafitto

chiavàio o (*centr., merid.*) †**chiavàro** [lat. tardo *clavāriu(m)*, da *clāvus* 'chiodo' ✱ 1232] **s. m.** (**f.** *-aia*, **pl. m.** *-ai*) **1** chi fabbrica chiavi, serrature e sim. **SIN.** magnano **2** †chi aveva in custodia le chiavi

chiavaiòlo o †**chiavaiuòlo** [1286] **s. m.** ● chiavaio

chiavàrda [da *chiave* ✱ 1464] **s. f.** **1** (*mecc.*) tipo particolare di bullone costituito da una lunga barra con testa ingrossata ed estremità filettata per l'applicazione dei dadi di fissaggio SIN. cavicchia **2** nelle costruzioni, tirante posto a contenere la spinta di un arco o di un tetto o a rinforzare due muri opposti di un edificio **3** †grosso chiodo per le ruote dei carri

chiavardàre [1550] **v. tr.** ● inchiavardare

†**chiavàre** ① [da *chiave* ✱ 1313] **v. tr.** ● serrare, chiudere a chiave: *e io senti' chiavar l'uscio di sotto / a l'orribile torre* (DANTE *Inf.* XXXIII, 46-47) | (*est.*) sbarrare | (*fig.*) imprigionare

chiavàre ② [lat. tardo *clāvare* 'inchiodare', da *clāvus* 'chiodo' ✱ sec. XIII] **v. tr.** **1** †inchiodare, trafiggere con chiodi: *quei che lo chiavaro in croce* (L. ARIOSTO) **2** (*fig.*) †imprimere, fermare saldamente, detto di idee, impressioni e sim.: *cotesta cortese oppinione / ti fia chiavata in mezzo della testa* (DANTE *Purg.* VIII, 136-137) **3** (*volg.*) possedere sessualmente | (*assol.*) avere rapporti sessuali **4** (*volg.*, *fig.*) ingannare, imbrogliare

†**chiavàro** ➤ **chiavaio**

chiavàta [da *chiavare* ② ✱ 1875] **s. f.** **1** (*volg.*) coito **2** (*volg.*, *fig.*) inganno, truffa, fregatura ‖ **chiavatina**, **dim.**

†**chiavatùra** [da *chiavare* ① ✱ av. 1342] **s. f.** ● serratura, chiavistello

♦**chiàve** [lat. *clāve(m)* 'strumento per chiudere', da *claudere* 'chiudere' ✱ 1262] **A** **s. f.** **1** strumento metallico per aprire e chiudere serrature e lucchetti | ***c. maschio***, con il cannello pieno | ***c. femmina***, col cannello cavo | (*fam.*) ***buco della c.***, foro opportunamente sagomato in cui si introduce la chiave: *spiare qlcu. dal buco della c.* | ***chiudere a c.***, con la chiave | ***tenere qlco. o qlcu. sotto c.***, (*fig.*) ben custodito | ***avere le chiavi di qlco.***, (*fig.*) esserne il possessore, il padrone | ***chiavi in mano***, si dice di prodotto o impianto consegnato già perfettamente in grado di funzionare: *ospedale, albergo chiavi in mano* | ***prezzo chiavi in mano***, in cui è compresa ogni spesa accessoria (detto spec. di automobile) | ***chiavi apostoliche, chiavi di S. Pietro, somme chiavi***, insegne della Chiesa, simbolo della sua autorità spirituale **2** (*fig.*) elemento, dato o persona di importanza vitale per comprendere, interpretare, risolvere qlco., per conseguire determinati fini e sim.: *la c. di un problema, di un ragionamento; quel personaggio è la c. di tutta la vicenda; un settore che è la c. dell'economia; avere in mano le chiavi del successo* | ***avere la c. di un affare***, sapere come risolverlo | ***avere le chiavi del cuore di qlcu.***, dominarne la volontà, i sentimenti e sim. | (*est.*) punto strategico di vitale importanza: *il Bosforo è la c. del mar Nero* **3** numero, parola o serie di numeri o parole, indispensabile per decifrare uno scritto in codice | in enigmistica, fase intermedia del meccanismo per arrivare alla soluzione del gioco | (*fig.*) ***c. di lettura***, criterio interpretativo di una realtà culturale, psicologica o sociale **4** in varie tecnologie, attrezzo metallico atto a provocare contatti, a mettere in moto meccanismi, ad allentare e stringere viti, dadi e sim. | ***c. d'accensione***, nell'autoveicolo, per manovrare l'interruttore generale dell'impianto d'accensione | ***c. fissa***, per serrare viti e dadi di un solo diametro | ***c. inglese***, adattabile alle viti e ai dadi di vari diametri | ***c. a stella***, chiave fissa con l'estremità esagonale che ricorda quella di una stella **5** (*archit.*) ***c. di volta***, pietra a cuneo posta alla sommità di un arco o di una volta per completarne la struttura; (*fig.*) elemento centrale, perno: *i Promessi Sposi sono la c. di volta della prosa italiana moderna* **6** (*mus.*) simbolo all'inizio o all'interno del pentagramma che stabilisce l'altezza d'esecuzione delle note: *c. di violino, di basso* | ***uscir di c., esser fuori c.***, stonare; (*fig.*) parlare a vanvera: *un uomo che si trova a esser sempre quasi fuori c.* (L. PIRANDELLO) | arnese per accordare strumenti a corde | ciascuna delle mollette e valvole che in alcuni strumenti a fiato turano o aprono i fori **7** (*fig.*) tono, carattere, punto di vista, angolazione, spec. nella loc. ***in c.***: *trasposizione del mito di Edipo in c. moderna; commentare un avvenimento in c. politica* **8** nell'antica canzone italiana, rima che lega una parte di una stanza a un'altra **9** (*sport*) nella lotta libera, nello judo e sim., torsione di qualsiasi articolazione del corpo o forza applicata in senso contrario all'articolazione **10** piccola zeppa di legno che agisce sul telaio di un quadro per tenere tesa la tela **B** in funzione di **agg. inv.** ● (posposto a un sost.) risolutivo, decisivo, determinante per i fini che si vogliono conseguire: *personaggio, teste c.; posizione, punto, settore c.; parola c.; idea c.* | (*inform.*) ***carattere c.***, carattere speciale usato per delimitare su un supporto o in memoria un gruppo di caratteri costituente un record da indirizzare e trattare come un'unità di informazione ‖ **chiavétta**, **dim.** (V.) | **chiavicìna**, **dim.** | **chiavìna**, **dim.** | **chiavóne**, **accr. m.**

†**chiavèllo** [lat. tardo *clavĕllu(m)*, dim. di *clāvus* 'chiodo' ✱ av. 1294] **s. m.** ● chiodo

chiavétta [av. 1498] **s. f.** **1** dim. di *chiave* **2** chiave d'accensione | strumento simile a una chiave, per caricare orologi, giocattoli e sim. | dispositivo girevole per aprire e chiudere condutture di acqua, gas e sim. **3** (*inform.*) periferica connessa al computer in modalità USB, simile nella forma a una piccola chiave o penna, usata per l'immagazzinamento dei dati SIN. pennetta, pen drive | ***c. Internet***, piccola periferica che consente il collegamento di un computer alla rete mediante una scheda SIM **4** (*mecc.*) pezzo con due superfici leggermente inclinate, forzato in una intaccatura per unire due parti di una macchina ‖ **chiavettina**, **dim.**

chiàvica [lat. tardo *clāvica(m)*, per il classico *clovāca(m)* (V. *cloaca*), con sovrapposizione di *chiudere* ✱ sec. XIII] **s. f.** **1** fogna, cloaca (*anche fig.*) | cateratta della fogna **2** (*fig.*) persona che mangia o beve smodatamente **3** opera in muratura per regolare il deflusso delle acque di una corrente, mediante paratoie e sim. ‖ **chiavicàccia**, **pegg.** | **chiavichétta**, **dim.** | **chiavicóne**, **accr. m.**

†**chiavière** [da *chiave* ✱ av. 1499] **s. m.** ● chi porta le chiavi

chiavistèllo [lat. parl. **claustĕllu(m)*, da *claustrum* 'chiusura' (V. *chiostro*), cui si è sovrapposto *chiave* ✱ 1289] **s. m.** ● sbarra di ferro che, mediante una maniglia, si fa scorrere negli anelli delle imposte di porte o finestre, per tenerle chiuse | ***tirare il c.***, aprire | ***mettere il c.***, chiudere | †***baciare il c.***, (*fig.*) far proposito di non tornare più in una casa o in un luogo SIN. catenaccio, paletto ‖ **chiavistellìno**, **dim.**

†**chiàvo** [lat. *clāvu(m)* 'chiodo', dalla stessa radice di *claudere* 'chiudere' ✱ 1321] **s. m.** ● chiodo

chiàzza [etim. incerta ✱ av. 1320] **s. f.** ● larga macchia, spec. tondeggiante: *avere una c. vinosa sulle guance; c'è una c. d'olio sulla tovaglia* | spazio vuoto tondeggiante lasciato dalla caduta di qlco.: *il cane perdeva il pelo a chiazze* ‖ **chiazzétta**, **dim.** | **chiazzettìna**, **dim.** | **chiazzóna**, **accr.**

chiazzàre [1353] **v. tr.** ● spargere di chiazze

chiazzàto **part. pass.** di *chiazzare*; anche **agg.** ● cosparso di chiazze (+ *di*): *pantaloni chiazzati di fango; il materasso c. di macchie di umidità* (A. SAVINIO)

chiazzatùra [av. 1886] **s. f.** ● il chiazzare | insieme di chiazze

chic /fr. ʃik/ [vc. fr., forse di orig. germ. ✱ 1873] **A** **agg. inv.** ● fine, elegante: *una ragazza c.* CFR. scic **B** **s. m. inv.** ● raffinata eleganza: *ha uno c. inimitabile nel vestire*

chicane /fr. ʃi'kan/ [vc. fr., propr. 'cavillo', 'difficoltà', deriv. di *chicaner* 'cavillare', di etim. incerta ✱ 1905] **s. f. inv.** **1** (*sport*) nell'automobilismo e nel motociclismo, serie di curve artificiali inserite allo scopo di costringere i piloti a moderare la velocità | doppia curva di un circuito **2** nel bridge, mancanza di carte di un seme fra le 13 ricevute

chicano /sp. tʃi'kano/ [vc. dello sp. del Messico, alterazione di *mejicano* 'messicano' ✱ 1985] **A** **s. m.** (**f. sp.** *-a*; **pl. m.** *-os*; **pl. f.** *-as*) ● persona di origine messicana che vive negli Stati Uniti **B** anche **agg.**

chicca [da *chicco*, per la forma ✱ av. 1484] **s. f.** **1** (*infant.*, *fam.*) confetto, caramella **2** (*fig.*) cosa squisita | cosa rara e preziosa: *questo libro è una vera c. per i bibliofili* ‖ **chicchìna**, **dim.**

chìcchera [sp. *chícara*, dal messicano *gicatli* ✱ av. 1636] **s. f.** **1** piccola tazza con manico laterale, per bevande calde: *una c. di porcellana, di ceramica* | (*disus.*) ***mettersi in chicchere e piattini***, agghindarsi con gran cura **2** contenuto di una chicchera: *non si diede al malato se non qualche mezza c. di brodo* (S. PELLICO) ‖ **chiccherétta**, **dim.** | **chiccherìna**, **dim.**

♦**chicchessìa** o **chi che sia** /ki(k)kes'sia/, †**chicchesìa** /kikke(s)'sia/ [da *chi che sia* ✱ av. 1372] **pron. indef. m. e f. solo sing.** **1** chiunque, qualunque, qualsivoglia persona: *venga c., io non ho paura; sono in grado di sostenere le mie ragioni di fronte a c.* **2** nessuno (in frasi negative): *non lasciar entrare c. fino al mio ritorno*

chicchiriàre [vc. onomat. ✱ 1882] **v. intr.** (*io chicchirìo*; aus. *avere*) ● emettere il caratteristico canto acuto, sonoro e prolungato, detto del gallo

chicchiriàta [da *chicchiriare* ✱ av. 1712] **s. f.** ● (*raro*) lunga cantata di uno o più galli

chicchirichì [vc. onomat. ✱ 1427] **A** **inter.** ● riproduce il canto del gallo **B** **s. m. inv.** **1** il canto stesso: *alzarsi presto al c. del gallo* **2** crestina delle cameriere

♦**chìcco** [vc. infant. ✱ av. 1729] **s. m.** (**pl.** *-chi*) **1** seme di cereale o di altra pianta: *c. di grano, di riso, di caffè* | ***c. d'uva***, acino **2** (*est.*) oggetto, spec. sferico, di piccole dimensioni: *i chicchi della grandine; i chicchi del rosario* ‖ **chicchìno**, **dim.** | **chiccolìno**, **dim.**

chiccóso ➤ **sciccoso**

chi che sìa ➤ **chicchessia**

chichèwa /tʃi'tʃɛwa/ o **chèwua** /'tʃɛwa/ [da *Chewa*, n. della regione dove la lingua è parlata ✱ 1871] **s. m. solo sing.** ● lingua bantu parlata in gran parte dell'Africa centro-meridionale

chick lit /ingl. 'tʃɪk,lɪt/ [loc. ingl., comp. di *lit(erature)* 'letteratura' e *chick* 'ragazza' ✱ 2003] **loc. sost. f. inv.** ● genere narrativo che tratta temi leggeri e sentimentali, rivolto spec. a un pubblico femminile

chicle /sp. 'tʃikle/ [vc. sp., dall'azteco *chictli* o *tzictli* ✱ 1948] **s. m. inv.** (**pl. sp.** *chicles*) ● sostanza vegetale che si ricava da una pianta dell'America centrale e si usa per preparare il chewing gum

♦**chièdere** o †**chèrere**, †**chièrere** [lat. *quaerĕre*, di etim. incerta, con dissimilazione ✱ av. 1250] **A** **v. tr.** (**pres.** *io chièdo*, †*chèggio*, †*chièggio*, †*chiéggo*; **pass. rem.** *io chièsi* o *chièsi*, †*chiedètti*, †*chiedéi*, *tu chiedésti*; **con-**

C

gtv. pres. *io chièda*, †*chèggia*, †*chiègga*, †*chièggia*; **part. pass.** *chièsto* (V.), †*chiedùto*) **1** esprimere il desiderio di ottenere qlco. (+ *di* seguito da inf., + *che* seguito da congtv.): *c. qlco. in prestito, in regalo; c. una donna in moglie, in sposa; ti chiedo perdono; te lo chiedo per amore, per pietà; ti chiedo di venire il più presto possibile; l'esule chiese che gli venisse riconosciuto il diritto d'asilo; E con gran voce e con minacce chiede che portati gli sian* (L. ARIOSTO) | ***c. scusa***, scusarsi | (*lett.*) ***c. venia***, chiedere perdono | ***c. la mano di una donna***, chiederla in moglie | ***c. qlco. in giudizio***, chiedere all'autorità giudiziaria la tutela di un proprio diritto | esigere la corresponsione di una determinata somma per qlco. che si vende: *per quel mobile antico mi ha chiesto una cifra spropositata; quanto chiede per quella lavatrice?* **SIN.** domandare **2** (*assol.*) elemosinare: *non si vergogna di c.* **3** domandare qlco. a qlcu. per sapere, per venire informato, per avere spiegazioni e sim. (+ *se*): *c. un'informazione a un passante; gli ho chiesto notizie della sua famiglia; ti chiedo se è giusto insistere con lui; mi chiedea / se stanco fossi* (G. LEOPARDI) **4** (*lett.*) richiedere, esigere, con riferimento a cose: *è un'impresa che chiede molto tempo* **5** †chiamare, invitare **B** **v. intr.** (aus. *avere*) **1** informarsi circa la salute, la situazione, le vicende e sim. di una o più persone (+ *di*): *mi ha chiesto ripetutamente di te; mi chiede sempre della tua famiglia* **2** (*colloq.*) cercare qlcu. per parlargli o incontrarlo (+ *di*): *chiedono di lei al telefono; dabbasso chiedono di te* **C** **chièdersi** **v. tr. pron.** ● porsi una domanda, interrogarsi su qlco.: *chiedersi il significato di una frase, il perché di una situazione; mi chiedo il motivo del suo rifiuto; mi chiedo se ciò sia possibile; ho dovuto chiedermi quale di cotesti due affetti fosse il vero* (G. VERGA)

SFUMATURE DI SIGNIFICATO

chiedere - pretendere - comandare
Chiedere è esprimere il desiderio di ottenere qualcosa. Se l'oggetto di tale richiesta corrisponde a un preciso diritto si può usare il verbo **pretendere**, che in altra accezione descrive il volere per forza, con arroganza e spesso ingiustamente. *Chiedere* ad altri di fare o non fare qualcosa, in forma perentoria e usando la propria autorità si dice **comandare**.
SFUMATURE ➤ ***volere***①

chiedìbile [1745] **agg.** ● che si può chiedere

chieditóre [sec. XIII] **agg. e s. m.** (**f.** *-trice*) ● (*raro, lett.*) che (o chi) chiede

chief executive /tʃif ek'sɛkutiv, *ingl.* ˌtʃiːfɪg'zekjʊtɪv/ [loc. ingl., propr. 'dirigente (*executive*) principale (*chief* 'capo')' ✱ 1990] **loc. sost. m. e f. inv.** (**pl. ingl.** *chief executives*) ● (*org. az.*) direttore generale

chièppa ➤ **cheppia**

†**chièrca** (o *-è-*) ➤ **chierica**

†**chièrco** (o *-è-*) ➤ **chierico**

†**chiercùto** o †**chercùto** [da *chierica* ✱ 1313] **A** **agg.** ● tonsurato **B** **s. m.** ● (*spreg.*) prete, frate: *questi chercuti a la sinistra nostra* (DANTE *Inf.* VII, 39)

†**chièrere** ➤ **chiedere**

chièrica (o *-è-*) o †**chèrca**, †**chèrica**, †**chièrca** [lat. eccl. *clērica(m)* (sottinteso *tonsiōnem* 'tosatura'). V. *chierico* ✱ av. 1328] **s. f.** **1** rasatura a forma di piccolo cerchio sulla sommità del capo degli ecclesiastici **SIN.** tonsura **2** (*est., scherz.*) inizio di calvizie: *nascondere la c.* **3** (*fig.*) chi fa parte del clero | sacerdozio ‖ **chierichétta**, **dim.**

†**chiericàle** ➤ **clericale**

chiericàto o **clericàto** [lat. tardo *clericātu(m)*, da *clērus* 'clero' ✱ sec. XII] **s. m.** **1** stato o condizione di chierico **2** l'insieme dei chierici: *il laicato e il c.* **SIN.** clero

chierichétto [1353] **s. m.** **1** dim. di *chierico* **2** (**f.** *-a*) ragazzo che serve la Messa

chièrico (o *-è-*) o †**chèrco**, †**chèrico**, †**chièrco**, †**clèrico** [lat. tardo *clēricu(m)*, dal gr. *klērikós*. V. *clero* ✱ 1261 ca.] **s. m.** (**pl.** *-ci*) **1** (*relig.*) chi ha ricevuto uno dei tre gradi del sacramento dell'ordine | ***c. di camera***, titolo di dignitario della Curia | (*est.*) giovane che, avviato al sacerdozio, non ha ancora ricevuto gli ordini | (*est.*) chi serve la Messa e fa da sagrestano | (*stor.*) ***chierici vaganti***, nel Medioevo, ecclesiastici privi di appartenenza a una determinata diocesi, che prestavano servizio in luoghi diversi; (*est.*) studenti universitari che si spostavano nelle università di città diverse per seguire le lezioni di vari insegnanti **2** (*lett.*) uomo dotto e istruito: *tutti fur cherci / e litterati grandi* (DANTE *Inf.* XV, 106-107) | intellettuale, uomo di cultura ‖ **chierichétto**, **dim.** (V.) | **chierichìno**, **dim.** | **chiericóne**, **accr.**

♦**chièṣa** o †**ecclèṣia**②, †**clèṣia**, †**gièṣia** [lat. *ecclēsia(m)*, dal gr. *ekklēsía* 'assemblea, adunanza, riunione', da *ekkaléō* 'io chiamo' ✱ 1261 ca.] **s. f.** **1** (gener. scritto con l'iniziale maiuscola) comunità di cristiani appartenenti alla medesima confessione: *C. cattolica romana, greca, ortodossa, luterana, anglicana, calvinista, armena, etiopica; l'unione delle Chiese cristiane* **2** ***la Chiesa***, (*per anton.*) la Chiesa cattolica romana: *Eppure, C., ero venuto a te* (P.P. PASOLINI) | ***Padri della C.***, scrittori ecclesiastici dei primi secoli che contribuirono alla formulazione della dottrina cristiana | ***Dottori della C.***, titolo che la Chiesa cattolica attribuisce agli scrittori più autorevoli in materia sacra | l'insieme dei redenti come corpo mistico del Cristo | ***C. militante***, costituita dai fedeli che combattono nella milizia del Cristo | ***C. purgante***, le anime del Purgatorio | ***C. trionfante***, i beati nel Paradiso | ***C. del silenzio***, quella dei Paesi in cui manca la libertà religiosa | (*stor.*) ***lo Stato della C.***, il dominio territoriale del Pontefice **3** (*est.*) edificio consacrato, dedicato all'esercizio pubblico di atti di culto delle religioni cristiane: *frequentare la c.* | ***essere di c.***, devoto | ***essere tutto casa e c.***, condurre una vita morigerata, essere molto religioso e legato alla famiglia | ***il giro delle sette chiese***, quello che per tradizione si fa nella Settimana santa; (*fig., colloq.*) serie di visite a persone importanti per ottenere qualcosa **4** parrocchia: *i beni, le rendite della c.* **5** (*fig., iron.*) insieme di persone professanti una medesima ideologia o legate da interessi comuni: *la psicoanalisi è divisa in varie chiese* **SIN.** parrocchia ‖ **chieṣétta**, **dim.** | **chieṣettina**, **dim.** | (*lett.*) **chieṣicciuòla**, **dim.** | **chieṣina**, **dim.** | **chieṣóna**, **accr.** | **chieṣóne**, **accr. m.** | **chieṣùccia**, **dim.** | **chieṣùcola**, **dim.** | **chieṣuòla**, **chieṣòla**, **dim.** (V.)

NOMENCLATURA

chiesa (cfr. religione)
● *caratteristiche*: piccola, modesta, spoglia ⇔ imponente, maestosa, adornata, affrescata, dipinta; benedetta, consacrata ⇔ sconsacrata; affollata ⇔ deserta, abbandonata;
● *tipi di chiesa* = casa di Dio = casa del Signore = tempio; abbazia = badia, certosa, basilica, cattedrale = duomo = matrice, collegiata, parrocchia = pieve, santuario; cappella, cappelletta, oratorio, edicola; battistero; convento, monastero, chiostro, clausura, cella, cenobio, grangia, confortatorio; chiesa metropolitana, primaziale;
● *esterno della chiesa*: sagrato, portico, protiro, nartece, portale, porta, rosone, facciata, doccione, guglia, pinnacolo, campanile, cupola, tiburio, lanterna, cuspide, abside, vetrata, monofora, oculo, canonica, edicola; pianta a croce latina, a croce greca, pianta cruciforme, pianta centrale; campanile = torre campanaria (girato, svettante, isolato, tozzo, massiccio, mutilato, smantellato; a vela; dritto ⇔ pendente, rotondo ⇔ quadrato);
● *interno della chiesa*: navata (centrale, laterale), formeret, transetto, iconostasi, balaustra, presbiterio, tribuna = abside, catino, semicatino, deambulatorio = ambulacro, arco trionfale, cantoria, coro, sagrestia, stallo, scanno, matroneo, cappella, cripta, sacello, sancta sanctorum, altare (mensa, reconditorio, predella = suppedaneo, dossale, paliotto, trittico, ciborio = tabernacolo, baldacchino, corno, capocielo), pila, acquasantiera, fonte battesimale, battistero, confessionale, pulpito = pergamo = ambone, cero pasquale, cassetta per elemosine, affresco, lunetta, quadro, statua, ex voto, banchi, inginocchiatoio; oratorio;
● *arredi sacri*: candeliere = candelabro, palmatoria, accenditoio, lumen Christi, cero = candela, candelotto, arundine; badalone, seggio, leggio = podio; ampolline, ampolliera, purificatoio, calice, pisside = ciborio, conopeo = copripisside, repositorio, vasello, lavabo, manutergio, ostensorio, patena, tovaglia di comunione; crocifisso, croce, astile, barella; navicella, turibolo = incensiere, secchiello = asperges = asperge; catafalco, reliquia, reliquiario, teca, stauroteca, lipsanoteca; stendardo;
● *persone*: fedeli; clero, officiante, sacerdote = prete, pastore, rabbino, pope; sagrestano, campanaro, caudatario, ceroferario, crocifero, corista, turiferario, scaccino, chierico, chierichetto;
● *azioni*: fondare, erigere, dedicare, benedire, consacrare ⇔ sconsacrare, profanare = violare, riconsacrare; parare, addobbare; aprire una chiesa al culto, officiare, amministrare i sacramenti, confessare, comunicare, predicare.

chieṣàstico [1855] **agg.** (**pl. m.** *-ci*) **1** di chiesa **2** (*est., spreg.*) pretesco: *tono c.*

chièsi ➤ **chiedere**

chieṣòla ➤ **chiesuola**

chièsta [da *chiesto* ✱ av. 1292] **s. f.** **1** †domanda, pretesa, supplica: *né mai feci c. nessuna di tale impiego* (V. ALFIERI) | †***aver c.***, essere richiesto, detto di cose necessarie, rare e sim. **2** (*tosc.*) richiesta in sposa di una giovane donna: *fare la c.* | richiesta di prezzo

chièsto **part. pass.** di *chiedere*; anche **agg.** ● nei sign. del v.

chieṣuòla o (*pop.*) **chieṣòla**, †**gieṣiuòla** [sec. XIV] **s. f.** **1** dim. di *chiesa* **2** (*fig., spreg.*) gruppo ristretto di persone che professano le stesse idee **SIN.** conventicola **3** (*mar.*) custodia a forma di colonnina che contiene la bussola magnetica

†**chietinerìa** [da *chietino* ✱ av. 1566] **s. f.** ● bigotteria, ipocrisia

chietìno [dall'ordine dei Teatini, fondato dal cardinale G. P. Carafa, arcivescovo di *Chieti* ✱ 1524] **agg. e s. m.** (**f.** *-a*) **1** teatino **2** (*lett., spreg.*) bigotto, ipocrita: *i novatori scolastici che applaudirono, e i timidi chietini che si spaventarono* (I. NIEVO) (V. nota d'uso STEREOTIPO)

chifel [ted. *Kipfel*, propr. 'cornetto', dal lat. *cĭppum* V. *ceppo* ✱ 1839] **s. m. inv.** ● panino morbido a forma di mezzaluna | piccolo dolce della stessa forma, spesso ricoperto di glassa

chiffero [adattamento del lomb. *chïfer* 'chifel' (V.) ✱ 1970] **s. m.** ● (**spec. al pl.**) tipo di pasta di media pezzatura a forma cilindrica ricurva ‖ **chifferétto**, **dim.** | **chifferino**, **dim.**

chiffon /*fr.* ʃi'fɔ̃/ [vc. fr., propr. 'cencio, straccio', da *chiffe* 'pezzo di stoffa', di orig. germ. ✱ 1874] **s. m. inv.** ● tessuto leggerissimo e trasparente, di seta o di fibre sintetiche

chiffonnier /*fr.* ʃifɔ'nje/ [da *chiffon* (V.) ✱ 1970] **s. m. inv.** ● piccolo mobile a cinque e più cassetti usato soprattutto per riporre piccoli oggetti, bigiotteria e accessori dell'abbigliamento femminile

chiffonnière /*fr.* ʃifɔ'njɛʀ/ [da *chiffon* (V.) ✱ 1883] **s. f. inv.** ● (*raro*) chiffonnier

chìglia [sp. *quilla*, dal fr. *quille*, dal neerl. *kiel* ✱ 1602] **s. f.** **1** nelle imbarcazioni, elemento continuo che va da poppa a prua e collega le ossature trasversali dello scafo | nelle navi in ferro, la lamiera centrale del fondo dello scafo **2** struttura portante della parte centrale della fusoliera di un aereo

chignon /fr. ʃiˈɲɔ̃/ [vc. fr., in orig. 'nuca', dal lat. parl. **cateniōne(m)*, da *catēna* (delle vertebre) * 1747] **s. m. inv.** • crocchia di capelli raccolti e variamente annodati sul capo

chihuahua /sp. tʃiˈwawa/ [da *Chihuahua*, n. di uno stato del Messico da cui proviene * 1956] **s. m. inv.** (**pl. sp.** *chihuahuas*) • cane da compagnia messicano di taglia piccolissima, con occhi grandi e larghe orecchie

chikungùnya /tʃikuŋˈgunja/ [vc. che in lingua locale del Mozambico significa 'contorcimento' * 1980] **s. f. inv.** • (*med.*) malattia infettiva autolimitante tipica dell'Africa subsahariana, dell'India e del Sud-Est asiatico; è causata dal virus *Chikungunya*, trasmesso da zanzare del genere *Aedes*, ed è caratterizzata da febbre, esantema e artralgie

chili /sp. ˈtʃili/ [vc. dell'ingl. d'America, dallo sp. *chile* 'peperone', che riproduce il *chilli* della lingua nahuatl * 1954] **s. m. inv. 1** (*bot.*) nome messicano di una varietà di peperoncino con frutti piccanti originario dell'America centrale | il frutto di tale pianta **2** (*cucina*) condimento messicano in polvere o in pasta a base di una miscela di peperoni, peperoncini piccanti di varietà diverse e altre erbe o spezie | salsa piccante a base di peperoncino

chiliàrca [vc. dotta, lat. tardo *chiliărche(n)*, dal gr. *chiliárchēs* 'comandante di mille uomini', comp. di *chílioi* 'mille' e *archós* 'comandante' * sec. XIII] **s. m.** (**pl.** *-chi*) • condottiero di mille uomini della falange greca

chiliàsmo [vc. dotta, gr. *chiliasmós*, da *chílioi* 'mille' * 1851] **s. m.** • millenarismo

chiliàsta [vc. dotta, gr. *chiliastái*, da *chílioi* 'mille' * 1830] **s. m. e f.** (**pl. m.** *-i*) • millenarista

chiliàstico [da *chiliasta* * 1970] **agg.** (**pl. m.** *-ci*) • millenaristico

chilìfero [fr. *chylifère*. V. *chilo*① e *-fero* * 1745] **agg.** • (*fisiol.*) che contiene il chilo: *vaso c.*

chilificàre [da *chilo*① * av. 1730] **v. tr.** (*io chilìfico, tu chilìfichi*) • (*fisiol.*) trasformare gli alimenti in chilo (*anche assol.*) || **chilificazióne**, **s. f.** chilosi

chill out /ingl. ˈtʃɪl,aʊt/ [loc. ingl., propr. 'rilassante, calmante' * 1999] **loc. sost. m. inv.** • genere musicale dal ritmo lento e rilassante

chìllum ➤ **chilum**

chìlo① [vc. dotta, lat. tardo *chȳlo(n)*, dal gr. *chylós* 'succo della digestione', da *chéō* 'io verso' * 1481] **s. m.** • (*fisiol.*) fluido lattiginoso formato dagli alimenti parzialmente digeriti nell'intestino tenue | (*fam.*) ***fare il c.***, riposare dopo aver mangiato

◆**chìlo**② [1859] **s. m.** • accorc. di *chilogrammo*: *un c. di farina* || **chilétto**, **dim.**

chìlo-① ➤ **kilo-**

chìlo-② ➤ **cheilo-**

chilocalorìa ➤ **kilocaloria**

Chilognàti o (*raro*) **Chilògnati** [comp. di *chilo-*②, var. di *cheilo-*, e del gr. *gnáthos* 'mascella' (V. *ganascia*) * 1830] **s. m. pl.** (**sing.** *-o*) • (*zool.*) sottordine di Diplopodi privi di setole e con esoscheletro rigido impregnato di sali calcarei (*Chilognatha*)

chilogràmmetro ➤ **kilogrammetro**

◆**chilogràmmo** o **kilogràmmo** [fr. *kilogramme*, comp. del gr. *chílioi* 'mille' e del fr. *gramme* 'grammo' * 1798] **s. m.** • (*fis.*) unità di misura di massa nel Sistema Internazionale definita come la massa del campione di platino-iridio conservato a Sèvres; equivale a 1000 grammi e a 1/1000 di tonnellata **SIMB.** kg | ***c. massa***, nome a volte usato erroneamente per kilogrammo | ***c. forza***, unità di forza nel sistema tecnico definita come la forza capace di imprimere alla massa di 1 kg l'accelerazione di gravità campione (9,806 m/s^2) **SIMB.** kgf

chilohèrtz ➤ **kilohertz**

chilometràggio ➤ **kilometraggio**

chilometràre ➤ **kilometrare**

chilomètrico o **kilomètrico** [1858] **agg.** (**pl. m.** *-ci*) **1** di chilometro | ***percorso c.***, misurato in chilometri **2** (*fig.*) interminabile, che va per le lunghe: *discorso, processo c.* **3** nella fotocomposizione, detto di nastro registrato non giustificato

◆**chilòmetro** o **kilòmetro** [fr. *kilomètre*, comp. del gr. *chílioi* 'mille' e del fr. *mètre* 'metro' * 1798] **s. m.** • unità di misura di lunghezza pari a 1000 metri **SIMB.** km | ***c. lanciato***, nello sci, nel ciclismo, nell'automobilismo e sim., prova di velocità su strada o su pista in cui si tiene conto del tempo impiegato da un dato punto raggiunto a piena velocità, sino alla percorrenza di un kilometro | ***c. da fermo***, la stessa prova con partenza da fermo | (*tel.*) ***ultimo c.***, V. *ultimo* | ***a chilometri zero***, detto di automobile venduta nuova ma già immatricolata | ***a chilometro zero***, detto di tutto ciò che, spec. nel settore alimentare, sia prodotto a breve distanza dal luogo di commercializzazione

chilomicróne [vc. dotta, comp. di *chilo-*① e del gr. *mikrón*, nt. dell'agg. *mikrós* 'piccolo' * 1956] **s. m.** • (*biol.*) lipoproteina di dimensioni elevate, ad alto contenuto di lipidi, di norma presente nel sangue solo dopo un pasto

Chilòpodi [comp. di *chilo-*① e *-pode* * 1820] **s. m. pl.** (**sing.** *-e*) • (*zool.*) classe di Artropodi con antenne lunghe, corpo depresso e un unico paio di zampe per ogni segmento (*Chilopodia*)

chilòsi [vc. dotta, gr. *chýlōsis*, da *chylóō* 'io riduco in succo' * 1840] **s. f. inv.** • (*fisiol.*) chilificazione

chìloton ➤ **kiloton**

chilovòlt ➤ **kilovolt**

chilovoltampere ➤ **kilovoltampere**

chìlowatt ➤ **kilowatt**

chilowattóra ➤ **kilowattora**

chìlum /ˈtʃilum/ o **chìllum** /ˈtʃillum/ [dall'hindi *chilam*, pron. *cilam*, di provenienza persiana * 1993] **s. m. inv.** • pipa diritta e conica, solitamente di terracotta, usata per fumare marijuana

chimàsi [da *chimo* col suff. *-asi* * 1930] **s. f. inv.** • (*biol.*) enzima della mucosa gastrica che determina la coagulazione del latte

◆**chimèra** [vc. dotta, lat. *chimăera(m)*, dal gr. *chímaira* 'capra' * 1306] **s. f.** (*Chimera* **nel sign. 1**) **1** nella mitologia greco-romana, mostro con corpo e testa di leone, una seconda testa di capra sulla schiena e coda di serpente **2** (*fig.*) sogno vano, illusione, fantasticheria, utopia: *perdersi dietro assurde chimere*; *inseguire una c.* **3** (*zool.*) genere di Pesci cartilaginei degli Olocefali, con coda filiforme, estremità cefalica compressa e bocca piccola (*Chimaera*) | ***c. mostruosa***, vivente nel Mediterraneo a profondità fra 200 e 1200 m (*Chimaera monstrosa*) **4** (*biol.*) organismo i cui tessuti presentano diversi genomi, in quanto derivano da due o più zigoti, appartenenti alla stessa specie o a specie diverse **CFR.** mosaico | animale da esperimento caratterizzato da tolleranza immunologica verso i tessuti di un esemplare con differente genoma, dopo che questi gli sono stati trapiantati in epoca embrionale | ibrido d'innesto

chimèrico [1554] **agg.** (**pl. m.** *-ci*) **1** relativo alla Chimera **2** (*fig.*) fantastico, illusorio: *sono tutti discorsi chimerici*; *erano speranze chimeriche* || **chimericaménte**, **avv.**

Chimerifórmi [comp. di *chimera* e il pl. di *-forme* * 1964] **s. m. pl.** (**sing.** *-e*) • (*zool.*) ordine di Pesci cartilaginei degli Olocefali cui appartiene la chimera mostruosa (*Chimaeriformes*)

chimerìsmo [da *chimera* in senso biol. col suff. *-ismo* * sec. XX] **s. m.** • (*biol.*) condizione di un organismo che presenta due o più distinti tipi cellulari geneticamente differenti

chimerizzàre [1553] **v. tr. e intr.** (**aus.** *avere*) • (*lett.*) immaginare con fantasia, fantasticare: *queste erano cose che già molti giorni … s'erano chimerizzate* (A. CARO); *Ed ora, rimaneva lì, chimerizzando dietro quella visione bionda* (L. CAPUANA) || **chimerizzazióne**, **s. f.**

†**chimeróso** (o *-s-*) [av. 1572] **agg.** • (*lett.*) chimerico, fantastico: *una inattesa bellezza / balenar talora mi parve / nella chimerosa figura* (G. D'ANNUNZIO)

◆**chìmica** [fr. *chimie* (stessa etim. di *alchimia*) * 1612] **s. f. 1** scienza che studia le proprietà, la composizione, l'identificazione, la preparazione e il modo di reagire delle sostanze naturali e artificiali del regno inorganico e di quello organico | ***c. organica***, che studia quasi tutti i composti del carbonio | ***c. inorganica***, che si occupa dello studio degli elementi e dei loro composti a eccezione della maggior parte di quelli del carbonio | ***c. generale***, riguardante le leggi che regolano i fenomeni chimici | ***c. fisica***, che studia i problemi comuni a chimica e fisica | ***c. industriale***, che ha per oggetto lo studio delle condizioni migliori per la preparazione di prodotti chimici su larga scala | ***c. pura***, che ha per oggetto la pura ricerca scientifica | ***c. fine***, riguardante i composti prodotti con elevata purezza e in piccole quantità | come materia d'insegnamento o corso universitario: *professore di c.*; *laurearsi in c.* **2** (*fig.*, *colloq.*) attrazione, simpatia (calco sull'ingl. *chemistry*): *tra loro c'è una certa c.* **SIN.** intesa, feeling

NOMENCLATURA

chimica

• *suddivisioni*: generale, organica ⇔ inorganica; agraria, analitica, applicata, atomica, biologica, cosmica, bromatologica, docimastica, elementare, clinica, farmaceutica, fisiologica, industriale, generale, minerale, fisica, sperimentale, patologica, pura, sintetica, nucleare; fitochimica, geochimica, elettrochimica, termochimica, gazochimica, stereochimica, zoochimica;

• *apparecchi*: alambicco, autoclave, becco Bunsen, bagno, bilancia, microscopio, buretta, cannello dardifiamma, colorimetro, cristallizzatore, coppella = crogiolo, durimetro, distillatore, essiccatoio, fornello, lampada Teclù, linguetta, mortaio di Abich, carta di tornasole, filtro, dializzatore, essiccatore, morsette, pallone di vetro = matraccio, oleometro, imbuto separatore, picnometro, becher, beuta, pipetta, provetta, capsula Petri, vetrino, pirometro, pompa a vuoto torricelliano, serpentina, saccarimetro, sifone, spatola, storta, spettrofotometro, spettrometro, centrifuga, viscosimetro, densimetro, dializzatore, termometro (a liquido, a mercurio), tubi, vaschetta;

• *operazioni*: sintesi, preparazione, azione, reazione, fusione = liquefazione, diluizione, solidificazione = coagulazione, rarefazione, condensazione, evaporazione, sublimazione, assorbimento, adsorbimento, volatilizzazione, fluidificazione, cristallizzazione, concentrazione, decantazione, idratazione, disidratazione, dissoluzione, dissecamento, ossidazione, dissossidazione, dialisi, catalisi, distillazione, idrogenazione, defecazione, filtrazione, ebollizione, misurazione, dosaggio, levigazione, macerazione, mineralizzazione, precipitazione, riduzione, sintesi, combustione, combinazione, drogaggio; elemento chimico (cfr. sostanza), formula (bruta, di struttura), stechiometria, indice, coefficiente, simbolo, valenza, composto chimico (omopolare ⇔ eteropo-

lare); acidità, basicità, solubilità, fusibilità, friabilità, odore, sapore, densità, temperatura di fusione, temperatura di ebollizione, riduzione, saturazione; analisi chimica (quantitativa, qualitativa, organica);
• *reazioni* (di sintesi, di analisi, di scambio doppio o semplice; termica ⇔ atermica, endotermica ⇔ esotermica, reversibile ⇔ irreversibile): contatto, calore, elettricità, luce, pressione, catalizzatore; alcali, allotropo, anfotero, colloide, calore latente, cartine indicatrici di pH, inibitore, isomero, miscela, molecola, reagente, soluzione;
• *soluzione*: empirica, titolata; satura, soprassatura, normale, molecolare; concentrata ⇔ diluita; soluto, solvente, concentrazione, dissociazione elettrolitica = ionizzazione;
• *elettrolisi*: polo (positivo = anodo ⇔ negativo = catodo); elettrolito; elettrolizzare;
• *persone*: chimico, preparatore, manipolatore, ricercatore, assistente, sperimentatore;
• *alchimia*: alchimista, alchimizzatore, adepto, soffiatore; quintessenza, arcano, pietra filosofale, elisir universale, panacea.

C

♦**chìmico** [fr. *chimique*, da *chimie* 'chimica' ✱ 1584] **A** **agg.** (**pl. m.** *-ci*) ● relativo alla chimica: *analisi, industria chimica* | detto di sostanza ottenuta in laboratorio da altre sostanze: *prodotto c.* **CFR.** chemio- ‖ **chimicaménte**, **avv.** secondo le leggi o i procedimenti della chimica **B** **s. m.** (**f.** *-a*) **1** studioso di chimica | professionista, laureato, tecnico che si dedica a ricerche o applicazioni in vari settori della chimica **2** (**spec. al pl.**) lavoratore dell'industria chimica: *lo sciopero dei chimici*

chimificàre [da *chimo* ✱ 1828] **v. tr.** (*io chimìfico, tu chimìfichi*) ● trasformare gli alimenti in chimo ‖ **chimificazióne**, **s. f.**

chimìṣmo [fr. *chimisme*, da *chimie* 'chimica' ✱ 1863] **s. m. 1** insieme dei fenomeni prodotti da azioni chimiche, generalmente di natura organica | ***c. gastrico***, titolazione dell'acidità del succo gastrico **2** insieme delle caratteristiche chimiche delle rocce eruttive

chimìsta [fr. *chimiste*, da *chimie* 'chimica' ✱ 1584] **s. m. e f.** (**pl. m.** *-i*) ● (*disus.*) chimico

chìmo [vc. dotta, gr. *chymós* 'succo', da *chéō* 'io verso' ✱ sec. XIV] **s. m.** ● materiale alimentare contenuto nello stomaco durante la digestione

chimóno ➤ **kimono**

chimòṣi [vc. dotta, gr. *chýmōsis*. V. *chimo* ✱ 1820] **s. f. inv.** ● (*raro*) chimificazione

chimoṣìna [dal gr. *chymós* 'succo'. V. *chimo* ✱ 1913] **s. f.** ● fermento digestivo gastrico di tipo proteolitico

china① [da *chinare* ✱ av. 1292] **s. f.** ● terreno scosceso | pendio, declivio: *la c. del colle; scendere giù per la c.* | ***essere, mettersi su una brutta c.***, (*fig.*) su una strada pericolosa | ***essere sulla c. degli anni***, (*fig.*) nel declino degli anni

china② o **chinachina** [fr. *quina*, dallo sp. *quinaquina*, da una lingua precolombiana del Perù ✱ 1561] **s. f. 1** (*bot.*) nome popolare di varie specie di alberi delle Rubiacee con foglie persistenti semplici, fiori profumati bianchi, gialli o violetti in pannocchie, frutto a capsula, spontanei nell'America tropicale (*Chinchona officinalis, Chinchona calisaya, Chinchona lancifolia, Chinchona succiribra*) **SIN.** cincona **2** corteccia delle piante omonime, contenente sostanze medicamentose ad azione antimalarica e antipiretica | sostanza variamente usata tratta da questa corteccia **3** liquore preparato con alcol e corteccia di china: *elisir di c.; bere una c. calda*

china③ [da *China*, var. di *Cina* ✱ av. 1696] **s. f.** ● (*ellitt.*) inchiostro di china: *passare un disegno a c.; disegnare a c.* | (*est.*) disegno ottenuto con tale inchiostro

chinachìna ➤ **china**②

♦**chinàre** [lat. **clīnāre* (attestato in lat. solo nei composti), dalla radice **klei-* 'inclinare' ✱ 1250 ca.] **A** **v. tr.** ● piegare in basso, verso terra | *c.* ***lo sguardo, il capo, il volto***, in segno di umiliazione, vergogna, imbarazzo: *a quel parlare / chinò ella il bel volto* (T. TASSO) | ***c. il capo***, in segno di saluto, riverenza e sim. | ***c. il capo, la schiena***, (*fig.*) sottomettersi | ***c. le ginocchia***, inginocchiarsi **SIN.** abbassare **B** **chinàrsi** **v. rifl.** ● piegarsi in basso con tutta la persona: *chinarsi per raccogliere qlco.* **SIN.** curvarsi

†**chinàta** [av. 1292] **s. f.** ● pendio, discesa

chinàto① **A** **part. pass.** di *chinare*; anche **agg.** ● nei sign. del v. **B** **s. m.** ● †la parte inclinata di qlco.: *Qual pare a riguardar la Carisenda / sotto 'l c.* (DANTE *Inf.* XXXI, 136-137)

chinàto② [da *china*② ✱ 1879] **agg.** ● che contiene china: *vermut c.*

Chinatown /tʃaina'taun, *ingl.* 'tʃaɪnə,taʊn/ [vc. ingl., propr. 'città, quartiere (*town*) della Cina (*China*)' ✱ 1985] **s. f. inv.** ● in grandi città, denominazione del quartiere abitato in buona parte da cinesi: *la C. di Milano*

chinatùra [sec. XIV] **s. f. 1** (*raro*) il chinare, il chinarsi **2** †curvatura, convessità | arco

chincàglia [fr. *quincaille*, di orig. onomat. ✱ 1679] **s. f.** ● (**spec. al pl.**) chincaglieria

chincaglière [fr. *quincaillier*, da *quincailles* 'chincaglie' ✱ 1739] **s. m.** (**f.** *-a*) ● venditore di chincaglie

chincaglierìa [fr. *quincaillerie*, da *quincailles* 'chincaglie' ✱ 1765] **s. f. 1** (**spec. al pl.**) ciascuno degli oggetti minuti e di poco valore usati per ornamento personale o per l'abbellimento di mobili, stanze e sim.: *la sua camera è piena di chincaglierie* | insieme di tali oggetti: *una bancarella che vende c. varia* **2** negozio in cui si vendono tali oggetti

chinchìlla /tʃin'tʃilla, *sp.* tʃin'tʃiʎa, -ija/ [vc. di orig. peruviana ✱ 1836] **s. m. inv.** (**pl. sp.** *chinchillas*) ● genere di Mammiferi roditori rappresentato dalla sola specie *Chinchilla laniger*, comunemente *cincillà*

chindògu /tʃin'dɔgu, *giapp.* tʃin.dɔ.gɯ/ [giapp. *chindōgu* 'strani attrezzi' ✱ 1997] **s. m. inv.** ● oggetto o invenzione inutile e singolare: *tra i c., le strisce pedonali portatili*

chiné /*fr.* ʃi'ne/ [fr., part. pass. di *chiner* 'dare colori differenti ai fili di un tessuto', da *Chine* 'Cina', dove venne elaborato il procedimento ✱ 1885] **agg. inv.** ● detto di tessuto screziato, marezzato

chinèa o †**acchinèa** [fr. *haquenée*, di etim. incerta ✱ av. 1410] **s. f. 1** (*lett.*) cavallo adatto spec. per lunghi percorsi **2** (*stor.*) cavallo bianco che i re di Napoli offrivano ogni anno al Papa, come feudatari della Chiesa

chinése ➤ **cinese**

chineserìa ➤ **cineseria**

chinési-, -chinèsi ➤ **cinesi-, -cinesi**

chineṣiologìa o **kineṣiologia**, **cineṣiologìa** [comp. di *cinesi-* e *-logia* ✱ 1874] **s. f.** (**pl.** *-gìe*) ● disciplina che studia l'attività motoria del corpo umano: *c. correttiva* **CFR.** biomeccanica

chineṣiterapìa e deriv. ➤ **cinesiterapia** e deriv.

chinetopatìa [comp. del gr. *kinētós* 'mobile' (V. *chinetosi*) e di *-patia* ✱ sec. XX] **s. f.** ● chinetosi

chinetòṣi o **cinetòṣi** [dal gr. *kinētós* 'mobile', da *kinêin* 'porre in movimento' (V. *cinematica*) ✱ 1899] **s. f. inv.** ● (*med.*) complesso di disturbi, quali nausea e vomito, di origine neurovegetativa, causati da un movimento non uniforme, spec. su mezzi di trasporto come automobile, barca, aeroplano, treno **SIN.** cinesia

Ching ➤ **I Ching**

chinidìna [da *chinina* ✱ 1865] **s. f.** ● (*chim.*) isomero ottico della chinina, usato come farmaco contro la fibrillazione cardiaca

chinìna [fr. *quinine*. V. *china*② ✱ 1838] **s. f.** ● alcaloide della corteccia della china, usato sotto forma di sali come antipiretico e antimalarico

chinìno [da *chinina* ✱ 1874] **s. m.** ● sale acido o neutro di chinina, usato come antipiretico e antimalarico

chìno① [part. accorciato di *chinare* ✱ 1266] **agg.** ● chinato, inclinato, curvo, piegato | ***stare a, col, capo c.***, in segno di umiltà, vergogna, pentimento

†**chìno**② [da *chinare* ✱ sec. XIII] **s. m.** ● (*raro*) pendio, declivio | ***andare al c.***, (*fig.*) cadere in miseria

chino③ /*sp.* 'tʃino, *ingl.* 'tʃainəu/ o **chinos** [vc. dello sp. d'America, di etim. sconosciuta ✱ 1984] **s. m. pl.** ● pantaloni di cotone color cachi, originariamente usati in uniformi militari

chinolìna [comp. di *china*② e del lat. *ŏleum* 'olio' ✱ 1865] **s. f.** ● (*chim.*) composto eterociclico basico, liquido, incolore, formato dalla condensazione di un nucleo benzenico e di uno piridinico; si utilizza in sintesi organiche e in medicina **SIN.** benzopiridina

chinolìnico [1987] **agg.** (**pl. m.** *-ci*) ● (*chim.*) detto di derivato della chinolina | detto di sostanza che contiene chinolina o derivati della chinolina: *colorante c.*

chinóne [da *china*② ✱ 1865] **s. m.** ● (*chim.*) composto organico risultante dalla sostituzione di due atomi di idrogeno con due atomi di ossigeno nell'anello benzenico, diffuso come pigmento in molti vegetali e in organismi animali

chinòtto [da *China*, antico n. della *Cina* ✱ 1892] **s. m. 1** piccolo albero delle Rutacee con piccoli fiori bianchi molto profumati e frutti amari più piccoli dell'arancia (*Citrus bigaradia sinensis*) | il frutto di tale albero **2** bibita analcolica gassata, aromatizzata con estratto a base di chinotto

chintz /*ingl.* tʃints/ o **cintz** /tʃints/, **cinz** [ingl., dall'indostano *chhint* 'cotone variegato' ✱ 1943] **s. m. inv.** ● tessuto da arredamento stampato a vari colori o in tinta unita, reso lucido da uno speciale finissaggio

†**chiòcca** [V. *ciocca*① ✱ av. 1327] **s. f.** ● ciocca | ***in c.***, in grande quantità: *venga pur ... / neve in c.* (F. REDI) ‖ †**chiocchétta**, **dim.**

†**chioccàre** [vc. onomat. ✱ av. 1494] **v. intr.** ● schioccare

chioccàta [1849] **s. f.** ● (*disus.*) schiocco

chiocchiolio ➤ **chioccolio**

chiòccia [da *chiocciare* ✱ sec. XIII] **s. f.** (**pl.** *-ce*) ● gallina che cova le uova o alleva i pulcini | (*est.*) ***fare la c.***, (*fig.*) accoccolarsi, stare rannicchiato | (*est.*) donna dotata di un forte senso della maternità, e gelosamente protettiva ‖ **chioccétta**, **dim.**

chiocciàre [vc. onomat. ✱ av. 1320] **v. intr.** (**pres.** *io chiòccio*; **fut.** *io chioccerò*; **aus.** *avere*) **1** emettere un verso rauco e stridulo, detto della chioccia quando cova e (*est.*) di altri uccelli **2** (*raro*) covare: *le galline chiocciarono, e venne marzo* (G. PASCOLI) **3** (*fig.*) †stare rannicchiato, spec. al caldo, come una chioccia, detto di persona

chiocciàta [da *chioccia* ✱ av. 1749] **s. f.** ● tutti i pulcini nati in una covata | (*fig., fam.*) figliolanza, prole

chiòccio [1313] **agg.** (**pl. f.** *-ce*) **1** che ha un suono rauco e stridulo, simile al verso della chioccia: *voce chioccia* **2** (*est., lett.*) aspro, sgradevole

chiòcciola [dim., con metatesi, del lat. *cŏchlea*, dal gr. *kochlías*, da *kóchlos* 'conchiglia' ✱ 1282] **s. f. 1** nome di varie specie di Molluschi dei Gasteropodi polmonati terrestri con conchiglia spiraliforme, spesso commestibili **2** ***scala a c.***, scala a forma elicoidale **3** (*tecnol.*) madrevite **4** (*anat.*) coclea **5** (*mus.*) estremità del manico degli strumenti ad arco **SIN.** riccio **6** caracollo | ***fare c.***, caracollare **7** nome del carattere @, utilizzato spec. negli indirizzi di posta elettronica **SIN.** at, a commerciale || **chiocciolétta**, **dim.** | **chiocciolina**, **dim.** | **chiocciolino**, **dim. m.**

chiocciolàio [av. 1675] **s. m.** (**pl.** *-ai*) ● (*raro*) chi cerca chiocciole per rivenderle

chiòcco [da *chioccare* ✱ 1596] **s. m.** (**pl.** *-chi*) ● schiocco

chioccolàre [vc. onomat. ✱ 1808] **v. intr.** (*io chiòccolo*; **aus.** *avere*) **1** emettere fischi brevi e leggeri, detto del fringuello, del merlo, del pettirosso e di altri uccelli **2** imitare il fischio del merlo, del fringuello ecc., spec. col chioccolo **3** (*est.*) gorgogliare dolcemente: *l'acqua chioccola nella fontana*

chioccolatóre [1940] **agg.** (**f.** *-trice*); **anche s. m.** ● che (o chi) chioccola: *merlo c.*

chioccolìo o **chiocchiolìo** [1808] **s. m.** (**pl.** *-ii*) **1** il chioccolare degli uccelli **2** (*est.*) gorgoglio continuo e sommesso di acque: *roco c. della vaschetta in mezzo al giardino* (L. Pirandello)

chiòccolo [da *chioccolare* ✱ 1808] **s. m.** **1** richiamo caratteristico del merlo e del fringuello **2** fischio di ottone con cui si richiama il merlo o il fringuello: *caccia col c.* **3** (*est.*) chioccolio

chiodàia [da *chiodo* ✱ 1565] **s. f.** **1** (*disus.*) in orologeria, punzone d'acciaio per ribadire le ruote sul loro pignone o il bilanciere sul suo asse **2** antico stampo per fare la capocchia ai chiodi **SIN.** dama③

chiodàio o (*centr., merid.*) **chiodàro** [av. 1936] **s. m.** (**f.** *-aia*, **pl. m.** *-ai*) ● chi fabbrica chiodi

chiodaiòlo o (*lett.*) **chiodaiuòlo** [sec. XVII] **s. m.** (**f.** *-a*) **1** chiodaio **2** (*fig., scherz.*) chi fa molti debiti **3** un tempo, operaio tessile addetto a stendere e inchiodare le stoffe sui telai

chiodàme [1768] **s. m.** ● (*raro*) insieme di chiodi di qualità e forme diverse

chiodàre o †**chiovàre** [1312] **v. tr.** (*io chiòdo*) ● (*raro*) inchiodare

chiodàro ➤ **chiodaio**

chiodàto **part. pass.** di *chiodare*; **anche agg.** **1** nei sign. del v. **2** ***bastone c.***, che finisce con una punta metallica | ***scarpe chiodate***, con chiodi infissi nella suola, usate spec. un tempo per passeggiate ed escursioni in montagna | ***pneumatico c.***, fornito di punte metalliche per migliorarne la tenuta su strade ghiacciate

chiodatrìce [1941] **s. f.** **1** inchiodatrice **2** (*mecc.*) macchina utensile per effettuare chiodature

chiodatùra o †**chiovatùra** [av. 1320] **s. f.** **1** operazione dell'inchiodare **2** (*mecc.*) tipo di giunzione fissa usata nel collegamento di lamiere, le quali vengono fissate tra loro mediante chiodi ribattuti **3** insieme di chiodi infissi in un oggetto: *la c. delle scarpe*

chioderìa [1549] **s. f.** **1** officina nella quale si fabbricano chiodi **2** assortimento di chiodi

chiodétto [1578] **s. m.** **1** dim. di *chiodo* **2** fungo delle Agaricacee con cappello di color rosso bruno viscido nella parte superiore (*Gomphidius glutinosus*)

chiodino [1865] **s. m.** **1** dim. di *chiodo* **2** piccolo fungo mangereccio delle Agaricacee dal cappello giallastro con lamelle nella parte inferiore e anello persistente (*Armillaria mellea*) **SIN.** famigliola buona | ***c. matto***, piccolo fungo parassita di aspetto simile al chiodino ma velenoso (*Hypholonia fascicularе*)

♦**chiòdo** o †**chiòvo** [lat. *clāvu(m)* 'chiodo' (prob. da una radice che significa 'battere'), cui si sovrappose *claudere* 'chiudere' ✱ av. 1292] **s. m.** **1** sottile asta metallica, appuntita a un'estremità e munita dall'altra di una capocchia, usata per unire tra loro due parti, per appendere oggetti alla parete o come elemento di rinforzo: *conficcare, piantare, togliere un c.* | ***c. a diamante***, con la capocchia a piramide tronca | ***c. a pantera***, adatto spec. per infissioni in pareti di cemento | ***c. da piastra***, bullone che si ribadisce a caldo | ***c. da staffa***, cilindrico | ***c. barbone***, in acciaio con tacche a sega per inchiodare le artiglierie ad avancarica | ***ribadire il c.***, (*fig.*) insistere sullo stesso argomento | ***magro come un c., essere un c.***, (*fig.*) di persona molto magra | ***appendere*** (o ***attaccare***) ***la bicicletta, i guantoni*** ecc. ***al c.***, (*fig.*) ritirarsi da uno sport | ***roba da chiodi***, (*fig.*) azioni o parole biasimevoli, assurde e sim. | ***non battere c.***, (*fig.*) non ottenere risultati, non realizzare guadagni | **PROV.** ***c. scaccia c.***, un nuovo pensiero o un nuovo interesse fanno dimenticare un assillo precedente **2** nell'alpinismo, attrezzo in metallo che si infigge nella roccia o nel ghiaccio, con la testa munita di un occhio cui collegare, mediante anello o moschettone, corda e staffa per sicurezza e appiglio **3** nel podismo, ciascuna delle speciali puntine metalliche applicate sotto le scarpe per meglio aderire al terreno della pista **4** (*bot.*) ***c. di garofano***, gemma florale di una pianta tropicale delle Mirtacee raccolta prima che si sviluppi il fiore ed essiccata; si usa come spezie **5** fitta dolorosa | (*med.*) ***c. isterico***, forma di cefalea che si accompagna a sensazioni di trafittura cranica | (*med.*) ***c. solare***, cefalea localizzata sopra le orbite per insolazione o malattia, spec. malaria **6** (*fig.*) idea assillante, quasi ossessiva: *Questo dello stile ... era un c. del Colonnello* (R. Bacchelli); *avere un c. fisso* **7** (*fig., fam.*) debito: *lasciare un c. in trattoria* | ***piantare, levare un c.***, fare, pagare un debito **8** (*gerg.*) corto giubbotto imbottito, spec. di pelle nera || **chiodàccio**, **pegg.** | **chiodétto**, **dim.** (V.) | **chiodino**, **dim.** (V.) | **chiodóne**, **accr.**

chioggiòtto o (*disus.*) **chiozzòtto** [1517] **A** **agg.** ● di Chioggia: *case chioggiotte* **B** **s. m.** (**f.** *-a*) ● abitante o nativo di Chioggia

chiòma [lat. *cŏmula(m)*, dim. di *cŏma* 'chioma', dal gr. *kómē*, con metatesi ✱ 1288] **s. f.** **1** capigliatura, spec. lunga e folta: *una lunga, folta c.*; *le tue chiome auliscono come / le chiare ginestre* (G. D'Annunzio) **2** (*est., lett.*) criniera: *la c. del cavallo, del leone* **3** (*fig.*) insieme di rami, fronde e foglie che formano la parte superiore di un albero **4** estesa formazione di gas fluorescenti che avvolge il nucleo delle comete spec. quando si trovano in vicinanza del Sole **5** †pennacchio: *la c. dell'elmo* | †pennacchio della rocca **SIN.** pennecchio

chiomadòro [comp. di *chioma* e *oro* ✱ 1890] **agg. inv.** ● (*poet.*) dalla chioma bionda

chiomànte [sec. XIII] **agg.** **1** (*lett.*) chiomato **2** (*raro, lett.*) fornito di criniera | che scuote la criniera **3** (*poet.*) frondeggiante, fronzuto: *sul poggio / c. di pini* (G. D'Annunzio)

chiomàto [av. 1327] **agg.** **1** (*lett.*) che ha lunga e vistosa chioma: *vedea ... / ... / sulle sciolte redini / chino il c. sir* (A. Manzoni) **2** (*raro, lett.*) che ha folta criniera: *cavallo, leone c.* **3** (*poet.*) frondoso: *albero, bosco c.* **4** (*lett.*) di cometa che ha lunga coda **5** (*lett.*) adorno di pennacchio: *elmo c.*

chiomazzùrro [comp. di *chioma* e *azzurro* ✱ av. 1638] **agg.** ● (*poet.*) dalla chioma azzurra: *il dio c.* (G. Pascoli)

chiomóso (o **-ṣ-**) [da *chioma* ✱ av. 1565] **agg.** ● (*lett.*) che ha lunghi e folti capelli: *col cenno del capo c.* (G. D'Annunzio)

chiónzo [etim. discussa: longob. *klunz* 'tardo, pesante' (?) ✱ av. 1698] **agg.** ● (*tosc.*) tozzo

chiòrba [lat. *cŏrbula(m)*, dim. di *cŏrbis* 'corba' ✱ 1960] **s. f.** ● (*tosc.*) testa

♣**chiòṣa** [lat. tardo *glōsa(m)*, dal gr. *glôssa* 'lingua, parola antiquata o straniera' ✱ av. 1294] **s. f.** **1** spiegazione di una parola o di un passo di difficile significato, aggiunta a un testo da parte di chi legge o commenta il testo stesso: *alle leggi poi di Giustiniano fecero le chiose i primi interpreti* (L.A. Muratori) **SIN.** glossa, postilla **2** (*est., lett.*) commento, chiarimento | (*fig., lett.*) commento malevolo, critico: *ognun fa sopra me sue belle chiose* (L. Pulci) **3** (*tosc.*) macchia, chiazza **4** †piastrella di piombo usata per gioco dai ragazzi || **chioṣétta**, **dim.**

SFUMATURE ➤ ***interpretazione***

chioṣàre [da *chiosa* ✱ 1287] **v. tr.** (*io chiòṣo*) **1** interpretare ed esporre un testo o un passo difficile con chiose **2** (*est., lett.*) commentare, spiegare, interpretare: *invece di Omero chioserò Crisippo* (G. Leopardi) **3** (*fig., lett.*) commentare in modo malevolo, criticare

chioṣatóre [da *chiosare* ✱ 1294] **s. m.** (**f.** *-trice*); **anche agg.** ● (*raro*) chi (o che) fa chiose

chiòsco [turco *kösk*, prob. attraverso il fr. *kiosque* ✱ 1594] **s. m.** (**pl.** *-schi*) **1** piccola costruzione in muratura o altro materiale, anche provvisoria, adibita a vari usi: *il c. del giornalaio, del gelataio, del fioraio* **2** piccolo padiglione a cupola in giardini, parchi e sim. **3** capanno formato da alberi e rami intrecciati || **chioschétto**, **dim.**

chiòstra [lat. *clāustra*, nt. pl. di *claustrum*. V. *chiostro* ✱ av. 1300] **s. f.** **1** (*lett.*) recinto, cerchia: *c. dei monti*; *c. dei denti* **2** (*lett.*) luogo chiuso e recintato | (*est.*) zona, regione: *S'io son d'udir le tue parole degno, / dimmi se vien d'inferno, e di qual c.* (Dante *Purg.* VII, 20-21) **3** †convento, chiostro

chiòstro o (*lett.*) **clàustro** [lat. *clāustru(m)*, da *clāudere* 'chiudere' ✱ 1266] **s. m.** **1** cortile di monastero, circondato da porticati, situato talora anche a fianco di cattedrali **2** (*est.*) convento: *correvano a ... sacri chiostri per impiegar quivi il resto de lor giorni* (L.A. Muratori) | (*fig.*) vita monastica: *cercare la pace, la solitudine del c.* | clausura **3** (*lett.*) luogo angusto | luogo appartato, inaccessibile || **chiostrétto**, **dim.** | **chiostrino**, **dim.**

chiòtto [etim. incerta ✱ 1534] **agg.** ● che sta quieto, silenzioso, ritirato, per prudenza, paura, circospezione e sim. (*spec. iter.*): *si allontanò chiotta chiotta*; *chiotti piuttostoché astuti* (G. Giusti)

†**chiòva** ➤ †**ghiova**

chiovàrdo [dal lat. *clāvus* 'chiodo, tumore' ✱ 1585] **s. m.** ● (*veter.*) malattia del piede del cavallo caratterizzata da processi necrotici con suppurazione e formazione di fistole

†**chiovàre** ➤ **chiodare**

†**chiovatùra** ➤ **chiodatura**

†**chiovèllo** [dalla sovrapposizione di †*chiovo* a †*chiavello* ✱ av. 1357] **s. m.** ● chiodo

†**chiòvo** ➤ **chiodo**

chiòvolo [da †*chiovo* ✱ av. 1698] **s. m.** **1** anello di ferro, legno e sim. in cui s'infila la stanga dell'aratro o il timone del giogo **2** (*veter.*) rigonfiatura che si forma sulle zampe di civette o falchi e sim., a causa di legacci troppo stretti

†**chiòẓẓo** (o **-zz-**) ➤ **ghiozzo**①

chioẓẓòtta [dalla forma dial. *ciozòta*, ora *ciosòta* 'di Chioggia' ✱ 1557] **s. f.** ● barcone a vela da trasporto in uso a Chioggia e nelle lagune venete

chiozzòtto ➤ **chioggiotto**

chip /*ingl.* tʃɪp/ [vc. ingl. d'orig. germ. propr. 'scheggia' ✻ 1966] **s. m. inv. 1** (*elettron.*) piastrina di semiconduttore, di pochi millimetri quadrati di superficie, sulla quale è realizzato un circuito integrato SIN. microchip | *c. card*, tessera magnetica con chip incorporato **2** cip②

chippendale /ˈtʃippendal, *ingl.* ˈtʃɪp(ə)nˌdeɪl/ [dal n. dell'ebanista Th. *Chippendale* (1718-1779) ✻ 1913] **A s. m. inv.** ● stile di mobilia inglese costituito da elementi ripresi dagli stili gotico, rococò e orientale **B anche agg. inv.**: *stile c.*; *mobili c.*

chips /tʃips, *ingl.* tʃɪpz/ [vc. ingl., riduzione di *chip-potatoes* 'patate (*potatoes*) a fettine (*chips*)' ✻ 1964] **s. f. pl.** ● patatine fritte tagliate a fettine sottilissime o a bastoncini, gener. confezionate industrialmente

chìpset /*ingl.* ˈtʃɪpˌset/ [vc. ingl., propr. 'gruppo (*set*) di *chip*' ✻ 1995] **s. m. inv.** ● (*inform.*) gruppo di microprocessori integrati nello stesso circuito e dedicati a una specifica funzione

†**chiràgra** [vc. dotta, lat. *chīragra(m)*, dal gr. *cheirágra*, comp. di *chéir*, genit. *cheirós* 'mano' e *ágra* 'caccia, preda' ✻ av. 1320] **s. f.** ● gotta delle mani

†**chiragróso** (o **-ṣ-**) [av. 1556] **agg. e s. m.** (**f.** *-a*) ● che (o chi) è affetto da chiragra

chiràle [vc. dotta, comp. del gr. *chéir* 'mano' e del suff. agg. *-ale*① ✻ 1977] **agg.** ● (*chim.*) detto di molecola priva di simmetria interna, non sovrapponibile alla propria immagine speculare, analogamente a quanto avviene tra la mano destra e la sinistra

chirghìṣo ➤ **kirghiso**

chiridòta [vc. dotta, lat. *chiridōta(m)*, dal gr. *cheiridōtós* 'fornito di maniche' (sottinteso 'chitone'), da *cheirís*, genit. *cheirîdos* 'guanto, manica', da *chéir*, genit. *cheirós* 'mano' ✻ 1874] **s. f.** ● tunica con le maniche, usata dagli Asiatici

Chìrie [1865] **s. m. inv.** ● adattamento di *Kyrie* (V.)

Chirielèison (o **-ṣ-**) o **Chìrie elèison** [1478] **s. m. inv.** ● adattamento di *Kyrie eleison* (V.)

chiringuito /*sp.* tʃiriŋˈɣito/ [vc. sp., di orig. sudamericana, di etim. incerta ✻ 2000] **s. m.** (**pl.** *-i* **o inv. o sp.** *chiringuitos*) ● chiosco, baracchino, gazebo e sim. che serve bevande e cibi in villaggi turistici, spiagge ecc. | (*est.*) ritrovo all'aperto simile a un chiosco che, spec. alla sera, serve spuntini, cocktail ecc.

†**chirinzàna** ➤ **chiarantana**

chiro- o **chèiro-** [dal gr. *chéir*, genit. *cheirós* 'mano', di orig. indeur.] **primo elemento** ● in parole composte dotte o della terminologia scientifica significa 'mano' e talvolta 'pinna': *chiromanzia, chirotteri, cheirospasmo*

chirognomìa [comp. di *chiro-* e un deriv. del gr. *gnṓmē* 'conoscenza' (V. *gnome*) ✻ 1946] **s. f.** ● arte divinatoria che cerca di indovinare il carattere e il futuro di una persona dalla lettura della sua mano

chirografàrio [vc. dotta, lat. tardo *chirographāriu(m)*, da *chirŏgraphum* 'chirografo' ✻ 1673] **A agg. 1** (*raro*) relativo a qualunque documento autografo **2** (*dir.*) detto di debito o credito sfornito di privilegio o di ipoteca e basato su una semplice scrittura privata | detto di creditore che vanta un documento firmato dal debitore **B s. m.** (**f.** *-ia*) ● (*dir.*) creditore che vanta un documento firmato dal debitore

chirògrafo [vc. dotta, lat. *chirŏgraphu(m)*, dal gr. *cheirógraphon* 'manoscritto', comp. di *chéir*, genit. *cheirós* 'mano' e *gráphō* 'io scrivo' ✻ sec. XIV] **s. m.** (*dir.*) **1** (*raro*) qualunque documento scritto di propria mano dal suo autore **2** (*dir.*) scrittura privata relativa a obbligazioni patrimoniali

chirologìa [comp. di *chiro-* e *-logia* ✻ 1830] **s. f.** (**pl.** *-gìe*) ● studio e lettura delle linee della mano a scopo divinatorio

chiròlogo [da *chirologia* ✻ 1983] **s. m.** (**f.** *-a*; **pl. m.** *-gi*) ● chi pratica la chirologia

chiromànte [vc. dotta, gr. *cheirómantis*, comp. di *chéir*, genit. *cheirós* 'mano' e *mántis* 'indovino' ✻ av. 1294] **s. m. e f.** ● chi esercita la chiromanzia | indovino

chiromàntico [av. 1503] **agg.** (**pl. m.** *-ci*) ● relativo alla chiromanzia

chiromanzìa [vc. dotta, gr. tardo *cheiromantéia*, da *cheirómantis* 'chiromante' ✻ av. 1328] **s. f.** ● arte divinatoria che cerca di presagire il futuro degli uomini e di interpretare il loro carattere mediante la lettura dei segni della mano

chiromegalìa [comp. di *chiro-* e *-megalia* ✻ 1964] **s. f.** ● (*med.*) sviluppo esagerato di una o ambedue le mani

chironomìa o **cheironomìa** [vc. dotta, lat. *chironŏmia(m)*, dal gr. *cheironomía*, comp. di *chéir*, genit. *cheirós* 'mano' e *nómos* 'legge' ✻ 1585] **s. f. 1** arte del gestire recitando o parlando in pubblico **2** arte di dirigere spec. un coro con gesti della mano

chiropràssi [comp. di *chiro-* e del gr. *prâxis* 'l'agire' (V. *prassi*) ✻ 1983] **s. f. inv.** ● chiropratica

chiropràtica [comp. di *chiro-* e *pratica* ✻ 1965] **s. f.** ● chiroterapia | (*est.*) ogni procedura di massaggio manuale

chiropràtico [1983] **s. m.** (**f.** *-a*; **pl. m.** *-ci*) ● chiroterapeuta

chiroscopìa [comp. di *chiro-* e *-scopia* ✻ 1951] **s. f.** ● chiromanzia

chirospàṣmo ➤ **cheirospasmo**

chirotèca [comp. del gr. *chéir*, genit. *cheirós* 'mano' e *thḗkē* 'scrigno, fodero' ✻ 1499] **s. f.** ● guanto usato dai vescovi nelle funzioni

chiroterapìa [comp. di *chiro-* e *terapia* ✻ 1976] **s. f.** ● (*med.*) terapia correttiva specifica, mediante trattamento manuale volto a eliminare le cause dei sintomi dolorosi a carico della colonna vertebrale e del bacino || **chiroteràpico**, **agg.** (**pl. m.** *-ci*) relativo a chiroterapia: *trattamento chiroterapico* || **chiroterapìsta**, **s. m. e f.** (**pl. m.** *-i*) chi pratica la chiroterapia || **chiroterapèuta**, **s. m. e f.** (**pl. m.** *-i*) chiroterapista

chirotipìa [comp. di *chiro-* e *-tipia* ✻ 1956] **s. f.** ● riproduzione grafica ottenuta passando a mano pennelli o pennini su lastrine opportunamente traforate

Chiròtteri [comp. del gr. *chéir*, genit. *cheirós* 'mano' e *pterón* 'ala' ✻ 1820] **s. m. pl.** (**sing.** *-o*) ● (*zool.*) ordine di Mammiferi adatti al volo grazie alla membrana alare che unisce tra loro le lunghissime dita collegandosi ai fianchi e agli arti posteriori (*Chiroptera*)

chirurgìa [vc. dotta, lat. tardo *chirūrgia(m)*, dal gr. *cheirourgía* 'arte manuale', poi 'chirurgia', da *cheirourgós*. V. *chirurgo* ✻ sec. XIV] **s. f.** (**pl.** *-gìe*) **1** branca della medicina che utilizza atti operatori e si avvale di tecniche manuali e strumentali di intervento cruento per la terapia di malattie altrimenti non curabili | *c. plastica*, chirurgia a scopo ricostruttivo o riparativo dei difetti, congeniti o acquisiti, del corpo umano | *c. estetica*, branca della chirurgia plastica che si propone di correggere difetti corporei per motivi estetici | *c. del freddo*, criochirurgia **2** (*est.*) reparto ospedaliero per pazienti che necessitano di un intervento chirurgico

chirùrgico [vc. dotta, lat. tardo *chirūrgicu(m)*, dal gr. *cheirourgikós*, da *cheirourgós*. V. *chirurgo* ✻ 1475] **agg.** (**pl. m.** *-ci*) ● della chirurgia, relativo alla chirurgia: *metodo c.*; *tecnica chirurgica*; *intervento c.* | (*fig.*) mirato, molto preciso, detto spec. di azione militare: *attacco c. alla base nemica* | (*fig.*) *precisione chirurgica*, estrema precisione || **chirurgicaménte**, **avv.** secondo i metodi, i principi della chirurgia; per mezzo della chirurgia: *intervenire chirurgicamente*

♦**chirùrgo** [vc. dotta, lat. tardo *chirūrgu(m)*, dal gr. *cheirourgós* 'che opera con le proprie mani', comp. di *chéir*, genit. *cheirós* 'mano' ed *érgon* 'opera' ✻ av. 1342] **s. m.** (**f.** *-a*; **pl. m.** *-ghi* **o** *raro* *-gi*; **V. nota d'uso FEMMINILE**) ● medico che pratica la chirurgia | *medico c.*, un tempo, medico specializzato in chirurgia; oggi, titolo di chi è laureato in medicina e chirurgia ed è abilitato alla professione di medico

chi sa ➤ **chissà**

chi si sìa ➤ **chissisia**

♦**chissà** o **chi sa** /kisˈsa*/ [da *chi sa* ✻ av. 1375] **avv. 1** esprime dubbio, incertezza, perplessità: *c. chi ha suonato*; *ci rivedremo c. quando*; *c'è riuscito, c. come*; *saremo c. quanti*; *devo averlo perso, c. dove* **2** forse, può darsi (nelle risposte e in incisi): *'esci domani?' 'c.!'*; *era convinto, c., di fare una buona azione* | anche nella loc. *c. mai*: *potrebbe servirci, c. mai* **3** nella loc. pron. inv. *c. chi*, (*raro*) *chissachì*, (*raro*) *chissacchì*, una persona sconosciuta; (*iron.*) una persona molto importante: *quei soldi li avrà vinti c. chi*; *crede di essere c. chi* | anche nella loc. *c. che* (*cosa*), (*raro*) *chissaché*, (*raro*) *chissacché*: *pensava di avere trovato c. che*; *cantarellando tra i denti chissacché* (I. CALVINO) **4** nelle loc. avv. *c. mai*, (*raro*) *chissamai*, *c.* (*mai*) *se*, *c.* (*mai*) *che* (gener. per introdurre una prop. esclamativa che esprime incertezza o vaga speranza): *c. mai dove sono andati a finire!*; *c. mai se un giorno potrò ritornare!*; *C. che non avesse a giovare!* (G. VERGA); *c.* (*mai*) *che il tempo non migliori!*; *Basta ... non accettare il proprio stato presente e chissamai dove s'arriva* (I. CALVINO) **5** nella loc. agg. inv. *c. che*, indica qlco. di generico, di indefinito o anche di esagerato: *pensavano a c. che peccatacci* (G. VERGA); *ora ci daranno c. che multa!*

chissenefréga ➤ **fregare**

chissisìa o **chi si sìa** [da *chi si sia* ✻ av. 1529] **pron. indef. m. e f.** (**pl. m. e f.** *chissisìano*) ● (*lett.*) chicchessia

chistèra /tʃisˈtɛra, *sp.* tʃisˈtera/ [sp., 'cesta', di orig. basca ✻ 1970] **s. f.** (**pl. sp.** *chisteras*) ● cesta, nella pelota basca

♦**chitàrra** [arabo *qītāra*, dal gr. *kithára*. V. *cetra*① ✻ sec. XIII] **A s. f. 1** (*mus.*) strumento a corde pizzicate costituito da un manico e da un corpo a forma di otto, che serve spec. da accompagnamento | *c. acustica*, qualsiasi chitarra il cui corpo è costituito da una cassa armonica | *c. classica*, quella acustica tradizionale a sei corde | *c. elettrica*, il cui suono è amplificato elettricamente | *c. hawaiana*, ukulele **2** telaio di legno rettangolare sul quale sono tesi a piccoli intervalli e nel senso della lunghezza numerosi fili di acciaio; si usa in Abruzzo per tagliare la pasta all'uovo: *maccheroni alla c.*; *pasta alla c.* **B in funzione di agg. inv.** ● (posposto al sost.) nella loc. *pesce c.*, V. *pesce* || **chitarrétta**, **dim.** | **chitarrìna**, **dim.** | **chitarrìno**, **dim. m.** | **chitarróna**, **accr.** | **chitarróne**, **accr. m.** (V.)

chitarràta [1916] **s. f.** ● composizione o esecuzione musicale con una o più chitarre | (*spreg.*) esecuzione musicale scadente

chitarrìsta [av. 1600] **s. m. e f.** (**pl. m.** *-i*) ● suonatore di chitarra

chitarrìstico [1906] **agg.** (**pl. m.** *-ci*) ● di chitarra, relativo alla chitarra: *duo c.*; *tecnica chitarristica*

chitarronàta [av. 1907] **s. f. 1** (*raro*) chitarrata **2** (*fig.*, *spreg.*) poesia mediocre: *non mai c. ... mi uscì dalle mani tanto volgare* (G. CARDUCCI)

chitarróne [av. 1673] **s. m. 1** accr. di *chi-*

tarra **2** varietà secentesca di liuto

chitina [dal fr. *chitine*, a sua volta dal gr. *kýtos* 'vaso, corazza' * 1865] **s. f.** ● (*chim.*) polisaccaride azotato, bianco, amorfo, costituente l'esoscheletro degli Artropodi e i rivestimenti di altri invertebrati, presente in molti funghi e licheni come sostituto della cellulosa | *c. vegetale*, micosina

chitinóso (o -ṣ-) [1964] **agg.** ● detto di organo animale costituito o rivestito di chitina

chitóne [vc. dotta, gr. *chitṓn*, genit. *chitônos* 'tunica', di orig. semitica * 1892] **s. m.** ● nell'antica Grecia, tunica stretta in vita da una cintola, e costituita da un telo di forma oblunga che si avvolgeva attorno al corpo in modo da lasciare un'apertura per il braccio mentre i due capi venivano fissati sulle spalle con fermaglio e bottone

chiù /kju*/ [vc. onomat. * av. 1400] **A inter.** ● riproduce il grido dell'assiolo: *veniva una voce dai campi: / 'c.'* (G. PASCOLI) **B s. m. inv.** **1** (*tosc.*) correntemente, assiolo **2** il grido stesso dell'assiolo

chiudènda [da *chiudere* * 1342] **s. f.** **1** recinzione spec. di fili di ferro o siepi, che ripara orti, campi e sim. **2** serranda, saracinesca **3** terreno coltivato a ulivi, in colture specializzate

♦**chiùdere** [lat. tardo *clūdere*, per il classico *clāudere*, di orig. indeur. * 1268] **A v. tr.** (**pass. rem.** *io chiùsi*, †*chiudètti*, *tu chiudésti*; **part. pass.** *chiùso*) **1** far combaciare due o più parti divise di qlco., o due o più cose divise, serrare insieme, congiungere: *c. la porta, l'ombrello, la valigia, il libro, la lettera, la bocca, gli occhi* | ***c. le mani***, congiungerle, spec. in atto di preghiera | ***c. le braccia***, accostarle o incrociarle e stringerle al petto | ***c. un occhio***, (*fig.*) lasciar correre, per indulgenza o complicità | ***non c. occhio***, (*fig.*) non riuscire a dormire | ***c. gli occhi***, (*fig.*) morire | ***chiudi quella bocca!***, stai zitto! | ***c. la bocca a qlcu.***, (*fig.*) impedirgli di parlare con minacce e violenze, vincerlo in uno scontro verbale | ***c. la porta in faccia a qlcu.***, (*fig.*) negargli ogni aiuto CONTR. aprire **2** serrare, restringere, costringere in uno spazio ristretto: *c. una vite in una morsa; c. l'esercito fra due montagne; c. pesci, uccelli nella rete* | ***c. la mano***, stringerla a pugno | ***c. le braccia attorno al collo di qlcu.***, abbracciarlo | ***c. una pagina del giornale***, finire di impaginarla | ***il terrore lo chiuse in una morsa***, (*fig.*) gli impedì di comportarsi liberamente, di essere sereno **3** cingere intorno: *c. qlco. con un muro, un fosso, una siepe, uno steccato* **4** impedire un passaggio con ostacoli, sbarrare, ostruire (*anche fig.*): *c. la strada, il cammino a qlcu.; onde al dolore / chiude ogni via* (V. ALFIERI) | ***c. al traffico una strada***, vietarvi il transito | ***c. un avversario***, imbottigliarlo | ***c. la luce, l'acqua, il gas***, interromperne il flusso, l'erogazione, la distribuzione | (*fam.*) spegnere: *chiudi il computer* | (*fig.*) ***c. il cuore alla pietà, gli orecchi alle preghiere***, non lasciarsi commuovere CONTR. aprire **5** riporre, rinchiudere (*anche fig.*): *c. il denaro in cassaforte; c. qlcu., qlco., sotto chiave; c. qlcu. in galera; c. in petto l'ira, l'odio, l'amore, l'indignazione* | (*raro*) racchiudere, contenere: *quello scrigno chiude molti gioielli* **6** terminare, ultimare, concludere qlco. (*anche fig.*): *c. le scuole, la conferenza; c. il discorso, l'argomento, la discussione* | ***c. negozio, bottega***, cessare la vendita; (*fig.*) porre termine a un'attività | ***c. un affare***, concluderlo, definire le pattuizioni | ***c. il bilancio***, eseguire le operazioni contabili connesse alla fine di un periodo di attività | ***c. casa***, (*fig.*) trasferirsi altrove | ***c. una lettera***, aggiungervi i saluti e la firma | (*fig.*) ***c. i giorni, l'esistenza***, morire | ***c. una schiera, una processione, un elenco***, venire per ultimi in una schiera e sim. | ***c. il conto***, pagarlo | ***c. il conto con qlcu.***, (*fig.*) vendicarsi, rendergli ciò che si merita | ***c. la partita***, (*sport*) vincerla o prendere un vantaggio incolmabile; (*est.*) concludere una disputa, una trattativa, una questione in sospeso, ecc. **7** (*assol.*) in giochi di carte in cui la vittoria è di chi ha tutte le carte legate in combinazione, terminare vincendo **B v. intr.** (**aus.** *avere*) **1** combaciare: *la porta, lo sportello non chiude bene* **2** cessare definitivamente o interrompere l'attività: *il negozio ha chiuso per fallimento; le scuole chiudono nei giorni festivi* | ***c. con qlcu.***, cessare ogni rapporto: *con te ho chiuso!; hanno chiuso con quest'esperienza* | ***c. in bellezza***, concludere un'attività in modo positivo, con un successo **C chiùdersi v. tr. pron.** **1** chiudere (con valore intens.): *Entrati i fratelli, Tonio si chiuse l'uscio dietro* (A. MANZONI) **2** (*colloq.*) abbottonare, allacciare qlco. di proprio: *chiudersi il cappotto* **3** schiacciarsi: *chiudersi una mano nella portiera della macchina* **D chiùdersi v. intr. pron.** **1** serrarsi: *è un meccanismo che si chiude da solo* | rimarginarsi: *la ferita non si è chiusa* **2** oscurarsi: *il cielo, il tempo si è chiuso* **E chiùdersi v. rifl.** **1** avvolgersi strettamente in qlco.: *chiudersi in un cappotto, in uno scialle* **2** nascondersi, ritirarsi: *chiudersi in un luogo isolato, in casa, in convento; salì nella cameretta di lei, si chiuse dentro* (G. VERGA) | (*fig.*) raccogliersi: *chiudersi nei pensieri, negli affetti domestici, nel dolore* | (*fig.*) trincerarsi, estraniarsi (+ *in*): *chiudersi nel più assoluto mutismo, riserbo, silenzio* | (*fig.*) sottrarsi a qlco. evitandola, rifiutandola (+ *a*): *chiudersi alle novità; chiudersi al mondo*

chiudétta [da *chiudere* * 1956] **s. f.** ● (*idraul.*) incastro in muratura o in legname che, nei piccoli canali, regola la distribuzione dell'acqua nei campi

chiudìbile [1866] **agg.** ● che può essere chiuso || **chiudibilità**, **s. f. inv.**

chiudilèttera (o -é-) [comp. di *chiudere* e *lettera* * 1970] **A s. m. inv.** ● vignetta simile a un francobollo venduta per beneficenza o a scopo pubblicitario, usata per sigillare le buste **B anche agg. inv.**: *francobolli c.*

chiudipòrta [comp. di *chiudere* e *porta* * 1973] **s. m. inv.** ● dispositivo a molla applicato a una porta per consentirne la chiusura automatica

♦**chiùnque** o †**chiùnche**, †**chiùnqua**, †**cheùnque** [comp. dal lat. *quī* 'chi' e *ŭnquam* 'talvolta' * av. 1250] **A pron. indef. solo sing.** **1** qualunque persona: *sono disposto a discutere la questione con c.; c. al tuo posto avrebbe fatto altrettanto!* **2** chicchessia, tutti: *non andarlo a raccontare a c.* **B pron. rel. indef. solo sing.** ● qualunque persona che: *potrà assistere alla lezione c. lo voglia; c. affermi il contrario, sbaglia*

chiurlàre [1618] **v. intr.** (**aus.** *avere*) ● emettere un verso sonoro e inarticolato, detto del chiurlo, dell'assiolo e di altri uccelli notturni | imitare il verso di tali uccelli

chiùrlo [vc. onomat. * av. 1700] **s. m.** **1** uccello dei Caradriformi con becco lunghissimo e sottile curvato in basso e zampe lunghe (*Numenius arquata*) CFR. chiurlare **2** verso di tale uccello **3** (**f.** *-a*) (*fig.*, *tosc.*) sempliciotto || **chiurlétto**, **dim.**

chiurlottèllo [da *chiurlo* * 1842] **s. m.** ● (*zool.*) uccello dei Caradriformi d'aspetto simile al chiurlo, ma più piccolo (*Numenius tenuirostris*)

chiùsa (o -ṣ-) [f. di *chiuso* * sec. XIII] **s. f.** **1** riparo posto attorno a qlco. | terreno così circondato: *non possiede altro che quella c. grande quanto un fazzoletto da naso* (G. VERGA) **2** (*idraul.*) opera di sbarramento di un corso d'acqua, realizzata in muratura o mediante sistemi di paratie o saracinesche | sbarramento artificiale di un fiume al fine di deviarne le acque, spec. a scopo irriguo o per consentirne la navigazione a monte e sim. | ***c. leonardesca***, conca di navigazione **3** complesso di terrapieni e arginelli ai quali si applicano le reti per la cattura delle anguille | pescaia **4** restringimento di una valle fluviale, con avvicinamento dei fianchi vallivi: *le chiuse di Susa* **5** chiusatura **6** conclusione di un componimento letterario, di una lettera, di un discorso: *la c. di quella poesia è molto significativa* **7** †prigione **8** †barricata, fortificazione

chiusatùra (o -ṣ-) [da *chiuso* * 1983] **s. f.** ● (*caccia*) sistema di segregazione al buio, per qualche tempo, degli uccelli da richiamo, per obbligarli a cantare il verso di primavera in autunno

chiusétta (o -ṣ-) [da *chiusa*, nel sign. 6 * 1956] **s. f.** ● nella commedia dell'arte, breve improvvisazione del comico

chiusìno (o -ṣ-) [da *chiuso* * av. 1348] **s. m.** ● coperchio di pietra, ghisa e sim. per pozzetti, apertura di botole, fognature

♦**chiùso** (o -ṣ-) **A part. pass.** di *chiudere*; anche **agg.** **1** nei sign. del v. **2** sbarrato, ostruito, privo di via d'uscita (+ *a*): *passaggio c.; strada chiusa al traffico* | ***ambiente, gruppo c.***, (*fig.*) persone generalmente legate da abitudini comuni e che non accettano nuovi elementi | ***numero c.***, in alcune facoltà universitarie o scuole superiori, il limite massimo di studenti ai quali è consentita l'iscrizione | ***dibattito, seduta, udienza a porte chiuse***, a cui non è ammesso il pubblico | ***naso c.***, a causa del raffreddore | ***lettera chiusa***, suggellata | ***abito c.***, accollato | ***c. nelle armi***, tutto coperto dalle armi | ***agire a occhi chiusi***, (*fig.*) con assoluta sicurezza; alla cieca, sbadatamente | ***fidarsi di qlcu. a occhi chiusi***, (*fig.*) affidarsi totalmente a lui | ***capitolo, affare, argomento c.***, concluso, esaurito, a proposito del quale non vi è più nulla da dire e da fare | ***c.!***, basta, non se ne parli più | ***tempo, cielo c.***, coperto da nubi | (*fig.*) ***c. nei propri pensieri***, raccolto, meditabondo | (*fig.*) ***essere di mente chiusa***, poco intelligente CFR. cleisto- CONTR. aperto **3** (*arald.*) detto di edifici con le porte di smalto diverso da quello del muro e del campo **4** (*mat.*) in una retta, detto di intervallo in cui sono compresi ambedue gli estremi | ***insieme c.***, in uno spazio metrico, quello il cui complementare è un insieme aperto **5** (*mat.*) detto di sottoinsieme di uno spazio il cui complementare è aperto | detto di sottoinsieme che contiene tutti i suoi punti d'accumulazione **6** (*mus.*) detto di particolare emissione della voce | nei corni, suono nasale ottenuto introducendo la mano nel padiglione **7** (*ling.*) ***vocale chiusa***, articolata con il minimo grado di apertura della cavità orale: *in italiano "i" e "u" sono le vocali chiuse* | ***sillaba chiusa***, che termina in consonante **8** (*fig.*, *lett.*) poco comprensibile, difficile: *linguaggio c.* **9** (*fig.*) poco espansivo, riservato, introverso: *un ragazzo, un temperamento c.* | ***uomo c.***, che non espone le sue idee | ***cuore c.***, impenetrabile agli affetti: *un c. cor profondo in suo secreto* (F. PETRARCA) | ***mentalità chiusa***, ristretta, limitata, ottusa CONTR. aperto || †**chiusaménte**, **avv.** nascostamente; segretamente **B avv.** **1** (*lett.*) in modo poco intelligibile: *parlar c.* **2** †di nascosto **C s. m.** **1** luogo riparato, coperto **2** recinto per bestiame: *portare le pecore al c.* **3** luogo, stanza in cui non circola l'aria: *stare troppo al c.* **4** (*mat.*) insieme chiuso

♦**chiusùra** (o -ṣ-) [lat. tardo *clausūra(m)*, da *clāudere* 'chiudere' * 1287] **s. f.** **1** il chiudere, il chiudersi, il venire chiuso: *la c. degli spor-*

C

telli; *la c. della fabbrica ha provocato disordini*; *c. di una strada al traffico* | fine, cessazione di qlco.: *chiedere la c. della discussione*; *votare la c. del dibattito* | ***c. di caccia***, l'ultimo giorno dell'anno in cui è permessa la caccia | ***c. dei conti***, in un'azienda, insieme di operazioni con cui si procede alla determinazione del reddito d'esercizio e alla configurazione del capitale | ***c. di Borsa***, rilevazione del prezzo ufficiale della giornata per merci, valute e titoli quotati in borsa | ***c. del giornale***, fine dell'impaginazione e passaggio alla stampa **2** ciò che si usa per chiudere, sistema di fissaggio: *c. automatica*, *a scatto* | ***c. di una porta***, serratura | ***c. di un abito***, abbottonatura | ***c. lampo***, cerniera lampo **SIN.** zip | ***c. del fucile***, insieme dei meccanismi che agganciano le canne alla bascula **3** (*fig.*) preclusione a ogni forma di accordo o di collaborazione con avversari ideologici e politici: *posizione di c.* | ***c. mentale***, atteggiamento di chi rifiuta ogni elemento nuovo e contrastante con le proprie convinzioni **CONTR.** apertura **4** †carcere **5** †chiuso, recinto | †cerchia di mura: *dentro alla / c. di Fiesole* (G. Boccaccio) **6** †V. *clausura*

chi va là [1791] **A** **loc. inter.** ● si usa come intimazione a farsi riconoscere, spec. da parte di una sentinella o di una vedetta **B** **anche loc. sost. m. inv.** ● l'intimazione stessa | ***dare il chi va là a qlcu.***, (*fig.*) invitarlo a desistere da qlco. | ***mettere sul chi va là***, (*fig.*) mettere in guardia

chi vive [calco sul fr. *qui vive?* 'chi vive?' ✱ 1799] **loc. inter.**; **anche loc. sost. m. inv.** ● chi va là | (*fig.*) ***stare sul chi vive***, stare in guardia: *anche i reparti dell'esercito stavano sul chi vive* (D. Buzzati)

choc /fr. ʃɔk/ [fr., da *choquer* 'urtare', forse vc. onomat. ✱ 1892] **s. m. inv.**; **anche in funzione di agg. inv.** ● shock

choccàre ➤ **scioccare**

chòlo /'tʃɔlo, *sp.* 'tʃolo/ [dal distretto messicano *Chollollán*, ora *Cholula* ✱ 1892] **agg.** (**f. sp.** *-a*; **pl. m.** *-os*; **pl. f.** *-as*) ● detto di individuo nato da un genitore bianco e da uno indio

chope /fr. ʃɔp/ [neerl. *schopen* ✱ 1905] **s. f. inv.** ● boccale da birra

chopiniàno (cho-pin-ia-no, cho-pi-nia-no) /*ʃope'njano/ [1931] **A** **agg.** ● relativo al compositore polacco F. Chopin (1810-1849), alla sua opera, al suo stile: *il pianismo c.* **B** **s. m.** (**f.** *-a*) ● seguace, imitatore o appassionato di Chopin

chòpper ① /'tʃɔpper, *ingl.* 'tʃɒpə(r)/ [vc. ingl.: V. *chopper* ② ✱ 1983] **s. m. inv.** ● circuito elettronico che, funzionando come un invertitore automatico di polarità, trasforma la tensione continua di alimentazione in tensione alternata

chòpper ② /'tʃɔpper, *ingl.* 'tʃɒpə(r)/ [vc. ingl., da *chop* 'colpo di scure, d'ascia ecc.', ma attestata anche in diversi significati metaforici (di orig. germ.) ✱ 1974] **s. m. inv.** **1** tipo di bicicletta e di motocicletta con la forcella molto alta e la sella allungata **2** sasso appuntito usato nella preistoria per fabbricare utensili o rompere le ossa degli animali

chop suey /ingl. 'tʃɒp,suːɪ/ [loc. cinese *shap suì* 'pezzi misti' ✱ 1959] **loc. sost. m. inv.** ● (*cucina*) pietanza cinese composta da carne tagliata a fettine e verdure sminuzzate, saltate e servite solitamente con riso

chorìzo /tʃo'riso, *sp.* tʃo'riθo, -so/ [vc. sp., di orig. sconosciuta ✱ 1964] **s. m. inv.** (**pl. sp.** *chorizos*) ● (*cucina*) insaccato di carne di maiale seccata o affumicata, macinata e insaporita con paprica e altri aromi, che si consuma crudo o cotto, tipico della salumeria spagnola

chou /fr. ʃu/ [fr., propr. 'cavolo', dal lat. *caule(m)*. V. *caule* ✱ 1905] **s. m. inv.** (**pl. fr.** *choux*) **1** in sartoria, nodo **2** piccolo bignè

choucroute /fr. ʃu'kʀut/ [vc. fr. dall'alsaziano *Surkrut*, ted. *Sauerkraut* 'cavolo acido', con alterazione in fr. *chou* 'cavolo' e *croûte* 'crosta' ✱ 1867] **s. f. inv.** ● (*cucina*) piatto della cucina alsaziana a base di crauti, salsicce e carne di maiale

chow-chow /ingl. 'tʃaʊ,tʃaʊ/ [vc. ingl., di orig. cinese ✱ 1951] **s. m. inv.** (**pl. ingl.** *chow-chows*) ● cane da guardia di aspetto leonino con lingua violacea, di media mole e di pelame folto e ruvido **CFR.** ciauciau

christofle /fr. kʀis'tɔfl/ [dal n. dell'industriale fr. C. *Christofle* (1805-1863), perfezionatore della galvanoplastica ✱ 1905] **s. m. inv.** ● lega di rame, zinco e nichel, con forte argentatura galvanica

chromakey /ingl. 'krəʊmə,kiː/ [vc. ingl., propr. 'chiave (*key*) cromatica (*chroma* 'colore', di orig. gr.)' ✱ 1978] **s. m. inv.** ● (*tv*) dispositivo per la sovrapposizione elettronica di immagini

chuchotage /fr. ʃuʃɔ'taʒ/ [vc. fr., da *chuchoter* di orig. onomat. ✱ 1995] **s. m. inv.** ● traduzione simultanea sussurrata dall'interprete all'orecchio dell'ascoltatore

chupito /sp. tʃu'pito/ [vc. sp., da *chupa* 'sorso', di origine onomat. ✱ 2003] **s. m. inv.** (**pl.** *chupìti* **o inv. o sp.** *chupitos*) ● bicchierino di superalcolico, spec. rum, da bersi tutto d'un fiato, spesso accompagnato da un analogo bicchierino contenente succo di frutta **CFR.** shot

churràsco /portog. tʃur'rasko/ [vc. sp., da un precedente *charrusco*, dal v. dial. *churrascar*, var. di *socarrar* di orig. preromana ✱ 1990] **s. m. inv.** (**pl. portog.** *churrascos*) ● (*cucina*) piatto di carne talvolta marinata, cotta allo spiedo o alla griglia, tipico del Brasile

chutney /'tʃatni, *ingl.* 'tʃʌtnɪ/ [dall'hindi *catnī*, di orig. incerta ✱ 1993] **s. m. inv.** (**pl. ingl.** *chutneys*) ● (*cucina*) condimento agrodolce a base di frutta o verdure cotte in uno sciroppo di aceto, zucchero e aromi; preparazione tipica della cucina inglese

♦**ci** ① [lat. parl. **hīcce*, per il classico *hīc* 'qui' ✱ 1065] **A** **pron. pers. atono di prima pers. pl.** (**formando gruppo con altri pron. atoni si premette a** *si* **e a** *se ne*: *con lui non ci si intende proprio*; *non ci se ne tira fuori*. **Si pospone ai pron.** *mi, ti, gli, le, vi*: *gli ci raccomandammo*; *vi ci vorrà molto tempo*. **Assume la forma** *ce* (**V.**) **davanti ai pron. atoni** *lo, la, le, li* **e alla particella** *ne*; **V. anche nota d'uso ELISIONE e TRONCAMENTO**) **1** noi (come compl. oggetto enclitico e proclitico): *ci hanno visto*; *lasciaci!* | si usa, enclitico e proclitico, nella coniugazione dei verbi rifl., intr. pron., tr. pron., rifl. recipr. e nella forma impers.: *noi ci vestiamo*; *ci siamo annoiati*; *ci beviamo un caffè?*; *amiamoci l'un l'altro*; *ci si veste*; *ci si divertirà* **2** a noi (come compl. di termine, enclitico e proclitico): *ci dia da bere*; *ci farebbe cosa gradita*; *fateci questo favore*; *se ne è andato dandoci ragione*; *non puoi darci una mano?* **B** **in funzione di pron. dimostr.** **1** di ciò, in ciò, a ciò, su ciò e sim. (con valore neutro): *ci ho pensato io*; *non ci feci caso*; *ci piansi sopra*; *ci puoi contare* | anche pleonast.: *non ci capisco nulla in queste faccende* **2** (*pleonast.*) riferito a persona: *tu non ci pensi a tuo figlio*; *da un tipo del genere non ci si può aspettare molto* | con lui, con lei, con loro: *non ci vado d'accordo*; *non ci esco da un bel po'* | (*sett., pop.*) a lui, a lei, a loro: *ci andai subito incontro e ci dissi tutto* **C** **avv.** **1** qui, in questo luogo, lì in quel luogo (con verbi di stato e di moto anche pleonast.): *abito a Bologna e ci sto bene*; *ci siamo e ci resteremo*; *ci dovrò tornare perché in casa non c'era nessuno*; *c'è da mangiare per tutti qui!* | con il v. 'essere', nella forma ***esserci***, esprime presenza, esistenza: *c'è modo e modo*; *non c'è verso*, non è possibile; *c'è caso che*, può darsi; *c'era una volta* | ***ci sei?***, sei arrivato?; sei pronto?; (*fig.*) hai capito? | (*enclitico*) con 'ecco': *eccoci pronti* **2** per questo, per quel luogo (con verbi di moto anche pleonast.): *non ci passa quasi nessuno per questa strada*; *ci corre sopra un cavalcavia* | (*lett., raro*) da questo, da quel luogo **3** con valore indeterm.: *mi ci vorrebbe del tempo* | ***ci vuole altro!***, occorre ben altro | ***ci corre, ce ne corre***, c'è differenza | ***io ci sto***, (*fig.*) sono d'accordo | (*pleonast.*) con i verbi di percezione: *non ci vedo bene*; *non ci sente molto*

ci ② /tʃi*/ o †**ce** ② /tʃe*/ [1586] **s. m. o f. inv.** ● nome della lettera *c*

cìàba [da *ciaba(ttino)* ✱ 1618] **s. m. inv.** ● (*fam., disus.*) ciabattino

ciabàtta o †**ciavàtta** [etim. incerta, prob. vc. di orig. orient. ✱ av. 1400] **s. f.** **1** pantofola, pianella | (*est.*) calzatura vecchia e logora usata per casa | ***portare le scarpe a c.***, con la parte posteriore ripiegata sotto il calcagno **2** (*est.*) cosa logora e sciupata, di poco valore | (*fig.*) ***stimare una c.***, poco o niente | (*fig., spreg.*) persona, spec. di sesso femminile, non più giovane, o malandata: *una vecchia c.* **3** (*sett.*) tipo di pane croccante, di forma schiacciata e allungata **4** (*elettr.*) dispositivo di forma piatta e allungata con prese elettriche multiple ‖ **ciabattàccia**, **pegg.** | **ciabattèlla**, **dim.** | **ciabattìna**, **dim.**

ciabattàio [1334] **s. m.** (**f.** *-aia*, **pl. m.** *-ai*) ● chi fabbrica o vende ciabatte

ciabattàre [1853] **v. intr.** (**aus.** *avere*) **1** fare rumore strascicando i piedi **2** (*raro*) acciabattare

ciabattàta [1865] **s. f.** ● colpo dato con una ciabatta

ciabatterìa [da *ciabatta*, nel sign. 2 ✱ 1527] **s. f.** ● cosa di nessun conto (*anche fig.*): *la vil c. della critica* (G. Carducci) **SIN.** ciarpame

ciabattìno o †**ciavattìno** [av. 1400] **s. m.** (**f.** *-a*) **1** calzolaio | †chi fabbrica ciabatte **2** (*fig., spreg.*) chi esegue male il proprio lavoro, per incapacità o negligenza | artista da strapazzo: *il rattoppare le statue, … è arte da certi ciabattini* (B. Cellini)

ciabattóne [av. 1571] **s. m.** (**f.** *-a*) **1** chi cammina strascicando i piedi **2** (*fig.*) chi esegue il proprio lavoro in modo frettoloso, impreciso e disordinato **SIN.** pasticcione **3** (*fig.*) persona trasandata, sciatta: *lo sappiamo che sei bruttarella, una ciabattona* (E. Morante)

ciabùscolo ➤ **ciauscolo**

ciàc o **ciàk** spec. nei sign. A 3 e B, **ciàck** /tʃak/, **ciàcch**, **ciàcchete**, (*tosc.*) **ciàcche** [vc. onomat. ✱ av. 1665] **A** **inter.** **1** riproduce lo sciacquio delle onde del mare a riva, contro un'imbarcazione e sim. **2** riproduce il suono che si determina schiacciando o battendo qlco. di molle **3** (*cinema*) riproduce il secco rumore dell'assicella che batte contro la tavoletta per segnare l'inizio di una ripresa cinematografica: *motore! azione! c.! si gira!* **B** **s. m. inv.** ● (*cinema*) tavoletta di legno munita inferiormente di un'asticciola battente, su cui sono segnati i dati relativi al film in lavorazione, che si fotografa all'inizio di ogni nuova ripresa per facilitare nel montaggio la sincronizzazione tra le immagini e il sonoro | (*est.*) una singola ripresa cinematografica

ciàcchero [da †*ciacco* (?) ✱ av. 1850] **s. m.** (**f.** *-a*) ● (*tosc., lett.*) birbante, figuro

ciàcchete ➤ **ciac**

ciacchìsta [da *ciac* ✱ 1956] **s. m. e f.** (**pl. m.** *-i*) ● (*cinema*) tecnico incaricato di battere il ciac all'inizio di ogni scena

†**ciàcco** [vc. onomat. (?) ✱ av. 1406] **A** **s. m.**

(pl. *-chi*) ● porco **B agg.** ● sporco, sudicio

ciàccola e deriv. ➤ **ciacola** e deriv.

ciaccóna o **ceccóna** [sp. *chacona*, di etim. discussa (di orig. onomat. (?)) ✱ 1620] **s. f.** ● danza di origine popolare spagnola, diffusa in Europa nei secc. XVII e XVIII, di carattere vivace, poi trasformata in austera danza di corte e di qui introdotta nella musica strumentale

ciaciào ➤ **ciao**

ciàck ➤ **ciac**

ciàcola o **ciàccola** [vc. onomat. ✱ 1897] **s. f.** ● (*ven.*, spec. al **pl.**) chiacchiera

ciacolàre o **ciaccolàre** [da *ciacola* ✱ sec. XVI] **v. intr.** (*io ciàcolo*; aus. *avere*) ● (*ven.*) chiacchierare, ciarlare

ciadiàno (cia-dia-no, ciad-ia-no) [1984] **A agg.** ● del Ciad, Stato dell'Africa centro-settentrionale **B s. m.** (**f.** *-a*) ● abitante o nativo del Ciad

ciàf o **ciàffete** [vc. onomat. ✱ 1894] **inter.** ● riproduce il suono o il rumore prodotto da uno schiaffo o da un oggetto che cade nell'acqua

ciàk ➤ **ciac**

ciàlda [ant. fr. *chalde* 'calda' (?) ✱ sec. XIV] **s. f.** **1** sottile pasta a base di fior di farina, burro e zucchero, cotta in particolari stampi arroventati **2** involucro di ostia contenente farmaci CFR. cachet | analogo sottilissimo involucro di carta contenente sostanze alimentari, da utilizzare mediante filtraggio: *caffè, tè, orzo in cialde* **3** coccarda portata un tempo sul cappello dai servitori in livrea ‖ **cialdìna**, **dim.** | **cialdino**, **dim. m.** (V.) | **cialdóne**, **accr. m.** (V.)

cialdìno [1945] **s. m.** **1** dim. di *cialda* **2** (*disus.*) cachet

cialdóne [1371] **s. m.** ● accr. di *cialda* | cialda sottile e accartocciata, che si mangia farcita con panna

cialtronàggine [da *cialtron(e)* col suff. negativo *-aggine* ✱ 1985] **s. f.** ● cialtroneria

cialtronàglia [1865] **s. f.** ● insieme di cialtroni

cialtronàta [1925] **s. f.** ● azione, comportamento da cialtrone

✦**cialtróne** [etim. incerta ✱ 1526] **s. m.** (**f.** *-a*) **1** individuo spregevole, scorretto, privo di serietà, inaffidabile **2** persona sciatta, trasandata ‖ **cialtronàccio**, **pegg.** | **cialtroncèllo**, **dim.**

cialtronerìa [1875] **s. f.** ● caratteristica di chi è cialtrone | comportamento da cialtrone SIN. cialtronata

cialtronésco [av. 1931] **agg.** (**pl. m.** *-schi*) ● da cialtrone ‖ **cialtronescaménte**, **avv.**

cialtronìşmo [1992] **s. m.** ● caratteristica di chi è cialtrone | detto di ciò che rivela imprecisione, sciatteria, mancanza di correttezza: *il c. di certa stampa scandalistica*

ciambèlla [vc. di orig. abruzzese, di etim. discussa: lat. *cȳmbula(m)* 'barchetta' (?) ✱ 1501] **s. f.** **1** pasta dolce fatta con farina, uova e zucchero, a forma di cerchio con un buco nel mezzo | PROV. ***non tutte le ciambelle riescono col buco***, non sempre le cose riescono alla perfezione come si vorrebbe **2** oggetto a forma di ciambella | ***c. di salvataggio***, grosso anello galleggiante, di materiale vario, usato per mantenersi a galla | cuscino imbottito a forma di anello che serve a prevenire o alleviare le piaghe da decubito | cerchietto gener. di gomma che durante la prima dentizione si dà da mordere ai bambini | cercine nel sign. 1 | in varie tecnologie, contenitore a forma di ciambella | ***c. del water***, anello di legno o plastica che facilita la seduta sul water closet e ne ricopre il bordo | ***a c.***, a cerchio: *pane a c.* **3** nell'equitazione, figura delle arie basse, che consiste in un trotto cadenzato del cavallo con anche abbassate, la parte anteriore del corpo protesa, il collo incarcato e la testa piegata verso il basso **4** (*mat.*) toro③ ‖ **ciambellétta**, **dim.** | **ciambellìna**, **dim.** | **ciambellóna**, **accr.** | **ciambellóne**, **accr. m.**

ciambellàio [1734] **s. m.** (**f.** *-aia*, **pl. m.** *-ai*) ● chi fa o vende ciambelle

ciambellàno o †**ciamberlàno** [fr. *chambellan*, dal germ. *kamarling*. V. *camerlengo* ✱ sec. XIII] **s. m.** ● ufficiale di corte, addetto agli appartamenti e al tesoro di un sovrano o di un principe | ***gran c.***, capo dei ciambellani di una corte

†**ciambellòtto** ➤ **cammellotto**

†**ciamberlàno** ➤ **ciambellano**

ciampanèlle [etim. discussa: ant. fr. *champenele* 'campanella' (?) ✱ av. 1686] **s. f. pl.** ● nelle loc. ***andare, dare in c.***, vaneggiare, dire o fare stranezze o stravaganze

†**ciampàre** [da *ciampa*, var. dial. di 'zampa' ✱ av. 1294] **v. intr.** ● inciampare

ciampicàre [da †*ciampare* ✱ 1729] **v. intr.** (*io ciàmpico, tu ciàmpichi*; aus. *avere*) **1** (*tosc.*) camminare strascicando i piedi o come chi inciampa continuamente **2** (*fig.*, *tosc.*) agire con lentezza

ciampicóne [1808] **s. m.** (**f.** *-a*) ● (*tosc.*) chi inciampa e barcolla | ***fare un c.***, inciampare

ciàna [abbr. di *Luciana*; dal n. della protagonista di un melodramma (del 1738) di A. Valle ✱ 1808] **s. f.** (**m.** *-o*, **pop.**, **tosc.**) ● (*tosc.*) donna del popolo, sguaiata e ciarliera: *Dietro i vetri rilucenti / Stan le ciane commentando* (D. CAMPANA)

cianammìde o **cianamìde**, **cianàmide** [comp. di *ciano-* e *am(m)ide* ✱ 1865] **s. f.** ● (*chim.*) ammide dell'acido cianico | ***c. di calcio***, calciocianammide

cianàto [da *cianico* (acido) ✱ 1830] **s. m.** ● (*chim.*) sale o estere dell'acido cianico

ciànca [V. *zanca* ✱ 1825] **s. f.** ● (*centr.*) gamba, spec. storta e difettosa | zampa ‖ **cianchétta**, **dim.** (V.)

ciancerèllo [da *ciancia* ✱ av. 1803] **s. m.** (**f.** *-a*); anche **agg.** ● (*disus.*) chiacchierino

cianchétta [av. 1613] **s. f.** **1** dim. di *cianca* **2** ***fare c. a qlcu.***, (*centr.*) fargli lo sgambetto

cianchettàre [1894] **v. intr.** (*io cianchétto*; aus. *avere*) ● camminare a fatica, strisciando i piedi

✦**ciància** [vc. onomat. ✱ 1287] **s. f.** (**pl.** *-ce*) **1** discorso futile o sconclusionato, o non rispondente a verità: *raccontare, dire ciance; Di gente ce ne stava in giro, a lavorare o a far ciance* (B. FENOGLIO) | (*lett.*) ***dar ciance***, far promesse vane | †***uscire in ciance***, non riuscire in qlco. SIN. chiacchiera, ciarla **2** (*lett.*) inezia | †burla, scherzo | ***prendere a c.***, prendere in giro ‖ (*lett.*) **ciancerèlla**, **dim.** | **ciancétta**, **dim.**

SFUMATURE ➤ *invenzione*

cianciafrùscola o †**ciancianfrùscola** [comp. di *ciancia* e *fruscolo* (?) ✱ sec. XIV] **s. f.** ● (spec. al **pl.**) cosa di nessun valore, inezia, bagatella

cianciaménto [sec. XIV] **s. m.** ● (*raro*) il cianciare

†**ciancianfera** [n. immaginario, da *cianciare* ✱ 1353] **s. f.** ● (*scherz.*) epiteto fantastico che indica un presunto titolo nobiliare: *la imperatrice d'Osbech, la c. di Norrueca* (G. BOCCACCIO)

†**ciancianfrùscola** ➤ **cianciafruscola**

✦**cianciàre** [1320] **A v. intr.** (**pres.** *io ciàncio*; **fut.** *io ciancerò*; aus. *avere*) **1** dire ciance, fare discorsi sciocchi o inutili | ***c. al vento***, a vuoto, dicendo sciocchezze SIN. blaterare **2** †scherzare, motteggiare **B v. tr.** ● (*lett.*) dire qlco. a vanvera, blaterare: *rideva e cianciava sciocchezze* (C. PAVESE)

cianciatóre [sec. XII] **s. m.** (**f.** *-trice*); anche **agg.** ● (*raro*) chiacchierone

ciancicàre [da *cianciare* ✱ av. 1700] **A v. intr.** (*io ciàncico, tu ciàncichi*; aus. *avere*) **1** pronunciare male e a stento le parole **2** (*est.*) mangiare lentamente e con difficoltà **3** (*est.*) procedere con lentezza e con impaccio nel compiere qlco.: *perde un sacco di tempo a c.* **B v. tr.** ● (*centr.*) gualcire, stropicciare, spiegazzare: *c. un foglietto*

ciancicóne [da *ciancicare* ✱ 1865] **agg. e s. m.** (**f.** *-a*) **1** che (o chi) ha l'abitudine di ciancicare **2** (*est.*) che (o chi) è tardo, lento

†**cianciére** [da *cianciare* ✱ sec. XIV] **s. m.** (**f.** *-a*); anche **agg.** ● chi (o che) ciancia, schiamazza: *vien qua, cianciera e temeraria femina* (L. ARIOSTO)

cianciòlo [vc. merid., d'etim. incerta ✱ 1983] **s. m.** ● rete da pesca simile alla lampara

cianciόne [1353] **s. m.** (**f.** *-a*) ● chi è un gran chiacchierone: *sei un c. inguaribile*

†**cianciόso** (o **-ş-**) [1342] **agg.** **1** chiacchierone **2** vezzoso, leggiadro: *i biondi capelli … più la fanno cianciosa* (G. BOCCACCIO) ‖ †**cianciosaménte**, **avv.** con chiacchiere e inezie

cianciugliàre [da *cianciare* ✱ av. 1749] **v. intr. e tr.** (*io cianciùglio*; aus. *avere*) ● (*tosc.*) parlare balbettando | (*est.*) dire a sproposito: *cosa vai cianciugliando?; c. cose inventate*

cianésco [da *ciana* ✱ 1865] **agg.** (**pl. m.** *-schi*) ● (*tosc.*) da ciana

cianfàrda [etim. incerta ✱ sec. XIV] **s. f.** ● (*raro*) copricapo in uso nel Medioevo

cianfrinàre [fr. *chanfreiner*, da *chanfrein* 'smussatura', a sua volta da *chanfraindre* 'tagliare a ugnatura', comp. di *chant* 'canto, angolo' e *faindre* 'rompere' (dal lat. *frángere*) ✱ 1905] **v. tr.** ● ribattere i chiodi di una giunzione

cianfrinatóre [1964] **s. m.** (**f.** *-trice*) ● operaio addetto alla cianfrinatura

cianfrinatùra [1905] **s. f.** ● operazione del cianfrinare

cianfrìno [1943] **s. m.** ● tipo di scalpello per eseguire la cianfrinatura

✦**cianfrugliàre** [da accostare a *cerfoglio* 'ciocca di capelli arruffati' ✱ 1925] **v. tr. e intr.** (*io cianfrùglio*, aus. *avere*) ● fare un lavoro in modo confuso e abborracciato | fare discorsi senza senso

cianfruglióne [da *cianfrugliare* ✱ 1865] **s. m.** (**f.** *-a*) ● persona disordinata, sciatta, maldestra | persona che fa discorsi senza senso

✦**cianfruşàglia** o **cianfruscàglia** [vc. di orig. prob. espressiva ✱ 1555] **s. f.** ● (spec. al **pl.**) oggetto o insieme di oggetti di poco pregio: *una casa piena di cianfrusaglie* SIN. chincaglieria

†**ciàngola** [vc. onomat. ✱ av. 1565] **s. f.** ● ciarla, chiacchiera

†**ciangolàre** [da *ciangola* ✱ av. 1400] **v. intr.** ● cianciare, ciarlare

✦**ciangottàre** o **cingottàre** [vc. onomat. ✱ av. 1327] **v. intr.** (*io ciangòtto*; aus. *avere*) **1** esprimersi in modo stentato, pronunciando male le parole, detto spec. dei bambini che cominciano a parlare SIN. balbettare **2** (*est.*) cinguettare **3** (*est.*) detto di acqua corrente, produrre uno sciacquio lieve e discontinuo nello scorrere o nel battere contro qlco.: *l'acqua del lago ciangottava contro la riva*

SFUMATURE ➤ *barbugliare*

✦**ciangottìo** [1865] **s. m.** (**pl.** *-ii*) **1** chiacchierio confuso: *il c. dei bambini* SIN. balbettio **2** (*est.*) sommesso canto di uccelli **3** (*est.*) mormorio lieve di acque

ciangottóne [1865] **s. m.** (**f.** *-a*) ● chi ciangotta

C

ciànico [da *cianidrico* ✱ 1828] **agg.** (**pl. m.** *-ci*) ● relativo al radicale cianogeno | contenente il radicale cianogeno | ***acido c.***, acido inorganico, monobasico, liquido, incolore, velenoso, che a temperatura ordinaria tende a polimerizzarsi

cianidràto [1865] **s. m.** ● composto di addizione tra un'aldeide e l'acido cianidrico

cianìdrico [comp. del gr. *kýanos* 'azzurro, lapislazzuli' e *hýdōr* 'acqua' ✱ 1855] **agg.** (**pl. m.** *-ci*) ● detto di acido la cui molecola è formata da un atomo di idrogeno e dal radicale cianogeno | ***acido c.***, acido inorganico, monobasico, liquido, con odore di mandorle amare, estremamente tossico, ottenuto dalla combustione di ammoniaca e metano, variamente usato **SIN.** acido prussico

cianìna [V. *cianidrico* ✱ 1865] **s. f.** ● glucoside presente come pigmento nelle rose rosse, nel fiordaliso e in altri fiori | ogni composto di una classe di coloranti, azzurri, rossi, gialli, presenti in natura nei fiori, ottenuti anche sinteticamente, usati come sensibilizzatori in fotografia

cianìte [V. *cianidrico* ✱ 1820] **s. f.** ● (*miner.*) silicato di alluminio in cristalli prismatici azzurrognoli di facile sfaldatura e durezza diversa nelle due direzioni ortogonali **SIN.** distene

ciàno ① [vc. dotta, lat. *cȳanu(m)*, dal gr. *kýanos* 'azzurro'; nel sign. 2, adattamento dell'ingl. *cyan* ✱ 1476] **s. m.; anche agg. inv. nel sign. 2** **1** (*lett.*) fiordaliso | ***c. persico***, pianta erbacea delle Composite con fusto rampicante e fiori azzurri riuniti in capolini (*Centaurea moschata*) **2** colore azzurro tendente al verde usato per la stampa in tricromia e in quadricromia **CFR.** cyan

ciàno ② [dal gr. *kýanos* (V. *ciano*①) ✱ 1980] **s. m.; anche agg.** ● (*chim.*) radicale chimico monovalente costituito da un atomo di carbonio e da uno di azoto uniti da tre legami covalenti: *gruppo c.*

ciàno ③ [sec. XX] **s. f. inv.** ● (*tipogr.*) accorc. di *cianografica*

ciano- [V. *ciano*①] **primo elemento** ● in parole composte della terminologia scientifica significa 'azzurro' (*Cianoficee*) o indica la presenza di un gruppo ciano (*cianammide*)

Cianobattèri [comp. di *ciano-* e del pl. di *batterio* ✱ 1985] **s. m. pl.** (**sing.** *-io*) ● (*bot.*) Cianoficee

cianocobalamìna [comp. di *ciano-*, *cobal(to)* e *amina* ✱ 1987] **s. f.** ● (*chim.*) vitamina B_{12}

Cianoficee [vc. dotta, comp. di *ciano-* e un deriv. del gr. *phŷkos* 'alga', di orig. semitica ✱ 1956] **s. f. pl.** (**sing.** *-a*) ● (*bot.*) classe di organismi procarioti, simili a batteri, di colore verde-azzurro, che vivono isolati o in colonie filamentose in ambienti acquatici o molto umidi (*Cyanophyceae*) **SIN.** Alghe azzurre, Cianobatteri, Schizoficee

cianògeno [comp. di *ciano-* e *-geno* ✱ 1820] **A** **s. m.** ● gas incolore, velenoso, composto di carbonio e azoto, chimicamente simile agli alogeni, ottenuto industrialmente per ossidazione dell'acido cianidrico, usato nella produzione di sostanze organiche **B** **s. m.; anche agg.** ● ciano②

cianografìa [comp. di *ciano-* e *-grafia* ✱ 1921] **s. f.** ● procedimento fotografico che impiega carte sensibili a base di sali di ferro **SIN.** cianotipia

cianogràfica [1951] **s. f.** ● (*tipogr.*) bozza cianografica (V. *cianografico*)

cianogràfico [1951] **agg.** (**pl. m.** *-ci*) ● relativo alla cianografia: *carta, tecnica cianografica* | ***copia cianografica***, cianotipo | (*tipogr.*) ***bozza cianografica***, (*ellitt.*) ***cianografica***, quella eseguita con la tecnica della cianografia per controllare il montaggio delle pagine prima della stampa definitiva

cianògrafo [comp. di *ciano-* e *-grafo* ✱ 1951] **s. m.** (**f.** *-a*) ● tecnico specializzato in riproduzioni mediante cianografia

cianopatìa [comp. di *ciano-* e *-patia* ✱ 1865] **s. f.** ● (*med.*) cianosi

cianòṣi [gr. *kyánōsis* 'tinta cupa, cerulea', da *kýanos*. V. *ciano-* ✱ 1830] **s. f. inv.** ● (*med.*) diffusa colorazione bluastra della cute per aumento dell'emoglobina non ossigenata nelle venule cutanee

cianòtico [1874] **agg.** (**pl. m.** *-ci*) **1** (*med.*) di cianosi | che presenta cianosi: *volto c.* **2** (*est.*) bluastro, livido: *ha le labbra cianotiche dal freddo*

cianotipìa [comp. di *ciano-* e *-tipia* ✱ 1956] **s. f.** ● cianografia

cianotìpico [1964] **agg.** (**pl. m.** *-ci*) ● (*tipogr.*) della cianotipia

cianòtipo [comp. di *ciano-* e *-tipo* ✱ 1887] **s. m.** ● immagine ottenuta mediante il procedimento cianografico

ciànta [etim. incerta ✱ 1808] **s. f.** ● (*disus.*) vecchia scarpa usata come ciabatta; pianella ‖ **ciantèlla**, **dim.** (V.)

ciantèlla [1841] **s. f.** **1** dim. di *cianta* **2** (*tosc.*) ciabatta, pianella

ciantellìno ➤ **centellino**

†**ciàntro** o **ciàntre** [ant. fr. *chantre*, dal lat. *căntor*, nom. 'cantore' ✱ 1263] **s. m.** ● cantore

cianuràre [1983] **v. tr.** ● trattare con cianuro

cianurazióne [1935] **s. f.** **1** (*metall.*) processo di estrazione, spec. dell'oro e dell'argento, dai loro minerali per mezzo di cianuri alcalini che formano i corrispondenti sali complessi con l'oro e l'argento separandoli così dalla ganga **2** (*metall.*) indurimento superficiale ottenuto mediante con ferrocianuro di potassio, che genera uno strato vitreo superficiale tale da rendere il pezzo resistente al logorio e agli attriti

cianùrico [1865] **agg.** (**pl. m.** *-ci*) ● (*chim.*) detto di acido che si forma dal riscaldamento dell'urea, usato spec. per preparare acido cianico

cianùro [V. *cianidrico* ✱ 1820] **s. m.** ● sale dell'acido cianidrico, di elevata tossicità: *c. di potassio* | estere dell'acido cianidrico | ***c. di vinile***, acrilonitrile

†**ciànza** [fr. *chance* (V.) ✱ 1483] **s. f.** ● (*lett.*) caso, sorte | ***a c.***, per caso: *tanto questo danno più mi pesa, / quanto io l'ho recevuto come a c.* (M.M. Boiardo)

♦**ciào** [dal venez. *s-ciàvo* 'schiavo', espressione di deferenza come 'servo suo' e sim. ✱ 1874] **inter.** ● si usa come saluto amichevole e confidenziale incontrando o lasciando qlcu. oppure all'inizio o alla fine di una conversazione telefonica: *c.! come stai?*; *c.! ci vediamo domani* | anche iter. come espressione di particolare confidenza o affettuosità: *allora a dopo, c. c.!* | (*fam.*) nella forma ***ciaciao*** (con grafia unita e troncamento della vocale finale del primo *ciao*): *ti saluto, ciaciao!* | anche nella chiusa di lettere tra amici: *c., a presto* | ***e c.***, per indicare la conclusione di qlco., accolta, a seconda del contesto, con ironia, rassegnazione, scetticismo ecc.: *accetta la sua proposta, e c.!*

ciàppa [sp. *chapa* 'placca, lamina di metallo' ✱ av. 1537] **s. f.** ● ripiegatura di una cinghia e sim. per passarvi una fibbia o un anello

ciàppola [etim. incerta ✱ 1550] **s. f.** ● piccolo strumento da incisore simile al bulino, con la parte tagliente di forme diverse: *facendo sopra la detta piastra tante cavernelle con una c.* (B. Cellini)

ciappolàre [1887] **v. tr.** (*io ciàppolo*) ● incidere con la ciappola

ciarafugliòne [V. *cianfrugliare* ✱ 1956] **s. m.** (**f.** *-a*) ● (*raro*) abborraccione

ciaramèlla ➤ **cennamella**

ciaramellàre [da *ciaramella* ✱ av. 1556] **v. intr.** (*io ciaramèllo*; **aus.** *avere*) ● (*lett.*) cianciare: *non si perdeva a c. di donnicciuole o di tresche* (I. Nievo) | (*est.*) parlare per trarre in inganno

ciàrda ➤ **czarda**

♣**ciàrla** [vc. onomat. ✱ 1536] **s. f.** **1** notizia non vera, pettegolezzo: *si diceva che fosse ammalato, ma era solo una c.* **2** chiacchiera, ciancia: *fare quattro ciarle in famiglia* **3** (*fam., scherz.*) loquacità, facondia | ***avere una gran, molta c.***, una gran facilità di parola

†**ciarladóre** ➤ **ciarlatore**

♣**ciarlàre** [vc. onomat. ✱ 1336] **v. intr. e** †**tr.** (**aus.** *avere*) **1** chiacchierare, cianciare: *qui si ciarla troppo e si lavora poco*; *senza saper che sia quel ch'ella ciarla* (G. Boccaccio) **2** spargere pettegolezzi: *si faceva un gran c. di quello sposalizio* (L. Pirandello)

ciarlàta [1585] **s. f.** ● lunga chiacchierata senza importanza

ciarlatanàta [1780] **s. f.** ● azione, discorso da ciarlatano

ciarlataneria [av. 1698] **s. f.** **1** caratteristica di chi è ciarlatano **2** ciarlatanata

ciarlatanésco [1765] **agg.** (**pl. m.** *-schi*) ● di ciarlatano, da ciarlatano ‖ **ciarlatanescaménte**, **avv.**

ciarlatàno [da *cerretano*, cui si sovrappone *ciarla* ✱ av. 1498] **s. m.** (**f.** *-a*) **1** un tempo, venditore ambulante di merci varie, spec. in fiere di paese e sim. | (*est.*) smerciatore di prodotti scadenti **SIN.** imbonitore **2** (*est.*) chi sfrutta la buona fede e la credulità altrui a proprio vantaggio | (*est.*) chi vanta abilità che non possiede **SIN.** imbroglione, saltimbanco

ciarlatóre o †**ciarladóre** [1312] **agg. e s. m.** (**f.** *-trice*) ● (*raro*) chiacchierone

†**ciarlerìa** [av. 1306] **s. f.** ● discorso insulso

♣**ciarlièro** o †**ciarlière** [av. 1400] **agg.** ● di persona molto loquace o che chiacchiera volentieri **SIN.** chiacchierone ‖ **ciarlieraménte**, **avv.**

ciarlìo [av. 1850] **s. m.** (**pl.** *-ii*) ● (*raro*) chiacchierio

ciarlóne [sec. XIV] **agg. e s. m.** (**f.** *-a*) ● (*raro*) chiacchierone | pettegolo: *Non dica poi che son c.* (S. Pellico)

ciarlòtta [1891] **s. f.** ● (*disus.*) adattamento di *charlotte* (V.)

ciarmòtta [etim. incerta ✱ 1937] **s. f.** ● barcone da carico usato un tempo sul Tevere, piatto con poppa e prua molto elevate

♣**ciàrpa** [fr. *écharpe*, dal franco **skerpa* 'borsa da pellegrino' ✱ av. 1400] **s. f.** **1** (*tosc.*) V. *sciarpa* **2** (**spec. al pl.**) oggetto vecchio, inutile e privo di ogni valore **SIN.** cianfrusaglia **3** (*fig.*, **spec. al pl.**) inezia | ciancia ‖ **ciarpétta**, **dim.** | **ciarpóne**, **accr. m.**

♣**ciarpàme** [da *ciarpa* ✱ 1560] **A** **s. m.** ● quantità di oggetti vecchi o inutili e privi di valore (**anche fig.**): *è meglio gettare tutto questo c.*; *questi articoli scandalistici sono solo c.* **B** **in funzione di agg. inv.** ● (posposto a un sost.): *pubblicità c.*

†**ciarpàre** [av. 1400] **v. tr.** ● acciarpare

ciarpùme [1842] **s. m.** ● ciarpame: *qualche po' di paglia pesta, trita e mista d'immondo c.* (A. Manzoni)

ciaschedùno [lat. *quīsque et ūnus*, nom. sing. ✱ 1266] **A** **pron. indef. solo sing.** ● (*raro*) ciascuno, ognuno: *E non restò di ruinare a valle / fino a Minòs che c. afferra* (Dante *Inf.* XX, 35-36) **B** **agg. indef.** ● (*lett.*) †ogni: *fulgori di che ciascheduna stellina s'inghirlanda* (G. Galilei)

♦**ciascùno** [lat. *quīsque ūnus*, nom. sing. ✱ av.

1250] **A** **agg. indef. solo sing. Troncato in** *cia-scun* **davanti a s. m. che cominciano per vocale o consonante che non sia** *s impura, gn, ps, sc, z;* **si apostrofa davanti ai s. f. che cominciano per vocale (V. nota d'uso UNO)** ● ogni, ognuno (indica una totalità di persone o cose considerate però singolarmente; precede sempre il sost.): *ciascun uomo; ciascuna donna; ciascuna proposta verrà esaminata* **B** **pron. indef. solo sing.** ● ogni persona, tutti: *c. avrà la sua parte; c. a suo modo* | anche col v. al pl.: *saremo ricompensati c. secondo i propri meriti* | seguito dal compl. partitivo: *c. di noi ha il diritto di pensare alla propria felicità; c. di voi provvederà alle sue cose* | con valore distributivo: *sarà dato un foglio (per) c.*

ciàspola [vc. ladina, dall'it. *caspo* 'cesto' ✶ 1994] **s. f.** ● (**spec. al pl.**) racchetta da neve

ciatifórme [comp. di *ciato* e *-forme* ✶ 1865] **agg.** ● (*zool.*) che ha forma di coppa, detto spec. degli organi di senso del gusto diffusi sulla cute dei pesci

ciàto [vc. dotta, lat. *cy̆athu(m)*, dal gr. *kýathos*, forse di orig. preindeur. ✶ sec. XIV] **s. m.** **1** nell'antichità, specie di mestolo usato per attingere dai crateri | bicchiere ansato **2** misura romana di capacità, equivalente a circa mezzo decilitro **3** (*bot.*) ciazio

ciauciàu **s. m. inv.** ● adattamento di *chow chow* (V.)

ciaùscolo o **ciabùscolo** [etim. incerta ✶ 1931] **s. m.** ● insaccato molto morbido, fatto con grasso di maiale pregiato e carne macinata finissima, insaporito con aglio e spezie, leggermente affumicato; è caratteristico delle Marche

†**ciavàtta** e deriv. ➤ **ciabatta** e deriv.

ciàzio [vc. dotta, gr. *kyáthion*, dim. di *kýathos* 'ciato' ✶ 1865] **s. m.** ● (*bot.*) infiorescenza tipica delle Euforbiacee che simula un fiore unico circondato da brattee talvolta colorate **SIN.** ciato

†**cibaménto** [av. 1320] **s. m.** ● nutrimento | alimento

cibàre [vc. dotta, lat. *cibāre*, da *cĭbus* 'cibo' ✶ av. 1306] **A** **v. tr.** **1** (*lett.*) alimentare, nutrire, dare il cibo: *c. i neonati, i malati* **2** (*lett.*) †mangiare, gustare: *cibar le opime carni / di scannati giovenchi* (V. MONTI) **B** **cibàrsi** **v. rifl.** ● nutrirsi (*anche fig.*) (+ *di*): *cibarsi di carne, di verdure* | (*fig.*) ***cibarsi d'aria***, alimentarsi troppo poco | (*fig.*) ***cibarsi solo di scienza, di musica, di letteratura***, dedicarsi esclusivamente alla scienza, alla musica, ecc. | (*fig.*) ***cibarsi di sogni, di illusioni, di speranze***, non essere molto realisti

♦**cibària** [vc. dotta, lat. *cibāria*, nt. pl. 'cibarie, vitto, alimenti', da *cĭbus* 'cibo' ✶ 1803] **s. f.** ● (**spec. al pl.**) insieme di generi commestibili

SFUMATURE DI SIGNIFICATO

cibaria - vettovaglia

Il termine **cibaria** si usa specialmente al plurale, per indicare una provvista di generi commestibili. **Vettovaglia**, anch'esso usato per lo più al plurale, indica tutti i generi che servono per il sostentamento di una comunità di persone, e soprattutto di un reparto militare.

cibàrio [vc. dotta, lat. *cibāriu(m)*, da *cĭbus* 'cibo' ✶ av. 1519] **agg.** **1** (*raro*) relativo al cibo **2** (*raro*) relativo al nutrimento | †***canale c.***, l'intestino

cibatùra [1970] **s. f.** ● pasturazione, nella pesca

ciber- e deriv. ➤ **cyber-** e deriv.

cibernètica [ingl. *cybernetics*, dal gr. *kybernētikḗ* (sottinteso *téchnē*) 'arte di pilotare', da *kybernáō* 'io governo una nave' ✶ 1950] **s. f.** ● disciplina che studia le analogie tra i sistemi di regolazione e comunicazione delle macchine e degli organismi viventi, e in particolare l'applicazione dei meccanismi di regolazione naturali alla tecnologia

cibernètico [1962] **agg.** (**pl. m.** *-ci*) ● relativo alla cibernetica: *analisi cibernetica*

♦**cibo** [vc. dotta, lat. *cĭbu(m)*, di etim. incerta ✶ 1268] **s. m.** **1** ciò che serve all'alimentazione umana e animale (***anche fig.***): *c. abbondante, scarso, nutriente, povero* | ***non toccare c.***, digiunare | ***c. eucaristico***, l'eucaristia | (*fig.*) ***la fisica è il suo c.***, il suo interesse, la sua passione dominante **CFR.** sito- **SIN.** alimento **2** vivanda, pietanza || **cibàccio**, **pegg.**

SFUMATURE DI SIGNIFICATO

cibo - mangiare - vivanda

Il **cibo** è ciò che serve agli uomini e agli animali per nutrirsi, l'insieme cioè degli alimenti necessari alla crescita o alla sopravvivenza. Come sostantivo, **mangiare** ha lo stesso significato di *cibo*, ma appartiene a un registro più familiare. Una **vivanda** è invece il *cibo* considerato dal punto di vista della sua preparazione per il pasto.

NOMENCLATURA

cibo

● *caratteristiche*: nutrimento = alimento = vitto = pasto = vivanda = sostentamento; vitaminico, proteico, dietetico, calorico, ipocalorico ⇔ ipercalorico; fresco ⇔ conservato (sterilizzato, inscatolato, congelato, surgelato, precotto, omogeneizzato, liofilizzato), sofisticato = adulterato; edule = mangereccio = commestibile ⇔ incommestibile, deteriorato, avariato ⇔ sano, delicato, delizioso, buono ⇔ cattivo, prelibato ⇔ comune, eccellente ⇔ pessimo, squisito ⇔ repellente, invitante, appetibile, appetitoso ⇔ ripugnante, gustoso ⇔ disgustoso, condito ⇔ scondito, unto, affumicato, saporito = saporoso = sapido ⇔ insipido = insulso = scipito; sostanzioso = nutriente ⇔ inconsistente, magro ⇔ grasso, fresco ⇔ stantio, rancido = marcio = irrancidito = andato a male, immangiabile ⇔ mangiabile; leggero ⇔ pesante = indigesto, indigeribile; cucinato ⇔ naturale; caldo ⇔ freddo; pastorizzato, sterilizzato, polverizzato; afrodisiaco;

● *dieta* (idrica, ipercalorica ⇔ ipocalorica, lattea, liquida, a punti, dissociata, ferrea): superalimentazione ⇔ sottoalimentazione, alimentazione (corretta = bilanciata = equilibrata, variata, nutriente = sostanziosa ⇔ povera, insufficiente, sana, naturale; carnea, lattea, vegetale, integrale, macrobiotica, vegetariana, tradizionale, calorica, proteica, vitaminica, artificiale), nutrizione, ristorazione; provviste, derrate, cibarie, viveri; vettovaglie, prodotti alimentari, generi di prima necessità, commestibili; calorie; proteine, grassi, idrati di carbonio, vitamine; conservanti; adulteranti; fame = appetito ⇔ inappetenza = disgusto, voracità = ingordigia = golosità ⇔ sobrietà; ghiottoneria ⇔ intruglio, leccornia ⇔ voltastomaco; anoressia ⇔ bulimia, dieta, gastronomia, arte culinaria;

● *preparazione del cibo*: cuocere (a pressione, alla brace, alla fiamma, alla graticola, alla griglia, al forno, allo spiedo, in padella, in casseruola, al cartoccio, in umido, a fuoco lento), cucinare, spignattare, apprestare, preparare; scaldare, brasare, stufare, stracuocere, arrostire, rosolare, dorare, colorire, scottare, saltare, tostare, far soffriggere, friggere, girare, rivoltare; far lessare = bollire; cuocere a bagnomaria, sbollentare, far sobbollire; battere, schiacciare, tritare, macinare, centrifugare, shakerare, snocciolare, macerare; salare, insaporire, condire, pepare, aromatizzare, imburrare, fondere, ungere, oliare, tartufare, marinare, gratinare, affogare, grattugiare = grattare; legare, mescolare, mantecare; impanare, infarinare; impastare, impazzire = aggrumarsi, intridere, spianare, stendere, tirare, lavorare la pasta, far lievitare, infornare, sfornare; rimestare, dimenare; guarnire, glassare, montare a neve, pralinare, candire, caramellare, sciroppare, decorare, spolverizzare, zuccherare, dolcificare, giulebbare, farcire, imbottire, lardellare; affettare, trinciare, incidere; colare, scolare, sgocciolare, scuocere; frullare; riscaldare; stemperare, schiumare; allestire un pranzo, ammannire; affumicare, congelare = surgelare.

cibòrio [vc. dotta, lat. *cibōriu(m)* 'coppa da bere', dal gr. *kibṓrion* 'fava egiziana', poi 'coppa a forma di quel frutto', di orig. egiziana ✶ 1333] **s. m.** ● nelle antiche chiese cristiane edicola di marmo, sostenuta da quattro colonne, contenente l'altare | (*est.*) tabernacolo contenente la pisside con le ostie | (*est.*) pisside

cibrèo [etim. discussa: di orig. fr. (?) ✶ av. 1566] **s. m.** **1** pietanza a base di tuorli d'uovo frullati e interiora di pollo, specialità della cucina toscana **2** (*fig., tosc.*) miscuglio di varie cose | discorso sconclusionato **SIN.** guazzabuglio

cìca ① [lat. *cĭccu(m)*, di etim. incerta ✶ 1869] **s. f.** ● (*bot.*) sottile membrana giallastra che separa le logge in cui è diviso il frutto del melograno

†**cìca** ② [vc. infant. ✶ sec. XIII] **A** **s. f.** ● (*centr.*) nonnulla, cosa da nulla **B** **in funzione di avv.** ● (*centr.*) nulla, niente, affatto (in frasi negative): *non sapere c.; non capire c.*

†**cicàda** [vc. dotta, lat. *cicāda(m)*. V. *cicala* ✶ 1475] **s. f.** ● cicala

Cicadàcee [dal n. della classe, *Cicad(ine)* con il suff. *-acee* ✶ 1972] **s. f. pl.** (**sing.** *-a*) ● (*bot.*) famiglia delle Gimnosperme di origine mesozoica distribuita con alcune specie nelle regioni tropicali (*Cycadaceae*)

cìcade [dal lat. scient. *cycas* 'cica' ✶ 1865] **s. f.** ● (*bot.*) cycas

Cicadèllidi [vc. dotta, dal dim. del lat. *cicada* 'cicala', perché come questa in possesso di organo sonoro ✶ 1866] **s. m. pl.** (**sing.** *-e*) ● (*zool.*) famiglia cosmopolita di Insetti degli Emitteri con maschi dotati di un organo stridulante; comprende specie di piccole o medie dimensioni, molte delle quali si nutrono per suzione di linfa dallo xilema o dal floema, inoculando spesso nelle piante virus e fitoplasmi (*Cicadellidae*) **SIN.** Cicaline

Cicàdidi [da *cicad(a)*, n. del genere, in lat. *cicāda(m)* 'cicala', con il suff. *-idi* ✶ 1930] **s. m. pl.** (**sing.** *-e*) ● (*zool.*) famiglia di Insetti degli Emitteri diffusi spec. nelle regioni calde, comprendente circa 1000 specie di taglia piccola o media, con maschi dotati di organi che producono stridio (*Cicadidae*)

Cicadìne [comp. del n. del genere *cy̆cas*, genit. *cy̆cadis*, moderna latinizzazione del gr. *kýkas*, per *kóikas*, acc. pl. di *kóix* 'palma dum', vc. straniera di orig. incerta, col suff. di classe botanica *-ine* ✶ 1956] **s. f. pl.** (**sing.** *-a*) ● (*bot.*) classe di piante dioiche legnose che, per il loro aspetto, ricordano le palme, in quanto presentano un fusto non ramificato che porta foglie grandi e frastagliate in un ciuffo terminale (*Cycadinae*)

♦**cicàla** [lat. parl. **cicāla(m)*, per il classico *cicāda(m)*, di orig. preindeur. ✶ sec. XIII] **s. f.** **1** grosso insetto nero-giallastro degli Omotteri con capo grosso e largo, antenne brevissime, maschi dotati di uno speciale apparato sonoro grazie al quale friniscono (*Lyristes plebeius*) **CFR.** frinire | ***essere una c.***, ***fare come la c.***, essere imprevidente, sprecone, spendere senza discernimento (in riferimento a una favola di La Fontaine) **CFR.** formica② | †***grattare la pancia, il corpo alla c.***, (*fig.*) stimolare qlcu. per farlo parlare **2** ***c. di mare***, canocchia **3** (*fig.*) persona chiacchierona e fastidiosa **4** (*mar.*) anello metallico in testa al fuso dell'ancora, sopra al ceppo, dove si collega la linea d'ancoraggio | grosso anello di ormeggio **5** cicalino, nel sign. 2 **6** ornamento d'oro anticamente portato in capo dagli ateniesi ricchi || **cicalàccia**, **pegg.** | **cicalétta**, **dim.** | **cicalìna**, **dim.** | **cicalìno**, **dim. m.** (V.)

cicalaménto [1536] **s. m.** ● (*raro*) continuo e noioso cicalare | lungo discorso frivolo

cicalàre [da *cicala* ✶ 1441] **A** **v. intr.** (**aus.** *avere*) ● parlare a lungo e di argomenti frivoli: *le giovinette ... cicalavano, ridevano, ... nel folgorio dei loro zendadi* (R. BACCHELLI) **SIN.** blaterare **B** **v. tr.** ● †riferire senza discrezione cose udite

cicalàta [av. 1571] **s. f. 1** discorso lungo, frivolo e inutile **2** discorso elegante sopra tema bizzarro e futile, che veniva letto in certe accademie letterarie italiane dal XVI al XVIII sec.

†**cicalatóre** [1478] **s. m.** (**f.** *-trice*); anche **agg.** ● chi (o che) è solito cicalare

cicalecciàre o (*raro*) **cicaleggiàre** [da *cicaleccio* ✱ 1832] **v. intr.** (**pres.** *io cicaléccio*; **fut.** *io cicaleccerò*; **aus.** *avere*) ● fare cicalecci, chiacchierare su argomenti futili: *si prende un po' di the, si cicaleccia un po'* (G. GOZZANO)

cicaléccio o (*raro*) **cicaléggio** [da *cicalare* ✱ 1550] **s. m. 1** chiacchiericcio di più persone su argomenti futili | chiacchierio: *il vuoto c. cui la signora ora s'abbandonava sulle mode femminili* (I. SVEVO) **2** (*est.*, *raro*) cinguettio prolungato: *il c. dei passeri sui rami*

cicaleggiàre o **cicalecciàre** [da *cicala* ✱ 1672] **v. intr.** (**pres.** *io cicaléggio*; **fut.** *io cicaleggerò*; **aus.** *avere*) **1** (*raro*) sperperare il proprio denaro **2** V. *cicalecciare*

Cicalìne [1931] **s. f. pl.** (**sing.** *-a*) ● Cicadellidi

cicalìno [av. 1494] **s. m. 1** (**f.** *-a*) dim. di *cicala* **2** piccolo avvisatore acustico che emette un suono acuto simile a quello della cicala **3** (**f.** *-a*) (*fig.*) †chi parla troppo

cicalìo [av. 1529] **s. m.** (**pl.** *-ii*) ● il chiacchierio prolungato e insistente di una o più persone: *il c. degli alunni prima delle lezioni*

cicalóne [da *cicalare* ✱ sec. XV] **s. m.** (**f.** *-a*) ● (*raro*) chi parla troppo **SIN.** blaterone, chiacchierone

cicatrìce [lat. *cicatrīce(m)*, di etim. incerta ✱ 1320] **s. f. 1** (*med.*) tessuto che si forma nel processo di riparazione di una ferita e che sostituisce quello danneggiato o asportato **2** correntemente, segno che rimane sulla pelle in seguito a una ferita: *una c. gli deturpa il volto* **3** (*fig.*) traccia lasciata nell'animo da un'esperienza dolorosa: *tutti abbiamo le nostre cicatrici*

cicatrìcola [vc. dotta, lat. tardo *cicatrīcula(m)* 'piccola cicatrice', dim. di *cicātrix*, genit. *cicatrīcis* 'cicatrice' ✱ av. 1704] **s. f. 1** (*bot.*) segno che rimane sul seme a indicare il punto di attacco al frutto **2** (*biol.*) macchia biancastra nel tuorlo dell'uovo, in cui è il germe

cicatriziàle [1886] **agg.** ● di cicatrice, relativo a cicatrice: *tessuto c.*

cicatrizzànte **A** **part. pres.** di *cicatrizzare*; anche **agg.** ● nei sign. del v. **B** **s. m.** ● farmaco che per via locale o generale favorisce la rigenerazione o la riparazione di parti di tessuti distrutte da ferite, piaghe e altri processi morbosi

cicatrizzàre [dal lat. *cicātrix*, genit. *cicatrīcis* 'cicatrice'; per *cicatrizzazione* cfr. il fr. *cicatrisation* ✱ 1300 ca.] **A** **v. tr.** ● rimarginare, formando cicatrice: *farmaco che cicatrizza le ferite* **B** **v. intr.** (**aus.** *avere*) e **cicatrizzàrsi** **v. intr. pron.** ● formare cicatrice: *il taglio ha cicatrizzato bene*; *la lesione si è cicatrizzata bene* ‖ **cicatrizzazióne**, **s. f.**

cìcca[1] [ingl. d'America *chicle*, dall'azteco *chictli* ✱ 1935] **s. f.** ● (*sett.*) gomma da masticare

cìcca[2] [fr. *chique*, di etim. incerta (forse di orig. espressiva) ✱ 1857] **s. f. 1** mozzicone di una sigaretta o di un sigaro: *spegnere una c.*; *raccogliere le cicche* | (*est.*, *pop.*) sigaretta: *mi offri una c.?* **2** (*fig.*) ***non valere una c.***, non valere nulla ‖ **cicchétta**, **cicchettìna**, **dim.**

ciccaiòlo o (*lett.*) **ciccaiuòlo**, (*centr.*) **ciccaròlo** [da *cicca*[2] ✱ 1858] **s. m.** (**f.** *-a*) ● chi raccoglie cicche da terra per riutilizzare il tabacco

ciccàre [fr. *chiquer*, da *chique* 'cicca[2]' ✱ 1863] **A** **v. intr.** (*io cìcco, tu cìcchi*; **aus.** *avere*) **1** masticare una cicca di sigaro, un trancio di tabacco, un chewing-gum e sim. **2** (*fig.*, *sett.*) stizzirsi: *c. dalla rabbia*; *ho vinto ancora io, cicca cicca!* **B** **v. tr.** ● spec. nel gergo sportivo, mancare, fallire: *c. il pallone*; *c. una risposta*

ciccaròlo ➤ **ciccaiolo**

cicchettàre [1905] **A** **v. intr.** (*io cicchétto*; **aus.** *avere*) ● bere abitualmente uno o più cicchetti: *gli piace c.* **B** **v. tr.** ● (*fam.*, *raro*) rimproverare qlcu.

cicchétto [vc. piemontese, forse dal provenz. *chiquet* 'bicchierino'; nel sign. di 'rimprovero' di ambiente militare, prob. dal fatto che un soldato redarguito dal superiore ritornava dicendo che gli era stato dato 'un cicchetto', cioè da bere ✱ 1880] **s. m. 1** (*sett.*) bicchierino di liquore o vino comune: *bersi, farsi un c.* **2** (*disus.*) piccola dose d'olio che si versava nel serbatoio della benzina per migliorare la lubrificazione dei motori | piccola quantità di benzina che si versava nella presa d'aria del carburatore per facilitare l'avviamento **3** (*colloq.*) rabbuffo, rimprovero: *fare un c. a qlcu.*; *ricevere un c. dal capoufficio* ‖ **cicchettìno**, **dim.** nel sign. 1

cìccia [vc. infant. ✱ av. 1484] **A** **s. f.** (**pl.** *-ce*) ● (*fam.*) carne commestibile: *ho comprato la c.* | (*scherz.*) carne umana | ***avere molta, poca c. addosso***, essere grasso, magro **B** in **funzione di inter.** ● (*pop.*) si usa come risposta negativa oppure come espressione di rammarico, spec. con tono polemico: *hai voluto fare tutto da solo, e adesso c.!* ‖ **ciccétta**, **dim.** | **ciccìna**, **dim.**

ciccìno **A** **agg.** ● (*fam.*) dim. di *ciccio* **B** **s. m.** (**f.** *-a*) ● (*fam.*) appellativo affettuoso rivolto a una persona, spec. giovane e graziosa: *ciao ciccina bella!*

cìccio [vc. espressiva ✱ 1858] **A** **agg.** (**pl. m.** *-ci*; **pl. f.** *-ce*) ● (*fam.*) grasso, rotondetto: *un ragazzino un po' c.* **B** **s. m.** (**f.** *-a*) ● (*fam.*) epiteto affettuoso rivolto a una persona: *ecco la mia ciccia* ‖ **ciccìno**, **dim.** (V.) | **cicciólo**, **dim.** (V.) | **ciccióne**, **accr.** (V.) | **cicciòtto**, **alter.** (V.)

cicciobómba [comp. di *ciccio* e *bomba* per l'aspetto ✱ 1967] **s. m. e f. inv.** ● (*scherz.*) epiteto rivolto a una persona molto grassa

cìcciola [da *cicciolo* ✱ av. 1729] **s. f.** ● (*tosc.*) nome di alcuni Funghi mangerecci a forma di piccola scodella o di imbuto, come l'orecchio di Giuda

cìcciolo o **sìcciolo** nel sign. 1 [da *ciccia* ✱ av. 1597] **s. m. 1** (**spec. al pl.**) ciascuno dei residui abbrustoliti di carne di maiale, dopo che se ne è ricavato lo strutto, consumati direttamente o talvolta usati nella preparazione di torte salate, frittate ecc. **2** (*pop.*) escrescenza carnosa cutanea ‖ **cicciolìno**, **dim.**

ciccióne [1865] **A** **agg.** ● accr. di *ciccio* **B** **s. m.** (**f.** *-a*) ● (*colloq.*) persona molto grassa: *è diventato proprio un c.*

cicciόso (o **-ṣ-**) [1539] **agg.** ● (*raro*) grassoccio: *Una donna ... si netta la bocca con le dita cicciose* (S. SLATAPER) ‖ **cicciosétto**, **dim.** | **cicciosìno**, **dim.**

cicciòtto [alter. di *ciccio* ✱ 1858] **A** **agg.** ● paffuto, grassottello: *che bel bambino c.!* **B** **s. m.** ● escrescenza carnosa ‖ **cicciottèllo**, **dim.** | **cicciottìno**, **dim.** | **cicciottóne**, **accr.**

cicciùto [1855] **agg.** ● di persona che ha molta ciccia **SIN.** grasso

cicérchia (o **-è-**) [lat. *cicĕrcula(m)*, dim. di *cĭcer* 'cece' ✱ 1303] **s. f.** ● pianta erbacea delle Papilionacee con fusti alati, foglie composte con cirri terminali, fiori rosei o rossi in racemi (*Lathyrus sativus*) | seme di tale pianta, usato nell'alimentazione umana e quella animale

cicerchiàta [da *cicerchia* ✱ 1931] **s. f.** ● (*cucina*) dolce tipico delle regioni centro-meridionali italiane, a base di pasta dolce, fritta in palline di forma simile ai semi delle cicerchie, passate poi in miele aromatizzato **CFR.** struffolo

cicerchióne [da *cicerchi(a)* con il suff. accr. *-one*[1] ✱ 1972] **s. m.** ● (*bot.*) veccione

cìcero [lat. *Cĭcero*, nom. 'Cicerone'; detto così perché usato la prima volta in una edizione delle opere di Cicerone nel 1498 ✱ 1865] **s. m.** ● riga tipografica nel sistema Didot (V. *riga* nel sign. 9)

ciceróne [dal n. del famoso oratore latino M. Tullio *Cicerone* (106-43 a.C.) ✱ 1763] **s. m.** (**f.** *-a*) **1** guida turistica | ***fare da c. a qlcu.***, fargli da guida, spec. per amicizia: *se vieni a Lucca, ti farò da c.* **2** (**f.** *-a*) (*est.*, *scherz.*) persona eloquente e saccente: *sei un c. da strapazzo*

ciceronianéṣimo o **ciceronianiṣmo** [1745] **s. m.** ● tendenza letteraria umanistica che propone la lingua e lo stile di Cicerone come modello esclusivo nella prosa latina | ***c. volgare***, scelta di un modello di stile esclusivo nella prosa italiana o nella poesia, tipica dei letterati del Cinquecento, che si rifacevano a Boccaccio e a Petrarca visti come incarnazione dell'eccellenza letteraria

ciceroniàno [vc. dotta, lat. *Ciceroniānu(m)*, agg. di *Cĭcero*, genit. *Cicerōnis* 'Cicerone' ✱ av. 1342] **A** **agg.** ● di Cicerone: *stile c.*; *scritti ciceroniani* | relativo a Cicerone: *critica ciceroniana* **B** **agg. e s. m.** (**f.** *-a*) ● detto di chi (o di ciò che) segue, sostiene e imita lo stile di Cicerone: *maniera ciceroniana* ‖ **ciceronianaménte**, **avv.** alla maniera di Cicerone

cicìgna [lat. *caecĭlia(m)*, da *caecus* 'cieco', perché ritenuta cieca ✱ av. 1400] **s. f. 1** luscengola **2** (*fig.*) †donna linguacciuta e mordace

†**ciciliàno** ➤ **siciliano**

cicindèla [vc. dotta, lat. *cicindēla(m)* 'lucciola', da avvicinare a *candēla* 'candela' ✱ 1892] **s. f.** ● genere di Insetti dei Cicindelidi (*Cicindela*)

Cicindèlidi [vc. dotta, comp. di *cicindel(a)* e *-idi* ✱ 1931] **s. m. pl.** (**sing.** *-e*) ● (*zool.*) famiglia di Coleotteri con mandibole sviluppatissime, lunghe zampe, occhi prominenti e colori vivaci e metallici (*Cicindelidae*)

ciciniéllo [vc. dial. di orig. espressiva ✱ 1931] **s. m.** ● (*napol.*; **spec. al pl.**) latterino | (*napol.*, **al pl.**) bianchetti (sardine e acciughe neonate)

cicinìno [1895] **s. m. 1** dim. di *cicino* **2** nella loc. avv. ***un c.***, (*sett.*) ***un cicinin***, un pochino, un pochettino: *nella vita ci vuole un cicinin di fortuna*

cicìno [da un'onomat. infant. ✱ 1856] **s. m.** ● (*sett.*) porzione molto piccola di qualche cosa | (*anche fig.*): *con un c. di disinvoltura ... finivamo col separarci ottimi amici* (I. NIEVO) ‖ **cicinìno**, **dim.** (V.)

†**cicìṣbea** [av. 1712] **s. f.** ● donna leziosa che ama sentirsi corteggiata

†**cicìṣbeàre** [av. 1729] **v. intr.** ● comportarsi da cicisbeo

cicìṣbeìṣmo [1779] **s. m.** ● usanza, costume proprio della società del sec. XVIII, che vincolava il cicisbeo all'osservanza di precise regole e norme di comportamento

✦**cicìṣbèo** [di orig. imitativa (?) ✱ av. 1601] **s. m.** (**f.** †*-a* (V.)) **1** nel sec. XVIII, cavalier servente di dama di alto lignaggio **2** (*est.*) uomo galante, ma lezioso: *quel vecchio popolo italiano di frati, briganti, ciceroni e cicisbei* (G. CARDUCCI) **SIN.** damerino, vagheggino

ciclàbile [da *ciclo*[2] ✱ 1908] **agg.** ● percorribile dalle biciclette | ***pista c.***, parte della strada riservata al transito delle biciclette **SIN.** ciclopista ‖ **ciclabilità**, **s. f. inv.**

ciclàdico [1956] **A** **agg.** (**pl. m.** *-ci*) ● delle isole Cicladi, arcipelago del Mar Egeo | ***arte cicladica***, fiorita nelle isole Cicladi nel terzo millennio a.C., caratterizzata dalla produzione di vasi e statuette con motivi orientaleggianti **B** **s. m.** (**f.** *-a*) ● abitante o nativo delle Cicladi

ciclàme ➤ **ciclamo**

ciclamìno [vc. dotta, lat. *cyclamīnu(m)*, dal gr. *kyklâminos*, forse da *kýklos* 'giro', perché si volge verso terra ✱ av. 1498] **A** **s. m.** ● pianta erbacea perenne delle Primulacee con foglie cuoriformi verdi nella pagina superiore e rosse in quella inferiore e fiori solitari di color rosa-violaceo (*Cyclamen europaeum*) | il fiore di tale pianta: *un mazzo di ciclamini*; *raccogliere i ciclamini* **B** **in funzione di agg. inv.** ● (posposto a un sost.) che ha il colore tra il rosa e il lilla caratteristico del fiore omonimo: *un vestito color c.*

ciclammàto [1980] **s. m.** ● (*chim.*) sale dell'acido ciclammico, usato come additivo alimentare: *c. di calcio, di sodio*

ciclàmo o **ciclàme** [da *ciclamino*, inteso come dim. ✱ sec. XIV] **s. m.** ● (*lett.*) ciclamino

Ciclantàcee [dal lat. scient. *Cyclanthus*, comp. di *cyclus* 'ciclo-' e del grecismo *ant(hus)* 'fiore' con il suff. *-acee* ✱ 1986] **s. f. pl.** (**sing.** *-a*) ● (*bot.*) famiglia delle Monocotiledoni, originaria dell'America tropicale, comprendente piante perenni con rizomi o con un corto fusto che si sviluppa sopra il terreno e foglie simili a quelle delle palme (*Cyclanthaceae*)

cìclico [vc. dotta, lat. *cўclicu(m)*, dal gr. *kyklikós* 'circolare', da *kýklos* 'cerchio'. V. *ciclo*① ✱ 1744] **agg.** (**pl. m.** *-ci*) **1** detto di fenomeno che nel suo svolgimento compie uno o più cicli successivi: *andamento c.*; *fasi cicliche* | ***fluttuazioni cicliche***, fasi componenti un ciclo economico completo **2** (*letter.*) pertinente a un ciclo letterario: *poema, romanzo c.* | ***poeta c.***, autore di poema che appartiene ai cicli delle leggende eroiche dell'Ellade **3** (*chim.*) detto di composto contenente una catena chiusa di atomi **4** (*mus.*) di composizione in più movimenti nei quali ricompare lo stesso tema ‖ **ciclicaménte**, **avv.** in modo ciclico, a fasi alterne ‖ **ciclicità**, **s. f. inv.** caratteristica di ciò che si ripete con andamento ciclico: *la ciclicità delle stagioni*

Cìclidi [dal gr. *kíchlē*, n. di pesce, d'etim. incerta, con il suff. *-idi* ✱ 1931] **s. m. pl.** (**sing.** *-e*) ● (*zool.*) famiglia di Pesci dei Perciformi tropicali, d'acqua dolce o salmastra, le cui uova vengono incubate nella bocca del maschio o della femmina (*Cichlidae*)

ciclìsmo [fr. *cyclisme*, da *cycle*, V. *ciclo*② ✱ 1897] **s. m.** ● sport delle corse praticate con la bicicletta: *c. su strada, su pista*

NOMENCLATURA

ciclismo
● *caratteristiche*: individuale, a squadre, su pista, su strada, d'inseguimento, a cronometro; corsa di regolarità, record dell'ora, sei giorni, chilometro lanciato, maglia (rosa, gialla, iridata);
● *tecnica*: pedale, pigiare sui pedali, volare; arrancare; frenare, tirare; allungo, scatto, volata, rimonta, fuga, gruppo, sprint, surplace, tappa, bagarre, distacco, cotta, traguardo; moltiplica, rapporto; velodromo;
● *tipi di bicicletta*: da turismo, sportiva, da uomo, da donna, da bambino (rotella), da corsa, da montagna = mountain bike = rampichino; tandem = tripletta, biciclo = velocipede, monociclo, triciclo; risciò; bicicletta pieghevole;
● *persone*: ciclista dilettante, professionista, capitano, gregario, passista, velocista, pistard, sprinter, scalatore, grimpeur; patron;
● *competizioni*: gara, corsa, giro (tappa, maglia rosa), tour (maglia gialla), corsa a cronometro; ciclocross, corsa campestre, gara australiana, gara americana.

♦**ciclìsta** [fr. *cycliste*. V. *ciclismo* ✱ 1894] **A** **s. m. e f.** (**pl. m.** *-i*) **1** chi va in bicicletta: *una strada piena di ciclisti* **2** chi pratica lo sport della bicicletta **3** chi vende o ripara biciclette **B** **in funzione di agg.** ● (posposto a un sost.) che va in bicicletta, che si sposta per mezzo della bicicletta: *bersaglieri ciclisti*

ciclìstico [1894] **agg.** (**pl. m.** *-ci*) ● della bicicletta: *industria ciclistica* | del ciclismo, dei ciclisti: *gara, corsa ciclistica*

ciclìte [comp. di *ciclo-* e *-ite*① ✱ 1956] **s. f.** ● (*med.*) infiammazione del corpo ciliare dell'occhio

cicliẓẓàto [da *ciclico* ✱ 1987] **agg.** ● (*chim.*) detto di molecola con struttura ciclica

cicliẓẓazióne [ingl. *cyclization*, deriv. del v. *to cyclize* 'rendere ciclico' col suff. *-ation* ✱ 1956] **s. f.** ● (*chim.*) reazione chimica che dà luogo alla chiusura di un anello poliatomico nella struttura molecolare di una sostanza, gener. organica

cìclo① [vc. dotta, lat. tardo *cўclu(m)*, dal gr. *kýklos* 'cerchio' ✱ 1328] **s. m.** **1** periodo di tempo alla fine del quale un fenomeno o una serie di fenomeni si riproducono nella stessa sequenza: *c. lunare, solare, pasquale*; *c. liturgico* | ***c. mestruale***, (*ellitt.*) ***ciclo***, modificazione fisiologica mensile della mucosa uterina; (*est.*) mestruazione | ***c. storico***, periodo definibile per costanti politiche, economiche, sociali | ***c. economico***, susseguirsi delle fluttuazioni ricorrenti delle principali componenti di un sistema economico e il cui andamento dà luogo a due fasi di espansione o recessione | ***c. di rinnovamento del capitale***, tempo che decorre dal momento in cui si sostiene il costo al momento in cui si ottiene il ricavo **2** serie di fenomeni naturali, di atti o di operazioni che si ripetono secondo un ordine o uno schema immutabile, senza soluzione di continuità: *il c. del carbonio, dell'azoto*; *c. cardiaco*; *c. industriale, di lavoro, di lavorazione* | (*geol.*) ***c. sedimentario***, processo di sedimentazione che avviene in una regione nell'intervallo compreso fra una trasgressione e una regressione del mare | ***c. di una malattia***, il suo decorso | (*biol.*) ***c. cellulare***, serie ciclica di eventi biochimici e morfologici che si hanno nella vita delle cellule in coltura **3** ciascuna delle due fasi di sviluppo pedagogico, rispettivamente di due e tre anni, in cui si suddivideva il quinquennio della scuola primaria **4** (*fis.*) insieme di trasformazioni che riportano un corpo allo stato iniziale, dopo averlo fatto passare per una determinata successione di stati fisici: *c. termodinamico* | ***c. dei motori a scoppio***, successione delle fasi **5** (*fis.*) nei fenomeni periodici, unità adimensionale usata per misurare il numero di oscillazioni complete | ***c. al secondo***, hertz **6** (*letter.*) serie di tradizioni, poemi, leggende che si riferiscono a un grande avvenimento o personaggio, a un'epoca e sim.: *c. classico, c. bretone, carolingio, cavalleresco* **7** serie di manifestazioni o attività realizzate intorno a un tema o a uno scopo unitario: *c. di conferenze, di lezioni, di concerti* **8** (*inform.*) tempo necessario per completare un dato insieme di operazioni | ***c. di memoria***, sequenza di operazioni elementari di macchina necessarie per introdurre (o estrarre) un'unità elementare di informazione nella (o dalla) memoria principale; (*est.*) tempo richiesto da tale sequenza **9** (*mat.*) curva chiusa

cìclo② [dall'ingl. *cycle*, abbr. di *bicycle* 'bicicletta' ✱ 1941] **s. m.** ● bicicletta

ciclo-, -ciclo [dal gr. *kýklos* 'cerchio'] **primo e secondo elemento** ● in parole composte della terminologia scientifica significa 'cerchio', 'giro', 'ruota' o 'che ha forma circolare o cilindrica': *ciclometria, kilociclo* | in chimica, indica disposizione ad anello degli atomi: *cicloesano*

cicloamatóre [comp. di *ciclo*② e *amatore* ✱ 1983] **s. m.** (**f.** *-trice*) ● (*sport*) chi pratica il ciclismo come amatore

cicloanalìsta [comp. di *ciclo*① e *analista* ✱ 1991] **s. m. e f.** (**pl. m.** *-i*) ● (*org. az.*) analista dei cicli di produzione industriale

ciclocampèstre [comp. di *ciclo*② e *campestre* ✱ 1954] **A** **agg.** ● di gara ciclistica spec. invernale disputata quasi interamente su un percorso accidentato di campagna, in parte non percorribile restando in sella: *corsa c.* **B** **anche s. f.**: *disputare una c.* **SIN.** ciclocross

ciclocròss /tʃiklo'krɔs/ [comp. di *ciclo*② e dell'ingl. *to cross* 'attraversare', dal lat. *crŭce(m)* 'croce' ✱ 1954] **s. m. inv.** ● ciclocampestre

ciclocrossìsta [1954] **s. m. e f.** (**pl. m.** *-i*) ● chi pratica il ciclocross

ciclocrossìstico [1983] **agg.** (**pl. m.** *-ci*) ● relativo al ciclocross o ai ciclocrossisti: *attività, gara ciclocrossistica*

cicloergòmetro [comp. di *ciclo-* ed *ergometro* ✱ 1964] **s. m.** ● apparecchio formato da un telaio di bicicletta impiegato per misurare il lavoro compiuto dai muscoli pedalando

cicloeṣàno [comp. di *ciclo-* ed *esano* ✱ 1956] **s. m.** ● idrocarburo liquido, incolore, usato come solvente e per la produzione di nylon e di insetticidi

ciclofurgóne [comp. di *ciclo*② e *furgone* ✱ 1956] **s. m.** ● veicolo a tre ruote, funzionante a pedali

cicloidàle [1663] **agg.** ● che ha forma di cicloide

ciclòide [fr. *cycloïde*, dal gr. *kykloeidḗs*. V. *ciclo-* e *-oide* ✱ 1674] **s. f.** ● (*mat.*) curva piana descritta da un punto rigidamente collegato a un cerchio che rotola senza strisciare lungo una retta fissa **CFR.** trocoide

ciclomanzìa [comp. del gr. *kýklos* 'cerchio', qui 'mondo circostante' (V. *ciclo*①), e *-manzia* ✱ 1983] **s. f.** ● facoltà paranormale di alcuni individui di esercitare un influsso sul mondo circostante, producendo quindi fenomeni quali far apparire oggetti nello spazio, leggere il pensiero, inviare messaggi senza parlare e sim.

ciclomerìa [comp. di *ciclo-* e *-meria* ✱ 1964] **s. f.** ● (*biol.*) ripetizione di parti del corpo di un animale attorno a un asse di simmetria

ciclometrìa [comp. di *ciclo-* e *-metria* ✱ 1771] **s. f.** ● parte della geometria elementare che studia la circonferenza, il cerchio e le loro porzioni

♦**ciclomotóre** [comp. di *ciclo*② e *motore* ✱ 1953] **s. m.** ● correntemente, bicicletta munita di un motorino a scoppio | veicolo a due o tre ruote, con cilindrata fino a 50 cm³ **SIN.** motorino | ***c. a quattro ruote***, quadriciclo

ciclomotorìsta [1950] **s. m. e f.** (**pl. m.** *-i*) ● chi va in ciclomotore

ciclomotorìstica [1981] **s. f.** ● il complesso delle attività connesse alla progettazione, alla costruzione e all'utilizzo di ciclomotori

ciclóne [fr. *cyclone*, dall'ingl. *cyclone*, dal gr. *kýklos* 'cerchio'. V. *ciclo*① ✱ 1869] **s. m.** **1** (*meteor.*) complesso dei fenomeni atmosferici associati a una zona di bassa pressione attorno alla quale i venti ruotano in senso antiorario nell'emisfero Nord e in senso orario nell'emisfero Sud | (*raro*) depressione | (*meteor.*) ***c. tropicale***, depressione profonda e ampia (diametro dell'ordine di 500 km) con venti vorticosi violenti e piogge torrenziali, caratteristica degli oceani e delle zone costiere tropicali **CFR.** tifone, uragano | ***occhio del c.***, nucleo centrale, di bassa pressione, all'interno del ciclone tropicale | (*fig.*) ***essere, trovarsi nell'occhio del c.***, nel momento più critico di una situazione **2** (*fig.*) persona eccessivamente vivace o esuberante, che provoca disordine, scompiglio **3** in varie tecnologie, apparecchio atto a separare particelle solide, disperse in un fluido, dal fluido stesso

SFUMATURE ➤ *turbine*

C

ciclònico [1918] **agg.** (**pl. m.** *-ci*) **1** di ciclone | ***area ciclonica***, area di bassa pressione **2** (*fig.*) detto di persona molto vivace o esuberante

ciclonite [da *ciclone*, per la sua forza, e *-ite*② ✱ 1965] **s. f.** ● potente esplosivo ottenuto per azione dell'acido nitrico sull'urotropina

cicloparaffina [ingl. *cycloparaffin*, comp. di *cyclo-* 'ciclo-' e *paraffin* 'paraffina' ✱ 1956] **s. f.** ● (*chim.*) ognuno degli idrocarburi alifatici saturi la cui molecola contiene un anello di atomi di carbonio **SIN.** naftene

ciclòpe o †**ciclòpo** [vc. dotta, lat. *Cyclōpe(m)*, dal gr. *kýklōps*, comp. di *kýklos* 'cerchio' e *ōps*, genit. *ōpós* 'occhio' ✱ av. 1292] **s. m. 1** nella mitologia greca e romana, mostro gigantesco con un solo occhio in mezzo alla fronte **2** (*zool.*) genere di piccoli crostacei dei Copepodi di acqua dolce dotati di un solo occhio mediano (*Cyclops*) **3** (*med.*) chi è affetto da ciclopismo **SIN.** monoftalmo

ciclopedonàle [comp. di *ciclo*② e *pedonale* ✱ 1982] **agg.** ● relativo o riservato a ciclisti e pedoni: *traffico c.*; *pista c.*

ciclopìa [da *ciclope* ✱ 1887] **s. f.** ● (*med.*) ciclopismo

♣**ciclòpico** [av. 1642] **agg.** (**pl. m.** *-ci*) **1** di ciclope, dei ciclopi: *caverna ciclopica* | ***mura ciclopiche***, costruite con grossi massi sovrapposti senza lavori di squadratura o incastro **2** (*est.*) colossale, enorme: *sassi ciclopici*; *sforzo c.*

ciclòpio [vc. dotta, lat. *cyclōpiu(m)*, dal gr. *kyklṓpios* da *kýklōps* 'ciclope' ✱ 1621] **agg.** ● (*lett.*) ciclopico

ciclopìsmo [1964] **s. m.** ● (*med.*) anomalia congenita consistente nella presenza di un solo occhio in mezzo alla fronte **SIN.** monoftalmia

ciclopìsta [comp. di *ciclo*② e *pista* ✱ 1940] **s. f.** ● pista ciclabile

†**ciclòpo** ➤ **ciclope**

ciclopropàno [comp. di *ciclo-* e *propano* ✱ 1956] **s. m.** ● composto chimico organico gassoso usato in medicina come anestetico e narcotico

cicloradùno [comp. di *ciclo*② e *raduno* ✱ 1986] **s. m.** ● raduno di ciclisti a scopo turistico, sportivo e sim.

cicloserìna [comp. di *ciclo-* e *serina* ✱ 1980] **s. f.** ● (*farm.*) sostanza antimicrobica ad ampio spettro isolata dal batterio *Streptomyces orchidaceus*, attualmente prodotta per sintesi e impiegata nella cura di alcune patologie da micobatteri come la tubercolosi e nelle infezioni urinarie causate da batteri gram-negativi sensibili

ciclosporìna [comp. di *ciclo-*, *spor(a)* e del suff. *-ina* ✱ 1985] **s. f.** ● (*farm.*) peptide ciclico prodotto da alcuni miceti o per sintesi; ha attività immunosoppressiva ed è impiegato per contrastare il rigetto di organi trapiantati

ciclostilàre [1950] **v. tr.** ● riprodurre col ciclostile

ciclostilàto **A** **part. pass.** di *ciclostilare*; anche **agg.** ● nei sign. del v. **B** **s. m.** ● foglio, opuscolo e sim. contenente scritti o illustrazioni riprodotti col ciclostile

ciclostìle [ingl. *cyclostyle*, comp. del gr. *kýklos* 'corpo circolare' e del lat. *stĭlus* 'stilo' ✱ 1921] **s. m.** ● macchina che serve a riprodurre in un certo numero di copie testi dattilografici e anche disegni preparati su particolari matrici di carta incerata

Ciclòstomi [fr. *cyclostomes*, comp. del gr. *kýklos* 'cerchio' e *stóma* 'bocca' ✱ 1820] **s. m. pl.** (**sing.** *-o*) ● (*zool.*) classe di Vertebrati acquatici con corpo anguilliforme e bocca circolare a ventosa con denti cornei (*Cyclostomata*)

ciclotimìa [comp. del gr. *kýklos* 'cerchio' e *thymós* 'animo, sentimento', di orig. indeur. ✱ 1899] **s. f.** ● (*psicol.*) tipo di temperamento caratterizzato da periodi alterni di euforia e di tristezza, di attività e di inattività, di eccitamento e di depressione

ciclotìmico [av. 1936] **agg. e s. m.** (**f.** *-a*; **pl. m.** *-ci*) ● che (o chi) presenta ciclotimia: *personalità ciclotimica*; *un disturbo caratteristico dei ciclotimici*

ciclotomìa [comp. del gr. *kýklos* 'cerchio' e *tomḗ* 'taglio' ✱ 1956] **s. f.** ● (*mat.*) divisione della circonferenza in archi uguali

ciclòtomo [comp. del gr. *kýklos* 'cerchio' (V. *ciclo*①) e di *-tomo* ✱ 1847] **s. m.** ● (*med.*) strumento per l'operazione della cateratta

ciclotróne [ingl. *cyclotron*. V. *ciclo-* ed *(elet)-trone* ✱ 1939] **s. m.** ● (*fis.*) macchina acceleratrice di particelle cariche costituita da due camere semicircolari poste in un campo magnetico costante, in cui la velocità delle particelle viene gradatamente aumentata grazie a un campo elettrico alternato

Ciclottèridi [comp. di *ciclo-* e *-ttero*, con il suff. *-idi* ✱ 1983] **s. m. pl.** (**sing.** *-e*) ● (*zool.*) famiglia di Pesci degli Scorpeniformi dal corpo tozzo e massiccio le cui uova vengono usate come surrogato del caviale (*Cyclopteridae*)

cicloturìsmo [comp. di *ciclo*② e *turismo* ✱ 1941] **s. m.** ● turismo effettuato viaggiando in bicicletta

cicloturìsta [1956] **s. m. e f.** (**pl. m.** *-i*) ● chi pratica il cicloturismo

cicloturìstico [1983] **agg.** (**pl. m.** *-ci*) ● relativo al cicloturismo e ai cicloturisti

cicógna [lat. *cicōnia(m)*, di etim. incerta ✱ av. 1292] **s. f. 1** genere di Uccelli migratori dei Ciconiformi con lunghe zampe rosse e becco rosso (*Ciconia*) | ***c. bianca***, con penne bianche e grandi ali dalle estremità nere (*Ciconia ciconia*) | ***c. nera***, con piumaggio nero-verdastro sul dorso e bianco ventralmente (*Ciconia nigra*) | ***l'arrivo della c.***, (*fig.*) la nascita di un bambino (da una leggenda nordica secondo cui le cicogne portavano i neonati sulla terra) **2** tipo di velivolo monomotore ad ala alta, in grado di volare a velocità bassissime e di atterrare su terreni di estensione limitata, usato dalle forze armate tedesche nella seconda Guerra mondiale, spec. per ricognizione **3** bisarca **4** traversa di legno che tiene in bilico la campana **5** staffa ricurva su cui poggia la grondaia, murata all'altra estremità **6** antica macchina per attingere acqua dai pozzi ‖ **cicognino**, **dim. m.** (V.)

cicognìno [1319] **s. m. 1** dim. di *cicogna* **2** il piccolo della cicogna

Ciconifórmi [comp. del lat. *cicōnia* 'cicogna' e del pl. di *-forme* ✱ 1930] **s. m. pl.** (**sing.** *-e*) ● (*zool.*) ordine di Uccelli dalle lunghe zampe e dal collo slanciato, col becco robusto e lungo di forma varia (*Ciconiiformes*)

cicoràceo ➤ **cicoriaceo**

cicòria o †**cicòrea** [lat. *cichorēa*, pl. di *cichorēum*, dal gr. *kichórion*, di etim. incerta ✱ sec. XIV] **s. f. 1** pianta erbacea perenne delle Composite con foglie lanceolate, commestibili e lunga radice amara (*Cichorium intybus*) **2** polvere bruna ottenuta facendo abbrustolire la radice di tale pianta, che si usa miscelata al caffè o come suo surrogato ‖ **cicorièlla**, **dim.** | **cicoriétta**, **dim.**

cicoriàceo o (*disus.*) **cicoràceo** [1831] **agg.** ● della cicoria

cicùta [lat. *cicūta(m)*, di etim. incerta ✱ sec. XIII] **s. f. 1** genere di piante erbacee delle Apiacee comprendente alcune specie velenose (*Cicuta*) | ***c. acquatica***, con foglie grandi dall'odore forte e rizoma a forma di rapa, internamente cavo, contenente un latice giallo molto velenoso (*Cicuta virosa*) | ***c. maggiore, c. di Socrate***, con fusto alto e cavo, fiori bianchi e odore sgradevole, estremamente velenosa (*Conium maculatum*) | ***c. minore, c. aglina***, con foglie simili a quelle del prezzemolo, da cui si distingue per i fiori bianchi e per l'odore di aglio (*Aethusa cynapium*) **SIN.** erba aglina **2** (*est.*) bevanda velenosa che si ottiene da varie specie di cicuta, spec. dalla cicuta maggiore: *bere la c.*; *avvelenarsi con la c.*

cicutìna [1830] **s. f.** ● alcaloide che si estrae dai frutti e dalle foglie della cicuta maggiore

-cìda [in vc. dotte, riprende il lat. *-cīda(m)*, da *-cīdere*, proprio dei composti di *cāedere* 'tagliare, abbattere (tagliando)', antica vc. di orig. incerta] **secondo elemento 1** in parole composte dotte significa 'uccisore': *omicida*, *tirannicida* **2** in parole scientifiche composte significa 'che si apre, che si taglia': *poricida*

ciddì /tʃid'di*/ o **cidì** [trascrizione delle due lettere di cui è formata la sigla *CD* di *compact disc*] **s. m. inv.** ● compact disc

-cìdio [lat. *-cīdiu(m)*, proprio dei s. nt. d'azione corrispondente ai s. in *-cīda*] **secondo elemento** ● in parole composte dotte significa 'uccisione': *genocidio*, *parricidio*

cidònio [vc. dotta, lat. *Cydōniu(m)*, dal gr. *Kydṓnios* ✱ sec. XIV] **agg.** ● (*lett.*) di Cidonia, antica città dell'isola di Creta: *barba violetta come / l'uva cidonia* (G. D'ANNUNZIO) | ***melo c.***, melo cotogno

cièca ➤ **ceca**

ciecàle ➤ **cecale**

ciecàre ➤ **cecare**

♦**cièco** o (*raro*) **cèco**① [lat. *caecu(m)*, di etim. incerta ✱ 1260 ca.] **A** **agg.** (**pl. m.** *-chi*) **1** privo della vista: *essere, nascere, diventare c.* | ***essere c. come una talpa***, vederci pochissimo | (*fig.*) ***la fortuna è cieca, il caso è c.***, imprevedibile, senza piani e motivi precisi | ***mosca cieca***, V. *moscacieca* | ***alla cieca***, senza vedere; (*fig.*) senza riflettere: *fare qlco. alla cieca*; *agire, decidere alla cieca* **2** (*est.*) che è privo di chiara consapevolezza, del lume della ragione: *c. d'odio, di passione, dalla rabbia* | assoluto: *ubbidienza, sottomissione cieca* | che rende privo del lume della ragione: *passione cieca*; *amore c.* **3** (*lett.*) che non permette la visibilità: *prima arrivi, che la cieca notte / fatt'abbia oscuro il mondo in ogni canto* (L. ARIOSTO) | ***finestra cieca, arco c.***, profilati sul muro pieno, senza apertura | ***scala, camera cieca***, senza finestre | ***lanterna cieca***, che non illumina chi la porta | (*est.*) privo di uscita, senza sbocco: *vicolo, canale, corridoio, foro c.* | ***essere, trovarsi in un vicolo c.***, (*fig.*) in una situazione senza vie d'uscita | (*lett.*, *fig.*) ***carcere c.***, l'Inferno | (*est.*) che non è visibile: *scoglio c.*; *fossa, buca cieca* | ***volo c.***, V. *volo* nel sign. 2 **4** (*anat.*) ***intestino c.***, prima parte dell'intestino crasso ‖ **ciecaménte**, (*raro*) **cecaménte**, **avv. 1** alla cieca, senza vedere: *dopo aver ciecamente rovesciato una sedia* (A. MORAVIA) **2** (*fig.*) sconsideratamente; totalmente **3** (*fig.*) incondizionatamente: *ti credo ciecamente*; senza riserve, a occhi chiusi: *mi fido ciecamente di lei* **B** **s. m. 1** (**f.** *-a*) chi è privo della vista: *c. nato*; *c. di guerra* **SIN.** non vedente **CFR.** tiflo- **2** (**f.** *-a*) (*fig.*) †chi è privo della ragione, della verità **3** (*anat.*, *ellitt.*) intestino cieco ‖ **cechìno**, **ciechìno**, **dim.** | **ciecolìno**, **dim.**

ciellenìsta [da *CLN*, sigla di *Comitato di Libe-*

razione Nazionale ∗ 1956] **s. m. e f. (pl. m. *-i*)** ● membro del Comitato di Liberazione Nazionale, durante la Resistenza

ciellino [da *CL*, sigla di *Comunione* e *Liberazione* ∗ 1976] **agg. e s. m. (f. *-a*)** ● che (o chi) fa parte del movimento di Comunione e Liberazione

♦**cièlo** o †**cèlo** [lat. *cǎelu(m)*, di etim. incerta ∗ sec. XII] **s. m.** **1** alto spazio convesso sulla Terra, che appare turchino di giorno e scuro, punteggiato di stelle, di notte, quando non è ingombro di vapori e di nuvole: *c. nuvoloso, plumbeo, sereno, limpido, terso*; *un c. stellato*; *Così tra celo e terra era sospeso* (M.M. BOIARDO) **CFR.** urano- | ***c. a pecorelle***, coperto da una larga distesa di cirrocumuli, che preannuncia un cambiamento del tempo | **PROV.** ***c. a pecorelle acqua a catinelle*** | ***carta del c.***, carta su cui è rappresentata tutta o parte della sfera celeste | ***toccare il c. con un dito***, (*fig.*) essere estremamente felice | ***innalzare, portare qlcu. al c.***, (*fig.*) coprirlo di lodi | ***non stare né in c. né in terra***, (*fig.*) detto di ciò che è assurdo, impossibile | ***sotto la volta, la cappa del c.***, nel mondo, sulla terra | ***vivere sotto un altro c.***, (*fig.*) in un altro paese | (*fig.*) ***l'altra metà del c.***, (*per anton.*) le donne | ***apriti c.!***, in riferimento a qlco. che provoca una forte reazione | ***caschi il c., cascasse il c.!***, qualunque cosa possa succedere, a qualunque costo: *cascasse il cielo, domani verrò da te!* | ***a c. aperto***, allo scoperto: *dormire a c. aperto*; (*miniere*) detto di lavori di scavo, estrazione e sim. che si svolgono sulla superficie terrestre **2** (*est.*) zona di volta celeste al di sopra di un dato luogo, con riferimento anche al clima: *il c. di Lombardia, di Napoli*; *il c. sano delle montagne* | aria: *gli uccelli del c.* **3** (*est.*) parte superiore interna di ambiente o recipiente chiuso: *c. del focolare, del forno, della camera, della carrozza*; *il c. della canna delle artiglierie*; *finita oramai la volta, cioè il c. di quella stanza* (G. VASARI) **4** (*est.*) in diverse religioni, sede di esseri divini, dimora ultraterrena e paradisiaca di esseri umani che hanno vissuto rettamente: *reggia, corte, porta del c.*; *come in c. così in terra*; *acquistare, meritare il c.* | ***salire al C.***, (*fig.*) morire | ***il Regno dei cieli***, il Paradiso (con riferimento alla distinzione biblica tra cielo superiore e inferiore) | (*est.*) essere, potenza divina: *la mano, i doni, la benedizione, il castigo, i voleri del c.*; *essere mandato dal c.*; *faccia, voglia il c. che* | ***i messi del C.***, gli angeli e sim. | ***santo C.!, giusto C.!***, escl. di meraviglia, disappunto e sim. | ***cielo!***, esclamazione che esprime sorpresa, indignazione e sim.: *c., il duca è qui!*; *O ciel! che tenti?* (P. METASTASIO) | ***per amor del C.!***, escl. di preghiera, invocazione anche iron. e sim. | ***lo sa il C. se***, chi lo sa se **5** nel sistema tolemaico, ciascuna delle sette sfere celesti | ***il settimo c.***, quello più elevato | (*fig.*) ***essere al settimo c.***, al colmo della felicità | (*fig.*) ***portare qlcu. al settimo c.***, ricoprirlo di lodi

†**cièra** ➤ **cera**②

†**cièṣa** [lat. *caesa(m)*, f. di *caesus*, part. pass. di *cǣdere* 'tagliare' ∗ sec. XIV] **s. f.** ● fratta, siepe

Cif /tʃif/ [sigla di *c(ost)*, *i(nsurance)*, *f(reight)* 'costo, assicurazione, nolo' (compresi nel prezzo) ∗ 1930] **agg. inv.** ● in un contratto commerciale, detto di prezzo che include le spese di spedizione e i relativi rischi fino alla consegna della merce

†**cìfera** ➤ **cifra**

cifòṣi [vc. dotta, gr. *kýphōsis* 'gobba', da *kyphós* 'incurvato' (deriv. di *kýptein* 'pendere in avanti', forse di orig. indeur.) ∗ 1820] **s. f. inv.** ● (*med.*) curvatura a concavità anteriore della colonna vertebrale, fisiologica entro certi limiti

cifòtico [1887] **agg. (pl. m. *-ci*)** ● che presenta cifosi

♦**cìfra** o †**cìfera**, †**zifra**, †**zìfera** [arabo *ṣifr* 'vuoto, zero', calco sul sanscrito *śunyá*, usato dai matematici indiani per 'zero' ∗ av. 1306] **s. f.** **1** uno dei segni combinando i quali si può scrivere qualsiasi numero naturale | ***cifre arabiche***, i segni 0, 1, 2, 3, 4, 5, 6, 7, 8, 9 **2** (*est.*) numero | ***c. astronomica***, molto grande | ***c. tonda***, senza frazioni o decimali | ***fare c. tonda***, arrotondare | ***inflazione a due cifre***, V. *inflazione* | somma di denaro: *per quel quadro ha sborsato una bella c.* | (*gerg.*) ***una c.***, una grande quantità, molto: *di questi articoli ne vendiamo una c.*; *ci divertiamo una c.* | (*banca*) ***c. di castelletto***, limite oltre il quale la banca non può concedere credito alla stessa persona | (*tecnol.*) ***c. di merito***, in varie tecnologie, indice numerico della qualità delle caratteristiche di funzionamento di uno strumento, di un apparecchio e sim. **3** abbreviazione di un nome, costituita spec. dalle lettere iniziali, spesso unite o intrecciate: *un fazzoletto con le cifre ricamate* **SIN.** monogramma **4** codice segreto utilizzato per rendere un messaggio inintelligibile agli estranei: *messaggio in c.*; *trasmettere in c.* | ***parlare in c.***, (*fig.*) oscuramente, in modo incomprensibile **5** elemento caratteristico dello stile di scrittori o artisti ‖ **cifrétta**, **dim.** | **cifróna**, **accr.** | **cifróne**, **accr. m.**

cifràre [1507] **v. tr.** **1** ricamare in cifra: *c. le lenzuola* **2** trascrivere un testo, un messaggio e sim. secondo un codice: *c. un dispaccio*

cifràrio [1874] **s. m.** ● formulario per tradurre in chiaro una scrittura cifrata e viceversa

cifràto **part. pass.** di *cifrare*; anche **agg.** ● nei sign. del v.: *fazzoletto c.*; *messaggio c.* | ***linguaggio c.***, (*fig.*) oscuro, poco comprensibile

cifratùra [1956] **s. f.** ● operazione del cifrare

cifrìsta [1963] **s. m. e f. (pl. m. *-i*)** ● chi trascrive in cifra messaggi e sim. | chi studia e applica i cifrari

cigàno [vc. d'orig. sp. (?) ∗ 1983] **s. m.** ● cittadino statunitense di origine messicana

cigarillo /*pseudo-sp.* sigaˈriʎo, -ijo/ [vc. sp., dim. di *cigarro* 'sigaro' ∗ 1986] **s. m. (pl. *-i* o pseudo-sp. *-os*)** ● sigaretto

cigiellìno [1979] **s. m. (f. *-a*)** ● appartenente, iscritto, alla Confederazione Generale Italiana del Lavoro (CGIL)

cigiellìsta /tʃidʒielˈlista, tʃiddʒi-/ [1950] **s. m. e f. (pl. m. *-i*)** ● cigiellino

†**cigliàre**① [1330] **s. m.** ● (*lett.*) ciglione, argine, trincea

cigliàre② ➤ **ciliare**

cigliàto [av. 1941] **agg.** ● fornito di ciglia: *palpebra cigliata*; *organo c.*

♦**cìglio** [lat. *cĭliu(m)* 'palpebra', di orig. indeur. ∗ 1266] **s. m. (pl. *cìgli*, m. nel sign. 4, pop. o lett. anche nei sign. 1, 2 e 3; pl. *ciglia*, f. nei sign. 1, 2, 3 e 5)** **1** pelo delle palpebre: *avere ciglia folte, lunghe, scure* | (*est.*) orlo delle palpebre, provvisto di tali peli | ***non*** (o ***senza***) ***batter c.***, (*fig.*) rimanere (o rimanendo) impassibile | ***in un batter di c.***, in un attimo | ***a c. asciutto***, (*fig.*) senza piangere **2** (*est.*) sopracciglio: *ciglia congiunte* | ***abbassare le ciglia***, in segno d'imbarazzo, pudore e sim. | ***aggrottare le ciglia***, increspare in segno di perplessità, irritazione e sim. | ***alzare, inarcare le ciglia***, in segno di stupore, irritazione e sim. **3** (*poet.*) occhio, sguardo: *veder nel suo tormento più di un c. lacrimar* (P. METASTASIO) **4** margine, orlo, bordo: *il c. della strada, del fossato* **5** (*biol.*, spec. al pl.) ognuna delle finissime e brevi appendici vibratili presenti in cellule di Metazoi e sulla superficie del corpo di alcuni Protozoi ‖ **ci-glióne**, **accr.** (V.)

ciglionaménto [da *ciglione* ∗ 1990] **s. m.** ● (*agric.*) tipo di terrazzamento in cui il ripiano coltivabile è sostenuto non da un muro ma da un terrapieno

ciglióne [av. 1364] **s. m.** **1** accr. di *ciglio* **2** terreno rialzato ai margini di un fosso | orlo di una strada, di un precipizio, di un terreno dirupato: *sporgersi da un c.*

cigliùto [av. 1566] **agg.** ● (*lett.*) che ha le ciglia ispide e folte

cigna e deriv. ➤ **cinghia** e deriv.

cignàle ➤ **cinghiale**

†**cignere** ➤ **cingere**

♦**cigno** [lat. *cycnu(m)*, dal gr. *kýknos*, di etim. incerta ∗ av. 1313] **s. m.** **1** genere di grandi Uccelli acquatici degli Anseriformi, caratterizzati dal collo lungo e flessuoso e dal piumaggio generalmente candido (*Cygnus*): *c. selvatico, reale* | ***c. nero***, con piumaggio nero brunastro (*Chenopis atrata*) **2** (*fig.*, *lett.*) poeta, musicista | ***il c. di Busseto***, (*per anton.*) Giuseppe Verdi | ***il canto del c.***, quello melodioso che, secondo la leggenda, emette il cigno morente; (*fig.*) l'ultima opera pregevole di un artista e (*est.*) di una persona di un certo rilievo

cigolaménto [av. 1543] **s. m.** ● il cigolare | cigolio

cigolàre [vc. onomat. ∗ 1313] **v. intr.** (*io cìgolo*; aus. *avere*) **1** scricchiolare, stridere, spec. detto di oggetti di ferro, legno e sim. sfregati insieme **2** (*lett.*) sibilare, stridere, detto di legna verde che arde, di materiale umido a contatto col fuoco, e sim.: *un groppo di radiche brucia e fuma cigolando* (G. D'ANNUNZIO) **3** (*lett.*) emettere versi acuti e striduli, simili a fischi, detto di rondini, passeri e sim.

cigolìo [da *cigolare* col suff. *-io*① ∗ 1691] **s. m. (pl. *-ii*)** ● cigolamento prolungato: *piange nel salir grondando / l'acqua tra l'aspro c. nel pozzo* (G. PASCOLI) **SIN.** stridio

cilécca o †**scilécca** [etim. sconosciuta ∗ av. 1400] **s. f.** **1** (*tosc.*) beffa, burla, promessa non mantenuta **2** nella loc. ***fare c.***, detto di arma da fuoco quando la cartuccia non esplode: *il fucile ha fatto c.*; (*fig.*) fallire, non riuscire in qlco.: *all'esame ho fatto c.*

♦**cilèno** [1866] **A** **agg.** ● del Cile: *territorio c.* **B** **s. m.** **1** (f. *-a*) abitante o nativo del Cile **2** moneta d'oro cilena del valore di 1000 pesos

cilèstre e deriv. ➤ **celeste**① e deriv.

cilestrìno [da *cilestr(o)* col suff. attenuativo *-ino* ∗ 1344] **agg.** ● (*lett.*) di colore celeste pallido: *cercando l'isola rupestre / tra il c. tremolio del mare* (G. PASCOLI)

cilèstro ➤ **celeste**①

ciliàre o **cigliàre**② [dal lat. *cĭlium* 'ciglio' ∗ av. 1730] **agg.** ● relativo al ciglio o al sopracciglio: *arco c.*; *arterie ciliari*

Ciliàti [dal lat. *cĭlium* 'ciglio' ∗ 1951] **s. m. pl.** (sing. *-o*) ● (*zool.*) classe di Protozoi caratterizzati da ciglia vibratili distribuite sulla superficie del corpo (*Ciliata*) **SIN.** Infusori

cilìcio o **cilìzio**, †**cilìccio** [vc. dotta, lat. *cilīciu(m)* 'coperta di pelo di capra', fabbricata in *Cilicia* ∗ av. 1292] **s. m.** **1** panno ruvido e grossolano di pelo di capra, usato dai Romani **2** cintura molto ruvida di setole annodate, portata sulla pelle nuda per penitenza **3** (*fig.*, *lett.*) tormento fisico | tortura, sofferenza morale: *sia il tuo cilizio, figliuolo, il pensiero di tuo padre* (L. PIRANDELLO)

ciliegéto o †**ciriegéto** [1340 ca.] **s. m.** ● (*raro*) luogo piantato a ciliegi

♦**cilièġia** o †**cirièġia** [lat. parl. **cerĕsea(m)*, da *cĕrasus* 'ciliegio' ∗ 1287] **A** **s. f. (pl. *-gie* o *-ge*)** ● il frutto del ciliegio, costituito da una piccola drupa succosa di colore variabile dal rosa al rosso intenso: *una cesta di ciliegie*; *ciliegie sotto spirito*; *marmellata di ciliegie* | (*fig.*) ***una c. tira l'altra***, di cose simili che si ripetono più volte | (*scherz.*) ***c. con l'amico***, col baco || **ciliegétta**, **dim.** | **ciliegìna**, **dim.** (V.) | **ciliegióna**, **accr.** **B** **in funzione di agg. inv.** ● (posposto a un sost.) che ha il colore rosso vivo e brillante caratteristico del frutto omonimo: *un abito rosso c.*; *una cappa color c.*

ciliegìna [1986] **s. f. 1** dim. di *ciliegia* **2** ciliegia candita: *una torta con le ciliegine* **3** (*fig.*) ***la c. sulla torta***, il tocco finale che conclude una serie di avvenimenti piacevoli o (*iron.*) spiacevoli

ciliegìno [dal dim. di *ciliegia*, per la somiglianza nella forma e nel colore ✱ 1992] **s. m.** ● (*bot.*) pomodoro ibrido, con frutti piccoli e rotondi in grappolo, coltivato nelle regioni a clima mediterraneo | il frutto di tale ibrido

♦**cilièɡio** o †**cirièɡio** [lat. tardo **cerĕsiu(m)*, per il classico *cĕrasu(m)*, dal gr. *kérasos*, di etim. incerta ✱ 1257] **s. m. 1** albero delle Rosacee con foglie ovali dentate, fiori bianchi in ombrelle o fascetti e frutti carnosi a drupa, commestibili (*Prunus avium*) | ***c. di montagna***, cameceraso **2** legno dell'albero omonimo, di colore rossastro, usato per pipe, canne d'ombrello, lavori di ebanisteria e sim.

ciliegiòlo o (*lett.*) **ciliegiuòlo**, †**ciriegiuòlo** [av. 1597] **A** **agg.** ● che ha un colore rosso vivo simile a quello della ciliegia: *vino c.* **B** **s. m. 1** (gener. con iniziale maiuscola) vitigno originario della Toscana che dà vino rosso: *un filare di C.* | vino ottenuto da tale vitigno **2** liquore di ciliegie

cilindràia [1956] **s. f.** ● macchina per la triturazione di sostanze di grossa pezzatura, spec. minerali, costituita da due cilindri di acciaio rotanti l'uno contro l'altro, che schiacciano il materiale da triturare

cilindràre [1356] **v. tr.** ● sottoporre a cilindratura: *c. un tessuto, una lamiera*

cilindràsse [comp. di *cilindr(o)* e *asse*② ✱ 1892] **s. m.** ● (*anat.*) prolungamento della cellula nervosa che mantiene la sua individualità a grande distanza **SIN.** assone, neurite

cilindràta [da *cilindro* ✱ 1930] **s. f. 1** (*mecc.*) in una macchina a stantuffo, volume generato dallo stantuffo nella sua corsa, pari al prodotto della sezione per la corsa | in macchine a più cilindri, somma dei volumi generati da ciascun cilindro: *autovetture di piccola, media, grossa c.* **2** (*est.*) autovettura caratterizzata da una determinata cilindrata: *ama le grosse cilindrate*

cilindratóio [1956] **s. m.** (**pl.** *-ói*) ● macchina a rulli per spianare, laminare o lucidare metalli, materie plastiche e sim.

cilindratrìce [1956] **s. f. 1** macchina tessile usata per suddividere mediante pressione le fibre di canapa **2** ***c. stradale***, compressore stradale

cilindratùra [1808] **s. f. 1** tornitura cilindrica **2** operazione di finimento di tessuti, cuoi, carta e sim. per spianarli, stirarli e lucidarli **3** costipamento del terreno mediante uno o più passaggi con apposito rullo, così da renderne la superficie compatta e liscia: *c. di una via in costruzione* **SIN.** rullatura

cilìndrico [1612] **agg.** (**pl. m.** *-ci*) **1** a forma di cilindro: *corpo c.* **2** ***lente cilindrica***, lente che ha una superficie cilindrica e l'altra piana o sferica, usata per la misura e la correzione dell'astigmatismo dell'occhio **3** (*geogr.*) ***proiezione cilindrica***, tipo di proiezione geografica ottenuta proiettando la superficie sferica della Terra su una superficie cilindrica e sviluppando poi il cilindro sul piano || **cilindricaménte**, **avv.** in figura cilindrica

cilìndro [lat. *cylĭndru(m)*, dal gr. *kýlindros*, da *kylíndō* 'io voltolo, rotolo' ✱ av. 1292] **s. m. 1** (*mat.*) superficie generata dalla rotazione di un rettangolo attorno a uno dei suoi lati | solido limitato da tale superficie | (*est.*) superficie formata da rette, dette generatrici, passanti per i punti di una curva assegnata e parallele a una direzione prefissata | ***c. circolare retto***, solido compreso fra un cilindro di rotazione e due piani perpendicolari alle generatrici | ***c. di rotazione***, quello le cui generatrici sono equidistanti da una retta fissa **2** (*est.*) ogni oggetto di forma cilindrica | nelle macchine per scrivere, rullo gommato intorno al quale si avvolgono i fogli di carta | ***c. di pressione***, nelle macchine da stampa, quello che comprime la carta contro la matrice per far avvenire il trasferimento dell'inchiostro | nella ginnastica, attrezzo cilindrico lungo circa un metro per esercizi di equilibrio, oramai in disuso **3** copricapo rigido da cerimonia a calotta alta, di forma cilindrica e con piccola tesa orlata | ***c. magico***, quello del prestigiatore | ***estrarre dal c.***, detto di un prestigiatore, fare comparire oggetti o animali; (*fig.*) escogitare una soluzione brillante e sorprendente **SIN.** staio, tuba **4** (*mecc.*) cavità e involucro di forma cilindrica in cui scorre lo stantuffo di un motore o di una pompa | ***cilindri opposti, contrapposti***, situati ai due lati dell'albero a gomito e i cui assi giacciono su uno stesso piano | ***cilindri a V***, i cui assi convergono sull'albero a gomito, formando una V **5** (*med.*, **spec. al pl.**) ciascuna delle formazioni microscopiche cilindriche derivate da necrosi dei tubuli renali || **cilindrétto**, **dim.** | **cilindróne**, **accr.**

cilindròide [vc. dotta, lat. *cylindroīde(m)*, dal gr. *kylindroeidḗs*. V. *cilindro* e *-oide* ✱ av. 1742] **s. m.** ● (*mat.*) solido compreso fra un cilindro, un piano e una superficie qualsiasi

cilìzio ➤ **cilicio**

♦**cìma** [lat. *cȳma(m)*, dal gr. *kŷma*, forma secondaria di *kýēma*, da *kyéō* 'io concepisco, porto nel seno' ✱ av. 1257] **s. f. 1** parte più alta, vertice, sommità di qlco.: *la c. di un campanile, di un albero, di un monte, di una torre* | ***in c.***, sopra, alla sommità: *in c. a una torre* | (*fig.*) ***essere, trovarsi in c. ai pensieri di qlcu.***, occuparvi il posto più importante | ***mettere in c.***, (*fig.*) anteporre **2** vetta, rilievo montuoso: *la c. del Monte Rosa*; *le cime pirenaiche*; *conquistare una c.* **3** estremità, parte terminale: *la c. di un'asta, di una corda*; *la c. dei capelli* | ***in c.***, all'orlo estremo | ***da c. a fondo***, da un'estremità all'altra, da un capo all'altro; (*fig.*) interamente **4** (*est.*, *lett.*) il più alto grado, il culmine di qlco.: *la c. di un lavoro critico* (F. De Sanctis) **5** (*fam.*) chi eccelle su tutti gli altri per capacità, intelligenza e sim.: *non sarà una c., ma è una brava persona*; *essere una c. in matematica, in letteratura* **6** (*mar.*) cavo in fibra vegetale o sintetica di sezione media **7** (*bot.*) ***a c.***, cimoso: *ramificazione, infiorescenza a c.* | ***cime di rapa***, V. *rapa* **8** specialità della cucina genovese consistente in un pezzo di petto di vitello variamente farcito e poi lessato || **cimétta**, **cimettìna**, **dim.** | **cimìno**, **dim. m.** (V.)

cimaiòlo o **cimaròlo** nel sign. A, †**cimaiuòlo** [av. 1798] **A** **agg.** ● che sta in cima, alla sommità: *ramo c.* | ***carciofo c.***, il capolino terminale del carciofo coltivato, più grosso di quelli laterali **B** **s. m.** ● †comignolo

cimàle [1983] **s. m.** ● cima recisa di un albero, spec. di un cipresso

cimanàliṣi o **cimoanàliṣi** [comp. del gr. *kŷma* 'onda' (V. *cimasa*) e di *analisi* ✱ 1956] **s. f. inv.** ● (*stat.*) studio di componenti sinusoidali, convenientemente scelte, la cui sovrapposizione approssimi, con un fissato grado di precisione in un certo intervallo di tempo, una curva oscillante

cimàre [da *cima* ✱ av. 1276] **A** **v. tr. 1** privare qlco. della cima, della punta | recidere l'apice dei fusti o dei rami: *c. una piantina* **SIN.** spuntare, svettare **2** (*tess.*) radere allo stesso livello il pelo del panno garzato: *s'io cimo il panno, e tu vi freghi el cardo* (C. Angiolieri) **B** **v. intr.** (**aus.** *avere*) ● tenere alta la testa, detto del cavallo che trotta

cimaròlo [1956] **A** **agg.** ➤ **cimaiolo** **B** **s. m.** ● carciofo cimaiolo

cimàṣa [lat. tardo *cymătiu(m)*, dal gr. *kymátion*, dim. di *kŷma* 'onda' (da *kyêin* 'portare in seno', prob. di orig. indeur.), attrav. il fr. *cimaise* o il lomb. *scimasa*; detta così per la forma ondulata ✱ 1326] **s. f.** ● complesso di modanature che serve da coronamento a un elemento architettonico | cornice terminale di un mobile || **cimaṣétta**, **dim.** | **cimaṣìna**, **dim.**

cimàta [sec. XVIII] **s. f.** ● cimatura svelta o poco curata || **cimatìna**, **dim.**

cimatóre [1334] **s. m. 1** (**f.** *-trice*) chi compie la cimatura delle piante **2** (**f.** *-trice*) operaio tessile addetto alla cimatura dei tessuti **3** (*elettr.*) detto di circuito che limita il valore massimo di un segnale sinusoidale

cimatorìa [1963] **s. f.** ● reparto dello stabilimento tessile dove si cimano i tessuti **SIN.** (*raro*) cimeria

cimatrìce [1924] **s. f.** ● macchina tessile che livella il pelo dei tessuti rasati, mediante la rotazione di una lama elicoidale

cimatùra [da *cimare* ✱ 1313] **s. f. 1** operazione del cimare | cima recisa di una pianta **2** peluria tolta al tessuto cimandolo, usata come imbottitura **3** nell'industria del petrolio, operazione con cui si separano dal petrolio greggio le frazioni più volatili **4** (*elettr.*) azione di un circuito cimatore

†**cimàzio** [lat. tardo *cymătiu(m)*, dal gr. *kymátion*, dim. di *kŷma* 'onda' (V. *cimasa*) ✱ 1340 ca.] **s. m.** ● cimasa

†**cìmba** [vc. dotta, lat. *cȳmba(m)*, dal gr. *kýmbē* 'barchetta' ✱ 1398] **s. f.** ● piccola barca, navicella

cìmbalo o †**cimberlo** nel sign. 4 [V. *cembalo* ✱ sec. XIV] **s. m. 1** V. *cembalo* nel sign. 1 **2** (*raro*) piatto del gong **3** (**spec. al pl.**) V. *cembalo* nel sign. 2 **4** (**al pl.**, *fig.*) nelle loc. ***andare, essere, dare in cimbali***, essere smodatamente allegro; essere ubriaco

cimbanèlla ➤ **cembanella**

cimbàsso [prob. comp. di *c. basso*, abbr. di *corno basso* ✱ 1831] **s. m.** ● (*mus.*) strumento a fiato di ottone simile a un trombone con voce di basso

†**cìmberlo** ➤ **cimbalo**

cìmbia ➤ **cembra**

cimbifórme [comp. di †*cimba* e *-forme* ✱ 1830] **agg.** ● (*bot.*) detto di seme che ha forma simile a quella di una navicella

†**cimbòtto** [vc. onomat. (?) ✱ av. 1400] **s. m.** ● (*tosc.*) capitombolo

cìmbra ➤ **cembra**

cimbràccola o **cirimbràccola** [etim. incerta ✱ 1865] **s. f.** ● (*pop.*, *tosc.*) donna sciatta e volgare

cìmbro [vc. dotta, lat. *Cĭmbru(m)* ✱ av. 1292] **A** **s. m.** (**f.** *-a*) **1** ogni appartenente a un'antica popolazione germanica originaria dello Jutland **2** ogni appartenente a una popolazione di lingua tedesca insediata in alcune valli del Trentino, nell'altopiano di Asiago e in alcuni comuni del Veronese **B** **s. m. solo sing.** ● dialetto tedesco parlato in alcune zone del Veneto (altopiano di Asiago, Monti Lessini) **C** **agg. 1** dei Cimbri **2** (*est.*, *lett.*) germanico, tedesco (*anche iron.*)

♣**cimèlio** [vc. dotta, lat. tardo *cimēliu(m)*, dal gr. *keimḗlion* 'oggetto prezioso', di etim. incerta ✱ av. 1758] **s. m.** (**pl.** *-i* o *raro -ii*) **1** oggetto prezioso perché antico e strettamente connesso con un'epoca storica particolare, con un personaggio illustre e sim.: *i cimeli della Rivoluzione francese*; *un c. napoleonico* **2** (*est.*) oggetto prezioso tenuto come ricordo di una persona cara | (*est.*, *scherz.*) oggetto vecchio e privo di valore | (*est.*, *scherz.*) persona di idee e modi sorpassati

♣**cimentàre** [da *cimento* ✱ av. 1334] **A** **v. tr.** (*io ciménto*) **1** †purificare o saggiare l'oro per mezzo del cimento (V. *cimento* nel sign. 2) **2** (*est.*, *lett.*) mettere alla prova: *c. il coraggio, la pazienza di qlcu.* | mettere a repentaglio: *c. la vita, l'onore di qlcu.* | provocare, sfidare: *per non le avere a c., si volse agli inganni* (N. Machiavelli) | †provare, sperimentare: *oggi di Marte / cimenterem le sorti* (U. Foscolo) **B** **cimentàrsi** **v. rifl.** **1** esporsi a un pericolo, a un rischio: *cimentarsi in una impresa disperata* **SIN.** arrischiarsi, avventurarsi **2** (*fig.*) mettersi alla prova (+ *in*, + *con*): *cimentarsi in un lavoro difficile*; *cimentarsi con la traduzione di T. Mann* | competere (+ *con*): *cimentarsi con qlcu.*

♣**ciménto** [lat. *caemĕntu(m)* (V. *cemento*); il primo sign. era quello di 'mistura di sali per saggiare metalli preziosi' ✱ av. 1334] **s. m.** **1** †operazione di purificare i metalli preziosi **2** mistura usata un tempo per saggiare o purificare metalli preziosi **3** (*est.*, *lett.*) verifica, prova: *sentiamo il rimanente delle ragioni favorevoli alla sua opinione, per venire poi al lor c.* (G. Galilei) **4** (*fig.*, *lett.*) rischio: *mettere a c. qlco. o qlcu.* | prova difficile e pericolosa: *il c. delle armi*; *entrare in un c.*; *mettersi a c.*

cimentóso (o **-ṣ-**) [av. 1704] **agg.** **1** (*raro*, *lett.*) pericoloso, rischioso **2** (*raro*, *lett.*) che si espone ai pericoli

cimerìa [da *cimare* ✱ 1868] **s. f.** ● (*raro*) cimatoria

†**cimèro** ➤ **cimiero**

cìmice [lat. *cimice(m)*, di etim. incerta ✱ 1310] **s. f.** **1** nome di vari insetti degli Emitteri (*Cimex*) | (*per anton.*) ***c. dei letti***, con piccolo corpo depresso di colore rossastro emanante odore sgradevole, parassita anche dell'uomo (*Cimex lectularius*) | ***c. delle piante***, delle zone temperate e calde, parassita di vegetali (*Pentatoma rufipes*) **2** (*roman.*) piccolo chiodo dalla capocchia larga e piatta | puntina da disegno **3** (*spreg.*) il distintivo fascista che veniva portato all'occhiello della giacca **4** (*gerg.*) microspia telefonica ‖ **cimicétta**, **dim.** | **cimiciòna**, **accr.** | **cimicióne**, **accr. m.**

cimiciàio [1797] **s. m.** (**pl.** *-ai*) ● luogo pieno di cimici | (*fig.*) casa estremamente sporca e disordinata

cimicióso (o **-ṣ-**) [av. 1940] **agg.** ● pieno di cimici

cimiciòtto [dall'odore, come quello di una *cimice* ✱ 1830] **s. m.** ● pianta erbacea perenne delle Labiate che emana un odore sgradevole (*Ballota nigra*) **SIN.** ballota, marrubio nero

cimièro o (*lett.*) **cimière**, †**cimèro** [fr. *cimier*, da *cime* 'cima' ✱ sec. XIII] **s. m.** **1** decorazione posta alla sommità dell'elmo a scopo distintivo od ornamentale | (*est.*, *lett.*) elmo: *han carca la fronte de' pesti cimieri* (A. Manzoni) **2** (*arald.*) complesso degli ornamenti posti sopra l'elmo **3** pettinatura alta, un tempo usata dalle donne

♦**ciminièra** o †**ciminèa** [fr. *cheminée*, dal lat. *camīnus* 'focolare, camino' ✱ 1427] **s. f.** **1** alto fumaiolo, spec. di fabbriche, locomotive e navi: *il fumo delle ciminiere invade la città*; *rami di nuvole si muovevano sui fusti delle ciminiere* (I. Calvino) **2** †camino

cimino ① ➤ **cumino**

cimino ② [dim. di *cima* ✱ 1965] **s. m.** ● parte superiore della canna da pesca

cimiteriàle o †**cemeteriàle** [1716] **agg.** **1** di cimitero, dei cimiteri | ***arte c. cristiana***, l'arte delle catacombe **2** (*fig.*) tetro, lugubre: *atmosfera c.* ‖ **cimiterialità**, **s. f. inv.**

♦**cimitèro** o (*poet.*) †**cimitèrio**, †**cemetèrio** [lat. tardo *cimitēriu(m)*, dal gr. *koimētḗrion* 'luogo dove si va a dormire', da *koimáō* 'io faccio addormentare' ✱ 1264] **s. m.** **1** area di terreno facente parte del demanio comunale, destinata a contenere i campi per la inumazione dei morti, i cinerari e gli ossari: *c. monumentale, della città*; *c. di guerra, degli inglesi*; *il vecchio c. / degli ebrei, così caro al mio pensiero* (U. Saba) | ***c. degli elefanti***, secondo la tradizione, il luogo in cui gli elefanti vanno a morire | ***c. di automobili***, area adibita a deposito di autoveicoli destinati alla demolizione **SIN.** camposanto **2** †grotta o catacomba dei primi cristiani **3** (*fig.*) luogo eccessivamente silenzioso, deserto o disabitato: *questa città è un c.!* ‖ **cimiterino**, **dim.**

cimmèrio o (*raro*) **cimmèrico** [vc. dotta, lat. *Cimmĕriu(m)*, dal gr. *Kimmérios*. I Cimmeri erano i favolosi abitanti di estreme terre occidentali non illuminate dal sole ✱ av. 1333] **agg.** ● (*lett.*) tenebroso, oscuro, caliginoso: *quel che riman della cimmeria nebbia* (G. Parini)

cimoanàliṣi ➤ **cimanalisi**

cimòfane [comp. del gr. *kŷma* 'onda' (V. *cimasa*) e un deriv. di *pháinesthai* 'apparire' (V. *fenomeno*) ✱ 1830] **s. m.** ● (*miner.*) varietà di crisoberillo di colore giallo-verdastro dalla lucentezza sericea, usato come gemma

cìmolo [vc. dotta, lat. tardo *cȳmula(m)*, da *cȳma* 'cima' ✱ av. 1400] **s. m.** **1** cima tenera delle verdure commestibili: *c. dei cavoli, dell'insalata* **2** †ciuffo: *tirargli un poco il c.* (F. Sacchetti)

cimòmetro [comp. del gr. *kŷma* 'onda' (V. *cimasa*) e di *-metro* ✱ 1923] **s. m.** ● (*fis.*) strumento che serve a misurare la frequenza delle correnti elettriche alternate **SIN.** ondametro

cimósa (o **-ṣ-**) o **cimóssa** [lat. tardo *cimūssa(m)*, di etim. incerta ✱ 1430] **s. f.** **1** bordura laterale delle pezze di stoffa, di tessuto più fitto e resistente | ***c. parlante***, quella che reca il marchio di fabbrica o altra dicitura obbligatoria **SIN.** vivagno **2** girella di tessuto molto consistente per cancellare gli scritti sulla lavagna **SIN.** cancellino, cassino

cimóso (o **-ṣ-**) [da *cima* ✱ 1830] **agg.** ● detto di organo vegetale, spec. infiorescenza, in cui gli assi laterali sono più ramificati di quelli principali

cimóssa ➤ **cimosa**

cimotrichìa [1964] **s. f.** ● carattere morfologico dei capelli cimotrichi

cimòtrico [comp. del gr. *kŷma* 'onda' (V. *cimasa*) e di *-trico* ✱ 1956] **agg.** (**pl. m.** *-chi*) ● detto di capelli ondulati con variazioni verso il ricciuto o il liscio, a sezione ovale, caratteristici delle popolazioni europee e degli australiani **CFR.** lissotrico, ulotrico

cimpanzé o **cimpanzè** ➤ **scimpanzé**

cimùrro [ant. fr. *chamoire*, forse comp. del gr. *chainái* 'a terra' e *réō* 'io scorro' ✱ sec. XIV] **s. m.** **1** grave e frequente malattia infettiva e contagiosa dei cani, prodotta da virus **2** (*raro*, *scherz.*) forte raffreddore

cin [vc. onomat. ✱ 1983] **inter.** ● riproduce un suono sonoro e metallico, in particolare quello dei piatti musicali (*spec. iter.*): *cin cin, bum bum*

cinabrése (o **-ṣ-**) [da *cinabro* ✱ sec. XIV] **s. m.** **1** terra colorante rossa usata per tingere il legno, gli ammattonati e sim. **2** tonalità di rosso

♣**cinàbro** [vc. dotta, lat. *cinnăbari*, dal gr. *kinnábaris*, di orig. orient. ✱ 1321] **s. m.** **1** (*miner.*) solfuro di mercurio, per lo più in masse granulari di color rosso vermiglio **2** colore rosso brillante | (*est.*, *poet.*) colore delle labbra: *il c. delle labbra*; *labbra di c.*; *va saltellando il riso / tra i muscoli del labro / ove riede il c.* (G. Parini)

cìncia [vc. onomat. ✱ 1797] **s. f.** (**pl.** *-ce*) ● nome comune di piccoli Uccelli dei Passeracei, dotati di colori vivaci e canto poco piacevole (*Parus*, *Cyanistes*, *Periparus*) | ***c. grossa***, cinciallegra | ***c. mora***, piccola cincia con una macchia bianca sulla nuca nera (*Periparus ater*) ‖ **cinciarèlla**, **dim.** (V.)

cinciallégra (o **-è-**) o **cingallégra** (o **-è-**) [comp. di *cincia* e il f. di *allegro* ✱ 1481] **s. f.** ● cincia con il petto giallo striato di nero e capo blu-nero (*Parus major*)

cinciarèlla [av. 1912] **s. f.** **1** dim. di *cincia* **2** cincia con le piume del dorso azzurro-blu e quelle del ventre gialle (*Cyanistes caeruleus*)

†**cincìglio** [variante di †*cincinno* ✱ av. 1400] **s. m.** ● fronzolo delle divise militari

cincillà o **cincilla** o **cincìglia** [sp. *chinchilla*, dim. di *chinche* 'puzzola del Brasile, cimice', per l'odore che emana; la forma *cincillà* rispecchia il fr. *chinchilla* ✱ 1874] **s. m. e f. inv.** **1** mammifero dei Roditori con testa grossa, lunghe vibrisse sul muso e splendido mantello grigio fitto e morbido, molto pregiato (*Chinchilla lanigera*) **2** pelliccia fornita dall'animale omonimo

cincin o **cin cin** [ingl. *chin-chin*, dal cinese *ch'ing ch'ing* 'prego, prego' ✱ 1930] **A** **inter.** ● si usa come espressione augurale nei brindisi mentre si accostano i bicchieri, con lo stesso sign. di 'alla salute' **B** **s. m. inv.** ● (*est.*) brindisi: *ora è il momento dei cin cin*

cincinnàto [dal n. del console romano Lucio Quinzio *Cincinnato* (sec. V a.C.) ✱ 1858] **s. m.** ● chi, rifiutando qualsiasi onore derivante dalle importanti cariche pubbliche sostenute, si ritira a vita privata

†**cincinno** [vc. dotta, lat. *cincĭnnu(m)*, dal gr. *kíkinnos* 'ricciolo', di etim. incerta ✱ av. 1334] **s. m.** ● (*lett.*) ricciolo: *vaghi / ondeggianti cincinni* (V. Monti)

cincischiaménto [1888] **s. m.** ● il fatto di cincischiare (*anche fig.*)

♣**cincischiàre** o †**incischiàre** [lat. parl. **incisulāre*, da *incīsus* 'tagliato'. V. *inciso* ② ✱ sec. XIV] **A** **v. tr.** (*io cincìschio*) **1** tagliuzzare in modo irregolare: *c. un tessuto* | (*fig.*) ***c. le parole***, parlare in modo stentato e poco chiaro **2** sgualcire: *stava cincischiando il fazzoletto* **B** **v. intr.** (**aus.** *avere*) ● perdere il tempo senza concludere nulla | lavorare in modo incerto e inefficiente **C** **cincischiàrsi** **v. intr. pron.** ● sgualcirsi, rovinarsi

cincìschio ① [da *cincischiare* ✱ av. 1400] **s. m.** ● taglio mal fatto, disuguale | ritaglio

cincischìo ② [1951] **s. m.** (**pl.** *-ii*) ● il cincischiare continuo | (*est.*) lavoro eseguito svogliatamente

cincischióne [da *cincischiare* ✱ 1865] **s. m.** (**f.** *-a*) ● persona lenta o inconcludente

cincóna [dal n. della contessa di *Chincón*, viceregina del Perù, che ne scoprì le qualità febbrifughe ✱ 1930] **s. f.** ● (*bot.*) china ②

cinconìna [1830] **s. f.** ● (*chim.*) alcaloide contenuto nella corteccia di china

cinconiṣmo [da *cincona* ✱ 1956] **s. m.** ● (*med.*) avvelenamento da cinconina, caratterizzato da eccitamento nervoso, profonda astenia, paralisi muscolari e del miocardio

cìne [1918] **s. m. inv.** ● (*pop.*) accorc. di *cinematografo*

cine- [tratto da *cinematografo*] **primo elemento** ● in parole composte è accorciamento di *cinema*: *cineamatore*, *cinecamera*, *cinelandia*

cineamatóre [comp. di *cine-* e *amatore* ✱ 1935] **s. m.** (**f.** *-trice*) ● chi si dedica per di-

C

vertimento alla realizzazione di opere cinematografiche

cineamatoriàle [1983] **agg.** ● relativo a cineamatore, ai cineamatori, alla loro attività ‖ **cineamatorialità**, **s. f. inv.** caratteristica o attività del cineamatore

cineàsta [fr. *cinéaste*. V. *cine* ✻ 1930] **s. m. e f.** (**pl. m.** *-i*) ● professionista del cinema

cinecàmera [comp. di *cine-* e *camera*① ✻ 1956] **s. f.** ● macchina da presa cinematografica

Cinecittà [comp. di *cine-* e *città* ✻ 1937] **s. f. solo sing.** ● grande complesso per la produzione cinematografica su scala industriale, situato alla periferia di Roma

cineclub /tʃine'klɛb, -ab, -ub/ [comp. di *cine-* e *club* ✻ 1927] **s. m. inv.** ● associazione che promuove la diffusione della cultura cinematografica organizzando proiezioni di film, conferenze, dibattiti

cinecocómero [comp. di *cine-* e *cocomero*, come simbolo dell'estate ✻ 2008] **s. m.** ● nel linguaggio giornalistico, film di facile comicità che si proietta nelle sale durante il periodo estivo **CFR.** cinepanettone

cinèdico [da *cinedo* ✻ 1745] **agg.** (**pl. m.** *-ci*) **1** di cinedo, da cinedo **2** (*letter.*) relativo a un'antica farsa greca in dialetto ionico, intessuta di lazzi osceni: *farsa cinedica*

cinedilettànte [comp. di *cine-* e *dilettante* ✻ 1935] **s. m. e f.** ● cineamatore

cinedilettantismo [1942] **s. m.** ● attività dei cinedilettanti

cinèdo [vc. dotta, lat. *cinaedu(m)*, dal gr. *kínaidos*, di etim. incerta ✻ av. 1498] **s. m.** ● (*lett.*) giovane omosessuale maschile che si prostituisce | (*raro, lett.*) giovinastro effeminato

cinedràmma [comp. di *cine-* e *dramma* ✻ 1912] **s. m.** (**pl.** *-i*) ● (*disus.*) dramma scritto o ridotto per il cinema | (*raro*) film di argomento drammatico

cinefilia [comp. di *cine-* e *-filia* ✻ 1980] **s. f.** ● amore, passione per il cinema

cinèfilo [comp. di *cine-* e *-filo*, sul modello del fr. *cinéphile* ✻ 1936] **s. m.** (**f.** *-a*) ● appassionato di cinema

cinefòrum [comp. di *cine-* e dell'ingl. *forum* 'pubblica discussione' (dal lat. *fŏrum* 'piazza'. V. *foro*②) ✻ 1961] **s. m. inv.** ● dibattito su un argomento cinematografico, di solito riguardante un film appositamente proiettato | (*est.*) cineclub

cinegèta [vc. dotta, gr. *kynēgétēs*: stessa etim. di *kynēgós* 'cacciatore'. V. *cinegetica* ✻ 1951] **s. m.** (**pl.** *-i*) ● anticamente, chi esercitava la caccia coi cani

cinegètica [fr. *cynégétique*, dal gr. *kynēgetikḗ* (sottinteso *téchnē* 'arte'), f. dell'agg. *kynēgetikós*, da *kynēgós* 'cacciatore', comp. di *kýōn*, genit. *kynós* 'cane' e *ágō* 'io spingo, conduco' ✻ 1835] **s. f.** ● anticamente, l'arte di cacciare coi cani | (*raro, est.*) caccia

cinegètico [fr. *cynégétique*, dal gr. *kynēgetikós*. V. *cinegetica* ✻ 1865] **agg.** (**pl. m.** *-ci*) ● della cinegetica, dei cinegeti | (*est.*) venatorio

cinegiornàle [comp. di *cine-* e *giornale* ✻ 1935] **s. m.** ● breve serie di servizi filmati di attualità realizzati un tempo per la proiezione nelle sale cinematografiche

cinelàndia [comp. di *cine-* e del ted. *Land* 'paese' ✻ 1935] **s. f.** ● (*disus.* o *scherz.*) il complesso delle persone, degli avvenimenti e degli interessi che ruotano attorno al cinema, considerato quasi come un mondo a sé stante: *le ultime indiscrezioni su c.*

†**cinèlli** [abbr. di *bacinelli*, dim. pl. di *bacino* (?)] **s. m. pl.** ● (*mus.*) piatti

♦**cìnema** [accorc. di *cinematografo* ✻ 1918] **s. m. inv.** **1** sistema di proiezione di immagini in movimento, inventato in Francia nel XIX sec. **2** forma di spettacolo registrato su pellicola fotosensibile e consistente nella proiezione di immagini in movimento **3** (*est.*) arte e industria di tale tipo di spettacolo: *il mondo del c.* | produzione cinematografica: *il c. neorealista*; *il c. americano, francese* | *c. verità*, quello che aspira alla registrazione diretta della realtà **4** (*est.*) sala cinematografica: *un c. di prima, di seconda visione* **5** (*fig.*) cinematografo nel sign. 3 ‖ **cinemàccio**, **pegg.** | **cinemétto**, **dim.** | **cineminо**, **dim.** | **cinemóne**, **accr.**

NOMENCLATURA

cinema

● *caratteristiche*: stereoscopico, tridimensionale; muto ⇔ sonoro = parlato, a colori ⇔ in bianco e nero;

● *tecniche e attrezzature cinematografiche*: cinematografia; technicolor, techniscope, stereoscopia, cinerama, circorama, cinemascope; cartoni animati, cinema d'animazione; ripresa cinematografica, blimp, inquadratura, quadro, fish eye, angolazione (orizzontale, obliqua, a piombo), azione, accelerazione, riflettori, padellone, gobbo, macchina da presa, carrello, ambientazione, scena, interni, esterni, ciack, scenario, flashback, background, effetti speciali, giraffa, dolly, passo (ridotto, normale), formato della pellicola (a 8, 16, 35, 70 mm), primo piano, campo lungo, campo medio, campo americano, controcampo, panoramica, carrellata, sequenza, dissolvenza; adattamento; teatro di posa, studio, camerino; sceneggiatura, scrittura, soggetto, copione = script; Actors'Studio;

● *montaggio*: registrazione sonora, doppiaggio, commento, fuori campo, missaggio = mixage, playback, presa diretta, sviluppo, stampa, lavaggio, fissaggio, essiccamento, inversione, colonna sonora, colonna visiva, banco di montaggio, moviola, sincronizzazione, ingrandimento, sovrimpressione, truca;

● *azioni*: cinematografare, filmare, girare, realizzare, produrre; caricare, scaricare la pellicola, registrare, dirigere, riprendere, inquadrare; recitare, interpretare; zoomare, provare, impallare, montare, doppiare, sonorizzare, sincronizzare, tagliare;

● *cinematografo* = sala cinematografica = cinema: di prima visione, di seconda visione, di terza visione, d'essai, parrocchiale, rionale, cineclub, cineteca, cineforum, arena, drive-in, multisala; affollato ⇔ deserto, accogliente = moderno ⇔ antiquato;

● *film* = movie = pellicola: classico, innovatore, underground, brillante, sdolcinato, severo, naturalista ⇔ realistico, neorealista, espressionista, surrealistico, cinema verità = diretto = candid camera, spettacolare, audace, scandaloso, erotico, sexy, hardcore, a luci rosse, pornografico, western, western all'italiana, poliziesco, storico, passionale, rosa, romantico = sentimentale, avventuroso, fantastico, catastrofico, giallo, del terrore, di guerra, di spionaggio = spy-story, remake, colossal, dell'orrore = horror, del mistero, thrilling, violento = hard-boiled, d'arte; burlesque = comico ⇔ drammatico, pesante ⇔ leggero, commedia, commedia all'italiana, popolare ⇔ intellettuale, d'essai; documentario = documentaristico, scientifico; telefilm, cinegiornale, attualità, film pubblicitario = spot, cartoni animati, cortometraggio, lungometraggio, provino, comica; testate, didascalie, sottotitoli, prossimamente = provini = clip = programmazione = trailer, spezzone, pizza; rassegna cinematografica, festival cinematografico; Oscar, Leone d'oro, Orso d'oro, Palma d'oro;

● *azioni*: distribuire, proiettare, programmare, presentare, dare in prima visione;

● *persone*: produttore, tycoon, cineasta (cineamatore = cinedilettante), cinematografaro, sceneggiatore, soggettista, documentarista, direttore di produzione, art director, segretaria di produzione, regista, aiuto regista, cast, troupe, attori, assistente alla regia, controfigura, cascatore = stuntman, sarta, costumista, trovarobe = art buyer, scenografo, architetto, attrezzista, operatore, direttore della fotografia, macchinista, direttore del dialogo, truccatore, tecnico del suono, rumorista, comparsa, caratterista; stella, divo; doppiatore; cassiera, maschera; titoli (di testa, di coda).

cinéma d'essai /fr. sine,made'sɛ/ [fr., propr. 'cinema di saggio' ✻ 1966] **loc. sost. m. inv.** (**pl. fr.** *cinémas d'essai*) **1** cinema sperimentale, che si prefigge ricerche formali e strutturali **2** locale cinematografico in cui si proiettano film di particolare valore artistico

CinemaScòpe® /tʃinemas'kɔp(e), *ingl.* 'sɪnɪmə,skəʊp/ [ingl., comp. di *cinema* 'cinematografo' e *-scope* '-scopio' ✻ 1953] **s. m. inv.** ● sistema di proiezione cinematografica fondato sull'uso di obiettivi anamorfici con effetti sonori stereofonici

cinemateàtro [comp. di *cinema* e *teatro* ✻ 1935] **s. m.** (**pl.** *cinemateàtri*) ● locale pubblico adibito a spettacoli sia cinematografici che teatrali

cinemàtica [fr. *cinématique*, dal gr. *kínēma*, genit. *kinḗmatos* 'movimento', da *kinéō* 'io pongo in movimento' ✻ 1854] **s. f.** ● (*fis.*) parte della meccanica che studia i moti nei corpi indipendentemente dalle cause che li producono **CFR.** dinamica, statica

cinemàtico [fr. *cinématique*. V. *cinematica* ✻ 1951] **agg.** (**pl. m.** *-ci*) ● relativo alla cinematica | che avviene secondo i principi della cinematica

cinematismo [1964] **s. m.** ● (*fis.*) qualsiasi complesso di leve, rotismi, manovelle e sim., impiegato nella trasmissione del moto

cinematografàre [da *cinematografo* ✻ 1908] **v. tr.** (*io cinematògrafo*) ● riprendere con la macchina da presa **SIN.** filmare

cinematografàro [da *cinematografo* ✻ 1923] **s. m.** (**f.** *-a*) ● chi si occupa professionalmente di cinema (*spec. iron.* o *spreg.*)

cinematografìa [fr. *cinématographie*, da *cinématographe* 'cinematografo' ✻ 1911] **s. f.** **1** arte e tecnica del riprendere e proiettare, mediante appositi apparecchi, persone e cose in movimento: *c. muta, sonora, a colori* | *c. stereoscopica*, ripresa e proiezione che dà la sensazione volumetrica degli oggetti **2** industria cinematografica | produzione cinematografica: *la c. italiana, statunitense* | (*raro*) insieme di film: *c. sportiva*

cinematogràfico [fr. *cinématographique*, da *cinématographe* 'cinematografo' ✻ 1907] **agg.** (**pl. m.** *-ci*) **1** pertinente ai cinematografi; *circuito c.* | (*est.*) pertinente alla cinematografia, all'ambiente del cinema e sim.: *nuove tecniche cinematografiche*; *industria cinematografica* **2** (*est.*) che è simile a un prodotto della cinematografia, per rapidità di svolgimento, vivacità di effetti e sim.: *questo romanzo ha un ritmo c.* | (*est.*) strabiliante, inverosimile, fantastico: *un furto c.* ‖ **cinematograficaménte**, **avv.** in modo conforme allo stile e ai canoni dell'arte cinematografica

cinematògrafo [fr. *cinématographe*, comp. del gr. *kínēma*, genit. *kinḗmatos* 'movimento' (V. *cinematica*) e *-graphe* '-grafo' ✻ 1898] **s. m.** **1** cinema **2** (*fig.*) insieme di avvenimenti avventurosi in rapida successione, spec. con effetti di confusione, comicità, grottesco e sim.: *il suo viaggio è stato un vero c.* **3** (*fig., spec. iron.*) situazione o persona fuori dal normale, bizzarra | (*fig., colloq.*) trambusto, caos, spec. con aspetti comici

cinematoscòpio [comp. del gr. *kínēma*, genit. *kinḗmatos* 'movimento' (V. *cinematica*) e *-scopio* ✻ 1943] **s. m.** ● apparecchio ottico per mezzo del quale una serie di immagini di un corpo in movimento, ripresa con brevissimi intervalli, si fonde in una sola immagine che para muoversi con perfetta naturalezza

cinemitragliatrice [comp. di *cine-* e *mitragliatrice* ✻ 1970] **s. f.** ● (*aeron. milit.*) cinepresa che, installata a bordo di un aeroplano militare, serve per registrare l'esito di una missione a fuoco

cineoperatóre [comp. di *cine-* e *operatore* ✱ sec. XX] **s. m.** (**f.** *-trice*) ● operatore cinematografico

cinepanettóne [comp. di *cine-* e *panettone*, come simbolo del Natale ✱ 1998] **s. m.** ● nel linguaggio giornalistico, film di facile comicità che si proietta nelle sale durante le feste natalizie CFR. cinecocomero

cineparchéggio [comp. di *cine-* e *parcheggio* ✱ 1963] **s. m.** ● (*raro*) cineparco

cinepàrco [comp. di *cine-* e *parco* ✱ 1950] **s. m.** (**pl.** *-chi*) ● cinematografo all'aperto per spettatori in automobile CFR. drive-in

cineprésa (o -ṣ-) [comp. di *cine-* e *(ri)presa* ✱ 1961] **s. f.** ● macchina per la ripresa di immagini cinematografiche

cineràma [sovrapposizione di *panorama* a *cinema* ✱ 1953] **s. m. inv.** ● sistema di proiezione su schermo panoramico consistente nella triplice ripresa e triplice proiezione contemporanea di un film, per dare un effetto tridimensionale

cinerària [f. dell'agg. lat. *cinerārius* (V. *cinerario*), per il colore delle foglie come di cenere ✱ 1540] **s. f.** ● pianta erbacea delle Composite con foglie grandi ricoperte di peluria cinerea nella pagina inferiore e fiori di color rosso o azzurro o viola (*Senecio cruentus*)

cineràrio o (*raro*) **ceneràrio** [vc. dotta, lat. *cinerāriu(m)*, che significava però 'lo schiavo che teneva nella cenere calda i ferri da arricciare i capelli', da *cĭnis*, genit. *cĭneris* 'cenere' ✱ 1716] **A agg.** ● di cenere | che serve a raccogliere o contenere cenere | ***urna cineraria***, in cui si chiudono i resti della cremazione di un cadavere **B s. m. 1** parte di una caldaia in cui si raccolgono le ceneri del materiale combusto **2** urna cineraria

cineràstro [dal lat. *cĭnis*, genit. *cĭneris* 'cenere' ✱ 1951] **agg.** ● che ha un colore grigio sporco tendente alla tonalità cenere

♦**cinèreo** [vc. dotta, lat. *cinĕreu(m)*, da *cĭnis*, genit. *cĭneris* 'cenere' ✱ av. 1498] **agg. 1** (*lett.*) che ha un colore grigio simile a quello della cenere: *cielo c.* | (*est.*) livido: *pallore, volto c.* **2** (*astron.*) ***luce cinerea***, tenue grigiore visibile, a volte, sulla parte di disco lunare non illuminata dal sole alcuni giorni prima e dopo il novilunio **3** (*fig., lett.*) malinconico

cinericcio ➤ **cenericcio**

†**cinerigno** ➤ **cenerino**

cinerino ➤ **cenerino**

cinerite [comp. del lat. *cĭnis*, genit. *cĭneris* 'cenere', e di *-ite*[2] ✱ 1970] **s. f.** ● sedimento o roccia sedimentaria formata in prevalenza da ceneri vulcaniche

cinerizio ➤ **cenericcio**

cinerógnolo (o -ò-) ➤ **cenerognolo**

cineromànẓo [comp. di *cine-* e *romanzo* ✱ 1923] **s. m.** ● vicenda narrata su riviste, periodici e sim. mediante una serie di fotogrammi completati da fumetti e didascalie

cinescòpio [comp. di *cine-* e *-scopio* ✱ 1942] **s. m.** ● (*fis.*) tubo a raggi catodici atto a ricevere immagini televisive, la cui parte anteriore forma lo schermo del televisore

♦**cinése** (o -ṣ-) o (*raro*) **chinése** (o -ṣ-) [av. 1557] **A agg.** ● della Cina: *arte, lingua, letteratura c.* | ***alla c.***, (*ellitt.*) alla maniera dei cinesi | ***padiglione alla c.***, chiosco | ***ombre cinesi***, gioco d'ombre fatto atteggiando variamente le mani contro una parete CFR. sino- **B s. m. e f. 1** abitante o nativo della Cina **2** negli anni '70 e '80 del Novecento, sostenitore della politica ispirata alla teoria di Mao Zedong ‖ **cinesino**, **dim.** **C s. m.** solo **sing.** ● lingua della famiglia cino-tibetana, parlata dai cinesi

cineserìa (o -ṣ-) o (*raro*) **chineserìa** (o -ṣ-) [fr. *chinoiserie*, da *chinois* 'cinese' ✱ 1887] **s. f. 1** (spec. al pl.) qualsiasi oggetto o motivo ornamentale ispirato al gusto cinese: *cineserie settecentesche* **2** (*spreg.*) cianfrusaglia **3** (*raro, fig.*) inutile sottigliezza | eccessiva cerimoniosità

cinèṣi-, -cinèṣi o **chinèsi-**, **-chinèsi**, **kinèsi-** [dal gr. *kínēsis* 'movimento' (V. *cinesica*)] **primo e secondo elemento** ● in parole composte significa 'movimento': *cinesiterapia, cariocinesi, psicocinesi, kinesiologia*

cineṣìa [comp. di *cines(i)-* e del suff. *-ia*[2] ✱ 1847] **s. f. 1** (*med.*) chinetosi **2** (*fisiol.*) insieme dei normali movimenti muscolari

cinèṣica [dal gr. *kínēsis* 'movimento', deriv. di *kinêin* 'muovere', di orig. indeur. ✱ 1969] **s. f.** ● studio delle comunicazioni mimiche che sottolineano o determinano un fatto linguistico

cinesìno (o -ṣ-) [propr., dim. di *cinese* ✱ 1974] **s. m.** ● cono di plastica a due colori, di cui uno sempre giallo, che, posto sulle sedi stradali per tratti più o meno lunghi, divide o delimita una corsia in occasione di interruzioni o deviazioni del traffico

cineṣiologìa ➤ **chinesiologia**

cineṣiterapìa o **chineṣiterapìa**, **kineṣiterapìa** [comp. di *cinesi-* e *terapia* ✱ 1874] **s. f.** ● (*med.*) metodo di cura consistente nel movimento attivo e passivo dell'organismo ‖ **cineṣiteràpico**, **agg.** (**pl. m.** *-ci*) relativo a cinesiterapia: *metodo cinesiterapico* ‖ **cineṣiterapìsta**, **s. m. e f.** (**pl. m.** *-i*) (*med.*) specialista che pratica la cinesiterapia

cinesiẓẓàre (o -ṣ-) [da *cinese* ✱ 1983] **v. tr.** ● portare a condizioni politiche e culturali simili a quelle dei cinesi SIN. sinizzare ‖ **cinesiẓẓazióne**, **s. f.**

cinesteṣìa [comp. di *cin(esi)-* ed *-estesia* ✱ 1913] **s. f.** ● (*med.*) sensazione o percezione del movimento del proprio corpo o delle sue parti

cinestètico o **cinestèṣico** [comp. del gr. *kinéō* 'io muovo' e *aisthētikós* 'capace di sentire' ✱ 1940] **agg.** (**pl. m.** *-ci*) ● (*med.*) relativo a sensazioni provocate dai movimenti dei muscoli nella normale attività motoria

cinetèca [comp. di *cine-* e *teca* ✱ 1931] **s. f.** ● raccolta o collezione sistematica e organica di pellicole cinematografiche | locale dove tale raccolta trova stabile sistemazione e dove spesso si effettuano proiezioni

cinètica [f. sost. di *cinetico* ✱ 1930] **s. f.** ● studio del meccanismo e della velocità delle reazioni chimiche

cinètico [vc. dotta, gr. *kinētikós* 'che muove, che si muove', da *kínēsis* 'movimento', da *kinéō* 'io muovo' ✱ 1905] **agg.** (**pl. m.** *-ci*) **1** (*fis.*) che riguarda il moto | ***energia cinetica***, energia di un corpo in moto, uguale al semiprodotto della sua massa per il quadrato della sua velocità | ***teoria cinetica***, teoria che spiega le proprietà fisiche di un gas considerandolo costituito da molecole in continuo movimento disordinato **2** ***arte cinetica***, quella le cui opere, prodotte da movimenti artistici degli anni 1960-1980, si fondano sul movimento ottenuto o con meccanismi inseriti nelle opere stesse o col soffio del vento o autonomamente

cinetoscòpio o **kinetoscòpio** [ingl. *kinetoscope*. V. *cinematoscopio* ✱ 1896] **s. m.** ● specie di primitivo apparecchio per la visione individuale di pellicole cinematografiche

cinetòṣi ➤ **chinetosi**

cinetuṛiṣmo [comp. di *cine-* e *turismo* ✱ 2004] **s. m.** ● settore del turismo diretto verso i luoghi dove sono state girate le riprese di un film o di una serie televisiva

cingalése ➤ **singalese**

cingallégra (o -è-) ➤ **cinciallegra**

cìngano o †**cìngaro** [var. di *zingaro* ✱ av. 1530] **s. m.** (**f.** *-a*) ● zingaro

cìngere o †**cìgnere** [lat. *cĭngere*, da una radice indeur. **keng* che indica 'legare, cingere' ✱ av. 1257] **A v. tr.** (**pres.** *io cingo, tu cingi*; **pass. rem.** *io cinsi, tu cingésti*; **part. pass.** *cinto*) **1** attorniare, circondare, stare o girare tutt'intorno (+ *di*, + *con*): *c. una città di mura, di fortificazioni*; *c. l'orto con una siepe, con un fossato*; *più e più fossi cingon li castelli* (DANTE *Inf.* XVIII, 11) | ***c. d'assedio***, (*fig.*) assediare **2** (*lett.*) avvolgere intorno al corpo, spec. intorno alla testa o alla vita (+ *di*, + *con*): *c. la vita con un'ampia fascia*; *cinger di grillanda el vago crino* (A. POLIZIANO) | ***c. la spada, le armi***, (*fig.*) armarsi | ***c. lo scudo***, imbracciarlo | ***c. la corona***, (*fig.*) diventare re | ***c. le braccia al collo di qlcu.***, abbracciarlo | †***c. la spada a qlcu.***, farlo cavaliere **3** †ferire con la spada: *et a chi cinge / la fronte, a chi la gola, a chi la guancia* (L. ARIOSTO) | (*fig.*) †***cingerla a qlcu.***, fargliela, burlarlo, ingannarlo **B cingersi v. tr. pron.** (**aus.** *essere*) **e rifl.** ● (*raro* o *lett.*) stringersi intorno al corpo, spec. intorno alla testa o alla vita (+ *di*, + *con*): *si cinse i fianchi della fascia tricolore*; *cingersi col cordone francescano*; *cingersi della corona* | ***cingersi d'alloro***, (*fig.*) raggiungere la gloria

cìnghia o (*tosc.*) **cìgna**, †**gìnghia** [lat. *cĭngula(m)* 'cintura', da *cĭngere* 'cingere' ✱ 1282] **s. f. 1** striscia o fascia lunga e sottile di pelle, corda o tessuto, usata per stringere, legare, sostenere e sim.: *la c. dei calzoni, dello zaino, del fucile* | ***tirare, stringere la c.***, (*fig.*) essere costretto a limitare al massimo spese e consumi **2** (*mecc.*) nastro a sezione costante, di materiale resistente e flessibile, chiuso ad anello, usato per la trasmissione del moto da una puleggia all'altra | ***c. di trasmissione***, (*fig.*) organismo che segue le direttive di altro organismo verso il quale esiste un vincolo di dipendenza ‖ **cinghiétta**, **dim.** | **cinghiétto**, **dim. m.** | **cinghióne**, **accr. m.**

♦**cinghiàle** o (*tosc.*) **cignàle** [lat. (*pŏrcum*) *singulāre(m)* 'porco solitario', cui si è sovrapposta *cinghia*, la cinghia di setole bianco-giallognole intorno al collo ✱ sec. XIII] **s. m.** (**f.** *raro -a, raro -essa*) **1** mammifero dei Suidi con zanne formate dai canini inferiori che sporgono dalle labbra ripiegate verso l'alto, pelo ruvido, occhi piccoli, coda corta e attorcigliata (*Sus scropha*) CFR. grugnire, ringhiare, rugliare **2** pelle conciata dell'animale omonimo: *guanti, valigia di c.* | la carne di tale animale macellato: *c. con polenta*; *salamino di c.* ‖ **cinghialétto**, **dim.** | **cinghialino**, **dim.** | **cinghialóne**, **accr.** | **cinghialòtto**, **alter.**

cinghiàre o †**cignàre** [da *cinghia* ✱ sec. XIII] **v. tr.** (*io cinghio*) **1** (*raro*) stringere con cinghia: *c. la sella*; *c. il cavallo* **2** (*lett.*) cingere: *Così discesi del cerchio primaio / giù nel secondo, che men loco cinghia* (DANTE *Inf.* V, 1-2) **3** (*fam.*) colpire con la cinghia

cinghiàta o (*tosc.*) **cignàta** [da *cinghia* ✱ 1772] **s. f.** ● colpo dato con una cinghia

cinghiatùra o †**cignatùra** [da *cinghiare* ✱ sec. XIV] **s. f. 1** operazione dell'applicare le cinghie a un animale da tiro o da sella **2** (*agric.*) comparsa di uno strato sugheroso su alcuni frutti, spec. pere e mele, dovuta a freddi tardivi

†**cìnghio** [lat. *cĭngulu(m)*, da *cĭngere* 'cingere' ✱ 1313] **s. m.** ● cerchio | girone del Purgatorio dantesco | voragine | cornice di roccia

cingolàto [da *cingolo* ✱ 1942] **A agg.** ● detto di veicolo munito di cingoli al posto delle ruote: *trattore c.*; *i mezzi cingolati dell'esercito* **B anche s. m.**: *c. per il trasporto tattico, campale*

cingolétta [1950] **s. f.** ● automezzo militare leggero cingolato

cìngolo [vc. dotta, lat. *cĭngulu(m)*. V. †*cinghio* ✱ sec. XII] **s. m.** **1** (*lett.*) cintura, cinto, fascia | cintura militare degli antichi Romani **2** cordiglio con cui il sacerdote, nelle funzioni religiose, si cinge il camice | cordiglio di frate **3** nastro formato da segmenti collegati da ganci, che si applica sulle ruote di autoveicoli per aumentarne l'aderenza e facilitare la marcia su terreni difficili | catena formata da un analogo nastro, nella quale si ingranano due o più ruote o rulli di veicoli pesanti, quali carri armati, trattori e sim. **4** (*anat.*) cintura || **cingolétto**, **dim.** | **cingolino**, **dim.**

cingottàre ➤ **ciangottare**

cinguettaménto [sec. XIV] **s. m.** ● cinguettio

♦**cinguettàre** [vc. onomat. ✱ av. 1292] **v. intr.** (*io cinguétto*; **aus.** *avere*) **1** emettere un canto lieve e ripetuto, detto dei passeri e di altri uccelli **2** (*est.*) parlare balbettando, detto spec. di bambini | (*est.*) chiacchierare sommessamente e animatamente, spec. di argomenti futili, frivoli e sim.: *cinguettando e di gioielli, e di nastri e di vezzi e di cuffie, si rinfrancò* (U. Foscolo) **3** (*Internet*) twittare

†**cinguettatóre** [1374] **s. m.; anche agg.** ● chiacchierone

†**cinguetterìa** [sec. XIV] **s. f.** ● chiacchiera, ciarla

cinguettièro [1810] **agg.** ● (*lett.*) che cinguetta | (*raro, fig.*) chiacchierone: *deiforme sei, / ma c.* (V. Monti)

♣**cinguettìo** [av. 1803] **s. m.** (**pl.** *-ii*) **1** il cinguettare continuo: *il c. dei passeri* **2** (*est.*) chiacchierio sommesso e animato | chiacchierio futile **3** (*Internet*) tweet

ciniatrìa [comp. del gr. *kýōn*, genit. *kynós* 'cane' (V. *cino-*①) e *iatréia* 'cura' ✱ 1956] **s. f.** ● branca della medicina veterinaria che tratta le malattie dei cani

cinìce ➤ **cinigia**

♦**cìnico** [vc. dotta, lat. *cўnicu(m)*, dal gr. *kynikós* 'canino', da *kýōn*, genit. *kynós* 'cane', appellativo di Diogene, uno dei primi rappresentanti della scuola ✱ 1268] **A** **agg.** (**pl. m.** *-ci*) **1** (*filos.*) relativo alla corrente filosofica del cinismo **2** (*fig.*) che manifesta indifferenza e disprezzo nei confronti di qualsiasi ideale e sentimento umano: *comportamento c.*; *una risposta cinica*; *persona cinica e malvagia*; *ciniche risate* **3** (*fig.*) nel linguaggio giornalistico, detto di una squadra di calcio che dimostri un atteggiamento utilitaristico nel puntare unicamente alla vittoria, anche a costo di trascurare il bel gioco || **cinicaménte**, **avv.** (*fig.*) in modo cinico, con cinismo **B** **s. m.** **1** (*filos.*) seguace della filosofia cinica **2** (**f.** *-a*) (*fig.*) persona cinica

†**cìnifo** [vc. dotta, lat. *cīnўphiu(m)*, dal gr. *kinýphios*, dal fiume *Cinifo*, sulle cui rive pascolavano capre dal pelo bellissimo ✱ 1338] **s. m.** ● (*zool.*) becco selvatico

cinìgia o **cinìce** [lat. tardo *cinīsia(m)*, da *cĭnis* 'cenere' ✱ 1375] **s. f.** (**pl.** *-gie* o *-ge*) ● cenere calda mescolata con brace: *piglia la tua opera e mettila in su le cinigie* (B. Cellini)

ciniglia [fr. *chenille* 'bruco', dal lat. *canīcula(m)* 'cagnolina' ✱ 1771] **s. f.** **1** filato costituito da un cordoncino vellutato e peloso, usato come trama per tessuti particolarmente morbidi **2** tessuto fabbricato con tale filato: *un accappatoio, una coperta di c.*

cinigliàto [1956] **agg.** ● fabbricato con ciniglia

cìnipe [vc. dotta, lat. tardo *scĭniphe(n)*, dal gr. *skníphes*, pl. di *skníps*, genit. *sknipós* 'insetto roditore', da *sknípto* 'io pungo' (di etim. incerta) ✱ 1892] **s. m.** ● genere di Insetti degli Imenotteri che introducono le uova nei tessuti vegetali determinando la formazione di galle (*Cynips*)

cìnira [vc. dotta, lat. tardo *cĭnyra(m)*, dal gr. *kínyra*, di orig. semitica ✱ 1830] **s. f.** ● strumento musicale a corde anticamente molto diffuso presso i popoli orientali

cinìsmo [vc. dotta, lat. tardo *cynĭsmu(m)*, dal gr. *kynismós*, da *kynikós*. V. *cinico* ✱ av. 1729] **s. m.** **1** la filosofia post-socratica fondata da Antistene ad Atene nel IV sec. a.C., che predicava il disprezzo delle convenzioni sociali e un austero esercizio della virtù **2** (*fig.*) modo di sentire, di comportarsi e sim. caratterizzato da indifferenza e disprezzo nei confronti di qualsiasi valore e sentimento umano: *dare prova di un c. urtante, rivoltante*; *il delitto fu compiuto con freddo c.*

†**cìnna** ➤ **zinna**

cinnàmico [da *cinnamomo* ✱ 1865] **agg.** (**pl. m.** *-ci*) ● (*chim.*) detto di acido organico, monobasico, cristallino, incolore, ottenuto dallo storace per saponificazione con soda caustica, impiegato in medicina e in profumeria

cinnamòmo [vc. dotta, lat. *cinnamōmu(m)*, dal gr. *kynnámōmon*, dall'ebr. *qinnâmôn*, di orig. ebr. ✱ sec. XIV] **s. m.** ● genere di piante delle Lauracee cui appartengono specie che forniscono la cannella e la canfora (*Cinnamomum*)

cino- ① [dal gr. *kýōn*, genit. *kynós* 'cane', di orig. indeur.] **primo elemento** ● in parole composte dotte significa 'cane': *cinodromo, cinofilo*

cino- ② **primo elemento** ● in parole composte, è accorciamento di *cinese*: *cino-giapponese*

cinocèfalo [vc. dotta, lat. *cynocĕphalu(m)*, dal gr. *kynoképhalos*, comp. di *kýōn*, genit. *kynos* 'cane' e *kephalḗ* 'testa' ✱ av. 1367] **A** **agg.** ● (*lett.*) dalla testa di cane: *un idolo c.* **B** **agg.; anche s. m.** ● detto di qualunque grossa scimmia con muso allungato simile a quello del cane

cinòdromo, (*evit.*) **cinodròmo** [deriv. di *cino-*①, sul modello di *ippodromo* ✱ 1929] **s. m.** ● impianto per le gare di corsa dei cani

cinofilìa [comp. di *cino-*① e *-filia* ✱ 1908] **s. f.** ● amore per i cani e interesse per i problemi del loro allevamento

cinòfilo [comp. di *cino-*① e *-filo* ✱ 1908] **A** **s. m.** (**f.** *-a*) ● chi ama, cura e protegge i cani | conoscitore, allevatore di razze canine **B** **agg.** **1** relativo alla cinofilia e ai cinofili: *sentimento c.* **2** che utilizza i cani: *pattuglie cinofile*

cinofobìa [comp. di *cino-*① e *-fobia* ✱ 1950] **s. f.** ● (*psicol.*) paura morbosa dei cani || **cinofòbico**, **agg.** (**pl. m.** *-ci*); **anche s. m.** (**f.** *-a*) **nel sign. 2** **1** relativo a cinofobia **2** cinofobo || **cinòfobo**, **agg. e s. m.** (**f.** *-a*) che (o chi) soffre di cinofobia

cinoglòssa [vc. dotta, lat. *cynoglōssu(m)*, dal gr. *kynóglōsson* 'lingua di cane', comp. di *kýōn*, genit. *kynós* 'cane' e *glôssa* 'lingua' ✱ av. 1498] **s. f.** ● pianta erbacea delle Borraginacee ricoperta di peli con fiori di color rosso o azzurro (*Cynoglossum officinale*) **SIN.** erba vellutina, lingua di cane

cinologìa [comp. di *cino-*① e *-logia* ✱ av. 1803] **s. f.** (**pl.** *-gìe*) ● ramo della veterinaria che si occupa dello studio dei cani

cinòlogo [1830] **s. m.** (**f.** *-a*; **pl. m.** *-gi*) ● veterinario specializzato in cinologia

cinòmio [vc. dotta, comp. del gr. *kýōn*, genit. *kynós* 'cane', latinizzato in *cyno-*, e *mŷs* 'topo' ✱ 1964] **s. m.** ● (*zool.*) mammifero dei Roditori tipico degli Stati Uniti; vive in comunità complesse e costituite da numerosi individui (*Cynomis ludovicianus*) **SIN.** cane delle praterie

cinònimo [comp. di *cin(o)-*① e *-onimo* ✱ 1976] **s. m.** ● (*ling.*) nome di una razza canina | nome proprio di un cane

cinopitèco [comp. di *cino-*① e del gr. *pithēkē* 'scimmietta' ✱ 1931] **s. m.** (**pl.** *-chi* o *-ci*) ● scimmia dei Cercopitecidi, originaria di Celebes, con muso allungato, corpo massiccio e coda rudimentale (*Cynopithecus niger*)

cinòrrodio ➤ **cinorrodo**

cinòrrodo o **cinòrrodio** [lat. *cynorrhŏdon*, dal gr. *kynoródon*, comp. di *kýōn*, genit. *kynós* 'cane' e *rodón* 'rosa' ✱ 1865] **s. m.** ● (*bot.*) falso frutto delle rose selvatiche di forma ovale o rotondeggiante ricco di zuccheri e di vitamina C; si usa per tisane e confetture **SIN.** cinorrodonte

cinorrodónte **s. m.** ● (*bot.*) cinorrodo

cinquadèa ➤ **cinquedea**

†**cinquàle** [da *cinque* ✱ av. 1589] **s. m.** ● numero di cinque unità

†**cinquannàggine** [comp. di *cinque* e *anno* ✱ av. 1600] **s. f.** ● quinquennio

♦**cinquànta** [lat. *quinquagĭnta*, con dissimilazione della *qu-* iniziale in *c-* e spostamento di accento sulla terzultima sillaba ✱ 1211] **agg. num. card. inv.** (**si elide davanti ad** *anni*: *cinquant'anni*); **anche s. m. e f. inv.** (**V. nota d'uso NUMERI E NUMERALI**) ● cinque volte dieci, cinque decine, rappresentato da *50* nella numerazione araba, da *L* in quella romana. **I** come agg. ricorre nei seguenti casi **1** rispondendo o sottintendendo la domanda 'quanti?', indica la quantità numerica di cinquanta unità (spec. preposto a un sost.): *i c. figli di Priamo*; *le c. Danaidi*; *avere cinquant'anni*; *mi cambi c. euro?*; *ho c. probabilità su cento di riuscire* | con valore indet.: *te l'ho detto e ripetuto c. volte*, parecchie volte **2** rispondendo o sottintendendo la domanda 'quale?', identifica qlco. in una pluralità, in una successione, in una sequenza (posposto a un sost.): *leggete a pagina c., paragrafo c.*; *il cliente della camera c.*; *porta la taglia c.*; *aspettiamo l'autobus c.* | ***gli anni C.***, in un secolo, spec. il XX, quelli compresi fra cinquanta e cinquantanove: *un mobile anni C.* **3** in composizione con altri numeri semplici o composti, forma i numeri superiori: *cinquantuno*; *cinquantadue*; *cinquantatré*; *cinquantotto*; *cinquantamila*; *duecentocinquanta* **II** come sost. ricorre nei seguenti usi **1** il numero cinquanta (per ellissi di un sost.): *il cinque nel c. ci sta dieci volte*; *ho uno sconto del c. per cento*; *era alla fermata del c.* | ***i c.***, i cinquant'anni nell'età di un uomo | ***essere sui c.***, avere circa cinquant'anni **2** il segno che rappresenta il numero cinquanta

cinquantamìla [comp. di *cinquanta* e *mila*] **agg. num. card. inv.; anche s. m. e f. inv.** (**V. nota d'uso NUMERI E NUMERALI**) ● cinquanta volte mille, cinquanta migliaia, rappresentato da *50 000* nella numerazione araba, da $\overline{L}$ in quella romana. **I** come agg. ricorre nei seguenti usi **1** rispondendo o sottintendendo la domanda 'quanti?', indica la quantità numerica di cinquantamila unità (spec. preposto a un sost.): *guadagnerà almeno c. euro all'anno*; *la mia macchina ha già fatto c. kilometri*; *una popolazione di c. abitanti* **2** rispondendo o sottintendendo la domanda 'quale?', identifica qlco. in una pluralità, in una successione, in una sequenza (posposto a un sost.): *abbonamento numero c.* **II** come sost. ricorre nei seguenti usi **1** il numero cinquantamila (per ellissi di un sost.): *il c. nel centocinquantamila sta tre volte* **2** il segno che rappresenta il numero cinquantamila

cinquantenàrio [fr. *cinquantenaire*, da *cinquante* 'cinquanta', col suff. di *centenaire* ✱ 1899] **A** **agg.** **1** (*raro*) che ha cinquant'anni, detto di cosa o persona **2** (*raro*) che ricorre ogni cinquant'anni **B** **s. m.** ● ricorrenza del cinquantesimo anno da un avvenimento memorabile: *il c. della Repubblica italiana* | (*est.*) la cerimonia che si celebra in tale occasione

cinquantennàle [1956] **A** **agg.** **1** che dura cinquant'anni **2** che ricorre ogni cinquant'anni **B** **s. m.** ● ricorrenza del cinquantesimo anno da un avvenimento memorabile: *il c. della Repubblica* | (*est.*) la cerimonia che si celebra in tale occasione

cinquantènne [comp. di *cinquanta* e del suff. *-enne*, ricavato da *decenne* ✻ 1878] **agg. e s. m. e f.** ● che (o chi) ha cinquant'anni di età

cinquantènnio [comp. di *cinquanta* e del suff. *-ennio*, ricavato da *biennio, decennio*, ecc. ✻ 1898] **s. m.** (**pl.** *-i* o *raro -ii*) ● periodo di cinquant'anni

cinquantèṣimo (o **-é-**) **A** **agg. num. ord.** **1** corrispondente al numero cinquanta in una pluralità, in una successione (rappresentato da L nella numerazione romana, da 50° in quella araba): *classificarsi c.*; *la cinquantesima parte*; *tre alla cinquantesima*, (*ellitt.*) **SIN.** (*lett.*) quinquagesimo **2** in composizione con altri numerali, semplici o composti, forma gli ordinali superiori: *cinquantesimoprimo*; *centocinquantesimo*; *milleduecentocinquantesimo* **B** **s. m.** ● ciascuna delle cinquanta parti uguali di una stessa quantità: *un c. del totale*; *otto cinquantesimi*

cinquantìna [1310] **s. f.** **1** serie di cinquanta, o circa cinquanta, unità: *due cinquantine equivalgono a un centinaio*; *la città è distante una c. di chilometri* **2** i cinquant'anni d'età: *si avvicina alla c.*; *ha passato la c.*; *è sulla c.*

cinquantìno [da *cinquanta* ✻ 1856] **A** **agg.** ● detto di piante coltivate a sviluppo molto rapido, di circa cinquanta giorni (in realtà, di più): *granoturco c.* **B** **s. m.** **1** moneta d'argento spagnola del XVII sec. del valore di 50 reali **2** varietà precocissima di mais **3** (*colloq.*) piccolo motorscooter con 50 cm^3 di cilindrata

♦**cìnque** [lat. *quīnque*, con dissimilazione della *qu-* iniziale in *c-* ✻ 1211] **agg. num. card. inv.; anche s. m. e f. inv.** (**pl.** *pop. cìnqui*) (**V. nota d'uso NUMERI E NUMERALI**) ● numero naturale successivo di quattro, rappresentato da *5* nella numerazione araba, da *V* in quella romana. **I** come agg. ricorre nei seguenti usi **1** rispondendo o sottintendendo la domanda 'quanti?', indica la quantità numerica di cinque unità (spec. preposto a un sost.): *le c. dita della mano*; *l'uomo ha c. sensi*; *costa c. euro*; *le c. giornate di Milano*; *è stato assente c. mesi*; *calcola i c. terzi di cento* | ***in c. minuti***, (*fig.*) prestissimo | ***avere i*** (***propri***) ***c. minuti***, (*fam.*) essere, in un dato momento, molto nervoso, intrattabile ecc. | ***a c. a c., di c. in c.***, cinque per volta **CFR.** penta- **2** rispondendo o sottintendendo la domanda 'quale?', identifica qlco. in una pluralità, in una successione, in una sequenza (posposto a un sost.): *leggi al paragrafo c.*, *pagina c.*; *la fermata dell'autobus c.*; *il cliente della camera c.*; *abito in via Roma, numero c.* **II** come sost. ricorre nei seguenti usi **1** il numero cinque (per ellissi di un sost.): *ho uno sconto del c. per cento*; *il c. nel dieci ci sta due volte*; *abita in via Mazzini c.*; *ho giocato il c. di fiori*; *è stato estratto il c.*; *è questa la fermata del c.?*; *il c. maggio* | ***le c.***, la quinta ora del mattino: *domani devo svegliarmi alle c.*; le diciassette: *vieni da me alle c. per il tè* | nella valutazione scolastica, il voto inferiore di un punto alla sufficienza: *ho meritato un c.* **2** il segno che rappresenta il numero cinque: *scrivo il c. e riporto il tre* | (*colloq.*) ***dare, battere un*** (o ***il***) ***c.***, battere la mano aperta e sollevata contro quella di un altro, come forma di saluto o per congratularsi (dalla frase inglese *give me five*, 'qua la mano') **3** in composizione con altri numeri semplici o composti, forma i numeri superiori: *trentacinque*; *cinquecento*; *millecinquecentocinque*

cinquecentésco [1758] **agg.** (**pl. m.** *-schi*) ● del sedicesimo secolo: *arte cinquecentesca*

cinquecentèṣimo (o **-é-**) **A** **agg. num. ord.** ● corrispondente al numero cinquecento in una pluralità, in una successione (rappresentato dalla D nella numerazione romana, da 500° in quella araba): *è c. nella graduatoria*; *due è la cinquecentesima parte di mille* **B** **s. m.** ● ciascuna delle cinquecento parti uguali di una stessa quantità

cinquecentina [1970] **s. f.** ● libro edito nel XVI sec.: *le cinquecentine della biblioteca Marciana*

cinquecentino [1998] **agg.** ● in biblioteconomia, cinquecentesco

cinquecentista [1710] **s. m. e f.** (**pl. m.** *-i*) **1** scrittore o artista del XVI secolo **2** studioso della letteratura o dell'arte del XVI secolo

cinquecentìstico [1745] **agg.** (**pl. m.** *-ci*) ● del Cinquecento o dei cinquecentisti

cinquecènto [comp. di *cinque* e *cento* ✻ 1266] **A** **agg. num. card. inv.; anche s. m. e f. inv.** (**V. nota d'uso NUMERI E NUMERALI**) ● cinque volte cento, cinque centinaia, rappresentato da *500* nella numerazione araba, da *D* in quella romana. **I** come agg. ricorre nei seguenti usi **1** rispondendo o sottintendendo la domanda 'quanti?', indica la quantità numerica di cinquecento unità (spec. preposto a un sost.): *un viaggio di c. kilometri*; *devo ancora pagare c. euro*; *elevare c. al quadrato*; *c. centimetri cubi di cilindrata* **2** rispondendo o sottintendendo la domanda 'quale?', identifica qlco. in una pluralità, in una successione, in una sequenza (posposto a un sost.): *leggere a pagina c.*; *l'anno c. d.C.* **II** come sost. ricorre nei seguenti usi **1** il numero cinquecento (per ellissi di un sost.): *moltiplico il c. per tre*; *circa nel c. a.C.*; *Il Consiglio dei Cinquecento* | ***il Cinquecento***, (*per anton.*) il secolo XVI: *l'arte del Cinquecento*; *nella prima metà del Cinquecento* **2** il segno che rappresenta il numero cinquecento **B** **in funzione di s. f. inv.** ● vettura utilitaria o motocicletta con circa 500 cm^3 di cilindrata

cinquedèa o **cinquadèa** [vc. sett., propr. 'cinque dita' ✻ 1585] **s. f.** ● tipo di daga con lama assai robusta a forma triangolare, larga all'attaccatura, molto diffusa nel Rinascimento

cinquefòglie o **cinquefòglio** [lat. *quinquefŏlĭu(m)*, ma rifatto con *cinque* e *foglia* ✻ sec. XIV] **s. m. inv.** **1** pianta erbacea perenne delle Rosacee con fiori solitari gialli e foglie composte da cinque foglioline (*Potentilla reptans*) **2** decotto con azione astringente ricavato da tale pianta **3** (*arald.*) fiore a cinque petali forato al centro che lascia vedere lo smalto del campo **SIN.** pentafoglie

cinquemìla [lat. *quīnque mīlia*] **agg. num. card. inv.; anche s. m. e f. inv.** (**V. nota d'uso NUMERI E NUMERALI**) ● cinque volte mille, cinque migliaia, rappresentato da *5000* nella numerazione araba, da $\overline{V}$ in quella romana **I** come agg. ricorre nei seguenti usi **1** rispondendo o sottintendendo la domanda 'quanti?', indica la quantità numerica di cinquemila unità (spec. preposto a un sost.): *costa c. euro*; *ha una biblioteca di c. volumi*; *c'è stato un lancio di c. paracadutisti* **2** rispondendo o sottintendendo la domanda 'quale?', identifica qlco. in una pluralità, in una successione, in una sequenza (posposto a un sost.): *abbonamento numero c.* **3** in composizione con altri numeri semplici e composti, forma i numeri superiori: *cinquemilauno*; *cinquemiladue*; *cinquemilatré*; *cinquemilaotto*; *cinquemilaundici*; *cinquemilaottanta*; *cinquemilacento* **II** come sost. ricorre nei seguenti usi **1** il numero cinquemila (per ellissi di un sost.): *moltiplico il c. per dieci* **2** il segno che rappresenta il numero cinquemila **3** (*sport, ellitt.*, **al pl.**) nell'atletica, distanza di cinquemila metri piani su cui si sviluppa una gara di fondo | (*est.*) la gara stessa: *correre, vincere i c.*

cinquennàle ➤ **quinquennale**

cinquènne o (*raro*) **quinquènne** [lat. *quinquĕnne(m)*, comp. di *quīnque* 'cinque' e *ănnus* 'anno' ✻ 1810] **A** **agg.** **1** che ha cinque anni **2** che dura da cinque anni **B** **s. m. e f.** ● chi ha cinque anni d'età

cinquènnio ➤ **quinquennio**

cinquerème (o **-é-**) o **quinquerème** [lat. *quinquerēme(m)*, comp. di *quīnque* 'cinque' e *rēmus* 'remo' ✻ av. 1470] **s. f.** ● antica imbarcazione a cinque ordini di remi sovrapposti

Cinquetèrre [da *Cinque Terre*, territorio costiero della Liguria comprendente i comuni di Monterosso al Mare, Vernazza, Corniglia, Manarola e Riomaggiore ✻ 1905] **s. m. inv.** ● vino giallo paglierino o dorato pallido, asciutto, leggermente aromatico, prodotto nella zona della Spezia da vigneti locali, tra cui il Vermentino; la sua versione amabile è lo Sciacchetrà (V.)

cinquìna [da *cinque* ✻ 1336] **s. f.** **1** (*raro*) complesso, serie di cinque unità **2** cinque numeri estratti sulla stessa ruota nel gioco del lotto, sulla stessa fila nel gioco della tombola | giocata di cinque numeri al lotto **3** forma di pagamento usata un tempo nelle compagnie teatrali italiane | paga che si dava ai soldati ogni cinque giorni

cinsi ➤ **cingere**

cinta o †**cénta** [lat. *cĭncta(m)*, part. pass. f. di *cĭngere* 'cingere' ✻ sec. XIII] **s. f.** **1** cerchia di mura e sim. intorno a un centro abitato | ***c. di fortificazione***, insieme di opere fortificate costruite attorno a una fortezza o città a scopo di difesa | (*est.*) recinto intorno ad abitazioni, giardini, appezzamenti di terreno e sim.: *muro di c.* | ***c. di giardino***, nell'equitazione, tipo di ostacolo dei concorsi ippici **2** linea perimetrale, spesso resa evidente da particolarità naturali del terreno o da manufatti, che delimita il territorio di una città e sim. | ***c. daziaria***, entro la quale si pagavano i dazi di consumo **3** (*archit.*) collarino delle colonne **4** cintola **5** (*zool.*) razza suina particolarmente pregiata originaria del Senese, caratterizzata da una fascia di colore chiaro sul mantello scuro **6** (*arald.*) bordura diminuita della metà e discosta dai lati dello scudo di uno spazio uguale alla sua larghezza **7** †grossa tavola che costituisce la parte più alta del fasciame esterno delle murate di una nave in legno

cintàre [av. 1327] **v. tr.** ● circondare con una cinta: *c. un giardino*

cintàto **part. pass.** di *cintare*; **anche agg.** ● chiuso da un recinto: *avevano una villetta in paese, con un giardino c.* (C. PAVESE)

†**cintellìno** ➤ **centellino**

†**cintìglio** [sp. *cintillo*, da *cinta* 'nastro'. V. *cinta* ✻ av. 1676] **s. m.** ● (*lett.*) cintura elegante di tessuto o di oro: *poscia i bei fianchi d'un c., a molte / frange ricinse* (V. MONTI)

cìnto **A** **part. pass.** di *cingere*; **anche agg.** ● nei sign. del v. | circondato (+ *da*, + *di*): *un castello c. da un fossato*; *orti cinti di siepe* (A. MANZONI) | che indossa, che porta (+ *di*): *c. di aureola* | (*fig.*) carico, coperto (+ *di*): *c. di gloria*; *la vita mia d'infamia cinta* (G. CARDUCCI) **B** **s. m.** **1** (*lett.*) cintura, cintola | ***c. verginale***, fascia, cintura indossata dalle fanciulle greche, che veniva sciolta dallo sposo la sera delle nozze | (*med.*) ***c. erniario***, speciale cintura di tessuto elastico per contenere l'ernia **2** †cerchia di mura, fossi e sim., recinto, circuito | (*est.*) giro, cerchio dell'orizzonte **3** †alone: *c. della luna* **4** (*zool.*) ***c. di Venere***, animale marino dei Cestidi, con corpo trasparente di aspetto vitreo (*Cestus ve-*

C

neris) **5** (*anat.*) cintura

cìntola [da *cinto* ✻ sec. XIII] **s. f. 1** cintura: *la c. dei calzoni* | ***tenere qlco. alla c.***, appeso alla cintura | (*fig.*) ***cucirsi, tenersi qlcu. alla c.***, tenersi qlcu. sempre accanto **2** parte della vita dove solitamente si porta la cintura: *Vedi là Farinata che s'è dritto: / da la c. in su tutto 'l vedrai* (DANTE *Inf.* X, 32-33) | ***stare con le mani alla c.***, (*fig.*) senza fare nulla ‖ **cintolétta**, **dim.** | **cintolina**, **dim.**

cìntolo [da *cinto* ✻ 1342] **s. m. 1** (*tosc.*) fascia o nastro per stringere qlco. **2** (*raro, tosc.*) legaccio da scarpe, da calze ‖ **cintolino**, **dim.**

♦**cintùra** o †**centùra** [lat. *cinctūra(m)*, da *cĭngere* 'cingere' ✻ 1287] **s. f. 1** striscia spec. di cuoio o di tessuto, spesso rifinita da una fibbia o sim., che si porta per stringere alla vita pantaloni, gonne o abiti | (*est.*) parte dei calzoni, della gonna o dell'abito intorno alla vita: *gonna stretta di c.* | ***abito con la c. alta, bassa***, posta più in alto o più in basso della vita **2** (*est.*) punto della vita in cui si è soliti stringere la cintura: *il nemico è nell'acqua insino alla c.* (B. CASTIGLIONE) | ***essere stretti, larghi di c.***, avere vita sottile, larga **3** nel judo e sim., fascia per tenere a posto il kimono e per indicare, a seconda del colore, il livello agonistico del judoka e sim.; (*est.*) l'atleta stesso: *essere una c. nera, verde* **4** (*est.*) oggetto di varia forma e dimensione, atto a cingere persone o cose, con funzioni di sostegno, protezione e sim. | ***c. di salvataggio***, tipo di salvagente in sughero o gomma gonfiabile, a forma di busto o giubbotto, da indossare sulla persona | ***c. reggicanne***, V. *reggicanne* | ***c. zavorrata***, munita di piombi, usata dai cacciatori subacquei per scendere in profondità | ***c. di sicurezza***, cinghia che assicura il passeggero al sedile negli aerei e nelle automobili per proteggerlo in caso d'incidente | (*stor.*) ***c. di castità***, armatura metallica stretta attorno ai fianchi e al ventre e dotata di una piccola serratura, con la quale nel Medioevo alcuni signori pretendevano assicurarsi la fedeltà delle loro donne **5** (*fig.*) fascia, zona dotata di particolari caratteristiche, che circonda spec. un centro abitato: *una c. di verde abbellisce la città*; *la c. industriale di Torino, di Milano* | ciò che cinge, circonda qlco.: *nel pendio ripido fra una c. di mirti* (A. FOGAZZARO) **6** (*anat.*) insieme delle ossa che raccordano lo scheletro degli arti a quello del tronco | ***c. addominale, pelvica***, quella alla quale si articola il femore | ***c. toracica, scapolare***, quella alla quale si articola l'omero **SIN.** cingolo, cinto **7** nella lotta e sim., presa effettuata cingendo l'avversario con entrambe le braccia al busto o ai fianchi | nel calcio e sim., azione irregolare con cui si ostacola l'avversario cingendolo con le braccia ‖ **cinturétta**, **dim.** | **cinturina**, **dim.** | **cinturino**, **dim. m.** (V.) | **cinturóna**, **accr.** | **cinturóne**, **accr. m.** (V.)

cinturàre [1956] **v. tr.** ● nel calcio e sim., trattenere fallosamente un avversario cingendolo con le braccia | nella lotta e sim., effettuare una cintura

Cinturàto® [marchio registrato della Pirelli S.p.A. ✻ sec. XX] **A s. m.** ● nome commerciale di pneumatico radiale provvisto di una struttura anulare di rinforzo disposta sotto il battistrada, che conferisce alla carcassa una forma appiattita **B anche agg.**: *pneumatico c.*

cinturìno o †**centurìno** [av. 1639] **s. m. 1** dim. di *cintura* **2** striscia di vari materiali che serve per trattenere, sostenere e allacciare diversi oggetti: *il c. dell'orologio, della borsetta, della sciabola, della scarpa*

cinturóne [nel sign. 2 attraverso il fr. *ceinturon*, da *ceinture* 'cintura' ✻ av. 1764] **s. m. 1** accr. di *cintura* **2** grossa cintura di cuoio o tela, con o senza spallacci, per appendervi la fondina con la pistola o le giberne, spec. nell'uniforme militare

cintz ➤ **chintz**

cinz ➤ **chintz**

cìnzio [vc. dotta, lat. *Cy̆nthiu(m)*, dal gr. *Kýnthios*, detto così perché nato sul monte *Kýnthos* ✻ av. 1535] **agg.** ● (*lett.*) appellativo di Apollo e di Diana

♦**ciò** /tʃɔ*/ [lat. *ĕcce hŏc* 'ecco questo' ✻ 1219] **pron. dimostr. m. solo sing.** ● questa cosa, quella cosa: *ciò è vero*; *ciò è impossibile*; *su ciò non concordo*; *non me importa nulla di tutto ciò*; *ciò vuole dire che non hai capito* | V. anche *tuttociò* | per lo più col pron. rel.: *ciò che dici è molto grave*; *chiedetemi ciò che volete* | ***a ciò***, a questo fine, a tal fine | (*lett.*) ***da ciò, a ciò***, adatto, idoneo alla cosa di cui si parla: *non è un uomo da ciò* | conclusivo: *con ciò ti saluto* | ***e con ciò?***, e allora? (domanda retorica, dal tono spec. polemico) | in composizione: *contuttociò, perciò, perciocché, ciononostante* e sim. | †***ciò è***, cioè | (*lett.*) ***ciò sono, ciò fu***, †***ciò era***, cioè, vale a dire: *là dove dice 'officio' intendo le vertudi, ciò sono prodezza, giustizia ...* (B. LATINI); *tutti parlavano una lingua, ciò era l'ebrea* (G. VILLANI) | †riferito al pl.: *vere sustanze son ciò che tu vedi* (DANTE *Par.* III, 29)

ciòcca ① [etim. incerta ✻ 1313] **s. f.** ● ciuffo di capelli: *vedea ... biondeggiar le ciocche / de' capelli* (U. FOSCOLO) | (*tosc.*) ciuffo di foglie, fiori o frutti, attaccati allo stesso ramo: *una c. di ciliegie* | ***viola a c.***, violaciocca | ***a ciocche***, (*fig.*) in gran numero ‖ **ciocchétta**, **ciocchettina**, **dim.**

ciòcca ② [etim. incerta ✻ 1956] **s. f.** ● (*raro*) ciocco nel sign. 1

cioccàre [vc. di etim. incerta (onomat.?) ✻ 1815] **v. tr.** (*io ciòcco, tu ciòcchi*) **1** (*sett.*) sgridare, rimproverare aspramente: *l'ho cioccato perbene, così non darà più fastidio* **2** (*mar.*) ***c. un cavo***, lasciarlo scorrere lentamente intorno a un appiglio in modo che l'attrito lo freni

†**ciocché** [comp. di *ciò* e *che* ✻ 1542] **pron. dimostr. rel.** ● quello che, ciò che

ciòccia [vc. onomat. ✻ sec. XV] **s. f.** (**pl.** *-ce*) ● (*infant., tosc.*) mammella, poppa

ciocciàre [1830] **v. intr.** (**pres.** *io ciòccio*; **fut.** *io cioccerò*; **aus.** *avere*) ● (*infant., tosc.*) poppare

ciòcco [etim. incerta ✻ 1321] **s. m.** (**pl.** *-chi*) **1** grosso pezzo di legno, ceppo da ardere | (*fig.*) ***dormire come un c.***, dormire profondamente **SIN.** (*raro*) ciocca **2** (*fig.*) uomo balordo, stupido o insensibile ‖ **ciocchétto**, **dim.**

♦**cioccolàta** [azteco *chocolatl*, attrav. lo sp. *chocolate* ✻ 1606] **A s. f. 1** cioccolato: *una tavoletta, una stecca di c.* **2** bevanda preparata con cacao bollito in acqua o latte: *una tazza di c.*; *c. in tazza*; *c. con la panna* **B in funzione di agg. inv.** ● (posposto a un sost.) che ha il colore bruno scuro caratteristico della bevanda omonima: *una broda color c.*; *ha la pelle color c.* ‖ (*fam.*) **cioccolatina**, **dim.**

cioccolatàio [1941] **s. m.** (**f.** *-aia*, **pl. m.** *-ai*) ● cioccolatiere | (*fig., scherz.*) ***fare una figura da c.***, fare una brutta figura, rimanere scornato

cioccolaterìa [1899] **s. f.** ● negozio dove si vendono cioccolato e prodotti a base di cioccolato

cioccolatièra [fr. *chocolatière*. V. *cioccolata* ✻ av. 1698] **s. f.** ● bricco in cui si prepara o con cui si serve la cioccolata

cioccolatière [fr. *chocolatier*. V. *cioccolata* ✻ 1765] **s. m.** (**f.** *-a*) ● chi fabbrica o vende cioccolato **SIN.** cioccolataio

♦**cioccolatìno** [da *cioccolato* ✻ 1876] **s. m.** ● piccolo pezzo di cioccolato, spesso ripieno e avvolto in carta stagnola: *una scatola di cioccolatini*

♦**cioccolàto** o †**cioccolàtte**, †**cioccolàtto**, †**ciocolàte** [azteco *chocolatl*, attrav. il fr. *chocolat* ✻ 1685] **s. m.** ● prodotto alimentare di elevato valore energetico a base di cacao, diverso per composizione, lavorazione e confezione | ***c. al latte***, con aggiunta di latte in polvere o condensato | ***c. fondente, c. amaro***, con una percentuale di cacao più elevata rispetto a quella delle altre varietà e senza aggiunta di latte | ***c. bianco***, a base di burro di cacao | ***c. gianduia***, con nocciole tostate e macinate

cioccolatóso (o *-ṣ-*) [da *cioccolat(a)*, o *cioccolat(o)* nel sign. 2, con il suff. *-oso*③ ✻ 1923] **agg. 1** (*raro*) che ha la consistenza densa e cremosa della cioccolata **2** ricco di cioccolato: *torta cioccolatosa* | (*colloq.*) che prevede il consumo di prodotti a base di cioccolato: *serata cioccolatosa* | che ha l'aspetto o il gusto, l'aroma, il colore, ecc. del cioccolato: *un vino dalle sfumature cioccolatose*

ciòcia [lat. *sŏccu(m)* (?). V. *socco* ✻ av. 1776] **s. f.** (**pl.** *-cie* o *-ce*) ● calzatura tipica della Ciociaria, costituita da una suola e da un panno che copre il piede e la gamba sin quasi al ginocchio ed è tenuto fermo da due legacci intrecciati

ciociàro [da *ciocia* ✻ 1841] **A agg.** ● della Ciociaria, regione del Lazio: *stornelli ciociari*; *dialetto c.* **B s. m.** (**f.** *-a*) ● abitante o nativo della Ciociaria

†**ciocolàte** ➤ **cioccolato**

♦**cioè** /tʃo'ɛ*/ o †**ciò è** [comp. di *ciò* ed *è* ✻ av. 1249] **cong. 1** intendo dire, vale a dire, in altre parole (con funzione dichiarativa ed esplicativa): *Antonio è mio cognato, c. ha sposato mia sorella*; *è un rodigino, c. abita a Rovigo*; *la fitologia, la scienza, c., che studia le piante*; *partiremo dopodomani, c. martedì*; (*enfat.*) *c. a dire, c. dire* **2** ossia, o meglio, piuttosto (con funzione correttiva): *vengo anch'io, c. no, preferisco restare* | si usa interrogativamente per chiedere spiegazioni, chiarimenti, precisazioni: *'hai sbagliato!' 'c.?'*

ciofèca ➤ **ciufeca**

†**ciómbalo** ➤ **cembalo**

ciómpo [etim. incerta ✻ 1385] **s. m. 1** (*stor.*) nella Firenze del sec. XIV, lavoratore salariato dipendente da un'Arte, spec. quella della lana: *il tumulto dei ciompi (1378)* **2** (*fig., lett.*) individuo di umile condizione

†**cioncàre** ① [da *cionco* ✻ av. 1484] **v. tr.** e †**cioncàrsi v. intr. pron.** ● troncare, troncarsi, spezzarsi: *la lancia del pagan par che si cionchi* (L. PULCI)

cioncàre ② [etim. incerta ✻ 1340] **v. tr.** (*io ciónco, tu ciónchi*) ● (*centr., merid.*) bere smodatamente (**anche assol.**): *poi va, satollati e cionca* (G. D'ANNUNZIO) **SIN.** sbevazzare, tracannare, trincare

ciónco [etim. incerta ✻ 1258] **A agg.** (**pl. m.** *-chi*) **1** †monco, tronco **2** (*fam.*) che ha aspetto cascante, per stanchezza o debolezza: *sentirsi le braccia cionche* **B agg. e s. m.** (**f.** *-a*) ● (*centr., merid.*) che (o chi) è sciancato, storpio

ciondolaménto [da *ciondolare* ✻ sec. XIV] **s. m.** ● il ciondolare

ciondolànte **part. pres.** di *ciondolare*; **anche agg. 1** che ciondola, penzola: *monile c.* **2** malfermo sulle gambe | (*est.*) incerto, insicuro: *andatura c.*

♣**ciondolàre** [vc. onomat. ✻ av. 1584] **A v. intr.** (*io cióndolo*; **aus.** *avere*) **1** penzolare oscillando: *i panni stesi ciondolavano dal filo*; *le orecchie pelose e stracche delle mule ... ciondolavano tra la folla* (G. VERGA) **SIN.** dondolare **2** reggersi a mala pena sulle gambe: *l'ubriaco camminava ciondolando* **3** (*fig.*) perdere tempo, oziare, bighellonare:

ciondola tutto il giorno per casa **B** **v. tr.** ● far penzolare e oscillare qlco.: *ciondolava le gambe, seduto sul muretto*

ciondolìo [1938] **s. m.** (**pl.** *-ii*) ● leggero e continuo ciondolamento

♣**ciòndolo** [da *ciondolare* ✱ 1611] **s. m.** ● piccolo oggetto ornamentale d'oro, d'argento o corallo, spesso portafortuna, da appendere a una catenella, una collana, un braccialetto e sim. | la parte pendente di un gioiello ‖ **ciondolétto**, **dim.** | **ciondolìno**, **dim.**

ciondolóne [da *ciondolare* ✱ av. 1543] **s. m.** (**f.** *-a*) **1** persona che ciondola, che va bighellonando | sfaccendato **SIN.** bighellone, fannullone, perdigiorno **2** individuo sciatto e trasandato

ciondolóni o **ciondolóne** [da *ciondolare* ✱ av. 1696] **avv.** ● penzolante verso il basso: *si era abbandonato, rifinito, su una seggiola, con le braccia c.* (L. PIRANDELLO) | ***andar c.***, bighellonare

♣**ciononostante** → vedi ♦

♣**cionondiméno** [comp. di *ciò* e *nondimeno* ✱ 1525] **cong. e avv.** ● ciononostante

♦**ciononostànte** /tʃɔ(n)nonos'tante/ o **ciò nonostànte**, (*raro*) **cionnonostànte** [da *ciò non ostante* (part. pres. di *ostare*) ✱ 1782] **A** **cong.** ● malgrado ciò, eppure, e tuttavia: *dice la verità, c. nessuno gli crede* **B** **avv.** ● senza considerare ciò, a parte ciò, però: *ti vedo c. soddisfatto*

ciòppa [dall'ant. ted. *Schope* (?) ✱ 1344] **s. f.** ● lunga veste a foggia di gonnella indossata da uomini e donne nel Medioevo

ciòspo [etim. ignota ✱ 1988] **A** **agg.** ● (*centr., merid.*) vecchio, malandato **B** **s. m.** (**f.** *-a*) ● (*sett.*) persona brutta e sgraziata: *il tuo amico è proprio un c.*

♦**ciòtola** [lat. *cŏtyla(m)*, dal gr. *kotýlē* 'ciotola', di etim. incerta ✱ 1350 ca.] **s. f.** **1** piccolo recipiente a forma di tazza senza manico, in legno, terracotta, plastica o metallo, destinato spec. a contenere liquidi: *che venga ella stessa a darmi il latte nella c.* (G. D'ANNUNZIO) **2** ciò che è contenuto in tale recipiente: *una c. di latte, di minestra* **3** †acetabolo ‖ **ciotolétta**, **dim.** | **ciotolìna**, **dim.** | **ciotolìno**, **dim. m.** | **ciotolóna**, **accr.** | **ciotolóne**, **accr. m.**

ciotolàta [da *ciotola* ✱ 1879] **s. f.** **1** colpo dato con una ciotola **2** quanto può essere contenuto in una ciotola

†**ciottàre** [av. 1342] **v. tr.** ● frustare, flagellare

†**ciòtto** ① [etim. discussa: di orig. espressiva (?) ✱ 1321] **agg.** ● zoppo

†**ciòtto** ② [di orig. espressiva (?) ✱ 1306] **s. m.** ● ciottolo: *io gli darei tale di questo c. nelle calcagna* (G. BOCCACCIO)

ciottolàre [da *ciottolo* ✱ sec. XIV] **v. tr.** (*io ciòttolo*) **1** (*raro*) selciare con ciottoli **2** †colpire con ciottoli

ciottolàta [da *ciottolo* ✱ 1711] **s. f.** ● sassata

ciottolàto [1605] **s. m.** ● acciottolato

♦**ciòttolo** [dim. di *ciotto*② ✱ 1336 ca.] **s. m.** **1** piccolo sasso tondeggiante, liscio per l'azione levigatrice della corrente di fiumi o torrenti: *camminare sui ciottoli*; *lanciare un c.* | (*est.*) sasso, spec. levigato **2** (*geol.*) frammento di roccia arrotondato di diametro superiore a 4 mm, costituente un conglomerato | ***c. imbricato***, disposto a embrice e inclinato sottocorrente | ***c. striato***, che presenta striature causate dall'azione erosiva del vento | ***c. triquetro***, la cui forma di tetraedro a spigoli arrotondati è dovuta all'azione erosiva del vento ‖ **ciottolétto**, **dim.** | **ciottolìno**, **dim.** | **ciottolóne**, **accr.**

ciottolóso (o **-ṣ-**) [1858] **agg.** ● pieno di ciottoli: *vicolo c.*

†**ciovétta** ➤ **civetta**

cip ① [vc. onomat. ✱ 1899] **inter.** ● riproduce il cinguettio del passero: *cip cip*

cip ② [ingl. *chip* 'frammento', poi 'gettone', da *to chip* 'tagliuzzare, scheggiare', di orig. germ. ✱ 1931] **s. m. inv.** ● nel gioco del poker, la puntata minima

Ciperàli [da *cipero* ✱ sec. XX] **s. f. pl.** (**sing.** *-e*) ● (*bot.*) ordine di piante erbacee delle Monocotiledoni con fiori piccoli a perigonio modificato in brattee riuniti in spighe o pannocchie complesse, comprendente circa 12 000 specie nelle due famiglie Ciperacee e Graminacee ad amplissima distribuzione geografica (*Cyperales*) **SIN.** Glumiflore

cìpero [dal lat. *cypĕru(m)*, dal gr. *kýpeiros* ✱ 1310] **s. m.** ● genere di piante delle zone calde, comuni nei luoghi umidi, con molte specie, cui appartiene il papiro (*Cyperus*) | ***c. commestibile***, ***c. dolce***, i cui tuberi forniscono il dolcichino

♣**cipìglio** [etim. incerta: dall'incrocio di *ciglio* e *piglio* (?) ✱ av. 1600] **s. m.** ● increspamento della fronte, con contrazione delle sopracciglia, come segno di turbamento, irritazione e sim.: *fare c.* | (*est.*) espressione adirata, torva, arrogante e sim.: *guardare con c.* ‖ **cipigliétto**, **dim.**

cipiglióso (o **-ṣ-**) [sec. XIV] **agg.** ● (*raro*) incline allo sdegno: *un carattere c.* | permaloso

♦**cipólla** [lat. tardo *cepŭlla(m)*, dim. di *cēpa*, prestito da una lingua sconosciuta ✱ 1233] **s. f.** **1** pianta erbacea delle Alliacee con foglie cilindriche e bulbo formato da tuniche esterne sottili e tuniche interne carnose, dall'odore acuto (*Allium cepa*) **2** (*est.*) bulbo commestibile di tale pianta: *zuppa di cipolle* | ***mangiare pane e c.***, (*fig.*) mangiare poco e male; (*est.*) essere molto povero | ***buccia, velo di c.***, prima sfoglia sottilissima | (*est.*) ***vestirsi a c.***, a vari strati con indumenti di diversa pesantezza, in previsione di variazioni climatiche **3** (*est.*) bulbo di alcune piante, simile a quello della cipolla: *la c. dei giacinti, dei tulipani* **4** oggetto di forma tondeggiante, simile a una cipolla: *la c. del lume a petrolio* | ***la c. dell'annaffiatoio***, la palla schiacciata e bucherellata da cui esce l'acqua | ***a c.***, che ha una forma simile a una cipolla: *un vaso con base a c.*; *le cupole a c. delle chiese ortodosse* **5** (*fig., scherz.*) orologio da tasca, grosso e di foggia antiquata ‖ **cipollétta**, **dim.** | **cipollìna**, **dim.** (V.) | **cipollóna**, **accr.** | **cipollóne**, **accr. m.** (V.) | **cipollòtto**, **dim. m.**

cipollàccio [da *cipolla* ✱ 1865] **s. m.** **1** (*bot.*) lampascione **2** pietra di colore verde e giallo a macchie usata per pavimentazioni, piani di lavoro ecc.

cipollàio o (*merid.*) **cipollàro** nel sign. 2 [1865] **s. m.** (**pl.** *-ai*) **1** luogo dove si piantano le cipolle **2** (**f.** *-aia*) chi vende cipolle

cipollàta [av. 1449] **s. f.** **1** vivanda a base di cipolle tritate **2** (*fig.*) lavoro mal fatto | sciocchezza

cipollàto [detto così perché fatto a sfoglie come le cipolle ✱ 1550] **agg.** **1** (*raro*) fatto a sfoglie sottili, concentriche e tortuose: *agata cipollata* **2** detto di legno che presenta il difetto della cipollatura

cipollatùra [da *cipolla* ✱ 1870] **s. f.** ● difetto del legname consistente nel distacco degli anelli di accrescimento **SIN.** accerchiatura

cipollìna [sec. XIV] **s. f.** **1** dim. di *cipolla* **2** varietà di cipolla con bulbo piccolo, che si mangia fresca, sott'aceto o gener. cotta **3** erba perenne delle Alliacee, con bulbo prolifero, fiori rosei in ombrelle, foglie sottili usate come condimento (*Allium schoenoprasum*) **SIN.** erba cipollina

cipollìno [da *cipolla*, per le venature che richiamano il bulbo omonimo ✱ 1550] **A** **s. m.** ● (*geol.*) calcare metamorfico a vene e bande verdastre, usato come pietra ornamentale **B** anche **agg.**: *marmo c.*

cipollóne [1768] **s. m.** **1** accr. di *cipolla* **2** ***c. bianco***, pianta erbacea delle Giacintacee con fiori in racemi (*Ornithogalum umbellatum*) **3** (*fig., scherz.*) orologio da tasca ingombrante e di poco valore

cipollóso (o **-ṣ-**) [1803] **agg.** ● detto di legno soggetto a sfogliarsi

cippàto [dall'ingl. *chip* 'scheggia', addattato all'it. con il suff. *-ato* ✱ 1984] **s. m.** ● legno di bassa qualità o residuo di potature boschive ridotto a scaglie, impiegato come materiale da combustione o in alcune produzioni industriali

cippirimèrlo o **cipperimèrli**, (*raro*) **cipperimèrlo** [vc. infant., comp. con *merlo*① nel sign. 2 ✱ 1896] **inter.** ● esprime, per lo più scherzosamente, scherno e derisione **SIN.** marameo

cìppo [vc. dotta, lat. *cĭppu(m)*. V. *ceppo* ✱ av. 1400] **s. m.** **1** tronco di colonna o di pilastro, eretto a scopo celebrativo: *un c. in memoria dei caduti*; *c. funerario* **2** pietra un tempo usata per segnare i confini: *c. terminale, di confine* **3** parallelepipedo di pietra collocato ai lati delle strade per indicare le distanze chilometriche

Cippùti [dal n. di un personaggio creato nel 1976 dal disegnatore F. Tullio Altan (1942-) ✱ 1983] **s. m. inv.** ● operaio, spec. metalmeccanico

riprèa →

ciprèa [così detta in onore di Venere, regina di *Cipro* ✱ 1820] **s. f.** ● genere di Molluschi dei Gasteropodi marini con conchiglia ovoidale, lucida, ornata di disegni a colori diversi a seconda delle specie (*Cypraea*)

cipressàia [1865] **s. f.** ● cipresseto

cipresséto [da *cipresso*, sul modello del lat. *cupressētum*, da *cuprĕssus* 'cipresso' ✱ av. 1698] **s. m.** ● luogo ricco di cipressi o piantato a cipressi

cipressìna [da *cipresso* ✱ 1865] **s. f.** ● albero delle Tamaricacee con foglie squamiformi carnose e fiori molto piccoli di colore bianco rosato (*Tamarix gallica*) | nel linguaggio dei giardinieri, pianta erbacea delle Chenopodiacee simile a un piccolo cipresso (*Kockia scoparia*)

cipressìno [da *cipresso*, sul modello del lat. *cuprĕssinus* ✱ av. 1912] **agg.** **1** che ha forma di cipresso **2** detto di una varietà di pioppo molto ramoso e alto

ciprèsso [vc. dotta, lat. *cypărissu(m)*, dal gr. *kypárissos*, di orig. preindeur. ✱ av. 1292] **s. m.** **1** albero delle Cupressacee con foglie squamiformi sempreverdi, rami eretti, chioma disposta a piramide, strobili terminali sia maschili che femminili, e cono globoso (*Cupressus sempervirens*) **2** il legno di tale albero ‖ **cipressétto**, **dim.** | **cipressìno**, **dim.**

cìpria [anticamente agg. del n. dell'isola di *Cipro*: *polvere di Cipro, polvere cipria* ✱ sec. XV] **s. f.** ● polvere finissima di riso e amido usata per la cosmesi della pelle: *c. in polvere, micronizzata* | ***c. compatta***, compressa sino ad apparire solida, in forma di disco | ***c. liquida, fluida***, mista a sostanze liquide, da stendere sulla pelle

cìpride [vc. dotta, lat. *Cўprida*, dal gr. *Kýpris*, attributo di Venere, regina di *Cipro* ✱ 1863] **s. f.** ● epiteto della dea Afrodite

ciprièra [da *cipria* ✱ 1963] **s. f.** ● (*raro*) vasetto per tenervi la cipria

ciprìgno [da *Cipro* ✱ 1321] **agg.** ● (*raro, lett.*) di Cipro | ***la Ciprigna Dea***, (*per anton.*) Afrodite

Ciprìnidi [dal lat. *cyprīnus* 'carpione', dal gr. *kyprînos*, da *kýpros*, n. di una pianta (di orig. semitica), cui somiglia per il colore, con il suff. *-idi* ✱ 1931] **s. m. pl.** (**sing.** *-e*) ● (*zool.*) famiglia di Pesci ossei d'acqua dolce dei Cipriniformi cui appartengono la carpa, la tinca e il pesce

a b c d e f g h i j k l m n o p q r s t u v w x y z

rosso (*Cyprinidae*)

Ciprinifórmi [vc. dotta, comp. di *ciprino* e il pl. di *-forme* ✻ 1965] **s. m. pl.** (**sing.** *-e*) ● (*zool.*) ordine di Pesci ossei, fisostomi, in genere di acqua dolce (*Cypriniformes*)

ciprìno [vc. dotta, lat. *cyprīnu(m)*, dal gr. *kyprînos*, da *kýpros* (V. *Ciprinidi*) ✻ av. 1498] **s. m.** ● genere di Pesci ossei dei Ciprinidi, ovipari, che si nutrono di vegetali in decomposizione (*Cyprinus*) | ***c. dorato***, carassio dorato

Ciprinodontifórmi [vc. dotta, comp. di *ciprino*, del gr. *odóus*, genit. *odóntos* 'dente', e del pl. di *-forme* ✻ 1987] **s. m. pl.** (**sing.** *-e*) ● (*zool.*) ordine di Pesci ossei di piccole dimensioni (*Cyprinodontiformes*)

cìprio [vc. dotta, lat. *Cўpriu(m)*, agg. dell'isola di Cipro (lat. *Cўpros*) ✻ 1585] **agg.** ● (*lett.*) di Cipro: *vino, costume c.* | ***la Cipria Dea***, Venere

cipriòta [gr. moderno *Kypriótēs*, da *Kýpros* 'Cipro' ✻ 1567] **A agg.** (**pl. m.** *-i*) ● di Cipro: *arte c.*; *cittadino c.* **B s. m. e f.** ● abitante o nativo di Cipro

cipripèdio [comp. del lat. *Cўpria* 'Venere' e *pēs*, genit. *pĕdis* 'piede': 'piede di Venere' ✻ 1865] **s. m.** ● pianta erbacea delle Orchidacee il cui fiore ha il tepalo inferiore di colore verde-bruno di forma simile a quella di una piccola scarpa (*Cypripedium calceolus*) **SIN.** (*pop.*) pianella della Madonna, scarpetta di Venere

ciramèlla ➤ **cennamella**

ciràsa ➤ **cerasa**

ciràso ➤ **ceraso**①

♦**cìrca** [vc. dotta, lat. *cĭrca*, da *cĭrcus* 'cerchio' ✻ av. 1292] **A prep. 1** a proposito di, intorno a, rispetto a, relativamente a, per quanto riguarda (reggendo il compl. d'argomento): *voglio discutere c. quell'affare*; *c. quanto mi chiedi*; *c. le origini del genere umano, niente si può dire* | (*raro*) anche nella loc. prep. ***c. a***: *c. al resto ne parleremo poi*; *c. alla partenza decideremo domani* **2** (*lett.*) †intorno a, (di luogo): *così di quelle sempiterne rose / volgiensi c. noi le due ghirlande* (DANTE *Par.* XII, 19-20) | intorno a, verso (di tempo): *c. la metà del secolo* **B avv.** ● quasi, pressappoco, su per giù, approssimativamente (preposto o posposto a un numero, indica una quantità approssimativa): *c. dieci minuti*; *c. cento kilometri*; *cinquant'anni c.*; *lungo venti metri c.* | (*raro*) anche nelle loc. avv. ***in c.***; ***a un bel c.*** | V. anche *incirca* **C in funzione di agg. inv.** ● solo nella loc. ***clausola c.***, con cui nelle negoziazioni di merci o di titoli il compratore si obbliga a tollerare, nei limiti fissati dagli usi, lievi differenze nella quantità di merce che gli verrà consegnata o nella fissazione del prezzo della cosa negoziata **D s. m. inv.** ● in borsa, clausola circa

circadiàle [deformazione, secondo la desinenza *-ale*, dell'ingl. *circadian* (V. *circadiano*) ✻ 1983] **agg.** ● (*biol.*) detto di fenomeno che si ripete all'incirca ogni 24 ore

circadiàno [ingl. *circadian*, comp. del lat. *cĭrca* 'intorno' e *dĭes* 'giorno' ✻ 1979] **agg.** ● (*biol.*) circadiale

circannuàle [calco sull'ingl. *circannual*, comp. del lat. *cĭrca* 'intorno' e di *annual* 'annuo' ✻ 1975] **agg.** ● che si ripete all'incirca ogni anno: *variazione c.*; *periodicità c.* | ***ritmi circannuali***, bioritmi che si ripetono in relazione all'alternarsi delle stagioni: *l'uomo vive meglio seguendo i ritmi circannuali* (M. RIGONI STERN)

circàssa [fr. *circassienne* 'della Circassia'. V. *circasso* ✻ 1829] **s. f.** ● stoffa di lana e cotone a spine un tempo usata per vestiti da donna

circàsso [dal n. etnico caucasico *Cerkes* ✻ av. 1471] **A s. m.** (**f.** *-a*); **anche agg.** ● appartenente a una popolazione caucasica oggi stanziata prevalentemente in varie province della Russia: *etnia circassa*; *lingua circassa* **B s. m. solo sing.** ● lingua circassa, della famiglia caucasica

cìrce [dal n. della famosa maga che coi suoi incantesimi trasformava gli uomini in bestie ✻ 1585] **s. f.** ● seduttrice, lusingatrice

circènse [vc. dotta, lat. *circēnse(m)*, da *cĭrcus* 'circo' ✻ av. 1326] **A agg. 1** (*lett.*) del circo romano antico: *ludi circensi* **2** del circo equestre **B s. m. e f.** ● chi lavora in un circo equestre **C circènsi s. m. pl.** ● spettacoli pubblici dati nell'antico circo romano

♦**cìrco** [vc. dotta, lat. *cĭrcu(m)* 'cerchio, anello', prob. di orig. gr. ✻ av. 1519] **s. m.** (**pl.** *-chi*) **1** edificio romano con due lati paralleli e due ricurvi destinato alle corse dei cocchi, alle lotte dei gladiatori e ad altri giochi pubblici **2** ***c. equestre***, (*ellitt.*) ***circo***, arena viaggiante, smontabile, nella quale si danno spettacoli con clown, animali ammaestrati e giochi vari, per lo più acrobatici | il complesso di persone e animali che lavorano in un circo: *è arrivato il c.* | (*est.*) l'insieme degli atleti, tecnici, accompagnatori ecc. che partecipano a una serie di competizioni sportive spostandosi nelle varie sedi: *il c. della Formula 1*; *il c. bianco* (nelle gare di sci alpino) | (*est.*) ambiente o situazione pieni di confusione, caratterizzati da poca serietà (*spec. spreg.*): *un'atmosfera da c.* | (*fig.*) ***c. mediatico***, (*gener. spreg.*) l'insieme dei mass media considerati nella loro tendenza a trasformare le notizie in eventi spettacolari **3** (*geogr.*) ***c. glaciale***, conca tondeggiante a fondo ampio e pareti ripide situata alla testata delle valli glaciali **4** (*astron.*) ***c. lunare***, formazione anulare osservabile sulla superficie della Luna, della quale i crateri costituiscono un tipo particolare

circolànte A part. pres. di *circolare*; **anche agg. 1** nei sign. del v. **2** ***biblioteca c.***, che dà libri in prestito ai propri abbonati **3** ***capitale c.***, capitale di un'impresa investito in fattori produttivi che si consumano interamente in un solo atto di produzione | ***capitale c. netto***, differenza tra l'attivo a breve termine ed il passivo a breve termine **B s. m. 1** complesso dei mezzi di pagamento in circolazione in un dato momento in uno Stato **2** (*ellitt.*) capitale circolante

♦**circolàre**① o †**circulàre** [vc. dotta, lat. tardo *circulāre* 'disporre a cerchio', lat. classico *circulāri* 'riunirsi in circolo, far circolo', da *cĭrculus* 'cerchio' ✻ 1612] **v. intr.** (*io cìrcolo*; aus. *essere* o *avere*) **1** muoversi attorno, andare in giro | (*est.*) muoversi, spostarsi da un luogo all'altro, spec. nel traffico stradale: *nelle grandi città i veicoli circolano lentamente* **2** andare via, allontanarsi (come esortazione perentoria da parte di forze di polizia o sim.): *c. signori!*; *circolate e lasciate libero il passaggio!* **3** fluire del sangue dal cuore nelle arterie e nelle vene **4** (*est.*) passare dall'una all'altra persona, di mano in mano, spec. di denaro, libri, scritti: *il volume circolò per tutta la classe* **5** (*est.*) diffondersi, propagarsi, detto di notizie, idee e sim.: *certe voci circolano molto rapidamente*

♦**circolàre**② o †**circulàre** [vc. dotta, lat. tardo *circulāre(m)*, da *cĭrculus* 'circolo' ✻ 1282] **A agg. 1** che ha la forma del cerchio, che è simile a un cerchio: *moto, movimento c.*; *il tracciato c. di una pista* | ***viaggio c.***, in cui si torna al punto di partenza | (*fig.*) ***ragionamento c.***, che dà come presupposto proprio ciò che deve essere dimostrato | (*fig.*) ***definizione c.***, che rimanda proprio alla parola o all'espressione che devono essere definite **2** (*mat.*) che riguarda il cerchio: *segmento, settore c.* | trigonometrico: *funzione c.* **3** ***lettera c.***, atto amministrativo con cui un ufficio gerarchicamente superiore impartisce istruzioni di servizio agli uffici dipendenti | ***assegno c.***, V. *assegno* ‖ **circolarménte**, **avv.** in circolo, a modo di circolo ‖ **circolarità**, **s. f. inv.** (V.) **B s. f. 1** lettera circolare: *c. ministeriale* **2** linea di autobus con percorso ad anello: *c. interna, esterna*

circolàre③ [denominale di *circolo* ✻ sec. XX] **v. tr.** (*io cìrcolo*) ● tracciare un cerchio o un ovale intorno a una o più parole di uno scritto, spec. per evidenziarle

circolarità [da *circolare*② ✻ 1623] **s. f. inv.** ● (*raro*) forma circolare, andamento circolare | (*fig.*) caratteristica di ragionamento o definizione circolare

circolatòrio o †**circulatòrio** [vc. dotta, lat. *circulatōriu(m)*, da *circulāri*. V. *circolare*① ✻ av. 1730] **agg.** (**pl. m.** *-i* o *raro -ii*) ● relativo alla circolazione, spec. del sangue: *apparato c.*; *disturbi circolatori*

♦**circolazióne** o †**circulazióne** [vc. dotta, lat. tardo *circulatiōne(m)*, da *circulāri*. V. *circolare*① ✻ 1308] **s. f. 1** movimento spec. in senso circolare: *c. atmosferica* | spostamento da un luogo all'altro | ***c. stradale***, complesso dei fenomeni relativi ai transiti e alle soste sulle vie e sulle altre aree pubbliche e all'impiego dei mezzi di trasporto | ***tassa di c.***, quella dovuta dai proprietari di veicoli circolanti su strade o acque pubbliche, poi sostituita dalla tassa di possesso | ***carta di c.***, documento che autorizza la circolazione di uno specifico veicolo a motore **2** movimento dei beni e dei mezzi monetari che avviene nelle diverse fasi dei processi economici, per effetto dello scambio: *c. fiduciaria, monetaria* | ***c. di un titolo di credito***, trasferimento di un diritto cartolare mediante il trasferimento, nelle forme di legge, del titolo che lo incorpora | ***c. cambiaria***, l'insieme degli effetti da un'azienda ceduti a terzi in pagamento o a banche per lo sconto | ***mettere in c.***, dare corso legale alla moneta; (*fig.*) diffondere una notizia, un'idea e sim. | ***togliere dalla c.***, togliere dal corso legale la moneta; (*fig.*) fare scomparire qlco. o qlcu. **3** (*biol.*) flusso del sangue e della linfa nei vasi: *c. sanguigna, linfatica* **SIN.** circolo **4** †rotazione di astri

circolettàre [da *circoletto* ✻ 1997] **v. tr.** (*io circolétto*) ● contrassegnare con un circoletto: *c. il numero della risposta di un questionario*

♦**cìrcolo** o †**cìrculo** [vc. dotta, lat. *cĭrculu(m)*. V. *cerchio* ✻ 1308] **s. m. 1** cerchio, circonferenza: *tracciare, descrivere un c.* | ***c. massimo***, luogo dei punti che dividono la sfera in due parti uguali | ***c. minore***, parallelo a un circolo massimo **2** (*geogr.*) ciascuna delle linee derivanti dall'intersezione di un piano con la sfera celeste e il geoide terrestre | ***c. massimo***, circolo generato quando il piano passa per il centro della sfera celeste o del geoide terrestre | ***c. orario***, circolo massimo della sfera celeste passante per i poli | ***c. verticale***, circolo massimo della sfera celeste passante per lo zenit e il nadir | ***c. equinoziale***, equatore | ***c. di illuminazione***, circolo massimo che separa l'emisfero terrestre illuminato dal sole da quello in ombra | ***circoli polari***, paralleli che limitano le due calotte polari **3** †orbita di corpi celesti: *il sole ... facendo più stretti circoli arriva alli tropici ed equinozi* (T. CAMPANELLA) **4** (*biol.*) circolazione del sangue **5** (*burocr.*) ufficio circoscrizionale: *c. di una Corte d'Assise*; *c. delle costruzioni telegrafiche e telefoniche* | ***c. didattico***, nell'ordinamento amministrativo della scuola dell'infanzia e primaria, la circoscrizione di una direzione didattica | ***Consiglio di c.***, organo collegiale di gestione scolastica formato dal direttore didattico e dai rappresentanti dei docenti e dei genitori degli alunni, nella scuola dell'infanzia e primaria **6** (*filos.*) ***c. vizioso***, in logica, argomentazione fallace nella quale un'affermazione è dimostrata per mezzo di un'altra affermazione a sua volta fondata sulla prima **SIN.**

diallelo; (*est.*) processo nel quale il verificarsi di un evento sfavorevole produce un peggioramento degli elementi del sistema, compreso quello che ha dato origine al processo stesso | ***c. virtuoso***, processo nel quale il verificarsi di un evento favorevole produce un miglioramento su tutti gli elementi del sistema, compreso quello che ha dato origine al processo stesso **7** associazione costituita con precisi scopi e luogo in cui essa ha sede: *c. di cultura, della caccia, della vela; c. ricreativo* **SIN.** cenacolo, sodalizio | (*est.*) gruppo di persone, riunite spec. per conversare, dibattere e sim.: *c. politico, militare* | ***c. di amici***, crocchio, gruppo | riunione, ricevimento: *la contessa X tiene c. ogni giovedì pomeriggio* **8** (**al pl.**) ambiente di persone con caratteristiche o interessi comuni: *i circoli letterari della capitale; i circoli bene informati del Ministero degli Interni* ‖ **circolétto**, **dim.** | **circolìno**, **dim.**

circom- ➤ **circum-**

circompadàno ➤ **circumpadano**

circon- ➤ **circum-**

circoncèntro (o **-é-**) [comp. del lat. *cĭrcum* 'intorno' e di *centro* ✱ 1937] **s. m.** ● il centro del cerchio circoscritto a un triangolo

circoncìdere [vc. dotta, lat. *circumcīdere*, comp. di *cĭrcum* 'intorno' e *caedere* 'tagliare' ✱ av. 1292] **v. tr.** (**coniug. come** *incidere*) ● sottoporre a circoncisione

†**circoncìngere** ➤ **circumcingere**

circoncisióne [vc. dotta, lat. tardo *circumcisiōne(m)*, da *circumcīdere* 'circoncidere' ✱ sec. XIII] **s. f.** ● ablazione totale o parziale dell'anello prepuziale allo scopo di scoprire il glande, come intervento chirurgico o come pratica rituale o iniziatica, spec. presso Israeliti, Musulmani e popoli primitivi | ***festa della c.***, commemorazione liturgica della Circoncisione di Gesù, oggi intitolata a Maria Genitrice

circoncìso **A** **part. pass.** di *circoncidere*; **anche agg.** ● nel sign. del v. **B** **s. m.** ● chi ha subito la circoncisione

circondàbile [1865] **agg.** ● che si può circondare: *piazzaforte c.*

circondaménto [1341 ca.] **s. m.** ● (*lett.*) accerchiamento

circondànte **part. pres.** di *circondare*; **anche agg.** ● nei sign. del v.

♦**circondàre** o †**circundàre** [lat. *circŭmdare*, comp. di *cĭrcum* 'intorno' e *dāre* 'dare' ✱ 1258] **A** **v. tr.** (*io circóndo*) **1** cingere da ogni parte, chiudere tutt'intorno (+ *con*, + *di*): *la fortezza fu prontamente circondata; circondò l'orto con uno steccato; ei pensò a c. di mura la città* (P. VERRI) | (*fig.*) ricolmare, avvolgere (+ *da*, + *di*): *era circondata dall'affetto e dalla stima di tutti; lo circondano di false premure* **2** (*raro, lett.*) cingere la vita o le spalle di qlcu.: *dovette circondarla con un braccio per sostenerla* (I. NIEVO) **B** **v. intr.** ● †girare intorno, aggirarsi | †scorrere intorno: *intorno al prato un bel fiume circonda* (M.M. BOIARDO) **C** **circondàrsi** **v. rifl.** ● avere, mantenere intorno a sé (+ *di*): *circondarsi di amici, di cattive compagnie, di agi* **SIN.** attorniarsi

circondariàle [1862] **agg.** ● (*burocr.*) relativo a un circondario, spec. giudiziario | ***casa di pena c.***, (*ellitt.*) ***casa c.***, carcere all'interno di un circondario giudiziario, nel quale sono ospitati i detenuti in attesa di giudizio e i condannati a pene non superiori a tre anni

circondàrio [da *circondare* ✱ 1764] **s. m.** **1** circoscrizione amministrativa | (*dir., burocr.*) circoscrizione giudiziaria di un tribunale: *c. del tribunale di Firenze* **2** (*est.*) zona, territorio circostante qlco.: *dai paeselli montani, da tutto il c., era affluita gente* (L. PIRANDELLO)

circondàto **part. pass.** di *circondare*; **anche agg.** **1** cinto, chiuso da ogni parte (+ *da*) | (*est.*) attorniato: *una foto dell'attrice circondata dagli ammiratori* | (*fig.*) avvolto: *morì c. dall'affetto dei familiari; rimasi solo (...), c. dalle tenebre e dal silenzio* (G. VERGA) **2** (*fig.*) colmato, riempito (+ *di*): *essere c. di attenzioni, di cure*

circondùrre [lat. *circumdūcere*, comp. di *cĭrcum* 'intorno' e *dūcere* 'condurre' ✱ 1475] **v. tr.** (**coniug. come** *condurre*) **1** (*lett.*) condurre, girare intorno **2** (*fig., lett.*) raggirare, circuire **3** in ginnastica, effettuare una circonduzione: *c. le braccia*

circonduzióne [vc. dotta, lat. *circumductiōne(m)* 'il condurre intorno', da *circumdūctus*, part. pass. di *circumdūcere* 'condurre intorno'. V. *circondurre* ✱ 1560] **s. f.** ● nella ginnastica, movimento circolare degli arti, del busto o del capo

circonferènza [vc. dotta, lat. tardo *circumferĕntia(m)*, da *circŭmferens*, genit. *circumferĕntis*, part. pres. di *circumfĕrre* 'portare intorno' ✱ 1282] **s. f.** **1** (*mat.*) luogo dei punti del piano equidistanti da un punto fisso | ***c. circoscritta a un poligono***, l'eventuale circonferenza passante per i vertici del poligono | ***c. inscritta a un poligono***, l'eventuale circonferenza alla quale sono tangenti tutti i lati del poligono **2** (*est.*) linea che misura la dimensione di un corpo cilindrico o tondeggiante: *la c. di un tronco; la c. del torace, della vita* | linea, anche non circolare, che delimita i confini di un luogo, di una superficie: *la c. delle aree fabbricabili* | (*est.*) lo spazio compreso entro tale linea

circonferenziàle [da *circonferenza* ✱ sec. XIV] **agg.** ● (*mat.*) relativo alla circonferenza

circonflessióne [vc. dotta, lat. tardo *circumflexiōne(m)* 'deviazione', da *circumflĕctere*. V. *circonflettere* ✱ 1374] **s. f.** ● piegatura ad arco

circonflèsso **part. pass.** di *circonflettere*; **anche agg.** **1** piegato ad arco **2** (*ling.*) ***accento c.***, segno grafico (ˆ) usato in francese per segnalare il grado di apertura o la lunghezza di alcune vocali e in italiano per indicare la contrazione di vocali; in greco (˜) per indicare l'originario tono delle vocali lunghe (V. nota d'uso ACCENTO)

circonflèttere [vc. dotta, lat. *circumflĕctere* 'descrivere intorno', comp. di *cĭrcum* 'intorno' e *flĕctere* 'piegare' ✱ av. 1543] **v. tr.** (**coniug. come** *flettere*) **1** flettere a cerchio, piegare ad arco **2** munire di accento circonflesso

circonfluìre [vc. dotta, lat. *circumflŭere*, comp. di *cĭrcum* 'intorno' e *flŭere* 'fluire' ✱ av. 1907] **v. tr.** (*io circonfluisco, tu circonfluisci*) ● (*raro, lett.*) circondare fluendo attorno

circonfóndere [vc. dotta, lat. *circumfŭndere*, comp. di *cĭrcum* 'intorno' e *fŭndere* 'spargere' ✱ av. 1342] **v. tr.** (**coniug. come** *fondere*) ● (*lett.*) circondare, pervadere d'aria, di luce e sim.: *lo cerco nel mistero della nube ignea che lo circonfonde* (G. D'ANNUNZIO)

circonfùlgere [vc. dotta, lat. *circumfulgēre* 'splendere intorno'. comp. di *cĭrcum* 'intorno' e *fulgēre* 'risplendere' ✱ 1321] **v. tr.** (**coniug. come** *fulgere*) ● (*lett.*) illuminare splendendo attorno

circonfùso **part. pass.** di *circonfondere*; **anche agg.** **1** nel sign. del v. | (*lett.*) diffuso, sparso **2** avvolto, circondato (*anche fig.*): *Ella si sentiva circonfusa di luce e d'amore* (G. D'ANNUNZIO)

circonlocuzióne [vc. dotta, lat. *circumlocutiōne(m)*, nom. *circumlocūtio*, comp. di *cĭrcum* 'intorno' e *locūtio* 'espressione, locuzione' ✱ av. 1334] **s. f.** ● (*ling.*) perifrasi

circonscrìvere e deriv. ➤ **circoscrivere** e deriv.

†**circonspètto** e deriv. ➤ **circospetto** e deriv.

circonstànte e deriv. ➤ **circostante** e deriv.

†**circonvallàre** [vc. dotta, lat. *circumvallāre* 'chiudere con una trincea', comp. di *cĭrcum* 'intorno' e *văllum* 'trincea' ✱ 1723] **v. tr.** ● cingere un luogo con un sistema di trincee per fortificazione o assedio

circonvallazióne [vc. dotta, lat. tardo *circumvallatiōne(m)*, da *circumvallāre* 'circonvallare' ✱ av. 1647] **s. f.** **1** (*stor.*) linea continua di fortificazioni posta dagli assedianti intorno alla zona assediata **2** strada di scorrimento che gira attorno a una città | ***linea di c.***, linea di trasporti pubblici che percorre tale strada

circonvenìre [fr. *circonvenir*, dal lat. *circumvenīre* 'venire intorno', poi 'circondare', comp. di *cĭrcun* 'intorno' e *venīre* 'venire' ✱ sec. XIV] **v. tr.** (**coniug. come** *venire*) ● insidiare, raggirare

circonvenzióne [vc. dotta, lat. tardo *circumventiōne(m)*, da *circumvenīre*. V. *circonvenire* ✱ av. 1348] **s. f.** ● insidia, raggiro | (*dir.*) ***c. di incapace***, induzione di persona minore o inferma o psichicamente incapace, a compiere un atto giuridico dannoso per lei o altri al fine di trarne un profitto

SFUMATURE ➤ ***raggiro***

circonvicìno [comp. di *circon-* e *vicino* ✱ 1308] **agg.** ● che sta nelle vicinanze: *le nazioni circonvicine in un medesimo errore co' cittadini sono* (G. BOCCACCIO) **SIN.** circostante, limitrofo, vicino **CONTR.** lontano

SFUMATURE ➤ ***limitrofo***

†**circonvolùbile** [comp. di *circon-* e del lat. *volūbilis* 'volubile, girevole', da *vŏlvere* 'girare' ✱ av. 1519] **agg.** ● che si svolge in giro: *la c. onda* (LEONARDO)

circonvolùto [vc. dotta, lat. *circumvolūtu(m)*, part. pass. di *circumvŏlvere* 'girare attorno', comp. di *cĭrcum* 'intorno' e *vŏlvere* 'girare' ✱ av. 1642] **agg.** **1** †condotto intorno **2** (*lett., fig.*) confuso, non chiaro, spec. di discorso, stile e sim.

circonvoluzióne [comp. del lat. *cĭrcum* 'intorno' e *vŏlvere* 'girare' ✱ av. 1328] **s. f.** **1** avvolgimento attorno a un centro **2** (*anat.*) piega della corteccia cerebrale **3** †mulinello, vortice (*anche fig.*)

circoscrittìbile [1639] **agg.** ● (*raro*) che si può circoscrivere

circoscrìtto o (*lett.*) **circonscrìtto** **part. pass.** di *circoscrivere*; **anche agg.** **1** nei sign. del v. (+ *a*): *un rombo c. a una circonferenza* **2** chiuso entro determinati limiti (+ *a*): *un incendio ormai c.; un contagio c. a una zona limitata* | (*fig.*) limitato, ridotto: *poteri circoscritti* | (*fig.*) angusto, ristretto: *Tutte le idee erano o circoscritte, o false, o confuse* (V. ALFIERI)

circoscrìvere o (*lett.*) **circonscrìvere** [lat. *circumscrībere*, comp. di *cĭrcum* 'intorno' e *scrībere* 'scrivere' ✱ av. 1306] **v. tr.** (**coniug. come** *scrivere*) **1** (*mat.*) tracciare una figura geometrica, che, rispetto a un'altra data, la contenga toccandola (+ *a*): *c. una circonferenza a un poligono* **2** (*est.*) contenere entro determinati limiti: *c. un conflitto, un contagio, un incendio; c. una ricerca storica a un periodo specifico* **SIN.** delimitare **3** definire con precisione: *c. un'idea, un principio; sentir c. il telescopio da sé non ancor veduto* (G. GALILEI)

circoscrivìbile [1973] **agg.** **1** che può essere delimitato; riconducibile (+ *a*): *un'anomalia c. a casi limitati* **2** (*mat.*) che si può circoscrivere (+ *a*): *triangolo c. a una circonferenza* **SIN.** circoscrittibile ‖ **circoscrivibilità**, **s. f. inv.**

circoscrizionàle [1970] **agg.** ● pertinente a una circoscrizione

circoscrizióne [vc. dotta, lat. *circumscriptiōne(m)*, da *circumscrībere* 'circoscrivere' ✱ av.

1334] **s. f. 1** (*raro*) il circoscrivere **2** ripartizione del territorio statale per fini amministrativi: *c. giudiziaria* | ***c. elettorale***, ciascuna delle 26 porzioni di territorio per la ripartizione dei seggi per la Camera dei deputati attribuiti col sistema proporzionale | ***c. comunale, di quartiere***, ripartizione del territorio comunale dotata di propri organi elettivi

C

✦**circospètto** o †**circonspètto** [vc. dotta, lat. *circumspĕctu(m)*, part. pass. di *circumspĭcere* 'guardare intorno', comp. di *cĭrcum* 'intorno' e *spĭcere* 'guardare' ✱ av. 1327] **agg.** ● che agisce con cautela e prudenza: *un uomo metodico e c.* | ***andar c.***, procedere con cautela | che dimostra cautela, prudenza: *comportamento c.*; *parole circospette* SIN. cauto, guardingo || **circospettaménte**, **avv.** (*raro*) in modo circospetto

✦**circospezióne** o †**circonspezióne** [vc. dotta, lat. *circumspectiōne(m)*, da *circumspĕctus* 'circospetto' ✱ 1268] **s. f.** ● cautela, prudenza: *agire con grande c.*; *gli avvenimenti ci impongono la c.*

SFUMATURE ➤ ***previdenza***

circostànte o (*lett.*) **circonstànte** [vc. dotta, lat. *circumstānte(m)*, part. pres. di *circumstāre* 'stare intorno', comp. di *cĭrcum* 'intorno' e *stāre* 'stare' ✱ 1310] **A agg.** ● che sta intorno, che è molto vicino (+ qlco.; *raro* + *a*): *paesi, colline, persone circostanti*; *la zona c. un porto*; *nei prati circostanti alla loro dimora* (P. ARTUSI) **B circostànti s. m. pl.** ● persone che stanno intorno SIN. astanti

SFUMATURE ➤ ***limitrofo***

♦**circostànza** o †**circonstànza** [vc. dotta, lat. *circumstāntia(m)* 'il circondare, lo stare intorno', poi 'circostanza', da *circumstāre* ✱ 1288] **s. f. 1** ciascuna delle condizioni oggettive che concorrono a determinare azioni, situazioni, decisioni e sim.: *avrei voluto scriverti, ma le circostanze me lo hanno impedito*; *date le circostanze non posso uscire*; *per un complesso di circostanze siamo qui anche noi* | (*dir.*) ***c. del reato***, elemento eventuale del reato che aggrava o attenua la pena prevista dalla legge: *c. aggravante*; *c. attenuante* SIN. condizione, contingenza, congiuntura **2** congiuntura, occasione: *una c. favorevole*; *in simili circostanze non so come comportarmi* | ***di c.***, convenzionale, formale: *il presidente ha pronunciato un breve discorso di c.* **3** (*raro, lett.*) prossimità, vicinanza: *nelle circostanze d'Alessandria* (F. GUICCIARDINI)

circostanziàle [av. 1873] **agg.** ● relativo alle circostanze | (*gramm.*) ***complemento c.***, ogni complemento che indica le circostanze in cui si svolge l'azione (per es. i complementi di tempo, di luogo, di modo) || **circostanzialità**, **s. f. inv. 1** caratteristica di ciò che è circostanziale **2** (*psicol.*) disturbo della capacità di comunicare che consiste nell'abbondare in particolari irrilevanti che rendono il messaggio confuso

circostanziàre o †**circonstanziàre** [fr. *circonstancier*. V. *circostanza* ✱ 1745] **v. tr.** (*io circostànzio*) ● riferire in modo particolareggiato tutte le circostanze di un fatto: *c. con precisione il delitto*

circostanziàto o †**circonstanziàto** **part. pass.** di *circostanziare*; anche **agg.** ● ricco di particolari, esauriente: *resoconto c.* || **circostanziataménte**, **avv.**

circuiménto [1612] **s. m.** ● (*raro*) il circuire

✦**circuìre** [vc. dotta, lat. *circuīre*, comp. di *cĭrcum* 'intorno' e *īre* 'andare' ✱ 1308] **v. tr.** (*io circuìsco, tu circuìsci*) **1** (*lett.*) girare intorno, girare in lungo e in largo: *in picciol tempo gran dottor si feo / tal che si mise a circuir la vigna* (DANTE *Par.* XII, 85-86) **2** (*lett.*) circondare, accerchiare: *si trovò in orlo al boschetto che circuisce dai due lati la fontana* (I. NIEVO) **3** (*fig.*) trarre in inganno qlcu. circondandolo di lusinghe, raggiri e sim.: *fu circuito da due abili malfattori* SIN. insidiare, raggirare

†**circuità** [da *circuito*① ✱ av. 1400] **s. f.** ● giro, circuito

circuitàle [1980] **agg.** ● relativo a circuito elettrico

circuitàre [da *circuito*① ✱ 1897] **A v. tr.** (*io circùito*) ● far circolare: *c. una produzione teatrale* **B v. intr.** (aus. *avere* o *essere*) ● girare in tondo | girare, spostarsi in un circuito

circuitazióne [da *circuito*① ✱ 1930] **s. f. 1** circolazione all'interno di un circuito, in una serie di luoghi prestabiliti: *la c. di una mostra* **2** (*fis.*) integrale di un vettore lungo un cammino chiuso

circuiterìa [da *circuito*① ✱ 1970] **s. f.** ● (*elettr.*) insieme di circuiti elettrici

♦**circùito**①, (*evit.*) **circuìto** [vc. dotta, lat. *circŭitu(m)*, da *circuīre* 'circuire' ✱ av. 1292] **s. m. 1** (*mat.*) curva chiusa | in un grafo, arco che ritorna al punto di partenza **2** correntemente, tracciato o percorso che delimita uno spazio e nel quale il punto di partenza e il punto di arrivo coincidono: *c. di gara* | ***in c.***, tutt'attorno, in giro | ***c. di prova***, circuito stradale con tratti di diverse caratteristiche che si fa percorrere agli autoveicoli per collaudi, per dimostrazione | (*est.*) gara che si svolge su tale tipo di percorso ripetuto più volte **3** (*raro, lett.*) spazio compreso in un perimetro limitato **4** (*fig.*) giro di parole: *lunghi circuiti di parole affettate* (B. CASTIGLIONE) **5** (*elettr.*) sistema di conduttori e di apparecchi predisposto per essere percorso da corrente elettrica | ***chiudere il c.***, far passare la corrente | ***corto c.***, (*ellitt.*) ***corto***, V. *cortocircuito* | ***c. magnetico***, via seguita dal flusso magnetico | ***c. stampato***, circuito elettrico o elemento circuitale nel quale i collegamenti e certi componenti fissi vengono stampati su un pannello di materiale isolante | ***c. integrato***, circuito elettronico ottenuto secondo le tecniche della microelettronica dalla lavorazione di un solo blocco di semiconduttori | ***c. chiuso***, qualsiasi percorso o anello lungo il quale la corrente può circolare senza interruzione; (*est.*) in varie tecnologie, processo o impianto senza soluzione di continuità: *impianto televisivo a c. chiuso* **6** complesso di strutture e di rapporti che permettono la circolazione di capitali o la commercializzazione di prodotti: *c. monetario*; *c. commerciale*; *c. di vendita* **7** gruppo di sale cinematografiche gestite da un medesimo proprietario o legate a un unico ente di distribuzione || **circuitìno**, **dim.**

circuìto② **part. pass.** di *circuire*; anche **agg.** ● nei sign. del v. | (*fig.*) raggirato

circuizióne [av. 1340] **s. f. 1** (*raro*) il circuire **2** †perifrasi, circonlocuzione

†**cìrculo** e deriv. ➤ **circolo** e deriv.

circum- o **circom-**, **circon-** [dal lat. *cĭrcum* 'intorno'] **pref.** ● in parole composte significa 'intorno': *circumlunare, circumnavigazione, circumzenitale, circumvesuviano*

circumcìngere o †**circoncìngere** [vc. dotta, lat. tardo *circumcĭngere*, comp. di *cĭrcum* 'intorno' e *cĭngere* 'cingere' ✱ 1321] **v. tr.** (coniug. come *cingere*) ● (*lett.*) cingere all'intorno, circondare

†**circumcìrca** [vc. dotta, lat. *circumcĭrca*, comp. di *cĭrcum* 'intorno' e *cĭrca* 'intorno, pressappoco' ✱ 1464] **avv.** ● pressappoco, all'incirca

circumetnèo [comp. di *circum-* ed *etneo* ✱ 1987] **agg.** ● che sta, che si snoda attorno all'Etna: *ferrovia circumetnea*

circuminsessióne [comp. del lat. *cĭrcum* 'intorno', *ĭn* 'in' e *sedēre* 'sedere' ✱ 1865] **s. f.** ● (*relig.*) coesistenza necessaria del Padre, del Figlio e dello Spirito Santo nella Trinità

circumlunàre [comp. di *circum-* e *luna*, con suff. aggettivale ✱ 1987] **agg.** ● che gira o sta intorno alla Luna

circumnavigàre [vc. dotta, lat. tardo *circumnavigāre*. V. *circumnavigazione* ✱ 1857] **v. tr.** (*io circumnàvigo, tu circumnàvighi*) ● compiere il periplo di un continente, della Terra: *c. l'Africa*

circumnavigatóre [1964] **s. m.** (**f.** *-trice*) ● chi compie una circumnavigazione

circumnavigazióne [fr. *circumnavigation*, dal lat. tardo *circumnavigāre* 'seguire navigando, costeggiare', comp. di *cĭrcum* 'intorno' e *navigāre* 'navigare' ✱ 1844] **s. f.** ● viaggio marittimo compiuto tutt'attorno a un continente o a un'isola

circumpadàno o **circompadàno** [vc. dotta, lat. *circumpadānu(m)*, comp. di *cĭrcum* 'intorno' e *Pădus* 'Po', con suff. aggettivale ✱ sec. XIV] **agg.** ● relativo ai territori attraversati dal Po e alle popolazioni che li abitano

circumpolàre [fr. *circumpolaire*, comp. del lat. *cĭrcum* 'intorno' e del fr. *polaire* 'polare' ✱ 1771] **agg.** ● (*astron.*) che sta intorno al polo artico o all'antartico | ***stella c.***, astro la cui distanza angolare dal polo celeste visibile è pari o inferiore alla latitudine del luogo d'osservazione e che quindi non tramonta mai

circumsolàre [comp. di *circum-* e *sole*, con suff. aggettivale ✱ 1983] **agg.** ● che gira o sta attorno al Sole

circumterrèstre [comp. di *circum-* e *terra*, con suff. aggettivale ✱ 1963] **agg.** ● che gira o sta attorno alla Terra: *orbita c.*

circumvesuviàno [comp. di *circum-* e *Vesuvio*, con suff. aggettivale ✱ 1938] **agg.** ● che sta, che si snoda tutt'attorno al Vesuvio: *ferrovia circumvesuviana*

circumzenitàle [comp. di *circum-* e *zenit* col suff. aggettivale ✱ 1956] **agg.** ● (*geogr.*) che è molto prossimo allo zenit

†**circundàre** ➤ **circondare**

ciré /fr. si'ʀe/ [vc. fr., 'cerato', part. pass. di *cirer* 'incerare', dal lat. *cerāre* 'spalmare di cera' ✱ 1938] **A s. m. inv.** ● tessuto apprettato con sostanze cerose in modo da presentare una faccia molto lucida e liscia **B anche agg.**: *tessuto c.*

cirenàico [vc. dotta, lat. *Cyrenăicu(m)*, dal gr. *Kyrēnaikós*, da *Kyrḗnē* 'Cirene', città della Libia ✱ 1440] **A agg.** (**pl. m.** *-ci*) **1** della Cirenaica (regione dell'Africa settentrionale) o di Cirene (città della Libia) | ***scuola cirenaica***, fondata da Aristippo di Cirene | ***filosofia cirenaica***, cirenaismo **2** che ha i caratteri della filosofia cirenaica o si ispira a essa **B s. m. 1** (**f.** *-a*) abitante o nativo della Cirenaica o di Cirene **2** seguace della scuola cirenaica

cirenaìsmo [da *Cirenaico* ✱ 1970] **s. m.** ● indirizzo filosofico post-socratico fondato da Aristippo di Cirene nel IV secolo a.C., che riconosceva nel piacere fisico il sommo bene della vita

✦**cirenèo** [vc. dotta, lat. *Cyrenaeu(m)*, dal gr. *Kyrēnâios*. V. *cirenaico* ✱ av. 1342] **s. m.** (**f.** *-a*) **1** abitante o nativo di Cirene | ***il Cireneo***, (*per anton.*) Simone da Cirene, che aiutò Cristo a portare la croce **2** (*fig.*) chi si assume un compito o un incarico particolarmente gravoso, che spetterebbe ad altri

†**cirìegio** e deriv. ➤ **ciliegio** e deriv.

cirìllico [da S. *Cirillo* (sec. IX e X) che li usò nella traduzione della *Bibbia* ✱ 1892] **A agg.** (**pl. m.** *-ci*) ● detto dei caratteri di scrittura propri di alcune lingue slave (russo, ucraino, serbo, bulgaro, macedone): *alfabeto c.*; *caratteri cirillici* **B s. m. solo sing.** ● alfabeto cirillico

cirimbràccola ➤ **cimbraccola**

†**cirimònia** e deriv. ➤ **cerimonia** e deriv.

ciriòla o †**ciriuòla** [da *cero*, per la forma e il colore giallastro ✱ av. 1449] **s. f. 1** (*centr.*) piccola anguilla sottile | (*fig.*) persona infida e sfuggente **2** a Roma, forma di pane affusolata ‖ **ciriolétta**, **dim.**

ciriolàre [da *ciriola* ✱ 1918] **v. intr.** (*io ciriòlo*; aus. *essere*) ● (*centr.*) dimenarsi, sgusciare di mano: *continuava a dare calci e a c.* (P.P. Pasolini)

ciripà [dal n. di una tribù di indios brasiliani per l'analoga foggia del loro perizoma ✱ 1970] **s. m. inv.** ● pezza di tessuto morbido a forma pressoché triangolare, che viene avvolta, ripiegata e annodata attorno ai fianchi di un neonato a scopo protettivo e assorbente (oggi gener. sostituito dal pannolino mutandina)

cirìparo [dal fr. *ciripare*, comp. di *cire* 'cera' e *-pare* '-paro' ✱ 1956] **agg.** ● (*zool.*) detto di qualsiasi struttura o cellula che produce cera

†**ciriuòla** ➤ **ciriola**

cìrmolo [etimo incerto ✱ 1913] **s. m.** ● (*bot.*, *sett.*) cembro

cirnèco [vc. sicil. di orig. discussa: lat. *Cyrenăicu(m)* '(cane) di Cirene' (?) ✱ 1942] **s. m.** (**pl.** *-chi*) ● cane siciliano di piccola taglia, con pelo raso sulla testa e sugli arti, semilungo sul tronco e sulla coda; è forte e adatto alla caccia

Cirò [dalla località in provincia di Catanzaro dove viene prodotto ✱ 1931] **s. m. inv.** ● vino calabrese di colore rosso rubino, di 14°-15°, prodotto nei vigneti collinari della costa ionica con uve locali; ha un profumo elegante, vinoso e un sapore armonico, vellutato; si produce anche nei tipi bianco e rosato

cirràto [vc. dotta, lat. *cirrātu(m)*, da *cĭrrus* 'cirro' ✱ 1810] **agg.** ● (*lett.*) ricciuto: *le testine cirrate e incipriate dei cavalieri e delle dame del settecento* (G. Carducci)

cirrifórme [comp. di *cirro* e *-forme* ✱ 1865] **agg. 1** (*meteor.*) che ha forma di cirro: *nube c.* **2** (*bot.*) che ha forma di viticcio

Cirrìpedi [vc. dotta, comp. di *cirro* e del lat. *pēs*, genit. *pĕdis* 'piede' ✱ 1892] **s. m. pl.** (**sing.** *-e*) ● (*zool.*) sottoclasse di Crostacei marini sessili ed ermafroditi, racchiusi in un guscio calcificato e con le zampe trasformate in sottili cirri (*Cirripedia*)

cìrro [vc. dotta, lat. *cĭrru(m)* 'ricciolo', di etim. incerta ✱ 1321] **s. m. 1** (*meteor.*) sottile nube d'alta quota (6000-10 000 m) a forma di filamenti, ciuffi o strisce di colore bianco, d'aspetto fibroso e lucentezza serica, costituita di cristalli di ghiaccio **2** (*zool.*) organo tattile e di movimento di varia natura e di varia forma presente nei Ciliati, negli Anellidi e nei Cirripedi **3** viticcio **4** (*lett.*) ricciolo

cirrocùmulo o **cirrocùmolo** [comp. di *cirro* e *cumulo* ✱ 1892] **s. m.** ● (*meteor.*) nube stratificata d'alta quota (6000-8000 m) composta di piccoli fiocchi bianchi o di piccolissimi globuli senza ombre proprie, disposti in gruppi o file, o che formano increspature **SIN.** cielo a pecorelle

cirròṣi [fr. *cirrhose*, dal gr. *kirrós* 'giallastro' (di etim. incerta), dal colore dell'organo colpito ✱ 1828] **s. f. inv.** ● (*med.*) indurimento, sclerosi di un organo: *c. epatica*

cirróso (o **-ṣ-**) [da *cirro* ✱ 1820] **agg. 1** (*meteor.*) detto di cielo in cui vi siano cirri **2** (*bot.*) detto di organo vegetale con le caratteristiche del cirro

cirrostràto [comp. di *cirro* e *strato* ✱ 1892] **s. m.** ● (*meteor.*) nube alta e stratificata (tra 6000 e 10 000 metri di quota) costituita da cristalli di ghiaccio simile a velo sottile, biancastro, trasparente, fibroso che lascia vedere i contorni del Sole e della Luna e genera spesso il fenomeno dell'alone

cirròtico [da *cirrosi* ✱ 1900] **agg. e s. m.** (**f.** *-a*; **pl. m.** *-ci*) ● (*med.*) che (o chi) è affetto da cirrosi

†**ciruṣìa** ➤ †**cerusia**

†**cirùṣico** ➤ **cerusico**

cis [vc. lat., propr. 'di qua da' ✱ 1902] **agg. inv.** ● (*chim.*) nelle molecole in cui due atomi di carbonio legati da un legame doppio hanno a loro volta entrambi un legame con gli stessi due gruppi, detto dell'isomero che ha i gruppi identici dallo stesso lato **CFR.** trans②

cis- [dal lat. *cĭs* 'di qua da'] **pref.** **Nella divisione sillabica di alcune parole composte con *cis-* è ammesso considerare il prefisso come prima sillaba anche in violazione delle usuali regole di divisione: *cis-pa-da-no* e *cis-ge-ni-co* sono corrette come *ci-spa-da-no* e *ci-sge-ni-co*. Si noti che la divisione con *cis-* in genere si legge più facilmente e meglio corrisponde alla pronuncia effettiva (che di solito introduce una breve pausa dopo il prefisso).** ● in parole composte significa 'di qua da', indica o fa riferimento a posizione geografica o astronomica al di qua di un dato punto di riferimento: *cislunare, cismarino, cispadano*

†**ciṣàle** [dal lat. parl. **cisa* 'siepe tagliata', da *caedere* 'tagliare' ✱ sec. XIV] **s. m.** ● ciglione che spartisce o chiude i campi

ciṣalpìno [vc. dotta, lat. *cisalpīnu(m)*, comp. di *cĭs* 'di qua da' e *Ălpes* 'Alpi' ✱ 1258] **agg.** ● situato al di qua delle Alpi, rispetto a Roma: *Gallia cisalpina*

ciscrànna [dall'ant. *(ar)ciscranna*, comp. di *arca* e *scranna* ✱ 1303] **s. f. 1** †cassapanca a schienale mobile su cui si sedeva da due parti | seggiola con o senza braccioli **2** †sedia o mobile sgangherato **3** (*fig.*, *tosc.*) donna vecchia e sfatta

†**ciṣèllo** ➤ **cesello**

ciṣgènica [2009] **s. f.** ● (*biol.*) scienza che si occupa del miglioramento genetico delle piante con l'introduzione di geni provenienti da specie simili allo scopo di aumentarne la resistenza a malattie, funghi, batteri

ciṣgènico [comp. di *cis-* e *-genico*, calco sull'ingl. *cisgenic* ✱ 2009] **agg.** (**pl. m.** *-ci*) ● (*biol.*) relativo alla cisgenica **CFR.** transgenico

cìṣio [vc. dotta, lat. *cĭsiu(m)*, di orig. gallica ✱ av. 1675] **s. m.** ● presso gli antichi Romani, leggero carro a due ruote

ciṣlìno [dalla sigla *CISL* con il suff. aggettivale *-ino* ✱ 1963] **s. m.** (**f.** *-a*) ● appartenente, iscritto alla Confederazione Italiana Sindacato Lavoratori

ciṣlunàre [comp. di *cis-* e *luna*, con suff. aggettivale ✱ 1965] **agg.** ● (*astron.*) che sta al di qua della Luna rispetto alla Terra

ciṣmarìno [comp. di *cis-* e *mare*, con suff. aggettivale ✱ 1925] **agg.** ● che sta al di qua del mare

ciṣmontàno [vc. dotta, lat. *cismontānu(m)*, comp. di *cĭs* 'di qua da' e *mōns*, genit. *mŏntis* 'monte' ✱ 1705] **agg.** ● che sta al di qua dei monti

ciṣóia ➤ **cesoia**

cìspa [etim. sconosciuta ✱ av. 1449] **s. f. 1** prodotto viscoso di secrezione delle ghiandole palpebrali, che si deposita fra le palpebre, spec. durante il sonno **2** (*est.*, *raro*) occhio cisposo | (*pop.*, *spreg.*) †persona che ha gli occhi cisposi

cispadàno [comp. di *cis-* e *padano*, sul modello di *cisalpino* e *transpadano* ✱ av. 1556] **agg.** ● che sta al di qua del Po, rispetto a Roma

†**cìspo** [1310] **agg.** ● cisposo

cispóso (o **-ṣo**) [av. 1342] **agg.** ● pieno di cispa: *occhi cisposi* | che ha gli occhi pieni di cispa: *questo vecchio ... bavoso, cisposo, e sanza denti* (N. Machiavelli) ‖ **cisposità**, **s. f. inv.** caratteristica di chi (o di ciò che) è cisposo; (*est.*) cispa

cissòide [vc. dotta, gr. *kissoeidḗs* 'simile all'edera', comp. di *kissós* 'edera' e *-eidḗs* '-oide' ✱ 1674] **s. f.** ● (*mat.*) curva piana ottenuta fissando su una circonferenza un punto *O* e la tangente *t* nel punto diametralmente opposto, e riportando su ogni retta per *O* un segmento uguale a quello compreso fra la circonferenza e *t*

cìsta① [vc. dotta, lat. *cĭsta(m)*. V. *cesta* ✱ 1698] **s. f. 1** antico vaso con coperchio, munito di due manici, generalmente di forma cilindrica, usato per riporvi capi di biancheria o da toeletta **2** canestro con coperchio che si portava nei misteri dionisiaci di Demetra e d'Iside e conteneva gli oggetti e i simboli sacri che dovevano essere sottratti alla vista dei profani

cìsta② [etim. incerta ✱ 1905] **s. f.** ● nel macao e in alcuni altri giochi di carte, la carta, come il 10 o la figura, che non vale nulla | nel gioco del biliardo, ogni punto conseguito ma per qualunque ragione considerato nullo

Cistàcee [vc. dotta, comp. di *cisto* e *-acee* ✱ 1865] **s. f. pl.** (**sing.** *-a*) ● (*bot.*) famiglia di piante erbacee con foglie opposte, fiori pentameri in racemi e frutto a capsula (*Cistaceae*)

cistalgìa [comp. di *cist(o)-* e *-algia* ✱ 1830] **s. f.** (**pl.** *-gìe*) ● (*med.*) dolore localizzato alla vescica urinaria

ciste ➤ **cisti**

cistectomìa [comp. da *cisti* e dal gr. *ektomḗ* 'taglio' (comp. di *ek* 'da' e *tomḗ* 'taglio'. V. *-tomia*) ✱ 1937] **s. f.** ● (*chir.*) ablazione chirurgica della vescica urinaria

cisteìna [da *cisti*, perché fu isolata da calcoli urinari ✱ 1964] **s. f.** ● (*chim.*) amminoacido solforato presente nelle proteine; ne sono particolarmente ricche le proteine della cute e dei peli

cìster [dal fr. *cistre*, ant. *citre* 'tipo di cetra (in lat. *cĭthera(m)*)', influenzato da *sistre* 'sistro' ✱ sec. XX] **s. f. inv.** ● (*mus.*) strumento a corde pizzicate affine al liuto, diffuso in Europa fino al sec. XIX

cistercènse o **cisterciènse** [da *Cistercium*, forma latinizzata di *Cîteaux*, località della Borgogna dove fu fondato l'ordine ✱ 1475] **A agg.** ● dell'ordine fondato nel 1098 a Cîteaux da Roberto di Molesme: *monaco, convento c.* **B anche s. m. e f.**: *il convento dei cistercensi*

cistèrna o †**citèrna** [lat. *cistĕrna(m)*, da *cĭsta* 'cesta', con suff. etrusco ✱ 1288] **A s. f. 1** vasca gener. sotterranea in muratura, nella quale si raccoglie e conserva l'acqua piovana | (*est.*) grande serbatoio per liquidi: *una c. di nafta* | autocisterna **2** (*anat.*) formazione in cui confluiscono liquidi circolanti | ***c. del Pecquet***, piccola dilatazione all'origine del dotto toracico | ***c. subaracnoidale***, lacuna tra l'aracnoide e la pia madre, in cui circola il liquido cefalo-rachidiano **3** †pozzo, cavità profonda | (*fig.*) †fonte **4** (*biol.*) ognuno degli elementi cavitari che complessivamente costituiscono il reticolo endoplasmatico granulare **B in funzione di agg. inv.** ● (posposto a un sost.) detto di mezzo adibito al trasporto di liquidi vari: *aereo, auto, carro, nave c.* ‖ **cisternétta**, **dim.** | **cisternìna**, **dim.** | **cisternóne**, **accr. m.**

cisternièro [1979] **agg.** ● relativo alle navi o ai camion cisterna: *trasporti cisternieri*; *flotta cisterniera*

cisternìsta [1979] **s. m. e f.** (**pl. m.** *-i*) ● chi, per mezzo di un'autocisterna, trasporta i prodotti petroliferi dalle raffinerie ai vari luoghi di consumo

cìsti o **ciste** [vc. dotta, lat. tardo *cȳste(m)*, dal gr. *kýstis* 'vescica', di orig. indeur. ✱ 1778] **s. f. inv. 1** (*med.*) formazione costituita da una cavità a pareti proprie contenente varie sostanze: *c. sierosa, ematica, linfatica* | ***c. sebacea***, contenente sebo e cheratina; si forma per ostruzione del dotto secretore di una ghiandola sebacea | (*anat.*) ***c. biliare***, cistifellea **2** (*zool.*) involucro di cui si circondano alcuni Protozoi per resistere a sfavorevoli condizioni ambientali

cisti- ➤ **cisto-**

cisticèrco [comp. di *cisti-* e di *-cerco* ✱ 1820] **s. m.** (**pl.** *-chi*) ● (*biol.*) stadio larvale di certi Platelminti dei Cestodi (es. *Taenia solium*) che attuano una fase di sviluppo in tessuti (fegato, muscoli) di Vertebrati; è caratterizzato da una cisti voluminosa contenente liquido e uno scolice invaginato

C

cisticercòṣi [fr. *cysticercose*. V. *cisticerco* ✱ 1899] **s. f. inv.** ● (*med.*) infestazione causata dall'ingestione di larve (*Cysticercus cellulosae*) di *Tenia solium* che, penetrando attraverso la parete intestinale, si diffondono nel circolo sanguigno e si localizzano in organi e tessuti formando cisti

cìstico [da *cisti* ✱ 1684] **agg.** (**pl. m.** *-ci*) ● relativo a cisti: *liquido c.*; *parete cistica* | (*anat.*) ***dotto c.***, che unisce la cistifellea al coledoco

cistìde [dal gr. *kýstis*, genit. *kýstidos* 'vescica' (V. *cisti*) ✱ 1892] **s. f.** ● (*zool.*) parte immobile del corpo dei Briozoi, rivestita da un involucro chitinoso o calcareo

cistifèllea o **cistifèlia** [comp. di *cisti-* e del lat. *fĕlleus*, agg. di *fĕl*, genit. *fĕllis* 'fiele' ✱ 1474] **s. f.** ● (*anat.*) vescichetta a forma di pera piuttosto allungata situata sulla faccia inferiore del fegato, in cui si raccoglie la bile **SIN.** cisti biliare, vescichetta biliare, colecisti

cistifèllico [1908] **agg.** (**pl. m.** *-ci*) **1** relativo alla cistifellea **2** (*fig.*, *disus.*) bilioso

cistina [da *cisti* ✱ 1865] **s. f.** ● (*chim.*) amminoacido solforato costituente della maggior parte delle sostanze proteiche

cistìte [fr. *cystite*, dal gr. *kýstis* 'cisti' ✱ 1820] **s. f.** ● (*med.*) infiammazione della vescica urinaria

cìsto [vc. dotta, lat. *cĭsthu(m)*, dal gr. *kísthos*, di orig. egea ✱ av. 1498] **s. m.** ● genere delle Cistacee comprendente specie arborescenti con fusto legnoso, foglie opposte, intere, persistenti, fiori larghi in cime, di colore variabile dal bianco al rosso (*Cistus*)

cìsto- o **cìsti-** [dal gr. *kýstis* 'vescica' (V. *cisti*)] **primo elemento** ● in parole composte della terminologia scientifica significa 'vescica': *cistoscopia*, *cistotomia*

cistòforo [vc. dotta, lat. *cistŏphoru(m)*, dal gr. *kistophóros* 'portatore di cesta'. V. *cesta* e *-foro* ✱ 1698] **s. m.** **1** chi portava la cista nei misteri dionisiaci **2** moneta d'argento greca del II-I sec. a.C. del valore di tre dramme attiche, che sul dritto reca la cista mistica di Bacco

cistografìa [comp. di *cisto-* e *-grafia* ✱ 1956] **s. f.** **1** (*med.*) tecnica radiologica di visualizzazione della vescica urinaria mediante l'introduzione in essa di sostanze radiopache **2** (*med.*) cistogramma

cistogràmma [comp. di *cisto-* e *-gramma* ✱ 1964] **s. m.** (**pl.** *-i*) ● (*med.*) immagine radiografica della vescica urinaria ottenuta con la cistografia

Cistòidi [comp. di *cisto-* e *-idi* ✱ 1951] **s. m. pl.** (**sing.** *-e*) ● (*zool.*) classe di Echinodermi fossili del Paleozoico, sessili, rotondeggianti, a placche per lo più irregolari (*Cystoidea*)

cistòma [comp. di *cisti-* e *-oma* ✱ 1844] **s. m.** (**pl.** *-i*) ● (*med.*) tumore cistico

cistopielìte [comp. di *cisto-* e del gr. *pýelos* 'bacino' (V. *pielite*) e *-ite*① ✱ 1939] **s. f.** ● (*med.*) infiammazione della vescica e della pelvi renale

cistoscopìa [comp. di *cisto-* e *-scopia* ✱ 1899] **s. f.** ● (*med.*) esame ottico diretto della vescica urinaria mediante cistoscopio

cistoscòpio [comp. di *cisto-* e *-scopio* ✱ 1898] **s. m.** ● (*med.*) endoscopio per effettuare la cistoscopia

cistostomìa [comp. di *cisto-* e *-stomia* ✱ 1830] **s. f.** ● (*chir.*) abboccamento della vescica urinaria all'esterno

cistotomìa [fr. *cystotomie*, comp. del gr. *kýstis* 'vescica' e *tomḗ* 'taglio' ✱ 1829] **s. f.** ● (*chir.*) incisione della vescica urinaria

†**cìstula** [vc. dotta, lat. *cĭstula(m)*, dim. di *cĭsta* 'cesta' ✱ 1504] **s. f.** ● (*lett.*) cestello

-cita ➤ **cito-, -cito**

citàbile [da *citare* ✱ av. 1729] **agg.** ● che si può citare ‖ **citabilità**, **s. f. inv.**

citànte **A** **part. pres.** di *citare*; **anche agg.** ● nei sign. del v. **B** **s. m. e f.** ● (*dir.*) chi cita: *costituzione in giudizio del c.*

†**cìtara** ➤ **cetra**①

♦**citàre** [vc. dotta, lat. *citāre* 'muovere, chiamare, chiamare in giudizio', iter. di *ciēre* 'porre in movimento' ✱ 1280] **v. tr.** **1** (*dir.*) chiamare, nelle forme previste dalla legge, un soggetto in giudizio affinché vi prenda parte o vi svolga determinate attività: *c. una persona in giudizio*; *c. un testimone a deporre* **2** (*est.*) riferire testualmente frasi o brani altrui a sostegno delle proprie ragioni, per fini esemplificativi e sim.: *c. un passo di Dante, un articolo del codice, il testo di una legge* **SIN.** riportare **3** (*est.*) indicare, richiamare: *c. a modello, a esempio*

citarèdico [vc. dotta, lat. *citharoedicu(m)*, dal gr. *kitharōidikós*, agg. di *kitharōidós* 'citaredo' ✱ av. 1647] **agg.** (**pl. m.** *-ci*) ● pertinente al citaredo: *canto c.*

citarèdo [vc. dotta, lat. *citharoedu(m)*, dal gr. *kitharōidós*, da *kithára*. V. *cetra*① ✱ av. 1374] **s. m.** (**f.** *-a*) ● (*lett.*) cantore che accompagnava il suo canto col suono della cetra: *Apollo c.*

citareggiàre [lat. tardo *citharidiāre*, per il classico *citharizāre*, dal gr. *kitharízō* 'io suono la cetra' ✱ 1328] **A** **v. intr.** (**pres.** *io citaréggio*; **fut.** *io citareggerò*; **aus.** *avere*) **1** (*lett.*) suonare la cetra | (*est.*, *lett.*) cantare **2** †poetare **B** **v. tr.** ● (*lett.*) celebrare

citarìsta [vc. dotta, lat. *citharĭsta(m)*, dal gr. *kitharistḗs*, da *kithára* 'cetra①' ✱ 1308] **s. m. e f.** (**pl. m.** *-i*) ● (*lett.*) suonatore di cetra: *a buon cantor buon c. / fa seguitar lo guizzo de la corda* (DANTE *Par.* XX, 142-143)

citarìstica [vc. dotta, gr. *kitharistikḗ*, f. sost. di *kitharistikós*, agg. di *kitharistḗs* 'citarista' ✱ av. 1647] **s. f.** **1** arte di suonare la cetra **2** musica per cetra o poesia cantabile con l'accompagnamento della cetra

citarìstico [vc. dotta, gr. *kitharistikós*. V. *citaristica* ✱ av. 1647] **agg.** (**pl. m.** *-ci*) ● citaredico

citarodìa [vc. dotta, gr. *kitharōidía*, comp. di *kithára* 'cetra①' e *ōidḗ* 'canto' ✱ av. 1647] **s. f.** ● nell'antica Grecia, canto accompagnato dalla cetra

citàto **A** **part. pass.** di *citare*; **anche agg.** ● nei sign. del v. **B** **s. m.** (**f.** *-a*) ● autore da cui sono tratte citazioni: *indice dei citati*

citatòrio [1357] **agg.** (**pl. m.** *-i* o *raro -ii*) ● (*dir.*) che serve a citare, spec. nella loc. ***lettera citatoria***, con cui si cita qlcu. in tribunale

citazióne [vc. dotta, lat. tardo *citatiōne(m)* 'proclamazione, comando militare', da *citāre*. V. *citare* ✱ 1298] **s. f.** **1** (*dir.*) atto, attività processuale della parte o dell'Ufficio giudiziario, con cui si intima a qlcu. di presentarsi in giudizio a una determinata udienza: *mandare, ricevere una c.*; *decreto di c.* | ***c. introduttiva***, con cui un soggetto, dando origine a una causa civile, vi assume la posizione processuale di parte attrice | ***c. per pubblici proclami***, a un numero indeterminato di persone **2** riproduzione testuale più o meno lunga di parole altrui: *c. tra parentesi, in nota, a margine* | riferimento o richiamo a documenti, testi e sim.: *una serie di citazioni molto ben documentate* **3** menzione di una persona per motivi particolari: *c. al merito* | ***c. all'ordine del giorno***, elogio a un reparto o a un singolo militare, inserito nell'ordine del giorno ‖ **citazioncèlla**, **dim.** | **citazioncìna**, **dim.**

SFUMATURE ➤ ***notificazione***, ➤ ***riferimento***

citazionìṣmo [da *citazione* con il suff. *-ismo* ✱ 1985] **s. m.** ● tendenza a inserire, spec. in opere artistiche o letterarie, elementi stilistici di altri autori o di altre epoche: *il c. rossiniano*

citazionìsta [1985] **A** **agg.** (**pl. m.** *-i*) ● relativo al citazionismo, proprio del citazionismo **B** **s. m. e f.**; **anche agg.** ● seguace, sostenitore del citazionismo

citèllo [etim. incerta ✱ 1951] **s. m.** ● genere di piccoli Mammiferi dei Roditori simili allo scoiattolo e alla marmotta, con coda corta e pelosa (*Citellus*)

†**citera** ➤ **cetra**①

citerèa [vc. dotta, lat. *Cytherēa(m)*, dal gr. *Kythéreia*, dall'isola di *Citera*, dove Venere sarebbe approdata dopo la nascita ✱ 1319] **s. f.** ● nella mitologia classica, appellativo di Afrodite

citerèo [vc. dotta, lat. *Cytherēiu(m)*, dal gr. *Kytherḗrios*, dal n. dell'isola di *Citera*, per il culto che vi aveva Venere ✱ av. 1333] **agg.** ● (*poet.*) sacro a Venere

citerióre [fr. *citérieur*, dal lat. *citeriōre(m)*, compar. di *cĭter* 'che è al di qua', da *cĭs* 'di qua da' ✱ sec. XIV] **agg.** ● posto al di qua di un determinato limite o confine: *Spagna c.* **CFR.** citra **CONTR.** ulteriore

†**citèrna** ➤ **cisterna**

cìtino [vc. dotta, lat. *cўtinu(m)*, dal gr. *kýtinos* 'calice del fiore del melograno', forse di orig. preindeur. ✱ 1865] **s. m.** ● pianta delle Dicotiledoni, parassita, con foglie squamiformi rosse e carnose e fiori unisessuati giallognoli (*Cytinus hypocistis*)

cìtiṣo [vc. dotta, lat. *cўtisu(m)*, dal gr. *kýtisos*, di orig. preindeur. ✱ av. 1313] **s. m.** ● piccolo albero delle Papilionacee con fusto eretto e ramificato, foglie composte e fiori gialli in grappoli (*Cytisus laburnum*) **SIN.** maggiociondolo

citizens' band /ingl. 'sɪtɪzənz,bænd/ [loc. ingl., comp. di *citizen* 'cittadino' e *band* 'banda②' ✱ 1989] **loc. sost. f. inv.** (**pl. ingl.** *citizens' bands*) ● nel linguaggio dei radioamatori, banda cittadina

cito-, -cito o **-cita** [dal gr. *kýtos* 'cavità', forse di orig. indeur.] **primo e secondo elemento** ● in parole composte della terminologia scientifica significa 'cellula' o indica relazione con le cellule: *citocromo, citoplasma*; *leucocita, linfocito*

citoafèreṣi [comp. di *cito-* e del gr. *aphaíresis* 'sottrazione' (V. *aferesi*) ✱ sec. XX] **s. f. inv.** ● (*med.*) tecnica di separazione delle cellule dal sangue di un donatore mediante centrifugazione, impiegata a scopi trasfusionali o eseguita a scopi terapeutici

citochìmica [comp. di *cito-* e *chimica* ✱ 1964] **s. f.** **1** (*biol.*) parte della biologia cellulare che studia la sostanza vivente con analisi chimiche e fisico-chimiche **2** (*biol.*) insieme di tecniche della microscopia ottica e di quella elettronica che tendono a localizzare particolari sostanze in ambito cellulare **CFR.** istochimica

citochìna [comp. di *cito-* e del gr. *kínēsis* 'movimento' col suff. *-ina* ✱ 1980] **s. f.** ● (*biol.*) ciascuno dei polipeptidi (quali l'interleuchina, la monochina e la linfochina) mediatori dell'infiammazione prodotta da monociti, macrofagi e linfociti

citocinèṣi [da *cito-*, sul modello di *cariocinesi* ✱ 1956] **s. f. inv.** ● (*biol.*) il complesso di cambiamenti che hanno luogo nel citoplasma durante la divisione cellulare

citocròmo o **citòcromo** [comp. di *cito-* e *-cromo* ✱ 1959] **s. m.** ● composto di una serie di pigmenti rossi proteinici, contenenti ferro nella loro molecola, presenti in quasi tutte le cellule animali e vegetali, che svolgono un'azione importante nella respirazione e nelle ossidazioni intracellulari

citodièresi [comp. di *cito-* e *dieresi* ✻ 1964] **s. f. inv.** ● (*biol.*) fase finale della citocinesi con divisione del citoplasma della cellula madre nelle due cellule figlie

citofagìa [comp. di *cito-* e *-fagia* ✻ 1940] **s. f.** (**pl.** *-gìe*) ● (*biol.*) attività fagocitaria esercitata da macrofagi nei confronti di una cellula o di sue parti

citofarìnge [comp. di *cito-* e *faringe* ✻ 1980] **s. f. o m.** ● (*biol.*) struttura specializzata che in alcuni Protozoi connette il citostoma ai vacuoli con funzione alimentare

citofonàre [da *citofono* ✻ 1963] **A v. intr.** (*io citòfono; aus. avere*) ● comunicare per mezzo del citofono: *quando arrivi, citofona* **B anche v. tr.**: *il portiere ha citofonato l'arrivo dell'ospite*; *il portiere mi citofonò che una persona mi aspettava*

citofònico [1986] **agg.** (**pl. m.** *-ci*) ● di citofono: *impianto c.*

citofonièra [1983] **s. f.** ● impianto di citofoni

citòfono [comp. del lat. *cĭto* 'presto' e di *-fono* ✻ 1942] **s. m.** ● apparecchio telefonico interno, che collega zone lontane di un edificio o di un ufficio, o serve a mettere in comunicazione un appartamento con la porta d'ingresso sulla via

citogènesi [comp. di *cito-* e *genesi* ✻ 1883] **s. f. inv.** ● (*biol.*) l'origine e lo sviluppo della cellula

citogenètica [comp. di *cito-* e *genetica* ✻ 1959] **s. f.** ● branca della genetica che studia i componenti cellulari dell'eredità, cioè i geni e i cromosomi

citogenètico [1983] **agg.** (**pl. m.** *-ci*) ● relativo alla citogenetica

citologìa [comp. di *cito-* e *-logia* ✻ 1913] **s. f.** (**pl.** *-gìe*) ● ramo della biologia che studia la struttura e le funzioni delle cellule

citològico [1910] **agg.** (**pl. m.** *-ci*) ● relativo alla cellula | che riguarda la citologia

citòlogo [1964] **s. m.** (**f.** *-a*; **pl. m.** *-gi*) ● studioso di citologia

citometrìa [comp. di *cito-* e *-metria* ✻ 1920] **s. f.** ● (*med.*) caratterizzazione, per numero, dimensioni e morfologia, delle cellule di un campione di sangue, in particolare dei globuli rossi e dei globuli bianchi

citòmetro [1988] **s. m.** ● (*med.*) apparecchio utilizzato nelle tecniche automatizzate di citometria

citopenìa [comp. di *cito-* e di *-penia* ✻ 1990] **s. f.** ● (*biol.*) diminuzione del numero di cellule in un organismo

citoplàsma [comp. di *cito-* e del gr. *plásma* 'cosa plasmata' ✻ 1895] **s. m.** (**pl.** *-i*) ● (*biol.*) protoplasma contenuto nella cellula, escluso il nucleo

citoplasmàtico [comp. di *cito-* e *plasmatico* ✻ 1934] **agg.** (**pl. m.** *-ci*) ● (*biol.*) relativo al citoplasma: *organulo c.*

citoschèletro [comp. di *cito-* e *scheletro* ✻ 1980] **s. m.** ● (*biol.*) complesso di microtubuli e di filamenti citoplasmatici che costituisce il sostegno interno della cellula

citosìna [comp. di *citos(ol)* (a sua volta dall'ingl. *cyto(plasm) sol(uble)* 'citoplasma solubile') e *(am)ina* ✻ 1929] **s. f.** ● (*chim.*) base azotata pirimidinica presente negli acidi nucleici che, nel DNA, si appaia specificamente con la guanina

citosòma [comp. di *cito-* e del gr. *sôma* 'corpo' ✻ 1987] **s. m.** (**pl.** *-i*) ● (*biol.*) il corpo cellulare considerato indipendentemente dal suo nucleo

citostàtico [comp. di *cito-* e *statico* ✻ 1956] **A s. m.** (**pl.** *-ci*) ● farmaco o altro agente che sopprime la crescita e la moltiplicazione cellulare **B anche agg.**: *farmaco c.*

citostòma [comp. di *cito-* e del gr. *stóma* 'bocca' ✻ 1940] **s. m.** (**pl.** *-i*) ● (*zool.*) nei Protozoi Ciliati, apertura equivalente alla bocca

citotòssico [comp. di *cito-* e *tossico*① ✻ 1964] **agg.** (**pl. m.** *-ci*) ● (*biol.*) detto di agente chimico, fisico o biologico dannoso per le cellule

citozòico [comp. di *cito-* e *-zoico* ✻ 1964] **agg.** (**pl. m.** *-ci*) ● (*biol.*) detto di animale che vive da parassita all'interno di cellule

†**cìtra** [dall'avv. lat. *cĭtra* 'al di qua' ✻ 1321] **A agg. inv.** ● posto al di qua di un dato punto di riferimento: *Calavria c. e Calavria ultra cioè l'una di sopra l'altra di sotto* (F. GUICCIARDINI) **SIN.** citeriore **B prep.** ● al di qua di: *quattro lucciole, che si veggono c. ed oltre il tropico* (G. BRUNO) **CONTR.** ultra①

citramontàno [comp. del lat. *cĭtra* 'al di qua' (V. *citeriore*) e *montānus*, agg. di *mōns*, genit. *mōntis* 'monte' ✻ av. 1328] **agg.** ● (*raro*) cismontano

citràto [fr. *citrate*, dal lat. *citrātu(m)* 'unto con olio di cedro', da *cĭtrus* 'cedro①' ✻ 1795] **s. m. 1** sale o estere dell'acido citrico | *c. di magnesia effervescente*, miscela con proprietà lassative | *c. trisodico*, usato in medicina nel trattamento delle acidosi **2** (*per anton.*) correntemente, citrato di magnesia effervescente

cìtrico [fr. *citrique*, dal lat. *cĭtrus* 'cedro①' ✻ 1795] **agg.** (**pl. m.** *-ci*) ● detto di composto ricavato spec. dal sugo degli agrumi | ***acido c.***, ossiacido organico, tribasico, cristallino, incolore, prodotto spec. per via microbiologica, usato in medicina e nella preparazione di bibite | che produce acido citrico: *fermentazione citrica*

citrìna [comp. del lat. *cĭtru(m)* 'cedro' col suff. della chim. *-ina* ✻ 1964] **s. f.** ● miscela di sostanze contenute nella polpa degli agrumi che agisce sulla resistenza e permeabilità capillare **SIN.** vitamina P

citrìno o (*raro*) **cedrìno**①, †**cetrìno** [dal lat. *cĭtrus* 'cedro①' ✻ 1310] **A agg.** ● (*raro, lett.*) che ha un colore giallo verdastro simile a quello del cedro **B s. m. 1** il colore citrino **2** (*miner.*) varietà di quarzo di colore giallo

†**citriòlo** ➤ **cetriolo**

citronèlla [fr. *citronelle*, da *citron* 'limone', dal lat. *cĭtrus* (V. *cedro*①) ✻ 1951] **s. f. 1** nome di alcune piante da essenza delle Graminacee **2** pianta erbacea rizomatosa con cespi alti e foglie larghe, raramente fiorita (*Cymbopogon nardus*)

citrullàggine [da *citrullo* ✻ 1845] **s. f. 1** stupidità **2** azione o discorso da citrullo

citrullerìa [1865] **s. f.** ● citrullaggine, balordaggine

♦**citrùllo** [napol. *cĕtrùlo* 'cetriolo' ✻ av. 1704] **agg. e s. m.** (**f.** *-a*) ● sciocco, stupido: *sei stato proprio c. a lasciar perdere quel lavoro*; *non comportarti da c.* ‖ **citrullìno**, **dim.** | **citrullóne**, **accr.**

♦**città** o (*lett.*) **cittàde**, †**cìvita** [lat. *civitā-te(m)*, da *cīvis* 'cittadino'. V. †*cive* ✻ sec. XII] **s. f. inv. 1** centro abitato esteso territorialmente, notevole sia per il numero degli abitanti sia per la capacità di adempiere a molteplici funzioni economiche, politiche, culturali, religiose e sim.: *le porte, le mura, le strade, i monumenti della c.*; *il centro della c.*; *c. industriale, agricola*; *c. di mare*; *c. di provincia*; *abitare, vivere in c.*; *una c. sbiadita, senza carattere, messa lì come vien viene* (I. CALVINO) **CFR.** -poli | ***vita, casa, gente di c.***, in contrapposizione a campagna e contado | ***c. capitale***, in cui ha sede il governo dello Stato | ***c. vescovile***, sede di un vescovado o di un arcivescovado | ***c. della Lanterna***, Genova | ***c. della Mole*** (***Antonelliana***), Torino | ***c. delle Cinque Giornate, della Madonnina***, Milano | ***c. del Santo***, Padova | ***c. dogale***, Venezia | ***c. delle Due Torri***, Bologna | ***c. del Fiore, del Giglio***, Firenze | ***c. dei Cesari, eterna, dei Sette Colli***, Roma | ***c. del Vespro, dei Vespri***, Palermo | ***c. d'arte***, di notevole interesse artistico per monumenti, gallerie, musei e sim. | ***c. aperta***, in un conflitto, quella, priva di fortificazioni e attrezzature militari, che i belligeranti convengono di mantenere indenne da azioni belliche | ***c. stato***, la polis greca | ***c. libera***, nell'Impero tedesco, quella che fruiva di particolari immunità, spec. finanziarie | ***c. santa***, contenente numerosi monumenti, luoghi di culto e sim., di una data religione | ***C. Santa***, (***per anton.***) Gerusalemme | anche come nome proprio di luogo: *C. di Castello, Cittanova* **2** parte, quartiere di una città | ***c. vecchia, c. nuova***, la parte più antica e la più moderna | ***c. alta, c. bassa***, la parte costruita su un'altura e quella che sorge in piano | ***c. degli studi, universitaria***, l'insieme di edifici e attrezzature universitarie riuniti in un solo quartiere | ***c. giardino***, quartiere residenziale solitamente periferico in cui gli edifici sono circondati da giardini e viali alberati | ***c. satellite***, quartiere periferico residenziale | ***c. leonina***, complesso degli edifici che a Roma sorgono entro la cinta delle Mura leonine e costituiscono oggi la città del Vaticano **3** (*est.*) gli abitanti della città, l'insieme dei cittadini: *tutta la c. è in lutto*; *una c. allegra* **SIN.** cittadinanza, popolazione **4** convivenza civile, collettività politica, comunità (*anche fig.*) | ***c. dei ragazzi***, istituzione assistenziale per giovani orfani oppure in difficoltà, ispirata al principio dell'autogoverno | (*lett.*) ***C. di Dio, celeste***, la Chiesa o il Paradiso, spec. nella religione cristiana | (*lett.*) ***c. terrena***, il mondo, la vita terrena, spec. nella religione cristiana **5** (*dir.*) titolo concesso ai comuni insigni per ricordi storici, con popolazione non inferiore a diecimila abitanti ‖ **cittadèlla**, **dim.** (V.) | (*lett.*) **cittadétta**, **dim.** | **cittadìna**, **dim.** | **cittadóna**, **accr.** | **cittadóne**, **accr. m.** | (*raro*) **cittadùccia**, (*lett.*) **cittadùzza**, **dim.**

cittadèlla [1306] **s. f. 1** dim. di *città* **2** fortezza dove si trovano le principali opere di difesa della città **3** (*fig.*) baluardo, difesa, sostegno: *un collegio elettorale che fu c. di famose candidature radicali* (R. BACCHELLI)

cittadinàme [1865] **s. m.** ● (*spreg.*) il complesso dei cittadini

♦**cittadinànza** [av. 1292] **s. f. 1** l'insieme degli abitanti di una città: *la c. è invitata alle celebrazioni dantesche* **2** (*dir.*) appartenenza del singolo a una società organizzata a Stato: *c. originaria*; *c. acquisita* | ***doppia c.***, appartenenza di un singolo, in qualità di cittadino, a due Stati | ***c. onoraria***, quella conferita a personaggi illustri o benemeriti da una città o da uno Stato diversi da quelli di nascita o residenza | (*est.*) appartenenza a un comune patrimonio civile costituito dall'identità storica e culturale di una nazione | (*fig.*) diritto di appartenenza: *sono parole che hanno ormai c. nella nostra lingua*

cittadinésco [sec. XIII] **agg.** (**pl. m.** *-schi*) **1** (*lett.*) relativo alla vita e agli usi di città: *scenette meravigliose della vita cittadinesca* (G. PASCOLI) **2** (*raro, spreg.*) da cittadino: *malizia cittadinesca* **CONTR.** campagnolo **3** †civile, intestino: *nacquero molti scandali e omicidi e battaglie cittadinesche* (D. COMPAGNI) ‖ **cittadinescaménte**, **avv.**

cittadinizzàto [1826] **agg.** ● (*disus.*) diventato cittadino, inurbato

♦**cittadìno** [dalla forma ant. *cittade* ✻ 1213] **A agg. 1** di città, relativo a città: *gente cittadina*; *mura, vie cittadine*; *vita cittadina* | †raffinato, educato: *la rozza voce e rustica in convenevole e cittadina ridusse* (G. BOCCACCIO) **2** (*lett.*) civico: *virtù cittadine* **3** †interno, intestino, tra cittadini: *tor via le discordie cittadine* (G. BOCCACCIO) **4** †borghese, pertinente al ceto medio **B** **s. m. (f. -*a*)** **1** chi appartiene alla collettività di uno Stato e come tale è titolare dei diritti e soggetto ai doveri stabiliti dalla legge | ***privato c.***, il cittadino considerato nella sfera riservata della sua vita personale, al di fuori di tutti i rapporti pubblici | ***c. del mondo***, chi nega ogni distinzione nazionale considerandosi appartenente a un'ideale comunità mondiale | ***essere libero c.***, (*fig.*, *scherz.*) di chi è privo di oneri e responsabilità, o di legami sociali e familiari **2** abitante di una città: *c. di Bologna*; *c. milanese*; *c. onorario* | ***primo c.***, il Presidente della Repubblica; in un comune, il Sindaco | chi vive in città, in contrapposizione agli abitanti della campagna: *canterellando scendono i sentieri del borgo i cittadini* (U. SABA) **3** (*est.*, *lett.*) abitante di un luogo: *Amor femmi un cittadin de' boschi* (F. PETRARCA) | (*fig.*) membro, partecipe di una comunità, di una convivenza anche ideale: *il poeta si sente già c. del cielo* (F. DE SANCTIS) **4** (*raro*, *lett.*) civile, borghese, in contrapposizione a militare o ecclesiastico: *militare e c. giovine o vecchio farà pietà sempre* (U. FOSCOLO) **5** nell'età comunale, borghese, appartenente al ceto medio: *in odio parimente de' cittadini e del popolo minuto* (A. POLIZIANO) **6** †concittadino: *Niccolò Cornacchini fu nostro c.* (G. BOCCACCIO)

cittì o **citì** [lettura delle due lettere iniziali di *c(ommissario) t(ecnico)* con raddoppiamento sintattico ✱ 1984] **s. m. e f. inv.** ● commissario tecnico

citto [vc. infant. ✱ 1483] **s. m. (f. -*a*)** ● (*tosc.*) ragazzo, fanciullo, bambino ‖ **cittino**, **dim.**

†**cittolésco** [sec. XIV] **agg.** ● (*raro*) fanciullesco

†**cittolézza** [sec. XIV] **s. f.** ● (*raro*) fanciullezza

city /*ingl.* ˈsɪtɪ/ [ingl. 'città', dal lat. *civitāte(m)* 'città' ✱ 1749] **s. f. inv. (pl. ingl. *cities*)** ● centro politico e finanziario di una metropoli | ***c. magazine***, V. *magazine*

city bike /sitiˈbaik, *ingl.* ˈsɪtɪˌbaɪk/ [loc. ingl., comp. di *city* 'città' e *bike* 'bicicletta', sul modello di *mountain bike* ✱ 1987] **loc. sost. f. inv. (pl. ingl. *city bikes*)** ● bicicletta adatta per percorsi di città

city càr /sitiˈkar, *ingl.* ˈsɪtɪˌkɑː/ [loc. ingl., comp. di *city* 'città' e *car* 'autovettura' ✱ 1989] **loc. sost. f. inv. (pl. ingl. *city cars*)** ● autovettura di dimensioni ridotte progettata in particolare per muoversi agevolmente nel traffico cittadino **SIN.** minicar

city manager /sitiˈmanadʒer, *ingl.* ˌsɪtɪˈmænɪdʒə(r)/ [loc. ingl., prop. 'gestore (*manager*) della città (*city*)' ✱ 1992] **loc. sost. m. e f. inv. (pl. ingl. *city managers*)** ● nelle amministrazioni comunali e provinciali, funzionario nominato dal sindaco o dal presidente della provincia, con l'incarico di guidare l'apparato amministrativo e seguire l'esecuzione delle decisioni politiche della giunta

ciucàggine [da *ciuco* ✱ 1847] **s. f.** ● (*tosc.*) asinaggine

ciucàio [1752] **s. m. (f. -*aia*, pl. m. -*ai*)** ● (*tosc.*) asinaio

ciucàta [1865] **s. f.** ● (*tosc.*) bestialità, stupidaggine

ciùcca [etim. incerta ✱ av. 1327] **s. f.** ● (*pop.*) sbornia, ubriacatura

ciùccia [V. *ciucciare* ✱ 1964] **s. f. (pl. -*ce*)** ● (*fam.*, *infant.*) mammella

ciucciàre [vc. onomat. ✱ av. 1557] **v. tr. (pres. *io ciùccio*; fut. *io ciuccerò*)** ● (*fam.*) succhiare: *c. il latte, il dito* | (*assol.*) succhiare il latte, poppare: *è un bambino che ciuccia ancora*

ciucciàta **s. f.** ● (*fam.*) succhiata, poppata

ciùccio① [da *ciucciare* ✱ 1957] **s. m.** ● (*fam.*) tettarella di gomma per lattanti **SIN.** succhiotto ‖ **ciuccétto**, **dim.** | **ciucciòtto**, **dim.** (V.)

ciùccio② [vc. onomat. (?) ✱ 1758] **s. m.** ● (*merid.*) asino, ciuco ‖ **ciucciarèllo**, **ciucciarièllo**, **dim.**

ciucciòtto [dim. di *ciuccio*① ✱ 1983] **s. m.** ● (*fam.*) tettarella di gomma per lattanti **SIN.** succhiotto

ciùcco [da *ciucca* ✱ 1930] **agg. (pl. m. -*chi*)** ● (*pop.*) ubriaco

ciucherìa [1865] **s. f.** ● (*fig.*, *tosc.*) asineria, ignoranza

ciuchésco [1865] **agg. (pl. m. -*schi*)** ● (*raro*) da ciuco

ciùco [vc. onomat. (?) ✱ av. 1529] **s. m. (f. -*a*; pl. m. -*chi*)** **1** (*tosc.*) asino: *cavalcare un c.* | ***lavorare come un c.***, duramente, senza sosta | ***carico come un c.***, oberato da pesi, da pacchi **2** (*tosc.*, *fig.*) persona ignorante o poco intelligente | persona maleducata ‖ **ciucarèllo**, **ciucherèllo**, **dim.** | **ciuchétto**, **ciuchettino**, **dim.** | **ciuchìno**, **dim.** | **ciucóne**, **accr.**

ciùf o **ciùff**, **ciùffete** [vc. onomat. ✱ av. 1910] **inter.** ● riproduce il rumore di una locomotiva a vapore, spec. nei giochi di bambini: *ciuf, ciuf*

ciufèca o **ciofèca**, **ciuffèca**, **ciufèga** [vc. di etim. incerta: forse dallo sp. *chufa* 'mandorla che serve per fare un'orzata' (vc. d'orig. non accertata) ✱ 1927] **s. f.** ● (*centr.*, *merid.*) bevanda, spec. vino o caffè, di qualità scadente e cattivo sapore

ciuffàre [da *ciuffo* ✱ av. 1294] **v. tr.** ● (*lett.*) acciuffare

ciùffete ➤ **ciuf**

♦**ciùffo** [vc. espressiva ✱ 1313] **s. m.** **1** ciocca di capelli: *portare il c. sulla fronte* | ***prender qlcu. per il c.***, afferrarlo per i capelli | (*fig.*) ***prendere la fortuna per il c.***, cogliere subito un'occasione favorevole | (*est.*) ciocca di peli, penne e sim. che crescono sul capo di diversi animali: *alcune allodole hanno un c. di piume sul capo* **CFR.** lofo- **2** (*est.*) cespuglio, gruppo di piante: *un c. d'erba* | (*est.*) gruppo, mazzetto di oggetti vari, spec. con funzione ornamentale **3** (*caccia*) gruppo serrato di uccelli ‖ **ciuffétto**, **ciuffettino**, **dim.** | **ciuffóne**, **accr.**

†**ciùffola** [variante di *zufolo* (?) ✱ av. 1357] **s. f.** ● (**spec. al pl.**) bagattella, ciancia

†**ciùffolo** [V. *ciuffo* ✱ 1789] **s. m.** ● ciuffo

ciuffolòtto [da *ciufolo*, variante ant. di *zufolo* ✱ 1663] **s. m.** ● piccolo uccello dei Passeriformi dal piumaggio denso, soffice, rigonfio, variamente colorato (*Pyrrhula europaea*)

ciùla [vc. dial. di orig. sconosciuta, forse da un supposto lat. **colea* 'testicoli' ✱ 1963] **A** **s. m. e f. inv.** ● (*pop.*, *sett.*) persona stupida e credulona **B** **anche agg. inv.**: *è grande, grosso e c.*

ciulàda ➤ **ciulata**

ciulàre [vc. dial. di orig. sconosciuta, prob. denominale di *ciula* ✱ 1877] **v. tr.** **1** (*volg.*, *sett.*) possedere sessualmente | avere rapporti sessuali con qlcu. (*spec. assol.*) **2** (*pop.*, *sett.*) rubare, portare via **3** (*pop.*, *sett.*) imbrogliare, ingannare

ciulàta o **ciulàda** [da *ciulare* ✱ 1959] **s. f.** **1** (*volg.*, *sett.*) rapporto sessuale **2** (*pop.*, *sett.*) imbroglio, fregatura: *prendere una c.*

†**ciùllo** [da *(fan)ciullo* (?) ✱ sec. XIV] **A** **s. m. (f. -*a*)** ● fanciullo **B** **agg. e s. m.** ● inesperto, ignorante

ciùnf o **ciùnfete** [vc. onomat. ✱ 1990] **inter.** ● riproduce il tonfo di un oggetto che cade nell'acqua

ciurlàre [etim. incerta ✱ 1498] **v. intr. (aus. *avere*)** **1** †tentennare, vacillare **2** ***c. nel manico***, (*propr.*; *disus.*) detto di attrezzo, avere il manico poco saldo; (*fig.*) sfuggire, sottrarsi a un impegno o a una decisione con raggiri o rinvii

ciùrma① o †**giùrma** [lat. *celĕusma*, dal gr. *kéleusma* variante di *kéleuma* 'comando', ordine per dare la battuta ai rematori ✱ av. 1328] **s. f.** **1** insieme dei rematori delle antiche galee | ***c. scapola***, rematori non legati alla catena | (*disus.* o *spreg.*) basso personale di una nave **2** insieme delle persone addette ai lavori della tonnara **3** (*fig.*) marmaglia, gentaglia: *questa c. cerimoniosa e maligna* (U. FOSCOLO)

†**ciùrma**② [da *ciurmare* ✱ av. 1563] **s. f.** ● inganno **SIN.** ciurmeria

†**ciurmadóre** ➤ †**ciurmatore**

ciurmàglia [da *ciurma*① ✱ 1483] **s. f.** ● massa di persone spregevoli **SIN.** canaglia, gentaglia, marmaglia

ciurmàre [dal fr. *charmer*, a sua volta dal lat. *carmināre* 'fare incantesimi', da *cărmen* (V. *carme*), incontratosi con *ciurma*① per etim. pop. ✱ 1353] **A** **v. tr.** **1** †immunizzare con incantesimi **2** (*raro*) ingannare, raggirare **B** **ciurmàrsi** **v. rifl.** **1** †immunizzarsi con pozioni o sim. **2** †ubriacarsi

†**ciurmatóre** o (*lett.*) †**ciurmadóre** [da *ciurmare* ✱ av. 1367] **s. m. (f. -*trice*); anche agg.** ● ciarlatano, ingannatore, impostore

ciurmerìa [1481] **s. f.** ● (*raro*, *lett.*) inganno, raggiro

civàda [da *civadiera* ✱ 1561] **s. f.** ● (*mar.*) piccola vela quadra che i grandi velieri avevano a prua sotto al bompresso

civadièra [fr. *civadière*, dal provenz. *civadiero* 'sacco d'avena', per la forma ✱ 1561] **s. f.** ● (*mar.*) civadiero

civadièro [1889] **s. m.** ● (*mar.*) pennone della civada

civàia [lat. *cibāria*, nt. pl. dell'agg. *cibārius*, da *cībus* 'cibo' ✱ 1342] **s. f.** **1** (*tosc.*, **spec. al pl.**) ogni specie di legume secco commestibile: *sacco di civaie* **2** †voto, suffragio, un tempo espressi con fave e sim.

†**civànza** [ant. fr. *chevance*, da *chevir*, dal lat. *căpere* 'prendere' ✱ av. 1328] **s. f.** ● civanzo

†**civanzaménto** [av. 1556] **s. m.** ● guadagno

†**civanzàre** [da *civanza* ✱ av. 1348] **v. tr.** e †**civanzàrsi** **v. rifl.** ● provvedere, provvedersi di qlco. | trar profitto da qlco.

†**civànzo** [av. 1400] **s. m.** **1** contratto usurario simile allo scrocchio (V. *scrocchio*②) **2** risparmio, guadagno: *penserei tutto il giorno a far qualche miserabile civanzo sull'entrata* (C. CATTANEO)

†**cive** [vc. dotta, lat. *cīve(m)*, da una radice **kei* 'insediarsi' ✱ 1267] **s. m.** ● (*lett.*) cittadino

civet /*fr.* siˈvɛ/ [vc. fr., propr. 'ragù preparato con cipolle', da *cive* 'cipolla' (lat. *cēpa(m)*) ✱ 1942] **s. m. inv.** ● intingolo a base di vino, cipolla e spezie, legato con il sangue dell'animale, per selvaggina

civétta o †**ciovétta** [vc. onomat. ✱ sec. XIII] **A** **s. f.** **1** uccello rapace notturno degli Strigiformi, con capo grosso e tondeggiante, becco grosso e adunco, occhi gialli, piumaggio morbido di color bruno-grigio macchiato di bianco, che si ammaestra e si usa come richiamo per attirare uccelli (*Athene noctua*) **CFR.** stridere | ***andare, cacciare a c.***, usando come richiamo la civetta ammaestrata | ***naso a, di c.***, adunco | ***occhi di c.***, di colore giallo chiaro **2** (*fig.*) donna frivola che si mette in mostra per attrarre l'attenzione e l'interesse degli uomini: *fare la c.*; *comportarsi da c.*; *sei proprio una gran c.!* **3** manifesto di formato ridotto che le edicole espongono per attirare l'attenzione su articoli e notizie di un giornale **SIN.** locandina **4** richiamo che i giornali pubblicano in prima pagina per attirare l'attenzione su particolari articoli pubblicati nelle pagine interne **B** in funzione di agg. inv. ● (posposto a un sost.) detto di tutto ciò che serve da richiamo o esca: *prodotto c.*; *prezzo c.* | ***notizia c.***, pubblicata per sondare eventuali reazioni | ***auto c.***, V. *auto*① | ***lista c.***, V. *lista* | ***nave c.***, V. *nave* | ***treno c.***, V. *treno*① || **civettina**, dim. | **civettino**, dim. m. | **civettóne**, accr. m. (V.)

civettàio s. m. (f. *-a*; pl. m. *-ai*) ● chi ammaestra e conduce la civetta da richiamo

civettàre [1427] v. intr. (*io civétto*; aus. *avere*) **1** fare la civetta, mettersi in mostra per attirare l'interesse degli uomini: *ha l'abitudine di c. con tutti*; *rideva e civettava in mezzo a una folla di cicisbei* (G. VERGA) | (*est.*) cercare di accattivarsi qlcu. **2** †cacciare con la civetta

✦**civetterìa** [av. 1543] s. f. **1** modo lezioso e accattivante di comportarsi per attrarre l'attenzione e l'ammirazione altrui: *una donna piena di c.*; *le civetterie di uno scrittore* **2** piccola mania vanitosa, vezzo: *il farfallino è la sua c.*

civettóne [av. 1494] s. m. **1** accr. di *civetta* **2** (f. *-a*) (*fig.*) persona vanesia, che ama far civetterie

civettuòlo [1797] agg. **1** che manifesta civetteria **2** di chi (o di ciò che) è grazioso, originale, vezzoso: *un cappellino c.*; *una ragazza civettuola*

cìvico [vc. dotta, lat. *cīvicu(m)*, da *cīvis*. V. *†cive* ✻ av. 1338] **A** agg. (pl. m. *-ci*) **1** della città, della cittadinanza: *banda civica*; *museo c.* | ***guardia civica***, vigile urbano | ***numero c.***, quello che nella toponomastica stradale, spec. urbana, identifica la porta di una casa SIN. cittadino, comunale, municipale, urbano **2** relativo al cittadino in quanto membro di uno Stato, di una collettività, con particolare riferimento ai valori positivi della vita associata: *dovere, senso c.*; *virtù civiche* | ***educazione civica***, nella scuola secondaria, l'insegnamento volto alla formazione della personalità del cittadino come soggetto dei diritti e doveri fondamentali in tutti gli aspetti della vita sociale || **civicaménte**, avv. in modo civico; con civismo **B** s. m. **1** numero civico, nella toponomastica stradale **2** (*pop., sett.*) vigile urbano

♦**civìle** [vc. dotta, lat. *cīvīle(m)*, da *cīvis*. V. *†cive* ✻ 1261 ca.] **A** agg. **1** relativo al cittadino in quanto membro di uno Stato, di una collettività: *istituzioni civili*; *libertà civili* | ***coraggio c.***, V. *coraggio* | ***società c.***, V. *società* nel sign. 1 | ***vita c., vivere c., convivenza c.***, il complesso dei rapporti fra cittadini, e delle norme, consuetudini di correttezza e sim., che li regolano | ***letteratura, poesia c.***, che tratta temi politici e sociali | ***valore c.***, quello di cui si dà prova affrontando un grave pericolo per fini altruistici: *medaglia al valore c.* | ***diritto c.***, complesso degli atti legislativi disciplinanti lo stato delle persone e dei loro beni | ***diritti civili***, posti a tutela del cittadino in quanto tale | ***stato c.***, posizione giuridica di un individuo relativamente alla cittadinanza o ai vincoli familiari | ***ufficio di stato c., stato c., ufficio c.***, istituito in ogni comune per la conservazione dei registri dello stato civile dei cittadini | ***morte c.***, perdita della personalità giuridica o dei diritti civili, spec. conseguente a condanna all'ergastolo | ***guerra c.***, tra cittadini, all'interno di uno stesso Stato **2** in contrapposizione a ecclesiastico, militare, religioso: *autorità, ufficio, Genio, ospedale, vita c.* | ***abito c.***, borghese | ***servizio c.***, V. *servizio* nel sign. 4 | ***matrimonio, funerale, festa c.***, celebrati senza riti religiosi | ***casa di c. abitazione***, ad uso dei privati cittadini **3** relativo al diritto civile: *sentenza c.*; *tribunale c.* **4** che ha raggiunto un elevato grado di sviluppo sociale, politico, economico, tecnologico: *nazione, popolo c.*; *il fatto indignò tutto il mondo c.* **5** che ha modi educati, cortesi: *famiglia c.*; *persona c.*; *questo non è ragionare da fanciulla propria, e c., come voi siete* (C. GOLDONI) | amabile, piacevole: *ricevere un'accoglienza c.* | decoroso, onorevole: *persona di nascita c.* | (*lett.*) misurato, sobrio nell'eleganza, nel gusto e sim.: *ornamento, stile c.* || **civilménte**, avv. **1** in modo civile **2** secondo le norme del diritto civile **B** s. m. (anche f. nel sign. 1) **1** privato cittadino, borghese (in contrapposizione a militare): *il quartiere del porto è vietato ai civili* **2** (*merid.*) nobile, borghese ricco: *il circolo dei civili* **3** †abito borghese **4** abitazione padronale, o parte padronale di un'abitazione, in campagna **5** (*raro, scherz.*) sedere, deretano: *col c. all'aria* (G. PARINI) || **civilino**, dim.

Definizione d'autore

È **civile** avere una visione sulle ricadute future dei propri comportamenti in una società e prendersene la responsabilità in un'ottica di bene comune. Pagare le tasse in base alla propria capacità contributiva è **civile**, perché consente all'intera società di progredire, investire, assistere, prosperare. È **civile** denunciare la corruzione, i soprusi, l'ingiustizia, in ogni ambito, perché rende la società libera e leale.

Milena Gabanelli

civilìno [dim. di *civile* nel sign. A 5 ✻ 1856] agg. ● (*lett.*) compìto, educato, talora con una certa affettazione: *un farsetto … a cui non vuol rinunziare per non perdere la sua aria civilina* (L. PIRANDELLO)

civilìsta [da *civile* ✻ 1673] s. m. e f. (pl. m. *-i*) **1** giurista che si occupa di diritto civile | avvocato che si occupa di cause civili **2** (*elvet.*) chi presta servizio civile

civilìstico [1931] agg. (pl. m. *-ci*) ● concernente il diritto civile: *norma civilistica*

†**civilità** ➤ **civiltà**

†**civilitàde** ➤ **civiltà**

†**civilitàte** ➤ **civiltà**

civilizzàre [fr. *civiliser*, da *civil* 'civile' ✻ 1684] **A** v. tr. **1** rendere civile: *c. un paese primitivo, una persona rozza* **2** (*burocr., raro*) smilitarizzare, far dipendere dall'amministrazione civile **B** **civilizzàrsi** v. rifl. ● perdere rozzezza e rusticità || **civilizzazióne**, s. f. (V.)

civilizzatóre [fr. *civilisateur*, da *civiliser* 'civilizzare' ✻ av. 1832] agg. e s. m. (f. *-trice*) ● che (o chi) civilizza: *popolo c.*; *gli antichi civilizzatori orientali*

civilizzazióne [fr. *civilissation*, da *civiliser* 'civilizzare' ✻ 1770] s. f. **1** il civilizzare | incivilimento: *i fondamenti d'una c. che diventerà europea* (A. MANZONI) **2** civiltà | costume, vita civile

civil sèrvant /ingl. ˌsɪvəl'sɜːvənt/ [loc. ingl., propr. 'dipendente (*servant*) civile (*civil*)' ✻ 1986] loc. sost. m. e f. inv. (pl. ingl. *civil servants*) ● funzionario statale, spec. di alto livello

♦**civiltà** o †**civilitàde**, †**civilitàte**, †**civilità** [vc. dotta, lat. *civilitāte(m)*, da *civīlis* 'civile' ✻ 1308] s. f. inv. **1** il complesso delle strutture e degli sviluppi sociali, politici, economici, culturali che caratterizzano la società umana | le strutture culturali che caratterizzano una data società o un dato periodo nella storia della società: *c. antica, medievale, moderna, contemporanea, atomica, egiziana, assira, romana, rinascimentale* **2** progresso: *il mondo moderno ha raggiunto un elevato grado di c.*; *portare, dare la c.* CONTR. barbarie **3** gentilezza, buona educazione: *comportarsi con c.*; *far valere con c. le proprie ragioni* | (*raro*) atto di cortesia, di urbanità: *Io non son venuto che per usarle una c.* (P. VERRI) **4** †cittadinanza

SFUMATURE DI SIGNIFICATO

civiltà - cultura - progresso

L'insieme degli aspetti materiali e spirituali che caratterizzano la vita di un popolo, la sua organizzazione economica, sociale, politica costituisce la **civiltà**. Di ambito più ristretto è il termine **cultura**, che fa riferimento da un lato alle cognizioni, al sapere, alle tradizioni, alla produzione artistica, dall'altro all'insieme di valori che determinano l'agire, i costumi, i comportamenti. **Progresso** definisce invece l'avanzamento verso forme più evolute di cultura e di civiltà: soprattutto conoscenze scientifiche, condizioni di vita, costumi e modelli sociali.

†**civìre** [fr. *chevir*. V. *†civanza* ✻ 1287] v. tr. ● provvedere

civìsmo [fr. *civisme*, da *civil* 'civile' ✻ 1796] s. m. ● coscienza dei propri doveri civici da parte del cittadino, che lo porta a rispettare le regole della convivenza

cìvita s. f. **1** †V. *città* **2** (con l'iniziale maiuscola) si usa in alcuni nomi propri di luogo: *C. Castellana*; *Civitanova*; *Civitavecchia*

clacchìsta [da *claque* ✻ 1963] s. m. e f. (pl. m. *-i*) ● chi fa parte di una claque

clàcson o **clàxon** /'klakson/ [ingl. *klaxon*, in orig. marchio di fabbrica ✻ 1923] s. m. inv. ● avvisatore acustico usato sugli autoveicoli e motoveicoli

clacsonàre [denominale di *clacson* ✻ 1990] **A** v. intr. (*io clacsòno*; aus. *avere*) ● (*fam.*) suonare il clacson **B** in funzione di s. m. solo sing.: *un insistente c.*

clàde [vc. dotta, lat. *clāde(m)*, da avvicinare a **cèllere* 'percuotere' (V. *percuotere*) ✻ 1440] s. f. ● (*raro, lett.*) carneficina, massacro, strage: *tra lor cominciar con fiera c. / a tirar archi, e a menar lance e spade* (L. ARIOSTO)

cladìsmo [comp. di *clad(o)-* col suff. *-ismo* ✻ 1991] s. m. ● (*biol.*) tendenza del pensiero evoluzionista che interpreta la filogenesi degli organismi secondo i metodi della cladistica

cladìstica [comp. di *clad(o)-* col suff. *-istico*, sostantivato al f. ✻ 1991] s. f. ● (*biol.*) metodo sistematico che classifica gli organismi in base alla loro posizione in un tipico albero genealogico ramificato, piuttosto che secondo il grado di diversità morfologica

clàdo- [dal gr. *kládos* 'ramo'] primo elemento ● in parole composte della terminologia scientifica significa 'ramo' o 'ramificazione': *Cladoceri, cladofora*

Cladòceri [vc. dotta, comp. di *clado-* e del gr. *kéras* 'corno' ✻ 1829] s. m. pl. (sing. *-o*) ● (*zool.*) ordine di piccoli Crostacei spec. d'acqua dolce, di piccole dimensioni (*Cladocera*)

cladòdio [dal gr. *kládos* 'ramo', da avvicinare a *klân* 'spezzare', di orig. indeur. ✻ 1931] s. m. (pl. *-i* o *raro -ii*) ● (*bot.*) ramo o fusto appiattito e verde che assume la funzione delle foglie SIN. cladofillo, fillocladio

cladofìllo [comp. di *clado-* e del gr. *phýllon* 'foglia' (V. *clorofilla*) ✻ 1956] s. m. ● (*bot.*) cladodio

cladòfora [comp. di *clado-* e *-foro* ✻ 1931] s. f. ● genere di alghe verdi con talli filiformi, cellule plurinucleate, molto ramificate (*Cladophora*)

Cladoforàcee [dal lat. scient. *Cladophora*, comp. di *clado-* e *-for(o)* col suff. *-acee* ✻ 1972] s. f. pl. (sing. *-a*) ● (*bot.*) famiglia di alghe verdi con cellule plurinucleate, filiformi o ramificate per dicotomia (*Cladophoraceae*)

cladogènesi [comp. di *clado-* e *genesi* ✻ 1980] s. f. inv. ● (*biol.*) derivazione successiva di nuovi gruppi sistematici da una linea di organismi progenitori che si mantiene nel corso dell'evoluzione

cladogràmma [comp. di *clado-* e *-gramma* 'grafico' ✱ 1991] **s. m.** (**pl.** *-i*) ● (*biol.*) rappresentazione grafica di un processo evolutivo secondo i criteri della cladistica

cladomanìa [comp. di *clado-* e *-mania* ✱ 1930] **s. f.** ● (*bot.*) nei vegetali, alterazione dello sviluppo consistente in una disordinata produzione di gemme **CFR.** scopazzo

cladònia [dal gr. *kládos* 'ramo', di orig. indeur.: detto così per le divisioni del tallo ✱ 1830] **s. f.** ● genere di licheni eteromeri, di colore rosso o bruno, diffusi in tutto il mondo, cui appartiene il lichene delle renne (*Cladonia*)

claim /*ingl.* kleɪm/ [vc. ingl., propr. 'dichiarazione', dal fr. ant. *clamer* 'gridare, proclamare' ✱ 1991] **s. m. inv.** (**pl. ingl.** *claims*) ● slogan pubblicitario contenente la caratteristica principale di un prodotto (per es.: 'meno dell'1% di grassi')

†**clamàre** ➤ **chiamare**

†**clamazióne** [vc. dotta, lat. tardo *clamatiōne(m)* 'clamore, grido', da *clamāre*. V. *chiamare* ✱ av. 1306] **s. f.** ● clamore

clamidàto [vc. dotta, lat. *chlamydātu(m)*, da *chlămys*, genit. *chlămydis* 'clamide' ✱ 1714] **agg.** **1** che indossa la clamide **2** (*bot.*) ***fiore c.***, provvisto di perianzio

clàmide [vc. dotta, lat. *chlămyde(m)*, dal gr. *chlamýs*, genit. *chlamýdos*, di etim. incerta ✱ 1550] **s. f.** **1** corto mantello spec. militare, affibbiato sulla spalla destra, usato dagli antichi Greci e Romani **2** (*lett.*) manto: *c. regale, imperiale; sopra la corazza ha una c. rossa* (G. VASARI) **3** (*bot.*) ***fiore c.***, fiore clamidato

clamìdia [dal gr. *chlamydýon*, dim. di *chlamýs* (V. *clamide*) ✱ 1984] **s. f.** ● (*biol.*) genere di batteri costituito da specie sferoidali piccole, gram-negative, parassite intracellulari, responsabili di infezioni veneree e urinarie (*Chlamydia*)

clamidospòra [vc. dotta, comp. di *clamide* e *spora* ✱ 1956] **s. f.** ● (*bot.*) spora avvolta da una grossa parete, in modo da resistere alle condizioni esterne sfavorevoli

♦**clamóre** [vc. dotta, lat. *clamōre(m)*, da *clamāre*. V. *chiamare* ✱ av. 1294] **s. m.** **1** forte rumore prodotto da più persone che parlano o gridano insieme: *i clamori della folla, del pubblico* **SIN.** frastuono, schiamazzo, vocio **2** (*lett.*) forte rumore prodotto da qlco.: *al sibilare del vento si univa imponente il c. del mare* (I. SVEVO) **SIN.** frastuono, strepito **3** (*est.*) vivace interesse, diffusa curiosità: *avvenimento che desta, suscita c.* **SIN.** chiasso, scalpore **4** (*est.*) †lamento, protesta **5** (*est.*) †preghiera, implorazione

♦**clamoróso** (o **-ṣ-**) [vc. dotta, lat. tardo *clamorōsu(m)*, da *clāmor*. V. *clamore* ✱ 1763] **agg.** **1** fragoroso, rumoroso: *un alterco c.; applausi clamorosi* **SIN.** chiassoso **2** (*fig.*) che suscita scalpore, che fa parlare molto di sé: *un avvenimento, un processo c.; sconfitta, vittoria clamorosa* ‖ **clamorosaménte**, **avv.** ‖ **clamorosità**, **s. f. inv.** caratteristica di ciò che è clamoroso, sensazionale

♦**clan** /klan, *ingl.* klæn/ [celt. *clan* 'famiglia' ✱ 1788] **s. m. inv.** **1** fra i popoli di lingua gaelica, raggruppamento sociale composto dai membri di più famiglie discendenti in linea maschile da uno stesso progenitore: *c. scozzesi* **2** (*antrop.*) gruppo la cui parentela o affinità deriva da discendenza comune, totemica o gentilizia **3** (*est.*) gruppo chiuso ed esclusivo di persone legate da interessi comuni | (*spreg.*) cricca, consorteria: *i clan mafiosi* **4** in ambito sportivo, scuderia, squadra, società e sim.

clandestinità [1832] **s. f. inv.** ● condizione di chi (o di ciò che) è clandestino

clandestìno [fr. *clandestin*, dal lat. *clandestīnu(m)*, da *clăm* 'di nascosto' ✱ 1476] **A agg.** **1** che si fa in segreto, spec. in violazione di leggi, divieti e sim.: *contratto c.; matrimonio c.; pubblicazione clandestina; bisca clandestina* | ***movimento c.***, gruppo di azione politica clandestino | ***lotto c.***, gioco del lotto tenuto da un privato, ma regolato sul lotto pubblico | ***coppia clandestina***, che si incontra in segreto per nascondere ad altri la propria relazione amorosa **2** che vive e opera nascostamente, in modo occulto: *combattente c.; organizzazione clandestina* | che è entrato e vive in un Paese in modo illegale: *immigrato, lavoratore clandestini* ‖ **clandestinaménte**, **avv.** **B s. m.** (**f.** *-a*) **1** passeggero imbarcato nascostamente su nave o aereo: *c'è un c. a bordo* | (*est.*) chi viaggia senza pagare il biglietto **2** militante in un'organizzazione politica che opera in modo segreto, occulto **3** immigrato clandestino: *sanatoria per i clandestini*

SFUMATURE ➤ ***illegale***

clang /klang, *ingl.* klæŋ/ o **clànghete** [vc. ingl., di orig. onomat. dal v. *to clang* 'risuonare fragorosamente' ✱ 1868] **inter.** ● riproduce il suono di un oggetto metallico percosso, per es. il suono del gong o del campanaccio delle mucche

clàngere [vc. dotta, lat. *clăngere* 'gridare, risuonare'. V. *clangore* ✱ 1869] **v. intr.** (*io clàngo, tu clàngi*; **difett. del pass. rem., del part. pass. e dei tempi composti**) ● (*raro, lett.*) squillare | (*est.*) mandare un suono metallico

clànghete ➤ **clang**

♣**clangóre** [vc. dotta, lat. *clangōre(m)*, da *clăngere* 'gridare', dalla stessa radice di *clamāre*. V. *chiamare* ✱ 1481] **s. m.** ● (*lett.*) strepito, suono squillante, spec. di trombe: *risonava più d'una trombetta / per Roncisvalle con certo c.* (L. PULCI)

clànico [da *clan* ✱ 1987] **agg.** (**pl. m.** *-ci*) ● di clan, relativo a clan: *usi clanici*

clap /klap, *ingl.* klæp/ [in ingl. è il suono acuto e ripetuto prodotto dagli zoccoli dei cavalli, dai battimani e sim. ✱ 1985] **inter.** ● (*spec. iter.*) riproduce il rumore del battimano

claque /*fr.* klak/ [fr., da *claquer* 'battere le mani', di orig. onomat. ✱ 1865] **s. f. inv.** ● durante uno spettacolo, gruppo di spettatori che applaudono a comando in cambio dell'ingresso gratuito o di un compenso | (*est.*) gruppo di sostenitori, spec. di un uomo politico

claquettes /*fr.* kla'kɛt/ [vc. fr., da *claquer* 'scoppiettare, schioccare', di orig. onomat. ✱ av. 1952] **s. f. pl.** ● particolari placchette metalliche applicate sotto le scarpe dei ballerini, spec. da tip tap, allo scopo di ritmare la danza con un caratteristico rumore

claqueur /*fr.* kla'kœr/ [1858] **s. m. inv.** ● clacchista

clarìna ➤ **chiarina**

clarinettìsta [fr. *clarinettiste*, da *clarinette* 'clarinetto' ✱ 1865] **s. m. e f.** (**pl. m.** *-i*) ● chi suona il clarinetto

clarinétto [fr. *clarinette*, da *clarine* 'sonaglio', dal lat. *clārus* 'chiaro, sonoro' ✱ 1781] **s. m.** ● strumento a fiato costituito da un tubo cilindrico di legno, munito di un bocchino e di un barilotto nella parte superiore, e di una campana al termine del tubo | ***c. in fa***, corno bassetto

clarinìsta [1970] **s. m. e f.** (**pl. m.** *-i*) ● chi suona il clarino

clarìno [fr. *clairon*, da *clair* 'chiaro', per la chiarezza del suono; nel sign. di 'clarino', da *clarinetto* ✱ av. 1647] **s. m.** **1** tipo di tromba del XVII e XVIII sec. **SIN.** clarone **2** correntemente, clarinetto **3** chiarina, nel sign. 1

clarìssa [da *Clāra*, n. lat. di S. Chiara (1194-1253), fondatrice dell'ordine ✱ 1786] **s. f.** ● suora dell'ordine francescano di clausura

claristòrio ➤ **cleristorio**

†**clarìto** ➤ **chiarito**

claritromicina [dalla sovrapposizione di *Clari(th)*, nome registrato con cui il medicinale fu messo inizialmente in commercio, a *(eri)tromicina* ✱ 1990] **s. f.** ● (*farm.*) antibiotico macrolide batteriostatico derivato dalla eritromicina, che ha ampio spettro antibatterico

†**clàro** e deriv. ➤ **chiaro** e deriv.

claróne [fr. *clairon*. V. *clarino* ✱ 1722] **s. m.** **1** †specie di clarinetto in fa, attualmente sostituito dal clarinetto basso **2** clarino, nel sign. 1

-claṣìa ➤ **-clastia**

class action /*ingl.* 'klɑːsˌækʃən/ [loc. ingl., propr. 'azione legale (*action*) di gruppo (*class*)' ✱ 1995] **loc. sost. f. inv.** (**pl. ingl.** *class actions*) ● azione promossa in sede giudiziaria da un soggetto, personalmente o tramite associazione o comitato, per tutelare diritti identici di un gruppo di utenti o consumatori, alla quale questi ultimi possono aderire senza necessità di un difensore

classaménto [1956] **s. m.** **1** operazione del classare titoli **2** operazione di formazione del catasto, consistente nell'applicazione dell'estimo a ogni particella: *procedere al c. dei terreni*

classàre [fr. *classer*. V. *classe* ✱ 1790] **v. tr.** **1** classificare **2** nel linguaggio di borsa, collocare titoli azionari e obbligazioni presso acquirenti che non intendono rimetterli subito in vendita

classazióne [1858] **s. f.** ● (*stat.*) raggruppamento in classi delle unità di un collettivo oggetto di studio statistico, basato sulla loro omogeneità rispetto a una o più variabili qualitative o quantitative

♦**clàsse** [vc. dotta, lat. *clăsse(m)*, prob. di orig. etrusca ✱ 1321] **s. f.** **1** nell'antica Roma, ciascuna delle cinque categorie in cui erano distinti i cittadini in base al patrimonio fondiario **2** insieme di persone che hanno una stessa situazione economica e sociale: *c. capitalistica, borghese, feudale, operaia, proletaria; c. media* | ***lotta di c.***, per il marxismo, il conflitto fra le classi sociali provocato da un radicale contrasto di interessi | (*est.*) insieme di persone che esercitano la medesima professione: *la c. medica, degli artisti, dei commercianti* | ***c. dirigente***, l'insieme di coloro che occupano un posto preminente in ogni ambito della vita sociale, politica, economica e culturale | ***c. politica***, l'insieme delle persone che si dedicano professionalmente all'attività politica **3** gruppo di entità di varia natura identificato all'interno di uno schema di classificazione da un complesso di caratteristiche comuni: *la c. dei sostantivi irregolari in italiano* | ***classi di lingue***, tipi in cui si distribuiscono le lingue in base ai tratti più caratteristici **4** (*biol.*) nei sistemi di classificazione, raggruppamento di ordini animali o vegetali affini: *la c. dei Vertebrati, delle Dicotiledoni* **5** (*mat.*) collezione o aggregato di enti **SIN.** insieme | ***c. di grandezze***, insieme di enti nel quale sia data una relazione d'equivalenza, una relazione d'ordine totale e un'operazione che goda delle proprietà formali dell'addizione fra segmenti | ***c. d'equivalenza***, uno dei sottoinsiemi formati da tutti gli elementi associati a un elemento dato in una relazione d'equivalenza **6** (*inform.*) nella programmazione a oggetti, modello in cui si inscrive un oggetto sulla base di proprietà e funzioni **7** (*miner.*) insieme di tutti i minerali contraddistinti dalla stessa combinazione di elementi di simmetria e quindi tutti con le stesse forme cristalline potenziali **8** insieme dei soldati di una stessa leva: *chiamata, congedo di una c.; la c. del '99* | (*scherz.*) ***c. di ferro***, generazione dotata di particolari qualità | ***c. di leva***, V. *leva*② **9** (**est.**) raggruppamento degli alunni di una scuola secondo il grado di studio o la materia: *essere promossi alla quinta c.*; *la c. di francese, di dattilografia* | (**est.**) tutti gli alunni dello stesso corso: *c. maschile, femminile, mista*; *una c. difficile* | ***primo della c.***, V. *primo* nel sign. C 1 | (**est.**) l'aula stessa in cui gli alunni ascoltano le lezioni: *uscire di, entrare in c.*; *compito in c.* | ***c. collaterale***, sezione collaterale **10** (**dir.**) insieme dei terreni o immobili urbani cui, nell'estimo catastale, è stato riconosciuto uno stesso grado di produttività o uno stesso valore di rendita **11** (**est.**) ripartizione fondata su differenze nelle attrezzature e nei servizi, valida sui mezzi di trasporto aerei, terrestri, marittimi, nelle stazioni, negli alberghi e sim.: *c. di lusso, turistica*; *albergo, carrozza di seconda c.* **SIN.** categoria **12** suddivisione di imbarcazioni, automobili e motociclette appartenenti a una categoria secondo determinate caratteristiche di lunghezza, peso, potenza e sim. **13** (**fig.**) ottima qualità, eccellenza di doti: *quel cavallo ha c.* | ***di c., di gran c.***, di notevole pregio | ***di prima c.***, eccellente | ***fuori c.***, V. *fuoriclasse* | ***atleta di c. internazionale***, degno di partecipare a competizioni internazionali | ***persona di c.***, di modi e gusti signorili **14** †flotta | †schiera, esercito || **classàccia**, **pegg.** | **classétta**, **classettina**, **dim.**

SFUMATURE DI SIGNIFICATO
classe - ceto - casta
Classe definisce l'insieme delle persone che condividono la stessa condizione economica e sociale, storicamente la nobiltà, la borghesia e il proletariato. **Ceto** è intercambiabile con *classe*, ma può anche essere usato per connotare, all'interno di una classe, il sottoinsieme di coloro che svolgono lo stesso tipo di attività, come industriali, impiegati, contadini. **Casta** identifica un ceto all'interno di un sistema sociale chiuso, a cui si appartiene per nascita e da cui è impossibile uscire o entrare; in usi estensivi il termine può essere riferito a un gruppo professionale che detiene privilegi economici e sociali.
SFUMATURE ➤ ***categoria***

classènse [1956] **agg.** ● di Classe, in provincia di Ravenna | ***Biblioteca c.***, a Ravenna, raccoglie preziosi manoscritti e incunaboli

classiàrio [vc. dotta, lat. *classiāriu(m)*, da *clăssis* 'flotta'. V. *classe* ✱ 1585] **s. m.** ● soldato della flotta romana

clàssica [f. sost. di *classico* ✱ 1986] **s. f.** **1** gara sportiva annuale di prestigio e di lunga tradizione | nell'ippica, corsa che si disputa tra cavalli della stessa età che portano un peso uguale | nel calcio, incontro tra squadre che abbiano vinto almeno un campionato di serie A **2** (**ellitt.**) musica classica

classicheggiànte **part. pres.** di *classicheggiare*; anche **agg.** ● che imita i classici | che tende allo stile classico: *secolo c.*

classicheggiàre [1913] **v. intr.** (**pres.** *io classichéggio*; **fut.** *io classicheggerò*; **aus.** *avere*) ● imitare i classici in arte o in letteratura

classicìṣmo [1818] **s. m.** **1** caratteristica di chi (o di ciò che) è classico: *il c. di Virgilio, del Partenone* **2** tendenza artistica che pone come regola fondamentale dell'arte l'imitazione dei classici, considerandoli modelli insuperabili: *il c. del Seicento francese* **3** in musica, periodo che va dalla seconda metà del Settecento fino al 1830 circa, caratterizzato dall'espansione della musica strumentale e dalla codificazione della forma sonata

classicista [1818] **s. m. e f.** (**pl. m.** *-i*) **1** fautore, seguace del classicismo **2** studioso dell'antichità classica

classicìstico [1818] **agg.** (**pl. m.** *-ci*) ● relativo al classicismo, ai classicisti: *l'ideale c. del Rinascimento* || **classicisticaménte**, **avv.** secondo le teorie del classicismo

classicità [1843] **s. f. inv.** **1** canoni estetici o gusto artistico ispirati al mondo classico: *l'evidente c. dell'architettura del Settecento*; *la castità della forma, che si suole chiamare c.* (B. CROCE) **2** il mondo dell'antichità greca e romana

classiciẓẓàre [1900] **A** **v. tr.** ● conformare al gusto e allo stile classico **B** **v. intr.** (**aus.** *avere*) ● (**raro**) tendere allo stile classico || **classiciẓẓazióne**, **s. f.**

♦**clàssico** [fr. *classique*, dal lat. *clăssicu(m)* 'cittadino della prima classe', poi 'di prim'ordine', da *clăssis* 'classe' ✱ 1620] **A** **agg.** (**pl. m.** *-ci*) **1** che è pertinente alla civiltà greca e latina: *scrittori, autori classici*; *studi classici*; *arte classica* | ***liceo c.***, basato sullo studio delle materie umanistiche **2** che è considerato modello esemplare, detto di opera o di artista: *è un romanzo c. della letteratura contemporanea* **3** (**fis.**) non quantistico, non relativistico: *meccanica classica* **4** (**mus.**) ***musica classica***, in contrapposizione alla musica leggera, musica colta, spec. strumentale **5** (**est.**) esemplare, tipico, caratteristico: *è la classica buccia di banana*; *è il c. figlio di papà* | tradizionale: *linea, moda classica*; *abito c.* | ***tessuto, colore c.***, non soggetto agli effimeri dettami della moda | ***gara, corsa classica***, V. *classica* | (**sport**) ***tecnica classica***, quella che regola l'andatura di alcune competizioni sciistiche di fondo, basata essenzialmente sull'uso del passo alternato | ***questa è classica!***, (**iron.**) escl. di commento a un'affermazione o situazione tipica, prevedibile || **classicaménte**, **avv.** || **classicità**, **s. f. inv.** (V.) **B** **s. m.** **1** opera o artista che, per l'alto valore dell'esperienza artistica e culturale che rappresenta, costituisce un modello esemplare: *i classici russi dell'Ottocento*; *quel film ormai è diventato un c.* **2** (**al pl.**, ***per anton.***) gli scrittori greci e latini

♦**classìfica** [da *classificare* ✱ 1855] **s. f.** **1** graduatoria per ordine di merito dei partecipanti a una competizione, secondo particolari criteri o modalità: *c. generale, assoluta*; *c. per categorie*; *c. a punti* | ***c. dei cannonieri***, graduatoria dei calciatori che hanno segnato gol nel corso di un campionato o di un torneo | ***atleta, squadra di c.***, che ha possibilità di vincere o di ottenere un buon piazzamento in gare o campionati **2** graduatoria di partecipanti a una gara o concorso, secondo l'esito: *la c. degli abilitati all'esame di Stato* **3** classificazione

classificàbile [1865] **agg.** ● che si può classificare || **classificabilità**, **s. f. inv.**

♦**classificàre** [da *classe* ✱ sec. XIV] **A** **v. tr.** (*io classìfico, tu classìfichi*) **1** ordinare per classi: *c. libri, documenti, piante, animali, idee* **2** (**est.**) valutare mediante l'assegnazione di un voto, un parere formale e sim., il merito di uno studente, di un candidato, di un compito e sim.: *lo hanno classificato piuttosto bene* | nell'organizzazione aziendale, valutare un dipendente o una merce secondo standard definiti di qualità | (**est.**) valutare, inquadrare: *non riesco a c. quell'individuo* **3** (**chim.**) separare manualmente o mediante vagli una sostanza che si presenta con dimensioni non omogenee in gruppi di dimensioni omogenee **4** segretare (cattiva traduzione dell'ingl. *to classify*): *c. un documento* **B** **classificàrsi** **v. rifl.** ● ottenere un certo posto o grado in una classifica: *classificarsi primo, secondo*; *classificarsi al primo, al secondo posto*; *fra i primi cinque* | ottenere il passaggio alla fase successiva di una competizione: *classificarsi per la seconda manche* || **classificazióne**, **s. f.** (V.)

SFUMATURE DI SIGNIFICATO
classificare - etichettare - campionare
Classificare definisce l'atto di ordinare in base a un criterio una serie di oggetti, oppure di valutare, mediante l'espressione di un voto o di un parere, il merito di uno studente, un candidato. I due termini successivi si riferiscono unicamente a oggetti appartenenti a insiemi omogenei: **etichettare** è fornire a ciascun elemento un'etichetta, cioè una breve definizione distintiva; **campionare** è l'estrarre da ogni elemento o sottoinsieme di una serie un campione rappresentativo.
SFUMATURE ➤ ***distinguere***

classificatóre [1864] **s. m.** **1** (**f.** *-trice*) chi classifica **2** cartella per contenere documenti e sim. classificati | mobile di varia forma e materia munito di cassetti per conservare in ordine lettere, documenti e sim. | album con taschine trasparenti per collezioni varie: *c. di francobolli* **3** (**tecnol.**) macchina, apparecchio che separa e ordina, secondo vari criteri, materiali eterogenei **4** (**ling.**) affisso che, in alcune lingue, ascrive un nome a una specifica classe nominale: *nel cinese esistono classificatori per i nomi di persona, dei cibi, degli oggetti ecc.* | (**ling.**) nelle scritture cuneiformi, segno diacritico che attribuisce un altro segno a una specifica area di significato (piante, animali, oggetti ecc.)

classificatòrio [da *classificare* ✱ 1913] **agg.** (**pl. m.** *-i* o **raro** *-ii*) ● che classifica | relativo a classificazione

classificazióne [da *classificare* ✱ 1801] **s. f.** **1** distribuzione, ordinamento in classi, gruppi, categorie e sim.: *c. per specie, per categoria*; *la c. botanica di Linneo*; *la c. periodica degli elementi chimici*; *c. statistica*; *c. di documenti* | ***c. decimale universale***, catalogazione sistematica spec. di materiale bibliografico d'archivio, di magazzino e sim., fondata sulla ripartizione degli elementi in dieci classi, ciascuna a sua volta suddivisa in dieci divisioni e così via **2** (**est.**) valutazione di persone o cose, mediante voti, pareri, giudizi e sim.: *c. di un alunno*; *metodo della c. del lavoro*

classìṣmo [da *classe* nel sign. 2 ✱ 1950] **s. m.** **1** teoria secondo cui la storia delle civiltà appare come il risultato della lotta fra le classi sociali **2** difesa intransigente degli interessi della propria classe sociale

classìsta [1913] **A** **agg.** (**pl. m.** *-i*) ● basato sul classismo: *concezione, politica c.* | classistico: *Ma l'immagine dell'insieme c. dei suoi figli / era ... insopportabile* (P.P. PASOLINI) | ***stato c.***, che ha come fine la cura del benessere di una sola classe di cittadini **B** **s. m. e f.** ● chi accetta gli schemi del classismo

classìstico [1932] **agg.** (**pl. m.** *-ci*) ● del classismo, dei classisti; conforme al classismo || **classisticaménte**, **avv.**

-clastia o **-clașia** [dal gr. *klastós* 'spezzato', da *kláō* 'io rompo'] **secondo elemento** ● in parole composte dotte o della terminologia scientifica significa 'rottura', 'frantumazione': *iconoclastia*

clàstico [dal gr. *klastós* 'spezzato', da *kláō* 'io rompo' (V. *-clastia*) ✱ 1913] **agg.** (**pl. m.** *-ci*) **1** (**geol.**) detto di sedimento, di roccia sedimentaria e sim., che si è depositato come frammento di minerale o roccia preesistente **2** (**psicol.**, **raro**) tendente a distruggere, distruttivo

clàudia [così detta in onore della regina *Claudia*, moglie di Francesco I di Francia (1515-1547) ✱ 1821] **agg. solo f. inv.** ● detto di una varietà pregiata di susina europea di color giallo dorato, con polpa soda e profumata

♣**claudicànte** **part. pres.** di *claudicare*; anche **agg.** **1** (**lett.**) zoppicante **2** (**fig.**) difettoso, imperfetto: *prosa c.*; *periodi claudicanti*;

C

negozio giuridico c.

claudicàre [vc. dotta, lat. *claudicāre*, da *clāudus* 'zoppo', di etim. incerta ⁕ sec. XIV] **v. intr.** (*io clàudico, tu clàudichi;* **aus.** *avere*) • (*lett.*) zoppicare: *traversò le stanze, claudicando* (G. D'Annunzio) | (*fig.*) titubare

claudicazióne [vc. dotta, lat. *claudicatiōne(m)*, da *claudicāre* 'claudicare' ⁕ 1865] **s. f.** • (*med.*) andatura zoppicante

claunésco ➤ **clownesco**

clàuṣola o (*raro*) **clàuṣula** [vc. dotta, lat. *clāusula(m)*, da *clāudere* 'chiudere' ⁕ av. 1325] **s. f. 1** (*dir.*) disposizione o condizione di contenuto autonomo, inserita per volontà delle parti o della legge in un atto giuridico, spec. negoziale: *c. penale; c. compromissoria; c. arbitrale* | ***c. della nazione più favorita***, nei trattati commerciali internazionali, quella con cui ci si impegna a estendere all'accordo eventuali migliori condizioni che verranno sottoscritte in futuro con altre nazioni | ***c. di provvisoria esecuzione***, quella aggiunta a una pronuncia giurisdizionale al fine di imporre l'esecuzione immediata | ***c. di cancello***, per cui il noleggiatore ha facoltà di dichiarare nullo il contratto di noleggio se entro il termine pattuito la nave non è pronta per la caricazione | (*banca*) ***c. rossa, verde***, V. *rosso, verde* | ***c. di stile***, abitualmente inserita in un contratto al fine di renderne più completo e comprensibile il testo **2** (*est.*) ogni singola parte di un accordo: *stendere le clausole di un contratto* **3** spec. nella prosa classica, la parte finale di un periodo, regolata da determinati schemi ritmici **CFR.** cursus **4** conclusione di una frase musicale ‖ **clauṣolétta**, **dim.** | **clauṣolìna**, **dim.**

claustràle [vc. dotta, lat. tardo *claustrāle(m)*, da *clāustrum* 'chiostro' ⁕ av. 1292] **A agg.** • del chiostro: *vita c.* | (*raro*) monastico, religioso: *vocazione c.* | (*est.*) che ricorda l'isolamento e l'austerità del chiostro: *aveva ricevuto un'educazione quasi c.* (G. Verga) ‖ **claustralità**, **s. f. inv. B s. m. e f.** • (**spec. al pl.**, *raro*) monaco o monaca di clausura

claustrazióne [dal fr. *claustration*, deriv. del v. *se claustrer* 'chiudersi in convento' (*clāustru(m)* in lat.) ⁕ av. 1927] **s. f. 1** (*raro, lett.*) clausura **2** (*psicoan.*) reclusione che alcuni soggetti si impongono per sottrarsi ai contatti e alle influenze del mondo esterno

clàustro ➤ **chiostro**

claustrofilìa [comp. del lat. *clāustru(m)* 'chiostro' e di *-filia* ⁕ 1964] **s. f.** • tendenza morbosa a vivere appartati **CFR.** agorafobia

claustrofobìa [comp. del lat. *clāustru(m)* 'luogo chiuso' e di *-fobia* ⁕ 1898] **s. f.** • (*psicol.*) timore morboso degli spazi chiusi ‖ **claustrofòbico**, **agg.** (**pl. m.** *-ci*); **anche s. m.** (**f.** *-a*) **nel sign. 2 1** relativo a claustrofobia: *ossessione claustrofobica*; che provoca claustrofobia: *tunnel, ambiente claustrofobico* **2** claustrofobo ‖ **claustròfobo**, **agg. e s. m.** (**f.** *-a*) che (o chi) soffre di claustrofobia

clàuṣula ➤ **clausola**

clauṣùra [vc. dotta, lat. tardo *clausūra(m)*, da *clāudere* 'chiudere' ⁕ sec. XIII] **s. f. 1** regola che vieta a monaci e a monache di alcuni ordini di uscire dal convento | divieto imposto agli uomini di entrare in monasteri femminili, e alle donne di entrare in conventi maschili | parte del convento o del monastero sottoposta a tale divieto **2** (*fig.*) isolamento, solitudine **3** †V. *chiusura*

clàva [vc. dotta, lat. *clāva(m)*, di orig. indeur., dalla stessa radice di *percĕllere* 'colpire' ⁕ av. 1327] **s. f. 1** bastone grosso e piuttosto corto, arrotondato a una delle estremità, usato come arma dai primitivi: *era a tener uso / la c. ponderosa* (A. Poliziano) | (*est.*) grosso bastone **2** mazza di guerra con testa di ferro munita di borchie e di chiodi **3** nella ginnastica, attrezzo in legno la cui forma ricorda quella di una bottiglia ‖ **clavétta**, **dim.** (V.)

clavària [fr. *clavaire*, dal lat. *clāva* 'clava', per la forma ⁕ 1830] **s. f.** • genere di Funghi dei Basidiomiceti delle Clavariacee con corpo fruttifero di aspetto vario (*Clavaria*) **SIN.** (*pop.*) ditola, manina

Clavariàcee [vc. dotta, comp. di *clavaria* e *-acee* ⁕ 1965] **s. f. pl.** (**sing.** *-a*) • (*bot.*) famiglia di Funghi il cui corpo fruttifero ha aspetto simile a una clava, o arborescente (*Clavariaceae*)

clavétta [1987] **s. f. 1** dim. di *clava* **2** nella ginnastica, attrezzo simile alla clava, di differente peso e bilanciamento | (*est.*, **al pl.**) specialità della ginnastica ritmico-sportiva

clavicembalista [1931] **s. m. e f.** (**pl. m.** *-i*) **1** chi suona il clavicembalo **2** compositore di musica per clavicembalo

clavicembalistica [1964] **s. f.** • arte di suonare il clavicembalo o di comporre musiche per tale strumento

clavicembalìstico [1960] **agg.** (**pl. m.** *-ci*) • (*mus.*) relativo al clavicembalo, alla musica per clavicembalo o ai clavicembalisti: *pagina clavicembalistica del 1700*

clavicémbalo (o **-è-**) [comp. del lat. *clāvis* 'chiave' e *cȳmbalum* 'cembalo'. *Chiavi* sono le verghette di legno con cui si percuotevano le corde dello strumento ⁕ 1548] **s. m.** • strumento a corde pizzicate con plettri azionati da una tastiera

clavìcola [vc. dotta, lat. *clavīcula(m)* 'viticcio, piccola chiave', dim. di *clāvis* 'chiave', detta così per la forma ⁕ 1474] **s. f.** • (*anat.*) osso della cintura toracica che va dallo sterno alla scapola

clavicolàre [1887] **agg.** • della clavicola

clavicòrdo o **clavicòrdio** [comp. del lat. *clāvis* 'chiave' e *chŏrda* 'corda'. V. *clavicembalo* ⁕ av. 1547] **s. m.** • strumento a tastiera, a corde percosse, progenitore del pianoforte: *Ella passava, senza scomporsi, dal clavicordio ai fornelli* (C. Dossi) **SIN.** spinetta sorda

†**clavìgero** ① [vc. dotta, lat. *clavĭgeru(m)* 'portatore' (da *gĕrere* 'portare') di clava (lat. *clāva*)' ⁕ av. 1625] **agg. e s. m.** • (*lett.*) che (o chi) è armato di clava: *a guisa di tanti Ercoli clavigeri* (G.B. Marino)

clavìgero ② [vc. dotta, lat. *clavĭgeru(m)*, comp. di *clāve(m)* 'chiave' e *-gĕru(m)* '-gero' ⁕ 1499] **agg. e s. m.** (**f.** *-a*) • (*lett.*) che (o chi) porta le chiavi (attributo di Giano nella mitologia classica, di San Pietro nella tradizione cristiana) | (*fig.*) †che (o chi) ha qlco. o qlcu. in proprio potere: *tu, ... unica clavigera dilla mente e dil core mio* (V. Colonna)

clavìgero ③ [vc. dotta, dal lat. *clāva(m)* 'clava', prob. per la forma delle antenne, e *-gero* ⁕ 1930] **s. m.** • (*zool.*) genere di Insetti dei Coleotteri, caratterizzati da cecità, da una sagoma tozza e da dimensioni inferiori a 3 mm (*Clavigerus*)

clavioline /fr. klavjɔ'lin/ [comp. del lat. *clāvis* 'chiave' (V. *clavicembalo*), e di un secondo elemento di etim. incerta ⁕ 1970] **s. m. o f. inv.** • strumento elettronico a tastiera in grado di riprodurre il timbro di vari strumenti

clàvo [vc. dotta, lat. *clāvu(m)*. V. *laticlavio* ⁕ sec. XIV] **s. m. 1** nella Roma antica, balza di stoffa purpurea che, applicata alla tunica, indicava l'appartenenza all'ordine equestre | orlo di lana purpurea, intessuto nella toga pretesta, come insegna dei ragazzi romani di età inferiore ai quindici anni **2** (*raro, est.*) ornamento applicato alle vesti usate nella liturgia delle Chiese cristiane

clàxon e deriv. ➤ **clacson** e deriv.

clearance /ingl. 'klɪərəns/ [vc. ingl., propr. 'depurazione', da *to clear* 'schiarire, ripulire', da *clear* 'chiaro' (a sua volta dal fr. ant. *cler*) ⁕ 1989] **s. f. inv.** • (*med.*) tecnica usata nello studio della funzionalità renale, consistente nella determinazione del volume di plasma (o di sangue) che il rene è in grado di depurare, nell'unità di tempo, da una sostanza normalmente presente o introdotta a scopo diagnostico

clearing /ingl. 'klɪərɪŋ/ [vc. ingl., da *to clear* 'operare uno storno' ⁕ 1857] **s. m. inv.** • (*econ.*) compensazione dei debiti coi crediti fra le varie banche | compensazione dei debiti per le importazioni coi crediti per le esportazioni, pattuita fra due Stati, per evitare movimenti di valuta

clearing house /ingl. 'klɪərɪŋ,haus/ [loc. ingl., propr. 'casa (*house*) di compensazione (*clearing*)' ⁕ 1989] **loc. sost. f. inv.** (**pl. ingl.** *clearing houses*) • (*banca*) stanza di compensazione

clèfta [gr. moderno *kléphtēs*, propr. 'ladro', offesa ai nemici ⁕ 1846] **s. m.** (**pl.** *-i*) • membro di bande di insorti greci che nei secc. XVIII-XIX si opposero con il brigantaggio e la guerriglia alla dominazione turca

clèftico [gr. moderno *kléphtikos* 'proprio del clefta' ⁕ 1865] **agg.** (**pl. m.** *-ci*) • dei clefti, spec. riferito ai canti popolari che ne celebravano le imprese

clèisto- [dal gr. *kleistós* 'chiuso', da *kléiein* 'chiudere', di orig. indeur.] **primo elemento** • in parole composte della terminologia scientifica significa 'chiuso': *cleistogamia*

cleistogamìa [comp. di *cleisto-* e *-gamia* ⁕ 1931] **s. f.** • (*bot.*) presenza di fiori cleistogami

cleistògamo [comp. di *cleisto-* e del gr. *gámos* 'nozze' ⁕ 1892] **agg.** • (*bot.*) detto di fiore che rimane chiuso e quindi si autofeconda

clematìde o †**clematìte** [vc. dotta, lat. *clemătide(m)*, dal gr. *klēmatís*, dim. di *klêma* 'tralcio di vite' (da avvicinare a *klân* 'rompere') ⁕ av. 1498] **s. f.** • genere di piante erbacee rampicanti delle Ranuncolacee con frutto ad achenio, foglie opposte e fiori formati da quattro sepali variamente colorati (*Clematis*)

⁂**clemènte** [vc. dotta, lat. *clemĕnte(m)*, di etim. incerta ⁕ 1275] **agg. 1** che perdona con facilità, che mostra indulgenza: *essere, dimostrarsi c. verso qlcu.*; *un giudice c.* | generoso, pietoso: *divinità c.* **2** mite, detto di stagione o di clima: *estate, inverno c.* ‖ **clementeménte**, **avv.** (*raro*) in modo clemente

SFUMATURE ➤ ***indulgente***

clementìna [dal n. del coltivatore, un certo padre *Clemente*, che riuscì a ottenerla ⁕ 1963] **s. f.** • mandarancio

clementìno [1354] **agg.** • relativo a uno dei pontefici di nome Clemente **CFR.** Pio②

⁂**clemènza** [vc. dotta, lat. *clemĕntia(m)*, da *clēmens*, genit. *clemĕntis* 'clemente' ⁕ 1275] **s. f. 1** caratteristica di chi è clemente: *costei sosterrà scettro innocente, / pien di c. e privo di rigore* (G.B. Marino) | indulgenza, condiscendenza **2** mitezza della stagione, del tempo

SFUMATURE ➤ ***misericordia***

clemenziàle [1977] **agg.** • (*dir.*) di clemenza, relativo a clemenza: *provvedimento c.*

cleopàtra [dal n. della regina d'Egitto, arbitrariamente assegnato ⁕ 1987] **s. f.** • (*zool.*) genere di Molluschi dei Gasteropodi, abitatori delle acque dolci dell'Africa, del Madagascar e delle isole Seicelle (*Cleopatra*)

cleptocrazìa [comp. del gr. *kléptēs* 'ladro' (di orig. indeur.) e *-crazìa* ⁕ 1975] **s. f.** • nel linguaggio giornalistico, sistema di governo fondato sulla corruzione e sul peculato

cleptòmane [fr. *kleptomane*, comp. del gr. *kléptēs* 'ladro' (di orig. indeur.), e di *-mane* '-mane' ⁕ 1900] **agg. e s. m. e f.** • che (o chi) è affetto da cleptomania

cleptomanìa [fr. *kleptomanie*, da *kleptomane* 'cleptomane' ✱ 1889] **s. f.** ● impulso ossessivo e irrefrenabile a rubare

clèrgyman /ˈklerdʒimen, *ingl.* ˈklɜːdʒɪmən/ [ingl., propr. 'sacerdote, ecclesiastico', comp. di *clergy* 'clero', dal lat. tardo *clericātu(m)* 'clericato' e *man* 'uomo', di orig. germ. ✱ av. 1821] **s. m. inv.** ● abito sacerdotale composto di giacca e pantaloni di colore nero o grigio scuro con pettorina nera e collare bianco, indossato generalmente fuori della chiesa

clericàle o †**chiericàle** [vc. dotta, lat. tardo *clericāle(m)*, da *clēricus* 'chierico' ✱ 1310] **A agg.** ● del clero: *privilegi clericali*; *abito c.* ‖ **clericalménte**, avv. da clericale ‖ **clericalità**, **s. f. inv.** caratteristica di chi (o di ciò che) è clericale **B agg. e s. m. e f.** ● seguace del clericalismo | che (o chi) è favorevole all'intervento diretto e indiretto del potere ecclesiastico nella vita politica

clericaleggiànte **part. pres.** di *clericaleggiare*; anche **agg.** ● favorevole al clericalismo

clericaleggiàre [da *clericale* ✱ 1908] **v. intr.** (**pres.** *io clericaléggio*; **fut.** *io clericaleggerò*; **aus.** *avere*) ● (*raro*) avere, manifestare tendenze clericali

clericalìsmo [fr. *cléricalisme*, da *clérical* 'clericale' ✱ 1858] **s. m.** ● atteggiamento, tendenza di coloro che, nella pratica politica, si propongono soprattutto la tutela dei diritti della Chiesa e l'applicazione dei suoi principi nell'ordine civile

clericalizzàre [1913] **A v. tr.** ● rendere clericale, trasformare in senso clericale **B clericalizzàrsi v. intr. pron.** ● diventare clericale ‖ **clericalizzazióne**, **s. f.**

clericàto ➤ **chiericato**

†**clèrico** ➤ **chierico**

clèrico- [da *clericale*] **primo elemento** ● in parole composte, equivale a 'clericale': *clerico-moderato*, *clerico-fascista*

cleristòrio o **claristòrio** [dall'ingl. *clerestory*, comp. di *clere*, forma ant. di *clair* 'chiaro', e *story* per *storey* 'piano', corrispondente all'it. *parete finestrata* ✱ 1981] **s. m.** ● (*archit.*) parete finestrata che costituisce la sezione superiore della navata centrale di una chiesa, più alta delle navate laterali

clèro [vc. dotta, lat. tardo *clēru(m)*, dal gr. *klêros* 'sorte, eredità', poi 'parte scelta dei fedeli' ✱ av. 1292] **s. m.** **1** l'insieme dei sacerdoti, cui, in una Chiesa, è affidato il culto divino **2** nella teologia cattolica, l'insieme dei membri della Chiesa cui è demandato, per divina investitura, l'ufficio di santificare e governare spiritualmente i fedeli | *c. regolare*, religiosi di ordini e di congregazioni soggetti a regole | *c. secolare*, i sacerdoti che vivono nel secolo, ossia nel mondo

clerodèndro [comp. del gr. *klêros* 'sorte' e *-dendro* ✱ 1865] **s. m.** ● genere di piante arbustive o arboree delle Verbenacee, ornamentali, con fiori di vario colore e frutto a drupa (*Clerodendron*)

cleromanzìa [vc. dotta, comp. del gr. *klêros* 'sorte' e di *-manzia* ✱ 1585] **s. f.** ● divinazione basata su segni particolari o su elementi scelti a caso, quali il volo e il canto degli uccelli, taluni segni su carte e dadi, e sim.

†**clèsia** ➤ **chiesa**

clessìdra [fr. *clepsydre*, dal lat. *clĕpsydra(m)*, dal gr. *klepsýdra*, comp. del gr. *kléptō* 'io rubo' e *hýdōr* 'acqua' ✱ 1550] **s. f.** ● particolare orologio costituito da due recipienti di vetro sovrapposti, comunicanti tra loro mediante uno stretto passaggio attraverso il quale scorrono lentamente sabbia o acqua, dando così la misura del tempo trascorso

clic o **click** /*ingl.* klɪk/, **clicchete** [vc. onomat. ✱ 1953] **A inter.** ● riproduce il secco rumore di un interruttore, di un grilletto e in genere di un congegno, spec. metallico, che scatta | *fare c.*, (*fam.*) fotografare; (*inform.*) cliccare, premere il pulsante del mouse **B s. m. inv.** **1** il rumore di un congegno che scatta: *il c. dell'interruttore* **2** scatto fotografico | (*est.*) fotografia: *un c. d'autore* **3** (*ling.*) suono linguistico pronunciato durante la fase di inspirazione; è proprio di talune lingue africane **4** (*inform.*) comando dato premendo il pulsante del mouse | *doppio c.*, rapida successione di due pressioni sul pulsante del mouse

cliccàbile [1995] **agg.** ● (*inform.*) di icona, mappa, link, indirizzo, ecc. che diventa attivo se ci si clicca sopra ‖ **cliccabilità**, **s. f. inv.**

cliccàre [denominale di *clic* 'scatto' sull'es. dell'ingl. *to click* ✱ 1992] **A v. intr.** (*io clìcco, tu clìcchi*; **aus.** *avere*) ● (*inform.*) premere il pulsante del mouse o di un altro dispositivo analogo: *c. su un'icona* **B v. tr.** ● schiacciare un pulsante: *c. il mouse*; *c. il telecomando*

clicchettìo [vc. onomat. ✱ 1942] **s. m.** (**pl.** *-ii*) ● serie di piccoli colpi secchi e metallici **SIN.** ticchettio

cliché /fr. kliˈʃe/ [vc. fr., di orig. onomat. (?) ✱ 1837] **s. m. inv.** **1** lastra metallica in zinco, rame o altro, incisa con processi fotochimici per la riproduzione tipografica di disegni e fotografie | *c. a mezzatinta, a retino*, quello in cui tutti i valori tonali dell'originale sono resi mediante punti uniformemente neri, di grossezza variabile | *c. al tratto*, quello caratterizzato da superfici uniformemente nere o bianche e da chiaroscuri resi mediante tratti più o meno fini e distanziati **CFR.** cliscè **2** (*fig.*) modello convenzionale, stereotipato, luogo comune: *attenersi a un c.*; *è un c. ormai superato*; *il c. della perfetta padrona di casa* **3** (*ling.*) ogni espressione ricercata che costituisce uno scarto stilistico in rapporto alla norma, e che si trova banalizzata dall'uso troppo frequente che ne è stato fatto (per es. *l'aurora dalle dita di rosa*)

click ➤ **clic**

client /ˈklajent, *ingl.* klaɪənt/ [vc. ingl., propr. 'cliente' ✱ 1994] **s. m. inv.** ● (*inform.*) in una rete locale, ciascuno degli elaboratori che possono sfruttare le risorse del server

♦**cliènte** [vc. dotta, lat. *cliĕnte(m)*, di etim. incerta ✱ sec. XIV] **s. m. e f.** **1** chi compie i propri acquisti presso un determinato negozio, o frequenta abitualmente un bar, un ristorante, un albergo e sim.: *quel negozio ha molti, pochi clienti*; *servitelo bene, è un c.* | chi si serve abitualmente dell'opera di un professionista: *i clienti del dentista, dell'avvocato* **2** nell'antica Roma, chi si poneva sotto la protezione di un patrono **3** (*est., spreg.*) chi è asservito, per interessi privati e sim., a un potente personaggio, spec. politico

♦**clientèla** [vc. dotta, lat. *clientēla(m)*, da *cliēns*, genit. *cliĕntis* 'cliente' ✱ sec. XIV] **s. f.** **1** complesso dei clienti di un negoziante, di un professionista e sim.: *avere una buona c.*; *una c. ricca, scelta* **2** nell'antica Roma, rapporto di protezione e soggezione volontaria a un patrono **3** (*est., spreg.*) insieme di coloro che sostengono un personaggio potente, ottenendone in cambio favori e protezione: *c. politica*

clientelàre [1963] **agg.** ● relativo a clientela, nel sign. 3: *favoritismo c.* ‖ **clientelarménte**, avv.

clientelìsmo [1963] **s. m.** **1** relazioni tra persone che sono legate da motivi di interesse o che cercano di ottenere favoritismi: *c. politico, industriale* **2** (*spreg.*) politica fondata su favoritismi personali

clientelìstico [1964] **agg.** (**pl. m.** *-ci*) ● relativo a clientelismo: *manovre clientelistiche* ‖ **clientelisticaménte**, avv.

clièntolo o †**cliĕntulo** [vc. dotta, lat. *cliĕntulu(m)*, dim. di *cliēns*, genit. *cliĕntis* 'cliente' ✱ 1310] **s. m.** (**f.** *-a*) **1** †cliente **2** (*raro, lett.*) cliente da strapazzo

♦**clìma** ① o †**clìmate**, †**clìmato** [vc. dotta, lat. tardo *clīma*, dal gr. *klíma* 'inclinazione', poi 'inclinazione della Terra dall'equatore ai poli', quindi 'zona geografica, latitudine', da *klínō* 'io piego', di orig. indeur. ✱ 1282] **s. m.** (**pl.** *-i*) **1** insieme delle condizioni atmosferiche medie che caratterizzano una regione | andamento abituale del tempo in una regione: *c. freddo, caldo, secco, umido, temperato, marittimo, continentale* **2** (*fig.*) complesso di condizioni e situazioni politiche, culturali, psicologiche e sim. che caratterizzano un determinato ambiente o periodo storico: *il c. della Francia rivoluzionaria*; *il c. teso del dopoguerra* **3** ciascuna delle sette zone in cui i geografi antichi ripartivano la Terra a nord dell'equatore **4** (*lett.*) regione, paese: *qual è c. sì inospito e remoto / alma qual è che non conosca amore?* (G.B. MARINO)

Definizione d'autore

Modula le caratteristiche ambientali, la disponibilità delle risorse naturali e influenza le attività produttive, le abitudini e la cultura delle popolazioni. Ho osservato e studiato il **clima** per capire gli effetti della sua variabilità sugli ecosistemi, con il convincimento che comunque rappresentasse lo stato medio del tempo atmosferico e che tendesse a mantenersi stabile nel lungo periodo. Tuttavia, nel corso degli anni, una diversa consapevolezza mi ha conquistato ed è quella derivante dagli effetti delle attività umane sul **clima** e di come queste lo abbiano potuto modificare in un breve lasso di tempo. Adesso studiare il **clima** significa pensare alle generazioni future e raccogliere una nuova sfida verso modelli di sviluppo sostenibili.

Donatella Spano

clìma ② [abbr. di *climatizzatore* ✱ 2000] **s. m. inv.** ● nel linguaggio commerciale, climatizzatore di un autoveicolo

climatèrico [vc. dotta, lat. *climactēricu(m)*, dal gr. *klimaktērikós*, da *klimaktḗr*, genit. *klimaktê-ros* 'climaterio' ✱ 1519] **agg.** (**pl. m.** *-ci*) **1** (*med.*) relativo al climaterio maschile o femminile **2** detto di ogni settimo anno della vita umana che, secondo gli antichi, compiva un ciclo, ed era reputato pericoloso **3** (*fig., lett.*) infausto, pericoloso: *periodo c.*

climatèrio [gr. *klimaktḗr*, genit. *klimaktêros* 'scalino, punto critico della vita', da *klîmax*, genit. *klîmakos* 'scala', da *klínō* 'io piego' ✱ 1892] **s. m.** ● (*fisiol.*) fase di transizione durante la quale avviene un'involuzione fisiologica della funzionalità delle ghiandole sessuali | *c. femminile*, periodo che intercorre fra l'ultima mestruazione normale e la menopausa, in cui la donna esce dallo stato riproduttivo manifestando segni e sintomi di cambiamenti endocrini, somatici e psichici **SIN.** perimenopausa | *c. maschile*, periodo della vita dell'uomo caratterizzato da una normale diminuzione degli impulsi sessuali associata alla progressiva involuzione dell'attività testicolare

climàtico [fr. *climatique*, dal gr. *klimatikós*, da *klíma*. V. *clima* ① ✱ 1851] **agg.** (**pl. m.** *-ci*) ● relativo al clima: *variazioni climatiche* | *cura climatica*, praticata variando l'ambiente e il clima abituale | *stazione climatica*, luogo con clima adatto a cure particolari ‖ **climaticaménte**, avv. dal punto di vista climatico

climatizzàre [fr. *climatiser*, dal gr. *klíma*, genit. *klímatos* 'clima' ✱ 1955] **v. tr.** ● condizionare l'aria in locali chiusi ‖ **climatizzazióne**, **s. f.**

climatizzàto **part. pass.** di *climatizzare*; anche **agg.** **1** nel sign. del v. | dotato di climatizzatore: *vettura climatizzata* **2** adatto a tutti i climi, a tutte le stagioni: *materasso c.*

climatizzatóre [da *climatizzare* ✱ 1986] **s. m.** ● impianto che mantiene a valori prefissati la temperatura e l'umidità dell'aria di un ambiente chiuso, alzandoli o abbassandoli rispetto ai valori esterni a seconda delle stagioni: *c. per automobile*; *appartamento con c.*

C

†**clìmato** ➤ **clima**①

climatogràmma [comp. del gr. *klíma*, genit. *klímatos* 'clima' e di *-gramma* ✱ 1987] **s. m.** (**pl.** *-i*) ● (*meteor.*) grafico che indica i valori medi di piovosità e temperatura relativi a una data località e a un dato periodo di tempo

climatologìa [comp. del gr. *klíma*, genit. *klímatos* (V. *clima*①) e di *-logia* ✱ 1829] **s. f.** (**pl.** *-gìe*) ● (*meteor.*) studio generale del clima nei suoi aspetti statici e dinamici e nelle sue differenziazioni geografiche

climatològico [1938] **agg.** (**pl. m.** *-ci*) ● relativo alla climatologia

climatòlogo [1956] **s. m.** (**f.** *-a*; **pl. m.** *-gi*) ● studioso di climatologia

climatoterapìa [comp. del gr. *klíma*, genit. *klímatos* 'clima' e di *terapia* ✱ 1882] **s. f.** ● terapia ottenuta sfruttando l'azione del clima più idoneo su date malattie

clìmax o **klìmax** [vc. dotta, gr. *klîmax* 'scala'. V. *climaterio* ✱ 1594] **s. m. o f. inv.** **1** (*ling.*) figura retorica che consiste nella gradazione ascendente per intensità e forza di una serie di concetti e di vocaboli; per es. in: *per sdegno, per orgoglio, o per dispetto* (M.M. Boiardo) | *c. discendente*, anticlimax **2** (*biol.*) stato di equilibrio di una comunità di organismi vegetali o animali che resta stabile finché non si alterino in modo notevole le condizioni ambientali | (*est.*) la comunità stessa **3** (*med.*) acme **4** (*biol.*) orgasmo

clinch /*ingl.* klɪntʃ/ [ingl., da *to clinch* 'afferrare strettamente', var. di *to clench*, di orig. germ. ✱ 1910] **s. m. inv.** (**pl. ingl.** *clinches*) ● nel pugilato, azione consistente nel tenere e immobilizzare l'avversario con le braccia, a contatto stretto, per impedirgli di colpire

cline [dall'ingl. *cline*, deriv. del v. gr. *klínein* 'inclinare' ✱ 1963] **s. m.** ● (*biol.*) relazione tra due categorie sistematiche affini, che consiste in una variabilità continua di uno o più caratteri morfologici e fisiologici lungo una linea di transizione tra ambienti diversi

♦**clìnica** [fr. *clinique*, dal lat. *clīnice(m)*, dal gr. *klinikḗ* (sottinteso *téchnē* 'arte'). V. *clinico* ✱ av. 1564] **s. f.** **1** parte della medicina che studia le manifestazioni morbose delle malattie, mediante l'osservazione diretta dei singoli pazienti: *c. chirurgica, ostetrica* | *c. medica*, medicina interna (V. *medicina*) **2** settore ospedaliero diretto da un clinico: *c. ortopedica, otorinolaringoiatrica* **3** correntemente, casa di cura privata: *ricoverarsi, farsi operare, in una c.*; *pagare la retta della c.* ‖ **clinichétta**, **dim.**

clìnico [fr. *clinique*, dal lat. tardo *clīnicu(m)*, dal gr. *klinikós*, da *klínē* 'letto', di orig. indeur. ✱ 1585] **A** **agg.** (**pl. m.** *-ci*) ● relativo alla clinica: *studio c.*; *terapia clinica* | *caso c.*, V. *caso* nel sign. 4 | *occhio c.*, quello del medico capace di fare una buona diagnosi al solo esame visivo del paziente; (*fig.*) che sa riconoscere subito la natura o le cause di qlco. | *quadro c.*, complesso dei sintomi e dei dati relativi a un paziente o all'andamento di una malattia | *cartella clinica*, V. *cartella* nel sign. 1 ‖ **clinicaménte**, **avv.** dal punto di vista clinico **B** **s. m.** (**f.** *-a*) ● medico che esercita attività clinica, medica o chirurgica | (*per anton.*) docente universitario di clinica

clìnker /ˈklinker, *ingl.* ˈklɪŋkə(r)/ o **klìnker** /ˈklinker, *neerl.* ˈklɪŋkə(r)/ [ingl., dal neerl. *klinken* 'risuonare', vc. di orig. onomat. ✱ 1942] **s. m. inv.** **1** prodotto della cottura di miscele di calcare e argille, che per macinazione e stagionatura dà il cemento **2** tipo di mattone cotto ad altissima temperatura, usato per rivestimento **3** (*mar.*) *fasciame a c.*, con corsi parzialmente sovrapposti

clino-, -clino [dal gr. *klínein* 'piegare', di orig. indeur.] **primo e secondo elemento** ● in parole composte della terminologia scientifica significa 'inclinazione', 'pendenza': *clinometro, triclino*

clinòmetro [comp. di *clino-* e *-metro* ✱ 1841] **s. m.** ● apparecchio munito di livella e di goniometro che serve a misurare l'inclinazione di un corpo rispetto al piano orizzontale

clinoscopìa [comp. di *clino-* e *-scopia* ✱ 1990] **s. f.** ● (*med.*) esame radiologico del paziente in posizione sdraiata su un clinoscopio

clinoscòpio [comp. di *clino-* e *-scopio* ✱ 1956] **s. m.** ● (*med.*) tavolo che può assumere varie inclinazioni in modo che si possa radiografare il paziente in posizione orizzontale, eretta o inclinata

clinostatìsmo [comp. di *clino*, *stat(o)-* e del suff. *-ismo* ✱ sec. XX] **s. m.** ● (*fisiol.*) posizione orizzontale del corpo **CONTR.** ortostatismo

Clìnto o **Clìnton**, **Clintòn** [dal n. della città di *Clinton*, nello Stato americano dell'Iowa, dove furono coltivati i primi vitigni ✱ 1961] **s. m. inv.** ● denominazione di vini rossi spec. del Veneto (il *Clinto* o *Clinton*) e del Friuli-Venezia Giulia (il *Clintòn*), dal profumo di fragola e dal sapore amabile e asprigno, che sono prodotti con varietà di uva americana non appartenenti alla specie ufficiale *Vitis vinifera*

clip① /ˈklip, *ingl.* klɪp/ [vc. ingl., propr. 'graffa, fermaglio', da *to clip* 'abbrancare, fermare', di orig. germ. ✱ 1935] **s. f. inv.** **1** fermaglio, spec. per fogli di carta **SIN.** graffetta | asticciola con cui si ferma la penna o la matita al taschino **2** fermaglio a molla che si applica agli orecchini, per tenerli stretti al lobo dell'orecchio, o ad altro gioiello in sostituzione dello spillo | (*est.*) orecchino o spilla dotati di tale fermaglio: *una c. di brillanti*

clip② /*ingl.* klɪp/ [vc. ingl., da una vc. scandinava d'orig. germ. che significa 'strappare' ✱ 1980] **s. m. inv.** **1** breve stralcio di filmato trasmesso spec. a scopi promozionali **2** acc. di *video-clip*

clip art /klipˈart, *ingl.* ˈklɪpˌɑːt/ [loc. ingl., propr. 'materiale illustrativo (*art*) da ritagliare (*clip*)' ✱ 1996] **loc. sost. f. inv.** (**pl. ingl.** *clip arts*) ● (*inform.*) immagine digitale, gener. non soggetta a copyright, che può essere trasferita elettronicamente per essere inserita in un documento

clipeàto [vc. dotta, lat. *clipeātu(m)*, da *clĭpeus* 'clipeo' ✱ 1426 ca.] **A** **agg.** ● (*lett.*) armato di clipeo **B** **s. m.** ● (*lett.*) antico soldato romano armato di clipeo: *Clipeati, formate la testùdine* (G. D'Annunzio)

clìpeo [vc. dotta, lat. *clĭpeu(m)*, forse di orig. etrusca ✱ 1342] **s. m.** **1** scudo di rame grande e rotondo usato dai soldati romani **2** (*zool.*) parte del capo degli Insetti inferiore alla fronte, su cui si articola il labbro

clippàggio [da *clipper* ✱ 1983] **s. m.** ● (*elettr., raro*) cimatura

clìpper /ˈklipper, *ingl.* ˈklɪpə(r)/ [vc. ingl., da *to clip* 'tagliare (le onde)' ✱ 1854] **s. m. inv.** **1** grande e veloce veliero, usato nell'Ottocento per trasporti transoceanici **2** (*elettr.*) dispositivo elettronico per limitare l'ampiezza di un'onda a un livello stabilito

cliscè o **clisce** **s. m. inv.** ● (*raro*) adattamento di *cliché* (V.)

clisìmetro [comp. del gr. *klísis* 'inclinazione', da *klínein* 'inclinare' (V. *clitoride*), e di *-metro* ✱ 1930] **s. m.** ● strumento topografico provvisto di cannocchiale collimatore, inclinabile mediante vite micrometrica, usato per misurare pendenze

clìsma [vc. dotta, gr. *klýsma* 'lavanda, clistere', da *klýzein* 'bagnare, lavare' (V. *clistere*) ✱ 1830] **s. m.** (**pl.** *-i*) ● (*med.*) clistere | *c. opaco*, visualizzazione del colon mediante sostanza radiopaca appositamente introdotta per via rettale

clistère o †**clistèro**, †**clistière**, †**cristère** [vc. dotta, lat. tardo *clystēre(m)*, dal gr. *klystḗr*, da *klýzō* 'io bagno, lavo' ✱ 1288] **s. m.** **1** (*med.*) introduzione di liquidi medicamentosi nel retto a scopo evacuativo, nutritivo o disinfettante, mediante apposito apparecchio **SIN.** clisma, enteroclisma, lavativo, serviziale **2** la soluzione di farmaci che viene così introdotta | (*est.*) l'apposito apparecchio per tale introduzione ‖ **clisterìno**, **dim.**

clìstron [1964] **s. m. inv.** ● adattamento di *klystron* (V.)

clìtico [gr. *klitikós*, da *klínein* 'inclinare, piegare' ✱ 1974] **A** **s. m.** (**pl.** *-ci*) ● (*ling.*) forma soggetta a enclisi o a proclisi **B** **anche agg.**: *pronomi clitici*

clitòride [fr. *clitoris*, dal gr. *kleitorís*, genit. *kleitorídos*, da **kléitōr* 'collina', da *klínein* 'inclinare' ✱ 1684] **s. f. o m.** ● (*anat.*) organo erettile dell'apparato genitale esterno femminile, situato alla giunzione delle piccole labbra

clitoridectomìa [comp. di *clitorid(e)* ed *-ectomia* ✱ 1931] **s. f.** ● asportazione della clitoride, praticata a scopo rituale da alcuni popoli di religione musulmana

clitoridèo [1865] **agg.** ● della clitoride, relativo alla clitoride

clivàggio [fr. *clivage*, da *cliver* 'sfaldare', dal neerl. *klieven* 'fendere' ✱ 1853] **s. m.** ● (*miner.*) sfaldatura

clivènse [da *cliv(o)* con *-ense* ✱ 2001] **agg.** ● di Chievo, quartiere di Verona | del Chievo, squadra di calcio di Verona

clìvia [chiamata così in onore della duchessa *Clive* di Northumberland ✱ 1892] **s. f.** ● genere di piante erbacee delle Amarillidacee con foglie verde-scuro e grandi fiori in ombrelle di color arancione (*Clivia*)

clìvo [vc. dotta, lat. *clīvu(m)*, dalla radice indeur. **klei* 'inclinare, pendere' ✱ sec. XIII] **s. m.** **1** (*lett.*) piccolo colle, pendio: *l'aura estiva del cadente rivo / e dei clivi odorosi* (G. Parini) **2** (*anat.*) superficie a gronda dell'osso occipitale alla base cranica

clìzia o †**eclìzia** [dal n. della ninfa *Clizia* che fu trasformata in girasole ✱ 1478] **s. f.** ● (*raro, lett.*) eliotropio, girasole: *in bianca veste e con purpureo lembo / si gira c. pallidetta al sole* (A. Poliziano)

cloàca [vc. dotta, lat. *cloāca(m)*, di etim. incerta ✱ 1321] **s. f.** **1** grande fogna o canale sotterraneo destinato a ricevere e scaricare altrove le acque luride di una città **2** (*fig.*) luogo, ambiente dove regnano la corruzione e il vizio: *il mondo gli appariva come una c. immensa* (G. D'Annunzio) **3** (*zool.*) cavità terminale dell'intestino degli Anfibi, dei Rettili, degli Uccelli, dei Monotremi, in cui sboccano i condotti degli apparati urinario e genitale

cloacàle [1913] **agg.** ● relativo alla cloaca

cloàsma [vc. dotta, gr. *chlóasma* 'colore verde-giallastro', da *chloázein* 'essere verde', da *chlóē* 'erba', di orig. indeur. ✱ 1956] **s. m.** (**pl.** *-i*) ● (*med.*) discromia della faccia | *c. gravidico*, comparsa di chiazze brunastre sulla faccia durante la gravidanza **SIN.** maschera gravidica

clòcchete ➤ **clof**

cloch ➤ **clof**

clochard /*fr.* klɔˈʃaʀ/ [vc. fr., forse da *clocher* 'zoppicare', dal lat. parl. **cloppicāre*, deriv. di *clŏppus* 'zoppo', di etim. incerta ✱ 1968] **s. m. inv.** ● vagabondo senza un domicilio fisso, barbone

cloche /*fr.* klɔʃ/ [vc. fr., propr. 'campana', dal lat. tardo *clŏcca(m)*, di orig. celtica ✱ 1913] **s. f. inv.** **1** (*aeron.*) barra, leva con cui il pilota manovra l'aereo **2** (*autom.*) ***cambio a c.***, la cui leva di comando è collocata sul pavimento **3** cappello femminile a tesa più o meno ampia che scende attorno al volto

clock /*ingl.* klɔk/ [vc. ingl., propr. 'orologio' ✱ 1989] **s. m. inv.** • (*elettron.*) parte del microprocessore che genera un segnale usato per la sincronizzazione dei componenti dei circuiti digitali collegati | il segnale generato

clòf o **clop**① /klɔp/, **cloch** /klɔk/, **clòffete**, **clòppete**, **clòcchete** [vc. onomat. ✱ 1958] **inter.** • riproduce il rumore di una goccia d'acqua che cade da un rubinetto e sim.

cloisonné /*fr.* klwazɔ'ne/ [vc. fr., 'separato, diviso' ✱ 1936] **A** **s. m. inv.** (**pl. fr.** *cloisonnés*) • (*arte*) tecnica di lavorazione dello smalto nella quale sulla superficie da decorare si delineano vari settori, separati da strisce metalliche, che vengono riempiti con polvere di vetro colorato; dopo la vetrificazione le strisce metalliche appaiono come linee che separano i vari settori colorati **B** **agg. inv.** (**f. fr.** *cloisonnée*; **pl. f. fr.** *cloisonnées*) **1** detto di smalto lavorato con tale tecnica **2** detto di rilegatura di libri con tramezzi di metallo

clonàggio [1986] **s. m.** • (*biol.*) clonazione nel sign. 2

clonàle [da *clone* ✱ 1981] **agg.** • (*biol.*) del clone, relativo al clone, ai cloni | relativo alla clonazione

clonàre [1981] **v. tr.** (*io clóno*) **1** (*biol.*) riprodurre mediante clonazione **2** (*est.*) riprodurre in copia identica: *c. un personal computer* | riprodurre il codice di un telefono cellulare, di una carta di credito o sim. in modo da poterli utilizzare abusivamente

clonazióne [1974] **s. f.** **1** (*biol.*) inserimento, amplificazione e propagazione di un gene in cellule a elevata velocità di riproduzione diverse da quelle da cui proviene a scopo di studio e per possibili utilizzazioni pratiche come l'ottenimento di specifici prodotti proteici: *c. genica* **2** (*biol.*) inserimento in laboratorio del nucleo di una cellula somatica in una cellula uovo, precedentemente fecondata, allo scopo di ottenere un embrione, e potenzialmente un individuo, con il medesimo patrimonio genetico del donatore della cellula somatica **SIN.** clonaggio **3** (*est.*) riproduzione di una o più copie identiche: *c. di un telefonino, di un computer*

clóne [dal gr. *klṓn* 'germoglio', da *klân* 'spezzare' (V. *cladodio*) ✱ 1934] **s. m.** **1** (*biol.*) l'insieme delle cellule o degli organismi geneticamente identici derivati per riproduzione agamica da una singola cellula od organismo **2** (*est.*) copia identica di un determinato prodotto

clònico [fr. *clonique*, dal gr. *klónos* 'movimento veemente, tumulto' ✱ 1865] **agg.** (**pl. m.** *-ci*) • (*med.*) di clono, relativo a clono: *spasmo c.*

clòno [vc. dotta, gr. *klónos* 'movimento veemente, scompiglio', da *kélesthai* 'spingere', di orig. indeur. ✱ 1910] **s. m.** • (*med.*) serie di rapide contrazioni e distensioni involontarie di un muscolo

clop① ➤ **clof**

clop② /klɔp/ o **clòppete** [vc. onomat. ✱ 1983] **inter.** • riproduce il rumore che fanno i cavalli trottando (*spec. iter.*)

clòppete ➤ **clof** e **clop**②

cloràcne [comp. di *clor(o)* e *acne* ✱ 1951] **s. f.** • malattia della pelle che si manifesta con lesioni simili a quelle dell'acne, provocata dal contatto, diretto o indiretto, con la diossina

cloràlio [fr. *chloral*, comp. di *chlor(e)* 'cloro' e *al(col)* ✱ 1865] **s. m.** (**pl.** *-i* o *raro -ii*) • aldeide liquida, oleosa, di odore pungente, prodotta per azione del cloro sull'alcol, usata in medicina come anestetico e per la fabbricazione del DDT

cloralismo [da *cloralio* ✱ 1890] **s. m.** • malattia cronica causata da intossicazione da cloralio

cloramfenicòlo o **cloroamfenicòlo** [comp. di *cloro*, *am(mina)* e *fenico* col suff. *-olo*① ✱ 1964] **s. m.** • antibiotico a largo spettro, batteriostatico e battericida, usato spec. contro febbri tifoidi, meningiti e altre infezioni

clorargirite [comp. di *clor(uro)* e *argirite* ✱ 1980] **s. f.** • (*miner.*) minerale d'argento dei cloruri, di splendore resinoso o adamantino

cloràto [comp. di *cloro* e *-ato* ✱ 1820] **A** **s. m.** • sale dell'acido clorico | ***c. di potassio***, usato in soluzione per collutori e gargarismi **B** **agg.** • detto di miscuglio contenente cloro libero

cloratóre [1979] **s. m.** • (*tecnol.*) apparecchio che sterilizza l'acqua immettendovi piccole quantità di cloro

clorazióne [1965] **s. f.** • sterilizzazione di acqua mediante cloro o composti capaci di cedere cloro

clorèlla [dal gr. *chlōrós* 'verde giallastro'. V. *cloro* ✱ 1963] **s. f.** • genere di alghe verdi unicellulari delle Clorococcali diffuse nell'acqua e nei luoghi umidi (*Chlorella*)

cloremìa [comp. di *clor(o)* ed *-emia* ✱ 1964] **s. f.** • (*med.*) tasso ematico di cloro presente in forma di cloruri **SIN.** cloruremia

clòrico [fr. *chlorique*, da *chlore* 'cloro' ✱ 1830] **agg.** (**pl. m.** *-ci*) • detto di composto del cloro pentavalente | ***acido c.***, ossigenato, monobasico, ottenuto dai suoi sali, noto solo in soluzione; si usa, per le sue proprietà ossidanti, sotto forma di sale in medicina e per esplosivi

cloridràto [da *cloridrico* ✱ 1865] **s. m.** • prodotto di addizione dell'acido cloridrico a basi organiche

cloridrico [comp. di *cloro* e *idr(ogeno)* ✱ 1821] **agg.** (**pl. m.** *-ci*) • (*chim.*) ***acido c.***, composto da un atomo di cloro e uno di idrogeno; gassoso, di odore irritante, fortemente corrosivo, ottenuto per sintesi **SIN.** (*pop.*) muriatico

clorite [dal gr. *chlōrós* 'verde giallastro', e *-ite*② ✱ 1830] **s. f.** • (*miner.*) gruppo di silicati idrati di alluminio, magnesio e ferro in cristalli lamellari o in aggregati scagliosi di color verde, facilmente sfaldabili

clorìto [da *cloro* ✱ 1865] **s. m.** • sale dell'acido cloroso

cloritòide [vc. dotta, comp. di *clorit(e)* e *-oide* ✱ 1964] **s. m.** • (*miner.*) gruppo di silicati idrati di alluminio con ferro, magnesio o manganese, in cristalli lamellari di colore verde, costituente caratteristico di molte rocce metamorfiche

cloritoscìsto [comp. di *clorit(e)* e *scisto* ✱ 1964] **s. m.** • (*geol.*) roccia scistosa composta in prevalenza da clorite verde

clòro [fr. *chlore*, dal gr. *chlōrós* 'verde giallastro', di orig. indeur. ✱ 1820] **s. m.** • elemento chimico non metallo, alogeno gassoso giallo-verdastro, tossico, ottenuto per elettrolisi di cloruri fusi, che reagisce facilmente con molte sostanze; presente in natura spec. come cloruro, è usato per sbiancare fibre tessili vegetali e per la fabbricazione di solventi, insetticidi e prodotti farmaceutici **SIMB.** Cl **NUM. AT.** 17

clòro- [dal gr. *chlōrós* 'verde'] **primo elemento** • in parole composte della terminologia scientifica indica colorazione verde o presenza del cloro, oppure fa riferimento alla clorofilla o all'origine da piante: *cloroformio*, *cloroplasto*

cloroamfenicòlo ➤ **cloramfenicolo**

cloroboràto [comp. di *cloro-* e *borato* ✱ 1983] **s. m.** • (*chim.*) composto formato dal cloro e da un sale dell'acido borico

Clorochìna® [comp. di *cloro-* e *chin(ol)ina* ✱ 1947] **s. f.** • (*chim.*) sostanza impiegata nelle terapie farmacologiche contro la malaria e l'amebiasi; possiede anche proprietà antinfiammatorie e antistaminiche

Clorococcàli [comp. di *cloro-* e del gr. *kókkos* (V. *cocco*④) ✱ 1983] **s. f. pl.** (**sing.** *-e*) • (*bot.*) ordine di alghe verdi unicellulari cui appartiene la clorella (*Chlorococcales*)

Clorofìcee [vc. dotta, comp. di *cloro-* e del gr. *phŷkos* 'alga' (V. *ficocianina*) ✱ 1913] **s. f. pl.** (**sing.** *-a*) • (*bot.*) classe di alghe unicellulari o pluricellulari, isolate o in colonie, di varia forma e dimensione, di colore verde, che vivono in ambienti acquatici (*Chlorophyceae*) **SIN.** Alghe verdi

clorofìlla [fr. *chlorophylle*, comp. del gr. *chlōrós* 'verde giallastro' e *phýllon* 'foglia' ✱ 1820] **s. f.** • (*bot.*) pigmento verde contenuto nelle cellule vegetali, recettore dell'energia luminosa nella fotosintesi; si usa nell'industria spec. come colorante e deodorante

clorofilliàno [fr. *chlorophyllien*, da *chlorophylle* 'clorofilla' ✱ 1902] **agg.** • della clorofilla, relativo alla clorofilla | ***fotosintesi clorofilliana***, processo chimico mediante il quale le piante verdi sintetizzano sostanze organiche (carboidrati) da anidride carbonica e acqua, grazie all'energia luminosa trasformata in energia chimica dalla clorofilla **SIN.** funzione clorofilliana

Clorofìte [vc. dotta, comp. di *cloro-* e del pl. f. di *-fito* ✱ 1956] **s. f. pl.** (**sing.** *-a*) • (*bot.*) divisione che comprende tutte le alghe verdi (*Chlorophyta*)

clorofluorocarbùro [comp. di *cloro-*, *fluoro* e *carburo* ✱ 1986] **s. m.** • (*chim.*) ognuno degli appartenenti a una classe di composti costituiti da atomi di carbonio, cloro e fluoro; alcuni di questi composti si presentano come fluidi molto volatili ed erano largamente usati nell'industria; a causa della loro capacità di dissociazione delle molecole d'ozono (V. *ozono*), ne è stato vietato l'impiego dal 31.12.1995

clorofòrmio [fr. *chloroforme*. V. *cloro* e *formico* ✱ 1853] **s. m.** • composto organico, liquido, incolore, di sapore dolciastro, ottenuto per azione dell'ipoclorito di sodio o di calcio su alcol etilico o acetone, usato come solvente, nella preparazione di liquidi frigoriferi e resine sintetiche e, spec. in passato, come anestetico **SIN.** triclorometano

cloroformizzàre [fr. *chloroformiser*, da *chloroforme* 'cloroformio' ✱ 1874] **v. tr.** • narcotizzare con cloroformio | (*fig.*) rendere insensibile, inerte e sim. ‖ **cloroformizzazióne**, **s. f.**

cloromicetìna [ingl. *chloromycetin*, comp. del gr. *chlōrós* 'verde giallastro' (V. *cloro*) e *mýkēs*, genit. *mýkētos* 'fungo' (V. *micetologia*) ✱ 1950] **s. f.** • (*chim.*) cloramfenicolo

cloroplàsto [comp. di *cloro-* e *-plasto* ✱ 1906] **s. m.** • (*bot.*, **spec. al pl.**) plastidio contenente clorofilla, presente nelle parti del vegetale esposte alla luce

cloròsi [dal gr. *chlōrós* 'verde giallastro' ✱ 1757] **s. f. inv.** **1** (*med.*) particolare forma di anemia, con colorito verdastro della cute **2** (*bot.*) ingiallimento di organi verdi della pianta per scomparsa o non avvenuta formazione della clorofilla

cloróso (o **-ṣ-**) [da *cloro* ✱ 1865] **agg.** • (*chim.*) detto di composto del cloro trivalente

cloròtico [da *clorosi* ✱ 1774] **agg.** (**pl. m.** *-ci*) **1** relativo a clorosi: *aspetto c.* **2** affetto da clorosi: *pianta clorotica*

cloruràre [da *cloruro* ✱ 1865] **v. tr.** • (*chim.*) sottoporre a clorurazione

cloruràto [comp. di *clorur(o)* e *-ato*② ✱ 1865] **agg.** ● (*chim.*) detto di composto contenente uno o più atomi di cloro

clorurazióne [1865] **s. f.** ● (*chim.*) introduzione in una molecola di uno o più atomi di cloro | trattamento con cloro, spec. a scopo di sterilizzazione: *c. dell'acqua*

cloruremìa [comp. di *clorur(o)* ed *-emia* ✱ 1939] **s. f.** ● (*med.*) cloremia

cloruria o **cloruria** [comp. di *clor(uro)* e *-uria* ✱ 1964] **s. f.** ● (*med.*) presenza di cloruri nell'urina

clorùro [fr. *chlorure*, da *chlore* 'cloro' ✱ 1830] **s. m. 1** sale dell'acido cloridrico | ***c. di argento***, usato in fotografia | ***c. di calce***, polvere bianca, granulosa, igroscopica, ottenuta dalla reazione tra calce spenta e cloro, usata come sbiancante, disinfettante, ossidante | ***c. di calcio***, cristallino, bianco, inodore, usato come disidratante e in medicina, spec. come emostatico | ***c. di sodio, sodico***, solido, cristallino, isometrico, incolore, inodore, solubile in acqua, largamente diffuso in natura, usato nella conservazione di sostanze alimentari, nell'industria chimica, in medicina **SIN.** (*comm.*) sale, sale da cucina | ***c. mercurico***, bicloruro di mercurio | ***c. mercuroso***, calomelano **2** estere dell'acido cloridrico | ***c. di etile***, usato come anestetico | ***c. di polivinile***, polivinilcloruro | ***c. di vinile***, vinilcloruro

close-up /kloz'ap, *ingl.* 'kləus,ʌp/ [vc. ingl., dal v. *to close up* 'avvicinare, restringere' ✱ 1932] **s. m. inv.** ● (*fotogr.*, *cinema*) primo piano

clostrìdio [dal lat scient. *clōstridium*, dal gr. *klōstēr* 'fuso' col suff. *-idio* ✱ 1964] **s. m.** (**pl.** *-i* o *raro -ii*) ● (*biol.*) ogni batterio gram-positivo, sporigeno, anaerobio, appartenente al genere *Clostridium*; alcune specie come il *Clostridium botulinum*, agente del botulismo, e il *Clostridium tetani*, agente del tetano, sono patogene per l'uomo in quanto produttrici di esotossine neurotossiche

clotòide [vc. dotta, dal v. gr. *klōth(ein)* 'allungarsi in forma di filo' e *-oide* ✱ 1964] **A s. f.** ● (*mat.*) curva piana non algebrica la cui curvatura è direttamente proporzionale alla lunghezza dell'arco **B anche agg.**: *curva c.*

clou /*fr.* klu/ [vc. fr., propr. 'chiodo', dal lat. *clāvu(m)* 'chiodo' (V. *clavo*) ✱ 1897] **A s. m. inv. 1** ciò che attrae, attira l'attenzione: *il c. della serata* **2** gara di maggior interesse in una riunione sportiva **B anche agg. inv.**: *il momento c. della serata*

cloud /'klaud, *ingl.* ,klaud/ [vc. ingl. 'nuvola' ✱ 2007] **s. m. o f. inv.** ● (*inform.*) nuvola nel sign. 3 | nella loc. sost. m. inv. ***c. computing***, uso di sistemi informatici basati sull'utilizzazione di tale nuvola (comp. con *computing* 'elaborazione informatica'); la relativa tecnologia

clown /*ingl.* klaun/ [vc. ingl., in orig. 'contadino rozzo', dal lat. *colōnu(m)* 'colono' ✱ 1828] **s. m. e f. inv.** ● pagliaccio di circo equestre

clownerie /*fr.* klun'ʀi/ [vc. fr., comp. di *clown* e del suff. *-erie*, che indica comportamento ✱ 1985] **s. f. inv.** ● arte del clown | (*est.*) capacità di divertire gli altri

clownésco /klau'nesko/ o **claunésco** [da *clown* ✱ 1901] **agg.** (**pl. m.** *-schi*) ● che ricorda la mimica e l'arte di un clown: *espressione claunesca* | (*fig.*) buffonesco ‖ **clownescaménte**, **avv.**

clownterapìa /klauntera'pia/ [comp. di *clown* e *terapia* ✱ 1998] **s. f.** ● pratica ospedaliera rivolta soprattutto ai bambini che consiste nell'affiancare alle terapie tradizionali interventi di intrattenimento ispirati ai clown del circo

cloze /kloz, *ingl.* kləuz/ [vc. ingl. per *closure*, propr. 'chiusura' ✱ 1975] **s. m. inv.; anche agg. inv.** ● esercizio che consiste nell'integrare correttamente un testo da cui sono state rimosse più parole lasciando al loro posto spazi bianchi, usato nella didattica delle lingue per valutare la capacità di comprensione e la competenza lessicale | ***c. test*** o (*assol.*) ***cloze***, test basato su tali esercizi

♦**club** /klɛb, -ab, -ub, *ingl.* klʌb/ [vc. ingl., propr. 'bastone' (di orig. germ.), dalla mazza che veniva spedita ai soci per la convocazione ✱ 1763] **s. m. inv. 1** circolo, associazione di persone che perseguono scopi comuni: *c. sportivo*; *un c. culturale*; *c. del bridge, della caccia* | ***c. privé***, V. *privé* | sede di tale circolo: *trascorrere il pomeriggio al c.* | spesso anche posposto a un sost.: *sci c.* **2** gruppo di enti, organizzazioni o Stati | ***il c. dei dieci***, l'insieme dei governatori delle banche centrali dei dieci Paesi più industrializzati dell'Occidente ‖ **clubbettìno**, **dim.** | **clubbìno**, **dim.**

clubhouse /klɛb'aus, klu-, kla, *ingl.* 'klʌb,haus/ [vc. ingl., propr. 'casa (*house*) di un *club*' ✱ 1972] **s. f. inv.** (**pl. ingl.** *clubhouses*) ● all'interno di un club sportivo, edificio luogo di ritrovo dei soci, comprendente vari locali (ristorante, sala lettura, sala giochi e sim.)

club-sandwich /klɛb'sɛndwitʃ, klu-, kla-, *ingl.* 'klʌb,sænwɪdʒ/ [vc. dell'ingl. d'America, comp. di *club*, forse perché come un *club* è composto di diversi elementi, e *sandwich* ✱ 1983] **s. m. inv.** (**pl. ingl.** *club-sandwiches*) ● tipo di sandwich a più strati, più grande e più ricco del normale

cluniacènse o (*raro*) **cluniacése** (o **-ṣ-**) [av. 1455] **A agg.** ● dell'abbazia benedettina di Cluny, in Francia, e dell'ordine in essa fondato nel 909 dall'abate Bernone: *monaco, ordine c.*; *regola c.* **B anche s. m.**

Clupèidi [vc. dotta, comp. del lat. *clŭpea* e di *-idi*. V. *cheppia* ✱ 1931] **s. m. pl.** (**sing.** *-e*) ● (*zool.*) famiglia di Pesci ossei marini e di acqua dolce cui appartengono l'acciuga e la sardina (*Clupeidae*)

Clupeifórmi [vc. dotta, comp. del lat. *clŭpea* e del pl. di *-forme* ✱ 1965] **s. m. pl.** (**sing.** *-e*) ● (*zool.*) ordine di Pesci ossei fisostomi con pinne a raggi molli (*Clupeiformes*)

cluster /'klaster, *ingl.* 'klʌstə(r)/ [vc. ingl., propr. 'grappolo, gruppo', di area germ. ✱ 1981] **s. m. inv. 1** (*scient.*) insieme di oggetti o elementi tra loro collegati (*anche est.*): *un c. di piccole imprese* **2** (*astron.*) ammasso globulare **3** ***c. bomb***, bomba a grappolo

clutch /*ingl.* klʌtʃ/ [vc. ingl., propr. 'afferrare' ✱ 2008] **s. f. inv.** ● borsetta femminile senza manico **SIN.** (*fr.*) pochette

Cnidàri [dal gr. *knídē* 'ortica', di orig. indeur. ✱ 1892] **s. m. pl.** (**sing.** *-io*) ● nella tassonomia animale, lo stesso che Celenterati (*Cnidaria*)

cnìdio [vc. dotta, lat. *Cnīdiu(m)*, dal gr. *Knídios* ✱ 1585] **agg.** ● (*lett.*) dell'antica città di Cnido, nell'Asia Minore | ***Venere cnidia***, venerata nel santuario di Cnido

cnidoblàsto [comp. del gr. *knídē* 'ortica' e *-blasto* ✱ 1930] **s. m.** ● (*zool.*) ognuna delle cellule urticanti degli Cnidari, dotata di una componente sensoriale e di una velenifera

co' /ko/ [lat. *cŭ(m)* ✱ sec. XI] **prep.** ● (*tosc.*, *lett.*) forma tronca della prep. art. *coi*

†**co**① /kɔ/ [lat. *căput* 'capo' ✱ 1313] **s. m. inv.** ● (*sett.*) capo, estremità, foce: *Poscia passò di là dal co del ponte* (DANTE *Inf.* XXI, 64)

co② /kɔ*, kɔ/ [vc. onomat. ✱ 1395 ca.] **inter.** ● (*spec. iter.*) riproduce il verso della gallina e del gallo, ed è il modo usato per richiamarli

co-① /ko/ [dal lat. *co-*, variante di *cum-* 'con-' (V.)] **pref.** ● ha gli stessi significati e le stesse funzioni di 'con-', sia davanti a vocale (già nel lessico tradizionale) sia (per influenza dell'ingl., nell'uso moderno) davanti a consonante: *coaderire, coautore*; *cobelligerante, copilota, cofirmatario, copresidenza*

co-② /ko/ [dal lat. arcaico *com* per *cum* 'con', usato in lat. classico solo in composizione] **primo elemento** ● in parole composte della terminologia matematica e astronomica, indica complementarità o reciprocità: *coseno, cotangente, colatitudine*

coabitàre [vc. dotta, lat. tardo *cohabitāre*, comp. di *cŭm* 'con' e *habitāre* 'abitare' ✱ av. 1472] **v. intr.** (*io coàbito*; **aus.** *avere*) ● abitare nello stesso edificio | condividere l'abitazione | convivere, detto spec. di una coppia non sposata

coabitatóre [vc. dotta, lat. tardo *cohabitatōre(m)*, da *cohabitāre* 'coabitare' ✱ av. 1306] **s. m.** (**f.** *-trice*) ● chi coabita con altri

coabitazióne [vc. dotta, lat. tardo *cohabitatiōne(m)*, da *cohabitāre* 'coabitare' ✱ av. 1342] **s. f. 1** il fatto di coabitare | convivenza nel medesimo appartamento **2** (*est.*, *polit.*) in un sistema di tipo semipresidenzialista, situazione per cui il presidente della Repubblica condivide il potere esecutivo con un primo ministro espressione di una maggioranza politica diversa

coaccuṣàto [comp. di *co-*① e *accusato* ✱ 1798] **agg. e s. m.** (**f.** *-a*) ● (*raro*) che (o chi) è accusato insieme con altri

coacervàre [vc. dotta, lat. *coacervāre*, comp. di *cŭm* 'con' e *acervāre* 'ammucchiare', da *acĕrvus* 'mucchio' ✱ 1442] **v. tr.** (*io coacèrvo*) ● (*raro*) ammassare, ammucchiare

coacervàto [1964] **s. m.** ● (*biol.*) aggregato di proteine o sostanze simili circondate da liquido che, secondo la teoria evolutiva, costituisce lo stadio primordiale di forme previventi immerse nei primitivi oceani

coacervazióne [vc. dotta, lat. *coacervatiōne(m)*, da *coacervāre* 'coacervare' ✱ 1574] **s. f. 1** (*lett.*) mescolanza, coacervo **2** (*chim.*) fenomeno per cui le particelle di un sol idrofilo formano un aggregato liquido anziché solido

♣**coacèrvo** [da *coacervare* ✱ 1896] **s. m. 1** accozzaglia, congerie, cumulo: *la filosofia ... non è l'indigesto c. di astrattezze ... che suole andare sotto questo nome* (B. CROCE) **2** (*burocr.*) accumulo di beni e di interessi

coach /kotʃ, *ingl.* kəutʃ/ [vc. ingl., propr. 'carrozza' ✱ 1951] **s. m. inv.** (**pl. ingl.** *coaches*) ● (*sport*) allenatore, tecnico responsabile di una squadra sportiva o di un atleta

Definizione d'autore

Il **coach** cerca di creare una squadra, nel senso profondo di un gruppo di persone che collaborano per raggiungere un livello di esecuzione curato nei dettagli. Propone difficoltà e stimola la ricerca di soluzioni e, come un sarto, cerca di cucire addosso alle qualità dei suoi giocatori un abito-gioco, non imponendo il suo gusto personale. Ho sempre rifiutato il paragone tra squadra e orchestra, dove i musicisti seguono una partitura già scritta e il maestro detta il tempo. Al contrario, ho sempre cercato di favorire l'autodisciplina e la consapevolezza dei giocatori: li considero come musicisti di una *jam session* che collaborano nella ricerca dell'armonia prima ancora che della vittoria.

Ettore Messina

coaching /'kotʃin(g), *ingl.* 'kəutʃɪŋ/ [vc. ingl., dal v. *to coach* 'addestrare, allenare' ✱ 1993] **s. m. inv. 1** (*psicol.*) attività di assistenza fornita da un professionista a una o più persone per migliorarne la vita privata o il rendimento professionale **2** (*sport*) l'attività del coach, spec. se rivolta alla psicologia degli atleti oltre che all'addestramento fisico e tecnico

coaderìre [comp. di *co-*① e *aderire* ✱ 1865] **v. intr.** (*io coaderisco, tu coaderisci*; **aus.** *avere*) ● (*raro*) aderire insieme formando un tutto unico | (*raro*) aderire insieme ad altri

coadesióne [comp. di *co-*① e *adesione* ✱ 1427] **s. f.** ● (*raro*) il coaderire

coadiutoràto [1887] **s. m.** ● coadiutoria

coadiutóre o †**coaiutóre** [vc. dotta, lat. tardo *coadiutōre(m)*, nom. *coadiūtor*, comp. di *cŭm* 'con' e *adiūtor*, da *adiuvāre* 'aiutare' ✱ av. 1342] **s. m. 1** (**f.** *-trice*) chi aiuta qlcu. o ne fa le veci in una determinata attività o ufficio, spec. nell'insegnamento o altro ufficio pubblico **2** sacerdote che aiuta o supplisce il parroco o il vescovo

coadiutorìa [1619] **s. f.** ● (*raro*) ufficio, carica del coadiutore

coadiuvànte **A** **part. pres.** di *coadiuvare*; **anche agg. 1** nei sign. del v. **2** ***farmaco c.***, detto di sostanza ad azione farmacologica che, associata a un farmaco di base, ne esalta o ne completa l'azione **B** **s. m. e f.** ● chi coadiuva **C** **s. m. 1** farmaco coadiuvante **2** sostanza che facilita l'utilizzazione di un additivo alimentare

coadiuvàre [vc. dotta, lat. tardo *coadiuvāre*, comp. di *cŭm* 'con' e *adiuvāre* 'aiutare' ✱ 1617] **v. tr.** (*io coàdiuvo*) ● prestare aiuto a qlcu., collaborare: *mi coadiuva nella revisione del lavoro*
SFUMATURE ➤ ***collaborare***

coadunàre [vc. dotta, lat. tardo *coadunāre*, comp. di *cŭm* 'con' e *adunāre* 'raccogliere' ✱ 1298] **v. tr.** ● (*lett.*) riunire insieme: *questo vostro c. ricchezze* (L.B. ALBERTI)

coagulàbile [av. 1730] **agg.** ● che si può coagulare ‖ **coagulabilità**, **s. f. inv.**

coagulaménto [1499] **s. m.** ● (*raro*) coagulazione

coagulànte **A** **part. pres.** di *coagulare*; **anche agg.** ● nei sign. del v. **B** **s. m. 1** sostanza atta a coagulare il latte **2** fattore che produce o accelera la coagulazione del sangue

coagulàre [vc. dotta, lat. *coagulāre*, da *coāgulum* 'coagulo' ✱ 1288] **A** **v. tr.** (*io coàgulo*) **1** fare assumere, spec. a una sostanza liquida, una consistenza gelatinosa o solida **SIN.** raggrumare, rapprendere **2** cagliare **B** **v. intr.** (**aus.** *essere*) e **coagulàrsi** **v. intr. pron. 1** rapprendersi: *se esposto all'aria questo liquido si coagula* **2** cagliarsi **3** (*fig.*) addensarsi: *Su ogni corpo coagula un sudicio buio* (C. PAVESE)

coagulativo [1680] **agg.** ● relativo a coagulazione

coagulazióne [vc. dotta, lat. *coagulatiō-ne(m)*, da *coagulāre* 'coagulare' ✱ av. 1328] **s. f. 1** il coagulare, il coagularsi | (*fisiol.*) ***c. del sangue***, il precipitare della fibrina dal sangue o plasma a formare un coagulo **2** cagliatura

coàgulo [vc. dotta, lat. *coāgulu(m)*, comp. di *cŭm* 'con' e un deriv. di *ăgere* 'spingere, riunire' ✱ sec. XIII] **s. m. 1** coagulazione | grumo solido o rappreso in un liquido coagulato: *un c. di sangue* **2** cagliata

†**coaiutóre** ➤ **coadiutore**

coàla ➤ **koala**

coalescènza [vc. dotta, lat. *coalescĕntia*, part. nt. pl. di *coalĕscere* 'unirsi insieme, congiungersi', comp. di *cŭm* 'con' e *alĕscere* 'cominciare a crescere' ✱ 1733] **s. f. 1** (*fis.*) fenomeno per cui le particelle disperse di una soluzione colloidale o le goccioline di una emulsione si uniscono tra loro diventando più grandi **2** (*med.*) riunione di margini, spec. quelli di una ferita | sinfisi **3** (*ling.*) fusione di due vocali vicine in una vocale nuova

♦**coalizióne** [fr. *coalition*, dal lat. *coălitus*, part. pass. di *coalĕscere*. V. *coalescenza* ✱ 1778] **s. f. 1** alleanza di persone, enti o partiti, per la realizzazione di scopi comuni: *c. contro la concorrenza*; *c. di destra, di sinistra* | ***c. governativa***, alleanza dei partiti al governo **2** (*econ.*) regime di accordi tra imprese produttrici, che può assumere forma di cartello, trust, holding e sim. secondo le finalità e i mezzi adottati

SFUMATURE DI SIGNIFICATO
coalizione - schieramento
Un insieme di persone o enti che hanno obiettivi comuni si definisce **coalizione**; il termine è usato frequentemente in riferimento a partiti politici che si alleano. Molto usato nel linguaggio della politica è anche **schieramento**, che identifica un insieme di persone o di partiti uniti nel difendere un'idea ed esprime un forte senso di impegno comune.
SFUMATURE ➤ ***unione***

coalizzàre [fr. *coaliser*, da *coalition* 'coalizione' ✱ 1796] **A** **v. tr.** ● unire in una coalizione: *c. i partiti della sinistra*; *c. le forze* **B** **coalizzàrsi** **v. rifl. recipr.** ● unirsi in una coalizione: *gli Stati europei si coalizzarono contro Napoleone* ‖ **coalizzazióne**, **s. f.**

coàna [vc. dotta, gr. *choánē* 'imbuto', da *chéō* 'io verso' ✱ 1892] **s. f.** ● (*anat.*) ognuna delle due aperture interne della fossa nasale

coanocìta o **coanocìto** [vc. dotta, comp. del gr. *choánē* 'imbuto' e di *-cito* ✱ 1956] **s. m.** (**pl.** *-i*) ● (*zool.*) cellula caratteristica delle Spugne con un flagello circondato alla base da un collaretto

♣**coartàre** [vc. dotta, lat. *coartāre*, comp. di *cŭm* 'con' e *artāre* 'stringere' ✱ 1321] **v. tr. 1** (*lett.*) restringere, ridurre: *se altri volesse limitare e c. la divina potenza e sapienza* (G. GALILEI) **2** forzare qlcu. a operare contro la propria volontà: *c. un teste a deporre il falso* **SIN.** costringere

coartàto [av. 1712] **agg. 1** (*lett.*) compresso, limitato | costretto **2** (*psicol.*) detto di individuo che, in un test, non manifesta tendenza né all'introversione né all'estroversione ‖ **coartataménte**, **avv.**

coartazióne [vc. dotta, lat. *coartatiōne(m)*, da *coartāre* 'coartare' ✱ av. 1342] **s. f. 1** costrizione **2** (*med.*) restringimento di un organo cavo: *c. aortica* **SIN.** arctazione

coassiàle [comp. di *co-*① e *asse*②, con suff. aggettivale ✱ 1950] **agg.** ● che ha lo stesso asse di rotazione | ***avvolgimento c.***, costituito da due conduttori inseriti l'uno nell'altro e avvolti attorno a una colonna del trasformatore | ***cavo c.***, nella tecnica delle comunicazioni, cavo elettrico a uno o più conduttori concentrici, schermati da una maglia di fili di rame a protezione dalle interferenze ‖ **coassialità**, **s. f. inv.**

coassicurazióne [comp. di *co-*① e *assicurazione* ✱ 1911] **s. f.** ● assicurazione ripartita tra più assicuratori, ciascuno dei quali, in caso di sinistro, è tenuto al pagamento dell'indennizzo soltanto in proporzione alla quota da lui sottoscritta

coast to coast /kɔst tu'kɔst, *ingl.* kəust tu'kəust/ [loc. ingl., propr. 'costa a costa' ✱ 1984] **A** **loc. avv.; anche loc. agg. inv.** ● da una costa all'altra degli Stati Uniti: *viaggiare in camper coast to coast* | (*est.*) da una costa all'altra di un Paese o di una regione: *la Basilicata in moto coast to coast* **B** **anche loc. sost. m. inv.**: *un coast to coast attraverso l'Africa*

coattazióne [vc. dotta, lat. tardo *coaptatiō-ne(m)* 'adattamento', da *coaptāre* 'adattare insieme', da *cŭm* 'con' e *aptāre* 'adattare' ✱ 1830] **s. f.** ● (*med.*) riadattamento di due ossa fratturate o lussate

coattivo [da *coatto* ✱ 1363] **agg. 1** che obbliga, costringe con la forza: *mezzi coattivi* **2** (*dir.*) imposto per legge: *acquedotto c.*; *passaggio c.* ‖ **coattivaménte**, **avv.** in modo coattivo, spec. imposto dalla legge ‖ **coattività**, **s. f. inv.** caratteristica della legge la cui osservanza può essere imposta dallo Stato con la forza

coàtto [vc. dotta, lat. *coāctu(m)*, part. pass. di *cōgere* 'costringere', comp. di *cŭm* 'con' e *ăgere* 'spingere' ✱ av. 1332] **A** **agg. 1** imposto d'autorità o per legge: *liquidazione coatta amministrativa* | (*dir.*) ***domicilio c.***, un tempo, provvedimento di polizia consistente nell'obbligo di risiedere in un dato luogo; oggi è sostituito dall'*obbligo di soggiorno* (V. *soggiorno*) **CFR.** confino **2** (*psicoan.*) che si riferisce ai pensieri e ai comportamenti che l'individuo si sente costretto a ripetere, anche se irrazionali e inappropriati: *Idee coatte cerchiavano quel cranio della loro corona di ferro* (C.E. GADDA) **B** **s. m.** (**f.** *-a*) **1** chi era assegnato a un domicilio coatto **2** (*est., centr.*) detenuto **3** (*gerg.*) giovane emarginato, spec. in una grande città | persona rozza e volgare che imita passivamente gli aspetti peggiori della moda e del costume

coautóre [comp. di *co-*① e *autore* ✱ 1798] **s. m.** (**f.** *-trice*) ● chi è autore di qlco. insieme ad altri: *il c. di una biografia, di un'enciclopedia*

coazióne [vc. dotta, lat. *coactiōne(m)*, da *coāctus* 'coatto' ✱ av. 1342] **s. f. 1** violenza esercitata sulla volontà altrui: *c. fisica*; *c. morale* | (*dir.*) mezzo coattivo attraverso il quale lo Stato ottiene il rispetto delle norme giuridiche: *Chiamiamo 'stato' questo qualcuno fornito del potere di c.* (L. EINAUDI) **SIN.** coercizione, costrizione **2** (*psicoan.*) tendenza a ripetere un certo tipo di pensieri e comportamenti, anche se inappropriati e irrazionali, e incapacità di inibirli | ***c. a ripetere***, tendenza inconscia a porsi attivamente in situazioni penose, ripetendo esperienze passate; (*est.*) tendenza a rifare qlco. di negativo **3** (*mecc.*) stato in cui si trova un solido, quando presenta delle tensioni interne indipendenti dalle sollecitazioni esterne

cobalamìna [vc. dotta, comp. di *cobal(to)* e *(vit)amina* ✱ 1980] **s. f.** ● (*chim.*) vitamina B12

cobàlto [ted. *Kobalt*, da *Kobold* 'coboldo' (V.), perché, secondo una leggenda, i minatori che cercavano l'argento, trovando al suo posto il cobalto, si credettero burlati da un folletto ✱ 1765] **A** **s. m. 1** elemento chimico, metallo, ferromagnetico, bianco-argento, malleabile, ottenuto per arrostimento dei suoi minerali, impiegato nella fabbricazione di numerose leghe e per rivestimenti di altri metalli **SIMB.** Co **NUM. AT.** 27 | (*med.*) ***bomba al c.***, apparecchiatura contenente materiale radioattivo usata spec. nella terapia dei tumori **2** colore azzurro puro e intenso: *cielo, mare, occhi di c.* **B** **in funzione di agg. inv.** ● (posposto a un sost.) detto di una tonalità di azzurro particolarmente intensa: *azzurro c.*; *blu c.*

cobaltoterapìa [comp. di *cobalto* e *terapia* ✱ 1962] **s. f.** ● terapia di formazioni neoplastiche che utilizza cobalto radioattivo

Còbas /'kɔbas/ [sigla di *Co(mitato di) Bas(e)* ✱ 1987] **A** **s. m. inv.** ● organismo sindacale autonomo che difende gli interessi di singoli settori professionali, ritenuti non adeguatamente tutelati dai sindacati confederali e di categoria **B** **s. m. e f. inv.; anche agg.** ● appartenente a tale organismo sindacale

còbbler /'kɔbler, *ingl.* 'kɒblə(r)/ [vc. ingl., di etim. incerta ✱ 1983] **s. m. inv.** ● bevanda moderatamente alcolica costituita da una miscela di liquori con molta frutta fresca spremuta

còbbola o **còbola**, **còbla** [provenz. *cobla*, dal lat. *cōpula(m)* 'coppia, legame', prob. dai versi accoppiati ✱ av. 1334] **s. f.** ● (*letter.*) stanza di canzone | breve componimento a forma di stanza di canzone destinato a essere musicato

cobèa [chiamata così in onore di Bernabé *Cobo*, gesuita spagnolo missionario nel Messico ✱ 1830] **s. f.** ● nel linguaggio dei giardinieri, pianta ornamentale con grandi fiori violacei (*Cobaea scandens*)

cobelligerànte [comp. di *co-* e *belligerante* ✱ 1943] **A agg. 1** che combatte insieme con altri: *esercito c.* **2** che è in stato di cobelligeranza: *nazioni cobelligeranti* **B** anche **s. m.**: *accordo fra i cobelligeranti*

cobelligerànza [1943] **s. f.** ● condizione di Stato che partecipa a una guerra al fianco di uno o più altri senza essere vincolato da alcun patto: *entrare in c.*

cobìte [vc. dotta, gr. *kōbîtis*, da *kōbiós* 'ghiozzo', di orig. preindeur. ✱ 1830] **s. m.** ● nome comune di varie specie di Pesci ossei di acqua dolce dei Cipriniformi, appartenenti al genere *Cobitis* o a generi affini, solitamente dotati di sei barbigli

còbla ➤ **cobbola**

còbo [da una vc. senegalese ✱ 1964] **s. m.** ● genere di antilopi africane con pelo lungo e grandi corna che vivono vicino all'acqua (*Kobus*)

Còbol /'kɔbol, *ingl.* 'kəubɒl/ [sigla ingl. di *Co(mmon) B(usiness) O(riented) L(anguage)* 'linguaggio comune orientato per gli affari' ✱ 1969] **s. m. inv.** ● (*inform.*) linguaggio per la programmazione dei calcolatori elettronici, destinato ad applicazioni gestionali e contabili

còbola ➤ **cobbola**

cobòldo [ted. *Kobold*, parola che significava in orig. 'padrone della casa' ✱ 1882] **s. m.** ● nella mitologia germanica, spirito o genio della categoria degli elfi, che abita nella casa presso il focolare

còbra [portog. *cobra*, dal lat. *cŏlubra(m)* 'femmina del serpente'. V. *colubro* ✱ 1797] **s. m. inv.** ● denominazione dei serpenti Colubridi appartenenti al genere Naia, caratterizzati dal veleno potentissimo | ***c. egiziano***, aspide di Cleopatra | ***c. indiano***, serpente dagli occhiali

coc /kɔk/ **s. m. inv.** ● adattamento di *coke* (V.)

còca ① [sp. *coca*, dal peruviano *koka* 'pianta' ✱ 1560] **s. f.** ● arbusto delle Eritroxilacee con fiori bianchi, frutto a drupa allungata, foglie alterne lanceolate ricche di alcaloidi fra cui la cocaina (*Erythroxylon coca*)

còca ② [1949] **s. f. 1** accorc. di *cocaina* **2** accorc. di *Coca-Cola*

Còca-Còla® [marchio registrato ✱ 1930] **s. f.** (**pl. inv.** o *Còca-Còle*) ● bevanda preparata con acqua, zucchero, estratti di foglie di coca e di noce di cola

cocaìna [fr. *cocaine*, da *coca* 'coca①' ✱ 1874] **s. f.** ● alcaloide contenuto nelle foglie di coca, usato come anestetico locale e come stupefacente: *fiutare la c.*; *spacciatore di c.*

cocaìnico [1956] **agg.** (**pl. m.** *-ci*) ● relativo alla cocaina: *composto c.* | determinato dalla cocaina: *delirio c.*

cocainìṣmo [da *cocaina* ✱ 1900] **s. m.** ● intossicazione e assuefazione alla cocaina dovuta alla sua assunzione spec. come stupefacente **SIN.** cocainomania

cocainiẓẓàre [1892] **v. tr.** ● (*med.*) impiegare la cocaina per sopprimere la sensibilità di un organo

cocainòmane [comp. di *cocaina* e *-mane* ✱ 1921] **s. m. e f.; anche agg.** ● chi (o che) è affetto da cocainomania

cocainomanìa [comp. di *cocaina* e *-mania* ✱ 1908] **s. f.** ● cocainismo

cocarbossilàṣi [comp. di *co(enzima)*, *carbossil(are)* e *-asi* ✱ 1964] **s. f. inv.** ● (*chim.*) termine desueto con cui veniva indicata la forma metabolicamente attiva della vitamina B_1

còcca ① [lat. tardo *caudica(m)* 'canotto', da *caudex*, genit. *caudicis* 'tronco di albero' ✱ av. 1348] **s. f.** ● nave mercantile di forma tondeggiante e di alto bordo, con alberi a vele quadre, in uso nel Medioevo | (*est.*) la vela quadra caratteristica di tale nave

còcca ② [vc. onomat. ✱ 1887] **s. f.** ● (*fam.*) gallina

còcca ③ (o *-ó-*) [etim. incerta ✱ 1287] **s. f. 1** tacca della freccia in cui si adatta la corda dell'arco | (*lett.*) parte della corda di un arco da cui scocca la freccia; ciascuna estremità di un arco | (*est.*) †freccia: *Si dileguò come da corda c.* (DANTE *Inf.* XVII, 136) **2** angolo di fazzoletto, grembiule, scialle e sim. | nodo che si fa alle estremità di fazzoletti e sim. **3** ingrossamento posto ai due capi del fuso per fermare il filo **4** †cima, sommità di un monte || **cocchétta**, **dim.** | **cocchìna**, **dim.**

coccàrda [fr. *cocarde*, dall'ant. fr. *coquard* 'vanitoso', da *coq* 'gallo' ✱ av. 1713] **s. f. 1** nastro increspato o pieghettato a forma di cerchio o di rosa, di uno o più colori, portato come emblema o distintivo di nazione, partito, squadra sportiva e sim. | ***c. tricolore***, coi colori nazionali intrecciati **2** (*raro*) nappa al cappello di cocchieri e servitori in livrea o alla briglia dei cavalli attaccati alla carrozza

còcchia [adattamento del venez. *cocia*, dal lat. *cŏchlea(m)* 'chiocciola', per la forma ✱ 1937] **s. f.** ● (*pesca*) rete a strascico più grande della tartana, trainata da due barche

♣**cocchière** [da *cocchio* ✱ 1582] **s. m.** (**f.** *-a*) ● chi esercita il mestiere di guidatore di cocchio o di carrozze a cavalli | vetturino, fiaccheraio

còcchio [ungherese *kocsi* ✱ 1546] **s. m. 1** carrozza signorile trainata da due o quattro cavalli: *un c. dorato*; *il c. di Cenerentola*; *già di cocchi frequente il corso splende* (G. PARINI) **2** antico carro a due ruote

†**cocchiumàre** [1723] **v. tr. 1** turare una botte col cocchiume **2** (*fig.*) beffeggiare

cocchiumatóio [1868] **s. m.** (**pl.** *-ói*) ● grossa sgorbia per fare il cocchiume alle botti

cocchiùme o †**gucchiùme** [lat. tardo *cāucus* 'tazza', dal gr. *káukē*, di etim. incerta ✱ 1340 ca.] **s. m.** ● foro, apertura, della botte: *pel c. le botti assaggiava* (L. PULCI) | tappo di legno o sughero che chiude tale foro

còccia [lat. *cŏchlea(m)* 'chiocciola' (V.) ✱ 1258] **s. f.** (**pl.** *-ce*) **1** †conchiglia, guscio di testaceo | ***c. marina***, ostrica **2** (*est.*) scorza, buccia, guscio **3** †carta, nel bozzolo del baco da seta **4** nelle tre armi della scherma, calotta di ferro o alluminio, che protegge la mano | ornamento in metallo sul calcio della pistola **5** (*raro*) fornello della pipa **6** (*raro*) gonfiore, protuberanza **7** (*centr.*, *merid.*) testa, cranio: *avere la c. dura* **8** nell'armatura antica, parte dell'elmo che protegge la testa dalla fronte alla nuca **9** specie di cuffia usata dagli attori per fingere la calvizie **10** (*mar.*) radancia || **cocciòla**, **cocciuòla**, **dim.** (V.)

cocciàio [1779] **s. m.** (**f.** *-aia*, **pl. m.** *-ai*) ● (*raro*) chi fa o vende stoviglie in coccio **SIN.** vasaio

Coccidèi [dal genere *cocc(us)* col suff. *-ideo*, dal gr. *-ideus* con valore quasi patronimico ✱ sec. XX] **s. m. pl.** (**sing.** *-èo*) ● (*zool.*) ordine di Sporozoi che praticano il parassitismo, caratterizzato da spiccata oogamia (*Coccidia*)

Còccidi [vc. dotta, comp. del gr. *kókkos* 'granello' e di *-idi* ✱ 1873] **s. m. pl.** (**sing.** *-e*) ● (*zool.*) famiglia di Insetti degli Omotteri con femmine attere, prive di occhi e di zampe, e maschi con corpo normale, ali e zampe sviluppate, cui appartengono numerose cocciniglie (*Coccidae*)

coccidiòṣi [da *Coccidi* ✱ 1911] **s. f. inv.** ● (*med.*) parassitosi intestinale dell'uomo e degli animali causata da protozoi del genere *Isospora*; gener. asintomatica, può talvolta causare disturbi intestinali

coccìge o **còccige** [fr. *coccyx*, dal lat. *cŏccys*, nom., dal gr. *kókkyx* 'cuculo', poi 'coccige', perché quest'osso assomiglia al becco del cuculo; di orig. onomat. ✱ av. 1673] **s. m.** ● (*anat.*) piccolo osso formato da quattro vertebre saldate fra loro, che forma la parte terminale della colonna vertebrale

coccìgeo o **coccigèo** [1865] **agg.** ● (*anat.*) del coccige

♦**coccinèlla** ① [lat. *cŏccinus* 'scarlatto', dal gr. *kókkinos* 'di colore scarlatto', da *kókkos* 'colore rosso', di etim. sconosciuta ✱ 1828] **s. f. 1** insetto dei Coleotteri dal corpo emisferico con elitre rosse macchiate da sette punti neri (*Coccinella septempunctata*) **2** nelle associazioni femminili scoutistiche, componente di età compresa tra i 7 e gli 11 anni **CFR.** lupetto

coccinèlla ② [da *coccinella*①, per il colore ✱ 1964] **s. f.** ● tufo calcareo della Puglia, di colore rossastro, usato come pietra da costruzione

Coccinèllidi [comp. di *coccinella*① e *-idi* ✱ 1951] **s. m. pl.** (**sing.** *-e*) ● (*zool.*) famiglia di Coleotteri dal corpo arrotondato, a elitre fortemente convesse, le cui larve predano specialmente afidi (*Coccinellidae*)

coccinèllo [etim. incerta ✱ 1607] **s. m.** ● (*mar.*) specie di caviglia o perno per tenere insieme corde o vele

†**coccìneo** [vc. dotta, lat. tardo *coccĭneu(m)*, da *cŏccum* 'nòcciolo', poi 'colore rosso' ✱ sec. XIV] **A agg.** ● purpureo **B s. m.** ● panno rosso purpureo

coccinìglia [sp. *cochinilla* 'porcellino di terra', dim. di *cochino* 'porco' ✱ 1567] **s. f. 1** insetto della famiglia dei Coccidi, generalmente dannoso alle piante **2** (*lett.*) colore rosso intenso, simile al carminio, ottenuto per essiccamento della femmina di una cocciniglia

†**còccino** [vc. dotta, lat. *cŏccinu(m)*. V. *coccinella*① ✱ sec. XIV] **s. m.** ● panno rosso scarlatto

còccio [da *coccia* ✱ 1536] **s. m. 1** terracotta di scarso valore: *tegame, pentola di c.* | (*est.*) stoviglia di terracotta: *lavare i cocci* | frammento di vaso od oggetto rotto: *una muraglia / che ha in cima cocci aguzzi di bottiglia* (E. MONTALE) | ***pigliare i cocci***, (*fig.*) impermalirsi **2** (*fig.*, *fam.*) persona malaticcia **3** guscio di chiocciola, di crostaceo e sim. **4** involucro del seme || **coccétto**, **dim.**

cocciòla o (*lett.*) **cocciuòla** [av. 1492] **s. f. 1** dim. di *coccia* **2** (*lett.*) gonfiore prodotto da una puntura d'insetto o dall'ortica: *e fa come l'ortica: / cocciole rilevate e pizzicori* (L. DE' MEDICI)

cocciopésto [comp. di *coccio* e *pesto* ✱ 1956] **s. m.** ● (*archeol.*, *edil.*) miscela di frammenti di cocci impastati con leganti (resine o, un tempo, calce grassa) usata nella pavimentazione o nel rivestimento spec. di vasche e terrazze

cocciutàggine [da *cocciuto* ✱ 1830] **s. f.** ● caratteristica di chi è cocciuto: *la tua c. è proverbiale* | (*raro*) azione da persona cocciuta **SIN.** caparbietà, ostinazione, pervicacia, testardaggine

♣**cocciùto** [da *coccia* nel sign. 7 ✱ 1427] **agg. e s. m.** (**f.** *-a*) ● che (o chi) si ostina nell'agire, pensare, esprimersi a modo suo, senza tener conto di critiche e di consigli: *ragazzo c. come un mulo* **SIN.** caparbio, ostinato, pervicace, testardo || **cocciutàccio**, **pegg.** | **cocciutèllo**, **dim.** | **cocciutìno**, **dim.** | **cocciutóne**, **accr.** || **cocciutaménte**, **avv.**

SFUMATURE ➤ ***caparbio***, ➤ ***testardo***

♦**còcco** ① [portog. *coco* 'smorfia' e 'orco', per l'aspetto del frutto ✱ 1514] **s. m.** (**pl.** *-chi*) ● pianta tropicale delle Palme, molto alta, con un grosso ciuffo di foglie pennate all'apice, e frutto ovoidale contenente un grosso seme (*Cocos nucifera*) | ***noce di c.***, frutto del cocco | ***latte di c.***, liquido bianco e dolce contenuto nella noce di cocco | ***olio di c.***, sostanza grassa ricavata dalla polpa essiccata della noce di cocco, usata nell'industria alimentare e in quella dei cosmetici | ***fibra di c.***, fibra legnosa della noce di cocco, usata per spazzole, tappeti, cordami

còcco② [vc. onomat. ✱ av. 1528] **s. m.** (**pl.** *-chi*) ● (***fam.***) uovo di gallina

còcco③ [da *cocco*② 'uovo' ✱ 1865] **s. m.** (**pl.** *-chi*) ● (***bot.***) ovolo buono

còcco④ [vc. dotta, lat. *cŏccu(m)* 'nocciolo dei frutti', dal gr. *kókkos*, di etim. incerta ✱ 1892] **s. m.** (**pl.** *-chi*) ● (***biol.***) cellula batterica di forma sferica o sferoidale che, secondo il genere, può presentarsi singolarmente, in coppia (diplococco), in catenelle (streptococco) o in grappoli (stafilococco)

còcco⑤ [vc. infant. ✱ 1536] **s. m.** (**f.** *-a*; **pl. m.** *-chi*) ● (***fam.***) persona prediletta, spec. bambino: *sei la mia cocca; è il c. della famiglia* | ***c. di mamma, di mamma sua***, ragazzo eccessivamente vezzeggiato e viziato | appellativo vezzeggiativo rivolto a un adulto (***spec. iron.***): *povero c.!* ‖ **cocchétto**, **dim.** | **cocchìno**, **dim.**

†**còcco**⑥ [vc. dotta, lat. *cŏccu(m)*, dal gr. *kókkos* 'nocciolo dei frutti' e 'grana colorante', di etim. incerta ✱ 1319] **s. m. 1** colore rosso vivo usato dai tintori **2** stoffa di tale colore

-còcco [da *cocco*④] **secondo elemento** ● in parole composte della terminologia scientifica significa 'batterio di forma rotondeggiante': *gonococco, stafilococco*

coccodè [vc. onomat. ✱ 1865] **A inter.** ● riproduce il verso della gallina quando ha fatto l'uovo | ***la gallina ha fatto c.***, ha fatto l'uovo **B anche s. m. inv.**: *il pollaio risuonava di c.*; *Il bosco era tutto muggiti e belati e c.* (I. CALVINO)

♦**coccodrìllo** o †**crocodìlo** nel sign. 1 [lat. *crocodīlu(m)*, dal gr. *krokódeilos*, di etim. incerta ✱ sec. XIII] **s. m.** (**f.** *-a*) **1** grosso rettile anfibio tropicale con corpo molto lungo e poderoso, coperto da una salda corazza di scudi ossei, fornito di coda lunga e robusta, testa appiattita e ampia bocca armata di numerosi denti (*Crocodilus vulgaris*) | ***lacrime di c.***, (***fig.***) pentimento simulato o tardivo (secondo un'antica credenza, i coccodrilli piangerebbero dopo avere divorato una preda) **2** pelle conciata, molto pregiata, dell'animale omonimo: *una borsetta, un paio di scarpe, di c.* **3** pinzetta per eseguire collegamenti elettrici provvisori **4** carrello stradale per trasporto di carri ferroviari **5** (***gerg.***) biografia di personaggio vivente, aggiornata di continuo e disponibile nell'archivio di un giornale per una tempestiva pubblicazione in caso di morte **6** nelle tecniche di lavorazione delle pietre, strumento per tagliare le pietre tenere

Coccoìna® [marchio registrato ✱ 1942] **s. f.** ● tipo di colla bianca solida

còccola① [dal lat. *cŏccum* 'nocciolo dei frutti', dal gr. *kókkos* ✱ sec. XIV] **s. f. 1** frutto del ginepro | (***est.***) bacca | ***c. del Levante***, frutto velenoso di una pianta delle Menispermacee analogo al curaro **2** (***lett.***) piccolo oggetto tondeggiante | (***fig.***) †inezia, bagattella **3** (***scherz.***) †testa: *sicché comincia a girar loro la c.* (L. PULCI) ‖ **coccolétta**, **dim.**

còccola② [da *coccolare* ✱ 1973] **s. f.** ● (***colloq.***, **spec. al pl.**) tenerezza, dolce effusione, carezza affettuosa: *fare le coccole a qlcu.* ‖ **coccolìna**, **dim.**

♦**coccolàre** [da *coccolo*① ✱ 1614] **A v. tr.** (*io còccolo*) ● usare modi teneri e dolci effusioni nei confronti di qlcu.: *c. un bambino*; *le piace farsi c.* | (***est.***) viziare, trattare con eccessivi riguardi: *è stato sempre coccolato dalla mamma* | anche in forma pron. (con valore intens.), spec. nella loc. ***coccolarsi qlcu.***, riempirlo di coccole, di tenerezze o (***est.***) di gentilezze **B coccolàrsi v. intr. pron.** ● (***raro***) crogiolarsi: *coccolarsi al calduccio, tra le coperte*

còccolo① [vc. infant. ✱ 1865] **A s. m.** (**f.** *-a*) ● (***fam.***) bambino paffuto | cocco: *è il c. di suo padre* **B agg.** ● (***fam.***) grazioso, detto spec. di bambini ‖ **coccolìno**, **dim.** | **coccolóne**①, **accr.** (V.)

†**còccolo**② [vc. dotta, lat. *cŏchlu(m)*, dal gr. *kóchlos* 'conchiglia della porpora', da avvicinare a *kónchē* (V. *conca*) ✱ sec. XIV] **s. m.** ● conchiglia

coccolóne① [v. onomat. (?) ✱ 1964] **s. m.** (**f.** *-a*) **1** accr. di *coccolo*① **2** persona, spec. bambino, che ama farsi coccolare

coccolóne② [da *coccola* ✱ 1960] **s. m. 1** (***pop.***) colpo apoplettico | (***est.***) grosso spavento, forte emozione: *appena l'ho visto, mi è venuto un c.* **2** colpo di sonno

coccolóne③ [da *coccola*① ✱ 1884] **agg.** (**pl. m.** *-i* **o** *raro* **inv.**) ● solo nella loc. ***ginepro c.***, V. *ginepro*

coccolóni o **coccolóne** [da avvicinare ad *accoccolarsi* ✱ av. 1405] **avv.** ● seduto sui calcagni: *stare c.*; *starsene c. con le spalle appoggiate al muro*

coccolóso (o **-ş-**) [da *coccola*② con il suff. *-oso*③ ✱ 1991] **agg.** ● (***colloq.***) che manifesta il proprio affetto con molte coccole e tenerezze: *nonni coccolosi*

†**coccovéggia** o †**cuccovéggia**, †**cuccuvéggia** [vc. onomat. ✱ 1310] **s. f.** ● civetta

†**coccoveggiàre** [da *coccoveggia* ✱ 1614] **v. intr. 1** detto della civetta, emettere il caratteristico verso | (***est.***) imitare il verso o i movimenti della civetta: *cominciava a rotare gli occhiacci … coccoveggiando come fosse su la gruccia* (G. D'ANNUNZIO) **2** (***fig.***) di donna, civettare

cocènte **part. pres.** di *cuocere*; **anche agg. 1** nei sign. del v. **2** molto caldo: *i cocenti raggi del sole* | (***fig.***, ***lett.***) tormentoso, dolente: *di cocenti sospir l'aria accendea* (L. ARIOSTO) | ***lacrime cocenti***, come espressione di un dolore intenso **3** (***fig.***) violento, veemente: *delusione, dolore c.*; *passione c.* **SIN.** bruciante | (***fig.***) pungente: *rimproveri, frasi cocenti* ‖ **cocenteménte**, **avv.** (***raro***) in modo molto doloroso, violento: *soffrire cocentemente*

còcere ➤ **cuocere**

còche **s. m. inv.** ● adattamento di *coke* (V.)

cocherìa **s. f.** ● adattamento di *cokeria* (V.)

†**cochìglia** [ant. fr. *coquille*, forma fr. dell'it. *conchiglia* ✱ av. 1530] **s. f.** ● (***lett.***) conchiglia

cochon /*fr.* kɔ'ʃɔ̃/ [vc. fr. 'maiale', di etim. oscura; forse di orig. onomat. ✱ 1983] **agg. inv.** ● sconcio, scurrile: *film, barzelletta c.*

ciciàmo ➤ **cuocere**

†**cociménto** [da *c(u)ocere* ✱ av. 1292] **s. m. 1** cottura **2** calore, calura | bruciore (***anche fig.***)

cocincìna [etim. incerta ✱ 1951] **s. f.** ● gioco di carte simile alla scopa, ma praticato con numero doppio di carte

cocióre [da *c(u)ocere* ✱ sec. XIV] **s. m.** ● (***lett.***) ardore, bruciore (***anche fig.***): *le sue povere labbra arse dal c. di tante febbri* (L. PIRANDELLO)

cocitóre o **cuocitóre** [1352] **s. m. 1** (**f.** *-trice*) chi cuoce **2** (**f.** *-trice*) operaio addetto alla cottura di minerali o altro **3** apparecchio per la cottura di prodotti alimentari

cocitùra o **cuocitùra** [1290] **s. f.** ● (***raro***) cottura: *c. di un dolce, del pane*

†**cociùto** **part. pass.** di *cuocere*; **anche agg.** ● nei sign. del v.

còcker /'kɔker, *ingl.* 'kɒkə(r)/ [vc. ingl., detto così perché usato nella caccia alla beccaccia (ingl. *woodcock*, comp. di *wood* 'foresta', di orig. germ., e *cock* 'gallo', di orig. onomat.) ✱ 1852] **s. m. inv.** ● cane da cerca e da riporto di piccola taglia, forte, agile, vivace, con lunghe orecchie pendenti

còckney /'kɔkni, *ingl.* 'kɒknɪ/ [vc. ingl., dal medio-ingl. *cokeney*, propr. 'uovo di gallo' ✱ 1829] **A s. m. e f. inv.** (**pl. ingl.** *cockneys*) ● chi è nato a Londra o abita nei quartieri popolari londinesi **B s. m. solo sing.** ● dialetto londinese, spec. in senso spreg. con riferimento alla parlata e all'accento dei quartieri popolari **C agg. inv.** ● tipicamente londinese, dei quartieri popolari di Londra: *accento c.*

còcktail /'kɔktel, *ingl.* 'kɒk,teɪl/ [vc. ingl. d'America, propr. 'coda di gallo', comp. di *cock* 'gallo' e *tail* 'coda' ✱ 1896] **s. m. inv. 1** miscela di bevande a base alcolica: *preparare, servire un c.* **2** (***est.***) preparazione gastronomica, spec. servita come antipasto, a base di vari ingredienti tagliati in piccoli pezzi e legati con maionese o altre salse: *servire un c. di scampi* | (***est.***) ***c. farmacologico***, miscela di farmaci spec. impiegata in anestesiologia **3** (***fig.***) miscuglio, insieme non sempre organico: *il film è un c. di passioni e violenza* **4** cocktail-party: *andare a un c.*; *dare un c.* | ***abito da c.***, femminile da mezza sera

còcktail-pàrty /koktel'parti, *ingl.* 'kɒkteɪl-,pɑːtɪ/ [vc. ingl., comp. di *cocktail* e *party* 'ricevimento', dal fr. *partie* 'parte, gioco' (stessa etim. di *partita*) ✱ 1937] **s. m. inv.** (**pl. ingl.** *cocktail-parties*) ● ricevimento che ha luogo spec. nel tardo pomeriggio, in cui si servono bevande alcoliche, spec. cocktail, sandwich e sim.

còclea [vc. dotta, lat. *cŏchlea(m)*. V. *chiocciola* ✱ 1585] **s. f. 1** apparecchio trasportatore ed elevatore di acqua o materiali di piccola pezzatura, costituito da un cilindro in cui ruota una superficie elicoidale, usato anche come mescolatore **SIN.** vite di Archimede **2** (***anat.***) parte dell'orecchio interno dei Mammiferi, costituita da una componente ossea e da una membranosa e caratterizzata da tre canali sovrapposti ad andamento spiralato, tra i quali quello intermedio occupa una posizione di rilievo **SIN.** chiocciola **3** porta da cui uscivano le fiere nell'anfiteatro o i cavalli nel circo **4** (***disus.***) scala a chiocciola

coclеàre [1830] **agg.** ● (***med.***) della coclea, relativo alla coclea: *canale c.*

cocleària [dal lat. tardo *cŏchlear*, genit. *cochleāris* 'cucchiaio', per la forma delle foglie ✱ av. 1557] **s. f.** ● pianta erbacea spontanea delle Crocifere, dalle proprietà medicinali, con foglie cuoriformi e fiori bianchi (*Cochlearia officinalis*)

cocleòide [comp. del lat. *cŏchlea* 'chiocciola' (V.) e di *-oide* ✱ 1931] **s. f.** ● (***mat.***) curva piana simile al contorno della cavità di una conchiglia

còclide [vc. dotta, lat. tardo *cŏchlide(m)* 'colonna con scala interna a chiocciola', dal gr. *kochlís*, dim. di *kóchlos* 'chiocciola' (V. *chiocciola*) ✱ av. 1796] **agg.** ● (***archit.***) di colonna che ha all'interno una scala a chiocciola e che è decorata sulla superficie esterna da un rilievo disposto a spirale

†**còco** ➤ **cuoco**

cocòcò [sigla di *co(llaborazione) co(ordinata) co(ntinuativa)* ✱ 2000] **A s. f. o m. inv.** ● contratto di collaborazione coordinata e continuativa (V. *contratto*②) **B s. m. e f. inv.** ● chi lavora con tale contratto **C anche in funzione di agg. inv.** (**posposto a un sost.**): *lavoratore c.*

cocòlla (o **-ò-**), †**cucùlla** [lat. tardo *cucŭlla(m)* 'cappuccio', prestito da una lingua straniera ✱ 1321] **s. f.** ● sopravveste con cappuccio usata dai monaci | (***est.***, ***spec. spreg.***) frate

cocomeràio o (***roman.***) **cocomeràro** [lat. tardo *cucumerāriu(m)* 'campo di cetrioli', da *cŭcumer* 'cocomero' ✱ sec. XIV] **s. m.** (**pl.** *-ai*) **1** (**f.** *-aia*) chi vende o coltiva cocomeri **2** campo coltivato a cocomeri

cocomeràta [1951] **s. f.** ● scorpacciata di

C

cocomeri: *abbiamo fatto una bella c.*

cocómero [lat. *cucŭmere(m)*, forse di orig. preindeur. ✱ 1286] **s. m. 1** pianta erbacea delle Cucurbitacee con fusto sdraiato, foglie grandi e frutti commestibili, globosi, a polpa rossa con semi neri (*Citrullus vulgaris*) **SIN.** (*sett.*) anguria, melone d'acqua | ***c. asinino***, pianta erbacea delle Cucurbitacee con frutti piccoli, ovoidali che, maturi, lanciano lontano i semi (*Ecballium elaterium*) **SIN.** elaterio, schizzetto, sputaveleno | ***c. amaro***, coloquintide **2** frutto della pianta omonima: *una fetta di c.* **3** (*sett.*) cetriolo **4** (*fig., tosc.*) citrullo, sciocco: *Non son io un solenne c.* (F. REDI) || **cocomerèllo**, **dim.** | **cocomerino**, **dim.** | **cocomeróne**, **accr.**

cocooning /ko'kunin(g), *ingl.* kə'kuːnɪŋ/ [vc. ingl., dal v. *to cocoon*, propr. 'avvolgere come in un bozzolo (*cocoon*)' ✱ 1987] **s. m. inv.** ● tendenza a trasformare la propria casa in un ambiente confortevole in cui trascorrere il tempo libero **CFR.** nesting

cocoprò [2004] **A s. m. inv.** ● sigla di *contratto di collaborazione a progetto* (V. *progetto*) **B s. m. e f. inv.** ● chi lavora con un contratto finalizzato alla realizzazione di un progetto **C anche in funzione di agg. inv. (posposto a un sost.)**: *lavoratore c.*

cocorìta [deformazione dello sp. *cotorrita*, dim. di *cotorra* 'piccolo pappagallo', da *cotorrera* 'donna chiacchierona' ✱ 1905] **s. f.** ● (*fam.*) pappagallo addomesticato

cocotte① /*fr.* kɔ'kɔt/ [vc. fr., etim. discussa: di lontana derivazione dal lat. *cŭccuma* (?) ✱ 1913] **s. f. inv.** ● recipiente da cottura, in ghisa || **cocottina**, **dim.**

cocotte② /*fr.* kɔ'kɔt/ [vc. fr., 'gallina' ✱ 1873] **s. f. inv.** ● donna molto disponibile a relazioni amorose | (*eufem.*) prostituta: *Saltella una c. ... / Da un marciapiede a un altro* (D. CAMPANA) || **cocottina**, **dim.**

cocùzza o **cucùzza** [lat. tardo *cucūtia(m)*, di etim. incerta ✱ av. 1313] **A s. f. 1** (*centr., merid.*) zucca | (*fig., scherz.*) testa **2** (*merid.*, **spec. al pl.**) soldo, lira, euro: *quante cocuzze mi daresti?* **B in funzione di inter.** ● (**spec. al pl.**, *eufem., merid.*) esprime meraviglia: *cocuzze!*

cocùzzo o **cucùzzo** [av. 1729] **s. m.** ● (*raro*) cocuzzolo

✣**cocùzzolo** o **cucùzzolo** [lat. tardo *cucū-tiu(m)* 'cappuccio', di etim. incerta ✱ 1310] **s. m. 1** parte più alta del capo | (*est.*) parte più alta del cappello e sim.: *portava una piuma sul c. del berretto* **2** (*est.*) sommità di un monte, un edificio e sim.: *salire sul c. di una montagna* || **cocuzzolétto**, **dim.** | **cocuzzolìno**, **dim.**

♦**códa** [lat. *cōda(m)*, var. pop. di *cauda(m)*, di etim. incerta ✱ 1282] **s. f. 1** prolungamento della colonna vertebrale, presente in numerosi animali, con conformazione e funzioni diverse: *la c. di un cane, di un cavallo, di un uccello* **CFR.** cerco-, -cerco, uro-②, -uro② | ***c. alla vaccinara***, V. *vaccinaro* | ***andarsene con la c. tra le gambe***, (*fig.*) rimanere umiliato, deluso | (*fig.*) ***avere la c. di paglia***, essere sospettoso e suscettibile non avendo la coscienza tranquilla | (*fig.*) ***se il diavolo ci mette la c., il diavolo ci ha messo la c.***, se, quando una circostanza imprevista compromette il buon esito di qlco. | ***il cane*** (o ***il serpente***) ***che si morde la c.***, (*fig.*) detto di situazione irresolubile che rimanda sempre al punto di partenza **SIN.** circolo vizioso | ***colpo di c.***, (*fig.*) improvvisa reazione di chi è considerato ormai sconfitto; brusca ripresa di ciò che si pensava concluso: *i colpi di c. dell'inverno* | (*fig.*) ***reggere la c. a qlcu.***, comportarsi in modo ossequioso e servile | (*anat.*) ***c. di cavallo***, fascio delle radici dei nervi spinali all'estremità del midollo | ***c. di cavallo***, (*fig.*) pettinatura in cui i capelli vengono legati alti sulla nuca e lasciati ricadere sciolti **CFR.** codino | sottile prolungamento di organi vegetali: *c. dell'aglio, della cipolla* | ***c. di un grappolo d'uva***, picciolo **2** (*raro, est.*) codino①, nel sign. 2 | ***avere la parrucca con la c.***, (*stor., fig.*) essere un reazionario **3** (*est.*) parte posteriore o estremità terminale di qlco.: *la c. di un aereo, di un missile, di un siluro; la c. dello sci; la c. del martello, dell'incudine; la c. di una colonna in marcia, di una fila di corridori* | ***c. della cometa***, esteso pennacchio luminoso formato da gas fluorescenti di debolissima densità, che esce dalla chioma di una cometa, quando questa si trova in vicinanza del sole e gener. in direzione a esso opposta | ***in c.***, in fondo | ***gruppo, reparto di c.***, che chiude una fila, che viene per ultimo | ***vettura di c.***, l'ultima di un treno | ***fanalino di c.***, V. *fanalino* | ***inserimento in c.***, V. *inserimento* | ***c. d'affusto***, estremità dell'affusto d'artiglieria | ***a c. tronca***, detto di autovetture il cui profilo posteriore è tronco, per realizzare un buon coefficiente aerodinamico | ***c. dell'occhio***, l'angolo esterno dell'occhio | ***guardare con la c. dell'occhio***, sbirciare di traverso | (*fig.*) ***non avere né capo né c.***, di ragionamento, discorso e sim., sconclusionato | ***c. di rospo***, (*fig., pop.*) parte posteriore commestibile della rana pescatrice | ***c. di topo***, lenza speciale usata nella pesca a mosca, a sezione scalare, più sottile a una o entrambe le estremità **4** (*est.*) appendice, prolungamento, parte aggiunta o conclusiva e sim.: *la c. della lettera p; la c. di un brano musicale* | (*fig.*) seguito, strascico: *la conferenza stampa ha avuto una c. polemica* | ***pianoforte a c.***, con cassa armonica allungata orizzontalmente | ***sonetto con la c.***, caudato | ***titoli di c.***, V. *titolo* nel sign. 1 | ***fanalino di c.***, V. *fanalino* | strascico di abito o mantello femminile da sera o da sposa | ***a c. di rondine***, detto di opera, struttura e sim. che termina a trapezio o a divergenza: *incastro a c. di rondine; abito a c. di rondine* **5** allunga, nel sign. 3 **6** fila ordinata di persone che aspettano il loro turno: *fare la c.; mettersi in c.* | (*est.*) fila di veicoli bloccati: *lunga c. per incidente* | ***teoria delle code***, nella ricerca operativa, tecnica volta a risolvere i problemi di attesa che insorgono nello svolgimento di un servizio che può essere prestato a uno o a pochi richiedenti alla volta **7** nella distillazione alcolica, l'ultima parte del distillato che in genere si scarta perché impura **8** (*gerg.*) ultima cartella di un servizio giornalistico **9** nell'ambiente cinematografico, spezzone di pellicole cinematografiche utilizzato per necessità tecniche accessorie nel montaggio e nella proiezione | nell'ambiente teatrale, persona scritturata al seguito di un attore importante **10** (*bot.*) ***c. cavallina, c. di cavallo***, pianta erbacea delle Equisetacee dal fusto articolato con numerosi rametti sottili che la fanno somigliare alla coda di un cavallo (*Equisetum arvense*) **SIN.** asperella, brusca | ***c. di pavone***, alga delle Feoficee caratteristica dei mari caldi | ***c. di topo***, pianta erbacea delle Graminacee con rizoma corto e infiorescenze in pannocchia (*Phleum pratense*) || **codàccia**, **pegg.** | **codétta**, **dim.** (V.) | **codìna**, **dim.** | **codìno**, **dim. m.** (V.) | **codóna**, **accr.** | **codóne**, **accr. m.** (V.)

codàle [av. 1729] **agg.** ● della coda: *pinna c.*

✣**codardìa**, *evit.* **codàrdia** [da *codardo* ✱ av. 1292] **s. f.** ● (*lett.*) caratteristica di chi (o di ciò che) è codardo: *chi farà mia scusa, / quando serò de c. appellato?* (M.M. BOIARDO) | (*est.*) atto da codardo

†**codardìgia** [fr. *couardise* 'codardia', da *couard* 'codardo' ✱ 1548] **s. f.** ● codardia: *c. che volto ha di demenza* (G.B. MARINO)

✣**codàrdo** [fr. ant. *couard* 'con la coda bassa', da *cou*, forma ant. di 'coda' ✱ 1266] **A agg. 1** (*lett.*) che si ritira, per pusillanimità, vigliaccheria e sim., di fronte a rischi, pericoli e doveri | vile: *io so' de' paladini il più c.* (L. PULCI) **SIN.** vigliacco **2** (*est., lett.*) che rivela o nasce da codardia: *gesto c.; vergin di servo encomio / e di c. oltraggio* (A. MANZONI) || **codardaménte**, **avv.** **B s. m.** (**f.** *-a*) ● persona codarda

codàta [da *coda* col suff. *-ata* ✱ 1768] **s. f.** ● colpo di coda

codàto [av. 1675] **agg.** ● (*raro*) fornito di coda

✣**codàzzo** [da *coda* ✱ av. 1535] **s. m.** ● (*spreg.*) corteo disordinato di persone: *un c. di ammiratori; gli amici gli facevano c.* (G. VERGA) **SIN.** seguito

codebitóre ➤ **condebitore**

code càrd /kɔd'kard, *ingl.* 'kəud,kɑːd/ ➤ **card**

codecisióne [comp. di *co-*① e *decisione* ✱ 1951] **s. f.** ● decisione condivisa, presa in comune con altri

codeìna [fr. *codéine*, dal gr. *kṓdeia* 'testa di papavero', di orig. sconosciuta ✱ 1874] **s. f.** ● uno degli alcaloidi contenuti nell'oppio, usato per via orale come calmante della tosse

†**codésti** o †**cotésti** [lat. parl. **ĕccu(m) tĭbi ĭste* 'eccoti questo' ✱ 1319] **pron. dimostr. m. solo sing.** ● codesto uomo, codesta persona: *cotesti, ch'ancor vive e non si noma* (DANTE *Purg.* XI, 55)

codésto o **cotésto**①, †**costétto** [lat. parl. **ĕccu(m) tĭbi ĭstu(m)* 'eccoti questo' ✱ 1260] **A agg. dimostr.** ● (*tosc., lett.*) indica persona o cosa vicina o relativa alla persona a cui ci si rivolge: *mostrami c. libro; levati subito c. maglione; non voglio sentire da te codeste espressioni; approvo codesta tua proposta* **CFR.** questo, quello | nelle lettere di carattere commerciale o burocratico, nelle domande, indica l'ufficio, l'ente, la società e sim. cui ci si rivolge: *c. istituto; codesta spettabile ditta; c. Ministero* **B pron. dimostr. 1** (*tosc., lett.*) indica persona o cosa vicina o relativa alla persona a cui ci si rivolge: *codesta è una scusa bella e buona; buona, bella codesta!; E tu che se' costì, anima viva, / pàrtiti da cotesti che son morti* (DANTE *Inf.* III, 88-89) **2** (*tosc., lett.*) codesta cosa, ciò, con valore neutro: *c. che tu dici è sbagliato*

†**codestùi** ➤ †**cotestui**

codétta [av. 1424] **s. f. 1** dim. di *coda* **2** estremità della frusta, a cui si attacca lo sverzino **3** ciascuna delle due estremità inferiori della tomaia di una scarpa **4** corda che le imbarcazioni tengono fissata a poppa, per l'ormeggio **5** piccola appendice posta sotto la lettera *e*, nella grafia latina medievale per indicare il dittongo *ae*, in certe trascrizioni fonetiche per indicare suono aperto **6** indirizzo posto a sinistra, in alto, sulla prima facciata delle lettere d'ufficio **7** chicco di grano di qualità scadente per insufficiente grossezza **8** cilindretto di zucchero colorato o cioccolato usato in pasticceria per decorare dolci || **codettìna**, **dim.**

codiàre [da *coda* ✱ 1385] **v. tr.** (*io códio*) ● (*lett.*) pedinare, inseguire: *egli continuava a codiarmi* (I. NIEVO)

codibùgnolo [forse da *codi(lungo)* e *bugnolo* 'panierino', per la forma del nido ✱ 1797] **s. m.** ● agile uccello dei Passeriformi dal morbido piumaggio, simile alla cincia ma con lunga coda sottile (*Aegithalus caudatus*)

♦**còdice** [vc. dotta, lat. *cōdice(m)*, da *caudice(m)* 'tronco d'albero', poi 'tavoletta su cui si scriveva', di etim. incerta ✱ sec. XIII] **s. m. 1** anticamente, libro formato da più tavolette unite insieme | libro manoscritto: *c. adespoto, anonimo, mutilo; c. papiraceo, miniato* **2** corpo organico delle leggi fondamentali che disciplinano un dato ramo del diritto: *c. civile, penale, della navigazione* | raccolta delle leggi relative a una data materia: *c. della strada*; *c. amministrativo* | (*fig.*) ***inciampare nel c.***, commettere un'azione punibile a norma di legge | (*fig.*) ***sfiorare il c.***, compiere qlco. che rasenta il reato | (*est.*) ***c. etico***, insieme di principi di natura morale da osservare nell'esercizio di una specifica attività | ***c. sportivo***, codice etico da rispettare nell'attività agonistica | ***c. cavalleresco***, nel Medioevo, l'insieme delle norme di lealtà e cortesia che costituivano l'ideale del perfetto cavaliere medievale; più tardi, l'insieme delle norme relative alle vertenze d'onore **3** sistema di segnali o di segni o di simboli che per convenzione è destinato a rappresentare e trasmettere l'informazione tra la fonte (emittente) dei segnali e il punto di destinazione (ricevente): *comunicare in c.*; *decifrare il c. del nemico* | ***c. linguistico***, formato da suoni | ***c. grafico***, formato da segni scritti | (*ling.*, *raro*) sottocodice: *il c. burocratico* | ***c. fiscale***, combinazione di numeri e lettere assegnata a ogni contribuente, allo scopo di identificarlo nel sistema di codificazione dell'anagrafe tributaria | ***c. di avviamento postale***, codice numerico assegnato a ogni località italiana, che permette ai servizi postali l'inoltro automatico della corrispondenza | ***c. a barre***, combinazione di barre opportunamente stampate in diverso spessore e con diverso intervallo fra loro, interpretabile da un lettore ottico, usata per codificare e identificare prodotti di largo consumo e il loro prezzo | ***c. QR***, V. *QR* | ***c. grafico***, in grado di criptare le informazioni con elementi grafici, per es. il *c. a barre* o il *c. QR* | ***c. ecografico***, numero civico interno di una abitazione | (*biol.*) ***c. genetico***, sequenza di codoni contenenti le informazioni genetiche del gene e determinanti la sequenza degli aminoacidi che originano le proteine in base alla lettura dei codoni stessi; (*fig.*) DNA, nel sign. 2 **4** (*inform.*) rappresentazione di dati o istruzioni in forma simbolica | ***c. alfabetico***, il cui set di caratteri contiene solo lettere alfabetiche | ***c. alfanumerico***, il cui set di caratteri contiene sia cifre che lettere alfabetiche | ***c. numerico***, il cui set di caratteri contiene solo cifre | ***c. istruzioni***, insieme di simboli e caratteri da usare per la redazione di istruzioni in un dato linguaggio di programmazione | ***c. di funzione***, parte di un'istruzione che specifica l'operazione da eseguire | ***c. sorgente***, codice scritto in un linguaggio di programmazione, in seguito tradotto dal compilatore in linguaggio macchina così da renderlo eseguibile dall'elaboratore || **codicétto**, **dim.**

codicillàre [vc. dotta, lat. tardo *codicillāre(m)*, agg. di *codicĭllus* 'codicillo' ✱ 1673] **agg.** ● relativo, inerente al codicillo | ***clausola c.***, clausola diretta ad assicurare l'efficacia di codicillo a un testamento invalido

codicìllo [vc. dotta, lat. *codicĭllu(m)* 'tavoletta da scrivere', dim. di *cōdex*, genit. *cōdicis* 'codice' ✱ 1250] **s. m. 1** nel diritto romano, disposizione di ultima volontà redatta per iscritto al di fuori del testamento **2** aggiunta che si fa a uno scritto, a un documento legale e sim.: *apporre un c. a una lettera* | commento **SIN.** postilla

codicologìa [comp. di *codice* e *-logia* ✱ 1974] **s. f.** (**pl.** *-gìe*) ● disciplina che ha come oggetto di studio il libro manoscritto in ogni suo aspetto

codicològico [1986] **agg.** (**pl. m.** *-ci*) ● relativo alla codicologia: *mostra codicologica*

codicòlogo [1987] **s. m.** (**f.** *-a*; **pl. m.** *-gi*) ● studioso, esperto di codicologia

codìfica [1965] **s. f.** ● codificazione, nel sign. 2

codificàbile [1966] **agg.** ● che può essere codificato || **codificabilità**, **s. f. inv.**

codificàre [fr. *codifier*, comp. del lat. *cōdex* 'codice' e *făcere* 'fare' ✱ 1870] **v. tr.** (*io codìfico, tu codìfichi*) **1** raggruppare norme secondo un ordine sistematico: *c. il diritto penale* | (*est.*) attribuire valore di legge: *c. una norma* | (*fig.*) attribuire un valore generale, normativo: *c. un uso linguistico* **2** trascrivere o tradurre in codice: *c. un messaggio segreto*; *c. dati, informazioni* **3** (*biol.*) riferito a un gene, contenere sulla base del codice genetico la sequenza di nucleotidi che consentono la sintesi proteica || **codificazióne**, **s. f.** (V.)

codificàto **part. pass.** di *codificare*; anche **agg. 1** nei sign. del v. (*anche fig.*) **2** ***diritto c.***, diritto positivo

codificatóre [av. 1881] **A s. m. 1** (**f.** *-trice*) *Chi codifica* **2** (*elettron.*) dispositivo che codifica un'informazione elementare in un segnale fisico allo scopo di trasmetterla ed elaborarla **B** anche **agg.** nel sign. 1: *funzione codificatrice*

codificazióne [fr. *codification*, da *codifier* 'codificare' ✱ 1847] **s. f. 1** il codificare | insieme di norme codificate: *la c. giustinianea* **2** applicazione di un codice a un complesso di informazioni | insieme delle regole per raggruppare in modo sistematico i simboli di un codice

codimózzo [comp. di *coda* e *mozzo* 'mozzato' ✱ av. 1400] **agg.** ● (*lett.*) con la coda mozzata, detto spec. di cani

còding /ˈkɔdin(g), *ingl.* ˈkəudɪŋ/ [vc. ingl., propr. 'codifica' ✱ 2013] **s. m. inv.** ● (*inform.*) programmazione, spec. come materia scolastica

codinìsmo [1865] **s. m.** ● (*raro*) atteggiamento da retrogrado, da codino

codìno① [dim. di *coda* ✱ av. 1704] **s. m. 1** piccola coda **2** treccia di capelli naturali o posticci, stretta da un nastro dietro la nuca, usata dai gentiluomini europei nel XVIII sec. e dai cinesi fino agli inizi del XX sec. **3** (*est.*) piccola treccia di capelli: *farsi il c.*; *pettinarsi coi codini*

codìno② [dalla parrucca a coda portata dai nobili prima della Rivoluzione francese, e dai reazionari durante la Restaurazione ✱ 1845] **agg. e s. m.** (**f.** *-a*) ● che (o chi) si dimostra reazionario, retrogrado, spec. in campo politico e culturale: *mentalità codina*; *governo c.*; *era un c. marcio, un reazionario* (G. VERGA)

codinzolo o **codónzolo** [1865] **s. m.** ● coda piccola e sottile, spec. di cani | ***dimenare il c.***, scodinzolare

codióne (o **-dió-**) ➤ **codrione**

codirezióne ➤ **condirezione**

codirósso [comp. di *coda* e *rosso* ✱ 1481] **s. m.** ● uccelletto canoro dei Passeriformi con dorso grigio, coda rossa, e gola nera nei maschi (*Phoenicurus phoenicurus*)

códolo [da *coda* ✱ 1353] **s. m. 1** estremità assottigliata di lama, da inserire nel manico o nell'impugnatura: *c. del coltello, della spada* | ***c. del cucchiaio, della forchetta***, parte che si impugna | (*mecc.*) parte terminale di un utensile che serve a fissarlo al mandrino della macchina operatrice **2** asta metallica usata per fare i ferri di cavallo **3** †sasso, ciottolo

codomìnio [comp. di *co-*① e *dominio* ✱ 1987] **s. m.** (**pl.** *-i* o *raro -ii*) ● (*mat.*) insieme descritto dal valore di una funzione quando questo valore descrive tutto il dominio di definizione

codóne① [1797] **s. m. 1** accr. di *coda* **2** anatra selvatica con collo sottile e coda lunga, i cui maschi presentano una livrea vivacemente colorata (*Anas acuta*) **3** (*est.*) parte estrema della culatta delle antiche artiglierie **4** parte della groppiera che passa sotto la coda di una cavalcatura

codóne② [comp. di *cod-*, radice di *codice*, e *-one*② ✱ 1970] **s. m.** ● (*biol.*) sequenza di tre nucleotidi adiacenti che codificano un aminoacido **SIN.** tripletta

codónzolo ➤ **codinzolo**

codrióne o **codióne**, (*raro*) **cotrióne** [da *coda* ✱ av. 1492] **s. m. 1** l'insieme delle ultime vertebre degli uccelli **2** (*est.*, *scherz.*) coccige

coeditàre [comp. di *co-*① ed *editare* ✱ 1989] **v. tr.** (*io coèdito*) ● pubblicare insieme ad altro o ad altri editori

coeditóre [comp. di *co-*① ed *editore* ✱ 1942] **s. m.** (**f.** *-trice*) ● chi pubblica una o più opere in collaborazione con uno o più editori

coedizióne [comp. di *co-*① ed *edizione* ✱ 1956] **s. f.** ● attività editoriale assunta da due o più coeditori | (*est.*) l'edizione così realizzata

coeducazióne [comp. di *co-*① ed *educazione* ✱ 1931] **s. f.** ● educazione in comune di bambini o giovani dei due sessi

coefficiènte, (*evit.*) **coefficènte** [fr. *coefficient*. V. *co-*① ed *efficiente* ✱ 1712] **s. m. 1** (*mat.*) numero che moltiplica una quantità incognita o indeterminata **2** (*fis.*) quantità numerica che definisce proprietà e relazioni meccaniche, fisiche e sim. dei corpi o sistemi di corpi: *c. di attrito, di elasticità, di dilatazione, di autoinduzione* **3** (*fig.*) fattore che, insieme con altri, contribuisce al verificarsi di un effetto | ***c. di abilità***, nel pugilato, uno degli elementi sulla scorta dei quali viene assegnata la vittoria ai punti | ***c. di difficoltà***, nei tuffi, elemento numerico che proporziona la valutazione dei giudici alle difficoltà tecniche dell'esercizio

coefficiènza [da *coefficiente* ✱ 1697] **s. f.** ● presenza simultanea di più cause nel verificarsi di un effetto

coèfora [vc. dotta, gr. *choēphóros* 'portatore di libagioni', comp. di *choḗ* 'libagione' (da *chêin* 'versare', di orig. indeur.) e *-phóros* '-foro' ✱ 1820] **s. f.** ● nell'antica Grecia, donna che recava libagioni ai sepolcri

coeguàle [lat. *coaequāle(m)*, comp. di *cŭm* 'con' e *aequālis* 'uguale' ✱ 1288] **agg.** ● uguale a uno o più altri, detto spec. delle persone della Trinità

coelètto [vc. dotta, lat. tardo *coelēctu(m)*, comp. di *cŭm* 'con' e *elēctus* 'eletto' ✱ 1331 ca.] **agg.** ● eletto insieme ad altri

coenzìma [comp. di *co-*① ed *enzima* ✱ 1930] **s. m.** (**pl.** *-i*) ● (*chim.*) composto organico non proteico indispensabile per il funzionamento di un enzima **SIN.** cofermento | ***coenzima A***, composto implicato nel metabolismo degli acidi carbossilici

coercìbile [fr. *coercible*, dal lat. *coërcēre*. V. *coercizione* ✱ 1834] **agg. 1** che si può costringere, obbligare: *carattere difficilmente c.* **2** (*fis.*) compressibile, detto di aeriformi: *gas c.* || **coercibilità**, **s. f. inv.**

coercitìvo [fr. *coercitif*, dal lat. *coërcēre*. V. *coercizione* ✱ av. 1691] **agg.** ● che ha forza di costringere: *mezzi coercitivi* | ***misura coercitiva***, che comporta una limitazione della libertà personale dell'imputato || **coercitivaménte**, **avv.** || **coercitività**, **s. f. inv.**

✦**coercizióne** [fr. *coercition*, dal lat. *coërcitiōne(m)*, da *coërcēre* 'reprimere, restringere', comp. di *cŭm* 'con' e *arcēre* 'rinchiudere, trattenere' ✱ 1797] **s. f.** ● il costringere una persona ad agire come non vorrebbe, usando le minacce, la forza e sim.: *ricorrere alla c.*; *fare uso della c.*; *c. morale* | (*dir.*) mezzo con cui si ripristina l'ordine giuridico violato **SIN.** coazione

coerède [vc. dotta, lat. *cohērede(m)*, nom. *cohēres*, comp. di *cŭm* 'con' e *hēres* 'erede' ✱ av. 1292] **s. m. e f.** ● chi è erede insieme con altri: *divisione dei beni tra coeredi*

♦**coerènte** [vc. dotta, lat. *cohaerĕnte(m)*, part. pres. di *cohaerēre* 'essere unito, aver connessione', comp. di *cŭm* 'con' e *haerēre* 'essere attaccato' ✱ 1555] **agg. 1** detto di sedimento o di roccia cementata e compatta **2** che è saldamente connesso in ogni sua parte: *materiale composito ma c.* **3** (*fig.*) che è privo di contraddizioni, di squilibri (+ *con*): *discorso, idea, individuo c.*; *una scelta c. con le proprie idee* | ***essere c. con sé stesso***, di chi agisce in modo conforme alle proprie idee **4** (*fis.*) detto di fenomeni periodici che hanno uguale frequenza, che mantengono nel tempo la loro differenza di fase ‖ **coerentemènte**, **avv.**

♦**coerènza** [vc. dotta, lat. *cohaerĕntia(m)*, da *cohaerens*, genit. *cohaerĕntis* 'coerente' ✱ 1584] **s. f. 1** coesione: *la c. dei vari elementi è perfetta* **2** stretta connessione logica, assenza di contraddizioni: *la c. fra le premesse e le conclusioni di un ragionamento*; *la c. di un testo* | conformità tra principi e comportamento: *una fede religiosa vissuta con c.* | costanza di idee e propositi: *la vostra c. è ammirevole* **3** (*fis.*) caratteristica delle oscillazioni che avvengono con differenza di fase costante

coeṣióne [fr. *cohésion*, dal lat. *cohaerēre*. V. *coerente* ✱ 1743] **s. f. 1** (*fis.*) forza di attrazione fra le molecole di un corpo solido o liquido **2** (*fig.*) accordo, unione fra le parti costitutive di un'entità, di un insieme, di un gruppo: *c. familiare*; *libro che manca di c.* **3** (*ling.*) caratteristica della frase o del periodo i cui elementi costitutivi hanno coerenza grammaticale, sintattica e semantica

coeṣistènte **part. pres.** di *coesistere*; anche **agg.** ● nei sign. del v.

coeṣistènza [fr. *coexistence*, da *coexister* 'coesistere' ✱ av. 1639] **s. f.** ● l'esistere insieme: *c. di idee, di partiti* | ***c. pacifica***, fra Stati con ideologie e regimi politici differenti

coeṣìstere [fr. *coexister*, dal lat. tardo *coexsĭstere*, comp. di *cŭm* 'con' e *exsĭstere* 'esistere' ✱ 1763] **v. intr.** (**coniug. come** *esistere*; **aus.** *essere*) ● esistere contemporaneamente, detto di più cose: *in lui coesistono opposti sentimenti*

coeṣìvo [fr. *cohésif*, da *cohésion* 'coesione' ✱ 1856] **A** **agg.** ● che serve a tenere unite due o più cose: *liquido c.* **B** **s. m.** ● (*ling.*) elemento che collega parti di un testo, rinviando ad altri elementi dello stesso testo

♣**coèṣo** (o **-é-**) [da *coesione* ✱ 1985] **agg.** ● dotato di coesione, di compattezza: *gruppo c.*

coeṣóre [da *coesione* ✱ 1964] **s. m.** ● (*elettr.*) coherer

coessenziàle [comp. di *co-*① e *essenziale* ✱ 1614] **agg.** ● che ha la stessa essenza di altro o di altri (+ *a*, *raro* + *con*): *la capacità coercitiva è c. alla natura di uno Stato* | nella teologia cristiana, consustanziale: *coeterno e c. col Padre* (G.B. Marino)

coetàneo [vc. dotta, lat. tardo *coaetāneu(m)*, comp. di *cŭm* 'con' e *āetas*, genit. *aetātis* 'età' ✱ 1342] **agg. e s. m.** (**f.** *-a*) ● che (o chi) ha la medesima età: *noi tre siamo coetanei* | (*est.*, *raro*) appartenente allo stesso tempo, epoca e sim.: *i coetanei di Socrate*

SFUMATURE ➤ ***contemporaneo***

coetèrno [vc. dotta, lat. tardo *coaetĕrnu(m)*, comp. di *cŭm* 'con' e *aetĕrnus* 'eterno' ✱ av. 1328] **agg.** ● (*relig.*) eterno nello stesso modo e solidalmente, detto delle tre persone della Trinità

♣**coèvo** [vc. dotta, lat. tardo *coāevu(m)*, comp. di *cŭm* 'con' e *āevum* 'età' ✱ 1693] **agg.** ● della stessa epoca, secolo, periodo e sim.: *autori coevi*; *questa lotta tra la fede e la scienza … è antica, coeva alle origini stesse della religione* (F. De Sanctis) **SIN.** contemporaneo

SFUMATURE ➤ ***contemporaneo***

còfana [var. di *cofano* ✱ 1959] **s. f. 1** recipiente metallico a due manici usato dai muratori per il trasporto della malta **2** (*est.*, *centr.*) recipiente molto ampio e capace | (*est.*) grande quantità: *una c. di pastasciutta*

cofanétto [1367] **s. m. 1** dim. di *cofano* **2** piccolo contenitore in legno, avorio o argento spesso riccamente ornato, usato per custodire preziosi | piccola confezione, di vario materiale, contenente cosmetici, dolciumi e sim. **3** (*edit.*) custodia in cartone pesante, spesso ornato, contenente due o più volumi che compongono un'opera

còfano o †**còfino** [lat. tardo *cŏphinu(m)*, dal gr. *kóphinos* 'cesta', di etim. incerta ✱ 1258] **s. m. 1** antico mobile costituito da una cassa piuttosto grande, con coperchio spec. bombato, spesso decorata sui lati: *il c. del corredo nuziale* **2** (*milit.*) cassa | ***c. d'artiglieria***, cassa usata per il trasporto delle munizioni | ***c. della bandiera***, sulle navi, cassetta in cui si conserva la bandiera di combattimento **3** copertura di lamiera apribile che protegge il motore e altre parti di un autoveicolo: *aprire il c.* **4** †cassa per oggetti domestici e sim. | †forziere **5** (*merid.*) †cesto, paniere **6** †opera di fortificazione simile alla caponiera **7** barca veneta per caccia palustre ‖ **cofanétto**, **dim.** (V.)

cofattóre [comp. di *co-*① e *fattore* ✱ 1964] **s. m.** ● (*chim.*) qualsiasi molecola, inorganica od organica ma non di natura proteica, che partecipa all'azione di un enzima

coferménto [comp. di *co-*① e *fermento* ✱ 1964] **s. m.** ● (*chim.*, *raro*) coenzima

còffa [sp. *cofa*, dall'arabo *quffa* 'cesta' ✱ sec. XIV] **s. f. 1** (*mar.*) piattaforma semicircolare posta a mezz'altezza sugli alberi dei velieri per vedetta e manovra delle vele | sulle navi a propulsione meccanica, posto di vedetta sull'alberatura **2** (*raro*) cesta di paglia, paniere

còffee /ˈkɔffi, *ingl.* ˈkɒfi/ [vc. ingl., dall'it. *caffè* ✱ 1965] **s. m. inv.** ● caffè, in alcune loc. sost. m. inv. | ***coffee break***, pausa nel corso di un lavoro, di una riunione e sim. per prendere un caffè o altre bevande (comp. con *break* 'intervallo' (V. *break*①)) | ***coffee grinder***, (*mar.*) verricello a doppia manovella con cui, sulle grandi barche a vela da regata, si manovrano le scotte (propr. 'macinacaffè', per il movimento di chi lo aziona, simile a quello di chi usa un macinino) | ***irish coffee***, bevanda composta di caffè caldo e whisky irlandese, zuccherata e coperta di panna (comp. con *Irish* 'irlandese') | ***coffee shop***, locale tipico di Amsterdam, dove si possono acquistare legalmente delle droghe leggere (comp. con *shop* 'negozio')

cofinanziaménto [1975] **s. m.** ● finanziamento parziale, in concorso con altri enti: *c. di un progetto*

cofinanziàre [comp. di *co-*① e *finanziare* ✱ 1981] **v. tr.** (*io cofinànzio*) ● finanziare parzialmente un progetto, in genere in concorso con l'ente che lo realizzerà e ne trarrà i principali benefici: *le Regioni cofinanziano molte iniziative dei Comuni*

†**còfino** ➤ **cofano**

cofirmatàrio [comp. di *co-*① e *firmatario* ✱ 1963] **agg. e s. m.** (**f.** *-ia*) ● che (o chi) firma qlco. insieme con altri

cofondatóre [comp. di *co-*① e *fondatore* ✱ 1980] **s. m.** (**f.** *-trice*) ● chi è fondatore di qlco. insieme con altri

cofòṣi [vc. dotta, gr. *kṓphōsis* 'sordità', da *kōphós* 'sordo' ✱ av. 1800] **s. f. inv.** ● (*med.*) sordità totale

còfto ➤ **copto**

cogarànte [comp. di *co-*① e *garante* ✱ 1956] **agg. e s. m. e f.** ● che (o chi) è garante insieme ad altri

cogeneratóre [comp. di *co-*① e *generatore* ✱ 1973] **s. m.** ● (*tecnol.*) apparecchiatura per la cogenerazione

cogenerazióne [comp. di *co-*① e *generazione* ✱ 1982] **s. f.** ● (*fis.*) produzione associata di energia elettrica e di calore in un impianto termoelettrico, con utilizzazione del calore per riscaldamento civile o per altre applicazioni

cogenitóre [comp. di *co-*① e *genitore* ✱ 1986] **s. m.** (**f.** *-trice*) ● (*dir.*) uno dei genitori rispetto all'altro, spec. se il concepimento o l'adozione del figlio avviene al di fuori degli schemi della famiglia tradizionale ‖ **cogenitorialità**, **s. f. inv.** condizione di cogenitore

cogènte [lat. *cogĕnte(m)*, part. pres. di *cogĕre* 'costringere' ✱ 1951] **agg.** ● che genera un obbligo, che vincola: *la forza c. della legge*; *una scelta determinata da ragioni cogenti* | (*dir.*) detto di norma che non può essere modificata da accordi privati **SIN.** inderogabile

cogènza [da *cogente*, sul modello dell'ingl. *cogency* o *cogence* ✱ 1979] **s. f.** ● caratteristica di ciò che è costrittivo, obbligatorio: *la c. di una norma* **SIN.** imperatività, inderogabilità

cogerènte [comp. di *co-*① e *gerente* ✱ 1933] **s. m. e f.** ● chi gestisce qlco. assieme ad altri

cogestióne [comp. di *co-*① e *gestione* ✱ 1932] **s. f.** ● gestione in comune con altri | ***c. aziendale***, partecipazione dei lavoratori alla gestione dell'impresa

cogestìre [comp. di *co-*① e *gestire* ✱ 1983] **v. tr.** (*io cogestisco, tu cogestisci*) ● gestire insieme con altri

cogitabóndo [vc. dotta, lat. tardo *cogitabŭndu(m)*, da *cogitāre* 'cogitare' ✱ 1483] **agg.** ● (*lett.*) pensieroso, meditabondo: *con la rugata fronte c.* (G. Bruno)

cogitànte **A** **part. pres.** di *cogitare*; anche **agg.** ● nei sign. del v. **B** **s. m.** ● (*lett.*) chi pensa

♣**cogitàre** o †**coitàre** [vc. dotta, lat. *cogitāre*, comp. di *cŭm* 'con' e *agitāre*, intens. di *ăgere* 'spingere' ✱ sec. XII] **v. tr. e intr.** (*io cògito*; **aus.** *avere*) ● (*lett.*) pensare: *e cogito come debbo fare* (P. Aretino) | oggi in tono scherz.: *se ne stava tutto solo a c.*

cogitatìvo [vc. dotta, lat. tardo *cogitatīvu(m)*, da *cogitāre* 'cogitare' ✱ 1374] **agg. 1** (*lett.*) atto a pensare | relativo al pensare **2** †cogitabondo

cogitazióne [vc. dotta, lat. *cogitatiōne(m)*, da *cogitāre* 'cogitare' ✱ 1261 ca.] **s. f.** ● (*lett.*) meditazione, pensiero: *in una fissa e lunga c. … profondamente occupato* (I. Sannazaro)

cògito [lat., 'io penso', prima pers. indic. pres. di *cogitāre* 'cogitare' ✱ 1961] **s. m. solo sing.** ● nella filosofia cartesiana, certezza prima e indubitabile che l'individuo, in quanto soggetto pensante, ha della sua esistenza

†**cogitóso** (o **-ṣ-**) [av. 1294] **agg.** ● pensieroso

♦**cógli** o **con gli** **prep. art. m. pl. comp.** di *con* e *gli*① ➤ **gli**① per gli usi ortografici

†**cóglia** [lat. **cōlea*, nt. pl. di **cōleum*, per il classico *cōleus* 'testicolo', di etim. incerta ✱ sec. XIII] **s. f. 1** (*lett.*) scroto **2** (*fig.*, *volg.*) zerbinotto | (*fig.*, *volg.*) uomo stupido e insolente ‖ **cogliarèlla**, **dim.**

cogliàta [da *coglia* ✱ av. 1850] **s. f.** ● (*lett.*, *raro*) smargiassata | balordaggine

♦**cògliere** o (*lett.*) **còrre** [lat. *collĭgere*, comp. di *cŭm* 'con' e *lĕgere* 'raccogliere' ✱ 1261 ca.] **A** **v. tr.** (**pres.** *io còlgo, tu cògli*; **fut.** *io coglierò*, †*corrò*; **pass. rem.** *io còlsi, tu cogliésti*; **congtv. pres.** *io còlga*; **condiz. pres.** *io coglierèi*, †*corrèi*; **part. pass.** *còlto*) **1** prendere, staccare dal terreno o da una pianta: *c. un fiore, un frutto, un ramoscello* | (*est.*) raccogliere (*anche fig.*): *c. l'acqua*; *c. il frutto delle proprie* *fatiche* **2** afferrare, prendere (*anche fig.*): *colsi al volo il libro perché non cadesse; c. il luogo, il tempo, il destro, il momento, l'occasione favorevole; a volte mi coglie una grande paura* | ***c. la palla al balzo***, (*fig.*) approfittare immediatamente di un'occasione buona | prendere di sorpresa: *c. alla sprovvista, in flagrante, in fallo; la morte lo colse all'improvviso* **3** (*mar.*) raccogliere ordinatamente una cima, in modo che possa filare rapidamente in caso di necessità **4** colpire (*anche fig.*): *c. il bersaglio; c. qlcu. nel suo punto debole; c. in pieno; c. nel giusto* **5** (*fig.*) intendere, capire, indovinare: *c. il significato nascosto di una frase; c. l'importanza di qlco.; quella prontezza ... di c. i finissimi rapporti delle idee* (G. PARINI) | ***c. al volo***, comprendere immediatamente **6** †dedurre, argomentare **7** †riscuotere: *c. pedaggio* **B** **v. intr. (anche impers.; aus.** *essere*) ● (*raro, lett.*) avvenire, capitare, incogliere: *mal te ne colga* | ***†s'ei coglie, colga; se co', colga***, se va, va

SFUMATURE ➤ ***capire***, ➤ ***prendere***

coglionàggine [av. 1850] **s. f.** ● (*volg.*) balordaggine

coglionàre [da *coglione* ✱ av. 1654] **v. tr.** (*io coglióno*) ● (*volg.*) deridere, canzonare, spec. grossolanamente e con sguaiataggine

coglionàta [1970] **s. f.** ● (*volg.*) discorso o comportamento da coglione

coglionatóre [1874] **s. m.** (**f.** *-trice*); anche **agg.** ● (*volg.*) chi (o che) copliona, canzona

coglionatùra [da *coglionare* ✱ av. 1704] **s. f.** ● (*volg.*) derisione, canzonatura

coglióne [lat. tardo *coleōne(m)*, per il classico *cōleu(m)*, di etim. incerta ✱ 1258] **A** **s. m.** ● (**spec. al pl.**, *volg.*) testicolo | ***rompere, far girare i coglioni a qlcu.***, (*fig.*) infastidirlo, irritarlo, farlo incollerire | ***avere i coglioni***, (*fig.*) detto di persona energica, volitiva, tenace | ***avere i coglioni pieni di qlcu. o qlco.***, (*fig.*) averne abbastanza, esserne molto stanco, annoiato e sim. | ***avere qlcu. sui coglioni***, (*fig.*) non poterlo soffrire | ***stare sui coglioni***, (*fig.*) essere molto antipatico | ***levarsi dai coglioni***, (*fig.*) togliersi di torno, smettere di infastidire | ***togliersi qlcu. o qlco. dai coglioni***, (*fig.*) liberarsene **B** **s. m.** (**f.** *-a*); anche **agg.** ● (*fig., volg.*) sciocco, minchione: *un cuore tanto c. che alla prima parola dolce si arrende* (V. MONTI) ‖ **coglionàccio, coglionàzzo, pegg.** | **coglioncèllo, dim.** | **coglioncìno, dim.**

coglionèlla [da *coglione* ✱ av. 1698] **s. f.** ● (*raro, volg.*) canzonatura, burla | ***mettere qlcu. in c.***, deriderlo | ***pigliare, prendere qlco. in c.***, alla leggera

coglionerìa [da *coglione* ✱ 1525] **s. f.** ● (*volg.*) caratteristica di chi è coglione | balordaggine, sciocchezza: *dire, fare una c.* | sproposito, sbaglio grossolano

coglitóre [da *cogliere* ✱ 1297] **s. m.** (**f.** *-trice*, *pop., disus. -tóra*) **1** chi coglie: *c. di frutta* **2** †chi riscuote tasse, imposte e sim.

coglitùra [1305] **s. f.** ● (*tosc.*) raccolta: *il tempo della c.*

cognac /*fr.* kɔ'ɲak/ o **cògnac** [dalla città di *Cognac*, dove si produce ✱ 1871] **s. m. inv. 1** acquavite ottenuta distillando il vino della Charente (nella Francia centro-occidentale), poi corretta e invecchiata in fusti di rovere **CFR.** brandy **2** bicchiere di cognac: *bere un c.* ‖ **cognacchìno, dim.** nel sign. 2 (V.)

cognacchìno [dim. di *cognac* ✱ 1960] **s. m.** ● (*fam.*) bicchierino di cognac

♦**cognàta** [1238] **s. f.** ● moglie del fratello | sorella della moglie o del marito ‖ **cognatìna, dim.**

♦**cognàto** [lat. *cognātu(m)* 'consanguineo', comp. di *cŭm* 'con' e *gnātus* 'nato' ✱ 1232] **A** **s. m.** (**f.** *-a* (V.)) **1** marito della sorella | fratello della moglie o del marito **2** (*lett.*) congiunto di origine, di stirpe **B** **agg. 1** (*lett.*) di chi appartiene alla medesima stirpe: *cognati petti il vincitor calpesta* (G. LEOPARDI) **2** (*lett.*) simile, congenere

cognazióne [vc. dotta, lat. *cognatiōne(m)*, da *cognātus*. V. *cognato* ✱ 1321] **s. f. 1** nel diritto romano, parentela **2** (*lett.*) schiatta, stirpe **3** (*fig.*) †vincolo, relazione: *tra 'l fuoco e 'l ghiaccio fai c.* (L. DE' MEDICI)

cognitivìsmo [1967] **s. m.** ● (*psicol.*) corrente di studi psicologici che si occupa di attività cognitive come percezione, intelligenza, linguaggio, pensiero

cognitivìsta [da *cognitivismo* ✱ 1983] **A** **agg.** (**pl. m.** *-i*) ● (*psicol.*) relativo al cognitivismo | ***terapia c.***, tecnica psicoterapeutica elaborata da A. T. Beck, che cura le nevrosi promuovendo nel paziente un nuovo modo di pensare **B** **s. m. e f.** ● seguace del cognitivismo

cognitìvo [av. 1334] **agg.** ● conoscitivo | (*psicol.*) che riguarda la cognizione: *funzione cognitiva, sviluppo c.* ‖ **cognitività, s. f. inv. 1** caratteristica di ciò che è cognitivo **2** (*psicol.*) sfera dei processi cognitivi

cògnito [vc. dotta, lat. *cŏgnitu(m)*, part. pass. di *cognōscere* 'conoscere' ✱ av. 1306] **agg.** ● (*lett.*) conosciuto, noto: *appena gli furono cogniti i caratteri delle lettere* (F. GUICCIARDINI) | ***†essere c. di qlco.***, conoscerla bene

†**cognitóre** [vc. dotta, lat. *cognitōre(m)*, da *cŏgnitus* 'cognito' ✱ sec. XIV] **A** **agg.** (**f.** *-trice*) ● che ha il compito di prendere cognizione di una causa **B** **s. m.** ● chi conosce

cognitòrio [1964] **agg.** (**pl. m.** *-i* o *raro -ii*) ● (*dir.*) relativo a cognizione

cognizióne [vc. dotta, lat. *cognitiōne(m)*, da *cŏgnitus* 'cognito' ✱ sec. XIII] **s. f. 1** (*lett.*) conoscenza: *c. sintetica, analitica, diretta, indiretta, distinta, confusa, piena, certa; avere, prendere c. di qlco.; essere, venire a c. di qlco.; fonte di c. del diritto* | consapevolezza, senso: *perdere la c. del tempo* **2** (**spec. al pl.**) informazione acquisita, nozione: *quelli che mancano di qualche c. di geometria* (G. GALILEI); *avere estese cognizioni scientifiche e tecniche* | (*est.*, **al pl.**) complesso di nozioni, scienza, dottrina: *un uomo di vaste cognizioni; non mancate di spirito e di cognizioni* (C. GOLDONI) **3** (*dir.*) esame che un organo giudiziario compie dei problemi e dati che gli vengono sottoposti o che egli stesso acquisisce nel corso di una istruzione onde giungere all'emanazione di una pronuncia finale: *procedimento di c. civile, penale* | ***con c. di causa***, dopo approfondito esame di tutti gli elementi (*anche fig.*): *giudicare con c. di causa; parlare con c. di causa* | correntemente, competenza: *reato di c. della Corte d'Assise; processo di c. del Tribunale di Bologna* **4** (*psicol.*) insieme delle funzioni che consentono di raccogliere ed elaborare le informazioni (in particolare l'attenzione, la percezione, la memoria, l'apprendimento, l'intelligenza, il linguaggio e il ragionamento)

SFUMATURE ➤ ***competenza***

cógno① (o *-ó-*) [lat. *cŏngiu(m)* 'barile', dal gr. *konchíon*, dim. di *kónchē* 'chiocciola' e 'misura per liquidi'. V. *conca* ✱ 1267] **s. m.** (**pl.** *cògni* o *cógni*, *†cògna* o *cógna* **f.**) **1** antica unità di misura di capacità per liquidi, pari a circa 450 litri **2** quantità d'olio che il contadino doveva al padrone per aver fatto uso del frantoio, o per altro obbligo relativo all'estrazione dell'olio

†**cógno**② ➤ **cuneo**

♦**cognóme** (o *-ò-*) [vc. dotta, lat. *cognōme(n)*, comp. di *cŭm* 'con' e *(g)nōmen* 'nome' ✱ 1342] **s. m. 1** nome di famiglia: *dire il proprio nome e c.* **SIN.** casato **2** nella Roma repubblicana, il terzo elemento del nome atto a designare i membri di una stessa famiglia, nell'ambito di una gente: *Cesare era il c. di Gaio Giulio*

SFUMATURE ➤ ***nome***

cognominàre [vc. dotta, lat. *cognomināre*, da *cognōmen* 'cognome' ✱ av. 1328] **A** **v. tr.** (*io cognómino* (o *-ò-*)) **1** (*lett., raro*) fornire di cognome **2** (*lett.*) soprannominare: *Per la qual cosa ella il cognominò Silvio* (G. BOCCACCIO) **B** **cognominàrsi v. intr. pron.** ● †chiamarsi

†**cognóscere** e deriv. ➤ **conoscere** e deriv.

cogolària [dal lat. *cucŭllus* 'cappuccio'. V. *cocolla* ✱ sec. XIV] **s. f.** ● rete da pesca a sacco conico, con imboccatura di 3 m, per la pesca delle anguille

cògolo [veneto *cogolo*, dal lat. parl. **cŏcula(m)*, da *cŏchlea* 'chiocciola' ✱ 1585] **s. m.** ● (*sett.*) ciottolo

coguàro [fr. *couguar*, dal portog. *cucuarana*, grafia errata per il guaranì *susuarana* ✱ 1838] **s. m.** ● (*zool.*) puma

coherer /*ingl.* kəʊ'hɪərə(r)/ [vc. ingl., dal lat. *cohaerēre*. V. *coerente* ✱ 1903] **s. m. inv.** ● apparecchio rilevatore di onde elettromagnetiche, usato nei primi apparecchi radiotelegrafici **SIN.** coesore

cohousing /ko'auzin(g), *ingl.* ˌkəʊ'haʊzɪŋ/ [vc. ingl., comp. di *co-* 'co-①' e *housing* 'abitare', da *house* 'casa' ✱ 1998] **s. m. inv.** ● forma di coabitazione caratterizzata da un numero limitato di abitazioni private autonome con una serie di spazi e servizi comuni (cucine, lavanderia, biblioteca, palestra, orto ecc.) | (*est.*) complesso residenziale di questo tipo

♦**cói** o **cón i prep. art. m. pl. comp.** di *con* e *i*② ➤ **i**② per gli usi ortografici

coiàio ➤ **cuoiaio**

coiàme ➤ **cuoiame**

†**coiàro** ➤ **cuoiaio**

coiàttolo ➤ **cuoiattolo**

coibentàre [da *coibente* ✱ 1978] **v. tr.** (*io coibènto*) ● rivestire con materiale coibente: *c. un tetto*

coibentatóre [1978] **s. m.** (**f.** *-trice*) ● tecnico che esegue coibentazioni

coibentazióne [1979] **s. f.** ● rivestimento con materiale isolante

coibènte [vc. dotta, lat. *cohibĕnte(m)*, part. pres. di *cohibēre* 'contenere, tenere insieme', comp. di *cŭm* 'insieme' e *habēre* 'avere' ✱ 1818] **A** **s. m.** ● materiale con proprietà di isolante termico, elettrico o acustico **B** **anche agg.**: *materiale c.; sostanza c.*

coibènza [da *coibente* ✱ 1865] **s. f.** ● proprietà dei coibenti

coierìa ➤ **cuoieria**

coiétto o **coréto**, **corétto**① [da *cuoio* ✱ 1395] **s. m. 1** nelle antiche armi da fuoco, piccolo ritaglio di cuoio che teneva ferma la pietra focaia **2** indumento di cuoio che si portava per difesa del busto

coiffeur /*fr.* kwa'fœʀ/ [vc. fr., da *coiffer*, propr. 'coprire il capo con una *cuffia* (*coiffe*)' ✱ 1883] **s. m. inv.** ● parrucchiere per signora

coiffeuse /*fr.* kwa'føz/ [vc. fr., da *coiffer* 'pettinare', perché davanti a essa le donne si acconciano ✱ 1956] **s. f. inv.** ● tavolo da toeletta per signora, di stile impero **SIN.** pettiniera

còil [vc. ingl., 'spira, rotolo' ✱ 1989] **s. m. inv.** ● (*tecnol.*) bobina di lamiera o filo, gener. di acciaio

coimputàto [comp. di *co-* e *imputato* ✱ av. 1937] **s. m.** (**f.** *-a*); anche **agg.** ● chi (o che) è imputato insieme ad altri

♦**coincidènza** [fr. *coïncidence*, da *coïncider* 'coincidere' ✱ sec. XIV] **s. f. 1** concomitanza spesso fortuita di due o più fatti (+ *con*): *ci siamo incontrati per una semplice c.; una fortunata c. di eventi; il convegno si terrà in c. con le vacanze pasquali* **2** (*fig.*) ugua-

glianza, consonanza, identità: *fra noi vi è perfetta c. di opinioni; non c'è c. automatica tra popolarità e consenso* **3** (*mat.*) il coincidere **4** nei servizi pubblici, ferroviari, automobilistici o aerei, ora di arrivo e di partenza di due o più mezzi di trasporto stabilita in modo da permettere ai viaggiatori provenienti con l'uno di passare all'altro | (*est.*) il mezzo che parte in coincidenza (+ *per*): *prendere, perdere la c. per Roma*
SFUMATURE ➤ ***simultaneità***

Definizione d'autore
Le coincidenze sono concorsi fortuiti di fatti o circostanze frequentissimi nella vita di ogni giorno, per i quali, ad esempio, il proprio padre e il proprio scrittore preferito sono morti nello stesso giorno dell'anno, oppure si viene caricati per due volte consecutive dallo stesso taxi nell'arco della medesima giornata, oppure si manda a quel paese, attraversando la strada a Barcellona, la madre di una compagna di scuola della propria figlia che ha bucato un rosso con una Seat Ibiza presa a nolo. Come detto, sono frequentissime, ma poiché non significano niente la gente tende a non notarle se non in una piccola minoranza di casi – ragion per cui sono erroneamente considerate rare.
Sandro Veronesi

coincìdere [fr. *coincider*, comp. del lat. *cŭm* 'insieme' e *incĭdere* 'cadere dentro' ✻ 1584] **v. intr.** (**coniug. come** *incidere*; **aus.** *avere*) **1** corrispondersi esattamente, collimare (+ *con*): *le sue idee coincidono con le mie* **2** accadere contemporaneamente (+ *con*): *la sua venuta coincise con la nostra partenza* **3** (*mat.*) essere identico: *le due soluzioni coincidono*

coincìso **part. pass.** di *coincidere* ● nei sign. del v.

coinè ➤ **koinè**

coinquilìno [vc. dotta, lat. tardo *coinquilīnu(m)*, comp. di *cŭm* e *inquilīnus* 'inquilino' ✻ 1867] **s. m.** (**f.** *-a*) ● ognuno degli inquilini di una casa nei confronti degli altri inquilini della stessa casa

†**coinquinàre** [vc. dotta, lat. *coinquināre*, comp. di *cŭm* 'con' e *inquināre* 'inquinare' ✻ av. 1342] **v. tr.** ● macchiare | (*fig.*) corrompere

coinsième [comp. di *co-*① e *insieme* ✻ 1987] **s. m.** ● (*mat.*) insieme descritto dal valore di una funzione quando questo valore descrive tutto l'insieme di definizione

cointeressàre [comp. di *co-*① e *interessare* ✻ 1777] **v. tr.** (*io cointerèsso*) ● fare partecipare qlcu. agli utili e alle perdite di un affare o di una impresa (+ *in*, + *a*): *c. qlcu. in un'azienda, a un progetto*

cointeressàto **A** **part. pass.** di *cointeressare*; **anche agg.** **1** che ha interesse a qlco. insieme a qlcu. (+ *a*, **anche seguito da inf.**): *persone cointeressate a un'iniziativa; anche lui è c. a rasserenare i rapporti* **2** compartecipe di un'attività economica (+ *in*): *essere c. in un'operazione di acquisto* **B** **s. m.** (**f.** *-a*) ● chi partecipa agli utili e alle perdite di un affare o di un'impresa

cointeressènza [da *cointeressare* ✻ 1795] **s. f.** ● partecipazione agli utili e alle perdite di un affare o di un'impresa: *concludere un contratto di c.* | ***c. dei lavoratori***, sistema di retribuzione dei lavoratori implicante una loro partecipazione agli utili prodotti dall'impresa

cointestàre [vc. dotta, comp. di *co-*① e *intestare* ✻ 1986] **v. tr.** (*io cointèsto*) ● intestare a due o più persone: *c. un conto corrente*

cointestatàrio [vc. dotta, comp. di *co-*① e *intestatario* ✻ 1980] **s. m.** (**f.** *-ia*) ● chi, insieme con altri, è intestatario di un atto, un contratto e sim.

coinvolgènte **part. pres.** di *coinvolgere*; **anche agg.** ● (*raro*) che coinvolge | che avvince, che attrae: *un film c.*

♦**coinvòlgere** [comp. di *co-*① e *involgere* ✻ 1901] **A** **v. tr.** (**coniug. come** *volgere*) **1** implicare altri in una situazione ambigua, sgradevole o pericolosa (+ *in*): *c. qlcu. in una lite, in un processo; minacciava di coinvolgere tutta l'opposizione nel disgusto, nella nausea della pubblica opinione* (L. PIRANDELLO) | interessare a un'attività persone, enti, istituzioni: *ha coinvolto l'assessore nel progetto* **2** avvincere, attrarre (**anche assol.**): *uno spettacolo che coinvolge* **B** **coinvòlgersi** **v. rifl.** ● interessarsi di qlco., partecipare attivamente: *ha deciso di coinvolgersi di persona*

coinvolgiménto [1970] **s. m.** ● il fatto di coinvolgere o di venire coinvolto

coinvòlto **part. pass.** di *coinvolgere*; **anche agg.** ● nei sign. del v.: *un personaggio c. in uno scandalo*

còio ➤ **cuoio**

coiòte **s. m.** ● adattamento di *coyote* (V.)

coìre [vc. dotta, lat. *coīre* 'riunirsi, congiungersi', comp. di *cŭm* 'con' e *īre* 'andare' ✻ av. 1328] **v. intr.** (*io coìsco, tu coìsci*; **aus.** *avere*) ● (*lett.*) accompagnarsi, concordare: *il relativo con l'antecedente deve c.* (G. BRUNO) | †accoppiarsi sessualmente

coitàle [da *coito* ✻ 1930] **agg.** ● del coito, relativo al coito

†**coitàre** ➤ **cogitare**

còito [vc. dotta, lat. *cōitu(m)*, da *coīre* 'coire' ✻ 1282] **s. m.** ● accoppiamento sessuale, spec. riferito alla specie umana **SIN.** copula | ***c. orale***, fellatio, irrumazione | ***c. interrotto***, V. *coitus interruptus*

còitus interrùptus [loc. scient. lat., propr. 'coito (*cōitu(m)*) interrotto (*interrŭptu(m)*)' ✻ 1956] **loc. sost. m. inv.** ● pratica anticoncezionale che consiste nella ritrazione del pene dalla vagina prima dell'eiaculazione

còke /kok, *ingl.* kəʊk/ [vc. ingl., di etim. incerta ✻ 1839] **s. m. inv.** ● carbone poroso, grigio, privo di sostanze volatili, ottenuto come residuo nel fondo della storta in cui si fa la distillazione secca del litantrace; è usato per il riscaldamento domestico e in metallurgia | ***c. da gas***, usato per ottenere gas illuminante | ***c. di petrolio***, residuo carbonioso ottenuto da piroscissione di oli minerali | ***c. metallurgico***, usato per scopi metallurgici **CFR.** coc, coche

cokefazióne [1987] **s. f.** ● cokificazione

cokerìa [1942] **s. f.** ● impianto o stabilimento per la produzione del carbone coke **CFR.** cocheria

cokificàre [sec. XX] **v. tr.** (*io cokìfico, tu cokìfichi*) ● sottoporre un carbon fossile alla cokificazione (V.)

cokificazióne [1987] **s. f.** ● procedimento consistente nel sottoporre un carbon fossile a riscaldamento in camere o storte fuori del contatto con l'aria, in modo da ottenere coke **SIN.** cokefazione

♦**col**① /kol/ o **cón il** **prep. art. m. sing. comp.** di *con* e *il* ➤ **il** per gli usi ortografici

col② /ˈkɔl/ **s. m. inv.** ● forma tronca di *colle*①, in nomi propri di luogo: *Col di Tenda*

col③ /ˈkɔl/ **s. m. inv.** ● forma tronca di *colle*②, in nomi propri di luogo: *Col di Lana*

còla① [da un dialetto del Sudan ✻ 1584] **s. f.** ● genere di piante arboree delle Sterculiacee con foglie oblunghe coriacee e frutti dotati di proprietà medicinale (*Cola*) | ***noci di c.***, i semi delle piante di cola | bevanda a base del frutto di tale pianta: *il mercato delle cole*

cóla② [lat. *cōlu(m)* 'colatoio'. V. *colo* ✻ 1681] **s. f.** **1** tipo di setaccio col quale si cola spec. la calcina spenta **2** (*enol.*) filtro di tela usato un tempo per colare il vino

colà [lat. *ĕccu(m) illāc* 'ecco là' ✻ 1268] **avv.** ● (*lett.*) là, in quel luogo, laggiù (con riferimento a un luogo distante da chi parla e da chi ascolta): *vuolsi così c. dove si puote / ciò che si vuole* (DANTE *Inf.* III, 95-96) | ***così c.***, (*fam.*) così così: *'come stai?' 'così c.'*

colabròdo o (*centr.*) **scolabròdo** [comp. di *colare* e *brodo* ✻ av. 1449] **s. m. inv.** ● utensile di cucina col fondo bucherellato, usato per filtrare spec. brodo, sughi e sim. | (*fig.*, *scherz.*) ***ridurre qlcu. come un c.***, crivellarlo di colpi d'arma da fuoco | ***una difesa c.***, (*gerg.*) nel calcio, una difesa che incassa molti gol

colàggio [fr. *coulage*, da *couler* 'colare' ✻ 1890] **s. m.** ● (*mar.*) perdita di contenuto, in merci liquide, dovuto alla imperfetta chiusura dei recipienti

colaggiù o †**colaggiùso** [comp. di *colà* e *giù* ✻ sec. XIV] **avv.** ● (*lett.*) laggiù: *per quante ha c. terre e contrade* (G.B. MARINO)

colagògo [vc. dotta, lat. tardo *cholagōgu(m)*, dal gr. *cholagōgós* 'che fa colare la bile', comp. di *cholḗ* 'bile' e *ágō* 'io trasporto' ✻ 1493] **A** **s. m.** (**pl.** *-ghi*) ● medicamento che eccita la secrezione biliare del fegato **B** **anche agg.**: *farmaco c.*

colaménto [da *colare* ✻ sec. XV] **s. m.** ● (*raro*) gocciolamento

colangiografìa [comp. del gr. *cholḗ* 'bile' (V. *cole-*), *angêion* 'vaso' (V. *angiocarpo*) e *-grafia* ✻ 1956] **s. f.** ● tecnica radiologica di visualizzazione delle vie biliari mediante introduzione in esse di sostanze radiopache | (*est.*) lastra radiografica delle vie biliari

colangìte [comp. del gr. *cholḗ* 'bile' (V. *cole-*) e *angêion* 'vaso' (V. *angiocarpo*) col suff. *-ite*① ✻ 1930] **s. f.** ● (*med.*) infiammazione delle vie biliari **SIN.** angiocolite

colapàsta o **scolapàsta** [comp. di *cola(re)* e *pasta* ✻ 1916] **s. m. inv.** ● utensile di cucina, bucherellato, per scolare l'acqua della pasta

colàre [lat. *colāre* 'filtrare', da *cōlum* 'filtro'. V. *colo* ✻ av. 1292] **A** **v. tr.** (*io cólo*) **1** far passare un liquido, una sostanza fluida o sim. attraverso un filtro perché ne esca chiaro e privo di materie eterogenee: *c. il brodo, il vino, l'olio, il caffè* | ***c. la calcina***, farla passare per la cola | (*est.*) separare qlco. di solido dal liquido in cui è immerso, mediante un colo | ***c. la pasta***, separarla dall'acqua di cottura, versandola nel colapasta **2** versare una sostanza fluida su una superficie o in una cavità: *c. il metallo fuso nelle forme* | ridurre allo stato fluido o liquido: *c. il ferro, l'oro* **3** ***c. a fondo, a picco***, mandare a fondo, far affondare: *la tempesta colò a fondo la nave* **B** **v. intr.** **1** (**aus.** *essere*) cadere, fluire, gocciolare, filtrare e sim., detto spec. di liquidi: *il sudore gli colava dalla fronte; l'olio cola lentamente dalle fessure* **SIN.** scorrere, stillare **2** (**aus.** *avere*) perdere liquido, avere una imperfetta tenuta: *questa botte cola* **3** (**aus.** *essere*) sciogliersi per il calore: *la cera cola* | (*fig.*) †venir meno **4** (**aus.** *essere*) ***c. a fondo, a picco***, andare a fondo, affondare: *la nave sta colando a picco*

colascionàta [da *colascione* ✻ av. 1803] **s. f.** ● composizione musicale per colascione | (*est.*, *lett.*) musica rozza o componimento poetico sciatto

colascióne o †**calascióne**, †**culassóne** [etim. incerta ✻ 1612] **s. m.** ● strumento a corde simile al liuto, molto popolare nell'Italia meridionale nei secc. XVII e XVIII

colassù o †**colassùso** [comp. di *colà* e *su* ✻ 1306] **avv.** ● (*lett.*) lassù: *c. l'angue salito, / gl'implumi divorò* (V. MONTI)

colàta [da *colare* ✻ sec. XIV] **s. f.** **1** versamento di un liquido, di una sostanza fluida e sim. **2** flusso di lava che, emesso da un vulcano, si spande sul terreno circostante | ciascuna delle emissioni di lava consolidata **3** (*est.*) smottamento o scivolamento di fango, pietre e sim. lungo un pendio **4** in fonderia, massa di metallo fuso che esce dai forni fusori e che si getta nella forma

colatìccio [da *colare* ✱ av. 1597] **A** **s. m.** **1** materia colata e raffreddata: *il c. di una candela* **2** in fonderia, metallo fuso traboccato dalla forma **3** liquame che stilla dal letame posto in concimaia **B** **agg.** (**pl. m.** *-ci*; **pl. f.** *-ce*) ● (*raro, lett.*) che cola, gocciola, scorre lentamente

colatitùdine [comp. di *co-*① e *latitudine* ✱ 1930] **s. f.** ● (*geogr.*) angolo complementare della latitudine

colàto **A** **part. pass.** di *colare*; **anche agg.** **1** nei sign. del v. **2** raffinato, purificato: *oro c.* | (*fig.*) ***prendere qlco., tutto, per oro c.***, credere a tutto con totale fiducia **B** **s. m.** **1** (*chim.*) sale o estere dell'acido colico **2** †colatura

colatóio [da *colare* ✱ 1342] **s. m.** (**pl.** *-ói*) **1** utensile col quale si cola un liquido | colino **2** †vaso di terracotta forato in basso, pieno di cenere, per il bucato **3** †crogiolo **4** nell'alpinismo, ripido canalone svasato, percorso spesso da valanghe o scariche di sassi **SIN.** doccione

colatóre [av. 1327] **s. m.** **1** (**f.** *-trice*) in fonderia, operaio addetto alla colata **2** (*idraul.*) canale di deflusso dell'acqua chiara dopo la sedimentazione | fosso di scolo, in terreni irrigui

colatùra [lat. tardo *colatūra(m)*, da *colāre* 'colare' ✱ 1310] **s. f.** **1** operazione del colare un liquido attraverso un filtro | materia colata o depositata | colaticcio **2** (*bot.*) caduta anticipata di fiori e frutticini **3** fluidificazione della pasta dei formaggi molli per cattiva spurgatura

♦**colazióne** [ant. fr. *colation*, dal lat. *collatiō-ne(m)*, propr. 'il portare insieme', da *collātum*, part. pass. di *confĕrre* 'portare insieme' ✱ av. 1363] **s. f.** **1** pasto leggero del mattino: *fare c. al bar* | (*est.*) cibo consumato durante questo pasto: *c. a base di caffè e latte*; *c. leggera e nutriente* | (*est.*) momento della giornata in cui si consuma abitualmente questo pasto: *leggere i giornali a c.* | ***c. continentale***, con caffè, tè o latte, pane, burro, marmellata, biscotti | ***c. all'inglese***, con pane tostato, burro, marmellata, salumi e uova | ***piccola colazione***, quella leggera del mattino **SIN.** prima colazione **2** pasto del mezzogiorno, secondo pasto della giornata: *invitare qlcu. a c.* | (*est.*) cibo consumato durante questo pasto | (*est.*) momento della giornata in cui si consuma abitualmente questo pasto | ***c. al sacco***, V. *sacco*① nel sign. 6 | ***c. di lavoro***, generalmente rapida e leggera, durante la quale si continuano a discutere problemi di lavoro **SIN.** pranzo, seconda colazione || **colazioncèlla**, **dim.** | **colazioncìna**, **dim.**

colbàcco o **colbàc**, **cólbac** [turco *kalpak* 'berretto di pelo', attrav. il fr. *colback* ✱ av. 1698] **s. m.** (**pl.** *-chi*) ● copricapo di pelo caratteristico di Turchi, Armeni, Russi, adottato dagli eserciti di varie regioni europee, usato un tempo in Italia dai cavalleggeri | voluminoso cappello di pelliccia

colbertìsmo [fr. *colbertisme*, dal n. del primo ministro di Luigi XIV J.-B. *Colbert* (1619-1683) ✱ 1792] **s. m.** ● teoria economico-politica del sec. XVII, versione francese del mercantilismo

†**colcàre** ➤ **coricare**

colchicìna [da *colchico* ✱ 1865] **s. f.** ● alcaloide velenosissimo contenuto nei semi e in altre parti del colchico, usato spec. sotto forma di tintura nelle forme acute di gotta

còlchico [vc. dotta, lat. *cŏlchicu(m)*, dal gr. *kolchikón*, dalla regione della *Colchide*, sulla costa asiatica del Mar Nero, anticamente ritenuta il paese dei veleni ✱ 1550] **s. m.** (**pl.** *-ci*) ● pianta erbacea tuberosa delle Colchicacee con foglie lineari e fiori rosa-lilla che fioriscono in autunno (*Colchicum autumnale*) **SIN.** freddolina, zafferano bastardo

còlcos o **colcòs** [1935] **s. m. inv.** ● adattamento di *kolchoz* (V.)

colcoṣiàno o (*raro*) **kolchoziàno** /kolko'zjano/ [1940] **A** **agg.** ● concernente i kolchoz **B** **s. m.** (**f.** *-a*) ● lavoratore o membro di un kolchoz

còle- [dal gr. *cholḗ* 'bile', di orig. indeur.] **primo elemento** ● in parole composte della terminologia medica significa 'bile' o 'biliare': *colecisti, colemia*

colecistectomìa [comp. di *colecist(i)* ed *-ectomia* ✱ 1888] **s. f.** ● (*chir.*) asportazione chirurgica della colecisti

colecìsti [comp. di *cole-* e del gr. *kýstis* 'vescica' (V. *cisti*) ✱ 1828] **s. f. inv.** ● (*anat.*) cistifellea

colecistìte [comp. di *colecist(i)* e *-ite*① ✱ 1830] **s. f.** ● (*med.*) infiammazione della colecisti

colecistografìa [comp. di *colecisti* e *-grafia* ✱ 1929] **s. f.** ● indagine radiologica della colecisti

colectomìa [comp. di *col(on)*① ed *-ectomia* ✱ 1964] **s. f.** ● (*chir.*) asportazione chirurgica parziale o totale del colon

coledocìte [comp. di *coledoco* e *-ite*① ✱ 1874] **s. f.** ● (*med.*) infiammazione del coledoco

colèdoco [vc. dotta, gr. *choledóchos*, comp. di *cholḗ* 'bile' e *déchomai* 'io ricevo' ✱ av. 1758] **s. m.** (**pl.** *-chi*) ● (*anat.*) tratto terminale delle vie biliari che penetra nel duodeno

♦**colèi** [lat. parl. *(ĕc)cu(m)* **illaei* 'ecco a lei' ✱ 1292] **pron. dimostr. f. sing.** ● forma femminile sing. di *colui*

colelitìaṣi [comp. di *cole-* e *litiasi* ✱ 1828] **s. f. inv.** ● (*med.*) calcolosi delle vie biliari

colemìa [comp. di *cole-* ed *-emia* ✱ 1951] **s. f.** ● (*med.*) presenza nel sangue di bile o di suoi componenti

colendìssimo [superl. di †*colendo* ✱ 1476] **agg.** ● onorabilissimo, degno di molta riverenza, usato in passato come formula di cortesia spec. nello stile epistolare (*oggi scherz.*): *illustrissimo signore, signore padrone c.* (G. PARINI)

†**colèndo** [vc. dotta, lat. *colĕndu(m)*, gerundivo di *cŏlere*. V. †*colere* ✱ 1584] **agg.** (**superl.** *colendissimo* (V.)) ● degno di riverenza

còleo- [dal gr. *koleós* 'guaina'] **primo elemento** ● in parole composte della terminologia scientifica, significa 'guaina': *coleorriza*

coleòptile o **coleòttile** [comp. di *coleo-* e del gr. *ptílon* 'penna leggera, piuma' (stessa etim. di *pterón*. V. *-ptero*) ✱ 1830] **s. m.** ● (*bot.*) guaina membranosa che, nelle Graminacee, riveste l'apice del fusto nell'embrione

coleorrìẓa o **coleorìẓẓa**, **coleorìẓa** [comp. di *coleo-* e *-riza* ✱ 1830] **s. f.** ● (*bot.*) guaina membranosa che avvolge e protegge la radichetta nell'embrione delle Graminacee

Coleòtteri [vc. dotta, gr. *koleópteros*, comp. di *coleo-* e *pterón* 'ala' ✱ 1797] **s. m. pl.** (**sing.** *-o*) ● (*zool.*) ordine di Insetti col corpo rivestito da una spessa cuticola, quattro ali, di cui le due anteriori spesse e chitinose (*Coleoptera*)

coleòttile ➤ **coleoptile**

colèra① [lat. *chŏlera(m)*, dal gr. *choléra*, da *cholḗ* 'bile' (V. *cole-*) ✱ 1750] **s. m. inv.** **1** (*med.*) grave infezione intestinale causata da un vibrione (*Vibrio cholerae*), caratterizzata da diarrea intensa, vomiti, crampi muscolari, collasso terminale: *c. asiatico* **2** (*zootec.*) malattia infettiva acuta prodotta da vari germi: *c. dei suini, dei polli*

†**cólera**② ➤ **collera**

†**còlere** [dal lat. *cŏlere* 'venerare', di orig. indeur. ✱ 1258] **v. tr.** (**difett. usato solo nella prima e terza pers. sing. del pres. indic.** *còlo*, *còle* **e nel part. pass.** †*cólto*) ● ossequiare, onorare, venerare: *pien di duol sempre al loco torno, / che per te consecrato onoro e colo* (F. PETRARCA)

colerètico [comp. di *cole-* e del gr. *erethízein* 'eccitare', di etim. incerta ✱ 1930] **A** **s. m.** (**pl.** *-ci*) ● farmaco che aumenta la secrezione biliare **B** **anche agg.**: *farmaco c.*

†**colèrico**① ➤ **collerico**

colèrico② [vc. dotta, lat. *cholĕricu(m)*, dal gr. *cholerikós*, da *choléra* 'colera①' ✱ 1828] **agg.** (**pl. m.** *-ci*) ● di colera, relativo al colera: *epidemia colerica*

colerìna [fr. *cholérine*, dal gr. *choléra* 'colera①' ✱ 1951] **s. f.** ● (*med.*) enterite affine a quella colerica a decorso benigno

coleróso (o **-ṣ-**) [1835] **agg. e s. m.** (**f.** *-a*) ● che (o chi) è affetto da colera

colèstaṣi o **colestàṣi** [comp. di *cole-* e *stasi* ✱ 1986] **s. f. inv.** ● (*med.*) ristagno del flusso biliare

colesterìna [fr. *cholestérine*, comp. di *cole-* e del gr. *stereós* 'solido', perché è una sostanza cristallizzabile ✱ 1820] **s. f.** ● (*raro*) colesterolo

colesterìnico [sec. XX] **agg.** (**pl. m.** *-ci*) ● relativo a colesterina

colesterolemìa [comp. di *colesterol(o)* ed *-emia* ✱ 1956] **s. f.** ● (*med.*) quantità di colesterolo presente nel sangue

colesteròlo [comp. di *cole-* e del gr. *stereós* 'rigido', di orig. indeur. ✱ 1933] **s. m.** ● alcol steroideo, monovalente, cristallino, presente in tutti gli organismi animali, spec. nei Vertebrati e, sotto forma di placche, nelle pareti dei vasi sanguigni in caso di arteriosclerosi **SIN.** colesterina

colétto [1865] **s. m.** **1** dim. di *colo* **2** specie di vaglio usato per separare il grano dalla pula

còleus [dal gr. *koleón* 'guaina' ✱ 1990] **s. m. inv.** ● genere di piante erbacee delle Labiate, con molte specie, caratterizzate da foglie acuminate e screziate, fiori piccoli, violacei nella specie più nota (*Coleus*)

cólf [da *col(laboratore) f(amiliare)* ✱ 1973] **s. m. e f. inv.** ● collaboratore familiare, lavoratore addetto ai servizi domestici

cólgo ➤ **cogliere**

còlia [dal gr. *Kōliás*, epiteto di Afrodite, dal n. di un promontorio dell'Attica dove sorgeva un tempio a lei dedicato; il n. venne dato a questa farfalla per la sua bellezza ✱ 1951] **s. f.** ● farfalla diurna dei Pieridi, di color giallo vivo coi margini delle ali neri, comune nei prati e nei campi (*Colias croceus*)

colìambico [vc. dotta, gr. *chōliambikós*, da *chōlíambos* 'coliambo' ✱ 1865] **agg.** (**pl. m.** *-ci*) ● di coliambo

colìambo [vc. dotta, lat. tardo *choliămbu(m)*, dal gr. *chōlíambos* 'giambo zoppo', comp. di *chōlós* 'zoppo' e *íambos* 'giambo' ✱ 1797] **s. m.** ● verso della poesia greca e latina formato da un trimetro giambico con spondeo o trocheo nell'ultimo piede **SIN.** scazonte

colibacìllo [comp. di *colon* e *bacillo* ✱ 1900] **s. m.** ● (*biol.*) batterio parassita dell'intestino degli individui a temperatura corporea costante, talvolta patogeno (*Escherichia coli*) **SIN.** colibatterio

colibacillòṣi [comp. di *colibacill(o)* e *-osi* ✱ 1897] **s. f. inv.** ● (*med.*) qualsiasi forma morbosa prodotta dal colibacillo

colibattèrio [inversione del lat. scient. *Bac-*

terium coli 'batterio del colon' ✱ 1985] **s. m.** ● (*biol.*) colibacillo

†**colibèto** [fr. *quolibet*, dal lat. *dē quōlibet* 'di qualsiasi argomento' ✱ av. 1543] **s. m.** ● filastrocca con giochi di parole

Colibrì o (*raro*) **Còlibri** [sp. *colibrí*, dal caraibico ✱ 1771] **s. m. pl.** (**sing. inv.**) ● (*zool.*) famiglia di Uccelli americani dei Macrochiri cui appartengono specie molto piccole, dallo splendido piumaggio variopinto e dal becco sottile con lingua adatta a suggere il nettare dai fiori (*Trochilidae*) **SIN.** uccelli mosca

còlica [vc. dotta, lat. tardo *cōlice(m)*, dal gr. *kōlikḗ* (sottinteso *nósos*) 'malattia del *kólon* (intestino crasso)' ✱ sec. XIV] **s. f.** ● dolore acuto, crampiforme, per contrazione di organi dotati di muscolatura liscia: *c. biliare, intestinale, renale* ‖ **colichétta**, **dim.**

còlico ① [vc. dotta, lat. tardo *cōlicu(m)*, dal gr. *kōlikós*. V. *colica* ✱ av. 1327] **agg.** (**pl. m.** *-ci*) **1** (*med.*) relativo a colica: *dolore c.* **2** (*anat.*) relativo al colon: *disturbo c.*

còlico ② [fr. *cholique*, dal gr. *cholikós* 'della bile', da *cholḗ* 'bile' ✱ 1956] **agg.** (**pl. m.** *-ci*) ● (*chim.*) detto di composto ricavato dalla bile dell'uomo o di animali | ***acido c.***, ossiacido, organico, monobasico, a struttura steroidea, cristallino, bianco, amaro, estraibile dalla bile sotto forma di sale, dotato di azione colagoga

colifórme [comp. di *coli(bacillo)* e *-forme* ✱ 1987] **agg.** ● (*biol.*) che è simile al colibacillo

Colifórmi [vc. dotta, comp. del gr. *koliós* 'picchio', di etim. incerta, e del pl. di *-forme* ✱ 1965] **s. m. pl.** (**sing.** *-e*) ● (*zool.*) ordine di piccoli Uccelli arboricoli con becco corto conico, ali brevi e lunga coda (*Coliiformes*)

colìmbo [vc. dotta, gr. *kólymbos*, di etim. incerta ✱ av. 1698] **s. m.** ● (*zool.*) strolaga

colimetrìa [comp. di *coli(bacillo)* e *-metria* ✱ 1987] **s. f.** ● misurazione del contenuto di colibacilli in una determinata quantità di acqua

colìna [comp. di *col(e)-* e *-ina* ✱ 1892] **s. f.** ● ammina terziaria dell'alcol etilico, presente nel regno animale e vegetale e spec. nelle lecitine, interessata a processi biologici come agente metilante, importante nel metabolismo dei lipidi e nella fisiologia del sistema nervoso

colinèrgico [comp. di *(acetil)colin(a)* e un deriv. del gr. *érgon* 'lavoro, attività' ✱ 1964] **s. m.; anche agg.** (**pl. m.** *-ci*) **1** (*farm.*) detto di molecola con azione farmacologica simile a quella dell'acetilcolina: *farmaco c.* **2** (*fisiol.*) che viene stimolato dall'acetilcolina o da sostanze con azione farmacologica simile | ***recettore c.***, recettore del sistema nervoso autonomo e di altri tessuti specificamente stimolato dall'acetilcolina o da sostanze con azione farmacologica equivalente | ***trasmissione colinergica***, trasmissione di impulsi nervosi mediata da recettori colinergici

colìno [da *colare* ✱ 1846] **s. m.** ● utensile di cucina, a buchi fitti, per colare brodo, camomilla, tè e sim.

colìo [1865] **s. m.** (**pl.** *-ii*) ● un colare continuato

colìte [comp. di *col(on)* e *-ite* ① ✱ 1828] **s. f.** ● (*med.*) infiammazione del colon

colìtico [1917] **A** **agg.** (**pl. m.** *-ci*) ● relativo alla colite **B** **agg. e s. m.** (**f.** *-a*) ● che (o chi) è affetto da colite

†**còlla** ① [da *collare* ② ✱ sec. XII] **s. f.** ● fune per infliggere torture: *fattolo legare alla c., parecchie tratte … gli fece dare* (G. Boccaccio) | (*est.*) la tortura stessa

♦**còlla** ② [lat. parl. **cŏlla(m)*, dal gr. *kólla* 'colla, glutine', di etim. incerta ✱ 1304] **s. f.** **1** ogni sostanza dotata di forte potere adesivo | ***c. forte, cervona***, ottenuta facendo bollire spec. ossa o ritagli di pelle di animali | ***c. di caseina***, †***di formaggio***, ottenuta da caseina, acqua e calcina, usata un tempo per ricomporre vasi rotti di maiolica | ***colore a c.***, stemperato con la colla | ***c. di glutine***, ottenuta dal glutine della farina, usata per apparecchiare i tessuti | (*fig.*) ***attaccarsi come la c.***, di persona importuna **2** (*est.*) materia attaccaticcia **3** ***c. di pesce***, gelatina ottenuta in origine dalla vescica natatoria degli storioni, ora per lo più da bovini e suini, usata nell'industria alimentare e farmaceutica **SIN.** ittiocolla | ***dar la c. al vino***, chiarificarlo con colla di pesce o gelatina

♦**cólla** ③ o **cón la** **prep. art. f. sing. comp.** di *con* e *la* ① ➤ **la** ① per gli usi ortografici

collabènte [vc. dotta, lat. *collabĕnte(m)*, part. pres. di *collābi* 'crollare', comp. di *cŭm* 'con' e *lābi* 'scivolare', di orig. incerta ✱ 1983] **agg.** **1** (*med.*) detto di organo che si affloscia **2** detto di edifici cadenti, che stanno andando in rovina

collabiménto [da *collabire* ✱ sec. XX] **s. m.** ● (*anat.*) contatto tra le pareti di un organo cavo nel corso di un processo fisiologico (come lo svuotamento) o patologico (come il collasso)

collabìre [vc. dotta, dal lat. *collābi* 'cadere, scivolare (*lābi*) insieme (*con-*, *com-* = *cum* 'con')' ✱ 1964] **v. intr.** (*io collabìsco, tu collabìsci*; **aus.** *avere*) ● (*anat.*) aderire reciprocamente, come avviene tra le pareti di un organo cavo in seguito a svuotamento o a collasso

còllabo [vc. dotta, gr. *kóllabos*, di etim. incerta ✱ 1881] **s. m.** ● (*lett.*) cavicchio per tirare e tenere tese le corde della lira e sim.

collaborànte **A** **part. pres.** di *collaborare*; **anche agg.** ● nei sign. del v. **B** **s. m. e f.** ● collaboratore di giustizia

♦**collaboràre** [vc. dotta, lat. tardo *collaborāre* 'lavorare insieme', comp. di *cŭm* 'insieme' e *laborāre* 'lavorare', prob. attrav. il fr. *collaborer* ✱ 1799] **v. intr.** (*io collàboro* o *raro collabóro*; **aus.** *avere*) **1** lavorare insieme con altri, contribuire, essere di aiuto (+ *a*, **anche seguito da inf.**): *c. alla riuscita di un'impresa*; *anche lei collabora a realizzare il progetto* **CFR.** cooperare **2** dare un contributo di lavoro frequente o sistematico, spec. a un'attività culturale (+ *a*, + *con*): *c. a un giornale, a un periodico scientifico, con una rivista* | ***c. con la giustizia***, riferire a magistrati o a forze dell'ordine notizie riguardanti fatti criminosi **3** praticare il collaborazionismo

SFUMATURE DI SIGNIFICATO

collaborare - coadiuvare - contribuire

Il lavorare insieme ad altri in vista di un obiettivo comune si dice **collaborare**. **Coadiuvare** si utilizza soprattutto in ambito professionale per indicare una collaborazione sussidiaria. **Contribuire** implica il conferimento di risorse materiali o immateriali individuali all'interno di un processo o un'iniziativa collettivi.

collaboratìvo [1945] **agg.** ● di collaborazione, impostato sulla collaborazione: *rapporto c.* | aperto, disponibile alla collaborazione: *spirito, atteggiamento c.* ‖ **collaborativaménte**, **avv.** (*raro*) in collaborazione

♦**collaboratóre** [fr. *collaborateur*, da *collaborer* 'collaborare' ✱ 1784] **s. m.** (**f.** *-trice*); **anche agg.** ● chi (o che) collabora: *egli dee entrare in comunione con la gioventù, e farla sua collaboratrice* (F. De Sanctis) | chi collabora periodicamente a un giornale o a una rivista, trattando in genere argomenti della stessa materia | ***c. esterno***, chi collabora all'attività di una casa editrice, di un'agenzia pubblicitaria e sim., senza essere a esse legato da rapporti di dipendenza | ***c. scientifico***, informatore medico scientifico | ***c. ed esperto linguistico***, chi svolge funzioni di insegnamento di una lingua moderna all'università **CFR.** lettore | ***c. familiare, c. domestico***, lavoratore addetto ai lavori domestici **SIN.** colf | ***c. di giustizia***, chi prende l'iniziativa di rivelare a magistrati o a forze dell'ordine ciò che sa su reati di varia natura, spec. dissociandosi da organizzazioni criminali, mafiose o terroristiche | ***c. di cancelleria***, pubblico impiegato addetto alla cancelleria di un ufficio giudiziario

♦**collaborazióne** [fr. *collaboration*, da *collaborer* 'collaborare' ✱ 1850] **s. f.** ● il collaborare **SIN.** cooperazione | contributo, aiuto dato da chi collabora: *la sua c. è preziosa* | lavoro sistematico spec. nell'ambito culturale: *c. fissa, periodica*; *c. giornalistica* **CFR.** non collaborazione

collaborazionismo [da *collaborazione* ✱ 1923] **s. m.** ● qualunque forma attiva di collaborazione col nemico invasore, o di aiuto o assistenza prestata a esso, spec. con riferimento al periodo dell'occupazione nazista durante la seconda Guerra mondiale

collaborazionìsta [1915] **agg. e s. m. e f.** (**pl. m.** *-i*) ● che (o chi) è responsabile di collaborazionismo

†**collacrimàre** [vc. dotta, lat. *collacrimāre* 'versare lacrime', comp. di *cŭm* 'con' e *lacrimāre* 'lacrimare' ✱ av. 1530] **A** **v. intr.** ● (*lett.*) piangere insieme: *chi altro non può, meco collacrime* (I. Sannazaro) **B** **v. tr.** ● (*lett.*) compiangere, compatire

collage /*fr.* kɔˈlaʒ/ [vc. fr., propr. 'incollamento', da *colle* 'colla ②' ✱ 1951] **s. m. inv.** **1** tecnica di composizione artistica consistente nell'incollare materiali diversi su un piano | (*est.*) la composizione così ottenuta **2** (*fig.*) mescolanza di elementi disparati: *un c. di idee*

collàgene o **collàgeno** [comp. di *colla* ② e *-geno*; la terminazione in *-e* è dovuta all'influenza del fr. *collagène* ✱ 1913] **A** **s. m.** ● (*anat.*) sostanza proteica costituente fondamentale della pelle, dei tendini, delle ossa e dei tessuti connettivi in genere **B** **agg.** ● relativo al collagene: *fibre collagene* | ***tessuto connettivo c.***, tessuto di sostegno costituito in gran parte da fibre collagene

collàggio [da *colla* ② ✱ 1957] **s. m.** **1** successione di operazioni atte a rendere la carta impermeabile ai liquidi e agli inchiostri **SIN.** collatura **2** (*enol.*) chiarificazione del vino con colla di pesce, gelatina o altre sostanze

♦**collàna** [da *collo* ① ✱ sec. XIV] **s. f.** **1** monile, ornamento da portarsi al collo: *una c. d'oro, di perle, di coralli* | ***c. di Venere***, ruga orizzontale che si forma sul collo femminile: *la sua gola carnosa, segnata dalla c. di Venere* (G. D'Annunzio) | (*est.*) ghirlanda di fiori, conchiglie e sim. **2** ornamento intorno agli stemmi dei cavalieri | collare distintivo d'ordine cavalleresco **3** parte principale dei finimenti per attaccare i cavalli da tiro **4** (*fig.*) serie di opere con determinate caratteristiche comuni, pubblicate con la medesima veste tipografica dallo stesso editore: *una c. di romanzi, di saggi*; *c. filosofica*; *c. di poesia* ‖ **collanìna**, **dim.** | **collanóna**, **accr.** | **collanóne**, **accr. m.**

collant /kolˈlan, *evit.* -ant, *fr.* kɔˈlɑ̃/ [vc. fr., propr. part. pres. di *coller* 'incollare', da *colle* 'colla ②' ✱ 1905] **A** **agg. inv.** ● detto di abito, manica e sim. attillato, aderente **B** **s. m. inv.** ● indumento femminile costituito da un unico pezzo formato da due calze tenute insieme da una mutandina dello stesso tessuto: *un c. di pizzo, di lana, di seta*; *un c. leggerissimo, trasparente*; *un c. pesante per l'inverno*

collànte [da *colla* ②, sul modello di *collant* (V.) ✱ 1950] **A** **agg.** ● detto di sostanza usata per incollare materiali vari **B** **s. m.** **1** adesivo, spec. del legno **2** materia capace di rendere la carta idonea alla scrittura e alla stampa **3** (*fig.*) ciò che unisce, che tiene insieme: *l'occupazione del potere è l'unico c. di quel-*

la coalizione

collàre① [lat. *collāre*, da *cŏllum* 'collo①' ✱ av. 1328] **s. m.** **1** (*zool.*) anello di peli, di piume o di squame di colore diverso da quello del corpo, che si trova attorno al collo di alcuni animali **2** striscia di cuoio o d'altro materiale che si mette attorno al collo agli animali, spec. ai cani | finimento al collo di cavalli e buoi **3** ornamento di stoffa o altro da portarsi attorno al collo, usato spec. in passato dalle signore **4** (*relig.*) striscia di stoffa, con ricami, per le funzioni | striscia di cartoncino coperta di tela bianca inamidata, cui si adatta una specie di pettino nero, che i preti portano come colletto | ***mettersi il c.***, farsi prete | ***portare il c.***, essere prete | ***gettare il c.***, spretarsi **5** (*arald.*) catena d'oro, d'argento o di smalto, variamente intrecciata, a cui si appende l'insegna di un ordine | ***c. dell'Annunziata***, insegna del supremo ordine cavalleresco dei reali di Savoia | ***gran c.***, insegna del primo grado di un ordine | (*est.*) persona che porta tale insegna | ornamento esteriore dello scudo **6** (*mecc.*) manicotto metallico infilato su un albero di trasmissione | ***c. d'arresto***, quando è forzato sull'albero e può impedirne movimenti assiali o di altri organi montati su di esso | ***c. di manovra***, quando è libero di scorrere, e serve a muovere sull'albero altri organi **7** (*mar.*) anello, di ferro o corda **8** bordatura circolare di oggetti vari: *il c. dell'ombrello* **9** (*pop.*) ***biscia dal c.***, natrice ‖ **collarétto**, **dim.** (V.) | **collarìno**, **dim.** (V.) | **collaróne**, **accr.**

†**collàre**② [etim. incerta ✱ sec. XII] **v. tr.** **1** calare o alzare qlcu. o qlco. mediante una fune: *deliberarono di legarlo alla fune e di collarlo nel pozzo* (G. BOCCACCIO) **2** sottoporre alla tortura della colla (V. *colla*①) **3** alzare le vele, salpare

collàre③ [da *colla*② ✱ 1983] **v. tr.** (*io cóllo*) ● trattare qlco. con un collante

collaréssa [da *collare*① *nel sign. 5* ✱ 1956] **s. f.** ● (*raro*) moglie di cavaliere insignito di collare

collarétto [1332] **s. m.** **1** dim. di *collare*① **2** parte di camicia o veste femminile che sta intorno al collo | bavero del mantello **3** colletto di abito, spesso pieghettato, abbottonato dietro **4** scanalatura nella camera di una doppietta, dove alloggia il risalto del fondello **SIN.** collarino

collarìna [1865] **s. f.** ● striscia di tela bianca inamidata che i sacerdoti tengono appuntata al collare

collarìno [av. 1328] **s. m.** **1** dim. di *collare*① **2** (*archit.*) piccola modanatura, lievemente sporgente, di colonna a pilastro, interposta tra il fusto e il capitello | l'analoga modanatura terminale di balaustre e sim. **3** orlo in rilievo del bossolo di una cartuccia | collaretto, nel sign. 4

collassàre [vc. ingl., *to collapse*, da *collapse* 'collasso' ✱ 1956] **A** **v. tr.** **1** (*med.*) provocare un collasso nell'organismo **2** (*med.*) provocare il collasso o l'afflosciamento di un polmone, chirurgicamente o mediante pneumotorace **B** **v. intr.** (aus. *essere* o *avere*) **1** (*med.*) avere un collasso | (*fig.*) subire una grave crisi, essere nella paralisi: *una giovane democrazia che rischia di c.*; *il traffico nei centri storici sta collassando* **2** (*astron.*) subire un collasso gravitazionale

collàsso [vc. dotta, lat. tardo *collāpsu(m)*, dal part. di *collābi* 'crollare' (V. *collabente*), prob. attrav. il fr. *collapsus* o l'ingl. *collapse* ✱ 1892] **s. m.** **1** (*med.*) stato morboso di diversa origine caratterizzato da abbassamento della pressione arteriosa: *c. cardiaco, nervoso* **2** (*med.*) afflosciamento, svuotamento di un organo: *c. polmonare* **3** (*edil.*) cedimento di una struttura sotto l'azione dei carichi **4** (*astron.*) ***c. gravitazionale*** o ***stellare***, rapida contrazione di stelle o altri oggetti astronomici, dovuta al prevalere della forza di gravità sulle forze di pressione **5** (*fig.*) improvviso cedimento, grave crisi: *l'economia rischia il c.*

†**collàta** [lat. mediev. *collata(m)*, dal lat. *cŏllum* 'collo①' ✱ sec. XII] **s. f.** ● accollata

collateràle [comp. di *co(n)* e *laterale* ✱ 1282] **A** **agg.** **1** che sta a lato, vicino: *un edificio c. alla chiesa* | (*fig.*) secondario, accessorio, indiretto, rispetto a un elemento principale: *affrontiamo ora alcune questioni collaterali* | ***effetto c.***, (*farm.*) effetto secondario spec. dannoso che un farmaco determina sviluppando la sua azione terapeutica primaria: *un farmaco privo di effetti collaterali* | ***danno c.***, ***effetto c.***, in riferimento a operazioni militari (bombardamenti ecc.), conseguenza dannosa indiretta relativa a vittime civili o a obiettivi non militari **2** (*dir.*) ***linea c.***, rapporto genealogico che intercorre tra persone discendenti da un capostipite comune ma non l'una dall'altra | ***parte c.***, accessoria | ***giudice c.***, magistrato che fa parte insieme ad altri di un organo collegiale; nel Medioevo, giudice delegato a coadiuvare altro magistrato nell'amministrare un comune ‖ **collateralménte**, **avv.** di fianco; parallelamente ‖ **collateralità**, **s. f. inv.** **B** **agg. e s. m. e f.** ● che (o chi) è parente in linea collaterale: *c. di secondo grado* **C** **s. m.** **1** (*banca*) azione, obbligazione, certificato di risparmio e sim. che il debitore deposita come garanzia per un prestito **2** anticamente, magistrato incaricato di provvedere alla buona amministrazione del denaro pubblico nelle paghe dei soldati **3** libro, dvd o compact disc venduto in edicola in abbinamento a un quotidiano o a una rivista

collateralịsmo [1983] **s. m.** ● azione concorde, rapporto di collaborazione, spec. in campo politico | azione di fiancheggiamento e sostegno svolta da forze economiche, sindacali o culturali nei confronti di un partito politico

collatìvo [vc. dotta, lat. tardo *collatīvu(m)* 'contribuzione, tributo', da *collātus*, part. pass. di *confĕrre* 'portare insieme' ✱ 1673] **agg.** ● (*dir.*) che può essere soggetto a collazione

collatùra① [dalla *colla* (*di pesce*) che si adopera per chiarificare i vini ✱ 1970] **s. f.** ● (*enol.*, *raro*) collaggio

collatùra② [da *collare*③ ✱ 1958] **s. f.** ● collaggio, nel sign. 1

collaudàre [vc. dotta, lat. *collaudāre* 'lodare, esaltare', comp. di *cŭm* 'con' e *laudāre* 'lodare' ✱ sec. XIII] **v. tr.** (*io collàudo*) **1** sottoporre a collaudo: *c. un aereo, un'automobile* | (*fig.*) verificare, sperimentare, provare: *c. un'amicizia*; *c. un metodo* **2** †approvare

collaudàto **part. pass.** di *collaudare*; anche **agg.** ● nei sign. del v. (*anche fig.*): *un motore c.*; *una teoria collaudata*

collaudatóre [da *collaudare* ✱ 1848] **agg. e s. m.** (f. *-trice*) ● che (o chi) esegue, compie collaudi: *operaio c.*; *è un abile c. di aerei*

collaudazióne [vc. dotta, lat. *collaudatiōne(m)*, V. *collaudare* ✱ sec. XIV] **s. f.** **1** †ampia lode, elogio **2** collaudo

collàudo [da *collaudare* ✱ 1846] **s. m.** **1** verifica sperimentale di un'opera, di una macchina, un materiale e sim. per stabilirne o accertarne l'idoneità e la conformità a determinate norme: *fare il c. di un ascensore, di una costruzione in muratura, di un aereo* **2** (*dir.*) riconoscimento del committente che l'opera è stata eseguita in conformità alla legge e al contratto di appalto: *diritto di c. del committente*; *procedere al c.* **3** analisi selettiva sulla qualità dei singoli prodotti finiti o semilavorati

collazionaménto [1945] **s. m.** **1** (*raro*) collazione, nel sign. 1 **2** correzione delle bozze di stampa per confronto con l'originale

collazionàre [da *collazione* ✱ 1363] **v. tr.** (*io collazióno*) ● sottoporre a collazione: *c. testi, scritture, manoscritti antichi, bozze* | †confrontare

collazionatóre [1970] **s. m.** (f. *-trice*) ● correttore di bozze addetto al collazionamento

collazióne [vc. dotta, lat. *collatiōne(m)*, da *collātus*. V. *collativo* ✱ 1331 ca.] **s. f.** **1** in filologia, confronto e riscontro compiuto fra le diverse copie di testi letterari, documenti e sim., o fra queste e il testo originale, per fornirne l'edizione critica **2** riporto su un'unica copia delle correzioni apportate a un testo da più revisori **3** (*dir.*) conferimento al patrimonio ereditario, prima della divisione, delle donazioni fatte dall'ereditando ai discendenti e al coniuge **4** (*relig.*) conferimento di beneficio e di ufficio vacanti | conferimento di ordini sacri **5** †confronto

SFUMATURE ➤ *confronto*

♦**còlle**① [da *collo*① nel sign. 9 ✱ 1834] **s. m.** (**talora troncato in** *col* **davanti a toponimi che iniziano per consonante**) ● valico in una catena montuosa, spec. dell'area alpina nord-occidentale: *Col di Tenda*; *Colle di Cadibona* **SIN.** passo

♦**còlle**② [lat. *cŏlle(m)*, di orig. indeur. ✱ 1256] **s. m.** ● piccola elevazione di terreno, per lo più coperta di vegetazione: *un panorama di colli verdeggianti*; *i Colli Euganei* | anche in nomi propri di luogo: *C. di Val d'Elsa*; *Colledimezzo* | ***la città dei sette colli***, (*per anton.*) Roma | ***il Colle***, (*per anton.*) il colle del Quirinale, a Roma, dove sorge l'omonimo palazzo residenza ufficiale del Presidente della Repubblica italiana; (*est.*; *polit.*) la presidenza della Repubblica ‖ **collétto**, **dim.** | **collicèllo**, **dim.**

♦**cólle**③ o **cón le** **prep. art. f. pl. comp.** di *con* e *le*① ➤ **le**① per gli usi ortografici

♦**collèga** [vc. dotta, lat. *collēga(m)*, comp. di *cŭm* 'con' e *legāre* 'incaricare, mandare' ✱ 1321] **s. m. e f.** (**pl. m.** *-ghi*, †*-gi*) **1** compagno di lavoro, spec. in attività impiegatizie o professionali, e allo stesso livello gerarchico **2** chi collabora con qlcu. o si trova nelle sue stesse condizioni sociali, lavorative e sim. | (*lett.*, *scherz.*) complice: *suo c. di libertinaggio e di soperchieria* (A. MANZONI) **SIN.** compagno

collegàbile [1985] **agg.** ● che si può collegare ‖ **collegabilità**, **s. f. inv.**

♦**collegaménto** [lat. tardo *colligamĕntu(m)*, da *colligāre* 'collegare' ✱ av. 1338] **s. m.** **1** congiunzione, comunicazione: *stabilire un c. fra due zone*; *assicurare il c. con la centrale operativa*; *c. aereo, navale*; *c. via radio, via satellite* | (*inform.*) ***c. in rete***, comunicazione tra uno o più elaboratori elettronici e dispositivi periferici | ***c. a Internet***, comunicazione tra un elaboratore elettronico e un provider **2** (*fig.*) connessione, rapporto: *scoprire il c. tra due fatti*; *il suo pensiero è sempre in stretto c. con la realtà*; *due avvenimenti in stretto c.* **3** (*elettr.*) connessione fra i vari apparati di un impianto, fra le parti di un apparato e sim. che permette il passaggio della corrente elettrica: *c. a stella, a triangolo* | ***c. in parallelo***, quello tra due o più elementi di circuito realizzato in modo che i capi di ogni elemento convergano in due unici punti | ***c. in serie***, collegamento degli elementi di un circuito in modo che la corrente li attraversi tutti uno dopo l'altro | ***c. a terra***, contatto con la terra, di un punto di un circuito elettrico **4** (*milit.*) contatto tra comandi, unità e reparti per la trasmissione di ordini o informazioni: *ufficiale di c.*

collegànza o †**colligànza** [vc. dotta, lat.

colligāntia, nt. pl. di *cōlligans*, genit. *colligāntis*, part. pres. di *colligāre* 'legare insieme'. V. *collegare* ✱ av. 1492] **s. f. 1** (*lett.*) stretta connessione fra due o più cose o persone: *l'acqua ha in sé tenacità e c. in fra le sue particule* (LEONARDO) | †legame **2** (*raro*) rapporto tra colleghi **3** †lega, alleanza

C

♦**collegàre** o †**colligàre** [lat. *colligāre* 'legare insieme', comp. di *cūm* 'con' e *ligāre* 'legare' ✱ 1308] **A v. tr.** (*io collégo* (o *-è-*), *tu colléghi* (o *-è-*)) **1** mettere in contatto, congiungere, unire: *c. due fili* | mettere in comunicazione: *c. due stanze, due valli isolate* **2** (*fig.*) porre in connessione: *c. idee, immagini, argomenti* **B v. intr.** (*raro*; aus. *avere*) e **collegàrsi v. intr. pron.** ● essere connesso, essere in relazione (+ *a*, *raro* + *con*): *Iacopone ... si collega a tutta una letteratura latina popolare* (F. DE SANCTIS); *La felicità non si collega con la sventura* (U. FOSCOLO) **C collegàrsi v. rifl.** ● in varie tecnologie, mettersi in comunicazione (+ *a*, + *con*): *collegarsi via satellite*; *collegarsi alla rete di telefonia fissa*; *ci colleghiamo con Parigi* **D collegàrsi v. rifl. recipr.** ● (*raro*) far lega, unirsi con qlcu.: *volete ... che i popoli si colleghino e l'umanità si unisca* (G. PASCOLI) | essere connesso l'uno con l'altro: *questi argomenti non si collegano*

collegàta s. f. ● (*dir.*) società sulla quale un'altra società esercita un'influenza consistente (con almeno il 20% dei voti in assemblea), ma non dominante **SIN.** consociata

collegatàrio o **conlegatàrio** [vc. dotta, lat. tardo *collegatāriu(m)*, comp. di *co-*① e *legātum* 'legato③, lascito' ✱ 1865] **s. m.** (**f.** *-ia*); anche **agg.** ● (*dir.*) chi (o che) riceve un legato congiuntamente ad altro legatario: *i collegatari di un immobile*

collegàto o †**colligàto A part. pass.** di *collegare*; anche **agg.** ● nei sign. del v. ‖ **collegataménte**, **avv. B s. m. 1** (*lett.*) confederato, alleato: *Perugini e i loro collegati ... erano partiti* (G. VILLANI) **2** (*ellitt.*) disegno di legge connesso con una legge: *il c. fiscale alla legge finanziaria*

collegazióne o †**colligazióne** nel sign. 2 [lat. *colligatiōne(m)*, da *colligāre* 'collegare' ✱ 1395] **s. f. 1** (*med.*) reazione in cui si ha l'unione tra due radicali **CONTR.** omolisi **2** (*lett.*) lega, alleanza: *la c. perniciosissima di Cambrai* (F. GUICCIARDINI)

college /'kɔlledʒ, *ingl.* 'kɒlɪdʒ/ [ingl., dal fr. *collège* (stessa etim. dell'it. *collegio*) ✱ 1892] **s. m. inv. 1** in Inghilterra, scuola secondaria con internato o istituto d'istruzione superiore annesso a un'università | negli Stati Uniti, facoltà universitaria o istituto universitario con corsi gener. di quattro anni **2** edificio, o complesso di edifici, in cui ha sede tale scuola o istituto

collegiàle [vc. dotta, lat. tardo *collegiāle(m)*, da *collēgiu(m)* 'collegio' ✱ av. 1562] **A agg. 1** di un collegio, relativo a un collegio nel sign. 1: *atto, organo c.* | collettivo: *visita medica c.*; *allenamento c.* **2** di un collegio, relativo a un collegio, nel sign. 4: *disciplina c.* ‖ **collegialménte**, **avv. 1** col consenso e coll'intervento di tutto il collegio **2** insieme, in comune ‖ **collegialità**, **s. f. inv.** (V.) **B s. m. e f. 1** allievo di un collegio **SIN.** convittore **2** (*fig.*) giovane inesperto, impacciato, ingenuo: *modi da c.*; *sogni da c.*

collegialità [1673] **s. f. inv. 1** caratteristica di ciò che è collegiale, collettivo: *la c. di un provvedimento, di una decisione, di un organo* **2** (*raro*) insieme dei componenti di un collegio **3** carattere del governo della Chiesa cattolica, nel quale intervengono, con il Papa, i vescovi, secondo i principi del Concilio Vaticano II | governo collegiale dei vescovi, dei pastori e dei fedeli, proprio di talune Chiese protestanti | prerogativa che attribuisce a una chiesa il titolo di collegiata

collegiàta [av. 1566] **s. f.** ● (*ellitt.*) chiesa collegiata

collegiàto [vc. dotta, lat. tardo *collegiātu(m)*, da *collēgium* 'collegio' ✱ 1297] **agg. 1** †appartenente a un collegio di canonici **2** ***chiesa collegiata***, chiesa con capitolo di canonici ma senza vescovo

♦**collègio** [vc. dotta, lat. *collēgium*. V. *collega* ✱ 1287] **s. m. 1** (*stor.*) insieme di persone con funzioni e interessi comuni: *c. degli arvali, degli auguri, degli auspici* | nel Medioevo, corporazione **2** associazione di categoria professionale: *c. dei medici, degli avvocati, degli ingegneri* | ***C. cardinalizio***, l'insieme dei cardinali, che ha anche il compito di provvedere all'elezione del Papa | organo costituito da più persone, che esercita determinate funzioni consultive o deliberative, di gestione, di controllo e sim. | (*dir.*) ***c. di giudici***, insieme di più giudici componenti un medesimo organo giurisdizionale | ***c. arbitrale***, insieme di arbitri esplicanti collegialmente la propria funzione | ***c. dei docenti***, composto dal personale insegnante in servizio in un circolo di scuola primaria o in un istituto di scuola secondaria, con potere deliberante in tema di didattica **3** ***c. elettorale***, (*ellitt.*) ***collegio***, nella legge elettorale italiana, ciascuna porzione di territorio (complessivamente 475 per la Camera, 232 per il Senato) per l'elezione di un parlamentare col sistema uninominale | (*est.*) l'insieme degli elettori in esso compresi **4** istituto di educazione e istruzione in cui gli allievi convivono sotto una disciplina comune: *c. maschile, femminile, laico*; *entrare in, uscire dal c.* | ***c. universitario***, specie di pensionato in cui alloggiano studenti universitari | (*est.*) l'edificio dove ha sede un collegio: *il c. di via Marconi* | gli alunni e gli insegnanti del collegio: *alla domenica tutto il c. esce per la passeggiata* **SIN.** convitto ‖ **collegétto**, **dim.**

Collèmboli [comp. del gr. *kólla* 'colla②' e *embállein* 'scagliare', di orig. indeur. ✱ 1930] **s. m. pl.** (**sing.** *-o*) ● (*zool.*) ordine di piccoli Artropodi comunissimi nel terreno, capaci di saltare, di solito ascritti agli Insetti Apterigoti (*Collembola*)

collènchima [comp. del gr. *kólla* 'colla②' e *(par)enchima* ✱ 1874] **s. m.** (**pl.** *-i*) ● (*bot.*) tessuto vegetale di sostegno che si trova negli organi in fase di accrescimento

♦**còllera** o †**cólera**②, †**còllora** [lat. *chŏlera(m)*. V. *colera*① ✱ 1266] **s. f. 1** ira, rabbia, furore, spec. provocati da un sentimento di indignazione contro qlcu. o qlco.: *andare, montare in c.*; *essere in c. con qlcu.*; *una tremenda c. lo invase* | ***c. repressa***, rancore | (*est.*, *lett.*) attività violenta di elementi naturali: *la c. del mare in tempesta* **SIN.** furia **2** †bile: *la còlera, il sangue, la flemma e la melancolia* (G. BRUNO)

SFUMATURE ➤ *ira*, ➤ *stizza*

♣**collèrico** o †**colèrico**① [vc. dotta, lat. *cholĕricu(m)* 'bilioso', dal gr. *cholerikós*. Cfr. *collera* ✱ sec. XIII] **agg.** (**pl. m.** *-ci*) ● detto di chi monta in collera facilmente: *persona collerica* | bilioso, stizzoso: *comportamento c.*; *certi per complessione collerica sono ad ira disposti* (DANTE) **SIN.** furioso, irascibile, iroso ‖ **collericaménte**, **avv.** con collera, in modo adirato

collètta (o **-é-**) [lat. *collēcta(m)*, part. pass. f. di *collĭgere* 'raccogliere' ✱ 1310] **s. f. 1** raccolta di denari o altro fra più persone, spec. a scopo di beneficenza: *iniziare una c. in favore dei sinistrati* **2** (*relig.*) orazione che, nella Messa, precede l'Epistola | ciascuna delle orazioni, per casi particolari e per invocare la grazia divina sulla comunità, che si trovano raccolte in fondo al Messale **3** (*mar.*) ***caricare a c.***, detto di mercantili che caricano in vari porti piccole partite di merci per varie destinazioni **4** †insieme, adunanza di persone **5** †aggravio, imposizione

collettàme [da *colletta* ✱ 1923] **s. m.** ● insieme di colli e pacchi, di provenienza e destinazione varie, trasportato da un unico mezzo

collettàneo [vc. dotta, lat. *collectāneu(m)*, da *collēctus*, part. pass. di *collĭgere* 'raccogliere' (V. *collezione*) ✱ 1585] **agg.** ● miscellaneo: *volume c.*

collettàre [da *colletta* ✱ av. 1412] **A v. tr.** (*io collètto*) ● †raccogliere tributi **B collettàrsi v. rifl.** ● (*disus.*) partecipare a una colletta

collettivìsmo [fr. *collectivisme*, da *collectif* 'collettivo' ✱ 1877] **s. m.** ● teoria e sistema economico fondati sull'attribuzione alla collettività della proprietà e dell'amministrazione dei beni di produzione

collettivìsta [fr. *collectiviste*, da *collectif* 'collettivo' ✱ 1880] **agg. e s. m. e f.** (**pl. m.** *-i*) ● che (o chi) sostiene il collettivismo

collettivìstico [1903] **agg.** (**pl. m.** *-ci*) ● relativo, conforme al collettivismo ‖ **collettivisticaménte**, **avv.**

collettività [da *collettivo*; cfr. il fr. *collectivité*, da *collectif* 'collettivo' ✱ 1850] **s. f. inv. 1** (*raro*) caratteristica di ciò che è collettivo **2** comunità sociale, società: *operare per il bene della c.*

collettivizzàre [fr. *collectiviser*, da *collectif* 'collettivo' ✱ 1883] **v. tr.** ● trasformare da proprietà privata a proprietà collettiva: *c. la terra, le industrie* ‖ **collettivizzazióne**, **s. f.**

♦**collettìvo** [vc. dotta, lat. tardo *collectīvu(m)*, da *collĭgere* 'raccogliere' ✱ 1551] **A agg. 1** che è comune a un numero indeterminato di individui: *domanda, proposta, spesa collettiva* | che riguarda più persone: *un provvedimento c. di clemenza* **CONTR.** individuale, singolo | ***mostra collettiva***, o (*ellitt.*) ***collettiva***, esposizione delle opere di più artisti **CFR.** personale **2** di una collettività: *interesse professionale c.*; *contratto c. di lavoro* | ***marchio c.***, che contraddistingue i prodotti di una categoria di imprese | ***atto c.***, quello composto dalle manifestazioni di volontà di tutti o della maggioranza dei componenti una collettività | ***società in nome c., società collettiva***, società commerciale i cui soci sono illimitatamente responsabili per le obbligazioni sociali **3** (*gramm.*) detto di nome che indica un gruppo di esseri o di cose (per es. *branco, folla, pentolame*) **CONTR.** singolativo ‖ **collettivaménte**, **avv.** ‖ **collettività**, **s. f. inv.** (V.) **B s. m. 1** insieme di persone aderenti a uno stesso organismo, spec. politico o sindacale, che si riuniscono per discutere argomenti e problemi di interesse comune: *c. autonomo, studentesco*; *il c. della facoltà di lettere* | insieme organico dei componenti di un gruppo: *la squadra ha ottime individualità, ma manca il c.* **2** nel jazz, improvvisazione collettiva di più strumenti

collettìzio [vc. dotta, lat. *collectīciu(m)*, da *collĭgere* 'raccogliere' ✱ av. 1527] **agg.** ● (*lett.*) raccogliticcio: *esercito c.*; *fanteria tumultuaria e collettizia* (F. GUICCIARDINI)

collétto① [da *collo*① ✱ 1554] **s. m. 1** parte della camicia o dell'abito che sta attorno al collo: *c. rigido, floscio*; *c. aperto, chiuso*; *c. tondo, a punta* | ***c. bianco***, (*fig.*) impiegato | ***c. rosa***, (*fig.*, *raro*) impiegata | ***c. blu***, (*fig.*) operaio **SIN.** tuta blu | ***c. verde***, (*fig.*) chi lavora nel settore ecologico, delle energie rinnovabili, e sim. **2** anticamente, casacca di pelle senza maniche indossata dai soldati sotto l'armatura **3** (*anat.*) solco tra la corona e la radice del dente **4** (*bot.*) regione di passaggio fra radice e fusto **5** parte anteriore di una pelle di bovina adulta **SIN.** spalla ‖ **collettino**, **dim.** | **collettóne**, **accr.**

collétto ② [dim. di *colle*② ✻ 1940] **s. m.** ● intaglio stretto e poco profondo su una cresta montuosa

†**collétto** ③ [vc. dotta, lat. *collēctu(m)*, part. pass. di *collĭgere* 'raccogliere' ✻ 1308] **agg.** ● raccolto insieme

collettóre [vc. dotta, lat. tardo *collectōre(m)*, da *collĭgere* 'raccogliere' ✻ 1290] **A agg.** ● che raccoglie: *canale c.*; *bacino c.* **B s. m.** (**f.** *-trice*) **1** chi raccoglie o riscuote denaro o altro | (*burocr.*) impiegato ausiliario, collaboratore subordinato, in alcune amministrazioni pubbliche destinate a esigere o ricevere qlco.: *c. delle imposte, del lotto, postale* SIN. esattore **2** (**f.** *-trice*) (*lett.*) collezionista: *c. di monete antiche* **3** (*idraul.*) fiume, torrente che raccoglie le acque da un bacino imbrifero | canale che raccoglie le acque di bonifica da un gruppo di canali minori **4** (*mecc.*) condotto che serve a raccogliere e distribuire fluidi | ***c. di fango***, situato nella parte più bassa delle caldaie a tubi d'acqua, per raccogliere le sostanze solide in sospensione | ***c. di vapore***, situato nella parte più alta delle caldaie a tubi d'acqua, che si riempie di vapore e dal quale partono i tubi distributori del vapore | ***c. d'aspirazione, d'immissione***, tubazione ramificata che immette la miscela combustibile nei cilindri del motore a combustione interna | ***c. di scarico***, simile al precedente, ma che scarica nell'atmosfera i gas combusti **5** (*elettr.*) parte del rotore di una macchina elettrica su cui strisciano le spazzole di adduzione o prelievo della corrente **6** (*elettron.*) uno degli elettrodi del transistor **7** ***c. solare***, apparecchiatura in grado di captare l'energia solare e trasformarla in calore

collettorìa [av. 1540] **s. f.** ● (*burocr.*) ufficio del collettore: *c. delle imposte, del lotto*

collezionàbile [1992] **A agg.** ● che può essere collezionato ‖ **collezionabilità**, **s. f. inv.** **B s. m.** ● prodotto editoriale, spec. sotto forma di dispense vendute in edicola, che può essere raccolto in una collezione

collezionàre [1897] **v. tr.** (*io collezióno*) **1** riunire vari oggetti in una collezione: *c. francobolli, cartoline* **2** (*fig.*) conseguire in grande numero (*anche iron.*): *c. lodi, premi, successi*; *c. sconfitte*

♦**collezióne** [vc. dotta, lat. *collectiōne(m)*, da *collĭgere* 'raccogliere' ✻ av. 1334] **s. f.** **1** raccolta di oggetti della stessa specie, di valore, curiosi o comunque interessanti anche solo soggettivamente: *c. di monete rare, di quadri, di porcellane* **2** raccolta di opere diverse, pubblicate in veste tipografica uniforme sotto un titolo generale e spesso con un numero di serie SIN. collana **3** l'insieme dei modelli presentati all'inizio di ogni stagione dalle grandi sartorie: *c. autunno-inverno*; *c. primavera-estate* **4** †riunione | †accumulo: *la c. … di materia nella parte convessa del fegato* (F. REDI) ‖ **collezioncìna**, **dim.**

SFUMATURE ➤ *raccolta*

collezionìsmo [1899] **s. m.** ● tendenza a collezionare oggetti | (*est.*) l'insieme dei collezionisti

collezionìsta [1889] **s. m. e f.** (**pl. m.** *-i*) ● chi fa collezione di qlco.: *c. di autografi, di cartoline illustrate, di farfalle*

collezionìstico [1949] **agg.** (**pl. m.** *-ci*) ● che riguarda il collezionismo, i collezionisti o le collezioni: *interesse, mercato c.*

collider /*ingl.* kə'laɪdə(r)/ [vc. ingl., da *to collide* 'collidere' ✻ 1985] **s. m. inv.** ● (*fis.*) collisore

collìdere [lat. *collīdere*, comp. di *cŭm* 'con' e *laedere* 'ledere' ✻ 1575] **A** †**v. tr.** ● (*ling.*) elidere **B v. intr.** (**pass. rem.** *io collìsi, tu collidésti*; **part. pass.** *collìṣo*; **aus.** *avere*) e (*raro*) **collidersi v. intr. pron.** **1** (*lett.*) urtare contro qlco. | scontrarsi con qlco. **2** (*fig.*) essere o venire in contrasto: *interessi che collidono*

collie /'kɔlli, *ingl.* 'kɒlɪ/ [vc. ingl., di orig. discussa: da *coal* 'carbone' per il colore della livrea (?) ✻ 1844] **s. m. inv.** ● cane da pastore scozzese, dal portamento elegante, con pelo lungo variamente colorato e coda lunga

collier /*fr.* kɔ'lje/ [vc. fr., dal lat. tardo *collāriu(m)* 'collare①' ✻ 1866] **s. m. inv.** ● collana

†**colligàre** e deriv. ➤ **collegare** e deriv.

colligiàno [da *colle*② ✻ 1312] **A agg.** **1** dei colli, tipico dei colli: *produzione colligiana* **2** di Colle di Val d'Elsa, in Toscana, o di una località denominata 'Colle' **B s. m.** (**f.** *-a*) ● abitante dei colli | nativo o abitante di Colle di Val d'Elsa, in Toscana, o di una località denominata 'Colle'

collimànte **part. pres.** di *collimare*; anche **agg.** ● coincidente (*anche fig.*)

collimàre [lat. degli astronomi *collimāre*, falsa lettura per *collineāre* 'dirigere qualcosa in linea retta, trovare la giusta direzione', comp. di *cŭm* 'con' e *līnea* 'linea' ✻ 1499] **A v. tr.** ● orientare uno strumento ottico in modo che la linea di mira passi per un punto prefissato **B v. intr.** (**aus.** *avere*) **1** coincidere, corrispondere: *i bordi delle due figure collimano* **2** (*fig.*) essere d'accordo (+ *con*): *le loro idee collimano sempre*; *la sua testimonianza collima con quella del marito*

collimatóre [da *collimare*, prob. attrav. il fr. *collimateur* ✻ 1874] **A s. m.** **1** strumento topografico, a traguardo o a cannocchiale, che possiede una linea di mira che permette di collimare un punto **2** dispositivo che, in alcuni strumenti ottici, trasforma i raggi provenienti da una sorgente in un fascio di raggi paralleli **B** anche **agg.**: *lente collimatrice*

collimazióne [da *collimare*, prob. attrav. il fr. *collimation* ✻ 1865] **s. f.** ● operazione del collimare; il fatto di collimare: *verificare la c.* | ***asse, linea, di c.***, retta ideale che congiunge l'incrocio del reticolo col secondo punto nodale dell'obiettivo del cannocchiale o col forellino oculare del traguardo

♦**collìna** [lat. tardo *collīna(m)*, da *collīnus*, agg. di *cŏllis* 'colle③' ✻ 1344] **s. f.** **1** forma di rilievo più o meno tondeggiante che non supera i 600 m di altezza | ***colline moreniche***, grandi accumuli di detriti di un ghiacciaio dell'età glaciale **2** (*est.*) zona collinosa ‖ **collinétta**, **dim.**

collinàre [1950] **agg.** ● di collina: *zone collinari*

collìno [1983] **s. m.** **1** dim. di *collo*① | collarino **2** sottile catena da portarsi al collo con appesa una medaglietta o una piccola croce

collinóso (o *-ṣ-*) [da *collina* ✻ 1599] **agg.** ● caratterizzato da colline, ricco di colline: *regione collinosa* ‖ **collinosità**, **s. f. inv.**

colliquàre [comp. di *con* e del lat. *liquāre* 'rendere liquido'. V. *liquido* ✻ av. 1704] **v. tr.** (*io colliquo, noi colliquiàmo*) ● far sciogliere, portare a colliquazione

colliquatìvo [av. 1698] **agg.** ● (*raro*) relativo a colliquazione

colliquazióne [av. 1557] **s. f.** ● (*biol.*) disfacimento delle cellule e dei tessuti

collìrico [av. 1704] **agg.** (**pl. m.** *-ci*) ● di collirio, relativo a collirio

collìrio [vc. dotta, lat. *collўriu(m)*, dal gr. *kollýrion*, di etim. incerta ✻ 1310] **s. m.** ● liquido contenente sostanze medicamentose da instillare negli occhi

collisióne [vc. dotta, lat. tardo *collisiōne(m)*, da *collīdere* 'collidere' ✻ 1525] **s. f.** **1** urto di due o più corpi solidi in movimento: *c. di due auto, di due navi*; *la nebbia ha provocato la c. dei due automezzi*; *entrare, venire a, in c.* | (*fis.*) urto SIN. cozzo, scontro **2** (*fig.*) contrasto: *c. d'interessi*; *la tragica c. tra la passione e il fato* (F. DE SANCTIS) **3** (*ling.*) †iato | †elisione

†**collisìvo** [1588] **agg.** ● (*ling.*) che serve a elidere | ***accento c.***, apostrofo

collìṣo **part. pass.** di *collidere*; anche **agg.** ● nei sign. del v.

collisóre [da *collidere*, sul modello di *collider* (V.) ✻ 1991] **s. m.** ● (*fis.*) acceleratore di particelle in cui due fasci di particelle vengono fatti collidere frontalmente giungendo da direzioni opposte, in modo da ottenere la massima efficienza possibile nella trasformazione dell'energia delle particelle in energia di reazione SIN. collider

♦**còllo** ① [lat. *cŏllu(m)*, di orig. indeur. ✻ 1268] **s. m.** **1** parte del corpo che nell'uomo e in alcuni altri Vertebrati unisce il capo al torace: *avere il c. slanciato, corto, taurino*; *mettersi qlco. al c.*; *lavarsi il c.* | ***gettare le braccia al c., cingere con le braccia il c.***, abbracciare | ***avere un braccio al c.***, ingessato e collegato al collo mediante una fascia e sim. | ***tirare il c. ai polli***, ucciderli | ***torcere il c.***, uccidere | ***essere con la corda al c.***, (*fig.*) in una situazione molto difficile | ***prendere qlcu. per il c.***, (*fig.*) mettere qlcu. in una posizione svantaggiosa, spec. facendogli pagare qlco. troppo cara, costringendolo a vendere qlco. a prezzo troppo basso e sim. | ***capitare, piombare tra capo e c.***, (*fig.*) all'improvviso | ***allungare il c.***, (*fig.*) cercare di vedere qlco. | ***fare allungare il c. a qlcu.***, (*fig.*) prolungare il suo desiderio senza soddisfarlo | ***rompersi, fiaccarsi il c., l'osso del c.***, fare una caduta mortale, rovinosa | ***rimetterci l'osso del c.***, (*fig.*) rovinarsi, danneggiarsi irreparabilmente | ***rompere il c. a qlcu.***, (*fig.*) mandare in rovina | ***correre a rotta di c.***, a precipizio; V. anche †*fiaccacollo, rompicollo, scavezzacollo* | ***mettere il piede sul c. a qlcu.***, (*fig.*) sopraffarlo | ***piegare il c., piegare il c. sotto il giogo***, (*fig.*) sottomettersi, umiliarsi | ***avere, tenere un bambino in c.***, in braccio | ***essere indebitati fino al c., trovarsi nei guai fino al c.***, (*fig.*) fino al limite massimo di sopportabilità | ***con la corda al c.***, (*fig.*) con aspetto umiliato e pentito | ***sentire il fiato sul c.***, V. *fiato* **2** (*est.*) parte dell'abito che sta attorno al collo: *una camicia larga, stretta di c.* | (*est.*) colletto: *il c. della pelliccia deve essere ripulito* **3** (*est.*) parte superiore assottigliata di bottiglie, anfore e sim.: *il c. del fiasco, del vaso* | ***tirare il c. a una bottiglia, al fiasco***, (*fig.*) sturarli per berli | ***bere a c.***, direttamente dalla bottiglia, senza bicchiere | ***c. della storta***, parte allungata e ristretta che si piega ad angolo | ***c. di bottiglia***, (*fig.*) strozzatura, rallentamento, impedimento di un flusso, di un processo di sviluppo o di espansione e sim. **4** (*anat.*) parte assottigliata e ristretta di un organo: *c. osseo, della vescica* | ***c. dell'utero***, la parte inferiore | ***c. del piede***, parte superiore del piede, leggermente arcuata **5** (*mus.*) parte più alta di uno strumento | manico della cetra **6** (*mecc.*) ***c. d'oca***, albero a gomiti | manovella intermedia o d'estremità **7** (*mar.*) giro completo di un cavo attorno a un oggetto o a sé stesso | ***prendere a c.***, di una vela, prendere accollo **8** parte della barda per proteggere il cavallo dalle orecchie al garrese e dalla gola al petto **9** †valico: *Sperai e l'uno e l'altro c. / trascender di Parnaso* (G. BOCCACCIO) CFR. colle① ‖ **collicìno**, **dim.** | **collìno**, **dim.** (V.)

còllo ② [da *collo*① per metonimia ('oggetto che si appoggia sul *collo*') ✻ av. 1334] **s. m.** ● merce imballata per la spedizione

♦**cóllo** ③ o **cón lo** **prep. art. m. sing.** comp. di *con* e *lo* ➤ **lo** per gli usi ortografici

collocàbile [1855] **agg.** ● che si può collocare ‖ **collocabilità**, **s. f. inv.**

♦**collocaménto** [1574] **s. m.** **1** il collocare |

sistemazione in un dato luogo (*anche fig.*): *c. a riposo di un impiegato*; *c. in aspettativa, in posizione ausiliaria*; *dare un giusto c. ai quadri in una parete*; *ogni opera è bene interpretata ... solo nel suo storico c.* (B. CROCE) **2** impiego, occupazione | ***Agenzia di c.***, che procura impieghi, servizi e sim. | ***Ufficio di c.***, ufficio pubblico che esplicava la funzione di intermediario tra persone in cerca di un'occupazione e datori di lavoro, sostituito dal Centro per l'impiego **3** ridistribuzione ai privati risparmiatori di nuove azioni od obbligazioni di una società, da parte di un consorzio finanziario che le ha acquistate, in proprio e in blocco, all'atto dell'emissione **4** (*lett.*) matrimonio o monacazione di una ragazza: *potrebbero impedirle qualche buon c.* (G. GIACOSA)

collocàre [vc. dotta, lat. *collocāre*, comp. di *cŭm* 'con' e *lŏcus* 'luogo' ✱ av. 1294] **A** **v. tr.** (*io còlloco, tu còllochi*) **1** porre, situare qlco. in un dato luogo: *c. i mobili in una stanza* | porre qlcu. o qlco. in modo adeguato, in un luogo opportuno, nella posizione che gli compete (*anche fig.*): *c. i libri in ordine sullo scaffale*; *è un giovane da c. tra i più promettenti* **SIN.** mettere, sistemare | (*fig.*) inserire, inquadrare in un dato contesto: *c. un pittore nella corrente impressionista* **2** (*est.*) sistemare qlcu. in un ufficio, impiego o sim.: *c. un amico* | ***c. un impiegato a riposo***, mandarlo in pensione, per età, malattia e sim. | (*lett.*) maritare: *c. bene una figlia* **3** (*est.*) vendere: *c. bene la propria merce, i propri prodotti*; *c. un'emissione azionaria* **B** **collocàrsi** **v. rifl.** ● occupare una data posizione: *collocarsi nel centro della sala* | (*fig.*) mettersi a posto, sistemarsi: *collocarsi in un ente pubblico* | (*lett.*) maritarsi **C** **collocàrsi** **v. intr. pron.** ● situarsi, porsi: *uno scrittore che si colloca tra i maggiori del suo tempo*; *una banca che si colloca tra i maggiori gruppi creditizi*

collocatàrio [da *collocare* col suff. *-ario* ✱ 1844] **A** **s. m.** (**f.** *-ia*) ● (*dir.*) nelle separazioni di coniugi con un figlio minorenne, il genitore con il quale il figlio abita prevalentemente **B** **anche agg.**: *padre c.*

collocatóre [1942] **A** **agg.** ● che colloca, sistema **B** **s. m.** (**f.** *-trice*) **1** (*raro*) chi colloca **2** (*dir.*) impiegato di un ufficio di collocamento **C** **s. m.** ● (*ling.*) parola che, in un'espressione resa tipica dall'uso, viene frequentemente associata ad una o più altre parole, pur rimanendo autonoma nel significato ed essendo sostituibile (per es. *malcontento* rispetto a *serpeggiare* nella frase 'il malcontento serpeggia')

collocazióne [vc. dotta, lat. *collocatiōne(m)*, da *collocāre* 'collocare' ✱ sec. XIV] **s. f.** **1** il collocare: *la c. dei quadri* | luogo in cui una cosa è collocata **2** in una biblioteca, posto assegnato a ogni libro negli scaffali e l'insieme dei dati necessari a reperirlo: *indicare l'esatta c. dei volumi richiesti* **3** lavoro, occupazione: *ha una c. redditizia* | (*fig.*) posizione politica o culturale | (*raro*) matrimonio **4** (*dir.*) ordine secondo cui i creditori hanno diritto di soddisfarsi sul ricavato dell'espropriazione forzata: *c. nel piano di reparto* **5** (*ling.*) in lessicografia, combinazione di due o più parole che, sebbene rimangano autonome tra loro dal punto di vista del senso e siano sostituibili, formano insieme un'espressione resa tipica dall'uso (per es. *scapolo impenitente*)

collocutóre [vc. dotta, lat. tardo *collocutō-re(m)*, da *cŏlloqui* 'parlare', comp. di *cŭm* 'con' e *lŏqui* 'parlare' ✱ 1619] **s. m.** (**f.** *-trice*) ● (*lett.*) chi interviene in un dialogo **SIN.** interlocutore

collocutòrio [1821] **A** **agg.** (**pl. m.** *-i* o *raro -ii*) ● (*raro*) che ha forma di colloquio: *uno scambio di opinioni c.* **B** **s. m.** ● (*disus.*) parlatorio di monastero

collodiàre [1865] **v. tr.** (*io collòdio*) ● trattare, ricoprire con collodio

collòdio o (*disus.*) **collodióne** [fr. *collodion*, dal gr. *kollōdēs* 'glutinoso'. V. *colla*② ✱ 1849] **s. m.** (**pl.** *-i* o *raro -ii*) ● (*chim.*) soluzione, densa e vischiosa, di nitrocellulosa in alcol ed etere, usata come adesivo e nella preparazione di lacche, vernici, sete artificiali, pellicole, lastre sensibili e farmaci | ***cotone c.***, V. *cotone*

colloidàle [1907] **agg.** ● di colloide, relativo a colloide: *stato c.*

collòide [comp. di *colla*② e *-oide* ✱ 1874] **A** **s. m.** ● (*chim.*) miscuglio, le cui particelle rimangono in sospensione, costituito da una sostanza solida, liquida o gassosa dispersa in un'altra sostanza anch'essa a sua volta solida, liquida o gassosa **B** **anche agg.**: *sostanza c.*

colloquiàle [da *colloquio*, sul modello dell'ingl. *colloquial* ✱ 1942] **agg.** ● che è tipico del colloquio, della conversazione: *tono, linguaggio c.* **SIN.** discorsivo | ***stile c.***, familiare, formalmente meno sorvegliato ‖ **colloquialménte**, **avv.** ‖ **colloquialità**, **s. f. inv.**

colloquialìsmo [ingl. *colloquialism*, da *colloquial* 'colloquiale', sul modello di *idiotism* 'idiotismo' ✱ 1983] **s. m.** ● (*ling.*) espressione propria del linguaggio e dello stile colloquiale

colloquiàre [1633] **v. intr.** (*io collòquio*; **aus.** *avere*) **1** essere, stare a colloquio con qlcu. **2** (*fig.*) cercare un'intesa

♦**collòquio** [vc. dotta, lat. *collŏquiu(m)*, da *cŏlloqui*. V. *collocutore* ✱ 1308] **s. m.** **1** abboccamento, conversazione fra due o più persone, spec. riguardante fatti di una certa importanza: *c. privato, segreto*; *essere, stare, venire a c.*; *chiedere un c.* | (*est.*) dialogo per raggiungere un'intesa: *i colloqui di Parigi* **2** esame universitario preliminare, limitato ad alcune parti del programma di studio di una data materia: *c. di anatomia, di diritto civile* **3** convegno, simposio (calco sull'uso ingl. del lat. *colloquium*)

SFUMATURE ➤ ***interrogazione***

†**cóllora** ➤ **collera**

collorósso [comp. di *collo*① e *rosso* ✱ 1938] **s. m.** (**pl.** *collirόssi*) ● (*zool., sett.*) moriglione

collóso (o **-ṣ-**) [da *colla*② ✱ 1733] **agg.** ● appiccicoso e viscoso come la colla: *liquido c.* ‖ **collosità**, **s. f. inv.**

collotipìa [comp. di *coll(a)* e *-tipia* ✱ 1956] **s. f.** ● (*tipogr.*) procedimento di riproduzione tipografica mediante l'impiego di lastre ricoperte di colla e bicromato di potassio

collotòrto o **còllo tòrto** [da *collo torto* 'collo piegato', perché gli ipocriti e i bacchettoni stanno col collo piegato per ostentare devozione ✱ sec. XV] **s. m.** (**pl.** *collitòrti* o *còlli tòrti*) **1** ipocrita, bacchettone, bigotto **2** (*zool.*) uccelletto dei Piciformi a zampe brevi e collo mobilissimo, divoratore di insetti (*Jynx torquilla*) **SIN.** torcicollo

collòttola [da *collo*① ✱ av. 1304] **s. f.** ● parte posteriore del collo: *Allora lo prese per la c.* (C. COLLODI) | nuca: *dare un colpo sulla c.*

collovérde [comp. di *collo*① e *verde* ✱ 1865] **s. m.** (**pl.** *collivérdi*) ● (*zool.*) maschio del germano reale

collùdere [vc. dotta, lat. *collūdere* 'giocare insieme', poi 'intendersela con qualcuno', comp. di *cŭm* 'insieme' e *lūdere* 'giocare' ✱ 1499] **v. intr.** (**pass. rem.** *io collùṣi, tu colludésti*; **part. pass.** *collùṣo*; **aus.** *avere*) ● (*dir., raro*) concludere un accordo caratterizzato da collusione | (*est., raro*) accordarsi spec. in modo non palese con qlcu. ai danni di altri

colluṣióne [vc. dotta, lat. *collusiōne(m)*, da *collūdere* 'colludere' ✱ 1342] **s. f.** **1** (*dir.*) accordo fraudolento concluso tra due o più parti per un fine illecito: *c. tra le parti processuali per nascondere al giudice la verità* **SIN.** accordo collusivo **2** (*est.*) intesa segreta (+ *con*, + *fra*): *è accusato di c. con i trafficanti di droga*; *c. fra organizzazioni criminali*; *c. fra la mafia e alcuni poteri locali* | (*polit.*) accordo, spesso segreto, fra due partiti o due forze politiche in contrasto fra loro

colluṣìvo [1673] **agg.** ● caratterizzato da collusione: *intese collusive* | (*dir.*) ***accordo c.***, collusione ‖ **colluṣivaménte**, **avv.** con collusione ‖ **colluṣività**, **s. f. inv.**

collùṣo **A** **part. pass.** di *colludere*; **anche agg.** ● che ha stretto accordi segreti e fraudolenti con esponenti della criminalità organizzata (+ *con*): *funzionario pubblico c.*; *politico c. con organizzazioni criminali* **B** **anche s. m.** (**f.** *-a*): *i collusi con la mafia*

colluṣóre [vc. dotta, lat. *collusōre(m)*, da *collūdere* 'colludere' ✱ 1633] **s. m.** (**difett. del f.**) ● (*dir., raro*) chi collude

colluṣòrio [1860] **agg.** (**pl. m.** *-i* o *raro -ii*) ● (*dir., raro*) collusivo ‖ **colluṣoriaménte**, **avv.**

collutòrio, (*evit.*) **colluttòrio** [dal lat. *collūtus*, part. pass. di *collŭere* 'sciacquare', comp. di *cŭm* 'con' e *lŭere* 'lavare' ✱ 1830] **s. m.** (**pl.** *-i* o *raro -ii*) ● medicamento liquido per sciacqui curativi della bocca o per applicazioni su gengive, tonsille e pareti interne della bocca | (*est.*) sciacquo o applicazione fatta con tale liquido

colluttàre [vc. dotta, lat. *colluctāri* 'lottare', comp. di *cŭm* 'con' e *luctāri* 'lottare' ✱ 1886] **v. intr.** (**aus.** *avere*) e **colluttàrsi** **v. intr. pron.** ● (*lett.*) venire alle mani e combattere corpo a corpo

colluttazióne, (*evit.*) **collutazióne** [vc. dotta, lat. *colluctatiōne(m)*, da *colluctāri* 'colluttare' ✱ 1848] **s. f.** ● rissa violenta, lotta corpo a corpo: *vi fu una c. fra poliziotti e ladri* **SIN.** zuffa

colluviàle [da *colluvie* ✱ 1964] **agg.** ● (*geol.*) detto di deposito continentale rimaneggiato dalle acque dilavanti

collùvie [vc. dotta, lat. *collŭvie(m)*, propr. 'acqua sporca', poi 'miscuglio, confusione', da *collŭere* 'lavare', comp. di *cŭm* 'con' e *lŭere* 'lavare' ✱ 1440 ca.] **s. f. inv.** **1** (*lett.*) afflusso, ammasso di materia putrida o immonda **SIN.** fogna **2** (*fig., spreg.*) congerie di cose o persone: *una c. di tutti i boreali, Inglesi principalmente, Russi e Tedeschi* (V. ALFIERI)

cólma [da *colmare* ✱ 1892] **s. f.** ● livello massimo raggiunto dall'acqua durante l'alta marea

colmàre [da *colmo*② ✱ 1282] **A** **v. tr.** (*io cólmo*) **1** riempire un recipiente fino all'orlo, in modo da farlo quasi traboccare (+ *di*): *c. un bicchiere di vino, un piatto di cibo* | ***c. la misura, il sacco***, (*fig.*) esagerare **2** (*fig.*) dare in abbondanza (+ *di*): *c. qlcu. di favori, di rimproveri, di ricchezze* | (*fig.*) riempire l'animo di un sentimento: *le tue parole mi colmano di gioia* **3** portare al livello voluto terreni, campagne e sim. sistemando opportunamente depositi alluvionali o materiali di riporto: *c. una strada* | ***c. una palude***, bonificarla per colmata | ***c. un porto***, detto di sabbia, detriti e sim. che, trasportati da correnti marine o fluviali, possono restringerlo od occluderlo | (*fig.*) ***c. un vuoto, una lacuna***, completare qlco., eliminare una carenza, detto spec. di attività culturali **4** (*raro*) completare **B** **v. intr.** ● †traboccare

colmarèccio [da *colmo*② ✱ av. 1798] **s. m.** ● trave di colmo del tetto

colmàta [av. 1519] **s. f.** **1** il colmare un terreno con depositi alluvionali o materiali di riporto | ***cassa di c.***, superficie di terreno in corso di bonifica, circondata da argini | (*est.*) terreno così bonificato **2** accumulo di sabbia trasportata dalle correnti nei letti dei fiumi e nei mari, che costituisce un ostacolo per la navigazione

colmatóre [av. 1698] **s. m. 1** (f. *-trice*) chi colma **2** (*idraul.*) canale di derivazione per l'acqua torbida, utilizzato per eseguire le colmate di bonifica **3** speciale imbuto per riempire al giusto livello le botti

colmatùra [1550] **s. f. 1** il colmare, il venire colmato | riempimento **2** parte di contenuto che supera l'orlo di un recipiente colmo **3** (*enol.*) aggiunta di vino alle botti per integrarne la lieve perdita dovuta a evaporazione

colmeggiàre [av. 1710] **v. intr.** (**pres.** *io colméggio*; **fut.** *io colmeggerò*; **aus.** *avere*) ● (*raro*) elevarsi rispetto a un piano: *l'argine colmeggia sul fiume*

colmìgno [lat. parl. **culmĭneu(m)*, da *cŭlmen*. V. *culmine* ✱ 1275] **s. m.** ● (*tosc.*, *lett.*) comignolo: *nell'aria dolce ove il c. fuma* (G. D'Annunzio)

♦**cólmo**① [part. pass. contratto di *colmare* ✱ 1287] **agg. 1** pieno, traboccante (*anche fig.*) (+ *di*): *il recipiente è già c.*; *un piatto c. di leccornie*; *avere l'animo c. di amarezze*; *passa la nave mia colma d'oblio / per aspro mare* (F. Petrarca) | (*fig.*) ***la misura è colma***, il limite della sopportazione è stato raggiunto: *tutto quello che poteva accadergli, ecco, gli era accaduto. La misura era colma* (L. Pirandello) **2** (*lett.*) convesso: *vetro, specchio c.* | sodo, pieno: *seno c.* | gonfio: *come i barchetti sul filo / del mare a vele colme* (E. Montale)

♦**cólmo**② [lat. *cŭlmen*, nom. sing. V. *culmine* ✱ 1282] **s. m. 1** cima, sommità, culmine: *il c. di una collina* | prominenza **2** (*edil.*) linea di sommità del tetto in cui si intersecano le falde opposte **3** valore massimo della portata di un corso d'acqua durante una piena **4** (*fig.*) apice, grado massimo di qlco.: *il c. della felicità, dei guai, dell'audacia*; *per c. di sfortuna sono rimasto senza benzina*; *la lirica si può chiamare la cima, il c., la sommità del discorso umano* (G. Leopardi); *essere nel c. della gioventù* | ***è il c.!***, è troppo, è una vergogna **5** gioco di parole basato sul doppio significato (per es.: *Qual è il c. per un medico? Essere troppo... paziente*)

cólo [lat. *cōlu(m)* 'filtro', di etim. incerta ✱ 1779] **s. m.** ● (*raro*) colatoio, setaccio, vaglio || **colétto**, **dim.** (V.)

-colo [dal lat. *-cola*, da *colĕre* 'coltivare'] **secondo elemento** ● in parole composte dotte significa 'che abita', 'che vive', oppure 'relativo alla coltura, all'allevamento di': *cavernicolo*; *cerealicolo*, *avicolo*

Colòbidi [comp. di *colob(o)* e di *-idi* ✱ 1931] **s. m. pl.** (**sing.** *-e*) ● (*zool.*) famiglia di scimmie delle Catarrine, il cui genere più rappresentativo è il *colobo* (*Colobidae*)

colòbio [vc. dotta, lat. tardo *colŏbiu(m)*, dal gr. *kolóbion*, da *kolobós* 'tagliato' (cfr. *colobo*) ✱ av. 1342] **s. m.** ● lunga tunica senza maniche, o con maniche molto corte, che fu usata dagli eremiti cristiani orientali e dagli antichi Romani

còlobo [dal gr. *kolobós* 'mutilato' (perché hanno il pollice rudimentale), da *kólos* 'mozzato' ✱ av. 1800] **s. m.** ● genere di scimmie africane dei Colobidi, comprendente alcune specie di agili saltatrici, con folta pelliccia rossa o nera, coda lunghissima e pollice ridotto a un tubercolo privo di unghia (*Colobus*) | ***c. abissino***, guereza

colocàṣia [vc. dotta, lat. *colocăsia(m)*, dal gr. *kolokasía* di orig. orient. (?) ✱ sec. XIV] **s. f.** ● pianta erbacea delle Aracee con foglie ovate molto grandi e rizoma tuberoso (*Colocasia antiquorum*)

colofóne **s. m.** ● adattamento di *colophon* (V.)

colofònia [vc. dotta, lat. *colophōnia(m)* 'resina di Colofone', dal gr. *kolophōnía* (sottinteso *rētínē* 'resina') ✱ sec. XIII] **s. f.** ● residuo solido, giallastro, della distillazione delle oleoresine per la produzione di trementina, usato per vernici, mastici, lubrificanti, inchiostri e per facilitare l'attrito dell'arco sulle corde degli strumenti musicali **SIN.** pece greca

cologaritmo [comp. di *co(mplemento)* e *logaritmo* ✱ 1930] **s. m.** ● (*mat.*) opposto del logaritmo

†**colómba**① [etim. discussa: dal gr. *kolymbân* 'tuffarsi' (?) ✱ 1585] **s. f.** ● (*mar.*) chiglia

colómba② [lat. *colŭmba(m)*. V. *colombo*①; nel sign. 6, calco sull'ingl. *dove* ✱ 1268] **s. f. 1** femmina del colombo **2** dolce pasquale la cui forma ricorda quella di una colomba con le ali spiegate **3** (*fig.*) simbolo di innocenza e di pace **4** simbolo dello Spirito Santo **5** (*fig.*) persona, spec. donna, semplice, mite e pura | (*lett.*) donna amata **6** (*fig.*) sostenitore di una linea moderata nelle controversie di politica internazionale o (*est.*) in una situazione di scontro, di contrapposizione **CONTR.** falco || **colombèlla**, **dim.** (V.) | **colombìna**, **dim.** (V.)

colombàccio [da *colombo*① ✱ 1574] **s. m.** ● grosso uccello commestibile dei Colombiformi, simile al colombo, ma più grosso (*Columba palumbus*)

colombàia o †**colombàra** [lat. *columbāriu(m)*, da *colŭmbus* 'colombo①' ✱ 1286] **s. f.** ● locale dove si allevano i colombi | ***tirare sassi in c.***, (*fig.*) fare il danno proprio, dei propri amici o del proprio partito | ***stare in c.***, (*fig.*) all'ultimo piano di una casa **SIN.** piccionaia

colombàna [da S. *Colombano*, in provincia di Pavia, dove è coltivata ✱ av. 1597] **A** **s. f.** ● (*sett.*) uva dolce, da tavola, bianca e ad acini grossi **B** **anche agg. solo f.**: *uva c.*

†**colombàra** ➤ **colombaia**

colombàrio [V. *colombaia* ✱ av. 1764] **s. m. 1** (*raro*) nicchia dove covano i piccioni **2** nei sepolcreti con nicchie dell'antica Roma, luogo in cui si riponevano le urne con le ceneri **3** costruzione funeraria che comprende gruppi di loculi affiancati e sovrapposti

colombeggiàre [da *colombo*① ✱ 1623] **v. intr.** (**pres.** *io colombéggio*; **fut.** *io colombeggerò*; **aus.** *avere*) ● (*lett.*) amoreggiare, tubare: *colombeggiando ... / si raccolser tra lor con baci e baci* (G.B. Marino)

colombèlla① [1363] **s. f. 1** dim. di *colomba*② **2** (*fig.*, *anche iron.*) ragazza ingenua e affettuosa **3** uccello selvatico dei Colombiformi con collo verde lucente (*Columba oenas*)

colombèlla② [detto così perché le palle lanciate in aria devono piombare rapidamente come una colomba ✱ av. 1903] **s. f.** ● nella loc. ***a c.***, a perpendicolo, detto di ciò che ricade verticalmente

colombiàno① [1970] **agg.** ● relativo a Cristoforo Colombo (1451-1506): *celebrazioni colombiane*

♦**colombiàno**② [av. 1910] **A** **agg.** ● della Colombia **B** **s. m.** (**f.** *-a*) ● abitante o nativo della Colombia

colombicoltóre [comp. del pl. di *colombo*① e di *-coltore* ✱ 1864] **s. m.** (**f.** *-trice*) ● allevatore di colombi

colombicoltùra [comp. del pl. di *colombo*① e di *-coltura* ✱ 1887] **s. f.** ● allevamento dei colombi

colombière [etim. discussa: catalano *colomer* 'colombaia, piccionaia' (?) ✱ 1869] **s. m.** ● (*mar.*) nei velieri, parte superiore dell'albero maggiore

Colombifórmi [vc. dotta, comp. del pl. di *colombo*① e del pl. di *-forme* ✱ 1956] **s. m. pl.** (**sing.** *-e*) ● (*zool.*) ordine di Uccelli buoni volatori con ali di media lunghezza e zampe corte (*Columbiformes*)

colombìna① [av. 1400] **s. f. 1** dim. di *colomba*② **2** (*fig.*) donna pura e innocente | la ragazza amata

colombìna② [da *colombino*① per il colore] **s. f.** ● (*bot.*) russola

colombìna③ [lat. *columbīna(m)* 'di colombo' (sottinteso *mĕrda(m)* 'merda'), da *colŭmbus* 'colombo①' ✱ 1340 ca.] **s. f.** ● escrementi di piccione usati come concime

colombìna④ [dalla forma di *colomba*②] **s. f.** ● razzo a forma di colomba che, scorrendo lungo un filo, va a incendiare i fuochi artificiali, spec. quello usato a Firenze il Sabato Santo

†**colombìna**⑤ ➤ **colubrina**

colombìno① [lat. *columbīnu(m)*, da *colŭmbus* 'colombo①' ✱ av. 1348] **agg. 1** di colombo, di colomba **2** †che ha un colore grigio-violetto, simile a quello delle penne del colombo: *un panno color c.*

colombìno② [da *colombino*① nel sign. 2 (?)] **s. m.** ● cordone o cilindro di argilla plasmata che si sovrappone per decorazione al corpo dei vasi di terra

colómbio ➤ **columbio**

♦**colómbo**① [lat. *colŭmbu(m)*, da una radice indeur. che significa 'scuro' ✱ 1287] **s. m.** (**f.** *-a* (**V.**)) **1** denominazione di varie specie di Uccelli, buoni volatori, appartenenti all'ordine dei Colombiformi **SIN.** piccione **CFR.** tubare, grugare | ***c. torraiolo***, con piumaggio grigio-azzurro iridescente sul collo, due fasce nere sulle ali e una macchia bianca sulla parte posteriore del dorso (*Columba livia*) | ***c. viaggiatore***, V. *piccione* **2** (**al pl.**, *fig.*, *fam.*) coppia di innamorati || **colombino**, **dim.**

colómbo② [detta così perché ritenuta originaria di *Colombo* (Ceylon), oggi Sri Lanka ✱ 1865] **s. m.** ● pianta rampicante tropicale delle Menispermacee con fiori in pannocchia, frutto a drupa e radici dal sapore amarissimo (*Iatrorrhiza palmata*)

colombofilìa [comp. di *colombo* e *-filia* ✱ 1964] **s. f.** ● interesse per l'allevamento e l'addestramento dei colombi

colombòfilo [comp. di *colombo*① e *-filo* ✱ av. 1918] **s. m.** (**f.** *-a*); **anche agg.** ● chi (o che) alleva colombi, spec. viaggiatori

colometrìa [dal gr. *kōlometría*, comp. di *kôlon* 'membro, periodo' e *-metría* '-metria' ✱ 1905] **s. f.** ● scansione in versi della poesia greca antica, in precedenza trascritta come prosa, introdotta dai grammatici alessandrini (III-II sec. a.C.) per rendere riconoscibile la struttura metrica dei testi

colón /*sp.* ko'lon/ [da (*Cristóbal*) *Colón*, nome sp. di (Cristoforo) Colombo ✱ 1956] **s. m. inv.** (**pl. sp.** *colones*) ● unità monetaria della Costarica e di El Salvador

còlon① [vc. dotta, lat. *cōlo(n)*, dal gr. *kólon*, di etim. incerta ✱ sec. XIV] **s. m. inv.** ● (*anat.*) la parte più lunga dell'intestino crasso, che si estende dall'abboccamento dell'intestino tenue al retto: *c. ascendente*; *c. traverso*; *c. discendente*

còlon② [dal gr. *kôlon* 'membro, periodo' perché serviva a separare i periodi ✱ 1820] **s. m.** (**pl.** *còla*) **1** nell'antica interpunzione, segno di pausa media, equivalente ai moderni punto e virgola o due punti **2** nella metrica latina e greca, serie di piedi facente parte di un verso | (*est.*) nella prosa, parte di un periodo individuabile in base al ritmo o al senso

colonàto [vc. dotta, lat. tardo *colonātu(m)*, da *colōnus* 'colono' ✱ 1881] **s. m. 1** nel diritto romano e feudale, rapporto che vincola il colono alla terra **2** stato, condizione di colono

♦**colònia**① [vc. dotta, lat. *colōnia(m)*, da *colōnus* 'colono' ✱ av. 1292] **s. f. 1** nell'antichità, comunità di cittadini lontana dalla madrepatria, con o senza vincoli di dipendenza rispetto alla stessa | territorio distinto dalla madrepatria e alla stessa assoggettato da vincoli militari, politici, giuridici ed economici: *le colonie britanniche*; *emancipazione di una c.* **2** (*est.*) l'insieme delle persone di uno stesso Paese o regione stabilitesi lontano dalla madrepatria: *la c. italiana a Parigi, a Londra*; *la c. pugliese di Milano* | (*est., scherz.*) gruppo di villeggianti: *c. di bagnanti* **3** (*est.*) istituto che ospita ragazzi in un luogo di villeggiatura: *c. montana, marina, elioterapica* | (*est.*) il luogo dove si trova questo istituto | (*est.*) l'insieme dei ragazzi membri della colonia **4** ***c. penale***, misura di sicurezza applicabile, in alternativa con quella della casa di lavoro, principalmente ai delinquenti abituali, professionali o per tendenza; (*est.*) stabilimento penitenziario per l'esecuzione di detta misura di sicurezza **5** (*biol.*) insieme di individui animali o vegetali della medesima specie anatomicamente uniti a formare un'individualità di ordine superiore | ***c. microbica***, nucleo di batteri originatisi in un terreno colturale dalla riproduzione di un unico batterio

colònia② [dalla città ted. di *Colonia* dove veniva prodotta in orig. ✱ av. 1921] **s. f.** ● acqua di Colonia

colonìa③ [da *colono* ✱ 1846] **s. f.** ● (*dir.*) contratto agrario di tipo associativo, non più previsto dall'ordinamento giuridico e convertito per legge in contratto di affitto

coloniàle [da *colonia*① ✱ 1819] **A agg.** **1** di colonia, relativo a colonia: *possedimenti coloniali*; *commercio, stile c.*; *protettorato c.* | ***truppe coloniali***, che provvedono alla difesa dei territori coloniali **2** ***diritto c.***, insieme di norme che trovavano la propria ragion d'essere esclusiva nel fenomeno dell'espansione coloniale degli Stati europei tra la metà del XIX e l'inizio del XX sec. **3** (*biol.*) detto di organismo animale o vegetale che vive in colonia **4** detto di colore fra il marrone e il giallo sabbia, tipico spec. di articoli di pelletteria e calzaturieri **B s. m. e f.** ● chi abita una colonia **C coloniàli s. m. pl.** ● derrate e spezie, quali caffè, cacao, pepe, provenienti da Paesi extraeuropei, un tempo colonie: *il commercio dei coloniali è molto fiorente*

colonialìsmo [da *coloniale* ✱ 1911] **s. m.** **1** politica che tende ad assicurare colonie a una nazione **2** (*est.*) imposizione, da parte di uno o più Stati, di un predominio economico o culturale: *c. tecnologico, linguistico* **3** (*ling., raro*) parola o locuzione di origine coloniale

colonialìsta [1916] **A s. m. e f.** (**pl. m.** *-i*) **1** fautore, sostenitore del colonialismo **2** (*raro*) esperto in questioni coloniali **B agg.** ● colonialistico: *politica colonialista*

colonialìstico [1911] **agg.** (**pl. m.** *-ci*) ● pertinente al colonialismo: *regime c.*

colònico [vc. dotta, lat. *colōnicu(m)*, da *colōnus* 'colono' ✱ av. 1498] **agg.** (**pl. m.** *-ci*) **1** del colono: *casa colonica* **2** †coloniale

colonizzàre [fr. *coloniser*, dall'ingl. *to colonize* ✱ 1828] **A v. tr.** **1** (*stor.*) popolare di colonie: *i Romani colonizzarono la Spagna* **2** ridurre a colonia: *i Francesi colonizzarono l'Algeria* **3** bonificare, mettere a coltivazione e sim. terre incolte da parte di enti pubblici o privati: *c. territori d'oltremare*; *c. le terre della Maremma* **4** (*biol.*) sviluppare colonie da parte di un microrganismo: *c. un terreno di coltura* **B v. intr.** (**aus.** *avere*) ● (*biol.*) detto di cellule, crescere, moltiplicarsi generando una metastasi ‖ **colonizzazióne**, **s. f.**: *la colonizzazione del Nord-Africa, del delta padano*

colonizzatóre [fr. *colonisateur*, da *coloniser* 'colonizzare' ✱ 1861] **agg. e s. m.** (**f.** *-trice*) ● che (o chi) colonizza

♦**colónna**① [lat. *colŭmna(m)*, di orig. indeur. ✱ sec. XII] **s. f.** **1** elemento architettonico verticale a sezione circolare, con funzione portante o, se addossata a un muro o a un pilastro, con funzione decorativa: *c. dorica, ionica, corinzia*; *c. coclide* CFR. -stilo | (*est.*) monumento onorario o commemorativo: *la c. traiana* | (*stor.*) ***c. d'infamia***, (*ellitt.*) ***colonna***, cippo usato come gogna per i condannati | (*stor.*) ***c. infame***, eretta per ricordare un fatto esecrabile, spec. quella menzionata da A. Manzoni in riferimento al processo agli untori del 1630 | (*est.*) elemento caratterizzato da un notevole sviluppo verticale, che ha funzioni di sostegno e sim. | ***c. d'ormeggio***, tronco di colonna sulle banchine dei porti per legarvi le gomene d'ormeggio delle navi | ***Colonne d'Ercole***, i promontori di Abila e Calpe, ai lati dello stretto di Gibilterra, dove secondo la leggenda si fermò Ercole; (*fig.*) limite invalicabile, estremo grado raggiungibile e sim. **2** (*fig.*) appoggio, sostegno principale: *è una c. dell'azienda*; *le colonne della società, dell'università* | (*fig., gerg.*) studente universitario del terzo anno **3** (*est.*) quantità di materia fluida o gassosa disposta verticalmente, che si muove dal basso verso l'alto o viceversa: *una c. d'acqua, di mercurio, di fuoco* | ***far c.***, detto dell'innalzarsi verticalmente in volo di un volatile **4** tubazione o insieme di tubazioni verticali usate per far passare, raccogliere o contenere materiali o fluidi vari: *c. idraulica* | elemento d'impianto fatto a torre in cui si operano distillazioni separando due o più liquidi: *c. di distillazione, di frazionamento* | (*est.*) la sostanza che attraversa tali tubazioni o che vi è contenuta **5** (*elettr.*) ciascuno dei tronchi del circuito magnetico di un trasformatore attorno ai quali si trovano gli avvolgimenti **6** serie di elementi disposti verticalmente, spec. ordinatamente l'uno sotto l'altro: *c. di numeri*; *c. di simboli*; *mettere in c. le cifre* | (*anat.*) ***c. vertebrale***, asse dello scheletro costituito dall'insieme delle vertebre | (*geol.*) ***c. stratigrafica***, schema che riproduce la successione stratigrafica, misurata o interpretata, delle rocce di una data località **7** suddivisione verticale, spec. della pagina di giornale o di un libro: *titolo a quattro, a cinque colonne*; *le colonne di un vocabolario* **8** (*est.*) insieme di cose o persone disposte l'una dietro l'altra: *una c. di auto, di dimostranti*; *mettersi, sfilare in c.* **9** (*milit.*) formazione di manovra di attacco, di marcia, nella quale i reparti sono disposti uno dietro l'altro: *una c. di mezzi corazzati*; *c., in marcia!* | ***quinta c.***, complesso di elementi che, in territorio tenuto da uno dei contendenti, operano attivamente e clandestinamente a favore dell'altro contendente; (*est.*) detto di chi, all'interno di un dato ambiente, opera segretamente a favore dell'avversario, del concorrente e sim. (così il generale franchista E. Mola nel corso della guerra civile spagnola denominò le persone su cui i falangisti potevano contare all'interno del fronte avversario in aggiunta alle quattro colonne armate che si dirigevano su Madrid) **10** (*raro*) gruppo d'azione all'interno di organizzazioni terroristiche **11** nel gioco della roulette, combinazione, costituita da ognuna delle tre serie di numeri incolonnati verticalmente sul tavolo da gioco, su cui si può puntare **12** (*cinema*) ***c. sonora***, parte della pellicola cinematografica destinata alla registrazione dei suoni; (*est.*) l'insieme dei suoni stessi (dialoghi, musica, rumori); (*est.*) i brani musicali di un film CFR. soundtrack | ***c. visiva***, parte della pellicola che contiene la successione dei fotogrammi ‖ **colonnèllo**, **dim. m.** | **colonnétta**, **dim.** (V.) | **colonnìna**, **dim.** (V.) | **colonnìno**, **dim. m.** (V.) | **colonnòtto**, **alter. m.**, dissuasore di sosta

colónna② [detta così perché nel registro a bordo della nave, sotto il nome di ogni socio c'era la *colonna* delle cifre dei suoi importi (?) ✱ 1983] **s. f.** ● (*mar.*; *raro*) somma in consegna al comandante di una nave mercantile per le spese del viaggio

colonnàre o †**colonnàle** [lat. tardo *columnāre(m)*, da *colŭmna* 'colonna①' ✱ av. 1519] **agg.** **1** che ha forma di colonna o è simile a una colonna **2** (*geol.*) detto di basalto fessurato da sistemi regolari di fratture che isolano colonne prismatiche

colonnàto① [lat. *columnātu(m)*, aggettivo, da *colŭmna* 'colonna①' ✱ sec. XIII] **agg.** ● (*lett.*) provvisto di colonne

colonnàto② [lat. tardo *colomnātu(m)*, sostantivo, da *colŭmna* 'colonna①' ✱ 1550] **s. m.** ● serie di colonne collegate fra loro da architravi o da arcate

colonnàto③ [dalle Colonne d'Ercole che fiancheggiano lo stemma di Carlo V impresso sulla moneta ✱ av. 1803] **s. m.** ● moneta d'argento spagnola coniata dal XVI sec.

colonnèlla [da *colonnello* ✱ av. 1708] **s. f.** ● (*scherz.*) moglie del colonnello | (*est.*) donna autoritaria

♦**colonnèllo** [da *colonna* (di soldati) della quale il 'colonnello' era capo ✱ av. 1764] **s. m.** (**f.** *-a*) **1** massimo grado degli ufficiali superiori dell'esercito, dell'aeronautica e dell'Arma dei Carabinieri, comandante di un reggimento o vicecomandante di una brigata | ***tenente c.***, grado intermedio fra quello di maggiore e di colonnello, di solito comandante di un battaglione **2** (*est.*) nel linguaggio giornalistico, collaboratore di un leader politico

colonnétta [av. 1465] **s. f.** **1** dim. di *colonna*① **2** cippo sepolcrale **3** (*centr.*) comodino di forma rotonda

colonnìna [1965] **s. f.** **1** dim. di *colonna*① | ***c. di mercurio***, l'indicatore della temperatura; (*est.*) il termometro **2** distributore di carburante

colonnìno [1779] **s. m.** **1** dim. di *colonna*① **2** sostegno di ringhiera e sim. **3** in tipografia, parte di colonna di libro o giornale, con giustezza minore di questa, tale da permettere l'impaginazione di una illustrazione | nel giornalismo, la colonna o parte di colonna che contiene articoli o notizie brevi

colóno [vc. dotta, lat. *colōnu(m)*, da *cŏlere* 'coltivare' ✱ 1305] **s. m.** (**f.** *-a*) **1** nel tardo diritto romano e nel Medioevo, uomo libero obbligato per legge a lavorare in perpetuo il fondo a cui era stato assegnato **2** coltivatore del fondo che ha concluso con un concedente un contratto di colonia: *obblighi del c.* | (*est., lett.*) contadino **3** abitante di una colonia, spec. antica

colonscopìa ➤ **coloscopia**

colonscòpio ➤ **coloscopio**

còlophon /ˈkɔlofon/ [lat. *colŏphon*, dal gr. *kolophṓn* 'cima, sommità', di etim. discussa: di orig. straniera (?) ✱ 1931] **s. m. inv.** **1** nei manoscritti e incunaboli, annotazione terminale che riporta i nomi dell'autore, dell'amanuense o stampatore, il luogo e la data di pubblicazione **2** un tempo, in alcune edizioni, disposizione a forma di trapezio, con la base minore in basso, delle ultime righe di un testo | nei libri moderni, la formula 'finito di stampare' con i dati d'obbligo quali data e luogo di stampa, nome dello stampatore e sim., posti alla fine o all'inizio dell'opera CFR. colofone

coloquìntide [lat. *colocȳnthide(m)*, dal gr. *kolokynthís*, di etim. incerta ✱ sec. XIV] **s. f.** ● pianta erbacea delle Cucurbitacee con fusti gracili e rampicanti e frutti glabri con polpa amara dotata di proprietà medicinali (*Ci-

trullus colocynthis) | il frutto di tale pianta

coloràbile [vc. dotta, lat. tardo *colorābile(m)*, da *colorāre* 'colorare' ✻ 1865] **agg.** ● che può essere colorato ‖ **colorabilità**, **s. f. inv.**

coloraménto [1308] **s. m.** ● (*raro*) colorazione | †arrossamento

coloránte **A** **part. pres.** di *colorare*; anche **agg.** ● nei sign. del v. **B** **s. m.** ● composto o preparato colorato capace di tingere un supporto, penetrando e fissandosi su di esso: *coloranti della carta, per fibre tessili*; *c. acido, azoico, allo zolfo* | ***coloranti alimentari***, sostanze aggiunte a cibi o bevande per conferire loro aspetto gradevole all'occhio

♦**coloràre** [lat. *colorāre*, da *cŏlor*, genit. *colōris* 'colore' ✻ av. 1276] **A** **v. tr.** (*io colóro*) **1** coprire, trattare con un colore (+ *di*): *c. le pareti di una stanza, un tessuto*; *c. di giallo* | (*fig., lett.*) abbellire, ornare: *con belle parole, le quali assai bene colorava* (D. Compagni) | ***colorarsi il viso***, imbellettarsi **SIN.** dipingere, tingere **2** (*fig.*) mascherare, camuffare: *c. il proprio egoismo con l'avvedutezza* | ***c. le bugie***, dar loro apparenza di verità **B** **colorársi** **v. intr. pron.** **1** tingersi (+ *di, raro* + *in*): *al tramonto il cielo si colora di rosso*; *e lentamente il cielo sfuma nel buio, e si colora in giallo* (G. Pascoli) | arrossire: *colorarsi in viso per la vergogna* **2** (*fig.*) camuffarsi, mascherarsi (+ *di*): *la sua avarizia si colora di parsimonia*

coloràto [av. 1276] **part. pass.** di *colorare*; anche **agg.** **1** nei sign. del v. | che ha uno o più colori, che non è bianco o nero (+ *di, raro* + *in*): *matite colorate*; *biancheria colorata*; *vetri colorati*; *pareti colorate di rosa*; *lenti colorate in rosa* | (*fig.*) †arrossito: *Rispuose, colorata come foco* (Dante *Purg.* XXXIII, 9) **2** (*fig.*) ornato, abbellito | (*fig.*) †specioso, falso: *acciò che … ella avesse onesta o colorata ragione* (G. Boccaccio)

coloratùra [vc. dotta, lat. tardo *coloratūra(m)*, da *colorāre* 'colorare' ✻ 1499] **s. f.** **1** (*mus.*) insieme di passaggi ornamentali e virtuosistici originario del belcanto: *aria di c.*; *soprano di c.* **2** (*raro*) colorazione

colorazióne [vc. dotta, lat. tardo *colorātiōne(m)*, da *colorāre* 'colorare' ✻ av. 1328] **s. f.** ● il colorare, il colorarsi: *procedere alla c. di un tessuto* | (*est.*) colore **CFR.** -cromia **SIN.** tinta

SFUMATURE ➤ *colore*

♦**colóre** [lat. *colōre(m)*, dalla stessa radice di *celāre* 'celare, nascondere', perché nasconde le cose ✻ 1250 ca.] **s. m.** **1** sensazione che la luce, variamente riflessa dalla superficie dei corpi, produce sull'occhio, dipendente dalla lunghezza d'onda delle radiazioni elettromagnetiche emesse dal corpo colorato e ricevute dall'occhio: *c. rosa, caffè, oro*; *c. bianco, nero, rosso, verde*; *c. chiaro, scuro, acceso, spento* **CFR.** cromato-, cromo-, -cromo | ***colori dell'iride***, ciascuna delle sette bande colorate (rosso, arancio, giallo, verde, blu, indaco, violetto) in cui convenzionalmente si divide lo spettro della luce solare (per es. nell'arcobaleno) | ***c. puro***, corrispondente a radiazione luminosa di un'unica lunghezza d'onda | ***c. composto***, ottenuto sovrapponendo più colori puri | ***colori primari***, il rosso, il giallo e il blu, dalla cui sovrapposizione si ottengono il nero e, variandone la combinazione, quasi tutti gli altri colori | (*miner.*) ***c. d'interferenza***, falso colore assunto da un cristallo osservato tra polarizzatore e analizzatore per effetto dell'interferenza della luce al suo interno | ***senza c.***, incolore, opaco; (*fig.*) impersonale e monotono: *voce senza c.* | ***a colori***, non in bianco e nero: *TV, foto a colori* | ***di tutti i colori***, (*fig.*) di ogni tipo, di ogni sorta, in riferimento a fatti negativi, sbalorditivi e sim.: *ne ha passate, ne ha viste, ne ha sentite di tutti i colori* | (*fig.*) ***dirne di tutti i colori***, sfogarsi verbalmente in modo violento | (*fig.*) ***farne, combinarne di tutti i colori***, compiere varie azioni, spec. considerate riprovevoli | (*fig.*) ***non sapere di che c. sia una cosa***, non averla mai vista, non conoscerla affatto | ***dipingere qlco. a vivaci colori***, con colori smaglianti; (*fig.*) descrivere, narrare qlco. con vivacità e in modo interessante | (*fig.*) ***fare del c.***, abusare di espedienti retorici e di effetti facilmente pittoreschi, spec. nello scrivere | ***pezzo di c.***, (*fig.*) articolo di giornale che completa e arricchisce i fatti con note caratteristiche di ambiente | (*fig.*) ***c. locale***, insieme delle caratteristiche più pittoresche di un dato ambiente geografico, culturale e sim. | (*fig.*) ***c. di can che fugge***, colore incerto o sbiadito **2** sostanza usata per dipingere, tingere, verniciare e sim.: *c. a olio, ad acqua, a tempera*; *colori naturali, artificiali*; *dare il c. a un tessuto*; *dare una mano di c. alle pareti, alla facciata* | (*raro, lett.*) fiori, piume variamente colorate **3** colorazione della pelle | ***gente, popoli di c.***, che hanno la pelle di colore diverso da quella dei bianchi | colorazione del volto, colorito: *c. olivastro, roseo, livido, terreo, pallido*; *avere un bel c.* | ***ha ripreso, ha riacquistato il c.***, sta meglio, ha ripreso vigore | (*fig.*) ***farsi, diventare di tutti i colori***, mostrare, nell'espressione del viso, il turbamento dovuto a un'emozione improvvisa **4** (*fig.*) aspetto, carattere: *un discorso di c. oscuro* | (*lett.*) ***sotto c. di***, coll'apparenza, col pretesto di **5** tinta, o complesso di tinte, distintivo di una bandiera, stemma e sim. | (*est.*, **al pl.**) bandiera, stemma e sim.: *i colori d'Italia*; *colori nazionali* | (*est.*, **spec. al pl.**) squadra, società sportiva, o azienda connessa a una società sportiva: *gioca, corre da molti anni per gli stessi colori* | (*fig.*) ***colori di scuderia***, quelli che costituiscono l'insegna e il simbolo di ciascun allevamento e caratterizzano la divisa di fantini e guidatori **6** complesso di tendenze e opinioni, spec. politiche; dottrina religiosa, ideologia e sim.: *ha cambiato c. molte volte*; *di che c. sei?* **7** ciascuno dei quattro semi delle carte da gioco | combinazione del gioco del poker, consistente nell'avere tutte le cinque carte dello stesso seme: *fare c.*; *c. di fiori, di cuori* **8** (*ling.*) caratteristica acustica principale o secondaria che corrisponde a un tratto di altezza o di acutezza **9** (*mus.*) timbro **10** (*fis.*) numero quantico che definisce convenzionalmente la carica (di tre tipi diversi) associata alle interazioni forti e trasportata da quark e gluoni **CFR.** confinamento ‖ **coloráccio**, **pegg.** | **colorétto**, **dim.** | **colorino**, **dim.**

SFUMATURE DI SIGNIFICATO

colore - colorazione

La sensazione che la luce, variamente riflessa dalla superficie dei corpi, produce sull'occhio si chiama **colore**; in senso concreto è la sostanza usata per dipingere, tingere, verniciare. **Colorazione**, correntemente utilizzato come sinonimo di *colore* nella prima accezione qui descritta, in senso proprio è invece l'operazione del tingere o del colorarsi.

NOMENCLATURA

colore (cfr. vista, occhio; Atlante dei colori)

- *rosso*: incarnato, carnicino, rosa; sanguigno, vermiglio, scarlatto, porpora, cremisi, magenta, amaranto; rosso fragola, corallo, geranio, ciclamino, rubino, carminio, minio, cardinale, sangue, vino, rame, mattone, granata, ruggine; arancione, tango;
- *giallo*: paglierino, banana, canarino, ambra, crema, limone, cromo, cadmio, uovo, topazio, ocra;
- *verde*: verde acqua, pisello, smeraldo, bandiera, mare, foglia morta, sottobosco, oliva, bottiglia;
- *blu*: glauco; celeste = ceruleo, azzurro, turchese, lapislazzuli, acquamarina, ultramarino, zaffiro, saraceno; turchino, blu cielo, cobalto, orizzonte, oltremare, elettrico, gendarme, pavone, notte; indaco;
- *violetto*: lilla, malva;
- *bianco* = albo: cereo, eburneo, lattiginoso, latteo, niveo, candido; bianco perla, panna, gesso, avorio, crema, latte, argento;
- *nero*, nero inchiostro;
- *grigio*: cenere, tortora, perla, fumo, antracite, piombo, ferro; grigioverde; grigio talpa, pulce, bigio;
- *marrone*: sabbia, avana, beige, nocciola, cammello, caffellatte; marrone bruciato, cioccolata, tabacco, caffè, testa di moro;
- *caratteristiche*: tono = tonalità, cromia, sfumatura = nuance, gamma = gradazione, intensità, mescolanza, impasto, mezzatinta; monocromatico, bicromatico = bicolore, tricolore, policromo = multicolore = variopinto; accordo = armonia ⇔ disaccordo = disarmonia = contrasto; scomposizione, trascolorazione, viraggio; fondamentale = semplice = dell'iride ⇔ complementare, primitivo ⇔ composto, naturale ⇔ artificiale; denso = pieno = pesante = compatto = corposo = unito ⇔ disteso = leggero = trasparente = diafano, carico = intenso ⇔ tenue, chiaro = luminoso ⇔ scuro = opaco; caldo ⇔ freddo, forte ⇔ debole, vivace = vivido = acceso = vistoso = chiassoso = sgargiante ⇔ scialbo = smorto = pallido = spento = sbiadito = smorzato, scolorito = stinto = slavato; neutro ⇔ brillante = splendente = rutilante = smagliante = scintillante = squillante = accecante ⇔ fosco = cupo = livido = tenebroso = tetro = sordo; aspro = duro = crudo ⇔ morbido = vellutato = pastello; cangiante = allocroico = gatteggiante, iridescente = iridato, opalescente; screziato = variegato = marezzato, maculato = chiazzato;
- *azioni*: colorare ⇔ decolorare, tingere ⇔ stingere = scolorire, colorire, schiarire = sbiadire, tinteggiare = imbiancare, dipingere, verniciare = pitturare; preparare, impastare, macinare; mescolare; spalmare, spargere, stendere; accordare, velare, sfumare = attenuare = affievolire = attutire, spegnere; trascolorare, virare.

còlored ➤ **coloured**

coloreria [1963] **s. f.** ● (*raro*) negozio di colori

colorifìcio [comp. di *colore* e *-ficio* ✻ 1956] **s. m.** ● fabbrica di materie coloranti | negozio di colori, vernici, carte da parati, e sim.

colorimetrìa [comp. di *colore* e *-metria* ✻ 1956] **s. f.** ● (*fis.*) analisi quantitativa delle sostanze in base all'intensità del colore delle loro soluzioni

colorimètrico [1875] **agg.** (**pl. m.** *-ci*) ● relativo alla colorimetria: *analisi colorimetrica*

colorìmetro [comp. di *colore* e *-metro* ✻ 1874] **s. m.** ● apparecchio atto a eseguire analisi colorimetriche

colorìre [da *colore* ✻ 1224 ca.] **A** **v. tr.** (*io colorisco, tu colorisci*) **1** (*raro*) colorare | (*fig., raro*) mascherare | (*raro*) dipingere | (*raro, lett.*) ***c. un disegno, un progetto***, (*fig.*) attuarli **2** (*fig.*) descrivere, narrare con vivezza: *c. un racconto, un'avventura* **3** (*mus.*) realizzare un'esecuzione mediante il colorito **B** **colorìrsi** **v. intr. pron.** ● acquistare colore: *al tramonto il cielo si colorì di rosso*; *le guance le si colorirono per l'emozione* | (*cucina*) assumere un colore dorato nella parte esterna, detto di vivanda in cottura

colorìsmo [1913] **s. m.** **1** in pittura, tendenza a usare prevalentemente il colore come elemento di linguaggio formale: *il c. di Tiziano* | in scultura e in architettura, tendenza a trarre dai rapporti dei chiari e degli scuri, dei pieni e dei vuoti, effetti cromatici piuttosto che plastici: *il c. dell'architettura veneziana del Rinascimento* **2** (*est.*) in musica e in letteratura, ricerca del colore

colorista [fr. *coloriste*. V. *colore* ✻ av. 1764] **s. m. e f.** (**pl. m.** *-i*) **1** operaio addetto alla preparazione dei colori **2** pittore i cui modi di espressione si fondano essenzialmente sui valori cromatici e sui loro rapporti **3** (*est.*) scrittore o musicista dotato di stile particolarmente vivo ed espressivo **4** tecnico cinematografico addetto ai controlli cromatici durante lo sviluppo e la stampa di un film a colori

coloristico [1903] **agg.** (**pl. m.** -*ci*) ● relativo al colorismo e ai coloristi: *sensibilità coloristica; effetti coloristici* ‖ **coloristicaménte**, **avv.**

colorito **A** **part. pass.** di *colorire*; **anche agg.** **1** nei sign. del v. **2** ricco di colore: *un abito c.* | ***viso c., guance colorite***, rosei | (*fig.*) vivace, espressivo: *lo stile è più c. e animato* (F. De Sanctis) | (*est.*) sboccato: *linguaggio c.* ‖ **coloritaménte**, **avv.** (*raro*) in modo colorito **B** **s. m.** **1** colore, tinta: *c. vivace, spento* | carnagione: *c. roseo* **2** maniera di colorire, di dipingere: *un c. molto nuovo ed espressivo* **3** in un dipinto, l'insieme dei colori, con particolare riferimento al modo in cui essi sono dati, alla loro qualità: *morbidezza di c.* **4** (*mus.*) sfumatura di intensità o di fraseggio conferita all'esecuzione di un passaggio musicale **5** (*fig.*) vivace espressività del discorso, di uno scritto e sim.

SFUMATURE ➤ ***carnagione***

coloritóre [1548] **agg. e s. m.** (**f.** -*trice*) ● che (o chi) colorisce (*anche fig.*)

coloritùra [1869] **s. f.** **1** il colorire: *la c. di un quadro* **2** effetto estetico delle parti di un edificio dovuto al colore **3** (*fig.*) colore: *la c. politica di un discorso*

colorizzàre [1986] **v. tr.** ● sottoporre una pellicola in bianco e nero a un trattamento di colorazione in modo da ottenerne una nuova versione a colori ‖ **colorizzazióne**, **s. f.**

♦**colóro** [lat. parl. **ĕccu(m) illōru(m)* ✶ 1219] **pron. dimostr. m. e f. pl.** ● forma pl. di *colui* e *colei*

coloscopìa o **colonscopìa** [comp. di *colo(n)*① e -*scopia* ✶ 1986] **s. f.** ● (*med.*) esame ottico diretto della mucosa del colon mediante coloscopio

coloscòpio o **colonscòpio** [comp. di *colo(n)*① e -*scopio* ✶ sec. XX] **s. m.** ● (*med.*) endoscopio a fibre ottiche flessibili che consente la visione diretta e la biopsia della mucosa del colon

colòssal /ˈkɔlossal, *ingl.* kəˈlɒs(ə)l/ [vc. ingl., propr. 'colossale' ✶ 1986] **agg. e s. m. inv.** ● (*cinema, teatro*) kolossal

♦**colossàle** [fr. *colossal*, da *colosse* 'colosso' ✶ av. 1764] **agg.** ● simile a un colosso, degno di un colosso: *statura c.* | (*fig.*) smisuratamente grande, enorme: *impresa c.; sproposito c.; è stato un fiasco c.* ‖ **colossalménte**, **avv.** (*raro*) in modo colossale

♦**colòsso** [vc. dotta, lat. *colŏssu(m)*, dal gr. *kolossós*, prob. di orig. preindeur. ✶ 1436] **s. m.** **1** statua di dimensioni gigantesche | ***C. di Rodi***, statua rappresentante Apollo, anticamente posta all'ingresso del porto di Rodi **2** (*est.*) persona di statura e corporatura eccezionali | (*est.*) persona molto alta e robusta | (*fig.*) personalità eccezionale, di grande talento: *un c. della musica, della letteratura* **SIN.** gigante **3** (*fig.*) ciò che supera le comuni dimensioni, spec. riferito a nazioni potenti | ***c. dai piedi di argilla***, potenza fittizia, dalle basi non molto solide **4** (*disus.*) colossal

colostomìa [comp. di *colo(n)*① e -*stomia* ✶ 1964] **s. f.** ● (*chir.*) creazione di un ano artificiale nella parete addominale mediante abboccamento a questa del colon

colostomizzàto [1982] **agg. e s. m.** (**f.** -*a*) ● che (o chi) ha subìto un intervento di colostomia

colòstra o **calòstra** [1340] **s. f.** ● colostro

colòstro [lat. *colŏstru(m)*, di etim. incerta ✶ 1340 ca.] **s. m.** ● (*fisiol.*) liquido secreto dalla mammella subito dopo il parto

còloured /ˈkɔlored, *ingl.* ˈkʌləd/ o **còlored** /ˈkɔlored, *ingl.* ˈkʌləd/ [vc. ingl., propr. 'colorato' ✶ 1970] **s. m. e f. inv.** ● persona di colore; in particolare, nero

♦**cólpa** [lat. *cŭlpa(m)*, di etim. incerta ✶ 1065] **s. f.** **1** azione od omissione che contravvengono alla norma etica o religiosa: *c. grave, tenue; cadere in c.* **SIN.** errore, fallo, peccato **2** (*dir.*) imprudenza, negligenza, imperizia o inosservanza di leggi, regolamenti, ordini o discipline da cui discende la violazione di un dovere giuridico: *c. civile, contrattuale* | ***c. cosciente***, situazione in cui l'autore ha agito pur prevedendo che il suo comportamento avrebbe potuto cagionare un evento lesivo **CFR.** dolo | (*gramm.*) ***complemento di c.***, indica la colpa di cui qlcu. è responsabile o è accusato; è introdotto dalle prep. *di* e *per* (per es.: *reo, imputato di omicidio; responsabile di associazione mafiosa; accusare di plagio; è stato condannato per peculato*) **CFR.** pena **3** responsabilità conseguente a un'azione che contravviene a una norma morale o giuridica: *avere c.; non aver né c. né peccato; essere in c.; attribuire, imputare a c.; dare la c. a qlcu. di qlco.; aggravare, attenuare la c.; sentirsi in c. verso qlcu.; se degli epigrammi satirici, taglienti, e mordenti non avevamo nella nostra lingua, non era certo c. sua* (V. Alfieri) | ***senso di c.***, V. *senso* nel sign. 4 | (*raro, lett.*) ***chiamarsi in c.***, dichiarare di essere colpevole: *Si vede averla offesa, e se ne chiama / in c.* (L. Ariosto) **4** †errore, imperfezione: *c. di stampa*

†**colpàbile** [1336 ca.] **agg.** ● colpevole: *Bianciflore ... c. non era* (G. Boccaccio)

colpabilità [fr. *culpabilité*, dal lat. *culpābile(m)* 'colpevole' ✶ av. 1853] **s. f. inv.** ● (*raro*) colpevolezza

colpàccio [1865] **s. m.** **1** pegg. di *colpo* **2** impresa difficile che inaspettatamente viene portata a termine in modo favorevole: *la squadra ospite ha fatto il c.*

†**colpàre** [lat. *culpāre*, da *cŭlpa* 'colpa' ✶ 1288] **A** **v. tr.** ● incolpare: *cominciai con più saldo consiglio a c. me stesso* (I. Sannazaro) **B** **v. intr.** ● aver colpa

colpeggiàre [da *colpo* ✶ sec. XIV] **v. intr.** (**pres.** *io colpéggio*; **fut.** *io colpeggerò*; **aus.** *avere*) **1** (*lett.*) dare colpi frequenti **2** dipingere a colpi decisi di pennello

♦**colpévole** [lat. tardo *culpābile(m)*, da *culpāre* 'colpare' ✶ 1288] **A** **agg.** **1** che è in colpa, che è responsabile di una colpa, di un reato: *essere, sentirsi c.; dichiararsi c. di qlco.; giudicare qlcu. c. di omicidio* **2** che costituisce una colpa: *azione, comportamento c.; è stata una c. disattenzione* ‖ **colpevolménte**, **avv.** **B** **s. m. e f.** ● chi ha commesso una colpa, un reato: *il c. di un delitto; i colpevoli non furono individuati; le monache ... solamente alla c. riguardavano* (G. Boccaccio)

colpevolézza [da *colpevole* ✶ 1818] **s. f.** ● condizione di chi è in colpa, di chi è colpevole

colpevolìsmo [comp. di *colpevole* e -*ismo* ✶ 1970] **s. m.** ● atteggiamento di chi è colpevolista

colpevolìsta [1947] **s. m. e f.** (**pl. m.** -*i*) ● chi, riguardo a un processo, si schiera con i sostenitori della colpevolezza dell'imputato; è usato spec. in contrapposizione a *innocentista*

colpevolìstico [1983] **agg.** (**pl. m.** -*ci*) ● di colpevolismo o di colpevolista

colpevolizzàre [da *colpevole* ✶ 1978] **A** **v. tr.** ● far sentire qlcu. responsabile di colpe non sempre, o non soltanto, imputabili a lui: *la madre lo colpevolizza continuamente* **B** **colpevolizzàrsi** **v. rifl.** ● sentirsi colpevole, attribuirsi una colpa ‖ **colpevolizzazióne**, **s. f.**

♦**colpìre** [da *colpo* ✶ av. 1292] **v. tr.** (*io colpìsco, tu colpìsci*) **1** assestare uno o più colpi, con le mani o con un oggetto: *lo schiaffo lo colpì in pieno viso; c. qlcu. con un pugno, con una sassata; lo colpì alla testa con un bastone* | ***c. il bersaglio***, centrarlo | danneggiare o ferire con il colpo di un'arma da lancio o da fuoco: *la nave fu colpita dalla bomba; la freccia mi colpì alla gamba; ho sparato in aria per non c. nessuno* | ***c. nel segno***, raggiungere l'obiettivo voluto (*spec. fig.*): *la tua critica ha colpito nel segno* | (*fig.*) ***c. qlcu. nel vivo***, toccarlo nella suscettibilità, rivelarne il punto debole **2** (*fig.*) provocare una profonda impressione: *quella scena mi ha molto colpito* **3** (*est.*) danneggiare con azioni violente, illegali e sim.: *un'ondata di rapine ha colpito tutta la zona* | (*est.*) punire, sottomettere a provvedimenti disciplinari, aggravi finanziari e sim.: *il provvedimento colpirà i trafficanti* | (*est.*) attaccare, criticare aspramente: *vuol c. la scienza ne' suoi ciarlatani* (F. De Sanctis)

SFUMATURE ➤ ***commuovere***

colpìte [comp. di *colp(o)*- e del suff. -*ite*① ✶ sec. XIX] **s. f.** ● (*med.*) vaginite

colpitóre [av. 1729] **agg. e s. m.** (**f.** -*trice*) ● che (o chi) colpisce

♦**cólpo** [lat. mediev. *colpu(m)*, per il classico *cŏlaphus*, dal gr. *kólaphos* 'schiaffo', di etim. incerta ✶ av. 1257] **s. m.** **1** movimento rapido e violento per cui un corpo viene a contatto con un altro: *dare un c. in testa a qlcu.; uccidere qlcu. a colpi di bastone, di pugnale, di coltello, di spada; spaccò la porta con un c. d'ascia; dare un c. di frusta al cavallo* | ***dare un c. al cerchio e uno alla botte***, (*fig.*) barcamenarsi, destreggiarsi fra due o più alternative diverse o contrarie | ***c. di spillo***, V. *spillo* | ***rispondere, ribattere c. su c.***, (*fig.*) replicare prontamente ad attacchi avversari | con riferimento ad armi da fuoco: *un c. di pistola, di fucile, di cannone; sparare, tirare un c.; un c. in aria* | ***c. di grazia***, colpo mortale, spec. di pistola, dato per abbreviare a qlcu. l'agonia; (*est.*) avvenimento che determina il crollo di una situazione già compromessa | ***senza c. ferire***, senza spargere sangue in un'azione di combattimento; (*fig.*) senza combattere, senza trovare resistenza (V. *ferire* nel sign. 3) | ***a c. sicuro***, senza pericolo di sbagliare | (*mus.*) ***colpi d'arco***, modi diversi, spesso prescritti dal compositore, dell'uso dell'arco per rendere il fraseggio e a fini espressivi **2** (*est.*) rumore prodotto da un colpo o da uno sparo: *si udì un c. di grancassa; che cos'è stato questo c.?; ho sentito un c. alla porta; un c. di cannone annuncia il mezzogiorno* | ***perdere colpi***, V. *perdere* nel sign. 6 **3** pugno | ***colpi d'assaggio***, nel pugilato, quelli tirati per studiare le reazioni e le capacità difensive dell'avversario | ***c. basso***, sferrato irregolarmente al di sotto della cintura; (*fig.*) azione disonesta, sleale | ***accusare il c.***, V. *accusare* nel sign. 3 | nel tennis, tiro: *c. passante* | nella scherma, stoccata: *c. doppio, nullo; portare un c.* **4** movimento o spostamento energico di congegni, attrezzi e sim.: *con due colpi di pedale lo raggiunse; con pochi colpi di forbice mi sistemò il vestito* | ***c. di remi***, palata | ***c. di telefono***, telefonata rapida | ***dare un c. di spugna a qlco.***, (*fig.*) fare in modo di dimenticare qlco. di spiacevole o increscioso **5** (*fig.*) manifestazione improvvisa e violenta di determinati fatti o fenomeni | ***c. di mare***, ondata violenta | ***c. di vento***, rapido aumento della forza del vento | (*bot.*) ***c. di fuoco batterico***, nella patologia vegetale, necrosi dei rami dovuta al batterio *Erwinia amylovora* | (*idraul.*) ***c. d'ariete***, insieme dei fenomeni che si producono in una condotta forzata quando si verificano brusche variazioni nella velocità della corrente liquida SIN. urto idraulico | (*miniere*) ***c. di tetto***, brusco aumento di carico sulle armature di gallerie di miniera o di cantieri sotterranei, che provoca frequentemente gravi crolli | ***c. di timone***, movimento improvviso della barra che spinge l'imbarcazione in altra direzione; (*fig.*) improvviso mutamento nella linea di condotta, spec. in campo politico | ***c. di coda***, V. *coda* | ***c. di reni***, V. *reni* | ***c. d'ala***, momento di alta ispirazione artistica; (*est.*) intuizione geniale | ***c. d'occhio***, vista d'insieme; (*est.*) capacità di capire le cose al primo sguardo | ***c. di fortuna***, avvenimento fortunato e inatteso | ***c. di fulmine***, (*fig.*) innamoramento a prima vista | ***c. di scena, colpo di teatro***, improvviso e sorprendente mutamento di situazione | ***c. di testa***, (*fig.*) decisione precipitosa e avventata | ***c. di vita***, V. *vita*[1] nel sign. 8 | ***colpi di luce, colpi di sole***, ciocche di capelli tinte di colore leggermente più chiaro di quello naturale | ***di c.***, all'improvviso | ***sul c.***, sull'istante | ***tutto in un c., tutto d'un c.***, tutto a un tratto, improvvisamente **6** stato morboso improvviso, spesso caratterizzato da perdita di coscienza | ***c. apoplettico***, o (*assol.*) *colpo*, apoplessia, ictus cerebrale | ***ti venisse un c.!***, (*scherz.*) ti pigliasse un accidente | ***c. di calore***, stato di collasso dovuto a prolungata esposizione dell'organismo a elevata temperatura ambientale con forte umidità | ***c. di sole***, insolazione | ***c. d'aria***, leggera infreddatura causata da una corrente d'aria | ***c. di sonno***, improvvisa sonnolenza SIN. (*centr.*) abbiocco | (*med.*) ***c. di frusta***, distorsione del tratto cervicale della colonna vertebrale causata da un contraccolpo | ***c. della strega***, dolore acuto nella zona lombare, per contrazione dei muscoli vicini alla colonna vertebrale, dovuto a sforzo, raffreddamento o discopatia | ***c. di tosse***, singolo accesso di tosse **7** impressione violenta, forte emozione causata da un evento grave e improvviso: *non mi aspettavo un simile c.*; *è stato un brutto c., un duro c., per tutti*; *non si riavrà più da questo c.*; *che c. queste notizie!* | ***fare c.***, suscitare emozione, interesse, entusiasmo, ammirazione | (*est.*) ***c. giornalistico***, notizia di un fatto particolarmente rilevante per gravità o curiosità che un giornale da solo riesce ad avere e pubblicare per primo **8** azione improvvisa con scopi criminali: *organizzare un c.*; *un c. da professionista*; *fare, fallire il c.*; *sventare un c.* | iniziativa rapida e fortunata: *ti sei procurato i biglietti per il concerto? bel c.!* | ***c. di culo***, V. *culo* | ***c. di genio***, V. *genio*[1] nel sign. 3 | ***c. mancino, gobbo, da maestro***, che si distingue per fortuna e abilità | ***c. di mano***, azione, spec. militare, che si svolge all'improvviso e cogliendo tutti di sorpresa | ***c. di Stato***, sovvertimento illegittimo dell'organizzazione costituzionale di uno Stato operato da un organismo dello Stato stesso || **colpàccio**, **pegg.** (V.) | **colpétto**, **colpettino**, **dim.**

SFUMATURE DI SIGNIFICATO

fare colpo - affascinare - sedurre

Fare colpo è provocare in un'altra persona un'impressione decisamente favorevole, di simpatia o più spesso di attrazione. **Affascinare** descrive un processo di attrazione più complesso, profondo e anche più duraturo, basato su aspetti più intellettuali che estetici. Se l'intenzione di attrarre, *affascinare* è esercitata consapevolmente ed è finalizzata a stabilire una relazione sentimentale o sessuale si usa **sedurre**.

còlpo- [dal gr. *kólpos* 'seno, golfo', di orig. incerta] **primo elemento** ● in parole composte della terminologia medica significa 'vagina': *colporragia*, *colposcopia*

colporragìa [comp. di *colpo-* e *-ragia* ✱ 1964] **s. f.** (**pl.** *-gìe*) ● (*med.*) emorragia che ha origine nella vagina

colportóre [adattamento del fr. *colporteur*, propr. 'colui che porta (*porteur*) la merce al collo (*col*)' ✱ 1856] **s. m.** (**f.** *-trice*) ● venditore ambulante spec. di testi religiosi

colposcopìa [comp. di *colpo-* e *-scopia* ✱ 1940] **s. f.** ● (*med.*) esame ottico diretto della vagina e del collo dell'utero

colposcòpio [comp. di *colpo-* e *-scopio* ✱ 1956] **s. m.** ● strumento con cui si esegue la colposcopia

colpóso (o **-ṣ-**) [da *colpa* ✱ 1723] **agg.** ● (*dir.*) commesso per negligenza, imprudenza, imperizia, ma senza volontà di nuocere: *delitto c.*; *illecito c.* CFR. doloso || **colposaménte**, **avv.** || **colposità**, **s. f. inv.** natura colposa: *la colposità di un atto*

còlsi ➤ **cogliere**

colt /kolt, *ingl.* kəult/ [dal n. dell'inventore, il colonnello statunitense S. *Colt* (1814-1862) ✱ 1951] **s. f. inv.** ● tipo di pistola a tamburo rotante

còlta [da *cogliere* ✱ av. 1277] **s. f. 1** (*mar.*; *disus.*) operazione che consiste nel mettere in assetto cime, vele e sim. **2** (*raro*) raccolta | (*lett.*) ***di c., di prima c.***, all'istante, subito | †***far c.***, colpire esattamente | †***in c.***, insieme **3** †colletta **4** (*raro*) stagione del raccolto **5** (*stor.*) nel Medioevo, tributo, imposta

còltan [comp. di *col(umbite)* e *tan(talite)* ✱ sec. XX] **s. m. inv.** ● minerale composto da una miscela isomorfa di columbite e tantalite

coltèlla [da *coltello* ✱ 1312] **s. f.** ● grosso coltello a lama larga e fissa: *c. da cucina, da caccia, dei marinai, dei macellai* || **coltellìna**, **dim.** (V.)

coltellaccìno [dim. di *coltellaccio* ✱ 1815] **s. m.** ● (*mar.*) vela supplementare, simile al coltellaccio, da aggiungersi al velaccio e al velaccino

coltellàccio [1325] **s. m. 1** pegg. di *coltello* **2** grosso coltello o daga da punta e da taglio con lama corta e larga sempre a filo e costola | specie di scimitarra | pugnale **3** †roncola **4** (*mar.*) leggera vela accessoria più lunga che larga, che si può attrezzare a fianco delle vele quadre o sotto per aumentarne la superficie e pigliare più vento

coltellàme [1503] **s. m.** ● quantità di coltelli di più forme e grandezze

coltellàta o (*centr.*) **cortellàta**, †**cultellàta** [1305] **s. f. 1** colpo, ferita di coltello: *lo uccisero con una c.* **2** (*fig.*) impressione che provoca dolore, sofferenza e sim.: *la notizia è stata una c. per tutti* **3** muro divisorio costruito con mattoni disposti a coltello, cioè di taglio

coltellàto [1881] **agg.** ● detto di muro di mattoni a coltello

coltellerìa [1819] **s. f. 1** assortimento, insieme di coltelli **2** fabbrica o negozio di coltelli

coltellièra o †**cultellièra** [1266] **s. f.** ● astuccio per coltelli da tavola

coltellìna [1887] **s. f. 1** dim. di *coltella* **2** coltella per dissosare la carne, tagliare fettine e sim.

coltellinàio [sec. XV] **s. m.** (**f.** *-aia*, **pl. m.** *-ai*) ● chi fabbrica o vende coltelli, forbici, lame in genere

coltellinàta [1865] **s. f.** ● (*raro*) colpo di coltellino

♦**coltèllo** o (*centr.*) **cortèllo**, (*pop.*) †**cultèllo** [lat. *cultĕllu(m)*, dim. di *cŭlter*. V. *coltro* ✱ 1262 ca.] **s. m.** (**pl.** *coltèlli*, **m.**, †*coltèlla*, **f.**) **1** strumento per tagliare, con lama d'acciaio inserita in un manico, dritta o lunata, tagliente da una parte sola, spesso con la punta acuminata: *mettere mano, venire al c., ai coltelli* | ***c. fermo***, a lama fissa | ***c. a serramanico***, in cui la lama si può far rientrare nel manico che fa da custodia | ***c. da tasca***, generalmente a serramanico che, per le sue ridotte dimensioni, può essere portato in tasca | ***c. da tavola***, solitamente con la punta tonda | ***c. a scrocco***, a serramanico, che si apre mediante una molla e in cui la lama viene bloccata in posizione aperta mediante un fermo di sicurezza | ***c. elettrico***, costituito da due lame affiancate a cui un motore elettrico imprime un rapido movimento alternato in sensi opposti | ***c. da lancio***, con lama molto spessa e a doppio tagliente all'estremità | ***c. a petto***, utensile per lavorare il legno costituito da una lama armata e molto affilata e da manici di legno, usato per rifinire doghe di botti e sim. | ***c. disopercolatore***, attrezzo costituito da una specie di cazzuola a bordi taglienti usato dagli apicoltori per togliere gli opercoli dalle celle dei favi prima della smielatura | ***c. a ruota***, utensile usato per tagliare gli ingranaggi nelle dentatrici e costituito da una ruota dentata con denti taglienti | ***c. da innesto***, di vario tipo, per le diverse forme di innesto | ***c. dell'aratro***, coltro | ***c. per scarnare***, a lama tagliente con due impugnature in legno, una volta usato per la scarnatura a mano | ***c. anatomico***, per sezionare cadaveri | ***c. chirurgico, c. operatorio***, bisturi | ***prendere il c. per la lama***, (*fig.*) fare il proprio danno | ***avere il c. per il manico***, (*fig.*) essere in posizione di vantaggio | ***da tagliarsi col c.***, (*fig.*) detto di ciò che è molto denso, fitto, spec. nebbia, oscurità e sim. | ***lotta a c.***, (*fig.*) accanita, furiosa | ***notte dei lunghi coltelli***, V. *notte* | †***servire di coppa e c.***, (*fig.*) servire a puntino | ***a c., in c., per c.***, detto di mattone messo di taglio, e di muro fatto con mattoni posti in tale modo | (*est.*) legno tagliente nella gramola o maciulla della canapa **2** †mannaia **3** (*fig., lett.*) dolore profondo, pena intensa: *come che queste parole fossero tutte coltella al cuor di Griselda* (G. Boccaccio) | (*raro, lett.*) ***il c. del dolore***, la violenza crudele di un dolore | †***il c. della parola***, la sua forza di persuasione su chi ascolta **4** (*elettr.*) ***c. separatore***, dispositivo a forma di lama usato nei circuiti ad alta tensione come interruttore **5** prisma di acciaio attorno al cui asse oscilla il giogo della bilancia **6** †penna maestra delle ali degli uccelli || **coltellàccio**, **pegg.** (V.) | **coltellétto**, **dim.** | **coltellìno**, **dim.** piccolo coltello, spec. pieghevole e tascabile: *Geppetto, cavato fuori un coltellino ..., sbucciò le tre pere* (C. Collodi) | **coltellóne**, **accr.** (V.) | **coltellùccio**, **dim.**

coltellóne [1825] **s. m. 1** accr. di *coltello* **2** grossa posata, di forma analoga a quella di un coltello, usata per tagliare e servire dolci

coltivàbile [1589] **agg.** ● che si può coltivare || **coltivabilità**, **s. f. inv.**

†**coltivaménto** [1288] **s. m.** ● coltivazione | (*fig.*) istruzione: *Gente ... priva d'ogni c. di lettere* (D. Bartoli)

♦**coltivàre** o †**cultivàre** [lat. mediev. *cultivare*, dal lat. *cŏlere* 'coltivare', di orig. indeur. ✱ 1268] **A v. tr. 1** lavorare il terreno affinché diventi produttivo: *c. la terra, il giardino, l'orto*; *c. un campo a grano, a prato, a orto, a vigna* | curare una pianta perché dia frutti o fiori: *c. patate, fagioli*; *c. la vite, l'ulivo*; *c. camelie, orchidee* **2** sfruttare un giacimento minerario: ***c. a giorno, in sotterraneo*** | ***c. a frana***, lasciando che i vuoti sotterranei siano invasi da materiale franato dopo la coltivazione | ***c. a ripiena***, colmando con materiale sterile i vuoti aperti dalla coltivazione | ***c. a rapina***, senza un razionale schema di lavoro **3** (*fig.*) sviluppare, migliorare: *c. la mente, l'ingegno* | esercitare qlco., dedicarsi a qlco.: *c. gli studi, l'arte, le scienze* | ***c. i vi-***

zi, alimentarli, soddisfarli | ***c. l'ignoranza***, perseverare in essa | ***c. un'amicizia***, darsi cura di conservarla | (*fig.*) ***c. qlcu.***, curare sistematicamente la sua amicizia, spec. per ottenere dei vantaggi | anche in forma pron. (con valore intens.): *la gelosia … è più bestiale … in chi serve, e ha bisogno di coltivarsi il padrone* (C. GOLDONI) **4** (*fig.*) nutrire, covare: *c. una speranza; coltivava sentimenti di vendetta* **5** (*dir.*) tenere in vita un procedimento eseguendo tutte le formalità necessarie: *c. un appello* **6** †onorare, venerare **B** **coltivàrsi** v. rifl. ● (*raro*) migliorarsi, istruirsi

C

coltivàto o †**cultivàto** **A** part. pass. di *coltivare;* anche agg. **1** nei sign. del v. | (*fig., raro, lett.*) colto, istruito **2** non spontaneo: *perle coltivate* **B** s. m. ● luogo a coltura

♦**coltivatóre** [1282] **A** agg. (f. *-trice*) ● che coltiva: *proprietà coltivatrice* CFR. -coltore **B** s. m. **1** (f. *-trice*) chi coltiva | ***c. diretto***, imprenditore agricolo che impiega, nella coltivazione di un fondo in proprietà sua o d'altri, prevalentemente il lavoro proprio e dei familiari SIN. agricoltore, contadino **2** attrezzo per smuovere e sminuzzare lo strato superficiale del terreno **3** (f. *-trice*) (*raro*) cultore: *c. di memorie domestiche* (G. PASCOLI)

♦**coltivazióne** [av. 1311] s. f. **1** attività, lavoro del coltivare: *la c. dei campi* **2** coltura di piante erbacee e arboree: *c. di ortaggi, fiori, cereali, vite, ulivo* | (spec. al pl.) terreno coltivato; insieme di piante coltivate: *il maltempo ha arrecato danni alle coltivazioni* CFR. -coltura **3** il complesso dei lavori per la utilizzazione dei minerali e delle rocce, in cave e miniere | ***c. degli idrocarburi***, insieme di studi e processi industriali per l'utilizzazione degli idrocarburi del petrolio

coltìvo [1282] **A** agg. ● detto di terreno coltivato e coltivabile **B** s. m. ● terreno coltivato

♦**cólto**① o (*lett.*) **cùlto**② [lat. *cŭltu(m)*, part. pass. di *cŏlere* 'coltivare' ✱ av. 1294] **A** agg. **1** (*raro, lett.*) coltivato: *un culto monticel dal manco lato* (L. ARIOSTO) **2** che possiede e usa in modo sistematico un complesso organico di cognizioni: *è una donna molto colta* | che denota cultura: *parola colta* | ***c. pubblico e inclita guarnigione***, antica formula introduttiva del discorso di presentazione di uno spettacolo | (*ellitt., scherz.*) ***il c. e l'inclita***, tutti, l'insieme degli spettatori, degli ascoltatori e sim. SIN. istruito **B** s. m. **1** †terreno coltivato: *per li lieti / colti di fecondissime campagne* (T. TASSO) **2** (f. *-a*) persona che possiede una buona cultura: *s'usa dire … anche fra i colti, ed anche scrivendo* (G. LEOPARDI)

còlto② part. pass. di *cogliere* ● nei sign. del v.

†**cólto**③ ➤ culto①

-coltóre o (*raro*) **-cultóre** [dal lat. *cultō-re(m)* 'coltivatore'] secondo elemento ● in parole composte significa 'coltivatore', o 'allevatore': *agricoltore, viticoltore, apicoltore*

†**cóltra** ➤ coltre

coltràre [da *coltro* ✱ 1865] v. tr. (*io cóltro*) ● (*tosc.*) lavorare la terra con il coltro

coltratùra [1951] s. f. ● (*tosc.*) tipo di aratura effettuata con il coltro

✦**cóltre** o †**cóltra** [ant. fr. *coltre*, dal lat. *cŭlcitra(m)*. V. *coltrice* ✱ 1250] s. f. **1** coperta da letto, gener. imbottita: *macchinalmente … tirò fin sopra le orecchie le coltri in disordine* (A. MORAVIA) **2** drappo nero con cui si usa coprire la bara o il catafalco **3** (*est.*) strato di materiale che copre una superficie (*anche fig.*): *una c. di neve, di nebbia; costringono i cavalli sotto coltri di stelle* (S. QUASIMODO) **4** (*geol.*) ***c. di ricoprimento***, falda di ricoprimento **5** †portiera nel sign. 2 || **coltrino**, dim. m. | **coltróne**, accr. m. (V.)

cóltrice [lat. tardo *cŭlcitra(m)*, di etim. incerta, con metatesi ✱ 1221] s. f. ● (*lett.*) materasso imbottito di lana o piume | (*est., lett.*) giaciglio: *sulla deserta c. / accanto a lui posò* (A. MANZONI) || †**coltricétta**, dim.

cóltro o †**cùltro** [lat. *cŭltru(m)*, di orig. indeur. ✱ sec. XIV] s. m. **1** nell'aratro, lama tagliente che sta davanti al vomere, e apre il solco verticalmente | tipo d'aratro fornito di coltro **2** (*mar.*) †tramezzo a prua tra le due gru, nelle antiche navi

coltróne [accr. di *coltre* ✱ 1483] s. m. **1** coperta imbottita e trapuntata **2** tendone imbottito sul lato interno delle porte delle chiese e sim. per riparare dal freddo || **coltroncino**, dim.

coltùra o †**cultùra** [lat. *cultūra(m)*, da *cŏlere* 'coltivare' ✱ av. 1294] s. f. **1** coltivazione del terreno agrario: *c. del terreno; c. della vite, dell'ulivo; c. intensiva, estensiva* | ***mettere un terreno a c.***, coltivarlo per la prima volta | ***c. promiscua***, di seminativo associato a piante legnose | ***c. specializzata***, di singole colture **2** pianta coltivata: *danni alle colture* **3** (*lett.*) terreno coltivato **4** allevamento: *la c. del baco da seta, delle ostriche, delle api* | allevamento di microrganismi in vitro a scopo scientifico | ***c. microbica***, procedimento di coltivazione in vitro di batteri o funghi in un terreno artificiale liquido o solido, o di virus su tessuti | ***c. in vitro***, metodo di riproduzione in recipiente di vetro di organismi o parti di un organo **5** (*raro, lett.*) cura **6** †cultura: *Proprio della c. è suscitare nuove idee* (F. DE SANCTIS)

-coltùra o (*raro*) **-cultùra** [dal lat. *cultū-ra(m)* 'coltivazione'] secondo elemento ● in parole composte significa 'coltivazione' o 'allevamento': *agricoltura, apicoltura*

colturàle [1907] agg. ● relativo a coltura

colturaménto [da *coltura* ✱ 1964] s. m. ● complesso di lavori periodici a cui viene sottoposto il terreno agrario per conservarne le caratteristiche o per facilitare alcune colture

Colùbridi [vc. dotta, comp. di *colubro* e *-idi* ✱ 1892] s. m. pl. (sing. *-e*) ● (*zool.*) famiglia di Rettili caratterizzati dall'occhio con pupilla rotonda, cui appartengono specie sia velenose sia innocue (*Colubridae*)

colubrìna o †**colombìna**⑤ [provenz. *colobrina*, dal lat. *cŏluber* 'serpente', per la forma ✱ 1532] s. f. ● antica bocca da fuoco con forte portata e capacità di penetrazione || **colubrinétta**, dim.

colubrinàta [sec. XVI] s. f. ● colpo di colubrina

colùbro o (*raro*) **còlubro** [vc. dotta, lat. *cŏlubru(m)*, di etim. sconosciuta ✱ av. 1292] s. m. **1** (*lett.*) serpente **2** ***c. di Esculapio***, grande serpente dei Colubridi, inoffensivo, un tempo allevato nei santuari di Esculapio, dio della medicina (*Elaphe longissima*) SIN. saettone

♦**colùi** [lat. parl. *(ĕc)cu(m) *illūi* 'ecco a lui' ✱ 1219] pron. dimostr. (f. *colèi;* pl. m. e f. *colóro*) **1** quello, quegli (con funzione sia di soggetto sia di complemento, per lo più seguito dal pron. rel.): *tu se' solo c. da cu' io tolsi / lo bello stilo che m'ha fatto onore* (DANTE *Inf.* I, 86-87) | (*assol., spreg.*) quel tale: *chi cerca c.?; non parlarmi di coloro; Un altro della setta, c.! un arruffapopolo* (G. VERGA) **2** (*lett.*) †suo, di colui (con valore di compl. di specificazione ed ellissi della prep. 'di', posto tra l'art. e il sost.): *per lo c. consiglio* (G. BOCCACCIO)

colùmbio o **colómbio** [da *Columbia*, n. antico o poet. dell'America (dallo scopritore Cristoforo Colombo) ✱ 1865] s. m. ● (*chim., raro*) niobio

columbite [comp. di *columbi(o)* e *-ite*② ✱ 1930] s. f. ● (*miner.*) nome collettivo di un gruppo di niobati contenenti ferro, magnesio o manganese, usati per l'estrazione del niobio SIN. niobite CFR. coltan

columèlla [vc. dotta, lat. *columĕlla(m)*, dim. di *colŭmna* 'colonna' ✱ av. 1639] s. f. **1** (*anat.*) staffa dell'orecchio medio di alcuni Tetrapodi, definita in tal modo per la sua forma cilindrica **2** (*zool.*) asse interno della conchiglia dei Molluschi gasteropodi **3** (*anat.*) modiolo **4** (*zool.*) osso pari del cranio di numerosi Rettili, che dal palato si innalza sino alle ossa parietali

còlumnist /ˈkɔlumnist, *ingl.* ˈkɒləmnɪst/ [ingl., 'articolista', da *column* 'colonna (di giornale)' ✱ 1954] s. m. e f. inv. ● giornalista che cura una rubrica fissa, gener. su argomenti di attualità, di lunghezza aggirantesi sulla colonna

colùro [vc. dotta, lat. tardo *colūru(m)*, dal gr. *kólouros* 'senza coda', comp. di *kólos* 'troncato' e *ourá* 'coda', perché i due cerchi erano considerati invisibili nella loro parte australe ✱ 1314] s. m. ● (*astron.*) ciascuno dei due meridiani celesti passanti rispettivamente per i punti equinoziali e solstiziali

colùtea [vc. dotta, lat. *colūtea*, nt. pl., dal gr. *koloutéa*, d'orig. sconosciuta ✱ av. 1577] s. f. ● genere di piante delle Leguminose cui appartengono specie mediterranee e asiatiche (*Colutea*) | ***c. arborescente***, vescicaria

cólza [fr. *colza*, dal neerl. *koolzaad* 'seme di cavolo', comp. di *kool* 'cavolo' e *zaad* 'seme' ✱ 1770] s. f. o (*raro*) m. (pl. f. *-e*, m. *-i*) ● pianta erbacea delle Crocifere con fiori gialli, frutto a siliqua con semi rotondi e nerastri dai quali si estrae un olio usato industrialmente (*Brassica napus arvensis*)

†**com** /kom/ [av. 1250] avv. ● forma tronca di *come*

com- ➤ con-

còma① [vc. dotta, gr. *kôma* 'sonno profondo', di etim. incerta ✱ 1750] s. m. (pl. *-i* o inv.) **1** (*med.*) condizione morbosa comune a più malattie, caratterizzata da perdita della sensibilità mentre sono conservate le attività circolatoria e respiratoria: *c. diabetico, uremico, cerebrale; entrare, essere in c.; uscire dal c.* | ***c. uno, due, tre, quattro***, a seconda della gravità | ***c. vigile***, condizione caratterizzata da quadriplegia e mutismo con coscienza integra in cui il paziente non risponde a stimoli esterni SIN. pseudocoma | ***c. farmacologico***, indotto artificialmente mediante somministrazione di farmaci | ***c. profondo***, condizione caratterizzata da abolizione di tutti i riflessi e da gravi disturbi respiratori e circolatori | ***c. irreversibile***, condizione in cui si esclude una possibilità di recupero della coscienza **2** (*est., scherz.*) stato di grande stanchezza, di estremo affaticamento | (*est.*) stato di profonda crisi: *la Borsa è in c.*

còma② [vc. dotta, lat. *cŏma(m)*. V. *chioma* ✱ 1282] s. f. **1** (*lett.*) †chioma **2** (*ottica*) aberrazione ottica dovuta ai raggi che incidono sulla lente non parallelamente all'asse ottico principale

†**còma**③ ➤ comma

comacìno o **comàcino**, **comasìno** [dalla città di *Como* ✱ av. 1873] agg. ● (*lett.*) comasco | ***Maestri comacini***, gruppi di costruttori e scalpellini attivi nel Medioevo, in varie regioni d'Italia e d'Europa

†**comàdre** ➤ comare

comànda [1983] s. f. ● (*sett.*) ordinazione del cliente in un ristorante

comandaménto [da *comandare* ✱ 1219] s. m. (pl. *comandaménti*, m.; †*comandaménta*, f.) **1** †comando: *Segnor, che ivi adunati / sete venuti al mio c.* (M.M. BOIARDO) | †regola, norma **2** precetto positivo o negativo imposto da Dio nella rivelazione e divenuto legge per i fedeli in alcune religioni | ciascuno dei dieci precetti che Mosè ebbe da Dio sul Sinai

♦**comandànte** **A** **part. pres.** di *comandare*; **anche agg.** ● nei sign. del v. CFR. -arca **B** **s. m. e f.** **1** chi comanda **2** (*milit.*) chi regge un comando | ***sotto c.***, ufficiale immediatamente sottoposto al comandante di batteria, addetto a dirigere l'esecuzione del fuoco presso la linea pezzi | ***c. in capo***, comandante supremo di tutte le unità operanti | ***c. supremo***, chi ha il comando e la responsabilità di tutto l'esercito **3** ufficiale superiore della Marina militare | capitano di un piroscafo | ***c. in seconda***, secondo | ***c. di porto***, ufficiale preposto alla capitaneria di porto

♦**comandàre** [lat. tardo **commandāre*, per il classico *commendāre* 'affidare, consegnare', comp. di *cŭm* 'con' e *mandāre* 'affidare' ✻ 1065] **A** **v. intr.** (**aus.** *avere*) ● imporre autorevolmente la propria volontà, manifestarla affinché sia eseguita: *gli piace c.*; *vuole sempre c. su tutti*; *Chi comanda in quella casa* (C. PAVESE) | ***c. a bacchetta***, in modo autoritario, senza ammettere discussioni | ***come Dio comanda***, (*fam.*) nel modo migliore, secondo le regole: *spese che ci vogliono per coltivare come Dio comanda una zolfara* (L. PIRANDELLO) SIN. ordinare **B** **v. tr.** **1** chiedere con autorità esigendo obbedienza (**anche fig.**) (+ *di*, **anche seguito da inf.**; + *che* **seguito da congtv.**): *vi comando il silenzio*; *gli comandarono di partire*; *comandò che al morto corpo fosse data sepoltura* (G. BOCCACCIO) | PROV. ***al cuore non si comanda***, V. *cuore* | ***comandi!***, formula di risposta alla chiamata di un superiore o (*ven.*, *fam.*) alla chiamata di qlcu.: – *Signor fratello*, – *Comandi* (C. GOLDONI) | ***c. un esercito, una nave e sim.***, reggerne il comando SIN. ingiungere, intimare, ordinare CONTR. obbedire **2** (*dir.*) imporre ad altri dati doveri da parte di un'autorità costituita legislativa, amministrativa o giurisdizionale: *c. a qlcu. di dare, fare, non fare qlco.* **3** chiedere, ordinare (**anche assol.**): *comandò un pranzo completo*; *il signore comanda?* | (*lett.*) raccomandare, consigliare, prescrivere: *il medico gli ha comandato una cura particolare* | (*lett.*) esigere, richiedere: *il suo stato di salute comanda prudenza* **4** (*burocr.*) destinare un impiegato, un funzionario e sim. a un nuovo incarico, spec. diverso dal suo abituale, o in una località diversa da quella dove lavora abitualmente **5** determinare e controllare il funzionamento di una macchina o di un meccanismo con organi e dispositivi opportuni: *il pulsante che comanda la messa in moto*; *questa leva comanda l'arresto della macchina* **6** (*lett.*) dominare da una posizione elevata (***anche assol.***): *una piccola sommità, che comanda strada e guado* (R. BACCHELLI)

SFUMATURE DI SIGNIFICATO

comandare - disporre - prescrivere

Comandare significa imporre autorevolmente la propria volontà, manifestarla affinché sia eseguita e richiedere dunque obbedienza; nella terminologia giuridica *comandare* equivale a imporre determinati doveri da parte di un'autorità legislativa, amministrativa o giurisdizionale. In riferimento all'azione di un'autorità, *comandare* è sinonimo di **disporre**, che nell'uso corrente ha anche il significato di decidere, stabilire. L'azione di ordinare, *disporre* qualcosa sulla base di determinate norme si definisce **prescrivere**, come per esempio fanno i medici quando ordinano ai pazienti di assumere determinate medicine.

SFUMATURE ➤ ***chiedere***, ➤ ***ordinare***

comandàta [da *comandare* ✻ av. 1306] **s. f.** **1** †prestazione di un dato servizio imposta dal signore di un feudo o da un comandante di truppe **2** (*milit.*) in marina, corvè | turno di guardia in porto su navi militari | ***prima c.***, dalle 16 alle 24 | ***seconda c.***, dalle 24 alle 4

comandatàrio [sec. XIV] **s. m.** (**f.** *-ia*) ● accomandatario

comandàto **part. pass.** di *comandare*; **anche agg.** **1** nei sign. del v. **2** ***feste comandate***, nelle quali la Chiesa prescrive di astenersi dal lavoro e di assistere agli uffici divini **3** detto di militare destinato temporaneamente o definitivamente a prestare servizio fuori del corpo di appartenenza: *soldato c. di giornata* **4** (*burocr.*) detto di impiegato o funzionario assegnato a impiego o ufficio diverso da quello abituale: *professore c. presso il Ministero*

†**comandatóre** [av. 1292] **s. m.** (**f.** *-trice*) ● chi comanda | comandante di eserciti: *la inutilità di molti comandatori in un esercito* (N. MACHIAVELLI)

†**comandìgia** [ant. fr. *comandise*, da *comander* 'comandare' ✻ 1263] **s. f.** **1** raccomandazione **2** accomandita

♦**comàndo**① [da *comandare* ✻ sec. XII] **s. m.** **1** imposizione autorevole, intimazione che esige obbedienza; le parole con cui si comanda: *un c. brusco, secco, che non ammette discussioni*; *azione di c.*; *c. di attenti, di riposo*; *ubbidire a un c.* | ***essere, stare al c., ai comandi, sotto il c. di qlcu.***, essere ai suoi ordini, alle sue dipendenze; essere a sua disposizione | ***ai suoi, ai nostri comandi!***, come risposta alla richiesta di un superiore o (*sett.*, *lett.*) di qlcu. | ***c. giuridico***, impartito dalla legge SIN. ingiunzione, ordine **2** autorità di comandare: *dare, prendere il c.*; *avere al proprio c.*; *il Presidente della Repubblica ha il c. delle Forze armate* SIN. autorità, guida, potere **3** posizione di testa, primo posto, in gare sportive: *il c. della classifica, della gara*; *assumere, prendere, il c. della corsa* **4** (*milit.*) organo che esercita azione direttiva su una data unità o su un complesso d'unità: *c. di Corpo d'armata, di divisione, di reggimento, c. supremo* | insieme del comandante e dei suoi collaboratori nella sede dove hanno i rispettivi uffici e svolgono la propria attività **5** (*burocr.*) provvedimento con cui gli organi competenti dispongono lo spostamento temporaneo di un impiegato o di un funzionario a un ufficio diverso da quello del suo ruolo o della sua sede **6** (*mecc.*) leva, trasmissione meccanica, elettrica, idraulica o pneumatica, che regola il funzionamento di un organo o di un meccanismo: *c. elettrico, meccanico, a distanza, automatico*; *azionare i comandi* | ***doppio c.***, bicomando | (*est.*) operazione con cui si determina il funzionamento di tali apparecchi **7** (*inform.*) istruzione fornita dall'utente a un elaboratore, gener. mediante tastiera

SFUMATURE ➤ ***intimazione***

comàndo② ➤ **commando**②

comàndolo [da *commando*② ✻ 1830] **s. m.** ● (*tess.*) filo avvolto attorno a un rocchetto del telaio, che si usa per riannodare i fili strappati dall'ordito

comàre o **commàre**, †**comàdre**, †**commàdre**, †**comàtre**, †**commàtre** [lat. tardo *commātre(m)*, nom. *commāter*, comp. di *cŭm* 'con' e *māter* 'madre', attrav. i dialetti sett. ✻ sec. XIII] **s. f.** **1** (*centr.*, *merid.*) donna che tiene a battesimo o a cresima un bambino SIN. madrina, santola **2** (*centr.*, *merid.*) la madre del battezzato o del cresimato rispetto al padrino o alla madrina **3** (*centr.*, *merid.*) donna che aiuta la sposa nella cerimonia nuziale **4** (*est.*) vecchia amica, spec. vicina di casa: *le allegre comari di Windsor* | ***compare lupo e c. volpe***, designazione di animali personificati, protagonisti di fiabe infantili | (*spreg.*) donna pettegola e chiacchierona: *pettegolezzi, chiacchiere, da comari* **5** (*centr.*, *merid.*) levatrice **6** (*pop.*, *eufem.*) la morte: *la c. secca* | la febbre intermittente ‖ **comarèlla**, **dim.** | **comarùccia**, **dim.**

comàsco [da *Como* col suff. *-asco* ✻ 1540] **A** **agg.** ● di Como **B** **s. m.** (**f.** *-a*; **pl. m.** *-schi*) ● abitante o nativo di Como SIN. (*lett.*) comacino, comense

comașino ➤ **comacino**

†**comàto** [lat. *comātu(m)*, da *cōma* 'chioma' (V.) ✻ av. 1292] **agg.** ● (*lett.*) chiomato

comatóso (o -ș-) [da *coma*①, prob. attrav. il fr. *comateux* ✻ 1676] **agg.** ● (*med.*) di coma | ***stato c.***, (*fig.*, *iperb.*) condizione di grande stanchezza; condizione di ciò che è in gravissima crisi | che è in coma: *malato c.*

†**comàtre** ➤ **comare**

comàtula [vc. dotta, lat. tardo *comătula(m)* 'con chioma abbondante', dim. di *comătus* 'chiomato' ✻ 1887] **s. f.** ● (*zool.*) genere di Crinoidi dai colori vivaci che, allo stadio giovanile, vivono attaccati ai corpi sommersi grazie a sottili appendici, diventando poi liberi da adulti (*Comatula*)

cómba [lat. *cŭmba(m)* 'valle', di orig. gallica ✻ 1931] **s. f.** ● nell'alpinismo, valle lunga e stretta, circondata da catene montuose

combaciaménto [av. 1597] **s. m.** ● il combaciare | punto dove due corpi combaciano

combaciàre [comp. di *con-* e *baciare*① ✻ av. 1334] **A** **v. intr.** (**pres.** *io combàcio*; **fut.** *io combacerò*; **aus.** *avere*) ● essere congiunto e aderire completamente: *i due fogli combaciano* | (*fig.*) coincidere: *i nostri punti di vista combaciano* **B** **v. tr.** ● †congiungere bene **C** **combaciàrsi** **v. intr. pron.** ● (*raro*) congiungersi aderendo completamente: *le assi si combaciano*

combattènte **A** **part. pres.** di *combattere*; **anche agg.** ● nei sign. del v. **B** **s. m. e f.** ● chi combatte o fa parte di truppe che combattono: *un valoroso c.* | ***ex c.***, reduce | (*fig.*) chi è animato da spirito combattivo, è aggressivo, e sim.: *quel pugile è un vero c.* **C** **s. m.** **1** razza di galli da combattimento: *c. inglese, malese* **2** uccello di palude dei Caradriformi, il cui maschio ha un collare erettile e piume a pennacchio sul capo e lotta coi suoi simili per la conquista della femmina (*Philomacus pugnax*) SIN. gambetta **D** **agg.**; **anche s. m.** ● (*arald.*) attributo di ciascuno di due animali messi di fronte in atto di combattimento

combattentișmo [1924] **s. m.** **1** tendenza alla guerra, al combattimento **2** (*stor.*) nel primo dopoguerra, movimento nazionalistico di ex combattenti

combattentìstico [1931] **agg.** (**pl. m.** *-ci*) ● di combattenti o ex combattenti: *manifestazione, propaganda combattentistica* | proprio del combattentismo

♦**combàttere** [lat. parl. **combatt(ŭ)ere*. V. *con*① e *battere* ✻ 1250 ca.] **A** **v. intr.** (**coniug. come** *battere*; **aus.** *avere*) **1** prendere parte a uno scontro spec. armato, a una battaglia, a operazioni di guerra (+ *per*, + *contro*): *c. accanitamente, eroicamente, strenuamente, fiaccamente*; *c. alla testa, alla coda dell'esercito*; *c. contro il nemico, contro l'invasore*; *c. per la patria, per la libertà* | ***c. contro i mulini a vento***, V. *mulino*① | (*fig.*) ***c. contro il tempo***, intensificare il ritmo della propria attività per rispettare una scadenza SIN. battersi, guerreggiare **2** (*fig.*) opporsi attivamente, energicamente, contrastare (+ *contro*): *c. contro la furia degli elementi*; *c. contro le difficoltà, la miseria, la fame, la malvagità umana*; *l'appetito concupiscibile combatte con l'animoso* (T. TASSO) SIN. lottare **3** (*fig.*) lottare sistematicamente e con impegno per il raggiungimento o l'attuazione di qlco. (+ *per*): *c. per le proprie idee, per una giusta causa, per una società nuova* SIN. adoperarsi, battersi **4** (*sport*) gareggiare, disputare una competizione col massimo impegno **B** **v. tr.** **1** affrontare, attaccare in battaglia, cercare di abbattere, di sconfiggere:

c. l'esercito avversario; c. l'invasore **2** (*lett.*) agitare, sconvolgere (*anche fig.*): *che mugghia come fa mar per tempesta, / se da contrari venti è combattuto* (DANTE *Inf.* V, 29-30) **3** (*fig.*) contrastare, attaccare sistematicamente e con impegno: *c. un'opinione, una tesi; c. l'ignoranza, la corruzione, il malcostume* | (*est., sport*) disputare: *il Napoli ha combattuto una bella partita* **C** **v. intr.** e **combàttersi** **v. intr. pron.** ● †dibattersi | (*fig.*) darsi da fare: *essendosi combattuto Mino ... e non trovando alcuna cosa, la donna s'andò al letto* (F. SACCHETTI) **D** **combàttersi** **v. rifl. recipr.** ● affrontarsi, scontrarsi, battersi: *i due avversari si combatterono a lungo*

♦**combattiménto** [av. 1292] **s. m. 1** il combattere | scontro violento (*anche fig.*): *c. improvviso, aspro, decisivo* | (*est.*) lotta: *cercare il c.; soccombere nel c.; c. di galli* CFR. -machia **2** (*milit.*) nel quadro di una battaglia, azione limitata nel tempo, nello spazio e nell'entità delle forze contrapposte: *c. offensivo, difensivo, notturno* **3** (*sport*) incontro di pugilato, di lotta e sim. | ***mettere fuori c.***, mandare al tappeto l'avversario oltre i dieci secondi regolamentari; (*fig.*) indebolire, fiaccare, privare di ogni velleità | ***vincere per fuori c. tecnico***, quando l'arbitro dichiara che l'avversario non è più in grado di continuare l'incontro per le sue provate condizioni fisiche **4** (*fig., lett.*) conflitto interiore: *chi può immaginare i combattimenti di quell'animo ...?* (A. MANZONI) **5** †accesso di febbre, di malattia

SFUMATURE ➤ ***battaglia***

combattitóre [sec. XII] **A** **s. m.** (**f.** *-trice, raro*) ● (*lett.*) chi combatte (*spec. fig.*): *c. della corruzione, dell'ignoranza, dei pregiudizi* **B** **agg.** ● †pugnace

combattivo [fr. *combatif*, da *combat* 'combattimento', da *combattre* 'combattere' ✱ 1918] **agg.** ● che è sempre pronto a lottare per le proprie idee, le proprie convinzioni e sim.: *carattere, spirito c.; individuo ostinato e c.* | nello sport, aggressivo, grintoso: *un pugile c.* || **combattivaménte**, **avv.** || **combattività**, **s. f. inv.** caratteristica di chi (o di ciò che) è combattivo

combattùto **part. pass.** di *combattere*; **anche agg. 1** nei sign. del v. | accanito, contrastato: *un derby molto c.* **2** confuso, tormentato, incerto fra due o più alternative: *nei riguardi di quella persona era c. fra la simpatia e la diffidenza* **3** (*lett.*) pieno di contrasti: *sono vecchio ormai ... e pur giovine di cuore forse meglio che nol fossi nella combattuta giovinezza* (I. NIEVO) || **combattutaménte**, **avv.**

†**combiatàre** e deriv. ➤ **commiatare** e deriv.

combinàbile [1789] **agg.** ● che si può combinare: *pareri difficilmente combinabili; sostanze chimiche combinabili* || **combinabilità**, **s. f. inv.**

♦**combinàre** [vc. dotta, lat. tardo *combināre* 'unire a due a due', comp. di *cŭm* 'con' e *bīni* 'a due a due' ✱ av. 1389] **A** **v. tr. 1** mettere insieme due o più cose fra loro simili: *c. bene i colori di un vestito* | ***non c. il pranzo con la cena***, condurre vita povera, stentata | (*est.*) mettere d'accordo, far coincidere: *c. opinioni diverse* **2** (*chim.*) unire due o più sostanze fra loro in modo che reagiscano **3** organizzare e portare a compimento: *c. un buon affare, una riunione; si agita molto ma combina poco; lo combiniamo questo matrimonio, signora baronessa?* (G. VERGA) | ***non c. nulla***, perdere inutilmente il proprio tempo, non concludere ciò che si è intrapreso e sim. | stabilire, decidere assieme ad altri (+ *di* **seguito da inf.**, + *che*): *combinammo di partire il giorno dopo; Combinarono che (...) la ragazza avrebbe figurato da balia* (L. PIRANDELLO) | (*assol.*) accordarsi fissando una data, un appuntamento: *abbiamo combinato per domani sera* **4** (*colloq.*) fare qlco. di negativo: *c. un guaio, un pasticcio; combinarne di tutti i colori, delle belle, di cotte e di crude; ne ha combinata una delle sue; questa volta l'hai combinata grossa* **B** **v. intr.** (**aus.** *avere*) ● corrispondere (*anche fig.*): *questa copia combina perfettamente con l'originale; le nostre idee non combinano affatto* **C** **combinàrsi** **v. intr. pron. 1** (*chim.*) reagire insieme: *l'idrogeno e l'ossigeno si combinano* **2** (*fam.*) mettersi d'accordo: *combinarsi su alcuni particolari* **3** (*fam.*) venirsi a trovare in una data situazione: *si è combinato bene, male* | (*fam.*) conciarsi, essere vestito male, essere malridotto: *come ti sei combinato?*

combinàta [f. sost. di *combinato* ✱ 1942] **s. f.** ● (*sport*) competizione che comprende l'accoppiamento di più prove o discipline | ***c. alpina***, con gara di discesa libera e slalom speciale | nello sci di fondo, competizione che comprende una prova disputata a tecnica classica e una a tecnica libera | ***c. nordica***, con gare di fondo e di salto con gli sci | nello sci acquatico, competizione che comprende le tre gare di figure, di salto e di slalom

combinàtio /*lat.* kombi'nattsjo/ [vc. lat. *combinātio* (V. *combinazione*) ✱ 1952] **s. f. inv.** (**pl. lat.** *combinationes*) ● in filologia, confronto tra due o più varianti corrotte al fine di ricostruire un luogo dell'archetipo

combinàto **part. pass.** di *combinare*; **anche agg. 1** nei sign. del v. | ***matrimonio c.***, organizzato dalle famiglie degli sposi | ***c. disposto, disposto c.***, V. *disposto* **2** nella loc. ***essere c. bene, male***, trovarsi in una situazione favorevole o, al contrario, negativa o difficoltosa **3** detto di incontro sportivo il cui risultato è stato illecitamente concordato in anticipo **4** detto di organizzazioni o attività militari interessanti due o più forze armate di due o più nazioni: *comando c.; operazioni combinate* || **combinataménte**, **avv.**

combinatóre [1745] **A** **agg.** ● che combina: *disco c.* **B** **s. m. 1** (**f.** *-trice*) chi combina **2** apparecchio per mezzo del quale possono essere effettuati collegamenti di varie specie nel circuito di trazione di locomotive elettriche, tram e sim.: *c. di marcia*

combinatòria [da *combinatorio* ✱ 1902] **s. f.** ● (*raro*) combinazione: *la c. degli interessi individuali o regionali o di gruppi* (B. CROCE)

combinatòrio [1902] **agg.** (**pl. m.** *-i* **o** *raro -ii*) **1** fondato sulla combinazione di vari elementi | (*mat.*) ***calcolo c.***, parte del calcolo che studia i possibili modi di combinazione di un insieme di enti | (*filos.*) ***arte combinatoria***, tecnica studiata da Leibniz (1646-1716) per derivare concetti complessi dalla combinazione di altri semplici, considerati come primitivi, al fine di costruire un linguaggio unificato per la scienza e la filosofia **2** (*ling.*) di variante fonematica condizionata dalla vicinanza di altri suoni

♦**combinazióne** [vc. dotta, lat. tardo *combinatiōne(m)*, da *combināre* 'combinare'; nei sign. 9 e 10, attrav. il fr. *combinaison*, dall'anglo-amer. *combination* ✱ 1308] **s. f. 1** il combinare | accostamento, unione di cose diverse: *le più strane combinazioni di colori* **2** serie di numeri che, composta nel giusto ordine, comanda l'apertura di una serratura di sicurezza o di una cassaforte **3** (*chim.*) reazione, sintesi **4** (*ling.*) fenomeno per cui due suoni vicini si adattano reciprocamente | l'insieme dei vari elementi linguistici che formano un enunciato, un sintagma e sim. **5** (*mat.*) nel calcolo combinatorio, numero dei raggruppamenti non ordinati che si possono formare con gli elementi di un insieme | ***c. semplice***, quando in nessun raggruppamento lo stesso elemento può essere ripetuto | ***c. con ripetizione***, quando uno stesso elemento può essere ripetuto più volte | ***c. lineare***, funzione ottenuta da più funzioni moltiplicando ciascuna di esse per un numero e sommando **6** caso fortuito, incontro straordinario di fatti e di circostanze: *si incontrarono per c.; ma guarda che c.!* SIN. accidente **7** in filologia, combinatio **8** (*miner.*) tratto[2] **9** sottoveste femminile che univa i due capi, copribusto e gonna, in uso alla fine dell'Ottocento **10** tuta con chiusura lampo, indossata da aviatori e operai: *c. di volo* | ***c. spaziale***, tuta indossata dagli astronauti

combine /*fr.* kɔ̃'bin/ [vc. fr., abbr. di *combinaison* 'combinazione', dal lat. tardo *combinātus* 'combinato' ✱ 1930] **s. f. inv.** ● accordo illecito con il quale viene stabilito in anticipo il risultato di un incontro sportivo | (*est.*) accordo segreto, intrigo

combìno [da *combinare* ✱ 1965] **s. m.** ● (*fam., raro*) accordo segreto, spec. relativo a un rapporto o a un incontro amorosi

cómbo [ingl., da *comb(ination)* 'combinazione' ✱ 1988] **s. m. inv. 1** tecnica giornalistica consistente nel riunire due o più singole fotografie di persone in una sola **2** complessino jazz **3** (*inform.*) nei programmi applicativi, componente di una finestra di dialogo che combina un elenco di scelte predefinite e una casella di testo nella quale l'utente può indicarne altre

comboniàno [1940] **agg. e s. m.** ● appartenente alla congregazione dei missionari comboniani del Sacro Cuore di Gesù, fondata dal beato D. Comboni (1831-1881)

combrìccola [da avvicinare a *briccone* (?) ✱ av. 1484] **s. f. 1** gruppo, compagnia di persone che si riuniscono per compiere azioni equivoche, illecite: *una c. di giovinastri, di ladri* | (*est.*) cricca, congrega: *una c. di affaristi; la muffa dei piccoli cerchi, i pettegolezzi delle combriccole* (G. CARDUCCI) **2** (*scherz.*) gruppo di amici, spec. allegri e buontemponi SIN. banda, ghenga

comburènte [vc. dotta, lat. *comburĕnte(m)*, part. pres. di *combūrere* 'comburere' ✱ av. 1535] **A** **s. m.** ● (*chim.*) sostanza che permette o mantiene la combustione **B** **anche agg.**: *sostanza c.*

comburènza [1865] **s. f.** ● (*chim.*) attitudine di un corpo a favorire o a mantenere la combustione

combùrere [vc. dotta, lat. *combūrere* 'bruciare', da *ūrere* 'bruciare' ✱ 1313] **v. tr.** (**difett.**; **usato solo nella prima e terza persona sing. dell'indic. pres.** *combùro, combùre* **e del pass. rem.** *combùssi, combùsse*, **nei part. pres.** *comburènte* **e pass.** *combùsto*) ● (*lett.*) bruciare, ardere (*anche fig.*): *venne di Troia, / poi che 'l superbo Ilïón fu combusto* (DANTE *Inf.* I, 74-75)

comburìvoro [comp. di *comburere* e *-voro* ✱ 1983] **agg.** ● (*chim.*) ***potere c.***, la quantità di ossigeno richiesta teoricamente per la combustione completa dell'unità di massa di combustibile

combustìbile [dal lat. *combūstus* (V. *combusto*), prob. attrav. il fr. *combustible* ✱ av. 1537] **A** **s. m.** ● sostanza che, in presenza di un comburente, può bruciare con sviluppo di calore e, spesso, di fiamme: *combustibili liquidi, solidi, gassosi* | (*ing.*) ***c. nucleare***, isotopo capace di reagire con neutroni e subire una reazione di fissione all'interno di un reattore nucleare producendo energia termica; materiale contenente isotopi fissili e/o isotopi fertili **B** **anche agg.**: *sostanza c.*

combustibilità [da *combustibile* ✱ 1795] **s.**

f. inv. • attitudine di un corpo a bruciare

combustióne [vc. dotta, lat. tardo *combustiōne(m)*, da *combūstus* 'combusto' ✱ 1336 ca.] **s. f. 1** reazione chimica tra un combustibile e un comburente spesso accompagnata da sviluppo di calore e di luce CFR. piro- | *c. viva*, in cui si verificano fenomeni termici o luminosi | *c. lenta*, in cui non si verificano fenomeni termici o luminosi | *c. spontanea*, sotto l'azione del calore fornito dai raggi solari **2** (*raro, lett.*) il bruciare | incendio **3** (*fig.*) †agitazione, fermento | †*mettere in c.*, mettere in agitazione

†**combustìvo** [av. 1524] **agg.** • che ha virtù di bruciare: *sostanza combustiva*

combùsto part. pass. di *comburere*; anche **agg. 1** nei sign. del v. | (*lett.*) bruciato | (*lett.*) riarso, torrido **2** *gas combusti*, prodotti da combustione

combustóre [dal lat. *combūstus* 'combusto' ✱ 1964] **s. m.** • (*aeron.*) vano dove avviene la combustione negli endoreattori | complesso contenente il vano o i vani dove avviene la combustione nei turbomotori

combùtta [da avvicinare a *buttare* (?) ✱ 1698] **s. f.** • gruppo, compagnia di persone che hanno gli stessi scopi, spec. equivoci o illeciti: *una c. d'imbroglioni*; *fare c. con qlcu.*; *essere, mettersi, entrare in c. con qlcu.* SIN. combriccola, cricca, ganga

♦**cóme** o †**cómo**② [lat. *quōmodo et* 'in quel modo anche' ✱ 1065] **A avv.** (davanti a vocale si elide in *com'*, †*com*, †*con'*, †*con* forme tronche usate anche davanti a consonante) **1** alla maniera di, nel modo che (in una comparazione esprime somiglianza o identità): *coraggioso c. un leone*; *un uomo buono c. il pane*; *cammina c. un ubriaco*; *mi ha trattato c. un cane*; *com ferro che bogliente esce dal fuoco* (DANTE *Par.* I, 60) | con i pronomi pers. usati nella forma tonica: *c. lui*, *c. lei*; *c. me*; *c. te*; *c. loro* | (*enfat.*) *io c. io*, per conto mio, per ciò che mi riguarda; *ora c. ora*, in questo preciso momento; *oggi c. oggi*, proprio attualmente | *c. è vero Dio*, per rafforzare un'affermazione e sim. | *c. Dio vuole*, alla meglio | esprime uguaglianza in correl. con 'così', 'tale', 'tanto': *così nel bene c. nel male*; *tanto nella buona c. nella cattiva sorte*; *così voi c. noi* | *è c.*, è lo stesso che: *è c. parlare al muro*; *è c. voler cavare un ragno da un buco*, riferendosi a cose impossibili | quasi: *c. essere* | *c. (a) dire*, cioè **2** in quale modo (in prop. interr. dirette o indirette): *c. stai?*; *c. vai?*; *non so proprio c. fare* | con valore rafforz. con 'mai': *c. avrà mai fatto a saperlo?*; *c. potrò mai dirglielo?* | *com'è che ...?*, per quale ragione? | *c. sarebbe a dire?*; *c. avete detto?*, sollecitando qlcu. a dare una spiegazione o a ripetere qlco. | *c. mai?*, perché? | *ma c.?!*; *c. si permette?!*, per esprimere sdegno o meraviglia | *com'è, c. non è*, all'improvviso | *c. no!*, *c. no?*, certamente! | *c. dire*, frase incidentale, frequente nell'uso parlato, che esprime un'incertezza, una cautela oppure lo sforzo di precisare meglio un concetto: *la trovo simpatica ma, c. dire, piuttosto insistente* | *c. si chiama*, V. *comesichiama* | il modo in cui (in prop. enunciative): *ecco c. è successo*; *attento a c. parli* **3** in qualità di (introducendo un'apposizione o un compl. predicativo): *c. sindaco*; *ti parlo c. amico*; *è stato scelto c. rappresentante della sua città*; *Abbiate dunque ... sì c. santa la Famiglia* (G. MAZZINI) **4** quanto (in prop. interr. ed escl.): *c. è bello!*; *c. sei cresciuto!*; *c. sei buono!* | *e c.!*, eccome! **5** (*colloq.*) per esempio: *mi piacciono i colori tenui, c. il rosa e il celeste* **B cong. 1** che, in quale modo (introduce una prop. dichiarativa con il v. all'indic., al congtv. o al condiz.): *mi stupì di vedere c. lei gli ubbidisse*; *ti ho raccontato c. la conobbi*; *vedo bene c. lo avete rovinato* | *c. qualmente*, (*fam.*) come e in che modo: *mi ha detto c. qualmente se n'è andato* | quanto: *tu sai c. sia permaloso* **2** introduce una prop. comparativa (spesso in correl. con 'così' e 'tanto'): *facemmo così c. avevamo già deciso*; *non è poi tanto bravo c. credevo*; *studia c. ha sempre fatto* | *di c.*, di quello che: *è molto meglio di c. mi aspettavo*; *è peggio di c. tu possa immaginare* **3** appena che, quando (introduce una prop. temp. con il v. all'indic.): *c. seppi che sarebbe venuto, incominciai i preparativi*; *c. venne la primavera, riprese ad uscire* | a mano a mano: *c. giungevano, venivano subito sistemati* | *c. Dio volle*, finalmente **4** quasi, quasi che (introduce una prop. modale con il v. al congtv.): *si comportavano con lei c. fosse una loro schiava*; *fai c. se fossi a casa tua* | *c. non detto*, per ritirare una proposta o sim. che non ha incontrato il favore dell'interlocutore **5** introduce una prop. incidentale: *c. tu puoi constatare, sono proprio ridotti male*; *l'ho visto, c. tu sai, proprio quella sera* **6** (*lett.*) poiché, siccome (introduce una prop. causale con il v. all'indic.): *com'era di luglio, e faceva un gran caldo, si tolse anche il vestito, aspettando* (G. VERGA) **C in funzione di s. m. inv.** • il modo, la maniera, il mezzo: *il c. e il perché di qlco.*; *il c. e il quando*; *vorrei aiutarlo ma non trovo il c.* | *il che e il c.*, tutti i particolari, le ragioni | *spiegare il perché e il (per) c.*, (*fam.*) spiegare tutto dettagliatamente

†**comecché** o †**cóme che** /komek'ke*, 'kome kke*/ [av. 1294] **cong. 1** (*lett.*) benché, quantunque, sebbene: *come che fosse crudele* (F. SACCHETTI) **2** comunque, in qualunque modo (con valore rel.): *come che stia la cosa*; *come che suoni la sconcia novella* (DANTE *Inf.* XVIII, 57) **3** dovunque, da qualsiasi parte (con valore rel.): *novi tormenti e novi tormentati / mi veggio intorno, come ch'io mi mova* (DANTE *Inf.* VI, 4-5)

comecchessìa o **cóme che sìa** /komekkes'sia/, (*raro*) **comechessìa** [1525] **A avv.** • (*raro*) comunque sia, in qualsiasi modo **B in funzione di agg. inv.** • (*raro*) qualsiasi, purchessia

†**cóme che** ➤ †**comecché**

cóme che sìa ➤ **comecchessia**

comechessìa ➤ **comecchessia**

†**comèdia** o †**comedìa** ➤ **commedia**

comedian /ingl. kə'miːdiən/ [vc. ingl., da *comedy* 'commedia' ✱ 1966] **s. m. e f. inv.** • attore comico, spec. di rivista o di varietà

comedóne [fr. *comédon*, dal lat. *comedōne(m)*, da *comĕdere* 'mangiare' ✱ av. 1730] **s. m.** • (*med.*) rilievo puntiforme nerastro che si forma sulla cute, spec. del viso, a causa dell'ostruzione dell'orifizio di una ghiandola sebacea

cóme eravàmo [dal titolo del film americano, così tradotto, *The Way We Were* (1973) di S. Pollack, ripreso, a partire dal 1975, da diversi libri, specie illustrati, che tendono a rappresentare il mondo di ieri ✱ 1984] **loc. sost. m. inv.** • rievocazione, più o meno nostalgica, di situazioni collettive appartenenti al passato

comènse [1796] **agg. e s. m. e f.** • (*lett.*) comasco

†**coménto**① e deriv. ➤ **commento**① e deriv.

comènto② o **commènto**② [lat. *convĕntu(m)* 'commessura'. V. †*convento*③ ✱ 1889] **s. m.** • (*mar.*) ognuno degli interstizi fra le tavole degli scafi in legno, resi stagni col calafataggio

†**comenzàre** e deriv. ➤ **cominciare** e deriv.

†**cómere** [vc. dotta, lat. *cōmere* 'riunire, pettinare, adornare', comp. di *cŭm* 'con' e *ĕmere* 'prendere' ✱ av. 1374] **v. tr.** (difett. usato solo nella prima e terza pers. sing. del pres. indic. *còmo*, *còme poet.*) • (*lett.*) adornare, abbellire: *ben m'attaccherei con tutta quella / arte che tanto il parlar orna e come* (L. ARIOSTO)

comesichiàma o **cóme si chiàma** [1596] **s. m. e f.** (pl. *comesichiàmano*) • la persona o la cosa di cui non ci si ricorda il nome: *ha telefonato il c. dell'officina* SIN. coso | (*eufem.*) ciò che non si vuole nominare: *mi ha fatto girare i comesichiamano*

cométa (o -è-) [vc. dotta, lat. *comēte(m)*, dal gr. *komḗtēs* 'chiomato', da *kómē* 'chioma' ✱ 1258] **s. f. 1** (*astron.*) corpo del sistema solare che descrive orbite ellittiche di grande eccentricità, e attorno al quale, in vicinanza del Sole, si forma una vasta atmosfera fluorescente spesso prolungata in una o più code in direzione opposta al Sole **2** (*lett., fig.*) avvenimento sconvolgente, che si compie in breve tempo: *senza contar poi la coda di questa per me fatale e ad un tempo fausta c.* (V. ALFIERI) **3** (*merid.*) aquilone, cervo volante

cometàrio [1619] **agg.** • (*astron.*) attinente alle comete

còmfort /'kɔmfort, *ingl.* 'kʌmfət/ [vc. ingl., dal fr. *confort* 'conforto'] **s. m. inv.** • l'insieme delle comodità che rendono confortevole un'abitazione, un mezzo di trasporto e sim.: *l'albergo dispone di tutti i comfort* CFR. conforto②, (*fr.*) confort

†**comiatàre** e deriv. ➤ **commiatare** e deriv.

còmic /'kɔmik, *ingl.* 'kɒmɪk/ [vc. ingl., accorc. di *comic strip* 'striscia comica' ✱ 1953] **s. m. inv.** (pl. ingl. *comics*) • racconto a fumetti

còmica [vc. dotta, gr. *kōmikḗ* (sottinteso *téchnē*) 'arte dei comici'. V. *comico* ✱ 1688] **s. f. 1** †l'arte di recitare o scrivere commedie **2** breve film di carattere comico o farsesco tipico del cinema muto: *le comiche di Charlot* **3** (*fig.*) situazione, scena e sim., farsesca e ridicola: *quella riunione è stata proprio una c.*

comicizzàre [da *comico* ✱ 1941] **v. tr.** • rendere comico: *c. una situazione* ‖ **comicizzazióne**, s. f.

♦**còmico** [vc. dotta, lat. *cōmicu(m)*, dal gr. *kōmikós*. V. *commedia* ✱ av. 1292] **A agg.** (pl. m. *-ci*) **1** della commedia, relativo a commedia: *genere c.*; *attore, scrittore c.* | *stile c.*, secondo la poetica medievale, quello che è medio tra la tragedia e l'elegia **2** che provoca divertimento, ilarità: *situazione, scena comica*; *personaggio, tipo c.*; *film c.* SIN. buffo, ridicolo ‖ **comicaménte**, avv. in modo comico: *gestire, parlare comicamente* ‖ **comicità**, s. f. inv. caratteristica di chi (o di ciò che) suscita il riso: *la comicità di un attore, di una situazione* **B s. m. 1** (f. *-a*) attore interprete di ruoli della commedia | (*est.*) interprete di parti comiche nel teatro, cinema e televisione | †attore, spec. nel mondo rinascimentale e barocco **2** (*raro*) scrittore di commedie **3** (solo sing.) comicità: *avere il gusto del c.* | il genere della commedia

SFUMATURE DI SIGNIFICATO

comico - buffo - ridicolo

Comico è ciò che diverte e muove al riso. **Buffo** ha lo stesso significato, ma accentua gli elementi di bizzarria, di stravaganza. **Ridicolo** si dice invece di persona o cosa che suscita il riso perché goffa o insulsa, il che presuppone un giudizio non benevolo.

comignolo [lat. parl. **culmĭneu(m)*, da *cŭlmen* 'sommità, comignolo'. V. *culmine* ✱ sec. XIV] **s. m. 1** parte della canna fumaria che sporge dallo spiovente del tetto SIN. fumaiolo **2** linea più alta del tetto, spiovente da due o più parti | la trave che regge la spina del tetto | embrice che copre la linea più alta del tetto

cominciaménto [av. 1250] **s. m.** • (*lett.*) inizio, principio: *ogni cosa vuol c.* (L. PULCI)

♦**cominciàre** o †**comenzàre** [lat. parl. **co-*

C

mintiāre, comp. di *cŭm* 'con' e *initiare* 'iniziare' ✱ sec. XII] **A** **v. tr.** (**pres.** *io comincio*; **fut.** *io comincerò*) ● dare principio, iniziare, incominciare (+ *a* **seguito da inf.**): *c. un lavoro, una lettera, una ricerca; c. a parlare, a scrivere; cominciò a irritarmi*; (*iron.*) *cominciamo bene!* | (**lett.**) prendere a dire: *egli allora cominciò così: '…'* | **PROV.** ***chi ben comincia è alla metà dell'opera*** **SIN.** intraprendere, principiare **B** **v. intr.** (**aus.** *essere*; **aus.** *essere* **o anche** *avere* **quando è usato con valore impers.**) ● avere inizio (+ *con*, + *da*): *la vicenda cominciò così; il libro comincia con una descrizione del paesaggio; una dieta sana comincia da una buona colazione; la conferenza comincia alle quattro* | anche impers. (+ *a* **seguito da inf.**): *comincia a far buio, a far caldo; ha* (o *è*) *cominciato a piovere* | †(*qui*) ***comincia***, formula ricorrente all'inizio di antiche opere letterarie o di parte di esse, poi usata in tono scherz.: *comincia il libro chiamato Decameron* (G. Boccaccio); *comincia il prologo, il primo libro; qui comincia l'avventura del Signor Bonaventura* **SIN.** iniziare, principiare **CONTR.** terminare **C** **in funzione di s. m. solo sing.** ● (*raro, lett.*) principio, inizio: *fino al c. del presente secolo* (I. Nievo)

†**cominciàta** o †**comenzàta** [f. sost. di *cominciato* ✱ av. 1277] **s. f.** ● principio

cominciàto o †**comenzàto** **A** **part. pass.** di *cominciare*; **anche agg.** ● nei sign. del v. **B** **s. m.** ● †principio

cominciatóre o †**comenzatóre** [da *cominciato* ✱ av. 1292] **s. m.** (**f.** *-trice*); **anche agg.** ● (*raro, lett.*) chi (o che) comincia | fondatore

cominciatùra [da *cominciato* ✱ 1865] **s. f.** ● inizio di radezza in un tessuto

comincio [da *cominciare* ✱ 1258] **s. m.** (**pl.** *-ci*) ● (*lett.* o *centr.*) principio, inizio: *al c. della Via del Seminario* (P.P. Pasolini)

cominèlla [da *comin(o)* ✱ 1865] **s. f.** ● (*bot.*) pianta erbacea annuale delle Ranuncolacee, coltivata nelle regioni tropicali dell'Africa e dell'India per i semi aromatici usati nella preparazione del curry (*Nigella sativa*) **SIN.** cumino nero

cominformista [da *Cominform*, ufficio di informazione dei partiti comunisti europei sciolto nel 1956 ✱ 1956] **A** **s. m. e f.** (**pl. m.** *-i*) ● membro del Cominform **B** **agg.** ● cominformistico

cominformìstico [1947] **agg.** (**pl. m.** *-ci*) ● relativo al Cominform o ai cominformisti

coming out /'kamin(g) aut, *ingl.* 'kʌmɪŋ ˌaʊt/ [loc. ingl., propr. 'uscita (allo scoperto)' ✱ 1992] **loc. sost. m. inv.** (**pl. ingl. inv.**) ● dichiarazione pubblica volontaria della propria omosessualità **CFR.** outing

cominiàno [dal n. del tipografo e libraio padovano G. *Comino* (sec. XVIII) ✱ 1766] **agg.** ● detto di stampa o edizione di Giuseppe Comino, particolarmente stimata per veste tipografica e rigore filologico

comino ➤ **cumino**

-còmio [dal gr. *komêin* 'curare'] **secondo elemento** ● in parole composte, significa 'ospedale', 'casa di cura', 'ospizio': *manicomio, nosocomio*

comitàle [lat. mediev. *comitāle(m)*, da *cŏmes*, genit. *cŏmitis*. V. *conte* ✱ 1846] **agg.** ● di conte: *feudo, corona c.* | relativo a conte: *stemma c.*

comitativo [ingl. *comitative*, dal lat. *comitātus* 'compagnia' (V. *comitato*②) ✱ 1983] **A** **agg.** ● (*ling.*) relativo al complemento di compagnia | ***caso c.***, caso che esprime l'accompagnamento, realizzato spesso con un sintagma preposizionale **B** **s. m.** ● (*ling.*) caso comitativo

♦**comitàto**① [fr. *comité*, a sua volta dall'ingl. *committee*, dal lat. *committere* 'affidare' ✱ 1749] **s. m.** ● gruppo ristretto di persone organizzato per realizzare finalità comuni: *c. autonomo, elettivo, promotore; c. direttivo, paritetico; c. interministeriale; c. di salute pubblica; C. di Liberazione Nazionale; c. sportivo* | (*dir.*) ***c. dei creditori***, nel fallimento, organo con finalità di controllo nell'interesse di tutti i creditori del fallito | ***C. centrale***, organo deliberante di alcuni partiti politici responsabile dell'attuazione della linea politica stabilita dal congresso | (*spreg.*) ***c. d'affari***, organismo o gruppo che conclude affari vantaggiosi per i suoi membri ‖ **comitatino**, **dim.** | **comitatóne**, **accr.**

comitàto② [vc. dotta, lat. *comitātu(m)*, da *cŏmes*, genit. *cŏmitis*. V. *conte* ✱ 1186] **s. m.** **1** †compagnia, accompagnamento, seguito **2** (*stor.*) feudo, territorio sotto la giurisdizione di un conte **3** (*stor.*) privilegio che dava diritto alla riscossione dei tributi: *Alcuni vescovi ed abbati … avevano ottenuto il C. delle città* (L.A. Muratori)

comitiva [vc. dotta, lat. tardo *comitīvu(m)*, agg. di *cŏmes*, genit. *cŏmitis* 'compagno'. V. *conte* ✱ 1342] **s. f.** ● gruppo di persone che si riuniscono per una festa, una gita, un viaggio e sim.: *una c. di turisti; la c. partì per un'escursione; stare, entrare in c.* **SIN.** compagnia

còmito [lat. *cŏmite(m)*. V. *conte* ✱ 1314] **s. m.** ● nell'antica marineria, soprintendente della ciurma e delle vele e direttore di stiva **SIN.** nostromo

comitologìa [comp. di *comit(at)o* e *-logia* ✱ 2001] **s. f.** (**pl.** *-gìe*) ● procedura mediante la quale la Commissione Europea assume decisioni esecutive con l'assistenza di comitati composti da rappresentanti di Stati membri dell'Unione europea

comiziàle① [vc. dotta, lat. *comitiāle(m)*, da *comītium* 'comizio' ✱ sec. XIV] **agg.** ● (*lett.*) di comizio, dei comizi: *giorni comiziali* | da comizio: *eloquenza c.*

comiziàle② [detto così perché l'eventuale entrata in convulsioni epilettiche di un partecipante a un comizio era ritenuta di malaugurio e provocava lo scioglimento dell'adunanza ✱ 1956] **agg.** ● epilettico: *crisi c.* | ***male, morbo c.***, epilessia

comiziànte [da *comizio* ✱ 1934] **s. m. e f.** **1** (*raro*) chi pronuncia un discorso a un comizio | (*spreg.*) oratore demagogico **2** (*raro*) chi partecipa a un comizio

comiziàre [denominale di *comizio* ✱ 1911] **v. intr.** (*io comìzio*; **aus.** *avere*) ● (*raro*) tenere un comizio | (*est.*) parlare con toni enfatici

comìzio [vc. dotta, lat. *comītiu(m)*, comp. di *cŭm* 'insieme' e *īre* 'andare' ✱ av. 1292] **s. m.** **1** nella Roma antica, assemblea popolare convocata dai supremi magistrati: *c. curiato, centuriato, tributo* **2** riunione pubblica, tenuta spec. all'aperto, durante la quale uno o più oratori espongono i programmi del proprio partito, sindacato e sim.: *indire un c.; partecipare a un c.; c. non autorizzato* | ***c. elettorale***, tenuto dai candidati alle elezioni politiche o amministrative | (*est., spreg.*) discorso propagandistico, demagogico: *ha trasformato il suo intervento alla cerimonia in un c.* ‖ **comiziétto**, **dim.**

còmma o †**còma**③ [vc. dotta, lat. *cŏmma*, dal gr. *kómma*, da *kóptō* 'io taglio' ✱ sec. XIV] **s. m.** (**pl.** *-i*, *evit.* *-a*) **1** (*dir.*) ognuna delle parti di cui è composto un articolo di legge: talvolta è numerato ed è sempre contraddistinto da un a capo **2** parte di verso o di periodo | capoverso **3** (*mus.*) piccolissimo intervallo in eccesso che si ottiene nella sovrapposizione pitagorica di dodici quinte naturali **4** nell'antica interpunzione, segno di pausa minima, equivalente pressappoco alla moderna virgola

†**commàdre** ➤ **comare**

commàndo① /kom'mando, *ingl.* kə'mɑːndəʊ/ [vc. ingl., dal portog. *commando* 'comando'① ✱ 1900] **s. m. inv.** (**pl. ingl.** *commandos* o *commandoes*) **1** reparto di pochi soldati incaricato di missioni speciali o pericolose in operazioni combinate per colpire obiettivi nemici con ardite incursioni di sorpresa **2** (*est.*) gruppo armato, composto di poche persone, che compie rapide azioni criminose, spec. terroristiche

commàndo② o **comàndo**② [fr. *commande*, da *commander* 'comandare' ✱ 1830] **s. m.** ● (*mar.*) funicella catramata per fasciare cordami o per legature provvisorie

commàre ➤ **comare**

†**commàtre** ➤ **comare**

♦**commèdia** o †**commedìa**, †**comèdia**, †**comedìa** [vc. dotta, lat. *comoedia(m)*, dal gr. *kōmōidía*, di etim. incerta ✱ 1308] **s. f.** **1** composizione destinata alla rappresentazione scenica, di origine classica, in versi o in prosa, divisa in atti e in scene, che ritrae personaggi e fatti comuni, con svolgimento e finale solitamente lieti | ***c. togata***, commedia latina di ambiente romano popolare, contadinesco | ***c. palliata***, in latino, ma di tipo e su modello greco | ***c. dell'arte, a soggetto, di canovaccio***, sorta in Italia nella seconda metà del sec. XVI, con maschere e tipi fissi | ***c. di carattere***, che si propone la rappresentazione di un carattere e difetto umano | ***c. d'intreccio***, che ricerca l'effetto con la complicazione dell'azione scenica e psicologica | ***c. a tesi***, che si propone la dimostrazione di una tesi morale o sociale | ***c. lacrimosa***, spec. nel Settecento, commedia di contenuto patetico e commovente | ***c. musicale***, spettacolo brillante, misto di recitazione, canto e danza **SIN.** musical | ***c. all'italiana***, genere cinematografico brillante sorto negli anni 1950-60, animato anche da intenti satirici e critici **2** (*est., scherz.*) finzione: *fare, recitare la c.* | (*est., scherz.*) situazione ridicola, buffonata: *quella cerimonia d'inaugurazione è stata una c.* | ***personaggio da c.***, (*fig.*) persona buffa o bizzarra **3** opera poetica medievale di stile intermedio tra il tragico e l'elegiaco: *la Commedia di Dante* ‖ **commediàccia**, **pegg.** | **commediétta**, **dim.** | **commediòla**, **dim.** | **commedióna**, **accr.** | **commedióne**, **accr. m.** | **commediùccia**, **dim.**

commediànte [1585] **s. m. e f.** **1** attore, attrice di commedie o di drammi (*spec. spreg.*) **2** (*fig.*) persona ipocrita e simulatrice

SFUMATURE ➤ *simulatore*

†**commediàre** [da *commedia* ✱ 1728] **A** **v. tr.** ● mettere in commedia **B** **v. intr.** ● scrivere commedie

commediògrafo [vc. dotta, lat. *comoediŏgraphu(m)*, dal gr. *kōmōidiográphos*, comp. di *kōmōidía* 'commedia' e *gráphō* 'io scrivo' ✱ 1631] **s. m.** (**f.** *-a*) ● scrittore di commedie

comme il faut /*fr.* kɔmil'fo/ [loc. propr. fr. 'come si deve' (dal v. *falloir*) ✱ 1892] **A** **loc. agg. inv.** **1** che rispetta le regole o le convenzioni sociali: *una ragazza comme il faut* **2** appropriato, corretto: *un abito comme il faut* **B** **loc. avv.** ● secondo le regole, come si deve, come si conviene

Commelinàcee [vc. dotta, comp. del n. del genere *Commelina* (da K. *Commelyn* (1629-1692), botanico olandese) e di *-acee* ✱ 1865] **s. f. pl.** (**sing.** *-a*) ● (*bot.*) famiglia di piante erbacee con fiori di colore bianco o azzurro in infiorescenze cimose (*Commelinaceae*)

commemoràbile [vc. dotta, lat. *commemorābile(m)*, da *commemorāre* 'commemorare' ✱ 1589] **agg.** ● degno di commemorazione

commemoràre [vc. dotta, lat. *commemorāre*, comp. di *cŭm* 'con' e *memorāre* 'memorare' ✱

1308] **v. tr.** (*io commèmoro*) ● ricordare in pubblico e con solennità qlcu. o qlco.: *c. i caduti delle due guerre, l'anniversario della Liberazione, della Repubblica*

commemoratìvo [1340] **agg.** ● fatto per commemorare qlco. o qlcu.: *cerimonia commemorativa; medaglia commemorativa; francobollo c.*

commemorazióne [vc. dotta, lat. *commemoratiōne(m)*, da *commemorāre* 'commemorare' ✱ 1297] **s. f. 1** il commemorare | cerimonia, con cui si commemora qlcu. o qlco.: *la c. di un illustre scomparso, di un anniversario* **2** (*raro*) discorso commemorativo: *tenere, fare una c.* **3** orazione della Messa e dell'ufficio in onore di un santo o della Vergine

commènda① [da *commendare* ✱ av. 1348] **s. f. 1** donazione dell'uso di un beneficio ecclesiastico vacante a sacerdote o a laico, che non ne divengono titolari e lo conservano a vita | assegnazione provvisoria di beneficio **2** titolo e insegna di commendatore: *aspirare alla c.; dare, conferire la c.* **3** nel Medioevo, tipo di contratto commerciale

commènda② o (*sett.*) **cummènda**, (*sett.*) **cumènda** [1954] **s. m. inv.** ● (*sett., scherz.*) accorc. di *commendatore*

commendàbile [vc. dotta, lat. *commendābile(m)*, da *commendāre* 'commendare' ✱ av. 1334] **agg.** ● (*lett.*) degno di lode: *dico io sommamente esser piacevole e c. l'ordine dato da voi* (G. BOCCACCIO)

commendàre [vc. dotta, lat. *commendāre* 'dare in custodia, raccomandare', comp. di *cŭm* 'con' e *mandāre* 'affidare' ✱ av. 1257] **v. tr.** (*io commèndo*) **1** (*lett.*) lodare, approvare **2** †affidare: *c. qlcu. a un tutore* | †raccomandare

commendatàrio [lat. mediev. *commendatariu(m)*, da *commendāre* 'commendare' ✱ av. 1540] **s. m.** ● l'ecclesiastico o il laico cui è stata attribuita una commenda

commendatìzia [f. sost. di *commendatizio* ✱ av. 1556] **s. f.** ● (*lett.*) lettera di raccomandazione

commendatìzio [vc. dotta, lat. *commendatīciu(m)*, da *commendāre* 'commendare' ✱ sec. XIV] **agg.** ● (*lett.*) detto di lettera o sim. scritta per raccomandare qlcu.

commendatóre [vc. dotta, lat. *commendatōre(m)* 'raccomandatore, protettore', da *commendāre* 'commendare' ✱ 1374] **s. m.** (**f.** *†-trice*) **1** titolo dato originariamente all'amministratore di un beneficio appartenente a un ordine religioso o militare | grado degli ordini cavallereschi intermedio fra quello di ufficiale e quello di grand'ufficiale **2** (*est.*) persona insignita del titolo di commendatore: *il c. non è in casa* **3** †lodatore

commendatòria [vc. dotta, f. dell'agg. lat. tardo *commendatōrius*, da *commendāre* 'commendare' ✱ av. 1566] **s. f.** ● fondo di una commenda ecclesiastica

commendazióne [vc. dotta, lat. *commendatiōne(m)*, da *commendāre* 'commendare' ✱ 1261 ca.] **s. f.** ● (*lett.*) lode, onore: *quello che sa meglio fingere o dire le bugie, meriti più c.* (N. MACHIAVELLI)

commendévole [V. *commendabile* ✱ av. 1311] **agg.** ● (*lett.*) degno di lode || **commendevolménte**, **avv.**

commensàle [lat. mediev. *commensale(m)*, comp. di *cŭm* 'con' e *mēnsa* 'mensa' ✱ av. 1396] **A s. m. e f.** ● chi siede con altri alla medesima tavola, spec. in occasione di banchetti, pranzi ufficiali e sim. **SIN.** convitato, invitato **B s. m.** ● (*biol.*) organismo che partecipa a una relazione di commensalismo

commensalìsmo [da *commensale* ✱ 1931] **s. m.** ● (*biol.*) associazione fra animali in cui uno ricava vantaggi mentre l'altro non è né danneggiato né avvantaggiato

commensuràbile [vc. dotta, lat. tardo *commensurābile(m)*, da *commensurāre* 'commensurare' ✱ av. 1535] **agg. 1** (*mat.*) detto di due grandezze omogenee, tali che esista un sottomultiplo dell'una che sia sottomultiplo anche dell'altra **2** (*est.*) paragonabile, confrontabile || **commensurabilità**, **s. f. inv.** (V.)

commensurabilità [av. 1617] **s. f. inv. 1** (*mat.*) relazione d'equivalenza definita in una classe di grandezze che associa quelle fra loro commensurabili **2** (*est.*) possibilità di essere paragonato

commensuràre [vc. dotta, lat. tardo *commensurāre*, comp. di *cŭm* 'con' e *mensurāre* 'misurare' ✱ 1321] **v. tr.** ● (*lett.*) commisurare, paragonare: *chi bene andrà commensurando tutte le … diversità, troverà il tutto rispondere … con la nostra ipotesi* (G. GALILEI)

†**commensurazióne** [vc. dotta, lat. tardo *commensuratiōne(m)*, da *commensurāre* 'commensurare' ✱ av. 1328] **s. f.** ● misura

còmment, no ➤ **no comment**

♦**commentàre** o †**comentàre** [vc. dotta, lat. *commentāri*, frequentativo di *comminīsci* 'immaginare', dalla stessa radice di *mēns* 'mente, memoria' ✱ 1308] **v. tr.** (*io comménto*) **1** spiegare con commento: *c. un classico, la Bibbia, Dante* **SIN.** annotare, chiosare, postillare **2** (*est.*) esprimere giudizi, opinioni: *c. gli avvenimenti politici* | fare osservazioni, spec. allusive o malevole, su cose e fatti altrui: *la sua decisione fu molto commentata*

SFUMATURE DI SIGNIFICATO

commentare - interpretare - recensire

Commentare descrive l'azione di chi esprime una valutazione su cose o persone attraverso l'espressione di un giudizio articolato; se la valutazione riguarda il valore artistico di opere letterarie, musicali ecc. il verbo definisce l'atto di spiegare aspetto per aspetto i suoi contenuti. **Interpretare** esprime invece il tentativo di spiegare la motivazione, i significati nascosti di determinate azioni o comportamenti a partire dalle manifestazioni esterne che li caratterizzano; riferito a prodotti artistici, nel caso della musica indica l'atto di eseguire i brani, in letteratura e nelle altre arti il tentativo di cogliere, portare alla luce i significati profondi dell'opera. **Recensire** si riferisce soltanto a prodotti artistici od opere dell'intelletto, delle quali si scrive su giornali e riviste per indirizzare o consigliare i lettori.

commentàrio o †**comentàrio** [vc. dotta, lat. *commentāriu(m)*, da *commentāri*. V. *commentare* ✱ sec. XIV] **s. m. 1** in età romana, resoconto di atti o di decisioni **2** commento a opera letteraria, storica, filosofica o giuridica: *c. al codice civile* **3** opera storica o letteraria scritta da persona che ebbe parte negli avvenimenti narrati

commentatóre o †**comentatóre** [vc. dotta, lat. tardo *commentatōre(m)*, da *commentāri*. V. *commentare* ✱ 1308] **s. m.** (**f.** *-trice*) **1** chi fa un commento a un testo letterario, filosofico e sim.: *c. di testi antichi; i commentatori di Dante; le varie ed opposte sentenze di tanti antichi commentatori* (L.A. MURATORI) **SIN.** chiosatore, postillatore **2** chi commenta fatti d'attualità alla radio, alla televisione, nei documentari cinematografici e sim. **3** (*dir.*) ***scuola dei commentatori***, scuola di giuristi del XIV e XV sec. la cui attività scientifica si manifestava attraverso il genere letterario del commento ai testi giuridici **4** (*relig.*) laico o chierico che con brevi parole spiega ai fedeli lo svolgimento del rito durante la celebrazione della Messa

♦**comménto**① o †**cOménto**① [vc. dotta, lat. *commĕntu(m)*. V. *commentare* ✱ 1261 ca.] **s. m. 1** esposizione riassuntiva, corredata di giudizi critici, di un avvenimento: *fare il c. a un discorso politico; il c. di una partita di calcio* **2** l'insieme delle note esegetiche che spesso corredano per uso didattico i testi letterari o filosofici: *un c. ad Aristotele; il c. di Boccaccio a Dante* **SIN.** annotazione, chiosa, glossa **3** (*dir.*) metodo interpretativo tendente a mettere in luce il principio giuridico contenuto nel testo legislativo: *c. di un articolo di legge* **4** nota di lunghezza variabile nella quale un giornale esprime la propria opinione su certi fatti | (*est.*) osservazione spec. allusiva su cose e fatti altrui: *… le vicende del giorno prima, diedero materia ai più strani commenti* (I. NIEVO) | (*est.*, **spec. al pl.**) opinione malevola, pettegolezzo; osservazione negativa: *qui è meglio non fare commenti; andatevene senza commenti* **5** ***c. musicale***, musica di accompagnamento in un film | ***c. parlato***, lettura di un testo di commento a un film documentario, eseguita da un attore fuori campo || **commentàccio**, **pegg.** | **commentino**, **dim.**

comménto② ➤ **comento**②

commerciàbile [1765] **agg.** ● che si può commerciare: *prodotto, articolo c.*

commerciabilità [1848] **s. f. inv.** ● caratteristica di ciò che è commerciabile | ***grado di c.***, maggiore o minore capacità di commercio di un bene

commèrcial /ko'mɛrʃal, *ingl.* kə'mɜːʃəl/ [vc. ingl., propr. 'commerciale' ✱ 1983] **s. m. inv.** ● annuncio, comunicato pubblicitario radiofonico o televisivo

♦**commerciàle** [vc. dotta, lat. tardo *commerciāle(m)*, da *commĕrcium* 'commercio', prob. attrav. il fr. *commercial* ✱ 1754] **agg. 1** che riguarda il commercio: *corrispondenza, lettera, azienda c.; diritto c.* | ***costo c.***, di distribuzione **2** che si occupa delle attività di acquisto e di vendita, nell'ambito di un'azienda e sim.: *direzione, segreteria c.* **3** (*fig.*) di qualità comune, ordinaria: *prodotto c.* | detto di libro, film e sim. che mira solo a ottenere buoni incassi, senza finalità artistiche || **commercialménte**, **avv.** in modo commerciale; dal punto di vista commerciale || **commercialità**, **s. f. inv.**

commercialìsta [da *commerciale* ✱ 1939] **A s. m. e f.** (**pl. m.** *-i*) **1** dottore in economia e commercio | diplomato in ragioneria o sim. abilitato alla libera professione, che si occupa spec. di rapporti commerciali, di questioni finanziarie e tributarie, e sim. **2** avvocato specialista in diritto commerciale **B anche agg.**: *dottore c.; avvocato c.*

commercialìstico [1964] **agg.** (**pl. m.** *-ci*) ● relativo all'attività di commercialista: *studio c.*

commercializzàre [1932] **v. tr. 1** mettere in commercio, immettere sul mercato un prodotto: *c. un farmaco, un software* **2** (*fig.*, *spreg.*) fare oggetto di commercio: *c. l'arte* **SIN.** mercificare || **commercializzazióne**, **s. f.**

commèrcial paper /ko'mɛrʃal 'peiper, *ingl.* kə'mɜːʃəl,peɪpə(r)/ [loc. ingl., propr. 'carta (*paper*) commerciale (*commercial*)' ✱ 1985] **loc. sost. f. inv.** (**pl. ingl.** *commercial papers*) ● (*econ.*) cambiale finanziaria

♦**commerciànte** [part. pres. di *commerciare* ✱ 1751] **s. m. e f.** ● chi professionalmente esercita il commercio: *c. di vini, di stoffe, di libri* | esercente di un negozio **SIN.** negoziante

commerciàre [vc. dotta, lat. tardo *commerciāri*, da *commĕrcium* 'commercio' ✱ 1644] **A v. intr.** (**pres.** *io commèrcio*; **fut.** *io commercerò*; **aus.** *avere*) ● esercitare il commercio: *c. in oggetti d'arte, in tessuti, in elettrodomestici* **B v. tr.** ● (*raro*) mettere in commercio: *c. olio, vini, liquori*

♦**commèrcio** [vc. dotta, lat. *commĕrciu(m)*, comp. di *cŭm* 'con' e *mĕrx*, genit. *mĕrcis* 'merce' ✱ av. 1313] **s. m. 1** attività economica fondata sullo scambio di merce con altra merce di

a b c d e f g h i j k l m n o p q r s t u v w x y z

valore equivalente o con denaro: *c. d'importazione, d'esportazione; darsi al c.; ritirarsi dal c.* | ***essere nel c.***, in un'attività commerciale | ***essere in c.***, detto di prodotto che è in vendita | ***fuori c.***, detto di prodotto non destinato alla vendita o non più reperibile sul mercato | ***c. all'ingrosso***, tra il produttore e il commerciante | ***c. al minuto, al dettaglio***, fra il commerciante e l'acquirente | ***c. elettronico***, quello svolto attraverso Internet **SIN.** e-commerce | ***c. equo e solidale***, V. *equo*① | ***fare c. di qlcu.***, (*fig.*) trattarla, contrariamente alla sua natura, come merce, allo scopo di trarne vantaggi materiali: *fare c. del proprio corpo, delle proprie idee* | ***essere materia di c.***, (*fig., spreg.*) essere trattato come merce: *noi siamo per questa gente materia di c., occasione di spaccio* (F. De Sanctis) **2** (*est., lett.*) relazione, rapporto | ***avere c. con qlcu.***, essere in corrispondenza continua | ***c. epistolare***, carteggio | ***c. carnale***, rapporto sessuale

†**comméscere** [lat. *commiscēre* 'mescolare', comp. di *cŭm* 'con' e *miscēre* 'mescolare'. V. *mescere* ✱ av. 1556] **v. tr.** ● mescolare

commèssa [lat. *commĭssa(m)*, part. pass. f. di *committĕre* 'affidare' ✱ 1942] **s. f.** ● commissione, ordinazione di merce | ***produzione su c.***, produzione fatta direttamente su ordinazione dei clienti

†**commessàrio** ➤ **commissario**

†**commessióne** ➤ **commissione**

commésso① **part. pass.** di *commettere* ● nei sign. del v.

♦**commésso**② [propr., part. pass. di *commettere* 'affidare' ✱ av. 1510] **s. m. 1** (**f.** *-a*) addetto alla vendita al pubblico, in un negozio | (*disus.*) ***c. viaggiatore***, chi porta a domicilio del cliente campioni o cataloghi di merci di un'azienda e provvede alle vendite o riceve le commissioni **2** (**f.** *-a*) impiegato subalterno di amministrazione pubblica o privata, spec. con mansioni di fiducia: *c. di banca, del Senato* | †sostituto, rappresentante **3** (*mar.*) sottufficiale consegnatario dei viveri per l'equipaggio **4** (**f.** *-a*) (*dir.*) aiutante ufficiale giudiziario: *c. di Tribunale, di Corte d'Appello*

SFUMATURE ➤ ***garzone***

commésso③ [propr., part. pass. di *commettere* 'congiungere, intarsiare' ✱ av. 1566] **s. m. 1** tarsia in legno, marmo o pietre pregiate eseguita su pareti, pavimento, piani di tavoli e sim. **2** †commessura

commessùra [lat. *commissūra(m)* 'congiunzione'. V. *commettere* ✱ sec. XIV] **s. f. 1** punto di unione di più parti: *la c. di due assi* **2** (*anat.*) ***c. labiale***, ognuno dei due angoli formati dal labbro inferiore con quello superiore | ***c. palpebrale***, ognuno dei due angoli in cui le palpebre convergono

commestìbile [vc. dotta, lat. tardo *commestĭbile(m)*, da *comēstus*, part. pass. di *comĕdere* 'mangiare' ✱ av. 1597] **A agg.** ● che si può mangiare: *cibo, genere c.; funghi commestibili* **SIN.** edibile, edule, mangereccio, mangiabile ‖ **commestibilità**, **s. f. inv. B commestìbili s. m. pl.** ● generi alimentari: *negozio di commestibili*

♦**comméttere** [lat. *committĕre* 'mettere insieme, affidare, compiere', comp. di *cŭm* 'con' e *mĭttere* 'mandare' ✱ 1258] **A v. tr.** (**coniug. come** *mettere*) **1** (*lett.*) congiungere due o più cose, incastrarle insieme: *c. mattoni, pietre, tavole di legno, lastre* | †intarsiare | introdurre, insinuare, provocare: *aveva oltremodo piacere ... in c. tra amici e parenti e qualunque altra persona mali e inimicizie e scandali* (G. Boccaccio) **2** compiere, spec. azioni considerate riprovevoli o negative: *c. imprudenze, colpe, errori, misfatti; hai commesso una cattiva azione* **3** delegare: *c. a un giurista il potere di rappresentanza e assistenza in giudizio* | (*lett.*) dare in balia, dare in potere: *Parvemi che la conquista fosse tale da non doversi c. ... all'anarchia del partito* (G. Mazzini) **4** ordinare, richiedere per acquistare, dare in lavorazione: *c. una merce; co' librai che me ne hanno commesso le ho contrattate tre lire e mezzo di Milano* (U. Foscolo) | dare incarico a un artista di eseguire un'opera **SIN.** commissionare **5** †*c. battaglia*, attaccare battaglia **B v. intr.** (**aus.** *avere*) ● combaciare: *questa porta commette bene* **C commèttersi v. rifl.** ● (*lett.*) affidarsi: *ma vuoi tu ch'io ... mi commetta a chi mi ha tradito?* (U. Foscolo) | esporsi

†**commettitóre** [1310] **s. m.** (**f.** *-trice*); **anche agg. 1** (*lett.*) chi (o che) commette qlco., spec. una cattiva azione: *e de' commettitori di così grande eccesso investigando* (G. Boccaccio) **2** artista o artigiano che esegue mosaici

commettitùra [1375] **s. f.** ● il congiungere due o più cose | punto di congiungimento

†**commiataménto** [av. 1547] **s. m.** ● commiato

commiatàre o †**comiatàre**, †**combiatàre** [da *commiato* ✱ av. 1306] **v. tr. e commiatàrsi v. rifl.** ● (*lett.*) accomiatare, accomiatarsi

♣**commiàto** o †**comiàto**, †**combiàto** [lat. *commeātu(m)* 'l'andare e venire, congedo', poi 'carovana, approvvigionamento', da *commeāre* 'andare e venire, fare un viaggio', da *meāre* 'passare' ✱ av. 1250] **s. m. 1** permesso di allontanarsi, di partire (*poet.*; *anche fig.*): *chiedere c.; prendere c. da qlcu.; dare c. a qlcu.; c. lacrimoso della primavera* (G. D'Annunzio) **SIN.** congedo, licenza | partenza, separazione: *venne il momento del c.; il c. fu molto triste* | ***sala del c.***, V. *sala*① **2** (*letter.*) parte finale della canzone **SIN.** congedo, licenza, tornata **3** †congedo militare

commilitóne [vc. dotta, lat. *commilitō̆ne(m)*, comp. di *cŭm* 'con' e *militāre* 'fare il soldato' ✱ sec. XIII] **s. m.** (**f.** *-a*) **1** compagno d'armi **SIN.** camerata **2** (*est.*) compagno di lotta, di imprese difficili

comminàre [vc. dotta, lat. *commināri* 'minacciare', comp. di *cŭm* 'con' e *mināri* 'minacciare' ✱ 1357] **v. tr.** (*io commino* **o raro, secondo il modello latino,** *còmmino*) ● nel linguaggio giuridico, stabilire una sanzione per i trasgressori di una legge: *per questo reato il codice commina l'ergastolo; c. una semplice multa* | (*est., impropr.*) infliggere una pena

comminatòria [da *comminare* ✱ 1594] **s. f.** ● previsione sanzionatoria delle norme | nel linguaggio forense, ingiunzione di un termine entro cui deve essere compiuto un dato atto

comminatòrio [av. 1563] **agg.** (**pl. m.** *-i* **o** *raro -ii*) ● (*dir.*) che minaccia una pena: *ingiunzione comminatoria* | ***termine c.***, entro cui deve essere compiuto un dato atto

comminazióne [vc. dotta, lat. *comminatiō̆ne(m)*, da *commināri* 'comminare' ✱ 1309] **s. f.** ● (*dir.*) applicazione di una sanzione

comminuitìvo o **comminutìvo** [1830] **agg.** ● (*med.*) che riduce in frammenti: *trauma c.*

comminùto [vc. dotta, lat. *comminūtu(m)*, part. pass. di *comminŭere* 'sminuzzare, ridurre' ✱ 1865] **agg.** ● (*med.*) detto di frattura con più di due frammenti ossei: *frattura comminuta*

comminuzióne [vc. dotta, lat. tardo *comminutiō̆ne(m)*, da *comminŭere* (V. *comminuto*) ✱ 1830] **s. f. 1** (*med.*) frattura di un osso in più frammenti **2** (*miniere*) riduzione del minerale grezzo in piccoli frammenti: *impianto di c.*

commis /fr. kɔ'mi/ [vc. fr., propr. 'commesso, addetto' ✱ 1987] **s. m. inv. 1** accorc. di *grand commis* **2** in un albergo o in un ristorante, chi è addetto a determinate funzioni: *c. di sala, di cucina*

commiseràbile [1481] **agg.** ● (*lett.*) che è degno di commiserazione ‖ **commiserabilménte**, **avv.**

commiserándo [vc. dotta, lat. *commiserăndu(m)*, gerundivo di *commiserāri* 'commiserare' ✱ av. 1673] **agg.** ● (*lett.*) che merita commiserazione: *episodio c.*

♣**commiseràre** [vc. dotta, lat. *commiserāri*, comp. di *cŭm* 'con' e *miserāri* 'compiangere' ✱ 1487] **A v. tr.** (*io commìsero*) **1** sentire o manifestare compassione: *dal compiangere il delitto passa a c. colui che l'ha commesso* (G. Pascoli) **SIN.** compassionare, compiangere **2** (*est.*) considerare con disprezzo, con compatimento: *Non c'è altro che da c. la grossolanità della incoltura letteraria* (G. Carducci) **B commiseràrsi v. rifl.** ● provare commiserazione per sé stessi

commiseratóre [1761] **s. m.** (**f.** *-trice*); **anche agg.** ● (*raro*) chi (o che) commisera

commiserazióne [vc. dotta, lat. *commiseratiō̆ne(m)*, da *commiserāri* 'commiserare' ✱ av. 1406] **s. f.** ● sentimento o atteggiamento di chi commisera **SIN.** compatimento, pietà

commiserévole [1483] **agg.** ● (*lett.*) commiserabile ‖ **commiserevolménte**, **avv.**

†**commissarìa** [1530] **s. f.** ● ufficio di commissario

commissariàle [av. 1698] **agg.** ● di commissario | che è retto da un commissario: *gestione c.*

commissariaménto [1982] **s. m.** ● il commissariare, il venire commissariato

commissariàre [1983] **v. tr.** (*io commissàrio*) ● nelle strutture organizzative spec. periferiche di un partito politico, sostituire gli organi eletti dagli iscritti con un commissario designato dalla direzione centrale: *è stata commissariata la federazione di Benevento; c. il movimento giovanile* | in un ente pubblico o in un'azienda privata, preporre all'amministrazione un commissario in luogo dei regolari organi direttivi: *c. una banca*

commissariàto [av. 1532] **s. m. 1** ufficio, coscrizione e sede del commissario | (*per anton.*) la sede degli uffici dei commissari della polizia di Stato: *Dove sono quei commissariati nei quali ci si va a costituire?* (A. Moravia) | ***c. militare***, corpo che soprintende ai servizi di approvvigionamento dell'Esercito **2** complesso di commissari istituito per contingenze particolari con competenza limitata per materia: *c. per le calamità naturali*

♦**commissàrio** o †**commessàrio** [lat. mediev. *commissariu(m)*, dal lat. classico *commĭssus*. V. *commesso*② ✱ 1368] **s. m.** (**f.** *-ia*) **1** funzionario preposto, temporaneamente o permanentemente, a una branca speciale della pubblica amministrazione o alla gestione straordinaria di aziende private, enti e sim. | ***c. straordinario prefettizio***, funzionario di nomina prefettizia in casi eccezionali preposto all'amministrazione di un comune in sostituzione del Sindaco | ***c. dello Stato, del Governo***, rappresentante del governo presso le regioni a statuto autonomo | ***c. politico***, in formazioni militari, spec. di ispirazione comunista, chi affiancava i comandanti militari con compiti politici | ***c. del popolo***, nell'Unione Sovietica fino al 1946, il capo responsabile di un dicastero **2** nell'ordinamento della polizia di Stato, funzionario appartenente al ruolo direttivo comprendente le qualifiche di vice commissario, commissario e commissario capo | ***C. di pubblica sicurezza, di Polizia***, (*ellitt.*) ***Commissario***, nell'ordinamento della polizia di vari Stati, funzionario con ruolo direttivo **3** (*est.*) incaricato di specifiche funzioni | *c. di bordo*, ufficiale incaricato dell'amministrazione e della contabilità del personale, dei viveri e del materiale di bordo | *c. sportivo*, ufficiale di gara che ha il compito di controllare che siano osservate le norme di regolamento | *c. tecnico, c. unico*, l'incaricato dagli organi federali di formare e dirigere una squadra rappresentativa nazionale per gli incontri internazionali **4** un tempo, chi aveva un incarico particolare nell'amministrazione degli eserciti: *c. generale, dei viveri* **5** membro di una commissione: *c. d'esame*

commissionàre [da *commissione* ✻ 1812] **v. tr.** (*io commissióno*) ● dare l'incarico di eseguire un lavoro, di fornire una merce; ordinare: *c. una partita di stoffe; commissionarono il quadro a un noto ritrattista*

commissionàrio [1723] **A s. m.** (**f.** *-ia*) **1** chi riceve una commissione **2** chi in nome proprio, ma per conto del committente, compie operazioni di acquisto o vendita di beni: *c. di borsa* **B agg.** ● che vende o acquista per conto del committente: *azienda commissionaria*

♦**commissióne** o †**commessióne** [vc. dotta, lat. *commissiōne(m)*, che aveva però il sign. di 'inizio, unione'. V. *commettere* ✻ 1280] **s. f. 1** (*dir.*) atto del commettere: *la c. di un reato* **SIN.** compimento **2** incarico da svolgere per conto di terzi: *affidare a qlcu. una c.*; *eseguire, fare, sbrigare una c.* | **su c.**, dietro specifico ordine: *dipingere un quadro su c.*; *delitto su c.* | (*dir.*) **contratto di c.**, con cui il commissionario assume l'incarico di acquistare o vendere beni in nome proprio ma per conto del committente | (*est.*) somma spettante a un intermediario per le sue prestazioni: *una c. del 20%* **3** ordinazione di merce: *ricevere, eseguire una c.*; *non si accettano più commissioni* | foglio su cui è scritta tale ordinazione **4** (**spec. al pl.**) faccenda o incombenza da sbrigare, acquisto da fare personalmente: *uscire per commissioni*; *andò a fare delle commissioni in città* **5** gruppo di persone qualificate alle quali è affidato, spec. temporaneamente, un incarico pubblico: *eleggere, istituire, nominare, sciogliere una c.*; *c. esaminatrice, consultiva*; *c. d'inchiesta*; *c. parlamentare*; *c. edilizia*, *c. antimafia* | **c. di conciliazione**, organo collegiale istituito presso le Direzioni Provinciali del Lavoro allo scopo di dar corso al tentativo di conciliazione obbligatorio nelle controversie di lavoro | **c. di fabbrica, c. interna**, un tempo, organo collegiale eletto dai lavoratori dipendenti di un'impresa per la rappresentanza e tutela dei loro interessi nei confronti dell'imprenditore ‖ **commissioncèlla**, **dim.** | **commissioncìna**, **dim.**

commissìvo [1585] **agg.** ● (*dir.*) detto di dolo consistente in artifici e raggiri **CONTR.** omissivo

commissòrio [vc. dotta, lat. tardo *commissōriu(m)*, da *commĭssus*, part. pass. di *committĕre* 'commettere, affidare' ✻ 1618] **agg.** (**pl. m.** *-i* o *raro -ii*) ● (*dir.*) detto del patto, vietato dalla legge, con cui si stabilisce che il creditore, in caso di inadempienza del debitore, divenga proprietario dei beni dati da quest'ultimo a garanzia del suo debito

commissurotomìa [comp. del lat. *commissūra* 'congiunzione' (V. *commessura*) e di *-tomia* ✻ 1983] **s. f.** ● (*chir.*) incisione di una commessura: *c. mitrale, cerebrale*

commistióne [vc. dotta, lat. tardo *commixtiōne(m)*, da *commiscēre* '†commescere' ✻ av. 1334] **s. f. 1** mescolanza, unione: *terra grassa untuosa congiunta colla c. dell'acqua* (B. Cellini) | (*fig.*) fusione: *c. di lingue, di stili*; *una c. di sacro e profano* **2** (*dir.*) mescolanza di cose appartenenti a diversi proprietari in modo da formare un unico oggetto: *c. di cose separabili*

commìsto [vc. dotta, lat. *commĭstu(m)*, part. pass. di *commiscēre* '†commescere' ✻ 1310] **agg.** ● (*lett.*) misto, mescolato insieme: *dentro a una città c. / popolo alberga* (T. Tasso)

commistùra [1847] **s. f.** ● (*lett.*) commistione

commiṣuràre [V. *commensurare* ✻ 1308] **A v. tr.** ● misurare qlco. in base a un'altra (+ *a*, + *con*): *c. la spesa all'utile*; *le pene sue con quelle di molte antiche donne commisurando* (G. Boccaccio) **SIN.** adeguare, proporzionare **B commisuràrsi v. rifl. e rifl. recipr.** ● mettersi alla prova, confrontarsi: *commisurarsi con le proprie possibilità*

commiṣurazióne [V. †*commensurazione* ✻ 1363] **s. f.** ● il commisurare, il commisurarsi | adeguamento, proporzione

committènte [vc. dotta, lat. *committĕnte(m)*, part. pres. di *committĕre* 'affidare' ✻ av. 1600] **A s. m. e f. 1** chi commissiona o affida qlco. a qlcu. | commissionario di un'opera d'arte **2** colui che incarica l'appaltatore di eseguire un'opera | colui che incarica il commissionario di comprare o vendere **B anche agg.**: *ditta c.*

committènza [1982] **s. f.** ● ordinazione, commissione di un lavoro, una merce, una prestazione e sim. | (*est.*) il committente, l'insieme dei committenti | (*est.*) attività di enti o privati che commissionano, spec. opere artistiche

cómmo o **commòs** [vc. dotta, gr. *kommós* 'colpo al petto', da *kóptō* 'io percuoto' ✻ av. 1565] **s. m.** ● (*letter.*) dialogo lirico fra coro e attori nella tragedia greca

commodàre e deriv. ➤ **comodare**[1] e deriv.

commode /fr. kɔ'mɔd/ [vc. fr., sost. dell'agg. *commode* 'comodo' ✻ 1905] **s. f. inv.** ● canterano, cassettone, comò

commodity /ko'mɔditi, *ingl.* kə'mɒdɪtɪ/ [vc. ingl., propr. 'comodità', 'cosa utile', poi, 'articolo commerciale', 'materia prima' ✻ 1985] **s. f. inv.** (**pl. ingl.** *commodities*) ● (*econ.*) bene primario, quale il petrolio, la lana, i cereali e sim.: *il mercato delle commodities*

†**còmmodo** ➤ **comodo**[1] e **comodo**[2]

commodòro [ingl. *commodore*, a sua volta dal neerl. *commandeur* 'comandante', di orig. fr. ✻ 1749] **s. m.** ● (*mar.*) nella marina militare britannica e in quella statunitense, grado militare temporaneo assegnato a un capitano di vascello con funzioni di comando di una squadra navale | titolo onorifico conferito un tempo al capitano più anziano di una compagnia marittima o al presidente di un'associazione velica sportiva

cómmoner /'kɔmmoner, *ingl.* 'kɒmənə(r)/ [vc. ingl., propr. 'appartenente alla comunità' ✻ 1986] **s. m. e f. inv.** ● nel Regno Unito, persona priva di titoli nobiliari

common law /*ingl.* 'kɒmən,lɔː/ [loc. ingl., propr. 'legge (*law*) comune (*common*)' ✻ 1956] **loc. sost. f. inv.** ● nell'ordinamento giuridico inglese, l'insieme delle norme basate su sentenze della magistratura e non su leggi scritte

common rail /komon'reil, *ingl.* 'kɒmən,reɪl/ [loc. ingl., prob. 'barra (*rail*) semplice (*common*)' ✻ 1994] **A loc. agg. inv.** ● (*autom.*) in un motore diesel, detto di sistema di iniezione diretta nel quale un collettore distribuisce il carburante ad alta pressione a iniettori a controllo elettronico **B loc. sost. m. inv.** (**pl. ingl.** *common rails*) **1** sistema di iniezione common rail **2** (*est.*) motore diesel dotato di sistema common rail

†**commorazióne** [vc. dotta, lat. *commoratiōne(m)*, da *commorāri* 'indugiare' ✻ 1574] **s. f.** ● artificio retorico consistente nell'indugiare prima di pronunciare una frase importante

commoriènza [dal lat. *commŏriens*, genit. *commoriĕntis*, part. pres. di *cŏmmori* 'morire insieme', comp. di *co-*[1] e del lat. *mŏri* 'morire' ✻ 1912] **s. f.** ● (*dir.*) presunzione legislativa di morte contemporanea, in caso di incertezza circa la sopravvivenza di una persona a un'altra

commòs ➤ **commo**

♦**commòsso** **part. pass.** di *commuovere*; anche **agg. 1** preso da commozione: *essere, sentirsi, mostrarsi c.* | che esprime commozione: *sguardo c.*; *voce commossa* **2** (*raro, lett.*) ribellato, sollevato, tumultuante: *popolo c.* | (*raro, lett.*) agitato, mosso: *tratta dell'aria quieta e non agitata e commossa* (G. Galilei) ‖ **commossaménte**, **avv.**

commotìvo [dal lat. *commōtus*, part. pass. di *commovēre* 'commuovere' ✻ sec. XIV] **agg. 1** (*med.*) relativo alla commozione: *stato c.* **2** (*lett.*) che suscita commozione

commovènte **part. pres.** di *commuovere*; anche **agg.** ● che commuove: *scena, spettacolo c.*

commòvere ➤ **commuovere**

commovìbile [1865] **agg.** ● (*raro*) che si commuove facilmente ‖ **commovibilità**, **s. f. inv.**

commoviménto [dal lat. *commovēre* 'commuovere' ✻ av. 1292] **s. m. 1** (*lett.*) movimento violento: *i commovimenti della terra* **2** (*raro*) commozione, turbamento: *il c. di ammirazione suscitato dalla Commedia* (G. Carducci)

commozióne [vc. dotta, lat. *commotiōne(m)*, da *commōtus* 'commoto' ✻ av. 1328] **s. f. 1** turbamento emotivo, spec. provocato da sentimenti di affetto, tenerezza, pietà, dolore e sim., o di gioia, gratitudine e sim.: *c. viva, dolce, profonda, superficiale*; *muovere, destare, suscitare c.*; *sentire c.*; *nascondere la c.* | (*est.*) emozione: *gli animi sono ... disposti alle commozioni mirabili di quell'arte* (G. Leopardi) **2** (*lett.*) moto violento di elementi naturali | *c. tellurica*, terremoto **3** (*raro, lett.*) sommossa, tumulto | rivolgimento: *nelle grandi commozioni politiche* (A. Manzoni) **4** (*med.*) perdita parziale o totale della funzionalità di un organo, o di un complesso di organi, spec. per cause esterne spesso di natura traumatica: *c. viscerale*; *c. spinale* | **c. cerebrale**, con perdita della coscienza

SFUMATURE DI SIGNIFICATO

commozione - turbamento - pathos

Uno stato psichico di agitazione e trasporto affettivo determinato da compassione, comprensione, pietà per gli altri o da tenerezza e nostalgia si definisce **commozione**. Anche **turbamento** denota uno stato di alterazione delle normali condizioni psichiche, ma contiene una sfumatura sottilmente negativa: si riferisce infatti al venir meno della serenità e può denotare inquietudine e smarrimento. Se la *commozione*, la profonda partecipazione è determinata da un'opera d'arte o letteraria di grande tensione drammatica si parla di **pathos**.

†**commùne** ➤ **comune**[1] e **comune**[2]

commùnio [lat. V. *comunione* ✻ 1682] **s. f. inv.** ● (*relig.*) antifona che si recita dopo la comunione e l'abluzione delle dita

communire [vc. dotta, lat. *communīre*, comp. di *cŭm* 'con' e *munīre* 'munire' ✻ 1300] **v. tr.** (*io communìsco, tu communìsci*) ● (*raro, lett.*) munire | corroborare

†**communità** ➤ **comunità**

community /kom'mjuniti, *ingl.* kə'mjuːnɪtɪ/ [1999] **s. f. inv.** ● (*Internet*) accorc. di *web community*

♦**commuòvere** o (*lett.*) **commòvere** [lat. *commovēre*, comp. di *cŭm* 'con' e *movēre* 'muovere' ✻ 1268] **A v. tr.** (**coniug. come** *muovere*) **1** suscitare sentimenti di affetto, tenerezza, pietà, dolore e sim., o di gioia, gratitudine e sim.: *il tuo gesto mi ha profondamente commosso* **2** (*raro, lett.*) scuotere, agitare, provocare un movimento più o meno violento: *il soffio del vento inclinò le fiammelle, commosse i fiori* (G. D'Annunzio) **3** †indurre a qlco. | †incitare alla rivolta **B** **commuòversi** **v. intr. pron. 1** essere preso da commozione (+ *a*, + *per*; + *in* **seguito da inf.**): *commuoversi alla vista di grandiosi spettacoli naturali; commuoversi per la sorte di molti esuli; commuoversi nel vedere un film* **SIN.** intenerirsi, turbarsi | (*raro, lett.*) scuotersi, agitarsi **2** †ribellarsi, sollevarsi

C

SFUMATURE DI SIGNIFICATO

commuovere - emozionare - colpire

Commuovere è produrre un vivo turbamento, un trasporto affettivo fatto di tenerezza, malinconia, partecipazione al dolore altrui. **Emozionare** è causare una reazione emotiva altrettanto forte, un'eccitazione anche violenta ma determinata dagli stimoli più diversi, esterni o interni al soggetto. L'azione di *commuovere, emozionare,* o comunque produrre un effetto forte sull'emotività di una persona può essere descritta anche da **colpire**, parola piuttosto generica, riferibile a un'impressione sia negativa sia positiva.
SFUMATURE ➤ ***impressionare***

commutàbile [vc. dotta, lat. *commutābile(m)*, da *commutāre* 'commutare' ✱ 1340 ca.] **agg. 1** che si può commutare **2** (*ling.*) detto di parola in cui si può operare la commutazione ‖ **commutabilménte**, **avv.** (*raro*) in modo commutabile ‖ **commutabilità**, **s. f. inv.**

commutàre [vc. dotta, lat. *commutāre*, comp. di *cŭm* 'con' e *mutāre* 'mutare' ✱ av. 1306] **v. tr. 1** scambiare una cosa con un'altra (+ *in*): *c. una pena; la detenzione gli venne commutata in arresti domiciliari* **2** (*elettr.*) cambiare il verso di una corrente elettrica | (*est., tel.*) realizzare la comunicazione fra due utenti telefonici

commutativo [av. 1328] **agg. 1** che serve a commutare | ***giustizia commutativa***, che obbliga al contraccambio equivalente **2** (*mat.*) detto di una legge di composizione il cui risultato non dipende dall'ordine dei fattori ‖ **commutatività**, **s. f. inv.** (*mat.*) proprietà di un'operazione in cui il risultato resta invariato se si scambia l'ordine dei termini

commutatóre [da *commutātus*, part. pass. di *commutāre* 'commutare' ✱ 1892] **A** **agg.** (**f.** *-trice*) ● (*lett.*) che muta, trasforma **B** **s. m. 1** (*elettr.*) dispositivo che ha la funzione di cambiare, a mano o automaticamente, i collegamenti di due o più circuiti elettrici **2** nella tecnica di regia televisiva, apparecchio per il montaggio dei programmi **3** (*ling.*) parola il cui significato varia a seconda della situazione, in quanto rinvia a un referente che deve di volta in volta essere reso esplicito (per es. *io, qui, oggi*) **CFR.** deittico

commutatrice [1964] **s. f.** ● (*elettr.*) convertitore elettrico rotante

commutazióne [vc. dotta, lat. *commutatiōne(m)*, da *commutāre* 'commutare' ✱ av. 1328] **s. f. 1** scambio, sostituzione: *c. di una pena* **2** (*elettr.*) operazione eseguita dal commutatore e manovra del commutatore | ***tempo di c.***, compreso tra l'istante in cui si agisce sull'organo elettrico, che effettua la commutazione, e quello in cui essa avviene | ***c. telefonica***, insieme di operazioni atte a stabilire una comunicazione tra due utenti | (*tel.*) ***forcella di c.***, gancio **3** nella tecnica di regia televisiva, montaggio dei programmi mediante commutatore **4** (*ling.*) procedimento per il quale in una parola si sostituisce un suono o un fonema con un altro in modo da ottenere un'altra parola (per es. *carta* e *carda*) | ***c. di codice***, passaggio da un livello, da un registro, a un altro o, in soggetti bilingui, da una lingua a un'altra

comò [fr. *commode*, propr. 'comodo' ✱ 1781] **s. m. inv.** ● cassettone a due o tre cassetti sovrapposti, dei quali il primo in alto può essere suddiviso in due o più cassettini

†**còmo** ① [vc. dotta, gr. *kômos*, di etim. incerta ✱ av. 1729] **s. m.** ● (*lett.*) baldoria, gozzoviglia

†**cómo** ② ➤ **come**

còmoda [fr. *commode*. V. *comodino* ① ✱ 1885] **s. f.** ● sedia o poltrona sanitaria fornita, sotto il sedile, di vaso estraibile per i bisogni corporali **SIN.** seggetta

comodàccio [1920] **s. m. 1** (*spreg.*, spec. al **pl.**) comodo: *quell'amore dei propri comodacci di che l'egoista non si muove d'un millimetro* (C.E. Gadda) **2** (*spreg.*) utile, tornaconto, vantaggio personale: *pensa solo al c. suo*

comodànte **A** **part. pres.** di *comodare* ①; anche **agg.** ● nei sign. del v. **B** **s. m. e f.** ● (*dir.*) chi dà un bene in comodato

comodàre ① o **commodàre** [vc. dotta, lat. *commodāre* 'prestare, accordare, concedere', da *cŏmmodus* 'comodo ①' ✱ 1502] **v. tr.** (*io còmodo*) ● dare in comodato: *c. un bene mobile*

comodàre ② [da *comodo* ② ✱ av. 1590] **v. intr.** (*io còmodo; aus. essere*) ● fare comodo | (*fam.*) fare piacere: *fate come vi comoda*

comodatàrio o **commodatàrio** [1673] **s. m.** (**f.** *-ia*) ● (*dir.*) chi riceve beni in comodato: *obbligazioni del c.*

comodàto o **commodàto** [vc. dotta, lat. tardo *commodātu(m)* 'prestito', da *commodāre*. V. *comodare* ① ✱ av. 1396] **s. m.** ● (*dir.*) contratto con cui una persona concede a un'altra l'uso gratuito di un bene per un periodo determinato: *contratto di c.* | ***c. bancario***, consegna alla banca di titoli, con facoltà di usarli a favore d'altri

†**comodézza** [da *comodo* ② ✱ av. 1573] **s. f.** ● comodità

♦**comodino** ① [fr. *commode* (V. *comò*) col suff. del dim. ✱ 1825] **s. m.** ● mobiletto a cassettini e talora munito di sportello che sta accanto al letto, diffusosi nel XVIII secolo | (*est.*) ogni mobiletto che si tiene accanto al letto | cantonale

comodino ② [da *comodo* ② ✱ 1761] **s. m. 1** (*gerg.*) chi sostituisce un attore all'ultimo momento | (*est.*) attore scadente | ***fare, servire da c. a qlcu.***, (*fig.*) fare i comodi altrui in modo umiliante **2** telone posto dietro il sipario, che un tempo aveva al centro una porticina per la quale gli attori uscivano a ringraziare il pubblico

♦**comodità** o †**comoditàde**, †**comoditàte** [vc. dotta, lat. *commoditāte(m)*, da *cŏmmodus* 'comodo ①' ✱ 1288] **s. f. inv. 1** caratteristica di ciò che è comodo: *la c. di un'abitazione, di un'automobile* | agio, occasione favorevole: *ha la c. di lavorare proprio vicino a casa* **2** ciò che procura benessere, agio e sim.: *le c. della vita moderna* **3** (*eufem.*) †bisogno corporale

♦**còmodo** ① o †**còmmodo** [vc. dotta, lat. *cŏmmodu(m)*, agg., 'adeguato alla misura', comp. di *cŭm* 'con' e *mŏdus* 'misura' ✱ 1353] **agg. 1** che dà agio, benessere: *fare una vita comoda; avere una casa comoda* | confortevole: *poltrona comoda* | ***vestito c.***, in cui ci si muove liberamente | ***fare visita a un'ora comoda***, che non disturba | che si fa senza sforzo, che non offre difficoltà: *strada, scala comoda* | agevole: *è un quartiere comodo da raggiungere; una zona comoda per i collegamenti* | (*iron.*) facile: *troppo c. limitarsi a criticare!* | ***prendersela comoda***, fare qlco. con molta lentezza | vantaggioso, conveniente, favorevole: *vieni pure quando ti torna c.; riserbandosi in più c. tempo le lusinghe* (G. Boccaccio) **2** detto di persona, che si trova a suo completo agio in una determinata posizione o situazione: *stava c. in poltrona* | ***state comodi***, restate seduti | che non ama le fatiche: *è gente comoda* **3** (*fig.*) detto di chi non crea troppi problemi, è malleabile, facile da affrontare: *un avversario abbastanza c.* **CONTR.** scomodo ‖ **comodaménte**, **avv. 1** in modo comodo: *sedere comodamente*; con agiatezza: *vivere comodamente* **2** senza sforzo, agevolmente: *la nostra squadra ha vinto comodamente* **3** senza fretta, con tranquillità: *puoi pagare comodamente a fine mese*

♦**còmodo** ② o †**còmmodo** [vc. dotta, lat. *cŏmmodu(m)*, sost.; cfr. *comodo* ① ✱ 1268] **s. m. 1** ciò che dà agio, benessere: *i comodi della vita; amare il proprio c.* **2** opportunità, vantaggio, utilità: *trovare il proprio c. in qlco.* | (spec. al **pl.**) ***fare i propri comodi***, ***i propri porci comodi***, fare solo ciò che è utile a sé stessi: *E tu a spasso fino all'una di notte a fare i tuoi porci comodi* (D. Buzzati) | ***fare c.***, riuscire utile o vantaggioso | ***a, con c., con tutto c.***, senza fretta, a tempo opportuno | ***a suo c.***, a suo piacere | (*lett., raro*) ***essere in c.***, essere disposto a fare qlco. | ***di c.***, detto di ciò che risulta vantaggioso, che torna utile, che si fa per convenienza: *soluzione di c.*; facile, fittizio: *avversario di c.* | ***c. di cassa***, breve dilazione concessa al pagamento di merci vendute per contanti; in banca, apertura di credito di breve durata per soddisfare bisogni transitori o casi urgenti a favore di clienti di riguardo **3** †veicolo ‖ **comodàccio**, **pegg.** (V.)

comodóne [da *comodo* ② ✱ 1865] **s. m.** (**f.** *-a*) ● chi ama fare i propri comodi senza affannarsi

comodóso (o **-ṣ-**) [da *comodo* con il suff. *-oso* ③ in funzione scherz. ✱ 1975] **agg.** ● (*colloq.*) che è particolarmente e piacevolmente comodo: *un divano c.*

comorbidità [calco sull'ingl. *comorbidity*, comp. di *co-* e *morbidity* 'morbosità' ✱ 1974] **s. f. inv.** ● (*med., impropr.*) comorbosità

comorbilità [comp. di *co-* ① e *morbilità* ✱ 1994] **s. f. inv.** ● (*med., impropr.*) comorbosità

comorbosità (o **-ṣ-**) [comp. di *co-* ① e *morbosità* ✱ 1995] **s. f. inv.** ● (*med.*) presenza concomitante di due o più malattie diverse nello stesso soggetto

compact disc /kompad'disk, *ingl.* 'kɒmpækt,dɪsk/ [vc. ingl., comp. di *compact* 'compatto' e *disc* 'disco' ✱ 1982] **loc. sost. m. inv.** (**pl. ingl.** *compact discs*) ● disco di materiale plastico rivestito di materiale riflettente, leggibile mediante dispositivi ottici (laser), usato per la registrazione di suoni, di immagini e di dati informatici; in sigla, cd ‖ **compact**, **accorc.**

†**compàdre** ➤ **compare**

compadróne [comp. di *con-* e *padrone* ✱ 1635] **s. m.** (**f.** *-a*) ● (*raro*) chi è padrone di qlco. con altri: *c. di una casa, di un terreno*

compaeṣàno [comp. di *con-* e *paese*, con suff. aggettivale ✱ av. 1827] **s. m.** (**f.** *-a*) ● chi è dello stesso paese o della stessa regione di altri

†**compàge** [vc. dotta, lat. *compāge(m)*, da *pāngere* 'conficcare' ✱ 1321] **s. f. 1** compagine **2** (*lett.*) coesione, densità: *che soperchia de l'aere ogne c.* (Dante *Par.* XIII, 6)

compaginàre ① [vc. dotta, lat. tardo *compagināre* 'mettere insieme', da *compāgo*, genit. *compāginis* 'compagine' ✱ 1340 ca.] **v. tr.** (*io compàgino*) ● (*lett.*) concatenare strettamente più parti formando un tutto unico

compaginàre ② [da *pagina* ✱ 1865] **v. tr.** (*io compàgino*) ● (*raro*) disporre in pagine

♦**compàgine** [vc. dotta, lat. *compāgine(m)*, comp. di *cŭm* 'con' e *pāngere* 'conficcare' ✱ sec. XIV] **s. f. 1** congiungimento di diverse parti strettamente connesse tra loro | stretta unione: *la c. di un partito* **2** (*est.*) squadra di giocatori, di corridori, di ciclisti: *la c. milanista*

compàgna① [V. *compagno* ✱1288] **s. f. 1** †V. *compagnia* nel sign. 2 **2** (*stor.*) nel Medioevo, associazione volontaria dei cittadini di Genova con finalità di difesa e reciproca protezione

†**compàgna**② [etim. incerta ✱1607] **s. f.** ● (*mar.*) locale che serviva da dispensa nelle galee

†**compagnàre** [da *compagno* ✱sec. XIII] **v. tr.** ● accompagnare

†**compagnésco** [1316] **agg.** ● compagnevole

†**compagnévole** [1288] **agg. 1** che sta volentieri in compagnia **2** amichevole ‖ †**compagnevolménte**, **avv.** da compagno

♦**compagnìa** o †**compàgna**① [da *compagno*, prob. attrav. il fr. *compagnie* ✱1219] **s. f. 1** lo stare abitualmente insieme con altri: *amare, cercare, evitare la c.*; *essere, stare in buona c.* | ***dama, damigella, di c.***, chi ha come impiego quello di tenere compagnia a una signora di famiglia nobile o benestante | ***fare, tenere c.***, accompagnare o stare insieme a qlcu. | ***essere in dolce c.***, stare insieme alla persona amata | †***di c.***, insieme | (*gramm.*) ***complemento di c. e unione***, indica l'essere animato (compagnia) o inanimato (unione) con cui ci si trova o si fa qlco.; risponde alle domande, rispettivamente, *con chi?, in compagnia di chi?* e *con che cosa?, unitamente a che cosa?*, ed è introdotto dalle prep. *con* e *tra* e dalle loc. prep. *in compagnia di, insieme a* (o *con*), *assieme a* (o *con*), *unitamente a* (per es.: *stasera ceno con un amico; esco assieme ai miei compagni; ha firmato l'appello unitamente ad altri scrittori; una villa con piscina; ho mangiato una pizza con l'insalata*) **2** gruppo di persone riunite insieme per divertirsi, conversare o per altre attività comuni: *una c. affiatata; frequentare le cattive compagnie; spargesi tutta la bella compagna* (A. POLIZIANO) **SIN.** banda, brigata | (*raro*) ***in c.***, in comune, assieme | (*colloq.*) ***... e c. bella***, (*spec. iron.*) ***... e c. cantante***, e tutti gli altri; (*fig.*) eccetera, eccetera **3** (*est., per anton.*) nel Medioevo, schiera di armati comandati da un capitano | ***c. di ventura***, banda di soldati mercenari guidata da un condottiero, operante fra il XII e il XVI sec. in Europa | (*milit., est.*) reparto organico di truppa in cui si suddivide il battaglione, suddiviso a sua volta in plotoni | ***c. di sbarco***, parte dell'equipaggio di una nave da guerra destinata a eventuali operazioni militari a terra | ***ufficio di c.***, fureria **4** società: *c. di assicurazione* | impresa di trasporti, in forma di società, talvolta intitolata al socio principale: *c. di navigazione Rubattino* | ***c. di bandiera***, società di navigazione marittima o aerea, sostenuta dallo Stato di cui batte bandiera per tutelare interessi nazionali **5** confraternita, congregazione di religiosi: *c. di S. Paolo* | ***C. di Gesù***, ordine dei Gesuiti **6** complesso di attori e di tecnici teatrali scritturati per rappresentare spettacoli | ***c. stabile***, che recita sempre nello stesso teatro | ***c. di giro***, che recita in teatri di diverse città **7** (*stor.*) nel Medioevo, corporazione, consorteria **8** †consuetudine, comunanza di vita **9** †lega, alleanza politica: *i Bolognesi feciono c. co' Romagnuoli* (D. COMPAGNI)

♦**compàgno** o (*lett.*) **compagnóne** nel sign. A 1 [lat. mediev. *companio* (nom.) 'che mangia lo stesso pane', comp. di *cŭm* 'con' e *pānis* 'pane①' ✱1211] **A s. m.** (**f.** *-a*, †*-éssa*; **pl. f.** *-gne*) **1** chi sta abitualmente insieme ad altri, svolgendo un'attività comune, partecipando a divertimenti e sim.: *c. di giochi, di classe, di lavoro, di prigionia; è un buon c.* | chi si trova insieme con altri in una determinata condizione o circostanza: *c. di viaggio, di avventura* **2** chi ha familiarità, dimestichezza, pratica di convivenza con qlcu.: *il c., la compagna della vita* | la persona con la quale si convive, o alla quale si è uniti da un rapporto amoroso, senza essere sposati: *il mio c.*; *la sua compagna* **CFR.** convivente, concubino **3** appellativo degli aderenti a un partito della sinistra, spec. di ispirazione marxista, o ad alcune organizzazioni sindacali | ***c. di strada***, in Italia, spec. nel secondo dopoguerra, chi, pur non aderendo pienamente al comunismo, ne fiancheggiava la politica **4** (*sport*) chi fa parte della stessa squadra | colui col quale si gareggia in coppia o l'avversario in una gara a due **5** (**al pl.**) socio in un'azienda: *Società Neri e Compagni* | ***... e compagni***, (*est., spec. spreg.*) ... e altri individui simili: *non mi piace che tu continui a frequentare Attilio, Gigi e compagni* **6** †alleato, confederato **7** (*astron.*) la componente meno luminosa di una stella binaria ‖ **compagnàccio**, **pegg.** | **compagnétto**, **dim.** | **compagnìno**, **dim.** | **compagnùccio**, **compagnùzzo**, **dim. B agg.** ● (*fam.*) simile, corrispondente: *un vestito c. a quello di suo fratello* | ***scarpe compagne***, appaiate

compagnóne [lat. mediev. *companiōne(m)*. V. *compagno* ✱sec. XII] **A s. m.** (**f.** *-a*) **1** V. *compagno* **2** persona gioviale, piacevole, che sta volentieri in compagnia **SIN.** buontempone **3** †compagno di cattive imprese **4** (*raro, scherz.*) †uomo grande e grosso **B agg.** ● (*raro*) socievole

còmpago o **càmpago** [lat. tardo *cămpagu(m)*, prestito da una lingua sconosciuta ✱1905] **s. m.** (**pl.** *-gi*) ● calzare usato da imperatori romani e bizantini, da senatori romani, da pontefici e vescovi

compàio ➤ **comparire**

♣**companàtico** [lat. mediev. *companatiu(m)* 'ciò che si mangia insieme al pane', comp. di *cŭm* 'con' e *pānis* 'pane①' ✱1295] **s. m.** (**pl.** *-ci*, *raro*) ● ciò che si mangia insieme con il pane

company /'kɔmpani, *ingl.* 'kʌmpənɪ/ [vc. ingl., propr. 'società' ✱1926] **s. f.** (**pl. ingl.** *companies*) ● (*econ.*) azienda, impresa, in alcune loc. sost. f. inv. | ***public c.***, società quotata in Borsa e caratterizzata da azionariato diffuso (comp. con *public* 'pubblico') | ***private c.***, società a responsabilità limitata, le cui azioni non sono quotate in Borsa (comp. con *private* 'privato') | ***trading c.***, impresa commerciale che si occupa di importazione ed esportazione | ***bad c.***, società che risulta dallo scorporo di una società in crisi, nella quale vengono fatte confluire tutte le passività di questa | ***net c.***, società che ricava da attività in Internet la quota maggioritaria del suo fatturato | V. anche *genco, newco*

comparàbile [vc. dotta, lat. *comparābile(m)*, da *comparāre*. V. *comparare* ✱1499] **agg.** ● che si può comparare (+ *con*, + *a*): *la situazione attuale non è c. con quella del dopoguerra; un lago c. al lago di Garda* **SIN.** confrontabile, paragonabile ‖ **comparabilménte**, **avv.** ‖ **comparabilità**, **s. f. inv.**

comparàggio [stessa etim. di *comparatico* ✱1314] **s. m. 1** †comparatico **2** illecito accordo fra medici, veterinari o farmacisti e aziende farmaceutiche per cui i primi si impegnano dietro compenso ad agevolare la diffusione dei medicinali da queste prodotti

comparàre [vc. dotta, lat. *comparāre* 'accoppiare, mettere alla pari', comp. di *cŭm* 'con' e *păr* 'pari' ✱av. 1292] **v. tr.** (*io compàro* o *raro*, **secondo il modello latino**, *còmparo*) ● mettere a paragone, confrontare (+ *con*, + *a*): *c. la sintassi di una lingua con un'altra; io quello / infinito silenzio a questa voce / vo comparando* (G. LEOPARDI) | ***c. lingue, letterature, istituzioni***, studiarle confrontandole

comparàtico [da *compare* ✱1353] **s. m.** (**pl.** *-ci*) ● (*centr., merid.*) condizione di compare o di comare | vincolo che intercorre fra il compare o la comare e il figlioccio o la figlioccia, oppure tra il compare d'anello e gli sposi | l'insieme dei compari e delle comari di una famiglia

comparatìsta [av. 1915] **s. m. e f.** (**pl. m.** *-i*) ● studioso di letterature comparate, di scienze comparative | studioso di linguistica comparata **SIN.** comparativista

comparatìstica [1978] **s. f.** ● insieme di studi o ricerche fondati sul metodo comparativo

comparatìva [f. sost. di *comparativo* ✱1956] **s. f.** ● (*ellitt.*) proposizione comparativa

comparativìsmo [1956] **s. m.** ● applicazione del metodo comparativo nella ricerca storiografica, sociologica, linguistica, etnologica e sim.

comparativìsta [sec. XX] **s. m. e f.** (**pl. m.** *-i*) ● comparatista

comparatìvo [vc. dotta, lat. *comparatīvu(m)*, da *comparāre* 'comparare' ✱av. 1328] **A agg. 1** che stabilisce una comparazione, che si basa su una comparazione: *studio c.* | ***metodo c.***, basato sul raffronto di fenomeni appartenenti ad ambienti culturalmente, geograficamente o cronologicamente distinti | ***scienze comparative***, quelle basate su un metodo comparativo **2** (*gramm.*) che esprime comparazione: *grado c. dell'aggettivo, dell'avverbio* | ***c. assoluto***, V. *assoluto* | ***congiunzione comparativa***, che introduce una proposizione comparativa (per es.: (*così...*) *come*, (*tale...*) *quale*, (*tanto...*) *quanto*; (*più*, o *meno...*) *che* (o *di quanto, di come*), (*piuttosto*) *che* ecc.) | ***proposizione comparativa***, proposizione subordinata che indica una comparazione con la reggente: *proposizione comparativa di uguaglianza, di maggioranza, di minoranza* (per es.: *ho agito con lui come faccio con tutti; ci ho messo più tempo di quanto mi aspettassi; la situazione è meno difficile di come si prospettava; preferisco fare due passi piuttosto che guardare il film alla tv*) ‖ **comparativaménte**, **avv.** ‖ **comparatività**, **s. f. inv. B s. m.** ● (*gramm.*) grado dell'aggettivo e dell'avverbio che esprime il valore di una caratteristica o di una condizione rispetto a un termine di paragone: comparativo di uguaglianza (per es.: *è alto come te*), di maggioranza (per es.: *è più furbo di te*), di minoranza (per es.: *il loro televisore è meno moderno del nostro*), a seconda che il rapporto fra i 2 termini di paragone sia pari, in favore del primo o in favore del secondo **CFR.** superlativo

comparàto **part. pass.** di *comparare*; anche **agg. 1** nei sign. del v. **2** ***letteratura comparata***, che studia rapporti di derivazione, imitazione e sim. tra le letterature di vari popoli | ***grammatica comparata, linguistica comparata***, studio delle corrispondenze fra due o più lingue diverse ‖ **comparataménte**, **avv.** (*raro*) in modo comparato

comparatóre [vc. dotta, lat. tardo *comparatōre(m)*, da *comparāre*. V. *comparare* ✱1892] **s. m.** ● in varie tecnologie, strumento atto a rilevare piccole variazioni di dimensioni rispetto a una dimensione prefissata, assunta come base

comparazióne [vc. dotta, lat. *comparatiōne(m)*, da *comparāre*. V. *comparare* ✱1261 ca.] **s. f. 1** paragone, raffronto: *un adatto termine di c.* **2** (*ling.*) figura retorica che consiste nel paragonare tra loro cose, persone, entità astratte (si distingue generalmente dalla similitudine per la possibile reversibilità del paragone); per es. in: *Elle son più belle che gli agnoli dipinti* (G. BOCCACCIO) | (*gramm.*) ***gradi di c.***, indici della gradazione di una qualità espressa dall'aggettivo e dall'avverbio

compàre o †**compàdre** [lat. tardo *cŏmpatre(m)*, poi accentato *compătre(m)*, comp. di *cŭm* 'con' e *pătre* 'padre' ✱ av. 1294] **s. m. 1** (*centr., merid.*) colui che tiene a battesimo o a cresima un bambino SIN. padrino, santolo **2** (*centr., merid.*) il padre del battezzato o del cresimato rispetto al padrino o alla madrina | ***c. d'anello***, chi fa da testimone alle nozze, o porge le fedi nuziali agli sposi, o accompagna la sposa all'altare **3** (*est.*) compagno, amico: *c. d'osteria; raccomandommi a te ... Tuo c. e servitor Luigi Pulci* (L. PULCI) | ***c. lupo e comare volpe***, designazione di animali personificati protagonisti di fiabe infantili **4** (*spreg.*) chi è complice di qlcu. in azioni disoneste o illecite: *un suo c. e confidente il tradì* (G. VILLANI) SIN. complice ‖ (*merid., spreg.*) **comparièllo**, **dim.** complice, galoppino | **comparétto**, **dim.** | **comparìno**, **dim.**

comparènte **A** **part. pres.** di *comparire*; anche **agg.** ● nel sign. del v. **B** **s. m. e f.** ● (*dir.*) parte che compare o è comparsa in giudizio: *eccezione sollevata dal c.*

†**comparènza** [1306] **s. f.** ● evidenza, spicco

♦**comparìre** [lat. *comparēre*, comp. di *cŭm* 'con' e *parēre* 'apparire' ✱ 1258] **v. intr.** (**pres.** *io compàio* o **lett.** *comparìsco, tu compàri* o **lett.** *comparìsci*; **pass. rem.** *io compàrvi* o **lett.** *comparìi*, †*compàrsi, tu comparìsti*; **part. pass.** *compàrso*, †*comparìto*, †*comparùto*; **aus.** *essere*) **1** mostrarsi, diventare visibile: *è comparso all'improvviso* | presentarsi, apparire: *c. in pubblico, in scena, in televisione* | farsi conoscere: *il finanziatore dell'iniziativa non vuole c.* | figurare: *il suo romanzo non compare nella classifica dei libri più venduti* SIN. apparire **2** (*dir.*) presentarsi in giudizio come parte, imputato, consulente tecnico, testimone: *il teste si è rifiutato di c.* **3** venir pubblicato, uscire: *questa rivista compare a intervalli irregolari* **4** (*raro, lett.*) sembrare, mostrarsi all'apparenza: *possono con poche ore di lettura c. dottissimi* (U. FOSCOLO) **5** essere appariscente, far figura: *una persona che vuol c.* **6** †rendere, dare risultati concreti

compariscènte [sec. XIV] **agg.** ● (*disus.*) appariscente

comparìta [1612] **s. f. 1** †comparsa **2** (*tosc.*) bella figura, bella mostra, spec. nella loc. ***fare c.*** **3** †festa pubblica

comparizióne [av. 1294] **s. f. 1** (*raro*) il comparire **2** (*dir.*) nel processo civile, atto del comparire: *udienza di prima c.* | nel processo penale, presentazione dell'imputato o di altro soggetto davanti al giudice o al pubblico ministero, nel giorno e nell'ora dagli stessi indicati: *ordine, mandato di c.*

compàrsa [f. sost. di *comparso*, part. pass. di *comparire* ✱ 1620] **s. f. 1** l'apparire, il comparire: *fu una c. breve; la c. di un sintomo rivelatore* | ***fare la propria c.***, apparire, presentarsi | ***far c.***, presentarsi bene, far bella figura SIN. apparizione **2** persona che compare sulla scena teatrale o in un film senza pronunciare battute: *fare la c.; un film d'azione con molte comparse* | ***fare da c.***, (*fig.*) intervenire in un luogo, in una situazione e sim., senza svolgere alcuna parte attiva | anticamente, elemento di scena di una certa rilevanza **3** (*dir.*) nel processo civile, atto scritto di parte contenente l'esposizione di fatti, ragioni e conclusioni: *presentare una c.; c. di risposta, d'intervento, conclusionale* **4** (*dir., raro*) comparizione: *c. in giudizio*

comparsàta [da *comparsa* ✱ 1959] **s. f. 1** nel gergo cinematografico, parte di comparsa sostenuta occasionalmente **2** (*est., scherz.*) partecipazione dettata da motivazioni esibizionistiche: *ha fatto la sua c. al ricevimento*

compàrso **part. pass.** di *comparire*; anche **agg.** ● nei sign. del v.

compartecipànte [1898] **s. m. e f.** ● ciascuno dei componenti una compartecipazione agraria

compartecipànza [1956] **s. f.** ● (*raro*) compartecipazione

compartecipàre o †**comparticipàre** [vc. dotta, lat. tardo *compartĭcipāri*, da *compărticeps*, genit. *compartĭcipis* 'compartecipe' ✱ av. 1334] **v. intr.** (*io compartécipo*; **aus.** *avere*) ● partecipare insieme, prendere parte con altri (+ *a*, + *in*): *c. agli utili; c. in un progetto*

compartecipazióne [vc. dotta, lat. tardo *comparticipatiōne(m)*, da *compartĭcipāri* 'compartecipare' ✱ 1857] **s. f. 1** partecipazione insieme ad altri (+ *a*, + *in*): *c. agli utili; c. in una società* | ***c. agraria***, associazione nell'esercizio dell'impresa agricola con partecipazione alla produzione **2** quota spettante a un compartecipante: *incassare la c.*

compartécipe [vc. dotta, lat. tardo *compartĭcipe(m)*, comp. di *cŭm* 'con' e *părticeps* 'partecipe' ✱ 1670] **agg.** ● partecipe con altri: *essere c. di un fatto; c. agli utili; c. nel godimento* (D. BARTOLI)

†**comparticipàre** ➤ **compartecipare**

compartimentàle [1848] **agg.** ● relativo a un compartimento

compartimentazióne [1964] **s. f.** ● suddivisione in compartimenti: *c. dello scafo di un mercantile*

compartiménto [av. 1348] **s. m. 1** †distribuzione, ripartizione: *Nel c. de' premi che fece Enea* (T. TASSO) | suddivisione **2** ognuna delle parti in cui è diviso un locale, uno spazio e sim. | ***c. stagno***, porzione di una nave separata dalle altre mediante paratie allo scopo di impedire l'allagamento di tutta la nave, in caso di falla; (*fig.*) ambiente, attività, esperienza e sim., isolati e chiusi a influenze o contatti esterni **3** ognuna delle parti in cui è divisa una carrozza ferroviaria **4** circoscrizione in cui viene diviso il territorio di uno Stato per fini amministrativi o tecnici | ***c. marittimo***, ciascuna delle zone in cui è diviso il litorale dello Stato | ***c. venatorio***, ciascuna delle zone, con ufficio provinciale in ogni capoluogo, che si occupa di regolamenti di caccia

compartìre [vc. dotta, lat. tardo *compartīri*, comp. di *cŭm* 'con' e *partīri* 'dividere' (da *pārs*, genit. *pārtis* 'parte') ✱ 1266] **A** **v. tr.** (*io compartìsco* o *compàrto, tu compartìsci* o *compàrti*) **1** (*lett.*) dividere, fare le parti di qlco., distribuire equamente: *compartendo tra lor gli ozii e gli studi* (L. ARIOSTO) **2** †concedere, donare: *largo a me comparti il tuo favore* (T. TASSO) **B** **compartìrsi** **v. rifl.** ● †spartirsi, dividersi

†**compartitóre** [av. 1557] **s. m.** (**f.** *-trice*) ● chi comparte, divide: *esattissimo c. in minute particelle del tempo è un pendolo* (G. GALILEI)

compartitùra [1858] **s. f.** ● (*raro*) il compartire | scomparto SIN. compartizione

compartizióne [1464] **s. f. 1** il compartire **2** suddivisione, ripartizione SIN. compartimento, compartitura, comparto

compàrto [av. 1635] **s. m. 1** compartizione **2** settore circoscritto e specializzato di un'attività economica, industriale e sim.

compàscolo [lat. *compāscuu(m)* 'pertinente a pascolo comune', comp. di *cŭm* 'con' e *pāscus*, agg. di *pāscuum* 'pascolo' ✱ 1931] **s. m.** ● diritto di far pascolare il proprio bestiame nel fondo di un'altra persona riconoscendo a questa il diritto di fare altrettanto; *esercitare il c.*

compassàre [lat. parl. **compassāre* 'misurare a passi', comp. di *cŭm* 'con' e *pāssus* 'passo' ✱ sec. XIII] **v. tr. 1** †misurare col compasso **2** (*lett., fig.*) misurare con precisione

♦**compassàto** **part. pass.** di *compassare*; anche **agg. 1** nei sign. del v. **2** di persona assai controllata nell'agire: *una ragazza compassata* SIN. misurato, sostenuto ‖ **compassataménte**, **avv.**

SFUMATURE ➤ *austero*

†**compassionàbile** [1308] **agg.** ● compassionevole

compassionàre [sec. XIII] **v. tr.** e (*lett.*) **intr.** (*io compassióno*; **aus.** *avere*) ● sentire o manifestare compassione: *tutti lo compassionavano; compassionando all'inutile fatica* (I. NIEVO) SIN. commiserare, compatire, compiangere

♦**compassióne** [vc. dotta, lat. tardo *compassiōne(m)*, da *compăssus*, part. pass. di *cŏmpati* 'patire insieme con' ✱ 1268] **s. f. 1** sentimento e atteggiamento di sofferta partecipazione ai mali e dolori altrui (+ *di*, + *per*): *è una persona che non conosce la c.; Ho c. di questa casa...* (A. MANZONI); *provava c. per le sofferenze altrui; Sentiva infinita c. per li peccatori* (G. LEOPARDI); *L'effetto estetico è la c. verso il padre e la figliuola* (F. DE SANCTIS) | ***far c.***, destare pietà | ***muoversi a c.***, impietosirsi | (*raro*) ***avere a c.***, compassionare SIN. commiserazione, compatimento, pietà **2** sentimento e atteggiamento di insofferenza mista a disprezzo verso qlcu. o qlco. meschino, penosamente ridicolo, abietto, malriuscito e sim.: *con questi discorsi fai veramente c.; che c. quel libro!*

compassionévole [av. 1334] **agg. 1** che sente, esprime compassione: *persona, carattere, sguardo, voce c.* SIN. misericordioso, pietoso **2** che desta compassione: *condizione, stato c.* SIN. commovente, miserevole, pietoso ‖ **compassionevolménte**, **avv.**

compàsso [da *compassare* ✱ av. 1292] **s. m. 1** strumento costituito da due aste collegate da uno snodo, una delle quali porta una punta mentre l'altra porta uno strumento tracciante, usato spec. per tracciare circonferenze, per riportare un dato segmento e sim.: *c. per disegnatori; c. per spessori* | ***c. a punte fisse***, con entrambe le aste che terminano a punta | ***c. di riduzione***, strumento costituito da due aste a punta collegate da una cerniera scorrevole, che consente di realizzare differenti rapporti fra i segmenti delimitati dalle due coppie di punte **2** (*archit.*) ***cornice a c.***, a profilo mistilineo, tipica dell'arte gotica **3** (*mar.*) †bussola magnetica navale **4** (*raro, fig.*) esattezza, ponderatezza, rigore, nel giudicare, nell'indagare e sim.: *io trovo in me più occhi e senso che c. e critica* (U. FOSCOLO) | (*spreg.*) pedanteria **5** †carta nautica **6** †decorazione geometrica curvilinea per tappeti, drappi e sim.: *una coltre lavorata a certi compassi di perle grossissime* (G. BOCCACCIO)

compatìbile [av. 1540] **agg. 1** che si può compatire, scusare, giustificare: *errore c.* | †che si può sopportare **2** che si può accompagnare ad altra cosa senza comportare effetti negativi (+ *con*): *il tuo lavoro è c. con altri interessi; non sempre lo studio è c. con lo svago* **3** (*tecnol.*) detto di dispositivo in grado di integrarsi con un sistema di altra fabbricazione | (*inform.*) di hardware o software che si adattano a uno standard ‖ **compatibilménte**, **avv.** per quanto si può conciliare con qlco.: *compatibilmente con le tue esigenze* ‖ **compatibilità**, **s. f. inv.** (V.)

compatibilità [1612] **s. f. inv. 1** (*raro*) condizione di ciò che è compatibile, scusabile, giustificabile **2** possibilità di conciliare due o più cose fra loro | ***c. ambientale, ecologica***, requisito di ciò che non contrasta con la salvaguardia e la conservazione delle risorse ambientali **3** (*inform.*) situazione che sussiste quando due elaboratori elettronici accettano gli stessi supporti, e i programmi scritti per uno possono essere eseguiti dall'altro senza che occorra modificarli

compatiménto [1586] **s. m.** **1** (*raro*) compassione, pietà **2** indulgenza, spesso unita a sufficienza, a disprezzo; sopportazione, tolleranza: *lo ascoltava con un'aria di c.*

♦**compatire** [vc. dotta, lat. tardo *cŏmpati* 'patire insieme con', comp. di *cŭm* 'con' e *păti* 'patire, sopportare' ✻ av. 1294] **A** **v. tr.** (*io compatìsco, tu compatìsci*) **1** sentire o manifestare compassione: *lo compatisco per ciò che gli è accaduto* SIN. commiserare, compassionare, compiangere **2** considerare con indulgenza, scusare, perdonare: *è necessario c. la loro inesperienza* **3** considerare con superiorità, con disprezzo: *è solito c. tutti con altezzoso sussiego* | *farsi c.*, esporsi alle critiche o al sarcasmo altrui **B** **v. intr.** (**aus.** *avere*) ● (*raro, lett.*) provare compassione: *non dovete pensare che io non compatisca all'infelicità umana* (G. Leopardi) **C** **compatirsi** **v. rifl. recipr.** ● (*fam.*) tollerarsi: *non possono compatirsi*

compatrïòta o **compatrïòtta**, (*pop.*) †**compatrïòto**, (*pop.*) †**compatrïòtto** [vc. dotta, lat. tardo *compatriōta(m)* (V. *patriota*), calco sul gr. *sympatriṓtēs* ✻ 1268] **s. m. e f.** (**pl. m.** *-i*) ● chi è della medesima patria SIN. compaesano, connazionale

compatróno [lat. tardo *compatrōnu(m)*, comp. di *cŭm* 'con' e *patrōnus* 'patrono' ✻ 1865] **s. m.** (**f.** *-a*) ● santo patrono insieme con un altro | patrono di beneficio ecclesiastico insieme con un altro

compattàbile [sec. XX] **agg.** ● che può essere compattato: *involucro, confezione c.* ‖ **compattabilità**, **s. f. inv.**

compattaménto [1985] **s. m.** ● il compattare o il compattarsi (*anche fig.*)

♣**compattàre** [da *compatto* ✻ av. 1963] **A** **v. tr.** **1** rendere qlco. compatto o più compatto, in modo che possa occupare uno spazio minore: *compattare i rifiuti urbani* | in varie tecnologie, congiungere più strettamente nelle sue varie parti un insieme | (*inform.*) comprimere, spec. dati **2** (*fig.*) unire, rendere solidale: *la vittoria ha compattato gli alleati* **B** **compattàrsi** **v. intr. pron.** ● consolidarsi, unirsi strettamente (*anche fig.*)

compattatóre [da *compattare*, sul modello dell'ingl. *compactor* ✻ 1982] **s. m.** **1** grossa macchina a piastra vibrante, per costipare terreni e ghiaia **2** dispositivo per compattare rifiuti solidi

compattazióne [1985] **s. f.** ● operazione del compattare

compattézza [av. 1826] **s. f.** **1** caratteristica di ciò che è compatto: *la c. di un terreno* | (*fig.*) concordia di idee, di sentimenti e sim.: *la c. di un gruppo di amici* **2** *grado di c.*, rapporto fra il peso specifico apparente di una roccia e il suo peso specifico reale

compàtto [vc. dotta, lat. *compāctu(m)*, part. pass. di *compìngere* 'unire strettamente', comp. di *cŭm* 'con' e *păngere* 'conficcare, piantare' ✻ sec. XIV] **A** **agg.** **1** unito strettamente nelle sue parti (*anche fig.*): *legno c.*; *roccia compatta*; *folla, massa compatta*; *un gruppo c.* SIN. denso, spesso | (*est.*) detto di ciò che ha forma essenziale e dimensioni ridotte: *un personal computer c.* **2** (*fig.*) concorde nelle idee, nei sentimenti, nell'azione e sim.: *votarono compatti a favore del programma* **3** (*ling.*) detto del suono che caratterizza la pronuncia delle vocali aperte e delle consonanti velari e palatali ‖ **compattaménte**, **avv.** **B** **s. m.** **1** (*metall.*) agglomerato di polvere ottenuto per compressione **2** (*elettron.*) impianto per la riproduzione sonora costituito da diversi componenti, alloggiati in un unico contenitore gener. di dimensioni ridotte

†**compaziènte** [vc. dotta, lat. tardo *compatiĕnte(m)*, part. pres. di *cŏmpati*. V. *compatire* ✻ sec. XIV] **agg.** ● misericordioso

†**compedito** [lat. *compedītu(m)* 'legato', part. pass. di *compedīre*, da *cŏmpedes* 'ceppi' ✻ sec. XIV] **agg.** ● (*lett.*) messo ai ceppi SIN. schiavo

compendiàbile [1983] **agg.** ● che si può compendiare, riassumere

compendiàre [vc. dotta, lat. *compendiāre*, da *compĕndium* 'compendio' ✻ 1607] **A** **v. tr.** (*io compèndio*) **1** ridurre in compendio: *c. una storia letteraria, un sistema filosofico* | riassumere (*anche fig.*): *quell'opera compendia (in sé) il lavoro di molti anni* **2** esporre succintamente **B** **compendiàrsi** **v. intr. pron.** ● riassumersi (*spec. fig.*): *la vita della signora … si compendiava fra la sua casa … la chiesa … e quella tomba* (I. Svevo)

SFUMATURE ➤ *accorciare*

compendiàrio [vc. dotta, lat. *compendiāriu(m)*, da *compĕndium* 'compendio' ✻ av. 1729] **agg.** **1** (*lett.* o *raro*) che si presenta in forma riassuntiva: *esposizione compendiaria* **2** nella tecnica pittorica, detto di stile che consiste nel ridurre l'immagine ai suoi tratti essenziali, senza descriverne i particolari

compendiatóre [1684] **s. m.** (**f.** *-trice*) ● chi fa un compendio, spec. di un'opera letteraria

♣**compèndio** [vc. dotta, lat. *compĕndiu(m)* 'risparmio, abbreviazione, via più breve', da *compĕndere* 'pesare assieme' ✻ av. 1349] **s. m.** **1** riduzione o trattazione sintetica del contenuto di un testo, di un argomento, di una materia e sim.: *un c. di letteratura latina* | *in c.*, (*fig.*) in breve, in succinto, in sostanza SIN. riassunto, sommario **2** in paleografia, scrittura di una parola per sintesi dei segni alfabetici più significativi di essa **3** (*fig.*) sintesi di elementi diversi: *la vita è un c. di miserie* ‖ **compendiétto**, **dim.** | **compendino**, **dim.**

SFUMATURE DI SIGNIFICATO

compendio - epitome - estratto

Compendio è la trattazione sintetica del contenuto di un testo, di un argomento, di una disciplina. Nel caso in cui ad essere compendiata sia un'opera di notevole vastità si ha un'**epitome**. Diverso, perché non frutto di una rielaborazione, è l'**estratto**, capitolo di un libro o articolo di una rivista stampato autonomamente su un fascicolo usando la stessa composizione tipografica del volume o della rivista stessi.

SFUMATURE ➤ *manuale*②, ➤ *riassunto*, ➤ *sintesi*

compendióso (o -ṣ-) [vc. dotta, lat. *compendiōsu(m)*, da *compĕndium* 'compendio' ✻ sec. XIV] **agg.** **1** (*raro*) breve, ristretto, conciso: *scritto, discorso, trattato c.* **2** †corto, breve, detto di strada e sim. ‖ **compendiosaménte**, **avv.** ‖ **compendiosità**, **s. f. inv.** concisione, brevità

compenetràbile [1865] **agg.** ● che si può compenetrare ‖ **compenetrabilità**, **s. f. inv.**

compenetràre [comp. di *con-* e *penetrare* ✻ 1769] **A** **v. tr.** (*io compènetro*) **1** detto di una sostanza, penetrare profondamente in qlco. fino a fondersi e a formare un tutto unico **2** (*fig.*) pervadere, colmare, occupare (+ *di*): *l'amore compenetrava di gioia il suo animo* **B** **compenetràrsi** **v. intr. pron.** ● (*fig.*) essere pervaso, occupato da un sentimento e sim. (+ *di*): *compenetrarsi di dolore* | (*fig.*) immedesimarsi (+ *in*): *andavo compenetrandomi nel cerchio in cui vivevo* (A. Boito) **C** **compenetràrsi** **v. rifl. recipr.** ● penetrarsi a vicenda: *sono due sostanze che non si compenetrano*

compenetràto **part. pass.** di *compenetrare*; anche **agg.** ● (*fig.*) pervaso, permeato (+ *di*, + *da*): *animo c. di gioia*; *essere c. da un'idea*

compenetrazióne [1749] **s. f.** ● il compenetrare, il compenetrarsi (*anche fig.*): *c. di stili diversi* | (*fis.*) fenomeno per cui le particelle di due sostanze solide penetrano le une nelle altre producendo una saldatura: *due cristalli uniti per c.*

compensàbile [av. 1667] **agg.** ● che si può compensare ‖ **compensabilità**, **s. f. inv.**

compensàre [vc. dotta, lat. *compensāre* 'mettere in contrappeso, equilibrare', comp. di *cŭm* 'con' e *pensāre* 'pesare' ✻ 1261 ca.] **A** **v. tr.** (*io compènso*) **1** dare un compenso per un lavoro fatto, per un servizio reso, per un danno subito e sim.: *c. qlcu. per l'opera compiuta*; *c. qlcu. del favore reso, della perdita sofferta*; *c. qlcu. in denaro, con un regalo* | (*est.*) risarcire, ripagare (*anche fig.*): *la tua gentilezza mi compensa di tante amarezze* **2** stabilire una situazione di equilibrio, spec. fra elementi contrastanti: *la distruzione è compensata continuamente dalla produzione* (G. Leopardi); *compensa il suo scarso talento con una grande forza di volontà* **3** nelle attività subacquee, eseguire una forte espirazione tenendo chiusi naso e bocca per bilanciare la pressione che l'acqua esercita sui timpani **B** **compensàrsi** **v. rifl. recipr.** ● equilibrarsi, bilanciarsi (*anche fig.*): *nella vita, dolori e gioie si compensano*

compensativo [vc. dotta, lat. tardo *compensatīvu(m)*, da *compensāre* 'compensare' ✻ 1673] **agg.** ● che serve a compensare | ***riposo c.***, periodo di astensione dal lavoro concesso al dipendente che ha effettuato in precedenza lavoro straordinario o ha svolto attività di pubblico interesse

compensàto **A** **part. pass.** di *compensare*; anche **agg.** ● nei sign. del v. **B** **s. m.**; anche **agg.** ● materiale da falegnameria costituito da fogli sottili di legno incollati sotto forte pressione con le fibre perpendicolari, per resistere all'umidità e alle variazioni di temperatura

compensatóre [sec. XIV] **A** **agg.** (**f.** *-trice*) ● che compensa: *azione compensatrice* | (*fotogr.*) ***bagno c.***, bagno di sviluppo che uniforma i fotogrammi di una stessa pellicola differenti tra loro a causa di una diversa esposizione **B** **s. m.** **1** (**f.** *-trice*) (*raro*) chi compensa **2** (*mecc.*) congegno negli strumenti di misura a vite e nelle macchine utensili per compensare l'errore apportato dal passo della vite **3** (*elettr.*) condensatore variabile di piccola capacità, solitamente associato a un condensatore di grande capacità per affinare il valore di quest'ultimo **4** (*aeron.*) organo generalmente aerodinamico col quale il pilota equilibra un governo e il relativo comando per un dato regime di volo SIN. aletta compensatrice **5** (*fis.*) dispositivo che annulla l'effetto di una grandezza fisica mediante una grandezza opposta **6** parte del cronometro in cui si trova il bilanciere

compensatòrio [av. 1869] **agg.** (**pl. m.** *-i* o *raro -ii*) ● di compensazione, che serve a compensare: *meccanismo c.*

compensazióne [vc. dotta, lat. *compensatiōne(m)*, da *compensāre* 'compensare' ✻ 1268] **s. f.** **1** raggiungimento di una situazione di equilibrio, spec. tra elementi contrastanti (*anche fig.*) **2** (*dir.*) estinzione di crediti e debiti reciproci: *c. giudiziale, legale, volontaria* | ***c. generale***, clearing **3** nelle immersioni subacquee, espirazione forzata con naso e glottide chiusi effettuata per equilibrare la pressione interna e quella esterna dell'acqua sul timpano

♦**compènso** [da *compensare* ✻ 1313] **s. m.** **1** corrispettivo del lavoro svolto, dell'opera eseguita, del servizio reso e sim.: *c. in denaro, in natura*; *avere diritto a un c.*; *dare, ricevere il c. pattuito* SIN. mercede, retribuzione **2** (*fig.*) risarcimento, ammenda, ripara-

C

zione: *La sua giovialità m'era largo c.* (U. Foscolo) **3** (***fig.***) ciò che ristabilisce un equilibrio, bilancia una differenza e sim. | ***in c.***, (***raro***) ***per c.***, d'altra parte, in cambio: *calvissimo, ma in c. enormemente barbuto* (L. Pirandello)

SFUMATURE DI SIGNIFICATO
compenso - salario - stipendio - emolumento
Compenso è in generale qualsiasi somma conferita come corrispettivo di una prestazione lavorativa. La retribuzione del lavoro subordinato degli operai si definisce **salario**; **stipendio** è invece la retribuzione degli impiegati. **Emolumento** è un compenso per prestazioni anche continuative di carattere professionale.

cómpera o **cómpra** [da *comperare* ✱ 1279] **s. f. 1** atto del comprare: *fare compere per la casa* **SIN.** acquisto **CONTR.** vendita **2** la cosa comprata: *una c. inutile* **SIN.** acquisto

comperàbile ➤ **comprabile**

†**comperaménto** ➤ †**compramento**

comperàre ➤ **comprare**

†**comperatóre** ➤ **compratore**

compermésso ➤ **permesso**②

♦**competènte** [vc. dotta, lat. tardo *competĕnte(m)*, part. pres. di *compĕtere* 'concordare', poi 'addirsi' ✱ 1288] **agg. 1** (***dir.***) che ha competenza: *giudice, tribunale, organo c.*; *autorità c.* **2** che ha la capacità, la preparazione e l'esperienza per compiere una data attività, svolgere un dato compito: *non è uno studioso c. di storia moderna*; *sono uomini competenti nel loro mestiere*; *è una persona c. a svolgere questa ricerca* **SIN.** esperto **3** (***raro, lett.***) adeguato, adatto, proporzionato: *facoltà competenti a sentire ciò che vuole dipingere* (U. Foscolo) | ***mancia c.***, adeguata || **competenteménte**, **avv.** con competenza
SFUMATURE ➤ ***perito***②

♦**competènza** [fr. *compétence*, da *compétent* 'competente' ✱ 1564] **s. f. 1** caratteristica di chi è competente, preparato, esperto: *ha molta c. in letteratura* **SIN.** cognizione, perizia **2** (***dir.***) potere di emanare atti giuridici | ambito territoriale o qualitativo entro il quale può agire un organo giurisdizionale o amministrativo: *la c. del Tribunale, del Consiglio di Stato* | ***c. funzionale***, determinata in ragione delle varie fasi del processo | ***c. per materia***, determinata in ragione della controversia oggetto del giudizio civile o amministrativo, o in relazione al titolo del reato o alla misura della pena irrogata dalla legge per il reato medesimo | ***c. per valore***, nel processo civile, determinata in relazione alla rilevanza economica dei beni controversi | ***c. per territorio***, determinata in ragione del luogo di consumazione del reato o di situazione dell'oggetto o di una parte della controversia civile o amministrativa **3** (***est.***) attinenza, spettanza: *l'argomento è di sua c.* **4** (**spec. al pl.**) compenso, onorario: *le competenze del medico, dell'avvocato*; *liquidare le competenze* **5** (***ling.***) sistema di regole interiorizzate dai parlanti, che costituisce il loro sapere grammaticale, grazie al quale essi sono in grado di formare e comprendere un'infinità di frasi anche nuove **6** †gara, competizione: *Se non sei più forte, … non venire in c. nemmeno colle ranocchie* (G. Leopardi)

SFUMATURE DI SIGNIFICATO
competenza - conoscenza - cognizione
La **competenza** è la caratteristica propria di colui che dimostra di saper svolgere in modo adeguato una certa attività, un certo compito. Copre invece significati più ampi **conoscenza**, che indica da una parte la facoltà intellettuale del conoscere, cioè apprendimento ed esperienza, dall'altra il fatto di conoscere personalmente una persona; la parola si usa inoltre per identificare cultura, istruzione e tutto ciò che si conosce. **Cognizione** è termine più ricercato e raro, e si riferisce esclusivamente alla facoltà intellettuale dell'apprendere e del sapere; al plurale, indica le nozioni di una disciplina.
SFUMATURE ➤ ***capacità***, ➤ ***esperienza***

compètere [vc. dotta, lat. *compĕtere* 'incontrarsi, coincidere, spettare, competere', comp. di *cŭm* 'con' e *pĕtere* 'dirigersi verso, cercare' ✱ av. 1328] **v. intr.** (**pres.** *io compèto*; **pass. rem.** *competéi*; **aus.** *avere*; **rari il part. pass.** *competùto* **e i tempi composti**) **1** gareggiare, misurarsi con qlcu.: *c. per la vittoria finale* **SIN.** concorrere, contendere | (***fig.***) rivaleggiare, confrontarsi: *Avevo assunto quel vizio per c. con mio padre* (I. Svevo) **2** rientrare nella competenza (+ *a*): *la cognizione di questo reato compete alla Corte d'Assise* | (***est.***) riguardare, spettare: *questo non ti compete* **3** (***tosc.***) questionare, litigare

competitivo [1943] **A agg. 1** di competizione: *spirito c.* | che è impostato, fondato sulla competizione: *società competitiva* **2** capace di competere con la concorrenza: *prezzo c.*; *una squadra competitiva* **3** (***sport***) detto di gara al termine della quale viene stilata una classifica ufficiale dei concorrenti in base all'ordine di arrivo || **competitivaménte**, **avv.** || **competitività**, **s. f. inv.** caratteristica di chi (o di ciò che) è competitivo; spirito di competizione; (***est.***) capacità di un'impresa o di un prodotto di competere con la concorrenza **B agg.; anche s. m.** (**f.** *-a*) ● che (o chi) ama competere, misurarsi con gli altri: *un giovane c.*

compètitor /kom'pεtitor, *ingl.* kəm'pεtıtə(r)/ [vc. ingl., propr. 'competitore', di orig. lat. ✱ 1986] **s. m. e f. inv.; anche agg. inv.** ● (***econ.***) concorrente: *un c. agguerrito*; *azienda c.*

competitóre [vc. dotta, lat. *competitōre(m)*, da *compĕtere* 'competere' ✱ 1441] **s. m.** (**f.** *-trice*) ● chi compete con altri in una gara, un concorso e sim. | ***non avere competitori***, essere il primo, il più valente e sim. **SIN.** concorrente, rivale

♦**competizióne** [vc. dotta, lat. tardo *competitiōne(m)*, da *compĕtere* 'competere', forse attrav. il fr. *compétition* ✱ 1441] **s. f. 1** contesa, confronto, concorrenza: *c. economica* **2** gara, incontro: *c. sportiva*
SFUMATURE ➤ ***gara***

compiacènte **part. pres.** di *compiacere*; **anche agg. 1** condiscendente, cortese **2** che accorda facilmente favori, servizi e sim. di carattere illecito o sconveniente: *albergatore, donna c.* || **compiacenteménte**, **avv.** con, per compiacenza

♣**compiacènza** o †**complacènzia** [da *compiacere* ✱ sec. XIII] **s. f. 1** soddisfazione, piacere, che si prova per qlco.: *provare c. dei risultati ottenuti, nel fare del bene* **SIN.** compiacimento **2** desiderio di fare cosa grata agli altri: *nei contatti col prossimo è solito usare molta c.* | cortesia, degnazione: *fu ricevuto per pura c.*; *abbi la c. di parlare più lentamente* **3** †adulazione
SFUMATURE ➤ ***riguardo***

♣**compiacére** [lat. *complacēre*, comp. di *cŭm* 'con' e *placēre* 'piacere' ✱ sec. XIII] **A v. tr.** (**coniug. come** *piacere*) **1** assecondare, accontentare: *c. le richieste di qlcu.*; *c. i genitori, la propria vanità*; *vedendo il padre così disposto a compiacerla in tutto* (A. Manzoni) **SIN.** appagare, contentare **2** †permettere, concedere, donare **B v. intr.** (**aus.** *avere*) **1** fare piacere, fare cosa grata, rendere un servizio a qlcu., soddisfare i desideri di qlcu. (+ *a*): *spero che compiacerai ai tuoi amici almeno in questo* **SIN.** condiscendere **2** (***lett.***) concedersi a un uomo: *una giovane ciciliana … disposta per picciol pregio a c. a qualunque uomo* (G. Boccaccio) **C compiacérsi v. intr. pron. 1** provare soddisfazione, piacere, per qlco. (+ *di*, + *per*, **anche seguiti da inf.**): *compiacersi del proprio successo*; *c'è da compiacersi per il rispetto degli accordi*; *E si compiacque nel pensiero di giungere all'albergo* (G. D'Annunzio) | rallegrarsi, congratularsi con qlcu. (+ *con*, + *che*): *mi sono compiaciuto con lui dello scampato pericolo*; *si compiacevano con il collega per la sua promozione*; *mi compiaccio che hai molto da fare* (I. Svevo); *Così dovete dire, e mi compiaccio, che lo diciate* (C. Goldoni) **2** degnarsi (+ *di* **seguito da inf.**): *si compiacque di rivolgermi la parola*

compiaciménto [sec. XIII] **s. m. 1** il compiacersi | soddisfazione, piacere: *fu evidente il suo c.* **2** rallegramento, congratulazione: *esprimere il proprio c. a qlcu.* **3** (***lett.***) consenso

compiaciùto **part. pass.** di *compiacere*; **anche agg. 1** che prova compiacimento, soddisfazione (+ *di*): *essere c. del proprio successo* **SIN.** contento **2** che rivela autocompiacimento: *stile c.*; *formalismo c.* || **compiaciutaménte**, **avv.**

♦**compiàngere** o †**compiàgnere** [lat. parl. **complăngere*, comp. di *cŭm* 'con' e *plăngere* 'piangere' ✱ av. 1249] **A v. tr.** (**coniug. come** *piangere*) **1** sentire o manifestare compassione: *è da c. per ciò che gli è accaduto*; *misera madre! di quanto io la compiango!* (V. Alfieri) **SIN.** commiserare, compassionare, compatire **2** sentire o manifestare compassione mista a disprezzo: *ti compiango per il comportamento che hai adottato* **SIN.** compatire **B compiàngersi v. rifl.** ● compiangere sé stesso **C compiàngersi v. intr. pron.** ● (***raro, lett.***) rammaricarsi: *se ne compianse e se ne sdegnò* (G. Carducci)

compiànto **A part. pass.** di *compiangere*; **anche agg. 1** nei sign. del v. **2** detto di persona defunta: *il mio c. maestro* **B s. m. 1** dolore, cordoglio, spec. manifestato da più persone insieme: *il c. della cittadinanza, della nazione*; *il c. che la sua morte aveva raccolto in tutto il paese* (L. Pirandello) **2** (***lett.***) lamento funebre: *il c. di lombarde monache / salmodiando ascese* (G. Carducci) | †pianto: *quivi le strida, il c., il lamento* (Dante *Inf.* V, 35) **3** (***letter.***) componimento di vario metro in cui il poeta si lamenta per una sventura e invita gli ascoltatori a imitarlo
SFUMATURE ➤ ***cordoglio***

compicciàre [etim. discussa: da avvicinare a *spicciare* (?) ✱ av. 1556] **v. tr.** (**pres.** *io compìccio*; **fut.** *io compiccerò*) ● (***tosc.***) riuscire a concludere alla meglio (spec. in frasi limitative o negative): *c. poco, nulla*

compiegàre [comp. di *con-* e *piegare* ✱ av. 1827] **v. tr.** (*io compièġo*, *tu compièghi*) ● (***burocr.***) accludere qlco. a una lettera: *compiegò nella busta un importante documento*

♦**cómpiere** [lat. *complēre* 'riempire, colmare', da *plēnus* 'pieno' ✱ 1219] **A v. tr.** (**pass. rem.** *io compiéi*, **più comune** *compìi* **da** *compire*; **gerund.** *compièndo*; **part. pass.** *compiùto*; **le altre forme sono dal v.** *compire*) **1** portare a termine, realizzare, concludere qlco.: *c. gli studi, l'opera, il lavoro*; *c. un proposito, un voto, un sacrificio* | ***c. gli anni***, arrivare al giorno anniversario della propria nascita **SIN.** compire, finire, terminare **2** fare, eseguire, adempiere: *c. una buona, una cattiva azione*; *c. il proprio dovere* **SIN.** assolvere, effettuare **3** †riempire **B v. intr.** (**aus.** *avere*) ● †adempiere, soddisfare a un dovere e sim. **C v. intr.** (***lett.***; **aus.** *essere*) **e cómpiersi v. intr. pron.** ● realizzarsi, adempiersi, avverarsi: *tutte le tue previsioni si sono compiute* | (***lett.***) concludersi: *Presto compie l'anno! aggiungeva lo zio* (G. Verga)

compièta (o *-é-*) [lat. mediev. (*hōram*) *complēta(m)* 'ora che compie, conclude la giornata' ✱

sec. XIII] **s. f. 1** (*relig.*) ultima delle ore canoniche dell'ufficio divino: *poi c. sto a vegghiare* (IACOPONE) | (*lett.*) ***dall'alba a c.***, tutto il giorno | ***giungere, essere a c.***, (*fig.*) al termine di qlco.; (*est.*) alla fine della vita **2** †sera

compilàre [vc. dotta, lat. *compilāre* 'saccheggiare, far bottino', comp. di *cŭm* 'con' e *pilāre* 'ammucchiare' ✻ 1268] **v. tr.** (*io compìlo*) **1** riempire utilizzando in sequenza una serie di dati ed elementi: *c. un modulo, una tabella, uno specchietto, un assegno* | comporre uno scritto raccogliendo, ordinando ed elaborando materiale tratto da fonti diverse: *c. una cronaca, una biografia, un trattato, un vocabolario, una grammatica* **SIN.** redigere, stendere **2** (*raro, lett.*) scrivere, narrare **3** (*inform.*) ottenere un programma oggetto per mezzo di un compilatore **4** †avvolgere intorno alla conocchia

compilation /kompi'leʃʃon, *ingl.* ˌkɒmpɪ'leɪʃən/ [vc. ingl., propr. 'compilazione, raccolta' ✻ 1982] **s. f. inv.** ● registrazione di brani musicali di provenienza diversa su un unico supporto

compilatìvo [1847] **agg.** ● che è frutto di un lavoro di compilazione o è realizzato con l'utilizzo di materiale non originale: *testo, volume c.*

compilatóre [vc. dotta, lat. tardo *compilatōre(m)* 'spogliatore', da *compilāre*. V. *compilare* ✻ av. 1334] **A s. m.** (**f.** *-trice*) ● chi compila **B s. m.; anche agg.** ● (*inform.*) programma che traduce in codice macchina le istruzioni scritte in un linguaggio simbolico, in modo che il programma oggetto risultante possa essere letto ed eseguito dall'elaboratore

compilatòrio [1790] **agg.** (**pl. m.** *-i* o *raro -ii*) ● compilativo

compilazióne [vc. dotta, lat. *compilatiōne(m)*, da *compilāre*. V. *compilare* ✻ 1316] **s. f. 1** il compilare, il venire compilato: *la c. di un manuale*; *opera di c.* **2** opera compilata: *una c. ben fatta*

compiménto [da *compire* ✻ 1211] **s. m. 1** adempimento: *è morto nel c. del dovere* | realizzazione, conclusione: *il c. di un'opera* | ***condurre, portare a c.***, condurre a termine **SIN.** fine **2** (*raro, lett.*) appagamento

♦**compìre** o †**complìre**② [V. *compiere* ✻ 1250 ca.] **v. tr., intr.** (*io compisco, tu compisci*; **aus. intr.** *essere*, †*avere*) e **compìrsi v. intr. pron.** ● compiere, compiersi

compitàre [lat. *computāre* 'contare', comp. di *cŭm* 'con' e *putāre* 'calcolare, contare' ✻ av. 1238] **v. tr.** (*io cómpito* (o *-ò-*)) **1** pronunciare le parole lentamente, separando i singoli suoni o le sillabe **CFR.** sillabare | (*est.*) leggere stentatamente e con frequenti errori **2** †contare, computare

compitazióne [lat. *computatiōne(m)*, da *computāre* 'compitare' ✻ av. 1729] **s. f.** ● il compitare: *esercizi di c.*; *c. telefonica* **CFR.** spelling

compitézza [da *compito*② ✻ 1621] **s. f. 1** cortesia, urbanità di modi: *trattare qlcu. con c.*; *mostrare c. verso qlcu.* **2** †compiutezza

♦**cómpito**① (o *-ò-*) [da *compitare* ✻ 1566] **s. m.** **Talora si scrive con l'accento** *cómpito* **quando potrebbe essere confuso con** *compìto* **1** lavoro da eseguire: *ha sbrigato il suo c. in un tempo inferiore a quello stabilito* **2** incarico, dovere, mansione: *avete il c. di resistere* | funzione caratteristica di qlco.: *esso è il pensiero e ... sarebbe suo c. di manifestarsi* (I. SVEVO) **3** esercizio scolastico, spec. scritto, da svolgere a casa o a scuola: *il c. di italiano, di matematica*; *c. in classe*; *compiti per casa*; *oggi ho pochi compiti*; *fare, finire i compiti* **4** †computo, calcolo || **compitìno**, **dim.** piccolo compito; (*est.*, **spreg.**) lavoro modesto, scritto privo di spunti originali: *anche oggi ha fatto il suo compitino* | **compitùccio**, **dim.**

♦**compìto**② **part. pass.** di *compire*; **anche agg. 1** nei sign. del v. | (*lett.*) compiuto **2** pieno di garbo, ben educato: *un ragazzo c.*; *maniere compite* **3** (*lett.*) intero, adeguato: *c. dolore* || **compitaménte**, **avv. 1** †completamente **2** gentilmente: *salutare compitamente* (V. nota d'uso ACCENTO)

†**compitóre** [sec. XIII] **s. m.; anche agg.** ● chi (o che) compie

compiutézza [1844] **s. f.** ● caratteristica di ciò che è compiuto **SIN.** completezza | perfezione

compiùto **part. pass.** di *compiere*; **anche agg. 1** nei sign. del v. | ***mettere qlcu. di fronte al fatto c.***, a un fatto definitivo, che non si può più modificare **2** completo | esauriente: *una biografia rigorosa e compiuta* | (*lett.*) perfetto || **compiutaménte**, **avv.**

†**complacènzia** ➤ **compiacenza**

complanàre [comp. di *con-* e del lat. *plānus* 'piano', con suff. agg. ✻ 1950] **A agg. 1** (*mat.*) detto di figure geometriche giacenti su un medesimo piano **2** detto di strada di grande comunicazione che, costruita accanto a un'altra della stessa specie, ne segue lo stesso percorso con funzioni complementari di svincolo, raccordo e sim. || **complanarità**, **s. f. inv.** (*mat.*) proprietà di ciò che è complanare **B s. f.** ● strada complanare: *imboccare la c. della tangenziale di Bologna*

♦**compleànno** [sp. *cumpleaños*, comp. di *cumplir* 'compiere' e *año* 'anno' ✻ 1741] **s. m.** ● giorno anniversario della nascita: *il mio c. è il 23 febbraio*; *festeggiare il c. di qlcu.*; *fare a qlcu. gli auguri per il c.* **SIN.** genetliaco, natalizio

complementàre [1802] **agg. 1** che serve da complemento: *disposizione c.*; *nozioni complementari*; *corso universitario c.* **SIN.** accessorio, secondario **2** (*fis.*) ***colori complementari***, due colori che, opportunamente miscelati, danno il bianco **3** (*mat.*) ***angoli complementari***, angoli la cui somma dà un angolo retto | ***insieme c. di un sottoinsieme***, rispetto a un insieme, collezione degli elementi che appartengono all'insieme, ma non al sottoinsieme **4** (*econ.*) ***beni complementari***, che si completano e vanno usati congiuntamente, per cui l'aumento nella domanda di uno si accompagna all'aumento nella domanda dell'altro, o degli altri **5** detto di francobollo emesso per completare il valore mancante in una serie **6** ***imposta c.***, imposta progressiva sul reddito introdotta nel 1927; nel 1974 sostituita dall'IRPEF || **complementarménte**, **avv.** || **complementarità**, (*evit.*) **complementarietà**, **s. f. inv.** caratteristica o proprietà di ciò che è complementare

complementazióne [ingl. *complementation*, da *complement* 'complemento' ✻ 1983] **s. f.** ● (*mat.*) operazione consistente nel sostituire un insieme con il suo complemento

compleménto [vc. dotta, lat. *complemĕntu(m)*, da *complēre* 'riempire' ✻ 1229] **s. m. 1** elemento che, aggiunto ad altri, serve a rendere completo un tutto: *l'arte è il c. ... del vero* (I. NIEVO) **2** (*mat.*) il complesso degli elementi di un insieme che non sono compresi in un suo dato sottoinsieme | ciò che manca per avere il tutto | ***c. di un angolo***, angolo adiacente al dato e tale che la somma di esso e dell'angolo dato sia un angolo retto **3** (*milit.*) insieme dei militari che servono a completare le unità dell'esercito all'atto della mobilitazione e successivamente a rimpiazzare le perdite: *ufficiale, sottufficiale di c.* **4** (*gramm.*) parte della proposizione che completa il senso delle altre parti determinandone le relazioni: *c. di termine, d'agente*. V. anche *abbondanza - agente - allontanamento - argomento - causa - circostanziale - colpa - compagnia - concessivo - denominazione - distanza - distributivo - esclusione - estensione - età - fine*① *- limitazione - luogo - materia - mezzo*② *- misura - modo - oggetto - paragone - partitivo - pena - predicativo - prezzo - privazione - qualità - quantità - relazione - scopo - separazione - sostituzione - specificazione - stima - termine*① *- unione - vantaggio - vocazione.*

complessàre① [da *complesso*② ✻ 1986] **v. tr.** (*io complèsso*) ● (*chim.*) provocare la formazione di un complesso

complessàre② [da *complesso*③ ✻ sec. XX] **A v. tr.** (*io complèsso*) ● (*psicol.*) far nascere in qlcu. uno o più complessi **B complessàrsi v. intr. pron.** ● (*fam.*) crearsi un complesso o sentirsi eccessivamente imbarazzato

complessàto [da *complesso*③ ✻ 1963] **agg. e s. m.** (**f.** *-a*) ● (*psicol.*) che (o chi) è affetto da un complesso | (*est.*) che (o chi) è molto ansioso, introverso, turbato da complessi

complessazióne [da *complesso*② ✻ 1983] **s. f.** ● (*chim.*) reazione chimica in cui si forma un complesso da uno ione positivo metallico e da un certo numero di molecole neutre o di ioni negativi, detti leganti

†**complessionàle** [sec. XIV] **agg.** ● della complessione

complessionàto [1261 ca.] **agg. 1** (*raro*) che ha una data complessione | ***bene c.***, robusto | ***male c.***, debole **2** †disposto, formato: *parte di materia complessionata d'un'altra maniera* (G. BRUNO)

♦**complessióne** [vc. dotta, lat. *complexiōne(m)*, da *complĕcti* 'abbracciare, comprendere' ✻ 1266] **s. f. 1** costituzione fisica: *essere di c. debole, robusta, gracile* **SIN.** corporatura **2** (*lett.*) carattere, indole **3** †essenza costitutiva, natura di una cosa **4** (*ling.*) †simploche

♦**complessità** [fr. *complexité*, da *complexe* 'complesso①' ✻ av. 1855] **s. f. inv. 1** caratteristica di ciò che è complesso: *la c. di una questione* **2** (*mat.*) caratteristica di un sistema il cui comportamento globale non può essere determinato dalla somma dei comportamenti delle singole variabili, a causa del numero troppo elevato di queste, e il cui studio necessita di un modello semplificato

♦**complessìvo** [vc. dotta, lat. tardo *complexīvu(m)*, 'copulativo, complessivo', da *complĕcti* 'abbracciare' ✻ 1673] **agg.** ● che riguarda qlco. considerata nel suo insieme: *studio c. delle opere di un autore*; *visione complessiva della situazione politica*; *ha formulato un giudizio c. degli ultimi avvenimenti* **SIN.** generale, globale | totale: *la spesa complessiva* || **complessivaménte**, **avv.** nell'insieme, in tutto || **complessività**, **s. f. inv.** caratteristica di ciò che è complessivo, globale **CFR.** complessità

♦**complèsso**① [vc. dotta, lat. *complĕxu(m)*, part. pass. di *complĕcti* 'abbracciare' ✻ av. 1328] **agg. 1** che risulta dall'unione di varie parti o di diversi elementi: *organismo, reato, sistema c.*; *fattispecie complessa* | (*gramm.*) ***proposizione complessa***, non formata dai soli soggetto e predicato **2** (*est.*) che si manifesta sotto molteplici aspetti: *l'uomo è una creatura complessa* | (*est.*) complicato, difficile da comprendere: *concetto, ragionamento c.*; *idee complesse* **CONTR.** semplice **3** (*raro*) robusto: *una donna di corporatura complessa* **4** (*mat.*) detto di ente matematico il cui campo di riferimento è quello dei numeri complessi | ***piano c.***, rappresentazione dei numeri complessi in un piano cartesiano || **complessaménte**, **avv.**

♦**complèsso**② [vc. dotta, lat. *complĕxu(m)*

C

'l'abbracciare, lo stringere'. V. *complesso*① ∗ av. 1533] **s. m. 1** insieme di più parti o elementi che costituiscono una totalità: *c. delle idee, delle manifestazioni, delle leggi, degli individui* | ***nel c.*** (più *raro* ***in c.***), nell'insieme, in generale **2** insieme organico di edifici, impianti, servizi e sim. destinati a una determinata funzione: *c. metallurgico*; *c. ospedaliero, scolastico*; *c. residenziale* **3** gruppo di cantanti o di musicisti: *c. corale, strumentale* **4** (*chim.*) composto che costituisce il risultato di un legame di coordinazione fra un atomo o uno ione e altre specie chimiche (atomi, ioni, molecole) | ***c. vitaminico***, gruppo di vitamine che hanno lo stesso principio attivo: *c. vitaminico B* **5** (*mat.*) insieme di simplessi che costituisce una generalizzazione del concetto di poliedro **6** (*raro, lett.*) amplesso: *gli avuti con Ruggier complessi / … avrà ne l'alma eternamente impressi* (L. Ariosto) || **complessìno**, **dim.**

complèsso③ [dal ted. (*psychischer*) *Komplex* 'complesso psichico'. V. *complesso*② ∗ 1910] **s. m. 1** (*psicol.*) insieme organizzato di rappresentazioni e ricordi, in parte o completamente inconsci, dotati di un'intensa carica affettiva, che possono determinare conflitti o disturbi: *c. di inferiorità, di colpa* | ***c. di Edipo***, la terza fase dello sviluppo psicosessuale, durante la quale i bambini nutrono amore per il genitore del sesso opposto e gelosia verso quello dello stesso sesso **2** (*est.*) correntemente, ossessione, idea fissa, motivo persistente di preoccupazione o molestia: *il c. della vecchiaia, di essere grasso* | ***avere un c., avere dei complessi***, essere timido, timoroso degli altri, sentirsi inferiore | ***senza complessi***, detto di chi si comporta con naturalezza, senza esitazioni

SFUMATURE DI SIGNIFICATO

complesso - fissazione - ossessione

In psicologia il **complesso** è un insieme di rappresentazioni e ricordi, per lo più inconsci, che per la loro carica affettiva irrisolta possono determinare disturbi della personalità. Se il complesso prende le forme di un'idea ricorrente, ostinata e assurda, si ha una **fissazione**. Se la *fissazione* disturba il corso normale del pensiero fino a generare ansia o angoscia diventa un'**ossessione**.

completàbile [1905] **agg.** ● che può essere completato || **completabilità**, **s. f. inv.**

completaménto [1812] **s. m.** ● il completare, il venire completato | ciò che rende completo: *il c. di un'opera divulgativa*

♦**completàre** [fr. *compléter*, da *complet* 'completo' ∗ 1793] **v. tr.** (*io complèto*) ● aggiungere ciò che manca a qlco. per renderla completa; portare a termine: *c. una serie, un'opera, una costruzione* | ***c. l'opera***, (*iron.*) fare un ultimo danno in una situazione già compromessa

completézza [1880] **s. f.** ● caratteristica di ciò che è completo: *la c. di una raccolta, di una biblioteca* | ***c. sintattica***, in logica matematica, proprietà di un sistema formale in cui ogni formula del sistema è dimostrabile o confutabile al suo interno | ***c. semantica***, proprietà di un sistema formale in cui ogni formula valida è un teorema

completìno [1956] **s. m. 1** dim. di *completo* nel sign. B 2 **2** coordinato di indumenti femminili particolarmente graziosi **3** coordinato per bambini

completìvo [vc. dotta, lat. tardo *complētīvu(m)*, da *complētus* 'completo' ∗ 1288] **agg.** ● (*raro*) che serve a completare | (*gramm.*) ***proposizione completiva***, proposizione oggettiva o soggettiva

♦**complèto** [vc. dotta, lat. *complētu(m)*, part. pass. di *complēre* 'riempire' ∗ av. 1306] **A agg. 1** compiuto in tutte le sue parti, che ha tutti gli elementi considerati necessari: *un trattato, un elenco c.*; *ti ho fatto un quadro c. della situazione* | totale: *procedevamo nella più completa oscurità* | in logica matematica, che ha la proprietà della completezza **2** pieno, che non dispone più di posti liberi: *teatro, stadio c.*; *autobus c.*; *vettura completa* **3** detto di chi è dotato di tutte le qualità necessarie per svolgere un'attività: *un ginnasta, un pianista, un attore c.* **4** assoluto, totale: *ho completa fiducia in lui* | (*iron.*) integrale, perfetto: *è un c. idiota* || **completaménte**, **avv.** compiutamente, del tutto **B s. m. 1** condizione di ciò che è occupato in ogni suo posto: *la commedia fa il c. ogni sera* | ***al c., al gran c.***, con tutti i posti occupati, o con la presenza di tutti i partecipanti, membri e sim.: *l'albergo è al c.*; *l'assemblea è al c.*; *è arrivata tutta la famiglia, al gran c.* **2** insieme di capi di vestiario coordinati | abito maschile composto di tre pezzi, e cioè giacca, gilet e pantaloni | ***c.*** (***a giacca***), abito femminile composto da un abito e da una giacca: *c. estivo, primaverile* | insieme di indumenti usati per svolgere una particolare attività sportiva: *c. da sci, da tennis* **3** insieme di accessori studiati per un determinato abbigliamento | insieme di oggetti per un uso determinato: *c. da toeletta* **4** concorso ippico comprendente dressage, cross e salto a ostacoli || **completìno**, **dim.**

†**complèttere** [vc. dotta, lat. tardo *complĕctere*, per il classico *complĕcti* 'abbracciare', comp. di *cŭm* 'con' e *plĕctere* 'intrecciare' ∗ 1363] **v. tr.** ● comprendere, includere: *io completto ed ordino un paio di sillogismi in questa maniera* (G. Bruno)

compliance /kom'plajens, *ingl.* kəm'plaɪəns/ [vc. ingl., da *to comply* 'eseguire, conformarsi' ∗ 1995] **s. f. inv. 1** disponibilità di un soggetto a osservare leggi, norme, regolamenti **2** (*med.*) collaborazione del paziente nel rispettare le prescrizioni del medico **3** (*tecnol.*) cedevolezza | (*fisiol.*) capacità di distensione di un organo sollecitato da una pressione: *c. polmonare*

complicànza [av. 1850] **s. f.** ● (*med.*) complicazione

♦**complicàre** [vc. dotta, lat. *complicāre* 'piegare, avvolgere', comp. di *cŭm* 'con' e *plicāre* 'piegare' ∗ 1484] **A v. tr.** (*io còmplico* o *cómplico, tu còmplichi cómplichi*) **1** rendere intricato, confuso, difficile da comprendere o da risolvere: *c. una situazione, un discorso*; *ha il vizio di c. sempre le cose* | anche in forma pron.: *complicarsi la vita, l'esistenza* **CONTR.** semplificare **2** †unire insieme **B complicàrsi v. intr. pron.** ● diventare difficile e problematico: *il problema si è complicato* **CONTR.** semplificare

complicatézza [1818] **s. f.** ● (*raro*) condizione di ciò che è complicato: *avvenimenti d'una terribile c.* (A. Manzoni)

♦**complicàto** **part. pass.** di *complicare*; anche **agg.** ● difficile, intricato, confuso | ***un individuo c.***, difficile da affrontare e da capire, che ha e pone continui problemi **CONTR.** semplice || **complicatìno**, **dim.** | **complicatùccio**, **dim.** || **complicataménte**, **avv.**

complicazióne [vc. dotta, lat. tardo *complicatiōne(m)*, da *complicāre*. V. *complicare* ∗ 1614] **s. f. 1** il complicare | difficoltà spec. imprevista che rende difficoltosa l'attuazione di qlco.: *creare complicazioni*; *se non ci saranno complicazioni partiremo domani* **2** caratteristica di ciò che è complicato | (**spec. al pl.**) tormento, contrasto interiore: *è una ragazza semplice, senza tante complicazioni* **3** (*med.*) evento anomalo, aggravante di una malattia **SIN.** accidente, complicanza **4** (*lett.*) intrico, viluppo: *complicazioni di tende, di veli*

♦**còmplice** (o **-ó-**) [vc. dotta, lat. tardo *cŏmplice(m)*, dalla stessa radice di *plĕctere* 'intrecciare' ∗ av. 1334] **A s. m. e f. 1** chi prende parte con altri ad azioni disoneste o illecite: *il c. di un furto, di un delitto*; *i complici fuggirono lasciandolo solo* **SIN.** connivente, correo **2** (*est.*) compagno in una burla, in uno scherzo e sim. **3** (*fig.*) persona o elemento determinante nel verificarsi di un evento: *c. nel loro incontro è stata la passione per l'arte* **B agg. 1** che favorisce: *protesse delle sue complici ombre l'amore della vergine* (G. D'Annunzio); *i ladri sono riusciti a fuggire, c. l'oscurità* **2** che rivela complicità: *gesto, sguardo c.*

complicità [fr. *complicité*, da *complice* 'complice' ∗ 1619] **s. f. inv. 1** partecipazione, insieme ad altri, ad azioni disoneste o illecite: *la sua c. è dimostrata* **SIN.** connivenza, correità | (*fig.*) aiuto, favore: *fuggirono con la c. delle tenebre* **2** (*fig.*) accordo tacito, intesa: *tra narratore e lettore si instaura spesso un rapporto di c.*

complimentàre [sp. *cumplimentar*, da *cumplir* 'compiere (voti e auguri)', dal lat. *complēre* 'compiere' ∗ av. 1571] **A v. tr.** (*io compliménto*) ● fare dei complimenti: *è stato molto complimentato per la sua impresa* | ossequiare, riverire **B complimentàrsi v. intr. pron.** ● congratularsi: *tutti si complimentano con i vincitori*

♦**compliménto** [sp. *cumplimiento*. V. *complimentare* ∗ 1547] **A s. m. 1** espressione di ammirazione, rispetto, congratulazione, cortesia e sim.: *fare un c. a qlcu.*; *ricevere un c.*; *farsi i complimenti*; *accogliere qlcu. con molti complimenti* | ***per c.***, per pura cortesia | ***visita di c.***, di cortesia | (***per antifrasi***) espressione offensiva o poco cortese: *ma che bel c.!* **2** (**al pl.**) espressioni o atteggiamenti improntati a una cortesia spec. convenzionale o affettata **SIN.** convenevoli | ***fare complimenti***, fare cerimonie, usare molti riguardi; (*est.*) ostentare ritegno, timidezza e sim. | ***senza complimenti, senza tanti complimenti***, in modo sbrigativo, senza troppi riguardi | ***non fare complimenti***, comportarsi in modo piuttosto brusco, senza usare troppi riguardi **SIN.** cerimonia **3** (*merid.*) rinfresco **4** (*teatro*) breve saluto, in prosa o in versi, indirizzato un tempo al pubblico da uno degli attori **B compliménti in funzione di inter. 1** si usa come formula di rispettoso e ossequioso omaggio **2** esprime compiacimento, ammirazione, apprezzamento e sim.: *complimenti! hai fatto una figurona!*; (**anche iron.**): *guarda che pasticcio hai combinato: complimenti!* || **complimentìno**, **dim.** | **complimentóne**, **accr.** | **complimentùccio**, **dim.**

complimentóso (o **-ṣ-**) [1680] **agg. 1** che fa molti complimenti: *l'amico giunse tutto allegro e c.* | cerimonioso: *un uomo troppo c.* **2** che si fa, si dice, per complimento: *parole complimentose* **SIN.** cerimonioso, ossequioso || **complimentosaménte**, **avv.** || **complimentosità**, **s. f. inv.** cerimoniosità, ossequiosità

†**complìre**① [sp. *cumplir*. V. *complimentare* ∗ av. 1566] **v. intr.** ● fare complimenti

†**complìre**② [V. *compiere* ∗ 1618] **A v. tr. e intr. 1** V. *compire* **2** soddisfare, adempiere **B v. intr. impers.** ● essere utile, giovare **C †complìrsi v. intr. pron.** ● compiersi: *quando sono agenti diversi … si complisce la loro azione* (G. Bruno)

complottàrdo [da *complotto* col suff. *-ardo* ∗ 1985] **s. m.** (**f.** *-a*); **anche agg.** ● complottista

complottàre [fr. *comploter*, da *complot* 'complotto' ∗ 1812] **A v. intr.** (*io complòtto*; aus. *avere*) **1** fare un complotto: *c. contro qlcu.* **SIN.** congiurare, cospirare **2** (*est.*) parlare a voce bassa, in segreto: *le due bambine com-*

plottavano tra loro SIN. confabulare **B** **v. tr.** ● tramare, ordire: *c. una burla*; *che cosa state complottando?*

complottiṣmo [da *complott(o)* con il suff. *-ismo* ✱ 1986] **s. m. 1** l'attività di chi organizza complotti, spec. politici **2** tendenza a immaginare complotti dietro ogni evento CFR. cospirazionismo

complottìsta [1842] **A** **s. m. e f.** (**pl. m.** *-i*) **1** chi ordisce complotti **2** chi tende a immaginare complotti dietro a ogni evento **B** **agg.** ● relativo a complottismo; complottistico: *mentalità complottista*

complottìstico [1989] **agg.** (**pl. m.** *-ci*) ● (*raro*) relativo a complotto o a complottismo

complòtto [fr. *complot*, in orig. 'folla, riunione di persone', di etim. incerta ✱ 1679] **s. m.** ● congiura, intrigo, organizzati segretamente ai danni di qlcu.: *c. militare*; *c. contro lo Stato*; *organizzare, ordire, sventare un c.*
SFUMATURE ➤ *macchinazione*

complùvio [vc. dotta, lat. *complŭviu(m)*, da *plŭvia* 'pioggia' ✱ 1499] **s. m. 1** (*edil.*) linea di incontro di due falde del tetto, in cui confluiscono le acque piovane SIN. conversa② **2** (*archeol.*) nella casa romana, apertura nel soffitto dell'atrio, attraverso cui entrava la luce e l'acqua piovana, che si raccoglieva nell'impluvio

componèndo [gerundio di *comporre* ✱ 1865] **s. m.** ● (*mat.*) proprietà delle proporzioni, per cui la somma dei due primi termini sta al secondo come la somma degli ultimi due sta all'ultimo

♦**componènte** **A** **part. pres.** di *comporre*; anche **agg. 1** nei sign. del v.: *i senatori componenti la commissione* **2** (*est.*) che fa parte di un insieme, che entra in un miscuglio **B** **s. f.** ● elemento che concorre alla formazione di un insieme o di una struttura astratta: *le componenti del pensiero di Hegel*; *il puntiglio è una c. del suo carattere* **C** **s. m.** (anche **f.** nei sign. 1 e 2) **1** chi fa parte di un gruppo specifico, di un organismo e sim.: *i componenti della giuria* | talora con prevalente valore di participio: *i componenti la giuria* **2** sostanza che entra a far parte di un miscuglio, di un composto e sim. SIN. ingrediente **3** (*mat.*) sottoinsieme | ***c. di un vettore***, uno dei numeri o elementi che, moltiplicati per i rispettivi vettori della base e sommati, danno il vettore **4** ***c. elettronico***, ogni realizzazione fisica di elementi tipici costituenti i circuiti elettronici **5** (*autom.*) ***componenti per auto***, tutto ciò che non viene fabbricato direttamente dal costruttore automobilistico (per es., gli articoli in gomma, le strumentazioni varie) **6** (*ling.*) ciascuna delle parti costitutive di una grammatica: *c. semantico*, *c. sintattico* **7** (*astron.*) ciascuna delle due stelle che costituiscono una stella binaria

componentìstica [1971] **s. f.** ● il complesso delle attività e delle lavorazioni accessorie relative a una data attività industriale

componentìstico [1983] **agg.** (**pl. m.** *-ci*) ● della componentistica

componenziàle [dall'ingl. *componential*, deriv. di *component* 'componente' ✱ 1979] **agg.** ● relativo a un componente o all'insieme dei componenti di un'unità, un insieme, una struttura e sim.

†**compónere** ➤ **comporre**

compóngo ➤ **comporre**

componìbile [dal lat. *compōnere* 'comporre' ✱ 1584] **A** **agg. 1** che si può comporre | ***mobile c.***, che si può unire o accostare a un altro così da ottenerne uno simile di dimensioni maggiori e spesso di uso molteplice **2** (*mat.*) in algebra astratta, detto di elemento tale che, applicando a esso una data operazione, ne consegua un risultato ‖ **componibilità**, **s. f. inv.** **B** **s. m.** ● mobile componibile: *acquistare i componibili per la cucina*

componiménto [dal lat. *compōnere* 'comporre' ✱ 1266] **s. m. 1** (*raro*) il comporre | costituzione **2** (*raro*) accordo tra due o più persone, tesi e sim. in contrasto fra loro: *è necessario un c. della disputa* SIN. composizione **3** lavoro letterario o (*raro*) musicale: *c. poetico, teatrale* **4** composizione scritta per esercizio scolastico: *un c. in classe* SIN. tema **5** †compostezza, moderazione

compoǹistico [dal ted. *Komponist* 'compositore' ✱ 1964] **agg.** (**pl. m.** *-ci*) ● relativo alla composizione musicale: *metodi componistici*

componitóre [1282] **s. m.** (**f.** *-trice*) **1** (*lett.*) chi compone | autore, spec. di opera letteraria: *io, della presente opera c.* (G. BOCCACCIO) **2** (*raro*) chi concilia, mette d'accordo

♦**compórre** o †**compónere** [lat. *compōnere*, comp. di *cŭm* 'con' e *pōnere* 'porre' ✱ 1261 ca.] **A** **v. tr.** (**coniug. come** *porre*) **1** mettere insieme varie parti perché formino un tutto organico (+ *in*): *c. dei fiori in un vaso* | formare, digitare, scrivendo un numero o un carattere alla volta: *c. un numero di telefono, il codice di accesso, la password* **2** costituire (+ *da* o + *di*): *il consiglio direttivo è composto da* (o *di*) *cinque persone* **3** produrre, realizzare un'opera, spec. di carattere letterario o musicale (+ *in*): *c. in versi, in prosa, in latino*; *Rossini smise di c. molto presto*; *c. al piano* SIN. scrivere **4** mettere in ordine, disporre in modo da produrre un effetto esteticamente gradevole: *c. la persona, i capelli, l'abbigliamento* | ***c. una salma***, prepararla per le esequie **5** (*lett.*) atteggiare (+ *a*): *c. il viso a un'espressione di meraviglia* **6** mettere d'accordo due o più persone, tesi e sim. in contrasto fra loro: *c. due litiganti*; *c. le discordie*; *c. una vertenza* **7** (*dir.*) conciliare: *c. le parti* | ***c. una lite***, fare terminare una controversia giudiziale mediante conciliazione delle parti **8** (*tipogr.*) mettere insieme i caratteri tipografici, sì da formare parole e righe (+ *in*): *c. in corpo 12* **9** †decidere di comune accordo: *Compose con lui che ... egli venisse* (G. BOCCACCIO) **B** **compórsi** **v. intr. pron.** ● essere formato, costituito (+ *di*): *la mia famiglia si compone di cinque persone*; *l'opera si compone di tre volumi* **C** **compórsi** **v. rifl.** ● (*raro*) assumere un atteggiamento corretto o composto
SFUMATURE ➤ *scrivere*

comportàbile [da *comportare* ✱ av. 1334] **agg. 1** (*raro, lett.*) che si può sopportare **2** †adatto, conveniente ‖ **comportabilménte**, **avv. 1** in modo sopportabile **2** a seconda

comportamentàle [1966] **agg.** ● che riguarda il comportamento | ***psicologia c.***, comportamentismo

comportamentiṣmo [da *comportamento* col suff. *-ismo*; creato sul modello dell'ingl.-amer. *behaviourism* ✱ 1950] **s. m.** ● (*psicol.*) teoria relativa all'analisi del comportamento che si limita all'esame dei dati osservabili, scartando l'introspezione o qualunque ipotesi sui processi psicologici interni SIN. behaviorismo

comportamentìsta [1966] **s. m. e f.** (**pl. m.** *-i*) ● seguace del comportamentismo

comportamentìstico [1966] **agg.** (**pl. m.** *-ci*) ● relativo al comportamentismo SIN. behavioristico

♦**comportaménto** [da *comportare* ✱ 1812] **s. m. 1** modo di comportarsi: *c. riprovevole, ingiustificabile, reticente, cauto* SIN. condotta | modo di agire di un organismo animale o vegetale; modo di reagire a determinate condizioni da parte di sostanze o cose inanimate: *il c. di un gas, della fauna marina, delle stelle* **2** (*psicol.*) insieme delle azioni e reazioni di un organismo alle stimolazioni esterne e interne | ***terapia del c.***, forma di psicoterapia basata sui principi del comportamentismo, in cui il terapeuta fissa gli obiettivi e valuta oggettivamente i risultati | ***teoria del c.***, comportamentismo
SFUMATURE ➤ *atteggiamento*

♦**comportàre** [lat. *comportāre*, comp. di *cŭm* 'con' e *portāre* 'portare' ✱ av. 1250] **A** **v. tr.** (*io compòrto*) **1** (*lett.*) sopportare, tollerare: *chi può più comportar tanta sciagura?* (T. CAMPANELLA) **2** (*lett.*) consentire, permettere: *la poesia non comporta imitazione* (G. PASCOLI) **3** portare con sé come conseguenza, implicare: *uno studio come questo comporta un lungo lavoro di ricerca bibliografica* **B** **comportàrsi** **v. intr. pron.** ● agire in un certo modo: *non si è comportato bene con me, verso di me*; *si è comportato da sciocco, come un bambino* SIN. condursi

SFUMATURE DI SIGNIFICATO
comportare - determinare - richiedere
Comportare significa portare delle conseguenze. **Determinare** ha lo stesso significato ma accentua l'idea di necessità, il legame di causa-effetto tra due fatti. **Richiedere** si differenzia leggermente, perché pone l'accento non sulle conseguenze di qualcosa, ma sul fatto o l'azione necessari a determinare la conseguenza stessa.

comportévole [av. 1338] **agg.** ● (*raro, lett.*) confacente, conveniente: *avea pigliato, non dirò perfettamente, ma in c. guisa, il mio partito* (S. PELLICO) ‖ **comportevolménte**, **avv.** (*raro*) in modo comportevole

compòrto [da *comportare* ✱ 1729] **s. m. 1** (*dir.*) dilazione fissata dalla consuetudine o da convenzioni che il creditore tollera per il pagamento: *c. di pochi giorni* | ***periodo di c.***, tempo durante il quale il lavoratore dipendente, assente per malattia o infortunio, ha diritto alla conservazione del posto di lavoro **2** (*ferr.*) periodo di tempo che un treno ha l'obbligo di rispettare per l'attesa di un treno coincidente

compósi ➤ **comporre**

Compòṣite o **Compòste** [dal lat. *compŏsitus* 'composto' ✱ 1865] **s. f. pl.** (**sing.** *-a*) ● (*bot.*) famiglia di piante erbacee con infiorescenza a capolino e frutto ad achenio (*Compositae*) SIN. Asteracee

compoṣitìvo [vc. dotta, lat. tardo *compositīvu(m)* 'che serve a unire', da *compōnere* 'comporre' ✱ av. 1535] **agg. 1** che è compreso nella composizione di qlco.: *elemento c.* **2** relativo alla composizione: *dal punto di vista c.* **3** †sintetico, induttivo

compòṣito [vc. dotta, lat. *compŏsitu(m)*, part. pass. di *compōnere* 'comporre' ✱ av. 1328] **A** **agg.** ● composto di diversi elementi: *scopo, stile c.* | ***ordine c.***, ordine architettonico romano, in cui il capitello unisce alle volute di quello ionico le foglie d'acanto del corinzio | (*chim.*) ***materiale c.***, detto di materiale con elevatissime prestazioni meccaniche, costituito da una matrice gener. polimerica e una fase dispersa fibrosa o particellare, usato nell'industria aereospaziale, in campo sportivo e sim. **B** **s. m. 1** (*chim.*) materiale composito | in odontoiatria, materiale resinoso impiegato nella ricostruzione estetica e funzionale dei denti **2** aereo in cui coesistono caratteristiche strutturali o funzionali proprie di più specie e sottospecie di aerei

compoṣitóio [da *composito* ✱ 1681] **s. m.** (**pl.** *-ói*) ● (*tipogr.*) lamina metallica con sezione a L su cui il compositore allinea i caratteri per formare le linee | dispositivo analogo montato sulle macchine per comporre

compoṣitóre [vc. dotta, lat. *compositōre(m)*, da *compŏsitus* 'composito' ✱ av. 1292] **s. m.** (**f.** *-trice* (V.)) **1** chi compone | autore, spec. di opera musicale **2** operaio tipografico addet-

C

to alla composizione | †compositoio
SFUMATURE ➤ *musicista*

compoṣitrìce [1964] **A** s. f. ● (*tipogr.*) macchina per eseguire automaticamente la composizione tipografica **B** anche agg. solo f.: *macchina c.*; *monotype c.*

†**compoṣitùra** [vc. dotta, lat. *compositūra(m)*, da *compŏsitus* 'composito' ✱ 1549] s. f. ● composizione

♦**compoṣizióne** [vc. dotta, lat. *compositiōne(m)*, da *compŏsitus* 'composito' ✱ 1265] s. f. **1** il comporre | formazione, costituzione di un insieme organico | (*mus.*) arte e tecnica del comporre | brano musicale: *una c. moderna* | nelle arti figurative, distribuzione degli elementi di un quadro, di una scultura, di un'architettura, in vista di un effetto d'insieme | (*ling.*) formazione di un'unità semantica a partire da elementi lessicali suscettibili di avere di per sé un'autonomia nella lingua **2** (*tipogr.*) coordinamento dei vari componenti grafici di uno stampato | l'operazione di accostare lettere e segni per formare parole e linee | ***c. a caldo***, in cui viene impiegato piombo fuso | ***c. a freddo***, in cui vengono impiegati sistemi fotografici, come la fotocomposizione | ***c. elettronica***, sistema di fotocomposizione in cui l'immagine dei caratteri è formata da un fascio di elettroni o da un laser | ***c. a mano***, con i caratteri mobili contenuti nella cassa | (*est.*) il risultato di tale operazione: *c. interlineata, sterlineata* **3** testo scritto, spec. di carattere letterario o artistico in generale **4** componimento letterario per esercizio scolastico SIN. tema **5** modo in cui sono formati una determinata struttura, un organismo e sim.: *la c. del consiglio direttivo* | (*chim.*) natura e quantità dei singoli componenti di un miscuglio o di un composto **6** (*mat.*) ***c. di un numero naturale***, sequenza di numeri naturali la cui somma è il numero dato **7** (*fis.*) ***c. di vettori***, determinazione della loro risultante | ***c. delle forze***, riduzione di un sistema di forze a una risultante esercitante sul corpo la stessa azione | ***c. dei movimenti***, determinazione del moto risultante che si ottiene dall'insieme di due o più moti che animano contemporaneamente o successivamente un punto mobile **8** accordo, conciliazione tra due o più persone, tesi e sim. in contrasto fra loro: *la c. della lite fu molto difficile* SIN. componimento ‖ **compoṣizioncèlla**, dim. | **compoṣizioncìna**, dim.

SFUMATURE DI SIGNIFICATO
composizione - aggiustamento
I termini **composizione** e **aggiustamento** si riferiscono entrambi al trovare un accordo tra persone o tesi che sono in contrasto fra loro, all'azione di mettere d'accordo gli animi e conciliare gli interessi; rispetto ad *aggiustamento, composizione* è tuttavia parola più elevata e di uso anche giuridico.

compossessióne [vc. dotta, lat. tardo *compossessiōne(m)*, nom. *compossĕssio*, comp. di *cŭm* 'con' e *possĕssio* 'possessione' ✱ 1865] s. f. ● compossesso

compossèsso [comp. di *con-* e *possesso* ✱ 1892] s. m. ● (*dir.*) possesso in comune di una cosa da parte di più persone: *c. di un fondo*

compossessóre [vc. dotta, lat. *compossessōre(m)*, nom. *compossĕssor*, comp. di *cŭm* 'con' e *possĕssor* 'possessore' ✱ av. 1294] s. m. (f. *compossedítrice*, raro *-sóra*) ● (*dir.*) chi possiede qlco. insieme ad altri

compossìbile [comp. di *con-* e *possibile* ✱ av. 1694] agg. ● (*lett.*) che è conciliabile o compatibile con altri fatti anch'essi possibili ‖ **compossibilità**, s. f. inv.

còmpos sùi [loc. lat., propr. 'padrone di sé' ✱ 1908] loc. agg. inv. (pl. lat. *compotes sui*) ● (*dir.*) detto di soggetto pienamente capace di intendere e di volere

còmpost /'kɔmpost, *ingl.* 'kɒmpɒst, -əʊst/ [vc. ingl., propr. 'composta' (V.) ✱ 1986] s. m. inv. ● composta nel sign. 2

compósta [f. sost. di *composto* ✱ 1310] s. f. **1** conserva o marmellata di frutta cotta in sciroppo di zucchero **2** materiale fertilizzante formato da letame, residui organici e terra stratificata, con aggiunta o meno di concimi chimici e liquami SIN. terricciato

compostàbile [dall'ingl. *compost* (V.) ✱ 1990] agg. ● che può essere sottoposto al trattamento di compostaggio: *rifiuti solidi compostabili*

compostàggio [dall'ingl. *compost* (V.) ✱ 1980] s. m. ● trattamento dei rifiuti a prevalente contenuto organico che permette di ottenere, mediante decomposizione biochimica, sostanze usate come fertilizzanti e sim.

compostàre [adattamento dell'ingl. *to compost* 'ridurre in concime organico (*compost* (V.))' ✱ 1988] v. tr. (*io compòsto*) ● effettuare il compostaggio

Compòste ➤ **Composite**

compostézza [av. 1685] s. f. **1** atteggiamento composto: *stare seduto con c.* | contegno pieno di grazia, dignità e correttezza: *il suo terrore non può ... farla uscire dalla natural c.* (V. Monti) **2** (*fig.*) modestia, decoro: *c. di costumi, di vita, di pensieri* | ordine: *la c. di un luogo, di una stanza*

compostièra ① [da *composta* ✱ 1846] s. f. ● coppa in ceramica, vetro e sim. destinata a contenere composte o marmellate di frutta

compostièra ② [dall'ingl. *compost* (V.) ✱ 1995] s. f. ● contenitore per rifiuti organici urbani

♦**compósto** **A** part. pass. di *comporre*; anche agg. **1** costituito da varie parti o elementi (+ *da* o + *di*): *un mosaico c. di* (o *da*) *tasselli; aveva un abito nero, tutto c. di merletti in mezzo* (G. D'Annunzio); *un appartamento c. da* (o *di*) *tre locali più servizi* **2** che ha un atteggiamento ordinato, corretto, esteticamente gradevole e sim. CONTR. scomposto | (*fig.*, *lett.*) atteggiato (+ *a*): *con la bocca composta all'alterigia e allo sprezzo* (A. Manzoni) **3** (*mat.*) detto di un insieme in relazione a sue parti | detto di numero che non è primo **4** (*ling.*) detto di parola (per es. *portapacchi*) contenente due o più morfemi lessicali e corrispondente a un'unità significativa **5** (*chim.*) ***corpo c.***, composto **6** (*dir.*) ***cosa composta***, quella costituita dalla materiale incorporazione di una cosa in un'altra così da formare una nuova entità **7** (*bot.*) ***fiore c.***, infiorescenza delle Composite | ***foglia composta***, formata da più foglioline riunite su un picciolo comune | ***frutto c.***, infruttescenza **8** †finto, falso ‖ **compostaménte**, avv. **B** s. m. **1** ciò che risulta dall'unione di più elementi **2** (*chim.*) prodotto della combinazione di due o più elementi chimici, nel quale non sono più ravvisabili le proprietà di ciascuno di detti elementi: *c. di addizione, c. di coordinazione* **3** compost

compound /*ingl.* 'kɒmpaʊnd/ [vc. ingl., 'composto' ✱ 1885] **A** agg. inv.; anche s. m. inv. ● detto di motore a pistoni in cui i gas di scarico azionano una turbina che incrementa la potenza del motore stesso | detto di dinamo e motori a corrente continua in cui l'eccitazione è costituita da un avvolgimento in serie e da un derivato in parallelo | detto di motore a vapore, in cui il vapore agisce a più livelli di espansione: *locomotiva c.* **B** s. m. inv. ● zona recintata comprendente più edifici: *vive nel c. dell'ambasciata*

cómpra ➤ **compera**

compràbile o **comperàbile** [1728] agg. ● che si può comprare

†**compraménto** o †**comperaménto** [1395] s. m. ● compra

♦**compràre** o **comperàre** [lat. *comparāre* 'procurare, raccogliere', comp. di *cŭm* 'con' e *parāre* 'preparare' ✱ 1219] v. tr. (pres. *io cómpro*; part. pass. *compràto*, †*cómpro*) **1** acquistare qlco. pagandone il prezzo: *c. una casa, un podere*; *c. stoffe, grano, libri, cibi*; *c. qlco. a buon mercato, in contanti, a credito, all'asta, all'incanto*; *c. di prima, di seconda mano*; *c. per cinquecento euro*; *si è comprato la moto* | ***vendere qlco. come s'è comprata***, (*fig.*) dire una cosa come ci è stata riferita | ***c. un giocatore***, nel calcio, ingaggiarlo, acquistarlo da un'altra società CONTR. vendere **2** (*est.*) acquistare con denaro qlco. che, per sua natura, non sarebbe suscettibile di acquisto: *c. un titolo nobiliare, una testimonianza, un posto* | (*est.*) acquistare un essere umano come se fosse una merce: *non di schiava comperata* (L. de' Medici) | (*est.*) corrompere, spec. con denaro: *ha comprato il giudice* **3** (*lett.*) cercare, procurarsi, spec. qlco. che è considerato negativo: *c. brighe, liti* | (*lett.*) scontare, pagare a caro prezzo: *si comprano per cari certi piaceri!* (U. Foscolo)

compratóre o †**comperatóre** [lat. tardo *comparatōre(m)*, da *comparāre*. V. *comprare* ✱ 1275] s. m. (f. *-trice*) **1** chi compra **2** (*org. az.*) chi, per professione, si occupa dell'approvvigionamento di merci e prodotti, spec. nel settore dell'abbigliamento SIN. acquirente, cliente CONTR. venditore

compravéndere [comp. di *compra* e *vendere* ✱ 1942] v. tr. (coniug. come *vendere*) ● trasferire mediante compravendita: *c. un fondo, una casa*

compravéndita [comp. di *compra* e *vendita* ✱ 1857] s. f. ● (*dir.*) contratto con cui si trasferisce la proprietà di una cosa in cambio di una somma di denaro | ***c. a termine***, impegno di cedere o di acquistare determinati titoli azionari a condizioni prestabilite ed a epoca determinata

comprendènte part. pres. di *comprendere*; anche agg. ● che comprende, che include in sé: *un volume c. numerosi saggi*; *una famiglia di piante c. un centinaio di specie*

♦**comprèndere** [lat. *comprehĕndere*, comp. di *cŭm* 'con' e *prehĕndere* 'prendere' ✱ 1261 ca.] v. tr. (coniug. come *prendere*) **1** contenere, racchiudere, includere: *la seconda edizione del libro comprende alcuni capitoli nuovi*; *nel prezzo non sono comprese le tasse*; *fra gli invitati sono compreso anch'io?* **2** afferrare, penetrare con la mente: *cerca di c. quello che sto per dirti*; *vincere la materia è comprenderla* (P. Levi) | capire (qlco.; + *di* seguito da inf., + *che*): *non comprendo il perché del suo rifiuto*; *comprese di aver sbagliato*; *comprese che era giunto il momento di scegliere* | (*lett.*) percepire, scorgere **3** considerare con simpatia o indulgenza, scusare, giustificare: *bisogna c. la sua inesperienza*; *non si sente compreso dai genitori* SIN. capire, perdonare **4** (*lett.*) sopraffare, invadere, con riferimento a particolari stati psichici: *quella visione lo comprese di orrore* **5** †colpire, prendere | †cogliere, sorprendere

comprendìbile [da *comprendere*, sul modello di *comprensibile* ✱ av. 1729] agg. ● (*raro*) comprensibile

comprendiménto [1268] s. m. ● (*lett.*) comprensione

comprendònio [da *comprendere* ✱ 1536] s. m. ● (*colloq.*) capacità di comprendere, intelligenza: *essere duro, privo, di c.*

♦**comprensìbile** [vc. dotta, lat. *comprehensĭbile(m)*, da *comprehĕnsus* 'compreso' ✱ 1374] agg. ● che si può comprendere: *finalmente ha tenuto una lezione c.*; *date le circostanze il suo atteggiamento è c.*; *è c. che si sia offeso*

|| **comprensibilménte**, **avv.** **1** in un modo comprensibile **2** per ragioni comprensibili, giustificabili: *era comprensibilmente agitata; dopo tanta fatica, ha preferito comprensibilmente rimanere a casa a riposare* || **comprensibilità**, **s. f. inv.**

♦**comprensióne** [vc. dotta, lat. *comprehensiōne(m)*, da *comprehēnsus* 'compreso' ✱ 1363] **s. f. 1** (*lett.*) il comprendere, il racchiudere: *allontanandoci ..., cresce sempre la c. dell'emisfero ed il lume* (G. Bruno) **2** capacità di intendere, di penetrare con la mente: *la c. di questi concetti è fondamentale per gli studi futuri* **SIN.** intelligenza **3** capacità di considerare con indulgenza o simpatia sentimenti, opinioni, comportamenti altrui: *una persona piena di c.; la vostra c. lo ha molto aiutato; con i giovani ci vuole molta c.* **SIN.** condiscendenza, tolleranza **4** (*filos.*) l'insieme degli attributi che definiscono una classe di oggetti o un concetto

comprensiva [f. sost. di *comprensivo* ✱ av. 1712] **s. f.** ● (*raro, lett.*) facoltà di comprendere

♦**comprensivo** [vc. dotta, lat. tardo *comprehensīvu(m)*, da *comprehēnsus* 'compreso' ✱ av. 1535] **agg. 1** che comprende, raccoglie in sé più cose: *prezzo c. del servizio* **2** che possiede, dimostra, comprensione, indulgenza, tolleranza: *è molto c. nel giudicare gli altri* **SIN.** indulgente, tollerante || **comprensivaménte**, **avv.** || **comprensività**, **s. f. inv.** (*raro*) capacità di includere o comprendere più cose o elementi

comprensoriàle [1970] **agg.** ● relativo a comprensorio

comprensòrio [dal lat. *comprehēnsus*, part. pass. di *comprehĕndere* 'comprendere' ✱ 1798] **s. m.** (**pl.** *-i* o *raro -ii*) **1** territorio soggetto a bonifica, a trasformazione fondiaria e sim. **2** (*est.*) regione, zona, territorio che presentano determinate caratteristiche comuni: *il c. savonese; c. sanitario; c. sciistico*

compreṣènte [comp. di *con-* e *presente* ✱ 1932] **agg.** ● che è presente con altre persone o con qualcos'altro

compreṣènza o **copreṣènza** [comp. di *con-* e *presenza* ✱ 1957] **s. f.** ● il fatto, la circostanza di essere presente con altre persone o con qualcos'altro: *c. di insegnanti in classe; c. di fattori diversi*

♦**compréso** (o *-ṣ-*) o †**compriṣo** **A** **part. pass.** di *comprendere*; anche **agg. 1** contenuto, racchiuso, incluso: *accessori compresi nel prezzo; compresi i nonni, siamo in otto* | ***tutto c.***, considerando tutto, nell'insieme **2** capito, inteso: *una frase non ben compresa* | (*lett.*) visibile: *sotto l'incerta e mal compresa luna* (L. Ariosto) **3** (*fig.*) compenetrato, intimamente preso: *c. di meraviglia; c. della propria dignità* | concentrato, completamente assorbito: *c. nella sua missione* | intento, occupato: *è c. nella lettura* | (*raro, lett.*) colpito da una malattia: *trovandosi egli allora c. dalla podagra* (D. Bartoli) **B** **s. m.** ● †estensione

comprèssa [fr. *compresse* ✱ 1828] **s. f. 1** pezza di garza ripiegata, usata per ricoprire le ferite **2** pastiglia di medicamento polverizzato e pressato || **compressina**, **dim.**

comprèssi ➤ **comprimere**

compressìbile [av. 1647] **agg.** ● (*fis.*) detto di corpo il cui volume varia al variare della pressione: *gas c.* || **compressibilità**, **s. f. inv.**

compressióne [vc. dotta, lat. *compressiōne(m)*, da *comprĕssus* 'compresso' ✱ 1266] **s. f. 1** il comprimere, il venire compresso | (*med.*) ***c. emostatica***, per frenare una emorragia | (*med.*) ***c. cerebrale***, stato morboso cerebrale per aumento improvviso della pressione endocranica **2** (*fis.*) riduzione di dimensioni di un corpo sotto l'azione di forze applicate alla superficie: *c. lineare; c. di volume* **3** (*inform.*) riduzione delle dimensioni di un file di dati mediante apposite routine: *c. dati* **4** (*mecc.*) nei motori a combustione interna, la fase in cui lo stantuffo, risalendo nel cilindro, comprime la miscela d'aria e carburante | ***rapporto di c.***, rapporto tra i volumi che si determinano all'inizio e alla fine della corsa dello stantuffo

compressìvo [sec. XIV] **agg.** ● che serve a comprimere: *fasciatura compressiva*

comprèsso **part. pass.** di *comprimere*; anche **agg. 1** sottoposto a pressione: *aria compressa* | (*fig., raro*) represso **2** (*mecc.*) detto spec. di motore a scoppio i cui cilindri sono stati modificati per sopportare una pressione maggiore del normale

compressóre [da *compresso*; cfr. il lat. tardo *comprĕssor*, genit. *compressōris* 'stupratore' ✱ 1713] **A** **agg.** (**f.** *comprimitrìce*) ● che comprime: *muscolo c.; rullo c.; cilindro c.* **B** **s. m. 1** macchina in grado di esercitare una pressione conveniente su fluidi gassosi | nei motori alternativi a combustione interna, dispositivo che immette l'aria a pressione superiore a quella atmosferica **2** ***c. stradale***, rullo pesante a trazione animale o automotore, che ha la funzione di esercitare una notevole pressione su terra e pietrisco nella costruzione delle massicciate stradali **SIN.** cilindratrice

compressorìsta [1964] **s. m. e f.** (**pl. m.** *-i*) ● operaio addetto a un compressore

comprimàrio [comp. di *con-* e *primario* ✱ 1865] **A** **s. m.** (**f.** *-ia*) **1** medico primario insieme con un altro **2** atleta che in una gara svolge un ruolo rilevante ma non da protagonista **3** ruolo del teatro d'opera esteso anche al teatro di prosa comprendente le parti che vengono per importanza subito dopo quelle dei protagonisti | ***svolge un ruolo da c.***, (*fig.*) avere un ruolo di secondo piano in qlco. **B** anche **agg.**: *medico, atleta, attore c.*

comprìmere [vc. dotta, lat. *comprĭmere*, comp. di *cŭm* 'con' e *prĕmere* 'premere' ✱ sec. XIII] **A** **v. tr.** (**pass. rem.** *io comprèssi, tu comprimésti*; **part. pass.** *comprèsso*) **1** sottoporre a pressione **SIN.** premere, schiacciare **2** (*fis.*) sottoporre a compressione: *c. un gas, un fluido* **3** (*inform.*) ridurre le dimensioni di un file di dati mediante apposite routine di codifica **4** (*fig.*) contenere, reprimere, raffrenare: *c. una passione, un desiderio; c. le spese superflue* **5** †chiudere | †possedere una donna **B** anche **comprimersi** **v. tr. pron.** (**aus.** *essere*): *si compresse la ferita con la mano; tremava di tradirsi, si comprimeva nel petto la nuova intensa vita* (A. Fogazzaro)

SFUMATURE ➤ ***pressare***

comprimìbile [1956] **agg.** ● che si può comprimere (*anche fig.*) || **comprimibilità**, **s. f. inv.**

comprimitrìce [da *comprimere* con il suff. *-trice* ✱ 1986] **A** **agg.** ● f. di *compressore* **B** **s. f.** ● apparecchio per la produzione di compresse

†**compriṣo** ➤ **compreso**

†**cómpro** **A** **part. pass.** di *comprare*; anche **agg.** ● comprato (*anche fig.*): *S'esser compra a tal prezzo indegna sono* (T. Tasso); *i compri onori* (G. Parini) **B** **s. m.** ● compra

†**comprobàre** e deriv. ➤ **comprovare** e deriv.

♦**compromésso** ① **part. pass.** di *compromettere*; anche **agg. 1** nei sign. del v. | messo in pericolo, a rischio: *il suo futuro era c.* | (*est.*) danneggiato, screditato **2** coinvolto, implicato: *dirigenti compromessi con il vecchio regime*

compromésso ② [lat. *comprimissu(m)*, sost., 'promessa reciproca, compromesso'. V. *compromesso* ① ✱ 1312] **s. m. 1** accordo, accomodamento fra due o più persone, tesi e sim. in contrasto fra loro, in cui ciascuno dei partecipanti rinuncia a una parte delle sue richieste, rivendicazioni e sim.: *arrivare, venire, a un c.; soluzione di c.* | fusione di due o più elementi diversi o contrastanti: *un c. tra il vecchio e il nuovo* (G. Carducci) | (*polit.*) ***c. storico***, la collaborazione al governo in Italia tra le forze cattoliche e quelle comuniste, teorizzata negli anni 1970-80 **2** (*est., spreg.*) cedimento rispetto ai propri princìpi: *un uomo senza compromessi* | ***vivere di compromessi***, vivere di espedienti equivoci **3** (*dir.*) negozio con cui le parti rimettono ad arbitri la decisione della controversia tra loro sorta | correntemente, contratto preliminare, spec. di vendita: *concludere un c.*

SFUMATURE DI SIGNIFICATO

compromesso - transazione - accomodamento

Il **compromesso** è un accordo che si raggiunge quando ciascuna delle parti in causa rinuncia in parte alle proprie rivendicazioni; in senso spregiativo, il termine descrive un cedimento, una rinuncia ai propri principi morali, per conformismo o per raggiungere determinati obiettivi. Anche la **transazione** è il fare concessioni, il venir meno alle proprie convinzioni; tuttavia il termine è più diffuso nella sua accezione giuridica di contratto in cui le parti, grazie a concessioni reciproche, risolvono una lite o ne prevengono l'insorgere. L'**accomodamento** è similmente un accordo, una soluzione delle controversie, ma non è parola del linguaggio giuridico.

compromettènte **part. pres.** di *compromettere*; anche **agg.** ● che può compromettere: *una dichiarazione c.* || **compromettenteménte**, **avv.**

♦**comprométtere** [lat. *compromĭttere* 'obbligarsi scambievolmente a ricorrere al giudizio di un arbitro e ad accettarne la decisione', comp. di *cŭm* 'con' e *promĭttere* 'promettere' ✱ 1298] **A** **v. tr.** (**coniug. come** *mettere*) **1** rischiare, mettere a repentaglio: *c. la reputazione, la libertà, l'avvenire, il patrimonio, la riuscita di un'impresa* **2** coinvolgere qlcu. in un'azione o situazione difficile o rischiosa, che può danneggiare la sua reputazione, il suo buon nome: *eleggendolo a quella carica lo hanno compromesso definitivamente; la relazione con quell'uomo l'ha compromessa* **3** rimettere al giudizio di arbitri, conferendo loro l'incarico di decidere: *c. una lite, una controversia* **B** **comprométtersi** **v. rifl. 1** mettersi o essere coinvolto in un'azione o situazione difficile e rischiosa, che può danneggiare la propria reputazione, il proprio buon nome: *non vale la pena che tu ti comprometta per queste sciocchezze* **2** esporsi, prendere posizione: *esitava a parlare, proprio per paura di compromettersi* (I. Svevo) **3** †fidarsi: *io mi comprometto di voi* (C. Goldoni)

compromettìbile [1883] **agg.** ● (*dir.*) che può essere demandato alla decisione di arbitri: *controversia c.* **SIN.** compromissibile || **compromettibilità**, **s. f.**

compromissàrio [vc. dotta, lat. tardo *compromissāriu(m)* 'giudice'. V. *compromesso* ② ✱ 1353] **s. m.** (**f.** *-ia*) ● (*raro*) arbitro: *nominare un c.*

compromissìbile [1863] **agg.** ● (*dir.*) compromettibile

compromissióne [dal fr. *compromission*, deriv. di *compromettre* 'compromettere' ✱ 1858] **s. f. 1** (*lett.*) compromesso **2** (*raro*) il compromettere, il compromettersi | coinvolgimento **3** (*med.*) danneggiamento: *l'incidente ha comportato la c. dell'apparato respiratorio*

compromissòrio [vc. dotta, lat. tardo *com-*

promissōriu(m). V. *compromesso*② ✱ 1797] **agg.** (**pl. m.** *-i* o *raro -ii*) ● di compromesso, basato su compromesso: *pratiche compromissorie* | (*dir.*) relativo a compromesso: *accordo c.* | ***clausola compromissoria***, patto inserito in un contratto o in un trattato, o stabilito per iscritto in un atto successivo, in cui le parti stabiliscono di demandare ad arbitri la decisione di eventuali controversie che potranno sorgere sull'interpretazione o applicazione del contratto o del trattato stesso

C

comproprietà [comp. di *con-* e *proprietà* ✱ 1830] **s. f. inv.** ● proprietà di una cosa da parte di più soggetti: *c. di una nave, di un immobile*

comproprietàrio [1771] **s. m.** (**f.** *-ia*) ● contitolare di un diritto di proprietà **SIN.** condomino

comprotettóre [comp. di *con-* e *protettore* ✱ av. 1800] **s. m.** (**f.** *-trice*) ● protettore insieme con altri

compròva o †**compruòva** [da *comprovare* ✱ av. 1799] **s. f.** ● ratifica, conferma, spec. nella loc. ***in c.***

comprovàbile [lat. tardo *comprobābile(m)*, da *comprobāre* 'comprovare' ✱ 1865] **agg.** ● che si può comprovare ‖ **comprovabilità**, **s. f. inv.**

†**comprovaménto** [1657] **s. m.** ● conferma, ratifica, approvazione

comprovàre o †**comprobàre** [lat. *comprobāre*, comp. di *cŭm* 'con' e *probāre* 'provare' ✱ av. 1276] **v. tr.** (*io compròvo*, *†compruòvo*) **1** provare, confermare, ribadire chiaramente o con nuove argomentazioni: *i documenti comprovavano l'esistenza e la proprietà della merce* **SIN.** avvalorare, dimostrare, documentare **2** †approvare

comprovazióne o †**comprobazióne** [lat. *comprobatiōne(m)*, da *comprobāre* 'comprovare' ✱ 1468] **s. f. 1** conferma, dimostrazione **2** †approvazione

comprovinciàle [vc. dotta, lat. tardo *comprovinciāle(m)*, comp. di *cŭm* 'con' e *provinciālis* 'provinciale' ✱ 1834] **agg.** ● (*raro*) che è della stessa provincia, spec. con riferimento a religiosi: *vescovi comprovinciali* | interprovinciale: *istituto c.*

†**compruòva** ➤ **comprova**

Comptómeter® /*ingl.* kɒmp'tɒmɪtə(r)/ [marchio registrato ✱ 1918] **s. f.** o **m. inv.** ● tipo di addizionatrice in cui, premendo i tasti, si agisce direttamente sul totalizzatore

†**compùgnere** e deriv. ➤ **compungere** e deriv.

compulsàre① [vc. dotta, lat. tardo *compulsāre* 'spingere violentemente', intens. di *compĕllere* 'spingere' ✱ 1664] **v. tr.** ● (*dir.*, *raro*) citare: *c. qlcu. in giudizio*

compulsàre② [fr. *compulser*, dal lat. *compulsāre* (V. *compulsare*①) ✱ 1809] **v. tr.** ● leggere, sfogliare, consultare con frequenza e accuratamente libri, documenti e sim., spec. a scopo di studio

compulsióne [vc. dotta, dal lat. *compulsiōne(m)* da *compŭlsus* 'costretto' ✱ 1475] **s. f.** ● (*psicol.*) spinta incontenibile a compiere determinate azioni, anche se dannose per sé o per altri

compulsìvo [da *compulso* ✱ 1858] **agg.** ● (*psicol.*) di compulsione, dovuto a compulsione: *bisogno c.*; *disturbo ossessivo-c.* ‖ **compulsività**, **s. f. inv.**

compùlso [vc. dotta, lat. *compulsu(m)*, part. pass. di *compĕllere* 'spingere' ✱ av. 1328] **agg.** ● (*lett.*) costretto, obbligato, spinto: *di porta in porta ad accattar compulse* (V. MONTI)

compùngere o †**compùgnere** [vc. dotta, lat. *compŭngere*, comp. di *cŭm* 'con' e *pŭngere* 'pungere' ✱ 1266] **A** **v. tr.** (**coniug.** come *pungere*) ● (*raro*, *lett.*) turbare, affliggere: *quel la valle / che m'avea di paura il cor compunto* (DANTE *Inf.* I, 14-15) | (*raro*, *lett.*) provocare sentimenti di riverenza, soggezione religiosa: *non mi compunse di divozione nessuna* (V. ALFIERI) | †turbare, agitare, angustiare: *ch'i' non sia d'ira e di dolor compunto* (F. PETRARCA) **B** **compùngersi** **v. intr. pron.** ● (*raro*, *lett.*) sentire rimorso, pentirsi

†**compungiménto** o †**compugniménto** [da *compungere* ✱ av. 1292] **s. m.** ● compunzione

♣**compùnto** **part. pass.** di *compungere*; anche **agg.** ● che prova, mostra, ostenta pentimento, umiltà o mortificazione, talvolta in modo ipocrita: *si rivolse al padre tutto c.*; *espressione compunta* **SIN.** contrito, mortificato, pentito | che mostra compunzione (nel sign. 2) ‖ **compuntaménte**, **avv.** con compunzione

♣**compunzióne** [vc. dotta, lat. tardo *compunctiōne(m)*, da *compŭnctus*, part. pass. di *compŭngere*. V. *compungere* ✱ 1268] **s. f. 1** atteggiamento di chi è compunto **2** (*relig.*) dolore e detestazione dei peccati commessi

computàbile [vc. dotta, lat. *computābile(m)*, da *computāre* 'computare' ✱ av. 1755] **agg.** ● che si può computare, calcolare, valutare ‖ **computabilità**, **s. f. inv.** (V.)

computabilità [da *computabile* ✱ 1969] **s. f. inv.** ● possibilità di essere computato, calcolato | in logica matematica, possibilità di calcolare il risultato di un'operazione mediante un algoritmo finito

computàre [V. *compitare* ✱ 1065] **A** **v. tr.** (*io cómputo*) **1** comprendere in un calcolo, calcolare: *c. il tempo, una pena scontata in esilio* | (*dir.*) ***c. i termini***, calcolare i giorni o le ore entro cui deve o non deve essere compiuto un determinato atto processuale **2** mettere in conto: *c. l'importo di una spesa a qlcu.* **SIN.** addebitare, ascrivere **B** **v. intr.** (**aus.** *avere*) ● far di conto

computatóre [vc. dotta, lat. *computatōre(m)*, da *computāre* 'computare' ✱ av. 1758] **s. m.** (**f.** *-trice*); anche **agg.** ● (*raro*) chi (o che) computa

computazionàle [ingl. *computational*, da *to compute* 'calcolare' (V. *computer*) ✱ 1977] **agg.** ● relativo agli elaboratori elettronici | ***linguistica c.***, che esamina i fatti linguistici in base ai risultati degli spogli elettronici

computazióne [vc. dotta, lat. *computatiōne(m)*, da *computāre* 'computare' ✱ av. 1478] **s. f. 1** (*raro*) computo **2** elaborazione elettronica dei dati

♦**computer** /kom'pjuter, *ingl.* kəm'pju:tə(r)/ [vc. ingl., 'calcolatore', da *to compute* 'calcolare', dal fr. *computer* 'computare' ✱ 1966] **s. m. inv.** ● elaboratore elettronico, calcolatore | ***c. quantistico***, (*inform.*) che sfrutta le proprietà quantistiche delle particelle elementari (atomi, molecole) per memorizzare dati ed eseguire operazioni su di essi con una potenza di calcolo enormemente elevata | (*autom.*) ***c. di bordo***, dispositivo destinato a fornire informazioni di supporto alla guida di un veicolo, attraverso la lettura e l'elaborazione di parametri diversi quali velocità, consumo, distanza percorsa | ***c. animation***, (*cinema*) animazione realizzata con il computer | ***c. art***, creazione di opere artistiche con l'utilizzo di un computer o di materiali elaborati da un computer | ***c. crime***, reato commesso con l'utilizzo o la manomissione di un elaboratore elettronico | ***c. game***, videogioco che si esegue con il computer | ***c. grafica***, tecnica della produzione di immagini mediante sistemi automatici di trattamento dei dati | ***c. music***, musica prodotta con un elaboratore elettronico | ***c. palmare***, personal computer portatile di dimensioni tascabili ‖ **computerino**, **dim.**

NOMENCLATURA

computer (cfr. informatica)
● *unità centrale* = CPU; unità aritmetico-logica = ALU; unità di controllo, memoria centrale; microprogrammazione, firmware; segnale (alto, basso), accumulatore, registro, porta logica (AND, NAND, NOR, NOT, OR, XOR); canale di comunicazione = bus; scheda = adattatore, interfaccia, opzionale, di espansione; circuito integrato, componente, chip, microprocessore; contatore, cablaggio, alimentatore, connettore; memoria centrale = interna = principale ⇔ ausiliaria = esterna; di massa; riservata ⇔ condivisa; protetta; espansa; estesa; statica ⇔ dinamica; di lavoro; volatile ⇔ permanente; virtuale ⇔ reale; di transito = temporanea, buffer, cache; ad accesso casuale ⇔ sequenziale; magnetica = a nuclei di ferrite, a stato solido; a bolle, a linea di ritardo, olografica; di sola lettura (ROM), ad accesso casuale (RAM), programmabile di sola lettura (PROM), programmabile e cancellabile di sola lettura (EPROM, EEPROM, EAPROM); cella, indirizzo, locazione, offset (= spiazzamento); pagina, paginazione, segmento, blocco di memoria;
● *unità periferiche*: terminale (interattivo, intelligente, remoto); in linea = online ⇔ fuori linea = offline;
● *unità di ingresso* (input): tastiera; lettore di schede (perforate, magnetiche); lettore di banda = nastro perforato, convertitore analogico-digitale; penna luminosa; tavoletta grafica; joystick; lettore ottico; scanner; digitalizzatore; dispositivo di puntamento = puntatore (mouse, trackball, trackpad); trasduttore, lettore di codici a barre;
● *unità di uscita* (output): video, monitor (CRT), cursore; visualizzatore = display (a cristalli liquidi, a diodi luminosi, al plasma); perforatore di schede; perforatore di banda = nastro; attuatore; sintetizzatore di voce;
● *stampante*: a impatto (di linea, a margherita, ad aghi), elettrostatica, termica, laser, a getto d'inchiostro; fotocompositrice; testina, ugello, nastro, cartuccia, tamburo fotosensibile, toner, tabulato, modulo continuo; registratore XY, plotter; convertitore digitale-analogico;
● *unità di ingresso e uscita* (input/output): console, videoterminale; telescrivente; modem; unità a nastro magnetico; unità a disco magnetico, a disco ottico, a disco magneto-ottico; disco rigido = disco fisso ⇔ disco rimovibile, drive; disco = floppy disk, dischetto, minidisco, chiavetta, pen drive; copia di sicurezza = backup; formattazione, compressione dati; interfaccia seriale ⇔ parallela; sincrona ⇔ asincrona; standard;
● *azioni*: allocare, azzerare, cancellare, copiare, spostare, leggere, salvare, scrivere (in), trasferire (da);
● *calcolatrice*: scrivente ⇔ non scrivente (con visualizzazione a cristalli liquidi, a diodi luminosi); tascabile ⇔ da tavolo; scientifica, finanziaria; agenda elettronica; programmabile.

computerése (o **-ṣ-**) [comp. di *computer* ed *-ese*② ✱ 1983] **s. m.** ● insieme di termini tecnici, di modi di dire specialistici, di calchi e prestiti dall'inglese relativi al computer

computeriàle [1990] **agg.** ● (*raro*) effettuato mediante l'uso del calcolatore: *valutazione c.*

computerìstico [1985] **agg.** (**pl. m.** *-ci*) ● relativo al computer: *industria, tecnologia computeristica*

computeriẓẓàbile [1983] **agg.** ● che si può computerizzare

computeriẓẓàre [da *computer* ✱ 1969] **v. tr.** ● effettuare mediante l'uso del computer: *c. le operazioni di banca* ‖ **computerizzazióne**, **s. f.**

computeriẓẓàto **part. pass.** di *computerizzare*; anche **agg.** ● effettuato o gestito tramite computer

computista [vc. dotta, lat. tardo *computīsta(m)*, da *cŏmputus* 'computo' ✱ 1494] **s. m.** e **f.** (**pl. m.** *-i*) ● esperto in computisteria

computisterìa [da *computista* ✻ 1662] **s. f.** ● applicazione dell'aritmetica a calcoli di natura commerciale

computìstico [1873] **agg.** (**pl. m.** *-ci*) ● relativo alla computisteria e al computista

♣**cómputo** [vc. dotta, lat. tardo *cŏmputu(m)*. V. *computare* ✻ av. 1348] **s. m. 1** calcolo, conteggio, conto: *fare il c. delle spese*; *mettere in c.* **2** ***c. ecclesiastico***, calendario che regola le feste mobili

†**comùna** ➤ **comune**②

♦**comunàle**① [vc. dotta, lat. tardo *commūnāle(m)*, da *commūnis* 'comune①' ✻ 1294] **agg. 1** relativo al comune, a un determinato comune: *strada, imposta, stadio c.* **2** (*stor.*) relativo a un comune o ai comuni medievali, o a quel periodo storico: *mura comunali*; *le libertà comunali* ‖ **comunalità**①, **s. f. inv.**

comunàle② [da *comune*① ✻ 1220] **agg. 1** †popolare, di tutti **2** (*lett.*) ordinario, dozzinale, comune: *questo metodo di studi comunal* (G. Vico) ‖ †**comunalménte**, †**comunaleménte**, **avv.** in comune; generalmente ‖ **comunalità**②, **s. f. inv.**

comunànza [1261 ca.] **s. f. 1** (*lett.*) condizione di ciò che è comune a più cose o persone; comunione: *c. di beni, intenti, stirpe, origine* | (*lett.*) familiarità **2** (*lett.*) comunità: *c. civile, politica, religiosa*; *c. degli uomini* | †comune

comunàrdo [fr. *communard* 'della Comune rivoluzionaria di Parigi' ✻ 1872] **s. m.** (**f.** *-a*); **anche agg. 1** chi (o che) partecipò alla Comune di Parigi durante il Terrore o spec. nella rivolta del 1871 **2** (*est., raro*) rivoluzionario

†**comùnche** ➤ **comunque**

♦**comùne**① o †**commùne**, †**comùno** [lat. *commūne(m)* 'che compie il suo incarico (*mūnis*) insieme con (*cŭm*) altri' ✻ sec. XII] **A agg. 1** che appartiene o è pertinente a due o più persone o cose (+ *a*): *c.* <u>*a*</u> *pochi,* <u>*ad*</u> *alcuni,* <u>*a*</u> *molti*; *un amico c.*; *casa, patrimonio, pascolo, fossa c.* | ***far causa c. con qlcu.***, agire insieme, in accordo con qlcu., condividerne le idee e sim. | pertinente a tutti o alla maggioranza dei componenti di un insieme di persone o cose: *c.* <u>*a*</u> *tutti*; *diritti, doveri, abitudini comuni*; *lingua c.* | ***luogo c.***, cliché, stereotipo | pertinente a una comunità umana specifica o a tutta l'umanità: *il bene c.* | **PROV.** ***mal c., mezzo gaudio***, V. *male*② | (*relig.*) ***salute c.***, redenzione operata dal Cristo **CFR.** ceno-③ **2** che è usuale, molto diffuso, generalmente accettato, applicato, seguito e sim.: *c. consenso*; *opinione, uso c.*; *abitudini comuni* | ***senza senso c.***, senza senso, sciocco, sconclusionato | che non supera i limiti consueti, il livello medio, che è considerato normale: *ingegno, statura, capacità c.* | ***non c.***, raro, straordinario, eccellente: *quel pianista è dotato di una non c. sensibilità, di una tecnica non c.* | ordinario: *vino, sale c.* | che è considerato volgare, non raffinato: *gente, roba c.* **CONTR.** raro **3** (*gramm.*) ***nome c.***, che indica persona, animale o cosa, in senso generico **CFR.** proprio, scientifico | ***genere c.***, dei nomi che possono essere considerati maschili o femminili a seconda che designino maschi o femmine | (*ling.*) ***sillaba c.***, ancipite | ***lingua c.***, lingua che si è estesa su un vasto territorio in sostituzione delle parlate locali; lingua corrente, non specialistica **4** †affabile | †amante del bene pubblico: *la gente c. perde il vigore* (D. Compagni) **5** †neutrale ‖ **comuneménte**, †**comunaménte**, **avv.** generalmente, da tutti, dai più: *una verità comunemente accettata*; normalmente, di solito; †insieme, in comune **B s. m. 1** ciò che è considerato medio, normale | ***uscire dal c.***, distinguersi | ***fuori dal*** (o ***del***) ***c.***, detto di persona o cosa eccezionale | ***in c.***, insieme con altri: *lavorare, mangiare in c.* | ***non aver nulla in c. con gli altri***, non aver punti di contatto, di intesa | ***mettere in c.***, accomunare | (*raro, lett.*) complesso, comunità: *il c. degli uomini, dei lettori* **2** nella marina militare, militare non graduato di ogni categoria | ***c. di prima e di seconda classe***, rispettivamente primo e secondo grado dei graduati della marina militare | nell'esercito, soldato semplice **C s. f. 1** (*raro, lett.*) complesso, comunità: *la c. dei lettori, degli interpreti* **2** (*teatro*) porta che mette in comunicazione, con il presunto ingresso dell'appartamento, la stanza raffigurata nella scena del teatro borghese | ***uscire dalla c.***, (*fig.*) andarsene

SFUMATURE DI SIGNIFICATO

comune - banale - convenzionale

Ciò che è molto diffuso, generalmente accettato o praticato si definisce **comune**. **Banale** è invece ciò che è privo di originalità, di valore, di interesse particolare. **Convenzionale** definisce ciò che manca di originalità perché risponde a un uso, a una convenzione diffusamente condivisi.

♦**comùne**② o †**commùne**, †**comùno**, †**comùna** [sost. di *comune*① ✻ 1219] **s. m. 1** ente autarchico territoriale, retto da un Sindaco eletto direttamente dal corpo elettorale e da una Giunta nominata dallo stesso Sindaco | (*est.*) sede dell'amministrazione comunale **2** nel Medioevo spec. italiano, tipo di governo cittadino fondato sull'assunzione del potere da parte di un'associazione libera comprendente prima le famiglie maggiori e poi le corporazioni artigianali e le organizzazioni popolari | ogni città retta con tale governo **3** nel Medioevo, il complesso degli artigiani di una corporazione o consorteria **4** (*dir., polit.*) ***Camera dei Comuni***, (*ellitt.*) ***i Comuni***, il ramo elettivo del parlamento inglese

comùne③ [fr. *commune* 'comune' ✻ 1865] **s. f. 1** ***la Comune***, governo rivoluzionario instauratosi a Parigi durante il Terrore (1793-'94) e nel 1871 **2** ciascuna delle organizzazioni economico-amministrative di base della Repubblica Popolare Cinese, istituite nel 1958 e diffuse spec. nel settore agricolo, su basi collettivistiche; a partire dagli anni '80, svolge limitate funzioni amministrative **3** (*est.*) gruppo di persone che accomunano, spec. su base egualitaria o paritetica, abitazione e mezzi di sostentamento: *una c. evangelica*; *una c. di studentesse americane*

comunèlla [da *comune*① ✻ 1479] **s. f. 1** accordo tra più persone per il raggiungimento di un fine comune, spec. equivoco o illecito | ***far c.***, accordarsi spec. per fini poco onesti; (*est.*) far gruppo, riunirsi **2** chiave che apre tutte le camere di un albergo in dotazione al personale di servizio **SIN.** passe-partout nel sign. 1

comunicàbile [vc. dotta, lat. tardo *communicābile(m)*, da *communicāre* 'comunicare' ✻ sec. XIV] **agg. 1** che si può comunicare **2** †affabile ‖ **comunicabilità**, **s. f. inv.** (V.)

comunicabilità [av. 1696] **s. f. inv. 1** caratteristica di ciò che è comunicabile **2** †affabilità

comunicàndo [da *comunica(re)*, con il suff. *-ando* ✻ 1884] **s. m.** (**f.** *-a*) ● chi sta per ricevere il sacramento dell'eucaristia

comunicànte A part. pres. di *comunicare*; **anche agg.** ● nei sign. del v. **B s. m.** ● chi amministra il sacramento dell'eucaristia **C s. m. e f.** ● chi si comunica

♦**comunicàre** [vc. dotta, lat. *communicāre*, da *commūnis* 'comune'; nell'accezione religiosa vc. dotta, lat. eccl. *communicāre* 'avvicinarsi all'altare per prendere la comunione' ✻ 1268] **A v. tr.** (*io comùnico, tu comùnichi*) **1** far conoscere, far sapere: *c. un segreto*; *ha comunicato la data del suo arrivo* | diffondere: *c. una notizia* | rendere comune: *c. il proprio entusiasmo, la propria gioia*; *mi ha comunicato il suo nervosismo* | trasfondere: *ha comunicato alla figlia la sua passione per la musica* | trasmettere: *c. una malattia*; *c. l'energia, il moto* | †mettere qlco. in comune | anche nella forma pron. **comunicàrsi** (con valore recipr.), comunicare qlco. l'uno all'altro: *Ambedue ... si comunicarono la loro commozione* (G. D'Annunzio) **2** amministrare il sacramento dell'eucaristia: *c. i fedeli* **3** collegare con una via sotterranea due punti di una miniera: *c. due livelli* **B v. intr.** (**aus.** *avere*) **1** essere in comunicazione: *queste due stanze comunicano*; *porta che comunica con l'esterno* | essere in relazione con qlcu.: *comunicavano per lettera*; *comunica a segni al suo amico* **2** condividere o trasmettere pensieri, sentimenti e sim.: *Sentiva il bisogno di parlare, di esprimere, di c.* (I. Calvino) **C comunicàrsi v. intr. pron. 1** propagarsi, trasmettersi: *l'entusiasmo si comunicò ai presenti* **2** ricevere l'eucaristia: *comunicarsi a Pasqua*

SFUMATURE ➤ ***parlare***①

comunicatìva [f. sost. di *comunicativo* ✻ 1729] **s. f.** ● facilità di comunicare e di partecipare agli altri i propri sentimenti, le proprie idee e sim.: *avere, non avere c.*

comunicatìvo [vc. dotta, lat. tardo *communicatīvu(m)*, da *communicāre* 'comunicare' ✻ av. 1406] **agg. 1** relativo alla comunicazione **2** contagioso (*spec. fig.*): *risata comunicativa* **3** che ha o dimostra comunicativa: *carattere, temperamento c.*; *persona comunicativa* ‖ **comunicativaménte**, **avv.** ‖ **comunicatività**, **s. f. inv.** comunicativa

♦**comunicàto A part. pass.** di *comunicare*; **anche agg.** ● nei sign. del v. **B s. m. 1** comunicazione ufficiale di notizia e sim.: *c. di guerra*; *c. stampa* | ***c. commerciale***, (*raro*) annuncio pubblicitario **CFR.** videocomunicato **2** (**f.** *-a*) chi ha ricevuto l'eucaristia

SFUMATURE ➤ ***bollettino***

comunicatóre [vc. dotta, lat. *communicatōre(m)*, da *communicāre* 'comunicare' ✻ 1357] **s. m.** (**f.** *-trice*) **1** chi comunica | (*est.*) chi sa usare i mezzi di comunicazione di massa per influenzare, persuadere, convincere chi lo ascolta: *il grande c.* **2** chi invia regolarmente comunicazioni ai giornali **3** professionista, tecnico esperto in scienze della comunicazione

comunicatòrio [da *comunicare* ✻ 1713] **A agg.** (**pl. m.** *-i* o *raro -ii*) ● che riguarda la comunicazione: *espediente di grande efficacia comunicatoria* **B s. m.** ● nei monasteri, piccola apertura per somministrare la comunione alle suore di clausura

comunicazionàle [1985] **agg.** ● nel linguaggio della sociologia e della psicologia, relativo alla comunicazione: *sistema, canale c.*

♦**comunicazióne** [vc. dotta, lat. *communicatiōne(m)*, da *communicāre* 'comunicare' ✻ sec. XIII] **s. f. 1** (*raro*) trasmissione: *c. di calore, di energia*; *c. del pensiero* **2** il portare qlco. a conoscenza di altri: *c. di idee, di notizie* **CFR.** -gramma | ***mezzi di c. di massa***, il complesso della stampa e dei mezzi audiovisivi impiegati per la diffusione delle notizie a tutti i livelli della società | ***Ministero delle Comunicazioni***, che presiede ai servizi postali, di bancoposta e delle telecomunicazioni | (*est.*) la cosa stessa che si porta a conoscenza: *fare una c.*; *c. orale, scritta* | partecipazione: *ricevere la c. dell'avvenuto matrimonio* **3** relazione di argomento scientifico, letterario e sim. presentata a un'accademia, un congresso e sim. **4** scambio di messaggi fra un emittente e un ricevente: *c. verbale, non verbale*; *la zoosemiotica studia i sistemi di c. fra gli animali* | trasferimento di informazioni: *mezzi di c. di massa* | ***scienze della c.***, settore di studi che si occupa delle tecnologie e dei contenuti della comunicazione e dell'informazione, spec. nell'industria culturale e nella pubblicità, e delle relazioni pubbliche | contatto che ha lo scopo di comunicare con altri: *essere, mettersi, trovarsi in c. con qlcu. o qlco.* | mezzo attraverso il quale persone e cose comunicano fra loro: *comunicazioni telefoniche, telegrafiche; chiedere la c. (telefonica); la c. è stata interrotta* **5** (*inform.*) processo mediante il quale l'informazione viene trasmessa, con appositi segnali, da un sistema all'altro **6** collegamento materiale, passaggio e sim.: *il canale mette in c. i due paesi; un'importante via di c.; le stanze sono in c. con il corridoio* **7** (**spec. al pl.**) collegamento attuato con mezzi di trasporto: *fra Europa e America esistono rapide comunicazioni; comunicazioni terrestri, marittime, aeree* **8** (*lett.*) †accomunamento **9** †comunione eucaristica

SFUMATURE DI SIGNIFICATO

comunicazione - annuncio - notificazione

Il fatto di trasmettere un'informazione, di portare qualcosa a conoscenza di altri si definisce genericamente **comunicazione**. Se la *comunicazione* riguarda eventi importanti riportati in modo formale o addirittura solenne si parla piuttosto di **annuncio**. **Notificazione** è invece parola del linguaggio giuridico che designa i procedimenti giudiziari portati a diretta conoscenza del destinatario.

♦**comunióne** [vc. dotta, lat. *communiōne(m)*, da *commūnis* 'comune' ✱ 1281] **s. f.** **1** comunanza: *c. di interessi, di idee, di sentimenti* | stretta relazione psicologica, naturale e sim., fra persone, o fra persone e cose: *l'arcano parlare della natura, e delle anime viventi con essa in più stretta c.* (I. NIEVO) **2** l'insieme dei fedeli di una stessa Chiesa: *c. anglicana, luterana, presbiteriana* | ***C. dei fedeli***, unità spirituale dei credenti in Cristo, costituiti in corpo mistico | ***C. dei Santi***, nella teologia cattolica, intima unione in Cristo tra i fedeli vivi e defunti e mutua comunicazione tra essi di beni spirituali | ***C. e Liberazione***, movimento cattolico fondato nel 1969 da don L. Giussani (1922-2005) **3** sacramento dell'eucaristia: *fare, ricevere la c.* | ***prima C.***, sacramento impartito per la prima volta spec. ai bambini | ***c. spirituale***, partecipazione in ispirito al sacramento eucaristico | ostia per l'eucaristia **4** (*dir.*) contitolarità di un diritto reale: *c. su un fondo; c. dei beni tra coniugi* | ***c. ereditaria***, conseguente alla successione di più eredi | ***c. tacita familiare***, associazione di tipo familiare per l'esercizio in comune di attività agricole

comunìsmo [fr. *communisme*, da *commun* 'comune①' ✱ 1846] **s. m.** **1** concezione, movimento o sistema che tende a realizzare l'eguaglianza sociale attraverso la totale comunione delle risorse e dei beni: *il c. delle società primitive e il c. platonico; il c. dei movimenti pauperistici medievali* **2** dottrina politica, economica e sociale fondata da K. Marx e F. Engels verso la metà del XIX sec., che propugna l'abolizione della proprietà privata dei mezzi di produzione e la distribuzione sociale dei prodotti in base ai bisogni di ciascuno | l'attuazione di tale dottrina; l'insieme degli Stati o dei partiti che ad essa si ispirano: *il c. sovietico; la storia del c. italiano* **CFR.** marxismo, socialismo

♦**comunìsta**① [fr. *communiste*, da *commun* 'comune' ✱ 1846] **A** **agg.** (**pl. m.** *-i*) ● del comunismo, relativo al comunismo **B** **agg. e s. m. e f.** **1** che (o chi) segue e sostiene il comunismo **2** relativo o appartenente a un partito comunista

comunìsta② [1779] **s. m. e f.** (**pl. m.** *-i*) ● (*dir.*) chi ha un diritto in comunione con altri

comunìstico [1849] **agg.** (**pl. m.** *-ci*) ● (*raro*) del comunismo, dei comunisti

comunistiẓẓàre [da *comunista*① ✱ 1950] **v. tr.** ● rendere comunista ‖ **comunistiẓẓazióne**, **s. f.**

comunistòide [1950] **agg. e s. m. e f.** ● (*spreg.*) che (o chi) mostra affinità o inclinazione al comunismo

♦**comunità** o †**communità**, †**comunitàde**, †**comunitàte** [vc. dotta, lat. *communitāte(m)*, da *commūnis* 'comune' ✱ 1288] **s. f. inv.** **1** gruppo sociale che costituisce un'entità organica in base alle comuni origini, interessi pratici e idee dei componenti: *c. nazionale, etnica* | ***c. linguistica***, i cui membri usano lo stesso sistema di segni linguistici **2** (*est.*) pluralità di persone unite da relazioni e vincoli comuni di varia natura | ***c. familiare***, la famiglia | (*est.*) insieme di persone che vivono insieme accettando uno stesso sistema di vita: *vivere, stare in c.; c. religiosa* | (*est.*) parrocchia | ***c. terapeutica***, (*ellitt.*) ***comunità***, associazione di volontariato che si dedica all'assistenza e al recupero di malati mentali, tossicodipendenti o disadattati, spec. attraverso attività lavorative comuni e terapie di gruppo | ***c. virtuale***, web community **3** (*dir.*) ***C. montana***, ente territoriale di diritto pubblico costituito da un gruppo di comuni montani e dotato di propri organi deliberativi ed esecutivi **4** insieme di soggetti di diritto internazionale uniti da particolari accordi o trattati: *Comunità europea, la Comunità Europea del Carbone e dell'Acciaio, Comunità Europea dell'Energia Atomica* | ***c. internazionale***, i soggetti di diritto internazionale, nei reciproci rapporti che tra loro intercorrono **5** comune, municipio | (*est.*) abitanti del comune **6** comunanza: *c. d'interessi, di opinioni*

comunitàrio [1956] **agg.** **1** relativo a una comunità: *gli interessi comunitari* **2** (*per anton.*) relativo all'Unione europea | (*dir.*) ***legge comunitaria***, legge italiana che recepisce una o più direttive dell'Unione europea

†**comunitàte** ➤ **comunità**

†**comùno** ➤ **comune**① e **comune**②

♦**comùnque** o †**comùnche** [comp. di *come* e del lat. *ŭmquam* 'mai', con sovrapposizione di *-cŭmque*, di *ubicŭmque* 'dappertutto', ecc. ✱ 1288] **A** **avv.** ● in ogni modo, in ogni caso: *riuscirò a ottenerlo c.; è inutile che tu protesti: devi farlo c.* | con valore conclusivo: *c., è meglio così; c., ci penso io* **B** **cong.** **1** in qualunque, in qualsiasi modo (introduce una prop. modale con valore rel. e il v. al congtv.): *c. stiano le cose, è arrivato il momento di una spiegazione; c. sia; c. si sia* **2** tuttavia (con valore avversativo): *è stata una cosa improvvisa, c. potevi almeno avvisarmi* **3** †appena che (introduce una prop. temp. con il v. all'indic. o al congtv.) **4** (*lett.*, *raro*) quantunque

♦**con**① /kon/ [lat. *cŭm*, di orig. indeur. ✱ av. 1226] **prep. propria semplice.** (**Fondendosi con gli art. determ., dà origine alle prep. art. m. sing.** *col* (o *con il*), *collo* (o *con lo*); **m. pl.** *coi* (o *con i*), *cogli* (o *con gli*); **f. sing.** *colla* (o *con la*); **f. pl.** *colle* (o *con le*)). **I** stabilisce diverse relazioni dando luogo a molti complementi **1** compl. di compagnia: *passeggiare con gli amici; con chi sei stato?; verrò con lei; è sempre fuori con il suo cane* | rafforzato da 'insieme', 'assieme': *vive insieme con sua sorella* | (*sport*) nel canottaggio si usa in alcune loc. sost. ellitt. come ***due con, quattro con*** (V. *due* e *quattro*) | compl. di unione: *uscire con l'ombrello; arrosto con patate, pasta coi piselli* | (*mat.*) si usa per esprimere oralmente un indice apposto ad una lettera: *'a₂' si legge 'a con due'* **2** compl. di relazione: *corrisponde con molti personaggi; è in ottimi rapporti con i superiori; è sposato con una svedese; ha litigato con suo padre* | con il sign. di 'verso': *è buono con gli umili* | con il sign. di 'contro': *combattere con i nemici; prendersela con qlcu.* **3** compl. di mezzo o strumento: *rispose con una lettera; la città fu presa con l'inganno; afferrare qlco. con le mani; arrivare col treno, con la carrozza; pasta condita col burro; spremuta fatta con le arance* **4** compl. di modo o maniera: *con impegno; con tutto il cuore; riso col burro; minestra con la verdura; starsene con il cappello in testa* | seguito da un sost. ha anche valore avverbiale: *con garbo*, garbatamente **5** compl. di qualità: *un uomo con i baffi; una donna con i capelli tinti; un bambino con gli occhi azzurri; scarpe con tacco alto; casa con il giardino; villa con piscina* **6** compl. di limitazione in espressioni fam.: *come va con lo studio?; come stai con la tua gamba?; col lavoro sono rimasto un po' indietro* **7** compl. di causa: *con tale pioggia non si può uscire; con questo grande freddo gelerà tutto* **8** compl. di paragone: *non vorrai confrontare il tuo lavoro con il mio!* **9** compl. di circostanza: *viaggiare col maltempo; essere a letto con la febbre; alzarsi col sole; con il passare del tempo; tutto si è risolto con il tuo arrivo* **II** ricorre con diverso valore in molte espressioni **1** con valore rafforz. seguito da un'altra prep. o da un avv., o da una loc. avv., specifica meglio, esprime con più forza il rapporto che si vuole indicare: *un armadio con dentro la biancheria; una casa con vicino un ponte; un giardino con davanti un cancello; un uomo con in mano una frusta* **2** con valore concessivo, limitativo, avversativo col sign. di 'malgrado', 'nonostante': *con tutti i suoi difetti, è una buona ragazza; con tanti bei posti che ci sono, proprio qui dovevamo venire; con tutto che è ammalato, vorrebbe uscire* | conclusivo: *con questo, col che, e con questo ti saluto; col che ti lascio* **3** con valore di gerundio (quando è seguito dall'inf.): *col fargli continui dispetti finirai per farlo arrabbiare sul serio* **III** unito ai pronomi pers. forma i composti *meco* (V.); *teco* (V.); *seco* (V.); *nosco* (V.); *vosco* (V.)

†**con**② o **con'** /kon/ [av. 1250] **avv.** ● forma tronca di *come*

con- /kon/ [dalla prep. lat. *cŭm* 'con', di orig. indeur., già assunta ad analogo uso preverbale] **pref.** (**anche** *co-* (**V.** *co-*①), **sia davanti a vocale che a consonante; anche** *com-* **davanti a** *m*, *p* **e** *b*; **anche** *col-*, *cor-* **davanti a** *l* **e** *r* **per assimilazione**) ● in parole composte indica 'unione', 'compagnia' e sim.: *conterraneo, connazionale, combaciare, compatriota, collaterale, corrispettivo*

conatìvo [1966] **agg.** ● (*ling.*) detto di funzione del linguaggio che tende a indurre nel destinatario un determinato comportamento, esprimendo un comando, un'esortazione, una richiesta e sim.

♦**conàto** [vc. dotta, lat. *conātu(m)*, da *conāri* 'tentare' ✱ av. 1420] **s. m.** **1** (*lett.*) tentativo, sforzo, spec. velleitario e destinato all'insuccesso: *un impetuoso c. al meglio* (I. SVEVO) **2** impulso: *c. di vomito* **3** (*psicol.*) impulso che stimola sforzi di ogni genere, guidato dalla volontà e dai desideri

conazióne [vc. dotta, lat. *conatiōne(m)*, dal v. *conāri* 'tentare' ✱ 1986] **s. f.** ● (*psicol.*) conato

cónca [lat. *cōncha(m)*, dal gr. *kónchē*, di orig. indeur. ✱ 1290] **s. f.** **1** capace vaso di terracotta, dall'imboccatura larga, usato, spec. un tempo, per fare il bucato **2** anfora di rame a due manici, con una strozzatura verso la bocca, usata nell'Italia centro-meridionale per attingere acqua alla fontana **3** (*est.*) concata: *una c. d'acqua* **4** (*anat.*) formazione concava | ***conche nasali***, turbinati | cavità del padiglione auricolare **5** bacino, depressione fra i monti | ***c. di navigazione***, bacino in muratura nei canali o fiumi, delimi-

tato da due porte, per far passare le navi da una sezione a un'altra di diversa altitudine **SIN.** chiusa **6** (*archit.*, *raro*) catino: *c. absidale* **7** (*lett.*) conchiglia ‖ **conchétta**, **dim.** | **conchìna**, **dim.** | **concóne**, **accr. m.**
SFUMATURE ➤ *bacino*

concàle [da *conca* col suff. di aggettivo *-ale*① ✱ 1964] **A** **agg.** ● (*anat.*) relativo alla conca dell'orecchio **B** **s. f.** ● (*mat.*) luogo geometrico per cui il prodotto delle distanze da una retta e da un punto risulta costante

concambiàre [vc. dotta, lat. mediev. *concambiāre* 'cambiare (*cambiāre*) con (*con-*) un'altra cosa' ✱ 1670] **v. tr.** (*io concàmbio*) **1** scambiare, permutare **2** (*raro*) contraccambiare, ricambiare

concàmbio [lat. mediev. *concambiu(m)*. V. *con-* e *cambio* ✱ 1637] **s. m.** ● (*lett.*) contraccambio | (*econ.*) ***rapporto di c.***, nelle fusioni di aziende per incorporazione, il rapporto fissato tra il valore di un'azione della società incorporante e quello di un'azione della società incorporata

†**concameràre** [vc. dotta, lat. *concamerāre*, da *cămera* 'volta' ✱ 1554] **v. tr.** ● fabbricare a volta

concameràto [da *concamerare* ✱ 1499] **agg.** ● (*bot.*) detto di organo suddiviso in più camere intercomunicanti

concamerazióne [vc. dotta, lat. *concameratiōne(m)*, da *concamerāre* 'concamerare' ✱ av. 1547] **s. f.** **1** †costruzione a volta **2** cavità anatomica, meccanica e sim., a più scomparti comunicanti

concaptìvo [vc. dotta, lat. *concaptivus* 'compagno di cattività' ✱ 1714] **s. m.** (**f.** *-a*) ● (*lett.*) compagno di prigionia

concassé /fr. kɔ̃ka'se/ [vc. fr., dal v. *concasser*, dal lat. *conquassāre* 'scuotere fortemente, ridurre in frantumi' ✱ sec. XX] **s. m. inv.** **1** (*cucina*) modo di preparare i pomodori tagliandoli a cubetti dopo averli sbollentati e pelati | (*est.*) i pomodori così preparati, usati come base per sughi o per preparare bruschette **2** qualsiasi altra verdura o frutto tagliati a cubetti

concassèa [sec. XX] **s. f.** ● adattamento di *concassé* (V.)

concàta [da *conca* ✱ av. 1869] **s. f.** **1** quantità di materiale, spec. liquido, che può essere contenuta in una conca **2** operazione di riempimento, e successivo svuotamento, di una conca di navigazione

concatenaménto [av. 1464] **s. m.** ● (*raro*) unione a catena | (*fig.*) collegamento, connessione: *uno stretto c. di fatti* | (*sport*) nell'alpinismo, ascensione consecutiva di due o più pareti

concatenàre [vc. dotta, lat. tardo *concatenāre*, comp. di *cŭm* 'con' e *catēna* 'catena' ✱ 1355] **A** **v. tr.** (*io concaténo*) **1** (*raro, lett.*) unire, collegare strettamente, a catena **2** (*fig.*) collegare, secondo un certo ordine logico, fatti, idee o elementi diversi: *veder chiaramente con l'intelletto le idee che si vogliono esprimere, concatenarle conseguentemente col raziocinio* (U. Foscolo) **B** **concatenàrsi** **v. rifl. recipr.** ● collegarsi, susseguirsi secondo un certo ordine: *i suoi ragionamenti si concatenano in modo persuasivo*

concatenàto **part. pass.** di *concatenare*; **anche agg.** **1** nei sign. del v. **2** (*fis.*) ***flusso c. con una linea chiusa***, se esso attraversa la superficie limitata da quella linea **3** detto della tensione elettrica esistente tra due fasi di un sistema polifase

concatenatùra [da *concatenato* ✱ av. 1675] **s. f.** **1** (*raro*) concatenazione **2** (*raro*) punto di unione di due o più cose

concatenazióne [vc. dotta, lat. tardo *concatenatiōne(m)*, da *concatenāre* 'concatenare' ✱ av. 1565] **s. f.** ● connessione, relazione che fatti, cose o pensieri hanno reciprocamente fra loro: *c. di eventi, di idee, di cause ed effetti*

concattedràle [comp. di *con-* e *cattedrale* ✱ 1779] **s. f.** ● chiesa cattedrale insieme con altra, spec. chiesa vescovile di diocesi soppressa e aggregata ad altra diocesi

concàuṣa [comp. di *con-* e *causa* ✱ av. 1498] **s. f.** ● causa che concorre con altre a produrre un dato effetto

concauṣàle [1865] **A** **agg.** ● relativo a concausa **B** **s. f.** ● (*raro*) concausa ‖ **concauṣalità**, **s. f. inv.** presenza di più cause che concorrono a produrre un effetto

concauṣàre [da *concausa* ✱ 1865] **v. tr.** (*io concàuṣo*) ● (*raro*) produrre insieme con altre cause un dato effetto

concavità o †**concavitàde**, †**concavitàte** [vc. dotta, lat. tardo *concavitāte(m)*, da *cŏncavus* 'concavo' ✱ 1282] **s. f. inv.** **1** parte concava di un corpo | cavità **2** (*raro*) condizione, proprietà di ciò che è concavo **3** (*mat.*) per una curva priva di flessi, il lato che non contiene le tangenti

còncavo [vc. dotta, lat. *cŏncavu(m)*, comp. di *cŭm* 'con' e *căvus* 'cavo' ✱ 1282] **A** **agg.** **1** detto di superficie curva verso l'interno: *specchio c.*; *mura sinuose e concave* (N. Machiavelli) **CONTR.** convesso **CFR.** scifo- **2** (*mat.*) attributo di figura piana o solida tale che il segmento congiungente due suoi punti qualsiasi non sempre appartiene interamente alla figura | ***lente concava***, lente che ha due superfici concave o una superficie piana e una concava **B** **s. m.** ● (*raro*) superficie interna della cavità dei corpi concavi: *raccolse l'acqua nel c. della palma* (G. D'Annunzio)

concedènte **A** **part. pres.** di *concedere*; **anche agg.** ● nei sign. del v. **B** **s. m. e f.** ● (*dir.*) chi è proprietario di un fondo o altro immobile su cui attribuisce ad altri un diritto reale o di obbligazione

♦**concèdere** [vc. dotta, lat. *concēdere* 'ritirarsi, cedere', comp. di *cŭm* 'con' e *cēdere* 'ritirarsi' ✱ 1261 ca.] **A** **v. tr.** (**pass. rem.** *io concèssi* o **lett.** *concedètti*, †*concedéi*, *tu concedésti*; **part. pass.** *concèsso*, **disus.** *concedùto*) **1** dare, largire, spec. con degnazione indulgente: *c. grazia*; *c. requie*; *c. favori, beni, benefici, sussidi* | accordare, consentire: *c. facoltà, potere, autorità*; *c. tempo, riposo*; *mi conceda un attimo di attenzione* | permettere (+ *di* **seguito da inf.**, + *che* **seguito da congtv.**): *i suoi le hanno concesso di dormire fuori, che rimanga a dormire fuori* | ***non c. requie***, incalzare, perseguitare **2** ammettere, accettare per vero, giusto, esatto e sim. in una discussione: *questo non te lo concedo* **B** **concèdersi** **v. tr. pron.** (**aus.** *essere*) ● consentirsi, permettersi: *concedersi una vacanza, un po' di riposo*; *concedersi delle libertà*; *concedersi il lusso di una crociera* **C** **concèdersi** **v. rifl.** **1** (*lett.*) aprirsi, arrendersi a influenze culturali e psicologiche, richieste e sim.: *Beatrice raggia sì, che il poeta si concede vinto* (F. De Sanctis) **2** darsi, spec. detto di donna che accetta un rapporto sessuale: *quando la tentatrice ... era per concedersi e si negava* (G. D'Annunzio) **CONTR.** negarsi **3** spec. nel linguaggio giornalistico, mostrarsi disponibile, accettare di farsi vedere: *l'attore si è poi concesso alle telecamere, ai propri ammiratori*
SFUMATURE ➤ *permettere*

concedìbile [av. 1642] **agg.** ● che si può concedere ‖ **concedibilità**, **s. f. inv.**

†**concediménto** [av. 1292] **s. m.** ● concessione

conceditóre [1336 ca.] **s. m.** (**f.** *-trice*) ● (*raro*) concessore

concedùto **part. pass.** di *concedere*; **anche agg.** ● (*raro*) nei sign. del v.

concelebrànte **A** **part. pres.** di *concelebrare*; **anche agg.** ● nei sign. del v. **B** **s. m.** ● chi celebra con altri un rito religioso

concelebràre [comp. di *con-* e *celebrare* ✱ 1970] **v. tr.** (*io concèlebro*) ● celebrare con altri: *c. la Messa*

concelebrazióne [comp. di *con-* e *celebrazione* ✱ 1931] **s. f.** ● (*relig.*) la celebrazione della Messa da parte di più sacerdoti riuniti insieme attorno a un solo altare

concènto [vc. dotta, lat. *concĕntu(m)*, comp. di *cŭm* 'con' e *căntus* 'canto' ✱ av. 1334] **s. m.** **1** (*lett.*) armonia risultante dal concorde suono delle voci e degli strumenti: *dell'arpa diffuso erra il c. / per la nostra convalle* (U. Foscolo) **2** (*est., lett.*) armonia: *l'universale c. del mondo* (G.B. Marino) **3** (*raro, fig.*) accordo

concentràbile [1970] **agg.** ● che può essere concentrato | (*chim.*) detto di sostanza o soluzione suscettibile di concentrazione

concentraménto [1636] **s. m.** **1** ammassamento, confluenza in un unico luogo: *c. di truppe* | ***c. di artiglieria***, forma di intervento per battere un obiettivo con una massa di fuoco concentrata nello spazio e nel tempo | ***campo di c.***, residenza coatta, per prigionieri di guerra o internati civili **2** (*econ.*) concentrazione: *c. di capitali*

♦**concentràre** [comp. parasintetico di *centro* ✱ 1574] **A** **v. tr.** (*io concèntro* (o *-é-*)) **1** ammassare, raccogliere, in un unico luogo: *c. il fuoco, le truppe* | (*fig.*) far convergere in un dato punto o verso un dato scopo: *c. i propri pensieri, i propri sforzi, le proprie energie* **2** (*chim.*) aumentare la quantità relativa di una o più sostanze in un miscuglio eliminando in parte o completamente gli altri componenti **SIN.** condensare **B** **concentràrsi** **v. rifl.** **1** riunirsi, radunarsi, raccogliersi: *i manifestanti si concentrarono nella piazza* **2** raccogliere la propria attenzione (+ *su*; **anche assol.**): *concentrarsi su una risposta*; *si concentrò tutto su quel problema*; *stamattina non riesco a concentrarmi* | dedicarsi, impegnarsi totalmente, senza farsi distrarre (+ *in*): *concentrarsi nello studio, nella lettura, nel lavoro* **C** **concentràrsi** **v. intr. pron.** ● ridursi di volume

concentràto **A** **part. pass.** di *concentrare*; **anche agg.** **1** nei sign. del v. | (*fig.*) assorto: *essere c. nello studio* **2** (*est.*) condensato, ristretto: *caffè, latte, brodo c.* | (*fig.*) intenso e profondo: *passione, ira concentrata* ‖ **concentrataménte**, **avv.** **B** **s. m.** **1** (*chim.*) prodotto di una concentrazione: *il c. di una soluzione* **2** conserva alimentare ottenuta per parziale eliminazione dell'acqua: *c. doppio, triplo di pomodoro* **3** (*fig.*) ciò che esprime e sintetizza i tratti essenziali di qlco.: *quel libro è un c. di banalità*; *il tuo discorso è un c. di sciocchezze* **SIN.** cumulo

concentratóre [1804] **A** **agg.** (**f.** *-trice*) ● che concentra **B** **s. m.** **1** apparecchio, spec. evaporatore, usato per concentrare sostanze, spec. nell'industria conserviera **2** sistema di lenti atto a concentrare il fascio luminoso in un proiettore cinematografico

concentrazionàrio [1963] **agg.** ● relativo ai campi di concentramento: *l'universo c. nazista, sovietico*

concentrazióne [av. 1342] **s. f.** **1** (*raro*) concentramento: *c. di truppe* | (*raro*) raggruppamento, unione **2** (*fig.*) capacità di concentrarsi, di rivolgere l'attenzione verso un dato punto o scopo: *questo lavoro richiede molta c.*; *perdere la c.* **3** (*chim.*) quantità relativa di una sostanza in un miscuglio | ***c. normale***, percentuale | ***c. molale***, molalità **4** (*econ.*) raggruppamento di imprese soprattutto industriali, allo scopo di ottenere un'organizzazione economica più efficiente | ***c. orizzontale***, fra più imprese che operano allo stesso stadio produttivo | *c. verticale*, fra più imprese che operano ai diversi stadi produttivi

concentrazionìsmo [1956] **s. m.** ● tendenza alla concentrazione delle aziende in grandi complessi industriali

C

concèntrico [comp. parasintetico di *centro* ✱ 1314] **agg.** (**pl. m.** *-ci*) ● (*mat.*) che ha il medesimo centro | detto di enti che girano intorno a un medesimo centro ‖ **concentricaménte**, **avv.** ‖ **concentricità**, **s. f. inv.** (*mat.*) proprietà di ciò che è concentrico

†**concèpere** o †**concìpere** [av. 1306] **v. tr.** ● concepire

concepìbile [av. 1686] **agg.** ● che si può immaginare, pensare, concepire SIN. immaginabile | ammissibile: *non è c. un simile ritardo!* ‖ **concepibilità**, **s. f. inv.** (V.)

concepibilità [1865] **s. f. inv.** ● possibilità di essere pensato CONTR. inconcepibilità

concepiménto [av. 1306] **s. m. 1** il concepire | (*fig.*) ideazione: *il c. di un piano astuto* **2** (*biol.*) unione dell'ovulo con lo spermatozoo, che dà origine all'embrione

♦**concepìre** [lat. *concĭpere*, comp. di *cŭm* 'con' e *căpere* 'prendere' ✱ av. 1250] **v. tr.** (**pres.** *io concepìsco, tu concepìsci*; **part. pass.** *concepìto*, **lett.** *concètto*) **1** determinare la formazione e lo sviluppo dell'embrione e portarlo dentro di sé, detto di donna o di femmina di animale (*anche assol.*): *ha concepito un figlio*; *una donna desidera di c.* (G. LEOPARDI) **2** (*est.*) †accogliere, raccogliere, ricevere | (*est.*) †assorbire, ricevere un impulso, una sostanza e sim.: *c. il fuoco, l'umidità* **3** (*est.*) cominciare a provare uno stato d'animo, un sentimento e sim.: *c. stima, affetto, avversione, odio, sospetto, gelosia per qlcu.* **4** (*est.*) †generare: *Rabicano, il quale il vento e 'l fuoco / concetto avean* (L. ARIOSTO) | (*est.*) †produrre, detto di terreno, vegetazione e sim. **5** (*fig.*) comprendere, capire, capacitarsi di qlco. (+ *che* **seguito da congtv.**, + *di* **seguito da inf.**): *non riesco a c. come si possano dire tali sciocchezze*; *non concepiva che potesse esserci tale violenza*; *ella non concepisce di perdonare l'offesa* (V. PRATOLINI) | (*est.*) immaginare, intendere: *non riesco a c. le ferie come semplice riposo* | ideare: *c. un'idea, un progetto, un piano, un'opera scientifica, un poema*
SFUMATURE ➤ *inventare*

concepito **A** **part. pass.** di *concepire*; anche **agg.** ● nei sign. del v. | redatto, formulato: *un avviso così c.* **B** **s. m. 1** (**f.** *-a*) (*dir.*) il frutto del concepimento: *i diritti del c.* **2** †feto | †figlio

còncept /ˈkɔnsept, *ingl.* ˈkɒnsept/ [latinismo ingl., da *concĕptu(m)* 'concetto' ✱ 1985] **s. m. inv.** ● concezione o nuovo concetto, in alcune loc. | (*mus.*) *c. album*, album musicale a tema o che sviluppa una storia | (*autom.*) *c. car*, prototipo di autoveicolo, di concezione innovativa per le soluzioni tecniche o stilistiche che propone | *c. store*, V. *store*

concerìa [da *concia* ✱ 1853] **s. f. 1** fabbrica dove si conciano le pelli **2** tecnica della concia

concernènte **part. pres.** di *concernere*; anche **agg.** ● nei sign. del v.

concèrnere [vc. dotta, lat. tardo *concĕrnere* 'vagliare, mescolare insieme', comp. di *cŭm* 'con' e *cĕrnere* 'distinguere, guardare' ✱ 1399] **v. tr.** (**pass. rem.** *raro io concernéi* o *concernètti, tu concernésti*; **difett. del part. pass. e dei tempi composti**) ● essere attinente, pertinente a, relativo a: *è un lavoro che non ti concerne*; *per tutto ciò che concerne quell'argomento, sono d'accordo con te* SIN. riguardare

concertànte **part. pres.** di *concertare*; anche **agg.** ● (*mus.*) *stile c.*, che implica dialogo fra uno o più solisti e l'insieme strumentale o vocale | *parte c.*, parte dei solisti in una composizione di stile concertante | *strumento c.*, cui è affidata la parte concertante | *sinfonia c.*, caratterizzata da parti concertanti

concertàre [vc. dotta, lat. *concertāre* 'gareggiare, disputare', comp. di *cŭm* 'con' e *certāre* 'gareggiare, discutere, contendere' ✱ 1440] **A** **v. tr.** (*io concèrto*) **1** organizzare, predisporre, stabilire in accordo con altri, talvolta in segreto: *c. il testo di un intervento per l'assemblea*; *c. una truffa*; *concertavano un attacco notturno* SIN. ordire **2** (*mus.*) unire, accordare insieme l'armonia delle voci e degli strumenti: *c. uno spartito* | preparare collegialmente l'esecuzione di un pezzo musicale: *c. una sinfonia* **B** **concertàrsi** **v. rifl.** e **rifl. recipr.** ● accordarsi

concertativo [da *concertare* ✱ 1803] **agg. 1** (*raro*) atto a concordare qlco. | (*polit.*) basato sulla concertazione: *metodo c.* **2** (*mus.*) relativo alla concertazione: *eleganza concertativa*

concertàto **A** **part. pass.** di *concertare*; anche **agg. 1** (*mus.*) ***musica concertata***, sacra, polifonica, in cui le voci sono accompagnate dall'orchestra, con l'organo o senza | ***pezzo c.***, d'assieme, teatrale, nei finali degli atti **2** predisposto, stabilito in accordo con altri: *attuare il piano c.* ‖ **concertataménte**, **avv.** **B** **s. m. 1** nel melodramma ottocentesco, pezzo d'assieme di voci soliste, orchestra e coro **2** †accordo

concertatóre [1438] **s. m.** (**f.** *-trice*); anche **agg. 1** (*mus.*) maestro che dirige le prove di un pezzo musicale: *maestro c. e direttore d'orchestra* **2** (*raro*) chi (o che) trama, ordisce

concertazióne [1441] **s. f. 1** preparazione di qlco. in accordo con altri | metodo e prassi consistenti nel prendere decisioni spec. di carattere economico e sociale attraverso trattative e accordi fra governo e parti sociali **2** il concertare un pezzo musicale

concertìno [av. 1647] **s. m. 1** dim. di *concerto* **2** (*mus.*) piccolo pezzo concertato **3** (*mus.*) nel concerto grosso, gruppo di strumenti solisti contrapposto all'insieme strumentale **4** a Napoli, piccolo gruppo di suonatori che in occasione di feste viene chiamato per eseguire musiche **5** esecuzione musicale dal vivo in locali o parchi pubblici | il piccolo complesso degli esecutori

concertìsmo [1959] **s. m.** ● insieme delle attività di elaborazione teorico-stilistica e di esecuzione di un concerto

concertista [1865] **s. m. e f.** (**pl. m.** *-i*) **1** musicista o cantante di grande talento cui, nei concerti, sono affidate parti solistiche | chi professionalmente suona in concerti **2** (*econ.*) nel linguaggio giornalistico, chi agisce di concerto con altri in operazioni di borsa

concertìstico [1941] **agg.** (**pl. m.** *-ci*) ● relativo a concerto musicale: *attività concertistica* | relativo a concertista: *abilità concertistica*

♦**concèrto** [da *concertare* ✱ av. 1566] **s. m. 1** (*lett.*) accordo, intesa | ***di c.***, d'accordo: *agire di c.* | ***andare di c.***, procedere insieme; (*fig.*) andare d'accordo: *il qual errore va di c. con quell'altro* (G. VICO) **2** (*burocr.*) collaborazione tra più organi pubblici per la soluzione di un problema comune: *c. tra Ministri* **3** trattenimento, un tempo privato, oggi spec. pubblico, consistente nell'esecuzione di brani musicali: *dare, tenere un c.*; *andare a un c.*; *ascoltare un c.* | ***in c.***, detto di cantante, complesso musicale e sim. che si esibisce in uno spettacolo a lui interamente dedicato, spec. a larga partecipazione popolare: *Lucio Dalla in c.* **4** (*mus.*) composizione strumentale in più tempi | ***c. grosso***, composizione per orchestra, gener. in tre tempi, interrotta da passaggi eseguiti da un piccolo gruppo di strumentisti (*concertino*), contrapposto alla sezione orchestrale più ampia (*tutto*) | ***c. solistico***, in cui il contrasto si sviluppa fra la massa orchestrale e strumenti solisti: *c. per violino e orchestra* **5** complesso di suonatori e di cantanti per l'esecuzione di musiche | orchestra | ***c. di campane***, carillon **6** (*fig.*) complesso di suoni o di voci (*anche scherz.*): *un c. di cicale, di campane*; *un c. di grida* ‖ **concertìno**, **dim.** (V.) | **concertóne**, **accr.**

concèssi ➤ **concedere**

concessionàrio [1673] **s. m.** (**f.** *-ia*); anche **agg. 1** chi (o che) è destinatario di un atto di concessione: *società privata concessionaria di un pubblico servizio* **2** chi (o che) è autorizzato a svolgere un'attività di vendita per conto di una casa produttrice: *sede del c.*; *impresa, società concessionaria*

♦**concessióne** [vc. dotta, lat. *concessiōne(m)*, da *concēdere* 'concedere' ✱ 1261 ca.] **s. f. 1** atto con cui si accorda, si concede e sim.: *c. di un prestito, di un mutuo, di una pensione di guerra* **2** (*dir.*) dichiarazione unilaterale di volontà di un privato diretta a far sorgere un diritto in capo ad altri: *atto di c. di ipoteca* | ***c. edilizia***, provvedimento amministrativo con il quale la pubblica amministrazione consente la realizzazione di un progetto edilizio **3** provvedimento amministrativo che amplia la sfera giuridica dei privati conferendo loro vantaggi giuridici in modo diretto e immediato: *c. di un pubblico servizio*; *c. di una miniera* | ***territorio in c.***, rispetto a cui vi è una limitazione all'esercizio effettivo della sovranità dello Stato a favore di altro Stato, in seguito ad accordo tra gli stessi; anche, territorio appartenente al demanio dello Stato ma concesso in uso a un privato per un determinato periodo e a determinate condizioni | ***tassa sulle concessioni governative***, imposta fiscale su provvedimenti e atti amministrativi **4** (*raro*) ammissione, riconoscimento: *per sua stessa c. la mia ipotesi è esatta* **5** (*ling.*) figura retorica che consiste nell'ammettere provvisoriamente le ragioni dell'avversario, per poi ritorcerle; per es. in: *Concedo che questo generalmente possa chiamarsi atto proditorio; ma appoggiar quattro bastonate a un mascalzone!* (A. MANZONI)

SFUMATURE DI SIGNIFICATO
concessione - autorizzazione - licenza
Concessione è in senso generico l'atto con cui si accorda, concede qualcosa; in ambito giuridico è qualsiasi provvedimento amministrativo che riconosca a un privato l'esercizio temporaneo o permanente di un diritto di cui è titolare la collettività. **Autorizzazione** ha un ambito d'uso che in larga misura si sovrappone a *concessione*, ma contiene una sfumatura di maggiore specificità, riferendosi ad aspetti di ambito più circoscritto e particolare. **Licenza** si riferisce per lo più al permesso di esercitare un'attività, ma indica anche, come i due termini precedenti, il documento formale che riconosce questo permesso.
SFUMATURE ➤ *diritto*②

concessiva [f. sost. di *concessivo* ✱ 1551] **s. f.** ● (*gramm.*) congiunzione concessiva | proposizione concessiva

concessìvo [vc. dotta, lat. tardo *concessīvu(m)*, da *concēssus* 'concesso' ✱ 1551] **agg.** ● che esprime concessione | (*gramm.*) ***complemento c.***, indica qlcu. o qlco. nonostante i quali si verifica ciò che è espresso dal verbo; è introdotto dalle prep. *nonostante, malgrado* e dalla loc. *a dispetto di* (per es.: *partì nonostante il maltempo*; *malgrado le sue minacce, andrò avanti*; *ce la farò, a dispetto della cattiva sorte!*) | ***congiunzione concessiva***, che introduce una proposizione concessiva (per es.: *benché, sebbene, nonostante; anche se; pur*) | ***proposizione concessiva***, proposizione subordinata che indica una circostanza nonostante la quale si verifica ciò che è detto nella reggente; può essere costituita anche dal gerundio di un verbo (per es.: *benché non ne avesse voglia, uscì; l'ho aiutato anche se mi è antipatico; pur avendo delle riserve, approvò la proposta*)

concèsso **part. pass.** di *concedere*; anche **agg.** **1** nei sign. del v. **2** ***dato*** (o ***ammesso***) ***e non c. che***, anche ammettendo per vero ciò che non è tale (allo scopo di confutare un argomento)

concessóre [1342] **s. m.** (**f.** *conceditrice*) ● (*raro*) concedente

concessòrio [1827] **agg.** (**pl. m.** *-i* o *raro -ii*) ● (*dir.*) relativo a concessione: *atto c.; oneri concessori*

†**concettàre** [av. 1625] **v. intr.** (**aus.** *avere*) ● (*lett.*) formulare concetti ingegnosi

concettìsmo [da *concetto* ✱ 1899] **s. m.** **1** tendenza artistica e dottrina estetica del Seicento, che predilige espressioni letterarie concettose, ingegnose, ricche di metafore ardite e stravaganti **2** (*fig.*) modo di scrivere elaborato e sentenzioso

concettìsta [1951] **s. m. e f.** (**pl. m.** *-i*) ● seguace del concettismo

concettìstico [1950] **agg.** (**pl. m.** *-ci*) ● relativo al concettismo ‖ **concettisticaménte**, **avv.**

concettivo [cfr. il lat. *conceptīvus* 'che viene dal di fuori' ✱ 1832] **agg.** ● (*raro*) che è in grado di intendere ed elaborare concetti

concettizzàre [1655] **v. intr.** (**aus.** *avere*) **1** (*raro*) escogitare concetti arguti ed elaborati, anche per ottenere effetti spiritosi **2** (*raro*) concettualizzare ‖ **concettizzazióne**, **s. f.**

♦**concètto** [vc. dotta, lat. *concĕptu(m)*, part. pass. di *concĭpere* 'concepire' ✱ 1266] **A** **agg.** ● (*raro, lett.*) concepito **B** **s. m.** **1** (*filos.*) idea che la mente si forma di qlco., delle sue caratteristiche essenziali: *il c. di libertà, del bene e del male; il c. platonico dello Stato* **2** (*est.*) pensiero, idea, nozione: *esprimere, formulare, afferrare, spiegare, un c.; un'opera piena di nuovi concetti; sono le lingue ... ministre dell'uomo, affinché esso per mezzo loro spieghi gl'interni suoi concetti* (L.A. MURATORI) | (*letter.*) nella letteratura barocca, immagine ricercata o affettata **3** opinione, giudizio: *formarsi, farsi, un c. di qlco.* | stima: *avere un cattivo, un buon c. di qlcu., di qlco.* | (*lett.*) ***essere in c. di***, avere fama di: *essere in c. di santità* **4** (*burocr.*) ***impiegato di c.***, che ha maggiori responsabilità e perciò deve possedere buone capacità intellettuali, professionali e sim. **5** (*raro, lett.*) proposito, proponimento: *fece il cuore c. di pregare gli occhi della donna mia* (L. DE' MEDICI) ‖ **concettìno**, **dim.** | **concettùccio**, (*raro*) **concettùzzo**, **dim.**

SFUMATURE ➤ *idea*

concettóso (o **-ṣ-**) [da *concetto* ✱ sec. XIV] **agg.** ● pieno, denso di concetti: *discorso c.* | (*est.*) involuto, ricercato, difficile da comprendere: *stile c.* ‖ **concettosaménte**, **avv.** ‖ **concettosità**, **s. f. inv.** densità di concetti

concettuàle [da *concetto* ✱ 1843] **agg.** ● relativo al concetto | ***arte c.***, forma artistica contemporanea che trae ispirazione più dal concetto dell'oggetto rappresentato che dall'oggetto stesso | ***mappa c.***, V. *mappa* nel sign. 3 ‖ **concettualménte**, **avv.** in modo concettuale, dal punto di vista concettuale ‖ **concettualità**, **s. f. inv.**

concettualìsmo [da *concettuale* ✱ 1865] **s. m.** **1** (*filos.*) nella disputa medievale sugli universali, teoria che riteneva i concetti universali prodotti della mente, rappresentando dunque una via di mezzo tra il realismo e il nominalismo **2** arte concettuale (V. *concettuale*)

concettualìsta [1850] **s. m. e f.** (**pl. m.** *-i*) ● (*filos.*) chi, nella disputa degli universali, condivideva la teoria del concettualismo

concettualizzàre [1985] **A** **v. tr.** ● ridurre in concetti, rendere concettuale **B** **concettualizzàrsi** **v. intr. pron.** ● diventare concettuale ‖ **concettualizzazióne**, **s. f.** (V.)

concettualizzazióne [1905] **s. f.** ● il concettualizzare | ciò che è stato concettualizzato

concezionàle [vc. dotta, lat. tardo *conceptionāle(m)*, da *concĕptio*, genit. *conceptiōnis* 'concezione' ✱ sec. XIV] **agg.** ● relativo al concepimento

♦**concezióne** [vc. dotta, lat. *conceptiōne(m)*, da *concĭpere* 'concepire' ✱ 1282] **s. f.** **1** elaborazione, ideazione intellettuale o fantastica: *c. di un piano, di un poema* | modalità di tale ideazione: *una calzatura di nuova c.* **2** complesso delle idee e delle teorie relative a un argomento: *la moderna c. del matrimonio* | visione, modo di intendere: *hai una strana c. dell'amicizia; c. del mondo* **3** (*raro*) concepimento | ***C. di Maria Vergine, Immacolata C.***, quella della Madonna che fu concepita esente da peccato originale | festa (che ricorre l'8 dicembre) in cui la Chiesa celebra tale evento

Conchìferi [av. 1730] **s. m. pl.** (**sing.** *-o*) ● (*zool.*) divisione dei Molluschi comprendente i Gasteropodi, i Lamellibranchi, i Cefalopodi e gli Scafopodi (*Conchifera*)

conchìfero [comp. di *conca* nel sign. 7, e *-fero* ✱ av. 1730] **agg.** ● detto di animale provvisto di conchiglia

♦**conchìglia** [vc. dotta, lat. *conchȳliu(m)*, dal gr. *konchýlion*, da *kónchē*. V. conca ✱ av. 1332] **s. f.** **1** (*zool.*) guscio protettivo che avvolge il corpo di alcuni Invertebrati, spec. Molluschi **2** †mollusco **3** motivo di ornato architettonico, a forma di conchiglia, usato spec. per decorare calotte di nicchie, targhe, stemmi e sim. **4** ***punto a c.***, punto di ricamo traforato eseguito con due fili diversi | punto della lavorazione a maglia **5** elemento di protezione degli organi genitali maschili, usato in alcune discipline sportive **6** nei fucili da caccia, nicchia dove alloggiano i percussori a cani esterni **7** forma di metallo o altra materia per fusioni in serie, composta generalmente di due pezzi apribili **8** (**spec. al pl.**) tipo di pasta corta da minestra **9** nel giradischi, parte terminale amovibile del braccio sulla quale è fissata la testina ‖ **conchigliétta**, **dim.** | **conchiglina**, **dim.** | **conchiglióna**, **accr.** | **conchiglióne**, **accr. m.** | **conchigliùzza**, **dim.**

conchiliàceo [dal lat. *conchȳlium* 'conchiglia' ✱ 1835] **agg.** ● che è formato da conchiglie

conchilìfero [comp. del gr. *konchýlē* 'conchiglia' e di *-fero* ✱ 1887] **agg.** ● detto di terreno ricco di conchiglie fossili

conchilifórme [comp. del gr. *konchýlē* 'conchiglia' e di *-forme* ✱ av. 1758] **agg.** ● che ha forma di conchiglia

conchiliologìa [fr. *conchyliologie*. V. *conchiglia* e *-logia* ✱ 1771] **s. f.** (**pl.** *-gìe*) ● ramo della zoologia che studia le conchiglie **SIN.** concologia

conchìno [fr. *conquin*, dallo sp. *con quien* 'con chi' ✱ 1950] **s. m. solo sing.** ● gioco di carte affine al ramino

conchiolìna [fr. *conchyoline*, forma errata per **conchylioline*, dal lat. *conchȳlium* 'conchiglia', col suff. *-ine* e la *-l-* eufonica ✱ 1951] **s. f.** ● (*zool.*) sostanza organica che riveste l'esterno della conchiglia dei Molluschi

conchiùdere e deriv. ➤ **concludere** e deriv.

cóncia [da *conciare* ✱ 1310] **s. f.** (**pl.** *-ce*) **1** trasformazione della pelle in cuoio | ***c. in fossa***, concia lenta, fatta in passato impiegando legni e cortecce vegetali | ***c. al vegetale***, per mezzo di estratti tannici naturali | ***c. al cromo***, per mezzo di sali basici di cromo | ***c. all'allume*** o ***in alluda***, per mezzo di allume di rocca | ***c. all'olio***, per mezzo di olio di fegato di merluzzo **SIN.** scamosceria | ***lana di c.***, quella ottenuta dalla pelle di ovini macellati **2** trattamento cui vengono sottoposti tabacco, olive ecc. per evitarne l'alterazione e migliorarne la qualità | ***c. del vino***, nella preparazione del marsala, aggiunta di sifone e mosto al vino naturale **3** (*agric.*) trattamento delle sementi per prevenire infezioni fungine **4** (*tess.*) fase della preparazione delle fibre artificiali a base di caseina consistente in una stabilizzazione dei filamenti in bagno di formaldeide **5** (*est.*) sostanza con cui si concia | (*est.*) conceria **6** †addomesticamento di uccelli da rapina

conciabròcche [comp. di *concia(re)* e il pl. di *brocca*① ✱ av. 1645] **s. m. e f. inv.** ● chi aggiustava brocche, pentole, vasi: *La giara si poteva sanare ... Un bravo c. l'avrebbe rimessa su* (L. PIRANDELLO) **SIN.** ramaio

conciàia [da *concio*④ ✱ 1789] **s. f.** ● (*tosc.*) letamaio

conciàio [1577] **s. m.** (**pl.** *-ai*) ● (*raro*) conciaiolo

conciaiòlo o (*disus.*) **conciaiuòlo** [1865] **s. m.** (**f.** *-a*) ● (*tosc.*) addetto alla concia delle pelli

conciànte **A** **part. pres.** di *conciare*; anche **agg.** ● nei sign. del v. **B** **s. m.** ● sostanza naturale o artificiale usata per conciare le pelli degli animali **SIN.** concia

conciapèlli [comp. di *concia(re)* e il pl. di *pelle* ✱ 1857] **s. m. e f. inv.** ● (*raro*) chi per mestiere concia le pelli

conciàre [lat. parl. **comptiāre*, da *cōmptus* 'adorno' ✱ 1260] **A** **v. tr.** (**pres.** *io cóncio*; **fut.** *io concerò*; **part. pass.** *conciàto*, **tosc., lett.** *cóncio*) **1** sottoporre a concia | ***c. le pelli***, trattare le pelli con sostanze che si fissano irreversibilmente alle medesime, impedendo la putrefazione senza alterarne la struttura, la morbidezza e la flessibilità | ***c. la seta***, con la cottura | ***c. il lino, la canapa***, renderli filabili | ***c. il tabacco***, preparare le foglie per farne sigari e sim. o polvere da fiuto | ***c. le sementi***, trattarle con polveri anticrittogamiche o insetticide **2** (*raro, lett.*) abbigliare, acconciare **3** (*est.*) ridurre in cattivo stato, sciupare: *come hai conciato questi poveri libri!* | maltrattare: *lo hanno conciato proprio male* | ***c. qlcu. per le feste***, ridurlo in condizioni pessime **4** lavorare pietre da costruzione, squadrandole per ottenere conci | lavorare o squadrare pietre preziose o marmi **5** (*tess.*) dare corpo al panno nella gualchiera **6** (*centr., sett.*) condire, spec. l'insalata **7** †concimare **8** †addomesticare uccelli da rapina **9** †castrare gli animali **B** **conciàrsi** **v. rifl.** **1** ridursi male, insudiciandosi o altro: *guarda come ti sei conciato!* | abbigliarsi male, senza gusto: *si concia in modo ridicolo* **2** †accordarsi

conciàrio [1970] **A** **agg.** ● relativo alla concia: *tecnologia conciaria* **B** **s. m.** (**f.** *-ia*) ● tecnico specializzato nella concia delle pelli

conciàto **part. pass.** di *conciare*; anche **agg.** ● nei sign. del v. | malridotto: *come sei c.!*

conciatóre [1275] **s. m.** (**f.** *-trice*, **pop., disus.** *-tóra*) ● chi è addetto alla concia: *c. di pelli, di lino, di diamanti*

conciatùra [sec. XII] **s. f.** **1** operazione del conciare | concia **2** †acconciatura

concierge /*fr.* kɔ̃'sjɛʀʒ/ [vc. fr., prob. dal lat.

volg. **consĕrviu(m)*, da *sĕrvus* 'schiavo', in orig. 'guardiano' ✱ 1882] **s. m. e f. inv.** ● portiere di un albergo o di un'abitazione lussuosa

†**concièro** [da *conciare* 'correggere' ✱ av. 1556] **s. m.** ● correzione di uno scritto, di un'opera letteraria

conciliàbile [da *conciliare*① ✱ 1669] **agg.** ● che si può conciliare, accordare: *teorie conciliabili fra loro; i miei interessi non sono conciliabili con i tuoi* **SIN.** compatibile || **conciliabilménte**, **avv.** in modo da poter stabilire un accordo, un rapporto armonico || **conciliabilità**, **s. f. inv.**

conciliàbolo [vc. dotta, lat. *conciliăbulu(m)*, da *conciliāre* 'unire'. V. *concilio* ✱ sec. XIV] **s. m.** **1** riunione o conversazione segreta o appartata, spec. per fini illeciti o misteriosi: *un c. di congiurati* **2** (*stor.*) nell'Italia ai tempi di Roma, luogo di adunanza

conciliànte **part. pres.** di *conciliare*①; anche **agg.** ● accomodante, accondiscendente, disposto a venire a un accordo: *mostrarsi, apparire c.* **CFR.** conciliativo **CONTR.** inflessibile, intransigente, rigido || **conciliantemènte**, **avv.**

✦**conciliàre**① [vc. dotta, lat. *conciliāre* 'unire, legare, conciliare', da *concĭlium*. V. *concilio* ✱ av. 1313] **A** **v. tr.** (*io concìlio*) **1** mettere d'accordo: *c. due avversari, gli animi, le opinioni* | armonizzare cose fra loro contrastanti: *c. il dovere con il piacere* **2** (*dir.*) far venire meno la materia di una controversia: *c. le parti processuali* | *c. una contravvenzione*, tramutarla in illecito amministrativo mediante pagamento immediato dell'ammenda all'autorità competente **3** indurre, favorire, facilitare: *il vino concilia il sonno; il moto concilia l'appetito* **B** **conciliàrsi** **v. tr. pron.** (**aus.** *essere*) ● procurarsi, accattivarsi: *conciliarsi la simpatia, l'affetto di qlcu.; si è conciliato la stima di tutti* | (*lett.*) *conciliarsi qlcu.*, conquistare il suo appoggio, la sua simpatia: *bisognava conciliarsi le nuove autorità politiche* (F. DE ROBERTO) **C** **conciliàrsi** **v. intr. pron. e rifl. recipr.** **1** andare d'accordo: *umiltà e superbia non si conciliano* **2** trovare un accordo con qlcu.: *conciliarsi con gli antichi nemici* | (*est.*) adattarsi

conciliàre② [da *concilio* ✱ av. 1540] **A** **agg.** ● relativo a un concilio: *sessione c.; padri conciliari* || **conciliarménte**, **avv.** per mezzo, per via di concilio **B** **s. m.** ● ciascuno dei partecipanti a un concilio: *riunione dei conciliari*

conciliarìsmo [da *conciliare*② ✱ 1956] **s. m.** ● dottrina che afferma la superiorità del concilio ecumenico sul Papa **SIN.** episcopalismo

conciliativo [1673] **agg.** ● che tende a conciliare: *si mise a sedere, con fare c., fra i due litiganti* (G. VERGA) **CFR.** conciliante || **conciliativaménte**, **avv.**

conciliatóre [vc. dotta, lat. *conciliatōre(m)*, da *conciliāre* 'conciliare'① ✱ sec. XIV] **A** **agg.** (**f.** *-trice*) ● che concilia: *intervento c.; arbitro, giudice c.; parole conciliatrici* **B** **s. m.** **1** (**f.** *-trice*) chi concilia: *ricorrere agli uffici di un c.* **2** (*dir.*) magistrato esplicante funzioni sia di giudice istruttore sia di giudice decidente in cause varie di limitata entità economica; ora sostituito dal giudice di pace

conciliatòrio [da *conciliare*① ✱ 1745] **agg.** (**pl. m.** *-i* o *raro -ii*) ● che tende a un accordo, a una pacificazione: *intervento c.*

conciliatorìsmo [da *conciliatore* ✱ 1951] **s. m.** ● tendenza a conciliare principi contrastanti: *è costretto, per concludere il discorso, a invocare … il c.* (B. CROCE)

conciliazióne [vc. dotta, lat. *conciliatiōne(m)*, da *conciliāre* 'conciliare'① ✱ av. 1328] **s. f.** **1** accordo, armonizzazione: *raggiungere una c. tra le opposte tesi* **2** (*dir.*) componimento, composizione: *c. delle parti, di una contravvenzione* | ***tentativo obbligatorio di c.***, a cui deve procedere il giudice nella prima udienza di trattazione della causa **3** accordo concluso nel 1929 tra la Chiesa cattolica e lo Stato italiano mediante la stipulazione dei Patti Lateranensi

SFUMATURE DI SIGNIFICATO

conciliazione - riavvicinamento

L'attività o il risultato del conciliare, cioè del riportare all'armonia, del mettere d'accordo superando i contrasti si definisce **conciliazione**; in ambito giuridico il termine indica la risoluzione di una controversia tramite un accordo. Anche **riavvicinamento** descrive un ritorno all'armonia e un superamento dei contrasti, ma rispetto a *conciliazione* mette in evidenza il risultato emotivo e relazionale del superamento dei contrasti.

concìlio [vc. dotta, lat. *concĭliu(m)* 'unione, adunanza, assemblea', comp. di *cŭm* 'con' e *calāre* 'chiamare' di orig. onomat. (?) ✱ av. 1292] **s. m.** (**pl.** *-i* o *raro -ii*) **1** assemblea dei vescovi per discutere e definire questioni in materia di fede, di costumi e di disciplina: *c. nazionale, provinciale, diocesano* | ***C. ecumenico*** o ***universale***, quello cui partecipano, con titolo di padri conciliari, tutti i vescovi della Chiesa per definire questioni fondamentali | ***decreti, atti del c.***, deliberazioni prese nelle assemblee conciliari | ***C. Ecumenico Vaticano Primo***, o ***C. Vaticano I***, tenuto negli anni 1869-70 sotto il papa Pio IX | ***C. Ecumenico Vaticano Secondo***, o ***C. Vaticano II***, tenuto negli anni 1962-65 sotto i papi Giovanni XXIII e Paolo VI | ***spirito del C.***, il nuovo atteggiamento assunto dalla Chiesa cattolica dopo il Concilio Vaticano II **2** (*est.*) adunanza o riunione, anche segreta (*spec. scherz.*): *oggi gli inquilini si sono riuniti in c.*

concimàia [da *concime* ✱ 1856] **s. f.** ● costruzione rurale di deposito e trasformazione dello stallatico in letame maturo utilizzato come fertilizzante **SIN.** letamaio

concimàre [1574] **v. tr.** ● spargere il concime sul terreno per aumentarne o conservarne la fertilità **SIN.** fertilizzare

concimatóre [av. 1729] **agg. e s. m.** (**f.** *-trice*) ● che (o chi) concima

concimatùra [1803] **s. f.** ● (*raro*) concimazione | l'epoca in cui ciò avviene

concimazióne [1865] **s. f.** ● distribuzione del concime | (*est.*) modo, epoca in cui ciò avviene **SIN.** fertilizzazione

♦**concìme** [da *conciare*, nel sign. A 3 ✱ 1310] **s. m.** ● qualsiasi prodotto che, somministrato al terreno, ne aumenta la fertilità: *c. chimico, complesso, composto* | ***c. binario, ternario***, formato rispettivamente da due o da tre elementi fertilizzanti | ***c. organico***, formato da letame, deiezioni, terricciati, sovescio, residui animali e vegetali

concimière [1983] **s. m.** ● attrezzo meccanico che ricicla i rifiuti organici trasformandoli in concime

✦**concinnità** [vc. dotta, lat. *concinnitāte(m)*, da *concinnāre* 'preparare, disporre per bene', di etim. incerta ✱ 1438] **s. f. inv.** ● (*lett.*) eleganza, simmetria, armonia del discorso o dello stile letterario

concìnno [lat. *concinnu(m)*. V. *concinnità* ✱ 1441] **agg.** ● (*lett.*) elegante, proporzionato, armonioso: *un c. cantico perpetuo* (G. PASCOLI)

cóncio① [part. pass. contratto di *conciare* ✱ 1260] **agg.** (**pl. f.** *-ce*) **1** che è stato sottoposto a concia: *pelli conce; pietra concia* **2** (*tosc., lett.*) conciato: *Vedete come è c.! va tutto a sangue* (A. MANZONI) | accomodato | lavorato | cucinato o preparato con determinati ingredienti: *polenta concia; due piatti … di cinghiaro, c. secondo il costume della mia patria* (T. TASSO) | ***mal c.***, V. *malconcio*

cóncio② [da *conciare*, nel sign. A 4 ✱ sec. XIII] **s. m.** ● pietra squadrata da costruzione, usata spec. nei paramenti esterni

†**cóncio**③ [da *conciare*, nel sign. B 2 ✱ av. 1348] **s. m.** ● accordo, pace | ordine, assetto: *veggendo l'Angiulieri in c. di cavalcar* (G. BOCCACCIO) | ***essere in c.***, essere in procinto | ***mettere in c.***, preparare | opportunità, vantaggio: *andavano brancolando per camera in busca d'alcuna cosa di lor c.* (D. BARTOLI) | ***venir in c.***, cadere opportuno

cóncio④ [da *conciare*, nel sign. A 3 ✱ 1612] **s. m.** ● (*tosc.*) letame

†**conciofossechè** /kon,tʃɔ(f)fosse'ke*/ o †**con ciò fósse che** [sec. XIV] **cong.** ● (*lett.*) conciofossecosaché

†**conciofossecosaché** /kon,tʃɔ(f)fosse,kɔsa'ke*/ (o **-oṣa-**) o †**con ciò fósse cósa che** [1294] **cong.** **1** (*lett.*) poiché, dal momento che **2** (*lett.*) benché, per quanto

concionàre [vc. dotta, lat. *contionāri*, da *cōntio*, genit. *contiōnis* 'concione' ✱ 1499] **A** **v. intr.** (*io concióno*; **aus.** *avere*) ● (*lett.*) tenere una concione, arringare: *fu necessario concionare … pubblicamente all'esercito* (N. MACHIAVELLI) | (*iron.*) fare discorsi ampollosi e retorici **B** **v. tr.** ● (*lett.*) pronunciare in modo solenne: *quelli che … concionavano declamazioni* (G. CARDUCCI)

concionatóre [vc. dotta, lat. *concionatōre(m)*, da *cōntio*, genit. *contiōnis* 'concione' ✱ 1288] **s. m.** (**f.** *-trice*) ● (*lett.*) chi tiene concione

concionatòrio [1865] **agg.** ● (*lett.*) da concione: *tono c.; eloquenza concionatoria*

concióne [vc. dotta, lat. *contiōne(m)*, da **conventiōne(m)*, comp. di *cŭm* 'con' e *venīre* 'venire' ✱ sec. XIV] **s. f.** **1** †adunanza pubblica, assemblea **2** (*lett.*) discorso pubblico: *nelle concioni e ne' ragionamenti privati, così retti come obliqui* (N. MACHIAVELLI) **3** (*est., iron.*) discorso enfatico e pomposo: *egli concluse la sua c. ordinando: – Al lavoro!* (L. PIRANDELLO)

†**con ciò sia che** ➤ †**conciossiaché**

†**con ciò sia còsa che** ➤ †**conciossiacosaché**

†**conciossiaché** o †**con ciò sia che** /kon,tʃɔssia'ke*/ [1282] **cong.** **1** (*lett.*) poiché | infatti (con valore conclusivo) **2** (*lett.*) benché **3** qualora, nel caso che

†**conciossiacosaché** o †**con ciò sia còsa che** /kon,tʃɔssia,kɔsa'ke*/ [av. 1292] **cong.** ● (*lett.*) conciossiaché

†**concìpere** ➤ †**concepere**

†**concipiènte** **A** **part. pres.** di *concepire*; anche **agg.** ● nei sign. del v. **B** **s. m. e f.** ● chi concepisce

✦**conciṣióne** [vc. dotta, lat. *concisiōne(m)* 'divisione, smembramento', da *concīdere* 'tagliare', prob. attrav. il fr. *concision* ✱ 1603] **s. f.** ● brevità ed essenzialità nel modo di esprimersi: *la c. dello stile* **SIN.** stringatezza **CONTR.** prolissità

✦**conciṣo** [vc. dotta, lat. *concīsu(m)*, part. pass. di *concīdere* 'tagliare' ✱ 1438] **A** **agg.** ● stringato, essenziale: *stile c.; relazione c.* | detto di chi si esprime con stringatezza ed efficacia: *autore c.; siate più concisi nello scrivere* **SIN.** breve **CONTR.** prolisso || **conciṣaménte**, **avv.** **B** **s. m.** ● †inciso: *lo sminuzzamento de' periodi, trinciati in piccolissimi concisi* (D. BARTOLI)

concistoriàle o †**consistoriàle** [av. 1498] **agg.** ● del concistoro: *atto c.; avvocato c.* | ***congregazione c.***, nome non più in uso dell'organo della Curia romana che sovrintende agli affari delle diocesi, oggi denominato Congregazione per i vescovi

concistòro o †**concistòrio**, †**consistòrio**, †**consistòro** [vc. dotta, lat. tardo *consistōriu(m)* 'luogo di riunione', da *consĭstere* 'fermarsi'

✻ sec. XIII] **s. m.** **1** assemblea dei cardinali convocata dal Papa per definire questioni importanti o per dare solennità a una sua decisione: *c. pubblico*; *c. segreto*; *c. semipubblico* | (*est.*) luogo in cui si tiene tale assemblea **2** assemblea di ministri e anziani in alcune Chiese evangeliche | consiglio particolare dei vescovi della Chiesa ortodossa **3** (*est., lett.*) riunione | (*scherz.*) gruppo di persone che discutono **4** (*stor.*) nella Siena medievale, supremo organo di governo: *sala del C.*

concitaménto [vc. dotta, lat. *concitamĕntu(m)*, da *concitāre* 'concitare' ✻ av. 1363] **s. m.** ● (*lett.*) concitazione, eccitazione

concitàre [vc. dotta, lat. *concitāre*, intens. di *concīre* 'eccitare, incitare' ✻ 1308] **v. tr.** (*io còncito*) **1** (*lett.*) incitare, agitare, provocare: *c. e' principi alle guerre* (F. GUICCIARDINI) **2** (*fig., lett.*) suscitare, eccitare, stimolare, riferito a sentimenti, emozioni, sensazioni fisiche e sim.: *c. o raffrenare gli umori e le inclinazioni a l'ira o a la mansuetudine* (T. TASSO)

concitatìvo [1481] **agg.** ● (*raro, lett.*) che provoca concitazione

♦**concitàto** **part. pass.** di *concitare*; anche **agg.** **1** nei sign. del v. **2** che manifesta eccitazione, emozione e sim.: *era tutto c.*; *un discorso c.* | (*lett.*) frenetico, febbrile: *il c. imperio* (A. MANZONI) ‖ **concitataménte**, **avv.**

concitatóre [vc. dotta, lat. *concitatōre(m)* e *concitatrīce(m)*, da *concitāre* 'concitare' ✻ sec. XIV] **s. m.** (**f.** *-trice*); anche **agg.** ● (*raro*) sobillatore

♦**concitazióne** [vc. dotta, lat. *concitatiōne(m)*, da *concitāre* 'concitare' ✻ av. 1498] **s. f.** ● intensa agitazione dell'animo: *essere in uno stato di estrema c.*; *parlare con c.* | impeto, foga: *c. di stile*

SFUMATURE DI SIGNIFICATO

concitazione - emozione - nervosismo
Un'agitazione estrema, uno stato emotivo di grande eccitazione o turbamento si definisce **concitazione**, parola che correntemente indica anche una foga particolare nel parlare o nell'agire. Anche **emozione** definisce un'agitazione viva e spesso improvvisa, ma il termine ha il significato più ampio di sentimento molto intenso, di moto dell'animo. **Nervosismo** ha un ambito d'uso più circoscritto, e indica uno stato emotivo permanente o temporaneo di irritabilità, tensione, agitazione.

concittadìno [comp. di *con-* e *cittadino* ✻ 1441] **A** **s. m.** (**f.** *-a*) ● cittadino del medesimo Stato o della medesima città: *godere la stima dei propri concittadini* **B** **agg.** ● (*lett.*) della medesima città: *la schiera concittadina* (V. MONTI)

†**concìve** [vc. dotta, lat. tardo *concīve(m)*, comp. di *cŭm* 'con' e *cīvis* 'cittadino' ✻ av. 1405] **s. m.** ● concittadino

conclamàre [vc. dotta, lat. *conclamāre*, comp. di *cŭm* 'con' e *clamāre* 'gridare, affermare' ✻ 1529] **v. tr.** **1** (*lett.*) gridare insieme, a gran voce | proclamare **2** †chiamare, invocare

conclamàto **part. pass.** di *conclamare*; anche **agg.** **1** nei sign. del v. **2** chiaro, evidente (spec. nel linguaggio medico): *sintomatologia conclamata*; *ha subìto un torto c.*

conclamazióne [vc. dotta, lat. *conclamatiōne(m)*, da *conclamāre* 'conclamare' ✻ 1787] **s. f.** ● (*lett.*) acclamazione universale

conclàve [vc. dotta, lat. *conclāve* 'camera (che si può chiudere con la chiave)', comp. di *cŭm* 'con' e *clāvis* 'chiave' ✻ av. 1348] **s. m.** ● luogo chiuso in cui si riuniscono i cardinali per eleggere il Papa: *entrare in c.* | assemblea dei cardinali per l'elezione del Papa | (*est., spec. scherz.*) riunione ad alto livello: *banchieri riuniti in c.*

conclavìsta [av. 1527] **s. m.** (**pl.** *-i*) ● prelato o laico al servizio del cardinale in conclave

conclavìstico [1585] **agg.** (**pl. m.** *-ci*) ● relativo al conclave

concludènte o †**conchiudènte** **part. pres.** di *concludere*; anche **agg.** **1** nei sign. del v. **2** convincente: *un'argomentazione c.* | (*raro*) che riesce a realizzare quanto si era prefisso **3** (*dir.*) ***comportamento c.***, quello con il quale un soggetto dimostra implicitamente la propria volontà di concludere un contratto ‖ **concludenteménte**, **avv.**

♦**conclùdere** o (*lett.*) **conchiùdere** [vc. dotta, lat. *conclūdere*, comp. di *cŭm* 'con' e *claudere* 'chiudere' ✻ av. 1257] **A** **v. tr.** (**pass. rem.** *io conclùsi, tu concludésti*; **part. pass.** *conclùso*) **1** †chiudere (un corteo o sim.) | †racchiudere, contenere **2** mandare a effetto, portare a compimento (*anche assol.*): *c. un patto, un affare, un'alleanza*; *c. la pace*; *quando pensate voi di c. le nozze con mia sorella?* (C. GOLDONI); *non abbiamo concluso nulla*; *è una persona che non conclude* **3** finire, terminare: *c. un discorso, un'opera* **4** (*dir., raro*) precisare le conclusioni: *c. una comparsa* **5** argomentare, dedurre come conclusione (anche impers.) (+ *che*; + *di* **seguito da inf.**): *abbiamo concluso che non ne vale la pena*; *da ciò si conclude che avevo ragione io*; *Si concluse di star lì un poco a prender fiato* (A. MANZONI) **B** **v. intr.** (**aus.** *avere*) **1** essere valido, utile, importante, convincente e sim.: *obiezioni che non concludono* **SIN.** convincere, persuadere **2** (*lett.*) andare a finire, risolversi: *Di molte scuole ... alcune conchiudono in una nuova tirannide da sostituirsi all'antica* (G. MAZZINI) **C** **conclùdersi** **v. intr. pron.** **1** aver termine: *la riunione si è conclusa con un nulla di fatto*; *lo spettacolo si concluse con successo* **SIN.** finire **2** (*lett.*) risolversi, avere come esito: *Quella specie di sordo rancore in cui s'era conchiusa la mia gioventù* (C. PAVESE)

SFUMATURE DI SIGNIFICATO

concludere - provare - stabilire
Concludere è l'azione conclusiva di un ragionamento, di un'argomentazione, che si realizza quando se ne tirano le fila esprimendo una valutazione. **Provare** è invece l'azione preliminare del ragionare, in base alla quale si arriva a concludere in un certo modo. **Stabilire** rimanda all'idea del prendere delle decisioni operative in conseguenza di una determinata conclusione.

conclusionàle [da *conclusione* ✻ 1858] **agg.** ● (*dir.*) nella loc. ***comparsa c.***, nel processo civile, atto con cui una parte conclude la propria difesa riassumendo le proprie precedenti comparse

♦**conclusióne** o (*raro*) **conchiusióne** [vc. dotta, lat. *conclusiōne(m)*, da *conclūdere* 'concludere' ✻ 1261 ca.] **s. f.** **1** compimento, termine di ciò che è avviato o iniziato: *la c. del contratto è stata laboriosa*; *una dura condanna fu la c. del processo* | parte finale di un testo o di un discorso; chiusa: *la c. del libro* | ***in c.***, per concludere; in sostanza, alla fin fine | †***senza c.***, vanamente **SIN.** esito, fine **2** deduzione, conseguenza logica e sim.: *trarre, cavare una c.*; *venire alla c.* **3** (*filos.*) in logica, la terza proposizione di un sillogismo, conseguente alle due premesse | †tesi o disputa filosofica, teologica, scientifica **4** (*dir.*, **al pl.**) formulazione sintetica dei provvedimenti che si chiedono al giudice, dopo aver esposto i fatti da cui ha origine la causa e le conseguenze di diritto: *le conclusioni del Pubblico Ministero, della difesa*; *precisare le conclusioni*

conclusìvo o †**conchiusìvo** [vc. dotta, lat. tardo *conclusivu(m)*, da *conclūsus* 'concluso' ✻ av. 1425] **agg.** ● che conclude, che costituisce la conclusione: *il volume c. di una enciclopedia*; *la serata conclusiva di un festival* | risolutivo, decisivo: *affermazione, opinione conclusiva* | (*gramm.*) ***congiunzione conclusiva***, che coordina esprimendo una conclusione (per es. *dunque, ergo, sicché*) ‖ **conclusivaménte**, **avv.** ‖ **conclusività**, **s. f. inv.**: *la conclusività di una prova, di un argomento*

conclùso o (*raro*) **conchiùso** (o *-s-*) **A** **part. pass.** di *concludere*; anche **agg.** ● nei sign. del v. | (*lett.*) chiuso in sè, racchiuso: *città soavi ... concluse nel lor silenzio* (G. D'ANNUNZIO) | terminato, finito: *un episodio ormai c.* **B** **s. m.** ● †conclusione

concòide [vc. dotta, gr. *konchoeidḗs* 'simili a conchiglia', comp. di *kónchē* 'conchiglia' e *-oeidḗs* '-oide' ✻ 1674] **A** **agg.** ● (*miner.*) detto di frattura a forma di conchiglia o bulbo che si forma in un ciottolo o nucleo di selce (più raramente in un cristallo, come il quarzo) nel punto di percussione **B** **s. f.** ● (*mat.*) ***c. di una curva piana***, curva ottenuta riportando un segmento fisso su tutte le rette che escono da un punto fisso, da entrambe le parti d'ogni punto intersezione con la curva data

cóncola o †**còncula** [lat. *cŏnchula(m)*, dim. di *cŏncha* 'conchiglia, vasetto' ✻ sec. XIV] **s. f.** **1** nome di varie specie di Molluschi dei Bivalvi **2** (*roman.*) catino, catinella ‖ **concolìna**, **dim.**

concologìa [dal lat. *cŏncha* 'conchiglia' (V. *conca*) col suff. *-logia* ✻ 1931] **s. f.** (**pl.** *-gìe*) ● conchiliologia

†**concolóre** [vc. dotta, lat. *concolōre(m)*, nom. *cŏncolor*, comp. di *cŭm* 'con' e *cŏlor* 'colore' ✻ 1321] **agg.** ● (*lett.*) dello stesso colore: *Come si volgon per tenera nube / due archi paralelli e concolori* (DANTE *Par.* XII, 10-11)

concomitànte [vc. dotta, lat. *concomitănte(m)*, part. pres. di *concomitāri* 'accompagnare', comp. di *cŭm* 'con' e *comitāri* 'accompagnare' ✻ 1631] **agg.** ● che accompagna qlco., che compare o accade insieme a qlco.: *causa, sintomo c.* | (*dir.*) ***fatto c.***, che concorre a formare una prova ‖ **concomitanteménte**, **avv.** (*raro*) in concomitanza

concomitànza [av. 1396] **s. f.** **1** il fatto di essere concomitante: *c. di eventi* | ***in c. con*** (*o di*) ***qlco.***, di fatto, evento e sim. che avviene contemporaneamente o in coincidenza con un altro **SIN.** coincidenza, simultaneità **2** (*relig.*) unione del corpo e del sangue di Gesù nell'eucaristia

concordàbile [vc. dotta, lat. tardo *concordābile(m)*, da *concordāre* 'concordare' ✻ av. 1617] **agg.** ● che si può concordare ‖ **concordabilménte**, **avv.**

†**concordaménto** [av. 1472] **s. m.** ● il concordare

concordànte **part. pres.** di *concordare*; anche **agg.** **1** nei sign. del v. **CONTR.** discordante **2** (*miner.*) detto di rocce a giacitura parallela ‖ **concordanteménte**, **avv.** (*raro*) concordemente

concordànza [da *concordare* ✻ 1266] **s. f.** **1** relazione fra due fenomeni per cui al variare delle modalità dell'uno variano nello stesso senso le modalità dell'altro | (*est.*) conformità, accordo, corrispondenza: *c. tra fatti e idee*; *c. di opinioni, di vedute, di punti di vista* **2** (*gramm.*) accordo delle parti della proposizione in genere, numero, caso, persona **3** (*geol.*) successione regolare e parallela della giacitura di due unità di terreni o rocce diverse **4** (**al pl.**) elenco sistematico delle parole di un'opera letteraria e dei passi diversi in cui s'incontrano

concordàre [vc. dotta, lat. *concordāre* 'essere d'accordo, in armonia', da *cŏncors*, genit. *concŏrdis* 'concorde' ✻ 1261 ca.] **A** **v. tr.** (*io concòrdo*) **1** (*lett.*) mettere d'accordo: *c. opinioni, parole, testimonianze*; *c. e pacificar la Grecia* (G. LEOPARDI) **2** stabilire di comune accordo (+ *con* **qlcu.**; + *di* **seguito da inf.**, + *che*): *c. una tregua; concordò con il ministro il testo di una dichiarazione alla stampa; concordarono di rimandare la partenza; concordammo che ci saremmo incontrati la settimana seguente* **3** (**gramm.**) combinare le varie parti del discorso, rispettando le loro relazioni di genere, numero, caso e persona (+ *con*): *concordare l'articolo col nome* **4** (**mus.**) †accordare, armonizzare **B** **v. intr.** (**aus.** *avere*) **1** essere d'accordo, convenire (+ *con*, + *su*): *concordo con te su quanto hai detto* | corrispondere, accordarsi, essere conforme (+ *con*): *c. con qlcu. per carattere, opinioni; le sue idee non concordano con la sua condotta* **2** (**gramm.**) corrispondere, detto delle parti della proposizione, nelle loro relazioni di genere, numero, caso e persona (+ *con*): *l'aggettivo concorda con il sostantivo* **C** †**concordàrsi** **v. intr. pron.** ● (**poet.**) muoversi all'unisono: *pur come batter d'occhi si concorda* (DANTE *Par.* XX, 147)

concordatàrio [1896] **agg.** **1** relativo a un concordato: *creditore c.* **2** disciplinato dal concordato tra la S. Sede e l'Italia | ***matrimonio c.***, quello religioso che ha anche effetti civili

♦**concordàto** **A** **part. pass.** di *concordare*; **anche agg.** ● nei sign. del v. | stabilito di comune accordo: *prezzo c.; ordine del giorno c.* || **concordataménte**, **avv.** di comune accordo; (**lett.**) conformemente **B** **s. m.** **1** accordo, patto: *siamo giunti a un c. soddisfacente* **2** (**dir.**) accordo con cui le parti rinunciano a far valere un diritto: *c. amichevole, stragiudiziale* | ***c. preventivo***, procedimento concorsuale, realizzato prima della dichiarazione di fallimento, che consente al debitore di sanare la situazione patrimoniale dell'impresa | ***c. fallimentare***, procedimento concorsuale, fondato su un accordo fra creditori e debitore fallito, diretto a mettere fine al procedimento fallimentare | ***c. tributario, fiscale***, determinazione dell'imponibile effettuata d'accordo fra contribuenti e amministrazione finanziaria **3** (**dir.**) solenne convenzione con la quale la S. Sede e uno Stato si impegnano a un dato comportamento relativamente a materia di comune interesse | (**per anton.**) i Patti Lateranensi del 1929, rinnovati nel 1984

♣**concòrde**[1] [vc. dotta, lat. *concŏrde(m)*, comp. di *cŭm* 'con' e *cŏr*, genit. *cŏrdis* 'cuore' ✱ sec. XIII] **agg.** **1** che è in accordo, che concorda: *opinioni, animi concordi* | che manifesta accordo: *la giuria fu c. nell'assolvere l'imputato; Le vicine erano concordi nel dire che quell'uomo si meritava il fatto suo* (I. CALVINO) **SIN.** unanime **2** che è in armonia: *voci, suoni concordi* **3** simultaneo: *movimento c.* || **concordeménte**, †**concordiaménte**, **avv.**

Concorde[2] /fr. kɔ̃'kɔrd/ [vc. fr., propr. 'concordia', dal n. di un aereo supersonico di fabbricazione franco-inglese ✱ 1984] **s. m. inv.** ● aereo a velocità supersonica, impiegato per il trasporto passeggeri dal 1976 fino al 2003

†**concordévole** [av. 1294] **agg.** ● concorde, unanime | conforme || †**concordevolménte**, **avv.** in modo concorde

♣**concòrdia** [lat. *concŏrdia(m)*, da *cŏncors*, genit. *concŏrdis* 'concorde' ✱ 1259] **s. f.** ● accordo, conformità: *c. di opinioni, di giudizi* | armonia di idee, sentimenti e sim.: *vivere in c. con tutti; qui regna la c.*

♣**concòrdia dìscors** [loc. lat., propr. 'concordia discordante', tratta dalle *Epistole* (I, 12, 19) di Orazio] **loc. sost. f. inv.** (**pl. lat.** *concordiae discordes*) ● concordanza, accordo fra due o più parti che restano dissenzienti su alcuni punti fondamentali

†**concorporàle** [vc. dotta, lat. tardo *concorporāle(m)*, comp. di *cŭm* 'con' e *cŏrpus*, genit. *cŏrporis* 'corpo' ✱ sec. XIV] **agg.** ● (**relig.**) che forma un unico corpo mistico

♦**concorrènte** **A** **part. pres.** di *concorrere*; **anche agg.** **1** nei sign. del v. | (**fig.**) che contribuisce assieme ad altri elementi a determinare un unico effetto: *cause concorrenti* **2** (**mat.**) detto di due o più rette o segmenti che hanno in punto in comune | ***angoli, poligoni concorrenti***, che hanno rispettivamente il vertice o uno dei vertici in comune **B** **s. m. e f.** **1** chi partecipa a un concorso, a una gara: *per un posto ci sono dieci concorrenti; c. al Leone d'oro, al titolo* **2** operatore economico che agisce in una situazione di concorrenza

> **SFUMATURE DI SIGNIFICATO**
> ***concorrente - contendente - antagonista***
> Il significato di **concorrente** fa riferimento a una gara o a una competizione fra persone che, aspirando allo stesso scopo, cercano di superarsi a vicenda; un caso particolare di competizione è quella dell'operatore economico che cerca di prevalere su altri che svolgono la stessa attività. **Contendente** esprime lo stesso concetto, ma è di uso più largo, facendo riferimento a una contesa, quindi non solo a una competizione ma anche a una controversia, a una polemica. In **antagonista** la contrapposizione fra le parti assume una sfumatura di maggiore durezza e soprattutto esprime l'idea di un contrasto fra due soggetti, uno contro l'altro.
> **SFUMATURE** ➤ ***rivale***[1]

♦**concorrènza** [da *concorrente* ✱ av. 1478] **s. f.** **1** gara, competizione fra persone che, aspirando a uno stesso scopo, cercano di superarsi a vicenda: *entrare in c. con qlcu.* | (**est.**) l'insieme delle persone in competizione: *due migliaia … d'affamati più … esperti a superar la c. … avevano conquistato una minestra* (A. MANZONI) **2** (**econ.**) condizione di mercato nella quale a ogni operatore economico sono consentite uguali possibilità nell'offerta di beni o servizi ai consumatori: *c. libera, imperfetta; divieto di c.; c. sleale* | correntemente, situazione di competitività tra produttori di beni o servizi omogenei **3** (**econ.**) l'insieme degli operatori economici che agiscono nello stesso settore produttivo di un altro operatore, considerati nei confronti di quest'ultimo: *battere la c.* **4** (**burocr.**) raggiungimento, spec. nella loc. ***sino alla c. di***: *versamenti rateali sino alla c. dell'intera somma pattuita* **5** (**raro**, **lett.**) affluenza di persone radunate in un solo punto: *una gran c. di uomini e di donne* | (**fig.**) concorso: *c. di cause diverse*

concorrenziàle [1942] **agg.** ● di concorrenza, relativo alla concorrenza (in senso economico): *regime c.* | (**est.**) competitivo: *prezzi concorrenziali* || **concorrenzialità**, **s. f. inv.**

concórrere [lat. *concŭrrere*, comp. di *cŭm* 'con' e *cŭrrere* 'correre' ✱ av. 1292] **v. intr.** (**coniug. come** *correre*; **aus.** *avere*) **1** (**lett.**) accorrere insieme, adunarsi, affluire in un solo punto (**anche fig.**): *gli dei d'Abisso in varie torme / concorron d'ogn'intorno a l'alte porte* (T. TASSO) **2** (**mat.**) convergere, incontrarsi, detto di rette (+ *in*): *rette che concorrono in un punto* **3** cooperare, partecipare (+ *a*): *c. a una spesa, a un'impresa; c. a un investimento con una quota consistente* | (**lett.**) collaborare: *però essortasse il re c. con lui a questa santa opera* (P. SARPI) | contribuire: *c. alla guarigione, alla rovina di qlco.; ogni elemento concorre a dar ragione alla sua tesi* **4** competere con altri in un concorso, in una gara (+ *a*, **raro** + *per*): *c. a (o per) una cattedra, a (o per) un premio* **5** (**lett.**) convenire, trovarsi d'accordo: *tutti, o la più parte, concorrono in quello ch'io dico* (G. LEOPARDI)

concorsìsta [1985] **s. m. e f.** (**pl. m.** *-i*) ● chi partecipa a un concorso pubblico | chi partecipa a un concorso a premio

concórso[1] **A** **part. pass.** di *concorrere*; **anche agg.** ● nei sign. del v. **B** **s. m.** ● †chi è accorso o intervenuto

♦**concórso**[2] [lat. *concŭrsu(m)* 'il correre insieme, l'accorrere', da *concŭrrere* 'concorrere' ✱ sec. XIV] **s. m.** **1** affluenza di più persone in un solo punto: *c. di spettatori, di dimostranti* | (**fig.**) intervento coincidente di fattori diversi: *c'è stato un c. di circostanze avverse* **SIN.** concomitanza **2** (**dir.**) partecipazione con altri | ***c. di creditori***, nell'espropriazione forzata, partecipazione a tale processo da parte degli aventi diritto, a parità di trattamento, salve le cause legittime di prelazione | ***c. di cause***, coesistenza di cause | ***c. di persone nel reato***, compartecipazione di più individui alla realizzazione del reato | ***c. di colpa***, si ha quando un evento dannoso è dovuto anche all'attività colposa di chi ha subito il danno **3** contributo, partecipazione: *il nostro c. alle spese è stato esiguo* **4** selezione indetta da enti pubblici o privati allo scopo di scegliere, fra più aspiranti, quello, o quelli, più idonei a vincere un determinato premio, a ricoprire un determinato ruolo e sim.: *bandire, aprire, chiudere, sospendere, annullare, vincere un c.; avviso di c.; c. di poesia, di pittura; c. cinematografico; c. di bellezza* | ***c. interno***, fra coloro che già occupano un posto in un ufficio, in un ruolo | ***c. a cattedra***, che ha come scopo l'assegnazione di una cattedra d'insegnamento | ***c. per titoli e per esami***, in cui la valutazione degli aspiranti avviene sia in base alle pubblicazioni scientifiche da loro prodotte, sia su esami ai quali essi vengono sottoposti al momento del concorso | ***c. a premi***, che ha come scopo l'assegnazione di premi vari | ***fuori c.***, detto di opere che, pur presentate a un concorso, non mirano al conseguimento di un premio **5** competizione sportiva, propria di varie discipline, individuale o a squadre, con classifica in base a tempi, misure, punteggi e sim.: *c. ippico; c. di atletica leggera* **SIN.** gara | nell'atletica leggera, insieme delle gare di salto e lancio in contrapposizione a quelle di corsa || **concorsino**, **dim.** | **concorsóne**, **accr.**

concorsuàle [dal lat. *concŭrsus* 'concorso[2]' ✱ 1950] **agg.** **1** (**dir.**) di procedimento giudiziario che, in caso di dissesto dell'imprenditore commerciale, mira ad assicurare la parità di trattamento dei creditori **2** (**burocr.**) relativo a un concorso: *iter, esito c.* || **concorsualità**, **s. f. inv.**

†**concòtto** **part. pass.** di †*concuocere*; **anche agg.** **1** digerito | (**fig.**) assimilato **2** maturato

concreàre [vc. dotta, lat. tardo *concreāre*, comp. di *cŭm* 'con' e *creāre* 'creare' ✱ sec. XIII] **v. tr.** (**pres.** *io concrèo*; **fut.** *io concreerò*) ● (**raro**, **lett.**) creare insieme | originare

concreàto **part. pass.** di *concreare*; **anche agg.** **1** nei sign. del v. **2** (**lett.**) innato

†**concrédere** [vc. dotta, lat. *concrēdere* 'affidare', comp. di *cŭm* 'con' e *crēdere* 'affidare, credere' ✱ sec. XIV] **v. tr.** **1** credere insieme | credere, giudicare **2** fare affidamento

concrescènza [vc. dotta, lat. *concrescĕntia(m)*, da *concrēscere* 'condensarsi' ✱ 1865] **s. f.** ● il concrescere | (**biol.**) unione o fusione di parti, in origine separate, per accrescimento | (**med.**) concrezione

concrèscere [lat. *concrēscere*, comp. di *cŭm* e *crescĕre* ✱ 1499] **v. intr.** (**coniug. come** *crescere*; **aus.** *essere*) ● (**raro**) crescere assieme

concresciménto [1956] **s. m.** ● (**miner.**) associazione di cristalli della stessa specie, o di specie diverse, talora compenetrati fra loro

concretàre [da *concreto* ✱ av. 1764] **A** **v. tr.** (*io concrèto*) **1** concretizzare: *c. un'idea,* *un'immagine, un sogno*; *c. un progetto* **2** concludere (*anche assol.*): *una persona che concreta poco* **B** **concretàrsi** **v. intr. pron.** ● concretizzarsi: *il loro piano si sta concretando*

concretézza [1843] **s. f.** ● caratteristica di chi (o di ciò che) è concreto

concretiṣmo [1957] **s. m.** ● arte concreta (V. *concreto* nel sign. A 3)

concretìsta [1922] **s. m. e f.** (**pl. m.** *-i*) **1** seguace del concretismo **2** (*raro*) chi tende alla concretezza

concretiẓẓàre [da *concreto*, forse attrav. il fr. *concrétiser* ✶ 1843] **A** **v. tr.** ● rendere concreto, attuare, realizzare: *c. un piano, un accordo* | precisare: *c. una proposta* **B** **concretiẓẓàrsi** **v. intr. pron.** ● prendere consistenza, realizzarsi: *l'intesa si è concretizzata in un comunicato congiunto* ‖ **concretiẓẓazióne**, **s. f.** (V.)

concretiẓẓazióne [1964] **s. f.** ● il fatto di rendere o diventare concreto: *la c. di un concetto astratto* | attuazione, realizzazione: *la c. di un accordo*

♦**concrèto** [vc. dotta, lat. *concrētu(m)*, part. pass. di *concrēscere* 'condensarsi, indurire, coagularsi' ✶ av. 1327] **A** **agg.** **1** (*lett., raro*) denso, compatto, solido, rappreso: *lo mescolerei co' sughi concreti di luppoli, e di cicoria* (F. Redi) **2** che è individuabile mediante l'esperienza sensibile: *oggetti concreti* **CONTR.** astratto | che ha uno stretto legame con la realtà: *passare dalle astrazioni ai fatti concreti* | pratico: *esperienza concreta*; *è un uomo c.* **CONTR.** teorico | preciso, chiaramente determinato: *progetto c.*; *idea concreta* | ***in c.***, (*ellitt.*) in modo concreto, da un punto di vista concreto | ***nome c.***, nella grammatica, quello che indica cose reali o immaginate come tali **CONTR.** astratto **3** ***arte concreta***, indirizzo artistico nato all'interno dell'astrattismo, caratterizzato da un orientamento più razionalmente geometrizzante **SIN.** concretismo **4** ***musica concreta***, quella basata sull'impiego di rumori naturali che abbiano subito diverse manipolazioni elettroacustiche ‖ **concretaménte**, **avv.** in modo concreto, da un punto di vista concreto; in pratica **B** **s. m.** ● ciò che è concreto: *andare dall'astratto al c.*; *attenersi al c.*

concrezionàle [da *concrezione* ✶ 1940] **agg.** ● relativo a concrezione | formato per concrezione: *strato c.*

concrezionàto [1869] **agg.** ● (*miner.*) detto di minerale deposto da una soluzione, che forma concrezione

concrezióne [vc. dotta, lat. *concretiōne(m)*, da *concrētus*. V. *concreto* ✶ 1680] **s. f.** **1** (*med.*) formazione organica o inorganica sorta per sedimentazioni successive **SIN.** concrescenza **2** (*geol.*) incrostazione minerale depositata da acque superficiali, marine, sotterranee o idrotermali a struttura raggiata o a zone concentriche **3** (*ling.*) agglutinazione

concubìna [vc. dotta, lat. *concubīna(m)*, comp. di *cŭm* 'con, insieme' e *cubāre* 'giacere' ✶ 1258] **s. f.** **1** (*dir.*) donna che vive in concubinato | (*scherz.* o *spreg.*) convivente, compagna, amante **2** (*lett.*) †sposa: *La c. di Titone antico* (Dante *Purg.* IX, 1)

concubinàggio [1688] **s. m.** ● (*raro*) concubinato

concubinàrio [av. 1396] **agg. e s. m.** (**f.** *-ia*) ● che (o chi) vive in concubinato

concubinàto [vc. dotta, lat. *concubinātu(m)*, da *concubīnus* 'concubino' ✶ 1554] **s. m.** ● (*dir.*) condizione di convivenza tra un uomo e una donna non uniti in matrimonio tra loro **CFR.** convivenza

concubìno [vc. dotta, lat. *concubīnu(m)*. V. *concubina* ✶ 1308] **s. m.** ● (*dir.*) uomo che vive in concubinato | (*scherz.* o *spreg.*) convivente, compagno, amante | (**al pl.**) coppia che vive in concubinato

concùbito [vc. dotta, lat. *concŭbitu(m)*, dal part. pass. di *concŭmbere* 'sdraiarsi insieme' ✶ av. 1328] **s. m.** ● (*raro, lett.*) amplesso erotico | coito

†**còncula** ➤ **concola**

conculcàbile [1664] **agg.** ● (*lett.*) che si può conculcare

conculcaménto [av. 1334] **s. m.** ● (*raro*) conculcazione

conculcàre [vc. dotta, lat. *conculcāre*, comp. di *cŭm* 'con' e *calcāre* 'calpestare' ✶ av. 1294] **v. tr.** (*io concùlco, tu concùlchi*) **1** (*raro, lett.*) calpestare violentemente **2** (*fig., lett.*) opprimere: *nella nostra città … sono stati perseguitati e conculcati alcuni cittadini buoni* (F. Guicciardini) | violare, vilipendere: *c. i diritti, le leggi*

conculcatóre [sec. XIV] **s. m.** (**f.** *-trice*); **anche agg.** ● (*raro*) chi (o che) conculca

conculcazióne [vc. dotta, lat. tardo *conculcatiōne(m)*, da *conculcāre* 'conculcare' ✶ sec. XIV] **s. f.** ● (*raro, lett.*) il conculcare | oppressione, disprezzo

†**concuòcere** [lat. *concŏquere*, comp. di *cŭm* 'con' e *cŏquere* 'cuocere' ✶ sec. XIV] **v. tr.** ● digerire | (*fig.*) assimilare, elaborare

concupìre [vc. dotta, lat. tardo *concŭpere*, comp. di *cŭm* 'con' e *cŭpere* 'desiderare' ✶ av. 1330] **v. tr.** (*io concupisco, tu concupìsci*) ● (*lett.*) desiderare ardentemente, bramare, spec. in senso erotico

concupiscènte [part. pres. di †*concupiscere* ✶ 1358] **agg.** ● (*lett.*) che esprime concupiscenza: *sguardo c.*

♣**concupiscènza** o †**concupiscènzia** [vc. dotta, lat. tardo *concupiscĕntia(m)*, da *concupīscere* 'concupiscere' ✶ 1268] **s. f.** ● (*lett.*) desiderio bramoso di piaceri sensuali | nella morale cattolica, sensualità abituale e peccaminosa

SFUMATURE ➤ ***libidine***

†**concupìscere** [vc. dotta, lat. *concupīscere* 'desiderare ardentemente, bramare', da *concŭpere* 'concupire' ✶ av. 1328] **v. tr.** ● (*raro*) concupire

concupiscìbile [vc. dotta, lat. tardo *concupīscibile(m)*, da *concupīscere* 'concupiscere' ✶ sec. XIII] **agg.** **1** (*raro, lett.*) che muove, eccita, il desiderio dei sensi: *cose, beni concupiscibili* | (*lett.*) concupiscente: *ancor son giovane, e … piena di c. disidero* (G. Boccaccio) **2** (*raro, lett.*) incline alla concupiscenza | ***anima c.***, nella filosofia platonica, quella parte dell'anima che presiede agli istinti corporei ‖ **concupiscibilménte**, **avv.** †con concupiscenza ‖ †**concupiscibilità**, **s. f. inv.**

†**concussàre** [vc. dotta, lat. **concussāre*, intens. di *concŭtere* 'scuotere insieme', comp. di *cŭm* 'insieme' e *quătere* 'scuotere' ✶ av. 1306] **v. tr.** ● scuotere violentemente **SIN.** squassare

concussionàrio [fr. *concussionaire*, da *concussion* 'concussione' ✶ 1771] **s. m.** (**f.** *-ia*) ● (*dir.*) concussore

concussióne [vc. dotta, lat. *concussiōne(m)*, da *concŭtere*. V. †*concussare* ✶ av. 1342] **s. f.** **1** (*dir.*) abuso della propria posizione da parte di un pubblico ufficiale, o di un incaricato di pubblico servizio, per costringere o indurre qlcu. a dare o promettere a sé o ad altri denaro o altro vantaggio **CFR.** corruzione **2** †sbattimento, scuotimento

concùsso [vc. dotta, lat. *concŭssu(m)*, part. pass. di *concŭtere*. V. †*concussare* ✶ av. 1306] **A** **agg.** **1** †scosso: *l'autorità cesarea … resterà annichilata e … concussa* (P. Sarpi) **2** (*raro, lett.*) estorto, detto di denaro, beni e sim. **B** **agg.**; **anche s. m.** (**f.** *-a*) ● (*dir.*) che (o chi) subisce la concussione

concussóre [dal lat. tardo *concussọre(m)* da *concŭssu(m)* 'concusso' ✶ 1893] **s. m.** (**difett. del f.**) ● (*dir.*) chi commette reato di concussione **SIN.** concussionario

♦**condànna** [sec. XIII] **s. f.** **1** (*dir.*) provvedimento con il quale il giudice infligge una pena o impone un obbligo: *emettere, pronunciare una c.* | ***c. generica***, con la quale il giudice accerta la sussistenza del diritto, ma dispone la prosecuzione del giudizio per la determinazione della prestazione dovuta | (*est.*) la pena inflitta: *scontare una c.* **2** (*est.*) disapprovazione, biasimo, spec. di carattere morale: *si è attirato la c. di tutti* **SIN.** riprovazione **3** (*est.*) dannazione, tormento: *i traditori … sentono nel fondo dell'anima una c., una irrequietezza* (G. Mazzini)

SFUMATURE DI SIGNIFICATO

condanna - pena

Condanna è il provvedimento con cui un giudice impone al responsabile di un reato un obbligo o una punizione; **pena** è l'obbligo o la punizione imposti. Tuttavia correntemente i due termini sono impiegati indifferentemente a indicare la punizione.

condannàbile o †**condennàbile** [vc. dotta, lat. tardo *condemnābile(m)*, da *condemnāre* 'condannare' ✶ sec. XIV] **agg.** ● che si può condannare | che merita di essere condannato: *intenzioni condannabili* **SIN.** biasimevole, riprensibile, riprovevole ‖ **condannabilità**, **s. f. inv.**

♦**condannàre** o †**condennàre** [lat. *condemnāre*, comp. di *cŭm* 'con' e *damnāre* 'condannare' ✶ 1250] **v. tr.** **1** (*dir.*) comminare una pena all'imputato riconosciuto responsabile o imporre una prestazione a una delle parti di un processo civile da parte di una autorità giudiziaria (+ *a*, + *per*): *c. qlcu. all'ergastolo, al risarcimento dei danni*; *c. per furto, per omicidio* **2** (*est.*) rivelare colpevole, indicare come colpevole: *il suo silenzio lo condanna* **3** (*est.*) disapprovare, biasimare: *tutti condannano il suo comportamento* | criticare, riprovare ufficialmente, spec. una persona o uno scritto, per ragioni ideologiche e sim.: *l'autorità ecclesiastica ha condannato le sue opere* **4** (*est.*) costringere, obbligare: *la sorte lo condanna a vivere in miseria* **5** (*est.*) dichiarare inguaribile, detto di diagnosi o pareri di medici

SFUMATURE ➤ ***biasimare***

♦**condannàto** o †**condennàto** **A** **part. pass.** di *condannare*; **anche agg.** ● nei sign. del v. **B** **s. m.** (**f.** *-a*) ● chi ha subito una condanna: *il c. a morte*; *la vita dei condannati*

condannatóre o †**condennatóre** [vc. dotta, lat. *condemnatōre(m)*, da *condemnāre* 'condannare' ✶ sec. XIV] **s. m.** (**f.** *-trice*); **anche agg.** ● (*lett.*) chi (o che) condanna

condannatòrio o †**condennatòrio** [1310] **agg.** (**pl. m.** *-i* o *raro -ii*) ● (*raro*) di condanna: *sentenza condannatoria*

†**condannazióne** o †**condennazióne** [lat. tardo *condemnatiōne(m)*, da *condemnāre* 'condannare' ✶ 1275] **s. f.** ● condanna

condannévole [av. 1292] **agg.** ● (*lett.*) degno di condanna

condebitóre o **codebitóre** [vc. dotta, lat. tardo *condebitōre(m)* nom. *condēbitor*, comp. di *cŭm* 'con' e *dēbitor* 'debitore' ✶ 1723] **agg. e s. m.** (**f.** *-trice*) ● che (o chi) è debitore con altri

†**condecènte** [vc. dotta, lat. tardo *condecĕnte(m)*. V. *decente* ✶ 1342] **agg.** **1** (*lett.*) conveniente | decoroso, decente **2** opportuno: *una guarnigione de soldati … sarebbe stata … poco c. al luoco d'un concilio* (P. Sarpi) ‖ †**condecenteménte**, **avv.** in modo conveniente, decoroso, opportuno

†**condecoràre** [vc. dotta, lat. *condecorāre*, comp. di *cŭm* 'con' e *decorāre* 'ornare' ✶ 1716] **v. tr.** ● decorare, ornare

condegnità [da *condegno* ✶ av. 1694] **s. f. inv.** ● (*lett.*) merito

C

condégno [lat. *condĭgnu(m)*, comp. di *cŭm* 'con' e *dĭgnus* 'degno' * av. 1328] **agg. 1** (*lett.*) degno, meritevole **2** proporzionato al merito o alla colpa | ***merito c.***, secondo la giustizia divina ‖ **condegnaménte**, **avv.** in modo degno

†**condennàre** e deriv. ➤ **condannare** e deriv.

condènsa [1970] **s. f.** ● acqua di condensazione, in impianti termici o sui vetri delle finestre, su pareti e sim.

condensàbile [da *condensare* * av. 1519] **agg. 1** che si può condensare **2** (*fig.*) che si può riassumere: *è un'idea c. in poche parole* ‖ **condensabilità**, **s. f. inv.**

condensaménto [1612] **s. m.** ● (*raro*) condensazione

condensànte **A** **part. pres.** di *condensare*; anche **agg.** ● nei sign. del v. **B** **s. m.** ● (*chim.*) catalizzatore che favorisce le reazioni di condensazione

condensàre [lat. *condensāre*, comp. di *cŭm* 'con' e *dēnsus* 'denso' * av. 1327] **A** **v. tr.** (*io condènso*) **1** costringere una sostanza in particolari condizioni, spec. di pressione o temperatura, in un luogo più ristretto: *c. un gas* | abbassare la temperatura o aumentare la pressione in modo da portare i vapori di una sostanza allo stato liquido | rendere più denso: *c. un sugo, una crema* **2** (*ottica*) concentrare **3** (*fig.*) sintetizzare, esprimere in forma più concisa: *c. i pensieri, le idee, la materia*; *condensò in poche parole il contenuto del libro* **SIN.** compendiare, riassumere **B** **condensàrsi** **v. intr. pron.** ● diventare denso | passare dallo stato di vapore allo stato liquido: *i gas si condensano*

condensàto **A** **part. pass.** di *condensare*; anche **agg. 1** nei sign. del v. **2** detto di latte particolarmente denso, ottenuto evaporando i due terzi di acqua: *latte c. zuccherato* **3** (*chim.*) detto di due o più anelli uniti tra loro lungo i lati dei poligoni che li costituiscono: *anelli condensati* ‖ **condensataménte**, **avv.** **B** **s. m. 1** (*tecnol.*) liquido ottenuto mediante condensazione di vapori **2** residuo catramoso della combustione di sigari e sigarette **3** compendio, riassunto (*spec. iron.*): *un c. di errori, di sciocchezze*

condensatóre [1797] **s. m. 1** apparecchio connesso a una macchina a vapore, nel quale ha luogo la condensazione del vapore **2** in varie tecnologie, apparecchio destinato a condensare sostanze, energie e sim. | ***c. elettrico***, che accumula cariche elettriche di segno opposto e quindi energia elettrostatica **SIN.** capacitore | ***c. variabile***, del quale si può far variare la capacità entro determinati valori | ***c. rotante***, denominazione attribuita al motore sincrono quando si comporta, per il circuito, come un condensatore | ***c. ottico***, lente o sistema di lenti che permette di concentrare i raggi emessi da una sorgente di luce

condensazióne [vc. dotta, lat. tardo *condensatiōne(m)*, da *condensāre* 'condensare' * av. 1519] **s. f. 1** il condensare, il condensarsi | (*fis.*) passaggio di una sostanza dallo stato aeriforme a quello liquido, per compressione o raffreddamento **CONTR.** evaporazione **2** reazione chimica di unione tra molecole uguali o diverse in cui spesso si ha eliminazione di molecole di acqua o, a seconda dei casi, di alcol, ammoniaca, acido cloridrico e sim. **3** (*psicoan.*) rappresentazione psichica, tipica dei sogni, nella quale vengono assommate più rappresentazioni

†**condènso** [vc. dotta, lat. *condēnsu(m)*, comp. di *cŭm* 'con' e *dēnsus* 'denso' * av. 1374] **agg. 1** denso, ristretto **2** (*fig., poet.*) ottenebrato: *tornò il lume a gli occhi miei / ch'eran d'atra caligine condensi* (T. TASSO)

†**condescéndere** e deriv. ➤ **condiscendere** e deriv.

condeterminàre [comp. di *con-* e *determinare* * 1964] **v. tr.** (*io condetèrmino*) ● (*raro*) determinare qlco. insieme con altri fatti o cause

†**condìcere** [lat. *condecēre*, comp. di *cŭm* 'con' e *decēre* 'convenire' * av. 1449] **v. intr. impers.** ● confarsi, convenire

†**condicévole** [av. 1294] **agg.** ● che si addice

condicióne, sub ➤ **sub**②

condìcio sìne qua non, (*evit.*) **condìtio sìne qua non** [loc. lat., propr. 'condizione senza la quale non' è possibile arrivare ad una soluzione] **loc. sost. f. inv.** (**pl. lat.** *condiciones sine quibus non*) ● condizione necessaria: *la maggiore età è una condicio sine qua non per l'esercizio del diritto di voto*

còndilo [vc. dotta, lat. tardo *cŏndylu(m)*, dal gr. *kóndylos* 'giuntura, articolazione', di etim. incerta * 1659] **s. m.** ● (*anat.*) capo articolare osseo, caratterizzato da una forma simile a una mezza sfera o a un mezzo ellissoide

condilòide [1830] **agg.** ● che ha forma di condilo

condiloidèo [1830] **agg.** ● di condilo, relativo a condilo

condilòma [vc. dotta, lat. tardo *condylōma*, dal gr. *kondýlōma*, da *kóndylos* 'articolazione, nodo' * 1771] **s. m.** (**pl.** *-i*) ● (*med.*) rilievo puntiforme e verrucoso della cute o delle mucose | ***c. acuminato***, delle parti genitali

condiménto [vc. dotta, lat. *condimĕntu(m)*, da *condīre* 'condire' * 1261 ca.] **s. m. 1** il condire **2** sostanza o insieme di sostanze alimentari usate per condire le vivande, come olio, aceto, sale, salsa, formaggio, spezie **3** (*fig.*) ciò che rende qlco. più piacevole, gradita, interessante e sim.: *il suono, il canto e il salto erano il c. de' più lieti conviti* (G.B. MARINO)

condìre [lat. *condīre*, di etim. incerta * 1268] **v. tr.** (*io condìsco, tu condìsci*) **1** rendere più saporito un cibo con l'aggiunta di varie sostanze alimentari (+ *con*): *c. la pasta asciutta*; *c. l'insalata con olio e aceto* **2** (*fig.*) abbellire, rendere più piacevole, interessante e sim. (*anche iron.*) (+ *con*, + *di*): *condiva le sue critiche con una bonaria ironia*; *ha condito il suo libro di errori*; *continuò a darmi assiduamente delle lezioni … e le condì spesso di urla e di insolenze* (I. SVEVO) **3** (*fig., fam.*) ridurre in cattivo stato: *ora ti condisco io!* | (*tosc.*) insudiciare

condirettóre [comp. di *con-* e *direttore* * 1858] **s. m.** (**f.** *-trice*) ● chi divide con altri la carica di direttore: *c. di una fabbrica, di un'azienda*; *il c. di un giornale è equiparato al direttore*

condirezióne o **codirezióne** [comp. di *con-* e *direzione* * 1876] **s. f.** ● direzione esercitata insieme ad altri | grado del condirettore

condiscendènte o †**condescendènte** **part. pres.** di *condiscendere*; anche **agg.** ● che accondiscende: *è stato c. con me, verso di me*; *essere c. alle voglie altrui* **SIN.** conciliante ‖ **condiscendenteménte**, **avv.**

SFUMATURE DI SIGNIFICATO

condiscendente - arrendevole - accomodante

Chi è portato a considerare benevolmente gli altri, a comprenderne le ragioni e ad accettarne le richieste si dice **condiscendente**. Molto diverso è **arrendevole**, che definisce la natura di chi asseconda gli altri per debolezza o insicurezza, non per decisione propria. **Accomodante** è invece chi con gli altri cerca di trovare un compromesso, un accordo di soddisfazione reciproca; in senso negativo suggerisce una certa rilassatezza morale, la tendenza a cedere per calcolo o per amore del quieto vivere.

condiscendènza o †**condescendènza** [da *condiscendente* * 1541] **s. f.** ● disposizione ad accondiscendere alla volontà, ai desideri, alle richieste altrui: *tratta i figli con eccessiva c.* **SIN.** arrendevolezza, compiacenza, comprensione, indulgenza

SFUMATURE ➤ ***benevolenza***

♣**condiscéndere** (o -è-), †**condescéndere** (o -è-) [lat. tardo *condescĕndere*, comp. di *cŭm* 'con' e *descĕndere* 'discendere' * 1308] **v. intr.** (**coniug. come** *scendere*; **aus.** *avere*) **1** acconsentire, cedere, spec. dietro insistenze ma senza costrizioni, alla volontà, ai desideri, alle richieste e sim., altrui (+ *a*): *c. alle preghiere di qlcu.*; *per farlo c. alle nozze del figliuolo* (L. PIRANDELLO) **2** (*raro, lett.*) adattarsi, abbassarsi: *Per questo la Scrittura condescende / a vostra facultate* (DANTE *Par.* IV, 43-44)

†**condiscendiménto** o †**condescendiménto** [sec. XIV] **s. m.** ● condiscendenza

condiscépolo (o -è-) [vc. dotta, lat. *condiscĭpulu(m)*, comp. di *cŭm* 'insieme' e *discĭpulus* 'discepolo' * av. 1334] **s. m.** (**f.** *-a*) ● discepolo con altri dello stesso maestro | (*lett.*) compagno di scuola

†**còndito**① [vc. dotta, lat. *cŏnditu(m)*, part. pass. di *cŏndere* 'fondare', comp. di *cŭm* 'con' e *dăre* 'dare' * 1333] **agg.** ● (*lett.*) creato, fabbricato

condìto② **A** **part. pass.** di *condire*; anche **agg.** ● nei sign. del v. **B** **s. m.** ● (*raro*) condimento

†**conditóre** [vc. dotta, lat. *conditōre(m)*, da *cŏndere* 'fondare' * av. 1334] **s. m.** ● (*lett.*) fondatore

♦**condivìdere** [comp. di *con-* e *dividere* * av. 1420] **v. tr.** (**coniug. come** *dividere*) **1** †spartire, suddividere **2** avere in comune con altri (*anche fig.*): *condividono lo stesso appartamento*; *condividiamo la passione per il bridge*; *condivido il tuo dolore* | (*Internet*) mettere in comune con altri informazioni, foto, ecc. **3** (*fig.*) essere pienamente d'accordo con qlcu., appoggiare, approvare: *non condividiamo le sue opinioni*

condivisìbile [1983] **agg.** ● che si può condividere | (*fig.*) accettabile: *una proposta, un'iniziativa c.* ‖ **condivisibilità**, **s. f. inv.**

condivisióne [da *condiviso* * 1978] **s. f. 1** il fatto o la condizione del condividere: *la c. di un'unica moneta*; *la c. di un appartamento* | (*fig.*) accettazione, appoggio: *la c. di una proposta* | (*fig.*) comune partecipazione a qlco.: *la c. di un rischio, di una sofferenza* **2** (*inform.*) utilizzo contemporaneo dell'unità centrale, di memorie, di periferiche e sim. da parte di più programmi o utenti | (*Internet*) trasmissione e utilizzo in comune con altri di informazioni, foto, ecc.

condivìso **part. pass.** di *condividere*; anche **agg.** ● nei sign. del v. | (*fig.*) che si fa o si accetta in comune con altri: *una proposta largamente condivisa* | (*fig.*) che è provato, vissuto insieme con altri: *un dolore c.*; *Far poesie è come far l'amore: non si saprà mai se la propria gioia è condivisa* (C. PAVESE)

condizionàle [vc. dotta, lat. tardo *condicionāle(m)*, da *condĭcio*, genit. *condiciōnis* 'condizione' * av. 1328] **A** **agg. 1** che esprime una condizione | (*gramm.*) ***congiunzione c.***, che introduce una proposizione condizionale (per es.: *purché, qualora, se*) | ***proposizione c.*** (o ***ipotetica***), proposizione subordinata che indica una circostanza che condiziona l'azione espressa dalla reggente; può essere costituita anche dal solo gerundio o dal participio passato di un verbo (per es.: *se ne fossi capace, lo farei volentieri*; *verrò, purché ci sia bel tempo*; *avendo più tempo, ce la farei*; *arredato meglio, l'appartamento sa-*

rebbe più gradevole) | ***modo c. del verbo***, V. sign. B **2** che dipende da una condizione, che è sottoposto a una condizione: *liberazione c.*; *prestito c.* | (*dir.*) ***sospensione c. della pena***, beneficio per cui l'esecuzione della condanna inflitta per reati di lieve entità è sospesa per un certo periodo di tempo, trascorso il quale la condanna viene eseguita o si estingue a seconda che il colpevole abbia commesso un nuovo reato o no | ***condanna c.***, sospensione condizionale della pena | (*sport*) ***capacità condizionali***, quelle fisiche riferite a forza, velocità e resistenza || **condizionalménte**, **avv.** (*lett.*) condizionatamente || **condizionalità**, **s. f. inv.** carattere condizionale di qlco. **B** **s. m.** ● (*gramm.*) modo finito del verbo che esprime un'azione condizionata: *c. presente* (per es. *andrei, mangerei*), *c. passato* (per es. *sarei andato, avrei mangiato*) | modo del verbo usato per attenuare un'affermazione o con valore ipotetico, dubitativo e sim: *preferirei andarci da solo*; *pochi sarebbero i superstiti*; *dunque, l'incapace sarei io?* | modo del verbo che, nella sua forma al passato e in dipendenza di un verbo al passato, esprime l'idea del futuro: *pensavo che sarebbe partito* **C** **s. f.** **1** (*gramm.*) proposizione condizionale **2** (*dir.*) sospensione condizionale della pena: *subire una condanna con la c.*; *beneficiare della c.*

condizionaménto [1881] **s. m.** **1** operazione, procedimento del condizionare: *c. dell'aria*; *c. di merci*; *c. di fibre tessili* **2** (*psicol.*) processo psicofisiologico mediante il quale si instaura nell'organismo umano o animale un legame tra uno stimolo e una risposta che in precedenza non esisteva | ***c. operante, strumentale***, quello in cui il comportamento è controllato manipolando sistematicamente le conseguenze del comportamento precedente | (*fisiol.*) ***c. muscolare***, allenamento per esercitare i muscoli a un grado di contrazione diverso dal normale, al fine di migliorarne il tono e aumentarne la resistenza **3** (*est.*) condizione che limita psicologicamente la libertà di una persona o che influisce sul suo comportamento e sulle sue scelte: *condizionamenti culturali, ambientali*; *agire liberi da condizionamenti*

condizionàre [da *condizione*, forse attrav. il fr. *conditionner* ✱ 1287] **v. tr.** (*io condizióno*) **1** sottoporre all'azione di fattori che limitano, controllano e sim., determinare: *le necessità economiche che condizionarono la politica* (B. Croce) | subordinare qlco. al verificarsi di certi fatti o circostanze: *ha condizionato il suo assenso all'opinione di un suo amico* | (*est.*) limitare, porre delle restrizioni in senso psicologico: *la sua presenza mi condiziona*; *nei suoi giudizi è molto condizionata dall'ambiente* **2** in varie tecnologie, trattare una determinata sostanza in modo da conferirle talune proprietà sia per scopi igienici, sia per migliorare la qualità e la quantità del prodotto: *c. il grano* | ***c. l'aria***, mantenere, in un ambiente chiuso, condizioni prestabilite e regolabili di umidità relativa, temperatura e ricambio dell'aria **SIN.** climatizzare | ***c. una merce***, prepararla adeguatamente all'imballo e alla confezione | ***c. le fibre tessili***, conferir loro un certo grado di umidità mediante il vapore **3** †rendere idoneo a un determinato fine

condizionàto **part. pass.** di *condizionare*; **anche agg.** **1** nei sign. del v. | subordinato a condizioni **2** (*lett.*) che si trova in una data condizione: *bene, male c.*; *lo troverai nel letto malissimo c.* (B. Cellini) **3** che è dovuto al processo psicofisiologico del condizionamento: *stimolo, riflesso c.*; *risposta condizionata* | (*est.*) che subisce condizionamenti **4** (*ling.*) detto di mutamento fonetico dipendente dall'influsso del contesto **5** ***aria condizionata***, V. *aria*① nel sign. A 1 || **condizionataménte**, **avv.** in modo condizionato; (*raro*) con riserva

condizionatóre [1939] **A** **s. m.** ● apparecchio o impianto per condizionare l'aria **SIN.** climatizzatore | correntemente, apparecchio o impianto che raffredda l'aria **B** **anche agg.** (**f.** *-trice*): *apparecchio c.*

condizionatrìce [1970] **s. f.** **1** nella tecnica dell'imballaggio, macchina che esegue l'operazione di condizionamento **2** apparecchio, costituito essenzialmente da una stufa ad aria calda e da una bilancina, con cui si determina il peso condizionato delle fibre tessili **3** macchina a rulli lisci o scanalati per schiacciare il foraggio e favorirne l'essiccamento **SIN.** schiacciaforaggi

condizionatùra [1797] **s. f.** **1** preparazione, confezionamento di merci o prodotti da spedire o conservare: *c. di casse* **2** conferimento di un'umidità moderata alle pelli conciate ed essiccate, al fine di potere restituire loro morbidità **3** assunzione spontanea di umidità di fibre tessili, mantenute in un ambiente con grado di umidità e temperatura prestabilito **SIN.** stagionatura

♦**condizióne** [vc. dotta, lat. *condiciōne(m)*, da *condīcere* 'convenire, stabilire di comune accordo', comp. di *cŭm* 'insieme' e *dīcere* 'dire' ✱ 1261 ca.] **s. f.** **1** (*dir.*) avvenimento futuro e incerto dal cui verificarsi dipendono gli effetti di un negozio giuridico: *c. sospensiva, risolutiva, propria, impropria, legale, illecita, impossibile* | ***c. potestativa***, in cui il verificarsi dell'evento dipende dalla volontà dell'uomo | elemento la cui sussistenza è necessaria per il promovimento o il proseguimento di un'azione penale o civile **2** fatto o circostanza cui è subordinato il verificarsi di un altro fatto o circostanza: *non sussistono le condizioni per uno sviluppo razionale della società* | elemento di una pattuizione, limitazione, riserva: *mettere, porre, una c., delle condizioni*; *accettare, respingere le condizioni imposte*; *sotto c.*; *a nessuna c.*; *buone condizioni di vendita* | ***condizioni di resa***, particolari che definiscono l'accordo tra chi impone e chi subisce la resa | ***a c. che***, a patto che, soltanto se (loc. cong. seguita dal v. al congtv.): *disse che gli avrebbe fatto il favore richiesto a c. che non si facesse più vedere* **3** situazione psicologica, fisica e sim.: *oggi non sono in buone condizioni* | situazione, modo di essere: *c. umana* | situazione sociale: *occorre migliorare la c. di vita del popolo*; *c. operaia* | ***mettere in c. di***, mettere in grado: *l'ho messo in c. di parlare* | (*est.*) posizione economica o sociale: *gente di ogni c.*; *una famiglia di c. elevata* | situazione, stato, aspetto: *condizioni del tempo*; *quel vestito è in pessime condizioni* **4** caratteristica o requisito necessari a un determinato scopo: *non ho le condizioni richieste per quell'ufficio*

condogliànza o †**condogliènza**, †**condolènza** [fr. *condoléance*, dal lat. *condolēre* 'dolersi' ✱ av. 1547] **s. f.** **1** (**spec. al pl.**) espressione verbale di partecipazione al dolore altrui, spec. in occasione di un lutto: *fare le condoglianze*; *visita, lettera di c.* **2** †lamento, compianto, lamentela: *gli ambasciatori protestanti fecero c.* (P. Sarpi)

condolérsi [vc. dotta, lat. *condolēre*, comp. di *cŭm* 'con' e *dolēre* 'dolersi' ✱ 1288] **v. intr. pron.** (**coniug. come** *dolersi*) **1** (*lett.*) partecipare al dolore degli altri: *c. con qlcu. di* (raro *per*) *qlco.*; *le quali con lei de' figlioli così morti si condoleano* (G. Boccaccio) **2** (*lett.*) sentire dolore, compassione, rammarico: *Clorinda intenerissi, e si condolse / d'ambeduo lor* (T. Tasso)

condolùto **part. pass.** di *condolersi* ● (*raro*) nei sign. del v.

condom /ˈkɔndom, *fr.* kɔ̃ˈdɔm/ [vc. fr., che pare derivata dal n. dell'inventore ✱ av. 1910] **s. m. inv.** ● preservativo nel sign. B 1

condominiàle [1942] **agg.** ● relativo a condominio: *spese condominiali* || **condominialità**, **s. f. inv.**

♦**condomìnio** [da *condomino* ✱ 1554] **s. m.** (**pl.** *-i* o *-ii*) **1** comunione nella proprietà: *c. di un bene*; *avere qlco. in c. con altri* | (*dir.*) ***c. di un edificio***, parti di un edificio che appartengono in comunione ai proprietari delle singole unità immobiliari | ***c. internazionale***, relazione tra due o più Stati in virtù della quale essi esercitano la sovranità sul medesimo territorio **2** immobile, spec. edificio, oggetto di un diritto di comproprietà: *abitare in un c.*; *l'amministratore del c.* | l'insieme dei comproprietari di un immobile, spec. di un edificio: *riunione di c.* (V. nota d'uso ACCENTO) || **condominiétto**, **dim.**

condòmino [lat. mediev. *condominu(m)*, comp. del lat. *cŭm* 'con' e *dŏminus* 'padrone' ✱ 1777] **s. m.** (**f.** *-a*) ● comproprietario di un condominio, spec. di un edificio (V. nota d'uso ACCENTO)

condonàbile [1686] **agg.** ● che si può condonare || **condonabilità**, **s. f. inv.**

condonàre [vc. dotta, lat. *condonāre*, comp. di *cŭm* 'con' e *donāre* 'donare' ✱ sec. XII] **v. tr.** (*io condóno*) **1** nel linguaggio forense, liberare qlcu. dall'obbligo di scontare una pena o una parte di essa: *gli hanno condonato tre anni* **2** (*lett.*) perdonare: *gente inclinata ... a dimenticare, a c., ... a rassegnarsi* (G. D'Annunzio) | †concedere, consentire

condonazióne [vc. dotta, lat. *condonatiōne(m)*, da *condonāre* 'condonare' ✱ 1584] **s. f.** ● (*raro*) condono

♦**condóno** [da *condonare* ✱ 1798] **s. m.** ● (*dir.*) effetto dell'indulto, consistente nella liberazione dall'obbligo di scontare tutta o parte della pena | provvedimento legislativo col quale si consente di sanare, pagando una somma di denaro, determinati illeciti o irregolarità | ***c. fiscale***, provvedimento che sana irregolarità o evasioni da parte di un contribuente, previo pagamento delle somme non versate più oneri accessori | ***c. edilizio***, provvedimento dello Stato teso a sanare fenomeni di abusivismo, previa autodenuncia e pagamento di un'ammenda | ***c. previdenziale***, definizione agevolata delle pendenze contributive | ***c. tombale***, provvedimento che consente la definizione automatica, con il pagamento di una determinata somma, di tutte le pendenze di una determinata imposta

SFUMATURE ➤ ***dispensa***①, ➤ ***grazia***

còndor o (*raro, lett.*) **condóre** [sp. *condor*, di orig. amer. ✱ 1553] **s. m. inv.** ● nome comune di voluminosi uccelli dei Falconiformi, caratterizzati da una livrea nera con macchie bianche sulle ali e da capo e collo nudi e rugosi, appartenenti a due soli generi con una specie ciascuno | ***c. delle Ande***, con apertura alare di oltre 3 m (*Vultur gryphus*) | ***c. della California***, con apertura alare ampia ma inferiore a 3 m (*Gymnogyps californianus*)

♦**condótta** o †**condùtta** [da *condurre* ✱ av. 1257] **s. f.** **1** modo di comportarsi, di vivere: *uomo di pessima c.*; *ha sempre avuto una chiara linea di c.* | comportamento di un alunno durante le ore di scuola: *voto di c.* | ***buona c.***, comportamento conforme alla legge, ai regolamenti (detto spec. di un detenuto) **SIN.** contegno **2** modo di eseguire un lavoro o di svolgere un'attività | (*raro, lett.*) modo di svolgere: *Del tuo sonetto ... Piacemi il pensiero e la c., non lo stile* (U. Foscolo) **3** conduzione di operazioni belliche | anticamente, convenzione per la quale un condottiero a capo di truppe mercenarie si poneva al soldo di un principe o di uno Stato per un determinato periodo di tempo | (*est.*) il corpo

C

di truppe mercenarie così assoldate **4** (*raro, lett.*) governo, reggimento **5** un tempo, assunzione in pubblici uffici | oggi, zona affidata alle cure di un sanitario nominato da un comune o da un consorzio di comuni | (*est.*) l'incarico che ne consegue: *concorrere a una c.*; *andare in c.*; *c. medica*; *c. veterinaria* **6** treno specializzato per trasporto merci: *c. derrate* **7** †trasporto di cose o persone | (*raro*) prezzo del trasporto **8** complesso di tubi metallici usato per convogliare e trasportare fluidi: *c. forzata, in pressione*; *c. d'acqua*; *c. di petrolio* **9** corredo di scene, abiti e sim., che la compagnia teatrale porta con sé **10** †scorta, guida

condottàre [da *condotto* ✱ av. 1798] **v. tr.** (*io condótto*) • in varie tecnologie, trasportare mediante condotte o condotti: *c. acqua, metano, petrolio*

condottièro o **†condottière** [da *condotta* 'quantità di truppe che un capo conduceva agli altrui stipendi' ✱ 1337] **s. m.** (**f.** -*a*) **1** (*lett.*) chi conduce, guida: *tu maestra sagace e condottiera / il cammin gli segnasti* (V. MONTI) **2** †capitano di ventura **3** capitano, comandante di gran fama | (*est.*) capo di un popolo, una comunità e sim. **4** (*lett.*) conducente, pilota **5** †consigliere

♦**condótto**① o **†condùtto** **part. pass.** di *condurre*; anche **agg.** **1** nei sign. del v. | passato, trascorso, vissuto: *la vita condotta fin allora era pericolosa e ingrata* (R. BACCHELLI) **2** detto di sanitario di nomina e dipendenza comunale, cui è affidata la cura della popolazione di una condotta: *medico, veterinario c.* **3** †***soldato c.***, soldato mercenario

condótto② [lat. *condŭctu(m)*, da *condūcere* 'condurre' ✱ 1282] **s. m.** **1** conduttura, costituita di tubi spec. metallici, attraverso cui scorrono fluidi | ***c. vulcanico***, camino vulcanico **CFR.** -dotto **2** (*anat.*) qualsiasi formazione canalicolare: *c. biliare, lacrimale*

condràle [dal gr. *chóndros* 'cartilagine' ✱ 1956] **agg.** • (*anat.*) cartilagineo

condrìna [comp. di *condr(o)-* e *-ina* ✱ 1865] **s. f.** • (*biol.*) sostanza fondamentale della cartilagine

còndrio- ➤ **condro-**

condriocónte [comp. del gr. *chóndros* 'cartilagine' (V. *condro-*) e *kontós* 'bastone' (della stessa famiglia di *kentêin* 'pungere', prob. d'orig. indeur.) ✱ 1964] **s. m.** • (*biol.*, **spec. al pl.**) termine disusato che indica un mitocondrio in forma di piccolo bastoncino

condriòma [comp. di *condro-* e *-oma* ✱ 1914] **s. m.** (**pl.** -*i*) • (*biol.*) costituente cellulare formato dall'insieme dei mitocondri

condriosòma [comp. di *condro-* e *soma*② ✱ 1931] **s. m.** (**pl.** -*i*) • (*biol.*) mitocondrio

condrìte① [comp. di *condro-* e *-ite*① ✱ 1956] **s. f.** • (*med.*) infiammazione della cartilagine

condrìte② [comp. di *condro-* e *-ite*② ✱ 1956] **s. f.** • (*miner.*) meteorite costituita essenzialmente di silicati e caratterizzata dalla presenza di condri

còndro [dal gr. *chóndros* 'cartilagine' (V. *condro-*) ✱ 1971] **s. m.** • (*miner.*) piccola concrezione rotonda a struttura fibroso-raggiata caratteristica delle condriti **SIN.** condrula

còndro- o **còndrio-** [dal gr. *chóndros* 'cartilagine'] **primo elemento** • in parole composte della terminologia medica, significa 'cartilagine': *condrioma, condrologia*

condrocìta o **condrocìto** [comp. di *condro-* e *-cita* ✱ 1980] **s. m.** (**pl.** -*i*) • (*biol.*) elemento cellulare del tessuto cartilagineo, destinato a restare imprigionato nella sostanza extracellulare che esso stesso produce e deposita

Condroìtti [comp. di *condro-* e del gr. *ichthýes* 'pesci' ✱ 1983] **s. m. pl.** (**sing.** -*io*) • (*zool.*) classe di Vertebrati quasi esclusivamente marini, caratterizzati da scheletro interno cartilagineo, fessure branchiali palesi e pinna caudale asimmetrica (*Chondroichthyes*)

condrologìa [comp. di *condro-* e *-logia* ✱ 1970] **s. f.** (**pl.** -*gìe*) • studio delle cartilagini

condròma [stessa etim. di *condrioma* ✱ 1956] **s. m.** (**pl.** -*i*) • (*med.*) tumore benigno del tessuto cartilagineo

condrosarcòma [comp. di *condro-* e *sarcoma* ✱ 1986] **s. m.** (**pl.** -*i*) • (*med.*) tumore caratterizzato dalla produzione di cartilagine

còndrula [vc. dotta, comp. di *condr(o)* e del suff. dim. lat. *-ŭla* ✱ 1980] **s. f.** • (*miner.*) condro

conducènte **A** **part. pres.** di *condurre*; anche **agg.** • (*lett.*) nei sign. del v. **B** **s. m. e f.** **1** chi guida, manovra un veicolo, spec. pubblico **SIN.** autista, conduttore **2** chi guida animali da tiro o da soma **3** soldato addetto al servizio dei quadrupedi da soma e da tiro **4** (*raro*) chi prende in affitto o in appalto qlco.

†condùcere ➤ **condurre**

†conducévole [lat. *conducĭbile(m)*, da *condūcere* 'condurre' ✱ sec. XIV] **agg.** • idoneo | (*lett.*) favorevole

conducìbile [vc. dotta, lat. *conducĭbile(m)*, da *condūcere* 'condurre' ✱ sec. XIV] **agg.** **1** che si può condurre **2** (*fis.*) che presenta conducibilità **3** †adatto ‖ **conducibilità**, **s. f. inv.** (V.)

conducibilità [1851] **s. f. inv.** • (*fis.*) attitudine di alcuni corpi a trasmettere il calore, l'elettricità: *c. elettrica, termica* **SIN.** conduttività

♦**condùrre** o **†condùcere** [lat. *condūcere*, comp. di *cŭm* 'con' e *dūcere* 'condurre' ✱ 1250 ca.] **A** **v. tr.** (**pres.** *io condùco, tu condùci*; **imperf.** *io conducévo*; **pass. rem.** *io condùssi, tu conducésti*; **fut.** *io condurrò*; **condiz.** *io condurrèi*; **congtv. pres.** *io condùca*; **congtv. imperf.** *io conducèssi*; **imperat.** *condùci*; **gerund.** *conducèndo*; **part. pres.** *conducènte*; **part. pass.** *condótto*, †*condùtto*) **1** portare avanti un'iniziativa: *c. la guerra con alterne vicende*; *c. un audace combattimento* | (*raro*) dirigere: *c. un'azienda, un'impresa con mano ferrea* | (*est.*) svolgere, realizzare: *c. una politica avanzata, progressista, conservatrice*; *l'intreccio del romanzo è condotto con grande abilità, con mano maestra* | (*raro*) portare a termine: *c. un compito, l'incarico assegnato* **2** accompagnare, portare: *c. i bambini a scuola, le bestie al pascolo* | guidare, pilotare: *c. la nave, l'automobile* | guidare, essere primo in una gara: *c. la partita, la classifica*; *c. il plotone* | ***c. la nave, la barca in porto***, (*fig.*) far arrivare qlco. a buon fine | ***c. la nave, la barca in acque più tranquille***, (*fig.*) riuscire a superare intoppi e difficoltà | (*est.*, *assol.*, *tv*) dirigere, animare una trasmissione cui partecipino più persone, come dibattiti, tavole rotonde, giochi a premio e sim.: *c. in studio* **3** trasportare, detto spec. di cavi, condutture e sim.: *c. l'acqua*; *il nuovo impianto conduce il gas in ogni casa* | ***c. il calore, l'elettricità***, di corpi o sostanze che hanno la capacità di trasmetterli **SIN.** portare **4** (*fig.*) ridurre in una determinata condizione: *c. qlcu. in miseria, alla rovina, alla disperazione* | portare: *c. qlco. a fine, a termine, a compimento*; *c. un lavoro a buon fine* | (*lett.*) indurre, costringere: *c. qlcu. alla ribellione* **5** (*fig.*) passare, trascorrere: *c. un'esistenza, grama, felice*; *conduce una vita agiata* **6** (*mat.*) tracciare: *c. la retta per due punti*; *c. la circonferenza per tre punti* **7** †assoldare, stipendiare: *c. milizie di ventura*; *c. medici* **8** †prendere in locazione: *c. una bottega, un podere* **B** **v. intr.** (**aus.** *avere*) **1** (*sport*) nelle corse, essere in testa, fare l'andatura | (*fig.*) nel calcio e sim., essere in vantaggio sull'avversario: *c. per due reti a zero* **2** (*fig.*) mettere capo, terminare in un luogo, spec. con riferimento a vie e sim.: *questa strada conduce a Orvieto, in piazza*; *un sentiero che conduce verso il bosco* **C** **condùrsi** **v. rifl.** **1** comportarsi: *condursi bene, male*; *giurò ... che si sarebbe condotto sempre bene* (C. COLLODI) **2** (*lett.*) ridursi: *si è condotto in estrema povertà* | (*raro, lett.*) indursi a fare qlco.: *non sanza tema a dicer mi conduco* (DANTE *Inf.* XXXII, 6) **D** **condùrsi** **v. intr. pron.** • (*lett.*) recarsi, andare: *Di quindi ... si condusse infino a Trani* (G. BOCCACCIO) | (*raro*) arrivare: *condursi fino alla vecchiaia*

†condùtta ➤ **condotta**

conduttànza [da †*condutto* ✱ 1930] **s. f.** • (*fis.*) in corrente continua, l'inverso della resistenza ohmica | in corrente alternata, la parte reale dell'ammettenza

conduttibilità [da †*condutto* ✱ 1830] **s. f. inv.** • (*fis.*) conducibilità

conduttìvo [1865] **agg.** • atto a condurre il calore, l'elettricità: *corpo c.* ‖ **conduttività**, **s. f. inv.** (*fis.*) conducibilità

†conduttìzio [vc. dotta, lat. *conductīciu(m)*, da *condūcere* 'prendere in affitto' ✱ av. 1540] **agg.** • assoldato, mercenario: *soldati conduttizi*

†condùtto ➤ **condotto**①

conduttometrìa [comp. del lat. *condŭctus*, part. pass. di *condūcere* 'condurre', e di *-metria* ✱ 1956] **s. f.** • analisi chimica basata su misure di conducibilità

conduttomètrico [1956] **agg.** (**pl. m.** -*ci*) • relativo alla conduttometria: *analisi conduttometrica*

conduttóre [vc. dotta, lat. *conductōre(m)*, da *condūcere* 'condurre, prendere in affitto' ✱ 1288] **A** **agg.** (**f.** -*trice*) • che conduce, dirige: *la giustizia conduttrice del coro delle virtù morali* (D. BARTOLI) | (*fig.*) ***filo c.***, linea ideale che serve da guida in una ricerca, da elemento costante di coerenza nello sviluppo di un ragionamento e sim. **B** **s. m.** (**f.** -*trice*) **1** conducente, guidatore | nei trasporti ferroviari, personale addetto alla sorveglianza del servizio viaggiatori **2** corridore automobilista | ***campionato mondiale conduttori***, distinto da quello stabilito per le marche delle automobili **3** chi conduce una trasmissione radiofonica o televisiva e ne dirige lo svolgimento **4** (*dir.*) affittuario, locatario: *c. di un fondo, di un appartamento* | ***c. d'opera***, anticamente, chi si avvantaggiava del lavoro altrui obbligandosi a dare un corrispettivo **5** chi dirige e controlla la gestione di un esercizio pubblico, un albergo, un ristorante **6** chi è addetto alla sorveglianza e alla manutenzione di caldaie, impianti, apparecchi **7** †condottiero | capo di milizie **C** **s. m.** • (*fis.*) corpo nel quale può aversi passaggio di calore, di elettricità: *c. elettrico*; *buon c.*; *cattivo c.* | (*est.*) qualsiasi mezzo metallico usato per trasportare energia o segnali elettrici a distanza **SIN.** filo

conduttùra [da †*condutto* ✱ 1262] **s. f.** **1** †trasporto | guida (di animali) **2** complesso di condotti o tubi per il trasporto e la distribuzione di liquidi, gas o energia elettrica **CFR.** -dotto

conduzióne [vc. dotta, lat. *conductiōne(m)*, da *condūcere* 'condurre, prendere in affitto' ✱ 1310] **s. f.** **1** il condurre | guida, direzione, gestione: *la c. della guerra*; *la c. di un'azienda* **2** (*fis.*) propagazione del calore o dell'elettricità attraverso un corpo senza spostamento di materia: *c. termica, elettrica* **3** locazione: *dare, avere una casa in c.*

conestàbile o **connestàbile**, **†conestàbole**, **†conestàvole**, **†contestàbile**① [ant. fr. *conestable*, dal lat. mediev. *comes stabuli* 'conte preposto alle stalle imperiali' ✱ 1282] **s. m.** •

(*stor.*) gran scudiero di corte | ufficiale della corona, con alto incarico militare o civile | ***gran c.***, comandante supremo di un'armata

confabulàre [vc. dotta, lat. *confabulāri*, comp. di *cŭm* 'con' e *fabulāri* 'chiacchierare' ✱ av. 1342] **v. intr.** (*io confàbulo; aus. avere*) **1** †chiacchierare, conversare: *confabulando con quelli che patiscono del medesimo male* (G. Bruno) | (*raro*) chiacchierare su argomenti di poca importanza **2** conversare, spec. a bassa voce, in disparte, e in un'atmosfera di segretezza: *di che cosa state confabulando, voi due?*

†**confabulatòrio** [av. 1729] **agg.** ● (*lett.*) di confabulazione

confabulazióne [vc. dotta, lat. tardo *confabulatiōne(m)*, da *confabulāri*. V. *confabulare* ✱ 1374] **s. f. 1** il confabulare **2** conversazione, colloquio, spec. a bassa voce e avvolti da un'atmosfera di segretezza **3** (*med.*) modo di esprimersi con invenzioni e creazioni fantastiche, tipico di malati la cui memoria è lesa

confacènte o †**confaccènte** **part. pres.** di *confarsi*; anche **agg.** ● adatto, appropriato (+ *a*): *questo studio non è c. alle mie aspirazioni* | giovevole ‖ **confacenteménte**, **avv.**

SFUMATURE DI SIGNIFICATO
confacente - conveniente - consono
Ciò che si adatta a una circostanza o risponde adeguatamente a una necessità si dice **confacente. Conveniente** definisce ciò che è consigliabile secondo parametri di efficacia rispetto allo scopo, oppure di buon gusto, oppure di vantaggiosità economica. **Consono** sottolinea invece gli aspetti di corrispondenza, proporzione, concordanza.
SFUMATURE ➤ ***appropriato***

confacévole [1505] **agg.** ● (*lett.*, *raro*) confacente ‖ †**confacevolménte**, **avv.**

†**confalóne** e deriv. ➤ **gonfalone** e deriv.

confamiliàre [comp. di *con* e *familiare* ✱ 1983] **agg.** ● (*biol.*) detto di pianta o animale appartenente alla stessa famiglia di un altro

confarreàre [vc. dotta, lat. *confarreāre*, comp. di *cŭm* 'con' e *fār*, genit. *fărris* 'farro'; dall'offerta agli dei di una focaccia di *farro* che si faceva durante la cerimonia ✱ av. 1600] **v. tr.** (**pres.** *io confàrreo*; **fut.** *io confarreerò*) ● nel diritto romano, unire in matrimonio con il rito del farro che gli sposi assaggiavano insieme

confarreazióne [vc. dotta, lat. *confarreatiōne(m)*, da *confarreāre* 'confarreare' ✱ 1561] **s. f.** ● nel diritto romano, rito con cui, in occasione del matrimonio, la donna passava sotto nuova potestà

confàrsi [comp. di *con-* e *fare*① ✱ 1224 ca.] **v. intr. pron.** (**coniug.** come *fare*; **usato soprattutto nelle terze persone dei tempi semplici; part. pres.** *confacèntesi*; raro il **part. pass.** *confàtto*) **1** essere adatto, appropriato (+ *a*): *risposta che non si confà alla domanda; questi termini si confarebbero benissimo all'indole della lingua italiana* (G. Leopardi) **SIN.** addirsi① | giovare: *l'aria del mare mi si confà* **2** †essere proporzionato; corrispondere

conféci, mi ➤ **confarsi**

confederàle [da *confederare*, sul modello di *federale* ✱ 1921] **agg.** ● relativo a una confederazione | ***sindacati confederali***, sindacati riuniti in confederazione; (*per anton.*) in Italia, i sindacati CGIL-CISL-UIL

confederaménto [sec. XIV] **s. m.** ● (*raro*) confederazione

confederàre [vc. dotta, lat. *confoederāre*, comp. di *cŭm* 'con' e *foederāre* 'unire con un patto' ✱ sec. XIV] **A v. tr.** (*io confèdero*) ● (*raro*) unire in confederazione **B confederàrsi v. rifl. 1** unirsi in confederazione **2** (*lett.*, *fig.*) allearsi in vista di uno scopo comune
SFUMATURE ➤ ***aggregare***

confederatìvo [1843] **agg.** ● di confederazione

confederàto **part. pass.** di *confederare*; anche **agg. e s. m.** (**f.** *-a*) ● che (o chi) è unito da legame confederativo | (*stor.*) durante la guerra di secessione americana (1861-'65), fautore degli Stati del Sud **CFR.** unionista

confederazióne [vc. dotta, lat. tardo *confoederatiōne(m)*, da *confoederāre* 'confederare' ✱ 1342] **s. f. 1** unione tra più Stati che, pur mantenendo la propria individualità, si impegnano a perseguire scopi comuni attraverso l'attività di organi unitari | stato federale: *la C. elvetica* **2** associazione tra più enti od organizzazioni | ***c. sindacale***, unione nazionale di sindacati di tutte le categorie **SIN.** federazione

conferènte **A** **part. pres.** di *conferire*; anche **agg.** ● nei sign. del v. **B s. m. e f.** ● chi apporta dati beni nello stesso luogo di altri: *i conferenti all'ammasso*

♦**conferènza** [lat. *conferĕntia*, part. pres. nt. pl. di *confĕrre*. V. *conferire* ✱ av. 1332] **s. f. 1** riunione di più persone, per discutere problemi politici, culturali e sim., spec. con funzione consultiva: *c. internazionale; c. dei ministri degli esteri; c. stato-regioni* | ***c. di servizi***, istituto per lo snellimento dell'attività della pubblica amministrazione nella concessione di licenze, permessi, nullaosta e sim., mediante convocazione collegiale degli enti pubblici interessati e contestuale decisione | ***c. di S. Vincenzo***, pio sodalizio per l'assistenza alle persone bisognose **2** organo collegiale nazionale o internazionale: *c. episcopale italiana; c. internazionale del lavoro* **3** discorso tenuto in pubblico su argomenti scientifici, letterari e sim.: *andare a una c.; tenere, fare una c.* | ***c. stampa***, intervista concessa a un gruppo di giornalisti da persone molto note, spec. del mondo politico, dello spettacolo e dello sport | (*est.*) ***c. telefonica***, collegamento simultaneo fra tre o più utenti **4** consorzio tra armatori **5** (*raro*, *lett.*) paragone, confronto: *la c. dell'osservazioni* (G. Galilei)

conferenzière [da *conferenza*, attrav. il fr. *conférencier* ✱ 1883] **s. m.** (**f.** *-a*) ● chi tiene una conferenza | chi fa spesso conferenze **SIN.** oratore

conferiménto [sec. XIV] **s. m. 1** attribuzione, assegnazione: *c. di un premio, di una medaglia* | (*est.*) consegna di ciò che deve essere conferito: *c. del grano all'ammasso* **2** (*dir.*, *econ.*) contributo, in denaro o in beni, prestazioni e sim., che ogni socio apporta a una società all'atto della sua costituzione o nel momento in cui entra a farne parte

conferìre [dal lat. *confĕrre* 'portare insieme, riunire', comp. di *cŭm* 'con' e *fĕrre* 'portare' ✱ 1288] **A v. tr.** (*io conferìsco, tu conferìsci*) **1** †mettere in comune, concentrare | (*raro*, *lett.*) confrontare, collazionare: *c. codici, stampe* **2** portare dati beni nello stesso luogo o insieme ad altri: *c. una quota di grano all'ammasso* **3** (*est.*) aggiungere, infondere, contribuendo a un dato effetto: *il vestito nuovo gli conferiva un'aria elegante* | (*dir.*, *econ.*) apportare il proprio conferimento ad una società **4** accordare, attribuire, concedere: *c. un incarico, un onore, un titolo, una decorazione, un grado, un diploma, un beneficio* **SIN.** largire **5** (*raro*, *lett.*) riferire, comunicare, confidare: *di meco conferir non ti rincresca / il tuo dolore* (L. Ariosto) **B v. intr.** (**aus.** *avere*) **1** avere un colloquio, spec. su argomenti di notevole importanza: *conferì con il capo della polizia* **SIN.** abboccarsi **2** (*raro*) essere adatto, giovare: *quella pettinatura che le conferisce; c. alla salute, alla buona digestione*

conferitàrio [1982] **agg. e s. m.** (**f.** *-ia*) ● (*dir.*, *econ.*) che (o chi) è destinatario di un conferimento: *società conferitaria*

♦**confèrma** [1525] **s. f. 1** convalida, assicurazione: *chiedere, dare, ricevere c. di qlco.; c. verbale, telefonica; a, in c., di quanto ti ho detto* | dichiarazione, verbale o scritta, in forma ufficiale, che ribadisce una concessione, deliberazione, nomina e sim. **2** ciò che costituisce la prova della fondatezza di un'ipotesi, di una previsione e sim.: *i tuoi sospetti non trovano c. nella realtà; la c. dei nostri dubbi venne presto* **SIN.** dimostrazione **CONTR.** smentita

†**confermagióne** ➤ **confermazione**

†**confermaménto** [1261 ca.] **s. m.** ● conferma: *mandò ... lettere a c. del matrimonio* (G. Villani)

♦**confermàre** o †**confirmàre** [lat. *confirmāre* 'dare stabilità, rafforzare', comp. di *cŭm* 'con' e *firmāre* 'rendere stabile', da *firmus* 'stabile' ✱ 1231] **A v. tr.** (*io confèrmo*) **1** rinsaldare: *c. le speranze, le opinioni di qlcu.* **SIN.** rafforzare | (*lett.*) rinforzare: *la buona aere ... conferma molto la sanità* (L.B. Alberti) **2** ribadire in forma esplicita o solenne (+ *di* **seguito da inf.**, + *che*): *c. il voto, la promessa, l'impegno; confermo di accettare l'incarico; mi ha confermato che partirà lunedì* | ribadire in forma ufficiale o semi-ufficiale: *c. una nomina, un contratto, una legge; gli confermò la carica di sottosegretario* | mantenere, in una carica e sim.: *è stato confermato nel suo ufficio* **3** provare la fondatezza di un'ipotesi, di una previsione e sim. (+ *che*): *i fatti confermeranno quello che vi ho detto; quanto è accaduto conferma che avevo ragione* **SIN.** convalidare, dimostrare **CONTR.** smentire **4** ripetere qlco. riconoscendone e dichiarandone la veridicità, l'esattezza: *ha confermato la sua testimonianza* **SIN.** ribadire **5** (*relig.*) cresimare **6** detto di banca, obbligarsi unitamente alla banca accreditante, a dare esecuzione alle clausole di pagamento o accettazione, in un'apertura di credito a favore di terzi **B confermàrsi v. rifl. 1** rafforzarsi, rendersi più fermo e sicuro in un dato atteggiamento, opinione e sim.: *si è confermato nei suoi sentimenti* **SIN.** consolidarsi | dare conferma delle proprie capacità o caratteristiche (seguito da un compl. predicativo del soggetto): *si è confermato un eccellente pianista; si è confermato campione di slalom* **2** (*disus.*) dichiararsi, spec. nelle chiuse epistolari: *mi confermo suo rispettoso, devoto, obbligato* **C confermàrsi v. intr. pron.** ● acquistare credito: *un'opinione che si va confermando col passare del tempo*

confermatìvo [lat. tardo *confirmatīvu(m)*, da *confirmāre* 'confermare' ✱ 1551] **agg.** ● che conferma, che serve a confermare: *lettera confermativa; referendum c.* ‖ **confermativaménte**, **avv.** (*raro*) in modo confermativo

†**confermatòrio** [av. 1694] **agg.** ● che conferma

confermazióne o †**confirmazióne**, †**confermagióne** [lat. *confirmatiōne(m)*, da *confirmāre* 'confermare' ✱ 1261 ca.] **s. f.** (*Confermazione* **nel sign. 2**) **1** (*lett.*) conferma **2** nella Chiesa cattolica, sacramento che impartisce ai battezzati lo Spirito Santo e li conferma nella fede **SIN.** Cresima | nelle Chiese luterana e anglicana, esame del giovane cristiano e rinnovamento della professione di fede battesimale **3** †parte dimostrativa di un'orazione, in cui si adducono gli argomenti a sostegno della propria tesi

confèrva [vc. dotta, lat. *confĕrva(m)*, da avvicinare a *ferrūmen* 'saldatura' (di orig. indeur.), perché serviva a saldare le ferite ✱ 1320] **s. f.** ● alga gialla d'acqua dolce, con numerosi cloroplasti lungo la parete delle cellule dei filamenti (*Conferva bombicina*)

confessàbile [1876] **agg.** ● che si può confessare: *peccato facilmente c.*

♦**confessàre** [lat. parl. **confessāre*, da *confĕssus*, part. pass. di *confitēri* 'confessare, ammettere', comp. di *cŭm* 'con' e *fatēri* 'confessare, ammettere' ✻ 1065] **A v. tr.** (*io confèsso*) **1** dichiarare apertamente azioni, comportamenti e sim. considerati moralmente negativi (+ *di* **seguito da inf.**): *finalmente ha confessato*; *c. di aver sbagliato*; *c. al sacerdote i propri peccati*; *c. una colpa, un torto, un delitto*; *c. col silenzio, con lo sguardo, col pianto* **2** rivelare, spec. a una persona amica, segreti, problemi personali e intimi e sim. (+ *di* **seguito da inf.**, + *che*): *gli confessò tutte le sue aspirazioni, i suoi desideri, i suoi sogni*; *ti confesso di sentirmi in colpa*; *Vi confesso ch'io l'amo* (C. Goldoni); *Domandai dunque a mia madre che ... mi confessasse se io non ero figliuola di monsignore* (I. Nievo) **3** ascoltare i peccati del penitente e amministrare il sacramento della confessione (**anche assol.**): *il parroco confessa* **4** ammettere, riconoscere (+ *che*; + *di* **seguito da inf.**): *ti confesso che me n'ero dimenticato*; *confesso di non essere imparziale*; *confesso la mia ignoranza* **5** (**lett.**) professare una fede, una religione, una dottrina: *bisognerebbe ... domandare agli spiriti se confessano Cristo* (A. Fogazzaro) **B confessàrsi v. rifl. 1** rivelarsi o dichiararsi esplicitamente: *confessarsi colpevole*; *la passione ... aveva il buon senso di confessarsi cieca* (I. Nievo) **2** dichiarare i propri peccati, nel sacramento della confessione (+ *da*, + *a*): *vado a confessarmi dal* (o *al*) *parroco* **3** (**est.**) confidare i propri segreti a qlcu. (**anche scherz.**) (+ *con*, **lett.** + *a*): *ha bisogno di confessarsi con qlcu.*; *li tre poi si confessano al Sole* (T. Campanella)
SFUMATURE ➤ *confidare*

confessionàle [1505] **A agg. 1** relativo alla confessione sacramentale: *segreto c.* **2** che è proprio di una confessione religiosa o di una professione di fede: *scuola c.* | ***Stato c.***, che professa una religione riconoscendola nella sua costituzione ‖ **confessionalménte**, **avv.** ‖ **confessionalità**, **s. f. inv.** appartenenza a una confessione religiosa **B s. m.** • piccola costruzione in legno nella quale il sacerdote, attraverso una grata, ascolta la confessione

confessionalìsmo [da *confessionale* ✻ 1956] **s. m.** • rigida adesione ideologica alle dottrine e alle norme di una confessione religiosa

confessionàrio [1554] **s. m.** • (**raro**, **lett.**) confessionale

♦**confessióne** [vc. dotta, lat. *confessiōne(m)*. V. *confessare* ✻ 1261 ca.] **s. f. 1** riconoscimento di una colpa, di un errore e sim. | rivelazione di un segreto, di un problema personale e sim. **2** (**dir.**) dichiarazione che una parte fa della verità di fatti a sé sfavorevoli e favorevoli all'altra parte: *c. giudiziale, stragiudiziale* | ammissione, da parte dell'imputato, della propria partecipazione al compimento di un reato **3** in molte religioni, dichiarazione pubblica delle proprie azioni e omissioni contrastanti con la legge divina | nella Chiesa cattolica, parte essenziale del sacramento della penitenza, consistente nell'accusare i propri peccati dinanzi al sacerdote | ***c. auricolare***, individuale, fatta in segreto all'orecchio del sacerdote | ***c. comunitaria***, che si fa collettivamente nel corso di un rito penitenziale | ***sigillo, segreto della c.***, obbligo del confessore di non rivelare le colpe accusate dal penitente **4** dichiarazione solenne e pubblica della propria fede fatta dagli antichi cristiani **5** comunità di cristiani distinta da tutte le altre per il suo credo: *c. cattolica, protestante, evangelica, luterana, valdese* **6** luogo sottostante all'altare in cui si conservano le spoglie di un santo | (**est.**) tomba di un santo **7** (**al pl.**) titolo di varie opere autobiografiche: *le Confessioni di S. Agostino, di Rousseau* ‖ **confessioncèlla**, **dim.** | **confessioncìna**, **dim.**

confessionìsta [1559] **A s. m. e f.** (**pl. m.** *-i*) • †protestante: *i dogmi ... della Chiesa romana e gli abusi che i confessionisti reprobavano* (P. Sarpi) **B agg.** • (**raro**) confessionale: *Stato c.*

confèsso [vc. dotta, lat. *confĕssu(m)* 'che ha confessato', part. pass. di *confitēri*. V. *confessare* ✻ av. 1274] **agg.** • che riconosce e confessa i propri errori, peccati e sim.: *reo c.*

confessoràto [1779] **s. m.** • facoltà e ministero di confessore

confessóre [vc. dotta, lat. tardo *confessōre(m)* 'chi professa una fede, una dottrina'. V. *confessare* ✻ av. 1292] **s. m.** (**f.** *-a*) **1** sacerdote che ha facoltà di ascoltare la confessione e amministrare il sacramento della penitenza **2** cristiano che è santificato per la sua eroica professione di fede **3** (**fig.**) chi raccoglie abitualmente confidenze altrui: *l'amico d'infanzia era diventato il suo c.*

confessòrio [vc. dotta, lat. tardo *confessōriu(m)*. V. *confessare* ✻ 1865] **agg.** (**pl. m.** *-i* o **raro** *-ii*) **1** (**raro**) di confessione **2** (**dir.**) ***azione confessoria***, spettante al titolare di una servitù per l'accertamento del proprio diritto e la cessazione delle turbative all'esercizio del medesimo

confettàre [lat. parl. **confectāre*, da *confĕctus*. V. *confetto* ✻ 1310] **A v. tr.** (*io confètto*) **1** candire: *c. la frutta* **2** (**farm.**) rivestire con sostanze cheratinizzate pillole medicinali **3** (**est.**) †preparare **4** (**fig.**) †adulare **5** (**fig.**) †imbrogliare **B v. intr.** (**aus.** *avere*) • †mangiare confetti

confettàto **part. pass.** di *confettare*; **anche agg. 1** nei sign. del v. | †preparato **2** confezionato in confetti: *chewing-gum c.*

confettatrìce [da *confettare* ✻ 1987] **s. f.** • macchina con cui si effettua la confettatura

confettatùra [1956] **s. f. 1** nell'industria dolciaria e in gastronomia, operazione del confettare **2** (**agric.**) operazione di rivestimento dei semi con sostanze nutritive e antiparassitarie per facilitare la semina e lo sviluppo iniziale delle piante **3** (**farm.**) operazione di rivestimento di pillole medicinali con sostanze cheratinizzate

confetterìa [1827] **s. f. 1** laboratorio o negozio di confetti, di dolci **2** assortimento di confetti, di dolci

confettièra [1365] **s. f.** • vaso, scatola o sim. in cui si tengono i confetti

confettière [1618] **A s. m.** (**f.** *-a*) • chi fa o vende confetti, dolci e sim. **B agg.** • relativo alla confettatura | ***operaio c.***, addetto alla confettatura, spec. nell'industria chimico-farmaceutica

♦**confètto** [lat. *confĕctu(m)*, part. pass. di *conficere* 'preparare, eseguire, consumare', comp. di *cŭm* 'con' e *făcere* 'fare' ✻ sec. XIII] **s. m. 1** piccolo dolce di zucchero cotto, gener. di forma ovale, per lo più contenente mandorle, pistacchi, nocciole e sim., tradizionalmente offerto in occasione di battesimi, cresime e matrimoni | ***mangiare i confetti di qlcu.***, (**fig.**) festeggiarne le nozze | (**fig.**, **scherz.**) ***confetti di piombo***, pallottole **2** (**lett.**, **spec. al pl.**) dolciume: *con frutti e confetti e coppe d'oro / se rinfrescarno* (M.M. Boiardo) **3** preparato medicamentoso formato da una o più sostanze impastate o stratificate e rivestite di materiale zuccherino ‖ **confettino**, **dim.** | **confettóne**, **accr.**

confettùra [lat. *confectūra(m)* 'preparazione', da *confĕctus* (V. *confetto*), prob. attrav. il fr. *confiture* ✻ 1554] **s. f. 1** (**raro**) insieme di confetti **2** conserva di una o più specie di frutta lasciata cuocere, con aggiunta di zucchero, fino ad ottenere una buona consistenza: *c. di fragole* **CFR.** gelatina, marmellata

confetturerìa [fr. *confiturerie*, da *confiture* 'confettura' ✻ 1865] **s. f.** • (**raro**) bottega, negozio dove si preparano o si vendono confetti o altri dolciumi

confetturière [fr. *confiturier*, da *confiture* 'confettura' ✻ 1775] **s. m.** (**f.** *-a*) • (**raro**) confettiere

confetturièro [1958] **agg.** • relativo alla confettura o alle confetture: *industria confetturiera*

confezionaménto [1985] **s. m.** • operazione del confezionare: *sistemi di c.*; *data di c. di un prodotto alimentare*

♦**confezionàre** [fr. *confectionner*, da *confection* (V. *confezione* nel sign. 3) ✻ 1797] **v. tr.** (*io confezióno*) **1** avvolgere in un involucro, imballare: *c. un pacco* **2** cucire, rifinire un abito o altro capo d'abbigliamento

confezionatóre [1963] **A s. m.** (**f.** *-trice* (**V.**)) **1** chi confeziona, prepara e sim. (**anche spreg.**): *un c. di film di cassetta* **2** chi confeziona scatole e pacchi **3** (**raro**) confezionista **B anche agg.**: *ditta confezionatrice*

confezionatrìce [1970] **s. f.** • macchina che realizza confezioni pronte per la vendita

confezióne [lat. *confectiōne(m)*, da *confĕctus* (V. *confetto*); nel sign. 3, attraverso il fr. *confection* ✻ 1309] **s. f. 1** operazione del confezionare: *c. del prodotto* **2** involucro, imballaggio che avvolge un prodotto | (**est.**) il prodotto stesso così preparato: *c. regalo* | (**est.**) imballaggio di prodotti della stessa specie costituente un'unità di vendita: *una c. di liquori* **3** produzione in serie di capi d'abbigliamento: *lavorare nel settore della c.* | (**spec. al pl.**) indumento per uomo, donna, bambino, che si acquista già confezionato **4** †preparato medicinale | †confettura, dolciume

confezionìsta [da *confezione* nel sign. 3 ✻ 1942] **s. m. e f.** (**pl. m.** *-i*) • chi confeziona in serie capi di abbigliamento

conficcaménto [1612] **s. m.** • (**raro**) il conficcare, il conficcarsi

conficcàre [comp. di *con-* e *ficcare* ✻ 1275] **A v. tr.** (*io conficco, tu conficchi*) **1** ficcare, far entrare con forza, spec. oggetti aguzzi: *c. un palo nel terreno* | anche in forma pron.: *conficcarsi un chiodo nella mano* | †inchiodare **2** (**fig.**) imprimere profondamente: *c. nella mente, nella memoria, nella coscienza* **B conficcàrsi v. intr. pron.** • penetrare con forza (**anche fig.**)
SFUMATURE ➤ *inserire*

†**confidaménto** [sec. XIV] **s. m.** • il confidare

†**confidànza** [sec. XIII] **s. f.** • confidenza, fiducia

♦**confidàre** [lat. parl. **confidāre*, per il classico *confīdere*, comp. di *con-* 'con' e *fīdere* (da *fĭdus* 'fido') ✻ 1261 ca.] **A v. tr. 1** rivelare, in un'atmosfera di segretezza o discrezione: *mi ha confidato le sue speranze* | (**lett.**) affidare: *a te confido tutto il mio reame* (L. Pulci) **2** sperare, presumere (+ *di* **seguito da inf.**, + *che*): *confido di arrivare in tempo*; *confido che verrà*; *altri ... non confidavano che avesse a passare* (F. Guicciardini) **B v. intr.** (**aus.** *avere*) • avere fiducia (+ *in*): *c. in Dio*; *confido nella tua discrezione* **SIN.** contare, sperare **C confidàrsi v. intr. pron. 1** (**raro**, **lett.**) appoggiarsi a qlcu., avere fiducia in qlcu. | ***confidarsi in qlcu.***, mettersi nelle sue mani **2** rendere qlcu. partecipe dei propri segreti, dei propri pensieri più intimi (+ *con*; **lett.** + *a*): *voglio confidarmi con te*; *avrebbe dovuto anche lui confidarsi a un segretario* (A. Manzoni)

SFUMATURE DI SIGNIFICATO

confidare - confessare - rivelare

Rivelare qualcosa a qualcuno in un contesto di confidenza e con fiducia nella riservatezza dell'interlocutore si dice **confidare**. Se la cosa rivelata costituisce un segreto abbastanza intimo o un caso personale è appropriato l'uso di **confessare**, che in accezione lievemente diversa indica il dichiarare apertamente e pubblicamente la responsabilità di azioni moralmente discutibili o addirittura delittuose. Il comunicare una notizia segreta si dice anche **rivelare**, termine che, a differenza dei precedenti, non implica nessun clima di confidenzialità fra chi parla e chi ascolta, né una richiesta di riservatezza.

SFUMATURE ➤ ***palesare***

confidàto **part. pass.** di *confidare*; anche **agg.** ● nei sign. del v. ‖ **†confidataménte**, **avv.** con fiducia

confidènte [vc. dotta, lat. *confidĕnte(m)*, part. pres. di *confidere* 'confidare' ✱ av. 1328] **A** **agg.** **1** che ha fiducia: *con animo c.* | (*lett.*) sicuro di sé, baldanzoso: *tempra de' baldi giovani / il c. ingegno* (A. MANZONI) **SIN.** fiducioso **2** (*raro, lett.*) che esprime fiducia: *su quella fronte c. e serena* (I. NIEVO) ‖ **confidenteménte**, **avv.** **1** (*raro*) con fiducia **2** (*lett.*) amichevolmente **B** **s. m. e f.** **1** persona amica a cui si possono rivelare notizie riservate, problemi personali e sim. **2** spia, informatore, spec. della polizia **3** ruolo del teatro classico e rinascimentale comprendente parti di amico del protagonista, con la funzione di informare il pubblico sull'antefatto o su altri eventi che accadono fuori di scena

confidènza o **†confidènzia** [vc. dotta, lat. *confidĕntia(m)*, da *confidere* 'confidare' ✱ 1320] **s. f.** **1** familiarità, dimestichezza: *essere in c. con qlcu.*; *trattare con c.* | ***dare c.***, trattare con familiarità | ***prendere c.***, acquistare familiarità con qlcu. o qlco.: *prendere c. con il nuovo lavoro, con la tastiera del computer* | ***prendersi, pigliarsi c., confidenze con qlcu.***, agire con esagerata familiarità, mancare di riguardo: *qual c. vi prendete voi con mia nipote?* (C. GOLDONI) **2** (*lett.*) fiducia, sicurezza: *aver c. in sé stessi* **3** rivelazione di qlco. in un'atmosfera di segretezza o discrezione: *voglio farti una c.* | ***in c.***, segretamente | (*est.*) notizia rivelata in un'atmosfera di segretezza o discrezione: *è una c. pericolosa*

confidenziàle [av. 1712] **agg.** **1** che dimostra confidenza, familiarità: *parole, contatti, confidenziali*; *inviato c.* **SIN.** amichevole, intimo **2** cordiale, libero da formalismi: *saluto c.*; *maniere confidenziali* **3** detto o fatto in un'atmosfera di segretezza o discrezione: *notizia, informazione, domanda, lettera c.* | ***in via c.***, in confidenza **SIN.** riservato, segreto ‖ **confidenzialménte**, **avv.** in modo confidenziale; in segreto; con familiarità ‖ **confidenzialità**, **s. f. inv.** caratteristica di ciò che è confidenziale; modo di fare confidenziale, riservato

confidi [vc. dotta, da *confidare* ✱ 1982] **s. m. pl.** ● consorzi, società o cooperative, che svolgono attività di garanzia collettiva dei fidi

configgere o **†configere** [vc. dotta, lat. *configere*, comp. di *cŭm* 'con' e *figere* 'fissare' ✱ av. 1292] **A** **v. tr.** (**coniug. come** *figgere*) ● conficcare, inchiodare (*anche fig.*): *gli confisse la spada nel cuore*; *configgersi un rimprovero nella mente* **B** **configgersi** **v. intr. pron.** ● infiggersi profondamente: *gli si è confitta una spina nella mano*

configuràbile [1932] **agg.** **1** che si può configurare in una certa forma, considerare sotto un certo aspetto **2** (*inform.*) detto di elemento di un sistema di elaborazione a cui possono essere attribuiti dei parametri che ne integrano la funzionalità con altri elementi ‖ **configurabilità**, **s. f. inv.**

configuràre [vc. dotta, lat. *configurāre*, comp. di *cŭm* 'con' e *figūra* 'figura, configurazione' ✱ sec. XIII] **A** **v. tr.** **1** rappresentare qlco. in una certa forma **SIN.** delineare **2** (*inform.*) conferire ai singoli componenti di un sistema di elaborazione i parametri adatti al loro funzionamento integrato **B** **configuràrsi** **v. intr. pron.** ● assumere una data forma, immagine e sim.: *procuriamo con una ... lodevole imitazione ... di configurarci a Cristo* (G.B. MARINO) | assumere una precisa connotazione: *un delitto che si configura come una vendetta mafiosa* | delinearsi, apparire, manifestarsi: *si va configurando un nuovo profilo di insegnante*

configurazionàle [1991] **agg.** ● (*chim.*) detto di ordine nella successione di configurazioni degli atomi di carbonio asimmetrici contenuti in una catena polimerica: *ordine c.*

configurazióne [vc. dotta, lat. tardo *configuratiōne(m)*, da *configurāre* 'configurare' ✱ av. 1555] **s. f.** **1** il configurare, il configurarsi | aspetto, figura, forma: *la c. di un territorio*; *la c. del cranio* **2** (*geogr.*) aspetto morfologico di una porzione di superficie terrestre: *la c. della zona alpina* **3** (*mat.*) collezione di elementi e di sottoinsiemi di un insieme dato, legati da particolari requisiti **4** (*fis.*) posizione di un sistema materiale, forma di questo e, a volte, l'atto di moto | (*astron.*) ***c. planetaria***, posizione di un pianeta o della Luna rispetto alla Terra e al Sole **5** (*chim.*) particolare disposizione spaziale di atomi o gruppi atomici legati ad un atomo asimmetrico o a un doppio legame che rende distinguibile una molecola da altre molecole contenenti gli stessi atomi: *c. cis*; *c. trans* **CFR.** stereoisomero **6** (*inform.*) combinazione degli elementi costitutivi di un sistema di elaborazione: *aggiornare la c. del sistema*

configurazionìsmo [da *configurazione* ✱ 1965] **s. m.** ● (*psicol.*) gestaltismo

confinaménto [sec. XVII] **s. m.** **1** (*raro*) il confinare **2** (*fis.*) nella fisica del plasma, contenimento delle particelle cariche ad alta temperatura in una zona limitata di spazio per il tempo necessario a provocare e mantenere reazioni di fusione nucleare | ***c. della carica di colore***, in fisica delle particelle, principio per cui le particelle dotate di carica di colore (quark e gluoni) non appaiono mai isolate

confinànte **part. pres.** di *confinare*; anche **agg. e s. m. e f.** ● che (o chi) confina

SFUMATURE DI SIGNIFICATO

confinante - finitimo

Confinante è ciò che ha un confine, un lato in comune con qualcos'altro. **Finitimo** ha lo stesso significato di *confinante*, ma è parola più rara e più elevata, che si usa esclusivamente in riferimento a Paesi e suddivisioni territoriali, non certo ad abitazioni, terreni e sim.

SFUMATURE ➤ ***limitrofo***

confinàre [da *confine*① ✱ 1282] **A** **v. intr.** (**aus.** *avere*) ● essere vicino, limitrofo, contiguo (*anche fig.*): *il suo podere confinava col mio*; *la cura scrupolosa delle robe proprie ... nei costumi induce una tal quale occhiuta rigidezza che ben davvicino confina coll'avarizia e colla crudeltà* (I. NIEVO) **B** **v. tr.** **1** †descrivere, stabilire i confini di un dato luogo **2** condannare al confino: *sotto il fascismo è stato confinato in un paesino di montagna*; *seguendo il suo crudel consiglio / bandisce altri fedeli, altri confina* (T. TASSO) | relegare, trasferire: *o di posporre la salute al pudore, ... o di c. nello stanzino la cameriera* (U. FOSCOLO) | (*est., lett.*) scacciare, bandire **3** (*fig.*) costringere a una vita ritirata: *il dispiacere lo ha confinato in casa* **C** **confinàrsi** **v. rifl.** **1** ritirarsi a vivere in un luogo isolato, appartarsi, segregarsi: *si è confinato in una casetta di campagna* **2** (*raro, lett.*) limitarsi: *confinarsi nell'ambito delle arti*

confinàrio [da *confine*① ✱ av. 1680] **agg.** **1** che riguarda il confine **2** che abita, che è situato, presso un confine: *popolo c.*; *città confinaria* **3** detto di corpo armato posto a presidio di confine: *milizia confinaria*

confinàto **A** **part. pass.** di *confinare*; anche **agg.** ● nei sign. del v. **B** **s. m.** (**f.** *-a*) ● chi è stato condannato al confino: *i confinati politici*

confinazióne [da *confinare* ✱ 1738] **s. f.** ● (*disus.*) delimitazione dei confini

confindustriàle [1963] **agg.** ● della Confederazione Generale dell'Industria Italiana (Confindustria)

♦**confine**① [vc. dotta, lat. *confine*, nt. dell'agg. *confinis* 'confinante', da *finis* 'confine, limite' ✱ 1269] **s. m.** (**pl.** *confini*, *†confine*, **f.**) **1** linea che circoscrive una proprietà immobiliare o il territorio di uno Stato o di una regione: *c. tra la Francia e l'Italia* | ***c. naturale***, quello che segue la linea di elementi geografici naturali | ***c. politico***, quello che segue una linea convenzionale | ***azione di regolamento di confini***, spettante a un proprietario fondiario in caso di contestazione sui confini **2** (*est.*) termine, fine, limite (*anche fig.*): *i confini del mondo*; *i confini della mente umana*; *ai confini del lecito* | ***senza confini***, illimitato | ***oltre i confini naturali***, oltre quanto è concesso dalla natura | ***passare i confini***, esagerare, passare i limiti **3** pietra, sbarra, cippo e sim. usati per segnare il confine di un luogo: *collocare, togliere i confini* **4** †paese, regione | †spazio, lato | (**spec. al pl.**) †confino: *andare, mandare, ai confini* | ***†avere i confini***, essere condannato al confino

†confine② [lat. *confine(m)* ✱ sec. XIV] **agg.** ● confinante

†confingere [vc. dotta, lat. *confingere*, comp. di *cŭm* 'con' e *fingere* 'plasmare, fingere' ✱ 1328] **v. tr.** ● contraffare | inventare, raffigurare

confino [da *confinare* ✱ 1797] **s. m.** ● misura di polizia introdotta nel 1931 (in sostituzione del *domicilio coatto*), consistente nell'imporre al condannato di dimorare per un certo tempo in un luogo lontano dal proprio luogo di residenza o da quello del delitto o da quello della vittima; oggi è sostituito dall'*obbligo di soggiorno* (V. *soggiorno*)

†confirmàre e deriv. ➤ **confermare** e deriv.

confirmatòrio [da *†confirmare* ✱ 1956] **agg.** (**pl. m.** *-i* o *raro -ii*) ● (*dir.*) solo nella loc. ***caparra confirmatoria***, somma di denaro che una parte consegna all'altra a titolo di garanzia per l'adempimento di un contratto

confisca [da *confiscare* ✱ 1764] **s. f.** **1** misura di sicurezza consistente nell'espropriazione di cose usate per commettere un reato o provenienti dallo stesso **2** (*raro*) oggetto della confisca

confiscàbile [1771] **agg.** ● che si può confiscare: *bene c.* ‖ **confiscabilità**, **s. f. inv.**

confiscàre [vc. dotta, lat. *confiscāre*, comp. di *cŭm* 'con' e *fiscus* 'cassa dello stato, fisco' ✱ 1310] **v. tr.** (*io confisco, tu confischi*) ● colpire un bene con confisca: *c. le merci di contrabbando* | (*impropr.*) espropriare o requisire, da parte dello Stato o di altro ente pubblico, un bene senza indennizzo

confiscatóre [sec. XIV] **s. m.** (**f.** *-trice*); anche **agg.** ● chi (o che) confisca

confissi ➤ **configgere**

confisso [vc. dotta, lat. *confictu(m)* 'unito assieme, fissato' ✱ 1988] **s. m.** ● (*ling.*) elemento formativo iniziale o finale di una parola, derivato da una parola, per lo più greca o latina, che ha significato compiuto (per es. *cardio-*, *tele-*, *-grafia*, *-fonia*); include i significati di *prefissoide* e *suffissoide*

confitènte [vc. dotta, lat. *confitĕnte(m)*, part. pres. di *confitēri* 'confessare' ✱ 1309] **s. m. e f.; anche agg.** ● chi (o che) si confessa | chi (o che) professa la propria fede

Confiteor [vc. lat., 'io confesso', prima pers. sing. indic. pres. di *confitēri* 'confessare' ✱ 1534] **s. m. inv.** ● formula liturgica di confessione generica, che si recita nella Messa e nella confessione | ***dire, recitare il C.***, (*fig.*) riconoscere le proprie colpe

C

confitto **part. pass.** di *configgere*; **anche agg.** ● nei sign. del v.

confiture /*fr.* kɔ̃fi'tyʀ/ [vc. fr., deriv. di *confit*, part. pass. di *confire* 'candire', dal lat. *conficere* 'preparare' ✱ 1892] **s. f. inv.** ● confettura, marmellata

conflagràre [vc. dotta, lat. *conflagrāre*, comp. di *cŭm* 'con' e *flagrāre* 'ardere' ✱ 1499] **v. intr.** (**aus.** *essere*) **1** (*lett.*) prendere fuoco all'improvviso: *le legna conflagravano e rendevano un sùbito bagliore* (G. D'Annunzio) **2** (*fig.*) scoppiare all'improvviso, detto di guerre e sim.

conflagrazióne [vc. dotta, lat. *conflagratiōne(m)*, da *conflagrāre* 'conflagrare' ✱ 1745] **s. f. 1** (*lett.*) incendio improvviso **2** (*fig.*) improvviso scoppio di ostilità fra due o più Stati **3** nella filosofia stoica, catastrofe finale che ricondurrà al fuoco tutto ciò che dal fuoco si è generato e concluderà un ciclo dell'universo

†**conflàre** [vc. dotta, lat. *conflāre*, comp. di *cŭm* 'con' e *flāre* 'soffiare' ✱ 1321] **v. tr. 1** fondere, sciogliere, detto spec. di metalli **2** (*fig., lett.*) provocare, suscitare

†**conflàto** **A** **part. pass.** di †*conflare*; **anche agg. 1** nei sign. del v. **2** (*fig.*) congiunto con altra cosa **B** **s. m.** ● (*raro, lett.*) unione intima

conflìggere [vc. dotta, lat. *conflīgere* 'battersi (*flīgere*) con (*cŭm*) qlcu.' ✱ sec. XIV] **v. intr.** (**coniug. come** *affliggere*; **aus.** *avere*) ● essere in conflitto: *i nostri interessi confliggono con i vostri*

♦**conflìtto** [vc. dotta, lat. *conflĭctu(m)*, da *conflīgere* 'combattere' ✱ 1363] **s. m. 1** scontro armato, combattimento: *c. a fuoco tra banditi e carabinieri* | guerra: *secondo c. mondiale* **2** contrasto, scontro, urto, spec. aspro e prolungato di idee, opinioni e sim.: *c. di gusti, di sentimenti* | ***c. sociale***, contrasto generato da profonde differenze economiche e sociali | ***c. di diritti***, esistenza di diritti a favore di persone diverse il cui esercizio è reciprocamente incompatibile **3** (*dir.*) situazione di contrasto tra autorità giurisdizionali o amministrative o tra autorità giurisdizionali e amministrative | ***c. di competenza***, contrasto tra più organi giurisdizionali che affermano o negano contemporaneamente di avere competenza a decidere una stessa controversia | ***c. di interessi***, situazione in cui un soggetto è contemporaneamente titolare o contitolare di due posizioni giuridiche che perseguono interessi in contrasto fra loro **4** (*psicol.*) contrapposizione manifesta o latente di impulsi, desideri o tendenze opposte che si escludono a vicenda

SFUMATURE ➤ ***contrasto***, ➤ ***lite***

conflittuàle [da *conflitto* ✱ 1956] **agg.** ● di conflitto, caratterizzato da un conflitto: *situazione c.*; *rapporto c.* ‖ **conflittualménte**, **avv.** ‖ **conflittualità**, **s. f. inv.** stato di agitazione e di contrasto fra interessi diversi spec. in campo sindacale; situazione caratterizzata da un contrasto di idee, opinioni e sim.

conflüènte **A** **part. pres.** di *confluire*; **anche agg.** ● nei sign. del v. **B** **s. m. 1** (*raro*) confluenza: *c. di fiumi, di strade* **2** affluente

conflüènza [vc. dotta, lat. tardo *confluĕntia(m)* 'afflusso di sangue, congestione', da *cōnfluens* 'confluente' ✱ 1664] **s. f. 1** congiungimento, convergenza di corsi d'acqua o ghiacciai | punto in cui due corsi d'acqua s'incontrano unendo le loro acque | (*est.*) incrocio di strade o di valli **2** (*fig.*) convergenza, unificazione, fusione: *c. di forze, di idee, di tendenze*

conflüire [lat. *conflŭere*, comp. di *cŭm* 'con' e *flŭere* 'scorrere' ✱ 1475] **v. intr.** (*io confluìsco, tu confluìsci*; **aus.** *essere*, **raro** *avere*) **1** congiungersi, unirsi, detto di corsi d'acqua, valli, strade e sim.: *le due arterie confluiscono più a sud* | versarsi: *nel lago confluiscono molti torrenti* | (*est.*) entrare a far parte di un'organizzazione già esistente, detto spec. di gruppi politici o sindacali **2** (*fig.*) fondersi, convergere: *nell'opera di questo scrittore confluiscono diverse tradizioni di pensiero*

confocàle [comp. di *con-* e *fuoco*, con suff. aggettivale ✱ 1865] **agg.** ● (*fis.*) che ha il medesimo fuoco o la medesima linea focale: *sistemi ottici confocali*

♦**confóndere** [lat. *confŭndere*, comp. di *cŭm* 'insieme' e *fŭndere* 'versare' ✱ av. 1250] **A** **v. tr.** (**coniug. come** *fondere*) **1** mescolare senza distinzione e senza ordine: *ha confuso tutti i libri della biblioteca*; *i tuoi discorsi mi confondono le idee* **2** (*est.*) scambiare una persona o cosa per un'altra: *c. i colori, i concetti*; *ho confuso il tuo nome con quello di una mia amica* **3** (*est.*) turbare in modo da togliere la chiarezza del pensiero, il discernimento: *la sua presenza lo ha confuso* | (*est.*) imbarazzare: *tutte queste attenzioni mi confondono* | (*est.*) sbalordire: *la sua bravura ci confonde* **4** (*est., lett.*) umiliare: *Iddio confonde l'orgoglio dei malvagi e dei superbi* | (*est., raro, lett.*) distruggere: *Perché non mi confonde tosto morte …?* (G. Boccaccio) **5** (*est.*) abbagliare, offuscare: *questa luce violenta mi confonde la vista* **B** **confóndersi** **v. intr. pron. 1** mescolarsi: *appena arrivò sulla via principale si confuse tra la folla*; *fuggirono confondendosi in mezzo alla gente*; *quasi sparivano confondendosi con la vegetazione* (L. Capuana) **2** turbarsi gravemente: *si confusero udendo quelle parole* | fare confusione, perdere il filo (+ *su*): *stava rispondendo, ma si è confuso*; *ti sei confuso su molti argomenti* **SIN.** smarrirsi | sbagliarsi (+ *in* **seguito da inf.**): *mi sono confuso nel fare la divisione* **3** dissolversi, sfumare: *le loro figure si confondono nella nebbia*; *tutto biancheggia e si confonde* (U. Foscolo) | (*tosc.*) darsi pena; occuparsi di ciò che si considera negativo: *confondersi con la politica*; *confondersi col gioco* | (*tosc.*) ***non mi ci confondo***, non me ne occupo

SFUMATURE ➤ ***imbarazzare***, ➤ ***mescolare***

confondìbile [1673] **agg.** ● che si può confondere ‖ **confondibilità**, **s. f. inv.**

conformàbile [1821] **agg.** ● che si può conformare ‖ **conformabilità**, **s. f. inv.**

conformàre [vc. dotta, lat. *conformāre*, comp. di *cŭm* 'con' e *formāre* 'formare' ✱ 1282] **A** **v. tr.** (*io confórmo*) **1** dare una forma, una figura determinata **2** rendere conforme, uniformare, adeguare, adattare (+ *a*): *c. qlco. all'indole, alla capacità, ai bisogni*; *c. la propria vita a un ideale* **B** **conformàrsi** **v. rifl.** ● agire in modo conforme a qlco. (+ *a*, + *con*): *conformarsi alla legge, agli ordini*; *è questa una regola di fatto e di diritto … per conformarci ad essa di buon grado* (A. Manzoni); *in questa età avrà meglio imparato a conformarsi con la volontà di Dio* (T. Tasso) | uniformarsi, adeguarsi, adattarsi: *conformarsi alle abitudini del luogo in cui si vive*; *conformarsi alle idee dominanti* **C** **conformàrsi** **v. intr. pron.** ● (*raro*) essere proporzionato (+ *con*): *la misura di questo oggetto si conforma con quella degli altri*

conformatóre [vc. dotta, lat. tardo *conformatōre(m)* 'ordinatore', da *conformāre* 'conformare' ✱ av. 1828] **A** **agg.** (**f.** *-trice*) ● che conforma **B** **s. m.** ● apparecchio a pezzi mobili, col quale i cappellai determinano la forma della testa

conformazionàle [1987] **agg.** ● (*chim.*) relativo alla conformazione delle molecole: *isomeria c.*

conformazióne [vc. dotta, lat. *conformatiōne(m)*, da *conformāre* 'conformare' ✱ av. 1328] **s. f. 1** figura, forma: *avere una bella c.*; *la c. del corpo* | modo di strutturarsi di un organo od organismo: *vizi di c.* **2** (*raro, lett.*) adattamento

♦**confórme** [vc. dotta, lat. *confōrme(m)*, comp. di *cŭm* 'con' e *fōrma* 'forma' ✱ 1320] **A** **agg. 1** simile per forma, caratteristiche e sim. (+ *a*, + *con*): *una riproduzione c. al modello*; *copia c.*; *due oggetti conformi*; *i governi debbon essere conformi alla natura degli uomini governati* (G. Vico); *la farfalla aveva l'abito c. / con le felci i palmizi l'orchidee* (G. Gozzano) | che corrisponde, che si accorda con qlco.: *c. all'esempio, al vero* | regolare: *procedimento c.*; *prassi non c.* **2** (*mat.*) detto di corrispondenza che conservi gli angoli fra curve, cioè fra le rispettive tangenti ‖ **conformeménte**, **avv.** in modo conforme, in conformità: *agire conformemente al regolamento* **B** **avv.** ● (*ven., ellitt.*) dipende, secondo il caso o le prospettive (nelle risposte): *'E quando non è irritato come ti tratta?' 'C.'* (I. Svevo) **C** **prep.** ● †in conformità con qlco.: *c. lo stile di questa corte* | ***c. a***, secondo, in modo corrispondente a: *conforme a sua bontà* (Dante *Par.* II, 148) **D** **cong.** ● (*lett.* o *raro*) come, secondo che (introduce una prop. modale con il v. all'indic.): *agisce c. gli passa per il capo*; *occorre operare c. dice la legge*; *c. si è sopra veduto* (G. Vico) | †***c. a che***, secondo che: *c. a che simili illusioni si veggono in cristalli e gemme di più sorte* (G. Galilei)

SFUMATURE ➤ ***analogo***

conformìsmo [ingl. *conformism*, modellato col suff. *-ism* '-ismo' su *conformist* 'conformista' ✱ 1933] **s. m.** ● atteggiamento, linea di condotta e sim. tipici del conformista

conformìsta [ingl. *conformist*, da *conform* 'conforme' ✱ 1714] **s. m. e f.; anche agg.** (**pl. m.** *-i*) ● chi (o che) si uniforma passivamente alla mentalità, alle opinioni e ai modi di vita prevalenti in un determinato gruppo sociale, periodo storico e sim.

SFUMATURE ➤ ***convenzionale***

conformìstico [1946] **agg.** (**pl. m.** *-ci*) ● tipico del conformismo o del conformista ‖ **conformisticaménte**, **avv.**

♦**conformità** [av. 1327] **s. f. inv.** ● condizione di ciò che è conforme (+ *a*, + *con*): *c. di carattere*; *c. alle regole*; *c. con la tradizione*; *la perfezione di un essere non è altro che l'intiera c. colla sua essenza primigenia* (G. Leopardi) | ***in c. a*** (o ***con*** o, *lett.*, ***di***), conformemente a: *misura presa in c. alla* (o *con la*) *prassi*; *in c. di ciò che sopra n'abbiamo detto* (G. Vico) **SIN.** concordanza

confòrt /kon'fɔrt, *fr.* kɔ̃'fɔʀ/ [vc. fr. 'conforto' ✱ 1855] **s. m. inv.** ● comfort

confortàbile [fr. *confortable*, dall'ingl. *confortable*] **agg. 1** (*raro*) che si può confortare **2** (*lett.*) confortevole ‖ **confortabilménte**, **avv.** in modo confortevole

confortànte **part. pres.** di *confortare*; **anche agg.** ● che dà conforto, coraggio: *una notizia c.*; *è c. sapere che la sua salute migliora*

†**confortànza** [sec. XIII] **s. f.** ● conforto

confortàre [lat. tardo *confortāre* 'rinforzare, consolare', comp. di *cŭm* 'con' e *fŏrtis* 'forte' ✱ av. 1250] **A** **v. tr.** (*io confòrto*) **1** (*raro*) ritemprare, dare ristoro (**anche assol.**): *c. lo stomaco*;

è una medicina che conforta | (*lett.*) confermare, sostenere, con argomentazioni e sim.: *c. una tesi, un assunto; ha confortato le sue affermazioni con molte citazioni* **2** dare conforto, appoggio, aiuto: *c. un malato, gli afflitti; mi ha confortata nel mio dolore* | (*est.*) ricreare: *c. l'animo, lo spirito* **3** incoraggiare: *la notizia lo confortò a proseguire gli sforzi* **B** **confortàrsi** **v. intr. pron.** ● (*raro*) prendere forza | provare sollievo, farsi animo e sim.: *alla lieta notizia si confortarono* **C** **confortàrsi** **v. rifl. recipr.** ● consolarsi a vicenda

SFUMATURE ➤ ***consolare***①, ➤ ***rincuorare***

confortatìvo [1298] **agg.** ● (*raro*) che serve a confortare

confortàto **part. pass.** di *confortare*; **anche agg.** ● nei sign. del v.

confortatóre [vc. dotta, lat. tardo *confortatōre(m)*, da *confortāre* 'confortare' ✱ sec. XIII] **agg. e s. m.** (**f.** *-trice*) ● che (o chi) conforta

confortatòrio [vc. dotta, lat. tardo *confortatōriu(m)*, da *confortāre* 'confortare' ✱ av. 1363] **A** **agg.** (**pl. m.** *-i* o *raro -ii*) ● che reca conforto **B** **s. m.** ● cappella in cui i condannati a morte ricevevano gli ultimi conforti religiosi

conforterìa [av. 1755] **s. f.** ● (*raro*) confortatorio

♣**confortévole** [1326] **agg.** **1** (*lett.*) che reca conforto: *parole confortevoli* **SIN.** consolante **2** che offre agi, comodità: *casa, automobile c.; albergo poco c.* ‖ **confortevolménte**, **avv.**

confortìno [av. 1492] **s. m.** **1** (*tosc.*) pane condito con spezie e miele | pasta dolce a forma di ciambella **2** in pasticceria, lingua di gatto

confòrto① [da *confortare* ✱ av. 1250] **s. m.** **1** consolazione, sollievo, aiuto morale: *dare, recare c. a qlcu.; essere di c. a, per, qlcu.; trovare c. in qlco.* | (*est.*) chi (o ciò che) serve a confortare: *la musica è il mio unico c.* | ***conforti religiosi, estremi conforti***, sacramenti e preghiere amministrati e pronunciati in punto di morte **2** sostegno, appoggio: *agendo così, ho avuto il c. della mia buona fede* | ***a c. di una tesi***, a sostegno **3** (*raro*) ristoro | ***generi di c.***, cibi o bevande non di prima necessità (come caffè, cioccolato, liquori, ecc.)

confòrto② [cfr. ingl. *comfort* e fr. *confort* ✱ 1824] **s. m.** ● (*raro*, **spec. al pl.**) agio, comodità: *questo studio è dotato di tutti i conforti moderni* ‖ **confortino**, **dim.**

†**confràte** [lat. mediev. *confrater*, nom., comp. di *cŭm* 'con' e *frāter* 'fratello' ✱ 1305] **s. m.** ● confratello

confratèllo [comp. di *con-* e *fratello* ✱ 1721] **s. m.** **1** frate dello stesso ordine religioso | chi è ascritto con altri a una stessa confraternita **2** (*est.*, *lett.*) collega: *Così è, cari confratelli in rimeria* (G. CARDUCCI)

confratèrnita [lat. mediev. *confraternitas*, nom., da *confrater* 'confrate' ✱ sec. XIV] **s. f.** **1** associazione di laici non governata da una regola e riconosciuta dall'autorità ecclesiastica, che ha per fine l'elevazione spirituale degli iscritti mediante pratiche di pietà, di carità e di culto **2** nell'Islam, raggruppamento, a base gerarchica e con proprio ordinamento amministrativo, di musulmani maschi che si riuniscono periodicamente per pratiche culturali o mistiche: *la c. dei Senussi, dei Dervisci* **3** (*est.*) compagnia, congrega (*spec. iron.*): *confraternite studentesche*

†**confregàre** e deriv. ➤ **confricare** e deriv.

confricàre o †**confregàre** [vc. dotta, lat. *confricāre*, comp. di *cŭm*, 'con', e *fricāre* 'sfregare' ✱ 1475] **v. tr.** (*io cònfrico* o *cònfrico, tu confrìchi* o *cònfrichi*) ● (*lett.*) strofinare con forza

confricazióne o †**confregazióne** [vc. dotta, lat. tardo *confricatiōne(m)*, da *confricāre* 'confricare' ✱ av. 1328] **s. f.** ● (*raro*, *lett.*) strofinamento

confrontàbile [1965] **agg.** ● che si può confrontare **SIN.** paragonabile ‖ **confrontabilità**, **s. f. inv.**

♦**confrontàre** [fr. *confronter*, dal lat. mediev. *confrontare*, da *frōns*, genit. *frŏntis* 'fronte' ✱ sec. XIV] **A** **v. tr.** (*io confrónto*) **1** considerare due o più cose insieme, valutandone le somiglianze e le differenze: *c. alcuni concetti* | collazionare: *c. testimonianze, scritture, conti* | ***confronta***, indicazione che, abbreviata in *cfr.* e seguita dall'indicazione del libro, della pagina, del paragrafo e sim., serve per rinviare il lettore di un testo ad altro luogo dello stesso o a un'opera in esso citata **SIN.** comparare, paragonare **2** (*raro*) consultare: *c. un'enciclopedia, un annuario* **B** **v. intr.** (aus. *avere*) ● (*raro*, *lett.*) concordare, corrispondere: *i calcoli di quest'autore son tali, che nessuno confronta con un altro* (G. GALILEI) **C** **confrontàrsi** **v. rifl. e rifl. recipr.** ● commisurarsi (+ *con*, + *su*): *confrontarsi con una difficoltà, con i propri limiti* | discutere, contendere dialetticamente con qlcu.: *confrontarsi con i propri avversari politici; confrontarsi sul tema dell'immigrazione* | (*est.*) affrontare qlco. di impegnativo: *non è facile per un soprano confrontarsi con il ruolo di Norma*

♦**confrónto** [da *confrontare* ✱ av. 1675] **s. m.** **1** il confrontare | comparazione, raffronto: *fare il c. tra due cose; il c. di due disegni; mettere a c. una cosa con un'altra* | ***senza c.***, incomparabilmente | ***reggere il c. con qlco.***, essere pari a qlco., essere allo stesso livello | ***reggere al c.***, essere all'altezza, alla pari | ***non temere confronti***, essere superiore | ***in c. a*** (o ***di*** o ***con***), ***a c. di*** (o ***con***), a paragone di, rispetto a, relativamente a | ***nei miei, tuoi confronti***, rispetto a me, a te | riscontro, collazione: *c. di manoscritti* **2** discussione, contesa: *c. tra gli esponenti dei partiti sui risultati elettorali* | (*est.*) incontro sportivo **3** (*dir.*) contraddittorio istituito in giudizio tra soggetti già esaminati o interrogati onde chiarire la verità delle divergenti dichiarazioni da loro rilasciate: *mettere a c. imputati, testimoni, parti* | ***c. all'americana***, quello in cui l'imputato o l'indiziato di un reato è presentato dalla polizia, a chi deve riconoscerlo, assieme ad altre persone a lui simili nell'aspetto fisico ed estranee al fatto criminoso

SFUMATURE DI SIGNIFICATO

confronto - collazione

Confronto è un'analisi comparativa fra due o più persone o cose, finalizzata a rilevarne il relativo valore o le somiglianze e le differenze. Un particolare tipo di confronto è quello che in filologia si chiama **collazione**, ovvero il confronto compiuto fra le diverse copie di testi letterari o altri documenti, condotto al fine di ricostruirne criticamente il testo originale.

SFUMATURE ➤ ***paragone***

confucianésimo [1913] **s. m.** ● dottrina morale, politica e religiosa di Confucio (551-479 a.C.) e dei suoi maggiori discepoli, diffusa soprattutto in Cina

confuciàno [av. 1722] **A** **agg.** ● di Confucio, del confucianesimo **B** **s. m.** (**f.** *-a*) ● seguace del confucianesimo

†**confùggere** [lat. *confŭgere*, comp. di *cŭm* 'con' e *fŭgere* 'fuggire' ✱ av. 1294] **v. intr.** ● (*lett.*) rifugiarsi

confusionàle [1964] **agg.** ● (*med.*) che denota confusione mentale: *stato c.*

confusionàrio [1896] **agg. e s. m.** (**f.** *-ia*) ● che (o chi) fa confusione o ha la mente confusa

♦**confusióne** [vc. dotta, lat. *confusiōne(m)*, da *confūsus*, part. pass. di *confūndere* 'confondere' ✱ 1243 ca.] **s. f.** **1** coesistenza o mescolanza nello stesso luogo di più persone o cose senza distinzione e senza ordine (**anche fig.**): *fare c.; cos'è tutta questa c.?; nella stanza regnava una c. spaventosa; quel tipo ha una gran c. in testa* | (*est.*) chiasso, baccano: *smettetela di fare c.!* **SIN.** baraonda, bolgia, caos, disordine, pandemonio **2** scambio di una persona o di una cosa con un'altra: *c. di date, di cifre, di luoghi; c. tra il sacro e il profano* | ***fare c.***, fare errori, sbagliare, confondersi: *faccio sempre c. con gli anni* **3** (*med.*) ***c. mentale***, stato mentale caratterizzato da smarrimento, disturbi emotivi, mancanza di chiarezza di pensiero e talvolta disorientamento percettivo **4** (*est.*) forte turbamento, agitazione che impedisce di essere lucidi: *la sua c. era palese* | (*est.*) imbarazzo **5** (*est.*, *lett.*) profonda umiliazione, vergogna: *per la c. di averla trattata … con poco rispetto* (I. NIEVO) | ***a sua c.***, in modo che lui sia mortificato, svergognato **6** (*dir.*) modo di estinzione delle obbligazioni o del diritto di servitù che si attua quando le posizioni di creditore e debitore, o di titolare del fondo servente o del fondo servito, si riuniscono in un'unica persona

SFUMATURE DI SIGNIFICATO

confusione - caos

Confusione è la mescolanza, la coesistenza di cose senza alcun ordine o criterio ma anche il chiasso, il frastuono determinato da persone vocianti. Significato analogo ma più forte ha **caos**, che nel suo primo significato rimanda addirittura alla *confusione* degli elementi prima che il mondo si formasse.

SFUMATURE ➤ ***stordimento***

confusionìsmo [da *confusione* ✱ 1884] **s. m.** ● tendenza a creare uno stato di estrema confusione | (*lett.*) gran confusione

confusionìsta [1886] **s. m. e f.** (**pl. m.** *-i*) ● (*raro*) confusionario

confusìvo [1977] **agg.** ● (*lett.*) caratterizzato da confusione, da incertezza: *linguaggio c.; identità confusiva*

♦**confùso** [vc. dotta, lat. *confūsu(m)*, part. pass. di *confūndere* 'confondere' ✱ sec. XIII] **agg.** **1** mescolato, senza ordine: *un mucchio c. di carte* | mescolato ad altri: *riuscì a entrare c. tra gli invitati* **2** che manca di chiarezza, precisione, lucidità e sim.: *fare un discorso c.; avere le idee confuse; mi sento la mente un po' confusa* **3** vago, indistinto: *un suono, un mormorio c.* **4** turbato, imbarazzato, detto di persona: *sono c. per la vostra gentilezza* ‖ **confusétto**, **dim.** ‖ **confusaménte**, **avv.** **1** in modo confuso, disordinatamente: *i ventagli si agitavano confusamente* (G. D'ANNUNZIO) **2** in modo poco chiaro, indistinto: *rispose confusamente*

confutàbile [1673] **agg.** ● che si può confutare **SIN.** oppugnabile ‖ **confutabilità**, **s. f. inv.**

confutàre [vc. dotta, lat. *confutāre* 'abbattere, reprimere', poi 'confutare', da avvicinare a *refutāre* 'respingere' ✱ 1320] **v. tr.** (*io cònfuto* o *confùto*) **1** controbattere un'argomentazione dimostrandone l'erroneità o l'infondatezza: *c. un'opinione, una dottrina, una tesi* **SIN.** contraddire, oppugnare **2** (*dir.*) ribattere in giudizio gli argomenti sostenuti dalla controparte: *c. l'eccezione sollevata*

confutatìvo [av. 1566] **agg.** ● che vale a confutare

confutatóre [vc. dotta, lat. tardo *confutatōre(m)*, da *confutāre* 'confutare' ✱ 1664] **s. m.** (**f.** *-trice*); **anche agg.** ● chi (o che) confuta

confutatòrio [av. 1348] **agg.** (**pl. m.** *-i* o *raro -ii*) ● che ha lo scopo di confutare: *discorso c.* | di confutazione

confutazióne [vc. dotta, lat. *confutatiō-*

ne(m), da confutāre 'confutare' ✻ av. 1292] **s. f.** **1** argomentazione con la quale si confuta: *c. esauriente, stringente, fiacca* **SIN.** oppugnazione **2** nella retorica classica, parte dell'orazione in cui si ribattono gli argomenti dell'avversario **SIN.** elenctica **CFR.** apodittica, apologetica

cònga [dal *Congo* (?) ✻ 1947] **s. f.** ● danza cubana di origine africana | tamburo di origine africana, usato spec. in Brasile e nelle Antille

†**congaudère** [vc. dotta, lat. tardo *congaudēre*, comp. di *cŭm* 'con' e *gaudēre* 'godere' ✻ av. 1294] **v. intr.** ● rallegrarsi insieme: *Omai veggio ... / ... / ... di che congaudete* (DANTE *Purg.* XXI, 76-78)

congedaménto [1956] **s. m.** ● (*milit.*) l'atto di mettere in congedo i soldati di leva o richiamati per fine servizio

congedàndo [da *congeda(re)*, con il suff. *-ando* ✻ 1970] **A** **agg.** ● che deve essere congedato **B** **s. m.** (**f.** *-a*) ● soldato da congedare

congedàre [da *congedo* ✻ av. 1729] **A** **v. tr.** (*io congèdo*) **1** dare congedo, invitare qlcu. ad andarsene, a partire: *ci congedò bruscamente* | salutare qlcu. che sta partendo: *stava congedando i visitatori con frasi cordiali* **SIN.** accomiatare **2** (*milit.*) mettere in congedo i militari per fine servizio **B** **congedàrsi** **v. rifl.** **1** andarsene salutando: *si congedò nel bel mezzo della festa*; *mi congedai dal padrone di casa* **SIN.** accomiatarsi **2** (*milit.*) andare in congedo

congedàto **part. pass.** di *congedare*; anche **agg. e s. m.** (**f.** *-a*) ● che (o chi) ha ottenuto il congedo

congèdo [ant. fr. *congiet*, dal lat. *commeātu(m)*. V. *commiato* ✻ sec. XIII] **s. m.** **1** il congedare, il congedarsi: *non trascurai qualche visita di c.* (E. MONTALE) | permesso, ordine, invito ad andarsene, a partire: *chiedere, dare, prendere c.* **SIN.** commiato **2** saluto al pubblico che gli attori di una commedia o di una farsa fanno alla fine della rappresentazione | ***recita di c.***, ultima rappresentazione eseguita da una compagnia in una determinata città **3** (*milit.*) cessazione del servizio militare | stato del militare che ha cessato di prestare servizio | ***foglio di c.***, documento rilasciato ai soldati ad attestazione legale del cessato servizio militare | ***c. provvisorio***, posizione particolare dell'ufficiale che cessa temporaneamente dal servizio effettivo | ***c. illimitato***, posizione dei militari in congedo per i quali permangono gli obblighi di servizio solo in caso di necessità | ***c. illimitato provvisorio***, posizione del cittadino, soggetto agli obblighi militari, nel periodo compreso tra l'arruolamento e la chiamata alle armi | ***c. assoluto***, posizione dei militari che cessano da qualunque obbligo di servizio | ***ufficiali in c.***, costituiscono la riserva dell'esercito per il completamento numerico dei quadri in caso di mobilitazione **4** periodo retribuito di astensione dal lavoro da parte del lavoratore subordinato in casi previsti dalla legge o dalla contrattazione collettiva | ***c. parentale***, astensione facoltativa riconosciuta ai genitori per accudire il figlio | ***c. di maternità***, astensione della lavoratrice madre in occasione del parto | ***c. di paternità***, spettante al padre in alternativa al congedo della madre | ***c. matrimoniale***, spettante in occasione del matrimonio **5** (*letter.*) commiato, tornata **6** (*relig.*) nella liturgia cattolica, l'ultima parte dei riti di conclusione della Messa, con la quale l'assemblea viene sciolta

SFUMATURE DI SIGNIFICATO

congedo - dimissione - destituzione - espulsione

Congedo è l'astensione temporanea dal lavoro di un lavoratore dipendente o anche la cessazione definitiva dal servizio soprattutto di un militare. Con **dimissione** si intende invece l'atto formale con cui chi è investito di una carica o esercita una funzione rinuncia volontariamente alla sua attività. **Destituzione** è la rimozione forzosa da un incarico o da un ufficio di responsabilità di chi ha commesso degli illeciti o si è macchiato di gravi negligenze. Se la *destituzione* non comporta necessariamente il licenziamento, l'**espulsione** è una cacciata, un allontanamento definitivo ed è conseguenza di un illecito o di una negligenza molto grave.

congegnaménto [av. 1704] **s. m.** ● (*raro, lett.*) il congegnare | connessione

congegnàre [dalla sovrapposizione di *ingegnare* a *combinare* ✻ av. 1327] **v. tr.** (*io congégno*; **coniug. come** *segnare*) ● adattare, mettere insieme con una certa abilità vari elementi per costruire una struttura complessa: *c. una casa, un motore, un'opera d'arte* | (*fig.*) elaborare, ideare qlco. di complesso: *ha congegnato un piano infallibile*

congegnatóre [av. 1827] **s. m.** (**f.** *-trice*) **1** (*raro*) chi congegna **2** chi aggiusta congegni meccanici

†**congegnatùra** [av. 1686] **s. f.** ● modo in cui una cosa è congegnata

✦**congégno** [da *congegnare* ✻ 1818] **s. m.** ● (*mecc.*) dispositivo o strumento formato di diverse parti messe insieme: *c. di manovra, di trasmissione, di scatto, di puntamento*; *un c. di grande precisione* | (*est.*) meccanismo, struttura composita (*anche fig.*): *nel c. affaticato delle vene e dei nervi* (I. NIEVO); *il c. della passione va complicandosi* (G. VERGA) ‖ **congegnétto**, **dim.** | **congegnino**, **dim.** | **congegnùccio**, **dim.**

SFUMATURE ➤ ***strumento***

congelaménto [1666] **s. m.** **1** il congelare, il congelarsi: *c. dell'acqua, dell'olio*; *temperatura di c.*; *c. della carne* | (*fig.*) rinvio, sospensione: *c. dei crediti* | (*fig.*) blocco, irrigidimento: *c. della situazione politica* **2** (*med.*) lesione causata dalle basse temperature sui tessuti dell'organismo: *c. alle mani, dei piedi*; *presentare sintomi di c.*

congelàre [vc. dotta, lat. *congelāre*, comp. di *cŭm* 'con' e *gelāre* 'far gelare' ✻ 1268] **A** **v. tr.** (*io congèlo*) **1** raffreddare un liquido fino a solidificarlo: *c. l'acqua* **2** (*lett., fig.*) irrigidire colpendo con una forte emozione e sim. **SIN.** agghiacciare, raggelare | (*lett.*) rendere freddo, insensibile **3** portare e mantenere derrate alimentari a temperature uguali o inferiori a −7 °C fino a −12 °C: *c. le carni, il pesce* **4** (*fig.*) bloccare, mantenere inalterato: *c. le tariffe* | ***c. un credito***, sospenderlo temporaneamente **5** (*fig.*) rinviare, accantonare o sospendere il verificarsi di un evento: *c. una promozione, una riforma* **B** **v. intr.** (**aus.** *essere*) e **congelàrsi** **v. intr. pron.** **1** subire l'effetto di temperature inferiori a 0 °C **2** (*iperb.*) soffrire per il freddo: *aspettandolo ci siamo congelati*

congelàto **part. pass.** di *congelare*; anche **agg.** **1** nei sign. del v.: *pesce c.* | (*iperb.*) sofferente per il freddo: *avere i piedi congelati* **2** (*fig.*) bloccato, sospeso: *aumenti congelati*

congelatóre [1925] **A** **agg.** (**f.** *-trice*) ● che congela, che provoca congelamento **B** **s. m.** ● elettrodomestico autonomo per il rapido congelamento di alimenti freschi o per la conservazione di alimenti surgelati a temperature inferiori a −18 °C | freezer

congelazióne [vc. dotta, lat. *congelatiōne(m)*, da *congelāre* 'congelare' ✻ av. 1334] **s. f.** ● (*med.*) congelamento

†**congèneo** [vc. dotta, lat. tardo *congĕneu(m)*, comp. di *cŭm* 'con' e *gĕnus* 'genere' ✻ 1584] **agg.** ● congenere

congènere [vc. dotta, lat. *congĕnere(m)*, comp. di *cŭm* 'con' e *gĕnus*, genit. *gĕneris* 'genere' ✻ 1550] **agg.** **1** che è dello stesso genere: *lavori, libri, articoli congeneri* **SIN.** consimile **2** (*biol.*) detto di pianta o animale appartenente allo stesso genere di un altro

congènero [vc. dotta, lat. *congĕneru(m)*, comp. di *cŭm* 'con' e *gĕner* 'genero' ✻ 1829] **s. m.** ● chi è genero insieme con altri rispetto agli stessi suoceri o a uno di loro

✦**congeniàle** [ingl. *congenial* ✻ 1825] **agg.** ● che è consono, che si accorda all'indole e alle preferenze di qlcu.: *un lavoro che non mi è c.* ‖ **congenialménte**, **avv.** ‖ **congenialità**, **s. f. inv.**

congènito [vc. dotta, lat. *congĕnitu(m)*, comp. di *cŭm* 'con' e *gĕnitus* 'generato' ✻ av. 1563] **agg.** ● che esiste già alla nascita: *vizio c.*; *malformazione, malattia congenita* **CONTR.** acquisito ‖ **congenitaménte**, **avv.**

✦**congèrie** [vc. dotta, lat. *congĕrie(m)*, da *congĕrere* 'ammucchiare' ✻ 1499] **s. f. inv.** ● massa, insieme di cose confuse: *c. di errori, di libri, di fatti, di dottrine* **SIN.** accozzaglia, ammasso, guazzabuglio

SFUMATURE ➤ ***caterva***

congestionàre [da *congestione* ✻ 1892] **A** **v. tr.** (*io congestióno*) **1** (*med.*) causare una congestione: *c. il fegato* **2** (*fig.*) ingombrare con eccessivo afflusso di cose o persone: *la chiusura di quella via congestiona il centro della città* **B** **congestionàrsi** **v. intr. pron.** **1** (*med.*) subire una congestione: *il polmone si è congestionato* **2** (*fig.*) diventare caotico: *a quest'ora il traffico si congestiona*

SFUMATURE ➤ ***ingombrare***

congestionàto **part. pass.** di *congestionare*; anche **agg.** **1** (*med.*) colpito da congestione | (*est.*) eccitato, arrossato: *volto c.* **2** (*fig.*) eccessivamente affollato, caotico ‖ **congestionataménte**, **avv.**

congestióne [vc. dotta, lat. *congestiōne(m)*, da *congĕstus*, part. pass. di *congĕrere* 'ammucchiare' ✻ 1687] **s. f.** **1** (*med.*) aumento patologico di sangue in un tessuto o in un organo: *c. attiva, passiva*; *c. polmonare, cerebrale* **2** (*fig.*) ingombro eccessivo causato dalla presenza contemporanea, nello stesso luogo, di veicoli e persone: *la c. del traffico stradale*

congestìzio [av. 1910] **agg.** ● (*med.*) di congestione, dovuto a congestione

congèsto [vc. dotta, lat. *congĕstu(m)*, part. pass. di *congĕrere* 'ammucchiare' ✻ av. 1334] **agg.** **1** (*med.*) colpito da congestione **2** (*lett.*) adunato, ammassato

✦**congettùra** o †**coniettùra**, †**conghiettùra** [lat. *coniectūra(m)*, da *coniĕctus*, part. pass. di *conĭcere* 'gettar sopra, introdurre, interpretare' ✻ 1261 ca.] **s. f.** **1** ipotesi, giudizio e sim. fondato su indizi, apparenze, considerazioni personali e sim.: *cominciò una serie di congetture*; *chi fa questo giudicio, lo fa per coniettura e non per certezza* (F. GUICCIARDINI) **2** (*mat.*) proposizione non dimostrata ma di cui non si conoscono esempi che la contraddicono | ***c. di Goldbach***, in cui si ipotizza che qualsiasi numero pari sia rappresentabile come somma di due numeri primi **3** in filologia, lezione non attestata dalla tradizione, ma escogitata dall'editore nei luoghi in cui il testo letterario è lacunoso o non ha senso plausibile

SFUMATURE DI SIGNIFICATO

congettura - induzione

Congettura è un'ipotesi che si fonda sull'osservazione di fatti in sé non oggettivamente probanti, ed implica dunque ampi margini di soggettività. **Induzione** è termine del linguaggio logico e filosofico che descrive il ragionamento per cui dall'osservazione di fatti particolari si trae un'ipotesi di carattere generale.

congetturàbile [1769] **agg.** ● che si può congetturare

congetturàle o †**coniettùrale**, †**con-**

ghietturàle [vc. dotta, lat. *coniecturāle(m)*, da *coniectūra* 'congettura' ✱ 1261 ca.] **agg.** ● fondato su congetture: *un'affermazione c.*; *un'emendazione c. a un testo letterario* **SIN.** ipotetico, presumibile ‖ **congetturalménte**, avv.

✱**congetturàre** o †**conietturàre**, †**conghietturàre** [vc. dotta, lat. tardo *coniecturāre*, da *coniectūra* 'congettura' ✱ av. 1327] **A** **v. tr.** (*io congettùro*) ● opinare, supporre fondandosi su indizi: *con tali dati di fatto non è possibile c. nulla di sicuro* **SIN.** ipotizzare **B** **v. intr.** (aus. *avere*) ● fare congetture: *perdere il proprio tempo a c.*

†**conghiettùra** e deriv. ➤ **congettura** e deriv.

congiàrio [vc. dotta, lat. *congiāriu(m)*, da *cŏngius* 'congio', misura romana di capacità ✱ av. 1604] **s. m.** ● dono fatto dagli imperatori romani agli amici o al popolo, e consistente nella distribuzione di grano, vino, olio e denaro

còngio [lat. *congiu(m)*; V. *cogno*① ✱ 1295] **s. m.** ● nell'antica Roma, misura di capacità corrispondente a circa tre litri

congioìre [comp. di *con-* e *gioire* ✱ sec. XIII] **v. intr.** (*io congioisco, tu congioìsci*; **difett. del part. pres.; aus.** *avere*) ● (*raro*) gioire insieme con altri

†**congiónto** ➤ **congiunto**

†**congiugàre** e deriv. ➤ **coniugare** e deriv.

†**congiùgnere** e deriv. ➤ **congiungere** e deriv.

congiungènte **A** **part. pres.** di *congiungere*; **anche agg.** ● nei sign. del v. **B** **s. f.** ● linea che congiunge due punti

congiùngere o †**coniùngere**, †**congiùgnere** [lat. *coniŭngere*, comp. di *cŭm* 'con' e *iŭngere* 'congiungere' ✱ 1261 ca.] **A** **v. tr.** (**coniug. come** *giungere*) **1** unire, mettere insieme due o più cose (*anche fig.*): *c. le mani, le proprie forze* | *c. due persone in matrimonio*, sposare | †maritare | porre in comunicazione, collegare: *c. due diversi punti della città, due linee ferroviarie*; *c. apparecchi telefonici* **2** (*mat.*) *c. due punti*, trovare la retta che contiene i due punti **B** **congiùngersi** **v. intr. pron.** **1** unirsi, legarsi (*anche fig.*): *congiungersi in amicizia, in matrimonio* | confluire, mischiarsi (*anche fig.*): *i due corsi d'acqua si congiungono a valle* **2** (*lett.*) unirsi sessualmente **3** essere in congiunzione, detto di astri

SFUMATURE DI SIGNIFICATO

congiungere - assemblare - connettere - fondere
Congiungere è unire, mettere insieme due o più cose, in maniera che non vi sia soluzione di continuità fra esse. Se il congiungimento consiste nell'accorpare le varie parti di un insieme in modo da avere il prodotto finito, quest'operazione di dice **assemblare**. In **connettere** la giuntura consiste per lo più in un collegamento di cavi attraverso cui passano impulsi elettrici. Si ha invece **fondere** quando delle sostanze solide, per esempio metalli, vengono liquefatte e miscelate in modo da dar luogo, una volta che il tutto sia tornato allo stato solido, a una nuova sostanza; ma il verbo si usa anche figuratamente per definire l'unione di più elementi (colori, suoni, gruppi di cose o di persone) in un tutto organico.
SFUMATURE ➤ ***unire***

congiungiménto o †**congiugniménto** [1268] **s. m.** **1** il congiungere, il congiungersi: *quel che è … il tormento d'ogni intelligenza, l'arcano c. dello spirito e della materia* (G. CARDUCCI) | congiunzione **2** (*lett.*) unione sessuale, accoppiamento | (*raro, lett.*) unione matrimoniale

congiuntìva [f. sost. di *congiuntivo* ✱ sec. XIV] **s. f.** ● (*anat.*) mucosa che riveste, congiungendole, la parte interna delle palpebre e la parte esterna della sclera

congiuntivàle [1987] **agg.** ● (*anat.*) della congiuntiva

congiuntivìte [comp. di *congiuntiv(a)* e *-ite*① ✱ 1852] **s. f.** ● (*med.*) infiammazione della congiuntiva

congiuntìvo o †**coniuntivo** [lat. *coniunctīvu(m)*, da *coniŭnctus*, part. pass. di *coniŭngere* 'congiungere' ✱ av. 1328] **A** **agg.** **1** che congiunge, che esprime congiunzione: *c. sguardo* (G. D'ANNUNZIO) | (*gramm.*) ***pronome c.***, (*raro*) relativo | ***locuzione congiuntiva***, che svolge la funzione di congiunzione (per es. *a meno che, nonostante che, prima di*) **2** (*dir.*) detto di testamento con cui due o più persone dispongono insieme a favore di un terzo **B** **s. m.; anche agg.** ● (*gramm.*) modo finito del verbo che presenta soggettivamente l'idea verbale esprimendo il dubbio (per es.: *non so se ci sia*), la possibilità (*lo farei se ne fossi capace*), il desiderio (*voglia il cielo che…*), l'esortazione (*facciamo silenzio!*)

congiùnto o †**coniùnto**, †**congiónto** **A** **part. pass.** di *congiungere*; **anche agg.** **1** nei sign. del v. | unito: *mani congiunte* | fatto in comune con altri, concordato: *comunicato c.*; *operazione congiunta di polizia e carabinieri* **2** (*mus.*) detto del grado di una scala immediatamente successivo a un altro **3** (*lett.*) legato da parentela, amicizia e sim. ‖ **congiuntaménte**, avv. **B** **s. m.** (**f.** *-a*) ● parente: *un c. molto caro*; *i prossimi congiunti*

congiuntùra [da *congiungere* ✱ av. 1333] **s. f.** **1** punto d'unione di due cose tra loro: *la c. delle travi* | ***c. del vestito***, costura | articolazione, giuntura **2** occasione, circostanza: *una c. favorevole, sfavorevole*; *una dolorosa c.* **3** complesso degli elementi che, in un dato periodo, caratterizzano la situazione economica di uno o più Paesi | ***c. alta, bassa***, la fase di espansione, la fase di depressione | correntemente, bassa congiuntura e (*est.*) periodo critico, difficile: *a causa della c. i consumi si sono ridotti*; *essere in periodo, in fase di c.*; *superare la c.*

congiunturàle [1950] **agg.** ● pertinente alla congiuntura economica: *crisi c.* ‖ **congiunturalità**, **s. f. inv.**

congiunzióne [lat. *coniunctiōne(m)*, da *coniŭnctus*, part. pass. di *coniŭngere* 'congiungere' ✱ 1282] **s. f.** **1** il congiungere, il congiungersi | unione: *effettuare la c. di due linee ferroviarie*; *punto di c.*; *la c. dell'ideale e del reale* (G. CARDUCCI) **2** (*lett.*) unione sessuale, accoppiamento | (*raro, lett.*) unione matrimoniale | (*dir.*) ***c. carnale***, V. *carnale*, sign. 3 **3** (*astron.*) il trovarsi di due astri alla medesima longitudine **4** (*astrol.*) posizione di due pianeti che si trovano allo stesso grado nello stesso segno **5** (*gramm.*) parte invariabile del discorso che serve a mettere in rapporto due parole o due gruppi di parole in una stessa proposizione, oppure due proposizioni | ***c. coordinativa***, che unisce due parole o due proposizioni fra loro (per es. *e, o*) | ***c. subordinativa***, che istituisce un rapporto di dipendenza fra due proposizioni (per es. *affinché, benché*) **6** in logica, legame formale che, da due proposizioni date, forma una proposizione congiunta, la quale è vera solo se lo sono le proposizioni di partenza **7** †affinità, parentela, intimità

congiùra o †**coniùra** [da *congiurare* ✱ sec. XIII] **s. f.** **1** accordo segreto diretto a sovvertire l'organizzazione politica dominante o a eliminarne i capi: *la c. di Catilina, dei Pazzi*; *ordire una c.*; *una c. contro il governo*; *scoprire, sventare una c.* **2** (*est.*) complotto, macchinazione ai danni di una o più persone (*anche scherz.*): *mi trovo di fronte a una vera c.* | ***c. del silenzio***, accordo teso a danneggiare qlcu. indirettamente, non menzionando la sua persona o la sua attività

SFUMATURE ➤ ***cospirazione***

congiuràre o †**coniuràre** [lat. *coniurāre* 'giurare insieme', poi 'unirsi con giuramento', comp. di *cŭm* 'insieme' e *iurāre* 'giurare' ✱ 1261 ca.] **A** **v. tr.** **1** †evocare con formule magiche: *qua giù fui / congiurato da quella Eritón cruda* (DANTE *Inf.* IX, 22-23) **2** (*lett.*) decidere in una congiura **3** †raccogliere in alleanza **B** **v. intr.** (**aus.** *avere*) **1** †giurare insieme **2** organizzare una congiura (*anche scherz.*): *c. contro il governo*; *c. ai danni di qlcu.* **SIN.** complottare, cospirare **3** (*est.*) concorrere a creare una situazione negativa: *le circostanze, il caso, il tempo congiurano contro di noi*

congiuràto **A** **part. pass.** di *congiurare*; **anche agg.** ● nei sign. del v. **B** **s. m.** (**f.** *-a*) ● chi partecipa a una congiura **SIN.** cospiratore

congiuratóre [1363] **s. m.** (**f.** *-trice*) ● chi organizza una congiura o vi partecipa

†**congiurazióne** o †**coniurazióne** [lat. *coniuratiōne(m)*, da *coniurāre* 'congiurare' ✱ 1261 ca.] **s. f.** ● congiura

conglobaménto [1903] **s. m.** ● il conglobare, il venire conglobato | unificazione in un complesso unitario

conglobàre [vc. dotta, lat. *conglobāre* 'aggomitolare, riunire a forma di globo', da *glŏbus* 'globo' ✱ 1499] **v. tr.** (*io conglòbo* o *cònglobo*) **1** (*lett.*) riunire, raccogliere **SIN.** conglomerare **2** (*est.*) computare insieme: *c. i debiti, i crediti* | riunire, sommare, detto spec. delle diverse componenti retributive: *c. nello stipendio le indennità di trasferta*

conglobazióne [vc. dotta, lat. *conglobatiōne(m)*, da *conglobāre* 'conglobare' ✱ 1745] **s. f.** ● (*raro*) conglobamento

conglomeraménto [1954] **s. m.** ● (*raro*) il conglomerare, il conglomerarsi

conglomeràre [vc. dotta, lat. *conglomerāre*, comp. di *cŭm* 'con' e *glomerāre* 'aggomitolare', da *glŏmus*, genit. *glŏmeris* 'gomitolo' ✱ av. 1710] **A** **v. tr.** (*io conglòmero*) ● conglobare, riunire (*anche fig.*) **B** **conglomeràrsi** **v. intr. pron.** ● riunirsi

conglomeràta [f. sost. di *conglomerato* ✱ 1987] **s. f.** ● (*econ.*) grande impresa caratterizzata da attività di produzione o di prestazione di servizi tra loro diversificate **SIN.** kombinat

conglomeràtico [1987] **agg.** (**pl. m.** *-ci*) ● (*geol.*) di conglomerato

conglomeràto **A** **part. pass.** di *conglomerare*; **anche agg.** ● nei sign. del v. **B** **s. m.** **1** riunione di elementi eterogenei (*anche fig.*): *un c. di idee assurde* **2** aggregato di materiali lapidei cementati da sostanze diverse, che conferiscono compattezza all'insieme; si usa in edilizia | ***c. cementizio***, calcestruzzo **3** (*geol.*) roccia formata da detriti arrotondati uniti da abbondante cemento **4** (*ling.*) gruppo di parole, tra le quali una forma verbale, che si sono saldate formando una parola unica (per es. *nontiscordardimé, tiramisù*)

conglomerazióne [vc. dotta, lat. *conglomeratiōne(m)*, da *conglomerāre* 'conglomerare' ✱ 1851] **s. f.** ● (*raro*) conglomeramento | ammasso di elementi eterogenei

conglutinaménto [av. 1646] **s. m.** ● conglutinazione

conglutinàre [vc. dotta, lat. *conglutināre*, comp. di *cŭm* 'con' e *glutināre* 'attaccare', da *glūten*, genit. *glūtinis* 'colla' ✱ av. 1313] **A** **v. tr.** (*io conglùtino*) ● agglutinare | (*est.*) unire strettamente insieme **B** **conglutinàrsi** **v. rifl. e rifl. recipr.** ● fondersi insieme (*anche fig.*)

conglutinativo [sec. XIV] **agg.** ● (*raro*) che serve a conglutinare

conglutinazióne [vc. dotta, lat. *conglutinatiōne(m)*, da *conglutināre* 'conglutinare' ✱ av. 1673] **s. f.** ● il conglutinare, il conglutinarsi |

C

sostanza conglutinata

congolése (o -ş-) [1928] **A** **agg.** • del Congo: *dialetti congolesi* **B** **s. m. e f.** • abitante o nativo del Congo

congratulàre [vc. dotta, lat. *congratulāri*, comp. di *cŭm* 'con' e *gratulāri* 'rallegrarsi', da *grātus* 'gradito' ✱ 1321] **A** **v. intr.** (*io congràtulo*; aus. *avere*) • (*raro, lett.*) mostrare gioia, piacere: *E come augelli surti di rivera, / quasi congratulando a lor pasture* (DANTE *Par.* XVIII, 73-74) **B** **congratulàrsi** **v. intr. pron.** • manifestare la propria partecipazione alla gioia o alla soddisfazione di una persona per un avvenimento favorevole, un successo conseguito e sim.: *mi congratulo per la brillante promozione*; *si congratularono con lui per la sua vittoria alle elezioni* **SIN.** complimentarsi, felicitarsi, rallegrarsi

congratulatòrio [1540] **agg.** (**pl. m.** *-i* o *raro -ii*) • (*raro*) di congratulazione: *un discorso c.*

congratulazióne [vc. dotta, lat. *congratulatiōne(m)*, da *congratulāri* 'congratularsi' ✱ 1374] **A** **s. f.** **1** il congratularsi: *biglietto, parole, visita di c.* | (**al pl.**) le parole usate per congratularsi: *fare, ricevere le congratulazioni* **SIN.** complimento | (**al pl.**) espressione di rallegramento, di felicitazione: *congratulazioni!* **2** †gioia **B** **al pl. in funzione di inter.** • si usa per esprimere la propria partecipazione a un evento lieto: *bravo! congratulazioni!*

congrèga [da *congregare* ✱ 1481] **s. f.** **1** compagnia, congregazione o confraternita di religiosi o di secolari associati per esercizi religiosi **2** (*spreg.*) gruppo di persone riunito spec. per un fine considerato non positivo: *una c. di politicanti, di settari*; *una c. di ladri* **SIN.** combriccola, cricca **3** †accademia, associazione di letterati e sim.: *c. dei Rozzi*

congregàbile [vc. dotta, lat. *congregābile(m)*, da *congregāre* 'congregare' ✱ sec. XIV] **agg.** • (*lett.*) che si può riunire | (*fig.*) socievole: *delle bestie altre sono ... congregabili, altre solitarie ed erranti* (T. TASSO)

†**congregaménto** [da *congregare* ✱ 1612] **s. m.** • raggruppamento

congregàre [vc. dotta, lat. *congregāre*, propr. 'riunire in un gregge', comp. di *cŭm* 'con' e *grĕx*, genit. *grĕgis* 'gregge' ✱ 1258] **A** **v. tr.** (*io congrègo* o *raro*, **secondo il modello latino**, *cògrego, tu congrèghi* o (*raro*) *còngreghi*) • adunare, riunire in gruppo per uno scopo determinato, spec. con riferimento a persone e per fini religiosi: *c. i fedeli, i sacerdoti, i religiosi* **SIN.** associare | †accumulare, raccogliere **B** **congregàrsi** **v. intr. pron.** • riunirsi in gruppo

congregatìvo [vc. dotta, lat. tardo *congregatīvu(m)*, da *congregāre* 'congregare' ✱ 1552] **agg.** • atto a congregare

congregàto **A** **part. pass.** di *congregare*; **anche agg.** • nei sign. del v. **B** **s. m.** (**f.** *-a*) • membro di una congregazione religiosa

congregatóre [vc. dotta, lat. tardo *congregatōre(m)*, da *congregāre* 'congregare' ✱ 1309] **agg. e s. m.** (**f.** *-trice*) • (*raro, lett.*) che (o chi) congrega

congregazionalişmo [1931] **s. m.** • movimento protestante di tendenza calvinistica, sorto nel XVI sec., oggi diffuso in Inghilterra e negli Stati Uniti, che professa l'indipendenza di ogni congregazione di fedeli in materia di fede e di disciplina e la separazione dallo Stato

congregazionalista [1913] **agg. e s. m. e f.** (**pl. m.** *-i*) • seguace del congregazionalismo: *Chiesa c.*; *dibattito fra congregazionalisti*

congregazióne [vc. dotta, lat. *congregatiōne(m)*, da *congregāre* 'congregare' ✱ 1288] **s. f.** **1** (*raro*) riunione, adunanza, spec. per fini religiosi | (*est.*) gruppo di persone congregate, comunità: *una c. d'uomini giusti* (T. CAMPANELLA) **2** associazione di laici che si dedicano a opere religiose, canonicamente riconosciuta: *c. mariana* **SIN.** confraternita, congrega, pia unione | società di sacerdoti o religiosi sottoposta a una regola comune, approvata dalla S. Sede | ***le congregazioni***, gli organi di governo della Chiesa con funzioni amministrative e legislative, costituiti da commissioni di cardinali e prelati: *la c. della dottrina della fede, la c. delle cause dei santi* **3** in molte Chiese evangeliche protestanti, comunità dei fedeli **4** †agglomerazione

congregazionìsta [1903] **agg. e s. m. e f.** (**pl. m.** *-i*) **1** membro di una congregazione **2** congregazionalista

congressìsta [1881] **s. m. e f.** (**pl. m.** *-i*) • chi partecipa a un congresso

congressìstico [1986] **agg.** (**pl. m.** *-ci*) • relativo ai congressi o ai congressisti: *stagione congressistica*

♦**congrèsso** [lat. *congrĕssu(m)* 'abboccamento, convegno', da *congrĕdi* 'incontrarsi', comp. di *cŭm* 'con' e *grădi* 'camminare, avanzare' ✱ 1481] **s. m.** **1** solenne riunione di rappresentanti di più Stati per trattare e deliberare su rilevanti questioni internazionali: *c. di Vienna, di Parigi* **2** assemblea, convegno ufficiale di persone autorizzate a discutere problemi e questioni di interesse comune: *un c. di medici, di matematici*; *c. di filosofia, di oculistica* | riunione ufficiale dei delegati di un partito o di un'organizzazione per eleggere gli organismi dirigenti e definire la linea politica | ***C. eucaristico***, convegno di sacerdoti e laici per glorificare in dibattiti e cerimonie liturgiche l'eucaristia **3** (*per anton.*) il Parlamento, negli Stati Uniti e in altri Stati americani **4** (*raro, lett.*) colloquio privato riguardante importanti argomenti **5** (*dir.*; *disus.*) ***c. carnale***, congiunzione carnale **6** †combattimento: *specchiatevi ne' duelli e ne' congressi de' pochi, quanto gli Italiani sieno superiori* (N. MACHIAVELLI) ‖ **congressìno**, **dim.** | **congressóne**, **accr.**

congressuàle [1923] **agg.** • di un congresso, relativo a un congresso: *atti, deliberazioni, comunicazioni congressuali*

Còngridi [comp. di *congr(o)* e *-idi* ✱ 1956] **s. m. pl.** (**sing.** *-e*) • (*zool.*) famiglia di Pesci degli Anguilliformi, marini, predatori, cui appartiene il grongo (*Congridae*)

cóngro ➤ **grongo**

còngrua [dal lat. eccl. *congrua portio* ✱ 1673] **s. f.** • assegno che lo Stato versava ai beneficiari di un ufficio ecclesiastico a integrazione delle rendite ricavate dal beneficio stesso

congruàto [da *congrua* ✱ 1887] **agg.** • dotato, fornito di congrua: *parroco c.*

♣**congruènte** [vc. dotta, lat. *congruĕnte(m)*, part. pres. di *congrŭere* 'concorrere, coincidere', comp. di *cŭm* 'con' e *grŭere*, di etim. incerta ✱ 1395] **agg.** **1** conveniente, coerente rispetto a qlco. (+ *con*, + *a*): *conclusione c. con le premesse*; *una proposta poco c. alla situazione* | congruo **2** (*mat.*) caratterizzato da congruenza **CONTR.** incongruente ‖ **congruenteménte**, **avv.**

♣**congruènza** [lat. tardo *congruĕntia(m)*, da *cŏngruens*, genit. *congruĕntis* 'congruente' ✱ 1306] **s. f.** **1** corrispondenza di una cosa con un'altra | coerenza: *la c. di un'obiezione* **2** (*mat.*) proprietà di due figure geometriche che possono essere fatte coincidere a opera di uno spostamento rigido | relazione d'equivalenza, nell'insieme dei numeri naturali, nella quale sono equivalenti due numeri congrui rispetto a un numero assegnato detto modulo | biiezione fra piani o spazi tridimensionali, che conservi la distanza di due punti | sistema di rette dello spazio, dipendente da due parametri

♣**congruità** [vc. dotta, lat. tardo *congruitāte(m)*, da *cŏngruus* 'congruo' ✱ av. 1342] **s. f. inv.** • il fatto di essere congruo: *la c. di una ricompensa*

♣**còngruo** [vc. dotta, lat. *cŏngruu(m)*. V. *congruente* ✱ av. 1306] **agg.** **1** adeguato, proporzionato a determinati bisogni, esigenze e sim.: *abbiamo venduto l'immobile per un c. prezzo*; *la mancia non è congrua al favore reso* **CFR.** congruente **2** (*mat.*) detto di ciascuno di quei numeri naturali che, divisi per un numero dato, danno il medesimo resto ‖ **congruaménte**, **avv.**

SFUMATURE ➤ ***adeguato***

conguagliaménto [1865] **s. m.** • (*raro*) conguaglio

conguagliàre [comp. di *con-* ed *(e)guagliare* ✱ sec. XV] **v. tr.** (*io conguàglio*) • pareggiare due partite contabili mediante conguaglio

conguàglio [da *conguagliare* ✱ av. 1729] **s. m.** • procedimento contabile consistente nel calcolare la parte eccedente o mancante rispetto a una determinata somma dovuta | (*est.*) somma di denaro versata o riscossa come conguaglio

cònia [etim. incerta ✱ av. 1587] **s. f.** • (*tosc.*) scherzo | imbroglio

†**coniàre** ① [da *conia* ✱ av. 1406] **v. tr.** • (*raro*) ingannare, raggirare

coniàre ② [da *conio*① ✱ 1313] **v. tr.** (*io cònio*) **1** battere col conio per imprimere un determinato tipo su monete, medaglie e sim. **2** (*fig.*) creare, spec. vocaboli, locuzioni e sim.: *c. una parola, una frase, una melodia*

coniàto **A** **part. pass.** di *coniare*①; **anche agg.** • nei sign. del v. **B** **s. m.** • †moneta, denaro

coniatóre [1354] **s. m.** (**f.** *-trice*) **1** chi è addetto alla coniazione di monete, medaglie e sim. **2** (*raro, fig.*) chi crea, inventa qlco. di nuovo, spec. parole

coniatùra [1865] **s. f.** • coniazione

coniazióne [da *coniare*② ✱ 1865] **s. f.** **1** operazione del coniare monete e medaglie **SIN.** coniatura **2** (*fig.*) creazione, invenzione: *c. di vocaboli, locuzioni*

cònica [f. sost. di *conico* ✱ 1588] **s. f.** • (*mat.*) curva piana ottenuta intersecando un cono circolare retto con un piano | ***c. degenere***, ottenuta con un piano passante per il vertice del cilindro, e costituita quindi solo da rette o da punti

conicità [1865] **s. f. inv.** **1** proprietà di ciò che è conico | forma conica **2** (*mat.*) rapporto fra la differenza di due diametri e la loro distanza assiale | ***angolo di c.***, angolo di apertura di un cono o tronco di cono

cònico [vc. dotta, gr. *kōnikós*, da *kônos* 'cono' ✱ 1632] **agg.** (**pl. m.** *-ci*) **1** di cono | che ha forma di cono: *cappello c.*; *figura conica* **2** (*geogr.*) ***proiezione conica***, tipo di proiezione geografica ottenuta proiettando la superficie sferica della Terra su una superficie conica a essa tangente e avente il vertice sull'asse terrestre, e sviluppando poi il cono sul piano ‖ **conicità**, **s. f. inv.** (V.)

†**conìcolo** ➤ **cunicolo**①

conidiàle [1956] **agg.** • (*bot.*) relativo ai conidi

conìdio [dim. del gr. *kónis* 'polvere', da avvicinare al lat. *cĭnis* 'cenere' ✱ 1829] **s. m.** (**pl.** *-i* o *raro -ii*) • (*bot.*) elemento simile a una spora, ma prodotto per via agamica, che in molti Funghi costituisce l'organulo della riproduzione

conidiòforo [comp. di *conidio* e *-foro* ✱ 1931] **A** **s. m.** • (*bot.*) ifa più o meno modificata che, in alcuni Funghi, porta i conidi **B** **anche agg.**: *ifa conidiofora*

conidiospòra [comp. di *conidio* e *spora* ✱

1956] **s. f.** ● (*bot.*) conidio

†coniettùra e deriv. ➤ **congettura** e deriv.

Conìfere [dal lat. *coniferu(m)* 'che produce (dal v. *fĕrre* 'portare', di orig. indeur.) strobili (*cōni*, dal gr. *kônoi*, di etim. incerta)', sul modello del corrispondente gr. *kōnóforos* ✻ 1892] **s. f. pl.** (**sing.** *-a*) ● (*bot.*) ordine di Gimnosperme cui appartengono piante di notevoli dimensioni (per es. il pino, l'abete e il larice) con fusto molto ramificato, foglie aghiformi o squamiformi e frutto a cono (*Coniferae*)

conìfero [1499] **agg.** ● che produce frutti a forma di cono

conìglia [fr. *conille*, da *cunĭculus* 'cunicolo', cioè il corridoio coperto nelle galee ✻ 1607] **s. f.** ● (*mar.*) ultimo banco della galea alla prua, presso le rembate

conigliàia [1960] **s. f.** ● (*raro*) conigliera

coniglicoltóre [comp. di *conigli(o)* e *-coltore* ✻ 1956] **s. m.** (**f.** *-trice*) ● cunicoltore

coniglicoltùra [comp. di *conigli(o)* e *-coltura* ✻ 1897] **s. f.** ● cunicoltura

coniglièra [1310] **s. f.** ● recinto o gabbia dove si allevano i conigli

coniglierìa [da *coniglio*, nel sign. 2 ✻ 1880] **s. f.** ● (*raro*) codardia, timidezza

conigliésco [1951] **agg.** (**pl. m.** *-schi*) **1** di coniglio, da coniglio **2** (*fig.*) pavido, vile ‖ **conigliescaménte**, **avv.**

conigliétta [dal copricapo, che ricorda la testa di un coniglio ✻ 1966] **s. f. 1** dim. f. di *coniglio* **2** ragazza vestita in modo succinto, che, in alcuni club, serve i clienti

♦**conìglio** [lat. *cunĭculu(m)*, di orig. preindeur. ✻ 1287] **s. m. 1** (**f.** *-a*) nome comune dell'unica specie di un genere dei Mammiferi dei Leporidi, con pelame di vario colore, lunghe orecchie, occhi grandi e sporgenti e labbro superiore fornito di vibrisse (*Oryctolagus cuniculus*) **CFR.** squittire, zigare **2** carne macellata dell'animale omonimo: *c. in salmì*; *pasticcio di c.* | pelliccia conciata dell'animale omonimo: *un cappotto foderato di c.* **3** (*fig.*) persona vile e paurosa ‖ **conigliàccio**, **pegg.** | **conigliétto**, **dim.** | **coniglìolo**, **dim.** | **coniglióne**, **accr.**

coniìna ➤ **conina**

conìna o **coniìna** [fr. *conine*, dal lat. tardo *conīu(m)*, dal gr. *kṓneion* 'cicuta' ✻ 1865] **s. f.** ● alcaloide che si estrae dai semi e dai frutti della cicuta maggiore; si usa in medicina

cònio① [lat. *cŭneu(m)*. V. *cuneo* ✻ 1313] **s. m.** (**pl.** *-i* o *raro -ii*) **1** operazione del coniare: *il c. di nuove medaglie* | (*fig.*) creazione: *vocabolo di nuovo c.* **2** stampo di acciaio su cui è inciso il tipo che si vuole riprodurre sulla moneta o medaglia **SIN.** punzone, torsello | impronta fatta col conio | ***fior di c.***, di moneta che non ha mai circolato | ***nuovo di c.***, nuovissimo | ***di basso c.***, di cattiva qualità, natura e sim. | ***dello stesso c.***, (*spreg.*) uguale, dello stesso tipo **3** (*lett.*) †moneta, denaro | ***femmina da c.***, prostituta (con possibile ambiguità di significato rispetto a conio②): *Via, / ruffian! qui non son femmine da c.* (DANTE *Inf.* XVIII, 65-66)

SFUMATURE ➤ ***stampo***

†cònio② [da *coniare*① ✻ sec. XIII] **s. m.** ● (*raro*) inganno, frode, truffa

Coniròstri [comp. del pl. di *cono* e del pl. di *rostro* ✻ 1820] **s. m. pl.** (**sing.** *-o*) ● nell'antica tassonomia animale, gruppo di piccoli Uccelli dal becco conico e non adunco, quali il passero, il canarino e sim.

coniugàbile [1745] **agg.** ● che si può coniugare (*spec. fig.*) ‖ **coniugabilità**, **s. f. inv.**

coniugàle o **†congiugàle** [lat. *coniugāle(m)*, da *cŏniunx*, genit. *cŏniugis* 'coniuge' ✻ av. 1334] **agg.** ● del coniuge, dei coniugi: *amore c.* | ***debito c.***, V. *debito*② | matrimoniale: *impegno c.* ‖ **coniugalménte**, **avv.** a modo di coniugi ‖ **coniugalità**, **s. f. inv.** condizione del coniuge, dei coniugi

coniugàre o **†congiugàre** [vc. dotta, lat. *coniugāre* 'congiungere' comp. di *cŭm* 'con' e *iugāre* 'legare, unire' ✻ av. 1365] **A v. tr.** (*io cònìugo, tu cònìughi*) **1** (*gramm.*) ordinare le voci del verbo secondo i modi, i tempi, le persone e i numeri **2** (*raro*) congiungere in matrimonio **3** (*fig.*) unire, far coesistere (+ *con*): *c. rigore e sviluppo, il rigore con lo sviluppo* **B coniugàrsi v. intr. pron. 1** (*gramm.*) avere una determinata flessione: *come si coniuga questo verbo?* **2** (*fig.*) combinarsi, conciliarsi (+ *con*): *esigenze che non si coniugano; gli interessi locali devono coniugarsi con quelli nazionali* **C coniugàrsi v. rifl.** ● unirsi in matrimonio **SIN.** sposarsi

Coniugàte [f. pl. sost. di *coniugato* ✻ 1892] **s. f. pl.** (**sing.** *-a*) ● (*bot.*) gruppo di alghe verdi d'acqua dolce costituite da cellule isolate riunite spesso in colonie filamentose (*Coniugatae*)

coniugàto o **†congiugàto A part. pass.** di *coniugare*; **anche agg. 1** nei sign. del v. **2** (*fis.*) in un sistema ottico, detto di un punto-oggetto rispetto al punto-immagine, e viceversa, o di un raggio incidente rispetto al suo raggio emergente, e viceversa **3** (*chim.*) detto di proteina che contiene nella molecola oltre agli amminoacidi anche gruppi prostetici | detto di legami doppi alternati con legami semplici **4** (*mat.*) detto di un numero complesso che ha la stessa parte reale del numero dato e coefficiente dell'immaginario opposto | detto di un punto tale che la congiungente con il punto dato intersechi la conica in due punti che li separano armonicamente **B s. m.** (**f.** *-a*) ● chi è congiunto in matrimonio

coniugazióne [vc. dotta, lat. tardo *coniugatiōne(m)*, da *coniugāre*. V. *coniugare* ✻ 1450 ca.] **s. f. 1** (*gramm.*) flessione del verbo, secondo i modi, i tempi, le persone e i numeri **2** (*biol.*) accoppiamento sessuale **3** (*chim.*) reazione per cui si ottengono proteine coniugate

còniuge [lat. *cŏniuge(m)*, da *coniŭngere* 'congiungere' ✻ av. 1332] **A s. m.** ● ciascuna delle due persone unite in matrimonio (sia il marito che la moglie): *nuove norme per il c. separato; rapporti patrimoniali e personali tra coniugi* **SIN.** consorte **B s. f.** ● (*raro*) moglie, sposa: *Del sommo Giove la futura c.* (P. METASTASIO)

coniùgio [lat. *coniŭgiu(m)*. V. *coniuge* ✻ sec. XIII] **s. m.** ● (*lett.*) vincolo matrimoniale: *diritti e doveri derivanti dal c.* | matrimonio: *ma la memoria del c. antico / è così ben nella mia mente impressa* (P. METASTASIO)

†coniùngere e deriv. ➤ **congiungere** e deriv.

†coniuràre e deriv. ➤ **congiurare** e deriv.

conìza o **conìzza** [lat. *cŏnyza(m)*, dal gr. *kónyza*, di orig. preindeur. ✻ 1340 ca.] **s. f.** ● (*bot.*) baccherina

conizzazióne [da *cono*① ✻ 1986] **s. f.** ● (*chir.*) asportazione chirurgica di una porzione di tessuto, a forma di cono, del collo uterino per la rimozione di formazioni precancerose

conlegatàrio ➤ **collegatario**

connaisseur /fr. kɔnɛˈsœʀ/ [vc. fr., propr. 'conoscitore', da *connaître* 'conoscere' ✻ 1985] **s. m. inv.** (**f. fr.** *connaisseuse*; **pl. m.** *connaisseurs*; **pl. f.** *connaisseuses*) ● conoscitore, intenditore, esperto

connàto [vc. dotta, lat. tardo *connātu(m)*, part. pass. di *connāsci* 'nascere insieme' ✻ av. 1563] **agg. 1** (*raro*) nato insieme | (*fig.*) congenito **2** (*bot.*) detto di foglia opposta e saldata alla base

♦**connaturàle** [vc. dotta, lat. tardo *connaturāle(m)*, comp. di *cŭm* 'con' e *naturālis* 'naturale' ✻ 1308] **agg.** ● che è conforme alla natura di qlcu. o di qlco. (+ *a*, *raro* + *con*): *comportamento c. all'uomo* | connaturato, insito ‖ **connaturalità**, **s. f. inv.** carattere connaturale

connaturàre [vc. dotta, lat. tardo *connaturāri* 'connaturarsi, crescere insieme', comp. di *cŭm* 'con' e *natūra* 'natura' ✻ sec. XIV] **A v. tr.** ● (*lett.*) rendere di natura uguale o simile | rendere qlco. naturale in qlcu.: *c. un vizio* **B connaturàrsi v. intr. pron.** ● diventare parte integrante di qlco.: *le abitudini si connaturano nell'uomo*

connaturàto **part. pass.** di *connaturare*; **anche agg. 1** nei sign. del v. | divenuto parte integrante di qlco. **2** congenito (+ *in*, + *a*): *è un difetto c. in lui; il male è c. al genere umano* ‖ **connaturataménte**, **avv.**

connazionàle [comp. di *con-* e *nazione* ✻ 1669] **agg. e s. m. e f.** ● che (o chi) è della stessa nazione di altri

connèction /konˈnɛkʃon, *ingl.* kəˈnɛkʃən/ [vc. anglo-amer., propr. 'connessione' ✻ 1980] **s. f. inv. 1** relazione criminale, traffico illecito, intesa segreta e disonesta, spesso di carattere internazionale | ***pizza c.***, collegamento tra la malavita italiana e quella americana, spec. per il controllo del traffico della droga **2** canzone, generalmente di disco-music, composta di spezzoni di brani diversi legati da un filo conduttore

♦**connessióne** [lat. *connexiōne(m)*, da *connĕxus* 'connesso' ✻ av. 1328] **s. f. 1** il connettere | unione stretta fra due o più cose | attaccatura, giuntura **2** (*dir.*) relazione evidente tra più cause, civili o penali, tale per cui dalla decisione di una dipende quella delle altre o la decisione di tutte dipende dalla sussistenza e valutazione di dati fatti **3** (*fig.*) legame di interdipendenza tra fatti, concetti, idee e sim.: *non vedo nessuna c. tra i due fatti* **4** in varie tecnologie, collegamento: *c. elettrica; c. a una rete* | (*per anton.*) collegamento a Internet: *in quella zona ci sono problemi di c.* **5** (*mat.*) qualità o modo di essere connesso

connessionìsmo [da *connessione* ✻ 1973] **s. m.** ● (*psicol.*) teoria di E.L. Thorndike (1874-1949) secondo cui l'apprendimento è determinato dai legami, di intensità variabile, che si creano fra una situazione e la risposta che essa produce

connessìvo [lat. tardo *connexīvu(m)*, da *connĕxus* 'connesso' ✻ 1830] **agg.** ● (*raro*) atto a connettere ‖ **connessivaménte**, **avv.**

connèsso (o **-é-**) **A part. pass.** di *connettere*; **anche agg. 1** strettamente unito | collegato: *studenti connessi a Internet* | (*fig.*) correlato, legato, in relazione stretta con qlco. (+ *con*, + *a*): *i problemi connessi con l'educazione dei figli; le attività connesse al turismo; i problemi connessi al rapporto tra etica ed economia* **2** (*dir.*) che è in rapporto di connessione: *cause connesse* **3** (*mat.*) detto di un insieme di punti tale che sia sempre possibile congiungerne due con una linea interamente compresa nell'insieme stesso | ***insieme c. per archi***, tale che ogni coppia di punti dell'insieme può essere collegata da una curva che appartiene interamente all'insieme | ***grafo c.***, tale che ogni coppia di vertici è collegabile da una sequenza di lati **B** nella **loc. sost. m. pl.** ***annessi e connessi*** ● tutto ciò che abitualmente accompagna qlco., le appartenenze, attinenze di qlco. | ***con tutti gli annessi e connessi***, tutto compreso

connessùra [1818] **s. f.** ● punto in cui due cose si connettono

connestàbile ➤ **conestabile**

♦**connèttere** (o **-é-**) [vc. dotta, lat. *connĕcte-*

a b c d e f g h i j k l m n o p q r s t u v w x y z

re, comp. di *cŭm* 'con' e *nĕctere* 'intrecciare' ✱ 1308] **A** **v. tr.** (**pass. rem.** *io connettéi, tu connettésti*; **part. pass.** *connèsso* o *connésso*) **1** unire, collegare, mettere insieme (*anche fig.*) (+ *a*): *c. due fili*; *c. fatti, idee, fenomeni*; *c. l'accaduto ad altri episodi precedenti* | (*lett.*) intrecciare **2** in varie tecnologie, collegare **3** (*assol.*) ordinare razionalmente i propri pensieri, i concetti che si vogliono esprimere e sim.: *è così emozionato che non riesce a c.* **B** **connèttersi** **v. intr. pron.** **1** collegarsi (+ *con*): *la strada si connette con la tangenziale* **2** ricollegarsi, essere in rapporto (+ *a*, + *con*): *il nostro intervento si connette alla vostra richiesta*; *tanto questo ritorno quanto la venuta d'Aurelio Costa si connettevano con le notizie dei tumulti* (L. PIRANDELLO) **C** **connèttersi** **v. rifl.** ● collegarsi, mettersi in comunicazione (+ *a*): *connettersi a una rete* | (*assol.*) collegarsi a Internet: *ha difficoltà a connettersi*

SFUMATURE ➤ ***congiungere***

connettivàle [1877] **agg.** ● (*anat.*) relativo al tessuto connettivo

connettività [adattamento dell'ingl. *connectivity*, dal v. *to connect* 'connettere, collegare' ✱ 1985] **s. f. inv.** ● (*inform.*, *tel.*) capacità di programmi e dispositivi di collegarsi e scambiarsi informazioni

connettivìte [comp. di *connettiv(o)* e del suff. *-ite*① ✱ 1990] **s. f.** ● (*med.*) processo infiammatorio del tessuto connettivo

connettìvo [fr. *connectif*, da *connecter* 'connettere' ✱ 1830] **A** **agg.** ● che serve a connettere, a unire: *l'ideologia come elemento c. di un regime* | (*anat.*) ***tessuto c.***, denominazione di vari tessuti che adempiono funzioni trofiche e di sostegno, caratterizzati, dal punto di vista cellulare, dalla presenza di un'abbondante sostanza intercellulare; (*fig.*) l'insieme degli elementi portanti e fondamentali in un determinato contesto: *il tessuto c. di un dramma, di una società* ‖ **connettività**, **s. f. inv.** (V.) **B** **s. m.** **1** elemento che serve a congiungere **2** (*anat.*) tessuto connettivo **3** (*mat.*) ***c. logico***, simbolo che da una o più proposizioni ne costruisce un'altra **4** (*ling.*) elemento (congiunzione, pronome, avverbio, locuzione o altro elemento grammaticale) che collega parti di un testo, senza necessariamente rinviare ad altri elementi dello stesso testo **SIN.** connettore

connettóre [da *connettere* ✱ 1970] **s. m.** **1** (*elettr.*) giunto per il collegamento di conduttori elettrici **2** (*inform.*) dispositivo di collegamento usato per realizzare la connessione tra più circuiti elettrici, o fra tratti dello stesso circuito **3** (*ling.*) connettivo

connivènte [vc. dotta, lat. *conivĕnte(m)*, part. pres. di *conivēre* 'chiudere gli occhi', di orig. indeur. ✱ av. 1712] **A** **agg.** ● che dimostra connivenza: *essere c. con qlcu.*; *è stato c. nel reato* ‖ **conniventeménte**, **avv.** **B** anche **s. m. e f.**

connivènza [vc. dotta, lat. tardo *conivĕntia(m)*. V. *connivente* ✱ 1619] **s. f.** **1** il fatto di assistere passivamente alla perpetrazione di un reato o di un delitto che si avrebbe la possibilità di impedire **2** segreto accordo o consenso ad azioni considerate immorali, illegali e sim.: *ha agito con la tacita c. del suo amico*

†**cónno** [lat. *cŭnnu(m)*, di orig. indeur. ✱ sec. XIV] **s. m.** ● genitale esterno femminile

connotàre [comp. di *con-* e *notare* ✱ av. 1808] **v. tr.** (*io connòto*) ● (*filos.*, *ling.*) designare con una connotazione | (*est.*) caratterizzare: *il realismo connota l'opera di Balzac*

connotatìvo [da *connotato* ✱ av. 1565] **agg.** **1** (*ling.*) che esprime una connotazione: *il valore c. di una parola* **CONTR.** denotativo | (*est.*) che caratterizza qlco.: *l'elemento c. del linguaggio* **2** (*filos.*) in logica, detto di termine che indica sia un soggetto sia un attributo (per es. *verde* indica tanto 'vegetazione' quanto 'il colore verde') ‖ **connotativaménte**, **avv.** ‖ **connotatività**, **s. f. inv.**

connotàto [propr., part. pass. di *connotare* ✱ 1792] **s. m.** ● (**spec. al pl.**) ciascuno dei segni esteriori caratteristici di una persona che permettono di riconoscerla: *nei documenti d'identità sono elencati i connotati e le generalità di una persona* | ***cambiare i connotati a qlcu.***, (*scherz.*) percuoterlo fino a renderlo irriconoscibile

connotazióne [da *connotato* ✱ 1901] **s. f.** **1** (*filos.*) in logica, il complesso dei caratteri che appartengono peculiarmente a un dato concetto **2** (*ling.*) sfumatura di significato che si aggiunge al significato di base di una parola o di una locuzione (per es. *micio*, rispetto a *gatto*, ha in più una connotazione familiare, affettuosa) **CONTR.** denotazione

connubiàle [vc. dotta, lat. *conubiāle(m)*, da *conūbium* 'connubio' ✱ 1525] **agg.** ● (*raro*, *lett.*) relativo a connubio | matrimoniale

♣**connùbio** [vc. dotta, lat. *conūbiu(m)*, comp. di *cŭm* 'con' e *nūbere* 'sposarsi' ✱ sec. XIV] **s. m.** **1** in diritto romano, capacità di contrarre nozze legittime **2** (*lett.*) matrimonio | (*lett.*) amplesso **3** (*fig.*) accordo armonico: *c. di arte e di scienza* | (*spec. spreg.*) alleanza politica

connumeràre [vc. dotta, lat. tardo *connumerāre*, comp. di *cŭm* 'con' e *numerāre* 'numerare' ✱ 1316] **v. tr.** (*io connùmero*) ● (*raro*) mettere nel numero, annoverare: *La pittura non è connumerata nelle scienze* (LEONARDO)

♦**còno**① [vc. dotta, lat. *cōnu(m)*, dal gr. *kônos*, di orig. indeur. ✱ av. 1328] **s. m.** **1** (*mat.*) in geometria elementare, solido formato dalla rotazione di un triangolo rettangolo attorno a un suo cateto | ***c. indefinito***, superficie formata da rette, dette generatrici, passanti per i punti di una curva assegnata, detta direttrice, e per un punto a essa esterno, detto vertice | ***c. di rotazione***, cono le cui generatrici formano un angolo costante con una retta fissa detta asse | ***c. circolare retto***, solido compreso fra un cono di rotazione, un piano perpendicolare all'asse e il vertice | superficie luogo di semirette uscenti da un punto **2** (*est.*) qualsiasi oggetto che ha forma di cono | ***a c.***, conico | ***c. gelato***, gelato contenuto in una cialda di forma conica **3** (*biol.*) ciascuno degli apici, di forma ellissoidale tronca, caratteristici delle cellule recettrici della retina responsabili della visione cromatica **CFR.** bastoncello **4** ***c. vulcanico***, apparato a forma conica, costituito da lave o da materiale piroclastico, costruito attorno al cratere e al camino vulcanico | ***c. avventizio***, o ***laterale***, cono vulcanico ausiliario formatosi sui fianchi di un cono maggiore | ***c. di deiezione***, conoide di deiezione | ***c. d'ombra***, zona d'ombra proiettata da un corpo del sistema solare in direzione opposta al Sole **5** (*bot.*) strobilo, pigna | ***c. vegetativo***, apice vegetativo ‖ **conétto**, **dim.**

còno② [dalla forma a *cono* della conchiglia ✱ 1983] **s. m.** ● genere di Molluschi dei Gasteropodi, carnivori con conchiglia conica ad apertura lunga e stretta (*Conus*)

conòbbi ➤ **conoscere**

conòcchia o (*tosc.*) **canòcchia**① [lat. parl. **conŭcula(m)*, dissimilata di **colŭcula(m)*, dim. di *cōlus* 'conocchia', di orig. indeur. ✱ 1319] **s. f.** ● quantità di canapa, lino, lana e sim. che si avvolge attorno alla parte superiore della rocca per filare | (*est.*) la rocca stessa | †***trarre la c.***, filare

conoidàle [1584] **agg.** ● (*mat.*) di conoide | a forma di conoide

conòide [vc. dotta, lat. tardo *conoīde(m)*, dal gr. *kōnoeidḗs*, comp. di *kônos* 'cono' e *-eidḗs* '-oide' ✱ av. 1334] **s. m.** **1** solido simile al cono **2** (*mat.*) cono indefinito **3** (*geol.*) ***c. di deiezione***, accumulo di depositi a forma conica, che si forma dove un corso d'acqua diminuisce rapidamente di pendenza **SIN.** prisma

conopèo [vc. dotta, lat. *conopēu(m)*, dal gr. *kōnōpêion*, da *kṓnōps* 'zanzara', detto così perché serviva a difendersi dalle zanzare ✱ av. 1796] **s. m.** **1** velo che copre il tabernacolo e la pisside **2** †velo | zanzariera

conoscènte o †**cognoscènte**, †**canoscènte** **A** **part. pres.** di *conoscere*; anche **agg.** **1** nei sign. del v. | (*lett.*) consapevole: *quantunque ben c. e persuasa della verità* (G. LEOPARDI) **2** †conoscitore, esperto | †grato, riconoscente **B** **s. m. e f.** **1** (*filos.*) il soggetto che conosce **2** persona con la quale si hanno rapporti cordiali ma non di amicizia: *salutarono amici e conoscenti*

♦**conoscènza** o †**cognoscènza**, †**canoscènza** [lat. tardo *cognoscĕntia(m)*, da *cognōscere* 'conoscere' ✱ 1219] **s. f.** **ATTENZIONE: la forma 'conoscienza', con la *i*, non è corretta** **1** facoltà del conoscere | acquisizione intellettuale o psicologica di qualunque aspetto della realtà **CFR.** -gnosia | cognizione, nozione: *ha un'ottima c. della matematica*; *non hai una c. sufficiente dei Paesi stranieri* | il fatto di conoscere qlcu., di conoscersi: *la mia c. con lui è cominciata molto tempo fa* | ***prender c.***, venire a sapere | ***venire a c. di qlco.***, averne notizia, esserne messi al corrente | (*inform.*) ***base di c.***, in un sistema esperto, insieme di dati e dei rapporti logici che li legano, relativi a un particolare dominio | (*filos.*) ***teoria della c.***, gnoseologia **2** cultura, istruzione: *un uomo di grande c.* | ciò che si conosce: *le loro conoscenze in campo tecnico sono superate* **3** controllo delle proprie facoltà sensoriali e intellettuali: *perdere la c.*, *perdere c.*; *essere privo di c.*; *essere, rimanere senza c.*; *riprendere c.* **SIN.** coscienza **4** (*est.*) persona conosciuta: *è una mia vecchia c.* | ***vecchia c. del tribunale, della polizia***, persona che è stata arrestata o processata più volte | (*est.*, **spec. al pl.**) persona conosciuta, relazione personale: *ha molte conoscenze in città* **5** †rapporto sessuale: *Egli ebbe cognoscenza con una giovane di quello castello* (N. MACHIAVELLI)

SFUMATURE ➤ ***competenza***

♦**conóscere** o †**cognóscere**, †**canóscere** [lat. parl. **conōscere*, per il class. *cognōscere*, comp. di *cŭm* 'con' e *(g)nōscere*, di orig. indeur. ✱ 1219] **A** **v. tr.** (**pres.** *io conósco, tu conósci*; **pass. rem.** *io conóbbi, tu conoscésti*; **part. pass.** *conosciùto*) **1** acquisire la nozione di ogni aspetto della realtà (*anche assol.*): *tutti gli uomini desiderano c.* | ***conosci te stesso***, massima socratica che esorta l'uomo a rientrare in sé per cogliere il suo vero essere | sapere, spec. come risultato di una sistematica attività di apprendimento: *c. una lingua, una scienza* | sapere, spec. come risultato di un'esperienza specifica e prolungata: *c. il bene, il male*; *c. il mondo, la vita*; *c. le sofferenze*; *c. le proprie debolezze*; *c. il valore dell'amicizia*; *conosco i segni de l'antica fiamma* (DANTE *Purg.* XXX, 48) | riconoscere, comprendere, intuire: *solo ora conosco il mio errore* | (*lett.*) scorgere, vedere: *sì che di lontano / conobbi il tremolar della marina* (DANTE *Purg.* I, 116-177) **2** avere, o cominciare ad avere, rapporti di familiarità, di amicizia e sim., più o meno stretta con qlcu., o avere in mente la fisionomia, il carattere, il nome, l'attività e sim.: *c. qlcu. di vista, di persona, di fama*; *c. qlcu. personalmente, superficialmente*; *c. qlcu. da vicino, alla lontana, a fondo*; *c. molte persone influenti*; *mai visto né conosciuto* | ***c. i propri polli***, (*fig.*) sapere con chi si ha a che fare | ***ma chi ti conosce!***, (*pop.*) detto a persona estranea che si intromette in ciò che non la riguarda | (*raro*, *lett.*) *c.*, ***c. carnalmente***, avere rapporti sessuali | (*lett.*, *est.*) scoprire, cominciare a provare, un sentimento, un'emozione e sim.: *c. l'amicizia, l'odio, l'amore* | riconoscere, distinguere, con l'aiuto di uno o più elementi particolari: *c. qlcu. dalla voce, dal modo di camminare, di gestire* **3** esaminare, deliberare e decidere relativamente a date cause, detto di organi giudiziari, spec. nella loc. ***competenza a c.*** **4** in riferimento a un soggetto inanimato, sperimentare, vivere: *in quegli anni la città conobbe grandi cambiamenti* **B** **v. intr.** (**aus.** *avere*) ● (*dir.*) esaminare, deliberare e decidere relativamente a date cause, detto di organi giudiziari: *c. di una controversia* **C** **conóscersi** **v. rifl.** **1** avere coscienza del proprio carattere: *mi conosco, e so che reagirei male; non ti conosci proprio!* **2** (*lett.*) considerarsi, dichiararsi: *conoscersi in torto, colpevole, da meno di qlcu.* **D** **conóscersi** **v. rifl. recipr.** ● avere rapporti di familiarità, amicizia e sim. più o meno stretta con qlcu., o averne in mente la fisionomia, il carattere, il nome, l'attività e sim.: *si conoscono fin dalle elementari*

conoscìbile o †**cognoscìbile** [lat. tardo *cognoscĭbile(m)*, da *cognōscere* 'conoscere' ✱ sec. XIV] **A** **agg.** ● che si può conoscere: *segno, gesto c.* ‖ **conoscibilità**, **s. f. inv.** (V.) **B** **s. m.** ● ciò che si può conoscere

conoscibilità o †**cognoscibilità** [av. 1328] **s. f. inv.** ● possibilità di essere conosciuto: *l'oggettività del pensiero e la c. della realtà* (B. CROCE)

†**conoscidóre** ➤ **conoscitore**

conosciménto o †**cognosciménto**, †**canosciménto** [1250 ca.] **s. m.** **1** (*raro*) il conoscere **2** †coscienza | uso di ragione | conoscenza: *essere privo di c.*

conoscitìvo o †**cognoscitìvo** [sec. XIV] **agg.** **1** che ha lo scopo di conoscere: *procedimento c.* | ***indagine conoscitiva***, istituto, previsto dai regolamenti parlamentari, cui si ricorre per acquisire dati, notizie e documentazioni su un determinato fatto; (*est.*) ricerca, studio dei problemi inerenti a qlco.: *svolgere un'indagine conoscitiva sulla situazione della scuola* **2** proprio del conoscere: *atto c.* | (*filos.*) gnoseologico

conoscitóre o †**conoscidóre**, †**cognoscitóre**, †**cognoscidóre** [1282] **s. m.** (**f.** *-trice*) ● chi conosce, ha esperienza di qlco.: *c. di musica, di pittura* **SIN.** esperto, intenditore

♦**conosciùto** o †**cognosciùto**, †**canosciùto** **A** **part. pass.** di *conoscere*; anche **agg.** **1** che si conosce | noto: *un pianista c.; il suo valore è c. da tutti* **2** provato, sperimentato: *un uomo di c. valore* ‖ †**conosciutaménte**, **avv.** notoriamente **B** **s. m. solo sing.** ● ciò che si conosce

conoscopìa [vc. dotta, comp. di *cono* e *-scopia* ✱ 1999] **s. f.** ● (*miner.*) tecnica di osservazione al microscopio che si avvale di luce polarizzata che una lente fa convergere sul preparato in modo che i raggi formino un cono

conquassaménto [av. 1311] **s. m.** ● (*raro*) sconquasso, rovina

conquassàre [vc. dotta, lat. *conquassāre*, comp. di *cŭm* 'con' e *quassāre*, intens. di *quătere* 'scuotere' ✱ av. 1306] **v. tr.** **1** (*lett.*) scuotere violentemente | far urtare e sbattere una cosa contro un'altra in modo che si fracassi **2** (*est.*) devastare, rovinare: *la infermità che conquassava il corpo* (F. GUICCIARDINI)

conquassatóre [sec. XVI] **s. m.** (**f.** *-trice*) ● (*raro*) chi conquassa

conquàsso [av. 1535] **s. m.** ● (*lett.*) sconquasso | ***mettere in c.***, sottosopra, in rovina | ***andare in c.***, a catafascio

conquìbus o **cumquìbus** /kun'kwibus, kum-/ [dal lat. *cŭm quibus* (*nŭmmis*) 'con quali denari' ✱ 1534] **s. m. inv.** ● (*scherz.*) denaro: *Don Gesualdo ha il cuore più grande di questa chiesa! ... e i c. anche!* (G. VERGA)

conquìdere [lat. *conquīrere* 'cercare, raccogliere', comp. di *cŭm* 'con' e *quaerere* 'cercare' ✱ av. 1250] **A** **v. tr.** (**pass. rem.** *io conquìși, tu conquidésti*; **part. pass.** *conquìșo*) **1** (*lett.*) abbattere, conquistare, vincere (*anche fig.*): *conquisi, / guerreggiando sul mar, dodici altere / cittadi* (V. MONTI) **2** (*lett.*, *fig.*) sopraffare, sedurre: *ché aperta è ben mia doglia / a quella fiera che 'l mio cor conquide* (M.M. BOIARDO) **3** (*raro*, *fig.*) molestare, importunare **4** †guastare **B** **conquìdersi** **v. intr. pron.** ● †affannarsi, affliggersi

conquìșo **part. pass.** di *conquidere*; anche **agg.** **1** nei sign. del v. | (*lett.*) sconfitto, vinto **2** (*fig.*, *lett.*) soggiogato **3** (*poet.*) guastato, disfatto: *da le assidue vigilie occhio c.* (G. CARDUCCI)

♦**conquìsta** [av. 1304] **s. f.** **1** il conquistare: *c. delle posizioni nemiche* | (*est.*) conseguimento, raggiungimento: *la c. della libertà, del potere* | (*est.*) territorio conquistato: *ecco le conquiste dell'Impero romano* | ***terra di c.***, territorio conquistato o da conquistare **2** (*fig.*) progresso, miglioramento, raggiunto attraverso lotte, sacrifici, difficoltà: *le conquiste della matematica, della biologia; la c. del diritto di sciopero* **3** (*fig.*) successo nei rapporti amorosi: *fare una c.; è un giovanotto a cui non mancano le conquiste* | (*est.*) chi è considerato come oggetto di una conquista amorosa: *è la sua c. più recente*
SFUMATURE ➤ *vittoria*

conquistàbile [1865] **agg.** ● che si può conquistare ‖ **conquistabilità**, **s. f. inv.**

conquistador /konwista'dɔr, *sp.* koŋkista'ðɔr/ [sp., 'conquistador', da *conquistar* 'conquistare' ✱ 1873] **s. m. inv.** (**pl. sp.** *conquistadores*) ● ciascuno degli avventurieri che, dopo la scoperta del Nuovo mondo, ne intrapresero la conquista a capo di spedizioni finanziate dai sovrani spagnoli

♦**conquistàre** [lat. parl. **conquistāre*, intens. di *conquīrere*. V. *conquidere* ✱ 1250 ca.] **A** **v. tr.** **1** fare un territorio oggetto di appropriazione esclusiva da parte di uno Stato: *c. il paese nemico* **2** occupare con la forza, spec. con azioni militari: *c. una fortezza, un caposaldo* **3** (*fig.*) raggiungere con lotte, fatiche, sacrifici: *c. la ricchezza, l'indipendenza, la libertà; conquistarsi a caro prezzo la felicità* **SIN.** ottenere **4** (*fig.*) accattivarsi, guadagnarsi: *c. la simpatia, l'amore, l'amicizia di qlcu.* | (*fig.*) affascinare, attrarre: *mi ha conquistato con la sua semplicità* | fare innamorare, sedurre: *Fu preso da un intenso desiderio di c. quella donna* (I. SVEVO) **B** anche **conquistàrsi** **v. tr. pron.** (**aus.** *essere*): *si è conquistato la stima di tutti; si era conquistata la mia più intensa attenzione* (I. SVEVO)

SFUMATURE DI SIGNIFICATO

conquistare - invadere - occupare
Conquistare definisce l'azione con cui uno stato si appropria militarmente di un territorio appartenente a un altro stato. **Invadere** è in genere l'azione preliminare al conquistare, che porta un esercito a penetrare con la forza nel territorio nemico. Successivo all'*invadere* è l'**occupare**, che indica il prendere possesso militarmente di un territorio installandovisi.

conquistare - accattivarsi - ammaliare
Guadagnarsi l'amore, la simpatia o la stima di qualcuno si dice **conquistare**; usato assolutamente, il verbo descrive l'azione di far innamorare una persona o, in senso più generale, attrarla, affascinarla. Molto vicino è **accattivarsi**, che significa specificamente procurarsi le simpatie, la benevolenza di qualcuno e ingraziarselo. Più forte è invece l'effetto di **ammaliare**, che evoca una forza di suggestione irresistibile, quasi un incantesimo.
SFUMATURE ➤ ***attrarre***, ➤ ***sedurre***

conquistàto **part. pass.** di *conquistare*; anche **agg.** ● nei sign. del v.

conquistatóre [1336 ca.] **A** **agg.** ● che conquista: *stato, esercito c.; fascino c.* **B** **s. m.** (**f.** *-trice*) **1** chi conquista, ottiene con la forza, spec. con azioni militari: *diritto del c.; fu un c. spietato e crudele; metter l'ordine e salvare la società dalle fazioni è antico pretesto di tutt'i conquistatori* (F. DE SANCTIS) **2** (*est.*) chi fa conquiste amorose: *atteggiarsi a c.*

†**conquìsto** [av. 1294] **s. m.** ● conquista: *fece c. tra el Danubio e 'l Reno* (F. SACCHETTI)

consacraménto o †**consagraménto** [av. 1338] **s. m.** ● (*raro*) consacrazione

consacrànte o †**consecrànte** **A** **part. pres.** di *consacrare*; anche **agg.** ● nei sign. del v. **B** **s. m. e f.** ● chi consacra

♣**consacràre** o (*lett.*) **consecràre**, †**consagràre**, †**consegràre** [vc. dotta, lat. *consacrāre*, comp. di *cŭm* 'con' e *sacrāre* 'dedicare' ✱ sec. XIII] **A** **v. tr.** **1** conferire gli ordini sacri: *c. un sacerdote* **2** (*est.*) riconoscere, confermare solennemente con riti religiosi: *c. re, imperatore* | (*est.*) riconoscere in modo solenne e ufficiale: *fu consacrato poeta in Campidoglio* | (*est.*) rendere valido, legittimo, autorevole; sancire: *la legge consacra i diritti; l'uso consacra molte parole* **3** rendere sacro con un solenne rito religioso: *c. una chiesa* | ***c. l'ostia***, convertire, nell'eucaristia, le specie del pane e del vino nel corpo e nel sangue del Cristo **4** dedicare al culto religioso o alla memoria di eroi e sim.: *c. una cappella alla Vergine, un monumento ai caduti* **5** (*est.*) dedicare, destinare interamente e solennemente: *ha consacrato la sua vita alla causa degli oppressi, alla ricerca scientifica* | (*lett.*) offrire a qlcu. come atto d'omaggio: *farò subito stampar l'opera, consacrandola al nome del mio ... Principe* (G. GALILEI) **6** †divinizzare **B** **consacràrsi** **v. rifl.** ● dedicarsi, votarsi a qlcu. o a qlco., con passione e dedizione: *consacrarsi a Dio, a una missione sociale, alla cura di un malato*

consacràto **part. pass.** di *consacrare*; anche **agg.** ● nei sign. del v. (*anche fig.*): *chiesa consacrata; un uomo c. al successo*

consacratóre o †**consecratóre** [lat. tardo *consecratōre(m)*, *consecratrīce(m)*, da *consecrāre*, rifatti sull'it. *consacrare* ✱ sec. XIV] **agg. e s. m.** (**f.** *-trice*) ● che (o chi) consacra

consacrazióne o (*lett.*) **consecrazióne**, †**consagrazióne**, †**consegrazióne** [lat. *consecratiōne(m)*, da *consecrāre*, rifatto sull'it. *consacrare* ✱ av. 1292] **s. f.** **1** l'atto del consacrare e le cerimonie proprie di tale atto | presso gli antichi Romani, dedicazione di una persona agli dei, in particolare agli Inferi **2** parte principale della Messa, nella quale si consacrano le specie eucaristiche **3** (*fig.*) riconoscimento pubblico, conferma definitiva: *la c. artistica di un pianista; la c. di un campione sportivo*

†**consagràre** e deriv. ➤ **consacrare** e deriv.

consanguineità [vc. dotta, lat. *consanguinitāte(m)*, da *consanguĭneus* 'consanguineo' ✱ 1630] **s. f. inv.** ● legame naturale tra le persone di un medesimo sangue | stretta parentela

consanguìneo [vc. dotta, lat. *consanguĭneu(m)*, comp. di *cŭm* 'con' e *sănguis*, genit. *sănguinis* 'sangue' ✱ 1287] **A** **agg. e s. m.** (**f.** *-a*) **1** che (o chi) è dello stesso sangue, della stessa stirpe **SIN.** congiunto, parente **2** (*dir.*)

che è nato dallo stesso padre, ma da madre diversa: *fratello c.*; *sorella consanguinea* **B** **s. m.** (**f.** *-a*) ● (*dir.*) chi si trova con altre persone in un rapporto di parentela derivante da vincoli di sangue: *c. naturale, legittimo*; *c. in linea retta, in linea collaterale*

◆**consapévole** [comp. parasintetico di *sapere* ✱ av. 1313] **A** **agg.** **1** che sa, che è informato di qlco.: *fu reso c. del tradimento che aveva subito* **SIN.** edotto **2** che è cosciente, che si rende conto di un fatto, di una situazione: *è c. della gravità del momento politico*; *siamo consapevoli del nostro errore* **SIN.** conscio ‖ **consapevolménte**, **avv.** **B** **s. m.** ● †complice

consapevolézza [av. 1698] **s. f.** ● il fatto di essere consapevole: *la c. del male fatto* **SIN.** coscienza | conoscenza

consapevolizzàre [da *consapevole* ✱ 1957] **A** **v. tr.** ● rendere qlcu. consapevole di una determinata situazione: *c. qlcu. di qlco.* **B** **consapevolizzàrsi** **v. intr. pron.** ● diventare consapevole di una determinata situazione ‖ **consapevolizzazióne**, **s. f.**

consapùto [comp. di *con-* e *saputo* ✱ 1589] **agg.** ● (*lett.*) ben conosciuto da più persone

conscïènza ➤ **coscienza**

†**conscïènzia** ➤ **coscienza**

✦**cònscio** [vc. dotta, lat. *cōnsciu(m)*, da *scīre* 'sapere' ✱ av. 1292] **A** **agg.** (**pl. m.** *-sci*; **pl. f.** *-sce* o **lett.** *-scie*) **1** che ha coscienza o conoscenza di qlco.: *essere consci dei propri limiti*; *sono c. dell'importanza dell'incarico*; *E conscie fur le sibilanti selve* (G. Leopardi) **SIN.** consapevole **2** presente alla coscienza: *contenuto mentale c.* **CONTR.** inconscio **CFR.** preconscio ‖ **consciaménte**, **avv.** **B** **s. m.** **solo sing.** ● (*psicoan.*) livello della psiche che comprende quelle parti della vita mentale di cui la persona è momentaneamente consapevole

consecràre e deriv. ➤ **consacrare** e deriv.

consecùtio tèmporum /*lat.* konse'kuttsjo 'tɛmporum/ [lat. 'dipendenza dei tempi'. V. *consecuzione*] **loc. sost. f. solo sing.** ● nella sintassi latina, dipendenza del tempo del verbo nella proposizione subordinata rispetto a quello della principale

consecutìva [f. sost. di *consecutivo* ✱ 1956] **s. f.** ● (*gramm.*) congiunzione consecutiva | proposizione consecutiva

consecutivìsta [1983] **s. m. e f.** (**pl. m.** *-i*) ● interprete specializzato in traduzioni consecutive

consecutìvo [dal lat. *consecūtus*, part. pass. di *cōnsequi* 'seguire'. V. *conseguire* ✱ 1363] **agg.** **1** che viene dopo, che segue: *il giorno c.*; *l'opera consecutiva* **SIN.** seguente, successivo | ***traduzione consecutiva***, quella compiuta da chi traduce nella lingua richiesta quanto è stato appena detto dall'oratore **CFR.** simultaneo **2** (*mat.*) detto di ciascuno dei due angoli che hanno in comune il vertice e un lato, e nessun altro punto al di fuori di quelli appartenenti al lato stesso | detto di ciascuno dei due elementi di un insieme ben ordinato tale che il secondo è il minore fra tutti quelli che seguono il primo | detto di ciascuno dei due elementi di una successione il primo dei quali precede immediatamente il secondo **3** (*gramm.*) ***congiunzione consecutiva***, che introduce una proposizione consecutiva (per es.: (*tanto…*) *che, cosicché*; *da, al punto di*) | ***proposizione consecutiva***, proposizione subordinata che indica la conseguenza di ciò che è detto nella reggente (per es.: *tanto tuonò che piove*; *non sono tanto ingenuo da credere alle sue promesse*) ‖ **consecutivaménte**, **avv.** in modo consecutivo; di seguito ‖ **consecutività**, **s. f. inv.**

consecuzióne [vc. dotta, lat. *consecutiōne(m)*, da *consecūtus*. V. *consecutivo* ✱ av. 1328] **s. f.** **1** (*raro*) conseguimento **2** successione di cose, di fatti

◆**conségna** [1567] **s. f.** **1** il consegnare | affidamento di qlco. in custodia o in possesso: *c. del lavoro, della casa* | custodia: *lasciare, prendere, ricevere qlco. in c.* | conferimento: *c. del primo premio* | ***avere qlco., qlcu. in c.***, dovere occuparsene, curarsene e sim. | ***passare le consegne***, trasmettere ad altra persona, che succede nell'incarico, i documenti e le informazioni necessari allo svolgimento dell'incarico stesso **2** (*dir.*) trasferimento del possesso o della detenzione di una cosa da un soggetto a un altro: *buono di c.*; *c. a domicilio*; *prezzo pagabile alla c.* **3** (*mar.*) ordine scritto per la condotta della navigazione o per il servizio interno **4** (*milit.*) prescrizione tassativa e vincolativa stabilita per i servizi di guardia e di sentinella: *osservare la c.*; *rompere la c.* | (*est.*) ordine: *c'è la c. di non parlare* **5** (*milit.*) punizione lieve per militari e graduati di truppa, consistente nella privazione della libera uscita: *c. in caserma*; *punire con dieci giorni di c.*

◆**consegnàre** o †**consignàre** [lat. *consignāre* 'sigillare, autenticare', comp. di *cŭm* 'con' e *signāre* 'contrassegnare', da *sīgnum* 'segno, marchio' ✱ sec. XIII] **A** **v. tr.** (*io conségno*; **coniug. come** *segnare*) **1** affidare, dare in custodia o in possesso, temporaneamente o stabilmente (*anche fig.*): *c. una lettera, un pacco*; *c. le chiavi di casa al portiere*; *c. un documento al notaio*; *c. il colpevole ai carabinieri*; *vi consegno la merce che avete acquistata* | (*lett.*) ***c. alla memoria, alla posterità***, affidare alla memoria, tramandare alla posterità **2** (*milit.*) punire con la consegna | privare i militari della libera uscita, tenendoli in caserma pronti a ogni evenienza in occasione di disordini o calamità pubbliche **B** **consegnàrsi** **v. rifl.** ● arrendersi, costituirsi: *consegnarsi al nemico, alle autorità giudiziarie*

consegnatàrio [1855] **s. m.** (**f.** *-ia*) ● chi riceve qlco. in consegna

consegnàto **A** **part. pass.** di *consegnare*; **anche agg.** ● nei sign. del v. **B** **s. m.** ● militare punito con la consegna: *l'elenco dei consegnati* | militare tenuto in caserma pronto a ogni evenienza in occasione di disordini o calamità pubbliche

†**consegràre** e deriv. ➤ **consacrare** e deriv.

◆**conseguènte** o (*raro, lett.*) **consequènte** **A** **part. pres.** di *conseguire*; **anche agg.** **1** che segue, che deriva da qlco.: *i rischi di inflazione conseguenti a una errata politica economica* **2** coerente: *un ragionamento poco c.*; *Sii dunque c.! sii cristiano!* (S. Pellico) **3** (*mat.*) che deriva logicamente | †successivo ‖ **conseguenteménte**, **avv.** **1** in modo conseguente; di conseguenza **2** (*raro*) in seguito **B** **s. m.** **1** (*filos.*) il secondo termine di una conseguenza **2** (*mat.*) il secondo termine di una relazione del tipo *a:b* **CONTR.** antecedente **3** †conseguenza | ***per c., di c.***, di conseguenza

◆**conseguènza** o †**consequènza**, †**consequènzia** [lat. *consequĕntia(m)*, da *cōnsequi* (V. *conseguire*), rifatto sull'it. *conseguire* ✱ 1282] **s. f.** **1** conclusione che deriva o è ricavabile logicamente da una premessa: *un errore che è c. d'ignoranza*; *la disattenzione può provocare gravi conseguenze* | ***in c. di, per c. di***, a causa, per effetto di | ***di c.***, conseguentemente, perciò, quindi **2** avvenimento, fatto, spec. negativo, che è effetto di una causa: *le terribili conseguenze della guerra* | ***pagare le conseguenze***, subire gli effetti negativi di una situazione **3** (*filos.*) principio in base al quale, date due preposizioni in rapporto di dipendenza logica, è impossibile che la seconda risulti falsa se la prima è vera, e viceversa | (*est.*) le due proposizioni in rapporto di conseguenza **4** †rilevanza, importanza: *altre mie opere … di non minor c.* (G. Galilei)

conseguenziàle e deriv. ➤ **consequenziale** e deriv.

conseguenziàrio ➤ **consequenziario**

conseguìbile [1680] **agg.** ● che si può conseguire ‖ **conseguibilità**, **s. f. inv.**

conseguiménto [1554] **s. m.** ● il conseguire: *il c. di un obiettivo, di un fine* **SIN.** ottenimento, raggiungimento

conseguìre [lat. *cōnsequi*, comp. di *cŭm* 'con' e *sĕqui* 'seguire', rifatto sull'it. *seguire* ✱ 1261 ca.] **A** **v. tr.** (*io conséguo* o **lett.** *conseguìsco*) ● riuscire a ottenere, a raggiungere: *c. una vittoria, un onore, una promozione*; *c. uno scopo*; *la poetica … deve c. il suo fine del dilettare* (T. Campanella) **B** **v. intr.** (*io conséguo*; **aus.** *essere*) ● venire dopo, come conseguenza, secondo un ordine logico o come avvenimento o fenomeno successivo: *da ciò consegue che tu sbagli*; *l'utilità che ne consegue è nulla*

conseguitàre [comp. di *con* e *seguitare* ✱ sec. XIII] **A** **v. tr.** (*io conséguito*) ● †ottenere, conseguire **B** **v. intr.** (**aus.** *essere*) **1** (*lett.*) derivare come conseguenza **2** (*lett., raro*) venire dopo, seguire

conseguìto **part. pass.** di *conseguire*; **anche agg.** ● ottenuto, raggiunto

consensìvo [1942] **agg.** ● che manifesta consenso | ***freccia consensiva***, nei semafori, quella che accorda via libera ai veicoli nel senso indicato dalla freccia stessa

◆**consènso** [vc. dotta, lat. *consēnsu(m)*, da *consentīre* 'consentire' ✱ av. 1348] **s. m.** **1** approvazione, appoggio, favore: *manifestare il proprio c.*; *grande c. di critica e pubblico*; *cresce il c. nei confronti del sindaco*; *il c. del popolo a un programma politico* | ***c. elettorale***, espresso con il voto **2** concordia di volontà, giudizi, sentimenti e sim., o accordo su un punto specifico, fra due o più persone: *c. generale, comune*; *il venerato / c. d'ogni età* (P. Metastasio) | ***di c.***, d'accordo **3** assenso, approvazione, permesso: *chiedere, ottenere il c.*; *dare, negare il proprio c.*; *ha agito con il c. del marito* | (*dir.*) incontro di volontà: *il contratto si forma nel momento in cui si verifica il c.*; *vizi di c.* | ***c. matrimoniale***, reciproca dichiarazione dei nubendi di volere contrarre matrimonio | approvazione al compimento di un atto: *c. dell'avente diritto*; *dare il proprio c. alle nozze* | ***c. informato***, (*ellitt.*) ***consenso***, accordo cosciente e volontario a una procedura diagnostica, terapeutica o sperimentale **4** imitazione che fa un cane da ferma vedendo un altro cane puntare: *puntare di c.*; *ferma di c.*

SFUMATURE ➤ ***assenso***

consensuàle [fr. *consensuel*, dal lat. *consēnsus* 'consenso' ✱ 1798] **agg.** ● (*dir.*) che si fa con il consenso delle parti: *separazione c.*; *contratto c.* ‖ **consensualménte**, **avv.** ‖ **consensualità**, **s. f. inv.**

consentaneità [1798] **s. f. inv.** ● (*raro*) conformità, corrispondenza

consentàneo [vc. dotta, lat. *consentāneu(m)*, da *consentīre* 'consentire' ✱ 1288] **agg.** ● che è conforme, corrispondente: *leggi consentanee ai bisogni* ‖ **consentaneaménte**, **avv.**

consentiménto [1268] **s. m.** **1** (*lett.*) consenso **2** †adesione | conformità

◆**consentìre** [vc. dotta, lat. *consentīre*, comp. di *cŭm* 'con' e *sentīre* 'sentire, ritenere' ✱ av. 1250] **A** **v. intr.** (**pres.** *io consènto*; **part. pres.** *consenziènte*; **aus.** *avere*) **1** concordare, essere d'accordo (+ *con*): *consento con te sulla necessità di un intervento* | convenire (+ *di* **seguito da inf.**, + *che*): *consento di es-*

sermi sbagliato; consentirai che ho agito in buona fede **SIN.** assentire **2** accondiscendere, acconsentire (+ *a*): *c. alle richieste di qlcu.* | (**raro, lett.**) cedere **3** (**raro**) adattarsi, piegarsi **4** imitare, da parte di un cane da ferma, il puntare di un altro cane **B** **v. tr.** **1** concedere, permettere, accordare (+ *di* **seguito da inf.**, + *che* **seguito da congtv.**): *un lavoro che non consente interruzioni; la salute precaria non gli consente di partire; il regolamento non consente di fare ricorso; la legge italiana non consente che i minori siano impiegati in attività di lavoro* | ***mi consenta***, espressione di cortesia usata intervenendo in una discussione, per interrompere l'interlocutore e sim. **2** (**lett.**) ammettere: *c. il proprio sbaglio* **3** (**raro, lett.**) provare insieme con altri: *Sento e consento il tuo dolore* (G. Carducci) **C** **consentirsi** **v. tr. pron.** (**aus.** *essere*) ● concedersi: *si è potuto consentire un acquisto molto costoso* | permettersi: *è difficile che un magistrato si consenta dei commenti su un'indagine*

consenziènte **part. pres.** di *consentire*; **anche agg.** **1** (**lett.**) cedevole: *si rompono più tosto le dure quercie che le consenzienti canne* (G. Boccaccio) | (**lett.**) conforme **2** che dà il proprio consenso (+ *a*, **anche seguito da inf.**): *il padre non è c. al matrimonio; pare sia c. ad accettare le nostre condizioni* | spesso in costruzioni assol.: *è partita, consenzienti i genitori* ‖ **consenzienteménte**, **avv.**

consepólto o †**consepùlto** [lat. tardo *consepŭltu(m)*, part. pass. di *consepelīre* 'seppellire insieme', comp. di *cŭm* 'insieme' e *sepelīre* 'seppellire' ✻ av. 1342] **agg.** ● (**lett.**) sepolto insieme con altri

consequènte ➤ **conseguente**

†**consequènza** ➤ **conseguenza**

†**consequènzia** ➤ **conseguenza**

consequenziàle o **conseguenziàle** [da *conseguenza* ✻ 1852] **agg.** ● che deriva per conseguenza: *la conclusione del discorso non è c. alle premesse* | (**raro**) relativo alla conseguenza ‖ **consequenzialménte**, **avv.** ‖ **consequenzialità**, **s. f. inv.**

consequenziàrio o **conseguenziàrio** [da *conseguenza* ✻ 1845] **agg.** ● (**raro**) che deduce dai principi con eccessiva rigidezza ‖ **consequenziariaménte**, **avv.**

consertàre [da *conserto* ✻ 1476] **v. tr.** (*io consèrto*) ● (**lett.**) intrecciare

consèrto [vc. dotta, lat. *consĕrtu(m)*, part. pass. di *consĕrere*, comp. di *cŭm* 'con' e *sĕrere* 'intrecciare' ✻ 1321] **A** **agg.** **1** (**raro, lett.**) congiunto, intrecciato | ***braccia conserte***, incrociate sul petto | (**lett.**) riunito **2** (**lett.**) intricato, tortuoso | fitto, denso: *e 'l montanaro all'ombra più conserta / destar la sua zampogna e 'l verso inculto* (A. Poliziano) **B** **s. m.** ● (**lett., raro**) accordo, spec. nella loc. ***di c.***, insieme, d'accordo

consèrva① [etim. discussa: da *conservo* (?) ✻ av. 1348] **s. f.** ● un tempo, convoglio di navi che procedevano insieme per proteggersi a vicenda | ***andare, procedere, agire di c.***, (**fig.**) insieme, di comune accordo

consèrva② [da *conservare* ✻ av. 1365] **s. f.** **1** conservazione di prodotti alimentari: *carne, frutta in c.; tenere, mettere in c.* | alimento preparato per essere conservato a lungo mantenendo inalterate le proprie caratteristiche: *c. di pomodoro; conserve alimentari* | (**assol.**) conserva di pomodoro: *fare il sugo con la c.; ti sei macchiato di c.* | specie di confettura di sostanze vegetali e zucchero: *c. di frutta; c. di rose* **2** (**raro**) vivaio, peschiera | (**raro**) serbatoio: *c. d'acqua* **3** †riserva, provvista | ***far c.***, conservare | ***far c. di detti, parole*** e sim., farne tesoro

conservàbile [vc. dotta, lat. tardo *conservābile(m)*, da *conservāre* 'conservare' ✻ 1313] **agg.** ● che si può conservare ‖ **conservabilità**, **s. f. inv.**

conservànte **A** **part. pres.** di *conservare*; **anche agg.** ● nei sign. del v. **B** **s. m.** ● additivo chimico che si aggiunge spec. agli alimenti perché conservino più a lungo le loro caratteristiche, evitandone l'alterazione

♦**conservàre** [vc. dotta, lat. *conservāre*, comp. di *cŭm* 'con' e *servāre* 'conservare' ✻ 1219] **A** **v. tr.** (*io consèrvo*) **1** mantenere, spec. un alimento nello stato originario, evitando ogni alterazione o deterioramento: *c. con, sotto olio, sale; c. sotto, nello spirito; c. nella salamoia, nella calce, in ghiaccio; c. la carne in frigorifero, le cipolline sotto aceto, i pomodori in scatola* **2** custodire (**anche fig.**): *c. un documento, un oggetto prezioso; c. la fedeltà, l'onore* **3** (**est.**) mantenere, non aver perduto: *c. il potere* | possedere ancora dopo un lungo periodo di tempo (**anche fig.**): *c. l'innocenza; c. un animo appassionato* **4** (**lett., raro**) preservare proteggendo: *per c. la città dalle guerre* (F. Guicciardini) **B** **conservàrsi** **v. tr. pron.** (**aus.** *essere*) ● mantenere (con valore intens.): *conservarsi la salute; la difficoltà di conservarsi la benivolenza de' sudditi* (F. Guicciardini) **C** **conservàrsi** **v. intr. pron.** **1** rimanere nello stato originario, senza alterazioni o deterioramenti: *i cibi si conservano meglio al freddo* **2** mantenersi, rimanere anche dopo un lungo tempo, in un determinato stato: *conservarsi sano, forte, prestante, onesto; conservarsi amico, neutrale* | ***si conservi!***, si mantenga così, in buona salute

conservatìvo [vc. dotta, lat. tardo *conservatīvu(m)*, da *conservāre* 'conservare' ✻ av. 1306] **agg.** **1** che serve a conservare | in medicina, che tende alla conservazione e al ripristino di funzioni o parti lese **2** (**dir.**) detto di atto tendente ad assicurare il mantenimento e l'esercizio di un diritto | ***sequestro c.***, sequestro atto a impedire che l'asserito debitore possa disperdere o sottrarre, in danno dell'asserito creditore, dati beni **3** (**fis.**) detto di campo vettoriale o di forza la cui circuitazione lungo qualunque linea chiusa è uguale a zero **CFR.** dissipativo ‖ **conservativaménte**, **avv.**

conservàto **part. pass.** di *conservare*; **anche agg.** ● nei sign. del v.: *carne conservata*

♦**conservatóre** [vc. dotta, lat. *conservatōre(m)*, da *conservāre* 'conservare' ✻ 1268] **A** **agg.** ● che conserva: *liquido c.* **B** **agg. e s. m.** (**f.** *-trice*) ● che (o chi), spec. in campo politico e sociale, è fortemente legato all'ordine costituito e alla tradizione, si oppone ai mutamenti, accoglie con cautela, limitazioni e sim. ogni nuovo sviluppo: *partito c.; tendenze conservatrici; è un c. convinto* **CONTR.** progressista **C** **s. m.** (**f.** *-trice*) ● funzionario preposto ad archivi, musei, biblioteche e sim., allo scopo di curarne la conservazione e l'arricchimento: *c. dei registri immobiliari, dei monumenti*

SFUMATURE DI SIGNIFICATO

conservatore - tradizionalista - moderato

Chi è legato all'ordine costituito, allo status quo e vede con sospetto ogni cambiamento o innovazione si dice **conservatore** se si intende porre l'accento sugli aspetti politici o sociali; **tradizionalista**, se l'avversione al nuovo riguarda piuttosto le pratiche sociali o di costume. **Moderato** è invece chi rifugge da ogni estremismo o radicalismo.

conservatorìa [1355] **s. f.** ● (**raro**) ufficio, carica di conservatore | sede in cui il conservatore esercita la propria attività, spec. ufficio dove sono iscritte le ipoteche

conservatòrio [dal sign. orig. di 'collegio', perché l'insegnamento organico della musica nacque negli istituti napoletani per l'assistenza all'infanzia ✻ 1475] **A** **agg.** (**pl. m.** *-i* o **raro** *-ii*) ● †conservativo **B** **s. m.** **1** pubblico istituto dove si insegna la musica, l'arte di suonare gli strumenti e il canto | liceo musicale **2** (**disus.**) collegio femminile, educandato **3** †casa di ricovero per poveri, bambini, vecchi e sim.

conservatorìsmo [1894] **s. m.** ● atteggiamento conservatore, spec. in campo politico o culturale

conservazióne [lat. *conservatiōne(m)*, da *conservāre* 'conservare' ✻ 1308] **s. f.** **1** mantenimento in un determinato stato: *c. di cibi, di generi alimentari; c. sott'olio, sott'aceto* | ***essere in buono, in cattivo stato di c.***, essere conservato bene, male | ***istinto di c.***, tendenza naturale a mantenere e proteggere la propria incolumità fisica e la propria esistenza | manutenzione: *c. di monumenti, biblioteche* **2** complesso degli atteggiamenti, delle attività e sim. di conservatori, spec. in campo politico e sociale | (**est.**) complesso dei conservatori, come entità politica e sociale: *le forze della c.* **3** ***c. dei beni culturali***, corso di laurea per la formazione di operatori specializzati nel campo della tutela e valorizzazione del patrimonio storico-artistico **4** (**fis.**) principio secondo cui un ente fisico si mantiene invariato nel tempo, indipendentemente da azioni, trasformazioni o reazioni: *c. della massa, c. dell'energia* **5** (**dir.**) ***principio di c.***, criterio per il quale nell'interpretazione di una norma contrattuale va preferita la soluzione che produce degli effetti rispetto a un'altra che non ne produrrebbe

conservazionìsmo [comp. da *conservazion(e)* e *-ismo*; calco sull'ingl. *conservationism* ✻ 1989] **s. m.** ● tendenza a ridurre al minimo gli interventi su un ambiente naturale, nell'intento di conservare gli equilibri biologici esistenti

conservière [da *conserva*② nel sign. 2 ✻ 1963] **s. m.** (**f.** *-a*) **1** industriale che si dedica al settore delle conserve alimentari **2** lavoratore addetto alla produzione di conserve alimentari

conservièro [da *conserva*② nel sign. 2 ✻ 1941] **A** **agg.** ● relativo alle conserve alimentari: *industria conserviera* **B** **s. m.** (**f.** *-a*) ● conserviere

conservifìcio [comp. di *conserva*② e *-ficio* ✻ 1942] **s. m.** ● fabbrica di conserve alimentari

consèrvo [vc. dotta, lat. *consērvu(m)*, comp. di *cŭm* 'insieme' e *sĕrvus* 'servo' ✻ av. 1294] **s. m.** (**f.** *-a*) **1** (**raro, lett.**) servo insieme con altri | (**lett.**) chi è soggetto, insieme ad altri, alla medesima autorità **2** confratello nello stesso ordine religioso

consèsso [vc. dotta, lat. *consĕssu(m)*, da *consīdere* 'star seduto' ✻ 1497] **s. m.** ● adunanza di persone autorevoli, ragguardevoli: *c. di senatori, di giudici, di avvocati* | (**est.**) le persone così riunite

consideràbile [1525] **agg.** **1** che può essere considerato, che può essere preso in considerazione: *il pareggio è c. (come) un buon risultato* | (**lett.**) degno di considerazione: *piccoli princìpi e a pena considerabili sono spesso cagione di grandi ruine o di felicità* (F. Guicciardini) **2** (**lett.**) considerevole: *aveva una raccolta di libri c.* (A. Manzoni) | ingente, grande ‖ **considerabilménte**, **avv.** in modo considerabile; notevolmente ‖ **considerabilità**, **s. f. inv.**

†**considerànza** [lat. tardo *considerantia(m)* 'considerazione' ✻ av. 1276] **s. f.** ● considerazione

♦**consideràre** [vc. dotta, lat. *considerāre*, propr. 'osservare gli astri', comp. di *cŭm* 'con' e *sīdus*, genit. *sīderis* 'astro' ✻ 1250 ca.] **A** **v. tr.** (*io consìdero*) **1** esaminare attentamente in

C

tutte le possibili relazioni e conseguenze: *bisogna c. tutte le probabilità; c. i pro e i contro, i vantaggi e gli svantaggi; la filosofia considera l'uomo quale dev'essere* (G. VICO) **SIN.** analizzare, valutare **2** (*lett.*) guardare con attenzione: *Ella lo udì e lo considerò lungamente ... Non lo riconobbe* (I. SVEVO) **3** pensare, tenere presente (+ *che*; *raro* + *di* **seguito da inf.**): *considera che ciò avvenne in tempi molto lontani; considerando di non potere (...) sostenere sì gran fascio* (G. VILLANI) **4** (*dir.*) contemplare, prevedere: *la legge non considera questo caso* **5** giudicare, reputare: *c. qlcu. bene, male* | seguito da un compl. predicativo dell'oggetto o del soggetto: *tutti lo considerano un vero amico; è considerato un ottimo tecnico* **6** stimare, apprezzare (*anche assol.*): *c. qlcu. molto, poco; in quell'ambiente non è considerato* **7** (*assol., lett.*) riflettere, meditare: *l'ardente spiro / ... di Riccardo, / che a considerar fu più che viro* (DANTE *Par.* X, 130-132) **B consideràrsi v. rifl.** ● reputarsi, credersi (seguito da un compl. predicativo del soggetto): *si considera molto intelligente; puoi considerarti fortunato*

SFUMATURE ➤ *giudicare*, ➤ *notare*①

consideratézza [1865] **s. f.** ● riflessione, ponderatezza, prudenza

consideràto **part. pass.** di *considerare*; anche **agg. 1** nei sign. del v. | stimato: *un avvocato molto c.* **2** preso in considerazione | ***tutto c.***, tutto sommato, in complesso | ***c. che***, tenuto conto che, stante che **3** (*raro*) prudente, avveduto: *un giovane c.* | †***male c.***, imprudente, incauto ‖ **consideratamènte**, **avv.** con ponderazione; avvedutamente

†**consideratóre** [vc. dotta, lat. tardo *consideratōre(m)*, da *considerāre* 'considerare' ✻ 1282] **s. m. (f. -*trice*); anche agg.** ● chi (o che) considera | estimatore

♦**considerazióne** [vc. dotta, lat. *consideratiōne(m)*, da *considerāre* 'considerare' ✻ 1282] **s. f. 1** esame attento e accurato: *agire dopo attente considerazioni* | ***degno di c.***, notevole, importante | ***prendere in c.***, considerare, valutare con attenzione: *la tua domanda sarà senz'altro presa in c.* | ***in c. di***, tenendo presente, tenendo conto di: *non s'affannava troppo, anche in c. dello stato in cui si trovava* (L. PIRANDELLO) **2** stima, buona reputazione: *godere di molta c.; godere la c. di tutti; non ho nessuna c. per lui* | ***avere in c. qlcu.***, stimarlo **SIN.** credito **3** avvedutezza, cautela: *agire con grande c.* | ***uomo senza c.***, sconsiderato, imprudente, leggero **4** osservazione, riflessione: *esponiamo alcune brevi considerazioni; fare una c.; alcune considerazioni sull'argomento*

SFUMATURE ➤ *stima*

♣**consideréVole** [1668] **agg.** ● rilevante, grande, notevole: *un uomo di c. importanza; un numero c. di spettatori* ‖ **considerevolménte**, **avv.** notevolmente: *la pioggia ha considerevolmente rinfrescata l'aria*

SFUMATURE ➤ *importante*

consigliàbile [da *consigliare*① ✻ 1898] **agg.** ● che può essere consigliato, suggerito: *non è c. uscire a quest'ora* **SIN.** opportuno ‖ **consigliabilità**, **s. f. inv.**

♦**consigliàre**① [lat. *consiliāri*, da *consĭlium* 'consiglio' ✻ 1219] **A v. tr.** (*io consìglio*) **1** dare suggerimenti, esortazioni, avvertimenti e sim. a qlcu. per aiutarlo in qlco. (+ *di* **seguito da inf.**, + *che* **seguito da congtv.**): *vi consiglio di non partire; gli ho consigliato un buon ristorante; poco è creduto chi consiglia quello che dispiace quasi a tutti* (F. GUICCIARDINI); *intendo c. che s'introducano nell'italiano de' latinismi* (G. LEOPARDI) **SIN.** proporre, suggerire **2** raccomandare, prescrivere (+ *di* **seguito da inf.**): *ti consiglio la prudenza; il medico gli ha consigliato di non fumare; gli è stato consigliato un soggiorno al mare* | ordinare, suggerire, con un tono di minaccia, di intimidazione: *ti consiglio di non muoverti; gli consigliò bruscamente di smetterla* **3** (*raro*) indurre, esortare, incitare (+ *a* **seguito da inf.**, + *che* **seguito da congtv.**): *la pioggia ha consigliato molti a starsene a casa; lo re fu consigliato che convenia di necessità che tornasse a Brandizio* (G. VILLANI) **B consigliàrsi v. intr. pron. 1** chiedere suggerimenti, consultarsi (+ *con*): *prima di decidere si consigliò con l'avvocato* | (*fig.*) ***consigliarsi con sé stesso, con la propria coscienza***, meditare nel proprio intimo **2** (*raro, lett.*) decidersi, risolversi: *di riposare alquanto si consiglia* (L. ARIOSTO) **3** †deliberare

consigliàre② ➤ **consiliare**

consigliàto **part. pass.** di *consigliare*①; anche **agg. 1** nei sign. del v.: *la piena del popolo ignorante e mal c.* (G. VILLANI) **2** (*lett.*) avveduto, accorto ‖ **consigliataménte**, **avv.** (*lett.*) con prudenza e ponderatezza; †appostata, deliberatamente

†**consigliatóre** [vc. dotta, lat. *consiliatōre(m)*, *consiliatrīce(m)*, da *consiliāri* 'consigliare①' ✻ 1268] **agg. e s. m. (f. -*trice*)** ● che (o chi) consiglia

♦**consiglière** o †**consiglièro** [ant. fr. *conseillier*, dal lat. *consiliāriu(m)*, da *consiliāri* 'consigliare①' ✻ 1219] **s. m. (f. -*a*) 1** chi dà suggerimenti, avvertimenti e sim. (*anche fig.*): *dovresti cercare un buon c.; l'invidia è una cattiva consigliera* **2** membro di un consiglio: *c. comunale, regionale* | titolo e grado di taluni uffici pubblici: *c. di cassazione, d'appello, di legazione* | ***c. d'amministrazione***, membro del consiglio d'amministrazione di una società | ***c. delegato***, consigliere d'amministrazione a cui sono delegate funzioni relative all'amministrazione della società | qualifica spettante a funzionari della carriera direttiva statale **3** †aiutante del pilota di una nave

♦**consìglio** [lat. *consĭliu(m)*, da *consulĕre* 'consultare' ✻ 1087] **s. m. 1** suggerimento, esortazione, avvertimento e sim., che si dà a qlcu. per aiutarlo in qlco.: *c. buono, cattivo, savio, ragionevole; domandare, invocare, attendere, dare, prendere, seguire un c.* | ***consigli evangelici***, ubbidienza, povertà, castità | parere, consulenza: *sarà meglio chiedere il c. di un avvocato, di un medico* **2** (*lett.*) avvedutezza, senno: *scarsi di c. e tardi avveduti si del loro errore* (N. MACHIAVELLI) | uno dei sette doni dello Spirito Santo | (*est., raro, lett.*) intenzione, proposito | †rimedio, riparo: *si ponga a quel furor qualche c.* (L. ARIOSTO) **3** (*raro, lett.*) decisione, risoluzione presa dopo attenta meditazione: *mutar c.* | ***prender c.***, decidere | ***ridurre a miglior c.***, far cambiare idea | ***venire a più miti consigli***, ridurre le proprie pretese | **PROV.** ***la notte porta c.***, prima di prendere una decisione importante è meglio dormirci sopra una notte **4** riunione tra più persone per trattare determinate questioni: *chiamare a c.; andare, essere, sedere a c.; c. di famiglia* | ***suonare a c.***, anticamente, chiamare a consiglio suonando un'apposita campana **5** (anche con iniziale maiuscola, spec. in denominazioni ufficiali o storiche) (*dir.*) organo o ente collegiale interno o internazionale, con funzioni varie: *c. regionale; C. nazionale delle ricerche; C. nazionale dell'economia e del lavoro* | ***C. d'amministrazione***, organo amministrativo di una società, cui spettano le maggiori decisioni | ***C. di gestione***, nelle società in cui è previsto dalla legge e dallo statuto, organo collegiale cui compete la gestione dell'impresa | ***C. dei delegati di fabbrica, d'azienda***, organo sindacale, sostituito dal 1991 dalla rappresentanza sindacale unitaria | ***C. d'istituto, C. di circolo, C. di classe, C. di interclasse***, organi collegiali, composti di rappresentanti degli insegnanti, del personale non docente, degli allievi e dei genitori con funzioni deliberative e consultive | ***C. di facoltà***, nell'ordinamento universitario, organo collegiale che programma e coordina l'attività didattica della facoltà | ***C. di dipartimento***, nell'ordinamento universitario, organo collegiale che definisce i programmi di ricerca di un dipartimento; è composto dai docenti e dai ricercatori dello stesso, dal segretario amministrativo e da rappresentanti eletti del personale tecnico-amministrativo, dei dottorandi e degli studenti | ***C. degli studenti***, organo di rappresentanza studentesca istituito nelle università | ***C. di zona***, organo amministrativo decentrato nell'ambito del comune, cui sono attribuite particolari funzioni soprattutto in materia edilizia | ***C. di disciplina***, per l'irrogazione di sanzioni disciplinari a ufficiali, funzionari della pubblica amministrazione e sim. che abbiano commesso infrazioni di particolare gravità | ***C. presbiterale***, commissione rappresentante il presbiterio che collabora col vescovo nel governo della diocesi | ***C. pastorale***, a vari livelli organizzativi della Chiesa cattolica, l'organizzazione costituita da sacerdoti e laici che, con funzioni consultive, coadiuva il vescovo o il parroco nel governo spirituale dei fedeli | ***C. dei ministri***, insieme di tutti i ministri costituenti il Governo | ***C. di Stato***, organo dell'Amministrazione dello Stato con funzioni consultive e di giurisdizione amministrativa | ***C. Superiore della Magistratura***, organo statale che sovraintende alla carriera dei magistrati e ai provvedimenti disciplinari che li riguardano (in sigla, CSM) | ***C. di sicurezza***, organo delle Nazioni Unite cui è affidato il compito di vigilare sulla pace e la sicurezza internazionali | ***c. di guerra***, organismo composto dai più alti ufficiali di un esercito, in tempo di guerra, per discutere piani e misure militari di particolare rilievo, o far giudicare militari colpevoli di qualche reato | (*stor.*) ***Gran C.***, nome di vari organi assembleari, fra cui il 'Gran C. della Repubblica cisalpina' o il 'Gran C. del Fascismo'; (*elvet.*) il parlamento dei Cantoni svizzeri | ***C. Grande e Generale***, il parlamento della Repubblica di San Marino **6** †consigliere: *per ch'io mi volsi al mio c. saggio* (DANTE *Purg.* XIII, 75) ‖ **consigliétto**, **dim.** | **consiglióne**, **accr.** | **consigliùzzo**, **dim.**

SFUMATURE DI SIGNIFICATO

consiglio - suggerimento - parere

Consiglio è ciò che si dice a una persona per aiutarla a fare qualcosa, o regolare in un certo modo la sua condotta. **Suggerimento** è propriamente ciò che viene ricordato, fatto presente a qualcuno a bassa voce, o in modo discreto e indiretto; correntemente è anche un *consiglio* dato a qualcuno per aiutarlo a superare una specifica difficoltà. **Parere** è un giudizio, un'opinione puramente personale e soggettiva su fatti o persone, e non è necessariamente volto ad aiutare qualcuno.

consigliòri [adattamento sicil. dell'ingl. *counsellor* 'consigliere' ✻ 1985] **s. m. inv.** ● (*sicil.*) in una organizzazione mafiosa, consigliere del padrino

†**consignàre** ➤ **consegnare**

consiliàre o **consigliàre**② [vc. dotta, lat. tardo *consiliāre(m)*, da *consĭlium* 'consiglio' ✻ av. 1292] **agg.** ● di consiglio (come organo collegiale): *deliberazione c.; sala c.*

consiliatùra o **consigliatùra** [vc. dotta, dal lat. *consĭliu(m)* 'consiglio' ✻ 1990] **s. f.** ● periodo di durata in carica di un consiglio

†**consimigliàre** o †**consomigliàre** [comp. di *con-* e *simigliare* ✻ 1308] **A v. tr.** ● rendere simile **B v. intr.** ● essere simile, somigliare

consìmile [vc. dotta, lat. *consĭmile(m)*, comp. di *cŭm* 'con' e *sĭmilis* 'simile' ✱ av. 1276] **agg.** ● simile, analogo: *penne, matite e oggetti consimili* ‖ **consimilménte**, **avv.** (*raro*) in modo simile

†**consiróso** (o -**ṣo**) [provenz. *consiros* ✱ av. 1294] **agg.** ● preoccupato, pensieroso

♦**consistènte** **part. pres.** di *consistere*; anche **agg.** **1** che è basato su qlco. (+ *in*): *un lavoro c.* __*nella*__ *rilettura delle bozze* | che è formato, che è costituito da qlco. (+ *di*, + *in*): *un appartamento c. di tre camere e cucina*; *un altro tometto... c. in sonetti settanta* (V. ALFIERI) **2** solido, tenace, resistente: *un materiale c.* | (*fig.*) che ha un valido fondamento: *una testimonianza c.* **3** notevole, considerevole: *una somma c.*; *un successo c.* **4** denso, ben amalgamato: *una salsa c.* **5** che non è in contraddizione, coerente (calco sull'ingl. *consistent*): *un sistema c. di assiomi* ‖ **consistenteménte**, **avv.**

consistènza [vc. dotta, lat. tardo *consistĕntia(m)*, da *consĭstere* 'consistere' ✱ 1395] **s. f.** **1** caratteristica di ciò che è consistente: *valutare al tatto la c. di un tessuto*; *patrimonio di scarsa c.* **SIN.** resistenza, solidità **2** (*fig.*) valore, fondatezza: *uno studio superficiale e privo di c.* | ***prendere c.***, concretarsi **3** (*filos.*) coerenza di un sistema formale

♦**consìstere** [vc. dotta, lat. *consĭstere*, comp. di *cŭm* 'con' e *sĭstere* 'collocare, fermarsi' ✱ 1308] **v. intr.** (**pass. rem.** *io consistètti* o *consistéi*, *tu consistésti*; **part. pass.** *consistito*; **aus.** *essere*) **1** avere il proprio fondamento in qlco. (+ *in*): *il nostro lavoro consiste* __*nel*__ *progettare gli interni*; *l'intelletto dimostra apertamente come ne l'unità consista la sustanza delle cose* (G. BRUNO) **2** essere costituito, composto di qlco. (+ *di*): *l'opera consiste* __*di*__ *quattro volumi* **3** †essere situato, trovarsi **4** †resistere, durare

†**consistòrio** e deriv. ➤ **concistoro** e deriv.

†**consistòro** ➤ **concistoro**

†**cònsito** [vc. dotta, lat. *cōnsitu(m)*, part. pass. di *consĕrere*, comp. di *cŭm* 'con' e *sĕrere* 'seminare, piantare' ✱ sec. XIV] **agg.** ● coltivato, seminato

consobrìno o †**consubrino** [vc. dotta, lat. *consobrīnu(m)*, comp. di *cŭm* 'con' e *sobrīnus* 'cugino', da *sŏror* 'sorella' ✱ 1258] **s. m.** (**f.** *-a*) ● (*lett.*) cugino da parte di madre

consociàbile [vc. dotta, lat. tardo *consociābile(m)*, da *consociāre* 'consociare' ✱ 1865] **agg.** ● che si può consociare

consociàre [vc. dotta, lat. *consociāre*, comp. di *cŭm* 'con' e *sociāre* 'unire', da *sŏcius* 'unito, partecipe' ✱ 1816] **A** **v. tr.** (**pres.** *io consòcio*; **fut.** *io consocerò*) **1** unire in società, associare **2** (*agric.*) coltivare piante diverse nello stesso terreno **B** **consociàrsi** **v. rifl. recipr.** ● unirsi in società con uno o più soggetti: *le tre aziende si sono consociate*

consociàta [1981] **s. f.** ● (*dir.*) collegata

consociativìsmo [comp. di *consociativ(o)* e *-ismo* ✱ 1988] **s. m.** ● (*polit.*) tendenza a coinvolgere nella gestione del potere, mediante una serie di compromessi, anche forze politiche e sociali d'opposizione **SIN.** consociazionismo

consociatìvo [1983] **agg.** **1** (*raro*) associativo **2** basato sul consociativismo: *politica consociativa*

consociàto **A** **part. pass.** di *consociare*; anche **agg.** **1** nei sign. del v. **2** appartenente allo stesso gruppo aziendale: *aziende consociate* **B** **s. m.** (**f.** *-a*) ● chi fa parte di una società, di un'associazione, e sim.

consociazióne [vc. dotta, lat. *consociatiōne(m)*, da *consociāre* 'consociare' ✱ 1745] **s. f.** **1** unione in un'unica società **2** lega, unione, associazione **3** (*agric.*) coltivazione nello stesso terreno di più piante diverse

consociazionìsmo [comp. di *consociazion(e)* e *-ismo* ✱ 1988] **s. m.** ● (*polit.*) consociativismo

consòcio [vc. dotta, lat. tardo *consŏciu(m)*, comp. di *cŭm* 'con' e *sŏcius* 'socio, compagno' ✱ 1723] **s. m.** (**f.** *-cia*; **pl. f.** *-cie*) ● chi è socio insieme con altri in una società e sim.

†**consodàle** [comp. di *con-* e *sodale* ✱ 1618] **s. m. e f.** ● (*lett.*) compagno, collega

consolàbile [vc. dotta, lat. *consolābile(m)*, da *consolāri* 'consolare①' ✱ 1499] **agg.** ● che si può consolare ‖ **consolabilità**, **s. f. inv.**

consolànte **part. pres.** di *consolare①*; anche **agg.** ● nei sign. del v. | che dà sollievo, incoraggiamento: *una notizia c.*; *è c. sapere che qualcuno si cura di te*

†**consolànza** [sec. XIII] **s. f.** ● consolazione

♦**consolàre①** [lat. *consolāri*, comp. di *cŭm* 'con' e *solāri* 'confortare' ✱ 1250 ca.] **A** **v. tr.** (*io consólo*) **1** sollevare moralmente da uno stato di afflizione, confortare, incoraggiare: *le tue parole mi consolano* **2** rallegrare, allietare (**anche assol.** e **iron.**): *una notizia che consola*; *mi consola sapere che sta meglio*; *ha una faccia da canaglia che consola* **3** (*lett.*) alleviare, rendere psicologicamente più sopportabile: *c. il dolore, il pianto di qlcu.* **SIN.** lenire, mitigare **4** (*lett.*) ristorare, rinvigorire: *La stanca vecchierella ... / ... talora è consolata / d'alcun breve riposo* (F. PETRARCA) **B** **consolàrsi** **v. intr. pron.** **1** darsi conforto, pace (+ *di*, **anche seguito da inf.**): *col tempo si consolò e riprese il lavoro*; *consolarsi* __*di*__ *una sconfitta,* __*di*__ *una delusione*; *è uscito per consolarsi* __*di*__ *non aver superato l'esame* **SIN.** confortarsi | trovar rimedio da una delusione: *acciò il povero Conte possa venir qui a consolarsi* (C. GOLDONI) **2** rallegrarsi, allietarsi: *mi consolai appena seppi del suo arrivo* | (*raro*, *lett.*) congratularsi

SFUMATURE DI SIGNIFICATO

consolare - confortare

Consolare significa sollevare qualcuno da uno stato di afflizione, alleviando con le proprie parole il suo dolore. **Confortare** è intercambiabile con *consolare*, tuttavia sembra sottolineare la positività che le parole di conforto inducono nella persona addolorata e può allargare l'azione fino all'infondere speranza nel cuore di chi soffre.

SFUMATURE ➤ ***alleviare***

consolàre② [vc. dotta, lat. *consulāre(m)*, da *cōnsul* 'console' ✱ av. 1332] **agg.** **1** relativo al console dell'antica Roma: *fasti consolari*; *comizi consolari* | ***vie consolari***, le grandi strade fatte costruire dai consoli (come la Salaria, la Cassia ecc.) **2** relativo al funzionario che ha l'incarico di console: *carriera, ufficio, visto c.* | ***agente c.***, chi ha mandato di esercitare alcune funzioni del consolato, gener. a titolo onorifico e in via provvisoria | ***corpo c.***, complesso dei consoli di varie nazionalità esplicanti le loro funzioni in uno Stato

†**consolatìvo** [vc. dotta, lat. tardo *consolatīvu(m)*, da *consolāri* 'consolare①' ✱ 1330] **agg.** ● atto a consolare

consolàto① **part. pass.** di *consolare①*; anche **agg.** **1** nei sign. del v. **2** (*lett.*) sereno, tranquillo: *potere aver vita assai consolata* (G. BOCCACCIO) ‖ **consolataménte**, **avv.** (*raro*) con consolazione, conforto

consolàto② [vc. dotta, lat. *consulātu(m)*, da *cōnsul* 'console' ✱ 1219] **s. m.** **1** carica, ufficio e dignità di console | durata di tale carica | sede del console **2** (*stor.*) ***c. del mare***, ufficio e dignità dei consoli del mare; anche, l'insieme di norme, vigenti tra le antiche repubbliche marinare italiane, che disciplinavano la navigazione

consolatóre [lat. *consolatōre(m)* e lat. tardo *consolatrīce(m)*, da *consolāri* 'consolare①' ✱ 1261 ca.] **agg. e s. m.** (**f.** *-trice*) ● che (o chi) consola | ***spirito c.***, lo Spirito Santo

consolatòrio [vc. dotta, lat. *consolatōriu(m)*, da *consolāri* 'consolare①' ✱ av. 1330] **agg.** (**pl. m.** *-i* o *raro -ii*) ● atto a consolare (talvolta con connotazione negativa): *favole consolatorie*; *lettera consolatoria*; *il finale del film risulta c.* ‖ †**consolatoriaménte**, **avv.**

consolazióne [vc. dotta, lat. *consolatiōne(m)*, da *consolāri* 'consolare①' ✱ 1268] **s. f.** **1** il consolare | sollievo, conforto: *dare, recare c.* | (*est.*) chi (o ciò che) reca conforto: *il figlio è la sua unica c.*; *il lavoro è la sua c.* | ***premio di c.***, quello che in una lotteria, un concorso e sim. viene assegnato a chi non ha vinto i premi maggiori **2** (*letter.*) discorso, ragionamento, opera letteraria composti a fine consolatorio **3** (*est.*) gioia, piacere: *che c. poter parlare con voi!*

cònsole① o †**cónsolo②** [vc. dotta, lat. *cōnsule(m)*, di etim. incerta ✱ 1219] **s. m.** (**V. nota d'uso FEMMINILE**) **1** (*stor.*) nella Roma antica e imperiale, ciascuno dei due supremi magistrati con potere annuale **2** (*stor.*) nei comuni medievali, nome dei sommi magistrati: *consoli dei placiti* | ***c. del mare***, ciascuno dei magistrati che nelle repubbliche marinare italiane avevano il compito di risolvere le controversie connesse alla navigazione e al commercio marittimo **3** funzionario cui uno Stato affida incarichi spec. di tipo amministrativo e commerciale da esplicare all'estero nei confronti dei cittadini del proprio Stato e di stranieri: *c. generale*; *c. di Francia a Milano*

console② /fr. kɔ̃'sɔl/ [vc. fr., di etim. incerta ✱ 1832] **s. f. inv.** **1** tavolo da parete retto anteriormente da gambe gener. lavorate **2** tastiera, quadro di comando di varie apparecchiature: *c. dell'organo musicale, dell'elaboratore elettronico* **CFR.** consolle

consòlida [vc. dotta, lat. tardo *consŏlida(m)*, da *consolidāre* 'rafforzare', per le sue proprietà astringenti ✱ sec. XIV] **s. f.** ● correntemente, nome di varie piante delle Borraginacee | ***c. maggiore***, pianta erbacea delle Borraginacee con foglie rugose e fiori giallognoli o violacei alla cui radice si attribuiva la proprietà di rafforzare gli organi indeboliti (*Symphytum officinale*)

consolidaménto [sec. XIV] **s. m.** **1** il consolidare | assodamento | rinforzamento: *c. di un terreno franoso* **2** (*fig.*) rafforzamento: *il c. delle istituzioni* **3** (*econ.*) operazione finanziaria con cui un debito a breve scadenza viene convertito in un debito a scadenza lunga o indeterminata: *c. del debito pubblico*

consolidàre [vc. dotta, lat. tardo *consolidāre*, comp. di *cŭm* 'con' e *solidāre* 'rendere solido', da *sŏlidus* 'solido' ✱ av. 1364] **A** **v. tr.** (*io consòlido*) **1** rendere saldo, compatto, stabile | (*mil.*) ***c. le posizioni***, rendere atte alla difesa le posizioni conquistate | ***c. la propria posizione***, (*fig.*) rafforzarla **2** migliorare le caratteristiche di solidità e compattezza di elementi naturali o di manufatti con iniezioni di cemento, opere di prosciugamento, sistemazione superficiale, rivestimento, sostegno e sim. **3** (*fig.*) rafforzare, rinsaldare: *c. le istituzioni democratiche, lo Stato*; *c. le proprie conoscenze scientifiche*; *c. il patrimonio* **SIN.** fortificare, rinvigorire **4** (*econ.*) mutare da breve a lungo termine: *c. un debito* **5** †rimarginare: *c. una ferita* **B** **consolidàrsi** **v. intr. pron.** **1** diventare saldo, compatto, consistente: *quel terreno non si è abbastanza consolidato per la semina* **2** (*fig.*) rafforzarsi, rinsaldarsi: *la sua autorità si è consolidata col tempo* **3** (*dir.*) estinguersi per consolidazione, detto di un diritto accessorio o derivato **C** **consolidàrsi** **v. rifl.** ● (*milit.*) organizzarsi sulle posizioni conquistate per difendersi dalle reazioni del nemico

consolidatìvo [sec. XIV] **agg.** ● (*raro*) che

C

serve a consolidare

consolidàto **A** **part. pass.** di *consolidare*; **anche agg. 1** nei sign. del v.: *terreno c.* | (*fig.*) diventato solido, stabile: *una regola, una tradizione consolidata; un'azienda di consolidata esperienza* **2** (*econ.*) ***debito c.***, debito a scadenza lunga o indeterminata **3** che è ottenuto dalla fusione di più elementi | ***bilancio c.***, relativo a più aziende dello stesso gruppo **B** **s. m.** • debito consolidato: *c. redimibile, irredimibile*

consolidatóre [vc. dotta, lat. tardo *consolidatōre(m)*, da *consolidāre* 'consolidare' ✻ 1865] **agg.** (**f.** *-trice*) • che consolida

consolidazióne [vc. dotta, lat. tardo *consolidatiōne(m)*, da *consolidāre* 'consolidare' ✻ sec. XIV] **s. f. 1** (*raro*) consolidamento **2** (*dir.*) estinzione di un diritto accessorio o derivato per riunione con quello principale **3** (*econ.*) consolidamento nel sign. 3 **4** (*med.*) riunione delle labbra di una ferita, dei frammenti di una frattura

consolìsta o **consollìsta** [da *console*② ✻ 1990] **s. m. e f.** (**pl. m.** *-i*) • tecnico addetto alla console di un'apparecchiatura tecnica, spec. di un elaboratore elettronico

consòlle [av. 1846] **s. f.** • adattamento di *console*② (V.)

consollìsta ➤ **consolista**

consólo① [da *consolare*① ✻ av. 1306] **s. m. 1** †consolazione, conforto **2** (*lett.*) bevanda alcolica fatta bere al condannato a morte per stordirlo: *che la madre / la tazza gli dia del c., / prima che ... lo gettino al fiume in dove fa gorgo* (G. D'Annunzio) **3** (*merid.*) banchetto che viene offerto da parenti e da amici alla famiglia di un defunto nei primi giorni di lutto

†**cónsolo**② ➤ **console**①

†**consomigliàre** ➤ †**consimigliare**

†**consommàre** ➤ **consumare**②

consommé /fr. kɔ̃sɔ'me/ [fr., 'consumato' ✻ 1790] **s. m. inv.** • brodo ristretto di carne di manzo o di pollo

consonànte [vc. dotta, lat. *consonănte(m)*, part. pres. di *consonāre* 'consonare' ✻ av. 1292] **A** **agg.** • (*raro, lett.*) che è in accordo, in armonia | conforme, corrispondente ‖ **consonanteménte**, **avv.** (*raro*) in modo consonante **B** **s. f.** • (*ling.*) suono nella cui articolazione l'aria espirata incontra un ostacolo | segno grafico corrispondente a tale suono

consonàntico [1856] **agg.** (**pl. m.** *-ci*) • (*ling.*) di consonante, di consonanti: *valore c.; gruppo, sistema c.* | ***scrittura consonantica***, quella che rappresenta con segni solo i suoni delle consonanti usate in una lingua

consonantiṣmo [1938] **s. m.** • (*ling.*) il sistema consonantico di una lingua

consonantiẓẓazióne [1970] **s. f.** • (*ling.*) trasformazione di una vocale in una semivocale o consonante

consonànza [vc. dotta, lat. *consonăntia(m)*, da *consonāre* 'consonare' ✻ sec. XII] **s. f. 1** (*mus.*) combinazione gradevole all'orecchio di accordi e intervalli | ***canto in c.***, contrappunto **2** armonia di voci, di suoni: *c. ... di diverse voci concordi* (L. de' Medici) **3** (*fig.*) conformità, corrispondenza: *c. di opinioni, di idee* **4** (*ling.*) uniformità, somiglianza nella terminazione di parole vicine | uguaglianza delle consonanti nel suono finale (cioè dopo la vocale accentata compresa) di due parole o di due versi: *tra gli scogli parlotta la maretta* (E. Montale)

consonàre [vc. dotta, lat. *consonāre*, comp. di *cŭm* 'con' e *sonāre* 'suonare' ✻ 1288] **v. intr.** (*io consuòno*; la *o* **dittonga in** *uo* **se tonica; aus.** *avere*) **1** †suonare insieme, detto di voci, strumenti e sim. **2** (*mus., ling.*) presentare consonanza **3** (*fig., lett.*) essere in accordo, in armonia

✦**cònsono** [vc. dotta, lat. *cŏnsonu(m)*. V. *consonare* ✻ av. 1348] **agg.** • corrispondente, conforme, concordante: *risultato c. alle premesse; tenore di vita c. alla propria posizione*

SFUMATURE ➤ ***confacente***

consorèlla [comp. di *con-* e *sorella* ✻ 1688] **A** **s. f. 1** (*relig.*) donna appartenente allo stesso ordine religioso o confraternita, rispetto ad altra sorella **2** ciascuna filiale rispetto alle altre della medesima azienda | ciascuna società rispetto alle altre del medesimo gruppo **B** **agg. solo f.** • (*fig.*) affine per carattere, stirpe e sim.: *nazione c.* | (*est.*) consociata: *società c.*

consòrte o †**consòrto** [vc. dotta, lat. *consŏrte(m)* 'che ha la stessa parte', comp. di *cŭm* 'con' e *sŏrs*, genit. *sŏrtis* 'sorte, parte' ✻ 1200 ca.] **A** **agg. e s. m. e f. 1** (*lett.*) che (o chi) divide con altri la stessa sorte, condizione, vita e sim.: *ei ne si fece nel dolor c.* (G. Carducci) **2** (*lett.*) che (o chi) è unito ad altri da rapporti di amicizia, parentela, sangue, e sim.: *Non sono ancora al tutto spenti / i suoi consorti* (N. Machiavelli) **B** **s. m. e f.** • coniuge (spec. nel linguaggio di tono elevato o ufficiale): *il presidente accompagnato dalla c.* | (*est.*) ciascuno dei componenti di una coppia di fatto **C** **agg.** • ***principe c.***, il marito della regina che non gode dei diritti sovrani; (*fig., scherz.*) il marito di una donna famosa **D** **s. m.** • (*dir.*) in un processo civile, soggetto che si trova in una data posizione processuale insieme ad altri: *c. di lite, di causa*

consorterìa [da *consorte* ✻ av. 1326] **s. f. 1** (*stor.*) nel Medioevo, associazione, normalmente a base familiare, per la tutela di interessi comuni **2** (*spreg.*) gruppo di persone che, spec. in ambito politico o economico, agisce col fine esclusivo di favorire gli interessi dei propri aderenti **SIN.** camarilla, camorra **3** †compagnia **4** †cognome: *il nome proprio e la c.* (L. Pulci)

consortìle [1865] **agg.** • consorziale: *fondo c.*

†**consòrto** ➤ **consorte**

consorziàle [av. 1646] **agg. 1** di consorzio: *interessi consorziali* **2** †che riguarda il consorte ‖ **consorzialménte**, **avv.** (*raro*) tramite un consorzio

consorziàre [1917] **A** **v. tr.** (*io consòrzio*) • raggruppare in consorzio: *c. gli imprenditori* **B** **consorziàrsi** **v. rifl.** • unirsi in consorzio: *le imprese del settore hanno deciso di consorziarsi*

consorziàto **part. pass.** di *consorziare*; **anche agg.** • nei sign. del v.: *aziende consorziate*

consòrzio [vc. dotta, lat. *consŏrtiu(m)*, da *cŏnsors*, genit. *consŏrtis*. V. *consorte* ✻ 1313] **s. m. 1** (*lett.*) società: *c. civile, umano* **2** (*dir.*) accordo fra imprenditori che istituiscono un'organizzazione comune per la disciplina o per lo svolgimento di determinate fasi della loro attività economica | ***c. agrario***, ente costituito fra imprenditori agricoli al fine di contribuire all'incremento e al miglioramento della produzione **3** (*lett.*) compagnia: *c. di amici*

consostanziàle e deriv. ➤ **consustanziale** e deriv.

consovranità [comp. di *con-* e *sovranità* ✻ 1970] **s. f. inv.** • sovranità esercitata da uno Stato assieme ad un altro

conspàrgere e deriv. ➤ **cospargere** e deriv.

conspecìfico [comp. di *con-* e *specifico* ✻ 1983] **agg.** (**pl. m.** *-ci*) • (*biol.*) detto di pianta o animale appartenente alla stessa specie a cui appartiene un altro

†**conspèrgere** e deriv. ➤ **cospergere** e deriv.

conspètto ➤ **cospetto**

†**conspìcere** o †**cospìcere** [vc. dotta, lat. *conspĭcere*, comp. di *cŭm* 'con' e *spĕcere* 'guardare' ✻ av. 1292] **A** **v. tr.** (**difett. usato solo all'inf. pres.**) • (*lett.*) vedere, scorgere **B** **v. intr.** • (*lett.*) posare lo sguardo

†**conspìcuo** ➤ **cospicuo**

†**conspiràre** e deriv. ➤ **cospirare** e deriv.

†**constànzia** ➤ **costanza**

constàre [vc. dotta, lat. *constāre*, comp. di *cŭm* 'con' e *stāre* 'stare' ✻ 1312] **A** **v. intr.** (*io cònsto*; **aus.** *essere*) • essere costituito, composto (+ *di*): *l'opera consta di tre volumi* **B** **v. intr. impers.** (**aus.** *essere*) • risultare, essere noto (+ *di* **seguito da inf.**, + *che*): *non mi consta di averne sentito parlare; mi consta che si siano fatti rimproverare più volte; mi consta che non lo chiamano* (L. Pirandello) | (*dir.*) ***non consta***, detto di fatto non dimostrato in modo convincente

✦**constatàre** o (*raro*) **costatàre** [fr. *constater*, dal lat. *cōnstat*, terza pers. indic. pres. di *constāre* 'constare' ✻ sec. XIV] **v. tr.** (*io constàto* **o** *cònstato*) • accertare, appurare, verificare qlco. personalmente basandosi su prove, dimostrazioni, documenti e sim. (+ *che*, + *di* **seguito da inf.**): *c. un fatto; si è constatata la sua inadempienza contrattuale; constato che si è già rimangiato la parola; constatò di non essere più in grado di farcela* **SIN.** assodare

SFUMATURE DI SIGNIFICATO

constatare - appurare - verificare

Constatare è l'atto di accertare la verità di qualcosa attraverso una verifica, un'esperienza diretta. **Appurare** equivale pressappoco al precedente, ma l'accento è più sull'attività di indagine che porta all'accertamento che non sulla constatazione finale. In **verificare**, invece, la sfumatura particolare di significato riguarda il procedimento seguito nell'accertamento, che è piuttosto tecnico che non investigativo.

SFUMATURE ➤ ***notare***①

constatazióne o **costatazióne** [fr. *constatation*, da *constater* 'constatare' ✻ av. 1886] **s. f.** • accertamento, verifica: *la c. della propria ignoranza; le constatazioni di legge* | considerazione, rilievo che prende atto di qlco.: *la mia è una semplice c.* | ***c. amichevole*** (***di incidente***), denuncia di sinistro sottoscritta consensualmente dalle parti coinvolte in un incidente automobilistico su apposito modulo e che, grazie a una convenzione tra compagnie assicurative, permette di accelerare la procedura di risarcimento dei danni **CFR.** modulo blu; in sigla CAI, CID

constellàre e deriv. ➤ **costellare** e deriv.

constituìre e deriv. ➤ **costituire** e deriv.

†**constrìngere** e deriv. ➤ **costringere** e deriv.

†**construìre** e deriv. ➤ **costruire** e deriv.

†**consubrìno** ➤ **consobrino**

†**consuefàre** **v. intr.** • abituare

✦**consuèto** [vc. dotta, lat. *consuētu(m)*, part. pass. di *consuēscere* 'abituarsi', comp. di *cŭm* 'con' e *suēscere* 'abituarsi', da una radice indeur. che significa 'essere caratteristico, solito' ✻ av. 1328] **A** **agg. 1** solito, abituale, usuale: *lavoro c.; all'ora consueta; occupazioni consuete; agisce con la consueta freddezza* **2** (*lett.*) abituato: *persona consueta a qlco.* ‖ **consuetaménte**, **avv.** secondo un uso costante **B** **s. m. solo sing.** • maniera solita: *secondo il c.; sono arrivato più tardi del c.* | ***di c.***, (*lett.*) ***per c.***, abitualmente

consuetudinàrio [vc. dotta, lat. *consuetudinăriu(m)*, da *consuetūdo*, genit. *consuetūdinis* 'consuetudine' ✻ 1308] **A** **agg. 1** che si attiene alla consuetudine: *linguaggio, temperamento c.* | abitudinario: *un tipo c.* **2** che si fonda sulla consuetudine e non sulla norma scritta:

diritto c.; *norma consuetudinaria* || **consuetudinariaménte**, **avv.** **B** **s. m.** (**f.** *-ia*) ● persona abitudinaria

✦**consuetùdine** [vc. dotta, lat. *consuetūdine(m)*, da *consuētus* 'consueto' ✱ 1294] **s. f.** **1** abitudine, uso costante di fare qlco.: *è sua c. arrivare in anticipo*; *la buona c. a tempo vince ed emenda ogni appetito non ragionevole* (L.B. ALBERTI) **2** usanza, costume: *secondo la c.*; *le antiche consuetudini del luogo* **3** rito consueto, tradizione propria di un ordine religioso o di una Chiesa **4** (*dir.*) fonte di diritto consistente nella ripetizione generale e costante di dati comportamenti col convincimento che essi rispondano a un obbligo giuridico **5** (*lett.*) dimestichezza: *avere c. coi classici*; *come ci fosse una c. tra lei e l'uomo di quel bar* (I. CALVINO)

SFUMATURE DI SIGNIFICATO
consuetudine - usanza - moda
Consuetudine è un'abitudine, una regola, una pratica osservata in maniera costante da una singola persona o dai membri di una comunità. In questa accezione è sinonimo di **usanza**, che tuttavia mette maggiormente l'accento sulla continuità di una tradizione. **Moda** designa invece un costume passeggero, destinato ad avere vita breve.
SFUMATURE ➤ ***abitudine***, ➤ ***uso***②

✦**consulènte** [vc. dotta, lat. *consulĕnte(m)*, part. pres. di *consŭlere* 'riflettere, provvedere'. V. *consultare* ✱ 1615] **A** **agg.** ● (*raro*) che dà pareri, consigli: *avvocato c.* **B** **s. m. e f.** ● professionista o persona di provata capacità tecnica a cui ci si rivolge per avere informazioni e consigli nella materia di sua competenza: *rivolgersi a un c. di questioni legali*; *c. tecnico, finanziario, tributario*

✦**consulènza** [1921] **s. f.** ● prestazione professionale di un consulente: *c. legale, medica, tecnica*; *chiedere una c.*; *ufficio di c.*

consùlta [da *consultare* ✱ 1476] **s. f.** **1** consiglio di persone riunite allo scopo di decidere su determinate questioni | ***la Consulta***, (*per anton.*) la Corte Costituzionale, così detta dal nome del palazzo romano (in piazza del Quirinale) che ne è la sede **2** assemblea popolare con funzioni legislative o consultive | ***C. nazionale italiana***, di tipo parlamentare, che ha svolto le proprie funzioni, meramente consultive, fra il 1945 e il 1946 **3** (*lett.*) consultazione **4** †consulto medico

consultàbile [da *consultare* ✱ 1565] **agg.** ● che può essere consultato, che è stato messo a disposizione di chi ha interesse alla consultazione: *repertorio, schedario c.*; *archivio storico non ancora c.* || **consultabilità**, **s. f. inv.**

✦**consultàre** [vc. dotta, lat. *consultāre*, da *consŭltus*. V. *consulto* ✱ sec. XIII] **A** **v. tr.** **1** interrogare per avere un consiglio, un parere, un'informazione e sim.: *c. un medico, un avvocato, una chiromante, un'assemblea* **2** (*est.*) esaminare con cura, spec. riferito a scritti: *c. un vocabolario, un catalogo, un orario ferroviario* | ***c. l'orologio***, guardare l'ora | (*est.*, *raro*, *lett.*) valutare: *eleggere un numero di gentiluomini ... coi quali consultasse ogni cosa* (B. CASTIGLIONE) **B** **v. intr.** (**aus.** *avere*) **1** (*raro*, *lett.*) chiedere consigli, informazioni e sim.: *c. con un medico* **2** (*raro*, *lett.*) esaminare, discutere: *fece convenire li teologi ... per c. delli dogmi necessari alla fede cristiana* (P. SARPI) **3** (*lett.*) deliberare, ponderare: *consultorono tutto uno giorno come la città ... si potesse quietare* (N. MACHIAVELLI) **C** **consultàrsi** **v. intr. pron.** ● chiedere consigli, informazioni, pareri e sim. (+ *con*, + *su*): *consultarsi con un amico, con un esperto su un tema delicato*; *si consultò intorno a questo partito col cavalier ...* (I. NIEVO) **SIN.** consigliarsi **D** **consultàrsi** **v. rifl. recipr.** ● comunicarsi, scambiarsi, consigli, informazioni e sim.: *prima del verdetto i giurati si consultarono a lungo*

consultatìvo [1584] **agg.** ● (*raro*) consultivo

consultatóre [vc. dotta, lat. *consultatōre(m)*, da *consultāre* 'consultare' ✱ 1834] **s. m.** (**f.** *-trice*) ● (*raro*) chi consulta

✦**consultazióne** [vc. dotta, lat. *consultatiōne(m)*, da *consultāre* 'consultare' ✱ sec. XIV] **s. f.** **1** richiesta o scambio di consigli, pareri o informazioni, spec. su problemi importanti | ***c. popolare***, espressione della volontà popolare mediante una votazione **2** (**al pl.**) serie di colloqui che il Capo dello Stato ha con personalità politiche di vari partiti al fine di risolvere una crisi governativa e assegnare l'incarico per formare un nuovo governo **3** visita al paziente effettuata nell'ambulatorio o nello studio di un medico **4** lettura, esame accurato di un testo | ***opere di c.***, in una biblioteca, libri che possono essere consultati dal pubblico ma non essere presi in prestito | ***sala di c.***, in una biblioteca, locale diviso dalla sala di lettura, dove sono poste le opere di consultazione

consultìvo [dal lat. *consŭltus*, part. pass. di *consŭlere*. V. *consultare* ✱ 1571] **agg.** ● che esprime pareri, consigli e sim., ma non ha la facoltà di decidere: *organi consultivi* **CFR.** deliberativo

consùlto [vc. dotta, lat. *consŭltu(m)*, da *consŭlere*. V. *consultare* ✱ av. 1326] **s. m.** **1** visita collegiale di più medici per definire la diagnosi e la terapia: *chiedere un c.*; *chiamare a c.*; *riunirsi a c.* | dichiarazione scritta conseguente a tale visita **2** (*raro*) consulenza: *chiedere un c. a un avvocato*

consultóre [vc. dotta, lat. *consultōre(m)*, da *consŭltum*. V. *consulto* ✱ 1337] **s. m.** (**f.** *-trice*) **1** (*raro*) consulente **2** chi fa parte di una consulta **3** esperto, anche laico, chiamato per dare pareri in materie specialistiche nelle Congregazioni della Curia Romana e nel Concilio

consultòrio [1354] **A** **agg.** (**pl. m.** *-i* o *raro* *-ii*) ● (*raro*) di consultore, di consulto **B** **s. m.** ● ente, associazione, centro e sim. che forni-sce consulenze tecniche su problemi medico-sociali: *c. antitubercolare, familiare* | (*est.*) luogo in cui tale ente ha sede: *andare al c.*; *la riunione si terrà nei locali del c.*

consumàbile [vc. dotta, lat. *consummābile(m)* 'capace di compimento', da *consummāre*. V. *consumare*② ✱ 1308] **agg.** **1** che si può consumare **2** (*dir.*) detto di cosa il cui uso normale determina la sua distruzione economica o fisica || **consumabilità**, **s. f. inv.**

✦**consumàre**① [lat. *consūmere* (V. *consumere*), cui si sovrappose *consummāre* (V. *consumare*②) ✱ av. 1250] **A** **v. tr.** **1** logorare con l'uso continuo: *c. gli abiti, le scarpe, i libri, gli strumenti* | (*fig.*) distruggere, sciupare, sprecare: *c. la propria salute con una vita disordinata*; *c. il tempo inutilmente* **2** adoperare, usare un materiale, una sostanza, un bene, un oggetto e sim.: *c. l'acqua, la luce, il gas* | impiegare, trascorrere: *ha consumato il pomeriggio in pratiche burocratiche*; *questa età giovenil ... / tutta in diletto consumar si deve* (M.M. BOIARDO) | richiedere una data quantità di energia, di carburante e sim. (*anche assol.*): *questa stufa elettrica consuma poca elettricità*; *quell'automobile consuma troppo* | mangiare o bere (*anche assol.*): *c. i pasti in casa*; *non si può rimanere in questo locale senza c.* | ***c. il pane e il vino***, comunicarsi durante la Messa, detto spec. del celebrante **B** **consumàrsi** **v. intr. pron. e rifl.** ● esaurirsi: *la brace si consuma* | (*fig.*) logorarsi, struggersi (+ *di*): *consumarsi di dolore, di rabbia, d'amore*; *i famelici sguardi ... / in lei pascendo, si consuma* (T. TASSO)

consumàre② o †**consommàre** [lat. *consummāre*, da *summa* 'punto supremo, somma (V.)' ✱ 1268] **A** **v. tr.** ● compiere, portare a compimento: *c. un delitto*; *il sacrificio della patria nostra è consumato* (U. FOSCOLO) | ***c. il matrimonio***, nel diritto canonico, compiere per la prima volta l'atto sessuale, detto dei coniugi **B** **consumàrsi** **v. intr. pron.** ● giungere a compimento, concludersi; avere luogo: *il distacco tra i due amici si era ormai consumato*; *il luogo dove si è consumata la tragedia*

†**consumatìvo** [da *consumare*① ✱ av. 1306] **agg.** ● atto a consumare

consumàto① **part. pass.** di *consumare*①; **anche agg.** ● nei sign. del v.

consumàto② **part. pass.** di *consumare*②; **anche agg.** **1** nei sign. del v. **2** esperto, pratico: *un commerciante c. negli affari* | eccellente in quanto frutto di una lunga esperienza: *un artigiano di consumata abilità*

consumàto③ [calco sul fr. *consommé* (V.) ✱ 1554] **s. m.** ● (*disus.*) brodo ristretto

✦**consumatóre** [av. 1333] **A** **agg.** (**f.** *-trice*) ● (*raro*) che consuma o distrugge: *fiamme consumatrici* **B** **s. m.** **1** chi consuma, chi usufruisce di beni o servizi: *la categoria dei consumatori*; *unione consumatori* | cliente di un ristorante, di un bar e sim. **2** organismo che si nutre di altri organismi della catena alimentare

consumazióne① [da *consumare*①, sul modello del fr. *consommation* ✱ av. 1306] **s. f.** **1** il consumare, il consumarsi | †esaurimento, fine | (*raro*) ***la c. del mondo, dei secoli***, la fine del mondo **2** ciò che si mangia o si beve in un pubblico esercizio: *c. a prezzo fisso, alla carta*; *ordinare, pagare, offrire una c.* **3** (*relig.*) ***c. della Messa***, la comunione del sacerdote **4** (*lett.*, *raro*) spesa, investimento

consumazióne② [da *consumare*② ✱ sec. XIII] **s. f.** **1** compimento, esecuzione: *la c. di un sacrificio, di un reato* **2** (*dir.*) realizzazione completa di tutti gli elementi necessari per l'esistenza di un reato

consumer /kon'sumər, *ingl.* kən'sjuːmə(r)/ [vc. ingl., 'consumatore', dal v. ingl. *to consume* 'consumare' ✱ 1985] **A** **s. m. e f. inv.** ● consumatore | ***c. benefit***, nel marketing, insieme di requisiti vantaggiosi che un consumatore attribuisce a un determinato prodotto **B** **agg. inv.** ● destinato a un uso privato: *mercato c.*

consùmer bènefit /kon'sumər 'bɛnefit, *ingl.* kən'sjuːmə(r) 'bɛnɪfɪt/ ➤ **consumer**

consùmere [vc. dotta, lat. *consūmere*, comp. di *cŭm* 'con' e *sūmere* 'prendere, usare interamente' ✱ sec. XIII] **A** **v. tr.** (**difett. usato solo nella prima e terza pers. sing. e nella terza pers. pl. del pass. rem.** *consùnsi*, *consùnse*, *consùnsero*, **nel part. pass.** *consùnto* **e nei tempi composti**) ● (*raro*, *lett.*) consumare, logorare (*anche fig.*): *a guisa del parlar di quella vaga / ch'amor consunse come sol vapori* (DANTE *Par.* XII, 14-15) **B** **consùmersi** **v. intr. pron.** ● (*raro*, *lett.*) consumarsi, logorarsi (*anche fig.*)

consumerìşmo [dall'ingl. d'America *consumerism*, da *consumer* 'consumatore' ✱ 1981] **s. m.** ● tendenza dei consumatori a organizzarsi in associazioni allo scopo di difendere i propri diritti

consumerìstico [1986] **agg.** (**pl. m.** *-ci*) ● relativo al consumerismo

consumìşmo [da *consumo* ✱ 1966] **s. m.** ● tendenza, tipica delle economie caratterizzate da un alto livello di benessere, e rafforzata dalle tecniche pubblicitarie, a incentivare i consumi privati di beni anche non necessari

consumìsta [1970] **A** **s. m. e f.** (**pl. m.** *-i*) ● chi è incline al consumismo **B** **agg.** ● consumistico

consumìstico [1964] **agg.** (**pl. m.** *-ci*) • del consumismo, dei consumisti || **consumisticaménte**, **avv.**

♦**consùmo** [da *consumare*① ✻ 1584] **s. m.** **1** uso, utilizzo di qlco., spec. con riferimento ai bisogni ordinari della vita: *fare molto c. di zucchero, di carne, di legna* | quantità consumata: *aumenta il c. di olio d'oliva* | ***pagare a c.***, secondo quello che si è consumato | ***a uso e c. di qlcu.***, a favore di qlcu. **2** fruizione di beni o servizi prodotti per il soddisfacimento dei bisogni | (**al pl.**) insieme dei beni e dei servizi che vengono consumati: *scendono i consumi interni* | ***società dei consumi***, basata sul consumismo | ***bene di c.***, bene che si consuma o deteriora rapidamente | ***bene di c. durevole***, non facilmente deperibile, come indumenti, elettrodomestici e sim. | ***materiali di c.***, beni di consumo, e perciò non inventariabili, impiegati in un'attività o in un processo produttivo | nella loc. ***di c.***, detto di spettacolo, libro e sim., che si propone esclusivamente come mezzo di svago, senza avere fini artistici: *romanzo, musica, film di c.* **3** quantitativo di fluido motore che genera l'unità di potenza in una macchina termica | ***c. di un autoveicolo***, la quantità di carburante, in litri, che l'autoveicolo consuma per percorrere 100 km o il numero di km che percorre con 1 litro di carburante

consùnsi ➤ **consumere**

consuntìvo [da *consunto*; nei sign. A2 e B, sul modello del fr. *consomptif* ✻ 1310] **A agg.** **1** (*lett., raro*) che consuma: *la febbre divorante e consuntiva* (G. Leopardi) **2** (*econ.*) relativo a cicli od operazioni già concluse: *bilancio, rendiconto c.* **B s. m.** • rendiconto di un'attività alla fine della stessa (*anche fig.*): *stendere il c.*; *fare il c. dei propri studi universitari*

♣**consùnto** **part. pass.** di *consumere*; anche **agg.** **1** nei sign. del v. **2** consumato, in cattive condizioni: *vestito ormai c.* | (*fig.*) abusato, logoro: *uno stereotipo c.* **SIN.** frusto || **consuntaménte**, **avv.**

♣**consunzióne** [vc. dotta, lat. *consumptiōne(m)*, da *consūmptus*, part. pass. di *consūmere* 'consumare' ✻ 1309] **s. f.** **1** (*raro, lett.*) consumazione, distruzione: *la c. serale / del cielo* (G. Ungaretti) **2** (*med.*) lento deperimento con affievolimento di tutte le funzioni organiche: *morire di c.*; *andare in c.*
SFUMATURE ➤ ***deperimento***

consuòcero [lat. *consŏceru(m)*, nom. *cōnsocer*, comp. di *cŭm* 'con' e *sŏcer* 'suocero' ✻ 1830] **s. m.** (**f.** *-a*) • genitore di uno dei coniugi rispetto a quello dell'altro coniuge

†**consùrgere** [vc. dotta, lat. *consŭrgere*, comp. di *cŭm* 'con' e *sŭrgere* 'sorgere' ✻ 1308] **v. intr.** • (*lett.*) sorgere, nascere: *lo più bello ramo che de la radice razionale consurga si è la discrezione* (Dante)

consussistènte [comp. di *con-* e *sussistente* ✻ av. 1729] **agg.** • (*raro*) che sussiste insieme con altri

consustanziàle o (*raro*) **consostanziàle** [vc. dotta, lat. tardo *consubstantiāle(m)*, comp. di *cŭm* 'con' e *substāntia* 'sostanza' ✻ av. 1342] **agg.** • che ha identica natura e sostanza, detto delle tre persone della Trinità || **consustanzialità**, **s. f. inv.** nella teologia cristiana antica, unità e identità della natura e della sostanza delle tre persone della Trinità, le quali si mantengono, tuttavia, sempre distinte

consustanziazióne o **consostanziazióne** [vc. dotta, lat. eccl. *consubstantiatiōne(m)* 'che è con (*cŭm*: *con-* nei comp.) la sostanza (*substāntia*)', contrapposto alla *transubstantiatiōne(m)* 'transustanziazione' ✻ 1830] **s. f.** • dottrina della Chiesa luterana per cui, nell'eucaristia, il pane e il vino non divengono sostanza del corpo e del sangue del Cristo, ma coesistono con essi senza mutare natura

cónta [da *contare* ✻ 1846] **s. f.** • conteggio per stabilire le varie parti o per assegnare i punti nei giochi dei bambini: *fare la c.* | computo, conteggio in genere: *c. dei voti*

conta- [da *contare*] **primo elemento** **1** in parole composte, significa 'che conta, che numera': *contagiri, contamonete* **2** in parole composte, significa 'che racconta': *contafrottole*

contabàlle [comp. di *conta(re)* e il pl. di *balla* ✻ 1960] **s. m. e f. inv.** • (*fam.*) chi racconta abitualmente balle, bugie **SIN.** ballista

contàbile [fr. *comptable*, da *compter* 'contare' ✻ 1858] **A agg.** **1** relativo alla contabilità: *dati, operazioni contabili* | detto di lettera contenente accrediti o addebiti **2** (*org. az.*) detto di macchina, derivata dalle macchine da calcolo, che permette la meccanizzazione delle scritture contabili || **contabilménte**, **avv.** in modo contabile; dal punto di vista contabile **B s. m. e f.** • chi tiene i conti **SIN.** ragioniere **C s. m.** • sottufficiale della marina militare consegnatario di determinato materiale

contabilità [fr. *comptabilité*, da *compter* 'contare' ✻ av. 1797] **s. f. inv.** **1** parte della ragioneria che si interessa della tenuta dei conti | ***c. nazionale***, rappresentazione schematica dell'insieme delle attività economiche di una nazione **2** insieme delle operazioni contabili riguardanti una determinata attività | ***c. a ricalco***, che, utilizzando sistemi di ricalcatura, consentiva un tempo di compiere più registrazioni simultaneamente | ***c. industriale***, complesso di rilevazioni compiute per la determinazione dei costi | ***c. nera, in nero***, non ufficiale, tenuta al di fuori della normativa vigente per eludere il fisco **3** (*est.*) insieme dei libri e dei documenti su cui vengono annotate le operazioni e i dati contabili | (*est.*) ufficio che cura la tenuta dei conti

contabilizzàre [da *contabile* ✻ 1799] **v. tr.** • computare, conteggiare, registrare in apposite scritture contabili || **contabilizzazióne**, **s. f.**

contachilòmetri ➤ **contakilometri**

contacòpie [comp. di *conta(re)* e il pl. di *copia*① ✻ 1965] **s. m. inv.** • dispositivo del ciclostile e delle fotocopiatrici che consente di prefissare il numero di copie volute

contadinàme [da *contadino* ✻ 1765] **s. m.** • (*spreg.*) insieme di contadini

†**contadinànza** [1539] **s. f.** • condizione, stato di contadino | comunità di contadini

contadinésco [sec. XIV] **agg.** (**pl. m.** *-schi*) **1** da contadino, tipico dei contadini: *danze contadinesche* **2** (*spreg.*) grossolano, rozzo: *facezie contadinesche* || **contadinescaménte**, **avv.** alla maniera dei contadini

♦**contadìno** [da *contado* ✻ 1213] **A s. m.** (**f.** *-a*) **1** lavoratore della terra: *gruppo di contadini al lavoro* **SIN.** agricoltore **2** (*spreg.*) persona dai modi rozzi, grossolani e villani (V. nota d'uso STEREOTIPO) **PROV.** ***al c. non far sapere quanto è buono il formaggio con le pere***, è meglio non far sapere a chi li produce quanto sono buoni i suoi prodotti; ***c., scarpe grosse e cervello fino***, al contadino non manca un'acuta intelligenza **3** †abitante del contado **CONTR.** cittadino **B agg.** **1** che proviene dal contado o lavora la terra; relativo alla campagna: *avere un'origine contadina*; *famiglia contadina*; *civiltà contadina* **2** (*spreg.*) contadinesco: *maniere contadine*; *intendo raccontarvi un amorazzo c.* (G. Boccaccio) || **contadinàccio**, **pegg.** | **contadinèllo**, **dim.** | **contadinétto**, **dim.** | **contadinóne**, **accr.** | **contadinòtto**, **dim.**

contàdo [lat. *comitātu(m)* 'accompagnamento, scorta', poi nel lat. mediev. 'feudo di un conte' (V. *conte*) ✻ 1235] **s. m.** **1** (*stor.*) territorio sottoposto alla giurisdizione di un conte o di un comune medievale **2** (*disus.*) campagna circostante una città, compresi i poderi, i villaggi e sim. | popolazione che vi abita

contafìli [comp. di *conta(re)* e il pl. di *filo* ✻ 1925] **s. m. inv.** • strumento ottico usato spec. per contare i fili di un tessuto e, in tipografia o filatelia, per il controllo del retino delle illustrazioni

contafotogràmmi [comp. di *conta(re)* e il pl. di *fotogramma* ✻ 1973] **s. m. inv.** • nelle macchine fotografiche, dispositivo che indica il numero delle foto scattate

contafròttole [comp. di *conta(re)* e il pl. di *frottola* ✻ 1881] **s. m. e f. inv.** • contaballe

contagiàre [1894] **A v. tr.** (**pres.** *io contàgio*; **fut.** *io contagerò*) **1** infettare per contagio: *un solo alunno ha contagiato di morbillo tutta la classe* **2** (*fig.*) contaminare, corrompere: *c. un ragazzo con discorsi immorali* | influenzare, suggestionare: *il suo nervosismo ha contagiato tutti* **B contagiàrsi** **v. intr. pron.** • prendere una malattia infettiva

contàgio [vc. dotta, lat. *contāgiu(m)*, comp. di *cŭm* 'con' e un deriv. di *tāngere* 'toccare' ✻ sec. XIV] **s. m.** **1** trasmissione di malattia infettiva per contatto del malato o di suoi indumenti: *c. diretto*; *c. indiretto*; *prevenire, evitare il c.*; *pericolo di c.* **2** (*est.*) la stessa malattia infettiva | epidemia, pestilenza **3** (*fig.*) influsso, spec. negativo

> **SFUMATURE DI SIGNIFICATO**
> ***contagio - infezione***
> **Contagio** è la trasmissione di una malattia infettiva. **Infezione** è sinonimo di *contagio* nel linguaggio corrente; nel linguaggio della medicina indica invece un processo morboso attivato da microrganismi patogeni (batteri, virus, muffe).

†**contagióne** [vc. dotta, lat. *contagiōne(m)*, da *contāgium* 'contagio' ✻ av. 1306] **s. f.** • contagio (*anche fig.*): *i semi di tanto pestifera c.* (F. Guicciardini)

contagiosità (o *-ṣ-*) [da *contagioso* ✻ 1892] **s. f. inv.** • capacità di una malattia infettiva di trasmettersi

contagióso (o *-ṣ-*) [vc. dotta, lat. tardo *contagiōsu(m)*, da *contāgium* 'contagio' ✻ av. 1334] **A agg.** **1** che si trasmette per contagio: *malattia contagiosa* **SIN.** infettivo | detto di chi è affetto da una malattia contagiosa **2** (*fig.*) che si trasmette facilmente agli altri: *risate prolungate e contagiose* (I. Svevo) **3** che produce contagio: *acqua contagiosa* | (*fig.*) che esercita un influsso spec. negativo sugli altri: *un esempio che poteva diventare c.* || **contagiosaménte**, **avv.** || **contagiosità**, **s. f. inv.** (V.) **B s. m.** (**f.** *-a*) • chi è affetto da malattia infettiva

contagìri [calco sul fr. *comptetours* ✻ 1926] **s. m. inv.** • (*mecc.*) strumento che registra il numero di giri compiuto da un organo rotante nell'unità di tempo

contagócce [calco sul fr. *compte-gouttes* ✻ 1892] **s. m. inv.** • dispositivo per somministrare medicamenti liquidi a gocce | ***col c.***, (*fig.*) detto di ciò che si verifica o viene dato poco per volta, in quantità minime: *dare qlco. col c.*; *investimenti col c.*

container /kon'teiner, *ingl.* kən'teɪnə(r)/ [vc. ingl., da *to contain* 'contenere', dal fr. *contenir* (stessa etim. dell'it. *contenere*) ✻ 1935] **s. m. inv.** • grande cassone metallico di misure unificate, adatto al trasporto di merci in mezzi di trasporto terrestri, aerei e marittimi **SIN.** contenitore nel sign. B 2

containerizzazióne /konteineriddzat'tsjone/ [1977] **s. f.** • sistemazione in container di merci varie da trasportare

contakilòmetri o **contachilòmetri** [calco sul fr. *compte-kilomètres* ✱ 1926] **s. m. inv.** ● congegno per indicare il numero dei kilometri percorsi da un veicolo | (*impropr.*) tachimetro

contamètri [comp. di *contare* e del pl. di *metro* ✱ 1983] **s. m. inv.** ● in varie macchine avvolgitrici, bobinatrici ecc., dispositivo usato per misurare o indicare una lunghezza

contaminàbile [vc. dotta, lat. tardo *contaminābile(m)*, da *contamināre* 'contaminare' ✱ sec. XIV] **agg.** ● che si può contaminare

contaminànte **part. pres.** di *contaminare*; anche **agg.** **1** nei sign. del v. **2** detto di sostanza che, introdotta nell'acqua, nei cibi e sim., produce effetti nocivi

contaminàre [vc. dotta, lat. *contamināre*, di etim. incerta ✱ 1268] **A** **v. tr.** (*io contàmino*) **1** (*lett.*) lordare, rendere impuro: *Ah non voler nel sangue / di questo reo contaminar la mano* (P. Metastasio) **2** inquinare introducendo sostanze nocive: *c. con rifiuti le acque di un fiume*; *c. un locale con vapori tossici* **3** infettare (*anche fig.*): *c. una persona*; *tu di tristizia l'aër contamini* (G. Carducci) **4** (*fig.*) corrompere moralmente, guastare: *c. la mente di qlcu. con pensieri malvagi* | disonorare, offendere, violare: *c. il buon nome di qlcu.* **5** (*letter.*) compiere una contaminazione **B** **contaminàrsi** **v. intr. pron.** **1** inquinarsi | infettarsi **2** (*fig.*) compromettersi, disonorarsi, corrompersi: *aborro … / contaminarmi in atto alcun di frodo* (T. Tasso) **3** (*ling., letter.*) fondersi con elementi di altra provenienza

SFUMATURE ➤ *inquinare*

contaminatóre [vc. dotta, lat. tardo *contaminatōre(m)*, da *contamināre* 'contaminare' ✱ 1377] **s. m.** (f. *-trice*); anche **agg.** ● chi (o che) contamina

contaminazióne [vc. dotta, lat. tardo *contaminatiōne(m)*, da *contamināre* 'contaminare' ✱ av. 1334] **s. f.** **1** il contaminare | inquinamento: *c. dell'acqua di un pozzo* | ***c. radioattiva***, insieme degli effetti nocivi provocati dalla radioattività sugli esseri viventi **2** (*fig.*) corruzione, offesa: *la c. dell'innocenza altrui* **3** (*letter.*) in un'opera letteraria o artistica in genere, fusione di elementi di varia provenienza: *c. di stili* **4** (*ling.*) processo di ibridazione di una lingua a contatto con un'altra lingua (per es. l'incrocio tra il lat. *liquor* e il gr. *glycyrriza*, che ha originato il lat. tardo *liquiritia*, da cui l'it. *liquirizia*)

SFUMATURE ➤ *inquinamento*

contaminùti [comp. di *conta(re)* e del pl. di *minuto*② ✱ 1958] **s. m. inv.** ● dispositivo a orologeria per il conteggio dei minuti: è dotato di suoneria che entra in funzione al termine della carica prefissata

contamonéte [comp. di *conta(re)* e il pl. di *moneta* ✱ 1986] **s. m. inv.** ● apparecchio per contare rapidamente le monete

contànte [part. pres. di *contare* 'valere' ✱ 1262] **A** **agg.** ● detto di denaro in monete o biglietti bancari: *somma c.* | (*fig.*) ***prendere qlco. per moneta c.***, accettarla subito per vera **B** **s. m.** ● (spec. al pl.) somma di denaro composta di monete o biglietti di banca: *non avere c. in tasca*; *si accettano solo contanti o assegni* | ***acquistare in contanti***, (*lett.*) ***a contanti***, con pagamento immediato | ***per contanti***, (*borsa*) modalità di compravendita dei titoli che prevede il pagamento e la consegna entro tre giorni dalla stipulazione del contratto; (*raro*) in contanti

†**contànza** [da *contare* 'rendere noto (*cognito, conto*)' ✱ av. 1257] **s. f.** ● conoscenza | familiarità

contapàssi [calco sul fr. *compte-pas* ✱ 1830] **s. m. inv.** ● pedometro

♦**contàre** [lat. *computāre*, comp. di *cŭm* 'con' e *putāre* 'calcolare' ✱ av. 1250] **A** **v. tr.** (**pres.** *io cónto*; **part. pass.** *contàto*, †*cónto*②) **I** in un primo gruppo di significati, nei quali prevale il concetto di 'numerare', 'annoverare', e sim. **1** numerare progressivamente gli elementi di un insieme per determinarne la quantità: *c. gli alunni presenti* | ***c. i giorni, le ore***, (*fig.*) attendere con impazienza | ***non si contano***, sono innumerevoli: *gli abusi ora non si contano* (G. Leopardi) | ***si contano sulle dita, sulla punta delle dita***, (*fig.*) detto di persone o cose numericamente scarse | ***c. le pecore***, (*fig., scherz.*) metodo per vincere l'insonnia | ***c. un pugile***, sottoporlo a conteggio **2** (*fig.*) concedere o distribuire con eccessiva parsimonia: *c. il pane in bocca a qlcu.*; *c. i divertimenti* **3** mettere in conto, considerare: *sono già molti, senza c. quelli che debbono ancora arrivare*; *ed ecco sfumato subito metà del guadagno … senza c. i rischi* (G. Verga); *Senza c. che io ne morrò davvero* (I. Nievo) **4** riproporsi, prevedere (+ *di* seguito da inf., + *che* seguito da congtv.): *contava di fare una lunga vacanza*; *conto di venire senz'altro*; *conto che tu ci raggiunga* **5** annoverare, avere: *un monumento che conta molti secoli*; *c. molti medici in famiglia* **6** (*raro*) reputare, stimare, valutare: *c. qlcu. una persona onesta* **7** †imputare: *c. qlco. a colpa, a peccato* **II** in un secondo gruppo di significati, nei quali prevale il concetto di 'narrare', 'dire' **1** (*fam.*) raccontare, riferire: *ci ha contato una lunga storia*; *Contami di Roberto!* (N. Ginzburg) | **contàrla** (con il pron. *la* indeterm.), dare a intendere qlco.: *Andate a contarla alla gente che ha fame, questa delle tasse!* (G. Verga) | (*fam.*) ***contarle grosse***, raccontare frottole incredibili **2** †descrivere: *c. un luogo* **B** **v. intr.** (aus. *avere*) **1** disporre i numeri in ordine progressivo, spec. costituendo serie brevi e semplici: *c. ancora sulle dita*; *c. fino a dieci* | elencare una serie di numeri | (*raro*) fare i conti **2** valere, avere importanza (+ *che* seguito da congtv.): *c. più di tutti*; *ragioni che non contano nulla*; *alla prima del film c'era tutta la gente che conta*; *poco conta che abbia ammesso le sue colpe* | ***c. come il due di coppe***, non avere nessuna influenza o importanza **3** fare assegnamento (+ *su*): *c. su qlcu. per un aiuto*; *c. sulla buona fede altrui* | **contàrci**, fare assegnamento su qlco.: *Verrete oggi? … Dalle quattro alle sei. Ci conto* (L. Pirandello) **C** **contàrsi** **v. rifl.** **1** contare i membri del gruppo cui si appartiene: *contiamoci per vedere che non manchi qualcuno* | (*est.*) valutare la consistenza del proprio gruppo: *fare un'assemblea per contarsi* **2** (*raro*) ritenersi, valutarsi: *contarsi tra i migliori* **D** **contàrsi** **v. tr. pron.** (aus. *essere*) **1** contare (con valore intens.): *la Longa poi si contava a soldo a soldo … i denari* (G. Verga) **2** **contàrsela** (con il pron. *la* indeterm.), (*fam.*) avere una visione troppo benevola e distorta di sé stesso e della realtà (con valore intens.): *tu lavoratore indefesso? Mi pare che te la conti*; (*fam.*) raccontare qualcosa gli uni agli altri (con valore recipr.): *intanto i ragazzi se la contavano tra loro*

contascàtti [comp. di *conta(re)* e del pl. di *scatto* ✱ 1984] **s. m. inv.** ● dispositivo installato a richiesta presso l'utente per la documentazione del traffico telefonico

contasecóndi [comp. di *conta(re)* e il pl. di *secondo* ✱ 1950] **s. m. inv.** ● tipo di orologio destinato alla misurazione di intervalli di tempo anche molto piccoli

contastòrie [comp. di *conta(re)* e il pl. di *storia* ✱ 1867] **s. m. e f. inv.** ● chi racconta abitualmente storie inventate, bugie

contàta [av. 1306] **s. f.** **1** conteggio, spec. sbrigativo: *dare una rapida c. al denaro* **2** †racconto ‖ **contatìna**, dim.

contàto **part. pass.** di *contare*; anche **agg.** **1** nei sign. del v. **2** che è in quantità minima o in numero limitato: *viaggiare col denaro c.* | ***avere i minuti contati, le ore contate***, avere molta fretta | ***avere le ore contate, i giorni contati***, avere poco tempo da vivere **3** †menzionato, suddetto

contatóre [da *contato*; calco sul fr. *compteur* ✱ av. 1292] **s. m.** **1** (f. *-trice*) (*raro*) chi conta **2** apparecchio atto a calcolare movimenti, consumi, quantità e sim.: *il c. della luce, del gas* | ***c. di Geiger e Müller***, V. *Geiger* | ***c. elettronico***, che conta impulsi elettrici ripetuti **3** †pagatore

contatorìsta [1956] **s. m. e f.** (pl. m. *-i*) ● chi cura la manutenzione e la riparazione di contatori

contattàbile [1979] **agg.** ● che si può contattare: *una persona facilmente, difficilmente c.* ‖ **contattabilità**, **s. f. inv.**

contattàre [dal fr., dapprima solo parlato, *contacter*, denominale di *contact* 'contatto③' ✱ 1959] **v. tr.** ● prendere contatto con qlcu., spec. per motivi di lavoro o per affari

♦**contàtto** [vc. dotta, lat. *contāctu(m)*, dal part. pass. di *contìngere* 'toccare' ✱ av. 1311] **s. m.** **1** condizione o stato di due elementi, corpi e sim. che si toccano: *essere, venire a c. con qlco.*; *portare, mettere un foglio a c. con un altro*; *indossare una maglia a c. della pelle* | ***lenti a c.***, V. *lente* | ***a c. di gomito***, molto vicino a qlcu. o qlco. (*anche fig.*): *lavorare a c. di gomito* | ***c. sessuale***, (*ellitt., lett.*) ***contatto***, rapporto sessuale | (*geol.*) accostamento di due corpi geologici e unità stratigrafiche diverse: *c. normale, anomalo* **2** (*milit.*) situazione tattica che si verifica quando le forze nemiche iniziano i primi combattimenti | ***c. balistico***, quando due forze contrapposte si trovano a distanza tale da potersi colpire con il fuoco delle artiglierie **3** (*fig.*) relazione, rapporto: *prendere c. con qlcu.*; *mettere una persona in c. con un'altra*; *non desidero contatti con gente simile*; *culture diverse venute a c.* | ***tenersi in c.***, tenersi in comunicazione, in collegamento | ***perdere il c.***, non avere più un collegamento (*anche fig.*): *un partito che ha perso il c. con la società* | ***stare a c. con il pubblico***, trattare direttamente con la gente, per lavoro e sim. | ***persona di non facile c.***, difficilmente avvicinabile | (*est.*) rapporto con persone influenti e importanti, utile in campo politico, sociale e sim.: *è una persona che ha molti contatti* **4** (*est.*) persona tramite la quale si stabilisce un rapporto con un certo ambiente: *Mr. Reed è il nostro c. a Londra* **5** (*elettr.*) elemento conduttore che stabilisce o interrompe la continuità di un circuito elettrico | continuità elettrica che si stabilisce alla riunione degli elementi conduttori: *aprire, chiudere il c.* | ***mettere il c.***, chiudere il circuito dell'accensione dell'automobile per avviare il motore, spec. con l'apposita chiave

contattologìa [comp. dell'ingl. *contact* (*lens*) 'lenti a contatto' e di *-logia* ✱ 1971] **s. f.** (pl. *-gìe*) ● (*raro*) branca dell'ottica che si occupa delle lenti a contatto

contattòlogo [1973] **s. m.** (f. *-a*; pl. m. *-gi*) ● specialista in contattologia

contattóre [da *contatto* nel sign. 5 ✱ 1956] **s. m.** ● (*elettr.*) interruttore a comando elettromagnetico, pneumatico o meccanico, la cui posizione di riposo corrisponde all'apertura del circuito, adatto spec. per effettuare un numero elevato di manovre all'ora

contazióne [da *contare* ✱ av. 1696] **s. f.** ● conteggio, spec. di monete, banconote, valori ecc.

♦**cónte** [ant. fr. *conte*, dal lat. *cŏmite(m)* 'compagno' ✱ 1232] **s. m.** (f. *contéssa*) **1** anticamen-

a b c d e f g h i j k l m n o p q r s t u v w x y z

te, sovrano di una contea: *Amedeo IV, c. di Savoia* **2** persona insignita del grado di nobiltà inferiore, e un tempo pari, a quello di marchese: *Camillo Benso, c. di Cavour* **3** *c. **palatino***, alto dignitario alla corte degli antichi re dei Franchi ‖ **contino**, **dim.** (V.)

contèa [fr. *comté*: stessa etim. dell'it. *contado* ✱ sec. XIII] **s. f.** **1** territorio sottoposto alla giurisdizione di un conte **2** titolo di conte **3** divisione amministrativa del territorio in Gran Bretagna, Stati Uniti e altri Paesi anglosassoni

conteggiaménto [1673] **s. m.** ● (*raro*) conteggio

conteggiàre [da *conto*① ✱ av. 1640] **A** **v. tr.** (**pres.** *io contéggio*; **fut.** *io conteggerò*) ● calcolare in un conto: *c. le spese superflue* | (*lett.*) valutare **B** **v. intr.** (**aus.** *avere*) ● fare di conto: *c. con difficoltà, con abilità*

contéggio [da *conteggiare* ✱ av. 1697] **s. m.** **1** computo, calcolo, conto, spec. per un fine determinato: *c. delle entrate e delle uscite* | ***doppio c.***, errore statistico consistente nel conteggiare un dato già compreso in calcolo precedente | ***c. alla rovescia***, conto alla rovescia (V. *conto*①) **2** nella lotta e nel pugilato, controllo di dieci secondi fatto dall'arbitro nei confronti del pugile atterrato o stordito e del lottatore messo con le spalle a terra, trascorsi i quali, se l'atleta non si è rialzato, l'avversario è dichiarato vincitore

✦**contégno** [da *contenere* ✱ 1313] **s. m.** **1** atteggiamento, modo di comportarsi: *c. serio, allegro, superficiale* **2** (*est.*) atteggiamento dignitoso, serio, severo: *dimostrare c.* | ***assumere un c.***, (*fig.*) cercare di nascondere la timidezza o l'imbarazzo ostentando disinvoltura

SFUMATURE DI SIGNIFICATO

contegno - serietà

Contegno è in generale il modo di atteggiare il corpo e il volto ma anche, più in generale, il modo di comportarsi; in senso più specifico è un atteggiamento serio e composto, adeguato a una determinata circostanza. **Serietà** descrive un comportamento improntato a ponderatezza, ma soprattutto un'attitudine morale all'impegno, al senso di responsabilità, alla correttezza e alla rettitudine.

SFUMATURE ➤ ***dignità***

contegnóso (o **-ṣ-**) [1353] **agg.** ● che ha o mostra contegno: *atteggiamento c.*; *un'aria contegnosa, quasi superba* (I. CALVINO) **SIN.** riservato, sostenuto ‖ **contegnosétto**, **dim.** ‖ **contegnosaménte**, **avv.** ‖ **contegnosità**, **s. f. inv.** atteggiamento contegnoso

†**contemnèndo** ➤ †**contennendo**

†**contèmnere** ➤ †**contennere**

contemperaménto [vc. dotta, lat. tardo *contemperamĕntu(m)*, da *contemperāre* 'contemperare' ✱ 1481] **s. m.** ● il contemperare | conciliazione, armonizzazione: *c. di esigenze diverse*

contemperànza [sec. XIV] **s. f.** ● (*lett.*) contemperamento

contemperàre o †**contempràre** [vc. dotta, lat. *contemperāre*, comp. di *cŭm* 'con' e *temperāre* 'temperare' ✱ sec. XIII] **v. tr.** (*io contèmpero* o *contémpero*) **1** adattare, conformare: *c. il rimedio al danno* | conciliare, armonizzare: *c. le garanzie individuali con il diritto all'informazione* **2** mitigare, moderare: *c. la durezza del proprio carattere* **3** (*lett.*) mescolare in proporzione equilibrata

contemplàbile [vc. dotta, lat. tardo *contemplābile(m)* da *contemplāri* 'contemplare' ✱ 1481] **agg.** ● che si può contemplare

contemplaménto [av. 1306] **s. m.** ● (*lett.*) contemplazione

contemplànte **A** **part. pres.** di *contemplare*; anche **agg.** ● nei sign. del v. **B** **s. m. e f.** ● chi contempla

✦**contemplàre** [vc. dotta, lat. *contemplāri* 'trarre qualche cosa nel proprio orizzonte', da *tĕmplum* 'spazio o circolo di osservazione che l'augure descriveva col suo lituo per osservare nell'interno di esso il volo degli uccelli' ✱ 1288] **v. tr.** (*io contèmplo* o *contémplo*) **1** guardare a lungo con interesse e spec. con ammirazione, raccoglimento e sim.: *c. il panorama*; *c. un quadro, una scultura* **SIN.** ammirare **2** considerare, prevedere, prendere in esame: *non abbiamo contemplato questo inconveniente*; *la legge non contempla questo caso* **3** meditare problemi, argomenti o questioni di natura filosofica o religiosa: *c. il mistero della Trinità, dell'Incarnazione*

SFUMATURE ➤ ***ammirare***

contemplatìvo [vc. dotta, lat. *contemplatīvu(m)*, da *contemplāri* 'contemplare' ✱ 1288] **A** **agg.** **1** di chi (o di ciò che) è dedito alla contemplazione religiosa o alla meditazione filosofica: *vita contemplativa*; *spirito c.* | (*filos.*, *raro*) teoretico **CONTR.** pratico **2** (*est.*) che rifugge dalla vita pratica: *individuo, spirito c.* ‖ **contemplativaménte**, **avv.** **B** **s. m.** (**f.** *-a*) ● chi fa vita contemplativa

contemplàto **part. pass.** di *contemplare*; anche **agg.** **1** nei sign. del v.: *quando al c. ben s'appressa* (L. DE' MEDICI) **2** considerato, previsto: *Caso serio, figliuolo; c. contemplato* (A. MANZONI)

contemplatóre [vc. dotta, lat. *contemplatōre(m)*, da *contemplāri* 'contemplare' ✱ av. 1364] **agg. e s. m.** (**f.** *-trice*) ● che (o chi) contempla: *filosofo c.*; *c. delle bellezze naturali*

contemplazióne [vc. dotta, lat. *contemplatiōne(m)*, da *contemplāri* 'contemplare' ✱ 1288] **s. f.** **1** prolungata, attenta osservazione di qlco. o qlcu., spec. con ammirazione, raccoglimento e sim.: *stare in c. del tramonto* **SIN.** ammirazione, estasi **2** (*raro*, *lett.*) considerazione **3** (*relig.*) nel misticismo cristiano, la visione beatifica, immediata e soprarazionale di Dio e della verità

contèmpo [comp. di *con-* e *tempo* ✱ 1876] **vc.** ● solo nelle loc. avv. ***nel c.***, intanto, frattanto: *telefonava e nel c. leggeva delle carte* | ***al c., nel c.***, contemporaneamente: *un tessuto che assicura impermeabilità e, nel c., traspirazione*; *veste in modo al c. semplice ed elegante*

contemporaneìsta [1985] **s. m. e f.**; anche **agg.** (**pl. m.** *-i*) ● chi (o che) studia l'età contemporanea di una disciplina, spec. storica o letteraria

contemporaneità [1819] **s. f. inv.** ● condizione, caratteristica di ciò che è contemporaneo: *c. di due avvenimenti* | l'epoca contemporanea: *la regia dell'opera teatrale contiene numerosi richiami alla c.*

✦**contemporàneo** [vc. dotta, lat. *contemporāneu(m)*, comp. di *cŭm* 'con' e *tĕmpus*, genit. *tĕmporis* 'tempo' ✱ 1308] **A** **agg.** **1** che si verifica nello stesso tempo (+ *a*): *due avvenimenti contemporanei*; *la mia partenza fu contemporanea al suo arrivo* | che appartiene alla stessa epoca (+ *di*): *gli scrittori contemporanei di Dante* **2** che si riferisce, appartiene e sim. all'epoca attuale, al presente: *storia, letteratura contemporanea*; *mostra di pittori contemporanei* ‖ **contemporaneaménte**, **avv.** nel medesimo tempo; a un tempo **B** **s. m.** (**f.** *-a*) ● chi vive nella stessa epoca di altri: *Shakespeare e i suoi contemporanei* | chi vive nell'epoca attuale: *i nostri contemporanei*

SFUMATURE DI SIGNIFICATO

contemporaneo - coevo - coetaneo

Contemporaneo è chi o ciò che vive o si verifica nello stesso tempo in cui vive o si verifica qualcun altro o qualcos'altro, sia nel presente sia in un'epoca passata. In quest'ultimo significato un suo equivalente è **coevo**. Termine affine ai precedenti è **coetaneo**, che si dice di chi ha la stessa età di un altro, ma che può anche essere attribuito a persone vissute in un recente passato e appartenute alla stessa generazione.

†**contempràre** ➤ **contemperare**

†**contèmpto** o †**contènto**③ [vc. dotta, lat. *contĕmptu(m)*, dal part. pass. di *contĕmnere* 'disprezzare', comp. di *cŭm* 'con' e *tĕmnere* 'disprezzare' ✱ 1481] **s. m.** ● disprezzo

contendènte [vc. dotta, lat. *contendĕnte(m)*, part. pres. di *contĕndere* 'contendere' ✱ 1559] **A** **s. m. e f.** **1** avversario in una contesa, una lotta, una gara e sim.: *mettere pace fra due contendenti* **SIN.** rivale **2** (*dir.*) chi chiede qlco. o si difende in una causa civile: *memoria, istanza di un c.* **B** anche **agg.**: *le parti contendenti*

SFUMATURE ➤ ***concorrente***

contèndere [vc. dotta, lat. *contĕndere*, comp. di *cŭm* 'con' e *tĕndere* 'tendere, dirigersi verso' ✱ 1261 ca.] **A** **v. tr.** (**coniug. come** *tendere*) **1** cercare di ottenere qlco. competendo con altri: *contendere un primato a qlcu.*; *c. una posizione importante al nemico* **2** (*raro*, *lett.*) vietare, ostacolare **B** **v. intr.** (**aus.** *avere*) **1** competere, gareggiare: *c. in abilità, velocità, con qlcu.* | litigare: *c. per futili motivi con qlcu.* | (*dir.*) ***c. in giudizio***, essere parte di una causa civile **2** †sforzarsi, affaticarsi **C** **contèndersi** **v. tr. pron.** (**aus.** *essere*) ● disputarsi (con valore recipr.): *contendersi la vittoria*; *i nipoti si contendono la ricca eredità*; *si contendevano la terra e la preda* (U. FOSCOLO)

†**contendévole** [1362] **agg.** ● litigioso ‖ †**contendevolménte**, **avv.** adiratamente

contendìbile [1992] **agg.** ● (*econ.*) detto di società il cui pacchetto azionario di controllo può essere acquisito mediante acquisti da soci minoritari ‖ **contendibilità**, **s. f. inv.** (V.)

contendibilità [1994] **s. f. inv.** ● (*econ.*) possibilità, tutelata da un sistema di regole, di acquisire il controllo di una società quotata in borsa: *la nuova legge sull'Opa favorisce la c.*

contenditóre [1288] **s. m.** (**f.** *-trice*); anche **agg.** ● †chi (o che) contende, disputa

contenènte① **A** **part. pres.** di *contenere*; anche **agg.** ● nei sign. del v. **B** **s. m.** ● ciò che contiene: *distinguere il c. dal contenuto*

†**contenènte**② [da *contenenza* ✱ 1300 ca.] **s. m.** ● (*raro*) contegno

†**contenènte**③ ➤ **continente**②

contenènza [da *contenere* ✱ av. 1277] **s. f.** **1** (*lett.*) capacità di contenere: *c. di una bottiglia* **2** †contenuto, spec. di opera letteraria o sim. **3** †contegno, comportamento: *fa' di serbare una c. grave* (G. LEOPARDI) **4** †continenza nel sign. 1

✦**contenére** [vc. dotta, lat. *continēre*, comp. di *cŭm* 'insieme' e *tenēre* 'tenere' ✱ 960] **A** **v. tr.** (**coniug. come** *tenere*) **1** racchiudere, accogliere, comprendere (*anche fig.*): *la stanza conteneva mobili di valore*; *una mente che contiene molte nozioni*; *quel che dite, contiene in sé gran persuasione* (G. BRUNO) **2** reprimere, trattenere, frenare: *c. la violenza del proprio carattere*; *c. l'ira, lo sdegno*; *c. i propri desideri* | ***c. gli attacchi dell'avversario***, impedirne lo sviluppo, arrestarli | limitare, controllare: *c. le uscite* **B** **contenérsi** **v. rifl.** ● padroneggiarsi, dominarsi: *contenersi a stento*; *non sa contenersi* **C** **contenérsi** **v. intr. pron.** **1** (*raro*) comportarsi: *contenersi da persona civile*; *so come ci si deve contenere con gli altri* (F. TOZZI) **2** †stare, fermarsi: *sì che la gente in mezzo si contenne* (DANTE *Purg.* VIII, 33) | †essere, consistere

SFUMATURE ➤ ***reprimere***

contenimènto [av. 1277] **s. m. 1** il contenere | impedimento, freno | limitazione: *c. della spesa pubblica* **2** †contegno **3** †astinenza

contenitìvo [sec. XX] **agg.** ● detto di indumento atto a contenere forme abbondanti facendo apparire più snella la persona: *guaina contenitiva*

♦**contenitóre** [da *contenere*; nel sign. B, in particolare, sul modello dell'ingl. *container* (V.) ✱ 1505] **A agg.** ● (*raro*) che contiene | ***programma c.***, o (*assol.*) ***contenitore***, trasmissione televisiva di intrattenimento condotta gener. da un personaggio noto, nella quale sono inclusi numeri di varietà, telefilm, rubriche sportive, culturali e sim. **B s. m. 1** recipiente: *c. di rifiuti, per i rifiuti* | nell'imballaggio, recipiente usato per confezionare, rivestire e sim.: *c. per liquidi*; *c. in plastica* **2** container **3** (*urbanistica*) ***c. storico***, o (*assol.*) ***contenitore***, antico edificio (chiesa, monastero e sim.) o complesso edilizio in stato di completo abbandono, spesso ricco di storia e architettonicamente pregevole, destinato spec. a ospitare iniziative culturali

†**contennèndo** o †**contemnèndo** [vc. dotta, lat. *contemnĕndu(m)*, gerundivo di *contĕmnere* 'contennere' ✱ 1513] **agg.** ● spregevole, vile: *lo essere disarmato, ti fa c.* (N. MACHIAVELLI)

†**contènnere** o †**contèmnere** [vc. dotta, lat. *contĕmnere* 'disprezzare' ✱ 1324] **v. tr.** ● disprezzare, vilipendere

contentàbile [1834] **agg.** ● che si può contentare: *carattere c. con poco* **CONTR.** incontentabile

contentaménto [1308] **s. m. 1** (*raro*) appagamento | (*raro, lett.*) piacere, soddisfazione: *avea collocato ogni sua compiacenza nei contentamenti della gola* (I. NIEVO) **2** †consenso, beneplacito

contentàre [lat. tardo *contentāre*, da *contĕntus* 'contento①' ✱ 1288] **A v. tr.** (*io contènto*) **1** rendere contento, soddisfacendo i desideri, le richieste e sim.: *c. i figli, i clienti*; *lo contentarono con un piccolo regalo*; *lo hanno sempre contentato in tutti i suoi desideri* | (*lett.*) soddisfare, appagare **2** †pagare, ricompensare: *contentata secondo la promessa la femina, … si tornò a Parigi* (G. BOCCACCIO) **B contentàrsi v. intr. pron.** ● essere, restare soddisfatto: *contentarsi di quel che si ha*; *contentarsi con poco* | limitarsi nei desideri: *è un ragazzo che sa contentarsi* | **PROV.** ***chi si contenta gode*** **SIN.** appagarsi

contentatùra [1541] **s. f.** ● disposizione a contentarsi: *essere di facile, di difficile c.*

†**contentévole** [1312] **agg.** ● soddisfacente ‖ †**contentevolménte**, **avv.**

contentézza [da *contento*① ✱ av. 1342] **s. f. 1** stato d'animo di chi è contento: *dimostrare, celare, la propria c.*; *a tutti nascea nell'animo una summa c.* (B. CASTIGLIONE) **SIN.** felicità, gioia | (*est., lett.*) ciò che rende contento | (*lett.*) ***mala c.***, scontento, malcontento **2** ***c. d'amore***, antico ballo campagnolo
SFUMATURE ➤ ***allegria***

contentìno [av. 1855] **s. m. 1** dim. di *contento*② **2** ciò che si dà a qlcu. in aggiunta o al posto di quanto era stabilito o previsto, allo scopo di accontentarlo o ripagarlo di una delusione: *dare, meritare un c.*; *dare qlco. per c.*

contentìvo [dal lat. *contĕntus*, part. pass. di *continēre* 'contenere' ✱ av. 1342] **A agg. 1** (*med.*) detto di apparecchio usato per mantenere la corretta posizione di un organo **2** †che contiene **B s. m.** ● (*med.*) apparecchio contentivo: *c. erniario*

♦**contènto**① [lat. *contĕntu(m)*, part. pass. di *continēre* 'contenere, trattenere entro certi limiti'; *contento* è chi si contiene entro limiti determinati senza volere di più ✱ 1243 ca.] **A agg. 1** pago, soddisfatto nelle proprie necessità, nei propri desideri e sim. (+ *di*, **anche seguito da inf.**): *essere c. della propria situazione*; *sono c. di come vanno le cose*; *è molto c. di esserci riuscito*; *fare c. qlcu.*; *e vissero felici e contenti* **2** lieto, allegro: *sono c. di vedervi*; *avere un'espressione contenta* | ***c. come una pasqua***, contentissimo | ***cuor c.***, persona molto pacifica e ottimista | **PROV.** ***cuor c. il ciel l'aiuta***, l'ottimismo si attira il sostegno della buona sorte ‖ †**contentaménte**, **avv.** con animo contento **B s. m.** ● †contenuto ‖ **contentóne**, **accr.**

contènto② [da *contentare* ✱ 1306] **s. m. 1** (*lett.*) soddisfazione, contentezza | (*lett.*) piacere, divertimento: *Uomini affaccendati nella ricerca de' contenti mondani* (A. MANZONI) **2** †conforto ‖ **contentìno**, **dim.** (V.)

†**contènto**③ ➤ †**contempto**

cóntent provider /ˈkɔntənt prəˈvaɪder, *ingl.* ˈkɒntənt prəˈvaɪdə(r)/ [loc. ingl. propr. 'fornitore (*provider*) di contenuti (*content*)' ✱ 1995] **loc. sost. m. inv.** (**pl. ingl.** *content providers*) ● (*inform.*) chi produce contenuti per siti web o altre pubblicazioni elettroniche

contenutézza [av. 1939] **s. f.** ● (*lett.*) comportamento contenuto, sobrio **SIN.** misura, riservatezza

contenutiṣmo [da *contenuto*① nel sign. 2 ✱ 1932] **s. m.** ● teoria estetica che attribuisce grande importanza al contenuto dell'opera d'arte | prevalenza, in un'opera d'arte, del contenuto rispetto ai valori formali

contenutìsta [1935] **s. m. e f.**; **anche agg.** (**pl. m.** *-i*) ● chi (o che) segue i canoni del contenutismo

contenutìstico [1953] **agg.** (**pl. m.** *-ci*) ● relativo al contenuto | del contenutismo, proprio del contenutismo ‖ **contenutisticaménte**, **avv.** per quanto si riferisce al contenuto

♦**contenùto**① **A part. pass.** di *contenere*; **anche agg.** ● nei sign. del v. **B s. m. 1** ciò che si trova dentro qlco.: *il c. di un recipiente* | (*fig.*) argomento: *il c. di una lettera* **2** in un'opera d'arte, il tema, l'idea, la materia trattata, distinta dall'elaborazione formale **3** (*ling.*) elemento concettuale del segno linguistico **SIN.** significato

♦**contenùto**② [propr., part. pass. di *contenersi* ✱ av. 1700] **agg.** ● controllato dal punto di vista emotivo, riservato, poco espansivo: *carattere c.*; *è molto c. nel parlare* | sobrio, moderato: *stile c.*; *parole contenute* | misurato, frenato: *una gioia contenuta*

†**contenzióne**① [ant. fr. *contençon*, dal lat. *contentiōne(m)*, da *contĕndere* 'contendere' ✱ 1261 ca.] **s. f. 1** (*lett.*) disputa, contrasto, contesa: *le contenzioni tra teologi nasceano … dall'affetto immoderato verso la propria setta* (P. SARPI) | gara, competizione **2** (*lett.*) concentrazione, sforzo mentale

contenzióne② [vc. dotta, lat. *contentiōne(m)*, da *continēre* 'trattenere, frenare' ✱ 1870] **s. f.** ● (*med.*) il contenere, il comprimere: *c. di una frattura, di un'ernia* | ***mezzo di c.***, negli ospedali psichiatrici, qualunque mezzo usato per limitare i movimenti di persone agitate: *camicia di c.*

contenzióso (o **-ṣ-**) [vc. dotta, lat. *contentiōsu(m)*, da *contĕntio* 'tensione'. V. †*contenzione*① ✱ av. 1342] **A agg. 1** (*dir.*) che concerne una controversia giuridica: *procedimento c.* | ***giurisdizione contenziosa***, funzione dell'autorità giudiziaria di dirimere controversie **2** †litigioso ‖ †**contenziosaménte**, **avv.** litigiosamente **B s. m. 1** (*dir.*) complesso di organi e procedimenti relativi a controversie giuridiche: *c. amministrativo, civile, tributario* **2** ufficio che si occupa delle cause giudiziarie interessanti l'ente o l'impresa presso cui è costituito **3** l'insieme delle controversie sussistenti fra due persone o gruppi di persone | (*est.*) controversia, disputa

†**contèrere** [vc. dotta, lat. *contĕrere*, comp. di *cŭm* 'con' e *tĕrere* 'strofinare' ✱ 1309] **v. tr.** (**difett. usato solo nel gerund.** *conterèndo*, **nel part. pres.** *conterènte*, **nel part. pass.** *contèrito*) ● schiacciare, tritare

contèrie [da *conto*④ ✱ 1612] **s. f. pl.** (**sing.** *-a*) ● perle di vetro, di vari colori e grossezze, usate per corone del rosario, collane, ricami e altri ornamenti

†**conterminàle** [av. 1519] **agg.** ● confinante

†**conterminàre** [vc. dotta, lat. tardo *contermināre*. V. *contermine* ✱ 1314] **v. intr.** (**aus.** *avere*) ● essere contiguo

contèrmine o **contèrmino** [vc. dotta, lat. *contĕrminu(m)*, aggettivo. V. *termine*① ✱ 1351] **agg.** ● (*lett.*) confinante, contiguo: *la pianura c. alle lagune* (I. NIEVO)

conterràneo [vc. dotta, lat. *conterrāneu(m)*, comp. di *cŭm* 'con' e *tĕrra* 'terra' ✱ 1483] **agg. e s. m.** (**f.** *-a*) ● che (o chi) è della stessa terra o regione, dello stesso paese

♣**contésa** (o **-ṣ-**) [f. sost. di *conteso* ✱ sec. XIII] **s. f. 1** contrasto, controversia, polemica: *con lunghissime contese fa forza di dichiararmi pessimo logico* (G. GALILEI) | alterco, lite | ***essere, stare, venire, a, in c.***, litigare, sia con parole sia con fatti **2** (*lett.*) battaglia, scontro: *non si vedea lume, / quando s'incominciâr l'aspre contese* (L. ARIOSTO) **3** (*lett.*) gara, prova di abilità: *una c. di dame del XIX secolo* (G. D'ANNUNZIO) **4** †opposizione, resistenza, spec. nelle loc.: ***far c.***; ***trovare c.***; ***senza c.***
SFUMATURE ➤ ***controversia***

contéso (o **-ṣ-**) **part. pass.** di *contendere*; **anche agg.** ● oggetto di una contesa: *premio c.* | molto combattuto: *una vittoria contesa*

contéssa [lat. mediev. *comitissa(m)*, f. di *comes* 'conte' ✱ 1266] **s. f. 1** (*stor.*) signora di una contea **2** moglie di un conte | figlia di un conte **3** (*est., raro*) nobildonna ‖ **contessìna**, **dim.** (V.)

contèssere [vc. dotta, lat. *contĕxere*, comp. di *cŭm* 'con' e *tĕxere* 'intrecciare, tessere' ✱ 1321] **v. tr.** (**coniug. come** *tessere*; **part. pass.** *contèsto*, **raro** *contessùto*) ● (*lett.*) intrecciare, intessere: *con mille e mille simili avvolgimenti il grosso canapo contessono* (G. GALILEI) | (*fig.*) congiungere, comporre con arte

contessìna [1745] **s. f. 1** dim. di *contessa* **2** figlia spec. giovane o nubile di un conte

còntest, no ➤ **no contest**

†**contestàbile**① ➤ **conestabile**

contestàbile② [da *contestare* ✱ av. 1861] **agg.** ● che si può contestare: *prova c.* ‖ **contestabilità**, **s. f. inv.**

♦**contestàre** [vc. dotta, lat. *contestāri* 'aprire un processo producendo i testimoni', comp. di *cŭm* 'con' e *tĕstis* 'testimonio' ✱ 1298] **A v. tr.** (*io contèsto*) **1** (*dir.*) procedere alla comunicazione all'imputato di un fatto costituente reato: *c. l'accusa*; *c. una contravvenzione* **2** (*fig.*) negare, contrastare: *c. una prova, un diritto* | mettere in dubbio, in discussione: *c. un'affermazione, una tesi* | sottoporre a critica radicale gli esponenti, le istituzioni culturali e sociali di un dato sistema politico, sociale e sim.: *c. il rettore dell'università*; *c. le strutture sindacali* **3** †attestare **B v. intr.** (**aus.** *avere*) **1** fare opera di contestazione nel sign. 2 **2** †fare opposizione, resistenza

contestatàrio [1967] **agg. e s. m.** (**f.** *-ia*) ● contestatore: *ideologia, prassi contestataria*

contestatìvo [1619] **agg. 1** †che attesta, che convalida **2** che concerne la contestazione

contestatóre [av. 1829] **s. m.** (**f.** *-trice*); **anche agg. 1** (*raro*) chi (o che) contesta **2** chi

C

(o che) si oppone alle istituzioni o sim.

contestatòrio [vc. dotta, lat. *contestatōriu(m)*, da *contestāri*. V. *contestare* ✱ 1865] **agg.** (**pl. m.** *-i* o *raro -ii*) ● contestativo

♦**contestazióne** [vc. dotta, lat. *contestatiōne(m)*, da *contestāri*. V. *contestare* ✱ 1298] **s. f.** **1** (*dir.*) notifica formale di un fatto costituente reato: *c. dell'accusa* | ***c. suppletiva***, comunicazione all'imputato di fatti nuovi atti ad aggravare la sua situazione | ***c. della legittimità***, azione diretta a far cadere un apparente stato di figlio legittimo | †***c. di lite***, nel diritto romano e medievale, definizione ufficiale dei termini di una controversia davanti al magistrato **2** atteggiamento di critica e di protesta nei confronti di istituzioni, persone e sim.: *c. studentesca*; *la c. giovanile* | (*per anton.*) movimento giovanile di protesta nei confronti delle strutture scolastiche sfociato in una radicale opposizione al sistema sociale, economico e politico; si è sviluppato in Europa e in America negli anni 1960-70: *c. globale*; *gli anni della c.* **3** (*est.*) contrasto | contesa, lite: *dopo tre ore di contestazioni la questione fu risolta* **4** †attestazione

SFUMATURE DI SIGNIFICATO
contestazione - rifiuto
Contestazione è un atteggiamento di critica e di protesta nei confronti di istituzioni, persone, idee ecc. Decisamente più forte è **rifiuto**, che è un atto di obiezione decisa e definitiva a fare o ad accettare qualcosa.
SFUMATURE ➤ ***obiezione***

contèste [comp. di *con-* e *teste* ✱ 1657] **s. m. e f.; anche agg.** ● contestimone

contestimóne [comp. di *con-* e *testimone* ✱ av. 1742] **s. m. e f.** ● chi testimonia con altri in tribunale

contestimoniànza [comp. di *con-* e *testimonianza* ✱ 1881] **s. f.** ● testimonianza resa da un contestimone

♣**contèsto** [vc. dotta, lat. *contĕxtu(m)*, part. pass. di *contĕxere* 'contessere' ✱ 1357] **s. m.** **1** (*lett.*) tessitura, intreccio: *fanno intorno / le ragnatele un serico c.* (G.B. MARINO) **2** il complesso delle idee e dei fatti contenuti in un testo o in un discorso, che consente di determinare il senso di un brano, una frase, una parola e sim., che in tale testo o discorso compaiono: *staccare, isolare una parola dal c.* | (*est.*) il complesso delle circostanze in cui nasce e si sviluppa un determinato fatto: *c. familiare, sociale, culturale*; *la situazione va considerata nel suo c. originario*

contestuàle [da *contesto* ✱ 1797] **agg.** **1** relativo al contesto **2** (*ling.*) detto di variante fonematica dipendente dal contesto **3** (*burocr.*) di fatto che si verifica o si è verificato contemporaneamente a un altro: *firma c.*; *due avvenimenti contestuali* ‖ **contestualménte**, **avv.** nello stesso momento, contemporaneamente: *un problema da risolvere contestualmente agli altri due* ‖ **contestualità**, **s. f. inv.** caratteristica di ciò che è contestuale; concomitanza

contestualizzàre [1983] **A v. tr.** ● inserire in un contesto | considerare qlco. all'interno di un contesto, spec. allo scopo di darne una adeguata valutazione: *c. un fatto storico* **B contestualizzàrsi v. intr. pron.** ● inserirsi in un contesto ‖ **contestualizzazióne**, **s. f.**

contestùra [da *contessere* ✱ 1614] **s. f.** ● (*raro*) intrecciamento | tessitura | †contesto

contézza [da *conto*③ ✱ 1250 ca.] **s. f.** **1** (*lett.*) cognizione, notizia | ***aver c.***, conoscere, essere informato di qlco. | ***dar c.***, rendere noto | †conoscenza **2** †familiarità, dimestichezza: *aveva c. con le donne de' cavalieri* (F. SACCHETTI)

†**contìgia**① [ant. fr. *cointise*, da *cointe* 'adorno'. V. †*conto*② ✱ sec. XIII] **s. f.** (**pl.** *-gie*) **1** ornamento, ricamo **2** (**al pl.**) calzature eleganti, in cuoio trapunto, usate in epoca medievale

†**contìgia**② [dal fr. ant. *cointise* 'abilità, prudenza, furbizia', deriv. di *cointe* 'esperto', dal lat. *cŏgnitu(m)* 'conosciuto' ✱ sec. XIII] **s. f.** (**pl.** *-gie*) ● amicizia: *non m'era noiosa / vostra c. avere* (C. DAVANZATI)

†**contigiàto** [da *contigia* ✱ 1321] **agg.** ● adorno di fregi, di ricami: *Non avea catenella, non corona, / non gonne contigiate, non cintura* (DANTE *Par.* XV, 100-101)

†**contiguàrsi** [vc. dotta, lat. tardo *contiguāre*, da *contĭguus* 'contiguo' ✱ av. 1685] **v. intr. pron.** ● (*lett.*) congiungersi

♣**contiguità** [da *contiguo* ✱ av. 1463] **s. f. inv.** **1** condizione di ciò che è contiguo | contatto, vicinanza **2** (*dir.*) principio giuridico per cui lo Stato che esercita la sua autorità su un tratto di coste o su un'isola acquista la sovranità territoriale anche sulle isole adiacenti

♣**contìguo** [vc. dotta, lat. *contĭguu(m)*, da *contĭngere* 'toccare, venire a contatto'. V. †*contingere* ✱ av. 1328] **agg.** ● che è adiacente, a contatto: *abitare nell'appartamento c.*; *stanze contigue*; *camera contigua al corridoio* **SIN.** attiguo, confinante ‖ **contiguaménte**, **avv.**
SFUMATURE ➤ ***vicino***

continentàle [da *continente*① ✱ 1780] **A agg.** **1** del continente, relativo al continente: *abitante, clima c.* | ***colazione c.***, V. *colazione* **2** relativo al continente europeo: *primato, titolo, campione c.* ‖ **continentalità**, **s. f. inv.** carattere continentale: *continentalità del clima* **B agg. e s. m. e f.** ● che (o chi) abita il continente | che (o chi) abita la penisola italiana rispetto agli abitanti della Sardegna, della Sicilia o delle isole minori: *gli scrittori continentali*; *usanza ignorata dai continentali*

♦**continènte**① [vc. dotta, lat. *(terram) continĕnte(m)* '(terra) unita, non interrotta', part. pres. di *continēre* 'contenere, trattenere' ✱ 1590] **s. m.** **1** grande estensione di terraferma | ***C. Antico***, Asia, Africa ed Europa | ***C. Nuovo***, America | ***C. Nuovissimo***, Australia | ***C. Recente***, l'Antartide | ***C. Nero***, l'Africa **2** terraferma, in contrapposizione alle isole vicine: *andare, trasferirsi sul c.*

continènte② o †**contenènte**③ [vc. dotta, lat. *continĕnte(m)*, part. pres. di *continēre* 'frenare, moderare' ✱ 1268] **agg.** **1** che sa moderare i propri desideri: *essere c. nel bere, nel mangiare*; *piaccia a' padri più tosto vedere e' figliuoli piangere e continenti, che ridere e viziosi* (L.B. ALBERTI) **SIN.** morigerato, parco, temperante **2** (*dir.*) detto di causa la cui materia del contendere comprende quella di altra causa **3** (*med.*) che ha i caratteri della continenza ‖ **continenteménte**, **avv.** con continenza, temperanza

continènza o †**continènzia** [vc. dotta, lat. *continĕntia(m)*, da *continēre* 'tenere unito, trattenere' ✱ 1258] **s. f.** **1** moderazione dei desideri e dei piaceri: *Non bevve più vino, per dare esempio di c. alla moglie* (L. PIRANDELLO) | astinenza, castità, temperanza **2** (*fisiol.*) capacità della vescica e del retto di controllare l'espulsione dell'urina e delle feci **3** (*dir.*) ***c. di cause***, situazione che si determina quando due cause riguardano gli stessi soggetti e lo stesso argomento differendo solo per l'entità del contenzioso, oppure sussiste tra le due un rapporto di interdipendenza; in questi casi il giudice investito della prima è competente a giudicare anche sulla seconda

contingentaménto [fr. *contingentement*, da *contingenter* 'contingentare' ✱ 1935] **s. m.** ● fissazione di quantità o valore limite di merci ammesse all'importazione o all'esportazione | (*est.*) limitazione posta al consumo di un prodotto o all'erogazione di un servizio: *c. della benzina*; *c. dell'acqua*

contingentàre [fr. *contingenter*, da *contingent* 'contingente' ✱ 1956] **v. tr.** (*io contingènto*) ● sottoporre a contingentamento: *c. le importazioni, le esportazioni* | (*est.*) porre un limite massimo: *c. le immissioni in ruolo*

contingentazióne [1985] **s. f.** ● contingentamento

♦**contingènte** **A part. pres.** di †*contingere*; **anche agg.** **1** che è legato a un determinato momento o a una determinata situazione: *fattori contingenti* **SIN.** occasionale **2** (*filos.*) accidentale, casuale **3** †tangente, contiguo | spettante: *quella porzione che … lor fu c.* (G. BOCCACCIO) ‖ **contingenteménte**, **avv.** (*raro*) casualmente **B s. m.** **1** ciò che è accidentale, occasionale | ***nel c.***, nella situazione specifica, nel particolare momento di cui si parla | (*filos.*) tutto ciò che può essere o non essere **SIN.** possibile **CONTR.** necessario **2** quota: *c. di assunzioni, di nomine* | quantità limite di merce ammessa all'importazione o all'esportazione **3** (*milit.*) forza complessiva effettiva; insieme di uomini e mezzi | ***c. di leva***, insieme dei cittadini da chiamare alle armi per ciascuna classe o scaglione di classe

contingentìsmo [1907] **s. m.** ● dottrina filosofica sorta in Francia nel XIX sec. in reazione al positivismo, secondo la quale tra causa ed effetto non esisterebbe un rapporto di necessità ma di semplice contingenza

contingènza [vc. dotta, lat. tardo *contingĕntia(m)*, da *contĭngere*. V. †*contingere* ✱ 1321] **s. f.** **1** carattere di ciò che è contingente | circostanza, congiuntura, occasione (per lo più negativa): *trovarsi in una brutta c.*; *le contingenze infelici della vita umana* (A. MANZONI) **2** (*filos.*) possibilità, accidentalità **3** ***indennità di c.***, o (*ellitt.*) ***contingenza***, parte della retribuzione di un lavoratore dipendente il cui ammontare variava, fino all'inizio degli anni Novanta del Novecento, in rapporto al mutare del costo della vita

†**contìngere** [vc. dotta, lat. *contĭngere*, comp. di *cŭm* 'con' e *tăngere* 'toccare' ✱ 1275] **v. intr.** ● accadere, avvenire per caso

†**contingìbile** [da †*contingere* ✱ 1669] **agg.** ● che può casualmente avvenire ‖ †**contingibilità**, **s. f. inv.**

contìno [1321] **s. m.** **1** dim. di *conte* **2** figlio spec. giovane di un conte

†**continovàre** e deriv. ➤ **continuare** e deriv.

contìnua [f. sost. di *continuo* ✱ 1970] **s. f.** ● in varie tecnologie, macchina per la lavorazione a ciclo continuo di un prodotto: *c. da carta*

continuàbile [1499] **agg.** ● che si può continuare

†**continuaménto** o †**continovaménto** [1268] **s. m.** ● continuazione

♦**continuàre** o †**continovàre** [vc. dotta; lat. *continuāre*, da *contĭnuus* 'continuo' ✱ av. 1257] **A v. tr.** (*io contìnuo, noi continuiàmo*) **1** andare avanti a fare qlco. senza interruzioni; riprendere a fare qlco. dopo un'interruzione (**+ a seguito da inf.**): *c. il lavoro, l'opera, gli studi, il viaggio*; *il presidente ordinò di c. il processo a porte chiuse*; *continuò a dormire, a leggere*; *continuò di passar per quella contrada* (G. BOCCACCIO); *continuò nel pregare* (G. BOCCACCIO) **2** †congiungere **3** †frequentare spesso: *per questo incominciò a c. … la via davanti alla casa di questa donna* (G. BOCCACCIO) **B v. intr.** (**aus.** *avere*, **riferito a persona; aus.** *essere* o *avere* **riferito a cosa**) ● procedere, proseguire, non cessare, riferito allo svolgimento di un'attività, all'esistenza di un fenomeno e sim. (**+ *in*, + *con***): *il bel tempo continua*; *le ostilità continuano*; *non potemmo c. per la pioggia*; *c. nell'impegno, con un programma*; *il roman-*

zo continua nel prossimo numero **C** **anche v. intr. impers.** (**aus.** *essere* **o** *avere*) (**+** *a* **seguito da inf.**): *continua a piovere, a nevicare* **D** **continuàrsi v. intr. pron. 1** (*lett.*) continuare, durare: *quel lungo interrogatorio, che ... chi sa fin quando dovrà continuarsi?* (S. Pellico) **2** (*anat.*) prolungarsi: *l'aorta si continua con l'arteria iliaca*

continuativo [vc. dotta, lat. **tardo** *continuatīvu(m)*, da *continuāre* 'continuare' ✻ sec. XIV] **agg.** ● che continua o è destinato a continuare: *impegno c.*; *spesa continuativa*; *sussidio a carattere c.*; *rapporto di lavoro c.* ‖ **continuativaménte**, **avv.** in modo continuativo, senza interruzione ‖ **continuatività**, **s. f. inv.**

continuàto o †**continovàto** **part. pass.** di *continuare*; **anche agg.** ● nei sign. del v. | ***orario c.***, che non prevede la chiusura meridiana | (*dir.*) ***reato c.***, molteplicità di violazioni della norma penale commesse in base a un medesimo disegno criminoso ‖ **continuataménte**, **avv.** senza interruzione

continuatóre [da *continuare* ✻ 1716] **s. m.** (**f.** *-trice*) ● chi continua: *il c. di un'opera, di una tradizione*

continuazióne o †**continovazióne** [vc. dotta, lat. *continuatiōne(m)*, da *continuāre* 'continuare' ✻ 1308] **s. f.** ● il continuare, il venire continuato: *c. di un'opera, di una storia, di un romanzo, del cammino* | (*dir.*) ***c. nel reato***, situazione che si verifica quando un soggetto commette un reato continuato | ***in c.***, senza interruzione | (*est.*) ciò che continua: *una siepe nascondeva la c. della strada* **SIN.** proseguimento, seguito

continuìsmo [1966] **s. m. 1** in politica, il continuare a insistere sulla stessa linea d'azione **2** tendenza a individuare una continuità, un legame tra eventi o fenomeni anche differenti e distanti

continuìsta [1966] **s. m. e f.**; **anche agg.** (**pl. m.** *-i*) ● chi (o che) è fautore del continuismo

continuità o †**continuitàde**, †**continuitàte**, †**continovità** [vc. dotta, lat. *continuitā-te(m)*, da *contĭnuus* 'continuo' ✻ 1308] **s. f. inv. 1** caratteristica di ciò che si svolge o si ripete senza interruzione, nel tempo o nello spazio: *c. di un movimento, di un procedimento, di un'azione*; *susseguirsi con c.* | ***soluzione di c.***, separazione, interruzione, intervallo | (*raro, lett.*) coesione, compattezza **2** caratteristica di chi è costante, regolare nel rendimento: *un giocatore che manca di c.* **3** (*dir.*) principio giuridico per cui lo Stato che occupa un tratto di costa o della foce di un fiume acquista la sovranità territoriale su tutto il retroterra sino allo spartiacque o su tutto il bacino idrografico

♦**contìnuo** o †**contìnovo** [vc. dotta, lat. *contĭnuu(m)*, da *continēre* 'congiungere, essere unito insieme' ✻ 1258] **A** **agg. 1** che si svolge o si ripete senza interruzione, nel tempo o nello spazio: *pioggia continua*; *molestie, preoccupazioni, spese continue*; *estensione, linea continua* | ***di c.***, †***al c.***, †***del c.***, ***per c.***, continuamente, senza interruzione **SIN.** incessante **2** detto di chi dimostra costanza, regolarità: *dimostrarsi c. nello studio* **CONTR.** discontinuo **3** (*raro*) ininterrotto, perenne: *né spelunca o caverna è fra gli sassi, / che non rimbombe al mio c. pianto* (I. Sannazaro) | †abituale, assiduo **4** (*mat.*) detto di funzione i cui valori variano gradualmente al variare della variabile indipendente vicino a un punto dato **5** (*ling.*) detto delle consonanti la cui emissione è prolungabile **SIN.** costrittivo, fricativo, spirante **6** (*elettr.*) detto di corrente elettrica che ha direzione e intensità costanti **CONTR.** alternato ‖ **continuaménte**, **avv. 1** in modo continuo: *ha lavorato continuamente tutta la giornata* **2** di frequente: *non disturbarmi continuamente* **B** **avv.** ● (*lett.*) †continuamente, ininterrottamente | ripetutamente **C** **s. m. 1** ciò che ha continuità e compattezza | (*colloq.*) serie prolungata: *è un c. di rivendicazioni e di richieste* | (*med.*) ***soluzione di c.***, interruzione della continuità di un tessuto per ferite o incisioni **2** (*colloq.*) continuazione, continuità **3** (*mat.*) cardinalità di un insieme che sia in relazione biunivoca con i punti di una retta

SFUMATURE DI SIGNIFICATO

continuo - persistente - incessante - costante - permanente

Continuo è ciò che si svolge o si ripete senza interruzione nel tempo o nello spazio. In **persistente** all'idea di continuità si associa una sfumatura di fermezza, di costanza o anche di ostinazione. **Incessante** è ciò che non cessa mai, non smette, non dà requie; si dice perciò del manifestarsi ininterrotto di cose che in genere provocano fastidio. **Costante**, che pure si può sostituire in molti usi a *continuo*, si differenzia perché suggerisce un'idea di stabilità, di invariabilità. Un'idea di durevolezza esprime invece **permanente**, che è letteralmente ciò che perdura nel tempo, che si protrae per un lungo periodo rimanendo identico.

SFUMATURE ➤ ***perpetuo***

contìnuum [vc. lat., propr. 'continuo' ✻ 1964] **s. m. inv.** (**pl. lat.** *continua*) **1** ciò che ha continuità nel tempo o nello spazio **SIN.** continuo **2** (*ling.*) insieme di varietà linguistiche non separate da confini netti, con punti di contatto e di sovrapposizione che determinano il passaggio graduale dell'una nell'altra

contitolàre [comp. di *con-* e *titolare* ✻ 1797] **agg. e s. m. e f.** ● che (o chi) è titolare di qlco. insieme con altri | ***santo c.***, che ha il titolo, la dedicazione di una chiesa insieme con un altro | ***chiesa c.***, intitolata a più santi ‖ **contitolarità**, **s. f. inv.**

♦**cónto** ① [lat. tardo *cŏmputu(m)*, da *computāre*. V. *contare* ✻ av. 1294] **s. m. 1** il contare | operazione aritmetica: *fare un c.*; *un c. semplice, complesso*; *sbagliare i conti*; *controllare il c., i conti* **SIN.** calcolo, computo, conteggio | ***il c. torna, i conti tornano***, il calcolo è privo di errori; (*fig.*) la situazione è chiara | ***far di c.***, eseguire operazioni aritmetiche, spec. elementari | ***c. alla rovescia***, procedura per l'avviamento di congegni complessi, spec. lancio di missili spaziali, nella quale si suole designare con tempo zero l'istante dell'avviamento stesso e con numeri negativi decrescenti la serie delle operazioni preparatorie e di controllo; (*fig.*) computo del tempo che manca a un avvenimento molto atteso **2** (*ragion.*) serie di dati riferentisi a un determinato oggetto, rappresentazione di una o più quantità che dimostra lo stato o il movimento di beni economici | ***c. corrente***, contratto con cui due parti convengono di regolare i rapporti di debito e credito intercorrenti fra loro a una scadenza fissa: *c. corrente bancario, postale* **3** correntemente, partita di dare e di avere: *libro dei conti*; *dare qlco. in c.*; *avere il c. aperto presso un negoziante* | ***mettere in c.***, (*fig.*) calcolare, preventivare: *occorre mettere in c. qualche giorno di pioggia* | ***fare i conti***, calcolare ciò che si guadagna e si spende; (*fig.*) considerare, valutare qlco. di negativo o di limitativo: *bisogna fare i conti con la sua volubilità*; (*fig.*) arrivare a un aspro chiarimento: *con te faremo i conti più tardi* | ***resa dei conti***, V. *resa* | (*fig.*) ***fare i conti in tasca a qlcu.***, calcolarne in modo indiscreto i guadagni e le spese | ***saldare, chiudere il c.***, pagare ciò che si deve; (*fig.*) regolare le questioni ancora insolute | ***in c. vendita***, detto di un bene che una persona affida a un negoziante che glielo pagherà a vendita avvenuta | (*est.*) lista, nota contenente indicazioni di somme di denaro da pagare: *il c. della sarta, dei fornitori*; *chiedere il c. al ristorante*; *cameriere, il c.!* **4** (*fig.*) valutazione, previsione, proposito, analisi e sim.: *fare bene, male i propri conti* | ***far c. su qlcu. o qlco.***, fare assegnamento | ***far c. di***, contare, ripromettersi di: *faccio c. di terminare il lavoro domani* | ***far c. che, mettere c. che*** (o ***di***), supporre | ***tener conto che***, valutare, considerare che | ***a conti fatti, in fin dei conti***, (*lett.*) ***al far dei conti***, in conclusione | ***sapere il c. proprio***, essere sicuro di sé | ***a buon c., a ogni buon c.***, in ogni caso, a ogni modo **5** (*fig.*) questione: *questo è un altro c.*; *un c. è parlare, un c. è agire* | spiegazione: *chiedere, domandare, dare c. di qlco.* | ***rendere c.***, rispondere delle proprie azioni, giustificarsi | ***non dover render c. a nessuno***, essere indipendente | ***rendersi c.***, spiegarsi, capire qlco.; acquisire consapevolezza, capacitarsi di qlco.: *mi rendo c. del mio errore*; *si rende c. di aver sbagliato*; *renditi c. che i tempi sono cambiati!* | ***dare a qlcu. il suo c.***, ciò che gli spetta | †***rendere buon c.***, dare soddisfazione | ***fare i conti con qlcu.***, ottenere spiegazioni, riparazioni e sim. **6** (*fig.*) considerazione, stima | ***tenere qlco. da c.***, conservarla con cura, darle importanza | ***persona da c.***, degna di stima | ***avere in buon, in gran c.***, stimare molto **7** (*fig., lett.*) vantaggio, interesse, tornaconto: *noi ci troviamo il nostro c. a fare questo mestiere* (G. Verga) | (*lett.*) ***tornare c.***, essere utile, conveniente | ***mette c., non mette c.***, vale la pena, non vale la pena: *mette c. ripensarci*; *non mette c. parlarne* | ***per c. di qlcu.***, da parte di qlcu. | ***per c. mio, suo***, per quel che riguarda me, lui **8** (*lett.*) racconto, notizia ‖ (*raro*) **contarèllo**, **conterèllo**, **dim.** | **conticìno**, **dim.**

†**cónto** ② **part. pass.** di *contare*; **anche agg.** ● nei sign. del v.

cónto ③ [ant. fr. *cointe*, dal lat. *cōgnitu(m)*. V. *cognito* ✻ sec. XIII] **agg.** ● (*lett.*) noto, conosciuto: *io scòrti v'ho fin qui per vie non conte* (T. Tasso) | chiaro

†**cónto** ④ [lat. *cŏmptu(m)*, part. pass. di *cŏmere* 'unire, ordinare' ✻ 1287] **agg.** ● aggraziato, grazioso, gentile: *leggiadra e bella e di maniere conte* (L. Ariosto) ‖ †**contaménte**, **avv.** acconciamente, leggiadramente; cautamente

contofóndo [apposizione di *conto* (*corrente*) e *fondo* (*di investimento*) ✻ sec. XX] **s. m.** (**pl.** *contofondi* **o** *contifondi*) ● (*econ.*) conto corrente abbinato a un fondo comune d'investimento, tramite il quale i risparmi eccedenti una determinata soglia vengono automaticamente investiti dalla banca nel fondo stesso

contòide [ingl. *contoid*, comp. di *con(sonan)t* 'consonante' e *-oid* 'oide' ✻ 1982] **s. m.** ● (*ling.*) in fonetica, suono nella cui articolazione l'aria emessa dai polmoni incontra un'ostruzione parziale o totale dell'apparato articolatorio **CONTR.** vocoide

contòrcere [lat. *contorquēre*, comp. di *cŭm* 'con' e *torquēre* 'torcere' ✻ av. 1374] **A** **v. tr.** (**coniug. come** *torcere*) **1** torcere ripetutamente e con energia: *c. i panni bagnati* | (*lett.*) anche in forma pron. (con valore intens.): *Elena non rispose, si contorse le mani* (L. Pirandello) **SIN.** attorcere, attorcigliare **2** (*raro, poet.*) rivolgere: *l'amata spada in sé stessa contorse* (F. Petrarca) **SIN.** ritorcere **B** **contòrcersi v. rifl.** ● torcersi, ripiegarsi su sé stesso, per dolore, sforzo e sim.: *si contorceva tutto dalle risa* | divincolarsi

contorciménto [1673] **s. m. 1** il contorcere, il contorcersi **2** (*fig.*) pensiero o espressione tortuosi, complicati, poco chiari: *non ti seguo nei tuoi contorcimenti*

contornaménto [av. 1704] **s. m.** ● (*raro*) il contornare | contorno

contornàre [comp. di *con-* e *tornare* ✻ 1548]

C

A v. tr. (*io contórno*) **1** circondare, cingere: *una palizzata contorna lo stagno* | ornare: *crostini che potranno c. un piatto d'arrosto* (P. ARTUSI) **2** (*est.*) stare attorno: *è sempre contornato da amici* | (*est.*) guarnire, ornare tutt'intorno: *l'arrosto è contornato di patate* **B contornàrsi** v. rifl. ● avere, tenere attorno a sé: *contornarsi di amici, di ammiratori*

contornàto part. pass. di *contornare*; anche agg. **1** nei sign. del v. **2** *carattere c.*, carattere tipografico in cui i tratti sono sostituiti da una linea che segue il profilo lasciando in bianco la parte interna della lettera

♦**contórno** [da *contornare* ✱ av. 1292] s. m. **1** linea che circoscrive esternamente una figura o un'immagine: *i contorni netti di un viso*; *disegno, pittura dai contorni precisi, nitidi, sfumati* | (*fig.*, spec. al pl.) caratteristica, tratto distintivo: *una vicenda dai contorni misteriosi, inquietanti, oscuri* **2** ciò che sta o si mette attorno a qlcu. o a qlco., spec. come ornamento: *un quadro con un c. di cherubini*; *una massa di capelli le faceva c. al viso* | gruppo di persone che sta attorno a qlcu. o a qlco.: *un c. di curiosi, di adulatori*; *le donne facevano c. alla riunione* | *di c.*, (*fig.*) secondario, di secondo piano: *personaggi, figure di c.* **3** ciò che guarnisce una vivanda di carne o di pesce: *arrosto con c. di patate*; *sogliola con insalata per c.* **4** (*numism.*) leggenda o serie di segni impressa al margine di monete e sim. **5** (*lett.*, spec. al pl.) dintorni, vicinanze: *i contorni del convento formicolavan di popolo curioso* (A. MANZONI) || **contornino**, dim.

contorsióne [lat. *contortiōne(m)*, da *contŏrtus* 'contorto' ✱ sec. XIV] s. f. **1** il contorcere | torsione ripetuta | movimento forzato e innaturale del corpo: *una danza fatta di contorsioni* **2** (*fig.*) tortuosità, arzigogolo nell'espressione, nello stile e sim.: *le contorsioni di un verso*

contorsionìsmo [da *contorsione* ✱ 1965] s. m. **1** esercizio consistente nel fare movimenti forzati e contorti del busto e degli arti **2** (*fig.*) atteggiamento poco lineare di chi cerca di destreggiarsi fra opinioni diverse

contorsionìsta [1940] s. m. e f. (pl. m. *-i*) **1** artista di circo specializzato in contorsionismo **2** (*fig.*) chi dà prova di contorsionismo

contorsionìstico [1930] agg. (pl. m. *-ci*) ● del contorsionismo o dei contorsionisti

Contòrte [f. sost. pl. di *contorto* ✱ 1892] s. f. pl. (sing. *-a*) ● (*bot.*) ordine di piante delle Dicotiledoni con i lobi della corolla contorti nel boccio (*Contortae*)

♣**contòrto** [vc. dotta, lat. *contŏrtu(m)*, part. pass. di *contorquēre* 'torcere'] part. pass. di *contorcere*; anche agg. **1** attorcigliato, storto: *ramo c.* | piegato in modo innaturale: *Operai ... contorti dallo sforzo* (G. D'ANNUNZIO) CFR. strepto- **2** (*fig.*) complicato, privo di naturalezza: *stile c.* | difficile da comprendere: *ragionamento c.*; *carattere c.* || **contortaménte**, avv.

contoterzìsta [da (*per*) *conto terzi* ✱ 1986] s. m. e f. (pl. m. *-i*) ● chi svolge un compito, un lavoro per conto di altre persone

cóntra ➤ **contro**①

cóntra- [dal lat. *cŏntra* 'contro'] pref. ● ha i significati di *contro-* con cui si alterna nell'uso, ma a differenza del quale vuole gener. il raddoppiamento della consonante semplice iniziale del secondo componente: *contrabbando, contraccolpo, contraggenio*

contrabàsso ➤ **contrabbasso**

contrabbandàre [da *contrabbando* ✱ 1877] v. tr. **1** introdurre una merce di contrabbando: *c. sigarette, orologi* **2** (*fig.*) fare apparire qlcu. o qlco. diverso da quello che è realmente SIN. spacciare

contrabbandière [1497] **A** s. m. (f. *-a*) ● chi esercita il contrabbando **B** agg. ● di contrabbandieri: *organizzazione contrabbandiera* | ***nave contrabbandiera***, con cui si esercita il contrabbando

contrabbàndo [comp. di *contra-* e *bando* ✱ 1291] s. m. ● importazione o esportazione di merci fatte eludendo il pagamento dei tributi dovuti: *esercitare il c.* | ***di c.***, mediante contrabbando; introdotto o procurato mediante contrabbando: *sigarette di c.*; (*fig.*) furtivamente, di nascosto: *entrare, uscire di c.*

contrabbassìsta [1830] s. m. e f. (pl. m. *-i*) ● chi suona il contrabbasso

contrabbassìstico [sec. XX] agg. (pl. m. *-ci*) ● (*mus.*) relativo al contrabbasso, alla musica per contrabbasso o ai contrabbassisti

contrabbàsso o (*raro*) **contrabàsso** [comp. di *contra-* e *basso* ✱ av. 1535] s. m. **1** grande strumento musicale a quattro o cinque corde, il più grave della famiglia degli archi | ***voce di c.***, molto bassa e roca | (*scherz.*) ***fare il c.***, russare sonoramente **2** registro dell'organo **3** (*est.*) contrabbassista: *il primo c. dell'orchestra*

†**contrabbatterìa** ➤ **controbatteria**

†**contracambiàre** e deriv. ➤ **contraccambiare** e deriv.

contracarèna (o *-é-*) ➤ **controcarena**

†**contracàva** o †**controcàva** [comp. di *contra-* e *cava* ✱ 1521] s. f. ● (*milit.*) cunicolo sotterraneo degli assediati opposto alla cava degli assalitori

contraccambiàre o †**contracambiàre** [comp. di *contra-* e *cambiare* ✱ av. 1557] v. tr. (*io contraccàmbio*) **1** dare, fare, rendere qlco. in cambio di un'altra ricevuta: *c. un favore, un dono, un sentimento, i saluti, gli auguri* **2** ricompensare: *volle c. l'ospitalità con un regalo*

contraccàmbio o †**contracàmbio** [sec. XIII] s. m. ● il contraccambiare | (*est.*) ciò con cui si contraccambia | ***in c.***, per contraccambiare, per ricompensare: *bisogna fargli un regalo in c. del favore che ci ha reso* | ***rendere il c.***, contraccambiare; (*est.*) vendicarsi adeguatamente di un'offesa ricevuta, rendere la pariglia

contraccàrico [comp. di *contra-* e *carico*① ✱ 1830] s. m. (pl. *-chi*) ● carico che serve da contrappeso

contraccàssa ➤ **controcassa**

contraccettìvo, (*evit.*) **contracettìvo** [calco sull'ingl. *contraceptive*, comp. di *contra-* e *(con)ceptive*, dal lat. *conceptīvus* (V. *concettivo*) ✱ 1938] s. m.; anche agg. ● antifecondativo, anticoncezionale

contraccezióne [ingl. *contraception*, comp. del lat. *cŏntra* 'contro' e di *(con)ception* 'concezione' ✱ 1968] s. f. ● il complesso delle tecniche e delle pratiche utili a evitare la procreazione

contracchiàve ➤ **controchiave**

contraccólpo [fr. *contre-coup* ✱ 1621] s. m. **1** urto, colpo di rimbalzo, conseguente a un altro urto o colpo: *colpì l'ostacolo e per il c. cadde a terra* | rinculo di un'arma da fuoco **2** (*fig.*) ripercussione di un fatto, spec. importante e clamoroso: *il c. di un disastro finanziario, del blocco dei fitti* SIN. conseguenza

†**contraccòsta** [comp. di *contra-* e *costa* ✱ av. 1636] s. f. ● costiera opposta a un'altra

†**contraccuòre** [comp. di *contra-* e *cuore* ✱ av. 1342] **A** s. m. ● malincuore | crepacuore **B** agg. ● doloroso

contraccùsa ➤ **controaccusa**

contracettìvo ● (*evit.*) ➤ **contraccettivo**

contracièlo [comp. di *contra-* e *cielo* ✱ 1935] agg. inv. ● (*raro, lett.*) contraereo: *bossoli del tiro c.* (G. D'ANNUNZIO)

contràctor /kon'traktor, *ingl.* kən'træktə(r)/ [vc. ingl. 'contraente' ✱ 1990] s. m. e f. inv. ● chi svolge un particolare compito in base a un contratto | in particolare, chi lavora a contratto fornendo protezione armata a civili in Paesi nei quali la sicurezza personale è ad alto rischio

contràda [lat. parl. **contrāta(m)* '(regione) che sta di fronte', poi 'regione vicina', da *cŏntra* 'di fronte' ✱ sec. XII] s. f. **1** (*tosc., lett.*) strada di luogo abitato: *il diavolo ... è giù in fondo alla c.* (A. MANZONI) **2** anticamente, rione, quartiere | attualmente, a Siena, ognuno dei quartieri in cui si divide la città e che si disputano il Palio **3** (*lett.*) paese, regione: *or volge / omai 'l quint'anno ch'esule m'aggiro / per le greche contrade* (U. FOSCOLO) || **contradèlla**, dim.

contradaiòlo [1865] **A** s. m. (f. *-a*) ● (*tosc.*) chi abita la medesima contrada di altri | a Siena, chi appartiene a ciascuna delle contrade **B** anche agg.

contraddànza [fr. *contredanse*, dall'ingl. *country-dance* 'ballo di campagna' ✱ 1669] s. f. ● antico ballo figurato, danzato da coppie schierate su due file contrapposte

contraddàta e deriv. ➤ **controdata** e deriv.

contraddènte [comp. di *contra-* e *dente* ✱ 1892] s. m. ● pezzo di costruzione con sporgenze e cavità per essere unito a un altro

contraddétto o (*raro*) **contradétto**, †**contradditto** **A** part. pass. di *contraddire*; anche agg. ● nei sign. del v. | contrastato, confutato **B** s. m. ● †resistenza

contraddicènte o †**contradicènte** **A** part. pres. di *contraddire*; anche agg. **1** nei sign. del v. | (*est., raro*) avversario **2** †contrastante **B** s. m. ● †contraddittore: *il contradicente non potrà contradire a questi sermoni* (G. BRUNO)

†**contraddìcere** ➤ **contraddire**

†**contraddiciménto** o †**contradiciménto** [av. 1292] s. m. ● contraddizione | (*est.*) contrasto

†**contraddicitóre** [dal lat. *contradīcere* 'contraddire' ✱ av. 1292] s. m. (f. *-trice*); anche agg. ● (*raro*) chi (o che) contraddice

contraddìre o (*lett.*) **contradìre**, †**contradìcere**, †**contraddìcere** [lat. *contradīcere* 'parlare contro', comp. di *cŏntra* 'contro' e *dīcere* 'dire' ✱ 1261 ca.] **A** v. tr. (imperat. *contraddìci*; nelle altre forme coniug. come *dire*) **1** dire il contrario di quello che dice un altro: *contraddice sempre tutto e tutti* SIN. confutare, contestare **2** essere in contrasto, in opposizione, riferito spec. a opinioni, azioni, atteggiamenti e sim.: *lo sguardo contraddiceva le parole che stava pronunciando* | ***c. sé stesso***, contraddirsi SIN. contrastare **3** †negare, rifiutare: *il Re li contradisse a moglie la Prenzessa della Morea* (G. VILLANI) **B** v. intr. (aus. *avere*) ● (*raro*) essere in contrasto, in opposizione con qlco. o qlcu.: *il suo comportamento contraddice ai suoi principi*; *contraddir voleva / ... al moribondo* (G. LEOPARDI) **C contraddìrsi** v. rifl. recipr. ● fare affermazioni contrastanti: *i due testimoni si contraddicono* **D contraddìrsi** v. rifl. ● dire, fare il contrario di quanto precedentemente detto o fatto: *si contraddice spesso*

contraddistìnguere [comp. di *contra-* e *distinguere* ✱ 1587] **A** v. tr. (coniug. come *distinguere*) **1** distinguere mediante un segno particolare: *contraddistinse il libro con le sue iniziali* | (*fig.*) caratterizzare, contrassegnare: *è un atteggiamento che l'ha sempre contraddistinto*; *una notevole acutezza con-*

traddistingue le vostre osservazioni **2** (*raro, lett.*) distinguere **B contraddistìnguersi v. intr. pron.** ● distinguersi, segnalarsi, caratterizzarsi: *un tratto autostradale che si contraddistingue per la sua pericolosità*

†contraddìtto ➤ **contraddetto**

contraddittóre o **contradittóre**, **†contraditóre** [vc. dotta, lat. tardo *contradictō-re(m)*, da *contradīcere* 'contraddire' ✱ av. 1292] **s. m.** (**f.** *-trice*) **1** chi contraddice | chi partecipa a un contraddittorio **2** (*dir.*) chi è parte del contraddittorio: *comparsa, intervento in giudizio di un c.*

contraddittorietà [1951] **s. f. inv.** ● carattere contraddittorio

contraddittòrio o (*raro* o *lett.*) **contradittòrio** [vc. dotta, lat. tardo *contradictōriu(m)*, da *contradīcere* 'contraddire' ✱ 1328] **A agg.** (**pl. m.** *-i* o *raro -ii*) **1** di ciò che si trova in contraddizione con sé stesso o con altro: *affermazioni contraddittorie* | (*filos.*) ***proposizioni contraddittorie***, sistema di due proposizioni di cui l'una nega ciò che l'altra afferma **2** (*fig.*) incerto, pieno di contrasti, ambiguo: *sentimento, carattere, personaggio c.* ‖ **contraddittoriaménte**, **avv.** **B s. m. 1** discussione tra due persone che sostengono opinioni contrarie: *un c. tra esperti* | (*lett.*) ***stare a contraddittorio***, discutere, disputare: *l'orgoglio mio sdegnava di stare a contraddittorio con l'oste* (U. FOSCOLO) **2** (*dir.*) confronto effettivo o virtuale tra le parti in causa: ***instaurare il c.***, mettere la controparte in grado di partecipare attivamente al processo

♦**contraddizióne** o (*lett.*) **contradizióne** [vc. dotta, lat. *contradictiōne(m)*, da *contradīcere* 'contraddire' ✱ 1308] **s. f. 1** contrasto logico, incoerenza: *essere, trovarsi, cadere in c.*; *cogliere qlcu. in c.* | ***spirito di c.***, abitudine ostinata a contraddire sempre gli altri **2** (*filos.*) in logica, rapporto antitetico che esiste tra l'affermare e il negare la stessa cosa in relazione allo stesso soggetto | ***principio di c.***, o ***principio di non c.***, principio logico in base al quale la stessa cosa non può essere insieme vera e falsa | ***c. in termini***, contraddizione che si manifesta nelle parole stesse usate enunciando un concetto (per es. *un cerchio quadrato*) **3** (*fig.*) condizione di contrasto continuo: *la sua vita è tutta una c.* | (**spec. al pl.**) aspetto contrastante; incongruenza: *le contraddizioni del mondo contemporaneo* **4** (*lett.*) opposizione, resistenza: *senza romore o contradizione alcuna presa ne menò la Ninetta* (G. BOCCACCIO)

SFUMATURE DI SIGNIFICATO
contraddizione - antinomia - antilogia - antitesi
Le parole di questa serie sono tutti termini della Logica. La **contraddizione** è l'impossibilità per una proposizione o un'affermazione di essere contemporaneamente vera e falsa. L'**antinomia** è la possibilità che due proposizioni contrarie siano dimostrate pertinenti a uno stesso soggetto, dando così luogo a una contraddizione evidente. L'**antilogia** è genericamente una *contraddizione* logica, ma in psicologia indica in maniera specifica l'agire in contrasto con le proprie convinzioni. L'**antitesi** è la proposizione che in un'*antinomia* si contrappone alla precedente, detta *tesi*.
SFUMATURE ➤ ***opposizione***

contraddòte ➤ **controdote**

†contradiàre e deriv. ➤ **contrariare** e deriv.

†contradìcere e deriv. ➤ **contraddire** e deriv.

contradìre e deriv. ➤ **contraddire** e deriv.

contraènte A part. pres. di *contrarre*; **anche agg.** ● nei sign. del v. **B s. m. e f.** ● (*dir.*) chi conclude o ha concluso un negozio giuridico, spec. un contratto

†contràere ➤ **contrarre**

contraèrea [f. sost. di *contraereo* ✱ 1941] **s. f.** ● artiglieria contraerea

contraèreo [comp. di *contr(o)* e *aereo*② ✱ 1916] **agg.** ● che serve attivamente a impedire o contrastare l'azione offensiva di aeromobili in volo: *tiro c.*; *difesa contraerea* | ***artiglieria contraerea***, utilizzata contro gli attacchi aerei

contrafagòtto ➤ **controfagotto**

†contrafàre e deriv. ➤ **contraffare** e deriv.

†contraffàccia [comp. di *contra-* e *faccia* ✱ av. 1642] **s. f.** ● ciò che è posto di fronte a un'altra cosa

contraffacènte o **†contrafacènte**, **†contrafaciènte part. pres.** di *contraffare*; **anche agg. e s. m. e f.** ● che (o chi) contraffà: *i contrafacienti sottogiacciono alle pene statuite dalle leggi* (P. SARPI) | falsario

contraffaciménto o **†contrafaciménto** [av. 1406] **s. m.** ● (*raro*) contraffazione | imitazione

†contraffacitóre o **†contrafacitóre** [1395] **s. m.** (**f.** *-trice*) ● contraffattore

contraffàre o **†contrafàre** [comp. di *contra-* e *fare*① ✱ 1282] **A v. tr.** (*io contraffàccio* o *contraffò, tu contraffài, egli contraffà*; **nelle altre forme, coniug. come** *fare*) **1** (*raro*) imitare qlcu., spec. con intenzioni scherzose o caricaturali: *Contraffaceva il volto di una monaca, l'andatura d'un'altra* (A. MANZONI) | (*raro*) imitare: *c. il canto del gallo* **SIN.** scimmiottare | ***c. la voce***, alterarla per trarre in inganno: *gli telefonò contraffacendo la voce* **2** falsificare: *c. una firma, una scrittura, una merce, un quadro d'autore, un metallo, una moneta* **3** †ritrarre, riprodurre: *Lionardo ... contrafece una caraffa ... con alcuni fiori dentro* (G. VASARI) **B v. intr.** ● †disubbidire, contravvenire: *i Guelfi ... cominciarono ... a c. a' patti della pace* (D. COMPAGNI) **C contraffàrsi v. rifl.** ● †travestirsi, camuffarsi

contraffàtto o **†contrafàtto part. pass.** di *contraffare*; **anche agg. 1** nei sign. del v.: *firma contraffatta* | sfigurato: *il volto ... c. da un gonfiore* (G. D'ANNUNZIO) | sconvolto, alterato: *voce contraffatta dall'ira* **2** †brutto, deforme: *uscinne un mostro c. e oscuro* (M.M. BOIARDO) **3** †apocrifo

contraffattóre o **†contrafattóre** [1395] **s. m.** (**f.** *-trice*) ● chi contraffà | imitatore | falsificatore

†contraffattùra [av. 1712] **s. f.** ● cosa contraffatta | imitazione

contraffazióne o **†contrafazióne** [1330 ca.] **s. f. 1** il contraffare | imitazione, falsificazione: *c. di gesti, di voci, di quadri, di stampe, di scritture, di monete* **2** †violazione di ordini, leggi e sim. | †rivolta

contraffilàre [1865] **v. tr.** (*io contràffilo*) **1** levare il contraffilo intorno alla suola della scarpa **2** (*tess.*) alternare i fili, grossi e sottili, scuri e chiari, nell'addoppiare la seta

contraffìlo [comp. di *contra-* e *filo* ✱ 1865] **s. m.** ● sottile striscia di suola sporgente intorno alla scarpa, da tagliar via col trincetto

contraffòrte [comp. di *contra-* e *forte* ✱ av. 1465] **s. m. 1** (*archit.*) rinforzo in muratura decrescente verso l'alto costruito a sostegno di strutture sottoposte a notevoli spinte orizzontali **2** ramificazione laterale di una catena montuosa **3** spranga di ferro per rinforzare la chiusura di porte o finestre **4** rinforzo di cuoio che si mette tra la fodera e il quartiere in pelle della scarpa

contraffòsso ➤ **controfosso**

contraggènio o (*lett.*) **controgènio** [comp. di *contra-* e *genio* ✱ av. 1673] **s. m.** ● avversione naturale, antipatia verso qlcu. o qlco., spec. nelle loc. ***di c.***, (*lett.*) ***a controgenio***, malvolentieri, di malavoglia: *fare qlco. di c.*

contragguàrdia ➤ **controguardia**

contràgo [comp. di *contr(o-)* e *ago* ✱ 1956] **s. m.** (**pl.** *-ghi*) ● (*ferr.*) rotaia laterale divergente di uno scambio contro la quale va ad accostarsi l'ago dello scambio stesso

contraìbile [1584] **agg. 1** che può essere contratto: *una malattia sessualmente c.* **2** †che può essere ridotto: *la materia non è c. alla particularità* (G. BRUNO) ‖ **contraibilità**, **s. f. inv.**

contràlbero [comp. di *contra-* e *albero* ✱ 1940] **s. m.** ● (*mecc.*) albero o asse sussidiario, che riceve il moto di rotazione generalmente dall'albero conduttore e lo trasmette all'albero condotto

contralisèo ➤ **controaliseo**

contraltàre [comp. di *contr(o-)* e *altare* ✱ av. 1803] **s. m. 1** altare eretto di fronte a un altro **2** (*fig.*) chi (o ciò che) serve a controbilanciare, a costituire un'alternativa rispetto ad altro o ad altri: *fare da c.*

contraltino [da *contralto* ✱ 1865] **s. m.** ● (*mus.*) tenore di mezzo carattere | tenore molto acuto, adoperato nella parti amorose

contraltista [da *contralto* ✱ 1959] **s. m.** (**pl.** *-i*) ● cantante di sesso maschile che sostiene parti di contralto con voce di falsetto (*c. artificiale*) o, fino al sec. XVIII, perché evirato (*c. naturale*)

contràlto o **†contr'àlto** [comp. di *contr(o-)* e *alto* ✱ av. 1519] **A s. m.** ● (*mus.*) voce femminile di registro più grave | cantante dotata di tale voce **SIN.** alto **B agg. inv.** ● (posposto a un sost.) (*mus.*) detto di strumento musicale che, nella propria famiglia, ha funzione intermedia tra il soprano e il tenore: *sassofono, trombone c.*

†contramandàre [comp. di *contra-* e *mandare* ✱ av. 1348] **v. tr.** ● dare un comando o un'ordine opposto o diverso da uno precedente

†contrammàrcia ➤ **contromarcia**

contrammarèa [comp. di *contra-* e *marea*] **s. f.** ● corrente marina opposta alla marea ordinaria

contrammìna ➤ **contromina**

contramminàre ➤ **controminare**

contrammiràglio [fr. *contre-amiral* ✱ 1667] **s. m.** ● primo grado della gerarchia degli ammiragli, corrispondente a quello di generale di brigata nell'esercito

†contrannaturàle ➤ **contronaturale**

†contrannitènte [vc. dotta, lat. tardo *contranitĕnte(m)*, part. pres. di *contranīti*, comp. di *cŏntra* 'contro' e *nīti* 'sforzarsi' ✱ 1697] **agg.** ● che fa forza contro un'altra forza

†contraparàre [comp. di *contra-* e *parare* ✱ 1261 ca.] **v. intr.** ● opporsi, controbattere

†contrapàsso ➤ **contrappasso**①

contrapertùra [comp. di *contr(o-)* e *apertura* ✱ 1865] **s. f.** ● incisione che si pratica nella parte inferiore di una piaga per facilitarne lo scolo

contrapesàre e deriv. ➤ **contrappesare** e deriv.

†contraponiménto [sec. XIV] **s. m.** ● contrapposizione

†contrapórre e deriv. ➤ **contrapporre** e deriv.

†contrappassàre [comp. di *contra-* e *passare* ✱ 1673] **v. intr. 1** trasfondersi **2** trasgredire

contrappàsso① o **†contrapàsso** [comp. di *contra-* e del lat. *pāssus*, part. pass. di *pāti* 'sopportare, soffrire' ✱ 1313] **s. m. 1** pena del taglione **2** nella Divina Commedia, corrispondenza, per contrasto o somiglianza, delle pene dei vari peccatori con le colpe commesse: *Così s'osserva in me lo contrapasso* (DANTE *Inf.* XXVIII, 142)

C

contrappàsso② [fr. *contre-pas* ∗ av. 1494] **s. m.** ● movimento di passo alternato nella danza del XV e XVI sec.

contrappèllo o **controappèllo** [fr. *contre-appel* ∗ 1824] **s. m.** ● secondo appello che si effettua per verificare l'esattezza di quello precedente | controllo dei soldati presenti in caserma dopo il termine della libera uscita

contrappélo ➤ **contropelo**

contrappesàre (o -ṣ-) o (*lett.*) **contrapesàre** (o -ṣ-) [comp. di *contra-* e *pesare* ∗ av. 1294] **A v. tr.** (*io contrappéso*) **1** (*raro*) bilanciare, equilibrare un peso con un altro | †determinare il peso di qlcu. mediante una bilancia o soppesandola con le mani **2** (*fig.*) esaminare con cura una questione, una situazione e sim., valutandone vantaggi e svantaggi: *un nuovo impedimento, non che c. tutti quei vantaggi, li rendeva ... inutili* (A. MANZONI) **B v. intr.** (aus. *essere* o *avere*) ● (*lett.*) fare equilibrio, contrappeso (*anche fig.*): *il premio non contrappesa a il danno* (N. MACHIAVELLI) **C contrappesàrsi v. rifl. recipr.** ● equilibrarsi, pareggiarsi (*anche fig.*): *in questa scelta i vantaggi e gli svantaggi si contrappesano*

contrappesàto (o -ṣ-) o (*lett.*) **contrapesàto** (o -ṣ-) **part. pass.** di *contrappesare*; **anche agg.** ● nei sign. del v. ‖ **contrappesataménte**, avv. (*raro, fig.*) ponderatamente, cautamente

contrappéso (o -ṣ-) o (*lett.*) **contrapéso** (o -ṣ-) [comp. di *contra-* e *peso* ∗ sec. XIII] **s. m. 1** in alcune macchine o costruzioni, carico cui si ricorre per controbilanciare l'azione delle forze **2** (*fig.*) chi (o ciò che) serve a bilanciare qualcos'altro: *la tua volontà fa da c. alla sua*

contrapponìbile [dal lat. *contrapōnere* 'contrapporre' ∗ 1865] **agg.** ● che si può contrapporre

contrappórre o †**contrapórre** [lat. *contrapōnere*, comp. di *cōntra* 'contro' e *pōnere* 'porre' ∗ 1268] **A v. tr.** (coniug. come *porre*) ● mettere contro: *c. un ostacolo all'avanzata delle acque* | opporre (*spec. fig.*): *c. la realtà ai sogni* | †mettere a confronto: *c. città a città* **B contrappórsi v. rifl.** ● mettersi contro, in contrasto: *contrapporsi alla volontà di qlcu.* **C contrappórsi v. rifl. recipr.** ● essere in contrasto, in opposizione: *due punti di vista che si contrappongono*

†**contrappòrta** ➤ **controporta**

contrapposizióne [sec. XIV] **s. f. 1** il contrapporre, il contrapporsi | opposizione, contrasto **2** †antitesi
SFUMATURE ➤ *opposizione*

contrappósto o †**contrapósto A part. pass.** di *contrapporre*; **anche agg. 1** nei sign. del v. **2** contrastante, opposto: *argomenti, concetti contrapposti* **B s. m.** ● (*raro*) opposizione, contrasto: *fare da c. a qlcu. o qlco.*; *il c. di un'idea, di una parola* **SIN.** contrario

†**contrappròccio** [fr. *contre-approche* ∗ av. 1680] **s. m.** ● (*milit.*) trincea difensiva per contrastare i lavori d'approccio dell'attaccante

contrappuntàre [1826] **v. tr.** ● (*mus.*) scrivere o eseguire in contrappunto

contrappunteggiàre [da *contrappunto* ∗ 1614] **v. tr.** (**pres.** *io contrappuntéggio*; **fut.** *io contrappunteggerò*) ● (*mus.*) comporre in contrappunto

contrappuntìsta o †**contrapuntìsta** [1581] **s. m. e f.** (**pl. m.** -*i*) ● (*mus.*) studioso, esperto di contrappunto

contrappuntìstico [1865] **agg.** (**pl. m.** -*ci*) ● (*mus.*) del contrappunto, basato sul contrappunto ‖ **contrappuntisticaménte**, avv. secondo le regole del contrappunto

contrappùnto o †**contrapùnto** [lat. mediev. (*ponere punctum*) *contra punctum* '(mettere nota) contro nota' ∗ 1508] **s. m. 1** (*mus.*) arte del comporre sovrapponendo più linee melodiche simultanee: *maestro di c.*; *il c. dello stile polifonico* **2** (*est.*) alternanza di temi, situazioni e motivi diversi in una sola e armonica composizione artistica: *c. filmistico* | (*fig.*) contrasto **3** (*fig.*) accompagnamento | (*scherz.*) *fare il c. a qlcu.*, scimmiottarlo ‖ **contrappuntino**, dim.

contrappunzonàre [1830] **v. tr.** (*io contrappunzóno*) ● imprimere con il contrappunzone

contrappunzóne [comp. di *contra-* e *punzone* ∗ 1830] **s. m.** ● blocchetto d'acciaio che porta alla sua estremità la figura incavata che il punzone corrispondente porta in rilievo

†**contrapùnto** e deriv. ➤ **contrappunto** e deriv.

contràre① [dal fr. *contre* ∗ 1956] **v. tr.** (*io cóntro*) ● nel gioco del bridge, dichiarare il contre

contràre② [dal fr. *contre* ∗ 1982] **v. tr.** (*io cóntro*) ● nel pugilato, colpire d'incontro | nel calcio, contrastare l'azione offensiva dell'avversario

contràrgine [comp. di *contr(o-)* e *argine* ∗ av. 1644] **s. m.** ● argine parallelo a un altro, di rinforzo all'argine principale

contrària [f. sost. di *contrario* ∗ 1983] **s. f.** ● nella scherma, qualsiasi movimento che eluda le intenzioni difensive od offensive dell'avversario

†**contrariaménto** o †**contradiaménto** [av. 1338] **s. m.** ● contrasto, resistenza

contrariàre o †**contradiàre** [vc. dotta, lat. tardo *contrariāre*, da *contrārius* 'contrario' ∗ av. 1250] **A v. tr.** (*io contràrio*) **1** contrastare, avversare, ostacolare: *c. i sentimenti, i propositi, i desideri di qlcu.* | (*est.*) contraddire: *è inutile contrariarlo* **2** provocare fastidio, dispiacere, irritazione e sim.: *il suo comportamento mi ha molto contrariato* **SIN.** infastidire, irritare **B v. intr.** (aus. *avere*) ● †contrastare, opporsi a qlcu. | †*c. a qlco.*, confutarla **C contrariàrsi v. rifl. recipr.** ● †contraddirsi: *È impossibile che due verità si contrariino* (G. GALILEI)

contrariàto part. pass. di *contrariare*; **anche agg.** ● nei sign. del v. | irritato, seccato

✦**contrarietà** [vc. dotta, lat. tardo *contrarietā-te(m)*, da *contrārius* 'contrario' ∗ 1268] **s. f. inv. 1** (*lett.*) opposizione: *la c. nasce dal contrasto* (T. CAMPANELLA) **2** (*raro*) sfavore, avversità: *la c. delle stagioni, del tempo, del clima, della fortuna* **3** (**spec. al pl.**) impedimento, circostanza avversa: *superare ogni c.*; *le c. della vita* | disgrazia, malasorte: *non lasciarsi abbattere dalle c.* **4** sentimento di avversione: *prova una vera c. per questioni simili*; *ha manifestato la sua c. ai nostri progetti*

✦**contràrio** o †**contràro**, †**contràdio** [vc. dotta, lat. *contrāriu(m)* 'che sta di fronte', da *cōntra* 'contro' ∗ sec. XII] **A agg. 1** che è in opposizione, in contrasto: *pareri contrari*; *opinioni contrarie*; *idee contrarie al buon senso* | che non è d'accordo, non è del parere di fare qlco.: *partito c. al referendum*; *sono c. a incontrarlo domani* | *in caso c.*, altrimenti, nell'eventualità opposta **SIN.** contrapposto, opposto **2** (*filos.*) ***proposizioni contrarie***, in logica, sistema di due proposizioni universali uguali per il soggetto e il predicato di cui l'una è affermativa, l'altra negativa **3** che va in senso opposto: *movimento c.*; *vento, mare, c. alla navigazione*; *onda contraria*; *direzione contraria* **4** avverso, sfavorevole: *sorte, stagione contraria*; *i risultati gli sono stati contrari* ‖ **contrariaménte**, avv. in modo contrario: *contrariamente alle attese, alle previsioni*; *contrariamente a quanto mi aveva detto* **B s. m. 1** cosa contraria, opposta: *fa l'esatto c. di quello che dice* | ***al c.***, †***per lo c.***, all'opposto, invece; tutt'altro, anzi (in formule di cortesia): *'Ti spiace se viene anche mia moglie?' 'Al c.!'* | ***avere qlco. in c.***, avere delle obiezioni da muovere **2** (*ling.*) parola che ha significato opposto a quello di un'altra **SIN.** antonimo **CONTR.** sinonimo **3** †avversità, tribolazione, infortunio **4** (*raro, lett.*) †avversario **C avv.** ● †contrariamente

contràrio, a ➤ **a contrario**

†**contrarióso** (o -ṣ-) o †**contradióso** [1266] **agg.** ● contrario

contrarmellìno [calco sul fr. *contre-hermine* ∗ 1865] **s. m.** ● (*arald.*) pelliccia nera sparsa di macchie bianche

†**contràro** ➤ **contrario**

contràrre o †**contràere** [lat. *contrăhere*, comp. di *cŭm* 'con' e *trăhere* 'trarre' ∗ 1268] **A v. tr.** (coniug. come *trarre*) **1** restringere, raggrinzare, corrugare: *c. le sopracciglia, le labbra, il volto* **2** prendere: *c. un vizio, un'abitudine*; *c. una malattia* | assumere: *c. un obbligo, un debito* | stringere: *c. un'amicizia, una relazione*; *c. familiarità, intimità con qlcu.* **3** stabilire concordemente: *c. un patto* | ***c. matrimonio***, sposarsi **4** †ridurre | †radunare, mettere insieme **B contràrsi v. intr. pron. 1** rattrappirsi, raggrinzarsi, corrugarsi: *il viso gli si contrasse in una smorfia* **2** (*ling.*) fondersi insieme, di due o più suoni vocalici, in un'altra vocale o in un dittongo

†**contràrte** [comp. di *contro-* e *arte* ∗ 1661] **s. f.** ● artificio che tende a vincere quello d'altri

contras /*sp.* ˈkɔntras/ [vc. sp., dal lat. *cŏntra* 'contro' ∗ 1983] **A s. m. pl. 1** guerriglieri del Nicaragua che, negli anni '80 del Novecento, combattevano il movimento rivoluzionario sandinista | (*est.*) in alcune regioni dell'America centrale, movimento antirivoluzionario di lotta armata **2** (*est.*) oppositori, dissidenti politici **B anche agg. inv.**: *guerriglieri c.*

contraṣbarràto [comp. di *contra-* e *sbarrato* ∗ 1830] **agg.** ● (*arald.*) detto di scudo diviso diagonalmente in due campi con sbarre contrapposte di due colori

†**contrascàrpa** ➤ **controscarpa**

†**contrascrìtta** ➤ **controscritta**

†**contrasfòrzo** [comp. di *contra-* e *sforzo* ∗ av. 1704] **s. m.** ● sforzo esercitato in senso contrario a un altro

contrassàlto [comp. di *contr(o-)* e *assalto* ∗ 1914] **s. m.** ● (*milit.*) reazione immediata svolta dai rincalzi per respingere l'assalitore penetrato in una posizione difensiva

contrassegnàre [da *contrassegno*① ∗ 1520] **v. tr.** (*io contrasségno*; coniug. come *segnare*) **1** indicare, distinguere mediante contrassegno: *contrassegnò con un asterisco le note aggiunte allo scritto* **2** (*fig.*) caratterizzare, contraddistinguere: *quell'epoca fu contrassegnata da numerose guerre*

contrassegnàto part. pass. di *contrassegnare*; **anche agg.** ● nei sign. del v. | (*fig.*) caratterizzato

contrasségno① [comp. di *contra-* e *segno* ∗ av. 1348] **s. m. 1** segno particolare che serve per segnalare, riconoscere, distinguere una cosa o una persona: *portava un fiore rosso per c.*; *apporre, mettere un c. a qlco.* **SIN.** distintivo **2** (*fig.*) attestato, testimonianza, prova: *c. di stima, di affetto*
SFUMATURE ➤ *marchio*

contrasségno② o **contr'asségno** o **controasségno** [comp. di *contra-* (o *contro-*) e *assegno* nel sign. 4 ∗ 1950] **avv. e agg. inv.** ● con pagamento all'atto del ritiro della merce: *ordinare, comprare, qlco. c.*; *spedire un libro c.*; *spedizione c.*

contrassoggètto ➤ **controsoggetto**

contrastàbile [da *contrastare* ⁎av. 1729] **agg.** ● che si può contrastare

†**contrastaménto** [1261 ca.] **s. m.** ● contrasto

contrastàmpa e deriv. ➤ **controstampa** e deriv.

contrastànte **A** **part. pres.** di *contrastare*; **anche agg.** ● che contrasta, che è in contrasto: *idee contrastanti* | che fa contrasto: *colori contrastanti* **B** **s. m. e f.** ● (*raro*) opposito re

♦**contrastàre** [lat. *cŏntra stāre* 'mettersi contro' ⁎av. 1250] **A** **v. tr.** **1** avversare, ostacolare, cercare di impedire la realizzazione o il raggiungimento di qlco.: *c. una vittoria, un successo, un premio, il passo, un amore* | negare, contestare: *nessuno ti contrasta il diritto di uscire* **2** (*raro, lett.*) combattere, assalire (*anche fig.*): *i ghibellini ... andavano tutti ... a contrastare i guelfi* (G. VILLANI) | anche nella forma pron. (con valore reciproco) **contrastàrsi**, disputarsi, contendersi: *contrastarsi la vittoria, un premio; globi di fumo che si contrastavano l'atmosfera delle sale* (G. VERGA) **B** **v. intr.** (aus. *avere*) **1** (*lett.*) opporsi, resistere, fare impedimento: *rade volte adiven ch'a l'alte imprese / fortuna ingiuriosa non contrasti* (F. PETRARCA) **2** discutere, litigare: *contrastò a lungo col venditore* **3** essere in conflitto, in disaccordo: *i loro giudizi contrastano completamente*; *il suo comportamento contrasta con l'opinione che si ha di lui* **4** (*lett.*) combattere, lottare (*anche fig.*): *cavalier perfetto / da poter contrastar col Saracino* (L. ARIOSTO); *c. con la morte, col male* **C** **contrastàrsi** **v. rifl. recipr.** ● avversarsi l'un l'altro | ostacolarsi, opporsi: *Freddo e freddo non si contrastano* (D. BARTOLI)

contrastàto **part. pass.** di *contrastare*; **anche agg.** **1** nei sign. del v. **2** combattuto, ostacolato: *successo c.*; *amore c.* **3** detto di fotografia in cui le luci e le ombre risultano nettamente || **contrastataménte**, **avv.**

contrastivo [ingl. *contrastive*, da *contrast* 'contrasto' ⁎1966] **agg.** ● (*ling.*) distintivo, oppositivo: *la funzione contrastiva dell'accento italiano* (per es. *pàrlo-parlò*) | ***analisi contrastiva***, analisi comparativa di due lingue a vari livelli (fonologico, morfologico, sintattico e semantico), per metterne in evidenza le differenze e i contrasti || **contrastivaménte**, **avv.** in modo contrastivo, da un punto di vista contrastivo || **contrastività**, **s. f. inv.**

♦**contràsto** [da *contrastare* ⁎1306] **s. m.** **1** impedimento, ostacolo | nel calcio e sim., intervento di un giocatore che mira a neutralizzare l'azione di un avversario **2** discordia, disaccordo: *venire in, a c. con qlcu.*; *mettere in c. due persone*; *i soliti contrasti familiari* | ***senza c.***, senza resistenza, senza opposizione | (*est., lett.*) lotta, battaglia **3** (*fig.*) conflitto interiore: *un'anima turbata da continui contrasti* **4** contrapposizione, disaccordo di cose diverse fra loro: *il c. delle luci e delle ombre*; *un c. di colori, di tinte*; *con la faccia squallida ... in c. col largo sorriso scemo, beato* (L. PIRANDELLO) **5** proprietà di eliminare i toni grigi intermedi di una pellicola o in una carta fotosensibile: *pellicola, carta, stampa a c.* | rapporto tra i valori di luminosità massima e minima di un'immagine fotografica e televisiva | (*est.*) nei televisori, comando che consente di aumentare o diminuire i toni grigi intermedi dell'immagine **6** (*letter.*) componimento poetico dialogato in cui è svolta una disputa tra persone od oggetti inanimati di valore simbolico **SIN.** altercazione **7** (*med.*) ***mezzo di c.***, sostanza dotata di trasparenza ai raggi X diversa da quella dei tessuti del corpo umano che, introdotta nelle cavità naturali di questo, rende visibili organi e apparati organici all'esame radiologico

> **SFUMATURE DI SIGNIFICATO**
> ***contrasto - urto - conflitto***
> Uno stato di discordia, di divergenza di opinioni anche forte e che si manifesta in forme anche vivaci si definisce **contrasto**. Più incisiva è la parola **urto**, che descrive un *contrasto* occasionale ma violento. Se tale stato di disaccordo dura nel tempo e si radicalizza si parla di **conflitto**.
> SFUMATURE ➤ ***screzio***

contrattàbile [da *contrattare* ⁎1584] **agg.** ● che si può contrattare: *prezzo c.* || **contrattabilità**, **s. f. inv.**

contrattaccàre [comp. di *contr(o-)* e *attaccare* ⁎1933] **v. tr.** (*io contrattàcco, tu contrattàcchi*) ● rispondere a un attacco con un altro attacco (*anche assol.* e *fig.*): *c. il nemico*; *l'esercito contrattaccò su tutto il fronte*; *la giunta contrattacca sul piano regolatore*

contrattàcco [fr. *contre-attaque* ⁎1824] **s. m.** (**pl.** *-chi*) **1** (*milit.*) reazione offensiva per stroncare un attacco nemico **2** in vari sport, azione di risposta a un attacco **3** (*fig.*) in una polemica, una discussione e sim., vivace reazione fondata su nuovi elementi: *l'avversario è passato al c.* **SIN.** replica

†**contrattaménto** [av. 1311] **s. m.** ● contrattazione

contrattàre [da *contratto*② ⁎sec. XIII] **v. tr.** **1** trattare insieme con qlcu. una vendita, un acquisto, uno scambio e sim.: *c. un terreno, un cavallo, una partita di canapa* | (*assol.*) trattare, mercanteggiare: *è molto abile nel c.*; *accettò subito, senza stare a c.* **2** (*est.*) discutere o pattuire mediante una trattativa: *I padri ... da sé contrattano i maritaggi* (D. BARTOLI)

contrattatóre [av. 1588] **s. m.** (**f.** *-trice*) ● (*raro*) chi contratta

contrattazióne [1363] **s. f.** ● operazione del contrattare | trattativa | ***c. collettiva***, nel mondo del lavoro, quella che si svolge tra organizzazioni sindacali e Governo o Confindustria: *c. collettiva sul costo del lavoro* | (*borsa*) compravendita: *c. di titoli*

♣**contrattèmpo** [comp. di *contra-* e *tempo* ⁎1553] **s. m.** **1** caso, circostanza e sim. che si verifica in un momento inopportuno impedendo la realizzazione o il normale svolgimento di qlco.: *a causa di un c. non gli è stato possibile partire* **SIN.** contrarietà, inconveniente **2** (*mus.*) controtempo

contràttile [da *contratto*① ⁎av. 1704] **agg.** ● che può contrarsi: *fibra c.*

contrattilità [1824] **s. f. inv.** ● capacità di alcuni organi di ridurre, se stimolati, le proprie dimensioni

contrattista [da *contratto*② ⁎1956] **s. m. e f.** (**pl. m.** *-i*) ● nel vecchio ordinamento universitario italiano, chi ricopriva, con contratto a termine, l'attuale ruolo di ricercatore scientifico | dal 1998, studioso assunto con contratto a termine per motivate esigenze didattiche

contrattìstica [da *contratto*② ⁎1983] **s. f.** ● attività di definizione e gestione di contratti di noleggio, spec. nelle agenzie marittime

contràtto① **part. pass.** di *contrarre*; **anche agg.** ● nei sign. del v. | teso, rattrappito: *volto c.*; *labbra contratte* || †**contrattaménte**, **avv.** con contrazione

♦**contràtto**② [vc. dotta, lat. tardo *contrăctu(m)*, sostantivo da *contrăhere* 'contrarre' ⁎1243] **s. m.** **1** (*dir.*) accordo fra due o più parti per costituire, modificare, estinguere un rapporto giuridico di contenuto economico: *c. aleatorio, associativo, reale, d'opera, di gioco, di agenzia*; *stipulare, sottoscrivere, concludere un c.* | (*est.*) documento su cui è scritto tale accordo: *firmare il c.* | ***c. di formazione e lavoro***, contratto di lavoro subordinato a termine che ha lo scopo di favorire l'inserimento dei giovani nel mondo del lavoro e la loro formazione professionale | ***c. di inserimento***, nome del contratto di formazione e lavoro a partire dal 2003 | ***c. di collaborazione coordinata e continuativa***, quello che regolava le prestazioni di lavoro non occasionali, svolte in maniera autonoma per conto di un committente; in sigla *Co.Co.-Co.* | ***c. a progetto***, V. *progetto* | ***c. di disponibilità***, procedimento amministrativo che consente l'assegnazione provvisoria delle supplenze ai docenti precari | ***c. di solidarietà***, accordo sindacale che mira a evitare o limitare la riduzione di personale in eccedenza presso un'azienda o ad aumentarne l'organico in condizioni produttive normali, riducendo l'orario di lavoro per tutti | ***c. d'area***, accordo di pianificazione e realizzazione di interventi integrati nei settori dell'industria e dei servizi per la promozione dello sviluppo di un comprensorio omogeneo **CFR.** patto territoriale | ***c. collettivo di lavoro***, quello stipulato fra sindacati dei lavoratori e associazioni degli industriali per disciplinare gli aspetti normativi ed economici dei rapporti di lavoro in un settore **2** (*est.*) patto, accordo | ***c. sociale***, secondo il contrattualismo, accordo in base al quale gli uomini avrebbero abbandonato lo stato di natura per dare vita alla società e alle istituzioni civili **3** (*econ.*) ***c. di Borsa***, che ha per oggetto titoli mobiliari o valute estere | ***c. a contante***, contratto di borsa la cui liquidazione deve avvenire entro tre giorni dalla stipula | ***c. differenziale***, contratto di borsa per cui alla chiusura delle operazioni i contraenti non scambiano titoli ma regolano fra loro la differenza tra prezzo pattuito e quello di mercato | ***c. a termine***, qualsiasi contratto di borsa nel quale la transazione effettiva è rinviata a una data successiva a quella della stipula | ***c. a premio*** o ***dont***, contratto di borsa a termine nel quale uno dei contraenti, dietro pagamento di un premio, si riserva il diritto di effettuare o no la transazione alla data convenuta | ***c. stellage***, contratto a termine nel quale uno dei contraenti, dietro pagamento di un premio, si riserva la facoltà o di ritirare alla data convenuta i titoli a un prezzo maggiore o di riconsegnarli a un prezzo minore, entrambi predefiniti **SIN.** stellaggio | ***c. noch***, contratto a premio che riconosce al compratore il diritto di acquistare al prezzo predefinito un quantitativo doppio dei titoli stabiliti | ***c. strip***, contratto a premio che riconosce al compratore la facoltà o di rilevare a scadenza i titoli oggetto della transazione a prezzo prefissato o di cederne il doppio allo stesso prezzo | ***c. strap***, contratto come il precedente che ha come seconda opzione quella di cederne la metà allo stesso prezzo | ***c. derivato***, V. *derivato* **4** nel gioco del bridge, l'impegno che una coppia di giocatori assume di realizzare un determinato numero di prese || **contrattino**, **dim.** | **contrattóne**, **accr.** | **contrattùccio**, **dim.**

contrattuàle [fr. *contractuel*, da *contrat* 'contratto②' ⁎1848] **agg.** ● pertinente a un contratto o a una contrattazione: *clausola, responsabilità c.*; *potere, forza c.* | ***autonomia c.***, libertà delle parti di determinare il contenuto del contratto nei limiti posti dalla legge | ***danno c.***, conseguente all'inadempimento degli obblighi derivanti da un contratto || **contrattualménte**, **avv.** **1** in seguito a contratto, per contratto **2** da un punto di vista contrattuale || **contrattualità**, **s. f. inv.**

contrattualìsmo [da *contrattuale* ⁎1892] **s. m.** ● dottrina politica e giuridica dei secc. XVI-XVIII fondata sui principi del contratto sociale

contrattualistica [da *contrattuale* ✱ sec. XX] **s. f.** ● tecnica e normativa che riguarda la stesura dei contratti, spec. in campo commerciale internazionale

contrattualizzàre [da *contrattual(e)* ✱ 1986] **v. tr.** ● assumere qlcu. con un contratto: *c. un precario* | inserire in un contratto: *c. un'intesa verbale* || **contrattualizzazióne**, **s. f.**

C

contrattùra [vc. dotta, lat. *contractūra(m)*, da *contrāctus*, part. pass. di *contrāhere* 'contrarre' ✱ 1310] **s. f.** ● (*med.*) stato di contrazione involontaria, durevole, della muscolatura striata

†**contrausànza** [comp. di *contra-* e *usanza* ✱ sec. XIV] **s. f.** ● scostumatezza

contravàio [comp. di *contra-* e *vaio* ✱ 1964] **s. m.** (**pl.** *-ai*) ● (*arald.*) pelliccia nella quale i pezzi d'argento e d'azzurro, che la compongono, si oppongono punta a punta e base a base

†**contravvalére** o †**contravalére** [comp. di *contra-* e *valere* ✱ sec. XIV] **v. tr. e intr.** ● essere equivalente, uguagliare: *una gemma tanto preziosa che contravalesse a tutto l'oro del mondo* (G. Bruno)

contravveléno o **controveléno** [comp. di *contra-* e *veleno* ✱ sec. XIV] **s. m. 1** antidoto **2** (*fig.*, *lett.*) rimedio: *la sua dolcissima vista ... c. all'asprezza della mia solitudine* (V. Alfieri)

♣**contravvenìre** [lat. mediev. *contravenire*, comp. di *cōntra* 'contro' e *venīre* 'venire' ✱ sec. XIII] **v. intr.** (**coniug. come** *venire*; **aus.** *avere*) ● disobbedire, trasgredire (+ *a*): *c. a un obbligo, a una regola, a un comando, a una legge* | andare contro, disattendere: *continuavo a c. ai miei proponimenti e non me ne accorgevo* (I. Svevo)

contravvènto ➤ **controvento**

contravventóre [1781] **s. m.** (**f.** *-trice*) **1** (*dir.*) chi ha commesso una o più contravvenzioni | ***c. abituale***, chi è particolarmente dedito alla commissione di contravvenzioni | ***c. professionale***, chi trae una fonte stabile di guadagno commettendo abitualmente reati di contravvenzione **2** correntemente, chi contravviene al disposto di una norma **SIN.** trasgressore

contravvenùto **part. pass.** di *contravvenire* ● nei sign. del v.

contravvenzionàre [1963] **v. tr.** (*io contravvenzióno*) ● (*burocr.*) fare oggetto di contravvenzione: *c. un automobilista*

contravvenzióne [da *contravvenire* ✱ av. 1540] **s. f. 1** (*raro*) il contravvenire | trasgressione: *mille contravvenzioni alle antiche regole della sintassi* (G. Leopardi) **2** (*dir.*) violazione della legge penale per cui sono previste le pene dell'arresto e dell'ammenda: *conciliare una c.* **3** correntemente, la contestazione di una violazione della legge e il pagamento della somma che, in dati casi, consente di estinguere la violazione stessa: *fare, elevare una c.*; *pagare una c.* **SIN.** multa

contravvìso o **controavvìso** [comp. di *contr(o)-* e *avviso* ✱ 1865] **s. m.** ● contrordine

contrazióne [lat. *contractiōne(m)*, da *contrāhere* 'contrarre' ✱ 1310] **s. f. 1** il contrarre, il contrarsi | corrugamento, raggrinzimento: *c. del viso, della fronte* | (*med.*) ***c. muscolare***, capacità degli elementi muscolari di ridurre le proprie dimensioni sotto lo stimolo di agenti appropriati | ***contrazioni uterine***, quelle che provocano l'espulsione del feto nel parto **2** (*ling.*) fusione di due vocali che si incontrano | ***c. delle parole***, per fusione delle vocali o per sincope **3** (*fig.*) diminuzione, calo: *la c. dei prezzi delle importazioni* | (*idraul.*) riduzione della sezione della corrente fluida che fuoriesce da un'apertura praticata in un bacino **4** (*raro*) assunzione: *c. di un debito*

contre /*fr.* 'kɔ̃tʀ/ [vc. fr., 'contro' ✱ 1940] **s. m. inv.** ● nel gioco del bridge, parola con cui un giocatore comunica all'avversario che non ritiene mantenibile il contratto per cui l'avversario stesso si è impegnato **CFR.** contro②

contribuènte **A** **part. pres.** di *contribuire* ● nei sign. del v. **B** **s. m. e f.** ● il cittadino, in quanto paga imposte e tasse: *obbligo del c.*; *ruolo dei contribuenti*

†**contribuiménto** [av. 1646] **s. m.** ● contribuzione

♦**contribuìre** [lat. *contribuĕre*, comp. di *cŭm* 'con' e *tribuĕre* 'attribuire' ✱ av. 1334] **A** **v. intr.** (*io contribuìsco, tu contribuìsci*; **aus.** *avere*) ● cooperare, prendere parte: *c. a un'impresa, alle spese pubbliche, al progresso* | concorrere: *l'attesa contribuisce ad accrescere l'ansia* **B** **v. tr.** ● †dare insieme con altri: *que' pochi che possono c. onori e denaro* (U. Foscolo)

SFUMATURE ➤ ***collaborare***

contributìvo [av. 1884] **agg.** ● relativo a contributo, a contribuzione: *capacità contributiva* | ***metodo c.***, sistema di calcolo della pensione basato sul cumulo dei contributi versati durante l'intera vita lavorativa **CFR.** retributivo

♦**contribùto** [lat. *contribūtu(m)*, part. pass. di *contribuĕre* 'contribuire' ✱ 1673] **s. m. 1** ciò che ciascuno offre per il raggiungimento di un fine comune: *c. finanziario*; *c. in denaro, in lavoro*; *offrire un c. alle spese pubbliche*; *recare il proprio c. a chi soffre* **2** (*dir.*) somma obbligatoriamente dovuta a un ente pubblico da chi si avvantaggia di un'attività di pubblica utilità dallo stesso ente compiuta: *c. per il recupero funzionale igienico-sanitario*; *c. per il recupero artistico* | ***c. previdenziale***, nel rapporto di assicurazione sociale, somma trattenuta sulla retribuzione del lavoratore o addebitata al datore di lavoro e dovuta all'istituto assicuratore **3** saggio, ricerca o sim. che sviluppa o completa uno studio più ampio: *contributi all'antropologia*

contributóre [av. 1667] **s. m.** (**f.** *-trice*) ● (*raro*) chi contribuisce

contribuzióne [vc. dotta, lat. tardo *contributiōne(m)*, da *contribūtum* 'contributo' ✱ 1366] **s. f. 1** il contribuire | versamento di contributi, di imposte | cooperazione, concorso **2** (*raro*) contributo, quota: *i parenti non andavano esenti da una c.* (L.A. Muratori)

contrìna [da *contro* ✱ 1622] **s. f.** ● ciascuna delle corde che tengono tesa una rete da uccelli

contristaménto [av. 1292] **s. m.** ● (*raro*) il contristare, il contristarsi | afflizione

contristàre [vc. dotta, lat. *contristāre*, comp. parasintetico di *trīstis* 'triste' ✱ 1268] **A** **v. tr. 1** (*lett.*) rendere triste, affliggere profondamente: *una grave sciagura contristò la sua vita* **2** (*lett.*) †molestare: *l'aura morta / che m'avea contristati li occhi e 'l petto* (Dante *Purg.* I, 17-18) **B** **contristàrsi** **v. intr. pron.** ● (*lett.*) diventare triste, malinconico: *contristarsi per una brutta notizia*

contristatóre [av. 1311] **s. m.** (**f.** *-trice*) ● (*raro*) chi contrista

†**contristazióne** [vc. dotta, lat. tardo *contristatiōne(m)*, da *contristāre* 'contristare' ✱ sec. XIV] **s. f.** ● afflizione

♣**contrìto** [vc. dotta, lat. *contrītu(m)*, part. pass. di *contĕrere*. V. †*conterere* ✱ sec. XIII] **agg. 1** profondamente pentito, mortificato | che esprime pentimento: *atteggiamento c.* **2** (*lett.*) affranto, oppresso: *il fare vacillante e c. d'un generale che capitola* (I. Nievo) || **contritaménte**, **avv.** con pentimento, contrizione

contrizióne [vc. dotta, lat tardo *contritiōne(m)*, da *contrītus* 'contrito' ✱ 1268] **s. f. 1** sentimento di rimorso e di amaro pentimento per una colpa commessa: *in questo punto ricevo lettera ... tutta piena di c.* (V. Monti) **2** nel sacramento della penitenza, forma perfetta di pentimento, che consiste nel dolore dell'animo e nella detestazione del peccato commesso, con il proposito di non peccare più in avvenire **3** (*lett.*) umiltà, compunzione: *con umiltade e contrizion di cuore* (L. Ariosto)

♦**cóntro**① o (*lett.*) **cóntra** [lat. *cōntra*, di orig. indeur. ✱ 1250 ca.] **A** **prep.** (**unito ai pron. pers. atoni, si pospone al v.:** *gli andò c.*) **1** indica opposizione, contrasto, ostilità: *marciarono c. il nemico*; *ha agito c. il mio parere*; *la nostra squadra giocherà domani c. la vostra*; *è una cosa c. natura*; *scommettere dieci c. cento*; *ché solo Amor mi sforza, contra cui non val forza – né misura* (G. Cavalcanti) | in relazione a sentimenti, esprime avversione: *odio c. qlcu.*; *essere, mettersi, andare c. qlcu.* | ***c. voglia***, V. *controvoglia* | nei confronti di: *tutelarsi c. i furti* | regge il compl. di svantaggio: *s'era trovato costretto a ricorreggere e ripubblicare la solita grida c. i bravi* (A. Manzoni) | anche nelle loc. prep. ***c. di***, (*raro*) ***c. a***: *c. di me*; *c. di lui*; *c. di voi* **2** indica movimento o azione diretti verso o addosso a qlcu. o qlco.: *iniziare l'attacco c. il nemico*; *ha battuto la testa c. lo stipite*; *la macchina è andata a schiantarsi c. il muro*; *puntò l'arma c. la belva e fece fuoco*; *mi venne c. con aria minacciosa* | indica movimento in direzione contraria: *procedere c. vento* | ***c. corrente***, V. *controcorrente* | ***parata di c.***, nella scherma, movimento circolare eseguito imprimendo un moto rotatorio alla punta dell'arma, in modo che il ferro dell'attaccante venga raccolto entro il giro del difensore **3** di fronte, davanti (indica un determinato stato o posizione): *teneva la faccia volta c. il muro*; *il profilo si disegnò netto c. lo sfondo della parete*; *gli si piantò c. a gambe larghe* | indica contatto, appoggio: *spostò la poltrona c. il muro* **4** in cambio di, dietro (in loc. proprie del linguaggio commerciale): *c. pagamento, c. ricevuta, c. assegno* **B** **avv. 1** in modo contrario: *la proposta non mi soddisfa: parlerò, voterò c.* | in posizione ostile: *si accorse di avere tutti c.* | ***remare c.***, V. *remare* **2** nelle loc. avv. ***di c.***, dirimpetto, di fronte: *la casa di c.* | in margine, di fianco, spec. nel linguaggio burocratico e commerciale: *annotare di c.* | ***per c.***, al contrario, all'opposto, invece: *uno acconsente, l'altro per c. rifiuta sistematicamente la sua approvazione* **C** **in funzione di s. m. inv.** ● nella loc. ***il pro e il c.***, ciò che è in favore e ciò che è contrario: *valutare, pesare, considerare il pro e il c. di qlco.* **D** **in funzione di agg. inv.** ● (posposto a un sost.) che si dimostra fortemente contrario alle regole di un gruppo sociale, culturale, politico e sim. (dal film di F. Rosi *Uomini contro*, 1970): *uno scrittore c.*

cóntro② **s. m.** ● adattamento di *contre* (V.)

cóntro- [dal lat. *cōntra* 'contro'] **pref.** (*contr-* **davanti a vocale**) ● indica: opposizione, reazione, replica (*controcorso*, *controffensiva*, *controquerela*, *controsenso*); movimento, azione, direzione contraria (*contropelo*, *controvento*); contrapposizione (*contrordine*); sovrapposizione, sostituzione (*controfigura*); controllo, riscontro, verifica (*contromarca*); rinforzo (*controtenore*)

controaccùsa o **contraccùsa** [comp. di *contro-* e *accusa* ✱ 1551] **s. f.** ● accusa mossa dall'accusato nei confronti dell'accusatore

controalisèo o (*raro*) **contralisèo** [comp. di *contr(o-)* e *aliseo* ✱ 1892] **A** **s. m.** ● antialiseo **B** **anche agg.**: *vento c.*

controanàlisi [comp. di *contro-* e *analisi* ✱ 1986] **s. f. inv.** ● analisi di laboratorio eseguita su una porzione di campione già analizzato, al fine di verificare la correttezza dei risultati di un'analisi precedente, spec. relativa ai test antidoping

controappèllo ➤ **contrappello**

controargomentazióne [comp. di *contro-* e *argomentazione* ✻ 1897] **s. f.** ● argomentazione, ragionamento svolto per confutare un'altra argomentazione o tesi: *le controargomentazioni della difesa all'arringa dell'accusa*

controasségno ➤ **contrassegno**②

controavvìṣo ➤ **contravviso**

controazióne [comp. di *contro-* e *azione* ✻ 1922] **s. f. 1** nella scherma, l'atto di portare un colpo sul finale di un'azione dell'avversario in modo da toccare senza essere toccato | (*est.*) azione che mira a neutralizzare un'azione avversaria **2** (*fig.*) azione, iniziativa e sim., che si oppone subito a un'altra

controbàttere [fr. *contre-battre* ✻ 1889] **v. tr.** (**coniug. come** *battere*) **1** (*milit.*) svolgere azione di controbatteria **2** (*fig.*) ribattere, replicare prontamente alle argomentazioni altrui: *c. le accuse dell'avversario*

controbatterìa o †**contrabbatteria** [fr. *contrebatterie* ✻ 1582] **s. f.** ● (*milit.*) azione dell'artiglieria diretta contro l'artiglieria del nemico

controbattitóre [comp. di *contro-* e *battitore* ✻ 1964] **s. m.** ● (*agric.*) nella trebbiatrice, specie di griglia cilindrica intorno al battitore

controbattùta [comp. di *contro-* e *battuta* ✻ 1940] **s. f.** ● replica a una battuta altrui, spec. in un dialogo teatrale

controbelvedére [comp. di *contro-* e *belvedere* ✻ 1889] **s. m. inv.** ● (*mar.*) piccola vela disposta sopra il belvedere

controbilanciàre o (*lett.*) **contrabbilanciàre** [fr. *contre-balancer* ✻ 1670] **A v. tr.** (**pres.** *io controbilàncio*; **fut.** *io controbilancerò*) **1** (*raro*) equilibrare, contrappesare **2** (*fig.*) pareggiare, compensare: *lo svantaggio non controbilancia l'utile* **B controbilanciàrsi v. rifl. recipr.** ● bilanciarsi, pareggiarsi (*spec. fig.*): *due tentativi che si controbilanciano*

controboccapòrto [comp. di *contro-* e *boccaporto* ✻ sec. XX] **s. m.** ● (*mar.*) pezzo di costruzione sul quale si sistemano i battenti del boccaporto

contrlandbóllo [comp. di *contro-* e *bollo* ✻ sec. XVIII] **s. m.** ● (*raro*) secondo bollo in riscontro al primo

controbórdo [fr. *contre-bord* ✻ 1854] **s. m.** ● (*mar.*) posizione di navi che si incontrano seguendo rotte contrarie e parallele

controbracciàre [da *controbraccio* ✻ 1846] **v. tr.** (**pres.** *io controbràccio*; **fut.** *io controbraccerò*) ● (*mar.*) orientare i pennoni in maniera opposta a quella precedente

controbràccio [comp. di *contro-* e *braccio* ✻ 1847] **s. m.** ● (*mar.*) braccio di sopravvento nel pennone

controbuffè **s. m. inv.** ● adattamento di *contro-buffet* (V.)

contro-buffèt /kontrobufˈfɛ*/ [comp. di *contro-* e il fr. *buffet* ✻ 1951] **s. m. inv.** ● mobile posto dirimpetto al buffet, di cui ripete la forma, in dimensioni minori

controcampióne [comp. di *contro-* e *campione* ✻ 1871] **s. m.** ● campione di una sostanza o di un materiale utile per l'eventuale controanalisi **SIN.** campione di riserva

controcàmpo [comp. di *contro-* e *campo*, nel sign. cinematografico ✻ 1942] **s. m. 1** (*cinema*) inquadratura ripresa da un punto di vista opposto a quello precedente **2** (*fis.*) campo elettrico che esercita un'azione di decelerazione sulle cariche elettriche che lo attraversano

controcandidatùra [comp. di *contro-* e *candidatura* ✻ 1913] **s. f.** ● candidatura presentata in contrapposizione a un'altra

controcànto [comp. di *contro-* e *canto*① ✻ 1930] **s. m.** ● (*mus.*) melodia secondaria che si sovrappone o sottopone al disegno melodico principale | ***fare il c.***, (*fig.*) alternarsi con qlcu. nel dire o fare qlco.: *mentre l'altro gli teneva bordone con un c. beffardo e pungente* (E. MONTALE)

controcarèna (o **-é-**) o **contracarèna** (o **-é-**) [comp. di *contro-* e *carena* ✻ 1869] **s. f.** ● (*mar.*) protezione subacquea delle grosse navi militari, costituita da cassoni stagni sporgenti dai fianchi della carena, per ridurre gli effetti di eventuali esplosioni subacquee di mine e siluri

controcàrro o **controcàrri** [comp. di *contro-* e *carro* ✻ 1956] **agg. inv.** ● anticarro: *armi, mina c.*

controcartèlla [comp. di *contro-* e *cartella* ✻ 1847] **s. f. 1** cartella inferiore dell'orologio **2** nelle armi da fuoco portatili, piastra di metallo opposta alla cartella, per dare presa alle viti di questa

controcàssa o **contraccàssa** [comp. di *contro-* e *cassa* ✻ 1865] **s. f.** ● seconda cassa, cassa che ne contiene un'altra per meglio assicurarne il contenuto

controcatèna [comp. di *contro-* e *catena* ✻ 1887] **s. f.** ● (*edil.*) catena di rinforzo, nelle capriate

†**controcàva** ➤ †**contracava**

controcàzzi [comp. di *contro* e *cazzi*, sul modello della loc. *con i controfiocchi* ✻ 1970] **s. m. pl.** ● nelle loc. ***con i controcazzi, con i cazzi e i c.***, (*volg.*) eccellente, magnifico, coi fiocchi: *una pizza con i c.*

controchiàma [comp. di *contro-* e *chiama* ✻ 1865] **s. f.** ● contrappello nel sign. 1

controchiàve o **contracchiàve** [comp. di *contro-* e *chiave* ✻ av. 1694] **s. f. 1** seconda chiave di una stessa serratura | chiave di una seconda serratura | seconda mandata di una chiave **2** chiave falsa

controchìglia [fr. *contre-quille* ✻ 1865] **s. f.** ● nelle navi in legno, elemento strutturale sovrapposto alla chiglia per aumentare la stabilità della nave e proteggere la chiglia

controcommissióne [comp. di *contro-* e *commissione* ✻ 1983] **s. f.** ● commissione nominata per compiere un'inchiesta o una verifica sull'operato di un'altra

controcopèrta [comp. di *contro-* e *coperta* ✻ 1937] **s. f.** ● (*mar.*) ponte completo sovrastante il ponte di coperta da poppa a prua

controcopertìna [comp. di *contro* e *copertina* ✻ 1965] **s. f. 1** (*tipogr.*) retrocopertina **2** breve servizio di chiusura di una trasmissione televisiva: *la c. della 'Domenica sportiva'*

♦**controcorrènte** o **cóntro corrènte**, nel sign. B [comp. di *contro-* e *corrente*② ✻ av. 1730] **A s. f.** ● corrente che si muove in direzione opposta a un'altra vicina: *c. elettrica*; *controcorrenti marine* **B avv.** ● in direzione contraria a quella di una corrente: *nuotare c.* | (*est.*) in senso contrario | ***andare c.***, (*fig.*) seguire opinioni o consuetudini contrarie a quelle comuni e generalmente diffuse

controcrìtica [comp. di *contro-* e *critica* ✻ av. 1729] **s. f.** ● (*lett., raro*) critica in risposta a un'altra

controcultùra [comp. di *contro-* e *cultura* ✻ 1971] **s. f.** ● il complesso dei valori e delle manifestazioni culturali, tipici di settori giovanili o della contestazione, che si contrappongono alla cultura dominante

controcùrva [comp. di *contro-* e *curva* ✻ 1943] **s. f.** ● curva che viene dopo un'altra curva e piega in senso opposto alla precedente

controdàdo [comp. di *contro-* e *dado* ✻ 1941] **s. m.** ● (*mecc.*) dado sovrapposto a un altro per evitarne lo svitamento

controdàta o (*raro*) **contraddàta** [fr. *contre-date* ✻ 1865] **s. f. 1** data aggiunta a uno scritto e posteriore alla prima data **2** data di registrazione o di arrivo di lettere, plichi e sim.

controdatàre o (*raro*) **contraddatàre** [1956] **v. tr.** ● segnare una lettera con una controdata

controdecréto [fr. *contre-décret* ✻ 1865] **s. m.** ● decreto che ne annulla o ne modifica uno precedente

controdeduzióne [comp. di *contro-* e *deduzione* ✻ 1870] **s. f.** ● in un giudizio, in un dibattito e sim., deduzione contraria a quella a cui è pervenuto l'avversario

controdenùncia [comp. di *contro-* e *denuncia* ✻ 1986] **s. f.** (**pl.** *-ce* **o** *disus. -cie*) ● (*dir.*) denuncia presentata dal denunciato contro il denunciante

controdichiarazióne [fr. *contre-déclaration* ✻ 1887] **s. f. 1** dichiarazione con cui le parti di un negozio giuridico riconoscono che questo è simulato **2** nel bridge, dichiarazione fatta in opposizione a quella di un avversario

controdòte o **contraddòte** [comp. di *contro-* e *dote* ✻ 1557] **s. f.** ● un tempo, la dote costituita dal marito a favore della moglie

controeccitàre [comp. di *contro-* ed *eccitare* ✻ sec. XX] **v. tr.** (*io controèccito*) ● (*elettr.*) eccitare in senso opposto: *c. un motore elettrico per invertirne il senso di marcia*

controèlica [comp. di *contro-* ed *elica* ✻ 1937] **s. f.** ● (*mar.*) sistema di pinne collocate a proravia o a poppavia dell'elica per migliorarne il rendimento riducendo il moto rotazionale dell'acqua all'ingresso o all'uscita delle pale

controeṣàme [comp. di *contro-* ed *esame* ✻ 1988] **s. m.** ● (*dir.*) nella fase dibattimentale del processo penale, interrogatorio di un imputato o di un testimone svolto da parte diversa da quella che ne aveva chiesto l'ammissione

controeṣèmpio (o **-é-**) [1986] **s. m.** ● caso, esempio contrario che smentisce un'affermazione o una regola

controèṣodo [comp. di *contro-* ed *esodo* ✻ 1970] **s. m. 1** rientro in massa dai luoghi di villeggiatura **2** (*est.*) spostamento in massa in senso contrario a uno precedente: *il c. dei profughi*

controetichétta [comp. di *contro-* e *etichetta*① ✻ 1977] **s. f.** ● nelle bottiglie di bevande alcoliche e spec. di vino, etichetta posta sul retro, contenente alcune informazioni sul prodotto e talora consigli relativi alla degustazione

controfacciàta [comp. di *contro-* e *facciata* ✻ 1766] **s. f.** ● (*archit.*) parete interna di un edificio che è il retro della sua facciata: *la c. di una chiesa*

controfagòtto o **contrafagòtto** [comp. di *contro-* e *fagotto*② ✻ av. 1835] **s. m.** ● strumento musicale a fiato con canna conica ripiegata e ancia doppia che suona un'ottava sotto il fagotto

controfàscia [comp. di *contro-* e *fascia* ✻ 1865] **s. f.** (**pl.** *-sce*) ● (*mus.*) parte degli strumenti ad arco che unisce il fondo al coperchio | fascia di rinforzo

controfasciàme [comp. di *contro-* e *fasciame* ✻ 1889] **s. m.** ● (*mar.*) rivestimento esterno del fasciame per dare maggiore robustezza e forme migliori allo scafo

controfàṣe [comp. di *contro-* e *fase* ✻ 1956] **A agg.** (**pl.** *-i* **o inv.**) ● (*fis.*) di grandezze pe-

a b c d e f g h i j k l m n o p q r s t u v w x y z

riodiche in opposizione di fase | di circuito o dispositivo in cui agiscono tali grandezze **B** s. f. • (*fis.*) opposizione di fase: *amplificatore in c.*

controfattuàle [vc. dotta, comp. di *contro-* e *fattuale* ✱ 1968] **A** agg. • (*filos.*) in logica, si dice di enunciato ipotetico che rappresenta nel conseguente quello che sarebbe accaduto se si fosse verificato quanto è detto nell'antecedente; per es.: *se avessi studiato la mia vita sarebbe diversa* ‖ **controfattualità**, s. f. inv. **B** s. m. • enunciato controfattuale: *semantica dei controfattuali*

C

controffensìva [fr. *contre-offensive* ✱ 1896] s. f. **1** (*milit.*) azione offensiva susseguente a una situazione difensiva temporanea **2** (*fig.*) decisa, vigorosa reazione ad attacchi polemici: *iniziare la c.*; *passare alla c.* | contrattacco: *la c. della Roma dopo aver subito un gol*

controffensìvo [1956] agg. • di controffensiva

controffèrta [comp. di *contro-* e di *offerta* ✱ 1922] s. f. • in una trattativa spec. commerciale, offerta contrapposta a una precedente richiesta per ridurne o modificarne l'entità o le caratteristiche

controfigùra [comp. di *contro-* e *figura* ✱ 1927] s. f. • attore che, durante le riprese di un film, esegue scene acrobatiche, pericolose o scabrose in sostituzione di un attore principale | (*fig.*, *spreg.*) ***essere la c. di qlcu.***, esserne il sostituto senza possederne però in egual misura le qualità

controfilàre [comp. di *contro-* e *filare* ✱ 1956] s. m. • nelle colture arboree consociate, filare di minore importanza e durata

controfilétto [comp. di *contro-* e *filetto* ✱ 1941] s. m. **1** filetto disposto parallelamente a un altro, nei galloni, negli scudi araldici e in composizioni tipografiche **2** taglio di carne bovina tra il filetto e il girello

controfìlo [comp. di *contro-* e *filo* ✱ 1956] s. m. • posizione trasversale di fibre, fili e sim. rispetto alla direzione del taglio

controfinèstra [fr. *contre-fenêtre* ✱ 1875] s. f. • intelaiatura a vetri sovrapposta alla finestra, per lo più dalla parte esterna, con funzione isolante

controfìnta [comp. di *contro-* e *finta* ✱ 1985] s. f. • (*sport*) finta opposta a una precedente | finta con cui si risponde a una finta dell'avversario

controfiòcco [comp. di *contro-* e *fiocco* ✱ 1819] s. m. (pl. *-chi*) • (*mar.*) vela triangolare sul bompresso, più piccola del fiocco e più a proravia | (*fig.*, *colloq.*) ***con i controfiocchi***, eccellente, magnifico (sul modello della loc. *con i fiocchi*): *un pranzo con i controfiocchi, con i fiocchi e i controfiocchi*

controfìrma [comp. di *contro-* e *firma* ✱ 1798] s. f. • seconda firma apposta su un documento a controllo o convalida della prima

controfirmàre [1797] v. tr. • apporre una controfirma: *c. un documento, un atto*

controfòdera [comp. di *contro-* e *fodera* ✱ av. 1712] s. f. • tessuto che si mette fra tessuto e fodera per rinforzare spec. collo e risvolti in una giacca

controfóndo [comp. di *contro-* e *fondo* ✱ 1865] s. m. • (*raro*) doppiofondo

controfòrza [comp. di *contro-* e *forza* ✱ 1690] s. f. • (*mecc.*) forza che agisce in senso contrario a un'altra

controfòsso o **contraffòsso** [comp. di *contro-* e *fosso* ✱ av. 1574] s. m. **1** (*milit.*) secondo fosso ai piedi dello spalto, per maggior difesa delle fortificazioni **2** (*agric.*) canaletto alla testata dell'appezzamento parallelo al fosso adacquatore

controfùga [comp. di *contro-* e *fuga* ✱ av. 1795] s. f. • (*mus.*) fuga nella quale il soggetto e la sua risposta si seguono per conto opposto SIN. fuga rovesciata

controfùne [comp. di *contro-* e *fune* ✱ 1973] s. f. • nelle funivie, corda d'acciaio che agisce in senso opposto alla fune traente

controfuòco [comp. di *contro-* e *fuoco* ✱ 1916] s. m. (pl. *-chi*) • incendio appiccato volontariamente e controllato per eliminare il materiale combustibile che alimenta un grave incendio spec. di boschi

controgambétto [comp. di *contro-* e *gambetto* ✱ 1954] s. m. • nel gioco degli scacchi, gambetto effettuato dal nero in risposta a un gambetto dell'avversario

controgènio ➤ **contraggenio**

controgirèllo [comp. di *contro-* e *girello* ✱ 1956] s. m. • taglio di carne della coscia del bue SIN. scannello

controgrìffa [comp. di *contro-* e *griffa* ✱ 1956] s. f. • nelle macchine da presa, dispositivo che blocca la pellicola durante il tempo di esposizione

controguàrdia o **contragguàrdia** nel sign. 1 [fr. *contre-garde* ✱ av. 1755] s. f. **1** nelle antiche fortificazioni, opera di difesa, antistante alla cinta di una fortezza **2** (*edit.*) risguardo

controguerrìglia [comp. di *contro-* e *guerriglia* ✱ 1970] s. f. • azione militare diretta alla repressione della guerriglia

controinchièsta [comp. di *contro-* e *inchiesta* ✱ 1983] s. f. • inchiesta, anche giornalistica, che si svolge parallelamente a un'altra, della quale vuole contestare i sistemi e i risultati

controindicàre [comp. di *contro-* e *indicare* ✱ 1840] v. tr. (*io controìndico, tu controìndichi*) • indicare come nocivo o pericoloso alla salute per il coincidere di determinati eventi: *i tuoi disturbi controindicano questa terapia*

controindicàto part. pass. di *controindicare*; anche agg. • che comporta una controindicazione | sconsigliabile, vietato: *l'alta montagna è controindicata ai cardiopatici*; *il sale è c. in caso di ipertensione*

controindicazióne [comp. di *contro-* e *indicazione* ✱ 1876] s. f. **1** circostanza che sconsiglia una terapia o l'uso di un farmaco **2** (*raro*) indicazione opposta a una precedente

controinformazióne [comp. di *contro-* e *informazione* ✱ 1970] s. f. • l'insieme dei mezzi di informazione che si contrappongono a quella fornita dai mezzi di comunicazione ufficiali | (*est.*) l'azione svolta da tali mezzi

controinterrogatòrio [comp. di *contro-* e *interrogatorio* ✱ 1983] s. m. • (*dir.*) interrogatorio della difesa o dell'accusa a un imputato o a un teste, in opposizione a quello già svolto dalla parte avversa

controintuitìvo [comp. di *contro-* e *intuitivo* ✱ 1989] agg. • che non è conforme a ciò che appare intuitivo: *procedimento mentale c.* ‖ **controintuitività**, s. f. inv.

controlateràle [comp. di *contro-* e *laterale* ✱ 1932] agg. • (*fisiol.*, *zool.*) che concerne il lato opposto, con riferimento alla simmetria bilaterale dell'organismo animale e umano

controllàbile [1914] agg. • che si può controllare: *notizia c.*; *territorio non c.* ‖ **controllabilità**, s. f. inv. condizione di ciò che è controllabile: *la controllabilità di un'affermazione*

♦**controllàre** [fr. *contrôler*, da *contrôle* 'controllo' ✱ 1773] **A** v. tr. (*io contròllo*) **1** esaminare accuratamente qlco. per verificarne l'esattezza, la validità, la regolarità, la rispondenza a determinati criteri, e sim.: *c. la data, l'ora, un documento*; *c. i tempi di lavorazione di un'industria*; *controlla che le luci siano spente* SIN. accertare, verificare **2** sottoporre a sorveglianza: *c. lo svolgimento di un servizio, l'ordine pubblico*; *c. gli spostamenti di una persona* | ***c. un avversario***, nel calcio e sim., marcarlo | ***c. la palla***, nel calcio, conservarne il possesso | sindacare: *c. il comportamento, l'operato di qlcu.* **3** tenere sotto il proprio dominio, la propria influenza: *c. un importante settore commerciale*; *c. l'accesso alle vie fluviali* | (*fig.*) dominare: *c. i propri gesti, la propria voce* | ***c. i propri nervi***, sapersi mantenere calmo dominando e vincendo i propri impulsi **B** **controllàrsi** v. rifl. • (*fig.*) dominare e vincere i propri impulsi, istinti e sim.: *è una persona che sa controllarsi* SIN. dominarsi, frenarsi **C** **controllàrsi** v. rifl. recipr. • tenersi d'occhio, sorvegliarsi a vicenda

SFUMATURE ➤ ***sorvegliare***

controllàta [da *controllare* ✱ 1985] s. f. **1** controllo rapido e sommario: *dare una c.* **2** società controllata (V. *controllato*) ‖ **controllatina**, dim.

controllàto part. pass. di *controllare*; anche agg. **1** nei sign. del v. | accertato, verificato: *denominazione di origine controllata* | regolato: *sviluppo c.* **2** ***amministrazione controllata***, gestione temporanea, sotto controllo dell'autorità giudiziaria, di un'impresa in caso di temporanea difficoltà dell'imprenditore ad adempiere **3** ***società controllata***, (*ellitt.*) ***controllata***, quella il cui pacchetto azionario di maggioranza appartiene a un'altra società

contròller /kon'trɔller, *ingl.* kən'trəulə(r)/ [vc. ingl., propr. 'che controlla', dal fr. *contrôleur* 'controllore' ✱ 1913] s. m. inv. (anche f. nel sign. 2) **1** (*ferr.*) dispositivo di comando a manovra manuale **2** (*org. az.*) chi controlla la gestione economica dell'impresa

controllerìa [da *controllo* ✱ 1781] s. f. • accertamento del possesso e della regolarità del biglietto da parte del viaggiatore: *personale di c.* | (*disus.*) attività di controllo

♦**contròllo** [fr. *contrôle*, dall'ant. *contre-rôle* 'contro registro', poi 'registro tenuto in doppia copia' ✱ 1666] s. m. **1** esame accurato, accertamento: *c. dell'ora, della validità di un documento*; *effettuare un c.*; *sottoporre qlco. a c.*; *sfuggire, eludere il c.* | ***c. del traffico aereo***, regolazione del movimento degli aeromobili attuata dai controllori di volo | verifica: *c. di cassa* | ***c. di legittimità costituzionale***, esame di competenza della Corte Costituzionale di atti legislativi | ***c. budgettario***, riscontro sistematico dei risultati di gestione con le previsioni iscritte nel budget | ***c. di qualità***, complesso di operazioni di ispezione, verifica e collaudo tendenti a rilevare l'aderenza della produzione agli standard di lavorazione | sorveglianza: *il c. dell'ordine pubblico* | ***c. delle nascite***, insieme delle misure adottate per regolamentare il numero delle nascite | ***visita di c.***, V. *visita* nel sign. 2 **2** persona o ufficio cui spetta l'incarico di verificare, sorvegliare e sim. un'attività: *c. sanitario*; *organo di c.* | sede in cui avviene un controllo: *c. doganale* **3** potere, padronanza, dominio: *il c. delle vie marittime*; *il pilota ha perso il c. della vettura* | ***avere il c. di una società***, mediante il possesso del pacchetto azionario di maggioranza | (*fig.*) capacità di dominare e vincere i propri impulsi, istinti e sim.: *avere molto, poco c. di sé*; *conservare, perdere il c.* | (*fig.*) ***sotto c.***, detto di situazione che si è in grado di padroneggiare: *stai tranquillo, è tutto sotto c.* **4** ogni mezzo tecnico idoneo a verificare, comandare o regolare il funzionamento di un apparecchio, di un meccanismo e sim. | (*inform.*) ***c. numerico di macchine utensili***, comando di macchine, spec. di macchine utensili, per mezzo di istruzioni numeriche

SFUMATURE DI SIGNIFICATO

controllo - verifica - revisione

Controllo è l'esame accurato per accertare il funzionamento di una macchina, di un sistema o di quanto è stato fatto da altri. Il significato di **verifica** coincide in gran parte con quello di *controllo*, anche se in questo caso l'esame sembra essere circoscritto alla corrispondenza di una realizzazione, di una procedura a quanto era stato stabilito. **Revisione** è un'operazione di controllo tecnico volto a rivedere per correggere, cambiare, modificare.

controllóre [fr. *contrôleur*, da *contrôler* 'controllare' ✱ 1684] **s. m.** (**f.** *raro -a*) ● chi controlla | impiegato che verifica i biglietti sui veicoli di trasporto pubblico | ***c. ferroviario***, che controlla l'operato del personale dei treni, l'andamento del servizio nelle stazioni e sim. | (*aeron.*) ***c. di volo, del traffico aereo***, chi sorveglia e dirige il traffico aereo assicurando il corretto distanziamento degli aeromobili per evitare le collisioni

controlùce o **cóntro lùce** nel sign. C [comp. di *contro-* e *luce* ✱ 1865] **A s. f.** ● luce che, per contrasto, attenua o impedisce l'effetto di un'altra luce **B s. m. inv.** ● in fotografia, cinematografia e sim., ripresa effettuata con la camera rivolta verso la sorgente luminosa **C avv.** ● in posizione contraria a quella da cui proviene la luce: *con occhi sporgenti che contro luce riscintillavano* (G. D'ANNUNZIO) | ***essere, trovarsi, porsi c.***, in posizione intermedia fra chi osserva e la fonte di luce | ***guardare, osservare qlco. c.***, in trasparenza, ponendo l'oggetto tra sé e la fonte luminosa | ***fotografia in c.***, fatta su un soggetto che si trovi fra la macchina fotografica e la sorgente di luce

controlùme [comp. di *contro-* e *lume* ✱ av. 1519] **A s. m.** ● †controluce, spec. con riferimento a una sorgente di luce artificiale **B avv.** ● (*lett.*) controluce: *ne bevi tanto ... e te lo guardi c.* (L. PIRANDELLO)

contromanifestànte [comp. di *contro-* e *manifestante* ✱ 1983] **s. m. e f.** (**pl. m.** *-i*) ● chi prende parte a una contromanifestazione

contromanifestazióne [comp. di *contro-* e *manifestazione* ✱ 1983] **s. f.** ● manifestazione che ne contesta un'altra, che in genere si svolge contemporaneamente

contromàno o (*raro*) **cóntro màno** [comp. di *contro-* e *mano* ✱ 1950] **avv.** ● in direzione opposta a quella normale o regolare per il traffico stradale: *andare, camminare, circolare c.*

contromanòvra [comp. di *contro-* e *manovra* ✱ 1965] **s. f. 1** (*milit.*) manovra diretta a sventare una manovra nemica **2** (*fig.*) reazione a un atto ostile **3** (*fig.*) manovra economica alternativa

contromàrca [fr. *contremarque* ✱ 1853] **s. f. 1** gettone e sim. che serve come segno di riconoscimento, usato spec. nei locali pubblici per permettere il rientro di chi si sia temporaneamente allontanato o la restituzione di capi d'abbigliamento e altri oggetti depositati al guardaroba **2** segno o marchio impresso su una moneta, dopo l'emissione, spec. per modificarne il valore o il corso legale

contromarcàto [sec. XX] **agg.** ● (*numism.*) che reca una contromarca che ne modifica il valore o le caratteristiche | ***moneta contromarcata***, V. *moneta*

contromàrcia o †**contrammàrcia** [fr. *contremarche* ✱ av. 1680] **A s. f.** (**pl.** *-ce*) **1** (*milit.*) evoluzione consistente nell'inversione dell'ordine iniziale d'incolonnamento dei reparti **2** (*mar.*) cambiamento di rotta di un convoglio di navi che viene effettuato mantenendo la stessa formazione **B in funzione di agg. inv.** ● (posposto a un sost.) detto di ciò che in un veicolo ha senso contrario a quello del moto: *sedile c.*

contromemoriàle [comp. di *contro-* e *memoriale* ✱ 1983] **s. m.** ● memoriale in risposta e opposizione a un altro

contromeẓẓàna [comp. di *contro-* e *mezzana* ✱ 1561] **s. f.** ● (*mar.*) vela corrispondente alla vela di gabbia volante, all'albero di mezzana

contromìna o (*lett.*) **contrammìna** [fr. *contre-mine* ✱ av. 1537] **s. f. 1** †mina preparata dal difensore di un'opera fortificata per impedire o sventare i lavori di mina dell'attaccante **2** (*fig., lett.*) progetto contrapposto a quello d'altri: *trova la contrammina già bell'e fatta dal conte duca* (A. MANZONI)

controminàre o (*lett.*) **contramminàre** [fr. *contre-miner* ✱ 1540] **v. tr.** (*io contromino*) **1** †affrontare con contromine **2** (*fig., lett.*) tentare di sventare piani, progetti e sim. altrui

contromiṣùra [comp. di *contro-* e *misura* ✱ 1797] **s. f.** ● provvedimento preso per contrastare un'iniziativa dannosa o una situazione negativa: *adottare delle contromisure* | (*milit.*) ***contromisure elettroniche***, dispositivi elettronici di difesa o di offesa che neutralizzano o disturbano l'efficacia degli equipaggiamenti elettronici dell'avversario

contromòssa [comp. di *contro-* e *mossa* ✱ 1956] **s. f.** ● nel gioco degli scacchi, mossa fatta in opposizione ad altra dell'avversario: *fare una c.* | ***giocare in c.***, avere i pezzi neri | (*est.*) mossa di reazione ad attacchi, piani e sim. altrui: *prepararsi a una c.*

contromùro [fr. *contremur* ✱ av. 1798] **s. m. 1** muro di rinforzo **2** muro sottile posto a breve distanza dal muro di un forno per impedire dispersione di calore

contronaturàle o †**contrannaturàle** [sp. *contranatural* ✱ sec. XIV] **agg.** ● (*lett.*) che è contrario alla natura

contronóce [comp. di *contro-* e *noce* nel sign. 5] **s. f.** ● parte della coscia del vitello macellato

contronominàle [comp. di *contro-* e *nominale* ✱ 1964] **A agg.** ● (*mat.*) di proposizione la cui ipotesi è la negazione della tesi della proposizione originaria e la cui tesi è la negazione dell'ipotesi **B s. f.** ● proposizione contronominale

contronòta [comp. di *contro-* e *nota* ✱ 1798] **s. f.** ● nota che ne modifica o ne annulla una precedente

contronotàre [da *contronota* ✱ 1956] **v. tr.** (*io contronòto*) ● notare a margine di uno scritto

contropalàta [comp. di *contro-* e *palata* ✱ 1688] **s. f.** ● palata data coi remi in senso contrario al moto di una imbarcazione, per frenarla o arrestarla

contropàlo [comp. di *contro-* e *palo* ✱ 1956] **s. m.** ● palo usato come puntello di un altro palo di sostegno di linea elettrica o telefonica, per aumentare la resistenza al tiro dei conduttori

contropappafìco [comp. di *contro-* e *pappafico* ✱ 1869] **s. m.** (**pl.** *-chi*) ● (*mar.*; *disus.*) controvelaccino

contropalàta

controparàta [comp. di *contro-* e *parata* ✱ 1983] **s. f.** ● nella scherma, parata successiva a una parata e risposta dell'avversario

controparòla [comp. di *contro-* e *parola* ✱ 1957] **s. f.** ● (*milit.*) risposta alla parola d'ordine, che serve al reciproco riconoscimento tra due militari

contropàrte [comp. di *contro-* e *parte* ✱ av. 1327] **s. f. 1** la parte avversaria in un giudizio civile o (*est.*), in una controversia, in una trattativa spec. sindacale e sim. **2** (*mus.*) parte di un duetto rispetto all'altra **3** parte che un attore sostiene in riscontro o in opposizione a quella di un altro

contropartìta [fr. *contre-partie* ✱ 1932] **s. f. 1** nella contabilità a partita doppia, partita segnata a riscontro di un'altra | operazione finanziaria commerciale con cui se ne pareggia o compensa un'altra **2** (*fig.*) contraccambio: *gli ha chiesto un prestito come c. del favore reso*

contropedàle [comp. di *contro-* e *pedale* ✱ 1942] **s. m.** ● (*mecc.*) congegno col quale, ruotando indietro i pedali, si frena la ruota posteriore della bicicletta

contropélo o (*lett.*) **contrappélo** [comp. di *contro-* e *pelo* ✱ 1585] **A avv.** ● nel senso contrario a quello della piegatura del pelo: *spazzolare un panno, una stoffa c.* | (*fig.*) ***prendere qlcu. c.***, non prenderlo per il suo verso, indisporlo, irritarlo **B s. m.** ● verso contrario alla piegatura del pelo: *dare, fare, radere il c.*; *si lavò, si rase accuratamente, pelo e c.* (A. MORAVIA) | ***fare il pelo e il c.***, (*fig.*) criticare aspramente

contropendènza [comp. di *contro-* e *pendenza* ✱ 1887] **s. f.** ● pendenza in senso opposto a un'altra, in una strada, tetto e sim. | pendenza di una curva verso l'esterno invece che verso l'interno: *curva in c.*

contropetìzia

controperìzia [comp. di *contro-* e *perizia* ✱ 1900] **s. f.** ● perizia che ne contesta un'altra precedente

contropèzza [comp. di *contro-* e *pezza* ✱ 1937] **s. f.** ● nelle costruzioni navali, elemento metallico di collegamento o striscia di rinforzo per alberi, pennoni e sim.

contropiàstra [comp. di *contro-* e *piastra* ✱ 1983] **s. f. 1** nelle antiche armi da fuoco munite di piastra, seconda piastra che dà presa alle viti di cartella **2** nelle serrature, fascia metallica sagomata installata sullo stipite della porta nella quale si impegnano il chiavistello e lo scrocco **3** in varie tecnologie, piastra di rinforzo

♦**contropiède** [comp. di *contro-* e *piede* ✱ 1942] **s. m.** ● nel calcio, nella pallacanestro e sim., azione rapida di contrattacco che sorprende la squadra avversaria mentre avanza: *la tattica del c.*; *segnare un gol in c.* | nel tennis, controtempo | ***prendere, cogliere qlcu. in*** (o ***di***) ***c.***, (*fig.*) di sorpresa, alla sprovvista

contropiedìsta [1985] **A s. m. e f.** (**pl. m.** *-i*) ● (*sport*) spec. nel calcio, giocatore particolarmente abile nelle azioni di contropiede **B agg.** ● contropiedistico

contropiedìstico [1986] **agg.** (**pl. m.** *-ci*) ● (*sport*) relativo al contropiede, basato sul contropiede

contropièga [comp. di *contro-* e *piega* ✱ 1865] **s. f.** ● piega contraria o di riscontro ad altra piega

controplància [comp. di *contro-* e *plancia* ✱ 1937] **s. f.** (**pl.** *-ce*) ● nelle costruzioni navali, piano posto sopra la plancia

contropòrta o †**contrappòrta** [fr. *contre-porte* ✱ av. 1699] **s. f.** ● seconda porta in aggiunta a un'altra per maggior sicurezza o riparo o per attutire i rumori dell'esterno

contropotére [comp. di *contro-* e *potere* ✱ 1963] **s. m.** ● ogni forma di potere alternativo o antitetico a quella dominante in un dato ambiente o sistema politico, sociale, culturale e sim.

contropreparazióne [comp. di *contro-* e *preparazione* ✱ 1956] **s. f.** ● (*milit.*) attività, consistente spec. in tiri d'artiglieria, tendente a ostacolare i preparativi offensivi del nemico

contropressióne [fr. *contre-pression* ✱ 1930] **s. f.** ● pressione che contrasta l'uscita di un fluido da una conduttura o il movimento di un corpo a contatto con un fluido | pressione che si oppone alla pressione normale

contropreståzióne [comp. di *contro-* e *prestazione* ✱ 1909] **s. f.** ● equivalente in denaro o natura di altra prestazione: *pattuire la c.*

controproducènte [sp. *contraproducente*, dal lat. giuridico *cōntra producĕnte(m)* 'contro colui che allega (prove)' ✱ 1939] **agg.** ● che produce un effetto contrario a quello voluto: *sistema, argomento, atteggiamento c.* **SIN.** controindicato, dannoso

controprogètto [fr. *contre-projet* ✱ 1890] **s. m.** ● progetto che intende modificarne o contrastarne un altro

contropropórre [comp. di *contro-* e *proporre* ✱ 1963] **v. tr.** (**coniug. come** *porre*) ● proporre a propria volta, al fine di modificare o contrastare una precedente proposta altrui (*anche assol.*)

contropropósta [comp. di *contro-* e *proposta* ✱ 1865] **s. f.** ● proposta fatta per modificarne o contrastarne un'altra

contropròva [fr. *contre-épreuve* ✱ 1758] **s. f.** **1** (*dir.*) prova dedotta in giudizio per dimostrare argomenti contrari alla prova fornita dalla controparte: *esperire una c.* **2** prova fatta per verificarne una precedente: *fare la c. di un esperimento* **3** seconda votazione, intesa a verificare i risultati della prima, da cui si differenzia per i criteri con i quali è condotta

contropùnta [comp. di *contro-* e *punta* ✱ 1865] **s. f.** ● (*mecc.*) punta posta di fronte al mandrino delle macchine utensili, impiegata nel centraggio e bloccaggio del pezzo da lavorare: *c. fissa, c. rotante*

controquerèla [comp. di *contro-* e *querela* ✱ 1748] **s. f.** ● (*dir.*) querela data dal querelato al querelante

controquerelàre [1956] **v. tr.** (*io controquerèlo*) ● (*dir.*) dare controquerela

contróra [comp. di *contro-* e *ora* ✱ 1876] **s. f.** ● (*merid.*) le prime ore pomeridiane della stagione estiva, gener. destinate al riposo | ora entro cui i sorvegliati dalla polizia devono rientrare a casa

controrànda [comp. di *contro-* e *randa* ✱ 1865] **s. f.** ● (*mar.*) piccola vela sopra la randa aurica **SIN.** freccia

contrórdine [fr. *contre-ordre* ✱ 1661] **A** **s. m.** ● ordine o (*est.*) indicazione, direttiva e sim., che ne modifica o ne annulla uno precedente **B** **anche in funzione di inter.**: *c.: si torna indietro!*

controreazióne [comp. di *contro-* e *reazione* ✱ 1898] **s. f.** ● reazione che si oppone a un'altra

controrelatóre [comp. di *contro-* e *relatore* ✱ 1970] **s. m.** (**f.** *-trice*) ● professore che, durante la discussione di una tesi di laurea, partecipa al dibattito come correlatore **CFR.** discussant

controrelazióne [comp. di *contro-* e *relazione* ✱ 1956] **s. f.** ● relazione che ne modifica o ne annulla una precedente | relazione presentata dalla minoranza di una commissione o da un solo dissidente contro la maggioranza

controrèplica [comp. di *contro-* e *replica* ✱ 1766] **s. f.** ● replica che risponde a quella di un avversario, in una disputa, una polemica e sim.

controreplicàre [comp. di *contro-* e *replicare* ✱ 1884] **v. tr.** (*io controrèplico, tu controrèplichi*) ● ribattere alla replica di un avversario (*anche assol.*)

controricórso [comp. di *contro-* e *ricorso* ✱ 1877] **s. m.** ● atto contrario al ricorso presentato dalla parte avversaria

controrifórma [comp. di *contro-* e *riforma* ✱ 1903] **s. f.** **1** (*stor.*) ***la C.***, movimento riformatore della vita religiosa e della disciplina ecclesiastica, con cui la Chiesa cattolica reagì, nel XVI e XVII sec., alla Riforma protestante **2** (*fig.*) restaurazione

controriformìsta [da *controriforma* ✱ 1941] **A** **s. m. e f.** (**pl. m.** *-i*) **1** seguace, sostenitore della Controriforma **2** (*fig.*) reazionario, conservatore **B** **agg.** ● controriformistico

controriformìstico [1937] **agg.** (**pl. m.** *-ci*) ● relativo alla Controriforma cattolica | (*est.*) conservatore, reazionario

controrìpa ➤ **controriva**

controrispóndere [comp. di *contro-* e *rispondere* ✱ 1657] **v. intr.** (**coniug. come** *rispondere*; **aus.** *avere*) ● (*raro*) replicare a una risposta

controrìva o **controrìpa** [comp. di *contro-* e *riva* ✱ 1790] **s. f.** **1** riva opposta a un'altra **2** (*edil.*) ***muro di c.***, (*ellitt.*) ***controriva***, muro di sostegno che si applica contro le due pareti di una scarpata

controrivoluzionàrio [1793] **A** **agg.** ● relativo a controrivoluzione: *tentativo c.* **B** **s. m.** (**f.** *-ia*) ● chi prende parte a una controrivoluzione o è accusato di farlo

controrivoluzióne [fr. *contre-révolution* ✱ 1790] **s. f.** ● reazione politica, sociale e anche militare a una rivoluzione

controrotàia [comp. di *contro-* e *rotaia* ✱ 1925] **s. f.** ● rotaia disposta nell'interno del binario, in curve a piccolo raggio, scambi e passaggi a livello, per rinforzare la massicciata della strada ordinaria

controrotànte [comp. di *contro-* e *rotante* ✱ 1986] **agg.** ● (*mecc.*) detto di ciascuno di due organi meccanici che ruotano in verso opposto attorno allo stesso asse o ad assi paralleli

controruòta [comp. di *contro-* e *ruota* ✱ 1813] **s. f.** ● (*mar.*) elemento di rinforzo alla ruota di prua

controsàla [comp. di *contro-* e *sala* ✱ 1987] **s. f.** ● ambiente in secondo piano nella scena teatrale

controscalàta [comp. di *contro-* e *scalata* ✱ 1988] **s. f.** ● (*econ.*) rastrellamento sul mercato titoli azionari per opporsi a un tentativo di scalata

controscàrpa o †**contrascàrpa** [comp. di *contro-* e *scarpa*② ✱ 1557] **s. f.** **1** controriva **2** parte interna dell'argine che chiude verso la campagna il fossato di una fortezza

controscèna [fr. *contre-scène* ✱ av. 1685] **s. f.** ● (*teatro*) mimica con cui un attore accompagna l'azione scenica di un altro attore

controscòtta [comp. di *contro-* e *scotta* ✱ 1607] **s. f.** ● (*mar.*) manovra che serve di rinforzo alla scotta

controscrìtta o †**contrascrìtta** [comp. di *contro-* e *scritta* ✱ 1353] **s. f.** ● copia di un documento, spec. contrattuale, tenuta da una delle parti contraenti

controsènso [fr. *contresens* ✱ 1785] **s. m.** **1** idea, affermazione e sim. contenente una contraddizione in sé stessa o col senso comune: *quello che sta dicendo è un c.*; *un rettangolo tondo è un c.* **SIN.** assurdità **2** (*lett.*) interpretazione errata

controserratùra [comp. di *contro-* e *serratura* ✱ 1865] **s. f.** ● seconda serratura che rinforza quella principale

controsèsto [comp. di *contro-* e *sesto*③ ✱ 1964] **s. m.** ● (*agric.*) albero posto all'intersezione delle diagonali di piante in filare

controsigìllo [comp. di *contro-* e *sigillo* ✱ av. 1800] **s. m.** ● sigillo applicato sul retro di un documento in corrispondenza del sigillo vero e proprio | sigillo apposto a garanzia dell'autenticità di un altro

controsoffittàre [1987] **v. tr.** ● dotare di controsoffitto: *c. una camera*

controsoffittatùra [1984] **s. f.** **1** operazione con cui si mette in opera un controsoffitto **2** controsoffitto

controsoffìtto [comp. di *contro-* e *soffitto* ✱ 1970] **s. m.** ● falso soffitto che ne maschera un altro per abbellimento o isolamento termoacustico

controsoggètto o **contrassoggètto** [comp. di *contro-* e *soggetto* ✱ 1774] **s. m.** ● (*mus.*) disegno melodico che accompagna il soggetto di una fuga in tutte le sue entrate

controsóle o **cóntro sóle** [comp. di *contro-* e *sole* ✱ 1957] **avv.** ● verso il sole, nella direzione del sole: *guardare qlco. c.* | ***essere, stare, mettersi c.***, fra il sole e chi osserva

controspallièra [fr. *contre-espalier* ✱ av. 1811] **s. f.** ● (*agric.*) filare di piante coltivate in forme obbligate senza protezione alcuna

controspallìna [comp. di *contro-* e *spallina* ✱ 1798] **s. f.** ● lista di stoffa, con applicati o ricamati i distintivi di grado, sovrapposta a ciascuna spalla dell'uniforme militare

controspìnta [comp. di *contro-* e *spinta* ✱ av. 1857] **s. f.** ● reazione di un elemento architettonico a una spinta esercitata da un altro elemento

controspionàggio [fr. *contre-espionnage* ✱ 1918] **s. m.** ● organizzazione segreta di cui uno Stato si avvale per scoprire e sventare l'azione spionistica di un altro Stato

contròssido [comp. di *contro-* e *ossido* ✱ 1956] **s. m.** ● sostanza che nella smaltatura dei metalli si interpone, spesso, tra la superficie del metallo e lo strato di smalto

controstallìa [comp. di *contro-* e *stallia* ✱ 1881] **s. f.** **1** (*mar.*, **spec. al pl.**) tempo impiegato dal noleggiatore in più di quello concesso, per contratto (stallia), dall'armatore per le operazioni di carico o scarico di una nave **2** (*est.*) indennizzo dovuto dal noleggiatore all'armatore per i danni subiti in conseguenza di tale ritardo

controstàmpa o **contrastàmpa** [comp. di *contro-* e *stampa* ✱ 1771] **s. f.** **1** macchia che una stampa fresca lascia sul retro del foglio seguente **2** nell'arte incisoria, l'impressione ottenuta su un foglio posto sotto la pressa a contatto con una stampa originale fresca

controstampàre o **contrastampàre** [av. 1712] **v. tr.** ● fare una controstampa

controstàmpo [comp. di *contro-* e *stampo* ✱ 1934] **s. m.** ● (*tecnol.*) punzone opportunamente sagomato per modellare nello stampo il pezzo da formare

controstécca [comp. di *contro-* e *stecca* ✱ 1869] **s. f.** ● ognuna delle piccole bacchette metalliche, più corte delle stecche, che permettono l'apertura e la chiusura di un ombrello

controsterzàre [comp. di *contro-* e *sterzare*① ✱ 1983] **v. intr.** (*io controstèrzo*; **aus.** *avere*) ● manovrare lo sterzo di un autoveicolo in modo che le ruote anteriori vengano a orientarsi verso l'esterno della curva, allo scopo di rimediare a una sbandata

controsterzàta [1983] **s. f.** ● manovra del controsterzare

controstèrzo [1983] **s. m.** ● controsterzata

controstìmolo [comp. di *contro-* e *stimolo* ✱ 1818] **s. m.** ● stimolo contrario a un altro

controstìpite [comp. di *contro-* e *stipite* ✱ sec. XX] **s. m.** ● controtelaio

controstòmaco o **cóntro stòmaco** [comp. di *contro-* e *stomaco* ✱ 1585] **A** **avv.** ● (*raro*) con ripugnanza, nausea: *mangiare, bere c.* | (*fig.*) controvoglia: *fare qlco. c.* **B** **s. m.** (**pl.** *-chi*) ● (*disus.*) voltastomaco

controstràglio [comp. di *contro-* e *straglio* ✱ 1830] **s. m.** ● (*mar.*) controstrallo

contrastràllo [comp. di *contro-* e *strallo* ✱ 1830] **s. m.** ● (*mar.*) strallo di rinforzo

controtagliàto [da *controtaglio* ✱ 1889] **agg.** ● detto di tessuto profilato o traforato secondo un certo disegno

controtàglio [fr. *contretaille* ✱ 1668] **s. m.** **1** nella tecnica incisoria, taglio che incrocia un altro taglio tracciato in precedenza | ***lavorare di c.***, tirare linee diagonali su altre linee, per rendere più cupi i toni scuri **2** nella lama delle sciabole, il bordo dalla parte opposta a quella del taglio

controtagliòlo [comp. di *contro-* e *tagliolo* ✱ 1973] **s. m.** ● attrezzo del fabbro ferraio costituito da un tagliolo munito di codolo

controtelàio [comp. di *contro-* e *telaio* ✱ sec. XX] **s. m.** (**pl.** *-ai*) ● in un edificio, elemento, spec. di legno grezzo, ancorato con zanche alla muratura, a cui viene fissato il telaio di un serramento **SIN.** controstipite

controtèmpo [comp. di *contro-* e *tempo* ✱ 1772] **s. m.** **1** (*mus.*) contrasto ritmico creato dall'emissione di suoni sui tempi deboli della battuta e di pause sui tempi forti **2** nella scherma, azione tendente a provocare un'uscita in tempo dell'avversario per parare e rispondere | nel tennis, tiro a sorpresa nell'angolo da cui l'avversario si sta allontanando: *sorprendere con un rapido c.* | ***prendere qlcu.*** (***in***) ***c.***, in contropiede (***anche fig.***)

controtendènza [comp. di *contro-* e *tendenza* ✱ 1949] **s. f.** ● tendenza che si oppone a quella dominante, spec. in campo economico o politico: *la Borsa è in c.*

controtenóre [comp. di *contro-* 'rinforzo' e *tenore* ✱ 1983] **s. m.** ● (*mus.*) voce maschile, ottenuta spesso con emissione di testa, di registro acuto corrispondente a quello del mezzosoprano femminile; si usa in un repertorio che un tempo cantavano i castrati **CFR.** sopranista

controterrorìşmo [comp. di *contro-* e *terrorismo* ✱ 1973] **s. m.** ● (*raro*) antiterrorismo

controtèsta [comp. di *contro-* e *testa* ✱ 1983] **s. f.** ● parte mobile del tornio che si contrappone alla testa

controtimóne [comp. di *contro-* e *timone* ✱ 1937] **s. m.** ● (*mar.*) pinna fissa posta a proravia del timone per proteggerlo e rinforzarne l'azione idrodinamica **SIN.** skeg

contrótipo [comp. di *contro-* e *tipo* ✱ 1931] **s. m.** ● (*fotogr.*) materiale sensibile con cui si può ricavare da una negativa direttamente un'altra negativa, o da una positiva una negativa o un'altra positiva | ***c. negativo***, copia negativa di un film ottenuta da una copia positiva

controtrànsfert [comp. di *contro-* e *transfert* ✱ 1957] **s. m. inv.** ● (*psicoan.*) reazione inconscia dello psicoanalista al transfert del paziente

controvallazióne [fr. *contrevallation*, comp. di *contre* 'contro' e del lat. tardo *vallātio*, genit. *vallatiōnis* 'palizzata' ✱ av. 1800] **s. f.** ● (*stor.*) linea continua di fortificazione campale, costruita dall'assediante per garantirsi contro eventuali sortite dell'assediato

controvalóre [comp. di *contro-* e *valore* ✱ 1923] **s. m.** **1** valore corrispondente; corrispettivo: *richiedere il c. delle fiches* **2** equivalenza di una somma di denaro in moneta estera

controvapóre [fr. *contre-vapeur* ✱ 1892] **s. m.** ● invio del vapore nei cilindri della locomotiva in senso contrario a quello normale per esercitare un'azione frenante

†**controvàre** [ant. fr. *controuver* 'immaginare', dal lat. tardo *contropāre* 'paragonare'. V. *trovare*① ✱ sec. XIII] **v. tr.** ● escogitare, inventare

controvelaccìno [comp. di *contro-* e *velaccino* ✱ 1930] **s. m.** ● (*mar.*) la vela quadra più alta all'albero di trinchetto

controvelàccio [comp. di *contro-* e *velaccio* ✱ 1819] **s. m.** ● (*mar.*) la vela quadra più alta all'albero di maestra

controveléno ➤ **contravveleno**

controventaménto [1983] **s. m.** ● (*archit.*) il controventare | il complesso delle membrature che servono a controventare

controventàre [da *controvento* ✱ 1930] **v. tr.** (*io controvènto*) ● (*archit.*) rafforzare con controventi

controvènto o **cóntro vènto**, (*lett.*) **contravvènto** [comp. di *contro-* e *vento* ✱ 1830] **A s. m.** **1** (*archit.*) membratura che assicura la resistenza di una costruzione alla pressione del vento o ad altre forze non verticali **2** (*mar.*) cavo di manovra fissa, che rinforza l'albero, il bompresso e sim. **B avv.** ● in direzione contraria a quella verso cui spira il vento: *navigare c.* | ***andare c.***, (*fig.*; *disus.*) andare controcorrente

controvèrsia [vc. dotta, lat. *controvĕrsia(m)*, da *controvĕrsus* 'controverso' ✱ 1261 ca.] **s. f.** **1** discussione, disputa, lite e sim. causata da un contrasto di opinioni: *è sorta una c.*; *sostenere una c.*; *comporre, troncare una c.*; *le picciole controversie delle private persone* (B. LATINI) **2** (*dir.*) conflitto di pretese oggetto di un processo | (*est.*) lite, giudizio: *c. in materia di lavoro* | vertenza: *c. sindacale* **3** (*letter.*) genere retorico, vivo nella letteratura latina classica e cristiana e nei trattatisti della Controriforma, basato su disquisizioni declamatorie, apologetiche o polemiche di casistica etica

SFUMATURE DI SIGNIFICATO

controversia - contesa - lite

Controversia è un contrasto di idee, di opinioni che si manifesta in una discussione, in una disputa. Se il contrasto assume toni accesi si può parlare di **contesa**, parola stilisticamente più elevata, ma che comprende anche l'idea di competizione, quindi di volontà di prevalere. La **lite** è un contrasto verbale violento, dove la differenza delle opinioni passa in secondo piano rispetto alla volontà di sopraffare e talora anche di offendere l'interlocutore.

SFUMATURE ➤ ***dissenso***

controversìsta [av. 1667] **s. m. e f.** (**pl. m.** *-i*) **1** chi esamina o discute controversie, spec. di diritto e teologia **2** (*est.*, *raro*) polemista

✦**controvèrso** [vc. dotta, lat. *controvĕrsu(m)*, comp. di *cŏntra* 'contro' e *vĕrsus*, part. pass. di *vĕrtere* 'volgere' ✱ 1426 ca.] **agg.** ● che è oggetto di controversia: *caso c.*; *causa controversa* | che è soggetto a diverse interpretazioni, che è molto discusso, che viene valutato in modi contrastanti: *dottrina, opera controversa*; *brano, passo c.*; *un caso c.* ‖ **controversaménte**, **avv.**

controvèrtere [vc. dotta, lat. tardo *controvĕrtere*, comp. di *cŏntra* 'contro' e *vĕrtere* 'volgere' ✱ av. 1647] **A v. tr.** (*io controvèrto*; **difett. usato quasi esclusivamente all'inf. pres., all'indic. pres. e all'imperf. congtv. per lo più sul modello di** *convertire* **secondo la 3ª coniug.**) ● (*raro*) mettere in dubbio, in discussione | (*est.*, *raro*) contendere, oppugnare **B v. intr.** (**aus.** *avere*) ● discutere spec. in un processo

controvertìbile [av. 1704] **agg.** ● (*raro*) che può essere oggetto di controversia, discussione, contrasto e sim.: *opinione, discorso c.* ‖ **controvertibilménte**, **avv.** ‖ **controvertibilità**, **s. f. inv.**

controvèrtice [comp. di *contro* e di *vertice* ✱ 1986] **s. m.** ● (*polit.*) riunione organizzata in alternativa o in polemica con un'altra riunione ad alto livello sullo stesso tema

controviàle [comp. di *contro-* e *viale* ✱ 1958] **s. m.** ● ognuno dei due viali più stretti che fiancheggiano un viale principale

✦**controvòglia** o **cóntro vòglia** [comp. di *contro-* e *voglia* ✱ av. 1332] **avv.** ● contro la propria volontà, il proprio desiderio, di malavoglia: *mangiare c.*; *partire c.* **SIN.** malvolentieri

contubernàle [vc. dotta, lat. *contubernā̆le(m)*, da *contubĕrnium* 'contubernio' ✱ av. 1292] **s. m.** **1** presso gli antichi Romani, soldato che alloggiava con altri nella medesima tenda **2** (*lett.*, *scherz.*) commilitone | compagno di stanza, di alloggio

contubèrnio [vc. dotta, lat. *contubĕrniu(m)*, comp. di *cŭm* 'con' e *tabĕrna* 'capanna'. V. *taverna* ✱ av. 1292] **s. m.** **1** tenda dei soldati romani | gruppo di dieci uomini in essa alloggiati **2** nel diritto romano, convivenza fra due schiavi o fra una persona libera e uno schiavo **3** (*est.*, *lett.*) concubinato

contumàce [vc. dotta, lat. *contumāce(m)*, di etim. incerta ✱ 1268] **A agg.** ● (*lett.*) disobbediente, ribelle: *c. a' costumi e modi della patria* (L.B. ALBERTI) | (*lett.*) ostinato, indocile **B s. m. e f.; anche agg.** ● (*dir.*) chi (o che), essendo parte di un processo civile o è imputato, si trova in una situazione di contumacia

contumàcia [vc. dotta, lat. *contumācia(m)*. V. *contumace* ✱ av. 1292] **s. f.** (**pl.** *-cie*, *raro*) **1** (*dir.*) situazione processuale di una parte di un processo civile non costituitasi in giudizio o dell'imputato non presentatosi al dibattimento senza addurre un legittimo impedimento: *dichiarazione di c.* **2** †ritardo, trascuratezza nel fare qlco.: *Sono in c. ... per l'occhiale non ancora mandato* (G. GALILEI) **3** †disobbedienza, ribellione | †ostinazione | †superbia **4** (*med.*) segregazione di persone per sospetta infezione epidemica, per un tempo indeterminato

SFUMATURE DI SIGNIFICATO

contumacia - latitanza - renitenza

Contumacia è la condizione giuridica di chi, imputato in un processo, non si presenta in giudizio. La **latitanza** è al contrario lo stato di chi si sottrae a un ordine di carcerazione o a un'altra disposizione limitativa della libertà personale. **Renitenza** identifica invece l'illecito commesso da chi si sottrae agli obblighi di leva o, genericamente, a un altro obbligo.

contumaciàle [1673] **agg.** **1** (*dir.*) di processo o giudizio che si svolge in contumacia di una parte o dell'imputato **2** (*med.*) di ospedale o campo in cui si ricoverano persone sospette di malattie contagiose

✦**contumèlia** [vc. dotta, lat. *contumĕlia(m)*, di etim. incerta ✱ 1288] **s. f.** ● ingiuria, villania: *coprire qlcu. di contumelie*

contumelióso (o **-ş-**) [vc. dotta, lat. *contumeliōsu(m)*, da *contumĕlia* 'contumelia' ✱ 1322] **agg.** ● (*lett.*) ingiurioso, oltraggioso: *ragioni teologiche non meritevoli di censura così contumeliosa* (P. SARPI) ‖ †**contumeliosaménte**, **avv.** vergognosamente

contundènte **part. pres.** di *contundere*; **anche agg.** **1** nei sign. del v. | (*fig.*, *lett.*) che fa male: *Un dolore sordo, c.* (L. PIRANDELLO) **2** *corpo c.*, qualunque mezzo usato per percuotere, che può produrre contusioni, lesioni

contùndere [vc. dotta, lat. *contŭndere*, comp. di *cŭm* 'con' e *tŭndere* 'percuotere' ✱ sec. XIV] **v. tr.** (**pass. rem.** *io contùşi, tu contundésti*; **part. pass.** *contùşo*) ● provocare contusioni: *si è contuso una spalla cadendo*

†**conturbaménto** [1310] **s. m.** ● grave turbamento

✦**conturbànte** **part. pres.** di *conturbare*; **anche agg.** **1** nei sign. del v. **2** che turba profondamente | che suscita turbamento e desiderio, spec. di tipo sensuale: *bellezza c.*; *sguardi conturbanti*

conturbàre [vc. dotta, lat. *conturbāre*, comp. di *cŭm* 'con' e *turbāre* 'turbare' ✱ 1268] **A v. tr.**

1 turbare, alterare profondamente: *lettura, spettacolo, capace di c. l'animo* **2** (*est., lett.*) danneggiare | (*lett.*) perturbare, sconvolgere: *quei che 'l mondo governa pur col ciglio, / che conturba et acqueta gli elementi* (F. PETRARCA) **B** **conturbàrsi** **v. intr. pron.** **1** (*lett.*) turbarsi, alterarsi: *gli animi delicati si conturbano per poco* **2** (*lett.*) †offuscarsi

conturbàto **part. pass.** di *conturbare*; anche **agg.** ● profondamente turbato ‖ **conturbataménte**, **avv.** (*raro*) in modo conturbato

†**conturbatóre** [vc. dotta, lat. tardo *conturbatōre(m)*, da *conturbāre* 'conturbare' * sec. XIII] **s. m.** (**f.** *-trice*); anche **agg.** ● chi (o che) conturba

†**conturbazióne** [vc. dotta, lat. *conturbatiōne(m)*, da *conturbāre* 'conturbare' * sec. XIV] **s. f.** ● turbamento profondo

contusióne [vc. dotta, lat. tardo *contusiōne(m)*, da *contūsus* 'contuso' * 1310] **s. f.** ● (*med.*) lesione traumatica senza lacerazione dell'epidermide, con formazione di ecchimosi o di ematoma

contusìvo [1821] **agg.** ● (*med.*) conseguente a una contusione: *trauma c.*

contùso **A** **part. pass.** di *contundere*; anche **agg.** ● nei sign. del v. **B** **s. m.** (**f.** *-a*) ● chi ha subito una contusione

contutóre [vc. dotta, lat. tardo *contutōre(m)*, nom. *contūtor*, comp. di *cŭm* 'con' e *tūtor* 'tutore' * 1858] **s. m.** (**f.** *-trice*) ● (*raro*) chi esercita una tutela insieme con altri

contuttoché o **con tùtto che** [comp. di *con, tutto* e *che*②* sec. XIII] **cong.** ● benché, sebbene, sebbene, per quanto (introduce una prop. concessiva con il v. al congtv. o all'indic.): *con tutto che fosse di rame, / pur el pareva dal dolor trafitto* (DANTE *Inf.* XXVII, 11-12); *con tutto che prima era in diverse parti ... abitata anticamente* (G. VILLANI)

con tùtto ciò o (*lett.*) **contuttociò**, (*lett., raro*) **con tuttociò** [comp. di *con, tutto e ciò* * sec. XIV] **loc. cong.** ● (con valore avversativo) tuttavia, nondimeno, nonostante ciò: *con tutto ciò, sarebbe un errore bocciare la sua proposta*; *Contuttociò non hai da pensare che io mi dolga di te* (G. LEOPARDI)

conurbazióne [ingl. *conurbation*, comp. del lat. *cŭm* 'con' e *ŭrbs*, genit. *ŭrbis* 'città' (V. *urbe*) * 1956] **s. f.** ● agglomerazione urbana costituita da una grande città e da centri minori periferici prima autonomi poi assorbiti dalla città in espansione

convalescènte [vc. dotta, lat. *convalescĕnte(m)*, part. pres. di *convalēscere* 'rinvigorire', comp. di *cŭm* 'con' e *valēscere* 'rinforzarsi' * av. 1561] **agg. e s. m. e f.** ● che (o chi) è in stato di convalescenza

convalescènza [vc. dotta, lat. tardo *convalescĕntia(m)*, da *convalēscere*. V. *convalescente* * 1268] **s. f.** ● stato di chi, guarito da una malattia, non è ancora tornato in perfetta salute | (*est.*) periodo di tempo che si trascorre in tale stato: *c. lunga, breve*; *entrare in c.*; *trascorrere la c. in montagna*; *durante la c. lesse molto*

convalescenziàrio [1942] **s. m.** ● casa di riposo e cura per convalescenti

convàlida [1938] **s. f.** **1** atto del convalidare | (*burocr.*) stampigliatura, timbro che annulla un biglietto valido per un mezzo pubblico **2** (*dir.*) conferma, ratifica della validità di un atto, documento e sim.: *c. di un atto*; *procedimento di c. del sequestro* | ***procedimento per c. di sfratto***, destinato a soddisfare la pretesa del locatore tendente alla riconsegna dell'immobile | (*est.*) riconferma, riprova

SFUMATURE DI SIGNIFICATO

convalida - ratifica

Nel linguaggio giuridico, l'atto con cui si riconosce e si rende definitivamente valido un provvedimento si definisce **convalida**; nell'uso corrente, in luogo di *convalida* si usa con una certa frequenza anche **ratifica**, sebbene il termine abbia significati differenti in diritto privato e in diritto internazionale.

convalidaménto [1647] **s. m.** ● (*burocr.*) convalida

convalidàre [lat. mediev. *convalidāre*, comp. parasintetico di *vălidus* 'valido' * av. 1540] **A** **v. tr.** (*io convàlido*) **1** (*dir.*) rendere definitivamente valido ed efficace da parte del soggetto competente: *c. un atto, un provvedimento amministrativo, un negozio giuridico* | ***c. il sequestro***, rendere definitivo, da parte dell'autorità giudiziaria, il provvedimento di sequestro già emanato | ***c. un gol, un punto***, confermarne la validità **2** (*est.*) confermare, avvalorare: *c. un dubbio, un sospetto* **B** **convalidàrsi** **v. intr. pron.** ● (*lett.*) rafforzarsi | (*lett.*) confermarsi

convalidazióne [av. 1556] **s. f.** ● (*raro*) convalida: *c. di un atto*; *procedimento di c.*

convallària [dal lat. tardo (*lilium*) *convăllium* 'giglio delle convalli' * 1865] **s. f.** ● (*bot.*) genere della famiglia Convallariacee comprendente piante erbacee rizomatose originarie dell'Europa e dell'Asia, alcune coltivate come ornamentali **CFR.** mughetto

Convallariàcee [comp. di *convallaria* e *-acee* * 1915] **s. f. pl.** (**sing.** *-a*) ● (*bot.*) famiglia di piante monocotiledoni erbacee e arboree, con foglie a venature parallele, piccoli fiori ermafroditi a vaso o a campana e frutto a bacca (*Convallariaceae*)

convàlle [vc. dotta, lat. *convălle(m)*, comp. di *cŭm* 'con' e *văllis* 'valle' * av. 1342] **s. f.** **1** (*geogr.*) valle che sbocca in un'altra **2** (*lett.*) valle spaziosa, vallata

†**convégna** [da *convegno* * 1258] **s. f.** ● accordo, patto

†**convegnènza** ➤ **convenienza**

convegnìsta [1942] **s. m. e f.** (**pl. m.** *-i*) ● chi prende parte a un convegno

convegnìstica [1986] **s. f.** ● insieme delle attività relative all'organizzazione dei convegni

convégno [lat. parl. **convĕniu(m)*, da *convenīre*. V. *convenire* * av. 1250] **s. m.** **1** (*lett.* o *raro*) incontro fra due o più persone a ora e in luogo stabiliti: *fissare un c.*; *mancare al c.*; *ella pensava ai prossimi convegni d'amore* (G. D'ANNUNZIO) | ***dare c. a qlcu.***, dargli appuntamento | ***darsi c.***, darsi appuntamento; (*est.*) riunirsi, incontrarsi **2** riunione appositamente fissata per discutere, fra esperti, problemi di carattere scientifico, tecnico, artistico e sim.: *un c. di stomatologia*; *un c. sulla letteratura del Settecento*; *organizzare un c.*; *intervenire a un c.* **3** (*raro, lett.*) luogo in cui avviene un convegno: *quella libreria è un c. di intellettuali* **4** †accordo, patto ‖ **convegnétto**, **dim.** | **convegnino**, **dim.** | **convegnóne**, **accr.**

convèllere [vc. dotta, lat. *convĕllere*, comp. di *cŭm* 'con' e *vĕllere* 'tirare' * av. 1698] **A** **v. tr.** (**coniug. come** *avellere*) ● (*lett.*) torcere (*anche fig.*) **B** **convèllersi** **v. intr. pron.** ● torcersi, incresparsi (*anche fig.*)

†**convenènte** **A** **part. pres.** di *convenire*; anche **agg.** ➤ **conveniente** **B** **s. m.** **1** circostanza, fatto **2** patto, condizione **3** ciò che è giusto, opportuno: *gli disse tutto il c. che si dee dire sopra sì fatta materia* (F. SACCHETTI)

†**convenènza** ➤ **convenienza**

convenévole o †**convenévile** [da *convenire* * 1261 ca.] **A** **agg.** **1** (*lett.*) conveniente, adeguato: un *matrimonio a lei c.* **2** (*raro, lett.*) adatto, opportuno, giusto: *veramente ... bella e c. comparazione* (DANTE) ‖ **convenevolménte**, **avv.** (*raro*) in modo convenevole **B** **s. m. solo sing.** ● (*lett.*) giustezza, convenienza, decoro | ***secondo il c.***, secondo le norme della buona educazione | ***oltre al, fuori del c.***, oltre misura, eccessivamente **C** **convenévoli** **s. m. pl.** ● espressioni o atti convenzionali di cortesia, ossequio e sim.: *fare i convenevoli con, a, qlcu.*; *scambiarsi i convenevoli*; *tralasciare i convenevoli*; *perdersi in convenevoli*

†**convenevolézza** [1268] **s. f.** **1** ciò che è opportuno, giusto: *oltre a ogni c. volle usar la forza* | decoro, compostezza **2** utilità, convenienza

conveniènte o †**convenènte** **part. pres.** di *convenire*; anche **agg.** **1** opportuno, adatto alle circostanze, appropriato: *comportarsi, parlare in modo c. alla situazione*; *veste in modo poco c. a una donna anziana* **2** che è vantaggioso dal punto di vista economico: *sistemazione c.*; *quell'affare non è c.* ‖ **convenienteménte**, **avv.**

SFUMATURE ➤ ***confacente***

conveniènza o †**convenènza**, †**convegnènza** [vc. dotta, lat. *convenĭentia(m)*, da *convenīre* 'convenire' * 1250 ca.] **s. f.** **1** (*raro, lett.*) corrispondenza di elementi, equilibrio, simmetria e sim.: *c. delle parti col tutto* **2** rispetto delle convenzioni sociali: *visita di c.* | (**al pl.**) l'insieme delle regole, delle norme di comportamento sociale: *imparare, sapere le convenienze*; *Siamo poveri, ma conosciamo le convenienze* (I. SILONE) **3** utilità, tornaconto, spec. di natura economica: *non trovare la propria c. in un affare* | ***matrimonio di c.***, fatto solo per interesse **SIN.** comodo, utile **4** †accordo | †patto

♦**convenìre** [lat. *convenīre* 'incontrarsi, essere d'accordo, confarsi', comp. di *cŭm* 'con' e *venīre* 'venire' * 1250 ca.] **A** **v. intr.** (**coniug. come** *venire*) **1** (aus. *essere*) riunirsi in uno stesso luogo provenendo da parti diverse: *i partecipanti al raduno convenivano da varie città* **2** (aus. *essere*) (*lett.*) confluire, convergere, detto di fiumi, strade e sim. **3** (aus. *avere*) concordare, consentire (+ *con*, + *che*, + *di* **seguito da inf.**): *c. con qlcu. sull'opportunità di un provvedimento*; *converrai che l'idea è veramente buona* | ammettere: *convengo di avere sbagliato* | ***ne convengo***, su ciò sono d'accordo, riconosco che ciò è esatto e sim. **4** (aus. *essere*) essere appropriato (+ *a*): *atteggiamento che non conviene alla situazione*; *nulla disdire al vero amor conviensi* (L. DE' MEDICI) **SIN.** addirsi, confarsi **5** (aus. *essere*) tornare utile, vantaggioso (+ *a*): *questo affare non mi conviene*; *ti conviene tacere* **B** **v. intr. impers.** (aus. *essere*) ● essere opportuno, necessario (+ **inf.**, + *che* **seguito da congtv.**): *conviene andarsene*; *conviene che tu lo faccia subito* **C** **v. tr.** **1** pattuire di comune accordo: *c. un prezzo* **SIN.** stabilire **2** (*dir.*) citare la controparte: *c. in giudizio un debitore moroso* **D** **convenìrsi** **v. intr. pron.** ● essere appropriato, adatto (+ *a*): *queste maniere non si convengono alle persone educate* **SIN.** addirsi, confarsi **E** **convenìrsi** **v. rifl.** ● †accordarsi: *con lei si convenne di doversi con lui di Roma fuggire* (G. BOCCACCIO)

†**conventàre**① [dal lat. *convĕntus* 'adunanza, convegno, comunità'. V. †*convento*② * av. 1294] **v. tr.** ● promettere

†**conventàre**② [da *convento*②, nel senso di 'riunione, collegio'; quindi propr. 'aggregare al collegio dei dottori' * av. 1306] **A** **v. tr.** ● conferire il titolo di dottore **B** **v. intr.** e †**conventàrsi** **v. intr. pron.** ● addottorarsi

conventìcola [lat. *conventĭculu(m)* 'riunione di persone', da *convenīre* 'convenire' * 1313] **s. f.** **1** (*lett.*) riunione segreta di poche persone, spec. per fini disonesti: *c. di ladri, di truffatori* **2** (*est., spreg.*) ristretto gruppo di persone che perseguono interessi di parte: *c. di letterati; tendono a diventare ... conventicole di 'profeti disarmati'* (A. GRAMSCI) **SIN.** chiesuola

†**conventìcolo** [1619] **s. m.** ● conventicola

convèntio ad excludèndum /lat. kon'ventsjo adekskluˈdendum/ [loc. lat., propr. 'accordo per escludere'] **loc. sost. f. inv.** (**pl. lat.** *conventiones ad excludendum*) ● accordo che tende a escludere un'organizzazione o una persona da organismi decisionali, formule di governo, ecc.

convèntion /kon'vɛnʃon, *ingl.* kən'vɛnʃən/ [vc. ingl., propr. 'convenzione' ✱ 1953] **s. f. inv.** **1** negli Stati Uniti, assemblea generale dei delegati di ciascun partito per eleggere il candidato alla presidenza **2** nel marketing, convegno di lavoro tra tutti gli addetti alla vendita, organizzato da un'azienda per il raggiungimento di determinati obiettivi di mercato **3** (*est.*) riunione, assemblea, convegno, incontro

♦**convènto** ① [lat. *convĕntu(m)* 'adunanza, riunione', da *convenīre* 'radunarsi' ✱ sec. XII] **s. m.** **1** edificio in cui vive una comunità di religiosi | (*est.*) insieme di religiosi, frati o suore, soggetti alla medesima regola, che vivono nello stesso edificio | ***entrare, chiudersi in c.***, prendere gli ordini religiosi | (*fig., scherz.*) ***accontentarsi di quel che passa il c.***, accontentarsi di quel che c'è, spec. da mangiare **2** †adunanza, assemblea ‖ **conventino**, **dim.** | **conventùccio**, **dim.**

†**convènto** ② [lat. *convĕntu(m)* 'accordo' ✱ sec. XIII] **s. m.** ● patto, convenzione

†**convènto** ③ [vc. dotta, lat. *convĕntu(m)* 'interstizio' ✱ av. 1537] **s. m.** ● commessura

†**convènto** ④ ➤ **convenuto** nel sign. A

conventuàle [da *convento* ① ✱ 1305] **A agg.** **1** di convento, appartenente a convento | ***minore c.***, frate dell'Ordine dei francescani conventuali, che furono separati dagli Osservanti nel XVI sec. **2** (*est.*) spoglio: *austerità c.* ‖ **conventualità**, **s. f. inv.** **B s. m.** ● (*raro*) frate **C s. f.** ● suora

convenùto o †**convènto** ④ **A part. pass.** di *convenire*; **anche agg.** **1** riunito in uno stesso luogo **2** concordato **3** (*dir.*) citato in giudizio **B s. m.** **1** (**solo sing.**) ciò che è stato stabilito di comune accordo: *giunse un'ora prima del c.* | ***secondo il c.***, secondo i patti, gli accordi **2** (**f.** *-a*) (*dir.*) persona citata in giudizio: *l'attore e il c.* **3** (**f.** *-a*) (**spec. al pl.**) chi partecipa a una riunione, un convegno e sim. insieme con altri: *l'oratore ringraziò i convenuti*

convenzionàle [vc. dotta, lat. tardo *conventiōnāle(m)*, da *convĕntio*, genit. *conventiōnis* 'convenzione'; nel sign. B, dal fr. *conventionnel* ✱ av. 1565] **A agg.** **1** stabilito per accordo tra le parti: *anzianità c. del prestatore di lavoro; interessi convenzionali* **2** che è conforme a un'intesa specifica: *codice c.; saluto c.* | che ha solo un significato pratico, contingente: *dare a un simbolo un valore c.* **3** (*spreg.*) che segue passivamente e senza originalità gli usi più tradizionali o le idee più correnti: *discorso, atto c.; forma d'arte c.* **SIN.** banale | che è fatto per puro rispetto delle convenzioni formali: *un breve discorso di benvenuto del tutto c.* **4** usuale, tradizionale: *armi convenzionali e armi atomiche* ‖ **convenzionalménte**, **avv.** ‖ **convenzionalità**, **s. f. inv.** **B s. m.** ● (*stor.*) membro della Convenzione nazionale francese

SFUMATURE DI SIGNIFICATO
convenzionale - oleografico - conformista
Il termine **convenzionale** descrive chi o ciò che segue passivamente, senza spirito critico, gli usi più tradizionali e diffusi. **Oleografico**, usato in senso figurato, indica un'immagine, una descrizione priva di originalità e stereotipata e ha una sfumatura decisamente spregiativa. **Conformista** sottolinea il carattere debole e la scarsa personalità di chi si adegua agli usi e alle idee prevalenti.
SFUMATURE ➤ ***comune*** ①

convenzionalìsmo [1858] **s. m.** **1** atteggiamento o complesso di atteggiamenti conformistici: *al di fuori del c. accademico* (G. CARDUCCI) | opinione accolta in modo conformistico **2** (*filos.*) teoria epistemologica secondo la quale tutti i princìpi e le leggi scientifiche hanno natura convenzionale, non oggettiva

convenzionalìsta [1956] **s. m. e f.; anche agg.** (**pl. m.** *-i*) **1** (*raro*) conformista **2** (*filos.*) seguace del convenzionalismo

convenzionàre [da *convenzione* ✱ sec. XIV] **A v. tr.** (*io convenzióno*) ● stabilire, regolare qlco. mediante convenzione **B convenzionàrsi v. rifl.** **1** accordarsi mediante convenzione, spec. su prestazioni mediche, assistenziali e sim.: *la clinica si è convenzionata con il Servizio Sanitario Nazionale* **2** †accordarsi

convenzionàto **part. pass.** di *convenzionare*; **anche agg.** ● stabilito in base a una convenzione: *prezzo c.* | che opera o fornisce un servizio sulla base di una convenzione: *medico c.; clinica convenzionata*

♦**convenzióne** [vc. dotta, lat. *conventiōne(m)*, da *convenīre* 'convenire'; nel sign. 3, dall'ingl. *convention*, passato poi anche in fr. ✱ 1288] **s. f.** **1** contratto, accordo | †***essere in c.***, essere legato da un accordo e sim.: *con i quali io sono in c. su questa cosa* (N. MACHIAVELLI) | nel diritto internazionale, accordo fra più Stati su questioni di comune interesse: *c. internazionale contro le scorie tossiche* | ***Convenzioni di Ginevra***, serie di accordi internazionali stipulati a Ginevra a partire dal 1864, riguardanti la difesa dei diritti umani, il trattamento dei prigionieri di guerra e altre questioni di diritto internazionale | documento che sancisce tale accordo: *ratificare, firmare una c.* **SIN.** patto, trattato **2** intesa generale per la quale, in casi di arbitrarietà, si stabilisce di attribuire a un dato fenomeno o complesso di fenomeni determinate caratteristiche: *fissare, stabilire, qlco. per c.; per c. si stabilisce il verso positivo della corrente elettrica* **3** †convegno, riunione: *nel cospetto de' re ... nelle piazze, ne' templi, nelle convenzioni e adunanze de' popoli* (G. BOCCACCIO) | (*stor.*) assemblea, spec. politica o legislativa | ***C. nazionale francese***, (*ellitt.*) ***la C.***, assemblea legislativa francese durata dal 1792 al 1795 | (*polit.*) negli Stati Uniti, il congresso durante il quale i partiti eleggono il loro candidato alla presidenza federale: *C. democratica, repubblicana* **4** (**spec. al pl.**) complesso di schemi, regole tradizionali, consuetudini, spesso intese come contrastanti con l'originalità individuale: *infrangere le convenzioni; essere schiavo delle convenzioni; opporsi alle convenzioni letterarie*
SFUMATURE ➤ ***costume***

convergènte **part. pres.** di *convergere*; **anche agg.** **1** che converge | (*fig.*) che tende a un medesimo fine: *critiche, interessi convergenti* **2** (*mat.*) detto di variabile ordinata che ammetta limite finito | (*biol.*) detto di carattere anatomico risultante da un processo di convergenza

convergènza [fr. *convergence*, da *convergent* 'convergente' ✱ 1632] **s. f.** **1** il convergere | tendenza a dirigersi verso un unico punto o (*fig.*) verso un medesimo fine: *c. di linee; c. di propositi; c. politica* **2** fusione in un unico dispositivo digitale (per es. computer, televisore o smartphone) delle funzioni tradizionalmente svolte da dispositivi diversi | (*inform.*) conversione a un unico sistema, linguaggio di programmazione o formato **3** (*mat.*) proprietà di ciò che converge **4** (*autom.*) assetto leggermente convergente delle ruote anteriori di un autoveicolo che ha lo scopo di compensare la tendenza alla divergenza delle ruote stesse durante la marcia **5** (*geogr.*) fenomeno che si presenta dove masse d'aria si incontrano | ***c. intertropicale***, zona di incontro fra correnti d'aria provenienti dai tropici | zona dove vengono a contatto masse marine con origine e caratteristiche fisiche diverse **6** (*geol.*) avvicinamento reciproco di due zolle crostali **7** (*fis.*) inverso della distanza focale, in una lente: *rapporto di c.* **8** (*biol.*) parallelismo morfologico

convèrgere [vc. dotta, lat. tardo *convĕrgere*, comp. di *cŭm* 'con' e *vĕrgere* 'volgersi' ✱ 1765] **A v. intr.** (**pres.** *io convèrgo, tu convèrgi*; **pass. rem.** *io convèrsi, raro convergéi, tu convergésti*; **part. pass.** *convèrso* ①, raro; **raro nei tempi comp.; aus.** *essere*) **1** dirigersi insieme verso uno stesso punto, partendo da punti diversi: *le due strade convergono* **CONTR.** divergere **2** (*mat.*) approssimarsi di una successione al limite | dirigersi, di più rette o segmenti, a un punto **3** (*fig.*) tendere verso un medesimo fine: *le nostre idee convergono* **B v. tr.** ● (*lett., spec. fig.*) dirigere, indirizzare

convèrsa ① [f. di *converso* ③ ✱ 1305] **s. f.** ● laica che provvede a servizi e lavori manuali in un convento, vestendo l'abito religioso senza aver preso i voti

convèrsa ② [da *convergere* ✱ 1305] **s. f.** ● (*edil.*) canale gener. in lamiera che, su una linea di compluvio del tetto, raccoglie l'acqua piovana portandola alle grondaie

conversàre ① [vc. dotta, lat. *conversāri* 'frequentare qualcuno', comp. di *cŭm* 'con' e *versāri* 'aggirarsi' ✱ 1261 ca.] **A v. intr.** (*io convèrso*; **aus.** *avere*) **1** trattenersi a discorrere con una o più persone, trattando argomenti vari, gener. in tono disteso e tranquillo: *c. di argomenti piacevoli; c. con qlcu.; una persona che sa c.* **SIN.** chiacchierare, discorrere, parlare **2** †praticare, aver rapporti | †vivere insieme **B v. tr.** ● †praticare, frequentare una persona o un luogo

SFUMATURE DI SIGNIFICATO
conversare - intrattenersi - chiacchierare - ragionare
Parlare con qualcuno di argomenti vari, in tono disteso e tranquillo si dice **conversare. Intrattenersi** ha lo stesso significato, ma aggiunge una sfumatura relativa al piacere di soffermarsi, al gusto di parlare. **Chiacchierare** è invece *conversare* di argomenti leggeri se non futili; in altra accezione indica il fare pettegolezzi. Se gli argomenti della conversazione sono di qualche rilevanza è appropriato l'uso di **ragionare**, che suggerisce un argomentare ordinato, condotto con rigore logico.
SFUMATURE ➤ ***parlare*** ①, ➤ ***discutere***

conversàre ② [da *conversare* ① ✱ 1261 ca.] **s. m.** ● (*lett.*; **spec. al pl.**) conversazione: *intorno a quella fontana, le vaghe fanciulle ... stanno a lungo ... in conversari* (I. NIEVO)

conversatóre [sec. XIV] **s. m.** (**f.** *-trice*) ● chi conversa, spec. in modo piacevole e garbato: *un brillante c.; un c. da salotto*

conversazionàle [da *conversazione*, sul modello dell'ingl. *conversational* ✱ av. 1963] **agg.** **1** tipico della conversazione: *stile c.* **SIN.** colloquiale **2** (*inform.*) detto di modo di funzionamento di un elaboratore in cui avviene una sequenza di domande e di risposte fra un utente e l'elaboratore stesso, in maniera simile a un dialogo fra due persone **SIN.** interattivo ‖ **conversazionalità** **s. f. inv.**

♦**conversazióne** [vc. dotta, lat. *conversatiō-*

C

ne(m), da *conversāri*. V. *conversare*① ✱ av. 1292] **s. f. 1** colloquio, dialogo amichevole e dal tono disteso tra due o più persone: *amare la c.*; *partecipare alla c.*; *essere escluso dalla c.*; *c. brillante, monotona, noiosa, frivola*; *la c. langue* SIN. chiacchierata | comunicazione telefonica: *c. urbana, interurbana* **2** (*raro, lett.*) compagnia, circolo di persone che si riuniscono abitualmente: *La sua c. favorita è composta di alcuni… buffoni* (G. LEOPARDI) | ***tenere c.***, ricevere gente, tenere salotto **3** breve discorso di argomento scientifico, letterario o di attualità: *tenere una serie di conversazioni sulla poesia moderna* **4** †comportamento **5** †familiarità, dimestichezza **6** †comunità, regola monastica ‖ **conversazioncèlla**, **dim.** | **conversazioncìna**, **dim.**

conversévole [av. 1328] **agg. 1** (*lett.*) che ama conversare, stare in compagnia **2** (*lett.*) che ha uno stile piano, colloquiale: *un così poco oratorio e così c. poeta come fu Ludovico Ariosto* (B. CROCE) ‖ **conversevolménte**, **avv.** (*lett.*) in modo conversevole

convèrsi ➤ **convergere**, **convertire**

conversióne [vc. dotta, lat. *conversiōne(m)*, da *convĕrtere* 'rivoltare, convertire' ✱ av. 1294] **s. f. 1** trasformazione, cambiamento di stato: *c. di un decreto in legge*; *c. di una scuola privata in scuola pubblica*; *c. dell'energia elettrica* | ***c. boschiva***, trasformazione del ceduo in ceduo composto o di questo in fustaia | ***c. del debito pubblico***, operazione finanziaria di modifica delle caratteristiche di un debito pubblico | (*dir.*) ***c. di un decreto in legge***, approvazione del Parlamento dell'atto emanato dal Governo | ***c. del negozio giuridico***, il trarre da un negozio nullo, utilizzandone gli elementi rilevanti, un nuovo negozio valido, senza ulteriori manifestazioni di volontà | ***c. dell'atto pubblico***, possibilità di far valere come scrittura privata un atto pubblico invalido | ***c. del pignoramento***, sostituzione, stabilita dal giudice dell'esecuzione su istanza del debitore, delle cose pignorate con una somma di denaro | ***c. di obbligazioni***, sostituzione di obbligazioni emesse da una società con azioni della società stessa **2** (*fig.*) cambiamento radicale di idee, opinione politica o, spec., fede religiosa e sim.: *c. improvvisa, meditata*; *c. letteraria, politica, religiosa*; *c. al cattolicesimo*; *la c. di San Paolo*; *la c. dell'Innominato nei Promessi Sposi* **3** (*filos.*) in logica, operazione che consente di ricavare da una proposizione un'altra proposizione mediante una semplice inversione dei termini **4** (*psicoan.*) processo per cui nel paziente al posto di un conflitto si genera un sintomo fisico **5** complesso dei calcoli e delle operazioni necessarie per passare da un sistema di riferimento a un altro | (*inform.*) trasferimento di dati da un sistema, un linguaggio o un formato a un altro **6** (*mar.*) complesso dei calcoli necessari per convertire la prua vera in prua alla bussola **7** movimento che uno schieramento di soldati, atleti e sim. compie facendo perno su uno dei suoi estremi d'ala per cambiare fronte o direzione di marcia senza mutare formazione | ***c. a U***, inversione del senso di marcia compiuta alla guida di un autoveicolo **8** (*astron.*) †rotazione | †rivoluzione

†**conversìvo** [av. 1600] **agg.** ● reciproco, equivalente

convèrso① **part. pass.** di *convergere*; anche **agg.** ● (*raro*) nei sign. del v.

convèrso② **part. pass.** di *convertire*; anche **agg. 1** (*lett., raro*) rivolto: *et lei conversa indietro veggio* (F. PETRARCA) **2** (*lett.*) mutato, trasformato **3** †opposto, contrario | ***per c., di c.***, al contrario | ***e c.***, (*lett.*) viceversa

convèrso③ [così detto perché in orig. era un convertito; cfr. *converso*② ✱ 1313] **s. m.** (**f.** *-a* (V.)) ● laico che provvede a servizi e lavori manuali in un convento, vestendo l'abito religioso senza avere preso i voti

convertèndo [da *convertire* ✱ 2003] **s. m.** ● (*econ.*) credito di una banca nei confronti di una società quotata in borsa che può o deve essere convertito in azioni se non rimborsato

†**convertènza** [vc. dotta, lat. tardo *convertĕntia(m)*, da *convĕrtere* 'convertire' ✱ av. 1565] **s. f.** ● (*ling.*) correlazione

†**convèrtere** [sec. XIV] **v. tr.** e †**convèrtersi** **v. rifl.** e **intr. pron.** ● convertire, convertirsi

convertìbile [vc. dotta, lat. tardo *convertĭbile(m)*, da *convĕrtere* 'convertire' ✱ 1282] **A agg.** ● che si può convertire: *energia c.* | ***aereo c.***, che può acquisire caratteristiche architettoniche e funzionali proprie di altri aerei | ***automobile c.***, munita di capote | (*econ.*) ***obbligazione c.***, titolo obbligazionario che conferisce al possessore il diritto di convertirlo in un'azione della società emittente o di altra società | ***valuta c.***, valuta che in passato poteva liberamente convertirsi in metallo prezioso ma che oggi può convertirsi soltanto in altra valuta ‖ **convertibilménte**, **avv.** ‖ **convertibilità**, **s. f. inv.** (V.) **B s. f.** ● automobile convertibile SIN. cabriolet **C s. m.** ● aereo convertibile SIN. convertiplano

convertibilità [vc. dotta, lat. tardo *convertibilitāte(m)*, da *convĕrtere* 'convertire' ✱ 1745] **s. f. inv. 1** caratteristica di ciò che è convertibile **2** (*econ.*) possibilità di convertire in oro i biglietti circolanti in un paese, secondo un determinato rapporto fissato per legge | possibilità di trasformare liberamente una moneta in altra moneta

convertiplàno [comp. di *converti(bile)* e *(aero)plano* ✱ 1956] **s. m.** ● velivolo in grado di decollare o atterrare verticalmente come un elicottero e di spostarsi in volo orizzontale alla velocità di un aeroplano CFR. eliplano

convertìre [lat. *convĕrtere* 'rivolgere, mutare', poi 'convertire', comp. di *cŭm* 'con' e *vĕrtere* 'volgere' ✱ av. 1250] **A v. tr.** (**pres.** *io convèrto*, †*convertìsco*; **pass. rem.** *io convertìi* o **lett.** *convèrsi*; **part. pass.** *convertìto*, **lett.** *convèrso*) **1** (*raro, lett.*) volgere, dirigere: *talor converse / la non cieca Fortuna a te il suo viso* (G. PARINI) **2** trasformare, tramutare, far passare da uno stato a un altro (*anche fig.*): *c. un decreto in legge, il vapore in acqua*; *c. il pianto in riso*; *c. la cartamoneta in oro*; *c. energia idraulica in energia elettrica* | ***c. una moneta***, scambiarla con altra estera, secondo il corso del cambio | ***c. un'obbligazione***, mutarne la prestazione **3** (*metall.*) trasformare un prodotto metallurgico in un altro, mediante convertitori **4** effettuare la conversione di dati, misure e sim. in relazione al cambiamento del sistema di riferimento adottato: *c. piedi in metri* | (*mar.*) effettuare una conversione **5** (*fig.*) convincere qlcu. a cambiare radicalmente idea, opinione politica, fede religiosa e sim.: *c. qlcu. al bene, al socialismo, al cristianesimo* **6** †indurre, persuadere **B convertìrsi** **v. rifl. 1** passare da una religione a un'altra: *convertirsi al cristianesimo* | abbracciare una fede religiosa | (*est.*) cambiare idee, opinione politica e sim.: *convertirsi ai principi del liberalismo* **2** †volgersi, dirigersi **C convertìrsi** **v. intr. pron.** ● trasformarsi, passare da uno stato a un altro (*anche fig.*): *le nuvole si convertirono in pioggia*; *talvolta l'amore si converte in odio*

convertìto **A part. pass.** di *convertire*; anche **agg.** ● nei sign. del v. **B s. m.** (**f.** *-a*) ● chi ha cambiato idee, convinzioni politiche, fede religiosa, e sim.

convertitóre [sec. XIII] **s. m. 1** (**f.** *-trice*) chi converte **2** ogni apparecchio che esegue operazioni di conversione: *c. di frequenza*; *c. di codice*; *c. di valuta* | (*metall.*) grosso recipiente di lamiera rivestito internamente di refrattari, che converte la ghisa fusa, proveniente dall'altoforno, in acciaio | ***c. Bessemer***, a rivestimento acido | ***c. Thomas***, a rivestimento basico **3** (*elettr.*) dispositivo per la conversione di un segnale elettromagnetico: *c. di corrente alternata in corrente continua* | (*tv*) dispositivo collegato all'illuminatore di una parabola che converte i segnali televisivi ad alta frequenza prima di inviarli al ricevitore **4** (*inform.*) macchina o dispositivo che permette la conversione dei supporti o dei codici | ***c. analogico-digitale***, quello che in entrata e in uscita da un elaboratore elettronico traduce grandezze fisiche continue in grandezze numeriche, e viceversa | ***c. di codice***, transcodificatore **5** (*mecc.*) ***c. di coppia***, congegno idraulico, composto di una pompa rotativa e di una turbina, che in certi autoveicoli fa le veci della frizione e trasmette all'albero di trasmissione la potenza del motore

convertitrìce [1941] **s. f.** ● macchina rotante che riceve corrente elettrica alternata, trasformandola in corrente elettrica continua

convessità [vc. dotta, lat. *convexitāte(m)*, da *convĕxus* 'convesso' ✱ av. 1519] **s. f. inv.** ● caratteristica di ciò che è convesso | parte convessa

convèsso [vc. dotta, lat. *convĕxu(m)*, di etim. incerta ✱ 1340] **A agg. 1** che è piegato ad arco verso l'esterno, detto di linea, superficie, corpo e sim.: *specchio c.*; *fronte convessa* CONTR. concavo **2** (*mat.*) attributo di figura piana o solida tale che il segmento congiungente due suoi punti qualsiasi appartiene sempre interamente alla figura | detto di un sottoinsieme di uno spazio metrico che, per ogni coppia di suoi punti, contiene almeno un punto che si trova fra essi | detto di un angolo minore dell'angolo piatto **B s. m.** ● (*raro, lett.*) parte convessa

convettìvo [dal lat. *convĕctus*, part. pass. di *convĕhere* 'trasportare', comp. di *cŭm* 'con' e *vĕhere* 'portare' (V. *vettura*) ✱ 1956] **agg. 1** (*fis.*) relativo alla convezione: *moto c.*; *correnti convettive* **2** (*meteor.*) che ha un moto o uno sviluppo verticale: *nubi convettive* ‖ **convettività**, **s. f. inv.**

convettóre [dal lat. *convĕctus*. V. *convettivo* ✱ 1950] **s. m.** ● apparecchio per il riscaldamento ad aria calda, azionato spec. da energia elettrica

convezióne [vc. dotta, lat. tardo *convectiōne(m)*, da *convĕhere* 'trasportare', comp. di *cŭm* 'con' e *vĕhere* 'portare' ✱ 1889] **s. f.** ● (*fis.*) modo di propagazione del calore nei fluidi per spostamento delle loro particelle

convicìno [comp. di *con-* e *vicino* ✱ 1321] **agg. e s. m.** (**f.** *-a*) ● (*disus.*) confinante, circostante

convincènte **part. pres.** di *convincere*; anche **agg.** ● che convince, che riesce a convincere: *un argomento c.*; *una scusa non c.*; *un'esecuzione musicale, una vittoria c.* ‖ **convincenteménte**, **avv.** (*raro*) in modo convincente

♦**convìncere** [vc. dotta, lat. *convĭncere*, comp. di *cŭm* 'con' e *vĭncere* 'vincere' ✱ 1288] **A v. tr.** (**coniug. come** *vincere*) **1** indurre con la forza del ragionamento o la validità degli argomenti a riconoscere, accettare, ammettere e sim. qlco., eliminando ogni possibilità di dubbio (+ *di*; + *che*): *c. qlcu. dei propri errori*; *mi ha convinto su un punto importante*; *lo convinse che non c'era più niente da fare*; *prove, dimostrazioni che convincono* | persuadere a fare o a non fare qlco. (+ *a* **seguito da inf.**): *l'ho convinto a rimandare la partenza*; *i cattivi compagni lo convinsero a rubare* **2** (*lett.*) dimostrare con prove inoppugnabili la colpevolezza di qlcu.: *fu convinto* *di tradimento* **B** **convincersi** **v. rifl.** • acquistare certezza, liberandosi da dubbi o da precedenti opinioni (+ *di*, **anche seguito da inf.**, + *a* **seguito da inf.**, + *che*): *convincersi della sincerità di qlcu.*; *convincersi di aver torto*; *si convinse di essere stato ingannato*; *si convinsero a partire*; *ci siamo convinti che avete ragione* **SIN.** persuadersi

convincìbile [vc. dotta, lat. tardo *convincĭbile(m)*, da *convĭncere* 'convincere' ✱ 1865] **agg.** • (*raro*) che si può convincere ‖ **convincibilità**, **s. f. inv.**

convinciménto [sec. XIV] **s. m.** **1** il convincere | persuasione: *fare opera di c.* **2** convinzione, opinione accettata: *un fermo c.* | (*dir.*) ***principio del libero c. del giudice***, per cui l'organo giudiziario può liberamente valutare le prove assunte nel processo, eccettuate quelle legali

♦**convìnto** **part. pass.** di *convincere*; **anche agg.** **1** che crede fermamente nelle sue idee: *è un c. rinnovatore* **2** (*lett.*) ***reo c.***, la cui colpevolezza è stata dimostrata: *Agide è reo c. di maestade lesa* (V. ALFIERI) ‖ **convintaménte**, **avv.** con convinzione

convinzióne [vc. dotta, lat. tardo *convinctiōne(m)*, da *convĭncere* 'convincere' ✱ av. 1578] **s. f.** **1** il convincere, il convincersi: *avere una grande capacità di c.*; *fare opera di c. su qlcu.* **SIN.** persuasione | condizione di chi è convinto di qlco.: *ascoltare con c.*; *parlare, studiare senza c.* | salda certezza: *questa è la mia precisa c.* **2** (**spec. al pl.**) opinione, principio e sim., acquisiti dopo maturo esame e di cui si è pienamente convinti: *convinzioni politiche, religiose, morali*; *alla politica senza idee, risponde la vita senza convinzioni* (G. CARDUCCI)

convissùto **part. pass.** di *convivere* • nei sign. del v.

†**convitàre** ① [fr. *coveitier* (fr. moderno *convoiter*), dal lat. parl. **cupidietare*, da *cŭpidus* 'cupido' ✱ av. 1348] **v. tr.** • desiderare

convitàre ② [lat. parl. **convitāre*, nato dalla sovrapposizione di *invitāre* 'invitare' a *convivium* 'convito' ✱ sec. XII] **A** **v. tr.** • (*lett.*) chiamare a convito | (*est.*, *lett.*) invitare: *tutte le brigate pescaresi ... lo chiamavano e convitavano* (G. D'ANNUNZIO) **B** **v. intr.** • †banchettare

convitàto [propr., part. pass. di *convitare*② ✱ 1308] **s. m.** (**f.** *-a*) • chi è invitato e interviene a un convito: *i convitati erano numerosi* **SIN.** commensale | (*fig.*) ***c. di pietra***, presenza silenziosa e incombente, che evoca qualcuno o qualcosa che tutti conoscono ma di cui non si parla (con riferimento alla statua sepolcrale che compare come personaggio nel *Don Giovanni* di W. A. Mozart)

convìto [da *convitare*② ✱ 1241] **s. m.** • (*lett.*) pranzo solenne a cui sono invitate più persone: *partecipare a un c.*; *stare a c.*; *sala del c.* | (*lett.*) insieme dei convitati

convìtto [vc. dotta, lat. *convīctu(m)*, da *convīvere* 'convivere' ✱ 1542] **s. m.** **1** istituto d'istruzione e di educazione per giovani in cui si provvede anche al loro mantenimento e alloggio: *c. maschile, femminile*; *stare in c.* | (*est.*) l'insieme dei convittori: *il c. uscì per la passeggiata* **SIN.** collegio **2** †convivenza | ***c. umano***, la società umana

convittóre [vc. dotta, lat. *convictōre(m)*, da *convīvere* 'convivere' ✱ sec. XIV] **s. m.** (**f.** *-trice*) **1** chi vive in un convitto **2** †chi vive insieme con altri

convìva [vc. dotta, lat. *convīva(m)*, da *convīvere* 'convivere' ✱ av. 1459] **s. m.** (**pl.** *-i*) • (*lett.*) convitato, commensale

convivàle ➤ **conviviale**

†**convivàre** [vc. dotta, lat. *convivāri*, da *convīva* 'conviva' ✱ sec. XIII] **v. intr.** • banchettare

convivènte **A** **part. pres.** di *convivere*; **anche agg.** • nei sign. del v. **B** **s. m. e f.** • chi convive con altri **CFR.** concubino

convivènza [1660] **s. f.** **1** il fatto, la condizione di convivere; coabitazione di una coppia non sposata: *c. domestica, legittima, illecita*; *rapporti di c.* **CFR.** concubinato **2** complesso di persone conviventi | ***c. sociale, civile, umana***, la società umana **3** (*fig.*) coesistenza

convìvere [vc. dotta, lat. *convīvere*, comp. di *cŭm* 'con' e *vīvere* 'vivere' ✱ 1308] **v. intr.** (**fut.** *io convivrò* o *convivерò*; **condiz. pres.** *io convivrèi* o *conviverèi*; **nelle altre forme coniug. come** *vivere*; **aus.** *essere* o *avere*) **1** vivere abitualmente insieme con altri: *i figli convivono con la famiglia* | coabitare, far vita comune, detto spec. di una coppia non sposata **2** (*fig.*) coesistere: *una società in cui convivono diverse culture*

♣**conviviàle** o (*lett.*) **convivàle** [vc. dotta, lat. *conviviāle(m)*, da *convīvium* 'convivio' ✱ 1438] **agg.** • relativo a un convito, a un banchetto: *allegria, discorso, canzone c.* | ***poesia c.***, cantata, recitata nei conviti o che a essi si ispira | (*est.*) allegro, spensierato: *atmosfera c.* ‖ **convivialménte**, **avv.** ‖ **convivialità**, **s. f. inv.** caratteristica di ciò che è conviviale; disponibilità a dividere con altri il piacere della tavola

♣**convìvio** [vc. dotta, lat. *convīviu(m)*, da *convīva* 'conviva' ✱ 1308] **s. m.** • (*lett.*) convito, banchetto (**anche fig.**): *ne' superbi / convivii ognaltro avanzerai per fama* (G. PARINI); *c. di scienza, di filosofia*

†**convìzio** [vc. dotta, lat. *convīciu(m)* 'clamore, baccano' di etim. incerta ✱ av. 1396] **s. m.** • ingiuria

†**convocaménto** [av. 1667] **s. m.** • convocazione

convocàre [vc. dotta, lat. *convocāre*, comp. di *cŭm* 'con' e *vocāre* 'chiamare' ✱ 1282] **A** **v. tr.** (*io cònvoco, tu cònvochi*) **1** invitare a riunirsi gli appartenenti a un organo legislativo, politico, amministrativo e sim.: *c. il Parlamento, un'adunanza, un'assemblea* **SIN.** chiamare, radunare, riunire **2** (*est.*) invitare ufficialmente a presentarsi a un colloquio: *il giudice ha convocato le parti* | chiamare a una riunione, a un raduno e sim.: *il professore convocò gli alunni*; *gli atleti furono convocati per l'allenamento* **3** †chiamare in aiuto, in soccorso **B** **convocàrsi** **v. rifl.** • riunirsi ufficialmente, detto di appartenenti a un organo collegiale

convocàto **A** **part. pass.** di *convocare*; **anche agg.** • nei sign. del v. **B** **s. m.** (**f.** *-a*) • chi è stato oggetto di convocazione: *i convocati per la nazionale di calcio*

convocatóre [vc. dotta, lat. tardo *convocatōre(m)*, da *convocāre* 'convocare' ✱ 1657] **s. m.** (**f.** *-trice*); **anche agg.** • chi (o che) convoca

convocazióne [vc. dotta, lat. *convocatiōne(m)*, da *convocāre* 'convocare' ✱ 1303 ca.] **s. f.** **1** il convocare: *la c. di un'assemblea, dei professori* | invito a una riunione: *accettare una c.*; *rispondere a una c.* | la riunione stessa: *la c. avrà luogo oggi* **2** (*sport*) invito a un atleta di presentarsi a un luogo di raduno **3** riunione dei componenti un organo collegiale, per deliberare su un ordine del giorno: *prima, seconda c.*

convogliàre o †**convoiàre** [fr. *convoyer*, dal lat. parl. **conviāre* 'fare la strada con qualcuno', comp. di *cŭm* 'con' e *vĭa* 'strada' ✱ sec. XIII] **v. tr.** (*io convòglio*) **1** †accompagnare a scopo protettivo o a titolo d'onore **SIN.** scortare **2** riunire e dirigere verso un dato luogo: *c. il traffico sulle tangenziali*; *c. i profughi verso i centri di accoglienza* | (*fig.*) far convergere, concentrare: *c. le proprie energie, i propri sforzi verso un obiettivo* **3** trascinare, trasportare con sé: *il fiume convoglia nel mare gli scarichi urbani, industriali e agricoli*

convogliatóre [1925] **s. m.** • meccanismo costituito da rulli ruotanti per il trasporto su piccole distanze di bagagli, casse, contenitori ecc.

convòglio o †**convòio** [fr. *convoi*, da *convoyer* 'convogliare' ✱ 1604] **s. m.** **1** (*disus.*) scorta **2** gruppo di veicoli, natanti o mezzi di trasporto in genere che procedono insieme, spec. incolonnati, verso lo stesso luogo: *un c. di automezzi militari, di navi mercantili*; *chiedere un c. di scorta* | (*lett.*) ***c. funebre***, corteo funebre | (*est.*) treno: *un c. di molti vagoni* **3** (*est.*) gruppo di persone che vengono condotte verso un dato luogo: *un c. di prigionieri*

†**convoiàre** e deriv. ➤ **convogliare** e deriv.

convolàre [vc dotta, lat. *convolāre*, comp. di *cŭm* 'con' e *volāre* 'volare' ✱ 1475] **v. intr.** (*io convólo*; **aus.** *essere*) **1** †accorrere celermente insieme **2** nella loc. ***c. a nozze, c. a giuste nozze***, sposarsi

convòlgere o †**convòlvere** [comp. di *con-* e *volgere* ✱ sec. XIII] **A** **v. tr.** (**coniug. come** *volgere*) • (*raro*, *lett.*) avvolgere, avvoltolare: *convoltolo per lo fango, tutti i panni ... gli stracciò* (G. BOCCACCIO) **B** **convòlgersi** **v. rifl.** • (*raro*, *lett.*) avvoltolarsi, contorcersi

†**convolùbile** [comp. di *con-* e *volubile* ✱ av. 1642] **agg.** • che può girare su sé stesso

convolùto [vc. dotta, lat. *convolūtu(m)*, part. pass. di *convŏlvere*, comp. di *cŭm* 'con' e *vŏlvere* 'volgere' ✱ 1499] **agg.** • avvoltolato | accartocciato

†**convòlvere** ➤ **convolgere**

convòlvolo [vc. dotta, lat. *convŏlvulu(m)*, da *convŏlvere* 'avvolgere' ✱ 1499] **s. m.** • genere di piante erbacee rampicanti delle Convolvulacee comprendente molte specie caratterizzate da grandi fiori campanulati, di colore variabile (*Convolvulus*)

Convolvulàcee [vc. dotta, comp. del lat. *convŏlvulus* 'convolvolo' e di *-acee* ✱ 1865] **s. f. pl.** (**sing.** *-a*) • (*bot.*) famiglia di piante erbacee con fusti spesso rampicanti, foglie alterne e fiori solitari o in cime (*Convolvulaceae*)

convulsionàrio [fr. *convulsionnaire*, da *convulsion* 'convulsione' ✱ 1789] **agg. e s. m.** (**f.** *-ia*) • che (o chi) soffre di convulsioni

convulsióne [vc. dotta, lat. tardo *convulsiōne(m)*, da *convĕllere* 'sconvolgere'. V. *convellere* ✱ 1561] **s. f.** **1** (*med.*) contrazione violenta, involontaria, dei muscoli scheletrici: *c. epilettica, infantile*; *soffrire di convulsioni* **2** (*est.*) scoppio irrefrenabile: *c. di riso, di pianto* **3** (*raro*, *fig.*) cataclisma violento e improvviso: *le convulsioni del cielo e del mare* (G. PASCOLI); *convulsioni telluriche* | (*lett.*, *fig.*) grande turbamento o agitazione: *convulsioni sociali*; *non posso pensare senza ... c. dell'animo mio* (G. LEOPARDI)

convulsivànte [da *convulsivo* ✱ 1939] **agg.** • che produce convulsioni: *farmaco c.*; *affezione morbosa c.*

convulsìvo [da *convulso* ✱ 1667] **agg.** • di convulsione, caratterizzato da convulsione: *crisi convulsiva* | che provoca convulsioni | ***tosse convulsiva***, pertosse ‖ **convulsività**, **s. f. inv.**

♣**convùlso** [vc. dotta, lat. *convŭlsu(m)*, part. pass. di *convĕllere* 'sconvolgere'. V. *convellere* ✱ av. 1698] **A** **agg.** **1** che si manifesta con convulsioni: *tremito, pianto, riso c.* | ***tosse convulsa***, pertosse | che è in preda a convulsioni **2** (*raro*) violentemente scosso, agitato, tremante: *mani convulse*; *Più baci e più ... / ... su le convulse labbra / del trepido ... amante impresse* (G. LEOPARDI) **3** (*fig.*) che manifesta nervosismo, affanno, agitazione interiore: *movimento c.*; *parole convulse* | ***stile c.***, disordinato, scomposto | intenso, febbrile: *ritmo c. di lavoro*; *attività convulsa*; *maniera di vivere convulsa* ‖ **convulsa-**

C

ménte, avv. in modo convulso, agitato **B** s. m. **1** (*fam.*) convulsione: *avere il c.* **2** (*est.*) scoppio nervoso e prolungato: *un c. di riso, di pianto*

coobàre [lat. mediev. *cohobāre*, dall'arabo *qohba* 'color bruno giallastro' (?) ✱ 1697] v. tr. (*io coòbo*) ● (*chim.*) ridistillare un liquido allo scopo di ottenerne un estratto più ricco di principi attivi

coobazióne [1865] s. f. ● operazione del coobare

coobbligàto [comp. di *co(n)-* e *obbligato* ✱ 1881] agg. e s. m. (f. *-a*) ● (*dir.*) che (o chi) è tenuto insieme con altri all'adempimento di un'obbligazione: *c. in solido*; *costringere un c. all'adempimento*

cookie /*ingl.* 'kʊkɪ/ [vc. dell'ingl. d'America, propr. 'biscotto' ✱ 1994] s. m. inv. ● (*Internet*) file che viene inviato all'utente di un sito per registrarne l'accesso e rendere più efficiente il servizio offerto

cooking shów /kukin(g)'ʃo*, *ingl.* 'kʊkɪŋ-ˌʃəʊ/ ➤ **show**

cool /*ingl.* ku:l/ [vc. ingl., propr. 'freddo' ✱ 1960] agg. inv. **1** freddo, distaccato: *un tipo c.* **2** che riflette o segue le ultime tendenze della moda: *arredamento c.*; *stilista c.* CFR. trendy, cosy

cooler /'kuler, *ingl.* 'ku:lə(r)/ [vc. ingl., propr. 'refrigeratore' ✱ 1985] s. m. inv. **1** in varie tecnologie, dispositivo di raffreddamento **2** accorc. di *wine cooler*

coolie /*ingl.* 'ku:lɪ/ [vc. ingl., dall'indostano *kulī*: n. di una popolazione indiana (?) ✱ 1903] s. m. inv. ● servitore, spec. portatore, indigeno nell'Estremo Oriente

cool jazz /kul'dʒɛts, *ingl.* 'ku:lˌdʒæz/ [ingl., 'jazz fresco, moderno'. *Cool* è di orig. indeur. ✱ 1951] loc. sost. m. inv. ● stile di jazz affermatosi alla fine degli anni '40 del Novecento come evoluzione del be-bop, meno istintivo e più ricercato dal punto di vista armonico e timbrico

coonestaménto [av. 1712] s. m. ● (*lett.*) il coonestare

coonestàre [vc. dotta, lat. *cohonestāre*, comp. di *cŭm* 'con' e *honestāre* 'onorare', da *honĕstus* 'decoroso' ✱ 1605] v. tr. (*io coonèsto*) ● (*lett.*) fare apparire giusto e onesto ciò che in realtà non è tale: *tutti sotto nome di ben pubblico la propria privata ambizione coonestavano* (V. ALFIERI) | giustificare: *c. un'ingiustizia*

còop [1981] s. f. inv. ● accorc. di *cooperativa*

cooperànte **A** part. pres. di *cooperare*; anche agg. ● che coopera | basato sulla cooperazione **B** s. m. e f. ● chi fa parte di un'organizzazione che attua programmi di cooperazione in Paesi in via di sviluppo

cooperàre [vc. dotta, lat. tardo *cooperāri*, comp. di *cŭm* 'con' e *operāri* 'operare' ✱ av. 1294] v. intr. (*io coòpero*; aus. *avere*) ● operare insieme con altri per il raggiungimento di un fine comune: *c. alla buona riuscita di un'impresa*; *c. in un lavoro* CFR. collaborare | (*lett.*) contribuire al prodursi di un effetto: *questa sconfitta ... non cooperò certo a fargli smettere la sua inimicizia* (I. NIEVO)

cooperativa [f. sost. di *cooperativo* ✱ av. 1904] s. f. ● impresa collettiva che svolge attività economica senza fine di lucro | ***c. di consumo***, che compra merci da rivendere ai cooperatori a prezzo di costo | ***c. edilizia***, che fabbrica case per distribuirne gli appartamenti ai propri soci a condizioni vantaggiose | ***c. di lavoro***, che assume appalti da terzi per impiegarvi i propri soci a condizioni migliori di quanto offrirebbe il mercato

cooperativìsmo [1909] s. m. ● movimento favorevole al cooperativismo, alla costituzione di cooperative

cooperativìsta [1895] agg.; anche s. m. e f. (pl. m. *-i*) ● che (o chi) è fautore del cooperativismo

cooperativìstico [1910] agg. (pl. m. *-ci*) ● relativo al cooperativismo o alle cooperative

cooperatìvo [vc. dotta, lat. tardo *cooperatīvu(m)* 'che coopera', da *cooperāri* 'cooperare' ✱ 1859] agg. **1** basato sulla cooperazione | collaborativo: *atteggiamento c.* **2** detto di società o impresa caratterizzata dal perseguimento di un fine mutualistico: *membro di una società cooperativa*

cooperatóre [vc. dotta, lat. tardo *cooperatōre(m)*, da *cooperāri* 'cooperare' ✱ av. 1342] agg. e s. m. (f. *-trice*) **1** che (o chi) coopera: *abbiamo avuto molti cooperatori* | ***sacerdote c.***, quello che affianca il parroco per aiutarlo nel suo ufficio **2** che (o chi) è socio di una cooperativa

cooperazióne [vc. dotta, lat. tardo *cooperatiōne(m)*, da *cooperāri* 'cooperare' ✱ 1395] s. f. **1** collaborazione: *lavoro frutto della c. di molti* | (*dir.*) ***c. colposa***, compartecipazione di più persone nei delitti colposi SIN. concorso **2** sistema economico che si basa sull'associazione in cooperative | insieme delle cooperative di un settore, di una zona o di un intero Paese: *la c. dell'Emilia-Romagna* **3** complesso di attività che mirano a fornire servizi o tecnologie a Paesi in via di sviluppo

cooptàre [vc. dotta, lat. *cooptāre* 'eleggere un nuovo membro, aggregare', comp. di *cŭm* 'con' e *optāre* 'scegliere' ✱ 1938] v. tr. (*io coòpto*) **1** chiamare qlcu. a far parte di un organo collegiale da parte degli stessi componenti il collegio **2** (*est.*) chiamare qlcu. a partecipare, coinvolgere

cooptazióne [1793] s. f. ● il cooptare, il venire cooptato

coordinàbile [sec. XX] agg. ● che può essere coordinato | che può essere abbinato, accostato: *capi di abbigliamento coordinabili* ‖ **coordinabilità**, s. f. inv.

coordinaménto [1843] s. m. ● collegamento, raccordo fra più elementi per raggiungere un dato scopo: *c. delle idee*; *c. delle forze di polizia* | ***ufficio, centro di c.***, (*ellitt.*) ***coordinamento***, organismo che coordina

coordinànte **A** part. pres. di *coordinare*; anche agg. ● nei sign. del v. | (*gramm.*) coordinativo **B** s. m. ● (*fis.*) atomo o ione che unisce a sé un certo numero di atomi, gruppi atomici o ioni mediante legami di coordinazione

coordinàre [lat. mediev. *coordinare*, dal lat. tardo *coordinātio* 'coordinazione' ✱ 1745] v. tr. (*io coórdino*) **1** disporre insieme vari elementi per raggiungere un determinato scopo: *c. le proprie idee*; *c. le indagini*; *un mezzo potente di c. l'insurrezione* (A. MANZONI) | (*sport*) ***c. i movimenti***, organizzarli, controllarli e regolarli **2** (*gramm.*) collegare due o più proposizioni che sono in rapporto di reciproca autonomia **3** (*chim.*) unire per mezzo di uno o più legami di coordinazione

coordinàta [f. sost. di *coordinato* ✱ 1748] s. f. **1** (*mat.*, spec. al pl.) ognuno dei numeri che permettono di individuare la posizione di un punto rispetto a un sistema di riferimento, in una retta, nel piano o nello spazio | ***coordinate cartesiane di un punto nel piano***, misura, su ciascuno degli assi, del segmento staccato dalla retta passante per il punto e parallela all'altro asse CFR. ascissa, ordinata | ***coordinate cartesiane di un punto nello spazio***, misura, su ciascuno degli assi, del segmento staccato dal piano passante per il punto e parallelo agli altri due assi | (*est.*, *scherz.*) l'insieme dei dati che servono a rintracciare una persona, quali indirizzo, numeri di telefono e sim.: *dammi le tue coordinate* **2** (spec. al pl., *geogr.*) ciascuno dei numeri che serve a individuare un punto sulla superficie terrestre | ***coordinate geografiche***, latitudine, longitudine e altitudine di un punto sulla superficie terrestre | (*astron.*) ***coordinate celesti***, coppie di grandezze atte a determinare univocamente la posizione degli astri sulla sfera celeste o nello spazio | (*banca*) ***coordinate bancarie***, caratteri alfanumerici che individuano univocamente un conto corrente | ***coordinate sferiche***, individuate su una sfera da due classi di circonferenze (meridiani e paralleli) in ogni punto perpendicolari tra loro | ***coordinate polari***, V. *polare* **3** (*gramm.*) proposizione coordinata

coordinatìvo [1941] agg. ● che coordina | (*gramm.*) ***congiunzione coordinativa***, che stabilisce una coordinazione, una paratassi (per es. *e*, *o*, *ma*)

coordinàto **A** part. pass. di *coordinare*; anche agg. **1** nei sign. del v. **2** (*mat.*) ***assi, piani coordinati***, gli assi cartesiani e i loro piani **3** (*gramm.*) ***proposizione coordinata***, unita ad un'altra ma da essa indipendente SIN. paratattico ‖ **coordinataménte**, avv. **B** s. m. **1** (*chim.*) atomo, gruppo atomico o ione che è unito al coordinante di uno ione complesso **2** insieme di capi di vestiario, di biancheria personale e di uso domestico e sim., diversi tra loro per funzione ma legati tra loro dai medesimi disegni e colori: *coordinati per il tennis, per la tavola, per il bagno*

coordinatóre [1745] s. m. (f. *-trice*); anche agg. **1** chi (o che) coordina **2** insegnante che presiede il consiglio di classe in una scuola secondaria o superiore: *nominare il c.*; *insegnante c.*

coordinazióne [vc. dotta, lat. tardo *coordinatiōne(m)*, nom. *coordinātio*, comp. di *cŭm* 'con' e *ordinātio* 'ordinamento' ✱ av. 1535] s. f. **1** il coordinare: *la c. delle idee, dei movimenti* | ordine, armonia funzionale: *in questo ufficio c'è poca, scarsa c.* **2** (*chim.*) reazione in cui si ha l'unione tra due ioni **3** (*gramm.*) paratassi

coòrte (o -ó-) [vc. dotta, lat. *cohŏrte(m)*, comp. di *cŭm* 'con' e *hŏrtus* 'orto, ripartimento' ✱ sec. XIII] s. f. **1** unità costitutiva della legione romana, diversa per numero e per composizione nei vari tempi | ***c. legionaria***, decima parte di una legione | ***c. ausiliaria***, composta di alleati | ***c. pretoria***, guardia del corpo dell'imperatore | ***c. urbana***, guarnigione di Roma **2** (*est.*, *lett.*) schiera di armati | (*est.*) moltitudine: *una c. di uomini* **3** (*stat.*) insieme d'individui che in uno stesso periodo hanno tutti vissuto un dato evento | insieme di casi individuali considerati a partire da un certo punto comune, in funzione di una variabile | ***studio di c.***, in medicina e nelle scienze sociali, osservazione di un gruppo di soggetti esposti a una situazione di rischio, il cui stato viene tenuto sotto osservazione per un tempo definito per essere alla fine confrontato statisticamente con quello di soggetti non esposti

copaìfera [comp. del caraibico *copau* 'copaive' e del lat. *-fer* '-fero' ✱ 1865] s. f. ● genere di piante delle Leguminose comprendente varie specie tropicali che forniscono il balsamo di copaive e il copale (*Copaifera*)

copàive o **copàibe**, **copàiba**, **coppàiba** [sp. *copaiba*, *copaiva*, dal caraibico *kopaiba*, comp. di *kopa*, n. della sostanza prodotta, e *iba* 'albero' ✱ av. 1602] s. f. ● denominazione di varie piante del genere copaifera | ***balsamo di c.***, oleoresina estratta dal tronco di alcune copaifere, un tempo usata in medicina

copàle o **coppàle** [fr. *copal*, dallo sp. *copal*, dall'azteco *copalle* ✱ 1745] s. m. e f. **1** resina esistente sia in piante esotiche sia allo stato fossile, colorata dal giallo al rossiccio, usata per vernici, lacche e per oggetti d'ornamento in sostituzione dell'ambra **2** pelle verniciata per scarpe o altri accessori | ***scarpe di c.***, di pelle lucida, laccata con la copale **SIN.** vernice

copàta [arabo *qubbayṭ* ✻ 1751] **s. f.** ● dolce tipico di Siena, costituito da un piccolo disco a base di croccante preparato con miele, noci, semi di anice tritati e racchiuso tra due ostie

copèca [V. *copeco*] **s. f.** ● (*raro*) copeco

copèco [russo *kopejka* ✻ 1657] **s. m.** (**pl.** *-chi*) ● moneta russa corrispondente alla centesima parte del rublo

Copèpodi [comp. del gr. *kṓpē* 'remo' e *poús*, genit. *podós* 'piede'; detti così perché hanno organi natatori in tutti o in parte degli arti ✻ 1892] **s. m. pl.** (**sing.** *-e*) ● (*zool.*) ordine di Crostacei acquatici con un solo occhio mediano, cinque paia di zampe e addome biforcato (*Copepoda*)

†**coperchiàre** o †**coverchiàre** [1308] **v. tr.** ● chiudere con il coperchio | (*est.*) sovrastare | chiudere

♦**copèrchio** o †**covèrchio** [lat. *coopĕrculu(m)*, da *cooperīre* 'coprire' ✻ 1266] **s. m. 1** parte di un recipiente, talora incernierata, di materiale vario, che serve per chiuderne o coprirne l'apertura: *il c. di un vaso, di una pentola, di un tegame; il c. di una cassa, di uno scrigno* | **PROV.** ***il diavolo fa le pentole ma non i coperchi***, V. *diavolo* **2** disco superiore della macina con un foro attraverso il quale si introduce il grano **3** (*est., lett.*) ciò che copre, che sovrasta (*anche fig.*): *veggo le nubi … / … al mondo tutto / far di sopra un ferale atro c.* (G.B. MARINO) | †***il c. degli occhi***, le palpebre ‖ **coperchiétto**, **dim.** | **coperchino**, **dim.**

copernicanèsimo [1956] **s. m.** ● complesso delle teorie e indirizzo scientifico basati sull'ipotesi eliocentrica dell'astronomo N. Copernico

copernicàno [1621] **agg.** ● relativo all'astronomo Niccolò Copernico (1473-1543) e alle sue teorie | (*astron.*) ***sistema c.***, sistema planetario che colloca il Sole al centro **CFR.** tolemaico | ***rivoluzione copernicana***, (*fig.*) rivolgimento radicale di opinioni tradizionali

copernìcio [dal n. dell'astronomo polacco N. Copernico ✻ 2010] **s. m.** ● elemento chimico, metallo sintetico radioattivo ottenuto artificialmente **SIMB.** Cn **NUM. AT.** 112

♦**copèrta** o †**covèrta** [f. sost. di *coperto*① ✻ av. 1250] **s. f. 1** panno, drappo, che serve per coprire: *c. da cavallo, da viaggio* | (*per anton.*) tessuto rettangolare che si stende sul letto sopra le lenzuola: *c. di lana, di cotone; c. imbottita* | ***mettersi, ficcarsi, sotto le coperte***, coricarsi | ***stare, restare sotto le coperte***, rimanere a poltrire nel letto **2** fodera con cui si copre un oggetto per preservarlo dalla polvere, dalla luce, dall'umidità e sim.: *la c. di un divano* | (*edit., raro*) copertina nel sign. 2 **3** (*mar.*) ponte che chiude e copre la parte superiore di una nave | ***scendere sotto c.***, nella parte interna della nave | ***in, sopra c.***, sul palco o sui ponti della nave **4** †busta da lettera **5** (*fig.*) †finzione, apparenza, pretesto | †***sotto c. di, sotto la c. di***, con la scusa di **6** †rivestimento, copertura ‖ **copertàccia**, **pegg.** | **copertina**, **dim.** (V.) | **copertóna**, **accr.** | **copertóne**, **accr. m.** (V.) | (*raro*) **copertùccia**, **dim.**

copertifìcio [comp. di *coperta* e *-ficio* ✻ 1956] **s. m.** ● fabbrica di coperte

copertina o †**covertina** nel sign. 1 [av. 1405] **A s. f. 1** dim. di *coperta*, nel sign. 1 **2** involucro di carta o cartone leggero che ricopre quaderni e sim. | involucro di cartone più o meno pesante, generalmente stampato con le indicazioni del titolo e dei nomi dell'autore e dell'editore, talvolta colorato o illustrato, che ricopre libri, riviste, opuscoli e sim. **3** (*fig.*) breve servizio di apertura di una trasmissione televisiva: *la c. del telegiornale* **4** (*edil.*) parte superiore di un muro che lo rende impermeabile **5** taglio di carne bovina, sopra la lombata **B in funzione di agg. inv.** ● (posposto a un sost.) nella loc. ***ragazza c.***, che appare fotografata sulla copertina di rotocalchi, riviste d'attualità e sim.

copertinàto [da *copertina* ✻ 1965] **agg.** ● detto di libro o fascicolo fornito di copertina

♦**copèrto**① o †**covèrto** [lat. *coopĕrtu(m)*, part. pass. di *cooperīre* 'coprire'] **A part. pass.** di *coprire*; anche **agg. 1** chiuso, riparato, protetto, sormontato da un tetto, e sim.: *passaggio c.; piscina, palestra coperta* | ***legno c.***, un tempo, carrozza chiusa **2** detto di persona, che indossa abiti adatti a riparare dal freddo (**+ di**, **lett. + con**): *essere ben c., troppo c.; c. di stracci; sta tutto c. con questa tunica …* (L. PIRANDELLO) **3** ricoperto, cosparso (**+ di**): *un divano c. di polvere; La faccia di mio padre coperta di sudore* (I. SVEVO) | ***volto c.***, celato, nascosto | oscuro, nuvoloso: *cielo, tempo c.* **4** (*fig.*) ambiguo, nascosto, dissimulato: *mi fece delle coperte minacce; E quei che 'ntese il mio parlar coverto* (DANTE *Inf.* IV, 51) | †***alla coperta***, di nascosto, in modo oscuro **5** (*fig.*) adeguatamente garantito: *rischio c.* | ***assegno c.***, quando il conto corrente su cui è tratto presenta la disponibilità necessaria per il pagamento ‖ **copertaménte**, **avv. 1** di nascosto **2** in modo poco chiaro **B avv.** ● (*fig., lett.*) copertamente, di nascosto, in segreto | ***agire, parlare c.***, in modo non esplicito, velatamente **C s. m. 1** (**solo sing.**) luogo protetto, riparato: *mettersi, stare, dormire al c.* | ***essere al c.***, (*fig.*) essere al sicuro, essere protetto da possibili danni e sim. **2** (*disus., lett.*) tetto, copertura: *un'orda di Kirchisi il cui capo abitava sotto un c. di tegole* (I. NIEVO)

♦**copèrto**② [fr. *couvert*, dal lat. *coopĕrtu(m)* 'coperto①', in quanto è ciò con cui si copre la tavola ✻ 1701] **s. m.** ● insieme di piatti, posate, bicchieri e sim. necessario per una persona a tavola | (*est.*) posto a tavola: *riservare quattro coperti* | (*est.*) quota fissa che si paga in un ristorante per ogni posto a tavola: *aggiungere al conto il c. e il servizio*

copertóio o †**copertòrio**, †**covertòrio** [lat. tardo *coopertōriu(m)*, da *coopĕrtus* 'coperto①' ✻ 1221] **s. m.** (**pl.** *-ói*) **1** (*tosc.*) coperchio di grandi dimensioni **2** †pesante coperta **3** (*milit.*) †tettoia mobile usata durante gli assalti

copertóne [1797] **s. m. 1** accr. di *coperta*, nel sign. 2 **2** ampio telo impermeabile che si stende su automezzi, baracche, merci e sim. per ripararli dalle intemperie **3** involucro di gomma rinforzata di tela, montato sul cerchio delle ruote dei veicoli, che racchiude la camera d'aria o che, in assenza di questa, contiene l'aria che lo gonfia

†**copertòrio** ➤ **copertoio**

copertùra o †**covertùra** [lat. *coopertūra(m)*, da *coopĕrtus* 'coperto①' ✻ sec. XIII] **s. f. 1** il coprire **2** ciò che copre | tetto, tettoia: *una c. di legno, di plastica* | rivestimento | (*fig.*) falsa apparenza: *il suo lavoro di impiegato è soltanto la c. di un'attività illegale* **3** (*geol.*) qualsiasi materiale o terreno che nasconde gli affioramenti rocciosi | parte più superficiale o mobile della litosfera, costituita da sedimenti **4** (*econ.*) insieme di valori a garanzia dei rischi cui vanno incontro le operazioni finanziarie | ***c. aurea***, oro depositato presso le casse dello Stato a garanzia di moneta cartacea in circolazione | ***c. bancaria***, somma depositata in banca a garanzia di un assegno emesso o dell'importo di un debito per acquisto di merci | operazione che elimina tali rischi | ***c. finanziaria***, insieme dei mezzi finanziari che ogni legge che comporti una spesa deve prevedere per farvi fronte **5** (*milit.*) complesso delle misure e delle attività predisposte per la sicurezza delle frontiere prima dell'inizio di operazioni su vasta scala | ***unità di c.***, poste a difesa immediata delle frontiere | ***fuoco di c.***, con il quale si proteggono le proprie unità in fase di attacco | possibilità di mascheramento offerte dall'ambiente naturale **6** (*sport*) difesa: *fare un gioco di c.* | nel pugilato, atteggiamento dell'atleta che si protegge con le braccia la testa e lo stomaco | nel biliardo, impallatura **7** zona di ricezione di un segnale televisivo o radiotelefonico | presenza di un avvenimento sui mass media: *la c. televisiva di una regata*

copèta [arabo *qubbayṭ* ✻ 1830] **s. f.** ● dolce croccante, confezionato a forma di sbarrette, fatto con zucchero o miele e mandorle o nocciole, simile alla copata senese, specialità della Puglia

♣**còpia**① [vc. dotta, lat. *cōpia(m)* 'abbondanza', da *ŏps*, genit. *ŏpis* 'ricchezza' ✻ 1261 ca.] **s. f. 1** (*lett.*) abbondanza, grande quantità: *vennero servitori, con gran c. di rinfreschi* (A. MANZONI) | ***in c., in gran c.***, in abbondanza **2** †agio, opportunità | †***avere c. di qlcu., di qlco.***, potersene servire | †***fare c. di sé***, concederla **3** †dimestichezza, familiarità | †***fare, concedere c. di sé a qlcu.***, prodigarsi per qlcu.; (*est.*), offrirsi a un rapporto sessuale **4** (**al pl.**) †truppe, schiere: *il sito aspro non ti lascia distendere le tue copie* (N. MACHIAVELLI)

♦**còpia**② [da *copia*①, recepito nel senso di 'abbondanza di riproduzione' ✻ 1279] **s. f. 1** trascrizione fedele di uno scritto originale: *la c. di una lettera, di un documento; c. esatta, scrupolosa; c. manoscritta, dattiloscritta* | ***brutta c.***, la prima stesura di uno scritto; (*fig.*) versione mediocre, più scadente, di qlco.: *l'Inter di oggi era la brutta c. di quella vista domenica scorsa* | ***bella c.***, la stesura finale | (*est.*) riproduzione fedele di un atto giuridico: *c. di un contratto; c. conforme all'originale; c. legalizzata; c. notarile* | duplicazione: *c. fotostatica; fare la c. di un cd, di un file* **2** (*est.*) esatta riproduzione: *i suoi movimenti son la c. dei tuoi* | (*est.*) oggetto d'arte che ripete un originale fatto da un autore diverso: *la c. di una statua* | (*est.*) persona che somiglia molto a un'altra: *quel bambino sembra la c. di suo padre* **3** esemplare di un'opera stampata: *la c. di un libro; una tiratura di 50 000 copie* | ***c. d'obbligo***, quella di un prodotto editoriale (libro, disco, film ecc.) che l'editore o il produttore è tenuto a depositare per legge presso gli enti designati (prefettura, particolari biblioteche ecc.) **4** riproduzione positiva di una fotografia o di un film ‖ **copiàccia**, **pegg.** | **copióne**, **accr. m.** (V.)

copiacommissióne o **còpia commissióne** [comp. di *copia(re)* e *commissione* ✻ 1966] **A s. m. inv.** ● (*comm.*) blocchetto o libro che serve al rappresentante per annotare l'ordinazione del cliente all'atto dell'assunzione dell'ordine presso il cliente stesso **B s. f.** (**pl.** *copiecommissióni* o *copiecommissióne*) ● (*comm.*) il modulo d'ordine compilato dal rappresentante presso il cliente

copiafattùre [comp. di *copia(re)* e il pl. di *fattura* ✻ 1887] **s. m. inv.** ● libro in cui si copiano le fatture

còpia-incòlla o **còpia e incòlla** [1994] **s. m. inv.** ● (*inform.*) operazione con cui si seleziona un blocco di dati e lo si copia in un'altra posizione dello stesso documento o in un documento diverso: *fare il copia-incolla* | (*fig.*) assemblaggio di testi di varia prove-

a b **c** d e f g h i j k l m n o p q r s t u v w x y z

nienza: *romanzo costruito col copia-incolla*

copia-incollàre o **copincollàre** [2006] **v. tr.** (*io copio-incòllo*) • (*inform.*) trasferire elementi di un documento mediante il copia-incolla

copialèttere (o *-é-*) [comp. di *copia(re)* e il pl. di *lettera* ✱ 1753] **s. m. inv. 1** (*disus.*) registro in cui si tenevano le copie delle lettere scritte: *Era andato in contabilità a cercarvi un c.* (I. Svevo) **2** torchietto a mano usato un tempo per ottenere copia su carta velina inumidita di lettere o documenti scritti con inchiostro copiativo

♦**copiàre** [da *copia*② ✱ sec. XIII] **v. tr.** (*io còpio*) **1** trascrivere fedelmente uno scritto: *c. un brano di prosa, una lettera*; *c. a mano, a macchina* | ***c. in bella***, trascrivere in bella copia | (*inform.*) ***copia e incolla***, V. *copia-incolla* **2** ritrarre, riprodurre fedelmente un modello, spec. un'opera d'arte: *c. una modella, un'antica pittura* | ***c. dal vero***, disegnare, dipingere e sim. con il modello davanti | (*est.*) riprodurre, duplicare: *c. un cd, un file, una cassetta* **3** (*est.*) trascrivere illecitamente uno scritto altrui (*anche assol.*): *c. il compito da un compagno*; (*assol.*) *per favore, non copiate!* | imitare: *mi hai copiato il modello del vestito*; *non fa che c. l'amica* | ripetere i concetti, la maniera, lo stile e sim. di un autore facendoli propri: *quello scrittore copia il Manzoni* **4** nella fotomeccanica, trasferire sulla lastra le immagini contenute in una pellicola o in un montaggio

SFUMATURE ➤ *imitare*

copiatìvo [da *copiare* ✱ 1887] **agg.** • che serve a copiare | ***inchiostro c.***, usato un tempo per riprodurre lo scritto su altra carta col copialettere | ***matita copiativa***, il cui segno non si cancella | ***carta copiativa***, carta carbone

copiatóre [1310] **s. m.** (**f.** *-trice* (V.)) **1** chi copia **2** chi imita gli atteggiamenti, le idee e sim. di altri **3** †amanuense

copiatrìce [1970] **s. f.** • apparecchio per la riproduzione di documenti

copiatùra [1812] **s. f.** • il copiare, il venire copiato; il modo di copiare: *la c. di un manoscritto, di un codice, di un documento, di una lettera*; *c. a mano, a macchina*; *lavoro di c.*; *per la c. sono occorse molte ore* | (*est.*) brano, passo e sim. copiati: *quel compito è tutto una c.*; *nel romanzo ci sono frequenti copiature da altri autori*

copìglia o **coppìglia** [fr. *goupille*, propr. 'volpe', dal lat. parl. **vulpīcula(m)*, per il classico *vulpĕcula(m)*, dim. di *vŭlpes* 'volpe' ✱ 1771] **s. f.** • (*mecc.*) asticciola metallica a forcella che si infila nel foro trasversale di una vite, dietro il dado, per impedire lo svitamento, o anche in un foro trasversale di un perno per impedirne lo sfilamento dal supporto

copilòta [comp. di *co(n)-* e *pilota* ✱ 1983] **s. m. e f.** (**pl. m.** *-i*) • chi, a bordo di un aeromobile, può compiere tutte le funzioni del pilota, eccettuate quelle di pilota comandante

copincollàre ➤ **copia-incollare**

copióne① [1881] **s. m. 1** accr. di *copia*② **2** fascicolo contenente il testo dello spettacolo da rappresentare o del film da realizzare, adoperato soprattutto dagli attori e dal regista per le prove | (*est.*) la trama dello spettacolo stesso | (*fig.*) ***come da c.***, in modo prevedibile, scontato ‖ **copioncìno**, **dim.**

copióne② [da *copiare* ✱ 1978] **s. m.** (**f.** *-a*) • (*colloq.*) chi ha l'abitudine di copiare i compiti scolastici ovvero di imitare gli atteggiamenti, i comportamenti e sim. degli altri

copiosità (o *-ṣ-*) o †**copiositàde** [vc. dotta, lat. *copiositāte(m)*, da *copiōsus* 'copioso' ✱ 1306] **s. f. inv.** • (*lett.*) abbondanza | †ricchezza inventiva

copióso (o *-ṣ-*) [vc. dotta, lat. *copiōsu(m)*, da *cōpia* 'abbondanza' ✱ 1261 ca.] **agg. 1** che è in grande quantità: *e di copiose lacrime lo bagna* (L. Ariosto) **2** †ricco, largamente provvisto **3** †facondo: *stile, scrittore, oratore c.* ‖ **copiosaménte**, **avv. 1** in abbondanza **2** †con facondia ‖ **copiosità**, **s. f. inv.** (V.)

copìsta [da *copia*② ✱ 1552] **s. m. e f.** (**pl. m.** *-i*) **1** amanuense **2** (*est.*) chi per mestiere copia documenti, scritture e sim. **3** chi esegue copie di opere d'arte

copisterìa [da *copista* ✱ av. 1727] **s. f.** • piccola impresa commerciale che esegue copie di testi vari per conto di terzi e fotocopie | sede di tale attività

copolimeriẓẓazióne [comp. di *co-* e *polimerizzazione* ✱ 1987] **s. f.** • (*chim.*) reazione chimica tra due o più monomeri da cui si originano copolimeri

copolìmero [comp. di *co-* e *polimero* ✱ 1956] **s. m.** • (*chim.*) polimero ottenuto per polimerizzazione di due o più monomeri di natura diversa

♦**còppa**① (o *-ó-*) [lat. tardo *cŭppa(m)*, per il classico *cūpa(m)*, di orig. indeur. ✱ sec. XII] **s. f. 1** piccolo recipiente di forma emisferica, solitamente largo e poco profondo, con piede a stelo, di materiale vario, usato spec. per bere: *una c. di cristallo, di bronzo, d'argento, d'oro*; *una c. artisticamente lavorata* | (*fig.*) †***c. d'oro***, persona di specchiata probità | (*est.*) il contenuto di una coppa: *una c. di vino, di champagne, di gelato* **2** (*est.*) recipiente di forma più o meno concava e tondeggiante: *c. per macedonia*; *c. lavadita*; *c. per gelati* | oggetto, elemento o contenitore di forma tondeggiante | (*autom.*) ***c. dell'olio***, vasca montata sotto il basamento dei motori a scoppio e sim., per raccogliere e contenere l'olio lubrificante | ***c. della ruota***, coprimozzo | ***le coppe della bilancia***, i due piattelli **3** trofeo costituito da un vaso più o meno grande, spesso di metallo pregiato, dato come premio ai vincitori di competizioni sportive: *c. Davis*; *c. d'oro, d'argento* | (*est.*) la competizione stessa: *partecipare alla C. Italia* **4** (*abbigliamento*) ognuna delle due parti concave del reggiseno **5** lettera dell'antico alfabeto greco, non conservata in quello classico; era usata per indicare il numero 90 **6** (**al pl.**) uno dei quattro semi delle carte da gioco italiane e dei tarocchi CFR. bastone, denaro, spada | ***contare come il due di coppe***, non valere nulla, non avere nessuna influenza o importanza **7** (*biol., zool.*) organismo, organo o abbozzo di organo con forma concava o convessa | ***c. di Nettuno***, spugna appartenente alla specie *Poterion Neptuni* | ***c. ottica***, porzione dell'abbozzo dell'occhio derivata dal diencefalo ‖ **coppèlla**, **dim.** (V.) | **coppétta**, **dim.** (V.) | **coppóna**, **accr.**

còppa② (o *-ó-*) [da *coppa*①, per la forma ✱ 1313] **s. f. 1** (*lett.* o *merid.*) parte posteriore del capo: *Sovra le spalle, dietro da la c., / … li giacea un draco* (Dante *Inf.* XXV, 22-23) **2** taglio di carne bovina, dietro il collo **3** (*sett.*) taglio del muscolo dorsale del suino | salume fatto con tale taglio salato, aromatizzato e insaccato SIN. capocollo **4** (*sett., centr.*) ***c. di testa***, salume fatto con carne, grassi, cartilagini e cotiche ricavate dalla testa del maiale, bollite, tritate, salate e insaccate ‖ **coppìno**, **dim. m.** (V.) | **coppóne**, **accr. m.**

coppàia① [da *coppo* ✱ 1768] **s. f.** • cantina in cui si conservano gli orci (o coppi) da olio

coppàia② [da *coppa*① ✱ 1692] **s. f.** • accessorio del tornio che serve per bloccare al fusto i pezzi da tornire a sbalzo

coppàiba ➤ **copaive**

coppàle ➤ **copale**

copparòṣa o †**cuperòṣa** [fr. *couperose*, dal lat. mediev. *cŭpri rŏsa(m)* 'rosa di rame' ✱ 1364] **s. f. 1** †solfato metallico **2** adattamento di *couperose* (V.)

coppàto [da *coppa*② nel sign. 3 ✱ 1964] **agg.** • detto di un tipo di pancetta o di lardo di maiale arrotolati su un pezzo di coppa

coppatùra [napol. *'n coppa* 'in cima, sopra' ✱ 1942] **s. f.** • trucco commerciale consistente nel coprire merce scadente con uno strato di merce buona

coppèlla [av. 1347] **s. f. 1** dim. di *coppa*① **2** anticamente, crogiolo poroso a forma di vaso o coppa usato per raffinare metalli preziosi | ***argento, oro di c.***, fino, purissimo **3** vasca porosa dei forni in cui si esegue la coppellazione **4** (*bot.*) talamo di fiore a forma di coppa in cui sono impiantati perianzio, stami e pistilli ‖ **coppellétta**, **dim.**

coppellàre [av. 1537] **v. tr.** (*io coppèllo*) **1** †depurare l'oro e l'argento nella coppella | affinare **2** (*fig.*) †saggiare, sperimentare **3** (*metall.*) sottoporre a coppellazione

coppellazióne [1786] **s. f.** • (*metall.*) metodo per la separazione di due o più metalli liquefatti, che si basa sull'ossidazione dei metalli più reattivi: *c. del piombo argentifero*

coppétta [sec. XIV] **s. f. 1** dim. di *coppa*① **2** (*med.*) ventosa per il salasso ‖ **coppettìna**, **dim.**

coppettazióne [comp. di *coppetta* e *-zione* ✱ 1838] **s. f.** • tecnica terapeutica della medicina tradizionale cinese che consiste nell'applicare delle coppette a ventosa sulla pelle in modo da aspirare e portare all'esterno i fattori patogeni (per es. sangue stagnante) o riattivare la circolazione energetica

♦**còppia** (o *-ó-*) [lat. *cōpula(m)*, comp. di *cŭm* 'con' e *ăpere* 'attaccare', di orig. indeur. ✱ 1266] **s. f. 1** due elementi della stessa specie considerati nel loro complesso: *una c. di fratelli, di ballerini*; *una c. di cavalli, di galline, di uccelli*; *una c. di uova* | ***a, in, di c.***, a due a due, insieme | ***a c., a c. a c., di c. in c., a coppie***, a due a due CFR. zigo- **2** (*assol.*) due persone unite fra loro da un rapporto matrimoniale o amoroso in genere: *la c. andò ad abitare nella nuova casa*; *essere, fare, formare una bella c.*; *fare c. fissa* | ***c. di fatto***, coppia di persone conviventi unite da una relazione affettiva stabile **3** nel tennis, i due giocatori del doppio | ***gara a coppie***, nel ciclismo su pista, quella che impegna alternativamente due corridori di una stessa formazione contro una analoga o, nel tandem, contemporaneamente | ***due di c., quattro di c.***, nel canottaggio, equipaggi in cui ciascun vogatore impiega due remi | ***c. artistica, c. danza***, specialità del pattinaggio artistico e della danza **4** in alcuni giochi di carte, due carte dello stesso valore: *c. d'assi, di re*; *doppia c. alla donna* **5** (*mat.*) insieme di due elementi | ***c. ordinata***, nella quale si distingue il primo dal secondo elemento | (*fis.*) insieme di due vettori applicati aventi rette d'azione parallele e distinte, modulo uguale e versi opposti | ***c. di forze***, sistema di due forze di uguale intensità, con rette di azione parallele e distinte e versi opposti, che, applicato a un corpo, ne provoca la rotazione | ***c. motrice***, coppia di forze il cui lavoro fa compiere lo spostamento | (*autom.*) nei motori a combustione interna, valore massimo del momento della coppia motrice a un determinato numero di giri: *il motore è in c., gira in c.* **6** (*ling.*) ***c. minima***, coppia di parole le quali differiscono per un solo fonema che si trova nella stessa posizione relativa (es. *pasta* e *casta*) ‖ **coppiétta**, **dim.** (V.) | **coppiòla**, **dim.** (V.)

coppière o †**coppièro** [da *coppa*① ✱ 1525] **s. m.** (**f.** *-a*) **1** (*stor.*) chi nelle antiche corti aveva il compito di servire il vino **2** (*lett.*) chi versa da bere ai commensali

coppiétta [av. 1729] **s. f. 1** dim. di *coppia* **2** coppia di fidanzati, di innamorati ‖ **coppiettìna**, **dim.**

coppìglia ➤ **copiglia**

coppìno [dim. di *coppa*② ✱ 1481] **s. m.** ● (*sett.*) nuca

coppiòla [1865] **s. f. 1** dim. di *coppia* **2** (*caccia*) rapida successione di due colpi di fucile | (*est.*) uccisione di due capi di selvaggina **SIN.** doppietta **3** (*milit.*) lancio contemporaneo di due siluri

cóppo (o **-ò-**) [da *coppa*① ✱ 1243] **s. m. 1** grande recipiente panciuto di terracotta usato per contenere olio, vino e sim. **SIN.** orcio **2** laterizio ricurvo usato per ricoprire tetti **SIN.** tegola curva **3** antica misura per aridi, con valori diversi da luogo a luogo **4** parte superiore di molte armature del capo, di metallo o cuoio, spesso sormontata dal pennacchio **5** (*lett.*) †cavità oculare: *le lagrime prime ... / ... / riempion sotto 'l ciglio tutto il c.* (DANTE *Inf.* XXXIII, 97-99) **6** †cranio

còppola [da *coppa*② (?) ✱ sec. XIII] **s. f.** ● berretto di panno con visiera usato spec. in Sicilia | ***c. storta***, (*gerg.*) mafioso ‖ **coppolétta**, **dim.** | **coppolìna**, **dim.**

còpra [portog. *copra*, di orig. indostana ✱ 1892] **s. f.** ● albume essiccato della noce di cocco da cui si estrae un olio

coprènte **A** **part. pres.** di *coprire*; anche **agg. 1** nei sign. del v. **2** che non lascia trasparire la superficie sottostante: *colore, vernice c.* **B** **s. m.** ● sostanza cosmetica che serve a coprire imperfezioni della pelle

copreṣènza ➤ **compresenza**

copresidènte [comp. di *co-* e *presidente* ✱ sec. XX] **s. m. e f.** (**f. anche** *-éssa*) ● chi divide con altri la carica di presidente

copresidènza [comp. di *co-* e *presidenza* ✱ 1978] **s. f.** ● ufficio, carica di chi presiede insieme con altri un'assemblea, un ente, un organo collegiale e sim. | durata di tale carica

copri- primo elemento ● in parole composte, significa 'che copre, che serve a coprire': *copriletto, copritastiera*

coprịàuto [comp. di *copri-* e *auto* ✱ 1970] **A** **s. m. inv.** ● cappotta impermeabile per ricoprire l'automobile **B** **in funzione di agg. inv.**: *telo c.*

copribùsto [comp. di *copri-* e *busto* ✱ 1910] **s. m. inv.** ● corpetto guarnito di pizzi che le donne portavano sopra il busto **SIN.** vitina

copricalcàgno [comp. di *copri-* e *calcagno* ✱ 1983] **s. m.** (**pl. inv. o** *-i*) ● elemento mobile degli attacchi dello sci d'acqua, per la tenuta della parte posteriore del piede all'attrezzo

copricalorìfero [comp. di *copri-* e *calorifero* ✱ 1985] **s. m.** ● copritermosifone

copricànna [comp. di *copri-* e *canna* ✱ 1956] **s. m. inv.** ● copertura parziale, di legno, metallo o altro materiale, della canna di un'arma da fuoco a canna lunga, che serve a proteggere dal calore le mani di chi la usa

copricàpo [fr. *couvre-chef* ✱ 1901] **s. m.** ● cappello, berretto o sim., con cui ci si ripara il capo

copricaténa [comp. di *copri-* e *catena* ✱ 1970] **s. m. inv.** ● riparo di lamiera che copre una catena di trasmissione, spec. nelle biciclette e motociclette

copricérchio [comp. di *copri-* e *cerchio* ✱ sec. XX] **s. m.** ● coppa metallica che negli autoveicoli ricopre i cerchioni a scopo protettivo ed estetico

copricostùme [comp. di *copri-* e *costume* ✱ 1970] **s. m.** (**pl. inv. o** *-i*) ● indumento femminile più o meno corto che si indossa sopra il costume da bagno

còpride [dal gr. *kópros* 'escrementi', di orig. indeur. ✱ 1797] **s. m.** ● genere di Insetti degli Scarabeidi, con rostro cefalico, che depongono le uova su sferette di sterco (*Copris*)

copridivàno [comp. di *copri-* e *divano* ✱ 1993] **s. m.** ● ampio telo o fodera sagomata con cui si protegge un divano dalle macchie e dall'usura

coprifàsce [comp. di *copri-* e il pl. di *fascia* ✱ 1965] **s. m. inv.** ● camiciola che si metteva ai neonati sopra le fasce

coprifiàmma [comp. di *copri-* e *fiamma* ✱ 1964] **s. m. inv.** ● qualsiasi dispositivo che ha la funzione di schermare la fiamma: *bugia con c. in vetro* | specie d'imbuto d'acciaio applicato alle armi da fuoco di piccolo e medio calibro allo scopo di proteggere dalla fiammata dello sparo

coprifilo [comp. di *copri-* e *filo* ✱ 1987] **s. m.** ● listello che, nelle costruzioni edilizie, serve a coprire le giunzioni tra due superfici

coprifuòco o **coprifòco** [fr. *couvre-feu* ✱ sec. XIII] **s. m.** (**pl.** *-chi*) **1** anticamente, avviso che si dava la sera con una campana o una tromba perché si spegnessero i fuochi così da evitare incendi notturni | il segnale relativo **2** divieto di circolazione per determinate ore del giorno, ordinato in situazioni eccezionali, di guerra o disordini: *imporre, ordinare il c.*

coprigàmbe [comp. di *copri-* e *gambe* ✱ av. 1919] **s. m. inv.** ● telo o indumento usato da ciclisti o motociclisti per proteggere le gambe dalla pioggia o dal freddo

coprigiùnto [fr. *couvre-joint* ✱ 1919] **s. m.** (**pl. inv. o** *-i*) ● (*mecc.*) piastra che copre la giunzione di pezzi meccanici

coprilètto [comp. di *copri-* e *letto* ✱ 1663] **s. m.** (**pl. inv. o** *-i*) ● sopraccoperta del letto, usata spec. a scopo ornamentale

coprimàcchia [comp. di *copri-* e *macchia* ✱ 1958] **s. m. inv.** ● piccola tovaglia usata spec. nei ristoranti per coprire la tovaglia vera e propria e proteggerla dalle macchie

coprimateràsso [comp. di *copri-* e *materasso* ✱ 1988] **s. m.** ● fodera usata per rivestire i materassi

coprimiṣèrie [comp. di *copri-* e il pl. di *miseria* ✱ 1808] **s. m. inv.** ● (*disus.*, *scherz.*) capo di vestiario indossato per nascondere abiti in cattivo stato

coprimòto [comp. di *copri-* e *moto* ✱ 2002] **A** **s. m. inv.** ● cappotta impermeabile per ricoprire la moto **B** **in funzione di agg. inv.**: *telo c.*

coprimòẓẓo (o **-zz-**, **-móz-**) [comp. di *copri-* e *mozzo* ✱ 1964] **s. m.** (**pl.** *-i* **o inv.**) ● elemento in metallo o in plastica che copre il mozzo della ruota di un autoveicolo a scopo protettivo ed estetico **SIN.** copriruota

copripiàtti [comp. di *copri-* e il pl. di *piatto* ✱ 1887] **s. m. inv.** ● copertura in rete metallica o in plastica traforata per riparare le vivande dalle mosche **SIN.** coprivivande

copripièdi [fr. *couvre-pied* ✱ 1878] **s. m. inv.** ● cuscino o coperta imbottita che si mette sul letto per tenere caldi i piedi

copripìsside [comp. di *copri-* e *pisside* ✱ sec. XX] **s. m.** ● conopeo

copripiumìno [comp. di *copri-* e *piumino* nel sign. 2 ✱ 1988] **s. m.** ● involucro a forma di sacco che avvolge il piumino da letto

Copripiumóne® [comp. di *copri-* e *piumone* ✱ 1993] **s. m.** ● fodera per il piumone da letto

copriprésa (o **-ṣ-**) [comp. di *copri-* e *presa*] **s. m. inv.** ● sorta di coperchietto che si inserisce in una presa elettrica, spec. per evitare incidenti ai bambini

copripudènde [comp. di *copri-* e *pudende* ✱ 1964] **s. m. inv.** ● indumento rudimentale che presso i popoli primitivi serve a coprire e proteggere gli organi genitali **SIN.** perizoma

copripùnto [comp. di *copri-* e *punto* ✱ 1931] **s. m. inv.** ● piccola striscia di tessuto o nastro usata per coprire una cucitura

copriradiatóre [comp. di *copri-* e *radiatore* ✱ 1937] **s. m. 1** (*autom.*) mascherina che si applica d'inverno sulla calandra per ridurre la quantità d'aria che passa attraverso il radiatore **2** copritermosifone

♦**coprìre** o (*lett.*) **covrire**, (*lett.*) †**cuoprire** [lat. *cooperīre*, comp. di *cŭm* 'con' e *operīre* 'coprire', di etim. incerta ✱ av. 1257] **A** **v. tr.** (**pres.** *io còpro*, †*cuòpro*; **pass. rem.** *io coprìi* **o** (*lett.*) *copèrsi*, *tu copristi*; **part. pass.** *copèrto*) **1** mettere una cosa sopra, davanti o attorno a un'altra allo scopo di proteggere, nascondere, chiudere, ornare, riparare e sim. (+ *di*, + *con*): *c. il tavolo con una tovaglia*; *c. il pavimento con un tappeto, i muri d'intonaco, le pareti di quadri*; *c. l'automobile con un telone* | ***c. una pentola, un vaso***, mettervi sopra un coperchio | ***c. una casa***, costruire il tetto | (*est.*) ammantare, avvolgere: *le colline erano coperte di neve*; *una densa caligine copriva la città* **2** (*fig.*) proteggere, difendere: *c. qlcu. alle spalle*; *c. la ritirata col fuoco della mitragliatrice* **3** (*fig.*) occultare, dissimulare: *c. il male, un difetto, una cattiva azione*; *le nubi coprono il cielo* | (*fig.*, *lett.*) offuscare: *come stella che 'l sol copre col raggio* (F. PETRARCA) | (*fig.*) superare in intensità un suono, impedendo così che sia percepito: *il fragore della cascata copriva le nostre voci* **4** (*fig.*) soddisfare, recuperare, garantire: *c. un debito, le spese* **5** (*fig.*) occupare, tenere: *c. una carica, un posto, un impiego* **6** (*fig.*) percorrere, con riferimento al tempo impiegato: *c. un percorso*; *ha coperto l'intera distanza in un'ora* **7** (*fig.*) colmare, riempire (+ *di*): *c. un vuoto*; *c. qlcu. di baci, di carezze, di complimenti*; *c. di botte* **8** con riferimento ad animali, accoppiarsi con la femmina: *il toro copre la vacca* **SIN.** montare **9** (*fig.*) raggiungere una determinata area geografica, detto di sistemi di telecomunicazioni: *Raitre copre il 90% del territorio*; *Internet copre tutto il mondo* **B** **coprìrsi** **v. tr. pron.** (**aus.** *essere*) ● riparare o nascondere una parte del proprio corpo: *coprirsi il collo con una sciarpa*; *si coprì la bocca con la mano* (I. SVEVO) | ***coprirsi gli occhi***, per non vedere, spec. schermandoli con una mano | ***coprirsi il capo***, (*per anton.*) mettersi il cappello **C** **coprìrsi** **v. rifl. 1** riparare il proprio corpo con indumenti, per proteggersi dal freddo o per rispetto di determinate convenzioni sociali (+ *con*): *coprirsi troppo, poco*; *fa freddo: copriti!*; *coprirsi con abiti di lana*; *si coprì in fretta e furia prima di uscire dalla stanza da bagno* **2** (*fig.*) difendersi (+ *da*): *coprirsi dai colpi dell'avversario* **3** (*fig.*) premunirsi dai rischi connessi a operazioni bancarie **4** (*fig.*) colmarsi, riempirsi (+ *di*): *si coprì di gloria sul campo di battaglia* | ***coprirsi di rossore***, arrossire violentemente **D** **coprìrsi** **v. intr. pron. 1** diventare pieno (+ *di*): *coprirsi di muffe*; *le vecchie mura si coprivano di crepe* **2** rannuvolarsi, oscurarsi (+ *di*): *il cielo si sta coprendo di nuvole spesse*

copriréte [comp. di *copri-* e *rete* ✱ 1986] **s. m. inv.** ● telo usato per coprire la rete del letto

copririṣvòlto [comp. di *copri-* e *risvolto* ✱ 1974] **s. m.** ● (*abbigliamento*) parte in vista del risvolto di giacche e sim.

copriruòta [comp. di *copri-* e *ruota* ✱ 1937] **s. m. inv. 1** coprimozzo **2** copricerchio

coprisedìle [comp. di *copri-* e *sedile* ✱ 1986] **s. m.** ● copertura in materiale vario che si mette sui sedili delle autovetture per proteggerli dall'usura o renderli più confortevoli in estate

coprisèlla [comp. di *copri-* e *sella* ✱ 1983] **s. m. inv.** ● fodera che copre la sella di una bi-

C

cicletta o motocicletta

coprisèsso [comp. di *copri-* e *sesso* ✻ 1983] **s. m. inv.** ● indumento molto ridotto, sia maschile che femminile, che copre appena gli organi genitali

coprispàlle [comp. di *copri-* e il pl. di *spalla* ✻ 1908] **A** **s. m. inv.** ● indumento femminile che copre le spalle e spesso anche le braccia **B** **anche in funzione di agg. inv.** (**posposto a un sost.**): *stola c.*

copritastièra [comp. di *copri-* e *tastiera* ✻ 1953] **s. m.** (**pl. inv.** o *-e*) ● striscia di panno usata per proteggere i tasti di un pianoforte | sagoma rigida di materiale plastico usata per coprire la tastiera di un computer

copritàvolo o **copritàvola** [comp. di *copri-* e *tavolo* ✻ 1980] **s. m.** (**pl.** *-i* o **inv.**) ● panno con cui si ricopre un tavolo a scopo protettivo o per abbellimento

copriteièra [comp. di *copri-* e *teiera* ✻ 1970] **s. m. inv.** ● copertina di tessuto per tenere calda la teiera

copritermosifóne [comp. di *copri-* e *termosifone* ✻ 1983] **s. m.** ● sovrastruttura in legno o metallo usata, nell'arredamento, per mascherare il radiatore dell'impianto di riscaldamento

copritóre [1338] **A** **s. m.** (**f.** *-trice*) ● chi esegue lavori di copertura **B** **agg.** ● che copre | ***penne copritrici***, negli uccelli, le penne corte che nelle ali ricoprono le principali alla base

copritovàglia [comp. di *copri-* e *tovaglia* ✻ 1959] **s. m. inv.** ● tela che copre la tovaglia dell'altare quando non si fanno sacre funzioni

coprivivànde [comp. di *copri-* e il pl. di *vivanda* ✻ 1940] **s. m. inv.** ● copripiatti

còpro- [dal gr. *kópros* 'sterco'. V. *copride*] **primo elemento** ● in parole composte dotte, significa 'feci' o 'relativo alle feci' od 'osceno': *coprofagia, coprolalia*

coprocessóre [vc. dotta, comp. di *co-*② e *processore* ✻ 1986] **s. m.** ● (*inform.*) microprocessore dedicato all'esecuzione di particolari funzioni che affianca l'unità centrale e consente di sveltire complessivamente il sistema: *c. matematico, c. grafico*

coprocoltùra [comp. di *copro-* e *coltura* ✻ 1981] **s. f.** ● (*biol.*) coltura batteriologica di materiale fecale

coprodùrre [comp. di *co-* e *produrre* ✻ 1984] **v. tr.** (**coniug. come** *produrre*) ● produrre, spec. un film, insieme con altri

coproduttóre [comp. di *co-* e *produttore* ✻ 1953] **A** **s. m.** (**f.** *-trice*) ● chi finanzia insieme con altri la produzione di un film, di un programma televisivo o di uno spettacolo teatrale **B** **anche agg.**: *casa, società coproduttrice*

coproduzióne [comp. di *co(n)-* e *produzione* ✻ 1950] **s. f.** ● produzione, spec. di un film, finanziata da due o più case cinematografiche, anche di nazionalità diversa | l'opera così prodotta

coprofagìa [comp. di *copro-* e *-fagia* ✻ 1892] **s. f.** (**pl.** *-gìe*) ● (*psicol.*) forma di alienazione mentale che induce alla manipolazione e alla ingestione di escrementi

copròfago [1956] **agg. e s. m.** (**f.** *-a*; **pl. m.** *-gi*) ● che (o chi) è affetto da coprofagia

coprofilìa [comp. di *copro-* e *-filia* ✻ 1964] **s. f.** **1** (*biol.*) tendenza di alcuni organismi a vivere fra gli escrementi, che vengono utilizzati come fonte di cibo o sede di deposizione delle uova **2** (*psicol.*) abnorme interesse e attrazione per le feci | forma psicotica per cui gli escrementi rappresentano un elemento essenziale per ottenere una gratificazione sessuale

coprolalìa [comp. di *copro-* e *-lalia* ✻ 1890] **s. f.** ● (*psicol.*) impulso morboso a usare espressioni oscene, spec. con riferimento a escrementi

coprolàlico [1964] **agg. e s. m.** (**f.** *-a*; **pl. m.** *-ci*) ● (*psicol.*) che (o chi) soffre di coprolalia

copròlito [comp. di *copro-* e *-lito*① ✻ 1881] **s. m.** **1** (*paleontologia*) escremento fossile, ricco spec. di fosfati **2** (*med.*) concrezione formata da feci dure e compatte

coprologìa [comp. di *copro-* e *-logia* ✻ 1964] **s. f.** (**pl.** *-gìe*) ● (*med.*) studio delle feci in condizioni fisiologiche e patologiche, spec. a fini diagnostici

coprostàṣi o **copròstaṣi** [comp. di *copro-* e *-stasi* ✻ 1883] **s. f. inv.** ● (*med.*) ritenzione delle feci nell'intestino per un tempo abnorme

coprotagonista [comp. di *co-* e *protagonista* ✻ av. 1975] **s. m. e f.** (**pl. m.** *-i*) ● attore che interpreta insieme con altri il ruolo di protagonista

còpto o (*raro*) **còfto** [arabo *qubṭ*, dal gr. *Aigýptios* 'egiziano' ✻ av. 1652] **A** **s. m.** (**f.** *-a*) **1** discendente degli antichi egiziani, dei quali ha conservato quasi intatti i caratteri somatici: *i Copti dell'Alto Egitto* **2** cristiano monofisita dell'Egitto e dell'Etiopia | ***c. cattolico***, che segue il rito copto ed è unito alla Chiesa cattolica romana **B** **s. m. solo sing.** ● antica lingua egiziana, oggi usata nella liturgia dei Copti **C** **agg.** ● dei Copti

còpula [vc. dotta, lat. *cōpula(m)*. V. *coppia* ✻ sec. XIII] **s. f.** **1** †unione, congiunzione | (*lett.*) coito, amplesso **2** (*gramm.*) congiunzione copulativa | forma verbale che unisce il nome del predicato nominale al soggetto (per es. la forma *è* del verbo *essere* nella frase *la vita è bella*)

copulànte **A** **part. pres.** di *copulare*; **anche agg.** **1** nei sign. del v. **2** (*fotogr.*) detto del viraggio di colore in cui l'intonazione cromatica si ottiene mediante copulanti cromogeni **B** **s. m.** **1** (*chim.*) ammina aromatica, fenolo o altro composto che, per reazione con i sali di diazonio, fornisce gli azocomposti **2** (*fotogr.*) ***c. cromogeno***, prodotto chimico alla cui presenza alcuni rivelatori di colore reagiscono originando coloranti complementari rispetto al colore base, per cui ogni strato della pellicola risulta sensibilizzato

copulàre [vc. dotta, lat. *copulāre*, da *cōpula* 'copula' ✻ sec. XIII] **A** **v. tr.** (*io còpulo*) **1** †accoppiare | unire in matrimonio **2** (*chim.*) operare una copulazione **B** **v. intr.** (**aus.** *avere*) ● (*lett.*) accoppiarsi, fare l'amore **C** **copulàrsi** **v. rifl.** ● (*lett.*) congiungersi sessualmente | †sposarsi

copulatìvo [vc. dotta, lat. tardo *copulatīvu(m)*, da *cōpula* 'copula' ✻ 1529] **agg.** ● (*gramm.*) che serve a congiungere | ***congiunzioni copulative***, le congiunzioni (per es. *e* o *né*) che coordinano due parole o frasi | ***verbo c.***, che funge da copula (per es. i verbi *essere, sembrare, diventare* ecc.) **CFR.** predicativo ‖ **copulativaménte**, **avv.** †congiuntamente

copulatóre [1956] **agg.** (**f.** *-trice*) ● che serve alla copulazione | (*zool.*) ***apparato c.***, negli animali vivipari con fecondazione interna, quello che serve a portare il liquido seminale maschile nella femmina

copulatòrio [vc. dotta, lat. tardo *copulatōriu(m)*, da *cōpula* 'copula' ✻ 1964] **agg.** (**pl. m.** *-i* o *raro -ii*) ● relativo alla copulazione

copulazióne [vc. dotta, lat. *copulatiōne(m)*, da *cōpula* 'copula' ✻ av. 1328] **s. f.** **1** (*raro, lett.*) unione, accoppiamento | (*lett.*) accoppiamento sessuale **2** (*chim.*) reazione tra sali di diazonio e ammine aromatiche, fenoli o altri composti che conduce ad azocomposti

còpy /ˈkɔpi, *ingl.* ˈkɒpɪ/ [vc. ingl., propr. 'copia' ✻ 1986] **s. m. inv.** (**anche f. inv. nel sign. 2**) **1** testo pubblicitario **2** accorc. di *copywriter*

copyleft /kopiˈlɛft, *ingl.* ˈkɒpɪˌlɛft/ [vc. ingl., che modifica in senso contrario *copyright*, opponendo a *right*, 'diritto' e 'destra', *left* 'lasciato, abbandonato' e 'sinistra' ✻ 2000] **s. m. inv.** ● modalità di distribuzione di un prodotto, che permette l'uso, la modifica, la copia, nonché la libera diffusione dello stesso, a condizione che ne sia indicata l'origine e preservata la gratuità **CFR.** copyright

copyright /ˈkopirait, *ingl.* ˈkɒpɪˌraɪt/ [vc. ingl., comp. di *copy* 'copia, riproduzione' e *right* 'diritto, proprietà' ✻ 1892] **s. m. inv.** **1** diritto d'autore su opere letterarie e artistiche | menzione di tale diritto su dette opere **2** (*fig.*) paternità intellettuale: *molti rivendicano il c. del federalismo*

copywriter /kopiˈraiter, *ingl.* ˈkɒpɪˌraɪtə(r)/ [vc. ingl., comp. di *copy* 'testo da stampare' e *writer* 'scrittore', da *to write* 'scrivere', vc. d'orig. germ. ✻ 1963] **s. m. e f. inv.** ● redattore di testi pubblicitari

coque /*fr.* kɔk/ [vc. fr., propr. 'guscio d'uovo' ✻ 1905] **s. f. inv.** ● nella loc. ***à la c., alla c.***, V. *à la coque*

coquette /*fr.* kɔˈkɛt/ [vc. fr., propr. f. dell'agg. *coquet* 'civettuolo, grazioso', da *coq* 'gallo' ✻ 1813] **A** **s. f. inv.** ● donna civettuola, fatua, frivola **B** **anche agg.**

coquillage /*fr.* kɔkiˈjaʒ/ [vc. fr., da *coquille* 'conchiglia' ✻ 1892] **s. m. inv.** ● motivo d'intaglio ornamentale diffuso nei mobili rococò

còr ➤ **cuore**

còra o **còre**② **s. f.** ● (*archeol.*) adattamento di *kore* (V.)

Coracifórmi [comp. del gr. *kórax*, genit. *kórakos* 'corvo' e del pl. di *-forme* ✻ 1956] **s. m. pl.** (**sing.** *-e*) ● (*zool.*) ordine di Uccelli arrampicatori dal becco lungo e robusto, scarso piumaggio e zampe corte (*Coraciiformes*)

coracòide [vc. dotta, comp. del gr. *kórax*, genit. *kórakos* 'corvo' e *-oide* per la forma, che ricorda il becco del corvo ✻ 1797] **s. m.** ● (*anat.*) processo osseo della scapola dei Mammiferi, tipico degli Euteri e derivato da cartilagine

coracoidèo [da *coracoide* ✻ 1964] **agg.** ● (*anat.*) relativo a coracoide

♦**coràggio** [provenz. *coratge*, dal lat. parl. **corāticu(m)*, da *cŏr* 'cuore' ✻ av. 1250] **A** **s. m.** **1** forza morale che mette in grado di affrontare difficoltà, sacrifici e pericoli: *uomo di grande c.*; *parlare, agire, lottare, combattere con c.*; *avere il c. di fare qlco.*; *mancare, perdersi di c.*; *ci vuol del c. per far questo*; *aver c. da vendere*; *scendi, se hai c.!* | ***c. civile***, quello che si dimostra nell'affrontare situazioni pericolose per il bene comune | ***c. da leone***, grande ardimento | ***c. della disperazione***, quello che si dimostra nel tentare con ogni mezzo di salvarsi da una situazione senza via d'uscita | ***avere il c. delle proprie azioni, delle proprie opinioni***, difenderle, sostenerle apertamente | (*lett., raro*) ***prendere c.***, osare | ***prendere il c. a due mani***, decidere di fare qlco. dopo aver messo da parte esitazioni e timori | ***fare, dare c. a qlcu.***, aiutarlo, sostenerlo moralmente in una circostanza difficile o dolorosa | ***farsi, darsi c.***, cercare in sé la forza d'animo necessaria a superare una circostanza difficile e dolorosa **SIN.** animo, ardire, audacia, cuore **CONTR.** viltà **2** impudenza, sfacciataggine: *ci vuole un bel c. a trattarlo così male!* **SIN.** iattanza, millanteria **3** †animo, intelletto | †cuore **B** **in funzione di inter.** ● si usa come esortazione a non lasciarsi abbattere o ad affrontare qlco. con forza d'animo e decisione **SIN.** animo

Definizione d'autore

L'idea di **coraggio** spesso coincide con quella di un uomo che sfida il destino e lotta per un ideale. Ma chi ha **coraggio** non può ignorare lo strazio di qualunque cittadino del mondo. Nell'estate del 2014, sono partito come volontario di Emergency prima in Kurdistan e poi in Sierra Leone, quasi avvertendo il fragile richiamo proveniente dalla sofferenza di quelle regioni. Qui ho affrontato il nemico più duro: Ebola. Mi sono ammalato, sono stato rimpatriato e sono guarito; per più di trenta giorni per i miei connazionali sono stato il "paziente zero". Tutti i volontari che operano nelle zone di crisi in ogni parte del mondo sanno che ogni respiro potrebbe essere l'ultimo. Chi affronta il pericolo non ha dubbi sul ruolo da assumere e comprende che la differenza tra **coraggio** e incoscienza si misura dalla linea di meta.

Fabrizio Pulvirenti

SFUMATURE DI SIGNIFICATO

coraggio - temerarietà - protervia

Con **coraggio** si definisce la forza morale che mette in grado una persona di affrontare difficoltà, sacrifici, pericoli. Se il coraggio si spinge fino al punto di non riflettere sull'entità del rischio o del pericolo che si corre si ha **temerarietà**, che è un eccesso di audacia e non è come tale una qualità positiva; in riferimento ai rapporti sociali la *temerarietà* coincide con l'impudenza, la sfrontatezza. In questa accezione ha significato ancora più accentuato **protervia**, che aggiunge alla *temerarietà* l'arroganza.

♦**coraggióso** (o **-ṣ-**) [av. 1250] **agg.** **1** che ha coraggio: *gente coraggiosa; mostrarsi c. di fronte al pericolo* **SIN.** audace, ardimentoso, valoroso **CONTR.** pavido **2** che dimostra coraggio: *discorso, atto c.; impresa coraggiosa; parole coraggiose* **SIN.** audace, ardito || **coraggiosaménte**, **avv.** con coraggio
SFUMATURE ➤ ***prode***

coràgo ➤ **corego**

†**coràio** [da *core*① ✻av. 1306] **s. m.** ● animo, cuore

♣**coràle**① [da *coro*① ✻1320] **A** **agg.** **1** relativo al coro, nel sign. di *coro*①: *musica, canto, composizione c.; libro c.* | ***società c.***, compagnia di persone che si riuniscono per cantare in coro | ***lirica c.***, nella letteratura greca, poesia destinata a essere cantata a più voci **2** (*est.*) concorde, unanime: *consenso c.; protesta, approvazione c.* | nel calcio e sim., di gioco o azione condotta con un'armonica collaborazione di tutti i giocatori **CONTR.** individuale **3** (*fig.*) detto di opera narrativa che rappresenta le vicende di una collettività o in cui i vari motivi ed elementi presentano un'armonica fusione: *dramma, film c.* || **coralménte**, **avv.** in modo corale, all'unanimità || **coralità**, **s. f. inv.** (V.) **B** **s. m.** **1** (*mus.*) composizione religiosa per coro a struttura strofica, di origine luterana | componimento strumentale ispirato a tale composizione religiosa **2** libro liturgico contenente gli uffici del coro **C** **s. f.** ● coro, società corale: *c. polifonica*

†**coràle**② [provenz. *coral*, dal lat. *cŏr* 'cuore' ✻av. 1250] **agg.** ● cordiale | sincero | profondo || †**coralménte**, †**coraleménte**, **avv.**

coralità [da *corale*① ✻1942] **s. f. inv.** ● carattere corale, collettivo

corallàio o (*merid.*) **corallàro** [1697] **s. m.** (**f.** *-aia*, **pl. m.** *-ai*) **1** artigiano che taglia e pulisce il corallo greggio **2** coralliere

corallière [1970] **s. m.** ● pescatore di corallo

corallìfero [comp. di *corallo* e *-fero* ✻av. 1730] **agg.** ● che è formato da coralli: *banco, bacino c.* | che produce coralli

coralliforme [comp. di *corallo* e *-forme* ✻1983] **agg.** ● che ha forma di corallo

corallìna [da *corallo* ✻1561] **s. f.** **1** alga rossa con tallo breve e ramificato incrostato di calcare che forma fitti cespuglietti a fior d'acqua (*Corallina officinalis*) **2** (*geol.*) varietà di pietra dura **3** barca usata dai pescatori di corallo

corallìno [av. 1503] **A** **agg.** **1** di corallo: *formazione corallina* | ***banco c.***, V. *banco* nel sign. 7 | ***isola corallina***, V. *isola* nel sign. 1 **2** (*est.*) che ha il colore del corallo: *labbra coralline* **B** **s. m.** **1** marmo rosso screziato **2** (**spec. al pl.**) tipo di pasta alimentare di piccola pezzatura a forma cilindrica

coràllo [lat. tardo *corăllu(m)*, per il classico *corălliu(m)*, dal gr. *korállion*, di etim. incerta ✻sec. XIII] **A** **s. m.** **1** denominazione di varie specie di Antozoi provvisti di uno scheletro calcareo che vivono in colonie ancorate alla rocce sottomarine (*Corallium*) | ***c. azzurro***, dell'Oceano Indiano (*Heliopora coerulea*) | ***c. rosso***, il cui colore deriva dalla presenza di sali di ferro nello scheletro (*Corallium rubrum*) | ***c. nero***, antipate **2** lo scheletro ramificato di questi animali, duro, compatto, di colore rosso, rosato o bianco; si usa per fabbricare oggetti ornamentali: *una collana di c.* | ***c. pelle d'angelo***, varietà, piuttosto rara, di color rosa pallido **3** (*fig., lett.*) colore rosso acceso caratteristico della sostanza omonima: *labbra di c.* **4** (*bot.*) ***albero del c.***, albero delle Papilionacee con foglie romboidali e fiori scarlatti (*Erythrina corallodendron*) **B** **in funzione di agg. inv.** ● che ha il colore caratteristico del corallo rosso: *un rossetto color c.; un vestito rosso c.* | ***serpente c.***, V. *serpente* || **corallétto**, **dim.**

coràme [lat. parl. **coriāme(n)*, da *cŏrium* 'cuoio' ✻1338] **s. m.** **1** (*lett.*) cuoio lavorato, spec. stampato a disegni **2** (*sett.*) cuoio

coramèlla [da *corame* ✻1905] **s. f.** ● striscia di cuoio usata spec. un tempo dai barbieri per affilare i rasoi **SIN.** affilarasoio

coramerìa [1983] **s. f.** ● (*sett.*) negozio in cui si vendono oggetti di cuoio | pelletteria

Coramìna [1927] **s. f.** ● farmaco, non più in uso, stimolante del cuore e dei centri respiratori

còram pòpulo [lat. 'davanti al popolo' ✻1536] **loc. avv.** ● pubblicamente: *ammettere coram populo il proprio sbaglio*

corànico [1907] **agg.** (**pl. m.** *-ci*) ● del Corano: *versetto, precetto c.; religione coranica*

Coràno [arabo *qur'ān* 'recitazione ad alta voce', da *qara'a* 'recitare, leggere' ✻av. 1367] **s. m. solo sing.** **1** libro sacro dei Musulmani, base della religione e del diritto islamico **2** (*est.*) manoscritto o stampa del testo del Corano

coràta o †**curàta** [lat. parl. **corāta*, nt. pl. di **corātum*, da *cŏr* 'cuore' ✻1250] **s. f.** **1** cuore, fegato, polmoni e milza di animali macellati | †visceri umani **2** †cuore umano **3** (*fig.*) †animo: *parole d'adolorare, che passan le corate* (IACOPONE)

coratèlla o †**curatèlla** [da *corata* ✻av. 1531] **s. f.** ● corata di agnello, lepre o coniglio

coràzza [lat. parl. *coriācea(m)* 'di cuoio', da *cŏrium* 'cuoio' ✻av. 1292] **s. f.** **1** armatura del busto, in cuoio o metallo, composta di due pezzi, petto e schiena, integrati rispettivamente dalla panciera e dal guardareni | ***mezza c.***, corsaletto | (*sport*) protezione che gli atleti di alcuni sport indossano per riparare il torace **2** (*est.*) antico milite a cavallo, con armatura completa, detto più tardi corazziere **3** (*zool.*) rivestimento protettivo, calcareo, osseo, corneo, e sim. del corpo di molti animali **4** (*milit.*) rivestimento protettivo, blinda: *la c. di un carro armato* | guscio protettivo: *c. di un bossolo, di un proiettile* | (*mar.*) insieme di piastroni d'acciaio con cui si rivestono i fianchi e le altre parti vitali di una nave da guerra a scopo di difesa | (*idraul.*) mantellata **5** (*fig.*) difesa, schermo protettivo: *l'indifferenza è la sua c.* || **corazzétta**, **dim.** | **corazzìna**, **dim.** | **corazzìno**, **dim. m.** (V.)

†**corazzàio** [1324] **s. m.** ● fabbricante di corazze

corazzàre [1797] **A** **v. tr.** **1** armare di corazza: *c. una nave da guerra* **2** (*fig.*) difendere, proteggere **B** **corazzàrsi** **v. rifl.** **1** munirsi di corazza **2** (*fig.*) difendersi, proteggersi: *corazzarsi contro le calunnie*

corazzàta [fr. *cuirassé*, da *cuirasse* 'corazza', detta così perché protetta da una corazza di metallo ✻1874] **s. f.** ● grande nave da battaglia, fornita di spesse corazze d'acciaio e di potenti artiglierie
SFUMATURE ➤ ***incrociatore***

corazzàto **part. pass.** di *corazzare*; anche **agg.** **1** ***reparti corazzati, divisione corazzata***, che dispongono di mezzi corazzati | ***vetro c.***, vetro blindato | ***pennino c.***, coperto da uno speciale rivestimento protettivo **2** (*fig.*) protetto: *sono c. contro le calunnie*

corazzatùra [da *corazzare* ✻1865] **s. f.** **1** il corazzare **2** l'insieme dei materiali che corazzano una nave e sim.

corazzière [da *corazza* ✻1604] **s. m.** **1** anticamente, soldato a cavallo armato di corazza e di spadone, che faceva parte dei corpi di cavalleria pesante | attualmente, in Italia, carabiniere guardia del Capo dello Stato scelto in base a particolari requisiti fisici e disciplinari **2** (*fig.*) persona molto alta e solenne

corazzìno [1983] **s. m.** **1** dim. di *corazza* **2** (*sport*) nella scherma, giubbetto

còrba① [lat. *cŏrbe(m)*, di orig. preindeur. ✻1303] **s. f.** **1** grossa cesta alta e stretta, fatta di vimini o di sottili rami di castagno intrecciati, generalmente provvista di manici **2** antica misura bolognese per aridi e per liquidi, equivalente a circa 80 litri || **corbèlla**, **dim.** | **corbétta**, **dim.**

córba② [adattamento del fr. *courbe* 'curva' ✻sec. XIII] **s. f.** ● (*veter.*) malformazione ossea al margine posteriore del garretto di Bovini ed Equini, formatasi in seguito a infiammazione o traumatismi

còrba③ [da *corba*① ✻1956] **s. f.** ● (*mar.*) ciascuna delle costole accoppiate che formano l'ossatura di uno scafo

corbàcchio ➤ **corbaccio**

†**corbacchióne** o †**corvacchióne** [av. 1400] **s. m.** **1** accr. di *corbaccio* **2** (*fig.*) uomo astuto e scaltro: *Orlando è corbacchion di campanile / e non si venne per questo mutando* (L. PULCI)

corbàccio o **corbàcchio** [accr. di *corbo*, var. di *corvo* ✻1364] **s. m.** ● (*lett.*) grosso corvo: *– O piuttosto un corbacchio? – ribatté Alberto* (C. DOSSI) || **corbacchióne**, **accr.** (V.)

corbàme [dal lat. *cŭrvus* 'corvo' (?) ✻1351] **s. m.** ● (*mar.; disus.*) insieme delle corbe (o costole) dello scafo di una nave

corbeille /fr. kɔrˈbɛj/ [vc. fr., dal lat. tardo *corbĭcula(m)*, dim. di *cŏrbis* 'corba' ✻1892] **s. f. inv.** **1** cesto di fiori **2** nelle Borse valori, recinto dal quale gli agenti di cambio gridavano i prezzi con cui intendevano vendere o comprare i titoli

†**corbellàggine** [da *corbello*② ✻av. 1584] **s. f.** ● balordaggine

†**corbellàio** [da *corbello*① ✻sec. XV] **s. m.** ● fabbricante o venditore di corbelli

corbellàre [da *corbello*② ✻av. 1712] **v. tr.** (*io corbèllo*) **1** (*tosc.* o *lett.*) canzonare, schernire: *lo corbella per la sua incapacità di parlare* | (*raro*) ***c. la fiera***, infischiarsene degli altri **2** ingannare, raggirare: *se avesse voluto corbellarmi non ero io l'uomo disposto a tollerarlo* (I. NIEVO)

corbellàta① [da *corbello*① ✻1554] **s. f.** ● quanto può essere contenuto in un corbello

corbellàta② [av. 1861] **s. f.** ● (*lett.*) corbelleria

C

corbellatóre [da *corbellare* ✱ 1765] **s. m.** (**f.** *-trice*); anche **agg.** ● (*tosc.*) chi (o che) corbella, canzona

corbellatùra [da *corbellare* ✱ av. 1716] **s. f.** ● (*tosc., lett.*) derisione, canzonatura: *stimo ... la cieca adorazione ... come la più colossale delle corbellature* (M. D'Azeglio)

corbellerìa [da *corbello*② ✱ av. 1584] **s. f.** **1** balordaggine, sciocchezza: *dire, fare una c.* | sproposito, sbaglio grossolano **2** (*lett.*) inezia, cosa di poco conto: *gli fa spendere l'osso del collo in centomila corbellerie* (C. Goldoni) **3** (*lett.*) fandonia | facezia: *tanto ben fornito di corbellerie, da farci tutti scompisciare* (I. Nievo)

corbèlli [pl. di *corbello*② ✱ 1734] **inter.** ● (*eufem., tosc.; disus.*) esprime meraviglia, stupore, sorpresa

corbèllo① [lat. parl. **corbĕllu(m)*, da *cŏrbis* 'corba' ✱ sec. XII] **s. m.** ● specie di corba di forma arrotondata, usata spec. per ortaggi o frutta | ciò che è contenuto in un corbello: *un c. di pere* || **corbellétto**, **dim.** | **corbellìno**, **dim.** | **corbellóne**, **accr.**

corbèllo② [eufem. per *coglione* ✱ 1734] **s. m.** **1** (**spec. al pl.**, *eufem., tosc.*) testicolo | ***rompere i corbelli a qlcu.***, (*fig.*) infastidirlo, annoiarlo **2** (**f.** *-a*) (*fig., tosc., lett.*) persona sciocca: *sei stato proprio un c.!; e saremmo corbelli a non farcene il nostro pro'!* (I. Nievo) || **corbellóne**, **accr.**

corbézzola o †**corbézza** [da *corbezzolo* ✱ sec. XIV] **s. f.** ● frutto del corbezzolo

corbézzoli [pl. di *corbezzolo* ✱ 1752] **inter.** ● (*scherz., disus.*) esprime meraviglia, stupore, sorpresa o decisa affermazione

corbézzolo [etim. incerta ✱ 1342] **s. m.** **1** arbusto sempreverde delle Ericacee con frutto commestibile, rosso, simile a una ciliegia, ma con molti semi e fiori a calice (*Arbutus unedo*) **2** (*tosc.*) corbezzola

còrbo ➤ **corvo**①

corcàre ➤ **coricare**

corcontènto ➤ **cuorcontento**

còrcoro [vc. dotta, lat. *cŏrchoru(m)*, dal gr. *kórchoros*, di etim. incerta ✱ 1498] **s. m.** ● genere di piante delle Tigliacee con fusto cilindrico sottile da cui si ricava la iuta (*Corchorus*)

†**còrculo** [vc. dotta, lat. *cŏrculu(m)*, dim. di *cŏr* 'cuore' ✱ 1499] **s. m.** ● cuore

♦**còrda** [lat. *chŏrda(m)*, dal gr. *chordḗ*, di orig. indeur. ✱ 1279] **s. f.** **1** treccia di fili attorcigliati, usata per legare, tirare, sostenere: *c. di canapa, di nylon, di acciaio; una c. grossa, sottile, resistente; scala, scarpe di c.* | ***tirare (troppo) la c.***, (*fig.*) esagerare, rendere una situazione insostenibile | ***c. dei muratori***, filo a piombo | ***salto della c.***, gioco da ragazzi, che consiste nel saltare ritmicamente una corda facendosela passare sopra la testa e sotto i piedi | ***ballare, camminare sulla c.***, eseguire esercizi funamboleschi | ***tenere qlcu. sulla c.***, (*fig.*) mantenerlo in uno stato di incertezza, ansietà, attesa e sim. | ***dare c. a qlcu.***, (*fig.*) dargli retta, incoraggiarlo (dall'uso di legare gli animali con una corda per limitarne i movimenti) | ***tagliare la c.***, (*fig.*) scappare | **PROV.** ***non nominare la c. in casa dell'impiccato***, V. *impiccato* | ***essere con la c. al collo***, (*fig.*) in una situazione difficile, pericolosa | ***mettere la c. al collo a qlcu.***, (*fig.*) imporgli qlco. a condizioni pesanti, umilianti e sim. | in alcuni orologi a muro, catena che sostiene i pesi | (*est.*) ***dare la corda***, caricare un orologio, un meccanismo ecc. | (*fig.*) ***essere giù di c.***, essere depresso, giù di morale, e sim. **2** (*sport*) nell'alpinismo, fune perlopiù in fibra sintetica usata nelle ascensioni: *discesa a c. doppia; c. fissa* | nella ginnastica, attrezzo terminante ai due capi con due prese | nel pugilato, ciascuna delle funi tese tra i quattro pali posti agli angoli del quadrato | ***chiudere, mettere, stringere l'avversario alle corde***, imporgli la propria iniziativa; (*fig.*) mettere qlcu. alle strette, in difficoltà | nell'atletica, e nel ciclismo, bordo che delimita la pista dalla parte interna | ***partenza alla c.***, dalla prima corsia interna | ***correre alla c.***, per compiere il percorso più breve | nell'ippica, steccato **3** (*mus.*) filo di minugia, metallo, nylon e sim. che, fatto opportunamente vibrare, produce un suono: *strumenti a c.; c. armonica; c. fasciata; corde picchiate, pizzicate, fregate* | ***mettere in c. uno strumento***, incordarlo o rincordarlo | ***alla c.***, colpo d'arco degli strumenti ad arco che articola con precisione i suoni: *suonare alla c.* | (*fig.*) ***essere teso come le corde del violino***, molto nervoso | ***toccare una c. sensibile***, (*fig.*) un argomento delicato | ***la c. della vanità, dell'interesse e sim.***, (*fig.*) il lato del carattere più sensibile alla vanità, all'interesse e sim. | (*est.*) suono, nota, tono, registro | (*est.*, **al pl.**) strumenti a corda **4** ***c. dell'arco***, per tendere e curvare l'arco e lanciare la freccia **5** (*anat.*) ***c. del collo***, ciascuno dei due muscoli sternocleidomastoidei | ***c. magna, d'Ippocrate***, tendine d'Achille | ***corde vocali***, formazioni della laringe dalla cui vibrazione si originano la voce e i suoni | (*anat., zool.*) ***c. dorsale***, struttura assile a funzione di sostegno, formata da tessuto di aspetto gelatinoso, caratteristica dei Cordati, destinata nei Vertebrati a essere rimpiazzata dalla colonna vertebrale **SIN.** notocorda **6** trama di un tessuto a coste rilevate: *l'abito, per l'uso, mostrava la c.* | ***mostrare la c.***, (*fig.*) dare segni di invecchiamento, di arretratezza: *argomenti abusati, che mostrano la c.* **7** anticamente, tortura consistente nel tenere il torturato appeso a una corda che gli legava le mani dietro la schiena, talora lasciandolo poi cadere di colpo | ***dare la c.***, (*lett.*) punire o torturare con tale tormento **8** (*mat.*) segmento che ha per estremi due punti di una data figura | (*archit.*) ***c. di un arco***, distanza tra i suoi piedritti, calcolata alla base dell'arco stesso **SIN.** luce, portata | (*aeron.*) ***c. di profilo alare***, segmento che congiunge l'estremo anteriore con l'estremo posteriore del profilo **9** †unità di misura di lunghezza che, in Sicilia, equivaleva a circa 33 m || **cordèlla**, **dim.** (V.) | **cordétta**, **dim.** | **cordicèlla**, **dim.** | **cordicìna**, **dim.** | **cordìna**, **dim.** | **cordìno**, **dim. m.** (V.) | **cordóne**, **accr. m.** (V.)

cordàce [vc. dotta, lat. *cordāce(m)*, dal gr. *kórdax*, di etim. incerta ✱ 1728] **s. m.** **1** danza sfrenata e burlesca dell'antica commedia greca **2** (*letter.*) trocheo

cordàggio [1589] **s. m.** **1** †cordame **2** (**spec. al pl.**) la fibra grezza della canapa: *primi cordaggi; secondi cordaggi*

cordàio o (*centr., merid.*) **cordàro** [1585] **s. m.** (**f.** *-aia*, **pl. m.** *-ai*) **1** operaio addetto alla fabbricazione di corde **2** chi vende corde e sim.

cordàme [da *corda* ✱ 1696] **s. m.** **1** quantità, assortimento di corde: *vendita, fabbrica di c.* **2** l'insieme delle corde di vari tipi e dimensioni che si conservano a bordo delle navi per vari usi | sulle navi a vela, l'insieme delle manovre correnti

cordàro ➤ **cordaio**

cordàta [fr. *cordée*, da *corde* 'corda', detta così perché è l'insieme degli alpinisti uniti alla stessa corda ✱ 1919] **s. f.** **1** in alpinismo, il complesso degli alpinisti legati a una stessa corda durante una scalata **2** (*fig.*) gruppo di persone unite per raggiungere un determinato obiettivo, come l'acquisto o la gestione di un'azienda, la conquista di posizioni di potere politico e sim. || **cordatìna**, **dim.**

Cordàti [da *corda*, detti così perché provvisti di corda dorsale ✱ 1913] **s. m. pl.** (**sing.** *-o*) ● (*zool.*) tipo di animali che presentano, almeno allo stadio embrionale, la corda dorsale (*Chordata*)

cordàto① [da *corda*, con *-ato* ✱ 1830] **agg.** **1** fornito di corda | che ha l'aspetto di una corda: *lava cordata* **2** (*arald.*) in uno stemma, detto di liuto, arpa o sim. con corde di smalto diverso

cordàto② [vc. dotta, lat. *cordātu(m)*, da *cŏr*, genit. *cŏrdis* 'cuore' ✱ 1830] **agg.** ● cuoriforme: *foglia cordata*

cordatrìce [da *corda* ✱ 1956] **s. f.** ● macchina per fabbricare corde e cavi

cordatùra [1956] **s. f.** ● operazione di fabbricazione di una corda o di un cavo | avvolgimento di cavi elettrici o telefonici

cordèlla [1289] **s. f.** **1** dim. di *corda* **2** stringa, nastrino per allacciare indumenti || **cordellìna**, **dim.** (V.)

cordellièra [fr. *cordellière*, da *cordelle* 'cordella' ✱ 1830] **s. f.** ● (*arald.*) cordone movente dalla corona annodato in fiocco, nello scudo

cordellìna [sec. XIV] **s. f.** **1** dim. di *cordella* **2** cordoncino di seta e di filo dorato che orna da un lato, scendendo dalla spallina, la giacca dell'alta uniforme militare **SIN.** aghetto

cordellìno [da *cordella* ✱ 1956] **s. m.** ● tessuto a righe diagonali e rilevate

cordellóne [da *cordella* ✱ 1865] **s. m.** ● tessuto di seta a corde rilevate, usato spec. per ricoprire poltrone

corderìa [da *corda* ✱ 1765] **s. f.** **1** fabbrica di corde **2** nei cantieri e negli arsenali, officina per la fabbricazione di cavi e sim.

cordésco [lat. parl. **cordĭscu(m)*, da *cŏrdus* 'tardivo', di etim. incerta ✱ 1368] **A** **agg.** (**pl. m.** *-schi*) ● (*tosc.*) detto di agnello nato dalla seconda figliatura, fra gennaio e aprile **B** **s. m.** ● (*tosc.*) vitello di età non superiore a due anni sottoposto alla macellazione

†**cordìaco** ➤ **cardiaco**

♦**cordiàle** [dal lat. *cŏr*, genit. *cŏrdis* 'cuore' ✱ sec. XIII] **A** **agg.** **1** (*raro, lett.*) del cuore: *la palpitazione c.* (G. D'Annunzio) **2** (*raro, lett.*) che fa bene al cuore; tonico, corroborante: *rimedio c.; bevanda c.* **3** detto di sentimento che viene dal cuore, affettuoso, sentito, caloroso: *augurio, affetto, saluto c.; cordiali rapporti di amicizia* | detto di persona affabile, gentile, amichevole: *gli abitanti del paese sono molto cordiali* | intenso, profondo: *c. antipatia* | ***c. nemico***, nemico giurato, acerrimo || **cordialménte**, †**cordialeménte**, **avv.** **1** in modo cordiale, anche nelle clausole epistolari di cortesia: *trattare cordialmente qlcu.; mi abbia cordialmente suo* **2** profondamente, con tutto il cuore: *odiare cordialmente qlcu.; mi è cordialmente antipatico* || **cordialità**, **s. f. inv.** (V.) **B** **s. m.** **1** (*disus.*) bevanda, liquore e sim. che corrobora e ristora: *prendere, somministrare un c.* **2** brodo con uova stemperate e succo di limone || **cordialino**, **dim.** | **cordialóne**, **accr.** (V.)

SFUMATURE ➤ ***spigliato***

♦**cordialità** [av. 1519] **s. f. inv.** **1** caratteristica di chi (o di ciò che) è cordiale: *la sua c. è nota a tutti; la c. di un'accoglienza* | atteggiamento, comportamento cordiale: *trattare, accogliere, ricevere, salutare qlcu. con c.* **SIN.** affabilità, calore, cortesia **2** (**spec. al pl.**) saluto affettuoso, sincero, spec. nelle formule epistolari

SFUMATURE DI SIGNIFICATO

cordialità - socievolezza - affabilità

L'essere aperti e calorosi nei confronti degli altri si dice **cordialità**. **Socievolezza** descrive l'atteggiamento di chi ama la compagnia e ha facilità nell'istaurare relazioni. Anche **affabilità** esprime questo senso di apertura agli altri, ma contiene una sfumatura legata alla gentilezza di modi, all'amabilità nel trattare.

cordialóne [1865] **s. m.** (**f.** *-a*) **1** accr. di *cordiale* **2** (*fam.*) chi è molto espansivo e alla buona

cordièra [da *corda* ∗ 1635] **s. f.** ● stecca di legno, d'avorio e sim. su cui si annodano le corde del violino e sim.

cordierìte [dal n. del geologo fr. L. *Cordier* (1777-1861) ∗ 1922] **s. f.** ● (*miner.*) alluminosilicato di magnesio la cui varietà debolmente ferrifera (dicroite) ha colori diversi (grigio, azzurro o giallognolo) a seconda del punto di osservazione

cordiglièra [sp. *cordillera*, da *cordilla* 'cordella' ∗ 1555] **s. f. 1** denominazione di catena montuosa dell'America meridionale e di quella centrale: *la c. delle Ande* **2** (*geol.*) fascia longitudinale poco profonda, che si solleva entro una geosinclinale dividendola longitudinalmente in più fosse

cordiglière o **cordiglièro** [fr. *cordelier*, da *corde* 'corda, cordiglio' ∗ 1313] **s. m. 1** †frate minore francescano **2** (*stor.*) membro di un club rivoluzionario in Francia, fondato da Danton nel 1790, che aveva sede in un antico convento di cordiglieri

cordìglio [da *corda* ∗ 1344] **s. m.** ● cordone con nodi che i frati e le monache portano sopra l'abito | cordicella con la quale il sacerdote si cinge il camice alla vita nelle sacre funzioni

cordìno [1614] **s. m. 1** dim. di *corda* | corda sottile per usi diversi | segmento di corda di piccolo diametro di cui gli alpinisti si servono nella manovra su roccia, come fune supplementare o per formare anelli a cui fissare la corda nella discesa | ***c. da valanga***, di colore rosso, che agganciato alla vita di uno sciatore o alpinista, affiorando in superficie, ne facilita il ritrovamento in caso di valanga **2** nel gioco del tamburello e nel pallone a bracciale, linea trasversale di metà campo

cordite ① [da *corda*, perché è fabbricata in fili ∗ 1940] **s. f.** ● esplosivo da lancio costituito spec. da fulmicotone, nitroglicerina, vaselina

cordite ② [da *cord(a vocale)* e *-ite*① ∗ 1899] **s. f.** ● (*med.*) infiammazione delle corde vocali

còrdless /ˈkɔrdles, *ingl.* ˈkɔːdlɪs/ [vc. ingl., propr. 'senza filo' ∗ 1988] **A agg. inv.** ● detto di apparecchio che funziona senza fili, a batteria **B s. m. inv.** ● telefono senza fili

†**còrdo** [V. *corda* ∗ av. 1306] **s. m.** ● corda

córdoba /ˈkɔrdoba, *sp.* ˈkɔrðoβa/ [da F. Fernández de *Córdoba* conquistatore del Nicaragua ∗ 1983] **s. m. inv.** (**pl. sp.** *córdobas*) ● unità monetaria del Nicaragua

cordòfono [comp. di *corda* e *-fono* ∗ 1956] **A s. m.** ● ogni strumento musicale il cui suono è prodotto dalla vibrazione di una o più corde tese su una cassa armonica **CFR.** aerofono, idiofono **B** anche **agg.**

†**cordogliàre** [av. 1250] **A v. tr.** ● compassionare **B v. intr.** e †**cordogliàrsi v. intr. pron.** ● dolersi

♣**cordòglio** [lat. *cordŏliu(m)*, comp. di *cŏr* 'cuore' e *dolēre* 'provar dolore' ∗ av. 1250] **s. m. 1** profondo dolore provocato da un lutto: *manifestazione di c.*; *esprimere il proprio c. a qlcu.*; *tutta la città partecipò al suo c.*; *molto c. e pena smisurata / prese di questo la bella Tisbina* (M.M. Boiardo) **2** †lamento funebre spec. nella loc. ***fare c.*** | †dolore, rammarico, rimpianto

SFUMATURE DI SIGNIFICATO

cordoglio - lutto - compianto

Il profondo dolore provocato dalla morte di una persona cara si chiama **cordoglio** o **lutto**. *Lutto* tuttavia definisce, oltre al dolore, anche l'evento stesso che lo ha generato. Se il lutto o il cordoglio sono sentiti e manifestati collettivamente, si parlerà in modo più pertinente di **compianto**.

†**cordogliòso** (o -ṣ-) [av. 1250] **agg.** ● pieno di cordoglio: *e così c. corsi divotamente alle sante orazioni* (B. Cellini) || †**cordogliosaménte**, **avv.**

còrdolo [da *corda* ∗ 1956] **s. m. 1** (*idraul.*) strato di materiale che viene costipato negli argini in terra **2** (*edil.*) trave di bordo nei solai misti di laterizio e calcestruzzo, debolmente armata e poggiante sui muri perimetrali portanti, per la ripartizione dei carichi **3** (*edil.*) linea o rilievo che corre lungo l'edificio o la sola facciata, che serve a distinguere i vari piani: *c. marcapiano* **4** lieve rialzo del piano stradale in cemento o altro materiale che delimita i sensi di marcia o le corsie preferenziali | (*sport*) nei circuiti automobilistici, rialzo in cemento che delimita e protegge i bordi delle curve **5** (*calzature*) profilo di guarnizione posto nella scarpa all'unione tra tomaia e suola

cordonàle [1973] **agg.** ● (*anat.*) relativo al cordone ombelicale: *sangue c.*

cordonàre [da *cordone* ∗ av. 1676] **v. tr.** (*io cordóno*) **1** (*raro*) cingere con un cordone, con una cordonata: *c. un'aiuola* **2** eseguire la cordonatura **3** circondare o presidiare con uno schieramento di forze di polizia: *c. una zona, un quartiere*

cordonàta [da *cordone* ∗ 1682] **s. f. 1** bordo a cordone che delimita un'aiuola **2** sistemazione di pendii con pali infissi nel terreno e uniti con un intreccio di ramaglie per evitare erosioni e frane **3** rampa lastricata attraversata da cordoni di pietra o laterizio che formano ampi scalini a pedata inclinata e alzata piccolissima | ***volta a c.***, a nervature

cordonàto [da *cordone* ∗ 1983] **agg.** ● detto di tessuto a coste rilevate

cordonatrìce [da *cordonato* ∗ 1983] **s. f.** ● macchina che esegue la cordonatura

cordonatùra [1951] **s. f. 1** (*raro*) il cordonare | cordone, cordolo **2** leggero incavo praticato su supporti vari spec. in carta, cartone e sim. per renderne possibile la piegatura **3** decorazione a rilievo simile a una cordicella posta su vasi spec. di ceramica **4** (*bot.*) malformazione per cui i tronchi di certi alberi presentano lungo il fusto un'escrescenza di forma elicoidale

cordon bleu /*fr.* kɔʀˌdɔ̃ˈblø/ [loc. fr., propr. 'cordone blu', con riferimento al nastro azzurro portato orig. in Francia dai cavalieri di Santo Spirito, ritenuto simbolo di grande merito ∗ 1913] **A loc. sost. m. e f. inv.** (**pl. fr.** *cordons bleus*) ● chi eccelle nell'arte culinaria **B loc. sost. m. inv.** ● scaloppina di vitello con ripieno di formaggio e prosciutto, impanata e fritta

cordoncìno [av. 1556] **s. m. 1** dim. di *cordone* **2** tipo di ricamo a punti fitti che formano un cordoncino: *eseguire un c.*; *punto a c.*

cordóne [1282] **s. m. 1** accr. di *corda* **2** corda di media grossezza e di materiale vario, destinata a usi diversi: *il c. della tenda, del campanello*; *legare il saio con un c.* | ***c. del sacerdote***, cordiglio | (*est.*) cavo: *c. elettrico, telefonico* | (*raro*) miccia **3** collana o collare di ordine cavalleresco, quale supremo grado dell'ordine | (*est.*) persona insignita di tale onorificenza **4** (*anat.*) qualsiasi organo o formazione che per struttura, flessibilità e sim. richiami l'immagine di un cordone: *c. ombelicale, spermatico* | ***tagliare il c. ombelicale***, (*fig.*) diventare autonomo rispetto a qlcu. o a qlco. (V. anche *ombelicale*) **5** (*est.*) struttura, linea e sim. in rilievo rispetto a una superficie | ***c. di saldatura***, tratto costituito da materiale di apporto lungo la linea di unione di due pezzi saldati per fusione | (*archit.*) modanatura architettonica di forma cilindrica liscia o decorata | bordo di pietre dure di forma parallelepipeda, disposte lungo il margine di marciapiedi o gradini **6** forma di potatura di alberi da frutto **7** (*geogr.*) ***c. litoraneo***, banco sabbioso di detriti fluviali parallelo a una costa e spesso delimitante una laguna | ***c. morenico***, rilievo formato per accumulo dei detriti di un ghiacciaio **8** (*est.*) linea di persone affiancate lungo una strada e sim. per misure di ordine pubblico, per servizio d'onore e sim.: *un c. di corazzieri*; *la folla ruppe, travolse, superò i cordoni della polizia* | fila di partecipanti a un corteo | (*fig.*) ***c. sanitario***, sistema di sorveglianza inteso a circoscrivere e isolare una zona colpita da malattia infettiva **9** (**spec. al pl.**, *eufem.*, *pop.*) coglione, testicolo | ***rompere i cordoni a qlcu.***, (*fig.*) importunarlo, infastidirlo || †**cordoncèllo**, **dim.** | **cordoncìno**, **dim.** (V.) | **cordonétto**, **dim.** (V.)

cordonétto [dal fr. *cordonnet*, propr. 'cordoncino' ∗ 1940] **s. m.** ● filo di cotone o di lino con particolare effetto di torsione

cordonifórme [comp. di *cordone* e *-forme* ∗ 1990] **agg.** ● che ha la forma o la struttura simile a quella di un cordone

cordotomìa [comp. di *corda* nel sign. 5 e *-tomia* ∗ 1956] **s. f.** ● (*chir.*) intervento chirurgico che ha lo scopo di eliminare il dolore, che si opera a livello del midollo spinale

†**cordovanière** [ant. fr. *cordoanier*, da *cordoan* 'cordovano' ∗ 1263] **s. m.** ● artigiano conciatore o venditore di cordovano | calzolaio

cordovàno [sp. *cordoban* 'di Cordova' ∗ 1303] **A agg.** ● di Cordova, città dell'Andalusia, in Spagna: *usanze cordovane*; *cuoio c.* **B s. m. 1** (**f.** *-a*) abitante o nativo di Cordova **2** tipo di cuoio marocchino sul quale sono impresse decorazioni dorate o argentate

còre ① ➤ **cuore**

còre ② ➤ **cora**

core ③ /kɔr, *ingl.* kɔː(r)/ [vc. ingl., propr. 'nucleo' ∗ 1963] **s. m. inv.** ● nucleo dei reattori nucleari

corèa ① o **còrea** [lat. *chorēa(m)*, dal gr. *choréia*, da *chorós* 'danza'. V. *coro*① ∗ 1374] **s. f. 1** †danza, ballo **2** (*med.*) malattia del sistema nervoso caratterizzata da contrazioni muscolari e movimenti involontari **SIN.** (*pop.*) ballo di san Vito | ***c. di Huntington***, V. *malattia*

corèa ② [dal n. della *Corea*, penisola asiatica sovrappopolata ∗ 1963] **s. f.** ● (*disus.*) quartiere popolare di una città, caratterizzato da una notevole densità di abitanti

♦**coreàno** [1860] **A agg.** ● della Corea: *lingua coreana* | ***alla coreana***, (*ellitt.*) ***coreana***, detto di collo a fascetta, aperto davanti **B s. m.** (**f.** *-a*) ● abitante o nativo della Corea **CFR.** nordcoreano, sudcoreano **C s. m. solo sing.** ● lingua parlata in Corea

core business /korˈbiznis, *ingl.* ˈkɔːˌbɪznɪs/ [loc. ingl., propr. 'affari (*business*) del centro, del nucleo (*core*)' ∗ 1990] **loc. sost. m. inv.** (**pl. ingl.** *core businesses*) ● (*econ.*) attività tipica o principale di un'impresa

coreferènte [comp. di *co-* e *referente*, in ingl. *co-referent* ∗ 1979] **s. m.** ● (*ling.*) parola o espressione che ha lo stesso referente di un'altra

coreferènza [comp. di *co-* e *referenza*, in ingl. *co-reference* ∗ 1979] **s. f.** ● (*ling.*) fenomeno per cui due o più parole o espressioni rinviano a uno stesso referente (per es. *re* e *che* nella frase *c'era un re che aveva due figlie*)

coréggia ① e deriv. ➤ **correggia**① e deriv.

†**coréggia** ② ➤ **scoreggia**①

coregìa [vc. dotta, gr. *choregía*. V. *corego* ∗ 1956] **s. f.** (**pl.** *-gìe*) ● liturgia dell'antica Atene, per cui un cittadino abbiente era chiamato dallo Stato a sostenere le spese di allestimento di un coro

corègo o **coràgo** [vc. dotta, lat. *chorāgu(m)*, dal gr. *choragós*, comp. di *chorós* 'coro' e *ágō* 'io conduco' ✱ 1723] **s. m.** (**pl.** *-ghi*) **1** nell'antica Atene, il cittadino cui era addossato l'onere di una coregia **2** (*teatro, lett.*) chi ha la direzione o la regia del coro

corègono o **coregóne** [etim. incerta ✱ 1910] **s. m.** • pesce osseo dei Clupeiformi, lacustre, presente in Italia nei laghi alpini (*Coregonus lavaretus*) SIN. lavarello

corèico [dal gr. *chorós* 'danza' (V. *coro*①) ✱ av. 1952] **agg.** (**pl. m.** *-ci*) **1** (*lett.*) relativo alla danza: *spettacolo c.* **2** (*med.*) relativo alla corea: *sindrome coreica*

corèo [vc. dotta, lat. *chorēu(m)*, dal gr. *chorêios* 'proprio del coro, della danza' ✱ av. 1675] **s. m.** • (*ling.*) nella metrica classica, trocheo

coreografìa [comp. del gr. *choréia* 'danza' (V. *corea*①) e di *-grafia* ✱ av. 1764] **s. f.** **1** arte di creare e comporre le figure di un balletto armonizzandole con la musica | (*est.*) ideazione e direzione di un balletto | (*est.*) insieme delle figure che costituiscono un balletto **2** (*fig.*) allestimento spettacolare, scenografico: *una c. di suoni ed effetti speciali*

coreogràfico [1825] **agg.** (**pl. m.** *-ci*) **1** di coreografia, relativo alla coreografia **2** (*fig.*) che si svolge in modo particolarmente fastoso e spettacolare: *matrimonio c.*; *cerimonia, manifestazione coreografica* ‖ **coreograficaménte**, **avv.** **1** in modo coreografico **2** per quanto riguarda la coreografia

coreògrafo [da *coreografia* ✱ 1855] **s. m.** (**f.** *-a*) • ideatore di coreografie | direttore di balletto

coréto ➤ **coietto**

corétto① ➤ **coietto**

corétto② ➤ **cuoretto**

corétto③ [1714] **s. m.** **1** dim. di *coro*① **2** stanza con finestrino munito di grata da cui si può assistere, non visti, alle funzioni in chiesa

corettóre [comp. di *co-* e *rettore* ✱ 1986] **s. m.** (**f.** *-trice*) • chi divide insieme con altri la carica di rettore

corèuta [vc. dotta, gr. *choreutḗs*, da *choréuō* 'io danzo nel coro'. V. *coro*① ✱ 1892] **s. m. e f.** (**pl. m.** *-i*) **1** ciascuno dei cantori e danzatori componenti l'antico coro greco **2** (*lett.*) corista

corèutica [da *coreuta* ✱ 1925] **s. f.** • (*lett.*) arte della danza

corèutico [1803] **agg.** (**pl. m.** *-ci*) • relativo alla coreutica

còrgi /'kɔrgi, *ingl.* 'kɔːgɪ/ [1982] **s. m. e f. inv.** • accorc. di *welsh corgi*

corgnòlo ➤ **corniolo**

♣**coriàceo** [vc. dotta, lat. tardo *coriāceu(m)*, da *cŏrium* 'cuoio' ✱ 1582] **agg.** **1** che ha la natura, l'aspetto o la durezza del cuoio: *sostanza coriacea*; *carne coriacea* **2** (*fig.*) detto di persona priva di sensibilità | detto di avversario difficile da battere, resistente e sim.

coriàle [da *corion* ✱ 1956] **agg.** • (*anat., biol.*) del corion, relativo al corion

coriàmbico [vc. dotta, lat. tardo *choriămbicu(m)*, dal gr. *choriambikós*, da *choríambos* 'coriambo' ✱ 1592] **agg.** (**pl. m.** *-ci*) • detto di verso greco e latino formato da coriambi

coriàmbo [vc. dotta, lat. tardo *choriămbu(m)*, dal gr. *choríambos*, comp. di *chórios* 'coreo' e *íambos* 'giambo' ✱ 1585] **s. m.** • (*ling.*) piede metrico della poesia greca e latina formato da una sillaba lunga, da due sillabe brevi e da un'altra lunga

Còrian® [marchio registrato della DuPont de Nemours che richiama l'agg. ingl. *coriaceous* 'coriaceo', per indicare un materiale resistente e flessibile come il cuoio ✱ 1990] **s. m. inv.** • materiale traslucido sintetico a base di idrossido di alluminio per superfici d'arredamento, usato in particolare nelle cucine e nei bagni

♦**coriàndolo** o †**coriàndro** nel sign. 1 [lat. *coriăndru(m)*, dal gr. *koríandron*, di orig. preindeur. ✱ 1310] **s. m.** **1** pianta erbacea delle Apiacee con fusto eretto, fiori piccoli e bianchi, frutti glabri con semi aromatici e medicinali (*Coriandrum sativum*) | seme della pianta omonima, usato in cucina, pasticceria, liquoreria e farmacia **2** confetto che contiene un seme di coriandolo **3** (**spec. al pl.**) ciascuno dei dischetti di carta variamente colorati che, in periodo di Carnevale, si usa gettare per gioco addosso alle persone

corìaria [lat. *coriāriu(m)* 'di cuoio', da *cŏrium* 'cuoio', detta così perché le foglie servivano a conciare le pelli ✱ 1830] **s. f.** • pianta con petali carnosi che circondano il frutto e foglie velenose dalle quali si estraggono prodotti concianti (*Coriaria myrtifolia*)

coribànte [vc. dotta, lat. *Corybăntes*, nom. pl., dal gr. *Korýbantes*, di etim. incerta ✱ av. 1494] **s. m.** • nell'antica Grecia, ciascuno dei sacerdoti di Cibele e di Attis, che ne celebravano il culto con danze orgiastiche | ciascuna delle divinità minori del seguito di Cibele e Attis

coribàntico [vc. dotta, gr. *korybantikós*, da *Korýbantes* 'Coribanti' ✱ 1865] **agg.** (**pl. m.** *-ci*) **1** dei coribanti: *feste coribantiche* **2** (*lett., raro*) sfrenato, orgiastico

coricaménto [av. 1292] **s. m.** **1** il coricare, il coricarsi **2** †tramonto

♦**coricàre** o (*raro, lett.*) **corcàre**, †**colcàre** [lat. *collocāre*. V. *collocare* ✱ 1275] **A** **v. tr.** (*io còrico, tu còrichi*) **1** mettere nel letto: *c. i bambini* **2** (*est.*) adagiare, distendere, mettere giù: *c. una trave, un tronco, un palo* **B** **coricàrsi** **v. intr. pron.** **1** andare a letto, mettersi a dormire nel letto: *si corica sempre tardi* **2** (*lett.*) tramontare **3** †chinarsi, inginocchiarsi **4** †essere situato: *Oltre l'Irlanda una isola si corca* (L. Ariosto)

còrico [vc. dotta, lat. tardo *chŏricu(m)*, dal gr. *chorikós*, da *chorós* 'coro①' ✱ av. 1565] **A** **agg.** (**pl. m.** *-ci*) • †del coro, nel sign. di *coro*① | (*letter.*) ***metro c.***, formato da due anapesti più una sillaba ancipite **B** **s. m.** **1** †corista **2** †composizione cantata dal coro

còrifa [dal gr. *koryphḗ* 'cima', per il ciuffo di foglie che ha sullo stipite ✱ 1830] **s. f.** • genere di Palme con fusto molto alto e nudo con un gran ciuffo di foglie alla sommità (*Corypha*)

corifèna [vc. dotta, gr. *korýphaina*, da *koryphḗ* 'cima', per la forma ✱ 1830] **s. f.** • pesce dei Teleostei dei Perciformi con corpo allungato e compresso, pinna dorsale lunga dal capo alla coda e dorso azzurrognolo dai riflessi dorati (*Coryphaena hippurus*)

corifèo [vc. dotta, lat. *coryphaeu(m)*, dal gr. *koryphâios*, 'che sta a capo' da *koryphḗ* 'cima' ✱ av. 1553] **s. m.** **1** capo dell'antico coro greco **2** (**f.** *-a*) (*fig.*; *spec. iron.*) capo, promotore, di un partito, di una corrente culturale, artistica e sim.

còrilo [lat. *cŏrulu(m)*, di orig. indeur. ✱ av. 1333] **s. m.** • (*lett.*) nocciòlo

corìmbo [vc. dotta, lat. *corўmbu(m)*, dal gr. *kórimbos* 'cima', dalla stessa radice di *koryphḗ* 'cima'. Cfr. *corifa* ✱ av. 1494] **s. m.** **1** (*bot.*) infiorescenza in cui i fiori sono allineati alla medesima altezza mentre i peduncoli partono dall'asse principale ad altezze diverse **2** (*mar.*) nell'antichità, l'ornamento saliente della poppa e della prua delle navi

corìmbo-tìrso [1990] **s. m.** • (*bot.*) infiorescenza formata da un corimbo composto

corindóne [fr. *corindon*, da una lingua dell'India ✱ 1817] **s. m.** • ossido di alluminio in cristalli romboedrici estremamente duri di colore vario e lucentezza adamantina di cui si distinguono diverse varietà, alcune delle quali usate come gemme | ***c. sintetico***, che ha la stessa composizione del rubino naturale, usato in orologeria | ***c. stellato***, asteria

corìnzio o **corìntio** [vc. dotta, lat. *corīnthiu(m)*, dal gr. *korínthios*, da *Kórinthos* 'Corinto' ✱ 1268] **A** **agg.** **1** di Corinto **2** (*archit.*) ***ordine c.***, ordine architettonico classico la cui colonna, scanalata e munita di base, ha il capitello ornato di foglie d'acanto | che è proprio di tale ordine: *colonna corinzia*; *capitello c.* **B** **s. m.** **1** (**f.** *-ia*) abitante o nativo di Corinto **2** stile architettonico dell'ordine corinzio

†**còrio**① ➤ **cuoio**

còrio② ➤ **corion**

corioidèa ➤ **coroide**

corioidèo ➤ **coroideo**

còrion o **còrio**② [vc. dotta, gr. *chórion* 'placenta', di orig. indeur. ✱ 1574] **s. m. inv.** **1** (*biol.*) annesso embrionale che costituisce il rivestimento dell'embrione in molti gruppi di Vertebrati superiori e che negli Euteri partecipa alla formazione della placenta **2** (*biol.*) rivestimento delle uova di diversi animali **3** (*biol.*) tessuto fibroso sottostante all'epidermide degli animali, costituente la parte della pelle che verrà trasformata in cuoio SIN. derma

coripètalo [comp. del gr. *chōrís* 'separatamente', di orig. indeur., e di *petalo* ✱ 1931] **agg.** • (*bot.*) dialipetalo

corisèpalo [comp. del gr. *chōrís* 'separatamente' (V. *coripetalo*), e di *sepalo* ✱ 1956] **agg.** • (*bot.*) dialisepalo

corìsta [da *coro*① ✱ av. 1494] **A** **s. m.** (**anche f. nel sign. 1; pl. m.** *-i*) **1** chi canta in un coro | (*raro*) chi presiede al coro di una chiesa **2** diapason **B** **agg.** • †detto di strumento idoneo al coro: *cembalo c.*

còriza o **corìzza** [lat. tardo *cŏryza(m)*, dal gr. *kóriza*, di etim. incerta ✱ sec. XIV] **s. f.** **1** (*med.*) raffreddore, rinite **2** (*veter.*) grave malattia epidermica del pollame

còrmo [vc. dotta, gr. *kormós* 'tronco' da *kéirō* 'io taglio' ✱ 1820] **s. m.** **1** (*bot.*) nelle piante vascolari, l'insieme di radice, fusto e foglie **2** (*zool.*) colonia derivata da un unico individuo fondatore

cormòfita [comp. del gr. *kormós* 'tronco' (V. *cormo*) e *phytón* 'pianta' ✱ 1865] **s. f.** • pianta fornita di cormo SIN. pianta vascolare, tracheofita

cormoràno [fr. *cormoran*, ant. fr. *cormareng*, comp. di *corp* 'corvo' e *mareng* 'marino' ✱ 1874] **s. m.** • grosso uccello acquatico dei Pelecaniformi con corpo allungato, zampe piuttosto brevi e palmate, collo lungo, becco acuto, piumaggio bruno-verdastro con riflessi metallici (*Phalacrocorax carbo*) SIN. marangone

còrnac [portog. *cornaca*, dal singalese *kūruneka* ✱ 1874] **s. m. inv.** • conducente e custode di elefanti, in India

cornàcchia [lat. parl. **cornācula(m)*, per il classico *cornīcula(m)*, dim. di *cŏrnix* 'cornacchia', di orig. onomat. ✱ av. 1292] **s. f.** **1** uccello dei Passeriformi simile al corvo ma con becco più grosso e più incurvato, coda arrotondata e piumaggio completamente nero (*Corvus corone*) CFR. crocidare, gracchiare | ***c. grigia***, con piumaggio grigio sul dorso e sulle parti inferiori, molto diffusa in Europa (*Corvus cornix*) SIN. mulacchia **2** (*fig.*) persona pettegola e importuna | persona antipatica, che predice disgrazie: *fate tacere quella c.* **3** (*fig.*) †prostituta **4** †maniglia di porta, simile al becco della cornacchia ‖ **cornacchìna**, **dim.** | **cornacchìno**, **dim. m.** | **cornacchióne**, **accr. m.** | **cornacchiòtto**, **dim. m.**

†**cornacchiàia** [av. 1405] **s. f.** **1** gracchiare rumoroso di un branco di cornacchie | (*fig.*) cicaleccio noioso **2** (*scherz.*) scampanio per un defunto

Cornàcee [vc. dotta, comp. del lat. *cŏrnum* 'corniolo' (V.) e di *-acee* ✱ 1892] **s. f. pl.** (**sing.** *-a*) • (*bot.*) famiglia di piante con foglie intere, opposte e fiori riuniti in ombrelle o capolini (*Cornaceae*)

cornalìna [fr. *cornaline*, V. *corniola*② ✻ 1795] **s. f.** ● (*miner.*) varietà di agata traslucida di color rossastro **SIN.** corniola

cornamùṣa [fr. *cornemuse*, da *cornemuser* 'suonare la cornamusa', comp. di *corner* 'suonare il corno' e *muser* 'suonare la cornamusa' ✻ av. 1348] **s. f.** ● strumento a fiato composto da un otre nel quale imboccano tre o quattro canne, la prima per dargli fiato e le altre per suonare **SIN.** piva ‖ **cornamuṣétta**, **dim.**

cornamuṣàro [1983] **s. m.** (**f.** *-a*) ● suonatore di cornamusa

†**cornàre** [da *corno* ✻ sec. XIII] **v. intr.** **1** suonare il corno **2** fischiare, sibilare, detto degli orecchi: *gli orecchi debbon cornarvi … spesso* (L. Pulci) **3** cozzare con le corna

cornàta [av. 1535] **s. f.** ● colpo dato con le corna: *prendersi, evitare, schivare una c.*; *fare a cornate*

cornatùra [av. 1587] **s. f.** **1** disposizione delle corna di un animale **2** (*raro*, *fig.*) indole, temperamento

còrnea [da (*membrana*) *cornea*. V. *corneo* ✻ av. 1334] **s. f.** ● (*anat.*) parte trasparente della sclera nella sezione anteriore dell'occhio

corneàle [1941] **agg.** ● relativo alla cornea: *epitelio c.* | ***lente c.***, lente a contatto consistente in un dischetto di plastica trasparente, assai sottile e di diametro poco inferiore a quello della cornea dell'occhio

corneggiàre [da *corno* ✻ sec. XIII] **A** **v. intr.** (**pres.** *io cornéggio*; **fut.** *io corneggerò*; **aus.** *avere*) **1** †dare cornate **2** (*raro*, *lett.*) avere la forma falcata delle corna, detto della luna nuova: *sul tardi corneggia la luna* (E. Montale) **B** **v. tr.** ● †colpire con le corna

cornéggio [fr. *cornage*, da *corner* 'soffiare nel corno' ✻ 1830] **s. m.** ● (*zootec.*) rumore respiratorio dovuto alla presenza di ostacoli o a stenosi delle vie aeree superiori, che si riscontra negli equini quando sono in movimento

corneificazióne [comp. di *corneo* e *-ficazione* ✻ 1916] **s. f.** ● (*med.*) modificazione dell'epitelio di rivestimento per deposizione di sostanza cornea nella cellula, tipica della cute ma possibile anche in altre sedi

còrneo [vc. dotta, lat. *cŏrneu(m)*, agg. di *cŏrnu* 'corno' ✻ av. 1340] **agg.** **1** che presenta natura, caratteristiche o aspetto di corno | ***strato c.***, strato superficiale della cute, costituito da cellule di particolare consistenza | ***tessuto c.***, che costituisce le unghie, i peli, i capelli | ***proliferazione cornea***, di consistenza simile alle corna degli animali **CFR.** cherato- **2** (*raro*) del corno (nel sign. di strumento musicale); che ha suono simile al corno

còrner /'kɔrner, *ingl.* 'kɔːnə(r)/ [ingl., propr. 'angolo', che risale al lat. *cŏrnu* 'corno' ✻ 1909] **s. m. inv.** ● (*sport*) calcio d'angolo | ***salvarsi in c.***, nel calcio, mandare il pallone oltre la propria linea di fondo, per risolvere una situazione pericolosa; (*fig.*) salvarsi per il rotto della cuffia, per un pelo

cornétta① [fr. *cornette* ✻ av. 1389] **A** **s. f.** **1** piccola insegna quadrata, a due punte o corni, degli antichi reparti di cavalleria | (*est.*) reparto di cavalleria che militava sotto tale insegna **2** cuffia inamidata delle suore di S. Vincenzo, in origine con larghe falde laterali **B** **s. m. e f.** (**pl. m.** *-i*) ● ufficiale che portava l'insegna della cornetta

cornétta② [da *corno* ✻ sec. XIV] **s. f.** **1** strumento d'ottone a fiato, di suono acuto da soprano **2** (*sett.*, *centr.*) microtelefono

cornettàre [da *cornetta*② ✻ 1983] **v. intr.** (*io cornétto*; **aus.** *avere*) ● (*raro*) suonare la cornetta

cornettìsta [da *cornetta*② ✻ 1941] **s. m. e f.** (**pl. m.** *-i*) ● suonatore di cornetta

cornétto [sec. XIV] **s. m.** **1** dim. di *corno* **2** amuleto a forma di piccolo corno **3** punta dell'incudine **4** ***c. acustico***, strumento a forma di corno usato un tempo per amplificare i suoni diretti all'orecchio | †coppetta per i salassi **5** tipo di strumento a fiato in legno del XVI sec. **6** piccola forma di pane o di brioche, dolce o salata **SIN.** croissant **7** ***Cornetto***®, nome di un gelato di produzione industriale contenuto in una cialda di forma conica **8** tralcio fruttifero della vite tagliato corto **SIN.** sperone **9** (*anat.*) turbinato **10** (*sett.*, **spec. al pl.**) fagiolino verde ‖ **cornettìno**, **dim.**

cornflakes /korn'fleiks, *ingl.* 'kɔːn,fleɪks/ [vc. ingl., comp. di *corn* 'granoturco' e il pl. di *flake* 'fiocco' ✻ 1958] **s. m. pl.** ● fiocchi di granoturco che si mangiano spec. a colazione con il latte

†**còrnia** [lat. *cŏrnea(m)* 'albero di corniolo', da *cŏrnum* 'corniolo' ✻ 1316] **s. f.** ● (*bot.*) corniola

♦**cornìce**① [vc. dotta, lat. *cornīce(m)*, calco sul gr. *korṓnē* 'cornacchia' poi 'oggetto piegato', quindi anche 'cornicione', per la curvatura che ricorda il becco della cornacchia ✻ 1289] **s. f.** **1** telaio di legno o altro materiale, variamente sagomato e decorato, dove s'incastrano quadri, specchi e sim. | ***mettere qlco. in c.***, incorniciarla | in architettura, parte più alta della trabeazione degli ordini classici | membratura sporgente che serve da coronamento a un edificio, a inquadrare finestre o porte, o anche a delimitare motivi ornamentali | (*est.*) parte più alta della trabeazione di un mobile **2** (*est.*) ciò che delimita, abbellisce o caratterizza qlco.: *i monti fanno da c. al lago*; *la c. dei capelli valorizza il suo viso* | (*fig.*) contesto che dà risalto a un evento: *la premiazione si è svolta in una c. mondana* | ***vale più la c. del quadro***, (*fig.*) gli elementi secondari hanno più valore di quello principale **3** inquadratura di pagina o figura, con filetti o fregi **4** parte di un'opera letteraria che serve per inquadrare e collegare le altre **5** orlo di roccia o di neve sporgente da dirupi ‖ **cornicétta**, **dim.** | **cornicìna**, **dim.** | **cornicióne**, **accr. m.** (V.)

cornìce② [lat. *cornīce(m)*. V. *cornacchia* ✻ av. 1374] **s. f.** ● (*lett.*) cornacchia

corniche /*fr.* kɔr'niʃ/ [vc. fr. dall'it. *cornice* (V.) ✻ 1975] **s. f. inv.** ● in Francia, strada panoramica

corniciàio [da *cornice*① ✻ 1956] **s. m.** (**f.** *-aia*, **pl. m.** *-ai*) ● chi fabbrica, monta o vende cornici

†**corniciàme** [av. 1574] **s. m.** **1** assortimento di cornici **2** ornamento che serve da cornice

corniciàre [1865] **v. tr.** (**pres.** *io cornìcio*; **fut.** *io cornicerò*) ● (*disus.*) incorniciare

corniciatùra [1850] **s. f.** ● (*raro*) incorniciatura

cornicióne [av. 1465] **s. m.** **1** (*raro*) accr. di *cornice*① **2** (*archit.*) cornice fortemente sporgente usata a coronamento di un edificio, sia con scopi pratici di riparo, sia, spec. negli edifici rinascimentali, con intenti estetici

còrnico [ingl. *Cornish* 'della Cornovaglia' ✻ 1913] **A** **agg.** (**pl. m.** *-ci*) ● della Cornovaglia: *paesaggio c.* **B** **s. m.** (**f.** *-a*) ● abitante o nativo della Cornovaglia **C** **s. m. solo sing.** ● lingua del gruppo britannico, parlata nella Cornovaglia fino al XVIII sec.

†**cornicolàto** [vc. dotta, lat. *corniculātu(m)*, da *cŏrnu* 'corno' ✻ sec. XIV] **agg.** ● che ha le estremità a forma di corno

cornificàre [da *corno* ✻ av. 1918] **v. tr.** (*io cornìfico, tu cornìfichi*) ● (*scherz.*) tradire il proprio coniuge o la persona cui si è legati da rapporti amorosi ‖ **cornificazióne**, **s. f.**

cornìgero [vc. dotta, lat. *cornĭgeru(m)*, comp. di *cŏrnu* 'corno' e *gĕrere* 'portare' ✻ 1316] **agg.** ● (*lett.*) fornito di corna

còrniola① [da *corniolo* ✻ 1310] **s. f.** ● frutto del corniolo

cornìola② [lat. *cornĕolu(m)*, dim. di *cŏrneus*, agg. di *cŏrnum* 'corniolo' ✻ sec. XIII] **s. f.** **1** (*miner.*) varietà di agata traslucida di colore rosso, usata per gemme incise e cammei **2** (*est.*) cammeo di fondo rosso con rilievo giallo-chiaro

còrniolo o **cornìolo** o **corgnòlo** [lat. *cornĕolu(m)*, dim. di *cŏrneus*, agg. di *cŏrnum* 'corniolo' ✻ av. 1333] **s. m.** ● arbusto delle Cornacee con foglie ovali, legno durissimo, fiori piccoli e gialli e frutti a drupa rossi e commestibili (*Cornus mas*)

cornìpede [vc. dotta, dal lat. *cornĭpede(m)*, comp. di *corn(o)* e *-pede* ✻ av. 1796] **A** **agg.** ● (*lett.*) detto di animale che ha i piedi cornei **B** **s. m.** ● (*raro*, *lett.*) cavallo: *… senza indugio / … sospinse i generosi / cornipedi* (V. Monti)

cornìsta [da *corno* ✻ 1830] **s. m. e f.** (**pl. m.** *-i*) ● suonatore di corno

♦**còrno** [lat. *cŏrnu*, di orig. indeur. ✻ 1268] **s. m.** (**pl.** *còrna* o †*còrne*, **f. nei sign. 1, 2, 3 e 4**, *còrni*, **m. nei sign. 5, 6, 7 e 8**) **1** caratteristica protuberanza del capo di molti Mammiferi, costituita da tessuto epidermico corneo: *le corna del bue*; *il c. del rinoceronte* **CFR.** -cero | (*lett.*) ***alzare le corna***, (*fig.*) insuperbirsi | (*fig.*) ***rompere, spezzare le corna a qlcu.***, picchiare o umiliare qlcu. | ***rompersi le corna***, (*fig.*) restare sconfitto | ***prendere il toro per le corna***, (*fig.*) affrontare decisamente qlcu., una situazione difficile e sim. | ***avere qlcu., qlco., sulle corna***, a noia | ***dire corna, dire peste e corna di qlcu.***, sparlarne | ***fare le corna***, compiere un gesto di scherno o di scongiuro, drizzando l'indice e il mignolo della mano chiusa **2** (*eufem.*, *pop.*) niente, nulla: *non me ne importa un c.* | ***un c.!***, escl. di decisa negazione, col sign. di 'nient'affatto', 'assolutamente no': *vero un c.!*; *è tuo? tuo un c.!* **3** (*colloq.*, *fig.*, **al pl.**) simbolo dell'infedeltà in amore: *avere, portare le corna*; *fare le corna al marito, alla moglie* **4** (*est.*) ognuna delle escrescenze rigide situate sul capo di alcuni tipi di animali: *le corna delle lumache*; *un serpente con le corna* | (*fig.*, *scherz.*) bernoccolo provocato da una contusione: *farsi un c. sulla fronte* **5** (*est.*) sostanza che costituisce le corna dei Mammiferi, contenente prevalentemente cheratina, impiegata per fabbricare oggetti vari: *pettine, manico, bottone di c.* | ***c. da scarpe***, calzatoio, un tempo ricavato da un corno di bue **6** (*est.*) oggetto a forma di corno: *c. dogale*; *c. per la polvere da sparo* | ***c. dell'abbondanza***, cornucopia | ciondolo portafortuna, di metallo prezioso o di corallo | in una catena di monti, vetta di forma conica | †punta di antenna, pennone, vela **7** (*mus.*) antico strumento a fiato ottenuto da un corno di bue opportunamente lavorato o foggiato secondo tale forma, usato da pastori, corrieri, postiglioni e sim. | oggi, strumento a fiato in ottone, rivoltato su sé stesso in due o tre giri circolari tra il bocchino e l'ampia campana, con ritorta d'accordi, fori laterali, chiavi e valvole: *c. naturale, da caccia, a pistoni*; *professore di c.* | (*est.*) chi suona tale strumento in un'orchestra | ***c. di bassetto***, clarinetto in fa | ***c. inglese***, oboe basso **8** (*est.*) estremità, spec. appuntita, di qlco.: *c. polare*; *il c. dell'incudine*; *i corni della luna, di un golfo* | ***i corni dell'altare***, i suoi due lati; a destra del sacerdote il corno dell'Epistola e a sinistra il corno del vangelo | (*fig.*) ***i corni di un dilemma***, le due possibili alternative | ***C. d'Africa***, la zona situata nell'Africa centrale, fra il Mar Rosso, il golfo di Aden e l'Oceano Indiano, e l'insieme dei Paesi (Etiopia e Somalia) che la occupano **9** †ala di una schiera d'armati | †nelle antiche fortificazioni, opera composta di due sole facce **10** (*anat.*) qualsiasi struttura o formazione che presenta una sagoma allungata e arcuata | *c. ventrale, c. dorsale*, ognuna delle quattro aree di sostanza grigia con valore motorio o, rispettivamente, sensoriale, caratteristiche del midollo spinale, in sezione trasversa **11** †costellazione dell'Orsa Minore || **cornàccio**, **pegg.** | **cornétto**, **dim.** (V.) | **cornicino**, **dim.** | **cornino**, **dim.**

C

cornòcchio [lat. parl. **cornŭculu(m)*, da *cŏrnu* 'corno' ✱ av. 1936] **s. m.** ● (*tosc.*) tutolo della pannocchia di granturco

cornucòpia [lat. *cŏrnu cōpiae* 'corno dell'abbondanza'. V. *corno* e *copia*① ✱ 1527] **s. f.** ● vaso a forma di corno, coronato d'erbe e di fiori e riempito di frutta, simbolo dell'abbondanza

cornùnghia [comp. di *corno* e *unghia* ✱ 1983] **s. f.** ● concime organico composto dai residui, torrefatti e polverizzati, della lavorazione di corna e unghie

cornùta ➤ **carnuta**

†**cornutézza** [1628] **s. f.** ● caratteristica di chi è cornuto

cornùto [lat. *cornūtu(m)*, da *cŏrnu* 'corno' ✱ sec. XIII] **A agg.** **1** fornito di corna: *animale c.* **2** (*lett.*) che termina a forma di corno: *al suon della cornuta cetra* (L. Ariosto) | †*stella cornuta*, cometa | (*fig.*) ***argomento c.***, V. *argomento* nel sign. 1 **B agg. e s. m.** (**f.** *-a*) ● (*pop.*) che (o chi), in un rapporto amoroso, è vittima di un tradimento: *marito c.*; *un povero c.* | (*est.*, *pop.*) epiteto offensivo: *quel c. voleva imbrogliarmi!* || **cornutàccio**, **pegg.** | **cornutóne**, **accr.**

♦**còro**① [vc. dotta, lat. *chŏru(m)*, dal gr. *chorós*, di orig. indeur. ✱ av. 1284] **s. m.** **1** nell'antico teatro greco, canto e danza con accompagnamento musicale che interrompeva l'azione tragica, commentandola | (*est.*) gruppo degli attori che eseguivano il coro | (*est.*) luogo del teatro dove veniva eseguito il coro **2** (*mus.*) canto eseguito da più persone, a diverse voci e all'unisono, con o senza accompagnamento musicale | ***c. battente***, particolare tipo di doppio coro | ***c. a cappella***, senza accompagnamento strumentale | (*est.*) gruppo di persone che cantano insieme: *il c. della Scala*; *un c. di alpini, di studenti, di ubriachi*; *far parte di un c.*; *cantare in un c.* | (*est.*) composizione musicale, canzone e sim. da cantarsi in coro: *il c. del Nabucco*; *un c. di montagna* **3** (*archit.*) nelle chiese cristiane, lo spazio, separato da recinzioni e provvisto di stalli, riservato ai cantori, situato nella parte terminale della navata centrale, prima del presbiterio, o dietro l'abside: *la cappella del c.* | l'insieme degli stalli per i cantori: *le tarsie di un c. ligneo* **4** insieme di parole, grida, lamenti e sim., emessi da più persone contemporaneamente: *un c. di pianti, di proteste, di elogi, di ingiurie, di fischi* | ***fare c. a qlcu.***, condividerne le opinioni | (*est.*) gruppo di persone che dicono o gridano qlco. contemporaneamente: *un c. di fanciulli urlanti, di donne in lacrime* | ***tutti in c.***, tutti insieme, a una voce; (*est.*) all'unanimità | ***essere fuori dal c.***, ***uscire dal c.***, (*fig.*) manifestare una posizione diversa da quella della maggioranza **5** (*est.*) verso, canto di più animali raccolti insieme: *il c. dei grilli, delle cicale, dei ranocchi* **6** (*lett.*) insieme di persone o di cose: *io ... / come ardirò di penetrar fra i cori / de' semidei?* (G. Parini) **7** schiera di angeli o di beati || **corétto**, **dim.**

còro② o †**càuro** [vc. dotta, lat. *cāuru(m)*, *cōru(m)*, di orig. indeur. ✱ sec. XIII] **s. m.** ● (*raro*, *lett.*) vento di nord-ovest | la parte da cui tale vento spira: *cessato il soffiar d'austro e di c.* (T. Tasso)

coròbate [vc. dotta, lat. *chorŏbate(m)*, dal gr. *chōrobátēs*, comp. da *chôros* 'terreno' e *báinō* 'io vado' ✱ 1758] **s. m.** ● nell'antica Grecia, strumento di livellazione del terreno

†**corodìa** [vc. dotta, gr. *chorō(i)día*, comp. di *chorós* 'coro①' e *ō(i)dḗ* 'canto' (V. *ode*) ✱ 1635] **s. f.** ● canto a coro, all'unisono o all'ottava

corodidàscalo [vc. dotta, lat. tardo *chorodidăscalu(m)*, dal gr. *chorodidáskalos*, comp. di *chorós* 'coro①' e *didáskalos* 'maestro' ✱ 1830] **s. m.** ● nella Grecia antica, istruttore e preparatore del coro

corografìa [vc. dotta, lat. *chorogrăphia(m)*, dal gr. *chōrographía*, comp. di *chôros* 'terreno' e *gráphō* 'io scrivo' ✱ 1525] **s. f.** **1** descrizione di una regione nei suoi particolari fisici, storici e umani | l'opera in cui tale descrizione è contenuta **2** condizione di un territorio rispetto alla sua conformazione fisica

corogràfico [vc. dotta, gr. *chorographikós*, da *chōrographía* 'corografia' ✱ 1585] **agg.** (**pl. m.** *-ci*) ● (*geogr.*) relativo alla corografia: *dizionario c.*; *mappa, tavola corografica* | ***carta corografica***, che rappresenta regioni abbastanza estese della superficie terrestre, in scala da 1:200 000 a 1:1 000 000

coròg rafo [vc. dotta, lat. tardo *chorŏgraphu(m)*, dal gr. *chōrográphos*, comp. di *chôros* 'terreno' e *gráphō* 'io scrivo' ✱ 1561] **s. m.** (**f.** *-a*) ● geografo specializzato in corografie | autore di mappe e di tavole corografiche

coròide o **coroidèa**, **corioidèa** [vc. dotta, gr. *chorioeidḗs* 'simile a membrana', comp. di *chórion* 'membrana' e *-eidḗs* '-oide' ✱ 1659] **s. f.** ● (*anat.*) membrana vascolare dell'occhio, di colore nerastro, al di sotto della sclera, nella parte posteriore dell'occhio

coroidèo o **corioidèo** [av. 1730] **agg.** ● (*anat.*) relativo alla coroide | ***plesso c.***, formazione granulare rossastra presente nel terzo ventricolo e nei ventricoli laterali, che dà origine al liquido cefalorachidiano

coroidìte [comp. di *coroid(e)* e *-ite*① ✱ 1887] **s. f.** ● (*med.*) infiammazione della coroide

coròlla (o **-ó-**) [vc. dotta, lat. *corŏlla(m)*, dim. di *corōna* 'corona' ✱ 1499] **s. f.** ● (*bot.*) parte del fiore interna al calice, costituita da uno o più verticilli di foglie modificate, destinata a esplicare una funzione di attrazione degli insetti che favoriscono l'impollinazione | (*est.*) ***a c.***, di ciò che ha forma svasata: *gonna a c.*

corollàrio [vc. dotta, lat. *corollāriu(m)*, da *corōlla* 'corolla' ✱ 1319] **A s. m.** **1** (*mat.*, *filos.*) proposizione che si deduce da un'altra già dimostrata **2** (*est.*) aggiunta, conseguenza: *c. del libro* **3** nell'antica Roma, coroncina d'oro o d'argento che veniva data agli attori come gratifica straordinaria **B agg.** ● †ottenuto per deduzione

♦**coróna** [lat. *corōna(m)*, dal gr. *korṓnē*, di orig. indeur. In particolare, nel sign. 9, per la corona originariamente impressa sopra la moneta; nel sign. 10 per la forma a corona del segno ✱ sec. XII] **A s. f.** **1** ornamento del capo a forma di cerchio, costituito spec. di fiori, fronde e sim., portato anticamente in segno di gioia, onore o come premio per vincitori di gare: *c. di rose, di spighe, di coralli, di vetro* | ***c. di lauro, d'alloro***, simbolo di gloria poetica | ***c. di fiori d'arancio***, quella portata dalla sposa quale simbolo di purezza | ***c. di spine***, quella posta per scherno sul capo di Gesù | (*est.*) nello sport, titolo di campione: *c. dei massimi*; *c. olimpica* **SIN.** diadema, ghirlanda, serto **2** cerchio di metallo prezioso, finemente lavorato e incastonato di gemme, simbolo di sovranità, signoria, dominio: *c. ducale, imperiale* | ***c. di ferro, ferrea***, degli antichi re d'Italia | appellativo di vari ordini sovrani: *c. d'Italia* | (*fig.*) autorità del sovrano: *avere, portare la c.*; *deporre, perdere, rifiutare la c.* | ***cingere la c.***, (*fig.*) salire al trono | (*fig.*) ***la Corona***, la persona del sovrano o l'istituzione monarchica | ***discorso della Corona***, negli Stati monarchici, quello letto dal sovrano nell'aprire una legislatura parlamentare | ***Sacra, Santa Corona***, anticamente, appellativo equivalente a Sire, Maestà | ***Sacra Corona Unita***, organizzazione di tipo mafioso diffusa spec. in Puglia **3** cerchio di fiori o fronde, spesso con nastri, scritte e sim., da appendere o deporre davanti a edifici o monumenti, come simbolo di festività, di voti, come ricordo e sim. | ***c. funebre, mortuaria***, posta sui feretri o sulle tombe per onorare la memoria dei defunti | (*fig.*, *lett.*) aureola: *o Musa ... / hai di stelle immortali aurea c.* (T. Tasso) **SIN.** ghirlanda, serto **4** (*est.*) oggetto o struttura che per forma o funzione ricorda una corona: *tappo a c.* | ***c. della campana***, anello che la fissa nel mozzo | anello che costituisce la parte periferica di un organo meccanico rotante: *c. dentata* | ***c. di carica***, rotellina zigrinata, all'esterno dell'orologio, che serve a caricare la molla | ***c. di forzamento***, anello di rame che fascia in prossimità del fondello i proiettili d'artiglieria | ***c. del brillante***, parte sfaccettata che circonda la tavola superiore | (*archit.*) coronamento | (*astron.*) parte più esterna dell'atmosfera di una stella: *c. solare* | nelle antiche fortificazioni, opera esterna costituita da un bastione frontale e due mezzi bastioni laterali **5** (*anat.*) porzione superiore di una struttura anatomica, spesso di forma anulare o cilindrica | ***c. dentaria, dentale***, parte visibile del dente che sporge dall'alveolo | in odontotecnica, capsula protettiva o sostitutiva della corona anatomica **6** (*est.*) serie di elementi disposti in cerchio: *una c. di capelli*; *una c. di monti, di mura* | ***a c.***, circolarmente | ***volo a c.***, di uccelli che formano, volando in cielo, un cerchio | ***far c. a qlcu.***, circondarlo, spec. con atteggiamento di deferente attenzione | †***far di sé c.***, disporsi in cerchio | lampadario medievale costituito da uno o più cerchi metallici muniti di punte reggicandela o di coppette d'olio | (*med.*) ***c. di Venere***, papule o pustole sifilitiche sulla fronte | (*mat.*) ***c. circolare***, insieme dei punti compresi fra due circonferenze concentriche | (*bot.*) insieme di appendici disposte in cerchio e sovrastanti un organo | ***la c. dell'albero***, la parte più alta, dove i rami si allargano **7** (*est.*) serie di oggetti attaccati l'uno all'altro, di parole o frasi dette o scritte di seguito e sim.: *una c. di nocciole, di castagne secche*; *una c. di aggettivi*; *una c. di sonetti*; *la c. del rosario* | ***dire la c.***, recitare il rosario | ***sfilare la c.***, (*fig.*) dire una serie di ingiurie **8** (*fig.*, *lett.*) coronamento, compimento: *a vita lunga solita c.* (G. Ungaretti) **9** (*numism.*) nome di alcune monete d'oro e d'argento coniate in vari Stati e diverse epoche, che hanno impressa la figura di una corona | unità monetaria della Repubblica Ceca, della Slovacchia (sino al 2008) e di alcuni altri Paesi europei: *c. estone, norvegese* **SIMB.** Kr **10** (*mus.*) segno convenzionale che serve a prolungare la nota o la pausa su cui è posto, più anticamente a suggerire una cadenza o una breve improvvisazione **SIN.** punto coronato **11** (*zool.*) margine inferiore del pastorale del cavallo **12** (*bot.*) ***c. imperiale***, pianta delle Liliacee con fusto coronato da un ciuffo di foglie da cui pendono i fiori rosso-giallastri o bruni (*Fritillaria imperialis*) **13** (**al pl.**) fibre di scarto nella filatura della lana **14** (*meteor.*) fenomeno ottico che consiste nella formazione di anelli colorati e iridescenti intorno al Sole o alla Luna, a causa della diffrazione della luce da parte di nubi in alta quota **B in funzione di agg. inv.** ● nella loc. (*fis.*) ***effetto c.***, fenomeno di dispersione di energia elettrica che si manifesta sulla superficie dei conduttori elettrici ad alta tensione sotto forma di effluvio luminoso accompagnato da un caratteristico crepitio ||

coroncìna, **dim.** (V.) | **coronèlla**, **dim.** (V.) | **coronétta**, **dim.**

SFUMATURE DI SIGNIFICATO

corona - ghirlanda - diadema

La **corona** è un cerchio di metallo prezioso finemente lavorato e incastonato di gemme che, posto sul capo, costituisce il simbolo della regalità; in accezione più generica è il nome di qualsiasi ornamento del capo di forma circolare. In questa accezione termine più specifico è **ghirlanda**, intreccio di fiori e fronde che un tempo adornava la testa di giovani donne in occasioni festive. **Diadema** è anch'esso un ornamento del capo, ma in oro, argento e pietre preziose, a forma di semicerchio, portato soprattutto da donne appartenenti a famiglie reali in occasioni di particolare solennità o eleganza.

coronàle [vc. dotta, lat. tardo *coronāle(m)*, da *corōna* 'corona' ✱1342] **agg.** **1** †che ha forma di corona **2** (*astron.*) relativo alla corona di una stella **3** (*anat.*) situato relativamente vicino alla corona di un organo, in particolare di un dente | ***osso c.***, osso frontale | ***sutura c.***, che unisce l'osso frontale con le ossa parietali **4** (*anat.*) frontale **5** (*ling.*) detto di suono articolato per mezzo della corona della lingua

coronaménto [vc. dotta, lat. tardo *coronāmĕntu(m)*, da *corōna* 'corona' ✱sec. XIII] **s. m.** **1** †incoronazione **2** (*fig.*) compimento, degna conclusione: *quest'opera è il c. della sua vita* **3** (*edil.*) struttura con cui termina superiormente una costruzione **4** (*mar.*) orlo superiore della poppa delle navi | ***fanale di c.***, quello bianco mostrato dalle navi a poppa

coronàre [vc. dotta, lat. *coronāre*, da *corōna* 'corona' ✱sec. XII] **A v. tr.** (*io coróno*) **1** cingere di corona, di ghirlanda e sim.: *c. di fiori il capo di qlcu.* | (*lett.*) incoronare **2** (*est.*) cingere, circondare: *la città era coronata da alte mura*; *le montagne coronano la regione* **3** (*fig.*) premiare, dare un riconoscimento: *il successo ha coronato i suoi sforzi*; *io me n'andrei ... dove le ricchezze non coronano il delitto* (U. Foscolo) **4** (*fig.*) concludere degnamente, portare a compimento: *un'opera che corona tutta la vita dell'autore*; *coronarono il loro amore con le nozze* **5** (*raro, lett.*) riempire fino all'orlo, detto di tazze, coppe e sim. **B coronàrsi v. rifl.** **1** cingersi di corona, di ghirlanda e sim. (+ *di*): *coronarsi vincitore*; *coronarsi di fiori, di alloro* **2** (*lett., fig.*) fregiarsi, adornarsi: *coronarsi di gloria, di onore*

coronària [f. sost. di *coronario* ✱av. 1730] **s. f.** ● (*anat., ellitt.*) arteria coronaria

coronàrico [1908] **agg.** (**pl. m.** *-ci*) ● (*med.*) relativo alle arterie e alle vene coronarie: *insufficienza coronarica* | ***unità coronarica***, negli ospedali, speciale reparto di terapia intensiva per i malati di infarto miocardico

coronàrio [vc. dotta, lat. *coronāriu(m)*, da *corōna* 'corona' ✱1442] **agg.** **1** (*lett.*) di corona | ***Certame c.***, gara poetica che aveva come premio una corona d'alloro lavorata in argento **2** (*anat.*) detto di formazione (vasi, legamenti, nervi e sim.) disposta come una corona attorno a un organo | ***arterie coronarie***, (*ellitt.*) ***coronarie*** le arterie che nascono dall'aorta ascendente e servono alla nutrizione del cuore

coronarite [comp. di *coronari(a)* e *-ite*① ✱1939] **s. f.** ● (*med.*) alterazione di un'arteria coronaria cardiaca o di un suo ramo

coronarografia [comp. di *coronaria* e *-grafia* ✱1985] **s. f.** ● (*med.*) indagine diagnostica dello stato delle coronarie mediante inoculazione di sostanze radiopache

coronaropatia [comp. di *coronaria* e *-patia* ✱1964] **s. f.** ● (*med.*) ogni affezione delle coronarie || **coronaropàtico**, **agg. e s. m.** (**f.** *-a*; **pl. m.** *-ci*) che (o chi) soffre di coronaropatia

coronàto **A part. pass.** di *coronare*; anche **agg.** **1** nei sign. del v. **2** ***testa coronata***, (*per anton.*) sovrano, regnante **B s. m.** **1** (**f.** *-a*) †persona incoronata | †chi ha la dignità reale **2** moneta d'argento napoletana coniata da Ferdinando I d'Aragona e da Alfonso II nel XV sec. con scena di incoronazione sul rovescio

coronavìrus [da *corona*, per l'alone rivelato al microscopio che caratterizza questo *virus* ✱1990] **s. m. inv.** ● (*biol.*) ogni virus del genere *Coronavirus*, che infetta l'uomo e molti animali domestici; nell'uomo è un'importante causa del raffreddore e della polmonite atipica

coronazióne [vc. dotta, lat. tardo *coronatiōne(m)*, da *corōna* 'corona' ✱av. 1306] **s. f.** ● (*lett.*) incoronazione | (*lett., raro*) corona

coroncìna [1541] **s. f.** **1** dim. di *corona* **2** rosario

coronèlla① [dim. di *corona* ✱1764] **s. f.** **1** argine costruito a valle di un altro che minaccia di rompersi | argine a pianta semicircolare per circondare la bocca di un fontanazzo formatosi nell'argine principale **2** (*mar.; disus.*) cima che fa da sostegno ad altre manovre

coronèlla② [detta così per la disposizione a *corona* delle scaglie del capo ✱1905] **s. f.** ● genere di serpenti dei Colubridi, piccoli e innocui, diffusi in Italia (*Coronella*)

còroner /ˈkɔroner, *ingl.* ˈkɒrənə(r)/ [vc. ingl., dall'anglonormanno *corouner*, propr. 'custode dei placiti della corona' ✱1769] **s. m. inv.** ● in vari Paesi anglosassoni, pubblico ufficiale incaricato di effettuare inchieste su ogni decesso non dovuto a cause naturali

corònide [vc. dotta, lat. tardo *corōnide(m)*, dal gr. *korōnís*, genit. *korōnídos* 'linea curva, compimento', da avvicinare a *korṓnē* 'corona' ✱1865] **s. f.** **1** segno diacritico della crasi in greco, a forma di apostrofo (') **2** in manoscritti e codici greci, simbolo grafico della partizione di capitolo, paragrafo e sim., di varia forma

coronìlla [dalla forma a *corona* delle infiorescenze ✱1830] **s. f.** ● genere di piante erbacee delle Papilionacee con fiori di vario colore e frutto a legume (*Coronilla*)

corònimo [comp. del gr. *chṓra* 'regione' e *-onimo* ✱1944] **s. m.** ● (*ling.*) denominazione di regione o di area geografica (per es. *Polesine*)

corònio [dalla *corona* solare, in cui questo gas sarebbe presente ✱1913] **s. m.** (**pl.** *-i* o *raro -ii*) ● ipotetico elemento chimico del quale si era supposta l'esistenza nella corona solare

coronògrafo [comp. di *corona* e *-grafo* ✱1956] **s. m.** ● telescopio munito di dispositivi che permettono di fotografare la bassa corona solare senza attendere le eclissi totali

coronòide [comp. dal gr. *korṓnē* 'cornacchia' e *-oide*, perché assomiglia al becco della cornacchia ✱1830] **agg.** ● (*anat.*) detto dell'apofisi anteriore, appuntita, della branca verticale della mandibola

coroplàstica [comp. del gr. *chṓra* 'terra' e *-plastica* ✱1956] **s. f.** ● (*archeol.*) tecnica della lavorazione della terracotta

coròẓo /koˈrɔso, *sp.* koˈroθo, -so/ [sp. *corozo*, di orig. portoricana ✱1942] **s. m.** (**pl.** *coròzi* o **sp.** *corozos*) ● albume durissimo contenuto nei semi di alcune palme dell'America tropicale, usato per fabbricare bottoni

†**corpacciàta** [da *corpo* ✱1355] **s. f.** ● scorpacciata, pasto abbondante

corpacciùto [da *corpaccio*, pegg. di *corpo* ✱av. 1292] **agg.** ● grosso, corpulento

corpétto [da *corpo* ✱1536] **s. m.** **1** nella marina militare, maglia di lana azzurra scura che i marinai portano sotto la casacca **2** panciotto, gilet **3** parte superiore, gener. corta e aderente al busto, dell'abito femminile **SIN.** corpino || **corpettìno**, **dim.**

corpìno [da *corpo* ✱1963] **s. m.** ● corpetto dell'abito femminile

♦**còrpo** [lat. *cŏrpus*, di etim. incerta ✱1087] **A s. m.** (**pl.** *còrpi*, **m.**, *lett.* †*còrpora*, **f.**) **1** parte di materia che occupa uno spazio e presenta una forma determinata: *c. liquido, solido, gassoso, rigido, elastico*; *corpi organici, inorganici* | ***i corpi celesti***, le stelle e i pianeti | ***gravità dei corpi***, il loro peso | ***impenetrabilità dei corpi***, l'impossibilità da parte di due corpi di occupare insieme lo stesso spazio | (*est.*) oggetto: *lo ferì un c. contundente* | (*dir.*) ***c. del reato***, oggetto in stretta relazione con l'esecuzione di un reato | (*med.*) ***c. estraneo***, ogni frammento solido di varia natura penetrato in un organismo; (*fig.*) elemento estraneo | (*est.*) ogni sostanza individuata da formula chimica e da proprietà fisiche caratteristiche | ***c. semplice***, la cui molecola è costituita da atomi di uno stesso elemento | ***c. composto***, la cui molecola è costituita da atomi di elementi diversi | ***c. allo stato colloidale***, colloide **2** complesso degli organi che costituiscono la parte materiale e organica dell'uomo e degli animali: *avere cura del proprio c.* **CFR.** somato-, -soma, -somia | costituzione fisica: *avere un c. asciutto, slanciato, robusto, atletico* | ***i piaceri del c.***, dei sensi | ***guardia del c.***, persona addetta al servizio e alla protezione di qlcu.; (*fig.*) aiutante, persona fidata | ***a c. a c.***, a stretto contatto, all'arma bianca (V. anche sign. B) | ***a c. morto***, pesantemente; (*fig.*) con impeto, con ardore | ***anima e c.***, (*fig.*) completamente, totalmente | ***avere qlco. in c.***, (*fig.*) essere ansioso, preoccupato | (*fig.*) ***avere il diavolo in c.***, essere molto agitato | (*fig.*) ***ricacciare le parole in c. a qlcu.***, farlo pentire di quello che ha detto | (*disus.*) ***c. di Bacco!***; ***c. di mille bombe!***, esclamazioni di sorpresa, irritazione ecc. | (*est.*) cadavere, salma: *il c. dell'impiccato*; *qui giacciono i corpi dei caduti in guerra* **3** (*anat.*) parte dell'organismo dotata di caratteristiche morfologiche e funzionali proprie | ***c. calloso***, struttura di connessione tra la neocorteccia dei due emisferi cerebrali | ***c. cavernoso***, struttura ricca di lacune sanguigne, in grado di aumentare di volume e di irrigidirsi | ***c. luteo***, corpuscolo giallastro che si forma nel follicolo ovarico dopo l'espulsione dell'uovo | ***c. vitreo***, voluminosa struttura trasparente e incolore dell'occhio, interposta tra cristallino e retina | ***c. uterino***, porzione dell'utero intermedia tra collo e ingresso degli ovidotti | ***c. vertebrale***, porzione cilindrica della vertebra sulla quale poggia il midollo spinale **4** (*fam.*) pancia, basso ventre: *avere dolori di c.* | ***mettere in c.***, mangiare e bere | ***andare di c.***, (*eufem.*) defecare **5** la parte sostanziale e più consistente di qlco.: *il c. di un palazzo, di un motore* | ***c. di fabbrica***, organismo strutturale che, pur facendo parte di un più ampio complesso, è individuabile per caratteristiche formali e costruttive proprie | ***il c. del discorso***, la parte centrale, tra l'esordio e la conclusione | massa, volume: *il c. della costruzione era enorme* | ***il c. di un vaso***, la sua capacità **6** consistenza, compattezza, solidità: *il c. del terreno* | (*enol.*) insieme di elementi che compongono la struttura di un vino: *un vino ricco, povero di c.* **CFR.** corposo nel sign. 3 | ***dare, prendere c.***, dare, assumere consistenza, credito e sim.: *dare c. alle ombre*; *sta prendendo c. l'ipotesi di un attentato* | ***aver c.***, avere forza, consistenza | ***colore a c.***, in pittura, quello ottenuto con impasto di pigmenti assai ricco, poco diluito e che forma perciò uno strato alquanto consistente | ***pittura a c.***, eseguita con colori a corpo **7** insieme di persone accomunate da una serie di caratteristiche, che costituiscono un gruppo: *c. consolare, insegnante, accademico, di ballo* | ***c. franco***, insieme di soldati irregolari che anticamente si reclutavano per fare scorrerie in un paese nemico | ***c. elettorale***, insieme di cittadini cui è attribuito il complesso dei diritti politici | ***c. diplomatico***, insieme dei capi delle missioni diplomatiche accreditate presso un determinato Stato | ***c. mistico***, l'insieme di tutti i cristiani, la Chiesa come corpo invisibile del Cristo | ***spirito di c.***, sentimento di solidarietà fra membri dello stesso corpo militare, della stessa categoria professionale e sim. | ***corpi separati***, organismi facenti parte della struttura statale, ma dotati di larga autonomia che consente loro un uso di poteri diverso da quello stabilito dalla legge, o addirittura contrario | ***c. di ballo***, V. *ballo* **8** specialità militare: *c. degli alpini, dei lagunari* | unità militare | ***c. di guardia***, insieme di soldati che partecipano allo stesso turno di vigilanza; (*est.*) locale che li accoglie durante il turno | ***C. d'armata***, grande unità composta da due o più divisioni **9** aggregato di cose più o meno simili che costituiscono una totalità omogenea: *il c. delle case, dei poderi, dei beni* | ***vendita a c.***, in cui il prezzo è stabilito senza riferimento alla misura del bene oggetto della vendita | ***c. geologico***, insieme di rocce distinte dalle circostanti per caratteri comuni **10** raccolta completa e ordinata delle opere di un autore, di una scuola, delle opere pertinenti a una data materia di studio e sim.: *il c. delle opere di Dante* **SIN.** corpus | sistema di versi | †esemplare o copia di una medesima opera **11** (*mar.*) scafo, fusto della nave | ***c. delle vele***, nelle navi a vele quadre, le quattro vele principali, cioè maestra, trinchetto e le due gabbie **12** (*mus.*) negli strumenti a corda, cassa di risonanza | negli strumenti a fiato, mole esteriore al cui interno ricorre la canna dell'aria **13** (*tipogr.*) grandezza del carattere misurata in punti tipografici: *un testo in c. dieci* **14** †globo dell'occhio **15** (*mat.*) anello i cui elementi non nulli formano gruppo rispetto alla moltiplicazione **16** (*fis.*) ***c. nero***, in termodinamica, corpo ideale, capace di assorbire completamente ogni radiazione elettromagnetica incidente **B** **nella loc. avv. e agg. inv.** ***corpo a corpo*** ● a stretto contatto, a distanza ravvicinata; anche, all'arma bianca: *lottare c. a c.*; *combattimenti c. a c.* **C** **nella loc. sost. m. inv.** ***corpo a corpo*** ● scontro fisico o combattimento a distanza ravvicinata (anche nel linguaggio sportivo della lotta libera e del pugilato); (*fig.*) nel linguaggio giornalistico, polemica molto dura e diretta tra due personaggi od organismi: *la guardia ha ingaggiato un c. a c. con il rapinatore*; *continua il c. a c. tra il ministro e i sindacati* ‖ **corpàccio**, **pegg.** | **corpiciàttolo**, **pegg.** | **corpicciòlo**, **corpicciuòlo**, **dim.** | **corpicèllo**, **dim.** | **corpicino**, **dim.** | **corpino**, **dim.** (V.) | **corpóne**, **accr.** | (*lett.*) **corpùccio**, **dim.**

corpomòrto [comp. di *corpo* e *morto* ✱ 1869] **s. m.** (**pl.** *corpimòrti*) **1** (*mar.*) ormeggio fisso costituito da una grossa ancora, un blocco di cemento e sim. affondati, collegati alla superficie da una catena sostenuta da un gavitello **2** nell'alpinismo, piastra metallica da affondarsi nella neve per costituire un ancoraggio di assicurazione durante le ascensioni

corporàle ① [vc. dotta, lat. *corporāle(m)*, agg. di *cŏrpus*, genit. *cŏrporis* 'corpo' ✱ 1224 ca.] **A** **agg.** ● pertinente al corpo umano: *esercizi, difetti, beni corporali*; *bisogno c.*; *Laudato si' … per sora nostra morte c.* (FRANCESCO D'ASSISI) | †***battaglia c.***, a corpo a corpo ‖ **corporalménte**, †**corporaleménte**, **avv.** materialmente; con il corpo; †***toccare, giurare corporalemente***, imponendo la mano sopra un oggetto considerato sacro; nel corpo: *punire corporalemente* ‖ **corporalità**, **s. f. inv.** (V.) **B** **s. m.** ● (*lett.*) parte materiale

corporàle ② [lat. tardo *corporale*. V. *corporale* ① ✱ sec. XII] **s. m.** ● panno quadrato di lino bianco, sul quale il sacerdote, nella Messa, depone il calice e l'ostia consacrata

corporalità [vc. dotta, lat. tardo *corporalitāte(m)*, da *corporālis* 'corporale ①' ✱ sec. XIV] **s. f. inv.** ● (*raro*) natura o condizione corporea

còrporate /'kɔrporeit, *ingl.* 'kɔːpərət/ [vc. ingl., 'societario' ✱ 1984] **agg. inv.** ● aziendale, societario, in alcune loc. sost. f. inv. | ***c. governance***, governo, amministrazione di una società (comp. con *governance* 'direzione, governo') | ***c. image***, opinione che il pubblico si forma di un'impresa commerciale o industriale (comp. con *image* 'immagine') | ***c. finance*** (comp. con *finance* 'finanza'), finanza d'impresa

corporation /korpo'reʃʃon, *ingl.* ˌkɔːpə'reɪʃən/ [vc. ingl., propr. 'corporazione' ✱ 1985] **s. f. inv.** ● impresa, società di grandi dimensioni

corporativìsmo [da *corporativo* ✱ 1893] **s. m.** **1** teoria e pratica politico-sociale fondata sull'obiettivo di superare i conflitti di classe tramite l'azione autoritaria dello Stato e la costituzione di corporazioni delle diverse categorie economiche **2** tendenza di un gruppo sociale o di una categoria a difendere i propri interessi particolari senza curarsi dell'interesse generale

corporativìsta [1894] **agg. e s. m. e f.** (**pl. m.** *-i*) ● che (o chi) è favorevole al corporativismo

corporativìstico [1931] **agg.** (**pl. m.** *-ci*) ● relativo o tendente al corporativismo, nel sign. 1 ‖ **corporativisticaménte**, **avv.** in modo corporativo; con spirito corporativo

corporativiẓẓàre [1937] **A** **v. tr.** ● trasformare in senso corporativo **B** **corporativiẓẓàrsi** **v. intr. pron.** ● trasformarsi in senso corporativo ‖ **corporativiẓẓazióne**, **s. f.**

corporatìvo [vc. dotta, lat. tardo *corporatīvu(m)* 'che fa corpo', da *cŏrpus*, genit. *cŏrporis* 'corpo' ✱ 1893] **agg.** **1** di corporazione | relativo alle corporazioni: *diritto, regime c.* **2** relativo al corporativismo, nel sign. 2 ‖ **corporativaménte**, **avv.**

corporàto [vc. dotta, lat. *corporātu(m)*, part. pass. di *corporāre* 'prendere corpo' ✱ 1887] **A** **s. m.** (**f.** *-a*) ● (*stor.*) membro di una corporazione **B** **anche agg.**: *interessi corporati*

◆**corporatùra** [vc. dotta, lat. *corporatūra(m)*, da *cŏrpus*, genit. *cŏrporis* 'corpo' ✱ sec. XIV] **s. f.** ● forma, aspetto, dimensione del corpo, spec. umano: *avere una c. agile, snella*; *essere di c. grossa, sottile* | †corpo **SIN.** complessione, costituzione, figura

corporazióne [lat. tardo *corporatiōne(m)*, che però significava 'corporalità, l'incorporarsi', da *corporāre* 'prendere corpo', prob. attrav. il fr. *corporation* ✱ 1671] **s. f.** **1** (*stor.*) associazione professionale o di mestiere rivolta alla tutela degli interessi degli associati e alla regolamentazione della professione o del mestiere in tutti i suoi aspetti: *le corporazioni di arti e mestieri* | (***est., anche spreg.***) categoria professionale arroccata a difesa di privilegi e interessi particolari: *la c. dei giornalisti, dei notai* **2** nel sistema sindacale fascista, organo dello Stato rappresentante contemporaneamente gli interessi contrapposti dei lavoratori e dei datori di lavoro: *Consiglio nazionale delle corporazioni*

corporeità [av. 1535] **s. f. inv.** ● caratteristica di ciò che è corporeo

corpòreo [vc. dotta, lat. *corpŏreu(m)*, da *cŏrpus*, genit. *cŏrporis* 'corpo' ✱ 1282] **agg.** **1** pertinente al corpo umano, corporale: *prediligere i piaceri corporei* | (*med.*) ***temperatura corporea***, grado di intensità del calore del corpo, misurato col termometro **2** che ha corpo: *sostanze corporee e incorporee* ‖ **corporeaménte**, **avv.** col corpo; corporalmente

còrpore vìli, in ➤ **in corpore vili**

corporiẓẓàre [fr. *corporiser*, dal lat. *cŏrpus*, genit. *cŏrporis* 'corpo' ✱ av. 1907] **v. tr.** ● (*lett.*) rendere corporeo, materializzare: *io non appartengo ai materialisti, i quali corporizzano lo spirito* (G. CARDUCCI)

✦**corpóso** (o **-ṣ-**) [da *corpo* ✱ 1914] **agg.** **1** denso, compatto, consistente | (*fig.*) ricco di contenuti: *un saggio, un libro c.* **2** che fa vedere il rilievo o il volume dei corpi, in pittura **3** detto di vino armonicamente ricco di alcol, materie estrattive, sapore, colore ‖ **corposaménte**, **avv.** ‖ **corposità**, **s. f. inv.**

corpulènto [vc. dotta, lat. *corpulĕntu(m)*, da *cŏrpus*, genit. *cŏrporis* 'corpo' ✱ 1361] **agg.** **1** di corporatura grande e robusta: *uomo c.* | pingue, obeso **2** (*fig.*) solido e piuttosto fertile, ma privo di finezza: *fantasia corpulenta*

corpulènza [vc. dotta, lat. *corpulĕntia(m)*, da *corpulĕntus* 'corpulento' ✱ 1361] **s. f.** ● caratteristica di chi (o di ciò che) è corpulento

còrpus [lat. 'corpo' ✱ 1905] **s. m. inv.** (**pl. lat.** *corpora*) **1** raccolta completa e ordinata di opere letterarie, giuridiche e sim.: *il c. delle epigrafi latine* **2** (*ling.*) campione rappresentativo di una lingua che il linguista prende in esame

corpuscolàre o †**corpusculàre** [1699] **agg.** **1** (*fis.*) relativo ai corpuscoli, alle particelle: *moti corpuscolari* **2** (*fis.*) che è costituito da corpuscoli, da particelle: *radiazione c.* | (*fis.*) ***teoria c.***, teoria sulla natura della luce che, in contrapposizione alla teoria ondulatoria, spiega i fenomeni ottici in base all'emissione e propagazione di corpuscoli, non di onde ‖ **corpuscolarità**, **s. f. inv.**

corpuscolàto [1987] **agg.** ● che ha forma e dimensioni di corpuscolo: *elemento c.*

corpùscolo o †**corpùsculo** [vc. dotta, lat. *corpŭsculu(m)*, dim. di *cŏrpus* 'corpo' ✱ 1481] **s. m.** **1** corpo di piccolissime dimensioni **2** struttura anatomica al limite della visibilità o addirittura microscopica: *c. tattile* | ***c. del Malpighi***, componente iniziale del nefrone, nella quale viene filtrato il sangue **3** (*fis.*) ente, dotato di una sua individualità, macroscopicamente piccolo o di dimensioni microscopiche o submicroscopiche, costituito da una o più particelle

†**corpusculàre** ➤ **corpuscolare**

†**corpùsculo** ➤ **corpuscolo**

Còrpus Dòmini o **Corpuṣdòmini** [lat. 'corpo del Signore' ✱ av. 1492] **loc. sost. m. inv.** ● solennità che celebra la presenza del corpo e sangue di Cristo nel sacramento dell'eucaristia e che ricorre tre settimane dopo l'Ascensione

corradicàle [comp. di *con* e *radice*, con suff. agg. ✱ 1956] **agg.; anche s. m.** ● (*ling.*) detto di vocabolo con radice uguale a quella di un altro

corraṣióne [lat. *corrāsus*, part. pass. di *corrādere* 'raschiar via', comp. di *cŭm* 'con' e *rādere* 'raschiare' ✱ 1930] **s. f.** ● (*geol.*) disgregazione ed erosione delle rocce, a opera del vento e dei materiali da esso trasportati

còrre ➤ **cogliere**

corredaménto [sec. XIV] **s. m.** ● il corredare | corredo

corredàre [da *arredare*, con cambio di pref. ✱ 1287] **A** **v. tr.** (*io corrèdo*) **1** fornire di tutto ciò che è necessario o utile (+ *di*, + *con*): *correda il testo un cd-rom*; *c. un laboratorio di strumenti*; *c. una casa di mobili*; *c. un testo di (o con) note*; *c. un'enciclopedia di (o con) un apparato iconografico* **SIN.** dotare, munire, provvedere **2** †preparare | †apparecchiare **B corredàrsi v. rifl. 1** †essere munito **2** †adornarsi, fregiarsi

corredàto **part. pass.** di *corredare*; anche **agg. 1** (*lett.*) dotato di quanto è necessario: *una nave bene armata e ben corredata* (G. BOCCACCIO) **2** fornito, provvisto (+ *da*, + *di*): *una petizione corredata da centinaia di firme*; *un articolo c. di fotografie*

corredentrìce [comp. di *con* e *redentrice*, f. di *redentore* ✱ av. 1729] **s. f.** ● appellativo di Maria Vergine, in quanto coopera con il Cristo nella redenzione del genere umano

corredìno [av. 1890] **s. m. 1** dim. di *corredo* **2** complesso di biancheria e capi di vestiario per neonato

corrèdo [da *corredare* ✱ 1266] **s. m. 1** complesso di attrezzi, strumenti e sim. necessari per svolgere determinate attività: *c. di una casa, di una scuola, di una chiesa, di una nave*; *c. per radiotecnico* | (*est.*) ciò che serve da sussidio, da elemento complementare: *catalogo pubblicato a c. di una mostra* **2** l'insieme dei capi di vestiario e della biancheria personale e domestica che porta con sé una sposa (o anche una novizia, un collegiale, un soldato e sim.): *c. ricco, povero*; *fare il c. alla figlia*; *c. da sposa*; *c. nuziale* | corredino: *c. per neonato* **3** (*fig.*) l'insieme delle indicazioni di vario genere aggiunte a un testo: *c. di note, di citazioni, di illustrazioni* **4** (*fig.*) bagaglio di qualità, nozioni e sim.: *avere un buon c. di cognizioni*; *possedere un c. di erudizione* **5** (*biol.*, *anat.*) complesso di organi e di strutture implicati in una determinata funzione | ***c. cromosomico***, insieme dei cromosomi di un cariotipo **6** †convito sontuoso ‖ **corredìno**, **dim.** (V.)

♦**corrèggere** [lat. *corrĭgere*, comp. di *cŭm* 'con' e *rĕgere* 'dirigere' (V. *reggere*) ✱ 1268] **A v. tr.** (**coniug. come** *reggere*) **1** eliminare imperfezioni, difetti, errori da qlco. in modo da migliorarla: *c. un compito scolastico, uno scritto, una legge*; *c. il corso di un fiume, il tracciato di una strada* | mitigare, rettificare: *c. un'espressione troppo forte*; *c. un giudizio avventato*; *c. degli errori* | curare, guarire: *c. un difetto fisico, lo strabismo, la balbuzie, la miopia* | apportare delle variazioni a dati, valori e sim. perché si adattino all'utilizzo voluto: *c. la rotta* | ***c. il tiro***, V. *tiro*① nel sign. 2 **2** ammonire, consigliare: *bisogna c. il comportamento di quel ragazzo*; *se sbaglio ti prego di correggermi* | (*est.*) riprendere, rimproverare: *è una persona che va corretta spesso* | (*est.*) †castigare, punire **3** (*est.*) aggiungere a bevande, carburante e sim. una sostanza tale da modificarne la concentrazione, il sapore o le proprietà: *c. il caffè con un liquore*; *c. la benzina con additivi* **4** (*lett.*) rimuovere, eliminare: *c. un torto* **5** (*mar.*) effettuare una correzione **6** (*raro*, *lett.*) governare, reggere: *tenne la terra che 'l Soldan corregge* (DANTE *Inf.* V, 60) | †guidare un animale **B corrèggersi v. intr. pron.** ● emendarsi, liberarsi da un difetto e sim.: *dovrebbe correggersi dalla brutta abitudine di mentire* | sostituire, mentre si parla, un'espressione errata con una corretta: *Israele è un Paese africano, mi correggo, asiatico*

SFUMATURE DI SIGNIFICATO
correggere - limare - rettificare
Correggere è termine generico per indicare l'operazione del rivedere quanto si è scritto, si è detto o si è fatto, al fine di eliminare imperfezioni ed errori. Se il *correggere* si limita a piccoli ritocchi, soprattutto di quanto si è scritto, si usa il termine **limare.** Con **rettificare** si intende invece un'operazione di modifica più profonda, che può anche arrivare a mutare l'impianto di quanto era stato in un primo tempo prodotto.
SFUMATURE ➤ ***modificare***

corrèggia① o **corèggia**①, †**scorèggia**② [lat. *corrigia(m)*, di orig. gallica (?) ✱ 1263] **s. f.** (**pl.** *-ge*) **1** striscia, cinghia di cuoio **2** †laccio delle scarpe ‖ **correggiòla**, **correggiuòla**, **dim.** (V.) | **correggiòlo**, **correggiuòlo**, **dim. m.**

†**corrèggia**② ➤ **scoreggia**①

†**correggiàio** o †**coreggiàio** [da *correggia*① ✱ 1232] **s. m.** ● fabbricante di corregge

correggiàme [av. 1431] **s. m.** ● (*raro*) insieme di finimenti del cavallo

correggiàto o **coreggiàto** [dalla *correggia* che lega le due parti dello strumento ✱ 1290] **s. m.** ● antico attrezzo formato da due bastoni uniti da una striscia di cuoio usato per la battitura dei cereali

correggìbile [da *correggere* ✱ 1363] **agg.** ● che può essere corretto ‖ **correggibilità**, **s. f. inv.**

†**correggiménto** [1268] **s. m. 1** correzione | castigo **2** reggimento, governo

correggiòla o **correggiuòla** [sec. XIII] **s. f. 1** dim. di *correggia*① | sottile legaccio di cuoio **2** cordoncino, rilievo sul dorso dei libri rilegati **3** (*bot.*) centinodia

†**correggitóre** [da *correggere* ✱ 1309] **s. m.** (**f.** *-trice*) **1** chi corregge **2** reggitore, sovrano

correggiuòla ➤ **correggiola**

corregionàle [vc. dotta, lat. tardo *corregionāle(m)*, nom. *corregionālis*, comp. di *cŭm* 'con' e *regionālis* 'regionale' ✱ 1865] **agg. e s. m. e f.** ● che (o chi) è della stessa regione di altri ‖ **corregionalità**, **s. f. inv.**

correità [da *correo* ✱ 1798] **s. f. inv.** ● condizione di correo

correlàre [da *correlazione* ✱ 1959] **v. tr.** (*io corrèlo*) ● mettere in correlazione (+ *a*, + *con*): *c. fenomeni locali a (o con) quelli locali*

correlatìvo [comp. di *con-* e *relativo* ✱ 1478] **agg. 1** che è in correlazione: *idee correlative* **2** (*gramm.*) detto di due termini che sono tra loro in un rapporto di dipendenza (per es. *sia … sia, tanto … quanto, alcuni … altri, non solo … ma anche*): *aggettivi, pronomi, congiunzioni, avverbi correlativi* | (*ling.*) ***coppia correlativa***, coppia di fonemi caratterizzati da un'unica marca distintiva (per es: non sonoro/sonoro) e che, condividendo con altre coppie di fonemi la stessa relazione, danno luogo a una correlazione (per es., in italiano: *p e b, t e d, k e g, s e z*) ‖ **correlativaménte**, **avv.** con, in, correlazione ‖ **correlatività**, **s. f. inv.**

correlàto **part. pass.** di *correlare*; anche **agg.** ● che è in correlazione (+ *a*, + *con*): *disturbi correlati all'alimentazione, con l'invecchiamento* | (*dir.*) ***parti correlate***, soggetti giuridici fra i quali intercorrono rapporti tali per cui uno di essi ha la possibilità di controllare l'altro o di esercitare un'influenza notevole sulle sue decisioni operative e finanziarie ‖ **correlataménte**, **avv.**

correlatóre [comp. di *con-* e *relatore* ✱ 1965] **s. m. 1** (**f.** *-trice*) in discussioni o dibattiti di assemblee, congressi e sim., chi svolge una relazione assieme a un altro relatore | nell'esame di laurea, docente che, avendo preso visione della tesi del laureando, la discute assieme al relatore **2** (*inform.*) elaboratore analogico per il calcolo dei coefficienti di correlazione tra grandezze

correlazióne [comp. di *con-* e *relazione* ✱ 1555] **s. f. 1** relazione reciproca esistente fra due o più elementi: *fra i due avvenimenti c'è una stretta c.*; *la c. delle parti col tutto* | ***in c. a***, ***in c. con***, in rapporto a **2** (*ling.*) la relazione che esiste fra coppie correlative di fonemi | (*gramm.*) ***c. dei tempi***, l'insieme delle norme sintattiche che regolano l'uso dei tempi verbali nella proposizione dipendente rispetto a quelli della reggente; nella sintassi del latino, consecutio temporum **3** (*stat.*) relazione di dipendenza tra due o più fenomeni o variabili

correligionàrio [comp. parasintetico di *religione*, con il pref. *con-* ✱ av. 1712] **s. m.** (**f.** *-ia*); anche **agg.** ● chi (o che) professa la stessa religione o (*est.*, *raro*) condivide con altri la stessa opinione politica

♦**corrènte**① [lat. *currĕnte(m)*, part. pres. di *cŭrrere* 'correre'] **A part. pres.** di *correre*; anche **agg. 1** che scorre: *acqua c.* **2** (*fig.*) fluente, sciolto, scorrevole: *stile c.* | (*fig.*, *raro*) che non ha intervalli o interruzioni: *bassorilievo c. lungo l'edificio* | (*disus.*) ***a posta c.***, a giro di posta **3** che è in uso, attuale | ***moneta c.***, in corso | ***prezzo c.***, di mercato | ***c. mese, anno***, che è in corso; anche ellitt.: *rispondo alla Sua del 6 c.* | (*fig.*) ***prendere qlco. per moneta c.***, crederla vera **4** comune, molto diffuso: *è un modo di dire c.*; *il parlare c.* | ***merce c.***, ordinaria | (*fig.*; *disus.*) ***uomo c.***, accomodante, acquiescente **5** (*mar.*) detto di manovra che viene utilizzata per regolare vele e pennoni durante la navigazione a vela **CONTR.** dormiente ‖ **correnteménte**, **avv. 1** con scioltezza: *parlare correntemente una lingua* **2** normalmente, usualmente: *parole correntemente usate* **B avv.** ● †speditamente **C s. m. solo sing.** ● spec. nella loc. ***al c.*** | ***essere al c. di qlco.***, esserne informato | ***mettere, tenere al c.***, tenere informato

SFUMATURE DI SIGNIFICATO
corrente - andante
Ciò che è comune, assai diffuso, facilmente reperibile si definisce **corrente. Andante** è invece ciò che si smercia facilmente a basso prezzo ed è perciò spesso di qualità scadente e di basso valore.
SFUMATURE ➤ ***scadente***

♦**corrènte**② [f. sost. di *corrente*① ✱ 1288] **s. f. 1** movimento di masse liquide o aeriformi in una data direzione **CFR.** reo- | ***c. a getto***, zona ristretta di venti a fortissima velocità situata poco al di sotto della tropopausa | ***c. occidentale***, movimento generale dell'aria da ovest a est caratteristico delle medie latitudini | (*colloq.*) ***c. d'aria***, (*ellitt.*) ***corrente***, movimento d'aria in un ambiente, spiffero: *chiudi la finestra, c'è c.!* | ***correnti marine***, movimenti di una parte delle acque marine dovuti a varie cause di carattere fisico e geofisico | ***C. del Golfo***, V. *golfo*① | ***c. di torbida***, massa fluida che contiene un elevato sedimento in sospensione che si muove per la differenza di densità con il liquido circostante **2** massa di materia in movimento: *una c. di lava, di materiale franoso* | ***c. stellare***, insieme di stelle che, nel loro moto, hanno una comune direzione preferenziale | (*est.*) insieme di persone, veicoli, merci e sim. che si spostano in movimento unidirezionale (*anche fig.*): *le correnti del traffico cittadino*; *la c. di scambi commerciali tra Italia e Francia*; *una c. di migrazione* **3** (*fis.*) flusso ordinato di cariche elettriche: *c. pulsante, indotta*; *c. bifase, monofase* **CFR.** galvano-, reo- | ***c. alternata***, che inverte periodicamente la propria direzione di flusso e la cui intensità è funzione periodica del tempo | ***c. continua***, che ha direzione e intensità costanti | ***c. di magnetizzazione***, che percorre un conduttore avvolto su di un nucleo ferromagnetico per magnetizzarlo | correntemente, energia elettrica: *manca la c.*; *presa di c.* **4** (*fig.*) uso, moda e sim. generalmente diffusa: *andare secondo, contro c.* | ***seguire la c.***, fare ciò che fanno gli altri, spec. in modo conformistico **5** (*fig.*) tendenza, movimento culturale, politico e sim.: *c. di pensiero; correnti artistiche, filosofiche, religiose* | (**est.**) gruppo organizzato all'interno di un partito politico: *c. di destra, di sinistra* || **correntóne**, **accr. m.**

SFUMATURE ➤ *vento*

corrènte③ [sost. di *corrente*① ✶ 1275] **s. m. 1** elemento quadrangolare di forma allungata impiegato nell'orditura dei tetti, per sostegno delle tegole e sim. | ***c. di nave***, rinforzo longitudinale dell'armatura di una nave **2** listello che corre lungo il fasciame di una struttura (ala, fusoliera, scafo e sim.) per irrigidirla **3** nella ginnastica artistica, traversa cilindrica in acciaio che l'atleta impugna, sollevato da terra, per eseguire gli esercizi alla sbarra || **correntino**, **dim.** (V.) | **correntóne**, **accr.**

corrènte④ [fr. *courante* 'corrente' ✶ 1585] **s. f.** ● antica danza a ritmo vivace, affine all'allemanda

correntézza [da *corrente*① ✶ 1865] **s. f. 1** (*raro*) sciotezza, prontezza | (*raro*) corrività **2** (*comm.*) serietà di intenti e rapidità di decisione nei rapporti con i clienti: *una ditta di grande c.*

correntìa [da *corrente*② ✶ sec. XIV] **s. f.** ● (*lett.*) corso della corrente: *l'aria si animava solo a mezzo fiume, dove correva col fil della c.* (R. Bacchelli)

correntìna [propr. dim. di *corrente*① ✶ 1865] **s. f.** ● lenza a mano, avvolta su di un sughero e munita di un solo calamento piombato

correntìno [1827] **s. m. 1** dim. di *corrente*③ **2** (*archit.*) listello facente parte della piccola orditura del tetto **3** listello applicato a lamiere, compensati e sim., per irrigidirli

correntiṣmo [comp. di *corrent(e)*② e *-ismo* ✶ 1964] **s. m.** ● tendenza dei partiti politici a dividersi in correnti

correntìsta [da (*conto*) *corrente* ✶ 1861] **s. m. e f.** (**pl. m.** *-i*) ● chi è parte di un contratto di conto corrente

correntìzio [da *corrente*② nel sign. 5 ✶ 1974] **agg.** ● relativo a una o più correnti di un partito politico: *lotta correntizia*

correntocrazìa [comp. di *corrente*② nel sign. 5 e *-crazia* ✶ 1964] **s. f.** ● il potere esercitato dalle correnti in seno ai partiti politici

corrèo o (*raro*) **còrreo** [vc. dotta, lat. tardo *cŏrreu(m)*, comp. di *cŭm* 'con' e *rĕus* 'reo' ✶ av. 1667] **s. m.** (**f.** *-a*) ● (*dir.*) chi è imputato di un reato insieme con altri | ***chiamata di c.***, accusa di concorso in un reato

♦**córrere** [lat. *cŭrrere*, di orig. indeur. ✶ sec. XII] **A v. intr.** (**pass. rem.** *io córsi, tu corrésti*; **part. pass.** *córso*; **aus.** *essere* **quando si esprime o sottintende una meta; aus.** *avere* **quando si esprime l'azione in sé e nel sign. di partecipare a una corsa**) **1** andare, muoversi velocemente, con le proprie gambe oppure usando un mezzo di locomozione, riferito a esseri animati: *c. a gambe levate, a spron battuto, a precipizio; c. a rotta di collo; c. come il vento, come il fulmine; c. come una lepre, come un treno; c. a piedi; c. a cavallo; c. in automobile, in bicicletta; corri a chiamarlo; tutti corsero a vederli; è corso subito via* | ***c. dietro a qlcu.***, inseguirlo | ***c. avanti e indietro***, darsi da fare | ***c. dietro alle donne***, (*fig.*) corteggiarle | (*fig.*) ***c. incontro alla morte***, affrontare grandi rischi | (*fig.*) ***c. ai ripari***, cercare rimedi rapidi o immediati per situazioni pericolose, preoccupanti e sim. | partecipare a gare sportive: *c. per una scuderia* | navigare: *c. di bolina* | ***c. alla banda***, col vento al fianco, che fa sbandare | †fare scorreria **2** muoversi velocemente, riferito a specifiche parti del corpo e anche a movimenti non fisiologici e a esseri inanimati: *i suoi occhi corsero subito alla fotografia; mi è corso il sangue alla testa; un brivido le corse per tutto il corpo; la mente mi corre sempre a quelle scene ormai lontane; le onde corrono alla riva* | ***non corre buon sangue***, (*fig.*) ci sono cattivi rapporti: *tra le due sorelle non corre buon sangue* | ***il denaro corre***, è speso rapidamente e con abbondanza **3** (*fig.*) aver fretta | agire, decidere, pensare con precipitazione: *c. per finire un lavoro; non c. alle conclusioni; non corriamo tanto a biasimare gli altri* **4** (*est.*) muoversi in una dimensione temporale, trascorrere, passare: *il tempo corre; fra questi avvenimenti sono corsi due mesi* | essere in corso: *correva l'anno 1300; coi tempi che corrono, bisogna accontentarsi* | decorrere, entrare in vigore: *lo stipendio corre da oggi; da domani correranno nuove norme* **5** (*fig.*) procedere, snodarsi: *attraverso quei monti corrono molti sentieri* | frapporsi: *corrono cento metri fra le nostre case* | essere scorrevole: *il discorso corre* **6** (*fig.*) circolare, diffondersi: *la fama corre; corre la notizia che sei ricco; a Parigi il libro corre per le mani* (U. Foscolo) | ***corre voce***, si dice in giro: *corre voce che stia per sposarsi* | intercorrere: *sono corse parole grosse fra di loro* | ***lasciar c.***, non intervenire, non prestare particolare attenzione, sorvolare | essere in corso: *banconota che non corre più* **7** (*raro*) avvenire, capitare, occorrere: *correvano gravi fatti in quei giorni* | (*burocr.*) ***mi corre l'obbligo***, mi sento in dovere, sento l'obbligo: *mi corre l'obbligo di avvertirla ...* **8** concorrere: *c. per un seggio senatoriale* **9** nelle forme **córrerci**, **córrercene**, passare una notevole differenza: *qualche difficoltà c'è, ma da qui a parlare di crisi ce ne corre!; tra l'armata francese d'allora e quella d'adesso, ci corre come dal giorno alla notte* (M. D'Azeglio) **B v. tr. 1** percorrere: *un fregio corre l'edificio* | (*fig.*) ***c. un rischio, un pericolo***, esporvisi | (*fig.*) ***c. un'avventura***, compiere un'esperienza avventurosa | (*fig.*) ***c. la cavallina***, condurre vita spensierata | †***c. il mare***, fare scorrerie, atti di pirateria **2** disputare, con riferimento a una gara di velocità: *c. i cento metri* | †cercare di ottenere, con riferimento al premio di una gara di velocità: *c. il palio, il drappo, la bandiera* | in ambiente medievale o rinascimentale, disputare, detto spec. di combattimenti con funzione spettacolare e tornei: *c. la giostra; c. la lancia, l'asta* **3** (*raro*) percorrere | (*lett.*) far scorrerie con uomini armati, depredare, devastare

†**correrìa** [da *correre* ✶ av. 1326] **s. f.** ● scorreria, incursione

correspettìvo e deriv. ➤ **corrispettivo** e deriv.

†**correspóndere** ➤ **corrispondere**

corresponsàbile [comp. di *con-* e *responsabile* ✶ 1798] **agg. e s. m. e f.** ● che (o chi) è responsabile insieme con altri: *essere c. di qlco.* || **corresponsabilità**, **s. f. inv.** responsabilità condivisa con altri

corresponsabiliẓẓàre [1983] **A v. tr.** ● rendere corresponsabile **B corresponsabiliẓẓàrsi v. intr. pron.** ● diventare corresponsabile || **corresponsabiliẓẓazióne**, **s. f.**

corresponsióne [da *corrispondere* ✶ 1700] **s. f. 1** pagamento, versamento di una data somma: *c. dello stipendio, del canone d'affitto* **2** (*fig.*, *raro*) corrispondenza di affetti

SFUMATURE ➤ *retribuzione*

correttézza [1865] **s. f. 1** caratteristica di ciò che è corretto: *c. grammaticale* **2** urbanità, educazione: *in quell'occasione si comportò con molta c.* **3** onestà, rettitudine: *c. commerciale; per c. di firma*

correttiṣmo [da *corretto* con *-ismo* ✶ 1938] **s. m. 1** atteggiamento o linguaggio politicamente corretto (V. *corretto* nel sign. 2) **2** (*ling.*, *raro*) tendenza a impiegare forme linguistiche corrette **CFR.** ipercorrettismo

correttìvo [da *corretto* ✶ 1307] **A agg.** ● che serve a temperare, a correggere, a modificare **B s. m. 1** ciò che serve a correggere, temperare, modificare **2** sostanza introdotta nelle preparazioni farmaceutiche per correggerne e migliorarne il sapore **3** (*agric.*) composto chimico che si aggiunge al terreno spec. per correggerne e modificarne la reazione

♦**corrètto** **part. pass.** di *correggere*; **anche agg. 1** privo di errori, difetti, imperfezioni e sim.: *compito, ragionamento c.* **CFR.** orto- **2** conforme alle regole del vivere civile: *comportamento c.; ha un rapporto c. con tutti* | ***politicamente c.***, detto di atteggiamento o linguaggio non offensivo nei confronti di soggetti deboli o minoritari (trad. della loc. ingl. *politically correct* (V.)) **CFR.** correttismo **3** che rispetta le norme morali, sociali, comportamentali e sim., proprie dell'ambiente di vita o di lavoro: *commerciante c.* **4** ***caffè c.***, a cui si è aggiunta una piccola dose di liquore || **correttaménte**, **avv.** in modo giusto, esatto: *tradurre correttamente*; in modo irreprensibile, ineccepibile, leale: *agire correttamente*

correttóre [vc. dotta, lat. *correctōre(m)* 'colui che corregge', da *corrĕctus* 'corretto' ✶ 1308] **s. m. 1** (**f.** *-trice*, **pop.**, **disus.** *-tóra*) chi corregge, modifica | ***c. di bozze***, chi legge le bozze di uno stampato per eliminare gli errori | ***c. di formaggi***, nell'industria casearia, l'addetto al trattamento delle impurità esterne dei formaggi, quali muffe, fenditure e sim., per conservarne l'integrità alimentare all'origine **2** ufficiale della cancelleria pontificia incaricato di raccogliere ed esaminare gli atti necessari per la trattazione degli affari **3** (*raro*, *lett.*) governatore, reggitore **4** in varie tecnologie, dispositivo, tasto e sim. atto a correggere | liquido coprente, o sim., usato per cancellare errori su dattiloscritti o manoscritti | ***c. di fase***, parte aggiuntiva in un circuito elettrico a corrente alternata, destinata a ottenere una particolare relazione di fase fra tensione e corrente | ***c. ortografico***, nei programmi, spec. di trattamento dei testi, funzione che è in grado di segnalare le parole che non rientrano in un dizionario di riferimento **5** (*agric.*) correttivo

correttòrio [da *corretto* ✶ 1673] **agg.** ● correttivo

correzionàle [fr. *correctionnel*, dal lat. mediev. *correctionāle(m)*. V. *correzione* ✶ 1797] **A s. m.** ● riformatorio **B agg.** ● (*dir.*) detto di ciò che comporta correzione: *casa c.*

correzióne [vc. dotta, lat. *correctiōne(m)*, da *corrĕctus* 'corretto' ✶ 1243 ca.] **s. f. 1** attività del correggere: *eseguire la c. dei compiti* | ***c. in, di bozze***, confronto della bozza con l'originale o con le bozze precedentemente corrette per eliminare gli errori | segno grafico che indica un errore in uno scritto: *fare una c. a penna, a matita* **2** ammonimento, rimprovero: *ricevere una c.; considerare le correzioni ricevute* | (*est.*) punizione, castigo, pena: *abuso dei mezzi di c.; casa di c.* **3** modifica, miglioramento: *c. di una strada, di un fiume, di un torrente* | ***c. del tiro***, variazione che si apporta nei dati di tiro di un pezzo d'artiglieria per portare la traiettoria sull'obiettivo | (*est.*, *pop.*) aggiunta di liquore al caffè in tazza **4** in ottica, compensazione delle ametropie dell'occhio, ottenuta mediante opportune lenti **5** (*ling.*) figura retorica che consiste nella ritrattazione più o meno sfumata di ciò che si è appena detto; per es. in: *C'è qualcosa di nuovo oggi nel sole, / anzi d'antico ...* (G. Pascoli) **6** (*mar.*) complesso dei calcoli necessari per convertire la prua alla bussola in prua vera **7** (*lett.*) cor-

rettezza, perfezione || **correzioncèlla**, **dim.** | **correzioncina**, **dim.**
SFUMATURE ➤ *castigo*

còrri còrri o **corricòrri** [imperat. di *correre*, raddoppiato. Cfr. *fuggifuggi* ✱ av. 1587] **loc. sost. m. inv.** • movimento veloce e caotico di più persone o (*raro*) veicoli: *il corri corri dei camerieri*

corrida [sp. *corrida* 'corsa', sottinteso *de toros* 'di tori' ✱ 1873] **s. f.** • tradizionale spettacolo spagnolo consistente nel combattimento tra uomo e toro in un'arena

corridiètro [comp. dell'imperat. di *correre* e di *dietro* ✱ 1964] **s. m. inv.** • (*archit.*, *pittura*, *scultura*) motivo ornamentale fatto di fregi a forma di S che si seguono l'un l'altro, talora intrecciandosi

♦**corridóio** o (*lett.*) **corritóio** [da *correre*, perché è il luogo dove si corre ✱ 1308] **s. m.** (**pl.** *-ói*) **1** in un edificio o un appartamento, ambiente di forma allungata che permette l'accesso indipendente alle varie camere o locali | ballatoio | (*fig.*) ***manovre, voci di c.***, non ufficiali, dietro le quinte **2** nelle antiche fortificazioni, banchina per i difensori situata dietro il parapetto del terrapieno, che costituiva la cortina delle opere di fortificazione | †andito sulle mura che univa le varie torri e permetteva il passaggio tra le varie batterie **3** passaggio centrale o laterale di una carrozza ferroviaria sul quale si affacciano gli scompartimenti o le file di sedili | spazio centrale di passaggio fra le file di sedili del tram, dell'autobus e sim. **4** (*mar.*) ponte sotto coperta | ***primo, secondo c.***, per distinguerli a partire dall'alto | nelle navi da guerra, il ponte sottostante al ponte di batteria **5** (*est.*) stretta porzione di territorio di uno Stato inclusa in un altro Stato: *c. polacco* | ***c. umanitario***, in una zona di guerra, striscia di territorio neutrale per consentire il transito di profughi o di convogli con aiuti alla popolazione | ***c. aereo***, passaggio aereo stabilito con particolari accordi per l'attraversamento di Stati, zone proibite, sistemi di difesa antiaerea e sim. **6** nel tennis, ciascuno dei due spazi laterali del campo nel senso della lunghezza, utilizzati nelle partite di doppio | nel calcio, settore del terreno non controllato dall'avversario, o varco tra i difensori antagonisti: *trovare un c.*; *aprirsi un c.* || **corridoiétto**, **dim.** | **corridoìno**, **dim.**

corridóre o †**corritóre** [da *correre* ✱ sec. XII] **A agg.** (**f.** *corritrice*, *raro -dóra*) • adatto alla corsa: *cavallo, uccello c.* **B s. m. 1** chi disputa gare di corsa: *c. ciclista, automobilista* | nel baseball, giocatore all'attacco che corre verso una base, la occupa o ne ritorna **2** anticamente, chi prendeva parte alle corse nel circo **3** †esploratore **4** uccello incapace di volare, ma con robuste zampe atte alla corsa

♦**corrièra** [da *corriere* ✱ 1745] **s. f. 1** carrozza a cavalli che portava il corriere postale | corsa ordinaria del corriere **2** autocorriera, autobus di linea

♦**corrière** o †**corrièri**, †**corrièro** [da *correre* ✱ 1263] **s. m.** (**f.** *raro -a* **nel sign. 1**) **1** spec. un tempo, incaricato del recapito di lettere, oggetti, dispacci, notizie e sim.: *un c. di guerra; attendere l'arrivo del c.; c. a cavallo; c. diplomatico* | chi un tempo svolgeva un pubblico servizio postale; portalettere | corrispondenza, servizio postale | ***a volta di c.***, V. *volta*① **2** impresa privata che esercita servizio regolare di trasporto per conto di terzi tra località diverse: *spedire mobili, merci per, col c.*; *c. aereo* | ***c. espresso***, quello in grado di offrire un servizio di spedizione in tempi rapidi **3** battello che fa il servizio di posta **4** titolo di vari quotidiani: *C. della sera*; *C. dello sport* **5** (*zool.*) ***c. grosso***, uccello dei Caradriformi comune sulle rive del mare (*Charadrius hiaticula*) | ***c. piccolo***, simile al precedente, ma più comune lungo i fiumi (*Charadrius dubius*)

còrrige [vc. lat., propr. 'correggi', imperat. del v. *corrĭgere* 'correggere' ✱ 1826] **s. m. inv.** • postilla ai margini di un codice, di un documento e sim., che indica una correzione da apportare | la correzione stessa apportata CFR. errata corrige

corrigèndo [vc. dotta, lat. *corrigĕndu(m)*, gerundivo di *corrigere* 'correggere' ✱ 1876] **A agg.** • (*raro*) che è da correggere, emendare **B s. m.** (**f.** *-a*) • minore affidato a un riformatorio giudiziario

corrimàno [comp. di *correre* e *mano*, perché vi si fa scorrere la mano ✱ 1926] **s. m.** (**pl. inv.** o *-i*) • sbarra di metallo, legno o altro materiale infissa a lato di una scala o sul soffitto di un autobus, tram e sim., per appoggiarvisi o per sostenersi SIN. mancorrente, scorrimano

corrióne [da *correre* ✱ 1865] **s. m.** • (*zool.*) ***c. biondo***, uccelletto dei Caradriformi delle zone desertiche con piumaggio fulvo e zampe alte e sottili sulle quali fugge velocemente se inseguito (*Cursorius cursor*)

corrispettìvo o (*raro*) **correspettivo** [comp. di *con-* e *rispettivo* ✱ av. 1464] **A agg. 1** che è in rapporto reciproco e proporzionale con qlco.: *doveri, obblighi corrispettivi* **2** (*dir.*) che si dà in cambio di ciò che si riceve || **corrispettivaménte**, **avv.** in modo corrispondente || **corrispettività**, **s. f. inv.** correlazione, interdipendenza **B s. m.** • equivalente in denaro o natura di altra prestazione: *percepire il c.*

corrispondènte **A** **part. pres.** di *corrispondere*; **anche agg. 1** nei sign. del v. | equivalente | adeguato, conforme **2** ***socio c.***, in un'accademia, socio onorario che può mandare comunicazioni e riceve gli atti, i rendiconti, le memorie | (*raro*) relativo || **corrispondenteménte**, **avv.** con corrispondenza **B s. m. e f. 1** chi è in corrispondenza epistolare con qlcu. | chi è incaricato di sbrigare la corrispondenza di un'azienda con clienti e fornitori: *c. commerciale* **2** chi è incaricato da un giornale di mandare notizie e articoli concernenti la località e lo Stato in cui egli risiede: *dal nostro c.* | ***c. di guerra***, inviato speciale al fronte **C s. m.** • banca o persona privata con cui un'azienda spec. di credito intrattiene usuali rapporti d'affari su piazze diverse: *c. estero*
SFUMATURE ➤ *analogo*

corrispondènza [da *corrispondente* ✱ 1395] **s. f. 1** relazione di uguaglianza, somiglianza, proporzione, simmetria, equivalenza e sim. | ***in c. di, con***, di fronte, in posizione simmetrica rispetto a: *in c. della finestra c'è una porta* **2** scambio di lettere, spec. regolare e prolungato; epistolario, carteggio: *c. commerciale, amorosa*; *c. d'affari* | ***essere in c. con qlcu.***, in rapporto epistolare | ***scuola per c.***, in cui il materiale didattico viene inviato a domicilio per posta | insieme di lettere e sim. ricevute o da spedire: *leggere, firmare, ordinare la c.*; *dove hai messo la mia c.?* **3** scritto o servizio di un corrispondente o inviato speciale: *una c. dall'estero* **4** (*lett.*) contraccambio, reciprocità, spec. riferito a sentimenti affettuosi e sim.: *c. d'amorosi sensi* (U. FOSCOLO) **5** †relazione, protezione autorevole | rete di traffici, di contatti, commerciali, politici e sim. **6** (*ling.*) relazione di somiglianza fra elementi di lingue diverse **7** (*mat.*) applicazione | ***c. biunivoca***, esistente fra due insiemi quando ciascun elemento dell'uno è il corrispondente di uno e un solo elemento dell'altro, e viceversa **8** (*astrol.*) legame tra un pianeta e il mondo animale, vegetale, minerale

♦**corrispóndere** o †**correspóndere** [comp. di *con-* e *rispondere* ✱ 1304] **A v. tr.** (**coniug. come** *rispondere*) **1** contraccambiare, con riferimento a sentimenti affettuosi o amorosi: *lui l'ama, ma lei non lo corrisponde; le sue attenzioni non sono corrisposte* **2** pagare, versare una data somma: *c. uno stipendio, un'indennità* **B v. intr.** (**aus.** *avere*) **1** essere conforme, conformarsi (+ *a*): *la tua descrizione non corrisponde alla realtà dei fatti* | accordarsi, collimare (+ *con*): *le sue informazioni corrispondono con le mie* | coincidere, equivalere (+ *a*): *questi testi non corrispondono; un metro corrisponde a tre piedi circa; questa cifra corrisponde a un terzo del raccolto* **2** essere all'altezza, degno di, adeguato a (+ *a*): *c. alle attese, alle speranze, ai desideri* **3** essere in connessione, in rapporto (+ *a*): *a ogni numero del menu corrisponde una pietanza* | di edifici e sim., dare, guardare su (+ *su*): *la facciata della villa corrisponde sul giardino* | ripercuotersi (+ *su*): *un dolore che corrisponde sulla schiena* **4** contraccambiare, spec. riferito a sentimenti affettuosi e sim. (+ *a*): *c. all'amore di qlcu.*; *c. a qlcu.*; *ha corrisposto al nostro affetto con il disinteresse* **5** essere in rapporto epistolare (+ *con*): *c. con qlcu.*; *c. in francese, in inglese* **C corrispóndersi v. rifl. recipr. 1** essere in rapporto di reciproca somiglianza, equivalenza, proporzione e sim.: *i due compiti si corrispondono perfettamente* **2** di edifici o parti di essi, essere dirimpetto: *le nostre finestre si corrispondono*
SFUMATURE ➤ *obbedire*

corrispósta [f. sost. di *corrisposto* ✱ 1828] **s. f.** • (*disus.*) somma pagata in cambio di una prestazione

corrispósto **part. pass.** di *corrispondere*; **anche agg.** • nei sign. del v. | ricambiato, contraccambiato: *un amore non c.*

corritóio ➤ **corridoio**

†**corritóre** ➤ **corridore**

†**corrivàre** [vc. dotta, lat. *corrivāre* 'raccogliere, far affluire in un solo alveo, in un medesimo luogo', comp. di *cŭm* 'con' e *rīvus* 'rivo' ✱ 1600] **v. tr.** • raccogliere acque a scopo di irrigazione

corrivazióne [da †*corrivare* ✱ 1619] **s. f.** • il concorrere delle acque nel bacino di un fiume | ***tempo di c.***, tempo che l'acqua piovana caduta nel punto più lontano di un bacino idrografico impiega per raggiungere una determinata sezione del fiume alimentato da quel bacino

✱**corrivo** [da *correre* ✱ av. 1519] **agg. 1** †che scorre **2** (*lett.*) avventato, sconsiderato: *Due o tre più corrive misero anche mano alle pietre* (I. SILONE) | incline a fare qlco. impulsivamente: *essere c. a credere, a biasimare* | (*est.*) superficiale, facilone: *stile c.* **3** eccessivamente condiscendente, tollerante || **corrivaménte**, **avv.** || **corrività**, **s. f. inv.**

†**corroboraménto** [vc. dotta, lat. tardo *corroboramĕntu(m)*, da *corroborāre* 'corroborare' ✱ av. 1673] **s. m.** • rinvigorimento

corroborànte **A part. pres.** di *corroborare*; **anche agg. 1** nei sign. del v. | che tonifica, rinvigorisce: *una bevanda c.* **2** ***Grazia c.***, in teologia, la Grazia che conforta l'uomo a proseguire nel bene || **corroboranteménte**, **avv.** **B s. m. 1** sostanza che corrobora **2** liquore tonico

✱**corroboràre** [vc. dotta, lat. *corroborāre*, comp. di *cŭm* 'con' e *roborāre* 'irrobustire', da *rōbur* 'forza' ✱ av. 1334] **A v. tr.** (*io corròboro*) **1** fortificare, rinvigorire, rinfrancare (*anche fig.*): *una passeggiata che corrobora il fisico; lo studio corrobora la mente* **2** (*fig.*) avvalorare, convalidare, confermare: *argomento che corrobora un'ipotesi* **B corroboràrsi v. rifl.** • fortificarsi, ritemprarsi: *corroborarsi con una cura ricostituente*

†**corroborativo** [av. 1698] **A agg.** • corro-

borante **B** **s. m.** • sostanza che corrobora l'organismo

corroboràto **part. pass.** di *corroborare*; **anche agg.** • rinvigorito | (*fig.*) avvalorato, confermato: *un'ipotesi corroborata dai fatti*

†**corroborazióne** [vc. dotta, lat. tardo *corroboratiōne(m)*, da *corroborāre* 'corroborare' ✱ 1318 ca.] **s. f. 1** rinvigorimento **2** (*fig.*) conferma, convalida: *una raccolta di fatti a c. di un sistema* (F. DE SANCTIS)

corródere [vc. dotta, lat. *corrōdere*, comp. di *cŭm* 'con' e *rōdere* 'rodere' ✱ 1288] **A v. tr.** (**pass. rem.** *io corrósi*; **part. pass.** *corróso*) **1** consumare a poco a poco con azione incessante: *la carie corrode i denti* | sgretolare, scavare, erodere lentamente, detto dell'azione dell'acqua, degli agenti atmosferici e di alcune sostanze chimiche: *il vento e la pioggia corrodono le rocce*; *l'acido cloridrico corrode il ferro* **2** (*fig.*) rovinare, minare: *l'invidia corrode l'amicizia* **B** **corródersi** **v. intr. pron.** • consumarsi, sgretolarsi poco a poco: *il marmo si corrode col tempo*

corrodibilità [1970] **s. f. inv.** • proprietà di materiali o sostanze suscettibili di corrosione

corrodiménto [av. 1557] **s. m.** • (*raro*) corrosione

corroditóre [1310] **agg. e s. m.** (**f.** *-trice*) • chi (o che) corrode

corrómpere o †**corrùmpere** [lat. *corrŭmpere*, comp. di *cŭm* 'con' e *rŭmpere* 'rompere' ✱ 1151] **A v. tr.** (**coniug. come** *rompere*) **1** esercitare un'azione di disfacimento, deterioramento e sim.: *la troppa umidità corrompe certe sostanze* | ammorbare: *c. l'aria* | (*raro*) inquinare: *hanno molti corrotte l'acque* (N. MACHIAVELLI) **2** (*fig.*) rovinare, guastare moralmente: *queste abitudini corrompono la gioventù* **SIN.** pervertire **3** (*fig.*) indurre con denaro, doni, promesse e sim. a fare cosa contraria al dovere: *c. un guardiano, un giudice, un testimone* **SIN.** comprare **4** †falsare **5** †trasgredire, violare una legge, un patto | †*c.* ***la verginità***, violentare **B** **corrómpersi** **v. intr. pron. 1** alterarsi, guastarsi: *col tempo i colori si sono corrotti* **2** putrefarsi, decomporsi: *il cadavere si sta corrompendo* **3** (*fig.*) rovinarsi, guastarsi moralmente **SIN.** depravarsi, viziarsi
SFUMATURE ➤ ***viziare***

corrompìbile [1832] **agg.** • che si può corrompere | che può essere alterato

corrompiménto [1288] **s. m.** • (*lett.*) disfacimento, alterazione, putrefazione | (*lett.*, *fig.*) corruzione

†**corrompitóre** [1288] **s. m.** (**f.** *-trice*); **anche agg.** • corruttore

corroṣióne [vc. dotta, lat. tardo *corrosiōne(m)*, da *corrōsus* 'corroso' ✱ 1360] **s. f. 1** il corrodersi | lenta ma incessante distruzione, deterioramento e sim. (**anche** *fig.*) **2** nella stampa dei tessuti, processo chimico che serve a eliminare o a modificare, in zone prestabilite di un tessuto colorato, la tinta preventivamente fissata

corroṣìvo [da *corroso* ✱ av. 1537] **A agg. 1** che corrode: *liquido, veleno c.*; *sostanza corrosiva* **2** (*fig.*) caustico, mordace: *ingegno, spirito c.* | che esercita un'azione demolitrice: *forza, critica corrosiva* ‖ **corroṣivaménte**, **avv.** ‖ **corroṣività**, **s. f. inv.** proprietà di ciò che provoca corrosione; (*fig.*) causticità, mordacità **B** **s. m.** • sostanza che corrode

corróso (o **-ṣ-**) **part. pass.** di *corrodere*; **anche agg.** • nei sign. del v.

†**corrottìbile** ➤ **corruttibile**

†**corrottìvo** ➤ **corruttivo**

corrótto① o †**corrùtto** **part. pass.** di *corrompere*; **anche agg. 1** deteriorato **2** (*fig.*) moralmente guasto | (*fig.*) disonesto ‖ **corrottaménte**, **avv.**
SFUMATURE ➤ ***disonesto***

†**corrótto**② o (*lett.*) †**corrùtto** [lat. *cŏr rŭptu(m)* 'cuore spezzato' (?) ✱ av. 1250] **s. m. 1** pianto, lamento funebre: *mentre il c. grandissimo si facea* (G. BOCCACCIO) **2** (*est.*) lutto, gramaglie: *veste di c.* | ***fare il c.***, fare il lamento funebre; essere in lutto **3** (*fig.*) dolore intenso, travaglio

†**corrottóre** ➤ **corruttore**

†**corrozióne** ➤ **corruzione**

corruccévole [1268] **agg.** • (*disus.*) che si sdegna facilmente

†**corrucciaménto** [av. 1269] **s. m.** • corruccio

corrucciàre [ant. fr. *se courroucier*, dal lat. parl. **corruptiāre*, forse da *cŏr rŭptum*. V. †*corrotto*② ✱ av. 1257] **A v. tr.** (**pres.** *io corrùccio*; **fut.** *io corruccerò*) • (*raro*) addolorare, rattristare: *la notizia lo ha corrucciato* **B** **corrucciàrsi** **v. intr. pron. 1** provare un sentimento di dolore misto a ira, pena, risentimento: *a quella vista si corrucciò tutto*; *si corrucciava per il cattivo esito dell'esame* **SIN.** crucciarsi **2** assumere un'espressione triste e risentita, detto dei lineamenti del viso: *la fronte della donna si corrucciò* **3** (*lett.*) oscurarsi: *il cielo si corrucciò*

corrucciàto **part. pass.** di *corrucciare*; **anche agg.** • risentito, rattristato | (*lett.*) minaccioso: *mare c.* ‖ **corrucciataménte**, **avv.** in modo adirato

✦**corrùccio** [da *corrucciare* ✱ 1261 ca.] **s. m. 1** sentimento di risentimento misto a sdegno, malumore, dolore e sim.: *provare, sentire c.*; *dimostrare, nascondere il proprio c.* **SIN.** cruccio **2** †afflizione, lutto **3** †rissa
SFUMATURE ➤ ***sdegno***

corruccióso (o **-ṣ-**) [da *corruccio* ✱ av. 1250] **agg.** • (*lett.*) pronto allo sdegno, al corruccio ‖ **corrucciosaménte**, **avv.** con corruccio

corrugaménto [1865] **s. m. 1** il corrugare, il corrugarsi **2** (*geol.*) complesso di fenomeni tettonici il cui effetto è la formazione di grandi pieghe degli strati della crosta terrestre: *catene montuose originate da c.*

corrugàre [vc. dotta, lat. *corrugāre*, comp. di *cŭm* 'con' e *rugāre* 'far pieghe', da *rūga* 'ruga' ✱ av. 1698] **A v. tr.** (*io corrùgo, tu corrùghi*) **1** increspare, aggrinzare la pelle in segno di sdegno, malumore, collera e sim.: *c. la fronte, le sopracciglia, le ciglia* **SIN.** aggrondare, aggrottare **2** (*est.*, *raro*) contrarre, restringere **B** **corrugàrsi** **v. intr. pron. 1** incresparsi, aggrinzarsi in segno di sdegno, malumore, collera e sim.: *la fronte della donna si corrugò* **SIN.** aggrondarsi, aggrottarsi **2** (*est.*, *lett.*) contrarsi, incresparsi: *la … pianura lagunare che … si corrugava al passaggio dell'aura* (G. D'ANNUNZIO)

corrugàto **A** **part. pass.** di *corrugare*; **anche agg. 1** nei sign. del v. | solcato da rughe, aggrottato: *fronte corrugata* | contratto, accartocciato: *arde la geometria / della foglia corrugata* (S. QUASIMODO) **2** (*geol.*) detto di rilievo originato da un corrugamento **B** **s. m.** • (*tecnol.*) cavidotto snodabile di materiale plastico che, essendo stampato come una successione di elementi anulari, ha all'esterno un aspetto grinzoso

corrugatóre [1830] **agg.** (**f.** *-trice*) • che corruga | (*anat.*) ***muscolo c.***, (*ellitt.*) ***corrugatore***, muscolo situato lungo l'arco delle sopracciglia

corrugazióne [sec. XIV] **s. f.** • (*raro*) corrugamento

†**corrùmpere** ➤ **corrompere**

corrùppi ➤ **corrompere**

corruscàre o (*lett.*) **coruscàre** [vc. dotta, lat. *coruscāre* 'cozzare con le corna, muovere rapidamente, scintillare', di orig. indeur. ✱ 1319] **v. intr.** (*io corrùsco, tu corrùschi*; **raro nei tempi comp.**; **aus.** *avere*) • (*lett.*) balenare, lampeggiare, risplendere vivamente: *le spade corruscano al sole*

corruscazióne o (*raro*) **coruscazióne** [vc. dotta, lat. tardo *coruscatiōne(m)*, da *coruscāre* 'corruscare' ✱ 1298] **s. f.** • (*lett.*) il corruscare | (*raro*, *lett.*) lampo, bagliore: *terribilissimi tuoni e spaventevoli corruscazioni* (G. BOCCACCIO)

✦**corrùsco** o (*raro*) **corùsco** [vc. dotta, lat. *corŭscu(m)*, da *coruscāre* 'corruscare' ✱ 1319] **agg.** (**pl. m.** *-schi*) **1** (*lett.*) risplendente di luce vivissima e improvvisa | (*est.*) rilucente, fiammeggiante: *ei … / … di corrusche armi splendente* (V. MONTI) **2** (*lett.*, *fig.*) splendente di bellezza ‖ **corruscaménte**, **avv.**

corruttèla [vc. dotta, lat. *corruptēla(m)*, da *corrŭptus* 'corrotto①' ✱ 1374] **s. f. 1** (*raro*) corruzione, corrompimento **2** (*fig.*) depravazione dei costumi, corruzione morale: *nato in tanta c. di secolo* (N. MACHIAVELLI) **3** in filologia, lezione corrotta in codice di opera letteraria

corruttìbile o †**corrottìbile** [vc. dotta, lat. tardo *corruptĭbile(m)*, da *corrŭptus* 'corrotto①' ✱ 1298] **A agg. 1** che è soggetto a deteriorarsi, a guastarsi: *cibo, alimento c.* **2** (*fig.*) che può essere corrotto con denaro o sim.: *testimone, giudice c.* **3** (*lett.*) mortale, caduco: *l'uomo non è perfettibile ma corrottibile* (G. LEOPARDI) ‖ **corruttibilità**, **s. f. inv.** **B** **s. m. 1** †ciò che è limitato, contingente, mortale: *Or discendiamo … da l'eterno al c.* (T. TASSO) **2** †corruzione

corruttìvo o †**corrottìvo** [vc. dotta, lat. tardo *corruptīvu(m)*, da *corrŭptus* 'corrotto①' ✱ 1298] **agg.** • (*raro*) che corrompe | di corruzione, relativo a corruzione: *attività corruttive*

†**corrùtto** ➤ **corrotto**① e †**corrotto**②

corruttóre o †**corrottóre** [vc. dotta, lat. *corruptōre(m)*, *corruptrīce(m)*, da *corrŭptus* 'corrotto①' ✱ av. 1292] **s. m.** (**f.** *-trice*); **anche agg.** • chi (o che) corrompe (**spec.** *fig.*): *un c. della gioventù*; *ambiente c.*

corruzióne o †**corrozióne** [vc. dotta, lat. *corruptiōne(m)*, da *corrŭptus* 'corrotto①' ✱ 1282] **s. f. 1** decomposizione, alterazione materiale: *la c. di una sostanza, del corpo umano, dell'aria* **SIN.** putrefazione | (*raro*) inquinamento: *c. dell'acqua, dell'aria* **2** deterioramento morale: *c. politica*; *la c. dei costumi, della società*; *la c. dei sentimenti, degli affetti* **SIN.** depravazione, dissolutezza, pervertimento | attività illecita in vari tipi di reati: *c. di minorenni* | reato consistente nell'indurre qlcu. con denaro, promesse e sim. a venir meno al proprio dovere: *c. di un testimone*; *c. di pubblico ufficiale* **CFR.** concussione **3** alterazione, decadimento di lingua, stile e sim.: *la lingua latina s'è corrotta …, e da quella c. son nate altre lingue* (B. CASTIGLIONE) **4** †contagio, infezione **5** †disfacimento
SFUMATURE ➤ ***depravazione***

✦**córsa** [da *corso*② ✱ 1258] **s. f. 1** il correre | andatura veloce di uomini, animali o veicoli: *andare di c.*; *ho fatto una c. in macchina, in bicicletta*; *c. di velocità, di resistenza* | ***a passo di c.***, con passi rapidi | ***a tutta c.***, ***di gran c.***, molto velocemente | ***di c.***, (*fig.*) prontamente, in fretta | ***pigliare la c.***, mettersi a correre | ***fare una c. in qualche luogo***, farvi una visita rapida e sim. | ***essere in c. per qlco.***, (*fig.*) competere, gareggiare con altri aspirando a uno stesso scopo **2** (*sport*) gara di velocità tra uomini, animali o veicoli: *c. su strada, su pista, campestre*; *corse piane, a ostacoli*; *c. nel sacco*; *c. al trotto, al galoppo*; *corse di cani, di cavalli*; *corse ciclistiche, automobilistiche*; *c. in linea, a tappe, a cronometro, dietro motori* **3** (**al pl.**, *per anton.*) corse di cavalli: *andare* *alle corse* **4** (*fig.*) tentativo frenetico di superare altri nell'acquisire qlco. o nel raggiungere uno scopo: *c. all'oro*; *c. agli armamenti* **5** ciascuno dei viaggi di un mezzo di trasporto pubblico spec. fra due stazioni terminali: *quant'è il prezzo della c.?* | (*ellitt.*) ***fine c.*** (o ***fine-corsa***), la fine di un viaggio o il termine del servizio di un mezzo pubblico; (*fig.*) la fine di qlco.: *un autobus giunto a fine c.*; *un governo a fine c.* CFR. finecorsa **6** (*est.*) tragitto percorso da un mezzo di locomozione pubblico o privato | (*aeron.*) spazio percorso al suolo o presso il suolo da un aereo per acquisire o smaltire la velocità necessaria alla sostentazione dinamica: *c. di atterraggio, di decollo* **7** (*fis.*) percorso ripetuto e uguale delle oscillazioni del pendolo, dello stantuffo, del bilanciere e di qualsiasi elemento a moto alterno **8** (*mecc.*) movimento consentito alle parti mobili di un dispositivo meccanico: *la c. della leva del freno* **9** (*stor.*) insieme di azioni belliche con navi intese a danneggiare il commercio dei nemici e a impedire quello dei neutrali: *guerra di c.*; *nave, legno da c.* ‖ **corsàccia**, **pegg.** | **corserèlla**, **dim.** | **corsétta**, **corsettìna**, **dim.**

†**corsàggio** [ant. fr. *corsage* ✻ 1266] **s. m.** ● petto, torace

corsaiòlo [1985] **agg.** ● (*sport*) relativo alle corse | adatto alle corse, alla velocità: *una moto corsaiola*

†**corsàle** [lat. mediev. *cursāle(m)*. V. *corsaro* ✻ 1264] **s. m.** ● corsaro

corsalètto [fr. *corselet*, dall'ant. fr. *cors* 'corpo'. Cfr. *corsetto* ✻ 1520] **s. m. 1** corazza leggera, portata spec. dai soldati di fanteria sino alla fine del sec. XVII | (*est.*) †soldato armato di tale corazza **2** alta cintura a bustino, di pelle, velluto o altro tessuto **3** (*zool.*) primo segmento del torace di alcuni insetti

†**corsàre** ➤ **corsaro**

corsarésco [av. 1604] **agg.** (**pl. m.** *-schi*) ● di corsaro, da corsaro

♦**corsàro** o †**corsàre** [da *corsa* ✻ 1268] **A s. m.** (**f.** *raro -a*) **1** capitano di nave privata che veniva autorizzato dal proprio Stato a condurre la guerra di corsa **2** correntemente, pirata, filibustiere, bucaniere **3** (*fig.*) avventuriero, filibustiere nel sign. 2 **B agg. 1** relativo a corsaro o corsari: *nave, guerra corsara* **2** (*fig.*) anticonformista, ribelle, fuori dal coro: *concezioni corsare*

corseggiàre [da *corsa* ✻ av. 1334] **A v. intr.** (**pres.** *io corséggio*; **fut.** *io corseggerò*; **aus.** *avere*) ● (*lett.*) esercitare la guerra di corsa: *comperò un legnetto sottile da c.* (G. Boccaccio) **B v. tr.** ● (*lett.*) percorrere facendo scorrerie, predare: *ruba e corseggia le coste liguri* (G. Carducci)

corsèllo [da *corso*② (cfr. *corsia*) ✻ 1865] **s. m.** ● (*raro*) corsia tra file di letti, banchi e sim. | (*region.*) area di passaggio lunga e stretta all'interno o all'esterno di edifici

corsésca [da *corso* 'di Corsica' ✻ av. 1552] **s. f.** ● arma in asta da lancio di media lunghezza munita di spuntone, con due ali laterali taglienti e ricurve in basso, usata un tempo per sgarrettare i cavalli nemici

corsetterìa [1965] **s. f. 1** insieme degli articoli di abbigliamento intimo femminile, come reggiseni, guaine, busti e sim. **2** (*est.*) negozio o fabbrica di tali articoli

corsétto [fr. *corset*, dall'ant. fr. *cors* 'corpo' ✻ 1278] **s. m. 1** bustino di tessuto resistente, con parti elastiche e stecche | (*raro*) liseuse **2** apparecchio ortopedico per la terapia o l'immobilizzazione postoperatoria della colonna vertebrale **3** corsaletto nel sign. 1 ‖ **corsettìno**, **dim.**

córsi ➤ **correre**

corsìa o †**corsìva** [da *corsiva*, f. sost. di *corsivo* ✻ 1481] **s. f. 1** corridoio o spazio vuoto che permette il passaggio tra le poltrone di un teatro o di un cinematografo, i letti di un dormitorio e sim. **2** tappeto lungo e stretto SIN. passatoia **3** grande stanza o largo corridoio d'ospedale, con più letti allineati su due pareti opposte: *ricoverato in c.* **4** ciascuna delle zone longitudinali, delimitate da strisce bianche continue o tratteggiate, in cui è divisa una carreggiata stradale: *strada a tre, a quattro corsie*; *c. di accelerazione, decelerazione*; *c. d'emergenza*; *c. di scorrimento*; *c. di sorpasso*; *salto di c.* | ***c. preferenziale***, quella che nelle vie di un centro urbano è riservata ai soli mezzi di trasporto pubblici per accelerarne, facilitandola, la circolazione; (*fig.*) metodo, procedimento semplificato e sveltito nella realizzazione di qlco. | †strada, via: *nella strada chiamata la C. de' Servi* (A. Manzoni) **5** settore di una pista, di una piscina, di un bacino delimitato da strisce bianche o da corde galleggianti e sim., dentro cui ciascun concorrente, atleta o imbarcazione, deve procedere: *correre in prima c.*; *avere assegnata la quinta c.* **6** (*mar.*) tratto del ponte per camminare da prua a poppa nelle galee | ***cannone di c.***, il più grosso nel mezzo della prua **7** †corrente di un fiume | †acqua corrente

corsièro o †**corsière** [ant. fr. *coursier*, da *cours* 'corsa' ✻ 1287] **s. m.** (**f.** *-a*) ● (*lett.*) cavallo da corsa e da battaglia: *tre ... cavalieri / che vanno su grigi corsieri* (G. Pascoli)

†**corsìo** ➤ **corsivo**

corsìsta [da *corso*② nel sign. 8 ✻ 1966] **s. m. e f.** (**pl. m.** *-i*) ● chi frequenta un corso scolastico, universitario, professionale e sim.

†**corsìva** ➤ **corsia**

corsivìsta [1939] **s. m. e f.** (**pl. m.** *-i*) ● redattore, scrittore di un corsivo

corsìvo o †**corsìo** nel sign. A 2 [lat. mediev. *cursīvu(m)*, da *cŭrrere* 'correre' ✻ 1350] **A agg. 1** detto della scrittura a mano inclinata verso destra | (*tipogr.*) ***carattere c.***, tipo di scrittura per stampa inclinata verso destra **2** †corrente, detto dell'acqua **3** (*fig.*) †corrivo: *carattere c.* **4** (*fig.*) †ordinario, grossolano: *panno c.* | †***moneta corsiva***, moneta corrente **B s. m. 1** alfabeto latino la cui principale caratteristica sono le lettere inclinate normalmente verso destra rispetto all'allineamento | (*tipogr.*) carattere corsivo SIN. italico **2** breve nota o commento, spesso di carattere polemico, che i giornali compongono in corsivo ‖ **corsivétto**, **dim.**

córso① **part. pass.** di *correre*; anche **agg.** ● nei sign. del v.

♦**córso**② [lat. *cŭrsu(m)*, da *cŭrrere* 'correre' ✻ av. 1257] **s. m. 1** †corsa: *raffrena il tuo volante c.* (A. Poliziano) | ***pigliar il c.***, mettersi a correre | ***cavallo di c.***, molto veloce | †***prender c.***, prendere la rincorsa | (*fig.*) †***di gran c.***, di gran lunga | (*lett.*) cammino | ***drizzare***, ***volgere***, ***prendere il c.***, dirigersi **2** flusso di acque in movimento: *il c. di un fiume* | †***il c. del sangue***, circolazione sanguigna | ***c. d'acqua***, denominazione generica di fiume, torrente, ruscello, canale ecc. | (*est.*) percorso e lunghezza di un fiume e sim.: *il c. del Po*; *seguire il c. di un torrente* **3** (*lett.*) viaggio compiuto per mare | ***capitano di lungo c.***, patentato per comandare mercantili di qualunque stazza per qualunque destinazione **4** moto reale o apparente degli astri: *molte e molte apparenze varie ... si scorgono di sera in sera in un c. lunare* (G. Galilei) **5** (*raro*) sfilata | ***c. mascherato***, sfilata di carri con persone in maschera per Carnevale | ***c. di gala***, corteo di carrozze con ricchi equipaggi, in occasione di feste e sim. | (*lett.*, *raro*) complesso di persone che passeggiano **6** (*est.*) grande o importante strada cittadina: *c. Italia*; *c. Garibaldi*; *andare a passeggiare nel C.* **7** svolgimento continuato e ordinato: *il c. della vita*; *mutamenti avvenuti nel c. dei secoli* | ***nel c. della discussione, del viaggio***, durante la discussione, il viaggio | ***l'anno, il mese in c.***, che sta trascorrendo | decorso di una malattia: *c. benigno, maligno*; *la malattia fa il suo c.* | ***lavori in c.***, in svolgimento | ***in c. d'opera***, detto di ciò che avviene mentre si svolge un determinato lavoro: *modifiche, varianti in c. d'opera* | ***opera in c. di stampa*** o ***di pubblicazione***, che si sta stampando o pubblicando | ***affari in c.***, già iniziati | ***dare c. a qlco.***, iniziarla, farla procedere: *dare c. ai lavori, a una riforma* | ***nuovo c.***, nuovo orientamento nei contenuti e nei metodi politici, culturali e sim.: *il nuovo c. della politica italiana* **8** ciclo di studi, lezioni, esercitazioni che si segue per apprendere una professione, un mestiere e sim., spec. con riferimento a scuole o istituti di istruzione superiore: *c. di filosofia*; *c. per meccanici*; *c. di specializzazione*; *c. biennale*; *frequentare i corsi di medicina* | periodo in cui si svolge un ciclo di studi, lezioni, esercitazioni | ***fuori c.***, V. *fuoricorso* **9** (*est.*) anno di studio, spec. nel programma di studi di una facoltà universitaria | (*est.*) complesso di classi considerate nella loro successione nel tempo, di anno scolastico in anno scolastico, spec. con riferimento a scuole o istituti di istruzione secondaria: *c. ginnasiale, liceale* | sezione: *il c. B è composto di tre classi* **10** (*fig.*) trattato che descrive una specifica materia di studio: *c. di anatomia* **11** condizione di unità monetaria in rapporto al suo uso attuale | ***fuori c.***, di moneta non più in uso | ***in c. legale***, quando sussista l'obbligo di accettare in pagamento i biglietti emessi dallo Stato, salvo restando il diritto di pretenderne dall'istituto di emissione la conversione in metallo pregiato | ***c. forzoso***, quando si esclude tale convertibilità **12** valore corrente, prezzo dei titoli: *si rafforzano i corsi alla borsa di New York* **13** strato, filo, filare, spec. riferito a mattoni costituenti una muratura **14** (*mar.*) serie di travi da poppa a prua sotto l'impalcatura dei ponti

còrso③ [lat. *cŏrsu(m)*, agg. etnico di *Cŏrsica* 'Corsica' ✻ 1319] **A agg.** ● della Corsica **B s. m.** (**f.** *-a*) ● abitante o nativo della Corsica | ***il Corso***, (*per anton.*) Napoleone **C s. m. solo sing.** ● la lingua parlata in Corsica

corsóio [lat. tardo *cursōriu(m)* 'da corsa', da *cŭrrere* 'correre' ✻ sec. XIV] **A agg.** (**pl. m.** *-ói*) ● (*raro*, *lett.*) scorsoio **B s. m. 1** guida entro cui scorre un'asta o un organo dotato di moto alterno **2** nel regolo calcolatore, telaietto trasparente spostabile con una o tre linee di fede

cortadèria [1986] **s. f.** ● (*bot.*) ginerio

♦**córte** [lat. *cohŏrte(m)*. V. *coorte* ✻ 1219] **s. f. 1** spazio scoperto circondato totalmente da un edificio | spiazzo intorno alla casa colonica | ***bassa c.***, area contigua a una casa colonica riservata all'allevamento degli animali da cortile **2** (*stor.*) organizzazione tipica dell'età feudale, autosufficiente sul piano economico, sociale, giurisdizionale, formata dall'insieme degli edifici e dei territori sottoposti al signore feudale **3** reggia: *ballo a c.*; *dama, gentiluomo di c.*; *erano in c. tutti i paladini / per onorar quella festa gradita* (M.M. Boiardo) **4** (*est.*) insieme dei cortigiani: *la c. del Re Sole* | insieme del sovrano, dei suoi ministri, del suo governo: *le trattative di Bonaparte con la c. di Vienna* | ***c. dei miracoli***, in Francia, fino al XVII sec., accolita di malandrini e mendicanti che praticavano l'accattonaggio in nome di pretese e vistose infermità; (*est.*) luogo in cui trovano rifugio persone malformate, mendicanti e sim. **5** (*est.*) gruppo di persone che accompagna un personaggio importante o ricco per ser-

a b c d e f g h i j k l m n o p q r s t u v w x y z

virlo, rendergli omaggio e sim. | ***fare la c. a qlcu.***, adularlo, lusingarlo per ottenere appoggi, favori e sim. | ***fare la c. a una donna, a un uomo***, cercare di suscitare i suoi sentimenti affettuosi, il suo amore, con premure, attenzioni e sim.: *le ha fatto una c. spietata* **6** (gener. con iniziale maiuscola) collegio di giudici: *C. marziale, militare*; *C. Costituzionale*; *entra la C.!* | ***C. d'Appello***, organo giudiziario che esplica prevalentemente la propria funzione di giudice di secondo grado in materia civile e penale, rispetto alle pronunce del Tribunale | ***C. d'Assise***, collegio giudiziario investito della potestà di decidere sui delitti più gravi | ***C. di Cassazione, C. suprema***, organo giurisdizionale di ultima istanza in materia civile e penale | ***C. dei Conti***, organo statale di amministrazione diretta che esplica funzione di controllo sulla gestione finanziaria statale e funzione giurisdizionale spec. in materia di responsabilità contabile dei funzionari governativi | ***C. di giustizia***, palazzo in cui i magistrati esplicano normalmente la loro funzione | ***c. d'amore***, in epoca medievale, consesso di dame e gentiluomini che trattava e giudicava questioni galanti || **corticèlla**, **dim.** | **corticina**, **dim.**

†**corteàre** [provenz. *cortejar*, da *cort* 'corte' ✻ sec. XIII] **v. intr. 1** fare corteo agli sposi **2** (*raro*) andare a corte

♦**cortéccia** [lat. *cortĭcea(m)*, agg. f. di *cŏrtex*, genit. *cŏrticis* 'corteccia'. V. *cortice* ✻ av. 1292] **s. f.** (**pl.** *-ce*) **1** strato che nelle piante arboree forma la parte protettiva esterna della radice e del fusto | ***c. di mezzo***, alburno | †buccia dei frutti **2** parte esterna, rivestimento superficiale di qlco. | ***c. del pane, del formaggio***, (*raro*) crosta | (*fig.*) aspetto esteriore delle cose: *a volte la bontà si nasconde sotto una c. di indifferenza* | ***fermarsi alla c.***, (*lett.*) conoscere qlco. solo superficialmente **3** (*anat.*) parte esterna di un organo | ***c. cerebrale, cerebellare***, porzione esterna del telencefalo e del cervelletto formata da strati di neuriti e di fibre nervose | ***c. parietale***, parte della corteccia cerebrale con funzioni associative | ***c. surrenale***, parte periferica della ghiandola surrenale **4** †intonaco **5** †pelle umana || **cortecciòla**, **cortecciuòla**, **dim.** (V.)

cortecciòla o **cortecciuòla** [sec. XIV] **s. f. 1** dim. di *corteccia* **2** corteccia di leccio, roverella o cerro, impiegata per conciare le pelli

corteggiaménto [1536] **s. m. 1** il corteggiare, il venir corteggiato: *riuscì a conquistare il suo amore dopo un lungo c.* **SIN.** corte **2** †corteggio

corteggiàre [da *corte* ✻ sec. XIV] **v. tr.** (**pres.** *io cortéggio*; **fut.** *io corteggerò*) **1** (*raro, lett.*) accompagnare un personaggio potente e importante, dimostrandogli riverenza, rendendogli ossequi, servigi e sim. **2** fare la corte, adulare e lusingare qlcu. per ottenerne favori, appoggi e sim. | cercare di suscitare i sentimenti affettuosi, l'amore di qlcu. usando nei suoi confronti gentilezze, attenzioni, complimenti e sim. **3** (*lett.*) accompagnare, seguire (*anche fig.*): *quando ti corteggian liete / le nubi estive e i zefiri sereni* (U. Foscolo)

corteggiatóre [av. 1519] **s. m.** (**f.** *-trice*) ● chi corteggia: *i corteggiatori di un principe*; *quella ragazza ha molti corteggiatori*

cortéggio [da *corteggiare* ✻ av. 1617] **s. m. 1** seguito di persone che accompagnano qlcu. per cerimonie o per dimostrazione di onore, ossequio, stima: *amiche e comari venute a far c. a Lucia* (A. Manzoni); *c. di adulatori* **2** (*raro*) seguito di cose (*anche fig.*): *c. di carrozze* **3** (*lett.*, *raro*) corteggiamento di una donna: *nonostante il mio lungo c. e le tante spese … non ho potuto toccarle un dito* (C. Goldoni)

†**cortegiàno** e deriv. ➤ **cortigiano** e deriv.

cortèllo e deriv. ➤ **coltello** e deriv.

cortèo [da *corteare* ✻ 1330] **s. m. 1** seguito di persone che accompagna qlcu. per rendergli onore, ossequio e sim.: *c. nuziale, funebre* | (*fig.*) ciò che accompagna o segue un evento, una circostanza: *l'incidente ha lasciato un c. di problemi* **2** gruppo di persone che sfilano incolonnate nel corso di una dimostrazione pubblica: *il c. degli studenti* | fila di veicoli: *un c. di automobili*

còrtes /ˈkɔrtes, *sp.* ˈkɔrtes/ [vc. sp., 'corti' ✻ 1905] **s. f. pl.** ● denominazione del Parlamento spagnolo | in passato, assemblea nazionale in Portogallo, in alcuni Paesi dell'America Latina e in Sardegna durante la dominazione spagnola

♦**cortése** [provenz. *cortes* 'della corte' ✻ av. 1250] **A agg. 1** (*stor.*) che possiede le qualità di raffinatezza, moralità, cultura, eleganza di comportamento e sim. che nella cultura medievale e rinascimentale erano considerate tipiche della vita di corte: *donna c.*; *amore c.* | ***armi cortesi***, nell'ambiente dei tornei medievali e rinascimentali, armi che non feriscono l'avversario **2** gentile, garbato in un modo simpaticamente discreto: *è persona assai c.* | che manifesta cortesia: *un'accoglienza c.* **SIN.** affabile, amabile, urbano **3** (*lett.*) generoso, prodigo: *essere c. di consigli* | †virtuoso | ***donna c.***, (*raro*) incline a facili amori | †***veste c.***, che mostra larga parte di chi la indossa || **corteseménte**, **avv.** **B s. m. inv.** ● (gener. con iniziale maiuscola) vitigno tipico del Piemonte, della Lombardia (Oltrepò pavese) e della Liguria, da cui si ricava il vino bianco omonimo, di sapore fresco e lievemente acidulo: *C. dell'Alto Monferrato*; *C. di Gavi*

SFUMATURE DI SIGNIFICATO

cortese - cavalleresco - gentile

Cortese è la persona, il gesto o le parole che rivelano finezza d'animo, eleganza di modi, raffinatezza culturale, prerogative che nei secoli passati erano considerate tipiche della vita di corte. Al Medioevo in particolare rimanda **cavalleresco**, termine che storicamente richiama gli ideali di ardimento uniti a generosità e lealtà propri della cavalleria, e oggi denota genericamente un fare nobile, leale. Anche **gentile** è connesso etimologicamente al concetto di nobiltà, ma oggi si riferisce a persona, modi o parole che denotano garbo, affabilità, cortesia.

†**corteseggiàre** [da *cortese* ✻ 1266] **v. intr.** ● (*lett.*) usare cortesie | spendere largamente

cortesìa [da *cortese* ✻ av. 1250] **s. f. 1** (*lett.*) insieme delle qualità di raffinatezza, generosità e nobiltà d'animo considerate tipiche delle corti medievali e rinascimentali: *fu maraviglioso in prodezza e senno e in c.* (G. Villani) **2** gentilezza, affabilità di modi: *si è comportato con molta c.* | ***mancare di c.***, essere scortese | ***usar c.***, essere gentile | ***per c.***, per favore **SIN.** amabilità, garbo **3** atto cortese: *fare una c. a qlcu.*; *usare cortesie a qlcu.*; *grazie della c.*; (con tono irritato) *fammi la c. di andartene* **SIN.** gentilezza | (*est.*) ***di c.***, detto di bene mobile (automobile, computer, telefono cellulare e sim.), dato in uso al cliente che lascia il proprio per operazioni di manutenzione | ***luce di c.***, V. *luce*① nel sign. A 5 | ***specchietto di c.***, V. *specchietto* **4** †liberalità, magnificenza | ***fare la c. di qlco.***, donarla | mancia

SFUMATURE DI SIGNIFICATO

cortesia - galanteria - cavalleria

Il trattare gli altri con garbo, rispetto e gentilezza si dice **cortesia.** La gentilezza e le attenzioni premurose che un uomo riserva a una donna si definiscono **galanteria**, soprattutto se motivate da intenti seduttivi. La **cavalleria** è invece un comportamento maschile caratterizzato da raffinata *cortesia* e signorilità, non necessariamente legato al corteggiamento.

SFUMATURE ➤ ***affabilità***, ➤ ***piacere***②

cortézza [da *corto* ✻ 1294] **s. f. 1** (*raro, lett.*) caratteristica di ciò che è corto: *la c. del tempo* **2** (*fig., lett.*) insufficienza, pochezza: *c. d'ingegno*

corticàle [fr. *cortical*, agg. tratto dal lat. *cŏrtex*, genit. *cŏrticis* 'cortice' ✻ 1710] **A agg.** ● (*bot., anat.*) che forma la corteccia, che si riferisce alla corteccia | (*bot.*) ***strato c.***, zona parenchimatica che circonda il cilindro centrale del fusto o della radice **B s. f.** ● (*anat.*) porzione esterna di un organo caratterizzato da una distinta componente interna: *c. della ghiandola surrenale* **CONTR.** midollare

corticàto [da *cortice* ✻ 1956] **agg.** ● (*bot.*) che è provvisto di uno strato esterno molto più consistente di quello interno | ***bacca corticata***, il frutto degli agrumi

còrtice [vc. dotta, lat. *cŏrtice(m)* 'corteccia', dalla radice indeur. **kert-* 'tagliare' ✻ 1475] **s. m.** ● (*lett.*) corteccia: *il c. del cervello*

corticìcolo [comp. del lat. *cŏrtex*, genit. *cŏrticis* 'corteccia' e di *-colo* ✻ 1983] **agg.** ● (*zool.*) detto di animale che vive sotto la corteccia degli alberi

corticìna [fr. *corticine*, dal lat. *cŏrtex*, genit. *cŏrticis* 'cortice' ✻ 1970] **s. f.** ● (*biol.*) ormone isolato dalla porzione corticale delle capsule surrenali

còrtico- [dal lat. *cŏrtex*, genit. *cŏrticis* 'corteccia'] **primo elemento** ● in parole composte della terminologia medica, significa 'corteccia, tessuto corticale': *corticosterone*

corticòide [comp. di *cortico-* e di *-oide* ✻ 1956] **s. m.** ● (*biol.*) ogni ormone steroide della corteccia surrenale **SIN.** corticosteroide

corticosteròide [comp. di *cortico-* e di *steroide* ✻ 1970] **A agg.** ● (*biol.*) detto di ormone chetosteroide che si forma nella corteccia del surrene **B s. m.** ● corticoide

corticosteróne [comp. di *cortico-*, *steroide* e *-one*② ✻ 1964] **s. m.** ● (*biol.*) ormone secreto dalla sostanza corticale delle capsule surrenali, ad azione molteplice

corticosurrenàle [comp. di *cortico-* e di *surrenale* ✻ 1956] **agg.** ● (*anat.*) relativo alla corteccia surrenale: *ghiandola, ormone c.*

corticosurrène [comp. di *cortico-* e di *surrene* ✻ 1983] **s. m.** ● (*anat.*) ghiandola corticosurrenale

corticotropìna [comp. di *cortico-* e di un deriv. del gr. *trépein* 'volgere' (V. *-tropo*) ✻ 1987] **s. f.** ● (*biol.*) ormone prodotto dalla ipofisi anteriore, che stimola la secrezione di ormoni steroidei da parte della corteccia surrenale **SIN.** ormone adrenocorticotropo

cortigiàna o †**cortegiàna** [f. di *cortigiano* ✻ 1528] **s. f. 1** donna di corte **2** (*fig.*) prostituta || **cortigianèlla**, **dim.**

cortigianerìa o †**cortegianerìa** [1554] **s. f. 1** comportamento o atteggiamento da cortigiano | (*est.*) adulazione, piaggeria **2** †cortesia | †agio, piacevolezza

cortigianésco [1536] **agg.** (**pl. m.** *-schi*) **1** (*lett.*) da cortigiano: *libidine di applauso volgare e di onori cortigianeschi* (U. Foscolo) **SIN.** adulatorio, servile **2** (*est., spreg.*) cerimonioso, simulato **3** (*lett.*) di cortigiana, da cortigiana || **cortigianescaménte**, **avv.**

†**cortigianìa** o **cortegianìa** [av. 1508] **s. f. 1** condizione di cortigiano **2** (*est.*) adulazione **3** prostituzione

cortigiàno o †**cortegiàno** [da *corte* ✻ 1320] **A agg. 1** della corte, relativo alla corte: *linguaggio c.* | (*ling.*) ***lingua cortigiana***, nel Cinquecento, modello linguistico che privilegiava la lingua usata nelle corti rinascimentali d'Italia rispetto a quella tosco-fiorentina **2** (*fig.*) adulatorio, servile: *animo, comportamento c.* || **cortigianaménte**, **avv.** da cortigiano; †cortesemente **B** **s. m. (f. -a (V.))** ● uomo di corte | (*est.*) adulatore, piaggiatore || **cortigianèllo**, **dim.**

♦**cortile** [da *corte* ✱1295] **s. m.** **1** area libera scoperta, interna a uno o più edifici, per illuminare e ventilare gli ambienti interni **2** corte della casa colonica | ***animali da c.***, pollame e sim. | (*fig.*, *spreg.*) ***rissa, litigio*** e sim. ***da c.***, volgare, chiassoso || **cortilàccio**, **pegg.** | **cortilétto**, **dim.** | **cortilóne**, **accr.**

cortilìvo [da *cortile* ✱1983] **agg.** ● (*burocr.*, *raro*) relativo o destinato a cortile: *area cortiliva*

cortina ① [lat. *cortīna(m)* 'caldaia', poi (lat. tardo) 'tenda', di orig. indeur. ✱1258] **s. f.** **1** tenda che separa due ambienti o ne isola una parte | ciascuna delle tende che cingevano il letto a baldacchino | (*raro*, *lett.*) sipario **2** (*est.*) tutto ciò che si frappone fra due elementi impedendo la vista, il contatto, la comunicazione e sim. (*anche fig.*): *una c. di polvere, di fumo, di nebbia* | ***c. di ferro***, (*fig.*) nell'Europa del secondo dopoguerra, linea di separazione politica e militare fra i Paesi dell'Est, a regime comunista, e quelli dell'Ovest (calco sull'ingl. *iron curtain*, che indica la saracinesca di ferro che nei teatri separa il palcoscenico dalla platea in caso d'incendio; espressione usata da W. Churchill nel marzo 1946) | ***c. fumogena, nebbiogena***, (*milit.*) schermo lineare di nebbia artificiale per mascherare movimenti propri o impedire la vista a osservatori nemici; (*fig.*) manovre o espedienti messi in atto allo scopo di confondere o di sviare l'attenzione altrui **3** nelle antiche fortificazioni, tratto di una cinta muraria, compreso fra le torri o i bastioni | nell'organizzazione difensiva del campo di battaglia, spazio compreso fra due capisaldi | †trincea

†**cortina** ② [vc. dotta, lat. *cortīna(m)*, di orig. indeur. ✱sec. XIV] **s. f.** ● (*lett.*) tripode di Apollo | (*fig.*) oracolo di Apollo

cortina ③ [da *corte* ✱av. 1527] **s. f.** ● †piccola unità territoriale vicina alla città | anche come nome proprio di luogo: *C. d'Ampezzo*

cortinàggio [da *cortina*① ✱1534] **s. m.** ● tendaggio | ***c. del letto***, insieme di tende e baldacchino che circondano e chiudono il letto | baldacchino **SIN.** parato

cortinàrio [da *cortina*① per l'aspetto dei filamenti che riuniscono il margine del cappello al gambo ✱1964] **s. m.** ● genere di Funghi dei Basidiomiceti delle Agaricacee caratterizzati dal fatto che il cappello ha il margine unito al gambo da una cortina a ragnatela (*Cortinarius*)

cortiṣòlo [1980] **s. m.** ● (*chim.*) idrocortisone

cortiṣóne [da *corticosterone* ✱1950] **s. m.** ● corticosteroide naturale elaborato dalla ghiandola surrenale che agisce sul metabolismo glicidico, inibisce i processi infiammatori e, a dosi elevate, risulta un potente immunosoppressore

cortiṣònico [1963] **A** **agg.** (**pl. m.** *-ci*) ● relativo al cortisone | a base di cortisone **B** **s. m.** ● (*farm.*) preparato farmaceutico di sintesi, a struttura steroidea, dotato delle proprietà terapeutiche del cortisone

cortiṣonoterapìa [comp. di *cortisone* e *terapia* ✱1963] **s. f.** ● terapia effettuata mediante cortisone o farmaci cortisonici

♦**córto** o †**cùrto** [lat. *cŭrtu(m)* 'accorciato, mozzo', di orig. indeur. ✱av. 1250] **A** **agg.** **1** che ha lunghezza scarsa oppure considerata inferiore al normale o al necessario: *strada corta; gambe corte; ramo c.; collo c.* | ***calzoni corti***, sino al ginocchio o a mezza gamba | (*lett.*, *raro*) basso di statura | (*lett.*) ***vestire in c.***, †***alla corta***, con abiti corti **CFR.** brachi-, brevi- **CONTR.** lungo **2** che ha breve durata: *è una commedia molto corta* | ***settimana corta***, settimana lavorativa di cinque giorni | (*lett.*) effimero, caduco: *volarono anni corti come giorni* (E. Montale) **3** (*fig.*) scarso, privo | ***c. di vista***, miope | ***c. di mente***, ottuso | ***tenersi c. nelle spese***, risparmiare | (*raro*, *lett.*) ***venir c.***, non riuscire, andare a vuoto | nella loc. avv. ***a c. di***, in modo scarso, insufficiente: *essere a c. di quattrini; tenere qlcu. a c. di denaro* **4** (*fig.*) nelle loc. ***prendere la via corta***, scegliere la soluzione più sbrigativa | ***alle corte***, (*ellitt.*) invito brusco a non tergiversare | ***andare per le corte***, (*ellitt.*) essere sbrigativo | ***per farla corta***, riassumendo, in conclusione | †***di c.***, in breve tempo; da poco tempo **5** ristretto: *si ha da fare un decotto c.* (F. Redi); *caffè c.* || †**cortaménte**, **avv.** (*raro*) in breve; da poco tempo **B** **s. m.** **1** accorc. di *cortocircuito* **2** accorc. di *cortometraggio* **C** in funzione di **avv.** **1** (*lett.*) in minor tempo, in fretta, rapidamente: *mostrate da qual mano inver' la scala / si va più c.* (Dante *Purg.* XI, 40-41) | ***tagliar c.***, concludere, troncare un discorso, porre fine a indugi o esitazioni **2** †poco, in modo insufficiente: *Però chi d'esso loco fa parole, / non dica Ascesi, ché direbbe c., / ma Oriente, se proprio dir vuole* (Dante *Par.* XI, 52-54) || **cortino**, **dim.**

cortocircuitàre [da *cortocircuito* con suff. verbale ✱1983] **v. tr.** (*io cortocircùito*) ● mettere in cortocircuito (*anche fig.*)

cortocircùito o **córto circùito** [comp. di *corto* e *circuito* ✱1905] **s. m.** (**pl.** *cortocircùiti*) **1** (*elettr.*) fenomeno per cui in un circuito elettrico si determina un contatto diretto fra due elementi a potenziale diverso, con conseguente surriscaldamento e danneggiamento dei conduttori: *la fiammata generata dal c. ha provocato un incendio* **2** (*fig.*) crisi, cedimento, disorientamento: *c. logico* | (*fig.*) rottura, contraddizione dirompente: *c. fra sicurezza e garanzie* | (*fig.*, *colloq.*) ***andare in c.***, cedere all'improvviso, perdere il controllo | (*fig.*) stretto legame tra due fenomeni: *c. fra politica ed economia*

cortometràggio [comp. di *corto* e *metraggio* ✱1933] **s. m.** (**pl.** *cortometràggi*) ● film di durata non superiore ai 59 minuti

cortoràggio [comp. di *corto* e *raggio* ✱1964] **s. m.** (**pl.** *cortoràggi*) ● (*sci*) tecnica di esecuzione di curve a raggio ridotto per controllare la velocità in tratti di pista particolarmente ripidi

coruscàre e deriv. ➤ **corruscare** e deriv.

†**corvacchióne** ➤ †**corbacchione**

corvàta [1780] **s. f.** ● (*disus.*) adattamento di *corvée* nel sign. 1 (V.)

†**corvàtta** ➤ **cravatta**

corvè **s. f. inv.** ● adattamento di *corvée* (V.)

corvée /fr. kɔʀ've/ [vc. fr. dal lat. *corrogāta(m)* '(opera) richiesta', part. pass. di *corrogāre* 'sollecitare', comp. di *cŭm* 'con' e *rogāre* 'cercare' ✱1789] **s. f. inv.** **1** nel diritto feudale, prestazione d'opera gratuita che i coltivatori dipendenti erano tenuti a compiere nella parte delle signorie fondiarie che il signore riservava a sé **CFR.** corvata **2** lavoro di fatica assegnato a una squadra di soldati appositamente comandata **3** (*fig.*) lavoro ingrato e gravoso: *si è voluto a tutti i costi sobbarcare a questa c.* | ***essere di c.***, (*colloq.*) essere impegnato in un compito faticoso che si ripete periodicamente

corvétta ① [fr. *corvette*, dal neerl. *korver* 'battello cacciatore' ✱1561] **s. f.** ● nei secc. XVIII e XIX, nave militare a vela, più piccola della fregata, con non più di trenta cannoni | attualmente, nave da guerra di tonnellaggio non superiore alle 1000 tonnellate, per scorta ai convogli e caccia ai sommergibili | ***capitano di c.***, il primo grado degli ufficiali superiori della marina militare, corrispondente a maggiore nell'esercito

corvétta ② [fr. *corvette*, da *courbe* 'curvo' ✱1701] **s. f.** ● nell'equitazione, figura delle arie alte in cui il cavallo esegue una serie di piccoli salti di uguale cadenza, formando con la zampa anteriore un angolo acuto col terreno

corvettàre [da *corvetta*② ✱1563] **v. intr.** (*io corvétto*; **aus.** *avere*) **1** fare corvette, detto di cavalli **2** (*est.*) †saltare, balzare, detto spec. di persona

Còrvidi [comp. di *corvo*① e *-idi* ✱1887] **s. m. pl.** (**sing.** *-e*) ● (*zool.*) famiglia di Uccelli dei Passeriformi, comprendente animali onnivori e voraci tra i quali la cornacchia e il corvo (*Corvidae*)

corvìna ① [dal lat. *corvīnus* 'corvino', per il colore del corpo ✱1956] **s. f.** ● (*zool.*) ***c. di scoglio***, pesce osseo dei Perciformi, commestibile, dal corpo dorsalmente scuro (*Corvina nigra*) **SIN.** corvo②

Corvìna ② [da *corvino*, per il colore ✱1956] **s. f.** ● (*enol.*) vitigno tipico del Veronese che dà un'uva di colore scuro | l'uva di tale vitigno, principale componente dei vini Valpolicella, Recioto e Bardolino

corvìno [vc. dotta, lat. *corvīnu(m)*, da *cŏrvus* 'corvo①' ✱1561] **agg.** **1** che ha il colore nero lucido caratteristico delle penne del corvo: *chioma corvina; capelli corvini* **2** morello: *cavallo c.*

SFUMATURE ➤ *nero*

♦**còrvo** ① o (*lett.*) **còrbo** [lat. *cŏrvu(m)*, di orig. onomat. ✱1268] **s. m.** **1** uccello dei Passeriformi simile alla cornacchia nera, con corpo massiccio, robuste zampe unghiute e piumaggio nero a riflessi violacei (*Corvus corax*) **CFR.** crocidare, gracchiare | ***c. di notte***, nitticora | ***nero come un c.***, nerissimo | ***c. del malaugurio***, (*fig.*) iettatore (il corvo è considerato tradizionalmente un uccello annunciatore di disgrazie) **2** nel linguaggio giornalistico, autore di lettere anonime **3** (*lett.*) persona pettegola, maldicente **4** antica macchina da guerra, usata in terra e in mare, consistente in un grosso graffio per agganciare e immobilizzare macchine o navi avversarie || **corvàccio**, **pegg.** | **corvétto**, **dim.**

còrvo ② [così chiamato per il suo colore scuro, come quello dell'uccello omonimo ✱1562] **s. m.** ● (*zool.*) corvina di scoglio

♦**còsa** (o **-ṣ-**) [lat. *causa(m)* 'causa', che, attrav. il senso di 'affare', sostituisce *rēs* ✱sec. XII] **A** **s. f.** **1** nome generico usato per indicare un'entità materiale o ideale, concreta o astratta: *le cose corporee, materiali, spirituali; cose da mangiare; la miglior c., la peggior c.; per nessuna c. al mondo* | ***per prima c.***, prima di tutto | ***sopra ogni c.***, più di tutto | ***credersi qualche c., una gran c., chissà che c.***, darsi importanza | ***non è c.***, (*merid.*) non è possibile, è assurdo | ***cos'è, c. non è***, (*colloq.*) guarda caso, stranamente, tutto a un tratto | ***avere qualche c. contro qlcu.***, nutrire rancore | ***essere tutt'altra c.***, completamente diverso | ***fra le altre cose***, oltre al resto | ***le cose***, (*fam.*, *eufem.*) le mestruazioni | ***la c. pubblica***, lo Stato | ***la somma delle cose***, (*lett.*) l'autorità suprema | **PROV.** ***c. fatta capo ha***, V. *capo* nel sign. III 1 | †***se c. fosse***, se avvenisse **2** (*filos.*) realtà concreta percepibile attraverso l'esperienza sensibile | ***c. in sé***, ciò che sussiste in sé al di fuori della nostra conoscenza **3** (*dir.*) parte separata della materia circostante avente rilevanza giuridica: *c. semplice, composta, fungibile, infungibile, consumabile, inconsumabile, mobile, immobile* | ***c. giudicata***, fatto giuridico reso certo da una pronuncia del giudice emanata nelle forme di una sentenza e divenuta incontrovertibile **SIN.** giudicato **4** oggetto materiale: *sono cose di notevole valore; riordinate le vostre cose; le buone cose di pessimo gusto; se sarai promosso ti regalerò una bella c.* | ***le proprie cose***, le proprie masserizie, o anche i propri averi | ***disporre di molte cose***, di molti beni, averi | (*fam.*) oggetto di cui non si sa o non si vuol dire il nome: *togli quella c. dal tavolo* **5** (*fam.*) qualsiasi persona di sesso femminile di cui non si ricordi, non si sappia o non si voglia dire il nome: *ieri ho incontrato la c.* **6** opera, o parte di opera: *sono le cose più belle della nostra letteratura; di quel trattato ho studiato le cose più interessanti* **7** situazione: *le cose si mettono bene; le cose si complicano; per necessità di cose* | ***arrivare a cose fatte***, quando una situazione è già chiarita, un problema è già risolto e sim. | ***è c. fatta***, è concluso, è sistemato e sim. | (*colloq.*) ***è nelle cose***, ***sta nelle cose***, è realistico, rientra nelle possibilità concrete: *una sua candidatura è nelle cose* **8** fatto, avvenimento, azione: *fate sempre troppe cose contemporaneamente; qui succedono cose molto strane; è accaduta una c. terribile; cose da matti, da pazzi, incredibili, dell'altro mondo; cose da niente, da nulla; cose, fatti, e non parole!* | ***sono cose grosse***, di grande importanza | ***fare le cose in grande stile***, senza risparmio di denaro e di energie | ***sono cose che capitano***, escl. di rassegnazione e consolazione, di fronte a incidenti, insuccessi e sim. | **PROV.** ***da cosa nasce cosa***, da un primo evento ne derivano spesso altri favorevoli **9** causa, motivo, scopo: *si agita per cose di nessun conto; risparmiate le vostre parole per cose più interessanti* | uso: *è uno strumento che serve per molte cose* **10** parola, discorso, dichiarazione | (*fig.*) ***dire cose di fuoco***, fare dichiarazioni gravi, minacce e sim. | ***buone cose!***, ***tante*** (***belle***) ***cose!***, tanti auguri, molti complimenti **11** problema, lavoro, affare e sim.: *interessarsi alle cose della politica, della scuola, della casa; essere addentro alle segrete cose; questa non è c. di mia competenza; queste non sono cose da ragazze* | ***c. da nulla***, sciocchezza, inezia | ***esaminare c. per c.***, minutamente **12** in unione con agg. qualificativi assume il valore neutro dell'agg.: *è c. sicura*, è sicuro; *è c. certa*, è certo | in unione con agg. dimostr. o indef. acquista valore di neutro: *ogni c.*, tutto; *nessuna c.*, nulla | in unione con un agg. può assumere il sign. del nome corrispondente: *una c. nuova*, una novità; *una c. rara*, una rarità | ***è una c. giusta***, né troppo né poco | ***è poca c.***, è poco | ***questa, codesta, quella, la qual c.***, ciò | ***qualunque c.***, checché | ***per la qual c.***, perciò | in funzione prolettica: *fai una c.: esci prima che entri lui* | usato nelle interr. dirette o indirette e nelle escl. precedute dall'agg. interr. *che*: *che c. credi?; che c. mi dici mai!* **13** ***C. Nostra***, organizzazione mafiosa attiva in Sicilia e negli Stati Uniti **B** **in funzione di pron. interr. ed escl. inv.** ● quale cosa, quali cose (ellitt. di *che* rispetto a *che cosa*, in prop. interr. dirette e indirette e in prop. esclamative): *c. vuoi?; a c. pensi?; c. diavolo hai combinato?; 'C. comanda?' rispose subito don Abbondio* (A. MANZONI); *Tu? c. hai?... c. fai?* (I. NIEVO); *non capisco c. vuole; c. devo sentire!* || **cosàccia**, **pegg.** | (*lett.*) **cosellina**, **dim.** | (*lett.*) **coserèlla**, **cosarèlla**, **coserellina**, **dim.** | **cosétta**, **cosettina**, **dim.** | **cosina**, **dim.** | **cosùccia**, **cosùzza**, **dim.**

cosà [da *così*, sul modello *lì-là, qui-qua* ✱ av. 1712] **avv.** ● (*fam.*) solo nella loc. avv. ***così e c.***, in questo preciso modo: *bisogna fare così e c.* | ***né così né c.***, né in questo né in quell'altro modo | ***così c.***, né bene né male, in modo mediocre: *si comporta così c.; lavoro fatto così c.*

coṣàcco [russo *kazak*, dal turco *qazaq* 'vagabondo' ✱ 1571] **A** **s. m.** (**f.** *-a*; **pl. m.** *-chi*) ● membro dell'antica popolazione russa stanziatasi nelle steppe della Russia meridionale | soldato a piedi o a cavallo dell'esercito russo reclutato fra tale popolazione **B** **agg.** ● relativo alla popolazione cosacca | ***danza cosacca***, danza di ritmo dapprima moderato, poi sempre più vivace | ***alla cosacca***, detto di un tipo di stivali alti fino al ginocchio

cosàre (o **-ṣ-**) [da *cosa* ✱ av. 1562] **v. tr. e intr.** (*io còso;* **aus. intr.** *essere* **o** *avere*) ● (*fam.*) sostituisce qualunque verbo di cui non si ricordi, non si sappia o non si voglia dire il vero termine, per es.: *cosami la matita*, passami la matita; *ha cosato contro il muro*, ha sbattuto contro il muro

còsca [vc. sicil., propr. 'pianta a foglie raccolte' poi fig. per 'associazione di delinquenti' ✱ 1900] **s. f.** ● ciascun nucleo di malfattori affiliato alla mafia siciliana o (*est.*) ad altra organizzazione criminosa

♦**còscia** [lat. *cŏxa(m)*, di orig. indeur. ✱ 1258] **s. f.** (**pl.** *-sce* **o** *lett. -scie*) **1** (*anat.*) parte dell'arto inferiore compresa fra l'anca e il ginocchio, il cui scheletro è rappresentato dal femore: *stivali fino a mezza c.* | (*disus.*) ***calzoni a c.***, attillati alla coscia **2** (*est.*) analoga parte del corpo di animali, spec. macellati: *una c. di pollo, di capretto* | ***vitello della c.***, varietà bovina piemontese in cui le masse di carne che formano il treno posteriore e la groppa sono tipicamente abbondanti, sode e prive di grasso d'infiltrazione | taglio di carne bovina ricavato dalla coscia dell'animale: *fettine di c.* **3** (*est.*) la parte dei calzoni che ricopre la coscia: *calzoni larghi di c.* **4** ciascuno dei due pilastri che fanno da sostegno al torchio da stampa | ganascia di morsa **5** la parte di un ponte fondata sulla riva **6** ciascuna delle due parti sagomate che costituiscono il fianco dell'affusto di un cannone **SIN.** fiancata **7** (*lett.*) †sponda, spec. di carro: *ferma in su la detta c. / del carro stando* (DANTE *Purg.* XXX, 100-101) **8** ***c. di donna***, varietà di pera | ***c. di monaca***, varietà di susina || **coscétta**, **coscettina**, **dim.** | **coscina**, **dim.** | **cosciòna**, **accr.**

cosciàle [lat. tardo *coxāle* 'vestito che copre le anche', da *cŏxa* 'coscia' ✱ 1297] **s. m.** **1** indumento o parte di indumento che copre le cosce con funzioni protettive: *il c. dei cacciatori, dei giocatori di hockey* **2** antica armatura metallica a difesa delle cosce | scarsellone **3** (*med.*) protesi che supplisce la coscia amputata | parte del letto o del tavolo operatorio destinata a fissare le cosce del paziente **4** parte laterale di scala, gradinata e sim.

cosciènte [vc. dotta, lat. *consciĕnte(m)*, part. pres. di *conscīre* 'essere conscio', comp. di *cŭm* 'con' e *scīre* 'sapere' ✱ 1856] **agg.** **1** che ha coscienza e consapevolezza di sé e delle proprie azioni: *essere c. dei propri doveri; non è c. dei suoi limiti* **SIN.** consapevole, conscio | scrupoloso, competente, responsabile: *è un insegnante molto c.* **2** che è frutto di una decisione ponderata e responsabile: *una scelta c.* **3** (*med.*) presente a sé stesso, lucido: *il paziente è ancora c.* || **coscienteménte**, **avv.** in modo cosciente, con piena coscienza

coscientiẓẓazióne [da *cosciente* ✱ 1973] **s. f.** ● (*psicol.*) processo che conduce un individuo alla presa di coscienza di sé o della realtà esterna

♦**cosciènza** o (*lett.*) **consciènza**, †**consciènzia** [vc. dotta, lat. *consciĕntia(m)*, da *conscīre*. V. *cosciente* ✱ 1261 ca.] **s. f.** **ATTENZIONE: la forma 'coscenza', senza la *i*, non è corretta** **1** (*psicol.*) facoltà propria dell'uomo di avere consapevolezza della propria attività psichica | percezione che ogni individuo ha di sé e della realtà che lo circonda: *avere la vaga c. di qlco.* **2** capacità di intendere, di percepire mediante i sensi | ***perdere, riacquistare c.***, i sensi | ***perdita di c.***, svenimento **SIN.** (*med.*) lipotimia | †***tornare a c.***, (*fig.*) ravvedersi, pentirsi **3** consapevolezza intellettuale o morale delle proprie idee, dei significati e dei fini delle proprie azioni: *avere piena c. di quello che si fa* | ***presa di c.***, acquisizione di consapevolezza **4** sistema dei valori morali di una persona, che le permette di valutare i propri atti, propositi e sim.: *c. morale; esame di c.; c. diritta, austera, rigida; c. fiacca, gretta; c. nera, sporca, macchiata, immacolata, netta, limpida; rimorso, scrupolo di c.* | ***caso di c.***, problema la cui soluzione coinvolge la propria sensibilità morale | ***contro c.***, contro le proprie convinzioni morali | ***senza c.***, di persona priva di scrupoli | ***avere qlco. sulla c., avere un peso sulla c., avere una cattiva c.***, sentirsi colpevole, avere rimorso di qlco. | (*fig.*) ***ascoltare la voce della c.***, uniformarsi, nell'agire, ai propri principi morali | (*fig.*) ***mettersi una mano sulla c.***, valutare le proprie responsabilità, le conseguenze delle proprie decisioni e sim. | ***togliersi un peso dalla c.***, eliminare i rimorsi riparando al mal fatto | ***mettersi la c. in pace***, far tacere i rimorsi, rassegnarsi | ***avere, sentirsi la c. tranquilla, a posto***, essere convinto di essersi comportato secondo i propri principi morali **5** lealtà, onestà | ***uomo di c.***, onesto | ***in c., in tutta c.***, onestamente **6** senso del dovere, della responsabilità professionale e sim.: *è una persona che ha c. del proprio lavoro* | ***con c.***, con diligenza, responsabilità e sim. **SIN.** scrupolo **7** sensibilità e interesse per un complesso di problemi: *avere una c. politica, civile, sociale*

SFUMATURE DI SIGNIFICATO

coscienza - percezione - sensazione

Coscienza è la facoltà propria dell'uomo di avere consapevolezza di sé. **Percezione** è invece il procedimento mediante il quale il soggetto riceve attraverso gli organi di senso gli stimoli esterni. L'unità elementare, non ulteriormente analizzabile di *percezione*, si definisce **sensazione**.

SFUMATURE ➤ ***sensibilità***

coscienziàle [1957] **agg.** ● (*psicol.*, *lett.*) relativo alla coscienza

coscienzialiṣmo [da *coscienza* ✱ 1951] **s. m.** ● dottrina che pone la coscienza alla base della speculazione filosofica | dottrina in base alla quale l'esistenza della realtà è condizionata al suo essere incluso nella coscienza del soggetto

coscienziosità [1832] **s. f. inv.** ● caratteristica di chi (o di ciò che) è coscienzioso **SIN.** diligenza, scrupolosità

SFUMATURE ➤ ***impegno***

coscienzióso (o **-ṣo**) [da *coscienza* ✱ 1663] **agg.** **1** che opera con consapevolezza dei propri doveri morali o professionali: *insegnante, giudice c.* **SIN.** corretto, diligente, scrupoloso **2** che è fatto con diligenza, serietà, impegno: *hanno compiuto un lavoro c.* || **coscienziosaménte**, **avv.** secondo coscienza; in modo coscienzioso || **coscienziosità**, **s. f. inv.** (V.)

SFUMATURE ➤ ***serio***

còscina [vc. di origine abruzzese, dal gr. *kóskinon* 'vaglio, staccio' ✱ 1904] **s. f.** ● (*centr.*) cestone in vimini dal bordo basso, chiuso da un cerchio: *ti do quella c. / che piena è di mangiare e di bere* (G. D'ANNUNZIO)

còscio [da *coscia* ✱ 1863] **s. m.** ● coscia di animale macellato, quando è separata dal resto del corpo: *c. di abbacchio, di vitello; c. di capretto al forno* || **coscétto**, **dim.** | **cosciòtto**, **dim.** (V.)

cosciòtto [1846] **s. m.** **1** dim. di *coscio* **2** coscia di montone, agnello e sim. macellato || **cosciottino**, **dim.**

coscrìtto [vc. dotta, lat. *conscrīptu(m)*, part.

pass. di *conscrībere* 'coscrivere' ✱ av. 1292] **A** **agg.** ● nella loc. ***padri coscritti***, i senatori romani **B** **s. m.** ● soldato di leva appena arruolato **SIN.** recluta

coscrìvere [vc. dotta, lat. *conscrībere*, comp. di *cŭm* 'con' e *scrībere* 'scrivere' ✱ 1310] **v. tr.** (coniug. come *scrivere*) ● arruolare

coscrivìbile [1942] **agg.** ● (*raro*) che ha i requisiti per essere iscritto nelle liste di leva

coscrizióne [vc. dotta, lat. *conscriptiōne(m)*, da *conscrīptus* 'coscritto' ✱ 1798] **s. f.** ● arruolamento: *c. volontaria, obbligatoria*

cosecànte [lat. scient. *co(mplemĕnti) secănte(m)* 'secante del complemento' ✱ av. 1739] **s. f.** ● (*mat.*) reciproco del seno

cosegretàrio [comp. di *co-* e *segretario* ✱ 1983] **s. m.** (**f.** *-ia*) ● chi divide con altri la carica di segretario

coseità [1978] **s. f. inv.** ● (*filos.*) caratteristica essenziale della cosa in sé

coséno [lat. scient. *co(mplemĕnti) sīnu(m)* 'seno del complemento'. V. *seno*② ✱ 1772] **s. m.** ● (*mat.*) funzione trigonometrica | ***c. di un angolo***, funzione che associa a un angolo, formato da un segmento unitario e da una retta, la misura con segno della proiezione ortogonale del segmento sulla retta; in un triangolo rettangolo, misura con segno del rapporto tra il lato adiacente all'angolo dato e l'ipotenusa

coṣentìno [sec. XIV] **A** **agg.** ● di Cosenza **B** **s. m.** (**f.** *-a*) ● abitante o nativo di Cosenza

cosfì [da *cos(eno dell'angolo) fi* ✱ sec. XX] **s. m. inv.** ● (*fis.*) fattore di potenza della corrente alternata, equivalente al coseno dell'angolo di sfasamento fra tensione e corrente

cosfìmetro [comp. di *cos(eno dell'angolo) fi* e *-metro* ✱ 1959] **s. m.** ● (*elettr.*) fasometro

♦**così** (o **-ṣ-**) [lat. *ĕccu(m) sīc* 'ecco, così' ✱ av. 1250] **A** **avv.** **1** in questo modo: *non devi comportarti c.*; *c. va il mondo!*; *c. facendo sembrerai colpevole*; *c. si dice*; *chi ti ha conciato c.?*; *è un pacco largo c. e lungo c.*, accompagnando la parola col gesto | con valore rafforz. di 'pure', 'anche': *ti trovo molto cambiato e c. pure tua sorella* | con valore rafforz. di un'affermazione o di una negazione: *sì, è c.*; *è proprio c.*; *non è c.*; *per c. dire* | *e c.?* e allora? | ***è c.?***; ***è c. o non è c.?***, per sollecitare una conferma o una risposta | ***e c. via***; ***e c. via dicendo***, eccetera | con valore rafforz.: ***c. e c.***, (***scherz.***, ***fam.***) ***c. e cosà***, proprio in questo modo (alludendo a una serie di cose o argomenti già specificati o preparandosi a specificarli) | ***né c. né cosà***, né in un modo né in un altro | ***basta c.!***, è sufficiente, anche per esprimere sdegno | (***iter.***) ***così così***, indica cosa, stato o persona mediocre (spesso accompagnato da un gesto ondulatorio della mano): *'come ti pare?' 'così così!'*; *'come stai?' 'così così'*; *'sei contento?' 'così così'* | anche nelle loc. avv. ***di, per, da c.*** e sim.: *mettiti per c.*; *non posso fare diversamente da c.* | ***da c. a c.***, in modo radicale (gener. accompagnato da un capovolgimento della mano): *cambiò da un giorno all'altro, da c. a c.* (L. PIRANDELLO) **2** talmente, tanto: *vai c. lontano?*; *sei ancora c. giovane!*; *è c. presto!*; *sono persone c. simpatiche!* | tanto (in correl. con 'come', 'quanto'): *c. gli uni come gli altri*; *ha sbagliato c. l'uno quanto l'altro*; *è stato gentile c. con me, come con te* **B** **in funzione di agg. inv.** ● tale, siffatto: *non avevo mai visto uno spettacolo c.*; *ho conosciuto una volta una persona c.* | ***così fatto***, V. *cosiffatto* **C** **cong.** **1** in correl. con 'come' introduce una prop. compar. o modale: *continua a fare c. come hai fatto fino ad ora*; *non è poi c. furbo come sembra*; *è proprio c. bravo come dicono?* **2** perciò, pertanto (con valore conclusivo introduce una prop. coordinata): *il telefono era rotto e c. non ho potuto avvertirti*; *abitano lontano e c. si vedono raramente* **3** nonostante, sebbene (con valore avversativo o concessivo): *c. povero, cerca di aiutare tutti*; *c. furbo com'è, si è fatto imbrogliare*; *sono uscito c. vestito com'ero* **4** a tal punto (in correl. con 'che' introduce una prop. consecutiva esplicita con il v. all'indic., al condiz. o al congtv.; in correl. con 'da' introduce una prop. consecutiva implicita con il v. all'inf.): *sono c. infreddolito che non riesco più a scaldarmi*; *spero che tu non sia stato c. sciocco da lasciarti sfuggire una tale occasione* | anche nella loc. cong. ***c. che***, V. *cosicché* **5** magari, volesse il cielo che (con valore ottativo o desiderativo e il v. al congtv.): *c. fosse vero!*; *c. fosse tutto finito!*; *c. potessi anch'io riuscire!* | ***così sia***, amen **6** (***lett.***) indica successione immediata in correl. con 'come', 'appena che', dopo una prop. temp.: *come lo vide, c. si mise a correre via* **7** con valore rafforz., in correl. con 'poiché', 'siccome', dopo una prop. causale: *siccome il compito era difficile, c. ho consegnato il foglio in bianco*

♦**cosicché** (o **-ṣ-**) o **così che** /kosik'ke*, ko'si kke*/ (o **-ṣ-**) [comp. di *così* e *che*② ✱ 1300 ca.] **cong.** **1** di modo che, perciò, in conseguenza di ciò (introduce una prop. conclusiva o consecutiva con il v. all'indic., più raramente al condiz.): *ero impreparato, c. non risposi*; *sono stanco, c. desidererei riposare* **2** affinché (introduce una prop. finale con il v. al congtv.): *verrò fra un'ora c. tu possa prepararti* **3** (***assol.***) allora, dunque (in espressioni interr. come invito o sollecitazione a concludere un discorso): *c.? come è finita la questione?*

cosiddétto (o **-ṣ-**) o **così détto** (o **-ṣ-**), (*raro*) **cosidétto** (o **-ṣ-**) [comp. di *così* e *detto* ✱ 1766] **A** **agg.** ● detto, denominato comunemente in questo modo (*spesso spreg.*): *la cosiddetta letteratura d'avanguardia* **B** **cosiddétti** **s. m. pl.** ● (*eufem.*) testicoli

cosiffàtto (o **-ṣ-**) o **così fàtto** (o **-ṣ-**), (*raro*) **cosifàtto** (o **-ṣ-**) [comp. di *così* e *fatto* ✱ 1261 ca.] **agg.** ● tale, simile (*spesso spreg.*): *uomini cosiffatti sono indegni di stima*

cosificàre (o **-ṣ-**) [da *cosa* ✱ 1966] **v. tr.** (*io cosìfico, tu cosìfichi*) **1** ridurre a cosa, trattare come un oggetto: *cure mediche che rischiano di c. il paziente* **CFR.** reificare **2** (*raro*) rendere reale, oggettivo: *c. un sentimento, una sensazione* ‖ **cosificazióne**, **s. f.** riduzione a mero oggetto: *c. della persona umana* **CFR.** reificazione

còsimo [da S. Cosma (pop. *Cosimo*), al tempo della cui festa (27 settembre) si maturano ✱ av. 1597] **agg.** ● detto di una varietà di pero dai grossi frutti giallo-rossastri | ***pera cosima***, frutto di tale albero

cosìno (o **-ṣ-**) [av. 1850] **s. m.** **1** dim. di *coso* **2** (*fig.*, *fam.*) persona di bassa statura | ragazzo piccolo e debole | neonato: *quel … roseo c. in braccio alla balia* (L. PIRANDELLO)

cosinuṣòide [comp. del lat. scient. *cosinus* 'coseno' e di *-oide* ✱ 1892] **s. f.** ● (*mat.*) curva rappresentativa della funzione trigonometrica coseno

cosmatésco [1923] **agg.** (**pl. m.** *-schi*) ● dei Cosmati, marmorari, architetti, scultori e decoratori laziali attivi nel Medioevo: *un pavimento, un chiostro c.* | ***arte cosmatesca***, caratterizzata da una decorazione a motivi geometrici eseguita a mosaico o a intarsi di marmi policromi

coṣmecèutica [fusione di *cosme(tica)* e *(farma)ceutica* ✱ 2002] **s. f.** ● settore della cosmesi che realizza prodotti con caratteristiche simili a quelle dei farmaci

coṣmecèutico [1996] **A** **agg.** (**pl. m.** *-ci*) ● relativo a cosmeceutica **B** **agg.**; **anche s. m.** ● detto di prodotto che presenta le caratteristiche della cosmeceutica

coṣmèṣi [vc. dotta, gr. *kósmēsis* 'l'adornare', da *kosméō* 'io adorno', a sua volta da *kósmos* 'ordine, ornamento' ✱ 1918] **s. f. inv.** **1** insieme di tecniche per la cura della freschezza della pelle e della bellezza in genere **SIN.** cosmetica **2** (*fig.*) rinnovamento di facciata, soltanto apparente | (*econ.*) ***c. di bilancio***, pratica di manipolare, nei limiti della legalità, i conti di un'impresa, con lo scopo di mostrare una situazione più favorevole di quella reale

coṣmètica [vc. dotta, gr. *kosmētikḗ* '(arte) decorativa, dell'abbigliamento', da *kosméō* 'io adorno' ✱ 1797] **s. f.** ● cosmesi

coṣmètico [vc. dotta, gr. *kosmētikós*, da *kósmēsis* 'cosmesi'; nel sign. B, prob. attrav. il fr. *cosmétique* ✱ 1688] **A** **agg.** (**pl. m.** *-ci*) ● che serve a conservare o ad accrescere la bellezza e la freschezza del corpo umano, spec. del volto: *prodotti cosmetici* ‖ **coṣmeticità**, **s. f. inv.** **B** **s. m.** ● qualsiasi prodotto cosmetico

coṣmetista [1963] **s. f. e m.** (**pl. m.** *-i*) ● chi lavora in un istituto di bellezza o presso un parrucchiere per signora come esperto di cosmetica

coṣmetologìa [comp. di *cosmet(ico)* e *-logia* ✱ 1943] **s. f.** (**pl.** *-gìe*) ● settore della dermatologia che ha per oggetto i problemi estetici della pelle

coṣmetològico [1964] **agg.** (**pl. m.** *-ci*) ● relativo alla cosmetologia

coṣmetòlogo [1965] **s. m.** (**f.** *-a*; **pl. m.** *-gi*) ● studioso, specialista di cosmetologia

coṣmicità [da *cosmico* ✱ 1970] **s. f. inv.** ● caratteristica di ciò che è cosmico **SIN.** universalità | secondo l'estetica crociana, la caratteristica della vera arte, di rappresentare cioè idee e sentimenti nella loro risonanza universale

✱**còṣmico** [vc. dotta, lat. tardo *cŏsmicu(m)*, dal gr. *kosmikós*, da *kósmos* 'cosmo' ✱ av. 1764] **agg.** (**pl. m.** *-ci*) **1** relativo al cosmo: *fenomeni cosmici* | ***raggi cosmici***, insieme di particelle e di radiazioni molto energetiche provenienti spec. dagli spazi interstellari | ***diritto c.***, insieme di principi e norme giuridiche che regolano lo sfruttamento dello spazio stratosferico da parte degli Stati **2** (***est.***) di tutti, universale: *dolore c.* ‖ **coṣmicaménte**, **avv.** in modo cosmico, in modo universale ‖ **coṣmicità**, **s. f. inv.** (V.)

✱**còṣmo** [vc. dotta, gr. *kósmos* 'ordine', poi 'mondo, universo', di etim. incerta ✱ 1562] **s. m.** **1** l'universo | l'insieme di tutti i corpi celesti fisicamente esistenti **2** (***filos.***) secondo le antiche cosmologie, il mondo inteso come sistema ordinato, in contrapposizione al caos originario

còṣmo-, -còṣmo [dal gr. *kósmos* 'universo', di etim. incerta] **primo e secondo elemento** ● in parole composte dotte e della terminologia scientifica, significa 'mondo' o 'universo' o fa riferimento all'insieme degli astri, e più recentemente alla navigazione spaziale: *cosmologia, cosmonauta, cosmopolita, microcosmo*

coṣmobiologìa [comp. di *cosmo-* e *biologia* ✱ 1974] **s. f.** (**pl.** *-gìe*) ● esobiologia

coṣmochìmica [vc. dotta, comp. di *cosmo-* e *chimica* ✱ 1986] **s. f.** ● astrochimica

coṣmodicèa [da *teodicea*, con sostituzione del pref. *cosmo-* a *teo-* ✱ 1894] **s. f.** ● (***filos.***) teoria complementare della teodicea che sostiene la sostanziale bontà dell'universo, malgrado la presenza del male e della sofferenza nel mondo

coṣmòdromo, (*evit.*) **coṣmodròmo** [comp. di *cosmo-* e del gr. *drómos* 'corsa' (V. *aerodromo*) ✱ 1963] **s. m.** ● base attrezzata per il lancio e l'assistenza tecnica di veicoli spaziali **SIN.** astroporto, celiporto

coṣmogonìa [vc. dotta, gr. *kosmogonía*. V.

cosmo- e *-gonia* ∗ 1771**] s. f. 1** complesso delle teorie scientifiche sull'origine dell'universo **2** dottrina mitologico-religiosa che spiega l'origine dell'universo: *la c. di Esiodo*

coșmogònico [1819] **agg.** (**pl. m.** *-ci*) ● attinente alla cosmogonia: *teoria cosmogonica*

coșmografìa [vc. dotta, lat. tardo *cosmogrăphia(m)*, dal gr. *kosmographía*. V. *cosmo-* e *-grafia* ∗ av. 1363] **s. f. 1** descrizione dell'universo **2** parte della geografia che considera la Terra come corpo celeste e la studia nelle sue relazioni con gli altri corpi del cosmo **SIN.** geografia astronomica

coșmogràfico [1641] **agg.** (**pl. m.** *-ci*) ● che concerne la descrizione sistematica dell'universo: *scienza cosmografica*

coșmògrafo [vc. dotta, lat. tardo *cosmŏgraphu(m)*, dal gr. *kosmográphos*. V. *cosmografia* ∗ 1480] **s. m.** (**f.** *-a*) ● studioso di geografia, astronomica o terrestre

coșmolàbio [comp. di *cosmo-* e *-labio*, ricavato da *astrolabio* ∗ 1830] **s. m.** ● antico strumento astronomico per misurare le distanze

coșmologìa [comp. di *cosmo-* e *-logia* ∗ 1585] **s. f.** (**pl.** *-gie*) **1** complesso delle dottrine scientifiche o filosofiche che studiano l'origine, la struttura e le leggi dell'universo **2** filosofia della natura

coșmològico [1771] **agg.** (**pl. m.** *-ci*) **1** attinente alla cosmologia **2** ***prova cosmologica***, quella che deduce l'esistenza di Dio dall'esistenza del mondo

coșmòlogo [comp. di *cosmo-* e *-logo* ∗ 1851] **s. m.** (**f.** *-a*; **pl. m.** *-gi*) ● studioso di cosmologia

coșmonàuta [comp. di *cosmo-* e *nauta* ∗ 1961] **s. m. e f.** (**pl. m.** *-i*) ● navigatore spaziale, astronauta

coșmonàutica [1964] **s. f.** ● navigazione spaziale **SIN.** astronautica

coșmonàutico [1964] **agg.** (**pl. m.** *-ci*) ● relativo alla navigazione spaziale **SIN.** astronautico, spaziale

coșmonàve [comp. di *cosmo-* e *nave* ∗ 1961] **s. f.** ● veicolo spaziale **SIN.** astronave

coșmonavigazióne [comp. di *cosmo-* e *navigazione* ∗ 1993] **s. f.** ● navigazione spaziale

coșmòpoli [comp. di *cosmo-* e *-poli* ∗ 1588] **s. f. inv.** ● (*lett.*) città che ha caratteri universali: *in un romanzo francese Roma fu chiamata c.*

♣**coșmopolìta**, (*evit.*) **coșmopòlita** [fr. *cosmopolite*, dal gr. *kosmopolítēs*, comp. di *kósmos* 'mondo' e *polítēs* 'cittadino' ∗ 1763] **A s. m. e f.** (**pl. m.** *-i*) ● chi riconosce come propria patria il mondo | (*est.*) chi ha viaggiato e soggiornato in molti Paesi, assimilandone abitudini, mentalità e cultura **B agg. 1** detto di luogo, frequentato da gente d'ogni nazione e tipo: *Venezia è una città c.* | internazionale: *folla c.* **2** (*est.*) detto di chi (o di ciò che) rivela apertura e interesse verso le tradizioni e gli usi di tutti i Paesi: *un intellettuale c.*; *mentalità c.* **3** (*biol.*) detto di specie animale o vegetale presente in tutte o quasi tutte le regioni della Terra: *la mosca è un insetto c.*

coșmopolìtico [1795] **agg.** (**pl. m.** *-ci*) ● di cosmopolita: *abitudini, tendenze cosmopolitiche*

coșmopolitìșmo [fr. *cosmopolitisme*, da *cosmopolite* 'cosmopolita' ∗ 1785] **s. m. 1** dottrina che respinge ogni distinzione di nazione e razza, considerando tutti gli uomini come cittadini di una sola patria | carattere cosmopolita: *il c. di una grande città* **2** (*biol.*) carattere cosmopolita di una specie animale o vegetale

coșmoràma [comp. di *cosmo-* e del gr. *kórama* 'veduta, vista', da *horáō* 'io vedo' ∗ 1830] **s. m.** (**pl.** *-i*) ● antico strumento per vedere, ingrandite e in rilievo, immagini panoramiche del mondo

còso (o *-ș-*) [da *cosa* ∗ av. 1535] **s. m.** ● (*fam.*) qualsiasi oggetto o individuo di cui non si ricordi, non si sappia o non si voglia dire il nome: *arrivò con uno strano c. in mano*; *il professore era un c. lungo e buffo* ‖ **cosàccio**, **pegg.** | **cosétto**, **cosettino**, **dim.** | **cosìno**, **dim.** (V.)

♣**cospàrgere** o (*lett.*) **conspàrgere** [vc. dotta, lat. *conspărgere*, comp. di *cŭm* 'con' e *spărgere* 'spargere' ∗ av. 1374] **A v. tr.** (**coniug.** come *spargere*) ● disseminare, spargere qua e là (+ *di*, *raro* + *con*): *c. una lettera di scarabocchi*; *Il suolo d'intorno era tutto cosparso di zàgare* (G. D'Annunzio); *c. con formaggio grattugiato* **B cospàrgersi v. tr. pron.** (**aus.** *essere*) **e rifl.** ● spargere qua e là sul proprio corpo (+ *di*): *cospargersi il corpo di crema solare*; *cospargersi di profumo* | ***cospargersi il capo di cenere***, V. *cenere*

cospàrso o †**cospàrto**, †**conspàrto** **part. pass.** di *cospargere*; anche **agg.** ● nei sign. del v.: *prati cosparsi di fiori*

cospèrgere o †**conspèrgere** [vc. dotta, lat. *conspĕrgere*, comp. di *cŭm* 'con' e *spărgere* 'spargere' ∗ 1321] **v. tr.** (**pres.** *io cospèrgo, tu cospèrgi*; **pass. rem.** *io cospèrsi, tu cospergésti*; **part. pass.** *cospèrso*) **1** (*lett.*) aspergere, bagnare **2** (*lett.*) cospargere, coprire

cospèrso o †**conspèrso** [av. 1516] **part. pass.** di *cospergere*; anche **agg.** ● nei sign. del v.

cospettàccio [da *cospetto* ∗ 1612] **in funzione di inter.** ● (*disus.*, *scherz.*) esprime meraviglia, sorpresa, disappunto e sim.

cospètto o **conspètto** [lat. *conspĕctu(m)*, da *conspĭcere* 'guardare', comp. di *cŭm* 'con' e *spĕcere* 'guardare' ∗ 1065] **A s. m. 1** presenza, vista: *togliti dal mio c.* | ***al c. di***, (*lett.*) ***in c. di***, (*lett.*) ***nel c. di***, dinanzi a, alla presenza di: *presentarsi, giungere al c. di qlcu.*; *peccati che gridano vendetta al c. di Dio*; *lo giuro al c. di Dio* **2** (*lett.*) volto, aspetto: *è così raro oggimai il tuo c. quaggiù* (I. Nievo) **3** (*lett.*, *fig.*) mente, pensiero, concetto, giudizio: *Tempo futuro m'è già nel c.* (Dante *Purg.* XXIII, 98) **B in funzione di inter.** ● (*disus.*) esprime meraviglia, sorpresa, disappunto, impazienza: *c.! dovevi dirmelo subito!*; (*scherz.*) *c. di Bacco!*

cospettóne [da *cospetto* ∗ 1632] **in funzione di inter.** ● (*disus.*, *scherz.*) esprime sorpresa, disappunto e sim. ‖ **cospettonàccio**, **pegg.**

†**cospìcere** ➤ †**conspicere**

cospicuità [1682] **s. f. inv.** ● caratteristica di ciò che è cospicuo

♣**cospìcuo** o †**conspìcuo** [vc. dotta, lat. *conspĭcuu(m)* 'che cade sotto gli occhi, visibile, ragguardevole', da *conspĭcere* 'guardare'. V. *cospetto* ∗ 1497] **agg. 1** che merita considerazione per le sue qualità: *la cospicua fama dei poeti italiani* **SIN.** insigne, illustre **2** ingente, considerevole: *rendita, ricchezza cospicua*; *c. patrimonio* **3** (*lett.*) visibile: *un luogo a tutti c.* | (*est.*) manifesto, evidente ‖ **cospicuaménte**, **avv.**

cospiràre o †**conspiràre** [vc. dotta, lat. *conspirāre* 'essere d'accordo, operare d'accordo, congiurare', comp. di *cŭm* 'con' e *spirāre* 'soffiare' ∗ av. 1294] **v. intr.** (**aus.** *avere*) **1** accordarsi segretamente per conseguire un fine, spec. politico: *c. contro l'oppressore, contro il governo, contro lo Stato*; *un codino marcio ... che cospirava pel ritorno di Franceschello* (G. Verga) **SIN.** complottare, congiurare **2** (*fig.*) concorrere a produrre un determinato effetto, sia negativo che positivo: *tutto sembrava c. contro di lui*; *molte cose cospirano ai suoi danni*; *La gioventù ... e la maturità del senno ... cospiravano ad innalzare la sua fortuna* (I. Nievo) **3** (*fig.*, *raro*) concorrere

cospiratìvo [1937] **agg.** ● di cospirazione

cospiratóre [sec. XIII] **s. m.** (**f.** *-trice*) **1** chi cospira, congiura **2** (*est.*) persona sospettosa: *volse in giro un'occhiata da c.* (G. Verga)

cospiratòrio [da *cospirato*, part. pass. di *cospirare* ∗ 1865] **agg.** (**pl. m.** *-i* o *raro -ii*) ● di cospirazione, che tende alla cospirazione: *programmi, intenti cospiratori*; *logica cospiratoria*

cospirazióne o †**conspirazióne** [vc. dotta, lat. *conspiratiōne(m)*, da *conspirāre* 'cospirare' ∗ 1298] **s. f. 1** accordo di più persone civili o militari diretto a commettere delitti contro la personalità dello Stato **SIN.** complotto, congiura **2** (*fig.*, *raro*) concorso di più persone o elementi per il raggiungimento di un medesimo fine ‖ **cospirazioncèlla**, **dim.**

SFUMATURE DI SIGNIFICATO

cospirazione - congiura

Cospirazione è un accordo segreto fra persone, tra le quali vi sono in genere militari di alto grado, con lo scopo di rovesciare le istituzioni politiche di uno stato e stabilirne di nuove radicalmente diverse. Quando il potere politico non era strutturato in maniera complessa ma consisteva nel comando dispotico di un'unica persona, a rovesciarlo poteva bastare l'eliminazione fisica del tiranno in seguito a un accordo segreto fra pochi: questo accordo si definisce **congiura**.

SFUMATURE ➤ ***insurrezione***

cospirazionìșmo [1975] **s. m.** ● tendenza a vedere dietro ogni evento una cospirazione **CFR.** complottismo

cospirazionìsta [1995] **A agg.** (**pl. m.** *-i*) ● relativo a cospirazionismo **B agg. e s. m. e f.** ● che (o chi) denota cospirazionismo

cosplay /kosˈplei, *ingl.* ˈkɒsˌpleɪ/ [vc. ingl., che sta per *cos(tume) play*, propr. 'rappresentazione (*play*) in costume (*costume*)' ∗ 2000] **s. m. inv.** ● passatempo consistente nel travestirsi da personaggi di videogiochi, fumetti, film o letteratura fantasy per ritrovarsi in raduni, convegni e sim.

còssi ➤ **cuocere**

còsso [vc. dotta, lat. *cŏssu(m)*, di etim. incerta ∗ 1320] **s. m. 1** farfalla di grandi dimensioni, parassita spec. di piante da frutta (*Cossus cossus*) **2** †pustola **3** (*fig.*) stizza

♦**còsta** [lat. *cŏsta(m)* 'costa, costola, fianco', di etim. incerta ∗ 1221] **s. f. 1** (*anat.*) osso piatto, curvo, della cassa toracica | ***coste fluttuanti***, V. *fluttuante* **SIN.** costola **2** (*est.*, *lett.*) fianco, lato: *Ed ecco due da la sinistra c.* (Dante *Inf.* XIII, 115) | ***di c.***, di lato, di fianco | ***di c. a***, di fianco a | ***di c. da***, di lato a | (*fig.*) †***aiuto di c.***, aiuto inatteso; (*est.*) denaro che si dà oltre il convenuto **3** (*mar.*) costola **4** parte opposta al taglio di un coltello, una spada e sim. | dorso di un libro, di un pettine e sim. | ***c. del dente***, parte del profilo di una ruota dentata sporgente dalla circonferenza primitiva **5** elemento che sporge e forma un rilievo pronunciato su di una superficie | ***velluto a coste***, velluto di cotone con righe salienti | ***punto a c.***, lavorazione a maglia ottenuta alternando punti a rovescio a punti a diritto | costura **6** (*bot.*) nervatura mediana assai sviluppata di una foglia | ***c. di sedano***, nell'uso corrente, gambo, costola del sedano **7** (*bot.*; **spec. al pl.**) varietà di barbabietola commestibile formata da grandi piccioli appiattiti e da lamine fogliari poco sviluppate (*Beta vulgaris* varietà *cycla flavescens*) **SIN.** barbabietola da costa **8** zona che costituisce il limite tra la terra e il mare: *c. alta, rocciosa, bassa, sabbiosa, frastagliata*; *la c. era popolata di pescatori*; *le coste calabresi, turche* **9** fianco di montagna | ***a mezza c.***, alla metà di una pendice montuosa ‖ **costarèlla**, **dim.** | **costina**, **dim.** (V.) | **costóne**, **accr. m.** (V.)

NOMENCLATURA

costa

● *caratteristiche*: sabbiosa ⇔ rocciosa, unita ⇔ incisa = articolata, rettilinea ⇔ frastagliata, uniforme ⇔ irregolare, alta ⇔ bassa;

● *tipi di costa*: falesia = balza = ripa, finestra, arco, guglia, obelisco, faraglione, terrazzo litoraneo, cordone litoraneo = tombolo, barra, riviera, battigia, riva ⇔ alto mare, limite acque sicure, spiaggia (libera, privata), lido, litorale (ciottoloso, ghiaioso, sabbioso, roccioso), marina, laguna (viva ⇔ morta), lungomare, barriera, banco, secca, sirte, barra, scogliera, scoglio, atollo, isola, arcipelago, iceberg, istmo, bocche, penisola, pseudopenisola, punta, promontorio, capo, lingua, delta, estuario, bacino, insenatura, porto, ansa, golfo, baia, bocca, seno, rada, fiordo, cala, rias, braccio, canale, stretto.

costà [lat. *ĕccu(m) istāc* 'ecco costà' ✱1283] **avv.** ● (*tosc.* o *lett.*) in codesto luogo (vicino cioè alla persona cui ci si rivolge): *non sederti c.*; *verrò presto c. a trovarvi* | ***di, da, per c.***, di, da, per codesto luogo

†**costàdo** ➤ **costato**

costaggiù [comp. di *costà* e *giù* ✱1300 ca.] **avv.** ● (*tosc.*, *lett.*) in codesto luogo (posto cioè in basso, o anche più a sud, rispetto a chi parla): *che fate c.?*; *che cosa c'è di nuovo c. da voi?*

costàle [vc. dotta, lat. tardo *costāle(m)*, da *cŏsta* 'costa' ✱av. 1673] **agg.** ● (*anat.*) di costola; relativo alle costole: *arteria c.*

costantàna [da *costante* perché dotata di resistenza elettrica costante, indipendentemente dalla temperatura ✱1951] **s. f.** ● lega di rame e nichel, dotata di alta resistività, praticamente indipendente dalla temperatura e perciò usata per resistenze elettriche e reostati

♦**costànte** [vc. dotta, lat. *constānte(m)*, part. pres. di *constāre* 'stare fermo'. V. *constare* ✱sec. XIII] **A agg. 1** che non subisce variazioni: *sentimento, desiderio, amore c.* | durevole, stabile: *tempo, vento, temperatura c.* **2** (*mat.*) detto di applicazione o funzione il cui valore è sempre lo stesso **3** detto di persona, salda nel suo proposito, ferma, perseverante: *è un uomo c. negli affetti* **CONTR.** volubile **4** †certo, indubitato | †***avere, tenere per c.***, tenere per certo ‖ **costanteménte**, **avv.** con costanza; stabilmente, sempre: *arriva costantemente in ritardo*; *aveva costantemente sul labbro un sorriso di uomo sicuro* (I. SVEVO) **B s. f. 1** (*mat.*) che non variabile: *la c. di un integrale* **2** (*fis.*) numero puro o dimensionale che entra nelle relazioni tra grandezze fisiche ed è immutabile al variare delle grandezze stesse: *la c. dei gas, di Planck*; *costanti fisico-chimiche di un'acqua minerale* **3** (*fig.*) elemento inalterato e caratteristico: *l'inquietudine è una c. del suo carattere*

SFUMATURE ➤ ***continuo***, ➤ ***frequente***

costantiniàno [1830] **agg.** ● dell'imperatore Costantino il Grande (280 ca.-337): *donazione costantiniana*

♦**costànza** o †**constànzia** [vc. dotta, lat. *constāntia(m)*, da *constāre* 'stare fermo'. V. *constare* ✱1288] **s. f. 1** caratteristica di chi (o di ciò che) è costante: *avere c. nello studio, negli affetti, nell'amicizia*; *c. di rendimento* | (*dir.*) permanenza, continuità: *in c. di matrimonio, di malattia* | (*lett.*) forza d'animo: *sopportare con c. le avversità* **2** nel linguaggio scientifico, invariabilità di una grandezza al variare dei parametri a essa relativi | ***c. delle leggi di natura***, per cui le stesse cause producono sempre gli stessi effetti naturali

SFUMATURE DI SIGNIFICATO

costanza - persistenza - ostinazione - fermezza - resistenza

Costanza è la qualità di chi non è volubile, di chi rimane saldo nel suo proposito. **Persistenza** sottolinea continuità nel perseguire uno scopo, dunque un comportamento tenace. La caratteristica di chi resta fermo nella risoluzione presa con caparbietà si dice **ostinazione**. **Fermezza** aggiunge al restar saldi, che è proprio della *costanza*, una sfumatura di energia, di irremovibilità. Con **resistenza** si mette invece l'accento sull'energia che bisogna impiegare per restare fermi nella difesa delle proprie idee o iniziative.

SFUMATURE ➤ ***insistenza***

costardèlla [etim. incerta ✱1956] **s. f.** ● pesce osseo dei Teleostei con corpo allungato e mascelle appuntite (*Scomberesox saurus*)

♦**costàre** [lat. *constāre* 'stare fermo, costare, valere'. V. *constare* ✱av. 1236] **v. intr.** (*io còsto*; aus. *essere*) **1** avere un determinato prezzo: *c. poco, molto, moltissimo*; *il libro costa cinquanta euro*; *quanto costa quel mobile?*; *quel quadro mi è costato molto* | (*colloq.*) ***c. caro, salato, un occhio della testa, un sacco***, moltissimo | ***costi quel che costi***, a qualunque costo o condizione (*spec. fig.*): *vuole ottenere giustizia, costi quel che costi* | (*assol.*) richiedere forti spese: *al giorno d'oggi tutto costa*; *è una città in cui la vita costa* **2** (*fig.*) esigere fatica, dolore, pena e sim.: *quel saggio gli è costato molti anni di studio*; *lavorare gli costa fatica*; *quel gesto gli costò la vita*; *non ti costa nulla essere gentile* | (*fig.*) pesare: *non mi costa affatto il parlarne* | portare gravi conseguenze: *ora conosce quanto caro costa / non seguir Cristo* (DANTE *Par.* XX, 46-47)

costaricàno [1965] **A agg.** ● della Costa Rica: *repubblica costaricana* **SIN.** costaricense **B s. m.** (**f.** *-a*) ● abitante o nativo della Costa Rica

costaricènse [sec. XX] **agg.** e **s. m.** e **f.** ● costaricano

costassù [comp. di *costà* e *su* ✱1338] **avv.** ● (*tosc.*, *lett.*) in codesto luogo (posto in alto, o anche più a nord, rispetto a chi parla)

costàta [da *costato* ✱1889] **s. f.** ● taglio di carne bovina o suina prelevata fra le costole o le vertebre dorsali, adatta per bistecche | la bistecca ricavata da tale taglio: *c. ai ferri* ‖ **costatina**, **dim.**

costatàre e deriv. ➤ **constatare** e deriv.

costàto o †**costàdo** [lat. parl. **costātu(m)*, da *cŏsta* 'costola' ✱sec. XIII] **s. m. 1** parete toracica: *il c. di Cristo* **2** l'insieme delle costole di animali macellati **3** †fianco, lato | †***di c.***, di lato **4** †fiancata di una nave

costeggiàre [da *costa* ✱av. 1322] **v. tr.** (**pres.** *io costéggio*; **fut.** *io costeggerò*) **1** navigare senza allontanarsi dalle coste (*anche assol.*): *c. una spiaggia*; *la barca costeggiò fino a Ponza* **2** (*est.*) camminare lungo la riva di un fiume, il fianco di una montagna, il lato di una strada e sim.: *costeggiammo il corso del fiume* **3** (*fig.*) procedere lungo un dato luogo: *il sentiero costeggia il bosco* | fiancheggiare: *il ruscello era costeggiato da pioppi* **4** (*agric.*) ripassare con l'aratro gli spigoli esistenti fra un solco e l'altro

costeggiatùra [1803] **s. f.** ● (*agric.*) operazione del costeggiare il terreno

costéggio [1865] **s. m. 1** (*raro*) navigazione lungo le coste **2** nell'equitazione, specie di trotto da maneggio

♦**costèi** [lat. parl. **(ĕc)cu(m) istēi* 'ecco a lei' ✱av. 1287] **pron. dimostr. f. sing.** ● forma femminile sing. di *costui*: *ché troppo è lo valor di c. forte* (G. CAVALCANTI)

costèlla [detta così perché fatta a *coste* ✱1983] **s. f.** ● tessuto, solitamente di cotone, a coste leggere

♣**costellàre** o (*lett.*) **constellàre** [da *costellato* ✱1865] **v. tr.** (*io costèllo* o *costéllo*) **1** (*lett.*) ornare di stelle **2** (*est.*) disseminare in modo simile alle stelle; cospargere, ornare: *fiori costellano i prati*

costellàto [vc. dotta, lat. tardo *constellātu(m)*, comp. di *cŭm* 'con' e *stellātus* 'stellato' ✱1321] **agg. 1** (*raro*, *lett.*) cosparso di stelle **2** (*est.*) variamente sparso di punti luminosi, colorati o che si staccano comunque sul fondo uniforme (+ *di*): *prato c. di margherite*; *abito c. di macchie* | (*fig.*) disseminato, pieno: *un esercizio c. di errori*

costellazióne o (*lett.*) **constellazióne** [vc. dotta, lat. *constellatiōne(m)*. V. *costellato* ✱1282] **s. f. 1** (*astron.*) insieme di stelle che occupano una medesima zona della sfera celeste: *costellazioni boreali, australi*; *le dodici costellazioni dello zodiaco* | (*est.*) gruppo di cose sparse: *la costa dalmata è punteggiata da una c. di isole* **2** (*fig.*) insieme di persone famose: *la c. delle top model*

†**costèra** ➤ **costiera**

costeréccio [da *costa* ✱1479] **s. m. 1** (*tosc.*) carne e costole del petto del maiale, conservate anche sotto sale **2** (*scherz.*) †costola umana

♣**costernàre** [vc. dotta, lat. *consternāre*, intens. di *constĕrnere* 'coprire, spargere', comp. di *cŭm* 'con' e *stĕrnere* 'stendere' ✱1723] **A v. tr.** (*io costèrno*) ● avvilire, affliggere profondamente: *la sua freddezza mi costernò*; *le nostre parole lo hanno costernato* **B costernàrsi v. intr. pron.** ● (*lett.*) abbattersi, avvilirsi

♣**costernàto** **part. pass.** di *costernare*; anche **agg. 1** avvilito, afflitto: *sono veramente c.* **2** che manifesta costernazione: *sguardo c.*

costernazióne [vc. dotta, lat. *consternatiōne(m)*, da *consternāre* 'costernare' ✱1540] **s. f.** ● smarrimento, abbattimento dell'animo: *provocare la c. generale*; *essere in preda alla c.*; *gettare qlcu. nella c.* **SIN.** disperazione, dolore

†**costétto** ➤ **codesto**

costì [lat. *ĕccu(m) istīc* 'ecco qui' ✱sec. XIII] **avv.** ● (*tosc.* o *lett.*) in codesto luogo (vicino alla persona cui ci si rivolge): *E tu che se' c., anima viva, / pàrtiti da cotesti che son morti* (DANTE *Inf.* III, 88-89) | qui: *che fai c.?* | ***di c.***, da qui

costièra o †**costèra** [da *costa* ✱1374] **s. f. 1** tratto di costa | regione a esso contigua: *la c. amalfitana* **2** pendio montano poco accidentato: *a piè d'un monticello alla costera / vide un palagio a marmori intagliato* (M.M. BOIARDO) **3** (*raro*) caldina **4** (*mar.*; *disus.*) ciascuno dei canapi ai due lati degli alberi latini piccoli | (**spec. al pl.**) ciascuno dei pezzi robusti di legname di costa agli alberi maggiori e minori

costièro [1632] **agg. 1** di costa | relativo alla costa: *breve tratto c.* | ***navigazione costiera***, che si svolge a poca distanza dalla costa | ***traffico c.***, esercitato tra i porti di uno stesso Stato | ***nave costiera***, attrezzata per la navigazione lungo la costa | ***strada costiera***, (*ellitt.*) ***costiera***, strada che corre lungo la costa **SIN.** strada litoranea **2** (*geol.*) detto di ambiente di sedimentazione prossimo alla costa marina

costìna [1973] **s. f. 1** dim. di *costa* **2** taglio di carne suina costituito dalle coste e dalla carne che le circonda

†**costìnci** [lat. *ĕccu(m) *istīnce* 'ecco di costì' ✱1313] **avv.** ● di costì, da codesto luogo: *Dite c.; che volete voi?* (DANTE *Purg.* IX, 85)

còsting /ˈkɔstin(g)/, *ingl.* ˈkɒstɪŋ/ [vc. ingl., 'valutazione dei costi', da *cost* 'costo' ✱1970] **s. m. inv.** ● rilevazione e controllo dei costi aziendali

costipaménto [sec. XIV] **s. m. 1** il costipare | consolidamento, assestamento naturale di un terreno | ***c. del terreno***, operazione con cui si aumenta la resistenza di un terreno, comprimendolo mediante l'infissione

C

di pali, la battitura meccanica o altro mezzo **2** (*raro*) costipazione intestinale

costipànte **A** part. pres. di *costipare*; anche agg. ● nei sign. del v. **B** s. m. ● medicamento che rallenta o arresta la peristalsi dell'intestino

costipàre [vc. dotta, lat. *constipāre* 'raccogliere insieme, ammassare, stipare', comp. di *cŭm* 'con' e *stipāre* 'stipare' ✱ 1310] **A** v. tr. (*io costipo*) **1** (*raro*) ammassare, riunire in poco spazio **2** comprimere il terreno per renderlo compatto SIN. rullare® **3** astringere, provocare costipazione, rendere stitico: *c. il ventre, il corpo* **B** **costipàrsi** v. intr. pron. **1** diventare stitico **2** (*colloq.*) prendersi un forte raffreddore

costipatìvo [sec. XIV] **A** agg. ● che provoca costipazione intestinale **B** s. m. ● medicamento astringente

costipàto part. pass. di *costipare*; anche agg. ● nei sign. del v.; compresso | affetto da costipazione intestinale o (*fam.*) da raffreddore

costipatóre [1940] s. m. ● rullo per costipare il terreno

costipazióne [vc. dotta, lat. tardo *constipatiōne(m)* 'affollamento, costipazione', da *constipāre* 'costipare' ✱ sec. XIV] s. f. **1** compressione naturale di un terreno **2** (*med.*) stipsi, stitichezza **3** (*colloq.*) forte raffreddore: *c. di testa* ‖ **costipazioncèlla**, dim.

costituèndo [vc. dotta, lat. *constituĕndu(m)*, gerundivo di *constituĕre* 'costituire' ✱ av. 1936] agg. ● che deve essere costituito

costituènte **A** part. pres. di *costituire*; anche agg. **1** nei sign. del v. **2** ***assemblea c.*** o (gener. con iniziale maiuscola) ***la C.***, assemblea eletta dal popolo, col compito di preparare una nuova costituzione; in Italia, assemblea eletta il 2 giugno 1946 e in funzione fino al 31 gennaio 1948 **B** s. m. (anche f. nel sign. 3) **1** (*chim.*) elemento presente in un composto: *l'ossigeno è un c. dell'ossido di carbonio* **2** (*ling.*) detto di un morfema o sintagma che fa parte di una costruzione più ampia | ***costituenti immediati***, nuclei in cui si scompone la frase **3** membro dell'assemblea costituente: *la maggioranza dei costituenti* | ***il Costituente***, il legislatore della Costituzione

♦**costituìre** o (*lett.*) **constituìre** [vc. dotta, lat. *constituĕre*, comp. di *cŭm* 'con' e *statuĕre* 'statuire' ✱ 1065] **A** v. tr. (*io costituìsco, tu costituìsci*) **1** organizzare, fondare, creare: *c. un gruppo di ricercatori, un governo, una società* **2** mettere insieme, accumulare: *c. una raccolta di quadri* **3** comporre, contribuire alla formazione di qlco. (+ *da*): *la commissione è costituita da soli medici* | dare luogo a qlco. di più vasto e complesso: *più province costituiscono una regione* **4** essere, rappresentare, avere valore di: *il lavoro costituisce la sua ragione di vita; il fatto non costituisce reato* **5** (*dir.*) dichiarare: *c. in mora qlcu.* **6** eleggere, nominare (seguito da un compl. predicativo dell'oggetto): *c. qlcu. proprio difensore; c. qlcu. erede* **7** †assegnare: *c. una dote, un premio* **B** **costituìrsi** v. rifl. **1** (*dir.*) dichiararsi pubblicamente (seguito da un compl. predicativo del soggetto): *si è costituito vostro difensore* | ***costituirsi in giudizio***, nel processo civile, compiere le formalità legislativamente richieste per presentarsi ufficialmente alle altre parti e al giudice | ***costituirsi parte civile***, intervenire, da parte della persona danneggiata da un reato, nel processo penale, per chiedere la restituzione e il risarcimento dei danni all'imputato o alla persona che ne sia civilmente responsabile **2** (*dir.*) presentarsi spontaneamente al magistrato o alla polizia giudiziaria quando si è latitanti: *si è costituito ai carabinieri* **C** **costituìrsi** v. intr. pron. ● formarsi: *si è costituito un comitato di solidarietà* | comporsi: *di ciò si costituiva il nostro pranzo* (I. NIEVO) | ***costituirsi in regione***, organizzarsi come regione

costituìto o †**constituìto** part. pass. di *costituire*; anche agg. **1** formato, composto (+ *da*, + *di*): *un appartamento c. da quattro locali; un recinto c. da (o di) pali e canne* **2** istituito per legge: *autorità costituita* | ***governo c.***, quello definitivamente stabilito | ***c. a repubblica, a monarchia***, di Stato ordinato secondo una di tali forme

costitutàrio [da *costituto* ✱ av. 1298] s. m. (f. *-ia*) ● chi provvede alla costituzione di società o alle loro modifiche

costitutìvo o †**constitutìvo** [vc. dotta, lat. tardo *constitutīvu(m)*, da *constitūtus* 'costituito' ✱ av. 1565] **A** agg. **1** che costituisce: *elemento c. di un progetto* | (*fig.*) specifico, caratterizzante: *il tratto c. della mentalità di un'epoca* **2** (*dir.*) di atto che crea o modifica rapporti giuridici: *atto c. di società* | ***documentazione costitutiva***, che la legge o le parti richiedono per la perfezione di un negozio giuridico **3** detto di proprietà chimico-fisica che dipende dalla costituzione molecolare delle sostanze **B** s. m. ● (*lett.*, *raro*) ciò che costituisce

costitùto o †**constitùto** [vc. dotta, lat. *constitūtu(m)*, part. pass. di *constituĕre* 'costituire' ✱ 1219] **A** agg. **1** (*raro*, *lett.*) costituito, stabilito **2** (*raro*, *lett.*) messo in una data situazione **B** s. m. **1** (*dir.*) pattuizione, accordo: *c. possessorio; c. di Costantino* **2** †statuto, costituzione **3** (*mar.*) dichiarazione sullo stato sanitario della nave resa dal comandante all'ufficio di sanità del porto d'arrivo **4** †deposizione di un imputato davanti al giudice

costitutóre o †**constitutóre** [vc. dotta, lat. *constitutōre(m)*, da *constituĕre* 'costituire' ✱ av. 1361] s. m. (f. *-trice*); anche agg. ● chi (o che) costituisce

♦**costituzionàle** [fr. *constitutionnel*, dall'ingl. *constitutional*, da *constitution* 'costituzione' ✱ 1768] agg. **1** basato su una costituzione politica: *monarchia c.* | ***Stato c.***, che poggia tutta la sua organizzazione su una base giuridica SIN. Stato di diritto **2** relativo alla Costituzione: *diritto c.* | conforme alla Costituzione: *un provvedimento del tutto c.* CONTR. incostituzionale | ***carta c.***, la Costituzione | ***legge c.***, emanata in seguito allo speciale procedimento formativo proprio delle norme della Costituzione; legge non contrastante con alcuno dei principi informatori della Costituzione | ***Corte C.***, organo cui spetta di giudicare in unico grado sulla legittimità costituzionale degli atti normativi, sui conflitti di competenza fra poteri dello Stato, fra Stato e Regioni e fra Regioni e sulle accuse promosse contro il Presidente della Repubblica **3** (*med.*) relativo alla costituzione fisica dell'individuo | ***malattia c.***, che dipende dalla costituzione individuale **4** (*fig.*) che riguarda la struttura profonda, la natura di qlcu. o qlco.: *la poesia italiana ... nella quale il barocchismo è c.* (B. CROCE) ‖ **costituzionalménte**, avv. **1** in modo costituzionale; da un punto di vista costituzionale **2** per quanto riguarda la costituzione fisica ‖ **costituzionalità**, s. f. inv. conformità alle norme della Costituzione: *costituzionalità di una legge, di un provvedimento, di un governo*

costituzionalìsmo [fr. *constitutionalisme*, dall'ingl. *constitutionalism*, da *constitutional* 'costituzionale' ✱ av. 1857] s. m. **1** insieme dei principi ispiratori dell'ordinamento supremo dello Stato costituzionale: *c. dello Stato italiano* | costituzionalità: *c. di un atto normativo* **2** teoria medica che dà particolare importanza alla costituzione fisica nell'insorgenza delle malattie

costituzionalìsta [av. 1910] s. m. e f. (pl. m. *-i*) **1** studioso di diritto costituzionale **2** medico seguace del costituzionalismo

costituzionalìstico [1932] agg. (pl. m. *-ci*) **1** relativo al costituzionalismo **2** ***medicina costituzionalistica***, che studia la costituzione individuale e le malattie a essa connesse

costituzionalizzàre [1866] **A** v. tr. ● rendere costituzionale: *c. un regime politico; c. una norma* **B** **costituzionalizzàrsi** v. intr. pron. ● (*raro*) diventare costituzionale ‖ **costituzionalizzazióne**, s. f.

♦**costituzióne** o †**constituzióne** [vc. dotta, lat. *constitutiōne(m)*, da *constituĕre* 'costituire' ✱ 1261 ca.] s. f. **1** istituzione, formazione: *c. di un sodalizio; c. di un governo; c. di una società sportiva* | composizione: *contestare la c. di una giuria* **2** struttura, complesso delle caratteristiche formali e sostanziali di qlco.: *c. geologica del terreno; c. di un organismo vegetale* | il complesso delle caratteristiche fisiche e funzionali dell'organismo umano: *individuo di buona, forte, gracile, debole c.; sana e robusta c.* **3** (spesso scritto con iniziale maiuscola) complesso delle leggi che stanno a base dell'ordinamento giuridico di uno Stato: *c. monarchica, repubblicana; la Costituzione della Repubblica Italiana* | ***c. materiale***, l'insieme dei valori fondanti di una società, le sue consuetudini invalse, che possono anche non corrispondere o non più corrispondere ai principi sanciti nella costituzione formale, cioè quella scritta **4** (*dir.*) formalità con cui una persona si presenta in giudizio: *c. in giudizio dell'attore; c. della parte civile* **5** †fondazione: *c. di una colonia, di una città* **6** †sistema: *c. del mondo; c. naturale*

Definizione d'autore

Le lettere determinanti della parola sono "s" e "t". Insieme formano un fonema che s'incontra numerosissime volte: *istituzione*, *stazione*, *costanza* ecc. C'è sempre l'idea dello "stare". Alla **Costituzione**, attraverso le lettere che hanno in comune, è collegato lo Stato, inteso come il governo che esiste legittimamente. La **Costituzione** è dunque il modo d'essere dello Stato. Non c'è Stato senza **Costituzione**. La **Costituzione** è un documento artificiale, prodotto dal "potere costituente": alla fine del '700 si pensò che le strutture dello Stato potessero essere determinate da Assemblee sovrane che esprimono la loro volontà consegnandola a testi simili a codici della vita politica. Si obiettò: se sono sovrane, nessuno potrà costringerle a osservare la **Costituzione**. Si contro-obiettò: fatta la **Costituzione**, il potere costituente si estingue e il suo posto è occupato da "poteri costituiti", legittimi solo in quanto conformi alla **Costituzione**.

Gustavo Zagrebelsky

♦**còsto** [da *costare* ✱ 1260] s. m. **1** spesa che bisogna sostenere per ottenere qlco.: *pensò che ciò non si potea fare senza buon c.* (F. SACCHETTI) | (*fig.*) rischio, fatica, sacrificio | ***a c. di***, correndo il rischio, il pericolo di (anche seguito da una prop. concessiva con il v. all'infinito): *fece il suo dovere, anche a c. della vita; ci proverò, a c. di rimetterci* | ***a ogni c., a qualunque c., a tutti i costi***, a qualunque condizione, a prezzo di qualunque sacrificio: *Volevano il corpo del loro figliolo ad ogni c.* (D. BUZZATI) | ***a nessun c.***, in nessun modo **2** (*econ.*) onere economico sostenuto per la produzione di beni o servizi: *c. di produzione; c. fisso, variabile; c. industriale, diretto, indiretto; c. di distribuzione* | ***c. standard***, valore scelto come rappresentativo del costo del prodotto | ***c. del lavoro***, insieme delle spese sostenute da un'azienda per i salari, comprensivi degli oneri sociali, dei propri dipendenti | ***c. del denaro***, costo, comprensivo degli interessi e di altri oneri, che grava su chi ottiene in prestito una somma di denaro | ***c. sommerso, c. affondato***, quello dell'acquisto di un bene non più utilizzabile se l'impresa cambia attività | ***analisi costi-benefici***, valutazione dei costi e benefici di un progetto al fine di decidere se intraprenderlo | ***a prezzo di c.***, senza guadagno | ***sotto c.***, a un prezzo inferiore al costo di produzione **3** (*colloq.*) prezzo, valore: *il c. del vino, della villeggiatura* | ***il c. della vita***, l'insieme delle spese necessarie per vivere **4** †interesse, usura

còstola [lat. tardo *cŏstula(m)*, da *cŏsta* 'costa, costola' ✱ 1268] **s. f. 1** (*anat.*) costa | ***mostra le costole, gli si vedono, gli si contano le costole***, è magrissimo, detto di persona o animale | ***essere, stare alle costole di qlcu.***, seguirlo da vicino | ***avere qlcu. alle costole***, (*fig.*) esserne seguito da vicino | ***rompere le costole a qlcu.***, (*fig.*) bastonarlo forte | ***essere della c. di Adamo***, di famiglia nobile o molto antica (*anche iron.*) **2** dorso di un oggetto: *c. del pettine, di un libro* | (*raro*) spigolo **3** parte di un coltello, di una spada e sim. opposta al taglio **4** (*geogr.*) diramazione di catena, contrafforte di monte **5** (*mar.*) ciascuno degli elementi trasversali che formano l'ossatura dello scafo SIN. costa **6** nervatura mediana di una foglia CFR. costa | nervatura di rinforzo molto diffusa in costruzioni meccaniche | (*archit.*) ***c. di una volta***, costolone ‖ **costolétta**, **dim.** (V.) | **costolina**, **dim.** | **costolóne**, **accr. m.** (V.)

costolàto [1779] **A agg.** ● fatto a costole | fornito di costole **B s. m. 1** lombata **2** (*mar.*) corbame

costolatùra [av. 1571] **s. f. 1** insieme e struttura delle costole **2** (*archit.*) complesso dei costoloni di una volta

costolétta [1841] **s. f. 1** dim. di *costola* **2** fetta di carne di vitello, maiale o agnello tagliata nella lombata, comprendente l'osso: *costolette d'agnello alla griglia* CFR. cotoletta ‖ **costolettina**, **dim.**

costolóne [1682] **A s. m. 1** accr. di *costola* **2** (*archit.*) nervatura sporgente di cupole e volte spec. a crociera, con funzioni estetiche e costruttive di scarico del peso sulle strutture di sostegno **B s. m.; anche agg.** ● (*pop., tosc.*) chi (o che) è grosso e tarchiato | (*spreg.*) chi (o che) è rozzo e grossolano

costolùto [av. 1524] **agg. 1** (*raro*) che ha costole grosse e sporgenti **2** (*bot.*) detto di organo vegetale con prominenze longitudinali dovute allo sviluppo di tessuti, per lo più di sostegno: *pomodoro c.*; *mela costoluta, cavolo c.*

costóne [av. 1936] **s. m. 1** accr. di *costa* **2** cresta spigolosa, frequente in montagna, costituita da rocce dure | prominenza morenica sulla superficie di un ghiacciaio

♦**costóro** [lat. *ĕccu(m) istōru(m)* 'ecco di loro' ✱ 1282] **pron. dimostr. m. e f. pl.** ● forma pl. di *costui* e *costei*

♦**costóso** (o -*ṣo*) [da *costo* ✱ 1602] **agg. 1** che costa molto: *oggetto, viaggio c.*; *roba costosa* SIN. caro, dispendioso **2** (*fig.*) che richiede fatica, sforzo e sim.: *impegno c.* ‖ **costosétto**, **dim.** | **costosino**, **dim.** | **costosuccio**, **dim.** ‖ **costosaménte**, **avv.** con molta spesa

†**costrettìvo** ➤ **costrittivo**

costrétto o (*lett.*) **constrétto** **part. pass.** di *costringere*; **anche agg. 1** nei sign. del v. **2** †condannato a una pena

†**costrìgnere** e deriv. ➤ **costrìngere** e deriv.

♦**costrìngere** o †**constrìngere**, †**costrìgnere** [vc. dotta, lat. *constrĭngere*, comp. di *cŭm* 'con' e *strĭngere* 'stringere' ✱ 1261 ca.] **A v. tr.** (**coniug. come** *stringere*) **1** fare in modo, usando la forza fisica, le minacce o altri mezzi coercitivi, che qlcu. agisca come non vorrebbe (**+ *a*, anche seguito da inf.**): *c. qlcu. a dire la verità, a mentire*; *c. un esercito alla resa*; *la fame lo costrinse a fuggire*; *fu costretto ad abbandonare ogni speranza*; *è costretto a stare sempre in casa* SIN. forzare **2** (*lett.*) stringere, comprimere: *c. una ruota nel suo cerchio* | (*fig.*) reprimere, frenare: *c. il pianto, il riso, le parole*; *c. il vizio* **B costrìngersi v. rifl.** ● imporsi qlco., di fare qlco. (**+ *a*, anche seguito da inf.**): *costringersi al silenzio; quando lo vedeva costringersi a usargli cortesie* (I. SVEVO)

SFUMATURE DI SIGNIFICATO

costringere - obbligare - forzare - violentare
Costringere è indurre qualcuno a fare ciò che non vorrebbe. Se il fare una cosa sgradita è conseguenza di un vincolo inderogabile si ha **obbligare**. Con **forzare** si accentua l'idea di una costrizione esercitata col ricorso alla forza fisica o a un ricatto morale. **Violentare** è usare violenza nell'indurre qualcuno a fare qualcosa contro la sua volontà; per lo più indica l'esercizio della violenza sessuale.
SFUMATURE ➤ ***indurre***

costringiménto o †**costrigniménto** [1288] **s. m.** ● (*lett.*) costrizione

†**costrinzióne** ➤ **costrizione**

costrittìva [f. sost. di *costrittivo* ✱ 1938] **s. f.** ● (*ling., ellitt.*) consonante costrittiva

costrittìvo o (*raro*) **constrittivo**, (*lett.*) †**costrettìvo** [vc. dotta, lat. tardo *constrictī̆vu(m)*, da *constrĭctus* 'costretto' ✱ 1328] **agg. 1** che costringe: *potere c.*; *formula costrittiva* SIN. coercitivo **2** (*raro*) che tiene stretto, compresso | ***fasciatura costrittiva***, che comprime tessuti e vasi sanguigni | astringente: *medicamento c.* **3** (*ling.*) ***consonante costrittiva***, consonante la cui articolazione comporta una ostruzione non completa del canale vocale ‖ **costrittivaménte**, **avv.** ‖ **costrittività**, **s. f. inv.** caratteristica di ciò che è costrittivo; (*est.*) situazione costrittiva

costrittóre [dal lat. *constrĭctus* 'costretto' ✱ av. 1758] **agg.** (**f. -*trice***) ● (*anat.*) detto di muscolo, che, contraendosi, diminuisce l'apertura di un orifizio: *muscolo c. faringeo*

costrizióne o †**constrizióne**, †**costrinzióne** [vc. dotta, lat. tardo *constrictiōne(m)*, da *constrĭctus* 'costretto' ✱ 1282] **s. f. 1** il costringere, il venire costretto | limitazione forzata: *le costrizioni della povertà*; *essere in uno stato di c.* SIN. coazione, coercizione **2** †restringimento
SFUMATURE ➤ ***repressione***

costruìbile [av. 1754] **agg.** ● che si può costruire ‖ **costruibilità**, **s. f. inv.**

♦**costruìre** o †**construìre** [lat. *constrŭere*, comp. di *cŭm* 'con' e *strŭere* 'edificare' ✱ sec. XIII] **A v. tr.** (**pres.** *io costruìsco, tu costruìsci*; **pass. rem.** *io costruìi* o **lett.** *costrùssi, tu costruìsti*; **part. pass.** *costruìto*, **lett.** *costrùtto*, †*constrùtto*) **1** fabbricare, edificare: *c. un muro, una casa, una strada*; (*assol.*) *in quella strada si costruisce molto* **2** formare un insieme organico componendo opportunamente diversi elementi: *c. un motore, un mobile, un aereo* | (*fig.*) congegnare, fondare, creare: *c. una teoria, un sistema*; *chiamare i giovani a c. una società migliore* | ***c. un inganno***, ordirlo | ***c. qlco. sulla sabbia***, fare cosa effimera | ***c. il gioco, un'azione***, nel calcio e sim., sviluppare, organizzare la manovra, imbastire un'azione **3** (*gramm.*) ordinare secondo le dipendenze logiche o le concordanze grammaticali: *c. il periodo* **4** (*mat.*) eseguire una costruzione **B costruìrsi v. tr. pron.** (**aus.** *essere*) ● costruire o creare da sé o per sé (*anche fig.*): *costruirsi una casa*; *pensare a costruirsi una pensione integrativa; oltre i limiti ch'egli imponeva ... per costruirsi una personalità* (L. PIRANDELLO)

costruttivìsmo [1932] **s. m. 1** movimento artistico d'avanguardia sviluppatosi in Russia dopo la prima guerra mondiale, caratterizzato dal rifiuto dell'arte borghese e dalla ricerca di un linguaggio aperto alla tecnologia e alla meccanica industriale; esercitò un'influenza importante soprattutto in architettura **2** (*filos.*) teoria gnoseologica che nega l'esistenza della realtà indipendentemente dall'attività conoscitiva dell'uomo | concezione delle entità matematiche come frutto di un processo di costruzione mentale, non riferibili pertanto a dati preesistenti

costruttivìsta [av. 1957] **A agg.** (**pl. m. -*i***) ● relativo al costruttivismo **B s. m. e f.** ● seguace del costruttivismo

costruttìvo o †**construttìvo** [vc. dotta, lat. tardo *constructīvu(m)* da *constrūctus*, part. pass. di *constrŭere* 'costruire' ✱ av. 1328] **agg. 1** relativo alla costruzione: *scienza costruttiva* **2** (*fig.*) che mira a rendere positivo e operante qlco.: *proposito, piano, spirito c.* | ***critica costruttiva***, critica che vuol contribuire alla soluzione di un problema CONTR. distruttivo | ***sfiducia costruttiva***, V. *sfiducia* ‖ **costruttivaménte**, **avv.** ‖ **costruttività**, **s. f. inv.** caratteristica di ciò che è costruttivo; (*est.*) atteggiamento costruttivo

costrùtto o (*lett.*) **constrùtto** **A part. pass.** di *costruire*; **anche agg.** ● (*lett.*) formato **B s. m. 1** (*ling.*) ordine e disposizione delle parole in una frase **2** (*est.*) senso, significato: *parole, chiacchiere senza c.* **3** (*fig.*) risultato, profitto, utilità | ***lavoro, attività senza c.***, inutile | ***cavare, trarre c. da qlco.***, trarne vantaggio

costruttóre o †**construttóre** [vc. dotta, lat. tardo *constructōre(m)*, da *constrūctus* 'costrutto' ✱ av. 1328] **A s. m.** (**f. -*trice***) ● chi costruisce o sovraintende a una costruzione: *c. di motori* | ***c. edile***, imprenditore edile | (*fig.*) chi opera per realizzare qlco. di stabile: *c. di pace* **B agg.** ● che costruisce | ***società costruttrice***, che ha in appalto la costruzione di edifici pubblici, strade, acquedotti e sim. | ***c. navale***, progettista abilitato alla costruzione di navi fino a 300 tonnellate di stazza lorda senza propulsione e fino a 100 tonnellate con propulsori limitati a 100 cavalli per ogni asse

♦**costruzióne** o †**construzióne** [vc. dotta, lat. *constructiōne(m)*, da *constrūctus* 'costrutto' ✱ 1268] **s. f. 1** attività del costruire: *c. di un ponte, di una strada, di un edificio*; *legname da c.* | ***opera in c., in via di c.***, che si sta costruendo | (*fig.*) creazione, costituzione: *la c. di un fronte politico di opposizione* SIN. edificazione, fabbricazione **2** modo in cui una cosa è costruita: *c. delicata, fragile, robusta, solida* | ***la c. dell'universo***, il suo ordinamento **3** opera costruita: *c. in pietra, in mattoni, in cemento armato, in ferro*; *c. meccanica, navale* | edificio: *nuove costruzioni sorgono alla periferia della città* | (*fig.*) opera, struttura: *una c. fantastica* **4** (*ling.*) costrutto **5** (*mat.*) ***c. geometrica***, sequenza di operazioni, consistenti nel tracciare con strumenti prestabiliti delle curve e nell'intersecarle, atta a condurre dai dati del problema alle sue soluzioni

costruzionìsmo [da *costruzion(e)* con il suff. *-ismo* ✱ 1971] **s. m. 1** (*filos.*) corrente contemporanea di pensiero secondo cui tutti gli aspetti della realtà sono un prodotto dell'attività conoscitiva dell'uomo **2** (*pedagogia*) teoria psicopedagogica che considera fondamentale la costruzione autonoma e attiva da parte del discente di proprie strutture cognitive e strategie di apprendimento, spec. tramite l'impiego di tecnologie digitali

C

†**costudìre** ➤ **custodire**

♦**costùi** [lat. parl. *(ĕc)cu(m) istŭi* 'ecco a lui' ✱ 1275] **pron. dimostr. m. sing. (f.** *costèi*; **pl. m. e f.** *costóro*) **1** (**lett.**) questa persona, codesta persona (vicina a chi parla o a chi ascolta, oppure da poco nominata con funzione di soggetto e complemento, in genere con valore spreg.): *che cosa vuole c.?*; *chi ha detto a costei di venire?*; *che cosa interessa a costoro quel che io faccio?*; *tienti ben lontano da costoro!*; *'Carneade! Chi era c.?' ruminava tra sé don Abbondio* (A. MANZONI) **2** (**lett.**) di lui, di lei, di loro; suo (interposto tra l'art. e il sost.): *Amor, ch'a nullo amato amar perdona, / mi prese del c. piacer sì forte* (DANTE *Inf.* V, 103-104); *i costoro cadaveri* (C.E. GADDA)

†**costùma** [ant. fr. *costume* 'costume' ✱ 1262] **s. f.** ● (**lett.**) usanza, tradizione: *la ria c. di sua terra espose* (L. ARIOSTO)

costumànza [da *costumare* ✱ 1250 ca.] **s. f. 1** (**raro**) usanza, consuetudine tradizionale seguita da una persona, un gruppo familiare o sociale, un popolo e sim.: *tramandare, rispettare, osservare le costumanze* **2** †abitudine, comportamento **3** †buona creanza **4** †pratica, dimestichezza: *avere c. con qlcu.*

costumàre [da *costume* ✱ av. 1250] **A v. intr.** (**anche impers.**; **aus.** *essere*) **1** (**lett.** o **raro**) avere come abitudine, essere consueto, solito: *le donne anziane costumavano portare lunghe gonne*; *si costuma in molte città d'Italia, di poter d'ogni cosa parlare liberamente* (G. GALILEI) **2** †avere rapporti d'amicizia con qlcu. **B v. tr.** ● †avvezzare, assuefare: *c. qlcu. alla buona mensa* | †educare

costumatézza [da *costumato* ✱ 1426 ca.] **s. f.** ● caratteristica di chi è costumato | compostezza, cortesia: *quel ragazzo è un vero esempio di c.*

costumàto **part. pass.** di *costumare*; **anche agg. 1** nei sign. del v. | †consueto **2** (**lett.** o **raro**) cortese, ben educato, di buoni costumi: *giovane c.* || †**costumataménte**, **avv.**

♦**costùme** [lat. *consuetūdine(m)*. V. *consuetudine* ✱ 1260 ca.] **s. m. 1** comportamento abituale di una persona: *è suo c. alzarsi presto* | ***avere per c.***, essere solito **SIN.** abitudine, consuetudine **2** consuetudine, usanza collettiva, spec. in quanto oggetto di attenzione critica, studio e sim.: *annotazioni di c.*; *critica di c.*; *fatto di c.*; *la gita di fine settimana è ormai entrata nel c.* | (**spec. al pl.**) complesso delle usanze, credenze e sim. che caratterizzano la vita sociale e culturale di una collettività in una data epoca: *ha studiato a lungo i costumi di quelle tribù*; *degli uomini / vita e costumi in genere descrive* (G. PASCOLI) **3** condotta morale: *donna di facili costumi* **CFR.** buoncostume, malcostume **4** †proprietà, natura di un oggetto e sim.: *sustanze e accidenti e lor c.* (DANTE) **5** (**est.**) abbigliamento proprio di una determinata località, epoca storica, gruppo sociale e sim.: *c. regionale, piemontese, siciliano*; *c. del primo Settecento*; *storia del c.*; *gli invitati vennero alla festa indossando i loro costumi nazionali* | ***in c.***, a proposito di feste o spettacoli dove si indossano abiti storici o tradizionali: *ballo, processione in c.* **6** (**est.**) indumento che si indossa per un determinato scopo o attività: *c. da carnevale* | ***c. da bagno***, indumento che si indossa per fare il bagno o prendere il sole | ***in c. adamitico***, completamente nudo || **costumìno**, **dim.**

SFUMATURE DI SIGNIFICATO

costume - usanza - convenzione

Il comportamento abituale di una persona o di una collettività, specialmente in quanto oggetto di studio sociologico è detto **costume**. **Usanza** è invece esclusivamente riferibile a una collettività, e definisce ciò che si usa fare presso una popolazione, in un determinato luogo o ambiente. Per descrivere un'abitudine collettiva mettendone in rilievo gli aspetti negativi di convenzionalità e conformismo si parla di **convenzione**.

SFUMATURE ➤ ***abitudine***, ➤ ***uso***②

costumìsta [1939] **s. m. e f.** (**pl. m.** *-i*) ● chi si occupa della manutenzione dei costumi teatrali, cinematografici o televisivi | disegnatore di costumi di scena

costùra [lat. parl. **consūra(m)*, da *consŭere* 'cucire insieme', comp. di *cŭm* 'con' e *sŭere* 'cucire' ✱ 1282] **s. f. 1** cucitura che unisce due pezzi di stoffa, pelle e sim.: *c. dei pantaloni* | ***c. aperta***, con i lembi allargati e pressati col ferro da stiro | ***c. ribattuta***, ottenuta ripiegando una parte sull'altra | (**fig.**; **disus.**) ***scuotere, spianare le costure a qlcu.***, bastonarlo **2** cucitura posteriore delle calze a punti calati

cósy /'kozi, *ingl.* 'kəʊzɪ/ [vc. ingl. di prob. orig. scandinava ✱ 1908] **agg. inv.** ● detto di ambiente, confortevole, accogliente, intimo: *un salottino c.* | detto di persona, raffinato, ma semplice **CFR.** cool

†**cóta** (o **-ò-**) ➤ **cote**

cotalché [comp. di *cotal(e)* e *che*② ✱ av. 1584] **cong.** ● (**raro**, **lett.**) cosicché, in modo che (introduce una prop. consecutiva con il v. di preferenza all'indic.)

cotàle [comp. dal lat. *ĕccu(m)* e *tāle(m)* 'ecco' e 'tale' ✱ 1219] **A agg. indef.** ● (**lett.**) tale, siffatto: *in c. luogo*; *c. maniera*; *c. stato*; *l'aguta punta mosse / di qua, di là, e poi diè cotal fiato* (DANTE *Inf.* XVII, 59-60) **B pron. indef.** ● (**lett.**) un tale, una certa persona (**spec. iron.** o **spreg.**): *un c. non desidero neppure vederlo*; *questi cotali sono ingannati nel proprio diletto* (CATERINA DA SIENA) **C avv.** ● (**lett.**) così, in tale modo (anche rafforz. di altri avv. e loc. avv.): *vid'io lo Minotauro far c.* (DANTE *Inf.* XII, 25) **D s. m.** ● (**scherz.**) †pene

cotangènte [lat. scient. *co(mplemĕnti) tangĕnte(m)* 'tangente del complemento' ✱ av. 1739] **s. f.** ● (**mat.**) funzione trigonometrica reciproca della tangente

cotangentòide [comp. di *cotangente* e *-oide* ✱ 1956] **s. f.** ● (**mat.**) curva che, in un diagramma cartesiano, rappresenta la cotangente in funzione dell'angolo

cotànto [comp. del lat. *ĕccu(m)* e *tăntu(m)* 'ecco' e 'tanto' ✱ av. 1250] **A agg. indef.** ● (**lett.**, **talora enfat.**) tanto, così grande | in così gran numero: *veggendo sé tra nemici cotanti* (DANTE *Inf.* XXI, 96) **B pron. indef.** ● (**lett.**) questa cosa soltanto, quel poco: *quel c. che la ragione umana ... vede* (DANTE) **C avv.** ● (**lett.**) così, tanto: *E questa sorte che par giù c., / però n'è data* (DANTE *Par.* III, 55-56) | talmente, per tanto tempo: *questi / i diletti, l'amor, l'opre, gli eventi / onde c. ragionammo insieme?* (G. LEOPARDI) | anche in correl. con 'che', 'quanto', 'come'

cóte (o **-ò-**), †**cóta** [lat. *cōte(m)*, da una radice indeur. che significa 'tagliare' ✱ av. 1373] **s. f. 1** pietra dura di calcare siliceo per affilare ferri da taglio **2** (**lett.**, **fig.**) stimolo, sprone: *de la virtù c. è lo sdegno* (T. TASSO)

côté /*fr.* ko'te/ [vc. fr., propr. 'lato, fianco' ✱ 1937] **s. m. inv. 1** lato, aspetto (**spec. fig.**) **2** insieme di circostanze che fanno da contorno a un fatto, un personaggio, una situazione

cotechìno [da *cotica*, attrav. i dialetti sett. ✱ 1761] **s. m.** ● specie di salame composto di cotenne e di carne di maiale pestate insieme e insaccate, da consumarsi lessato

côtelé /*fr.* kot(ə)'le/ [fr. 'costolato' ✱ 1938] **agg. inv.** (**f. fr.** *côtelée*; **pl. m.** *côtelés*; **pl. f.** *côtelées*) ● a coste, detto di velluto

cotènna [lat. parl. **cutīnna(m)*, da *cŭtis* 'cute' ✱ 1268] **s. f. 1** pelle grossa e dura del maiale, del cinghiale e sim. **2** (**anat.**) membrana di notevole spessore **3** (**scherz.**, **spreg.**) pelle dell'uomo | ***avere la c. dura, essere duro di c.***, (**fig.**) essere insensibile | (**est.**, **scherz.**, **spreg.**) testa dell'uomo: *il suo volto ... pareva quasi una maschera sotto il bianco ... della c. rasa* (L. PIRANDELLO) **4** (**est.**) superficie, parte esterna, crosta: *c. erbosa* **5** (**fig.**) †persona avara || **cotennìna**, **dim.** | **cotennóne**, **accr. m.**

cotennóso (o **-ṣ-**) [1757] **agg. 1** fornito di grossa cotenna **2** (**med.**) relativo a cotenna | ***angina cotennosa***, angina difterica **3** (**fig.**, **raro**) incallito

cotennòtto [da *cotenna* ✱ 1983] **s. m.** ● taglio di carne bovina, presso la spalla

coterie /*fr.* kɔ'tʀi/ [vc. fr., propr. 'consorteria' ✱ 1856] **s. f. inv. 1** (**spreg.**) cricca, combriccola, congrega **2** compagnia di amici

†**cotestèi** [sovrapposizione di *lei* a *cotesta*, f. di *cotesto* ✱ 1342] **pron. dimostr.** ● forma femminile sing. di †*cotestui*

†**cotésti** ➤ †**codesti**

cotésto① ➤ **codesto**

cotèsto② o **co-tèsto** [comp. di *co-* e *testo*, in ingl. *co-text* ✱ 1977] **s. m.** ● (**ling.**) ciò che precede e segue un enunciato, costituendo il suo contesto linguistico

†**cotestóro** [sovrapposizione di *loro* a *cotesti*, pl. di *cotesto* ✱ 1520] **pron. dimostr.** ● forma pl. di †*cotestui* e †*cotestei*

†**cotestùi** o †**codestùi** [sovrapposizione di *lui* a *cotesto* ✱ sec. XIII] **pron. dimostr.** (**f.** *cotestèi*; **pl. m. e f.** *cotestóro*) ● (**lett.**) costui: *se c. se ne fidava, ben me ne posso fidare io* (G. BOCCACCIO)

còtica [lat. parl. **cŭtica(m)*, da *cŭtis* 'cute' ✱ 1258] **s. f. 1** cotenna di maiale: *fagioli con le cotiche* **2** (**agric.**) cotico **3** (**scherz.**) †pelle umana

còtico [var. di *cotica* ✱ 1993] **s. m.** (**pl.** *-ci*) ● (**agric.**) strato superficiale di un terreno prativo che contiene le radici delle piante erbacee **SIN.** cotica

†**coticóne** [da *cotica* 'pelle umana' ✱ 1524] **s. m.** ● persona rozza, grossolana **SIN.** zoticone

cotidàle [ingl. *cotidal*, comp. di *co-* 'con' e *tide* 'marea' ✱ 1940] **agg.** ● in una rappresentazione cartografica, detto di linea che unisce tutti i punti in cui il massimo di marea avviene nello stesso istante

cotidiàno e deriv. ➤ **quotidiano** e deriv.

còtile o **còtila** [vc. dotta, lat. *cŏtyla(m)* 'vaso', dal gr. *kotýlē* 'cavità, ciotola' (V. *ciotola*) ✱ 1585] **s. f. 1** (**anat.**) cavità articolare emisferica di un osso | (**per anton.**) acetabolo **SIN.** cotiloide **2** misura di capacità in uso nell'antica Grecia

cotiledonàre [1830] **agg. 1** (**bot.**) relativo al cotiledone **2** (**biol.**) ***placenta c.***, placenta di alcuni Mammiferi in cui i villi coriali si riuniscono in numerosi gruppi fra loro distinti

cotilèdone [vc. dotta, lat. *cotylēdone(m)*, dal gr. *kotylēdṓn*, da *kotýlē* 'cavità, ciotola', per la concavità delle foglie ✱ 1773] **s. m. 1** (**bot.**) foglia embrionale che si trova nell'interno del seme per svolgere una funzione di riserva, di assorbimento, o di protezione **2** (**zool.**) gruppo di villi coriali della placenta dei Ruminanti

cotillon /*fr.* kɔti'jɔ̃/ [vc. fr., da *cotte* 'sottana' (V. *cotta*②), poi 'danza con cotillon' ✱ 1874] **s. m. inv. 1** regalo distribuito durante una festa da ballo o uno spettacolo **2** in passato, ballo figurato, concluso da giochi e distribuzioni di regali

cotilòide [vc. dotta, gr. *kotyloeidḗs* 'in forma di cavità'. V. *cotile* e *-oide* ✱ 1797] **s. f.** ● (**anat.**) cotile

cotiloidèo [1830] **agg.** ● (**anat.**) relativo a cotile o cotiloide: *margine c.*

cotìssa [fr. *cotice*, da *cotte* 'cotta' ✱ 1797] **s. f.**

● (*arald.*) banda diminuita della metà della larghezza

†**cóto** [da *coitare*, dal lat. *cogitāre*. V. *cogitare* ✱ 1321] **s. m.** ● pensiero, giudizio: *'Non ti maravigliar perch'io sorrida' / mi disse, 'appresso il tuo pueril c.'* (DANTE *Par.* III, 25-26)

cotógna [1310] **A s. f.** ● frutto del cotogno **B** in funzione di agg. solo f.: *mela, pera c.*

cotognàstro [da *cotogno* ✱ 1956] **s. m.** ● arbusto spontaneo delle Rosacee con foglie semplici, cotonose nella pagina inferiore, fiori rosa e frutti a drupa (*Cotoneaster integerrima*)

cotognàta [1340 ca.] **s. f.** ● confettura di mele o pere cotogne

cotognìno [1479] **agg.** ● che ha colore, odore e sapore di cotogna

cotógno [lat. *cotōneu(m)*, dal gr. *kydṓnios* 'di Cidone' (Creta) ✱ 1340 ca.] **A s. m. 1** albero delle Rosacee, con fusto contorto e nodoso, foglie intere inferiormente cotonose e frutti commestibili aspri e profumati (*Cydonia vulgaris*) **2** †cotogna **B** in funzione di agg.: *melo c.*

♦**cotolétta** [fr. *côtelette* 'costoletta', da *côte* 'costa' ✱ 1747] **s. f.** ● costoletta | (*cucina*) ***c. alla milanese***, (*ellitt.*) ***cotoletta***, fetta di carne di vitello passata nell'uovo, impanata e fritta | (*est.*) preparazione simile, fatta con carne di maiale, tacchino o pesce | ***c. a orecchia di elefante***, (*fig., gerg.*) cotoletta alla milanese con l'osso, molto grande (chiamata così perché i due pezzi di carne ricordano le orecchie di un elefante e l'osso nel mezzo la proboscide)

cotonàceo [1830] **agg.** ● simile a cotone

cotonàre [1282] **v. tr.** (*io cotóno*) **1** trattare un tessuto in modo da renderlo simile al cotone **2** eseguire la cotonatura ai capelli | anche in forma pron. (con valore intens.): *cotonarsi i capelli*

cotonària [da *cotone* ✱ 1956] **s. f.** ● pianta erbacea delle Cariofillacee, biancastra e cotonosa con foglie ovali e fiori rosa (*Lychnis coronaria*)

cotonàta [da *cotone* ✱ 1983] **s. f.** ● tessuto di cotone stampato a colori vivaci su una sola faccia

cotonàto A part. pass. di *cotonare*; anche **agg. 1** simile a cotone | imbottito di cotone **2** sottoposto a cotonatura: *capelli cotonati* **B s. m.** ● tessuto di cotone | tessuto di cotone misto ad altre fibre

cotonatùra [1963] **s. f.** ● tecnica di acconciatura femminile consistente nell'increspare i capelli, pettinandone a rovescio le ciocche in modo da ottenere un insieme compatto e vaporoso

♦**cotóne** [arabo *quṭun* ✱ 1282] **s. m. 1** pianta annua o bienne delle Malvacee, con foglie lobate, fiori giallo-chiari e frutto a capsula che si apre liberando i semi avvolti da una peluria bianca e lucente impiegata come fibra tessile (*Gossypium herbaceum*) **2** tessuto di tale fibra: *vestito, camicie di c.* | ***mezzo c.***, tessuto di cotone misto con altro filato | filo di cotone, usato per cucire, ricamare, rammendare **3** peli dei semi del cotone, trattati in modo particolare per essere impiegati spec. in medicazioni e fasciature: *c. grezzo; c. idrofilo, assorbente; c. emostatico* | ***tenere qlcu. nel c.***, (*fig., raro*) usargli eccessivi riguardi, viziarlo | ***star nel c.***, (*fig., raro*) in mezzo alle comodità **4** (*chim.*) ***c. collodio***, estere nitrico della cellulosa, ottenuto in bioccoli per moderata nitrazione del cotone del quale conserva l'aspetto, usato per gelatine esplosive | ***c. fulminante***, fulmicotone

cotonerìa [1819] **s. f.** ● (**spec. al pl.**) quantità di tessuti, filati e sim., di cotone

cotonicoltóre [comp. di *cotone* e *-coltore* ✱ 1956] **s. m.** (**f.** *-trice*) ● chi coltiva il cotone

cotonicoltùra [comp. di *cotone* e *-coltura* ✱ 1912] **s. f.** ● coltivazione del cotone

cotonière [1902] **s. m.** (**f.** *-a*) **1** industriale del cotone **2** operaio di un cotonificio

cotonièro [1901] **agg.** ● del cotone: *operaio c.; industria cotoniera*

cotonifìcio [comp. di *cotone* e *-ficio* ✱ 1857] **s. m.** ● fabbrica in cui si fila o tesse il cotone

cotonìna [da *cotone* ✱ 1602] **s. f. 1** tela di cotone, leggera e lievemente pelosa, spesso a disegni stampati **2** tela grossolana per vele

cotonizzàre [da *cotone* ✱ 1892] **v. tr.** ● rendere simile al cotone un'altra materia tessile, spec. la canapa || **cotonizzazióne**, **s. f.**

cotonóso (o **-ṣ-**) [1865] **agg.** ● che ha l'aspetto del cotone | che è coperto di peluria come il cotone: *frutto c.* | che contiene molto cotone

†**cotornìce** ▸ **coturnice**

cotrióne ▸ **codrione**

còtta ① [f. sost. di *cotto* ✱ 1366] **s. f. 1** (*fam.*) cottura: *dare una prima c. alla verdura* | †***zucchero di tre, di sette cotte***, raffinato al massimo | (*fig.*) ***furbo, furfante di tre cotte***, in sommo grado **2** quantità di roba che si cuoce in una volta: *una c. di castagne, di mattoni* **3** partita di manufatti tessili che è stata sottoposta alla tintura **4** (*fig., pop.*) ubriacatura, sbornia **5** (*fig.*) passione amorosa improvvisa e violenta: *prendere, prendersi una c. per qlcu.; avere una c. per qlcu.; gli è passata la c.* **6** (*fig.*) stato di crisi fisica e psichica in cui cade un atleta nel corso di una gara per abuso di eccitanti o per eccessivo sforzo || **cottarèlla**, **cotterèlla**, **dim.**

còtta ② [fr. *cotte*, dal francone **cotta* 'tunica, veste' ✱ sec. XIII] **s. f. 1** antica tunica: *una ricca c. aveva indosso / d'un drappo ricco all'usanza pagana* (L. PULCI) | ***c. d'arme***, sopravveste portata da araldi e cavalieri sopra l'armatura | ***c. di maglia***, armatura completa composta di anelli metallici ribaditi e concatenati tra loro | casacca militare **2** indumento liturgico consistente in una tunica bianca, di cotone o di lino, lunga fino ai ginocchi, con maniche ampie, indossata dal sacerdote in tutte le funzioni, tranne la Messa **3** †tonaca per frati || **cotticèlla**, **dim.**

còttabo [vc. dotta, lat. *cŏttabu(m)*, dal gr. *kóttabos* 'bacino', da avvicinare a *kotýlē*. V. *ciotola* ✱ av. 1738] **s. m.** ● gioco in uso presso Greci ed Etruschi, consistente nel lanciare gocce di vino rimaste nel fondo di una tazza in modo da colpire un certo numero di piccoli vasi galleggianti in un recipiente pieno d'acqua

còttage /ˈkɔtteʤ, *ingl.* ˈkɒtɪʤ/ [vc. ingl., dal fr. *cotage*, dal germ. *kote* 'capanna' ✱ 1749] **s. m. inv.** ● casetta di campagna, villetta elegante, di stile rustico

cottardìta [fr. *cotte hardie*, comp. di *cotte* 'cotta②' e *hardie* di non chiaro sign. ✱ 1296] **s. f.** ● cotta araldica o d'arme, indossata sull'armatura con le insegne araldiche

cottìccio [da *cotto* ✱ av. 1558] **A agg.** (**pl. m.** *-ci*; **pl. f.** *-ce*) **1** (*raro*) alquanto cotto **2** (*raro, fig.*) avvinazzato, mezzo ubriaco | (*raro, fig.*) alquanto innamorato **B s. m. 1** vetro fuso, estratto dal crogiolo in massa informe **2** piccola massa di ferraccio, gradualmente accumulatasi nel forno fusorio

Còttidi [dal gr. *kóttos*, n. di un pesce, prob. da *kottís* 'testa', di etim. incerta ✱ 1931] **s. m. pl.** (**sing.** *-e*) ● (*zool.*) famiglia di Pesci degli Scorpeniformi marini o d'acqua dolce, con corpo allungato, spesso dotato di ghiandole velenose (*Cottidae*)

còttile [vc. dotta, lat. *cŏctile(m)* 'cotto', da *cŏctus* 'cotto' ✱ 1903] **agg.** ● di terracotta, di cotto

cottimànte [1789] **s. m. e f.** ● (*disus.*) cottimista

cottimìsta [av. 1829] **s. m. e f.** (**pl. m.** *-i*) ● lavoratore retribuito a cottimo

còttimo [lat. *quŏtumu(m)* 'di che numero?'. V. *quoto* ✱ 1342] **s. m.** ● forma di retribuzione commisurata alla produzione realizzata, indipendentemente dalle ore di lavoro | ***lavoro a c.***, retribuito a cottimo

cottìo [etim. incerta ✱ 1963] **s. m.** (**pl.** *-ii*) ● (*roman.*) a Roma, la vendita del pesce all'incanto ai mercati generali, che ha luogo la notte dell'antivigilia di Natale

♦**còtto A part. pass.** di *cuocere*; anche **agg. 1** nei sign. del v. **2** ***cadere come una pera cotta***, cadere pesantemente; (*fig.*) lasciarsi facilmente ingannare | ***chi la vuol cotta e chi cruda***, (*fig.*) ognuno pensa a suo modo | (*fig.*) ***farne di cotte e di crude***, farne di tutti i colori | ***né c. né crudo***, (*fig.*) indeciso e irresoluto | ***innamorato c.***, (*ellitt.*) ***cotto***, molto innamorato **3** (*est.*) danneggiato, corroso dal fuoco: *il fondo della pentola è c.* **4** (*fig.*) detto di atleta stremato dalla fatica e (*est.*) di persona sfinita per la stanchezza **B s. m. 1** (*colloq.*) prosciutto cotto: *un etto di c.* | †cibo cotto **2** mattone, terracotta: *pavimento di c.; c. toscano* **3** mosto concentrato mediante ebollizione: *dare il c. al vino* **4** †scottatura, bruciatura della pelle

cottóio [da *cotto* ✱ 1545] **agg.** (**pl. m.** *-ói*) ● (*tosc.*) che cuoce rapidamente, detto spec. di legumi

Cottolèngo [dal n. di G. B. *Cottolengo* (1786-1842), il santo che nel 1832 fondò a Torino un famoso ospizio ✱ 1891] **s. m.** (**pl.** *-ghi*) ● (*fam.*) istituto per minorati fisici e psichici | (*est., scherz.*) ambiente con persone non molto vivaci intellettualmente

Còtton fiòc® [marchio registrato ✱ 1983] **loc. sost. m. inv.** ● bastoncino di plastica per uso igienico, rivestito di ovatta alle due estremità

cottùra [lat. *coctūra(m)*, da *cŏctus* 'cotto' ✱ av. 1333] **s. f. 1** esposizione spec. di un alimento all'azione di una fonte di calore; modalità e durata di tale esposizione: *la c. della polenta, della carne; c. a fuoco lento, debole, vivace, moderato; c. al forno, a bagnomaria* | ***punto di c.***, momento ottimale di una preparazione gastronomica realizzata mediante l'azione del calore | ***portare, venire a c.***, al giusto punto di cottura | ***angolo c.***, V. *angolo* nel sign. 3 **2** fase di trasformazione del legno sminuzzato in cellulosa greggia a mezzo di liscivia acida o alcalina sotto pressione **3** †materiale cotto **4** †scottatura | †il segno lasciato sulla pelle da una scottatura

coturnàta [f. sost. di *coturnato* ✱ 1970] **s. f.** ● tragedia romana di derivazione greca

coturnàto [vc. dotta, lat. *cothurnātu(m)*, da *cothŭrnus* 'coturno' ✱ 1623] **agg. 1** (*lett.*) calzato di coturni: *voi ben coturnati Achei* (U. FOSCOLO) **2** (*fig., lett.*) detto di stile, grave e solenne, come quello della tragedia: *la coturnata ... / tragedia innalza il doloroso accento* (I. PINDEMONTE)

coturnìce o †**cotornìce** [lat. *coturnīce(m)*, di orig. onomat. (?) ✱ 1282] **s. f.** ● uccello dei Galliformi, simile alla pernice ma di dimensioni maggiori e con piumaggio policromo (*Alectoris graeca*)

cotùrno [vc. dotta, lat. *cothŭrnu(m)*, dal gr. *kóthornos*, di orig. preindeur. ✱ av. 1313] **s. m. 1** calzatura dalla suola assai alta, usata dagli attori tragici greci e latini CFR. socco | (*est., lett.*) tragedia, stile tragico | ***calzare il c.***, scrivere tragedie **2** antico calzare femminile di origine orientale | stivale usato dai Romani a caccia

CouchSurfing® /kautʃˈserfin(g), *ingl.* ˈkaʊtʃˌsɜːfɪŋ/ [vc. ingl., propr. 'surfing tra i divani (*couch*)' ✱ 2004] **s. m. inv.** ● sito Internet che consente agli iscritti di scambiarsi brevi soggiorni nella propria casa | la pratica di ef-

a b c d e f g h i j k l m n o p q r s t u v w x y z

C

fettuare viaggi usufruendo di tale possibilità

coulis /fr. ku'li/ [vc. fr., deriv. del v. *couler* 'colare' ✱ 1987] **s. m. inv. (pl. fr. inv.)** ● (*cucina*) sugo ottenuto dopo aver cotto e passato verdure, carni, pesce: *c. di pomodoro* | purè di frutta con aggiunta di sciroppo: *c. di lamponi*

coulisse /fr. ku'lis/ [vc. fr., *coulisse*, da *couler* 'filtrare', dal lat. *colāre*. V. *colare* ✱ 1877] **s. f. inv.** **1** incastro, scanalatura | ***porta a c.***, che scorre sopra una guida scanalata | in sartoria, guaina in cui far scorrere un elastico, un laccio e sim. **2** (*fig.*) quinta di teatro, nella loc.: ***dietro le c.*** **3** (*mus.*) sistema applicato ad alcuni strumenti a fiato per allungare il tubo, in modo da ottenere tutte le note della scala senza ricorrere ai cilindri **4** luogo in cui svolgono la loro attività i commissionari di borsa

coulissier /fr. kuli'sje/ [vc. fr., da *coulisse* 'mercato parallelo a quello ufficiale della borsa' ✱ 1989] **s. m. inv.** ● commissionario di borsa

coulomb /'kulomb, fr. ku'lɔ̃/ [dal n. del fisico fr. Ch. A. *Coulomb* (1736-1806) ✱ 1892] **s. m. inv.** ● (*fis.*) unità di carica elettrica nel Sistema Internazionale definita come quantità di elettricità convogliata al secondo dalla corrente di 1 ampere **SIMB.** C

coulombòmetro /kulom'bɔmetro/, (*evit.*) **coulòmbmetro** /ku'lɔm(b)metro/ [comp. di *coulomb* e *-metro* ✱ 1987] **s. m.** ● apparecchio misuratore di quantità di elettricità **CFR.** amperometro, voltametro

counselling /ingl. 'kaʊnsəlɪŋ/ o (*ingl. amer.*) **counseling** [1990] **s. m. inv.** ● (*psicol.*) attività esercitata dal counsellor

counsellor /'kaunselor, *ingl.* 'kaʊnsələ(r)/ o (*ingl. amer.*) **counselor** [vc. ingl., da *to counsel* 'consigliare' ✱ 1958] **s. m. e f. inv.** ● (*psicol.*) esperto che assiste un soggetto che manifesta passività di comportamenti e scarsa autostima, al fine di restituirlo a un ruolo sociale attivo dopo l'individuazione e la rimozione delle ragioni del disagio

countdown /kaunt'daun, *ingl.* 'kaʊnt,daʊn/ [vc. ingl., propr. 'conto alla rovescia', comp. di *count* 'conto' e *down* 'giù, verso il basso', di orig. indeur. ✱ 1958] **s. m. inv.** ● conteggio, conto alla rovescia

countertrade /ingl. 'kaʊntə,treɪd/ [vc. ingl., comp. di *counter* 'contro' e *trade* 'scambio' ✱ 1986] **s. m. inv.** ● (*econ.*) scambio commerciale nel quale l'esportatore accetta in pagamento prodotti del Paese importatore, che poi provvederà a rivendere su altri mercati

country /'kauntri, *ingl.* 'kʌntrɪ/ [vc. ingl., propr. 'paese, campagna' ✱ 1981] **A** **s. m. inv.** ● genere musicale americano ispirato alle ballate popolari delle campagne occidentali degli Stati Uniti **B** **anche agg. inv.**: *musica, genere c.*

coup /fr. ku/ [vc. fr., propr. 'colpo' ✱ 1900] **s. m. inv.** ● colpo, in alcune loc. | ***c. de foudre***, colpo di fulmine (V. *colpo* nel sign. 5) | ***c. de théâtre***, colpo di teatro, colpo di scena (V. *colpo* nel sign. 5)

coupé /fr. ku'pe/ [vc. fr., da un precedente *carosse coupé*, propr. 'carrozza tagliata', perché aveva la forma di una berlina col compartimento anteriore mozzo ✱ 1736] **A** **s. m. inv.** **1** carrozza chiusa a quattro ruote, generalmente a due posti: *la luna splendeva diritto nei vetri innanzi al c.* (C. DOSSI) **2** nella scherma, cavazione effettuata al di sopra del ferro avversario piegando e distendendo il gomito **B** **s. f. o m. inv.** ● automobile chiusa di tipo sportivo, a due porte e due o quattro posti **C** **anche agg. inv.**: *la nuova Lancia c.* **CFR.** cupè

couperose /fr. kup'ʀoz/ [vc. fr., da un precedente *goutte rose* 'goccia rosa', accostato per etim. pop. a *couperose* 'rosa di rame' (V. *copparosa*) ✱ 1970] **s. f. inv.** ● insieme di macchie rossastre localizzate nelle zone zigomatiche e sul naso, dovute alla dilatazione o allo spezzamento dei capillari superficiali **CFR.** copparosa

couplet /fr. ku'plɛ/ [vc. fr., dim. di *couple* 'coppia' ✱ 1862] **s. m. inv.** ● (*letter.*) parte della strofa immediatamente precedente al ritornello

coupon /fr. ku'pɔ̃/ [vc. fr., 'tagliando', da *couper* 'tagliare', propr. 'tagliare con un colpo', da *coup* 'colpo' ✱ 1765] **s. m. inv.** **1** tagliando, cedola, buono **2** voucher **CFR.** cupone

coupon strìpping /kupon'stripin(g), *ingl.* 'kupɒn,strɪpɪŋ/ [1986] **loc. sost. m. inv.** ● nel linguaggio borsistico, operazione con cui si priva un titolo obbligazionario o sim. delle cedole future per negoziarle separatamente sul mercato

coùṣo [comp. di *co(n)-* e *uso* ✱ 1940] **s. m.** ● diritto facoltativo di più soggetti di usare contemporaneamente un bene o godere di un servizio: *c. di un bene demaniale*; *c. del pubblico servizio ferroviario* **SIN.** (*raro*) coutenza

coutènte /kou'tente/ [comp. di *co(n)-* e *utente* ✱ 1927] **s. m. e f.** ● chi ha diritto insieme ad altri di usare un bene e godere di un servizio | ***c. duplex***, ciascuno dei due utenti del collegamento telefonico duplex

coutènza /kou'tɛntsa/ [da *coutente* ✱ 1927] **s. f.** ● uso di qlco. insieme con altri

coutil /fr. ku'ti/ [vc. fr., da *coute*, forma ant. di *couette* 'letto di piume', dal lat. *cŭlcita(m)* 'materasso' (V. *coltrice*) ✱ 1905] **s. m. inv.** ● tessuto robusto e a trama fitta, per busti **SIN.** traliccio

couture /fr. ku'tyʀ/ [vc. fr., propr. 'cucitura', dal lat. parl. **cosutūra(m)*, da **cōsere*, per il classico *consŭere* 'cucire' (V.) ✱ 1935] **s. f. inv.** ● alta moda femminile; V. anche *haute couture*

couturier /fr. kuty'ʀje/ [vc. fr., da *couture* (V.) ✱ 1905] **s. m. inv.** ● sarto e creatore di moda femminile

cóva [da *covare* ✱ 1438] **s. f.** **1** il covare | il periodo in cui gli uccelli covano le uova **2** (*est., raro, lett.*) covo, tana, nido

covàccio [da *covo* ✱ sec. XIV] **s. m.** ● covacciolo

covàcciolo [da *covo* ✱ 1325 ca.] **s. m.** **1** (*tosc.*) luogo dove dorme e si riposa l'animale, detto spec. di uccelli, topi, ghiri **2** (*est., scherz.*) letto, giaciglio dell'uomo

covacénere [comp. di *covare* e *cenere* ✱ 1817] **s. m. e f. inv.** ● (*tosc., disus.*) persona pigra che ama starsene in ozio accanto al fuoco

covalènte [1956] **agg.** ● (*chim.*) relativo alla covalenza: *legame chimico c.* **SIN.** omeopolare

covalènza [comp. di *co(n)-* e *valenza* ✱ 1956] **s. f.** **1** (*chim.*) legame chimico in cui atomi uguali o diversi mettono in comune uno o più elettroni ciascuno e in modo da formare una o più coppie comuni di elettroni **2** numero di legami covalenti, e quindi di coppie di elettroni, che un atomo può formare

covàre [lat. *cubāre* 'essere disteso, coricato sopra un giaciglio', di etim. incerta ✱ av. 1292] **A** **v. tr.** (*io cóvo*) **1** detto di uccelli, stare sopra le uova per riscaldarle e permettere così lo sviluppo dell'embrione **2** (*fig., raro*) curare, custodire gelosamente: *c. i propri denari* | ***c. qlcu. con gli occhi***, guardarlo fissamente, con amore o desiderio | ***c. qlco. con gli occhi***, guardarla con avidità | ***c. le lenzuola, le coltri***, poltrire nel letto **3** (*fig.*) nutrire in segreto dentro di sé, un pensiero, un sentimento e sim.: *c. un sospetto, un dubbio, un'amarezza, una speranza, un amore*; *c. odio, rancore, per, contro qlcu.* | ***c. una malattia***, averla in incubazione **4** †difendere, proteggere **B** **v. intr.** (aus. *avere*) **1** (*fig.*) stare celato, dissimularsi, annidarsi: *sie cauto, o Pluton: qui cova inganno* (A. POLIZIANO) | ***il fuoco cova sotto la cenere***, si mantiene senza divampare | ***la passione, l'ira, la vendetta***, e sim. ***covano sotto la cenere***, sono pronte a esplodere, pur senza manifestarsi | (*scherz.*) ***qui gatta ci cova!***, qui c'è sotto un inganno | †stare acquattato **2** †stagnare, detto di acqua ferma **C** **covàrsi** **v. intr. pron.** ● (*lett.*) stare celato, annidarsi: *pensier che 'n te si covano* (I. SANNAZARO)

covariànte [comp. di *co(n)-* e *variante* ✱ 1926] **agg.; anche s. f.** ● (*mat.*) detto di espressione o grandezza che varia al variare di altre espressioni o grandezze, rimanendo con esse nella stessa relazione di partenza

covàta [da *covare* ✱ av. 1484] **s. f.** **1** quantità di uova che un volatile cova in una volta | (*est.*) i pulcini che ne nascono **2** (*fig., scherz.*) figliolanza numerosa: *hanno messo al mondo una bella c.* **3** in apicoltura, insieme di uova, larve e ninfe presenti nelle celle dei favi | ***rosa di c.***, porzione del favo occupata dalla covata | ***c. a sacco***, malattia delle larve delle api **4** (*antrop.*) presso popoli primitivi, partecipazione al parto del marito della partoriente che ne mima le fasi **SIN.** accubito **5** (*fig.*) †intrigo, raggiro ‖ **covatìna**, **dim.**

covatìccio [av. 1292] **agg.** (**pl. m.** *-ci*; **pl. f.** *-ce*) ● che è pronto e disposto alla cova | ***gallina covaticcia***, chioccia

covatùra [1340 ca.] **s. f.** ● (*raro*) cova

†**covèlle** [lat. *quŏd vĕlles* 'quel che vorresti' ✱ sec. XIII] **pron. indef.** ● cavelle

coventriẓẓàre [dalla città di *Coventry* (Inghilterra) rasa al suolo durante la seconda Guerra mondiale ✱ 1942] **v. tr.** ● distruggere completamente una città, spec. mediante bombardamento aereo ‖ **coventriẓẓazióne**, **s. f.**

còver /'kɔver, *ingl.* 'kʌvə(r)/ [vc. ingl., propr. 'copertina'; nel sign. A 2, riduzione della loc. *cover version*, 'riedizione', opposta a *original version*; nelle loc., comp. con *girl* (V.), *story* (V. *-story*) e *band* (V.) ✱ 1954] **A** **s. f. inv.** **1** rivestimento, mascherina rimovibile per telefono cellulare **2** riedizione di una canzone di successo non eseguita dall'interprete originale **B** **nelle loc. sost. f. inv.** ***cover girl***, fotomodella la cui immagine compare sulla copertina di riviste; ***cover story***, articolo di rivista che tratta l'argomento annunciato sulla copertina | ***c. band***, gruppo musicale che esegue brani portati al successo da altri

†**covèrchio** e deriv. ➤ **coperchio** e deriv.

còvered warrant /'kɔvered 'warrant, *ingl.* 'kʌvəd,wɒrənt/ [loc. ingl., propr. 'warrant coperto' ✱ 1998] **loc. sost. m. inv. (pl. ingl.** *covered warrants*) ● (*econ.*) opzione negoziabile di acquisto o vendita di strumenti finanziari, quotata su mercati ufficiali, emessa dall'istituzione bancaria che possiede l'attività sottostante e garantisce l'operazione

coveriẓẓàre [da *cover* (V.) ✱ 1993] **v. tr.** ● reinterpretare un brano musicale di successo già eseguito da altri: *c. una vecchia canzone di Mina* ‖ **coveriẓẓazióne**, **s. f.**

†**covèrto** e deriv. ➤ **coperto**① e deriv.

covettóre [comp. di *co-*② e *vettore* ✱ sec. XX] **s. m.** ● (*mat.*) ogni applicazione lineare definita su uno spazio vettoriale, che forma uno spazio duale del primo

†**covidìgia** o †**cuvidìgia** [provenz. *cobeitiza*, da *cobeitar* 'bramare', dal lat. *cŭpidus* 'cupido' ✱ av. 1348] **s. f.** ● cupidigia

†**covidóso** (o -ṣ-) o †**cuvidóso** [provenz. *cobeitos*; stessa etim. dell'ant. fr. *convoitous*, dal lat. *cŭpidus* 'cupido' ✱ av. 1348] **agg.** ● cupido, bramoso

covìglio [dal lat. *cubīle* 'covile' ✱ av. 1328] **s. m.** ● (*raro, lett.*) covo, rifugio, nascondiglio

covìle o †**cubìle** [lat. *cubīle*, da *cubāre*. V. *covare* ✱ av. 1306] **s. m.** **1** (*lett.* o *raro*) luogo dove si nascondono e riposano gli animali selvatici: *del suo covil si destava ogni fera* (A. Poliziano) | cuccia del cane **SIN.** covo, tana **2** (*fig.*) stanza da letto miserabile | (*fig.*) letto, giaciglio, povero e disordinato

cóvo [da *covare* ✱ av. 1342] **s. m. 1** tana di animali selvatici: *c. della lepre, della volpe* | ***farsi il c.***, farsi il nido; (*fig.*) stanziarsi in qualche luogo; (***est.***, ***lett.***) assicurarsi uno stato di benessere per la vita futura | ***non uscire mai dal c., dal proprio c.***, stare sempre chiuso in casa **2** (*fig.*) luogo segreto di riunione di persone che svolgono gener. attività illecite: *c. di anarchici, di cospiratori, di rivoluzionari*; *c. di terroristi*; *c. di ladri, di briganti, di pirati* | rifugio, nascondiglio

cóvola [etim. incerta ✱ 1605] **s. f.** ● canale che mette in comunicazione il lavoriero con la valle da pesca

covolùme [comp. di *co(n)-* e *volume* ✱ 1956] **s. m.** ● (*fis.*) limite al quale tende il volume di un gas reale, al crescere indefinito della pressione

covóne [accr. del lat. *cŏvus*, forma arcaica di *căvus* 'quello che sta nel cavo della mano' ✱ sec. XIV] **s. m.** ● fascio di piante di cereali mietute e legate insieme: *un c. di grano*; *mettere i covoni sull'aia* | (*est.*) cumulo di tali fasci; bica || **covoncèllo**, **dim.** | **covoncìno**, **dim.**

covrìre ➤ **coprire**

cowbòy /kau'bɔi, *ingl.* 'kaʊˌbɔɪ/ [vc. ingl., comp. di *cow* 'vacca' e *boy* 'ragazzo' ✱ 1890] **s. m. inv.** (**f.** *cowgirl*; **pl. m. ingl.** *cowboys*; **pl. f. ingl.** *cowgirls*) ● mandriano delle praterie, nell'Ovest degli Stati Uniti, attorno alla cui figura è stato creato, nel cinema, il filone western

cowórking /ko'workin(g), *ingl.* 'kəʊˌwɜːkɪŋ/ [vc. ingl., comp. di *co-* 'co-①' e *working*, da *to work* 'lavorare' ✱ 2005] **s. m. inv.** ● collaborazione tra professionisti che integrano le loro attività per fini comuni: *c. tra fisiatra, ortopedico, cardiologo e dietologo* | struttura lavorativa utilizzata spec. da liberi professionisti e comprendente, oltre a spazi individuali, anche spazi condivisi (per es. sala riunioni, segreteria, ecc.)

coxalgìa [comp. del lat. *cŏxa* 'coscia' e di *-algia* ✱ 1830] **s. f.** (**pl.** *-gìe*) ● (*med.*) dolore dell'anca

coxartròsi [vc. dotta, comp. del lat. *cŏxa* 'coscia' e *artrosi* ✱ 1986] **s. f. inv.** ● (*med.*) artrosi degenerativa dell'articolazione dell'anca

coxìte [comp. del lat. *cŏxa* 'coscia' e di *-ite*① ✱ 1892] **s. f.** ● (*med.*) infiammazione, spec. tubercolare, dell'articolazione dell'anca

coxofemoràle [comp. del lat. *cŏxa* 'coscia' e di *femore*, con suff. aggettivale ✱ 1830] **agg.** ● (*anat.*) relativo a coscia e femore: *articolazione c.*

coyòte /ko'jɔte, *sp.* ko'jote, -'jo-/ [vc. sp., dall'azteco *coyotl* 'sciacallo' ✱ 1780] **s. m. inv.** (**pl. sp.** *coyotes*) ● mammifero carnivoro americano simile al lupo, dal folto pelo grigio, che emette un caratteristico latrato lungo e lamentoso (*Canis latrans*) **CFR.** latrare **CFR.** coiote

†**cozióne** [vc. dotta, lat. tardo *coctiōne(m)*, da *cŏctus* 'cotto' ✱ sec. XIV] **s. f. 1** cottura **2** digestione

còzza o **còzzeca** [var. merid. di *coccia* ✱ 1905] **s. f. 1** (*merid.*) mitilo **2** (*centr.*, *merid.*) ragazza brutta

cozzàre [da *coccia* 'testa' ✱ av. 1250] **A** **v. intr.** (*io còzzo*; **aus.** *avere*) **1** colpire con le corna, fare a cornate: *nel prato c'erano due capre che cozzavano* **2** (*est.*) urtare, percuotere con violenza: *la macchina cozzò contro il muro* **3** (*fig.*) mettersi in contrasto, in lite: *è inutile c. contro la sua volontà* | essere in contraddizione: *i nostri giudizi cozzano fra loro*; *le sue idee cozzano con la realtà* **B** **v. tr.** ● (*raro*) battere, urtare con violenza | ***c. il capo contro il muro***, ostinarsi a voler fare cose impossibili **C** **cozzàrsi** **v. rifl. recipr.** **1** urtarsi con violenza: *ci siamo cozzati al buio nel corridoio* **2** (*fig.*) contrastare, litigare

cozzàta [da *cozzare* ✱ 1565] **s. f. 1** colpo dato cozzando **2** (*est.*) urto, colpo violento

còzzeca ➤ **cozza**

cozzicàro [da *cozzeca* ✱ 1983] **s. m.** (**f.** *-a*) ● (*merid.*) pescatore di cozze

còzzo [da *cozzare* ✱ 1313] **s. m. 1** colpo dato cozzando, spec. con le corna | ***fare ai cozzi***, (*raro*) darsi cornate; (*fig.*) litigare con violenza **2** (*est.*) urto, colpo violento, scontro: *il c. fra i due automezzi fu violentissimo* | ***dar di c.***, scontrarsi, urtare, colpire con violenza; (*est.*) imbattersi, incontrare; (*fig.*) venire a contrasto **3** (*fig.*) contrasto: *la somma d'idee che il c. dei vari giudizi fa nascere* (S. Aleramo)

cozzóne [lat. *coctiōne(m)*, di etim. incerta ✱ 1335] **s. m. 1** (*tosc.*) sensale di cavalli: *un giovane, il cui nome era Andreuccio di Pietro, c. di cavalli* (G. Boccaccio) | domatore, allenatore di cavalli **2** (*disus.*) chi combina matrimoni | mezzano

CQR /*ingl.* ˌsiːkjuː'ɑː/ [sigla che in fr. si legge in modo simile alla vc. ingl. *secure* 'sicuro' (?) ✱ sec. XX] **agg. inv.**; **anche s. f. inv.** ● tipo di ancora, comune nelle imbarcazioni da diporto, con una grande patta a vomere direttamente incernierata al diamante

cra /kra*, kra/ [vc. onomat. ✱ 1325 ca.] **inter.** ● riproduce il gracchiare del corvo e della cornacchia (*spec. iter.*)

cràbro [vc. dotta, lat. *crabrōne(m)*, nom. *crābro* 'calabrone', di orig. indeur. ✱ 1913] **s. m.** ● insetto imenottero simile a una vespa, di color nero variegato di giallo (*Crabro cribrarius*)

crac o **cràcchete** [vc. dello slang angloamericano, riproducente un suono inarticolato ✱ 1856] **A** **inter.** ● riproduce il rumore di una cosa che si sfascia, che si rompe, che crolla **B** **s. m. inv. 1** il rumore stesso: *il c. dei rami spezzati* **2** (anche *crack*) (*fig.*) rovina, fallimento, tracollo spec. improvviso: *il c. di una banca*; *un clamoroso c. finanziario*

SFUMATURE ➤ ***rovina***

craccàre o **crackàre** /krak'kare/ [dall'ingl. *(to) crack* 'rompere', 'scassinare' ✱ 1994] **v. tr.** (*io cràcco, tu cràcchi*) ● (*inform.*, *gerg.*) superare la protezione di un programma o di una banca dati per copiarli o danneggiarli

cràce [dal gr. *krázō* 'io gracido', di orig. onomat. ✱ 1830] **s. m.** ● uccello dei Galliformi con cresta erettile, becco giallo o arancione e piumaggio nero nel maschio e marrone nella femmina (*Crax globicera*)

crack /krak, *ingl.* kræk/ [vc. ingl., da *to crack* 'vantarsi', da una radice indeur. di orig. espressiva ✱ 1892] **s. m. inv. 1** nell'ippica, cavallo di classe assolutamente superiore **2** (*est.*) giocatore formidabile al bridge, al poker e sim. **3** droga da fumo, di basso costo, a base di cocaina, con aggiunta di bicarbonato di sodio o lievito di birra **4** V. *crac* nel sign. B2

crackàre ➤ **craccare**

cracker /'krɛker, *ingl.* 'krækə(r)/ [vc. ingl., da *to crack* 'spaccarsi, fendersi' di orig. indeur. ✱ 1954] **s. m. inv.**; **anche f. inv. nel sign. 3** **1** sottile galletta croccante, spesso salata **2** apparecchiatura chimica usata per effettuare il cracking **3** (*inform.*, *gerg.*) pirata informatico (V. *pirata*) **SIN.** hacker

cràcking /'krakin(g), 'krɛkin(g), *ingl.* 'krækɪŋ/ [vc. ingl., 'fenditura, spezzatura', da *to crack* 'spezzare, rompere' ✱ 1936] **s. m. inv.** ● scissione dovuta al calore di sostanze organiche a lunga catena, operata su frazioni pesanti del petrolio per ottenerne benzine **SIN.** piroclasi

cracoviàna [fr. *cracovienne* 'di Cracovia' ✱ 1967] **s. f.** ● danza popolare polacca di carattere allegro, in misura 2/4

cracoviàno [1819] **A** **agg.** ● relativo a Cracovia, città della Polonia **B** **s. m.** (**f.** *-a*) ● abitante o nativo di Cracovia

cràfen **s. m. inv.** ● adattamento di *krapfen* (V.)

†**cràì** [lat. *crās* 'domani', di orig. indeur. ✱ av. 1306] **avv.** ● domani | ***c. e poscrai***, domani e dopodomani | (*merid.*) ***vendere, dare, comprare a c.***, a credito

cràmbe [vc. dotta, lat. *crămbe(m)*, dal gr. *krámbē* 'cavolo', da avvicinare a *krámbos* 'avvizzito, secco', di orig. indeur. ✱ 1476] **s. f.** ● genere di piante mediterranee delle Crocifere, cui appartiene il cavolo marittimo

crampifórme [comp. di *crampo* e *-forme* ✱ 1840] **agg.** ● (*med.*) detto di dolore successivo al crampo o di quello che ne ha le caratteristiche

cràmpo [fr. *crampe*, dal francone **kramp* 'curvato' ✱ 1858] **s. m.** ● (*med.*) contrazione violenta, persistente, involontaria, di un muscolo o di un gruppo di muscoli, che procura sensazione dolorosa | ***c. degli scrivani***, grafospasmo

crancelìno [ted. *Kränzlein* 'coroncina', dim. di *Kranz* 'corona', di orig. indeur. ✱ 1956] **s. m.** ● (*arald.*) mezza corona con foglie di ruta, poste in banda nello scudo

cranïàle [1942] **agg.** ● (*anat.*) relativo al cranio | relativo a quello, tra due punti, due organi e sim. del corpo, che è in posizione più vicina al cranio **CONTR.** caudale || **cranialménte**, **avv.** in posizione craniale

craniàta [da *cranio* ✱ 1971] **s. f.** ● (*fam.*) colpo dato o battuto con la testa **SIN.** testata①

crànico [1830] **agg.** (**pl. m.** *-ci*) ● (*anat.*) del cranio, relativo al cranio: *scatola, base cranica* | ***fossa cranica***, ciascuna delle cavità, anteriore, media e posteriore, in cui è suddivisa la base cranica

♦**crànio** [vc. dotta, gr. *kraníon* 'teschio', da avvicinare a *kára* 'testa', di orig. indeur. ✱ 1374] **s. m.** (**pl.** *-i* o *raro -ii*) **1** (*anat.*) scheletro della testa dell'uomo e degli animali vertebrati, formato dalle ossa della volta e della base cranica e da quelle della faccia **2** (*fig.*, *fam.*) testa, mente, cervello: *la matematica non vuole entrargli nel c.*; *avere il c. duro* | (*fam.*) ***a c.***, a testa, per ciascuno **3** (*antrop.*) ***c. trofeo***, oggetto di culto o di magia presso alcuni popoli primitivi, costituito dal cranio di un antenato o di un nemico variamente decorato o dipinto || **craniétto**, **dim.**

craniografìa [comp. di *cranio* e *-grafia* ✱ 1865] **s. f.** ● studio della conformazione del cranio per indagini antropologiche

cranioléso [comp. di *cranio* e *leso* ✱ 1983] **agg. e s. m.** (**f.** *-a*) ● che (o chi) ha subito una o più lesioni al cranio

craniologìa [comp. di *cranio* e *-logia* ✱ av. 1810] **s. f.** (**pl.** *-gìe*) ● branca dell'antropologia che si occupa spec. della craniografia

craniològico [1858] **agg.** (**pl. m.** *-ci*) ● relativo alla craniologia

craniòlogo [comp. di *cranio* e *-logo* ✱ 1865] **s. m.** (**f.** *-a*; **pl. m.** *-gi*) ● studioso di craniologia

craniometrìa [comp. di *cranio* e *-metria* ✱ 1829] **s. f.** ● ramo della craniologia che si occupa della misurazione del cranio in rapporto all'antropologia e all'anatomia comparata **SIN.** cefalometria

craniomètrico [1893] **agg.** (**pl. m.** *-ci*) ● relativo a craniometria

craniòmetro [comp. di *cranio* e *-metro* ✱ 1836] **s. m.** ● strumento per la craniometria

craniòpago [comp. di *cranio* e del gr. *págos* 'qualcosa di fisso', da *pag-*, tema di *pēgnýnai* 'con-

C

ficcare', sull'es. dell'ingl. *craniopagus* ✻1985] **A** **s. m.** (**f.** *-a*; **pl. m.** *-gi* o *-ghi*) ● (*med.*) gemello siamese unito per la testa **B** **anche agg.**: *gemello c.*

cranioresezióne [comp. di *cranio* e *resezione* ✻1915] **s. f.** ● (*chir.*) asportazione chirurgica di sezioni più o meno estese del cranio

cranioscopìa [comp. di *cranio* e *-scopia* ✻1820] **s. f.** ● esame del cranio a scopo scientifico

craniòstato [comp. di *cranio* e *-stato* ✻1911] **s. m.** ● apparecchio usato negli esami radiologici della testa

craniostenòṣi [comp. di *cranio* e *stenosi* ✻1964] **s. f. inv.** ● (*med.*) chiusura precoce delle suture craniche per cui si ha un cranio piccolo e deformato

craniotomìa [fr. *craniotomie*, comp. del gr. *kraníon* 'cranio' e *-tomía*, da *témnō* 'io taglio' ✻1841] **s. f.** ● (*chir.*) apertura chirurgica del cranio

craniòtomo [fr. *craniotome*. V. *craniotomia* ✻1865] **s. m.** ● strumento per la craniotomia

cràpa [vc. piemontese e lombarda da una base preromana ✻1957] **s. f.** ● (*sett.*, *scherz.*) testa

†**cràpola** e deriv. ➤ **crapula** e deriv.

✦**cràpula** o †**cràpola** [vc. dotta, lat. *crāpula(m)*, dal gr. *kraipálē* 'ebbrezza, crapula', di etim. incerta ✻av. 1292] **s. f.** ● (*lett.*) il fatto di mangiare e bere smodatamente e disordinatamente: ***essere dedito, abbandonarsi alla c.*** **SIN.** bagordo, baldoria, gozzoviglia, stravizio

crapulàre o †**crapolàre** [vc. dotta, lat. tardo *crapulāri*, da *crāpula* 'crapula' ✻1468] **v. intr.** (*io cràpulo*; **aus.** *avere*) ● (*raro*, *lett.*) darsi alla crapula, gozzovigliare

crapulóne [1584] **s. m.** (**f.** *-a*) ● (*raro*) chi si dà abitualmente alla crapula

crapulóso (o -ṣ-) [vc. dotta, lat. tardo *crapulōsu(m)*, da *crāpula* 'crapula' ✻av. 1589] **agg.** ● (*lett.*) dedito alla crapula

craquelé /fr. kʀaˈkle/ [vc. fr., part. pass. di *craqueler* 'screpolare', vc. di orig. onomat. ✻1892] **A** **agg. inv.** ● detto di oggetto, la cui vernice o smalto presenti screpolature **B** **s. m.** ● procedimento per ottenere cavillature su oggetti in ceramica a scopo ornamentale o per falsificazione

craquelure /fr. kʀakˈlyʀ/ [vc. fr., da *craquelé* (V.) ✻1956] **s. f. inv.** ● cavillatura

crash /krɛʃ*, -aʃ*, *ingl.* kræʃ/ [vc. ingl., dal v. *to crash* 'crollare rumorosamente', di orig. onomat. ✻1985] **A** **inter.** ● riproduce il rumore di qlco. che si schianta, si fracassa, crolla **SIN.** brum② nel sign. 2 **B** **s. m. inv.** (**pl. ingl.** *crashes*) **1** il rumore stesso **2** crollo in borsa **3** (*inform.*) blocco dell'attività di un sistema di elaborazione dati causato dal cattivo funzionamento di un componente delle apparecchiature o dei programmi

crash tèst /kraʃˈtɛst, *ingl.* ˈkræʃˌtɛst/ [loc. ingl. propr. 'prova (*test*) d'urto (*crash*)' ✻1985] **loc. sost. m. inv.** (**pl. ingl.** *crash tests*) **1** incidente automobilistico simulato per testare la resistenza e la sicurezza di un veicolo **2** (*inform.*) collaudo di un programma per accertarne il buon funzionamento in ogni possibile modalità d'uso

cràṣi [vc. dotta, lat. tardo *crāsi(m)*, dal gr. *krâsis* 'mescolanza', da *keránnymi* 'io mescolo' ✻av. 1729] **s. f. inv.** **1** (*ling.*) fusione in un unico suono di vocale finale e iniziale di due parole contigue; per es. in: *v'aggio proferto il cor; mâ voi non piace* (F. PETRARCA) **2** nell'antica medicina, mescolanza di umori o di medicamenti | ***c. sanguigna***, rapporto tra i vari elementi del sangue

cràspedo [vc. dotta, dal gr. *kráspedon* 'frangia' ✻1956] **s. m.** ● (*zool.*) ripiegatura marginale che si trova sull'ombrella delle meduse craspedote **SIN.** velo

craspedòta [da *craspedo* ✻1931] **A** **s. f.** ● medusa degli Idrozoi la cui ombrella è munita di craspedo **SIN.** idromedusa **B** **anche agg.** solo **f.**: *medusa c.*

†**crassézza** [1585] **s. f.** ● grossezza, corposità

✦**cràsso** [lat. *crăssu(m)* 'grosso, grasso'. V. *grasso* ✻1357] **A** **agg.** **1** (*lett.*) fitto, denso: *fumo c.*; *aria crassa* **2** (*fig.*) grossolano: *ignoranza crassa* **3** (*fig.*, *lett.*) torpido, pesante: *ridestandomi dal mio lungo e c. letargo* (V. ALFIERI) **4** (*anat.*) ***intestino c.***, l'ultimo tratto del canale intestinale, comprendente il cieco, il colon e il retto **B** **s. m.** ● (*anat.*, *ellitt.*) intestino crasso

cràssula [dim. del lat. *crăssus* (V. *crasso*), detta così dalle foglie carnose ✻1499] **s. f.** ● genere di piante ornamentali delle Crassulacee, con foglie ampie e carnose (*Crassula*)

Crassulàcee [vc. dotta, comp. di *crassul(a)* e *-acee* ✻1865] **s. f. pl.** (**sing.** *-a*) ● (*bot.*) famiglia di piante erbacee con foglie carnose e fiori in infiorescenze cimose (*Crassulaceae*)

†**cràstino** [vc. dotta, lat. *crāstinu(m)*, da *crās* 'domani'. V. †*crai* ✻1321] **agg.** ● di domani | ***far c. dell'odierno***, procrastinare

-crate [gr. *-kratēs*, corrispondente, nei composti, a *krátos* 'potere, forza', con analogie indeur.] **secondo elemento** ● si usa in nomi composti di persona, che corrispondono ai termini astratti in *-crazia*: *autocrate, burocrate, plutocrate*

†**cratèra** [1340] **s. f.** ● cratere

cratère [vc. dotta, lat. *cratēra*, dal gr. *kratḗr* 'grosso vaso in cui si mescolava vino e acqua, coppa', poi 'cratere di vulcano', da *keránnymi* 'io mescolo' ✻1340] **s. m.** **1** (*archeol.*) vaso con corpo a bicchiere, bocca larga, due anse orizzontali, in cui gli antichi mescolavano l'acqua e il vino **2** (*geol.*) orlo, generalmente circolare, che circonda il camino di un vulcano e dal quale escono i prodotti vulcanici | ***c. avventizio***, situato sui fianchi del cono vulcanico **3** cavità a forma di imbuto prodotta nel suolo dallo scoppio di una carica esplosiva **4** (*astron.*) caratteristica formazione montuosa di forma circolare e con un cono centrale, formatasi in seguito alla caduta di meteore

cratèrico [1908] **agg.** (**pl. m.** *-ci*) ● relativo al cratere di un vulcano

craterizẓàto [1987] **agg.** ● detto di terreno cosparso di crateri: *la superficie craterizzata della Luna*

craterizẓazióne [1983] **s. f.** ● fenomeno riscontrabile su parti metalliche soggette a ricevere scintille elettriche e consistente nella formazione di piccoli incavi sulla superficie stessa

†**cratìccio** ➤ **graticcio**

-cràtico [gr. *-kraticós*, da *-kratēs* '-crate' col suff. aggettivale *-ikós*] **secondo elemento** ● si usa in aggettivi corrispondenti ai nomi in *-crazia*: *aristocratico, burocratico*

†**cratìcola** ➤ **graticola**

cratóne [dal gr. *krátos* 'forza, potenza' (V. *-crazia*), perché resiste ai corrugamenti ✻1946] **s. m.** ● (*geol.*) zolla o blocco rigido della crosta terrestre sottoposto a traslazioni orizzontali e verticali ma non a deformazioni

cràuti [ted. *Sauerkraut* 'cavolo acido' ✻av. 1667] **s. m. pl.** (**sing.** *raro -o*) ● foglie di cavolo tagliate a liste sottili e fatte fermentare col sale

♦**cravàtta** o †**crovàtta**, †**corvàtta** [fr. *cravate*, dal croato *hrvat* 'croato', perché adoperata dai cavalieri croati ✻1675] **s. f.** **1** accessorio dell'abbigliamento maschile formato da una striscia di seta, lana o altri tessuti con lembi più o meno larghi, da annodare sotto il colletto della camicia **2** nastro azzurro fissato in cima all'asta della bandiera nazionale **3** in varie tecnologie, dispositivo spec. a forma di anello, per il fissaggio di un elemento a un altro **4** nella pallanuoto e altri sport, presa al collo dell'avversario per fermarne o impedirne l'azione **5** apparecchio ortopedico con intelaiatura ad anello utilizzato per distribuire in modo equilibrato sul busto il peso del tratto cervicale della colonna vertebrale ‖ **cravattina**, **dim.** | **cravattino**, **dim. m.** (V.) | **cravattóna**, **accr.** | **cravattóne**, **accr. m.**

cravattàio o **cravattàro** nel sign. 2 [1893] **s. m.** (**f.** *-aia*, **pl. m.** *-ai*) **1** fabbricante o venditore di cravatte **2** (*fig.*; *centr.*) usuraio, strozzino

cravattifìcio [comp. di *cravatta* e *-ficio* ✻sec. XX] **s. m.** ● fabbrica di cravatte

cravattìno [1853] **s. m.** **1** dim. di *cravatta* **2** piccola cravatta a lembi corti annodata a farfalla

crawl /ingl. krɔːl/ [vc. ingl., da *to crawl* 'avanzare strisciando' ✻1921] **s. m. inv.** ● stile di nuoto in posizione prona, con respirazione laterale, caratterizzato da circonduzioni delle braccia, portate alternativamente fuori e dentro l'acqua, e dal battito alternato delle gambe **SIN.** stile libero, freestyle

crawlìsta /kroˈlista/ [1935] **s. m. e f.** (**pl. m.** *-i*) ● nuotatore specialista dello stile crawl

craxiàno [1977] **A** **agg.** ● relativo al dirigente socialista B. Craxi (1934-2000), alla sua attività, alla tendenza politica da lui ispirata **B** **agg. e s. m.** (**f.** *-a*) ● sostenitore di B. Craxi o della sua linea politica

craxìṣmo [1978] **s. m.** ● l'ideologia e la linea politica propugnate da B. Craxi

cràzia [ted. *Kreutzer*, da *Kreuz* 'croce', che era raffigurata sulla moneta ✻av. 1527] **s. f.** **1** moneta di argento misto a rame, del valore di 5 quattrini, coniata in Toscana da Cosimo I e rimasta in uso fino al sec. XIX **2** (*est.*) moneta di valore minimo

-crazìa [gr. *-kratía*, ampliamento col suff. *-ía*②, proprio degli astratti, di *-kratēs*, '-crate'] **secondo elemento** ● in parole composte d'origine dotta, significa 'potere', 'dominio': *burocrazia, democrazia, teocrazia*

creàbile [vc. dotta, lat. tardo *creābile(m)*, da *creāre* 'creare' ✻1614] **agg.** ● (*raro*) che si può creare ‖ **creabilità**, **s. f. inv.**: *la non creabilità dell'energia*

✦**creànza** o †**criànza** [sp. *crianza*, da *criar* 'allevar bene', dal lat. *creāre* 'creare' ✻1250 ca.] **s. f.** **1** buone maniere, comportamento educato: *avere c.*; *comportarsi con c.*; *mancare di c.*; *conoscere le regole della c.*; *chi ti ha insegnato la c.?* (C. GOLDONI) | ***senza c.***, maleducato | ***buona c.***, buona educazione | ***mala c.***, malgarbo, maleducazione **SIN.** educazione **2** (*est.*) cortesia, gentilezza: *rimanemmo con lui solo per c.*

creanzàto [1765] **agg.** ● (*raro*) beneducato

♦**creàre** o †**criàre** [lat. *creāre*, dalla stessa radice di *crēscere* 'crescere' ✻av. 1257] **A** **v. tr.** (**pres.** *io crèo*; **fut.** *io creerò*) **1** produrre dal nulla, spec. riferito a esseri divini: *Dio creò il mondo* | (*est.*) far nascere qlco. di nuovo elaborando in modo originale elementi preesistenti; inventare, ideare: *c. una nuova teoria*; *c. una moda*; *la poesia crea … con la forma il contenuto* (B. CROCE) | ***c. una parte***, detto di attore che rappresenta una parte per primo o ne dà una interpretazione originale | ***c. un debito***, accenderlo, contrarlo **2** suscitare: *c. difficoltà*; *c. scandalo*; *c. imbarazzo* **3** eleggere, nominare: *c. qlcu. cardinale, principe* **4** (*raro*) procreare, generare | †allevare, istruire: *c. un giovane* **B** **creàrsi** **v. tr. pron.** (**aus.** *essere*) **1** costruire, far nascere per sé: *il primo dovere di ogni ga-*

lantuomo era di crearsi una famiglia (G. VERGA) **2** inventarsi, immaginare per sé: *crearsi un alibi*; *non crearti dei problemi, delle difficoltà* **C** **creàrsi** **v. intr. pron.** ● sorgere: *si è creato un equivoco*

creatina [dal gr. *kréas*, genit. *kréatos* 'carne', perché si trova nel tessuto muscolare, sangue e nelle urine ✱ 1865] **s. f.** ● (*biol.*) amminoacido che si trova nel tessuto muscolare, nel sangue e spesso nell'urina

creatinìna [da *creatina* ✱ 1865] **s. f.** ● (*biol.*) composto chimico derivante dalla creatina dei muscoli, della quale costituisce l'anidride, che viene eliminata dall'organismo con l'urina

creatinùria o **creatinuria** [comp. di *creati-n(a)* e *-uria* ✱ 1933] **s. f.** ● (*med.*) quantità di creatina eliminata con le urine nelle 24 ore

creatìvo [1395] **A** **agg.** **1** pertinente alla creazione: *atto c.* | relativo alla creazione di un'opera dell'ingegno: *processo c.* **2** che ha o rivela capacità di creare, che è ricco di inventiva: *intelligenza creativa*; *un bambino c.* **3** che, nel campo finanziario o contabile, è frutto di scelte fantasiose, talora al limite dell'irregolarità (*spec. iron.*): *finanza creativa* ‖ **creativaménte**, **avv.** ‖ **creatività**, **s. f. inv.** capacità creativa, facoltà inventiva: *la creatività dei bambini*; capacità di produrre nuove idee, invenzioni, opere d'arte e sim. **B** **s. m.** (**f.** *-a*) **1** nella pubblicità, chi propone le idee che porteranno alla realizzazione di una campagna pubblicitaria **2** (*est.*) in senso generico, chi mostra particolari doti di inventiva e originalità

creàto ① o †**criàto** [lat. *creātu(m)*, part. pass. di *creāre* 'creare'] **A** **part. pass.** di *creare*; anche **agg.** **1** nei sign. del v. **2** *ben c.*, *mal c.*, (*lett.*) bene o male educato; †fortunato o sciagurato **B** **s. m.** ● insieme delle cose create da Dio: *l'armonia, le meraviglie del c.* **SIN.** cosmo, mondo, universo

creàto ② [sp. *criado* 'allievo', poi 'valletto, servo', da *criar*. V. *creanza* ✱ av. 1498] **s. m.** (**f.** *-a*) ● (*raro, lett.*) persona allevata da una famiglia che la protegge | protetto o familiare di un potente

creatóre o †**criatóre** [vc. dotta, lat. *creatō-re(m)*, da *creāre* 'creare' ✱ 1250 ca.] **A** **agg.** ● che crea: *genio c.* **B** **s. m.** (**f.** *-trice*) ● chi crea: *ecco il c. del capolavoro* | chi introduce nuove idee, tendenze, stili: *il c. del futurismo* | ***c. di moda***, stilista | ***il C.***, (*per anton.*) Dio | ***andare, andarsene al C.***, morire | (*fam.*) ***mandare qlcu. al C.***, ucciderlo **SIN.** artefice, autore

♦**creatùra** o †**criatùra** [vc. dotta, lat. tardo *creatūra(m)*, da *creāre* 'creare' ✱ sec. XII] **s. f.** **1** ogni essere creato: *tutte le creature della terra*; *siamo tutti creature di Dio* | ***prime creature***, gli angeli | ***creature umane***, gli esseri umani: *Laudato sie, mi' Signore, cum tucte le tue creature* (FRANCESCO D'ASSISI) **2** bambino, figlio: *la mia c.*; *una piccola e fragile c.* | essere umano che susciti compassione o ammirazione: *povera c.!*; *è una c. eccezionale* **3** persona favorita e protetta, spec. da un personaggio influente: *è una c. del famoso artista* ‖ **creaturina**, **dim.** (V.)

creaturàle [1926] **agg.** ● relativo a ogni creatura, a ogni essere creato; detto del sentimento di amore, di venerazione, di rispetto che le creature provano nei confronti del loro creatore ‖ **creaturalità**, **s. f. inv.**

creaturìna [sec. XVI] **s. f.** **1** dim. di *creatura* nel sign. 2 **2** bambinello, esserino che ispira tenerezza o compassione: *una povera c. abbandonata*

♦**creazióne** [vc. dotta, lat. tardo *creatiōne(m)*, da *creāre* 'creare' ✱ 1282] **s. f.** **1** (*relig.*) atto con cui Dio ha dato origine all'universo | insieme delle cose create **SIN.** creato, mondo **2** invenzione: *c. dell'ingegno* | realizzazione di un'opera artistica: *la c. di una sinfonia* | fondazione, istituzione: *c. di un ufficio, di una banca, di una industria* **3** ciò che è stato prodotto, realizzato: *una superba c. architettonica*; *c. musicale, poetica* | capo di vestiario, accessorio o guarnizione originale: *creazioni d'alta moda* **4** (*fis.*) formazione di particelle dovuta a trasformazione di energia in materia **5** (*lett.*) elevazione a una dignità **SIN.** elezione

creazionìsmo [da *creazione* ✱ 1892] **s. m.** **1** concezione filosofica che pone l'origine del mondo e dell'uomo in rapporto a un atto di creazione | dottrina teologica cristiana secondo la quale le anime sono create direttamente da Dio **2** teoria biologica secondo cui tutti gli animali e le piante attualmente esistenti sarebbero stati creati così come sono, e come tali si sarebbero mantenuti invariati nel tempo **CFR.** fissismo **CONTR.** evoluzionismo

creazionìsta [1892] **s. m. e f.**; anche **agg.** (**pl. m.** *-i*) ● seguace del creazionismo

creazionìstico [1987] **agg.** (**pl. m.** *-ci*) ● relativo al creazionismo o ai creazionisti

crébbi ➤ **crescere**

†**crèbro** [vc. dotta, lat. *crēbru(m)*, dalla stessa radice di *crēscere* 'crescere' ✱ 1321] **agg.** ● frequente, ripetuto: *di che facei question cotanto crebra* (DANTE *Par.* XIX, 69)

crécchia o **grécchia** [etim. incerta ✱ 1830] **s. f.** ● (*bot.*) brugo

credènte **A** **part. pres.** di *credere*; anche **agg.** ● nei sign. del v. **B** **s. m. e f.** ● chi professa una religione, spec. quella cattolica: *la moltitudine dei credenti* | ***il Capo dei credenti***, nella religione cattolica, il Sommo Pontefice | (*est.*) chi crede in un'idea, una dottrina e sim. **CFR.** non credente

♦**credènza** ① [da *credere*① ✱ av. 1250] **s. f.** **1** il credere | fede, spec. religiosa: *c. in Dio, nella vita eterna*; *le credenze degli antichi*; *le mitiche credenze dei primitivi* | cosa in cui si crede: *è una c. assurda* **2** opinione, convinzione: *è mia, tua, generale c. che …* | opinione tradizionale, leggenda: *antiche credenze popolari* **3** (*raro*) fiducia, attendibilità: *meritare, acquistare c.* | ***lettera di c.***, credenziale **4** (*disus.*) nel linguaggio commerciale, credito, fido | ***vendere a c.***, a credito **5** †segreto da non palesare | ***tenere in c. qlco.***, tenerla segreta | ***consiglio di c.***, nel Comune medievale, collegio di esperti destinato ad assistere i consoli nel disbrigo delle pratiche più delicate **6** †assaggio precauzionale di cibi e bevande, in uso un tempo prima di servirli a un personaggio importante, per assicurarlo che essi non contenessero veleno: *nulla io volevo mangiare … se prima egli non me ne faceva la c.* (B. CELLINI) | ***dare la c.***, fare assaggiare cibi e bevande

SFUMATURE DI SIGNIFICATO

credenza - fede - superstizione
Ogni opinione, convinzione si dice generalmente **credenza**. Una *credenza* è anche la **fede** religiosa, adesione dell'anima e della mente a una verità soprannaturale non sempre spiegabile con la ragione. **Superstizione** è invece una *credenza* irrazionale, che tende ad attribuire cause occulte o soprannaturali a fenomeni spiegabili razionalmente, o che concepisce possibile un'influenza positiva o negativa di certe entità (gatto nero, il tredici o il diciassette, specchi rotti ecc.) sulle vicende umane.
SFUMATURE ➤ ***pregiudizio***

♦**credènza** ② [da *credenza*① nel sign. 6 ✱ 1525] **s. f.** **1** anticamente, tavola apparecchiata con piatti e vivande da portare via via sulla mensa **2** mobile da cucina o da sala da pranzo, con alzata spesso a vetri, in cui si ripongono i cibi, le stoviglie, gli arredi da tavola ‖ **credenzétta**, **dim.** | **credenzina**, **dim.** | **credenzìno**, **dim. m.** | **credenzóna**, **accr.** | **credenzóne**, **accr. m.**

credenziàle [da *credenza*① ✱ 1478] **A** **agg.** ● che accredita | ***lettera c.***, documento necessario per l'accreditamento di un agente diplomatico **B** **s. f.** **1** ordine di pagamento a carico di una banca emesso da un istituto di credito a favore di un cliente **2** (**spec. al pl.**) lettera credenziale | ***ritirare le credenziali***, rompere le relazioni con un Paese straniero **3** (*est.*, **al pl.**) referenze, titoli, raccomandazioni: *le dà … le credenziali che la faranno assumere in casa Melzi* (L. SCIASCIA) **4** (**al pl.**) in Internet, le parole o le sequenze di lettere o numeri, in genere nome utente e password, mediante le quali un utente si autentica per accedere a un sito o a un servizio

credenziàrio [1555] **s. m.** ● nel Comune medievale, membro del Consiglio di Credenza **SIN.** credenziere

credenzièra [av. 1909] **s. f.** ● credenza di parata, su cui durante i banchetti facevano bella mostra piatti e suppellettili pregiate

credenzière [sec. XIII] **s. m.** (**f.** *-a*) **1** chi aveva la cura della credenza, del servizio della tavola **SIN.** dispensiere **2** anticamente, la persona addetta alla preparazione dei dolci nelle case signorili **3** credenziario **4** (*fig.*) †confidente

♦**crédere** ① [lat. *crēdere*, di orig. indeur. ✱ av. 1250] **A** **v. tr.** (**pass. rem.** *io credètti* o **lett.** *credéi*, †*crési*, *tu credésti*) **1** ritenere vero quanto è detto, affermato e sim. da altri: *non ho creduto una sola parola di quel racconto*; *posso crederlo* | ***lo credo bene!, e ti credo!***, escl. che esprime energica approvazione o equivale a 'non mi stupisce' | ***dare a c.***, (*fig.*) illudere | ***essere, venire creduto***, detto di qlcu., essere considerato veritiero: *lei ha spiegato tutto ma non è stata creduta* | (*raro*) **crèderla** (con il pron. *la* indeterm.) o, in forma pron., **crédersela**, prestare fede a una fandonia **2** stimare, giudicare, reputare: *ti credo onesto, capace*; *non lo credevo giusto*; *ti credevo a Milano* | con valore rafforz., accompagnato da un pron. pers.: *chi si crede di essere?*; *che ti credi?* **3** ritenere probabile od opportuno (+ *di* **seguito da inf.**, + **congtv. preceduto o meno da** *che*): *credo di conoscere la soluzione*; *credo che sia ora di decidere*; *credo sia prudente andarcene*; *Cecco, la pena tua credo sia molta* (C. ANGIOLIERI); *non credevo che fosse giunto a tanto*; *non credo di dovermi scusare* | ***voglio c. che***, non mi permetto di dubitare di **SIN.** immaginare, presumere, supporre **4** (*lett.*) affidare: *credano il petto inerme / gli augelli al vento* (G. LEOPARDI) **B** **v. intr.** (**aus.** *avere*) **1** avere certezza dell'esistenza di qlcu. o qlco. (+ *in*, + *a*): *c. in Dio, in un'altra vita, ai santi*; *c. nel diavolo, alle streghe* | avere una fede religiosa: *è una persona che crede*; *il bisogno di c.* **2** prestar fede a qlcu. o qlco.: *c. ai propri sensi, agli occhi*; *ti prego di credermi* | ***non credo ai miei occhi***, sono sbalordito | ***c. sulla parola***, senza bisogno di prove **CONTR.** dubitare **3** avere fiducia in qlcu. o in qlco.: *credo molto nella sua capacità lavorativa*; *c. nella medicina, nella giustizia, nel progresso*; *non c. in nulla* | ***credo nella sua buona fede***, ne sono convinto **4** †ubbidire: *colpa di quella ch'al serpente crese* (DANTE *Purg.* XXXII, 32) **C** **crédersi** **v. rifl.** ● pensare di essere, immaginarsi come: *credersi un grand'uomo, un ignorante, una persona seria*

SFUMATURE DI SIGNIFICATO

credere - supporre - arguire - sospettare
Credere è ritenere vera una cosa; da qui il significato di stimare, reputare come veritiero o anche di immaginare come molto probabile. In quest'ultimo significato un suo sinonimo è **supporre**, che è presumere in via di ipotesi qualcosa co-

me probabile. In **arguire** l'opinione che ci si è fatta è il risultato di deduzioni logiche che si fondano su una serie di indizi e premesse. Con **sospettare** si fa invece riferimento al formarsi di un'opinione sulla base di indizi e supposizioni.

crédere② [da *credere*① ✱ 1336 ca.] **s. m. solo sing.** ● opinione, convincimento | ***a mio c.***, secondo la mia opinione | (*dir., comm.*) V. anche *star del c.*

credìbile [vc. dotta, lat. *credĭbile(m)*, da *crēdere* 'credere' ✱ 1261 ca.] **agg. 1** che si può credere: *notizie credibili* **SIN.** attendibile, plausibile **2** (*est.*) che è degno di fede, di fiducia: *ormai queste persone non sono più credibili* **3** †credulo ‖ **credibilménte**, **avv.** ‖ **credibilità**, **s. f. inv.** (V.)

credibilità [sec. XVI] **s. f. inv.** ● caratteristica di ciò che è credibile: *voleva … dare al suo poema un aspetto di c. e di realtà* (F. De Sanctis) | (*est.*) prestigio, credito: *il governo ha perso la sua c.*

credit /ingl. 'krɛdɪt/ [vc. ingl., 'credito' ✱ 1959] **s. m. inv.** ● credito, in alcune loc. | nella loc. sost. f. inv. ***c. card***, carta di credito (comp. con *card* 'carta') | nelle loc. sost. m. e f. inv. ***c. manager***, ***c. officer***, in una impresa o in una banca, responsabile dell'ufficio che si occupa della concessione di credito ai clienti (comp. rispettivamente con *manager* e con *officer* 'funzionario') | nella loc. sost. m. inv. ***c. crunch***, stretta del credito (V. *credito* nel sign. 5) (comp. con *crunch* 'stretta')

creditìzio [1940] **agg.** ● concernente il credito

♦**crédito** [vc. dotta, lat. *crēditu(m)* 'cosa affidata', part. pass. di *crēdere* 'affidare, credere' ✱ av. 1292] **s. m. 1** il credere, il fatto di essere creduto; attendibilità: *dare c. alla parola di qlcu.* | ***avere, trovare c.***, essere creduto | ***meritare c.***, meritare di essere creduto | ***fare c. a qlcu.***, fidarsene | ***negare c.***, non credere **2** buona reputazione, pubblica stima e considerazione: *aver c.*; *godere di molto c.*; *millantato c.* | ***dare c.***, dare fiducia | ***perdere c.***, perdere la stima altrui | ***persona di poco c.***, che non merita considerazione | ***c. scolastico***, punteggio attribuito dal consiglio di classe a un allievo degli ultimi tre anni della scuola secondaria superiore, che esprime la valutazione del grado di preparazione complessiva raggiunta e che viene sommato al punteggio riportato nell'esame di Stato (calco sull'ingl. *credit*) | ***c. formativo***, competenza in una determinata materia, acquisita dall'allievo all'interno o all'esterno della scuola e valutata dal consiglio di classe nell'attribuzione del credito scolastico **3** (*dir.*) diritto a una prestazione pecuniaria: *c. privilegiato, chirografario* | diritto a ottenere l'adempimento di una prestazione: *avere un c. verso qlcu.*; *titoli di c.*; *lettere di c.* | ***essere in c. verso qlcu.***, essere titolare di un diritto di credito | (*est.*) somma di denaro alla quale si ha diritto: *annotare, incassare, riscuotere un c.* **4** (*econ.*) scambio tra un bene disponibile nel presente con un bene disponibile in futuro, in genere di valore superiore | (*est.*) fornitura di merci con dilazione di pagamento, spesso a prezzi superiori di quelli a contanti: *far c. a qlcu.*; *comprare, vendere a c.* | ***carta di c.***, V. *carta* nel sign. 4 **5** attività spec. bancaria consistente nel dare denaro a mutuo: *istituto di c.*; *c. agrario, fondiario, edilizio, immobiliare, industriale* | ***stretta del c.***, riduzione della disponibilità delle banche a concedere un credito, o peggioramento delle condizioni alle quali concederlo (calco sull'ingl. *credit crunch*) | ***c. a medio termine***, quello concesso per un periodo non superiore a dieci anni | ***c. di corriere***, a brevissima scadenza fra banche corrispondenti **6** istituto bancario, banca: *Credito Italiano* **7** (**al pl.**) elenco dei collaboratori di un libro, una rivista e sim.: *compilare la pagina dei crediti* (calco sull'ingl. *credit*) ‖ **creditùccio**, **dim.**

SFUMATURE ➤ *stima*

creditóre [vc. dotta, lat. *creditōre(m)*, da *crēditum* 'credito' ✱ av. 1292] **A s. m.** (**f.** *-trice*) **1** chi è titolare di un diritto di credito: *fuggo i creditori, perché ò gran debito e pochi danari* (Michelangelo) **2** (*est.*) chi aspetta qlco. che gli è dovuta: *c. di una risposta* **B agg.** ● che ha un diritto di credito: *società creditrice*

creditòrio [da *creditore* ✱ 1878] **agg.** (**pl. m.** *-i* o *raro* *-ii*) ● (*dir.*) del credito | del creditore: *posizione creditoria*

crèdo [vc. dotta, lat. *crēdo* 'io credo', prima pers. indic. pres. di *crēdere* 'credere', parola con cui inizia il Simbolo apostolico ✱ 1268] **s. m.** (**pl.** *-i*) **1** insieme delle dottrine fondamentali di una religione, spec. rivelata: *il c. islamico, ebraico, cristiano* | formula nella quale sono fissati detti principi **2** simbolo apostolico che riassume le verità dogmatiche delle Chiese cristiane, con varianti da confessione a confessione: *il c. cattolico romano, ortodosso, evangelico* | (con iniziale maiuscola) parte della Messa, dopo la lettura del Vangelo, nella quale si recita la formula lunga della professione di fede della Chiesa cattolica romana | (*fig.*) †***in un c.***, in un attimo **3** (*fig.*) complesso di idee, principi, convinzioni politiche, morali, artistiche e sim. di una persona o di un gruppo: *c. politico, estetico*

credulità [vc. dotta, lat. *credulitāte(m)*, da *crēdulus* 'credulo' ✱ 1310] **s. f. inv.** ● eccessiva facilità a credere agli altri **SIN.** dabbenaggine, ingenuità

♣**crèdulo** [vc. dotta, lat. *crēdulu(m)*, da *crēdere* 'credere' ✱ 1342] **agg.** ● che crede a tutto e a tutti con facilità spesso eccessiva: *gente credula* | (*lett.*) che crede: *pendono intorno in lungo ordine i voti / che vi portano i creduli devoti* (T. Tasso) **SIN.** ingenuo, sempliciotto

credulóne [da *credulo* ✱ 1865] **agg. e s. m.** (**f.** *-a*) ● che (o chi) mostra un'eccessiva facilità a credere a tutto e a tutti **SIN.** ingenuo, sciocco, sempliciotto

♦**crèma** [fr. *crème*, di etim. incerta ✱ 1585] **A s. f. 1** grasso del latte che si addensa alla superficie in strato bianco-giallognolo **SIN.** panna | (*fig.*) parte eletta, scelta, di un gruppo: *la c. dei cittadini, di un ambiente* **CONTR.** schiuma **2** ***c. pasticciera***, o (*ellitt.*) ***crema***, dolce a base di latte, tuorli d'uovo, farina e zucchero, sbattuti assieme e rappresi al fuoco | (*est.*) dolce simile per consistenza alla crema: *c. di cacao, di cioccolata* | (*est.*) cibo eccellente **3** passato di riso, verdure o altro, consumato come minestra: *c. di piselli*; *c. di pomodori* **4** liquore molto ricco di zucchero: *c. cacao* **5** composto denso, spesso untuoso, usato spec. come cosmetico: *c. per le mani, per il viso*; *c. nutriente, idratante*; *c. antirughe, depilatoria, dimagrante* | ***c. da barba***, quella saponosa che si spalma sul viso per facilitare la rasatura | ***c. per calzature***, speciale preparato per mantenere morbide e lucide le scarpe di pelle **B in funzione di agg. inv.** ● (posposto a un sost.) che ha il colore bianco-giallognolo caratteristico della crema del latte: *abito c.*; *stoffa color c.* **C s. m. inv.** ● colore crema: *una tinta che sta fra il c. e il giallo* ‖ **cremìna**, **dim.**

cremaglièra [fr. *crémaillère* 'catena del camino', dal fr. antico *cramail*, dal lat. tardo *cremăculu(m)*, dal gr. *kremastḗr* 'colui che tiene sospeso', da *kremánnymi* 'io appendo' (di orig. sconosciuta) ✱ 1853] **s. f.** ● ingranaggio con dentatura rettilinea che, accoppiandosi con una ruota dentata motrice ad asse di rotazione fisso, si muove con moto rettilineo | ***ferrovia a c.***, usata su percorsi a forte pendenza **SIN.** dentiera nel sign. 2

cremàre [vc. dotta, lat. *cremāre*, di orig. indeur. ✱ av. 1314] **v. tr.** (*io crèmo*) ● bruciare un cadavere

crematìstica [V. *crematistico* ✱ 1874] **s. f.** ● (*raro*) scienza economica che tratta della ricchezza

crematìstico [vc. dotta, gr. *chrēmatistikós*, da *chrêmata* 'ricchezze, beni' ✱ 1983] **agg.** (**pl. m.** *-ci*) ● (*raro*) relativo alla crematistica

crematóio [da *cremare* ✱ 1877] **s. m.** (**pl.** *-ói*) ● parte del forno crematorio in cui viene deposto il cadavere da bruciare

crematòrio [da *cremare* ✱ 1885] **A agg.** (**pl. m.** *-i* o *raro* *-ii*) ● relativo alla cremazione | ***forno c.***, dove vengono cremati i cadaveri **B s. m.** ● edificio destinato alla incinerazione dei cadaveri umani

cremazióne [vc. dotta, lat. tardo *crematiōne(m)*, da *cremāre* 'cremare' ✱ 1857] **s. f.** ● procedimento, uso, rito consistente nel cremare un cadavere

crème /fr. krɛm/ [fr. V. *crema* ✱ av. 1848] **s. f. inv.** ● crema (*spec. fig.*): *la c. della società locale*

crème caramel /fr. ˌkrɛmkaraˈmɛl/ [fr., propr. 'crema caramellata'. V. *crema* e *caramella* ✱ 1936] **loc. sost. f. o m. inv.** (**pl. fr.** *crèmes caramel*) ● dolce a base di uova e latte, cotto, gener. a bagnomaria, in uno stampo sul cui fondo si fa caramellare dello zucchero

cremerìa [fr. *crémerie*, da *crème* 'crema' ✱ 1918] **s. f.** ● (*centr.*) latteria in cui si vendono anche gelati, dolci e sim.

cremificàre [da *crema* ✱ 1963] **A v. tr.** (*io cremìfico, tu cremìfichi*) ● trasformare in crema; rendere cremoso | arricchire aggiungendo crema di latte: *c. il formaggio* **B v. intr.** (**aus.** *essere*) ● trasformarsi in crema | diventare cremoso, detto spec. di formaggio o miele ‖ **cremificazióne**, **s. f.**

cremìno [da *crema* ✱ 1956] **s. m. 1** cioccolatino o formaggio cremoso, che si fonde in bocca **2** ***Cremino***®, gelato alla crema di latte, ricoperto di cacao **3** semolino dolce

♣**crèmiṣi** o **chermìṣi**, (*raro, lett.*) **chèrmiṣi** [V. *chermes* ✱ av. 1348] **A s. m. inv. 1** V. *chermes* **2** sfumatura di rosso molto acceso **B agg. inv.** ● di colore rosso vivo: *gli smisurati piloni … eran da capo a fondo coperti di dammasco c.* (G. Parini)

cremiṣìno o **chermiṣìno** [sec. XIV] **A agg.** ● che ha colore cremisi: *damasco c.* **B s. m. 1** il colore cremisino **2** (*est.*) drappo di colore cremisi

cremlinologìa [comp. di *Cremlino*, n. del palazzo degli zar poi sede del governo sovietico o, dal 1991, russo ✱ 1963] **s. f.** (**pl.** *-gìe*) ● nel linguaggio giornalistico, analisi della politica dell'Unione Sovietica o, dopo il 1991, della Russia

cremlinòlogo [comp. di *Cremlino* e *-logo* ✱ 1963] **s. m.** (**f.** *-a*; **pl. m.** *-gi*) ● esperto di cremlinologia

cremnofobìa [comp. del gr. *krēmnós* 'precipizio' e di *-fobia* ✱ 1951] **s. f.** ● (*psicol.*) timore morboso dei precipizi ‖ **cremnofòbico**, **agg.** (**pl. m.** *-ci*); **anche s. m.** (**f.** *-a*) **nel sign. 2** **1** relativo a cremnofobia **2** che (o chi) soffre di cremnofobia

cremolàto [da *crema* ✱ 1970] **s. m.** ● a Roma, gelato molle, simile alla granita, che si serve in coppa

cremonése (o *-ṣ-*) [1245] **A agg.** ● di Cremona: *dialetto c.* **B s. m. e f.** ● abitante o nativo di Cremona **C s. f.** ● mezzo di chiusura di battenti mobili negli infissi, formato da due aste verticali che scorrono entro anelli, i cui estremi si introducono in appositi fori nella parte fissa

♣**cremóre** [vc. dotta, lat. *cremōre(m)*, da avvicinare a *cremāre* 'cremare' (?) ✱ av. 1698] **s. m.** ● la parte più densa, l'estratto di una sostanza | *c. **di tartaro***, bitartrato di potassio, bianco, cristallino, ricavato dalle fecce dei vini e dalla gruma di botte, usato in tintoria, per fare lieviti e polveri effervescenti e come diuretico e lassativo

cremortàrtaro [comp. di *cremor(e) (di) tartaro* ✱ 1892] **s. m.** ● cremore di tartaro

cremóso (o -ṣ-) [da *crema* ✱ 1941] **agg.** ● ricco di crema: *latte c.* | che ha l'aspetto, la consistenza della crema: *sostanza cremosa* || **cremosità**, **s. f. inv.**

crèn o (*raro*) **crènno** [dal ted. *Kren*, di orig. slava ✱ av. 1712] **s. m. inv. 1** (*bot.*) pianta erbacea delle Crocifere con piccoli fiori bianchi e grosse radici dal sapore piccante (*Armoracia rusticana*) **SIN.** barbaforte **2** salsa piccante che si ricava macinando la radice della pianta omonima, con aggiunte di aceto e pangrattato

crèna [vc. di orig. preindeur. (?) ✱ 1670] **s. f.** ● (*disus.*) fessura, tacca, spaccatura

crenàto ① [da *crenico* ✱ 1887] **s. m.** ● (*chim.*) sale dell'acido crenico

crenàto ② [da *crena* ✱ 1809] **agg.** ● (*bot.*) detto di filloma o del suo margine quando presenta crenature

crenatùra ① [da *crenato*② ✱ 1956] **s. f.** ● (*bot.*) dentellatura, ad apice arrotondato, dei margini di foglie, sepali o brattee

crenatùra ② [da *crenare*, adattamento del fr. *créner* 'intaccare' di prob. orig. gallica ✱ 1956] **s. f.** ● (*tipogr.*) nella composizione tipografica, variazione dell'accostamento tra i singoli caratteri, a seconda del loro disegno

crènico [dal gr. *krḗnē* 'sorgente', perché quest'acido si trova in certe sorgenti di acque ferruginose ✱ 1865] **agg.** (**pl. m.** *-ci*) ● (*chim.*) detto di acido estratto da acque sorgive e di composti da esso derivati | ***acido c.***, acido organico, derivato dagli acidi urici, precipitato da acque sorgive ferruginose attraverso strati di vegetali in decomposizione

crènno ➤ **cren**

crenòbio [dal gr. *krḗnē* 'sorgente' (prob. di orig. indeur.) e *-bio* ✱ 1987] **agg.** ● (*biol.*) detto di organismo adattato alla vita nelle sorgenti

crenologia [vc. dotta, comp. del gr. *krḗnē* 'fonte' e di *-logia* ✱ 1797] **s. f.** (**pl.** *-gìe*) ● disciplina che studia le sorgenti delle acque minerali

crenoterapìa [fr. *crénothérapie*, comp. del gr. *krḗnē* 'fonte' e del fr. *thérapie* 'terapia' ✱ 1919] **s. f.** ● cura mediante acque minerali termali, vapori, fanghi e sim. || **crenoteràpico**, **agg.** (**pl. m.** *-ci*) relativo a crenoterapia

Creodónti [comp. del gr. *kréas* 'carne', di orig. indeur. (perché carnivori), e *odonto-* ✱ 1951] **s. m. pl.** (**sing.** *-e*) ● ordine di Carnivori primitivi fossili del Terziario inferiore, forse acquatici, con denti ferini raramente differenziati (*Creodonti*)

creolìna [da *creolo*, per il colore scuro ✱ 1888] **s. f.** ● liquido saponoso, denso, di color bruno rossastro, derivato dal catrame di carbon fossile, ricco di cresoli e fenoli, usato in soluzione acquosa come disinfettante e deodorante di ambienti

crèolo [fr. *créole*, dallo sp. *criollo* 'meticcio, servo nato in casa', da *criar* 'allevare'. V. *creato*② ✱ av. 1712] **A s. m. 1** (**f.** *-a*) individuo nato nell'America Latina da genitori francesi, spagnoli e portoghesi | ***c. nero, di colore***, o (*ellitt.*) ***creolo***, nelle Antille e in alcune regioni dell'America centro-meridionale, meticcio nato da padre bianco e madre india o negro-americana **2** ciascuno dei dialetti creoli: *il c. di Haiti* **B agg.** ● relativo ai creoli | ***dialetti creoli***, lingue miste derivanti dall'uso dei linguaggi europei fatto da popolazioni di colore

creoṣòlo [da *creos(oto)* e *-olo*② ✱ 1956] **s. m.** ● (*chim.*) etere metilico, liquido, oleoso, incolore, ottenuto dalla distillazione del legno di faggio, usato in medicina

creoṣòto [fr. *créosote*, comp. del gr. *kréas* 'carne' e *sōtḗr* 'che salva', perché impedisce la putrefazione dei corpi ✱ 1843] **s. m.** ● (*chim.*) liquido oleoso, ottenuto per distillazione dal legno di faggio, usato in medicina e nell'industria del legname

crèpa [da *crepare* ✱ sec. XIV] **s. f. 1** fessura che si produce nell'intonaco di un muro, in un terreno, in un pavimento e sim.: *nel soffitto si aprivano lunghe crepe* **2** (*fig.*) guasto profondo nella continuità di un rapporto personale, nella stabilità di istituzioni e sim.: *la loro amicizia mostra qualche c.*; *in quel matrimonio ci sono le prime crepe*; *le crepe nella coalizione di governo* | dissidio, contrasto || **crepàccia**, **pegg.** (V.)

crepàccia [da *crepa* ✱ 1802] **s. f.** (**pl.** *-ce*) ● (*geogr.*) fenditura che si forma intorno al bordo superiore di un ghiacciaio

crepacciatùra [av. 1963] **s. f.** ● (*geol.*) fessurazione dello strato superficiale di un terreno o di un ghiacciaio

crepàccio [da *crepa* ✱ sec. XIV] **s. m. 1** profonda fenditura nei terreni o nelle rocce: *l'agave che s'abbarbica al c. / dello scoglio* (E. MONTALE) **2** (*geogr.*) grande fenditura nei ghiacciai | ***c. longitudinale***, che si apre nel senso della lunghezza della lingua di ablazione | ***c. terminale***, crepaccia | ***crepacci radiali***, che si aprono a ventaglio alla fronte del ghiacciaio dove la lingua di ablazione si allarga | ***c. trasversale***, che si forma quando la lingua glaciale è sottoposta a piegamenti nel superare un brusco dislivello

crepacòre ➤ **crepacuore**

crepacuòre o (*pop.*) **crepacòre** [comp. di *crepa(re)* e *cuore* ✱ av. 1342] **s. m.** ● profondo dolore morale: *morire di c.*

crepapància [comp. di *crepa(re)* e *pancia* ✱ av. 1613] **vc.** ● solo nella loc. avv. ***a c.***, in maniera smodata, moltissimo: *ridere a c.* | ***mangiare a c.***, in modo quasi da scoppiare

crepapèlle [comp. di *crepa(re)* e *pelle* ✱ 1623] **vc.** ● solo nella loc. avv. ***a c.***, tanto da sentirsi quasi scoppiare, moltissimo, in maniera smodata: *mangiare, bere, ridere a c.*

crepàre [lat. *crepāre* 'strepitare', poi 'scoppiare', di orig. onomat. ✱ av. 1292] **A v. intr.** (*io crèpo*; **aus.** *essere*) **1** spaccarsi aprendosi in crepe: *la terra crepa per l'eccessiva siccità* **2** (*fig., colloq.*) essere pieno, essere al limite della resistenza; scoppiare: *mangiarono tanto da c.*; *c. dalle risa, dal ridere*; *c. di fatica*; *c. di sdegno, di dolore, di rabbia, di voglia, di invidia, di paura*; *qui dentro si crepa dal caldo* | (*fam.*) ***c. di salute***, godere ottima salute **3** (*est.*) morire (*spec. spreg.*): *c. solo come un cane*; *il peccator tristo s'adira / dibatte i denti, e pur rabbioso crepa* (T. CAMPANELLA) | ***crepa! crepi!***, escl. di cattivo augurio | ***crepi! crepi il lupo!***, per rispondere all'augurio 'in bocca al lupo' prima di accingersi a una prova ardua | ***crepi l'astrologo!***, per scongiurare cattive previsioni | ***crepi l'avarizia!***, affrontando una spesa insolita o troppo gravosa **B crepàrsi v. intr. pron.** ● fendersi, spaccarsi: *il tubo si sta crepando* | screpolarsi: *la pelle si crepa*

crepàta [etim. incerta ✱ 1892] **s. f.** ● operazione abusiva per rinforzare il colore del vino, con l'aggiunta di un po' di vino rosso bollito

crepàto A part. pass. di *crepare*; anche **agg.** ● nei sign. del v. | pieno di crepe: *un vaso c.* | †colpito da ernia **B s. m.** ● †crepa

crepatùra [lat. tardo *crepatūra(m)*, da *crepāre* 'crepare' ✱ sec. XIII] **s. f. 1** crepa, fenditura, fessura **2** anomala presenza di screpolature nei formaggi a pasta cotta **3** †ernia

crêpe /fr. krɛp/ [vc. fr., propr. 'crespo' ✱ 1851] **A s. m. inv.** (**pl. fr.** *crêpes*) ● (*tess.*) crespo, spec. in alcune loc. sost. m. inv. | ***c. de Chine***, tipo di crespo di spessore consistente, dal tipico aspetto ondulato | ***c. georgette***, tipo di crespo finissimo, quasi trasparente, rigido (comp. con *Georgette*, nome della sarta Georgette de la Plante) | ***c. satin***, tipo di crespo di raso, col diritto leggermente lucido (comp. con *satin*, propr. 'satinato') **B s. f. inv.** ● specie di sottile frittata o frittella, dolce o salata: *c. con la marmellata*; *crêpe alla fiamma*; *crêpe ai funghi* **SIN.** crespella | ***c. suzette***, crêpe dolce aromatizzata con salsa d'arancia e Grand Marnier

crepèlla [dal fr. *crêpe* (V.) ✱ 1942] **s. f.** ● tessuto di lana, leggero e morbido, con lieve increspatura, per abiti femminili

creperìa [dal fr. *crêperie*, comp. di *crêpe* e del suff. *-erie*, proprio di attività commerciali ✱ 1992] **s. f.** ● locale pubblico dove si preparano e si servono crêpe

crèpida [vc. dotta, lat. *crĕpida(m)*, dal gr. *krēpída*, acc. sing. di *krēpís*, di etim. incerta ✱ av. 1338] **s. f.** ● calzatura greca e romana, di tomaia bassa, che fasciava con una striscia di cuoio la parte inferiore del piede, oppure s'intrecciava con più striscette

crepìdine [vc. dotta, lat. *crepīdine(m)*, dal gr. *krēpís*, genit. *krēpîdos* 'fondamento, basamento', di etim. incerta ✱ 1499] **s. f. 1** (*archit.*) zoccolo, gradino di un edificio, di una tomba, di un altare, di un marciapiede **SIN.** crepidoma **2** †sporgenza, riparo, greppo

crepidòma [vc. dotta, gr. *krēpídōma* 'fondamenta', da *krēpís*, genit. *krepídos*, 'scarpa', 'sandalo' di orig. sconosciuta ✱ 1934] **s. m.** (**pl.** *-i*) ● (*archit.*) crepidine

crepitàcolo [vc. dotta, lat. *crepitācŭlu(m)*, da *crepitāre*. V. *crepitare* ✱ 1589] **s. m. 1** (*relig.*) strumento di legno che produce un rumore crepitante, usato nella Settimana santa **SIN.** battola, raganella **2** (*mus.*) nome generico per sonagli di vario tipo e per strumenti costituiti da recipienti che contengono oggetti che urtano fra loro e sulle pareti del recipiente

✦**crepitàre** [vc. dotta, lat. *crepitāre*, intens. di *crepāre*. V. *crepare* ✱ 1336 ca.] **v. intr.** (*io crèpito*; **aus.** *avere*) **1** scoppiettare, fare un rumore secco e continuo, detto del fuoco, della pioggia, della grandine, delle foglie secche calpestate, degli spari ripetuti e sim. **2** (*lett.*) frusciare, stormire, detto spec. delle foglie mosse dal vento

crepitazióne [vc. dotta, lat. tardo *crepitatiōne(m)*, da *crepitāre* 'crepitare' ✱ 1865] **s. f. 1** (*med.*) vibrazione prodotta dallo sfregamento di due frammenti d'osso fratturato **2** (*med.*) caratteristico insieme di rumori che si originano in particolari processi infiammatori dei polmoni e dei bronchi

✦**crepitìo** [da *crepitare* col suff. *-io*① ✱ 1862] **s. m.** (**pl.** *-ii*) **1** il crepitare frequente e continuo: *il c. del fuoco, della pioggia, dei ceppi* **2** (*med.*) sintomo di infiammazione polmonare, dovuto alla presenza di essudato nelle cavità alveolari **3** (*med.*) rumore stridente prodotto da superfici articolari irregolari che si muovono l'una sull'altra (*c. articolare*) o da frammenti di osso fratturato (*c. osseo*)

✦**crèpito** [vc. dotta, lat. *crĕpitu(m)*. V. *crepitare* ✱ sec. XIV] **s. m.** ● (*lett.*) scoppietto: *la lucerna era agli ultimi crepiti* (I. NIEVO)

crèpo [av. 1956] **s. m.** ● (*raro*) crepa, fenditura

†**crepolàre** [da *crepare* ✱ 1340 ca.] **A v. tr.** ● screpolare **B v. intr. 1** screpolarsi **2** scaturire, detto di liquido

crépon /fr. kre'pɔ̃/ [vc. fr., da *crêpe* 'crespo' ✱ 1825] **s. m. inv.** ● crespo pesante e rigido

crepùnde [av. 1375] **s. f. pl.** ● crepundi

crepùndi [vc. dotta, lat. *crepŭndia*, nt. pl., da *crepāre*. V. *crepare* ✱ av. 1375] **s. m. pl.** ● (*stor.*) piccoli giocattoli infantili | gingilli, amuleti messi al collo come segno di riconoscimento ai neonati che venivano abbandonati

C

✣**crepuscolàre** [vc. dotta, lat. tardo *crepusculāre(m)*, da *crepŭsculum* 'crepuscolo' ✱ 1830] **A agg. 1** del crepuscolo: *luce, bagliore c.*; *l'aure son miti, son tranquilli i venti / crepuscolari* (U. SABA) **2** (*fig.*, *lett.*) vago, evanescente, spesso soffuso di malinconia: *sogni, sentimenti crepuscolari* **3** relativo al crepuscolarismo: *poesia, poeta c.* **4** (*psicol.*) ***stato c.***, temporaneo offuscamento della coscienza || **crepuscolarità**, **s. f. inv. B s. m. e f.** ● poeta seguace del crepuscolarismo

crepuscolarìṣmo [comp. di *crepuscolar(e)* e *-ismo* ✱ 1958] **s. m.** ● corrente poetica del primo Novecento italiano caratterizzata da una lirica di tono sommesso e di pacata e indefinita malinconia

✣**crepùscolo** [vc. dotta, lat. *crepŭsculu(m)*, da *crĕper* 'oscuro', di etim. incerta ✱ av. 1328] **s. m. 1** luce diffusa dalle particelle degli alti strati dell'atmosfera prima del sorgere e dopo il tramonto del sole | intervallo di tempo durante il quale si verifica tale fenomeno **2** (*per anton.*) il tramonto del sole **3** (*fig.*) fase declinante, momento che precede la fine di qlco.: *il c. degli dei*; *essere al c. della vita*
SFUMATURE ➤ ***tramonto***

crescèndo [gerundio di *crescere* ✱ 1825] **s. m. inv. 1** (*mus.*) indicazione dinamica che richiede una intensificazione graduale del suono **SIMB.** cresc **CONTR.** diminuendo **2** (*fig.*) aumento progressivo di forza, intensità e sim.: *un c. di fischi, di applausi*; *un c. di dolori, di delusioni*; *un c. di patriottismo ancestrale* (I. CALVINO)

crescènte A part. pres. di *crescere*; anche **agg. 1** che cresce, che aumenta: *un c. malcontento* | ***Luna c.***, tra il novilunio e il plenilunio **CONTR.** calante **2** (*mat.*) detto di un'applicazione *f* di variabile tale che se $a > b$, $f(a) > f(b)$ **3** (*mus.*) detto di nota stonata in quanto emessa con frequenza più acuta di quella giusta **CONTR.** calante || **crescenteménte**, **avv. B s. m.** ● (*lett.*) falce di luna **C s. f.** ● tipo di focaccia fritta emiliana, impastata con farina, latte e strutto || **crescentìna**, **dim.**

crescènza ① [vc. dotta, lat. *crescĕntia(m)*, da *crēscere* 'crescere' ✱ 1250 ca.] **s. f. 1** (*raro*) crescita: *una rapida c.* | (*raro*) ***vestito a c.***, di misure più ampie del necessario, in previsione di una crescita | ***febbri di c.***, che si accompagnano allo sviluppo di un bambino **SIN.** crescita **2** †piena di un fiume **3** (*sett.*) focaccia di pasta lievitata

crescènza ② [milan. *carsenza* ✱ 1892] **s. f.** ● formaggio a pasta molle, butirroso, simile allo stracchino, tipico della Lombardia

♦**crèscere** [lat. *crēscere*, dalla stessa radice di *creāre* 'creare' ✱ sec. XII] **A v. tr.** (**pres.** *io crésco, tu crésci*; **pass. rem.** *io crébbi, tu crescésti*; **part. pass.** *cresciùto*) **1** (*raro*) accrescere, aumentare: *c. le spese, i prezzi* | nei lavori a maglia e all'uncinetto, aumentare il numero delle maglie (*anche assol.*): *c. i punti*; *cominciare a c.* **2** allevare, educare: *l'ha cresciuto come un figlio* | (*lett.*) alimentare **B v. intr.** (**aus.** *essere*) **1** svilupparsi come organismo naturale, con un andamento progressivo: *è un ragazzo che cresce in fretta*; *quell'albero non cresce più* | (*est.*) diventare adulto, maturarsi: *non è più un bambino, è già cresciuto* | (*est.*) trascorrere il periodo dell'infanzia e dell'adolescenza; essere allevato: *è cresciuto nella casa dei nonni* **2** allignare: *in quel terreno non crescono più alberi* **3** aumentare di massa, volume, livello, forza, intensità, prezzo e sim. (+ *di*, + *in*): *la popolazione è cresciuta*; *il caldo sta crescendo*; *siamo cresciuti di varie unità*; *c. di peso, in altezza* | ***la famiglia è cresciuta***, si dice in occasione di nuove nascite | con riferimento ad astri, aumentare per quanto a luminosità o a fase: *la luna cresce* **CONTR.** calare **4** salire di grado, progredire, avanzare (+ *in*): *c. in fama, in prestigio, nella stima di qlcu.* **SIN.** migliorare, prosperare **5** essere in più, sovrabbondare: *mi darete ciò che cresce* | superare la lunghezza prevista, detto di articolo o notizia di giornale **6** (*mus.*) emettere un suono più acuto di quello giusto; stonare | (*raro*) indicazione dinamica equivalente al crescendo **CONTR.** diminuire **7** (*poet.*) †avanzare, farsi avanti in duelli e sim.: *li vide ... ora c. inanzi, ora ritrarsi* (L. ARIOSTO)

crescióne [ant. fr. *cresson*, dal francone **kresso* ✱ 1310] **s. m.** ● pianta erbacea delle Crocifere dalle proprietà medicinali, con foglie commestibili profondamente divise e piccoli fiori bianchi (*Nasturtium officinale*) **SIN.** crescione d'acqua | ***c. inglese*** o ***degli orti***, pianta erbacea delle Crocifere con foglie alternate e fiori piccoli e bianchi in racemi (*Lepidium sativum*) **SIN.** agretto

créscita [da *crescere* ✱ 1765] **s. f.** ● sviluppo progressivo di un organismo naturale o di una sua parte: *la c. dei capelli, del bambino* | aumento: *c. di capitale*
SFUMATURE ➤ ***evoluzione***

cresciùta [da *cresciuto* ✱ 1748] **s. f.** ● crescita, sviluppo di piante

cresciùto **part. pass.** di *crescere*; anche **agg.** ● nei sign. del v. | diventato grande, adulto: *un ragazzo già c.* || **cresciutèllo**, **dim.**

Créṣima (o **-è-**) [lat. tardo *chrīsma* 'unzione', dal gr. *chrîsma*, da *chríein* 'ungere', di orig. indeur. ✱ 1309] **s. f.** ● (*relig.*) confermazione

creṣimàndo [da *cresima(re)*, con il suff. *-ando* ✱ 1865] **agg. e s. m.** (**f.** *-a*) ● che (o chi) si appresta a ricevere la cresima

creṣimànte A part. pres. di *cresimare*; anche **agg.** ● nei sign. del v. **B s. m.** ● chi amministra il sacramento della cresima

creṣimàre [lat. tardo *chrismāre* 'ungere', da *chrīsma*. V. *Cresima* ✱ av. 1292] **A v. tr.** (*io créṣimo* (o *-è-*)) **1** amministrare il sacramento della confermazione **2** †consacrare un imperatore col crisma **3** (*raro*, *scherz.*) confermare **B creṣimàrsi v. intr. pron.** ● ricevere il sacramento della confermazione

creṣimàto **part. pass.** di *cresimare*; anche **agg. e s. m.** (**f.** *-a*) ● che (o chi) ha ricevuto il sacramento della confermazione

crèṣo (o **-é-**) [da *Creso* (sec. VI a.C.), re della Lidia, famoso per le sue ricchezze ✱ 1584] **s. m.** ● persona enormemente ricca

creṣòlo [da *cre(o)s(oto)* ✱ 1889] **s. m.** ● (*chim.*) fenolo monovalente del toluolo, liquido, incolore, velenoso, ottenuto dal catrame di carbon fossile, noto in tre forme isomere che vengono usate nella fabbricazione di resine fenoliche, come disinfettanti e in sintesi organiche

créspa [da *crespo* ✱ 1310] **s. f. 1** grinza, ruga della pelle **2** tipo di pieghettatura ottenuta tirando il filo di una filza **SIN.** increspatura | piccola piega che si fa in un tessuto cucendolo **3** piccola ondulazione, provocata da un debole vento, sul mare, sulla neve, sulla sabbia **4** (*poet.*) †onda dei capelli || **crespèllo**, **dim. m.** increspatura; †frittella | **crespolìna**, **dim.**

†**crespàre** [1320] **v. tr.** e †**crespàrsi v. intr. pron.** ● increspare, incresparsi

crespàto **part. pass.** di *crespare*; anche **agg. 1** increspato **2** ***carta crespata***, a superficie con grinze ravvicinate e continue

crespatùra [sec. XIV] **s. f.** ● increspatura: *un abito pieno di crespature*

crespèlla [da *crespo*, perché friggendo si raggrinza ✱ 1931] **s. f.** ● specie di sottile frittata o frittella, dolce o salata **SIN.** crêpe

crespìgno [da *crespo* ✱ sec. XIII] **s. m.** ● (*bot.*) pianta erbacea annuale delle Composite, con capolini di fiori gialli e foglie dentate che si possono anche mangiare in insalata (*Sonchus oleraceus*)

crespìno o **trespino** [lat. parl. **acrispīnu(m)* 'dalle spine acute', comp. di *ăcris* 'acuto' e *spīna* 'spina' ✱ 1449] **s. m.** ● arbusto delle Berberidacee con rami spinosi, foglie seghettate, fiori gialli in grappoli e frutti a bacca, rossi (*Berberis vulgaris*)

✣**créspo** [lat. *crīspu(m)* 'arricciato', di orig. indeur. ✱ 1287] **A agg. 1** che presenta piccole e fitte ondulazioni: *barba crespa*; *capelli crespi*; *piante, foglie crespe* **CONTR.** liscio **2** ripreso in piccole pieghe: *tessuto, vestito c.* **SIN.** increspato **3** (*lett.*) rugoso, grinzoso: *mostra al viso c., e al pelo bianco / età di settanta anni* (L. ARIOSTO) | †corrugato **4** (*lett.*) mosso da piccole onde, detto della superficie del mare, di un lago e sim. **B s. m.** ● tessuto fino di seta, lana, cotone o nylon e sim. ondulato e granuloso, ottenuto con filato fortemente ritorto | (*est.*) velo nero increspato, per lutto

crespolìna [da *crespo* ✱ 1830] **s. f.** ● (*bot.*) santolina

†**créspolo** [da *crespa* ✱ av. 1698] **s. m.** ● piccola increspatura

crespóne [da *crespo* ✱ 1970] **s. m.** ● tipo di salame lombardo con impasto macinato fine

crespóso (o **-ṣo**) [av. 1581] **agg.** ● (*raro*) grinzoso

crespùto [av. 1865] **agg.** ● (*raro*) crespo | (*lett.*) increspato: *un mare pulsante, sbarrato da solchi, / c. e fioccoso di spume* (E. MONTALE)

crèst [vc. ingl., propr. 'cresta' ✱ av. 1938] **s. m. inv.** ● (*milit.*) scudetto decorativo che riporta le insegne di un reparto militare

crésta ① (o **-è-**) [lat. *crĭsta(m)*, dalla stessa radice di *crīnis* 'crine' ✱ av. 1292] **s. f. 1** escrescenza carnosa rossa e dentellata sul capo di polli e di altri uccelli | (*est.*) ciuffo di piume sul capo degli uccelli | (*est.*) acconciatura dei capelli con ciuffo rialzato | qualunque formazione laminare sul capo e sul dorso di rettili e pesci **2** (*est.*) testa, capo | (*fig.*) ***alzare la c.***, mettere superbia | (*fig.*) ***abbassare la c.***, umiliarsi **3** (*anat.*) ogni sporgenza ossea stretta e allungata: *c. iliaca*; *c. tibiale* **4** rilievo sul casco medievale per rinforzo e ornamento **5** antica cuffia femminile con molte guarnizioni di trine e nastri | cuffietta o piccola acconciatura di pizzo, spec. bianca, che completa l'uniforme delle cameriere **6** (*geogr.*) linea di congiungimento di due versanti montuosi opposti che si uniscono a tetto | ***c. di un'anticlinale***, la parte topograficamente più alta di un'anticlinale **7** (*est.*) sommità, cima: *la c. di un muraglione, di un argine, di un'onda* | ***essere sulla c. dell'onda***, (*fig.*) attraversare un momento eccezionalmente fortunato; riscuotere il favore di tutti **8** parte esterna e inferiore del fodero di una sciabola **9** (*bot.*) ***c. di gallo***, pianta erbacea delle Amarantacee con grosse inflorescenze di color rosso porpora (*Celosia cristata*) **10** (*med.*) ***c. di gallo***, (*pop.*) condiloma acuminato || **crestìna**, **dim.** (V.) | **crestóne**, **accr. m.** (V.)

crésta ② (o **-è-**) [prob. dalla loc. roman. *fare l'agresto*, rubare l'uva non matura ✱ 1927] **s. f.** ● solo nella loc. ***fare la c.*** (***sulla spesa***), rubare sulla spesa fatta per altri maggiorando, a proprio vantaggio, i prezzi d'acquisto

crestàia [da *cresta*① nel sign. 5 ✱ 1755] **s. f.** ● (*disus.*) modista || **crestaìna**, **dim.**

crestàto [lat. *cristātu(m)*, da *crīsta* 'cresta①' ✱ av. 1327] **agg. 1** che ha la cresta **2** guarnito di pennacchio: *elmo c.* **3** dentato come una cresta: *linea crestata*

crestìna [1943] **s. f. 1** dim. di *cresta*① **2** ornamento bianco, di tela pieghettata o di pizzo, che le cameriere portano sul capo

crestomazìa [vc. dotta, gr. *chrēstomátheia*, comp. di *chrēstós* 'utile' e *manthánō* 'io studio' ✱ 1817] **s. f.** ● (*lett.*) antologia
SFUMATURE ➤ *raccolta*

crestóne [1949] **s. m. 1** accr. di *cresta*① **2** grossa cresta di monte

†**crestóso** (o **-ṣo**) [1555] **agg.** ● fornito di cresta

†**crestùto** [av. 1333] **agg.** ● fornito di cresta

créta (o **-è-**) [lat. *crēta(m)*, di etim. incerta ✱ 1258] **s. f. 1** (*geol.*) sedimento argilloso con elevata plasticità usata per modellare e fabbricare terrecotte **2** (*est.*) qualsiasi oggetto fatto di creta: *una bella c. micenea* | (*fig.*, *poet.*) ***c. terrena, mortale, umana***, il corpo umano in quanto fragile e mortale **3** (*cucina*) ***pollo alla c.***, chiuso in un involucro di creta e cotto **4** (*geol.*) ***le Crete***, zona tra Siena e la val di Chiana, caratterizzata dalla presenza di collinette argillose CFR. biancana

cretàceo [vc. dotta, lat. *cretāceu(m)*, da *crēta* 'creta' ✱ 1499] **A agg. 1** che ha la natura, l'aspetto e sim. della creta: *pietra cretacea* | che è composto di creta: *terreno c.* **2** (*geol.*) relativo al Cretaceo: *fossile c.* **B s. m.** ● (*geol.*; gener. con iniziale maiuscola) ultimo periodo e sistema dell'era mesozoica, caratterizzato dalla presenza di Molluschi e Rettili e, fra le piante, dalle Angiosperme

cretàcico [da *cretaceo* ✱ 1951] **agg. e s. m.** (**pl. m.** *-ci*) ● (*geol.*) Cretaceo

cretése (o **-ṣ-**) [av. 1292] **A agg.** ● dell'isola di Creta: *civiltà c.* **B s. m. e f.** ● abitante o nativo dell'isola di Creta

crètico [vc. dotta, lat. tardo *crēticu(m)*, dal gr. *krētikós* 'di Creta' ✱ 1525] **A s. m.** (**pl.** *-ci*) ● (*ling.*) piede metrico della poesia greca e latina formato da una sillaba lunga, una sillaba breve e un'altra lunga SIN. anfimacro **B** anche **agg.**: *piede c.*

cretinàggine [1886] **s. f.** ● cretineria | cretinata

cretinàta [1964] **s. f. 1** azione o frase da cretino **2** (*colloq.*) opera, prodotto di scarso valore: *quel film è una c.* | inezia, cosa facilissima: *abbiamo speso una c.*; *vincere sarà una c.*

cretinerìa [1889] **s. f. 1** caratteristica di chi è cretino: *quel ragazzo è di una c. incredibile* **2** azione o discorso da cretino: *le solite cretinerie*

cretinétti [da *cretino*; n. del protagonista di alcuni film ✱ 1909] **s. m. e f. inv.** ● chi si comporta in maniera sciocca e ridicola

cretinìṣmo [fr. *crétinisme*, da *crétin* 'cretino' ✱ 1789] **s. m. 1** (*med.*) ritardo dello sviluppo mentale e fisico con note di insufficienza tiroidea: *c. endemico* **2** (*est.*) imbecillità, balordaggine

♦**cretìno** [fr. *crétin* 'cristiano', nel senso di 'povero cristiano, pover'uomo' ✱ 1789] **agg. e s. m.** (**f.** *-a*) **1** che (o chi) è affetto da cretinismo **2** (*est.*) che (o chi) manifesta o rivela stupidità: *discorso c.*; *persona cretina*; *parole cretine*; *comportarsi da, come un c.* SIN. imbecille, sciocco, stupido ‖ **cretinétto, dim.** | **cretinòtto, alter.** ‖ **cretinaménte, avv.**

cretinòide [comp. di *cretino* e *-oide* ✱ 1940] **s. m. e f. 1** chi presenta sintomi analoghi al cretinismo **2** cretino, imbecille

cretonne /*fr.* kʀə'tɔn/ [da *Creton*, paese della Normandia famoso per le sue tele ✱ 1765] **s. m. o f. inv.** ● tessuto di cotone, stampato a colori vivaci, usato per tappezzerie, coperture di mobili e abiti estivi

cretóso (o **-ṣ-**) [vc. dotta, lat. *cretōsu(m)*, da *crēta* 'creta' ✱ av. 1333] **agg.** ● ricco di creta o simile alla creta: *terreno c.*

crettàre [lat. *crepitāre*. V. *crepitare* ✱ av. 1903] **v. intr.** (*io crètto*; aus. *essere*) e **crettàrsi v. intr. pron.** ● (*tosc.*) creparsi, fendersi, detto spec. di muri, pareti e sim. | screpolarsi per il freddo e il vento, detto della pelle

crètto [da *crettare* ✱ 1663] **s. m. 1** (*tosc.*) crepatura non molto larga nei muri, nelle lamiere, e sim.: *nell'intonaco ci sono numerosi cretti* | ***c. da gelo***, negli alberi, crepatura con fuoriuscita di resina | (*raro*) screpolatura della pelle **2** cavillatura **3** tecnica pittorica, introdotta da Alberto Burri negli anni '60 del Novecento, consistente nell'applicazione su un supporto di spessi strati di caolino, la cui superficie, essiccandosi, forma un effetto di cavillatura | l'opera così realizzata

crew /*ingl.* kru:/ [vc. ingl., dal fr. ant. *creue* 'incremento'; V. *recluta* ✱ av. 1882] **s. f. inv.** ● gruppo, squadra: *una c. di graffitisti* | l'insieme degli appartenenti al personale di un locale, un ristorante e sim.: *la c. di una hamburgheria*

cri /kri*, kri/ [vc. onomat. ✱ av. 1400] **A inter.** ● riproduce il verso del grillo e anche il rodere del tarlo (*spec. iter.*) **B s. m. inv.** ● il canto stesso del grillo: *il cri cri notturno dei grilli*

crìa① o **scrìa** [da *criare* ✱ 1855] **s. f.** ● (*tosc.*) l'ultimo e più debole nato di una nidiata, di una cucciolata, di una famiglia

crìa② [vc. dotta, lat. *chrīa(m)*, dal gr. *chréia* 'vantaggio, utilità', da *chrêsthai* 'usare' ✱ 1830] **s. f.** ● nella retorica classica, esercizio di amplificazione

†**criàre** e deriv. ➤ **creare** e deriv.

crìbbio [eufem. per *Cristo* ✱ 1879] **inter.** ● (*eufem.*) esprime meraviglia, sorpresa, ammirazione, dispetto, rabbia e sim.

cribèllo [vc. dotta, lat. tardo *cribĕllu(m)*: V. *crivello* ✱ 1964] **s. m.** ● (*zool.*) piastrina munita di ghiandole che secernono sericina, situata anteriormente alle filiere in alcune famiglie di ragni

cribràre [vc. dotta, lat. *cribrāre*, da *crībrum* 'cribro' ✱ 1371] **v. tr. 1** (*lett.*) passare al cribro | (*est.*) vagliare, rendere puro **2** (*fig.*, *lett.*) esaminare con cura, ponderare **3** (*raro*, *lett.*) agitare

crìbro [vc. dotta, lat. *crībru(m)*, dalla stessa radice di *cĕrnere* 'separare' ✱ av. 1374] **s. m. 1** (*raro*, *lett.*) vaglio, crivello: *con bianchi e sottilissimi cribri cernivano oro separandolo da le minute arene* (I. SANNAZARO) | †***portar l'acqua nel c.***, ***col c.***, tentare l'impossibile **2** (*bot.*) tubo cribroso

cribróso (o **-ṣ-**) [da *cribro* ✱ av. 1712] **agg. 1** bucherellato come un crivello **2** nell'anatomia vegetale e animale, detto di formazioni attraversate da canalicoli **3** (*bot.*) ***tessuto c.***, tessuto vegetale costituito da cellule specializzate nel trasporto delle sostanze elaborate dalla pianta

cric① o **crich** /krik/, **cricch** /krik/, **cricche**, **cricchi**, **crìcchete** [vc. onomat. ✱ 1313] **A inter. 1** riproduce lo scricchiolio del ghiaccio, del vetro o di altra sostanza dura e fragile che si rompe o si incrina **2** riproduce il rumore di un congegno metallico che scatta o di un'articolazione ossea che scricchiola **B** in funzione di **s. m. inv.** ● il rumore, lo scricchiolio stesso: *il c. del ghiaccio che si spezza* | ***coltello a c.***, a serramanico

cric② o **crick**, (*disus.*) **crìcco** [fr. *cric*, di orig. onomat. ✱ av. 1537] **s. m. inv.** ● martinetto a vite, spec. quello in dotazione agli autoveicoli per effettuare, sollevandoli, il cambio di una ruota

crìcca① [fr. *clique*, di orig. onomat. (indica gente che chiacchiera) ✱ av. 1471] **s. f. 1** gruppo di persone che si favoriscono a vicenda a danno degli altri | †***in c.***, insieme, in compagnia | (*est.*, *scherz.*) gruppo di amici: *è sempre in giro con la sua c.* SIN. banda, combriccola **2** †nel gioco delle carte, combinazione di tre figure di valore uguale

crìcca② [da *criccare* ✱ 1956] **s. f.** ● (*metall.*) piccolissima frattura superficiale visibile con strumenti speciali, in laminati o getti metallici

criccàre [vc. onomat. ✱ 1956] **v. intr.** (*io crìcco, tu crìcchi*; aus. *avere*) ● fendersi, screpolarsi, detto di laminati o getti metallici

cricch ➤ **cric**①

cricche ➤ **cric**①

crìcchete ➤ **cric**①

cricchétto [da *cricco* ✱ 1879] **s. m.** ● (*mecc.*) organo di arresto di una ruota dentata SIN. nottolino

crìcchi ➤ **cric**①

cricchiàre [vc. onomat. ✱ av. 1573] **v. intr.** (*io crìcchio*; aus. *avere*) ● (*lett.*) scricchiolare: *le castagne cricchiano sul fuoco*

crìcchio① [vc. onomat. ✱ 1313] **s. m.** ● (*lett.*) scricchiolio

†**crìcchio**② [vc. espressiva ✱ av. 1698] **s. m.** ● ticchio, ghiribizzo

crìcco ➤ **cric**②

♦**cricèto** (o **-é-**) [boemo *krečeк*, attraverso il lat. scient. ✱ 1836] **s. m.** ● piccolo mammifero dei Roditori con corpo tozzo, coda breve, pelame di color rosso-giallastro e nero; comune nell'Europa centrale, misura circa 30 cm ed è di indole aggressiva (*Cricetus cricetus*) SIN. hamster | ***c. dorato***, specie originaria del Vicino Oriente, più piccola (15 cm di lunghezza), spesso allevata per la sua indole mite (*Mesocricetus auratus*)

crich ➤ **cric**①

crick ➤ **cric**②

crìcket /'kriket, *ingl.* 'krɪkɪt/ [ingl., dall'ant. fr. *criquet* 'bastone di mira' ✱ 1831] **s. m. inv.** ● gioco di origine inglese praticato all'aria aperta da due squadre, ciascuna di undici giocatori, che si alternano all'attacco e che devono cercare di colpire la porta avversaria difesa da un battitore fornito di mazza

cricòide [vc. dotta, gr. *krikoeidḗs* 'a forma di cerchio', comp. di *kríkos* 'cerchio' e *-eidḗs* '-oide' ✱ 1681] **s. f.** ● (*anat.*) cartilagine laringea a forma di anello, al di sopra della trachea

cri du chat /*fr.* kʀidy'ʃa/ [loc. fr., propr. 'grido del gatto' ✱ 1983] **loc. sost. m. inv.** ● (*med.*) sindrome da difetto cromosomico, così chiamata dal caratteristico pianto dei bambini che ne sono affetti, simile al miagolio di un gatto

†**crìme** ➤ **crimine**

criminàle [vc. dotta, lat. tardo *criminãle(m)*, da *crīmen*, genit. *crīminis* 'accusa', poi 'delitto' ✱ 1065] **A agg. 1** che riguarda il crimine: *indagine c.* **2** (*raro*) penale: *diritto c.*; *antropologia c.* **3** criminoso: *atto c.* ‖ **criminalménte, avv.** ‖ **criminalità, s. f. inv.** (V.) **B s. m. e f.** ● chi è colpevole di gravi delitti: *una banda di criminali* | ***c. di guerra***, chi si è macchiato di crimini di guerra | (*generic.*) delinquente **C s. m.** ● †delitto

criminalìsta [1612] **s. m. e f.; anche agg.** (**pl. m.** *-i*) ● (*raro*) penalista

criminalità [sec. XIV] **s. f. inv. 1** carattere criminale di qlcu. o qlco.: *la c. di un'azione* **2** complesso delle attività e dei fatti criminali valutato come fenomeno sociale, politico, morale; l'insieme dei criminali: *lotta contro la c.* SIN. delinquenza

criminaliẓẓàre [da *criminale*, sul modello del fr. *criminaliser* ✱ 1647] **v. tr.** ● considerare criminale, trattare alla stregua di criminale, riferito spec. a problemi o comportamenti politicamente o socialmente rilevanti: *c. i tossicodipendenti* ‖ **criminaliẓẓazióne, s. f.**

criminalòide [comp. di *criminale* e *-oide* ✱ 1898] **agg. e s. m. e f.** ● che (o chi) ha caratteristiche simili a quelle di un criminale

†**criminàre** [vc. dotta, lat. *crimināri*, da *crīmen*, genit. *crīminis* 'accusa' ✱ av. 1363] **v. tr.** ● incriminare

crìmine o †**crìme** [vc. dotta, lat. *crīmine*, abl. sing. di *crīmen* 'accusa', poi 'delitto', da avvicinare a *cĕrnere* 'distinguere'. V. *cernere* ✱ 1258] **s. m.** **1** illecito penale | (*est.*) correntemente, delitto a cui si accompagna l'idea di particolare efferatezza e gravità | ***c. di guerra***, azione inumana compiuta da membri delle forze armate in contrasto con le norme di diritto internazionale disciplinanti la violenza bellica | ***c. internazionale***, atrocità compiuta da individui agenti come privati o come organi di uno Stato, a danno degli interessi della comunità internazionale | ***c. contro l'umanità***, atrocità (come il genocidio, la strage ecc.) riconosciuta dalla coscienza dei popoli come violazione dei più elementari diritti umani | (*iperb.*) azione deprecabile, riprovevole: *è un c. sprecare tanto denaro!* **2** criminalità nel sign. 2: *c. organizzato*; *lotta al c.* **3** (*lett.*) †peccato

criminògeno [comp. di *crimine* e *-geno* ✱ 1898] **agg.** ● che genera o favorisce attività criminali

criminologìa [comp. di *crimine* e *-logia* ✱ 1884] **s. f.** (**pl.** *-gìe*) ● disciplina che ha per oggetto il comportamento criminale e i mezzi per la sua repressione e prevenzione

criminòlogo [1941] **s. m.** (**f.** *-a*; **pl. m.** *-gi*) ● studioso di criminologia

criminóso (o **-ṣ-**) [vc. dotta, lat. *criminōsu(m)*, da *crīmen*, genit. *crīminis*. V. *crimine* ✱ 1288] **agg.** ● che ha i caratteri di delitto: *fatto, proposito, tentativo c.*; *tanti criminosi vizii* (G. BRUNO) ‖ **criminosaménte**, **avv.** in modo o con atto criminoso ‖ **criminosità**, **s. f. inv.** natura criminosa: *la criminosità di un atto*

crimpàre [adattamento del v. ingl. *to crimp*, propr. 'arricciare, pieghettare' ✱ sec. XX] **v. tr.** ● (*tecnol.*) effettuare connessioni elettriche o elettroniche serrando i fili mediante un'apposita pinza

†**crìna** [lat. *crīne(m)* 'capello', quindi 'sommità del capo', 'vertice'. V. *crine* ✱ 1779] **s. f.** ● vetta, crinale, cresta

crinàle ① [vc. dotta, lat. *crināle*, da *crīnis* 'crine' ✱ 1316] **A** **agg.** ● (*lett.*) che riguarda i capelli: *bende crinali* **B** **s. m.** ● (*lett.*) pettine o spillone d'oro o d'argento per capelli

✦**crinàle** ② [da †*crina* ✱ 1847] **s. m.** ● (*geogr.*) linea che si snoda sui punti culminanti di una catena montuosa

crìne o **crìno** nel sign. 3 (raro negli altri) [lat. *crīne(m)*, da avvicinare a *crīsta* 'cresta①' ✱ 1266] **s. m.** (**pl.** *-i*, †*-a*, **f.**) **1** pelo della criniera e della coda di vari animali, spec. del cavallo **2** ***c. vegetale***, fibra fornita dalle foglie di alcune piante **3** materiale formato da crini animali o vegetali, usata per imbottiture: *un materasso di c.* **4** (*lett.*) capello: *allor di quella bionda testa svelse / morte ... un aureo c.* (F. PETRARCA) | (*est.*) chioma, capigliatura **5** (*poet.*) raggio luminoso che emana dagli astri

crinèlla [etim. incerta ✱ 1903] **s. f.** ● (*tosc.*) cesta di vimini usata per portare erba, fieno e sim.

♦**crinièra** [fr. *crinière*; da *crin* 'crine' ✱ 1665] **s. f.** **1** insieme dei crini ricadenti dalla parte superiore del collo del cavallo da combattimento **2** (*est.*, *scherz.*) capigliatura umana ricca e folta: *una donna dalla c. bionda* **3** (*astron.*) ***c. della cometa***, l'insieme della chioma e della coda **4** parte della barda, a difesa della parte superiore del collo del cavallo da combattimento **5** †sommità, vetta

crinìto [vc. dotta, lat. *crinītu(m)*, da *crīnis* 'crine' ✱ 1340] **agg.** **1** (*lett.*) fornito di criniera **2** (*lett.*) fornito di folta capigliatura: *s'alza in piedi il bel c. Apolline* (G. BRUNO)

crìno ➤ **crine**

-crino [dal v. gr. *krínein* 'separare, secernere'] **secondo elemento** ● in parole composte della terminologia scientifica, indica secrezione: *endocrino*

Crinòidi [vc. dotta, gr. *krinoeidḗs* 'simile al giglio', comp. di *krínon* 'giglio' e *-eidḗs* '-oide' ✱ 1874] **s. m. pl.** (**sing.** *-e*) ● (*zool.*) classe di Echinodermi marini dal corpo a forma di calice delicatamente colorato e cinque braccia suddivise in due rami (*Crinoidea*)

crinolìna [fr. *crinoline*, dall'it. *crinolino* ✱ 1857] **s. f.** ● sottogonna di tessuto resistente, tenuta allargata e rigida per mezzo di cerchi di acciaio, portata con le gonne degli abiti ottocenteschi

crinolìno [comp. di *crino* e *lino* ✱ 1846] **s. m.** ● tessuto per crinoline, con ordito di lino o cotone e trama di crine bianco

†**crinùto** [da *crine* ✱ sec. XIII] **agg.** ● crinito

crio- [dal gr. *krýos* 'freddo, gelo'] **primo elemento** ● in parole composte della terminologia scientifica, significa 'freddo' o 'ghiaccio': *crioscopia*, *crioterapia*

crioanesteṣìa [comp. di *crio-* e *anestesia* ✱ 1986] **s. f.** ● (*med.*) anestesia locale mediante raffreddamento della parte anatomica

criobiologìa [vc. dotta, comp. di *crio-*, del gr. *bios* 'vita' e *-logia* ✱ 1968] **s. f.** (**pl.** *-gìe*) ● disciplina che studia l'uso delle bassissime temperature per la conservazione delle cellule viventi

criocautèrio o **criocautère** [comp. di *crio-* e *cauterio* ✱ 1983] **s. m.** ● (*med.*) apparecchio usato per l'applicazione della neve carbonica a fine terapeutico

criòcera [comp. del gr. *kriós* 'ariete' e *kéras* 'corno' ✱ 1830] **s. f.** ● (*zool.*) genere di Insetti dei Coleotteri le cui larve sono parassite di foglie, gemme, fiori e sim. (*Crioceris*) | (**per anton.**) insetto dei Coleotteri col capo blu-verdastro diffuso sugli asparagi (*Crioceris asparagi*)

criochirurgìa [comp. di *crio-* e *chirurgia* ✱ 1968] **s. f.** (**pl.** *-gìe*) ● tecnica chirurgica che sfrutta l'azione delle basse o bassissime temperature per ottenere l'eliminazione di formazioni patologiche, oppure semplici effetti coagulativi

crioclastiṣmo [comp. di *crio-*, un deriv. del gr. *klastós* 'spezzato' (da *kláō* 'io rompo') e il suff. *-ismo* ✱ 1967] **s. m.** ● (*geol.*) fenomeno di disgregazione di una roccia per effetto del congelamento dell'acqua presente nelle sue spaccature

crioconservazióne [comp. di *crio-* e *conservazione* ✱ 1986] **s. f.** ● (*biol.*) metodo di conservazione di materiali biologici (sangue, embrioni, gameti, organi da trapiantare ecc.) mediante congelamento in azoto liquido (-196 °C)

crioelettrònica [comp. di *crio-* ed *elettronica* ✱ 1979] **s. f.** ● insieme degli studi e delle tecniche relativi all'applicazione in campo elettronico di superconduttori a bassissime temperature

crioelettrotècnica [comp. di *crio-* e *elettrotecnica* ✱ 1979] **s. f.** ● insieme degli studi e delle tecniche relativi all'applicazione in campo elettrotecnico di superconduttori a bassissime temperature

criòforo [dal gr. *kriophóros*, comp. di *kriós* 'ariete' e *-phoros* '-foro' ✱ 1613] **agg.** ● epiteto del dio greco Ermes (Mercurio), raffigurato in antiche sculture con un ariete sulle spalle o sotto il braccio

criogenìa [comp. di *crio-* e *-genia* ✱ 1970] **s. f.** ● parte della fisica relativa allo studio, alla produzione, agli impieghi delle temperature bassissime, anche prossime allo zero assoluto

criogènico [ingl. *cryogenic*, da *cryogenics* 'criogenia' ✱ 1979] **agg.** (**pl. m.** *-ci*) **1** che concerne gli studi e le tecniche inerenti alla produzione delle bassissime temperature **2** criogeno

criògeno [comp. di *crio-* e *-geno* ✱ 1956] **agg.** ● (*fis.*) che genera bassissime temperature **SIN.** criogenico, frigorifero

crioidràto [comp. di *crio-* e *-idrato* ✱ 1892] **agg. e s. m.** ● (*chim.*) eutettico

criolìte [comp. di *crio-* e *-lite*, con riferimento al suo aspetto bianco ghiaccio e alla sua provenienza dalla Groenlandia ✱ 1817] **s. f.** ● (*miner.*) fluoruro di sodio e alluminio, usato come fondente della bauxite per l'estrazione dell'alluminio metallico

criologìa [comp. di *crio-* e *-logia* ✱ 1963] **s. f.** (**pl.** *-gìe*) ● criogenia

criopatìa [comp. di *crio-* e *-patia* ✱ 1990] **s. f.** ● (*med.*) malattia causata dalle basse temperature

criopatologìa [comp. di *crio-* e *patologia* ✱ 1939] **s. f.** (**pl.** *-gìe*) ● (*med.*) branca della medicina che si occupa delle alterazioni strutturali e funzionali provocate nell'organismo dalle basse temperature

crioprotettóre [comp. di *crio-* e *protettore* ✱ 1982] **A** **s. m.** **1** (*biol.*) sostanza proteica che impedisce il congelamento del tessuto biologico in animali che vivono in climi molto rigidi **2** (*fis.*) sostanza o miscela di sostanze usata per impedire il congelamento o la formazione di ghiaccio **B** **anche agg.** (**f.** *-trice*): *sostanza crioprotettrice*

crioscopìa [comp. di *crio-* e *-scopia* ✱ 1901] **s. f.** ● (*chim.*) determinazione della concentrazione di una soluzione mediante misura del suo punto di congelamento

crioscòpico [1931] **agg.** (**pl. m.** *-ci*) ● relativo alla crioscopia: *analisi crioscopica*

crioscòpio [comp. di *crio-* e *-scopio* ✱ 1939] **s. m.** ● apparecchio per determinare i pesi molecolari mediante la misurazione dell'abbassamento del punto di congelamento delle soluzioni

criosfèra [comp. di *crio-* e *sfera* ✱ 1992] **s. f.** ● massa totale dei ghiacciai e delle nevi perenni che ricoprono la superficie terrestre

criosónda [comp. di *crio-* e *sonda* ✱ 1993] **s. f.** ● sonda usata nella criochirurgia

criòstato [comp. di *crio-* e *-stato* ✱ 1981] **s. m.** **1** (*fis.*) unità refrigerante usata per la produzione di temperature prossime allo zero assoluto **2** termostato per basse temperature

criotècnica [comp. di *crio-* e *tecnica* ✱ 1979] **s. f.** ● tecnica che sfrutta l'azione delle basse temperature per il raffreddamento di ambienti e per la liquefazione di gas

crioterapìa [comp. di *crio-* e *terapia* ✱ 1930] **s. f.** ● procedimento terapeutico fondato sull'impiego delle bassissime temperature **SIN.** frigoterapia ‖ **crioteràpico**, **agg.** (**pl. m.** *-ci*) relativo a crioterapia, che usa la crioterapia

✦**crìpta** o †**crìtta** [vc. dotta, lat. *crȳpta(m)*, dal gr. *krýptē* da *krýptō* 'io nascondo', da avvicinare a *kalýptō* 'io nascondo' ✱ av. 1796] **s. f.** **1** sotterraneo di una chiesa, spesso adibito a luogo di sepoltura, talora con funzione e aspetto architettonico di cappella **2** (*anat.*) piccola cavità di un organo

criptàggio o **crittàggio** [da *criptare* ✱ 1987] **s. m.** ● (*tv, inform.*) l'operazione di criptare un segnale o un insieme di dati **SIN.** criptazione

criptàre o **crittàre** [ricavato, per opposizione, da *decriptare*, *decrittare* ✱ 1964] **v. tr.** ● cifrare, spec. un segnale o un insieme di dati, così da renderlo indecifrabile a chi non ne possiede i diritti d'accesso: *c. un messaggio, una trasmissione televisiva*

criptàto o **crittàto** part. pass. di *criptare*; anche agg. • cifrato, codificato: *programma televisivo c.*

criptazióne o **crittazióne** [1981] s. f. **1** il criptare un testo: *sistemi di c.* **2** (*tv, inform.*) criptaggio

criptestesìa o **criptoestesìa** [comp. di *cript(o)-* ed *-estesia* ✱ 1938] s. f. • qualunque fenomeno di percezione extrasensoriale

✱**crìptico** [1865] agg. (pl. m. *-ci*) **1** oscuro, enigmatico: *linguaggio, messaggio c.* CONTR. chiaro, comprensibile **2** (*biol.*) che rende o è indistinguibile | ***colorazione criptica***, quella che consente a un animale di mimetizzarsi | ***specie criptica***, quella i cui caratteri esterni non permettono di distinguerla da una specie affine || **cripticaménte**, avv. || **cripticità**, s. f. inv.

cripto o **crìpton**, **crỳpton** /'kripton/, **krìpto**, **krỳpton** /'kripton/ [dal gr. *kryptós* 'nascosto', perché si trova in piccole quantità nei gas rari dell'aria. V. *cripta* ✱ 1898] s. m. • elemento chimico, gas nobile, incolore, inodore, componente dell'aria da cui si ottiene per liquefazione, usato come atmosfera inerte nelle lampade a incandescenza SIMB. Kr NUM. AT. 36

cripto- o **critto-** [dal gr. *kryptós* 'nascosto' (V. *cripta*)] primo elemento • in parole composte dotte, del linguaggio politico e della terminologia scientifica, significa 'nascosto' o 'coperto', oppure 'simulato' e sim.: *criptocomunista, criptoportico*

criptocomunìsta [comp. di *cripto-* e *comunista* ✱ 1949] s. m. e f.; anche agg. (pl. m. *-i*) • chi (o che) condivide l'ideologia comunista pur senza dichiararsi esplicitamente tale

criptoestesìa ➤ **criptestesia**

criptofàuna [comp. di *cripto-* e *fauna* ✱ sec. XX] s. f. • fauna che popola ambienti difficilmente accessibili all'uomo

Criptofìcee [comp. di *cripto-* e del gr. *phŷkos* 'alga' (V. *Ficomiceti*) ✱ 1956] s. f. pl. (sing. *-a*) • (*bot.*) classe di alghe unicellulari solitarie o in colonie (*Cryptophyceae*)

criptogenètico [comp. di *cripto-* e *genetico* ✱ 1897] agg. (pl. m. *-ci*) **1** (*biol.*) detto di organismi animali fossili la cui derivazione genealogica è ignota **2** (*med.*) detto di patologia di origine sconosciuta

criptografìa e deriv. ➤ **crittografia** e deriv.

criptogràmma ➤ **crittogramma**

criptolalìa [comp. di *cripto-* e *-lalia* ✱ 1990] s. f. • uso abituale di espressioni di significato oscuro

criptomonéta o **crittomonéta** [comp. di *cripto-* e *moneta*, sul modello dell'ingl. *cryptocurrency* ✱ 2012] s. f. • moneta virtuale gestita da una rete di computer, caratterizzata da accentuata crittografia al fine di rendere sicure le transazioni, le quali avvengono pertanto online al di fuori dei circuiti bancari e dei relativi controlli fiscali

crìpton ➤ **cripto**

criptònimo [comp. di *cripto-* e del gr. *ónyma*, var. di *ónoma* 'nome' (V. *onomastico*) ✱ 1830] s. m. • nome fittizio che nasconde quello vero, per es. un anagramma

criptopòrtico o **crittopòrtico** [vc. dotta, lat. *cryptopŏrticu(m)* 'portico chiuso', comp. del gr. *kryptós* 'nascosto' e *pŏrticus* 'portico' ✱ av. 1552] s. m. (pl. *-ci*) • (*archeol.*) portico semisotterraneo, illuminato da ampie finestre, che in età romana collegava due edifici o faceva parte di una villa

criptòrchide [vc. dotta, comp. di *cripto-* e del gr. *órchis*, genit. *órcheos* 'testicolo' ✱ 1956] s. m. • (*med.*) chi è affetto da criptorchidia

criptorchidìa [1896] s. f. • (*med.*) malformazione congenita per cui uno o entrambi i testicoli non sono, come di norma, scesi nello scroto SIN. criptorchidismo

criptorchidìsmo [comp. di *criptorchid(e)* e del suff. *-ismo* ✱ 1935] s. m. • (*med.*) criptorchidia

criptovalùta o **crittovalùta** [comp. di *cripto-* e *valuta*; V. *criptomoneta* ✱ 2013] s. f. • criptomoneta

criptozoologìa [comp. di *cripto-* e *zoologia*, analogo all'ingl. *cryptozoology* ✱ 1983] s. f. (pl. *-gìe*) • parte della zoologia che studia la criptofauna

crisaiòlo [da *crisi* ✱ 1917] agg. e s. m. (f. *-a*) • spec. nel linguaggio giornalistico, che (o chi) fomenta di continuo crisi politiche

crisàlide [vc. dotta, lat. *chrysăllide(m)*, dal gr. *chrysallís*, da *chrysós* 'oro', per il colore come quello dell'oro ✱ 1562] s. f. • (*zool.*) stadio di sviluppo delle farfalle intermedio fra il bruco e la forma adulta, determinato dal richiudersi della larva all'interno del bozzolo

crisantèmo o †**grisantèmo** [vc. dotta, lat. *chrysănthemo(n)*, dal gr. *chrysánthemon*, propr. 'fiore d'oro', comp. di *chrysós* 'oro' e *ánthemon* 'fiore' ✱ 1561] s. m. • genere di piante erbacee delle Composite con fiori grandi in capolini o in corimbi di vario colore (*Chrysanthemum*) | ***c. coreano***, varietà coltivata di crisantemo a fiore piccolo con colore variabile dal bianco al giallo al rosso (*Chrysanthemum koreanum*)

criselefantìno o **crisoelefantìno** [vc. dotta, gr. *chryselephánthinos* 'd'oro e d'avorio', comp. di *chrysós* 'oro' ed *elephántinos* 'd'avorio' (da *eléphas* 'elefante, avorio') ✱ 1877] agg. • composto di oro e avorio: *statue criselefantine*

✱**crìsi** [vc. dotta, lat. *crĭsi(n)*, nom. *crĭsis*, dal gr. *krísis* 'separazione, scelta, giudizio', da *krínō* 'io giudico' ✱ sec. XIV] s. f. inv. **1** (*med.*) rapido mutamento in meglio o in peggio nel corso di una malattia | accesso, fase acuta di una malattia: *c. epilettica*; *c. di nervi* | (*est.*) ***avere una c. di pianto, di riso e sim.***, scoppiare in un pianto, in un riso improvviso e violento | periodo di tempo in cui si verifica una crisi **2** fase della vita individuale o collettiva particolarmente difficile da superare e suscettibile di sviluppi più o meno gravi: *c. morale, religiosa*; *c. dinastica, familiare*; *c. monetaria, agricola, commerciale*; *attraversare una c.* | ***essere in c.***, attraversare un periodo difficile, pieno di incertezze, essere depresso | ***c. di coscienza***, profondo turbamento di natura spirituale, morale, religiosa e sim., che comporta scelte e decisioni spesso definitive | ***stato di c.***, situazione di difficoltà economica di un'impresa o di un settore industriale che legittima la richiesta di interventi a sostegno dei lavoratori da parte dello Stato | ***c. economica***, rallentamento a volte brusco nell'attività economica considerata nel suo complesso, che segue il passaggio dalla fase di espansione alla fase di depressione | (*per anton.*) ***la c., la grande c.***, quella iniziatasi nel 1929 e durata per molta parte del successivo decennio | ***c. energetica***, quella determinata da un aumento generalizzato dei prezzi dei prodotti petroliferi o dal calo delle risorse energetiche | ***c. governativa, ministeriale, di gabinetto, di governo***, cambiamento nel governo di uno Stato, con le dimissioni del ministero in carica e le trattative per la composizione del nuovo: *apertura della c.* | ***c. extraparlamentare***, crisi di governo non provocata da mozione di sfiducia del Parlamento | ***c. al buio***, crisi di governo aperta senza che ci siano le premesse per costituire una nuova maggioranza | ***mettere in c.***, mettere in difficoltà, in stato di grave imbarazzo: *i recenti avvenimenti economici hanno messo in c. il governo* || **crisétta**, dim.

crìsma [vc. dotta, lat. tardo *chrīsma*. V. *Cresima* ✱ sec. XII] s. m. (pl. *-i*) **1** olio consacrato dal vescovo il Giovedì Santo che, con aggiunta di balsamo, serve alle unzioni nell'amministrare i sacramenti del battesimo, della cresima, dell'ordine e dell'estrema unzione **2** monogramma costituito dall'intreccio delle lettere greche X e P, iniziali del nome Christós, o di una J e di una C, iniziali di Jesus Christus, che si poneva all'inizio dei documenti medievali **3** (*fig.*) approvazione, convalida data da un superiore, da un'autorità, e sim. | ***con tutti i crismi***, in piena regola, con l'osservanza di tutte le norme richieste

crismàle [1840] **A** agg. • relativo al crisma | ***Messa c.***, in cui si consacrano gli oli destinati ai sacramenti **B** s. m. • panno con il quale si copre la mensa degli altari consacrati con crisma | benda che copre l'unzione del crisma | vaso contenente il crisma

criso- [dal gr. *chrysós* 'oro'] primo elemento • in parole composte dotte o della terminologia scientifica, significa 'oro' o 'aureo' o indica relazione con l'oro, o colore simile a quello dell'oro: *crisopicrina, crisoficee*

crisoberìllo [vc. dotta, lat. *chrysoberȳllu(m)*, comp. dal gr. *chrysós* 'oro' e *bḗryllos* 'berillo' ✱ av. 1498] s. m. • (*miner.*) ossido di berillio e alluminio, in cristalli limpidi di elevata durezza, usato come gemma se giallo CFR. cimofane, alessandrite

crisocàlco [comp. del gr. *chrysós* 'oro' e *chalkós* 'rame' ✱ 1820] s. m. (pl. *-chi*) • oricalco

crisoelefantìno ➤ **criselefantino**

Crisofìcee [comp. di *criso-* e del gr. *phŷkos* 'alga' (V. *Ficomiceti*) ✱ 1956] s. f. pl. (sing. *-a*) • (*bot.*) classe di alghe unicellulari di colore giallo-bruno (*Chrysophyceae*)

Crisòfite [comp. di *criso-* e *-fito* ✱ 1956] s. f. pl. (sing. *-a*) • (*bot.*) divisione di alghe comprendente le Crisoficee e le Xantoficee (*Chrysophyta*)

crisografìa [vc. dotta, gr. *chrysographía*, comp. di *chrysós* 'oro' e *gráphō* 'io scrivo' ✱ 1887] s. f. • arte di disegnare e dorare le lettere dei frontespizi e quelle iniziali dei libri manoscritti

crisòlito [vc. dotta, lat. *chrysŏlithu(m)*, dal gr. *chrysólithos*, comp. del gr. *chrysós* 'oro' e *líthos* 'pietra' (V. *-lito*①) ✱ av. 1333] s. m. • (*miner.*) varietà di olivina in cristalli limpidi e di color verde, usata come pietra semipreziosa

crisòmela [dal gr. *chrysomēlo(lónthion)* 'scarabeo dorato', comp. di *chrysós* 'oro' e *mēlolónthion* 'scarabeo', comp. a sua volta di *mêlon* 'pomo' e *ólonthos* 'fico selvaggio'; detto così perché molti scarabei vivono da parassiti sui fichi e su altre piante ✱ 1785] s. f. • (*zool.*) nome comune di diversi Coleotteri dei Crisomelidi, comprendenti una specie con dieci linee longitudinali gialle e nere sul corpo, che in fase larvale arreca gravi danni alle patate (*Leptinotarsa decemlineata*)

Crisomèlidi [1951] s. m. pl. (sing. *-e*) • (*zool.*) famiglia di Insetti dei Coleotteri, fitofagi, nocivi tanto come larve che come adulti a molte piante utili, spesso con colori metallici e antenne filiformi (*Chrysomelidae*)

crisopàzio ➤ **crisoprasio**

crisopicrìna [comp. di *criso-* e *picrina* ✱ 1892] s. f. • sostanza colorante, gialla, cristallina, contenuta in alcuni licheni

crisopràsio o **crisòpraso**, **crisopàzio** [vc. dotta, lat. *chrysŏprasu(m)*, dal gr. *chrysóprasos*, comp. di *chrysós* 'oro' e *práson* 'porro', per il colore ✱ av. 1327] s. m. • (*miner.*) varietà di calcedonio di color verde

crisòstomo o †**grisòstomo** [vc. dotta, gr. *Chrysóstomos*, propr. 'bocca d'oro', comp. di *chry-*

sós 'oro' e *stóma* 'bocca' (V. *stoma*) ✱ av. 1348] **agg. e s. m.** ● (*lett.*) eloquente, facondo, spec. come appellativo di antichi oratori particolarmente eloquenti: *S. Giovanni Crisostomo*

crisòtilo [comp. di *criso-* e del gr. *tíloi* 'peli delle sopracciglia', per l'aspetto del minerale ✱ 1887] **s. m.** ● (*miner.*) varietà fibrosa di serpentino costituente prevalente dell'amianto o asbesto

C

crispìno [1876] **agg.** ● relativo a F. Crispi (1818-1901) e alla sua politica

cristallàio o (*centr., merid.*) **cristallàro** [da *cristallo* ✱ 1855] **s. m.** (**f.** *-aia*, **pl. m.** *-ai*) ● chi lavora o vende il cristallo

cristallàme [1869] **s. m.** ● (*raro*) assortimento di oggetti di cristallo da tavola

cristallàre [1865] **v. tr.** ● (*lett.*) rendere limpido come cristallo

cristallàro ➤ **cristallaio**

†**cristalleggiàre** [1611] **v. intr.** ● somigliare al cristallo

cristallerìa [1865] **s. f.** **1** l'insieme degli oggetti di cristallo da tavola **2** fabbrica o negozio di cristalli

cristallièra [1766] **s. f.** ● mobile a più ripiani, con parte delle pareti in vetro o cristallo, usato per esporre oggetti vari **SIN.** vetriera

✦**cristallìno** o (*raro, nel solo sign.* B 1) **cristàllino** [vc. dotta, lat. *crystăllinu(m)*, dal gr. *krystállinos*, da *krýstallos* 'cristallo' ✱ av. 1292] **A** **agg.** **1** di cristallo: *vaso c.* **2** (*est.*) che ha la luminosità, la limpidezza del cristallo: *sorgente, acqua cristallina*; *arie cristalline e dolci* (G. Leopardi) | ***cielo c.***, nel sistema tolemaico, il nono cielo, perfettamente trasparente **SIN.** primo mobile **3** (*fig.*) limpido, puro, onesto: *carattere c.*; *coscienza cristallina* | ***voce cristallina***, chiara, sonora **4** (*miner.*) detto di minerale che si presenta sotto forma di cristalli | di roccia che ha origine endogena | ***sistema c.***, ciascuno dei sette raggruppamenti in cui si classificano le forme cristalline possibili in natura, secondo il grado di simmetria **5** (*bot.*) ***erba cristallina***, erba annua delle Cariofillali con grosse papille acquifere che la fanno sembrare incrostata di brina (*Mesembryanthenum cristallina*) ‖ **cristallinaménte**, avv. **B** **s. m.** **1** (*anat.*) struttura a forma di lente biconvessa nella parte anteriore dell'occhio, con funzioni di accomodamento dell'immagine **SIN.** lente **2** il cristallo di Venezia, nel XV sec. | mezzo cristallo

SFUMATURE ➤ *limpido*

cristallizzàbile [1765] **agg.** ● che si può cristallizzare

cristallizzàre [vc. dotta, gr. *krystallízō*, da *krýstallos* 'cristallo' ✱ 1670] **A** **v. tr.** **1** sottoporre a cristallizzazione: *c. un sale* **2** (*fig.*) fissare rigidamente e in modo astratto: *c. un'ideologia* **B** **v. intr.** (**aus.** *essere*) e **cristallizzàrsi** **v. intr. pron.** **1** (*miner.*) passare dallo stato liquido allo stato solido acquistando forma poliedrica **2** (*fig.*) rimanere rigidamente legato a determinate idee o formule, rifiutando qualsiasi progresso: *cristallizzarsi in un'idea politica* | diventare fisso e immutabile: *forme di linguaggio che si cristallizzano* ‖ **cristallizzazióne**, s. f. (V.)

cristallizzatóre [1931] **s. m.** **1** apparecchio in cui si opera una cristallizzazione **2** (**f.** *-trice*) tecnico addetto a tale apparecchio

cristallizzazióne [1686] **s. f.** **1** fenomeno chimico-fisico per cui una sostanza passa dallo stato fluido al solido, assumendo forma e struttura cristallina **2** (*fig.*) rigido immobilismo all'interno di determinate idee o formule: *la c. della cultura* **3** (*ling.*) fenomeno per cui un elemento linguistico cessa di avere un'evoluzione indipendente

✦**cristàllo** [vc. dotta, lat. *crystăllu(m)*, dal gr. *krýstallos* 'ghiaccio, acqua gelata', da *krýos* 'gelo' ✱ 1250 ca.] **s. m.** **1** (*miner.*) corpo solido omogeneo e anisotropo, di origine naturale delimitato, almeno in parte, da superfici o facce piane | ***c. di rocca***, varietà di quarzo perfettamente incolore e trasparente | (*fis.*) ***cristalli liquidi***, liquidi non isotropi, la cui birifrangenza è eliminata dall'applicazione di un campo elettrico: *orologio, calcolatrice con visualizzatore a cristalli liquidi* **2** vetro trasparente, incolore, a elevata rifrangenza, usato nella vetreria di lusso e in applicazioni tecnico-scientifiche; è preparato con silice, ossido di piombo e carbonato potassico | correntemente, qualità di vetro assai rinomata anche se priva di ossido di piombo: *c. di Boemia*; *c. di Baccarat* | (*est.*) lastra di vetro di dimensioni varie adibita a usi diversi: *il c. della finestra, della vetrina, della porta, dell'orologio* **3** (*raro, lett.*) lente | specchio | bicchiere **4** (*fig., poet.*) pianeta, astro: *se 'l Cancro avesse un tal c., / l'inverno avrebbe un mese d'un sol dì* (Dante *Par.* XXV, 101-102) **5** (*fig., poet.*) acqua limpida e trasparente di sorgente, ruscello e sim.: *acque stagnanti, mobili cristalli* (T. Tasso) | †ghiaccio **6** †astro

cristalloblàstico [comp. di *cristallo* e *-blasto*, con suff. aggettivale ✱ 1956] **agg.** (**pl. m.** *-ci*) ● detto della struttura di una roccia i cui minerali sono cristallizzati contemporaneamente

cristallochìmica [comp. di *cristallo* e *chimica* ✱ 1956] **s. f.** ● (*miner.*) ramo della cristallografia che studia quale influenza abbiano i cambiamenti di composizione chimica sul reticolo cristallino

cristalloclàstico [vc. dotta, comp. del gr. *krýstallos* 'cristallo' e *klastós* 'rotto' ✱ 1964] **agg.** (**pl. m.** *-ci*) ● detto di una roccia in cui ciascuno dei granuli costituenti è stato deformato fino a rompersi

cristallofìsica [comp. di *cristallo* e *fisica* ✱ 1913] **s. f.** ● branca della scienza dei materiali che studia le relazioni esistenti tra proprietà strutturali e fisiche nelle sostanze cristalline

cristallofonìa [2009] **s. f.** ● musica eseguita col cristallofono

cristallòfono [comp. di *cristallo* e *-fono* ✱ 1942] **s. m.** ● strumento musicale costituito da varie file di bicchieri di cristallo, riempiti con quantità differenti d'acqua a seconda della nota che si vuole ottenere strofinando il dito sul bordo

cristallografìa [comp. di *cristallo* e *-grafia* ✱ 1729] **s. f.** ● parte della mineralogia che studia la distribuzione geometrica delle varie parti componenti dei cristalli | ***c. morfologica***, studia la forma, cioè la distribuzione delle facce | ***c. strutturale***, studia la distribuzione degli atomi all'interno dei cristalli

cristallogràfico [1878] **agg.** (**pl. m.** *-ci*) ● relativo alla cristallografia

cristallògrafo [comp. di *cristallo* e *-grafo* ✱ 1830] **s. m.** (**f.** *-a*) ● studioso di cristallografia

cristallòide [vc. dotta, lat. tardo *crystalloīde(m)*, dal gr. *krystalloeidḗs* 'simile a ghiaccio, a cristallo', comp. di *krýstallos* (V. *cristallo*) e *-eidḗs* '-oide' ✱ 1820] **A** **agg.; anche s. m.** ● detto di sostanza che può assumere la struttura cristallina **B** **s. m.** ● (*anat.*) membrana della camera anteriore dell'occhio

cristalloterapìa [comp. di *cristallo* e *-terapia* ✱ 1991] **s. f.** ● trattamento terapeutico basato sull'uso di alcuni cristalli, pietre preziose o semipreziose, ritenuti in grado di agire su centri energetici del corpo umano eliminandone disarmonie e malesseri

†**cristère** ➤ **clistere**

cristianeggiàre [1843] **v. intr.** (**pres.** *io cristianéggio*; **fut.** *io cristianeggerò*; **aus.** *avere*) ● (*lett.*) ostentare sentimenti cristiani

cristianésimo [lat. tardo *christianĭsmu(m)*, dal gr. *christianismós*, da *christianós* 'cristiano' ✱ sec. XIII] **s. m.** **1** religione predicata da Gesù Cristo | complesso dei principi e delle dottrine fondamentali accettati dai membri di tutte le Chiese e confessioni cristiane, come punto di incontro di una comune fede **2** la civiltà, la cultura basata sull'esperienza cristiana

cristiània [chiamato così perché introdotto dagli sciatori norvegesi di *Christiania* (oggi *Oslo*) ✱ 1924] **s. m. inv.** ● nello sci, tecnica per effettuare un cambiamento di direzione, a sci uniti e paralleli, cui può seguire un arresto | (*est.*) cambiamento di direzione o arresto così effettuati

cristianìsmo [da *cristiano* ✱ 1964] **s. m.** **1** concezione di chi considera la tutela della tradizione cristiana indispensabile per la salvaguardia dei principi di libertà e democrazia della civiltà occidentale **2** (*ling.*) parola, locuzione o costrutto, tipico della lingua greca o latina, diffuso dal cristianesimo nella lingua comune (per es. *ecumenico*)

cristianìssimo [1847] **agg.** **1** superl. di *cristiano* **2** titolo attribuito ai re di Francia

cristianìstica [sec. XX] **s. f.** ● studio della cultura e della civiltà cristiana

cristianità [vc. dotta, lat. tardo *christianitā-te(m)*, da *christiānus* 'cristiano' ✱ 1213] **s. f. inv.** **1** condizione di chi è cristiano | religione cristiana **2** universalità dei cristiani | insieme dei Paesi abitati dai cristiani

cristianizzàre [vc. dotta, lat. tardo *christianizāre*, dal gr. *christianízō* 'io professo il cristianesimo', da *christianós* 'cristiano' ✱ 1865] **A** **v. tr.** ● convertire al cristianesimo, fare cristiano **B** **cristianizzàrsi** **v. intr. pron.** ● diventare cristiano ‖ **cristianizzazióne**, **s. f.**

✦**cristiàno** [vc. dotta, lat. *christiānu(m)*, dal gr. *christianós*, da *Christós* 'Cristo' (propr. 'l'unto', da *chríō* 'io ungo') ✱ sec. XII] **A** **agg.** (**superl.** *cristianissimo* (**V.**)) **1** relativo a Gesù Cristo: *fede, religione cristiana*; *Chiese cristiane* | ***era cristiana***, che inizia con la nascita di Cristo **2** che professa la religione cristiana: *paesi, popoli cristiani* **3** del cristianesimo, che si riferisce, si ispira e sim. al cristianesimo: *arte, letteratura, civiltà cristiana*; *partito di ispirazione cristiana* **4** (*fig.*) buono, caritatevole, ispirato da amore verso il prossimo: *discorso c.*; *parole cristiane*; *carità cristiana* | (*est., fam.*) conveniente, adeguato, decoroso: *trattare qlcu., parlare, in modo c.* ‖ **cristianaménte**, **avv.** da cristiano; *morire cristianamente*, coi conforti religiosi; (*fig.*) *trattare cristianamente i propri simili*, umanamente, cortesemente **B** **s. m.** (**f.** *-a*) **1** chi accetta la fede nel Cristo o segue la religione cristiana in una delle sue confessioni **2** (*fam.*) essere umano (spec. in contrapposizione a 'bestia'): *comportarsi da c.*; *maniere, parole da c.*; *queste non sono azioni da c.* ‖ **cristianàccio**, **pegg.** | **cristianùccio**, **dim.**

cristianofobìa [comp. di *cristiano* e *fobia* ✱ 1932] **s. f.** ● atteggiamento di forte avversione, di ostilità verso il Cristianesimo e tutto ciò che è cristiano ‖ **cristianofòbico**, **agg.** (**pl. m.** *-ci*); **anche s. m.** (**f.** *-a*) nel sign. 2 **1** relativo a cristianofobia **2** cristianofobo ‖ **cristianòfobo**, **agg. e s. m.** (**f.** *-a*) che (o chi) dimostra cristianofobia

cristiàno-sociàle [1935] **A** **agg.** (**pl.** *cristiàno-sociàli*) ● in vari Paesi europei, detto di formazioni politiche che raggruppano cattolici e protestanti, sostenitori del messaggio sociale, oltre che etico e religioso, del Vangelo **B** **s. m. e f.** ● membro di tali formazioni politiche

crìstico [da *Cristo* ✱ 1872] **agg.** (**pl. m.** *-ci*) ● che riguarda Gesù Cristo: *il mistero c.*

♦**Cristo** [lat. *Chrĭstu(m)*, dal gr. *Christós*, propr. 'l'unto', deriv. di *chríein* 'ungere' ✱ av. 1250] **A s. m.** (*crìsto* **nei sign. A 3, B e C**) **1** appellativo di Gesù: *Cristo in croce, alla colonna; Cristo deriso, in agonia; la Passione di Cristo; Cristo abbi pietà di noi; Cristo re* | ***fratello in Cristo***, unito dal vincolo dell'amore cristiano | ***avanti C.*** (*a.C.*), ***dopo C.*** (*d.C.*), prima o dopo la nascita di Cristo, nel sistema di datazione che prende tale evento come punto di riferimento | (*lett.*) ***Cavalieri di Cristo***, i crociati | ***segnato da Cristo***, (*pop.*; *disus.*) che ha un difetto fisico grave e appariscente | ***addormentarsi in Cristo***, morire serenamente | (*lett.*) ***Sposa di Cristo***, la Chiesa **2** (*est.*) immagine di Cristo, spec. crocifisso, dipinta o scolpita: *Cristo di Leonardo, di Michelangelo; Cristo di legno, d'avorio* | ***Cristo pantocratore***, in atteggiamento benedicente, assai diffuso nell'iconografia bizantina **3** (**f.** *-a*) (*colloq.*) persona malridotta, maltrattata e sim.: *un povero c.* | ***non c'è Cristi, non c'è C., non ci sono Cristi***, non c'è nessuna possibilità, riferito al raggiungimento di un dato scopo e sim.: *non ci furono Cristi per trattenerlo* (G. Verga) **B in funzione di inter.** ● (*volg.*) esprime stupore, dispetto, rabbia e sim. **SIN.** (*eufem.*) cribbio **C agg.** ● †che è stato unto, consacrato

cristocèntrico [da *cristocentrismo* ✱ 1956] **agg.** (**pl. m.** *-ci*) ● relativo al cristocentrismo

cristocentrìsmo [comp. di *Cristo*, *centro*, e *-ismo* ✱ 1956] **s. m.** ● corrente di pensiero religioso secondo la quale tutta la vita umana e la religione cristiana devono basarsi sulla figura e l'insegnamento di Cristo

cristolatrìa [comp. di *Cristo* e *-latria* ✱ 1964] **s. f.** ● culto di adorazione rivolto al Cristo

cristologìa [comp. di *Cristo* e *-logia* ✱ 1847] **s. f.** (**pl.** *-gie*) ● parte della teologia che tratta la natura e gli attributi del Cristo | scienza storica che riguarda la figura del Cristo

cristològico [av. 1852] **agg.** (**pl. m.** *-ci*) ● relativo alla cristologia

cristonàre [da *Cristo* ✱ 1977] **v. intr.** (*io cristóno*; **aus.** *avere*) ● (*sett.*, *pop.*) imprecare

♦**critèrio** [vc. dotta, lat. tardo *critēriu(m)*, dal gr. *kritḗrion*, da *krínō* 'io distinguo' ✱ 1631] **s. m.** **1** norma, fondamento per giudicare, distinguere, valutare e sim.: *stabilire, scegliere, formarsi, seguire un c.*; *opere scelte secondo un valido c.* **SIN.** principio, regola **2** facoltà di giudicare rettamente, discernimento: *persona di poco c.*; *mancare di c.* | buon senso: *ebbe il c. di tacere* **SIN.** discernimento, senno **3** (*sport*) criterium

SFUMATURE ➤ ***giudizio***

criteriologìa [comp. di *criterio* e *-logia* ✱ 1956] **s. f.** (**pl.** *-gìe*) ● settore della filosofia che studia i criteri (cioè mezzi e metodi) con cui il pensiero distingue il vero dal falso

critèrium [fr. *critérium*, dall'ingl. *criterion*. V. *criterio* ✱ 1891] **s. m. inv.** ● competizione sportiva riservata a determinate categorie di concorrenti: *c. ciclistico, ippico*

crìtica [vc. dotta, gr. *kritikḗ* '(arte) del giudicare', f. di *kritikós*, da *krínō* 'io giudico, distinguo' ✱ 1664] **s. f.** **1** esame a cui la ragione sottopone princìpi, fatti, comportamenti per determinare le caratteristiche, valutarne la natura, verificarne gli effetti: *c. del diritto; c. sociale; capacità di c.* | giudizio che deriva da tale esame: *c. costruttiva, distruttiva* **2** (*filos.*) parte della logica che si occupa del giudizio | nella filosofia kantiana, processo mediante il quale la ragione prende coscienza dei propri limiti e delle proprie possibilità **3** esame di opere artistiche, spec. a fini di valutazione estetica: *c. letteraria, figurativa, cinematografica; c. d'arte* | ***c. del testo, testuale***, analisi della tradizione di un testo al fine di realizzarne un'edizione critica **CFR.** filologia **4** scritto, recensione, articolo contenente una valutazione estetica di un'opera letteraria, cinematografica, teatrale e sim.: *una c. favorevole, cattiva* **5** l'insieme dei critici e dei loro scritti: *la c. non ha parlato di quel romanzo; la c. su Dante è molto vasta* **6** giudizio negativo, biasimo, censura: *esporsi alla c.*; *tirarsi addosso le critiche* ‖ **critichétta**, **dim.**

SFUMATURE ➤ ***rilievo***

criticàbile [1865] **agg.** ● che si presta a essere criticato: *discorso, atto, atteggiamento c.* **SIN.** censurabile, discutibile ‖ **criticabilità**, **s. f. inv.**

criticàre [da *critica* ✱ 1619] **v. tr.** (*io crìtico, tu crìtichi*) **1** sottoporre a esame critico esprimendo perlopiù un giudizio negativo: *c. un'opera d'arte, un sistema filosofico* **2** giudicare biasimando e disapprovando: *c. i costumi di qlcu.*; *non dovresti c. gli amici; critica tutto e tutti; si fa c. per il suo comportamento* **SIN.** biasimare, disapprovare, riprendere

SFUMATURE DI SIGNIFICATO

criticare - censurare - stigmatizzare

Criticare vuol dire sottoporre qualcosa o qualcuno a critiche e giudizi anche severi ma che non riguardano necessariamente la sfera morale. **Censurare** significa invece *criticare* severamente, soprattutto dal punto di vista morale, e comporta un'espressione pubblica, ufficiale del dissenso. **Stigmatizzare** ha il significato di disapprovare vivacemente, di bollare, marchiare con parole di forte biasimo.

SFUMATURE ➤ ***biasimare***, ➤ ***disapprovare***, ➤ ***sindacare***①

criticàto **part. pass.** di *criticare*; **anche agg.** ● nei sign. del v.

criticìsmo [fr. *criticisme*. V. *critico* ✱ 1843] **s. m.** **1** qualsiasi dottrina filosofica che indaghi i metodi, le possibilità e i limiti conoscitivi della ragione, sottoponendo a verifica ogni principio **CONTR.** dogmatismo | (*per anton.*) la filosofia di I. Kant (1724-1804) **2** (*est.*, *raro*) atteggiamento di critica costante

criticità [da *critico* ✱ 1951] **s. f. inv.** **1** carattere critico: *la c. della filosofia* **2** condizione di ciò che manifesta una crisi: *la c. dell'occupazione giovanile* | (*est.*) concreta situazione critica, di difficoltà: *risolvere alcune c. nel traffico stradale* **3** nei fenomeni chimici, fisici e sim., condizione particolare e caratteristica, in cui al minimo variare dei parametri si producono effetti di grande entità

♦**crìtico** [vc. dotta, lat. *crĭticu(m)*, dal gr. *kritikós*, da *krínō* 'io giudico, distinguo' ✱ 1481] **A agg.** (**pl. m.** *-ci*) **1** che è pertinente alla critica: *esame c.*; *studio c.* | ***analisi critica***, volta a esaminare e valutare opere letterarie o artistiche | ***saggio c.***, monografia di argomento letterario, filosofico e sim. **2** che disapprova, biasima, condanna: *spirito c.*; *commenti critici* **3** di crisi, relativo a una crisi: *circostanza critica* | ***momento, punto c.***, difficile, pericoloso **4** (*med.*) che ha relazione con la crisi | ***periodo c., fase critica***, in cui si decide l'esito della malattia | ***età critica***, pubertà, menopausa, climaterio | ***giorni critici***, (*eufem.*) periodo mestruale **5** (*dir.*) ***prova critica***, che consiste nel desumere il fatto da provare da uno o più altri fatti **6** (*chim.*) detto dello stato di un sistema, e delle variabili che in quello stato lo definiscono, quando esso mostri singolarità di comportamento o di proprietà | ***temperatura critica di un gas***, la temperatura al di sopra della quale non è possibile liquefarlo ‖ **criticaménte**, **avv.** **1** da un punto di vista critico **2** in modo severo, negativo ‖ **criticità**, **s. f. inv.** (V.) **B s. m.** (**f.** *-a*; V. nota d'uso FEMMINILE) **1** chi esercita professionalmente la critica artistica: *c. musicale; c. d'arte* | ***c. letterario, teatrale, cinematografico*** e sim., il redattore o collaboratore di giornale incaricato di occuparsi di tali materie e di redigerne la relativa rubrica **2** chi biasima e condanna: *un c. feroce delle nostre strutture economiche* ‖ (*spreg.*) **critichétto**, **dim.** | **criticóne**, **accr.** (V.) | **criticónzolo**, **pegg.** | (*spreg.*) **criticùccio**, **criticùzzo**, **dim.**

Definizione d'autore

Il **critico** è un *voyeur*: solo, al buio, davanti a una grande finestra spia la vita altrui. *La condizione del **critico** è come quella di un eunuco nell'harem: passa il tempo a contemplare quel che gli è precluso e proibito* (E. Kazan). Il critico deve sapere di letteratura, teatro, arte, musica, ed è un parassita: la base del suo lavoro è quel che per la maggior parte degli altri è uno dei modi di occupare il tempo libero. Il suo primo dovere è di non adeguare (o adattare) al suo livello le opere di cui parla. Lo scrivere facile (divulgare semplificando) non è l'equivalente dello scrivere chiaro (raccontare spiegando, andando in profondità). Meglio se sbaglia per generosità che per avarizia, per eccesso di immaginazione che per miopia.

Morando Morandini

criticóne [da *critico* ✱ 1750] **s. m.** (**f.** *-a*) **1** accr. di *critico* **2** (*fam.*) chi trova da ridire su tutti e su tutto

criticùme [av. 1837] **s. m.** ● (*spreg.*) insieme di critici incompetenti

†**crìtta** ➤ **cripta**

crittàre e deriv. ➤ **criptare** e deriv.

critto- ➤ **cripto-**

crittògama [comp. di *critto-*, var. di *cripto-*, e *-gamo* ✱ 1797] **A s. f.** **1** ogni pianta appartenente alla classe delle Crittogame **2** comunemente, fungo o batterio parassita delle piante utili | ***c. della vite***, fungo che si sviluppa sulle foglie e sugli acini della vite come una polvere bianco-grigiastra sotto la quale sono visibili dei piccoli punti bruni (*Oidium tuckeri*) **B anche agg. nel sign. 1:** *piante crittogame*

Crittògame [1830] **s. f. pl.** (**sing.** *-a*) ● nell'antica tassonomia vegetale, classe di piante che non hanno organi di riproduzione visibili (*Cryptogamae*) | correntemente, denominazione di tutte le piante non fanerogame

crittogàmico [1820] **agg.** (**pl. m.** *-ci*) ● relativo alle crittogame | ***flora crittogamica***, il complesso delle crittogame che si trovano in un dato territorio | ***malattie crittogamiche***, quelle provocate da funghi e batteri

crittografìa o (*raro*) **criptografìa** [comp. di *critto-* e *-grafia* ✱ 1797] **s. f.** **1** sistema segreto di scrittura in cifra o codice **2** gioco enigmistico consistente in un rebus letterale da risolvere considerando nel loro insieme tutte le lettere e i segni grafici: *. . . . S . . . . = S tra puntini, tra punti = strapuntini trapunti* | ***c. mnemonica***, bisenso

crittogràfico o (*raro*) **criptogràfico** [1928] **agg.** (**pl. m.** *-ci*) **1** relativo a crittografie | redatto in crittografia: *testo c.* **2** (*raro*, *fig.*) oscuro, incomprensibile: *messaggio c.* ‖ **crittograficaménte**, **avv.** in crittografia

crittògrafo o (*raro*) **criptògrafo** [1911] **s. m.** **1** (**f.** *-a*) esperto di crittografia **2** macchina che traduce un testo in chiaro in un testo cifrato e viceversa

crittogràmma o (*raro*) **criptogràmma** [comp. di *critto-* e *-gramma* ✱ 1928] **s. m.** (**pl.** *-i*) **1** testo redatto in cifra **2** in enigmistica, crittografia

crittonéta ➤ **criptomoneta**

crittopòrtico ➤ **criptoportico**

a b c d e f g h i j k l m n o p q r s t u v w x y z

crittovalùta ➤ **criptovaluta**

crivellàre [lat. tardo *cribellāre*, da *cribĕllum* 'crivello' ✻ 1321] **v. tr.** (*io crivèllo*) **1** bucare in più punti (spec. con colpi d'arma da fuoco): *gli crivellarono il corpo di pallottole* **2** cernere i bozzoli dei bachi da seta in base alle dimensioni **3** †passare al crivello, vagliare **4** †agitare, dimenare **5** (*fig.*) †considerare, analizzare | †censurare

crivellatóre [av. 1642] **s. m.** (**f.** *-trice*) ● chi è addetto alla crivellatura

crivellatùra [sec. XV] **s. f.** ● lavoro del crivellare | ciò che resta nel crivello

crivellazióne [1830] **s. f.** ● crivellatura: *la c. delle sementi*

crivèllo [lat. tardo *cribĕllu(m)*, dim. di *crĭbrum* 'cribro' ✻ sec. XII] **s. m. 1** buratto, setaccio, vaglio **2** *c. di Eratostene*, metodo matematico per la rapida individuazione dei numeri primi inferiori a uno dato ‖ **crivellétto**, **dim.** | **crivellóne**, **accr.** (V.)

crivellóne [1956] **s. m. 1** accr. di *crivello* **2** setaccio della trebbiatrice, cui viene impresso rapido moto oscillatorio

♦**croàto** [croato *hrvat* ✻ 1738] **A agg.** ● della Croazia **B s. m.** (**f.** *-a*) ● abitante o nativo della Croazia **C s. m. solo sing.** ● lingua del gruppo slavo parlata dai croati

♣**croccànte** [fr. *croquant*, part. pres. di *croquer* 'far scricchiolare sotto i denti', di orig. onomat. ✻ 1773] **A agg.** ● detto di pane, dolce e sim. ben cotto, che scricchiola sotto i denti: *biscotti croccanti*; *patatine croccanti* **B s. m.** ● dolce di mandorle tostate e zucchero cotto ‖ **croccantìno**, **dim.**

croccantézza [da *croccante* ✻ 1997] **s. f.** ● caratteristica di ciò che è croccante

†**croccàre** [vc. onomat. ✻ av. 1533] **v. intr.** ● crocchiare, cigolare

crocchétta [fr. *croquette*, da *croquer*. V. *croccante* ✻ 1741] **s. f.** ● polpettina bislunga di riso, carne, patate o altro, passata nell'uovo e poi fritta ‖ **crocchettìna**, **dim.**

cròcchia [lat. parl. **conrotulāre*, comp. di *cŭm* 'con' e *rŏtula* 'rotella' ✻ 1863] **s. f.** ● acconciatura femminile dei capelli, raccolti a spirale o a cerchio e fermati sul capo o dietro la nuca; *i suoi capelli lisci dalla c. sbandata in disordine* (E. MORANTE)

♣**crocchiàre** [vc. onomat. ✻ av. 1405] **A v. intr.** (*io cròcchio*; **aus.** *avere*) **1** scricchiolare, cigolare: *la ghiaia crocchiava sotto i piedi* **SIN.** scrocchiare **2** produrre un suono sordo, detto di oggetti rotti o incrinati, spec. vasi di terracotta **3** chiocciare, detto spec. della gallina, dell'anatra selvatica e sim. **4** †conversare in crocchio **B v. tr.** ● (*raro, centr.*) picchiare un oggetto di terracotta per sentire se non è rotto | (*est., centr.*) percuotere

cròcchio① [etim. incerta ✻ av. 1665] **s. m.** ● gruppo di persone che conversano o chiacchierano: *un c. di curiosi* | *far c.*, fare capannello | *andare, stare a c.*; *tenere, fare c.*, conversare ‖ **crocchiétto**, **dim.**

cròcchio② [da *crocchiare* ✻ 1539] **s. m.** ● (*raro*) suono sordo prodotto da un oggetto rotto o incrinato quando viene percosso

crocchiolàre [vc. onomat. ✻ 1921] **v. intr.** (*io cròcchiolo*; **aus.** *avere*) ● chiocciare a lungo e con insistenza, detto della gallina

cròcco [fr. *croc*, dal norreno *krokr* 'uncino' ✻ sec. XIII] **s. m.** (**pl.** *-chi*) **1** uncino per afferrare e portare i tonni sul palischermo durante la mattanza **2** †gancio di balestra ‖ **crocchétto**, **dim.**

croccolàre [vc. onomat. ✻ 1903] **v. intr.** (*io cròccolo*; **aus.** *avere*) **1** (*raro, lett.*) chiocciare, crocchiare, detto spec. della gallina **2** (*raro, lett.*) gorgogliare, detto di liquido

croccolóne [da *croccolare* ✻ 1865] **s. m.** ● uccello commestibile dei Caradriformi con piumaggio variamente colorato (*Capella media*)

♦**cróce** [lat. *crŭce(m)*, di orig. preindeur. ✻ 1250 ca.] **s. f. 1** antico strumento di tortura, composto da due tronchi o travi fissati trasversalmente, cui veniva inchiodato o legato il condannato e lasciato morire | (*est.*) crocifissione: *condannare qlcu. alla c.*; *morire in c.* | *mettere in c.*, (*fig.*) tormentare, affliggere | *portare la c.*, (*fig., colloq.*) sacrificarsi in un'attività molto impegnativa | (*fig.*) *cantare e portare la c.*, V. *cantare*① **2** (*per anton.*) patibolo di Gesù: *deposizione dalla c.*; *Cristo in c.* | riproduzione della croce, in legno, metallo e sim. come simbolo del cristianesimo: *pregare, venerare la c.*; *c. astile*; *c. pettorale*; *c. stazionale* | *segno della c.*, gesto rituale che esprime i fondamenti della fede cristiana e santifica il fedele, consistente nel portare la mano destra alla fronte, al petto, alla spalla sinistra e alla spalla destra, mentre si pronuncia la formula: in nome del Padre, del Figlio e dello Spirito Santo | *abbracciare la c.*, (*fig.*) convertirsi alla religione cristiana **CFR.** stauro- **3** oggetto, segno, simbolo a forma di croce: *una c. di legno, di marmo, di ferro, d'argento, di stoffa* | *la c. degli analfabeti*, segno a forma di croce che sostituisce la firma | *punto a c.*, punto di ricamo con passate di filo disposte a croce obliqua | *fare a testa e c., fare a testa o c., fare testa e c.*, gettare una moneta in aria, tentando di indovinare, per scommessa, per determinare una decisione e sim., quale delle due facce, una volta ricaduta la moneta, resterà visibile | *in c.*, riferito a due oggetti posti trasversalmente l'uno all'altro | *con le braccia in c.*, in atteggiamento umile, supplichevole | *tenere le braccia in c., stare con le braccia in c.*, (*fig.*) non fare nulla, stare con le mani in mano | *a occhio e c.*, pressappoco, all'incirca | *quattro parole in c.*, V. *quattro* | *farci una c. sopra*, (*fig.*) non pensarci più | (*sport*) *c. agli anelli*, in ginnastica artistica, classico esercizio di forza | *Cavaliere di Gran C.*, V. *Gran Croce* **4** (*fig.*) tormento, pena | *stare in c.*, in pena | *ognuno ha la sua c.*, le sue sofferenze, i suoi guai | **PROV.** *ad ognuno la sua c.* | *gettare, mettere, gridare la c. addosso a qlcu.*, biasimarlo, addossargli la responsabilità di qlco. | (*lett.*) *c. e delizia*, riferito a qlcu. o qlco. che è nello stesso tempo fonte di sofferenza e di piacere: *Di quell'amor ch'è palpito / Dell'universo intero / … C. e delizia al cor* (F.M. PIAVE *La Traviata* di G. Verdi) **5** emblema e nome di vari enti per il soccorso urgente a malati e feriti: *C. Azzurra, C. Verde* | *C. Rossa (Internazionale)*, organizzazione umanitaria internazionale per l'aiuto alle vittime della guerra e delle calamità pubbliche | *C. Rossa (Italiana)*, organizzazione nazionale per l'assistenza sanitaria urgente alla popolazione civile; (*est.*) ambulanza di tale organizzazione o di altre simili: *è arrivata la C. Rossa* | *sparare sulla C. Rossa*, (*fig.*) accanirsi contro chi non è in grado di difendersi; maramaldeggiare **6** (*arald.*) pezza risultante dalla fusione del palo con la fascia, che può assumere le forme più varie, aumentando anche il numero dei bracci: *c. ancorata, avellana, gigliata, greca, latina, papale, patente, pomettata, potenziata, semipotenziata, trifogliata* | *c. biforcata* o *di Malta*, coi bracci patenti e terminanti in due punte aguzze | *c. di Pisa*, coi bracci allargati a rombo e con tre globetti ad ogni estremità | *c. di S. Andrea*, con i bracci incrociati diagonalmente in forma di X | *c. doppia, patriarcale, di Lorena*, lunga con due traverse di cui la superiore più corta | *c. latina*, con la verticale più lunga della traversa che è posta sopra la metà di quella | *c. greca*, con i quattro bracci uguali | (*archit.*) *pianta a c. latina, a c. greca*, spec. in edifici sacri, pianta che assume l'aspetto di una croce latina o greca | *c. celtica*, che presenta un anello intorno all'intersezione dei bracci, in origine caratteristica del cristianesimo celtico e oggi, in forma stilizzata, simbolo di movimenti europei di estrema destra | *c. uncinata*, svastica | fregio a forma di croce usato come insegna di un ordine cavalleresco o come decorazione | *C. di Guerra*, decorazione attribuita dallo Stato italiano ai combattenti delle due guerre mondiali distintisi per particolari atti di valore **7** (*miner.*) *c. assiale*, l'insieme degli assi coordinati che permettono di orientare i cristalli nello spazio e di assegnare gli indici alle loro facce **8** †estremità inferiore del fuso dell'ancora | segno nelle antiche bussole per indicare Levante ‖ **crocétta**, **dim.** (V.) | **crocìna**, **dim.** | **crocióne**, **accr. m.**

crocè [1930] **s. m. inv.** ● (*disus.*) adattamento di *crochet* (V.) nel sign. 1

crocefìggere e deriv. ➤ **crocifiggere** e deriv.

cròceo [vc. dotta, lat. *crŏceu(m)* 'color del croco', da *crŏcum* 'croco' ✻ av. 1334] **agg.** ● (*lett.*) che ha il colore giallo aranciato caratteristico dello zafferano: *velluto c.*

crocerìsta o **crocierìsta** [da *crociera* ✻ 1934] **s. m. e f.** (**pl. m.** *-i*) ● partecipante a una crociera

crocerossìna [da *Croce Rossa* ✻ 1918] **s. f.** ● infermiera della Croce Rossa

crocesegnàre o **crocesignàre** [lat. *crŭce signāre* 'contrassegnare con una croce' ✻ 1864] **v. tr.** (*io croceségno*; **coniug. come** *segnare*) ● sottoscrivere un documento o sim. con una croce

croceségno [da *crocesegnare* ✻ 1956] **s. m.** ● segno grafico di croce, spec. quello usato dagli analfabeti

crocesignàre ➤ **crocesegnare**

crocétta [av. 1363] **s. f. 1** dim. di *croce* | segno grafico a forma di piccola croce: *riempire un questionario usando delle crocette* **2** (*mar.*) elemento di legno, metallo o composito, posto trasversalmente all'albero, per scostare il sartiame e conferirgli un angolo di tiro più efficace **SIN.** barra **3** (*bot.*) lupinella ‖ **crocettìna**, **dim.**

crocettàre [1992] **v. tr.** (*io crocétto*) ● contrassegnare con una crocetta: *c. la casella di un questionario*

crocevìa [comp. di *croce* e *via* ✻ av. 1465] **s. m. inv.** ● incrocio di più vie **SIN.** crocicchio | (*est.*) luogo di incontro, di scambio (*anche fig.*): *la zona è diventata un c. della droga*; *Gerusalemme è il c. delle tre grandi fedi monoteistiche*

crochet /fr. krɔˈʃɛ/ [fr., dim. di *croc* 'uncino', dal francone **krōk* 'gancio' ✻ 1851] **s. m. inv. 1** uncinetto **CFR.** crocè **2** nel pugilato, gancio **CFR.** croscè

crociàle [av. 1519] **A agg.** ● †di croce: *il lume di c. forma* (LEONARDO) **B s. m.** ● (*disus.*) crocicchio

crociàme [da *croce* ✻ 1865] **s. m.** ● (*mar.*) nei velieri, lunghezza dei pennoni maggiori | (*est.*) l'insieme dei pennoni

crociaménto [da *crociare* ✻ 1956] **s. m.** ● (*ferr.*) parte del deviatoio in corrispondenza dell'intersezione di due rotaie

crocianèṣimo [1950] **s. m.** ● corrente di pensiero che si ispira alla filosofia di B. Croce

crociàno [1909] **A agg.** ● relativo al filosofo B. Croce (1866-1952) **B s. m.** (**f.** *-a*) ● studioso, seguace del pensiero di B. Croce

crociàre [da *croce* ✻ 1265] **A v. tr.** (**pres.** *io crócio*; **fut.** *io crocerò*) **1** †conferire l'insegna di crociato **2** †contrassegnare con una croce **3** (*mar.*; *disus.*) incrociare **B** **crociàrsi** **v. intr. pron.** ● (*raro*, *lett.*) partecipare a una crociata

crociàta① [da *crociato* ✱ sec. XIII] **s. f.** **1** ciascuna delle spedizioni militari che i Paesi cristiani effettuarono nei secc. XI-XIII in Palestina per liberare il Santo Sepolcro dai Musulmani | ***ciclo delle crociate***, insieme di leggende epiche medievali francesi, relativo alle spedizioni in Terrasanta | (*est.*) spedizione militare bandita dalla Chiesa, spec. contro movimenti ereticali: *la c. contro gli Albigesi* | (*fig.*, *spreg.*) ***spirito di c.***, atteggiamento intollerante **2** (*fig.*) campagna pubblica promossa per scopi sociali, politici, religiosi, morali e sim.: *c. contro l'analfabetismo, contro l'alcolismo, contro la droga*

crociàta② [da *croce* ✱ av. 1571] **s. f.** ● (*disus.*) crocicchio stradale: *una c. di strade le quali vanno in diversi luoghi* (B. CELLINI)

crociàto **A** **part. pass.** di *crociare*; anche **agg.** **1** nei sign. del v. **2** a forma di croce | ***parole crociate***, cruciverba **3** (*disus.*, *scherz.*) insignito di un'onorificenza **4** (*anat.*) formato da due parti dirette l'una verso l'altra sino a incrociarsi: *legamento c., tratto nervoso c.* **B** **s. m.** **1** soldato di una crociata **2** (**f.** *-a*) (*fig.*, *raro*) chi lotta per un ideale

♦**crocìcchio** [da *croce* col suff. *-icchio* ✱ 1312] **s. m.** ● luogo in cui si incrociano più strade **SIN.** crocevia, incrocio

crocidaménto [1865] **s. m.** ● (*raro*) il crocidare

✱**crocidàre** o **crocitàre** [lat. *crocitāre*, di orig. onomat. ✱ av. 1342] **v. intr.** (*io cròcido*; aus. *avere*) ● (*lett.*) emettere un verso rauco e breve, detto del corvo, della cornacchia e (*est.*) di altri animali

✱**crocidìo** [av. 1886] **s. m.** (**pl.** *-ii*) ● (*raro*) il crocidare prolungato e continuo

crocidìṣmo [vc. dotta, gr. *krokydismós* 'lo svellere bioccoli di lana', da *krokyolízein* 'svellere bioccoli di lana', da *krokýs*, genit. *krokýolos* 'bioccolo di lana', da *krókē* 'trama, tessuto, fibra', da *krékein* 'intessere, intrecciare', di orig. indeur. ✱ 1820] **s. m.** ● (*med.*) carfologia

crocièra① [da *croce* ✱ 1265] **s. f.** **1** disposizione di linee, liste, barre e sim. che si intersecano a forma di croce | il punto stesso di intersezione | ***finestra a c.***, V. *finestra* **2** (*archit.*) nelle chiese a pianta cruciforme, incrocio fra i due corpi di fabbrica ortogonali | ***volta a c.***, formata da due volte a botte che si intersecano perpendicolarmente in modo da formare quattro unghie

crocièra② [fr. *croisière*, da *croiser* 'incrociare', in senso marittimo ✱ 1715] **s. f.** **1** navigazione lungo un tratto di mare determinato, incrociandolo per ogni verso, fatta da una o più navi a scopo di sorveglianza o ricerca, o per scopi bellici **2** volo a quota e velocità regolate per il miglior impiego dell'aereo | ***velocità di c.***, la velocità a cui può viaggiare costantemente un mezzo di trasporto con sicurezza ed economia **3** viaggio per mare, spec. per diporto, con rotta prestabilita e soste intermedie in più località: *fare una c.*; *andare in c.*; *una c. nel Mediterraneo, alle Baleari*

crocière [da *croce*, perché gli apici del becco si incrociano incurvandosi ✱ 1830] **s. m.** ● uccello dei Passeriformi con piumaggio rosso o verdastro e becco robusto con le estremità mascellari incrociate (*Loxia curvirostra*)

crocierìsta ➤ **crocerista**

Crocìfere o **Crucìfere** [f. sost. di *crocifero*, per la disposizione a *croce* dei petali ✱ 1797] **s. f. pl.** (**sing.** *-a*) ● (*bot.*) famiglia di piante erbacee con fiori la cui corolla è formata da quattro petali a croce e frutti a siliqua (*Cruciferae*)

crocìfero o (*raro*) **crucìfero** [vc. dotta, lat. tardo *crucĭferu(m)*, comp. di *crŭx*, genit. *crŭcis* 'croce' e *fĕrre* 'portare' ✱ sec. XIV] **A** **agg.** ● che porta la croce | ***asta crocifera***, munita di croce **B** **s. m.** **1** chi porta la croce in una processione o durante una funzione religiosa **2** membro di antichi ordini o congregazioni religiose, militari od ospedaliere che portavano una croce sull'abito | (*pop.*) camillino

crocifìggere o (*raro*) **crocefìggere**, †**crucifìggere** [lat. *crucifīgere* 'inchiodare alla croce', comp. di *crŭci* 'alla croce' e *figere* 'figgere' ✱ sec. XIII] **A** **v. tr.** (coniug. come *figgere*; **part. pass.** *crocifisso*) **1** sottoporre al supplizio della croce **2** (*fig.*) tormentare **B** **crocifìggersi** **v. rifl.** ● (*fig.*) mortificarsi, tormentarsi

crocifissióne o (*raro*) **crocefissióne** [lat. tardo *crucifixiōne(m)*, da *crucifīgere* 'crocifiggere' ✱ 1309] **s. f.** **1** la pena, il supplizio della croce: *condannare alla c.*; *la c. di Gesù* **2** rappresentazione pittorica o scultorea del supplizio di Gesù Cristo sulla croce: *la c. del Tintoretto*; *una c. di autore ignoto*

crocifìsso o (*raro*) **crocefìsso**, (*lett.*) †**crucifìsso** **A** **part. pass.** di *crocifiggere*; anche **agg.** ● nei sign. del v. **B** **s. m.** **1** Gesù crocifisso **2** rappresentazione scolpita o dipinta di Gesù crocifisso: *c. d'argento, d'avorio*; *un c. affrescato, dipinto* | †***stare, vivere, alle spalle del c.***, vivere a ufo ‖ **crocifissìno**, **dim.**

crocifissóre o †**crucifissóre** [lat. tardo *crucifixōre(m)*, da *crucifīgere* 'crocifiggere' ✱ sec. XIII] **agg. e s. m.** (**f.** *-sóra*) ● che (o chi) crocifigge: *mani crocifissore di Cristo* (D. BARTOLI)

crocifórme ➤ **cruciforme**

crocìgero o †**crucìgero** [comp. di *croce* e *gĕrere* 'portare' (V. *gestione*) ✱ 1585] **agg. e s. m.** **1** (*raro*, *lett.*) crocifero **2** (*relig.*) appartenente a ordini religiosi che si richiamano al culto della Croce

crocìna [da *croco* ✱ 1956] **s. f.** ● (*chim.*) glucoside contenuto nello zafferano del quale costituisce il principio colorante

crocióne [V. *crociere* ✱ 1865] **s. m.** ● (*zool.*) crociere

crocitàre ➤ **crocidare**

cròco [vc. dotta, lat. *crŏcu(m)*, dal gr. *krókos*, di etim. incerta ✱ sec. XIII] **s. m.** (**pl.** *-chi*; **inv. nel sign. 2**) **1** genere di piante erbacee delle Iridacee, bulbose, con foglie lineari a ciuffo e fiori di vari colori (*Crocus*) | zafferano **2** (*lett.*) colore giallo aranciato caratteristico dei pistilli dello zafferano: *son le ciglia sue d'oro e di c.* (G.B. MARINO)

†**crocodìlo** ➤ **coccodrillo**

crocoìte [da *croco*, per il colore ✱ 1980] **s. f.** ● (*miner.*) cromato di piombo in cristalli di colore rosso aranciato

cròda [vc. di orig. preindeur. ✱ 1876] **s. f.** ● tipica struttura rocciosa dolomitica con pareti nette e spigoli vivi | (*est.*) guglia, vetta

crodaiòlo [da *croda* ✱ 1932] **s. m.** (**f.** *-a*) ● (*raro*) nell'alpinismo, arrampicatore che pratica spec. scalate sulle cime dolomitiche

crogiolàre o (*tosc.*) **grogiolàre** [da *crogiolo*① ✱ av. 1573] **A** **v. tr.** (*io crògiolo*) **1** cuocere a fuoco lento **2** mettere oggetti di vetro appena lavorati e ancora caldi nella camera di ricottura per raffreddarli lentamente o mantenerli al caldo in attesa di finitura **B** **crogiolàrsi** **v. intr. pron.** **1** (*raro*) cuocersi bene **2** (*fig.*) bearsi di una situazione particolarmente piacevole: *crogiolarsi a letto, al sole, vicino al fuoco* | (*fig.*) compiacersi, cullarsi: *crogiolarsi nel ricordo, nella speranza* **SIN.** deliziarsi, dilettarsi

✱**crogiòlo**① o (*lett.*) **crogiuòlo** [ant. fr. *croiseul* 'lampada a forma di croce', da *croix* 'croce' ✱ 1350] **s. m.** **1** recipiente fatto di materiale refrattario, dove si fondono i metalli | ***c. di altoforno***, parte cilindrica alla base, nella quale si raccoglie il metallo fuso **2** (*fig.*) ambiente, esperienza e sim. in cui si realizza la fusione di elementi diversi: *un c. di opinioni, di usanze, di razze* ‖ **crogiolétto**, **dim.** | **crogiolìno**, **dim.**

crògiolo② [da *crogiolare* ✱ 1688] **s. m.** **1** cottura lenta delle vivande a fuoco moderato | (*fig.*) †***prendere, pigliare il c.***, crogiolarsi **2** tempera che si dà ai vetri appena fatti, mettendoli nella camera di ricottura

crogiuòlo ➤ **crogiolo**①

†**cròio** [provenz. *croi*, di orig. gallica ✱ av. 1250] **agg.** **1** duro: *col pugno li percosse l'epa croia* (DANTE *Inf.* XXX, 102) **2** (*fig.*) crudele, malvagio | rozzo

croissant /fr. krwa'sɑ̃/ [fr., propr. 'crescente', cioè 'luna crescente', per la forma; i primi sarebbero stati fatti a Vienna nel 1689, dopo la fine dell'assedio dei Turchi, a ricordo della mezzaluna turca ✱ 1942] **s. m. inv.** ● mezzaluna di pasta sfoglia dolce o salata, cotta al forno **SIN.** cornetto

croissanterìa /krwassante'ria/ [adattamento del fr. *croissanterie* (V. *croissant*) ✱ 1994] **s. f.** ● assortimento di croissant e di altri prodotti dolciari | laboratorio o negozio di tali prodotti

crollaménto [av. 1363] **s. m.** ● (*raro*) crollo

crollànte **part. pres.** di *crollare*; anche **agg.** **1** (*raro*) nei sign. del v. **2** instabile, vacillante: *una vecchia costruzione c.*

♦**crollàre** o †**grollàre** [etim. incerta ✱ 1290] **A** **v. tr.** (*io cròllo*) ● muovere dimenando in qua e in là | scuotere | ***c. il capo***, in segno di diniego, disapprovazione e sim. | ***c. le spalle***, in segno di indifferenza, rassegnazione e sim. **B** **v. intr.** (aus. *essere*) **1** cadere, rovinare al suolo: *il ponte sta crollando*; *la vecchia quercia crollò a terra*; *la tribuna è crollata sulla folla* **SIN.** precipitare, schiantare **2** (*est.*) lasciarsi cadere di schianto, per improvviso dolore, prostrazione e sim.: *alla notizia crollò sulla sedia*; *gli è crollato sul petto singhiozzando* | (*fig.*) cedere improvvisamente: *ha continuato a negare, ma alla fine è crollato* | (*fig.*) ***c. dal sonno***, restare sveglio a stento per la grande stanchezza **3** (*fig.*) andare in rovina, venir meno, cadere definitivamente: *il grande impero crollò*; *tutti i sogni sono crollati* | diminuire rapidamente di valore: *la Borsa è crollata* **C** **crollàrsi** **v. intr. pron.** ● (*lett.*) muoversi, agitarsi, piegarsi in qua e in là: *Lo maggior corno de la fiamma antica / cominciò a crollarsi mormorando* (DANTE *Inf.* XXVI, 85-86)

crollàta [1865] **s. f.** ● (*raro*, *lett.*) scrollata ‖ **crollatìna**, **dim.**

cròllo [da *crollare* ✱ 1319] **s. m.** **1** (*raro*, *lett.*) scuotimento, forte scossa | urto, colpo | ***dare un c.***, scuotere **2** caduta improvvisa, rovina: *il c. di un ponte, di un edificio, di un tetto* **3** (*fig.*) caduta definitiva, disastro morale, economico e sim.: *il c. delle nostre speranze*; *il c. di un impero* | ***c. in borsa, dei prezzi***, il loro improvviso e forte ribasso
SFUMATURE ➤ ***tracollo***

cròma [vc. dotta, lat. tardo *chrōma*, dal gr. *chrôma* 'colore, sfumatura'. V. *cromo* ✱ 1561] **s. f.** ● (*mus.*) figura di nota, il cui valore corrisponde a 1/8 di semibreve

cromagnoniàno [V. *cromagnonoide* ✱ 1987] **agg.** ● che riguarda l'Uomo di Cro-Magnon

cromagnonòide [dalla razza di *Cro-Magnon* (detta così dal n. della località fr. dove furono trovati resti scheletrici di questo tipo antropologico) col suff. *-oide* ✱ 1987] **agg. e s. m. e f.** ● che (o chi) possiede caratteri antropologici simili a quelli dell'Uomo di Cro-Magnon

cromalìte [comp. del gr. *chrôma* 'colore' e di *-lite* ✱ 1892] **s. f.** ● maiolica con vernice non metallica

C

cromàre [da *cromo* ✱ 1942] **v. tr.** (*io cròmo*) • ricoprire un metallo con un leggero rivestimento di cromo per renderlo lucente e impedirne l'ossidazione

cromàtico [vc. dotta, lat. tardo *chromăticu(m)*, dal gr. *chrōmatikós*, da *chrôma* 'colore' ✱ 1585] **A agg.** (**pl. m.** *-ci*) **1** che concerne i colori | detto di sistema ottico che, per la dispersione che accompagna la rifrazione, dà immagini di un oggetto scomposte secondo i colori **2** (*mus.*) che procede per semitoni | ***intervallo c.***, di un semitono fra due note dello stesso nome | ***scala cromatica***, successione dei dodici semitoni della scala temperata | ***sistema c.***, fondato sull'uso organico di tutti i suoni della scala cromatica: *la dodecafonia è un tipo di sistema c.* ‖ **cromaticaménte**, **avv.** **1** da un punto di vista cromatico **2** (*mus.*) secondo il genere cromatico che procede per semitoni ‖ **cromaticità**, **s. f. inv.** **B s. m.** • suono o canto cromatico

cromatìdio [da *cromatina* ✱ 1940] **s. m.** (**pl.** *-i* o *raro -ii*) • (*biol.*) ognuno dei due filamenti che si presentano durante la metafase uniti al medesimo centromero, e che costituiranno i due cromosomi figli

cromatìna [dal gr. *chrōmátinos* 'colorato', da *chrôma* 'colore', perché si colora facilmente ✱ 1912] **s. f.** • (*biol.*) sostanza presente nel nucleo delle cellule, composta di acido deossiribonucleico, che durante la divisione cellulare dà origine ai cromosomi

cromatiṣmo [vc. dotta, gr. *chrōmatismós*, da *chrôma* 'colore' ✱ 1828] **s. m.** **1** fenomeno presentato da un sistema ottico cromatico **2** in pittura, tendenza a usare i colori in base alle loro intrinseche qualità cromatiche, indipendentemente dai rapporti tonali **3** (*mus.*) procedimento musicale che dilata la struttura diatonica con l'uso costante degli intervalli cromatici: *il c. di Wagner*

cromatiẓẓàre [vc. dotta, gr. *chromatízō* 'io coloro', da *chrôma* 'colore' ✱ 1640] **A v. tr.** **1** (*raro*) colorare **2** (*mus.*) rendere cromatico **B cromatiẓẓàrsi v. intr. pron.** • (*raro*) colorarsi ‖ **cromatiẓẓazióne**, **s. f.**

cromàto① **part. pass.** di *cromare*; anche **agg.** • nei sign. del v.

cromàto② [da *cromo* ✱ 1820] **s. m.** • (*chim.*) sale o estere dell'acido cromico

cròmato- [dal gr. *chrôma*, genit. *chrṓmatos* 'colore', di etim. incerta] **primo elemento** • in parole composte della terminologia scientifica, significa 'colore' o 'colorazione': *cromatografia, cromatoscopio*

cromatòforo [comp. di *cromato-* e *-foro* ✱ 1940] **s. m.** • (*biol.*) nei vegetali, plastidio portatore di pigmenti di diverso colore | negli animali, cellula connettivale contenente granuli di pigmento

cromatografìa [comp. di *cromato-* e *-grafia* ✱ 1950] **s. f.** • (*chim.*) insieme di tecniche analitiche intese a separare i componenti di una soluzione liquida o gassosa, sfruttando la loro diversa ripartizione fra due fasi o la loro diversa attitudine a essere adsorbiti su un solido: *c. solido-liquido*; *c. liquido-liquido*; *c. solido-gas*

cromatogràfico [1951] **agg.** (**pl. m.** *-ci*) • (*chim.*) relativo alla cromatografia: *colonna cromatografica*

cromatògrafo [comp. di *cromato* e *-grafo* ✱ 1987] **s. m.** • apparecchio per la cromatografia

cromatóre [1956] **s. m.** (**f.** *-trice*) • chi esegue cromature

cromatùra [1941] **s. f.** **1** operazione del cromare **2** superficie cromata: *le cromature di un'automobile*

cromìa [da *cromo-* ✱ 1942] **s. f.** **1** nella moderna terminologia dei pittori, tonalità di un colore **2** nella fotomeccanica, correzione manuale delle selezioni fotografiche del colore

-cromìa [dal gr. *chrôma* 'colore' (V. *cromato-*)] **secondo elemento** • in parole composte della terminologia scientifica, significa 'colorazione': *policromia, tricromia*

cròmico① [da *cromo* ✱ 1820] **agg.** (**pl. m.** *-ci*) • (*chim.*) detto di composto del cromo trivalente: *cloruro c.* | detto di composto del cromo esavalente | ***acido c.***, acido, inorganico, bibasico, non noto allo stato libero, derivante dall'anidride cromica, di uso industriale

cròmico② [da *cromia* ✱ 1970] **agg.** (**pl. m.** *-ci*) • relativo alla cromia: *intensità cromica*

crominànza [comp. di *crom(o)* e *(lum)inanza* ✱ 1973] **s. f.** • nella tecnica televisiva, grandezza che rappresenta informazioni cromatiche

cromiṣmo [da *cromo* ✱ 1939] **s. m.** • malattia professionale dovuta a intossicazione da cromo

cromìsta [da *cromia* ✱ 1990] **s. m. e f.** (**pl. m.** *-i*) • nella fotomeccanica, chi effettua il lavoro di cromia

cromìte [da *cromo* ✱ 1892] **s. f.** • (*miner.*) spinello contenente cromo in masse metalliche di colore nerastro

cròmlech /ˈkrɔmlek, *ingl.* ˈkrɒmlɛk/ [fr. *cromlech*, di orig. bretone, propr. 'pietra (*lech*) curva (*crom*)' ✱ 1874] **s. m. inv.** (**pl. ingl.** *cromlechs*) • antica costruzione formata da monoliti disposti in cerchio talvolta attorno a una pietra più grande, tipico dell'Europa atlantica

cròmo [fr. *chrome*, dal gr. *chrôma* 'colore', perché i suoi composti sono intensamente colorati ✱ 1817] **A s. m.** • elemento chimico, metallo, grigio-bianco, lucente, duro, fragile, usato per ricoprire e proteggere metalli ossidabili e nella produzione di numerose leghe SIMB. Cr NUM. AT. 24 **B in funzione di agg. inv.** • (posposto a un sost.) detto di ciascuno dei diversi pigmenti gialli, costituiti spec. da cromato di piombo, che hanno colori con sfumature che vanno dal giallo verdastro al giallo rossastro: *giallo c.*

cròmo-, -cromo, -cròmo [dal gr. *chrôma* 'colore' (V. *cromato-*)] **primo e secondo elemento** • in parole composte di origine dotta e della terminologia scientifica, significa 'colore', 'colorazione', 'pigmento', 'sostanza colorante': *cromofotografia, cromoplasto, cromosfera*; *policromo*; *emocromo*

cromòforo [ted. *Chromophor*, comp. di *Chromo-* 'cromo-' e *-phor* '-foro' ✱ 1956] **s. m.** • (*chim.*) gruppo di atomi legati fra loro da legami doppi o tripli, alla cui presenza nella molecola si deve la colorazione di una specie chimica

cromofotografìa [comp. di *cromo-* e *fotografia* ✱ 1892] **s. f.** • (*raro*) fotografia a colori

cromògeno [comp. di *cromo-* e *-geno* ✱ 1956] **agg.** • che genera colore, che provoca colorazione

cromolitografìa [comp. di *cromo-* e *litografia* ✱ 1839] **s. f.** • litografia a colori ottenuta stampando successivamente diverse pietre incise separatamente e colorate ciascuna con un colore diverso

cromolitogràfico [1900] **agg.** (**pl. m.** *-ci*) • relativo alla cromolitografia

cromòmero [comp. di *cromo-* e *-mero* ✱ 1934] **s. m.** **1** (*biol.*) zona densa del cromosoma che si mette in evidenza nel corso della meiosi **2** (*biol.*) porzione centrale, intensamente colorabile, delle piastrine

cromonèma [comp. di *cromo-* e del gr. *nêma* 'filo' ✱ 1964] **s. m.** (**pl.** *-i*) • (*biol.*) sottile filamento osservabile nel cromosoma nel corso delle fasi terminali della mitosi

cromònimo [comp. di *crom(o)-* e *-onimo* ✱ 1984] **s. m.** • (*ling.*) nome di un colore

cromoplàsto [comp. di *cromo-* e *-plasto* ✱ 1906] **s. m.** • (*bot.*) plastidio granuloso, contenente pigmenti colorati di diversa natura, che si può trovare nel citoplasma vegetale

cromoproteìna [comp. di *cromo-* e *proteina* ✱ 1964] **s. f.** • (*chim.*) proteina coniugata il cui gruppo prostetico è colorato SIN. cromoprotide

cromoprotìde [comp. di *cromo-* e *protide* ✱ 1956] **s. m.** • (*chim.*) cromoproteina

cromòrno [fr. *cromorne*, dal ted. *Krummhorn* 'corno ricurvo', comp. di *krumm* 'curvo' e *Horn* 'corno' ✱ 1826] **s. m.** • strumento a fiato in legno della famiglia dell'oboe, con canna ricurva, in uso dal sec. XV al sec. XVIII

cromoscopìa [comp. di *cromo-* e *-scopia* ✱ 1956] **s. f.** • (*med.*) misurazione della percezione del colore

cromoscòpio [comp. di *cromo-* e *-scopio* ✱ 1913] **s. m.** **1** apparecchio per visionare le diapositive a colori ottenute col sistema tricromico **2** cinescopio per televisione a colori

cromosfèra [comp. di *cromo-* e *sfera* ✱ 1892] **s. f.** • (*astron.*) la parte più bassa dell'atmosfera del Sole (e presumibilmente di altre stelle)

cromosfèrico [1963] **agg.** (**pl. m.** *-ci*) • (*astron.*) della cromosfera

cromosòma (o *-ṣ-*) [comp. di *cromo-* e del gr. *sôma* 'corpo' ✱ 1906] **s. m.** (**pl.** *-i*) • (*biol.*) ciascuno degli organuli costituiti da DNA presenti nel nucleo delle cellule, in cui hanno sede i geni portatori dei caratteri ereditari | ***c. sessuale***, legato alla determinazione del sesso | ***cromosomi omologhi***, che, aventi la stessa morfologia e contenenti geni che controllano gli stessi caratteri, si appaiano nella meiosi

cromosòmico [1950] **agg.** (**pl. m.** *-ci*) • relativo ai cromosomi

cromoterapìa [comp. di *cromo-* e *-terapia* ✱ 1966] **s. f.** • trattamento di alcune malattie con onde luminose diversamente colorate ‖ **cromoteràpico**, **agg.** (**pl. m.** *-ci*) relativo a cromoterapia ‖ **cromoterapèuta**, **s. m. e f.** (**pl. m.** *-i*) cromoterapista ‖ **cromoterapèutico**, **agg.** (**pl. m.** *-ci*) cromoterapico ‖ **cromoterapìsta**, **s. m. e f.** (**pl. m.** *-i*) chi pratica la cromoterapia

cromotipìa [comp. di *cromo-* e *-tipia* ✱ 1913] **s. f.** • stampa a colori

♦**crònaca** o †**crònica** [vc. dotta, lat. *chrŏnica*, nt. pl., dal gr. *chroniká* 'annali', nt. pl. di *chronikós*. V. *cronico* ✱ sec. XIII] **s. f.** **1** spec. in epoca medievale, narrazione, perlopiù con intento storico, di fatti registrati secondo l'ordine della loro successione | ***c. monastica***, relativa alla storia di un'abbazia | ***c. domestica***, ricordi di famiglie e di città, usata spec. a Firenze nei secc. XIV e XV | ***c. rimata***, componimento narrativo, spec. in terzine, di contenuto storico **2** correntemente, resoconto, descrizione particolareggiata di fatti o avvenimenti: *ci ha fatto la c. della serata* **3** rubrica giornalistica sugli eventi nazionali e internazionali di maggior interesse: *c. teatrale, giudiziaria, parlamentare, politica* | ***c. cittadina***, o (*assol.*) ***cronaca***, resoconto degli avvenimenti d'interesse cittadino | ***c. nera*** o (*ellitt.*) ***nera***, su delitti, sciagure e sim. | ***c. rosa***, su avvenimenti sentimentali, fidanzamenti, matrimoni e sim. | ***piccola c.***, rubrica con annunci di riunioni, conferenze e sim. | ***fatto, episodio di c.***, rilevante, degno di essere pubblicato per il suo interesse | (*colloq.*) ***per la c.***, espressione usata per introdurre un'informazione che esprime spec. una puntigliosa precisazione: *per la c., le pulizie della casa le ho sempre fatte io* ‖ **cronacàccia**, **pegg.** | **cronachétta**, **dim.**

cronachìṣmo [1917] **s. m.** • modo di narrare i fatti senza prospettiva e valutazione storica, tipico di molti scrittori di cronache (spesso con una connotazione negativa)

cronachìsta o **cronichìsta** [av. 1446] **s. m. e f.** (**pl. m.** *-i*) ● autore di cronache

cronachìstica [da *cronaca* ✱ 1956] **s. f.** **1** studio delle cronache **2** il complesso delle cronache relative a un determinato periodo storico: *la c. del Medioevo*

cronachìstico [1917] **agg.** (**pl. m.** *-ci*) ● che ha i caratteri di una cronaca: *resoconto c.* ‖ **cronachisticaménte**, **avv.**

†**crònica** e deriv. ➤ **cronaca** e deriv.

cronicàrio [da *cronico* ✱ 1950] **s. m.** ● ospedale o reparto per malati cronici

cronicizzàre [1959] **A v. tr.** ● (*raro*) rendere cronico **B cronicizzàrsi v. intr. pron.** ● diventare cronico, assumere carattere di cronicità (*anche fig.*): *la bronchite si è cronicizzata*; *la situazione si sta cronicizzando* ‖ **cronicizzazióne**, **s. f.** (V.)

cronicizzazióne [1956] **s. f.** ● l'assumere il carattere di cronicità, spec. con riferimento a malattie

✦**crònico** [vc. dotta, lat. *chrŏnicu(m)*, dal gr. *chronikós*, da *chrónos* 'tempo', di orig. indeur. ✱ 1561] **A agg.** (**pl. m.** *-ci*) **1** detto di malattia ad andamento prolungato, quindi con scarsa tendenza alla guarigione: *asma, bronchite cronica* CONTR. acuto **2** (*fig.*) persistente, radicato, non più eliminabile: *vizio c.*; *mania cronica* ‖ **cronicaménte**, **avv.** ‖ **cronicità**, **s. f. inv.** **B agg.**; anche **s. m.** (**f.** *-a*) ● che (o chi) è affetto da una malattia cronica

cronìsta [da *cronaca* ✱ av. 1557] **s. m. e f.** (**pl. m.** *-i*) **1** antico scrittore di cronache **2** redattore addetto ai servizi di cronaca di un giornale

cronistòria [comp. del gr. *chrónos* 'tempo' e del lat. *histŏria* 'storia' ✱ 1613] **s. f.** **1** storia che segue strettamente il puro ordine cronologico **2** (*est.*) racconto particolareggiato di fatti e avvenimenti: *fare la c. di un evento*

cròno [vc. dotta, dal gr. *chrónos* 'tempo' ✱ 1974] **A s. m. inv.** ● (*raro*) tempo segnato dal cronometro in una competizione sportiva: *migliorare il proprio c.* **B s. f. inv.** ● (*ellitt.*) gara, corsa a cronometro

cròno-, -crono /'krɔno, krono/ [dal gr. *chrónos* 'tempo', di orig. indeur.] **primo e secondo elemento** ● in parole composte di origine dotta e della terminologia scientifica, significa 'tempo': *cronografia, cronologia, cronometro; sincrono*

cronobiologìa [comp. di *crono-* e *biologia* ✱ 1971] **s. f.** (**pl.** *-gìe*) **1** disciplina che studia la natura temporale e ciclica dei fenomeni biologici **2** studio della durata della vita e dei mezzi per prolungarla

cronofotografìa [comp. di *crono-* e *fotografia* ✱ 1951] **s. f.** ● tecnica per ottenere una serie di fotografie a intervalli prestabiliti

cronografìa ① [vc. dotta, lat. tardo *chronogrăphia(m)*, dal gr. *chronographía*, comp. di *chrónos* 'tempo' e *gráphō* 'io scrivo' ✱ 1395] **s. f.** **1** parte della cronologia che tratta l'esposizione sistematica degli avvenimenti storici e la compilazione di tabelle secondo i vari sistemi di datazione **2** descrizione storica che segue l'ordine cronologico

cronografìa ② [comp. di *crono(metro)* e *-grafia* ✱ sec. XVIII] **s. f.** ● controllo di cronometri

cronogràfico [da *cronografia* ② ✱ 1745] **agg.** (**pl. m.** *-ci*) **1** relativo alla cronografia **2** del cronografo, misurato col cronografo

cronògrafo ① [vc. dotta, lat. tardo *chronŏgraphu(m)*, dal gr. *chronográphos*. V. *cronografia* ① ✱ av. 1555] **s. m.** (**f.** *-a*) ● scrittore di cronografie, di cronache

cronògrafo ② [comp. del gr. *chrónos* 'tempo' (V. *cronico*) e di *-grafo* ✱ 1874] **s. m.** ● cronometro di alta precisione che, oltre a misurare intervalli di tempo, permette di fermarne o registrarne variamente l'indicazione: *c. da polso*; *c. astronomico*

cronogràmma [comp. di *crono-* e *-gramma* ✱ 1797] **s. m.** (**pl.** *-i*) ● data nascosta nelle lettere, corrispondenti a numeri romani (come C, L, D ecc.), di una iscrizione

cronòide [dal gr. *chrónos* 'tempo' (V. *crono-*) ✱ 1970] **A s. m.** ● preparazione farmaceutica che consente un effetto ritardato del farmaco in essa contenuto **B** anche **agg.**: *capsula, disco c.*

cronologìa [vc. dotta, gr. *chronología*, comp. di *chrónos* 'tempo' e *lógos* 'discorso' ✱ av. 1557] **s. f.** (**pl.** *-gìe*) **1** ordinamento in successione nel tempo di determinati fatti: *sbagliare, rispettare la c.* **2** disciplina che studia l'esatta misurazione e determinazione del tempo | (*est.*) libro, scritto di cronologia | ***c. geologica***, geocronologia

cronològico [vc. dotta, gr. *chronologikós*, da *chronología* 'cronologia' ✱ 1613] **agg.** (**pl. m.** *-ci*) ● che riguarda la cronologia | che segue la successione temporale: *ordine c.* ‖ **cronologicaménte**, **avv.** secondo l'ordine cronologico

cronologìsta [1627] **s. m. e f.** (**pl. m.** *-i*) ● studioso di cronologia

cronòlogo [vc. dotta, gr. *chronológos*, da *chronología* 'cronologia' ✱ av. 1639] **s. m.** (**f.** *-a*; **pl. m.** *-gi*) ● cronologista

crònoman /'krɔnomen/ [comp. di *crono(metro)* e dell'ingl. *man* 'uomo' ✱ 1985] **s. m. inv.** (**pl. inv. o pseudo-ingl.** *cronomen*) ● (*sport*) nel ciclismo, corridore specializzato in corse a cronometro

cronometràggio [fr. *chronométrage*, da *chronométrer* 'cronometrare' ✱ 1951] **s. m.** ● operazione e modalità del cronometrare

cronometràre [fr. *chronométrer*, da *chronomètre* 'cronometro' ✱ 1926] **v. tr.** (*io cronòmetro*) ● misurare con precisione il tempo impiegato nello svolgimento di un'azione, una prova sportiva, una fase di fabbricazione e sim. | ***c. i passaggi***, in una gara sportiva, rilevare i tempi intermedi di un concorrente o i distacchi di tempo tra i concorrenti

cronometrìa [comp. del gr. *chrónos* 'tempo' e di *-metria* ✱ 1835] **s. f.** ● branca della metrologia che si occupa della misurazione del tempo

cronomètrico [1941] **agg.** (**pl. m.** *-ci*) **1** relativo alla cronometria: *studi cronometrici* **2** relativo a un cronometro: *misurazione cronometrica* **3** (*fig.*) esatto, puntuale come un cronometro: *con precisione cronometrica* ‖ **cronometricaménte**, **avv.** mediante il cronometro; con precisione cronometrica

cronometrìsta [da *cronometro* ✱ 1908] **s. m. e f.** (**pl. m.** *-i*) ● persona incaricata di misurare i tempi, sia sul piano dell'organizzazione industriale sia sul piano sportivo | ***c. industriale, c. analista***, cronotecnico

cronòmetro [fr. *chronomètre*, comp. del gr. *chrónos* 'tempo' e *métron* 'misura' ✱ 1771] **A s. m.** **1** apparecchio per la misura del tempo | orologio di alta precisione controllata e attestata su apposito certificato **2** (*sport*) cronografo, anche da polso, per allenamenti e gare | ***corsa, tappa a c.***, nel ciclismo, quella in cui i corridori gareggiano singolarmente (o talvolta a squadre), partendo a intervalli regolari, con classifica sulla base del tempo impiegato a compiere il percorso **B s. f. inv.** ● nel ciclismo, gara a cronometro SIN. crono

cronònimo [comp. di *cron(o)-* e *-onimo* ✱ 1985] **s. m.** ● (*ling.*) indicazione o denominazione di date, periodi di tempo, mesi e sim. (per es. *11/10/2011*; o *februarius*)

cronopatologìa [comp. di *crono-* e *patologia* ✱ 1983] **s. f.** (**pl.** *-gìe*) ● studio delle alterazioni dei caratteri biologici temporali in quanto determinanti o risultanti o concomitanti di stati morbosi

cronoprogràmma [comp. di *crono-* e *programma* ✱ 1981] **s. m.** (**pl.** *-i*) ● nella realizzazione di un progetto o in un'attività, diagramma che rappresenta le fasi progressive di svolgimento dei lavori in relazione ai tempi d'esecuzione

cronoscalàta [comp. di *crono-* e *scalata* ✱ 1959] **s. f.** ● (*sport*) nel ciclismo, gara a cronometro in salita

cronoscòpio [comp. di *crono-* e *-scopio* ✱ 1797] **s. m.** ● strumento per la misura di brevi intervalli di tempo CFR. timer

cronostratigrafìa [comp. di *crono-* e *stratigrafia* ✱ 1970] **s. f.** ● ramo della geologia che suddivide le rocce secondo l'ordine cronologico della loro formazione

cronotachìgrafo [comp. di *crono-* e *tachigrafo* ✱ 1877] **s. m.** ● strumento installato su automezzi pesanti allo scopo di controllare la velocità tenuta dal veicolo e i tempi di guida e di riposo dell'autista

cronotàppa [comp. di *crono(metro)* e *tappa* ✱ 1965] **s. f.** ● nel ciclismo, tappa a cronometro

cronotàssi [comp. di *crono-* e *-tassi* ✱ 1813] **s. f. inv.** ● sequenza cronologicamente ordinata, spec. nelle successioni di ecclesiastici: *la c. dei vescovi di una diocesi*

cronotècnica [comp. di *crono-* e *tecnica* ✱ 1987] **s. f.** ● tecnica di rilevazione dei tempi con cronometro e di elaborazione dei dati, per ottenere il valore del tempo normale di lavorazione

cronotècnico [comp. di *crono-* e *tecnico* ✱ 1970] **s. m.** (**f.** *-a*; **pl. m.** *-ci*) ● in un'azienda, chi rileva i tempi di lavorazione, spec. allo scopo di rendere più funzionale l'attività dell'azienda stessa

cronoterapìa [comp. di *crono-* e *terapia* ✱ 1983] **s. f.** ● (*med.*) cura o prevenzione delle malattie con riguardo alle loro caratteristiche temporali

cronotermòstato [comp. di *crono-* e *termostato* ✱ 1986] **s. m.** ● in un impianto di riscaldamento, termostato programmabile per regolare la temperatura durante un periodo di tempo: *c. giornaliero, settimanale*

cronòtopo [comp. di *crono-* e del gr. *tópos* 'luogo' (V. *topografia*) ✱ 1942] **s. m.** **1** (*fis.*) spazio-tempo, cioè l'insieme degli eventi considerati come una coppia costituita da un punto e da un istante **2** nel linguaggio della critica letteraria, la dimensione spazio-temporale del raccontare

cronòtropo [comp. di *crono-* e *-tropo* ✱ 1964] **agg.** **1** detto di fenomeno che si svolge mantenendo un ritmo regolare **2** (*fisiol.*) relativo a modifiche nella frequenza del ritmo cardiaco | ***effetto c. positivo***, quello provocato da sostanze in grado di accelerare il ritmo cardiaco | ***effetto c. negativo***, quello provocato da sostanze in grado di ritardare il ritmo cardiaco

crooner /'kruner, *ingl.* 'kru:nə(r)/ [vc. ingl., dal v. *to croon* 'cantare sommessamente' ✱ 1984] **s. m. e f. inv.** ● cantante di musica leggera che predilige un repertorio melodico

cròquet /'krɔket, *ingl.* 'krəukei/ [vc. ingl., dal fr. *crochet* 'bastone ricurvo' ✱ 1892] **s. m. inv.** ● gioco analogo al golf e all'antico pallamaglio, nel quale si fa passare una pallina sotto archetti, colpendola con un maglio

croquette /*fr.* krɔ'kɛt/ [vc. fr., da *croquer* 'scricchiolare', di orig. onomat. ✱ 1855] **s. f. inv.** ● crocchetta

cròre [vc. ingl., dall'hindi *karōṛ* ✱ 1802] **s. m. inv.** ● nel sistema di numerazione indiano, numero equivalente a 10 milioni

C

croscè **s. m. inv.** • adattamento di *crochet* (V.)

crosciàre [vc. onomat. ✱ 1313] **A** **v. intr.** (**pres.** *io cròscio*; **fut.** *io croscerò*; **aus.** *avere* o *essere*) **1** (*lett.*) produrre un rumore forte e continuato cadendo con violenza, detto della pioggia improvvisa, dell'acqua e sim.: *udrò la guazza con vasto brusio / sulle acacie odorose crosciar* (G. Pascoli) | †gorgogliare, dell'acqua che bolle **2** (*lett.*) frusciare, detto delle foglie secche e sim.: *le foglie crosciano sotto i piedi* | †scoppiettare, strepitare, della legna verde che brucia | (*lett.*) crollare **3** (*lett.*) manifestarsi con violenza, scoppiare, scatenarsi **B** **v. tr.** • †colpire | †scagliare qlco. con violenza

cròscio [1549] **s. m.** • (*lett.*) il crosciare | †*c. di riso*, risata rumorosa

cross① /krɔs, *ingl.* krɒ's/ [vc. ingl., propr. 'croce', dal lat. *crŭce(m)* 'croce' ✱ 1915] **s. m. inv.** (**pl. ingl.** *crosses*) **1** (*sport*) nel calcio, traversone | nel pugilato, gancio | nel tennis, colpo diagonale **2** (*sport*) bastone da hockey su ghiaccio

cross② /krɔs, *ingl.* krɒs/ [1918] **s. m. inv.** **1** accorc. di *cross-country* **2** accorc. di *motocross* | (*est.*) la moto con cui si fa tale gara **3** (*raro*) accorc. di *ciclocross*

crossàrco [comp. del gr. *krossós* 'orlo' e *archós* 'ano' ✱ 1951] **s. m.** (**pl.** *-chi*) • genere di piccoli Mammiferi carnivori africani con pelame ispido, coda corta e muso aguzzo (*Crossarchus*)

crossàre [da *cross*① ✱ 1928] **v. intr.** (*io cròsso*; **aus.** *avere*) • (*sport*) nel calcio, eseguire un tiro diagonale dalle fasce laterali verso l'area di rigore **SIN.** centrare

cross-country /kros'kauntri, *ingl.* 'krɒs-ˌkʌntrɪ/ [vc. ingl. comp. di *cross*① (V.) e *country* (V.), propr. 'attraverso la campagna' ✱ 1918] **s. m. inv.** • (*sport*) nell'ippica, nel ciclismo, nel podismo e nel motociclismo, corsa o gara campestre

cròssdromo /'krɔsdromo, 'krɔz-/ o **crossòdromo**, (*evit.*) **crossdròmo**, (*evit.*) **crossodròmo** [comp. di *cross* (*country*) e *-dromo*, sul modello di *autodromo*, *ippodromo* e sim. ✱ 1983] **s. m.** • circuito per gare di ciclocross o di motocross

crossfàder /kros'feder, *ingl.* 'krɒsˌfeɪdə(r)/ [vc. ingl., comp. di *cross* 'incrociato' e *fader* 'dissolvenza' ✱ sec. XX] **s. m. inv.** • (*elettron.*) dispositivo di controllo di coppie di segnali utilizzato per ottenere effetti di dissolvenza

crossing òver /krossing'over, *ingl.* 'krɒsɪŋˌəʊvə(r)/ [loc. ingl., propr. 'incrocio (dal v. *to cross* 'incrociare', da *cross* 'croce', di orig. lat.) da uno sopra (*over*, di orig. indeur.) l'altro' ✱ 1934] **loc. sost. m. inv.** • (*biol.*) scambio di materiale genetico fra cromosomi omologhi nella meiosi

crossìsta [da *cross*② ✱ 1983] **s. m. e f.** (**pl. m.** *-i*) • (*sport*) chi pratica il cross

crossòdromo ➤ **crossdromo**

Crossopterigi [comp. del gr. *krossós* 'frangia', di orig. indeur., e *pterýgion* 'pinna', dim. di *ptéryx*, genit. *ptérygos* 'ala' (V. *-ttero*) ✱ 1930] **s. m. pl.** (**sing.** *-gio*) • (*zool.*) sottoclasse di Pesci ossei rappresentata da un unico genere vivente, la latimeria (*Crossopterygii*)

crossóver /kros'sover, *ingl.* 'krɒsˌəʊvə(r)/ [vc. ingl., propr. 'incrocio (da *to cross* 'incrociare', deriv. di *cross* 'croce', di orig. lat.) da uno sopra (*over*, di orig. indeur.) l'altro' ✱ 1983] **s. m. inv.** **1** (*fis.*) filtro presente all'interno delle casse acustiche che divide la gamma di frequenze in modo da inviare a ciascun altoparlante solo il gruppo di frequenze che può produrre **2** (*autom.*) berlina di grandi dimensioni che unisce l'aspetto e le caratteristiche di un fuoristrada con quelli di una station wagon **3** episodio di un film, di una serie televisiva o di un videogioco in cui compare un personaggio proveniente da altri film, serie, ecc.

♦**cròsta** [lat. *crŭsta(m)*, di orig. indeur.; nel sign. 7, calco sul fr. *croûte* ✱ av. 1292] **s. f.** **1** strato esterno indurito che ricopre la superficie di alcuni corpi, cibi e sim.: *una c. di ghiaccio sulla strada*; *la c. del pane* | (*est.*) pezzo di pane duro **2** (*fig.*) apparenza, aspetto superficiale che nasconde la realtà: *la sua disinvoltura è solo una c.* **3** (*geol.*) sedimento di origine chimica eluviale, duro, superficiale che si forma quando le acque del terreno abbondano di minerali disciolti | *c. terrestre*, strato superficiale solido della Terra | *in c.*, di terreno diventato compatto in superficie **4** (*med.*) sangue e siero disseccato sopra una ferita: *la ferita ha fatto la c.* | *c. lattea*, eczema sul capo e sul viso del lattante **SIN.** lattime **5** (*zool.*) guscio dei crostacei **6** in conceria, la parte inferiore, meno pregiata, di una pelle conciata sottoposta a spaccatura | *c. scamosciata*, lavorata in modo da imitare la pelle scamosciata **7** *c. di un dipinto*, squama di colore che si stacca da un dipinto antico | (*fig.*, *spreg.*) dipinto, antico o anche recente, privo di valore artistico **8** †crostata ‖ **crosterèlla**, **dim.** | **crosticìna**, **dim.** | **crostìna**, **dim.** | **crostóne**, **accr. m.**

Crostàcei [da *crosta* ✱ av. 1605] **s. m. pl.** (**sing.** *-o*) • (*zool.*) classe di Artropodi per lo più acquatici, con corpo suddiviso in capo, torace e addome (capo e torace spesso fusi nel cefalotorace), due paia di antenne, un paio di mandibole e due paia di mascelle (*Crustacea*)

crostàle [1983] **agg.** • (*geol.*) relativo alla crosta terrestre | *zolla c.*, vasta porzione di superficie terrestre, comprendente mari e terre emerse, stabile al centro e mutevole ai margini

crostàre [lat. *crustāre*, da *crŭsta* 'crosta' ✱ 1855] **v. tr.** (*io cròsto*) • (*raro*) far indurire al fuoco la superficie di alcune vivande, in modo che vi si formi una crosta

crostàta [da *crosta* ✱ sec. XIII] **s. f.** • dolce di pasta frolla cotta al forno e ricoperta di marmellata, frutta o crema ‖ **crostatìna**, **dim.**

crostìno [da *crosta* ✱ av. 1758] **s. m.** • fetta di pane, gener. fritta o abbrustolita, spalmata di composti saporiti e servita spec. come antipasto: *c. di fegato* | (**spec. al pl.**) ciascuno dei dadini di pane spec. in cassetta, abbrustoliti in forno o fritti nel burro, serviti con consommé, zuppe e sim.

cròstolo /'krɔstolo/ [dal lat. *crŭstulu(m)* 'confetto, zuccherino' da *crŭsta(m)* 'crosta' ✱ 1931] **s. m.** • (*cucina*, **spec. al pl.**) nome usato nell'Italia nordorientale per il cencio (V. *cencio* nel sign. 6)

crostóne [da *crosta* ✱ 1769] **s. m.** **1** (*geol.*) formazione in prevalenza calcarea di differente spessore, che si oppone alla penetrazione delle radici nel terreno **2** grossa fetta di pane, che può essere tostata o fritta, su cui poggiano carni, spec. cacciagione ‖ **crostoncìno**, **dim.**

crostóso (o **-ṣo**) [lat. *crustōsu(m)*, da *crŭsta* 'crosta' ✱ 1612] **agg.** • ricoperto di croste | che ha forma di crosta

crotalària [da *crotalo* ✱ 1797] **s. f.** • pianta erbacea annuale delle Leguminose, coltivata spec. in Asia, che fornisce una fibra tessile (*Crotalaria iuncea*)

cròtalo [vc. dotta, lat. *crŏtalu(m)* 'nacchera', dal gr. *krótalon*, da *krótos* 'rumore'; il serpente è detto così dal rumore come di nacchere che producono gli anelli della sua coda ✱ 1485] **s. m.** **1** genere di Rettili cui appartengono numerose specie con apparato velenoso sviluppatissimo e l'estremità della coda munita di un sonaglio formato da anelli cornei articolati l'uno con l'altro (*Crotalus*) | correntemente, serpente a sonagli **2** (*mus.*, **spec. al pl.**) antico strumento simile alle nacchere

cròton o **crotóne** [vc. dotta, lat. *crotōne(m)*, dal gr. *krotṓn* 'zecca', poi 'ricino', per la somiglianza dei semi con l'insetto ✱ 1820] **s. m. inv.** • genere di piante erbacee o legnose delle Euforbiacee con fusto ricoperto di peli o squamoso (*Croton*) | nel linguaggio dei giardinieri, pianta ornamentale delle Euforbiacee con foglie spesse, verdi, screziate di bianco o rosso (*Codiaeum variegatum*)

crotonése /kroto'nese/ (o **-ṣ-**) [1374] **A** **agg.** • di Crotone **B** **s. m. e f.** • abitante o nativo di Crotone

cròtta [vc. dotta, lat. tardo *chrŏtta(m)*, di orig. celtica ✱ 1940] **s. f.** • antico strumento di origine celtica, a corde, simile alla cetra **SIN.** rotta③

cròtto [vc. dial. sett., propr. 'grotta' (stessa etim. dell'it. *grotta*) ✱ av. 1910] **s. m.** • (*sett.*) cantina, osteria

crouch /*ingl.* kraʊtʃ/ [vc. ingl., da *to crouch* 'accovacciarsi', sovrapposizione di *to cringe* 'acquattarsi' (di orig. germ.) a *to couch* 'adagiarsi' (dal fr. *coucher* che deriva dal lat. *collocāre*) ✱ 1951] **s. m. inv.** (**pl. ingl.** *crouches*) • (*raro*) nel pugilato, guardia bassa

croupier /*fr.* kʀu'pje/ [vc. fr., propr. 'colui che è in groppa', poi 'colui che si associa a un altro giocatore', da *croupe* 'groppa', di orig. francone ✱ 1807] **s. m. e f. inv.** (**f. fr.** *croupière*; **pl. m. fr.** *croupiers*; **pl. f. fr.** *croupières*) • nelle case da gioco, chi guida il gioco, manovra la roulette, raccoglie e paga le puntate

†**crovàtta** ➤ **cravatta**

crowdfunding /kraud'fandin(g), *ingl.* ˌkraʊd'fʌndɪŋ/ [vc. ingl., comp. di *crowd* 'folla' e *funding* 'finanziamento' ✱ 2009] **s. m. inv.** • (*econ.*) finanziamento, in genere di progetti di valore sociale o culturale, al quale partecipa un gran numero di soggetti

crowdsourcing /kraud'sursin(g), *ingl.* 'kraʊdˌsɔːsɪŋ/ [vc. ingl., comp. di *crowd* 'moltitudine' e *sourcing* 'origine' ✱ 2006] **s. m. inv.** • (*econ.*) processo produttivo per la realizzazione di un progetto al quale sono chiamati a collaborare gli utenti della rete, in modo da sfruttare la creatività collettiva e ridurre i costi per l'azienda proponente

crown /*ingl.* kraʊn/ [vc. ingl., da *to crown* 'coronare, compensare', dall'ant. fr. *coroner*, a sua volta dal lat. *coronāre* 'coronare' ✱ 1970] **s. m. inv.** • varietà di vetro poco rifrangente e poco dispersivo, i cui componenti principali sono silice, calce e soda

cru /*fr.* kʀy/ [vc. fr., propr. part. pass. di *croître* 'crescere' ✱ 1905] **s. m. inv.** **1** (*enol.*) vigneto che produce vino di alta qualità | (*est.*) il vino stesso prodotto **2** (*est.*) piantagione di caffè o cacao che dà un prodotto pregiato | (*est.*) il caffè o il cacao qui prodotti

†**cruccévole** [da *cruccio* ✱ av. 1292] **agg.** • che si corruccia facilmente **SIN.** ombroso

†**crùccia** ➤ **gruccia**

†**crucciaménto** [da *crucciare* ✱ sec. XIII] **s. m.** • cruccio, preoccupazione

crucciàre [V. *corrucciare* ✱ av. 1250] **A** **v. tr.** (**pres.** *io crùccio*; **fut.** *io crucc erò*) • tormentare, addolorare: *nascondere / non può la passion che dentro il cruccia* (L. Ariosto) **B** **crucciàrsi** **v. intr. pron.** • darsi pena, affliggersi: *si crucciava al pensiero che gli amici lo tradissero* **SIN.** tormentarsi

crucciàto **part. pass.** di *crucciare*; anche **agg.** • nei sign. del v. ‖ **crucciataménte**, **avv.** (*raro*) in modo corrucciato

♦**crùccio** [da *crucciare* ✱ av. 1294] **s. m.** **1** tormento, afflizione **SIN.** corruccio | *darsi, prendersi c.*, tormentarsi, affliggersi | briga, seccatura, fastidio: *avere molti crucci* **2** †gesto di sdegno, ira e sim.: *uomo di sangue e di crucci* (Dante *Inf.* XXIV, 129)

SFUMATURE DI SIGNIFICATO
cruccio - tormento
Cruccio è un problema da risolvere che causa fastidio piuttosto che vera preoccupazione o dolore. **Tormento** è una grande pena, un dolore spirituale di grave entità, un pensiero insistente che affligge; iperbolicamente può essere usato per descrivere qualcosa o qualcuno che molesta, che infastidisce continuamente.

crucciόso (o -ṣ-) [da *cruccio* ✱ 1287] **agg.** **1** (*lett.*) che si cruccia **2** †addolorato, afflitto: *di che ella fu crucciosa oltre modo* (G. BOCCACCIO) ‖ **crucciosaménte**, **avv.** (*raro*) con cruccio; irosamente

crùcco [croato *kruh* 'pane': il n. in orig. venne usato per gli slavi del sud ✱ 1947] **s. m.** (**f.** *-a*; **pl. m.** *-chi*); **anche agg.** ● (*spreg.*) tedesco

cruciàle [ingl. *crucial*, dal lat. *crŭx*, genit. *crŭcis* 'croce'; *cruciale* è il punto o il momento in cui si deve fare una scelta ed è detto così dalle croci che indicano una direzione nei crocevia ✱ 1919] **agg.** ● decisivo, critico: *punto, momento c.* ‖ **crucialità**, **s. f. inv.**

†**cruciaménto** [vc. dotta, lat. *cruciamĕntu(m)*, da *cruciāre* 'cruciare' ✱ av. 1446] **s. m.** ● grave tormento

cruciàre [vc. dotta, lat. *cruciāre* 'mettere in croce', da *crŭx*, genit. *crŭcis* 'croce' ✱ av. 1292] **A** **v. tr.** (**pres.** *io crùcio*; **fut.** *io crucerò*) ● (*lett.*) tormentare, angustiare: *non potranno fuggire che il desiderio di un'immensa felicità … non li punga e cruci* (G. LEOPARDI) **B** **cruciàrsi** **v. rifl.** ● †affliggersi, angustiarsi

†**cruciàto** [vc. dotta, lat. *cruciātu(m)* 'tormento', da *cruciāre* 'tormentare', da *crŭx*, genit. *crŭcis* 'croce' ✱ av. 1294] **s. m.** ● tormento, grande dolore: *chi è in delitto ha … maggiore c. da se medesimo* (F. GUICCIARDINI)

Crucìfere ➤ **Crocifere**

crucìfero ➤ **crocifero**

✦**crucìfige** [vc. lat., seconda pers. imperat. pres. di *crucifigere* 'crocifiggere' ✱ av. 1306] **s. m. inv.** ● grido di coloro che vollero il supplizio di Gesù | (*fig.*) persecuzione cieca, condanna faziosa | ***gridare il c.***, dare addosso a qlcu.

†**crucifìggere** e deriv. ➤ **crocifiggere** e deriv.

crucifórme o **crocifórme** [comp. del lat. *crŭx*, genit. *crŭcis* 'croce' e di *-forme* ✱ 1745] **agg.** ● fatto a forma di croce | (*archit.*) ***pianta c.***, a croce latina o greca | ***pilastro c.***, tipico dell'architettura romanica, quadrangolare con una semicolonna o una lesena addossata a ognuna delle facce

†**crucìgero** ➤ **crocigero**

crucivèrba [forma corrispondente a 'parole crociate'®; comp. del lat. *crŭx*, genit. *crŭcis* 'croce' e *vĕrba*, nt. pl. di *vĕrbum* 'parola' ✱ 1927] **s. m. inv.** ● gioco enigmistico consistente nel trovare, in base alle definizioni date, parole le cui lettere si inseriscono in caselle disposte in colonne che si incrociano tra loro

cruciverbista [1963] **s. m. e f.** (**pl. m.** *-i*) ● autore di cruciverba | chi risolve cruciverba

✦**crudèle** [lat. *crudēle(m)*, da *crūdus* 'crudo, crudele' ✱ 1250 ca.] **agg.** (**f.** †*-a*) **1** di persona che non prova pietà o rimorso nel procurare sofferenza agli altri: *uomo, tiranno, principe c.*; *persona, donna c.*; *è stato c. con voi*; *sono stati crudeli nei confronti di una persona indifesa, verso un animale* | (*est.*) insensibile, senza pietà: *cuore, animo c.* **SIN.** disumano, duro, spietato **2** che provoca afflizione, dolore, sofferenza: *morte c.*; *tormento, supplizio c.*; *spasimi crudeli* | infausto, avverso: *destino, fato, sorte c.*; *età, natura c.* **SIN.** doloroso, penoso, tormentoso ‖ **crudelàccio**, **pegg.** ‖ †**crudeleménte**, **crudelménte**, **avv.** con crudeltà

SFUMATURE DI SIGNIFICATO
crudele - sadico - malvagio - spietato
Crudele è chi non ha pietà o rimorso nel far soffrire gli altri. Se l'esercizio della crudeltà provoca in chi la esercita addirittura un piacere, costui si definisce **sadico**. **Malvagio** suggerisce invece un'idea di malizia particolare. La sfumatura che **spietato** aggiunge a *malvagio* è quella dell'assenza totale di pietà, dell'inesorabilità nel compiere il male.

crudeltà o †**crudeltàde**, †**crudeltàte**, †**crudelità**, †**crudelitàde**, †**crudelitàte** [lat. *crudelitāte(m)*, da *crudēlis* 'crudele' ✱ 1261 ca.] **s. f. inv.** **1** caratteristica di chi (o di ciò che) è crudele: *la c. di un tiranno*; *la c. di un delitto*; *punire, trattare con c.*; *c. mentale* **SIN.** brutalità, ferocia **2** atto crudele: *compiere, commettere una c.*; *è stata una c. trattarlo in quel modo* **SIN.** barbarie | ***senza c.***, detto di cosmetico non testato su animali e prodotto con ingredienti non testati su animali **3** (*fig.*) †crudezza: *la c. del clima*

crudézza [av. 1327] **s. f.** **1** (*lett.*) caratteristica di ciò che è crudo (**anche fig.**): *la c. di un cibo, dell'acqua, di un suono* **2** rigidezza, inclemenza del clima **3** (*fig.*) asprezza, durezza: *la c. di un rimprovero, di una richiesta, di una risposta* | realismo eccessivo, mancanza di delicatezza: *la c. delle scene di un film*; *un linguaggio di grande c.* | (*fig.*) ***c. d'animo***, eccessiva severità

crudịsmo [comp. di *crud(o)* e *-ismo* ✱ 1939] **s. m.** ● alimentazione a base esclusivamente di cibi crudi **SIN.** crudivorismo

crudista [1939] **A** **s. m. e f.**; **anche agg.** (**pl. m.** *-i*) ● chi (o che) si nutre soltanto di cibi crudi **B** **agg.** ● che è costituito unicamente da cibi crudi: *alimentazione, dieta crudista*

crudità [vc. dotta, lat. *cruditāte(m)*, da *crūdus* 'crudo'; nel sign. 3, per influsso del fr. *crudités* ✱ av. 1342] **s. f. inv.** **1** †crudezza: *c. di un cibo* **2** (*raro, lett., fig.*) asprezza, durezza: *il tono nella sua c. è severo* (F. DE SANCTIS) **3** (**al pl.**) verdure quali carote, sedani, finocchi, carciofi e alcuni tipi di insalate adatte a essere mangiate crude | (*est.*) pietanza a base di pesce crudo, servita spec. come antipasto: *c. di gamberetti, di scampi*

crudivorịsmo [comp. di *crudivor(o)* e *-ismo* ✱ 1950] **s. m.** ● crudismo

crudìvoro [da *crudo*, sul modello di *carnivoro* ✱ av. 1729] **agg.** ● (*raro*) che si nutre di cibi crudi o (*lett.*) di carne cruda: *lupi crudivori*

✦**crùdo** [vc. dotta, lat. *crūdu(m)* 'sanguinante', poi 'crudo, crudele', da *crŭor* 'sangue'. V. *cruore* ✱ 1258] **A** **agg.** **1** non sottoposto all'azione del fuoco o del calore: *verdura, carne cruda* | non cotto a sufficienza: *minestra, pietanza cruda* | acerbo, non maturo: *frutta cruda*; *nespole crude* | ***vino c.***, vino ancora giovane, disarmonico, non affinato | ***seta cruda***, non bollita e non atta quindi alla tintura | ***mattoni crudi***, seccati al sole | ***argilla cruda***, non cotta al fuoco | ***ferro c.***, non del tutto raffinato, ferraccio | (*fig.*) ***farne di cotte e di crude***, commetterne di tutti i colori | ***non patire qlco. né cotta né cruda***, non poterla sopportare **CONTR.** cotto **2** rigido, inclemente: *clima, inverno c.*; *stagione cruda* **3** detto di acqua che contiene anidride carbonica o sostanze minerali e, fra queste, spec. sali di calcio e magnesio **4** spiacevole all'udito per asprezza, detto di suoni e sim. **5** (*fig.*) brusco, reciso, aspro: *tono c.*; *risposta cruda*; *parole crude* | ***nudo e c.***, (*fig.*) schietto, privo di abbellimenti: *questa è la verità nuda e cruda*; †privo di mezzi, poverissimo: *restò nudo e c.* | (*lett.*) spietato, crudele, inumano: *una cruda condanna*; *sparve del c. Scita il fiero stuolo* (V. COLONNA) **6** (*poet., fig.*) aspro, selvaggio, detto di luogo: *nel c. sasso intra Tevero e Arno* (DANTE *Par.* XI, 106) | (*raro, lett.*) rozzo, rustico **7** (*fig.*) †restio, indocile: *per essere al dover le genti crude* (DANTE *Par.* IX, 48) ‖ **crudétto**, **dim.** | **crudino**, **dim.** ‖ **crudaménte**, **avv.** con crudezza **B** **s. m.** ● (*colloq.*) prosciutto crudo: *due etti di c.*

crùelty-free /'kruelti fri, *ingl.* ˌkruːəltɪ'friː/ [vc. ingl., propr. 'esente (*free*) da crudeltà (*cruelty*)' ✱ 1990] **agg. inv.** ● senza crudeltà (V. *crudeltà* nel sign. 2)

cruentàre [vc. dotta, lat. *cruentāre*, da *cruĕntus* 'cruento' ✱ 1395] **v. tr.** (*io cruènto*) ● (*lett.*) insanguinare

✦**cruènto** [vc. dotta, lat. *cruĕntu(m)*, da *crŭor* 'sangue'. V. *cruore* ✱ av. 1357] **agg.** **1** che comporta spargimento di sangue: *battaglia cruenta*; *operazione chirurgica cruenta* | (*raro, lett.*) insanguinato: *campo di battaglia c.* **2** (*lett., fig.*) feroce, bellicoso

crùise /kruiz, *ingl.* kruːz/ [vc. ingl., propr. 'crociera' ✱ 1979] **s. m. inv.** ● (*milit.*) missile mosso da un turboreattore a doppio flusso a velocità subsonica, fornito di un sistema di autoguida con volo preprogrammato, dotato di caratteristiche tecniche che gli consentono di raggiungere obiettivi terrestri e navali eludendo l'intercettazione da parte dei sistemi difensivi nemici

crùiser /'kruizer, *ingl.* 'kruːzə(r)/ [vc. ingl., da *to cruise* 'incrociare, navigare avanti e indietro mantenendosi nello stesso tratto di mare', dal neerl. *kruisen* 'incrociare', da *kruis* 'croce', dal lat. *crŭce(m)* 'croce' ✱ 1906] **s. m. inv.** ● imbarcazione a motore da crociera dotata di sistemazioni interne per la vita a bordo di più persone

crumble /'krambol, *ingl.* 'krʌmb(ə)l/ [vc. ingl. 'impasto sbriciolato' ✱ 1981] **s. m. inv.** ● (*cucina*) preparazione dolce o salata consistente in uno strato di frutta o di verdura ricoperto da uno strato di pasta sbriciolata e dorato al forno

crumiràggio [1901] **s. m.** ● comportamento da crumiro

crumìro o (*disus.*) **krumiro** [fr. *kroumir*, dal n. di un popolo della Tunisia, le cui ribellioni e scorrerie diedero alla Francia il pretesto di occupare quella regione ✱ 1900] **s. m.** (**f.** *-a*) ● (*spreg.*) lavoratore che rifiuta di scioperare o accetta di lavorare in luogo degli scioperanti

crùna [lat. *corōna(m)* (?). V. *corona* ✱ av. 1292] **s. f.** **1** piccolo foro all'estremità di un ago da cucire, attraverso il quale si fa passare il filo **2** (*fig., lett.*) passaggio stretto e difficile

crunch /krantʃ, *ingl.* krʌntʃ/ [vc. ingl., propr. 'scricchiolio' ✱ 1923] **A** **inter.**; **anche s. m. inv.** ● riproduce, spec. nella forma ripetuta *crunch crunch*, il rumore di qlco. che scricchiola: *il c. c. delle patatine sotto i denti* **B** **s. m. inv.** ● ginnastica per il rafforzamento degli addominali che consiste nell'alzare e abbassare lentamente il busto dalla posizione sdraiata, tenendo le mani appoggiate alla nuca

cruòre [vc. dotta, lat. *cruōre(m)*, dalla radice indeur. **kreu* 'sangue' ✱ av. 1420] **s. m.** ● (*lett.*) sangue che sta per coagularsi | (*est., poet.*) sangue

crup o **grup**, **grùppe** [dall'ingl. *croup*, di orig. onomat. ✱ 1840] **s. m. inv.** ● (*med.*) tosse abbaiante, disfonia, dispnea da ostruzione acuta della laringe; comune nei bambini fra il primo e il terzo anno di vita, è causata da allergia, infezioni (difterite), corpi estranei e sim.

crupàle [1887] **agg.** ● (*med.*) relativo a crup

cruràle [vc. dotta, lat. *crurāle(m)*, da *crūs*, genit. *crūris* 'gamba', di etim. incerta ✱ av. 1673] **agg.** ● (*anat.*) relativo alla gamba o alla coscia

crùsca [germ. **krūsca*. L'Accademia fu detta così perché fondata con l'intento di separare le parole non buone da quelle di uso puro, come si

C

cerne la farina dalla crusca ✱ 1287] **s. f. 1** residuo della macinazione dei cereali costituito dagli strati più esterni dei semi separati da quasi tutta la farina | ***vendere c. per farina***, (*fig.*) ingannare **2** titolo e sede dell'Accademia sorta a Firenze nel XVI sec. col proposito di salvaguardare la purezza della lingua, e tuttora esistente | ***vocabolario della Crusca***, o (*assol.*) ***la Crusca***, vocabolario compilato dagli Accademici | ***edizione di Crusca***, testo letterario accettato dall'Accademia come materiale di spoglio per il suo vocabolario **3** (*disus.*) lentiggini

cruscaiòlo [av. 1828] **s. m.** (**f.** *-a*) **1** (*raro*) venditore di crusca **2** (*spreg.*) cruscante

cruscànte [1602] **A s. m. e f.** ● accademico della Crusca **B agg. e s. m. e f. 1** che (o chi) è ligio ai criteri puristici dell'Accademia della Crusca **2** (*scherz.*) linguista pedante e accademico

cruscàta [1536] **s. f. 1** (*lett.*, *raro*) discorso o scritto basato sui dettami dell'Accademia della Crusca (*spec. spreg.*) **2** adunata dell'Accademia della Crusca

cruscheggiàre [av. 1704] **v. intr.** (**pres.** *io cruschéggio*; **fut.** *io cruscheggerò*; **aus.** *avere*) ● (*lett.*) parlare o scrivere con voci o modi linguistici approvati dalla Crusca

cruschèllo [da *crusca* ✱ 1612] **s. m.** ● crusca più minuta e ricca di proteine che si dà come mangime ai vitelli, alle mucche, ai cavalli **SIN.** tritello

cruscherèllo [da *crusca* ✱ 1865] **s. m. 1** cruschello **2** (*disus.*) gioco infantile consistente nella ricerca di monete nascoste in alcuni mucchietti di crusca assegnati a sorte

cruschésco [av. 1704] **agg.** (**pl. m.** *-schi*) ● che è tipico della Crusca o dei cruscanti

cruschévole [av. 1646] **agg.** ● (*iron.*) che rispetta le norme di purezza linguistica dell'Accademia della Crusca || **cruschevolménte**, **avv.** alla maniera della Crusca

cruscóne [da *crusca* ✱ av. 1565] **s. m. 1** crusca molto grossa, del tutto priva di farina **2** (*scherz.*) accademico della Crusca

cruscóso (o **-ṣo**) [sec. XIV] **agg. 1** pieno di crusca **2** (*fig.*, *tosc.*) lentigginoso

cruscòtto [etim. incerta; in orig. 'riparo nel mulino per non ricevere addosso la crusca' (?) ✱ 1870] **s. m. 1** pannello dove sono situati gli strumenti di guida e di comando di un veicolo **2** nelle carrozze, luogo in cui i cocchieri poggiavano i piedi

crux /*lat.* kruks/ [vc. lat. propr. 'croce'] **s. f. inv.** (**pl. lat.** *cruces*) ● in filologia, simbolo grafico a forma di croce inserito nel testo a indicare un luogo di impossibile ricostruzione | porzione di testo indicata da tale segno

cruzéiro /*portog.* kru'zʌiru, -eiru/ [portog., da *cruz* 'croce' ✱ 1950] **s. m. inv.** (**pl. portog.** *cruzeiros*) ● (*econ.*) vecchia unità monetaria del Brasile, sostituita dal real

crỳpton ➤ **cripto**

csar e deriv. ➤ **zar** e deriv.

csárdás /*ungherese* 'tʃa:rda:ʃ/ [ungherese *csárdás* 'danza che si esegue in una osteria', da *csárda* 'osteria' ✱ 1892] **s. f. inv.** ● ciarda

csi ● V. **xi**

ctenìdio [dal gr. *ktéis*, genit. *ktenós* 'pettine' (di orig. indeur.) col suff. dim. gr. *-ídion*: detto così dalla forma a doppio pettine ✱ 1956] **s. m.** (**pl.** *-i* o *raro -ii*) ● (*zool.*) branchia di molti Molluschi, a forma di penna o di pettine

Ctenòfori [comp. del gr. *ktéis*, genit. *ktenós* 'pettine' e di *-foro* ✱ 1820] **s. m. pl.** (**sing.** *-o*) ● (*zool.*) tipo di invertebrati marini ermafroditi con corpo globoso e gelatinoso e otto serie di lamelle il cui movimento ritmico permette la locomozione (*Ctenophora*)

ctònico [vc. dotta, dal gr. *chthṓn* ✱ 1987] **agg.** (**pl. m.** *-ci*) ● (*lett.*) ctonio, sotterraneo: *divinità ctoniche*

ctònio [gr. *chthónios*, agg. di *chthṓn*, genit. *chthonós* 'terra' (di orig. indeur.) ✱ 1830] **agg.** ● (*lett.*) sotterraneo, detto delle divinità della mitologia greca

-ctono [dal gr. *chthṓn*, genit. *chthonós* 'terra'] **secondo elemento** ● in parole composte della terminologia dotta o scientifica, significa 'terra, luogo d'origine': *autoctono*

cu /ku*/ **s. f. o m. inv.** ● nome della lettera *q* **SIN.** qu

cuas /kwas/ **s. m. inv.** ● adattamento di *kvas* (V.)

cùba [arabo *qubba* 'volta, edificio a volta' ✱ 1340 ca.] **s. f.** ● cupola | costruzione a forma di cupola

†**cubàbile** [da *cubo* ✱ av. 1703] **agg.** ● (*mat.*) che si può ridurre a cubo

cubàita [arabo *qubbayṭ*, mandorlato ✱ 1956] **s. f.** ● croccante a base di miele e semi di sesamo, specialità siciliana di origine araba

cuba libre /*sp.* 'kuβa 'liβre/ [loc. sp., propr. 'Cuba libera' (ma anche 'bevitore libero') ✱ 1949] **loc. sost. m. inv.** ● bevanda composta di rum e coca cola

cubàno [1896] **A agg.** ● di Cuba: *popolazione cubana* **B s. m. 1** (**f.** *-a*) abitante o nativo di Cuba **2** sigaro confezionato con tabacco avana

†**cubàre**① [vc. dotta, lat. *cubāre*. V. *covare* ✱ 1321] **v. intr.** (**aus.** *essere*) e †**cubàrsi v. intr. pron.** ● giacere, riposare

cubàre② [da *cubo* ✱ 1778] **v. tr.** ● (*mat.*) calcolare la terza potenza di un numero | calcolare il volume d'un solido

cubatùra [da *cubare*② ✱ 1748] **s. f.** ● misura e calcolo di un volume

cubèbe [arabo *kabāba*, di provenienza cinese ✱ 1310] **s. m. 1** arbusto rampicante delle Piperacee i cui frutti immaturi sono simili ai grani del pepe (*Piper cubeba*) **2** frutto di tale arbusto

cubettatrìce [1987] **s. f.** ● macchina per confezionare in forma di cubetti prodotti alimentari, mangimi e sim.

cubettìsta [1956] **s. m. e f.** (**pl. m.** *-i*) ● operaio tagliatore che frantuma e riduce in cubetti granito, porfido e sim.

cubétto [1769] **s. m. 1** dim. di *cubo*, nel sign. 1 **2** piccolo oggetto a forma di cubo: *un c. di ghiaccio, di marmo* || **cubettìno**, **dim.**

cubia o (*lett.*) **escubia** [etim. incerta ✱ 1797] **s. f.** ● (*mar.*) foro nella murata attraverso cui passano le cime d'ormeggio o la catena dell'ancora: *occhio di c.*

cùbica [f. sost. di *cubico* ✱ 1701] **s. f.** ● (*mat.*) curva algebrica del terzo ordine

cùbico [vc. dotta, lat. tardo *cŭbicu(m)*, dal gr. *kybikós*, da *kýbos* 'cubo' ✱ av. 1374] **agg.** (**pl. m.** *-ci*) **1** che ha forma di cubo: *cassette cubiche* **2** (*mat.*) di terzo grado, relativo alla terza potenza: *equazione, radice cubica* | detto di ente nel quale compaiono con particolare importanza delle terze potenze | elevato alla terza potenza: *centimetro c.* **SIN.** cubo **3** (*miner.*) ***sistema c.***, sistema cristallino caratterizzato da tre assi cristallografici ortogonali tra loro con i tre parametri uguali || **cubicità**, **s. f. inv.** caratteristica di ciò che è cubico; forma cubica

cubicolàrio o **cubiculàrio** [vc. dotta, lat. *cubiculāriu(m)*, da *cubĭculum* 'cubicolo' ✱ 1303] **s. m. 1** nella Roma antica, schiavo addetto ai servizi della camera e dell'anticamera **2** anticamente, cameriere del Papa e di alti prelati

cubìcolo o **cubìculo** [vc. dotta, lat. *cubĭculu(m)*, da *cubāre*. V. *covare* ✱ 1325] **s. m. 1** nell'antica casa romana, stanza da letto | nelle catacombe, vano rettangolare destinato ad uso sepolcrale **2** anticamente, cella che accoglieva gli ergastolani

cubiculàrio ➤ **cubicolario**

cubìculo ➤ **cubicolo**

cubifórme [comp. di *cubo* e *-forme* ✱ av. 1673] **agg.** ● a forma di cubo | (*anat.*) ***osso c.***, cuboide

†**cubile** ➤ **covile**

cubilòtto [fr. *cubilot*, di etim. incerta ✱ 1942] **s. m.** ● (*metall.*) forno cilindrico, verticale, usato per fondere metalli, spec. ghisa, e in cui il calore viene fornito dalla combustione di coke sistemato a strati alternati con pezzi di metallo

cubìṣmo [fr. *cubisme*, da *cube* 'cubo', vc. coniata da Matisse davanti a un quadro di Braque che rappresentava alcune case a cubo ✱ 1913] **s. m.** ● movimento affermatosi nelle arti figurative all'inizio del XX sec., caratterizzato da un'esasperata scomposizione delle figure umane e degli oggetti in forme geometriche, secondo un canone di struttura spaziale che annulla le leggi della prospettiva classica

cubista① [fr. *cubiste*, da *cubisme* 'cubismo' ✱ 1912] **A agg.** (**pl. m.** *-i*) ● del cubismo: *quadro, movimento c.* **B s. m. e f.** ● artista che segue il cubismo

cubista② [da *cubo* ✱ 1995] **s. m. e f.** (**pl. m.** *-i*) ● nelle discoteche, chi per professione balla su un cubo (V. *cubo* nel sign. 3)

cubìstico [da *cubista* ✱ av. 1964] **agg.** (**pl. m.** *-ci*) ● relativo al cubismo e ai cubisti

cubitàle [vc. dotta, lat. *cubitāle(m)* 'alto un cubito', da *cŭbitum* 'cubito' ✱ 1499] **agg. 1** (*anat.*) del cubito **SIN.** ulnare **2** (*est.*) di grandi dimensioni, enorme: *titolo a lettere cubitali*

cubitièra [da *cubito* ✱ 1959] **s. f.** ● parte dell'armatura che protegge il gomito, congiunta a snodo con i due cannoni del bracciale

cubitière s. m. ● cubitiera

cùbito [vc. dotta, lat. *cŭbitu(m)* 'gomito', poi 'unità di misura', di orig. preindeur. ✱ 1258] **s. m. 1** (*lett.*) gomito: ... *insino al c., mostravano ignude le candidissime braccia* (I. SANNAZARO) **2** (*anat.*) ulna **3** antica unità di misura di lunghezza

cùbo [vc. dotta, lat. *cŭbu(m)*, dal gr. *kýbos* 'dado', di orig. straniera (?) ✱ av. 1374] **A s. m. 1** (*mat.*) poliedro regolare con sei facce quadrate uguali **2** (*est.*) qualsiasi oggetto che ha tale forma: *un c. di granito* | (*est.*) nel gergo delle caserme, il letto perfettamente rifatto | ***c. magico, c. di Rubik***, gioco costituito da un cubo di plastica, a sua volta formato da un insieme snodabile di cubi multicolori di minor dimensione, le cui facce vanno ricomposte secondo modelli prestabiliti **3** nelle discoteche, struttura sopraelevata, generalmente cubica, sulla cui piattaforma balla chi desidera esibirsi o chi è ingaggiato per intrattenere il pubblico **4** (*mat.*) terza potenza: *elevare al c.*; *dieci al c.* | ***c. perfetto***, numero, o funzione razionale, che sia il cubo di un numero intero, di un'altra funzione razionale **B agg.** ● cubico: *metro c.* || **cubétto**, **dim.** (V.) | **cubicìno**, **dim.**

cubòide [vc. dotta, gr. *kyboeidḗs* 'simile a un cubo', comp. di *kýbos* 'dado' e *-eidḗs* '-oide' ✱ av. 1673] **A agg.** ● che ha pressappoco la forma di cubo **B s. m.** ● (*anat.*) osso del tarso

cucaràcha /kuka'ratʃa, *sp.* kuka'ratʃa/ [vc. sp., propr. 'scarafaggio' (poi 'plebe'), da *cuca* 'larva di farfalla', vc. di orig. espressiva ✱ 1936] **s. f. inv.** (**pl. sp.** *cucarachas*) ● danza messicana e musica che la accompagna

♣**cuccàgna** [provenz. *cocanha*, dal got. **kōka* 'torta' ✱ av. 1449] **s. f. 1** (anche con iniziale maiuscola) paese favoloso in cui regnano delizie di ogni genere: *fagiani e starne che piovono cotti nel paese di C.* (G. GALILEI) | (*est.*) luogo in cui ognuno vive lietamente e senza pensieri **2** caso, evento fortunato, occasione favorevole e sim.: *che c.!* | (*raro*) cibo delizioso, leccornia | ***albero della c.***, nelle feste paesane, palo insaponato alla cui sommità sono appesi premi vari destinati a chi, arrampicandosi, riesce a impadronirsene **3** vita piacevole e allegra vissuta senza difficoltà: *trovare la c.*; *è finita la c.*; *durava questa bella c. di baloccarsi e di divertirsi* (C. COLLODI)

SFUMATURE DI SIGNIFICATO

cuccagna - pacchia - manna

Cuccagna è originariamente un paese immaginario dove c'è una grande abbondanza di cibi, bevande, e ogni altro genere di piaceri e divertimenti; in uso estensivo descrive una condizione di vita facile, nella quale le cose si ottengono senza alcuna fatica. In questo significato suo sinonimo è **pacchia**. Significato lievemente diverso ha **manna**, letteralmente il cibo che Dio fece piovere dal cielo per nutrire gli Ebrei in fuga dall'Egitto, in senso figurato un aiuto inaspettato, un beneficio prezioso e insperato.

cuccàre [da *cucco*① ✱ 1753] **A** **v. tr.** (*io cùcco, tu cùcchi*) **1** (*colloq.*) ingannare, abbindolare **2** (*colloq.*) prendere, beccare, cogliere sul fatto **3** (*gerg.*, *spec. assol.*) fare conquiste amorose, rimorchiare: *è uno che cucca* **4** (*centr.*, *fam.*) portare via: *si è fatto c. il motorino* | costringere a sborsare: *gli hanno cuccato i soldi della cena* **B** **cuccàrsi** **v. tr. pron.** (**aus.** *essere*) ● (*colloq.*) prendersi, beccarsi: *si sono cuccati tutte le proteste*; *cuccarsi l'influenza* | (*fam.*) sopportare controvoglia: *è lei che si cucca sempre i nipoti*

cuccétta [1853] **s. f.** **1** dim. di *cuccia*② **2** lettino isolato, o sovrapposto a un altro uguale, nelle cabine delle navi, sui treni e sim. **3** (*zootec.*) comparto per il riposo di un singolo bovino all'interno di una stalla in cui questo può entrare e uscire liberamente

cuccettìsta [1980] **s. m.** e **f.** (**pl. m.** *-i*) ● ferroviere addetto ai servizi di cuccetta

cucchiàia o (*centr.*, *merid.*) **cucchiàra** [da *cucchiaio* ✱ 1287] **s. f.** **1** grosso cucchiaio usato di solito per schiumare olio, brodo, vino e sim. | cazzuola da muratore **2** parte terminale della draga mossa da ruote e guide che morde il fondo rimuovendo fango e detriti | ***c. da pece***, grande ramaiuolo usato dai calafati **3** attrezzo con cui si estraggono i detriti di roccia dal fondo dei fori di sonda: *c. semplice*; *c. ad aspirazione*

cucchiaiàta o (*centr.*, *merid.*) **cucchiaràta** [1552] **s. f.** ● quantità di cibo o di liquido contenuta in un cucchiaio: *una c. di minestra, di gelato*

cucchiaìno [av. 1764] **s. m.** **1** dim. di *cucchiaio*: *c. da caffè* | (*fig.*, *colloq.*) ***raccogliere qlcu. col c.***, soccorrerlo mentre è sfinito, stremato **2** piccola cazzuola per stuccare o rifinire **3** (*pesca*) esca metallica, usata per la pesca al lancio, fornita di ami semplici o ancorette: *c. rotante*, *c. ondulante*

♦**cucchiàio** o (*centr.*, *merid.*) **cucchiàro** [lat. *cochleāriu(m)*, da *cŏchlea* 'chiocciola', perché in orig. serviva per mangiare le chiocciole ✱ av. 1388] **s. m.** (**pl.** *-ai*) **1** posata, solitamente in metallo, formata da una paletta ovale e concava con manico, con cui si porta alla bocca il cibo più o meno liquido: *c. d'argento, di nichel, d'avorio, di legno* | ***dolce al c.***, V. *dolce* nel sign. B 2 | ***da raccattare, da raccogliere, col c.***, (*fig.*) di persona fisicamente distrutta **2** specie di cassa cubica aperta da un lato e munita nella parte inferiore di grosse e forti punte di acciaio, che le macchine escavatrici fanno penetrare nel terreno da rimuovere **3** cucchiaiata: *un c. di brodo* **4** in varie tecnologie, utensile di dimensioni varie e di forma analoga a quella di un cucchiaio: *il c. della turbina* **5** nel calcio, pallonetto eseguito con un colpo secco da sotto, che scavalca il portiere ‖ **cucchiaìno**, **dim.** (V.) | **cucchiaióne**, **accr.** (V.)

cucchiaióne [1588] **s. m.** **1** accr. di *cucchiaio* **2** cucchiaio grande per versare la minestra dalla zuppiera nei piatti **3** utensile a forma di cucchiaio per schiumare l'olio appena centrifugato

cucchiàro e deriv. ➤ **cucchiaio** e deriv.

cùccia① [f. di *cuccio*① ✱ 1320] **s. f.** (**pl.** *-ce*) ● (*lett.*) cucciola, cagnolina: *vergine c., de le Grazie alunna* (G. PARINI)

♦**cùccia**② [fr. *couche*, da *coucher* 'cucciare' ✱ sec. XIV] **s. f.** (**pl.** *-ce*) **1** giaciglio del cane | ***a c.!***, ordine che si dà al cane perché vada o stia a cuccia oppure (*fig.*, *scherz.*) a persona perché non si muova, o taccia **2** (*fig.*, *lett.*) letto: *quando io sazio di riposo / di mia c. uscia* (V. MONTI) | (*fam.*) letto, giaciglio | ***andare, stare a c.***, a dormire ‖ **cuccétta**, **dim.** (V.)

cucciàre [fr. *coucher*, dal lat. *collocāre*. V. *coricare* ✱ 1710] **v. intr.** (**pres.** *io cùccio*; **fut.** *io uccerò*; **aus.** *essere*) e **cucciàrsi** **v. intr. pron.** ● stare a cuccia, accucciarsi, detto di cane | ***cuccia giù!, cuccia lì!, cuccia!***, ordini dati al cane perché vada, stia a cuccia, o non si muova

†**cùccio**① [vc. onomat. ✱ 1768] **s. m.** (**f.** *-a* (V.)) ● cucciolo

cùccio② [da *accucciato*, part. pass. di *accucciare* (V.) ✱ 1933] **agg.** (**pl. f.** *-ce*) ● (*fam.*) accucciato: *il cane cominciò a ringhiare. – C., Alí.* – (G. STUPARICH)

cucciolàta [da *cucciolo* ✱ 1960] **s. f.** ● l'insieme dei cuccioli nati in un parto da un animale | (*fig.*, *fam.*) figliolanza, prole

♦**cùcciolo** [dim. di *cuccio*① ✱ 1314] **A** **s. m.** (**f.** *-a*) **1** cane piccolo, nato da poco | (*est.*) qualunque piccolo di animale: *c. di foca, di capriolo* **2** (*fig.*, *vezz.*) bambino ancora piccolo | (*fig.*) persona giovane, ingenua e inesperta **B** in funzione di **agg.**: *cani cuccioli* ‖ **cucciolìno**, **dim.** | **cucciolétto**, **dim.** | **cucciolòtto**, **dim.** | **cucciolóne**, **accr.**

cùcco① [vc. onomat. ✱ av. 1327] **s. m.** (**pl.** *-chi*) **1** cuculo | ***essere vecchio come il c., più vecchio del c.***, di persona molto anziana o di cosa, idea, e sim. antiquata e sorpassata **2** persona sciocca, rimbambita, spec. nella loc. ***vecchio c.***

cùcco② [vc. onomat. ✱ 1483] **s. m.** (**pl.** *-chi*) **1** †uovo **2** (**f.** *-a*) (*fig.*, *fam.*) persona prediletta in una famiglia, un gruppo e sim.: *il c. della mamma* **SIN.** beniamino, cocco

†**cuccovéggia** ➤ †**coccoveggia**

cuccù ➤ **cucù**

cùccuma [lat. *cŭccuma(m)*, di etim. incerta ✱ 1585] **s. f.** **1** bricco **2** †rancore, collera

cuccumèlla o (*raro*) **cucumèlla** [lat. tardo *cucumĕlla*, dim. di *cŭcŭma* 'cuccuma', per la forma ✱ 1832] **s. f.** ● in Toscana e nel Viterbese, tumulo funerario etrusco

cuccurucù [vc. onomat. ✱ av. 1400] **A** **inter.** ● (*raro*) riproduce il canto del gallo **B** **s. m. inv.** ● (*raro*) il canto stesso del gallo **C** **s. f. inv.** ● †canzone in cui il canto del gallo veniva ripetuto più volte nel ritornello

†**cuccuvéggia** ➤ †**coccoveggia**

cucicchiàre [da *cucire* col suff. *-icchiare* ✱ 1865] **v. tr.** (*io cucìcchio*) ● cucire svogliatamente, senza particolare cura (***anche assol.***)

♦**cucìna** [lat. tardo *cocīna(m)*, per *coquīna(m)*, da *cŏquere* 'cuocere' ✱ 1288] **s. f.** **1** luogo, locale appositamente attrezzato per la preparazione e la cottura delle vivande: *la c. di un appartamento, di un albergo, di un ristorante, di un ospedale* | complesso dei mobili e degli apparecchi con cui tale locale è arredato: *c. di legno, di formica*; *c. all'americana*; *cambiare, rinnovare la c.* | ***c. a isola***, con i fornelli, il lavello e le altre attrezzature inserite in un banco al centro del locale **2** attività del cucinare | ***fare la c., da c.***, cucinare | ***bassa c.***, (*fig.*) lavoro umile | il modo in cui le vivande vengono preparate: *c. bolognese, toscana, piemontese, francese*; *amare la buona c.* | ***c. di fusione***, V. *fusione* **3** (*est.*) le vivande stesse: *c. magra, salata*; *c. elaborata, semplice, casalinga* | †cibo cucinato **4** apparecchio a fornelli per la cottura dei cibi: *c. a legna, a gas, elettrica* | ***c. economica***, quella a legna o carbone, contenente spesso un serbatoio d'acqua e un forno, nella quale il calore del fuoco si irradia anche nell'ambiente attraverso lo spesso piano metallico superiore | ***c. rotabile***, da campo, montata su carrello, per la confezione di un rancio completo di reparto **5** (*tess.*) ***c. colori***, attrezzatura necessaria a preparare i bagni di tintura o le paste da stampa nelle tintorie **6** (*giornalismo*, *gerg.*) lavoro redazionale di preparazione del giornale | la redazione stessa ‖ **cucinétta**, **dim.** | **cucinìna**, **dim.** | **cucinìno**, **dim. m.** (V.) | **cucinóne**, **accr. m.** | **cucinòtto**, **dim. m.** (V.)

cucinàbile [av. 1676] **agg.** ● che si può cucinare

♦**cucinàre** [lat. tardo *cocināre*, per il classico *coquināre*, da *coquīna* 'cucina' ✱ av. 1294] **v. tr.** **1** preparare, approntare, cuocere le vivande: *c. la carne, le uova*; *c. il pranzo, la cena* | (*assol.*) fare da mangiare: *sapere, non sapere c.*; *c. bene, male* **2** (*fig.*, *fam.*) accomodare, assestare: *c. un compito, un articolo* | preparare: *gli hanno cucinato una bella sorpresa* | (*scherz.*) trattare in un dato modo | ***c. qlcu. per le feste***, ridurlo male

cucinàrio [lat. *coquinārìu(m)*, da *coquīna* 'cucina', rifatto su *cucina* ✱ av. 1758] **agg.** ● (*raro*) culinario

cucinatóre [sec. XIV] **s. m.** (**f.** *-trice*, *pop.*, *disus.* *-tora*); anche **agg.** ● chi (o che) cucina

cucinatùra [av. 1704] **s. f.** ● (*raro*) cottura, preparazione dei cibi

cucinière [fr. *cuisinier*, della stessa orig. di *cucinario* ✱ av. 1306] **s. m.** **1** (**f.** *-a*) chi fa da mangiare, spec. in una comunità **2** nelle corti medievali, dignitario sovrintendente alle cucine, alle dispense e alle cantine

cucinìno [1970] **s. m.** **1** dim. di *cucina* **2** cucinotto nel sign. 2

†**cucìno** [da *cucinare* ✱ av. 1306] **s. m.** ● cucina | vivanda

cucinòtto [1970] **s. m.** **1** dim. di *cucina* **2** piccolo vano adibito a cucina, comunicante direttamente col tinello o col soggiorno

♦**cucìre** [lat. parl. **cosīre*, per il classico *consŭere*, comp. di *cŭm* 'con' e *sŭere* 'cucire'. Cfr. *sutura* ✱ 1275] **A** **v. tr.** (*io cùcio*) **1** congiungere due o più pezzi di tessuto, pelle, carta e sim. usando ago e filo | (*assol.*) eseguire lavori di cucito: *ha imparato a c. bene* | ***macchina da*** o ***per c.***, apparecchio meccanico per la cucitura e sim. | ***c. a filo scempio***, facendo il nodo a uno solo dei due capi della gugliata | ***c. a filo doppio***, facendo il nodo a entrambi i capi della gugliata presi insieme | (*fig.*) ***c. la bocca a qlcu.***, farlo tacere **2** confezionare un capo di abbigliamento, di biancheria e sim.: *c. un vestito, un lenzuolo, una tovaglia* **3** (*med.*) suturare **4** unire l'una all'altra le segnature che compongono un volume, un fascicolo e sim. **5** (*fig.*) mettere insieme, collegare idealmente: *c. frasi, parole, concetti* **B** **cucìrsi** **v. tr. pron.** (**aus.** *essere*) ● cucire o confezionare per sé: *cucirsi la camicia*; *la vide sull'uscio del casolare che si cuciva il grembiule* (G. VERGA) | (*fig.*) ***cucirsi la bocca***, proporsi di tacere a ogni costo

cucirìno [da *cucire* ✱ 1918] **s. m.** ● filo di cotone o seta per cucire o ricamare

cucìta [1963] **s. f.** ● cucitura rapida e im-

C

provvisata, spec. nella loc. ***dare una c.***

♦**cucito** **A** **part. pass.** di *cucire*; anche **agg.** **1** nei sign. del v. **2** (*fig.*) ***stare c. a qlcu.***, stargli sempre attorno | (*fig.*) ***avere la bocca cucita***, (*raro*) ***le labbra cucite***, tacere ostinatamente per mantenere un segreto | (*fig.*) ***avere gli occhi cuciti***, non vedere o non voler vedere | (*fam., fig.*) ***essere c. a filo doppio con qlcu.***, avere stretti legami di amicizia o d'interesse con qlcu. **3** (*arald.*) detto dello scudo in cui un metallo è sovrapposto a un metallo, un colore a un colore, contro le regole blasoniche **B** **s. m.** ● arte, tecnica del cucire: *imparare il c.*; *maestra di c.* | ciò che si deve cucire o che si sta cucendo

cucitóio [da *cucito* ✱ 1940] **s. m.** (**pl.** *-ói*) ● (*edit.*) telaio del legatore per cucirvi i quinterni

cucitóre [av. 1338] **s. m.** (**f.** *-trice* (V.), **pop.**, **disus.** *-tóra*) **1** chi cuce **2** †sarto

cucitrìce o (*pop.*) **cucitóra** nel sign. B 1 [1840] **A** **agg. solo f.** ● che cuce: *macchina c.* **B** **s. f.** **1** donna che esegue lavori di cucito | ***c. di bianco***, ***in bianco***, donna che cuce biancheria **2** apparecchio automatico o manuale impiegato per la cucitura in tipografia e legatoria o negli imballaggi **3** attrezzo usato per unire a fascicolo più fogli per mezzo di punti metallici **SIN.** pinzatrice, spillatrice, graffettatrice, (*fam.*) graffatrice **CFR.** levapunti

cucitùra [1233] **s. f.** **1** attività, modalità del cucire | serie di punti usati per congiungere due pezzi di tessuto | tratto in cui due lembi di tessuto o sim., sono cuciti: *la c. della tasca*; *un vestito con le cuciture in risalto* **2** nella legatoria, operazione con cui si uniscono saldamente l'una all'altra le varie segnature che compongono un volume o un fascicolo: *c. a filo rete*, *c. a punto metallico* **3** lato sinistro della pagina di un libro o giornale, dalla parte del dorso

cucù o **cu cu**, **cuccù** [vc. onomat. ✱ av. 1400] **A** **s. m. inv.** **1** cuculo **2** il canto del cuculo | ***orologio a c.***, quello che suona le ore imitando il canto del cuculo | ***fare c.***, nei giochi dei ragazzi, far capolino **B** **inter.** **1** riproduce il canto del cuculo **2** si usa come richiamo fra i bambini che giocano a nascondersi per sviare chi li sta cercando | anche come richiamo affettuoso di chi si nasconde e poi si mostra ai bambini, celandosi nuovamente come fingendo paura **3** (*scherz.*) si usa spec. in risposta a una proposta assurda o svantaggiosa per indicare che non ci si lascia ingannare

cuculiàre [da *cuculio* ✱ av. 1652] **A** **v. intr.** (*io cucùlio*; **aus.** *avere*) ● (*raro*) fare il verso del cuculo **B** **v. tr.** ● (*raro, fig.*) beffare, canzonare

Cuculifórmi [comp. di *cuculo* e il pl. di *-forme* ✱ 1970] **s. m. pl.** (**sing.** *-e*) ● (*zool.*) ordine di Uccelli arrampicatori con lungo becco, cui appartiene il cuculo (*Cuculiformes*)

†**cucùlio** ➤ **cuculo**

†**cucùlla** ➤ **cocolla**

†**cucullàto** [av. 1375] **A** **agg.** ● fornito di cappuccio: *mantello c.* **B** **s. m.** ● (*spreg.*) frate

cucùllo [vc. dotta, lat. *cucŭllu(m)*, di orig. gallica ✱ 1504] **s. m.** **1** antica veste con cappuccio **2** trappola fatta con una rete a forma di nassa, per catturare quaglie

cùculo o **cucùlo**, †**cucùlio** [lat. *cucŭlu(m)*, di orig. onomat. ✱ av. 1292] **s. m.** ● uccello dei Cuculiformi con coda lunga, piedi zigodattili e morbido piumaggio grigio sulle parti superiori e bianco striato di grigio su quelle inferiori (*Cuculus canorus*)

cucumèlla ➤ **cuccumella**

cucùncio [etim. sconosciuta ✱ 2000] **s. m.** ● frutto del cappero ancora provvisto di picciolo, usato negli aperitivi

cucùrbita [lat. *cucŭrbita(m)*, di orig. preindeur. ✱ av. 1525] **s. f.** **1** (*lett.*) zucca **2** caldaia dell'alambicco

Cucurbitàcee [vc. dotta, comp. di *cucurbita* e *-acee* ✱ 1745] **s. f. pl.** (**sing.** *-a*) ● (*bot.*) famiglia di piante erbacee o legnose con frutto a bacca dalla polpa acquosa in cui sono immersi i semi (*Cucurbitaceae*)

cucùzza ➤ **cocuzza**

cucùzzo ➤ **cocuzzo**

cucùzzolo ➤ **cocuzzolo**

cùddia [arabo *kudya* 'grossa collina' ✱ sec. XX] **s. f.** ● nell'isola di Pantelleria, piccolo cono craterico spento

cudù [vc. bantu ✱ 1875] **s. m. inv.** ● grossa antilope africana con lunghe corna elicoidali e pelo grigiastro con strie verticali bianche sui fianchi (*Strepsiceros strepsiceros*)

cùffia o (*pop.*) **scùffia** [etim. discussa: lat. tardo *cŭfia(m)*, di orig. straniera (?) ✱ 1287] **s. f.** **1** copricapo leggero di lana, stoffa o tela aderente al capo che scende fino al collo e viene fermato sotto il mento, un tempo comune nell'abbigliamento femminile, oggi usato per i neonati | leggero copricapo gener. bianco usato spec. da infermiere, cuoche o addette alla vendita di alimentari per igiene e per tenere a posto i capelli | ***c. da bagno***, calotta impermeabile che serve a non bagnarsi i capelli mentre si fa il bagno o la doccia **2** (*fig.*) †donna **3** nell'armatura antica, parte della cotta di maglia indossata sotto l'elmo o la cervelliera | copricapo di cuoio o pelle imbottita indossato sotto la celata | ***uscire per il rotto della c.***, (*fig.*) cavarsela per un pelo, a stento, a malapena (prob. perché nelle giostre medievali i colpi assestati sulla cuffia erano ritenuti validi) **4** (*est.*) ogni accessorio per l'ascolto individuale del suono, costituito da una coppia di ricevitori o di auricolari adattabili alle orecchie e da un supporto che li collega passando sopra il capo: *c. telefonica*; *radio a c.*; *la c. per lettore Mp3* **5** in varie tecnologie, oggetto, apparecchio e sim. destinato a coprire qlco.: *la c. del fumaiolo di una locomotiva* | ***c. del segnale luminoso***, in ferrovia, custodia nella quale sono sistemati gli organi costituenti il segnale | (*disus.*) ***c. del radiatore***, copriradiatore | piccola cupola posta sopra la buca del suggeritore per impedirne la vista al pubblico **6** (*bot.*) ***c. radicale***, caliptra ‖ **cuffiétta**, **cuffiettìna**, **dim.** | **cuffìna**, **dim.** | **cuffióna**, **accr.** | **cuffióne**, **accr. m.** | **cuffiòtto**, **alter. m.**

cùfico [da *Cufa*, importante città della Mesopotamia ✱ 1818] **agg.** (**pl. m.** *-ci*) ● detto di carattere usato nella fase più antica della scrittura araba | ***monete cufiche***, coniate dai Normanni nell'Italia meridionale nei secc. XI e XII, con scritte in arabo a caratteri cufici

cuginànza [1941] **s. f.** ● rapporto di parentela fra cugini

♦**cugino** [ant. fr. *cosin*, dal lat. *consobrīnu(m)* 'cugino'. V. *consobrino* ✱ 1275] **s. m.** (**f.** *-a*) **1** (*dir.*) parente in linea collaterale: *c. di quarto grado*; *c. di sesto grado* **2** correntemente, figlio di uno zio o di una zia: *primo c.* | ***c. di secondo, di terzo grado***, biscugino | ***c. nipote***, figlio del cugino **3** ***c. del re***, titolo dato dai re di Francia ai parenti, ai grandi feudatari, ai dignitari della corona e ai cardinali; (*est.*) durante il regno dei Savoia, titolo di chi era insignito dal re dell'ordine del collare dell'Annunziata ‖ **cuginàstro**, **pegg.** | **cuginétto**, **dim.**

cùgna [da *cugno*, var. antica di 'cuneo' ✱ sec. XX] **s. f.** ● incisione praticata nella roccia per potervi conficcare un cuneo e distaccare un blocco

cugnà [vc. piemomtese affine a *cotognata*. Cfr. *cotogno* ✱ 1992] **s. f. inv.** ● (*cucina*) salsa tradizionale piemontese a base di mosto, mele cotogne, noci e nocciole tritate, spezie e zucchero; si usa per accompagnare bolliti, formaggi o altri piatti

†**cùgno** ➤ **cuneo**

♦**cùi** [lat. *cui*, dativo di *qui* 'il quale' ✱ av. 1250] **A** **pron. rel. m. e f. inv.** **1** si usa nei complementi indiretti, accompagnato dalle varie prep. in luogo di 'il quale', 'la quale', 'i quali', 'le quali': *le ragazze di cui ti ho parlato*; *il quartiere in cui abito*; *l'amico con cui ti sei incontrato*; *il motivo per cui non ho insistito*; *il paese da cui proviene* | come compl. di termine, si usa sia senza sia con la preposizione *a*: *lo scopo cui aveva mirato* (I. SVEVO); *il dirigente a cui mi sono rivolto*; *una di quell'anime a cui son riservate le consolazioni eterne* (A. MANZONI) **2** (*lett.*) che (come complemento oggetto): *oh solitaria casa d'Aiaccio, / cui verdi e grandi le querce ombreggiano / e i poggi coronan sereni* (G. CARDUCCI) **3** del quale, della quale, dei quali, delle quali (come complemento di specificazione, posto fra art. e s. con valore aggettivale): *un uomo il cui coraggio è noto*; *le persone alla cui generosità faccio appello* **4** (*lett.*) †colui dal quale, colui al quale (con attrazione ed ellissi del soggetto o del complemento): *Amate da cui male aveste* (DANTE *Purg.* XIII, 36); *a cui porge la man, più non fa pressa* (DANTE *Purg.* VI, 8) **B** **nella loc. cong.** ***per cui***, (*evit.*) ***percùi***, perciò, per la qual cosa (ellitt. di 'motivo per cui', con valore conclusivo): *queste cose non so giudicarle, per cui preferisco tacere* **C** **pron. interr.** ● †chi (in prop. interr. dirette e indirette, nei casi obliqui): *guarda com'entri e di cui tu ti fide* (DANTE *Inf.* V, 19)

†**cùio** [vc. dotta, lat. *cūius*, genit. sing. di *quī* 'il quale' ✱ av. 1705] **s. m.** ● (*raro*) persona sciocca

♣**cùi pròdest** [loc. lat., propr. 'a chi giova', tratta dal passo della *Medea* di Seneca *cui prodest scelus, is fecit* 'il delitto l'ha commesso colui al quale esso giova' (atto III, vv. 500-501)] **loc. interr.** ● domanda con cui ci si chiede a chi possa recare vantaggio un determinato fatto

cuissardes /fr. kɥiˈsaʀd/ [vc. fr., da *cuisse* 'coscia' ✱ 2003] **s. f. o m. pl.** ● stivali femminili a tacco alto e sottile, con gambale di pelle morbida che può salire fino a mezza coscia

†**cuiùsso** [lat. *cūius*. V. †*cuio* ✱ 1513] **s. m.** ● (*raro*, *scherz.*) sentenza latina affettata | ***sputare cuiussi***, sputare sentenze

culàccia [da *culo* ✱ 1950] **s. f.** (**pl.** *-ce*) ● tipo di culatello non insaccato ma coperto dalla cotenna

culaccìno [da *culaccio* ✱ 1797] **s. m.** **1** (*raro*) il liquido che resta nel fondo di un bicchiere **2** (*raro*) segno che lascia un recipiente bagnato sul luogo dove è stato posato **3** parte terminale di un salume o sim.

culàccio [da *culo* ✱ av. 1565] **s. m.** ● taglio di carne dei bovini macellati

culàco **s. m.** (**f.** *-a*; **pl.** *-chi*) ● adattamento di *kulak* (V.)

culàia [da *culo* ✱ 1797] **s. f.** **1** (*tosc.*) ventre degli uccelli morti e stantii ingrossato per il calare degli intestini **2** (*fig.*) nella loc. tosc. ***a c.***, ***fare c.***, detto di pantaloni troppo larghi e rigonfi nella parte posteriore | (*fig.*, *tosc.*) nelle loc. ***fare c.***, ***disporsi a c.***, detto di tempo che si annuvola e minaccia pioggia

culàio [da *culo* ✱ 1481] **agg.** (**pl. m.** *-ai*) ● (*tosc.*) nella loc. ***mosca culaia***, mosca cavallina, che molesta la groppa dei cavalli; (*fig.*) persona fastidiosa

†**culassóne** ➤ **colascione**

culàta [da *culo* ✱ sec. XV] **s. f.** ● (*pop.*) colpo battuto col culo, spec. cadendo a terra

culatèllo [da *culo* ✱ 1908] **s. m.** ● salume fatto con la parte posteriore interna della coscia di maiale, sottoposto a salatura e talvolta spruzzato di vino bianco prima della lunga stagionatura

culàtta [da *culo* ✱ 1525] **s. f. 1** parte posteriore estrema della bocca da fuoco che contiene la carica di lancio | *c. **mobile***, parte dell'arma portatile che porta il congegno di caricamento, otturazione e sparo **2** parte della pelle dei Bovini e degli Equini situata sulla groppa, vicino alla coda **3** rigonfio dei calzoni troppo larghi e cascanti sul dietro **4** culaccio

†**culattàre** [da *culatta* ✱ sec. XIV] **v. tr.** ● acculattare | ***c. le panche***, stare ozioso, senendo senza far nulla

culattàta [da *culatta* ✱ 1541] **s. f.** ● (*raro*) colpo dato col culo, cadendo

culattóne [da *culatta* nel senso pop. di 'deretano' ✱ 1958] **s. m.; anche agg.** ● (*volg.*) omosessuale maschile passivo

culbiànco [comp. di *cul(o)* e *bianco* ✱ 1797] **s. m.** (**pl.** *-chi*) ● uccelletto dei Passeriformi con dorso grigio, coda nera e zona bianca intermedia (*Oenanthe oenanthe*)

cul-de-lampe /*fr.* kyd(e)'lãp/ [vc. fr., propr. 'parte inferiore (*cul*) di una lampada (*lampe*)' ✱ av. 1803] **s. m. inv. 1** (*archit.*) elemento ornamentale usato come sostegno, costituito da una mensola a forma di piramide rovesciata che ricorda la parte inferiore di una lampada da chiesa **2** (*tipogr.*) fregio, vignetta di forma triangolare che compare a chiusura di un capitolo **CFR.** finalino

cul-de-sac /*fr.* kyd(ə)'sak/ [vc. fr., propr. 'culo (fondo) di sacco' ✱ 1905] **s. m. inv.** (**pl. fr.** *culs-de-sac*) ● via senza uscita, vicolo cieco (*spec. fig.*): *essere, trovarsi in un cul-de-sac*

culdisàcco o **cul di sàcco** [trad. della loc. fr. *cul-de-sac*, propr. 'fondo di sacco' ✱ 1883] **s. m. inv.** ● cul-de-sac

culdoscopìa [comp. di *cul-de-sac* (V.) e *-scopia* ✱ 1956] **s. f.** ● (*med.*) esplorazione endoscopica dell'apparato genitale femminile mediante una sonda ottica

†**cùlice** [dal lat. *cŭlex*, genit. *cŭlicis* 'zanzara' ✱ av. 1342] **s. m. e f.** ● (*lett.*) zanzara

culinària [da (*arte*) *culinaria*, f. di *culinario* ✱ 1874] **s. f.** ● arte della cucina **SIN.** gastronomia

culinàrio [fr. *culinaire*, vc. dotta, dal lat. *culinārĭu(m)*, da *culīna* 'cucina' ✱ 1776] **agg.** ● della culinaria: *regole culinarie*

♦**cùlla** [lat. tardo *cūnula(m)*, dim. di *cūna* 'cuna' ✱ 1275] **s. f. 1** lettino per neonati, generalmente costruito in modo da poter essere dondolato | ***c. termica, termostatica***, tipo di culla riscaldata elettricamente in cui vengono messi bambini nati prematuri o particolarmente deboli | (*fig.*) ***dalla c.***, dalla nascita | ***dalla c. alla bara, dalla c. alla tomba***, dalla nascita alla morte **2** (*fig.*) luogo di nascita | (*est.*) luogo di origine e di sviluppo: *la c. della civiltà, dell'arte* **3** (*mecc.*) tipo di sostegno a semplice appoggio su guide, tale da permettere spostamenti **4** (*mecc.*) parte del telaio di una motocicletta che sostiene il motore: *telaio a doppia c.* **5** (*milit.*) organo dell'affusto costituito da un grosso manicotto entro cui scorre la bocca da fuoco durante il rinculo **6** †vaso di legno traforato per pigiare l'uva nel tino ‖ **cullétta**, **cullettìna**, **dim.** | **cullìna**, **dim.**

cullàre [da *culla* ✱ 1310] **A** **v. tr. 1** far dondolare un bambino nella culla oppure tenendolo fra le braccia o sulle ginocchia **SIN.** ninnare | (*est.*) dondolare dolcemente: *il canotto era cullato dalle onde* **2** (*lett., fig.*) accompagnare il sonno di qlcu. rendendolo più dolce, detto di musica, suono e sim.: *è romba d'ignote campane / che cullano il mondo che dorme* (G. Pascoli) **3** (*fig.*) custodire un sentimento nel proprio intimo: *c. le proprie speranze, i propri sogni* **4** (*fig.*) illudere: *c. qlcu. nella speranza di qlco.* **B** **cullàrsi** **v. rifl. 1** dondolarsi ritmicamente (+ *in*, + *su*): *cullarsi nell'amaca, sull'altalena* **2** (*fig.*) adagiarsi in speranze vane e illusorie, illudersi (+ *in*): *cullarsi nei sogni, nelle promesse, nelle illusioni* | essere in uno stato di beatitudine interiore, di estatica contemplazione: *si cullava in un dolce ricordo; l'incanto del silenzio dove l'anima mia si cullava* (G. D'Annunzio) | crogiolarsi, compiacersi (+ *su*): *cullarsi sui passati allori* **SIN.** abbandonarsi

cullàta [1887] **s. f.** ● il cullare, movimento del cullare ‖ (*fam.*) **cullatina**, **dim.**

cùlleo [vc. dotta, lat. *cŭlleu(m)*, di orig. preindeur. ✱ 1525] **s. m.** ● nell'antica Roma, otre di cuoio per il trasporto di olio o vino | sacco di cuoio utilizzato per il supplizio dei parricidi che venivano gettati in acqua e annegati

culminàle [1956] **agg.** ● (*geogr.*) relativo al culmine, alla cima di un monte

culminànte **part. pres.** di *culminare*; anche **agg. 1** che sta al culmine **2** (*fig.*) decisivo, cruciale: *punto, momento c.*

♣**culminàre** [vc. dotta, lat. tardo *culmināre*, da *cŭlmen*, genit. *cŭlminis* 'culmine' ✱ 1772] **v. intr.** (*io cùlmino*; aus. *essere*) **1** trovarsi in culminazione, detto di astro | (*est.*) terminare in alto, raggiungere il punto più alto (+ *in*, + *con*): *la montagna culmina in una croda aguzza; un elmo che culmina con una punta* **2** (*fig.*) arrivare all'apice, al massimo grado: *il malcontento culminò in una protesta; la serata culmina con la consegna del premio*

culminazióne [da *culmine* ✱ 1772] **s. f. 1** (*astron.*) transito di un astro al meridiano celeste del luogo di osservazione, che si verifica due volte al giorno | ***c. superiore, inferiore***, a seconda che l'astro si trovi alla minima o alla massima distanza dallo zenit **2** (*geol.*) zona più elevata dell'asse di una piega

♣**cùlmine** [vc. dotta, lat. *cŭlmine*, abl. sing. di *cŭlmen*, di orig. indeur. ✱ av. 1472] **s. m. 1** sommità, cima: *il c. di un monte, di una torre* **2** (*fig.*) apice, grado massimo di una determinata condizione: *essere al c. della carriera; raggiungere, toccare il c. della felicità* **SIN.** vertice

cùlmo [vc. dotta, lat. *cŭlmu(m)*, di orig. indeur. ✱ 1499] **s. m.** ● (*bot.*) fusto erbaceo o legnoso gener. cavo negli internodi, caratteristico delle Graminacee

cùlo [lat. *cūlu(m)*, di orig. indeur. ✱ 1258] **s. m. 1** (*pop.*) sedere, deretano | ***avere c., avere del c.***, (*fig.*) detto di chi ha una gran fortuna | ***che c.!***, (*fig.*) che fortuna! | ***colpo di c., botta di c.***, (*fig.*) colpo di fortuna | ***prendere, pigliare per il c.***, (*fig.*) prendere in giro, imbrogliare | ***battere il c. in terra***, cadere pesantemente all'indietro; (*fig.*) fallire, sbagliare grossolanamente per sconsideratezza od ostinazione | ***essere c. e camicia con qlcu.***, (*fig.*) in grande familiarità, o in perfetto accordo | ***essere, avere, una faccia di, da c.***, detto di persona sfrontata | (*fig., scherz.*) ***c. di pietra***, chi lavora instancabilmente seduto a una scrivania **2** (*est.*) il fondo di un recipiente o di un oggetto: *il c. di una bottiglia, di una candela* | (*scherz.*) ***c. di bicchiere***, brillante falso | ***a cul di sacco***, a fondo chiuso, senza uscita (*anche fig.*) **3** (*volg.*) ano | (*spreg., volg.*) ***c. rotto***, omosessuale maschile | ***fare il c. a qlcu., metterlo nel c. a qlcu.***, (*fig., volg.*) recargli danno o imbrogliarlo, raggirarlo | ***prenderlo in c., nel c.***, (*fig., volg.*) essere imbrogliato, fregato, sconfitto e sim. | ***dare via il c.***, (*fig., volg.*) scendere a qualunque compromesso, anche il più umiliante, pur di ottenere qlco. | ***mandare qlcu. a fare in c.***, (*fig., volg.*) mandarlo al diavolo | ***farsi il c., farsi un c. così***, (*fig., volg.*) faticare molto | ***pararsi il c.***, (*fig., volg.*) premunirsi, tutelarsi ‖ **culàccio**, **pegg.** | **culétto**, **dim.** | **culino**, **dim.** | **culóne**, **accr.** (V.)

culóne [1912] **s. m. 1** accr. di *culo* **2** (**f.** *-a*) (*pop.*) persona con un grosso sedere

culottes /*fr.* ky'lɔt/ [vc. fr., da *cul* 'culo' ✱ 1793 ca.] **s. f. pl.** (**sing. fr.** *culotte*) ● mutande da donna corte e a calzoncino

cult /kult, kalt, *ingl.* kʌlt/ [vc. ingl., propr. 'culto' ✱ 1983] **A** **s. m. inv.** (**pl. ingl.** *cults*) **1** accorc. di *cult book* **2** accorc. di *cult movie* **3** (*est.*) qualsiasi cosa fatta oggetto di culto **B** **agg. inv.** ● detto di chi (o di ciò che) è diventato un oggetto di culto: *un libro c.*

cult book /kult'buk, kal-, *ingl.* 'kʌlt,buk/ [loc. ingl., propr. 'libro oggetto di culto' ✱ 1986] **loc. sost. m. inv.** (**pl. ingl.** *cult books*) ● libro che è oggetto di culto e di venerazione da parte di un pubblico non necessariamente vasto, ma fedele e appassionato

†**cultèllo** e deriv. ➤ **coltello** e deriv.

culteranèṣimo o **culteranìṣmo** [sp. *culteranismo*, da *culterano* 'persona di cultura raffinata', da *culto* 'colto' ✱ 1842] **s. m.** ● tendenza letteraria del Seicento in Spagna, che prediligeva parole preziose e difficili **SIN.** cultismo①

culteràno [1970] **s. m.** ● seguace del culteranismo

cultìṣmo① [fr. *cultisme*, da *culte* 'culto①' col suff. *-isme* '-ismo' ✱ 1842] **s. m.** ● culteranesimo

cultìṣmo② [da *culto*② con il suff. *-ismo* ✱ 1936] **s. m.** ● (*ling.*) parola o espressione del linguaggio letterario o colto

cùltivar o **cultivàr** [dall'ingl. *cultivar*, da *cultivated*) *var(iety)* 'varietà coltivata' ✱ 1963] **s. f. inv.** ● (*agric.*) varietà di una pianta coltivata

†**cultivàre** ➤ **coltivare**

†**cultivàto** ➤ **coltivato**

cult movie /kult'muvi, kal-, *ingl.* 'kʌlt,mu:vɪ/ ➤ **movie**

♦**cùlto**① o †**còlto**③ [vc. dotta, lat. *cŭltu(m)*, da *cŏlere* 'coltivare' ✱ 1321] **s. m. 1** complesso delle usanze e degli atti per mezzo dei quali si esprime il sentimento religioso: *c. cattolico, protestante, ortodosso, musulmano; libertà di c.* **CFR.** -latria **SIN.** religione **2** nella teologia cattolica, complesso degli atti, dei riti e degli usi mediante i quali si rende onore a Dio e alle creature a Lui unite, nella Chiesa istituita da Gesù Cristo | ***c. interno***, consistente negli atti dell'intelligenza e della volontà | ***c. esterno***, consistente in manifestazioni sensibili quali riti, gesti, parole e sim., che integrano quello interno **3** religione o confessione religiosa come oggetto di legislazione e amministrazione pubblica: *affari del c.; spese del c.* | ***ministri del c.***, nel linguaggio legislativo, ecclesiastici e, per i culti acattolici, le persone addette alla loro amministrazione **4** (*fig.*) rispetto quasi religioso per una persona, un sentimento, un ideale: *avere un c. per la propria madre; c. dell'amicizia, della patria* | ***c. della personalità***, (*spreg.*) cieca e servile obbedienza, esasperata venerazione nei confronti di un leader politico | (*fig.*) cura eccessiva: *avere il c. della propria persona* **5** (calco sull'ingl. *cult*) nella loc. ***di c.***, detto di chi (o di ciò che) è molto apprezzato e amato da un pubblico di appassionati: *autore, film di c.* | anche in funzione di agg. inv. (posposto a un sost.): *libro c.*

cùlto② ➤ **colto**①

cultóre [vc. dotta, lat. *cultōre(m)*, da *cŭltus* 'culto①' ✱ av. 1294] **A** **s. m.** (**f.** *-trice*) **1** chi coltiva una scienza o un'arte: *c. di archeologia* **CFR.** -logo **2** †veneratore: *c. di Dio* **3** (*lett.*) coltivatore **4** †abitatore **B** **agg.** ●

C

(*lett.*) che coltiva (*anche fig.*): *a l'opra natural cultrice mano / … aggiunse pregio* (G.B. MARINO)

-cultóre ➤ **-coltore**

cultràrio [vc. dotta, lat. *cultrāriu(m)*, da *cŭlter*, genit. *cŭltri*. V. †*cultro* ✱ 1830] **s. m.** ● nell'antica Roma, sacerdote che uccideva la vittima dei sacrifici

†**cùltro** [vc. dotta, lat. *cŭltru(m)* ✱ av. 1566] **s. m. 1** coltello usato nei sacrifici **2** V. *coltro*

cultuàle [da *culto*① ✱ 1908] **agg.** ● concernente il culto ‖ **cultualità**, **s. f. inv.** carattere cultuale; ciò che è cultuale

♦**cultùra** o (*raro*) **coltùra** [vc. dotta, lat. *cultūra(m)*, da *cŭltus* 'culto①' ✱ 1308] **s. f. 1** complesso di cognizioni, tradizioni, procedimenti tecnici, tipi di comportamento e sim., trasmessi e usati sistematicamente, caratteristico di un dato gruppo sociale, di un popolo, di un gruppo di popoli o dell'intera umanità: *si può descrivere una data c. da molti punti di vista diversi*; *i vari aspetti della c. moderna*; *la diffusione della c.* | ***c. materiale***, l'insieme delle realizzazioni e delle attività tecniche, pratiche e lavorative di un popolo o di un dato gruppo sociale | (*per anton.*) il complesso delle tradizioni scientifiche, storiche, filosofiche, artistiche, letterarie di un dato popolo o gruppo di popoli: *la c. orientale, europea, francese* **SIN.** civiltà **2** patrimonio di conoscenze di chi è colto: *avere, non avere c.*; *una persona di modesta, di grande c.*; *farsi una c.*; *erudizione non è sinonimo di c.*; *proprio della c. è suscitare nuove idee e bisogni meno materiali, formare una classe di cittadini più educata e civile* (F. DE SANCTIS) | insieme delle conoscenze relative a una determinata disciplina o a un ramo del sapere: *c. scientifica, umanistica*; *c. filosofica*; *c. storica, letteraria* | ***c. generale***, conoscenza generica di vari rami del sapere **3** (*est.*) concezione acquisita, mentalità consapevole: *la c. dell'ambiente*; *la c. della pace*; *un partito che dimostra una c. di governo* **4** ***c. fisica***, pratica sistematica di esercizi a corpo libero e con sovraccarichi per migliorare l'efficienza fisica **5** insieme dei manufatti e tecniche propri di una particolare civiltà, anche scomparsa: *c. megalitica* **6** †culto religioso **7** †cura della persona, del corpo **8** V. *coltura*
SFUMATURE ➤ ***civiltà***

Definizione d'autore

Cultura non è quantità di libri letti, quadri visti, suoni ascoltati, idee pensate. Occorre conoscere quanta bellezza e intelligenza ha prodotto la storia degli uomini, accanto alle atrocità e alle infamie, ma non basta. Bisogna sapere che ogni frammento di quella eredità arricchisce ciascuno di noi, produce piacere, meraviglia, indipendenza, merita di essere conservato e trasmesso, sfida ogni generazione a espandere quel tesoro. **Cultura** non è il consumo di quel patrimonio ma la sua continua ri-creazione e condivisione. Non è una quantità, la **cultura**, ma una qualità degli individui e delle società, è prendersi cura di sé e del mondo.
Marino Sinibaldi

-cultùra ➤ **-coltura**

culturàle [da *cultura* ✱ 1918] **agg. 1** pertinente alla cultura: *basso livello c.* **2** che organizza o favorisce la diffusione della cultura: *attività, associazione, centro c.* ‖ **culturalménte**, **avv.** per quanto riguarda la cultura ‖ **culturalità**, **s. f. inv.** carattere culturale

culturalịsmo [1938] **s. m. 1** vacua ostentazione di cultura **2** tendenza ad attribuire un'eccessiva importanza ai fatti culturali

culturalìstico [1937] **agg.** (**pl. m.** *-ci*) ● pertinente al culturalismo

culturàme [1949] **s. m.** ● (*spreg.*) il complesso degli intellettuali

culturịsmo [1954] **s. m.** ● pratica sistematica di esercizi con pesi per incrementare la massa muscolare, a fini estetici o atletici **SIN.** body building

culturìsta [1958] **s. m. e f.** (**pl. m.** *-i*) ● chi pratica il culturismo

culturìstico [1964] **agg.** (**pl. m.** *-ci*) ● relativo al culturismo o ai culturisti: *dieta culturistica*

culùllo [vc. dotta, lat. *culŭllu(m)*, forse di orig. etrusca ✱ 1830] **s. m.** ● (*archeol.*) bicchiere, vaso per sacrifici

cumàno [dall'ungherese *hun*, membro di una popolazione nomade turca ✱ av. 1333] **A agg.** ● di Cuma, antica città della Campania: *la Sibilla cumana* **B s. m.** (**f.** *-a*) ● abitante o nativo di Cuma

cumàrico [da *cumarina* ✱ 1865] **agg.** (**pl. m.** *-ci*) ● (*chim.*) detto di acido estratto dalla cumarina e di composti da esso derivati | ***acido c.***, ossiacido, organico, monobasico, cristallino, ottenuto per condensazione di aldeide salicilica, di anidride acetica e acetato sodico, noto in tre forme isomere

cumarìna [da *cumaruna*, vc. guaranì ✱ 1865] **s. f.** ● (*chim.*) anidride dell'acido cumarico, cristallina, incolore, presente nel trifoglio e nel meliloto, usata come correttivo di odori e come antielmintico | derivato od omologo della cumarina

cumaróne [da *cumar(ina)* col suff. *-one*② ✱ 1956] **s. m.** ● (*chim.*) composto eterociclico, distillato dal catrame di carbon fossile sotto forma di liquido oleoso incolore, usato per la produzione di resine termoplastiche e come conservante degli agrumi

cumarònico [1964] **agg.** (**pl. m.** *-ci*) ● (*chim.*) relativo al cumarone | ***resine cumaroniche***, materiale plastico di notevole inerzia chimica

cumbia /sp. 'kumbja/ [come altre denominazioni di danze (*cumbiamba, cumbé*) è di prob. orig. indigena ✱ 1986] **s. f. inv.** ● (*mus.*) danza tipica di Ecuador, Colombia e Perù, accompagnata da ritmi di origine africana

cumènda ➤ **commenda**②

cumène [da *cuminico* ✱ 1865] **s. m.** ● (*chim.*) idrocarburo aromatico, liquido, incolore, presente in quantità variabile nei petroli, ottenuto industrialmente per azione del propilene sul benzolo, usato come additivo per benzine d'aereo

cumenìle [comp. di *cumene* e *-ile*② ✱ 1956] **s. m.** ● (*chim.*) radicale monovalente che deriva dal cumene

cum gràno sàlis [loc. lat., 'con un pizzico di sale'] **loc. avv.** ● con discernimento e avvedutezza: *quel che dice Alfredo va sempre preso cum grano salis*

cuminaldèide [comp. di *cumin(o)* e *aldeide* ✱ 1991] **s. f.** ● (*chim.*) liquido incolore, dall'odore di cumino, del cui olio costituisce un componente essenziale, usato in profumeria

cumìnico [da *cumino* ✱ 1865] **agg.** (**pl. m.** *-ci*) ● (*chim.*) detto di composto che contiene o che deriva dal radicale cumenile | ***acido c.***, acido, organico, monobasico, cristallino, bianco, ottenuto per ossidazione del cuminolo | ***aldeide cuminica***, cuminaldeide

cumìno o **cimìno**①, **comìno** [vc. dotta, lat. *cymīnu(m)*, dal gr. *kýminon*, di orig. semitica ✱ av. 1292] **s. m. 1** pianta erbacea delle Apiacee con fusto sottile e ramoso, fiori in ombrelle e frutto allungato dai semi aromatici usati in cucina, nella preparazione del kümmel e come medicinali (*Cuminum cyminum*) **2** ***c. dei prati, c. tedesco***, pianta erbacea delle Apiacee con fiori di color bianco o rosa e frutto aromatico ad achenio (*Carum carvi*) **SIN.** carvi **3** ***c. nero***, cominella

cuminòlo [da *cumino* ✱ 1964] **s. m.** ● (*chim.*) aldeide liquida, contenuta nell'olio essenziale di cumino, impiegata in profumeria

cummènda ➤ **commenda**②

cùmolo ➤ **cumulo**

cumquìbus ➤ **conquibus**

cumulàbile [1975] **agg.** ● che si può cumulare: *la pensione non è c. con lo stipendio* ‖ **cumulabilità**, **s. f. inv.**

cumulàre [vc. dotta, lat. *cumulāre*, da *cŭmulus* 'cumulo' ✱ av. 1306] **v. tr.** (*io cùmulo*) ● mettere insieme più cose, ammassare (*spec. fig.*) (+ *con*): *c. gli interessi di una somma di denaro*; *c. gli impieghi, gli incarichi*; *c. la pensione con un reddito da lavoro dipendente*

cumulatìvo [da *cumulo* ✱ 1673] **agg. 1** che accumula | ***conto c.***, che riunisce più conti insieme | collettivo: *trasporto, servizio c.* | ***biglietto c.***, unico, per due o più viaggi o persone **2** (*dir.*) che aggiunge al vecchio un nuovo debitore in solido: *accollo c.* | ***obbligazione cumulativa***, in cui sono dovute due o più prestazioni ‖ **cumulativaménte**, **avv.** in modo cumulativo; *votare cumulativamente*, senza la distinzione delle varie parti di una proposta, di un ordine del giorno

cumulatóre [vc. dotta, lat. tardo *cumulatōre(m)*, da *cumulāre* 'cumulare' ✱ av. 1519] **s. m.** (**f.** *-trice*); **anche agg.** ● (*raro*) chi (o che) accumula

cumulazióne [vc. dotta, lat. tardo *cumulatiōne(m)*, da *cumulāre* 'cumulare' ✱ 1395] **s. f.** ● (*raro*) il cumulare | cumulo

cumulifórme [comp. di *cumulo* e *-forme* ✱ 1958] **agg.** ● a forma di cumulo: *nubi cumuliformi*

♦**cùmulo** o **cùmolo** [vc. dotta, lat. *cŭmulu(m)* 'cumulo', di etim. incerta ✱ 1306] **s. m. 1** insieme, mucchio di cose dello stesso tipo ammassate senza ordine: *un c. di giornali, di biancheria* | (*fig.*) gran quantità, gran numero: *dire un c. di bugie, di sciocchezze* | ***c. di cariche***, l'ammassarsi di più cariche in una sola persona | ***c. di cause***, riunione nello stesso processo di più cause connesse | ***c. di pene***, irrogazione di più pene alla stessa persona | ***c. dei redditi***, unione dei redditi dei coniugi ai fini della determinazione dell'imposta **2** (*meteor.*) nube isolata, densa, a contorni definiti, di notevole sviluppo verticale, con sommità a forma di cupola, che si forma ad altezze comprese tra poche decine di metri dal suolo e 3000 metri di quota ‖ **cumulétto**, **dim.**

cumulonémbo [comp. di *cumulo* e *nembo* ✱ 1935] **s. m.** (**pl.** *cumulinémbi*) ● (*meteor.*) nube temporalesca a grande sviluppo verticale, densa e scura, la cui sommità può superare i 12 km di altezza mentre la base può giungere a poche decine di metri dal suolo; genera forti rovesci di pioggia e spesso grandine, raffiche di vento e manifestazioni elettriche

cumulostràto [comp. di *cumulo* e *strato* ✱ 1892] **s. m.** (**pl.** *cumulistràti*) ● (*meteor.*) stratocumulo

cùna [vc. dotta, lat. *cūna(m)*, di etim. incerta ✱ 1313] **s. f. 1** (*lett.*) culla: *nasce al bosco in rozza c. / un felice pastorello* (P. METASTASIO) | (*est.*) luogo natale: *la c. delle arti* | ***dalla c.***, fin dall'infanzia **2** (*raro*) cunetta, canaletto **3** †cassa del carro: *Poscia vidi avventarsi ne la c. / del triunfal veiculo una volpe* (DANTE *Purg.* XXXII, 118-119) ‖ (*lett.*) **cunèlla**, **dim.** | **cunétta**, **dim.** (V.)

cuneàto [vc. dotta, lat. *cuneātu(m)*, deriv. di *cŭneus* 'cuneo' ✱ av. 1557] **agg. 1** munito di cunei **2** (*arald.*) detto di pezze o figure delimitate da un linea di partizione a zigzag

cuneése (o **-ṣ-**) o **cuneènse** [1777] **A agg.** ● di Cuneo **B s. m. e f. 1** abitante o nativo di Cuneo **2** grosso cioccolatino al rum, specialità della zona di Cuneo

cuneifórme [comp. di *cuneo* e *-forme* ✱ av. 1673] **A agg.** ● che ha forma di cuneo: *foglie cuneiformi* | (*anat.*) ***ossa cuneiformi***, le tre ossa del tarso | ***scrittura c.***, usata dai Sumeri, dagli Assiro-Babilonesi e da altri antichi popoli asiatici, costituita da caratteri cuneiformi | ***caratteri cuneiformi***, formati da uno o più cunei tracciati da sinistra a destra **B s. m.** ● scrittura cuneiforme

cùneo o †**cùgno**, †**cógno**② [vc. dotta, lat. *cŭneu(m)*, di etim. incerta ✱ av. 1292] **s. m. 1** (*mat.*) figura solida che ha la forma di un prisma a sezione di triangolo gener. isoscele **2** pezzo di legno o di ferro a forma di prisma triangolare con un angolo molto acuto che ne permette la penetrazione in un corpo da spaccare | in falegnameria, pezzo di legno a sezione triangolare usato per consolidare i punti di giunzione | (*est.*) qualsiasi oggetto di tale forma **3** (*fig.*) ciò che penetra a fondo nell'animo causando dolore: *l'angoscia è come un c. nel cuore* **4** (*archit.*) ciascuno dei blocchi di pietra a sezione trapezoidale che, disposti a raggiera in modo che le facce oblique dei blocchi contigui combacino, formano l'arco **5** (*milit.*) formazione di battaglia con i reparti disposti a triangolo | ***c. di mira***, rudimentale congegno di puntamento delle antiche artiglierie, da introdurre tra culatta e affusto per variare l'inclinazione della bocca da fuoco **6** porzione del teatro e dell'anfiteatro romano racchiusa fra due scale dipartentisi a raggiera dal basso verso l'alto **7** antico strumento di tortura **8** ***c. fiscale***, differenza tra costo del lavoro e salario netto percepito dal lavoratore

cunétta [1609] **s. f. 1** dim. di *cuna* **2** canaletto di scolo per acque spec. piovane, o liquidi di rifiuto, posto ai lati delle strade, nelle stalle ecc. **3** (*est.*) avvallamento spec. del fondo stradale, indicato da apposito segnale di pericolo **CONTR.** dosso | avvallamento, fondo irregolare, in una pista da sci

cunicolo① o (*raro*) **cunìculo**, †**conìcolo** [vc. dotta, lat. *cunĭculu(m)*, di orig. preindeur. ✱ av. 1292] **s. m.** ● stretta galleria sotterranea, di sezione variabile, diversamente utilizzata in fortificazioni, scavi di gallerie, collocazione di tubi, cavi e sim.

cunìcolo② o †**cunìculo** [comp. del lat. *cunī(culus)* 'coniglio' e di *-colo* ✱ 1499] **A s. m.** ● †coniglio **B agg.** ● relativo all'allevamento dei conigli

cunicoltóre o **cunicultóre** [comp. del lat. *cunī(culus)* 'coniglio' e di *-coltore*, sul modello di *agricoltore* ✱ 1956] **s. m.** (**f.** *-trice*) ● allevatore di conigli

cunicoltùra o **cunicultùra** [comp. del lat. *cunī(culus)* 'coniglio' e di *-coltura* ✱ 1956] **s. f.** ● allevamento dei conigli

cunìculo ➤ **cunicolo**① e **cunìcolo**②

cunicultóre ➤ **cunicoltore**

cunicultùra ➤ **cunicoltura**

cunnilìnctus o **cunnilìngus**, (*raro*) **cunnilìngio** [vc. dotta, lat. *cunnilīnctu(m)*, comp. di *cŭnnus* 'conno, vulva' e *līnctus* 'leccamento, lambimento', da *lingĕre* 'leccare'; le varianti *cunnilingus* e *cunnilingio* sono foggiate su *cunnilinguo* ✱ 1918] **s. m. inv.** (**pl. lat. inv.**) ● pratica erotica consistente nello stimolare con la lingua i genitali esterni femminili

cunnilìnguo [vc. dotta, lat. *cunnilĭngu(m)*, comp. di *cŭnnus* 'conno, vulva' e del tema di *lingere* 'leccare' ✱ av. 1910] **s. m.** (**f.** *-a*) ● chi pratica il cunnilinctus

cunnilìngus ➤ **cunnilinctus**

cunningham /*ingl.* 'kʌnɪŋəm, -,hæm/ [vc. ingl., prob. da un n. proprio ✱ sec. XX] **s. m. inv.** ● (*mar.*) manovra corrente che nelle imbarcazioni a vela permette di rendere più piatta la vela, tirando verso il basso un'apposita bugna posta poco al di sopra del punto di mura

†**cùnta** [dal lat. *cunctāri* 'indugiare', di orig. indeur. ✱ 1319] **s. f.** ● indugio

cùnzia [sp. *juncia*, dal lat. *iūncea(m)* 'simile al giunco', deriv. di *iūncus* 'giunco' ✱ av. 1698] **s. f.** ● pianta delle Ciperacee dalla cui radice a tubero si distillano essenze profumate (*Cyperus rotundus*)

♦**cuòcere** o (*tosc.*) **còcere**, †**quòcere**, †**quociàre** [lat. parl. **cŏcere*, per il classico *cŏquere*, di orig. indeur. ✱ av. 1250] **A v. tr.** (**pres.** *io cuòcio, noi cuociàmo* o *cociàmo*; **pass. rem.** *io còssi, tu cuocésti* o *cocésti*; **congtv. pres.** *io* (*tu, egli*) *cuòcia, noi cuociàmo* o *cociàmo, voi cuociàte* o *cociàte, essi cuòciano*; **congtv. imperf.** *io cuocéssi* o *cocéssi*; **part. pres.** *cuocénte* o *cocénte*; **part. pass.** *còtto*, †*cociùto* **spec. nei sign. A 3, B 3 e C 2; gerund.** *cuocèndo* o *cocèndo*; **in tutta la coniug. di** *cocere* **la** *o* **dittonga in** *uo* **soprattutto se accentata; esistono forme come** *cocevo, cocerò, cocessi* **insieme alle più comuni** *cuocevo, cuocerò, cuocessi*) **1** sottoporre all'azione del fuoco o del calore: *c. mattoni, terra, calcina, metalli, colori* | cucinare: *c. carne, pasta, verdura*; *c. a fuoco vivo, a fuoco lento, a bagnomaria* | (*est.*) abbrustolire: *c. le castagne sulle braci* **2** bruciare, disseccare, inaridire: *il sole cuoce la terra, la pelle*; *Se 'l foco al tutto nuoce / Et me arde et non cuoce* (MICHELANGELO) | ***il gelo cuoce l'erba***, la dissecca | ***il sole cuoce la frutta***, la matura **3** (*lett., fig.*) turbare | fare innamorare **B v. intr.** (**aus.** *essere*) **1** essere sottoposto a cottura: *l'arrosto cuoce nel forno*; *i mattoni cuociono col calore* | (*fig.*) ***lasciare c. qlcu. nel suo brodo***, disinteressarsi di lui **2** bruciare, inaridire: *la vegetazione cuoce col calore eccessivo* **3** (*fig.*) essere umiliante, offensivo: *è un affronto che cuoce* **C cuòcersi v. intr. pron. 1** essere sottoposto al procedimento di cottura: *la pasta si sta cuocendo*; *il vaso si è cotto bene* **2** scottarsi: *cuocersi al sole* | (*fig., lett.*) turbarsi | struggersi | innamorarsi **3** †ubriacarsi

cuocitóre ➤ **cocitore**

cuocitùra ➤ **cocitura**

♦**cuòco** o †**còco**, †**quòco** [lat. *cŏcu(m)*, da *cŏquere* 'cuocere' ✱ sec. XIII] **s. m.** (**f.** *-a*; **pl. m.** *-chi*) ● chi cucina: *complimenti alla cuoca!* | chi per mestiere è addetto alla preparazione e cottura dei cibi in alberghi, ristoranti e sim. | ***cappello da c.***, V. *cappello* | ***primo c.***, capocuoco | ***c. capopartita***, nella cucina di un grande albergo o ristorante, cuoco responsabile di un solo settore, per es. delle minestre o dei secondi piatti, subordinato al capocuoco

cuoiàio o (*lett.*) **quoiàio**, (*tosc.*) **coiàio**, †**coiàro** [lat. *coriāriu(m)*, da *cŏrium* 'cuoio' ✱ 1282] **s. m.** (**f.** *-aia*, **pl. m.** *-ai*) ● chi concia o vende il cuoio

cuoiàme o **coiàme** [1282] **s. m.** ● assortimento di oggetti di cuoio

cuoiàttolo o **coiàttolo** [da *cuoio* ✱ 1612] **s. m.** ● residuo della lavorazione di cuoio o pelli, utilizzato in alcune zone per concime

cuoierìa o **coierìa** [1965] **s. f.** ● negozio di cuoi

cuoietterìa [da *cuoio* ✱ 1983] **s. f.** ● lavorazione del cuoio vegetale per ottenere oggetti di pelletteria

♦**cuòio** o (*tosc.*) **còio**, †**còrio**①, †**quòio**, †**quògliо** [lat. *cŏriu(m)*, da una radice che indica un oggetto che si stacca e specialmente 'la pelle, la scorza' ✱ 1258] **s. m.** (**pl. m.** *cuòi* **nei sign. 1, 2 e 6, pl. f.** *cuoia* o †*quoia* **nei sign. 3, 4 e 5**) **1** pelle degli animali resa inalterabile con la concia: *borsa, valigia, scarpe di c.* | ***c. al cromo***, conciato con solfato basico di cromo | ***c. al naturale***, cuoio conciato e non pigmentato | ***c. per tomaia***, adatto per confezione di calzature | ***c. bulgaro, russo***, che si otteneva conciando con scorza di salice e betulla | ***c. scamosciato***, ottenuto conciando con oli di animali marini croste di montone, pelli di daino, di capriolo e di camoscio | ***c. sintetico***, sostituto del cuoio naturale ottenuto per agglomerazione di residui fibrosi di cuoio a mezzo di dispersioni di resine sintetiche | ***c. d'oro***, cordovano | (*fig.*) ***teste di c.***, V. *testa* **2** (*anat.*) ***c. capelluto***, strato della cute, coperto da capelli, che riveste la volta cranica **3** (*fig., scherz.*) pelle del corpo umano | ***avere le cuoia dure***, avere molta resistenza fisica | ***distendere le cuoia***, le membra, stirandole | ***tirare, stendere, lasciarci le cuoia***, morire **4** (*est.*) †cartapecora per scrivere: *in su le vecchie e 'n su le nuove cuoia* (DANTE *Par.* XXIV, 93) **5** †pelle degli animali, spec. del serpente **6** (*est.*) †buccia della frutta

†**cuoprìre** ➤ **coprire**

cuòra [lat. *cŏria*, pl. di *cŏrium* 'cuoio, crosta' ✱ av. 1613] **s. f. 1** strato di terreno molle formato da residui di vegetazione palustre, rami secchi e sim. che galleggia nelle paludi **SIN.** aggallato **2** palude prosciugata e coltivabile

cuorcontènto o **corcontènto** [comp. di *cuore* e *contento* ✱ av. 1850] **s. m. e f. inv.** ● persona allegra e spensierata, priva di complicazioni o preoccupazioni: *una bella faccia da c.*

♦**cuòre** o (*roman., poet.*) **còre**①, †**quòre** [lat. *cŏr*, di orig. indeur. ✱ sec. XII] **s. m.** (*poet.* **troncato in** *cor*) **1** (*anat.*) muscolo cavo, contrattile, posto nel torace, centro della circolazione sanguigna **CFR.** -cardia, cardio-, -cardio | ***c. destro***, insieme dell'atrio destro e del ventricolo destro, destinato a convogliare il sangue venoso dalla circolazione sistemica a quella polmonare | ***c. sinistro***, insieme dell'atrio sinistro e del ventricolo sinistro, destinato a convogliare il sangue arterioso dalla circolazione polmonare a quella sistemica | ***malattie di c.***, cardiopatie | (*chir.*) ***a c. aperto***, detto di interventi di cardiochirurgia che, richiedendo la sospensione dell'attività cardiaca e polmonare, sono resi possibili dall'impiego di apposite attrezzature per la circolazione extracorporea | (*chir.*) ***macchina c. polmone***, apparecchiatura per la circolazione extracorporea del sangue del paziente durante un intervento a cuore aperto **2** (*fig.*) sede dei sentimenti, delle emozioni, dei pensieri, dell'amore e sim.: *c. nobile, generoso, delicato, tenero, puro*; *l'intimo, il profondo, l'abisso del c.*; *i moti, la voce, i palpiti del c.* | ***amico del c.***, amico prediletto | ***donna del c.***, donna amata | (*raro, lett.*) ***abbondanza del c.***, pienezza di affetti | ***persona di buon c.***, generosa | ***di buon c., di c., di tutto c., con tutto il c.***, volentieri, sinceramente, generosamente e sim. | ***in cuor suo***, dentro di sé | ***col c. in mano***, sinceramente, con franchezza | ***a c. aperto***, sinceramente (V. anche sign. 1) | ***avere il c. di ferro, di pietra, di ghiaccio***, essere spietato, insensibile | ***avere una spina nel c.***, avere una grave preoccupazione, un rimorso e sim. | ***avere il c. sulle labbra***, essere sincero | ***avere qlcu. nel c.***, amarlo | ***avere a c. qlco.***, averla molto cara | ***avere in c. di fare***, avere l'intenzione | ***dare, donare il c. a qlcu.***, offrirgli il proprio amore | ***rubare, prendere il c. a qlcu.***, conquistare il suo amore | †***dar nel c. a qlcu.***, affliggerlo | (*lett.*) ***essere nel c. a qlcu.***, essere molto amato | ***stare a c. a qlcu.***, premergli, importargli | ***sentirsi stringere il c.***, provare un dolore e sim. | ***sentirsi allargare il c.***, provare sollievo | ***col c. in gola***, con forte affanno; (*fig.*) con angoscia | ***sentirsi ridere il c.***, essere allegro, felice | ***sentire un tuffo al c.***, provare un'emozione improvvisa | ***ridere di c., a c. aperto***, in modo particolarmente vivace e allegro |

a b c d e f g h i j k l m n o p q r s t u v w x y z

C

struggersi il c., soffrire, spec. per amore | ***mangiarsi, rodersi il c.***, consumarsi di rabbia | ***mettersi il c. in pace***, rassegnarsi | (*lett.*) ***mettersi, porsi in c. qlco., fermare il c. in qlco.***, fare un fermo proponimento | ***mettersi una mano sul c.***, fare appello alla propria coscienza | ***prendersi a c. qlco.***, occuparsene, interessarsene con particolare zelo | ***a cuor leggero***, senza aver meditato a sufficienza: *non è una decisione da prendersi a cuor leggero*; con tranquilla serenità: *ha affrontato il processo a c. leggero* | ***toccare il c. di qlcu.***, commuoverlo | ***arrivare al c. di qlcu.***, conoscerlo intimamente, e fare profonda impressione su di lui | (*raro, lett.*) ***cadere in c.***, venire in mente | ***leggere nel c. a qlcu.***, conoscere il suo carattere, prevedere le sue reazioni e sim. | ***aprire il proprio c.***, manifestare sinceramente i propri sentimenti, pensieri e sim. | ***spezzare, trafiggere, strappare, schiantare il c. a qlcu.***, farlo soffrire profondamente | **PROV.** ***occhio non vede, c. non duole***, V. *occhio*; ***al c. non si comanda***, i sentimenti non tollerano imposizioni **3** (*fig.*) ardimento, coraggio: *prendere, dare c.* | ***di poco c.***, pusillanime | ***fare c. a qlcu.***, fargli coraggio | ***farsi c., pigliar c.***, farsi coraggio | ***non gli regge, non gli basta il c.***, non ha il coraggio | ***l'atleta, la squadra ha gareggiato col c.***, con grande slancio e tenacia **4** (*est.*) la persona, considerata nei suoi sentimenti, nei suoi affetti: *un c. semplice; è un nobile c.* | ***cuor di leone***, persona coraggiosa | ***cuor di coniglio***, persona vile, paurosa | ***c. solitario***, che soffre profondamente per la propria solitudine amorosa | ***cuor mio!***, amore mio, mio caro **5** (*fig.*) amore: *affari, pene di c.* **6** (*est.*) la zona del petto corrispondente al cuore: *si strinse il figlio al c.* **7** (*est.*) oggetto a forma di cuore: *sopra l'altare c'è un c. d'argento* **8** (**al pl.**) uno dei quattro semi delle carte da gioco francesi **CFR.** fiore, picca①, quadro② **9** punto centrale di qlco.: *il c. della città* | ***nel c. della notte***, a notte alta | ***nel c. dell'estate***, in piena estate | ***c. del legno***, durame | (*arald.*) punto centrale dello scudo **10** (*est.*) parte più interna di qlco.: *c. di carciofo* | nella tecnica di distillazione alcolica, il prodotto più pregiato, ottenuto scartando la testa e la coda | (*agric.*) ***malattia del c.***, annerimento della parte centrale dei tuberi di patata **11** (*zool.*) ***c. di mare***, mollusco marino dei Lamellibranchi con conchiglia spessa e convessa, che vive su fondi fangosi (*Cardium edule*) **12** (*bot.*) ***c. di Maria***, pianta ornamentale delle Papaveracee (*Dicentra spectabilis*) | ***c. di bue***, varietà di pomodoro costoluto e con polpa compatta usato per insalate | ***c. di palma***, V. *palma*② ‖ **cuoràccio**, **pegg.** | **cuoricìno**, **dim.**

cuorètto o **corètto**② [da *cuore*, perché si portava sul cuore ✱ 1235] **s. m.** ● strumento di penitenza che si portava sul cuore

cuorifórme [comp. di *cuore* e *-forme* ✱ 1865] **agg.** ● che ha forma di cuore: *foglia c.*

cupé [av. 1727] **s. m. o f. inv.** ● adattamento di *coupé* (V.)

†**cùpere** [vc. dotta, lat. *cŭpere*, di etim. incerta ✱ 1321] **v. tr.** (**difett. usato solo per la terza pers. sing. dell'indic. pres.** *cùpe* **poet.**) ● desiderare ardentemente: *Imagini, chi bene intender cupe / quel ch'i' or vidi* (DANTE *Par.* XIII, 1-2)

†**cuperòṣa** ➤ **copparosa**

✦**cupézza** [da *cupo* ✱ 1288] **s. f.** ● caratteristica di ciò che è cupo (*anche fig.*): *la c. delle acque; la c. di uno sguardo*

†**cupidézza** [1288] **s. f.** ● cupidigia

✦**cupidìgia** [da *cupido*① ✱ av. 1294] **s. f.** (**pl.** *-gie*) ● (*lett.*) sfrenato e intenso desiderio di beni e piaceri materiali: *c. di denaro, d'onori, di gloria* | bramosa avidità: *Oh cieca c. e ira folle!* (DANTE *Inf.* XII, 49) | (*lett.*) concupiscenza, lussuria

SFUMATURE ➤ *avarizia*

†**cupìdine**① [vc. dotta, lat. *cupīdine(m)*, da *cŭpidus* 'cupido①' ✱ 1268] **s. f.** ● (*lett.*) cupidigia, desiderio

Cupìdine② ➤ **Cupido**②

cupidità o †**cupiditàde**, †**cupiditàte** [vc. dotta, lat. *cupiditāte(m)*, da *cŭpidus* 'cupido①' ✱ 1261 ca.] **s. f. inv.** ● (*raro, lett.*) cupidigia | caratteristica di chi è cupido

✦**cùpido**① [vc. dotta, lat. *cŭpidu(m)*, da *cŭpere* 'bramare'. V. †*cupere* ✱ 1268] **agg.** ● (*lett.*) desideroso, bramoso, fortemente avido: *c. di denaro, di ricchezze; c. di sapere, di apprendere* | lascivo, concupiscente: *sguardo c.; occhi cupidi* ‖ **cupidaménte**, **avv.** (*lett.*) in modo cupido

Cupìdo② o (*lett.*) **Cupìdine**② [vc. dotta, lat. *Cupīdo*, nom. sing., da *cupīdo* 'desiderio', da *cŭpidus* 'cupido' ✱ 1313] **s. m.** ● immagine dipinta o scolpita raffigurante Cupido, dio dell'amore: *Cupidi alati*

†**cupìle** o †**cùpilo** [dal lat. *cūpa* 'botte', di etim. incerta ✱ 1337] **s. m.** ● alveare

✦**cùpio dissòlvi** [loc. lat., propr. 'desidero (dal v. *cŭpere*) dissolvermi' ✱ 1975] **loc. sost. m. inv.** ● desiderio di autodistruzione (con riferimento al motto della patristica latina con il quale veniva espressa l'aspirazione ad annientarsi in Cristo): *abbandonarsi a un insensato cupio dissolvi*

♦**cùpo** [da avvicinare al lat. *cūpa* 'botte'. V. †*cupile* ✱ 1282] **A** **agg.** **1** (*lett.*) profondo: *abisso c.; nelle più cupe e cieche / viscere della terra* (P. METASTASIO) | (*centr., merid.*) cavo: *tazza cupa* | ***piatto c.***, scodella **2** privo di luce, non illuminato: *selva, notte, penombra cupa; macchia cupa* **SIN.** buio, oscuro, scuro **3** (*est.*) di tonalità scura, detto di colore: *rosso, verde c.* | (*fig.*) ***descrivere qlco. a tinte cupe***, accentuarne i lati tragici **4** basso, indistinto, poco chiaro, detto di suono: *voce cupa; fragore c.* **5** (*fig.*) pensieroso, taciturno: *carattere, atteggiamento c.* | tetro, tenebroso: *sguardo c.* | intenso, sofferto: *collera, ira cupa; c. dolore* | (*fig.*) subdolo, minaccioso, inquietante: *un c. avvertimento* ‖ **cupaménte**, **avv.** **B** **s. m.** **1** (*lett.*) †profondità tenebrosa | †inferno: *Non è sanza cagion l'andare al c.* (DANTE *Inf.* VII, 10) **2** arnia o alveare rustico **SIN.** bugno

SFUMATURE ➤ *buio*

cùpola [vc. dotta, lat. tardo *cūpula(m)*, da *cūpa* 'botte'. V. †*cupile* ✱ 1356] **s. f.** **1** (*archit.*) volta generata dalla rotazione intorno a un asse verticale di una curva piana meridiana | tipo di volta a pianta circolare, ellittica o poligonale, la cui struttura può essere, oltre che emisferica, depressa, rialzata od ogivale **2** tetto generalmente emisferico, girevole e apribile: *la c. di un osservatorio astronomico; c. delle casematte corazzate* **3** nel gergo teatrale, parte alta della sala teatrale **4** (*est.*) sommità convessa di vari oggetti: *la c. di un cappello, di un elmo* **5** ammasso di lava viscosa ristagnante sopra un condotto vulcanico **6** (*fig.*) struttura dirigente di un'organizzazione di tipo mafioso **7** (*bot.*) involucro coriaceo o legnoso che avvolge i frutti delle piante delle Cupulifere **8** †volta di graticci nei giardini **SIN.** capanno **9** (*raro*) la volta celeste ‖ **cupolétta**, **dim.** | **cupolìna**, **dim.** | **cupolìno**, **dim. m.** (V.) | **cupolóna**, **accr.** | **cupolóne**, **accr. m.** (V.) | **cupolòtto**, **alter. m.**

cupolifórme o **cupulifórme** [comp. di *cupola* (o, nella var., del lat. *cūpula*) e *-forme* ✱ 1986] **agg.** ● a forma di cupola: *tetto c.*

cupolino [av. 1696] **s. m.** **1** dim. di *cupola* **2** piccola copertura a cupola posta sopra la buca del suggeritore **SIN.** cuffia **3** calotta piccola e rotonda di certi cappelli femminili

cupolóne [1865] **s. m.** **1** accr. di *cupola* **2** (*per anton.*) la cupola di S. Pietro a Roma e di S. Maria del Fiore a Firenze | ***la città del C.***, (*per anton.*) Roma o Firenze | ***all'ombra del C.***, (*per anton., fig.*) a Roma o a Firenze

cupóne [1865] **s. m.** ● (*disus.*) adattamento di *coupon* (V.)

cuprallumìnio o **cuproallumìnio** [comp. di *cupro-* e *alluminio* ✱ 1956] **s. m.** (**pl.** *-i* o *raro -ii*) ● lega del rame con alluminio | ***c. normale***, quello col 10% di alluminio

cuprammònio o **cuproammònio** [comp. di *cupro-* e *ammonio* ✱ 1956] **s. m.** (**pl.** *-i* o *raro -ii*) ● (*chim.*) ione complesso, bivalente, positivo, costituito da un atomo di rame e da quattro molecole di ammoniaca

cupràto [1983] **s. m.** ● (*chim.*) sale dell'acido cuprico

cuprène [da *cupro-*, perché si ottiene riscaldando l'acetilene in presenza di rame od ossido di rame ✱ 1964] **s. m.** ● (*chim.*) massa solida, giallastra, dall'aspetto di sughero, ottenuta dall'acetilene per riscaldamento in presenza di spugna di rame e impiegata come isolante termico

cùpreo [vc. dotta, lat. *cŭpreu(m)*, da *cŭprum* 'rame' ✱ 1797] **agg.** ● (*lett.*) che ha il colore rossastro caratteristico del rame: *vasi cuprei*

Cupressàcee [vc. dotta, dal lat. *cuprĕssus* 'cipresso' e *-acee* ✱ 1951] **s. f. pl.** (**sing.** *-a*) ● (*bot.*) famiglia di alberi o arbusti delle Conifere con fusto molto ramificato, foglie aciculari o squamiformi e strobili legnosi o coriacei (*Cupressaceae*)

cùprico [dal lat. *cŭprum* 'rame' (V. *cupro-*) ✱ 1865] **agg.** (**pl. m.** *-ci*) ● relativo al rame o ai suoi composti | detto di sostanza che contiene rame o di composto del rame trivalente: *acido c.*

cuprìfero [comp. del lat. *cŭprum* 'rame' e *-fero* ✱ 1847] **agg.** ● che contiene rame: *suolo c.*

cuprìṣmo [dal lat. *cŭprum* 'rame' (V. *cupro-*) ✱ 1892] **s. m.** ● intossicazione cronica da rame, caratterizzata da paralisi muscolare e formazione di caratteristico orletto verdastro alle gengive

cuprite [comp. di *cupro-* e *-ite*② ✱ 1940] **s. f.** ● (*miner.*) ossido di rame, minerale di alterazione nei giacimenti cupriferi

cùpro- [vc. dotta, lat. *cŭpru(m)* 'rame', da (*āes*) *cyprium* 'bronzo di Cipro'] **primo elemento** ● in parole composte della terminologia scientifica, significa 'rame' o indica relazione con il rame: *cuprallumìnio, cuprolega*

cuproallumìnio ➤ **cuprallumìnio**

cuproammònio ➤ **cuprammònio**

cuprolèga [comp. di *cupro-* e *lega* ✱ 1970] **s. f.** ● lega in cui il componente principale è il rame

Cupulìfere [comp. del lat. tardo *cūpula* 'cupola' e di *-fero* ✱ 1865] **s. f. pl.** (**sing.** *-a*) ● (*bot.*) Fagacee

cupulifórme ➤ **cupolifórme**

♦**cùra** [lat. *cūra(m)*, di etim. incerta ✱ sec. XII] **s. f.** **1** interessamento sollecito e costante per qlcu. o qlco.: *c. della famiglia; c. dell'educazione dei figli; c. del corpo, dell'abbigliamento* | premura, sollecitudine | ***prendere, avere c. di qlcu.***, occuparsene | ***abbiti c.!***, cura la tua salute | riguardo, attenzione: *maneggiare qlco. con c.* **2** oggetto di costante interesse: *l'automobile è la sua unica c.* **3** (*lett.*) preoccupazione, affanno, dolore: *vivrò fra i miei tormenti e le mie cure* (T. TASSO) **4** accuratezza, diligenza nel fare qlco.: *lavoro eseguito con c.* | ***a c. di***, per opera di, spec. in frontespizi di libri **SIN.** zelo **5** direzione, amministrazione, governo: *la c. della casa, del patrimonio; la c. della biblioteca* | †comando: *lasciò a Castruccio la c. dello* *esercito* (N. MACHIAVELLI) **6** nel diritto romano, complesso delle funzioni amministrative attribuite ai singoli magistrati | †curatela **7** ufficio e ministero del sacerdote cattolico | ***c. delle anime***, amministrazione dei sacramenti e assistenza diretta dei fedeli **8** insieme delle terapie e dei medicamenti usati per il trattamento di una malattia: *c. termale, climatica; c. del sole, delle acque; c. dimagrante, ricostituente, preventiva* **CFR.** -iatria, -terapia | ***c. del sonno***, V. *sonno* | ***cure palliative***, V. *palliativo* | ciclo completo di trattamento con un particolare farmaco: *il medico gli ha prescritto una c. di calcio* | ***c. dell'uva***, ampeloterapia | ***c. di bellezza***, serie di trattamenti per migliorare l'aspetto fisico di una persona | (*est.*) l'opera del medico nei confronti di un ammalato: *affidarsi alle cure di un medico; avere in c. qlcu.; mettersi, essere in c. presso qlcu.* | ***casa di c.***, clinica privata **9** (**al pl.**) †luogo dove si imbiancano i tessuti **10** †custodia || **curétta**, **curettìna**, **dim.** nel sign. 8

SFUMATURE ➤ ***interesse***, ➤ ***rimedio***

curàbile [lat. *curābile(m)*, da *curāre* 'curare' * 1288] **agg.** ● che si può curare **CONTR.** incurabile || **curabilità**, **s. f. inv.**

curaçao /kuras'so*, ky-, *neerl.* kyʀa'sao, *fr.* kyʀa'so/ [av. 1873] **s. m. inv.** ● liquore dolce a base di scorza di arancia amara, originario dell'isola di Curaçao nelle Antille **CFR.** curassò

curandàio [da *curare* i panni * av. 1294] **s. m.** (**f.** *-aia*, **pl. m.** *-ai*) **1** operaio tessile addetto al candeggio **2** †operaio addetto all'imbiancatura della tela greggia | †lavandaio

curànte **part. pres.** di *curare*; **anche agg.** **1** nei sign. del v. **2** ***medico c.***, cui è affidata la cura continuativa di un paziente

curapìpe [comp. di *cura(re)* e il pl. di *pipa* * 1965] **s. m. inv.** ● piccolo strumento metallico, costituito da più elementi, che serve a pulire il fornello della pipa e a comprimervi il tabacco

♦**curàre** [lat. *curāre*, da *cūra* 'cura' * av. 1249] **A** **v. tr.** **1** sottoporre un malato o un ferito ai trattamenti necessari per guarirlo: *c. un malato; c. bene, male* | trattare una malattia, una ferita e sim. per guarirla | anche in forma pron.: *non si è curato bene l'influenza ed ora ha una ricaduta* **2** avere cura di qlco., fare oggetto di interessamento sollecito e costante: *c. la propria cultura, la propria istruzione* | seguire qlco., occuparsi di qlco.: *c. la traduzione di un libro; c. gli interessi di qlcu.* | ***c. un avversario***, marcarlo | ***c. le anime***, esercitare il ministero sacerdotale | ***c. i propri difetti***, emendarsi **3** fare in modo, procurare (+ *che* **seguito da congtv.**, + *di* **seguito da inf.**): *tu cura che non se ne accorga; cura di accertartene* **SIN.** adoperarsi **4** (*raro*) avere a cuore, essere affezionato: *cura molto quel bambino* | apprezzare, stimare: *c. il parere di qlcu.* **5** †imbiancare i tessuti **B** **curàrsi** **v. rifl.** ● prendersi cura della propria salute o farsi assistere da un medico: *con questi disturbi dovresti curarti di più* | avere cura di sé, tenere al proprio aspetto: *è una ragazza che si cura molto* **C** **curàrsi** **v. intr. pron.** ● badare a qlco., preoccuparsi di qlco. (+ *di*): *non curarsi delle voci maligne* | prendersi cura di qlcu.: *curarsi dei figli, del nipotino*

SFUMATURE ➤ ***badare***

curàrico [1956] **A** **agg.** (**pl. m.** *-ci*) ● del curaro, relativo al curaro **B** **s. m.** ● farmaco derivato dal curaro o a questo affine, usato spec. in campo chirurgico per rilassare la muscolatura e abolire i movimenti volontari o riflessi

curarìna [da *curaro* * 1865] **s. f.** ● principale alcaloide del curaro

curàro [fr. *curare*, da una lingua indigena dei Caraibi * 1836] **s. m.** ● sostanza velenosa estratta da alcune piante delle Loganiacee, che esercita azione paralizzante sui centri respiratori; si usa in medicina

curaṡnétta [ant. fr. *roisnete*, dim. di *roisne*, dal lat. parl. **rūcina(m)*, per il classico *rūncina(m)* 'pialla', dal gr. *rykánē*, di etim. incerta * sec. XIV] **s. f.** ● (*veter.*) ferro chirurgico usato in podologia

curassò [1879] **s. m. inv.** ● adattamento di *curaçao* (V.)

†**curàta** e deriv. ➤ **corata** e deriv.

curatèla [da *curatore*, sul modello di *tutela* * 1758] **s. f.** ● (*dir.*) ufficio, funzione del curatore: *esercitare la c.*

curatìno [da *curare* * sec. XX] **s. m.** (**f.** *-a*) ● operaio addetto alla fabbricazione di formaggi a pasta molle con latte di bufala

curatìvo [sec. XIV] **agg.** ● che ha la funzione di curare una malattia: *rimedio c.; soggiorno c. in montagna* **SIN.** terapeutico

curàto ① **part. pass.** di *curare*; **anche agg.** ● nei sign. del v.

curàto ② [detto così perché ha cura delle anime * 1619] **s. m.** **1** sacerdote che esercita la cura delle anime **SIN.** pievano, prevosto, parroco | in alcune regioni italiane, sacerdote che aiuta il parroco **2** in diritto canonico, sacerdote che coadiuva il parroco, o sacerdote con poteri quasi parrocchiali **3** (*agric.*) varietà coltivata di pero a maturazione tardiva dal frutto piuttosto grosso

curàtolo [sicil. *curatulu*, che risale, attrav. il biz., al lat. *curātor*, genit. *curatōris* 'curatore' * 1883] **s. m.** ● in Sicilia, sorvegliante di azienda agricola, a contratto annuo

curatóre [vc. dotta, lat. *curatōre(m)*, da *curāre* 'curare' * 1275] **s. m.** (**f.** *-trice*) **1** (*dir.*) persona incaricata dell'amministrazione degli interessi di chi non è in grado di provvedervi da sé: *c. del nascituro, dell'inabilitato, del minore* | ***c. del fallimento***, persona incaricata di amministrare il patrimonio di chi è stato dichiarato fallito **2** chi cura qlco., chi si occupa della realizzazione di qlco: *il c. di una mostra, di un'antologia* **3** (*raro*) guaritore

curatoriàle [1933] **agg.** ● relativo a curatore

curatòrio [dal ted. *Kuratorium* 'ufficio di direzione', dal lat. *curātor* 'amministratore' * 1851] **s. m.** (**pl.** *-i* o *raro -ii*) ● ufficio preposto all'amministrazione e alla direzione spec. di un'istituzione culturale o museale

curazìa [da *curato*①, sul modello di *abbazia* * 1910] **s. f.** ● chiesa e giurisdizione del curato

curazióne [da *curare* * 1300 ca.] **s. f.** ● (*disus.*) azione del curare; cura | (*bot.*) ***periodo di c.***, in selvicoltura, intervallo tra due tagli di un bosco

curbasciàta [1891] **s. f.** ● colpo di curbascio

curbàscio [fr. *courbache*, dal turco *kirbaç* * 1895] **s. m.** ● specie di frusta o scudiscio di pelle durissima, spec. di ippopotamo, un tempo in uso nelle galere a remi della marineria ottomana per incitare o punire i rematori | (*est.*) staffile orientale per punizione

cùrcas [vc. del Malabar * 1931] **s. m. inv.** ● piccolo albero tropicale delle Euforbiacee, dai cui semi, nerastri e opachi, si estrae un olio purgativo (*Iatropha curcas*)

curculióne [vc. dotta, lat. *curculiōne(m)*, di orig. onomat. * av. 1718] **s. m.** ● (*zool.*) punteruolo

Curculiònidi [vc. dotta, comp. di *curculio-n(e)* e *-idi* * 1892] **s. m. pl.** (**sing.** *-e*) ● (*zool.*) famiglia di Insetti dei Coleotteri piccoli con corpo tozzo e capo prolungato in un rostro alla cui estremità si trovano le robuste mandibole (*Curculionidae*)

cùrcuma [arabo *kurkum* 'zafferano' * sec. XIV] **s. f.** ● genere di piante erbacee aromatiche delle Zingiberacee con foglie grandi, ovali e fiori raccolti in spiga, variamente colorati (*Curcuma*)

curcumìna [da *curcuma* * 1865] **s. f.** ● sostanza colorante gialla, in cristalli, estratta dai rizomi della curcuma

cùrdo [arabo *kurd* * av. 1557] **A** **s. m.** (**f.** *-a*); **anche agg.** ● chi appartiene a una popolazione stanziata sul confine tra Iraq e Turchia, con propaggini nell'Iran, nella Siria e nell'Armenia **B** **s. m. solo sing.** ● lingua di origine indoeuropea parlata da tale popolazione

curetage /*fr.* kyʀ'taʒ/ [vc. fr., dal v. *cureter* 'raschiare con il raschiatoio (*curette*)' * sec. XX] **s. m. inv.** ● procedura chirurgica di raschiamento di una mucosa o di un tessuto in genere a scopo diagnostico o terapeutico

cùria [vc. dotta, lat. *cūria(m)*, di etim. incerta * av. 1306] **s. f.** **1** nel diritto romano, ripartizione territoriale e amministrativa della tribù | luogo di riunione del senato e delle assemblee municipali | assemblea nel suo insieme **2** (*stor.*) nel Medioevo, organo amministrativo con funzioni giudiziarie | adunanza e assemblea popolare **3** (*raro*) tribunale | complesso dei magistrati di un luogo **4** (*eccl.*) ***C. romana***, complesso dei dicasteri di cui si vale il Papa per trattare gli affari che riguardano la Chiesa | ***C. vescovile, diocesana***, organo ausiliario del vescovo nel governo della diocesi che lo coadiuva nelle sue mansioni amministrative, disciplinari e contenziose **5** †corte

♣**curiàle** [vc. dotta, lat. *curiāle(m)*, da *cūria* 'curia' * av. 1328] **A** **agg.** **1** (*raro*) relativo a curia | (*eccl.*) della Curia romana: *cariche curiali* **2** (*est.*) aulico, solenne: *linguaggio, stile c.* | (*iron.*) avvocatesco, formale **3** (*lett.*) cortigiano, nobile (*anche fig.*): *il nostro colloquio non è null'affatto c.* (I. NIEVO) **4** ***scrittura c.***, scrittura corsiva cancelleresca della curia pontificia, con spiccato andamento verticale, accentuato prolungamento delle aste e perfetta rotondità degli occhielli || **curialménte**, **avv.** || **curialità**, **s. f. inv.** **1** appartenenza alla Curia **2** atteggiamento curiale (*spec. spreg.*) **B** **s. m.** ● (*raro, lett.*) chi fa parte della curia **C** **s. f.** ● scrittura curiale

curialésco [1797] **agg.** (**pl. m.** *-schi*) ● da curiale | (*spreg.*) cavilloso, pedante: *discorso c.* || **curialescaménte**, **avv.**

curialìsta [1797] **s. m. e f.** (**pl. m.** *-i*) ● (*raro*) sostenitore delle dottrine e degli interessi della Curia romana

curiàto [vc. dotta, lat. *curiātu(m)*, da *cūria* 'curia' * sec. XIV] **agg.** ● della curia della Roma antica | ***comizio c.***, assemblea del popolo durante l'età più antica del diritto romano

curie /*fr.* ky'ʀi/ [dal n. di M. *Curie* (V. *curio*) * 1930] **s. m. inv.** ● (*fis.*) unità di misura dell'attività di una sostanza radioattiva pari a $3{,}7 \cdot 10^{10}$ disintegrazioni al secondo **SIMB.** Ci

cùrio [dal n. dei coniugi Pierre (1859-1906) e Marie Sklodowska *Curie* (1867-1934), fisici francesi * 1951] **s. m.** (**pl.** *-i* o *raro -ii*) ● elemento chimico, metallo, artificiale, transuranico, appartenente al gruppo degli attinidi, ottenuto per bombardamento del plutonio con particelle alfa **SIMB.** Cm **NUM. AT.** 96

curióne [vc. dotta, lat. *curiōne(m)*, da *cūria* 'curia' * sec. XIV] **s. m.** ● nel diritto romano, capo della curia primitiva

curiosàggine (o *-ṣ-*) [1941] **s. f.** ● curiosità abituale e indiscreta

curiosàre (o *-ṣ-*) o (*fam.*) **scuriosàre** (o **-oṣà-**) [1858] **v. intr.** (*io curióso*; aus. *avere*) ● osservare, interessarsi per curiosità: *c. tra i vecchi giornali; c. in un dizionario* | dimostrare una curiosità spesso indiscreta per cose e fatti altrui: *curiosava tra le mie carte; c. nella vita di qlcu.*

curioseggiàre (o -ṣ-) [1983] **v. intr.** (**pres.** *io curioséggio*; **fut.** *io curioseggerò*; **aus.** *avere*) ● (*raro*) curiosare

♦**curiosità** (o -ṣ-) [vc. dotta, lat. *curiositā-te(m)*, da *curiōsus* 'curioso' ✱ av. 1292] **s. f. inv.** **1** caratteristica di chi è curioso | desiderio di sapere, indagare, conoscere: *la c. è la madre della scienza*; *dimostra c. per tutto ciò che è nuovo*; *c. nei confronti del passato*; *Un sentimento di c. verso sé stessa* (F. De Roberto) | desiderio di sapere i fatti altrui, per capriccio o indiscrezione: *mostra troppa c. per le mie faccende sentimentali* **2** caratteristica di ciò che è curioso, strano, singolare: *la c. di una situazione* **3** cosa rara, insolita, originale: *negozio pieno di c.*; *c. letterarie*
SFUMATURE ➤ *indiscrezione*

Definizione d'autore
Smettere di andare in bicicletta nel cortile e passare un intero pomeriggio nella portineria del caseggiato per ascoltare i discorsi dei grandi, per scoprire cosa succede ad ogni piano e in ogni scala. Leggere libri, riviste, dépliant, le istruzioni della lavatrice o i bugiardini dei medicinali per capire come funziona il mondo. La **curiosità** è il motore dell'esistenza, il radar che ci fa captare i colori e la chiave per aprire le relazioni con gli altri esseri umani. La **curiosità** è la migliore vaccinazione contro il pessimismo, l'accidia e la noia, le malattie più pericolose del nostro tempo. E poi i curiosi non sono mai soli, vivono tante vite, molte più di quelle che la natura aveva loro riservato.
Mario Calabresi

♦**curióso** (o -ṣ-) [vc. dotta, lat. *curiōsu(m)* 'colui che si cura di qualche cosa', da *cūra* 'cura' ✱ 1287] **A** **agg.** **1** che vuole sapere, indagare, conoscere, che vuole istruirsi su qlco.: *c. di scienze naturali, di letteratura* **2** che si dimostra interessato ai fatti altrui per capriccio o indiscrezione: *siete troppo curiosi* SIN. ficcanaso, indiscreto **3** che suscita curiosità per la sua stranezza e singolarità: *un tipo c.*; *mi è successo un fatto proprio c.* | ***una persona curiosa***, buffa, faceta | ***è curioso che*** ... è strano, è inconsueto il fatto che ... | anche come esclamazione: *C.! Nessuno veniva a trattenermi* (I. Svevo) SIN. bizzarro, strano **4** (*raro*, *lett.*) che è sollecito, diligente, accurato ‖ **curiosaménte**, **avv.** **1** in modo curioso **2** in modo insolito e strano **3** †diligentemente ‖ **curiosità**, **s. f. inv.** (V.) **B** **s. m.** (**f.** *-a*) ● persona curiosa: *una folla di curiosi* **C** **s. m. solo sing.** ● aspetto strano, bizzarro: *il c. è che ha accettato subito* ‖ **curiosàccio**, **pegg.** | **curiosétto**, **dim.** | **curiosóne**, **accr.**
SFUMATURE ➤ *singolare*

curling /ˈkɛrlin(g), *ingl.* ˈkɜːlɪŋ/ [ingl., da *to curl* 'arricciare, arrotolare', di orig. germ. ✱ 1913] **s. m. inv.** ● gioco simile a quello delle bocce, che si svolge sul ghiaccio tra due squadre di quattro giocatori, i quali fanno scivolare il più possibile vicino alla parte centrale del fondocampo dei dischi rotondi a fondo piatto muniti di impugnatura, per realizzare punti

cùros **s. m. inv.** ● adattamento di *kuros* (V.)

curricolàre o **curriculàre** [1975] **agg.** ● relativo a curricolo, spec. scolastico: *programmazione c.* ‖ **curricolarità**, **s. f. inv.**

currìcolo o (*raro*) **currìculo** [vc. dotta, lat. *curricŭlu(m)*, da *cŭrrere* 'correre' ✱ 1858] **s. m.** **1** carriera scientifica, burocratica o accademica di una persona: *avere un brillante c.* | resoconto sommario delle varie fasi della carriera di una persona, solitamente allegato a domande di concorso, assunzione e sim.: *inviare un dettagliato c.* | insieme degli avvenimenti principali della vita di una persona SIN. curriculum vitae **2** (*pedagogia*) attività degli operatori scolastici volta a conseguire gli obiettivi formativi di un processo educativo mediante l'integrazione continua e flessibile degli obiettivi cognitivi, dei contenuti culturali, dei metodi di apprendimento, delle tecniche di valutazione **3** (*disus.*) carretto

currìculum [lat. V. *curricolo* ✱ 1908] **s. m. inv.** (**pl. lat.** *curricula*) **1** forma abbreviata di *curriculum vitae* **2** curricolo, nel sign. 1

currìculum vitae /*lat.* kurˈrikulum ˈvite/ [loc. lat., propr. 'carriera della vita' ✱ 1892] **loc. sost. m. inv.** (**pl. lat.** *curricula vitae*) ● curricolo, nel sign. 1

†**cùrro** [vc. dotta, lat. *cŭrru(m)* 'carro', da *cŭrrere* 'correre' ✱ 1313] **s. m.** **1** †carretto | †***mettere qlcu. sul c.***, (*fig.*) spingerlo a fare qlco. | †carro trionfale **2** cilindro o rullo, spec. di ferro, che, posto insieme con altri sotto oggetti pesanti, ne permette il trasporto **3** †scorrimento

curry /ˈkɛrri, ˈka-, *ingl.* ˈkʌrɪ/ [ingl., dal tamil *kari* 'salsa' ✱ 1817] **s. m. inv.** (**pl. ingl.** *curries*) ● polvere piccante composta di varie spezie, usata per condimento, originaria dell'estremo Oriente

♦**cursóre** [vc. dotta, lat. *cursōre(m)*, da *cŭrsus* 'corso' ✱ av. 1374] **s. m.** **1** nel diritto romano, funzionario impiegato come corriere dello Stato o di privati | (*disus.*) ufficiale giudiziario addetto alla notifica di atti **2** †corriere, messo **3** (*inform.*) segnale luminoso lampeggiante sullo schermo del computer, che indica il punto in cui verrà immesso il dato successivo **4** (*tecnol.*) qualsiasi elemento di un congegno che si sposta linearmente con funzione di indice o di guida | elemento mobile che aziona la cerniera lampo **5** (*tess.*) ring

cursòrio [vc. dotta, lat. *cursōriu(m)*, da *cŭrrere* 'correre' ✱ 1983] **agg.** (**pl. m.** *-i* o *raro -ii*) ● (*raro*) che si fa rapidamente: *lettura cursoria*

cùrsus [lat. 'corso' ✱ 1914] **s. m. inv.** (**pl. lat. inv.**) ● disposizione ritmica delle clausole di periodo nella prosa latina, secondo determinate leggi

♣**cùrsus honòrum** /*lat.* ˈkursus oˈnɔrum/ [loc. lat., propr. 'carriera degli onori'] **loc. sost. m. inv.** (**pl. lat. inv.**) ● nell'antica Roma, serie di cariche previste per i cittadini che intraprendevano la vita pubblica | (*est.*) serie di tappe in una carriera

curtain wall /*ingl.* ˈkɜːt(ə)n,wɔːl/ [loc. ingl. comp. di *curtain* 'cortina' (dal fr. *cortine, courtine*) e *wall* 'muro' (che risale al lat. *vāllum* 'vallo') ✱ 1973] **loc. sost. f. inv.** (**pl. ingl.** *curtain walls*) ● (*archit.*) negli edifici moderni, parete esterna parzialmente o totalmente vetrata, costituita da pannelli prefabbricati uniti e sostenuti da sottili intelaiature metalliche

curtènse [vc. dotta, lat. mediev. *curtēnse(m)*, da *cŭrtis* 'corte' ✱ 1898] **agg.** ● detto del sistema economico medievale in cui il castello del feudatario e le terre circostanti costituivano l'unità economica fondamentale e autosufficiente

cùrtis [vc. lat. mediev., dal lat. classico *cŏhors*, genit. *cohŏrtis* 'corte' ✱ 1986] **s. f. inv.** (**pl. lat.** *curtes*) ● (*stor.*) corte nel sign. 2

†**cùrto** ➤ **corto**

curtòṣi [gr. *kýrtōsis* 'incurvatura', da *kyrtós* 'incurvato', dalla stessa radice del lat. *cŭrvus* 'curvo' ✱ 1987] **s. f. inv.** ● (*stat.*) misura della concentrazione di una distribuzione statistica attorno al suo valore medio

curùle [vc. dotta, lat. *curūle(m)*, da *cŭrrus* 'carro', perché in orig. era posata sopra un carro ✱ 1313] **agg.** ● detto del sedile d'avorio spettante di diritto ai magistrati romani di grado più elevato: *sedia c.*

♦**cùrva** [da *curvo* ✱ 1631] **s. f.** **1** (*mat.*) luogo geometrico delle posizioni successive assunte da un punto che si muove secondo una legge determinata | immagine di un intervallo reale per effetto di una applicazione continua dell'intervallo in uno spazio topologico | riunione di tali immagini | correntemente, linea non retta | ***c. piana***, appartenente ad un piano | ***c. sghemba***, dello spazio ordinario, non piana | ***c. piana algebrica***, rappresentabile in coordinate cartesiane con un'equazione algebrica | ***c. algebrica dello spazio***, curva intersezione di superfici algebriche | ***c. chiusa***, priva di estremi **2** rappresentazione grafica di un fenomeno in un diagramma, costituita da una linea: *c. ipsografica* | ***c. batimetrica***, che unisce tutti i punti di un fondo marino o di un lago che si trovano alla stessa profondità SIN. isobata | ***c. di livello, altimetrica***, linea d'intersezione di un piano orizzontale con la superficie fisica terrestre, cioè il luogo di punti aventi la stessa altezza sul livello medio del mare SIN. isoipsa | ***c. caratteristica***, in fotografia, successione degli annerimenti di una superficie sensibile esposta a illuminazione di intensità progressiva | ***c. di magnetizzazione***, curva che esprime la dipendenza dell'induzione magnetica in un dato materiale dall'intensità del campo magnetico | ***c. di luce***, rappresentazione grafica delle variazioni della luminosità di una stella in funzione del tempo | ***c. della domanda***, in economia, quella che rappresenta la relazione fra prezzo e quantità domandata di un dato bene e quindi l'uniformità statistica per cui, al diminuire del prezzo, la quantità domandata aumenta **3** (*colloq.*, **al pl.**) rotondità del seno e dei fianchi, nel corpo femminile | ***essere tutta curve***, di donna prosperosa **4** punto, tratto in cui una cosa è curva o viene curvata | tratto di strada non rettilineo, piegato ad arco: *attento alla c.!*; *c. a destra, a sinistra*; *rallentare in c.* | ***prendere una c.***, imboccarla | ognuno dei settori delle gradinate di uno stadio situati in corrispondenza dei lati più corti del rettangolo di gioco | (*est.*) i tifosi che occupano tali settori | (*per anton.*) ***c. sud***, la tifoseria più focosa ‖ **curvétta**, **dim.** | **curvóna**, **accr.** | **curvóne**, **accr. m.**

curvàbile [vc. dotta, lat. tardo *curvābile(m)*, da *curvāre* 'curvare' ✱ 1865] **agg.** ● che si può curvare

curvadòrsi (o -ó-) [comp. di *curva(re)* e il pl. di *dorso* ✱ 1956] **s. m. inv.** ● forma di legno o di lamiera metallica con cui si incurvano i dorsi delle rilegature

curvaiòlo [1987] **A** **s. m.** (**f.** *-a*) ● tifoso fanatico e turbolento di una squadra di calcio che assiste alle partite da una delle curve di uno stadio **B** **agg.** ● relativo a tali tifosi: *gergo c.*

†**curvaménto** [1499] **s. m.** ● il curvare | curvatura

curvàre [vc. dotta, lat. *curvāre*, da *cŭrvus* 'curvo' ✱ av. 1340] **A** **v. tr.** ● piegare ad arco: *c. una sbarra di ferro* | ***c. la fronte, il capo***, (*fig.*) ubbidire | ***c. la schiena***, (*fig.*) sottomettersi alla volontà di qlcu. **B** **v. intr.** (**aus.** *avere*) **1** svoltare, girare, detto spec. di veicoli: *l'auto curvò di colpo* **2** formare una curva, detto spec. di strade: *la strada curvava a sinistra* **C** **curvàrsi** **v. rifl.** **1** piegarsi, flettersi: *si curvò per entrare* **2** (*fig.*) sottomettersi: *curvarsi davanti alla prepotenza* **D** **curvàrsi** **v. intr. pron.** ● diventare curvo: *si è curvato con la vecchiaia*

curvatóre [1956] **s. m.** (**f.** *-trice* (V.)) ● in varie tecnologie, operaio addetto alle operazioni di curvatura

curvatrìce [1931] **s. f.** ● macchina per curvare lamiere, tubi e sim.

curvatùra [vc. dotta, lat. *curvatūra(m)*, da *curvāre* 'curvare' ✱ 1483] **s. f.** **1** piegatura ad arco: *la c. del fasciame*; *c. forte, leggera* **2** punto, tratto in cui una cosa è curva o viene curvata: *la c. della pista, del velodro-*

mo **3** (*mat.*) ***c. di una curva piana in un punto***, grandezza che misura la rapidità con cui una curva si discosta dalla tangente; è l'inverso del raggio del cerchio che approssima la curva in quel punto | ***raggio di c.***, raggio della circonferenza osculatrice **4** (*anat.*) ripiegamento formato da un organo o da una sua parte

curvézza [sec. XIV] **s. f.** ● (*raro*) caratteristica di chi è curvo

curvilìneo [comp. di *curvo* e *linea* ✱ av. 1464] **A agg. 1** di figura costituita o delimitata da linee non rette: *triangolo c.* **2** che segue un andamento a curva: *moto c.* **CONTR.** rettilineo **B s. m.** ● strumento usato per disegnare le curve

curvìmetro [comp. di *curva* e *-metro* ✱ 1913] **s. m.** ● strumento atto a misurare la lunghezza dell'arco di curva

curvinèrvio o **curvinèrvo** [comp. di *curvo* e *nervo* ✱ 1865] **agg.** ● (*bot.*) detto di foglia con nervature curve

Curviròstri [comp. di *curvo* e il pl. di *rostro* ✱ 1892] **s. m. pl.** (**sing.** *-o*) ● nell'antica tassonomia animale, denominazione di un gruppo di Uccelli con il becco sottile e curvato all'apice

†**curvità** o †**curvitàde**, †**curvitàte** [vc. dotta, lat. tardo *curvitāte(m)*, da *cŭrvus* 'curvo' ✱ sec. XIV] **s. f. 1** caratteristica di ciò che è curvo | curvatura **2** gibbosità

♦**cùrvo** [vc. dotta, lat. *cŭrvu(m)*, di orig. indeur. ✱ av. 1328] **A agg. 1** piegato ad arco, arcuato: *linea, traiettoria curva* | piegato verso il basso, ingobbito: *capo c.*; *spalle curve*; *camminare, stare c.*; *essere c. per gli anni*; *albero c. sotto la pioggia* **2** (*fig.*) †malvagio, perverso || **curvétto**, **dim.** || **curvaménte**, **avv.** (*raro*) in figura, in posizione curva **B s. m.** ● †parte curva

curvóne [da *curv(a)* con il suff. *-one*①] **s. m.** ● in un tracciato stradale, curva ad ampio raggio

cuscinàio [1963] **s. m.** (**pl.** *-ai*) ● (*disus.*) noleggiatore di cuscini nelle stazioni ferroviarie

cuscinàta [1923] **s. f.** ● colpo di cuscino

cuscinétto [av. 1555] **A s. m. 1** dim. di *cuscino* **2** oggetto simile a un piccolo cuscino, o imbottito a un'estremità, adibito a vari usi: *c. per timbri*; *c. portaspilli* **3** (*mecc.*) organo meccanico sul quale trova appoggio ed entro il quale ruota un albero | ***c. a rotolamento***, caratterizzato dalla interposizione di rulli o sfere rotolanti fra due piste | ***c. a sfere***, cuscinetto a rotolamento, che contiene piccole sfere **4** (*bot.*) forma rotondeggiante caratteristica di alcune piante per il modo naturale di crescita dei loro rami: *pianta a c.* **5** (*fam.*) deposito adiposo sottocutaneo **B in funzione di agg. inv.** ● (posposto a un sost., *fig.*) intermedio, interposto fra due o più enti, persone, cose, per impedirne o mitigarne i contrasti: *Stato c.*; *zona c.*

♦**cuscìno** [ant. fr. *coissin*, dal lat. *cŏxa* 'coscia', quindi 'cuscino per sedersi' ✱ 1221] **s. m. 1** sacchetto di stoffa o pelle, imbottito di piume, lana, crine, gommapiuma e sim. usato per appoggiarvi il capo, per sedervisi o anche come ornamento **CFR.** guanciale | (*est.*) ***c. d'aria***, spazio tra due superfici solide in cui viene soffiata aria dai veicoli che si muovono con questo sistema **2** composizione di fiori a forma di cuscino, spec. nelle onoranze funebri || **cuscinétto**, **dim.** (V.) | **cuscinóne**, **accr.**

cuscìta [ebr. *Kūsh*, n. del primogenito di Cam ✱ av. 1557] **s. m. e f.** (**pl. m.** *-i*) ● membro di un antico popolo della Nubia, tra il Sudan e l'Egitto

cuscìtico [1929] **A agg.** (**pl. m.** *-ci*) ● dei Cusciti: *lingue cuscitiche* **B s. m. solo sing.** ● ogni lingua appartenente al sottogruppo meridionale della famiglia linguistica camitica

cùsco [vc. malese ✱ 1951] **s. m.** (**pl.** *-schi*) ● genere di Mammiferi arboricoli dei Marsupiali simili al gatto, caratterizzati dalla coda prensile (*Cuscus*)

cuscùs o **kuskùs**, **cuscussù**, **cùscuṣo**, **cùscusu** nel sign. 2 [arabo *kuskus* ✱ av. 1557] **s. m. inv. 1** vivanda di origine araba a base di pallottoline di semola condite con salsa piccante, ragù di carni, umidi di pesce, stufati di verdure **2** vivanda tipica della cucina siciliana, analoga alla precedente, ma amalgamata con brodetto ristretto di pesce anziché con salsa piccante

cùscuta o (*raro*) **cuscùta** [arabo *kašūṯ* ✱ 1310] **s. f.** ● pianta delle Cuscutacee, parassita, con fusto filiforme di color giallo pallido ricoperto da piccolissime brattee fogliari (*Cuscuta europaea*)

Cuscutàcee [vc. dotta, comp. di *cuscuta* e *-acee* ✱ 1983] **s. f. pl.** (**sing.** *-a*) ● (*bot.*) famiglia di piante parassite prive di radici e di foglie, con fusto filiforme che si avvolge attorno ad altri vegetali e fiori piccoli bianchi o rosei (*Cuscutaceae*)

cuspidàle [1876] **agg.** ● che ha forma di cuspide | relativo, analogo a una cuspide

cuspidàto [vc. dotta, lat. *cuspidātu(m)*, part. pass. di *cuspidāre* 'fare la punta', da *cŭspis*, genit. *cŭspidis* 'cuspide' ✱ 1797] **agg. 1** che termina con cuspide **2** (*bot.*) detto di organo vegetale che termina con una punta lunga e rigida

cùspide [vc. dotta, lat. *cŭspide(m)* 'punta della lancia', di orig. preindeur. ✱ av. 1382] **s. f. 1** vertice, punta, spec. di una lancia, una freccia e sim. **2** (*mat.*) singolarità di una curva in cui il punto mobile inverte bruscamente il suo cammino e in cui i valori delle tangenti da destra e da sinistra coincidono **3** (*astrol.*) linea di divisione tra due case astrologiche **4** (*archit.*) coronamento a forma triangolare di un edificio, o di parte di esso **5** (*anat.*) ognuno dei lembi delle valvole di comunicazione fra l'atrio e il ventricolo del cuore | ognuno dei rilievi sulla superficie dei denti molari e premolari

cussìno [da *CUS* ✱ 1983] **s. m.** (**f.** *-a*) ● atleta iscritto a un Centro Universitario Sportivo (CUS)

cùsso [vc. abissina ✱ 1887] **s. m. 1** pianta delle Rosacee con proprietà medicinali (*Hagenia abyssinica*) **2** sostanza officinale che si ottiene dai fiori di tale pianta, usata come antielmintico

cussòrgia [vc. sarda, lat. mediev. *cursōria*, nt. pl., 'porzione di pascolo', dal classico *cŭrrere* 'correre'; detti così perché erano i luoghi in cui le pecore potevano correre e muoversi liberamente ✱ 1865] **s. f.** (**pl.** *-ge*) ● in Sardegna, concessione, da parte dell'autorità a pastori, di terre incolte destinate al pascolo: *terreno spettante in c.*

♦**custòde** [vc. dotta, lat. *custōde(m)*, di etim. incerta ✱ 1288] **A s. m. e f.** ● chi custodisce o sorveglia qlcu. o qlco. (*anche fig.*): *il c. del museo*; *i custodi della tradizione* | chi ha compiti di custodia e sorveglianza in quanto organo ausiliare dell'autorità giudiziale **B in funzione di agg.** ● (*lett.*) che custodisce: *angelo c.*

custòdia [vc. dotta, lat. *custōdia(m)*, da *cŭstos*, genit. *custōdis* 'custode' ✱ 1299] **s. f. 1** conservazione, cura, tutela: *avere la c. di qlco.*; *avere qlco. in c.*; *dare qlco. in c. a qlcu.*; *affidare qlco. alla c. di qlcu.* | assistenza | sorveglianza: *essere sotto la c. di qlcu.*; *istituto di c.* | ***avere in c. un avversario***, nel calcio e sim., averlo in consegna, marcarlo strettamente | ***agente di c.***, agente di polizia penitenziaria (V. *agente*) | ***c. cautelare***, misura coercitiva che comporta la detenzione dell'imputato in un istituto di custodia prima della sentenza definitiva | ***titoli a c.***, depositati presso una banca perché li amministri **2** astuccio usato per custodire vari oggetti: *una c. di pelle, di celluloide, di cuoio, di tela*; *la c. del violino, degli occhiali, del fucile* **CFR.** -teca **3** ciborio || **custodiétta**, **dim.**

SFUMATURE ➤ ***difesa***

custodiménto [1816] **s. m.** ● (*disus.*) custodia, cura

♦**custodìre** o †**costudìre** [vc. dotta, lat. *custodīre*, da *cŭstos*, genit. *custōdis* 'custode' ✱ 1303 ca.] **A v. tr.** (*io custodisco, tu custodisci*) **1** svolgere attività di conservazione e talora di amministrazione di beni: *c. i beni sequestrati o pignorati* **2** conservare con cura preservando da pericoli e danni (*anche fig.*): *c. la casa in assenza del padrone*; *c. l'innocenza, l'onestà*; *ero consapevole di c. nello scrigno della memoria una folla di fantasmi* (E. MONTALE) **SIN.** tutelare | (*fig.*) mantenere, serbare: *c. un segreto* **3** assistere persone o animali provvedendo alle loro necessità: *c. un malato*; *c. un branco di pecore* **4** sorvegliare, tenere sotto controllo: *c. i prigionieri* **B custodìrsi v. rifl.** ● badare alla propria salute, riguardarsi

custom /'kastom, *ingl.* 'kʌstəm/ [vc. ingl., accorc. di *custom-made, custom-built* 'fatto su misura' ✱ 1985] **A agg. inv.** ● fatto su misura, personalizzato **B s. f. inv.** ● tipo di motocicletta caratterizzata da ampio manubrio, piccolo serbatoio e finiture particolarmente vistose

customer care /ˌkastomer'ker, *ingl.* ˌkʌstəmə'kɛə(r)/ [loc. ingl., propr. 'cura (*care*) del cliente (*customer*)' ✱ 1992] **loc. sost. m. inv.** (**pl. ingl.** *customer cares*) ● insieme di attività di servizio e di assistenza svolte da un'azienda nei confronti dei propri clienti

customer sèrvice /'kastomer 'servis, *ingl.* ˌkʌstəmə'sɜːvɪs/ [loc. ingl., propr. 'servizio (*service*) per il cliente (*customer*)' ✱ 1992] **loc. sost. m. inv.** (**pl. ingl.** *customer services*) ● reparto di un'azienda che assiste il cliente nei rapporti post-vendita

customiẓẓàre [dall'agg. ingl. *custom* 'fatto su ordinazione, personalizzato' ✱ 1995] **v. tr.** ● adattare un prodotto o un servizio alle esigenze del cliente || **customiẓẓazióne**, **s. f.**

cutàneo [av. 1673] **agg.** ● (*anat.*) della cute: *annessi cutanei*; *superficie cutanea*

cùte [vc. dotta, lat. *cŭte(m)*, di orig. indeur. ✱ av. 1389] **s. f.** ● (*anat.*) lamina epitelio-connettivale che riveste tutto il corpo dei Vertebrati | (*per anton.*) pelle dell'uomo **CFR.** dermato-, dermo-, derma-, -derma, -dermia | ***c. anserina***, segnata da minuti rilievi alla base dei peli per contrattura del muscolo pilifero, tipica nelle reazioni da freddo **SIN.** (*pop.*) pelle d'oca

Cuterèbridi [etim. incerta: forse da un nome di persona ✱ 1983] **s. m. pl.** (**sing.** *-e*) ● (*zool.*) famiglia di Ditteri americani le cui larve causano tumori cutanei in vari animali erbivori e nell'uomo (*Cuterebridae*)

cuticàgna [da *cotica* ✱ 1313] **s. f.** ● (*scherz.*) collottola, nuca | pelle della nuca e cuoio capelluto: *Allor lo presi per la c.* (DANTE *Inf.* XXXII, 97)

cutìcola [vc. dotta, lat. *cutĭcula(m)*, da *cŭtis* 'cute' ✱ av. 1673] **s. f.** ● strato ispessito di varie sostanze che riveste cellule od organi animali o vegetali: *c. del viso, delle unghie*

cuticolàre [da *cuticola* ✱ 1865] **agg.** ● che appartiene agli strati più superficiali e sottili di rivestimento di un organo: *muscolo c.*

†**cuticùgno** [etim. incerta ✱ av. 1749] **s. m.** ● sopravveste

cutìna [da *cute* ✱ 1940] **s. f.** ● (*biol.*) sostanza organica affine alla suberina secreta dai vegetali

C

cutireazióne [comp. di *cute* e *reazione* ✱ 1927] **s. f.** ● prova biologica di reazione allergica controllata sulla cute

cutréttola (o **-è-**), †**cutrétta** (o **-è-**) [lat. tardo *cauda(m) trĕpida(m)* 'coda tremula' ✱ av. 1333] **s. f.** ● uccello dei Passeriformi con corpo slanciato, zampe lunghe, coda mobilissima, becco sottile e acuto, piumaggio variopinto (*Motacilla flava*) **SIN.** ballerina, batticoda, fratina②

cutter /'katter, *ingl.* 'kʌtə(r)/ [ingl. 'tagliatore', da *to cut* 'tagliare' ✱ 1779] **s. m. inv. 1** imbarcazione a vela, da diporto e da regata, con un solo albero e dotata di randa e più fiocchi **2** taglierino nel sign. 2 **3** tagliasigari

cutting /'kattin(g), *ingl.* 'kʌtɪŋ/ [ingl., 'taglio, incisione, scavo, perforazione', da *to cut* 'tagliare', di orig. germ. ✱ 1970] **s. m. inv.** ● (*miniere*) insieme dei frammenti di roccia che si formano nella perforazione dei pozzi petroliferi

cuvée /*fr.* ky've/ [vc. fr., da *cuve* 'tino', perché si tratta di un raccolto d'uva posto in una volta nei tini di un viticoltore ✱ 1981] **s. f. inv. 1** (*enol.*) spec. in Francia, vino prodotto in una determinata zona vinicola o proveniente dallo stesso vigneto **2** (*enol.*) selezione e mescolanza di diverse partite di vino per ottenere un prodotto migliore e di qualità costante

†**cuvidigia** e deriv. ➤ †**covidigia** e deriv.

cx /tʃi iks/ [sigla di *'c(oefficiente) nella direzione* x' ✱ 1985] **s. m. inv.** ● simbolo del coefficiente di resistenza aerodinamica, che esprime le qualità aerodinamiche di un corpo

cyan /tʃan, *ingl.* 'saɪæn/ [vc. ingl., dal lat. *cȳănu(m)*, V. *ciano*① ✱ 1988] **s. m. inv.; anche agg. inv.** ● ciano① nel sign. 2

cyber- /'saiber, 'tʃiber, *ingl.* 'saɪbə(r)/ o **ciber-** [ingl. *cyber-*, da *cybernetics* (V. *cibernetica*)] **primo elemento** ● in parole composte della fantascienza e della tecnologia, significa artificiale, controllato dal computer, pertinente alla realtà virtuale: *cyberterrorismo*, *ciberspazio*

cyberbullìşmo o **ciberbullìşmo** /saiberbul'lizmo, tʃiber-/ [comp. di *cyber-* e *bullismo* ✱ 2006] **s. m. inv.** ● comportamento consistente in atti molesti o persecutori compiuti mediante strumenti informatici, in particolare Internet o telefoni cellulari

cybercafé o **cibercafé** /saiberka'fe, tʃiber-/ [1992] **s. m. inv.** ● Internet café

cybernàuta o **cibernàuta** /saiber'nauta, tʃiber-/ [comp. di *cyber-* e *-nauta* ✱ 1994] **s. m. e f. (pl. m. -*i*)** ● (*Internet*) chi naviga nel ciberspazio

cyberpunk /tʃiber'pank, saiber'pank, *ingl.* 'saɪbə(r),pʌŋk/ [comp. del primo elemento ingl. *cyber-* 'cibernetico', ma nel senso più ristretto di *computer*, e *punk* 'cosa o situazione orribile' ✱ 1989] **A s. m. inv.** ● tendenza sorta all'interno del genere fantascientifico, anche con caratteristiche di movimento culturale alternativo, che, in una società integralmente cibernetica, individua attività autonome di critica e di ribellione spec. entro le comunità virtuali create dalle reti telematiche **B s. m. e f. inv.; anche agg. inv.** ● appartenente a tale tendenza o movimento

cyberspàzio o **ciberspàzio** /saiber'spattsjo, tʃiber-/ [comp. di *cyber-* e *spazio* (tridimensionale della rete di computer di tutto il mondo) ✱ 1990] **s. m. 1** (*inform.*) lo spazio virtuale costituito dall'insieme delle memorie elettroniche dei computer e delle infrastrutture che li collegano in rete, considerato un unico dominio all'interno del quale gli utenti interagiscono fra loro **2** nella letteratura fantascientifica, realtà virtuale nella quale gli autori ambientano le loro storie

cyborg /'saiborg, *ingl.* 'saɪ,bɔːg/ [vc. ingl., da *cyb(ernetic) org(anism)* 'organismo cibernetico' ✱ 1977] **s. m. inv.** ● nella fantascienza, essere umano su cui sono stati innestati organi meccanici o elettronici

cỳcas /'tʃikas/ [vc. dotta, lat. scient. *cycas* dal gr. *kýkas*, var. di *koîkas*, acc. pl. di *koîx* 'specie di palma' ✱ 1892] **s. f. inv.** ● (*bot.*) genere delle Cicadacee comprendente Gimnosperme legnose simili a piccole palme coltivate a scopo ornamentale (*Cycas*) **SIN.** cicade

Cyclètte® /si'klɛt/ [marchio registrato, ricavato dal fr. *bicyclette* 'bicicletta' ✱ 1968] **s. f. inv.** ● attrezzo simile alla bicicletta, ma privo di ruote, usato per esercizio fisico, terapeutico o per allenamento **CFR.** Spinning®

czar e deriv. ➤ **zar** e deriv.

czàrda /'tʃarda, k'tsarda/ o **ciàrda** [adattamento di *csardas* (V.) ✱ 1892] **s. f.** ● danza popolare ungherese in cui a un ritmo lento iniziale ne segue uno vivace allegro

czèco ➤ **ceco**②

d, D

Il suono rappresentato in italiano dalla lettera *D* è quello della consonante occlusiva dentale sonora /d/. Questa consonante può essere, secondo i casi, semplice (es. *càde* /ˈkade/, *màdia* /ˈmadja/, *udrà* /uˈdra*/, *méno dùro* /menoˈduro/; *andrà* /anˈdra*/, *dùro* /ˈduro/, *bèn dùro* /bɛnˈduro/) oppure geminata (es. *càdde* /ˈkadde/, *addiètro* /adˈdjetro/, *raddrizza* /radˈdritstsa/, *più dùro* /pjudˈduro/).

d, (*maiusc.*) **D** [1321] **s. f. o m. inv.** ● quarta lettera dell'alfabeto italiano (nome per esteso *di*): *d minuscola, D maiuscolo* | nella compitazione spec. telefonica it. *d come Domodossola*; in quella internazionale *d come delta* | ***vitamina D***, V. *vitamina*

♦**da** /da*, da/ [comp. delle due prep. lat. *dē* e *ăb* o *ăd* ✱ 720] **prep. propria semplice. (Fondendosi con gli art. determ. dà origine alle prep. art. m. sing.** *dal, dallo*; **m. pl.** *dai, dagli*; **f. sing.** *dalla*; **f. pl.** *dalle*. **Subisce l'elisione solo nelle loc.** *d'altro canto, d'altronde, d'ora in poi* **e sim.; V. note d'uso ACCENTO ed ELISIONE e TRONCAMENTO).** **I** stabilisce diverse relazioni dando luogo a molti complementi **1** compl. d'agente e di causa efficiente: *essere rimproverato dai genitori; essere lodato da tutti; albero abbattuto dal vento* **2** compl. di causa: *tremare dal freddo; saltare dalla gioia* **3** compl. di stato in luogo: *sono da Luigi; ti attendo dal libraio* | col sign. di 'presso': *abito dagli zii; ha studiato dagli Scolopi* | con generica indicazione del luogo: *abito anch'io da quelle parti; da noi c'è maggior tranquillità* | con valore locativo, seguito da nome proprio o appellativo, in insegna di trattorie e ristoranti: *da Alfredo; da Orazio; dal Romagnolo* **4** compl. di moto da luogo (*anche fig.*): *arrivare da Milano, dalla Francia; partire da casa; uscire dalla scuola; scendere dal treno; riprendere dal principio* | indica anche il luogo, il punto, la condizione da cui ha origine un movimento, un passaggio, uno spostamento, spec. in correl. con la prep. 'a': *andare, trasferirsi da Palermo a Torino; correre da un capo all'altro della città; essere promosso dalla prima alla seconda classe; contare da uno a cento; andare da un estremo all'altro; cadere dalla padella nella brace* **5** compl. di moto a luogo: *domani andrò da Carlo; sono andato dallo zio; scendo un attimo dal droghiere; verrò da te al più presto* **6** compl. di moto attraverso luogo: *non riuscire a passare dalla porta; fare passare dalla finestra* **7** compl. di origine o di provenienza: *discendere da famiglia nobile; il Po nasce dal Monviso; l'ho appreso dalla radio; ricevere una lettera da un amico; i suoi guai dipendono dalla sua ambizione; Leonardo da Vinci* **8** compl. di separazione o di allontanamento: *levare un chiodo dal muro; guarire da una malattia; liberare dal carcere; staccarsi da qlcu.* **9** compl. di distanza: *essere lontani mille kilometri da casa; essere a duecento metri dal traguardo; essere lontano dalla meta* **10** compl. di tempo (esprimendo durata, decorrenza): *abitare in una città da diversi anni; aspettare da molti giorni; dal mese scorso non ha più scritto; da allora non l'ho più visto* | in correl. con la prep. 'a': *dalle nove alle dieci; dalla mattina alla sera; da Natale a Pasqua; rimandare dall'oggi al domani* **11** compl. di mezzo: *riconoscere qlcu. dal passo; giudicare dal comportamento, dalle azioni* **12** compl. di fine o scopo (esprimendo attitudine, capacità, uso, destinazione): *cavallo da corsa; cane da caccia; rete da pesca; abito da sera; veste da camera; cappello da prete; scarpe da passeggio; occhiali da sole; vino da pasto; sala da ballo; festa da ballo; carta da bollo; biglietto da visita* **13** compl. di qualità: *una ragazza dagli occhi azzurri, dai capelli biondi; una villetta dalle persiane verdi; un ragazzo dalla volontà di ferro* **14** compl. di limitazione: *sordo da un orecchio; cieco da un occhio* **15** compl. di stima e di prezzo: *un quaderno da due euro; un oggetto da pochi soldi; una cosa da poco* | col sign. di 'circa' (in correl. con la prep. 'a'): *avrà dai trentacinque ai quarant'anni; erano presenti dalle duemila alle duemilacinquecento persone* **16** compl. predicativo: *da giovane, da studente; tuo zio, da bambino, ti assomigliava; fungere da presidente, da segretario; fare da padre* **17** compl. di modo o maniera: *agire, comportarsi da galantuomo; trattare da amico; tirare avanti da poveri vecchi* | preceduto da un sost. con il sign. di 'degno di', 'che si addice a': *atto da galantuomo; azione, gesto da villano; parole da ineducato; non è cosa da te!* | con valore rafforz.: *da me, da te, da solo: andrò da me; agiva da solo* **II** introduce varie specie di proposizioni con il v. all'inf. **1** prop. consecutiva: *c'era un tale baccano da non capire più nulla; ero così stanco da non poter stare in piedi; un discorso da meditare; un uomo da ammirare; nulla da dire; niente da fare* **2** prop. finale: *dammi un giornale da sfogliare; macchina da scrivere; portami della carta da disegnare; dammi qlco. da mangiare* **III** ricorre nella formazione di molte loc. **1** loc. avv.: *da lontano; da vicino; da parte; da canto; da per tutto; da lato; da presso* e sim. **2** loc. prep.: *di là da; di qua da; fuori da; fino da; eccetto da* e sim.

dà o **da'** ➤ **dare**①

da' **prep.** ● (*tosc., lett.*) forma tronca della prep. art. *dai*

dabbàsso o **da bàsso** [comp. di *da* e *basso* ✱ 1340] **avv.** ● giù, in basso (con v. di stato o di moto): *ti aspetto d.; scendi d.; andammo tutti d. a vedere*

dabbenàggine [da *dabbene* col suff. *-aggine* ✱ 1524] **s. f. 1** (*raro, lett.*) onestà, rettitudine **2** balordaggine, semplicioneria: *essere, mostrarsi, di un'eccessiva d.; approfittare della d. di qlcu.* | ingenuità: *la sua è stata davvero un'incredibile d.*

♣**dabbène** [comp. di *da* e *bene* ✱ sec. XIII] **A agg. inv. 1** probo, onesto: *uomo d.* | ***dabben uomo***, galantuomo **2** (*lett.*) credulone, ingenuo | †agiato **B s. m.** ● †bontà, onestà, rettitudine

da càpo ➤ **daccapo**

daccànto o (*lett.*) **d'accànto** [comp. di *da* e *(ac)canto* ✱ av. 1274] **avv.** ● presso, vicino, a fianco: *sedere d.; la scarna lunga testa era d. / al dolce viso di mia madre* (G. PASCOLI) | ***non riuscire a togliersi qlcu. d.***, dattorno

♦**daccàpo** o **da càpo** [comp. di *da* e *capo* ✱ 1258] **A avv.** ● dal principio, di nuovo, un'altra volta: *bisogna ricominciare d.; dobbiamo riprendere il lavoro d.* | ***essere d.***, alle solite: *eccoti d. con le tue lamentele!* | ***punto e d., andare d.***, in uno scritto, continuare da una riga nuova **B s. m. inv.** ● (*mus.*) didascalia che prescrive la ripetizione di un brano: *aria col d.*

♦**dacché** o **da che** [comp. di *da* e *che*② ✱ av. 1292] **cong. 1** da quando (introduce una prop. temp. con il v. all'indic.): *d. è ritornato, non ha fatto che lamentarsi* | ***da che mondo è mondo***, da sempre **2** (*lett.*) poiché, giacché, dal momento che (introduce una prop. causale con il v. all'indic.): *d. lo vuoi, andrò*

dàcci ➤ **dare**①

dàcia [vc. russa, originariamente 'dono, regalo (del principe)', legata all'ant. v. slavo, che significa 'dare' ✱ 1892] **s. f. (pl. *-cie* o raro *-ce*)** ● piccola villa russa di campagna

dàcico [vc. dotta, lat. *Dācicu(m)* 'relativo alla Dacia (*Dācia(m)*)' ✱ 1864] **agg. (pl. m. *-ci*)** ● che riguarda l'antica Dacia, regione storica nel territorio dell'odierna Romania, o la popolazione dei Daci: *le spedizioni daciche di Traiano*

dacìte [comp. del n. dell'ant. *Dacia* e *-ite*② ✱ 1955] **s. f.** ● (*geol.*) roccia eruttiva effusiva, di tinta scura, composta in prevalenza da plagioclasio, biotite, orneblenda e quarzo

dacnomanìa [comp. del gr. *dákno* 'mordo' e di *-mania* ✱ 1955] **s. f.** ● (*med.*) impulso morboso a mordere

dàco [vc. dotta, lat. *dācu(m)*, n. di un'antica popolazione danubiana ✱ 1481] **s. m. (f. *-a*; pl. m. *-ci*)** ● appartenente a un'antica popolazione che abitava la Dacia, regione corrispondente all'incirca all'odierna Romania

dacoromèno [comp. di *daco* e *romeno* ✱ 1892] **agg. e s. m.** ● il principale dialetto della lingua romena

dàcrio- [dal gr. *dákryon* 'lacrima'] **primo elemento** ● in parole composte della terminologia scientifica, spec. medica, significa 'lacrima' o indica relazione con le ghiandole lacrimali: *dacrioadenite, dacrioma*

dacrioadenìte [comp. di *dacrio-* e *adenite* ✱ 1964] **s. f.** ● (*med.*) infiammazione della ghiandola lacrimale

dacriocisti [comp. di *dacrio-* e *cisti* ✻ 1830] **s. f. inv.** ● (*anat.*) sacco lacrimale

dacriocistite [comp. di *dacriocist(i)* e *-ite*①] ✻ 1964] **s. f.** ● (*med.*) infiammazione del sacco lacrimale

dacriòma [comp. di *dacri(o)-* e *-oma* ✻ 1835] **s. m.** (**pl.** *-i*) ● (*med.*) tumore della ghiandola lacrimale | cisti formatasi per l'otturazione di un dotto lacrimale

d

Dàcron® [marchio registrato della DuPont de Nemours ✻ 1954] **s. m. inv.** ● (*chim.*) fibra tessile ottenuta dalla reazione fra acido tereftalico e glicole etilenico

dada /*fr.* da'da/ [vc. fr., onomat. infant. per 'cavallo', con allusione al ritorno alle sensazioni primitive e agli atti irrazionali, sostenuto da questo movimento artistico ✻ 1930] **A s. m. inv.** ● dadaismo **B s. m. e f. inv.** ● chi segue in arte o letteratura i canoni del dadaismo **C agg. inv.** ● relativo al dadaismo e ai dadaisti: *movimento d.*; *pittori d.*

dadaìsmo [fr. *dadaïsme*, da *dada* (V.) ✻ 1923] **s. m.** ● movimento artistico e letterario affermatosi dopo il 1916, e per breve tempo, in Svizzera, Francia e Germania, che programmaticamente escludeva dal fatto artistico ogni razionalità in nome di un'espressione spontanea e incontrollata

dadaìsta [1950] **A s. m. e f.** (**pl. m.** *-i*) ● seguace del dadaismo **B agg.** ● relativo al dadaismo: *dipinto d.*

†**daddivéro** ➤ **daddovero**

dàddolo [vc. infant. ✻ 1863] **s. m.** ● (*tosc.*, **spec. al pl.**) moina, leziosaggine, smanceria

daddovéro o †**daddivéro** [comp. di *da*, *di* e *vero* ✻ 1268] **A avv.** ● (*lett.*) davvero, sul serio: *credette esser cascata d. nell'arca di Noè* (I. Nievo) **B in funzione di agg. inv.** ● †effettivo, vero

♦**dàdo** [etim. discussa: lat. *dătu(m)* 'cosa data, gettata' (?) ✻ 1266] **s. m. 1** piccolo cubo d'avorio, legno e sim. che reca impressi sulle sei facce i punti da uno a sei, usato fin dall'antichità per giochi d'azzardo | ***il d. è tratto***, (*fig.*) la decisione è ormai presa **2** oggetto di forma cubica | ***a dadi***, a cubetti: *tagliare la carne, il pane a dadi*; (*est.*) a scacchi, a quadretti: *tessuto a dadi* **3** cubetto di estratto di carne, pesce, vegetali o lieviti, con aggiunta di sale e spezie, usato per brodi, minestre e sim.: *brodo di d.* **4** nell'arrampicata su roccia, blocchetto di metallo munito di cordino che viene incastrato nelle fessure e utilizzato come ancoraggio nelle manovre di assicurazione **5** (*archit.*) in un piedistallo di colonna, pilastro e sim., blocco quadrangolare compreso tra la base e la cimasa | parallelepipedo talora sovrapposto a un capitello, a una certa distanza da esso **6** (*mecc.*) prisma solitamente esagonale con foro filettato che si avvita sulla estremità della vite serrandola a fondo per costituire un collegamento fisso **7** munizione cubica per antiche armi da fuoco ‖ **dadétto**, **dim.** | **dadino**, **dim.** | **dadolino**, **dim.** | **dadóne**, **accr.**

dadòforo [dal gr. *dāidophóros*, comp. di *dāís*, genit. *dāidós* 'torcia' e *-phóros* '-foro'] **s. m.** ● (*raro*) tedoforo | (*archeol.*) ognuno dei due portatori di fiaccola rappresentati ai lati del dio Mitra

dadolàta [da *dado* ✻ 1983] **s. f.** ● in cucina, insieme di dadini di verdura, carni spec. insaccate, pane e altro, usato come guarnizione di minestre e pietanze

†**dàe** ➤ **dare**①

†**dàere** ➤ **dare**①

da fàrsi [sottinteso 'lavoro, cosa'] **loc. sost. m. inv.** ● ciò che occorre fare: *stabilire il da farsi*; *essere incerto sul da farsi*

daffàre o **da fàre** [comp. di *da* e *fare*① ✻ 1842] **s. m. inv.** ● insieme di occupazioni varie che comporta un'attività costante e instancabile: *tra casa e ufficio ha il suo bel d.*; *con tutti quei figli ha il suo da fare* **SIN.** lavoro | ***darsi un gran d.***, impegnarsi molto: *si è dato un gran d. per procurarsi i biglietti*

dàfne [vc. dotta, lat. *dăphne(m)*, dal gr. *dáphnē* 'alloro' ✻ 1342] **s. f.** ● genere di piante arbustive velenose delle Timeleacee con fiori privi di corolla riuniti in spighe o in racemi (*Daphne*)

dàfnia [vc. dotta, lat. *dăphnia(m)*, da *dăphne* 'alloro': per l'aspetto delle antenne o della coda, che ricorda i rami o le foglie di questa pianta (?) ✻ 1830] **s. f.** ● piccolo crostaceo d'acqua dolce dei Cladoceri con corpo ovale appuntito posteriormente (*Daphnia pulex*)

dàga [etim. incerta ✻ 1362 ca.] **s. f.** ● spada corta e larga, a due fili ‖ **daghétta**, **dim.**

dagherrotipìa [fr. *daguerréotypie*, da *daguerréotype* 'dagherrotipo' ✻ 1840] **s. f. 1** sistema di presa fotografica, in uso nell'Ottocento, per ottenere un dagherrotipo **2** dagherrotipo nel sign. 3

dagherròtipo [fr. *daguerréotype*, comp. del n. dell'inventore, L.-J. Mandé *Daguerre* (1787-1851), e del gr. *týpos* 'impronta, immagine' ✻ 1839] **s. m. 1** piastra metallica di argento o argentata che porta un'immagine impressa dalla luce e rivelata dall'azione di sali di mercurio **2** l'apparecchio usato nell'Ottocento per ottenere tale immagine **3** l'immagine stessa

daghestàno [1932] **A agg.** ● del Daghestan, repubblica della Federazione Russa **B s. m.** (**f.** *-a*) ● abitante o nativo del Daghestan

♦**dàgli**① o (*poet.*) **da gli**, (*poet.*) **dàlli**① **prep. art. m. pl. comp. di** *da* e *gli*① ➤ **gli**① per gli usi ortografici. Talora si apostrofa (**spec.** *lett.*) davanti a parole che cominciano per *i*: *dagl'infelici*

dàgli② o (*pop.*) **dàlli**② [comp. dell'imperat. di *dare*① e il pron. pers. *gli* 'a lui' ✻ 1381] **inter.** (**talora si scrive con l'accento:** *dàgli*, *dàlli*) ● si usa per incitare, aizzare a rincorrere o assalire qlcu.: *d. al ladro!*; *l'untore! dagli! dagli! dagli all'untore* (A. Manzoni) | ***d. oggi, d. domani***, continuando a insistere | (*colloq.*) ***dagli e ridagli***, ***dai e ridai***, a forza di insistere | (*fam.*) ***e d.!*** o (con il pron. *la* indeterm.) ***e dagliela!***, (*roman.* ***e daje***, ***e dajela***), esprime impazienza, insofferenza, fastidio per l'insistenza di qlcu.: *e dagli con le solite scuse!*

♦**dài**① o (*poet.*) **da i** **prep. art. m. pl. comp. di** *da* e *i*② ➤ **i**② per gli usi ortografici; (*tosc.*, *lett.*) troncato in *da'*

dài② [imperat. di *dare*① ✻ sec. XIII] **inter.** (**talora scritto con l'accento grave sulla 'a' per distinguerlo dalla prep. art.** *dai*) ● si usa per esortare, incitare e sim.: *dai, non prendertela*; *dai, smettila* **SIN.** suvvia | ***e dai!***, ***ma dai!***, (*colloq.*) ***eddai!***, (*colloq.*) ***maddai!***, esprime impazienza, disaccordo o incredulità nei confronti di qlcu.: *ma dai! non dire che non ne sapevi nulla!* | ***dai e dai***, (*colloq.*) a forza di insistere: *dai e dai, alla fine ce l'ha fatta*; *Dài e dài erano arrivati a scatenargli contro anche loro* (G. Verga)

†**dàiere** ➤ **dare**①

dàikon /'daikon, *giapp.* dai.kon/ [vc. giapp., propr. 'grande (*dai*) radice (*kon*)' ✻ 1994] **s. m. inv.** ● (*bot.*) erba annuale delle Crocifere con radici a tubero, di colore bianco e sapore dolce, usate nelle cucine tradizionali cinese e giapponese (*Raphanus sativus acanthiformis*) | le radici a tubero della stessa pianta **SIN.** rafano cinese, rafano giapponese

dàimio [giapp. *daimyō*, comp. cinese del pref. *dai-* 'grande' e *myō* 'nome' ✻ 1888] **s. m. inv.** ● titolo di personaggio della nobiltà dell'antico Giappone feudale

dàino [fr. *daine*, ant. fr. *daim*, da una forma m. del lat. *dāma* 'daino' ✻ 1282] **s. m. 1** mammifero ruminante dei Cervidi il cui maschio porta corna allargate e appiattite (*Dama dama*) **2** pelle dell'animale omonimo, generalmente conciata all'olio per farne scamosciato **SIN.** dante

daiquiri /daiki'ri, -'kwi-, *sp.* °daiki'ri, *ingl.* 'daɪkɪrɪ/ [da *Daiquiri*, n. di una città cubana produttrice di rum ✻ 1969] **s. m. inv.** ● cocktail di rum, succo di limone e sciroppo di zucchero

daisy cutter /*ingl.* 'deɪzɪ,kʌtə(r)/ [loc. ingl., propr. 'taglia (dal verbo *to cut*) margherita (*daisy*)' ✻ 2001] **loc. sost. m. inv.** (**pl. ingl.** *daisy cutters*) ● taglia-margherite (tipo di bomba)

♦**dal** o (*poet.*) **da'l** **prep. art. m. sing. comp. di** *da* e *il* ➤ **il** per gli usi ortografici: *segue Zefiro, da'l collo / puro, da la rosea gota* (G. D'Annunzio)

Dàlai-Làma (o **-lài-**) [comp. del mongolo *dalai* 'oceano (di sapienza)' e del tibetano *lama* 'maestro' ✻ 1905] **s. m. inv.** ● capo supremo del buddismo tibetano

da làto ➤ **dallato**

dalbèrgia [dal n. del medico e botanico svedese N. *Dalberg* ✻ 1874] **s. f.** (**pl.** *-ge* o *-gie*) ● genere di piante arboree o arbustive delle Papilionacee cui appartengono varie specie, una delle quali fornisce il palissandro (*Dalbergia*)

dàlia [dal nome del botanico svedese A. *Dahl* (1745-1804) ✻ 1830] **s. f.** ● pianta erbacea perenne delle Composite con radice tuberosa, fusto ramificato, foglie opposte, capolini formati da fiori ligulati esterni e centrali tubulosi (*Dahlia variabilis*)

♦**dàlla** o (*poet.*) **da la** **prep. art. f. sing. comp. di** *da* e *la*① ➤ **la**① per gli usi ortografici. Si usa davanti a parole f. sing. Si apostrofa davanti a parole che cominciano per vocale: *d. zia*; *dall'amica*

dallàto o **da làto** [comp. di *da* e *lato* ✻ 1304] **avv.** ● (*lett.* o *tosc.*) da una parte, da un lato, di fianco: *mettersi, stare d.*; *vattene nella casa della paglia ch'è qui d.* (G. Boccaccio)

♦**dàlle** o (*poet.*) **da le** **prep. art. f. pl. comp. di** *da* e *le*① ➤ **le**① per gli usi ortografici. Si usa davanti a parole f. pl.: *d. scritture*; *dalle enciclopedie*

dàlli① ➤ **dagli**①

dàlli② ➤ **dagli**②

♦**dàllo**① o (*poet.*) **da lo** **prep. art. m. sing. comp. di** *da* e *lo* ➤ **lo** per gli usi ortografici. Si apostrofa davanti a parole che cominciano per vocale: *d. studioso*; *d. zio*; *dall'esempio*

dàllo② ➤ **dare**①

dàlmata [vc. dotta, lat. *Dălmata(m)* 'abitante della *Dalmazia*' ✻ 1258] **A agg.** (**pl. m.** *-i*) ● della Dalmazia, regione costiera della penisola balcanica divisa tra Bosnia-Erzegovina, Montenegro e soprattutto Croazia: *isole dalmate* | ***razza d.***, razza canina robusta, muscolosa, di grande resistenza, caratterizzata da pelame corto di colore bianco macchiato **B s. m. e f. 1** abitante o nativo della Dalmazia **2** cane di razza dalmata

dalmàtica [vc. dotta, lat. *Dalmătica(m)* 'tunica originaria dalla *Dalmazia*' ✻ av. 1342] **s. f. 1** tunica bianca, corta e aperta ai lati portata dai Romani **2** indumento liturgico indossato dal diacono nella Messa e nelle benedizioni, e dal vescovo nella Messa solenne

dalmàtico [vc. dotta, lat. *Dalmăticu(m)* 'proprio della *Dalmazia*' ✻ av. 1292] **A agg.** (**pl. m.** *-ci*) ● della Dalmazia | ***lingua dalmatica***, lingua del gruppo romanzo, parlata un tempo in Dalmazia **B s. m. solo sing.** ● lingua dalmatica

dàlton /'dalton/ [vc. ingl., dal n. del chimico ingl. J. *Dalton* (1766-1844) ✻ sec. XX] **s. m. inv.** ● (*chim.*) unità di misura delle masse atomiche, pari a $1{,}66 \cdot 10^{-24}$ grammi SIMB. u.

daltònico (dal-to-ni-co, dal-ton-i-co) [1907] agg. e s. m. (f. *-a*; pl. m. *-ci*) ● che (o chi) è affetto da daltonismo

daltonìsmo (dal-to-ni-smo, dal-ton-i-smo) [ingl. *daltonism*, dal n. del chimico J. *Dalton* (1766-1844), che per primo lo descrisse ✱ 1874] s. m. ● (*med.*) alterazione congenita della percezione visiva dei colori, in particolare del rosso e del verde

d'altrónde, (*evit.*) **daltrónde** [comp. di *d(a)* e *altronde* ✱ av. 1348] loc. avv. ● d'altra parte; V. anche *altronde* nel sign. 2

♦**dàma**① [fr. *dame*, dal lat. *dŏmina(m)* 'donna' ✱ 1263] s. f. **1** titolo accordato un tempo solo alle donne di altissimo rango, poi esteso a tutte le nobildonne | donna di elevata condizione: *è una vera d.* | *fare la gran d., darsi arie da gran d.*, affettare atteggiamenti distinti e signorili che non corrispondono alla realtà | *d. di compagnia*, donna stipendiata per tenere compagnia a persone anziane benestanti, spec. di sesso femminile **2** nelle coppie di danza, la compagna del ballerino: *scegliere la propria d.* **3** (m. *-o* (V.)) (*fam., tosc.*) fidanzata | †donna amata | †moglie **4** †signora, padrona | †*Nostra Dama*, la Madonna **5** (*raro*) nel gioco delle carte, donna, regina **6** (al pl.) religiose di alcuni ordini cattolici dedite all'educazione delle giovani o alle opere di carità: *Dame della Carità* ‖ (*spec. lomb.*; *scherz.*) **damàzza**, pegg. | **damìna**, dim.

♦**dàma**② [fr. *jeu de dames*, cioè delle 'pedine doppie' (*dames*) ✱ 1598] s. f. **1** gioco da tavolo nel quale due giocatori muovono a turno delle pedine su una scacchiera | *d. italiana*, quella che si gioca su una scacchiera di 64 caselle con 12 pedine per giocatore | *d. internazionale*, quella che si gioca su una scacchiera di 100 caselle con 20 pedine per giocatore **2** la scacchiera su cui si gioca **3** la pedina giunta all'ultima fila dello schieramento avversario, che, sovrapposta a un'altra, si sposta in entrambe le direzioni | *andare a d.*, *far d.*, raggiungere tale posizione

dàma③ [da connettere a *dama*① o a *dama*②, con processo semantico non chiaro ✱ 1966] s. f. ● (*tecnol.*) chiodaia nel sign. 2

†**dàma**④ ➤ †**damma**

dàma⑤ [riduzione di *dam(igian)a* ✱ sec. XX] s. f. ● recipiente di vetro a forma di grossa bottiglia della capacità di 5 litri, con collo corto e largo, destinato a contenere e trasportare liquidi

damalìsco [dal gr. *dámalis* 'giovenca', di orig. indeur., col suff. dim., pure di orig. gr., *-isco* ✱ 1966] s. m. (pl. *-chi*) ● genere di antilopi con muso corto e corna non molto sviluppate (*Damaliscus*)

damàre [da *dama*② ✱ sec. XIV] v. tr. ● fare dama

damascàre [da *damasco* ✱ 1585] v. tr. (*io damàsco, tu damàschi*) **1** lavorare un tessuto o un drappo a damasco **2** (*raro*) damaschinare

damascàto part. pass. di *damascare*; anche agg. e s. m. ● detto di drappo o tessuto realizzati con filati di più colori che aggiungono la loro varietà all'effetto lucido-opaco tipico del damasco

damascatùra [1835] s. f. **1** lavorazione a damasco **2** damaschinatura

damascèno [vc. dotta, lat. *Damascēnu(m)* 'di Damasco' ✱ 1333] agg. ● della città di Damasco | *rose damascene*, varietà di rose bianche molto profumate

damaschinàre [1765] v. tr. ● lavorare un pezzo di acciaio (spec. lame o sim.) con intarsi d'oro e d'argento, a scopo decorativo

damaschinatóre [1966] s. m. (f. *-trice*) ● chi esegue lavori di damaschinatura

damaschinatùra [av. 1798] s. f. ● operazione del damaschinare | decorazione a intarsi d'oro e d'argento, spec. in lame e sim.

damaschìno [sec. XIV] **A** agg. ● di Damasco **B** s. m. **1** drappo damascato **2** intarsio d'oro o d'argento nell'acciaio, per effetto decorativo **3** (*bot.*) varietà di susino con rami e germogli pelosi originario della Siria

damàsco [dal nome della capitale siriana, *Damasco*, arabo *Dimašq* ✱ 1365] s. m. (pl. *-schi*) ● drappo di seta in un solo colore, lavorato solitamente a fiorami i quali risaltano sul fondo raso per contrasto di lucentezza: *Il letto era coperto di un d. di cotone rossastro* (E. MORANTE)

dameggiàre [da *dama*① ✱ 1718] **A** v. intr. (pres. *io daméggio*; fut. *io dameggerò*; aus. *avere*) ● (*lett.*) recarsi in luoghi frequentati da dame **B** v. tr. ● (*raro, lett.*) corteggiare una dama

da méno ➤ **dammeno**

†**damerìa** [fr. *damerie*, da *dame* 'dama①' ✱ av. 1712] s. f. ● (*spreg.*) ostentato contegno da gran dama

damerìno [dim. di *damo*, m. di *dama*① ✱ av. 1492] s. m. **1** chi fa il bellimbusto con le donne **2** chi è lezioso e ricercato nel vestire SIN. ganimede, zerbinotto **3** (*tosc.*) innamorato, amante

damier /fr. da'mje/ [vc. fr., propr. 'damiera, scacchiera', da *dame* 'dama②' ✱ 1938] s. m. inv. ● stoffa a scacchi

damièra [da *dama*② ✱ 1950] s. f. ● damiere

damière [fr. *damier*, da *dame* 'pedina' ✱ 1950] s. m. ● scacchiera per il gioco della dama

damigèlla [ant. fr. *dameisele*, dal lat. *dominicĕlla*, dim. di *dŏmina* 'donna' ✱ 1287] s. f. **1** titolo dato anticamente alle mogli dei baccellieri, degli ufficiali di toga e dei gentiluomini, poi a tutte le fanciulle nobili | giovane donna di condizione elevata | *d. d'onore*, colei che accompagna la sposa nel corteo nuziale | *d. di compagnia*, dama di compagnia **2** (*lett.*) giovinetta, ragazza **3** †cameriera **4** (*zool.*) *d. di Numidia*, piccola gru con collo e piume del petto nere e due ciuffi di piume riunite sotto ciascun occhio (*Anthropoides virgo*) **5** (*zool.*) *d. bruna*, pesce dei Teleostei presente nei mari del Giappone, noto perché cura e protegge le alghe di cui si nutre (*Stegastes nigricans*)

†**damigèllo** [ant. fr. *dam(o)isel*, dal lat. *dominicĕllus*, dim. di *dŏminus* 'signore' ✱ sec. XIII] s. m. ● giovane di nobile condizione non ancora armato cavaliere | paggio

damigiàna [fr. *dame-jeanne*, propr. 'signora Giovanna', di etim. incerta ✱ 1760] s. f. ● recipiente di vetro a forma di grosso fiasco, dotato di collo corto e largo, rivestito di vimini intrecciati o altro materiale, destinato a contenere e trasportare liquidi ‖ **damigianèlla**, dim. | **damigianétta**, dim. | **damigianìna**, dim. | **damigianóna**, accr. | **damigianóne**, accr. m.

damìsta [da *dama*② ✱ 1935] s. m. e f. (pl. m. *-i*) ● giocatore di dama

†**dàmma** o †**dàma**④ [vc. dotta, lat. *dămma(m)*, di orig. straniera e di etim. incerta ✱ 1321] s. f. ● daino

†**dammàggio** [ant. fr. *damage*, da *dam* 'danno①' ✱ sec. XIII] s. m. ● danno

dammàr [vc. ingl., prestito del malese *damar* 'resina' ✱ 1869] s. f. inv. ● resina gialla o incolore usata per vernici e in pittura

damméno ➤ **meno**

dammùso [sicil. *dammusu* 'volta②' e anche 'prigione, segreta', dall'arabo *dāmūs* 'volta②' ✱ 1958] s. m. ● abitazione in pietra, con il tetto a volta, tipica dell'isola di Pantelleria

♦**damnàtio memòriae** /lat. dam'nattsjo me'mɔrje/ [loc. lat., propr. 'condanna (*damnatio*) della memoria (*memoriae*)' ✱ 1987] loc. sost. f. inv. (pl. lat. *damnationes memoriae*) ● (*stor.*) nell'antica Roma, condanna decretata contro personaggi dei quali si voleva cancellare ogni memoria (effigie, iscrizioni, ecc.) | (*est.*) cancellazione totale del ricordo di un fatto o di una persona

dàmo [da *dama*① ✱ av. 1431] s. m. ● (*fam., tosc.*) giovane amato | fidanzato

damping /ingl. 'dæmpɪŋ/ [vc. ingl., da *to damp* 'smorzare', 'attenuare' ✱ sec. XX] s. m. inv. ● (*fis.*) smorzamento, attenuazione

dan [vc. onomat.; sec. XIV] **A** inter. ● riproduce il suono di una campana (*spec. iter.*) **B** in funzione di s. m. inv. ● il suono di una o più campane, gener. in unione con *din e don*: *un ritmico dan*; *un festoso din don dan*

†**danàio** ➤ **denaro**

danàro ➤ **denaro**

danaróso (o -ṣ-) o (*lett.*) **denaróso** (o -ṣ-) [da *danaro* ✱ 1511] agg. ● che ha molto denaro SIN. facoltoso, ricco ‖ **danarosaménte**, avv.

dàncalo [dall'arabo *danqalī* ✱ 1881] **A** agg. ● della Dancalia, regione dell'Africa orientale **B** s. m. (f. *-a*) ● abitante o nativo della Dancalia

dance music /dɛns'mjuzik, *ingl.* 'dæns-ˌmjuːzɪk/ [loc. ingl., comp. di *dance* 'ballo, danza' e *music* 'musica' ✱ 1982] loc. sost. f. inv. ● musica adatta al ballo, spec. nelle discoteche

dancing /'dɛnsin(g), *ingl.* 'dænsɪŋ/ [vc. ingl., part. pres. di *to dance* 'danzare', di orig. fr. (sottinteso *room* 'locale') ✱ 1905] s. m. inv. ● sala da ballo

dànda [vc. onomat. ✱ 1846] s. f. ● ciascuna delle due strisce, cinghie o sim. usate, spec. un tempo, per sorreggere i bambini quando imparano a camminare

dandìsmo o **dandỳsmo** /dan'dizmo, den-/ [fr. *dandysme*, da *dandy* ✱ 1908] s. m. ● ostentazione di eleganza e raffinatezza estetizzante

dandìstico [1983] agg. (pl. m. *-ci*) ● relativo al dandismo o a un dandy

dàndo ➤ **dare**①

dàndy /'dandi, 'dɛn-, *ingl.* 'dændɪ/ [dal n. proprio *Dandy*, vezz. di *Andrew* 'Andrea' (?) ✱ 1817] s. m. inv. (pl. ingl. *dandies*) **1** chi segue, nell'abbigliamento e negli atteggiamenti, i dettami della moda, con compiaciuta raffinatezza **2** (*mar., raro*) imbarcazione a vela, a due alberi e bompresso, usata per diporto SFUMATURE ➤ *snob*

dandỳsmo ➤ **dandismo**

danè [vc. lomb., dal lat. *denāriu(m)* '(moneta) di dieci (assi)' ✱ 1962] s. m. pl. ● (*lomb.*) denaro, soldi: *l'idea è buona, però mancano i d.*

♦**danése** (o -ṣ-) [ant. fr. *danois* 'danese', dal francone *danisk* ✱ sec. XIV] **A** agg. ● della Danimarca **B** s. m. e f. ● abitante o nativo della Danimarca **C** s. m. ● (*zool.*) alano tedesco **D** s. m. solo sing. ● lingua del gruppo germanico parlata in Danimarca

Dànforth /'danfort, 'dɛn-, *ingl.* 'dænfɔːθ/ [vc. ingl., da un n. proprio] agg. inv.; anche s. f. inv. ● (*mar.*) tipo di ancora, comune nelle imbarcazioni da diporto, con corta marra incernierata al diamante e due grandi patte piane

dannàbile [vc. dotta, lat. *damnābile(m)*, da *dămnum* 'danno①' ✱ sec. XIII] agg. ● (*lett.*) degno di riprovazione, di condanna: *l'ambizione non è d.* (F. GUICCIARDINI) | †dannoso

†**dannàggio** o †**dannàio** [ant. provenz. *damnatge*, da *dam* 'danno, peccato' ✱ av. 1250] s. m. **1** danno: *come tosto hai mutato viso a mio d.* (G. BOCCACCIO) | disgrazia **2** dannazione

dannàre [lat. *damnāre*, da *dămnum* 'danno①' ✱

1266] **A** **v. tr. 1** (*lett.*) condannare: *d. qlcu. a morte, a morire* | condannare alle pene dell'Inferno: *un simile peccato vi dannerebbe* | ***fare d. qlcu.***, tormentarlo, farlo disperare **2** †riprovare, disapprovare: *ciascuno dannava l'ambizione e l'avarizia de' potenti* (N. MACHIAVELLI) **3** (*lett.*) tormentare | †danneggiare, offendere **4** †cancellare, annullare, spec. un debito, un conto e sim. **B** **dannàrsi** **v. rifl. e tr. pron.** (**aus.** *essere*) **1** perdere l'anima, condannarsi all'Inferno: *dannarsi per i propri peccati* **2** (*fig.*) tormentarsi senza tregua: *dannarsi tutto il giorno con preoccupazioni continue* **SIN.** crucciarsi | ***dannarsi l'anima***, condannarla all'Inferno: *facendo chiamare ... Don Matteo ... al confessionale due o tre volte al giorno, come se fosse in punto di dannarsi l'anima* (G. VERGA); (*fig.*) impegnarsi al massimo, cercare di ottenere qlco. a qualunque costo: *si sono dannati l'anima per vincere*

dannàto **A** **part. pass.** di *dannare*; anche **agg. 1** condannato alle pene dell'Inferno: *spiriti dannati* **2** ***anima dannata***, (*fig.*) persona malvagia | ***gridare come un'anima dannata***, disperatamente | (*fig.*) ***essere l'anima dannata di qlcu.***, l'istigatore o l'esecutore delle sue infamie | (*fam.*) maledetto: *dov'è quella dannata chiave?*; *d. freddo!* | ***nella dannata ipotesi***, nella peggiore eventualità, nel peggiore dei casi || **dannataménte**, **avv. 1** (*raro*) in modo dannato **2** esageratamente: *è dannatamente sfortunato* **B** **s. m.** (**f.** *-a*) ● chi è condannato alle pene dell'Inferno | ***il mondo dei dannati***, l'Inferno | ***soffrire, faticare, lavorare, come un d.***, molto e senza possibilità di sollievo

†**dannatóre** [lat. *damnatōre(m)*, da *dămnum* 'danno①' ✱ 1309] **s. m.** (**f.** *-trice*) ● chi condanna

†**dannatùra** [1285] **s. f.** ● cancellazione, annullamento, spec. di debito, conto e sim.

dannazióne [lat. *damnatiōne(m)*, da *dămnum* 'danno①' ✱ 1287] **A** **s. f. 1** il dannare **SIN.** perdizione | perdita dell'anima per il peccato e condanna alla pena infernale: *d. eterna* **2** (*fig.*) tormento, pena: *essere la d. di qlcu.* **B** **in funzione di inter.** ● esprime disappunto, rabbia e sim.: *mi è andata male, d.!*

danneggiaménto [av. 1292] **s. m.** ● il danneggiare | danno

♦**danneggiàre** [da *danno*① ✱ 1219] **A** **v. tr.** (**pres.** *io dannéggio*; **fut.** *io danneggerò*) **1** recare danno: *l'alluvione ha danneggiato molti paesi* | sciupare, guastare: *il caldo danneggia certi cibi* | menomare: *l'incidente gli ha danneggiato l'uso delle gambe* **2** (*fig.*) offendere, nuocere: *chiacchiere infondate danneggiano il suo nome* **SIN.** ledere **B** **danneggiàrsi** **v. rifl.** ● essere causa del proprio danno: *danneggiarsi con una condotta incosciente* **C** **danneggiàrsi** **v. intr. pron.** ● subire un danno, deteriorarsi: *l'auto si è danneggiata gravemente*; *non si danneggia con il calore*

SFUMATURE ➤ ***rovinare***

danneggiàto **A** **part. pass.** di *danneggiare*; anche **agg.** ● nei sign. del v. **B** **s. m.** (**f.** *-a*) ● chi ha subito un danno: *i danneggiati di guerra*

danneggiatóre [av. 1311] **agg. e s. m.** (**f.** *-trice*) ● (*raro*) che (o chi) danneggia

†**dannévole** [sec. XIII] **agg. 1** condannabile, riprovevole **2** nocivo, dannoso

†**dannificàre** [1309] **v. tr. 1** danneggiare **2** condannare

♦**dànno**① [lat. *dămnum*, di etim. incerta ✱ 1219] **s. m. 1** ogni fatto, circostanza, azione e sim. che nuoce a persone o cose sia materialmente sia moralmente: *d. rilevante, grave, incalcolabile, irreparabile*; *lieve d.*; *i danni del maltempo*; *procurare, subire, patire, soffrire un d.*; *fare, arrecare, causare, un d.*; *ricevere, risentire, un d.*; *facevano anche molti fuorusciti danni grandissimi in Basilicata* (F. GUICCIARDINI) | ***chiedere i danni***, esigerne il risarcimento | ***rifarsi dei danni***, farseli risarcire | (*scherz.*) ***rimanere col d. e con le beffe***, essere non solo danneggiato ma anche schernito | ***mio, tuo, nostro d.***, peggio per me, per te, per noi | scapito, svantaggio: *a mio, tuo, nostro d.*; *tutto ciò si svolgerà in d. per loro* | ***d. collaterale***, V. *collaterale* **2** (*dir.*) ***d. ingiusto***, cagionato da un comportamento antigiuridico altrui | ***d. patrimoniale***, consistente in una perdita economica | ***d. biologico***, lesione dell'integrità psicofisica di un soggetto | ***d. morale***, sofferenza psichica causata dal comportamento antigiuridico altrui | ***d. esistenziale***, lesione del diritto alla qualità della vita e all'estrinsecazione della personalità | ***d. criminale***, offesa di un interesse protetto da una norma penale | ***d. emergente***, reale diminuzione del patrimonio conseguente a un illecito altrui **3** (*lett., fig.*) grave dispiacere, dolore | ***d. eterno***, dannazione **4** (*med.*) alterazione, lesione e sim. di un organo o di una sua parte: *d. epatico*

dànno② ➤ **dare**①

♦**dannóso** (o **-ṣ-**) [lat. *damnōsu(m)*, da *dămnum* 'danno①' ✱ 1261 ca.] **agg.** ● che apporta danno, nocivo: *la grandine è dannosa per i raccolti*; *è uno strapazzo d. al fisico*; *la dannosa colpa de la gola* (DANTE *Inf.* VI, 53) | ***eredità dannosa***, in cui i debiti superano i crediti || **dannosaménte**, **avv.** || **dannosità**, **s. f. inv.** caratteristica di ciò che è dannoso

> **SFUMATURE DI SIGNIFICATO**
> ***dannoso - pericoloso - nocivo***
> **Dannoso** è ciò che nuoce sia materialmente sia moralmente. Se esiste la possibilità di ricevere un danno, chi o ciò che può provocarlo si definisce **pericoloso**. Il significato di **nocivo** è intercambiabile in tutti gli usi con quello di *dannoso*: la differenza è nell'etimologia, connessa in un caso con *nuocere* nell'altro con *danneggiare*.

dannunzianéṣimo [1909] **s. m. 1** maniera tipica dell'arte dannunziana **2** movimento letterario e culturale, stile di vita che riconobbe in D'Annunzio la propria guida e modello

dannunziàno [1896] **A** **agg.** ● relativo alla persona, al tempo, all'arte e allo stile di G. D'Annunzio (1863-1938): *poesia dannunziana*; *teatro d.*; *gusto d.* **B** **s. m.** (**f.** *-a*) ● seguace, imitatore di D'Annunzio

dannunzieggiàre [1919] **v. intr.** (**pres.** *io dannunziéggio*; **fut.** *io dannunzieggerò*; **aus.** *avere*) ● imitare gli atteggiamenti e lo stile di D'Annunzio

d'antan /fr. dɑ̃'tɑ̃/ [loc. fr., lat. parl. **ănt(e) ănu(m)* per il class. *ănte ănnu(m)* 'è un anno', 'l'anno prima', comp. di *ănte* 'prima' e *ănnus* 'anno' ✱ 1923] **loc. agg. inv.** ● di un tempo, di una volta: *la Parigi d'antan*

dànte [sp. *dante*, per unione della prep. *de* al più frequente *ante* 'ruminante simile al cervo', dall'arabo *lamṭ* ✱ 1534] **s. m.** ● (*disus.*) daino

dànte càuṣa [propr. 'colui che dà (*dante*) motivo (*causa*) alla trasmissione del diritto' ✱ 1923] **loc. sost. m. e f.** (**pl. m. e f.** *dànti càuṣa*) ● (*dir.*) precedente titolare di un diritto ad altri trasferito **SIN.** autore

danteggiàre [1655] **v. intr.** (**pres.** *io dantéggio*; **fut.** *io danteggerò*; **aus.** *avere*) ● (*lett.*) imitare Dante

dantésca [detta così perché ritenuta in uso ai tempi di *Dante* ✱ 1966] **s. f.** ● savonarola

dantésco [1516] **agg.** (**pl. m.** *-schi*) **1** relativo a Dante Alighieri (1265-1321) e alla sua opera: *letteratura dantesca*; *il poema d.* **2** (*est.*) energico, sublime: *una fantasia dantesca* || **dantescaménte**, **avv.** secondo lo stile di Dante

dantìno [da *Dante* (Alighieri) col suff. *-ino* ✱ 1858] **s. m.** ● (*lett.*) volume di formato e caratteri minuti, contenente il testo della Divina Commedia

dantìṣmo [1950] **s. m. 1** studio, imitazione di Dante **2** parola o locuzione coniata da Dante

dantìsta [av. 1373] **s. m. e f.** (**pl. m.** *-i*) ● studioso di Dante

dantìstica [1963] **s. f.** ● studio di Dante e delle sue opere

dantologìa [comp. del n. di *Dante* e *-logia* ✱ av. 1912] **s. f.** (**pl.** *-gìe*) ● studio delle opere di Dante | insieme degli studi relativi alle opere di Dante

danubiàno [1844] **agg.** ● che riguarda il fiume Danubio o le terre da esso attraversate

♦**dànza** [da *danzare* ✱ av. 1237] **s. f. 1** complesso di movimenti ritmici del corpo, eseguiti da una o da più persone, per lo più in accordo con un accompagnamento musicale: *aprire le danze*; *d. del ventre* | ***d. classica, d. accademica***, quella di scuola, codificata nel sec. XVII sulla base di rigorose regole sulle posizioni e i movimenti dei ballerini | ***d. popolare***, sorta e organizzatasi all'interno del folklore di un paese | ***d. sacra, rituale***, nelle civiltà primitive con significato religioso o d'iniziazione | ballo: *aprire, guidare le danze*; *sala di danze* | (**est.**, *zool.*) ***d. delle api***, sequenza di movimenti, prevalentemente circolari, compiuti, volando, da un'ape bottinatrice per segnalare alle compagne l'orientamento e la distanza di una fonte di nettare o polline **2** (*lett., fig.*) intrigo, imbroglio, impiccio: *poiché mi avete fatto entrare in cotesta d., non ne voglio uscire con disonore* (C. GOLDONI) | ***menare la d.***, (*fig.*) dirigere l'intrigo **3** musica scritta per essere danzata, o nata in rapporto a strutture ritmiche di danze popolari: *le danze ungheresi di Brahms* || **danzétta**, **dim.**

danzànte **part. pres.** di *danzare*; anche **agg. 1** nei sign. del v. **2** ***serata, festa d.***, durante la quale si balla | ***tè d.***, trattenimento pomeridiano con danze

♦**danzàre** [fr. *danser*, di etim. incerta ✱ 1250 ca.] **A** **v. intr.** (**aus.** *avere*) **1** muoversi seguendo un ritmo musicale: *la ballerina danzava sul palco* | ballare: *abbiamo danzato tutta la sera*; *vorrei danzare con te* **2** (*fig.*) agitarsi, volteggiare: *le ombre danzano sulla parete*; *una strana idea gli danzava nella mente* | avvicendarsi, di giorni, ore e sim.: *lo stuol de l'ore danza / lontano omai da me* (G. CARDUCCI) **B** **v. tr.** ● eseguire danzando: *d. il valzer, il tango*

danzaterapìa [comp. di *danza* e *-terapia* ✱ 1978] **s. f.** ● (*psicol.*) pratica terapeutica che utilizza la danza per favorire una migliore integrazione fra corpo e mente, producendo una sensazione di benessere fisico e mentale || **danzaterapèuta**, **s. m. e f.** (**pl. m.** *-i*) specialista che applica la danzaterapia

danzatóre [av. 1336] **s. m.** (**f.** *-trice*) ● chi danza **SIN.** ballerino

dàpe [vc. dotta, lat. pl. *dăpe(s)*, di orig. indeur. ✱ 1321] **s. f.** (**pl.** *dàpi* o *dàpe*) ● (*lett.*) banchetto, vivanda | (*fig.*) nutrimento spirituale: *la mente mia ... tra quelle dape / fatta più grande* (DANTE *Par.* XXIII, 43-44)

†**dapertùtto** ➤ **dappertutto**

da piè ➤ **dappiè**

da piède ➤ **dappiè**

dapìfero [vc. dotta, lat. *dapĭferu(m)*, comp. di *dăps*, genit. *dăpis* 'banchetto' e *-fero* ✱ sec. XIV] **agg. e s. m.** ● (*raro, lett.*) portatore di vivande

da più ➤ **dappiù**

da pòco ➤ **dappoco**

†da pòi ➤ **†dappoi**

†da pòi che ➤ **†dappoiché**

♦**dappertùtto** o **da per tùtto**, **†dappertùtto** [comp. di *da*, *per* e *tutto* ✱ sec. XV] **avv.** ● in ogni luogo: *essere, andare d.; tutto il mondo è paese, e l'umanità è la medesima d.* (C. GOLDONI) **SIN.** dovunque, ovunque

dappiè o **da piè**, **da piède**, **dappiède** [comp. di *da* e *piè(de)* ✱ 1308] **A** **avv.** ● (*lett.*) ai piedi, nella parte inferiore, in basso: *queste erbacee degli errori ... si tagliassero dappiede* (G. LEOPARDI) **B** **nella loc. prep. *d. di*** ● (*raro, lett.*) sotto, nella parte inferiore, ai piedi: *da piè d'un monte* (I. SANNAZARO) **C** **s. m.** ● (solo nella forma *dappiede*) (*raro*) spalliera del letto: *appoggiandosi ai dappiedi del lettuccio* (G. DELEDDA)

✱**dappiù** o **da più** [comp. di *da* e *più* ✱ 1353] **A** **avv.** ● †più, in maggior numero: *da più furono coloro a' quali ciò che io dirò avvenne* (G. BOCCACCIO) **B** **in funzione di agg. e s. m. inv.** ● che (o chi) è migliore, superiore per grado o per capacità: *credersi, ritenersi d. di un altro, di tutti*

dappocàggine [da *dappoco* col suff. *-aggine* ✱ sec. XIV] **s. f.** ● caratteristica di chi è dappoco: *è nota la sua d. nel ragionare* **SIN.** inettitudine, incapacità, tontaggine

†dappochézza [1554] **s. f.** ● dappocaggine

✱**dappòco** o **da pòco** [comp. di *da* e *poco* ✱ sec. XIV] **agg. inv.** **1** che ha scarsa intelligenza, abilità, capacità e sim.: *è un professore d.; una scrivania scarsa denunzia inesorabilmente un occupante d.* (P. LEVI) **SIN.** inetto **2** che ha poca importanza, scarso valore, rilievo e sim.: *questioni da poco; non preoccuparti, è una cosa da poco* **SIN.** irrilevante ‖ **dappocàccio**, pegg. ‖ **†dappocaménte**, avv. con inettitudine

†dappòi o **†da pòi** [comp. di *da* e *poi* ✱ sec. XIII] **A** **avv.** ● dopo, più tardi, in seguito, successivamente: *Colei cui non osiam più madre / nomar d.* (V. ALFIERI) **B** **prep.** ● dopo **C** **cong.** ● dopoché | poiché

†dappoiché o **†da pòi che** /dappoi'ke*, dap'pɔi ke*/ [comp. di *da*, *poi* e *che*② ✱ av. 1294] **cong.** **1** (*lett.*) da quando, dopo che: *d. Romolo e Remo furono cresciuti in loro etade* (G. VILLANI) **2** (*lett.*) dal momento che, poiché

dapprèsso o **da prèsso** [comp. di *da* e *presso* ✱ sec. XIII] **A** **avv.** ● vicino, accanto: *stagli d.* | da vicino: *seguire d. qlcu.* **B** **nella loc. prep. *d. a*** ● (*lett.*) vicino, accanto: *soffri / che l'alma io spiri a te d.* (V. ALFIERI)

♦**dapprìma** o **da prìma** [comp. di *da* e *prima* ✱ 1284 ca.] **avv.** ● prima, in un primo momento, in un primo tempo, sul principio: *d. non capivo; d. aveva un certo timore; il vento soffiò ... d. lieve, poi sempre più forte* (G. DELEDDA)

dapprincìpio o **da principio** [comp. di *da* e *principio* ✱ av. 1540] **avv.** ● in principio, in origine: *d. non voleva sentire nulla* (G. VERGA)

da prèsso ➤ **dappresso**

da prìma ➤ **dapprima**

da princìpio ➤ **dapprincipio**

dar ➤ **dare**①

dàra [etim. incerta ✱ 1814] **s. f.** ● (*mar.*) sui velieri, insieme dei pezzi di riserva per l'alberatura

dardeggiàre [da *dardo* ✱ 1504] **A** **v. tr.** (**pres.** *io dardéggio*; **fut.** *io dardeggerò*) ● (*lett.*) colpire con dardi (*spec. fig.*): *d. il nemico; il sole dardeggiava la pianura* | (*fig.*) lanciare sguardi che esprimono un sentimento acuto: *gli dardeggiò un'occhiata supplichevole* (M. SERAO); *gridò ... dardeggiando sulla bajadera uno sguardo carico d'odio* (E. SALGARI) **B** **v. intr.** (aus. *avere*) **1** (*lett.*) lanciare dardi **2** (*fig.*) lanciare occhiate ardenti: *gli occhi dardeggiano* | (*fig.*) mandare raggi infuocati: *il sole dardeggia nel cielo d'agosto*

†dardière [av. 1729] **s. m.** ● chi è armato di dardo

✱**dàrdo** [fr. *dard*, dal francone **darodh* ✱ av. 1250] **s. m.** **1** asta di legno con punta di ferro, che si scagliava a mano | (*lett.*) freccia per arco o balestra **2** (*fig., poet.*) sguardo, gesto, parola e sim. che colpisce e accende una passione, spec. intensa e improvvisa: *cominciò cogli occhi a rimandare / ... gli ardenti dardi / ch'Amor sovente gli facea gittare* (L. PULCI) **3** (spec. al pl., *fig., lett.*) fulmine, saetta: *i dardi di Giove* | raggio infuocato: *i dardi del sole* **4** la punta caldissima di una fiamma, spec. ossidrica o di acetilene **5** (*bot.*) rametto fruttifero delle Pomacee e delle Drupacee

♦**dàre**① o **†dàere**, **†dàiere** [lat. *dăre*, di orig. indeur. ✱ sec. XII] **A** **v. tr.** (talora troncato in *dar*; **pres.** *io do* /dɔ*/ o *raro dò, tu dài, egli dà* /da*/ (scritto sempre con l'accento) o *†dàe, noi diàmo, voi dàte, essi dànno*; **imperf.** *io dàvo* o *†dàva*; **pass. rem.** *io dièdi* o *dètti, tu désti, egli diède* o *dètte* o (*poet.*) *diè* /djɛ*/, *noi démmo, voi déste, essi dièdero* o *dèttero*; **fut.** *io darò*; **congtv. pres.** *io dìa, noi diàmo, voi diàte, essi dìano*; **congtv. imperf.** *io déssi, tu déssi, egli désse, noi déssimo, voi déste, essi déssero*; **condiz. pres.** *io darèi*; **imperat.** *da'* /da, da*/ o *dài* o (*disus.*) *dà, dàte*; **gerund.** *dàndo*; **part. pres.** *dànte*; **part. pass.** *dàto*) ATTENZIONE! Le forme *do, dai, danno* non richiedono l'accento; *dà* (terza pers. sing.) invece va sempre accentata (V. nota d'uso ACCENTO). Nell'imperativo, la forma *da'* ha l'apostrofo in quanto troncamento di *dai* (uno dei casi di troncamento con apostrofo). La forma *dà* ha l'accento per distinguerla dall'analoga prep. *da* (V. nota d'uso ELISIONE e TRONCAMENTO). La forma *da'* dell'imperat. può assumere, in unione con particelle pron., le forme *dàmmi, dàgli, dàlle, dàcci, dànne, dàmmene, dàgliene, dàccene* ecc., con raddoppiamento della consonante iniziale della particella pron. tranne quando in unione con *gli*. *Dàtti* è l'imperat. del rifl. *dàrsi* (es. *datti una regolata*); *dàttene* è l'imperat. della forma intensiva *dàrsene* (es. *dattene pace*); *dàttela* è l'imperat. della forma intens. *dàrsela* (es. *dàttela a gambe*). **I** indica trasferimento **CONTR.** prendere, ricevere **1** passare una cosa o sim. ad altri: *d. una caramella, del denaro, il buon esempio a qlcu.* | offrire, regalare, largire: *d. qlco. in regalo, in elemosina; d. la propria vita per un ideale* | (*fig., scherz.*) ***avere già dato***, essersi molto impegnato in qlco. e non avere più energie o risorse per quella attività o per attività analoghe: *è una causa giusta, ma abbiamo già dato!* | ***d. a Cesare quel che è di Cesare***, a ciascuno il dovuto | consegnare, affidare: *d. una lettera al fattorino; d. un incarico; d. qlco. in custodia a qlcu.* | ***d. luogo a qlco.***, essere causa di qlco. | ***d. carta bianca a qlcu.***, lasciarlo arbitro della situazione, concedergli piena autonomia **2** aggiudicare, attribuire, assegnare, conferire: *d. a qlcu. la croce al merito; d. eccessiva importanza a qlcu., a qlco.; d. un posto, un lavoro, un alloggio a qlcu.; d. qlco. al migliore offerente* | fornire, procurare: *ti darò il denaro di cui hai bisogno; questa impresa gli ha dato onori e gloria* **3** impartire: *d. un ordine, una lezione a qlcu.* | infliggere: *d. il carcere a vita; d. due anni di pena all'imputato* **4** somministrare, prescrivere: *d. una medicina, l'estrema unzione, i sacramenti; il medico gli ha dato una cura ricostituente* **5** pagare, sborsare: *d. un forte compenso, una mancia generosa; ha dato dieci euro al cameriere* | ***dover d. qlco. a qlcu.***, essere debitore **6** cedere, concedere: *d. la via, il passo a qlcu.; d. i propri favori a qlcu.* | (*ellitt.*) **dàrla**, (*volg.*) con riferimento a donna, concedersi sessualmente: *darla via, darla a qlcu.* | ***darla vinta a qlcu.***, cedere o acconsentire alla sua richiesta | (*fig.*) consentire, accordare, permettere: *per quanto mi è dato sapere; lo credo che giammai mi fu dato di veder tanto chiaro in me* (I. SVEVO) **7** dedicare: *d. tutto sé stesso agli studi; d. il meglio di sé stesso per la riuscita di qlco.* **8** imprimere (*anche fig.*): *d. forza, coerenza a un discorso* **9** produrre, rendere, emettere: *d. un suono stridulo; d. un forte calore; d. molti frutti; d. cinquanta quintali di grano per ettaro* | causare: *d. il vomito, la febbre, la morte* **10** comunicare: *d. una buona notizia a qlcu.* **11** offrire, organizzare: *d. una festa, un ricevimento; ha dato un grande banchetto per il compleanno del figlio* | eseguire: *d. un concerto* | sostenere: *d. gli esami* **12** augurare: *d. il benvenuto, il buon anno* **13** attribuire spec. pubblicamente una caratteristica offensiva, ingiuriosa (per ellissi di 'il titolo', 'l'epiteto' o sim.) (+ *di*): *d. a qlcu. del cretino, dell'incompetente* | ***d. del tu, del lei a qlcu.***, rivolgersi a qlcu. usando i pronomi 'tu' o 'lei' **14** volgere: *d. le spalle a qlcu., a qlco.* **15** attribuire, prevedere una quantità: *gli hanno dato sei mesi di vita* **II** spesso, quando precede un sostantivo, dà origine a una costruzione equivalente al verbo il cui sign. è rappresentato dal sostantivo stesso: ***d. consigli, spiegazioni, ammonimenti***, consigliare, spiegare, ammonire | ***d. agio, occasione, mezzo, luogo, tempo***, permettere di | ***d. un grido, una voce***, gridare, chiamare | ***d. la vernice, la tinta***, verniciare, tingere | ***d. animo, coraggio***, incoraggiare | ***d. fuoco***, incendiare | ***d. il lucido, il taglio, la curva***, lucidare, tagliare, curvare | ***d. gusto, sapore***, insaporire | ***d. un castigo, una punizione***, castigare, punire | ***d. uno schiaffo***, schiaffeggiare | ***d. le botte***, (*ellitt.*) ***darle***, (*fam.*) picchiare: *Qua, e zitta, o te le do!* (L. PIRANDELLO) | ***d. la vita***, generare | ***d. inizio***, iniziare | ***d. fondo***, ancorarsi, far cadere l'ancora per ormeggiarsi | ***d. volta***, legare stabilmente una cima, un cavo attorno a una bitta, a una caviglia e sim. **III** in alcune loc. particolari: ***d. a frutto***, prestare con interesse | ***d. un lavoro a cottimo***, assegnarlo | ***d. a credere, a intendere, a bere***, far credere qlco. di non vero: *Qualche vecchio del paese si compiace ancora di d. a credere che la ricchezza di mio padre ... avesse origini ... misteriose* (L. PIRANDELLO) | ***d. da pensare, da fare***, procurare pensieri, fastidi | ***d. qlco. da mangiare, da bere*** e sim., offrire | ***d. in moglie, in sposa, in dono, in omaggio, in pegno, in prova***, offrire, assegnare in moglie, in sposa e sim. | ***d. per scontato, per certo, per buono, per morto***, dichiarare scontato, certo e sim. | ***d. prova di***, dimostrare, manifestare qlco.: *d. prova di coraggio, di viltà* **B** **v. intr.** (aus. *avere*) **1** guardare (+ *su*, *raro* + *verso*): *il nostro balcone dà sul mare; la vetrata che dà verso la piazza* | volgere, tendere: *è una persona che dà sul pedante; è di un colore blu che dà sul verde* | sboccare, detto di strade e sim. **2** urtare, battere (+ *in*): *rialzandomi, ho dato con la testa nel muro* **3** prorompere (+ *in*): *d. in un pianto dirotto, in lacrime, in escandescenze* **4** in numerose locuzioni (seguito da varie prep.): ***d. nel segno***, (*fig.*) colpire giusto | ***d. alla testa***, stordire | ***d. (fuori) di matto***, ammattire | ***d. ai, sui nervi***, innervosire | ***d. nell'occhio***, attirare l'attenzione | ***d. di sprone***, spronare | ***d. di piglio***, afferrare con decisione | ***d. contro qlcu.***, contraddirlo, attaccarlo | ***d. a qlcu.***, picchiarlo (V. anche *dagli*②) | ***d. a qlco.***, colpirla | (*fig.*, *fam.*) ***darci dentro***, V. *dentro* nel sign. B1 | (*fig.*, *fam.*) ***darci sotto***, mettercela tutta, non demordere **C dàrsi v. tr. pron. 1** attribuire a sé stesso una caratteristica gener. negativa: *non faceva che darsi dello stupido e della bestia* (A. Fogazzaro) **2** prefissarsi qlco.: *darsi una scadenza, un obiettivo* **3** in alcune loc.: ***darsi delle arie***, vantarsi | ***darsi pace***, rassegnarsi **D dàrsi v. rifl.** ● applicarsi, dedicarsi (+ *a*): *darsi all'arte, allo sport* | ***darsi d'attorno***, brigare | ***darsi all'ippica***, V. *ippica* | ***darsi da fare***, impegnarsi attivamente, affaccendarsi | abbandonarsi: *darsi al gioco, all'alcol* | ***darsi a Dio***, consacrarsi | (*lett.*) acconsentire a un'offerta amorosa, abbandonarsi alla persona amata: *fu allor ch'ella s'offerse, / e nuda in braccio a Endimion si diede* (L. Ariosto) | sottomettersi, consegnarsi: *darsi al nemico*; *darsi prigioniero* | ***darsi per vinto***, arrendersi (*anche fig.*) | ***darsi (per) malato***, dichiararsi, farsi credere malato **E dàrsi v. rifl. recipr.** ● scambiarsi: *darsi un bacio* | ***darsi il cambio***, sostituirsi l'uno all'altro a turno | ***darsi dello stupido***, scambiarsi a vicenda un'offesa | (*ellitt.*) **dàrsele**, picchiarsi: *se le sono date di santa ragione* | ***darsi del tu, del lei***, rivolgersi l'uno all'altro usando il pronome 'tu' o 'lei': *diamoci del tu* **F dàrsi v. intr. pron.** ● cominciare (+ *a* **seguito da inf.**): *darsi a correre, a gridare*; *saltò nella strada e si dette a scappare* (C. Collodi) | ***darsela a gambe***, scappare **G dàrsi v. intr. pron. impers.** ● avvenire, accadere: *si dà il caso che* | ***può darsi***, forse: *Verrai? Può darsi*; *può darsi che se ne sia dimenticato* | (*lett.*) ***si dà***, è possibile: *Giungere a terra che dall'acque è cinta, non si dà che per nave* (G. Pascoli)

dàre② [da *dare*① ✱ 1308] **s. m. solo sing. 1** ciò che si deve o è dovuto **SIN.** debito **2** (*ragion.*) denominazione convenzionale della parte sinistra di un conto: *il d. e l'avere* **SIN.** debito

dàri [n. indigeno del tipo di persiano parlato nell'area ✱ 1979] **s. m. solo sing.** ● lingua iranica parlata in Afghanistan, varietà arcaica del farsi

dark /dark, *ingl.* dɑːk/ [vc. ingl., propr. 'scuro' ✱ 1985] **s. m. e f. inv.; anche agg. inv.** ● appartenente a un movimento giovanile affermatosi negli anni '80 del Novecento, caratterizzato da una visione amara del mondo, da atteggiamenti mistico-religiosi e da un particolare tipo di abbigliamento di colore nero: *ragazza d.*

dark lady /dark'ledi, *ingl.* 'dɑːk,leɪdɪ/ [loc. ingl., propr. 'dama (*lady*) bruna (*dark*)', usata da W. Shakespeare nei suoi sonetti ✱ 1985] **loc. sost. f. inv.** (**pl. ingl.** *dark ladies*) ● donna fatale che esercita un potere distruttivo sugli uomini che seduce

dark room /dark'rum, *ingl.* 'dɑːk,ruːm/ [loc. ingl., propr. 'camera (*room*) oscura (*dark*)' ✱ 1986] **loc. sost. f. inv. 1** in discoteche, locali notturni o club privati, saletta scarsamente illuminata dove si possono avere incontri sessuali **2** in trasmissioni televisive o rubriche video, spazio privato riservato a interviste, confidenze e sim. **3** (*fotogr.*) camera oscura

darmstàdtio (darm-stadt-io, darm-stad-tio) /darm'statjo/ [dal n. della città ted. di *Darmstadt*, dove fu creato ✱ 2003] **s. m.** (**pl.** *-i* o *raro -ii*) ● elemento chimico, metallo radioattivo, ottenuto artificialmente **SIMB.** Ds **NUM. AT.** 110

dàrsena [arabo *dār aṣ-ṣinā'a* 'arsenale', propr. 'casa di costruzione' ✱ av. 1373] **s. f. 1** parte più interna del porto, cinta per lo più da costruzioni in muratura, nella quale stanno le navi disarmate: *d. esterna, interna, mercantile, privata* **2** arsenale marittimo per la costruzione e riparazione delle navi

darts /darts, *ingl.* dɑːts/ [vc. ingl. pl. di *dart* 'dardo, freccia'; V. *dardo*] **s. m. inv.** ● gioco consistente nel lancio manuale di piccole frecce contro un bersaglio circolare di sughero

darvinìsmo e deriv. ➤ **darwinismo** e deriv.

darwiniàno (dar-win-ia-no, dar-wi-nia-no) o (*raro*) **darviniàno** /darvi'njano/ [1864] **A agg.** ● relativo a Darwin e alle sue teorie **B s. m.** ● darvinista

darwinìsmo (dar-win-i-smo, dar-wi-ni-smo) o (*raro*) **darvinìsmo** /darvi'nizmo/ [ingl. *darwinism*, dal nome del naturalista Ch. R. *Darwin* (1809-1882) ✱ 1871] **s. m.** ● teoria evoluzionistica secondo cui le modificazioni delle specie avvengono per selezione naturale

darwinìsta (dar-win-i-sta, dar-wi-ni-sta) o (*raro*) **darvinìsta** /darvi'nista/ [1864] **s. m. e f.** (**pl. m.** *-i*) ● seguace del darvinismo

dasiùro [vc. dotta, comp. del gr. *dasýs* 'rozzo, aspro' e *ourá* 'coda' ✱ 1820] **s. m.** ● mammifero marsupiale grande come un gatto, con corpo bruno macchiettato di bianco (*Dasyurus maculatus*)

dàspo [sigla di *Divieto di Accedere alle manifestazioni SPOrtive* ✱ 1997] **s. m. inv.** ● misura di prevenzione introdotta nel 1989, con la quale si vieta a una persona che si sia resa protagonista di azioni violente durante una manifestazione sportiva di assistere ad altre manifestazioni analoghe

d'assài o (*raro*) **dassài** [comp. di *d(a)* e *assai* ✱ 1313] **A loc. avv.** ● (*lett.*) di gran lunga: *che 'l dir nostro e 'l penser vince d'assai* (F. Petrarca) **B in funzione di loc. agg. inv.** ● (*lett.*) di grande valore, superiore per grado o capacità

†**dassaiézza** [av. 1311] **s. f.** ● valore, valentia | decoro

†**dassézzo** [comp. di *da* e †*sezzo* ✱ av. 1292] **avv.** ● da ultimo, infine: *in danno gli tornò d.* (V. Monti)

♦**dàta**① [lat. *dăta(m)*, part. pass. del v. *dăre*, usata nel Medioevo nella espressione *lĭttera dăta*, cioè 'lettera consegnata (in quel giorno)' ✱ av. 1556] **s. f. 1** indicazione del tempo in cui viene scritta una lettera, redatto un documento, pubblicato un volume e sim.: *mettere, apporre la d.* (V. nota d'uso NUMERI E NUMERALI) **2** tempo in cui è accaduto o deve ancora accadere un determinato fatto: *d. di nascita, di morte*; *fissare la d. di un incontro*; *rimandare un incontro ad altra d.*, *a d. da destinarsi* | ***di antica d., di lunga, vecchia d.***, antico | ***a far d. da oggi***, a decorrere da oggi | ***di fresca d.***, recente | ***a venti giorni d.***, che scade venti giorni dopo | (*est.*) nel linguaggio giornalistico, spettacolo, concerto: *la nota cantante farà un tour di 30 date* (calco sull'ingl. *date* 'appuntamento') **3** nel linguaggio della Curia romana, facoltà di nomina alla titolarità di benefici e conferimento di essi **4** nel gioco delle carte, atto del mescolare e dare le carte | quante carte vengono distribuite in una girata a ogni giocatore | ***aver la d.***, essere il primo a giocare, a calar la carta **5** †condizione, stato, spec. nella loc. ***essere in d. di fare qlco.***, essere disposto a farla **6** †atto del dare; consegna **7** †qualità, natura **8** †imposta, dazio

data② /'data, 'de-, *ingl.* 'deɪtə/ [vc. ingl., pl. di *datum* 'dato' (come s. m.), dal lat. *dătum*, part. pass. neutro sost. del v. *dăre* 'dare' ✱ 1985] **s. m. pl.** ● (*inform.*) insieme di dati destinati a essere elaborati, per lo più elettronicamente; il termine è frequente in alcune loc. | nella loc. sost. m. inv. ***d. entry***, inserimento di dati, gener. da tastiera, in un sistema di elaborazione (comp. con *entry* 'entrata') | nella loc. sost. m. inv. ***d. processing***, elaborazione dei dati (comp. con *processing* 'trattamento') | nella loc. sost. m. pl. ***big d.***, grande, complessa raccolta di dati di ogni tipo e provenienza, in relazione tra loro (comp. con *big* 'grande') | V. anche *database* | ***d. mining***, il procedimento per cui da una banca dati di ampie dimensioni si estraggono informazioni utili a produrre nuova conoscenza (comp. con *mining* 'estrazione')

database /data'baze, -'beiz, *ingl.* 'deɪtə,beɪs/ [vc. ingl., comp. di *data*② e *base* 'base, supporto' ✱ 1979] **s. m. inv.** ● (*inform.*) insieme di informazioni tra loro omogenee strutturato logicamente, così da poter essere ordinato e consultato secondo criteri diversi | ***d. relazionale***, nel quale le informazioni sono conservate in tabelle distinte e vengono estratte in base a relazioni stabilite tra le tabelle stesse

datàbile [av. 1946] **agg.** ● che si può datare: *l'opera non è d. con certezza*; *un quadro d. al 1520, all'inizio del Seicento, intorno al 1550* ‖ **databilità**, **s. f. inv.**

datàle [1983] **agg.** ● (*disus.*) di data

datàre [da *data* ✱ 1640] **A v. tr. 1** corredare di data: *d. una lettera, un documento* **2** collocare un avvenimento nel tempo in cui si è verificato: *non è possibile d. con esattezza l'inizio della guerra* | condizionare un fatto, uno scritto e sim. al momento storico a cui risale o a una determinata moda, rendendolo perciò superato: *l'uso di troppe metafore data irrimediabilmente il romanzo* **B v. intr.** ● (raro nei tempi composti) avere inizio: *la nuova disposizione data dal mese scorso* | (*raro*) risalire a un determinato periodo: *la lapide su quel muro data da molti secoli* | ***a d. da oggi***, a partire, a decorrere da oggi

datarìa [da *datario*① ✱ av. 1598] **s. f. 1** ufficio della Curia romana che provvedeva al conferimento di dispense e di benefici **2** carica di datario

datàrio① [vc. dotta, lat. *datāriu(m)*, da *dăta* 'data' ✱ av. 1519] **A s. m.** ● prelato che presiedeva alla dataria **B anche agg.**: *cardinale d.*

datàrio② [da *data* ✱ 1951] **s. m. 1** timbro composto da cilindri o anelli mobili in gomma o metallo, che hanno in rilievo l'indicazione di giorni, mesi e anni, i quali, se fatti ruotare, consentono di imprimere la data voluta **2** indicatore di data, in un orologio

datàto part. pass. di *datare*; anche agg. **1** nei sign. del v. **2** superato, non più attuale: *film, argomento d.*

datazióne [da *datare* ✱ 1917] **s. f.** ● il datare | attribuzione di una data: *la d. di un testo, di una parola* | determinazione dell'età di un reperto archeologico: *metodi di d.*

dàte ➤ **dare**①

dating /*ingl.* 'deɪtɪŋ/ [vc. ingl., dal v. *to date* 'fissare una data, un appuntamento' ✱ 1958] **s. m. inv.** ● il dare appuntamento a qlcu., spec. per iniziare una relazione amorosa | ***d. online***, scambio di appuntamento per via telematica

datìsmo [gr. *datismós*, dal n. del generale persiano *Dati*, che affettava di parlare greco ✱ 1830] **s. m.** ● inutile ripetizione di sinonimi nel discorso | errore compiuto da chi parla una lingua straniera senza conoscerla bene **SIN.** datità①

datità① [1965] **s. f. inv.** ● datismo

datità② [da *dato*, part. pass. del v. *dare*, come trad. del ted. *Gegebenheit* ✱ 1965] **s. f. inv.** ● (*filos.*) modo in cui una cosa si rivela alla conoscenza | ciò che è alla base dell'attività conoscitiva

datìvo [vc. dotta, lat. *datīvu(m)* '(caso) datore', da *dăre*, sul modello del gr. *dotikós*, *hē dotikḗ* (*ptôsis*) 'il (caso) dativo' ✱ 1268] **A s. m.** ● (*ling.*) caso della declinazione indoeuropea che indica il termine a cui si rivolge l'azione verbale | ***d. etico***, V. *etico*① **B** anche **agg.**: *caso d.*

♦**dàto** **A** **part. pass.** di *dare*; anche **agg.** **1** nei sign. del v. **2** certo, determinato, stabilito: *in date occasioni; nella situazione data* **3** in espressioni assol. con valore causale (anteposto a un sost.): *d. lo stato in cui sei, ti consiglio di curarti; data la sua indifferenza lo lasciai; date le circostanze, ho accettato* | ***d. che***, poiché, dal momento che; (*raro*) ammesso, supposto che | ***d. e non concesso***, ammesso e non concesso **4** (*raro*) dedito, votato: *uomo d. al vizio, al gioco, al fumo* **B** **s. m.** **1** elemento o serie di elementi accertati e verificati che possono formare oggetto di indagini, ricerche, elaborazioni: *dati statistici; i dati di un problema, di una questione; elaborazione elettronica dei dati* | ***d. di fatto***, ciò che è certo, verificabile e inconfutabile: *che lui abbia sbagliato è un d. di fatto* | ***dati sensibili***, (*filos.*) quelli provenienti dall'esperienza; (*dir.*) quelli che riguardano condizioni o convinzioni personali di un soggetto e che possono essere archiviati o utilizzati solo con il suo consenso e nelle forme di legge **2** †ciò che si dà in dono

datóre [vc. dotta, lat. *datōre(m)*, da *dāre* 'dare' ✻ 1268] **s. m.** (**f.** *-trice*) ● chi dà, concede, distribuisce | ***d. di lavoro***, chi ha alla propria dipendenza lavoratori retribuiti **CFR.** prestatore | ***d. di luci***, tecnico responsabile dell'illuminazione di uno studio televisivo o di una scena teatrale

datoriàle [da *datore* ✻ 1974] **agg.** ● relativo al datore di lavoro

dàttero o †**dàttilo** [lat. *dăctylu(m)*, dal gr. *dáktylos* 'dito', per la sua forma ✻ sec. XIII] **s. m.** **1** frutto a bacca della palma da datteri, commestibile, con polpa zuccherina e seme di consistenza cornea | (*fig., raro, lett.*) †***rendere, riprendere d. per fico***, scontare una pena ancora più grave della colpa **2** (*zool.*) ***d. di mare***, mollusco con conchiglia oblunga color bruno e carni molto pregiate **SIN.** litofaga

dattìlico [vc. dotta, lat. *dactўlicu(m)*, da *dăctylis* 'dattilo' ✻ 1395] **agg.** (**pl. m.** *-ci*) ● costituito di dattili: *metro, verso d.*

dattilìfero [vc. dotta, comp. del lat. *dăctylus* 'dattero' e di *-fero* ✻ av. 1698] **agg.** ● che produce datteri

†**dattiliotèca** [vc. dotta, lat. *dactyliothēca(m)*, comp. del gr. *daktýlios* 'anello' e *thḗkē* 'custodia' ✻ 1562] **s. f.** ● collezione, raccolta di gioie, anelli, sigilli

dàttilo [vc. dotta, lat. *dăctylu(m)*, dal gr. *dáktylos* 'dito', perché lo schema del piede ricorda le tre falangi, una più lunga, le altre due più corte, di un dito ✻ sec. XIV] **s. m.** **1** (*ling.*) piede metrico della poesia greca e latina formato da una sillaba lunga e da due sillabe brevi **2** †V. *dattero*

dàttilo-, -dàttilo [dal gr. *dáktylos* 'dito', prob. di orig. indeur.] **primo e secondo elemento** ● in parole composte significa 'dito' (*dattiloscritto, dattilografo, dattiloscopia*) o fa riferimento alle dita (*perissodattilo*)

dattilografàre [1917] **v. tr.** (*io dattilògrafo*) ● scrivere a macchina

dattilografìa [1869] **s. f.** ● ogni forma di scrittura per mezzo di macchina per scrivere **SIN.** dattiloscrittura

dattilogràfico [1908] **agg.** (**pl. m.** *-ci*) ● relativo alla dattilografia ‖ **dattilograficaménte**, **avv.** per mezzo della dattilografia

dattilògrafo [fr. *dactylographe*, comp. di *dactylo-* 'dattilo-' e *-graphe* '-grafo' ✻ 1904] **s. m.** (**f.** *-a*) ● chi per professione scrive a macchina spec. negli uffici

dattilologìa [vc. dotta, comp. di *dattilo-* e *-logia* ✻ 1825] **s. f.** (**pl.** *-gie*) ● modo di comunicare mediante segni con le dita

dattilològico [1983] **agg.** (**pl. m.** *-ci*) ● relativo alla dattilologia: *segni dattilologici*

Dattilopterifórmi [comp. di *dattilo-*, del gr. *pterón* 'ala' e del pl. di *-forme* ✻ 1983] **s. m. pl.** (**sing.** *-e*) ● (*zool.*) ordine di Pesci ossei con parte delle pinne pettorali espansa, a forma di ala, con cui si librano fuori dell'acqua (*Dactylopteriformes*)

dattiloscopìa [vc. dotta, comp. di *dattilo-* e *-scopia* ✻ 1905] **s. f.** ● esame e catalogazione delle impronte digitali ai fini giudiziari

dattiloscòpico [av. 1936] **agg.** (**pl. m.** *-ci*) ● relativo alla dattiloscopia

dattiloscrìtto [vc. dotta, comp. di *dattilo-* e *scritto*, in sostituzione di *-grafato* del comp. *dattilografato*, sul modello di *manoscritto* ✻ 1931] **A** **agg.** ● che è scritto a macchina: *dispense dattiloscritte* **B** **s. m.** ● testo scritto a macchina: *il d. del libro, dell'articolo; un d. di cento pagine*

dattiloscrittùra [comp. di *dattilo-* e *scrittura* ✻ 1962] **s. f.** ● dattilografia

dattiloscrìvere [comp. di *dattilo-* e *scrivere* ✻ 1987] **v. tr.** (**coniug. come** *scrivere*) ● dattilografare

dattilòttero [comp. di *dattilo-* (con allusione alle prime pinne pettorali lunghe come dita) e *-ttero* ✻ 1966] **s. m.** ● pesce degli Scorpeniformi con scaglie ruvide, due pinne dorsali e amplissime pinne pettorali che spesso raggiungono la coda e vengono erroneamente considerate specializzazioni adatte a brevi voli (*Dactylopterus volitans*)

dattórno o †**da tórno** [comp. di *da* e *(at)torno* ✻ sec. XIII] **A** **avv.** **1** intorno, tutt'intorno, vicino: *sono stanco di averlo d.* | ***andare d.***, andare in qua e in là, gironzolare, viaggiare | ***darsi d.***, darsi da fare | ***levarsi, togliersi qlcu. d.***, liberarsene **2** †circa **B** **nella loc. prep. *d. a*** ● (*lett.*) intorno a, vicino a: *un recinto corre d. alla casa* | ***essere d. a qlco.***, occuparsene attivamente | ***stare, essere, andare d. a qlcu.***, seguirlo con insistenza: *voi sieti fatti come i cani, che vanno sempre d. a chi può meglio dare loro da mangiare* (N. Machiavelli) **C** **in funzione di agg. inv.** ● circonvicino, circostante: *nei paesi, nei luoghi d.*

datùra [indiano moderno *dhatūrā*, dal sanscrito *dhattūrah*, di etim. incerta ✻ 1829] **s. f.** ● genere di piante delle Solanacee con fiori grandi, solitari, eretti o penduli a corolla imbutiforme generalmente di color bianco e frutto a capsula spinosa (*Datura*); la specie più nota e comune è *Datura stramonium*, ricca di alcaloidi come iosciamina, atropina e scopolamina

daturìsmo [da *datur(a)* con il suff. *-ismo* ✻ 1987] **s. m.** ● (*med.*) intossicazione umana e animale causata da piante del genere *Datura* che contengono alcaloidi delle Solanacee; comunemente, intossicazione da stramonio

datzebào ➤ **dazebao**

dàunio [vc. dotta, lat. *dāunum*, dal n. dell'eroe eponimo (*Daunus*) ✻ sec. XIV] **agg.** ● relativo agli antichi abitanti della Puglia settentrionale | (*lett.*) ***capoluogo d.***, Foggia | ***provincia daunia***, la provincia di Foggia

♦**davànti** o (*lett.*) **d'avànti**, †**davànte** [comp. del lat. *de* 'di, da' e *ab ante* 'avanti' ✻ 1249] **A** **avv.** **1** di fronte: *sedere d.; trovarsi d.; or che mi trovo il mio signor davante* (G. Stampa) | nella (o dalla) parte anteriore: *una macchina danneggiata d.; gli antichi fucili si caricavano d.* **CFR.** protero- **SIN.** dinanzi **CONTR.** dietro **2** †prima, in precedenza: *vi narrai poco davante / come … / … / cadde in quel lago* (M.M. Boiardo) **B** **prep.** ● (*spec. lett.*) di fronte a: *D. San Guido* (G. Carducci); *attento allo scalino d. la porta* **C** **Nelle loc. prep. *d. a*, †*d. da*, †*d. di*** **1** di fronte a, dirimpetto a: *d. alla vetrina; tutte le mattine passo d. alla tua casa*; (*fig.*) *non ritirarsi d. alle difficoltà* **2** alla presenza, al cospetto di: *non ha più il coraggio di comparirmi d.; d. agli estranei si comporta come se niente fosse; lo ha affermato d. ai giudici; comparire-mo un giorno d. a Dio* | (*fig.*) nell'opinione, nel giudizio di: *d. a me giudice sono rei; ma d. a me uomo sono forsennati* (U. Foscolo) **D** **nella loc. cong. *d. che***, (*lett.*) prima che (introduce una prop. temp. con il v. al congtv.): *d. che bellezza mora* (F. Sacchetti) **E** **in funzione di agg. inv.** **1** anteriore: *dalla parte d.; le file d.; le zampe d.* **2** †precedente: *lo anno d. era stato consolo* (N. Machiavelli) **F** **in funzione di s. m. inv.** ● la parte anteriore: *il d. della giacca; il d. dell'automobile* | ***il d. della casa***, la facciata

davantìno [da *davanti* nel sign. F ✻ 1942] **s. m.** ● pettorina spec. di tela batista o picchè applicata su abiti femminili a scopo decorativo

♦**davanzàle** [etim. discussa, legata, comunque, con *davanti* ✻ av. 1400] **s. m.** ● soglia della finestra, in pietra o muratura, su cui posano gli stipiti

davànzo o **d'avànzo** [comp. di *d(i)* e *avanzo* ✻ sec. XIV] **avv.** ● più del necessario, fin troppo: *ne abbiamo d.*

da véro ➤ **davvero**

davìdico [vc. dotta, lat. eccl. *Davīdicu(m)* 'di David' ✻ 1588] **agg.** (**pl. m.** *-ci*) ● relativo al re David: *salmi davidici*

dàvo ➤ **dare**①

†**davvantàggio** o †**d'avvantàggio** [comp. di *da* e *vantaggio* sul tipo del fr. *davantage* ✻ av. 1535] **avv.** ● (*lett.*) di più, maggiormente | inoltre, ulteriormente, ancora

♦**davvéro** o (*raro*) **da véro** [comp. di *da* e *vero* ✻ 1308] **avv.** **1** effettivamente, proprio: *decise di mettersi d. a studiare; ho detto da burla ch'egli veniva, e il diavolo lo ha portato d.* (C. Goldoni) | ***dire, fare d.***, parlare, agire sul serio: *dici proprio d.?; devi credermi, dico d.* | ***per d.***, sul serio: *non minaccio per scherzo, ma per d.* **2** molto, veramente (rafforz. di un agg.): *buono d.; è una cosa d. bella* | anche iron.: *ti sei comportato bene d.; ciò è d. ben fatto!* **3** con valore rafforz. di una negazione: *no d.!; non vengo d.; no, d. non posso!* | (*assol.*) esprime incredulità, meraviglia, dubbio, stupore: *d.? me lo assicuri?; d.! l'hai proprio visto!* | (*assol.*) con valore di decisa conferma: *d.! te lo prometto!*

davvicìno [comp. di *da* e *vicino* ✻ 1641] **avv.** ● (*lett.*) da una distanza ravvicinata: *lo fissava sempre più d.*

-day /ingl. deɪ/ [vc. ingl., propr. 'giorno'] **secondo elemento** ● in parole composte, indica il giorno in cui si verifica un avvenimento o se ne celebra la ricorrenza, oppure una giornata particolarmente importante per la persona o il personaggio designato dal primo elemento: *D-day; Columbus-day*

day àfter /dei'after, *ingl.* 'deɪ,ɑːftə(r)/ [loc. ingl., propr. 'giorno (*day*) dopo (*after*)', dal titolo del film americano di N. Meyer *The day after* (1983), che mostra le terribili conseguenze di un'esplosione nucleare ✻ 1984] **loc. sost. m. inv.** **1** il giorno successivo alla catastrofe provocata da una guerra nucleare **2** (*est.*) il giorno successivo a un avvenimento importante, non necessariamente negativo

day by day /ingl. deɪ baɪ'deɪ/ [loc. ingl., propr. 'giorno per giorno' ✻ 1987] **A** **loc. agg. inv.** ● detto di attività svolta quotidianamente **B** **loc. sost. m. inv.** ● nella gestione aziendale, il complesso delle attività giornaliere in contrapposizione a quelle di pianificazione a lungo termine

day hòspital /dei'ɔspital, *ingl.* 'deɪ,hɒspɪt(ə)l/ [loc. ingl., comp. di *day* 'giorno' (vc. germ. d'orig. indeur.) e *hospital* 'ospedale' ✻

1980] **loc. sost. m. inv.** (**pl. ingl.** *day hospitals*) • (*med.*) struttura con ospedalizzazione soltanto diurna, per terapie di durata limitata o per analisi | (*est.*) il servizio fornito da tale struttura CFR. day surgery

daylight /dei'lait, *ingl.* 'deɪˌlaɪt/ [vc. ingl., propr. 'luce (*light*) del giorno (*day*)' ✱ 1989] **agg. inv. 1** detto di sistema di illuminazione che riproduce le caratteristiche cromatiche della luce diurna **2** detto di pellicola fotografica adatta alla ripresa in luce diurna

day surgery /dei'serdʒeri, *ingl.* ˌdeɪ'sɜːdʒ(ə)rɪ/ [loc. ingl., propr. 'ambulatorio (*surgery*) di giorno (*day*)' ✱ 1993] **loc. sost. f. o m. inv.** (**pl. ingl.** *day surgeries*) • (*med.*) struttura in cui si eseguono interventi chirurgici con degenza soltanto diurna | (*est.*) il servizio fornito da tale struttura CFR. day hospital

†**dazaiuòlo** o †**dazzaiuòlo**, †**dazzaiòlo** [da *dazio* ✱ 1280] **s. m. 1** registro fiscale ed elenco dei contribuenti **2** guardia daziaria

dazebào /taddze'bao, *cinese* 'taˈtsɯˈpao/ o **datzebào**, **dazibào**, **tatze-bào** /taddze'bao, *cinese* 'taˈtsɯˈpao/, **tazebào** [vc. cinese, 'manifesto a grandi caratteri' ✱ 1969] **s. m. inv.** • manifesto murale di grandi dimensioni, scritto a mano e talvolta illustrato, nato nella Repubblica Popolare Cinese come mezzo di propaganda diretta, o anche di denuncia e critica nei confronti della classe dirigente, adottato poi nei Paesi occidentali dai movimenti studenteschi, extraparlamentari e sim.

daziàre [da *dazio* ✱ av. 1540] **v. tr.** (*io dàzio*) • gravare di dazio: *d. una merce*

daziàrio [av. 1557] **A agg.** • del dazio: *cinta, guardia daziaria*; *ufficio d.* **B s. m.** • †daziere

dazibào ➤ **dazebao**

dazière [da *dazio* ✱ av. 1433] **s. m. 1** (**f.** *-a*) guardia incaricata del controllo e della riscossione dei dazi **2** †appaltatore del dazio

dàzio [vc. dotta, lat. *dătio* 'azione di dare, tributo' ✱ 1235] **s. m. 1** somma dovuta allo Stato e, in passato, al comune per l'entrata o l'uscita di merce dal suo territorio: *d. doganale, esterno, fiscale, protettivo*; *d. di importazione, di esportazione* | ***pagare d.***, (*fig., colloq.*) dover dare o subire qlco. in cambio di ciò che si vuole ottenere o si è ottenuto **2** luogo dove si paga il dazio | ufficio daziario

SFUMATURE ➤ ***tassa***

daziòne [vc. dotta, lat. *datiōne(m)* 'il dare' ✱ 1309] **s. f. 1** †atto del dare | ***d. dell'anello***, cerimonia del matrimonio **2** (*raro*) consegna | (*dir.*) ***d. in pagamento***, soddisfacimento del credito mediante consegna, col consenso del creditore, di cosa diversa da quella dedotta in obbligazione | (*eufem.*) compenso illecito, tangente

†**dazzaiòlo** ➤ †**dazaiuolo**

†**dazzaiuòlo** ➤ †**dazaiuolo**

D-day /di'dei, *ingl.* 'diːˌdeɪ/ [vc. ingl., comp. di *D*, che sta per *day* 'giorno' e *day*, così come l''ora' dello sbarco era, in cifra, *H. hour* ✱ 1987] **s. m. inv. 1** il giorno dello sbarco delle forze armate americane e britanniche in Normandia (6 giugno 1944) **2** (*est.*) il giorno fissato per un'importante operazione militare | il giorno stabilito per un'impresa, per un'iniziativa importante

de① ➤ **di**②

de② /de/ [V. *di*①] **prep.** • forma che la prep. *di* assume seguita dagli art. determ. nella formazione delle prep. articolate sia con grafia unita (*del, della, delle, degli, dello, dei, degli*) sia con grafia separata, dell'uso lett. e poet. (*de'l, de la, de le, de gli, de lo, de i*, o (*tosc.*) *de', de gli*) | si usa talvolta anche nelle citazioni di titoli di opere che cominciano con l'articolo: *le descrizioni de 'I Promessi Sposi'* (ma anche: *le descrizioni dei 'Promessi Sposi'*)

de' /de/ **prep.** • forma tronca della prep. art. *dei*

de- /de/ [lat. *dē-*, che indicava separazione; cfr. *di-*①] **pref. 1** anteposto a verbi o sost., spec. di origine latina, indica allontanamento (*deviare, deportare*), abbassamento, movimento dall'alto in basso (*degradare, declinare*), privazione, sottrazione (*dedurre, desumere, decaffeinizzazione, decalcificare*), o derivazione (*deaggettivale, denominale, deonomastica, deverbale*) **2** si usa inoltre per formare verbi tratti da sostantivi o aggettivi, oppure con valore intensivo: *decurtare, designare* **3** corrisponde a *dis-* o *s-* in verbi di formazione recente, spesso formati per analogia con voci francesi (*demoralizzare, denaturare*), o in voci che costituiscono doppioni (*demagliare - smagliare, defogliare - sfogliare*)

dèa /*dɛa, dɛa/ o †**dìa**②, †**iddèa**, †**iddìa** [vc. dotta, lat. *dĕa(m)*, della stessa orig. di †*deo* ✱ sec. XIII] **s. f.** (**pl.** *dèe* /*dɛe, dɛe/) **1** divinità femminile nelle religioni politeistiche **2** (*fig.*) donna molto bella | (*fig., lett.*) donna molto amata

deadline /*ingl.* 'dɛdˌlaɪn/ [vc. ingl., propr. 'linea (*line*) morta (*dead*)' ✱ 1986] **s. f. inv.** • termine ultimo, data di scadenza

deaeràre [comp. di *de-* e *aerare* ✱ 1987] **v. tr.** (*io deàero*) • (*tecnol.*) privare un liquido dell'aria che contiene

deaerazióne [comp. di *de-* e *aerazione* ✱ 1987] **s. f.** • (*tecnol.*) operazione consistente nel togliere a un liquido, spec. acqua, l'aria che esso contiene

deafferentazióne [da *afferente*, col pref. *de-* ✱ 1983] **s. f.** • (*med.*) eliminazione o interruzione degli impulsi dei nervi afferenti

deaggettivàle [comp. parasintetico di *aggettivale*, col pref. *de-*, secondo il modello dell'ingl. *de-adjectival* ✱ 1994] **A agg.** • (*ling.*) detto di forma che deriva da un aggettivo: *sostantivo d.* (per es. *grandezza*, da *grande*), *verbo d.* (per es. *biancheggiare*, da *bianco*) **B** anche **s. m.**

dealbàto [vc. dotta, lat. *dealbātu(m)*, part. pass. di *dealbāre* 'imbiancare', da *ălbus* 'bianco' ✱ 1869] **agg. 1** (*lett.*) imbiancato, bianco **2** nell'antica Roma, detto delle tavole che ogni anno il pontefice massimo esponeva nel Foro e sulle quali scriveva i nomi dei magistrati e gli avvenimenti più importanti

dealbuminàto [da *albumina*, col pref. *de-* ✱ 1983] **agg.** • (*biol., farm.*) privato dell'albumina, detto spec. di siero per vaccinazioni

dealcolizzàre [comp. di *de-* e *alcolizzare* ✱ 1897] **v. tr. 1** trattare un vino o una birra in modo da privarli totalmente o parzialmente dell'alcol **2** sottoporre un luogo al divieto di detenzione e consumo di bevande alcoliche || **dealcolizzazióne**, **s. f.**

dealcolizzàto **part. pass.** di *dealcolizzare*; anche **agg. 1** che è stato privato dell'alcol: *vino d.* **2** detto di luogo in cui è vietato consumare bevande alcoliche: *area pubblica dealcolizzata*

dealer /'diler, *ingl.* 'diːlə(r)/ [vc. ingl., da *to deal* 'fare affari, trattare' ✱ 1985] **s. m. e f. inv. 1** agente di borsa che acquista o vende titoli per proprio conto **2** rivenditore, grossista

dealfabetizzazióne [comp. di *de-* e *alfabetizzazione* ✱ 1997] **s. f.** • perdita totale o parziale della capacità di leggere e scrivere, per mancanza di pratica SIN. analfabetismo di ritorno

deamarizzàre [da *amaro*, col pref. *de-* ✱ 1966] **v. tr.** • privare dell'amaro || **deamarizzazióne**, **s. f.**

deambulànte **part. pres.** di *deambulare*; anche **agg. 1** nel sign. del v. **2** che cammina, che ha la capacità di camminare CFR. non deambulante

deambulàre [vc. dotta, lat. *deambulāre*, comp. di *dē-* e *ambulāre* 'camminare intorno' ✱ 1309] **v. intr.** (*io deàmbulo; aus. avere*) • (*lett.*) camminare, passeggiare (*anche scherz.*)

SFUMATURE ➤ ***passeggiare***

deambulatóre [1308] **s. m. 1** (**f.** *-trice*) †chi cammina, passeggia **2** sostegno formato da tubi metallici e quattro ruote usato come appoggio per chi ha difficoltà di deambulazione

deambulatòrio [vc. dotta, lat. *deambulatōriu(m)*, da *deambulāre* 'deambulare' ✱ sec. XIV] **A agg.** (**pl. m.** *-i* o *raro -ii*) • (*raro*) relativo alla deambulazione **B s. m.** • (*archit.*) ambiente di passaggio che si affianca al vano principale di un edificio, per lo più parallelamente al suo perimetro | corridoio che gira attorno all'abside in alcune chiese spec. gotiche SIN. ambulacro

deambulazióne [vc. dotta, lat. *deambulatiōne(m)*, da *deambulāre* 'deambulare' ✱ sec. XIV] **s. f. 1** facoltà propria dell'uomo e degli animali vertebrati superiori di spostarsi da un luogo a un altro per mezzo delle gambe **2** (*lett.*) atto del camminare | †passeggio

deamicisiàno [1911] **agg. 1** relativo allo scrittore E. De Amicis (1846-1908) **2** (*fig.*) che presenta caratteri di commosso sentimentalismo e di moralismo

deamplificàre [comp. di *de-* e *amplificare* ✱ 1987] **v. tr.** (*io deamplìfico, tu deamplìfichi*) • (*tecnol.*) ridurre il valore di una grandezza || **deamplificazióne**, **s. f.**

deasfaltizzazióne [comp. di *de-* e un deriv. di *asfalto* ✱ 1987] **s. f.** • (*chim.*) procedimento industriale che elimina l'asfalto dai residui della distillazione primaria del petrolio

deaspirazióne [comp. di *de-* e *aspirazione* ✱ 1966] **s. f.** • (*ling.*) passaggio di suono da aspirato a non aspirato

deb /dɛb/ [abbr. ingl. del fr. *débutante* 'debuttante' ✱ 1974] **A s. m. e f. inv.** • artista, cantante, attore al debutto **B s. f. inv.** • ragazza che fa il suo ingresso in società partecipando a uno sfarzoso ricevimento

†**debaccàre** [vc. dotta, lat. *debacchāri*, comp. di *dē* rafforzativo e *bacchāri* 'andare smaniando' ✱ 1584] **v. intr.** • correre, agitarsi sfrenatamente | (*fig.*) infuriare

débâcle /*fr.* de'bɑkl/ [vc. fr., propr. 'disgelo', da *débâcler* 'rompere', precedentemente 'togliere il bastone di chiusura della porta', forse dal lat. parl. **bacculare*, da **băcculu(m)* 'bastone', var. di *băculum* 'bastone' ✱ 1840] **s. f. inv.** • sconfitta clamorosa e inaspettata SIN. batosta, insuccesso

debbiàre [da *debbio* ✱ 1759] **v. tr.** (*io débbio*) • trattare un terreno mediante il debbio

debbiatùra [1923] **s. f.** • lavoro del debbiare

débbio [etim. incerta ✱ 1701] **s. m.** • pratica agricola consistente nel bruciare le stoppie dei cereali dopo la mietitura o la cotica erbosa di prati e pascoli tagliata e posta in cumuli, allo scopo di migliorare un terreno agrario

dèbbo ➤ **dovere**①

debellaménto [vc. dotta, da *debellare* ✱ 1869] **s. m.** • (*lett.* o *raro*) il debellare

debellàre [vc. dotta, lat. *debellāre*, comp. di *dē-* e *bellāre* 'combattere' ✱ sec. XIV] **v. tr.** (*io debèllo*) • vincere in modo decisivo, annientare (*spec. fig.*): *d. una malattia*; *d. il vizio*

debellatóre [vc. dotta, lat. *debellatōre(m)*, da *debellāre* 'debellare' ✱ 1476] **agg. e s. m.** (**f.** *-trice*) • (*raro, lett.*) che (o chi) debella (*anche fig.*): *d. dei vizi*

debellazióne [vc. dotta, lat. *debellatiōne(m)*, da *debellāre* 'debellare' ✱ 1584] **s. f. 1** (*raro, lett.*) debellamento **2** (*dir.*) estinzione di uno Stato per completo annientamento della sua organizzazione conseguente a una guerra

debènza [dal v. lat. *debēr(e)* 'dovere' con il suff. *-enza* ✱ 1981] **s. f.** ● (*burocr.*) quanto è dovuto, spec. in denaro, come obbligo di legge: *la d. di un tributo, di un rimborso*

†**débile** ➤ **debole**

†**debilézza** ➤ **debolezza**

debiliménto [av. 1400] **s. m.** ● indebolimento | infermità parziale

†**debilìre** o †**debolìre** [da *debile* ✱ sec. XIII] **v. tr.** ● indebolire

debilità o †**debilitàde**, †**debilitàte** [vc. dotta, lat. *debilitāte(m)*, da *dēbilis* 'debole' ✱ 1268] **s. f. inv. 1** (*lett.*) debolezza, fiacchezza | †fragilità di carattere, energia morale e sim. **2** †malattia, infermità **3** (*psicol.*) debolezza mentale

debilitaménto [1612] **s. m.** ● il debilitare | condizione di chi è debilitato

debilitànte **part. pres.** di *debilitare*; anche **agg.** ● che debilita: *clima d.*

debilitàre o †**dibilitàre** [vc. dotta, lat. *debilitāre*, da *dēbilis* 'debole' ✱ 1282] **A v. tr.** (*io debìlito*) **1** indebolire, privare delle forze fisiche, mentali, morali: *il caldo mi debilita* **2** †evirare, castrare **B debilitàrsi v. intr. pron.** ● diventare debole, indebolirsi

†**debilitàte** ➤ **debilità**

debilitazióne [vc. dotta, lat. *debilitatiōne(m)*, da *debilitāre* 'debilitare' ✱ av. 1330] **s. f.** ● il debilitare, il debilitarsi | condizione di chi è debilitato: *essere, trovarsi, in uno stato di grave d.*

♦**débito** ① [vc. dotta, lat. *dēbitu(m)*, agg., part. pass. di *debēre* 'dovere' ✱ 1219] **agg. 1** che è dovuto, richiesto, imposto da particolari obblighi morali, dalle circostanze, dalle convenienze e sim.: *col d. rispetto; trattare qlcu. con le debite cure; agire con le debite forme; il popolo gli rese i debiti onori* | ***a tempo d.***, al momento opportuno **SIN.** conveniente, doveroso **2** (*est., lett.*) giusto, meritato, proporzionato; *debita punizione; una pena debita al peccato* **3** †tenuto, obbligato ‖ **debitaménte**, **avv.** nel modo dovuto

> **SFUMATURE DI SIGNIFICATO**
> ***debito - doveroso - opportuno***
> Ciò che è richiesto o imposto dalle circostanze, dalle convenienze si dice **debito**. **Doveroso** accentua il senso dell'obbligatorietà soprattutto in riferimento a delle regole o principi morali. **Opportuno** suggerisce invece una necessità più sfumata e definisce non ciò che è obbligatorio ma ciò che è meglio, o più utile, o più conveniente fare.

♦**débito** ② [vc. dotta, lat. *dēbitu(m)*, s. del part. pass. del v. *debēre* 'dovere, essere tenuto' ✱ 1306] **s. m. 1** (*dir.*) ciò che è dovuto ad altri per adempiere a un'obbligazione avente per oggetto spec. denaro: *contrarre un d.; pagare un d.; d. di gioco; essere oberato dai debiti; affogare nei debiti* | (*econ.*) ***d. pubblico***, l'ammontare del debito contratto dallo Stato nei confronti di soggetti pubblici o privati che hanno sottoscritto sue obbligazioni (BOT, CCT, BTP ecc.) | ***d. sovrano***, dello Stato | ***d. fluttuante***, V. *fluttuante* | ***d. consolidato***, V. *consolidato* | ***d. redimibile***, V. *redimibile* | ***d. irredimibile***, V. *irredimibile* | ***carta di d.***, V. *carta* **CONTR.** credito **2** dovere imposto da particolari obblighi morali, dalle circostanze, dalle convenienze e sim.: *d. di gratitudine, di riconoscenza; adempiere il proprio d. verso la società; sono in d. di dirvi una cosa come in confessione* (R. BACCHELLI) | (*fig.*) ***pagare il d. alla natura***, morire | ***d. coniugale***, l'insieme degli obblighi reciproci assunti dai coniugi con il matrimonio | †***di d.***, per dovere **3** ***d. formativo***, nel curriculum scolastico, carenza nella preparazione di una determinata materia che lo studente è tenuto a colmare per poter proseguire gli studi **4** (*fisiol.*) ***d. di ossigeno***, quantità supplementare di ossigeno necessaria per normalizzare i processi fisiologici ed energetici dell'organismo dopo un lavoro muscolare intenso ‖ **debitóne**, **accr.** | **debitùccio**, **debitùzzo**, **dim.**

debitóre [vc. dotta, lat. *debitōre(m)*, da *debēre* 'dovere, essere obbligato' ✱ 1261 ca.] **s. m.** (**f.** *-trice*, *pop.*, *disus.* *-tóra*) **1** chi deve dare o restituire qlco. (spec. denaro) a qlcu. **2** (*est.*) chi è tenuto a fare o a dare qlco.: *mi sei d. di una spiegazione* | (*fig.*) chi è moralmente obbligato verso qlcu.: *tutti gli uomini sono debitori a Dio della vita* **CONTR.** creditore

debitòrio [1942] **agg.** (**pl. m.** *-i* o *raro -ii*) ● (*dir.*) di debito o debitore

deblattizzazióne [comp. di *de-* e un deriv. di *blatta* ✱ 1992] **s. f.** ● disinfestazione di un ambiente dalle blatte

♦**débole** o †**débile** [vc. dotta, lat. *dēbile(m)* 'debole' ✱ 1261 ca.] **A agg. 1** che manca di forza, di energia fisica: *è d. a causa della malattia; è molto d. per la febbre* | che è fragile, che non è in piena efficienza (+ *di*): *debole di salute, di stomaco, di cuore, di mente* | che non sopporta la fatica: *è un ragazzino un po' d. per giocare a rugby* | ***il sesso d.***, (*per anton.*) le donne | scarso: *vista, udito d.* | ***essere d. di memoria, avere la memoria d.***, dimenticare facilmente | ***polso d.***, lento **CONTR.** forte **2** che manca di forza morale, decisione, coerenza interiore, autorità e sim.: *carattere, volontà d.; padre d.; quei genitori sono troppo deboli con i figli; essere d. nei rapporti con gli altri; animo vile e d.* | ***essere d. in qlco.***, mancare dell'attitudine e dell'abilità necessarie per fare qlco.: *il ragazzo è molto d. in matematica* | ***punto, lato d.***, quello che mostra i difetti, le lacune e sim. di qlcu. o di qlco. | che non è in grado di resistere alle tentazioni: *la carne è d.* **CONTR.** forte **3** che non convince, che ha scarso valore: *scuse deboli; argomento, giudizio, parere d.* | che manca di valore artistico, capacità espressiva e sim.; *composizione, immagine, prosa d.; la traduzione del testo è piuttosto d.* **4** che non ha la normale sonorità, intensità, potenza e sim.: *suono, luce, voce d.* **SIN.** fievole, fioco **5** che manca di resistenza, di solidità: *sostegno, tavolo d.* **CONTR.** robusto | che manca di autorità, di stabilità: *governo d.* **6** †storpio, mutilato ‖ **debolménte**, **avv. 1** con debolezza, senza energia; in modo non risoluto: *e poi / Debolmente m'opposi* (P. METASTASIO) **2** con poca intensità o efficacia: *un farmaco che agisce debolmente* **B s. m. e f.** ● chi manca di forza fisica o spec. morale, autorità, potere e sim.: *quell'insegnante è un d.; dedicarsi alla protezione dei deboli e degli oppressi* **CONTR.** forte **C s. m. 1** argomento, materia e sim. in cui si è meno abili: *il suo d. è la matematica* | il lato più suscettibile del carattere: *toccare, colpire, qlcu. nel suo d.* | (*raro*) la parte meno resistente di un oggetto: *il d. della lama è il centro* **2** inclinazione particolare: *avere un d. per qlcu. o qlco.* | debolezza: *aveva il d. delle presidenze … Accettò* (C. DOSSI) ‖ †**debolétto**, **dim.** | **debolino**, **dim.** | **debolùccio**, **debolùzzo**, **dim.**

debolézza o †**debilézza** [1288] **s. f. 1** caratteristica, condizione di chi (o di ciò che) è debole: *la d. della natura umana; sentirsi addosso una gran d.* | ***d. di stomaco***, languore | ***d. mentale***, lieve ritardo dello sviluppo intellettivo che fa considerare chi ne è affetto legalmente capace, ma leggermente subnormale nell'intelligenza **CONTR.** forza **2** mancanza di solidità, di stabilità (*anche fig.*): *la d. di un edificio, del governo* | (*fig.*) punto debole, difetto abituale: *avere molte debolezze* | (*fig.*) ***avere una d. per qlcu. o per qlco.***, una particolare propensione o predilezione **3** comportamento da debole: *le sue debolezze non si contano* | errore, sproposito: *è stata una d. imperdonabile*

> **SFUMATURE DI SIGNIFICATO**
> ***debolezza - fragilità - gracilità***
> **Debolezza** è in generale l'assenza di forza, di resistenza, di robustezza come condizione transitoria o permanente nelle cose e nelle persone; riferito a persone descrive inoltre una scarsa tenuta psicologica o morale, una certa remissività del carattere. **Fragilità** è termine più specifico per identificare la caratteristica di ciò che si rompe facilmente, o di ciò che è delicato, poco resistente soprattutto da un punto di vista psicologico. **Gracilità** è invece comunemente riferito alla scarsa robustezza fisica, e si usa per identificare una costituzione esile, o una crescita stentata.
> **SFUMATURE** ➤ ***inclinazione***

†**debolìre** ➤ †**debilire**

†**debonàrio** e deriv. ➤ †**dibonario** e deriv.

✱**debordàre** [fr. *déborder* 'andar fuori (*dé-*) del bordo (*bord*)' ✱ 1681] **A v. intr.** (*io debórdo*; aus. *avere*) ● straripare, traboccare (+ *da*): *l'acqua deborda dal vaso* | (*fig.*) eccedere, esorbitare: *d. dal proprio ruolo* **B v. tr.** ● (*mar.*) allontanare qlco. dal bordo della nave | privare la nave del fasciame

debòscia [fr. *débauche*, da *débaucher*, di etim. incerta ✱ 1679] **s. f.** (**pl.** *-sce*) ● (*raro*) modo di vivere sregolato e corrotto | orgia, crapula

✱**debosciàto** [fr. *débauché*, da *débaucher*, di etim. incerta ✱ 1747] **agg. e s. m.** (**f.** *-a*) ● che (o chi) è ridotto in uno stato di fiacchezza morale e fisica a causa del vizio e della sregolatezza dei costumi

debraiàta [1966] **s. f.** ● adattamento di *débrayage* (V.)

débrayage /*fr.* debʀɛ'jaʒ/ [vc. fr., dal v. *débrayer*, comp. di *dé-* e *braie* 'braga' nel prob. senso tecnico di 'traversa di legno nei mulini a vento' ✱ 1918] **s. m. inv.** ● disinnesto della frizione nella guida di un veicolo a motore

debugging /de'bagin(g), *ingl.* di:'bʌgɪŋ/ [vc. ingl., da *to debug*, propr. 'disinfestare', comp. di *de-* col senso di 'rimuovere, togliere' e *bug* 'cimice, insetto' ✱ 1981] **s. m. inv.** ● (*inform.*) operazione di ricerca e correzione degli errori in un programma di un elaboratore elettronico ‖ **debug**, **accorc.**

†**debùto** ➤ **dovuto**

debuttànte **A part. pres.** di *debuttare*; anche **agg.** ● nei sign. del v. **B s. m. e f.** ● esordiente, principiante | ***ballo, festa delle debuttanti***, delle ragazze, spec. diciottenni, che vengono presentate in società

debuttàre [fr. *débuter*, da *but* nel sign. di 'segno, bersaglio' attraverso l'ant. sign. 'giocare un primo colpo' ✱ 1831] **v. intr.** (aus. *avere*) ● esordire sulle scene: *la nuova compagnia debutterà domani; debuttò con l'Amleto* | (*est.*) iniziare un'attività, una professione e sim.: *debuttò come scrittore a soli venti anni* | ***d. in società***, apparirvi per la prima volta

✱**debùtto** [fr. *début*, da *débuter* 'debuttare' ✱ 1831] **s. m.** ● prima apparizione sulle scene di un artista o di una compagnia teatrale: *fece il suo d. nella Traviata; è stato un d. strepitoso* | (*est.*) inizio di un'attività, una professione e sim.: *fare il proprio d. come medico; d. in società* **SIN.** esordio

dèca [vc. dotta, lat. *dĕcas* 'decade' ✱ av. 1388] **A s. f. 1** V. *decade* **2** gruppo di dieci libri nella Storia Romana di Livio **B s. m. inv.** ● (*gerg.*) prima dell'introduzione dell'euro, banconota da diecimila lire: *allungami un d.*

dèca- [dal gr. *déka* 'dieci'] **primo elemento** • in parole composte della terminologia scientifica, significa 'dieci', o anteposto a un'unità di misura la moltiplica per 10: *decalogo, decaedro, decagrammo, decalitro* **SIMB.** da

decabrìsta [russo *dekabrist*, da *dekábr'* 'dicembre' ✱ 1892] **A s. m.** (**pl.** *-i*) • (*stor.*) chi prese parte, nel dicembre del 1825, alla fallita rivolta contro il regime zarista **B agg.** • dei decabristi: *l'insurrezione d.*

decacòrdo [vc. dotta, lat. *decac(h)ŏrdu(m)*, agg. comp. del gr. *déka* 'dieci' e *chordḗ* 'corda di uno strumento musicale' ✱ sec. XIV] **s. m.** • arpa, salterio a dieci corde

decadàle [1983] **agg.** • che dura dieci giorni: *orario d.* ‖ **decadalménte**, **avv.** (*raro*) ogni dieci giorni

dècade o (*lett.*) **dèca** nei sign. 1 e 2 [vc. dotta, lat. *dĕcade(m)*, dal gr. *dekás* 'gruppo di dieci (*déka*) cose o persone' ✱ 1395] **s. f. 1** (*raro*) complesso, serie di dieci unità | (*astrol.*) ognuna delle tre divisioni di 10 gradi ciascuna in cui è ripartito ogni segno dello zodiaco **SIN.** decano **2** periodo di tempo di dieci giorni: *arriverò nella prima d. di febbraio* | decennio: *nell'ultima d. della sua vita; nella seconda d. del '900* **3** paga che si corrispondeva al soldato ogni dieci giorni **4** (*elettron., tecnol.*) intervallo di valori assunti da una grandezza fisica, spec. una frequenza o una lunghezza d'onda, i cui estremi stanno tra loro nel rapporto di 1 a 10

decadènte [part. pres. di *decadere*; nei sign. A2 e B, dal fr. *décadent* ✱ 1659] **A agg. 1** che si trova in stato di decadenza: *civiltà, popolo d.* **CFR.** tardo- **2** relativo al decadentismo: *gusto d.; scrittori decadenti* **B s. m. e f.** • decadentista

decadentìsmo [fr. *décadentisme*, da *décadent* 'decadente' ✱ 1897] **s. m.** • corrente artistica europea della fine dell'Ottocento e dei primi decenni del Novecento, caratterizzata da un acuto senso dell'individuale, del subconscio e dell'ignoto, dalla diffidenza per il positivismo, il realismo e l'arte oratoria, e dall'esigenza di creazioni e linguaggio assolutamente nuovi e suggestivi

decadentìsta [1967] **s. m. e f.** (**pl. m.** *-i*) • seguace del decadentismo

decadentìstico [1922] **agg.** (**pl. m.** *-ci*) • relativo al decadentismo e ai decadentisti

decadènza [fr. *décadence*, dal lat. mediev. *decadĕntia*, da *decadĕre* 'decadere' ✱ av. 1463] **s. f. 1** declino, scadimento materiale o morale: *la d. di una civiltà, di una famiglia, di un artista; le nazioni ne' loro sorgimenti, progressi, stati, decadenze e fini* (G. VICO) **2** (*dir.*) estinzione di un diritto per mancato esercizio dello stesso entro il termine stabilito dalla legge | sanzione amministrativa che determina la risoluzione di un rapporto per inadempienza di una parte ai propri doveri | scadenza: *d. dei termini per la presentazione di una domanda*

SFUMATURE DI SIGNIFICATO

decadenza - deperimento - degenerazione

Decadenza è il declino di una civiltà, di un popolo o anche di un'istituzione, un ente da una precedente condizione di prestigio, forza, prosperità. La **degenerazione** riguarda invece la condizione di scadimento morale di un individuo che si allontana dalle qualità positive di un tempo o da quelle della propria famiglia, del proprio gruppo. **Deperimento**, se riferito a cose, indica uno stato di deterioramento; riferito a persone, un peggioramento delle condizioni organiche.

✤**decadére** o †**dicadére** [vc. dotta, lat. parl. **decadēre*, comp. di *dē-* e del v. *cadēre*, per *cădere* 'cadere' ✱ 1361] **v. intr.** (**coniug. come** *cadere*; **aus.** *essere*) **1** passare da uno stato di prosperità, forza e sim. a uno di miseria, debolezza e sim.: *d. dall'antica grandezza; la loro religione decadde a superstizione; la sua salute decade di giorno in giorno* | perdere importanza, valore e sim.: *è una teoria che va rapidamente decadendo* **2** (*dir.*) incorrere in decadenza: *d. da un diritto*

SFUMATURE ➤ ***scadere***

decàdico [dal gr. *dekadikós* 'relativo a un gruppo di dieci (*déka*)', probabile calco sull'ingl. *decadic* ✱ 1926] **agg.** (**pl. m.** *-ci*) • relativo a una decade | ***media decadica della temperatura***, la media della temperatura nello spazio di dieci giorni

decadiménto o †**dicadiménto** nel sign. 1 [av. 1348] **s. m. 1** decadenza **2** (*fis.*) disintegrazione radioattiva | ***d. alfa***, emissione di particelle alfa da parte di atomi radioattivi | ***d. beta***, trasformazione di un neutrone in protone, con emissione di un elettrone e di un neutrino, o di un protone in neutrone, con emissione di positrone e neutrino

decadùto o †**dicadùto** **part. pass.** di *decadere*; **anche agg. 1** nei sign. del v. **2** che è passato da una condizione di prosperità o ricchezza a una inferiore, di indigenza o di minor prestigio: *nobili decaduti*

decaèdrico [1830] **agg.** (**pl. m.** *-ci*) • (*mat.*) a forma di decaedro, proprio di un decaedro

decaèdro [vc. dotta, comp. di *deca-* ed *-edro* ✱ 1797] **s. m.** • (*mat.*) poliedro con dieci facce

decaffeinàre [fr. *décaféiner*, comp. parasintetico di *caféine* 'caffeina', col pref. *de-* privativo ✱ 1963] **v. tr.** (*io decaffeìno*) • eliminare totalmente o parzialmente la caffeina da caffè, tè e sim. per estrazione mediante procedimento chimico **SIN.** decaffeinizzare

decaffeinàto **A part. pass.** di *decaffeinare*; **anche agg.** • privato della caffeina: *caffè d.* **B s. m.** • caffè decaffeinato

decaffeinazióne [fr. *décaféination*, da *décaféiner* 'decaffeinare' ✱ 1970] **s. f.** • operazione del decaffeinare **SIN.** decaffeinizzazione

decaffeinizzàre [1963] **v. tr.** • decaffeinare ‖ **decaffeinizzazióne**, **s. f.**

decàgono [vc. dotta, gr. *dekágōnon*, comp. di *déka* 'dieci' e *-gōnos*, da *gōnía* 'angolo' ✱ 1585] **s. m.** • (*mat.*) poligono con dieci vertici

decagràmmo o (*disus.*) **decagràmma** [fr. *décagramme*, comp. di *déca-* 'deca-' e *gramme* 'grammo'] **s. m.** • unità di misura di massa, equivalente a 10 grammi **SIMB.** dag

décalage /*fr.* deka'laʒ/ [vc. fr., da *décaler* 'spostare' ✱ 1942] **s. m. inv. 1** spostamento, scarto | (*fig.*) scarto, discordanza, sfasatura fra due o più cose **2** (*psicol.*) scarto tra età mentale ed età cronologica di un bambino **3** (*sport*) in alcune gare di atletica leggera su pista (come i 200 m e i 400 m), lo scarto che c'è alla partenza fra un concorrente e l'altro in base alla corsia in cui ciascuno di essi corre

decalcàre [fr. *décalquer*, comp. di *dé-* e del v. *calquer* 'calcare' ✱ 1758] **v. tr.** (*io decàlco, tu decàlchi*) • passare con una punta sui contorni di un disegno per lasciarne l'impronta su un foglio sottostante

decalcificàre [fr. *décalcifier*, comp. di *dé-* e *calcium* 'calcio' ✱ 1913] **A v. tr.** (*io decalcìfico, tu decalcìfichi*) • (*chim., med.*) privare del calcio, portare all'eliminazione del calcio **B decalcificàrsi v. intr. pron.** • (*chim., med.*) perdere calcio ‖ **decalcificazióne**, **s. f.** (V.)

decalcificazióne [fr. *décalcification*, da *décalcifier* 'decalcificare' ✱ 1902] **s. f. 1** (*geol.*) dilavamento del calcio del terreno o delle rocce per l'azione di acque ricche di anidride carbonica **2** (*med.*) diminuzione del calcio nei vari organi del corpo, in particolare nelle ossa

decàlco [da *decalcare* ✱ 1974] **s. m.** (**pl.** *-chi*) • il decalcare

decalcomanìa [fr. *décalcomanie*, comp. di *décalquer* 'decalcare' e *-manie* '-mania' ✱ 1883] **s. f. 1** procedimento che consente di trasferire immagini colorate da un foglio di carta ad altro supporto **2** (*est.*) il foglio con l'immagine da trasferire | (*est.*) l'immagine stessa **SIN.** calcomania

decalibràto [comp. di *de-* e *calibro*, con suff. aggettivale ✱ 1956] **agg.** • che ha calibro inferiore a quello normale: *proiettile d.*

decàlitro [fr. *décalitre*, comp. di *déca-* 'deca-' e *litre* 'litro' ✱ 1802] **s. m.** • unità di misura di volume equivalente a 10 litri **SIMB.** dal

decàlogo [vc. dotta, lat. *decălogu(m)*, dal gr. *dekálogos*, comp. di *déka* 'dieci' e *lógos* 'parola, discorso' ✱ 1354] **s. m.** (**pl.** *-ghi*) **1** l'insieme dei dieci comandamenti dati da Dio a Mosè sul monte Sinai **2** (*est.*) insieme delle norme fondamentali di una attività, professione e sim.: *il d. del perfetto turista; il d. dello studente*

decalvànte **A part. pres.** di *decalvare*; **anche agg.** • che provoca calvizie **B s. m.** • (*med.*) sostanza che provoca calvizie

†**decalvàre** o †**dicalvàre** [vc. dotta, lat. *decalvāre*, comp. di *dē-* e *calvāre* 'rendere calvo' ✱ av. 1342] **v. tr.** • radere completamente i capelli spec. come segno di infamia

decàmetro [fr. *décamètre*, comp. di *déca-* 'deca-' e *mètre* 'metro' ✱ 1802] **s. m. 1** unità di misura di lunghezza equivalente a 10 metri **SIMB.** dam **2** serie di dieci metri nella poesia classica

decampaménto [1655] **s. m.** • (*milit.*) il decampare

decampàre [fr. *décamper*, comp. di *de-* e *camper* 'accampare', da *camp* 'campo militare' ✱ 1674] **v. intr.** (**aus.** *avere*) • (*milit., raro*) levare il campo, ritirarsi | (*fig., raro*) recedere dalle proprie opinioni, da una posizione e sim.: *non decampa dai suoi diritti*

decanàto [vc. dotta, lat. cristiano *decanātu(m)*, da *decānus* 'decano' ✱ av. 1547] **s. m. 1** grado, ufficio di decano **2** beneficio di decano

decània o **degàgna** [lat. mediev. *decania(m)*, da 'decano' ✱ av. 1750] **s. f.** • (*stor.*) nel regno longobardo e nel periodo comunale, circoscrizione amministrativa costituita in origine da dieci famiglie

decàno [vc. dotta, lat. tardo *decānu(m)*, da *dĕcem* 'dieci', perché originariamente 'capo di un gruppo di *dieci* uomini' ✱ 1258] **A s. m. 1** titolo di dignità nelle chiese cattedrali o collegiate | cardinale anziano con particolari funzioni nel Collegio cardinalizio: *cardinale d.* **2** (**f.** *-a*) chi per età o anzianità occupa il primo posto tra coloro che esercitano certe professioni o ricoprono certi incarichi: *il d. del corpo diplomatico, del corpo accademico* | la persona più anziana e autorevole di un gruppo: *il d. degli ex alunni* **3** (*astrol.*) decade **4** ufficiale romano che comandava dieci soldati **B anche agg.** • nella loc. ***pera decana***, (*ellitt.*) ***decana***, V. *pera*①

✤**decantàre**① [vc. dotta, lat. *decantāre*, comp. di *dē-* e *cantāre* 'cantare①' ✱ av. 1342] **v. tr.** • lodare, celebrare, esaltare, spesso in modo eccessivo: *d. le virtù di qlcu.; d. i pregi di un prodotto*

decantàre② [vc. dotta, lat. mediev. *decanthāre*, comp. di *de-* e *cănthus* 'angolo', col senso di 'beccuccio di un recipiente' ✱ av. 1537] **A v. tr. 1** sottoporre a decantazione **2** (*fig., lett.*) rendere puro un sentimento, un'idea, uno stile e sim. liberandoli da ogni elemento spurio o eccessivo: *il tempo decanta le passioni* **B v. intr.** (**aus.** *essere*) **e decantàrsi v. intr.**

pron. **1** subire la decantazione **2** (*fig.*) sedimentare, chiarirsi: *lasciò che la situazione si decantasse*

decantatóre [da *decantare*② ✱ 1966] **s. m.** ● (*chim.*) apparecchio, costituito spec. da vasche, per la decantazione

decantazióne [da *decantare*② ✱ av. 1537] **s. f. 1** (*chim.*) sedimentazione e conseguente separazione di un solido da un liquido o di due liquidi in tutto o in parte non miscibili | (*enol.*) ***d. di un vino***, fase in cui un vino, travasato dalla bottiglia per separarlo da eventuali impurità e sedimenti, viene lasciato nel decanter a ossigenarsi **2** (*fig.*) liberazione da sovrastrutture, da elementi estranei e sim.: *la d. di un sentimento, di una passione*

decànter /de'kanter, *ingl.* dɪ'kæntə(r)/ [vc. ingl., dal v. *to decant* 'decantare' nel senso specifico di *scaraffare* ✱ 1989] **s. m. inv.** ● (*enol.*) particolare caraffa, gener. dalla base larga e piatta e dal collo stretto e allungato, usata per la decantazione del vino

decapàggio [fr. *décapage*, da *décaper* 'decapare' ✱ 1931] **s. m.** ● pulitura di superfici metalliche mediante immersione in soluzioni acide o basiche per eliminare incrostazioni e ossidazioni, usata spec. per effettuare successive saldature, verniciature e sim.

decapàre [fr. *décaper*, comp. parasintetico di *cape* 'cappa' qui in senso figurato ✱ 1970] **v. tr.** ● sottoporre a decapaggio

decapatóre [1956] **s. m.** (**f.** *-trice*) ● operaio addetto al decapaggio di superfici metalliche

†**decapitaménto** o †**dicapitaménto** [1612] **s. m.** ● decapitazione

decapitàre o †**dicapitàre** [vc. dotta, lat. tardo *decapitāre*, comp. parasintetico di *căput*, genit. *căpitis* 'capo' ✱ 1282] **v. tr.** (*io decàpito*) **1** uccidere tagliando la testa, spec. per condanna: *d. qlcu. con la ghigliottina* | (*est.*) mozzare il capo: *decapitò l'avversario in duello* **2** (*est.*) con riferimento a cose, privare del capo, recidere alla sommità: *il popolo decapitò la statua del re*; *i contadini decapitano i tralci delle viti* **3** (*fig.*) privare un'organizzazione dei suoi dirigenti

decapitazióne [vc. dotta, lat. tardo *decapitatiōne(m)*, da *decapitāre* 'decapitare' ✱ av. 1540] **s. f. 1** uccisione mediante taglio della testa: *pena della d.* | troncamento dell'estremità, della cima di qlco.: *d. dei tralci* **2** gioco enigmistico per cui, togliendo da una parola la sillaba o la lettera iniziale, ne risulta un'altra di significato diverso (per es. *aglio*, da *taglio*; o *naia*, da *mannaia*)

Decàpodi [vc. dotta, comp. di *deca-* e del gr. *póus*, genit. *podós* 'piede' ✱ 1820] **s. m. pl.** (**sing.** *-e*) **1** (*zool.*) ordine di Crostacei marini o di acqua dolce con cinque paia di piedi toracici (*Decapoda*) **2** (*zool.*) ordine di Molluschi dei Cefalopodi dotati di dieci tentacoli di cui otto brevi, con ventose uniformemente distribuite, e due lunghi, con ventose localizzate in corrispondenza delle caratteristiche estremità appiattite (*Decapoda*)

decapottàre e deriv. ➤ **decappottare** e deriv.

decappottàbile o **decapottàbile** [1942] **A agg.** ● che si può decappottare: *auto d.* **B anche s. f.**

decappottàre o **decapottàre** [fr. *décapoter*, comp. parasintetico di *capote* (V.) ✱ 1942] **v. tr.** (*io decappòtto*) ● scoprire un'automobile, aprendo o togliendo la capotta

decapsulazióne [comp. di *de-* e *capsula* ✱ 1956] **s. f.** ● (*med.*) asportazione di una capsula

decarbonizzazióne [comp. di *de-* e *carbonizzazione* ✱ 1804] **s. f. 1** (*chim.*) riduzione del contenuto di carbonio di una sostanza: *d. del sangue* **2** processo di progressiva sostituzione delle fonti di energia fossili, a base di carbonio (carbone, derivati del petrolio), con altre rinnovabili o comunque non inquinanti

decarbossilàre [comp. di *de-* e *carbossile* ✱ 1970] **v. tr.** ● (*chim.*) sottoporre a decarbossilazione

decarbossilazióne [1956] **s. f.** ● (*chim.*) eliminazione di uno o più gruppi carbossilici da un acido organico, sotto forma di anidride carbonica

decarburàre [fr. *décarburer*, comp. di *dé-* e *carburer* 'carburare' ✱ 1865] **v. tr.** ● privare del carbonio, spec. la ghisa

decarburazióne [fr. *décarburation*, da *décarburer* 'decarburare' ✱ 1869] **s. f.** ● procedimento del decarburare: *d. della ghisa*

decarcerizzàre [da *carcere* con il pref. *de-* ✱ 1984] **v. tr.** ● punire un condannato con misure alternative alla detenzione: *d. un minore* ‖ **decarcerizzazióne**, **s. f.**

decartellizzazióne [comp. di *de-* e *cartello*② ✱ 1963] **s. f.** ● eliminazione dei cartelli industriali, in un Paese

decasìllabo [vc. dotta, lat. *decasyllabu(m)*, dal gr. *dekasýllabos*, comp. di *déka* 'dieci' e *syllabḗ* 'sillaba' ✱ 1745] **A s. m. 1** nella metrica italiana, verso la cui ultima sillaba accentata è la nona; è composto di dieci sillabe se termina con parola piana: *S'ode a destra uno squillo di tromba* (A. Manzoni) (V. nota d'uso ACCENTO) **2** nella metrica classica, verso di dieci sillabe: *d. alcaico* **B anche agg.**: *verso d.*

decàstico [vc. dotta, gr. *dekástichos*, comp. di *déka* 'dieci' e *stíchos* 'verso' ✱ 1892] **A s. m.** (**pl.** *-ci*) ● componimento di dieci versi **B anche agg.**: *scrivere un componimento d.*

decàstilo [vc. dotta, gr. *dekástylos*, comp. di *déka* 'dieci' e *-stilo* ✱ 1758] **agg.** ● (*archit.*) detto di edificio classico con dieci colonne sulla facciata

decathlèta ➤ **decatleta**

dècathlon /'dekatlon/ o **dècatlon**, **dècatlo** [vc. dotta, comp. di *deca-* e del gr. *âthlon* 'lotta, gara' ✱ 1935] **s. m. inv.** ● gara atletica maschile comprendente dieci prove (quattro di corsa, tre di salto e tre di lancio), che si svolge in due giornate

decatissàggio [fr. *décatissage*, da *décatir* 'decatizzare' ✱ 1927] **s. m.** ● trattamento dei tessuti mediante azione del vapore per dare loro la giusta lucentezza e renderli irrestringibili

decatizzàre [fr. *décatir*, propr. 'togliere (*dé-*) il lustro (*cati*)' ✱ 1942] **v. tr.** ● sottoporre un tessuto al decatissaggio SIN. dislustrare

decatlèta o **decathlèta** [comp. di *decat(hlon)* e *atleta* ✱ 1935] **s. m.** (**pl.** *-i*) ● atleta specialista del decathlon

dècatlo ➤ **decathlon**

dècatlon ➤ **decathlon**

decauville /fr. dəko'vil/ [vc. fr., dal n. dell'inventore, l'ingegnere fr. P. *Decauville* (1846-1922) ✱ 1913] **s. f. inv.** ● ferrovia a piccolo scartamento usata in miniere, cantieri e stabilimenti, caratterizzata dalla facile smontabilità, trasportabilità e leggerezza di tutti gli elementi che appoggiano direttamente sul terreno

†**dècco** ➤ **ecco**①

†**dèce** ➤ **dieci**

decèdere [vc. dotta, lat. *decēdere*, propr. 'allontanarsi (dalla vita)', comp. di *dē-* e *cēdere* 'andare' ✱ 1831] **v. intr.** (**coniug. come** *cedere*; **aus.** *essere*) ● (*lett.*) morire: *decedeva esattamente un anno fa*

decedùto A part. pass. di *decedere*; **anche agg.** ● nei sign. del v. **B s. m.** (**f.** *-a*) ● morto

deceleràre [da *(ac)celerare* con sostituzione del pref. *de-* ✱ 1956] **A v. tr.** (*io decèlero*) ● sottoporre a decelerazione: *d. l'auto* **B v. intr.** (**aus.** *avere*) ● subire una decelerazione: *l'aereo decelera*

deceleratóre [1956] **agg.** (**f.** *-trice*) ● che produce decelerazione

decelerazióne [1941] **s. f. 1** diminuzione della velocità, detto spec. di veicoli terrestri e aerei **2** (*fis.*) accelerazione negativa

decèmbre e deriv. ➤ **dicembre** e deriv.

decemviràle o **decenviràle** [vc. dotta, lat. *decemvirāle(m)*, da *dĕcemvir* 'decemviro' ✱ 1483] **agg.** ● relativo a decemviro o ai decemviri: *dignità d.*; *consiglio d.*

decemviràto o **decenviràto** [vc. dotta, lat. *decemvirātu(m)*, da *dĕcemvir* 'decemviro' ✱ 1521] **s. m. 1** titolo, ufficio e dignità di decemviro | durata di tale ufficio **2** l'insieme dei decemviri

decèmviro o **decènviro** [vc. dotta, lat. *decĕmviru(m)*, comp. di *dĕcem* 'dieci' e *vĭr* 'uomo' ✱ av. 1338] **s. m.** ● nella Roma repubblicana, ognuno degli appartenenti a un collegio di magistrati composto di dieci membri

†**decenàrio** o †**decennàrio** [sec. XIV] **A agg.** ● di dieci unità **B s. m. 1** il numero dieci **2** decennio

decennàle [vc. dotta, lat. tardo *decennā-le(m)*, da *decĕnnis* 'decenne' ✱ 1481] **A agg. 1** che dura dieci anni: *mutuo d.* **2** (*raro*) che dura da dieci anni: *una disputa ormai d.* **3** che ricorre ogni dieci anni: *celebrazione d.* ‖ **decennalità**, **s. f. inv.** durata o periodicità decennale **B s. m.** ● decimo anniversario di un avvenimento memorabile | (*est.*) cerimonia che si celebra in tale occasione

†**decennàrio** ➤ †**decenario**

decènne [vc. dotta, lat. *decĕnne(m)*, comp. di *dĕcem* 'dieci' e *ănnus* 'anno' ✱ 1319] **A agg. 1** che ha dieci anni: *un ragazzo appena d.* **2** (*lett.*) che dura da dieci anni **B s. m. e f.** ● chi ha dieci anni d'età

decènnio [vc. dotta, lat. *decĕnniu(m)*, da *decĕnnis* 'decenne' ✱ av. 1332] **s. m.** (**pl.** *-i* o *raro* *-ii*) ● periodo di dieci anni

✦**decènte** [vc. dotta, lat. *decĕnte(m)*, part. pres. di *decēre* 'convenire' ✱ 1320] **agg. 1** che è conforme a decoro, pudore, dignità, convenienza e sim.: *vivere in modo d.*; *abito d.*; *immagini, parole, poco decenti* SIN. conveniente, decoroso **2** che risponde alle necessità, adeguato: *stipendio appena d.*; *cercò un pretesto d. per andarsene* | (*lett.*) che si addice, che conviene: *un atteggiamento più d. alla sua condizione* ‖ **decenteménte**, **avv.**

decentralizzàre [fr. *décentraliser*, comp. di *dé-* pref. d'allontanamento e *centraliser* 'centralizzare' ✱ 1866] **v. tr.** ● decentrare ‖ **decentralizzazióne**, **s. f.**

decentraménto o (*disus.*) **dicentraménto** [fr. *décentrement*, da *décentrer* 'decentrare' ✱ 1862] **s. m. 1** allontanamento dal centro cittadino, dislocazione in zone periferiche: *d. dei servizi, degli uffici, dei negozi* | ***d. ottico***, spostamento verticale od orizzontale dell'obiettivo di un apparecchio fotografico **2** trasferimento di determinati poteri dello Stato a organi periferici o a enti locali: *d. amministrativo*

decentràre o (*disus.*) **dicentràre** [fr. *décentrer* 'allontanare (*dé-*) dal centro (*centre*)' ✱ 1869] **v. tr.** (*io decèntro* (o *-é-*)) **1** allontanare dal centro, dislocare in luoghi periferici servizi, impianti e sim. **2** delegare a organi o uffici periferici compiti prima spettanti a organi centrali

decentràto part. pass. di *decentrare*; **anche agg.** ● nei sign. del v.

decènviro e deriv. ➤ **decemviro** e deriv.

✦**decènza** [vc. dotta, lat. *decĕntia*, da *decēre* 'convenire' ✱ 1314] **s. f. 1** caratteristica di chi

(o di ciò che) è decente: *la d. di un abito, di un gesto* **SIN.** convenienza, decoro **2** rispetto delle norme di decoro, dignità, pudore e sim. richiesto dalle necessità del vivere civile: *parlare con d.*; *osservare le regole della d.*; *compiere atti contro la d.*; *offendere la d.*; *con d. parlando* | (*disus.*) ***gabinetto, luogo di d.***, latrina
SFUMATURE ➤ ***dignità***

†**deceottèşimo** (o -é-) ➤ **diciottesimo**

†**deceòtto** ➤ **diciotto**

deceràNte [comp. di *de-* e un deriv. di *cera* ✱ 1983] **agg.; anche s. m.** ● detto di prodotto usato per eliminare la cera spec. dai pavimenti e dai mobili

deceràto [da *cera* col pref. privativo *de-* ✱ 1983] **agg.** ● detto di caffè trattato con solventi che privano parzialmente i chicchi dei prodotti cerosi che li rivestono

†**decére** [vc. dotta, lat. *decēre*, di etim. incerta ✱ av. 1348] **v. intr. (anche impers.; difett. usato solo nella terza pers. sing. dell'indic. pres. e imperf.** *dèce, decéva*) ● (*lett.*) convenire, addirsi: *non dece spada a femmina* (F. De Sanctis)

decerebellàre [comp. parasintetico di *cerebello*, col pref. *de-* ✱ 1956] **v. tr.** (*io decerebèllo*) ● (*chir.*) sottoporre a decerebellazione

decerebellazióne [1956] **s. f.** ● (*chir.*) asportazione del cervelletto

decerebràre [comp. parasintetico di *cerebro*, col pref. *de-* ✱ 1956] **v. tr.** (*io decèrebro*) ● (*chir.*) sottoporre a decerebrazione

decerebràto **A** **part. pass.** di *decerebrare*; **anche agg. 1** nel sign. del v. | che non ha più la funzione cerebrale | (*est.*) detto impropriamente di chi è in coma irreversibile **2** (*fig., spreg.*) detto di chi si comporta da dissennato **B** **anche in funzione di s. m.** (**f.** *-a*)

decerebrazióne [1956] **s. f. 1** (*med.*) assenza della funzione cerebrale da lesioni al mesencefalo, caratterizzata da grave spasticità dei muscoli estensori delle estremità **2** (*chir.*) procedura chirurgica che consente di interrompere le connessioni nervose del tronco dell'encefalo nell'animale da esperimento

†**decèrnere** [vc. dotta, lat. *decĕrnere*, comp. di *dē-* e *cĕrnere* 'scegliere' ✱ 1288] **v. tr. 1** scegliere **2** decretare, stabilire

†**decerniménto** [sec. XIV] **s. m.** ● scelta

decespugliatóre [comp. parasintetico di *cespuglio* col pref. *de-* ✱ 1981] **s. m.** ● attrezzo portatile a motore, costituito da un'asta che reca all'estremità un disco rotante, con cui si tagliano cespugli, roveti e sim.

decèsso [vc. dotta, lat. *decĕssu(m)*, propr. 'partenza', da *decēdere* 'decedere' ✱ 1812] **s. m.** ● (*burocr.*) morte: *atto di d.*; *constatare il d.*

†**decessóre** [vc. dotta, lat. *decessōre(m)*, da *decēdere* nel sign. di 'lasciare una carica' ✱ av. 1565] **s. m.** ● predecessore

†**decettìvo** [lat. tardo *deceptīvu(m)*, da *decĭpere* 'ingannare' ✱ 1395] **agg.** ● ingannevole

†**decètto** [vc. dotta, lat. *decēptu(m)*, part. pass. di *decĭpere* 'ingannare', propr. 'portare (*căpere*) lontano (*dē-*)' ✱ av. 1306] **agg.** ● (*lett.*) ingannato

†**decettòrio** [vc. dotta, lat. *deceptōriu(m)*, da *decĭpere* 'ingannare' ✱ sec. XIV] **agg.** ● ingannevole

†**decévole** e deriv. ➤ †**dicevole**① e deriv.

†**decezióne** [vc. dotta, lat. *deceptiōne(m)*, da *decĭpere* 'ingannare' ✱ av. 1334] **s. f.** ● inganno: *infinite decezioni e tradimenti* (L.B. Alberti)

dechinàre e deriv. ➤ **declinare**① e deriv.

dèci- [fr. *déci-*, tratto dal lat. *dĕcimum* 'decimo'] **primo elemento** ● anteposto a un'unità di misura, la divide per dieci, cioè la moltiplica per 10^{-1}: *decilitro, decimetro* **SIMB.** d

decibèl o **dècibel** [comp. di *deci-* e *bel*② ✱ 1931] **s. m. inv.** ● (*fis.*) unità di misura del guadagno o dell'attenuazione di potenza pari a un decimo di bel **SIMB.** dB | ***d. acustico***, unità logaritmica assoluta di intensità sonora per cui il livello di 0 decibel corrisponde a 10^{-12} watt/m^2

♦**decìdere** [vc. dotta, lat. *decīdere*, propr. 'tagliare (*caedere*) via (*dē-*)' ✱ sec. XIII] **A** **v. tr.** (**pass. rem.** *io decìşi, tu decidésti*; **part. pass.** *decìşo*) **1** stabilire in modo definitivo ponendo fine a dubbi e incertezze preesistenti (+ *di* **seguito da inf.**, + *che*): *ho deciso così, e basta!*; *decise all'ultimo momento di venire lui stesso*; *ho deciso che tu venga con me*; *ho deciso che è meglio aspettare* | stabilire dopo attenta analisi: *non ha ancora deciso quali studi intraprendere* | (*est.*) scegliere: *decidemmo insieme il modello dell'abito* **2** (*dir.*) emanare una sentenza, detto di organo giudicante: *d. una lite, una causa* **3** risolvere, definire, concludere: *d. una controversia, una questione* | fissare: *hanno deciso la data del matrimonio*; *decidete l'ora della partenza* **4** (*raro*) indurre, convincere (+ *a*, **spec. seguito da inf.**): *l'ho deciso a comperare l'automobile* **5** †staccare, separare | †estirpare **B** **v. tr. e intr.** (**aus.** *avere*) ● avere valore determinante ai fini di qlco. (**qlco.**; + *di*): *quell'incontro decise il nostro destino*; *il suo intervento può d. della nostra vita* **C** **v. intr.** (**aus.** *avere*) ● giudicare, scegliere tra possibilità diverse (+ *su*, + *tra*, + *per*, + *se*): *tocca a te d. su questo punto*; *spetta a loro decidere tra le varie ipotesi*; *hanno deciso per la vendita dell'immobile*; *sta a voi a d. se migliore o peggiore* (I. Nievo) **D** **decìdersi** **v. intr. pron.** ● prendere una risoluzione (+ *a* **seguito da inf.**, + *per*): *mi sono deciso a cambiar casa*; *decidersi per il sì, per il no* | ***non sapere decidersi, non decidersi mai*** e sim., essere irresoluto, indeciso **SIN.** risolversi

decidìbile [da *decidere* ✱ 1959] **agg. 1** che può essere deciso, risolto: *problema, questione facilmente d.* **2** in logica, detto di una proposizione di cui è possibile dimostrare la verità o la falsità all'interno del sistema formale a cui appartiene **CONTR.** indecidibile ‖ **decidibilità**, **s. f. inv.**

decìdua [f. sost. di *deciduo* ✱ 1966] **s. f.** ● (*anat.*) membrana proliferante della mucosa uterina, che si elimina con la mestruazione o concorre, in caso di fecondazione, a formare la placenta **SIN.** caduca

deciduàle [1898] **agg.** ● (*anat.*) relativo alla decidua

decìduo [vc. dotta, lat. *decĭduu(m)*, dal v. *decĭdere*, propr. 'cadere (*cădere*) giù (*dē-*)' ✱ 1499] **agg.** ● detto di organo animale o vegetale che è destinato a cadere: *foglie decidue* | (*impropr.*) caducifoglio: *bosco d., pianta decidua* | ***dente d.***, dente di latte

†**deciferàre** e deriv. ➤ **decifrare** e deriv.

decifràbile [1869] **agg.** ● che si può decifrare ‖ **decifrabilità**, **s. f. inv.**

deciframénto o †**deciferaménto** [av. 1683] **s. m.** ● il decifrare | decifrazione

decifràre o †**deciferàre**, †**diciferàre** [comp. parasintetico di *cif(e)ra*, col pref. *de-* ✱ 1433] **v. tr. 1** interpretare una scrittura in cifra: *d. un messaggio, un telegramma* | (*est.*) riuscire a capire uno scritto oscuro: *d. un enigma, una scrittura antica, un manoscritto* **2** (*fig.*) interpretare ciò che è poco chiaro, difficile da capire, misterioso e sim.: *d. i pensieri, i sentimenti, le intenzioni, di qlcu.*; *il filosofo tenta invano di d. il mistero della vita* **3** (*mus.*) leggere un brano di musica a prima vista

decifràto o †**deciferàto**, †**diciferàto** **A** **part. pass.** di *decifrare*; **anche agg.** ● nel sign. del v.: *nel guasto vento di marzo, / enumero i mali dei giorni decifrati* (S. Quasimodo) **B** **s. m.** ● †spiegazione di ciò che è scritto in cifra

decifratóre o †**deciferatóre**, †**diciferatóre** [av. 1541] **agg. e s. m.** (**f.** *-trice*) ● che (o chi) decifra

decifrazióne o †**deciferazióne** [av. 1642] **s. f.** ● operazione del decifrare | (*raro*) spiegazione

decìgrado [comp. di *deci(mo)* e *grado*] **s. m.** ● unità di misura equivalente a un decimo di grado

decigràmmo o (*disus.*) **decigràmma** [fr. *décigramme*, comp. di *déci-* 'decima (parte)' e *gramme* 'grammo' ✱ 1798] **s. m.** ● unità di misura di massa, equivalente a un decimo di grammo **SIMB.** dg

decìle [dal lat. *decem* 'dieci', sul modello di *percentile, quantile* ✱ 1956] **s. m.** ● (*stat.*) quantile corrispondente al valore di 1/10

decìlitro [fr. *décilitre*, comp. di *déci-* 'decima (parte)' e *litre* 'litro' ✱ 1802] **s. m.** ● unità di misura di volume corrispondente a un decimo di litro **SIMB.** dl

dècima [vc. dotta, lat. *dĕcima(m)*, sottinteso *pārte(m)* 'la decima parte' ✱ 1065] **s. f. 1** nell'antica legislazione ebraica, la decima parte del raccolto che, per comandamento divino, doveva essere data alla tribù dei Leviti | decima parte del reddito che gli agricoltori dell'agro pubblico dovevano offrire a Roma | decima parte delle rendite dovuta un tempo alla Chiesa in forma di imposta **2** (*mus.*) intervallo comprendente dieci gradi della scala musicale

decimàle① [fr. *décimal*, dal lat. *dĕcimus* 'decimo' ✱ av. 1580] **A** **agg.** ● (*mat.*) che ha per base dieci, e quindi procede per decimi e per decupli: *frazione, cifra d.*; *sistema metrico d.* **CFR.** binario, ottale, duodecimale, esadecimale **B** **s. m.** ● cifra che, in un numero decimale, è posta dopo la virgola: *calcolatrice con otto decimali*

decimàle② [da *decima* nel sign. 1 ✱ av. 1580] **agg.** ● relativo alla decima: *tributo d.*

decimalizzàre [fr. *décimaliser*, da *décimal* 'decimale①' ✱ 1983] **v. tr.** ● (*mat.*) convertire al sistema decimale, spec. unità di misura ‖ **decimalizzazióne**, **s. f.**

decimàre① [vc. dotta, lat. *decimāre*, da *dĕcimus* 'decimo' ✱ 1499] **v. tr.** (*io dècimo*) **1** punire un corpo di soldati con la decimazione **2** (*fig.*) ridurre grandemente di numero o quantità: *il colera decimava le popolazioni*

†**decimàre**② [da *decima* ✱ 1308] **A** **v. tr. 1** sottoporre a decima **2** pagare la decima **B** **v. intr.** ● riscuotere le decime

†**decimàre**③ [comp. parasintetico di *cima*, col pref. *de-* ✱ av. 1597] **v. tr.** ● privare della cima, svettare

decimàrio [da *decima* ✱ 1869] **s. m.** ● (*stor.*) registro di beni soggetti alla decima

†**decimatóre** [da *decimare*② ✱ 1673] **agg. e s. m.** (**f.** *-trice*) ● che (o chi) riscuote le decime

decimazióne [vc. dotta, lat. *decimatiōne(m)*, da *decimāre* 'decimare①' ✱ sec. XIV] **s. f. 1** grave punizione, spec. militare, consistente nel mandare a morte una persona ogni dieci, estraendola a sorte **2** (*est.*) strage, falcidia: *d. della popolazione a causa della carestia* | (*fig.*) forte riduzione: *le decimazioni al raccolto operate dal maltempo*

decìmetro [fr. *décimètre*, comp. di *déci-* 'decima (parte)' e *mètre* 'metro' ✱ 1802] **s. m.** ● unità di misura di lunghezza corrispondente a un decimo di metro **SIMB.** dm | ***doppio d.***, asticciola graduata per 20 centimetri

decimilionèşimo (o -é-) ➤ **diecimilionesimo**

decimillèşimo (o -é-) o **diecimillèşimo**

A **agg. num. ord.** ● corrispondente al numero diecimila in una successione, in una sequenza (rappresentato da $\overline{X}$ nella numerazione romana, da *10 000°* in quella araba) **B** **s. m.** ● ciascuna delle diecimila parti uguali di una stessa quantità: *c'è l'errore di un d.*

decimilligràmmo [comp. di *deci-* e *milligrammo*] **s. m.** ● unità di misura di massa, equivalente a un decimo di milligrammo

decimillìmetro [comp. di *deci-* e *millimetro*] **s. m.** ● unità di misura di lunghezza equivalente a un decimo di millimetro

♦**dècimo**① [vc. dotta, lat. *dĕcimu(m)*, da *dĕcem* 'dieci' * 1264] **A** **agg. num. ord.** **1** corrispondente al numero dieci, in una sequenza, in una successione (rappresentato da X nella numerazione romana, da 10° in quella araba): *si è classificato d.*; *il d. anniversario della vittoria*; *due alla decima*, (**ellitt.**) | ***la decima musa***, la cinematografia **2** (**lett.**) in composizione con altri numerali, semplici o composti, forma gli ordinali superiori: *decimoprimo, decimosecondo, ... decimonono* **B** **s. m.** **1** ciascuna delle dieci parti uguali di una stessa quantità: *un vantaggio di pochi decimi di secondo; ha ottenuto il d. di quello che gli spettava* | ***i nove decimi***, (**est.**) la quasi totalità: *i nove decimi degli intervenuti* **2** misura dell'acuità visiva, riferita convenzionalmente al visus unitario di dieci decimi, e in base alla quale sono calcolate le dimensioni dei caratteri delle tavole ottotipiche

dècimo② [dal n. proprio (?) * av. 1375] **agg. e s. m.** (**f.** *-a*) ● (**tosc.**) sciocco, ottuso

decimoprìmo [comp. di *decimo* e *primo* * av. 1334] **agg. num. ord.** ● (**lett.**) undicesimo: *Luigi d.*; *il secolo d.* (si formano nello stesso modo anche *decimosecondo, decimoterzo* ecc. fino a *decimonono*) **SIN.** undecimo

♦**decina** o (**raro**) **diecina** [da *dieci* * 1263] **s. f.** **1** complesso, serie di dieci, o circa dieci, unità: *dieci decine di unità equivalgono a un centinaio; l'ho detto una d. di volte* | ***decine e decine***, molti: *ho spedito decine e decine di inviti* | ***a decine***, in gran numero **2** (**gerg.**) gruppo di dieci membri di un'organizzazione mafiosa facente capo a una famiglia

†**decipiènte** [vc. dotta, lat. *decipiĕnte(m)*, part. pres. di *decĭpere* 'ingannare', propr. 'distrarre, togliere (*căpere*) via (*dē-*)' * sec. XIV] **agg.** ● ingannatore

†**decìpula** [vc. dotta, lat. *decĭpula(m)*, da *decĭpere*, nel sign. originario di 'prendere con l'inganno' * sec. XIV] **s. f.** **1** laccio per prendere uccelli **2** (**fig.**) tranello, inganno

decisionàle [da *decisione* * 1963] **agg.** ● di decisione | che ha il potere di decidere: *potere d.*; *centri decisionali* || **decisionalità**, **s. f. inv.** facoltà di prendere decisioni

♦**decisióne** [vc. dotta, lat. *decisiōne(m)*, da *decīdere* 'decidere' * 1342] **s. f.** **1** deliberazione, risoluzione, scelta: *prendere una d.*; *rimettersi alle decisioni di qlcu.*; *d. affrettata, drastica, disperata, spietata* **2** (**dir.**) determinazione di volontà giudiziaria che definisce totalmente o parzialmente la materia oggetto di un processo: *d. del tribunale*; *d. della Corte d'appello* **SIN.** pronuncia **3** risolutezza, energia: *agire, parlare, con d.*; *essere incapace di d.* **4** †separazione, taglio

decisionìsmo [da *decisione* * 1973] **s. m.** ● volontà e capacità di affrontare e risolvere rapidamente i problemi, spec. politici, assumendo personalmente la responsabilità delle decisioni prese **CFR.** indecisionismo

decisionìsta [1984] **A** **s. m. e f.** (**pl. m.** *-i*) ● chi pratica il decisionismo o ne è fautore **B** **agg.** ● relativo al decisionismo; decisionistico: *atteggiamento d.*

decisionìstico [1941] **agg.** (**pl. m.** *-ci*) **1** (**filos.**) relativo a decisionismo **2** caratterizzato da decisionismo: *piglio d.*

decisìvo [1612] **agg.** ● che vale a decidere: *argomento d.*; *prova decisiva* **SIN.** determinante, risolutivo | cruciale: *momento, punto d.* || **decisivaménte**, **avv.** in modo decisivo; francamente || **decisività**, **s. f. inv.**

♦**decìso** **part. pass.** di *decidere*; anche **agg.** **1** stabilito, definito: *una questione decisa da tempo* **2** risoluto, energico: *è un tipo d.*; *parlare con tono d.* | pronto, determinato (**+ a seguito da inf.**): *siamo decisi a reagire* | ***essere d. a tutto***, pronto ad affrontare ogni pericolo, ogni sforzo e sim. pur di raggiungere un determinato scopo **3** pronunciato, netto: *un profilo, un colore d.* **4** †distolto: *da quello odiare ogne effetto è d.* (DANTE *Purg.* XVII, 111) || **decisaménte**, **avv.** **1** con risolutezza **2** in modo marcato: *Un uomo o donna di viso decisamente brutto* (G. LEOPARDI) **3** certamente, senza alcun dubbio: *decisamente, hai ragione tu*

decisóre [vc. dotta, lat. tardo *decisōre(m)* 'incisivo', da *decīdere* 'decidere' * sec. XIV] **s. m.** (**f.** *deciditrice*) ● chi decide

decisòrio [1718] **agg.** (**pl. m.** *-i* o **raro** *-ii*) ● (**dir.**) conclusivo di una controversia | ***giuramento d.***, quello deferito, in un processo civile, da una parte all'altra perché il giudice definisca sulla base di esso la controversia

deck /ingl. dɛk/ [vc. ingl., propr. 'ponte di nave', d'orig. germ. * 1983] **s. m. inv.** ● (**mus.**) nei sistemi di riproduzione stereofonica del suono, piastra di registrazione, registratore a cassette

♣**declamàre** [vc. dotta, lat. *declāmare*, comp. di *dē-* e *clamāre* 'gridare' * 1426 ca.] **A** **v. tr.** ● recitare con voce solenne, spesso accompagnata da gesti appropriati (**anche assol.**): *d. una poesia, un'orazione*; *d. in pubblico* **B** **v. intr.** (**aus.** *avere*) **1** parlare con affettazione ed enfasi: *quando telefona sembra che declami* **2** (**lett.** o **raro**) protestare, inveire

declamàto **A** **part. pass.** di *declamare*; anche **agg.** ● nei sign. del v. **B** **s. m.** ● (**mus.**) canto metricamente libero e sciolto usato soprattutto nel dramma musicale moderno

declamatóre [vc. dotta, lat. *declamatōre(m)*, da *declamāre* 'declamare' * 1475] **s. m.** (**f.** *-trice*) **1** chi declama | (**est.**) chi parla in modo pomposo e retorico **2** (**spec. al pl.**) chi, nelle scuole dei retori, si esercitava nell'oratoria

declamatòrio [vc. dotta, lat. *declamatōriu(m)*, da *declamātor* 'declamatore' * 1525] **agg.** (**pl. m.** *-i* o **raro** *-ii*) ● relativo alla declamazione: *arte declamatoria* | proprio della declamazione: *tono d.* **SIN.** enfatico

declamazióne [vc. dotta, lat. *declamatiōne(m)*, da *declamāre* 'declamare' * av. 1328] **s. f.** **1** il declamare: *la d. di un sonetto* **2** (**est.**) discorso enfatico, altisonante e vuoto di significato **3** esercitazione oratoria, spec. nelle scuole di retorica dell'antichità

†**declaràre** ➤ **dichiarare**

†**declaratìvo** ➤ **dichiarativo**

declaratòria [1619] **s. f.** ● (**dir.**) provvedimento avente carattere dichiarativo | ***d. contrattuale***, parte del contratto collettivo di lavoro dedicata alla descrizione delle mansioni dei lavoratori e alla suddivisione di esse in livelli professionali

declaratòrio o †**dichiaratòrio** [av. 1540] **agg.** (**pl. m.** *-i* o **raro** *-ii*) ● (**dir.**) che dichiara, rendendo pubblico: *sentenza declaratoria* | †che chiarisce, che spiega

†**declarazióne** ➤ **dichiarazione**

declassaménto [1938] **s. m.** ● il declassare, il venire declassato

declassàre [fr. *déclasser*, propr. 'passare (*de-*) ad altra classe (*classe*)' * 1935] **v. tr.** ● far passare da una classe superiore a quella inferiore (**anche fig.**): *d. una vettura ferroviaria*; *lo hanno declassato a impiegato semplice* **SIN.** degradare

declassificàre [comp. di *de-* e *classificare*; nel sign. 2, calco sull'ingl. *to declassify* * 1957] **v. tr.** (*io declassìfico, tu declassìfichi*) **1** assegnare a una classe inferiore, declassare: *d. un aeroporto* **2** togliere dalla lista dei segreti di Stato; privare del carattere di segretezza, di riservatezza: *d. un documento* || **declassificazióne**, **s. f.** (V.)

declassificazióne [1938] **s. f.** **1** declassamento **2** revoca del carattere di segretezza di un documento

declinàbile [vc. dotta, lat. tardo *declinābile(m)*, da *declināre* 'declinare' * av. 1332] **agg.** **1** detto di parola che si può declinare **2** †mutabile || **declinabilità**, **s. f. inv.**

†**declinaménto** o †**dechinaménto**, †**dichinaménto** [vc. dotta, lat. tardo *declinamĕntu(m)*, da *declināre* 'declinare' * av. 1292] **s. m.** ● declino

declinànte o (**lett.**) **dechinànte** **part. pres.** di *declinare*; anche **agg.** ● nei sign. del v.

♣**declinàre**① o (**lett.**) **dechinàre**, (**lett.**) **dichinàre**, †**diclinàre**, †**dicrinàre** [vc. dotta, lat. *declināre*, comp. di *dē-* e *clināre* 'piegare' * av. 1257] **A** **v. intr.** (**aus.** *avere*) **1** abbassarsi gradatamente: *il letto del fiume declina leggermente* | volgere verso il basso: *il paese declina verso il mare* | tramontare: *il sole declina all'orizzonte* **2** (**fig.**) volgere alla fine: *il giorno ormai declina* | diminuire di intensità, potenza, valore e sim.: *la sua vitalità sta declinando*; *la febbre declina*; *a quell'epoca la fortuna di Napoleone già cominciava a d.*; *certe mode declinano presto* **3** (**raro**, **lett.**) discostarsi, deviare da una data direzione (**anche fig.**): *d. dalla propria dirittura di vita* **4** †scendere da un luogo elevato | †cadere **B** **v. tr.** **1** (**lett.**) abbassare, piegare in giù: *d. il capo*; *declinò il ginocchio a terra* **2** rifiutare, evitare, eludere: *d. un onore, un invito*; *d. le attenzioni di qlcu.*; *la direzione declina ogni responsabilità* | (**dir.**) ***d. la competenza, la giurisdizione***; ***d. il foro***, eccepire a opera di una parte l'incompetenza territoriale del giudice **3** (**burocr.**) dichiarare, rendere noto: *d. il proprio nome, le proprie generalità* **4** (**gramm.**) flettere un sostantivo, un aggettivo o un pronome nelle forme proprie della declinazione | (**est.**) affrontare un argomento nelle sue possibili varianti o sfaccettature: *una serie di conferenze per d. il tema del 'viaggio'* **C** **declinàrsi** **v. intr. pron.** ● (**gramm.**) flettersi

SFUMATURE ➤ *scadere*

declinàre② o †**dichinàre**, †**dicrinàre** [da *declinare*① * av. 1348] **s. m. solo sing.** ● ultima fase di un fenomeno naturale, storico e sim.: *essere al d.*, *sul d.*; *il d. del giorno, della notte, degli anni, dell'età*: *È questo ... silenzio il d. dell'anno* (A. BERTOLUCCI)

declinatòria [da (*eccezione*) *declinatoria* * 1673] **s. f.** ● (**dir.**) eccezione di incompetenza o di difetto di giurisdizione

declinatòrio [da *declinare*① * 1310] **agg.** (**pl. m.** *-i* o **raro** *-ii*) ● (**raro**) che declina | (**dir.**) ***pronuncia declinatoria***, decisione con cui il giudice nega di essere competente a emanare il provvedimento richiestogli | ***eccezione declinatoria***, V. *declinatoria*

declinazióne o †**dechinazióne**, †**dichinazióne** [vc. dotta, lat. *declinatiōne(m)*, da *declināre* 'declinare' * 1282] **s. f.** **1** (**raro**) il declinare **2** (**astron.**) latitudine celeste | ***d. magnetica***, angolo che il meridiano magnetico fa con il meridiano terrestre per un dato punto della Terra **3** (**gramm.**) flessione del sostantivo, dell'aggettivo o del pronome secondo il genere, il numero e il caso | (**est.**) variante, sfaccettatura: *affrontare il tema amoroso in tutte le sue declinazioni* **4** (*raro, lett.*) abbassamento | (*raro, lett.*) declivio, pendenza **5** (*fig., raro, lett.*) scadimento, declino, decadenza

declinìsmo [da *declino* ✻ 1990] **s. m.** ● atteggiamento pessimistico di chi ritiene che si stia attraversando una fase di decadenza

♦**declìno** o †**dechìno**, †**dichìno** [da *declinare*① ✻ 1266] **s. m.** **1** (*lett.*) pendenza, declivio: *il d. di un colle* **2** (*fig.*) decadenza: *mondo, società, civiltà in d.* | fine, tramonto: *il d. della gioventù, della bellezza; è ormai in d.*

declinòmetro [vc. dotta, comp. di *declin(are)*① e *-metro* ✻ 1909] **s. m.** ● (*fis.*) strumento per la misura della declinazione magnetica

declìve o †**declivo** [vc. dotta, lat. *declīve(m)*, comp. di *de-* e *clīvus* 'terreno in pendenza' ✻ 1321] **A** **agg.** ● (*lett.*) che è in pendio: *sentiero d.* **B** **s. m.** ● (*lett.*) declivio

♣**declìvio** [vc. dotta, lat. tardo *declīviu(m)*, da *declīvis* 'declive' ✻ 1609] **s. m.** ● pendio, superficie inclinata: *un d. erboso; il dolce d. delle colline* | pendenza, discesa: *Su l'ultimo prato in d.* (L. PIRANDELLO)

declività o †**declivitàde**, †**declivitàte** [vc. dotta, lat. *declivitāte(m)*, da *declīvis* 'declive' ✻ 1632] **s. f. inv.** ● (*lett.*) pendenza, inclinazione: *una delle cause di movimento è la d. del sito* (G. GALILEI)

†**declìvo** ➤ **declive**

decloràre [comp. di *de-* e di un deriv. di *cloro* ✻ 1987] **v. tr.** (*io declòro*) ● togliere cloro da un liquido | eliminare l'eccesso di cloro dall'acqua potabile

decloratóre [comp. di *de-* e *cloro* ✻ 1983] **s. m.** ● apparecchio usato per eliminare l'eccesso di cloro dalle acque potabili

declorazióne [comp. di *de-* e di un deriv. di *cloro* ✻ 1956] **s. f.** ● eliminazione dell'eccesso di cloro dalle acque potabili

decloruràto [comp. di *de-* e *cloruro*, con suff. agg. ✻ 1983] **agg.** ● che è privo, o povero, di cloruri, spec. di cloruro di sodio

declorurazióne [comp. di *de-* e *clorurazione* ✻ 1956] **s. f.** ● (*chim.*) processo di eliminazione del cloro da una sostanza per via chimica o biologica

déco /fr. de'ko/ [fr., abbr. di *décoratif* 'decorativo', *décoration* 'decorazione' ✻ 1978] **A** **agg. inv.** ● detto di uno stile artistico sorto negli anni '20 del Novecento, che trova la sua espressione in oggetti e prodotti delle arti minori, della moda e dell'industrial design, caratterizzati da linea aerodinamica, elementi geometrici circolari o spezzettati, accostamenti anche violenti di colore **B** **s. m. inv.** ● lo stile stesso: *rivalutazione del d.*

decòder /de'kɔder, *ingl.* dɪ'kəudə(r)/ [vc. ingl., comp. di *de-* 'de-' e *coder* 'codificatore' ✻ 1990] **s. m. inv.** **1** (*inform.*) qualsiasi dispositivo hardware o software che decodifica i dati ricevuti in una certa forma e li codifica in un'altra **2** (*tv*) apparecchio che converte il segnale da digitale in analogico | ***d. interattivo***, in grado di colloquiare interattivamente con l'emittente e di convertire in chiaro programmi criptati | ***d. non interattivo***, zapper

decodìfica [deriv. di *decodificare* ✻ 1980] **s. f.** ● (*ling.*) decodificazione

decodificàbile [1971] **agg.** ● che può essere decodificato **SIN.** decifrabile ‖ **decodificabilità**, **s. f. inv.**

decodificàre [comp. di *de* e *codificare* ✻ 1962] **v. tr.** (*io decodìfico, tu decodìfichi*) **1** (*inform.*) riottenere l'informazione originaria, partendo dal codice nel quale era stata trasformata **2** (*est.*) decifrare, interpretare messaggi, scritti e sim. secondo determinati schemi ‖ **decodificazióne**, **s. f.** (V.)

decodificatóre [1973] **s. m.** **1** (**f.** *-trice*) chi decodifica un messaggio **2** (*tecnol.*) dispositivo o sistema che interpreta per mezzo di un codice dati o messaggi codificati **CFR.** decoder

decodificazióne [1865] **s. f.** **1** operazione del decodificare **2** (*ling.*) processo di identificazione e interpretazione dei segnali da parte di chi riceve il messaggio emesso **SIN.** decodifica

décollage /fr. dekɔ'laʒ/ [vc. fr., da *décoller* 'scollare, staccare' ✻ 1963] **s. m. inv.** ● tecnica di composizione artistica che consiste nel sottrarre parti a un oggetto, con procedimento opposto al collage

decollàggio [fr. *décollage*, da *décoller* 'decollare②' ✻ 1925] **s. m.** ● (*raro*) decollo

decollàre① o †**dicollàre** [vc. dotta, lat. *decollāre*, comp. di *dē-* e *cŏllum* 'collo①' ✻ sec. XIII] **v. tr.** (*io decòllo*) ● (*raro*) decapitare

decollàre② [fr. *décoller*, propr. scollare, togliere (*dé-*) la colla (*colle*) ✻ 1918] **v. intr.** (*io decòllo*; **aus.** *essere* **o raro** *avere*) **1** (*aeron.*) sollevarsi in volo, staccandosi dal suolo, da una superficie d'acqua, dal ponte di una portaerei e sim. **2** (*fig.*) avviarsi verso un positivo sviluppo, detto di un'attività, un progetto e sim.

decollàto **part. pass.** di *decollare*①; **anche agg.** ● nei sign. del v.

decollazióne o †**dicollazióne** [vc. dotta, lat. *decollatiōne(m)*, da *decollāre* 'decollare①' ✻ 1295] **s. f.** ● decapitazione

décolleté /fr. dekɔl'te/ [vc. fr., da *décolleter* 'lasciare scoperto (*dé-*) il collo (*collet*)' ✻ 1875] **A** **agg. inv.** ● scollato: *abito, scarpa, d.* **B** **s. m. inv.** **1** scollatura di abito femminile | abito scollato **2** la parte del corpo femminile che la scollatura lascia scoperta: *avere un bel d.* **3** scarpa femminile senza lacci e che non copre il collo del piede

decòllo [da *decollare*② ✻ 1931] **s. m.** **1** (*aeron.*) atto o manovra del decollare **2** (*fig.*) fase di avvio di un processo di sviluppo industriale | fase di positivo avviamento, di sviluppo: *il d. dell'agriturismo*

decolonizzàre [fr. *décoloniser*, comp. di *dé-* e *coloniser* 'colonizzare' ✻ 1963] **v. tr.** ● rendere una colonia Stato sovrano | (*est.*) liberare un Paese dall'influenza economica di un altro che, in passato, ne aveva anche il dominio coloniale ‖ **decolonizzazióne**, **s. f.**

decoloránte **A** **part. pres.** di *decolorare*; **anche agg.** ● nel sign. del v. **B** **s. m.** ● sostanza atta a decolorare

decoloràre [vc. dotta, lat. *decolorāre*, comp. di *dē-* e *colorāre* 'tingere' ✻ 1913] **v. tr.** (*io decolóro*) ● privare del colore, scolorire: *d. un tessuto, i capelli*

decolorazióne [vc. dotta, lat. *decoloratiō-ne(m)*, da *decolorāre* 'decolorare' ✻ 1869] **s. f.** **1** procedimento del decolorare: *d. dei capelli* **2** in varie tecnologie, operazione atta a eliminare o ad attenuare il colore di determinate sostanze o materiali: *d. dei vini, degli oli, dei tessuti*

decombènte [vc. dotta, lat. *decumbĕnte(m)*, part. pres. di *decŭmbere* 'cadere (*cŭmbere*) giù (*dē-*)' ✻ 1830] **agg.** ● che pende verso il basso: *rami decombenti*

decommissioning /deko'miʃʃonin(g), *ingl.* ˌdi:kə'mɪʃənɪŋ/ [vc. ingl., da *to decommission*, comp. di *de-* e *to commission* 'mettere in servizio, in funzione' ✻ 1980] **s. m. inv.** ● il processo di smantellamento e decontaminazione di una centrale nucleare alla fine del suo ciclo di vita

decomponìbile [da *decomporre* ✻ 1788] **agg.** ● che si può decomporre ‖ **decomponibilità**, **s. f. inv.**

decompórre [vc. dotta, comp. di *de-* e *comporre* ✻ 1550] **A** **v. tr.** (**coniug. come** *porre*) **1** (*chim.*) scindere un composto in altri più semplici o nei suoi elementi **SIN.** disgregare, scomporre **2** (*mat.*) scomporre, dividere in parti | ***d. un numero naturale***, trovare i suoi fattori primi **3** corrompere, putrefare: *d. la materia organica* | (*fig., lett.*) alterare profondamente: *l'emozione gli decomponeva i lineamenti* **B** **decompórsi** **v. intr. pron.** **1** (*chim.*) scindersi di un composto in altri più semplici o nei suoi elementi **2** corrompersi, putrefarsi: *la materia organica si decompone*

decompositóre [da *decomporre*, calco sull'ingl. *decomposer* ✻ 1980] **agg.** (**f.** *-trice*); **anche s. m.** ● (*biol.*) detto di organismo eterotrofo che degrada le complesse molecole di organismi morti in sostanze più semplici che libera nell'ambiente ricavandone energia metabolica

decomposizióne [da *decomporre* ✻ 1748] **s. f.** **1** scissione, scomposizione **2** (*biol.*) processo di degradazione delle sostanze biologiche in altre meno nobili **CFR.** sapro- | (*est.*) putrefazione, disfacimento: *cadavere in d.*

decompósto **part. pass.** di *decomporre*; **anche agg.** ● nei sign. del v.

decompressìmetro [comp. di *decompres-si(one)* e *-metro* ✻ 1970] **s. m.** ● apparecchio per il calcolo automatico dei dati di decompressione, usato nelle attività subacquee

decompressióne [fr. *décompression*, comp. di *dé-* e *compression* 'compressione' ✻ 1935] **s. f.** **1** (*fis.*) passaggio da uno stato di pressione atmosferica a uno minore | ***camera di d.***, apparecchio a pressione regolabile nel quale viene immesso, per essere lentamente riadattato ai valori pressori normali, un sommozzatore a rischio di embolia per essere riemerso troppo rapidamente dopo una permanenza in profondità | (*med.*) ***malattia da d.***, V. *malattia* **2** (*inform.*) il decomprimere un file

decomprìmere [fr. *décomprimer*, comp. di *dé-* privativo e *comprimer* 'comprimere' ✻ 1970] **v. tr.** (**coniug. come** *comprimere*) **1** rendere meno compresso **2** (*inform.*) riportare uno più file compressi alle dimensioni originali

decomunistizzazióne [comp. di *de-* e *comunistizzazione* ✻ 1989] **s. f.** ● negli anni 1980-90 e spec. in alcuni Paesi dell'Europa orientale, progressivo allontanamento dalle teorie politiche, economiche e sociali del comunismo

deconcentràre [comp. di *de-* e *concentrare* ✻ 1969] **A** **v. tr.** (*io deconcèntro* (o *-é-*)) ● fare uscire da uno stato di concentrazione psicofisica **B** **deconcentràrsi** **v. intr. pron.** ● perdere la concentrazione

deconcentràto **part. pass.** di *deconcentrare*; **anche agg.** ● privo della necessaria concentrazione: *un atleta, un portiere d.*

deconcentrazióne [1966] **s. f.** ● mancanza di concentrazione mentale

decondizionaménto [1974] **s. m.** ● liberazione da una condizione di dipendenza

decondizionàre [comp. di *de-* e *condizionare* ✻ 1983] **A** **v. tr.** (*io decondizióno*) ● liberare da, privare di un condizionamento qlcu. o qlco. **B** **decondizionàrsi** **v. rifl.** ● cessare, smettere di essere condizionati

decongelaménto [1970] **s. m.** ● il decongelare, il venire decongelato (in riferimento sia a prodotti alimentari che a crediti)

decongelàre [fr. *décongeler*, comp. di *dé-* e *congeler* 'congelare' ✻ 1942] **v. tr.** (*io decongèlo*) **1** riportare lentamente un prodotto alimentare surgelato alla temperatura ambiente **2** (*econ.*) annullare con un nuovo provvedimento una precedente decisione di blocco di beni o crediti

decongelazióne [1970] **s. f.** ● decongelamento

decongestionaménto [1926] **s. m.** ● il decongestionare, il decongestionarsi, il venire decongestionato (*anche fig.*): *provvedere al d. del centro urbano*

decongestionànte **A** **agg.** ● detto di sostanza usata in cosmetica e farmacologia, che elimina o diminuisce uno stato di congestione **B** **anche s. m.**

decongestionàre [comp di *de-* e *congestionare*, sul modello del fr. *décongestionner* ✱ 1915] **A** **v. tr.** (*io decongestióno*) **1** (*med.*) eliminare o diminuire uno stato di congestione **2** (*fig.*) liberare da ingombri eccessivi, ingorghi e sim.: *d. il traffico cittadino, le strade* **B** **decongestionàrsi** **v. intr. pron.** ● liberarsi da una condizione di congestione: *il centro storico si è decongestionato dal traffico*

decongestióne [comp. di *de-* e *congestione*, sul modello del fr. *décongestion* ✱ 1984] **s. f.** ● decongestionamento

decontaminàre [comp. di *de-* e *contaminare* ✱ 1963] **v. tr.** (*io decontàmino*) ● liberare da ciò che contamina | eliminare o diminuire la contaminazione radioattiva di qlco.

decontaminazióne [1963] **s. f.** ● riduzione o eliminazione di una contaminazione nucleare, chimica o batteriologica

decontestualiẓẓàre [comp. di *de-* e *contestualizzare* ✱ 1978] **v. tr.** ● togliere, isolare da un dato contesto: *d. una parola, un'espressione* ‖ **decontestualiẓẓazióne**, **s. f.**

decónto [dal fr. ant. *decompt*, deriv. di *decompter*, comp. di *de-* sottrativo e *compter* 'computare' ✱ av. 1816] **s. m.** ● detrazione | ***tessera, scheda a d.***, quelle prepagate che permettono di acquistare merci o di usufruire di servizi i cui costi vengono di volta in volta detratti dal credito iniziale | (*dir.*) addebito a carico del funzionario pubblico in caso di sua responsabilità contabile

decontràrre [comp. di *de-* e *contrarre* ✱ 1968] **A** **v. tr.** (**coniug. come** *trarre*) ● provocare una decontrazione: *esercizi per d. i muscoli* **B** **decontràrsi** **v. intr. pron.** ● rilassarsi dopo una contrazione: *i muscoli hanno la capacità di contrarsi e decontrarsi*

decontràtto [comp. di *de-* e *contratto*① ✱ 1974] **agg.** ● che si trova in uno stato di calma e di rilassatezza

decontratturànte [comp. di *de-* e *contrattura*, con suff. participiale ✱ 1987] **agg. e s. m.** ● (*farm.*) miorilassante

decontrazióne [comp. di *de-* e *contrazione* ✱ 1983] **s. f.** ● rilassamento dei muscoli: *esercizi di d.*

decontribuzióne [comp. di *de-* e *contribuzione* ✱ 1990] **s. f.** ● riduzione della quota retributiva sulla quale si calcolano i contributi previdenziali e assistenziali del lavoratore dipendente

décor /fr. de'kɔʀ/ [vc. fr., propr. 'scenario', dal senso generico di 'ciò che serve a ornare' ✱ 1987] **s. m. inv.** **1** allestimento scenico **2** arredamento

decoramentàle [av. 1907] **agg.** ● (*raro, lett.*) decorativo (*spec. spreg.*): *mitologia d.* (G. Carducci)

†**decoraménto** [vc. dotta, lat. tardo *decoramĕntu(m)*, da *decorāre* 'decorare' ✱ 1499] **s. m.** ● decorazione

♦**decoràre** [vc. dotta, lat. *decorāre* 'ornare con decoro (*dĕcus* e *dĕcor*)' ✱ av. 1306] **v. tr.** (*io decòro*) **1** adornare, abbellire con elementi ornamentali (+ *con*, + *di*): *decorarono l'abito con pizzi; hanno decorato con un fregio la facciata; fece decorare con* (o *di*) *affreschi una stanza* **2** insignire di una decorazione, di una onorificenza (+ *di*): *è stato decorato della croce di guerra* | ***d. qlcu. al merito, al valor civile, al valor militare***, per imprese particolarmente meritevoli nell'ambito della vita civile o militare

decorativìṣmo [1914] **s. m.** ● prevalenza, in un'opera d'arte, di motivi esclusivamente decorativi

decoratìvo [1858] **agg.** **1** che serve a decorare, che ha la funzione di decorare: *arte, pittura decorativa; elemento d.* | ***arti decorative***, nella vecchia storiografia artistica, oreficeria, lavorazione del ferro, ebanisteria, ceramica, arte del vetro e sim.; oggi, arti applicate **2** (*iron.*) detto di persona, che, sebbene intrinsecamente priva di valore, possiede qualità esteriori tali da conferire lustro a un ambiente; *personaggio d.; una moglie decorativa; un marito d.* ‖ **decorativaménte**, **avv.**

decoràto **A** **part. pass.** di *decorare*; **anche agg.** **1** nei sign. del v. **2** ***stile d.***, stile architettonico gotico inglese del XIII e XIV secolo **B** **s. m.** (**f.** *-a*) ● chi ha ricevuto una decorazione: *i decorati della Grande Guerra*

decoratóre [vc. dotta, lat. tardo *decoratōre(m)*, da *decorātus* 'decorato' ✱ 1576] **s. m.** (**f.** *-trice*) **1** chi esegue lavori di decorazione su disegno di altri o proprio: *i grandi decoratori del Barocco* **2** pittore addetto alle decorazioni di scena **3** chi per professione adorna e addobba sale, chiese, ecc.

decorazióne [vc. dotta, lat. tardo *decoratiōne(m)*, da *decorātus* 'decorato' ✱ av. 1455] **s. f.** **1** il decorare | fregio, addobbo o altro elemento decorativo che serve ad abbellire un complesso architettonico: *decorazioni murali* | tutto ciò che serve per decorare: *d. floreale, natalizia* **2** medaglia, croce: *gli è stata consegnata sul campo una d. al valor militare* | onorificenza cavalleresca

SFUMATURE DI SIGNIFICATO

decorazione - addobbo - paramento

Decorazione si dice di qualsiasi elemento ornamentale che abbellisca un oggetto, una struttura. **Addobbo** ha un ambito d'uso più ristretto, essendo riferibile all'ornamentazione a festa di una strada, di una casa, di una nave ecc.; ma in usi ironici o scherzosi può anche connotare l'abbigliamento vistoso e un po' pacchiano di una persona. **Paramento** è originariamente l'indumento indossato dal sacerdote nelle funzioni sacre, poi qualsiasi drappo o altro addobbo posto a ornamentazione di una chiesa, infine per estensione qualsiasi addobbo.

decornàre [comp. di *de-* e *corna*, pl. di *corno* ✱ 1983] **v. tr.** (*io decòrno*) ● privare delle corna i bovini giovani, asportandole o impedendone l'accrescimento

decornazióne [1983] **s. f.** ● operazione del decornare

♣**decòro** [vc. dotta, lat. *decōru(m)*, da *decēre* 'convenire' ✱ sec. XIII] **A** **s. m.** **1** sentimento, coscienza della propria dignità, che si riflette nell'aspetto, negli atteggiamenti, nell'operato e sim.: *vestirsi, comportarsi, vivere con d.; ciò che il d. impone; discorso che offende il d.; essere privo di d.* **SIN.** dignità **2** onore, prestigio: *il d. della magistratura, della famiglia; salvare, tutelare il d. della nazione* **3** (*fig.*, *lett.*) lustro, vanto: *essere il d. della patria* | (*lett.*) gloria **4** (*fig.*) ornamento: *il giardino costituiva il solo d. della casa* | (*lett.*) ***d. di stile, di lingua***, forma conveniente, appropriata **5** motivo ornamentale in alcuni manufatti di ceramica, come piastrelle e stoviglie da tavola **B** **agg.** ● †decoroso

SFUMATURE ➤ ***dignità***

♣**decoróso** (o **-ṣ-**) [vc. dotta, lat. tardo *decorōsu(m)*, da *dĕcor* 'decoro' ✱ sec. XIV] **agg.** **1** che manifesta o conferisce decoro, lustro, prestigio e sim.: *un matrimonio d.; una scelta poco decorosa* **SIN.** onorevole **2** che è conforme alle circostanze, alle esigenze, alla posizione sociale e sim.: *abito, atteggiamento d.; stipendio d.; abitazione decorosa* **SIN.** dignitoso ‖ **decorosaménte**, **avv.** ‖ **decorosità**, **s. f. inv.** dignitosità

decorrènza [da *decorrere* ✱ 1812] **s. f.** ● il decorrere | termine da cui comincia ad avere effetto un impegno, un obbligo e sim.: *promozione con d. dal primo gennaio*

decórrere o †**dicórrere** [vc. dotta, lat. *decŭrrere* 'scorrere in giù', comp. di *dē-* e *cŭrrere* 'correre' ✱ 1310] **v. intr.** (**coniug. come** *correre*; **aus.** *essere*) **1** †correre in giù **2** (*raro, lett.*) trascorrere, detto di tempo: *è decorso un anno dalla sua morte* **3** cominciare ad avere effetto, detto di impegno, obbligo e sim.: *l'assicurazione decorre da domani* | cominciare a essere calcolato, detto di interesse, rendita e sim.: *lo stipendio decorrerà dall'inizio del mese* | ***a d. da***, a partire da

decórso① **part. pass.** di *decorrere*; **anche agg.** ● nei sign. del v.

decórso② o †**dicórso** [vc. dotta, lat. *decŭrsu(m)* col sign. rafforz. (*de-*) di *cŭrsus* 'corso' ✱ av. 1328] **s. m.** **1** †deflusso delle acque **2** corso del tempo: *un lungo d. di tempo; il d. dei mesi, degli anni* | ***nel d. di***, durante **3** svolgimento: *gli ultimi decorsi di un avvenimento* | andamento: *il d. della malattia è regolare*

decorticàre [vc. dotta, lat. *decorticāre*, comp. di *dē-* e *corticātus* 'provvisto di corteccia' ✱ 1858] **v. tr.** (*io decòrtico, tu decòrtichi*) **1** privare della corteccia: *d. un tronco* **2** nell'industria alimentare, privare della buccia semi, cereali e sim.: *d. il riso, i semi di lino*

decorticazióne [vc. dotta, lat. *decorticatiōne(m)*, da *decorticāre* 'decorticare' ✱ 1858] **s. f.** ● operazione del decorticare

decostrụ̀ire [comp. di *de-* e *costruire*, per retroformazione da *decostruzione* ✱ 1989] **v. tr.** (**coniug. come** *costruire*) ● interpretare una teoria filosofica o un testo letterario secondo i metodi del decostruzionismo | (*est.*) analizzare separatamente: *d. le componenti della trama di un film*

decostruttivìṣmo [comp. di *de-* e *costruttivismo* ✱ 1978] **s. m.** **1** (*filos., letter.*) decostruzionismo **2** (*archit.*) corrente dell'architettura affermatasi sul finire del XX sec., che in opposizione al razionalismo della tradizione modernista sfrutta la duttilità di materiali tecnologicamente avanzati per scomporre le forme e realizzare edifici dalle geometrie inusuali

decostruttivìsta [1980] **agg. e s. m. e f.** (**pl. m.** *-i*) ● decostruzionista

decostruttìvo [fr. *déconstructif*, comp. di *dé-* e *constructif* 'costruttivo' ✱ 1990] **agg.** ● relativo al decostruzionismo

decostruzióne [fr. *déconstruction*, comp. di *dé-* e *construction* 'costruzione' ✱ 1969] **s. f.** **1** (*filos.*) scomposizione di un'elaborazione concettuale in componenti che, analizzate comparativamente, ne mostrano la relatività storica **2** (*letter.*) analisi della lingua e dello stile di un testo letterario volta a mettere in rilievo la pluralità dei significati e la conseguente impossibilità di giungere a un'interpretazione organica

decostruzionìṣmo [fr. *déconstructionnisme*, da *déconstruction* 'decostruzione' ✱ 1984] **s. m.** **1** (*filos., letter.*) indirizzo critico contemporaneo fondato sulla scomposizione analitica dei testi filosofici e letterari al fine di metterne in rilievo la disorganicità intrinseca e la conseguente relatività del senso **2** (*archit.*) decostruttivismo

decostruzionìsta [1979] **A** **s. m. e f.** (**pl. m.** *-i*) ● seguace del decostruzionismo **B** **anche agg.**: *critico, architetto d.*

decòtto ① [vc. dotta, lat. *decŏctu(m)*, part. pass. di *decŏquere* 'cuocere bene', comp. di *dē-* e *cŏquere* 'cuocere' ✱ 1567] **s. m.** ● preparato medicamentoso ottenuto facendo bollire per un certo tempo determinate sostanze nell'acqua e filtrandole poi dopo il raffreddamento

decòtto ② **A** **part. pass.** di †*decuocere*; **anche agg. 1** nei sign. del v. **2** (*dir., econ.*) che è in stato di decozione: *debitore, debito d.*; *azienda decotta* **3** (*fig., colloq.*) logorato, senza energie, superato: *allenatore d.*; *governo d.* **CFR.** bollito **B** **s. m.** ● (*dir.*) debitore insolvente

†**decottóre** [vc. dotta, lat. *decoctōre(m)*, nel senso fig. dal senso proprio del v. *decŏquere* 'cuocere (*cŏquere*) fino in fondo (*de-*)', quindi 'consumare (le proprie sostanze)' ✱ 1618] **s. m.** ● fallito

decoubertiniàno (de-cou-ber-tin-ia-no, de-cou-ber-ti-nia-no) /dekuberti'njano/ [dal n. del pedagogista francese P. *de Coubertin* (1863-1937) ✱ 1982] **agg.** ● relativo a de Coubertin, promotore delle prime Olimpiadi moderne | (*est.*) che si ispira alla lealtà e alla sportività che caratterizzano lo spirito olimpico

découpage /*fr.* deku'paʒ/ [vc. fr., propr. 'taglio', da *découper* 'tagliare' ✱ 1980] **s. m. inv. 1** tecnica di decorazione consistente nel ritagliare, comporre, incollare e fissare con vernice trasparente immagini di qualsiasi tipo su un oggetto (scatole, vasi, mobili ecc.) **2** (*cinema, raro*) sceneggiatura definitiva di un film, con le scene suddivise in inquadrature

decozióne ① o †**dicozióne** [vc. dotta, lat. *decoctiōne(m)*, della stessa orig. di *decotto*① (V.) ✱ av. 1306] **s. f. 1** preparazione di un decotto | (*raro*) decotto **2** †cottura | †maturazione

decozióne ② [da *decotto*② ✱ 1673] **s. f.** ● (*dir.*) stato di insolvenza del debitore | (*econ.*) condizione di dissesto di un'azienda

decreménto [vc. dotta, lat. tardo *decremĕntu(m)*, da *decrēscere* 'decrescere' ✱ 1499] **s. m.** ● diminuzione: *d. dei redditi* **CONTR.** incremento

†**decrepità** [da *decrepito* ✱ av. 1348] **s. f.** ● decrepitezza

decrepitàre [vc. dotta, comp. di *de-* e del lat. *crepitāre* 'scoppiettare' sul modello del fr. *décrépiter* ✱ 1825] **v. intr.** (*io decrèpito*; **aus.** *avere*) ● detto di un cristallo anidro, scindersi in minutissimi frammenti producendo un tipico crepitio

decrepitazióne [1779] **s. f.** ● fenomeno per cui i cristalli anidri, come per es. il sale da cucina, si scindono in minutissimi frammenti, con tipico crepitio, per effetto di variazioni di temperatura

decrepitézza [1550] **s. f.** ● condizione di chi (o di ciò che) è decrepito

decrèpito [vc. dotta, lat. *decrĕpitu(m)*, comp. di *dē-* e *crĕpitus*, da *crepāre* 'fendersi', con un passaggio semantico poco chiaro ✱ av. 1325] **agg. 1** che è nell'estrema vecchiaia: *età decrepita* | con valore rafforz.: *vecchio d.*, vecchissimo | (*est.*) cadente: *mobile d.* **2** (*fig.*) che è ormai privo di vitalità e in condizioni di estrema decadenza: *cultura decrepita*; *idee decrepite*

decrepitùdine [av. 1519] **s. f. 1** (*raro, lett.*) estrema vecchiaia **2** (*raro, fig.*) persona in età molto avanzata: *calvizie di una stanca d. incapace di morire* (R. BACCHELLI)

decrescèndo [comp. di *de-* e *crescendo*, in senso musicale ✱ 1826] **s. m. inv.** ● (*mus.*) diminuendo **CONTR.** crescendo

decrescènte o †**dicrescènte** **part. pres.** di *decrescere*; **anche agg. 1** nei sign. del v. **2** (*mat.*) detto di funzione il cui valore diminuisce al crescere della variabile indipendente

decrescènza [vc. dotta, lat. tardo *decrescĕntia*, da *decrēscere* 'decrescere' ✱ 1641] **s. f.** ● il fatto, il fenomeno del decrescere

decréscere o †**dicréscere** [vc. dotta, lat. *decrēscere*, comp. di *dē-* e *crēscere* 'crescere' ✱ av. 1294] **v. intr.** (**coniug. come** *crescere*; **aus.** *essere*) ● diminuire di massa, volume, quantità, forza, prezzo e sim.: *le acque cominciano a d.*; *i prezzi stanno decrescendo* **SIN.** calare | (*mus.*) diminuendo

decresciménto [av. 1340] **s. m.** ● (*raro*) decrescenza

decréscita [comp. di *de-* e *crescita* ✱ 1919] **s. f. 1** diminuzione della crescita: *d. del numero di reati* | (*est.*) diminuzione: *la d. di un ghiacciaio* **2** in alcune teorie, diminuzione volontaria della crescita economica intesa come scelta politica virtuosa per una società più equa ed ecologicamente sostenibile

decretàle [vc. dotta, lat. tardo *decretāle(m)*, da *decrētum* 'decreto' ✱ 1268] **A** **agg.** ● detto di costituzione pontificia redatta in forma di lettera: *lettere decretali* **B** **s. f.** o †**m. 1** bolla o lettera papale concernente il governo della Chiesa **2** (**spec. al pl.**) ciascuna delle costituzioni pontificie redatte in forma di lettera, che spesso contenevano norme cogenti di diritto, in parte passate nel Corpo del Diritto Canonico

decretalìsta [da *decretale* ✱ 1330] **s. m. e f.** (**pl. m.** *-i*) ● studioso delle decretali

decretàre [da *decreto* ✱ 1321] **v. tr.** (*io decréto*) **1** statuire con decreto **2** (*est.*) stabilire d'autorità (+ *che*, + *di* **seguito da inf.**): *gli hanno decretato solenni onoranze*; *il regime decretò che le elezioni erano nulle*; *il ministro ha decretato di assegnare la somma in beneficenza* **SIN.** deliberare, sancire

decretazióne [1574] **s. f.** ● il decretare | ***d. d'urgenza***, emanazione da parte dell'autorità governativa, in momenti eccezionali di emergenza, di atti normalmente propri degli organi legislativi

†**decréto** ① [vc. dotta, lat. *decrētu(m)*, part. pass. di *decĕrnere* 'risolvere, giudicare', comp. di *dē* e *cĕrnere* 'distinguere' ✱ 1319] **agg.** ● deciso, stabilito: *a che la mia risposta è già decreta!* (DANTE *Par.* XV, 69)

decréto ② [vc. dotta, lat. *decrētu(m)*, sost. del part. pass. di *decĕrnere* 'risolvere, giudicare'. Cfr. *decreto*① ✱ 1268] **s. m. 1** (*dir.*) provvedimento giurisdizionale, che gener. non contiene la motivazione: *d. di citazione*; *d. ingiuntivo*; *d. di condanna* | atto amministrativo tipico del potere esecutivo: *d. ministeriale, prefettizio* | ***d. legge***, atto avente forza di legge emanato dal Governo in casi di necessità e urgenza senza previa delega del Parlamento | ***d. legislativo***, atto avente forza di legge emanato dal Governo previa delega del Parlamento | ***decreti delegati***, (*per anton.*) quelli, emanati nel 1974, che riguardano spec. l'istituzione e l'ordinamento degli organi collegiali nella scuola | ***d. milleproroghe***, V. *milleproroghe* **2** (*fig., lett.*) disposizione, deliberazione, spec. di una volontà divina: *gli imperscrutabili decreti della Provvidenza* ‖ **decretino**, **dim.** | **decretóne**, **accr.** (V.) | **decretùccio**, **dim.**

decretóne [1971] **s. m. 1** accr. di *decreto*② **2** spec. nel linguaggio giornalistico, decreto contenente un complesso di numerose disposizioni su varie materie, spec. economiche, finanziarie e fiscali

†**decretòrio** [vc. dotta, lat. *decretōriu(m)*, da *decrētum* 'decisione, decreto' ✱ 1585] **agg.** ● decisivo | critico

decriminalizzàre [comp. di *de-* e *criminalizzare* ✱ 1957] **v. tr.** ● togliere a un fatto o a un'azione il carattere di reato, di crimine: *d. l'uso delle droghe leggere* ‖ **decriminalizzazióne**, **s. f.**

decriptàre e deriv. ➤ **decrittare** e deriv.

decrittàre o **decriptàre** [ingl. *to decrypt*, comp. di *de-* e *crypt(ogram)* 'crittogramma' ✱ 1935] **v. tr.** ● interpretare un testo segreto o cifrato | (*est.*) decifrare, decodificare

decrittatòrio o **decriptatòrio** [1983] **agg.** (**pl. m.** *-i* o *raro -ii*) ● che può decriptare, decifrare: *chiave decriptatoria*

decrittazióne o **decriptazióne** [1985] **s. f.** ● decifrazione

decùbito [dal lat. *decŭmbere* 'coricarsi, mettersi a letto', comp. di *dē-* e *cŭmbere* 'giacere' ✱ 1684] **s. m. 1** posizione assunta dal malato in letto | ***piaga da d.***, quella che, durante una lunga degenza a letto, compare nelle parti della cute compresse contro il materasso **2** in ginnastica, posizione del corpo in appoggio e parallelo al suolo: *d. prono, supino, laterale*

de cùius [loc. lat., propr. 'della (*dē*) (eredità) del quale (*cūius*)', dalla formula *dē cūius hereditāte* (o *successione*) *agitur* ('si tratta') ✱ 1905] **loc. sost. m. e f. inv.** ● persona defunta della cui eredità si tratta: *successione legittima al de cuius*

deculminazióne [comp. di *de-* e di un deriv. di *culmine* ✱ 1966] **s. f.** ● (*geogr.*) fenomeno per cui i rilievi orografici vanno diminuendo in altezza col passare del tempo in seguito all'azione erosiva degli agenti naturali

decumàna [vc. dotta, lat. '*(pŏrta) decumāna*', cioè 'della decima (*dĕcuma*) coorte', che vi accampava ✱ sec. XIII] **s. f.** ● porta fondamentale dell'accampamento e della città romana, aperta all'estremità destra del decumano

decumàno [vc. dotta, lat. *decumānu(m)*, parallelo di *decimānu(m)*, da *dĕcumus*, forma arcaica di *dĕcimus* 'decimo①' ✱ sec. XIV] **A** **agg.** ● decimo | (*lett.*) ***onda decumana***, la decima, che sarebbe la più alta e violenta delle nove precedenti **B** **s. m. 1** nell'ordinamento militare dell'antica Roma, ogni soldato della decima legione **2** persona incaricata di raccogliere le decime nell'antica Roma **3** (*est.*) ciascuna delle vie che attraversavano la città o l'accampamento dei Romani da oriente a occidente **CFR.** cardo②

†**decuòcere** [dal lat. *decŏquere* 'cuocere (*cŏquere*) a fondo (*dē-*)' ✱ sec. XIV] **v. tr.** ● (*raro*) cuocere bene, a lungo

decuplicàre [da *decuplo* ✱ 1869] **A** **v. tr.** (*io decùplico, tu decùplichi*) ● moltiplicare per dieci, accrescere di dieci volte: *d. i propri guadagni* | (*est.*) aumentare di molto: *d. gli sforzi* **B** **v. intr.** (**aus.** *essere*) e **decuplicàrsi** **v. intr. pron.** ● aumentare, accrescersi di dieci volte: *il fenomeno negli ultimi anni si è decuplicato*

dècuplo [vc. dotta, lat. *dĕcuplu(m)*, da *dĕcem* 'dieci' sovrapposto a *dŭplus* 'doppio' ✱ av. 1519] **A** **agg.** ● che è dieci volte maggiore, relativamente ad altra cosa analoga **B** **s. m.** ● quantità, misura dieci volte maggiore: *ricavare, rendere il d.*

decùria [vc. dotta, lat. *decŭria(m)*, da *dĕcures* 'decurioni', da *dĕcem* 'dieci' ✱ av. 1328] **s. f. 1** nell'antica Roma, ciascuna delle dieci suddivisioni della Curia o del Senato **2** squadra di dieci soldati di cavalleria **3** (*raro, lett.*) complesso, serie di dieci unità

†**decùrio** [vc. dotta, lat. *decŭrio*, da *decŭria* 'decuria' ✱ av. 1292] **s. m.** ● decurione

decurionàle [av. 1794] **agg.** ● di decurione

decurionàto [vc. dotta, lat. *decurionātu(m)*, da *decŭrio* '†decurio' ✱ av. 1729] **s. m.** ● grado, ufficio di decurione

decurióne [vc. dotta, lat. *decuriōne(m)*, da *decŭria* 'decuria' ✱ av. 1292] **s. m. 1** nell'antica Roma, capo di una decuria **2** membro dell'amministrazione comunale, spec. nell'Italia dominata dagli Spagnoli

decurtàre [vc. dotta, lat. *decurtāre*, comp. di *dē-* e *curtāre*, da *cŭrtus* 'corto' ✳ 1848] **v. tr.** (*io decùrto*) ● ridurre, diminuire (qlco.; + *di*): *d. un debito*; *d. una retribuzione del 20%* | detrarre una somma da un'altra maggiore: *d. una percentuale dello stipendio*
SFUMATURE ➤ *dedurre*, ➤ *ridurre*

decurtazióne [vc. dotta, lat. tardo *decurtatiōne(m)*, da *decurtāre* 'decurtare' ✳ 1918] **s. f.** ● il decurtare, il venire decurtato

decuscutàre [comp. di *de-* e di un deriv. di *cuscuta* ✳ 1956] **v. tr.** (*io decùscuto*) ● (*agric.*) liberare le sementi di piante agrarie dai semi di cuscuta; liberare un terreno coltivato dalle cuscute

decussàre [vc. dotta, lat. *decussāre*, da *decŭssis* 'decusse' ✳ 1830] **v. tr.** ● incrociare, intersecare a forma di X

decussàto [vc. dotta, lat. *decussātu(m)* 'a forma di decusse', da *decŭssis* 'decusse' ✳ av. 1597] **agg.** ● fatto a decusse, disposto a forma di decusse | (*arald.*) ***croce decussata***, croce di S. Andrea

decussazióne [vc. dotta, lat. tardo *decussatiōne(m)*, da *decussāre* 'disporre a modo di decusse' ✳ 1830] **s. f.** ● (*disus.*) incrocio, intersezione a forma di decusse

decùsse [vc. dotta, lat. *decŭsse(m)*, originariamente 'del valore di dieci (*dĕcem*, indicato con *X*) assi (*ăsses*)' ✳ av. 1580] **s. f. 1** lettera X rappresentante il numero dieci **2** moneta romana repubblicana di bronzo del valore di dieci assi, segnata con una X **3** (*arald.*) croce di S. Andrea, risultante dalla fusione della banda con la sbarra

dedàleo [vc. dotta, lat. *Daedălеu(m)*, dal gr. *daidáleos* 'relativo a *Dedalo*' ✳ 1481] **agg. 1** (*lett.*) relativo a Dedalo | degno di Dedalo: *arte dedalea* **2** (*fig.*, *lett.*) che è fatto con arte, ingegno, abilità: *fregi dedalei*

dedàlico① [da *Dedalo* (V. *dedalo*) ✳ 1836] **agg.** (**pl. m.** *-ci*) ● (*archeol.*) detto di uno stile che si afferma in Grecia (VII sec. a.C.) nella scultura e in altri generi artistici e decorativi

dedàlico② [da *dedalo* ✳ 1843] **agg.** (**pl. m.** *-ci*) ● dedaleo | (*est.*) intricato, labirintico: *gruppo d. di chiese* (G. CARDUCCI)

dèdalo [fr. *dédale*, dal lat. *daedalu(m)* 'artistico, ingegnoso', 'proprio di *Dedalo*, costruttore del labirinto di Creta' ✳ 1532] **A s. m.** ● labirinto, intrico di vie, passaggi e sim.: *si cacciò in un d. di vicoletti*; *il palazzo è un d. di sale e di corridoi* **SIN.** groviglio **B agg.** ● (*poet.*) abile, ingegnoso

dedèndum /de'dɛndum, *ingl.* di:'dɛndəm/ [vc. ingl., da *addendum* (V.), con cambio di pref. ✳ 1956] **s. m. inv.** ● (*mecc.*) altezza della parte del dente di una ruota dentata più vicina alla corona **CFR.** addendum

dèdica [da *dedicare* ✳ 1610] **s. f.** ● il dedicare | frase scritta con cui si offre o si destina espressamente a qlcu. un'opera, un ritratto, una fotografia e sim.: *d. autografa, manoscritta*; *fotografia con d.* ‖ **dedichétta**, **dim.** | **dedicùccia**, **dim.**

dedicànte A part. pres. di *dedicare*; anche **agg.** ● nei sign. del v. **B s. m. e f.** ● chi dedica

♦**dedicàre** [vc. dotta, lat. *dedicāre*, comp. di *dē-* e *dicāre* nel senso di 'dire solennemente, proclamare' ✳ av. 1342] **A v. tr.** (*io dèdico, tu dèdichi*) **1** attribuire a qlco. il nome di qlcu., in segno di onore, riconoscenza e sim.: *d. una scuola, una via, un monumento*; *la piazza del paese è dedicata ai caduti* | (*est.*) donare, offrire a qlcu. il risultato della propria attività, spec. artistica o letteraria, in segno di omaggio, affetto, e sim.: *Virgilio dedicò la quarta bucolica a Pollione* **2** consacrare alla divinità un tempio, un altare, una chiesa e sim.: *d. una chiesa a Gesù* **3** volgere tutte le proprie cure, fatiche, e sim. verso un determinato fine: *ha dedicato tutta la sua vita alla scienza* | ***d. sé stesso a qlco., a qlcu.***, darvisi completamente **SIN.** consacrare **B dedicàrsi v. rifl.** ● votarsi completamente: *dedicarsi alla famiglia, all'insegnamento, all'assistenza dei malati* **SIN.** consacrarsi, darsi

dedicatàrio [da *dedicare*, sul modello di *destinatario* ✳ 1865] **s. m.** (**f.** *-ia*) ● colui al quale è dedicato qlco.

dedicàto part. pass. di *dedicare*; anche **agg. 1** nei sign. del v. **2** (*tecnol.*) di dispositivo destinato a svolgere un compito specifico

†**dedicatóre** [vc. dotta, lat. tardo *dedicatōre(m)*, da *dedicāre* 'dedicare' ✳ 1620] **s. m.** (**f.** *-trice*) ● chi dedica

dedicatòria [av. 1574] **s. f.** ● lettera di dedica: *è proprio una d. all'italiana, vale a dire poverissima* (G. BARETTI)

dedicatòrio [1550] **agg.** (**pl. m.** *-i* o *raro -ii*) ● detto di lettera o sim. scritta per dedicare qlco. a qlcu.

dedicazióne [vc. dotta, lat. *dedicatiōne(m)*, da *dedicāre* 'dedicare' ✳ 1258] **s. f. 1** atto e cerimonia con cui si consacra una chiesa o un altare, destinandoli al culto divino **SIN.** consacrazione **2** presso gli antichi Romani, consacrazione di persona o di cosa, spec. agli dei inferi **3** dedica

dedìtizio [vc. dotta, lat. *dedítĭciu(m)*, da *dedītio* 'dedizione' ✳ 1583] **s. m.** ● (*stor.*) uomo libero ma privo della cittadinanza romana | barbaro sottomesso definitivamente accolto nell'Impero romano

♣**dèdito** [vc. dotta, lat. *dēditu(m)*, part. pass. di *dēdere* 'darsi (*dāre*) interamente (*dē-*)' ✳ 1328] **agg. 1** che si dedica con cura costante a qlco.: *d. allo studio*; *d. alla musica* | che è solito cedere a qlco. di riprovevole: *d. al gioco, ai piaceri* **2** (*raro, lett.*) disposto, propenso | affezionato, devoto ‖ **deditaménte**, **avv.** con dedizione

♣**dedizióne** [vc. dotta, lat. *deditiōne(m)*, da *dēdere* 'dare (*dāre*) completamente, una volta per tutte (*dē-*)' ✳ 1363] **s. f. 1** impegno di chi si dedica completamente e con passione a un'attività, un ideale, una persona: *d. al dovere*; *amare qlcu. con assoluta d.* **SIN.** abnegazione **2** †resa: *gli assediati si appropinquavano alla necessità della d.* (F. GUICCIARDINI)

dedótto o †**dedùtto**, †**didótto part. pass.** di *dedurre*; anche **agg.** ● nei sign. del v.

†**dedùcere** ➤ **dedurre**

deducìbile [da †*deducere* ✳ 1745] **agg. 1** che si può dedurre: *verità d. da un assioma* **SIN.** desumibile **2** che può essere sottratto, in tutto o in parte, dal reddito: *onere d.* **CFR.** detraibile **CONTR.** indeducibile ‖ **deducibilità**, **s. f. inv.** (V.)

deducibilità [1984] **s. f. inv.** ● caratteristica di ciò che è deducibile: *la d. degli interessi di un mutuo dalle imposte*

dedùrre o †**dedùcere**, †**didùrre** [vc. dotta, lat. *dedūcere* con sovrapposizione della parte terminale di altri v. in *-durre* ✳ av. 1306] **A v. tr.** (**coniug. come** *condurre*; **part. pass.** *dedótto*) **1** (*filos.*) ricavare da un principio generale una conclusione particolare **2** (*est.*) ricavare razionalmente da fatti, indizi, fenomeni, sintomi e sim. (+ *che*, + *di* **seguito da inf.**): *da quanto mi dici non deduco nulla di buono*; *dall'addensarsi delle nubi dedussi che il temporale si avvicinava*; *riesaminando la situazione, ho dedotto di avere poco da temere* **SIN.** argomentare, arguire, concludere, desumere **3** derivare, trarre: *d. la trama di un'opera da una leggenda popolare* **4** defalcare, detrarre: *d. le spese dagli incassi* **5** †trasportare, condurre da un luogo a un altro | ***d. una colonia***, nell'antica Roma portare i coloni da un luogo in un altro per abitarvi e coltivarlo **6** (*dir.*) ***d. le proprie ragioni in giudizio***, rendere note al magistrato le proprie argomentazioni giuridiche | ***d. i mezzi di prova***, specificare gli estremi dei mezzi probatori di cui si chiede all'autorità giudiziaria l'ammissione in giudizio **B v. intr.** (**aus.** *avere*) ● (*lett.*) †procedere nel discorso; ragionare

SFUMATURE DI SIGNIFICATO

dedurre - decurtare - defalcare - scontare - deprezzare

Il significato principale di **dedurre** è quello di ricavare una conclusione da fatti, indizi, argomenti, fenomeni; se sostituiamo "ricavare da" con "togliere da" abbiamo il significato di sottrarre una somma da un'altra maggiore. Vicinissimi a questo significato sono sia **decurtare**, sia **defalcare**, in senso etimologico il primo "fare più corto", il secondo "tagliare con la falce". **Scontare** è detrarre progressivamente da un conto o da un debito, oppure dedurre percentualmente un certo importo. **Deprezzare** è far diminuire di prezzo, di valore.

deduttìvo [vc. dotta, lat. tardo *deductīvu(m)*, da *dedūctus* 'dedotto' ✳ 1851] **agg.** ● (*filos.*) di deduzione, basato su una deduzione, che procede per deduzione: *metodo d.* | ***ragionamento d.***, sillogismo **CONTR.** induttivo ‖ **deduttivaménte**, **avv.** per via di deduzione

†**dedùtto** ➤ **dedotto**

deduttóre [vc. dotta, lat. *deductōre(m)*, da *dedūcere* 'accompagnare, guidare' ✳ 1830] **agg. e s. m.** (**f.** *-trice*) ● (*raro*) che (o chi) deduce

♣**deduzióne** [vc. dotta, lat. *deductiōne(m)*, da *dedūcere* 'dedurre' ✳ 1363] **s. f. 1** (*filos.*) procedimento logico consistente nel derivare da una o più premesse una conclusione che ne rappresenta la conseguenza logica **2** (*est.*) conclusione: *una d. inesatta, imprecisa, arbitraria* **SIN.** argomentazione **3** sottrazione dal reddito imponibile: *la d. dei contributi previdenziali obbligatori* **CFR.** detrazione **4** (*dir.*) presentazione, specificazione: *d. in giudizio di mezzi di prova*

SFUMATURE DI SIGNIFICATO

deduzione - sillogismo - induzione

Deduzione è il procedimento logico per cui sulla base di una proposizione generale si ricava un giudizio o si formula un'ipotesi più particolare. Il ragionamento deduttivo per cui da due premesse deriva una conseguenza necessaria si dice **sillogismo**. Il ragionamento inverso, per cui dall'osservazione di fatti particolari si trae un'ipotesi di carattere generale si chiama **induzione**.

deejay /di'dʒei, *ingl.* 'di:ˌdʒeɪ/ [vc. ingl., trascrizione delle due lettere di cui è formata la sigla *D. J.* di *disc jockey* ✳ 1986] **s. m. e f. inv.** (**pl. ingl.** *deejays*) ● disc jockey

de-escalation /deeska'leʃʃon, *ingl.* ˌdi:ɛskə'leɪʃən/ [vc. ingl., comp. di *de-* e *escalation* ✳ 1966] **s. f. inv.** ● progressiva riduzione di un'azione bellica | (*est.*) graduale attenuazione di un fenomeno

deetimologiẓẓazióne [comp. di *de-* e di un deriv. di *etimologia*, sul modello dell'ingl. *deetymologization*] **s. f.** ● (*ling.*) demotivazione

♣**de fàcto** [loc. lat., propr. 'secondo il fatto' ✳ 1673] **loc. avv.** ● di fatto, concretamente **CFR.** de iure

défaillance /*fr.* defa'jɑ̃s/ [vc. fr., da *défaillir*, propr. 'fare difetto, mancare, fallire (*faillir*) del tutto (*dé-*)' ✳ 1909] **s. f. inv. 1** improvvisa debolezza, crisi, spec. nel linguaggio sportivo **2** (*est.*) cedimento mentale o morale

defalcaménto [1825] **s. m.** ● (*raro*) il defalcare

defalcàre o **difalcàre**, **diffalcàre** [lat. parl. **defalcāre*, propr. 'togliere, tagliare (*dē-*) con la falce (*fălx*)' ✳ 1342] **v. tr.** (*io defàlco, tu defàlchi*) **1** detrarre una somma da un'altra maggiore (*anche assol.*): *gli defalcarono cinquanta euro dalla spesa*; *d. da un debito, da un credito* **2** (*lett.*, *fig.*) diminuire, togliere: *Adone il segue, e col parlar diffalca / la noia del cammin* (G.B. MARINO) **3** †uccidere, decimare

SFUMATURE ➤ *dedurre*

defalcazióne o **difalcazióne**, **diffalcazióne**, [1342] **s. f.** ● defalco

defàlco o **difàlco**, **diffàlco** [da *defalcare* ✱ av. 1419] **s. m.** (**pl.** *-chi*) ● detrazione, deduzione | (*est.*) quantità defalcata: *un d. del dieci per cento*

defascistiẓẓàre [comp. parasintetico di *fascista*, col pref. *de-* ✱ 1957] **v. tr.** ● epurare dagli elementi fascisti ‖ **defascistiẓẓazióne**, **s. f.**

defaticaménto [1970] **s. m.** ● il defaticarsi | esercizio o serie di esercizi di breve durata compiuti per defaticarsi

defaticànte o **defatigànte** [deriv. di *defaticarsi* ✱ 1973] **agg.** ● che produce defaticamento: *esercizi defaticanti*

defaticàrsi [comp. parasintetico di *fatica*, col pref. *de-* ✱ 1965] **v. rifl.** (*io mi defatìco, tu ti defatìchi*) ● nello sport, compiere una serie di esercizi atti a eliminare l'eccesso di acido lattico formatosi nei muscoli in seguito a sforzi prolungati

defatigànte **part. pres.** di *defatigare*; anche **agg.** **1** †che infastidisce **2** che stanca, che spossa: *una trattativa d.* **3** V. *defaticante*

defatigàre [vc. dotta, lat. *defatigāre*, comp. di *dē-* e *fatigāre* 'spossare' ✱ 1632] **v. tr.** (*io defatìgo, tu defatìghi*) **1** (*lett.*) affaticare, stancare **2** †infastidire, molestare

defatigatòrio [1905] **agg.** (**pl. m.** *-i* o *raro -ii*) ● (*dir.*) che tende a protrarre la causa a scopo dilatorio o per stancare la parte avversa

†**defatigazióne** [vc. dotta, lat. *defatigatiōne(m)*, da *defatigāre* 'defatigare' ✱ av. 1712] **s. f.** ● affaticamento, molestia

default /de'fɔlt, *ingl.* dɪ'fɔ:lt/ [vc. ingl., propr. 'mancanza, assenza', dal lat. parlato *defallīre* attrav. il fr. ant. ✱ 1991] **s. m. inv.** **1** (*inform.*) condizione operativa che un dispositivo o un programma sceglie in assenza di specifiche istruzioni da parte dell'utente: *valore di d.* | (*est.*) *di d.*, *per d.*, automaticamente **2** (*econ.*) inadempienza da parte di un debitore nell'onorare gli obblighi assunti

defecàre [vc. dotta, lat. *defaecāre*, da *defaecātus* 'tolto (*dē-*) dalla feccia (*fāex*)' ✱ 1797] **A** **v. intr.** (*io defèco, tu defèchi*; **aus.** *avere*) ● espellere le feci **B** **v. tr.** ● purificare un liquido precipitandone le impurezze, spec. con aggiunta di reagenti chimici

defecazióne [vc. dotta, lat. tardo *defaecatiōne(m)*, da *defaecāre* 'defecare' ✱ 1830] **s. f.** **1** espulsione delle feci **SIN.** evacuazione **2** purificazione di un liquido: *d. del mosto*

defedàto [comp. parasintetico, col pref. *de-*, del lat. *fōedus* 'brutto, deforme' (di orig. sconosciuta) ✱ 1956] **agg.** ● (*med.*) che è in stato di grave deperimento: *organismo, individuo d.*

†**defèndere** e deriv. ➤ **difendere** e deriv.

defenestràre [fr. *défenestrer*, dal lat. *fenĕstra* 'finestra' ✱ 1923] **v. tr.** (*io defenèstro*) **1** (*raro*) gettare dalla finestra **2** (*fig.*) privare qlcu. di un ufficio, di una carica e sim., spec. in modo brusco e inatteso: *il ministro è stato defenestrato*

defenestrazióne [fr. *défenestration*, da *défenestrer* (V. *defenestrare*) ✱ 1892] **s. f.** ● il defenestrare, il venire defenestrato | (*stor.*) ***d. di Praga***, quella compiuta nel 1618, quando i protestanti insorti gettarono dalla finestra del palazzo reale di Praga i rappresentanti dell'Impero asburgico

†**defènsa** ➤ **difesa**

†**defensàre** ➤ †**difensare**

defensionàle o **difensionàle** [1852] **agg.** ● (*dir.*) relativo alla difesa: *prova d.*; *memoria d.*

†**defensióne** ➤ †**difensione**

defensìva ➤ **difensiva**

†**defensìvo** ➤ **difensivo**

†**defensóre** ➤ **difensore**

✤**deferènte** **A** **part. pres.** di *deferire*; anche **agg.** **1** nei sign. del v. **2** che permette il deflusso di qlco.: *canale d.*; *dotto d.* **3** pieno di rispetto, di ossequio, di riguardo: *essere molto, poco d.*; *il d. silenzio degli astanti*; *porgere un d. ossequio*; *mostrarsi d. verso qlcu.* **SIN.** ossequioso, rispettoso **4** (*astron.*) eccentrico ‖ **deferenteménte**, **avv.** con deferenza **B** **s. m.** ● (*anat.*) formazione canalicolare che va dall'epididimo al dotto eiaculatore dell'uretra

deferentìte [comp. di *deferent(e)* e *-ite*① ✱ 1895] **s. f.** ● (*med.*) infiammazione del deferente

✤**deferènza** [da *deferente* ✱ 1667] **s. f.** ● caratteristica, atteggiamento di chi è deferente: *la servile d. ai potenti*; *mostrare d. verso qlcu.*; *salutare con d.* **SIN.** ossequio, rispetto

deferiménto [1925] **s. m.** ● il deferire, il venire deferito

deferìre [vc. dotta, lat. *defĕrre* 'portare (*fĕrre*) giù (*dē-*)' con la desinenza di v. in *-ire* ✱ 1342] **A** **v. tr.** (*io deferisco, tu deferisci*) **1** (*dir.*) rimettere all'esame, al giudizio di altri (+ *a*): *d. una questione all'autorità giudiziaria* | ***d. qlcu. all'autorità giudiziaria***, denunciarlo, accusarlo o citarlo in giudizio | ***d. il giuramento***, rimettere il giuramento decisorio a un'altra parte | ***d. l'interrogatorio***, chiedere all'autorità giudiziaria di interrogare su dati fatti una parte o un testimone **2** (*est.*, *lett.*) rimettere, consegnare: *vi sarà deferita copia del programma* **B** **v. intr.** (**aus.** *avere*) ● (*lett.*) conformarsi, rimettersi al giudizio o alle opinioni altrui per stima, rispetto e sim.: *d. alle richieste del popolo*

deferriẓẓazióne [comp. di *de-* e di un deriv. di *ferro*, sull'es. dell'ingl. *deferrization* ✱ 1966] **s. f.** ● eliminazione del ferro dalle acque

defervescènza [dal lat. *defervēscere* 'cessare di bollire' (comp. di *dē-* e *fervēscere*: V. *effervescente*), sul modello di *effervescenza* ✱ 1874] **s. f.** ● (*med.*) diminuzione o cessazione della febbre

†**defèsso** [vc. dotta, lat. *defĕssu(m)*, dal part. pass. di *defetīsci* 'spossarsi' ✱ 1481] **agg.** ● (*lett.*) affaticato

defettìbile [vc. dotta, lat. *defectĭbile(m)* 'che vien meno (*dĕficit*) facilmente' ✱ av. 1334] **agg.** ● (*lett.*) che può mancare | che può cadere in difetto

†**defètto** e deriv. ➤ **difetto** e deriv.

defettologìa ➤ **difettologia**

defezionàre [da *defezione* ✱ 1848] **v. intr.** (*io defezióno*; **aus.** *avere*) ● compiere una defezione **SIN.** disertare, tradire

defezióne [vc. dotta, lat. *defectiōne(m)*, da *defĭcere* 'abbandonare', comp. di *dē-* e *făcere* 'fare' ✱ 1342] **s. f.** **1** (*raro*) il venir meno alla parola data o sim. | abbandono di un'attività, di un'organizzazione, di un partito politico e sim.: *la d. da un gruppo*; *subire una d.* | (*lett.*) ribellione **SIN.** diserzione **2** †mancanza, difetto

defezionìsta [1983] **s. m. e f.**; anche **agg.** (**pl. m.** *-i*) ● (*raro*) chi (o che) compie una defezione

defibrillatóre [da *defibrilla(zione)* ✱ 1981] **s. m.** ● (*med.*) apparecchio elettrico provvisto di due elettrodi, usato per eseguire la defibrillazione

defibrillazióne [comp. di *de-* e *fibrillazione* ✱ 1987] **s. f.** ● (*med.*) arresto di una fibrillazione atriale o ventricolare

defibrinazióne [comp. di *de-*, *fibrina* e *-zione* ✱ 1966] **s. f.** ● (*med.*) processo di rimozione della fibrina dal sangue

†**deficàre** e deriv. ➤ **edificare** e deriv.

deficiènte, (*evit.*) **deficènte** [vc. dotta, lat. *deficiĕnte(m)*, part. pres. di *defĭcere* (V. *defezione*) ✱ 1268] **A** **agg.** **1** (*raro*) mancante: *stanza d. di illuminazione* | insufficiente: *scorte deficienti per una lunga permanenza* **2** (*disus.*) che ha una preparazione scolastica scarsa e lacunosa: *alunno d. nelle materie scientifiche* **B** **agg.**; anche **s. m. e f.** **1** (*psicol.*) detto di individuo socialmente incapace, per le sue limitazioni mentali **SIN.** oligofrenico **2** (*spreg.*) cretino, imbecille: *non dargli retta, è un povero d.*; *che discorsi da d.!*

deficiènza, (*evit.*) **deficènza** [vc. dotta, lat. tardo *deficiĕntia(m)*, da *defĭcere* (V. *defezione*) ✱ av. 1328] **s. f.** **1** scarsezza, insufficienza: *d. di munizioni, di rifornimenti* | ***d. mentale***, oligofrenia **2** lacuna, mancanza: *ho notato qualche d. nella sua preparazione*; *ha delle gravi deficienze in matematica*

♦**dèficit** [vc. lat., propr. '(esso) manca', terza pers. del pres. indic. di *defĭcere* 'venir meno, mancare' ✱ 1783] **s. m. inv.** **1** (*econ.*) in contabilità, eccedenza del passivo sull'attivo: *il d. della bilancia commerciale*; *chiudere il bilancio in d.* | (*est.*) disavanzo, ammanco, perdita: *il d. di quella banca, quando ne fu dichiarata l'insolvenza, risultò colossale* **2** (*est.*) carenza, insufficienza: *d. intellettuale, morale, culturale* | lacuna: *d. scolastico* **3** (*med.*) condizione patologica di carenza funzionale o costituzionale di un organismo o di una sua parte: *d. visivo*; *d. acustico*; *d. psichico* | ***d. motorio***, diminuzione in vario grado della funzione di movimento attivo di un organo o un apparato (per es. di un arto) | ***d. vitaminico***, condizione di carenza più o meno accentuata di una vitamina in un organismo

deficitàrio [fr. *déficitaire*, da *déficit* (V. *deficit*) ✱ 1927] **agg.** **1** che è in perdita, in passivo: *un bilancio d.* **2** insufficiente rispetto al necessario: *alimentazione deficitaria*

defìggere [da *affiggere* con sostituzione di pref. opposto (*de-* ad *a-*②) ✱ sec. XIV] **v. tr.** (**coniug. come** *figgere*; **part. pass.** *defìsso*) ● staccare ciò che è affisso: *d. un manifesto dal muro* **CONTR.** affiggere

defilaménto [1937] **s. m.** **1** (*milit.*) riparo dietro un ostacolo contro il tiro o l'osservazione del nemico **2** (*mar.*) manovra di parata per passare a pochi metri di poppa da una nave in navigazione, o a poca distanza da una nave ormeggiata, alla quale si rendono gli onori

defilàre [fr. *défiler* 'marciare in *fila* (per un passaggio impervio)' ✱ 1385] **A** **v. tr.** ● (*milit.*) sottrarre al tiro o alla vista del nemico utilizzando un ostacolo frapposto **B** **v. intr.** (**aus.** *avere*) ● (*mar.*) effettuare un defilamento **C** **defilàrsi** **v. rifl.** ● sottrarsi alla vista altrui, fare in modo di non essere visto: *volevo salutarlo, ma lui è riuscito a defilarsi* | (*fig.*) sottrarsi a un obbligo, a un impegno gravoso o sgradevole

✤**defilàto** **part. pass.** di *defilare*; anche **agg.** **1** nei sign. del v. **2** in disparte, appartato: *stare, mantenersi in una posizione defilata*

défilé /*fr.* defi'le/ [vc. fr., part. pass. di *défiler* 'marciare in *fila* per un passaggio stretto e difficile' ✱ 1858] **s. m. inv.** ● sfilata di moda

definìbile [1707] **agg.** ● che si può definire **CONTR.** indefinibile ‖ **definibilità**, **s. f. inv.**

♦**definìre** o †**difinire**, †**diffinire** [vc. dotta, lat. *definīre* 'limitare (*finīre*, da *fīne(m)* 'confine', V. *fine*①) completamente (*dē-*)' ✱ 1261 ca.] **A** **v.**

tr. (*io definisco, tu definisci*) **1** precisare, fissare i limiti: *la Costituzione definisce il potere degli organi legislativi; formulare un problema è definirne i termini* (B. CROCE) **2** determinare la natura di un concetto attraverso un'attenta analisi delle sue componenti e mediante la formulazione in termini appropriati: *i concetti si definiscono, gli oggetti si descrivono; è difficile d. che cosa è la bellezza; mi definisca il reato di furto; non riesce a d. il sentimento che prova; le parole definiscono le cose* (R. BACCHELLI) | spiegare il significato di una parola: *d. un vocabolo* | ***d. una persona***, descriverne le caratteristiche, l'indole **3** risolvere, terminare: *d. una lite, una questione* **B** **definirsi** **v. rifl.** ● dichiararsi: *Viaggiatore senza bagagli, soleva definirsi* (L. PIRANDELLO)

definitézza [1832 ca.] **s. f.** ● caratteristica di ciò che è definito

definitivìsta [1983] **s. m. e f.** (**pl. m.** *-i*) ● tecnico pubblicitario che cura la disposizione e l'impaginazione degli annunci pubblicitari

definitìvo o †**difinitivo**, †**diffinitivo** [vc. dotta, lat. *definitīvu(m)*, da *definītum* 'definito' * 1261 ca.] **agg.** **1** che risolve, conclude, pone fine: *discussione, risoluzione, definitiva* | ***in definitiva***, (*ellitt.*) in conclusione, tutto sommato **SIN.** decisivo **2** (*dir.*) che pone termine a una causa: *sentenza definitiva* | ***atto amministrativo d.***, non impugnabile con ricorso gerarchico **3** (*disus.*) deciso, detto di persona || **definitivaménte**, **avv.** in modo definitivo, per sempre || **definitività**, **s. f. inv.**

definìto o †**difinito**, †**diffinito** **part. pass.** di *definire*; anche **agg.** **1** nei sign. del v. **2** preciso: *assumere una posizione ben definita* **CONTR.** incerto, vago || **definitaménte**, **avv.** in modo esattamente definito **CONTR.** indefinitamente

definitóre o †**difinitore**, †**diffinitore** [vc. dotta, lat. *definitōre(m)*, da *definītus* 'definito' * 1282] **agg. e s. m.** (**f.** *-trice*) **1** che (o chi) definisce **2** assistente del padre generale o provinciale in alcuni ordini religiosi

definitòrio o †**diffinitorio** [dal part. pass. di *definire* * sec. XIV] **agg.** (**pl. m.** *-i* o *raro -ii*) ● (*raro*) di definizione | atto a definire

definizióne o †**difinizione**, †**diffinizione** [vc. dotta, lat. *definitiōne(m)*, da *definīre* 'definire' * 1261 ca.] **s. f.** **1** il definire | determinazione: *d. di un confine* **2** spiegazione del significato di un vocabolo | formula con cui si definisce: *d. imprecisa, inesatta, incompleta, esauriente, chiara, oscura; dare una d.* | ***per d.***, per propria natura; (*est.*) per antonomasia: *il diamante è la pietra preziosa per d.* **3** risoluzione, conclusione: *d. di una lite, di una disputa* **4** (*fotogr., cinema, tv*) nitidezza di un'immagine **SIN.** risoluzione | ***alta d.***, tecnologia che consente di ottenere immagini televisive con una risoluzione simile a quella cinematografica

defiscalizzàre [comp. di *de-* e *fiscalizzare* * 1983] **v. tr.** ● privare del carattere fiscale | (*econ.*) annullare un precedente provvedimento di fiscalizzazione || **defiscalizzazióne**, **s. f.**

defissióne ① [da *affissione*, con cambio di pref. * 1956] **s. f.** ● atto dello staccare ciò che è affisso: *la d. dei manifesti dai muri*

defissióne ② [vc. dotta, lat. tardo *defixiōne(m)*, dal part. pass. (*defixum*) di *defigere* 'fissare (*figere*) fermamente (*de-*)' * 1956] **s. f.** ● pratica magica consistente nel trafiggere con chiodi e spilloni il simulacro di un nemico o una tavoletta con inciso il suo nome per augurargli danni e sventure

defisso **part. pass.** di *defiggere*; anche **agg.** ● (*raro*) nel sign. del v.

deflagrànte **part. pres.** di *deflagrare*; anche **agg.** ● nei sign. del v.

†**deflagràre** [vc. dotta, lat. *deflagrāre* 'abbruciare (*flagrāre*) completamente (*dē-*)' * 1869] **v. intr.** (**aus.** *avere*) **1** (*chim.*) bruciare molto rapidamente, ma per gradi e con progressivo aumento di pressione, detto degli esplosivi da lancio **2** (*geol.*) disgregarsi in modo violento, detto di rocce dei climi desertici che subiscono bruschi sbalzi di temperatura dal giorno alla notte **3** (*fig.*) manifestarsi all'improvviso e con violenza: *il conflitto deflagrò nel giro di poche settimane* **SIN.** scoppiare

deflagrazióne [vc. dotta, lat. *deflagratiōne(m)*, da *deflagrāre* 'deflagrare' * 1797] **s. f.** **1** scoppio (*anche fig.*) **2** (*geol.*) violenta disgregazione delle rocce per bruschi sbalzi di temperatura

deflatìvo o, diffuso ma etim. meno corretto, **deflattivo** [da *deflazione* ① * 1922] **agg.** ● deflazionistico: *politica deflativa*

deflatóre [1985] **s. m.** ● (*econ.*) coefficiente per il quale vengono moltiplicati i prezzi di un dato periodo al fine di privarli dell'effetto dell'inflazione e renderli comparabili con quelli di un periodo precedente

deflatòrio [1956] **agg.** (**pl. m.** *-i* o *raro -ii*) ● deflazionistico

deflattìvo ➤ **deflativo**

deflazionàre [da *deflazione* ① * 1938] **v. tr.** (*io deflazióno*) ● provocare una condizione di deflazione economica

deflazióne ① [fr. *déflation*, dall'ingl. *deflation* 'sgonfiamento', contrapposto a *inflation* 'gonfiamento' (V. *inflazione*) * 1930] **s. f.** ● (*econ.*) condizione di un sistema economico caratterizzato da diminuzione del livello dei prezzi per riduzione della domanda **CONTR.** inflazione

deflazióne ② [dal lat. *deflāre* 'soffiare (*flāre*) via (*de-*)' * 1913] **s. f.** ● (*geol.*) asportazione, da parte del vento, di granuli sabbiosi formatisi per disgregazione di rocce

deflazionìsta [da *deflazione* ① * 1940] **A** **s. m. e f.** (**pl. m.** *-i*) ● chi sostiene o promuove una politica di deflazione economica **B** **agg.** ● deflazionistico

deflazionìstico [da *deflazione* ① * 1956] **agg.** (**pl. m.** *-ci*) ● di deflazione, che tende a produrre deflazione economica **CONTR.** inflazionistico

deflegmàre e deriv. ➤ **deflemmare** e deriv.

deflemmàre o **deflegmàre** [comp. parasintetico di *flemma*, col pref. *de-* * 1797] **v. tr.** (*io deflèmmo*) ● (*chim.*) separare da un miscuglio una parte di acqua in esso contenuta

deflemmatóre o **deflegmatóre** [1892] **s. m.** ● (*chim.*) apparecchio in cui si deflemma un miscuglio

deflemmazióne o **deflegmazióne** [1786] **s. f.** ● (*chim.*) operazione del deflemmare

deflessióne [1797] **s. f.** **1** (*raro, lett.*) il deflettere | (*fig.*) deviazione morale **2** (*fis.*) deviazione | modifica della traiettoria di un fascio di particelle cariche o di fotoni per effetto di un campo di forze **3** (*med.*) movimento di estensione della testa del feto durante il parto

deflèttere [vc. dotta, lat. *deflĕctere* 'piegare (*flĕctere*) in giù (*dē-*)' * 1630] **v. intr.** (**part. pass.** *deflèsso* (**spec. nel sign. 1**) o *deflettùto* (**spec. nel sign. 2**); **nelle altre forme coniug. come** *flettere*; **aus.** *avere*) **1** piegare da un lato | (*est.*) deviare da una direzione **2** (*fig.*) deviare da propositi, opinioni, posizioni, principi e sim.: *non d. dalla propria intransigenza*

deflettóre [1913] **s. m.** **1** organo che devia una corrente di gas o di liquido **2** parte orientabile del finestrino anteriore di un'autovettura

deflogisticàto [fr. *déphlogistiqué*, comp. di *dé-* e *phlogistiqué* 'reso combustibile per mezzo del fluido calorico chiamato, con vc. presa dal gr. che significa 'infiammabile', *phlogiston*' * 1786] **agg.** ● in alchimia, detto di ogni corpo che si riteneva privo del flogisto

defloraménto [1966] **s. m.** ● (*raro*) deflorazione

defloràre [vc. dotta, lat. tardo *deflorāre* 'cogliere, togliere (*dē-*) il fiore (*flōs*)' * av. 1400] **v. tr.** (*io deflòro*) ● (*lett.* o *disus.*) privare della verginità

defloratóre [vc. dotta, lat. tardo *defloratōre(m)*, da *deflorāre* 'deflorare' * 1525] **s. m.** ● (*raro, disus.*) chi deflora

deflorazióne [vc. dotta, lat. tardo *defloratiōne(m)*, da *deflorāre* 'deflorare' * 1298] **s. f.** ● atto del deflorare | lacerazione, rottura dell'imene

defluènza [av. 1937] **s. f.** ● (*raro*) deflusso

defluìre [vc. dotta, lat. *deflŭere* 'scorrere (*flŭere*) giù (*dē-*)', rifatto su *fluire* * 1499] **v. intr.** (*io defluisco, tu defluisci*; **aus.** *essere*) **1** scorrere in giù o verso l'esterno, detto di liquidi o di gas: *l'acqua defluisce dalle condutture* **2** (*fig.*) uscire in gran numero da un luogo (quasi come una corrente): *il pubblico defluisce dal teatro*

dèfluo [vc. dotta, lat. *dēfluu(m)*, da *deflŭere* 'scorrere' * 1499] **agg.** ● (*lett.*) che scorre verso il basso

deflùsso [vc. dotta, lat. tardo *deflŭxu(m)*, dal part. pass. di *deflŭere* 'defluire' * av. 1565] **s. m.** **1** il defluire (*anche fig.*): *il d. della marea, della folla* **2** volume d'acqua passato in un certo intervallo di tempo attraverso una determinata sezione di un corso d'acqua **CONTR.** afflusso **3** il ritirarsi di un'onda dopo essersi infranta sulla battigia

deflussóre [da *deflusso* * 1987] **s. m.** ● (*med.*) dispositivo per fleboclisi costituito da un tubicino di plastica flessibile che, raccordando il flacone con l'ago, consente l'immissione lenta di liquidi in una vena a scopo terapeutico

defogliànte o **defoliànte** [propr. part. pres. del v. *defogliare*, sul modello dell'ingl. *defoliant* * 1971] **s. m.** ● sostanza, usata spec. come aggressivo chimico, che, sparsa sulla vegetazione, provoca la caduta definitiva delle foglie dagli alberi

defogliàre o **defoliàre** [comp. parasintetico di *foglia*, con il pref. *de-* * 1499] **v. tr.** (*io defòglio*) ● (*raro*) sfogliare, sfrondare

defogliazióne o **defoliazióne** [da *defogliare* * 1973] **s. f.** ● il defogliare | caduta delle foglie di una pianta

defoliàre e deriv. ➤ **defogliare** e deriv.

defonologizzazióne [comp. parasintetico di *fonologico*, col pref. *de-* * 1983] **s. f.** ● (*ling.*) nel processo evolutivo di una lingua, perdita di valore distintivo di un elemento fonetico in precedenza pertinente (per es. nell'evoluzione del latino parlato, la perdita di opposizione fonematica tra vocali lunghe e brevi del latino classico)

†**defónto** ➤ **defunto**

deforestaménto [comp. di *de-* e un deriv. di *foresta*, parallelo a *disboscamento* * 1970] **s. m.** ● (*raro*) disboscamento, sfoltimento

deforestàre [V. *deforestamento* * 1983] **v. tr.** (*io deforèsto*) ● disboscare

deforestazióne [comp. parasintetico di *foresta*, col pref. *de-* * 1913] **s. f.** ● distruzione di foreste e boschi | disboscamento

deformàbile [1936] **agg.** ● che si può deformare: *un oggetto facilmente d.* || **deformabilità**, **s. f. inv.**

deformaménto [1765] **s. m.** ● (*raro*) deformazione

deformànte **part. pres.** di *deformare*; anche **agg. 1** nei sign. del v.: *specchio d.* **2** ***artrite d.***, malattia degenerativa delle articolazioni con deformazione dei capi articolari

deformàre [vc. dotta, lat. *deformāre* 'privare (*dē-*) della forma (*fōrma*)' ✱ av. 1292] **A** **v. tr.** (*io defórmo*) **1** alterare nella forma: *una malattia che deforma le ossa; gli stenti che deformano e induriscono il corpo, l'anima e l'intelligenza* (G. VERGA) | rendere deforme, brutto: *un ghigno gli deforma la bocca* | sciupare, sformare: *l'uso deforma gli abiti* **2** (*fig.*) alterare nel significato: *d. un concetto, il senso di una parola, il pensiero di qlcu.* **B** **deformàrsi** **v. intr. pron.** ● alterarsi nella forma: *la plastica si deforma col calore*

deformàto **part. pass.** di *deformare*; anche **agg.** ● nei sign. del v.

deformazióne [vc. dotta, lat. *deformatiōne(m)*, da *deformāre* 'deformare' ✱ av. 1330] **s. f. 1** alterazione nella forma | (*fig.*) travisamento, falsificazione | ***d. professionale***, alterazione del proprio modo di fare, di agire, di pensare, acquisita per la costante ripetizione di gesti, atteggiamenti, pensieri e sim. ricorrenti nell'esercizio di un lavoro o professione **2** (*mecc.*) cambiamento di forma di un corpo per azione di forze esterne

defórme [vc. dotta, lat. *defōrme(m)* 'privo (*dē-*) di forma (*fōrma*)' ✱ 1314] **A** **agg. 1** che ha una forma diversa da quella naturale o normale, ed è perciò brutto e sgradevole a vedersi: *persona grassa e d.; mani, piedi, deformi; sotto d. aspetto, animo vile* (T. TASSO) **2** (*lett.*) sgradevole, detto di voce, suono e sim. **3** (*fig., lett.*) corrotto, turpe ‖ **deformeménte**, **avv.** con deformità **B** **s. m.** **solo sing.** ● ciò che è deforme: *avere il gusto del d.*

SFUMATURE DI SIGNIFICATO

deforme - malformato - malfatto - sformato
Ciò che non ha mai avuto una forma definita o che ha perduto la sua forma originaria si dice **deforme**, termine che suggerisce una particolare sgradevolezza estetica; *deforme* può anche essere riferito a persone. Più in particolare, si definisce **malformato** un organo o una parte del corpo affetta da malformazione, ossia da un'alterazione della normale conformazione, mentre **malfatto** può significare tanto malformato quanto, semplicemente, brutto, sgraziato, rozzo. Significato diverso dai precedenti ha **sformato**, che descrive ciò che ha subito una progressiva alterazione o una perdita totale della forma originaria.
SFUMATURE ➤ ***informe***

deformismo [1941] **s. m.** ● (*raro*) gusto del deforme nelle arti figurative

deformità [vc. dotta, lat. *deformitāte(m)*, da *defōrmis* 'deforme' ✱ sec. XIII] **s. f. inv. 1** caratteristica, condizione di chi (o di ciò che) è deforme **2** (*med.*) anomalia, deformazione permanente

defosforazióne [fr. *déphosphoration*, da *déphosphorer* 'eliminare (*dé-*) il fosforo (*phosphore*)' ✱ 1913] **s. f.** ● (*metall.*) eliminazione del fosforo da un metallo fuso e spec. dalla ghisa e dall'acciaio

deframmentazióne [comp. di *de-* e da *frammentazione* ✱ 1996] **s. f.** ● (*inform.*) in un elaboratore elettronico, operazione di riorganizzazione dello spazio occupato su disco rigido

defraudaménto [1869] **s. m.** ● defraudazione

defraudàre o †**difraudàre**, †**defrodàre**, †**difrodàre** [vc. dotta, lat. *defraudāre* 'frodare, ingannare (*fraudāre*) completamente (*dē-*)' ✱ 1288] **v. tr.** (*io defràudo*) **1** privare qlcu. di ciò che gli spetta, spec. con inganno o frode (+ *di*): *d. un cittadino dei suoi diritti* **2** †venir meno, trasgredire: *d. un ordine*

defraudatóre [vc. dotta, lat. tardo *defraudatōre(m)*, da *defraudāre* 'defraudare' ✱ 1680] **s. m.** (**f.** *-trice*); anche **agg.** ● chi (o che) defrauda

defraudazióne [vc. dotta lat. tardo *defraudatiōne(m)*, da *defraudāre* 'defraudare' ✱ 1342] **s. f.** ● il defraudare | inganno, frode

†**defrodàre** ➤ **defraudare**

defùngere [vc. dotta, lat. *defŭngi* (V. *defunto*) ✱ 1353] **v. intr.** (**pres.** *io defùngo, tu defùngi*; **pass. rem.** *io defùnsi, tu defungèsti*; **part. pass.** *defùnto*; **aus.** *essere*) ● (*raro, lett.*) morire

♦**defùnto** o †**defónto** [vc. dotta, lat. *defūnctu(m)*, part. pass. di *defŭngi* 'compiere, terminare (sottinteso la vita)' ✱ av. 1294] **A** **agg. 1** morto, deceduto: *ricordare i genitori defunti* **2** (*fig., lett.*) finito, scomparso, dimenticato: *amore d.; stagione defunta* **B** **s. m.** (**f.** *-a*) ● persona defunta: *pregare per i defunti; commemorare i defunti*

dégagé /fr. dega'ʒe/ [vc. fr., part. pass. di *dégager* 'liberare', da *gage* 'pegno': orig., 'ritirare un pegno' ✱ 1961] **agg. inv.** ● sciolto, spigliato, disinvolto: *atteggiamento d.*

degàgna [prob. da *decania* (V.) ✱ av. 1869] **s. f. 1** (*stor.*) decania **2** (*elvet.*) comunità che riunisce più patriziati

degassaménto [1956] **s. m.** ● eliminazione dei gas da liquidi o da recipienti

degassàre [comp. parasintetico di *gas*, con il pref. *de-* ✱ 1956] **v. tr.** ● sottoporre sostanze liquide o solide a degassamento

degassatóre [1956] **s. m.** ● apparecchio usato per il degassamento dei liquidi, spec. dell'acqua

degassificàre [comp. di *de-* e un deriv. di *gas* ✱ 1963] **v. tr.** (*io degassìfico, tu degassìfichi*) ● sottoporre a degassamento ‖ **degassificazióne**, **s. f.**

degaullìsta /degol'lista/ o **degollìsta** [dal nome del generale fr. Ch. *De Gaulle* (1890-1970) ✱ 1942] **s. m. e f.**; anche **agg.** (**pl. m.** *-i*) ● (*raro*) gollista

degeminazióne [comp. di *de-* e *geminazione* ✱ 1991] **s. f.** ● (*ling.*) scempiamento

♦**degeneràre** o †**digeneràre** [vc. dotta, lat. *degenerāre*, comp. parasintetico di *gĕnus*, genit. *gĕneris*, con il pref. *dē-* ✱ av. 1320] **A** **v. intr.** (*io degènero*; **aus.** *avere*) **1** allontanarsi dalle qualità caratteristiche della propria famiglia o della propria stirpe: *ha degenerato dalla sua antica bontà; d. dalle virtù dei padri* **SIN.** dirazzare, tralignare **2** cambiare in peggio: *lo scherzo degenerò in rissa* | detto di malattia, trasformarsi da benigna in maligna **3** (*biol.*) trasformarsi, perdere le caratteristiche originarie, con riferimento a individui, specie, organi e sim.: *le cellule vanno degenerando* **B** **v. tr.** ● (*raro*) rendere peggiore: *la ricchezza degenera i costumi*
SFUMATURE ➤ ***peggiorare***

degenerativo [1894] **agg.** ● relativo o conseguente a degenerazione: *processo, fenomeno d.*

degeneràto **A** **part. pass.** di *degenerare*; anche **agg.** ● nei sign. del v. **B** **s. m.** (**f.** *-a*) **1** (*med.*) chi è affetto da degenerazione **2** persona moralmente pervertita

degenerazióne [vc. dotta, lat. *degeneratiōne(m)*, da *degenerāre* 'degenerare' ✱ 1308] **s. f. 1** il degenerare | decadenza, degradazione: *d. di una famiglia, di un popolo, di una tradizione* **2** (*biol.*) alterazione che colpisce l'individuo, l'organo, la cellula, rendendoli aberranti dalla norma e in condizioni di inferiorità: *d. cellulare, somatica, psichica* **3** (*mat.*) condizione in cui due o più funzioni, stati o grandezze, generalmente distinte, sono coincidenti
SFUMATURE ➤ ***decadenza***, ➤ ***depravazione***, ➤ ***perversione***

♦**degènere** [vc. dotta, lat. *degĕnere(m)* 'che s'allontana (*dē-*) dalla propria stirpe (*gĕnus*)' ✱ 1363] **agg. 1** che degenera, che ha perduto le qualità originarie | pervertito, corrotto: *figlio, padre d.* **2** (*fis.*) detto di sistema fisico che presenta una degenerazione; in particolare, in meccanica quantistica, riferito a stati distinti ma aventi la stessa energia

degènte [vc. dotta, lat. *degĕnte(m)*, part. pres. di *dĕgere* 'continuare (*dē-*) a passare, condurre (*ăgere*) la propria vita' ✱ 1888] **agg. e s. m. e f.** ● che (o chi) per malattia è costretto a letto spec. in un ospedale o una clinica

degènza [da *degente* ✱ 1925] **s. f.** ● periodo di permanenza di un ammalato in letto | ***d. ospedaliera***, periodo di ricovero in ospedale

deglaciazióne [comp. di *de-* e *glaciazione* ✱ 1986] **s. f.** ● (*geol.*) riduzione progressiva della superficie dei ghiacciai dovuta all'effetto serra o ad altri fenomeni geofisici

deglassàre [dal fr. *déglacer*, propr. 'sghiacciare'; cfr. *glassare* ✱ 1964] **v. tr.** ● diluire con acqua, brodo, vino, ecc. il sugo di carne che si è rappreso sul fondo di un recipiente da cucina

♦**dégli** o (*poet.*) **de gli** **A** **prep. art. m. pl. comp.** di *de*② e *gli*① ➤ **gli**① per gli usi ortografici. Talora si apostrofa (*spec. lett.*) davanti a parole che cominciano per *i*: *degl'innocenti* (V. nota d'uso ELISIONE e TRONCAMENTO) **B** **in funzione di art. partitivo m. pl.** ● un po' di, una certa quantità di: *ha acquistato d. abiti nuovi* | alcuni: *sono arrivati d. amici di Marco* | certi (con valore indefinito, talora enfatico): *lo guardava con d. occhi che corruscavano di tratto in tratto* (G. VERGA)

deglutinazióne [da *agglutinazione* con sostituzione di pref. opposto (*de-* a *ad-*) ✱ 1956] **s. f.** ● (*ling.*) perdita del suono iniziale di una parola, perché sentito come articolo o preposizione (per es. *usignolo*, da *lusignolo*) **SIN.** discrezione

deglutìre [vc. dotta, lat. tardo *deglutīre* 'inghiottire (*glutīre*) completamente (*dē-*)' ✱ sec. XIV] **v. tr.** (*io deglutìsco, tu deglutìsci*) ● far passare dalla bocca nell'esofago (*anche assol.*): *d. un boccone; d. la saliva; il paziente non deglutisce* **SIN.** inghiottire

deglutizióne [vc. dotta, lat. *deglutitiōne(m)*, da *deglutīre* 'deglutire' ✱ 1681] **s. f.** ● atto fisiologico del deglutire

degnàre o †**dignàre** [lat. parl. *dignāre* 'considerare degno (*dĭgnus*)' ✱ 1250 ca.] **A** **v. tr.** (*io dégno*; **coniug. come** *segnare*) ● stimare degno: *d. qlcu. di una risposta; non d. qlcu. di uno sguardo* **B** **v. intr.** (*lett.*; **aus.** *avere*) e **degnàrsi** **v. intr. pron. 1** avere la compiacenza di compiere un atto, spec. ritenuto inferiore al proprio prestigio, alla propria dignità e sim. (+ *di* **seguito da inf.**): *degnarsi di rispondere a qlcu.; non si è mai degnato di venire a trovarci; sapendo ... chi entrava, non degnò voltarsi a guardare* (A. FOGAZZARO) **2** †mostrarsi affabile, benevolo

degnazióne o †**dignazióne** [lat. *dignatiōne(m)*, da *dĭgnus* 'degno' ✱ 1322] **s. f.** ● atteggiamento di ostentata compiacenza verso chi è, o è ritenuto, inferiore: *non si era aspettato tanta d.*; (*iron.*) *troppa d.!, quanta d.!* | ***avere la d. di***, degnarsi, acconsentire **SIN.** condiscendenza
SFUMATURE ➤ ***benevolenza***

degnévole [comp. di *degn(o)* ed *-evole* ✱ av. 1587] **agg. 1** (*lett.*) che si degna | benigno, affettuoso: *un pietoso e d. angelo custode* (I. NIEVO) **2** †disposto ad accettare facilmente gli inviti ‖ †**degnevolménte**, **avv.**

degnificàre ➤ **dignificare**

degnità [lat. *dignitāte(m)*, da *dĭgnus* 'degno' ✱

av. 1563] s. f. inv. 1 †V. *dignità* 2 (*filos.*) nel sistema di G. B. Vico, assioma, postulato

†degnitóso ➤ **dignitoso**

♦dégno o **†digno** [lat. *dīgnu(m)*, da *dĕcet* 'che conviene, che merita' ✱ 1224 ca.] **agg.** 1 che ha le caratteristiche per meritare qlco. di positivo o di negativo (+ *di*, anche seguito da inf.): *mostrarsi d. di lode; la tua obiezione è degna di rilievo; non è d. di nota; non lo stimo d. di rispetto; una richiesta degna di essere presa in considerazione; è d. solo del nostro disprezzo; me d. a ciò né io né altri 'l crede* (DANTE *Inf.* II, 33) | **d. di fede**, cui si può credere pienamente; *testimone, documento d. di fede* | †**avere qlcu. a d.**, stimarlo 2 che è adatto a un ufficio: *non è un uomo d. di governare uno Stato; nessuno dei principi era d. di essere nominato reggente* 3 che si addice, che è adeguato (+ *di*): *questo non è d. di te; è un pensiero d. di Platone; la vita che conduce non è degna del suo nome*; (*iron.*, *spreg.*) *lo arrestarono col suo d. compare* | conveniente: *si esprime con parole degne della sua cultura* | proporzionato: *d. compenso* 4 (*lett.*) eccellente | **persona degna**, onesta, dabbene, assai stimabile | solenne, sfarzoso: *una bella e degna festa* ‖ **degnaménte**, **avv.** 1 con dignità: *comportarsi degnamente* 2 meritatamente: *rallegratevi, che io ... sono punita degnamente* (G. BOCCACCIO) 3 in modo conveniente, adeguato: *ricompensare degnamente qlcu.*

degollìsta ➤ **degaullista**

dégorgement /fr. degɔrʒə'mã/ [vc. fr., propr. 'travaso' ✱ 1895] **s. m. inv.** ● (*enol.*) nella produzione di uno spumante con il metodo champenois, sboccatura

degradàbile [1973] **agg.** ● soggetto a degradazione | detto di sostanza che si decompone per mezzo di un determinato agente ‖ **degradabilità**, **s. f. inv.**

degradaménto [1680] **s. m.** ● (*raro*) il degradare | (*raro*) degrado

degradànte **part. pres.** di *degradare*; anche **agg.** ● nei sign. del v.

degradàre [vc. dotta, lat. tardo *degradāre*, per *dēgredi* 'scendere (*grădi*) giù (*dē-*)', attrav. il fr. *dégrader* ✱ 1282] **A** **v. tr.** (*io degràdo*) 1 punire con la degradazione: *d. un ufficiale, un ecclesiastico* 2 (*fig.*) privare della dignità, avvilire moralmente: *una vita che degrada la coscienza dell'uomo* 3 (*fis.*, *chim.*) sottoporre a degradazione **B** **v. intr.** (aus. *essere*) e **degradàrsi** **v. intr. pron.** 1 (*lett.*) diminuire gradualmente di altezza 2 deteriorarsi, subire un degrado 3 (*fis.*, *chim.*) compiere o subire una degradazione **C** **degradàrsi** **v. rifl.** ● umiliarsi, avvilirsi: *non possono degradarsi a fare ciò* **SIN.** abbassarsi

SFUMATURE ➤ *scadere*

degradàto **part. pass.** di *degradare*; anche **agg.** ● nei sign. del v. ‖ **degradataménte**, **avv.** (*raro*) diminuendo grado a grado

degradazióne [fr. *dégradation*, dal lat. *degradatiōne(m)*, da *dēgredi* 'abbassare, degradare' ✱ av. 1463] **s. f.** 1 pena per ufficiali o sacerdoti consistente nella perdita ignominiosa del grado militare o dell'abito ecclesiastico 2 avvilimento morale, abiezione: *questo è il principio della d.* 3 (*geogr.*) **d. meteorica**, lento processo di alterazione chimica delle rocce a opera dei gas atmosferici e dell'umidità 4 (*fis.*) **d. dell'energia**, nelle trasformazioni naturali irreversibili, tendenza delle forme di energia superiore, elettrica e sim., a trasformarsi in forme di energia inferiore 5 (*chim.*) reazione che permette di trasformare una molecola in altre a minor peso molecolare o nei suoi atomi **SIN.** demolizione

♣degràdo [1858] **s. m.** ● degradazione, deterioramento, scadimento, spec. con riferimento a fattori sociali, urbanistici, ecologici: *il d. urbano della città; la zona si avvia a un lento d.*

degrassàggio [adattamento del fr. *dégraissage*, da *dégraisser* 'sgrassare', comp. di *dé-* e *gras* 'grasso' ✱ 1970] **s. m.** ● sgrassatura | lavaggio

dègu o **degù** [da una lingua indigena amer.: *denú* 'topo di campo' (?) ✱ 1956] **s. m. inv.** ● piccolo mammifero tropicale dei Roditori dalla pelliccia morbidissima (*Octodon degus*)

degusciàre [comp. di *de-* e *guscio* ✱ 1956] **v. tr.** (pres. *io degùscio*; fut. *io deguscerò*) ● sgusciare

degustàre [vc. dotta, lat. *degustāre* 'gustare (*gustāre*) appieno (*dē-*)' ✱ av. 1472] **v. tr.** ● assaggiare qlco., per riconoscerne la qualità o giudicarne il sapore: *d. un liquore, un caffè*

SFUMATURE DI SIGNIFICATO

degustare - centellinare

Degustare è assaggiare un cibo o una bevanda allo scopo di giudicarne il sapore o la qualità. **Centellinare** ha lo stesso significato ma si usa esclusivamente in riferimento a bevande; in senso figurato descrive il gustare qualcosa a piccole dosi, con lentezza voluta.

SFUMATURE ➤ *centellinare*

degustatóre [1847] **s. m.** (f. *-trice*) ● chi, per professione, assaggia i cibi, i vini, gli olii o altri prodotti per determinarne le caratteristiche organolettiche

degustazióne [vc. dotta, lat. *degustatiōne(m)*, da *degustāre* 'degustare' ✱ 1812] **s. f.** 1 il degustare | assaggio di cibi, olii o altri prodotti 2 pubblico esercizio con mescita spec. di vini e liquori pregiati

deh /dɛ, de/ [vc. onomat. ✱ 1266] **inter.** ● (*lett.*, *poet.*) esprime desiderio, aspirazione, esortazione, preghiera, meraviglia, lode, rimprovero, sdegno e sim.: *deh, perché vai? deh, perché non t'arresti?* (DANTE *Purg.* V, 51); *deh! perché sdegni / udir quant'egli è pio ...?* (V. ALFIERI)

dehoniàno /deo'njano/ [1965] **s. m.**; anche **agg.** ● appartenente alla congregazione dei Sacerdoti del Sacro Cuore, fondata dal padre francese Léon Dehon (1843-1925)

dehors /fr. də'ɔʀ/ [vc. fr., propr. 'fuori' (avv.) ✱ 1905] **s. m. inv.** ● la parte esterna di un edificio, di un locale pubblico

♦déi① o (*poet.*) **de i** **A** **prep. art. m. pl.** comp. di *de*② e *i*② ➤ **i**② per gli usi ortografici; (*tosc.*, *lett.*) troncato in *de'*: *dei consigli; dei semplici; la forza / de' bei giovenchi* (G. CARDUCCI) **B** in funzione di **art. partitivo m. pl.** ● un po' di, una certa quantità di: *ricordati di comprare dei limoni* | alcuni: *Nel salotto c'erano dei parenti* (G. VERGA) | certi (con valore indefinito, talora enfatico): *una ragazza con dei grandi occhi scuri*

dèi② ➤ **Dio**①

deicìda [vc. dotta, lat. cristiano *deicīda(m)*, comp. di *dĕi* 'di dio' e *-cīda* '-cida' ✱ 1665] **s. m. e f.**; anche **agg.** (pl. m. *-i*) ● chi (o che) è colpevole di deicidio

deicìdio [vc. dotta, lat. eccl. *deicīdiu(m)*, comp. di *dĕi* 'di dio' e *-cīdium* '-cidio' ✱ sec. XIV] **s. m.** (pl. *-i* o *raro -ii*) ● uccisione di un dio, in particolare di Gesù come Uomo-Dio

deideologizzàre [comp. di *de-* e *ideologizzare* ✱ 1990] **v. tr.** ● sottrarre qlco. ad un ambito o uno schema puramente ideologici: *d. un dibattito; d. la psichiatria* ‖ **deideologizzazióne**, **s. f.**

deidratàre [comp. di *de-* e *idratare* ✱ 1966] **v. tr.** ● disidratare

deidratazióne [1966] **s. f.** ● disidratazione

deidrocongelazióne [comp. di *de-*, *idro-* e *congelazione* ✱ 1983] **s. f.** ● processo di conservazione di derrate alimentari mediante essiccazione parziale e congelamento

deidrogenàre [comp. di *de-* e *idrogenare*, sul tipo del fr. *déhydrogéner* ✱ 1942] **v. tr.** (*io deidrògeno*) ● (*chim.*) sottrarre atomi di idrogeno alle molecole di una sostanza

deidrogenàsi [comp. di *deidrogena(re)* e *-asi* ✱ 1966] **s. f. inv.** ● (*chim.*) qualsiasi enzima che catalizza una reazione reversibile di deidrogenazione a carico di un substrato

deidrogenazióne [fr. *déhydrogénation*, comp. di *dé-* e *hydrogénation* 'idrogenazione' ✱ 1942] **s. f.** ● (*chim.*) reazione chimica consistente nell'allontanamento di uno o più atomi di idrogeno da una molecola

†deiettàre [vc. dotta, lat. *deiectāre* 'gettare (*iactāre*) giù (*dē-*)' ✱ sec. XIII] **v. tr.** 1 scacciare, espellere 2 (*fig.*) abbassare, umiliare

†deiètto [vc. dotta, lat. *deiĕctu(m)*, dal part. pass. di *deiectāre* 'deiettare' ✱ av. 1342] **agg.** e **s. m.** ● (*lett.*) avvilito

deiezióne [vc. dotta, lat. tardo *deiectiōne(m)*, da *deiectāre* 'deiettare' ✱ av. 1342] **s. f.** 1 (*geol.*) deposito di materiali detritici originato dalle acque di una corrente per diminuita pendenza del terreno | **conoide di d.**, V. *conoide* 2 periodo di attività vulcanica, di durata variabile 3 (*med.*) eliminazione dei rifiuti organici 4 (al pl.) escrementi, feci: *deiezioni umane, animali*

†deificaménto [av. 1334] **s. m.** ● deificazione

deificàre [vc. dotta, lat. eccl. *deificāre*, da *deĭficus* 'deifico' ✱ 1298] **A** **v. tr.** (*io deìfico, tu deìfichi*) 1 divinizzare 2 (*fig.*) esaltare, glorificare qlcu. o qlco. in modo esagerato **B** **deificàrsi** **v. rifl.** ● divinizzarsi | †reputarsi simile a Dio ‖ **deificazióne**, **s. f.** (V.)

deificazióne [vc. dotta, lat. eccl. *deificatiōne(m)*, da *deificāre* 'deificare' ✱ av. 1406] **s. f.** 1 divinizzazione 2 (*fig.*) glorificazione, apoteosi | (*est.*) esaltazione: *le molte rime che si leggono in d. de la signora Lucrezia* (T. TASSO)

deìfico [vc. dotta, lat. eccl. *deĭficu(m)*, comp. di *dĕus* 'dio' e *-ficus*, da *făcere* 'fare' ✱ sec. XIII] **agg.** (pl. m. *-ci*) ● che innalza alla condizione degli dei o alla perfezione di Dio

deifórme [vc. dotta, lat. mediev. *deifŏrme(m)* 'con la forma (*fŏrma*) di Dio (*dĕi*)' ✱ av. 1313] **agg.** 1 simile a Dio o agli dei | divino 2 (*lett.*) formato, costituito da Dio: *regno d.*

deindicizzàre [comp. di *de-* e *indicizzare* ✱ 1980] **v. tr.** ● svincolare dalle variazioni di un indice di riferimento (come il costo della vita, il tasso d'inflazione e sim.): *d. le retribuzioni* ‖ **deindicizzazióne**, **s. f.**

deindustrializzàre [comp. di *de-* e *industrializzare* ✱ 1977] **v. tr.** ● ridurre l'apparato industriale di un Paese ‖ **deindustrializzazióne**, **s. f.**

deionizzàre [ingl. *deionize* 'privare di ioni' ✱ 1956] **v. tr.** ● (*chim.*) eliminare gli ioni disciolti in un liquido ‖ **deionizzazióne**, **s. f.**

deìpara [vc. dotta, lat. tardo *deĭpara(m)*, comp. di *dĕi* 'di dio' e *-para*, tratto da *părere* 'mettere al mondo' ✱ av. 1603] **A** **s. f.** ● colei che ha partorito un dio; in particolare, nel cattolicesimo, la Vergine Maria **B** anche **agg.** solo **f.**: *la vergine d.*

deiscènte [vc. dotta, lat. *dehiscĕnte(m)*, part. pres. di *dehīscere* 'aprirsi, spalancarsi (*hĭscere*) del tutto (*dē-*)' ✱ 1869] **agg.** ● (*bot.*) detto di organo vegetale che a maturità si apre spontaneamente per lasciar uscire il contenuto: *frutto d.* **CONTR.** indeiscente

deiscènza [da *deiscente* ✱ 1874] **s. f.** 1 (*bot.*) l'aprirsi spontaneo di certi organi vegetali per lasciar uscire il contenuto 2 (*med.*) apertura di una formazione anatomica per permettere la fuoriuscita del materiale contenuto | riapertura di una ferita in parte guarita o di un'incisione chirurgica

deìṣmo [fr. *déisme*, dal lat. *dĕus* 'dio' ✱ 1680] **s. m.** ● concezione filosofico-religiosa di matrice razionalistica propria dei secc. XVII e XVIII, che riconosceva l'esistenza di Dio come principio creatore e ordinatore del mondo, ma negava la verità delle religioni rivelate

dèissi o **deìssi** [ingl. *déixis*, dal gr. *déixis*, propr. 'esposizione, indicazione', deriv. di *deiknýnai* 'mostrare' (di orig. indeur.) ✱ 1971] **s. f. inv.** ● (*ling.*) procedimento linguistico per cui un enunciato, per effetto della presenza di pronomi come *tu, lui, questo, quello* o di avverbi come *qui, lì, ieri, ora* ecc., rimanda al contesto extralinguistico a cui si riferisce, e richiede pertanto da parte del destinatario una conoscenza preliminare della situazione comunicativa (per es. nella frase: *quel negoziante era un furbacchione*)

deìsta [fr. *déiste*, dal lat. *dĕus* 'dio' ✱ 1669] **s. m. e f. (pl. m. -*i*)** ● seguace, fautore del deismo

deìstico [av. 1952] **agg. (pl. m. -*ci*)** ● relativo al deismo

deità o †**deitàde**, †**deitàte**, †**iddeità** [vc. dotta, lat. eccl. *deitāte(m)*, da *dĕus* 'dio' ✱ av. 1250] **s. f. inv.** **1** (*lett.*) essenza, natura divina: *partecipate della d. eterna unita nell'umanità* (CATERINA DA SIENA) **2** (*lett.*) potenza divina **3** (*lett.*) dio: *troverà uniti gruppi d'Eroi, simulacri di d.* (U. FOSCOLO)

dèittico o **deìttico** [da *deissi* ✱ 1971] **agg. (pl. m. -*ci*)** ● (*ling.*) di deissi, relativo a deissi; in particolare, di elemento della frase (per es. i pronomi *tu, lui, questo, quello* o gli avverbi *qui, lì, ieri, ora* ecc.) che rimanda al contesto extralinguistico di riferimento

†**deiunàre** e deriv. ➤ **digiunare** e deriv.

de iùre [loc. lat., da intendersi 'secondo (*dē*) il diritto (*iūre*, abl. di *iūs*, V. *giure*)' ✱ av. 1330] **loc. avv.** ● secondo la legge, il diritto CFR. de facto

déjà vu /fr. deʒa'vy/ [loc. fr., propr. 'già visto' ✱ 1982] **A** **loc. agg. inv. (f. fr. *déjà vue*, pl. m. fr. *déjà vus*, pl. f. fr. *déjà vues*)** ● detto di evento, fenomeno o prodotto spec. artistico ritenuto privo di originalità **B** **loc. sost. m. inv. (pl. fr. inv.)** **1** (*psicol.*) sensazione di aver vissuto precedentemente un avvenimento o una situazione che si sta verificando **2** ciò che è banale, che è ritenuto privo di originalità: *l'argomento del romanzo è un déjà vu*

♦**del** /del/ o (*poet.*) **de 'l** **A** **prep. art. m. sing. comp.** di *de*② e *il* ➤ **il** per gli usi ortografici **B** **in funzione di art. partitivo m. sing.** ● un po' di, una certa quantità di, una certa dose di: *vorrei del prosciutto cotto; tra di loro c'è del tenero; ha avuto del fegato!*

de la ➤ **della**

délabré /fr. dela'bʀe/ [vc. fr., part. pass. di *délabrer* 'rovinare' ✱ av. 1952] **agg. inv.** ● rovinato, deteriorato, scalcinato: *un edificio, un monumento d.*

delàto [vc. dotta, lat. *delātu(m)*, part. pass. di *deferre* 'portar (*fĕrre*) giù (*dē-*)' ✱ 1351] **agg.** ● (*raro*) denunciato, deferito

delatóre [vc. dotta, lat. *delatōre(m)*, da *delātum* (V. *delato*) ✱ 1440] **s. m. (f. -*trice*)** ● chi, per ragioni di interesse personale o per vendetta, denuncia segretamente qlcu. alle autorità SIN. spia

delatòrio [1941] **agg. (pl. m. -*i* o *raro* -*ii*)** ● di delazione, da delatore: *lettere delatorie*

delattoṣìẓẓato [comp. di *de-* e *lattosio* ✱ 1983] **agg.** ● detto di latte da cui, a scopo dietetico, è stato eliminato totalmente o parzialmente il lattosio

délavé /fr. dela've/ [vc. fr., part. pass. di *délaver* 'dilavare' ✱ 1987] **agg. inv.** ● detto di tessuto o capo d'abbigliamento che è stato scolorito mediante lavaggi effettuati allo scopo di farli apparire usati

delay /ingl. dɪ'leɪ/ [vc. ingl., propr. 'ritardo, indugio', dal fr. *délai* 'prolungamento' (deriv. di *délayer* 'differire', comp. di *dé-* e la forma ant. *laier* 'lasciare') ✱ 1974] **s. m. inv.** ● (*mus.*) riverbero, negli strumenti elettronici per l'amplificazione e la riproduzione del suono

delazióne [vc. dotta, lat. *delatiōne(m)*, da *delātum* (V. *delato*) ✱ 1298] **s. f.** **1** accusa, denuncia segreta SIN. soffiata, spiata **2** (*dir.*) deferimento: *d. di giuramento* | ***d. di un atto***, comunicazione o notificazione dello stesso | ***d. dell'eredità***, messa a disposizione dell'eredità a favore del chiamato

de le ➤ **delle**

delèbile [vc. dotta, lat. *delēbile(m)*, da *delēre* 'cancellare' ✱ 1545] **agg.** ● (*disus.*) che si può cancellare (*anche fig.*): *inchiostro d.*; *sentimenti delebili* CONTR. indelebile

dèlega [da *delegare* ✱ 1877] **A** **s. f.** ● atto con cui si conferisce a un'altra persona la capacità di agire in vece propria: *d. verbale, scritta*; *se vuoi che ritiri il tuo stipendio devi farmi la d.* **B** **in funzione di agg. inv.** ● nella loc. ***legge d.***, legge che il governo emana in base a delega del Parlamento

delegànte **A** **part. pres.** di *delegare*; anche **agg.** ● nei sign. del v. **B** **s. m. e f.** ● chi rilascia una delega

delegàre [vc. dotta, lat. *delegāre*, comp. di *de-* e *legāre* 'dare un incarico per mezzo di un patto o contratto (*lēx*)' ✱ 1298] **v. tr.** (*io dèlego, tu dèleghi*) **1** (*dir.*) investire del potere di rappresentanza | (*est.*) investire, da parte degli organi del potere legislativo, gli organi del potere esecutivo della facoltà di emanare provvedimenti aventi forza di legge **2** (*dir.*) compiere una delegazione | conferire ad altri il potere di esplicare in nome proprio e per conto del delegante attività normalmente proprie di quest'ultimo **3** (*est.*) incaricare altri di compiere un atto in vece propria: *delegò la direzione dell'ufficio al suo sostituto*; *ha delegato l'amico a rappresentarlo nella riunione*

delegatàrio [da *delegare* ✱ 1938] **s. m. (f. -*ia*)** ● (*dir.*) nella delegazione, colui a favore del quale la prestazione dovrà essere eseguita

delegatìzio [1869] **agg.** ● (*raro*) relativo a delegazione o delegato: *incarico d.*; *autorità delegatizia*

♦**delegàto** **A** **part. pass.** di *delegare*; anche **agg.** **1** che rappresenta qlcu. o è incaricato di esplicare una determinata attività per conto di altri (+ *a*, **anche seguito da inf.**): *consigliere comunale d. alla cultura*; *persona delegata a riscuotere una pensione* | ***consigliere d.***, consigliere d'amministrazione di una società cui è delegata la direzione dell'azienda **2** emanato per delega: *decreto d.* **B** **s. m. (f. -*a*)** ● persona delegata a un ufficio | ***d. di Pubblica Sicurezza***, ufficiale subalterno del questore, ora detto vicecommissario | ***d. apostolico***, rappresentante della S. Sede presso Stati che non hanno normali relazioni diplomatiche con essa

delegazióne [vc. dotta, lat. *delegatiōne(m)*, da *delegāre* 'delegare' ✱ 1301] **s. f.** **1** il delegare **2** (*dir.*) istituto giuridico consistente nella trasmissione di un debito o di un credito mediante un ordine rivolto a una persona di eseguire o ricevere una prestazione a favore o da parte di un altro soggetto | ***d. legislativa***, concessione agli organi esecutivi, da parte degli organi legislativi, della facoltà di emanare provvedimenti aventi forza di legge **3** gruppo di persone incaricate di esplicare in modo permanente o temporaneo funzioni di rappresentanza: *inviare una d. all'estero*; *ricevere una d.* **4** sede di un delegato e circoscrizione territoriale su cui lo stesso esplica i propri poteri: *d. apostolica*

†**delèggere** [dal lat. *delĭgere* 'scegliere, staccare'. V. *eleggere* ✱ 1362 ca.] **v. tr.** ● eleggere, scegliere

delegiferàre [comp. di *de-* e *legiferare* ✱ 1980] **v. intr.** (*io delegìfero*; aus. *avere*) ● tendere a ridurre il numero delle leggi emanate, spec. su materie di scarsa importanza

delegificàre [comp. di *de-*, il lat. *lēx*, genit. *lēgis* 'legge' e *-ficare* ✱ 1974] **v. tr.** (*io delegìfico, tu delegìfichi*) ● (*dir.*) sottoporre a delegificazione (V.)

delegificazióne [da *delegificare* ✱ 1967] **s. f.** ● (*dir.*) provvedimento con cui si sottrae una determinata materia alla disciplina della legge e si trasferisce alla pubblica amministrazione il compito di regolarla

delegittimàre [comp. di *de-* e *legittimare* ✱ 1983] **v. tr.** (*io delegìttimo*) ● privare del legittimità, sottrarre la legittimazione a esercitare una funzione o un potere: *d. un organo politico* | (*est.*) screditare sottraendo autorità, potere, prestigio: *vicende che delegittimano le istituzioni*

delegittimazióne [1980] **s. f.** ● il delegittimare, il venire delegittimato

†**delére** [vc. dotta, lat. *delēre*, di etim. incerta ✱ sec. XIII] **v. tr.** ● distruggere, cancellare (*anche fig.*)

delessìte [dal n. dell'ingegnere fr. A. *Delesse* (1817-1881), con *-ite*② ✱ 1930] **s. f.** ● minerale appartenente al gruppo delle cloriti, di color verde scuro, silicato di magnesio, ferro e alluminio

delète /de'lɛte, ingl. dɪ'li:t/ [vc. ingl., dal v. *to delete* 'cancellare' ✱ 1991] **s. m. inv.** ● (*inform.*) tasto che determina la cancellazione del carattere posto in corrispondenza del cursore o di tutto ciò che è evidenziato sullo schermo

♣**deletèrio** [fr. *délétère*, dal gr. *dēlētḗrios*, dal v. di orig. indeur. *dēleîsthai* 'danneggiare, nuocere' ✱ 1765] **agg.** ● che è estremamente dannoso: *il fumo è d. per la salute*; *sono abitudini deleterie allo spirito* ‖ **deleteriaménte**, avv. (*raro*) in modo deleterio

SFUMATURE DI SIGNIFICATO

deleterio - pernicioso - rovinoso

Deleterio è ciò che è estremamente dannoso sul piano fisico o morale. **Pernicioso** equivale al precedente, tuttavia è impiegato soprattutto in relazione a danni fisici, tanto che compare nella denominazione di malattie come *anemia perniciosa* e *malaria perniciosa*. In **rovinoso** il danno è tanto grave da portare alla rovina.

†**delettàre** e deriv. ➤ **dilettare** e deriv.

delezióne [ingl. *deletion*, vc. dotta, che si rifà al lat. *deletiōne(m)*, propr. 'distruzione', da *delēre* 'distruggere' (V. †*delere*) ✱ 1963] **s. f.** ● (*biol.*) in genetica, mutazione che comporta la perdita di un segmento cromosomico

dèlfico [vc. dotta, lat. *Dĕlphicu(m)*, dal gr. *Delphikós* 'di Delfi' (*Delphói*, legato a *delphýs* 'matrice': per l'aspetto del luogo (?)) ✱ 1321] **agg. (pl. m. -*ci*)** **1** di Delfi, relativo a Delfi e al suo santuario: *sibilla delfica* | (*lett.*) di Apollo, sacro ad Apollo **2** (*est., lett.*) profetico

delfinàre [per il moto simile a quello del *delfino* ✱ 1983] **v. intr.** (aus. *avere*) ● detto di mezzi di navigazione sottomarina e aerea, seguire un moto irregolare con traiettoria oscillante verso l'alto e il basso

delfinàrio [da *delfino*①, sul modello di *acquario* ✱ 1987] **s. m.** ● grande vasca nella quale vivono delfini spec. addomesticati

delfinàttero [comp. di *delfino*① e *attero* ✱ 1835] **s. m.** ● genere di Cetacei simili ai delfini ma privi di pinna dorsale, con una serie di denti caduchi per ogni lato nella mandibola e nella mascella (*Delphinapterus*) | ***d. bianco***, beluga

Delfìnidi [comp. di *delfino*① e *-idi* ✱ 1931] **s. m. pl.** (**sing.** *-e*) ● (*zool.*) famiglia di Cetacei carnivori, agili nuotatori, cui appartengono il delfino e l'orca (*Delphinidae*)

delfinièra [da *delfino*① ✱ 1869] **s. f. 1** grande rete a larga maglia posta a protezione del sacco della paranza, contro gli ostacoli del fondo e contro i delfini | ferro a lancia con alette spesso snodate, applicato a un lungo bastone, per la cattura del pesce spada e di altri grossi pesci **2** (*mar.*) rete tesa sotto il bompresso, per impedire che i fiocchi ammainati vadano in mare

delfìnio [gr. *delphínion*, di etim. incerta, per la forma delle foglie che ricorda un *delfino* ✱ 1550] **s. m.** ● genere di piante erbacee delle Ranuncolacee con fusto ramoso, foglie alterne, divise e fiori grandi in racemi o in pannocchie di colore blu, bianco o rosso (*Delphinium*)

delfinìsta [1964] **s. m. e f.** (**pl. m.** *-i*) ● nuotatore specialista dello stile delfino

♦**delfìno**① [vc. dotta, lat. *delphīnu(m)*, dal gr. *delphís*, connesso con *delphýs* 'matrice' ✱ 1282] **s. m. 1** nome comune di Cetacei dei Delfinidi, caratterizzati da corpo marcatamente pisciforme e muso che si prolunga in un rostro stretto e pronunciato | ***d. comune***, diffuso nei mari caldi e in quelli temperati (*Delphinus delphis*) **2** stile di nuoto in posizione prona, con respirazione prevalentemente frontale, caratterizzato da azioni simultanee e coordinate delle braccia, che si muovono in modo circolare, e delle gambe che unite battono l'acqua con un movimento ondulatorio **3** nel Medioevo, pesante massa di pietra o di ferro, che veniva fatta cadere dalla punta delle antenne sulla nave nemica per danneggiarla | (**spec. al pl.**) ciascuna coppia di braccioli ai lati del tagliamare, un tempo a forma di delfini **4** nelle antiche artiglierie, nome dato alle maniglie della bocca da fuoco, fatte a forma di delfino **5** (*lett., scherz.*) †gobbo ‖ **delfinétto**, **dim.**

✱**delfìno**② [fr. *dauphin* 'titolo dei signori della regione fr. del Delfinato (*Dauphiné*), passata alla casa di Francia nel XIV sec.' ✱ av. 1363] **s. m. 1** titolo dato al primogenito dei re di Francia CFR. ad usum Delphini **2** (**f.** *-a*) (*est.*) chi è considerato il probabile successore di un personaggio di rilievo, spec. politico

delìaco [vc. dotta, lat. *Delĭacu(m)*, dal gr. *Dēliakós* ✱ av. 1828] **agg.** (**pl. m.** *-ci*) **1** (*lett.*) dell'isola greca di Delo, nell'arcipelago delle Cicladi, sede del culto di Apollo SIN. delio **2** (*est.*) di Apollo

delibaménto [vc. dotta, lat. *delibamĕntu(m)*, da *delibāre* (in orig. 'vino sparso per la libagione') ✱ 1830] **s. m.** ● (*disus.*) il delibare

delibàre [vc. dotta, lat. *delibāre*, comp. di *dē-* e *libāre* 'fare, offrire una libazione' e poi 'prendere una parte (da offrire agli dèi)' ✱ av. 1374] **v. tr.** (*io delìbo*) **1** (*lett.*) prendere un piccolo assaggio di cibo o bevanda assaporandolo con gusto: *delibava lentamente un sorso di liquore* | (*fig.*) gustare: *d. la dolcezza di un ricordo* **2** (*lett.*) esaminare un problema, una questione, e sim. in modo piuttosto superficiale **3** (*dir.*) riconoscere efficace in Italia un provvedimento giurisdizionale straniero: *d. una sentenza*

delibazióne [vc. dotta, lat. tardo *delibatiōne(m)*, da *delibāre* nel senso di 'togliere una parte' ✱ 1878] **s. f. 1** (*lett.*) assaggio **2** (*dir.*) ***giudizio di d.***, esame che l'autorità giudiziaria italiana compie di provvedimenti giurisdizionali stranieri al fine di accordarvi efficacia in Italia

delìbera [da *deliberare* ✱ 1783] **s. f. 1** deliberazione **2** aggiudicazione in una vendita all'asta

†**deliberaménto**① o †**deliveraménto**, †**diliberaménto** [vc. dotta, lat. tardo *deliberamĕntu(m)*, da *deliberāre* 'deliberare①' ✱ 1261 ca.] **s. m.** ● deliberazione

†**deliberaménto**② o †**diliberaménto**, †**diliveraménto** [da *deliberare*② ✱ sec. XIII] **s. m.** ● liberazione

deliberànte **part. pres.** di *deliberare*①; anche **agg.** ● che delibera, che ha il potere di deliberare: *organo con potere d.* CFR. consultivo

deliberàre① o †**deliveràre**, †**diliberàre**, †**dilibràre**, †**diliveràre** [vc. dotta, lat. *deliberāre*, di etim. incerta ✱ 1261 ca.] **A v. tr.** (*io delìbero*) **1** determinare, stabilire, dopo un ponderato esame, spec. da parte di più persone raccolte insieme o di organi collegiali (+ *di* **seguito da inf.**, + *che*; **anche assol.**): *i dirigenti deliberarono le soluzioni da adottare; il comitato deliberò di ridurre i prezzi; la Regione ha deliberato che quel terreno è demaniale; la Corte si è ritirata per d.* | (*lett.*) decidere: *Il conte (...) deliberò di fare da sé* (I. Nievo); *deliberò che avrebbe passato quel tempo studiando* (A. Moravia) **2** (*lett.*) riflettere, considerare attentamente: *deliberai a lungo prima di decidermi* | (*est.*) discutere, dibattere **3** aggiudicare, in una vendita all'asta: *il quadro è deliberato al miglior offerente* **B v. intr.** (**aus.** *avere*) ● disporre, decidere su qlco.: *la Corte di Cassazione ha deliberato sull'ammissibilità del ricorso* **C deliberàrsi v. intr. pron.** ● (*lett.*) †decidersi, risolversi: *cominciò a sollecitare il Saladino che di ciò si diliberasse* (G. Boccaccio)

†**deliberàre**② o †**deliveràre**, †**delivràre**, †**diliberàre**, †**dilibràre**, †**diliveràre**, †**dilivràre** [vc. dotta, lat. *deliberāre*, di etim. discussa: da *liberāre* in senso traslato (?) ✱ av. 1292] **v. tr.** ● liberare (*anche fig.*)

deliberatàrio [da *deliberare*① ✱ 1869] **s. m.** (**f.** *-ia*) ● (*dir.*) colui al quale, fra più concorrenti a una vendita giudiziale o a un'asta di appalto, è aggiudicato il bene o il lavoro

deliberativa o †**diliberativa** [av. 1292] **s. f.** ● (*raro*) facoltà di prendere deliberazioni

deliberativo o †**diliberativo** [vc. dotta, lat. *deliberatīvu(m)*, da *deliberāre* 'deliberare①' ✱ 1261 ca.] **agg. 1** che ha facoltà di deliberare, che vale a deliberare: *potere d.*; *voto d.* CFR. consultivo **2** ***genere d.***, nell'eloquenza antica, quello che mira a persuadere o dissuadere **3** ***modo, discorso d.***, in retorica, quelli propri del soggetto che pone a sé stesso domande sul comportamento da tenere (per es.: *che mai posso fare?*)

deliberàto o †**diliberàto** **A part. pass.** di *deliberare*①; anche **agg. 1** nei sign. del v. **2** (*est.*) fermo: *agire con d. proposito di nuocere* | risoluto, deciso: *essere d. a* (o †*di*) *fare qlco.* **3** intenzionale, fatto con volontà e determinazione: *è un'offesa deliberata* ‖ **deliberataménte**, **avv. 1** di proposito, intenzionalmente **2** (*raro*) risolutamente, intenzionalmente **B s. m.** ● decisione, deliberazione: *il d. dell'assemblea*

deliberatóre [vc. dotta, lat. *deliberatōre(m)*, da *deliberātum* 'deliberato' ✱ 1525] **s. m.** (**f.** *-trice*); anche **agg.** ● (*raro*) chi (o che) delibera

deliberazióne① o †**diliberazióne**, †**dilibrazióne** [vc. dotta, lat. *deliberatiōne(m)*, da *deliberāre* 'deliberare①' ✱ 1261 ca.] **s. f. 1** decisione presa da persona od organismo competente: *prendere parte a una d.* | il provvedimento deliberato: *le deliberazioni del Parlamento* **2** (*lett.*) fermo proposito, precisa intenzione: *la sua d. di morire* (G. Leopardi) SIN. decisione, risoluzione **3** (*psicol.*) processo di valutazione comparata delle diverse alternative per arrivare alla scelta **4** †assemblea, riunione, adunanza

†**deliberazióne**② o †**diliberazióne**, †**diliverazióne** [dal lat. tardo *deliberāre* 'liberare completamente' ✱ 1298] **s. f.** ● liberazione

†**delicaménto** o †**dilicaménto** [1268] **s. m.** ● delicatezza, piacere

†**delicànza** o †**dilicànza** [av. 1292] **s. f. 1** delicatezza, raffinatezza **2** agio, piacere

delicatézza o †**dilicatézza** [av. 1313] **s. f. 1** caratteristica di chi (o di ciò che) è delicato: *d. di un colore, di un sapore, di un gesto* | fragilità: *la d. del cristallo* | gracilità di costituzione **2** gentilezza di sentimenti, di maniere: *ha una grande d. d'animo* | discrezione: *abbi la d. di non riferire quanto ti ho detto* | riguardo, tatto: *è una faccenda da trattare con d.* | (*est.*) atto gentile: *il non farmi sapere la brutta notizia è stata una d. da parte sua* **3** cibo delicato e squisito: *questo piatto è una vera d.* **4** (*lett.*, **spec. al pl.**) comodità: *vivere in mezzo alle delicatezze*

SFUMATURE ▸ *grazia*

♦**delicàto** o †**dilicàto** [vc. dotta, lat. *delicātu(m)*, di etim. incerta ✱ av. 1294] **agg. 1** che procura gradevoli sensazioni perché morbido, liscio, squisito, armonioso e sim.: *tessuto d.*; *pelle delicata*; *sapore, odore, profumo d.*; *suono d.*; *voce, musica delicata* | ***tinta delicata***, non troppo carica | gustoso, leggero, di facile digestione: *cibo, vino d.*; *pietanza delicata* **2** che si guasta, si deteriora, si rompe facilmente: *gingillo, meccanismo, apparecchio d.* | (*est.*) gracile, debole: *è un bambino d.*; *ragazza delicata di salute*; *persona delicata di stomaco* | ***nervi delicati***, facili a cedere | ***palato d., bocca delicata***, esigenti e raffinati nello scegliere i cibi | (*iron.*) difficile da contentare, suscettibile, schizzinoso: *come sei d.!* | ***fare il d.***, atteggiarsi a persona schizzinosa **3** (*fig.*) che dev'essere trattato o affrontato con tatto e prudenza: *problema, argomento d.*; *faccenda, questione delicata* | ***tasto d.***, (*fig.*) argomento scabroso, che richiede molto garbo | ***momento d.***, particolarmente difficile da superare e suscettibile di sviluppi imprevisti **4** (*fig.*) che ha o denota sentimenti fini e gentili, nobiltà d'animo e sim.: *pensiero, atto d.*; *ragazzo dai modi delicati*; *uomo d. nell'agire, nel parlare, nel trattare* **5** (*lett.*) di stile, opera d'arte e sim., raffinato, elegante: *ebbe in cotal sorte di pittura una maniera molto delicata* (G. Vasari) **6** (*lett.*) molle, effeminato: *avvezza i tuoi soldati a spregiare il vivere d.* (N. Machiavelli) **7** †di luogo, ameno, delizioso: *culte pianure e delicati colli* (L. Ariosto) ‖ **delicatìno**, **dim.** | **delicatùccio**, **delicatùzzo**, **dim.** ‖ **delicataménte**, **avv.**

delicatùra o †**dilicatùra** [1528] **s. f. 1** (*raro, lett.*) eleganza, lusso, agio | cosa squisita, raffinata **2** †piacere, godimento

delìcious /de'litʃus, *ingl.* dɪ'lɪʃəs/ [vc. ingl. d'America, propr. 'delizioso' per il sapore di questo frutto, introdotto nel 1881 dal Perù] **s. f. inv.**; anche **agg. inv.** ● varietà di mele con buccia lucida e polpa saporita e farinosa | ***Golden d.***, con buccia gialla | ***Stark d.***, con buccia rossa CFR. delizia②

†**deligióne** ▸ **derisione**

Delikatèssen /delika'tɛssen, *ted.* ˌdelika'tɛsn/ [vc. ted., dal fr. *délicatesse* 'delicatezza' ✱ 1908] **s. f. pl.** (**sing. ted.** *Delikatesse*) ● cibi prelibati, specialità alimentari, leccornie

†**delimàre** [vc. dotta, lat. **delimāre*, fatto su *delimātus* 'limato (*limātus*) a fondo (*dē-*)' ✱ 1364] **v. tr.** ● limare | (*fig.*) consumare, rodere

delimitàre [vc. dotta, fr. *délimiter*, dal lat. tardo *delimitāre* 'stabilire un confine (*līmes*) con esattezza (*dē-*)' ✱ 1525] **v. tr.** (*io delìmito*) **1** segnare il limite, il confine, circoscrivere: *d. un terreno*; *il proprietario ha delimitato con reticolati il suo podere* **2** (*fig.*) definire: *d. la sfera d'azione dello Stato*

delimitativo [1970] **agg.** ● che delimita

delimitatóre [1821] **A agg.** (**f.** *-trice*) ● che delimita, circoscrive **B** anche **s. m. 1** oggetto o struttura che viene impiegata per circoscrivere un'area **2** (*inform.*) carattere, o gruppo di caratteri, che in un database viene impiegato come separatore di campo

delimitazióne [vc. dotta, fr. *délimitation*, dal lat. tardo *delimitatiōne(m)*, da *delimitāre* 'delimitare' ✱ 1848] **s. f.** ● determinazione di un limite, di un confine | (*fig.*) definizione di competenze, poteri, ambiti e sim.

delineaménto [1584] **s. m.** **1** (*raro*) delineazione **2** (**al pl.**) †lineamenti

♦**delineàre** [vc. dotta, lat. *delineāre*, comp. di *dē-* e *lineāre* 'tracciare una linea' ✱ 1550] **A v. tr.** (**pres.** *io delìneo*; **fut.** *io delineerò*) **1** (*raro*) rappresentare con tratti essenziali i contorni di qlco.: *d. il profilo delle montagne* **SIN.** abbozzare, schizzare **2** (*fig.*) descrivere per sommi capi: *d. la situazione politica* **B delineàrsi v. intr. pron. 1** essere visibile o percepibile nelle linee essenziali: *sotto la pelle del viso si delineano gli zigomi* **2** (*fig.*) presentarsi in forma ancora non ben definita: *gravi problemi vanno delineandosi*

delineàto **part. pass.** di *delineare*; anche **agg. 1** nei sign. del v. **2** che si è precisato negli elementi essenziali: *ha una personalità già delineata*

delineatóre [1584] **s. m.** (**f.** *-trice*); anche **agg.** ● (*raro*) chi (o che) delinea

delineatùra [1830] **s. f.** ● (*raro*) delineamento

delineazióne [vc. dotta, lat. *delineatiōne(m)*, da *delineāre* 'delineare' ✱ 1659] **s. f.** ● il delineare, il delinearsi | descrizione, esposizione sommaria

♦**delinquènte** **A** **part. pres.** di *delinquere*; anche **agg. 1** (*raro*) nei sign. del v. **2** (*lett.*, *fig.*) colpevole: *non sempre d. è un infelice* (P. Metastasio) **B s. m. e f. 1** (*dir.*) chi ha commesso uno o più delitti | ***d. abituale***, chi è particolarmente dedito al delitto | ***d. professionale***, chi vive dei proventi di delitti | ***d. nato***, in una superata teoria criminalistica, chi per tendenza congenita è portato a commettere reati **2** correntemente, chi ha commesso azioni illecite o malvagie | (*est.*) persona capace di disonestà, abiezione e sim.: *faccia da d.*; *l'ignoranza suole scusare i delinquenti* (G.B. Marino) | (*fig.*, *scherz.*) briccone, birbante: *guarda che cosa hai combinato, piccolo d.!* ‖ **delinquentàccio**, **pegg.** | **delinquentèllo**, **dim.** | **delinquentino**, **dim.** | **delinquentùcolo**, **dim.**

delinquènza [vc. dotta, lat. tardo *delinquĕntia(m)*, da *delĭnquere* 'delinquere' ✱ 1678] **s. f. 1** (*raro*) il delinquere **2** criminalità: *relazione sulla d. minorile in Italia*

delinquenziàle [1938] **agg.** ● della delinquenza | da delinquente ‖ **delinquenzialità**, **s. f. inv.**

delìnquere [vc. dotta, lat. *delĭnquere*, in orig. 'lasciare (*lĭnquere*) da parte (*dē-*), fare difetto', poi 'mancare al dovere, commettere un fallo' ✱ 1319] **v. intr.** (**pass. rem.** *io delinquètti*; **part. pass.** †*delinquìto*; **aus.** *avere*; **raro nei tempi composti**) **1** commettere uno o più delitti: *associazione per, a d.*; *capacità a d.*; *istigazione a d.* **2** †peccare

dèlio [vc. dotta, lat. *Dēliu(m)*, dal gr. *Dḗlios* ✱ av. 1566] **A agg.** ● deliaco **B s. m. 1** (*per anton.*) apollo **2** (*poet.*) il sole, identificato con Apollo

deliquescènte [vc. dotta, lat. *deliquescĕnte(m)*, part. pres. di *deliquēscere* 'diventare liquido (*liquēscere*) completamente (*dē-*)' ✱ 1771] **agg. 1** (*fis.*) detto di sostanza che presenta il fenomeno della deliquescenza **2** (*fig.*, *lett.*) languido, molle: *una sensualità sospirosa e d.* (B. Croce)

deliquescènza [da *deliquescente* ✱ 1771] **s. f. 1** (*fis.*) proprietà di certe sostanze, spec. di alcuni sali, di assorbire l'umidità dell'ambiente sciogliendosi in essa **2** (*fig.*, *lett.*) languore, struggimento: *In un istante di particolare d.* (G. Tomasi di Lampedusa)

delìquio[1] [vc. dotta, lat. *delĭquiu(m)*, da *delĭnquere* 'mancare' ✱ av. 1612] **s. m.** ● svenimento: *avere un d.* | ***cadere in d.***, svenire

†**delìquio**[2] [vc. dotta, lat. tardo *delĭquiu(m)*, da *deliquāre* 'chiarificare (*liquāre*) completamente (*dē-*)' ✱ 1681] **s. m.** ● liquefazione

deliraménto [vc. dotta, lat. *deliramĕntu(m)*, da *delīrāre* 'delirare' ✱ sec. XIV] **s. m.** ● (*lett.*) delirio

delirànte **A** **part. pres.** di *delirare*; anche **agg. 1** che è in delirio: *malato d.* **2** che è proprio del delirio, che si manifesta durante il delirio: *idea d.* **3** (*est.*) irragionevole, frenetico, esaltato: *passione, entusiasmo d.* | assurdo, folle: *affermazioni deliranti* **B s. m. e f.** ● chi delira

SFUMATURE ➤ *forsennato*

deliràre [vc. dotta, lat. *delīrāre*, originariamente 'uscire (*dē-*) dal solco (*līra*)', poi 'farneticare' ✱ sec. XIII] **v. intr.** (**aus.** *avere*) **1** (*med.*) essere in stato di delirio: *d. per la febbre* **2** (*est.*) dire cose assurde, insensate: *d. d'amore, di passione* | entusiasmarsi, esaltarsi: *le folle delirano per lui* **3** †deviare, errare

delìrio o †**delìro**[1] [vc. dotta, lat. tardo *delīriu(m)*, da *delīrāre* 'delirare' ✱ 1584] **s. m. 1** (*med.*, *psicol.*) stato di alterazione e confusione mentale, con agitazione motoria e allucinazioni, dovuto ad accessi febbrili acuti, o ad alcolismo, malattie mentali e sim.: *d. febbrile*; *d. di grandezza, di persecuzione* **2** (*est.*) stato di profondo turbamento che induce a dire o a fare cose assurde e insensate: *essere in preda al d. della passione, dei sensi* | discorso, atto insensato: *i deliri dell'umana debolezza* **3** (*fig.*) esaltazione della fantasia: *un vano d.*; *d. poetico, mistico* | fanatico entusiasmo: *mandare in d.*; *andare in d.*; *essere in d.* **4** (*raro*, *fig.*) frenetico desiderio: *il d. della ricchezza*

delìrium trèmens [loc. lat., propr. 'delirio (*delīrium*) tremante (*trĕmens*)', per il tremito che caratterizza gli alcolizzati cronici ✱ 1853] **loc. sost. m. inv.** ● (*med.*) crisi di agitazione psicomotoria negli alcolizzati cronici, con stato di confusione mentale, tremori e allucinazioni visive di animali o insetti

†**delìro**[1] ➤ **delirio**

delìro[2] [vc. dotta, lat. *delīru(m)*, da *delīrāre* 'delirare' ✱ 1321] **agg.** ● (*lett.*) delirante, vaneggiante

delisting /de'listin(g)/, *ingl.* ˌdiːˈlɪstɪŋ/ [vc. ingl., propr. 'cancellazione (*de-*) dalla lista (*listing*)' ✱ 1990] **s. m. inv.** ● (*econ.*) cancellazione di una società dal listino di borsa

delitescènte [vc. dotta, lat. *delitescĕnte(m)*, part. pres. di *delitēscere* 'nascondersi (*latēscere* con *dē-* rafforzativo)' ✱ 1983] **agg.** ● (*med.*) latente: *tumore d.*

delitescènza [da *delitescente* ✱ 1830] **s. f. 1** (*med.*) latenza di una malattia **2** (*chim.*) proprietà di certi cristalli che si riducono a forma polverulenta, perdendo acqua di cristallizzazione o assorbendo vapor acqueo

♦**delìtto** [vc. dotta, lat. *delĭctu(m)*, dal part. pass. di *delĭnquere* 'delinquere' ✱ sec. XIII] **s. m.** (**pl.** *delìtti*, †*delìtta*) **1** (*dir.*) violazione della legge penale per la quale sono comminate le pene dell'ergastolo, della reclusione e della multa: *d. colposo*; *d. preterintenzionale* | (*dir.*) ***d. di lesa maestà***, in antichi ordinamenti giuridici, ogni delitto contro la vita del sovrano e la sicurezza dello Stato; (*est.*, *scherz.*) comportamento irrispettoso nei confronti di chi è, o si ritiene, superiore **2** comunemente, omicidio, assassinio: *fare, commettere, perpetrare un d.*; *macchiarsi di un feroce d.* | ***d. perfetto***, compiuto in modo da non lasciare tracce tali da consentire l'identificazione di chi lo ha commesso | ***d. d'onore***, che viene commesso con l'intento di salvaguardare l'onore proprio o altrui **3** (*est.*) misfatto, scelleratàggine: *commettere delitti d'ogni sorta* | colpa, grave errore, misfatto (*anche iperb.* o *scherz.*): *sarebbe un d. non offrirgli il nostro aiuto*; *non assaggiare quella torta è un vero d.!* ‖ **delittàccio**, **pegg.**

delittuóso (o -ṣ-) [da *delitto* col suff. degli agg. in *-uoso* ✱ 1768] **agg.** ● che ha natura di delitto: *avvenimento d.* | che tende al delitto: *intenzioni delittuose* ‖ **delittuosaménte**, **avv.** ‖ **delittuosità**, **s. f. inv.**

†**deliveràre** e deriv. ➤ **deliberare**[1], †**deliberare**[2], e deriv.

delivery òrder /de'liveri 'ɔrder, *ingl.* dɪˈlɪvərɪ ˈɔːdə(r)/ [ingl., propr. 'ordine (*order*, di orig. fr.) di svincolo (*delivery*, dall'ant. fr. *delivree*, propr. f. del part. pass. di *deliver* '(de)liberare')' ✱ 1923] **loc. sost. m. inv.** (**pl. ingl.** *delivery orders*) ● nella pratica commerciale, ordine di consegna emesso dal vettore | nel trasporto marittimo, titolo di credito trasferibile mediante girata, che legittima a ricevere la merce in consegna

†**delivràre** ➤ †**deliberare**[2]

♣**delìzia**[1] o †**dilìzia** [vc. dotta, lat. tardo *delĭcia(m)*, dall'usuale pl. *delĭcia(s)*, da *deliciāre* 'deliziare' ✱ 1266] **s. f. 1** intenso piacere fisico o spirituale: *provare un'ineffabile d.*; *le delizie della musica* | ***luogo di d.***, che offre ogni tipo di piaceri, svaghi e sim. | (*est.*) chi (o ciò che) procura un grande piacere: *quel bambino è la mia d.*; *simili spettacoli sono un'autentica d. per gli occhi*; *questa torta è una d.!* | (*per antifrasi*) cosa sgradevole: *uscire con questo tempaccio? che d.!* **SIN.** gioia **2** ***D. di Vaprio***, varietà di uva bianca da tavola

delìzia[2] **s. f.** ● adattamento di *delicious* (V.)

†**deliziàle** [av. 1712] **agg.** ● (*lett.*) che procura delizia

♣**deliziàre** [vc. dotta, lat. *deliciāre*, originariamente 'distogliere (*dē-*) con le seduzioni (*delĭciae*)', poi sin. di *delectāre* 'dilettare' ✱ sec. XIV] **A v. tr.** (*io delìzio*) **1** procurare delizia, colmare di delizia: *d. l'animo, i sensi*; *un libro che delizia i lettori* | (*per antifrasi*) annoiare, molestare: *mi ha deliziato col racconto delle sue disgrazie* **2** (*raro*, *lett.*) rendere delizioso **B deliziàrsi v. intr. pron.** ● bearsi: *deliziarsi dei colori del tramonto*; *mi deliziavo a sentirmi posare i suoi lunghi capelli ... sulla mia fronte* (G. Verga)

♦**delizióso** (o -ṣ-) o †**dilizióso**, †**dilezióso** [vc. dotta, lat. tardo *diliciōsu(m)*, da *deliciāre* 'deliziare' ✱ av. 1294] **agg. 1** che procura delizia; piacevole, bello: *un film, un localino d.* | squisito: *una cenetta deliziosa* | ricco di grazia e di attrattiva: *una ragazza deliziosa*; *che deliziosi bambini!* | simpatico, gradevole, piacevole: *abbiamo trascorso una deliziosa serata*; *l'indugio era talmente d. che il sonno, deliziosamente, vi si insinuò* (L. Sciascia) **2** †molle, voluttuoso ‖ **deliziosaménte**, **avv.** ‖ **deliziosità**, **s. f. inv.** caratteristica di ciò che è delizioso; (*est.*) bevanda o cibo delizioso, squisito; prelibatezza

♦**dèlla** o (*poet.*) **de la** **A prep. art. f. sing. comp.** di *de*[2] e *la*[1] ➤ **la**[1] per gli usi ortografici. Si apostrofa davanti a parole che cominciano per vocale: *d. zia*; *dell'anima*; *noi pregheremmo lui de la tua pace* (Dante *Inf.* V, 92) **B in funzione di art. partitivo f. sing.** ● un po' di, una certa quantità di: *vorrei d. marmellata*

♦**dèlle** o (*poet.*) **de le** **A prep. art. f. pl. comp.** di *de*[2] e *le*[1] ➤ **le**[1] per gli usi ortografici **B in funzione di art. partitivo f. pl.** ● un po' di, una certa quantità di: *gradisci d. zucchine?* | alcune: *d. volte mi sento triste* | certe (con valore indefinito, talora enfatico): *la vedova ... magra come un'acciuga, con d. mani spolpate* (G. Verga)

♦**dèllo** o (*poet.*) **de lo** **A** **prep. art. m. sing. comp.** di *de*② e *lo* ➤ **lo** per gli usi ortografici. Si apostrofa solo davanti a parole che cominciano per vocale: *dell'amico* **B** **in funzione di art. partitivo m. sing.** ● un po' di, una certa quantità di: *il medico gli ha consigliato di fare d. sport; non è il caso di fare d. spirito!*

delocalizzàre [comp. di *de-* e *localizzare* sul modello dell'ingl. *to delocalize* ✱ 1985] **A** **v. tr.** ● trasferire in altro luogo, spec. impianti e strutture industriali: *d. alcune produzioni nei Paesi del Terzo mondo; d. una base militare, un insediamento* **B** **delocalizzàrsi** **v. intr. pron.** ● trasferirsi in altro luogo, spec. all'estero: *imprese che tendono a delocalizzarsi* ‖ **delocalizzazióne**, **s. f.**

delomòrfo [vc. dotta, comp. del gr. *dêlos* 'evidente, manifesto' e *-morfo* ✱ 1956] **agg.** ● (*biol.*) caratterizzato da confini e forma ben definiti: *cellule delomorfe delle ghiandole gastriche* CONTR. adelomorfo

†**delongàre** e deriv. ➤ **dilungare** e deriv.

delottizzàre [comp. di *de-* e *lottizzare* ✱ 1983] **v. tr.** ● assegnare con nuovi criteri le cariche prima distribuite in base alla pratica politica della lottizzazione: *d. un ente pubblico* ‖ **delottizzazióne**, **s. f.**

Delrìn® /del'rin, *fr.* del'rɛ̃/ [marchio registrato della DuPont de Nemours ✱ sec. XX] **s. m. inv.** ● (*chim.*) nome commerciale di materia plastica (resina acetalica) utilizzata per stampaggio a iniezione di articoli vari caratterizzati da elevata rigidità

dèlta① [vc. dotta, lat. *dĕlta(m)*, dal gr. *délta*, che ripete l'ebr. *dāleth* 'porta' ✱ 1584] **A** **s. f. o m. inv.** **1** nome della quarta lettera dell'alfabeto greco **2** (*aeron.*) ***ala a d.***, a pianta triangolare, adatta per velocità supersoniche **3** (*mat.*) variazione di una funzione o di una grandezza **B** **in funzione di agg. inv.** ● (posposto al sost., *fis.*) nella loc. ***raggi d.***, elettroni o protoni emessi per urto da una particella alfa che attraversa la materia

dèlta② [vc. dotta, lat. *Dĕlta* 'Basso Egitto', nome della pianura del Nilo presso la foce, chiamata così per la forma triangolare, simile alla lettera greca *delta* maiuscola ✱ av. 1557] **s. m. inv.** ● pianura approssimativamente triangolare formata dai materiali alluvionali deposti da un corso d'acqua alla sua foce

deltacìsmo [da *delta*, n. della *d* gr., sul modello di *iotacismo*, *rotacismo* e sim. ✱ sec. XX] **s. m.** ● difetto di pronuncia riguardante l'articolazione dei suoni dentali

deltaplanista [1979] **s. m. e f.** (**pl. m.** *-i*) ● chi pratica lo sport del deltaplano

deltaplàno [comp. di *delta*①, per la forma triangolare, e *(aero)plano* ✱ 1977] **s. m.** ● velivolo costituito da un leggero telaio metallico triangolare su cui è tesa una velatura nervata, che, assicurato al corpo con un'imbracatura, permette di eseguire il volo planato SIN. aquilone②

deltazióne [da *delta*② ✱ 1892] **s. f.** ● processo di deposito di materiali, alla foce di un corso d'acqua, risultante dall'azione associata della corrente e del mare in cui questa si versa

deltìzio [da *delta*② ✱ 1913] **agg.** ● di delta fluviale | a forma di delta fluviale

deltòide [vc. dotta, gr. *deltoeidḗs* 'a forma (*êidos*) della lettera greca *delta*' ✱ 1659] **A** **agg.** ● che ha forma di delta maiuscolo: *foglia d.* **B** **agg. e s. m.** **1** (*geom.*) di figura piana formata da due triangoli isosceli che hanno base in comune e altezza diversa: *gli aquiloni hanno forma di d.* **2** (*anat.*) di muscolo della spalla che riveste l'articolazione scapolo-omerale, fondamentale nei movimenti del braccio

deltoidèo [da *deltoide* ✱ 1830] **agg.** ● (*anat.*) relativo al deltoide

delùbro [vc. dotta, lat. *delūbru(m)*, di etim. discussa: dallo scorrere (*delŭere*) delle acque davanti al tempio (?) ✱ 1321] **s. m.** ● (*lett.*) santuario, tempio: *fu serrato a Giano il suo d.* (Dante *Par.* VI, 81)

delucidàre① o (*lett.*) **dilucidàre** [vc. dotta, lat. tardo *dilucidāre*, comp. di *dis-* e *lucidāre* 'chiarire' ✱ av. 1328] **v. tr.** (*io delùcido*) **1** rendere chiaro, comprensibile, con opportune spiegazioni o illustrazioni: *d. un passo* SIN. chiarire **2** †rendere lucido | (*fig.*) †dirozzare

delucidàre② [comp. di *de-* e *lucidare* ✱ 1940] **v. tr.** (*io delùcido*) ● togliere il lucido ai tessuti mediante decatissaggio

delucidazióne① o (*lett.*) **dilucidazióne** [vc. dotta, lat. tardo *dilucidatiōne(m)*, da *dilucidāre* 'delucidare①' ✱ 1484] **s. f.** ● spiegazione, chiarimento: *fornire le delucidazioni richieste; per ulteriori delucidazioni rivolgetevi al nostro ufficio*

delucidazióne② [da *delucidare*② ✱ 1908] **s. f.** ● operazione del togliere il lucido

deludènte **part. pres.** di *deludere*; anche **agg.** ● che delude, che tradisce le aspettative: *un film, un risultato d.*

♦**delùdere** [vc. dotta, lat. *delūdere* 'prendersi gioco', comp. di *dē-* e *lūdere* 'giocare', da *lūdus* 'gioco' ✱ 1321] **v. tr.** (**pass. rem.** *io delùṣi, tu deludésti*; **part. pass.** *delùṣo*, †*dilùṣo*) **1** tradire nelle aspettative, nelle speranze e sim., suscitando un sentimento di sconforto, amarezza e sim.: *lo spettacolo ha deluso le speranze del pubblico; la realtà mi ha deluso* CONTR. illudere **2** (*lett.*) trarre in inganno: *quella ... che delusa / fu da Demofoonte* (Dante *Par.* IX, 100-101) **3** (*lett.*) mandare a vuoto: *altri ... delusero colla frode l'altrui violenza* (L.A. Muratori) | (*raro*) eludere: *d. la vigilanza* **4** (*raro*, *lett.*) illudere **5** †beffare, deridere, schernire

†**deludiménto** [av. 1694] **s. m.** ● delusione

†**deluditóre** [1686] **s. m.** (**f.** *-trice*); anche **agg.** ● delusore

♦**deluṣióne** [vc. dotta, lat. tardo *delusiōne(m)* 'beffeggiamento', dal part. pass. di *delūdere* 'deludere' ✱ 1351] **s. f.** ● stato d'animo di sconforto e amarezza che deriva dalla perdita di speranze, dalla vanificazione di aspettative e sim.: *dare, subire, ricevere, una d.; provare una profonda d.* | chi (o ciò che) delude: *il suo ultimo libro è stato proprio una d.* CONTR. illusione

deluṣìvo [1951] **agg.** ● (*lett.*) che provoca una certa delusione: *uno sbracato accento ligure, anch'esso così d.* (B. Fenoglio) ‖ **deluṣivaménte**, **avv.**

♦**delùṣo** o †**dilùṣo**, **part. pass.** di *deludere*; anche **agg.** ● che ha subito una delusione: *sono d. del risultato ottenuto* | che rivela delusione: *si voltò, con aria un po' delusa* | che si è rivelato infondato, vano: *speranze deluse*

†**deluṣóre** [vc. dotta, lat. tardo *delusōre(m)*, dal part. pass. di *delūdere* 'deludere' ✱ 1618] **agg. e s. m.** ● che (o chi) delude

deluṣòrio [av. 1566] **agg.** (**pl. m.** *-i* o *raro -ii*) ● (*lett.*) che delude | ingannevole ‖ **deluṣoriaménte**, **avv.**

demagliàre [fr. *démailler*, comp. di *dé-* e *maille* 'maglia' ✱ 1956] **v. tr.** (*io demàglio*) ● (*raro*) smagliare, sfilare le maglie

demagliazióne [1983] **s. f.** ● (*raro*) smagliatura

demagnetizzàre [fr. *démagnétiser*, comp. di *dé-* e *magnétiser* 'magnetizzare' ✱ 1950] **v. tr.** ● smagnetizzare

demagogìa [vc. dotta, gr. *dēmagōgía*, da *dēmagōgós* 'demagogo' ✱ 1792] **s. f.** (**pl.** *-gìe*) **1** degenerazione della democrazia, in cui i governanti, anche attraverso concessioni alle esigenze immediate delle masse popolari, tendono in realtà alla conservazione del proprio potere **2** pratica politica consistente nell'accattivarsi il favore popolare con promesse di miglioramenti economici e sociali difficilmente realizzabili | (*est.*) in una discussione, atteggiamento di chi cerca di accreditare le proprie tesi con affermazioni di facile presa, propagandistiche e sim.

demagògico [vc. dotta, gr. *dēmagōgikós*, da *dēmagōgós* 'demagogo' ✱ 1797] **agg.** (**pl. m.** *-ci*) ● relativo a demagogia, a demagogo | caratterizzato da demagogia, basato sulla demagogia: *discorso d.; proposta demagogica* ‖ **demagogicaménte**, **avv.**

demagògo [vc. dotta, gr. *dēmagōgós*, comp. di *dêmos* 'distretto, popolo' e *agōgós* 'conduttore' ✱ av. 1573] **s. m.** (**pl.** *-ghi*) **1** anticamente, capo del popolo **2** (**f.** *-a*) (*est.*) chi fa della demagogia

demandàre [vc. dotta, lat. *demandāre*, comp. di *de-* e *mandāre* 'confidare' ✱ 1268] **v. tr.** (*io demàndo*) ● affidare, rimettere: *d. una controversia all'autorità giudiziaria*

demaniàle [ricavato da *demanio* sul tipo del fr. *domanial* ✱ 1364] **agg.** ● del demanio: *beni demaniali* ‖ **demanialità**, **s. f. inv.** (*dir.*) condizione di ciò che è demaniale

demanializzàre [1939] **v. tr.** ● (*burocr.*) rendere demaniale | sottoporre al regime giuridico del demanio ‖ **demanializzazióne**, **s. f.**

demànio [ant. fr. *demaine* 'terra di cui si ha il dominio', dal lat. *domĭnium* 'dominio' ✱ 1416] **s. m.** ● (*dir.*) complesso dei beni appartenenti allo Stato o ad altro ente pubblico territoriale, destinati alla esplicazione di una funzione pubblica | (*est.*) amministrazione dei beni demaniali

demansionaménto [comp. di *de-*, *mansion(e)* e *-mento* ✱ 1995] **s. m.** ● attribuzione al lavoratore dipendente di mansioni meno qualificate di quelle svolte in precedenza

démaquillage /*fr.* demaki'jaʒ/ [vc. fr., da *démaquiller* 'struccare' ✱ 1989] **s. m. inv.** **1** strucco, struccatura **2** (*est.*) pulizia, pulitura

demarcàre [da *demarcazione* con influsso del fr. *démarquer*, di diverso sign. ✱ 1800] **v. tr.** (*io demàrco, tu demàrchi*) ● segnare, tracciare: *d. i confini*

demarcatìvo [1970] **agg.** ● che serve a demarcare | (*ling.*) ***funzione demarcativa***, che isola i diversi elementi della catena parlata

demarcazióne [fr. *démarcation*, dallo sp. *demarcación*, da *marca* '(linea di) frontiera' ✱ 1793] **s. f.** ● il demarcare | ***linea di d.***, confine (*anche fig.*)

demarchìa [vc. dotta, gr. *dēmarchía* 'ufficio del demarco (*dêmarchos*)' ✱ 1830] **s. f.** ● (*stor.*) ufficio e dignità di demarco

demàrco [vc. dotta, lat. *demărchu(m)*, dal gr. *dêmarchos*, comp. di *dêmos* 'distretto' e *archós* 'capo' ✱ 1716] **s. m.** (**pl.** *-chi*) ● (*stor.*) capo di un demo

dematerializzàre [comp. di *de-* e *materializzare*; ✱ av. 1914] **v. tr.** **1** (*raro*) smaterializzare **2** eliminare o ridurre, mediante le tecnologie informatiche, l'uso di materiali nelle attività o nei processi produttivi; in particolare, sostituire un documento cartaceo con la sua registrazione elettronica: *d. i titoli di Stato* ‖ **dematerializzazióne**, **s. f.**

d'emblée /*fr.* dɑ̃'ble/ [fr., propr. part. pass. di *embler* 'impadronirsi, precipitarsi su', dal lat. *involāre* (V. *involare*①) ✱ 1905] **loc. avv.** ● al primo colpo, al primo sforzo | (*est.*) all'improvviso

demedicalizzàre [comp. di *de-* e *medicalizzare* ✱ 1987] **v. tr.** ● sottrarre alle compe-

a b c d e f g h i j k l m n o p q r s t u v w x y z

tenze e alle attribuzioni proprie della medicina: *d. il parto*

†**demembràre** ➤ †**dimembrare**

†**demenomàre** [comp. di *de-* e *menomare* ✱ 1282] **v. tr. e intr.** ● (*raro*) diminuire

†**dementàre** o †**dimentàre** [vc. dotta, lat. tardo *dementāre*, da *dēmens* 'demente' ✱ 1607] **v. tr.** ● far uscire di senno

demènte [vc. dotta, lat. *demĕnte(m)*, comp. di *dē-* e *mēns*, genit. *mĕntis* 'mente' ✱ 1308] **agg. e s. m. e f.** **1** che (o chi) è affetto da demenza **2** correntemente, stupido, idiota: *occhi dementi; comportarsi da, parlare come un d.*

SFUMATURE DI SIGNIFICATO

demente - alienato - psicopatico - insano

Demente è chi è affetto da una patologia che ne ha ridotto consistentemente le capacità intellettuali e il controllo dell'emotività. **Alienato** designa invece in modo generico chi è afflitto da malattia mentale. **Psicopatico** ha lo stesso significato ma pone l'accento sul disturbo della personalità, che può anche produrre conseguenze sociali gravi. **Insano** è equivalente di uso letterario.

SFUMATURE ➤ ***pazzo***

demènza [vc. dotta, lat. *demĕntia(m)*, da *dēmens* 'demente' ✱ 1268] **s. f.** **1** (*med.*) deterioramento mentale permanente, spec. declino patologico delle capacità intellettuali e dell'adeguato controllo dell'emotività | ***d. precoce***, schizofrenia | ***d. senile***, perdita graduale delle capacità mentali, intellettuali ed emotive, che si verifica nella vecchiaia **2** correntemente, stoltezza, stupidità

demenziàle [1911] **agg.** **1** (*med.*) relativo a demenza, a demente **2** (*est.*) detto di ciò che è particolarmente incoerente, sconsiderato, privo di logica: *discorso, atto d.* | (*est.*) intenzionalmente assurdo ed esagerato: *rock d.*; *comicità d.* ‖ **demenzialménte**, **avv.** ‖ **demenzialità**, **s. f. inv.** caratteristica di chi (o di ciò che) è demenziale

†**demèrgere** o †**dimèrgere** [vc. dotta, lat. *demĕrgere* 'immergere (*mĕrgere*) giù (*dē-*)' ✱ 1340 ca.] **v. tr., intr.** e †**demèrgersi** **v. intr. pron.** ● affondare, affondarsi

demeritàre o †**dimeritàre**, †**demertàre** [fr. *démériter*, da *démérite* 'demerito' ✱ 1373] **A** **v. tr.** (*io demèrito*) ● (*lett.*) non meritare più: *d. l'affetto, la stima di qlcu.* **B** **v. intr.** (**aus.** *avere*) ● essere o rendersi indegno: *d. nella vita*; *d. della patria*; (**anche assol.**) *il giovane cantante non ha demeritato*

demeritévole [av. 1694] **agg.** ● (*raro*) immeritevole

✦**demèrito** o †**dimèrito**, †**demèrto** [fr. *démérite*, comp. di *dé-* e *mérite* 'merito' ✱ 1298] **s. m.** **1** azione che merita biasimo, castigo e sim. **2** biasimo: *ciò torna a tuo d.* | ***nota di d.***, giudizio negativo sul comportamento spec. di uno studente

†**demeritòrio** [fr. *déméritoire*, da *démériter* 'demeritare' ✱ av. 1455] **agg.** ● degno di biasimo

†**demèrso** **part. pass.** di †*demergere*; **anche agg.** **1** nei sign. del v. **2** affondato, sommerso **3** sotterrato, detto di seme

†**demertàre** e deriv. ➤ **demeritare** e deriv.

dèmico [vc. dotta, dal gr. *dēm(os)* 'popolo' con il suff. agg. *-ico* ✱ 1970] **agg.** (**pl. m.** *-ci*) ● della popolazione | che riguarda una popolazione spec. dal punto di vista storico o archeologico: *il centro d. di Coclearia, l'attuale San Teodoro in Sardegna*

demielinizzànte [comp. di *de-* e *mielina* ✱ 1983] **agg.** ● (*med.*) detto di malattia e sim. che provoca demielinizzazione: *encefalite d.*

demielinizzazióne [1956] **s. f.** ● (*med.*) distruzione della mielina che riveste le fibre nervose

demilitarizzàre [fr. *démilitariser*, comp. di *dé-* e *militariser* 'militarizzare' ✱ 1942] **v. tr.** ● smilitarizzare ‖ **demilitarizzazióne**, **s. f.**

demi-monde /*fr.* d(ə)mi'mɔ̃d/ [vc. fr., comp. di *demi* 'mezzo②' e *monde* 'mondo, società mondana', che ha avuto fortuna con la commedia di A. Dumas figlio, *Le demi-monde* (1855) ✱ av. 1861] **s. m. inv.** ● ambiente elegante, ma equivoco, o di dubbi costumi

demineralizzàre [fr. *déminéraliser*, comp. di *dé-* e *minéraliser* 'mineralizzare' ✱ 1919] **A** **v. tr.** ● eliminare totalmente o parzialmente le sostanze minerali da un materiale, spec. liquido: *d. l'acqua* **B** **demineralizzàrsi** **v. intr. pron.** ● (*med.*) perdere le sostanze minerali, detto di un organismo ‖ **demineralizzazióne**, **s. f.**

deminùtio /*lat.* demi'nuttsjo/ o **diminùtio** /*lat.* dimi'nuttsjo/ [vc. latina 'diminuzione, perdita', accorc. della loc. *deminutio capitis* 'perdita dell'autorità o del potere (*capitis*, propr. 'del capo')' ✱ 1955] **s. f. inv.** (**pl. lat.** *deminutiones*) **1** perdita di potere, di autorità o prestigio **2** (*stor.*) ***d. capitis***, istituto del diritto romano che comportava per un individuo la privazione di alcuni o di tutti i diritti civili

demi-sec /*fr.* d(ə)mi'sɛk/ [vc. fr., comp. di *demi* 'mezzo' (dal lat. parl. **dimĕdiun*) e *sec* 'secco' ✱ 1963] **agg. inv.** (**pl. fr.** *demi-secs*) ● semisecco, detto di vino spec. spumante

demistificànte **part. pres.** di *demistificare*; **anche agg.** ● nel sign. del v.

demistificàre [fr. *démystifier*, comp. di *dé-* e *mystifier* 'mistificare' ✱ 1969] **v. tr.** (*io demistìfico, tu demistifichi*) ● criticare radicalmente qlcu. o qlco. così come si presenta nelle sue apparenze o immagini ufficiali mettendone in evidenza le caratteristiche reali: *d. un personaggio storico, una politica* e sim. **SIN.** demitizzare, dissacrare ‖ **demistificazióne**, **s. f.**

demistificatòrio [1964] **agg.** ● che mira a demistificare: *critica demistificatoria*

demitizzàre [comp. di *de-* e *mitizzare* ✱ 1964] **v. tr.** ● togliere il carattere mitico; smitizzare **SIN.** demistificare, dissacrare ‖ **demitizzazióne**, **s. f.**

demiùrgico (o **-mjùr-**) [vc. dotta, gr. *dēmiourgikós*, da *dēmiourgós* 'demiurgo' ✱ 1923] **agg.** (**pl. m.** *-ci*) **1** relativo al demiurgo **2** (*fig.*, *lett.*) capace di produrre, di creare: *facoltà, funzione demiurgica*

✦**demiùrgo** (o **-mjùr-**) [vc. dotta, lat. *demiŭrgu(m)*, dal gr. *dēmiourgós*, comp. di *dēmios* 'appartenente al popolo (*dêmos*)', e un deriv. di *érgon* 'opera, lavoro' ✱ 1554] **s. m.** (**pl.** *-gi* o *-ghi*) **1** (*stor.*) nella Grecia antica, lavoratore libero | in alcune città greche, uno dei magistrati principali | (**al pl.**) nell'antica Atene, classe sociale costituita da operai e artigiani **2** nella filosofia di Platone, l'artefice del mondo che ordina la materia informe a immagine della realtà ideale | nel pensiero gnostico, l'entità ordinatrice del mondo, distinta da Dio **3** (*fig.*) personalità dotata di grandi capacità creative e organizzative, in grado perciò di compiere realizzazioni importanti

demi-vierge /*fr.* d(ə)mi'vjɛrʒ/ [vc. fr., propr. 'semi-vergine', dal titolo di un romanzo di M. Prévost, *Les demi-vierges* (1894) ✱ 1905] **s. f. inv.** (**pl. fr.** *demi-vierges*) ● ragazza che si concede a pratiche erotiche, ma conserva intatta la verginità

demi-volée /*fr.* d(ə)mivɔ'le/ [vc. fr., comp. di *demi* 'mezzo②' e *volée* ✱ 1953] **s. f. inv.** (**pl. fr.** *demi-volées*) ● nel tennis, colpo eseguito colpendo la palla subito dopo il rimbalzo

dèmmo ➤ **dare**①

dèmo① [vc. dotta, lat. *dēmo(m)*, dal gr. *dêmos* 'distretto, popolo', in orig. prob. 'ripartizione (del popolo)' da *dáiesthai* 'dividere, distribuire' ✱ av. 1729] **s. m.** ● (*stor.*) in epoca classica, la più piccola unità territoriale greca, su cui si imperniava l'ordinamento sociale: *i demi attici* | in epoca bizantina, unità fondamentale della suddivisione della popolazione di Costantinopoli

dèmo② /'dɛmo, *ingl.* 'dɛməʊ/ [accorc. ingl. di *demo(nstration)* 'dimostrazione' ✱ 1991] **s. m. o f. inv.** ● versione dimostrativa di un prodotto informatico o di una riproduzione musicale

dèmo-① [dal gr. *dêmos* 'popolo', prob. da una radice indeur. che indica 'parte, sezione'] **primo elemento** ● in parole dotte composte, significa 'popolo' (*democrazia, demografia, demoscopia*), e anche 'folla' (*demofobia*)

dèmo-② [tratto da *democrazia*] **primo elemento** ● in parole composte della moderna terminologia politica, significa 'democratico': *democristiano, demoplutocrazia*

democraticìsmo [da *democratico* ✱ av. 1803] **s. m.** ● democratismo

democraticità [1915] **s. f. inv.** ● caratteristica di chi (o di ciò che) è democratico

✦**democràtico** [fr. *démocratique*, dal gr. *dēmokratikós* 'relativo alla democrazia (*dēmokratía*)' ✱ 1607] **A** **agg.** (**pl. m.** *-ci*) **1** della democrazia, che si ispira ai princìpi della democrazia: *regime, governo, Stato d.*; *leggi democratiche* **CFR.** demo-② **2** (*est.*) che è affabile, alla mano e tratta gli altri senza superbia: *un professore piuttosto d.* | semplice, alla buona: *maniere democratiche* ‖ **democraticaménte**, **avv.** ‖ **democraticità**, **s. f. inv.** **B** **s. m.** (**f.** *-a*); **anche agg.** ● chi (o che) ha idee democratiche o ispira la propria azione ai princìpi della democrazia | chi (o che) appartiene a un Partito Democratico: *il candidato d. alla Casa Bianca* | (*polit.*) ***Democratici di sinistra***, formazione politica sorta nel 1998 dall'unione del Partito Democratico della Sinistra con altri gruppi minori di centrosinistra, e confluita nel 2007 nel Partito Democratico | ***Partito Democratico***, partito di centrosinistra nato nel 2007 dalla confluenza dei Democratici di sinistra, della Margherita e di altre forze minori

democratìsmo [1791] **s. m.** ● comportamento di chi vuol sembrare democratico | atteggiamento o concezione di chi si richiama in modo esagerato ai valori della democrazia diretta

democratizzàre [fr. *démocratiser*, dal gr. *dēmokratízein* 'parteggiare per la *democrazia*' ✱ 1797] **A** **v. tr.** ● rendere democratico, trasformare in senso democratico: *d. l'organizzazione sociale* **SIN.** democraticizzare **B** **v. intr.** (**aus.** *avere*) ● (*disus.*) ostentare tendenze democratiche **C** **democratizzàrsi** **v. rifl.** ● diventare democratico ‖ **democratizzazióne**, **s. f.**

✦**democrazìa** [fr. *démocratie*, dal gr. *dēmokratía*, comp. di *dêmos* 'popolo' e *krátos* 'potere' ✱ 1363] **s. f.** **1** forma di governo in cui la sovranità risiede nel popolo che la esercita per mezzo delle persone e degli organi che elegge a rappresentarlo: *Stato retto a d.* | ***d. diretta***, quando il popolo esercita direttamente i suoi poteri sovrani | ***d. indiretta, rappresentativa, parlamentare***, quando il popolo esercita i suoi poteri sovrani attraverso rappresentanti | ***d. costituzionale***, quando è retta da una costituzione modificabile solo con particolari procedure **2** (*est.*) Paese retto secondo tale forma di governo: *le democrazie europee* | ***Democrazie popolari***, denominazione dei Paesi dell'Europa orientale che costituivano il blocco a regime comunista **3** ***Democrazia Cristiana***, movimento o partito politico italiano e di altri Paesi, il cui programma si ispira al pensiero sociale cattolico; la Democrazia Cristiana italiana (fondata a Milano nel 1942) si è trasformata, nel 1994, in Partito Popolare Italiano **4** (*est.*) atteggiamento affabile e alla mano nei confronti dei propri subordinati: *mostra molta d. con i sottoposti, con la servitù*

democristiàno [comp. di *demo-*② e *cristiano* ✱1905] **A** **agg.** ● della Democrazia Cristiana: *programma d.* **B** **s. m.** (**f.** *-a*); **anche agg.** **1** (*stor.*) detto di cattolico con tendenze moderniste o socialiste **2** iscritto, sostenitore della Democrazia Cristiana

democritèo [1869] **A** **agg.** ● relativo al filosofo greco Democrito (460 ca.-370 ca. a.C.) **B** **s. m.** ● seguace della filosofia di Democrito

democritìṣmo [av. 1712] **s. m.** ● il sistema filosofico di Democrito

démodé /fr. demo'de/ [vc. fr., part. pass. di *démoder* 'mettere fuori (*dé-*) di moda (*mode*)' ✱1903] **agg. inv.** ● passato di moda, disusato

demodèce o **demòdece** [vc. dotta, comp. del gr. *dēmós* 'grasso (di animali)' e *dḗx* 'verme nel legno, tarlo' ✱1965] **s. m.** ● acaro di piccolissime dimensioni con lungo addome carnoso che vive nel follicolo dei peli di alcuni animali domestici e provoca la rogna (*Demodex folliculorum*)

demodossalogìa o **demodossologìa**, **demodoxalogìa** [comp. di *demo-*①, del gr. *dóxa* 'opinione' e di *-logia* ✱1950] **s. f.** (**pl.** *-gìe*) ● disciplina che studia gli elementi psicologici, sociali e tecnici che intervengono nella formazione dell'opinione pubblica SIN. dossologia②

demodossàlogo o **demodossòlogo**, **demodoxàlogo** [1983] **s. m.** (**f.** *-a*; **pl. m.** *-gi*) ● studioso, esperto di demodossalogia

demodulàre [comp. di *de-* e *modulare* sul modello dell'ingl. *to demodulate* ✱1985] **v. tr.** (*io demòdulo*) ● (*elettron.*) compiere una demodulazione

demodulatóre [da *modulare*, col pref. *de-* ✱1956] **A** **s. m.** ● (*elettron.*) dispositivo mediante cui si effettua la demodulazione **B** **anche agg.** (**f.** *-trice*): *circuito d.*

demodulazióne [comp. di *de-* e *modulazione* ✱1956] **s. f.** ● (*elettron.*) nelle telecomunicazioni, processo per cui si ottiene dall'onda portante ad alta frequenza modulata il segnale originario modulante a bassa frequenza

demoecologìa [comp. di *demo-*① ed *ecologia* ✱1984] **s. f.** (**pl.** *-gìe*) ● branca dell'ecologia che studia la popolazione intesa come insieme di individui della stessa specie presenti in un dato luogo, valutandone i parametri di densità, natalità, mortalità, ecc.

demofobìa [comp. di *demo-*① e *-fobia* ✱1879] **s. f.** ● (*psicol.*) paura morbosa della folla ‖ **demofòbico**, **agg.** (**pl. m.** *-ci*); **anche s. m.** (**f.** *-a*) **nel sign. 2** **1** relativo a demofobia **2** demofobo ‖ **demòfobo**, **agg. e s. m.** (**f.** *-a*) che (o chi) soffre di una demofobia

demografìa [fr. *démographie*, comp. di *démo-* 'demo-①' e *-graphie* '-grafia' ✱1881] **s. f.** ● disciplina che, applicando la metodologia statistica, studia i fenomeni che concernono lo stato e le dinamiche della popolazione

demogràfico [fr. *démographique*, da *démographie* 'demografia' ✱1885] **agg.** (**pl. m.** *-ci*) ● relativo alla demografia | relativo alla popolazione: *incremento d.* ‖ **demograficaménte**, **avv.** dal punto di vista demografico

demògrafo [fr. *démographe*, da *démographie* 'demografia' ✱1965] **s. m.** (**f.** *-a*) ● studioso di demografia

♦**demolìre** [vc. dotta, lat. *demolīri*, interpretabile tanto 'smuovere, abbattere (*molīri*) completamente (*dē-*)', quanto 'costruire (*molīri*)' con *dē-* ✱1499] **v. tr.** (*io demolìsco, tu demolìsci*) **1** abbattere un edificio, una costruzione e sim.: *d. le fortificazioni con l'artiglieria*; *presto demoliranno questi vecchi quartieri* | ***d. una nave, una macchina***, smantellarle **2** (*fig.*) confutare radicalmente, annientare: *hanno demolito le tue teorie con valide argomentazioni* | (*fig.*) screditare, rovinare: *d. una persona*; *stanno demolendo la sua reputazione*

demolitìvo [1870] **agg.** **1** (*raro*) demolitorio **2** (*med.*) detto di intervento chirurgico che comporta l'asportazione di un organo o di una sua parte

demolitóre [1758] **A** **agg.** ● che demolisce (*anche fig.*): *martello d.*; *forze demolitrici della cultura* **B** **s. m.** (**f.** *-trice*) **1** chi demolisce (*anche fig.*) **2** chi smantella autoveicoli o altre macchine fuori uso per rivenderne le parti ancora utilizzabili

demolitòrio [da *demolizione* ✱1985] **agg.** ● che demolisce o tende a demolire (*spec. fig.*): *le tesi demolitorie dell'accusa*

demolizióne [vc. dotta, lat. *demolitiōne(m)*, da *demolīri* 'demolire' ✱1619] **s. f.** **1** abbattimento, smantellamento: *nave in d.*; *andare in d.* | (*fig.*) distruzione, confutazione radicale: *la d. di una teoria, di una tesi* **2** (*chim.*) degradazione

demologìa [vc. dotta, comp. di *demo-*① e *-logia*, come traduzione di *folklore* ✱1892] **s. f.** (**pl.** *-gìe*) ● studio delle tradizioni folcloristiche

demològico [1965] **agg.** (**pl. m.** *-ci*) ● relativo alla demologia: *ricerche demologiche*

demòlogo [comp. di *demo-*① e *-logo* ✱1987] **s. m.** (**f.** *-a*; **pl. m.** *-gi*) ● studioso di demologia

demoltìplica [deriv. di *demoltiplicare* ✱1956] **s. f.** **1** demoltiplicazione **2** (*tecnol.*) ***meccanismo di d.***, o (*ellitt.*) ***demoltiplica***, riduttore di velocità

demoltiplicàre [comp. di *de-* e *moltiplicare* ✱1956] **v. tr.** (*io demoltìplico, tu demoltìplichi*) ● in varie tecnologie, ridurre una grandezza secondo un determinato rapporto

demoltiplicatóre [da *demoltiplicare* ✱1919] **s. m.** **1** (*tecnol.*) ***meccanismo d.***, o (*ellitt.*) ***demoltiplicatore***, riduttore di velocità **2** (*elettron.*) dispositivo usato per contare impulsi di tensione che hanno una frequenza troppo elevata per azionare direttamente un numeratore | ***d. di frequenza***, divisore di frequenza

demoltiplicazióne [1956] **s. f.** ● operazione del demoltiplicare

dèmone [vc. dotta, lat. *dǣmone(m)*, dal gr. *dáimōn*: dal v. *dáiesthai* 'distribuire, ripartire' (?) ✱av. 1294] **s. m.** **1** nelle antiche religioni politeiste, genio o spirito, benefico o malefico, in forma umana, animale o mista, di natura quasi divina **2** nello stoicismo e nel neoplatonismo, essere razionale intermedio fra uomini e dei | genio soprannaturale e personale ispiratore della coscienza: *il d. di Socrate* **3** (*fig.*) passione sfrenata: *il d. della discordia, del gioco, dell'invidia, della gelosia* **4** (*lett.*) demonio: *sugli occhi della donna lampeggiò un sorriso da d.* (G. VERGA)

demonetàre [1798] **v. tr.** (*io demonéto*) ● demonetizzare

demonetiẓẓàre [fr. *démonétiser*, comp. di *dé-* e del lat. *monēta* 'moneta' ✱1795] **v. tr.** ● rendere privo di valore monetario, spec. un metallo ‖ **demonetiẓẓazióne**, **s. f.**

demonìaco [vc. dotta, lat. tardo *daemonĭacu(m)*, dal gr. *daimoniakós* 'proprio del demonio (*daimónios*, agg. di *dáimōn*)' ✱sec. XIV] **A** **agg.** (**pl. m.** *-ci*) **1** del demonio: *forze demoniache* | (*raro*) demonico **2** (*est.*) diabolico, infernale: *un uomo di astuzia demoniaca*; *usare arti demoniache* **B** **s. m.** ● †chi è invasato dal demonio | ossesso

demònico [vc. dotta, lat. *daemŏnicu(m)*, da *dǣmon* 'demone' ✱1441] **A** **agg.** (**pl. m.** *-ci*) ● (*lett.*) di demone, di demonio **B** **s. m.** (**pl.** *-ci*) ● (*filos.*) nel pensiero di Socrate, manifestazione della presenza del divino nel mondo

demònio o †**dimònio**, †**domònio** [vc. dotta, lat. tardo *daemōniu(m)*, dal gr. *daimónion*, originariamente 'forza divina del demone (*dáimōn*)' ✱av. 1292] **s. m.** (**pl.** *demòni*, †*demònia*, **f.**) **1** nelle religioni ebraica e cristiana, spirito maligno che incita l'uomo al male | ***il D.***, (*per anton.*) il diavolo, Lucifero | ***le arti del D.***, le tentazioni che inducono l'uomo a peccare | ***avere il d. addosso***, (*fig.*) essere estremamente nervoso, irrequieto e sim. | (*fig.*) ***essere brutto come il D.***, di persona estremamente brutta, deforme e sim. | (*fig.*) ***essere astuto, furbo come il D.***, di persona incredibilmente astuta | (*est.*, *lett.*) demone: *il d. delle passioni* **2** (*fig.*) persona abbietta, capace d'ogni infamia: *solo un d. poteva escogitare un simile delitto* | persona furente d'ira, d'odio e sim.: *gridare come un d.*; *occhi da d.* | ***diventare un d.***, infuriarsi | ***fare il d.***, combinare il finimondo, gridando e buttando all'aria ogni cosa **3** (*fig.*) ragazzo molto vivace: *ha portato con sé quel d. di suo figlio* **4** (*fig.*) persona attiva e infaticabile, di eccezionali qualità: *è un d. che riesce in tutto* ‖ **demoniàccio**, **pegg.** | **demoniétto**, **dim.**

demonìṣmo [1892] **s. m.** ● tendenza di alcune religioni primitive e superiori a spiegare i fenomeni naturali come manifestazioni di forze demoniache buone e malvagie, spesso in opposizione fra loro

demoniẓẓànte **part. pres.** di *demonizzare*; **anche agg.** ● che attribuisce a qlcu. o a qlco. caratteristiche del tutto negative: *visione d. di un avversario politico*

demoniẓẓàre [1919] **v. tr.** ● considerare e fare apparire qlcu. o qlco. come perverso, diabolico, maligno: *d. un avversario politico* ‖ **demoniẓẓazióne**, **s. f.**

demonofobìa [comp. di *demone* e *-fobia* ✱1890] **s. f.** ● (*psicol.*) paura morbosa nei confronti di esseri diabolici ‖ **demonofòbico**, **agg.** (**pl. m.** *-ci*); **anche s. m.** (**f.** *-a*) **nel sign. 2** **1** relativo a demonofobia **2** che (o chi) soffre di demonofobia ‖ **demonòfobo**, **agg. e s. m.** (**f.** *-a*) (*raro*) demonofobico nel sign. 2

demonolatrìa [vc. dotta, comp. di *demone* e *-latria* ✱1830] **s. f.** ● culto e adorazione dei dèmoni

demonologìa [vc. dotta, comp. di *demone* e *-logia* ✱1820] **s. f.** (**pl.** *-gìe*) ● studio delle credenze religiose sui dèmoni e sul demonio

demonomanìa [vc. dotta, comp. di *demone* e *-mania* ✱1825] **s. f.** ● paura morbosa dei dèmoni e dell'Inferno

demonticàre [comp. di *de-* e *monticare* ✱1956] **v. intr.** (*io demóntico, tu demóntichi*; **aus.** *essere*) ● (*sett.*) scendere a valle, detto di greggi, mandrie e sim.

demoplutocrazìa [comp. di *demo-*② e *plutocrazia*, sul tipo formativo di *democrazia* ✱1938] **s. f.** ● nella pubblicistica fascista, regime solo formalmente democratico, in cui in realtà il potere economico è nelle mani di pochi

demoproletàrio [comp. di *demo-*② e *proletario* ✱1983] **agg. e s. m.** (**f.** *-ia*) ● negli anni 1970-80, appartenente al raggruppamento politico di estrema sinistra Democrazia Proletaria

demopsicologìa [comp. di *demo-*① e *psicologia* ✱1879] **s. f.** (**pl.** *-gìe*) ● studio della psicologia di un popolo, spec. primitivo, attraverso le sue tradizioni, i suoi usi e sim.

demoraliẓẓànte **part. pres.** di *demoralizzare*; **anche agg.** ● scoraggiante: *una sconfitta d.*

demoraliẓẓàre [fr. *démoraliser*, comp. di

dé- e *moraliser* 'moralizzare' ✱ 1798] **A** **v. tr.** ● scoraggiare, privare della forza morale, dello spirito d'iniziativa e sim.: *le privazioni lo demoralizzano* SIN. avvilire **B** **demoralizzàrsi** **v. intr. pron.** ● avvilirsi, abbattersi: *non demoralizzarti per così poco; è un tipo che si demoralizza facilmente* SIN. scoraggiarsi || **demoralizzazióne**, **s. f.** (V.)

demoralizzàto **part. pass.** di *demoralizzare*; anche **agg.** ● scoraggiato, avvilito

demoralizzatóre [1797] **agg.** (**f.** *-trice*) ● che demoralizza: *l'azione demoralizzatrice dell'avversario*

demoralizzazióne [fr. *démoralisation*, da *démoraliser* 'demoralizzare' ✱ 1812] **s. f.** ● il demoralizzare, il demoralizzarsi | stato d'animo di chi è demoralizzato SIN. avvilimento, scoraggiamento

SFUMATURE ➤ ***pessimismo***

†**demoràre** e deriv. ➤ **dimorare** e deriv.

♣**demòrdere** [vc. dotta, comp. di *de-* e *mordere*, sul modello del fr. *démordre* ✱ 1890] **v. intr.** (**coniug. come** *mordere*; **raro nei tempi composti; aus.** *avere*) ● desistere, rinunciare, cedere (quasi sempre preceduto dalla negazione): *sono persone che non demordono*; *Non mi farete d. dalla mia opinione* (E. DE AMICIS)

demoscopìa [comp. di *demo-*①, nel sign. di 'comunità', e *-scopia* ✱ 1963] **s. f.** ● tecnica di indagine, rilevazione e studio degli orientamenti e dei pareri della pubblica opinione su date questioni

demoscòpico [1963] **agg.** (**pl. m.** *-ci*) ● relativo alla demoscopia | ***indagine demoscopica***, rilevazione quantitativa delle opinioni favorevoli o sfavorevoli su un determinato problema || **demoscopicaménte**, **avv.** mediante la demoscopia

demòscopo [1983] **s. m.** (**f.** *-a*) ● esperto, studioso di demoscopia

Demospònge o **Demospòngie** [comp. di *demo-*①, nel sign. di 'moltitudine', e del lat. *spongia* 'spugna' ✱ 1956] **s. f. pl.** (**sing.** *-gia*) ● (*zool.*) classe di Spugne a scheletro siliceo o di spongina che comprende le spugne più comuni (*Demospongiae*)

†**demostràre** e deriv. ➤ **dimostrare** e deriv.

demòtico [gr. *dēmotikós* 'relativo al popolo (*dêmos*)' ✱ 1829] **A** **agg.** (**pl. m.** *-ci*) ● (*lett.*) popolare | ***greco d.***, nella Grecia moderna, linguaggio proprio delle classi popolari | ***scrittura demotica***, antica scrittura egizia in uso dall'VIII sec. a.C. alla fine dell'Impero romano, così detta per distinguerla dalla scrittura ieratica propria della casta sacerdotale **B** **s. m.** (**solo sing. nel sign. 1**) **1** scrittura demotica **2** (*lett.*) etnico: *"romano" è il d. di Roma*

demotìsmo [dal gr. *dêmos* 'popolo', sul modello di *francesismo*, *neologismo* e sim. ✱ av. 1963] **s. m.** ● (*ling.*) locuzione o parola popolare

demotivàre [comp. di *de-* e *motivare* ✱ 1983] **v. tr.** e **demotivàrsi** **v. rifl.** ● privare o privarsi di motivazione psicologica, emotiva e sim.

demotivàto **part. pass.** di *demotivare*; anche **agg.** **1** privo di motivazioni psicologiche, di interesse **2** (*ling.*) detto di segno linguistico la cui originaria motivazione non è più avvertibile da parte del parlante SIN. opaco || **demotivataménte**, **avv.**

demotivazióne [1983] **s. f.** **1** mancanza di motivazioni psicologiche, di interesse **2** (*ling.*) processo per cui l'originaria motivazione di un segno non è più avvertibile da parte del parlante

†**demulcènte** o **demulgènte** [vc. dotta, lat. *demulcēnte(m)*, part. pres. di *demulcēre* 'demulcere' ✱ 1395] **agg. e s. m.** ● emolliente, lenitivo

†**demulcére** o **demùlcere** [vc. dotta, lat. *demulcēre*, comp. di *dē-* e *mulcēre* 'blandire, lisciare' ✱ av. 1494] **v. tr.** ● lisciare, accarezzare

demulgènte ➤ †**demulcente**

demuscazióne [comp. parasintetico del lat. *mŭsca* 'mosca', col pref. *de-* ✱ 1929] **s. f.** ● disinfestazione dalle mosche, eseguita spec. con insetticidi

†**denàio** ➤ **denaro**

denaratùra [da *denaro* nel sign. 5 ✱ sec. XX] **s. f.** ● (*tess.*) titolazione dei filati espressa in denari

†**denarésco** [av. 1313] **agg.** ● (*lett.*) relativo al denaro

♦**denàro** o **danàro**, †**dinàro**②, †**danàio**, †**denàio**, †**denàrio** [lat. *denāriu(m)* '(moneta) di dieci (*dēni*: sottinteso *ăsses* 'assi')' ✱ 1200 ca.] **s. m.** **1** unità monetaria d'argento romana, repubblicana e imperiale, del valore prima di 10 assi, poi di 16 | moneta d'argento medievale posta da Carlo Magno a base del suo sistema monetale | ***d. macedone***, unità monetaria della Macedonia CFR. dinaro① **2** insieme di monete metalliche o cartacee: *d. spicciolo*; *d. contante* **3** soldi, quattrini, ricchezza: *essere ben provvisto di d.*; *non avere denari* | ***avere il d. contato***, disporre del minimo indispensabile | (*fig.*) ***buttare il d.***, spenderlo malamente | ***contare i denari in tasca a qlcu.***, (*fig.*) calcolare la consistenza della sua ricchezza | ***essere a corto di d., di denari***, averne poco | ***far d., far denari a palate***, arricchire, accumulare ingenti ricchezze | ***sciupare tempo e d.***, utilizzarli malamente, inutilmente | ***d. fresco***, nuovo apporto di capitale in un'azienda | ***d. sporco***, V. *sporco* | ***in d.***, nel linguaggio di Borsa, detto di titolo molto richiesto sul mercato **4** (**al pl.**) uno dei semi delle carte da gioco italiane e dei tarocchi CFR. bastone, coppa①, spada | ***chiamare, bussare a denari***, (*fig.*) chiedere quattrini **5** (*tess.*) misura di peso per la titolazione dei filati di seta e di altre fibre a bava continua **6** in funzione appositiva: (*borsa*) ***prezzo d.***, prezzo al quale un operatore è disposto a comperare titoli o divise estere | (*banca*) ***tasso d.***, tasso di sconto o di interesse al quale una banca o altro operatore finanziario è disposto a remunerare i depositi CONTR. lettera, nel sign. II 4

denaróso ➤ **danaroso**

denasalizzàre (o -ṣ-) [comp. di *de-* e *nasalizzare* ✱ 1956] **A** **v. tr.** ● (*ling.*) trasformare un suono nasale nel suono orale corrispondente **B** **denasalizzàrsi** **v. intr. pron.** ● (*ling.*) perdere il carattere di nasale, detto di suono || **denasalizzazióne**, **s. f.**

denatalità [comp. di *de-* e *natalità*, prob. sul modello del fr. *dénatalité* ✱ 1929] **s. f. inv.** ● diminuzione statistica delle nascite in una popolazione

denaturànte **A** **part. pres.** di *denaturare*; anche **agg.** ● nei sign. del v. **B** **s. m.** ● sostanza usata per denaturare

denaturàre [fr. *dénaturer*, comp. parasintetico di *nature* 'natura' ✱ 1892] **v. tr.** **1** (*chim.*) trattare sostanze, destinate a usi per i quali sono previsti sgravi fiscali, con speciali additivi che ne impediscono altri impieghi: *d. l'alcol, il cloruro di sodio* **2** (*chim., biol.*) ***d. le proteine***, alterare la struttura tridimensionale delle sostanze proteiche con agenti vari, variandone le proprietà fisiche e chimiche e privandole di quelle biologiche

denaturàto **part. pass.** di *denaturare*; anche **agg.** ● sottoposto a denaturazione: *alcol d.*

denaturazióne [1911] **s. f.** ● operazione del denaturare

denazificàre [comp. di *de-* e un deriv. di *nazi(sta)* ✱ 1949] **v. tr.** (*io denazìfico, tu denazìfichi*) ● epurare da elementi, ideologie o influenze naziste || **denazificazióne**, **s. f.**

denazionalizzàre [fr. *dénationaliser*, comp. di *dé-* e *nationaliser* 'nazionalizzare' ✱ 1812] **v. tr.** **1** restituire all'iniziativa privata industrie che erano state nazionalizzate **2** togliere le caratteristiche nazionali a un popolo, un gruppo etnico, un territorio ecc. || **denazionalizzazióne**, **s. f.**

dendrìte① [comp. di *dendro-* e *-ite*② ✱ 1956] **s. m.** ● (*biol.*) ognuno dei prolungamenti, tipicamente ramificati, che nelle cellule nervose sono responsabili della trasmissione dell'impulso verso il pirenoforo

dendrìte② [vc. dotta, lat. *dendrīte(n)*, dal gr. *dendrítēs* 'appartenente o simile ad albero (*déndron*)' ✱ av. 1730] **s. f.** ● (*miner.*) aggregato di cristalli che si sviluppano seguendo la forma della ramificazione di un albero

dendrìtico [da *dendrite*② ✱ 1956] **agg.** (**pl. m.** *-ci*) ● (*miner.*) ramificato, detto dei minerali e delle loro strutture

dèndro-, -dèndro [dal gr. *déndron* 'albero', di orig. indeur.] **primo elemento** ● in parole composte della terminologia scientifica, significa 'albero', 'forma, aspetto arborescente': *dendrologia, dendrometria*

dendroclimatologìa [comp. di *dendro-* e *climatologia* ✱ 1983] **s. f.** (**pl.** *-gìe*) ● (*meteor.*) studio del clima di una determinata zona in relazione agli alberi che la popolano

dendrocronologìa [comp. di *dendro-* e *cronologia* ✱ 1956] **s. f.** (**pl.** *-gìe*) ● metodo che, attraverso il conteggio e l'analisi degli anelli di accrescimento annuale di alberi fossili o plurisecolari, consente la datazione di fenomeni meteorologici, giacimenti archeologici e sim.

dendròide [vc. dotta, lat. *dendroīde(n)*, dal gr. *dendroeidēs* 'a forma (*êidos*) di albero (*déndron*)' ✱ 1797] **agg.** ● (*raro*) che è simile ad albero

dendrologìa [comp. di *dendro-* e *-logia* ✱ 1775] **s. f.** (**pl.** *-gìe*) ● parte della botanica che studia gli alberi dal punto di vista sistematico ed ecologico

dendrològico [1956] **agg.** (**pl. m.** *-ci*) ● relativo alla dendrologia

dendrometrìa [comp. di *dendro-* e *-metria* ✱ 1911] **s. f.** ● studio dei metodi di determinazione degli accrescimenti e del volume degli alberi e dei boschi, per una valutazione approssimata del legname ricavabile

dendromètrico [1983] **agg.** (**pl. m.** *-ci*) ● relativo alla dendrometria

denegàre o (*lett.*) **dinegàre**, (*lett.*) **dinegàre** [vc. dotta, lat. *denegāre*, comp. di *dē-* e *negāre* 'negare' ✱ 1258] **A** **v. tr.** (*io denégo* o *dengo, dènego, tu denéghi* o *denèghi, dèneghi*) **1** (*lett.*) negare risolutamente: *d. qlco. col capo, con le mani* | †contraddire: *d. una verità* **2** (*lett.*) ricusare, non concedere: *d. la giustizia al popolo*; *denegò di dargli quanto aveva promesso* **3** (*lett.*) rifiutare, non ammettere: *d. la guerra* **B** **denegàrsi** **v. intr. pron.** ● (*raro, lett.*) rifiutarsi

†**denegatóre** o †**dinegatóre** [av. 1380] **agg. e s. m.** (**f.** *-trice*) ● che (o chi) denega

denegazióne o **dinegazióne** [vc. dotta, lat. eccl. *denegatiōne(m)*, da *denegāre* 'denegare' ✱ 1342] **s. f.** **1** (*lett.*) negazione | rifiuto **2** (*psicoan.*) l'affiorare alla coscienza di un contenuto rimosso, che tuttavia continua a essere disconosciuto dal paziente

denervàre [comp. di *de-* e di un deriv. di *nervo* ✱ 1987] **v. tr.** (*io denèrvo*) ● (*med.*) enervare

dèngue /ˈdɛngwe, *sp.* ˈdeŋge/ [vc. sp., propr. 'smorfia, noia', dal swahili *dinga* 'improvviso attacco di crampi' ✱ 1874] **s. f. inv.** ● (*med.*) malattia infettiva acuta tipica dei Paesi tropicali e subtropicali, causata da virus trasmessi all'uomo da zanzare del genere *Aedes* e caratterizzata da febbre, esantema, dolore articolare e muscolare e talora da manifestazioni emorragiche

denicotinizzàre [fr. *dénicotiniser*, comp. parasintetico di *nicotine* 'nicotina' ✱ 1926] **v. tr.** ● sottrarre nicotina al tabacco per renderlo meno nocivo ‖ **denicotinizzazióne**, **s. f.**

♦**denigràre** o †**dinegràre** [vc. dotta, lat. tardo *denigrāre*, in orig. 'tingere di nero (*nigrāre*) completamente (*dē-*)', e quindi 'oscurare (una fama)' ✱ av. 1306] **v. tr.** ● screditare qlcu. o qlco. offuscandone il valore, l'onore, il prestigio e sim.: *d. i propri avversari*; *tenta inutilmente di d. la tua reputazione* **SIN.** calunniare, diffamare

SFUMATURE DI SIGNIFICATO
denigrare - calunniare - diffamare
Denigrare definisce l'azione di screditare intenzionalmente una persona, parlandone in modo da ridurne il prestigio, l'onore o il valore. Se l'attacco alla reputazione viene condotto diffondendo sul conto di qualcuno maldicenze non corrispondenti al vero, si utilizza piuttosto **diffamare**; o addirittura **calunniare**, se dalla maldicenza si passa all'accusa di un illecito o di un reato non commessi.

denigratóre [da *denigrare* ✱ 1835] **agg. e s. m.** (**f.** *-trice*) ● che (o chi) denigra **SIN.** calunniatore, diffamatore

denigratòrio [da *denigrare* ✱ 1940] **agg.** (**pl. m.** *-i* o *raro -ii*) ● che tende a denigrare: *frasi denigratorie* **SIN.** diffamatorio

denigrazióne [vc. dotta, lat. *denigratiōne(m)*, da *denigrāre* 'denigrare' ✱ 1745] **s. f.** ● il denigrare **SIN.** calunnia, diffamazione

dènim /ingl. 'denɪm/ [da (*serge*) *de Nîmes* '(tessuto) di Nîmes', città della Francia dove si produceva ✱ 1983] **s. m. inv.** ● tessuto molto robusto di cotone ritorto, generalmente blu, usato spec. per tute da lavoro, blue-jeans, uniformi e sim.

denitrificàre [comp. di *de-* e *nitrificare* ✱ 1891] **v. tr.** (*io denitrìfico, tu denitrìfichi*) ● (*biol.*) trasformare mediante denitrificazione (V.)

denitrificazióne [1901] **s. f.** ● (*biol.*) trasformazione batterica per cui i nitriti e i nitrati vengono ridotti a composti privi di azione fertilizzante

denocciolàre [comp. parasintetico di *nocciolo*③, con il pref. *de-* ✱ 1965] **v. tr.** (*io denòcciolo*) ● nell'industria alimentare, privare la frutta del nocciolo

denocciolatrice [1983] **s. f.** ● macchina dell'industria alimentare usata per denocciolare **SIN.** disossatrice

denominàle [comp. parasintetico di *nome*, con il pref. *de-* ✱ 1951] **A agg.** ● (*ling.*) detto di aggettivo, verbo o sostantivo derivato dal radicale di un nome (per es. *ideale* da *idea*, *attestare* da *testa*, *orologiaio* da *orologio*) **SIN.** denominativo **B anche s. m.**

†**denominànza** o †**dinominànza** [av. 1696] **s. f.** ● denominazione

denominàre o †**dinominàre** [vc. dotta, lat. *denomināre* 'designare per nome (*nomināre*) chiaramente (*dē-*)' ✱ 1282] **A v. tr.** (*io denòmino*) ● designare con un nome: *d. un oggetto*; *i geografi denominarono i corsi d'acqua della regione* | †indicare **B denominàrsi v. intr. pron.** ● prendere nome: *i Latini si denominarono dal Lazio* | avere per nome: *la casa si denomina 'villa Serena'*

denominatìvo [vc. dotta, lat. tardo *denominatīvu(m)*, da *denomināre* 'denominare' ✱ av. 1565] **A agg.** ● che serve a denominare: *termine d.* **B agg. e s. m.** ● (*ling.*) denominale

denominatóre [vc. dotta, lat. tardo *denominatōre(m)*, da *denomināre* 'denominare' ✱ 1587] **s. m.** (**f.** *-trice*) **1** (*lett.*) che denomina **2** (*mat.*) secondo termine della coppia di interi o di quantità, che definisce una frazione **CFR.** numeratore (V. nota d'uso FRAZIONE) | ***minimo comun d.***, minimo multiplo comune fra i denominatori di più frazioni | (*fig.*) ***d. comune***, ***comune d.***, elemento o carattere comune a più persone o cose: *i diversi progetti hanno un comune d.*

denominazióne o †**dinominazióne** [vc. dotta, lat. tardo *denominatiōne(m)*, da *denomināre* 'denominare' ✱ 1308] **s. f.** **1** designazione per mezzo di un nome | (*est.*) nome: *ignoro la d. botanica di questo fiore* | ***d. d'origine***, quella di prodotti alimentari ottenuti con determinate procedure in una limitata area di produzione | ***d. d'origine controllata***, V. *doc* | ***d. d'origine controllata e garantita***, quella di vini prodotti da specifici vitigni in aree geografiche limitate, rispettando caratteristiche e processi produttivi stabiliti in appositi disciplinari; in sigla DOCG **2** (*gramm.*) ***complemento di d.***, è costituito da un nome proprio o comune che determina un altro nome (spec. di luogo, di persona, di mese o di giorno) di significato generico; è introdotto dalla prep. *di*, talora implicita (per es.: *la città di Bologna*; *il mese di febbraio*; *nel giorno di venerdì*; *nella giornata di lunedì*; *il soprannome Lella*) **3** (*relig.*) confessione religiosa, comunità di credenti **4** (*dir.*) ***d. sociale***, nome delle società commerciali aventi personalità giuridica

†**denonziàre** e deriv. ➤ **denunciare** e deriv.

♣**denotàre** o (*raro*) **dinotàre** [vc. dotta, lat. *denotāre* 'indicare (*notāre*) chiaramente (*dē-*)' ✱ av. 1294] **v. tr.** (*io denòto* o *raro dènoto*, *raro dinòto*) **1** indicare, manifestare: *queste parole denotano un animo nobile* **SIN.** denunciare **2** (*lett.*) simboleggiare | (*ling.*) designare **3** †bollare, contrassegnare

denotativo [da *denotare* ✱ av. 1712] **agg.** **1** (*raro, lett.*) che denota **2** (*ling.*) detto di segno linguistico non portatore di valori attributivi (es. *gatto* rispetto a *micio*) **CONTR.** connotativo ‖ **denotatività**, **s. f. inv.**

denotàtum [lat., part. pass. di *denotāre* 'denotare', proprio dell'uso ingl. ✱ 1989] **s. m. inv.** (**pl. lat.** *denotata*) ● (*ling.*) l'oggetto extralinguistico designato per mezzo del linguaggio **SIN.** designatum, referente

denotazióne o (*raro*) **dinotazióne** [vc. dotta, lat. *denotatiōne(m)*, da *denotāre* 'denotare' ✱ av. 1328] **s. f.** **1** (*raro*) indicazione | indizio **2** (*filos.*) in logica, il complesso dei caratteri comuni a tutti gli oggetti compresi nell'estensione di un concetto **3** (*ling.*) carattere puramente referenziale, cioè non attributivo, del significato di una parola o di un'espressione, una frase **CONTR.** connotazione

†**densàre** [vc. dotta, lat. *densāre* 'rendere denso (*dēnsus*)' ✱ av. 1340] **v. tr.** ● condensare

†**densazióne** [vc. dotta, lat. tardo *densatiōne(m)*, da *densāre* '†densare' ✱ av. 1635] **s. f.** ● condensazione

†**densézza** [av. 1597] **s. f.** ● densità

densificàre [da *denso* ✱ 1912] **A v. tr.** (*io densìfico, tu densìfichi*) ● rendere denso o più denso; addensare | infittire **B densificàrsi v. intr. pron.** ● diventare denso o più denso; addensarsi | infittirsi ‖ **densificazióne**, **s. f.**: *densificazione edilizia*

densimètrico [da *densimetro* ✱ 1966] **agg.** (**pl. m.** *-ci*) ● relativo al densimetro o a misure di densità

densìmetro [vc. dotta, comp. di *denso* e *-metro* ✱ 1869] **s. m.** ● (*fis.*) strumento per determinare la densità di gas e liquidi | ***d. aerostatico***, che misura la densità dei gas in base alla loro velocità di efflusso

densità o †**densitàde**, †**densitàte** [vc. dotta, lat. *densitāte(m)*, da *densāre* '†densare' ✱ av. 1328] **s. f. inv.** **1** caratteristica di ciò che è denso: *d. della nebbia* | (*fig.*) pregnanza, consistenza, corposità: *d. di concetti* | (*fig.*) intensità, carica: *un finale ad alta d. emotiva* | †compattezza **2** (*fis.*) ***d. assoluta***, massa dell'unità di volume di una sostanza | ***d. relativa***, rapporto fra la massa di un dato corpo omogeneo e la massa di un uguale volume di una sostanza di riferimento | ***d. di corrente elettrica***, rapporto fra l'intensità di corrente e la sezione del conduttore da essa percorso | ***d. di superficie***, rapporto fra la carica elettrica distribuita su un elemento di superficie e la superficie stessa | ***d. elettrica di volume***, rapporto fra la carica elettrica contenuta in un elemento di volume e l'elemento stesso **CFR.** picno- **3** ***d. di popolazione***, rapporto fra il numero di abitanti e la superficie di un dato territorio

densitometrìa [comp. di *densit(à)* e *-metria* ✱ 1966] **s. f.** **1** misurazione dei raggi trasmessi o riflessi impiegata per valutare la densità di un materiale **2** in medicina nucleare, determinazione della densità ossea che avviene misurando l'assorbimento dei fotoni trasmessi attraverso l'osso da una sorgente radioattiva

densitomètrico [da *densitometria* ✱ 1966] **agg.** (**pl. m.** *-ci*) ● detto di misura o analisi condotta mediante densitometria

densitòmetro [comp. di *densità* e *-metro* ✱ 1966] **s. m.** ● strumento impiegato per indagini densitometriche

♦**dènso** [vc. dotta, lat. *dēnsu(m)*, di orig. indeur. ✱ 1321] **A agg.** **1** che ha grande massa in piccolo volume: *una bottiglia di colla densa* | fitto, spesso: *fumo d.*; *nebbia densa*; *vapori densi* | ***nubi dense***, pregne di pioggia **2** cupo, oscuro: *buio d.*; *notte densa*; *ombre dense*; *dense tenebre* **3** ricco, pieno (**anche fig.**): *un cielo d. di stelle*; *un periodo d. di avvenimenti*; *un discorso d. di pensieri, di idee* **4** (*lett.*) folto: *il destrier ch'avea lasciato / tra le più dense frasche* (L. ARIOSTO) | serrato, compatto: *una densa schiera d'armati* ‖ **densaménte**, **avv.** **B s. m.** ● (*raro, lett.*) corpo denso | densità

SFUMATURE ➤ ***spesso***

dentàle① [da *dente* ✱ 1726] **A agg.** **1** (*anat.*) dentario: *corona d.* **2** (*ling.*) detto di suono nella cui articolazione la punta della lingua batte contro i denti: *la 't' è una consonante d.* **B s. f.** ● (*ling.*) consonante dentale

dentàle② [vc. dotta, lat. tardo *dentāle*, perché incide il solco, come un *dente* ✱ 1546] **s. m.** ● parte in legno dell'aratro antico, oggi solido e arcuato braccio metallico, cui è fissato il vomere **SIN.** ceppo

dentàle③ [lat. *dentāle* (nt.) con nuovo sign., per la sporgenza dei *denti* (*dĕntes*) di questo pesce ✱ sec. XIII] **s. m.** ● (*zool., centr.*) dentice

dentàlio [dal lat. *dentāliu(m)* 'che ha la forma di un *dente* (*dēns*, genit. *dĕntis*)' ✱ 1310] **s. m.** (**pl.** *-i* o *raro -ii*) ● mollusco marino, fornito di conchiglia dalla forma simile a una piccola zanna di elefante, che vive semiaffondato nel fango (*Dentalium entalis*)

†**dentàme** [comp. di *dent(e)* e *-ame* ✱ sec. XIII] **s. m.** ● dentatura

dentàre [sec. XIV] **A v. tr.** (*io dènto*) ● (*raro*) fornire di denti: *d. una sega* **B v. intr.** (aus. *avere*) ● (*disus.*) mettere i denti

dentària [vc. dotta, lat. *dentāria(m)* (sottinteso *hĕrba*) 'pianta efficace contro il male di denti' ✱ av. 1577] **s. f.** ● pianta erbacea delle Crocifere con piccoli bulbi all'ascella delle foglie superiori, coi quali si propaga vegetativamente, e fiori rosei o gialli (*Dentaria bulbi-*

fera)

dentàrio [vc. dotta, lat. *dentāriu(m)*, da *dēns* 'dente' ✱ 1830] **agg.** ● che concerne i denti: *carie dentaria* | ***capsula dentaria***, rivestimento metallico o di altra sostanza resistente, posto a protezione e rinforzo della corona dentaria | ***protesi dentaria***, apparecchio sostitutivo dei denti

dentaruòlo o **dentaròlo** [da *dente* ✱ 1846] **s. m.** ● oggetto spec. di gomma che si dà da mordere ai bambini quando inizia la dentizione

dentàta [da *dente* ✱ av. 1574] **s. f.** ● colpo o morso dato coi denti | segno così prodotto

dentàto [vc. dotta, lat. *dentātu(m)*, da *dēns* 'dente' ✱ av. 1375] **agg. 1** fornito di denti | (*est.*) che ha punte o sporgenze a forma di dente | (*mecc.*) ***ruota dentata***, organo di macchina, normalmente cilindrico o conico, con la periferia intagliata a denti che ingranano con quelli di altro organo, al fine di trasmettere sforzi tangenziali SIN. ingranaggio | (*mecc.*) ***corona dentata***, collare con dentatura esterna o interna, sulla quale ingranano una o più altre ruote dentate **2** (*anat.*) ***muscolo grande d.***, quello che unisce la scapola alle prime costole | ***muscolo piccolo d.***, ognuno dei muscoli che si inseriscono da un lato nei processi spinosi vertebrali, dall'altro nelle costole

dentatóre [1983] **s. m.** (f. *-trice*) ● (*mecc.*) operaio addetto a una macchina dentatrice

dentatrìce [da *dente* ✱ 1909] **s. f.** ● macchina che serve a fare i denti di una ruota dentata

dentatùra [sec. XIV] **s. f. 1** insieme dei denti dell'uomo e degli animali: *d. forte, robusta, regolare, irregolare* | ***d. di latte, caduca***, che nei Mammiferi precede quella permanente, e comprende denti più piccoli e deboli di quelli definitivi | ***d. permanente***, comprendente, nell'uomo, 32 denti | (*fig., disus.*) ***di buona d.***, di buon appetito **2** complesso delle sporgenze di uno strumento dentato: *la d. di un pettine, di un ingranaggio, di una ruota* **3** †età della dentizione

♦**dènte** [lat. *dĕnte(m)*, di orig. indeur. ✱ sec. X] **s. m. 1** (*anat.*) ognuno degli organi ossei sporgenti nel cavo orale che, nell'uomo e nei Vertebrati degli Gnatostomi, sono destinati alla masticazione: *d. di latte, caduco, permanente, artificiale*; *denti superiori, inferiori*; *mettere, perdere i denti*; *rompersi un d.*; *lavarsi i denti*; *avere mal di denti*; *farsi togliere un d.*; *farsi curare i denti* CFR. odonto-, -odonte | (*est.*) formazione ossea o cartilaginosa simile a un dente: *d. dell'epistrofeo* | ***d. del giudizio***, ciascuno dei quattro molari che possono o no svilupparsi negli adulti | ***al d.***, detto di cibo moderatamente cotto in modo da conservare una gradevole consistenza: *gli spaghetti devono essere al d.* | (*fig.*) ***avere il d. avvelenato contro qlcu.***, nutrire e mostrare astio, livore e sim., nei confronti di qlcu. | ***a denti asciutti, a denti secchi***, (*fig., disus.*) senza ottenere quel che si voleva, a bocca asciutta: *restare a denti asciutti* | ***a denti stretti***, (*fig.*) controvoglia, con rabbia, astio e sim.; (*fig.*) col massimo impegno: *acconsentire, rispondere a denti stretti*; *lottare a denti stretti* | ***fuori dai denti***, (*fig.*) con assoluta franchezza | ***mettere qlco. sotto i denti***, mangiare | ***non è pane per i tuoi denti***, è cosa superiore alle tue capacità o possibilità | ***trovare pane per i propri denti***, V. *pane*①, sign. 1 | ***tirata coi denti***, (*fig.*) di spiegazione, giustificazione e sim. che non convincono | ***aguzzare, arrotare, digrignare i denti***, detto di animali, mettere in mostra le zanne con ferocia; (*est.*) detto dell'uomo, assumere un'espressione feroce e minacciosa | ***battere i denti***, (*fig.*) tremare dal freddo o dalla paura | ***difendere qlco. coi denti***, (*fig.*) strenuamente, con ogni mezzo a disposizione | (*fig.*) ***essere armato fino ai denti***, essere armato di tutto punto | ***mettere i denti***, di bambino al quale spuntano i primi denti; (*fig.*) di persona che acquista esperienza, accortezza, abilità: *il giovanotto ha messo i denti* | ***mostrare i denti***, (*fig.*) assumere un'espressione minacciosa | ***rompersi i denti***, (*fig.*) rimanere deluso, scornato | ***stringere i denti***, (*fig.*) concentrare le forze; impegnarsi al massimo | (*fig.*) ***tenere il fiato, l'anima coi denti***, essere estremamente malandato in salute **2** (*fig., lett.*) assalto, morso: *il d. dell'invidia, della calunnia, della maldicenza* **3** sporgenza o risalto di varia forma e dimensione su ingranaggi, utensili e sim.: *i denti della cremagliera, della forchetta, del pettine* | ***d. dell'ancora***, marra | ***a denti***, dentato | ***d. di cane***, scalpello corto usato dagli scultori, con una tacca nel mezzo **4** intaccatura più o meno profonda in un tessuto o in un risvolto | ***d. di topo***, finitura a puntine minute che un tempo ornava in alto le calze di seta o di filo da donna **5** (*geogr.*) cima aguzza di un monte | ***D. del Gigante***, cima del gruppo del Monte Bianco **6** nelle antiche fortificazioni, opera formata da due facce congiunte a saliente verso il nemico | ***a denti***, forma data a varie opere delle antiche fortificazioni: *cortina a denti* **7** (*bot.*) ***d. canino***, gramigna dei medici | ***d. di cane***, piccola pianta erbacea bulbosa delle Liliacee con foglie macchiate di rosso cupo e fiore solitario, pendente, di color rosa (*Erythronium dens-canis*) | ***d. di leone***, tarassaco SIN. pisciacane, piscialetto, soffione ‖ **dentàccio**, accr. | **dentèllo**, dim. (V.) | **dentìno**, dim. | **dentóne**, accr. (V.) | **dentùccio**, dim.

dentecchiàre ➤ †**denticchiare**

dentellàre [da *dentello*① ✱ 1884] **v. tr.** (*io dentèllo*) ● ritagliare, intagliare a dentelli, spec. ai margini: *d. una lama*

dentellàto part. pass. di *dentellare*; anche **agg. 1** nei sign. del v. **2** detto di francobollo provvisto di dentellatura | ***non d.***, detto di antichi francobolli che venivano staccati dal foglio con le forbici e di taluni moderni, gener. con vignette uguali a quelle di altri francobolli emessi contemporaneamente

dentellatùra [1802] **s. f. 1** il dentellare **2** insieme di dentelli: *la d. della foglia* | serie regolare di dentelli lungo i bordi del francobollo, la cui integrità riveste grande importanza filatelica **3** (*archit.*) motivo di decorazione architettonica costituito da una serie di dentelli in modanature, cornici, trabeazioni e sim.

dentelle /fr. dɑ̃'tɛl/ [vc. fr., propr. 'piccolo dente (*dent*)', per la forma dentata dell'orlo ✱ 1905] **s. f. inv.** ● trina, pizzo, merletto CFR. dentello②

dentèllo① [1304] **s. m. 1** dim. di *dente* **2** ornamento a forma di dente posto sotto alla cornice dei mobili rinascimentali **3** (*archit.*) piccolo parallelepipedo sporgente che, ripetuto in serie, costituisce motivo di ornamento di modanature, cornici, trabeazioni e sim. **4** ciascuna delle piccole e regolari sporgenze lungo i bordi del francobollo, provocata dal distacco dell'esemplare dal foglio lungo la perforazione **5** †brunitoio fatto con dente di animale o altra materia

dentèllo② **s. m.** ● adattamento di *dentelle* (V.)

dentellòmetro [comp. di *dentello*① e *-metro* ✱ 1966] **s. m.** ● (*filatelia*) strumento per misurare la dentellatura di un francobollo

†**denticchiàre** o (*tosc.*) **dentecchiàre** [da *dente* col suff. *-icchiare* ✱ av. 1292] **v. tr.** ● rosicchiare, mangiucchiare, mordicchiare

dèntice [vc. dotta, lat. tardo *dĕntice(m)*, per i caratteristici *denti* canini ✱ sec. XIII] **s. m.** ● pesce osseo voracissimo dei Perciformi con denti robusti e acuti e carni pregiate (*Dentex dentex*) SIN. dentale③

denticolàto [vc. dotta, lat. tardo *denticulātu(m)*, da *dentĭculus* 'piccolo dente (*dēns*, genit. *dĕntis*)' ✱ 1872] **agg.** ● (*raro*) dentato

dentièra [fr. *dentier*, attrav. il sign. di 'fila di denti' ✱ 1797] **s. f. 1** protesi boccale con denti artificiali **2** (*mecc.*) cremagliera: *ferrovia, tranvia a d.*

dentifrìcio [fr. *dentifrice*, dal lat. *dentifrĭcium* 'che serve per sfregare (*fricāre*) i denti (*dĕntes*)' ✱ 1797] **A agg.** ● che serve a pulire i denti: *sostanza, pasta dentifricia* **B s. m.** ● preparato in polvere, in pasta o liquido, usato per la pulizia dei denti e del cavo orale

dentina [1892] **s. f.** ● (*anat.*) tessuto duro del dente sotto lo smalto e il cemento

♦**dentìsta** [fr. *dentiste*, da *dent* 'dente' ✱ 1760] **s. m. e f.** (pl. m. *-i*) **1** medico specialista nella cura delle malattie dentarie **2** (*impropr.*) odontotecnico

dentìstico [1901] **agg.** (pl. m. *-ci*) ● di dentista, relativo a dentista: *gabinetto d.*

dentizióne [fr. *dentition*, dal lat. *dentītio*, da *dentīre* 'mettere i denti (*dĕntes*)' ✱ av. 1797] **s. f.** ● processo di comparsa dei denti | ***prima d.***, dei denti di latte | ***seconda d.***, della dentatura permanente | ***età della d.***, periodo in cui spuntano i denti

dentóne [1965] **s. m. 1** accr. di *dente* **2** (f. *-a*) (*raro, scherz.*) persona che ha denti grandi e lunghi

♦**déntro** o (*centr.*) †**drénto** [lat. *dē* 'da' e *ĭntro* 'entro' ✱ av. 1250] **A avv. 1** nell'interno, nella parte interna (con v. di stato e di moto): *stare d.*; *guardare d.*; *entrare, spingere d.*; *quando fummo d.* CFR. endo-, eso-① CONTR. fuori | ***andare, mettere, essere d.***, (*fig.*) andare, mettere, essere in carcere | ***o d. o fuori***, (*fig.*) come invito a decidersi, a prendere una decisione | rafforzato da altri avv. di luogo: *guarda lì, là d.*; *qui, qua d.* | †***d. ivi*** o (con grafia unita) †***dentrovi***, †***drentovi***, lì dentro | ***da, di d.***, dalla parte interna: *passate da d.* | ***in d.***, verso la parte interna: *è piegato in d.* | (*raro*) ***per d.***, attraverso **2** (*fig.*) interiormente, nell'intimo, nell'animo, nel cuore: *sentire, avere qlco. d.*; *fremere, rodersi d.* | ***tenere tutto d.***, essere chiuso di carattere, non manifestare i propri sentimenti e le proprie emozioni **B prep. 1** in, nella parte interna (*anche fig.*): *vieni d. casa*; *il cortile d. il palazzo* | (*fig., fam.*) ***darci d.***, lavorare sodo, impegnarsi a fondo | anche nelle loc. prep. ***d. a, d. in***; *è d. al palazzo*; *è d. nel cassetto*; ***essere d. a un affare***, esserne partecipe; ***essere d. fino al collo in qlco.***, (*fig.*) esservi completamente coinvolto; ***essere d. nella politica***, occuparsene attivamente; ***essere d. nella parte***, interpretarla efficacemente: ***dare d. a qlco.***, urtarvi contro | anche nella loc. prep. ***d. di*** (sempre seguita dai pron. pers.): *l'ho pensato d. di me*; *rimugina sempre d. di sé* **2** (*disus.*) entro, prima della fine di: *d. oggi*; *d. il mese*; *d. l'anno* **C in funzione di s. m. solo sing.** ● la parte, il lato interno di qlco.; (*fig.*) l'intimo, l'anima, la coscienza | anche *il di d.*

dentùto [da *dente* ✱ av. 1729] **agg.** ● (*raro*) dotato di denti grossi e forti | (*est., lett.*) frastagliato, dentellato: *barattoli dal margine d.* (I. CALVINO)

denuclearizzàre [comp. di *de-* e un deriv. di (arma) *nucleare* ✱ 1965] **v. tr.** ● mettere al bando l'uso delle armi nucleari, spec. in un determinato settore geografico | (*est.*) rifiutare l'installazione o l'esercizio di centrali nucleari per la produzione di energia ‖ **denuclearizzazióne**, **s. f.**

denuclearizzàto **part. pass.** di *denuclearizzare*; **anche agg.** **1** nel sign. del v. **2** detto di territorio nel quale, per delibera delle autorità locali, non si possono installare impianti nucleari: *comune d.*

denudaménto [1848] **s. m.** • il denudare, il denudarsi

denudàre o †**dinudàre** [vc. dotta, lat. *denudāre* 'spogliare (*nudāre*) completamente (*dē-*)' ✻ 1258] **A** **v. tr.** **1** privare degli indumenti che ricoprono tutto il corpo o una parte di esso: *d. il paziente per una visita; si tolse il guanto denudando la mano* | (*est.*) rendere nudo, spoglio: *l'autunno ha denudato la campagna; d. una chiesa degli arredi* **2** (*fig., lett.*) palesare, rivelare: *acciò che meglio il vero io ti denudi* (L. Ariosto) **B** **denudàrsi** **v. tr. pron.** (**aus.** *essere*) **e rifl.** • togliersi di dosso tutte le vesti o una parte di esse: *denudarsi in pubblico; il gusto che provano i bambini a denudarsi i piedi sull'erba* (L. Pirandello)

denudazióne [vc. dotta, lat. tardo *denudatiōne(m)*, da *denudāre* 'denudare' ✻ 1750] **s. f.** **1** (*raro*) denudamento | ***d. degli altari***, funzione del Giovedì Santo, consistente nello spogliare gli altari dai paramenti **2** (*geol.*) erosione meccanica o chimica della superficie terrestre dovuta ad agenti atmosferici

denùncia o **denùnzia** [da *denunciare* ✻ 1289] **A** **s. f.** (**pl.** *-ce* o *disus. -cie*) **1** (*dir.*) dichiarazione richiesta o imposta dalla legge come onere od obbligo per la produzione di effetti vari: *d. del reddito, delle nascite, dei decessi* | ***d. di matrimonio***, pubblicazione **2** (*dir.*) notizia di reato fornita da un privato all'autorità giudiziaria o ad altra autorità competente **3** (*est.*) pubblica presa di posizione, con tono di accusa: *d. dei pericoli di guerra* **4** (*dir.*) disdetta | ***d. di un trattato***, dichiarazione di volontà con cui uno Stato recede da un trattato di cui era parte **B** **in funzione di agg. inv.** • (posposto a un sost.) che ha lo scopo di rendere noto qlco. con tono accusatorio: *film d.*; *libro d.*

denunciaménto o **denunziaménto**, †**dinunziaménto** [da *denunciare* ✻ 1304] **s. m.** • (*raro*) denuncia

denunciànte o **denunziànte** **A** **part. pres.** di *denunciare*; **anche agg.** • nei sign. del v. **B** **s. m. e f.** • chi presenta una denuncia

♦**denunciàre** o (*raro*) **denunziàre**, †**dinunciàre**, †**dinunziàre**, †**denonziàre**, †**dinonziàre** [vc. dotta, lat. *denuntiāre* 'dichiarare (*nuntiāre*) apertamente (*dē-*)'; nel sign. 5, calco sul fr. *dénoncer* ✻ 1258] **v. tr.** (**pres.** *io denùncio*; **fut.** *io denuncerò*) **1** dichiarare, riferire alla competente autorità: *d. un furto; d. la nascita di un figlio* | ***d. una persona***, accusarla di un reato presso l'autorità competente **2** rendere noto all'opinione pubblica: *quel quotidiano ha denunciato alcuni gravi scandali* **3** rendere noto, evidente: *è un atteggiamento che denuncia il suo malumore* **4** †annunciare, predire **5** disdire, dichiarare nullo: *d. un'alleanza*

denunciatóre o **denunziatóre**, †**dinunciatóre**, †**dinunziatóre** [da *denunciare* ✻ 1303 ca.] **s. m.** (**f.** *-trice*); **anche agg.** • chi (o che) denuncia

†**denunciazióne** o †**denunziazióne**, †**dinunziazióne** [vc. dotta, lat. *denuntiatiōne(m)*, da *denuntiāre* 'denunziare' ✻ 1288] **s. f.** • denuncia

denunziàre e deriv. ➤ **denunciare** e deriv.

denutrìto [ricavato da *denutrizione*, sul modello di *nutrito-nutrizione* ✻ 1912] **agg.** • deperito per scarsa e insufficiente nutrizione: *avere un aspetto d.*; *bambini denutriti*

denutrizióne [fr. *dénutrition*, comp. di *dé-* e *nutrition* 'nutrizione' ✻ 1878] **s. f.** • nutrizione insufficiente | deperimento organico provocato da prolungata carenza alimentare: *stato di d.*

†**Dèo** ➤ **Dio**①

deodorànte [da *deodorare*; sul modello dell'ingl. *deodorant*, dal lat. *ŏdor* 'odore', nel sign. B] **A** **part. pres.** di *deodorare*; **anche agg.** • nei sign. del v. **B** **s. m.** • sostanza capace di correggere o eliminare odori non desiderati o sgradevoli sia sovrapponendo loro il proprio sia annullandoli per reazione chimica

deodoràre [comp. di *de-* e *odorare* ✻ 1942] **v. tr.** (*io deodóro*) • privare degli odori sgradevoli | anche in forma pron.: *deodorarsi le ascelle*

deodorazióne [1970] **s. f.** • il deodorare

deodorizzàre [comp. di *de-*, *odor(e)* e *-izzare*, sul modello dell'ingl. *to deodorize* ✻ 1987] **v. tr.** • sottoporre a deodorizzazione (V.)

deodorizzazióne [1987] **s. f.** • processo mediante il quale si elimina, si attenua o si modifica l'odore sgradevole di una sostanza

Dèo gràtias /*lat.* deo'grattsjas/ [lat., propr. '(rendiamo) grazie a Dio' ✻ av. 1375] **A** **loc. inter.** **1** formula liturgica di ringraziamento ricorrente nella conclusione di alcune parti della Messa **2** correntemente, esclamazione di sollievo o di gioia **B** **in funzione di loc. sost. m. inv.** • spec. nella loc. ***essere al Deo gratias***, alla fine

deonomàstica [comp. di *de-* e *onomastica* ✻ 1982] **s. f.** • studio dei vocaboli derivati da nomi propri

deonomàstico [1984] **A** **agg.** (**pl. m.** *-ci*) • relativo alla deonomastica: *studi deonomastici* **B** **s. m.** • vocabolo derivato da un nome proprio (per es. *perpetua*)

deòntico [vc. dotta, dal gr. *déon*, genit. *déontos* 'il dovere' con il suff. *-ico* ✻ 1974] **agg.** (**pl. m.** *-ci*) • (*filos.*) relativo al dovere o a ciò che è contraddistinto da obbligatorietà | ***logica deontica***, in filosofia del diritto, quella che regola gli enunciati che riguardano gli obblighi, le proibizioni e i permessi

deontologìa [vc. dotta, dal gr. *déontos*, genit. di *déon* 'dovere' e *-logia* ✻ 1819] **s. f.** (**pl.** *-gìe*) **1** complesso dei doveri inerenti a particolari categorie spec. professionali di persone: *d. medica* **2** (*filos.*) la teoria dell'utilitarismo di J. Bentham (1748-1832)

SFUMATURE ➤ *morale*

deontològico [1844] **agg.** (**pl. m.** *-ci*) • relativo alla deontologia

deorbitàre [comp. di *de-* e *orbitare* ✻ 1987] **A** **v. tr.** (*io deòrbito*) • (*astron.*) far uscire un'astronave o un satellite artificiale dalla sua orbita **B** **v. intr.** (**aus.** *essere*) • uscire dalla propria orbita

deorbitazióne [1987] **s. f.** • (*astron.*) il deorbitare

deospedalizzàre [comp. di *de-* e *ospedalizzare* ✻ 1987] **v. tr.** **1** dimettere, far uscire dall'ospedale **2** sottrarre al ricovero in ospedale: *d. i malati di mente* ‖ **deospedalizzazióne**, **s. f.**

deòssi- o **desòssi-** [comp. di *de-* e *ossi(geno)*] **primo elemento** • in parole composte della terminologia scientifica denota una molecola o un composto chimico in cui è avvenuta la sostituzione di un ossigeno, spec. di gruppo ossidrilico, con un altro atomo, gener. quello dell'idrogeno

deossiribonuclèico o **desossiribonuclèico** [comp. di *deossi-* 'che contiene meno (*de-*) ossigeno (*ossi-*)', *ribo(sio)* e di un deriv., col suff. di acido (*-ico*), di *nucleo* ✻ 1956] **agg.** (**pl. m.** *-ci*) • (*biol.*) detto di acido, chiamato comunemente DNA, che si trova quasi esclusivamente nel nucleo delle cellule ed è portatore dei fattori ereditari

deossiribòsio o **desossiribòsio**, **desossiribòso**, **deossiribòso** [comp. di *deossi-* e *ribosio* ✻ 1966] **s. m.** • (*chim.*) monosaccaride la cui molecola differisce da quella del ribosio per la mancanza di un atomo di ossigeno; è componente fondamentale del DNA

deostruìre [comp. di *de-* e *ostruire* ✻ av. 1698] **v. tr.** (*io deostruìsco, tu deostruìsci*) • liberare da un'ostruzione: *d. una conduttura, un camino*

†**departìre** ➤ †**dipartire**①

†**depàscere** o †**dipàscere** [vc. dotta, lat. *depāsci*, comp. di *dē-* e *pāscere* 'pascere' ✻ av. 1604] **v. tr.** **1** pascolare, brucare **2** spogliare dei pascoli

depauperaménto [1834] **s. m.** • impoverimento: *d. del sangue, del terreno; il d. dell'economia nazionale* **SIN.** depauperazione

SFUMATURE ➤ *sfruttamento*

♦**depauperàre** [vc. dotta, lat. mediev. *depauperāre*, comp. di *dē-* e *pauperāre* 'impoverire' ✻ sec. XIV] **A** **v. tr.** (*io depàupero*) • impoverire, stremare: *d. il pubblico erario; una coltivazione che depaupera il terreno* | (*est.*) indebolire: *la scarsa alimentazione depaupera l'organismo* | (*fig.*) infiacchire **B** **depauperàrsi** **v. intr. pron.** • impoverirsi | (*fig.*) indebolirsi

depauperàto **part. pass.** di *depauperare*; **anche agg.** • nei sign. del v.

depauperazióne [1309] **s. f.** • (*disus.*) depauperamento

†**depèllere** [vc. dotta, lat. *depĕllere* 'spingere, cacciare (*pĕllere*) giù (*dē-*)' ✻ av. 1343] **v. tr.** • cacciare, espellere

depenalizzàre [comp. parasintetico di *penale*, col pref. *de-* ✻ 1966] **v. tr.** • sottrarre alla sanzione penale un fatto precedentemente considerato reato ‖ **depenalizzazióne**, **s. f.**

dépendance /*fr.* depɑ̃'dɑ̃s/ [vc. fr., dall'ant. *maison de despens* 'casa che serve da dipendenza a un'altra' ✻ 1888] **s. f. inv.** • edificio secondario annesso a quello principale: *la d. di un albergo* **CFR.** dipendenza②

†**depèndere** e deriv. ➤ **dipendere** e deriv.

depennaménto [1987] **s. m.** • il depennare | (*fig.*) eliminazione

depennàre o †**dipennàre** [comp. parasintetico di *penna*, con il pref. *de-* ✻ 1494] **v. tr.** (*io depénno*) **1** cancellare con un segno di penna: *d. una cifra da un conto* | (*fig.*) eliminare, togliere: *d. un candidato dalla lista* **2** †annientare, abolire

†**depénto** e deriv. ➤ **dipinto** e deriv.

deperìbile [1925] **agg.** • che si deteriora facilmente: *merci deperibili* ‖ **deperibilità**, **s. f. inv.**

♦**deperiménto** [1764] **s. m.** **1** perdita di forza, energia, salute e sim.: *d. dovuto a denutrizione* **2** deterioramento di varie sostanze, spec. alimentari: *d. di una partita di frutta*

SFUMATURE DI SIGNIFICATO

deperimento - consunzione

Deperimento è un generale indebolimento dell'organismo, un peggioramento globale delle condizioni di una persona o di un animale; riferito a cose, indica deterioramento, il rovinarsi fino a divenire inservibile. Se il deperimento di una persona è particolarmente grave e si accompagna a una perdita di peso corporeo si parla di **consunzione.**

SFUMATURE ➤ *decadenza*

♦**deperìre** [fr. *dépérir*, vc. dotta che si rifà al lat. *deperīre* 'andare in rovina (*perīre*) completamente (*dē-*)' ✻ 1342] **v. intr.** (*io deperìsco, tu deperìsci*; **aus.** *essere*) **1** perdere forza, salute, bellezza e sim.: *d. per, in seguito a, una grave malattia* **2** deteriorarsi, guastarsi: *durante la navigazione la merce è deperita*

a b c d e f g h i j k l m n o p q r s t u v w x y z

SFUMATURE DI SIGNIFICATO
deperire - deteriorarsi
In riferimento a persone, **deperire** indica il perdere progressivamente forza, salute, bellezza; in riferimento a prodotti alimentari, significa guastarsi, rovinarsi e dunque divenire non commestibile. **Deteriorarsi** ha lo stesso significato ma rispetto a *deperire* è d'uso più vasto, potendo riferirsi a un ventaglio più ampio di oggetti.
SFUMATURE ➤ ***peggiorare***, ➤ ***scadere***

d

deperìto part. pass. di *deperire*; anche agg. **1** debilitato, smagrito: *viso d.* **2** deteriorato, guasto

deperizióne [av. 1938] s. f. ● (*lett.*, *raro*) deperimento

depersonalizzàre [fr. *dépersonnaliser*, da *personnel* 'personale' con il pref. neg. *de-* ✻ 1956] v. tr. ● spersonalizzare ‖ **depersonalizzazióne**, s. f. (V.)

depersonalizzazióne [fr. *dépersonnalisation* 'privazione (*dé-*) della propria personalità (*personnalité*)' ✻ 1913] s. f. ● spersonalizzazione | (*psicol.*) stato, caratteristico spec. di alcune malattie mentali, in cui si perde il senso della propria realtà, o si sente il proprio corpo come irreale

depicciolàre [comp. parasintetico di *picciolo*②, con il pref. *de-* ✻ 1970] v. tr. (*io depicciòlo*) ● privare un frutto del picciolo

depicciolatrìce [1983] s. f. ● macchina dell'industria conserviera per depicciolare i frutti

depigmentàto [1983] agg. ● che ha subito depigmentazione

depigmentazióne [comp. di *de-* e *pigmentazione* ✻ 1966] s. f. ● perdita della pigmentazione

depilàre [vc. dotta, lat. *depilāre*, comp. parasintetico di *pĭlus* 'pelo', con il pref. *dē-* ✻ av. 1294] **A** v. tr. **1** privare dei peli: *d. le gambe* | ***d. le pelli***, in conceria, effettuarne, a mano o a macchina, la depilazione | ***d. le sopracciglia***, correggerne o modificarne la forma togliendone in parte i peli **2** †spellare **B** **depilàrsi** v. tr. pron. (aus. *essere*) e rifl. ● eliminare i peli superflui dal proprio corpo: *depilarsi le gambe*

depilatóre [1861] **A** agg. (f. *-trice*) ● che depila: *rasoio d.* **B** s. m. **1** (f. *-trice*) in conceria, chi provvede alla depilazione **2** apparecchio o macchina per depilare

depilatòrio [sec. XIV] **A** agg. (pl. m. *-i* o *raro -ii*) ● che serve a depilare: *crema depilatoria*; *strumenti depilatori* **B** s. m. ● sostanza depilatoria

depilatrìce [1983] s. f. ● macchina impiegata per depilare le pelli

depilazióne [1869] s. f. **1** il depilare | in conceria, asportazione dei peli e dell'epidermide delle pelli con mezzi chimici o enzimatici SIN. epilazione **2** slanatura

†**depìngere** e deriv. ➤ **dipingere** e deriv.

dépistage /fr. depis'taʒ/ [vc. fr., da *dépister* 'depistare' ✻ 1983] s. m. inv. ● (*stat.*) ricerca ed evidenziazione di dati relativi a casi e fenomeni scientifici o sociali, condotta secondo determinati criteri su un gruppo di individui: *d. dei bambini handicappati*; *d. di una malattia professionale*

depistàggio [1983] s. m. ● sviamento spec. di un'indagine allo scopo di portarla su una falsa strada

depistaménto [1983] s. m. ● (*raro*) depistaggio

depistàre [fr. *dépister*, comp. parasintetico di *piste* 'pista' ✻ 1938] v. tr. ● portare su una falsa strada, agire in modo da confondere la situazione a proprio vantaggio: *d. i poliziotti, le indagini*

de plàno [propr. 'in (*dē*) luogo piano (*plāno*)', cioè fuori del tribunale, proprio in contrapposizione a 'in tribunale' ✻ 1981] loc. avv. ● (*dir.*) amichevolmente | ***risolvere una controversia de plano***, estragiudizialmente per accordo diretto fra le parti avverse

depletìvo agg. ● relativo a deplezione

deplezióne [ingl. *depletion*, dal lat. *deplēre* 'vuotare' (contr. di *implēre* 'riempire') ✻ 1974] s. f. ● (*med.*) diminuzione della quantità di liquido o di un componente generale dell'organismo: *d. del potassio, del sodio*

dépliant /depli'an, *evit.* -ant, *fr.* depli'jɑ̃/ [vc. fr., sostantivazione del part. pres. di *déplier*, propr. '(di)spiegare, svolgere' ✻ 1933] s. m. inv. La pronuncia *dèplian* non è consigliabile ● pieghevole pubblicitario

deploràbile [vc. dotta, lat. tardo *deplorābile(m)*, da *deplorāre* 'deplorare' ✻ 1618] agg. **1** degno di essere deplorato **2** (*lett.*) lagrimevole: *sorte d.* ‖ **deplorabilménte**, avv.

†**deploraménto** [sec. XVI] s. m. ● deplorazione

✦**deploràre** [vc. dotta, lat. *deplorāre*, da *plorāre* 'piangere, lamentarsi' con *dē-* intens. ✻ av. 1472] v. tr. (*io deplòro*) **1** (*lett.*) lamentare qlco. di spiacevole: *d. un avvenimento luttuoso* | (*lett.*) compiangere: *d. le disgrazie di qlcu.* | (*lett.*, *raro*) commiserare **2** biasimare, condannare: *d. la condotta di qlcu.*

deploratóre [1483] agg. e s. m. (f. *-trice*) ● (*raro*) che (o chi) deplora

deploratòria [av. 1484] s. f. ● (*lett.*, *raro*) elegia, compianto, discorso commemorativo

✦**deplorazióne** [vc. dotta, lat. *deploratiōne(m)*, da *deplorāre* 'deplorare' ✻ av. 1328] s. f. **1** biasimo, riprovazione: *suscitare la d. generale* **2** †lamentazione, compianto

✦**deplorévole** [1843] agg. **1** da deplorare: *contegno d.* SIN. biasimevole, deprecabile, riprovevole | spiacevole, increscioso: *un d. incidente*; *cadere in un d. errore* **2** miserevole: *condizioni deplorevoli* SIN. pietoso ‖ **deplorevolménte**, avv.

depolarizzànte **A** part. pres. di *depolarizzare*; anche agg. ● nel sign. del v. **B** s. m. ● (*elettr.*) sostanza che si aggiunge a una pila o a una cella elettrolitica per eliminare o attenuare la polarizzazione a un elettrodo

depolarizzàre [comp. di *de-* e *polarizzare* ✻ 1913] v. tr. **1** (*elettr.*) impedire o attenuare la polarizzazione di pile o di celle elettrolitiche **2** impedire o attenuare la polarizzazione di un fascio luminoso: *d. la luce* ‖ **depolarizzazióne**, s. f. (V.)

depolarizzatóre **A** agg. (f. *-trice*) **1** depolarizzante **2** detto di apparecchio per depolarizzare la luce **B** anche s. m.

depolarizzazióne [1917] s. f. **1** procedimento per impedire o attenuare la polarizzazione a un elettrodo **2** perdita di polarizzazione da parte di un fascio luminoso

depolimerizzàre [comp. di *de-* e *polimerizzare*, sul modello del fr. *dépolymériser* ✻ 1936] **A** v. tr. ● (*chim.*) scindere polimeri in sostanze di peso molecolare inferiore **B** **depolimerizzàrsi** v. intr. pron. ● (*chim.*) scindersi in sostanze di peso molecolare inferiore, detto di polimero ‖ **depolimerizzazióne**, s. f.

depoliticizzàre [comp. di *de-* e *politica*, prob. sul modello dell'ingl. *to depoliticise* ✻ 1950] v. tr. ● spoliticizzare ‖ **depoliticizzazióne**, s. f.

depolpàggio [comp. di *de-* e *polpa* ✻ 1983] s. m. ● operazione mediante la quale in varie industrie, spec. in quelle saccarifere e conserviere, si passa da un succo greggio a un succo raffinato per eliminazione della polpa

depolpatóre [1983] s. m. ● filtro o centrifuga per la separazione del succo vegetale dalla polpa usato in varie industrie, spec. in quelle saccarifere o conserviere

depolverizzàre [comp. parasintetico di *polvere*, con il pref. *de-* ✻ 1967] v. tr. ● ridurre o eliminare le polveri trasportate da un gas, spec. per evitare l'inquinamento atmosferico ‖ **depolverizzazióne**, s. f.

depolverizzatóre [1970] s. m. ● apparecchiatura per depolverizzare

deponènte① **A** part. pres. di *deporre*; anche agg. **1** nei sign. del v. **2** che effettua un deposito: *proprietario, detentore d.* **B** s. m. e f. **1** (*raro*) chi depone **2** chi effettua un deposito

deponènte② [vc. dotta, lat. *depōnens*, genit. *deponentis* (sottinteso: *verbum* 'verbo'), perché il v. ha *deposto* il sign. passivo o rifl. per assumere quello attivo ✻ 1540] **A** agg. ● detto di verbo latino che ha forma passiva e significato attivo **B** s. m. **1** verbo deponente **2** in espressioni matematiche, formule chimiche e sim., numero, lettera o simbolo che viene aggiunto ad altra lettera in basso, gener. a destra e in corpo più piccolo SIN. pedice **3** (*tipogr.*) segno, lettera, numero in corpo minore, sistemato un po' sotto la riga

†**depónere** ➤ **deporre**

†**deponiménto** o †**diponiménto** [1310] s. m. ● deposizione

†**depopolàre** o †**dipopolàre**, †**depopulàre** [vc. dotta, lat. *depopulāre*, forse intens. (*dē-*) di *populāre* 'devastare, saccheggiare', di etim. incerta ✻ 1258] v. tr. ● devastare, depredare, saccheggiare

†**depopolazióne** o †**dipopolazióne**, †**depopulazióne** [vc. dotta, lat. *depopulatiōne(m)*, da *depopulāre* 'depopolare' ✻ av. 1342] s. f. ● devastazione | spopolamento

†**depopulàre** e deriv. ➤ †**depopolare** e deriv.

♦**depórre** o †**depónere**, †**dipórre** [vc. dotta, lat. *depōnere* 'porre (*pōnere*) giù (*dē-*)' ✻ 1288] **A** v. tr. (coniug. come *porre*) **1** mettere giù: *d. un pacco, un peso*; *depose la valigia sul pavimento*; *il merlo ha deposto le uova nel nido* | (*est.*) collocare, sistemare: *d. la biancheria in un cassetto* | togliersi qlco. di dosso: *d. i guanti, il cappello*; *il guerriero depose l'armatura* | ***d. le armi***, (*est.*) cessare le ostilità **2** (*fig.*) rimuovere qlcu. da un ufficio, incarico e sim.: *lo deposero dalla carica di presidente*; *hanno deposto il re* | ***d. l'ufficio, la carica***, rinunciarvi, dimettersi **3** depositare: *il fiume ha deposto sabbia e detriti nella terra allagata* **4** (*fig.*, *lett.*) lasciare, abbandonare: *d. l'ira, l'orgoglio* | ***d. un'idea***, non pensarci più | ***d. l'abito talare***, abbandonare il sacerdozio | ***d. la corona***, abdicare **5** testimoniare, emettere dichiarazioni in giudizio (*anche assol.*): *d. il vero, il falso*; *d. contro, a favore, dell'imputato*; *essere chiamato a d.* **B** v. intr. (aus. *avere*) ● fornire elementi utili alla formazione di un giudizio, di un'opinione e sim.: *questi indizi depongono a sfavore dell'imputato*; *ciò depone a* (o *in*) *suo favore*; *i primi risultati depongono per l'autenticità del reperto*; *simili atteggiamenti depongono contro di voi* **C** **depórsi** v. intr. pron. ● (*raro*) depositarsi

deportànte [comp. di *de-* e *portante* nel sign. A2 ✻ 1983] agg. **1** (*aeron.*) che produce deportanza **2** (*autom.*) ***effetto d.***, quello esplicato dallo o dagli spoiler di un'autovettura da corsa e destinato ad aumentare l'aderenza dell'autovettura stessa alla strada

deportànza [1974] s. f. **1** (*aeron.*) diminuzione della portanza **2** portanza negativa, diretta verso il basso

deportàre o †**diportàre** nel sign. 1 [vc. dotta, lat. *deportāre* 'portare (*portāre*) giù, via (*dē-*)', attrav. il fr. *déporter* ✻ av. 1294] v. tr. (*io depòrto*) **1** †trasferire, portare via **2** sottoporre a deportazione: *Quando ci trovano, (...) ci disarmano e ci deportano in Siberia*

(P. Levi)

deportàto **A** **part. pass.** di *deportare*; **anche agg.** ● nei sign. del v. **B** **s. m.** (**f.** *-a*) ● chi ha subito la deportazione: *i deportati nei lager*

deportazióne [vc. dotta, lat. *deportatiōne(m)*, da *deportāre* 'deportare', attrav. il fr. *déportation* ✱ 1745] **s. f.** **1** (**dir.**) pena, mai introdotta nell'ordinamento italiano, consistente nel trasferire qlcu. lontano dalla madrepatria per gravi reati, dopo averlo privato dei diritti civili e politici: *colonie di d.* **2** (**est.**) trasferimento coatto di popolazioni, minoranze o prigionieri in campi di lavoro o di concentramento per cause razziali, politiche, militari: *la d. degli armeni, degli ebrei*; *la d. dei soldati italiani in Germania*

depòrto ① [fr. *déport*, da *déporter*, in opposizione a *réport* 'riporto' ✱ 1881] **s. m.** ● (**banca**) nel contratto di riporto, differenza tra il prezzo ricevuto e quello rimborsato al riportato dal riportatore | (**est.**) nel linguaggio di borsa, riporto in cui l'acquirente dovrà un prezzo minore

†**depòrto** ② ➤ **diporto**

depósi ➤ **deporre**

depositànte **A** **part. pres.** di *depositare*; **anche agg.** ● nei sign. del v. **B** **s. m. e f.** ● chi deposita | chi dà qlco. in deposito

♦**depositàre** o †**dipositàre** [da *deposito* ✱ 1315] **A** **v. tr.** (*io depòsito*) **1** affidare qlco. in custodia a una persona, a un ente e sim.: *d. in banca il proprio denaro*; *ha depositato presso di noi alcuni oggetti*; *depositeremo i bagagli in albergo* | collocare in un luogo adibito a deposito: *d. le merci nei magazzini* **2** (**raro**) deporre: *depositò la valigia a terra* **3** lasciar cadere sul fondo i materiali solidi in sospensione, detto di liquidi, corsi d'acqua e sim. (**anche assol.**): *ogni anno il fiume deposita molto fango*; *l'aceto deposita in poco tempo* **4** consegnare un atto o un documento a un ufficio per farne constatare la natura, registrare l'esistenza o riconoscere la validità: *d. la propria firma*; *d. un marchio* **B** **depositàrsi** **v. intr. pron.** ● raccogliersi sul fondo, detto di sedimenti e sim.: *lo zucchero si deposita in fondo alla tazza*; *la sabbia si è depositata sul fondo*

depositariàto o †**dipositariàto** [1565] **s. m.** ● anticamente, ufficio di pubblico depositario

depositàrio o †**dipositàrio** [vc. dotta, lat. tardo *depositāriu(m)*, da *depŏsitus* 'deposito' ✱ 1279] **A** **s. m.** (**f.** *-ia*) **1** chi riceve una cosa in deposito **2** (**fig.**) persona che riceve e custodisce con riservatezza confessioni, confidenze e sim.: *sei l'unico d. dei miei segreti* | (**est.**) custode, difensore: *i depositari delle nostre tradizioni nazionali* **3** †tesoriere **B** **anche agg.**: *albergatore d.*

depositàto **part. pass.** di *depositare*; **anche agg.** ● nei sign. del v.

†**depositazióne** [1540] **s. f.** ● deposito

depositerìa o †**dipositerìa** [1509] **s. f.** **1** †tesoreria **2** †ufficio di depositario **3** †amministrazione dell'erario **4** deposito: *d. di auto rimosse*

♦**depòsito** o †**dipòsito** [vc. dotta, lat. *depŏsitu(m)*, part. pass. di *depōnere* 'deporre' ✱ 1262] **s. m.** **1** il depositare: *il d. di un pacco*; *provvedere al d. della merce in magazzino* **2** (**dir.**) contratto col quale una parte riceve dall'altra una cosa mobile con l'obbligo di custodirla e di restituirla a richiesta o nel termine convenuto: *d. fiduciario, cauzionale* | ***d. bancario***, affidamento a una banca di denaro o di titoli in amministrazione | consegna a una pubblica autorità di documenti o altri beni, produttiva di vari effetti giuridici **3** oggetto o somma depositata: *ritirare un d.* **4** quantità di oggetti o materiali dello stesso genere riuniti insieme: *un d. di bottiglie, di casse, di grano* **5** (**est.**) luogo adibito alla raccolta e alla conservazione di oggetti, merci e sim.: *d. pubblico, privato*; *un d. di pellami, di vini*; *il d. degli attrezzi* | ***d. bagagli***, nelle stazioni | rimessa per autobus, tram, locomotive ferroviarie e sim.: *questo autobus va in d.* **6** (**milit.**) ente dell'organizzazione territoriale con compiti di centro amministrativo, matricolare e di mobilitazione dei comandi e delle unità che ne costituiscono il carico di mobilitazione **7** (**chim.**) sedimento **8** (**geol.**) accumulo di materiale dovuto agli agenti esogeni (vento, pioggia ecc.) **9** (**anat.**) accumulo | ***organo di d.***, in cui si accumulano materiali di riserva | ***d. di grasso***, in cui vengono immagazzinate quantità di grassi, come il tessuto adiposo **10** †urna, sepolcro

†**depositóre** [vc. dotta, lat. tardo *depositōre(m)*, da *depŏsitus* 'deposito' ✱ av. 1332] **s. m.** (**f.** *-trice*); **anche agg.** ● chi (o che) deposita

deposizióne o †**diposizióne** [vc. dotta, lat. *depositiōne(m)*, da *depŏsitus* 'deposito' ✱ 1298] **s. f.** **1** il deporre **2** rimozione dalla croce del corpo di Gesù, e rappresentazione iconografica di essa: *la d. del Caravaggio* **3** (**fig.**) rimozione di una persona da un ufficio, incarico e sim.: *la d. dal trono*; *la d. di un ministro* **4** (**dir.**) complesso delle dichiarazioni emesse da un testimone nel deporre: *d. falsa*; *d. reticente*; *ritrattare una d.* **5** (**raro**) sedimento, deposito

depósto o †**dipósto** **A** **part. pass.** di *deporre*; **anche agg.** ● nei sign. del v. | privato della carica, destituito **B** **s. m.** ● (**raro, lett.**) chi (o ciò che) è deposto

depotenziaménto [1983] **s. m.** ● riduzione di potenza, di potere | indebolimento

depotenziàre [comp. di *de-* e *potenziare* ✱ 1954] **v. tr.** (*io potènzio*) ● diminuire, ridurre di potenza, di forza, di potere | indebolire

depravàre o †**dipravàre** [vc. dotta, lat. *depravāre*, comp. parasintetico di *prāvus* 'storto, bieco' ✱ av. 1342] **v. tr.** **1** (**raro, lett.**) rendere vizioso: *d. gli istinti* | (**lett.**) rendere degenere, perverso: *d. i costumi, i gusti* **SIN.** corrompere, pervertire **2** †vituperare, calunniare

depravàto o †**dipravàto** **A** **part. pass.** di *depravare*; **anche agg.** ● nei sign. del v. **B** **s. m.** (**f.** *-a*) ● persona viziosa e corrotta

depravatóre [vc. dotta, lat. eccl. *depravatōre(m)*, da *depravātus* 'depravato' ✱ av. 1642] **agg. e s. m.** (**f.** *-trice*) **1** (**raro, lett.**) che (o chi) deprava **2** †detrattore

depravazióne [vc. dotta, lat. *depravatiōne(m)*, da *depravātus* 'depravato' ✱ 1395] **s. f.** ● il depravare | stato o condizione di chi (o di ciò che) è depravato **SIN.** corruzione

SFUMATURE DI SIGNIFICATO

depravazione - degenerazione - corruzione

Il termine **depravazione** identifica l'operazione o il risultato del volgere al male e al vizio e, più comunemente, lo stato di chi, di ciò che è vizioso e corrotto. Anche **degenerazione** e **corruzione** indicano il guastare o il guastarsi moralmente, ma allargano il loro uso anche al di fuori della sfera morale, per indicare un decadimento, un cambiamento in peggio; *corruzione* inoltre definisce il reato di indurre qualcuno a un comportamento illecito promettendogli denaro o altri benefici.

deprecàbile [vc. dotta, lat. *deprecābile(m)*, da *deprecāri* 'deprecare' ✱ 1869] **agg.** **1** (**lett.**) che può essere scongiurato: *mali deprecabili* **2** che si spera non avvenga: *nella d. ipotesi* **SIN.** malaugurato **3** degno di biasimo, riprovazione e sim.: *un d. inganno* **SIN.** biasimevole ‖ **deprecabilménte**, **avv.** ‖ **deprecabilità**, **s. f. inv.**

♦**deprecàre** [vc. dotta, lat. *deprecāri* 'pregare (*precāri*) con insistenza (*dē-*)' ✱ sec. XIV] **v. tr.** (*io deprèco, tu deprèchi*) **1** (**lett.**) pregare che un male, un danno, un pericolo e sim. abbiano termine, siano allontanati o non si verifichino: *ognuno offriva / sacrifici al suo Nume, deprecando / dal proprio capo i perigli* (U. Foscolo) **2** biasimare, disapprovare: *d. il peccato, la corruzione*; *d. un atto terroristico*

SFUMATURE ➤ *disapprovare*

deprecatìvo [vc. dotta, lat. tardo *deprecatīvu(m)*, da *deprecātus* 'deprecato' ✱ 1395] **agg.** ● (**raro**) che serve a deprecare | che esprime deprecazione: *tono d.*; *esclamazione deprecativa* ‖ **deprecativaménte**, **avv.**

deprecàto **part. pass.** di *deprecare*; **anche agg.** **1** non desiderato, non auspicato: *nella deprecata ipotesi di un insuccesso* **2** biasimato, censurato, disapprovato: *comportamento d. da tutti*

deprecatòrio [vc. dotta, lat. tardo *deprecatōriu(m)*, da *deprecātus* 'deprecato' ✱ av. 1563] **agg.** (**pl. m.** *-i* o *raro -ii*) ● (**lett.**) che ha forma di deprecazione, che tende a deprecare: *espressione deprecatoria*

deprecazióne [vc. dotta, lat. *deprecatiōne(m)*, da *deprecāri* 'deprecare' ✱ 1309] **s. f.** **1** (**lett.**) scongiuro solenne per allontanare un male | preghiera, invocazione: *si udivano deprecazioni e lamenti* **2** (**lett.**) parte conclusiva di un'orazione con la quale si cerca di commuovere il destinatario: *Achille! / abbi ai numi rispetto, abbi pietade / di me: ricorda il padre tuo* (V. Monti) **3** biasimo, disapprovazione: *la d. del vizio*; *suscitare la generale d.*

depredaménto [1821] **s. m.** ● (**raro**) depredazione

depredàre o †**dipredàre** [vc. dotta, lat. tardo *depraedāri*, intens. (*dē-*) di *praedāri* 'predare' ✱ sec. XIV] **v. tr.** (*io deprèdo*) **1** mettere a sacco: *gli invasori depredarono la città conquistata* **2** sottrarre qlco. con la violenza o con l'inganno: *d. le altrui ricchezze* | derubare: *d. i passanti*; *l'hanno depredato d'ogni suo avere*

depredatóre [vc. dotta, lat. tardo *depraedatōre(m)*, da *depraedāri* 'depredare' ✱ 1310] **agg. e s. m.** (**f.** *-trice*) ● (**lett.**) che (o chi) depreda

depredazióne o †**dipredazióne** [vc. dotta, lat. *depraedatiōne(m)*, da *depraedāri* 'depredare' ✱ sec. XIV] **s. f.** ● (**raro**) il depredare | devastazione, rovina

†**deprèmere** ➤ **deprimere**

†**deprèndere** [vc. dotta, lat. *depr(eh)ĕndere* 'portare (*prehĕndere*) via (*dē-*)' ✱ sec. XIII] **v. tr.** ● (**raro**) cogliere, sorprendere

depressionàrio [1942] **agg.** ● (**meteor.**) di depressione: *area depressionaria*

depressióne [vc. dotta, lat. tardo *depressiōne(m)*, da *deprĕssus* 'depresso'; nel sign. 4, calco sull'ingl. *depression* ✱ 1308] **s. f.** **1** abbassamento durevole di livello | (**geogr.**) regione che ha altitudine minore delle regioni circostanti, o un livello inferiore a quello del mare | condizione in cui viene a trovarsi tale area **2** (**meteor.**) area con pressione atmosferica inferiore a quella delle aree circostanti, con tempo gener. nuvoloso, piovoso o ventoso **CFR.** bassa **3** (**econ.**) fase del ciclo economico caratterizzata da un sensibile rallentamento della produzione, riduzione del livello generale dei prezzi, aumento della disoccupazione | ***grande d.***, (**per anton.**) quella verificatasi negli Stati Uniti negli anni 1929-33 **4** in psichiatria, sindrome caratterizzata dall'abbassamento del tono dell'umore, talvolta accompagnata da ansia, abulia, astenia, pensieri ossessivi non giustificati da validi motivi esterni | (**est.**) stato d'animo caratterizzato da prostrazione e tristezza | (**med.**) ***d. bipolare***, la fase depressiva di un disturbo bipolare **5** (**fig.**) †umiliazione **6** (**mecc.**)

caduta di pressione che subisce la miscela aria-combustibile entrando nei cilindri dei motori a combustione interna a quattro tempi, attraverso orifizi ristretti
SFUMATURE ➤ *disperazione*, ➤ *recessione*

depressìvo [1869] **agg. 1** che tende a deprimere: *sostanze ad azione depressiva* **2** (*med.*) di depressione: *stato d.*; *fase depressiva*

deprèsso **A** **part. pass.** di *deprimere*; anche **agg. 1** nei sign. del v. **2** economicamente e socialmente arretrato: *area, zona depressa* **3** (*anat.*, *zool.*) detto di struttura appiattita dal dorso al ventre **4** (*fig.*) avvilito, demoralizzato: *sentirsi d.*; *oggi sono piuttosto d.* **SIN.** giù **5** (*psicol.*) che è affetto da depressione **B** **s. m.** (**f.** *-a*) ● in psicologia, persona affetta da depressione | (*est.*) persona prostrata, triste e sim.

depressóre [vc. dotta, tratto dal lat. *deprĕssus* 'depresso' ✱ 1681] **A** **agg. m.** (**difett. del f.**) ● che deprime | (*anat.*) ***nervo d.***, sottile nervo, annesso al vago, la cui stimolazione determina abbassamento della pressione arteriosa | detto di muscolo atto ad abbassare l'organo a cui è unito **B** **s. m.** ● (*anat.*) nervo o muscolo depressore

depressurizzàre [ingl. *to depressurize*, comp. di *de-* e *to pressurize* 'pressurizzare' ✱ 1983] **v. tr.** ● eliminare o ridurre la pressione dell'aria in un ambiente ‖ **depressurizzazióne**, **s. f.**

deprezzaménto [1846] **s. m.** ● diminuzione di prezzo, di valore

deprezzàre [vc. dotta, lat. tardo *depretiāre*, comp. di *dē-* e *pretiāre* 'apprezzare' ✱ 1351] **A** **v. tr.** (*io deprèzzo*) **1** far diminuire di prezzo, di valore: *d. una casa, un podere, una merce* **2** (*fig.*, *raro*) sminuire: *d. una persona* **B** **deprezzàrsi** **v. intr. pron.** ● diminuire di prezzo, di valore: *dopo la costruzione dell'autostrada la villa si è molto deprezzata*; *lo yen si è deprezzato sul* (o *rispetto al*) *dollaro* **CONTR.** apprezzarsi
SFUMATURE ➤ *dedurre*

depriménte **part. pres.** di *deprimere*; anche **agg. 1** nei sign. del v. **2** detto di sostanza, medicamento e sim. che abbassa il tono psichico o nervoso **3** (*fig.*) detto di chi (o di ciò che) provoca sugli altri un effetto di avvilimento e di tristezza: *che persona d.!*; *una notizia d.*; *uno spettacolo d.*

deprìmere o †**deprèmere** [vc. dotta, lat. *deprĭmere* 'premere (*prĕmere*) giù (*dē-*)' ✱ sec. XIII] **A** **v. tr.** (**pass. rem.** *io deprèssi*, *tu deprimésti*; **part. pass.** *deprèsso*) **1** (*raro* o *lett.*) spingere o schiacciare verso il basso: *il vento deprime le nubi*; *il terreno era stato fortemente depresso* **2** (*fig.*, *lett.*) degradare: *lo spirito ci solleva all'angelico, il corpo ci deprime all'animalesco* (D. BARTOLI) | opprimere, umiliare **3** (*med.*) diminuire, ridurre un'attività: *d. la diuresi*; *d. la memoria* **4** (*fig.*) indebolire fisicamente o moralmente: *questo terribile caldo ci deprime*; *è una situazione grave, che mi deprime* **SIN.** abbattere, scoraggiare **B** **deprimersi** **v. intr. pron. 1** (*raro*) abbassarsi: *l'avvallamento si è ulteriormente depresso* **2** (*fig.*) avvilirsi, rattristarsi: *deprimersi per una brutta notizia*

deprimìbile [1956] **agg.** ● che si può deprimere

deprivàre [comp. di *de-* e *privare*, sul modello dell'ingl. *to deprive* ✱ 1973] **v. tr.** ● causare deprivazione | privare qlcu. della soddisfazione di un bisogno ritenuto indispensabile, provocando quindi una situazione di disagio

deprivazióne [ingl. *deprivation*, da *to deprive* 'deprivare' ✱ 1973] **s. f. 1** (*med.*) perdita o carenza di sostanze o principi essenziali all'organismo: *nanismo da d.* **2** (*est.*) privazione o carenza, intese come esclusione dal godimento di beni essenziali di una realtà sociale, culturale e sim. evoluta **3** (*psicol.*) ***d. culturale***, ridotta abilità linguistica, o menomazione dell'abilità linguistica, dovuta a influenze ambientali negative

de profùndis o (*raro*) **deprofùndis** [lat., propr. 'dalle profondità (chiamai verso te, o Signore)' ✱ 1353] **loc. sost. m. inv. 1** salmo penitenziale che si recita per i defunti | (*fig.*) ***essere al de profundis***, essere in punto di morte **2** (*fig.*) fine negativa, esito fallimentare: *il de profundis del governo* | ***cantare, intonare, recitare il de profundis per, a qlcu. o qlco.***, registrarne, sancirne la fine

depsichiatrizzàre [comp. parasintetico di *psichiatr(ico)*, col pref. *de-* ✱ 1983] **v. tr.** ● sottrarre alla competenza psichiatrica: *d. i tossicomani* ‖ **depsichiatrizzazióne**, **s. f.**

depuraménto [av. 1730] **s. m.** ● (*raro*) depurazione

depuràre [vc. dotta, lat. tardo *depurāre* 'togliere (*dē-*) il *pūs* (genit. *pūris*)' ✱ av. 1294] **A** **v. tr. 1** privare delle impurità: *d. un liquido filtrandolo*; *d. dalle scorie il metallo fuso*; *una medicina che depura il sangue* **2** (*fig.*) rendere puro, rimuovendo errori, imperfezioni, contaminazioni e sim.: *d. lo stile*; *d. la lingua dalle forme dialettali* | (*raro*, *est.*) liberare da elementi corrotti, indegni e sim.: *d. un ambiente, la società* **B** **depuràrsi** **v. intr. pron.** ● diventare puro

SFUMATURE DI SIGNIFICATO
depurare - disinquinare - disinfettare
Depurare è termine generico per esprimere il concetto di liberare una sostanza o un materiale dalle impurità che ne alterano la natura. Con riferimento all'ambiente l'operazione del depurare si definisce comunemente **disinquinare**, e consiste nell'eliminare dall'aria, dalle acque o dal suolo sostanze chimiche, biologiche, o anche fattori fisici nocivi alla salute. **Disinfettare** esprime il concetto più specifico di distruggere i germi che possono generare infezioni.

depuratìvo [1830] **A** **s. m.** ● medicamento atto a depurare **B** anche **agg.**: *sostanza depurativa*

depuratóre [1846] **A** **agg.** (**f.** *-trice*) ● che depura: *filtro d.* **B** **s. m. 1** (**f.** *-trice*) chi depura | operaio, tecnico addetto alla depurazione **2** apparecchio che elimina le impurità da una sostanza o da una soluzione | ***d. del gas***, in cui si introduce il gas illuminante prima di inviarlo alla rete di distribuzione | ***d. dell'acqua***, che rende l'acqua potabile mediante sistemi meccanici (per es. filtri), fisici (per es. calore), chimici (per es. l'aggiunta di cloro o di ozono) **CFR.** addolcitore

depuratòrio [1750] **A** **agg.** ● che serve a depurare: *procedimento d.* **B** **s. m.** ● †serbatoio dove si raccolgono le acque per depurarle | depuratore

depurazióne [1619] **s. f.** ● operazione del depurare: *la d. delle acque non potabili*

deputàre o †**diputàre** [vc. dotta, lat. *deputāre*, comp. di *dē-* e *putāre*, nel senso di 'valutare, pensare' ✱ 1261 ca.] **v. tr.** (*io dèputo*, †*dipùto*) **1** scegliere e destinare qlcu. allo svolgimento di un compito: *d. i propri rappresentanti per un accordo commerciale*; *lo deputarono a rappresentare la cittadinanza* **2** (*raro*, *lett.*) assegnare, destinare: *d. una somma alla beneficenza* **3** †stabilire, riservare spec. per uso pubblico

♦**deputàto** o †**diputàto** nel sign. A [part. pass. di *deputare*; nel sign. B, cfr. il fr. *député*, dal lat. *deputātus* 'deputato', nel senso specifico di 'inviato, delegato'] **A** **agg.** ● assegnato, destinato a una determinata funzione (+ *a*, anche seguito da inf.): *sedi deputate alla ricerca scientifica*; *organi deputati alla digestione*; *quegli stessi ch'eran deputati a farle eseguire* (A. MANZONI) | ***luogo d.***, V. *luogo* nel sign. 3 **B** **s. m.** (**f.** *-a*, *raro* o *scherz.* *-éssa*; **V. nota d'uso FEMMINILE**) **1** chi è stato eletto dai cittadini a rappresentarli nel ramo del Parlamento denominato "Camera dei deputati", e in altri organismi rappresentativi o legislativi: *d. regionale*; *d. europeo* **2** chi è stato scelto e destinato allo svolgimento di particolari compiti | membro di una deputazione **3** †ambasciatore

deputazióne o †**diputazióne** [vc. dotta, lat. tardo *deputatiōne(m)*, da *deputātus* 'deputato' ✱ 1337] **s. f. 1** (*lett.* o *raro*) assegnazione a un incarico | incarico di chi è scelto per svolgere missioni particolari: *accettare, rifiutare una d.* **2** complesso di persone incaricate di svolgere temporaneamente funzioni proprie di un dato organo o ente, spec. come rappresentanti dello stesso: *una d. di cittadini fu ricevuta dal sindaco*; *la d. straniera ha chiesto udienza*

dequalificàre [comp. di *de-* e *qualificare* ✱ 1963] **A** **v. tr.** (*io dequalìfico*, *tu dequalìfichi*) ● screditare, abbassare il valore, il prestigio e sim. di qlco.: *un'iniziativa che dequalifica l'associazione* **B** **dequalificàrsi** **v. intr. pron.** ● regredire, spec. professionalmente ‖ **dequalificazióne**, **s. f.** (V.)

dequalificazióne [1959] **s. f.** ● il dequalificare, il venire dequalificato | condizione di chi è dequalificato, spec. sul piano professionale

déraciné /fr. deʀasi'ne/ [vc. fr., propr. 'sradicato', dal part. pass. di *déraciner* 'strappare dalla (*dé-*) radice (*racine*)' ✱ 1910] **agg. inv.** ● detto di persona che, dopo aver lasciato il luogo e l'ambiente natale, non riesce ad inserirsi nella diversa sfera sociale in cui vive

†**deradicàre** [comp. di *de-* e *radicare* ✱ 1282] **v. tr.** ● sradicare

deragliaménto [fr. *déraillement*, da *dérailler* 'deragliare' ✱ 1876] **s. m. 1** il deragliare **2** (*fig.*, *lett.*) sbandamento morale **SIN.** sviamento

deragliàre [fr. *dérailler*, propr. 'uscire (*dé-*) dalla rotaia (*rail*, di orig. ingl.)' ✱ 1876] **v. intr.** (*io deràglio*; **aus.** *avere* o *essere*) ● uscire dalle rotaie

deragliatóre [da *deragliare* ✱ 1980] **s. m.** ● (*mecc.*) dispositivo che, nelle biciclette con cambio di velocità e doppia o tripla moltiplica, fa spostare la catena da una ruota dentata all'altra della moltiplica

dérapage /fr. deʀa'paʒ/ [vc. fr., da *déraper* 'derapare' ✱ 1905] **s. m. inv.** ● slittamento o deviazione laterale, spec. di aerei, veicoli, sciatori | ***d. controllato***, spostamento laterale della parte posteriore della vettura o della moto, verso l'esterno, compiuto di proposito dai corridori automobilisti o motociclisti e controllata col volante o col manubrio per prendere le curve più velocemente

derapàggio **s. m.** ● adattamento di *dérapage* (V.)

derapàre [fr. *déraper*, dal provenz. *derapar*, comp. dell'ant. provenz. *rapar* 'cogliere, afferrare' (dal germ. *rapôn*) e *de-* ✱ 1931] **v. intr.** (**aus.** *avere*) ● detto di aereo, spostarsi lateralmente per l'azione di un forte vento o per effetto della forza centrifuga durante una virata eseguita in modo non corretto | (*est.*) slittare lateralmente eseguendo una curva, detto spec. di un veicolo o di uno sciatore

derapàta [1942] **s. f.** ● il derapare

derattizzàre e deriv. ➤ **derattizzare** e deriv.

derattizzànte o **deratizzànte** **A** **part. pres.** di *derattizzare*; anche **agg.** ● nei sign. del v. **B** **s. m.** ● sostanza velenosa usata per distruggere i topi

derattizzàre o **deratizzàre** [fr. *dératiser*, comp. parasintetico di *rat* 'topo, ratto' * 1928] **v. tr.** • liberare dai topi: *d. una nave* ‖ **derattizzazióne**, **s. f.**

dèrby /ˈderbi, *ingl.* ˈdaːbɪ, ˈdɜːrbɪ/ [dal nome del conte di *Derby* (contea ingl.), che la promosse * 1883] **s. m. inv.** (**pl. ingl.** *derbies*) **1** corsa al galoppo riservata ai puledri di tre anni: *il d. di Epsom* **2** (*est.*) competizione tra due squadre di calcio, di pallacanestro e di altri giochi o sport della stessa città o regione, o tradizionalmente rivali: *il d. della Madonnina*

derealizzazióne [comp. di *de-* e *reale*①, sul modello del fr. *déréalisation* e dell'ingl. *derealization* * 1953] **s. f.** • (*psicol.*) alterazione nella percezione della realtà, che viene a perdere il proprio carattere di concretezza

†**deredàre** ➤ †**diredare**

deregolamentàre [comp. di *de-* e *regolamentare*②, per calco sull'ingl. *to deregulate* * 1984] **v. tr.** (*io deregolaménto*) • sottoporre a deregolamentazione **SIN.** deregolare

deregolamentazióne [da *deregolamentare*, per calco sull'ingl. *deregulation* * 1981] **s. f.** • eliminazione o semplificazione di leggi e regolamenti, spec. in campo economico

deregolàre [comp. di *de-* e *regolare*①, per calco sull'ingl. *to deregulate* * 1984] **v. tr.** (*io derègolo*) • deregolamentare

deregolazióne [1982] **s. f.** • deregolamentazione

deregulation /deregu'leʃon, *ingl.* diːˌrɛgjʊˈleɪʃən/ [vc. ingl., comp. di *de-* 'de-' e *regulation* 'norma, regola' * 1981] **s. f. inv.** • deregolamentazione | liberalizzazione delle attività economiche attraverso l'eliminazione di norme o vincoli politici o amministrativi

de relàto [1992] **A** **loc. agg. inv.** • (*dir.*) detto di testimonianza che riferisce su un fatto in base a quanto appreso da terzi **B** **anche loc. avv.**: *il teste parla de relato*

♦**derelìtto** [vc. dotta, lat. *derelĭctu(m)*, dal part. pass. di *derelĭnquere* 'abbandonare' (*relĭnquere*) completamente (*dē-*)' * sec. XIII] **A** **agg.** **1** che è lasciato in totale abbandono materiale e morale: *infanzia derelitta* | (*est.*, *lett.*) che è disabitato e squallido: *casa derelitta*; *campi derelitti*; *un paese d. e miserabile* **2** (*fig.*, *lett.*) malinconico, triste: *il prato deserto aveva non so che derelitta dolcezza* (G. D'ANNUNZIO) **3** †abbattuto, fiacco **B** **s. m.** (**f.** *-a*) • chi, lasciato in totale abbandono, versa in uno stato di estrema miseria e solitudine: *aiutare i derelitti*

derelizióne [vc. dotta, lat. *derelictiōne(m)*, da *derelĭctus* 'abbandonato, derelitto' * av. 1694] **s. f.** • (*dir.*) rinuncia al diritto di proprietà su cosa mobile mediante abbandono della stessa da parte del proprietario

derequisìre [comp. di *de-* e *requisire* * 1926] **v. tr.** (*io derequisìsco, tu derequisìsci*) • restituire al proprietario i beni requisiti

derequisizióne [1926] **s. f.** • il derequisire

deresponsabilizzàre [comp. di *de-* e *responsabilizzare* * 1977] **A** **v. tr.** • esimere da responsabilità | privare della consapevolezza delle proprie responsabilità **B** **deresponsabilizzàrsi** **v. intr. pron.** • perdere la consapevolezza delle proprie responsabilità ‖ **deresponsabilizzazióne**, **s. f.**

deretàno o †**diretàno** [dal lat. tardo *derĕtro* 'dietro' col suff. *-ānus* * 1288] **A** **agg.** • (*raro*, *lett.*) posteriore | (*est.*) †ultimo **B** **s. m.** • il sedere, il posteriore

†**deretàre** ➤ †**diredare**

♦**derìdere** o †**dirìdere** [vc. dotta, lat. *derīdēre*, comp. di *dē-* e *rīdēre* 'ridere' col mutamento di accento subito da *ridere* * sec. XIII] **A** **v. tr.** (**coniug. come** *ridere*) • schernire, dileggiare: *d. qlcu. per i suoi difetti* **B** **v. intr.** (**aus.** *avere*) • †ridere, farsi beffe

SFUMATURE ➤ ***beffare***

†**deriditóre** [av. 1311] **s. m.** (**f.** *-trice*) • (*raro*) derisore

derìmere ➤ **dirimere**

†**derisìbile** [av. 1519] **agg.** • ridicolo

derisióne o †**dirisióne**, †**deligióne**, †**diligióne** [vc. dotta, lat. tardo *derisiōne(m)*, da *derīsus* 'deriso' * 1288] **s. f.** • il deridere | beffa, scherno: *guardare qlcu. con aria di d.*; *parlano di lui con d.* **SIN.** dileggio

†**derisìvo** [av. 1328] **agg.** • derisorio: *discorso, tono d.* ‖ †**derisivaménte**, **avv.**

derìso① **part. pass.** di *deridere*; anche **agg.** • nei sign. del v.

†**derìso**② [vc. dotta, lat. *derīsu(m)*, s. del part. pass. di *derīdēre* 'deridere, schernire' * av. 1568] **s. m.** • riso, scherno | ***mettere in d.***, beffare, schernire

derisóre [vc. dotta, lat. *derisōre(m)*, da *derīsus* 'deriso' * av. 1342] **s. m.** (**f.** *-sóra*, *raro*); anche **agg.** • chi (o che) deride

derisòrio [vc. dotta, lat. tardo *derisōriu(m)*, da *derīsus* 'deriso' * av. 1364] **agg.** (**pl. m.** *-i* o *raro -ii*) • che è fatto per deridere, che esprime derisione: *discorso d.*; *gesto d. e villano*; *La faccia è tornata ... derisoria* (E. VITTORINI) ‖ **derisoriaménte**, **avv.**

dérìva [fr. *dérive*, da *dériver* 'derivare②' * 1771] **s. f.** **1** (*mar.*) spostamento laterale di un natante per azione delle correnti marine | ***angolo di d.***, quello formato dal vettore che indica rotta e velocità del natante con il vettore che indica direzione e velocità della corrente | (*est.*) scarroccio | (*fig.*) slittamento progressivo verso concezioni considerate negative: *d. conservatrice*; *d. demagogica* | ***andare alla d.***, essere trascinato dalle correnti e dai venti; (*fig.*) subire passivamente le difficoltà, le avversità, la sfortuna | ***chiglia di d., pinna di d.***, (*ellitt.*) ***deriva***, piano longitudinale, fisso o mobile, che prolunga la chiglia di piccoli velieri per aumentare la stabilità orizzontale e ridurre lo scarroccio **2** (*mar.*) piccola imbarcazione a vela con deriva mobile **3** (*aeron.*) moto laterale di un aereo, rispetto alla rotta, causato dalla componente laterale di correnti dell'aria | ***angolo di d.***, compreso fra la prua e la rotta | (*est.*) parte fissa dell'impennaggio verticale a scopo stabilizzatore **4** (*geol.*) ***d. dei continenti***, teoria secondo la quale i continenti migrano, spostandosi analogamente a zattere galleggianti sullo strato inferiore della crosta terrestre **5** (*fis.*) variazione graduale nel tempo del valore di una grandezza fisica **6** (*biol.*) ***d. genetica***, variazione casuale nel genoma in una popolazione, spec. se numericamente ridotta, che si verifica con il procedere delle generazioni

derivàbile [da *derivare*① * 1836] **agg.** • che si può derivare ‖ **derivabilità**, **s. f. inv.** (V.)

derivabilità [1831] **s. f. inv.** **1** caratteristica di ciò che è derivabile **2** (*mat.*) proprietà delle funzioni derivabili

†**derivaménto** [av. 1333] **s. m.** • derivazione

derivànte o †**dirivànte** **part. pres.** di *derivare*; anche **agg.** • che deriva: *un atteggiamento aggressivo d. da insicurezza*

†**derivànza** [1614] **s. f.** • derivazione

♦**derivàre**① o †**dirivàre** [vc. dotta, lat. *derivāre*, comp. di *dē-* e *rīvāre* 'far defluire le acque (originariamente del *rīvus* 'ruscello')' * 1287] **A** **v. tr.** **1** prendere, ricavare mediante deviazioni, diramazioni e sim.: *d. da un lago le acque per l'irrigazione* **2** (*fig.*) trarre: *da pochi indizi discutibili non puoi d. alcuna certezza* | dedurre: *da ciò derivo che hai torto* **3** (*mat.*) calcolare la derivata **B** **v. intr.** (**aus.** *essere*) **1** scaturire, sgorgare, detto di fiumi e sim. (+ *da*): *molti corsi d'acqua derivano dai ghiacciai alpini* **2** (*fig.*) avere o prendere origine (+ *da*): *molte parole italiane derivano dal greco*; *'rincasare' deriva da 'casa'*; *la sua scoperta deriva da lunghi studi* **3** essere causato o prodotto (*anche fig.*) (+ *da*): *materiali sintetici che derivano dal carbone*; *i suoi difetti derivano dall'educazione che ha ricevuto* | discendere logicamente: *è la conclusione che deriva dal tuo ragionamento* **4** (*poet.*) †muovere, dirigersi **5** (*fig.*) discendere (+ *da*): *d. da nobile stirpe, da illustre famiglia* **C** **derivàrsi** **v. intr. pron.** • (*poet.*) †sgorgare

derivàre② [fr. *dériver*, incrocio dell'ingl. *to drive* e del fr. *dériver* 'allontanare dall'acqua' (V. *derivare*①) * 1771] **v. intr.** (**aus.** *essere*) • (*mar.*, *aeron.*) subire il moto di deriva

derivàta [f. sost. di *derivato* * 1869] **s. f.** • (*mat.*) ***d. di una funzione in un punto***, limite del rapporto tra la variazione della funzione e l'incremento della variabile indipendente, quando questo tende a zero | (*est.*) funzione che a ogni punto associa la derivata di una funzione data in quel punto | ***d. seconda***, derivata della derivata | ***d. terza***, derivata della derivata seconda | ***derivate successive***, le derivate seconda, terza, ecc.

derivatìvo o †**dirivatìvo** [vc. dotta, lat. *derivatīvu(m)*, da *derivātus* 'derivato' * 1450 ca.] **agg.** **1** derivato **2** (*med.*) detto di farmaco che produce derivazione **3** (*ling.*) ***affissi derivativi***, quelli che contribuiscono alla formazione dei derivati **4** (*dir.*) ***acquisto di un diritto a titolo d.***, quando un soggetto acquisisce un diritto da altri che ne erano titolari **CFR.** originario

derivàto o †**dirivàto** **A** **part. pass.** di *derivare*①; anche **agg.** • nei sign. del v. | (*econ.*) ***contratto d.***, il cui valore è collegato alla variazione di prezzo di un bene (per es. un'azione, una valuta, un tasso d'interesse o sim.): *i futures sono contratti derivati* **B** **s. m.** **1** sostanza derivata da un'altra attraverso trasformazioni chimiche: *le materie plastiche sono derivati del petrolio* | (*chim.*) sostanza ottenuta dal composto di partenza per sostituzione di un atomo o di un gruppo atomico | ***d. alogenato***, ottenuto dal composto di partenza sostituendo uno o più atomi o gruppi atomici con atomi di alogeni | ***d. arilico***, composto in cui uno o più atomi sono stati sostituiti da radicali arilici **2** (*econ.*) strumento finanziario il cui valore è determinato da un altro bene finanziario a cui è collegato **3** (*gramm.*) nome formato per derivazione: *cartella, cartolaio, incartare e tagliacarte sono derivati di 'carta'* | ***falso d.***, in enigmistica, gioco basato su parole che derivano apparentemente una dall'altra ma hanno in realtà etimologia e significato del tutto autonomi (per es. *matto-mattone*, *botte-bottone*, *burro-burrone*, *merlo-merluzzo*)

derivatóre [av. 1710] **A** **agg.** (**f.** *-trice*) • che deriva o serve a derivare: *circuito d.* | ***canale d.***, per derivare le acque **B** **s. m.** • (*elettr.*) dispositivo, spec. commutatore o interruttore, per porre un circuito in derivazione su un altro

derivazionàle [1983] **agg.** • (*ling.*) di derivazione

derivazióne o †**dirivazióne** [vc. dotta, lat. *derivatiōne(m)*, da *derivātus* 'derivato' * 1308] **s. f.** **1** il derivare | prelievo mediante deviazioni, diramazioni e sim.: *la d. delle acque* | ***opera di d.***, complesso comprendente la diga e le varie opere di presa, per prelevare l'acqua da un fiume o torrente | (*fig.*) origine, provenienza: *persona, ricchezza di dubbia d.* **2** (*mat.*) l'operazione che associa a una funzione derivabile la sua derivata

a b c d e f g h i j k l m n o p q r s t u v w x y z

3 (*gramm.*) formazione di una parola nuova partendo da un elemento preesistente **4** (*elettr.*) collegamento fra due punti di un circuito elettrico chiuso, eseguito allo scopo di derivare parte della corrente che lo percorre | ***in d.***, in parallelo, detto di circuiti elettrici e sim. **5** apparecchio telefonico derivato da altro principale o da un centralino interno **6** (*med.*) flussione di liquidi organici in un organo

derivòmetro [comp. di *deriva* e *-metro* ✻ 1875] **s. m.** ● (*aeron.*) strumento usato per misurare l'angolo di deriva

dèrma [vc. dotta, gr. *dérma*, da *dérein* 'scorticare', di orig. indeur. ✻ 1820] **s. m.** (**pl.** *-i*) ● (*anat.*) strato di tessuto connettivo della cute, sotto l'epidermide

dèrma-, -dèrma [dal gr. *dérma* 'pelle' (V. *derma*)] **primo e secondo elemento** ● in parole composte della terminologia scientifica, significa 'pelle', 'cute': *dermalgia, dermascheletro, pachiderma*

dermalgìa o **dermatalgìa** [vc. dotta, comp. di *derm(a)-* e *-algia* ✻ 1966] **s. f.** (**pl.** *-gìe*) ● (*med.*) dolore cutaneo o sensazione di fastidio sulla pelle non associati a lesioni strutturali apparenti

dermaschèletro [vc. dotta, comp. di *derma-* e *scheletro* ✻ 1872] **s. m.** ● (*zool.*) scheletro ricoperto solamente dall'epidermide in quanto sviluppatosi nel derma sottostante, tipico degli Echinodermi e presente in alcuni Vertebrati come i Cheloni

dermatalgìa ➤ **dermalgia**

dermatìte [vc. dotta, comp. di *dermat(o-)* e *-ite*① ✻ 1830] **s. f.** ● (*med.*) infiammazione della pelle

dèrmato- [dal gr. *dérma*, genit. *dérmatos* 'pelle' (V. *derma*)] **primo elemento** ● in parole composte della terminologia scientifica, spec. medica, significa 'pelle', 'cute', 'relativo alla cute': *dermatologia, dermatosi*

dermatòfita [comp. di *dermato-* e *-fita* ✻ 1956] **s. m.** (**pl.** *-i*) ● (*biol.*) ciascuno di un gruppo di funghi saprofiti o parassiti (per es. *Tricophyton, Microsporum* ed *Epidermophyton*) in grado di infettare tessuti cutanei non vitali (strato corneo, unghie, peli e capelli)

dermatofitòṣi [1940] **s. f. inv.** ● (*med.*) ogni infezione superficiale causata da funghi dermatofiti in grado di infettare i tessuti cutanei non vitali (strato corneo, unghie, peli e capelli)

dermatògeno [comp. di *dermato-* e *-geno* ✻ 1931] **s. m.** ● (*bot.*) tessuto meristematico che dà origine all'epidermide nelle piante superiori

dermatoglìfo [comp. di *dermato-* e *glifo* ✻ 1974] **s. m.** ● (*anat.*) linea rilevata della cute che disegna sui polpastrelli delle dita, sulla palma della mano e sulla pianta del piede figure di varia forma; l'esame di tali linee, attraverso le impronte digitali, è utilizzato per l'identificazione personale a fini giudiziari e, in genetica umana, per l'accertamento della paternità

dermatologìa [vc. dotta, comp. di *dermato-* e *-logia* ✻ 1865] **s. f.** (**pl.** *-gìe*) ● branca della medicina che si occupa delle malattie della pelle | (*est.*) reparto ospedaliero per pazienti che necessitano di cure dermatologiche

dermatològico [1899] **agg.** (**pl. m.** *-ci*) ● relativo alla dermatologia ‖ **dermatologicaménte**, **avv.** sotto l'aspetto dermatologico

dermatòlogo [1921] **s. m.** (**f.** *-a*; **pl. m.** *-gi*) ● specialista in dermatologia

dermatomicòṣi [comp. di *dermato-* e *micosi* ✻ 1913] **s. f. inv.** ● (*med.*) qualsiasi affezione micotica che interessa la cute

dermàtomo [comp. di *derma* e *-tomo* ✻ 1966] **s. m.** **1** (*med.*) strumento chirurgico utilizzato nei prelievi cutanei o nella dermoabrasione **2** (*anat.*) porzione di un somite coinvolta nella formazione del derma **3** (*fisiol.*) area cutanea innervata da un singolo ramo sensoriale di un nervo spinale

dermatoplàstica [vc. dotta, comp. di *dermato-* e *-plastica* ✻ 1892] **s. f.** ● (*chir.*) intervento di chirurgia plastica della cute

dermatòṣi [vc. dotta, comp. di *dermato-* e *-osi* ✻ 1850] **s. f. inv.** ● (*med.*) affezione non infiammatoria della cute

dermatoẓòo [vc. dotta, comp. di *dermato-* e *-zoo* ✻ 1892] **s. m.** ● (**spec. al pl.**) parassita animale della cute

Dermàtteri [comp. di *derma-* e *-ttero* ✻ 1830] **s. m. pl.** (**sing.** *-o*) ● (*zool.*) ordine di Insetti con ali ridotte o mancanti, antenne filiformi e cerci trasformati in pinze (*Dermaptera*)

dermèste [gr. *dermēstḗs* propr. 'mangiatore di pelle', comp. di *dérma* 'pelle' e del tema di *esthíein* 'mangiare' ✻ 1825] **s. m.** ● piccolo insetto dei Coleotteri con corpo nero, prismatico od ovoidale, e zampe gracili, le cui larve divorano qualunque prodotto organico, prediligendo formaggi, insaccati e lardo (*Dermestes lardarius*)

-dermìa [dal gr. *dérma* 'pelle' (V. *derma*)] **secondo elemento** ● in parole scientifiche composte, fa riferimento alla pelle: *cheratodermia, pachidermia*

dèrmico [da *derma* ✻ 1876] **agg.** (**pl. m.** *-ci*) ● del derma e (*est.*) della pelle

dermìte [comp. di *derm(a-)* e *-ite*① ✻ sec. XVIII] **s. f.** ● (*med.*) dermatite

dèrmo- [dal gr. *dérma* 'pelle' (V. *derma*)] **primo elemento** ● in parole composte della terminologia scientifica, spec. medica, significa 'pelle', 'cute': *dermopatia, dermosifilopatia*

dermoabraṣióne [comp. di *dermo-* e *abrasione* ✻ 1987] **s. f.** ● (*chir.*) rimozione chirurgica mediante dermatomo degli strati superficiali della cute allo scopo di eliminare anormalità, quali cicatrici o corpi estranei inclusi

Dermochèlidi [comp. di *dermo-* e del gr. *chélys* 'tartaruga' (V. *cheli*): detti così perché ricoperti di pelle ✻ 1931] **s. f. pl.** (**sing.** *-e*) ● (*zool.*) famiglia di testuggini marine con scudo formato da piccole piastre ossee e con creste longitudinali (*Dermochelydae*)

dermoesfoliazióne [vc. dotta, comp. di *dermo-* ed *esfoliazione* ✻ 1983] **s. f.** ● (*med.*) desquamazione lamellare della pelle

dermòfito, (*evit.*) **dermòfita** [vc. dotta, comp. di *dermo-* e del gr. *phytón* 'pianta' ✻ 1966] **s. m.** ● parassita vegetale della pelle

dermografìa [vc. dotta, comp. di *dermo-* e *-grafia* ✻ 1950] **s. f.** ● (*med.*) dermografismo

dermografiṣmo [1908] **s. m.** ● (*med.*) particolare ed evidente reazione della cute a uno stimolo meccanico, con persistenza di segni rossi o bianchi nei punti di contatto: *d. bianco*; *d. rosso*

dermòide [vc. dotta, comp. di *dermo-* e del gr. *êidos* 'forma' ✻ 1820] **A** **s. f. o m.** ● surrogato del cuoio, costituito da un supporto su cui si applicano materie plastiche, usato per valigie, coperture di poltrone, di libri e sim. **B** **s. m. o** (*raro*) **f.** ● (*med.*) tumore solido o cistico formato da tessuti di diversa origine embrionaria **C** **agg.** ● (*med.*) che ha l'aspetto della cute: *cisti d.*

dermopatìa [vc. dotta, comp. di *dermo-* e *-patia* ✻ 1883] **s. f.** ● qualsiasi malattia della pelle ‖ **dermopàtico**, **agg.** (**pl. m.** *-ci*); **anche s. m.** (**f.** *-a*) **nel sign. 2** **1** relativo a dermopatia **2** che (o chi) soffre di una dermopatia

dermoplàstico [comp. di *dermo-* e *plastico* ✻ 1992] **agg.** (**pl. m.** *-ci*) ● detto di cosmetico o trattamento che stimola il collagene della pelle, esercitando un'azione rassodante e modellante

dermoprotettìvo [1987] **agg.** ● (*farm.*) detto di agente o trattamento con azione protettiva sulla pelle

dermosifilopatìa [comp. di *dermo-*, *sifili(de)* e *-patia* ✻ 1886] **s. f.** ● branca della medicina che si occupa delle malattie della pelle e veneree ‖ **dermosifilopàtico**, **agg.** (**pl. m.** *-ci*) relativo alla dermosifilopatia ‖ **dermosifilòpata**, **s. m. e f.** (**pl. m.** *-i*) specialista di dermosifilopatia

Dermòtteri [comp. di *derma-* e del gr. *pterón* 'ala', con riferimento al loro caratteristico patagio ✻ 1830] **s. m. pl.** (**sing.** *-o*) ● (*zool.*) ordine di Mammiferi arboricoli forniti di una membrana alare estesa tra collo, arti e coda (*Dermoptera*)

dernier /*fr.* dɛʀ'nje/ [vc. fr. 'ultimo' perché chi rimane con una sola carta in mano deve dichiararlo] **s. m. inv.** ● gioco di carte nel quale ogni giocatore deve rispondere al seme o al valore della carta messa sul tavolo dal giocatore che lo precede

dernier cri /*fr.* dɛʀˌnje'kʀi/ [loc. fr., propr. 'ultimo (*dernier*, tratto, col pref. *-er* di *premier*, da *der(e)rain*, che rappresenta il lat. parl. **deretrānus*) grido (*cri*, da *crier*, dal lat. parl. *critāre* 'gridare')' ✻ 1905] **A** **loc. sost. m. inv.** ● creazione recentissima dell'alta moda **B** **anche loc. agg. inv.**: *abito, modello, cappello dernier cri*

dèrno [etim. incerta ✻ 1797] **vc.** ● (*mar.*) solo nella loc. avv. ***in d.***, con la bandiera issata in cima all'albero e annodata su sé stessa, come segnale internazionale di richiesta di soccorso

dèroga [da *derogare* ✻ 1675] **s. f.** ● il derogare | ***in d. a qlco.***, facendo un'eccezione rispetto a una regola stabilita: *in d. alla precedente nostra circolare*; *in parziale d. alle vigenti disposizioni* | ***accordo, patto in d.***, stipula, prevista da apposita legge, di contratti di locazione di immobili urbani in deroga alla normativa sull'equo canone

SFUMATURE DI SIGNIFICATO

deroga - abrogazione - revoca

Si chiama **deroga** il venir meno alle norme stabilite; nel linguaggio giuridico consiste nel porre con un provvedimento legislativo un'eccezione rispetto alla regola contenuta in altra norma giuridica. **Abrogazione** è invece l'atto con cui si annulla del tutto l'efficacia di una legge o di un provvedimento, così come la **revoca** indica il provvedimento della pubblica amministrazione o del giudice che annulla del tutto un proprio provvedimento precedente.

SFUMATURE ➤ ***eccezione***

derogàbile [1686] **agg.** ● detto di norma, clausola e sim. che accordi privati possono non osservare ‖ **derogabilità**, **s. f. inv.**

derogàre o †**dirogàre** [vc. dotta, lat. *derogāre*, comp. di *dē-* e *rogāre* nel senso tecnico di 'proporre (una legge)' ✻ 1308] **A** **v. intr.** (*io dèrogo, tu dèroghi*; **aus.** *avere*) **1** (*dir.*) porre con un provvedimento legislativo un'eccezione rispetto alla regola contenuta in altra norma giuridica (+ *a*): *d. a una legge* **2** (*fig.*, *raro*) venir meno, rinunciare (+ *a*): *d. all'integrità del proprio carattere* | contravvenire: *d. a un patto*; *ha derogato ai vostri consigli* | discostarsi (+ *da*): *derogare da una consuetudine*; *Maller osservò che non usava d. dalle misure prese* (I. SVEVO) **B** **v. tr.** **1** (*raro*) eludere, trasgredire: *un articolo del codice che non si può d.* **2** †sminuire | †diminuire, togliere

derogatìvo [vc. dotta, lat. tardo *derogatīvu(m)*, da *derogātus* 'derogato' ✻ 1869] **agg.** ● (*raro*) derogatorio

derogatòrio [vc. dotta, lat. tardo *derogatōriu(m)*, da *derogātus* 'derogato' ✻ av. 1324] **agg.** (**pl. m.** *-i* o *raro -ii*) **1** che serve a derogare

2 che costituisce una deroga 3 †offensivo, pregiudizievole

derogazióne [vc. dotta, lat. *derogatiōne(m)*, da *derogātus* 'derogato' ⁎ av. 1328] **s. f. 1** deroga **2** †diminuzione di merito, di prestigio e sim.

derràta [fr. *denrée*, dal lat. parl. **denariāta(m)* 'che ha il valore di un *denaro*', quindi 'piccola quantità (di merce)' ⁎ 1266] **s. f. 1** (**spec. al pl.**) prodotto della terra spec. di uso alimentare, soggetto a contrattazioni commerciali: *scarsità, abbondanza di derrate* | (*est.*) merce: *derrate deperibili* **2** †affare, negozio, guadagno | †***aver buona d.***, ottenere un buon guadagno; (*fig.*) essere fortunato **3** †porzione, quantità di merce comprata

dèrrick /ingl. 'derɪk/ [vc. ingl., verso il 1600 'forca, patibolo', dal n. originario neerl. (*Dierryk*, equivalente a 'Teodorico') di un boia ingl. ⁎ 1935] **s. m. inv.** ● torre per la trivellazione di pozzi petroliferi o per sondaggi geologico-minerari

†**derubaménto** o †**dirubaménto** [1554] **s. m.** ● furto

derubàre o †**dirubàre** [comp. di *de-* e *rubare* ⁎ 1262] **v. tr. 1** privare qlcu. con la violenza o l'inganno di ciò che gli appartiene o gli spetta: *lo attirarono in un vicolo buio per derubarlo; è stato derubato del portafoglio* **2** †spogliare, depredare

derubàto o †**dirubàto** **A** **part. pass.** di *derubare*; anche **agg.** ● nei sign. del v. **B** **s. m.** (**f.** *-a*) ● persona derubata: *il d. tentò di inseguire il ladro*

derubricàre [comp. parasintetico di *rubrica*, con il pref. *de-* ⁎ 1969] **v. tr.** (**coniug. come** *rubricare*) **1** (*dir.*) nel processo penale, escludere un reato dalla rubrica in cui era stato incluso o includerlo in un'altra di minor gravità (+ *in*): *il reato di rapina è stato derubricato in quello di ricettazione* **2** (*est.*, *raro*) diminuire, abbassare d'importanza (+ *a*): *la gazzarra è stata derubricata a semplice ragazzata*

derubricazióne [da *derubricare* ⁎ 1963] **s. f.** ● (*dir.*) il derubricare, il venire derubricato

†**derupàre** ➤ **dirupare**

deruralizzazióne [comp. parasintetico di *rurale*, col pref. *de-* ⁎ 1935] **s. f.** ● abbandono della campagna per la città

derustizzazióne [dall'ingl. *to derust* 'togliere la ruggine', comp. con *rust* 'ruggine' (vc. di orig. germ.) ⁎ 1956] **s. f.** ● (*tecnol.*) trattamento che ha lo scopo di eliminare la ruggine dagli oggetti che ne sono coperti

derviscio o **dervis**, **dèrvis** [persiano *darvīš* 'povero', di etim. incerta ⁎ 1521] **s. m. 1** membro della confraternita musulmana sufica dei Dervisci, che si propongono l'unione mistica con Dio mediante l'ascesi e la danza **2** (**spec. al pl.**) mahdista

desacralizzàre [comp. parasintetico di *sacrale*, sul tipo del fr. *désacraliser* (?) ⁎ 1970] **v. tr.** ● ridurre alla condizione profana, attraverso apposito rito SIN. sconsacrare | (*fig.*) privare del carattere tradizionale, quasi sacro: *d. un personaggio storico* SIN. dissacrare ‖ **desacralizzazióne**, **s. f.**

desalàre [comp. di *de-* e *sale* ⁎ 1612] **v. tr.** ● (*raro*) dissalare

desalatóre [1983] **s. m.** ● dissalatore

desalazióne [1983] **s. f.** ● (*raro*) dissalazione

desalinizzàre [comp. parasintetico di *salino* col pref. *de-* ⁎ 1974] **v. tr.** ● dissalare ‖ **desalinizzazióne**, **s. f.**

desaparecido /desapare'sido, *sp.* °desapare'θiðo, -'si-/ [vc. sp., part. pass. di *desaparecer* 'scomparire', comp. di *des-* 'dis-①' e *aparecer* 'apparire' ⁎ 1978] **agg. e s. m.** (**f. sp.** *-a*; **pl. m.** *-os*; **pl. f.** *-as*) **1** detto di oppositore politico fatto scomparire dalle autorità di un regime dittatoriale senza lasciare traccia (con riferimento alla situazione politica dell'Argentina negli anni 1970-80 e poi anche a quella di altri Paesi) **2** (*est.*) nel linguaggio giornalistico, detto di persona fatta scomparire da organizzazioni criminali: *i desaparecidos della camorra*

descamisàdo /deskami'sado, *sp.* deskami'saðo/ [vc. sp., propr. 'scamiciato', 'senza (*des-*) camicia (*camisa*)' ⁎ 1869] **s. m.** (**pl. sp.** *descamisados*) **1** (**spec. al pl.**) in Spagna, difensore della costituzione di Cadice del 1812 | in Argentina, sostenitore di Juan Domingo Perón (1895-1974) **2** (*est.*) rivoluzionario, estremista, sovversivo CFR. scamiciato②

†**descedàre** ➤ **destare**

†**descéndere** e deriv. ➤ **discendere** e deriv.

†**descensióne** [vc. dotta, lat. *descensiōne(m)*, da *descēnsus* 'descenso' ⁎ sec. XIII] **s. f. 1** V. †*discensione* **2** l'avvicinarsi di una stella all'orizzonte, verso il tramonto

†**descetàre** ➤ **destare**

descheria [da *desco* ⁎ av. 1421] **s. f.** ● anticamente, dazio imposto ai macellai che vendevano al mercato

deschétto o †**dischétto**① [1296] **s. m. 1** (*lett.*) dim. di *desco* **2** tavolino da lavoro di artigiani, spec. quello dei calzolai **3** †sgabello

†**descitàre** ➤ **destare**

♦**désco** [lat. *dĭscu(m)*, dal gr. *dískos*, 'piatto tondo', poi 'tavola' ⁎ 1240] **s. m.** (**pl.** *-schi*) **1** (*lett.*) tavola per mangiare: *il d. familiare* | ***stare a d.***, a mensa **2** †banco di vendita, spec. della macelleria **3** banco di lavoro **4** †banco presso cui sedevano magistrati, notai, pubblici ufficiali e sim. per esercitare le loro funzioni **5** †sgabello **6** †disco ‖ **descàccio**, **pegg.** | **deschétto**, **dim.** (V.)

descolarizzàre [comp. di *de-* e *scolarizzare* ⁎ 1972] **v. tr. 1** privare una regione delle istituzioni scolastiche o limitare la possibilità di accedervi **2** (*pedagogia*) applicare la teoria della descolarizzazione in una comunità o sistema sociale in genere ‖ **descolarizzazióne**, **s. f.** (V.)

descolarizzazióne [1972] **s. f. 1** il descolarizzare | riduzione o scadimento delle istituzioni scolastiche **2** (*pedagogia*) teoria che sostiene la soppressione della scuola come istituzione educativa

†**descrittìbile** [1674] **agg.** ● descrivibile

descrittivìsmo [da *descrittivo* ⁎ 1942] **s. m.** ● nelle arti figurative, tendenza a indulgere in particolari descrittivi

descrittivo o †**discrittivo** [vc. dotta, lat. tardo *descriptīvu(m)*, da *descrīptus* 'descritto' ⁎ 1374] **agg. 1** che descrive: *un particolare d.* | ***grammatica descrittiva***, descrizione del sistema di una lingua in una fase determinata, prescindendo dalla sua formazione storica **2** nelle arti figurative, detto di opera che raffigura il soggetto con analitica precisione, talora a scapito di più autentici valori formali ‖ **descrittivaménte**, **avv.** in modo, con stile descrittivo; da un punto di vista descrittivo

descritto o †**discritto** **part. pass.** di *descrivere*; anche **agg.** ● nei sign. del v.

descrittóre o †**discrittóre** [vc. dotta, lat. tardo *descriptōre(m)*, da *descrīptus* 'descritto' ⁎ sec. XIV] **s. m.** (**f.** *-trice*); anche **agg. 1** chi (o che) descrive | †scrivano **2** (*inform.*) elemento significativo di informazione usato per identificare un record

♦**descrivere** o †**discrivere** [vc. dotta, lat. *descrībere* 'scrivere (*scrībere*) da (*dē*) un modello, trascrivere, copiare' ⁎ 1261 ca.] **A** **v. tr.** (**coniug. come** *scrivere*) **1** rappresentare cose o persone con parole o scritti, indicandone le caratteristiche, in modo da darne un'idea precisa: *d. un paesaggio, un oggetto, i lineamenti di qlcu.* | (*est.*) esporre o spiegare minutamente, con ricchezza di particolari: *d. un avvenimento; hai descritto perfettamente la scena* **2** (*lett.*) disegnare | (*est.*) tracciare una determinata linea o figura, detto spec. di corpi in movimento: *la stella cadente descrisse nel cielo un arco luminoso; un punto che si muove descrive una retta* **3** †annotare su registri catastali, anagrafici e sim. **B** **descrìversi** **v. rifl.** ● descrivere, rappresentare sé stesso: *l'autore ama descriversi con ironia*

SFUMATURE DI SIGNIFICATO

descrivere - rappresentare - tratteggiare

Descrivere è raccontare, spiegare minutamente e con dovizia di particolari un fatto, una situazione, un periodo storico, un contesto culturale. **Rappresentare** aggiunge al significato di descrivere una sfumatura di maggiore immediatezza, di freschezza quasi visiva, derivata dal significato principale del verbo, che è quello di riprodurre con mezzi visivi un oggetto reale o astratto. Il descrivere a voce o per iscritto in modo efficace e ancora più vivacemente una situazione o un personaggio si dice **tratteggiare**, che evoca al contempo un'idea di brevità.

descrivìbile [1731] **agg.** ● che si può descrivere CONTR. indescrivibile

†**descriviménto** [sec. XIV] **s. m.** ● descrizione

♦**descrizióne** o †**discrizióne** [vc. dotta, lat. *descriptiōne(m)*, da *descrīptus* 'descritto' ⁎ 1282] **s. f. 1** rappresentazione o esposizione particolareggiata di qlcu. o qlco. mediante parole o scritti: *fammi una d. dell'incidente; crude e atroci descrizioni di battaglie e di morti* (G. VICO) **2** †iscrizione | †anagrafe; censimento ‖ **descrizioncèlla**, **dim.** | **descrizioncìna**, **dim.**

†**desdecére** o **desdècere** [da *decere* col pref. neg. *des-* sul tipo del lat. *dedecēre* 'essere sconveniente' ⁎ av. 1348] **v. intr.** (**anche impers., difett., usato solo nella terza pers. sing. del pres. indic.** *desdèce*) ● sconvenire, disdire

†**deseccàre** ➤ †**desiccare**

desecretàre ➤ **desegretare**

†**desedàre** ➤ **destare**

desegregazióne [comp. di *de-* e *segregazione* ⁎ 1987] **s. f.** ● soppressione di uno stato di segregazione; abolizione della segregazione razziale

desegretàre o **desecretàre** [da *segretare* col pref. *de-* ⁎ 1990] **v. tr.** (*io desegréto*) ● (*dir.*) revocare la segretazione su atti, documenti e sim.

deselezionàre [comp. di *de-* e *selezionare* ⁎ 1996] **v. tr.** (*io deselezióno*) ● (*inform.*) in un file di dati, togliere la marcatura a elementi precedentemente selezionati

desemantizzàre [1989] **A** **v. tr.** ● (*ling.*) provocare una desemantizzazione **B** **desemantizzàrsi** **v. intr. pron.** ● (*ling.*) subire una desemantizzazione (V.)

desemantizzazióne [1987] **s. f.** ● (*ling.*) processo per cui una parola o un'espressione perde o attenua il proprio significato originario e ne acquisisce uno più vago e indefinito o assume una funzione grammaticale (per es. *durante*, che, da part. pres. del v. *durare*, ha assunto funzione di preposizione)

desensibilizzàre [comp. di *de-* e *sensibilizzare* ⁎ 1959] **A** **v. tr.** ● rendere totalmente o parzialmente privo di sensibilità (*anche fig.*) **B** **desensibilizzàrsi** **v. intr. pron.** ● perdere la sensibilità a qlco. (*anche fig.*) ‖ **desensibilizzazióne**, **s. f.** (V.)

desensibilizzatóre [1956] **s. m.** ●

d

(*fotogr.*) sostanza chimica che annulla la sensibilità alla luce di un negativo già esposto

desensibilizzazióne [1956] **s. f. 1** (*fotogr.*) procedimento chimico per annullare la sensibilità alla luce di un negativo già esposto **2** (*med.*) metodo usato per prevenire o ridurre le reazioni allergiche consistente nella somministrazione di dosi graduali di allergene

†**desertàre** e deriv. ➤ **disertare** e deriv.

desèrtico [fr. *désertique*, da *desert* (V. *deserto*②) ✱ 1919] **agg.** (**pl. m.** *-ci*) ● che ha la natura del deserto: *paesaggio d.* | che è tipico del deserto: *clima d.*

desertìcolo [comp. di *deserto*② e *-colo* ✱ av. 1652] **agg.** ● che vive nei deserti: *fauna, flora deserticola*

desertificàre [comp. di *deserto*② e *-ficare* ✱ 1935] **A v. tr.** (*io desertìfico, tu desertìfichi*) ● produrre una desertificazione, ridurre a deserto **B desertificàrsi v. intr. pron.** ● assumere le caratteristiche di un deserto o simili a quelle di un deserto | (*raro*) spopolarsi || **desertificazióne**, **s. f.** (V.)

desertificazióne [1975] **s. f.** ● processo per cui in zone a clima arido per effetto di variazioni climatiche e/o interventi dell'uomo scompare progressivamente la vegetazione ed esse assumono aspetto di deserto

♦**desèrto**① o †**disèrto**① [vc. dotta, lat. *desĕrtu(m)*, part. pass. di *desĕrere* 'abbandonare' (comp. di *dē* e *sĕrere* 'legare') ✱ 1266] **agg. 1** vuoto di abitanti o di occupanti, disabitato, spopolato: *luogo d.*; *città deserta*; *cinema, teatro d.*; *oggi le strade sono deserte* **2** (*dir.*) ***causa deserta***, estinta per inattività delle parti durata un lasso di tempo stabilito dalla legge | ***asta deserta***, nel corso della quale nessun offerente è stato dichiarato aggiudicatario **3** (*est.*) incolto o privo di vegetazione: *campi deserti*

SFUMATURE DI SIGNIFICATO

deserto - disabitato - spopolato - abbandonato
Un luogo privo di abitanti o di occupanti si dice **deserto**. Più specificamente, se è privo di abitanti si dice **disabitato**. Si definisce **spopolato** invece quando ha perduto una parte o la totalità delle persone che lo abitavano o frequentavano. **Abbandonato** si distingue perché indica ciò che è stato lasciato per sempre e volontariamente.
SFUMATURE ➤ ***sperduto***

♦**desèrto**② o †**disèrto**① [vc. dotta, lat. tardo *desĕrtu(m)*, s. neutro del part. pass. di *desĕrere* (V. *deserto*①). Il lat. class. conosce *desĕrta*, nt. pl. 'luoghi deserti' ✱ av. 1294] **s. m.** (**pl.** *deserti*, **m.**; †*desertora*, **f.**) **1** (*geogr.*) vasto tratto di superficie terrestre con scarsissime precipitazioni, spoglia di vegetazione e disabitata | ***figli del d.***, popolazioni nomadi del deserto nordafricano | (*fig.*) ***parlare, predicare al d.***, sprecare parole, consigli e sim., con chi non vuole ascoltare o intendere | (*fig.*) ***fare il d. intorno a sé***, fare il vuoto (V. *vuoto*) | (*fig.*) ***fare il d. intorno a qlcu.***, lasciarlo solo, isolato: *i vecchi amici gli hanno fatto il d. intorno* **2** (*est.*) campo, terreno o regione sterile | (*fig.*) luogo pressoché disabitato | (*fig.*) desolazione, vuoto interiore: *un d. di noia*

NOMENCLATURA

deserto
● *caratteristiche*: sabbioso, ghiaioso = reg, ghiaioso e sabbioso = serir, dunoso = erg, roccioso = hamada; landa, steppa; duna, barcana, ghibli, simun; uadi (pl. uidian), sciott; desertificazione, deflazione, corrosione; xerosfera, xerofito, oasi, palmeto, miraggio = Fata Morgana; carovana, carovaniera, pista; cammello, dromedario; mehari; nomadismo;
● *persone*: tuareg = uomini blu, nomade; carovaniere, cammelliere; meharista;
● *azioni*: attraversare, esplorare, inoltrarsi, sostare, entrare; formare una carovana.

†**deservìre**① [vc. dotta, lat. *deservīre* 'servire (*servīre*) completamente (*dē-*), con zelo' ✱ sec. XIII] **v. intr. 1** servire con zelo **2** adattarsi

†**deservìre**② ➤ †**disservire**

desessualizzàre [1931] **A v. tr.** ● privare del carattere sessuale **B desessualizzàrsi v. intr. pron. 1** perdere il carattere sessuale **2** (*psicoan.*) subire un processo di desessualizzazione (V.)

desessualizzazióne [1956] **s. f. 1** (*raro*) privazione, perdita del carattere sessuale **2** (*psicoan.*) superamento della fase libidica infantile attraverso la sublimazione delle pulsioni sessuali

déshabillé /*fr.* dezabi'je/ [vc. fr., dal part. pass. di *déshabiller* 'svestire', comp. di *dés-* opposizione e *habiller* 'vestire' ✱ av. 1847] **s. m. inv.** ● (*disus.*) vestaglia da donna | ***essere in d.***, essere poco vestito, semivestito

†**desìa** ➤ †**disia**

desiàbile o (*raro, lett.*) **disiàbile** [1561] **agg.** ● (*lett.*) desiderabile

desiànza ➤ **disianza**

desiàre o **disiàre** [da *desio* ✱ av. 1250] **v. tr.** (*io desìo*) ● (*lett.*) desiderare: *con quella man che tanto desiai, / m'asciuga li occhi* (F. PETRARCA)

desiàto o **disiàto A part. pass.** di *desiare*; **anche agg.** ● (*lett.*) nei sign. del v. **B s. m.** ● (*lett.*) cosa desiderata

†**desiccàre** o †**deseccàre** [1282] **v. tr.** ● disseccare

desideràbile (o **-ṣ-**) o †**disideràbile** [vc. dotta, lat. *desiderābile(m)*, da *desiderāre* 'desiderare' ✱ sec. XIII] **A agg.** ● che si può desiderare, che è degno di essere desiderato: *un futuro d.* | conveniente, opportuno (+ *che* **seguito da congtv.**): *sarebbe d. che lui chiedesse scusa* | che suscita attrazione fisica: *quella donna tanto d. che m'aspettava* (I. SVEVO) || **desiderabilménte**, **avv.** in modo desiderabile, opportuno || **desiderabilità**, **s. f. inv. B s. m. 1** ciò che può essere desiderato **2** †bene sperato, oggetto di desiderio

†**desideraménto** (o **-ṣ-**) [1290] **s. m.** ● desiderio

desiderànte (o **-ṣ-**) o †**disiderànte A part. pres.** di *desiderare*; **anche agg.** ● nei sign. del v. **B s. m. e f.** ● (*raro, lett.*) chi desidera

♦**desideràre** (o **-ṣ-**) o †**disideràre** [vc. dotta, lat. *desiderāre*, propr. 'cessare (*dē-*) di contemplare le stelle (*siderāre*, da *sīdus*, genit. *sīderis* 'stella') a scopo augurale', in seguito 'sentire la mancanza', 'bramare' ✱ av. 1243] **v. tr.** (*io desìdero*) **1** tendere, aspirare a ottenere o fare qlco. di cui si ha bisogno, si sente la mancanza e sim. (+ *che* **seguito da congtv.**, + **inf.**, + *di* **seguito da inf.**): *d. la ricchezza, la fama*; *desiderano una casa*; *desideriamo la vostra amicizia*; *desidero che veniate con me*; *desidero partire subito*; *Io non ho mai desiderato di sposarti* (N. GINZBURG) | ***d. una donna, un uomo***, esserne attratti fisicamente | ***fare d. qlco.***, stentare a concederla | ***farsi d.***, farsi vedere raramente; farsi aspettare | ***lasciare a d.***, presentare difetti, manchevolezze e sim. | ***si desidera***, occorre, è necessario: *si desiderano alcuni chiarimenti* **SIN.** ambire, bramare **2** volere, con valore attenuativo: *desidero un po' di tranquillità*; *desidero che chiariate la vostra posizione*; *il signore desidera?* **3** richiedere: *i cittadini desiderano un'amministrazione più efficiente* | ***lo desiderano al telefono***, è chiamato al telefono **4** †provare rammarico, rimpiangere
SFUMATURE ➤ ***volere***①

desideràta (o **-ṣ-**) [pl. di *desiderātu(m)* '(oggetto) desiderato' ✱ 1827] **s. m. pl.** (**sing.** lat. *desideratum*) ● cose che si desiderano, si esigono e sim.: *esporre i propri d.*

desideratìvo (o **-ṣ-**) o †**disideratìvo** [vc. dotta, lat. tardo *desiderātīvu(m)*, da *desiderātus* 'desiderato' ✱ 1309] **A agg. 1** che manifesta o esprime desiderio **2** †incline a desiderare | †desideroso || **desiderativaménte**, **avv. B agg. e s. m.** ● (*gramm.*) ottativo: *Anche i verbi desiderativi ... si formano dai supini* (G. LEOPARDI)

desideràto (o **-ṣ-**) o †**disideràto A part. pass.** di *desiderare*; **anche agg.** ● nei sign. del v. || **desiderataménte**, **avv. B s. m.** ● (*raro*, **spec. al pl.**) ciò che si desidera; richiesta, esigenza: *esporre i propri desiderati* **CFR.** desiderata

†**desideratóre** (o **-ṣ-**) o †**disideratóre** [vc. dotta, lat. tardo *desideratōre(m)*, da *desiderātus* 'desiderato' ✱ av. 1294] **s. m.** (**f.** *-trice*); **anche agg.** ● chi (o che) desidera

†**desiderévole** (o **-ṣ-**) o †**disiderévole** [1268] **agg.** ● desiderabile

♦**desidèrio** (o **-ṣ-**) o †**disidèrio**, †**desidèro** [vc. dotta, lat. *desīderiu(m)*, da *desiderāre* 'desiderare' ✱ av. 1253] **s. m. 1** aspirazione verso ciò di cui si ha bisogno, si sente la mancanza e sim.: *d. legittimo, costante, sfrenato*; *provare, sentire, soddisfare, frenare un d.*; *avere d. di qlco.* **2** avidità, cupidigia: *da questo d. di vendetta nasce il sangue e la morte degli uomini* (N. MACHIAVELLI) | bramosia sessuale: *desideri inconfessabili*; *l'impeto del d.* **3** senso di mancanza, di privazione, di bisogno: *un malinconico d. d'affetto* | rimpianto: *rimanere solo col d.*; *lasciar d. di sé* **4** ciò che si desidera: *questo è il mio solo d.*; *finalmente realizzeremo i nostri desideri* | ***pio d.***, desiderio vano, che non è destinato a realizzarsi | †persona amata **5** †cura, sollecitudine

Definizione d'autore

Bisogna soddisfare ai desideri dei fanciulli per non trovarli morti dietro alle porte: così Leopardi. Volendo dire che il **desiderio** spaventa e che per desiderare bisogna restare fanciulli nel cuore. Il consumismo, gigantesco progetto di infantilizzazione dell'umanità, è basato sul **desiderio** collettivo – sull'illusione che sia facile soddisfarlo. *I sogni son desideri* canta la Cenerentola di Disney, dimenticando che i sogni sono soltanto il sintomo di desideri irrealizzati. La dignità di una persona, o di una cultura, si misura sulla capacità di non umiliare i propri desideri. **Desiderio** è avvertire dolorosamente la mancanza delle stelle anche dopo che è sorta l'alba della rassegnazione.
Walter Siti

SFUMATURE DI SIGNIFICATO

desiderio - brama - smania
Desiderio è un moto dell'animo verso ciò che procura piacere e di cui si ha bisogno, si sente la mancanza. Se il desiderio è ardente, smodato ed è rivolto all'acquisizione di beni materiali, di onori o all'appagamento di piaceri sensuali si dice **brama. Smania** è invece un desiderio che dà agitazione, inquietudine, nervosismo fino a quando non sia soddisfatto.

desideróso (o **desideróṣo**) o †**disideróso** [vc. dotta, lat. tardo *desiderōsu(m)*, da *desiderāre* 'desiderare' ✱ 1258] **agg.** ● che desidera | che è pieno di desiderio: *un popolo d. di libertà* | avido: *essere d. di piaceri* **SIN.** bramoso || **desiderosaménte**, **avv.**

†**desiévole** ➤ †**disievole**

design /de'zain, *ingl.* dɪ'zaɪn/ [vc. ingl., deriv. dell'it. *disegno* ✱ 1957] **s. m. inv. 1** attività di progettazione di un oggetto da fabbricare in serie: *il d. giapponese sta imponendosi nel mondo* | la linea, la forma di un oggetto industriale: *il d. di una sedia* **2** accorc. di *industrial design* e di *graphic design*

Definizione d'autore
Il **design** svolge un'insostituibile funzione di mediazione tra l'uomo, gli oggetti e i servizi che fanno parte del quotidiano. Partendo dall'esistente, il **design** lo trasforma mediante interventi capaci di procurare un beneficio sostanziale e non soltanto una valenza estetica. Al *designer* la committenza chiede concetti, forme e funzioni di portata non solo attuale ma anticipativa, premonitrice del cambiamento. Il **design** negli ultimi decenni ha allargato i propri confini per affrontare tematiche sociali: il **design** per tutti e per il sud del mondo, l'approccio al sostenibile, la semplificazione e il recupero delle risorse. La disciplina sta convalidando la propria missione di coscienza critica del progetto.
Giorgetto Giugiaro

designàbile (o -ṣ-) [av. 1712] **agg.** ● che si può designare

†**designaménto** (o -ṣ-) [av. 1292] **s. m.** ● designazione

designàre (o -ṣ-) [vc. dotta, lat. *designāre* 'segnare (*signāre*), indicare esattamente (*dē-*)' ✱ 1282] **v. tr.** (coniug. come *segnare*) **1** proporre o destinare qlcu. a un incarico, un ufficio e sim.: *lo ha designato come suo successore* SIN. additare, indicare **2** indicare con esattezza: *d. il giorno e l'ora dell'incontro* | *d. il **giudice***, indicare, da parte del capo di un ufficio giudiziario, il giudice competente per la trattazione di una causa **3** indicare, significare: *il termine 'bacino' designa diversi oggetti o elementi* SIN. denotare **4** (*raro, lett.*) raffigurare, simboleggiare **5** †V. *disegnare*

designàto (o -ṣ-) **A** **part. pass.** di *designare*; anche **agg.** ● nei sign. del v. **B** **s. m.** (f. *-a*) ● (*raro*) persona designata

designatóre (o -ṣ-) [vc. dotta, lat. *designatōre(m)*, da *designātus* 'designato' ✱ sec. XIV] **s. m.** (f. *-trice*) ● chi designa: *il d. degli arbitri di calcio*

designàtum [vc. lat., part. pass. di *designāre* 'designare', proprio della terminologia ingl. ✱ 1994] **s. m. inv.** (pl. lat. *designata*) ● (*ling.*) denotatum

designazióne (o -ṣ-) [vc. dotta, lat. *designatiōne(m)*, da *designātus* 'designato' ✱ 1342] **s. f.** **1** destinazione di qlcu. a un incarico, ufficio e sim. **2** indicazione, denotazione **3** V. †*disegnazione*

SFUMATURE ➤ *elezione*

designer /de'zainer, *ingl.* dɪ'zaɪnə(r)/ [vc. ingl., dal v. *to design* 'disegnare' ✱ 1957] **s. m. e f. inv.** ● chi si occupa professionalmente di design | nella loc. ***interior d.***, progettista d'interni (comp. con *interior* 'interni')

desilàre e deriv. ➤ **dessilare** e deriv.

deṣinàre ① o †**diṣinàre** [ant. fr. *disner*, dal lat. parl. **disieiunāre*, originariamente 'rompere (*dis-*) il digiuno (*ieiūnus*)' ✱ av. 1292] **v. intr.** (*io déṣino*; aus. *avere*) ● (*tosc.*) fare il pasto più sostanzioso della giornata, a mezzogiorno o alla sera: *mi hanno invitato a d. con loro*

deṣinàre ② o †**diṣinàre** [da *desinare* (1) ✱ 1261 ca.] **s. m.** ● (*tosc.*) pasto principale della giornata, spec. a mezzogiorno: *d. lauto, magro, povero*; *preparare il d.*; *fare da d.* | ***dopo d.***, nelle prime ore del pomeriggio ‖ (*lett.*) **deṣinarétto**, **dim.** | (*lett.*) **deṣinarino**, **dim.**

†**deṣinàta** [av. 1676] **s. f.** ● lauto banchetto

deṣinènte [vc. dotta, lat. *desinĕnte(m)*, da *desĭnere* 'terminare' ✱ 1525] **agg.** ● che ha una determinata desinenza o terminazione: *i verbi desinenti in -ire*

deṣinènza [vc. dotta, lat. mediev. *desinĕntia(m)*, da *dēsinens*, genit. *desinĕntis*, part. pres. di *desĭnere* 'finire, terminare', comp. di *dē* e *sĭnere* 'lasciare', di etim. incerta ✱ av. 1508] **s. f.** ● (*ling.*) elemento che si presenta nella sede finale di un nome, un pronome, un aggettivo o un verbo, per formare con la radice una forma flessa

deṣinenziàle [1834] **agg.** ● (*ling.*) proprio della desinenza

†**deṣinóre** ➤ **disonore**

✱**deṣìo** o **diṣìo** [lat. parl. **desĕdiu(m)*, originariamente 'desiderio erotico', forma neutra corrispondente al f. *desĭdia* 'indolenza, pigrizia', considerata incentivo alla lussuria ✱ av. 1250] **s. m.** (pl. *-ii*) ● (*lett.*) desiderio | (*est.*) cosa o persona amata e desiderata: *ov'è 'l disio de li occhi miei?* (DANTE) | †***andare a d.***, andare a divertirsi

†**deṣióre** [av. 1306] **s. m.** ● (*raro*) vivo desiderio

✱**deṣióso** (o -ṣo) o **diṣióso** (o -ṣo) [av. 1250] **agg.** **1** (*lett.*) desideroso **2** †desiderabile ‖ **deṣiosaménte**, **avv.** (*lett.*) in modo desioso

desipiènte [vc. dotta, lat. *desipiĕnte(m)*, part. pres. di *desĭpere*, comp. di *dē-* e *săpere* 'aver gusto, buon senso' ✱ 1858] **agg.** ● (*raro, lett.*) insipiente, vano, sciocco

desipiènza [vc. dotta, lat. *desipiĕntia(m)*, da *dēsipiens* 'desipiente' ✱ 1858] **s. f.** ● (*raro, lett.*) insipienza

†**deṣìra** [av. 1294] **s. f.** ● (*raro, poet.*) desiderio

†**deṣiràre** o †**diṣiràre** [ant. fr. *désirer*, dal lat. *desiderāre* 'desiderare' ✱ 1268] **v. tr.** ● desiderare

deṣìre o †**diṣìre**, †**diṣìro**, †**deṣìro** [ant. fr. *desir*, da *désirer*, dal lat. *desiderāre* 'desiderare' ✱ av. 1250] **s. m.** ● (*lett.*) desiderio: *desir immenso delle cose eterne* (T. CAMPANELLA) | ***entrare in d.***, essere preso dal desiderio | (*est.*) cosa o persona desiderata

†**deṣiróso** ➤ **disiroso**

desistènza (o -eṣi-) [1869] **s. f.** ● (*raro*) rinuncia, cessazione | (*dir.*) volontaria interruzione dell'attività criminosa da parte del reo che comporta l'applicazione della pena solo per gli atti già compiuti, se questi costituiscono reato | (*polit.*) rinuncia, da parte di una forza politica, a presentare in un collegio uninominale un proprio candidato a favore di una forza politica alleata che abbia maggiore probabilità di vittoria: *patto di d.*

desìstere (o -eṣi-) [vc. dotta lat. *desĭstere*, comp. di *dē-* e *sĭstere* 'fermare', di orig. indeur. ✱ 1321] **v. intr.** (**pass. rem.** *io desistètti* o *desistéi, tu desistésti*; **part. pass.** *desistito*; **aus.** *avere*) ● ritirarsi da un'attività, da un'impresa, da un'iniziativa e sim. (+ *da*): *d. da un tentativo*; *non desisterà dall'azione intrapresa*; *non desisteva di trattare e di dare speranza a ciascuno* (F. GUICCIARDINI) | recedere da un proposito, da un'intenzione e sim.: *Nondimeno fermai di non d. sino al fine* (S. PELLICO) CONTR. insistere | (*dir.*) ***d. dalla causa***, rinunciare agli atti del giudizio in corso, o non svolgere in esso alcuna attività, determinandone così l'estinzione | (*dir.*) ***d. dalla querela***, rimetterla

desk /*ingl.* dɛsk/ [vc. ingl., propr. 'scrivania', poi 'reparto della redazione di un giornale' ✱ 1991] **s. m. inv.** ● reparto di un giornale addetto alla redazione centrale del giornale stesso: *il d. degli spettacoli* | (*est.*) sportello unico (V. *sportello* nel sign. 4)

dèsktop /'dɛsktop, *ingl.* 'dɛsk,tɒp/ [1989] **s. m. inv.** ● (*inform.*) rappresentazione grafica delle risorse disponibili che compare sullo schermo all'avvio del computer SIN. scrivania

dèsktop publishing /'dɛsktop 'pabliʃʃin(g), *ingl.* 'dɛsk,tɒp 'pʌblɪʃɪŋ/ [loc. ingl., propr. 'editoria da tavolo', comp. di *desktop* 'piano (*top*) della scrivania (*desk*)' e *publishing* 'editoria' ✱ 1988] **loc. sost. m. inv.** ● sistema di scrittura, impaginazione e stampa basato su un personal computer

dèsman [svedese *desman* 'muschio' (per il suo odore), da un lat. mediev. *bisamum*, di orig. orient. ✱ 1830] **s. m. inv.** ● mammifero degli Insettivori con naso prolungato a proboscide, piedi posteriori palmati e ghiandole che emanano odore di muschio (*Desmana moschata*) SIN. miogale

dèsmo- [dal gr. *desmós* 'legame', dal v. *déein* 'legare', di orig. indeur.] **primo elemento** ● in parole composte della terminologia scientifica, significa 'legame, legamento': *desmologia*

desmodròmico [vc. dotta, comp. di *desmo-* e dell'agg. gr. *dromikós* 'corrente, che corre' ✱ 1956] **agg.** (pl. m. *-ci*) ● (*mecc.*) detto di sistema cinematico in cui i corpi sono vincolati in modo tale da avere un solo grado di libertà | ***distribuzione desmodromica***, in alcuni motori a scoppio, quella in cui le valvole sono richiamate da un sistema meccanico rigido, costituito da camme e bilancieri, anziché da molle

desmologìa [vc. dotta, comp. di *desmo-* e *-logia* ✱ 1797] **s. f.** (pl. *-gìe*) **1** (*anat.*) studio degli apparati legamentosi e tendinei **2** (*chim.*) studio dei legami atomici e molecolari

desmològico [1966] **agg.** (pl. m. *-ci*) ● relativo a desmologia

desmopatìa [vc. dotta, comp. di *desmo-* e *-patia* ✱ 1966] **s. f.** ● (*med.*) malattia dei tendini o dei legamenti

†**deṣnóre** ➤ **disonore**

†**deṣnudàre** ➤ †**disnudare**

deṣolaménto o †**diṣolaménto** [av. 1292] **s. m.** **1** devastazione | spopolamento **2** (*fig.*) scoraggiamento | afflizione

deṣolànte **part. pres.** di *desolare*; anche **agg.** **1** (*lett., raro*) nei sign. del v. | sconfortante, deprimente: *una scena, uno spettacolo, uno squallore d.* **2** (*est.*) brutto, disgustoso: *quei … desolanti interni orrendamente arredati* (G. UNGARETTI) ‖ **deṣolanteménte**, **avv.**

✱**deṣolàre** o †**diṣolàre** ② [vc. dotta, lat. *desolāre* 'lasciare (*dē-*) solo (*sōlus*)' ✱ av. 1292] **A** **v. tr.** (*io deṣòlo* o *dèṣolo*) **1** (*lett.*) devastare: *i barbari invasero e desolarono l'Italia* **2** †abbandonare **3** colmare di dolore, sconforto e sim.: *la tua cattiva condotta mi ha desolata* SIN. affliggere **B** **deṣolàrsi** **v. intr. pron.** ● (*lett.*) affliggersi, sconfortarsi

✱**deṣolàto** o †**diṣolàto** **part. pass.** di *desolare*; anche **agg.** **1** afflitto, addolorato: *salvate una desolata famiglia* (C. GOLDONI) **2** dispiaciuto, rammaricato, spiacente (+ *per*, + *di* seguito da inf.): *desolato per il mio errore*; *sono d. di essere arrivato in ritardo* **3** squallido, in uno stato di abbandono, di desolazione: *un paesaggio d.*; *una laguna desolata* ‖ **deṣolataménte**, **avv.**

†**deṣolatóre** o †**diṣolatóre** [vc. dotta, lat. tardo *desolatōre(m)*, da *desolātus* 'desolato' ✱ sec. XIV] **agg. e s. m.** (f. *-trice*) ● che (o chi) porta desolazione

✱**deṣolazióne** o †**diṣolazióne** [vc. dotta, lat. tardo *desolatiōne(m)*, da *desolātus* 'desolato' ✱ av. 1328] **s. f.** **1** devastazione, rovina: *la guerra recò lutti e desolazioni* **2** squallore, stato di estremo abbandono: *la d. dei campi incolti* **3** dolore angoscioso, sconsolato: *il suo viso era l'immagine della d.*

SFUMATURE DI SIGNIFICATO
desolazione - disperazione
Un dolore profondo che non trova conforto si chiama **desolazione**; riferito a situazioni o luoghi il termine indica squallore, abbandono, rovina materiale. **Disperazione** è invece lo stato d'animo di chi non ha più speranze e dunque si lascia andare allo sconforto o ad atti inconsulti.

desolforàre [comp. parasintetico del lat. *sul-*

phur 'zolfo', con il pref. *de-* ✻ 1966] **v. tr.** (*io desólforo*) ● asportare zolfo, o composti che lo contengono, da sostanze in cui la sua presenza costituisce una impurità dannosa: *d. il gas illuminante, la ghisa*

desolforatóre [1983] **s. m.** ● apparecchio per desolforare

desolforazióne [1913] **s. f.** ● operazione del desolforare

desonorizzàre [comp. di *de-*, *sonor(o)* e *-izzare* ✻ 1966] **A v. tr.** ● (*ling.*) provocare una desonorizzazione **B desonorizzàrsi v. intr. pron.** ● (*ling.*) subire una desonorizzazione (V.)

desonorizzàto [comp. di *de-* e *sonorizzato*] **agg.** ● (*ling.*) detto di suono che ha perduto la sonorità

desonorizzazióne [1987] **s. f.** ● (*ling.*) fenomeno per cui un suono si trasforma da sonoro in sordo

desorbiménto [da *adsorbimento* con sostituzione del pref. *ad-* con *de-* ✻ 1987] **s. m.** ● (*chim.*) fenomeno inverso all'adsorbimento, consistente nella liberazione di una sostanza adsorbita da una superficie solida

†**desortazióne** [comp. di *de-* ed *(e)sortazione* ✻ av. 1566] **s. f.** ● atto di chi sconsiglia, dissuade

desòssi- ➤ **deossi-**

desossidàre e deriv. ➤ **disossidare** e deriv.

desossiribonuclèico ➤ **deossiribonucleico**

desossiribòsio ➤ **deossiribosio**

desossiribóso ➤ **deossiribosio**

†**despennàre** ➤ **dispennare**

†**desperàre** e deriv. ➤ **disperare** e deriv.

†**despètto** ➤ **dispetto**① e †**dispetto**②

†**despezióne** [vc. dotta, lat. *despectiōne(m)*, da *despĕctus* 'disdegno' (V. *dispetto*①) ✻ sec. XIV] **s. f.** ● disprezzo

†**despìtto** ➤ †**dispitto**

†**despogliàre** ➤ **dispogliare**

†**desponsàre** e deriv. ➤ †**disposare** e deriv.

✦**dèspota** o †**dèspoto**, †**dispòto**, spec. nel sign. 3 [vc. dotta, gr. *despótēs* 'signore, tiranno', originariamente 'padrone (**potis*) della casa (*dôma*)' ✻ sec. XIII] **s. m. e f.** (**pl. m.** *-i*) **1** sovrano assoluto, tiranno **2** (*est.*) chi esercita la propria autorità in modo arbitrario ed eccessivamente rigoroso **3** †nell'amministrazione bizantina, parente del sovrano; titolo d'onore del sovrano, più tardi anche dei dignitari e dei capi militari

despòtico ➤ **dispotico**

despotìsmo ➤ **dispotismo**

†**dèspoto** ➤ **despota**

†**despregiàre** e deriv. ➤ **dispregiare** e deriv.

†**desprezzàre** e deriv. ➤ **disprezzare** e deriv.

†**despumàre** [vc. dotta, lat. *despumāre* 'schiumare (*spumāre*) via (*dē-*)' ✻ av. 1730] **v. tr.** ● schiumare

†**despumazióne** [vc. dotta, lat. tardo *despumatiōne(m)*, da *despumātus* 'despumato' ✻ av. 1730] **s. f.** ● il despumare | depurazione

desquamàre [vc. dotta, lat. *desquamāre* 'togliere le squame', comp. parasintetico di *squāma* 'squama' ✻ 1748] **A v. tr.** ● causare la formazione e il successivo distacco di scaglie: *i detersivi desquamano la pelle* **B desquamàrsi v. intr. pron.** ● sfaldarsi in squame: *la pelle si desquama*

desquamativo [1910] **agg.** ● che provoca desquamazione: *processo d.*

desquamazióne [1777] **s. f.** **1** distacco in forma di squame delle parti superficiali di un organo: *d. cutanea* **2** (*geol.*) alterazione di superfici rocciose per dilatazione termica dovuta al calore solare, per cui parti della roccia si staccano in forma di squame **3** (*bot.*) asportazione delle tuniche a certe radici bulbose

†**dessedàre** ➤ **destare**

dessert /fr. de'sɛʀ/ [vc. fr., part. pass. di *desservir* 'togliere ciò che è stato servito, sparecchiare' ✻ 1736] **s. m. inv.** ● ciò che viene offerto a fine pasto, spec. frutta e dolce | (*est.*) ultima fase di un pranzo, di una cena

déssi ➤ **dare**①

dessilàre o **desilàre** [comp. di *de-* e *silo* ✻ sec. XX] **v. tr.** ● (*agric.*) estrarre, trasportare o convogliare fuori da un silo

dessilatóre o **desilatóre** [sec. XX] **A s. m.** ● impianto, dispositivo per dessilare **B agg.** (**f.** *-trice*) ● che dessila, atto a dessilare: *macchina dessilatrice*

dessiocardìa [vc. dotta, comp. del gr. *dexiós* 'destro' (di orig. indeur.) e di *-cardia* ✻ 1966] **s. f.** ● (*med.*) destrocardia

dessiografìa [vc. dotta, comp. del gr. *dexiós* 'destro' (di orig. indeur.) e di *-grafia* ✻ 1892] **s. f.** ● scrittura che procede da sinistra a destra

†**dessìssimo** [superl. di *desso* ✻ av. 1587] **pron. dimostr.** ● (*scherz.*) proprio lui

désso [lat. *īd ĭpsum* 'esso stesso' ✻ av. 1292] **A pron. dimostr.** (**f.** *-a*; **superl.** †*dessissimo* (V.)) ● (*lett.*) quello stesso, proprio quello, proprio lui, la stessa persona: *è d.*; *non pare più d.* | con valore rafforz., accompagnato da un altro pron. o da un sost.: *i' grido: ell'è ben dessa; ancor è in vita* (F. PETRARCA) **B pron. pers.** ● (*lett.*) egli, colui: *era dessa la primogenita* (I. NIEVO)

dessous /fr. d(ə)'su/ [vc. fr., propr. 'di sotto', da *vêtements de dessous* 'sottovesti' ✻ 1905] **s. m. pl.** ● capi di biancheria intima femminile

dest ➤ **destr**

destabilizzànte **part. pres.** di *destabilizzare*; **anche agg.** ● nei sign. del v.: *elemento, fattore, iniziativa d.*

destabilizzàre [comp. di *de-* e *stabilizzare* ✻ 1977] **A v. tr.** ● turbare, rendere instabile qlcu. o qlco. in un equilibrio, in un assetto costituito: *campagna che tende a d. il sistema democratico* **B destabilizzàrsi v. intr. pron.** ● diventare instabile ‖ **destabilizzazióne**, **s. f.**: *fare opera di destabilizzazione*

destabilizzatóre [1980] **s. m.** (**f.** *-trice*); **anche agg.** ● chi (o che) destabilizza

destagionalizzàre [comp. di *de-*, *stagional(e)* e *-izzare* ✻ 1983] **A v. tr.** ● (*stat., econ.*) eliminare dai dati relativi all'andamento temporale di un fenomeno le variazioni dovute a fattori stagionali | (*comm.*) sottrarre all'influenza stagionale: *d. il consumo, le ferie* **B destagionalizzàrsi v. intr. pron.** ● (*comm.*) perdere le caratteristiche stagionali: *il consumo ortofrutticolo tende ormai a destagionalizzarsi* ‖ **destagionalizzazióne**, **s. f.** (V.)

destagionalizzàto **part. pass.** di *destagionalizzare*; **anche agg.** ● nel sign. del v.: *indice, tasso, dato d.*

destagionalizzazióne [comp. di *de-* e un deriv. di *stagionale* ✻ 1986] **s. f.** **1** il destagionalizzare, il destagionalizzarsi **2** (*stat.*) modifica apportata ai dati di una serie temporale al fine di depurarli dalle influenze specifiche del periodo cui si riferiscono e di individuare le reali tendenze di fondo

destalinizzàre [comp. di *de-* e *stalinizzare* ✻ 1962] **v. tr.** ● sottoporre a destalinizzazione (V.)

destalinizzazióne [1956] **s. f.** ● fase di revisione critica del regime, della politica e dei metodi staliniani attuata nell'Unione Sovietica e in altri Paesi dell'Europa orientale dopo la morte di Stalin (1953) e in particolare dopo il XX Congresso del PCUS (1956) | (*est.*) revisione ideologica, politica e organizzativa attuata da vari partiti comunisti dopo il 1956

†**destaménto** [av. 1330] **s. m.** ● risveglio

✦**destàre** o †**descitàre**, †**descetàre**, †**descedàre**, †**desedàre**, †**dessedàre** [lat. parl. **deexcitāre* 'chiamare (*citāre*) fuori (*ex-*), sottinteso dal sonno', con *dē-* ✻ av. 1292] **A v. tr.** (*io désto* o *dèsto*) **1** svegliare: *d. chi dorme*; *d. qlcu. nel cuore della notte* | (*fig.*) risvegliare: *il primo sole desta la campagna* | (*fig.*) scuotere, stimolare: *Voi che ... destaste la mente che dormia* (G. CAVALCANTI) | **PROV.** ***non d. il can che dorme***, è bene non stuzzicare persone o situazioni al momento tranquille | (*fig.*) scuotere dall'inerzia, dal torpore: *d. la volontà dei propri allievi* | (*lett.*) eccitare: *tutto mi senti' destar el core / di dolce voglia, e d'un piacer divino* (A. POLIZIANO) **2** (*fig.*) suscitare sentimenti, sensazioni e sim.: *l'evento destò grande gioia in tutti noi*; *la scena destò la curiosità dei presenti*; *d. simpatia, scalpore, interesse, apprensione* **B destàrsi v. intr. pron.** **1** scuotersi dal sonno (*anche fig.*): *mi destai all'improvviso*; *la città si desta ai primi albori* **2** (*fig., lett.*) scuotersi dall'inerzia, dal torpore e sim.: *la sua fantasia pareva destarsi a nuova vita* **3** (*lett.*) nascere: *nuovi ideali si destano in noi* | cominciare a manifestarsi: *si destarono i primi moti di rivolta*

destatizzazióne [comp. di *de-* e *statizzazione* ✻ sec. XX] **s. f.** ● (*econ.*) privatizzazione

†**destatóre** [1336 ca.] **agg. e s. m.** (**f.** *-trice*) ● che (o chi) desta, stimola, provoca ecc.

†**desterità** [vc. dotta, lat. *dexteritāte(m)*, da *dēxter* 'destro' ✻ av. 1504] **s. f.** ● destrezza | sagacia

dèsti ➤ **dare**①

†**destillàre** e deriv. ➤ **distillare** e deriv.

✦**destinàre** o †**distinàre** [vc. dotta, lat. *destināre*, comp. di *dē-* e *-stanāre*, da avvicinare a *stāre* 'fissare, fermare' ✻ sec. XII] **A v. tr.** **1** dare in sorte, stabilire in modo definitivo e irrevocabile (*anche assol.*): *Dio destina un fine a ogni creatura*; *gli dei avevano destinato altrimenti* | (*est., lett.*) decidere: *destinò di trascorrere le vacanze al mare* | determinare il tempo o il luogo in cui qlco. dovrà accadere, realizzarsi e sim.: *d. una data*; *rinviare un incontro a data da destinarsi* **2** assegnare qlcu. a una sede, a una carica, a un ufficio e sim.: *lo hanno destinato alla nuova filiale*; *ci destineranno a nuovi compiti* | (*est.*) avviare qlcu. a una determinata attività, professione e sim.: *suo padre vuole destinarlo alla carriera militare* **3** devolvere una somma, un contributo e sim. a favore di qlcu. o di qlco.: *ha destinato una notevole cifra alla beneficenza*; *destinerò ogni mia risorsa alla realizzazione dell'opera* | (*est.*) adibire a un particolare uso, fine e sim.: *il primo piano è destinato ai servizi* **4** indirizzare a un luogo o a una persona: *il pacco è destinato a Roma*; *il dono è destinato a te* | (*est.*) rivolgere a qlcu. una frase, un motto e sim.: *la battuta era destinata a voi* **5** †proporsi: *abitarvi alcun tempo si destina* (L. ARIOSTO) **B destinàrsi v. intr. pron.** ● †proporsi

destinatàrio [fr. *destinataire*, da *destiner* 'destinare' ✻ 1812] **s. m.** (**f.** *-ia*) ● colui al quale si indirizza qlco.: *il d. di una lettera* | (*dir.*) ***d. del diritto***, colui cui spetta di osservare e di fare osservare il disposto della legge | (*ling.*) colui al quale è destinato un messaggio linguistico

destinàto o †**distinàto** **part. pass.** di *destinare*; **anche agg.** ● nei sign. del v. | che ha un determinato scopo, funzione e sim.: *edifici destinati ad abitazione*; *un vano d. all'equi-*

paggio | che è fatalmente avviato a un dato esito: *una situazione destinata a precipitare; tentativo d. al fallimento; la trattativa è destinata a fallire; sono d. a fare anche la vostra vendetta* (L. Pirandello)

destinazióne o †**distinazióne** [vc. dotta, lat. *destinatiōne(m)*, da *destinātus* 'destinato' ✱ sec. XIII] **s. f.** **1** il destinare | assegnazione | †deliberazione **2** residenza assegnata a funzionari e sim.: *raggiungere la propria d.* | attività o ufficio cui una persona è destinata **3** uso o fine stabilito per una cosa: *ignoro la d. della somma* **4** meta di un viaggio: *giungere a d.; partire per d. ignota* | il luogo a cui viene spedita una lettera, un pacco e sim.

♦**destino** o †**distino** [da *destinare* ✱ sec. XIII] **s. m.** **1** il corso degli eventi considerato come predeterminato, immutabile e indipendente dalla volontà umana: *rassegnarsi al d.; subire il d.; seguire il proprio d.; il d. ha voluto così; credere, non credere, al d.; essere perseguitato dal d.; prendersela col d.; il bel cammino a me mio destin vieta* (L. de' Medici) | ***è d. che***, è fatale che: *era d. che si incontrassero* **SIN.** fato **2** (*generic.*) sorte: *predire, leggere il d. a qlcu.* | ***abbandonare qlcu. al proprio d.***, disinteressarsi di lui | (**al pl.**) vicende, sorti, futuro di nazioni, popoli e sim.: *i destini della patria; è un popolo chiamato a grandi destini* **3** (*raro*) destinazione: *la lettera è giunta a d.*

SFUMATURE ➤ ***fortuna***

destituire [vc. dotta, fr. *destituer*, dal lat. *destitŭere*, comp. di *dē-* e *statŭere* 'mettere in piedi', 'statuire' ✱ av. 1306] **v. tr.** (**pres.** *io destituisco, tu destituisci*; **part. pass.** *destituito*, †*destitùto*) **1** rimuovere da un incarico, da un ufficio e sim., spec. per punizione (+ *da*): *il presidente è stato destituito dalla carica; lo hanno destituito dall'impiego* **2** (*raro*) privare (+ *di*): *d. di fondamento una pretesa; la vera solitudine è essere destituito da quelle cose che piacciono* (L. de' Medici) **3** †abbandonare, lasciare solo

destituito **part. pass.** di *destituire*; **anche agg.** **1** nei sign. del v. (+ *da*): *d. dall'incarico, dalla carica; Anna, destituita da maestra, aveva ... ottenuto una misera pensioncina* (L. Pirandello) **2** mancante, privo (+ *di*; *lett.* + *da*): *notizie destituite di fondamento; Percosso nella fronte, d. dalla potenza di creare* (G. D'Annunzio)

destituzióne [fr. *destitution*, dal lat. *destitūtio*, genit. *destitutiōnis*, da *destitŭere* 'destituire' ✱ 1584] **s. f.** ● rimozione da un incarico, un ufficio e sim., anche come pena o sanzione disciplinare

SFUMATURE ➤ ***congedo***

♣**désto** (o -**è**-) [da *dest(at)o*, part. pass. di *destare* ✱ sec. XIII] **agg.** **1** (*lett.*, *tosc.* o *raro*) che non dorme, sveglio: *la preoccupazione lo tiene d.* | ***sogno o son d.?***, domanda che esprime stupore, incredulità e sim. di fronte a un fatto straordinario, quasi incredibile | (*est.*, *lett.*) vigilante, attento, cauto: *stare d. all'erta* **2** (*lett.*, *fig.*) attivo, pronto, vivace: *ingegno d.; mente, intelligenza desta* | capace, svelto nell'agire

destoricizzàre [comp. di *de-* e *storicizzare* ✱ 1964] **v. tr.** ● considerare un personaggio, un fatto o un'idea al di fuori del loro contesto storico ‖ **destoricizzazióne**, **s. f.**

destorificazióne [comp. parasintetico di *storia*, col pref. *de-* ✱ av. 1965] **s. f.** ● (*raro*) destoricizzazione

dèstr o **dest** /dɛst/ [1891] **A** **inter.** ● si usa per indicare la parte destra nei comandi di esecuzione a militari e, un tempo, a ginnasti dopo un comando di avvertimento: *fronte d.!, d.!* **B** **in funzione di s. f. inv.**: *attenti a d.!; squadra a d.!* e sim.

♦**dèstra** [vc. dotta, lat. *dĕxtera(m)* 'destra', sottinteso *mănu(m)*, di orig. indeur. ✱ 1266] **s. f.** (**troncato talvolta in** *destr* (**V.**)) **1** mano che è dalla parte del fegato e che, nella maggior parte degli esseri umani (tranne gli ambidestri e i mancini), è più agile e vigorosa dell'altra | ***stringere, baciare la d.***, in segno di saluto, rispetto, congratulazione e sim. **2** parte che è dal lato della mano destra: *alla mia d.; alla d. del Padre; a d. entrando; s'ode a d. uno squillo di tromba* (A. Manzoni) | ***sulla, alla d. di qlcu.***, sulla parte destra di chi percorre una strada, un sentiero e sim., od osserva da un punto determinato | ***a d. e a sinistra***, da ogni parte, di qua e di là | ***dare la d.***, far camminare qlcu. alla propria destra in segno di rispetto | ***tenere la d.***, mantenersi sul lato destro di una strada, nella circolazione stradale | ***attenti a d., fronte a d., squadra d.***, e sim., comandi di avvertimento a militari e ginnasti; V. anche *destr* **3** settore che, in un emiciclo assembleare, è posto alla destra del presidente | (*est.*) l'insieme dei parlamentari che, secondo la tradizione, rappresentano la tendenza conservatrice o moderata | (*est.*) la parte più conservatrice di un partito politico, di una corrente di pensiero e sim.: *la d. laburista; la d. hegeliana* **4** (*arald.*) la parte dello scudo a sinistra di chi guarda **5** nel linguaggio dei cacciatori, la canna destra della doppietta: *tirare di d.*

†**destràle** [vc. dotta, lat. tardo *dextrāle*, da *dĕxtra* '(a mano) destra' ✱ sec. XIV] **s. m.** ● braccialetto portato al braccio destro **SIN.** destrocherio

†**destràre** [da *destra* ✱ sec. XIII] **v. tr.** ● accompagnare con rispetto

†**destràrre** ➤ **distrarre**

destreggiaménto [1858] **s. m.** ● (*raro*) il destreggiarsi

destreggiàrsi [da *destro* ✱ av. 1585] **v. intr. pron.** (**pres.** *io mi destréggio*; **fut.** *io mi destreggerò*) **1** procedere con accortezza, operare con prontezza e abilità in modo da superare situazioni difficili, evitare rischi, raggiungere i propri scopi e sim.: *sapersi destreggiare nella vita; d. con gli avversari politici; d. fra diverse opinioni* **SIN.** barcamenarsi **2** muoversi con cautela e prudenza: *d. nel traffico*

destreggiatóre [1858] **s. m.** (**f.** *-trice*); **anche agg.** ● (*raro*) chi (o che) è abile nel destreggiarsi

destrése (o **-se**) [comp. di *destra* ed *-ese*②, sul modello di *sinistrese* ✱ 1994] **s. m.** ● (*raro*) insieme delle parole e delle locuzioni che caratterizzano il linguaggio di chi fa parte dell'area politica della destra italiana

♣**destrézza** [da *destro* ✱ 1314] **s. f.** **1** agilità, prontezza nell'operare: *d. di mano; uno sport che esige forza e d.; gioco di d.; furto con d.* | abilità: *cavalcare, giocare con d.* **2** (*fig.*) accortezza, sagacia: *comportarsi con d.* **3** †attitudine, idoneità **4** (*fig.*) †espediente

destrièro o (*poet.*) **destrière** [ant. fr. *destrier*, da *destre* 'destra', perché lo scudiero lo teneva con la mano destra ✱ 1213] **s. m.** (**f.** *-a*, *raro*) ● (*lett.*) cavallo da battaglia | cavallo da sella di pregio: *lieto spronò il destrier per lei seguire* (A. Poliziano) | (*est.*) cavallo | (*scherz.*) †***d. di Sileno***, asino

destrimano [comp. di *destro* e *mano* ✱ 1983] **s. m.**; **anche agg.** ● chi (o che) usa di preferenza la mano destra e gli arti della parte destra del corpo in genere **CONTR.** mancino

destrina [fr. *dextrine*, da *dextre* 'destra', parte verso cui questa sostanza fa deviare la polarizzazione ✱ 1865] **s. f.** ● (*chim.*) sostanza bianca, amorfa, ottenuta per idrolisi dell'amido, usata in pasticceria, nella dieta dei lattanti, per l'appretto di tessuti, come collante e agglutinante

destrismo [1896] **s. m.** **1** (*fisiol.*) disposizione naturale ad usare di preferenza gli arti della parte destra del corpo **CONTR.** mancinismo **2** tendenza verso posizioni politiche di destra (*spec. spreg.*)

♦**dèstro** o †**dèxtro** [lat. *dĕxteru(m)*, di orig. indeur. ✱ sec. XII] **A** **agg.** **1** che, in una persona, sta dalla parte del fegato: *fianco, braccio, piede d.; mano destra* | ***braccio d.***, (*fig.*) collaboratore e sim. di cui non si può fare a meno **2** che è a destra rispetto a un punto di riferimento: *lato d.; parte destra; tasca destra* | ***riva destra di un corso d'acqua***, quella a destra di chi guarda nella direzione della corrente **3** (*fig.*) attivo, lesto, abile: *d. di mano; d. in tutti gli esercizi* | (*lett.*) adatto: *d. e cortese modo di negoziare* (T. Tasso) **4** (*fig.*) †opportuno, propizio, favorevole **5** (*fig.*) †accorto, sagace **6** †diritto, retto: *per d. camino guidaci alla celeste patria* (G.B. Marino) | (*fig.*) †onesto, buono ‖ **destraménte**, **avv.** con destrezza **B** **s. m.** **1** opportunità, occasione favorevole: *avere, aspettare, cogliere il d.; offrire, presentare, porgere, fornire il d.* **2** nel pugilato, colpo portato col pugno destro: *colpire di d.* | nel calcio, piede destro: *un tiro di d.* **3** (**f.** *-a*) chi è solito usare la mano destra anziché la sinistra **CONTR.** mancino **4** (**f.** *-a*) (*raro*, *spreg.*) persona politicamente di destra **5** †bisogno corporale **6** †latrina | †seggetta

destrocardia [comp. di *destro* e *-cardia* ✱ 1892] **s. f.** ● (*med.*) posizione anomala del cuore nell'emitorace destro **SIN.** dessiocardia

destrochèrio [vc. dotta, lat. tardo *dextrochēriu(m)*, comp del lat. *dĕxtrum* 'destro' e del gr. *chéir* 'mano' ✱ av. 1712] **s. m.** **1** destrale **2** (*arald.*) braccio destro uscente dal fianco sinistro dello scudo

destrogiro [fr. *dextrogyre*, detto di sostanze che fanno girare (*-gyre*) a destra (*dextre*) la luce polarizzata ✱ 1869] **agg.** **1** destrorso **2** di sistema fisico o chimico capace di far ruotare a destra il piano di polarizzazione di un fascio di luce polarizzata che l'attraversa

destròide [1950] **agg. e s. m. e f.** ● (*spreg.*) in politica, che (o chi) propende per la destra

destròrso [vc. dotta, lat. *dextrōrsum*, avv. comp. di *dĕxtrum* 'destro' e dell'arcaico *vōrsum* 'girato, voltato' ✱ 1830] **A** **agg.** **1** che va o gira da sinistra verso destra **2** detto del verso di rotazione di eliche, viti e sim. che all'osservatore appare come orario, cioè concorde col verso del moto delle lancette dell'orologio **3** (*fis.*) destrogiro **B** **agg.**; **anche s. m.** (**f.** *-a*) ● (*fig.*, *scherz.*) che (o chi) ha idee politiche di destra

destròsio o (*raro*) **destròso** [fr. *dextrose*, da *dextre*, perché la luce polarizzata è deviata a destra, e la terminazione di *(gluc)ose* 'glucosio' ✱ 1889] **s. m.** ● (*chim.*) glucosio

destruènte [av. 1535] **agg.** ● (*med.*) detto di processo morboso a carattere distruttivo: *cancrena d.*

†**destrùere** e deriv. ➤ **distruggere** e deriv.

†**destrùggere** e deriv. ➤ **distruggere** e deriv.

†**destruire** ➤ **distruggere**

destrutturàre [comp. di *de-* e *strutturare* ✱ 1985] **A** **v. tr.** ● scomporre una struttura nei suoi elementi costitutivi, spesso per procedere a una ristrutturazione su nuove basi: *d. un'azienda* **B** **destrutturàrsi** **v. intr. pron.** ● perdere la propria organizzazione strutturale

destrutturàto **part. pass.** di *destrutturare*; **anche agg.** **1** nel sign. del v. **2** privo di una struttura logica, di una coerenza interna: *un discorso totalmente d.* **3** detto di capo d'abbigliamento dalla linea molto morbida: *giacca destrutturata*

destrutturazióne [da *destrutturare* ✱ 1965] **s. f.** ● scomposizione di una struttura nei suoi elementi costitutivi | negazione del valore tradizionale di un'istituzione, una gerarchia e sim.: *d. del matrimonio, del rapporto fra i genitori e i figli*

✦**desuèto** (o **-ṣ-**) [vc. dotta, lat. *desuētu(m)*, part. pass. di *desuēscere* 'non (*dē-*) aver più l'abitudine (*suēscere*)' ✱ sec. XIV] **agg. 1** (*lett.*) non più abituato **2** disusato, non più in uso: *un termine d.*

✦**desuetùdine** (o **-ṣ-**) [vc. dotta, lat. *desuetūdine(m)*, da *desuēscere*, comp. di *dē-* e *suēscere* 'abituarsi' ✱ 1360 ca.] **s. f. 1** mancanza di consuetudine | disuso: *vocabolo caduto in d.* **2** (*dir.*) cessazione di validità di una norma a causa della sua inosservanza prolungata nel tempo; non è ammessa dall'ordinamento giuridico italiano

desultóre (o **-ṣ-**) [vc. dotta, lat. pl. *desultōre(s)*, comp. di *dē-* e un deriv. di *saltāre* 'saltare' ✱ 1483] **s. m.** ● nell'antica Roma, cavaliere che durante la corsa saltava da un cavallo a un altro

desultòrio (o **-ṣ-**) [vc. dotta, lat. *desultōriu(m)*, da *desultōres* 'desultori, saltatori' ✱ 1631] **agg. 1** (*disus.*) che salta **2** (*fig., lett.*) irregolare, discontinuo, incoerente: *stile d.* ‖ **desultoriaménte**, avv.

✦**desùmere** (o **-ṣ-**) [vc. dotta, lat. *desūmere*, in orig. 'scegliere per sé', comp. di *dē-* e *sūmere* 'assumere' ✱ 1686] **v. tr.** (**pass. rem.** *io desùnsi, tu desumésti*; **part. pass.** *desùnto*) **1** trarre, ricavare: *ho desunto la notizia dai giornali* **2** arguire, dedurre (+ *che*, + *di* **seguito da inf.**): *dal viso arrossato desumevo la sua eccitazione; d. da un fatto elementi di prova; desumo che non le sono simpatico; desumo che sia meglio rinunciare; dalla sua occhiata desunsi di avere fatto una gaffe*

desumìbile (o **-ṣ-**) [1819] **agg.** ● che si può desumere ‖ **desumibilità**, **s. f. inv.**

desùnsi ➤ **desumere**

desùnto (o **-ṣ-**) **part. pass.** di *desumere*; anche **agg.** ● nei sign. del v.

detartràggio [fr. *détartrage*, deriv. di *détartrer* 'togliere il tartaro', comp. parasintetico di *tartre* 'tartaro' ✱ 1983] **s. m.** ● (*med.*) eliminazione del tartaro dai denti **SIN.** detartrasi

detartràṣi [da *detartr(aggio)* ✱ 1983] **s. f. inv.** ● (*med.*) detartraggio

detassàre [comp. di *de-* e *tassare* ✱ 1985] **v. tr.** ● liberare da un onere fiscale: *d. le retribuzioni*

detassazióne [da *detassare* ✱ 1963] **s. f.** ● riduzione o eliminazione di una tassa

detèctive /de'tɛktiv, *ingl.* dɪ'tɛktɪv/ [vc. ingl., accorc. di *detective policeman* 'poliziotto (*policeman*) che scopre (*detective*, comp. del lat. *detēctus*, part. pass. di *detĕgere* 'scoprire', e del suff. *-ive*)', sostantivato in *detective* e passato poi a designare anche l'investigatore privato (*private detective*) ✱ 1891] **s. m. e f. inv.** ● investigatore, poliziotto privato

detèctor /de'tɛktor, *ingl.* dɪ'tɛktə(r)/ [vc. ingl., dal lat. tardo *detēctor*, da *detēctus*, part. pass. di *detĕgere* 'scoprire' ✱ 1905] **s. m. inv.** ● strumento atto a rilevare varie grandezze **CFR.** lie detector, metaldetector, mine-detector

deteinàto [da *teina*, col pref. *de-* privativo, sul modello di *decaffeinato* ✱ 1980] **agg.** ● detto del tè parzialmente o totalmente privato di teina

detenére o †**ditenére**, †**detinére** [vc. dotta, comp. di *de-* e *tenere*, sul tipo del lat. *detinēre* 'tenere (*tenēre*) saldamente (*dē-*)' ✱ 1258] **v. tr.** (**coniug. come** *tenere*) **1** tenere, avere in proprio possesso: *d. un primato, un titolo* | (*est.*) possedere **2** (*dir.*) avere qlco. in detenzione: *d. un immobile* **3** tenere in prigione **4** †dominare, signoreggiare **5** †mantenere, conservare | †arginare

†**detenìménto** [sec. XIII] **s. m.** ● detenzione | arresto

†**detenitóre** ➤ **detentore**

détente /*fr.* de'tɑ̃t/ [vc. fr., da *détendre* 'distendere' ✱ 1953] **s. f. inv.** ● nel linguaggio politico e diplomatico, distensione

detentìvo [1958] **agg.** ● (*dir.*) restrittivo della libertà personale: *pena detentiva* **SIN.** afflittivo

†**detènto** [vc. dotta, lat. *detĕntu(m)*, part. pass. di *detinēre* 'detenere' ✱ 1499] **agg.** ● preso, impedito

detentóre o †**ditenitóre**, †**detenitóre** [vc. dotta, lat. tardo *detentōre(m)*, da *detĕntus* 'detento' ✱ av. 1294] **agg. e s. m.** (**f.** *-trice*) ● che (o chi) detiene: *la squadra detentrice dello scudetto; il d. di un immobile*

SFUMATURE ➤ *padrone*

detenùto o †**ditenùto** **A** **part. pass.** di *detenere*; anche **agg.** ● nei sign. del v. **B** **s. m.** (**f.** *-a*) ● chi sconta una pena o una misura di sicurezza detentiva: *evasione di un d.*

detenzióne [vc. dotta, lat. tardo *detentiōne(m)*, da *detĕntus* 'detento' ✱ 1310] **s. f. 1** il detenere: *la d. di un primato, di un titolo* | (*dir.*) disponibilità materiale di una cosa: *la d. di un bene* | (*dir.*) possesso illecito: *d. abusiva di materie esplosive; d. di armi, di stupefacenti* **2** (*dir.*) stato di chi è sottoposto all'esecuzione di una pena o di una misura di sicurezza detentiva

detergènte **A** **part. pres.** di *detergere*; anche **agg. 1** nei sign. del v. **2** ***latte, crema d.***, prodotti cosmetici per la pulizia della pelle **B** **s. m.** ● (*chim.*) sostanza, spec. tensioattiva, in grado di asportare le impurità da superfici di vario genere | ***detergenti fisici, chimici, meccanici***, secondo il tipo di azione che svolgono

detergènza [1983] **s. f.** ● proprietà di un detergente | (*est.*) eliminazione di impurità, residui e sostanze inquinanti da una superficie, da un impianto e sim.

detèrgere [vc. dotta, lat. *detĕrgere*, comp. di *dē-* e *tĕrgere* 'asciugare' ✱ 1483] **A** **v. tr.** (**coniug. come** *tergere*) ● pulire: *d. una piaga* | asciugare, togliere **B** anche **detèrgersi** **v. tr. pron.** (**aus.** *essere*): *detergersi la fronte; detergersi il sudore*

SFUMATURE ➤ *pulire*

deterioràbile [1928] **agg.** ● che si può deteriorare: *beni deteriorabili* ‖ **deteriorabilità**, **s. f. inv.**

deterioraménto [1618] **s. m.** ● alterazione, guasto | (*fig.*) peggioramento: *il d. della situazione politica*

deterioràre [vc. dotta, lat. tardo *deteriorāre*, deriv. di *detĕrior* 'deteriore' ✱ av. 1429] **A** **v. tr.** (*io deterióro*) ● ridurre in cattivo stato: *la ruggine deteriora il ferro* | (*fig.*) alterare, peggiorare **B** **deterioràrsi** **v. intr. pron.** ● guastarsi, alterarsi | (*fig.*) peggiorare, logorarsi

SFUMATURE DI SIGNIFICATO

deteriorarsi - avariarsi - marcire

In riferimento a prodotti alimentari **deteriorarsi** indica in modo generale lo scadimento delle condizioni ottimali. **Avariarsi** è più incisivo, e indica uno scadimento completo del prodotto, divenuto non più commestibile. **Marcire** è più specificamente il processo di putrefazione o decomposizione, e si riferisce di preferenza a frutta, verdura, carne e pesce.

SFUMATURE ➤ *deperire*, ➤ *guastare*

deterioràto **part. pass.** di *deteriorare*; anche **agg. 1** nei sign. del v. **2** guastato, danneggiato

†**deteriorazióne** [vc. dotta, lat. tardo *deterioratiōne(m)*, da *deteriorāre* 'deteriorare' ✱ 1619] **s. f.** ● deterioramento

✦**deterióre** [vc. dotta, lat. *deteriōre(m)*, compar. di un **dēter* non attestato (comp. di *dē-* e del suff. dei compar. *-ter*) ✱ 1381] **agg.** ● peggiore: *l'elemento d. di un insieme* | (*est.*) scadente, mediocre; negativo: *merce, qualità d.; gli aspetti deteriori di una vicenda*

detèrmina [da *determinare* ✱ 1998] **s. f.** ● (*burocr.*) risoluzione, delibera

determinàbile [vc. dotta, lat. *determinābile(m)*, da *determināre* 'determinare' ✱ 1712] **agg.** ● che si può determinare: *prezzo esattamente d.* ‖ **determinabilità**, **s. f. inv.**

†**determinaménto** [1322] **s. m.** ● deliberazione

determinànte **A** **part. pres.** di *determinare*; anche **agg. 1** nei sign. del v. **2** ***elemento d.***, decisivo, risolutivo | (*dir.*) ***dolo d.***, quello che induce alla conclusione di un negozio giuridico **B** **s. m. e f. 1** elemento, fattore, decisivo e fondamentale **2** (*mat.*) valore numerico che, secondo un'opportuna regola, si associa a una matrice quadrata **3** (*ling.*) elemento linguistico che ne determina un altro **4** (*biol.*) ***d. antigenico***, raggruppamento di atomi alla superficie di una molecola antigenica che induce un organismo a produrre anticorpi capaci di legarlo specificamente **SIN.** epitopo

determinàre o †**diterminàre** [vc. dotta, lat. *determināre*, comp. di *dē-* e *termināre* 'porre i confini' ✱ 1250 ca.] **A** **v. tr.** (*io detèrmino*) **1** indicare con precisione i termini di qlco.: *d. i confini di un territorio; d. il significato di una parola* **2** stabilire, fissare: *d. il prezzo di una merce; d. la data della partenza* | (*mat.*) calcolare: *d. la superficie di un trapezio* **3** produrre, come causa diretta e immediata, un fenomeno, un fatto, una situazione: *la denutrizione determina un progressivo indebolimento* **4** indurre qlcu. ad agire in un determinato modo (+ *a* **seguito da inf.**): *la pioggia lo determinò a rimanere in casa* **5** deliberare, decidere (+ *di* **seguito da inf.**, + *che* **seguito da congtv.**): *la commissione determinò di iniziare i lavori; l'amministrazione determinò che i lavori dovessero procedere; non ha ancora determinato quello che deve fare* | (*raro, lett.*) definire, risolvere: *d. una questione* **6** †affermare, dichiarare **B** **determinàrsi** **v. rifl.** ● risolversi, decidersi (+ *a* **seguito da inf.**): *determinarsi ad accettare una proposta* **C** **determinàrsi** **v. intr. pron.** ● verificarsi, prodursi, manifestarsi: *si determinò una situazione preoccupante*

SFUMATURE ➤ *comportare*

determinatézza [av. 1704] **s. f.** ● caratteristica di chi (o di ciò che) è determinato: *le sue idee mancano di d.* | ***d. di una misura***, esattezza, precisione

determinatìvo [vc. dotta, lat. *determinatīvu(m)*, da *determinātus* 'determinato' ✱ av. 1334] **agg. 1** che serve a determinare | (*gramm.*) ***articolo d.***, che in italiano ha le forme *il, lo, la, i, gli, le*, e dà al nome una indicazione definita (per es. *il cane, la sedia* ecc.) **CONTR.** indeterminativo **CFR.** partitivo | ***aggettivi determinativi***, che esprimono una determinazione specifica (cioè tutti gli aggettivi tranne i qualificativi) **2** (*raro*) determinante: *elemento, fattore d.*

♦**determinàto** o †**diterminàto** **A** **part. pass.** di *determinare*; anche **agg. 1** stabilito, definito: *vedersi nel giorno d.* **CONTR.** indeterminato | dato, particolare, specifico: *in determinati casi è opportuno cambiare terapia* **2** (*mat.*) ***equazione determinata***, che ha un numero finito di soluzioni **3** deciso, risoluto (+ *a* **seguito da inf.**): *è un dirigente particolarmente d.; essere d. ad agire* ‖ **determinataménte**, **avv.** con risolutezza **B** **s. m.** solo sing. **1** (*raro*) ciò che è limitato entro precisi termini: *il concreto e il d.* **2** (*ling.*) elemento linguistico che riceve la determinazione da un altro elemento

determinatóre [vc. dotta, lat. tardo *determinatōre(m)*, da *determinātus* 'determinato' ✻ 1632] **s. m.** (**f.** *-trice*); **anche agg.** ● (*raro*) chi (o che) determina

determinazióne o †**diterminagióne** [vc. dotta, lat. *determinatiōne(m)*, da *determinātus* 'determinato' ✻ av. 1328] **s. f. 1** esatta indicazione dei termini di qlco.: *d. dei limiti territoriali* | ***d. di un concetto***, definizione | ***d. di una lite***, sentenza **2** decisione, deliberazione: *prendere una d.; arrivare, venire, a una d.* **3** volontà salda, risolutezza: *agire con d.*

SFUMATURE DI SIGNIFICATO

determinazione - fermezza - tenacia

Determinazione è risolutezza di giudizio e volontà salda nel portare a compimento le proprie decisioni. **Fermezza** esprime invece un aspetto della determinazione, che consiste nel mantenere saldo un proposito oppure un'opinione, un giudizio. **Tenacia** è la dote di chi non si lascia scoraggiare dalle difficoltà nel perseguire i propri scopi; come tale, è anch'essa un aspetto della determinazione.

determinișmo [fr. *déterminisme*, dal ted. *Determinismus*, deriv. dotta da *determināre* 'determinare' ✻ av. 1852] **s. m. 1** dottrina filosofica secondo la quale il verificarsi di un fenomeno è la conseguenza di condizioni antecedenti o concomitanti **2** ***d. economico***, dottrina che considera i fatti economici come il fondamento di tutti gli aspetti della vita sociale

determinìsta [1894] **s. m. e f.** (**pl. m.** *-i*) ● chi segue o si ispira alla dottrina del determinismo

deterministico [1901] **agg.** (**pl. m.** *-ci*) ● proprio del determinismo ‖ **deterministicaménte**, **avv.** secondo le teorie del determinismo

deterrènte [ingl. *deterrent*, dal lat. *deterrēnte(m)*, part. pres. di *deterrēre* 'distogliere incutendo timore' ✻ 1955] **A s. m. 1** ogni mezzo di offesa bellica, posseduto da uno Stato, così efficace da scoraggiare gli altri Stati da propositi o atti di aggressione | ***d. atomico, nucleare***, quello basato su armi atomiche o nucleari **2** (*fig.*) tutto ciò che dissuade dal mettere in atto intenzioni aggressive o comunque nocive: *d. psicologico* **B anche agg.**: *armi deterrenti; manovra, mossa d.*

deterrènza [ingl. *deterrence*, da *deterrent* 'deterrente' ✻ 1963] **s. f. 1** azione, potere deterrente **2** complesso di mezzi deterrenti

deterritorialiẓẓàre [comp. di *de-* e *territorializzare* ✻ 1992] **A v. tr.** ● considerare un fatto o un fenomeno non collegato soltanto alla realtà locale che lo ha prodotto: *d. lo sviluppo economico cinese* | delocalizzare **B deterritorialiẓẓàrsi v. intr. pron.** ● delocalizzarsi ‖ **deterritorialiẓẓazióne**, **s. f.**

detersióne [vc. dotta, lat. *detersiōne(m)*, da *detērsus* 'deterso' ✻ av. 1758] **s. f.** ● (*raro*) il detergere, il venire deterso

♦**detersìvo** [fr. *détersif*, dal lat. *detērsus* 'deterso' ✻ 1737] **A agg.** ● (*raro*) che serve a detergere: *acqua detersiva* **B s. m.** ● sostanza di natura organica o inorganica usata in luogo del sapone per pulire corpi solidi: *d. per i piatti, per la biancheria, per i pavimenti*

detèrso **part. pass.** di *detergere*; **anche agg. 1** nei sign. del v. | pulito | asciugato **2** (*lett.*) puro

detestàbile [vc. dotta, lat. *detestābile(m)*, da *detestāri* 'detestare' ✻ 1310] **agg.** ● degno di essere detestato: *individuo, fatto d.* | (*est.*) abominevole: *sapore, gusto d.; vita d.* ‖ **detestabilménte**, **avv.** ‖ **detestabilità**, **s. f. inv.**

†**detestaménto** [av. 1694] **s. m.** ● avversione, orrore, odio

♦**detestàre** [vc. dotta, lat. *detestāri*, in orig. 'respingere (*dē-*) una testimonianza (*testātio*)' ✻ av. 1294] **A v. tr.** (*io detèsto*) **1** avere in orrore, in odio; esecrare (+ *che* **seguito da congtv.**, + **inf.**, *raro* + *di* **seguito da inf.**): *detesto le persone disoneste; detesta che lo contraddicano; detesta essere contraddetto; detesta (di) dover lavorare* **SIN.** aborrire, odiare **2** †rimuovere, stornare, allontanare **3** †imprecare, maledire **B detestàrsi v. rifl. recipr.** ● provare reciproca avversione: *quei due si detestano da sempre*

detestazióne o †**ditestazióne** [vc. dotta, lat. *detestatiōne(m)*, da *detestāri* 'detestare' ✻ av. 1325] **s. f.** ● (*lett.*) il detestare | (*lett.*) odio, esecrazione | †condanna

†**detinére** ➤ **detenere**

detonànte **A part. pres.** di *detonare*; **anche agg. 1** nei sign. del v. **2** detto di esplosivo nel quale la velocità di propagazione dell'esplosione è molto grande, ossia di qualche kilometro al secondo **B s. m.** ● esplosivo detonante

detonàre [fr. *détoner*, vc. dotta che si rifà al lat. *detonāre*, comp. di *dē-* e *tonāre* 'tuonare' ✻ 1688] **v. intr.** (*io detòno*; **aus.** *avere*) ● esplodere fragorosamente: *le bombe detonano*

detonatóre [fr. *détonateur*, da *détoner* 'detonare' ✻ 1892] **s. m.** ● dispositivo che serve a provocare lo scoppio di sostanze esplosive: *d. elettrico; d. a miccia*

detonazióne [fr. *détonation*, da *détoner* 'detonare' ✻ 1739] **s. f. 1** esplosione fragorosa, scoppio: *si udì una violenta d.; la d. di un'arma da fuoco* **2** (*mecc.*) nei motori a scoppio rumore metallico dovuto a combustione anormalmente rapida della miscela

detonòmetro [comp. di *deton(are)* e *-metro* ✻ 1956] **s. m.** ● (*mecc.*) strumento misuratore dell'intensità di detonazione nei motori alternativi ad accensione comandata, utilizzato spec. per valutare le caratteristiche antidetonanti, ossia il numero di ottano, dei carburanti

†**detòrcere** [vc. dotta, comp. di *de-* e *torcere*, sul modello del lat. *detōrquere* ✻ av. 1799] **v. tr.** ● (*lett.*) storcere, volgere con sforzo o violenza

detorsióne [comp. di *de-* e *torsione* ✻ 1983] **s. f.** ● (*med.*) correzione di una torsione patologica o di una deformità

detossicazióne [comp. di *de-* e *tossico*, come nell'ingl. *detoxication* ✻ 1987] **s. f.** ● (*raro*) disintossicazione

detossinànte [comp. di *de-*, *tossina* e *-ante* ✻ 1990] **agg.** ● che ha la funzione di eliminare le tossine dall'organismo: *dieta, crema, trattamento d.*

détour /fr. deˈtuʀ/ [vc. fr., comp. di *dé-* 'de-' e *tour* 'giro' ✻ 1911] **s. m. inv.** ● deviazione: *la visita al castello merita un d.* | (*fig.*) digressione, divagazione: *fare un breve d. raccontando un aneddoto*

detòx /deˈtɔks, *ingl.* ˈdiːˌtɒks/ [vc. ingl., abbr. di *detoxification* 'disintossicazione' ✻ 1993] **agg. inv.** ● detossinante

detraènte **part. pres.** di *detrarre*; **anche agg.** ● (*raro*) nei sign. del v.

†**detraère** ➤ **detrarre**

detraìbile [1956] **agg.** ● che può essere sottratto, in tutto o in parte, dall'imposta dovuta: *onere d.* **CFR.** deducibile **CONTR.** indetraibile ‖ **detraibilità**, **s. f. inv.**: *la detraibilità di una quota, di una spesa*

†**detraiménto** o †**ditraiménto** [av. 1292] **s. m.** ● detrazione

detràrre o †**ditràrre**, †**detraère** [vc. dotta, lat. *detrăhere*, comp. di *dē-* e *trăhere* 'trarre' ✻ 1300 ca.] **A v. tr.** (**coniug. come** *trarre*) **1** togliere via, levare, sottrarre (*anche fig.*): *d. le spese dall'incasso; d. valore a un'impresa* **2** †nuocere al buon nome, alla reputazione di qlcu. o di qlco. sparlandone: *d. l'onore, la fama di qlcu.* **3** †strappare via, rapire **B v. intr.** ● †nuocere: *per vaghezza di d.… al merito ed alla fama di quello scrittore* (G. PARINI)

†**detrattàre** o †**detrettàre** [vc. dotta, lat. *detractāre* 'togliere (*tractare*) via (*dē-*)' ✻ sec. XIII] **v. tr.** ● rifiutare, ricusare

detrattìvo [vc. dotta, lat. *detractīvu(m)*, da *detrăctus* 'detratto' ✻ 1324] **agg.** ● che detrae

detràtto o †**ditràtto** **part. pass.** di *detrarre* ● nei sign. del v.

♣**detrattóre** o †**ditrattóre** [vc. dotta, lat. *detractōre(m)*, da *detrăctus* 'detratto' ✻ 1268] **s. m.** (**f.** *-trice*) **1** chi calunnia o denigra qlcu. per nuocere alla sua reputazione: *cinico d.; d. accanito dei meriti altrui* **SIN.** calunniatore, diffamatore **2** †chi sottrae, porta via

†**detrattòrio** [vc. dotta, lat. *detractōriu(m)*, da *detrăctor* 'detrattore' ✻ sec. XIII] **agg.** ● diffamatorio

detrazióne o †**ditrazióne** [vc. dotta, lat. *detractiōne(m)*, da *detrăctus* 'detratto' ✻ sec. XIII] **s. f. 1** sottrazione | importo che può essere scalato da quanto il contribuente sarebbe tenuto a versare: *d. dall'imposta* **CFR.** deduzione **2** (*lett.*) maldicenza, diffamazione **3** †privazione di grado **4** †calunnia disonorevole

†**detrettàre** ➤ †**detrattare**

♣**detriménto** [vc. dotta, lat. *detrimĕntu(m)*, da *detrītus* 'detrito' ✻ av. 1292] **s. m.** ● danno, perdita morale o materiale: *ricevere, apportare d.; tutto ciò va a suo d.; comportarsi a d. della propria reputazione; studia poco, con grande d. del suo avvenire*

detrìtico [1871] **agg.** (**pl. m.** *-ci*) ● di detrito

♦**detrìto** [vc. dotta, lat. *detrītu(m)*, da *detĕrere* 'consumare con l'uso', quindi 'perdere', comp. di *dē-* e *tĕrere* 'consumare' ✻ 1846] **s. m. 1** (*geol.*) materiale incoerente che si forma per il disfacimento delle rocce esposte agli agenti meteorici: *i fiumi portano al mare enormi quantità di detriti* **2** (*est.*) frammento | (*fig.*, *raro*) residuo

detroniẓẓàre [comp. parasintetico di *trono*, col pref. *de-* ✻ 1745] **v. tr. 1** deporre dal trono: *d. un monarca* | nel linguaggio sportivo, privare un campione del titolo, sconfiggendolo: *d. il campione dei pesi massimi* **2** (*est.*) privare di un ufficio, un incarico, una posizione di privilegio, e sim. (*anche fig.*): *il direttore è stato detronizzato; oggi … le scienze detronizzano la metafisica* (F. DE SANCTIS) ‖ **detroniẓẓazióne**, **s. f.**

†**detrùdere** [vc. dotta, lat. *detrūdere* 'spingere (*trūdere*) giù (*dē-*)' ✻ 1321] **v. tr.** (**difett. usato solo nel part. pass.** *detrùșo*) ● cacciare giù con violenza

detrùșo **part. pass.** di †*detrudere* ● (*raro*) nei sign. del v.

detrușóre [ingl. *detrusor*, dal lat. *detrūsus*, part. pass. di *detrūdere* 'detrudere' ✻ 1956] **agg. m.** (**difett. del f.**) ● (*anat.*) che ha funzione di espellere all'esterno: *muscolo d. della vescica*

†**détta** ① [lat. *dĭcta* 'cose dette', pl. di *dĭctum*, dal part. pass. di *dĭcere* 'dire' ✻ 1618] **s. f. 1** nella loc. ***a d. di***, secondo quel che dice | ***a d. sua***, secondo ciò che egli dice | ***a d. di tutti***, secondo l'opinione generale **2** †detto

détta ② o †**ditta** ② [lat. *dĭcta* (nt. pl.) 'le cose dette (dagli dei alla nascita dell'uomo sul suo destino)', parallelo di *fato* ✻ av. 1348] **s. f.** ● sorte, fortuna **CONTR.** disdetta | ***essere in d.***, avere fortuna al gioco; (*est.*) godere del favore di qlcu.

a b c d e f g h i j k l m n o p q r s t u v w x y z

†**détta**③ [ant. fr. *dette*, dal lat. *dēbita* 'cose dovute', pl. di *dēbitum*, dal part. pass. di *debēre* 'dovere' ✱ 1262] **s. f.** ● debito | ***pigliare una d.***, assumersi un incarico

dettagliànte [fr. *détaillant*, da *détailler* 'dettagliare' ✱ 1881] **s. m. e f.** ● venditore che nel processo di distribuzione è a diretto contatto con il pubblico a cui vende al dettaglio i prodotti acquistati dai produttori o da altri intermediari SIN. minutante CFR. grossista

dettagliàre [fr. *détailler*, dapprima 'tagliare (*tailler*) a pezzi (*dé-*)', poi 'vendere a piccole quantità' ✱ 1781] **v. tr.** (*io dettàglio*) **1** descrivere con abbondanza di particolari (*anche assol.*): *dettagliò minuziosamente la sua storia; lo pregarono di d. nel riferire l'accaduto* **2** (*raro*) vendere al minuto

dettagliàto **part. pass.** di *dettagliare*; anche **agg.** ● nei sign. del v. | particolareggiato || **dettagliataménte**, **avv.** in modo dettagliato, con abbondanza di particolari

♦**dettàglio** [fr. *détail*, da *détailler* 'dettagliare' ✱ 1653] **s. m.** **1** particolare; aspetto circoscritto ma spesso significativo: *esaminare i dettagli di una questione; trascurare, curare i dettagli; notare i dettagli di un quadro, di un ritratto* | ***entrare nei dettagli***, nei minimi particolari | nel linguaggio cinematografico, oggetto ripreso in primissimo piano **2** piccola quantità, spec. nella loc. ***al d.*** | ***vendere, vendita al d.***, in piccola quantità, al minuto **3** (*mar.*; *disus.*) insieme dei servizi per la vita degli equipaggi e i lavori di bordo

dettàme [lat. tardo *dictāmen*, da *dictāre* 'dettare' ✱ 1569] **s. m.** **1** precetto, norma, principio universalmente riconosciuto: *seguire i dettami del cuore, della ragione, della coscienza, della morale* | consiglio, suggerimento: *seguire i dettami della moda; agire secondo i dettami della propria utilità* **2** †opinione, avviso

♦**dettàre** o †**dittàre** [lat. *dictāre*, iter. di *dīcere* 'dire' ✱ 1258] **v. tr.** (*io détto* (o *dètto*)) **1** dire parola per parola quello che un altro deve scrivere (*anche assol.*): *d. una lettera, un ordine, una lezione; era stanco di d.* **2** prescrivere, imporre: *d. i patti della resa; d. le proprie condizioni* | ***d. legge***, (*raro*) ***d. sentenze***, imporre la propria volontà **3** suggerire, consigliare: *il suo comportamento è dettato dall'esperienza; Voglio parlarvi, come il core mi detta, delle cose più sante* (G. MAZZINI) **4** (*lett.*) comporre (*anche assol.*): *d. prose, poesie; essere abile nel d.* **5** †insegnare da una cattedra: *d. eloquenza, matematica, grammatica*

dettàto① o †**dittàto** **A** **part. pass.** di *dettare*; anche **agg.** ● nei sign. del v. **B** **s. m.** **1** testo scritto sotto dettatura: *correggere il d.* | esercizio scolastico consistente nello scrivere sotto dettatura: *fare un d.* **2** (*lett.*) modo di scrivere per quanto riguarda lingua e stile: *d. chiaro ed elegante*

dettàto② [lat. *dictātu(m)*, part. pass. sostantivato di *dictāre* 'dettare' ✱ 1427] **s. m.** **1** (*lett.*) motto, sentenza, proverbio: *d. popolare; un antico d. dice 'aiutati che il ciel t'aiuta'* **2** contenuto, disposto spec. di norma giuridica: *attuare il d. della legge*

dettatóre① o †**dittatóre**② [lat. *dictatō-re(m)*, nel sign. originario, da *dictātus* 'dettato①' ✱ 1261 ca.] **s. m.** (f. *-trice*) **1** chi detta **2** nel Medioevo, autore di trattati sull'arte del comporre

†**dettatóre**② ➤ **dittatore**①

dettatùra① [lat. *dictatūra(m)*, nel sign. originario, da *dictātus* 'dettato①' ✱ 1313] **s. f.** ● il dettare: *scrivere sotto d.* | ***d. fonica dei telegrammi***, servizio a disposizione degli abbonati al telefono per l'inoltro di un telegramma a mezzo telefono

†**dettatùra**② ➤ **dittatura**

détto o †**ditto** **A** **part. pass.** di *dire*; anche **agg.** **1** che viene comunicato a voce: *ripensare alle frasi dette* | anche nella loc. sost. m. ***non detto***, ciò che non viene esplicitamente espresso con le parole: *dopo la loro conversazione cominciò a riflettere sul non d.* **2** ***è presto d.***, di cosa facile a dirsi | ***non è d.***, non è sicuro, non è scontato: *'Penso che lo assolveranno' 'Non è d.'* | ***come non d.***, di ciò di cui non si deve tener conto, come se non fosse stato detto | ***d. fra noi***, parlando in modo confidenziale, riservato | ***non è detta l'ultima parola***, V. *parola* I, 4 | ***d. fatto***, subito **3** soprannominato: *Michelangelo Merisi d. il Caravaggio* **4** fissato, stabilito: *nel d. giorno* **5** già nominato, suddetto: *il d. individuo* | (*ellitt.*) nelle didascalie teatrali, di personaggio già in scena che agirà anche nelle scene seguenti: *Amleto e detti* **B** **s. m.** **1** parola, discorso | ***stando al suo d.***, a quanto egli dice **2** motto, sentenza: *nei classici vi sono molti detti famosi* | (*lett.*) ***d. morale***, che contiene una norma di comportamento etico e sim. | facezia, arguzia: *i detti del pievano Arlotto* **3** poemetto medievale a carattere allegorico

SFUMATURE ➤ ***sentenza***

detumescènza [vc. dotta, tratta dal v. lat. *detumēscere* 'cessare (*dē-*) di gonfiarsi (*tumēscere*)' ✱ 1830] **s. f.** ● (*med.*) scomparsa o diminuzione di una tumefazione

deturpaménto [av. 1651] **s. m.** ● (*raro*) deturpazione

deturpàre [vc. dotta, lat. *deturpāre*, comp. di *dē-* e *turpāre*, da *tūrpis* 'turpe' ✱ av. 1306] **v. tr.** **1** rendere brutto, sfigurare: *una cicatrice le deturpa il viso* **2** (*fig.*) rovinare, corrompere: *la cattiva recitazione deturpa questi bei versi; quella grossa costruzione deturpa il paesaggio* | macchiare, insozzare: *il vizio deturpa l'animo*

deturpatóre [1618] **s. m.** (f. *-trice*); anche **agg.** ● chi (o che) deturpa

deturpazióne [av. 1455] **s. f.** ● il deturpare, il venire deturpato | ciò che deturpa

deuce /*ingl.* djuːs/ [vc. ingl., dal fr. ant. *deus* (fr. moderno *deux*) 'due' ✱ 1988] **s. m. inv.** ● nel tennis, punteggio di parità che si raggiunge quando i due giocatori hanno ottenuto almeno tre punti ciascuno e devono conquistare altri due punti consecutivi per vincere il game

deumidificàre [comp. di *de-* e *umidificare* ✱ 1937] **v. tr.** (*io deumidìfico, tu deumidìfichi*) ● ridurre o eliminare l'umidità dell'aria | sottrarre acqua a una sostanza || **deumidificazióne**, **s. f.**

deumidificatóre [comp. di *de-* e *umidificatore*] **s. m.** ● apparecchio usato per deumidificare l'aria

♣**dèus ex màchina** /*lat.* 'deus eks'makina/ [loc. lat., propr. 'il dio (che appare) dalla macchina' ✱ av. 1883] **loc. sost. m. inv.** (**pl. lat.** *dei ex machina*) **1** nel teatro antico, divinità che, scesa dall'alto mediante apposito meccanismo, scioglie l'intrico della trama **2** (*fig.*) persona in grado di risolvere situazioni difficili e complesse

deuteragonìsta [vc. dotta, gr. *deuteragōnistḗs*, comp. di *déuteros* 'secondo' e *agōnistḗs* 'lottatore' ✱ av. 1718] **s. m. e f.** (**pl. m.** *-i*) ● nella tragedia antica, personaggio che ha il secondo ruolo | (*est.*) nel teatro moderno, nella narrativa o nel cinema, secondo personaggio principale

deuteranopìa [comp. di *deuter(o)-*, *an-* e *-opia* ✱ 1966] **s. f.** ● (*med.*) anomalia congenita della visione caratterizzata da incapacità a percepire il colore verde CFR. tritanopia, protanopia, dicromatismo

deuteràre [da *deuterio* ✱ 1983] **v. tr.** (*io deutèro*) ● (*chim.*) introdurre, in certe sostanze, atomi di deuterio al posto di quelli di idrogeno

deutèrio [ingl. *deuterium*, dal gr. *déuteros* 'secondo' ✱ 1934] **s. m.** ● (*chim.*) isotopo dell'idrogeno, da cui è estratto, con massa atomica doppia di quella dell'idrogeno comune | ***ossido di d.***, acqua pesante

dèutero- [dal gr. *déuteros* 'secondo'] **primo elemento** ● in parole composte della terminologia scientifica significa 'secondo': *deuteromiceti, deuteropatia*

deuterocanònico [vc. dotta, comp. di *deutero-* e *canonico* ✱ 1830] **agg.** (**pl. m.** *-ci*) ● detto di ciascuno dei libri dell'Antico Testamento respinti come apocrifi dagli Ebrei e dai Riformati e accolti nel Canone della Bibbia cattolica

Deuteromicèti [comp. di *deutero-* e *micete*① ✱ 1956] **s. m. pl.** (**sing.** *-e*) ● (*bot.*) gruppo di Funghi, di cui non si conosce esattamente la forma di riproduzione, che rappresentano la fase conidiofora di Ascomiceti e Basidiomiceti, in gran parte saprofiti, ma anche parassiti di animali e piante (*Deuteromycetes*)

Deuteronòmio [vc. dotta, lat. eccl. *deuteronŏmiu(m)*, dal gr. *deuteronómion* 'seconda legge' (comp. di *déuteros* 'secondo' e *nómos* 'legge'), che pare fraintendimento del testo ebraico, il quale si riferiva a una 'copia di questa legge' ✱ av. 1328] **s. m. solo sing.** ● l'ultimo dei cinque libri che costituiscono il Pentateuco

deuteropatìa [comp. di *deutero-* e *-patia* ✱ 1830] **s. f.** ● (*med.*) malattia causata da un'altra malattia || **deuteropàtico**, **agg.** (**pl. m.** *-ci*) caratterizzato da deuteropatia

Deuteròstomi [comp. di *deutero-* e del gr. *stóma* 'bocca' ✱ 1931] **s. m. pl.** (**sing.** *-o*) ● metazoi nei quali l'apertura orale si forma indipendentemente dal blastoporo che dà eventualmente origine all'apertura anale

deutóne [comp. di *deut(erio)* e del suff. *-one*③ ✱ 1934] **s. m.** ● (*fis.*) nucleo dell'atomo di deuterio, costituito da un neutrone e da un protone

deutoplàsma [comp. di *deuto-*, abbr. di *deutero-*, e *plasma*, per accostamento a *protoplasma* ✱ 1932] **s. m.** (**pl.** *-i*) ● (*biol.*) materiale nutritizio accumulato nelle uova degli animali e destinato a venir utilizzato dall'embrione durante il suo sviluppo SIN. lecite, tuorlo, vitello②

deùtzia o **deùzia** [dal n. del botanico olandese del XVIII sec. J. *Deutz* ✱ 1972] **s. f.** ● (*bot.*) genere di arbusti delle Sassifragacee, originari della Cina e del Giappone, con alcune specie coltivate per ornamento (*Deutzia*)

dèva ➤ **dovere**①

devadàsi [ant. indiano *dēvadāsī*, comp. di *deváh* 'divino, della divinità' e *dāsī* 'schiava, serva' ✱ 1892] **s. f. inv.** ● in India, giovane donna addetta al servizio del tempio

devalutazióne [comp. di *de-* e *valutazione*, sul modello del fr. *dévaluation* ✱ 1925] **s. f.** ● riconoscimento ufficiale dell'avvenuta svalutazione di una moneta

devanàgari [vc. sanscrita, propr. '(scrittura) della città divina' ✱ 1832] **s. f. inv.** ● l'alfabeto più usato in India per l'antico e medio indiano e per l'hindi, che si compone di circa 50 segni e si scrive da sinistra a destra

devanagàrico [1930] **agg.** (**pl. m.** *-ci*) ● relativo alla devanagari

devascolarizzazióne [comp. di *de-* e *vascolarizzazione* ✱ 1987] **s. f.** ● (*med.*) interruzione del circolo ematico di un organo o di un tessuto causata da distruzione od ostruzione dei vasi sanguigni che lo irrorano

†**devastaménto** [1765] **s. m.** ● devastazione

devastànte **part. pres.** di *devastare*; anche

agg. • che devasta, sconvolge (*spec. fig.*): *dolore, crisi d.*

♦**devastàre** o †**divastàre** [vc. dotta, lat. *devastāre*, comp. di *dē-* e *vastāre* 'saccheggiare' ✻ sec. XIII] **v. tr. 1** distruggere, rovinare, con azione violenta, arrecando lutti, danni e sim.: *l'esercito in fuga devastò interi paesi; il colera ha devastato la città* **2** (*fig.*) deturpare: *la malattia gli devasta il viso* | sconvolgere: *la terribile disgrazia devastò la sua anima*

devastàto o †**divastàto** **part. pass.** di *devastare*; anche **agg. 1** nei sign. del v. **2** (*fig.*) sconvolto, affranto: *giaceva … devastata, ignota a sé medesima* (R. Bacchelli) **3** (*lett.*) squallido, vuoto, detto di casa, stanza e sim.

devastatóre [vc. dotta, lat. tardo *devastatōre(m)*, da *devastātus* 'devastato' ✻ 1710] **s. m.** (**f.** *-trice*); anche **agg.** • chi (o che) devasta: *esercito di devastatori; ciclone d.*

devastazióne o †**divastazióne** [vc. dotta, lat. tardo *devastatiōne(m)*, da *devastātus* 'devastato' ✻ 1342] **s. f.** • distruzione, rovina: *l'uragano ha causato tremende devastazioni*

†**devecchiàre** ➤ †**divecchiare**

†**devenìre** ➤ **divenire**①

†**deventàre** ➤ **diventare**

deverbàle [comp. parasintetico di *verbo* ✻ 1951] **A agg.** • (*ling.*) detto di nome che deriva da un verbo (per es.: *insegnante*, da *insegnare*; *distilleria*, da *distillare*) **B** anche **s. m.**

deverbativo [1966] **A agg.** • (*ling.*) deverbale, spec. quando si tratti di verbo che deriva da un altro verbo (per es. *sottomettere*, da *mettere*) **B** anche **s. m.**

†**devére** e deriv. ➤ **dovere**① e deriv. e **dovere**②

†**devèrso** ➤ **diverso**

†**devessità** [vc. dotta, lat. *devexitāte(m)*, da *devĕxus* 'devesso' ✻ 1562] **s. f.** • pendio, declivio

†**devèsso** [vc. dotta, lat. *devĕxu(m)*, dal part. pass. di *devĕhere* 'trasportare' ✻ av. 1565] **A agg.** • declive **B s. m.** • pendio, declivio

devetrificazióne [comp. di *de-* e *vetrificazione* ✻ 1966] **s. f.** • difetto dovuto a cristallizzazione parziale o totale del vetro, che si ha mantenendolo per un tempo sufficientemente lungo entro un intervallo di temperatura, spec. tra gli 800 e 1100 °C

deviaménto o †**diviaménto** [av. 1373] **s. m.** • (*lett.*) il deviare | deviazione | (*fig.*) smarrimento, traviamento

deviànte **part. pres.** di *deviare*; anche **agg.** e **s. m. e f. 1** nei sign. del v. **2** che (o chi) non si adatta alle norme comportamentali ed etiche dell'ambiente in cui vive o del gruppo dominante: *comportamento d.* | (*est., eufem.*) malato di mente

✱**deviànza** [da *deviare* ✻ 1973] **s. f.** • comportamento che si discosta dalla norma creando al soggetto difficoltà di inserimento nell'ambiente in cui vive o nel gruppo dominante

✱**deviàre** o †**diviàre** [vc. dotta, lat. tardo *deviāre* 'allontanarsi (*dē-*) dalla via' ✻ av. 1294] **A v. intr.** (*io devìo*, (*evit.*) *dèvio*; aus. *avere*) **1** uscire dalla via principale o dalla strada che si sta percorrendo, per dirigersi altrove: *il viottolo devia dalla strada principale; deviò fino al più vicino paese* **2** (*fig.*) allontanarsi, scostarsi, da una norma, da una linea di condotta, e sim.: *d. dal proprio dovere* | divagare: *d. da un tema fissato; la conversazione deviò su nuovi argomenti* **B v. tr. 1** rivolgere verso un'altra direzione: *d. un corso d'acqua; d. il traffico, la rotta* **2** (*raro, fig.*) allontanare dalla norma, dal giusto, dal bene e sim.: *d. qlcu. dalla retta via* | distogliere: *d. i sospetti di qlcu.* | ***d. il discorso***, volgerlo ad altri argomenti

deviàto **part. pass.** di *deviare*; anche **agg. 1** nei sign. del v. | (*fig.*) che si è allontanato da una linea di condotta corretta, giusta o legale: *servizi segreti deviati* **2** ***treno d.***, quando viene instradato su di un tratto di linea che normalmente non interessa il suo percorso ‖ **deviataménte**, **avv.**

deviatóio [dal part. pass. di *deviare* ✻ 1912] **s. m.** (**pl.** *-ói*) • scambio ferroviario

deviatóre [vc. dotta, lat. tardo *deviatōre(m)*, da *deviāre* 'deviare' ✻ 1902] **s. m. 1** (**f.** *-trice*) ferroviere che manovra gli scambi e i segnali **2** interruttore elettrico che trasferisce la corrente da un conduttore a un altro

deviazióne [vc. dotta, lat. tardo *deviatiōne(m)*, da *deviāre* 'deviare' ✻ av. 1328] **s. f. 1** il deviare | cambiamento di direzione: *d. del pendolo, della bussola* **2** spostamento di qlco. rispetto a una linea, a una traiettoria, a un valore preso come riferimento: *d. della colonna vertebrale; d. di una particella, di un fascio luminoso, della traiettoria di un proiettile* | (*fis.*) ***d. di raggio luminoso***, angolo che l'angolo incidente forma con l'angolo emergente di un sistema ottico, in particolare di un prisma | (*stat.*) ***d. standard***, scostamento quadratico medio dalla media aritmetica **3** (*fig.*) allontanamento dalla norma, dal giusto, dal bene: *d. da una fede religiosa* | (*fig.*) allontanamento da una linea politica | (*fig.*) comportamento anomalo: *d. sessuale*

deviazionìsmo [1920] **s. m.** • tendenza ad allontanarsi dai principi e dalla linea politica di un determinato partito

deviazionìsta [1950] **s. m. e f.** (**pl. m.** *-i*) • chi politicamente è su posizioni deviazionistiche

deviazionìstico [1950] **agg.** (**pl. m.** *-ci*) • proprio del deviazionismo

device /*ingl.* dɪ'vaɪs/ [vc. ingl., propr. 'congegno' ✻ 1984] **s. m. inv.** • dispositivo, apparecchio

dèvio [vc. dotta, lat. *dēviu(m)*, comp. di *dē-* e *vĭa* 'strada' ✻ sec. XIII] **agg.** • (*lett.*) che devia: *cammino d.*

†**devisàre** ➤ **divisare**②

devisceràre [comp. parasintetico di *viscere*, col pref. *de-* ✻ 1970] **v. tr.** (*io deviscero*) • togliere le viscere agli animali macellati

✱**de vìsu** [loc. del lat. mediev., propr. 'di veduta' ✻ av. 1639] **loc. avv.** • in modo diretto, con i propri occhi: *constatare, verificare de visu*

devitalizzàre [fr. *dévitaliser*, comp. parasintetico di *vital* 'vitale' ✻ 1938] **v. tr.** • (*med.*) togliere l'attività vitale di un organo e le funzioni a essa connesse: *d. un nervo* | in odontoiatria, distruggere, a scopo di terapia, la polpa dentaria: *d. un dente* ‖ **devitalizzazióne**, **s. f.**

devitaminizzàre [comp. parasintetico di *vitamina*, con il pref. *de-* ✻ 1956] **v. tr.** • (*med.*) sottrarre vitamine a un organismo ‖ **devitaminizzazióne**, **s. f.** (V.)

devitaminizzàto **part. pass.** di *devitaminizzare*; anche **agg.** • nel sign. del v.

devitaminizzazióne [comp. di *de-* e *vitaminizzazione* ✻ 1987] **s. f.** • (*med.*) condizione di un organismo o di un alimento impoverito di vitamine

dèvo ➤ **dovere**①

devocalizzazióne [comp. di *de-* e un deriv. di *vocalico*, sul modello dell'ingl. *devocalisation* ✻ 1970] **s. f.** • (*ling.*) passaggio di un suono sonoro al corrispondente suono sordo

devoltàre [deriv. di *volt*, col pref. *de-* ✻ 1983] **v. tr.** (**pres.** *io devòlto*) • (*elettr.*) alimentare un apparecchio o una macchina con corrente inferiore a quella nominale

devoltàto **part. pass.** di *devoltare*; anche **agg.** • nel sign. del v.

devoltóre [1966] **s. m.** • (*elettr.*) macchina o dispositivo atto a convertire una corrente elettrica in un'altra simile ma a tensione minore

devolùtion /devo'luʃon, *ingl.* ˌdiːvə'luːʃən/ [vc. ingl., propr. 'delegazione (di poteri)' ✻ 1987] **s. f. inv.** • concessione di una forma avanzata di autonomia amministrativa a un'entità regionale all'interno di uno Stato (quale, per es., quella della Scozia o del Galles nel Regno Unito)

devolutivo [1673] **agg.** • (*dir.*) relativo alla devoluzione, che è proprio della devoluzione: *effetto d.*

devoluzióne [vc. dotta, lat. mediev. *devolutiōne(m)*, da *devŏlvere* 'devolvere' ✻ av. 1540] **s. f. 1** destinazione di una somma a un determinato uso **2** (*dir.*) trapasso di beni o diritti | ***d. dell'eredità***, trapasso dei beni ereditari dal patrimonio del defunto a quello dei successori **3** trasferimento di competenze dallo Stato agli enti locali, spec. alle regioni | devolution

devòlvere [vc. dotta, lat. *devŏlvere*, propr. 'far rotolare (*vŏlvere*) giù (*dē-*)' ✻ av. 1494] **A v. tr.** (**pass. rem.** *io devolvètti* o *devolvéi, tu devolvésti*; **part. pass.** *devolùto*) **1** (*dir.*) trasmettere a qlcu. un bene o un diritto: *d. una somma in beneficenza* | demandare alla competenza di un organo giudiziario: *d. la controversia al tribunale del luogo* **2** (*lett.*) rovesciare, travolgere **B devòlversi** **v. intr. pron.** • (*lett.*) volgersi in giù | riversarsi

dèvon /'dɛvon, *ingl.* 'dɛv(ə)n/ [dal nome della contea di *Devon*, nell'Inghilterra sud occidentale ✻ 1963] **s. m. inv.** • (*pesca*) esca artificiale metallica munita di palette elicoidali che le conferiscono un movimento rotatorio durante gli spostamenti in acqua

devoniàno [ingl. *devonian*, dal n. della contea ingl. di *Devon*, dove si cominciarono a studiare i terreni di questo periodo ✻ 1874] **A s. m.** • (*geol.*; gener. con iniziale maiuscola) quarto periodo e sistema del Paleozoico, caratterizzato da grande sviluppo dei pesci e dalla comparsa degli anfibi **SIN.** Devonico **B** anche **agg.**: *periodo d.*

devònico [1931] **A s. m.** • (*geol.*; gener. con iniziale maiuscola) Devoniano **B** anche **agg.** (**pl. m.** *-ci*)

†**devoràre** e deriv. ➤ **divorare** e deriv.

dévoré /*fr.* devɔ'ʀe/ [vc. fr., propr. 'divorato' ✻ 1992] **agg. inv.** (**f. fr.** *dévorée*; **pl. m.** *dévorés*; **pl. f.** *dévorées*) • detto di tessuto corroso chimicamente in alcune sue parti per creare motivi decorativi o per ottenere effetti di trasparenza: *velluto d.*

♦**devòto** o †**divòto** [vc. dotta, lat. *devōtu(m)*, dal part. pass. di *devovēre* 'fare un voto' ✻ 1261 ca.] **A agg.** (**superl.** *devotissimo*) **1** (*lett.*) offerto, consacrato: *de' corpi ch'alla Grecia eran devoti* (G. Leopardi) **2** (*lett.*) che è interamente consacrato a un ideale, un principio e sim.: *d. alla patria, alla tradizione* **SIN.** votato **3** che mostra devozione (+ *a*): *è devota ai Santi e alla Madonna* | che è fatto con devozione: *devote meditazioni* | che ispira o incita a devozione: *luogo d.* | ***libro d.***, che contiene preghiere **4** affezionato, sincero: *servitore, animo d.* | fedele: *essere d. al proprio coniuge* | (*disus.*) nei saluti epistolari: *Suo d., Suo devotissimo; devoti ossequi* ‖ **devotaménte**, **avv.** con devozione, anche nelle clausole epistolari di cortesia: *devotamente Suo* **B s. m. 1** (**f.** *-a*) chi ispira la sua vita a devozione religiosa | chi pratica un culto particolare: *i devoti della Vergine* | (*est.*) chi assiste con regolarità alle funzioni religiose: *i devoti si inginocchiarono; benedì la schiera dei devoti* **2** (**f.** *-a*) persona affezionata, fedele: *lo possiamo annoverare tra i nostri devoti* **3** †amante

devozionàle [1921] **A agg.** • relativo alla

devozione, in senso religioso || **devozionalità**, s. f. inv. **B** s. m. ● oggetto di devozione: *le immagini sacre sono dei devozionali*

devozióne o †**divozióne** [vc. dotta, lat. *devotiōne(m)*, da *devovēre* 'fare un voto' ✱ av. 1243] **s. f. 1** atteggiamento spirituale di reverenza e di dipendenza verso la divinità | nel cattolicesimo, dedizione al culto della Vergine, di un particolare santo, di un mistero | particolare voto, pratica religiosa **2** ossequio, affetto reverente: *d. a un benefattore* | dedizione: *d. alle istituzioni patrie, alla famiglia* | †sottomissione spontanea **3** †dipendenza **4** †santuario, luogo sacro **5** (**al pl.**) preghiere che si recitano al mattino e alla sera: *fare, dire le devozioni*

SFUMATURE ➤ *adorazione*

†**dèxtro** ➤ **destro**

dhàrma /'darma, *sanscrito* 'dfiʌrmʌ/ [vc. sanscrita, da *dhárman* 'ciò che sta fermo, ciò che sostiene' ✱ 1931] **s. m. inv. 1** nell'induismo, la legge religiosa e morale **2** nel buddismo, l'insegnamento predicato dal Buddha

dhìmmi [vc. araba, propr. 'protetto' ✱ 1931] **s. m. e f. inv.** ● nome con cui gli Arabi chiamano i non musulmani che vivono nei paesi islamici

dhimmitùdine o **dimmitùdine** [dal fr. *dhimmitude*, deriv. dall'arabo *dhimmi* (V.) ✱ 1999] **s. f.** ● condizione di subalternità nella quale, in paesi in cui vige la legge islamica, vivono coloro che non professano la religione musulmana

♦**di** ① /di/ [lat. *dē* ✱ sec. XII] **prep. propria semplice.** (**Fondendosi con gli art. determ. dà origine alle prep. art. m. sing.** *del, dello*; **m. pl.** *dei, degli*; **f. sing.** *della*; **f. pl.** *delle*. **Si elide davanti a parole che incominciano per vocale:** *un giorno d'estate; un pezzo d'uomo*). **I** stabilisce diverse relazioni dando luogo a molti complementi **1** compl. di specificazione: *il diametro della Terra; i bottoni della giacca; il suono delle trombe; re dei Romani; il padre di Luigi; i libri del nonno* | con valore di specificazione soggettiva: *amore del padre verso il figlio* | con valore di specificazione oggettiva: *l'amore della gloria* | nel linguaggio burocratico e commerciale, in quello pubblicitario e giornalistico, la prep. 'di' è spesso omessa, giustapponendo i sostantivi: *scalo merci; rivendita sali e tabacchi; giornale radio; vocabolario Zingarelli* **2** compl. partitivo: *alcuni di noi; un migliaio di uomini; c'è qlco. di vero in quello che dici* | dopo un superlativo relativo: *il più diligente di tutti*; (col sign. di 'fra') *di tutte quelle che conosco, è la più carina* | in particolari espressioni superlative: *il Santo dei Santi; il Re dei re; il Cantico dei Cantici; il servo dei servi di Dio* **3** compl. di paragone: *Luigi è più forte di Carlo; la luce è più veloce del suono; io sono meno bravo di te* **4** compl. di moto da luogo (**anche fig.**): *partii di casa alle otto; sono già usciti di scuola; vai via di qui!* | †nelle date: *di Roma, 25 ottobre* | indica anche il luogo, il punto o la condizione da cui ha origine un movimento, un passaggio, uno spostamento, spec. in correl. con la prep. 'in': *andarono di città in città, di paese in paese; andiamo di bene in meglio!; vai di male in peggio* **5** compl. di moto attraverso luogo: *passiamo di qui; di valle in valle la strada giunge al confine; non posso passare di Toscana* (G. CARDUCCI) **6** (*raro*) compl. di separazione e allontanamento: *si è allontanato momentaneamente di città* | (*fig.*) †***trarsi di parlare***, astenersi dal parlare **7** compl. di origine o provenienza: *uomo di modeste origini, di umili natali; nativo della Campania; essere di Torino; vengo di lontano* | indica, in particolare, la paternità, originando la formazione di molti cognomi: *Carlo di Giuseppe; Di Bernardo; Di Stefano* **8** compl. di denominazione: *il nome di Maria; l'appellativo di temporeggiatore; il mese di gennaio; la città di Bologna* | con ellissi di 'titolo', 'epiteto', 'denominazione' ecc.: *dare a qlcu. del cretino; darsi del tu* **9** compl. di argomento: *un libro di storia; trattato di medicina; parlare di politica; discutere del tempo; sparlare di qlcu.; parlare di tutto un po'* | in titoli di opere: *Dei Sepolcri; Dei delitti e delle pene* **10** compl. di abbondanza: *una botte piena di vino; una città dotata di tesori artistici; una regione che abbonda di coltivazioni* **11** compl. di privazione o difetto: *è una regione priva di acqua; fu derubato di tutto il denaro; mancanza di idee; un discorso scarso di argomenti* **12** compl. di mezzo o strumento: *spalmare di marmellata; lavorare di gomiti; dare di sprone; cingere di mura* **13** compl. di modo o maniera: *camminare di buon passo; partire di malavoglia; venire di corsa; fermarsi di botto; ridere di gusto; mangiare di magro; le spose vestono di bianco* **14** compl. di causa: *cantare, gridare di gioia; morire di stenti; urlare di dolore; bello di fama e di sventura* (U. FOSCOLO) **15** compl. di fine o scopo: *siepe di confine; cintura di salvataggio; teatro di prosa; soldati di riserva; essere d'aiuto* **16** compl. di tempo determinato: *di mattina; di sera; di dicembre fa freddo; d'autunno cadono le foglie* | esprimendo durata: *una guerra di dieci anni; una civiltà di mille anni* | in correl. con la prep. 'in': *di giorno in giorno; di ora in ora* **17** compl. di colpa: *colpevole di furto; imputato di omicidio; accusato di tradimento, di spionaggio; macchiarsi d'infamia; accusare di plagio* **18** compl. di pena: *è stato multato di cinquanta euro* **19** compl. di limitazione: *nemico superiore di numero, di forze; pronto d'ingegno; è malato di cuore* **20** compl. di materia: *una statua di marmo; un anello d'oro; un sacchetto di plastica* | †con l'art.: *colonna del porfido, del marmo* **21** compl. di qualità: *un ragazzo di colorito pallido e di alta statura; una persona di grande bontà* **22** compl. di età: *un bambino di quattro anni; un uomo di trent'anni; una bottiglia di vino di dieci anni* **23** compl. di peso o misura: *una trave di sei metri; un'autostrada di mille kilometri; un carico di due tonnellate* **24** compl. di stima o prezzo: *un vestito di pochi euro; un oggetto di gran valore* **25** compl. distributivo: *di dieci in dieci* **26** compl. predicativo: †***tenersi di beato***, ritenersi beato **27** (*lett.*) †compl. di causa efficiente: *noi fummo d'un romor sorpresi* (DANTE *Inf.* XIII, 111) **28** †compl. di compagnia e d'unione: *Lunga la barba e di pel bianco mista / portava* (DANTE *Purg.* I, 34-35) **II** introduce varie specie di proposizioni con il v. all'inf. **1** prop. soggettiva: *mi sembra di aver fatto bene; capita di sbagliare* | quando il v. ha valore di sostantivo la prep. 'di' viene di solito omessa: *è vietato fumare; vietato entrare; è proibito calpestare le aiuole* **2** prop. oggettiva: *sostengo di aver detto la verità; ammetto di aver sbagliato; ho tentato di fuggire; mi auguro di tornare presto* **3** prop. finale: *procura di fare il tuo dovere; ti prego di dirmi la verità* **4** prop. consecutiva: *non sono degni di essere trattati altrimenti; l'attività di quel ragazzo è degna di essere riconosciuta* **III** ricorre con diverso valore e funzione in molte espressioni **1** con valore indef. o partitivo, sostituisce l'art. indet. o l'agg. indef.: *vennero degli amici; ho mangiato della carne; ha degli occhi bellissimi; ha veramente dei gran bei bambini* | ***avere del bugiardo, del cattivo, del gentile*** e sim., avere in sé qlco. del bugiardo, del cattivo, del gentile e sim. **2** con valore attributivo in particolari espressioni enfatiche o esclamative: *quel birbante di Luigino; quel mascalzone di Carlo; quello screanzato del tuo amico; che splendore di bambino; che pezzo d'asino!* **3** con valore rafforz. in espressioni esclamative, per lo più pleonast.: *ne ha dovuti sborsare di quattrini!; ne va della vita, del nostro onore!; Tu!, farmi di questi errori!; di queste parole, a me!; di queste frasi non voglio più sentirne*; (*pleonast.*) *dire di sì, di no* **IV** ricorre nella formazione di molte loc. **1** loc. prep.: *prima di; dopo di; fuori di; sotto di; a causa di; per mezzo di; a fianco di; in luogo di; al pari di; contro di; di là da; invece di* e sim. **2** loc. avv.: *di qua; di là; di su; di giù; di sopra; di sotto; di fianco; di fronte; d'intorno; di fuori; di quando in quando; di volta in volta; di gran lunga* e sim. | seguito da un agg. forma avv. di modo, tempo e sim.: *di nascosto; di nuovo; di recente* e sim. **3** loc. cong.: *di modo che; dopo di che* e sim. (V. note d'uso ACCENTO ed ELISIONE e TRONCAMENTO)

di ② /di*/ o (*tosc.*) **de** ① /de*/ [1741] **s. m. o f. inv.** ● nome della lettera *d*

♦**dì** /di*/ o †**die** ① [lat. *dīe(m)*, di orig. indeur. ✱ 1211] **s. m. inv. 1** (*lett.*) giorno: *il dì di Pasqua, di San Giovanni; sul far del dì; innanzi dì* | (*lett.*) ***dì per dì***, giornalmente, ogni giorno di più | ***notte e dì***, notte e giorno, continuamente | †***il dì fra dì***, durante il giorno | (*lett.*) ***conciare qlcu. per il dì delle feste***, sistemarlo come merita, ridurlo in cattivo stato | †***recare a un dì***, (*fig., scherz.*) consumare, dissipare | †***ai gran dì***, d'estate | (*raro*) ***il dì d'oggi***, il tempo, l'epoca attuale | †***rimettere nel buon dì***, condonare una prescrizione | †***a dì***, V. *addì* | ***buon dì***, V. *buondì* | ***mezzo dì***, V. *mezzodì* | †***oggi dì***, V. *oggidì* | †***tutto dì***, continuamente; V. anche †*tuttodì* | ***ogni dì*** (o †***ognidì***), quotidianamente; V. anche †*ognindì* **2** †periodo di illuminazione durante il giorno | (*raro, lett.*) luce del giorno | †luce, splendore

di' ➤ **dire** ①

di- ① [forma pop. del pref. lat. *de-* (V. *de-*)] **pref.** ● in voci verbali di origine latina indica movimento dall'alto verso il basso (*discendere*) o ha valore negativo (*disperare*) o intensivo (*divorare*) | è usato inoltre per formare verbi derivati da aggettivi e sostantivi italiani: *dimagrire, divampare* | in alcuni verbi denominali indica privazione, sottrazione, separazione: *dibarbare, diboscare, diliscare*

di- ② [dal pref. gr. *di-*, da *dís* 'due volte'] **pref.** ● in parole composte dotte o della terminologia scientifica derivate dal greco o di formazione moderna significa 'due', 'doppio': *dimero, digramma, dimorfo* | in parole composte della moderna terminologia chimica indica la presenza, in un composto, di due atomi o di due molecole o di due radicali uguali: *dicloruro, disolfuro*

dia ① **s. f. inv.** ● accorc. di *diapositiva*

†**dia** ② ➤ **dea**

†**dia** ③ [lat. *dīe(m)* 'dì, giorno' ✱ av. 1250] **s. f.** ● giorno, dì

dia ④ ➤ **dare** ①

dia- [dalla prep. gr. *diá*, dalla base indeur. **dis-*, denotante separazione] **pref.** ● in parole dotte scientifiche significa 'attraverso', 'mediante', oppure indica differenza, separazione: *diacronia, diamagnetico, diascopia, diafonia*

diabàṣe [fr. *diabase*, vc. considerata collegata al gr. *diábasis* 'passaggio' ✱ 1817] **s. m.** ● (*geol.*) roccia vulcanica di color verdastro costituita da plagioclasio e pirosseno

diabàtico [gr. *diabatikós* 'capace di superare le altezze', deriv. di *diabáinein* 'attraversare', comp. di *diá* 'attraverso' e *báinein* 'passare' (di orig. indeur.) ✱ 1983] **agg.** (**pl. m.** *-ci*) ● (*fis.*)

detto di trasformazione termodinamica in cui avvengono scambi di calore tra il sistema e l'esterno CONTR. adiabatico

diabeṣità [ingl. *diabesity*, comp. di *diabe(tes)* 'diabete' e *(obe)sity* 'obesità' ✱ 2001] **s. f. inv.** ● (*med.*) condizione di chi è affetto da diabete mellito associato a obesità

diabète [vc. dotta, gr. *diabḗtēs*, da *diabáinein* 'passare (*báinein*) attraverso (*diá*)' con allusione al frequente passaggio di urina provocato dalla malattia ✱ av. 1492] **s. m.** ● (*med.*) ***d. mellito***, o (*ellitt.*) ***diabete***, malattia del ricambio glicidico causata da insufficiente secrezione di insulina da parte del pancreas che provoca un aumento di glucosio nel sangue e la perdita del medesimo attraverso l'urina | ***d. insipido***, da alterata filtrazione renale

†**diabètica** [av. 1492] **s. f.** ● diabete

diabètico [da *diabete* ✱ av. 1498] **A agg.** (**pl. m.** *-ci*) ● che concerne il diabete **B agg. e s. m.** (**f.** *-a*; **pl. m.** *-ci*) ● che (o chi) è affetto da diabete

diabetògeno [comp. di *diabet(e)* e *-geno* ✱ 1948] **agg.** ● (*med.*) che può causare il diabete mellito: *farmaci diabetogeni*

diabetologìa [comp. di *diabet(e)* e *-logia* ✱ 1942] **s. f.** (**pl.** *-gìe*) ● studio del diabete, spec. il diabete mellito, e del suo trattamento terapeutico

diabetòlogo [comp. di *diabet(e)* e *-logo* ✱ 1980] **s. m.** (**f.** *-a*; **pl. m.** *-gi*) ● medico specialista in diabetologia

diabòlico [vc. dotta, lat. eccl. *diabŏlicu(m)* 'pertinente al *diavolo*' ✱ 1288] **agg.** (**pl. m.** *-ci*) **1** del diavolo: *potenza diabolica* | che viene dal diavolo: *evocazione, ispirazione diabolica* **2** (*fig.*) maligno, perverso, perfido: *animo d.*; *ghigno d.*; *arti diaboliche* | (*est.*) infernale: *vento d.* | (*est.*) straordinario: *abilità diabolica* ‖ **diabolicaménte**, **avv.** ‖ **diabolicità**, **s. f. inv.** (*fig.*) perfidia, malvagità: *la diabolicità di un piano*

†**diàbolo** ① ➤ **diavolo**

diàbolo ② [fr. *diabolo*, dal lat. *diăbolus* con la terminazione propria di altri giocattoli ✱ 1913] **s. m.** ● giocattolo consistente in un rocchetto che si lancia in aria con una cordicella tesa tra due stecche, e che si cerca di ricevere sulla cordicella stessa al suo ricadere

diacciàia ➤ **ghiacciaia**

diacciàre ➤ **ghiacciare**

diacciatùra ➤ **ghiacciatura**

diàccio ① ➤ **ghiaccio** ①

diàccio ② [1803] **s. m.** ● (*tosc.*) addiaccio

diacciòlo ➤ **ghiacciolo**

diacciuòlo ➤ **ghiacciolo**

diacère ➤ **giacere**

diachènio [comp. di *di-* ② e *achenio* ✱ 1829] **s. m.** ● (*bot.*) frutto a due carpelli che si apre in due acheni

†**diàcine** [da *dia(volo)*, stornato nella seconda parte a fine eufemistico ✱ av. 1520] **inter.** ● (*eufem.*) diamine, diancine

diàclaṣi [vc. dotta, gr. *diáklasis* 'fenditura', dal v. *klá(ei)n* 'rompere, spezzare', di orig. indeur. ✱ 1925] **s. f. inv.** ● (*geol.*) frattura che si produce nelle rocce senza spostamento delle due parti separate dalla frattura stessa

diacòlor [comp. dell'ingl. *dia(positive)* 'diapositiva' e dell'ingl. amer. *color* 'colore' ✱ 1983] **s. f. inv.** ● (*fotogr.*) diapositiva a colori, spec. nel linguaggio pubblicitario

diaconàle (o **dia-**) [vc. dotta, lat. tardo *diaconāle(m)*, da *diăcon(us)* 'diacono' ✱ 1619] **agg.** ● di diacono

diaconàto (o **dia-**) [vc. dotta, lat. eccl. *diaconātu(m)*, da *diăcon(us)* 'diacono' ✱ sec. XIII] **s. m.** ● ordine sacro di grado inferiore al presbiterato, conferito o transitoriamente in vista dell'ordinazione sacerdotale o permanentemente per servizio diretto della comunità cristiana; attribuisce la competenza di amministrare il battesimo, distribuire l'eucaristia, benedire il matrimonio, leggere le Sacre Scritture, presiedere a vari culti e riti

diaconéssa (o **dia-**) [vc. dotta, lat. tardo *diaconĭssa(m)*, f. di *diăcon(us)* 'diacono', col suff. gr. *-issa* ✱ av. 1342] **s. f. 1** nella Chiesa cristiana primitiva, vedova o vergine destinata a opere caritative o addetta a determinati riti sacri **2** in varie Chiese protestanti, donna nubile cui sono affidate funzioni assistenziali, caritative e sim.

diaconìa (o **dia-**) [vc. dotta, lat. eccl. *diacŏnia(m)*, da *diăcon* 'diacono', con l'accento del modello gr. *diakonía* ✱ sec. XVI] **s. f. 1** ufficio di diacono, nelle comunità cristiane primitive **2** titolo di alcune Chiese cattoliche di Roma attribuiti ai cardinali

diacònico (o **dia-**) [1820] **s. m.** (**pl.** *-ci*) ● (*archit.*) diaconio

diacònio (o **dia-**) [vc. dotta, lat. *diacŏniu(m)*, da *diăcon(us)* 'diacono' ✱ 1869] **s. m.** (**pl.** *-i* o *raro -ii*) ● (*archit.*) nelle prime basiliche cristiane, ognuna delle due absidi minori posta ai lati dell'abside principale che serviva da sacrestia, parlatorio e tesoreria

diàcono (o **-dià-**) [vc. dotta, lat. tardo *diăconu(m)*, dal gr. *diákonos* 'servo', prob. da *kónein* 'affrettarsi' ✱ 1287] **s. m.** (**f.** *-éssa* **nel sign. 3 (V.)**) **1** (*relig.*) persona di sesso maschile cui è stato conferito l'ordine sacro del diaconato in vista dell'ordinazione sacerdotale o per servizio diretto della comunità cristiana: *d. per il sacerdozio*; *d. per il ministero* **2** (*relig.*) nella liturgia cattolica anteriore al Concilio Vaticano II, prete che assisteva il celebrante nella Messa solenne **3** (*relig.*) nelle primitive comunità cristiane, fedele destinato a opere caritative o addetto a particolari riti sacri

diàcope [vc. dotta, lat. *diăcope(n)*, dal gr. *diakopé*, comp. di *diá* 'attraverso' e *kopé* 'taglio' ✱ 1830] **s. f. 1** (*med.*) frattura longitudinale di un osso della volta cranica **2** (*ling.*) tmesi

diacrìtico [dal gr. *diakritikós*, dal v. *diakrínein* 'separare (*krínein*) uno dall'altro (*diá*)' ✱ 1913] **agg.** (**pl. m.** *-ci*) ● (*ling.*) detto di segno grafico che modifica un altro segno, come la tilde in spagnolo e la cediglia in francese

diacronìa [fr. *diachronie*, comp. di *dia-* e un deriv. del gr. *chrónos* 'tempo' ✱ 1919] **s. f.** ● insieme di fatti o di elementi considerati dal punto di vista della loro evoluzione nel tempo CONTR. sincronia CFR. pancronia ‖ **diacrònico**, **agg.** (**pl. m.** *-ci*) relativo a diacronia; ***linguistica diacronica***, studio dei fenomeni linguistici nel loro evolversi nel tempo CONTR. sincronico ‖ **diacronicaménte**, **avv.** dal punto di vista diacronico ‖ **diacronicità**, **s. f. inv.**

dìade [vc. dotta, lat. tardo *dўade(m)*, dal gr. *dyás*, da *dýo* 'due' ✱ 1843] **s. f. 1** coppia | (*mat.*) dualità di enti o elementi **2** (*biol.*) ciascuno dei cromosomi divisi in due cromatidi nel corso del processo di meiosi **3** (*psicoan.*) termine usato da R. Spitz (1887-1974) per indicare il rapporto madre-bambino nei primi anni di vita

diadèlfo [comp. di *di-* ② e del gr. *adelphós* 'fratello' ✱ 1830] **agg.** ● (*bot.*) detto di stame che ha tutti i filamenti concresciuti in due fasci

diadèma [vc. dotta, lat. tardo *diadēma(m)*, dal gr. *diádēma*, dal v. *diadêin* 'legare (*dêin*) attraverso (*diá*)' ✱ av. 1374] **s. m.** (**pl.** *-i*) **1** anticamente, benda avvolta attorno al capo di divinità sacerdotali e sovrani asiatici | cerchio metallico portato come corona dagli imperatori romani durante il basso Impero **2** ricco ornamento del capo in oro, argento e pietre preziose | corona reale | aureola **3** decorazione di fiori o di perline nell'acconciatura da sposa

SFUMATURE ➤ *corona*

diademàto [vc. dotta, lat. *diademātu(m)*, da *diadēma* 'diadema' ✱ 1427] **agg.** ● (*lett.*) cinto di diadema

diàdico [da *diade* ✱ 1865] **agg.** (**pl. m.** *-ci*) ● relativo a una diade | (*mat.*) ***numerazione diadica***, binaria

diàdoco [vc. dotta, gr. *diádochos*, dal v. *diadéchesthai* 'ricevere (*déchesthai*) attraverso (*diá*) la successione' ✱ 1828] **s. m.** (**pl.** *-chi*) **1** (*stor.*) ciascuno degli immediati successori di Alessandro Magno **2** nella Grecia moderna, fino alla caduta della monarchia, titolo del principe ereditario

diadùmeno [vc. dotta, gr. *diadoúmenos* dal v. *diadêin* 'cingersi', 'legare' ✱ 1481] **s. m.** ● (*archeol.*) nell'arte greca, rappresentazione scultorea dell'atleta che si cinge la fronte con una benda, simbolo della vittoria: *il d. di Policleto* SIN. anadumeno

diafanimetrìa [comp. di *diafan(o)* e *-metria* ✱ 1956] **s. f.** ● (*meteor.*) misurazione della trasparenza atmosferica

diafanità, (*evit.*) **diafaneità** [av. 1320] **s. f. inv.** ● caratteristica di ciò che è diafano SIN. trasparenza

✱**diàfano** [vc. dotta, lat. mediev. *diăphanu(m)*, dal gr. *diaphanḗs*, da *diapháinein* 'mostrare (*pháinein*) attraverso (*diá*)' ✱ 1300] **A agg. 1** (*fis.*) detto di corpo parzialmente trasparente | che lascia passare la luce: *corpo, velo d.*; *aria diafana*; *Aveva … orecchie appuntite e mobili, quasi diafane* (P. LEVI) SIN. trasparente **2** (*fig., lett.*) delicato, esile, gracile: *mani diafane*; *aspetto d.* | pallido: *fronte, pelle, diafana* **B s. m. 1** †diafanità **2** †corpo diafano

SFUMATURE ➤ *trasparente*

diafanoscopìa [comp. di *diafano* e *-scopia* ✱ 1913] **s. f.** ● (*med.*) esame di un organo per trasparenza mediante una forte sorgente luminosa

diafanoscòpio [comp. di *diafano*, nel sign. di 'trasparente', e *-scopio* ✱ 1892] **s. m. 1** (*med.*) schermo luminoso per la lettura delle radiografie **2** (*med.*) fonte luminosa per praticare la diafanoscopia

diafaṣìa [da *diafasico* ✱ 1970] **s. f.** ● (*ling.*) variazione del registro espressivo in relazione al mutare della situazione in cui il parlante si trova a comunicare (ambiente, circostanze, finalità, interlocutori diversi)

diafàṣico [comp. di *dia-* e di un deriv. del gr. *phásis* 'voce', sul modello del fr. *diaphasique* ✱ 1973] **agg.** (**pl. m.** *-ci*) ● (*ling.*) relativo a differenza linguistica connessa a variazioni di stile e di registro espressivo ‖ **diafaṣicaménte**, **avv.** dal punto di vista diafasico

diàfiṣi [vc. dotta, gr. *diáphysis*, dal v. *diaphýesthai* 'crescere (*phýein*) tra (*diá*) qualcosa' ✱ 1830] **s. f. inv.** ● (*anat.*) parte di un osso lungo compresa tra le due estremità

†**diaflàmma** ➤ **diaframma**

diafonìa [vc. dotta, gr. *diaphōnía*, comp. di *diá* 'attraverso' e *phōnḗ* 'voce' (propr. 'voce che va traverso', cioè 'che stona, dissonante') ✱ 1640] **s. f. 1** (*mus.*) nella musica greca e medievale, dissonanza | forma elementare della polifonia SIN. discanto **2** (*elettr.*) disturbo di natura elettrica che può verificarsi nelle conversazioni telefoniche o nelle trasmissioni radiofoniche ‖ **diafònico**, **agg.** (**pl. m.** *-ci*) relativo a diafonia

diàfora [vc. dotta, gr. *diáphoros* 'diverso' ✱ 1956] **s. f.** ● (*ling.*) figura retorica che consiste nel ripetere con un significato diverso la medesima parola all'interno di una frase, spesso con tono enfatico; per es. in: *quell'arte che sola fa parer uomini gli uomini* (G. LEOPARDI)

diaforèṣi [vc. dotta, lat. tardo *diaphorēsi(m)*, dal gr. *diaphórēsis*, da *diaphorêin*, comp. di *diá* 'attraverso' e *phorêin* 'portare', cioè disperdere (per evaporazione o traspirazione) ✱ av. 1320] **s. f. inv.** ● (*med.*) sudorazione

diaforètico [vc. dotta, lat. tardo *diaphorēticu(m)*, dal gr. *diaphorētikós*, da *diaphórēsis* 'diaforesi' ✱ av. 1320] **A s. m. (pl. -ci)** ● medicamento che provoca sudorazione **B anche agg.**: *farmaco d.*

diaframma o †**diafràgma**, †**diaflàmma** [vc. dotta, lat. tardo *diaphrăgma*, dal gr. *diáphragma*, da *diaphragmýnai*, comp. di *diá* 'attraverso' e *phragmýnai* 'ostruire, proteggere' ✱ 1474] **s. m. (pl. -i) 1** elemento di separazione: *un d. divideva in due parti la cavità*; *un d. di roccia, d'acqua, di fuoco* | (*fig.*) impedimento, barriera spirituale: *tra noi si è creato un d. di diffidenza* **2** (*anat.*) muscolo piatto, a funzione respiratoria, che separa la cavità toracica da quella addominale **3** dispositivo a chiusura progressiva per regolare il passaggio della luce attraverso una lente o un sistema ottico **4** calotta di materiale gommoso che si applica in corrispondenza del collo dell'utero a scopo contraccettivo **5** dispositivo che, vibrando, dà suono in un apparecchio acustico come, per es., un altoparlante

diaframmàre [1938] **v. tr. 1** regolare l'apertura del diaframma di una macchina fotografica o da presa **2** (*tecnol.*) munire di diaframma: *d. un condotto*

diaframmàtico [1830] **agg. (pl. m. -ci)** ● (*anat.*) relativo al diaframma SIN. frenico

diagèneṣi [comp. di *dia-* e *genesi* ✱ 1931] **s. f. inv.** ● (*geol.*) l'insieme delle trasformazioni fisiche e chimiche che possono interessare un sedimento e che lo trasformano in roccia sedimentaria compatta

diaglìptica [comp. di *dia(fano)* e *gliptica* ✱ 1940] **s. f.** ● arte di incidere e lavorare in incavo figure e ornamenti

diaglìpto [1892] **s. m.** ● lavoro inciso

diàgnoṣi [vc. dotta, gr. *diágnōsis*, comp. di *diá* 'attraverso (alcuni segni)' e *gnôsis* 'conoscenza' ✱ 1745] **s. f. inv. 1** definizione di una malattia attraverso l'anamnesi, i segni e i sintomi, gli esami di laboratorio e quelli strumentali: *d. precoce* | ***d. differenziale***, esame critico dei sintomi per distinguere malattie tra loro consimili | ***d. biologica di gravidanza***, accertamento dello stato di gravidanza con prove su animali | ***d. prenatale***, quella relativa al feto **2** (*est.*) valutazione di un fenomeno dopo averne considerato ogni aspetto: *fare la d. dei fatti, della situazione politica* **3** (*inform.*) analisi dello stato di funzionamento di un sistema con individuazione degli eventuali guasti

diagnòsta [da *diagnostico*; cfr. il gr. delle glosse *diagnṓstēs* 'giudice istruttore' ✱ 1913] **s. m. e f. (pl. m. -i) 1** medico specialista in diagnosi SIN. diagnostico **2** tecnico che individua i guasti di impianti, apparecchiature e sim.

diagnòstica [da *diagnosticare* ✱ 1764] **s. f.** ● tecnica e metodo della diagnosi | (*bot.*) ***d. fogliare***, studio delle esigenze nutritive delle piante mediante l'analisi chimica delle foglie

diagnosticàre [fr. *diagnostiquer*, da *diagnostic* 'diagnostico' ✱ 1867] **v. tr.** (*io diagnòstico, tu diagnòstichi*) ● riconoscere mediante diagnosi (**anche fig.**): *d. una malattia*; *d. i mali della società*

diagnòstico [fr. *diagnostic*, dal gr. *diagnōstikós*, deriv. di *diágnōsis* 'diagnosi' ✱ 1707] **A agg. (pl. m. -ci)** ● relativo alla diagnosi: *segno, sintomo d.* ‖ **diagnosticaménte**, **avv.** per via di diagnosi **B s. m. (f. -a)** ● diagnosta

diagonàle (o **dia-**) [vc. dotta, lat. *diagonāle(m)*, dal gr. *diagṓnios* 'attraverso (*diá*) gli angoli (*gōníes*)' ✱ 1499] **A s. f.** ● (*mat.*) in un poligono semplice, il segmento o la retta congiungente due vertici non consecutivi | correntemente, linea o direzione obliqua: *tracciare una d.*; *seguire la d.* | ***in d.***, trasversalmente **B s. m. 1** nel calcio e nel tennis, tiro con direzione obliqua rispetto ai lati del campo **2** stoffa caratterizzata da fitte linee a colori e a rilievo lungo le diagonali delle maglie formate dalla trama e dall'ordito **C agg.** ● obliquo, trasversale: *tiro, tessuto d.* ‖ **diagonalménte**, **avv.** in senso diagonale, in senso trasversale ‖ **diagonalità**, **s. f. inv.**

diagràmma [vc. dotta, lat. *diagrămma(m)*, dal gr. *diágramma* '(di)segno (*grámma*) ottenuto per mezzo di (*diá*) linee' ✱ 1797] **s. m. (pl. -i) 1** (*mat.*) rappresentazione grafica di una funzione o di un fenomeno **2** (*stat.*) rappresentazione grafica dell'andamento di un fenomeno | ***d. lineare***, quello in cui a ciascuna coppia di valori si fanno corrispondere dei punti nel piano, uniti con segmenti di retta che formano una linea spezzata **3** ogni rappresentazione grafica usata come mezzo per l'analisi e la risoluzione di un problema | ***d. ad albero***, rappresentazione grafica composta da punti (vertici o nodi) e da segmenti (rami) che li connettono, priva di circuiti | ***d. a blocchi***, rappresentazione grafica di un insieme di relazioni in cui le singole unità logiche sono disegnate sotto forma di caselle | ***d. di flusso***, rappresentazione grafica di una sequenza di eventi, con l'impiego di simboli convenzionali corrispondenti ai vari tipi di eventi e alle loro reciproche connessioni | (*org. az.*) ***d. di Gantt***, tabella nella quale le caselle indicano orizzontalmente le varie fasi di un progetto e le colonne i tempi di realizzazione | ***d. di Pareto***, combinazione di un diagramma a barre e di una curva, per valutare a colpo d'occhio quali siano gli elementi rilevanti di un processo e quali quelli trascurabili | (*inform.*) ***d. di programmazione***, rappresentazione grafica, per mezzo di un insieme convenzionale di simboli, dei vari passi logici che formano un programma **4** (*ling.*) ***d. delle vocali***, rappresentazione geometrica di un insieme di vocali basata sui loro caratteri articolatori o acustici

diagrammàre [1965] **v. tr.** ● rappresentare mediante un diagramma | costruire un diagramma

diagrammàtico [1956] **agg. (pl. m. -ci)** ● di diagramma

diagrammatóre [1983] **s. m.** ● (*inform.*) plotter

diàle [vc. dotta, lat. *Diāle(m)*, originariamente agg. di *dīes* 'giorno', personificato come divinità luminosa ✱ sec. XIII] **A s. m.** ● (*stor.*) addetto al culto di Giove, nella Roma antica **B anche agg.**: *flamine d.*

dialèfe [dal gr. *dialéipein* 'lasciare (*léipein*) un intervallo (*diá*)', sul modello di *sinalefe* ✱ 1776] **s. f.** ● (*ling.*) in metrica, separazione in due sillabe distinte della vocale finale e della vocale iniziale di due parole contigue, usata come espediente per far tornare il conto delle sillabe o come mezzo espressivo; per es. il verso *qua dentro* è *'l secondo Federico* (DANTE *Inf.* X, 119) sottolinea una pausa CONTR. sinalefe

dialer /*ingl.* 'daɪələ(r)/ [vc. ingl., dal v. *to dial* 'comporre' ✱ 2002] **s. m. inv.** ● (*inform.*) programma informatico in grado di comporre automaticamente un numero telefonico | (*est.*) software che, nel corso di un collegamento in rete, attiva una chiamata telefonica a un numero a pagamento all'insaputa dell'utente

dialettàle [da *dialetto* ✱ 1873] **agg. 1** che concerne i dialetti, che è caratteristico di un dialetto: *voce d.* **2** che scrive in dialetto: *poeta d.* | che è scritto o pronunciato in dialetto: *canzone, poesia d.*; *frase, espressione d.* ‖ **dialettalménte**, **avv.** mediante il dialetto ‖ **dialettalità**, **s. f. inv.** caratteristica di ciò che è dialettale: *la dialettalità di un'espressione, di una pronuncia*

dialettaleggiànte [da *dialettale* ✱ 1963] **agg.** ● che presenta caratteri dialettali: *pronuncia d.* | che contiene vocaboli o espressioni dialettali: *prosa d.*

dialettalìṣmo [1942] **s. m.** ● (*ling.*) vocabolo, forma o costrutto di derivazione dialettale, in una lingua nazionale o letteraria SIN. dialettismo

dialettalizzàre [1966] **A v. tr.** ● rendere dialettale **B dialettalizzàrsi v. intr. pron.** ● assumere caratteri dialettali ‖ **dialettalizzazióne**, **s. f.** (V.)

dialettalizzazióne [sec. XX] **s. f. 1** il dialettalizzare, il dialettalizzarsi **2** modo in cui i dialetti si presentano all'interno di un dato territorio linguistico

dialèttica [vc. dotta, lat. *dialĕctica(m)*, dal gr. *dialektikḗ* (*téchnē*) '(arte) della discussione (*diálektos*)' ✱ 1261 ca.] **s. f. 1** arte del ragionare, dell'argomentare: *la d. socratica, dei sofisti* | logica **2** (*est.*) abilità nel discutere: *ha una d. travolgente*; *è riuscito a convincerli con la sua d.* **3** (*filos.*) in generale, processo logico che giustappone idee opposte o contraddittorie per giungere a una sintesi | in Hegel, la struttura stessa del pensiero, che si articola nelle successive fasi di tesi, antitesi e sintesi | in Marx, il contrasto nello sviluppo storico di classi sociali contrapposte **4** (*est.*) processo di interazione tra elementi o forze diverse o contrastanti: *la d. tra governo e opposizione*; *la d. fra essere e apparire in Pirandello*

✦**dialèttico** [vc. dotta, lat. *dialĕcticu(m)*, dal gr. *dialektikós* 'relativo alla discussione (*diálektos*)' ✱ 1261 ca.] **A agg. (pl. m. -ci) 1** che concerne la dialettica | fondato sulla dialettica: *procedimento d.* | (*stor.*) che si manifesta o avviene in base al contrasto di elementi antitetici: *lo svolgersi del progresso umano è un processo d.* **2** di ciò che denota una particolare capacità di usare la logica per convincere gli altri: *potenza, abilità dialettica* ‖ **dialetticaménte**, **avv. 1** con metodo dialettico; con abilità dialettica; per ciò che riguarda la dialettica **2** in modo dialettico, secondo un processo dialettico **B s. m. (f. -a)** ● chi è abile nel discutere, nel ragionare

dialettìṣmo [1851] **s. m.** ● dialettalismo

dialettizzàre ① [da *dialett(o)* con il suff. *-izzare*, sul modello dell'ingl. *to dialectize* ✱ 1963] **v. tr. e dialettizzàrsi v. intr. pron.** ● (*raro*) dialettalizzare, dialettalizzarsi ‖ **dialettizzazióne** ①, **s. f.**

dialettizzàre ② [da *dialettico* ✱ 1916] **A v. tr.** ● (*filos.*) mettere degli elementi in un rapporto dialettico: *d. due concetti* **B dialettizzàrsi v. intr. pron.** ● diventare dialettico: *un pensiero che si dialettizza* ‖ **dialettizzazióne** ②, **s. f.**

✦**dialètto** [vc. dotta, lat. *dialĕcto(n)*, dal gr. *diálektos* 'discussione' e poi 'particolarità linguistica', da *dialégein* 'parlare (*légein*) attraverso (*diá*)', 'discutere' ✱ av. 1565] **s. m.** ● sistema linguistico particolare usato in zone geograficamente limitate: *i dialetti della lingua italiana*; *parlare in d.*

Definizione d'autore

Nella mia famiglia si parlava sia il **dialetto** sia l'italiano. Quando mi esibivo con dei raccontini a voce capivo di essere più efficace se usavo una lingua mista. Cominciai a chiedermi perché l'italiano non mi bastava e studiai come Pirandello faceva parlare i suoi personaggi. Più tardi mi colpì la sua affermazione *la lingua esprime il concetto, il* **dialetto** *il sentimento di una cosa*: è diventata la base del mio scrivere.

Andrea Camilleri

DIALETTI D'ITALIA

AREA SETTENTRIONALE

Gallo-italici
piemontese
lombardo
ligure
emiliano-romagnolo
marchigiano settentrionale
(dialetti metauro-pisaurini o gallo-piceni)

Veneti
veneziano lagunare
veronese
vicentino-padovano-polesano
trevigiano
feltrino-bellunese
triestino e veneto-giuliano

Toscani
fiorentino
senese-grossetano
toscano occidentale (pisano-livornese-elbano, pistoiese, lucchese)
aretino-chianaiolo o cortonese
corso (Bastia)

AREA MEDIANA
marchigiano centrale (anconitano, maceratese)
umbro e viterbese
laziale centro-settentrionale e romanesco

AREA MERIDIONALE
marchigiano meridionale-abruzzese
molisano
pugliese settentrionale
laziale meridionale e campano (napoletano, irpino, cilentano)
lucano-calabrese settentrionale

AREA MERIDIONALE ESTREMA
salentino (o pugliese meridionale)
calabrese centro-meridionale
siciliano (messinese, catanese-siracusano, siciliano sud-orientale, nisseno-ennese, agrigentino, palermitano, trapanese)

SARDI
logudorese
campidanese
gallurese, corso gallurese (Aiaccio)
sassarese

LADINI
ladino dolomitico (Fassa, Gardena, Badia e Marebbe, Livinallongo, Ampezzo, Comelico)
ladino dei Grigioni (romancio)
friuliano (centrale-orientale, occidentale, carnico)

PARLATE ALLOGLOTTE

Provenzale: in prov. di Cuneo, di Torino, in valle Pellice, in valle Germanasca, in val Chisone; inoltre a Guardia Piemontese in prov. di Cosenza

Franco-provenzale: in Val d'Aosta, val di Susa, valle dell'Orco, valli di Lanzo, val Soana; inoltre a Faeto e Colle San Vito in prov. di Foggia

Tedesco: Alto Adige, prov. di Bolzano, in alcune zone della prov. di Trento, di Belluno, del veronese, del vicentino, dell'udinese

Alemanno: (*varietà dialettale tedesco-svizzera*) i Walser della Val d'Aosta e del Piemonte

Sloveno: in prov. di Trieste, Gorizia, Udine

Serbo-croato: in Molise, prov. di Campobasso

Catalano: in Sardegna ad Alghero

Albanese: in alcuni comuni della Campania, dell'Abruzzo, del Molise, della Basilicata, della Calabria, della Puglia, della Sicilia

Greco: nel Salento, in prov. di Lecce e in Calabria

Zingaresco: gli zingari *rom* nel centro-meridione, come nella zona di Reggio Calabria, gli zingari *sinti* nel settentrione

SFUMATURE DI SIGNIFICATO

dialetto - vernacolo - parlata

Dialetto è un sistema linguistico particolare usato in zone geograficamente limitate. Anche il **vernacolo** è una lingua parlata solo in una determinata area geografica, ma considerata negli aspetti che lo differenziano e lo contraddistinguono dalla lingua letteraria. La **parlata** è un modo di parlare, caratteristico quanto ad accento, forma e terminologia: è quindi un particolare modo di usare la lingua o il dialetto.

SFUMATURE ➤ ***lingua***

dialettòfono [comp. di *dialetto* e *-fono* ✶ 1963] **s. m.** (**f.** *-a*); **anche agg.** ● (*ling.*) chi (o che) parla un dialetto

dialettologìa [comp. di *dialetto* e *-logia* ✶ 1824] **s. f.** (**pl.** *-gìe*) ● ramo della linguistica che si occupa della descrizione comparativa dei diversi dialetti nei quali si diversifica una lingua | ***d. sociale***, studio delle variazioni sociali di una lingua; sociolinguistica

dialettològico [1983] **agg.** (**pl. m.** *-ci*) ● relativo alla dialettologia

dialettòlogo [1873] **s. m.** (**f.** *-a*; **pl. m.** *-gi*) ● studioso di dialettologia

diàli- [tratto dal v. gr. *dialýein* 'sciogliere (*lýein*) attraverso (*diá*), separare'] **primo elemento** ● in parole composte della terminologia scientifica, indica separazione: *dialipetalo, dialisepalo*

dialipètalo [vc. dotta, comp. di *diali-* e *petalo* ✶ 1865] **agg.** ● (*bot.*) detto di corolla i cui petali sono separati l'uno dall'altro **SIN.** coripetalo

dialisèpalo [vc. dotta, comp. di *diali-* e *sepalo* ✶ 1865] **agg.** ● (*bot.*) detto di calice i cui sepali sono separati l'uno dall'altro **SIN.** corisepalo

diàlisi [vc. dotta, lat. tardo *diălysi(n)*, dal gr. *diálysis*, da *dialýein* 'sciogliere (*lýein*) in mezzo (*diá*)', 'separare' ✶ av. 1604] **s. f. inv. 1** (*chim.*) separazione di sostanze da miscugli liquidi per mezzo di membrane semipermeabili, attraverso cui le molecole più piccole e gli ioni passano facilmente mentre le particelle colloidali e le molecole più grandi non passano o passano molto lentamente **2** (*fisiol.*) processo di depurazione del sangue dalle sue scorie e impurità | (*med.*) ***d. artificiale***, depurazione sostitutiva in caso d'insufficienza degli organi emuntori, spec. rene e fegato **CFR.** emodialisi **3** (*ling.*) figura retorica per cui si interrompe l'ordine del discorso inserendovi un inciso; per es. in: *Parte sen giva, e io retro li andava, / lo duca, già faccendo la risposta* (DANTE *Inf.* XXIX, 16-17)

dialìtico [vc. dotta, gr. *dialytikós*, da *dialytós* 'dialito' ✶ 1828] **agg.** (**pl. m.** *-ci*) ● relativo a dialisi

diàlito [gr. *diálytos*, agg. v. di *dialýein* 'sciogliere (*lýein*) attraverso (*diá*) qualcosa' ✶ 1869] **agg.** ● (*chim.*, *raro*) soluto, sciolto

dializzàre [da *dialisi* ✶ 1882] **v. tr.** ● (*chim.*, *med.*) sottoporre a dialisi

dializzàto A **part. pass.** di *dializzare*; **anche agg.** ● nel sign. del v. **B** **s. m.** (**f.** *-a*) ● malato che viene sottoposto a dialisi

dializzatóre [1892] **A** **agg.** (**f.** *-trice*) ● (*fisiol.*) che compie o consente la dialisi: *membrana dializzatrice* **B** **s. m.** ● (*med.*) apparecchio con cui si compie la dialisi

diàllage [vc. dotta, lat. *diăllage(n)*, dal gr. *diallagḗ*, da *diallássein* 'cambiare (*allássein*) attraverso (*diá*)' ✶ 1820] **s. f.** ● (*ling.*) figura retorica per cui molti argomenti convergono a una stessa conclusione | accumulazione di parti del discorso, con almeno due sinonimi; per es. in: *Or più non è quel che era, / ma spietata sdegnosa altera e dura, / stassi superba, e del mio mal non cura* (M.M. BOIARDO)

diallàgio [vc. dotta, gr. *diallagḗ*, da *diallássein* 'mutare', per l'irregolarità della sfaldatura ✶ 1817] **s. m.** ● (*miner.*) varietà di pirosseno di colore grigioverde caratterizzata da una spiccata sfaldatura lamellare molto lucente

diallèlo o **diallèle** [gr. *diállēlos*, propr. '(ragionamento) attraverso (*diá*) l'un l'altro (*allḗlōn*)' ✶ 1874] **s. m.** ● (*filos.*) circolo vizioso

dialogàre (o **dia-**) [da *dialogo* ✶ av. 1503] **A** **v. tr.** (*io diàlogo, tu diàloghi*) ● scrivere, ridurre, in dialogo: *d. un dramma* **B** **v. intr.** (**aus.** *avere*) **1** aprire un dialogo: *d. con la parte avversa, con gli avversari* **2** conversare: *d. con qlcu.*

dialogàto (o **dia-**) **A** **part. pass.** di *dialogare*; **anche agg.** ● nei sign. del v. **B** **s. m.** ● parte di un testo narrativo, di un'opera teatrale, cinematografica e sim., che si svolge in forma di dialogo

dialoghìsta o (*lett.*) **dialogìsta** [vc. dotta, lat. tardo *dialogĭsta(m)*, da *diălogus* 'dialogo' ✶ av. 1588] **s. m. e f.** (**pl. m.** *-i*) ● chi scrive dialoghi

†**dialoghizzàre** ➤ **dialogizzare**

dialògico [vc. dotta, gr. *dialogikós* 'in forma di dialogo' ✶ av. 1604] **agg.** (**pl. m.** *-ci*) ● relativo al dialogo | che ha forma di dialogo: *poesia dialogica* ‖ **dialogicaménte**, **avv.** in forma di dialogo ‖ **dialogicità**, **s. f. inv.**

dialogìsmo (o **dia-**) [vc. dotta, lat. tardo *dialogĭsmu(m)*, dal gr. *dialogismós*, da *dialogízesthai* 'dialoghizzare' ✶ av. 1642] **s. m.** ● (*ling.*) figura retorica che consiste nella finzione letteraria del dialogo tra due o più persone e anche con sé stessi; per es. in: *Oh povero me! vedete se quelle due figuracce dovevan proprio piantarsi sulla mia strada, e prenderla con me! Che c'entro io?* (A. MANZONI)

dialogìsta ➤ **dialoghista**

dialogìstico [av. 1642] **agg.** (**pl. m.** *-ci*) ● relativo al dialogismo o al dialogista

dialogizzàre o †**dialoghizzàre** [vc. dotta, gr. *dialogízesthai* 'ragionare (*logízesthai*) a fondo (*diá*)' ✶ 1627] **A** **v. tr.** ● ridurre in forma di dialogo **B** **v. intr.** (**aus.** *avere*) ● (*raro*) conversare | disputare dialogando: *d. con un avversario*

♦**diàlogo** (o **dià-**) [vc. dotta, lat. *diălogu(m)*, dal gr. *diálogos* 'discorso (*lógos*) tra (*diá*) persone' ✶ av. 1304] **s. m.** (**pl.** *-ghi* o †*-gi*; **solo sing. nel sign. 2**) **1** discorso fra due o più persone: *ascoltare, riferire un d.*; *avere un d. con qlcu.*; *prendere parte a un d.*; *udì alcune battute del d.* | recitazione a battute alterne di un testo drammatico | (**spec. al pl.**) insieme delle battute di un testo narrativo o cinematografico: *i dialoghi di un film* **2** (*est.*) confronto basato sulla disponibilità al chiarimento, all'intesa: *d. tra forze politiche diverse* | atteggiamento di reciproca comprensione basata sul desiderio di capire e di farsi capire: *il d. fra genitori e figli*; *fra noi non c'è più d.* | (*fig.*) ***d. fra sordi***, rapporto, confronto in cui nessuna delle due parti intende ascoltare le ragioni dell'altra **3** (*letter.*) componimento in cui la materia è esposta e discussa da due o più persone: *i dialoghi di Platone* **4** (*mus.*) composizione vocale con testo dialogato ‖ **dialoghétto**, **dim.** | **dialoghìno**, **dim.**

dial-up /ingl. ˈdaɪəl,ʌp/ [vc. ingl., comp. di *to dial* 'chiamare, comporre' e *up* 'sopra' ✶ 1998] **s. m. inv.** (**pl. ingl.** *dial-ups*) ● (*tel.*) connessione fra computer attivata con chiamata telefonica attraverso modem analogico o tecnologia ISDN

diamagnètico [vc. dotta, comp. di *dia-* e *magnetico* ✶ 1869] **agg.** (**pl. m.** *-ci*) ● (*fis.*) detto di corpo o sostanza con suscettività magnetica negativa come, per es., il bismuto, l'argento o i gas nobili ‖ **diamagneticità**, **s. f. inv.**

diamagnetìsmo [vc. dotta, comp. di *dia-* e *magnetismo* ✶ 1869] **s. m.** ● (*fis.*) proprietà di alcune sostanze, con permeabilità magnetica inferiore a 1, di essere respinte dalle zone di più intenso campo magnetico

diamantàre [1856] **v. tr.** ● decorare meccanicamente con incisione a taglio lucido oggetti di oreficeria

diamantàto [av. 1907] **agg.** ● detto di utensili da taglio per materiali duri, con la superficie tagliente rivestita di diamanti

♦**diamànte** [vc. dotta, lat. tardo *diamănte(m)*, nom. *diămans*, dal gr. *adámas*, propr. 'indomabile', con sovrapposizione di *diaphanḗs* 'diafano, trasparente' ✶ av. 1250] **s. m. 1** (*miner.*) carbonio cristallizzato nel sistema cubico, durissimo, trasparente, per lo più incolore, usato in gioielleria e in varie lavorazioni industriali: *anello, collana, bracciale di diamanti*; *occhi che scintillano come diamanti*; *duro come il d.* | ***a d., a punta di d.***, in architettura, detto di pietra tagliata a piramide quadrangolare, usata spec. per rivestimenti esterni | (*fig.*, *lett.*) ***carattere di d.***, saldo, fermo | (*fig.*) ***nozze di d.***, sessantesimo anniversario di matrimonio **2** strumento con punta di diamante, per tagliare il vetro | (*est.*) in varie tecnologie, punta a forma di piramide spec. quadrangolare, con cui terminano scalpelli e altri strumenti per incidere, perforare e sim. | ***essere la punta di d.***, (*fig.*) l'elemento più efficace e incisivo di una squadra, di un gruppo e sim. **3** (*sport*) nel baseball, tracciato interno del campo di gioco, di forma quadrata, che ha agli angoli le quattro basi **4** (*mar.*) estremità del fuso dell'ancora, opposta alla cicala, dove si aprono le marre **5** (*edit.*) antica denominazione di un carattere tipografico molto minuto | ***edizione d.***, quella composta con tale carattere; (*est.*) di formato e caratteri molto piccoli **6** (*milit.*) fosso stretto e profondo scavato a ridosso delle mura delle antiche opere fortificate per renderne più ardua la scalata **7** (*numism.*) moneta d'argento ferrarese, coniata durante il Ducato degli Estensi, così detta per l'anello col diamante raffigurato sul rovescio **8** (*zool.*) nome attribuito a numerosi generi di Passeriformi degli Oscini caratterizzati da una livrea vivace ed elegante: *d. variopinto, d. dalla coda lunga* ‖ **diamantìno**, **dim.**

diamantìfero [comp. di *diamante* e *-fero* ✶ 1941] **agg.** ● di diamanti, che contiene diamanti: *giacimento d.*

diamantìna [1983] **s. f.** ● chiodo con capocchia sfaccettata

diamantìno [sec. XIV] **agg. 1** (*raro*) relativo al diamante **2** (*raro*, *est.*) che è simile al diamante **3** (*lett.*, *fig.*) adamantino: *carattere d.*; *onestà diamantina*

diamèsico [comp. di *dia-* e del gr. *mésos* 'mezzo'② ✶ 1983] **agg.** (**pl. m.** *-ci*) ● (*ling.*) relativo a differenza linguistica connessa all'uso di mezzi comunicativi diversi e in particolare alle variazioni tra lingua scritta e lingua parlata ‖ **diamesicaménte**, **avv.** dal punto di vista diamesico

diametràle [vc. dotta, lat. tardo *diametrāle(m)*, da *diămetros* 'diametro' ✶ 1395] **agg.** ● (*mat.*) relativo a un diametro: *proprietà diametrali* ‖ **diametralménte**, **avv. 1** lungo il diametro **2** (*fig.*) in totale opposizione: *concetti diametralmente opposti*

diàmetro [lat. *diămetro(n)*, dal gr. *diámetros* 'misura (*métron*) trasversale (*diá*)' ✶ 1282] **s. m.** ● (*mat.*) segmento che unisce due punti di una circonferenza o di una sfera passando per il centro

diamìde ➤ **diammide**

diamìna ➤ **diammina**

♦**diàmine** [sovrapposizione eufem. di *domine* (*domineddio*) a *diavolo* ✶ 1587] **inter.** ● esprime meraviglia, impazienza, disapprovazione e sim.: *che d. state combinando?* | come risposta decisamente affermativa: *se ci credo?, d.!* SIN. diacine, diancine, diavolo

diammìde o **diamìde** [comp. di *di-*② e *am(m)ide* ✱ 1966] **s. f.** ● composto chimico contenente due volte il radicale tipico delle ammidi

diammìna o **diamìna** [comp. di *di-*② e *ammina* ✱ 1889] **s. f.** ● composto chimico, aromatico o alifatico, contenente due gruppi amminici

diàmo ➤ **dare**①

Diamònica® [da *(ar)monica* con sostituzione della sillaba iniziale con *dia-* ✱ sec. XX] **s. f.** ● (*mus.*) melodika

diàna (o **dià-**) [vc. dotta, lat. *Diāna(m)*, da un precedente *Diviāna(m)*, prob. 'appartenente a **Dīvia*' la 'dea che illumina' ✱ av. 1276] **s. f. 1** (*lett.*) la stella che appare in cielo all'alba: *la marina è chiara, e la d. / è già levata* (G. Leopardi) | †*alla d.*, all'alba **2** (*est.*) segnale della sveglia in caserme, accampamenti militari e sim.: *battere, suonare la d.* | (*est.*) squillo: *la d. della vittoria* **3** (*fig., lett.*) ciò che ridesta negli animi sentimenti sopiti spec. di riscossa, rivendicazione e sim. **4** (*mar.*) periodo di guardia, dalle quattro alle otto del mattino

diàncine [V. *diamine* ✱ av. 1555] **inter.** ● (*eufem., disus.*) esprime meraviglia, impazienza, disapprovazione e sim. SIN. diacine, diamine, diavolo

dìano ➤ **dare**①

dianoètico [gr. *dianoētikós* 'che concerne il pensiero che passa attraverso (*diá*) la mente (*nôus*)' ✱ 1908] **agg.** (**pl. m.** *-ci*) ● (*filos.*) relativo alla dianoia | proprio dell'intelletto | ***virtù dianoetiche***, nella filosofia di Aristotele, le virtù proprie dell'anima intellettiva

diànoia [vc. gr., *diánoia*, comp. di *diá* 'attraverso' e *nóos* 'mente, riflessione' ✱ 1552] **s. f.** ● (*filos.*) nel pensiero di Platone e Aristotele, la conoscenza che discende da un'attività mentale, distinta da quella intuitiva

Diantàcee [comp. di *diant(o)* e *-acee* ✱ 1932] **s. f. pl.** (**sing.** *-a*) ● (*bot.*) cariofillacee

diànto [vc. dotta, comp. del gr. *Diós*, genit. di *Zéus* 'Giove', e *ánthos* 'fiore' ✱ 1864] **s. m.** ● genere di piante erbacee delle Cariofillacee cui appartiene il garofano (*Dianthus*)

diànzi [comp. del lat. *de* 'da' e *āntea* 'prima' ✱ 1306] **avv.** ● (*tosc., lett.*) or è poco tempo, poco fa: *l'ho incontrato d.*; *le considerazioni di d. non valgono più*; *torna a fiorir la rosa / che pur d. languìa* (G. Parini) | una volta

diapàson [vc. dotta, lat. *diapāson*, dal gr. *diapasṓn* '(accordo ottenuto) per mezzo (*diá*) di tutte (*pasôn*, sottinteso *chordôn* 'corde')' ✱ 1511] **s. m. inv. 1** registro di una voce o di uno strumento | (*fig.*) culmine, massimo grado: *giungere, arrivare, al d.*; *raggiungere il d.* **2** (*mus.*) suono di altezza fissa, pari al la di 440 hertz, usato per intonare le altre note e accordare gli strumenti | strumento acustico, di vario tipo, che emette la frequenza corrispondente alla nota la SIN. corista

diapàusa [comp. di *dia-* e *pausa* ✱ 1930] **s. f.** ● (*biol.*) periodo di inattività più o meno completa nella vita di molti animali, gener. legato a fattori ambientali

diapedèsi [vc. dotta, gr. *diapḗdesis*, dal v. *diapēdân* 'balzare (*pēdân*) attraverso (*diá*)' ✱ 1825] **s. f. inv.** ● (*med.*) nei focolai infiammatori, fuoriuscita dai capillari degli elementi corpuscolati del sangue

diapènte [vc. dotta, lat. tardo *diapĕnte*, comp. del gr. *diá* 'attraverso' e *pénte* 'cinque' ✱ 1525] **s. m.** ● (*mus.*) nella teoria greca e medievale, intervallo di quinta giusta

diapìrico [da *diapiro* ✱ 1966] **agg.** (**pl. m.** *-ci*) ● (*geol.*) relativo al diapirismo

diapirìsmo [1931] **s. m.** ● (*geol.*) processo di risalita di rocce leggere e plastiche attraverso gli strati sovrastanti

diàpiro [gr. *diápyros* 'profondamente (*diá*) infiammato (da *pŷr*, genit. *pyrós* 'fuoco')' dagli effetti vulcanici ✱ 1956] **s. m.** ● (*geol.*) struttura a cupola, subcilindrica, formata da rocce leggere e plastiche, che risale attraverso gli strati sovrastanti perforandoli a causa di deformazioni della crosta terrestre o della pressione SIN. duomo salino

diapnòico [dal gr. *diapnoḗ* 'tra- (*diá*) -spirazione (da *pnoḗ* 'respiro', dal v. di orig. onomat. *pnêin* 'respirare')' ✱ 1830] **agg.** (**pl. m.** *-ci*) ● (*med.*) diaforetico

diàpo **s. f. inv.** ● accorc. di *diapositiva*

diaporàma [vc. fr. comp. di *diap(ositive)* 'diapositiva' e *(pan)orama* 'panorama' ✱ 1991] **s. m.** (**pl.** *-i*) ● proiezione di diapositive accompagnata da suoni o musica

diapositìva [comp. di *dia-* e il f. di *positivo* ✱ 1892] **s. f.** ● immagine fotografica da guardare in trasparenza o da proiettare su schermo, ottenuta per stampa o per inversione su vetro o su pellicola

diaproiettóre [comp. di *dia(positiva)* e *proiettore* ✱ 1957] **s. m.** ● proiettore per diapositive

diapsìdeo [comp. di *di-*② e del gr. *hapsís*, genit. *hapsîdos* 'circonferenza, arco' ✱ 1956] **agg.** ● (*zool.*) detto di un tipo di volta cranica caratteristico dei coccodrilli e dei dinosauri, in cui esistono due fosse

diàrca [1985] **s. m. e f.** (**pl. m.** *-chi*) ● ciascuno dei membri di una diarchia

diarchìa [comp. di *di-*② e *-archia* ✱ 1672] **s. f.** ● sistema di governo, o (*est.*) di direzione, caratterizzato dalla divisione del potere fra due persone od organi politici

diària [vc. dotta, lat. *diāria*, pl. di *diārium* 'razione giornaliera', da *dĭes* 'giorno' ✱ 1741] **s. f.** ● somma spettante al prestatore di lavoro quale rimborso spese per ogni giorno di lavoro svolto fuori sede | ***d. parlamentare***, rimborso spese che spettava a deputati e senatori in proporzione alla loro partecipazione alle sedute

SFUMATURE ➤ ***indennità***

†**diàrio**① [vc. dotta, lat. *diāriu(m)*, da *dĭes* 'giorno' ✱ av. 1730] **agg.** ● che dura un giorno: *febbre diaria* ‖ †**diariaménte**, **avv.**

♦**diàrio**② [vc. dotta, lat. *diāriu(m)* nel sign. tardo di 'registro di annotazioni giorno (*dĭes*) per giorno' ✱ av. 1565] **s. m. 1** quaderno, taccuino e sim., in cui vengono annotati giorno per giorno avvenimenti considerati di rilievo, spec. vicende personali, ricordi, osservazioni, impressioni varie e sim.: *d. intimo*; *tenere un d.*; *scrivere qlco. nel d.*; *pubblicare il d. di un poeta scomparso*; *d. di viaggio, di guerra* | opera narrativa o storica in cui si notano gli avvenimenti ordinandoli secondo la successione cronologica **2** registro giornaliero | prospetto in cui sono indicati i giorni in cui avranno luogo determinate attività: *d. degli esami*; *d. delle udienze* | ***d. di classe***, registro in cui gli insegnanti annotano giornalmente gli argomenti svolti durante le lezioni, i compiti assegnati agli alunni e sim. | ***d. scolastico***, quaderno, libretto o sim. in cui gli alunni annotano giornalmente i compiti loro assegnati e appunti personali

diarìsmo [da *diar(io)* ✱ 1939] **s. m.** ● attività e genere letterario consistente nello scrivere diari | diaristica

diarìsta [da *diario* ✱ 1763] **s. m. e f.** (**pl. m.** *-i*) ● chi scrive diari

diarìstica [da *diario* ✱ 1970] **s. f.** ● produzione di diari | insieme di diari di un autore, un gruppo sociale, un'epoca storica CFR. diarismo

diarìstico [1966] **agg.** (**pl. m.** *-ci*) ● relativo a diario, ai diari: *produzione diaristica* | che è tipico del diario: *stile d.*

diarrèa [vc. dotta, lat. tardo *diarrhŏea(m)*, dal gr. *diárroia*, dal v. *diarrêin* 'scorrere (*rêin*) attraverso (*diá*)' ✱ av. 1320] **s. f.** ● (*med.*) emissione frequente di feci liquide o semiliquide | ***d. del viaggiatore***, infezione intestinale frequente in chi viaggia in paesi tropicali o a basso livello igienico, caratterizzata da diarrea acuta provocata da innumerevoli microrganismi (come *Escherichia coli*, *Salmonella*, *Shigella*, *Giardia lamblia*, *Rotavirus*) e gener. contratta attraverso acqua, alimenti o contatti interumani SIN. vendetta di Montezuma

diarròico [vc. dotta, lat. tardo *diarrhŏicu(m)*, dal gr. *diarroïkós*, agg. di *diárroia* 'diarrea' ✱ 1918] **agg.** (**pl. m.** *-ci*) ● (*med.*) di diarrea: *scarica diarroica*

diartròsi [vc. dotta, gr. *diárthrosis*, dal v. *diarthrôun* 'congiungere (*arthrôun*) attraverso (*diá*)' ✱ 1771] **s. f. inv.** ● (*anat.*) articolazione mobile tra due ossa

diàscolo [per *dia(volo)* con oscuramento eufemistico della seconda parte ✱ 1552] **s. m.** ● (*tosc., scherz.*) diavolo

diascopìa [comp. di *dia-* e *-scopia* ✱ 1897] **s. f. 1** osservazione al microscopio di oggetti illuminati per trasparenza | proiezione di diapositive o di pellicole cinematografiche **2** (*med.*) esame della cute attraverso un vetro che la comprime

diascòpio [comp. di *dia-* e *-scopio* ✱ 1951] **s. m.** ● apparecchio per la proiezione di immagini illuminate in trasparenza

diasistèma [ingl. *diasystem*, comp. di *dia-* e *system* 'sistema' ✱ 1987] **s. m.** (**pl.** *-i*) ● (*ling.*) sistema linguistico di livello superiore, che comprende due o più sistemi che hanno dei tratti in comune

diàspora [vc. dotta, gr. *diasporá*, dal v. *diaspéirein* 'seminare (*spéirein*) qua e là (*diá*)' ✱ 1913] **s. f.** ● dispersione di un popolo che lascia la terra d'origine migrando in varie direzioni: *la d. ebraica* | (*est.*) dispersione di un raggruppamento di persone prima unite da forti vincoli, spec. ideali

SFUMATURE ➤ ***migrazione***

diàsporo [dal gr. *diasporá* 'dispersione' (V. *diaspora*), perché, se esposto alla fiamma di una candela, scoppia e si disperde in una quantità di pagliuzze lucenti ✱ 1825] **s. m.** ● (*miner.*) idrossido di alluminio diffuso sotto forma di minutissime lamelle in rocce argillose

diaspràto [1898] **agg.** ● (*raro, poet.*) simile al diaspro

diasprìno [1779] **agg.** ● (*raro*) di diaspro | che è simile al diaspro

diàspro [vc. dotta, lat. mediev. *diaspru(m)*, trascrizione inesatta del lat. *iăspis*, dal gr. *íaspis*, di orig. ebr. ✱ 1282] **s. m. 1** (*geol.*) roccia silicea ricca di calcedonio, a colori molto vivaci, usata come pietra dura **2** (*fig., raro, lett.*) durezza, fermezza d'animo: *quel d. ond'ei l'alma ha sì dura* (T. Tasso)

diastasàto [da *diastasi* ✱ 1956] **agg.** ● di alimento che ha subito la trasformazione parziale o totale dell'amido in zucchero per effetto della diastasi

diàstasi o **diastàsi** [vc. dotta, gr. *diástasis* 'separazione', dal v. *diïstánai* 'porre (*istánai*) a parte (*diá*)' ✱ 1805] **s. f. inv. 1** (*med.*) allontanamento di organi normalmente vicini: *d. articolare, muscolare* **2** (*biol.*) amilasi

diastèma [vc. dotta, lat. tardo *diastēma*, dal gr. *diástēma*, dal v. *diïstánai* (V. *diastasi*) ✱ 1830] **s. m.** (**pl.** *-i*) **1** (*zool.*) spazio che taluni animali presentano fra un dente e l'altro per mancanza di intermedi **2** (*geol.*) superficie che separa due strati di una roccia sedimentaria, formata per un temporaneo arresto della sedimentazione **3** (*anat.*) spazio fra due denti adiacenti, spec. fra gli incisivi centrali superiori

diàstilo [vc. dotta, lat. tardo *diastylo(n)*, dal gr. *diástylos* 'dalle colonne (*stýloi*) separate (*diá*)' ✱ 1819] **A** **s. m.** ● (*archit.*) una delle misure dell'intercolunnio greco equivalente a tre diametri di una colonna **B** **agg.** ● detto di tempio greco e romano con intercolunnio equivalente a tre diametri di una colonna

d

diastimomètrico [comp. del gr. *diástēma* 'intervallo, distanza' (da *diá* 'attraverso') e di *-metro* ✱ 1930] **agg.** (**pl. m.** *-ci*) ● distanziometrico

diàstole [vc. dotta, lat. tardo *diăstole(n)*, dal gr. *diastolḗ*, dal v. *diastéllein* 'porre (*stéllein*) in mezzo (*diá*)' ✱ 1574] **s. f. 1** (*med.*) fase di distensione della muscolatura cardiaca **CFR.** sistole **2** (*ling.*) nella metrica latina, allungamento di vocale normalmente breve | nella metrica italiana, spostamento dell'accento per ragioni ritmiche verso la fine della parola: *e dopo i corsi clamorosi occùpa* (G. Parini) **CFR.** sistole

diastòlico [1797] **agg.** (**pl. m.** *-ci*) ● (*med.*) che concerne la diastole: *pausa diastolica*

diastràtico [comp. di *dia-* e di un deriv. di *strato*, sul modello del fr. *diastratique* ✱ 1973] **agg.** (**pl. m.** *-ci*) ● (*ling.*) relativo a differenza linguistica connessa a variazioni di strato sociale || **diastraticaménte**, **avv.** dal punto di vista diastratico

diastrofìsmo [dal gr. *diastrophḗ* 'distorsione', da *diastréphein* 'volgere (*stréphein*) per traverso (*diá*)' ✱ 1956] **s. m.** ● (*geol.*) fenomeno di deformazione o di movimento della crosta terrestre

diàte ➤ **dare**①

diatèca [comp. di *dia(positiva)* e *-teca* ✱ 1988] **s. f.** ● raccolta, collezione di diapositive | archivio, locale dove tale raccolta trova stabile sistemazione

diatermanità [1869] **s. f. inv.** ● (*fis.*) trasparenza alla radiazione termica

diatermàno [vc. dotta, dal v. gr. *diathermáinein* 'scaldare (*thermáinein*) profondamente (*diá*)' ✱ 1837] **agg.** ● (*fis.*) detto di corpo trasparente alla radiazione termica

diatermìa [vc. dotta, dal gr. *diáthermos* 'che ha un calore (*thermós*) profondo (*diá*)' ✱ 1913] **s. f.** ● (*med.*) metodo di terapia praticato mediante l'uso di corrente elettrica ad alta frequenza, di ultrasuoni e onde elettromagnetiche, che sviluppano calore nell'interno dei tessuti

diatèrmico [vc. dotta, dal gr. *diáthermos* 'calore (*thermós*) penetrante (*diá*)' ✱ 1869] **agg.** (**pl. m.** *-ci*) ● relativo alla diatermia: *trattamento d.*; *elettrodo d.*

diatermocoagulazióne [comp. di *diaterm(ia)* e *coagulazione* ✱ 1955] **s. f.** ● (*chir.*) diatermia impiegata in chirurgia per la coagulazione dei tessuti

diàtesi [vc. dotta, lat. tardo *diăthesi(n)*, dal gr. *diáthesis* 'azione di porre (*thésis*) qua e là (*diá*), ordinamento' ✱ 1761] **s. f. inv. 1** (*med.*) predisposizione, di solito ereditaria, dell'organismo verso particolari malattie: *d. emorragica*, *essudativa* **2** (*gramm.*) categoria grammaticale associata al verbo e al suo ausiliare, che indica la relazione grammaticale fra il verbo, il soggetto, o l'agente e l'oggetto: *d. attiva, passiva, media*

diatèsico o (*raro*) **diatètico** [1874] **agg.** (**pl. m.** *-ci*) ● (*med.*) di diatesi

Diatomèe [vc. dotta, gr. *diátomos*, da *diatémnein* 'tagliare (*témnein*) attraverso (*diá*)' per la disposizione a zig-zag delle loro cellule ✱ 1865] **s. f. pl.** (**sing.** *-a*) ● (*bot.*) classe di alghe giallo-brune a cellule libere o in colonie con membrana silicizzata composta da due valve chiuse come una scatola (*Diatomeae*) **SIN.** Bacillariofite

diatòmico [comp. di *di-*② e *atomico*, sul modello dell'ingl. *diatomic* ✱ 1869] **agg.** (**pl. m.** *-ci*) ● detto di molecola costituita da due atomi **SIN.** biatomico

diatomìte [comp. del lat. scient. *Diatoma* e *-ite*② ✱ 1956] **s. f.** ● (*geol.*) roccia sedimentaria silicea di origine organica, costituita da gusci di Diatomee, polverosa e finissima, usata nella preparazione della dinamite, per filtrare e chiarificare liquidi e sim. **SIN.** farina fossile

diatonìa [da *diatonico* ✱ 1922] **s. f.** ● (*mus.*) passaggio del suono da un grado all'altro della scala senza alterazione di note

diatònico [vc. dotta, lat. tardo *diatŏnicu(m)*, dal gr. *diatonikós*, dal v. *diatéinein* 'tendere (*téinein*) da una parte all'altra (*diá*), distendere' ✱ 1556] **agg.** (**pl. m.** *-ci*) ● (*mus.*) relativo alla diatonia | ***scala diatonica***, formata da cinque toni e due semitoni

diatonìsmo [da *diatonico* ✱ 1956] **s. m.** ● (*mus.*) sistema di composizione caratterizzato dalla disposizione delle note secondo la scala diatonica

diatopìa [comp. di *dia-* e un deriv. del gr. *tópos* 'luogo', sul modello di *diacronia* ✱ 1973] **s. f.** ● (*ling.*) l'insieme delle differenze linguistiche connesse a variazioni geografiche (per es., sul piano lessicale, l'alternanza tra 'spigola' e la variante sett. 'branzino') || **diatòpico**, **agg.** (**pl. m.** *-ci*) (*ling.*) relativo a diatopia: *varianti diatopiche* || **diatopicaménte**, **avv.** dal punto di vista della diatopia

diatòpico [comp. di *dia-* e *topico* (V.), sul modello del fr. *diatopique* ✱ 1973] **agg.** (**pl. m.** *-ci*) ● (*ling.*) relativo a differenza linguistica connessa a variazioni geografiche || **diatopicaménte**, **avv.** dal punto di vista diatopico

✱**diàtriba** o, più diffuso ma etim. meno corretto, **diatrìba** [vc. dotta, lat. *diătriba(m)*, dal gr. *diatribḗ*, 'consumo (*tribḗ*) continuo (*diá*) del tempo, occupazione' ✱ av. 1676] **s. f. 1** nella Grecia classica, discussione pubblica su temi morali | †dissertazione, discussione **2** (*est.*) discorso violento pieno di accuse, rimproveri, critiche e sim.: *una lunga d. contro il malcostume* | (**spec. al pl.**) discussione polemica, contesa animata, disputa: *le diatribe sullo Stato sociale* **3** (*raro, fam.*) rabbuffo, strapazzata | alterco

†**diàulo** ➤ **diavolo**

†**diàvilo** ➤ **diavolo**

diavolàccio [av. 1566] **s. m. 1** (**f.** *-a*; **pl. f.** *-ce*) pegg. di *diavolo* | (*colloq.*) ***buon d., povero d.***, persona ingenua, bonaria, incapace di fare del male: *compatitelo, in fondo è un buon d.* **2** (*disus.*) congegno per la cattura notturna degli uccelli, costituito da un ombrello aperto, esternamente cosparso di una sostanza vischiosa e con un lume all'interno

diavolerìa [sec. XIII] **s. f. 1** (*raro*) azione diabolica, perfida **2** (*est.*) astuzia, accorgimento ingegnoso: *escogitare continue diavolerie* | stranezza, stravaganza: *combina sempre nuove diavolerie*; *si tura la bocca per impedire che venga fuori chi sa che d.* (L. Pirandello) | cosa o invenzione strana, bizzarra: *diavolerie elettroniche*

diavolèrio [av. 1872] **s. m.** ● (*sett.*) confusione, strepito: *cos'è questo d.?*

diavolésco [1544] **agg.** (**pl. m.** *-schi*) ● (*raro, scherz.*) di diavolo

diavoléssa **s. f. 1** moglie del diavolo | creatura, essere infernale **2** (*scherz.*) donna brutta e perfida

diavolèto [av. 1704] **s. m.** ● (*raro*) fracasso, scompiglio: *Quella fanciulla studia ..., ma con l'attenzione del cuore segue il d. di fuori* (G. Stuparich)

diavolétto [av. 1673] **s. m.** (**f.** *-a*) **1** dim. di *diavolo* **2** (*scherz.*) bambino vispo e vivace **3** (*disus.*) bigodino **4** (*fis.*) ***d. di Cartesio***, ludione

diavolìllo [da *diavolo* col suff. dim. merid. *-illo* (dal lat. *-īllus*)] **s. m.** ● (*merid.*) peperoncino rosso

diavolìno [av. 1625] **s. m. 1** dim. di *diavolo* **2** (*scherz.*) bambino vivace **3** (*disus.*) bigodino

diavolìo [1825] **s. m.** (**pl.** *-ii*) ● confusione, strepito, baccano: *un d. di grida e di bestemmie*

♦**diàvolo** o †**diàbolo**①, †**diàvilo**, †**diàulo**, †**ghiàvolo** [lat. cristiano *diăbolu(m)*, dal gr. *diábolos*, propr. 'calunniatore', dal v. *diabállein* 'gettare (*bállein*) attraverso (*diá*)' ✱ 1065] **A** **s. m.** (**f.** *-a*, *-éssa* (V.)) **1** nelle religioni cristiana ed ebraica, spirito del male e causa del disordine morale e cosmico, personificato nell'angelo ribelle Lucifero, che guida le schiere delle potenze demoniache: *le tentazioni del d.*; *essere nero, brutto, come il d.*; *essere astuto, furbo, come il, più del d.* | considerato come simbolo di ciò che è maligno, perversamente astuto e sim., dà luogo a numerose loc. fig. | ***saperne una più del d.***, essere furbo, scaltro | ***sapere dove il d. tiene la coda***, conoscere ogni tipo di inganno o malizia | ***il d. ci ha messo la coda, le corna***, in riferimento e come commento a ciò che è andato male | ***essere come il d. e l'acqua santa***, di persone o cose assolutamente inconciliabili tra loro | †***avere il d. nell'ampolla***, essere molto astuto e sagace | ***venire a patti col d.***, raggiungere uno scopo a forza di compromessi | ***avvocato del d.***, V. *avvocato* | ***abitare a casa del d.***, in un luogo lontano e scomodo da raggiungere | ***andare al d.***, andare in rovina, in malora; (*est.*) togliersi di torno: *ma perché non vai al d.?* | ***mandare al d.***, inveire contro qlcu. spec. per levarselo di torno | ***del d.***, di ciò che è molto forte, intenso, insopportabile: *fa un freddo, un caldo, del d.*; *avere una sete, una fame e sim., del d.*; *fare un chiasso del d.* | **PROV.** ***il d. fa le pentole ma non i coperchi***, le azioni malvagie e gli inganni prima o poi vengono scoperti; ***il d. non è così brutto come lo si dipinge***, ciò che temiamo non è così insidioso come può sembrare; ***la farina del d. va tutta in crusca***, ciò che si è ottenuto in modo disonesto si rivela poi privo di valore **2** si usa in escl. per esprimere meraviglia, impazienza, ira, dispetto e sim.: *corpo del d.!*; *corpo di mille diavoli!*; *sangue del d.!*; *per d.!*; *per mille diavoli! per tutti i diavoli!*; *che il d. vi porti!*; *al d.!*; *al d. tutti quanti!* **3** (*pleonast.*) si usa in frasi esclamative e interrogative: *che d. vuole costui?*; *come d. ha fatto a trovarmi?*; *dove d. ti eri cacciato?*; *per chi d. credete che l'abbia fatto?*; *perché d. dovrei andarci proprio io?*; *che d. ti prende?* **4** (*fig.*) persona vivace e irrequieta: *quel ragazzo è un vero d.*; *è un d. scatenato*; *diavoli di bambini!* | ***fare il d.***, (*fig.*) fare disordine, baccano, confusione | ***fare il d. a quattro***, V. *quattro* nel sign. II 1 | ***avere il d. addosso, avere il d. in corpo***, essere molto agitato, in continuo movimento | ***avere un d. per capello***, essere di pessimo umore **5** (*fig., colloq.*) persona mite e bonaria: *è un buon d.* | ***povero d.***, poveraccio: *quel povero d. se la passa proprio male* **6** (*fig.*) persona le cui qualità suscitano meraviglia, stupore, ammirazione e sim.: *quel d. di un uomo riesce in tutto*; *borbottava tra i denti: d. d'un frate (...) d. d'un frate!* (A. Manzoni) **7** una delle figure nel gioco dei tarocchi **8** (*zool.*) cefalottera | ***d. di mare***, manta | ***d. orsino***, piccolo marsupiale predatore con largo muso, orecchie tonde e pelo nero (*Sarcophilus Harrisii*) | ***d. del deserto, d. spinoso***, moloch | ***d. di notte***, squalo di color nero-violaceo, la cui pelle è usata come zigrino (*Scymnorhinus licha*) **B** **in funzione di inter.** ● esprime meraviglia, impazienza, disapprovazione, dispetto, ira e sim. o energica affermazione: *d.!, ma che avete combinato?*; *d., che confusione!*; *d., chi se lo sarebbe aspettato?*; *se ci sono stato? d.!*; *se ho avuto il coraggio di dirglielo? d.!, certamente!* **C** **agg. 1** †diabolico | (*fig.*) perfido **2** (*fig.*) †vivace **D** **nella loc. agg. inv. e avv.** ***alla diavola* 1** (*disus.*) alla meno peggio: *lavoro fatto alla diavola* **2** detto di vari piatti caratterizzati da condimenti piccanti: *fagioli alla diavola* | ***pollo alla diavola***, comunemente, detto di pollo aperto a metà, schiacciato e cotto sulla griglia a fuoco vivo ‖ **diavolàccio**, **pegg.** (V.) | **diavolétto**, **dim.** (V.) | **diavolino**, **dim.** (V.) | **diavolóne**, **accr.** (V.)

diavolóne [1476] **s. m. 1** accr. di *diavolo* | (*disus.*) ***santo d.!***, per esprimere stupore, stizza, ira e sim. **2** grosso confetto che un tempo veniva lanciato durante i corsi mascherati di carnevale

†**diavolóso** (o -ṣ-) [lat. eccl. *diabolōsu(m)*, dal gr. *diábolos* 'diavolo' ✻ 1483] **agg.** ● diabolico

diạzo- [comp. di *di-*② e *azo-*] primo elemento ● in parole composte della terminologia chimica, indica la presenza nella molecola di un composto del gruppo –N=N–: *diazocomposto, diazometano*

diạzocompósto [comp. di *diazo-* e *composto* ✻ 1966] **s. m.** ● composto chimico alifatico o aromatico contenente un gruppo diazo-

diạzometàno [comp. di *diazo-* e *metano* ✻ 1966] **s. m.** ● gas giallo, inodore, molto velenoso, che, se riscaldato, esplode facilmente

diạzònio [comp. di *di-*② e *azonio* ✻ 1956] **s. m.** ● radicale di alcuni idrocarburi, contenente un atomo di azoto pentavalente e uno trivalente

diạzoreazióne [comp. di *diazo-* e *reazione* ✻ 1966] **s. f.** ● (*chim.*) reazione chimica impiegata per rilevare la bilirubina nei liquidi biologici

diạzotàre [comp. di *di-*② e *azoto*] **v. tr.** (*io diạzòto*) ● (*chim.*) sottoporre a diazotazione

diạzotatóre [sec. XX] **s. m.** ● apparecchio che lavora a temperature intorno a zero gradi centigradi, in cui si opera la diazotazione

diạzotazióne [comp. di *di-*② e un deriv. di *azoto* per la presenza nella reazione di due composti azotati] **s. f.** ● reazione chimica fra un'ammina primaria aromatica, solubilizzata come sale, e l'acido nitroso, prodotto da nitrito sodico e acido minerale, a bassa temperatura; si applica spec. nell'industria dei coloranti

diạzotipìa [comp. di *diazo(composto)*, che permette il processo, e *-tipia* ✻ 1956] **s. f.** ● processo fotografico usato in fotomeccanica per ottenere immagini colorate

†**dibarbàre** [comp. di *di-*① e *barba*① 'radice' ✻ 1309] **v. tr. 1** sradicare, svellere dalle radici **2** cimare un tessuto

†**dibarbicàre** [fatto su *abbarbicare* con sostituzione del suff. di sign. opposto ✻ 1377] **v. tr.** ● sradicare

dibàṣico [comp. di *di*② e *basico*, sul modello dell'ingl. *dibasic* ✻ 1987] **agg.** (**pl. m.** *-ci*) ● detto di composto chimico che ha due atomi di idrogeno sostituibili con atomi metallici **SIN.** bibasico

†**dibassaménto** [1266] **s. m.** ● abbassamento: *la vostra richitate / venne in d.* (C. DAVANZATI)

†**dibassàre** [comp. di *di-*① e *bassare* ✻ 1266] **A** **v. tr.** ● abbassare | (*fig.*) umiliare, mortificare **B** **v. intr.** ● diminuire di altezza, d'intensità e sim. | (*fig.*) perdere potere, valore **C** †**dibassàrsi** **v. intr. pron.** ● umiliarsi

✦**dibàttere** [lat. *debăttuere*, comp. di *dē-* e *băttuere* 'battere' ✻ av. 1276] **A** **v. tr.** (**coniug. come** *battere*) **1** (*lett.*) sbattere qua e là | agitare velocemente: *l'uccello si levò in volo dibattendo le ali* **2** (*fig.*) discutere una questione, un problema e sim. vagliandone ogni aspetto: *il comitato dibatté a lungo la proposta* | considerare nel proprio intimo: *dibatteva fra sé e sé l'opportunità di partire* **3** (*raro*, *lett.*, *fig.*) travagliare, tormentare: *il soprapprese la febbre, e forte il dibatteva* (D. BARTOLI) **4** †percuotere, battere **B** **dibàttersi** **v. rifl.** ● agitarsi fortemente per opporre resistenza, divincolarsi, liberarsi e sim.: *dibattersi nelle maglie di una rete, negli spasimi della morte* | (*fig.*) tormentarsi, arrovellarsi: *dibattersi nel dubbio, nell'incertezza*

dibattimentàle [da *dibattimento* ✻ 1950] **agg.** ● relativo al dibattimento

dibattiménto [da *dibattere* ✻ sec. XIII] **s. m. 1** (*raro*) discussione: *d. di una questione* | (*raro*) disputa, controversia **2** (*dir.*) fase del processo penale in cui si assumono e discutono le prove in presenza di tutti i soggetti del processo medesimo **3** (*fig.*) †travaglio, tormento

dibàttito [da *dibattere* ✻ sec. XIII] **s. m.** ● discussione su un determinato argomento tra i partecipanti a una riunione, a un'assemblea, a una seduta, a una tavola rotonda e sim.: *partecipare a un d.*; *aprire, chiudere un d.*; *d. televisivo*; *d. parlamentare* | disputa: *dibattiti intorno alla natura della storia* (B. CROCE)

> **SFUMATURE DI SIGNIFICATO**
> ***dibattito - discussione - disputa***
> **Dibattito** è un confronto pubblico di opinioni fra due o più persone su temi di interesse collettivo (politici, sociali, artistici, ecc.). **Discussione** è invece un confronto verbale su un qualsiasi argomento, che avviene in un contesto non ufficiale e che ha interesse soprattutto per chi vi è coinvolto. **Disputa** è parola più elevata rispetto a *dibattito* ed è riservata a confronti tra specialisti su temi filosofici, scientifici o comunque di alta cultura.

dibattitóre [1830] **s. m.** (**f.** *-trice*); **anche agg.** ● (*raro*) chi (o che) dibatte

†**dibàtto** [1282] **s. m.** ● dibattito

†**dibattùta** [av. 1276] **s. f. 1** scossa **2** disputa

dibattùto **part. pass.** di *dibattere*; **anche agg. 1** discusso: *è stata una decisione molto dibattuta* | controverso: *argomento d.* **2** (*fig.*, *lett.*) tormentato, travagliato

†**dibilitàre** ➤ **debilitare**

diblàstico [comp. di *di-*② e *-blasto*, con suff. agg. ✻ 1966] **agg.** (**pl. m.** *-ci*) ● (*zool.*) detto di metazoo che ha due soli foglietti embrionali (ectoderma ed endoderma)

†**dibonàire** ➤ †**dibonario**

†**dibonarietà** o †**debonarità** [fr. *débonnaireté*, da *débonnaire* 'dibonario' ✻ 1288] **s. f.** ● amorevolezza, gentilezza

†**dibonàrio** o †**dibonàire**, †**debonàrio** [fr. *débonnaire* 'bonario' (V.) ✻ 1288] **agg.** ● gentile, benigno, cortese ‖ †**dibonariaménte**, **avv.** amorevolmente, cortesemente

diboscàre e deriv. ➤ **disboscare** e deriv.

†**dibottaménto** [sec. XIII] **s. m.** ● scuotimento

†**dibottàre** [comp. da *di-*① e *bottare* ✻ sec. XIII] **v. tr.** ● agitare, scuotere

dìbraco [vc. dotta, lat. *dĭbrachy(n)*, dal gr. *díbrachys* 'di due (*di-*) sillabe brevi' (*brachýs*: V. *brachi-*) ✻ 1655] **s. m.** (**pl.** *-chi*) ● pirrichio

†**dibrancàrsi** o †**diṣbrancàrsi** [comp. parasintetico di *branco*, con il pref. *di-*① o *dis-*① ✻ 1308] **v. intr. pron. 1** uscire dal branco **2** (*est.*) separarsi, suddividersi

Dibranchiàti [comp. di *di-*② e *branchia* ✻ 1871] **s. m. pl.** (**sing.** *-o*) ● (*zool.*) classe di Molluschi dei Cefalopodi dotati di due sole branchie e di quattro paia di braccia fornite di ventosa, cui appartengono i polpi, le seppie e i calamari (*Dibranchiata*)

dibrucàre [comp. di *di-*① e *brucare* ✻ 1830] **v. tr.** (*io dibrùco, tu dibrùchi*) ● mondare gli alberi dai ramoscelli inutili o il terreno dai residui della potatura **SIN.** dibruscare

dibrucatùra [1830] **s. f.** ● lavoro del dibrucare

dibruscàre [comp. da *di-*① e *bruscare*② ✻ 1574] **v. tr.** (*io dibrùsco, tu dibrùschi*) ● dibrucare

†**dibucciaménto** [sec. XIV] **s. m.** ● lo sbucciare | insieme di bucce

†**dibucciàre** [comp. parasintetico di *buccia*, col pref. *di-*① ✻ 1320] **A** **v. tr.** ● sbucciare | scortecciare | escoriare **B** †**dibucciàrsi** **v. intr. pron.** ● (*fig.*) agitarsi, indignarsi

†**dibùccio** [av. 1400] **s. m.** ● (*raro*) sbucciamento

dìca ➤ **dire**①

dicàce [vc. dotta, lat. *dicāce(m)*, dal v. *dicāre*, durativo di *dĭcere* 'dire' ✻ 1441] **agg.** ● (*lett.*) mordace, satirico

dicacità [vc. dotta, lat. *dicacitāte(m)*, da *dĭcax* 'dicace' ✻ 1615] **s. f. inv.** ● (*lett.*) mordacità | maldicenza

†**dicadére** e deriv. ➤ **decadere** e deriv.

†**dicalvàre** ➤ †**decalvare**

†**dicapitàre** e deriv. ➤ **decapitare** e deriv.

dicarbossìlico [ingl. *dicarboxylic*, comp. del pref. *di-* 'di-②' e *carboxylic* 'carbossilico' ✻ 1956] **agg.** (**pl. m.** *-ci*) ● (*chim.*) detto di composto organico contenente nella struttura molecolare due gruppi carbossilici: *acido d.* **SIN.** bicarbossilico

†**dicàre** [lat. *dicāre* 'proclamare'. V. *dire*① ✻ sec. XIII] **v. tr.** ● (*lett.*) consacrare (*anche fig.*): *le avea persuaso tutto il resto / d. a Dio del suo vivere onesto* (L. ARIOSTO)

dìcasi ➤ **dire**①

dicàṣio [vc. dotta, dal gr. *díchasis* 'separazione per metà', dal v. *dicházein*, da *dichá* 'metà' connesso con *dís* 'due' ✻ 1892] **s. m.** ● (*bot.*) infiorescenza in cui al di sotto del fiore o dell'asse principale si formano due fiori o due rami fioriferi che sopravanzano l'asse disposti simmetricamente

dicasteriàle [1766] **agg.** ● di un dicastero: *circolare, bilancio d.*

dicastèro [ted. *Dikasterium*, dal gr. *dikastḗrion* 'l'ufficio del giudice (*diskastḗs*), tribunale', da *díkē* 'giustizia', di orig. indeur. ✻ 1741] **s. m. 1** ministero: *d. dei Lavori Pubblici*; *d. della Difesa* **2** nella Curia romana, congregazione

†**dicàstro** [da *castro* con pref. di etim. incerta ✻ av. 1400] **s. m.** ● fortezza, castello

dicatalèttico [comp. di *di-*② e *catalettico*② ✻ 1956] **agg.** (**pl. m.** *-ci*) ● detto di verso composto di due *cola* (pl. di *colon*②) catalettici

dicatalètto [gr. *dikatálēktos*, comp. di *dís* 'due volte' e il tema di *katalḗgein* 'finire, cessare' ✻ 1956] **agg.** ● dicatalettico

dicàtti o **di càtti**, †**dicàtto**, †**di càtto** [da *catto* 'presa', dal lat. *căptum*, part. pass. di *căpere* 'prendere, pigliare' ✻ 1734] **avv.** ● (*tosc.*, *disus.*) nelle loc. ***avere d.***, (*raro*) ***avere un d.***, ritenersi fortunato

dìcco① [medio neerl. *dijk*, di prob. orig. indeur. ✻ 1869] **s. m.** (**pl.** *-chi*) ● (*geol.*) corpo geologico intrusivo stratiforme discordante con le rocce in cui è iniettato

†**dìcco**② [ingl. *dyke*, propr. 'diga', di orig. indeur. ✻ av. 1348] **s. m.** (**pl.** *-chi*) ● argine, diga

dicèfalo [vc. dotta, gr. *diképhalos* 'che ha due (*dís*) teste (*kefalaí*)' ✻ 1825] **agg. e s. m.** ● (*raro*) che (o chi) ha due teste

♦**dicèmbre** o (*lett.*) **decèmbre** [lat. *decĕmbre(m)*, sottinteso *mēnse(m)*, da *dĕcem* 'dieci', perché originariamente *decimo* mese dell'anno, che iniziava da marzo ✻ 1211] **s. m.** ● dodicesimo e ultimo mese dell'anno nel calendario gregoriano, di 31 giorni

dicembrìno o **decembrìno** [1901] **agg.** ● di dicembre: *feste dicembrine*

†**dicennòve** ➤ **diciannove**

dicènte **part. pres.** di *dire*; anche **agg.** ● nei sign. del v.

dicèntra [comp. di *di-*② e del gr. *kéntra*, pl. di *kéntron* 'sprone, punta' ✻ 1892] **s. f.** ● genere di piante erbacee ornamentali delle Papaveracee, con foglie composte e fiori penduli (*Dicentra*)

dicentràre e deriv. ➤ **decentrare** e deriv.

†**dìcere** ➤ **dire**①

dicerìa [iter. tratto dal v. †*dicere* 'dire', dal lat. *dīcere* (V. *dire*①) ✻ 1258] **s. f.** **1** chiacchiera, voce priva di fondamento, spesso maligna, ingiuriosa o calunniosa: *le dicerie della gente; sul suo conto corrono certe dicerie …; mettere in giro delle dicerie* **2** †ragionamento lungo e noioso | †***fare la d. ai porri***, parlare invano **3** †arringa, discorso solenne

†**dicèrnere** [vc. dotta, lat. *decĕrnere*, comp. di *de-* e *cĕrnere* 'scorgere' ✻ av. 1294] **v. tr.** ● discernere

†**dicertàre** [vc. dotta, lat. *decertāre*, comp. di *dē-* e *certāre* 'lottare' ✻ sec. XIV] **v. intr.** ● combattere

dicervellàre [comp. parasintetico di *cervello*, con il pref. *di-*① ✻ 1316] **A** **v. tr.** (*io dicervèllo*) **1** †togliere il cervello **2** (*fig.*) †sbalordire, far ammattire **B** **dicervellàrsi** **v. intr. pron.** ● (*lett., tosc.*) scervellarsi

dìcesi ➤ **dire**①

†**dicessàre** [comp. di *di-*① e *cessare* ✻ 1308] **v. intr.** e †**dicessàrsi** **v. intr. pron.** ● allontanarsi, scostarsi

†**dicessètte** ➤ **diciassette**

dicéssi ➤ **dire**①

†**dicèsso** o †**di cèsso** [da *dicessare* ✻ av. 1342] **avv.** ● lontano | in disparte

dicévo ➤ **dire**①

†**dicévole**① o †**decévole** [lat. tardo *decĭbile(m)*, da *decēre* 'convenire' ✻ av. 1243] **agg.** ● che si addice, che conviene: *mantenersi nello stato d. alla nascita* (F. De Sanctis) | propizio, utile ‖ †**dicevolménte**, **avv.** in modo decoroso, conveniente

†**dicévole**② [lat. tardo *dicĭbile(m)* 'che si può dire (*dīcere*)' ✻ sec. XIV] **agg.** ● dicibile

†**dicevolézza** o †**decevolézza** [da *dicevole*① ✻ 1628] **s. f.** ● convenienza, decoro

†**dichiaragióne** ➤ **dichiarazione**

dichiaraménto [1297] **s. m.** **1** †dichiarazione | †spiegazione **2** (*merid.*) nel gergo della camorra, sfida a duello con cui si pone fine a un litigio

dichiarànte **A** **part. pres.** di *dichiarare*; anche **agg.** ● nei sign. del v. **B** **s. m. e f.** ● chi fa una dichiarazione

♦**dichiaràre** o †**declaràre** [lat. *declarāre* 'chiarire apertamente', comp. di *dē-* e *clarāre* 'rischiarare, illuminare', deriv. di *clārus* 'chiaro' ✻ av. 1276] **A** **v. tr.** **1** (*lett.*) chiarire ciò che è dubbio, oscuro e sim. | (*est., lett.*) spiegare, interpretare: *d. un brano controverso* **2** rendere palese, manifesto: *d. le proprie intenzioni; le dichiarò il suo amore* | in alcuni giochi di carte, annunciare all'avversario le proprie combinazioni | nel bridge, fare la dichiarazione **3** affermare con gravità, con solennità, spec. pubblicamente (+ *di* seguito da inf., + *che*): *dichiarò di non aver mai visto l'accusato; ha sempre dichiarato la sua fede politica; io sottoscritto dichiaro che …* | indire, fissare: *è stato dichiarato lo sciopero generale* | ***d. guerra***, intimarla | (*fig.*) ***d. guerra a qlcu. o a qlco.***, annunciare una forte ostilità o una dura lotta: *d. guerra agli sprechi nella pubblica amministrazione* | ***d. il proprio reddito***, denunciarlo | ***d. qlcu. in arresto***, arrestarlo **4** sentenziare, giudicare: *fu dichiarato innocente; l'atto è stato dichiarato nullo* | nominare: *lo dichiarò suo erede* | proclamare: *lo hanno dichiarato vincitore; vi dichiaro marito e moglie* **B** **dichiaràrsi** **v. rifl.** **1** mostrarsi, affermare di essere: *puoi dichiararti fortunato; il nemico si dichiarò vinto; si dichiara favorevole all'iniziativa* | in formule epistolari di cortesia: *E. V., a cui mi dichiaro con piena osservanza devotissimo* (G. Carducci) **2** palesare, manifestare le proprie intenzioni, opinioni, tendenze e sim.: *tutti si dichiararono contro il tiranno; deciditi a dichiararti per l'uno o per l'altro* **3** (*assol.*) confessare il proprio amore alla persona che ne è oggetto: *non ha il coraggio di dichiararsi*

SFUMATURE ➤ *affermare*

dichiaratìvo o †**declaratìvo** [lat. *declaratīvu(m)*, da *declarātus* 'dichiarato' ✻ 1394] **agg.** **1** che serve a dichiarare, a spiegare: *note dichiarative* **2** (*gramm.*) detto di verbo che esprime comunicazione (per es.: *dire, affermare, dichiarare, comunicare, narrare*) **3** (*gramm.*) ***congiunzione dichiarativa***, congiunzione coordinativa che introduce una proposizione con cui si spiega quanto è affermato nella frase precedente (per es.: *cioè, infatti, invero*); congiunzione subordinativa che introduce una dichiarazione, un'affermazione, un'enunciazione (per es.: *che, di*) | ***proposizione dichiarativa***, proposizione subordinata che serve a spiegare un pronome dimostrativo, completando il senso della principale (per es.: *su questo concordo, che lui sia in buona fede; di questo ti accuso, di avermi mentito*); (*generic.*) proposizione subordinata che costituisce l'enunciato di una comunicazione (per es.: *ti dico che non l'ho visto*) **4** (*dir.*) detto di negozio o di provvedimento giurisdizionale o amministrativo che accerta rapporti o situazioni giuridiche preesistenti ‖ **dichiarativaménte**, **avv.**

dichiaràto **part. pass.** di *dichiarare*; anche **agg.** ● nei sign. del v. | manifesto, aperto: *nemico d.* | esplicito: *odio ed astio d.* (G. Leopardi) ‖ **dichiarataménte**, **avv.** in modo chiaro e manifesto

dichiaratóre [lat. *declaratōre(m)*, da *declarātus* 'dichiarato' ✻ av. 1328] **s. m.** (**f.** *-trice*); anche **agg.** ● (*raro*) chi (o che) dichiara

†**dichiaratòrio** ➤ **declaratorio**

♦**dichiarazióne** o †**dichiaragióne**, †**declarazióne** [lat. *declaratiōne(m)*, da *declarātus* 'dichiarato' ✻ 1310] **s. f.** **1** affermazione gener. solenne, spesso fatta in forma ufficiale: *d. di principi, di diritti; rilasciare una d.; prestar fede alle dichiarazioni di qlcu.; d. d'amore, amorosa; d. di guerra* | ***fare la d.***, (*disus.*) confessare il proprio amore alla persona amata | (*est.*) testo, documento con cui si dichiara qlco.: *firmare una d.* **2** (*dir.*) contenuto di un provvedimento dichiarativo; (*est.*) il provvedimento stesso: *d. giudiziale della paternità; d. di fallimento* **3** †spiegazione di ciò che è oscuro o incomprensibile **4** nel gioco del bridge, fase iniziale in cui ognuno dei partecipanti dichiara quante e quali prese ha intenzione di realizzare ‖ **dichiarazioncèlla**, **dim.** | **dichiarazioncìna**, **dim.**

SFUMATURE DI SIGNIFICATO

dichiarazione - proclamazione

L'atto di comunicare, esprimere in forma ufficiale dati, situazioni, provvedimenti di cui si ha responsabilità si dice **dichiarazione**; il termine si usa anche per identificare la cosa comunicata. Nel caso in cui oggetto della dichiarazione siano avvenimenti di grande rilievo, investiture, nomine ad alte cariche si parla invece di **proclamazione**.

dichinàre e deriv. ➤ **declinare**① e deriv. e **declinare**②

♦**diciannòve** o †**diecinòve**, †**dicennòve** [lat. *dĕcem ac nŏvem* 'dieci e nove' ✻ 1211] **agg. num. card. inv.**; anche **s. m. e f. inv.** (V. nota d'uso NUMERI E NUMERALI) ● numero naturale successivo di diciotto, rappresentato da *19* nella numerazione araba, da *XIX* in quella romana. **I** come agg. ricorre nei seguenti usi **1** rispondendo o sottintendendo la domanda 'quanti?', indica la quantità numerica di diciannove unità (spec. preposto a un sost.): *sono le ore otto e d. minuti; mia figlia ha appena d. anni; ho moltiplicato il risultato per d. ventesimi; ha fatto un'assenza di d. giorni* **2** rispondendo o sottintendendo la domanda 'quale?', identifica qlco. in una pluralità, in una successione, in una sequenza (posposto a un sost.): *l'ho incontrato alla fermata del tram d.; hai visto il cliente della camera d.?* **II** come sost. ricorre nei seguenti usi **1** il numero diciannove (per ellissi di un sost.); *il d. nel centosettantuno sta esattamente nove volte; mia zia sta al d. di piazza Roma; è questa la fermata del d.?; conto di essere a Roma il d. di aprile* | ***le d.***, le ore sette pomeridiane **2** il segno che rappresenta il numero diciannove

diciannovènne [comp. di *diciannove* e del lat. *-ennis*, da *ănnus* 'anno' ✻ 1904] **agg. e s. m. e f.** ● che (o chi) ha diciannove anni d'età

diciannovèṣimo (o *-é-*) **A** **agg. num. ord.** ● corrispondente al numero diciannove in una sequenza, in una successione (rappresentato da *XIX* nella numerazione romana, da *19°* in quella araba): *si è classificato d.; sono già arrivato al d. capitolo*; (*ellitt.*) *tre alla diciannovesima* | ***il secolo XIX***, gli anni dal 1801 al 1900 **SIN.** (*lett.*) decimonono **B** **s. m.** ● ciascuna delle diciannove parti uguali di una stessa quantità: *calcolare i quattro diciannovesimi del numero; ha prelevato un d. della somma*

diciannovìṣmo [da *(millenovecento)diciannove*, anno in cui fu fondato il partito fascista ✻ 1924] **s. m.** ● il complesso dei fenomeni che contraddistinsero la fase politica immediatamente successiva alla prima Guerra mondiale

diciannovìsta [1942] **agg. e s. m. e f.** (**pl. m.** *-i*) ● che (o chi) partecipò al movimento fascista fin dalla sua fondazione, avvenuta nel 1919

♦**diciassètte** o †**diecisètte**, †**dicissètte**, †**dicessètte** [lat. *dĕcem ac sĕptem* 'dieci e sette' ✻ 1243] **agg. num. card. inv.**; anche **s. m. e f. inv.** (V. nota d'uso NUMERI E NUMERALI) ● numero naturale successivo di sedici, rappresentato da *17* nella numerazione araba, da *XVII* in quella romana. **I** come agg. ricorre nei seguenti usi **1** rispondendo o sottintendendo la domanda 'quanti?', indica la quantità numerica di diciassette unità (spec. preposto a un sost.): *il treno parte alle ore cinque e d. minuti; mio fratello ha compiuto ieri d. anni* **2** rispondendo o sottintendendo la domanda 'quale?', identifica qlco. in una pluralità, in una successione, in una sequenza (posposto a un sost.): *prendi l'autobus d.; abita al numero d. di via Roma* | ***venerdì d.***, (*est., scherz.*) giorno sfortunato **II** come sost. ricorre nei seguenti usi **1** il numero diciassette (per ellissi di un sost.): *il d. nel sessantotto ci sta esattamente quattro volte; è questa la fermata del d.?; ho incontrato il cliente del d.; penso di partire il d. maggio; ho l'appuntamento per le d.* | ***le d.***, le cinque del pomeriggio | ***la rivoluzione russa del '17***, del 1917 **2** il segno che rappresenta il numero diciassette

diciassettènne [comp. di *diciassette* e del lat. *-ennis*, da *ănnus* 'anno' ✱ 1874] **agg. e s. m. e f.** ● che (o chi) ha diciassette anni d'età

diciassettèṣimo (o **-é-**) **A** **agg. num. ord.** ● corrispondente al numero diciassette in una sequenza, in una successione (rappresentato da *XVII* nella numerazione romana, da *17°* in quella araba): *è al d. posto della graduatoria; il d. canto del Purgatorio; Luigi XVII, re titolare di Francia; tre alla diciassettesima*, (*ellitt.*) | ***il secolo XVII***, gli anni dal 1601 al 1700 **SIN.** (*lett.*) decimosettimo **B** **s. m.** ● ciascuna delle diciassette parti uguali di una stessa quantità: *calcolare i cinque diciassettesimi di una somma*

dicìbile [vc. dotta, lat. *dicĭbile(m)*, da *dīcere* 'dire' ✱ 1481] **A** **agg.** ● che si può dire **B** anche **s. m.** **CONTR.** indicibile ‖ **dicibilità**, **s. f. inv.**

†**diciferàre** e deriv. ➤ **decifrare** e deriv.

†**diciménto** [da †*dicere* ✱ sec. XIII] **s. m.** ● discorso

dicioccaménto [1956] **s. m.** ● (*agric.*) diciocatura

diciocàre [comp. di *di-*① e *ciocca* ✱ 1869] **v. tr.** (*io diciòcco, tu diciòcchi*) ● (*agric.*) levare dal terreno le ceppaie degli alberi abbattuti | estirpare cespugli dal terreno da rimboscare

diciocatùra [1869] **s. f.** ● (*agric.*) lavoro del diciocare

diciottènne [comp. di *diciotto* e del lat. *-ennis*, da *ănnus* 'anno' ✱ 1858] **agg. e s. m. e f.** ● che (o chi) ha diciotto anni d'età

diciottèṣimo (o **-é-**) o †**deceottèṣimo** (o **-é-**) **A** **agg. num. ord.** ● corrispondente al numero diciotto in una sequenza, in una successione (rappresentato da *XVIII* nella numerazione romana, da *18°* in quella araba): *si è classificato d.; per il d. compleanno ha dato un grande ballo; due alla diciottesima*, (*ellitt.*) | ***il secolo XVIII***, gli anni dal 1701 al 1800 **SIN.** (*lett.*) decimottavo **B** **s. m.** ● ciascuna delle diciotto parti uguali di una stessa quantità: *calcolare i cinque diciottesimi dell'altezza*

♦**diciòtto** o †**dieciòtto**, †**dieceòtto**, †**deceòtto** [lat. *dĕcem ŏcto* 'dieci (e) otto' ✱ 1211] **agg. num. card. inv.; anche s. m. e f. inv.** (V. nota d'uso NUMERI E NUMERALI) ● numero naturale successivo di diciassette, rappresentato da *18* nella numerazione araba, da *XVIII* in quella romana. **I** come agg. ricorre nei seguenti usi **1** rispondendo o sottintendendo la domanda 'quanti?', indica la quantità numerica di diciotto unità (spec. preposto a un sost.): *sono le ore sei e d. minuti; ha una figlia di d. anni; sottraete d. ventesimi dalla somma; è assente da d. giorni* **2** rispondendo o sottintendendo la domanda 'quale?', identifica qlco. in una pluralità, in una successione, in una sequenza (posposto a un sost.): *prendere l'autobus d.; prima abitavo al numero d. di via Roma* **II** come sost. ricorre nei seguenti usi **1** il numero diciotto (per ellissi di un sost.): *d. per due; il d. sta nel novanta esattamente cinque volte; ti aspetto alla fermata del d.; dal d. giugno sarò in campagna* | ***le d.***, le ore sei pomeridiane | il voto equivalente alla sufficienza nella valutazione universitaria, espressa in trentesimi: *ha preso un d. in geografia* | †***tenere l'invito del d.***, essere impavido | (*tosc.*) ***d. di vino!***, detto di persona cocciuta **2** il segno che rappresenta il numero diciotto

†**dicissètte** ➤ **diciassette**

dicitóre [dal lat. *dīcere* 'dire' (V. *dire*①) ✱ sec. XII] **s. m.** (**f.** *-trice*) **1** nel vecchio teatro di varietà, interprete di canzonette recitate anziché cantate | chi declama versi o prosa in pubblico: *buon d.; d. mediocre, mirabile* | ***fine d.***, (*est.*, *iron.*) chi si compiace di virtuosismi oratori **2** †parlatore, oratore | ***d. in rima***, poeta, verseggiatore

dicitùra [1585] **s. f.** **1** (*lett.*) forma con cui è detta o scritta una frase: *una d. complicata, breve, chiara* | maniera di esprimere un concetto **2** frase scritta breve e concisa, di senso compiuto: *la bottiglia recava la d. 'agitare prima dell'uso'*

†**diclinàre** ➤ **declinare**①

diclìno [comp. di *di-*② e del gr. *klínē* 'letto' ✱ 1830] **agg.** ● detto di fiore che possiede solo stami o solo carpelli **SIN.** unisessuale

dico ➤ **dire**①

dico- [dal gr. *dicho-* 'in due', da *dichás* 'metà', da *dís* 'due'] **primo elemento** ● in parole composte della terminologia scientifica, significa 'in due, diviso a metà' e sim.: *dicocero, dicogamia*

dicòcero [vc. dotta, comp. di *dico-* e del gr. *kéras* 'corno' ✱ 1966] **s. m.** ● genere di Uccelli dei Passeriformi caratterizzati da una grossa protuberanza sul becco (*Dichoceros*)

dicogamìa [vc. dotta, comp. di *dico-* e *-gamia* ✱ 1956] **s. f.** ● (*bot.*) maturazione del polline e degli ovuli in tempi successivi

†**dicollàre** e deriv. ➤ **decollare**① e deriv.

dicòrdo [vc. dotta, gr. *díchordos* 'a due (*di-*) corde (*chordaí*)' ✱ 1956] **s. m.** ● (*mus.*) antico strumento popolare a due corde **SIN.** tromba marina

dicorèo [vc. dotta, lat. *dichorēu(m)*, dal gr. *dichóreios* (sottinteso *póus* 'piede') 'doppio (*di-*) corèo (*chorêios*)' ✱ 1655] **s. m.** ● (*ling.*) piede metrico della poesia greca e latina formato di due corei o trochei

dicoriàle [comp. di *di-*② e un deriv. di *corion* ✱ 1932] **agg.** ● (*biol.*) detto di gravidanza gemellare in cui i gemelli hanno origine dalla fecondazione di due cellule uovo diverse da parte di due diversi spermatozoi

†**dicórrere** ➤ **decorrere**

†**dicórso** ➤ **decorso**②

dicotermìa [comp. di *dico-* e *-termia* ✱ 1966] **s. f.** ● (*geogr.*) fenomeno, tipico dei mari freddi, per cui la temperatura delle acque del fondo è più elevata di quella delle acque di superficie

dicotilèdone [vc. dotta, comp. di *di-*② e *cotiledone* ✱ 1825] **agg.** ● detto di pianta o dell'embrione con due cotiledoni

Dicotilèdoni [1820] **s. f. pl.** (**sing.** *-e*) ● (*bot.*) classe di piante delle Angiosperme che hanno due cotiledoni nell'embrione

♣**dicotomìa** [vc. dotta, gr. *dichotomía*, comp. di *dicho-* 'in due' (V. *dico-*) e *tomḗ* 'taglio' ✱ av. 1835] **s. f.** **1** divisione in due parti | (*astron.*) ***d. lunare***, fase del primo e ultimo quarto, quando appare solo metà del disco della luna **2** (*filos.*) suddivisione di un concetto in altri due contrapposti che ne esauriscono l'estensione | (*est.*) contrapposizione, divaricazione tra due concetti o elementi: *la d. fra scienza ed etica* **3** (*bot.*) successiva biforcazione di un fusto in cui la gemma apicale si divide in due formando due rami equivalenti

dicotòmico [1906] **agg.** (**pl. m.** *-ci*) ● relativo alla dicotomia | che si basa su una dicotomia ‖ **dicotomicaménte**, **avv.** in modo dicotomico, per dicotomia

dicòtomo [gr. *dichótomos* 'che è tagliato (dal v. *témnein*) in due (*dícha*)' ✱ 1732] **agg.** ● che si divide in due, che si biforca | ***Luna dicotoma***, al primo o all'ultimo quarto

†**dicozióne** ➤ **decozione**①

†**dicréscere** e deriv. ➤ **decrescere** e deriv.

†**dicrinàre** ➤ **declinare**① e **declinare**②

dicròico [vc. dotta, da *dicroismo* ✱ 1869] **agg.** (**pl. m.** *-ci*) ● di due colori | (*fis.*) di sostanza che presenta dicroismo

dicroìṣmo [vc. dotta, dal gr. *díchroos* 'a doppio (*di-*) colore (*chrṓs*)' ✱ 1829] **s. m.** ● (*fis.*) proprietà di alcuni cristalli di presentarsi in due colorazioni diverse a seconda della direzione di provenienza della luce incidente **CFR.** policroismo

dicroìte [dal gr. *díchroos* (V. *dicroismo*) col suff. *-ite*② ✱ 1874] **s. f.** ● (*miner.*) vecchio nome della cordierite che ne evidenzia il caratteristico dicroismo | nome usato per indicare la cordierite di qualità gemmologica

†**dicrollaménto** [av. 1363] **s. m.** ● scuotimento

†**dicrollàre** [comp. di *di-*① e *crollare* ✱ 1316] **v. tr.** ● scuotere, agitare, vibrare: *sbattersi da lungi e d. / lor cime i monti* (G. LEOPARDI)

dicromàtico [vc. dotta, comp. di *di-*② e *cromatico* ✱ 1892] **agg.** (**pl. m.** *-ci*) **1** di due colori **2** (*fis.*) detto di luce composta da due componenti monocromatiche

dicromatìṣmo [comp. di *di-*② e *cromatismo* ✱ 1956] **s. m.** ● (*med.*) forma di discromatopsia congenita in cui manca la percezione visiva di uno dei tre colori fondamentali rosso, verde e blu **SIN.** dicromatopsia **CFR.** protanopia, deuteranopia, tritanopia

dicromatopsìa [vc. dotta, comp. di *di-*②, del gr. *chrôma*, genit. *chrṓmatos* 'colore' e *opsis* 'vista, apparenza'] **s. f.** ● (*med.*) dicromatismo

dicromìa [da *dicromo* ✱ 1956] **s. f.** **1** impiego di due colori in opere di pittura o nella decorazione di statue, edifici e sim. **2** bicromia

dicromìṣmo [comp. di *di-*② e un deriv. del gr. *chrôma* 'colore' ✱ 1958] **s. m.** **1** (*fis.*) dicroismo **2** (*zool.*) ***d. sessuale***, differenza di colore fra i due sessi in una specie animale

dìcromo [gr. *díchrōmos*, comp. di *dís* 'due volte' e *chrôma* 'colore' ✱ 1830] **agg.** ● di due colori: *pittura, decorazione dicroma*

dicrotìṣmo [da *dicroto* ✱ 1874] **s. m.** ● (*med.*) presenza di due pulsazioni immediatamente succedentisi nel polso arterioso

dìcroto [vc. dotta, lat. *dĭcrotu(m)*, dal gr. *díkrotos*, 'che ha una doppia (*di-*) battitura (*krótos*)' ✱ 1825] **agg.** ● (*med.*) caratterizzato da dicrotismo: *polso d.; onda dicrota*

dictàfono ➤ **dittafono**

dicumarina [comp. di *di-*② e *cumarina* ✱ 1956] **s. f.** ● (*chim.*) composto organico ossigenato ad azione anticoagulante

dicumaròlico [da *dicumarolo* ✱ 1983] **agg.** (**pl. m.** *-ci*) ● che contiene dicumarolo: *farmaci dicumarolici*

dicumaròlo [da *dicumarina*, con cambio di suff. ✱ 1983] **s. m.** ● (*chim.*) dicumarina

didascalìa [vc. dotta, gr. *didaskalía* 'istruzione, insegnamento', da *didáskalos* 'maestro', dal v. *didáskein* 'insegnare', di orig. indeur. ✱ av. 1873] **s. f.** **1** indicazione aggiunta al testo di un'opera teatrale per precisare i particolari della messinscena | dicitura sovrapposta alle immagini cinematografiche o televisive per tradurre il parlato in un'altra lingua o per chiarire l'azione **SIN.** sottotitolo **2** breve dicitura informativa che accompagna una illustrazione **3** (*est.*) avviso, indicazione

♣**didascàlico** [vc. dotta, lat. tardo *didascălicu(m)*, dal gr. *didaskalikós*, agg. di *didáskalos* 'maestro' (V. *didascalia*) ✱ av. 1556] **agg.** (**pl. m.** *-ci*) ● fatto per insegnare, per istruire: *scritti didascalici; poesia didascalica* | che denota pedanteria, saccenteria ‖ **didascalicaménte**, **avv.** (*raro*) in modo didascalico ‖ **didascalicità**, **s. f. inv.**

didàscalo [vc. dotta, gr. *didáskalos* 'maestro', dal v. *didáskein* 'insegnare' ✱ 1585] **s. m.** ● nel teatro greco antico, l'istruttore del coro

♣**didàtta** [tratto da *(auto)didatta* ✱ 1956] **s. m. e f.** (**pl. m.** *-i*) **1** insegnante, docente, con particolare riferimento alle sue capacità e al suo metodo di insegnare **2** (*psicoan.*) analista che compie un trattamento analitico sui futuri analisti, a scopo didattico e di addestramento

didàttica [da *didattico* ∗ 1869] **s. f.** ● settore della pedagogia che ha per oggetto lo studio dei metodi per l'insegnamento

didattichése (o -ṣ-) [da *didattica* col suff. *-ese*② ∗ 1990] **s. m.** ● particolare stile e gergo, considerati talora burocratici e astrusi, usati da chi si occupa di didattica

♦**didàttico** [vc. dotta, gr. *didaktikós*, da *didaktós*, part. pass. di *didáskein* 'insegnare', di orig. indeur. ∗ av. 1827] **agg.** (**pl. m.** *-ci*) **1** che concerne l'insegnamento: *metodo, criterio, programma d.* | che riguarda la scuola primaria: *circolo d.* | ***Direttore d.***, V. *direttore* **2** (*est.*) istruttivo, moraleggiante ‖ **didatticaménte**, **avv.** in modo conforme ai principi della didattica; da un punto di vista didattico

didattiṣmo [comp. di *didatt(ica)* e *-ismo* ∗ 1920] **s. m.** ● (*raro*) eccessiva rigidezza nel seguire e applicare teorie e tecniche di insegnamento

Didèlfidi [comp. di *di-*② e del gr. *delphýs* 'utero' (prob. di orig. indeur.) ∗ 1825] **s. m. pl.** (**sing.** *-e*) ● (*zool.*) famiglia di Marsupiali americani arboricoli, con coda prensile, cui appartiene l'opossum (*Didelphidae*)

didéntro o **di déntro** [comp. di *di* e *dentro* ∗ sec. XIV] **A** **avv.** ● nell'interno, dalla parte interna | V. anche *dentro* **B** **in funzione di s. m. inv.** ● (*fam.*) la parte interna: *il d. dell'automobile; una voce chiamava dal d. della casa*

didgeridoo /*ingl.* ˌdɪdʒəri'du/ [vc. onomat. ∗ 1968] **s. m. inv.** ● strumento musicale a fiato originariamente degli aborigeni australiani; è costituito da un lungo pezzo di legno cavo e si suona facendo vibrare le labbra e impiegando la voce

didiètro o **di diètro**, nei sign. B e C [comp. di *di* e *dietro* ∗ av. 1375] **A** **avv.** ● dietro **B** **in funzione di agg. inv.** ● posteriore: *la ruota d. della bicicletta* **C** **in funzione di s. m. inv.** **1** la parte posteriore: *il d. della casa* **2** (*fam.*, *scherz.*) il sedere: *gli diede un calcio nel d.*

didìmio [vc. dotta, coniata dallo scopritore C. G. Mosander col gr. *dídymos* 'gemello', perché, pur ritenendo questo metallo un elemento, lo trovava sempre accompagnato con un altro elemento, il lantanio ∗ 1874] **s. m.** ● (*chim.*) miscuglio di neodimio e praseodimio un tempo erroneamente ritenuto un elemento chimico

dìdimo① [vc. dotta, gr. *dídymos*, prob. reduplicazione di *dýo* 'due' col suff. *-mo* ∗ 1830] **agg.** ● (*bot.*) detto di organo vegetale composto di due metà rotondeggianti e unite per un certo tratto

dìdimo② [gr. *dídymos* 'gemello', poi 'testicolo' (V. *didimo*①) ∗ 1585] **s. m.** ● (*lett.*, **spec. al pl.**) testicolo

dido ➤ **dodo**

didràmma [vc. dotta, lat. *didrăchma*, dal gr. *dídrachmon* 'doppia (*di-*) dramma (*drachmḗ*)' ∗ av. 1588] **s. m.** (**pl.** *-i*) ● antica moneta d'argento greca del valore di due dramme

†**didùrre** e deriv. ➤ **dedurre** e deriv.

†**die**① ● V. **dì**

†**Die**② ➤ **Dio**①

diebus illis, in ➤ **in diebus illis**

†**dièce** ➤ **dieci**

†**dieceòtto** ➤ **diciotto**

♦**dièci** o †**dièce**, †**dèce** [lat. *dĕcem*, di orig. indeur. ∗ 1266] **agg. num. card. inv.**; **anche s. m. e f. inv.** (**V. nota d'uso NUMERI E NUMERALI**) ● numero naturale successivo di nove, rappresentato da *10* nella numerazione araba, da *X* in quella romana. **I** come agg. ricorre nei seguenti usi **1** rispondendo o sottintendendo la domanda 'quanti?', indica la quantità numerica di dieci unità (spec. preposto a un sost.): *contare sulle d. dita; le d. giornate di Brescia; i d. comandamenti; moltiplicare per d.; d. sedicesimi; sarò lì fra d. minuti; sarà distante d. kilometri* **CFR.** deca-, deci- **2** rispondendo o sottintendendo la domanda 'quale?', identifica qlco. in una pluralità, in una successione, in una sequenza (posposto a un sost.): *leggi al paragrafo d.; ho conosciuto la cliente della camera d.* | ***gli anni D.***, in un secolo, spec. il XX, quelli compresi fra dieci e diciannove **3** in composizione con altri numeri semplici o composti forma numeri superiori: *centodieci; milleduecentodieci; diecimila* **II** come sost. ricorre nei seguenti usi **1** il numero dieci (per ellissi di un sost.): *il cinque nel d. sta due volte; ho uno sconto del d. per cento; abito in Via Mazzini d.; è stato estratto il d.; ho giocato il d. di picche; ha preso d. nel tema; il Consiglio dei Dieci; i Dieci di balìa strinsero lega co' fiorentini* (G. CARDUCCI) | ***mangiare, lavorare per d.***, moltissimo | ***a d. a d., di d. in d.***, (*ellitt.*) dieci alla volta | ***le d.***, le ore dieci del mattino; le ore ventidue | ***nel '10***, nel 2010 o nel 1910, nel 1810, nel 1710, ecc. **2** il segno che rappresenta il numero dieci

Definizione d'autore

Uno e zero, il numero **dieci** è la sintesi del tutto e del niente, forse proprio per questo è così affascinante. **Dieci** in pagella, voto **10**, **dieci** e lode, la perfezione. Ma a pensarci bene c'è altro, c'è di più: non esiste numero così legato al gioco del calcio, che se n'è appropriato al punto da renderlo, anche per i non calciofili, sinonimo di bellezza, fantasia, talento, istinto, estro, genio. Dunque non solo un ruolo sul campo, ma un modo di intendere il calcio e forse anche la vita. Vale anche per chi era un **"10"** ma non ce l'aveva addosso, come Cruijff o Zidane. La parola **dieci** per un appassionato di calcio appartiene alla dimensione del sogno: per i nostri nonni e per i nostri padri Puskás, Di Stefano, Sivori, Pelé, Rivera. Per la mia generazione Maradona, Zico, Platini, fino a Baggio, dal quale ho ereditato quella maglia. È il punto d'arrivo, l'obiettivo. Il dovere della bellezza. Averla indossata è puro orgoglio.

Alessandro Del Piero

diecimìla [comp. di *dieci* e *-mila*] **agg. num. card. inv.**; **anche s. m. e f. inv.** (**V. nota d'uso NUMERI E NUMERALI**) ● dieci volte mille, dieci migliaia, rappresentato da *10 000* nella numerazione araba, da $\overline{X}$ in quella romana. **I** come agg. ricorre nei seguenti usi **1** rispondendo o sottintendendo la domanda 'quanti?', indica la quantità numerica corrispondente a diecimila unità (spec. preposto a un sost.): *un'auto da d. euro* **CFR.** miria- **2** (*est.*) molti, parecchi (con valore indet. o iperbolico): *d. colonne scintillando / ricorrevan per l'alte moli a torno* (G. D'ANNUNZIO) **3** rispondendo o sottintendendo la domanda 'quale?', identifica qlco. in una pluralità, in una successione, in una sequenza (posposto a un sost.): *l'abbonato numero d.* **II** come sost. ricorre nei seguenti usi **1** il numero diecimila (per ellissi di un sost.): *hanno partecipato in d.* **2** il segno che rappresenta il numero diecimila **3** (*sport*, **al pl.**) distanza di diecimila metri piani, su pista, su cui si sviluppa una classica gara di fondo | (*est.*) la gara stessa: *correre, vincere i d.*

diecimilionèṣimo (o -é-) o **decimilionèṣimo** (o -é-) **A** **agg. num. ord.** ● corrispondente al numero dieci milioni in una successione, in una classificazione, in una serie (rappresentato da $\overline{XM}$ *nella numerazione romana, da 10 000 000°* in quella araba): *la diecimilionesima parte* **B** **s. m.** ● ciascuna dei dieci milioni di parti uguali in cui può essere divisa una quantità

diecimillèṣimo (o -é-) ➤ **decimillesimo**

diecìna ➤ **decina**

†**diecinòve** ➤ **diciannove**

†**dieciòtto** ➤ **diciotto**

†**diecisètte** ➤ **diciassette**

dièdi ➤ **dare**①

dièdro [vc. dotta, formata con il gr. *dís* 'due' e *hédra* 'base' ∗ 1820] **A** **s. m.** **1** (*mat.*) porzione di spazio compresa fra due semipiani aventi origine dalla stessa retta | ***d. acuto, ottuso, retto, piatto***, la cui sezione normale è, rispettivamente, un angolo acuto, ottuso, retto, piatto **2** nell'alpinismo, struttura rocciosa rientrante formata dalla convergenza di due superfici o pareti | ***d. aperto, chiuso***, se l'angolo tra le superfici o pareti è rispettivamente superiore o inferiore ai 90° **3** (*aeron.*) ***d. alare, trasversale***, angolo fra i piani di due semiali corrispondenti, nel velivolo | ***d. longitudinale***, angolo fra il piano medio alare e il piano medio dell'impennaggio orizzontale **B** **agg.** ● (*mat.*) detto di angolo compreso fra due semipiani aventi origine dalla stessa retta

dieffenbàchia (dief-fen-ba-chia, dief-fen--bach-ia) /diffem'bakja/ [dal n. del botanico ted. J.F. *Dieffenbach* (1811-1855) ∗ 1987] **s. f.** ● (*bot.*) genere di piante delle Aracee, spontanee nell'America tropicale, sempreverdi, con foglie lucide e screziate, usate come piante ornamentali (*Dieffenbachia*)

diegèṣi [fr. *diégèse*, dal gr. *diḗgēsis* 'narrazione, racconto', da *diēgéisthai* 'raccontare', comp. di *diá* 'attraverso' e *hēgéisthai* 'condurre, guidare' ∗ 1892] **s. f. inv.** ● nella critica strutturalista, lo svolgimento narrativo di un'opera letteraria, teatrale, cinematografica e sim.

diegètico [fr. *diégétique*, dal gr. *diēgētikós* 'che ama raccontare'; V. *diegesi* ∗ 1913] **agg.** (**pl. m.** *-ci*) ● in semiotica, relativo allo sviluppo narrativo di un'opera letteraria, teatrale, cinematografica, e ai suoi elementi strutturali, come tempi, modi e sim. | ***tempo d. di un film***, quello sul cui arco si svolgono i fatti in esso narrati, spec. in contrapposizione a quello reale della sua proiezione

dielèttrico [ingl. *dielectric*, comp. di *dia-* ed *elettrico* ∗ 1869] **agg.**; **anche s. m.** (**pl. m.** *-ci*) ● (*elettr.*) detto di materiale o corpo cattivi conduttori dell'elettricità: *sostanza dielettrica* ‖ **dielettricità**, **s. f. inv.** proprietà dei corpi dielettrici

diencefàlico [1939] **agg.** (**pl. m.** *-ci*) ● (*anat.*) relativo al diencefalo

diencèfalo [vc. dotta, comp. di *dia-* ed *encefalo* ∗ 1904] **s. m.** ● (*anat.*) parte dell'encefalo posta tra telencefalo e mesencefalo, cui corrispondono importanti centri nervosi e l'ipofisi

diène [comp. di *di-*② e del suff. proprio della serie *-ene* ∗ 1956] **s. m.** ● (*chim.*) idrocarburo la cui molecola contiene due legami doppi fra atomi di carbonio **SIN.** diolefina

dièreṣi [vc. dotta, lat. tardo *diăeresi(n)*, dal gr. *diáiresis*, dal v. *diáirein* 'togliere (*áirein*) separando (*diá-*)' ∗ 1540] **s. f. inv.** **1** (*ling.*) in metrica, separazione di due vocali in due sillabe distinte all'interno di parola: *Forse perché della fatal quïete* (U. FOSCOLO) **CONTR.** sineresi | segno diacritico della dieresi (¨) **2** (*ling.*) nella metrica classica, pausa ritmica che si trova in fine parola e in fine di piede **3** (*med.*) separazione fra tessuti che, normalmente, sono uniti | sezione dei tessuti

dierètico [1835] **agg.** (**pl. m.** *-ci*) ● (*ling.*) relativo alla dieresi

diergòlo [comp. di *di-*② ed *ergolo* ∗ 1983] **s. m.** ● bipropellente

dieṣàre [da *diesis* ∗ 1869] **v. tr.** (*io dièṣo*) ● (*mus.*) apporre i diesis

dièṣel /'dizel, *ted.* 'di:zl/ [dal n. dell'inventore, il ted. R. *Diesel* (1858-1913) ∗ 1897] **A** **agg. inv.**

● (*mecc.*) detto di motore a combustione interna, a iniezione di nafta od olio pesante, la cui accensione è provocata dall'elevata compressione dell'aria nella camera di scoppio **B** **s. m. inv. 1** motore diesel **2** (*est.*) autoveicolo fornito di motore diesel | (*fig.*) persona non brillante, ma tenace e affidabile

dìes ìrae /*lat.* die'sire/ [loc. lat., propr. 'il giorno dell'ira', dalle parole iniziali della sequenza ✱ av. 1694] **loc. sost. m. inv. (pl. lat. inv.) 1** (*relig.*) sequenza latina cantata nell'ufficio funebre cattolico | (*est.*) il giorno dell'ira di Dio e del giudizio universale **2** (*fig.*) momento della resa dei conti: *verrà il suo dies irae!*

dièṣis [vc. dotta, lat. *dĭesi(n)*, dal gr. *díesis* 'intervallo', dal v. *diiénai* 'passare (*hiénai*) attraverso (*diá*)' ✱ av. 1334] **A** **s. m. inv.** ● (*mus.*) alterazione che alza di un semitono la nota cui si riferisce, fissa se posta in chiave, temporanea se precede immediatamente la nota: *quattro d. in chiave* **B** **anche agg. inv.**: *do d.*

dieṣizzàre [1956] **v. tr.** ● (*mus.*) diesare

diḗsse ① [dalla lettura (*di esse*) della sigla *D(irettore) S(portivo)* ✱ 1987] **s. m. e f. inv.** ● (*sport, gerg.*) direttore sportivo

diḗsse ② [dalla lettura (*di esse*) della sigla *D(emocratici) di S(inistra)* ✱ 1998] **s. m. e f. inv.**; (*raro*) **anche agg. inv.** ● diessino

diessìno [dalla lettura della sigla dei Democratici di sinistra: *di esse* ✱ 1998] **A** **agg.** ● appartenente o relativo ai Democratici di sinistra **B** **s. m. (f. -a)** ● esponente o sostenitore dei Democratici di sinistra

♦**dièta** ① [vc. dotta, lat. *diăeta(m)*, dal gr. *díaita*, forse originariamente 'decisione, ripartizione (della vita)' ✱ 1288] **s. f. 1** regime alimentare, spec. a fini terapeutici o igienici: *d. lattea, proteica, liquida, per diabetici* | ***d. dissociata***, in cui a pasti ricchi di proteine si alternano pasti a base di farinacei | ***d. mediterranea***, basata in prevalenza su cereali, pane, pasta, grassi di origine vegetale come l'olio d'oliva, e ortaggi | ***d. bilanciata***, in cui l'apporto energetico è ripartito in modo equilibrato tra proteine, lipidi e glucidi | ***d. a zona***, dieta che dosa l'apporto percentuale di carboidrati, proteine e grassi, in modo da ridurre, grazie a un corretto equilibrio ormonale, la formazione di tessuto adiposo (il termine *zona* è usato in farmacologia per indicare l'area di dosaggio entro cui un farmaco è efficace) **2** (*est.*) astinenza più o meno prolungata dal cibo o da certi cibi: *mettersi, stare a d.; fare d.; tenere qlcu. a d.* | ***rompere la d.***, mangiare **SIN.** regime **3** (*lett., scherz.*) astinenza sessuale

♣**dièta** ② [vc. dotta, lat. mediev. *dĭēta(m)*, da *dĭes* 'giorno', passato dal sign. originario di 'giorno stabilito (per l'adunanza)' a l''adunanza' stessa, sull'esempio del ted. *Tag* 'giorno' e 'assemblea' ✱ 1498] **s. f. 1** assemblea del Sacro Romano Impero **2** assemblea politica o parlamentare, in alcuni Stati, spec. federativi **3** (*est., lett.*) adunanza, convegno, consulta **4** †spazio di un giorno | diaria

†**dietàle** [av. 1680] **agg.** ● che si riferisce alla dieta, nel sign. di *dieta*②

†**dietaménte** [etim. incerta ✱ av. 1431] **avv.** ● sollecitamente

†**dietàre** [da *dieta*① ✱ av. 1353] **v. tr.** ● tenere a dieta

dietètica [vc. dotta, lat. *diaetētica(m)*, da *diăeta* 'dieta①', fatta sul gr. *diaitetikḗ* (sottinteso *téchnē* 'arte') ✱ av. 1735] **s. f.** ● parte della medicina che studia la composizione dei cibi in relazione a una razionale alimentazione

dietètico [vc. dotta, lat. *diaetēticu(m)*, da *diăeta* 'dieta①', rifatto sul gr. *diaitētikós* ✱ av. 1698] **agg. (pl. m. -ci)** ● che riguarda la dieta, nel sign. di *dieta*①: *regime d.* | ***prodotti dietetici***, prodotti alimentari adatti a una particolare dieta || **dieteticaménte**, **avv.** dal punto di vista dietetico || **dieteticità**, **s. f. inv.**

dietetìsta [da *dietetica* ✱ 1830] **s. m. e f. (pl. m. -i)** ● (*raro*) dietista

dièṭim [vc. dotta, lat. mediev. *diētim* 'giorno per giorno', da *dīes* 'giorno' ✱ 1908] **s. m. inv.** ● (*banca*) rata giornaliera di interesse

diḗtimo **s. m.** ● adattamento di *dietim* (V.)

dietìsta [da *dieta*① ✱ 1950] **s. m. e f. (pl. m. -i)** ● persona diplomata in dietetica

dietologìa [1956] **s. f. (pl. -gìe)** ● dietetica

dietòlogo [comp. di *dieta*① e *-logo* ✱ 1950] **s. m. (f. -a; pl. m. -gi)** ● medico specialista in dietetica

dietoterapìa [comp. di *dieta*① e *terapia* ✱ 1920] **s. f.** ● terapia basata su diete particolari

†**dietreggiàre** [da *dietro* ✱ av. 1311] **v. intr.** ● indietreggiare, ritirarsi

dietrìṣmo [da *dietro* col suff. *-ismo* ✱ 1979] **s. m.** ● spec. nel linguaggio giornalistico, tendenza a scorgere intrighi e manovre dietro gli avvenimenti politici

dietrìsta [1980] **s. m. e f.; anche agg. (pl. m. -i)** ● chi (o che) dà prova di dietrismo

♦**dièṭro** o †**dirètro**, †**di rètro**, †**dirièṭro**, †**di rièṭro**, †**dirièto**, †**di rièto**, †**drèto**, †**drièto** [lat. tardo *dē rĕtro* 'di dietro' ✱ av. 1257] **A** **avv.** ● nella, dalla parte posteriore (con v. di stato e di moto): *mettiti d.; non guardare d.; non mi piace stare d.* | al seguito, appresso (con v. di moto): *io mi muovo, e lui d.; e la morte vien d. a gran giornate* (F. PETRARCA) | (*colloq.*) con sé: *portati d. l'ombrello* | con altri avv. di luogo: *è qua d.; l'abbiamo trovato lì d.* | con valore rafforz. nella loc. avv. ***di d.***: *vieni avanti, non stare di d.; impugnava risolutamente una ronca appesagli per di d. alla cintura* (I. NIEVO) | V. anche *didietro* **CFR.** opisto- **CONTR.** davanti **B** **prep. 1** nella parte posteriore, nella parte retrostante: *tenere le mani d. la schiena; l'orto è d. la casa* | ***stare d. le quinte***, (*fig.*) agire di nascosto | anche nella loc. prep. ***d. a***: *ti aspetto al bar d. alla stazione* **2** di là da: *sta sempre d. il banco; era seduto d. il tavolo; osserva tutto da d. i vetri* | (*fig.*) ***gettarsi d. le spalle i pensieri, le preoccupazioni e sim.***, liberarsene, non dar loro importanza | anche nella loc. prep. ***d. a***: *d. alla scrivania* **3** al seguito, appresso (*anche fig.*): *marciare, camminare, procedere uno d. l'altro; portarsi, tirarsi d. qlcu., qlco.* | anche nelle loc. prep. ***d. di, d. a***: *venite d. di me, di noi; vai d. a tuo padre* | ***andare d. a qlcu.***, (*fig.*) seguirne l'esempio, imitarlo: *andare d. alla maggioranza, alla moda* | ***tenere d. a qlcu.***, reggere il suo passo, il suo ritmo; (*fig.*) riuscire a seguirne il discorso | ***stare d. a qlcu.***, (*fig.*) sorvegliarlo, insistere per ottenere qlco.; (*est.*) corteggiarlo | ***essere d. a fare qlco.***, (*sett.*) essere occupato a fare qlco. | ***correre d. a qlco.***, (*fig.*) desiderarla molto | ***farsi correre d.***, (*fig.*) farsi pregare, farsi desiderare | ***lasciarsi d. qlcu.***, (*fig.*) superarlo in misura notevole **4** (*fig.*) alle spalle: *tutti gli ridono d.; mi hanno parlato d.; gli gettò d. un'occhiata piena d'odio* | anche nella loc. prep. ***d. di, d. a***: *ride d. di te* **5** (*raro, lett.*) conforme, secondo: *agite d. l'esempio dei padri* **6** dopo: *le disgrazie vengono sempre una d. l'altra* | (*burocr.*) ***d. domanda***, in seguito a domanda; ***d. pagamento***, dopo il pagamento; ***d. versamento***, in seguito al versamento; ***d. consegna***, alla consegna; ***d. cauzione***, mediante cauzione; ***d. ricetta medica***, soltanto presentando una ricetta medica **C** **in funzione di agg. inv. 1** posteriore: *la parte d.*; V. anche *didietro* **2** (*raro*) successivo, seguente: *niente vale il dì d. pentersi* (G. BOCCACCIO) **D** **in funzione di s. m.** ● la parte posteriore: *accendeva gli zolfanelli sul d. dei calzoni* (G. VERGA) | V. anche *didietro* **E** **nella loc. avv.; anche loc. agg. inv.**: ***d. motori***, nel ciclismo su pista, con la ruota anteriore della bicicletta a contatto con un apposito rullo applicato dietro a una motocicletta che precede il ciclista

dièṭro frónt o **dietrofrónt**, (*raro*) **dièṭro frónte**, (*raro*) **dietrofrónte** [comp. di *dietro* e *fronte* col troncamento proprio di altri comandi militari ✱ 1894] **A** **loc. inter.** ● si usa come comando di avvertimento a militari e, un tempo, a ginnasti perché si volgano, da fermi o in movimento, in direzione opposta **B** **in funzione di loc. sost. m. inv.** ● l'atto del dietro front: *fare dietro front* | (*fig.*) cambiamento repentino, voltafaccia

dietrologìa [comp. di *dietro* e *-logia* ✱ 1974] **s. f. (pl. -gìe)** ● nel linguaggio politico e giornalistico, ricerca di supposte motivazioni nascoste che sarebbero all'origine di un avvenimento: *fare della d.*

dietrològico [1980] **agg. (pl. m. -ci)** ● di dietrologia, basato su dietrologie: *interpretazioni dietrologiche*

dietròlogo [comp. di *dietro* e *-logo* ✱ 1978] **s. m. (f. -a; pl. m. -gi)** ● (*iron.*) chi è solito fare della dietrologia

difalcàre e deriv. ➤ **defalcare** e deriv.

†**difàlta** ➤ **diffalta**

♦**difàtti** o (*raro*) **di fàtti** [comp. di *di* e il pl. di *fatto* ✱ 1789] **cong.** ● infatti

♦**difèndere** o †**defèndere**, †**diffèndere** [lat. *defĕndere*, comp. di *dē-* e *-fĕndere* 'colpire, urtare', di orig. indeur. ✱ 1219] **A** **v. tr.** (**pass. rem.** *io difési, tu difendésti*; **part. pass.** *diféso*) **1** preservare persone o cose da pericoli, danni, violenze, molestie e sim.: *difesero la città dagli assalti del nemico; ci limitiamo a d. i nostri interessi; il popolo difese eroicamente la propria libertà; d. il buon nome di qlcu. dalle calunnie, dai diffamatori* | proteggere, riparare: *lo difese dai colpi; si difese gli occhi dal fumo* **2** prendere le parti di qlcu.: *d. i deboli contro i soprusi* | ***d. qlcu. a spada tratta***, difenderlo a oltranza | (*est.*) scusare, scagionare: *sua madre è sempre pronta a difenderlo* **3** (*dir.*) ribattere con prove e argomentazioni giuridiche le accuse o imputazioni: *d. in giudizio le proprie pretese* | ***d. un diritto***, affermarne l'esistenza e la titolarità | ***d. una parte in giudizio***, essere rappresentante tecnico processuale | ***d. una causa***, sostenere un processo in qualità di rappresentante tecnico processuale di una parte **4** sostenere: *difese con accanimento le sue ragioni; ha saputo d. la vostra teoria contro le obiezioni avversarie* **5** (*raro, lett.*) tenere lontano: *un paio d'uose, che difendea il freddo* (G. PASCOLI) **6** †proibire, impedire, vietare: *io te 'l difenderò, colui rispose* (T. TASSO) **7** †conservare **B** **difèndersi** **v. rifl. 1** proteggersi, ripararsi da un pericolo, un danno e sim. (+ *da*, + *contro*): *ha imparato a difendersi; difendersi dal nemico, dal freddo, dalla neve; difendersi contro i virus, contro il fumo passivo* **2** sostenere e far valere le proprie ragioni (+ *da*, + *contro*): *è troppo timido e non sa difendersi; Socrate si difese da solo dalle accuse; difendersi contro tutti; si è difeso con grande coraggio* | (*dir.*) ***difendersi in giudizio***, sostenere le proprie pretese ribattendo le accuse o imputazioni | giustificarsi: *non può difendersi di fronte alle nostre contestazioni* **3** resistere (+ *da*): *difendersi dagli assalti delle passioni* **4** (*fam.*) arrangiarsi, cavarsela: *nelle materie scientifiche non è bravissimo ma si difende* **5** †liberarsi

SFUMATURE DI SIGNIFICATO

difendere - proteggere - tutelare

Difendere è venire in soccorso di qualcuno o qualcosa che rischia di ricevere un danno sostenendone le ragioni, gli interessi, o anche opponendosi fisicamente. **Proteggere** copre approssimativamente la stessa area di significato, ma comporta in aggiunta un'idea preventiva di difesa o anche un'attenzione continua; detto di cose, ha il valore di 'riparare': *l'ombrello protegge dalla pioggia*. **Tutelare** comporta una protezione sul piano dei diritti, che può riguardare un interesse sia materiale sia immateriale: *tutela dell'onore*.

d

†**difendévole** [1288] **agg. 1** che protegge, difende **2** difendibile

difendìbile [sec. XV] **agg.** ● che si può difendere | degno di essere difeso | sostenibile: *un'opinione difficilmente d.* ‖ **difendibilità**, **s. f. inv.**

†**difendiménto** o †**defendiménto** [1268] **s. m.** ● difesa

†**difenditìvo** [av. 1729] **agg.** ● difensivo

†**difenditóre** o †**defenditóre** [1261 ca.] **s. m.** (**f.** *-trice*); **anche agg.** ● difensore

difenditrice ➤ **difensore**

difenilchetóne [ingl. *diphenylketone*, comp. di *diphenyl* 'difenile' e *ketone* 'chetone' ✱ sec. XX] **s. m.** ● (*chim.*) nome scientifico del benzofenone

difenile [comp. di *di-*② e *fenile* ✱ 1913] **s. m.** ● (*chim.*) idrocarburo aromatico usato nella preparazione di miscele fluide per il trasporto del calore

difènsa [vc. dotta, lat. tardo *defēnsa(m)*, da *defēnsus*, part. pass. di *defēndere* 'difendere' ✱ av. 1294] **s. f. 1** (*mar.*; *disus.*) riparo per il personale disposto attorno a una macchina o a un congegno pericoloso **2** †V. *difesa*

†**difensàre** o †**defensàre** [vc. dotta, lat. *defensāre*, intens. di *defēndere* 'difendere' ✱ 1314] **v. tr.** ● difendere

†**difensìbile** [vc. dotta, lat. tardo *defensībile(m)*, da *defēnsus*, part. pass. di *defēndere* 'difendere' ✱ sec. XIII] **agg.** ● difendibile

difensionàle ➤ **defensionale**

†**difensióne** o †**defensióne** [vc. dotta, lat. *defensiōne(m)*, da *defēnsus*, part. pass. di *defēndere* 'difendere' ✱ 1261 ca.] **s. f.** ● difesa, resistenza | protezione, riparo

difensìva o **defensìva** [f. sost. di *difensivo* ✱ av. 1556] **s. f.** ● (*milit.*) difesa | ***stare, mantenersi, tenersi, sulla d.***, lasciare all'avversario l'iniziativa dell'attacco (*anche sport* o *fig.*)

difensivìsmo [da *difensivo* ✱ 1966] **s. m. 1** atteggiamento di difesa **2** (*sport*) tattica di gioco basata sulla difesa CONTR. offensivismo

difensivìsta [1966] **s. m. e f.**; **anche agg.** (**pl. m.** *-i*); **anche agg. 1** chi (o che) tende ad assumere atteggiamenti di difesa **2** (*sport*) fautore, sostenitore del difensivismo

difensivìstico [1963] **agg.** (**pl. m.** *-ci*) ● (*raro*) difensivo | basato sul difensivismo

difensìvo o †**defensivo**, †**diffensivo** [da *difensa* ✱ 1427] **agg. 1** (*milit.*) di difesa, che serve alla difesa, che è fatto per difesa: *guerra difensiva*; *armi difensive*; *sistema d.*; *alleanza difensiva*; *azione difensiva* **2** prudente, guardingo: *atteggiamento d.* ‖ †**difensivaménte**, **avv.**

difensóre o †**defensóre** [vc. dotta, lat. *defensōre(m)*, da *defēnsus*, part. pass. di *defēndere* 'difendere' ✱ 1261 ca.] **A s. m.** (**f.** *difenditrìce*, *difensóra*; V. nota d'uso FEMMINILE); **anche agg.** ● chi (o che) difende: *essere il d. dei deboli*; *soldati difensori del campo*; *avvocato d.* **B s. m. 1** (*dir.*) rappresentante e assistente processuale di una parte che esplica in giudizio un'attività di contestazione e deduzione nell'interesse della stessa | ***d. di fiducia***, nominato dalla parte | ***d. d'ufficio***, nominato dal giudice in caso di mancata nomina di quello di fiducia | ***d. civico***, pubblico ufficiale che, di propria iniziativa o in seguito a reclami, procede a indagini sull'attività della pubblica amministrazione e riferisce le disfunzioni riscontrate proponendone i rimedi **2** (*sport*) nel calcio e sim., giocatore che ricopre un ruolo nella difesa

♦**difésa** (o -ṣ-) o †**diffésa**, †**difènsa**, †**defènsa**, †**difènza** [lat. tardo *defēnsa(m)* 'difesa', da *defēnsus*, part. pass. di *defēndere* 'difendere' ✱ 1250 ca.] **s. f. 1** il difendere, il difendersi | protezione da pericoli, danni e sim.: *una d. efficace, coraggiosa*; *accingersi alla d. di qlcu., di qlco.*; *accorrere in d., a d., di qlcu.*; *meccanismi, mezzi di d.* | ***Ministero della D.***, preposto all'amministrazione delle forze armate dello Stato | ***prendere le difese di qlcu.***, difenderlo | (*est.*) chi (o ciò che) difende: *sei la mia unica d.*; *essere privo di ogni d.*; *un'ottima d. contro il freddo, il vento* | ***d. delle sponde***, di un corso d'acqua, riparo consistente in rimboschimenti, palizzate, gabbioni e sim. | PROV. ***la miglior d. è l'attacco*** **2** (*dir.*) complesso degli atti processuali e delle argomentazioni giuridiche presentate o svolte in giudizio a favore dell'imputato o di una parte di un processo civile | ***d. personale***, autodifesa | ***d. tecnica***, attività difensiva esplicata in giudizio dal difensore o dal consulente tecnico | (*dir.*) ***legittima difesa***, V. *legittimo* | (*dir.*) ***eccesso di d.***, uso eccessivo, doloso o colposo, nell'esercizio della legittima difesa | (*est.*) avvocato difensore: *la parola alla d.!* CONTR. accusa **3** (*milit.*) opera di protezione e di fortificazione | complesso di mezzi e di organi destinati a proteggere da particolari offese: *d. antiaerea, contro carri*; *d. aerea* **4** (*mar.*) ciò che serve a riparare dall'attrito, dall'urto e dalla corrosione cavi, manovre, bordi e sim. **5** (*sport*) azione di contrasto contro gli attacchi avversari | nel calcio e sim., il complesso dei giocatori cui spetta tale azione: *brillanti azioni della d.* **6** (**spec. al pl.**) zanna: *le difese del cinghiale* **7** (*biol.*) ***d. immunitaria***, risposta difensiva specifica del sistema immunitario, di tipo umorale (anticorpi) o cellulare, in grado di neutralizzare gli antigeni (microrganismi o loro prodotti, trapianti, ecc.) | (*biol.*) ***d. aspecifica***, resistenza naturale antimicrobica dell'organismo dovuta a barriere fisiche (cute e mucose integre), chimiche (pH, lisozima) e biologiche (infiammazione, febbre, fagocitosi) **8** (*psicoan.*) ***meccanismi di d.***, processi in parte inconsci messi in atto dall'Io per proteggere la propria integrità **9** †opposizione, ostacolo

SFUMATURE DI SIGNIFICATO

difesa - aiuto - tutela - custodia - salvaguardia
Un atteggiamento, posizione o iniziativa che consente di preservare persone o cose da pericoli, danni, violenze, molestie costituisce una **difesa**. **Aiuto** è parola ancora più generale, che indica qualsiasi azione di assistenza a chi si trova in stato di bisogno. In riferimento all'azione di salvaguardare, proteggere e conservare istituzioni, beni, situazioni e condizioni si usa il termine **tutela**, utilizzato anche nel diritto per identificare la cura e la rappresentanza giuridica di un minore o di un incapace. Se l'azione di proteggere si accompagna alla cura sollecita e all'assistenza, ma anche alla sorveglianza, si parla di **custodia**; se è particolarmente mirata alla conservazione di una condizione esistente, di uno status quo si parla invece di **salvaguardia**.
SFUMATURE ➤ ***arringa***

diféso (o -ṣ-) **part. pass.** di *difendere*; **anche agg. 1** protetto, riparato **2** fortificato: *linea difesa*

difettàre o †**defettàre** [da *difetto* ✱ sec. XIII] **A v. intr.** (*io difètto*; aus. *avere*) **1** mancare o scarseggiare di qlco. (+ *di*; *raro* + *in*): *non gli difetta il temperamento*; *d. di vettovaglie, di munizioni*; *d. in precisione* **2** essere difettoso (+ *in*): *è una bella casa ma difetta nei particolari* **B v. tr.** ● †disapprovare | †respingere | †danneggiare

difettàto **part. pass.** di *difettare*; **anche agg. 1** †manchevole, imperfetto **2** (*colloq.*) detto di merce che presenta un difetto di fabbricazione

difettìvo o †**defettivo** [vc. dotta, lat. tardo *defectīvu(m)*, da *defēctus* 'difetto' ✱ av. 1294] **agg. 1** (*lett.*) che difetta di qlco. o in qlco. **2** (*gramm.*) detto di parola che possiede flessioni nominali (casi) o verbali (tempo e persona), ma che non presenta il paradigma completo delle forme (per es.: *le esequie*, che manca del sing.; *urgere*, usato solo in alcune forme) ‖ **difettivaménte**, **avv.** (*raro*) in modo difettivo

♦**difètto** o †**defètto** [vc. dotta, lat. *defĕctu(m)*, dal part. pass. di *defìcere* 'venir meno' ✱ av. 1243] **s. m. 1** mancanza, scarsità, insufficienza: *d. di mezzi*; *d. di memoria, di pratica*; *or d. di cibo, or camin duro / trovammo* (T. TASSO) | ***far d.***, mancare: *non gli fa d. l'intelligenza* | †***adempiere il d.***, supplire alla mancanza | ***essere in d. di qlco.***, mancare di qlco. | ***in d.***, qualora manchi o venga meno qlco.: *vi preghiamo di intervenire immediatamente, in d. provvederemo noi* | (*mat.*) ***per d.***, di approssimazione che si mantenga minore del numero da approssimare | (*fis.*) ***d. di massa***, differenza fra la massa del nucleo atomico e la massa totale delle particelle che lo compongono **2** imperfezione: *d. di struttura, di fabbricazione*; *l'opera presenta alcuni difetti*; *ha un grave d. di vista*; *correggere un d. fisico*; *d. d'appiombo negli arti degli animali* | ***d. di una pietra preziosa***, impurità costituita da ghiacciatura, inclusioni, errori di lavorazione e sim. **3** (*med.*) minorazione che si verifica in una persona in seguito a una determinata malattia: *d. schizofrenico* **4** tendenza, abitudine sgradevole o riprovevole: *la pigrizia è un brutto d.*; *ha il d. di parlare troppo*; *un uomo pieno di difetti* | debolezza, vizio: *cerca di perdere questo d.* **5** colpa: *attribuire qlco. a d. di qlcu.*; *essere in d.* | PROV. ***chi è in d. è in sospetto***, chi è in colpa ha paura di essere scoperto e diventa sospettoso ‖ **difettàccio**, **pegg.** | **difettino**, **dim.** | **difettùccio**, **difettùzzo**, **dim.**

SFUMATURE DI SIGNIFICATO

difetto - imperfezione - pecca - magagna
Difetto è ciò che rovina l'aspetto o la funzionalità di un oggetto, oppure una malformazione o una disfunzione di un organismo, o anche una manchevolezza sgradevole del carattere di una persona. Il difetto può essere lieve o grave: se di piccola entità si parla piuttosto di **imperfezione**, termine che può riferirsi a oggetti o parti anatomiche, ma mai al carattere. **Pecca** è in generale ciò che guasta qualcosa o influenza negativamente il giudizio che si ha di qualcuno; in nessun caso può identificare malformazioni o disfunzioni anatomiche. **Magagna** è un difetto, un'imperfezione nascosta nel fisico di una persona oppure in un oggetto, un materiale.
SFUMATURE ➤ ***mancanza***

difettologìa o **defettologìa** [comp. di *difetto* e *-logia* ✱ 1986] **s. f.** (**pl.** *-gìe*) **1** (*med.*) ramo della medicina che si occupa di persone che presentano deficit mentali o sensoriali **2** (*tecnol.*) studio dei difetti che si riscontrano nelle produzioni industriali

difettóso (o -ṣ-) o †**difettuóso**, †**defettóso** [1305] **agg. 1** che è manchevole, incompleto, insoddisfacente e sim.: *alimentazione difettosa di vitamine*; *film d. nella trama*; *una uniforme lingua latina, assai rozza per altro e difettosa* (L.A. MURATORI) **2** che presenta difetti fisici: *udito d.* | †cagionevole: *d. di gola, di petto* | †malato **3** che presenta difetti di fabbricazione o di funzionamento: *struttura difettosa*; *motore d.* **4** †vizioso, peccatore, colpevole | †riprovevole | †scandaloso ‖ **difettosaménte**, **avv.** ‖ **difettosità** o **†difettuosità**, **s. f. inv.** caratteristica di ciò che è difettoso

difettuàle [1869] **agg.** ● relativo a difetto | (*med.*) ***guarigione d.***, quella da una malattia mentale in cui, nonostante la scomparsa dei sintomi acuti, rimangono nel soggetto alcune alterazioni del carattere ‖ **difettualménte**, **avv.**

†difettuóso e deriv. ➤ **difettoso** e deriv.

diffalcàre e deriv. ➤ **defalcare** e deriv.

diffàlta o **†difàlta** [ant. fr. *defaute*, originariamente 'mancanza', da *defaillir*, intens. di *faillir*, dal lat. *făllere* 'fallire' ✱ 1288] **s. f. 1** (*lett.*) scarsezza, mancanza | inadeguatezza **2** †errore, delitto, colpa: *Piangerà ... la difalta / de l'empio suo pastor* (DANTE *Par.* IX, 52-53) | †tradimento

♦**diffamàre** [vc. dotta, lat. *diffamāre*, comp. di *dis-*① e *fāma* 'fama' ✱ sec. XIII] **v. tr. 1** nuocere alla reputazione di qlcu. diffondendo maldicenze sul suo conto SIN. denigrare, screditare **2** (*dir.*) fare qlcu. oggetto di diffamazione **3** †propalare, divulgare

SFUMATURE ➤ *denigrare*

†diffamativo [sec. XIV] **agg.** ● diffamatorio

diffamàto **part. pass.** di *diffamare*; anche **agg. 1** nei sign. del v. **2** (*arald.*) attributo del leone, del leopardo e dell'aquila, privi di coda

diffamatóre [sec. XIV] **s. m.** (**f.** *-trice*); anche **agg.** ● chi (o che) diffama SIN. denigratore

diffamatòrio [1357] **agg.** (**pl. m.** *-i* o *raro -ii*) ● che tende a diffamare | che diffama: *scritto d.*; *lettera diffamatoria* SIN. denigratorio

♦**diffamazióne** [vc. dotta, lat. tardo *diffamatiōne(m)*, da *diffamāre* 'diffamare' ✱ 1324] **s. f. 1** il diffamare | calunnia, denigrazione **2** (*dir.*) reato consistente nell'offendere l'altrui reputazione comunicando con più persone in assenza dell'offeso: *promuovere querela per d.*

†diffèndere e deriv. ➤ **difendere** e deriv.

♦**differènte** [vc. dotta, lat. *differĕnte(m)*, part. pres. di *differre* (V. *differenza*) ✱ 1306] **agg.** ● che ha caratteristiche diverse da quelle di altra persona o cosa con le quali si è stabilito un confronto (+ *da*, + *per*, + *in*): *visi, caratteri, gusti differenti*; *un uomo d.* *da tutti*; *differenti di nascita o di diritti dagli altri uomini* (G. LEOPARDI); *bottiglie differenti per la* (o *nella*) *forma*; *diversi tratti di mari, differenti in grandezza ed in positura* (G. GALILEI) SIN. diverso CONTR. uguale ‖ **differenteménte**, **avv.** in modo differente; altrimenti, in altro modo: *io la penso differentemente da lui*; *Era fatta un po' differentemente di Augusta* (I. SVEVO)

♦**differènza** o **†differènzia** [vc. dotta, lat. *differĕntia(m)*, da *differre* 'portare (*ferre*) da una parte all'altra (*dis-*)' ✱ av. 1257] **s. f. 1** caratteristica di chi (o di ciò che) è differente | elemento o insieme di elementi che differenziano qualitativamente o quantitativamente due o più persone o cose (+ *di*, + *da*, + *tra*): *d. di stato, di condizione, di grado*; *rimarcare la propria d. dagli altri, rispetto al resto del gruppo*; *e notate in questo proposito la d. fra Omero e Virgilio* (G. LEOPARDI); *notare, rilevare, annullare la d.* | ***una bella d.***, una notevole diversità | ***non vederci, non trovarci alcuna d.***, considerare uguali due persone o cose | ***fare d.***, trattare o considerare in modo diverso, porre su due piani diversi e sim. | ***non fare differenze***, trattare nello stesso modo, considerare sullo stesso piano e sim.: *non faccio differenze fra te e lui* | ***non fa d.***, è la stessa cosa: *per noi non fa d.* | ***fare la d.***, costituire un fattore decisivo di vantaggio, di superiorità: *quel giocatore è un fuoriclasse, è uno che fa la d.* | ***a d. di***, diversamente da SIN. diversità CONTR. uguaglianza **2** (*mat.*) risultato della sottrazione | quantità che aggiunta al sottraendo dà il minuendo | (*stat.*) ***d. media***, indice di variabilità ottenuta calcolando la media aritmetica delle differenze in valore assoluto fra i termini di una distribuzione | (*sport*) ***d. reti***, nel calcio e sim., quella tra gol realizzati e subiti, considerata per stabilire la priorità in classifica in caso di parità di punteggio **3** (*lett.*) controversia, discordia, lite: *appianare le differenze*; *intervengono spesso differenzie tra un gentilomo e l'altro, onde poi nasce il combattere* (B. CASTIGLIONE)

SFUMATURE DI SIGNIFICATO

differenza - divario - disparità

Differenza è il termine più generico per mettere in evidenza la qualità o la quantità per cui due entità analoghe sono diverse fra loro. **Divario** è parola più specifica per marcare una diversità quantitativamente o qualitativamente valutabile. Se la differenza invece si stabilisce fra elementi che per senso di giustizia o di opportunità dovrebbero essere sullo stesso piano, il termine più pertinente è **disparità** (*disparità di salari, di trattamento*).

differenziàbile [1956] **agg. 1** che si può differenziare **2** (*mat.*) che ammette il differenziale ‖ **differenziabilità**, **s. f. inv.** (V.)

differenziabilità [1983] **s. f. inv.** ● (*mat.*) proprietà di una funzione differenziabile

differenziàle [vc. dotta, comp. del lat. *differĕntia* e di *-ale*① ✱ av. 1328] **A agg. 1** che stabilisce una differenza: *analisi d.* | che si fonda su una o più differenze | ***classe d.***, nel passato ordinamento scolastico italiano, classe elementare o media riservata ad alunni disadattati | (*med.*) ***segno, sintomo d.***, che serve per contraddistinguere una malattia a confronto di altre | ***tariffa d.***, tariffa dei mezzi di trasporto, spec. ferroviari, che con l'aumentare della distanza cresce in ragione sempre minore | (*borsa*) ***contratto d.***, V. *contratto*② nel sign. 3 **2** (*mat.*) relativo a differenziali, derivate e sim. | ***calcolo d.***, studio dell'operazione di derivazione e delle sue applicazioni | ***equazione d.***, equazione funzionale in cui la funzione incognita compare insieme alle sue derivate ‖ **differenzialità**, **s. f. inv.** caratteristica di ciò che è differenziale; (*est.*) insieme di differenze **B s. m. 1** (*mecc.*) meccanismo applicato agli autoveicoli, che consente di differenziare la velocità di rotazione delle ruote motrici in curva **2** (*mat.*) ***d. di una funzione***, prodotto della derivata della funzione per l'incremento della variabile indipendente | ***d. di una funzione di più variabili***, somma dei prodotti delle derivate parziali per gli incrementi delle rispettive variabili | (*est.*) fattore di differenza, di divario: *d. di inflazione* CFR. spread

differenzialìsmo [da *differenza* ✱ 1980] **s. m.** ● concezione che esalta le differenze di identità tra le civiltà, le tradizioni culturali, i sessi ecc.

differenzialista [1953] **A agg.** (**pl. m.** *-i*) ● relativo al differenzialismo **B agg. e s. m. e f.** ● fautore del differenzialismo

differenziaménto [1903] **s. m. 1** differenziazione **2** (*biol.*) processo graduale per cui, nel corso dello sviluppo embrionale, cellule, tessuti, organi mutano nella struttura e nella funzione pervenendo da uno stato di organizzazione semplice a una specializzazione definitiva nell'organismo adulto

differenziàre o **†disferenziàre** [da *differenza* ✱ 1328] **A v. tr.** (*io differènzio*) **1** rendere differente (+ *da*): *le sue idee lo differenziano da tutti gli altri* SIN. distinguere **2** rendere vario: *d. l'impiego dei propri risparmi* SIN. diversificare **3** (*mat.*) calcolare il differenziale **4** †far risaltare **B differenziàrsi** **v. intr. pron. e rifl.** ● essere o diventare differente (+ *da*): *il suo carattere si differenzia dal tuo*; *le nostre idee si differenziano sempre più* | distinguersi: *si veste in modo originale per differenziarsi dai suoi compagni*

differenziàto **part. pass.** di *differenziare*; anche **agg. 1** che ha assunto caratteristiche proprie, specifiche: *organi sessuali differenziati* **2** che si diversifica in base a delle distinzioni: *insegnamento d.*; *trattamento d.*; *raccolta differenziata dei rifiuti* ‖ **differenziataménte**, **avv.**

differenziatóre [av. 1964] **A agg.** (**f.** *-trice*) ● che differenzia, che rende diverso: *l'elemento d. di due opere simili* **B s. m.** ● elemento che differenzia

differenziazióne [da *differenziare* ✱ 1748] **s. f. 1** distinzione, diversificazione | progressiva manifestazione di differenze | (*generic.*) differenza **2** (*geol.*) ***d. magmatica***, processo per cui un magma cambia composizione durante il suo consolidamento, dando origine a rocce intrusive diverse **3** (*mat.*) l'operazione consistente nel calcolare il differenziale di una funzione **4** (*ling.*) dissimilazione di due suoni contigui **5** (*biol.*) differenziamento

differìbile [1869] **agg.** ● che si può differire: *incontro non più d.* SIN. rinviabile ‖ **differibilità**, **s. f. inv.**

differiménto [1638] **s. m.** ● aggiornamento, rinvio: *d. di un'udienza*; *chiedere, ottenere un d.*

differìre [vc. dotta, lat. tardo *differĕre*, var. di *differre* (V. *differenza*) ✱ 1321] **A v. tr.** (*io differìsco, tu differìsci*) **1** rinviare qlco. a un tempo successivo: *d. la partenza, il pagamento*; *hanno differito di un mese le nozze* | aggiornare, rinviare: *d. il giorno fissato per l'udienza* **2** †riservare **B v. intr.** (**aus.** *avere*) **1** essere diverso, distinguersi (+ *da*, + *in*, + *per*): *d. da qlcu., da qlco.*; *d. nelle opinioni, nei modi, nell'abito*; *d. per grandezza, peso, forma, colore*; *le nostre idee differiscono alquanto* SIN. diversificarsi **2** †indugiare | †ritardare

differita [f. sost. di *differito* ✱ 1966] **s. f.** ● trasmissione radiofonica o televisiva registrata e mandata in onda in un momento successivo (in contrapposizione a *diretta*) | nella loc. avv. ***in d.***, non dal vivo, con registrazione preventiva: *seguire in TV una partita di calcio in d.*

differito **part. pass.** di *differire*; anche **agg. 1** nei sign. del v. **2** ***pagamento d.***, da effettuarsi un certo periodo di tempo dopo la consegna delle merci **3** (*tv*) ***trasmissione differita***, V. *differita*

differitóre [av. 1729] **s. m.** (**f.** *-trice*); anche **agg.** ● (*raro*) chi (o che) rinvia qlco. a un tempo successivo

†differmaménto [av. 1292] **s. m.** ● confutazione

†differmàre [vc. dotta, opposto di *confermare*, con sostituzione di suff. di valore contrario ✱ av. 1292] **v. tr.** ● confutare

♦**difficile** [vc. dotta, lat. *difficile(m)*, comp. di *dis-*① e *făcilis* 'facile' ✱ 1320] **A agg.** (**superl.** *difficilissimo*; cfr. *†difficillimo*) **1** che non si può fare senza fatica o abilità (+ *da*, + *a* seguiti da inf.): *lavoro d.*; *problema d. da risolvere*; *questione d. da districare*; *d. a dirsi*; *Un pretesto ... non era d. a trovarsi* (A. MANZONI); *quella storia pareva ... più d. da raccontarsi* (A. MANZONI) | (*est.*) oscuro, arduo da capire, da spiegare e sim.: *passo, brano, musica, autore d.*; *versi difficili* SIN. astruso, complicato CONTR. facile, semplice **2** pieno di ostacoli, disagi, pericoli: *viaggio d.* | impervio, malsicuro: *sentiero d. da percorrere* | (*fig.*) che presenta condizioni socioambientali non favorevoli: *città, quartiere d.* SIN. disagevole, pericoloso CONTR. facile **3** pieno di difficoltà, complicazioni e sim.; critico, penoso: *momento d.*; *essere in una posizione d.*; *attraversare un periodo d.*; *ogni giorno la vita diventa più d.*; *sono tempi difficili* | ***rendere la vita d. a qlcu.***, angustiarlo, tormentarlo | ***farla d.***, (*colloq.*) presentare una situazione o un problema come più complicati di quanto non siano CONTR. facile **4** sgradevole, scabroso: *colloquio d. da sostenere*; *argomento d.* CONTR. facile **5** detto di persona, intrattabile, bisbetico, permaloso: *uomo, donna d.*; *carattere d. da gestire* | (*est.*) incontentabile, esigente: *pubblico d.*; *gusti difficili* CONTR. facile **6** poco probabile (con valore neutro): *è d. che sia in casa*; (*ellitt.*) *d. che se ne sia dimenticato* CONTR. facile || **difficilménte**, **†difficileménte**, **avv.** **1** (*raro*) in modo difficile **2** con difficoltà: *questo è un lavoro che difficilmente si può fare senza attrezzi*; con scarse probabilità: *lo straordinario difficilmente par semplice* (G. LEOPARDI); *difficilmente arriverò prima delle cinque* || **difficilétto**, **dim.** | **difficilino**, **dim.** | **difficilòtto**, **alter.** | **difficilùccio**, **dim.** **B** **s. m. e f.** ● persona intrattabile, incontentabile e sim.: *fare il d.* **C** **s. m. solo sing.** ● tratto o momento difficile: *il d. ormai è superato*

†difficìllimo [vc. dotta, lat. *difficĭllimu(m)*, superl. di *diffĭcilis* 'difficile' ✱ 1441] **agg.** ● difficilissimo

♦**difficoltà** o **†difficultà** [vc. dotta, lat. *difficultāte(m)*, comp. di *dis-*① e *facŭltas* 'facoltà, facile capacità' ✱ 1306] **s. f. inv.** **1** caratteristica di ciò che è difficile: *la d. di un problema* SIN. complessità CONTR. facilità **2** complicazione, disagio, ostacolo: *una grave d. da superare*; *affrontare con coraggio le d.*; *lottare contro le d. della vita* SIN. intoppo, intralcio **3** impedimento: *trovo una certa d. a* (o *nel*) *piegare il braccio* | ***avere una d. di pronuncia***, un difetto di pronuncia CONTR. facilità **4** obiezione: *fare, mettere avanti delle difficoltà*; *non ho alcuna d. a uscire oggi* | ***creare delle d.***, dei problemi **5** situazione difficile: *essere in d. con un esame*; *un atleta in d.* | (**spec. al pl.**) penuria di mezzi, scarsità di denaro: *d. finanziarie*; *trovarsi in d.*

difficoltàre o **†difficultàre** [da *difficoltà* ✱ av. 1527] **v. tr.** (*io difficólto*) ● (*raro*) rendere difficile, ostacolare

difficoltóso (o **-ṣ-**) o **†difficultóso** [av. 1557] **agg.** **1** pieno di difficoltà, arduo: *tema, compito d.*; *impresa difficoltosa* SIN. difficile CONTR. facile **2** (*raro*) scontroso, suscettibile e sim.: *un uomo d.* SIN. difficile CONTR. facile **3** †cagionevole: *d. di stomaco* || **difficoltosaménte**, **avv.**

†difficultà ➤ **difficoltà**

diffida [da *diffidare* ✱ 1812] **s. f.** ● (*dir.*) atto stragiudiziale di intimazione a una persona affinché esegua una determinata attività o si astenga da un dato comportamento | (*est.*) ingiunzione, intimazione
SFUMATURE ➤ ***intimazione***

diffidaménto [av. 1306] **s. m.** **1** (*raro*) il diffidare **2** †diffidenza

†diffidànza [sec. XIV] **s. f.** ● diffidenza

diffidàre o **†disfidàre**② [comp. di *dis-*① e *fidare* (contrario di *confidare*) ✱ av. 1250] **A** **v. intr.** (**aus.** *avere*) **1** non avere fiducia, non fidarsi (**+** *di*): *d. dei discorsi di qlcu.*; *d. di tutti* SIN. dubitare, sospettare **2** (*lett.*) disperare: *né di tagliare il ponte ancor diffida* (T. TASSO) **B** **v. tr.** **1** intimare a qlcu. una diffida; (*est.*) ingiungere a qlcu. di non fare qlco. (**+** *da* **seguito da inf.**, *raro* **+** *a*): *d. un dipendente dal tenere un dato comportamento*; *l'ho diffidato dal frequentare quella gente*; *il circolo l'aveva diffidato a frequentare le sale* (V. PRATOLINI) **2** †togliere a qlcu. sicurezza e speranza **3** †sfidare **C** **diffidàrsi** **v. intr. pron.** ● (*lett.*) disperare, non avere fiducia: *diffidandosi di poterla espugnare* (F. GUICCIARDINI) | (*lett.*) non fidarsi: *troppo a torto tanto si diffidò nel fido amico* (T. TASSO)

diffidàto **part. pass.** di *diffidare*; **anche agg. e s. m.** (**f.** *-a*) ● che (o chi) ha ricevuto una diffida | (*sport*) nel calcio, detto di giocatore che ha già ricevuto un'ammonizione in una partita precedente (una nuova ammonizione fa scattare la squalifica nella gara successiva): *il terzino era già tra i diffidati*

diffidènte [vc. dotta, lat. *diffidĕnte(m)*, part. pres. di *diffīdere* 'diffidare' (comp. di *dis-*① e *fīdere* 'confidare') ✱ av. 1347] **A** **agg.** **1** che non si fida: *è d. di tutti, verso tutti* | che mostra sfiducia, sospetto e sim.: *occhi diffidenti* SIN. ombroso, sospettoso **2** †che non ispira fiducia **B** **s. m. e f.** ● chi non si fida, chi è sospettoso: *fare il d.* || **diffidenteménte**, **avv.**

diffidènza o **†diffidènzia** [vc. dotta, lat. *diffidĕntia(m)*, da *diffidĕnte(m)*, part. pres. di *diffīdere* 'diffidare' ✱ av. 1306] **s. f.** ● caratteristica, atteggiamento di chi è diffidente: *procedere con d.* SIN. dubbio, sfiducia, sospetto
SFUMATURE ➤ ***sospetto***②

†diffiniménto [sec. XIV] **s. m.** **1** definizione **2** decisione

†diffinìre e deriv. ➤ **definire** e deriv.

difflụènte [vc. dotta, lat. *difflŭente(m)*, part. pres. di *difflŭere* 'scorrere (*flŭere*) di qua e di là (*dis-*)' ✱ 1956] **s. m.** ● (*geogr.*) corso d'acqua secondario che si stacca dal fiume principale e sbocca separatamente nel mare

difflụènza [dal lat. *difflŭere* 'scorrere (*flŭere*) di qua e di là (*dis-*)' ✱ 1956] **s. f.** ● (*geogr.*) biforcazione di una lingua glaciale dove questa incontra un ostacolo roccioso o quando si affaccia su terreni aperti

diffondènte **part. pres.** di *diffondere*; **anche agg.** **1** nei sign. del v. **2** (*edil.*) ***elementi diffondenti***, tutte le superfici non molto ampie e parallele che deviano i suoni

♦**diffóndere** [vc. dotta, lat. *diffŭndere* 'spandere (*fŭndere*) da una parte e dall'altra (*dis-*)' ✱ 1319] **A** **v. tr.** (**coniug. come** *fondere*) **1** spargere intorno: *d. acqua, luce, tenebre, nebbia, gioia, dolore*; *il gelsomino diffonde un soave profumo* **2** (*fig.*) divulgare, far conoscere: *d. voci, scritti*; *d. notizie tendenziose* | trasmettere (**anche assol.**): *d. un notiziario, un comunicato urgente*; *d. via satellite* **B** **diffóndersi** **v. intr. pron.** **1** spargersi intorno: *il calore si diffondeva gradatamente*; *il suono si diffondeva nell'aria* | (*fig., lett.*) emanare: *una sottile malinconia si diffondeva dalle sue parole* **2** (*fig.*) propagarsi: *voci allarmanti si diffondevano*; *nel paese si diffuse un forte disagio*; *una moda che va diffondendosi tra i giovani* **3** dilungarsi a parlare o a scrivere (**+** *su*): *diffondersi troppo su un argomento* **4** †cospargersi | †bagnarsi

diffondiménto [1813] **s. m.** ● (*disus.*) diffusione

diffonditóre [1622] **s. m.** (**f.** *-trice*); **anche agg.** ● (*raro*) chi (o che) diffonde | (*fig.*) propalatore

difformàre o **†diformàre** [da *deformare* con cambio di pref. ✱ av. 1328] **A** **v. tr.** (*io difformo*) ● †sformare, deformare | (*fig., lett.*) corrompere, guastare: *il male che ha ... difformato tanta mia opera* (G. D'ANNUNZIO) **B** **difformàrsi** **v. rifl. e intr. pron.** **1** †alterarsi, deturparsi | (*lett.*) corrompersi, deformarsi **2** (*fig.*) †diventare diverso

difformazióne o **†diformazióne** [1619] **s. f.** ● (*lett.*) deformazione

♣**diffórme** o **†difórme** [da *deforme* con cambio di pref. (*dis-*①) ✱ av. 1328] **agg.** **1** differente, diverso, discordante: *copia d. dall'* (o *lett. all'*) *originale* **2** (*lett.*) deforme || **difformeménte**, **avv.**

♣**difformità** o **†diformità** [da *difforme* ✱ av. 1320] **s. f. inv.** **1** caratteristica di ciò che è difforme: *d. di idee, di opinioni, di vedute* SIN. diversità, dissomiglianza **2** (*lett.*) deformità

diffràngersi [vc. dotta, lat. *diffrĭngere* 'spezzare (*frăngere*) in più direzioni (*dis-*)' con riporto del v. originario *frangere* ✱ 1737] **v. intr. pron.** (**coniug. come** *frangere*) ● (*fis.*) subire il fenomeno della diffrazione

diffrattòmetro [comp. del lat. *diffrăctus*, part. pass. di *diffrĭngere* (V. *diffrangersi*), e *-metro* ✱ 1965] **s. m.** ● (*fis.*) apparecchio che consente di stabilire la struttura del reticolo cristallino mediante l'esame della diffrazione, in un cristallo, dei raggi X

diffrazióne [lat. scient. *diffractiōne(m)*, comp. di *dis-*① e *frăctio* 'atto dello spezzare' ✱ 1737] **s. f.** ● (*fis.*) complesso dei fenomeni di propagazione per onde elastiche elettromagnetiche che non si accordano con la legge della propagazione rettilinea dei raggi nei mezzi omogenei, secondo l'ottica geometrica | ***d. della luce***, propagazione non rettilinea della luce passante attraverso sottili fenditure o incidente sul contorno degli oggetti | ***d. delle particelle***, deviazione secondo direzioni preferenziali di un fascio di particelle elementari passanti attraverso un sottile strato di materia a struttura cristallina | ***d. ottica***, fenomeno di flessione della luce che avviene con aperture di diaframma molto piccole

diffuṣìbile [comp. di *diffuso* e *-ibile* ✱ 1830] **agg.** ● che si può facilmente diffondere: *un virus altamente d.* || **diffuṣibilità**, **s. f. inv.**

diffuṣionàle [ingl. *diffusional*, da *diffusion* 'diffusione' col suff. aggettivale *-al* '-ale①' ✱ 1970] **agg.** ● (*fis.*) relativo al fenomeno della diffusione

diffuṣióne [vc. dotta, lat. *diffusiōne(m)*, da *diffūsus* 'diffuso' ✱ 1427] **s. f.** **1** il diffondere | fenomeno per cui qlco. si propaga all'intorno: *la d. del calore* | ***d. della luce***, fenomeno per cui un fascio luminoso giungendo a una superficie scabra, non trasparente né assorbente, viene rinviato in tutte le direzioni | ***d. atmosferica***, riflessione della luce degli astri nell'attraversare l'atmosfera di un pianeta **2** (*fis.*) compenetrazione reciproca di due sostanze a contatto, senza intervento di forze esterne **3** (*fig.*) propagazione, divulgazione: *la d. di un'idea, di una lingua*; *d. di notizie false* | ***un giornale di grande, di scarsa d.***, molto o poco diffuso **4** (*lett.*) abbondanza di particolari | prolissità

diffuṣionìṣmo [ingl. *diffusionism*, da *diffusion* 'diffusione' ✱ 1981] **s. m.** ● (*antrop.*) teoria del primo Novecento secondo la quale lo sviluppo della civiltà e le affinità tra società diverse sono determinati da migrazioni, che hanno permesso il contatto con alcune culture, considerate centri di diffusione della cultura stessa

diffuṣìvo [av. 1406] **agg.** **1** di diffusione; che ha la proprietà di diffondersi: *potere d. dei gas* **2** relativo alla diffusione: *fenomeno d. della luce* || **diffuṣività**, **s. f. inv.**

♦**diffùṣo** **A** **part. pass.** di *diffondere*; **anche agg.** **1** sparso, propagato ampiamente: *umidità diffusa*; *illuminazione diffusa* | esteso, comune a molti: *un'usanza diffusa*; *d. malcontento* | distribuito in più edifici, policentrico: *museo, albergo d.* **2** (*fis.*) detto di fascio i cui raggi si riflettono divergendo su una superficie non perfettamente speculare | ***illuminazione diffusa***, in cui il flusso luminoso è distribuito da superfici diffondenti secondo un angolo molto ampio, così che non si formano ombre definite **3** (*bot.*) di pianta che allarga i suoi rami disordinatamente |

pannocchia diffusa, con fiori alquanto allontanati **4** (*fig.*) prolisso: *stile, parlare d.* || **diffuṣaménte**, **avv.** in modo diffuso; ampiamente: *trattare un argomento diffusamente* **B** **avv.** ● diffusamente: *del palazzo incantato era d. scritto nel libro* (L. Ariosto)

diffuṣóre [vc. dotta, da *diffuso* ✱ 1892] **A** **s. m. 1** (**f.** *diffonditrice*) chi diffonde: *i diffusori della fede* **2** ogni apparecchio atto a propagare, distribuire energie e sim. nello spazio | apparecchio che diffonde un fluido: *d. di essenze balsamiche, di profumi* | in ottica, apparecchio che distribuisce con una certa uniformità la luce di una sorgente luminosa | in idraulica, organo fisso, costituito da uno o più condotti, che trasforma in energia di pressione parte dell'energia cinetica del fluido che lo percorre | in fisica atomica, strato di sostanze particolari, atte alla diffusione delle particelle che lo attraversano | in idraulica, condotta a sezione crescente che rallenta la velocità di un fluido che l'attraversa, trasformando l'energia cinetica in pressione | in varie tecnologie, apparecchio in cui o da cui si compiono processi di diffusione: *d. di scena*; *il d. dei motori a getto* | ***d. sonoro***, qualunque apparecchio atto a convertire energia elettrica modulata ad alta frequenza acustica in energia sonora | (*per anton.*) l'apparecchiatura, di solito contenuta in una o più casse di legno, che, come componente di un sistema di riproduzione stereofonica del suono, lo irradia, amplificandolo, nell'ambiente circostante **B** **agg.** ● che diffonde: *elemento d.* | ***schermo d.***, schermo che, posto dinanzi alla lampada di un corpo illuminante, ne allarga il fascio luminoso | ***filtro d.***, in fotografia, vetro ottico con incisioni su una superficie che si antepone all'obiettivo per ottenere immagini sfumate

diffuṣòrio [1956] **agg.** (**pl. m.** *-i* o *raro -ii*) ● che riguarda la diffusione

†**dificàre** e deriv. ➤ **edificare** e deriv.

†**difìcio** ① ➤ **edificio**

†**difìcio** ② [da *maleficio*, per accostamento pop. a *(e)dificio*] **s. m.** ● (*raro*) solo nella loc. ***giudice del d.***, giudice del maleficio

difilàre [da *fila* ✱ av. 1388] **A** **v. tr.** ● †dirigere, rivolgere qlco. verso un punto o una persona **B** **v. intr.** (**aus.** *essere*) e **difilàrsi** **v. intr. pron.** ● (*lett.*) dirigersi velocemente, precipitarsi in una direzione: *piantò in asso la duchessa e difilò diritto a Milano* (G. Carducci)

difilàto [part. pass. di *difilare* ✱ 1481] **A** **agg.** ● dritto, rapido: *se ne andò d. a casa*; *venivano difilati per la via più breve* || **difilataménte**, **avv.** (*raro*) in modo difilato **B** **in funzione di avv.** ● direttamente e rapidamente, celermente: *entrò d. nelle stalle* (G. Pascoli) | di seguito: *ha parlato per due ore d.*

†**difinàre** [av. 1294] **v. tr.** ● definire

†**difinìre** e deriv. ➤ **definire** e deriv.

difiodónte [comp. del gr. *díphyos* 'duplice, di doppia natura' (comp. di *di-* ② e *phýein* 'generare') e *-odonte* ✱ 1913] **agg.** ● (*biol.*) detto di mammifero che ha due dentizioni, una decidua e una permanente

difiodontìa o **difiodonzìa** [da *difiodonte* ✱ 1931] **s. f.** ● (*biol.*) condizione per cui a una dentizione di latte ne segue una permanente, tipica della maggior parte dei Mammiferi

difonìa [comp. di *di-* ② e *-fonia* ✱ 1956] **s. f.** ● (*med.*) disturbo della fonazione dovuto a lesioni laringee e consistente nell'emissione contemporanea di due suoni di altezza diversa

diforàno [dall'ant. *difora*, lat. *dē fŏras* 'di fuori' ✱ sec. XIV] **agg.** ● (*lett.*) che sta di fuori, che viene dal di fuori | ***vento d.***, che viene dall'alto mare

†**difformàre** e deriv. ➤ **difformare** e deriv.

difosfàto [comp. di *di-* ② e *fosfato* ✱ 1980] **s. m.** ● (*chim.*) sale dell'acido fosforico

†**difraudàre** ➤ **defraudare**

†**difrodàre** ➤ **defraudare**

♦**di frónte** o (*raro*) **difrónte** [comp. di *di* e *fronte* ✱ sec. XIV] **A** **loc. avv.** ● di faccia: *stammi di fronte quando parli*; *mi sono trovato di fronte una classe scatenata* **B** **in funzione di loc. agg. inv.** ● che sta di contro: *abita nel palazzo di fronte*; *suonare alla porta di fronte* **SIN.** dirimpetto **C** **nella loc. prep. *di fronte a***, davanti a (*anche fig.*): *la fermata è di fronte al supermercato*; *mettere qlcu. di fronte alle sue responsabilità* | in presenza di: *scoraggiarsi di fronte a un risultato deludente*; *ho dovuto cedere di fronte alle sue insistenze* | in rapporto a: *Non contano nulla, oggi, le simpatie, rispose ... Di fronte agl'interessi, nulla!* (L. Pirandello)

diftèrico [fr. *diphtérique*, da *diphtérite* 'difterite' ✱ 1863] **agg.** (**pl. m.** *-ci*) ● (*med.*) della difterite: *batterio d.*; *tossina, membrana, angina difterica*

difterìte [fr. *diphtérite*, dal gr. *diphtéra* 'membrana' (di etim. incerta), col suff. medico *-ite* ① ✱ 1829] **s. f.** ● malattia infettiva acuta causata da un bacillo che colpisce il tratto laringo-faringeo, provocando edema della laringe e pericolo di soffocamento

difteròide [comp. di *difter(ite)* e *-oide* ✱ 1915] **agg.** ● (*med.*) che è simile alla difterite o ne presenta i caratteri: *sintomi difteroidi*

†**diftòngo** ➤ **dittongo**

difuòri o **di fuòri** [comp. di *di* e *fuori* ✱ sec. XIII] **A** **avv.** ● fuori **B** **in funzione di s. m. inv.** ● la parte esterna di qlco.: *il d. di una casa* | ***al d.***, all'esterno: *Al d. durava ancora il silenzio* (G. Verga) | ***dal d.***, (*lett.*) ***pel d.***, dall'esterno, dalla parte esterna: *le persiane erano chiuse pel d.* (G. Verga) | V. anche *fuori* **C** **nella loc. prep. *al d. di***, fuori da; oltre a; eccetto, tranne

♦**dìga** [neerl. *dijk*, di orig. indeur., prob. attrav. il fr. *digue* ✱ 1628] **s. f. 1** costruzione in muratura, calcestruzzo o terra per sbarrare artificialmente corsi d'acqua allo scopo di creare un invaso, oppure per proteggere coste o porti **2** (*fig.*) barriera, argine, freno: *una d. di sicurezza*; *opporre una d. alla criminalità*

†**digamìa** [vc. dotta, lat. cristiano *digamĭa(m)*, da *dĭgamus* 'digamo' ✱ sec. XIV] **s. f.** ● (*raro*) bigamia

digàmma [vc. dotta, lat. *digămma*, dal gr. *dígamma* 'doppio (*dis*) gamma' per la forma di due gamma sovrapposti ✱ av. 1543] **s. m.** (**pl.** *-i*) ● lettera dell'alfabeto greco antico designante la semivocale *u*

†**dìgamo** [vc. dotta, lat. cristiano *dĭgamu(m)*, dal gr. *dígamos* 'con doppio (*di-*) matrimonio (*gámos*)' ✱ sec. XIV] **agg. e s. m.** ● bigamo

digàstrico [vc. dotta, comp. di *di-* ② e del gr. *gastḗr*, genit. *gastrós* 'ventre' ✱ av. 1704] **A** **agg.** ● (*anat.*) detto di muscolo del collo formato da due parti carnose unite da un tendine **B** anche **s. m.** (**pl.** *-ci*)

digèi ➤ **diggei**

Digènei [comp. di *di-* ② e *-geno* ✱ 1913] **s. m. pl.** (**sing.** *-o*) ● (*zool.*) sottoclasse di Trematodi con due sole ventose e con ciclo che comprende almeno due ospiti (*Digenea*)

†**digeneràre** ➤ **degenerare**

digerènte **part. pres.** di *digerire*; anche **agg. 1** nei sign. del v. **2** (*anat.*) ***apparato d.***, insieme degli organi che concorrono alla digestione

digerìbile [1698] **agg. 1** che si può digerire | che si digerisce bene, con facilità: *cibo d.* **2** (*fig.*) tollerabile: *simili insulti non sono digeribili* | (*fig.*, *scherz.*) credibile: *un racconto poco d.* || **digeribilità**, **s. f. inv.**

♦**digerìre** [vc. dotta, lat. *digĕrere* 'portare (*gĕrere*) qua e là (*dis-*), distribuire (sottinteso: gli alimenti nell'organismo)' ✱ 1282] **v. tr.** (**pres.** *io digerìsco, tu digerìsci*; **part. pass.** *digerìto*, †*digèsto* ①) **1** (*fisiol.*) trasformare i cibi ingeriti in elementi assimilabili | ***d. anche i chiodi, i sassi e sim.***, (*fam.*) godere di un'ottima digestione **2** (*fig.*) riuscire a vincere, a dominare: *non ha ancora digerito la rabbia* | (*raro*) anche nella forma pron. (con valore intens.) **digerirsi**, riuscire a superare, a sopportare: *si metteva sull'uscio colle spalle al muro, a ... digerirsi la sua mala sorte* (G. Verga) **3** (*fig.*) tollerare, sopportare: *d. qlco. di sgradevole*; *non posso d. quell'uomo* | (*fig.*) credere: *questa non la digerisco proprio* **4** (*fig.*) assimilare una materia, un concetto e sim.: *non ha digerito quello che ha studiato* **5** (*chim.*) sottoporre una sostanza a digestione **6** (*fig.*) †esaminare, discutere **7** †approntare, disporre, ordinare

†**digeritóre** [1618] **s. m.** (**f.** *-trice*); anche **agg.** ● chi (o che) digerisce

†**digestìbile** [vc. dotta, lat. tardo *digestĭbile(m)*, da *digĕstus*, part. pass. di *digĕrere* 'digerire' ✱ sec. XIV] **agg.** ● digeribile

digestióne [vc. dotta, lat. *digestiōne(m)*, da *digĕstus*, part. pass. di *digĕrere* 'digerire' ✱ 1288] **s. f. 1** (*fisiol.*) processo di trasformazione degli alimenti in sostanze semplici, assimilabili, capaci di liberare l'energia necessaria all'organismo: *avere una d. buona, cattiva, lenta, facile, difficile*; *le bevande calde aiutano la d.* | ***guastarsi la d.***, (*fig.*) arrabbiarsi | assimilazione **2** (*chim.*) decomposizione, per mezzo di reattivi chimici, di certe sostanze: *d. delle proteine* | trattamento di sostanze naturali con reattivi chimici o con mezzi fisici, spec. allo scopo di eliminare impurità: *d. del legno* | estrazione, con opportuni solventi, di determinate sostanze da miscele di erbe, droghe e sim. **3** †separazione nei suoi componenti di un miscuglio

†**digestìre** [da *digesto* ① ✱ 1288] **v. tr.** ● digerire

digestìvo [vc. dotta, lat. tardo *digestīvu(m)*, da *digĕstus*, part. pass. di *digĕrere* 'digerire' ✱ av. 1292] **A** **agg.** ● che serve alla digestione: *apparato d.* | che aiuta la digestione: *liquore d.* **B** **s. m.** ● bevanda più o meno alcolica che stimola i succhi gastrici al fine di favorire la digestione

†**digèsto** ① [vc. dotta, lat. *digĕstu(m)*, dal part. pass. di *digĕrere* 'digerire' ✱ 1319] **agg. 1** digerito **2** di persona che ha smaltito l'eccesso di vino o di cibo **3** (*fig.*) ben considerato e assimilato, detto di concetti, nozioni e sim. **4** (*fig.*, *raro*) disposto, incline

digèsto ② [vc. dotta, lat. pl. *digĕsta*, dal part. pass. di *digĕrere* nel senso di 'distribuire, classificare' (propr. 'materie classificate') ✱ 1308] **s. m. 1** raccolta ordinata di leggi, norme e sentenze **2** (*per anton.*, con iniziale maiuscola) raccolta ordinata delle opere dei più autorevoli giureconsulti romani promossa dall'imperatore Giustiniano (527-565), portata a termine nel 533 e perfezionata nel 534

digestóre [fr. *digesteur*, dal lat. *digĕstus* (V. †*digesto* ①) ✱ 1825] **s. m.** ● (*tecnol.*) apparecchio usato per cuocere, ammorbidire, decomporre determinate sostanze, spec. ad alta temperatura

diggèi o **digèi** [dalla lettura delle iniziali di *disc jokey* ✱ 1983] **s. m. e f. inv.** ● disc jockey

diggià ➤ **di già**

di già o (*lett.*) **digià**, (*lett.*) **diggià** [comp. di *di* e *già* ✱ av. 1336] **loc. avv.** ● già (con valore rafforz.): *hai di già finito?*; *credeva fossimo diggià arrivati* (G. Verga)

digiàmbico [1869] **agg.** (**pl. m.** *-ci*) ● di digiambo; composto da digiambi: *verso, metro d.*

digiàmbo [vc. dotta, lat. *diiămbu(m)*, comp. di *di-*② e *ĭambus* 'giambo' ✱ 1830] **s. m.** ● metro della poesia greca e latina formato da due giambi

digigrafìa [comp. di *digi(tale)* e *-grafia*] **s. f.** ● tecnica di stampa su carta o altro supporto di un'immagine artistica creata al computer e riprodotta in un numero limitato di copie certificate

†**digiogàre** [vc. dotta, adattamento del lat. *deiugāre*, comp. di *dē-* e *iugāre* 'porre il giogo' ✱ av. 1400] **v. tr.** ● sciogliere dal giogo | (*fig.*) liberare, alleggerire da pesi o difficoltà

digital divide /ˈdidʒital diˈvaid, *ingl.* ˈdɪdʒɪt(ə)l dɪˈvaɪd/ [loc. ingl., comp. di *digital* 'digitale' e *divide* 'divario' ✱ 1994] **loc. sost. m. inv.** ● divario digitale (V. *digitale*③)

digitàle① [vc. dotta, lat. *digitāle(m)* 'relativo al dito (*dĭgitus*)' ✱ 1575] **agg.** ● del dito, delle dita, relativo alle dita: *impronta d.*; *arterie digitali*

digitàle② [dal lat. *digitālis*, per la forma a dito (lat. *dĭgitus*) del fiore ✱ av. 1577] **s. f.** ● genere di piante erbacee delle Scrofulariacee, con fiori grandi e penduli simili a una campanula, riuniti in lunghe e fitte infiorescenze (*Digitalis*) | ***d. purpurea***, con fiori rossi molto grandi e foglie pelose dalle quali si estraggono la digitalina e la digitossina (*Digitalis purpurea*) | ***d. lanata***, dalle cui foglie si estrae la digossina (*Digitalis lanata*)

♦**digitàle**③ [ingl. *digital* 'relativo al calcolo con elementi numerali (*digits*, propr. 'cifre, unità numeriche', dal lat. *dĭgitus* 'dito (che serve per numerare)')' ✱ 1961] **A** **agg.** ● (*elettron.*) basato sull'elaborazione di numeri: *elettronica d.* SIN. numerico CFR. analogico | (*est.*) detto di qualsiasi sistema, dispositivo od oggetto che utilizza l'elettronica: *calcolatore, immagine d.* | ***libro d.***, ebook | ***orologio d.***, V. *orologio* | ***nativo d.***, spec. nel linguaggio giornalistico, chi è nato nell'era di Internet ed è abituato fin da piccolo a utilizzare le tecniche digitali (calco sull'ingl. *digital native*) | ***immigrato d.***, spec. nel linguaggio giornalistico, chi ha appreso a utilizzare le tecniche digitali soltanto da adulto (calco sull'ingl. *digital immigrant*) | ***divario d.***, spec. nel linguaggio giornalistico, divario tra chi è in grado di utilizzare le tecniche digitali e chi non lo è (calco sull'ingl. *digital divide*) ‖ **digitalità**, **s. f. inv.** caratteristica di ciò che è digitale; (*est.*) insieme di mezzi e tecniche digitali **B** **s. m. solo sing.** ● il settore economico della produzione e commercializzazione di apparecchi elettronici | ***d. terrestre***, tecnologia che consente di diffondere via etere trasmissioni televisive o radiofoniche in formato digitale

digitàlico [dall'ingl. *digitalic*, da *digital(is)* 'digitale' col suff. *-ic* ✱ 1874] **agg.** (**pl. m.** *-ci*) ● relativo alla digitale | ***glicosidi digitalici***, glicosidi contenuti nella digitale, usati nella preparazione di farmaci per la terapia di affezioni cardiovascolari

digitalìna [da *digitale*② ✱ 1825] **s. f.** ● (*bot.*) miscela di sostanze estratte dalla digitale purpurea contenente i principi attivi e composti derivati

digitaliẓẓàre [da *digitale*③ ✱ 1963] **v. tr.** ● (*inform.*) nei sistemi per il trattamento automatico delle informazioni, convertire in forma digitale un segnale analogico continuo, per es. una tensione ‖ **digitaliẓẓazióne**, **s. f.**

digitaliẓẓàto [da *digitalizzare*, sul modello dell'ingl. *digitalized*] **agg.** ● (*inform.*) che è stato convertito in forma digitale: *disegno d.*

digitaliẓẓatóre [da *digitalizzare* ✱ 1963] **s. m.** ● (*tecnol.*) dispositivo che converte in forma digitale un segnale analogico

digitàre [vc. dotta, lat. *digitāre* 'indicare col dito', da *dĭgitus* 'dito' ✱ 1826] **A** **v. tr.** (*io dìgito*) ● scrivere caratteri o introdurre dati agendo con le dita sulla tastiera di un telefono, una calcolatrice, un elaboratore e sim. (*anche assol.*): *d. la tesi al computer*; *su questa tastiera non riesco a d.* **B** **v. tr. e intr.** (aus. *avere*) ● (*mus.*) diteggiare

digitàto① **part. pass.** di *digitare*; anche **agg.** ● nel sign. del v. | (*ling.*) ***italiano d.***, V. *italiano* nel sign. C

digitàto② [vc. dotta, lat. *digitātu(m)*, da *dĭgitus* 'dito' ✱ av. 1725] **agg.** ● (*bot.*) detto di organo vegetale disposto come le dita allargate di una mano: *infiorescenza, foglia digitata*

digitatùra [1869] **s. f.** ● (*mus.*) digitazione

digitazióne [da *digitare* ✱ 1830] **s. f.** **1** (*anat.*) prolungamento terminale di un organo, spec. di un muscolo, di forma simile a quella delle dita di una mano **2** (*mus.*) diteggiatura | maniera di applicare le dita alla tastiera, e complesso di segni grafici che la indicano

digitifórme [comp. del lat. *dĭgitus* 'dito' e *-forme* ✱ 1779] **agg.** ● detto di ciò che ha forma simile a un dito

digitìgrado [vc. dotta, comp. del lat. *dĭgitus* 'dito' e di *-grado* ✱ 1830] **agg.** ● (*zool.*) detto di animale che poggia sul suolo soltanto con le dita

†**dìgito** [vc. dotta, lat. *dĭgitu(m)* 'dito' e 'misura di lunghezza pari a un *dito*', di etim. incerta ✱ 1282] **s. m.** **1** (*astron.*) un dodicesimo del diametro della Luna (o del Sole), usato un tempo come unità di misura per la grandezza di un'eclisse **2** V. *dito*

digitoclaṣìa [vc. dotta, comp. del lat. *dĭgitus* 'dito' e *-clasia* ✱ 1987] **s. f.** ● (*chir.*) tecnica operatoria che si basa sull'uso delle dita, anziché del bisturi

digitopressióne [comp. del lat. *dĭgtu(m)* 'dito' e *pressione* ✱ 1985] **s. f.** ● tecnica terapeutica derivata dall'antica medicina cinese, che consiste nell'esercitare una pressione delle dita su punti particolari del corpo

digitossìna [comp. di *digit(ale)*② e *(t)ossina* ✱ 1956] **s. f.** ● glucoside che si estrae dalle foglie della digitale purpurea e della digitale lanata, usato nella terapia delle malattie cardiache

†**digiùgnere** ➤ †**digiungere**

digiunàre o †**deiunàre** [lat. eccl. *ieiunāre*, da *ieiūnum* 'digiuno' ✱ sec. XII] **v. intr.** (aus. *avere*) **1** astenersi completamente dal cibo o da determinati cibi, per un limitato periodo di tempo, intenzionalmente, come pratica religiosa, come forma di protesta non violenta, per motivi di salute, ecc.: *imporsi di d. per penitenza*; *i quattro deputati digiunano per protesta contro l'approvazione della legge*; *il medico gli ha prescritto di d. per due giorni* | (*est.*) mangiare meno di quanto si vorrebbe: *in questa casa ci fanno d.* **2** (*fig.*, *raro*) astenersi, privarsi di qlco. che sia necessaria o che si desideri

digiunatóre [lat. eccl. *ieiunatōre(m)*, da *ieiunātus*, part. pass. di *ieiunāre* 'digiunare' ✱ 1304] **s. m.** (**f.** *-trice*); anche **agg.** ● chi (o che) digiuna, spec. a lungo

†**digiùngere** o †**digiùgnere** [vc. dotta, lat. *deiŭngere*, comp. di *dē-* e *iŭngere* 'giungere, unire' ✱ sec. XIV] **v. tr.** ● (*raro*) disgiungere

digiùno① o †**deiùno** [da *digiunare* ✱ av. 1243] **s. m.** (**pl.** *digiùni*; †*digiùna*, †*digiùne* **f.**) **1** astensione dal cibo, intenzionale o per necessità: *osservare il d.*; *essere indebolito dai lunghi digiuni* | ***a d.***, senza aver mangiato nulla | ***rompere il d.***, interrompere o concludere la totale o parziale astensione dal cibo **2** (*fig.*) privazione di qlco. che si desidera: *un lungo d. di informazioni* | (*fig.*, *lett.*) brama, desiderio ardente: *send'io tornato a solver il d. / di veder lei che sola al mondo curo* (F. PETRARCA)

digiùno② [lat. *ieiūnu(m)*, legato al v. *ieientāre* 'fare la prima colazione', e come quello di orig. pop. e di etim. incerta ✱ 1260 ca.] **A** **agg.** **1** che non ha preso cibo da tempo più o meno lungo: *essere d. da tre giorni*; *bere alcolici a stomaco d.* **2** (*fig.*) privo: *essere d. di notizie* | ***essere d. di matematica***, non avere cognizioni matematiche | (*raro*, *lett.*) desideroso, bramoso **3** (*anat.*) ***intestino d.***, parte mediana dell'intestino tenue, tra duodeno e ileo ‖ †**digiunaménte**, **avv.** scarsamente **B** **s. m.** (*anat.*) ● intestino digiuno

digiùno-ìleo [comp. di *digiuno*② e *ileo* ✱ 1956] **s. m.** ● (*anat.*) parte mobile dell'intestino tenue

diglossìa [fr. *diglossie*, dal gr. *díglōssos* 'bilingue', comp. di *di-* 'di-②' e *glôssa* 'lingua' (V. *glossa*) ✱ 1933] **s. f.** **1** (*ling.*) forma particolare di bilinguismo in cui una delle due lingue rappresenta la condizione sociale e politica inferiore | (*est.*) bilinguismo **2** attitudine di un individuo a servirsi anche di una lingua diversa da quella materna

diglòssico [1983] **agg.** (**pl. m.** *-ci*) ● (*ling.*) relativo a diglossia

†**dignàre** ➤ **degnare**

†**dignazióne** ➤ **degnazione**

dignificàre o (*raro*) **degnificàre** [vc. dotta, formata dal lat. *dĭgnus* 'degno' e *-ficāre* (per *făcere*) ✱ sec. XIII] **A** **v. tr.** (*io dignìfico, tu dignìfichi*) ● (*raro*, *lett.*) rendere, fare degno **B** **dignificàrsi** **v. rifl.** ● †rendersi degno ‖ **dignificazióne**, **s. f.**

dignità o †**dignitàde**, †**dignitàte**, †**degnità** [vc. dotta, lat. *dignitāte(m)*, da *dĭgnus* 'degno' ✱ sec. XII] **s. f. inv.** **1** stato o condizione di chi (o di ciò che), per qualità intrinseche o per meriti acquisiti, è o si rende meritevole del massimo rispetto: *la d. della persona umana*; *la d. del nome, dell'abito talare, della famiglia, della nazione*; *gli uomini nascono uguali in d. e diritti*; *tutelare la d. del lavoro* **2** rispetto di sé stessi: *un uomo pieno di d.*; *non ha più un briciolo di d.* | decoro: *si è comportato con grande d.*; *cerchiamo di conservare la calma e la d.* **3** aspetto autorevole e severo: *la d. del suo viso incute soggezione* **4** ogni carica che comporta onori, preminenze, autorità: *d. cavalleresca, senatoriale, papale* | privilegio: *privare qlcu. di una d.* | (*est.*) condizione sociale elevata, posizione di prestigio: *la sua d. è in pericolo* **5** (**spec. al pl.**) persona investita di una carica autorevole: *le più alte d. militari, civili, religiose*

SFUMATURE DI SIGNIFICATO

dignità - decoro - decenza

Dignità è lo stato o la condizione di chi o di ciò che, per qualità intrinseche o per meriti acquisiti, si rende meritevole di rispetto e si comporta in modo da conservare tale rispetto. Un comportamento e un aspetto esteriore improntati a dignità costituiscono ciò che si definisce **decoro**. Più debole è **decenza**, che evoca un'apparenza o un comportamento adeguati al buon gusto e al pudore, ma non suggerisce un tratto di particolare distinzione.

SFUMATURE ➤ ***contegno***, ➤ ***maestà***

dignitàrio [adattamento del fr. *dignitaire*, da *dignité* 'dignità' ✱ av. 1828] **s. m.** (**f.** *-ia*) ● chi è investito di una dignità laica o ecclesiastica: *i dignitari di corte*; *gli alti dignitari della Chiesa*

†**dignitàte** ➤ **dignità**

dignitóso (o **-ṣ-**) o †**degnitóso** [vc. dotta, lat. *dignitōsu(m)*, da *dĭgnus* 'degno' ✱ 1266] **agg.** **1** che è pieno di dignità: *uomo, contegno d.* | che rivela dignità: *opporre un d. rifiuto*; *ha pronunciato parole nobili e dignitose* **2** adeguato, decoroso: *abito semplice ma d.*; *mantenere un atteggiamento d.*; *rispondere con tono e modi dignitosi* | discreto, passabile: *un film d.* **3** †prezioso, pregevole ‖ **dignitosaménte**, **avv.** in modo dignitoso, con dignità ‖ **dignitosità**, **s. f. inv.** caratteristica di chi (o di ciò che) è dignitoso

†**digno** ➤ **degno**

†**digocciàre** [comp. di *di-*① e *gocciare* ✱ av. 1729] **v. tr.** ● stillare goccia a goccia

†**digocciolàre** [comp. di *di-*① e *gocciolare* ✱ 1348] **A** **v. tr.** ● sgocciolare **B** **v. intr.** ● gocciolare

digossìna [da *dig(it)ossina* ✱ 1956] **s. f.** ● glicoside estratto dalle foglie della digitale lanata, dotato di azione più rapida della digitossina

†**digozzàre** [comp. di *di-*① e *gozzo* ✱ av. 1400] **A** **v. tr.** ● sgozzare **B** †**digozzàrsi** **v. rifl.** ● scoprirsi la gola

digradaménto [av. 1334] **s. m.** ● (*raro*) digradazione

digradànte **part. pres.** di *digradare*; anche **agg.** ● che scende dolcemente: *alture digradanti verso il mare*

♣**digradàre** [vc. dotta, lat. tardo *degradāre*, comp. di *dē-* e *grădus* 'passo' ✱ 1266] **A** **v. intr.** (aus. *avere, essere*) **1** (*raro, lett.*) scendere a poco a poco, da un grado superiore a uno inferiore | (*est.*) abbassarsi gradatamente, essere in declivio: *la strada digradava a valle*; *verdi pendii che digradano verso la città* **2** (*fig., lett.*) diminuire d'intensità, valore, importanza e sim.: *note che digradano verso toni più bassi*; *una passione che digrada* | sfumare: *un giallo che digrada nel bianco* **3** (*lett.*) farsi sempre più piccolo: *nel cielo di perla, dritti, uguali / ... / digradano in fuggente ordine i pali* (G. PASCOLI) **B** **v. tr.** **1** †degradare **2** †dividere in gradi

SFUMATURE ➤ *scendere*

digradazióne [vc. dotta, lat. tardo *degradatiōne(m)*, da *degradātus* 'digradato' ✱ 1395] **s. f.** **1** (*raro*) abbassamento | (*fig.*) graduale attenuazione **2** (*geogr.*) degradazione

digràmma [vc. dotta, comp. di *di-*② e del gr. *grámma* 'lettera' ✱ 1745] **s. m.** (**pl.** *-mi*) ● (*ling.*) successione di due lettere indicanti un suono unico (per es. *sc, gn, gl*)

digrassàre [comp. parasintetico di *grasso* con il pref. *di-*① ✱ 1550] **A** **v. tr.** ● privare del grasso: *d. il maiale macellato* | ***d. il brodo***, schiumarlo **B** **v. intr.** (aus. *essere*) ● (*raro*) diventare meno grasso

digrassatùra [1956] **s. f.** ● operazione del digrassare: *la d. delle carni*

♣**digredìre** o †**dişgredire** [vc. dotta, lat. *dīgredi*, comp. di *dis-*① e *grădi* 'avanzare', collocato sulla serie dei v. in *-ire* ✱ 1321] **v. intr.** (**pres.** *io digredìsco, tu digredìsci*; **part. pass.** *digredìto*, †*digrèsso*; **aus.** *avere*, †*essere*) **1** †scostarsi **2** (*fig., lett.*) fare una digressione: *d. dall'argomento fissato*; *Ma perché siam digressi assai* (DANTE *Par.* XXIX, 126)

♣**digressióne** o (*lett.*) **dişgressióne** [vc. dotta, lat. *digressiōne(m)*, da *digrĕssus* 'digresso' ✱ 1308] **s. f.** **1** (*raro*) deviazione da un percorso **2** (*fig.*) deviazione dall'argomento principale o dall'ordine di un discorso SIN. divagazione **3** (*astron.*) distanza angolare di un pianeta dal Sole: *d. massima* ‖ **digressioncèlla**, **dim.**

digressìvo [vc. dotta, lat. *digressīvu(m)*, da *digrĕssus* 'digresso' ✱ 1374] **agg.** ● che costituisce una digressione: *argomento d.* | pieno di digressioni: *discorso d.* ‖ **digressivaménte**, **avv.** (*raro*) in modo digressivo; (*raro, est.*) incidentalmente

†**digrèsso** [vc. dotta, lat. *digrĕssu(m)*, part. pass. sost. di *dīgredi* 'digredire' ✱ 1322] **s. m.** ● digressione

digrignaménto [1869] **s. m.** ● il digrignare i denti

digrignàre o †**dişgrignàre** [dall'antico francone **grînan* 'storcere la bocca' ✱ sec. XIII] **v. tr.** (**coniug. come** *segnare*) **1** mostrare i denti facendoli stridere con ferocia, ringhiando e minacciando di mordere, detto dei cani (*anche assol.*): *d. i denti*; *il mastino digrignava* | (*est.*) ritrarre le labbra scoprendo i denti in una smorfia feroce, detto dell'uomo (*anche assol.*): *d. i denti per il furore*; *d. per una contrazione nervosa* **2** (*fig.*) †battere i denti, contrarsi per la fame o per il freddo (*anche assol.*)

†**digroppàre** [comp. parasintetico di *groppo* con il pref. *di-*① ✱ 1319] **v. tr.** ● sciogliere un nodo (*spec. fig.*)

digrossaménto [1357] **s. m.** ● operazione del digrossare | (*fig.*) affinamento

digrossàre [comp. parasintetico di *grosso* con il pref. *di-*① ✱ 1306] **A** **v. tr.** (*io digròsso*) **1** sgrossare, assottigliare: *d. un bastone* | (*est.*) sbozzare una pietra, abbozzare una scultura e sim.: *d. un diamante, una statua* **2** (*fig.*) cominciare ad ammaestrare, a istruire qlcu., fornendogli i primi rudimenti di un'arte, di una scienza e sim.: *d. un bambino in grammatica* **3** (*fig.*) cominciare ad affinare, a ingentilire e sim.: *d. la lingua*; *il viaggio all'estero l'ha un po' digrossato* **B** **digrossàrsi** **v. rifl.** ● farsi meno rozzo, ingentilirsi, raffinarsi, perfezionarsi

digrossatóre [1869] **s. m.** (**f.** *-trice*) ● (*raro*) chi digrossa

digrossatùra [1869] **s. f.** ● (*raro*) digrossamento

†**digròsso** [da separare *di grosso*, come opposto a 'sottile' e quindi a 'preciso' ✱ av. 1348] **avv.** ● (*lett.*) solo nelle loc. avv. ***in d.***, ***al d.***, all'incirca: *in d., si stimò che morissono in questo tempo più di quattro mila persone* (G. VILLANI) | grandemente

digrumàle [1830] **s. m.** ● (*pop.*) rumine

digrumàre [etim. incerta: lat. tardo *grūma* 'pelle, buccia', con sovrapp. del lat. tardo *rumigāre* 'ruminare' ✱ 1585] **v. tr.** **1** (*raro, tosc.*) ruminare | (*est., scherz.*) mangiare molto, divorare avidamente **2** (*fig., lett.*) ripensare | rimuginare

†**digrumatóre** [1618] **s. m.** (**f.** *-trice, raro*); anche **agg.** ● chi (o che) ripensa, rimugina

†**diguastàre** [comp. di *di-*① e *guastare* ✱ sec. XIII] **v. tr.** ● devastare (*anche fig.*)

diguazzaménto [1527] **s. m.** ● il diguazzare

diguazzàre [comp. parasintetico di *guazzo* col pref. *di-*① ✱ av. 1313] **A** **v. tr.** **1** (*raro*) scuotere, agitare l'acqua o un altro liquido in un recipiente **2** agitare, dimenare (*anche fig.*) **B** **v. intr.** (aus. *avere*) ● agitarsi nell'acqua, nel fango o sim.: *i bambini diguazzavano allegramente nel fiume*

†**diguazzàta** [sec. XIII] **s. f.** ● sbattimento

†**diguişàre** [fr. *déguiser* 'uscire (*dé-*) dalla propria maniera' (*guise*: V. *guisa*) ✱ sec. XIV] **v. tr.** ● mascherare, travestire

dik-dik /dik'dik/ [vc. ingl. di orig. africana ✱ 1891] **s. m. e f. inv.** ● piccolissima antilope con minuscole corna, tipica dell'Africa tropicale (*Madoqua*)

diktàt /ted. dik'taːt/ o, diffuso ma etim. meno corretto, **diktat** [vc. ted. (propr. 'dettato'), nata in riferimento all'articolo di un giornale francese del 1919, che parlava di *pace di giustizia dettata* ✱ 1942] **s. m. inv.** (**pl. ted.** *Diktate*) **1** trattato di pace imposto a condizioni sfavorevoli e senza possibilità di negoziati **2** (*est.*) ordine, condizione e sim. imposti ad altri in modo duro e perentorio: *subire un d.*

dilaccàrsi [comp. di *di-*① e *lacca*② ✱ 1313] **v. rifl.** **1** †lacerarsi, squarciarsi, dilaniarsi: *e con le man s'aperse il petto, / dicendo: 'Or vedi com'io mi dilacco!'* (DANTE *Inf.* XXVIII, 29-30) **2** (*lett., raro*) allargare le cosce

†**dilacciàre** ➤ **dislacciare**

dilaceraménto [1612] **s. m.** ● (*raro, lett.*) lacerazione

dilaceràre [vc. dotta, lat. *dilacerāre*, comp. di *dis-*① e *lacerāre* 'lacerare' ✱ av. 1292] **v. tr.** (*io dilàcero*) **1** (*lett.*) lacerare con violenza | sbranare, dilaniare **2** (*lett., fig.*) affliggere, tormentare

dilacerazióne [vc. dotta, lat. tardo *dilaceratiōne(m)*, da *dilacerātus* 'dilacerato' ✱ sec. XIV] **s. f.** ● (*lett.*) lacerazione

dilagànte **part. pres.** di *dilagare*; anche **agg.** **1** nei sign. del v. **2** (*fig.*) che si diffonde rapidamente: *criminalità, vizio d.*

♣**dilagàre** [comp. parasintetico di *lago*, con il pref. *di-*① ✱ av. 1442] **A** **v. intr.** (*io dilàgo, tu dilàghi*; **aus.** *essere*) **1** detto di acque, distendersi come un lago dopo aver superato argini, barriere e sim.: *il fiume dilagò per la campagna* | (*est.*) espandersi rapidamente invadendo un territorio: *i nemici dilagarono nella pianura* **2** (*fig.*) diffondersi rapidamente: *il mal costume, la corruzione dilagano*; *il contagio è pericolosamente dilagato in tutto il paese* **B** **v. tr.** ● †allagare, inondare

dilagàto **part. pass.** di *dilagare*; anche **agg.** **1** nei sign. del v. **2** †***alla dilagata***, con furia, con impeto

dilamàre [comp. di *di-*① e *lama*② ✱ 1865] **A** **v. intr.** ● (*lett.*) smottare **B** **dilamàrsi** **v. intr. pron.** **1** (*lett.*) smottare **2** (*disus.*) formare una palude

dilaniàre [vc. dotta, lat. *dilaniāre*, comp. di *dis-* e *laniāre* 'fare a pezzi' ✱ sec. XIII] **A** **v. tr.** (*io dilànio*) **1** fare a pezzi, smembrare: *la belva dilaniò la preda con gli artigli*; *inciampò in una bomba che lo dilaniò orrendamente* (I. SVEVO) | †strappare SIN. sbranare **2** (*fig., raro*) demolire con feroce accanimento: *d. con la maldicenza il buon nome di qlcu.* **3** (*fig.*) straziare, tormentare: *il rimorso dilania il suo cuore*; *era dilaniato dalla gelosia* **B** **dilaniàrsi** **v. rifl.** **1** (*lett.*) straziarsi il corpo, strapparsi le vesti, i capelli e sim. **2** (*fig.*) tormentarsi: *dilaniarsi nei dubbi* **C** **dilaniàrsi** **v. rifl. recipr.** ● ferirsi, straziarsi o (*fig.*) tormentarsi l'un l'altro

dilaniatóre [1772] **s. m.** (**f.** *-trice*); anche **agg.** ● (*lett.*) che (o chi) dilania

†**dilapidaménto** [1668] **s. m.** ● dilapidazione

dilapidàre [vc. dotta, lat. *dilapidāre*, originariamente 'gettar pietre (*lapidāre*) qua e là (*dis-*)' ✱ 1363] **v. tr.** (*io dilàpido*) ● sperperare le sostanze proprie o altrui: *d. il proprio patrimonio, i propri averi* SIN. dissipare, scialacquare

dilapidatóre [1481] **s. m.** (**f.** *-trice*); anche **agg.** ● chi (o che) dilapida SIN. dissipatore, scialacquatore

dilapidazióne [vc. dotta, lat. tardo *dilapidatiōne(m)*, da *dilapidātus* 'dilapidato' ✱ 1607] **s. f.** ● il dilapidare | sperpero, dissipazione

†**dilargaménto** [1725] **s. m.** ● allargamento, dilatazione

dilargàre [comp. di *di-*① e *largare* ✱ 1297] **A** **v. tr.** (*io dilàrgo, tu dilàrghi*) ● (*lett.*) allargare, dilatare **B** **dilargàrsi** **v. intr. pron.** ● (*lett.*) diffondersi, espandersi

†**dilassézza** [comp. di *di-*① e *lassezza* ✱ av. 1311] **s. f.** ● lassezza, debolezza

†**dilàta** [da *dilatare*② ✱ av. 1712] **s. m. o f.** ● proroga, dilazione

dilatàbile [da *dilatare*① ✱ av. 1519] **agg.** ● che si può dilatare ‖ **dilatabilità**, **s. f. inv.**: *dilatabilità delle sostanze gassose*

dilataménto [av. 1311] **s. m.** ● (*raro*) dilatazione

d

dilatànte part. pres. di *dilatare*①; anche agg. **1** nei sign. del v. **2** (*med.*) ***periodo d.***, tempo in cui, durante il parto, si effettua la preparazione del canale del parto

†**dilatànza** [av. 1328] s. f. • †dilatazione

♦**dilatàre**① [vc. dotta, lat. *dilatāre* 'allargare allontanando', comp. parasintetico di *lătus* 'largo', col pref. *dis-*① ✱ av. 1294] **A** v. tr. **1** rendere più largo, aprire maggiormente: *d. una cavità, un'apertura, un passaggio*; *il cane dilatò le narici* **2** (*fis.*) aumentare il volume di un corpo: *d. un gas* **3** ampliare, ingrandire, estendere (*anche fig.*): *le bevande gassate dilatano lo stomaco*; *ha dilatato il volume dei propri affari* | †***d. qlcu., qlco. nella fama***, renderlo più rinomato, più famoso **4** (*lett., fig.*) diffondere, divulgare: *d. notizie, chiacchiere* **B** **dilatàrsi** v. intr. pron. **1** diventare più largo: *la piaga si è dilatata*; *col calore le vene si dilatano* | diventare più ampio: *man mano che salivano il panorama si dilatava alla vista* **2** aumentare di volume **3** (*fig.*) estendersi: *la fama di questo fatto si dilatò per Perugia* (F. SACCHETTI) | (*lett.*) spargersi: *gli invasori si dilatarono nelle pianure*

†**dilatàre**② [allargamento di senso di *dilatare*① 'estendere (nel tempo)' ✱ av. 1348] v. tr. • differire, rimandare

dilatatóre [vc. dotta, lat. tardo *dilatatōre(m)*, da *dilatāre* 'dilatare①' ✱ av. 1380] **A** agg. (f. *-trice*) • che dilata, dilatante: *muscolo d. della pupilla* **B** s. m. **1** (*med.*) strumento che serve a dilatare **2** †chi diffonde, propaga idee e sim.

dilatatòrio [da *dilatare*① ✱ 1377] agg. (pl. m. *-i* o *raro -ii*) • che serve a dilatare

♦**dilatazióne** [vc. dotta, lat. tardo *dilatatiōne(m)*, da *dilatāre* 'dilatare①' ✱ 1308] s. f. • aumento delle dimensioni di qlco.: *d. termica di un solido* | (*fig.*) aumento, estensione: *d. della spesa pubblica*
SFUMATURE ➤ *espansione*

†**dilàto** [vc. dotta, lat. *dilātu(m)*, part. pass. di *diffĕrre* 'portare (*fĕrre*) da una parte all'altra (*dis-*)' ✱ av. 1342] agg. • (*raro*) differito

dilatometrìa [vc. dotta, comp. di *dilat(are)*① e *-metria* ✱ 1983] s. f. • (*fis.*) complesso dei metodi di determinazione del coefficiente di dilatazione termica dei corpi

dilatòmetro [vc. dotta, comp. di *dilat(are)*① e *-metro* ✱ 1892] s. m. • (*fis.*) strumento di misura del coefficiente di dilatazione termica dei liquidi e dei solidi

dilatòrio [vc. dotta, lat. tardo *dilatōriu(m)*, da *dilātus* 'dilato' (V.) ✱ 1342] agg. (pl. m. *-i* o *raro -ii*) • che tende a differire, a dilazionare ‖ **dilatoriaménte**, avv.

dilavaménto [av. 1320] s. m. • (*geogr.*) azione delle acque che scorrono sul terreno asportandone alcuni componenti

dilavàre [vc. dotta, lat. tardo *delavāre*, comp. di *lavāre* col pref. *dē-* ✱ 1282] v. tr. **1** (*geogr.*) sottoporre a dilavamento: *d. il terreno* **2** (*raro, est.*) sbiadire, per effetto dell'acqua: *d. un tessuto con i ripetuti lavaggi*

dilavàto part. pass. di *dilavare*; anche agg. **1** nei sign. del v. **2** (*fig.*) smorto: *viso d.* | (*lett., raro*) ***discorso d.***, senza significato, scipito

†**dilavazióne** [vc. dotta, lat. tardo *delavatiōne(m)*, da *delavātus* 'dilavato' ✱ 1550] s. f. • dilavamento

dilazionàbile [1887] agg. • che si può dilazionare ‖ **dilazionabilità**, s. f. inv.

dilazionàre [da *dilazione* ✱ 1738] v. tr. (*io dilazióno*) • (*burocr.*) rimandare, spostare nel tempo: *d. un pagamento* | differire, procrastinare: *d. una decisione*

dilazionatòrio [1963] agg. • che tende a dilazionare: *operazione dilazionatoria*

♣**dilazióne** [vc. dotta, lat. *dilatiōne(m)*, da *dilātus* 'dilato' ✱ 1317] s. f. **1** differimento, proroga: *chiedere, concedere una d.*; *ottenere una d. per il pagamento di un debito* | ***senza d.***, subito, senza proroghe o ritardi | tempo, durata della dilazione: *esaurire la d.* | †***in d. di tempo***, col passare del tempo **2** (*ling.*) modificazione del timbro di un suono dovuta all'anticipazione di un altro suono non contiguo ‖ **dilazioncèlla**, dim. | **dilazioncìna**, dim.

dildo /'dildo, *ingl.* 'dɪldəʊ/ [vc. ingl. di orig. sconosciuta ✱ 1996] s. m. (pl. *dildi* o ingl. *dildos*) • pene artificiale usato spec. in pratiche autoerotiche

dileggiàbile [av. 1694] agg. • (*lett.*) degno di dileggio

dileggiaménto [sec. XIV] s. m. • (*raro*) dileggio

♣**dileggiàre** [etim. incerta ✱ av. 1342] v. tr. (pres. *io diléggio*; fut. *io dileggerò*) • (*lett.*) deridere qlco. o qlcu. con atti o parole beffarde, sprezzanti, oltraggiose: *d. la religione*; *una folla urlante lo dileggiava* SIN. beffare, schernire

†**dileggiatézza** [av. 1334] s. f. • scostumatezza, sfacciataggine oltraggiosa

dileggiàto① part. pass. di *dileggiare*; anche agg. • nei sign. del v. | schernito, deriso

†**dileggiàto**② [comp. di *di-*① e un deriv. di *legge* ✱ av. 1348] agg. • sfrenato, scatenato

dileggiatóre [da *dileggiare* ✱ av. 1311] s. m. (f. *-trice*); anche agg. • chi (o che) dileggia

†**dileggìno** [av. 1494] s. m. • cascamorto, bellimbusto

♣**diléggio** [da *dileggiare* ✱ av. 1369] s. m. • derisione sprezzante, scherno oltraggioso: *subire il d.*; *esporsi al d.*

†**dilégine** [etim. incerta ✱ 1605] agg. • debole, fiacco, floscio

†**dilegióne** ➤ **derisione**

dileguaménto [av. 1557] s. m. • (*raro*) il dileguarsi SIN. scomparsa, sparizione

♣**dileguàre** [lat. *deliquāre* 'liquefare del tutto', comp. di *dē-* e *liquāre* 'liquefare' ✱ 1288] **A** v. tr. (*io diléguo* (o *-è-*), *noi dileguiàmo*) • (*lett.*) far scomparire, disperdere: *il vento dileguò le nubi* **B** v. intr. (aus. *essere*) e **dileguàrsi** v. intr. pron. **1** svanire, scomparire (*spec. fig.*): *la nebbia dileguò dalla valle*; *le tenebre si dileguano*; *quando l'uomo concepisce amore tutto il mondo si dilegua dagli occhi suoi* (G. LEOPARDI) **2** disperdersi, allontanarsi: *i nemici si dileguarono nella notte*
SFUMATURE ➤ *scappare*

diléguo (o *-è-*) [da *dileguare* ✱ sec. XIII] s. m. **1** (*lett.*) scomparsa, rovina, spec. nelle loc.: ***andare, mandare, in d.*** **2** (*ling.*) caduta, scomparsa di un suono

♦**dilèmma** [vc. dotta, lat. tardo *dilēmma*, dal gr. *dílēmma*, comp. di *di-* 'doppio' e *lêmma* 'assunto' ✱ 1624] s. m. (pl. *-i*) **1** (*filos.*) ragionamento che pone l'alternativa di due ipotesi contrapposte per giungere a dimostrare che conducono comunque alla stessa conclusione **2** (*est.*) difficile scelta fra due possibilità: *si trovava di fronte a un vero d.* **3** (*fig.*) problema di difficile soluzione: *questo esercizio di matematica è un vero d.*
SFUMATURE ➤ *alternativa*

dilemmàtico [av. 1686] agg. (pl. m. *-ci*) • (*filos.*) relativo a dilemma; che ha natura di dilemma | (*est.*) che presenta un dilemma: *dibattito d.* ‖ **dilemmaticaménte**, avv. (*raro*) in modo dilemmatico

†**dilenquìre** [vc. dotta, lat. *delĭnquere* 'mancare, lasciare indietro' con mutamento di coniug. ✱ av. 1292] **A** v. tr. • mandare in rovina **B** v. intr. • venir meno al proprio dovere

dilèssi ➤ **diligere**

†**dileticàre** o †**diliticàre** [etim. discussa: lat. *titillicāre*, iter. di *titillāre* (?) ✱ av. 1325] v. tr. • solleticare, vellicare (*anche fig.*) | (*fig.*) indurre al peccato

†**dilético** [1354] s. m. • solletico | (*fig.*) godimento

†**dilettàbile** o †**delettàbile** [lat. *delectābile(m)*, da *delectāre* 'dilettare' ✱ 1288] agg. • dilettevole ‖ †**dilettabilità** o †**delettabilità**, †**dilettabilitàde**, †**dilettabilitàte**, s. f.

†**dilettaménto** o †**delettaménto** [lat. *delectamĕntu(m)*, da *delectāre* 'dilettare' ✱ av. 1250] s. m. **1** il dilettare **2** godimento

♦**dilettànte** [part. pres. di *dilettare* ✱ 1681] agg. e s. m. e f. **1** che (o chi) coltiva un'arte, una scienza o si dedica a un'attività sportiva per pura passione (+ *di*): *chimico, ciclista d.*; *d. di musica, di pittura*; *compagnia teatrale di dilettanti*; *corsa per dilettanti* **2** (*est.*) che (o chi) manca di esperienza, perizia e sim.: *filologo, lessicografo d.*; *al tuo confronto è solo un d.* | (*spreg.*) che (o chi) si occupa di qlco. con grande faciloneria, in modo superficiale e senza un'adeguata preparazione: *critico d.*; *fare il poliziotto d.*; *in politica è un d.*

dilettantésco [1904] agg. (pl. m. *-schi*) • (*spreg.*) dilettantistico: *regia dilettantesca* ‖ **dilettantescaménte**, avv. (*spreg.*) da dilettante

dilettantìsmo [fr. *dilettantisme*, dall'italianismo *dilettante* ✱ 1896] s. m. **1** pratica dell'attività sportiva da dilettante **2** atteggiamento o comportamento da dilettante (*anche spreg.*)

dilettantìstico [1919] agg. (pl. m. *-ci*) **1** praticato da dilettanti: *sport dilettantistici* **2** (*spreg.*) da dilettante: *preparazione, cultura dilettantistica* ‖ **dilettantisticaménte**, avv.

†**dilettànza** o †**delettànza** [av. 1250] s. f. • diletto, piacere

dilettàre o †**delettàre** [lat. *delectāre*, originariamente 'attirare (*lactāre*, intens. di *lăcere*, di etim. incerta) completamente (*dē-*)', 'sedurre' ✱ av. 1250] **A** v. tr. (*io dilètto*) **1** (*lett.*) dare piacere, diletto, divertimento e sim. (*anche assol.*): *d. i sensi, lo spirito*; *una visione che diletta gli occhi*; *è sol virtù quel che diletta e giova* (P. METASTASIO) SIN. divertire **2** †amare, prediligere **B** v. intr. (aus. *essere*) • †piacere, essere gradito **C** **dilettàrsi** v. intr. pron. **1** provare piacere, diletto e sim., divertirsi (+ *a* seguito da inf., + *con*): *si diletta a leggere storie avventurose*; *si dilettano con strani passatempi*; *e non si vuole dilettare in altro che negli obbrobri suoi* (CATERINA DA SIENA); *con altri si dilettava di ragionare* (G. BOCCACCIO) **2** svolgere un'attività solo per trarne svago, piacere e sim. (+ *di*): *dilettarsi di pittura, di musica*

†**dilettatóre** [1330] s. m. (f. *-trice*); anche agg. • chi (o che) diletta

dilettazióne o †**delettazióne** [lat. *delectatiōne(m)*, da *delectātus* 'dilettato' ✱ 1282] s. f. **1** (*raro, lett.*) il dilettarsi **2** (*lett.*) diletto, piacere: *d. estetica*; *d. dello spirito, dei sensi*; *l'arte non è da scambiare con la mera d. sensuale* (B. CROCE) | divertimento

♣**dilettévole** o †**dilettévile**, †**delettévole** [av. 1243] **A** agg. • che procura diletto, piacere e soddisfazione: *libro, lettura d.*; *amicizie, occupazioni dilettevoli* SIN. piacevole ‖ **dilettevolménte**, avv. in modo dilettevole: *passare dilettevolmente una serata* **B** s. m. solo sing. • (*raro*) ciò che procura piacere, diletto: *ricercare il d.* | ***unire l'utile al d.***, fare qlco. di utile, vantaggioso e, al tempo stesso, piacevole

†**dilettìvo** [1340] agg. • (*raro*) amorevole

♣**dilètto**① o †**delètto** **A** part. pass. di *diligere*; anche agg. **1** nei sign. del v. **2** (*lett.*) che è particolarmente caro e teneramente amato: *amico d.*; *i nostri figli diletti*; *sposa diletta* || **dilettaménte**, **avv.** (**lett.**) con tenerezza, con affetto **B** **s. m.** (**f.** *-a*) ● (**lett.**) persona amata: *le prese il capo tra le braccia … dicendo che … era la sua diletta* (G. VERGA)

✦**dilètto** ② o †**delètto** [da *dilettare* ✻ av. 1250] **s. m. 1** sentimento o sensazione gradevole di gioia, di soddisfazione, di piacere: *d. materiale, spirituale*; *procurare d. al corpo, all'animo*; *provare d. nella musica, nella pittura*; *trarre d. dallo studio, dall'amore di qlcu.*; *prendere d. di* (o *da*) *qlcu.* o *qlco.* | (**lett.**) ***prendere in, a d. qlcu.***, amarlo **SIN.** godimento, piacere **2** divertimento, distrazione, svago: *leggere, scrivere, viaggiare per d.*; *praticare uno sport per d.* | (**lett.**) ***a bel d.***, con gusto; per capriccio; apposta | †***fare della necessità d.***, fare di necessità virtù **3** (**lett.**) ciò che appaga i sensi: *i molti diletti del mondo*; *un luogo pieno d'ogni d.* | attività, occupazione e sim. che solleva e rallegra lo spirito: *la lettura è il suo unico d.*

dilettóso (o -ṣ-) o †**delettóso** [da *diletto*② ✻ 1266] **agg. 1** (**lett.**) che procura diletto: *perché non sali il d. monte / ch'è principio e cagion di tutta gioia?* (DANTE *Inf.* I, 77-78) **2** †diletto, amato || **dilettosaménte**, **avv.** || **dilettosità**, **s. f. inv.** (**lett.**) piacere, diletto

†**dilezióne** o †**delezióne** [vc. dotta, lat. cristiano *dilectiōne(m)*, da *dilēctus* 'diletto①' ✻ 1065] **s. f.** ● affetto per una persona della quale si apprezzano i meriti | amore costante per Dio e il prossimo: *come i giusti vissuti in carità, morendo in d. … veggono il bene* (CATERINA DA SIENA)

†**dilezióso** ➤ **delizioso**

†**diliberàre** e deriv. ➤ **deliberare**① e †**deliberare**② e deriv.

†**dilìbero** o †**dilìvero** [comp. di *di-*① e *libero* ✻ 1261 ca.] **agg. 1** libero **2** autonomo

†**dilibràre** e deriv. ➤ **deliberare**①, †**deliberare**② e deriv.

†**dilibràrsi** [comp. di *di-*① e *librare* 'equilibrare' ✻ 1321] **v. intr. pron.** ● tracollare, detto della bilancia

†**dilicàto** e deriv. ➤ **delicato** e deriv.

✦**diligènte** [vc. dotta, lat. *diligĕnte(m)*, part. pres. di *dilĭgere* 'diligere' ✻ 1261 ca.] **agg. 1** che agisce od opera con cura attenta e scrupolosa (+ *in*, **anche seguito da inf.**): *professionista, impiegato, studente d.*; *è stato molto diligente nel suo lavoro, nel seguire le procedure* | ***farsi parte d.***, prendersi a cuore qlco. assumendosene la responsabilità | che fa qlco. con scrupolo e attenzione, ma senza originalità (con valore limitativo): *un d. versificatore*; *è solo un d. imitatore dei classici* **SIN.** attento, scrupoloso **CONTR.** negligente **2** che è fatto con scrupolosa attenzione e accuratezza: *un lavoro d.*; *una d. ricerca* **SIN.** accurato, preciso | fatto con cura e precisione, ma senza originalità (con valore limitativo): *un'esecuzione d. di una sonata di Beethoven* || **diligenteménte**, **avv.** con diligenza

diligènza ① [vc. dotta, lat. *diligĕntia(m)*, da *dīligens*, genit. *diligĕntis*, 'diligente' ✻ 1258] **s. f. 1** caratteristica di chi (o di ciò che) è diligente: *lavorare, studiare con d.*; *è abituato a porre la massima d. in ciò che fa* | (**lett.**) sollecitudine | †***fare d.***, affrettarsi | †***in d.***, sollecitamente **SIN.** precisione, scrupolosità **CONTR.** negligenza **2** (**dir.**) cura con cui il soggetto passivo dell'obbligazione deve svolgere la specifica attività alla quale è obbligato | ***d. del buon padre di famiglia***, quella che l'uomo medio di solito pone nell'assolvimento dei suoi impegni
SFUMATURE ➤ *impegno*

diligènza ② [fr. *diligence*, in orig. *carrosse de diligence* 'vettura di fretta', secondo un ant. sign. assunto da *diligence* 'cura sollecita, solerzia' ✻ 1698] **s. f.** ● grande carrozza a più cavalli, che un tempo faceva regolare servizio di trasporto tra un luogo e un altro

dilìgere [vc. dotta, lat. *dilĭgere*, comp. di *dis-*① e *lĕgere* 'scegliere', in opposizione a *neglĕgere* ✻ sec. XIV] **v. tr.** (**pres.** *io dilìgo, tu dilìgi*; **pass. rem.** *io dilèssi, tu diligésti*; **part. pass.** *dilètto*) ● (**lett.**) avere particolarmente caro, prediligere

†**diligióne** ➤ **derisione**

†**dilimàre** [vc. dotta, lat. **delimāre*, originariamente 'portar via (*dē-*) con la lima (*līma*)' ✻ av. 1367] **A** **v. intr.** ● (**lett.**) scendere, scorrere in basso, spec. di corso d'acqua **B** †**dilimàrsi** **v. intr. pron. 1** (**lett.**) derivare, discendere | dilagare **2** (**fig.**) prosternarsi

diliscàre [comp. parasintetico di *lisca*, con il pref. *di-*① ✻ av. 1406] **v. tr.** (*io dilìsco, tu dilìschi*) ● levare le lische, pulire dalle lische: *d. un pesce*; *d. la canapa*

†**dilìticàre** ➤ †**dileticare**

†**diliveràre** e deriv. ➤ **deliberare**① e †**deliberare**② e deriv.

†**dilìvero** ➤ †**dilibero**

†**dilivràre** ➤ †**deliberare**②

†**dilìzia** e deriv. ➤ **delizia**① e deriv.

†**diloggiàre** e deriv. ➤ †**disloggiare** e deriv.

dilogìa [vc. dotta, lat. tardo *dilogĭa(m)*, dal gr. *dilogía* 'discorso (*lógos*) doppio (*dís*)' ✻ av. 1604] **s. f.** (**pl.** *-gìe*) **1** (**lett.**) detto o discorso ambiguo, a doppio senso **2** in retorica, ripetizione nel discorso di una o più parole per maggiore espressività **3** coppia di opere teatrali dello stesso autore che hanno argomento analogo: *le tragedie "Agamennone" e "Oreste" di Alfieri costituiscono una d.*

dilògico [sec. XX] **agg.** (**pl. m.** *-ci*) ● relativo a dilogia, che costituisce dilogia: *espressione, ripetizione dilogica*

dilollàre [da *lolla*, con il pref. *di-*① ✻ 1586] **v. tr.** (*io dilòllo* o *dilóllo*) ● (**disus.**) separare il grano o sim. dalla lolla

dilombàrsi [comp. parasintetico di *lombo*, con il pref. *di-*① ✻ av. 1449] **v. intr. pron.** (*io mi dilómbo*) ● (**disus.**) sfiancarsi

dilombàto **part. pass.** di *dilombarsi*; **anche agg. 1** †fiacco **2** (**veter.**) di cavallo che, per distrazione dei legamenti o dei muscoli lombari, presenta, quando è in marcia, oscillazione del treno posteriore e andatura incerta con pericolo di caduta

dilombatùra [av. 1617] **s. f.** ● (**veter.**) distrazione dei muscoli lombari in seguito a sforzi eccessivi

†**dilongàre** ➤ **dilungare**

dilucidàre ➤ **delucidare**①

†**dilucidatòrio** [da *dilucidare* ✻ av. 1405] **s. m.** ● scritto che serve a chiarire, a spiegare

dilucidazióne ➤ **delucidazione**①

dilùcolo o †**dilùculo** [vc. dotta, lat. *dilūculu(m)*, da *dilucēre*, comp. di *dis-* e *lucēre* 'brillare, splendere' ✻ av. 1361] **s. m.** ● (**lett.**) albore del giorno

diluènte **A** **part. pres.** di *diluire*; **anche agg.** ● nei sign. del v. **B** **s. m.** ● sostanza inerte, gassosa, liquida o solida che si aggiunge a un'altra per aumentarne il volume o la dispersione o diminuirne la concentrazione

diluìre [vc. dotta, lat. *dilŭere*, comp. di *dis-* e *lŭere*, tratto da *lăvere*, forma parallela di *lavāre* ✻ av. 1642] **v. tr.** (**pres.** *io diluìsco, tu diluìsci*; **part. pass.** *diluìto*, †*dilùto*) **1** sciogliere in un liquido una sostanza solida: *d. una compressa nell'acqua* **2** rendere meno concentrata una soluzione aggiungendovi un solvente: *d. una vernice* | (**est.**) rendere meno densa una sostanza con l'aggiunta di un liquido: *d. la fecola con un po' di latte* **3** (**fig.**) esprimere un concetto e sim. con eccessiva abbondanza di parole, privandolo di efficacia: *d. un pensiero* | (**fig.**) distribuire in un arco di tempo: *d. una spesa in più anni* **4** (**econ.**) riferito a partecipazione azionaria, ridurne il valore percentuale

diluìto **part. pass.** di *diluire*; **anche agg.** ● nei sign. del v. | (**fig.**) prolisso, sovrabbondante: *ragionamento, commento d.* | (**fig.**) attenuato, reso meno pungente: *critica diluita*

diluizióne o (**raro**) **diluzióne** [1788] **s. f.** ● operazione del diluire | sostanza diluita

†**dilungaménto** o †**delongaménto** [1282] **s. m.** ● il dilungare, il dilungarsi

dilungàre o †**dilongàre**, †**delongàre** [comp. parasintetico di *lungo*, col pref. *di-*① ✻ 1268] **A** **v. tr.** (*io dilùngo, tu dilùnghi*) **1** †allungare, distendere **2** (**lett.**) allontanare, rimuovere: *e da festoni della sacra soglia / dilungate i profani* (U. FOSCOLO) **3** †differire: *ma poi che vidon che più d. / non si potea 'l partire* (G. BOCCACCIO) **B** **dilungàrsi** **v. intr. pron. 1** (**raro**) allungarsi, estendersi in lunghezza **2** (**lett.**) allontanarsi, discostarsi **3** (**fig.**) soffermarsi troppo a lungo su un argomento o un discorso (+ *in*, + *su*, + *a* **seguito da inf.**): *dilungarsi in noiose spiegazioni*; *dilungarsi su un argomento*; *dilungarsi a parlare, a raccontare* **SIN.** diffondersi **4** nelle corse al trotto e al galoppo, distaccare di parecchie lunghezze gli altri cavalli in gara

†**dilungazióne** o †**delongazióne** [1282] **s. f.** ● allontanamento

dilùngi [comp. di *di* e *lungi* ✻ av. 1292] **A** **avv.** ● (**raro**, **lett.**) lontano | da lontano **B** **nelle loc. prep.** ***d. da***, †***d. di*** ● (**lett.**) lontano: *parte di loro al d. dell'oste si misono in guato una notte* (G. VILLANI)

†**dilùngo** o †**di lùngo** nel sign. B [comp. di *di* e *lungo* ✻ av. 1348] **A** **avv.** ● nella loc. avv. ***a d.***, di continuo | †dritto, difilato **B** **agg.** ● lontano

†**dilùṣo** ➤ **deluso**

diluviàle ① [vc. dotta, lat. tardo *diluviāle(m)*, da *dilŭvium* 'diluvio①' ✻ 1869] **agg. 1** (**lett.**) relativo al diluvio universale **2** (**est.**) torrenziale: *pioggia d.*; *acquazzone d.* | ***autunno d.***, ***stagione d.***, eccessivamente piovosi

diluviàle ② [dall'ingl. *diluvial* ✻ 1983] **agg.** ● (**geol.**) relativo al diluvium

diluviàre [vc. dotta, lat. *diluviāre*, da *dilŭvium* 'diluvio①' ✻ 1306] **A** **v. intr. impers.** (*dilùvia*; **aus.** *essere* o *avere*) ● piovere dirottamente: *diluviava senza interruzione da dieci ore* **B** **v. intr.** (**aus.** *essere*) ● (**fig.**) venire con grande frequenza, succedersi in abbondanza: *le sassate diluviavano*; *gli insulti diluviano su di lui* **C** **v. tr. 1** †inondare **2** (**lett.**) trangugiare, mangiare o bere voracemente

†**diluviatóre** [da *diluviare* nel sign. B2 ✻ sec. XIII] **s. m.** (**f.** *-trice*); **anche agg.** ● mangiatore ingordo

dilùvio ① [vc. dotta, lat. *dilŭviu(m)*, da *dilŭere*, comp. di *dis-* e *luĕre* (V. *diluire*) ✻ 1258] **s. m. 1** pioggia battente e molto abbondante: *viene giù un d.*; *non ho il coraggio di uscire con questo d.* | inondazione prodotta da piogge eccessive | ***d. universale***, quello descritto nell'Antico Testamento e nella mitologia di molti popoli, anche primitivi **2** (**fig.**) grande quantità: *d. di parole, di ingiustizie, di spropositi* **3** (**fig.**) †invasione, calata: *d. barbarico* (G. CARDUCCI)

dilùvio ② [etim. discussa: da *diluvio*①, in senso figurato (?) ✻ av. 1731] **s. m.** ● grande rete usata per catturare di notte uccelli addormentati su alberi, cespugli e sim.

†**diluvióso** (o -ṣ-) [da *diluvio*① ✻ 1333] **agg. 1** scrosciante, torrenziale | estremamente piovoso **2** (**lett.**) che porta pioggia, tempesta e sim. || †**diluviosaménte**, **avv.** a diluvio

dilùvium [vc. dotta, lat. *dilŭvium* 'inondazione' ✻ 1913] **s. m. inv.** ● (**geol.**, **raro**) l'insieme dei depositi continentali del Pleistocene | il periodo del Pleistocene

diluzióne ➤ **diluizione**

dìma [milan. *dima*, dal gr. *dêigma* 'mostra, campione' da *deiknýnai* 'indicare' (di orig. indeur.) * 1966] **s. f.** ● (*tecnol.*) pezzo campione che, sovrapposto a pezzi semilavorati, ne consente il controllo o la produzione in serie: *d. per foratura* | sagoma in cartone o lamierino sulla quale sono posizionati fori, collegamenti e sim. che devono essere predisposti prima del montaggio di un apparecchio: *la d. di una caldaia murale*

†**dimacchiàre** [comp. parasintetico di *macchia*②, con il pref. *di-*① * 1761] **v. tr.** ● disboscare

†**dimacràre** ➤ **dimagrare**

dimàfono [comp. con *-fono*; non chiara la prima parte del comp. * 1983] **s. m.** ● apparecchio che, collegato a un telefono, consente la registrazione delle conversazioni su appositi dischi

dimagraménto [1745] **s. m. 1** (*raro*) dimagrimento **2** ***d. di un terreno***, perdita di parte degli elementi nutritivi, impoverimento

dimagrànte **part. pres.** di *dimagrare*; anche **agg. 1** nei sign. del v. **2** detto di farmaco che, attraverso un aumento del metabolismo basale, accelera il consumo delle riserve di grasso dell'organismo

dimagràre o †**dimacràre** [comp. parasintetico di *magro*, col pref. *di-*① * 1282] **A v. tr. 1** (*raro*) rendere magro: *le malattie lo hanno molto dimagrato* | rendere sterile: *d. un terreno* CONTR. ingrassare **2** (*lett.*, *fig.*) ridurre in povertà: *d. qlcu. del suo denaro, dei suoi beni* **B v. intr.** (aus. *essere*) **1** (*raro*) dimagrire: *d. per il digiuno; è dimagrato molto in seguito alla malattia* CONTR. ingrassare **2** (*fig.*, *lett.*) diminuire, impoverirsi: ... *questa Italia / vedova trista, ch'ognor più dimagra* (G. CARDUCCI) **3** (*raro*, *lett.*) diminuire di livello, detto di corsi d'acqua **4** †diventare sterile, detto di terreno **C dimagràrsi v. intr. pron. 1** (*lett.*) diventare magro **2** (*fig.*, *lett.*) impoverirsi **3** (*poet.*, *fig.*) spopolarsi

†**dimagrazióne** [sec. XIV] **s. f.** ● dimagrimento

dimagriménto [1899] **s. m.** ● perdita di peso corporeo per una diminuzione delle riserve di grasso dell'organismo: *in seguito alla dieta ha avuto un forte d.*

♦**dimagrìre** [comp. parasintetico di *magro*, col pref. *di-*① * av. 1373] **v. intr.** (*io dimagrisco, tu dimagrìsci*; aus. *essere*) ● diventare magro, calare di peso: *per d. segue una dieta severissima; è dimagrito di parecchi chili* CONTR. ingrassare

dimagrìto **part. pass.** di *dimagrire*; anche **agg. 1** nel sign. del v. CONTR. ingrassato **2** assottigliato, asciutto, affilato | (*fig.*) diminuito, ridotto, impoverito: *tredicesime dimagrite per l'inflazione*

†**dimandàre** e deriv. ➤ **domandare** e deriv.

†**dimàndita** o †**domàndita** [da *dimandare* sul tipo di altri deverbali astratti, come *nascita, perdita, vendita* * av. 1311] **s. f.** ● (*lett.*) domanda

†**dimàndo** o †**domàndo** [da *dimandare* * 1261 ca.] **s. m. 1** domanda, preghiera: *s'appaghi intanto il primo / tuo d.* (V. MONTI) **2** desiderio, esigenza: *oltre 'l d. di nostra natura* (DANTE)

dimàne [1258] **A avv.** ➤ **domani** nel sign. A **B s. f. inv. 1** (*lett.*) il giorno seguente a quello del quale si parla: *doveva conoscere le firme dei sottoscritti la sera della d.* (I. SVEVO) **2** (*poet.*) mattino: *al re s'apprestarno una d.* (M.M. BOIARDO); *Quando fui desto innanzi la d.* (DANTE *Inf.* XXXIII, 37) **3** (*raro*, *lett.*) il futuro: *la dubbia d. non t'impaura* (E. MONTALE)

dimàni ➤ **domani**

†**dimattina** ➤ **domattina**

dimazzàre [comp. di *di-*① e un deriv. di *mazza* * 1956] **v. tr.** ● ottenere pietrisco mediante frantumazione manuale della pietra con il martello

dimazzatùra [1956] **s. f.** ● operazione del dimazzare

†**dimembràre** o †**demembràre** [comp. parasintetico di *membra*, con il pref. *di-*① * sec. XIII] **v. tr. 1** smembrare **2** (*fig.*) alterare, sovvertire **3** (*raro*) suddividere, spartire

dimenaménto [1353] **s. m.** ● il dimenare, il dimenarsi

dimenàre [comp. di *di-*① e *menare* * av. 1292] **A v. tr.** (*io diméno*) **1** agitare in qua e in là, riferito spec. a parti del corpo: *d. le braccia, le gambe; il cane dimenava la coda* **2** †scuotere, squassare **B v. intr.** † e **dimenàrsi v. rifl. 1** agitarsi, dibattersi, contorcersi: *dimenarsi nel letto senza riuscire a dormire; dimenarsi come un ossesso* **2** (*fig.*, *raro*) darsi un gran da fare: *non dimenarti tanto per questa faccenda* **3** †tentennare, traballare

†**dimenazióne** [av. 1704] **s. f.** ● dimenamento

dimenìo [1611] **s. m.** (pl. *-ii*) ● dimenamento continuo, prolungato

dimensionàle [1584] **agg.** ● (*fis.*, *mat.*) relativo alle dimensioni ‖ **dimensionalità**, **s. f. inv.** carattere dimensionale; (*est.*) ciò che attiene alle dimensioni

dimensionaménto [1983] **s. m.** ● il dimensionare

dimensionàre [da *dimensione* * 1584] **v. tr.** (*io dimensióno*) ● stabilire le dimensioni di qlco.: *d. un edificio* | (*fig.*) stabilire l'esatto valore di qlco. o qlcu.: *d. un fenomeno sociale*

dimensionàto [da *dimensione*] **part. pass.** di *dimensionare*; anche **agg. 1** nei sign. del v. **2** (*lett.*) fornito di dimensioni, concreto, misurabile

♦**dimensióne** [vc. dotta, lat. *dimensiōne(m)*, da *dimēnsus*, part. pass. di *dimetīri* 'misurare (*metīri*) da ogni parte (*dis-*)' * 1321] **s. f. 1** (*mat.*) numero dei parametri dai quali dipende la determinazione di un elemento dell'insieme | (*fis.*) ***dimensioni di una grandezza fisica***, la sua espressione in termini delle grandezze fondamentali (in genere lunghezza, massa, tempo, carica elettrica) **2** correntemente, estensione di un corpo quanto a larghezza, altezza, lunghezza: *i solidi hanno tre dimensioni* | ***la quarta d.***, il tempo **3** misura, grandezza, valore (*anche fig.*): *un impianto di ampie dimensioni; prospettive di lavoro di notevole d.* **4** (*fig.*) caratteristica reale, valore intrinseco: *la d. politica di un discorso; il fatto va ricondotto alle sue reali dimensioni*

SFUMATURE ➤ *misura*

†**dimentàre** ➤ †**dementare**

dimenticàbile [ricavato da *(in)dimenticabile* * 1844] **agg.** ● che si può dimenticare: *da ta facilmente d.*

†**dimenticàggine** [sec. XIV] **s. f.** ● dimenticanza abituale

†**dimenticagióne** [av. 1406] **s. f.** ● dimenticanza

†**dimenticaménto** o †**dişmenticaménto** [1258] **s. m.** ● dimenticanza

dimenticànza o (*tosc.*, *sett.*) †**dişmenticànza** [1288] **s. f. 1** il dimenticare, il dimenticarsi, l'essersi dimenticato | ***andare, cadere in d.***, essere dimenticato | (*disus.*) ***mandare, porre in d.***, far dimenticare **2** mancanza di memoria, distrazione: *uno sbaglio commesso per d.; perdere il treno per pura d.* | negligenza, trascuratezza, errore: *una grave d.; una d. imperdonabile*

♦**dimenticàre** o (*tosc.*, *sett.*) †**dişmenticàre**, †**şdimenticàre** [lat. tardo *dementicāre*, da *demĕnticus* 'dimentico' * 1268] **A v. tr.** (*io diméntico, tu diméntichi*) **1** perdere la memoria delle cose, non ricordare più qlco. o qlcu. (+ *di* seguito da inf., + *che*): *d. facilmente i nomi, la fisionomia delle persone; cerca di non d. quanto ti ho detto; lo hanno già dimenticato; Tu devi d. di averla conosciuta* (I. SVEVO); *non d. che domani c'è l'inaugurazione della mostra* CONTR. ricordare **2** (*est.*) trascurare, lasciare in abbandono: *d. i propri doveri di padre; non dimentica gli amici che hanno bisogno di lui; è stato dimenticato da tutti* CONTR. ricordare **3** considerare con indulgenza e cancellare dalla propria mente (*anche assol.*): *d. le offese; per questa volta dimenticheremo* **4** lasciare un oggetto in un luogo, per distrazione e sim.: *d. i libri a scuola; ho dimenticato la valigia in macchina, sul treno* | ***d. la borsa, i guanti, gli occhiali e sim.***, non prenderli con sé **B** anche **dimenticàrsi v. tr. pron.** (aus. *essere*): (con valore intens.): *dimenticarsi una notizia, una data, un appuntamento; 'Oh Dio' gridò la contessa... 'Io che me l'ero dimenticato!'* (A. FOGAZZARO) **C dimenticàrsi v. intr. pron.** ● non ricordarsi (+ *di*, + *che*): *dimenticarsi di comprare il pane; si è già dimenticato di noi; mi sono dimenticato che ieri era il tuo compleanno; io, a dirti la verità, me n'era dimenticato* (U. FOSCOLO) | tralasciare di fare qlco., di recarsi in un luogo e sim., per disattenzione, mancanza di memoria e sim.: *dimenticarsi di un appuntamento, di una ricorrenza; mi sono dimenticata di passare da te* CONTR. ricordare

SFUMATURE ➤ *evadere*

dimenticatóio o (*raro*) **dimenticatòrio** [1538] **s. m.** (pl. *-ói*) ● (*scherz.*) immaginaria sede delle cose dimenticate, spec. nelle loc. ***andare, cadere, cascare, mettere, porre nel d.***

†**dimenticatóre** [sec. XIV] **s. m.** (f. *-trice*); anche **agg.** ● chi (o che) dimentica | chi (o che) fa dimenticare

dimenticatòrio ➤ **dimenticatoio**

†**dimentichévole** [1308] **agg.** ● che dimentica facilmente

♣**diméntico** [lat. *demĕnticu(m)*, da *dēmens*, genit. *demĕntis* 'che è fuori di (*dē-*) mente (*mēns*)' * 1268] **agg.** (pl. m. *-chi*, †*-ci*) **1** (*lett.*) che non ricorda, che si è dimenticato: *uomo d. del proprio passato* | (*lett.*) noncurante SIN. immemore CONTR. memore **2** (*lett.*) trascurato, incurante: *scolaro d. dei propri doveri*

dimenticóne [da *dimenticare* * 1750] **s. m.** (f. *-a*); anche **agg.** ● (*raro*, *fam.*) smemorato

†**dimèrgere** ➤ †**demergere**

dimergolàre [etim. discussa: 'smuovere (*di-*) con un forcone da paglia (lat. *mĕrgula*, dim. di *mĕrga*, di etim. incerta)' (?) * sec. XIV] **A v. tr.** (*io dimèrgolo*) ● (*lett.*, *raro*) scrollare, agitare **B dimergolàrsi v. intr. pron.** ● †barcollare

†**dimeritàre** e deriv. ➤ **demeritare** e deriv.

dìmero [comp. di *di-*② e *-mero* * 1956] **s. m.** ● (*chim.*) composto formato per polimerizzazione di due molecole uguali

♣**dimésso** [lat. *demĭssu(m)* 'basso, umile', part. pass. di *demĭttere* 'mandar giù' (V. *dimettere*)] **A part. pass.** di *dimettere* ● nei sign. del v. **B agg. 1** che è caratterizzato da umiltà e modestia: *atteggiamento, contegno, tono d.; col fascino d. delle cose ... lungamente abbandonate* (P. LEVI) | ***voce dimessa***, bassa e riservata | trasandato, poco curato, detto del modo di vestire: *abiti dimessi* | disadorno, scarno: *stile d.* **2** (*lett.*) rivolto in basso, abbassato, abbandonato | (*lett., fig.*) depresso, avvilito || **dimessaménte**, avv.

SFUMATURE ➤ *modesto*

dimesticàre ➤ **domesticare**

†**dimestichévole** [1505] **agg.** ● amichevole, familiare

♦**dimestichézza** o (*raro*) **domestichézza** [1265] **s. f.** **1** familiarità, intimità: *avere, prendere d. con qlcu.*; *trattare qlcu. con grande d.*; *Erano stati sempre sin dai primi anni in domestichezza fra di loro* (G. Stuparich) | (*eufem., lett.*) intimità carnale **2** (*fig.*) esperienza, pratica | ***avere d. con qlco.***, essere pratico di qlco. | ***prendere d. con qlco.***, impratichirsi

dimèstico ➤ **domestico** nei sign. A 2 e B 2

dimètrico [comp. di *di-*② e *metro*, con suff. agg. ✱ 1892] **A** **agg.** (**pl. m.** *-ci*) ● che è dotato di due unità di misura | (*miner.*) detto di gruppo cristallino in cui due dei tre assi cristallografici formano parametri uguali e diversi dal terzo **B** **s. m.** ● (*miner.*) gruppo dimetrico

dìmetro [vc. dotta, lat. *dĭmetru(m)*, dal gr. *dímetros* 'di doppia misura', comp. di *di-* 'due' e *métron* 'misura' ✱ 1549] **s. m.** ● serie di due metri nella poesia classica

diméttere [vc. dotta, lat. *dimĭttere* 'mandare qua e là', comp. di *dis-*① e *mĭttere* 'mandare'; nei sign. A2 e B, dal fr. *démettre* ✱ 1266] **A** **v. tr.** (**coniug. come** *mettere*) **1** far uscire: *d. un paziente dall'ospedale, un detenuto dal carcere*; *è stato dimesso dopo tre giorni di ricovero* **2** (*raro*) esonerare da una carica, destituire da un ufficio e sim. **3** (*lett.*) abbandonare, tralasciare, deporre (*anche fig.*): *d. l'opera*; *dimise infine l'orgoglio* **4** †perdonare, rimettere: *d. i peccati, le colpe a qlcu.* **5** †concedere, permettere **6** †cessare **B** **diméttersi** **v. rifl.** ● recedere da un contratto di lavoro, da un pubblico impiego, da una carica: *il ministro si è dimesso*

dimezzaménto o (*lett.*) **dimidiaménto** [av. 1374] **s. m.** **1** il dimezzare, il venire dimezzato | (*est., lett.*) diminuzione **2** (*scient.*) ***periodo di d.***, intervallo medio di tempo necessario perché la quantità o la concentrazione di una sostanza, soggetta a trasformazione o decadimento, si riduca alla metà di quella iniziale **SIN.** emivita

dimezzàre o (*lett.*) **dimidiàre** [vc. dotta, lat. tardo *dimidiāre*, da *dimidiātus*, a sua volta da *dimĭdium* 'diviso (*dis-*) in mezzo (*mĕdius*)' ✱ sec. XIII] **v. tr.** (*io dimèzzo*) ● dividere qlco. a metà: *dimezzarono il pane e lo mangiarono* | ridurre della metà: *d. la spesa, gli utili* | (*est.*) ridurre, diminuire qlco. in misura considerevole: *d. la produzione*; *d. il costo dei generi alimentari*

dimezzàto o (*lett.*) **dimidiàto** **part. pass.** di *dimezzare*; anche **agg.** **1** nei sign. del v. **2** (*fig.*) incompleto, parziale: *una nozione del fatto, non solo dimezzata, ma falsa* (A. Manzoni) | (*est.*) spec. nel linguaggio giornalistico, detto di chi si trova in una condizione di minor potere, prestigio o sim.: *un segretario d.*

Dimiàri [vc. dotta, comp. di *di-*② e del gr. *mŷs* 'muscolo' ✱ 1830] **s. m. pl.** (**sing.** *-io*) ● (*zool.*) gruppo di Molluschi bivalvi dei Lamellibranchi che presentano due muscoli adduttori per chiudere le valve della conchiglia (*Dimyaria*)

dimidiàre e deriv. ➤ **dimezzare** e deriv.

†**diminàre** ➤ **dominare**

†**dimìnio** ➤ **dominio**

†**dimìno** ➤ **dominio**

diminuèndo [gerundivo di *diminuire* ✱ 1826] **s. m.** (**inv. nel sign. 2**) **1** (*mat.*) minuendo **2** (*mus.*) indicazione dinamica che prescrive la progressiva diminuzione dell'intensità del suono **SIMB.** dim **CONTR.** crescendo

diminuènte [1981] **s. f.** ● (*dir.*) circostanza attenuante

diminuìbile [1560] **agg.** ● che si può diminuire

†**diminuiménto** [1353] **s. m.** ● diminuzione | danno

♦**diminuìre** [vc. dotta, lat. *diminŭere* per *deminŭere* 'rendere più piccolo (*mĭnus*), togliendo (*dē-*)', portato nella serie dei v. in *-ire* ✱ sec. XIII] **A** **v. tr.** (**pres.** *io diminuìsco, tu diminuìsci*; **part. pass.** *diminuìto*, †*diminùto*) ● rendere minore, ridurre: *d. la quantità, il peso, il prezzo, le dimensioni di qlco.*; *d. le spese, i guadagni*; *d. l'intensità della luce* **CONTR.** aumentare | (*mus.*; *raro*) indicazione dinamica equivalente al diminuendo **B** **v. intr.** e (*lett.*) **diminuìrsi** **v. intr. pron.** (aus. *essere*) ● ridursi di numero, quantità, dimensione, peso, intensità, forza e sim. (+ *di*): *gli iscritti diminuiscono*; *le percentuali sono diminuite*; *grazie alla dieta è diminuito di qualche chilo*; *d. di valore, di intensità*; *il freddo continua a d.* **SIN.** calare **CONTR.** aumentare **C** **diminuìrsi** **v. tr. pron.** ● diminuire, ridurre qlco. di proprio: *diminuirsi lo stipendio*; *Vuole ... che io mi diminuisca gli anni per non invecchiar lei* (A. Moravia) **D** **diminuìrsi** **v. rifl.** ● (*lett., raro*) sminuirsi

SFUMATURE DI SIGNIFICATO

diminuire - ridurre - accorciare - abbreviare

Diminuire è rendere qualcosa minore di numero, di quantità, di dimensione, di forza, di importanza ecc. Suo sinonimo è **ridurre**, che suggerisce tuttavia un'idea di limitazione piuttosto che di sottrazione, come invece è per *diminuire*. **Accorciare** fa riferimento a una diminuzione in lunghezza, mentre in **abbreviare** è soprattutto la durata a essere ridotta.

diminuìto o †**diminùto** **part. pass.** di *diminuire*; anche **agg.** **1** nei sign. del v. **2** (*mus.*) detto dell'intervallo della scala che sottrae un semitono all'intervallo giusto o minore dello stesso nome | ***quinta diminuita***, dal do al sol bemolle

diminùtio ➤ **deminutio**

diminutivàle [dall'ingl. *diminutival*, da *diminutiv(e)* 'diminutivo' col suff. *-al* ✱ sec. XX] **agg.** ● (*gramm.*) di diminutivo: *forma d.*

diminutìvo [vc. dotta, lat. *deminutīvu(m)*, da *deminūtus* 'diminuto', var. di diminuito ✱ 1334] **A** **agg.** ● atto a diminuire, a ridurre: *suffisso d.* **B** **s. m.** ● (*gramm.*) alterazione di un sostantivo o di un aggettivo mediante un suffisso che indica diminuzione o sfumatura vezzeggiativa: *"tavolino" è il d. di "tavolo"*

†**diminùto** ➤ **diminuito**

diminutóre [av. 1829] **s. m.** ● (*mat.*) sottraendo

♦**diminuzióne** [vc. dotta, lat. *deminutiōne(m)*, da *deminūtus* 'diminuto', var. di *diminuito* ✱ 1279] **s. f.** **1** riduzione di numero, quantità, dimensione, peso, intensità, forza e sim.: *d. delle spese* **CFR.** meio- **CONTR.** aumento **2** (*mus.*) tecnica di contrappunto in uso nei secc. XVII e XVIII per cui il valore di ciascuna nota, nella ripetizione di un'idea, veniva ridotto della metà | nella musica rinascimentale e barocca, prassi improvvisatoria consistente nella sostituzione di una nota con più note di valore minore: *un trattato di d.*

dimìsi ➤ **dimettere**

dimissionàre [fr. *démissionner*, da *démission* 'dimissione②' ✱ 1831] **v. tr.** (*io dimissióno*) ● (*burocr.*) licenziare, esonerare qualcuno da un incarico, inducendolo a dare le dimissioni: *i due funzionari sono stati dimissionati*

dimissionàrio [fr. *démissionnaire*, da *démission* 'dimissione②' ✱ 1791] **agg.** ● che si è dimesso da un ufficio, da un incarico e sim.: *ministero, governo d.*

dimissióne① [vc. dotta, lat. *dimissiōne(m)*, da *dimĭssus*, part. pass. di *dimĭttere* 'dimettere' ✱ 1351] **s. f.** ● (*raro*) il dimettere, il venire dimesso: *la d. di un degente*

dimissióne② [fr. *démission*, da *démettre* (V. *dimettere*) ✱ 1647] **s. f.** ● (*raro*) esonero, congedo: *domandai d. dal servizio* (V. Alfieri) | (*dir.*, **spec. al pl.**) recesso da un contratto di lavoro, da un pubblico impiego, da una carica e sim.: *dare, presentare, rassegnare le dimissioni*; *accettare, respingere le dimissioni*; *dimissioni del governo*

SFUMATURE ➤ *congedo*

dimissòrio [vc. dotta, lat. tardo *dimissōriu(m)*, da *dimĭssus*, part. pass. di *dimĭttere* 'dimettere' ✱ 1619] **agg.** (**pl. m.** *-i* o *raro -ii*) ● che dimette, concede licenza | ***lettera dimissoria***, o (*ellitt.*) ***dimissoria***, lettera con la quale il vescovo autorizza l'ordinazione di un chierico fuori della sua diocesi

dimmer /'dimmer, *ingl.* 'dɪmə(r)/ [vc. ingl., dall'agg. *dim* 'debole, offuscato' ✱ 1989] **s. m. inv.** ● varialuce

dimmitùdine ➤ **dhimmitudine**

dimodoché o **di mòdo che** [1513] **cong.** ● in modo tale che, cosicché | perciò

dimoiàre [etim. incerta: prob. comp. parasintetico di *moia* ✱ av. 1698] **v. intr.** (*io dimòio*; aus. *essere*) ● (*raro, tosc.*) liquefarsi, sciogliersi, detto del ghiaccio e della neve: *non sai la gioia / ... della neve, il giorno che dimoia* (G. Pascoli)

dimólto o **di mólto** [comp. di *di* e *molto* ✱ 1306] **A** **agg. indef.** ● (*fam., tosc.*) molto: *c'erano dimolte persone alla conferenza* **B** **dimólti** **pron. indef. pl.** ● (*fam., tosc.*) molte persone **C** **avv.** ● (*tosc.*) molto, assai: *è un libro che mi è piaciuto dimolto*

†**dimònio** ➤ **demonio**

♦**dimòra** (o *-ó-*) o †**demòra** [da *dimorare* ✱ 1266] **s. f.** **1** (*lett.*) permanenza in un luogo: *volgi la mente a me, e prenderai / alcun buon frutto di nostra d.* (Dante *Purg.* XVII, 89-90) **2** luogo in cui si abita, casa: *una d. fastosa, ricca, umile, signorile* | ***prendere d., stabilire, fissare la propria d. in un luogo***, stabilirsi, risiedere | ***senza fissa d.***, di chi non alloggia a lungo nello stesso posto, spec. per disagiate condizioni economiche | ***ultima, estrema d.***, la tomba, il cimitero | (*dir.*) luogo in cui una persona si trova anche non abitualmente **CFR.** domicilio, residenza | (*elvet.*) ***permesso di d.***, permesso di soggiorno **3** (*agric.*) ***mettere, porre a d. una pianta***, collocarla nel terreno in cui dovrà crescere **4** (*lett.*) indugio, ritardo: *non sia tanto la d. lunga* (G. Bruno) | ***senza d.***, rapidamente | †pausa

†**dimoragióne** ➤ †**dimorazione**

†**dimoraménto** o †**demoraménto** [sec. XIII] **s. m.** ● dimora

dimorànte **A** **part. pres.** di *dimorare*; anche **agg.** ● nei sign. del verbo **B** **s. m. e f.** ● (*elvet.*) cittadino straniero al quale è stato concesso il permesso di soggiorno

†**dimorànza** o †**demorànza** [1250 ca.] **s. f.** **1** dimora, soggiorno | ***fare d.***, sostare in un luogo: *tre dì fecero quivi d.* (M.M. Boiardo) **2** indugio, ritardo: *Troppo aggio fatto lungia d.* (C. Davanzati)

dimoràre o †**demoràre** [lat. *demorāri*, poi *demorāre*, comp. di *dē-* e *morāri* 'indugiare', da *mŏra* 'indugio' ✱ av. 1250] **A** **v. intr.** (*io dimòro* (o *-ó-*); aus. *avere*, †*essere*) **1** risiedere, trattenersi più o meno durevolmente in un luogo (*lett., anche fig.*): *ho dimorato molti anni in questa città*; *in lui non dimora certo la pazienza* **2** †stare fermo: *Noi eravam ... / come gente ... / che va col cuore e col corpo dimo-*

ra (DANTE *Purg.* II, 10-12) **3** †persistere, perseverare: *d. nel vizio, nel peccato* **4** (*raro, lett.*) indugiare, tardare **B** **v. tr.** ● †trattenere

†**dimoràta** [av. 1306] **s. f.** ● dimora

†**dimorazióne** o †**dimoragióne**, †**demoragióne** [lat. *demoratiōne(m)*, da *demorātus* 'dimorato' ✱ sec. XIII] **s. f.** ● il dimorare

dimòrfico [da *dimorf(o)* con la terminazione agg. *-ico* ✱ 1981] **agg.** (**pl. m.** *-ci*) ● dimorfo

dimorfìṣmo [da *dimorfo* ✱ 1841] **s. m.** **1** (*biol.*) fenomeno per cui una specie animale o vegetale presenta due tipi di individui con caratteristiche diverse | ***d. sessuale***, quando in una specie i due sessi differiscono per alcuni caratteri **2** (*chim.*) capacità di sostanze chimiche di cristallizzare in due differenti forme

dimòrfo [vc. dotta, gr. *dímorphos* 'dalla doppia (*di-*) forma (*morphḗ*)' ✱ 1829] **agg.** ● (*biol., chim.*) che presenta dimorfismo

†**dimòro** [da *dimorare* ✱ 1261 ca.] **s. m.** **1** soggiorno, permanenza | dimora **2** (*raro*) stasi, ristagno **3** indugio, esitazione: *a pianger cominciò, sanza d.* (G. BOCCACCIO)

dimostràbile [vc. dotta, lat. tardo *demonstrābile(m)*, da *demonstrāre* 'dimostrare' ✱ 1551] **agg.** ● che si può dimostrare: *una tesi facilmente d.* ‖ **dimostrabilità**, **s. f. inv.**: *la dimostrabilità di un teorema*

†**dimostragióne** ➤ **dimostrazione**

†**dimostraménto** o †**demostraménto** [av. 1257] **s. m.** **1** dimostrazione **2** †ostentazione

dimostrànte **A** **part. pres.** di *dimostrare*; **anche agg.** ● nei sign. del v. ‖ †**dimostranteménte**, **avv.** in modo di dimostrare **B** **s. m. e f.** ● chi partecipa a una dimostrazione pubblica: *corteo di dimostranti; una moltitudine di dimostranti si raccolse in piazza*

†**dimostrànza** [1250 ca.] **s. f.** **1** dimostrazione **2** (*raro*) mostra, ostentazione

♦**dimostràre** o †**demostràre** [vc. dotta, lat. *demonstrāre*, comp. di *dē-* e *monstrāre* 'mostrare' ✱ 1250 ca.] **A** **v. tr.** (*io dimóstro*) **1** mostrare o manifestare apertamente una condizione, una caratteristica, un sentimento e sim., con fatti, parole, segni esteriori (+ *di* **seguito da inf.**, + *che*): *il suo pallore dimostrava la gravità del male; dall'aspetto dimostra poco più di trent'anni; gli dimostrò affetto e simpatia; non so come dimostrarvi la mia gratitudine; stai dimostrando di non aver capito nulla; ha dimostrato che il suo pentimento è sincero* **SIN.** palesare **2** provare, con adeguate argomentazioni, la verità di un enunciato, di una tesi e sim. (+ *di* **seguito da inf.**, + *che*): *d. un teorema di geometria; intendo dimostrarvi la sua innocenza; ha dimostrato di essere estraneo ai fatti; ti ho dimostrato che siamo in grado di farcela* | confermare: *questo dimostra la necessità di una riforma; i fatti dimostrano che non mi ero sbagliato* **3** spiegare, insegnare, far vedere: *d. il funzionamento di una macchina; vi dimostrerò le qualità del prodotto* **4** †scoprire: *crinita fronte ella dimostra e ciglia / cortesi* (T. TASSO) **5** (*assol.*) prendere parte a una dimostrazione pubblica: *hanno dimostrato in massa per la pace* **B** **dimostràrsi** **v. rifl. e intr. pron.** ● manifestarsi, rivelarsi: *in quell'occasione ti sei dimostrato veramente cattivo; i sospetti si dimostrarono infondati*

†**dimostrativa** [vc. dotta, lat. *demonstratīva(m)*, da *demonstrātus* 'dimostrato' ✱ av. 1566] **s. f.** ● (*raro*) facoltà di dimostrare bene qlco.

dimostrativo o †**demostrativo** [vc. dotta, lat. *demonstratīvu(m)*, da *demonstrātus* 'dimostrato' ✱ 1261 ca.] **agg.** **1** che serve a dimostrare, a provare una verità: *metodo d.* | (*comm.*) ***documento d.***, documento che si riferisce a una partita di merce e ne dimostra l'avvenuta assicurazione, il trasporto e sim., ma non la proprietà | (*milit.*) ***azione dimostrativa***, quella compiuta per ingannare l'avversario, impegnandolo in luogo diverso rispetto a quello prescelto per un attacco effettivo; (*est.*) esibizione di forza **2** (*gramm.*) che indica la posizione, nel tempo e nello spazio, di una persona o di una cosa: *aggettivo, pronome d.* | ***genere d., eloquenza dimostrativa***, tipo di eloquenza espositiva ‖ **dimostrativaménte**, **avv.** (*raro*) in modo dimostrativo; tramite dimostrazione

dimostràto o †**demostràto** **A** **part. pass.** di *dimostrare*; **anche agg.** ● nei sign. del v. **B** **s. m.** ● †dimostrazione

dimostratóre o †**demostratóre** [vc. dotta, lat. *demonstratōre(m)*, da *demonstrātus* 'dimostrato' ✱ av. 1326] **A** **s. m.** (**f.** *-trice*) **1** (*raro*) chi dimostra, prova qlco. **2** chi per professione illustra, davanti a uno o più possibili acquirenti, le caratteristiche di un prodotto, il funzionamento di una macchina e sim.: *d. di detersivi, di elettrodomestici* **B** **agg.** ● che dimostra: *carezze dimostratrici d'affetto*

dimostrazióne o †**dimostragióne**, †**demostrazióne** [vc. dotta, lat. *demonstratiōne(m)*, da *demonstrātus* 'dimostrato' ✱ 1261 ca.] **s. f.** **1** attestazione, manifestazione, prova: *d. d'affetto, di simpatia* **2** argomentazione con cui si prova la verità di un assunto: *la d. di un teorema, di una tesi, di una teoria* | ragionamento che tende a dimostrare qlco.: *la d. della propria innocenza* | esibizione, sfoggio: *una d. di forza* | figura retorica con cui si descrive vivacemente una cosa rendendola tangibile **SIN.** ipotiposi **3** manifestazione pubblica spec. a scopo di protesta, con cortei, comizi e sim.: *fare, inscenare una d.; d. politica, sindacale; d. contro il governo* **4** illustrazione delle proprietà di un prodotto o del funzionamento di una macchina, rivolta a un pubblico di probabili compratori **5** grande spiegamento di forze militari, spec. a scopo intimidatorio: *d. navale* **6** (*raro, lett.*) apparenza, finzione ‖ **dimostrazioncèlla**, **dim.** | **dimostrazioncìna**, **dim.**
SFUMATURE ➤ ***argomentazione***

†**dimozzicàre** [comp. di *di-*① e *mozzicare* ✱ sec. XIV] **v. tr.** ● mutilare, smozzicare

dim sum /dim'sam, *cinese* dɪm'sʌ(m)/ [loc. del dial. cinese di Canton, propr. 'poco cibo, stuzzichino' ✱ 1985] **loc. sost. m. inv.** ● (*cucina*) assortimento di specialità cantonesi servite come prima colazione o leggero pranzo

†**dimutàre** [vc. dotta, lat. *demutāre*, comp. di *dē-* e *mutāre* 'mutare' ✱ 1282] **v. tr.** ● mutare

din① ➤ **dindin**

DIN② [ted. *DIN-(Grad)* 'misura stabilita dalla *Deutsche Industrie-Norm* (Norma Industriale Tedesca)' ✱ 1963] **s. m. inv.** ● unità di misura della sensibilità delle pellicole fotocinematografiche; oggi sostituita da ISO

dìna o **dìne** [fr. *dyne*, abbr. del gr. *dýna(mis)* 'forza', da *dynatêin* 'essere abile, potere', di orig. indeur. ✱ 1892] **s. f.** ● (*fis.*) unità di forza nel sistema CGS, definita come forza capace di imprimere a un grammo l'accelerazione di 1 cm/s^2 **SIMB.** dyn

dinàmetro [comp. del gr. *dýna(mis)* 'forza' e *-metro* ✱ 1825] **s. m.** ● strumento ottico per misurare l'ingrandimento prodotto dall'oculare di un cannocchiale; è costituito da una lente d'ingrandimento e da una scala graduata montate in un tubo allungabile

dinàmica [da *dinamico* ✱ av. 1754] **s. f.** **1** (*fis.*) parte della meccanica che studia i moti dei corpi, in relazione alle forze che li provocano **CFR.** statica | ***d. dei gas***, parte della meccanica dei fluidi che studia il moto dei fluidi comprimibili **SIN.** aerodinamica | ***d. dei liquidi***, parte della meccanica dei fluidi che studia il moto dei fluidi incomprimibili **SIN.** idrodinamica **2** (*est.*) successione di fatti, eventi e sim. che si evolvono producendo determinati effetti: *la d. della guerra; la d. di un incidente* | articolazione narrativa: *la d. di un racconto* **3** (*mus.*) graduazione dell'intensità reciproca dei suoni indipendentemente dall'accentuazione ritmica **4** (*tecnol.*) estensione del campo di lavoro di uno strumento, dispositivo e sim. in cui è assente la distorsione o valgono altre determinate proprietà **5** (*psicol.*) ***d. di gruppo***, V. *gruppo*

dinàmico [fr. *dynamique*, dal gr. *dynamikós* 'potente', da *dýnamis* 'forza' (V. *dina*) ✱ av. 1754] **agg.** (**pl. m.** *-ci*) **1** (*fis.*) che riguarda la dinamica: *leggi dinamiche* **2** (*ling.*) ***linguistica dinamica***, studio di una lingua nel suo sviluppo | ***accento d.***, rilievo dato a un suono o a una sequenza di suoni mediante un rafforzamento dell'energia espiratoria **3** (*mus.*) ***segno d.***, segno grafico che indica la graduazione dell'intensità del suono cui si riferisce **4** (*fig.*) che è molto attivo, energico, alacre: *persona dinamica* | che è caratterizzato da movimento, attività ecc.: *fare una vita dinamica; avere una concezione dinamica di qlco.* ‖ **dinamicaménte**, **avv.** **1** (*fis.*) secondo le leggi della dinamica **2** (*fig.*) in modo dinamico **CONTR.** staticamente ‖ **dinamicità**, **s. f. inv.** **1** caratteristica di ciò che è dinamico **CONTR.** staticità **2** (*fig.*) dinamismo, vitalità: *la dinamicità di una metropoli*

♦**dinamìṣmo** [fr. *dynamisme*, dal gr. *dýnamis* 'forza' (V. *dina*) ✱ 1843] **s. m.** **1** concezione filosofica che concepisce la forza o l'energia come l'essenza stessa della materia **CFR.** energetismo **2** (*est.*) energia, vitalità, spirito d'iniziativa: *un uomo pieno di d.* | capacità di esprimere il movimento: *il d. di una scultura*

SFUMATURE DI SIGNIFICATO

dinamismo - vivacità - vitalità - attivismo

Dinamismo è la qualità di chi è dotato di energia, spirito di iniziativa, capacità di adattamento. Se in dinamismo è sottolineata la prontezza e la capacità del fare, **vivacità** esprime la caratteristica temperamentale di chi è sempre in attività, in movimento, indipendentemente quindi dall'operosità che potrebbe risultarne. **Vitalità** è la prerogativa di un organismo dotato di un'energia che lo rende idoneo alla vita e, per estensione, di chi ha vigoria, forza fisica e nervosa, e dunque manifesta un temperamento vivace. In altra accezione *dinamismo* è equivalente di **attivismo**, inteso come impegno, iniziativa di chi si dà incessantemente da fare; a differenza di *dinamismo, attivismo* può però avere una sfumatura lievemente negativa, e riferirsi a un agire fuori misura, non produttivo.

dinamitàrdo [da *dinamite* col suff. *-ardo* ✱ 1887] **A** **s. m.** (**f.** *-a*); **anche agg.** ● chi (o che) organizza o compie attentati con la dinamite, spec. a scopo di sovversione politica: *il d. è stato arrestato* | (*est., raro*) sovversivo, rivoluzionario **B** **agg.** ● compiuto con la dinamite: *attentato d.*

dinamìte [dal gr. *dýnamis* 'forza' col suff. *-ite*② ✱ 1873] **s. f.** **1** potente esplosivo costituito da nitroglicerina stabilizzata con sostanze assorbenti, che esplode per innesco con detonatori | ***d. a base inerte***, miscela di nitroglicerina e farina fossile | ***d. a base attiva***, miscela di nitroglicerina, nitrocellulosa e altri esplosivi **2** (*fig.*) chi (o ciò che) può suscitare forti sensazioni, provocare clamore o scalpore: *quella ragazza è d.!; le vostre affermazioni sono d.*

dinamìtico [da *dinamite* ✱ 1983] **agg.** (**pl. m.** *-ci*) ● relativo alla dinamite

dinamitifìcio [1922] **s. m.** ● stabilimento in cui si produce dinamite

dinamiẓẓàre [fr. *dynamiser*, dal gr. *dýnamis* 'forza' (V. *dina*) ✱ av. 1930] **A** **v. tr.** **1** improntare a dinamismo, rendere dinamico

2 (*med.*) secondo la medicina omeopatica, agitare opportunamente il principio attivo dopo ciascuna diluizione dello stesso, allo scopo di trasferire al solvente le sue proprietà terapeutiche **B** **dinamiẓẓàrsi** **v. intr. pron.** ● diventare dinamico ‖ **dinamiẓẓazióne**, **s. f.**

dinamo [ted. *Dynamo*, m., forma abbreviata di *Dynamo(elektrische) Maschine* 'apparecchio dinamoelettrico' ✱ 1889] **s. f. inv.** ● macchina elettrica rotante che trasforma l'energia meccanica in energia elettrica a corrente continua

dinamo- [dal gr. *dýnamis* 'forza', deriv. di *dýnamai* 'essere abile, potere', di orig. indeur.] **primo elemento** ● in parole composte della moderna terminologia scientifica e tecnica, significa 'forza, energia': *dinamometro, dinamoscopia*

dinamoelèttrico [vc. dotta, comp. di *dinamo-* ed *elettrico* ✱ 1906] **agg.** (**pl. m.** *-ci*) ● detto di apparecchio, macchina e sim. che trasforma l'energia elettrica da potenziale in attiva

dinamometamorfiṣmo [comp. di *dinamo-* e *metamorfismo* ✱ 1913] **s. m.** ● (*geol.*) metamorfismo in cui il fattore prevalente della trasformazione di una roccia è l'azione meccanica distruttiva

dinamomètrico [1881] **agg.** (**pl. m.** *-ci*) ● relativo a dinamometro

dinamòmetro [comp. di *dinamo-* e *-metro* ✱ 1820] **s. m.** ● (*fis.*) strumento tarato atto a misurare le forze in base alle deformazioni di un corpo elastico

dinamoscopìa [comp. di *dinamo-* e *-scopia* ✱ 1956] **s. f.** ● (*med.*) osservazione di un organo in attività funzionale

†**dinànte** ➤ **dinanzi**

†**dinànti** ➤ **dinanzi**

†**dinanzàre** [da *dinanzi* ✱ sec. XIII] **A** **v. tr.** ● oltrepassare | superare **B** **v. intr.** ● progredire

♦**dinànzi** o **dinnànzi**, †**dinànti**, †**dinànte** [comp. delle prep. lat. *dē* 'di', *in* 'in' e dell'avv. **āntia*, var. parl. di *āntea* 'prima, avanti' ✱ av. 1243] **A** **avv.** **1** di fronte: *guarda d.* **2** †prima **B** **nelle loc. prep.** ***d. a***, †***d. da*** **1** davanti a, di fronte a: *facevano fumare le loro vesti bagnate dalla pioggia d. al fuoco* (G. VERGA) **2** alla presenza, al cospetto di: *d. a me non dire certe cose*; *è comparso d. al giudice* | ***levarsi qlcu. d.***, liberarsene **3** (*fig.*, *raro*) a paragone, a confronto **4** †prima: *d. a me non fur cose create / se non etterne* (DANTE *Inf.* III, 7-8) **C** **nella loc. cong.** ***d. che***, (*raro*, *lett.*) prima che (introduce una prop. temp. con il v. al congtv. o all'indic.): *uno de' congiurati, il dì d. ch'egli aveva ad ammazzare Nerone, fece testamento* (N. MACHIAVELLI) **D** **in funzione di agg. inv.** **1** che si trova dalla parte anteriore: *l'edificio d.* **2** precedente: *il mese d.* **E** **in funzione di s. m. inv.** ● (*raro*, *lett.*) il davanti, la parte anteriore

dinàr [arabo *dīnār*, dal biz. *dēnárion* 'denaro' nella tarda accezione del lat. *denārius* (*āureus*) 'moneta (d'oro)' ✱ 1881] **s. m. inv.** **1** antica moneta d'oro araba **2** oggi unità monetaria di vari paesi arabi (Giordania, Tunisia, Algeria, Libia, ecc.) e dell'Iraq

dinàro ① o **dinar** [serbocroato *dinar*, dal biz. *dēnárion*, e questo dal lat. *denārius* 'moneta' ✱ 1892] **s. m.** ● fino al 2003, unità monetaria della Iugoslavia e, dal 2003 al 2006, della Repubblica Federale di Iugoslavia (Serbia e Montenegro) | ***d. serbo***, dopo il 2006, unità monetaria della Serbia **CFR.** denaro nel sign. 1

†**dinàro** ② ➤ **denaro**

dinàsta [vc. dotta, lat. *dynăsta(m)*, dal gr. *dynástēs*, dal v. *dynatêin* 'essere abile, potere' ✱ 1639] **s. m.** (**pl.** *-i*) ● (*lett.*) principe della dinastia con diritto di successione al trono | signore di un piccolo Stato, o di un gran principato

dinastìa [vc. dotta, gr. *dynastéia*, da *dynástēs* 'dinasta' ✱ 1551] **s. f.** **1** serie di re o di principi di una stessa famiglia che si succedono al governo di uno o più Paesi: *la d. dei Borboni* **2** (*est.*) serie di appartenenti a una medesima famiglia che si succedono in una stessa attività: *la d. dei Krupp, dei Bach*

SFUMATURE ➤ *casato*

♣**dinàstico** [vc. dotta, gr. *dynastikós* 'proprio del *dinasta* (*dynástēs*)' ✱ 1846] **agg.** (**pl. m.** *-ci*) ● della dinastia o di un dinasta: *guerra dinastica*; *orgoglio d.* | ***crisi dinastica***, quella che avviene, in genere, quando muore un sovrano senza lasciare eredi diretti ‖ **dinasticaménte**, **avv.** (*raro*) da dinasta; dal punto di vista dinastico

dìndi o (*raro*) **dìndo** ① [vc. onomat. ✱ 1319] **s. m. inv.** ● (*infant.*, *fam.*) denaro, quattrini: *anzi che tu lasciassi il 'pappo' e 'l 'd.'* (DANTE *Purg.* XI, 105)

dindìn o **din din**, **din** ① [1634] **A** **inter.** ● riproduce il suono di un campanello o, in genere, il suono di un oggetto di metallo o di cristallo percosso **B** **in funzione di s. m. inv.** ● il suono stesso del campanello

dìndio ➤ **dindo** ②

dindirindina o **dirindina**, **dirindindina** [forma eufemistica di *per Dio* ✱ 1951] **inter.** ● solo nella loc. inter. ***per d.***, esprime meraviglia, stupore, ira o energica affermazione

dìndo ① ➤ **dindi**

dìndo ② o **dìndio** [fr. *dinde*, riduzione di (*coq*) *d'Inde* '(gallo) d'India' ✱ 1762] **s. m.** ● (*sett.*) tacchino

dindòn o **din don** [vc. onomat. ✱ 1534] **A** **inter.** ● riproduce il suono delle campane: *d., d., din dan* **B** **in funzione di s. m. inv.** ● il suono stesso: *un d. prolungato*

dìne ➤ **dina**

dinegàre e deriv. ➤ **denegare** e deriv.

†**dinegràre** ➤ **denigrare**

†**dinervàre** o †**dinerbàre** [comp. parasintetico di *nervo* con il pref. *di-* ① ✱ av. 1334] **v. tr.** e **intr.** ● fiaccare, fiaccarsi

dinètte [dall'ingl. *dinette*, dal v. *to dine* 'pranzare' con il suff. dim. di orig. fr. *-ette* ✱ 1985] **s. f. inv.** ● in camper e imbarcazioni da diporto, piccolo ambiente con tavolo e divanetti, convertibile in camera da letto

dìnghy /*ingl.* 'dɪŋgi/ o **dingey** /*ingl.* 'dɪŋgi/ [vc. ingl., hindi *dengī*, var. di *dongī*, di prob. orig. ant. indiana (dalla radice *dru-* 'legno') ✱ 1921] **s. m. inv.** (**pl. ingl.** *dinghies*) **1** (*mar.*) piccola imbarcazione da regata e da diporto, con un solo albero e vela al terzo **2** (*mar.*) piccola lancia di bordo, spec. per yacht **3** barcone fluviale indiano

dìngo ① **s. m.** (**pl.** *-ghi*) ● adattamento di *dinghy* (V.)

dìngo ② [dal n. australiano dell'animale (*jūnghō, jūgūng, ...*) ✱ 1956] **s. m.** (**pl.** *-ghi* o *-go*) ● cane selvatico australiano di incerta origine con pelame color fulvo (*Canis dingo*)

diniegàre ➤ **denegare**

diniègo [da *denegare* ✱ av. 1382] **s. m.** (**pl.** *-ghi*) ● negazione, rifiuto: *opporre un d.*; *fare un cenno di d.*; *scuotere il capo in segno di d.*

SFUMATURE ➤ *negazione*

dinnànzi ➤ **dinanzi**

dino- [dal gr. *dînos* 'rotazione', di orig. espressiva] **primo elemento** ● in parole composte della terminologia scientifica, spec. zoologica, indica movimento a rotazione: *dinoficee, dinoflagellati*

†**dinoccàre** [comp. parasintetico di *nocca*, col pref. *di-* ① ✱ av. 1566] **v. tr.** e †**dinoccàrsi** **v. intr. pron.** ● slogare, slogarsi

†**dinoccolàre** [comp. parasintetico di *nocca*, col pref. *di-* ① ✱ av. 1400] **A** **v. tr.** ● rompere, slogare le giunture, spec. del collo **B** †**dinoccolàrsi** **v. intr. pron.** ● spezzarsi, slogarsi (detto delle giunture, spec. del collo)

♣**dinoccolàto** **part. pass.** di *dinoccolare*; anche **agg.** **1** †nel sign. del v. **2** (*est.*) che ha movimenti lenti, ciondolanti e un po' slegati: *l'uomo camminava tutto d.*; *un ragazzo magro e d.* ‖ **dinoccolataménte**, **avv.**

Dinofìcee [comp. di *dino-* e un deriv. del gr. *phýkos* 'alga', di provenienza semitica, per la loro caratteristica vibrazione ✱ 1956] **s. f. pl.** (**sing.** *-a*) ● (*bot.*) classe di alghe, pirrofite unicellulari, spesso dotate di due caratteristici flagelli posti trasversalmente l'uno all'altro (*Dinophyceae*)

Dinoflagellàti [comp. di *dino-* e *flagellati* ✱ 1913] **s. m. pl.** (**sing.** *-o*) ● (*zool.*) protozoi marini e d'acqua dolce, spesso fosforescenti, caratterizzati dalla presenza di due flagelli (*Dinoflagellata*)

†**dinominàre** e deriv. ➤ **denominare** e deriv.

†**dinonziàre** ➤ **denunciare**

dinòrnis [comp. del gr. *deinós*, 'terribile' da *déiden* 'temere', di orig. indeur., e *órnis* 'uccello', per le sue dimensioni ✱ 1881] **s. m. inv.** ● moa

Dinornitifórmi [comp. del gr. *deinós* 'terribile', *órnis*, genit. *órnithos* 'uccello' e il pl. di *-forme* ✱ 1983] **s. m. pl.** (**sing.** *-e*) ● (*zool.*) ordine di Uccelli estinti privi di carena, con ali ridotte e zampe robuste (*Dinornithiformes*)

Dinosàuri [V. *dinosauro* ✱ 1864] **s. m. pl.** (**sing.** *-o*) ● (*zool.*) ordine di Rettili estinti, erbivori o carnivori, con cranio piccolo, arti posteriori quasi sempre più grandi degli anteriori, coda possente, la maggior parte dei quali con dimensioni di alcune decine di metri, mentre altri non raggiungevano che poche decine di centimetri

♦**dinosàuro** [vc. dotta, comp. del gr. *deinós* 'terribile' (V. *dinornis*) e *sâuros* 'lucertola' ✱ 1864] **s. m.** **1** ogni rettile estinto dell'ordine dei Dinosauri **2** (*fig.*, *iron.*) persona con mentalità e idee sorpassate, antiquate e sim.; ente o apparato burocratico antiquato

dinotàre e deriv. ➤ **denotare** e deriv.

dinotèrio [vc. dotta, comp. del gr. *deinós* 'terribile' (V. *dinornis*) e *thḗrion*, dim. di *thḗr* 'bestia' ✱ 1956] **s. m.** ● mammifero proboscidato fossile, provvisto di zanne solo nella mandibola, simile all'elefante (*Dinotherium*)

†**dintornàre** [da *dintorno* ✱ av. 1566] **v. tr.** ● disegnare i contorni di una figura | contornare, circondare

♦**dintórno** o **d'intórno** nei sign. A e B [1261 ca.] **A** **avv.** ● (*lett.*) intorno: *Primavera d. / brilla nell'aria* (G. LEOPARDI) **B** **nella loc. prep.** ***d. a*** ● (*lett.*) intorno a: *d. a loro era la pressa molta* (G. BOCCACCIO) **C** **s. m.** **1** (**al pl.**) ***i dintorni***, i luoghi circostanti, le vicinanze: *i dintorni di Roma, di Firenze*; *non vado lontano, sto qui nei dintorni* | (*fig.*) argomenti affini o collegati: *gli anni del neorealismo e dintorni* **2** (*lett.*) contorno di un disegno, di una figura

†**dinudàre** ➤ **denudare**

†**dinumeràre** [vc. dotta, lat. *dinumerāre* 'contare (*numerāre*) partitamente (*dis-*)' ✱ 1308] **v. tr.** ● (*lett.*) numerare a uno a uno: *Odisseo due schiere / dinumerò degl'incliti compagni* (G. PASCOLI)

†**dinunciàre** o †**dinunziàre** e deriv. ➤ **denunciare** e deriv.

♦**Dìo** ① /*dio/ o **Iddìo**, †**Dèo** /*dɛo, dɛo/, †**Dìe** ②, †**Iddèo** [lat. *dĕu(m)*, ant. agg. col sign. di 'luminoso', di orig. indeur. ✱ sec. XII] **A** **s. m.** (con l'iniziale minuscola nei sign. A 2 e A 3; **pl.** *dèi*, *lett.* †*dìi*, *lett.* *iddìi*; **art. sing.** *il*; **art. pl.**

gli (dall'antica forma *gl'iddei*, pl. di *Iddio*; è prevalsa in seguito la grafia *gli dei*, †*i dei*; il pl. *dei* è talora scritto con l'accento sulla 'e' per distinguerlo dalla prep. art. *dei*: *gli dèi immortali; le leggi dei Romani*)) **1** nelle religioni monoteistiche, essere supremo concepito come creatore dell'universo, nella religione cattolica e nella maggioranza delle religioni della cristianità fornito di attributi di assoluta perfezione che si esprimono nel mistero della Trinità: *giustizia, provvidenza, bontà, sapienza di Dio; Dio della pace, della gloria, della misericordia; grande come la misericordia di Dio; Dio salvi il re, la regina; credere, non credere in Dio; dimostrare l'esistenza, la non esistenza di Dio; Fatto v'avete Dio d'oro e d'argento* (DANTE *Inf.* XIX, 112); *a Dio spiacenti e a' nemici sui* (DANTE *Inf.* III, 63) CFR. teo- | ***Uomo Dio, Figlio di Dio***, Gesù Cristo | ***attributi di Dio***, giustizia, bontà, sapienza, eternità | ***Dio padre***, la prima persona della Trinità | ***mente, braccio, occhio, dito di Dio***, in quanto provvede, apprende, opera, punisce | ***Madre di Dio***, la Madonna | ***la Sposa di Dio***, la Chiesa cattolica | ***la mano di Dio***, (*fig.*) aiuto insperato | ***ira, castigo di Dio***, (*fig.*) rovina, sciagura, calamità e sim. (*anche scherz.*) (V. anche *iraddidio*) | ***bene, grazia di Dio***, (*fig.*) abbondanza (V. anche *bendidio*) | (*lett.*) ***casa di Dio***, chiesa, convento e sim. | ***a Dio Ottimo Massimo***, iscrizione dedicatoria nella facciata di chiese, cappelle e sim. | (*lett.*) ***visita di Dio***, sventura, considerata come una prova della fermezza, rassegnazione e sim. del buon cristiano | ***essere in grazia di Dio***, libero da peccati mortali | ***essere fuori dalla grazia di Dio***, (*fig.*) essere furibondo, fuori di sé | ***timore*** (o ***timor***) ***di Dio***, sentimento di religiosità, di devozione e sim. | ***uomo senza Dio, un senza Dio***, ateo | (*lett.*) ***uomo di Dio, servo di Dio***, devoto, buon cristiano | ***Servo dei servi di Dio***, denominazione del Papa in segno di umiltà | ***servo di Dio***, nella religione cattolica, cristiano morto in fama di santità, che può essere venerato con il culto pubblico solo dopo la sua elevazione a Beato | (*lett.*) ***la via di Dio***, che conduce a Dio | ***Dio sia ringraziato, Dio sia lodato, grazie a Dio***, (*lett.*) ***la Dio mercé***, espressioni di riconoscenza, ringraziamento e sim. | V. anche *graziaddio* | ***come, quanto è vero Dio!***, escl. fortemente affermativa | ***Dio sa quando***, non si sa quando: *sono qui sepolto, e Dio sa quando uscirò!* (S. PELLICO) | ***andarsene con Dio***, per i fatti propri | ***viene giù che Dio la manda***, riferito a precipitazione atmosferica molto intensa | ***lavoro fatto come Dio comanda***, fatto bene, con molta cura, con impegno | ***essere ancora nella mente di Dio***, dover ancora nascere | ***in nome di Dio, per l'amor di Dio!***, escl., che dà più vigore a una preghiera, a una richiesta e sim. | †***al nome di Dio***, formula di devozione, escl. di augurio e speranza | ***se Dio vuole!***, escl. di speranza, rassegnazione, impazienza | ***Dio voglia che..., voglia Dio, Dio voglia, Dio volesse che..., volesse Dio, lo volesse Dio, Dio volesse, se piace a Dio, a Dio piacendo***, espressioni di desiderio, rassegnazione, speranza | ***come Dio volle***, infine, finalmente | ***come Dio vuole, quando Dio vorrà***, espressione di rassegnata sottomissione | ***Dio ti assista, Dio ti salvi, Dio sia con te, Dio ti guardi***, espressioni di augurio | (*lett.*) ***Dio guardi***, formula di ossequio | ***Dio ce ne guardi, Dio non voglia, Dio ce ne scampi e liberi, Dio ce la mandi buona***, espressioni di scongiuro | ***siamo nelle mani di Dio***, il nostro destino è affidato al volere di Dio; ciò che accadrà non dipende da noi | PROV. ***l'uomo propone e Dio dispone; non si muove foglia che Dio non voglia; Dio li fa e poi li accoppia***, V. *accoppiare* **2** (f. *dea* (V.)) nelle religioni politeiste, ognuno degli esseri immortali, dotati di attributi soprannaturali, che formano la famiglia o il gruppo delle divinità di livello più elevato: *il dio delle acque, del commercio, dell'amore, della guerra; gli dei della mitologia cinese, slava, germanica; gli dei dell'Iliade, dell'epica sanscrita; gli dei di Roma, di Cartagine; nel tempo de li dèi falsi e bugiardi* (DANTE *Inf.* I, 72) **3** (*est.*) persona dotata di eccellenti qualità nella propria arte, nel proprio lavoro, o fatta oggetto di ammirata venerazione: *dipingere, scrivere, cantare, come un dio; è il dio degli scultori* | ***da dio***, (*colloq.*) molto bene: *cucina, canta da dio; oggi sto da dio* | (*est.*) cosa tenuta in altissima considerazione, come se fosse oggetto di culto: *gli affari, i divertimenti sono il suo dio* **B** in funzione di inter. **1** si usa come invocazione: *oh Dio!; Dio mio!, aiutami!* **2** esprime impazienza, stupore, contrarietà, ira, collera, gioia, e in generale ogni forte emozione: *Dio, che confusione!; Dio buono!; Dio santo, come è ridotto!; sant'Iddio!; Dio, che gioia!; Dio, che pena!; benedite, gran Dio, l'Italia; mio Dio!*; (con grafia unita) *mioddio!*

dìo ② /ˈdio/ [vc. dotta, lat. *dīu(m)* 'celeste, luminoso', di orig. indeur. ✱ 1321] **agg.** (pl. m. *dìi*) ● (*lett.*) divino, perfetto, splendente: *pur risplendeva oltre il mortal costume / la dia bellezza nel sereno viso* (G. CARDUCCI)

diocesàno [vc. dotta, lat. *diocesānu(m)*, da *diocēsis* 'diocesi' ✱ av. 1334] **agg.** ● relativo alla diocesi

diòcesi (o **diò-**) [vc. dotta, lat. *diocēsi(n)*, doppione pop. di *dioecēsi(n)*, dal gr. *dióikēsis*, comp. di *diá* 'attraverso' e *óikesis* 'amministrazione della casa (*ôikos*)' ✱ 1318] **s. f. inv.** **1** (*stor.*) circoscrizione amministrativa dell'Impero romano **2** circoscrizione soggetta alla giurisdizione spirituale e al governo ecclesiastico di un vescovo

†**diodàrro** [deformazione dell'arabo-persiano *de(r)vādār*, propr. 'che porta il calamaio' ✱ 1516] **s. m.** ● funzionario dipendente da un sultano: *gran d. e maliscalco regio* (L. ARIOSTO)

dìodo, (*evit.*) **diòdo** [vc. dotta, comp. di *di-*② e del gr. *hodós* 'via' ✱ 1930] **s. m.** **1** tubo elettronico, a effetto termoionico, costituito da un filamento con funzione di catodo che emette elettroni, e da una placca che funziona da anodo e li riceve **2** dispositivo semiconduttore a due elettrodi che può essere percorso da corrente elettrica in una sola direzione

diodónte [comp. di *di-*② e del gr. *odóus*, genit. *odóntos* 'dente' ✱ 1825] **s. m.** ● pesce dei Diodontidi caratterizzato dallo stomaco dilatabile che, se riempito d'aria, fa gonfiare il corpo in modo che il pesce nuoti con il ventre in alto (*Diodon hystrix*)

Diodòntidi [comp. di *diodonte* e *-idi* ✱ 1956] **s. m. pl.** (sing. *-e*) ● (*zool.*) famiglia di Pesci dei Tetrodontiformi con il corpo rivestito da spine mobili, spesso erettili, cui appartiene il diodonte (*Diodontidae*)

diogenìte [dal ted. *Diogenit*, tratto dal gr. *diogenēs* 'nato (da *génos* 'stirpe, discendenza') da Giove (*Diós*)' con il suff. *-it* '-ite②'] **s. f.** ● (*miner.*) tipo di acondrite composta essenzialmente da pirosseno

diòico [vc. dotta, comp. di *di-*② e del gr. *ôikos* 'casa' ✱ 1809] **agg.** (pl. m. *-ci*) ● (*bot.*) detto di pianta che porta fiori maschili con i soli stami su un individuo e fiori femminili con i soli pistilli su un altro della stessa specie

diolefìna [comp. di *di-*② e *olefina* ✱ 1956] **s. f.** ● (*chim.*) diene

diòlo [comp. di *di-*① e *-olo*① ✱ 1956] **s. m.** ● (*chim.*) glicol

diomedèa [vc. dotta, lat. *Diomedēa(m)*, dal n. lat. (*Diomedeae*) delle isole di provenienza, le Tremiti, così chiamate perché là si trovava la leggendaria sepoltura dell'eroe greco Diomede (*Diomēdēs*) ✱ 1797] **s. f.** ● (*zool.*) albatro

dionèa [vc. dotta, lat. *Dionāea(m)*, dal gr. *Diōnâia* 'relativo alla figlia di Dione' (cioè Afrodite) ✱ 1820] **s. f.** ● pianta erbacea, carnivora, delle Droseracee con foglie oblunghe, dentate, con le quali cattura gli insetti (*Dionaea muscipula*)

✦**dionisìaco** [vc. dotta, lat. tardo *Dionysīacu(m)*, dal gr. *Dionysiakós* 'appartenente a Dioniso' ✱ 1585] **agg.** (pl. m. *-ci*) **1** relativo a Dioniso, dio greco dell'ebbrezza e del vino: *culto d.; feste dionisiache* | ***spirito d.***, nella filosofia di F. Nietzsche, la componente irrazionale, oscura, passionale della visione del mondo e dell'arte dell'antica Grecia CFR. apollineo **2** (*est.*) che esalta, dà ebbrezza: *delirio d.* | ricco di vitalità, pieno di un'esaltazione spesso sfrenata: *canto d.; poesia dionisiaca*

diòpside [vc. dotta, dal gr. *díopsis* 'vista (*ópsis*) attraverso (*diá*)', 'trasparenza' ✱ 1817] **s. f.** ● (*miner.*) pirosseno monoclino contenente calcio e magnesio, in cristalli prismatici di colore bianco o verdastro

dioràma [vc. dotta, comp. del gr. *di(á)* 'attraverso' e *hórama* 'vista', da *horân* 'vedere', di orig. indeur., sul tipo di *panorama* ✱ 1828] **s. m.** (pl. *-i*) **1** nell'Ottocento, forma di spettacolo costituita da quadri o vedute di grandi dimensioni che, illuminati con vari artifici tecnici, davano agli spettatori l'illusione di trovarsi di fronte a un panorama reale e alle sue variazioni di luce **2** ricostruzione in scala ridotta di un ambiente o un paesaggio **3** (*est.*) veduta panoramica

diorìte [fr. *diorite*, dal gr. *diorízein* 'limitare (*horízein*) attraverso (*diá*)', 'separare', perché roccia composta di parti distinte fra loro ✱ 1817] **s. f.** ● (*geol.*) roccia eruttiva intrusiva costituita in prevalenza da plagioclasio e orneblenda

diòscuri [vc. dotta, gr. *Dióskoroi* 'figli (*koúroi*) di Zeus (*Diós*)' ✱ 1847] **s. m. pl.** ● (*scherz.*) coppia di persone inseparabili

diòspiro o (*tosc.*) **diòspero** [vc. dotta, gr. *dióspyros*, comp. di *Diós* 'di Giove' e *pyrós* 'grano' ✱ 1476] **s. m.** **1** (*bot.*) genere di piante delle Ebenacee, arbustive e arboree, distribuite nelle regioni tropicali (*Diospyros*) **2** (*bot.*) cachi②

diossàno [comp. di *diossi-* 'di due (*di-*) atomi di ossigeno (*-ossi*)' e *-ano*② ✱ 1956] **s. m.** ● composto chimico organico ossigenato, ottenuto dal glicole etilenico, usato come solvente

diòssido [comp. di *di-*②, sottinteso 'atomi' e *ossido* ✱ 1956] **s. m.** ● (*chim.*) ossido la cui molecola contiene due atomi di ossigeno: *d. di silicio* | ***d. di carbonio***, comunemente, anidride carbonica

diossìna [da *diossi-* (V. *diossano*) col suff. *-ina* ✱ 1956] **s. f.** ● (*chim.*) ciascuno dei componenti di un gruppo di composti organici contenenti cloro, presenti come contaminanti in certi erbicidi, dotati di elevata tossicità

diòttra [vc. dotta, gr. *díoptra*, comp. di *di(á)* 'attraverso' e un deriv. di *optós* 'visibile', di orig. indeur. ✱ 1560] **s. f.** ● riga metallica, usata spec. per rilevamenti grafici sul terreno, che porta alle estremità due traguardi, uno oculare e uno obiettivo, che determinano una linea di mira

diottrìa [da *diottra* ✱ 1892] **s. f.** ● (*fis.*) unità di misura della convergenza delle lenti, equivalente all'inverso di 1 metro; in oculistica, il numero di diottrie di una lente correttiva indica l'entità del difetto visivo che la lente corregge SIMB. D

diòttrica [da *diottrico* ✱ av. 1647] **s. f.** ● (*fis.*) parte dell'ottica che studia la rifrazione della luce

diòttrico [vc. dotta, gr. *dioptrikós* 'relativo alla diottra (*díoptra*)' ✱ av. 1730] **agg.** (**pl. m.** *-ci*) ● relativo alla diottrica

diòttro [vc. dotta, dal gr. *díoptron* 'specchio', comp. di *di(á)-* 'attraverso' e di una vc. legata a *optós* 'visibile' ✱ 1936] **s. m.** ● (*fis.*) superficie curva che separa due mezzi ottici aventi indice di rifrazione diverso

dipanaménto [da *dipanare* ✱ 1803] **s. m.** ● (*raro*) il dipanare | (*fig.*) chiarimento, soluzione

✦**dipanàre** [lat. *depanāre, comp. di *dē-* e *pānus* 'filo della trama avvolto' ✱ av. 1348] **A** **v. tr.** **1** raccogliere ordinatamente il filo in un gomitolo, svolgendolo dalla matassa: *d. la lana* | nella lavorazione della seta, estrarre e districare le bave di seta dai bozzoli **2** (*fig.*) chiarire, districare, sbrogliare: *d. un intrigo*; *una faccenda difficile da d.* | ***d. la matassa***, (*fig.*) venire a capo di una situazione confusa, complessa, problematica **3** †mangiare con avidità **B** **dipanàrsi** **v. intr. pron.** ● svolgersi, districarsi (*anche fig.*)

dipanatóio [da *dipanare* ✱ sec. XIV] **s. m.** (**pl.** *-ói*) ● attrezzo per dipanare matasse, composto di aspo, colonnino e piede

dipanatùra [da *dipanare* ✱ 1803] **s. f.** ● (*raro*) operazione del dipanare

dipanìno [da *dipanare* ✱ 1869] **s. m.** ● anima su cui si avvolge il filo per formare il gomitolo

dipartènza [da *dipartire*② ✱ sec. XIII] **s. f.** **1** (*lett.*) partenza: *tal d. gli è molesta* (L. PULCI) | commiato, distacco | ***fare la d.***, accomiatarsi **2** (*lett.*, *eufem.*) morte

dipartimentàle [1797] **agg.** ● relativo a un dipartimento, nel sign. di *dipartimento*②

†**dipartiménto**① [da *dipartire*② ✱ 1261 ca.] **s. m.** **1** allontamento, partenza | ***fare d.***, partire, allontanarsi | (*est.*) luogo appartato **2** (*eufem.*) morte

dipartiménto② [fr. *département*, da *départir* 'dividere (in parti)' ✱ 1691] **s. m.** **1** ministero, in alcuni Paesi stranieri | circoscrizione territoriale e amministrativa, spec. in Francia **2** zona costiera dello Stato italiano dipendente da un comando militare marittimo: *il d. dell'Alto e del Basso Tirreno* **3** ***d. universitario***, struttura universitaria a cui è demandata l'organizzazione delle attività didattiche e di ricerca nell'ambito di un settore di studi

†**dipartìre**① o †**departìre** [comp. di *di-*① e *partire* 'dividere' ✱ av. 1250] **v. tr.** **1** dividere qlco. in due o più parti **2** (*lett.*) separare, disgiungere: *ma io però da' miei non ti diparto* (F. PETRARCA) **3** distribuire

dipartire② [comp. di *di-*① e *partire* 'andar via' ✱ 1266] **A** **v. intr.** (**pres.** *io dipàrto*; **aus.** *essere*; **part. pass.** *dipartìto*, †*dipartùto*) e **dipartirsi** **v. intr. pron.** **1** (*lett.*) partire, allontanarsi: *dipartirsi dalla casa paterna*; *non desidero che vi dipartiate da noi* | (*eufem.*) morire **2** (*fig.*, *lett.*) sviarsi, discostarsi: *dipartirsi dal vero*; *non vi dipartite da questi principi* **B** **dipartirsi** **v. intr. pron.** ● aver inizio da un luogo, diramarsi: *le autostrade che si dipartono da Torino*

dipartita [da *dipartire*② ✱ av. 1250] **s. f.** **1** (*lett.*) partenza, separazione: *dopo l'empia d. / ... dal dolce mio bene* (F. PETRARCA) **2** (*eufem.*) morte

dipartito① o †**dipartùto** **part. pass.** di *dipartire*①; anche **agg.** ● nei sign. del v. | (*lett.*) separato: *una foglia inaridita, ... dal ramo dipartita* (A. MANZONI)

dipartito② o †**dipartùto** **part. pass.** di *dipartire*②; anche **agg.** **1** nei sign. del v. **2** †appartato, solitario

†**dipàscere** ➤ †**depascere**

†**dipelàre** [comp. di *di-*① e *pelo* ✱ av. 1294] **v. tr.** ● privare del pelo

†**dipellàre** [comp. di *di-*① e *pelle* ✱ av. 1334] **v. tr.** ● scorticare, spellare

dipendènte o †**dependènte** **A** **part. pres.** di *dipendere*; anche **agg.** **1** nei sign. del v. | (*est.*) connesso, attinente **2** (*gramm.*) ***proposizione d.***, subordinata ‖ **dipendenteménte**, **avv.** (*raro*) in dipendenza **B** **s. m. e f.** **1** chi, in un lavoro, un'attività e sim., dipende dal potere direttivo e disciplinare di un datore di lavoro: *riunire i dipendenti*; *dipendenti pubblici, privati* **2** †suddito | †cliente, sostenitore **C** **s. f.** ● (*gramm.*) proposizione dipendente

-dipendènte secondo elemento ● in parole composte, formate sul modello di *tossicodipendente*, indica uno stato di dipendenza fisica o psicologica (*anche scherz.*): *videodipendente*

dipendènza① o †**dependènza** [da *dipendere* ✱ 1332] **s. f.** **1** condizione o stato di chi (o di ciò che) dipende da qlcu., o da qlco.: *la d. di un concetto da un altro*; *la d. economica di uno Stato dalle grandi potenze* | ***in d. di ciò***, in conseguenza di ciò | ***d. giuridica del prestatore di lavoro***, subordinazione al datore di lavoro | ***avere qlcu. alle proprie dipendenze***, essere datore di lavoro, o lavoratore in posizione gerarchicamente superiore, rispetto a qlcu. | ***essere alle dipendenze di qlcu.***, lavorare in posizione subordinata rispetto al datore di lavoro o ad altro lavoratore **2** legame di sottomissione, mancanza di autonomia nei confronti di una persona o di un gruppo: *è in posizione di d. nei confronti dei genitori* **3** bisogno fisico e psichico, spesso incontrollabile, di assumere una determinata sostanza, spec. droga **CFR.** assuefazione **4** (*raro*) correlazione, connessione: *una stretta d. d'interessi* **5** (*raro*, *lett.*) rapporto di clientela: *alcuni clienti legati alla casa per una d. ereditaria* (A. MANZONI)

SFUMATURE ➤ *assuefazione*, ➤ *soggezione*

dipendènza② **s. f.** ● adattamento di *dépendance* (V.)

✦**dipèndere** o †**depèndere** [lat. parl. **dependere* per il class. *dependēre*, propr. 'pendere in giù', comp. di *pendēre* e *dē-* ✱ 1288] **v. intr.** (**pass. rem.** *io dipési, tu dipendésti*; **part. pass.** *dipéso*, †*dipendùto*; **aus.** *essere*) **1** trarre origine, procedere da (+ *da*): *la tua ignoranza dipende dalla tua pigrizia* **SIN.** derivare | essere connesso a qlco. da rapporti di causa e d'effetto, costituire la conseguenza di determinate premesse: *spesso il vizio dipende dalla povertà*; *da quella decisione dipendeva il corso della sua vita* | essere legato al verificarsi e al sussistere di una condizione: *la nostra vittoria dipende dall'elemento sorpresa*; *dipende se è o meno assicurato* | ***dipende***, si vedrà: *verrete con noi, domani? dipende!* **2** essere sottoposto all'autorità, al potere e sim. di altri (+ *da*): *d. dai genitori, dai superiori*; *la società dipende dallo Stato* | ***non d. da nessuno***, essere libero, autosufficiente | essere subordinato alle decisioni di qlcu.: *tutto ormai dipende da te* | essere subordinato, per il proprio mantenimento, al contributo economico di qlcu.: *d. dalla famiglia* **3** (*gramm.*) in sintassi, essere retto, detto di caso, complemento o proposizione subordinata **4** (*poet.*) pendere: *dalla sua rama non dipende / il frutto conosciuto* (E. MONTALE)

†**dipennàre** ➤ **depennare**

dipéso (o **-ṣ-**) **part. pass.** di *dipendere* ● nei sign. del v.

✦**dipìngere** o †**depìngere**, †**dipìgnere** [vc. dotta, lat. *depĭngere* 'ornare (*pĭngere*) accuratamente (*dē-*)' ✱ av. 1250] **A** **v. tr.** (**pres.** *io dipìngo, tu dipìngi*; **pass. rem.** *io dipìnsi, tu dipingésti*; **part. pass.** *dipìnto*) **1** rappresentare qlco. per mezzo della pittura: *d. un paesaggio, una natura morta, un ritratto*; *d. un quadro*; *d. a olio, a tempera, ad acquerello*; *d. su stoffa, su vetro, su tela* | (*assol.*) dedicarsi alla pittura: *sto imparando a d.*; *dipinge da molti anni* **2** (*est.*) ornare con pitture: *d. una sala, una parete, un soffitto* | colorare, pitturare: *questo mobiletto va dipinto in rosso* | (*lett.*) abbellire, adornare **3** (*fig.*) descrivere, rappresentare qlco. in modo convincente e realistico, spec. scrivendo o parlando, ma anche con il gesto e i suoni: *d. in una poesia la bellezza di un panorama*; *è un attore che sa d. con pochi tratti un carattere* | (*est.*) descrivere: *me lo hanno dipinto come un poco di buono* **4** †ricamare **5** †esporre pubblicamente l'effige di qlcu. come forma di pena: *Fu dipinto a Firenze ... per fargli vergogna* (F. SACCHETTI) **B** **dipingersi** **v. intr. pron.** (**aus.** *essere*) **1** (*raro*) colorirsi: *dipingersi del colore della vergogna* **2** (*fig.*) mostrarsi, apparire, detto di sentimenti e sim.: *una gran paura gli si dipinse in viso* **C** **dipìngersi** **v. tr. pron.** (**aus.** *essere*) e **rifl.** ● tingersi, truccarsi: *dipingersi per sembrare più giovane*; *dipingersi il viso, le labbra, gli occhi* | (*fig.*) descriversi: *Udiamo lui stesso, come si dipinge nelle sue lettere* (F. DE SANCTIS) | (*fig.*) farsi credere, farsi passare: *seguitando a dipingersi come una vittima* (L. PIRANDELLO)

†**dipingiménto** [sec. XIII] **s. m.** ● il dipingere | pittura

†**dipingitóre** [1282] **s. m.** ● chi dipinge

†**dipingitùra** [1282] **s. f.** ● pittura

dipìnsi ➤ **dipingere**

✦**dipìnto** o †**depìnto**, †**depénto** **A** **part. pass.** di *dipingere*; anche **agg.** **1** nei sign. del v. | ornato di vari colori: *tessuto d.*; *vedevo l'aurora in cielo dipinta di rosa* (U. SABA) | truccato, imbellettato: *viso d.* **2** nelle loc. ***neanche, nemmeno, neppure d.***, usate per rafforzare un'espressione negativa: *non lo voglio vedere nemmeno d.*; *qui non ci starei neppure d.* ‖ **dipintaménte**, **avv.** con la pittura **B** **s. m.** ● opera di pittura: *d. pregevole, mediocre*; *un d. di Tiziano*

dipintóre o †**depintóre** [1235] **s. m.** (**f.** *-trice*, *pop.*, *disus.* *-tóra*, *scherz.* †*-toressa*) ● (*lett.*) pittore

†**dipintorìa** [sec. XV] **s. f.** ● arte del dipingere

dipintùra o †**depintùra**, †**depentùra** [1293] **s. f.** ● (*lett.*) pittura

dipirrìcchio o **dipirrìchio** [vc. dotta, comp. di *di-*② e *pirrichio* ✱ 1830] **s. m.** ● piede metrico greco formato di due pirrichi, ossia di quattro sillabe brevi

diplacusìa ➤ **diploacusia**

diplegìa [vc. dotta, comp. di *di-*② e un deriv. del gr. *plēgḗ* 'colpo' ✱ 1891] **s. f.** (**pl.** *-gìe*) ● (*med.*) paralisi di due nervi o gruppi nervosi omologhi

diplo- [dal gr. *diplóos* 'doppio'] **primo elemento** ● in parole composte della terminologia scientifica, significa 'doppio': *diplococco*, *diploide*, *diplopia*, *diploporee*

diploacusìa o **diplacusìa** [comp. di *diplo-*, del gr. *ákousis*, da *akoúō* 'io sento' e del suff. *-ia*② ✱ 1956] **s. f.** ● (*med.*) alterata percezione di un suono che viene sdoppiato in due tonalità differenti

diplocòcco [vc. dotta, comp. di *diplo-* e *-cocco* ✱ 1887] **s. m.** (**pl.** *-chi*) ● batterio fornito di capsula che si trova comunemente in coppia con un altro, talvolta patogeno (*Diplococcus*)

diplodòco [comp. di *diplo-* e del gr. *dokós* 'trave, barra' ✱ 1961] **s. m.** (**pl.** *-chi*) ● (*paleontologia*) il più grande dei Dinosauri

diploe [vc. dotta, gr. *diplóē*, f. di *diplóos* 'doppio' ✻ 1830] **s. f.** ● (*anat.*) tessuto osseo spugnoso della volta cranica, tra le due lamine di osso compatto

diplografia [vc. dotta, comp. di *diplo-* e *-grafia* ✻ 1997] **s. f.** ● (*ling.*) errore compiuto da chi scrive due volte la stessa sequenza di testo

diplòide [vc. dotta, comp. di *diplo-* e *-(o)ide* ✻ 1956] **agg.** ● (*biol.*) detto del numero di cromosomi presenti nelle cellule somatiche di animali e piante, uguale per la stessa specie e doppio di quello delle cellule germinali

diplòma [vc. dotta, lat. *diplōma* (nom.), dal gr. *díplōma*, deriv. di *diplóos* 'doppio', perché originariamente indicava una tavoletta o carta piegata in due ✻ 1661] **s. m.** (**pl.** *-i*) **1** attestazione del conseguimento di un titolo di studio: *d. di scuola superiore* **2** attestazione ufficiale rilasciata da un'accademia, un ente, un'associazione, un'autorità e che conferisce un grado, un diritto o un privilegio: *d. di socio, di cittadinanza, di benemerenza* **3** (*stor.*) atto solenne di una cancelleria imperiale o reale ‖ **diplomìno**, **dim.**

diplomàndo [da *diplom(are)*, con il suff. *-ando* ✻ 1897] **agg. e s. m.** (**f.** *-a*) ● (*burocr.*) che (o chi), avendo compiuto un corso di studi, sta per conseguire un diploma

diplomàre [1881] **A v. tr.** (*io diplòmo*) ● conferire un diploma scolastico: *lo hanno diplomato a pieni voti* **B diplomàrsi v. intr. pron.** ● ottenere un diploma scolastico: *diplomarsi con la media del sette*; *diplomarsi maestro*; *diplomarsi in elettrotecnica*

diplomàtica [fr. *diplomatique*, dal titolo lat. dell'opera di Mabillon *De re diplomatica*, cioè 'Sulla scienza che riguarda i pubblici documenti (*diplōmata*, pl. di *diplōma*)' ✻ 1767] **s. f.** ● disciplina che studia criticamente gli antichi documenti

diplomatichése (o *-ṣ-*) [da *diplomatico* col suff. *-ese*② ✻ 1992] **s. m.** ● stile o serie di formule accorte e sfumate tipiche del linguaggio diplomatico (*anche iron.*): *una dichiarazione in puro d.*

diplomàtico [fr. (*agent*) *diplomatique*, da *diplôme* nel senso spec. di 'documento che regola i reciproci rapporti fra le nazioni' ✻ 1727] **A agg.** (**pl. m.** *-ci*) **1** relativo agli antichi documenti: *archivio d.* | ***scrittura diplomatica***, cancelleresca | ***edizione diplomatica***, fedele riproduzione di un antico manoscritto **2** che concerne la diplomazia: *corpo d.*; *missione diplomatica* | ***agente d.***, funzionario che uno Stato invia nel territorio di un altro Stato allo scopo di intrattenere relazioni internazionali con lo stesso | ***corriere d.***, chi porta alle sedi diplomatiche documenti immuni da accertamenti doganali | ***valigia diplomatica***, l'insieme della corrispondenza inviata o ricevuta da un agente diplomatico all'estero, garantita da norme giuridiche di inviolabilità **3** (*est.*) abile, accorto nel condurre faccende importanti o delicate: *un negoziatore molto d.* ‖ **diplomaticaménte**, **avv. 1** per via diplomatica **2** (*fig.*) con diplomazia, con tatto ‖ **diplomaticità**, **s. f. inv.** accortezza, prudenza, tatto **B s. m. 1** (**f.** *-a*) agente diplomatico **2** (**f.** *-a*) (*fig.*) persona particolarmente avveduta, abile nel trattare questioni importanti o delicate **3** dolce fatto di strati di pasta sfoglia farciti di crema e liquore

diplomatìsta [1913] **s. m. e f.** (**pl. m.** *-i*) ● studioso, esperto di diplomatica

diplomatiẓẓàre [da *diplomatico* nel sign. A2, sul modello dell'ingl. (*to*) *diplomatise* ✻ 1798] **v. tr.** ● rendere qlco. oggetto di trattativa, di discussione conciliante con qlcu.: *arriva un momento in cui non è più possibile d. i problemi* ‖ **diplomatiẓẓazióne**, **s. f.**

diplomàto A part. pass. di *diplomare*; anche **agg.** ● nei sign. del v. **B s. m.** (**f.** *-a*) ● chi ha ottenuto un diploma scolastico: *d. in ragioneria*; *i diplomati delle scuole tecniche*

✦**diplomazìa** [fr. *diplomatie*, da *diplôme* (V. *diplomatico*) con la terminazione di *aristocratie* 'aristocrazia' e sim. ✻ 1796] **s. f. 1** l'insieme delle procedure che regolano i rapporti tra i vari Stati | il complesso delle persone e degli organi che ogni Stato prepone al mantenimento dei rapporti con gli altri Stati | carriera, professione di diplomatico **2** (*est.*) accortezza e abilità nel condurre faccende importanti o delicate: *parlare e agire con tatto e d.*

SFUMATURE ➤ *tatto*

diplòmetro [vc. dotta, comp. di *diplo-* e *-metro* ✻ 1892] **s. m.** ● (*med.*) apparecchio per misurazioni sulle pupille

diplomificio [comp. di *diploma* e *-ficio* ✻ 1971] **s. m.** ● spec. nel linguaggio giornalistico, fabbrica di diplomi: *la scuola non deve trasformarsi in un d.*

diplopìa [vc. dotta, comp. di *diplo-* e un deriv. del gr. *ōps*, genit. *ōpós* 'occhio' ✻ 1820] **s. f.** ● (*med.*) difetto visivo per cui si vedono doppie le immagini

diplopiòmetro [comp. di *diplopi(a)* e *-metro* ✻ 1987] **s. m.** ● (*med.*) strumento impiegato in oculistica per la misurazione del grado di diplopia

Diplòpodi [comp. di *diplo-* e del gr. *póus*, genit. *podós* 'piede' ✻ 1874] **s. m. pl.** (**sing.** *-e*) ● (*zool.*) sottoclasse di Miriapodi con corpo cilindrico, antenne brevi, due paia di zampe per ogni segmento, cui appartiene il millepiedi (*Diplopoda*)

diplopòree [vc. dotta, comp. di *diplo-* e del gr. *póros* 'poro' per i due fori della teca ✻ 1956] **s. f. pl.** ● gruppo di alghe fossili del Triassico, con il tallo incrostato di carbonato di calcio (*Diplopora*)

Dìpnoi o **Dipnòi** [vc. dotta, gr. *dípnoi*, comp. di *dí-* 'dalla doppia' e *pnoḗ* 'respirazione' ✻ 1892] **s. m. pl.** (**sing.** *-noo*) ● (*zool.*) sottoclasse di Pesci a corpo fusiforme in cui la vescica natatoria può assumere le funzioni di polmone, consentendo loro la respirazione atmosferica oltre a quella acquatica (*Dipnoi*)

dipodìa [vc. dotta, lat. *dipodĭa(m)*, dal gr. *dipodía* 'di doppio (*di-*) piede (*póus*, genit. *podós*)' ✻ 1874] **s. f.** ● nella metrica classica, successione di due piedi uguali

dipòi o **di pòi** [comp. di *di* e *poi* ✻ 1261 ca.] **A avv.** ● (*lett.* o *raro*) poi, più tardi, in seguito: *me lo dirai d.* **B in funzione di agg. inv.** ● seguente: *l'anno d.*; *il mese d.*

dipolàre [da *dipolo* ✻ 1965] **agg.** ● (*fis.*) che ha due poli | relativo a dipolo ‖ **dipolarità**, **s. f. inv.**

dipòlo [vc. dotta, comp. di *di-*② e *polo*② ✻ 1935] **s. m.** ● (*fis.*) particolare sistema di due poli elettrici o magnetici di uguale carica e di segno contrario | ***antenna a d.***, di lunghezza uguale a mezza lunghezza d'onda

†**dipopolàre** e deriv. ➤ †**depopolare** e deriv.

†**dipórre** e deriv. ➤ **deporre** e deriv.

diportaménto [sec. XIV] **s. m.** ● (*raro*, *lett.*) comportamento, contegno morale

diportàre [comp. di *di-*① e *portare*; nel sign. B 2, attrav. il fr. ant. *se déporter* ✻ av. 1282] **A v. tr.** (*io dipòrto*) ● †V. **deportare B diportàrsi v. intr. pron. 1** (*raro*, *lett.*) comportarsi, agire **2** †andare a spasso: *sovente in questo loco mi diporto* (A. POLIZIANO) | †divertirsi, svagarsi

†**diportévole** [1363] **agg.** ● (*lett.*) che serve a divertire, a svagare

diportìṣmo [da *diporto* ✻ 1984] **s. m.** ● la pratica degli sport nautici con imbarcazioni da diporto

diportìsta [1980] **s. m. e f.** (**pl. m.** *-i*) ● chi pratica la nautica da diporto

dipòrto o †**depòrto**② [dal fr. ant. *déport*, da *déporter* 'divertirsi', propr. 'portarsi per divertimento da un luogo all'altro' ✻ av. 1250] **s. m. 1** (*raro*, *lett.*) il passeggiare per svago, per diletto | ***andare a d.***, a spasso | (*est.*) svago, divertimento, piacere: *fare qlco. per d.* **2** (*disus.*) sport | ***imbarcazione da d.***, denominazione delle varie imbarcazioni sportive, a vela, a motore o a remi | ***nautica, navigazione da d.***, praticata con tali imbarcazioni **3** †luogo ameno, soggiorno gradevole

†**dipòṣito** e deriv. ➤ **deposito** e deriv.

†**dipravàre** e deriv. ➤ **depravare** e deriv.

†**dipredàre** e deriv. ➤ **depredare** e deriv.

diprèsso o (*lett.*) **di prèsso** [comp. di *di* e *presso* ✻ av. 1294] **avv. 1** †vicino, da vicino: *mi saluta tanto di presso l'angosciosa Morte* (G. CAVALCANTI) **2** ***a un d.***, (*lett.*) ***a un di presso***, all'incirca, presso a poco: *saremo da voi a un d. fra un'ora*; *occorreranno a un d. tre mesi*; *disterà sei chilometri a un d.*

Dipsacàcee [vc. dotta, dal gr. *dípsakos*, da *dipsa* 'sete', di orig. sconosciuta, perché queste piante conservano nelle pieghe delle foglie l'umore della rugiada e l'acqua della pioggia ✻ 1892] **s. f. pl.** (**sing.** *-a*) ● (*bot.*) famiglia di piante erbacee delle Dicotiledoni con foglie opposte e fiori raccolti in capolini o in spighe (*Dipsacaceae*)

dipsòmane [1874] **agg. e s. m. e f.** ● che (o chi) è affetto da dipsomania

dipsomanìa [vc. dotta, comp. del gr. *dípsa* 'sete' (V. *Dipsacacee*) e di- *mania* ✻ 1828] **s. f.** ● (*med.*) abuso periodico di bevande alcoliche per desiderio incontrollabile

dìptero o **dìttero** [vc. dotta, lat. tardo *dĭpteru(m)*, dal gr. *dípteros*, propr. 'a doppia (*di-*) ala (*pterón*)' ✻ av. 1580] **agg.** ● detto di tempio classico circondato da doppia fila di colonne

diptòto o (*raro*) **dittòto** [comp. del gr. *dís* 'a due' e di un deriv. agg. da *ptôsis* 'caso (grammaticale)' ✻ 1830] **s. m.** ● (*gramm.*) sostantivo la cui declinazione ha due casi

†**diputàre** e deriv. ➤ **deputare** e deriv.

dir ➤ **dire**①

diradaménto [1663] **s. m. 1** diminuzione, attenuazione di ciò che è frequente, fitto, spesso e sim.: *d. delle visite*; *d. della nebbia* **2** taglio di una parte degli alberi di un bosco

diradàre [comp. parasintetico di *rado*, col pref. *di-*① ✻ 1282] **A v. tr. 1** rendere meno fitto, meno spesso: *d. la vegetazione, una coltura di barbabietole*; *una folata di vento diradò il fumo* | ***d. le piante***, togliere quelle superflue **2** rendere meno frequente: *d. le visite* **B v. intr.** (**aus.** *essere*) e **diradàrsi v. intr. pron.** ● diventare rado: *la nebbia dirada*; *le nubi si diradano*; *la folla si è diradata*

diradatóre [1956] **s. m. 1** (**f.** *-trice*) boscaiolo addetto al diradamento dei boschi **2** zappetta per diradare le colture a file

diradatrìce [1970] **s. f.** ● macchina agricola per il diradamento meccanico di colture a file

†**diradicaménto** [sec. XIV] **s. m.** ● sradicamento

diradicàre [comp. parasintetico di *radice*, col pref. *di-*① ✻ 1282] **v. tr.** (*io diràdico, tu diràdichi*) **1** (*lett.*) sradicare | (*fig.*) abbattere, eliminare **2** (*lett.*, *fig.*) uccidere

†**diragnàre** [comp. parasintetico di *ragna*, col pref. *di-*① ✻ 1353] **v. tr. 1** togliere dalla ragna, dalla rete per gli uccelli **2** (*fig.*, *lett.*) rendere manifesto

✦**diramàre**① [comp. parasintetico di *ramo*, col pref. *di-*① ✻ 1321] **A v. tr. 1** †dividere in rami | suddividere, distribuire in canali o sim. **2** (*fig.*) diffondere, trasmettere, rendere noto: *d. una notizia, un ordine, un comunicato ufficiale* SIN. propagare **B diramàrsi v. intr.**

pron. **1** (*raro*) dividersi in rami | (*est.*) suddividersi in due o più derivazioni: *dalla città si diramano varie autostrade*; *le vene si diramano per tutto il corpo* **2** (*fig.*) diffondersi, spargersi: *la notizia si diramò dappertutto*

diramàre② o †**dişramàre**① [comp. parasintetico di *ramo*, col pref. *di-*① ✱ 1316] **A** **v. tr.** ● †privare una pianta dei rami superflui **B** **diramàrsi** **v. intr. pron.** ● (*raro*) perdere i rami

diramatóre① [da *diramare*① ✱ 1956] **s. m.** (**f.** *-trice*); anche **agg.** ● (*raro*) chi (o che) dirama ordini, notizie e sim.

diramatóre② [da *diramare*② ✱ 1956] **s. m.** (**f.** *-trice*) ● (*raro*) chi dirama le piante **SIN.** potatore

diramatùra [da *diramare*② ✱ 1803] **s. f.** ● (*raro*) operazione del diramare una pianta **SIN.** potatura

diramazióne [da *diramare*① ✱ 1681] **s. f.** **1** il diramare, il diramarsi | (*fig.*) diffusione: *curare la d. di un ordine* | punto in cui una pianta, un fiume, una via e sim. si diramano | ***stazione di d.***, da cui si dipartono due o più linee **2** ramo (*spec. fig.*): *le diramazioni del fiume, della ferrovia, di una conduttura* | strada secondaria che si diparte dalla principale | (*fig.*) succursale, filiale di una società

†**diramoràre** [comp. di *di-*① e *ramora*, pl. ant. di *ramo* ✱ av. 1311] **v. tr.** ● spogliare dei rami

†**dirancàre** [comp. di *di-*① e *ranco* ✱ av. 1250] **v. tr.** ● svellere, strappare (*anche fig.*)

diraspàre [comp. parasintetico di *raspo*, col pref. *di-*① ✱ 1966] **v. tr.** ● separare gli acini dell'uva dai raspi al momento della pigiatura

diraspatrìce [1893] **s. f.** ● macchina per diraspare

diraspatùra [1931] **s. f.** ● operazione del diraspare

dirazzàre [comp. parasintetico di *razza*, con il pref. *di-*① ✱ av. 1850] **v. intr.** (**aus.** *avere*) ● (*raro*) perdere le caratteristiche della propria razza, detto di animali | (*fig.*, *lett.*) tralignare

♦**dìre**① o †**dìcere** [lat. *dīcere*, originariamente 'mostrare', quindi 'far conoscere per mezzo della parola, dire' in solenni contesti religiosi e tecnici, di orig. indeur. ✱ 1211] **A** **v. tr.** (**pres.** *io dìco, tu dìci*, †*dì* /di/, *egli dìce, noi diciàmo, voi dìte, essi dìcono*; **imperf.** *io dicévo*, †*dicéva*; **pass. rem.** *io dìssi, tu dicésti, egli dìsse, noi dicémmo, voi dicéste, essi dìssero*, †*dìssono*, †*disseno*; **fut.** *io dirò*, †*diràggio*; **congtv. pres.** *io dìca, tu dìca*, †*dìchi*, *egli dìca, noi diciàmo, voi diciàte, essi dìcano*; **congtv. imperf.** *io dicéssi*; **condiz. pres.** *dirèi*; **imperat.** *di'* /di, di*/, **disus.** *dì, dite*; **gerund.** *dicèndo*; **part. pres.** *dicènte*; **part. pass.** *détto*. La forma *si dica* è spesso sostituita dalla forma *dicasi* (con la grafia unita e la particella pron. *si* enclitica): *e dicasi pure ch'io gravemente abbia fallito* (G. Boccaccio); lo stesso avviene con altre forme, per es. con *si dice*, sostituita da *dicesi* sia nell'uso lett. (*dicesi che Lieo gliele diede* (G. Boccaccio)) che scientifico o burocr. (*'ostello' dicesi per 'albergo'* (G. Vico)), che per accentuare, anche in tono ironico, un particolare (*in sala c'erano quindici, dicesi quindici, spettatori!*)) Nell'imperativo, la forma *di'* ha l'apostrofo in quanto troncamento di *dici*; la forma *dì* ha l'accento per distinguerlo dall'analoga prep. (V. nota d'uso ELISIONE e TRONCAMENTO) Le forme *di'* o disus. *dì* dell'imperat. possono assumere, in unione con particelle pron., le forme *dimmi, dìgli, dìlle, dìcci, dìnne, dìmmene, dìgliene, dìccene* ecc., con raddoppiamento della consonante iniziale della particella pron. tranne quando in unione con *gli* **1** comunicare, esprimere per mezzo di parole (*anche assol.*): *per l'emozione non riuscì a d. una sillaba*; *d. delle stupidaggini*; *non saper cosa d.*; *d. ciò che si pensa, la propria opinione*; *vale a d.*; *sarebbe a d.*; *lingua mortal non dice ciò ch'io sentiva in seno* (G. Leopardi) | (*fig.*) ***dirle grosse***, dire degli spropositi | ***d. qlco. forte, a voce alta***, (*fig.*) senza timore, con orgoglio | (*fig.*) ***dirne un sacco e una sporta***, dire una grande quantità di ingiurie, di insolenze | ***d. di no***, negare | ***d. di sì***, accettare, acconsentire | ***non dico di no***, lo ammetto | ***voler sempre d. l'ultima parola***, (*fig.*) essere ostinato, non cedere mai | ***non farselo d. due volte***, non farsi pregare | ***non c'è che d.***, è proprio così | ***è tutto d.!***, non occorre aggiungere altro | ***e d. che***, espressione usata per esprimere sconcerto, rammarico, dispiacere e sim.: *e d. che l'avevo avvertito* | ***per meglio d.***, più esattamente, precisamente | ***a dir poco***, almeno, come minimo | ***volevo ben d.***, (*anche iron.*) ero certo, sicuro | (con valore attenuativo) ***per così d.***, diresti quasi | ***come d.***, frase incidentale, frequente nell'uso parlato, che esprime un'incertezza, una cautela oppure lo sforzo di precisare meglio un concetto: *sembra quasi, come d., una contraddizione* | ***non faccio per d.***, (*lett.*) ***non fo per d.***, non per vantarmi: *il mio disegno, non faccio per d., è riuscito meglio* | ***non per d.***, (*colloq.*) francamente, non per esagerare: *non per d., ma era meglio Toscanini* | ***è una cosa da non d.***, è una cosa indescrivibile | **PROV.** ***tra il d. e il fare c'è di mezzo il mare*** **2** dichiarare, spiegare, mediante parole, scritti e sim.: *non avere nulla da d.*; *abbiamo detto tutto sull'argomento* | raccontare: *dimmi come si sono svolti i fatti* | affermare, sostenere (+ *che* **seguito da congtv. o condiz.**; + *di* **seguito da inf.**): *io dico solo cose di cui sono sicuro*; *tu dici che io sbaglio*; *dico che non sarebbe opportuno*; *dice di non saperne nulla* | intendere: *il tale, dico*; *Diogene il filosofo, dico* | riferire: *un segreto da non d. a nessuno* | consigliare, suggerire: *dimmi cosa debbo fare* | ***te l'avevo detto io...***, con riferimento a un consiglio, un avvertimento e sim. che si è dato ma che è rimasto inascoltato | imporre, comandare (+ *di* **seguito da inf.**): *ti dico di tacere*; *gli ho detto per l'ultima volta di non muoversi* **3** (*assol.*) parlare, esprimersi: *poter d. liberamente*; *d. bene, male di qlcu.*; *lasciar d.*; *d. tra sé*; *a dirla in confidenza*; *d. davvero, sul serio, per scherzo* | ***avere a che d. con qlcu.***, (*fig.*) avere motivo di diverbio | ***stare per d.***, essere sul punto di parlare | ***dico a voi!***, mi rivolgo a voi | ***diciamo***, spesso usato, nel linguaggio colloquiale, anche come semplice intercalare, con vari sign.: per esempio, all'incirca; cioè, per precisare; per così dire: *dovrà passare un po' di tempo, diciamo un anno*; *vediamoci nel pomeriggio, diciamo alle cinque*; *avendo a che fare con persone, diciamo, normali*; *una mentalità, diciamo così, impiegatizia* | ***non faccio per d.***, non me ne vanto | ***così, tanto per d.***, tanto per parlare del più e del meno, senza particolare impegno | ***dimmi pure***, parlami liberamente | ***ma ti dico io!***, escl. di stupore, impazienza, e sim. | ***ha fatto una figura che non ti dico***, ha fatto una figura tanto brutta che è difficile descriverla | ***non mi d.!***, ***non dirmelo!***, per esprimere incredulità: *'È stata bocciata' 'Non mi d.!'* **CONTR.** tacere **4** recitare: *d. una poesia a memoria*; *d. le preghiere*; *d. la propria parte* | ***d. la Messa***, officiarla **5** presentare, considerare come: *tutti lo dicono un uomo di grande cultura* | esprimere in una determinata lingua: *'ma' in francese si dice 'mais'*; *come si dice questa parola in russo?* **6** esprimere con mezzi non verbali, indicare, significare: *questo vi dice quanto io vi stimi*; *questa richiesta dice molte cose su colui che l'ha avanzata*; *l'esperienza mi dice che stai sbagliando*; *il cuore ... ha sempre qualcosa da d. su quello che sarà* (A. Manzoni); *un silenzio che dice più di un lungo discorso*; *una situazione che dice tutto* | ***un libro, un quadro, una musica che dicono molto***, ricchi di interesse artistico o di richiami culturali | ***uno sguardo che non dice nulla***, inespressivo, opaco | (*fam.*, *impers.*) ***mi ha detto bene, male***, mi è andata bene, male **7** (con valore impers.) ***dicono, si dice***, (*fam.*) ***dice che***, si afferma, sembra, corre voce che: *dicono* (*si dice*) *che si sposerà presto*; *dice che è in arrivo il maltempo*; *si direbbe che tutto sia finito* **B** **dirsi** **v. tr. pron.** (**aus.** *essere*) ● considerare tra sé e sé (+ *che*): *mi son detto che non era giusto insistere* | dire di essere, dichiararsi (con valore di v. copulativo): *si dice tranquillo, sereno*; *si dice in grado di risolvere la situazione* | dire l'uno all'altro (con valore recipr.): *non so che cosa si siano detti* | ***dirsela con qlcu.***, (*fig.*, *raro*) intendersela: *Ma scusi, non se la diceva con suo figlio ... fino a jeri?* (L. Pirandello)

♦**dìre**② [da *dire*① ✱ 1294] **s. m.** (**pl.** †*-i*) ● il dire, il parlare: *è più facile il d. del fare* | ciò che si dice: *vero è il tuo d.* (V. Alfieri) | ***a suo d.***, stando a ciò che dice lui | ***stando al tuo d.***, in base a ciò che tu dici | ***hai un bel d.***, per quanto tu dica

direct marketing /di'rɛkt 'marketin(g)/, *ingl.* dɪ'rɛkt 'mɑːkɪtɪŋ/ [1950] ➤ **marketing**

dirèctory /di'rɛktori, *ingl.* dɪ'rɛktərɪ, daɪ-/ [vc. ingl., propr. 'libro, elenco di istruzioni', dal lat. tardo *directōriu(m)* ✱ 1986] **s. f. inv.** (**pl. ingl.** *directories*) **1** suddivisione logica della memoria di massa, contrassegnata da un nome, che raccoglie file e altre directory **2** indice dei file e delle directory presenti su un dispositivo di memoria **SIN.** direttorio

†**diredàre** o †**deredàre**, †**deretàre**, †**diretàre** [comp. di *di-*① e †*rede*, var. ant. di *erede* ✱ 1305] **v. tr.** **1** diseredare **2** rendere privo di eredi

†**direditàre** ➤ †**diseredaitare**

†**dirèggere** [parallelo di *dirigere* con adattamento su *reggere* ✱ sec. XIV] **v. tr.** ● reggere, dirigere

†**direnàre** [lat. parl. **derenāre*, comp. di *dē-* e *rēnes* 'reni' ✱ av. 1442] **A** **v. tr.** ● sfiancare, slombare **B** **v. intr.** e †**direnàrsi** **v. intr. pron.** **1** sfiancarsi | sfasciarsi **2** chinarsi, prostrarsi

†**direpzióne** o †**direzióne**② [vc. dotta, lat. *direptiōne(m)*, da *dirĕptus*, part. pass. di *dirĭpere* 'portar via (*răpere*)' con *dis-* rafforz. ✱ sec. XIV] **s. f.** ● rapina, spoliazione, saccheggio

dirèssi ➤ **dirigere**

†**direstàre** [comp. parasintetico di *resta*, col pref. *di-*① ✱ 1759] **A** **v. tr.** ● privare il grano delle reste **B** **v. intr.** ● perdere le reste

†**diretàno** ➤ **deretano**

†**diretàre** ➤ †**diredare**

†**dirètro** ➤ **dietro**

†**di rètro** ➤ **dietro**

dirètta [f. sost. di *diretto* ✱ 1983] **s. f.** ● trasmissione radiofonica o televisiva mandata in onda nello stesso momento in cui viene realizzata (in contrapposizione a *differita*) | nella loc. avv. ***in d.***, dal vivo, senza registrazione preventiva: *seguire in TV una partita di calcio in d.*

direttàrio [da *(dominio) dirett(o)* col suff. *-ario* ✱ 1812] **s. m.** (**f.** *-ia*) ● (*dir.*) proprietario di un fondo dato in enfiteusi

direttissima [f. sost. di *direttissimo* ✱ 1882] **s. f.** **1** strada o ferrovia che unisce due località seguendo il percorso più breve **2** nel linguaggio alpinistico, la via di salita più diretta alla vetta, gener. senza deviazioni **3** (*dir.*) nella loc. avv. ***per d.***, in seguito a giudizio direttissimo: *giudicare qlcu. per d.*

direttissimo [superl. di *diretto* ✱ av. 1694] **A** **agg.** ● ***treno d.***, denominazione disusata del treno espresso | (*dir.*) ***giudizio d.***, V. *giudizio* **B** **s. m.** ● treno direttissimo

direttiva [1898] **s. f.** ● disposizione generale che fissa gli obiettivi di fondo di un'attività: *direttive politiche; le nuove direttive del ministero; seguire le direttive del consiglio d'amministrazione* | ***d. comunitaria***, provvedimento normativo, vincolante per ciò che riguarda il raggiungimento del risultato prescritto, emanato dagli organi dell'Unione europea nei confronti di uno o più Stati membri | (***est.***) linea di condotta, indirizzo od orientamento di fondo: *una costante d. di rinnovamento*

direttivo [da *diretto* ✻ av. 1334] **A** **agg.** **1** che dirige: *consiglio, comitato d.; norma, linea direttiva; funzioni direttive* **2** relativo al direttore o a chi dirige: *ufficio d.* ‖ **direttività**, **s. f. inv.** (*radio*) attitudine di un'antenna a variare la propria efficienza a seconda della direzione dei segnali ricevuti o trasmessi **SIN.** direzionalità **B** **s. m.** ● gruppo di persone investite di funzioni di direzione: *il d. di un partito, di un'associazione; riunire, convocare il d.*

♦**dirètto** **A** **part. pass.** di *dirigere*; **anche agg.** (**superl.** *direttissimo* (V.)) **1** condotto: *un film ben d.* | indirizzato, rivolto: *telegramma d. a voi; parole dirette a te* | che si dirige verso una meta: *autobus d. in centro; un treno d. a Ventimiglia; una nave diretta in Grecia* | destinato, volto (**+** *a*, **anche seguito da inf.**): *misure dirette al contenimento della spesa; provvedimento d. a ridurre l'inflazione* **2** che non presenta deviazioni: *la via diretta* | ***luce diretta***, che arriva immediatamente dalla sorgente luminosa | che non ha intermediari o elementi interposti: *vendita diretta; è un mio d. superiore* **3** immediato: *conseguenza, dipendenza diretta* | ***costo d.***, che può essere imputato direttamente al prodotto | ***puntamento d.***, in artiglieria, quando il puntamento si esegue mirando direttamente a un obiettivo visibile | ***imposta diretta***, che ha per oggetto il reddito o il patrimonio e si riscuote in base a ruolo | ***coltivatore d.***, chi coltiva un fondo di sua proprietà | (*dir.*) ***dominio d.***, V. *dominio* **4** (*gramm.*) ***complementi diretti***, il complemento oggetto e i complementi predicativi, che si uniscono al verbo direttamente, senza l'ausilio di una preposizione (per es.: *mangiare un panino; fu eletto presidente*; fanno eccezione casi come: *ho bevuto del vino; avere qlcu. per amico*) | ***discorso d.***, tipo di costrutto che si ha quando un narratore, ripetendo le parole di qualcuno, le riproduce così come sono state dette, generalmente precedute da virgolette o trattino (per es.: *Mi chiese: "Dove vai?"*) **5** (*tv*) ***trasmissione in diretta***, V. *diretta* **6** (*astrol.*) detto del movimento di un pianeta che attraversa progressivamente i segni zodiacali **7** †destro: *mi voltai / verso la terza faccia a man diretta* (G. Boccaccio) | †giusto, buono ‖ **direttaménte**, **avv.** **1** per via diretta: *vado direttamente alla stazione* **2** immediatamente, senza il tramite di intermediari: *trattare direttamente con qlcu.* **3** †addirittura **B** **s. m.** **1** treno che viaggia a velocità inferiore a quella dell'espresso, dovendo servire un maggior numero di località **2** nel pugilato, colpo portato con il pugno allungato in linea retta, accompagnato dalla torsione del busto: *d. destro, sinistro* **C** **in funzione di avv.** ● senza indugi o deviazioni: *andarsene d. al proprio posto*

♦**direttóre** [fr. *directeur*, dal lat. tardo *directōre(m)*, nom. *dirēctor*, da *dirēctus* 'diretto' ✻ sec. XIV] **A** **s. m.** **1** (**f.** *-trice* (V.)) chi dirige un istituto, un'azienda, un'attività: *il d. di un quotidiano, di un ufficio, di un collegio; d. d'orchestra* | ***D. didattico***, denominazione (fino al 2001) del dirigente scolastico nella scuola primaria | ***d. responsabile***, chi risponde giuridicamente di quanto viene pubblicato in un giornale | ***d. di produzione***, responsabile di una produzione cinematografica nei suoi aspetti organizzativi ed amministrativi | ***d. artistico***, dirigente responsabile delle scelte artistiche in un ente teatrale o musicale | ***d. della fotografia***, responsabile del coordinamento e del controllo tecnico delle operazioni di illuminazione e di ripresa cinematografica | ***d. di macchina***, in marina, ufficiale addetto all'apparato motore di una nave | ***d. di tiro***, su una nave da guerra, ufficiale responsabile dell'impiego delle artiglierie | ***d. d'incontro***, arbitro | ***d. tecnico***, il responsabile della conduzione tecnica di una squadra sportiva | ***d. sportivo***, l'organizzatore dei quadri e dell'attività di una squadra o di un complesso | ***d. di corsa, di giuria***, ufficiale di gara responsabile del regolare andamento della gara e della disciplina dei partecipanti | ***d. spirituale***, sacerdote preposto alla vita spirituale, all'istruzione religiosa e alle pratiche di culto di una comunità o di una singola persona **2** dispositivo per aumentare l'efficienza di un'antenna televisiva in una particolare direzione **B** **agg.** **1** (*raro*) che fornisce le direttive: *principio d.; linea direttrice* **2** (*mat.*) di direzione: *cono d.*

direttoriàle [1797] **agg.** ● del direttore, della direzione: *ufficio d.* | (*iron.*) ***tono, atteggiamento d.***, sussiegoso o troppo autoritario

direttòrio [vc. dotta, lat. tardo *directōriu(m)*, da *dirēctus* 'diretto'; nei sign. A 2 e B 2, attraverso il fr. *directoire* ✻ 1652] **A** **agg.** (**inv. nel sign. 2**) **1** (*raro*) di direzione **2** (posposto a un sost.) relativo al periodo del Direttorio, detto di stile neoclassico di transizione fra gli stili Luigi XVI e Impero **B** **s. m.** (**pl.** *-ii* o *-i*) **1** regolamento ecclesiastico, pubblicato a cura di una diocesi, di un gruppo di diocesi o di un ordine religioso, riguardante le celebrazioni liturgiche e il ministero pastorale **2** collegio direttivo | ***il Direttorio***, collegio di cinque membri posto a capo del potere esecutivo in Francia dal 27 ottobre 1795 al 10 novembre 1799 | ***alla D.***, (*ellitt.*) secondo il gusto e la moda diffusi in Francia sotto il Direttorio **3** (*inform.*) directory

direttrìce [da *direttore* con sostituzione del corrispondente suff. f. ✻ 1320] **A** **s. f.** **1** linea lungo la quale si sviluppa approssimativamente un andamento, un percorso, un'azione: *la d. di una catena montuosa; la d. Bologna-Firenze; l'attacco fu portato secondo tre direttici* | (*fig.*) indirizzo, tendenza che è alla base di scelte, comportamenti: *seguire una d. europeista* **2** (*mat.*) curva sulla quale si appoggiano le generatrici del cilindro e del cono | ***d. di una conica***, retta tale che il rapporto delle distanze di un punto della conica da un certo fuoco e dalla direttrice stessa resta costante al variare del punto **3** donna che dirige un ufficio, una scuola, un'azienda **B** **agg. solo f.** ● che indica la direzione: *linea d.* | che fornisce una direttiva: *norma d.*

direzionàbile [1992] **agg.** ● che può essere orientato o spostato con facilità **SIN.** orientabile

direzionàle [fr. *directionnel*, da *direction* 'direzione' ✻ 1953] **A** **agg.** **1** relativo alla direzione, che indica una direzione: *freccia d.* **2** relativo alla direzione di imprese, aziende e sim.: *gruppo d.; attività d.; norme direzionali* | ***centro d.***, quartiere di una città dove sono raggruppati gli uffici direttivi dei più importanti servizi, pubblici e privati **3** (*ling.*) detto di caso che esprime il movimento verso un luogo, o la penetrazione in un luogo ‖ **direzionalità**, **s. f. inv.** **1** attività direzionale **2** (*radio*) direttività **B** **s. m.** ● (*aeron.*) strumento che indica l'orientamento direzionale di un aereo

direzionàre [da *direzione*① ✻ 1963] **v. tr.** (*io direzióno*) ● (*raro*) mandare in una certa direzione | imporre una direzione

♦**direzióne**① [vc. dotta, lat. *directiōne(m)*, da *dirēctus* 'diretto' ✻ 1309] **s. f.** **1** †invio, indirizzamento **2** la parte o il punto verso il quale persone o cose si dirigono o si muovono: *muoversi in direzioni diverse; andare nella stessa d. di qlcu.; prendere la d. giusta, sbagliata; seguire la d. del vento, della corrente* | ***in d. di***, verso: *in d. Nord, Sud* **CFR.** -tropia, tropo-, -tropo **3** (*mat.*) carattere comune a tutte le rette parallele a una retta data | ***d. orientata***, carattere comune a tutte le rette di un sistema di rette parallele e ugualmente orientate | ***d. principale***, che sia perpendicolare a un'altra e che abbia qualche altro notevole legame con essa **4** (*fig.*) indirizzo, corso, tendenza: *mutare d.; imprimere una nuova d. alle proprie idee* **5** attività del dirigere, del comandare: *occuparsi della d. di un'impresa; rinunciare alla d. di un istituto* | attività di direttore: *la d. di un'orchestra* **6** organo direttivo di un ente, di un'azienda e sim.: *seguire gli ordini della d.; d. territoriale, di sanità, del Genio* | sede di tale organo: *andare, recarsi in d.; chiamare qlcu. in d.*

†**direzióne**② ➤ †**direpzione**

dìrham /'diram/ [arabo *dirham*, dal gr. *drachmḗ* 'dracma' ✻ 1892] **s. m. inv.** **1** antica moneta araba d'argento la cui coniazione comincia alla fine del VII sec. **2** unità monetaria del Marocco e degli Emirati Arabi Uniti

†**diricciàre** [comp. parasintetico di *riccio*①, con il pref. *di-*① ✻ 1612] **v. tr.** ● sdiricciare

†**diridere** e deriv. ➤ **deridere** e deriv.

†**diriève** o †**dirièri** [1266] **avv.** ● dietro

†**dirièto** ➤ **dietro**

†**dirièttro** ➤ **dietro**

♦**dirigènte** **A** **part. pres.** di *dirigere*; **anche agg.** ● che dirige: *quadri dirigenti* | ***classe d.***, il complesso delle persone che esercitano un ruolo determinante nella vita politica ed economica del Paese **B** **s. m. e f.** **1** chi svolge mansioni direttive | impiegato che esplica prevalentemente funzioni direttive e di rappresentanza dell'imprenditore | ***d. d'azienda***, chi collabora con l'imprenditore seguendone le direttive generali e sostituendolo con potere di autonomia, iniziativa e disposizioni, sia verso i dipendenti sia verso i terzi **2** (*ferr.*) ***d. del movimento***, chi regola la circolazione dei treni in una stazione e nei tratti di linea a essa contigui ‖ **dirigentóne**, **accr.** | **dirigentùcolo**, **dim.**

dirigènza [sec. XIV] **s. f.** **1** attività e ruolo del dirigere, dell'essere dirigente **2** complesso dei dirigenti di un'azienda, di un partito e sim.: *la d. sindacale* | il ruolo, la carica di dirigente: *aspira alla d.*

dirigenziàle [1950] **agg.** ● relativo alla dirigenza, ai dirigenti, spec. di un'azienda: *attività d.; mansioni dirigenziali*

♦**dirìgere** [vc. dotta, lat. *dirĭgere* 'condurre (*rĕgere*) di qua e di là (*dis-*)' ✻ 1321] **A** **v. tr.** (**pres.** *io dirigo, tu dirìgi*; **pass. rem.** *io dirèssi, tu dirigésti*; **part. pass.** *dirètto*) **1** volgere verso un punto determinato: *d. i passi, il cammino verso casa; d. il colpo, la mira, lo sguardo; d. l'attenzione su qlcu., su qlco.* | (*fig.*) volgere verso un fine determinato: *d. i propri pensieri al bene* **SIN.** indirizzare **2** indirizzare: *d. una lettera, una merce al destinatario; d. una persona all'ufficio informazioni* | rivolgere: *d. la parola a qlcu.* **3** guidare, essere a capo di un'attività, di un organismo e sim.: *d. le operazioni militari, una ditta, un istituto* | ***d. il traffico***, regolarlo | guidare un complesso musicale, battendo il tempo, dando gli attacchi ai singoli esecutori, curando l'espressione generale del brano eseguito **4** (**lett.**) dedicare: *d. a qlcu. un poema* **B dirigersi** v. rifl. **1** muoversi, andare verso un luogo determinato: *ci dirigemmo al più vicino ristorante*; *dirigersi verso le montagne* | (*fig.*) indirizzarsi, avviarsi: *dirigersi verso un'attività commerciale* **2** (**lett.**, **burocr.**) rivolgersi: *mi dirigo a voi per avere un consiglio*

dirigìbile ① [da *dirigere* ✱ 1745] **agg.** ● (*raro*) che si può dirigere ‖ **dirigibilità**, **s. f. inv.**

dirigìbile ② [fr. *dirigeable*, sottinteso *ballon*, '(pallone) che può essere diretto (da *diriger* 'dirigere')' ✱ 1905] **s. m.** ● aerostato di forma affusolata, munito di organi di propulsione, stabilità e governo: *d. floscio, semirigido, rigido*

dirigibilìsta [1918] **s. m. e f.** (**pl. m.** *-i*) ● addetto alla condotta o al servizio a terra e in volo di un dirigibile

dirigìṣmo [fr. *dirigisme*, da *diriger* 'dirigere' ✱ 1940] **s. m.** ● concezione politica che propugna l'intervento dello Stato nella direzione della vita economica | (*est.*) tendenza ad accentuare le prerogative dirigenziali

dirigìsta [fr. *dirigiste*, da *dirigisme* 'dirigismo' ✱ 1950] **A** **s. m. e f.** (**pl. m.** *-i*) ● sostenitore, seguace del dirigismo **B** **agg.** ● dirigistico

dirigìstico [1948] **agg.** (**pl. m.** *-ci*) ● di dirigismo, caratterizzato da dirigismo ‖ **dirigisticaménte**, **avv.**

dirimènte **part. pres.** di *dirimere*; anche **agg.** **1** nei sign. del v. **2** ***impedimento d.***, in diritto canonico, quello che impedisce o annulla un matrimonio

♦**dirìmere** o **derìmere** [vc. dotta, lat. *dirĭmere*, originariamente 'separare, disgiungere', comp. di *ĕmere*, nel sign. originario di 'prendere' con *dis-* ① 'prendere separatamente' ✱ av. 1257] **v. tr.** (**pass. rem.** *io diriméi* o *dirimètti*, *tu dirimésti*; **difett. del part. pass. e dei tempi composti**) **1** †dividere, spartire **2** risolvere definitivamente, metter fine: *d. una lite, una questione, una controversia*

dirimpettàio [da *dirimpetto* ✱ 1869] **s. m.** (**f.** *-aia*, **pl. m.** *-ai*) ● (*colloq.*) chi sta nell'appartamento o nell'edificio dirimpetto | chi sta di fronte

♦**dirimpètto** o (*raro*) **di rimpètto** [comp. di *di* e *rimpetto* ✱ sec. XIII] **A** **avv.** ● di contro, di faccia, di fronte: *vai al negozio qui d.* | †anche nelle loc. ***a***, ***al d.*** **B** **nelle loc. prep.** ***d. a***, ***†d. di***, ***†d. da*** ● di fronte a, di faccia a: *due uomini stavano, l'uno d. all'altro, al confluente, per dir così, delle due viottole* (A. MANZONI); *e dimostrogli un luogo a d. / di quel verone* (L. ARIOSTO) **C** **in funzione di agg. inv.** ● che sta di fronte: *la casa d.* **D** **in funzione di s. m. solo sing.** ● †parte che sta di fronte

dirindìna ➤ **dindirindina**

dirindindìna ➤ **dindirindina**

†**diripàto** [comp. di *di-* ① e *ripa* ✱ sec. XIV] **A** **s. m.** ● precipizio, burrone **B** **agg.** ● scosceso | (*fig.*) avvilito

dirìtta o **drìtta** [lat. *dirēcta(m)*, sottinteso *manu(m)*, perché mano adatta a compiere *direttamente* le sue funzioni ✱ 1848] **s. f.** **1** (**lett.**) mano destra | ***dare la d. a qlcu.***, farlo stare alla propria destra in segno di rispetto **2** V. *dritta*

†**dirittànza** [sec. XIII] **s. f.** ● (*raro*) giustizia

dirittézza o **drittézza** [1268] **s. f.** ● (*raro*) caratteristica di chi (o di ciò che) è diritto | (*fig.*) rettitudine morale

♦**dirìtto** ① o **drìtto** ① [vc. dotta, lat. parl. **dirĭctu(m)* per il lat. class. *dirēctu(m)*, comp. di *di-* (per *dē-*) di completamento e *rēctus* 'tracciato in linea retta', da *rĕgere* 'dirigere' ✱ sec. XII] **A** **agg.** **1** che segue una linea retta: *sentiero, filare, solco d.*; *strada diritta* | che ha per asse una linea retta: *asta diritta*; *gambe diritte* **CONTR.** storto | che è situato in linea retta rispetto a un punto di riferimento: *eccola là, dritta al mio dito* | (*est.*) che non si interrompe, non devia, non pende e sim.: *tracciato d.*; *riga diritta*; *orlo, vestito d.* | †***alla diritta***, per la via più breve; (*fig.*) al più presto; (*fig.*) direttamente **2** che è in posizione verticale: *muro, pilastro, palo, albero d.*; *colonna diritta* | ritto in piedi: *per tenersi d. si appoggiava al bastone* | ***stare d.***, stare in piedi | ***levarsi d.***, levarsi in piedi | eretto nella persona e nel portamento: *alla sua età è ancora d. come un giovanotto* | ***d. come un fuso***, quasi rigido **3** †destro, detto spec. di parti del corpo: *braccio, piede d.*; *mano diritta*; *lato d.* **CONTR.** sinistro **4** (*raro*, **lett.**) proteso, rivolto: *teneva il viso d. verso il cielo* | †indirizzato: *risposе d'aver avute lettere diritte a me* (G.B. MARINO) **5** (*fig.*, *raro*) retto, onesto, buono: *coscienza, indole diritta* | (**lett.**) ***la diritta via***, (*fig.*) quella del bene e della virtù | †giusto, leale: *mercatante era, e d. ... uomo assai* (G. BOCCACCIO) | †esatto: *conto d.* **6** (**lett.**, *fig.*) abile, accorto, sagace **7** V. *dritto* ① **8** (*raro*, **lett.**, *fig.*) saldo, che non recede: *questo esemplare di volontà diritta* (G. D'ANNUNZIO) **9** (*fig.*) †effettivo, legittimo | (**lett.**) †vero, reale: *un pronunciato ... verissimo quando ... preso a suo d. senso* (G. GALILEI) **10** (*fig.*) †conveniente, adatto alle circostanze: *diritti consigli* | †prospero, favorevole: *tempo d.*; *stagione diritta* ‖ **dirittaménte**, **avv.** **1** (*raro*) con andamento diritto, in linea retta **2** (**lett.**, *fig.*) con rettitudine: *operare, agire, giudicare dirittamente*; giustamente: *amministrare dirittamente* **3** (*raro*, **lett.**) con ragione **4** †acconciamente **B** **in funzione di avv.** **1** (**lett.**) di fronte: *Colà d., sovra 'l verde smalto, / mi fuor mostrati li spiriti magni* (DANTE *Inf.* IV, 118-119) **2** in linea retta, senza piegare, senza deviazioni: *credo che da Roma a questo luogo, andando d. per tramontana, sia spazio quasi di dumila secento miglia* (DANTE) | direttamente, senza indugio (*anche fig.*): *persone che vanno d. allo scopo*; *ho fatto sferzare i cavalli del mio calesse, e d. sempre sino a Siena* (U. FOSCOLO) | ***andare, tirare d. per la propria strada***, (*fig.*) tendere al proprio scopo senza curarsi d'altro | ***rigare, filare d.***, (*fig.*) comportarsi rettamente, facendo il proprio dovere | con valore rafforz. ***d. d.***: *gli stavo piombando d. d. addosso* Nel sign. 2 l'avverbio 'diritto', di per sé indeclinabile, conserva talora il suo valore di aggettivo; pertanto, in riferimento a soggetti femminili o plurali, può essere concordabile; per es.: *vada diritta fino al secondo semaforo e poi giri a destra*; *Riverenza, occhi bassi e diritta a casa!* (L. PIRANDELLO); *corremmo diritti alla stazione* **3** (*fig.*, **lett.**) †giustamente: *i' come uom ch'erra, e poi più dritto estima, / dico a la mente mia: Tu se' 'ngannata* (F. PETRARCA) | †rettamente, onestamente **C** **s. m.** **1** la faccia principale, o quella rivolta verso la parte esterna, di un oggetto con due facce: *d. di una medaglia, di una moneta, di una stoffa* | ***il d. e il rovescio di una medaglia***, (*fig.*) il lato positivo e quello negativo di una situazione **CONTR.** rovescio **2** nel tennis, uno dei tiri fondamentali, effettuato colpendo la palla con l'interno della racchetta: *d. incrociato* **3** lato di un tessuto che resterà esposto alla vista nei capi confezionati | punto base nei lavori a maglia **4** †linea retta | †dirittura **5** (*fig.*) †giusta misura

♦**dirìtto** ② o †**drìtto** ② [vc. dotta, lat. tardo *dirēctu(m)*, 'diritto' agg. sost. come opposto a *tŏrtu(m)* 'storto, torto' ✱ 1261 ca.] **s. m.** **1** complesso di norme legislative o consuetudinarie che disciplinano i rapporti sociali: *d. naturale, privato, pubblico, costituzionale, penale* | ***d. comune***, complesso di norme giuridiche del "Corpus iuris civilis" di Giustiniano e di altre norme di formazione medievale che hanno costituito il fondamento del diritto europeo fino alla fine del XVIII secolo **2** scienza giuridica: *cultore di d.*; *scuola di d.*; *filosofia del d.*; *storia del d.* | ***d. comparato***, studio comparativo di istituti giuridici in diversi ordinamenti **3** interesse tutelato dalla legge mediante la garanzia di una diretta utilità sostanziale (+ *a*, + *di*): *diritti e doveri dei cittadini*; *diritti civili e politici*; *d. di proprietà*; *d. di sciopero*; *d. alla libertà*; *d. allo studio*; *avere d. al voto, avere il d. di voto* | ***di d.***, secondo ciò che la legge dispone o facendo uso di un proprio diritto | ***d. vantato***, quello di cui ci si afferma titolari e del quale si rivendica il riconoscimento | ***d. d'autore***, V. *autore* **4** (**spec. al pl.**) tassa, onere fisso riscosso in corrispettivo di un atto, di un servizio, o in osservanza di certe norme: *diritti di segreteria, di registro, di bollo* | (**econ.**) ***d. speciale di prelievo***, unità ideale di conto di cui ciascun membro del Fondo Monetario Internazionale può disporre per il regolamento di posizioni debitorie con altri Paesi membri | ***diritti doganali***, dovuti per il passaggio delle merci attraverso la linea doganale **5** (*est.*) potere, facoltà che deriva da una consuetudine o da criteri morali (+ *a*, + *di*, **anche seguiti da inf.**): *ho d. a un po' di rispetto*; *non hai il d. di fare queste cose*; *tutti i partecipanti hanno d. a intervenire*; *con quale d. fai questo?* | ***d. del sangue***, quello che si richiama ai legami della consanguineità | ***il d. del più forte***, basato sulla superiorità fisica o economica di qlcu. | ***d. divino***, quello dei sovrani, che lo facevano discendere da Dio | ***a buon d.***, con legittima ragione | ***a maggior d.***, a tanto maggior ragione | ***questione di d.***, di principio **6** †rettitudine **7** †ragione, giustizia | †***fare d.***, rendere giustizia

SFUMATURE DI SIGNIFICATO

diritto - privilegio - libertà

Diritto è sia l'insieme delle norme legislative o consuetudinarie che regolano la vita sociale, sia la facoltà tutelata dalla legge di mettere in atto una determinata volontà. **Privilegio** è il vantaggio particolare di cui gode un soggetto rispetto a un altro; a meno di ragioni particolari, la nozione di privilegio contrasta con quella di diritto. **Libertà** è la facoltà di agire nell'ambito della vita sociale secondo la propria convinzione e volontà entro i limiti stabiliti dalla legge; la libertà presuppone dunque l'esistenza del diritto e il suo esercizio contrasta con l'esistenza di privilegi.

SFUMATURE ➤ ***concessione***

dirittóne ➤ **drittone**

†**dirittorovèscio** ➤ †**drittorovescio**

dirittùra ① o (*raro*) **drittùra** [da *diritto* ① sul modello del lat. tardo *directūra(m)* 'direzione, linea retta (*dirēcta*)' ✱ 1250 ca.] **s. f.** **1** (*raro*) direzione, andamento in linea retta | (*est.*, *raro*) linea retta: *procedere in d.* | ***d. d'arrivo***, (*raro*) ***d. finale***, tratto rettilineo di una pista o di una strada, che precede il traguardo di una gara di velocità; (*fig.*) fase conclusiva di un lavoro, di una trattativa e sim. | †***a d.***, direttamente, senza deviare; (*fig.*) senza indugio o esitazione **2** (*fig.*) coscienza di ciò che è giusto e onesto: *una persona di grande d. morale* | †bontà **SIN.** rettitudine, probità **3** †giustizia | †***fare d.***, amministrare la giustizia e (*est.*) comportarsi rettamente: *né par ch'Amor possa per me d. / sor vostra potestade* (G. GUINIZZELLI)

†**dirittùra** ② [da *diritto* ② nel senso di '(potere d'esigere) quanto dovuto' ✱ av. 1347] **s. f.** ● imposta, tributo: *franchi e liberi d'ogni dazio, e gabella e d.* (G. VILLANI)

†**diritturière** o †**dritturière** [ant. fr. *droiturier* 'che agisce secondo diritto (*droit*)' ✻ 1288] **agg.** ● giusto, retto

†**dirivàre** e deriv. ➤ **derivare**① e deriv.

dirizzaménto o †**drizzaménto** [1275] **s. m.** ● direzione, guida | ammaestramento

dirizzàre ➤ **drizzare**

†**dirizzativo** ➤ †**drizzativo**

†**dirizzatóio** o †**drizzatóio** [1308 ca.] **s. m.** 1 credenza, scansia 2 specie di pettine per spartire i capelli

†**dirizzatóre** ➤ **drizzatore**

dirizzatùra [sec. XIV] **s. f.** 1 (*disus.*) scriminatura dei capelli: *i neri e giovanili capelli spartiti ... con una bianca e sottile d.* (A. MANZONI) 2 V. *drizzatura*

dirizzóne o **drizzóne** [lat. *directiōne(m)* 'direzione' con sovrapposizione di *diritto*① ✻ 1772] **s. m.** 1 (*fam.*) impulso irrefrenabile ad agire con sconsideratezza e ostinazione | (*est.*) ***prendere, pigliare un d.***, prendere una cantonata, un abbaglio 2 (*sett.*) deciso cambiamento di rotta, svolta

dirlindàna ➤ **tirlindana**

dìro [vc. dotta, lat. *dīru(m)*, dapprima termine religioso ('di cattivo augurio, sinistro'), di etim. incerta, prob. di orig. dial. ✻ 1340] **agg.** 1 (*lett.*) crudele, spietato | †empio 2 (*raro, lett.*) atroce, spaventoso | (*lett.*) funesto, doloroso: *suo fato acerbo e d.* (A. POLIZIANO)

diroccaménto [1660] **s. m.** ● (*raro*) il diroccare

diroccàre [comp. parasintetico di *rocca*②, col pref. *di-*① ✻ 1290] **A** **v. tr.** (*io diròcco, tu diròcchi*) ● abbattere, demolire: *d. una fortezza, una torre, un muro* **B** **v. intr.** (aus. *essere*) ● (*raro, lett.*) cadere rovinosamente dall'alto

diroccàto **part. pass.** di *diroccare*; anche **agg.** ● semidistrutto, cadente: *costruzione diroccata*

†**diroccatóre** [av. 1729] **s. m.** (f. *-trice, raro*) ● (*raro*) chi dirocca

†**dirocciàre** [comp. di *di-*① e *roccia* ✻ 1313] **v. intr.** e †**dirocciàrsi** **v. intr. pron.** ● scendere o precipitare di roccia in roccia

dirofilària [comp. con *filaria*; non conosciuta l'orig. della prima parte del termine ✻ 1983] **s. f.** ● genere di Nematodi comprendente circa trenta specie spec. parassite di cani, gatti e carnivori selvatici ai quali vengono trasmesse da zanzare (*Dirofilaria immitis*)

†**dirogàre** ➤ **derogare**

dirompènte **part. pres.** di *dirompere*; anche **agg.** 1 nei sign. del v. 2 ***esplosivo d.***, dotato di altissima velocità di esplosione, usato, a seconda delle sue caratteristiche, per il riempimento di proiettili e bombe, per esplosivi da miniera, per detonatori | ***granata, bomba d.***, con pareti robuste e ad alto esplosivo, di grande efficacia per la proiezione di grosse schegge 3 (*fig.*) che suscita un effetto clamoroso, che provoca forti reazioni: *una dichiarazione, una notizia d.*

dirompènza [1980] **s. f.** ● potere dirompente (*anche fig.*): *la d. di un esplosivo, di una dichiarazione*

✦**dirómpere** [vc. dotta, lat. *dirŭmpere* 'rompere (*rŭmpere*) a pezzi (*dis-*)' ✻ sec. XIII] **A** **v. tr.** (coniug. come *rompere*) 1 †spezzare, infrangere, rompere con violenza | (*fig.*) †fiaccare, spossare 2 †rendere sciolte le membra, le articolazioni **SIN.** sgranchire 3 †interrompere **B** **v. intr.** (aus. *essere*) ● (*raro, lett.*) cadere in gran quantità e rovinosamente: *ogni sorta d'acque ... dirompendo ai monti avevan dilagato al piano* (R. BACCHELLI) **C** **dirómpersi** **v. intr. pron.** 1 (*lett.*) aprirsi, frangersi, rompersi con violenza: *la calca si diruppe; le onde si dirompevano sulla riva* 2 †diventare agile; (*fig.*) scaltrirsi 3 (*fig.*) †abbandonarsi interamente 4 (*raro, lett.*) prorompere, scoppiare: *dirompersi in lacrime*

dirottaménto [1797] **s. m.** 1 cambiamento di rotta, spec. imposto con la forza: *il d. di un aereo, di un natante* 2 cambiamento di direzione | deviazione: *d. del traffico*

dirottàre [comp. parasintetico di *rotta*②, col pref. *di-*① ✻ 1797] **A** **v. tr.** (*io dirótto*) 1 far deviare dalla rotta prestabilita: *d. un aereo, una nave* | costringere mediante l'uso della forza a cambiare la rotta: *l'aereo è stato dirottato verso Atene da alcuni terroristi* 2 (*est.*) deviare: *d. il traffico automobilistico verso l'autostrada* **B** **v. intr.** (aus. *avere*) 1 deviare dalla rotta prestabilita: *la nave ha dirottato a causa d'avarie al timone* 2 (*est.*) cambiare direzione

dirottatóre [1974] **s. m.** (f. *-trice*) ● chi, spec. per motivi politici, obbliga, sotto la minaccia delle armi, l'equipaggio di un aereo o di una nave a cambiare rotta dirigendosi nel luogo da lui indicato

dirótto **part. pass.** di *dirompere*; anche **agg.** 1 nei sign. del v. 2 violento, irrefrenabile, scrosciante: *pioggia dirotta; pianto d.* | ***cielo d.***, molto piovoso | ***a d.***, (*lett.*) ***a, alla dirotta***, (*ellitt.*) dirottamente 3 (*lett.*) scosceso: *per valli pietrose, per balzi dirotti* (A. MANZONI) || **dirottaménte**, **avv.** in modo dirotto, violento, irrefrenabile: *piangere, piovere dirottamente*

dirozzaménto [av. 1325] **s. m.** 1 (*raro*) il dirozzare | †rudimento | †abozzo 2 (*fig.*) affinamento, incivilimento | (*fig.*) educazione

dirozzàre [comp. parasintetico di *rozzo*, col pref. *di-*① ✻ sec. XIII] **A** **v. tr.** (*io diròzzo*) 1 (*raro*) sgrossare: *d. un legno, un marmo, un metallo* | (*raro, est.*) abbozzare 2 (*fig.*) rendere meno rozzo: *d. le consuetudini di una popolazione; andò dirozzando i suoi lavori d'ingegno* (G. VICO) **SIN.** affinare, incivilire, sgrezzare 3 (*fig.*) cominciare a istruire, a educare: *d. un fanciullo; d. l'animo, la mente* **B** **dirozzàrsi** **v. intr. pron.** ● diventare meno rozzo, ingentilirsi: *si è molto dirozzato nelle maniere* | (*raro*) istruirsi, erudirsi

dirozzatóre [sec. XIV] **agg.** e **s. m.** (f. *-trice*) ● che (o chi) dirozza (*spec. fig.*)

dirt-track /ingl. 'dəːt,træk/ [vc. ingl., comp. di *dirt* 'terra, terriccio' e *track* 'pista' ✻ sec. XX] **s. m. inv.** (pl. ingl. *dirt-tracks*) ● (*sport*) pista in terra battuta o ricoperta di cenere, usata per particolari corse motociclistiche

dirty tones /ingl. 'dəːtɪ,təʊnz/ [loc. ingl., propr. 'toni (*tones*) sporchi (*dirty*)'] **loc. sost. m. pl.** ● (*mus.*) nel jazz, suoni derivanti dall'intonazione tipica dei neri e che non rientrano nella prassi esecutiva della musica colta

†**dirubàre** e deriv. ➤ **derubare** e deriv.

dirugginàre o †**disrugginàre** [comp. parasintetico di *ruggine*, col pref. *di-*① o *dis-*① ✻ 1481] **v. tr.** (*io dirùggino*) 1 (*raro*) dirugginire 2 (*fig.*) arrotare, digrignare: *d. i denti*

dirugginìo [da *dirugginire* ✻ av. 1712] **s. m.** (pl. *-ii*) ● suono stridulo prodotto dirugginando un ferro o sfregando due ferri fra loro | (*fig.*) ***d. dei denti***, scricchiolio

dirugginìre o †**disrugginìre** [comp. parasintetico di *ruggine*, col pref. *di-*① o *dis-*① ✻ 1598] **v. tr.** (*io dirugginisco, tu dirugginisci*) ● pulire dalla ruggine: *d. il ferro* | (*est.*) rendere nuovamente agile, elastico (*anche fig.*): *d. le membra, le idee*

dirupaménto [av. 1292] **s. m.** 1 †frana, smottamento 2 (*raro, lett.*) luogo dirupato

dirupàre o †**derupàre** [comp. parasintetico di *rupe*, col pref. *di-*① ✻ 1268] **A** **v. tr.** ● †gettare da una rupe, precipitare dall'alto | (*est.*) †atterrare, abbattere (*anche fig.*) **B** **v. intr.** (aus. *essere*) e **dirupàrsi** **v. intr. pron.** 1 †precipitarsi con impeto: *diruparsi giù per un monte* 2 (*raro, lett.*) cadere precipitando rovinosamente | (*est.*) franare | (*fig., poet.*) finire, tramontare 3 (*raro*) essere ripido, scosceso

†**dirupàta** [av. 1292] **s. f.** ● dirupo

dirupàto **A** **part. pass.** di *dirupare*; anche **agg.** ● impervio, scosceso: *pendio, terreno d.* **B** **s. m.** ● †dirupo

†**dirupinàre** [vc. dotta, lat. **derupināre*, comp. di *dē-* di movimento verso il basso, e *rupīna* 'roccia' ✻ 1312] **v. tr., intr.** e †**dirupinàrsi** **v. intr. pron.** ● dirupare, diruparsi

dirùpo [da *dirupare* ✻ 1306] **s. m.** 1 luogo roccioso, scosceso | precipizio 2 †costruzione in rovina

dirùppi ➤ **dirompere**

dirùto o, meno comune ma più corretto, **dìruto** [vc. dotta, lat. *dīrutu(m)*, part. pass. di *dirŭere* 'rovinare (*rŭere*) completamente (*dis-*)' ✻ 1481] **agg.** ● (*lett.*) abbattuto, in rovina | ***mura dirute***, in rovina, diroccate

diruttóre [dal lat. *dirŭptus*, part. pass. di *dirŭmpere* (V. *dirompere*) ✻ 1978] **s. m.** ● (*aeron.*) disruttore

dis-① [ripete il pref. lat. separativo *dis-*, di orig. indeur.] **pref.** (forma ridotta *s-* in alcuni casi) Nella divisione sillabica di alcune parole composte con *dis-* è ammesso considerare il prefisso come prima sillaba anche in violazione delle usuali regole di divisione: ***dis-les-sia*** e ***dis-in-ves-ti-re*** sono corrette come ***di-sles-sia*** e ***di-sin-ves-ti-re***. Si noti che la divisione con *dis-* in genere si legge più facilmente e meglio corrisponde alla pronuncia effettiva (che di solito introduce una breve pausa dopo il prefisso). ● esprime valore negativo (*disamare, disamore, disattento, discontinuo, diseducare, disonore*) o indica dispersione, separazione (*disgiungere, distrarre*)

dis-② [dal pref. gr. *dys-*, col sign. di male, mancanza] **pref.** V. *dis-*①. ● in parole composte, spec. della terminologia medica, indica alterazione, anomalia, malformazione, e sim.: *disfunzione, dispepsia, distrofia*

disabbellìre [comp. di *dis-*① e *abbellire* ✻ av. 1294] **A** **v. tr.** (*io disabbellisco, tu disabbellisci*) ● (*lett.*) privare della bellezza, degli ornamenti e sim.: *d. qlcu.* o *qlco.* **B** **disabbellìrsi** **v. intr. pron.** ● (*lett.*) diventare meno bello

disabbigliàre [fr. *déshabiller*, comp. di *dés-* neg. e *habiller* 'addobbare' ✻ 1751] **A** **v. tr.** (*io disabbìglio*) ● (*raro*) svestire, spogliare **B** **disabbigliàrsi** **v. rifl.** ● svestirsi

disàbile [comp. di *dis-*① e *abile* ✻ 1869] **A** **agg.** ● (*lett.*) che non è abile **B** **agg.** e **s. m.** e **f.** ● che (o chi) manca di una determinata capacità fisica o mentale **CFR.** handicappato, diversabile || **disabilità**, **s. f. inv.** (V.)

disabilità [av. 1729] **s. f. inv.** 1 (*lett.*) mancanza di abilità 2 condizione di chi è disabile **SIN.** handicap

disabilitàre [1956] **v. tr.** (*io disabìlito*) ● privare della capacità o della possibilità di svolgere una particolare funzione (+ *a*): *d. un telefono alle chiamate internazionali*

disabilitàto **part. pass.** di *disabilitare*; anche **agg.** ● nel sign. del v.

†**disabitàre** [comp. di *dis-*① e *abitare* ✻ sec. XIII] **v. tr.** e †**disabitàrsi** **v. intr. pron.** ● spopolare, spopolarsi

disabitàto **part. pass.** di †*disabitare*; anche **agg.** ● non abitato, privo di abitanti: *casa, regione disabitata*

SFUMATURE ➤ *deserto*①

†**disabitazióne** [1613] **s. f.** ● spopolamento

disabituàre [comp. di *dis-*① e *abituare* ✻ 1869] **A** **v. tr.** (*io disabìtuo, noi disabituiàmo*) ● privare di un'abitudine (+ *a*, anche seguito da inf.): *d. qlcu. al vino* **SIN.** disassuefare **B** **diṣabituàrsi** v. intr. pron. • perdere l'abitudine a qlco.: *si era disabituato a svegliarsi presto*

diṣabituàto part. pass. di *disabituare*; anche agg. • che non ha, o che ha perso, l'abitudine a qlco. (+ *a*, anche seguito da inf.): *d. alla fatica*; *d. a scrivere*; *la pianta ... disabituata all'aria aperta* (I. CALVINO) **CFR.** inabituato

†**disaccàre** [comp. di *di-*① e *sacco* ✻ 1309] v. tr. • togliere qlco. da un sacco, vuotare un sacco | (*fig.*) eliminare

disaccaridàṣi [comp. di *disaccarid(e)* e *-asi* ✻ 1932] s. f. inv. • (*chim.*) enzima che catalizza la scissione della molecola di un disaccaride nei due monosaccaridi costitutivi

disaccàride [vc. dotta, comp. di *di-*② e *saccaride* ✻ 1913] s. m. • (*chim.*) glucide solubile in acqua, di solito dolce, formato dalla condensazione, con eliminazione di una molecola d'acqua, di due molecole di monosaccaride

diṣaccentàre [comp. di *dis-*① e *accentare* ✻ av. 1722] v. tr. (*io diṣaccènto*) • privare dell'accento

diṣaccentàto part. pass. di *disaccentare*; anche agg. • nel sign. del v.

†**diṣaccèrto** [sp. *desacierto*, da *desacertar*, comp. di *des-* neg. e *acertar* 'accertare' ✻ 1699] s. m. • errore

†**diṣaccettàre** [comp. di *dis-*① e *accettare* ✻ av. 1729] v. tr. • ricusare, rifiutare

†**diṣaccètto** [da *disaccettare* ✻ 1759] agg. • (*lett.*) sgradito, inviso

†**disaccolàre** [comp. di *di-*① e *saccolo* ✻ 1618] v. intr. • (*raro*) divincolarsi

diṣaccóncio① [comp. di *dis-*① e *acconcio*① ✻ 1310] agg. (pl. f. *-ce*) **1** (*lett.*) disadatto, sconveniente **2** †disordinato ‖ †**diṣacconciaménte**, avv.

†**diṣaccóncio**② [comp. di *dis-*① e *acconcio*② ✻ av. 1704] s. m. • incomodo

diṣaccoppiàre [comp. di *dis-*① e *accoppiare* ✻ 1956] v. tr. (*io diṣaccòppio* o *io diṣaccóppio*) • separare due cose accoppiate

diṣaccordàre [comp. di *dis-*① e *accordare* ✻ 1659] **A** v. tr. (*io diṣaccòrdo*) • in musica, privare dell'accordo | (*est.*) †mettere in disaccordo **B** **diṣaccordàrsi** v. intr. pron. • (*raro, lett.*) dissonare | (*raro*) non essere conforme, in armonia

♦**diṣaccòrdo** [da *disaccordare* ✻ 1328] s. m. **1** in musica, mancanza di accordo **2** (*fig.*) dissenso: *esprimere il proprio d.* **3** (*fig.*) discordia, dissapore, screzio: *trovare motivi di d.*; *essere in d. con qlcu. su qlco.* | discordanza: *d. di opinioni*

SFUMATURE ➤ *discordia*

diṣacerbàre o †**diṣacervàre** [comp. parasintetico di *acerbo*, col pref. *dis-*① ✻ av. 1374] **A** v. tr. (*io diṣacèrbo*) • (*fig., lett.*) addolcire, lenire, mitigare **B** **diṣacerbàrsi** v. intr. pron. **1** †diventare maturo **2** (*fig., lett.*) mitigarsi, lenirsi: *cantando il duol si disacerba* (F. PETRARCA)

diṣacidaménto [1869] s. m. • (*raro*) il disacidare

diṣacidàre [comp. di *dis-*① e *acido* ✻ 1869] v. tr. (*io diṣàcido*) • privare dell'eccessiva acidità: *d. il vino*

diṣacidazióne [1869] s. f. • operazione del disacidare

diṣacidificazióne [1966] s. f. • procedimento del disacidare: *d. del vino* | diminuzione dell'acidità

diṣacidire [1869] v. tr. (*io diṣacidisco, tu diṣacidisci*) • disacidare

†**diṣacquistàre** [comp. di *dis-*① e *acquistare* ✻ 1268] v. tr. • (*raro*) perdere ciò che si è acquistato

†**diṣacquìsto** [av. 1540] s. m. • perdita, danno

†**disacràre** ➤ **dissacrare**

diṣacuṣìa [comp. di *dis-*② e un deriv. del gr. *ákousis* 'azione di udire' ✻ 1970] s. f. • (*med.*) indebolimento delle facoltà uditive

†**diṣadattàggine** [1442] s. f. • difetto

diṣadattaménto [comp. di *dis-*① e *adattamento* ✻ 1924] s. m. • (*psicol.*) incapacità, più o meno durevole, di adattamento | incapacità di risolvere i problemi posti dall'ambiente quotidiano | ***d. sociale***, incapacità di soddisfare alle esigenze dell'ambiente sociale o ai normali bisogni di compagnia e di relazioni sociali

diṣadattàre [comp. di *dis-*① e *adattare* ✻ 1959] v. tr. **1** rendere disadattato **2** (*tecnol.*) rendere non più adatto, non più compatibile

diṣadattàto [part. pass. di *disadattare* ✻ 1959] agg. e s. m. (f. *-a*) • (*psicol.*) che (o chi) è caratterizzato o affetto da disadattamento **SIN.** maladattato

♣**diṣadàtto** [comp. di *dis-*① e *adatto* ✻ 1427] agg. **1** che non è adatto o conveniente per un certo uso: *abito d. a una cerimonia ufficiale* | (*est.*) insufficiente, incomodo: *casa disadatta a una famiglia numerosa* | †torrido, malagevole **2** che non è idoneo, capace e sim., che è privo delle attitudini necessarie: *fisico d. allo sport* ‖ **diṣadattaménte**, avv. (*raro*) in modo disadatto

diṣaddobbàre [comp. di *dis-*① e *addobbare* ✻ 1869] v. tr. (*io diṣaddòbbo*) • privare degli addobbi, degli abiti, degli ornamenti e sim.

†**diṣadiràto** [comp. di *dis-*① e *adirato* ✻ av. 1333] agg. • (*raro*) che non è più adirato

diṣadornàre [1561] v. tr. (*io diṣadórno*) **1** (*raro*) privare degli ornamenti **2** (*est.*) rendere meno bello o adorno

♣**diṣadórno** [comp. di *dis-*① e *adorno* ✻ 1337] agg. **1** privo di ornamenti, sobrio: *abito d.* | (*est.*) misero, squallido: *paesaggio d.* **2** (*fig.*) semplice, spoglio: *stile d.* | povero, rozzo: *strofe disadorne, di andamento modesto* (B. CROCE)

diṣaeràre [comp. di *dis-*① e *aerare* ✻ 1913] v. tr. (*io diṣàero*) • privare sostanze, strutture e sim. dell'aria che vi è contenuta

diṣaeratóre [1970] s. m. • apparecchio usato per disaerare

diṣaerazióne [1956] s. f. • operazione del disaerare

†**diṣaffannàre** [comp. di *dis-*① e *affannare* ✻ av. 1565] v. tr. • mitigare la pena, il dolore e sim.

†**diṣaffaticàre** [comp. di *dis-*① e *affaticare* ✻ av. 1729] **A** v. tr. • liberare dalla fatica **B** †**diṣaffaticàrsi** v. rifl. • riaversi, riposarsi dalla fatica

diṣaffezionaménto [1817] s. m. • (*disus.*) il disaffezionare, il disaffezionarsi

diṣaffezionàre [comp. di *dis-*① e *affezionare* ✻ 1669] **A** v. tr. (*io diṣaffezióno*) • (*lett.*) privare dell'interesse, dell'attaccamento, dell'affetto e sim., per qlcu. o per qlco.: *d. qlcu. ai vecchi ideali* | anche in forma pron.: ***disaffezionarsi la simpatia generale***, perderla **B** **diṣaffezionàrsi** v. intr. pron. • cessare di essere interessato, affezionato e sim. (+ *a*, *raro* + *da*): *disaffezionarsi a un'attività sportiva*; *disaffezionarsi alla politica* **SIN.** disamorarsi

diṣaffezionàto part. pass. di *disaffezionare*; anche agg. • nei sign. del v.: *Fu anche d. stranamente alla sua patria* (G. LEOPARDI) ‖ **diṣaffezionataménte**, avv.

♣**diṣaffezióne** [da *disaffezionare* ✻ 1809] s. f. • diminuzione o mancanza d'affetto, d'interesse e sim.: *d. dalla famiglia*; *d. allo studio, al lavoro*; *provare, sentire d. a, per qlcu.*

♣**diṣagévole** [comp. di *dis-*① e *agevole* ✻ sec. XIV] agg. **1** che è privo di comodità, agi e sim.: *viaggio d.*; *casa d.* **SIN.** scomodo **2** che presenta difficoltà, ostacoli, pericoli e sim.: *sentiero, cammino, situazione d.* **SIN.** difficile ‖ **diṣagevolménte**, avv.

diṣagevolézza [av. 1547] s. f. • (*raro*) caratteristica di ciò che è disagevole

diṣàggio [comp. di *dis-*① e *aggio*① ✻ 1892] s. m. • (*econ.*) differenza negativa tra valore nominale e valore reale di una valuta o di un titolo

†**diṣaggradàre** [comp. di *dis-*① e *aggradare* ✻ av. 1294] v. intr. (oggi difett. dei tempi comp. e usato solo nella terza pers. sing. dei tempi semplici) • riuscire sgradito, dispiacere: *questo atteggiamento mi disaggrada*

diṣaggradévole [1657] agg. • (*lett.*) sgradevole: *comportamento, annuncio d.* ‖ †**diṣaggradevolménte**, avv. in modo sgradevole

†**diṣaggradìre** [comp. di *dis-*① e *aggradire* ✻ 1699] **A** v. tr. • non gradire: *d. le cortesie di qlcu.* **B** v. intr. • riuscire sgradevole, spiacere: *d. a qlcu.*

diṣaggregaménto [1869] s. m. • (*disus.*) disaggregazione

diṣaggregàre [comp. di *dis-*① e *aggregare* ✻ 1869] **A** v. tr. (*io diṣaggrègo, tu diṣaggrèghi*) • operare una disaggregazione **B** **diṣaggregàrsi** v. intr. pron. • separarsi

diṣaggregazióne [1791] s. f. **1** separazione di ciò che è aggregato | (*est.*) scomposizione: *d. di dati statistici* | (*fig.*) disgregazione **2** operazione chimica consistente nel rendere solubili composti che di per sé non sono solubili in acidi e basi

†**diṣagguagliànza** [1321] s. f. • (*lett.*) disuguaglianza

†**diṣagguagliàre** [comp. di *dis-*① e *agguagliare* ✻ av. 1527] **A** v. tr. • rendere disuguale: *solo la povertà e le ricchezze ci disagguagliano* (N. MACHIAVELLI) | differenziare **B** †**diṣagguagliàrsi** v. intr. pron. • differenziarsi

†**diṣagguàglio** [av. 1311] s. m. • (*raro*) disuguaglianza, diversità

diṣagiàre [da *disagio* ✻ sec. XIII] **A** v. tr. (pres. *io diṣàgio*; fut. *io diṣagerò*) • (*raro, lett.*) mettere o tenere a disagio, molestare: *Fece in tempo a pensare ... come lo disagiasse il pensiero di lasciarla* (B. FENOGLIO) **B** **diṣagiàrsi** v. rifl. • (*lett.*) scomodarsi: *il mugnaio poté soccorrer la vedova senza troppo disagiarsi* (I. NIEVO)

diṣagiàto part. pass. di *disagiare*; anche agg. **1** privo di comodità, scomodo: *sede disagiata* **2** che è privo dei mezzi necessari, che versa in gravi ristrettezze economiche: *vita d.*; *i ceti più disagiati* | ***condizioni disagiate***, economicamente pessime **SIN.** povero **3** †fisicamente indisposto | †cagionevole di salute ‖ **diṣagiataménte**, avv. in modo disagiato: *vivere disagiatamente*

♦**diṣàgio** [comp. di *dis-*① e *agio*, prob. sul modello del fr. ant. *desaise*, provenz. ant. *dezaize* ✻ av. 1250] s. m. **1** mancanza di agi, di comodità e sim.: *trovarsi in una condizione di estremo d.*; *i disagi di un lungo viaggio* | (*est.*) privazione, sofferenza: *sopportare disagi di ogni sorta* | (*est.*) malessere, inquietudine, turbamento, di natura sociale, economica e sim.: *il d. giovanile* | †scarsità o mancanza di cose necessarie **2** (*fig.*) difficoltà, imbarazzo: *trovarsi, essere a d. in un luogo*; *sentirsi a d. con qlcu.* **3** †malessere, malattia

diṣagióso (o *-ṣo*) [1525] agg. • (*raro*) disagevole, scomodo ‖ **diṣagiosaménte**, avv.

†**disagràre** ➤ **dissacrare**

diṣagriménto [1956] s. m. • (*enol.*) operazione per togliere l'acido al vino, che si esegue sciogliendo in esso del carbonato di calcio

diṣagrìre [comp. di *dis-*① e *agro* ✱ 1869] **v. tr.** (*io diṣagrìsco, tu diṣagrìsci*) ● (*enol.*) eseguire il disagrimento

†**diṣaitàre** o †**diṣatàre** [comp. di *dis-*① e †*aitare* ✱ 1586] **v. tr.** ● disaiutare

†**diṣaiutàre** [comp. di *dis-*① e *aiutare* ✱ 1300 ca.] **v. tr. 1** privare del proprio aiuto **2** ostacolare, impedire

†**diṣaiùto** [sec. XIII] **s. m.** ● impedimento, ostacolo: *più tosto d. che soccorso mi porsero* (G. Boccaccio)

d

diṣalberaménto [1871] **s. m.** ● il disalberare

diṣalberàre [comp. parasintetico di *albero* col pref. *dis-*① ✱ 1627] **A** **v. tr.** (*io diṣàlbero*) **1** (*mar.*) privare una nave dell'alberatura **2** (*raro*) diboscare: *d. una radura* **B** **v. intr.** (aus. *avere*) ● (*mar.*) perdere tutta o parte dell'alberatura: *la nave ha disalberato a causa della tempesta*

diṣalimentàre [comp. di *dis-*① e del v. *alimentare* ✱ 1987] **v. tr.** (*io diṣaliménto*) ● interrompere l'alimentazione di un circuito elettrico

diṣallineaménto [1949] **s. m.** ● perdita di allineamento | (*fig.*) modifica del rapporto ottimale fra due valori, che genera crisi all'interno del sistema di riferimento: *d. tra i salari e il costo della vita*

diṣallineàre [comp. di *dis-*① e *allineare* ✱ 1983] **v. tr.** (**pres.** *io diṣallìneo*; **fut.** *io diṣallineerò*) **1** (*tipogr.*) disporre su linee diverse ciò che era allineato **2** (*radio*) agire su più circuiti oscillanti facendo in modo che le relative frequenze di risonanza non coincidano

†**diṣalloggiàre** [comp. di *dis-*① e *alloggiare* ✱ 1520] **A** **v. tr. 1** far uscire dagli alloggiamenti, dal campo **2** (*raro*) scacciare, sfrattare **B** **v. intr.** ● levare il campo: *per d. più segretamente, non dava il segno con la tromba* (N. Machiavelli)

†**diṣalmàre** [comp. di *dis-*① e *alma* ✱ av. 1673] **v. tr.** ● (*poet.*) uccidere

diṣalveàre [da *inalveare*, con sostituzione del pref. *dis-*① a *in-* ✱ av. 1789] **v. tr.** (**pres.** *io diṣàlveo*; **fut.** *io diṣalveerò*) ● deviare un corso d'acqua dall'alveo

diṣamàbile [comp. di *dis-*① e *amabile* ✱ av. 1519] **agg.** ● (*raro, lett.*) che non si può amare | sgradevole, insopportabile: *gente d.*

diṣamànte **A** **part. pres.** di *disamare*; anche **agg.** ● (*raro*) nei sign. del v. **B** **s. m. e f.** ● (*raro, lett.*) chi disama

disàmara [comp. di *di-*② e *samara* ✱ 1906] **s. f.** ● (*bot.*) frutto indeiscente secco dell'acero formato da due samare **SIN.** samaridio

diṣamàre [comp. di *dis-*① e *amare* ✱ 1250 ca.] **v. tr.** ● (*lett.*) non amare più: *d. gli amici, il proprio lavoro* | provare indifferenza, disprezzo, avversione per qlco. o per qlcu.

†**diṣamatóre** [1335] **s. m.** (**f.** *-trice*); anche **agg.** ● chi (o che) disama

diṣambientàto [comp. di *dis-*① e *ambientato* ✱ 1946] **agg.** ● che è o si sente estraneo all'ambiente in cui vive, lavora e sim.: *nel nuovo ufficio si trova ancora d.*

diṣambiguàre [comp. di *dis-*① e *ambiguo*, sul modello dell'ingl. *disambiguate* ✱ 1979] **v. tr.** (*io diṣambìguo, noi diṣambiguiàmo*) ● (*ling.*) rendere univoco, liberare dall'ambiguità: *d. una frase*; *d. la parola 'princìpi' usando l'accento grafico* | (*est.*) chiarire

diṣambiguazióne [da *disambiguare*, sull'esempio dell'ingl. *disambiguation* ✱ 1979] **s. f.** ● (*ling.*) il disambiguare

†**diṣambizióso** (o *-ṣo*) [comp. di *dis-*① e *ambizioso* ✱ av. 1729] **agg.** ● che non nutre ambizioni

†**diṣamenità** [av. 1729] **s. f.** ● caratteristica di ciò che è disameno | (*fig.*) rozzezza

diṣamèno [comp. di *dis-*① e *ameno* ✱ av. 1729] **agg.** ● (*raro, lett.*) non ameno, non dilettevole | spiacevole

†**diṣamicàre** [comp. di *dis-*① e *amicare* ✱ 1660] **v. tr.** ● inimicare

†**diṣamicìzia** [comp. di *dis-*① e *amicizia* ✱ av. 1304] **s. f.** ● inimicizia

diṣàmina [da *disaminare* ✱ sec. XIV] **s. f.** **1** esame attento e approfondito delle caratteristiche di qlcu. o di qlco.: *d. scrupolosa*; *sottoporre, porre a d.*; *prendere in, a, d.*; *passare in d.* **2** (*dir.*) attento studio delle affermazioni e argomentazioni giuridiche dedotte dalle parti in giudizio, onde vagliarne veridicità, fondatezza e validità

†**diṣaminaménto** [av. 1292] **s. m.** ● (*lett.*) disamina

diṣaminàre [vc. dotta, comp. del lat. *dē-* rafforzativo, e *examināre* 'sottoporre a esame' ✱ 1268] **v. tr.** (*io diṣàmino*) ● (*lett.*) sottoporre a disamina: *d. un'opera, un argomento*; *i due censori sono da noi destinati a d. i libri* (L.A. Muratori); *mi sono poco fa venuti a visitare ... quelli che mi disaminano* (G. Galilei)

diṣaminatóre [sec. XIV] **s. m.** (**f.** *-trice*) ● chi disamina

†**diṣamistà** o †**diṣamistàde**, †**diṣamistàte** [comp. di *dis-*① e *amistà* ✱ sec. XIV] **s. f.** ● (*raro*) inimicizia

†**diṣammirazióne** [av. 1729] **s. f.** ● mancanza di ammirazione | indifferenza, disistima

†**diṣamoràggine** [1635] **s. f.** ● mancanza di amore | indifferenza

diṣamoraménto [da *innamoramento* con sostituzione del pref. *in-* con quello neg. *dis-*① ✱ 1989] **s. m.** ● il disamorare, il disamorarsi | condizione di chi è disamorato

diṣamoràre [comp. di *dis-*① e *amore* ✱ sec. XIII] **A** **v. tr.** (*io diṣamóro*) **1** spegnere l'amore, l'entusiasmo, l'interesse per qlcu. o qlco. (+ *da*): *quell'insegnante lo disamorò dallo studio* **2** †disinnamorare **B** **diṣamoràrsi** **v. intr. pron.** ● perdere l'amore, l'entusiasmo, l'interesse per qlcu. o qlco. (+ *da*, + *di*): *disamorarsi dagli (o degli) amici*; *ma presto si disamorava del lavoro e lo lasciava perdere* (I. Calvino)

diṣamoràto **A** **part. pass.** di *disamorare*; anche **agg.** ● nei sign. del v. | indifferente (+ *di, raro* + *da*): *ormai è d. di tutto* ‖ **diṣamorataménte**, **avv.** senza amore, senza interesse **B** **s. m.** (**f.** *-a*) ● chi non sente più amore o interesse per qlcu. o qlco.

diṣamóre [comp. di *dis-*① e *amore* ✱ av. 1257] **s. m.** ● mancanza di amore: *mostrare d. ai propri genitori* | (*est.*) avversione: *provare d. per il lavoro*

diṣamorévole [comp. di *dis-*① e *amorevole* ✱ 1354] **agg.** ● (*lett.*) poco amorevole | †spiacevole

†**diṣamorevolézza** [av. 1566] **s. f.** ● mancanza di amorevolezza

†**diṣamoróso** (o *-ṣo*) [comp. di *dis-*① e *amoroso* ✱ av. 1294] **agg.** ● disamorevole

diṣancoràre [comp. parasintetico di *ancora*①, col pref. *dis-*① ✱ 1588] **A** **v. tr.** (*io diṣàncoro*) ● lasciar libero, salpando l'ancora: *d. la nave* **B** **diṣancoràrsi** **v. intr. pron. e rifl.** **1** liberarsi dall'ancora: *la nave si disancorò per la tempesta* **2** (*fig.*) rendersi autonomi da qlcu. o qlco.: *disancorarsi dalla famiglia, dalle tradizioni*

†**diṣandévole** [comp. di *dis-*① e di un tema di *andare*① ✱ sec. XIV] **agg.** ● (*raro*) malagevole, impervio

†**diṣanellàre** [comp. di *dis-*① e *anello* ✱ 1618] **v. tr.** ● privare degli anelli

diṣanimàre [comp. di *dis-*① e *animare* ✱ av. 1519] **A** **v. tr.** (*io diṣànimo*) **1** (*raro*) scoraggiare: *una di quelle facce irriverenti che disanimano i timidi* (M. Serao) | dissuadere: *lo disanimò dall'insistere* **2** †uccidere **B** **diṣanimàrsi** **v. intr. pron.** ● perdersi d'animo, scoraggiarsi

diṣanimàto [av. 1313] **part. pass.** di *disanimare*; anche **agg.** **1** (*lett.*) scoraggiato **2** †esanime ‖ **diṣanimataménte**, **avv.**

diṣannoiàre [comp. di *dis-*① e *annoiare* ✱ 1671] **A** **v. tr.** (*io diṣannòio*) ● (*lett.*) liberare dalla noia **B** **diṣannoiàrsi** **v. intr. pron.** ● (*lett.*) liberarsi dalla noia

diṣappagàto [comp. di *dis-*① e *appagato* ✱ 1983] **agg.** ● che è insoddisfatto e deluso **SIN.** inappagato

diṣappaiàre [comp. di *dis-*① e *appaiare* ✱ 1956] **v. tr.** (*io diṣappàio*) ● (*raro*) separare due cose appaiate

diṣappannaménto [1958] **s. m.** ● il disappannare

diṣappannàre [comp. di *dis-*① e *appannare* ✱ av. 1643] **v. tr.** **1** eliminare da vetri e sim. ciò che li appanna **2** †rendere chiaro, limpido

diṣapparàre① [comp. di *dis-*① e *apparare*① ✱ 1869] **A** **v. tr.** ● (*disus.*) togliere i paramenti di dosso **B** **diṣapparàrsi** **v. rifl.** ● togliersi i paramenti di dosso

†**diṣapparàre**② [comp. di *dis-*① e *apparare*② ✱ sec. XIII] **v. tr.** ● disimparare

†**diṣapparecchiàto** [comp. di *dis-*① e *apparecchiato* ✱ 1684] **agg.** ● impreparato

†**diṣapparìre** [comp. di *dis-*① e *apparire* ✱ av. 1588] **v. intr.** ● scomparire, sparire

†**diṣappariscènte** [comp. di *dis-*① e *appariscente* ✱ av. 1729] **agg.** ● che non è appariscente

diṣappartenènza [comp. di *dis-*① e *appartenenza* ✱ 1974] **s. f.** ● condizione di chi non sente, o non sente più, il senso di appartenenza a qlco. (+ *a*): *d. al proprio Paese, al mondo moderno*

diṣappassionàre [comp. di *dis-*① e *appassionare* ✱ 1651] **A** **v. tr.** (*io diṣappassióno*) ● (*raro*) togliere la passione, l'entusiasmo e sim. **B** **diṣappassionàrsi** **v. intr. pron.** ● perdere l'entusiasmo: *disappassionarsi dallo studio*

†**diṣappassionatézza** [av. 1729] **s. f.** ● imparzialità

diṣappassionàto **part. pass.** di *disappassionare*; anche **agg.** ● (*raro*) spassionato | imparziale

†**diṣappestàre** [comp. di *dis-*① e *appestare* ✱ av. 1638] **v. tr.** ● liberare dalla peste, dal male, dal contagio | (*fig.*) purificare

diṣappetènte [comp. di *dis-*① e *appetente* ✱ 1923] **agg.** ● che soffre di disappetenza, che è privo di appetito **SIN.** inappetente

diṣappetènza [comp. di *dis-*① e *appetenza* ✱ 1711] **s. f.** ● mancanza di appetito: *soffrire di d.* | avversione al cibo **SIN.** inappetenza

diṣapplicàre [comp. di *dis-*① e *applicare* ✱ av. 1676] **A** **v. tr.** (*io diṣàpplico, tu diṣàpplichi*) ● (*raro*) non applicare: *d. l'animo da qlco.* **B** **diṣapplicàrsi** **v. rifl.** ● non applicarsi, non dedicarsi più: *disapplicarsi dagli studi*

†**diṣapplicatézza** [av. 1694] **s. f.** ● disapplicazione

diṣapplicazióne [av. 1673] **s. f.** **1** (*raro*) mancanza di applicazione, negligenza **2** inosservanza di leggi, norme e sim.

diṣapprèndere [comp. di *dis-*① e *apprendere* ✱ sec. XIII] **v. tr.** (**coniug. come** *prendere*) ● (*raro*) disimparare

†**diṣapprensióne** [comp. di *dis-*① e *apprensione* ✱ av. 1729] **s. f.** ● noncuranza, trascura-

tezza

♦**diṣapprovàre** [comp. di *dis-*① e *approvare* ✱ av. 1635] **v. tr.** (*io diṣappròvo*) ● non approvare, biasimare, riprovare (+ *che* **seguito da congtv.**; *anche assol.*): *tutti disapprovano il tuo comportamento; disapprovo che si comporti in tal modo; la gente disapprova in silenzio*

SFUMATURE DI SIGNIFICATO
disapprovare - riprovare - deprecare
Disapprovare significa letteralmente non approvare, cioè non essere d'accordo, giudicare non conveniente. Di significato più forte è **riprovare**, cioè *disapprovare* fermamente, rifiutare. **Deprecare** ha lo stesso significato ma è di uso più elevato.
SFUMATURE ➤ ***criticare***

diṣapprovatóre [av. 1775] **s. m.** (**f.** *-trice*); **anche agg.** ● chi (o che) disapprova: *si rinchiudeva in un silenzio ... d.* (A. MORAVIA)

♦**diṣapprovazióne** [1641] **s. f.** ● il disapprovare | riprovazione, biasimo: *subire la generale d.; hai tutta la mia d.; esprimere la propria d.*

♣**diṣappùnto** [calco sul fr. *désappointement*, deriv. di *désappointé*, dall'ingl. *disappointed* (propr. 'che manca all'appuntamento'), a sua volta dal fr. ant. *desappointer* 'destituire' ✱ 1795] **s. m.** ● senso di delusione, rammarico, fastidio e sim. dovuto all'improvviso verificarsi di circostanze avverse e inaspettate: *mostrare, nascondere, il proprio d.; gesto di d.*

†**diṣarboràre** [comp. di *dis-*① e †*arborare* ✱ 1659] **A v. tr.** ● disalberare, detto di nave **B** †**diṣarboràrsi v. intr. pron.** ● perdere la natura arborea

diṣarcionaménto [1959] **s. m. 1** il disarcionare, il venire disarcionato **2** (*fig.*) rimozione improvvisa da un incarico, una posizione importante e sim.

diṣarcionàre [fr. *désarçonner*, comp. parasintetico di *arçon* 'arcione', col pref. *dés-* 'dis-①' ✱ 1952] **v. tr.** (*io diṣarcióno*) **1** far cadere dall'arcione: *il cavallo lo disarcionò* **2** (*raro, fig.*) privare di una carica, un ufficio e sim., in modo brusco e improvviso: *d. un funzionario*

diṣargentàre [comp. parasintetico di *argento*, con il pref. *dis-*① ✱ 1869] **v. tr.** (*io diṣargènto*) ● privare qlco. dello strato d'argento che lo ricopre

diṣarginàre [comp. parasintetico di *argine*, con il pref. *dis-*① ✱ av. 1857] **v. tr.** (*io diṣàrgino*) ● (*raro*) privare dell'argine: *d. un fiume*

†**diṣarmaménto** [av. 1644] **s. m.** ● disarmo

diṣarmànte **part. pres.** di *disarmare*; **anche agg. 1** nei sign. del v. **2** (*fig.*) spontaneo, sereno, semplice, così da far venire meno ogni aggressività: *un sorriso, una calma d.; Mi baciò con ingenua e disarmante gratitudine* (A. MORAVIA)

diṣarmàre [comp. di *dis-*① e *armare*, sul modello del fr. *désarmer* ✱ av. 1292] **A v. tr. 1** sguarnire una fortezza | privare delle armi o dell'armamento qlcu. o qlco. | porre un'arma da fuoco in posizione di sicurezza: *d. una pistola* **2** (*fig.*) privare di forza, di potenza: *d. gli antagonisti* | (*fig.*) privare di aggressività, rabbonire: *le sue preghiere mi hanno disarmato* **3** (*mar.*) privare una nave o un'imbarcazione delle attrezzature per sospenderne temporaneamente o definitivamente il servizio **4** (*edil.*) togliere le impalcature da una costruzione: *d. un edificio* **5** (*teatro*) smontare le scene staccando le tele dai telai **B v. intr.** (**aus.** *avere*) e (*raro*) **diṣarmàrsi v. rifl. 1** diminuire gli armamenti: *per realizzare la pace è necessario d.* | †deporre le armi: *Si trasse l'elmo, e tutto disarmosse* (L. ARIOSTO) **2** (*fig.*) cedere, darsi per vinto: *quel tipo non disarma facilmente*

diṣarmàto **part. pass.** di *disarmare*; **anche agg. 1** privato delle armi o dell'armamento | privato dell'armatura **2** (*fig.*) inerme, indifeso: *essere d. di fronte alle avversità*

diṣarmatóre [1956] **s. m.** (**f.** *-trice*) ● in varie tecnologie, chi è addetto alla rimozione di armature, impalcature e sim.

†**diṣarmentàre** [comp. parasintetico di *armento*, con il pref. *dis-*① ✱ av. 1566] **v. tr.** ● privare di uno o più capi di bestiame

diṣàrmo [da *disarmare* ✱ 1662] **s. m. 1** il disarmare: *il d. dei prigionieri* | riduzione o soppressione delle forze militari o degli armamenti: *conferenza per il d.; i problemi del d.* **2** operazione del disarmare un'imbarcazione, una costruzione ecc.: *il d. di una nave* | ***in d.***, detto di struttura o impianto non più funzionante o attivo; (*fig., iron.*) detto di chi ha perso vitalità e vigore: *una fabbrica in d.; un dongiovanni un po' in d.*

diṣarmonìa [comp. di *dis-*① e *armonia* ✱ av. 1712] **s. f.** ● discordanza di suoni: *queste note producono una d.* | (*est.*) disaccordo, contrasto (*anche fig.*): *d. di colori; d. di opinioni; essere in d. con qlcu.*

diṣarmònico [av. 1712] **agg.** (**pl. m.** *-ci*) **1** che non è armonico: *toni disarmonici* | (*est.*) sgradevole: *voce disarmonica* | (*est.*) sproporzionato, non conveniente: *costruzione disarmonica* **2** che non avverte l'armonia, che non ha senso musicale: *orecchio d.* || **diṣarmonicaménte**, **avv.**

diṣarmonizzàre [comp. di *dis-*① e *armonizzare* ✱ 1832] **A v. tr.** ● (*raro*) rendere disarmonico **B v. intr.** (**aus.** *avere*) ● essere in disaccordo, in disarmonia, in contrasto: *questo divano disarmonizza con il tavolo* || **diṣarmonizzazióne**, **s. f.**

diṣarticolàre [comp. di *dis-*① e *articolare*① ✱ av. 1673] **A v. tr.** (*io diṣartìcolo*) **1** (*med.*) separare un arto o un segmento di esso dal resto del corpo a livello di una articolazione **2** (*fig.*) scomporre, privare dei nessi, disgregare **B diṣarticolàrsi v. intr. pron. 1** slogarsi **2** (*fig.*) disgregarsi

diṣarticolàto **part. pass.** di *disarticolare*; **anche agg. 1** (*raro*) slogato, lussato **2** (*fig.*) inarticolato, indistinto: *esprimersi con suoni disarticolati* || **diṣarticolataménte**, **avv.**

diṣarticolazióne [1830] **s. f.** ● il disarticolare, il venire disarticolato | (*fig.*) mancanza di nessi, di coerenza e sim.

†**diṣartifìcio** o †**diṣartifìzio** [comp. di *dis-*① e *artificio* ✱ av. 1642] **s. m.** ● artificio usato a sproposito; sciatteria

†**diṣartificióso** (o **-ṣo**) o †**diṣartifizióso** [av. 1642] **agg.** ● inadeguato, sciatto

†**diṣartifìzio** e deriv. ➤ †**disartificio** e deriv.

diṣartrìa [vc. dotta, comp. di *dis-*② e del gr. *árthron* 'giuntura' ✱ 1892] **s. f.** ● (*med.*) difetto di articolazione della parola, dovuto a lesioni centrali o periferiche

diṣartròṣi [vc. dotta, comp. di *dis-*② e del gr. *árthrōsis* 'articolazione' ✱ 1830] **s. f. inv.** ● (*med.*) articolazione difettosa

diṣascóndere [comp. di *dis-*① e *ascondere* ✱ av. 1294] **A v. tr.** (**pass. rem.** *io diṣascósi, tu diṣascondésti*; **part. pass.** †*diṣascóso*, †*diṣascósto*) ● †scoprire, palesare | (*lett.*) rivelare alla vista: *s'affaccia la viola e disasconde / sua parvola beltà* (G. CARDUCCI) **B diṣascóndersi v. rifl.** ● (*lett.*) manifestarsi, rivelarsi

†**diṣascóso** (o **-ṣo**) o †**diṣascósto** **part. pass.** di *disascondere*; **anche agg.** ● nei sign. del v.

†**diṣaspràre** [comp. di *dis-*① e *aspro* ✱ av. 1712] **v. tr.** ● privare del sapore acerbo | disasprire

diṣaspriménto [1956] **s. m.** ● (*raro*) il disasprire il vino

diṣasprìre [comp. di *dis-*① e *aspro* ✱ 1612] **v. tr.** (*io diṣasprìsco, tu diṣasprìsci*) **1** (*raro*) eliminare o ridurre l'asprezza del vino **2** (*fig., lett.*) addolcire, mitigare

diṣassaménto [comp. di *dis-*① e di un deriv. di *asse* ✱ 1987] **s. m.** ● (*mecc.*) caratteristica di due elementi meccanici i cui assi geometrici sono paralleli ma non coincidenti | la distanza fra i due assi

diṣassimilatìvo [1987] **agg.** ● (*biol.*) relativo a disassimilazione

diṣassimilazióne [comp. di *dis-*① e *assimilazione* ✱ 1966] **s. f.** ● (*biol.*) catabolismo

diṣassociàre [comp. di *dis-*① e *associare* ✱ 1869] **A v. tr.** (**pres.** *io diṣassòcio*; **fut.** *io diṣassocerò*) ● (*raro*) dissociare, separare **B diṣassociàrsi v. rifl. e intr. pron. 1** (*raro*) disdire la propria associazione a un giornale, a un circolo e sim. **2** (*raro*) disgregarsi

diṣassortatìvo [comp. di *dis-*① e *assortativo* ✱ 1983] **agg.** ● (*biol.*) detto di accoppiamento non casuale di individui che differiscono fra loro in uno o più caratteri

diṣassortìto [comp. di *dis-*① e *assortito* ✱ 1963] **agg.** ● che non fa parte di un assortimento: *camicie disassortite*

diṣassuefàre [comp. di *dis-*① e *assuefare* ✱ 1830] **A v. tr.** (**coniug.** come *strafare*) ● togliere l'assuefazione, l'abitudine (+ *da*): *d. qlcu. dall'alcol* **SIN.** disabituare **B diṣassuefàrsi v. intr. pron.** ● (*raro*) perdere l'assuefazione

diṣassuefàtto **part. pass.** di *disassuefare*; **anche agg.** ● (*raro*) nei sign. del v.

diṣassuefazióne [av. 1712] **s. f.** ● (*raro*) il disassuefare, il disassuefarsi

disàster recòvery /di'zaster rə'kɔvəri, *ingl.* dɪ'zɑːstə(r)rɪ'kʌv(ə)rɪ/ [loc. ingl., propr. 'la ripresa (*recovery*) dopo un disastro (*disaster*)' ✱ 1994] **loc. sost. m. inv.** (**pl. ingl.** *disaster recoveries*) ● procedura d'emergenza per fronteggiare un evento negativo | (*inform.*) insieme di procedure di un sistema informatico per recuperare i dati in caso di perdita o danneggiamento

diṣastràre [da *disastro* ✱ av. 1647] **A v. tr. 1** (*raro*) danneggiare grandemente, arrecare disastro: *il nubifragio disastrò l'intera regione* **2** †rendere disagiato | (*est.*) †incomodare, disturbare **B diṣastràrsi v. intr. pron.** ● †scomodarsi, disturbarsi

diṣastràto **A part. pass.** di *disastrare*; **anche agg.** ● nei sign. del v. **B s. m.** (**f.** *-a*) ● chi ha subito un disastro: *i disastrati del nubifragio, dall'alluvione*

†**diṣastrévole** [1630] **agg.** ● (*raro*) disastroso

♦**diṣàstro** [comp. di *dis-*① e *astro*, nel senso di 'cattiva stella' ✱ sec. XIII] **s. m. 1** disgrazia, incidente di notevoli proporzioni che provoca la morte di molte persone e gravi danni alle cose: *d. ferroviario, aereo; recarsi, accorrere, sul luogo del d.; un d. ha colpito la città* **SIN.** calamità, sciagura **2** (*est.*) danno rilevante e irrimediabile: *la crisi economica fu un d. per tutti; fame, malattie, disastri d'ogni genere* (E. MONTALE) | (*fig.*) disordine, grande confusione: *questa stanza è un d.* | (*fig., colloq.*) fallimento totale: *la sua iniziativa si è risolta in un d.; la mia interrogazione? un d.!* **3** (*fig.*) persona inadatta, incapace, che non riesce a combinare nulla di buono: *la nuova cameriera è un d.* | persona, spec. bambino, eccessivamente vivace e rumorosa: *quel d. di tuo figlio*

SFUMATURE DI SIGNIFICATO
disastro - disgrazia
Disastro è una sciagura che arreca danni gravissimi alle persone o alle cose. Significato molto

prossimo ha la parola **disgrazia**, che però suggerisce l'idea che a determinare l'evento negativo sia stata la sorte avversa.
SFUMATURE ➤ *rovina*, ➤ *tracollo*

disastróso (o -so) [1527] **agg.** **1** che causa disastri, disgrazie, rovine: *incendio, bombardamento d.*; *pioggia disastrosa* **2** che è pieno di disastri, di traversie: *annata, stagione disastrosa* | (*est.*) deludente, fallimentare, di esito negativo: *viaggio d.*; *prova disastrosa*; *esame d.* ‖ **disastrosaménte**, **avv.**

†**disatàre** ➤ †**disaitare**

disattèndere [comp. di *dis-*① e *attendere* nel sign. antico di 'applicarsi, accudire' ✱ 1956] **v. tr.** (**coniug. come** *tendere*) ● non applicare, non osservare: *d. una norma, un parere* | (*est.*) non seguire, non ascoltare: *d. i consigli di qlcu.* | deludere, tradire: *d. le speranze di qlcu.*

disattènto [comp. di *dis-*① e *attento* ✱ av. 1729] **agg.** ● che non sta attento: *alunno d.*; *domestica disattenta* | distratto, negligente: *un'occhiata disattenta* ‖ **disattentaménte**, **avv.**

SFUMATURE ➤ *sbadato*

disattenzióne [comp. di *dis-*① e *attenzione* ✱ 1669] **s. f.** ● caratteristica, condizione di chi è disattento: *d. generale*; *fingere d. per qlco.* | svista, errore: *questa è una grave d.* | mancanza di gentilezza, riguardo, rispetto: *certe tue disattenzioni sono imperdonabili*

disattéso (o -so) **part. pass.** di *disattendere*; **anche agg.** ● nei sign. del v.: *un consiglio, un desiderio d.*; *aspettative disattese*

disattivàbile [1978] **agg.** ● che può essere disattivato, reso non funzionante

disattivàre [comp. di *dis-*① e *attivare* ✱ 1932] **v. tr.** ● rendere inattivo un impianto, un congegno e sim.: *d. una linea telefonica* | ***d. una bomba***, renderla inoffensiva privandola dell'innesco

disattivazióne [1966] **s. f.** ● il disattivare, il venire disattivato

disattrezzàre [comp. di *dis-*① e *attrezzare* ✱ 1869] **v. tr.** (*io disattrézzo*) ● spogliare in tutto o in parte dell'attrezzatura, detto spec. di imbarcazione

†**disautoràre** [vc. dotta, comp. di *dis-*① e del lat. *auctorāre* 'vincolare con obbligo' (V. *esautorare*) ✱ av. 1712] **v. tr.** ● esautorare, screditare

†**disautorizzàre** [fr. *désautoriser*, comp. di *dés-* neg. e del lat. *ăuctor* 'garante' (V. *autorizzare*) ✱ av. 1673] **A** **v. tr.** ● esautorare | privare dell'autorizzazione **B** †**disautorizzàrsi** **v. rifl.** ● spogliarsi dell'autorità

†**disavanzàre** [comp. di *dis-*① e *avanzare* ✱ sec. XIII] **v. intr.** (**aus.** *avere*) **1** peggiorare di condizione, scapitare **2** formare disavanzo **3** rimanere indietro

disavànzo [da *disavanzare* ✱ 1314] **s. m.** ● in contabilità, deficit: *chiudere il bilancio in d.* | ***d.*** (***primario***), differenza negativa fra entrate e uscite nel bilancio dello Stato, al netto degli interessi pagati sui titoli pubblici (BOT, CCT, BTP, ecc.)

†**disavenànte** [da *disavvenente* con influenza del corrispondente fr. *désavenant* ✱ 1261 ca.] **agg.** ● sconveniente

†**disavvantaggiàrsi** [da *disavvantaggio* ✱ sec. XV] **v. intr. pron.** ● mettersi in condizione svantaggiosa

†**disavvantàggio** [fr. *désavantage*, comp. di *dés-* neg. e *avantage* 'vantaggio, pro' ✱ av. 1334] **s. m.** ● danno, svantaggio: *non fa mai cosa a suo d.* (L. PULCI)

†**disavvantaggióso** (o -so) [av. 1588] **agg.** ● svantaggioso, sfavorevole | dannoso ‖ †**disavvantaggiosaménte**, **avv.** svantaggiosamente

†**disavvediménto** [comp. di *dis-*① e *avvedimento* ✱ av. 1347] **s. m.** ● sbadataggine, disavvedutezza

disavvedutézza [av. 1604] **s. f.** ● caratteristica di chi (o di ciò che) è disavveduto: *l'ha fatto per d.* SIN. disattenzione, inavvertenza | (*est.*) azione disavveduta: *le sue imperdonabili disavvedutezze*

✦**disavvedùto** [comp. di *dis-*① e *avveduto* ✱ av. 1333] **agg.** **1** inconsiderato, malaccorto, incauto: *gesto d.*; *parole disavvedute* **2** †inaspettato, imprevisto ‖ **disavvedutaménte**, **avv.** senza avvedutezza, sconsideratamente; †improvvisamente, inopinatamente

†**disavvenènte** [comp. di *dis-*① e *avvenente* ✱ 1261 ca.] **agg.** ● che manca di avvenenza, di bellezza | (*est.*) spiacevole, sgradevole ‖ †**disavvenenteménte**, **avv.**

disavvenènza [1869] **s. f.** ● (*lett.*, *raro*) mancanza di avvenenza, di grazia

†**disavvenévole** [da *disavvenire* ✱ av. 1292] **agg.** ● sconveniente

†**disavvenìre** [comp. di *dis-*① e *avvenire*① ✱ 1288] **v. intr.** ● essere sconveniente, disdicevole

✦**disavventùra** [comp. di *dis-*① e *avventura* ✱ av. 1276] **s. f.** ● evento sfavorevole, contrarietà: *sono disavventure che capitano a tutti* | (*est.*) disgrazia: *ci ha raccontato le sue disavventure* | ***per d.***, per mala sorte

†**disavventurànza** [sec. XIII] **s. f.** ● cattiva sorte

†**disavventuràto** [av. 1294] **agg.** ● sventurato, infelice ‖ †**disavventurataménte**, **avv.** per disgrazia

†**disavventuróso** (o -so) [av. 1294] **agg.** **1** sventurato, infelice **2** infausto, malaugurato ‖ †**disavventurosaménte**, **avv.** disgraziatamente

disavvertènza [comp. di *dis-*① e *avvertenza* ✱ 1536] **s. f.** ● mancanza di attenzione | (*est.*) svista, errore dovuti a mancanza di attenzione: *commettere una grossa d.* SIN. distrazione

disavvertìto [comp. di *dis-*① e *avvertito* ✱ 1869] **agg.** ● (*raro*) sbadato, incauto ‖ **disavvertitaménte**, **avv.** sbadatamente

disavvezzàre [comp. di *dis-*① e *avvezzare* ✱ 1314] **A** **v. tr.** (*io disavvézzo*) ● (*lett.*, *raro*) far perdere un'abitudine SIN. disabituare **B** **disavvezzàrsi** **v. rifl.** ● (*lett.*) liberarsi da un vizio, da un'abitudine e sim. SIN. disabituarsi

disavvézzo [comp. di *dis-*① e *avvezzo* ✱ 1835] **agg.** ● che ha perso, o non ha mai avuto, un'abitudine (+ *a*, **anche seguito da inf.**): *essere d. al fumo, a far tardi la sera*

†**disbandìre** [comp. di *dis-*① e *bandire* ✱ av. 1327] **v. tr.** ● bandire

†**disbarattàre** [comp. di *dis-*① e *barattare* nel senso di 'sbaragliare' ✱ av. 1322] **v. tr.** ● sconfiggere, sbaragliare

†**disbarazzàre** [comp. di *dis-*① sostituito al pref. *in-* di *imbarazzare* ✱ av. 1729] **v. tr.** ● sbarazzare

†**disbarbàre** [comp. di *dis-*① e *barba*① 'radice' ✱ av. 1361] **v. tr.** ● liberare dalle barbe | sradicare (*anche fig.*)

†**disbarbicàre** [comp. di *dis-*① e *barbicare* ✱ av. 1380] **v. tr.** ● sbarbicare (*anche fig.*)

disbarcàre [comp. di *dis-*① e *barca* ✱ av. 1557] **A** **v. tr.** ● †scaricare da una nave: *d. la merce* **B** **v. intr.** (*io disbàrco, tu disbàrchi*; **aus.** *essere*) ● (*lett.*) scendere da una nave: *d. dopo un lungo viaggio* SIN. sbarcare

†**disbàrco** [da *disbarcare* ✱ sec. XVII] **s. m.** (**pl.** *-chi*) ● sbarco

disbasìa [vc. dotta, lat. *dysbasia(m)*, comp. di *dis-*② e del gr. *básis* 'movimento' ✱ 1910] **s. f.** ● (*med.*) difficoltà della deambulazione

†**disbassàre** [comp. di *dis-*① e *basso* ✱ sec. XIII] **v. tr.** ● abbassare, sbassare

†**disbàttere** [comp. di *dis-*① e *battere* ✱ av. 1597] **A** **v. tr.** ● agitare con forza, sbattere **B** †**disbàttersi** **v. rifl.** ● dibattersi

disbendàre [comp. parasintetico di *benda*, con il pref. *dis-*① ✱ av. 1828] **v. tr.** (*io disbèndo*) ● (*lett.*) liberare dalle bende, sbendare

disborsàre [comp. parasintetico di *borsa*①, col pref. *dis-*① ✱ 1745] **v. tr.** (*io disbórso*) ● (*lett.*) sborsare

†**disbórso** [da *disborsare* ✱ 1692] **s. m.** ● anticipazione di denaro fatta per conto d'altri | ***essere, stare in d.***, attendere la restituzione di una somma prestata

✦**disboscaménto** o **diboscaménto** [1688] **s. m.** ● taglio degli alberi di un bosco o di una zona boscosa

disboscàre o **diboscàre** [comp. parasintetico di *bosco*, col pref. *di-*① ✱ 1310] **v. tr.** (*io disbòsco, tu disbòschi*) ● tagliare e diradare gli alberi di un bosco o di una zona boscosa (*anche assol.*): *d. una montagna*; *non hanno ancora disboscato*

†**disboscazióne** o †**diboscazióne** [1673] **s. f.** ● disboscamento

†**disbramàre** [comp. di *dis-*① e *bramare* ✱ 1319] **v. tr.** ● (*lett.*) appagare, soddisfare, saziare: *Tant'eran li occhi miei fissi e attenti / a disbramarsi la decenne sete* (DANTE *Purg.* XXXII, 1-2)

†**disbranàre** [comp. di *dis-*① e *brano* ✱ 1341] **v. tr.** ● sbranare

disbrancàre [comp. parasintetico di *branca*, con il pref. *dis-*① ✱ av. 1912] **A** **v. tr.** (*io disbrànco, tu disbrànchi*) ● †tagliare i rami **B** **disbrancàrsi** **v. intr. pron.** ● (*lett.*) dividersi in più rami, diramarsi

†**disbrancàrsi** ➤ †**dibrancarsi**

disbrigàre [comp. parasintetico di *briga*, col pref. *dis-*① ✱ 1284] **A** **v. tr.** (*io disbrìgo, tu disbrìghi*) **1** †togliere dagli impacci, dagli impedimenti: *dimmi chi se', e s'io non ti disbrigo, / al fondo de la ghiaccia ir mi convegna* (DANTE *Inf.* XXXIII, 116-117) **2** (*raro*) risolvere, sbrigare con sollecitudine: *d. una questione, un incarico urgente* **B** **disbrigàrsi** **v. rifl.** ● (*lett.*) liberarsi dagli impacci, dagli impedimenti | (*fig.*) districarsi, togliersi da una situazione difficile

disbrìgo [da *disbrigare* ✱ 1812] **s. m.** (**pl.** *-ghi*) ● risoluzione, realizzazione rapida ed efficace: *il d. delle faccende domestiche, delle pratiche, degli affari, della corrispondenza d'ufficio*

disbrogliàre [comp. di *dis-*① e *brogliare* ✱ 1816] **v. tr.** (*io disbròglio*) ● (*lett.*) sbrogliare

†**disbrunàre** [comp. di *dis-*① e *bruno* ✱ 1618] **v. tr.** ● rischiarare | (*lett.*) lucidare

†**discacciaménto** [1364] **s. m.** ● cacciata

discacciàre o (*raro, poet.*) †**discazzàre** [comp. di *dis-*① e *cacciare* ✱ 1268] **v. tr.** (**pres.** *io discàccio*; **fut.** *io discaccerò*) ● (*lett.*) mandare via, allontanare in malo modo: *discaccia le fetide arpìe / che non rapiscan le vivande mie* (L. ARIOSTO)

†**discacciatìvo** [av. 1563] **agg.** ● che discaccia

discacciàto **A** **part. pass.** di *discacciare*; **anche agg.** ● nei sign. del v. **B** **s. m.** (**f.** *-a*) ● †esule

†**discacciatóre** [av. 1547] **s. m.** (**f.** *-trice*); **anche agg.** ● chi (o che) discaccia

†**discadére** [comp. di *dis-*① e *cadere* ✱ av. 1292] **v. intr.** ● scadere, decadere, declinare

†**discadiménto** [av. 1292] **s. m.** ● decadimento, scadimento | calo

discalculìa [adattamento dell'ingl. *dyscalculia*, comp. di *dys-* 'dis-②' e *to calcul(ate)* 'calcolare' ⁎ 1986] **s. f.** ● (*med.*) incapacità di eseguire calcoli matematici e di utilizzare i numeri

discalcùlico [1995] **A** **agg.** (**pl. m.** *-ci*) ● relativo a discalculia **B** **agg. e s. m.** (**f.** *-a*) ● che (o chi) è affetto da discalculia

discàle [1987] **agg.** ● (*med.*) di un disco intervertebrale: *lesione d.*

†discalzàre [comp. di *dis-*① e *calzare* ⁎ av. 1348] **A** **v. tr.** **1** scalzare, liberare dalle calzature **2** (*est.*) mettere a nudo, scalzare nella parte inferiore **B** **†discalzàrsi** **v. rifl.** ● togliersi le calzature

†discàlzo [sec. XII] **agg.** ● scalzo | povero e nudo

†discànso [sp. *descanso* 'quiete, riposo', da *descansar* 'riposare' ⁎ 1542] **s. m.** ● scampo, sicurezza

†discantàre① [comp. di *dis-*① e *(in)cantare* ⁎ av. 1642] **v. tr.** ● disincantare

discantàre② [da *discanto* ⁎ 1869] **v. intr.** (**aus.** *avere*) ● (*mus.*) eseguire o comporre un discanto

discantìsta [1956] **s. m. e f.** (**pl. m.** *-i*) **1** chi compone discanti **2** chi esegue la parte di discanto

discànto [vc. dotta, lat. mediev. *discăntu(m)*, calco sul gr. *diaphōnía* 'canto (*phōnḗ*) di traverso (*diá*)' ⁎ 1641] **s. m.** ● (*mus.*) diafonia | stile polifonico | la parte più acuta delle voci di una composizione polifonica

†discapezzàre [comp. di *dis-*① e *capezzo* ⁎ 1341 ca.] **v. tr.** ● scapezzare | decapitare

†discapitaménto [1711] **s. m.** ● scapito

†discapitàre [comp. di *dis-*① e *capitare* ⁎ av. 1449] **v. intr.** ● scapitare: *d. nella pubblica stima*

⁂discàpito [da *discapitare* ⁎ 1641] **s. m.** **1** scapito, svantaggio, danno: *fare qlco. a proprio d.* | ***tornare a d.***, essere di danno **2** †inconveniente

†discarcàre e deriv. ➤ **†discaricare** e deriv.

†discarceràre [comp. di *dis-*① e *carcere* ⁎ 1504] **A** **v. tr.** ● scarcerare **B** **†discarceràrsi** **v. rifl.** ● (*fig.*) morire

†discargàre ➤ **†discaricare**

discàrica [da *discaricare* ⁎ 1925] **s. f.** **1** luogo in cui si scaricano materiali di scarto provenienti da perforazioni, scavi, demolizioni, o altri rifiuti: *d. pubblica* **2** sbarco del carico dalle navi mercantili

†discaricaménto [1305] **s. m.** ● scaricamento

†discaricàre o **†discarcàre**, **†discargàre** [lat. tardo *discaricāre*, comp. di *dis-*① e *caricāre* 'caricare' ⁎ sec. XIII] **A** **v. tr.** ● scaricare: *d. una nave* | (*fig.*) liberare da un peso morale, una responsabilità e sim. **B** **†discaricàrsi** **v. rifl.** ● scaricarsi (*anche fig.*)

discàrico o **†discàrco** [da *discaricare* ⁎ sec. XIV] **s. m.** (**pl.** *-chi*) **1** †scarico: *il d. delle merci* **2** (*fig.*) discolpa, giustificazione, difesa: *prove, argomenti a d.* | ***a mio, tuo, suo d.***, a mia, tua, sua discolpa o difesa | ***testimone a d.***, che depone a favore dell'imputato **3** †rendimento di conti

discarnàre [comp. di *dis-*① e *carne* ⁎ 1313] **A** **v. tr.** ● (*lett.*) scarnificare (*anche fig.*) **B** **v. intr. e discarnàrsi** **v. intr. pron.** ● †diventare scarno, smagrito

discàro [comp. di *dis-*① e *caro* ⁎ 1338 ca.] **agg.** ● (*raro, lett.*) non caro, sgradito, sgradevole, usato spec. in espressioni negative: *voi non siete discara agli occhi miei* (C. GOLDONI) | ***non vi sia d. accettare***, compiacetevi di accettare

†discassàre [comp. parasintetico di *cassa*, con il pref. *dis-*① ⁎ av. 1389] **v. tr.** ● (*raro*) scassinare

†discatenàre [comp. parasintetico di *catena*, con il pref. *dis-*① ⁎ 1395] **v. tr.** ● liberare, sciogliere dalle catene

†discaunoscènza ➤ **disconoscenza**

†discavalcàre [comp. di *dis-*① e *cavalcare* ⁎ sec. XIII] **A** **v. tr.** ● gettare da cavallo **B** **v. intr.** **1** scendere da cavallo **2** staccare la bocca da fuoco dall'affusto

†discazzàre ➤ **discacciare**

†discèdere [vc. dotta, lat. *discēdere* 'allontanarsi, ritirarsi (*cēdere*) da (*dis-*)' ⁎ 1319] **v. intr.** (**aus.** *essere*) ● andare via, allontanarsi: *quando verrà per cui questa disceda?* (DANTE *Purg.* XX, 15)

discendènte o **†descendènte** **A** **part. pres. di** *discendere*; **anche agg.** ● che discende | ***corsa d.***, nelle linee urbane di trasporto, quella che va dalla periferia al centro | (*dir.*) ***linea d.***, nella parentela, rapporto intercorrente tra un soggetto e i parenti che da esso discendono (figli, nipoti, pronipoti) | (*mus.*) ***nota d.***, che va dall'acuto al basso | (*ling.*) ***dittongo d.***, il cui primo elemento è una vocale e il secondo è una semivocale (per es. *au* in *cauto*) | (*tipogr.*) ***lettera d.***, ciascuna delle lettere che hanno un'asta che discende al di sotto della riga | ***ritmo d.***, in metrica, quello dei metri e delle serie metriche che iniziano con la posizione forte | ***handicap d.***, nel galoppo, corsa in cui l'handicap dal valore massimo assegnato al cavallo migliore decresce proporzionalmente per gli altri cavalli **B** **s. m. e f.** **1** chi trae origine da qlcu. per vincoli di sangue: *gli ultimi discendenti degli Incas* **2** (*dir.*) parente in linea discendente (figlio, nipote, pronipote) **CONTR.** ascendente **C** **s. m.** ● (*astrol.*) punto che designa la cuspide tra la sesta e la settima casa astrologica

discendènza o **†descendènza** [av. 1519] **s. f.** **1** rapporto di parentela in linea discendente: *d. diretta* **2** complesso di coloro che provengono da un capostipite comune: *avere una numerosa d.* | ***d. di Adamo, d. umana***, il genere umano **3** nascita, origine: *vantare una nobile d.* | stirpe: *d. antica, illustre*

SFUMATURE ➤ ***nascita***

⬩discéndere (o *-è-*), **†descéndere** (o *-è-*) [lat. *descĕndere*, comp. di *dē-* e *scăndere* 'salire' ⁎ 1250 ca.] **A** **v. intr.** (**coniug. come** *scendere*; **aus.** *essere*) **1** scendere, andare giù: *d. dal monte, dai tetti*; *d. in un pozzo*; *d. a valle*; *Gesù Cristo discese in terra*; *Enea discese agli inferi* | †***d. in causa***, prendere le parti di uno dei contendenti | (*est., raro*) smontare da un mezzo di locomozione: *d. dal treno* | (*est.*) sbarcare, approdare: *d. da una nave* **2** digradare: *il giardino discende al mare, fino alla strada*; *le colline discendono verso il piano* | scorrere, scaturire verso il basso, detto di corso d'acqua: *il sacro Scamandro al pian discende* (G. CARDUCCI) | (*est., raro*) sfociare **3** declinare all'orizzonte, tramontare: *il sole discende* | abbassarsi: *la temperatura è discesa* **4** (*fig.*) avere origine: *d. da un'insigne schiatta*; *d. da nobile famiglia* | venire come conseguenza, derivare (+ *che*): *da tali premesse non discende nessuna conclusione*; *ne discende che hai torto* **5** (*fig., lett.*) abbandonarsi, lasciarsi andare: *in tal dolor discese / che … / fu forza a disfogarlo* (L. ARIOSTO) **B** **v. tr.** **1** scendere: *d. le scale* **2** †calare, abbassare

discenderìa [da *discendere* ⁎ 1934] **s. f.** ● galleria inclinata che collega due o più livelli di una miniera o due tunnel a livelli diversi

†discendiménto o **†descendiménto** [1309] **s. m.** ● discesa | (*fig.*) origine

discensionàle [1964] **agg.** ● (*fis.*) detto di velocità, forza, spinta, traslazione e sim. verso il basso, o di loro componente verticale

†discensióne o **†descensióne** [vc. dotta, lat. *descensiōne(m)*, da *descēnsus* 'discenso' ⁎ 1385] **s. f.** ● discesa | (*fig.*) derivazione, origine

discensìvo [da *discenso* nel senso di 'discesa' ⁎ av. 1673] **agg.** ● che tende a discendere: *moto d.*

†discènso o **†descènso** [vc. dotta, lat. *descēnsu(m)*, part. pass. di *descĕndere* 'discendere' ⁎ av. 1328] **s. m.** **1** discesa **2** discendenza

discensóre o **†descensóre** [da *discenso* nel senso di 'discesa' e 'discendenza' ⁎ 1395] **s. m.** **1** †chi discende **2** nell'alpinismo, piccolo attrezzo agganciato alla vita dello scalatore che, facendo attrito sulle corde, ne frena la discesa

⁂discènte [lat. *discĕnte(m)*, part. pres. di *dĭscere* 'imparare' ⁎ sec. XIII] **A** **s. m. e f.** ● (*lett.*) chi impara | discepolo, scolaro **B** **anche agg.** ● (*raro, lett.*) che impara: *uditori non discenti alle lezioni* (G. CARDUCCI) | ***Chiesa d.***, l'insieme dei fedeli che imparano le verità di fede

discentraménto [1879] **s. m.** ● (*disus.*) decentramento

discentràre [comp. di *dis-*① e *centrare* ⁎ 1869] **A** **v. tr.** (*io discèntro* (o *-é-*)) **1** (*disus.*) togliere dal centro **2** (*disus.*) decentrare **B** **discentràrsi** **v. intr. pron.** ● (*disus.*) spostarsi dal centro

†discepolàggio [sec. XIV] **s. m.** ● condizione di discepolo

discepolànza [da *discepolo* ⁎ 1949] **s. f.** ● (*raro, lett.*) discepolato: *il rapporto di d. tra i due si capovolse* (I. CALVINO)

discepolàto [vc. dotta, lat. tardo *discipulātu(m)*, da *discĭpulus* 'discepolo' ⁎ av. 1342] **s. m.** ● (*raro*) stato, condizione di discepolo | il periodo trascorso come discepolo | †apprendistato

⬩discépolo (o *-è-*) o **†discìpulo** [vc. dotta, lat. *discĭpulu(m)*, da *dĭscere* 'imparare' ⁎ 1261 ca.] **s. m.** (**f.** *-a*) **1** chi studia sotto la guida e alla scuola di un maestro **SIN.** allievo, alunno, scolaro **2** ciascuno degli Apostoli e degli altri convertiti che seguirono Gesù e predicarono la sua dottrina **3** (*est.*) chi segue l'insegnamento di un maestro famoso, anche in tempi posteriori: *i moderni discepoli di Kant* | seguace: *un d. di Aristotele* **4** †apprendista, garzone di bottega

SFUMATURE ➤ ***seguace***

†discernènza [av. 1294] **s. f.** ● conoscenza

⁂discèrnere [vc. dotta, lat. *discĕrnere* 'scegliere (*cĕrnere*) separando (*dis-*)' ⁎ 1261 ca.] **v. tr.** (**pass. rem.** *io discernéi*, *†discèrsi*, *tu discernésti*; **part. pass.** *†discernùto*, *†discrèto*) **1** (*lett.*) vedere distintamente: *d. una luce nel buio* | (*est.*) riconoscere: *d. fra tanti un viso conosciuto*; *ragione e giudicio a d. e fuggire la disonestà* (L.B. ALBERTI) **2** differenziare, distinguere: *d. il bene dal male* | (*est., raro*) scegliere **3** †giudicare **4** †far conoscere

†discernévole [1336 ca.] **agg.** **1** apprezzabile **2** perspicace

discernìbile [vc. dotta, lat. tardo *discernĭbile(m)*, da *discĕrnere* 'discernere' ⁎ av. 1583] **agg.** ● che si può discernere ‖ **discernibilménte**, **avv.** (*raro*) in modo da potersi discernere, distinguere

discerniménto [1268] **s. m.** **1** capacità di giudicare rettamente: *essere privo, mancare di d.*; *persona di poco, di molto, di sottile d.*; *avere l'età del d.*; *agire con d.* **SIN.** giudizio, senno **2** †distinzione, diversità

SFUMATURE ➤ ***giudizio***

†discernìre [1483] **v. tr.** ● discernere

†discernitìvo [1395] **agg.** ● che consente di discernere

discernitóre [1354] **s. m.** (**f.** *-trice*); **anche agg.** ● (*raro*) chi (o che) discerne

†discèrpere [vc. dotta, lat. *discĕrpere* 'prendere, strappare (*cărpere*) di qua e di là (*dis-*)' ⁎ av.

a b c d e f g h i j k l m n o p q r s t u v w x y z

1327] v. tr. ● lacerare, stracciare

♦**discésa** (o -ṣa) [da *disceso* ✻ av. 1347] s. f. **1** il discendere; lo scendere | movimento verso il basso: *d. dai monti, da cavallo* | (*fig.*) diminuzione, calo: *d. dell'inflazione* | calata, invasione: *la d. dei barbari* | ***d. libera***, (*ellitt.*) ***libera***, nello sci, gara senza percorso obbligato tra la partenza e l'arrivo, salvo il passaggio tra eventuali porte di controllo | ***d. obbligata***, nello sci, quella in cui a ogni porta corrisponde un cambio di direzione, come nello slalom, slalom gigante e supergigante **2** china, pendio: *d. dolce, ripida; dopo il passo c'è una lunga d.* | ***in d.***, che scende; (*fig.*) facile, agevole: *una strada in d.; la trattativa è ormai in d.* CONTR. salita **3** nel calcio e sim., azione veloce d'attacco verso la porta avversaria **4** (*elettr.*) ***d. d'antenna***, conduttore, generalmente radiofonico o televisivo ricevente **5** (*lett., fig.*) decadenza, scadimento || **discesìna**, dim. | **discesóna**, accr. | **discesóne**, accr. m.

discesìṣmo (o -eṣi-) [1942] s. m. ● specialità delle prove sportive di discesa con gli sci

discesìsta (o -eṣi-) [1935] s. m. e f. (pl. m. -*i*) ● specialista nelle gare di discesa libera con gli sci | corridore ciclista particolarmente abile nelle discese

discéso (o -ṣo) part. pass. di *discendere*; anche agg. ● nei sign. del v.

♦**discettàre** [vc. dotta, lat. *disceptāre* 'cercare di prendere (*captāre*), scartando (*dis-*) gli elementi superflui' ✻ 1321] **A** v. tr. (*io discètto*) **1** (*lett.* o *iron.*) discutere, trattare, esaminare **2** †sopraffare | †disperdere: *come subito lampo che discetti / li spiriti visivi* (DANTE) **B** v. intr. (aus. *avere*) ● discutere, argomentare, spesso ostentando eloquenza, saccenteria o sim.: *d. su* (o *di*) *qlco.*

discettatóre [vc. dotta, lat. *disceptatōre(m)*, da *disceptāre* 'discettare' ✻ sec. XVI] s. m. (f. -*trice*) ● (*lett.*) chi discetta

discettazióne [vc. dotta, lat. *disceptatiōne(m)*, da *disceptāre* 'discettare' ✻ av. 1363] s. f. ● (*lett.*) ampia trattazione di un argomento | †disputa, contesa

†**disceveraménto** [sec. XIV] s. m. ● separazione

†**disceverànza** [sec. XIII] s. f. ● separazione

†**disceveràre** o †**discevràre** [lat. parl. *dis*seperāre*, comp. di *dis-*① e *seperāre*, var. di *separare* ✻ av. 1292] v. tr. ● sceverare, separare

†**dischernìre** [comp. di *di-*① e *schernire* ✻ 1340 ca.] v. tr. ● schernire

†**dischétto**① ➤ **deschetto**

dischétto② [1953] s. m. **1** dim. di *disco* **2** nel calcio, segno circolare sul terreno di gioco, a 11 metri dalla porta, che indica il punto su cui deve essere posto il pallone per il calcio di rigore **3** (*ferr.*) segnale di deviatoio **4** (*inform.*) disco magnetico in materiale plastico, contenuto in una custodia protettiva, per la registrazione di dati SIN. disco flessibile, floppy disk, minidisco || **dischettìno**, dim.

†**dischiaràre** [comp. di *dis-*① e *chiaro* ✻ av. 1292] v. tr. **1** illuminare | (*fig.*) chiarire, spiegare **2** purificare, chiarificare

†**dischiattàre** [comp. di *di(s)-*① e *schiatta* ✻ 1313] v. intr. ● tralignare, degenerare

dischiavacciàre [comp. di *dis-*① e *chiavaccio* ✻ 1816] **A** v. tr. (pres. *io dischiavàccio*; fut. *io dischiavaccerò*) ● (*lett.*) aprire levando il chiavaccio **B** **dischiavacciàrsi** v. intr. pron. ● (*lett., fig.*) aprirsi, schiudersi, disserrarsi

†**dischiavàre**① [comp. di *dis-*① e *chiavare* nel senso di 'inchiodare' ✻ 1321] **A** v. tr. ● schiodare **B** †**dischiavàrsi** v. intr. pron. ● staccarsi con forza

†**dischiavàre**② [comp. di *dis-*① e *chiave* ✻ av. 1557] v. tr. ● aprire con la chiave

†**dischiavàre**③ [comp. di *di(s)-*① e *schiavo* ✻ 1618] v. tr. ● liberare da schiavitù

†**dischièdere** [comp. di *dis-*① e *chiedere* ✻ av. 1729] v. tr. ● rifiutare

†**dischieràre** [comp. di *di(s)-*① e *schierare* ✻ 1292] **A** v. tr. ● fare uscire dalla schiera | (*fig.*) separare **B** †**dischieràrsi** v. intr. pron. ● uscire dalla schiera

†**dischiodàre** [comp. di *dis-*① e *chiodo* ✻ 1534] v. tr. ● schiodare

dischiomàre [comp. di *dis-*① e *chioma* ✻ 1313] v. tr. (*io dischiòmo*) **1** †privare dei capelli strappandoli: *Perché tu mi dischiomi, / né ti dirò ch'io sia, né mosterrolti, / se mille fiate in sul capo mi tomi* (DANTE *Inf.* XXXII, 100-102) **2** (*lett.*) sfrondare

dischiùdere [lat. *disclūdere*, comp. di *dis-*① e *clāudere* 'chiudere' ✻ 1260 ca.] **A** v. tr. (coniug. come *chiudere*) **1** (*lett.*) aprire, schiudere: *d. la bocca, gli occhi, le dita* **2** (*fig., lett.*) scoprire, svelare, manifestare: *La prova che 'l ver mi dischiude* (DANTE *Par.* XXIV, 100) **3** †escludere, rimuovere **4** †emettere, mandar fuori | far scaturire (*anche fig.*) **B** **dischiùdersi** v. intr. pron. ● (*lett.*) aprirsi: *la porta si dischiuse*

†**dischiumàre** [comp. di *dis-*① e *schiuma* ✻ sec. XIV] v. tr. ● togliere la schiuma

dischiùso (o -ṣo) part. pass. di *dischiudere*; anche agg. ● (*lett.*) parzialmente aperto

†**disciferàre** ➤ †**discifrare**

discifórme [comp. del lat. *dĭsci*, genit. di *dĭscus* 'disco' e *-forme* ✻ 1869] agg. ● (*bot.*) che ha forma di disco

†**discifràre** o †**disciferàre** [comp. di *dis-*① e *cifrare* ✻ av. 1568] v. tr. ● decifrare | (*est.*) chiarire

†**discigliàre** [comp. parasintetico di *ciglia*, con il pref. *dis-*① ✻ av. 1306] v. tr. ● scucire le ciglia al falcone da caccia CONTR. accigliare

†**discìgnere** ➤ **discingere**

†**discìndere** [vc. dotta, lat. *discĭndere*, comp. di *dis-*① e *scĭndere* 'scindere' ✻ 1319] v. tr. ● scindere, fendere, squarciare

discineṣìa /diʃʃine'zia, distʃi-/ [comp. di *dis-*① e del gr. *kínēsis* 'movimento' ✻ 1820] s. f. ● (*med.*) mancanza di coordinazione nel ritmo e nell'intensità dei movimenti muscolari volontari o involontari

discinètico /diʃʃi'nɛtiko, distʃi-/ [1931] **A** agg. (pl. m. -*ci*) ● (*med.*) relativo a discinesia **B** agg. e s. m. (f. -*a*) ● (*med.*) che (o chi) è affetto da discinesia: *bambino d.; ospedale per discinetici*

discìngere o †**discìgnere** [vc. dotta, lat. *discĭngere*, comp. di *dis-*① e *cĭngere* 'cingere' ✻ sec. XIII] **A** v. tr. (coniug. come *cingere*) ● (*lett.*) togliere dal fianco ciò che lo cinge: *d. la spada* | (*est., raro, lett.*) liberare da ciò che lega, cinge, o sim. **B** **discìngersi** v. rifl. ● †sciogliersi le vesti

discìnto [vc. dotta, lat. *discĭnctu(m)*, part. pass. di *discĭngere* 'discingere' ✻ av. 1292] agg. **1** di persona che è vestita in modo succinto e scomposto: *apparve tutta discinta* | di abito succinto o (*raro*) privo di cintura, slacciato: *con le vesti discinte; quella vestaglia eternamente discinta* (A. MORAVIA) **2** (*lett.*) vestito miseramente: *levata era a filar la vecchierella, / discinta e scalza* (F. PETRARCA)

disciògliere o †**disciòrre** [comp. di *di(s)-*① e *sciogliere* ✻ av. 1294] **A** v. tr. (coniug. come *sciogliere*) **1** (*lett.*) disfare ciò che lega, stringe, ferma e sim. (*anche fig.*): *d. i capelli* | (*est.*) liberare da lacci, da legami (*anche fig.*): *d. una borsa; d. le membra* | (*raro*) spiegare, risolvere: *d. un enigma* **2** (*lett.*) separare, distaccare | †spezzare, rompere, distruggere **3** ridurre allo stato liquido: *il calore discioglie la neve* | stemperare: *d. una polvere nel latte, una compressa in un po' d'acqua* **B** **disciògliersi** v. intr. pron. ● sciogliersi, liquefarsi: *il ferro si discioglie col fuoco* **C** **disciògliersi** v. rifl. ● (*lett.*) liberarsi da ciò che lega, stringe e sim. (*anche fig.*)

†**discioglièvole** [av. 1673] agg. **1** che si può sciogliere **2** (*fig.*) confutabile

†**discioglimènto** [sec. XIV] s. m. ● (*raro*) scioglimento

†**discioglitóre** [1657] s. m. (f. -*trice*); anche agg. ● chi (o che) discioglie (*spec. fig.*)

disciòlto part. pass. di *disciogliere*; anche agg. **1** sciolto **2** †***terreno d.***, facile da lavorare || **disciolataménte**, avv. **1** †scioltamente **2** (*fig.*) sfrenatamente; dissolutamente

†**disciolтùra** [1528] s. f. ● scioglimento | sveltezza, scioltezza, agilità

†**disciòrre** ➤ **disciogliere**

†**discipàre** e deriv. ➤ **dissipare** e deriv.

†**discipitézza** [da *discipito* ✻ sec. XIV] s. f. ● scipitezza

†**discipito** [da *scipito* con *di-*① (?) ✻ sec. XIV] agg. ● scipito

♦**disciplìna** o (*raro, roman.*) †**disciprìna** [vc. dotta, lat. *disciplīna(m)*, originariamente 'insegnamento, educazione', da *dĭscere* 'imparare' ✻ 1268] s. f. **1** (*lett.*) insegnamento, ammaestramento (*anche fig.*): *la d. del sacrificio* **2** materia di studio e d'insegnamento: *discipline giuridiche, filosofiche, artistiche* | (*est.*) ramo del sapere; settore, branca di una scienza: *essere dotto in varie discipline* | settore di attività sportive: *le discipline della corsa, della marcia e dei salti* | ***discipline nordiche***, le gare di sci nordico (V. *sci* nel sign. 2) | †perizia, maestria **3** complesso di norme che regolano rigorosamente il comportamento di un individuo, di un gruppo di individui o di un ente: *d. di partito, scolastica, morale*; *mantenere la d.*; *d. militare* | (*est.*) obbedienza a tali norme: *imporsi la d.* | ***tenere la d.***, farla osservare | (*dir.*) complesso di precetti giuridici riguardanti un determinato settore dell'ordinamento giuridico: *d. civilistica*; *d. del collocamento* | (*relig.*) regolamento che riguarda il governo e i riti della Chiesa o di un ordine religioso **4** †mazzo di funicelle con nodi, usato un tempo, in alcuni ordini religiosi, per la flagellazione penitenziale | (*lett.*) correzione, pena, castigo **5** pianta erbacea delle Poligonacee con fiori rossi raccolti in fitte spighe (*Polygonum orientale*)

disciplinàbile [vc. dotta, lat. tardo *disciplinābile(m)*, da *disciplīna* 'disciplina' ✻ 1468] agg. ● che si può disciplinare | che si può assoggettare alla disciplina: *truppa d.* || **disciplinabilità**, s. f. inv.

disciplinàle [1354] agg. ● relativo a disciplina

disciplinaménto [1869] s. m. ● (*raro*) sottomissione a una disciplina

disciplinàre① o (*raro, roman.*) †**disciprinàre** [da *disciplina* ✻ 1300 ca.] **A** v. tr. **1** †ammaestrare, erudire, insegnare | ammaestrare un animale **2** sottoporre, assuefare alla disciplina: *d. una scolaresca irrequieta, un battaglione di soldati* **3** (*dir.*) regolare con norme di condotta: *d. con leggi la materia sanitaria* | (*est.*) regolare secondo determinate norme, principi, sistemi e sim.: *d. il traffico dei veicoli* | (*fig.*) frenare, controllare: *d. i propri istinti* **4** †percuotere con la disciplina, flagellare: *d. il corpo* | (*est.*) †castigare, punire **B** **disciplinàrsi** v. rifl. ● imporsi una disciplina: *disciplinarsi con la volontà*

disciplinàre② [vc. dotta, lat. tardo *disciplināre(m)*, da *disciplīna* 'disciplina' ✱ 1569] **A agg. 1** relativo alla disciplina: *provvedimento d.* | ***potere d.***, potere, del datore di lavoro o del superiore gerarchico, di infliggere sanzioni **2** che concerne una materia di studio o di insegnamento | che è basato sulle singole materie: *organizzazione d. della didattica* **CFR.** interdisciplinare, multidisciplinare ‖ **disciplinarménte**, **avv.** da un punto di vista disciplinare; con mezzi disciplinari ‖ **disciplinarità**, (*evit.*) **disciplinarietà**, **s. f. inv.** impostazione didattica basata sull'approfondimento separato di ogni disciplina **CFR.** interdisciplinarità **B s. m. 1** (*dir.*) capitolato d'oneri **2** documento contenente le modalità di svolgimento di un'attività o le caratteristiche di un prodotto: *d. di vendita*; *d. del vino Barolo*

†**disciplinàta** [av. 1694] **s. f.** ● colpo dato con la disciplina, con il flagello

disciplinatézza [1862] **s. f.** ● (*raro*) caratteristica di chi (o di ciò che) è disciplinato

disciplinàto A part. pass. di *disciplinare*①; anche **agg. 1** che osserva la disciplina: *un alunno d.* **2** che si svolge con ordine, col rispetto delle norme stabilite: *traffico intenso ma d.* ‖ **disciplinataménte**, **avv.** secondo le regole della disciplina: *comportarsi disciplinatamente* **B s. m.** ● membro delle compagnie religiose o laiche che praticavano, nel XIII sec., la flagellazione penitenziale e l'ascesi pubblica **SIN.** flagellante

disciplinatóre [1478] **s. m.** (**f.** *-trice*); anche **agg.** ● (*raro, lett.*) chi (o che) disciplina

†**disciplinévole** [var. pop. di *disciplinabile* ✱ av. 1406] **agg.** ● disciplinabile

†**disciprìna** ➤ **disciplina**

†**disciprinàre** ➤ **disciplinare**①

†**discìpulo** ➤ **discepolo**

discissióne [vc. dotta, lat. *discissiōne(m)*, da *discĭssus*, part. pass. di *discĭndere* '†discindere' ✱ 1385] **s. f.** ● (*med.*) separazione, dissezione

†**discìsso part. pass.** di †*discindere*; anche **agg.** ● (*lett.*) squarciato, spaccato

disc jòckey /disk'dʒɔki, *ingl.* 'dɪsk,dʒɒkɪ/ [loc. dell'ingl. d'America, propr. 'fantino del disco' (V. *jockey*) ✱ 1956] **loc. sost. m. e f. inv.** (**pl. ingl.** *disc jockeys*) ● chi seleziona e presenta dischi di musica leggera in trasmissioni radiofoniche e televisive o nelle discoteche; in sigla DJ

disclaimer /*ingl.* dɪs'kleɪmə(r)/ [vc. ingl., propr. 'disconoscimento', dal v. *to disclaim* 'non riconoscere', in anglo-normanno *desclaimer* ✱ 1987] **s. m. inv.** ● clausola con la quale si rifiutano eventuali responsabilità legali, spec. apposta in calce a messaggi di posta elettronica

♦**dìsco**① [vc. dotta, lat. *dĭscu(m)*, dal gr. *dískos*, deriv. di *dikêin* 'gettare', di etim. incerta ✱ av. 1333] **s. m.** (**pl.** *-schi*) **1** corpo piatto di forma circolare: *un d. metallico*; *un d. di cartone* | ***d. combinatore***, negli apparecchi telefonici, disco rotante con il quale vengono inviati gli impulsi elettrici per la formazione del numero desiderato | ***d. dell'elica***, porzione circolare di un piano delimitata dalle estremità delle pale in rotazione | (*inform.*) ***d. magnetico***, disco con la superficie magnetizzabile, che fa da supporto per il trattamento e l'archiviazione dei dati | (*inform.*) ***d. rigido, fisso***, dispositivo costituito da una pila di dischi magnetici, gener. metallici e sigillati all'interno di un contenitore, dotato di un dispositivo di lettura e scrittura **SIN.** hard disk | ***d. flessibile***, dischetto | ***d. ottico, d. a lettura ottica***, compact disc | ***d. volante***, veicolo aereo o spaziale di forma appiattita di cui sarebbero stati avvistati parecchi esemplari e al quale si attribuisce provenienza extraterrestre | ***d. orario***, V. *orario* nel sign. A 1 | ***zona d.***, V. *zona* nel sign. 5 **2** (*anat.*) anello fibroso interposto fra due capi articolari | ***ernia del, al d.***, lussazione di un disco compreso fra due corpi vertebrali **3** piastra circolare, sottile, in materiale termoplastico, in cui sono registrate informazioni sonore sotto forma di un solco: *d. fonografico*, *d. ottico* | ***d. microsolco***, V. *microsolco* | ***cambiare d.***, (*fig.*) cambiare argomento di discorso | (*est.*) ciò che è inciso sul disco: *ascoltare un d. di rock* **4** attrezzo circolare a forma biconvessa, un tempo in pietra o metallo, ora di legno con centro metallico e orlo assottigliato e rivestito di lamina, che si lancia in gare di atletica: *lancio del d.* | (*est., ellitt.*) la specialità stessa | piastra di gomma dura usata nell'hockey su ghiaccio | nel sollevamento pesi, piastra forata di vario peso e materiale da applicare al bilanciere **5** il cerchio secondo il quale appaiono alcuni astri: *d. solare, lunare, planetario* **6** segnale meccanico spec. ferroviario, basato sulla rotazione di una lama circolare di colore verde o rosso (per indicare via libera o stop); oggi sostituito dal semaforo | ***d. verde***, (*fig.*) via libera, assenza di ostacoli al compimento o al proseguimento di un'azione | ***d. rosso***, (*fig.*) ostacolo, impedimento **7** (*bot.*) ***d. del capolino***, la parte centrale dell'infiorescenza delle Composite che porta i fiori tubulosi e ha margine circolare | ***d. fiorale***, la modificazione in alcuni fiori di una parte del ricettacolo ‖ **dischétto**, **dim.** (V.)

dìsco② [1981] **s. f. inv. 1** accorc. di *disco-music* **2** accorc. di *disco-dance* **3** accorc. di *discoteca*

discòbolo [vc. dotta, lat. *discŏbolu(m)*, dal gr. *diskobólos*, comp. di *dískos* 'disco' e del v. *bállein* 'lanciare' ✱ 1631] **s. m.** (**f.** *-a*) ● nell'atletica antica e moderna, lanciatore di disco

†**discoccàre** [comp. di *dis-*① e *cocca*③ ✱ 1308] **v. tr. e intr.** ● (*lett.*) scoccare

disco-dance /disko'dɛns, *ingl.* 'dɪskəʊ,dæns/ [comp. di *disco* e dell'ingl. *dance* 'ballo, danza' ✱ 1983] **s. f. inv.** ● ballo da discoteca

discòfilo [comp. di *disco* nel sign. 3 e *-filo* ✱ 1942] **s. m.** (**f.** *-a*) ● chi è appassionato di dischi di musica e ne fa raccolta

Discòfori [1956] **s. m. pl.** (**sing.** *-o*) ● (*zool.*) Irudinei

discòforo [vc. dotta, lat. tardo *discŏphoru(m)*, dal gr. *diskophóros* 'colui che porta (dal v. *phérein*) un disco (*dískos*)' ✱ 1956] **s. m.** ● nella statuaria classica, atleta che porta un disco

discoglòsso [vc. dotta, comp. del gr. *dískos* 'disco' e *-glosso* ✱ 1956] **s. m.** ● anfibio anuro simile alla rana con lingua non protrattile a forma discoidale (*Discoglossus pictus*)

discografìa [comp. di *disco* nel sign. 3 e *-grafia* ✱ 1963] **s. f. 1** tecnica di registrazione sonora su dischi musicali | produzione di dischi musicali **2** elenco o catalogo di dischi o compact disc relativi a un autore, un'opera o un esecutore

discogràfico [1963] **A agg.** (**pl. m.** *-ci*) ● relativo a discografia o disco musicale: *registrazione discografica*; *casa discografica* **B s. m.** (**f.** *-a*) **1** chi lavora nell'industria del disco **2** industriale del disco

†**discoiàre** ➤ †**discuoiare**

discoidàle [1906] **agg.** ● che ha forma di disco

discòide [vc. dotta, gr. *diskoeidḗs* 'che ha la forma (*êidos*) di un disco (*dískos*)' ✱ 1820] **A agg.** ● discoidale **B s. m.** ● compressa medicinale in forma di piccolo disco

discoidèo [1835] **agg.** ● discoidale

discoleggiàre [da *discolo* ✱ 1858] **v. intr.** (**pres.** *io discoléggio*; **fut.** *io discoleggerò*; **aus.** *avere*) ● (*disus.*) comportarsi da discolo

discolìa [comp. di *dis-*① e del gr. *cholḗ* 'bile', di orig. indeur. ✱ 1830] **s. f.** ● (*med.*) alterazione nella composizione della bile

discolìbro [comp. di *disco* e *libro* ✱ 1965] **s. m.** (**pl.** *discolibri* o *dischilibri*) ● libro corredato di uno o più dischi a complemento del testo scritto

†**discollàto** [comp. di *dis-*① e *(ac)collato* ✱ sec. XIV] **agg.** ● aperto sul collo

†**discollegànza** [av. 1642] **s. f.** ● disunione, sconnessione

discollegàre [comp. di *dis-*① e *collegare* ✱ av. 1537] **v. tr.** (*io discollégo, tu discolléghi*) ● sconnettere, disunire

♣**dìscolo** [vc. dotta, lat. tardo *dȳscolu(m)*, dal gr. *dýskolos* 'difficile, spiacevole', opposto a *éukolos* 'facile', di etim. incerta ✱ 1374] **A agg. e s. m.** (**f.** *-a*) **1** (*raro, disus.*) che (o chi) ha costumi riprovevoli, conduce vita scapestrata e sim.: *uomini discoli* **2** (*est.*) che (o chi) si dimostra eccessivamente vivace, insofferente alla disciplina e sim.: *ragazzo d.*; *un gruppo di discoli* **B agg. 1** †difficile a contentare **2** †rozzo, illetterato: *io … come uomo d. e grosso, mi proposi di scrivere la presente opera* (F. SACCHETTI) ‖ **discolàccio**, **pegg.** | **discolétto**, **dim.**

†**discoloraménto** [1525] **s. m.** ● scoloramento

discoloràre [comp. di *dis-*① e *colorare* ✱ 1319] **A v. tr.** (*io discolóro*) ● (*lett.*) privare del colore o attenuarne l'intensità **B discoloràrsi v. intr. pron.** ● (*lett.*) perdere il colore | impallidire

†**discolorazióne** [sec. XIV] **s. f.** ● mancanza di colore | pallore

†**discolorìre** [comp. di *dis-*① e *colorire* ✱ 1294] **v. tr. e intr.** ● scolorire

discólpa [da *discolpare* ✱ av. 1604] **s. f.** ● dimostrazione che libera o tende a liberare da una colpa: *la sua d. non è stata accettata* | giustificazione, scusa: *ciò che ha fatto non ha alcuna d.*; *testimonianze a d. di qlcu.*; *non ha nulla da dire a* (o *raro in*) *sua d.*

SFUMATURE ➤ *scusa*

discolpàre [comp. parasintetico di *colpa* col pref. *dis-*① ✱ 1319] **A v. tr.** (*io discólpo*) ● difendere da un'accusa o da un sospetto dimostrando la mancanza di colpa (+ *da*): *l'ignoranza non ti discolpa*; *lo discolparono dal l'accusa di aver rubato* **SIN.** giustificare, scagionare **B discolpàrsi v. rifl.** ● giustificarsi, difendersi da un'accusa (+ *da*, + *di* anche seguito da **inf.**): *discolparsi da un crimine, da un'infamia*; *si è discolpato di tutto*; *si discolpò di avere disobbedito*

†**discolpazióne** [1619] **s. f.** ● discolpa

†**discómbere** o †**discùmbere** [vc. dotta, lat. *discŭmbere*, comp. di *dis-* nel senso di 'attraverso', rafforz. del v. non attestato *cŭmbere* 'giacere' ✱ av. 1369] **v. intr.** ● sedere a mensa

disco mix /disko'miks, *ingl.* 'dɪskəʊ,mɪks/ [loc. ingl., comp. di *disco* 'discoteca' e *mix* 'mescolanza' ✱ 1992] **loc. sost. m. inv.** (**pl. ingl.** *disco mixes*) ● disco prodotto per le discoteche contenente brani missati con speciali effetti sonori

†**discomésso part. pass.** di *discommettere*; anche **agg.** ● nei sign. del v.

†**discomméttere** [comp. di *dis-*① e *commettere* 'mettere insieme, unire' ✱ av. 1715] **v. tr.** (**coniug. come** *mettere*) ● sconnettere

†**discomodàre** [da *discomodo* ✱ av. 1595] **A v. tr.** ● scomodare **B** †**discomodàrsi v. rifl.** ● scomodarsi

†**discomodità** [av. 1595] **s. f.** ● scomodità, disagio

†**discòmodo** [comp. di *dis-*① e *comodo*② ✱ av. 1494] **s. m.** ● incomodo, disagio

†**discompagnàbile** [av. 1729] **agg.** ● separabile

d

discompagnàre [comp. di *dis-*① e *compagno* ✱ 1308] **A** v. tr. (coniug. come *segnare*) ● (*raro, lett.*) scompagnare, disgiungere, cose o persone solitamente unite **B** **discompagnàrsi** v. intr. pron. ● (*raro, lett.*) separarsi

†**discomponiménto** [comp. di *dis-*① e *componimento* ✱ 1614] s. m. ● disfacimento

†**discompórre** [comp. di *dis-*① e *comporre* ✱ 1628] v. tr. (coniug. come *porre*) ● disfare, scomporre, separare: *d. un tutto, le parti di un tutto* | (*fig.*) turbare, agitare: *d. l'armonia*

†**discompósto** part. pass. di *discomporre*; anche agg. ● nei sign. del v.

disco-music /disko'mjuzik, *ingl.* 'dɪskəʊ-ˌmjuːzɪk/ [comp. di *disco* e dell'ingl. *music* 'musica' ✱ 1979] s. f. inv. ● tipo di musica leggera in voga dalla seconda metà degli anni '70 del Novecento, caratterizzata da una base sonora dirompente che la rende adatta a essere suonata e ballata nelle discoteche

†**disconcertàre** [comp. di *dis-*① e *concertare* ✱ 1628] **A** v. tr. ● sconvolgere, turbare **B** †**disconcertàrsi** v. intr. pron. **1** perdere l'equilibrio **2** (*fig.*) turbarsi

†**disconcèrto** [1614] s. m. ● disordine, disarmonia

†**disconchiùdere** ➤ †**disconcludere**

†**disconchiùso** ➤ †**disconcluso**

†**disconciàre** [comp. di *dis-*① e *conciare* ✱ av. 1313] v. tr. ● sconciare, guastare, danneggiare

†**discóncio** [da *disconci(at)o*, part. pass. di *disconciare* ✱ 1268] **A** agg. (pl. f. *-ce*) ● scomposto, disacconcio | non conveniente: *comportarsi in modo d.* | deforme, malconcio | turpe, sconcio: *i rei appetiti e le disconce voglie* (D. BARTOLI) ‖ †**disconciaménte**, avv. sconciamente **B** s. m. **1** disagio **2** danno, aggravio

†**disconcità** o †**disconcitàde**, †**disconcitàte** [sec. XIV] s. f. ● sconcezza

†**disconclùdere** o †**disconchiùdere** [comp. di *dis-*① e *concludere* ✱ av. 1588] v. tr. ● mandare a monte: *d. un contratto*

†**disconclùso** (o -*ṣo*) o †**disconchiùso** part. pass. di †*disconcludere*; anche agg. ● nei sign. del v.

†**disconcòrdia** [sec. XIII] s. f. ● discordia

†**disconfacévole** [av. 1625] agg. ● che non si addice

†**disconfàrsi** [comp. di *dis-*① e *confarsi* ✱ av. 1673] v. intr. pron. (difett. del part. pass. e dei tempi composti, coniug. come *fare*) ● non confarsi, non convenire

disconfermàre [comp. di *dis-*① e *confermare* ✱ 1993] v. tr. (*io disconférmo*) ● (*psicol.*) negare la propria identità nei rapporti con gli altri

†**disconfessàre** [comp. di *dis-*① e *confessare* ✱ 1308] v. tr. **1** astenersi dal confessare, dal rivelare **2** negare, sconfessare

†**disconfidànza** [1657] s. f. ● diffidenza

†**disconfidàrsi** [comp. di *dis-*① e *confidarsi* ✱ sec. XV] v. intr. pron. ● diffidare, sconfidare

†**disconfidènte** [av. 1667] agg. ● diffidente

†**disconfidènza** [sec. XIV] s. f. ● diffidenza

†**disconfìggere** [da *sconfiggere* con sostituzione di pref. rafforzativo ✱ 1293 ca.] v. tr. ● sconfiggere | distruggere

†**disconfìtta** [sec. XIII] s. f. ● sconfitta

†**disconfìtto** part. pass. di †*disconfiggere*; anche agg. ● nei sign. del v.

disconformazióne [1958] s. f. ● (*raro, lett.*) mancanza di conformità

†**disconfórme** [comp. di *dis-*① e *conforme* ✱ av. 1334] agg. ● non conforme

†**disconfortànza** [av. 1276] s. f. ● sconforto

†**disconfortàre** [comp. di *dis-*① e *confortare* ✱ 1261 ca.] **A** v. tr. **1** sgomentare, sconfortare **2** dissuadere, distogliere, sconsigliare **B** †**disconfortàrsi** v. intr. pron. ● perdersi d'animo

†**disconfòrto** [1261 ca.] s. m. ● sconforto: *se tu me lasci a tal guisa morire, / ancor n'avrai gran pena e d.* (M.M. BOIARDO)

†**discongiùgnere** e deriv. ➤ †**discongiungere** e deriv.

†**discongiùngere** o †**discongiùgnere** [comp. di *dis-*① e *congiungere* ✱ av. 1628] v. tr. ● disgiungere, separare

†**discongiungiménto** o †**discongiugniménto** [av. 1729] s. m. ● disgiungimento

†**discongiùnto** part. pass. di †*discongiungere*; anche agg. ● nei sign. del v.

disconnessióne [1956] s. f. ● il disconnettere | (*tel.*) interruzione di un collegamento

disconnèsso (o -*é*-) part. pass. di *disconnettere*; anche agg. ● nei sign. del v.

disconnèttere (o -*é*-) [comp. di *dis-*① e *connettere* ✱ 1956] **A** v. tr. (coniug. come *connettere*) **1** (*lett.*) separare ciò che è connesso, unito **2** (*tel.*) togliere un collegamento **B** **disconnèttersi** v. rifl. ● scollegarsi: *disconnettersi da Internet*

disconoscènte part. pres. di *disconoscere*; anche agg. ● (*lett.*) che non sente riconoscenza SIN. ingrato

disconoscènza o †**discaunoscènza** [av. 1250] s. f. **1** (*lett.*) ingratitudine **2** †ignoranza

disconóscere [comp. di *dis-*① e *conoscere* ✱ 1314] v. tr. (coniug. come *conoscere*) **1** rifiutarsi di riconoscere | ***d. una scrittura***, negarne l'autenticità | (*dir.*) ***d. un figlio***, proporre azione di disconoscimento della paternità **2** non mostrarsi grato di qlco.: *d. i benefici ricevuti*

disconosciménto [av. 1855] s. m. ● il disconoscere | (*dir.*) ***azione di d. della paternità***, concessa al presunto padre, alla madre e al figlio divenuto maggiorenne per vincere la presunzione di paternità che la legge attribuisce al marito

disconosciùto part. pass. di *disconoscere*; anche agg. **1** (*raro*) nei sign. del v. **2** misconosciuto

†**disconsentiménto** [sec. XIV] s. m. ● dissenso

†**disconsentìre** [comp. di *dis-*① e *consentire* ✱ sec. XIV] v. intr. ● dissentire

†**disconsenziènte** part. pres. di *disconsentire*; anche agg. ● nei sign. del v.

†**disconsideràre** [comp. di *dis-*① e *considerare* ✱ av. 1729] v. tr. ● non considerare

†**disconsigliaménto** [sec. XIV] s. m. ● dissuasione

†**disconsigliàre** [comp. di *dis-*① e *consigliare* ✱ 1268] v. tr. ● sconsigliare, dissuadere

†**disconsigliatóre** [sec. XIV] s. m. (f. *-trice*); anche agg. ● chi (o che) disconsiglia

†**disconsolàre** [comp. di *dis-*① e *consolare*① ✱ av. 1389] v. tr. ● addolorare, sconfortare

†**discontentaménto** [1583] s. m. ● (*raro*) scontentezza

†**discontentàre** [da *discontento* ✱ av. 1729] v. tr. ● scontentare

†**discontentézza** [1545] s. f. ● scontentezza, infelicità

†**discontènto** [comp. di *dis-*① e *contento* ✱ 1340] agg. ● scontento, insoddisfatto

†**discontìnovo** e deriv. ➤ **discontinuo** e deriv.

†**discontinuàre** [comp. di *dis-*① e *continuare* ✱ 1308] **A** v. tr. ● disgiungere | interrompere **B** †**discontinuàrsi** v. intr. pron. ● separarsi | disperdersi

†**discontinuazióne** o †**discontinovazióne** [1552] s. f. ● discontinuità

discontinuità [1552] s. f. inv. **1** caratteristica di chi è discontinuo: *studia con eccessiva d.* **2** mancanza di continuità: *d. di rendimento* | interruzione di una tradizione, di una prassi consolidata: *dare segni, segnali di d.*; *la sua nomina a direttore è un elemento di d.* **3** (*geol.*) ***superfici di d.***, superfici che separano i diversi involucri concentrici dell'interno del globo terrestre | (*geol.*) ***d. di Mohorovičić***, cambiamento di velocità delle onde sismiche che si verifica in media a 35 km di profondità nella Terra ed è preso come limite convenzionale di separazione tra crosta e mantello

discontìnuo o †**discontìnovo** [comp. di *dis-*① e *continuo* ✱ sec. XIV] agg. **1** non continuo, non uguale: *lavoro, rendimento d.* | disgiunto, interrotto: *linee discontinue* **2** (*mat.*) non continuo **3** (*fig.*) che mostra incostanza, mancanza di regolarità: *carattere d.*; *atleta d. nel rendimento*; *essere d. nel lavoro, nello studio* ‖ **discontinuaménte**, avv. in modo discontinuo, senza regolarità

†**disconvenévole** [comp. di *dis-*① e *convenevole* ✱ 1288] agg. **1** sconveniente, sconvenevole **2** inadatto **3** eccessivo: *disordinate immagini, e ... disconvenevoli digressioni* (L.A. MURATORI) ‖ †**disconvenevolménte**, avv. in modo sconveniente

†**disconvenevolézza** [1505] s. f. ● sconvenienza

disconveniènte part. pres. di *disconvenire*; anche agg. ● (*lett.*) non conforme | (*lett.*) disdicevole ‖ **disconvenientemènte**, avv. (*raro*) in modo sconveniente

†**disconveniènza** o †**disconveniènzia** [vc. dotta, lat. tardo *disconveniĕntia(m)*, da *disconvenīre* 'disconvenire' ✱ av. 1304] s. f. **1** sconvenienza **2** disarmonia: *solamente si ride di quelle cose che hanno in sé disconvenienzia* (B. CASTIGLIONE) | diversità

disconvenìre [comp. di *dis-*① e *convenire* ✱ av. 1257] v. intr. (coniug. come *venire*; aus. *essere*) e **disconvenìrsi** v. intr. pron. (anche impers.) **1** (*lett.*) essere sconveniente, disdicevole, poco opportuno: *sempre disconviene mostrarsi malcontento del proprio stato* (P. VERRI) **2** (*raro, lett.*) discordare, dissentire: *disconvengo dalle tue opinioni*

discopatìa [comp. di *disco* nel sign. 2 e di *-patia* ✱ 1966] s. f. ● (*med.*) qualsiasi condizione patologica di un disco intervertebrale ‖ **discopàtico**, agg. (pl. m. *-ci*); anche s. m. (f. *-a*) nel sign. 2 **1** relativo a discopatia **2** che (o chi) soffre di discopatia

†**discopèrta** o †**discovèrta** [1374] s. f. ● scoperta: *ella sentirà con piacere ... la d. delle fraudi de' miei nimici* (G. GALILEI)

discopèrto o †**discovèrto** part. pass. di *discoprire*; anche agg. **1** (*lett.*) nei sign. del v. **2** (*lett.*) ***al d.***, all'aria aperta ‖ **discopertaménte**, avv. (*raro*) scopertamente

†**discopriménto** o †**discovriménto** [1268] s. m. ● scoperta: *tanti nuovi e maravigliosi discoprimenti nel cielo* (G. GALILEI)

discoprìre o †**discovrìre** [comp. di *dis-*① e *coprire* ✱ 1268] **A** v. tr. (coniug. come *coprire*) **1** (*lett.*) scoprire, mettere allo scoperto **2** (*lett.*) inventare, trovare **3** (*lett.*) far noto, manifesto **B** **discoprìrsi** v. rifl. **1** (*raro, lett.*) spogliarsi, scoprirsi (*anche fig.*) **2** (*fig., lett.*) rivelarsi, palesarsi **C** **discoprìrsi** v. intr. pron. ● (*lett.*) apparire

†**discopritóre** o †**discovritóre** [1542] s. m. (f. *-trice*); anche agg. ● scopritore

†**discoraggiaménto** [sec. XIV] s. m. ● scoraggiamento

†**discoraggiàre** [comp. di *dis-*① e *coraggio* ✱ av. 1250] v. tr. e †**discoraggiàrsi** v. intr. pron. ● scoraggiare, scoraggiarsi

†**discoràre** [comp. di *dis-*① e *c(u)ore* ✱ sec.

XIII] **A** v. tr. • disanimare, scorare, avvilire **B** †**discoràrsi** v. intr. pron. • scoraggiarsi

discordànte part. pres. di *discordare*; anche agg. **1** contrastante, opposto: *giudizi, opinioni discordanti* **2** che non armonizza: *colori discordanti* **3** detto di corpo geologico la cui stratificazione è orientata diversamente da quella delle rocce circostanti | detto di corpo geologico che attraversa altre rocce tagliandone la stratificazione ‖ **discordanteménte**, avv. (*raro*) in modo discordante

discordànza [1266] s. f. **1** divario, contrasto di opinioni, stili e sim.: *grande d. di idee* SIN. diversità **2** mancanza di accordo, di armonia: *d. di suoni, di colori* **3** (*geol.*) differente orientamento della stratificazione di una roccia da quelle sottostanti o adiacenti

discordàre [vc. dotta, lat. *discordāre*, da *dĭscors*, genit. *discŏrdis* 'discorde' ✱1261 ca.] v. intr. (*io discòrdo*; aus. *avere*) e **discordàrsi** v. intr. pron. **1** non essere d'accordo, avere diversa opinione, dissentire: *le sue idee discordano dalle nostre* | essere in contrasto | essere dissimile, diverso **2** non armonizzare, stonare, detto di colori, suoni e sim.

discòrde [vc. dotta, lat. *discŏrde(m)*, fatto su *cŏncors*, genit. *concŏrdis*, con sostituzione di pref. con sign. opposto ✱1321] agg. **1** che non è in concordia, in armonia, in accordo: *critiche, interessi, pareri, discordi* | dissimile, diverso: *voci discordi* **2** (*lett.*) dissonante, disarmonico ‖ **discordeménte**, avv. senza accordo o concordia

†**discordévole** [1288] agg. • discordante, discorde | contrario | litigioso

discòrdia [vc. dotta, lat. *discŏrdia(m)*, da *dĭscors*, genit. *discŏrdis* 'discorde' ✱1261 ca.] s. f. **1** mancanza di concordia, armonia, accordo, e sim.: *d. tra i cittadini*; *d. degli animi, d'intenti*; *d. in famiglia*; *entrare, venire, essere, in d. con qlcu.*; *provocare, fomentare, mettere, seminare, la d.* | **pomo della d.**, quello che secondo la mitologia venne offerto dalla dea della discordia 'alla più bella', dando così origine alla contesa fra le dee e al giudizio di Paride; (*fig.*) ciò che è motivo di rivalità, contesa e sim. SIN. disaccordo **2** diversità di vedute, divergenza di opinioni, e sim.: *d. tra i filosofi*; *d. di intenti, di giudizi, di pareri* SIN. discrepanza, dissidio

SFUMATURE DI SIGNIFICATO

discordia - disaccordo - ruggine - inimicizia

Un grave contrasto di sentimenti o di volontà, che genera tensione e diffidenza fra le persone si dice **discordia**. Se il contrasto consiste in una divergenza di idee, opinioni e non si accompagna necessariamente a sentimenti negativi verso l'altro si parla piuttosto di **disaccordo**. **Ruggine** è invece un malanimo, un rancore a lungo coltivato che, se non viene superato, può sfociare in **inimicizia**, cioè in un reciproco e stabile sentimento di avversione e ostilità.

†**discordióso** (o -ṣo) [vc. dotta, lat. *discordiōsu(m)*, da *discŏrdia* 'discordia' ✱1261 ca.] agg. • che provoca discordia | che è causato da discordia | turbolento

discòrdo① [provenz. *descort*, da *descordar* 'discordare' ✱av. 1306] s. m. • (*letter.*) antico componimento di origine provenzale, di struttura irregolare per la diversità delle stanze

discòrdo② [da *discordio*, rifatto dal pl. *discordi* ✱av. 1306] s. m. • (*lett., raro*) disaccordo

discórrere [lat. *discŭrrere* 'correre (*cŭrrere*) qua e là (*dis-*)' ✱1268] **A** v. intr. (coniug. come *correre*; aus. *avere*) **1** parlare, conversare: *d. di politica, di filosofia* | ***d. del più e del meno***, (*fig.*) senza un preciso argomento | ***e via discorrendo***, e così di seguito **2** (*sett.*) essere fidanzati, amoreggiare **3** (*lett.*) correre, muoversi con grande rapidità: *vedea nel pian d. / la caccia affaccendata* (A. MANZONI) **B** v. tr. **1** †passare in rassegna, esaminare qlco. | †***discorrersela con qlcu.***, intendersela, essere d'accordo **2** †attraversare, percorrere: *van discorrendo tutta la marina / con fuste e grippi et altri legni loro* (L. ARIOSTO) **C** **discórrersi** v. rifl. recipr. • †parlarsi

†**discorrévole** [1288] agg. • scorrevole

†**discorridóre** ➤ **discorritore**

†**discorriménto** [1288] s. m. **1** moto, scorrimento, andirivieni **2** scorreria, incursione **3** (*fig.*) sgomento: *senza alcuno d. d'animo* (DANTE) **4** discorso

discorritóre o †**discorridóre** [av. 1676] s. m. (f. *-trice*); anche agg. **1** (*lett., raro*) chi (o che) parla molto **2** †che scorre **3** †scorridore, esploratore

discórsa [av. 1893] s. f. • (*lett.*) discorso lungo e inconcludente

†**discorsióne** o †**discursióne** [sec. XIV] s. f. • incursione, scorreria

discorsìvo o †**discursìvo** [1298] agg. **1** relativo al discorso, che ha carattere di discorso | scorrevole, piano: *linguaggio, tono d.* **2** (*lett., raro*) che ama discorrere, loquace: *mio padre non fu verso di me ... troppo d.* (I. NIEVO) **3** (*filos.*) detto di procedimento razionale, contrapposto a quello intuitivo CFR. dianoia ‖ **discorsivaménte**, avv. ‖ **discorsività**, s. f. inv.

discórso① part. pass. di *discorrere* • nei sign. del v. | (*lett.*) percorso, attraversato | (*fig., lett.*) esaminato, discusso

discórso② [lat. *discŭrsu(m)* 'il correre qua e là', dal part. pass. di *discŭrrere* 'discorrere' ✱1288] s. m. **1** il discorrere | colloquio, conversazione, ragionamento: *d. serio, sconclusionato, frivolo, chiaro, ambiguo*; *attaccare d. con qlcu.*; *entrare in d.* CFR. logo-, -logia | ***cambiare d.***, parlare d'altro, spec. per evitare un argomento imbarazzante | ***il d. cadde su...***, si parlò di... | ***d. senza capo né coda***, senza senso, sconnesso | ***che discorsi!***, quante sciocchezze! | ***pochi discorsi!***, poche chiacchiere! | ***tutti discorsi!***, sono solo parole! | ***senza tanti discorsi***, in modo spiccio, brusco | (*colloq.*) argomento: *affrontiamo il d. (delle) vacanze* **2** trattazione di un determinato argomento, pronunciata in pubblico o scritta: *d. politico, elettorale, inaugurale*; *fare, leggere, pronunciare un d.*; *il "Discorso sul metodo" di Cartesio* SIN. conferenza, orazione **3** (*ling.*) ogni enunciato superiore alla frase, considerato dal punto di vista delle regole di concatenazione delle sequenze di frasi | ***d. diretto***, tipo di costrutto che si ha quando un narratore, ripetendo le parole di qualcuno, le riproduce così come sono state dette | ***d. indiretto***, tipo di costrutto che si ha quando la frase riportata non è riprodotta tale e quale nel racconto, ma viene introdotta da un elemento subordinante, generalmente *che* | ***d. indiretto libero***, tipo di costrutto che si ha quando il discorso di un personaggio è riportato dall'autore in forma indiretta, ma senza un verbo dichiarativo reggente, in modo da conservare alcuni caratteri tipici della forma diretta | ***analisi del d.***, parte della linguistica che determina le regole della produzione delle sequenze di frasi strutturate | ***parti del d.***, le classi di parole (o categorie lessicali) definite sulla base di criteri sintattici (secondo cui sono divise in nove classi) e di criteri semantici **4** (*fig.*) orientamento, indirizzo e sim. che caratterizza un determinato stato di cose, un comportamento e sim.: *portare avanti un d., un certo tipo di d.*; *si assiste a un cambiamento di d. nell'ambito sindacale* ‖ **discorsàccio**, pegg. | **discorsétto**, dim. | **discorsìno**, dim. | **discorsóne**, accr. | **discorsùccio**, dim.

†**discortéṣe** [comp. di *dis-*① e *cortese* ✱1441] agg. • scortese, villano ‖ †**discorteṣeménte**, avv. scortesemente

†**discorteṣìa** [1483] s. f. • scortesia, villania

†**discoscéndere** (o -è-) [comp. di *di-*① e *scoscendere* ✱1374] **A** v. intr. • scoscendere **B** v. tr. • divellere, svellere

†**discoscéso** (o -ṣo) **A** part. pass. di *discoscendere*; anche agg. • nei sign. del v. **B** s. m. • luogo scosceso | †dirupo

discostaménto [sec. XIV] s. m. • (*lett.*) scostamento, allontanamento (*spec. fig.*)

discostàre [comp. parasintetico di *costa*, col pref. *dis-*① ✱av. 1320] **A** v. tr. (*io discòsto*) • (*lett.*) scostare, rimuovere, allontanare (*anche fig.*): *chi vuole fare capitare male uno inimico, lo discosti da casa* (N. MACHIAVELLI) **B** **discostàrsi** v. rifl. e intr. pron. **1** (*raro*) scostarsi: *discostati dal fuoco!* **2** (*fig.*) divergere: *uno storico che si discosta dalla tradizione*; *un tasso di crescita economica che non si discosta dalla media europea*

discòsto [da *discostare* ✱av. 1330] **A** agg. • lontano, distante: *un sentiero d. dalla strada*; *le malghe più discoste ... sono state abbandonate* (M. RIGONI STERN) | (*fig., lett.*) alieno: *d. dai divertimenti* ‖ **discostaménte**, avv. **B** avv. • lontano, distante: *mi aspettava poco d.*; *mettilo più d.*; *due miglia d.* CONTR. accosto **C** nella loc. prep. ***d. da*** • lontano da: *tenetevi d. dal muro*; *Lecco ... giace poco d. dal ponte* (A. MANZONI)

discotèca [vc. dotta, comp. di *disco* e *-teca* sul modello di *biblioteca* ✱1927] s. f. **1** raccolta di dischi: *possedere una ricca d.* | luogo in cui ha sede tale raccolta **2** locale in cui si balla al suono di musica registrata: *ci vediamo in d.*

discotecàrio [1950] **A** s. m. (f. *-ia*) **1** chi ha cura di una discoteca | (*raro*) chi ha cura di una raccolta di dischi **2** chi frequenta abitualmente le discoteche **B** agg. • relativo alle discoteche | relativo ai frequentatori di discoteche

discotecàro [da *discoteca* col suff. dial. *-aro* (V. *-aio*②) ✱1980] s. m. (f. *-a*) **1** chi frequenta assiduamente le discoteche **2** (*gerg.*) proprietario o gestore di una discoteca

discount /ingl. 'diskaunt, dis'-/ [accorc. della vc. ingl. *discount* 'sconto' *house* 'ditta' ✱1985] s. m. inv. • negozio che vende prodotti a prezzi inferiori a quelli correnti CFR. hard discount

†**discovrire** e deriv. ➤ **discoprire** e deriv.

discraṣìa [vc. dotta, gr. *dyskrasía* 'cattiva mescolanza, cattivo temperamento', comp. di *dys-* 'dis-②' e *krâsis* 'mescolanza' (V. *crasi*) ✱1493] s. f. **1** (*med.*) alterazione dell'equilibrio tra i componenti del sangue o dei liquidi organici **2** (*fig.*) disfunzione, disorganizzazione, spec. riferito a organismi politici o economici

discràṣico [1887] agg. (pl. m. *-ci*) • (*med.*) che concerne la discrasia | ***edema d.***, dovuto a discrasia

discrédere [vc. dotta, lat. tardo *discrēdere*, comp. di *dis-*① e *crēdere* 'credere' ✱av. 1250] **A** v. tr. (coniug. come *credere*) • (*lett.*) non credere più ciò che si credeva prima: *l'artista non crede e non discrede la sua immagine; la produce* (B. CROCE) **B** v. intr. • (*lett.*) non credere, diffidare: *d. alle parole di qlcu.* | †dubitare **C** **discrédersi** v. intr. pron. (aus. *essere*) **1** (*raro*) cambiare opinione, ricredersi: *discredersi di qlco.*; *dovette discredersi sul nostro conto* **2** †confidarsi, sfogarsi

†**discredìbile** [sec. XIV] agg. • incredulo

†**discreditaménto** [av. 1694] s. m. • discredito

discreditàre [da *discredito* ✱av. 1556] **A** v.

tr. (*io discrédito*) **1** (*raro*) togliere credito, stima, reputazione e sim. **2** privare del credito commerciale **B** **discreditàrsi** v. intr. pron. ● (*lett.*) screditarsi

discrédito [comp. di *dis-*① e *credito* ✱ av. 1603] **s. m. 1** diminuzione, perdita del credito, della stima, della reputazione e sim.: *cadere, venire in d.*; *essere, trovarsi, in d. presso qlcu.* | ***gettare, buttare, il d. su qlcu. o qlco., mettere qlcu. o qlco. in d.***, screditarlo | ***tornare in, a, d. di qlcu.***, a disonore **2** perdita del credito commerciale

discrepànte [part. pres. di *discrepare* ✱ sec. XIII] **agg.** ● che è in contrasto, che discorda: *giudizi, opinioni discrepanti*

discrepànza [vc. dotta, lat. *discrepāntia(m)*, da *discrepāre* 'discrepare' ✱ av. 1505] **s. f. 1** differenza, divario **2** disaccordo, diversità di idee, opinioni, sentimenti e sim. SIN. discordia, dissidio

discrepàre [vc. dotta, lat. *discrepāre* 'far sentire un suono (*crepāre*) discordante (*dis-*)' ✱ 1298] **v. intr.** (*io discrepo*; **aus.** *avere*) ● (*raro, lett.*) essere differente, difforme, contrastante | †dissentire

†**discrescènza** [av. 1571] **s. f.** ● (*raro*) decrescenza

†**discréscere** [comp. di *dis-*① e *crescere* ✱ av. 1292] **v. intr.** ● decrescere

†**discrespàre** [comp. parasintetico di *crespa*, con il pref. *dis-*① ✱ av. 1348] **A** **v. tr.** ● eliminare le rughe **B** †**discrespàrsi** **v. intr. pron.** ● perdere le rughe

discretézza [da *discreto* ✱ 1564] **s. f. 1** (*lett.*) discrezione, moderazione, cautela **2** (*mat.*) proprietà di ciò che è discreto

discretìvo [vc. dotta, lat. *discretīvu(m)*, da *discrētus* 'discreto' ✱ 1308] **agg. 1** (*lett.*) che serve a discernere, atto a far discernere: *giudizio d.*; *capacità discretiva* **2** discrezionale: *potere d.* ‖ **discretivaménte**, avv.

♦**discréto** [vc. dotta, lat. *discrētu(m)*, part. pass. di *discĕrnere* 'discernere' ✱ 1261 ca.] **agg. 1** †che sa discernere, giudicare rettamente: *molto vi mostrate d. e accorto nella causa de la vostra patria* (G. BRUNO) | †saggio, avveduto: *uomo prudente e d.* **2** non esigente, moderato, ragionevole, nelle richieste e sim.: *è stato d. nel chiedere il prezzo*; *è sempre d. nelle sue esigenze* | non importuno, non indiscreto: *ospite d.*; *domanda discreta* | (*est.*) riservato, fidato: *con lui si può parlare, è molto d.* | (*est.*) detto di ciò che è tenue, che non disturba: *colori discreti*; *una luce discreta scende dall'alto* (G. DELEDDA) **3** abbastanza buono, che soddisfa moderatamente, che non supera la giusta misura: *è un d. pittore*; *pagare un d. prezzo*; *fare una discreta figura*; *avere una discreta posizione sociale*; *ottenere discreti risultati* | più che sufficiente, non piccolo: *hai fatto una discreta parte di lavoro*; *ho un d. appetito* **4** †chiaro, distinto **5** (*mat.*) composto di parti separate e distinte | detto di spazio tale che i sottoinsiemi costituiti da un solo punto siano tutti aperti | detto di grandezza che può assumere solo valori separati e distinti fra loro CONTR. continuo ‖ (*fam.*) **discretino**, dim. ‖ **discretaménte**, avv. **1** con discrezione: *comportarsi discretamente* **2** sufficientemente: *un prezzo discretamente caro* **3** abbastanza bene: *in salute sto discretamente*

discrezionàle [fr. *discrétionnel*, deriv. di *discrétion* 'discrezione' ✱ 1842] **agg.** ● affidato alla discrezione | (*dir.*) ***potere d.***, di fare o non fare quanto la legge non prescrive né vieta; nel sistema giudiziario, potere che il magistrato ha di valutare i fatti e operare secondo la propria coscienza: *fare uso del proprio potere d.* ‖ **discrezionalménte**, avv. ‖ **discrezionalità**, s. f. inv. (*dir.*) potere discrezionale: *discrezionalità del magistrato*; ***discrezionalità amministrativa***, facoltà della pubblica amministrazione di decidere in determinati casi secondo criteri di opportunità, entro i limiti stabiliti dalla legge

discrezióne [vc. dotta, lat. tardo *discretiōne(m)*, da *discrētus* 'discreto' ✱ 1261 ca.] **s. f. 1** (*lett.*) capacità, facoltà di discernere e giudicare rettamente | ***anni, età della d.***, in cui si raggiunge un equilibrio intellettuale | †***intendere per d.***, arguendo, congetturando **2** senso della misura, della moderazione, tatto: *bisogna intervenire con d.* | riservatezza: *mi affido alla tua d.* | ***senza d.***, smisuratamente | ***a d.***, con moderazione | †***alloggiare a d.***, senza pagar nulla **3** volontà priva di limiti imposti dall'esterno: *giudicare, decidere a propria d.* | ***trovarsi, essere alla d. d'altri***, dipendere da loro | ***resa a d.***, senza condizioni SIN. arbitrio **4** (*ling.*) deglutinazione

> **SFUMATURE DI SIGNIFICATO**
> ***discrezione - tatto - riservatezza***
> La caratteristica di chi si comporta con moderazione e senso dell'opportunità, rispettando il riserbo degli altri, si definisce **discrezione**. **Tatto** ha lo stesso significato, ma mette l'accento sulla capacità di intuire i sentimenti altrui e di gestire le relazioni con accortezza. **Riservatezza** è invece una cautela nel parlare di sé o di altri, nel manifestare le proprie impressioni, nel comportarsi; è anche la capacità di tenere un segreto.

†**discriminàle** [vc. dotta, lat. tardo *discrimināle(m)*, da *discrīmen* (V. *discriminare*) ✱ av. 1372] **s. m.** ● dirizzatoio nel sign. 2

discriminànte **A** **part. pres.** di *discriminare*; anche **agg. 1** che opera una distinzione **2** che opera una discriminazione: *un provvedimento d. nei confronti degli immigrati* **B** **s. m.** ● (*mat.*) ***d. d'una equazione algebrica***, risultante dell'equazione e di quella che si ottiene per derivazione e s'annulla se, e solo se, l'equazione possiede una radice multipla | ***d. d'una conica***, determinante dei coefficienti dell'equazione della conica, che si annulla se, e solo se, essa è degenere **C** **s. f. 1** elemento che discrimina, che distingue: *la d. fra veri e falsi innovatori* SIN. spartiacque **2** (*dir.*) azione, circostanza e sim. che diminuisce o annulla la responsabilità di un reato

♣**discriminàre** [vc. dotta, lat. *discrimināre*, da *discrīmen*, genit. *discrīminis*, propr. 'ciò che serve a separare (*discĕrnere*)' ✱ 1499] **v. tr.** (*io discrimino*) **1** distinguere una o più cose o persone da altre, far differenza: *d. i buoni amici dai cattivi* **2** operare una discriminazione: *d. le minoranze*

discriminativo [1904] **agg.** ● che discrimina: *criteri discriminativi*

discriminatóre [vc. dotta, lat. tardo *discriminatōre(m)*, da *discrimĭnātus* 'discriminato' ✱ 1905] **s. m. 1** (f. *-trice*) chi discrimina, chi attua discriminazioni **2** (*elettron.*) circuito che separa da un segnale altri segnali di tipo diverso

discriminatòrio [1983] **agg.** (**pl. m.** *-i* o *raro -ii*) ● di discriminazione, che attua una discriminazione

discriminatùra [av. 1543] **s. f.** ● (*raro, lett.*) scriminatura dei capelli

♣**discriminazióne** [vc. dotta, lat. *discriminatiōne(m)*, da *discrimĭnātus* 'discriminato' ✱ 1765] **s. f. 1** distinzione: *qualsiasi d. di valori e di svalori estetici* (B. CROCE) **2** disparità di trattamento | ***d. politica***, il trattare in modo diverso i cittadini a seconda delle loro opinioni politiche | ***d. razziale***, nei confronti di gruppi etnici diversi | ***d. positiva***, principio giuridico in base al quale si riconoscono dei privilegi a categorie di persone o gruppi etnici svantaggiati

♣**discrìmine** [vc. dotta, lat. *discrīmen*, genit. *discrīminis*, 'separazione' ✱ 1436] **s. m. 1** punto di separazione: *una scelta che costituisce il d. tra veri e falsi rinnovatori* **2** (*lett., raro*) rischio, pericolo

discristallìno [comp. di *dis-*① e *cristallino* ✱ 1983] **agg.** ● (*geol.*) detto di roccia non cristallina, o con cristalli non distinguibili a occhio nudo

†**discrìvere** e deriv. ➤ **descrivere** e deriv.

discromașìa [vc. dotta, comp. di *dis-*② e di un deriv. del gr. *chrôma* 'colore'] **s. f.** ● (*med.*) qualsiasi difetto nella percezione dei colori

discromatopsìa [comp. di *dis-*②, del gr. *chrôma*, genit. *chrṓmatos* 'colore' e *ópsis* 'vista, apparenza' ✱ 1880] **s. f.** ● (*med.*) anomalia congenita o acquisita della visione che consiste nella imperfetta discriminazione dei colori CFR. daltonismo, dicromatopsia

discromatòși [comp. di *dis-*②, del gr. *chrôma*, genit. *chrṓmatos* 'colore' e *-osi* ✱ 1892] **s. f. inv.** ● (*med.*) affezione cutanea caratterizzata da discromie

discromìa [comp. di *dis-*② e un deriv. del gr. *chrôma* 'colore' ✱ 1930] **s. f.** ● (*med.*) alterata pigmentazione cutanea

†**discucìre** [comp. di *dis-*① e *cucire* ✱ 1334] **v. tr.** ● scucire | (*fig.*) ***d. l'amicizia***, interromperla poco a poco

†**disculminàrsi** [comp. di *dis-*① e *culmine* nel sign. di 'tetto' ✱ av. 1530] **v. intr. pron.** ● rimanere senza tetto

†**discùmbere** ➤ †**discombere**

†**discuoiàre** o †**discoiàre** [comp. di *dis-*① e *cuoio* ✱ 1532] **v. tr.** ● scorticare | (*fig.*) togliere

†**discursióne** ➤ †**discorsione**

†**discursìvo** ➤ **discorsivo**

†**discușàre** [da *scusare* con pref. (*di-*) rafforz. ✱ av. 1342] **v. tr.** e †**discușàrsi** **v. rifl.** ● scusare, scusarsi

discussant /*ingl.* dɪ'skʌsənt/ [vc. ingl., propr. 'commentatore' ✱ 1969] **s. m. e f. inv.** ● in una conferenza, un seminario e sim., chi affianca un relatore, commenta una relazione o è chiamato a presiedere un dibattito | controrelatore

†**discussàre** [da *discusso* ✱ 1683] **v. tr.** ● discutere, trattare

♦**discussióne** [vc. dotta, lat. tardo *discussiōne(m)*, da *discŭssus* 'discusso' ✱ 1357] **s. f. 1** esame approfondito di un argomento da parte di più persone che confrontano il loro punto di vista | dialogo, colloquio, dibattito: *aprire, chiudere una d.*; *d. calma, serena, tempestosa*; *non sapevo riprendere la d. col dottore* (I. SVEVO) | ***essere in d.***, essere oggetto di un dibattito; (*est.*) essere sottoposto a dubbi, a riserve: *non è in d. la sua buonafede* | ***mettere in d.***, sottoporre a dibattito; (*est.*) avanzare dei dubbi: *non metto in d. la sua lealtà* | ***venire in d.***, di ciò che diviene oggetto di dibattito | ***non c'è d.***, di cosa su cui non v'è alcun dubbio: *su questo non c'è d.* | ***essere fuori d.***, di cosa su cui non si discute nemmeno, essendo già scontata sia positivamente che negativamente: *che tu venga con noi è fuori d.*; *è fuori d. che io stasera possa uscire* | ***essere superiore a ogni d.***, di cosa inoppugnabile **2** (*est.*) battibecco, contrasto, litigio: *in casa vostra sono continue discussioni*; *finiamola con le discussioni inutili* **3** (*dir.*) nel processo civile, fase in cui i difensori illustrano oralmente le proprie argomentazioni: *svolgimento della d.* | nel processo penale, fase in cui il pubblico ministero e successivamente i difensori formulano e illustrano le rispettive conclusioni **4** (*mat.*) studio del comportamento delle soluzioni di una equazione, di un sistema o di un problema, i cui dati contengano qualche parametro variabile ‖ **discussioncèlla**, dim. | **discussioncìna**, dim.

SFUMATURE DI SIGNIFICATO

discussione - alterco - lite

In questa serie **discussione** è uno scambio di opinioni su un argomento, soprattutto se in contrasto fra loro. Se la discussione diventa accesa facendo prevalere l'animosità sull'espressione delle proprie opinioni si ha un **alterco**. Quando l'animosità si trasforma in veemenza e si accompagna a una volontà di offendere l'interlocutore si ha una **lite**.

SFUMATURE ➤ ***dibattito***, ➤ ***esposizione***, ➤ ***lite***

discùsso **part. pass.** di *discutere*; anche **agg.** **1** che è o è stato oggetto di discussione **2** che provoca molte polemiche e discussioni: *una personalità molto discussa*

†**discussóre** [vc. dotta, lat. tardo *discussōre(m)*, da *discŭssus* 'discusso' ✱ 1787] **s. m.** ● (*raro*) chi discute

♦**discùtere** [vc. dotta, lat. *discŭtere*, originariamente 'staccare scuotendo', comp. di *dis-*① e *quătere* 'scuotere' ✱ 1310] **A** **v. tr.** (**pass. rem.** *io discùssi, tu discutésti*; **part. pass.** *discùsso*) **1** esaminare e considerare attentamente fra più persone un argomento, prospettando diverse opinioni, col fine di chiarirlo, di appurare la verità, di prendere una decisione e sim.: *d. un problema tecnico, un testo letterario, una proposta di legge*; *prima di decidere, discutiamo* **2** mettere in dubbio, in discussione: *noi discutiamo questa decisione*; *la sua serietà può essere discussa*; *non discuto la sua esperienza* | ***d. il prezzo*** (o ***sul prezzo***), cercare di diminuirlo, contrattando col venditore | ***non lo discuto***, non lo metto in dubbio **SIN.** contestare **3** (*est.*, *assol.*) litigare: *finitela di d.*; *stanno a d. da mattina a sera per una sciocchezza* **B** **v. intr.** (**aus.** *avere*) **1** dibattere, conversare riguardo a qlco. (+ *di*, + *su*): *è necessario d. di questa faccenda*; *non intendo d. con voi dei miei sentimenti*; *su questo problema si discute da anni*; *da tempo si discute intorno al nuovo accordo* **2** muovere obiezioni, esprimere riserve (+ *su*): *non discuto sulla tua buona fede*

SFUMATURE DI SIGNIFICATO

discutere - dissertare

Affrontare un argomento in due o più persone, prospettando diversi pareri e punti di vista, allo scopo di chiarirlo, appurare la verità o prendere una decisione si dice **discutere**. **Dissertare** indica ugualmente il fatto di ragionare su un argomento, ma rispetto a *discutere* suggerisce una sfumatura di maggiore impegno e serietà, e non implica necessariamente una conversazione, uno scambio dialettico con altri.

SFUMATURE ➤ ***conversare***①

discutìbile [av. 1853] **agg.** **1** (*raro*) che si può discutere **2** che può sollevare riserve, critiche, obiezioni: *proposta, teoria d.*; *gusti discutibili* | (*est.*) dubbio, incerto: *moralità d.* ‖ **discutibilménte**, **avv.** ‖ **discutibilità**, **s. f. inv.**

†**diṣdàre** [vc. dotta, lat. *disdāre*, comp. di *dis-*① e *dāre* 'dare' ✱ 1314] **v. intr.** ● cadere, finire in basso (*spec. fig.*)

†**diṣdegnaménto** [av. 1292] **s. m.** ● sdegno, indignazione | disprezzo

†**diṣdegnànza** [av. 1250] **s. f.** ● sdegno, disprezzo

diṣdegnàre [lat. parl. **disdignāre*, in sostituzione del lat. class. *dedignāri*, comp. parasintetico di *dĭgnus* 'degno' ✱ av. 1257] **A** **v. tr.** (*io diṣdégno*; **coniug. come** *segnare*) **1** (*lett.* o *raro*) considerare con sdegno, avere a sdegno: *d. le lodi degli adulatori, la compagnia dei vili* | (*est.*) respingere, disprezzare: *se la Pisana lo disdegnava egli s'arrischiava a punirla con un'ombra d'indifferenza* (I. NIEVO) | ***non d.***, non disprezzare; saper apprezzare: *non disdegna la buona cucina* **2** †muovere a sdegno **B** **diṣdegnàrsi** **v. intr. pron.** ● (*lett.*) sdegnarsi

†**diṣdegnatóre** [av. 1704] **s. m.** (**f.** *-trice*) ● chi disdegna

†**diṣdegnévole** [av. 1292] **agg.** ● spregevole, intollerabile

♣**diṣdégno** [da *disdegnare* ✱ 1261 ca.] **s. m.** ● (*lett.*) sdegno, disprezzo: *avere d. della volgarità*; *segna il nobil volto or di colore / di rabbioso d. ed or d'amore* (T. TASSO) | ***avere a d.***, ***in d.***, non curare, disprezzare | †***recarsi qlco. a d.***, provare ira e disprezzo per qlco.

♣**diṣdegnóso** (o *-ṣo*) [av. 1276] **agg.** ● (*lett.*) pieno d'ira, di sdegno: *l'abate, … d. forte, con l'ambasciadore prese la via verso il castello* (G. BOCCACCIO) | (*lett.*) fiero e sprezzante: *animo d.* ‖ **diṣdegnosaménte**, **avv.**

diṣdétta o †**diṣditta** [f. sost. di *disdetto*; nel sign. di 'sfortuna' ricalca lo sp. *desdicha* ✱ 1292] **s. f.** **1** †negazione, rifiuto | ***far d.***, rifiutarsi **2** (*lett.*) ritrattazione, smentita **3** sfortuna: *avere d. nel gioco*; *portar d. a qlcu.* | ***che d.!***, che sfortuna! | †disgrazia, sciagura **4** (*dir.*) nel contratto di durata, dichiarazione unilaterale, comunicata all'altra parte, dell'intenzione di sciogliersi dal contratto: *dare la d.*

diṣdettàre [1956] **v. tr.** (*io diṣdétto*) ● (*dir.*) dare la disdetta, disdire: *d. un contratto, un appartamento*

diṣdétto **A** **part. pass.** di *disdire*①; anche **agg.** ● nei sign. del v. **B** **s. m.** ● †disdetta | †rifiuto, diniego | ***far d.***, dire di no

diṣdicènza [1610] **s. f.** ● (*tosc.*) disdicevolezza, sconvenienza

†**diṣdìcere** ➤ **disdire**①

♣**diṣdicévole** [1288] **agg.** ● sconveniente ‖ **diṣdicevolménte**, **avv.**

†**diṣdicevolézza** [1623] **s. f.** ● sconvenienza

†**diṣdiciménto** [1673] **s. m.** ● ritrattazione

†**diṣdicitóre** [av. 1311] **s. m.** (**f.** *-trice*) ● chi disdice

diṣdìre① o †**diṣdìcere** [comp. di *dis-*① e *dire*① ✱ 1250 ca.] **A** **v. tr.** (**imperat.** *diṣdìci*; **coniug. come** *dire*) **1** negare le affermazioni proprie o altrui: *disdico quello che ho detto*; *ha disdetto pubblicamente le nostre parole* | ritrattare ciò che si è detto o fatto in precedenza: *d. le accuse* **2** sciogliere, rescindere: *d. un contratto* | ***d. una società***, uscirne | ***d. la casa***, dare la disdetta **3** annullare un impegno: *d. un appuntamento*; *ho disdetto la prenotazione a teatro* **4** (*lett.*) proibire, vietare | †rifiutare, respingere **B** **diṣdìrsi** **v. rifl.** **1** (*raro*) contraddirsi **2** †negare

diṣdìre② [da *addirsi* con sostituzione di pref. di senso neg. ✱ sec. XIII] **v. intr.** (**difett.** dei tempi comp.; **coniug. come** *dire*; si usa solo nella terza pers. sing. e pl.) e **diṣdìrsi** **v. intr. pron.** ● (*lett.*) essere disadatto, sconveniente: *certi atteggiamenti disdicono all'età avanzata*; *quelle parole ti si disdicono*

†**diṣdìtta** ➤ **disdetta**

†**diṣdoràre** [sp. *desdorar* 'togliere l'oro', poi, fig., 'togliere l'onore' ✱ av. 1638] **v. tr.** ● togliere, offuscare il pregio, l'onore

♣**diṣdòro** [sp. *desdoro*, da *desdorar* 'disdorare' ✱ 1615] **s. m.** ● (*lett.*) disonore, vergogna: *quelle parole furono pronunciate a suo d.*; *egli era … il d. del reggimento* (R. BACCHELLI)

†**diṣdòssa** o †**diṣdòsso** [comp. di *dis-*① parallelo a *bis-* pegg., e *dosso* ✱ av. 1562] **vc.** ● (*lett.*) solo nelle loc. avv. ***alla d.***, ***a disdosso***, sul dorso nudo, senza sella, di cavallo e sim.: *a la d. l'asino cavalca* (G.B. MARINO)

†**diṣdòtto**① [comp. di *dis-*① e *dotto*① ✱ av. 1294] **agg.** ● sviato

†**diṣdótto**② o †**diṣdùtto** [ant. fr. *de(s)duit*, part. pass. di *de(s)duire* (V. †*disducere*) ✱ sec. XII] **s. m.** ● piacere, diletto, diporto

†**diṣdùcere** [ant. fr. *soi de(s)duire* 'divertirsi', propr. 'portarsi (*soi duire*, dal lat. *dūcere* 'condurre') di qua e di là (*des-*)' ✱ sec. XIII] **v. tr.** ● sviare | divertire, sollazzare

†**diṣdùtto** ➤ †**disdotto**②

†**diṣebriàre** (o *-briā-*) o †**diṣebbriàre** [da *inebriare* per sostituzione del pref. *dis-*① a *in-* ✱ 1310] **A** **v. tr.** ● fare uscire dall'ebbrezza **B** **v. intr.** ● uscire da uno stato di ubriachezza

†**diseccàre** e deriv. ➤ **disseccare** e deriv.

diṣeccitàre [comp. di *dis-*① ed *eccitare* ✱ 1963] **v. tr.** (*io diṣèccito*) ● (*fis.*) far passare un sistema fisico da uno stato eccitato a uno non eccitato | interrompere la corrente che eccita un elettromagnete

diṣeconomìa [comp. di *dis-*① ed *economia* ✱ 1974] **s. f.** **1** squilibrio economico esistente fra due o più Paesi **2** (*econ.*) diminuzione di efficienza, che causa un calo di rendimento | ***diseconomie di scala***, diminuzione di efficienza o aumento dei costi derivanti da un aumento della produzione o della dimensione di un'azienda

diṣeconòmico [1983] **agg.** (**pl. m.** *-ci*) ● caratterizzato da costi eccessivi o alta inefficienza: *un impianto d.* ‖ **diṣeconomicità**, **s. f. inv.**

diṣeducàre [comp. di *dis-*① ed *educare* ✱ 1869] **v. tr.** (*io diṣèduco, tu diṣèduchi*) ● educare male, o annullare gli effetti dell'educazione precedentemente ricevuta: *quell'ambiente diseduca i giovani*

diṣeducatìvo [1919] **agg.** ● che diseduca: *esempi diseducativi*

diṣeducazióne [1896] **s. f.** ● il diseducare, il venire diseducato | cattiva educazione

♦**diṣegnàre** (o *-ṣ-*) o †**deṣignàre** nel sign. 1 [lat. *designāre*, comp. di *dē-* e *signāre* 'segnare' ✱ 1282] **A** **v. tr.** (*io diségno*; **coniug. come** *segnare*) **1** rappresentare per mezzo di segni e linee (**anche assol.**): *d. un cane, la pianta di un edificio, un rettangolo*; *saper d.*; *d. a matita, a penna, a carboncino* | (*est.*) tracciare: *d. i confini, il circuito delle mura* **2** (*fig.*, *raro*) progettare: *d. un'impresa, un progetto, la trama di un romanzo* **SIN.** ideare **3** (*fig.*) descrivere con le parole: *ha disegnato con precisione il carattere dei personaggi* **SIN.** delineare **4** (*lett.* o *raro*) avere in animo, proporsi di fare qlco. (+ *di* **seguito da inf.**): *disegnò di partire al più presto* **SIN.** progettare, stabilire **5** †designare, indicare, destinare | †scegliere: *d. un luogo* **B** **diṣegnàrsi** **v. intr. pron.** ● apparire, delinearsi (**anche fig.**): *Le montagne violacee si disegnavano sull'orizzonte* (G. D'ANNUNZIO); *si sta disegnando un nuovo modello di Stato sociale*

†**diṣegnatìvo** (o *-ṣ-*) [1569] **agg.** ● che riguarda il disegno

diṣegnatóre (o *-ṣ-*) [1282] **s. m.** (**f.** *-trice*, **pop.**, **disus.** *-tóra*) ● chi disegna, spec. per professione: *d. tecnico, progettista, particolarista* | chi è molto abile nel disegno

†**diṣegnatùra** (o *-ṣ-*) [1395] **s. f.** ● (*raro*) disegno

†**diṣegnazióne** (o *-ṣ-*) o †**deṣignazióne** [lat. *designatiōne(m)*, da *designātus* 'disegnato' ✱ av. 1342] **s. f.** **1** il disegnare **2** V. *designazione*

♦**diṣégno** (o *-ṣ-*) [da *disegnare* ✱ sec. XIII] **s. m.** **1** rappresentazione con linee e segni di figure immaginate o di oggetti reali (+ *a*): *un d. a matita, a pastello* | ***d. animato***, tecnica per la realizzazione di film d'animazione mediante la ripresa di disegni in sequenza che ricostruiscono il movimento | ***d. preparatorio***, studio per opere di pittura e scultura | arte del disegnare: *scuole di d.* | modo di disegnare: *avere un d. preciso, incisivo* **CFR.** -grafia **2** progetto per la realizzazione o la produzione di qlco. CFR. design **3** (*fig.*) traccia schematica di un'opera letteraria o artistica in genere: *il d. iniziale di un romanzo* SIN. abbozzo, schema **4** (*fig.*) intenzione, proposito, progetto: *il suo d. è fallito* | †*far d.*, ripromettersi, decidere; tenere per certo; fare assegnamento su qlcu. o qlco. | (*dir.*) ***d. di legge***, progetto di legge presentato al Parlamento per la discussione ed eventuale approvazione | ***d. criminoso***, illecito penale che si realizza commettendo più reati finalizzati a un unico scopo **5** ordine e forma di una composizione musicale ‖ **disegnàccio**, pegg. | **disegnétto**, dim. | **disegnìno**, dim.

diseguàle e deriv. ➤ **disuguale** e deriv.

disellàre ➤ **dissellare**

disendocrinìa [comp. di *dis-*② e un deriv. di *endocrino* ✻ 1956] **s. f.** ● (*med.*) stato di alterata regolazione di un'attività endocrina

†**disennàto** ➤ **dissennato**

†**disensàre** e deriv. ➤ †**dissensare** e deriv.

†**disentìre** e deriv. ➤ **dissentire** e deriv.

†**disepàràre** ➤ †**disseparare**

disepatìa [comp. di *dis-*② e del gr. *hêpar*, genit. *hḗpatos* 'fegato', di orig. indeur. ✻ 1966] **s. f.** ● (*med.*) qualsiasi disfunzione del fegato ‖ **disepàtico**, **agg.** (**pl. m.** *-ci*); anche **s. m.** (**f.** *-a*) nel sign. 2 **1** relativo a disepatia **2** che (o chi) soffre di disepatia

diseppellìre ➤ **disseppellire**

†**disequàle** ➤ **disuguale**

disequazióne [comp. di *dis-*① ed *equazione* ✻ 1902] **s. f.** ● (*mat.*) disuguaglianza nella quale compaiono una o più quantità incognite

disequilibràre [comp. di *dis-*① ed *equilibrare* ✻ 1827] **A** **v. tr.** ● (*raro*) squilibrare (*anche fig.*) **B** **disequilibràrsi** **v. intr. pron.** ● (*disus.*) perdere l'equilibrio (*spec. fig.*)

disequilìbrio [comp. di *dis-*① ed *equilibrio* ✻ 1793] **s. m.** **1** squilibrio | instabilità **2** (*disus.*) perturbazione

diserbàggio [1983] **s. m.** ● diserbo

diserbànte **A** **part. pres.** di *diserbare*; anche **agg.** ● nel sign. del v. **B** **s. m.** ● preparato chimico atto a distruggere le erbe nocive SIN. erbicida

diserbàre [comp. parasintetico di *erba*, col pref. *dis-*① ✻ 1791] **v. tr.** (*io disèrbo*) ● liberare un terreno dalle erbe infestanti

diserbatùra [1803] **s. f.** ● diserbo

disèrbo [1956] **s. m.** ● eliminazione delle erbe infestanti dal terreno: *d. del grano* | ***d. selettivo***, verso determinate specie vegetali | ***d. totale***, su tutta la vegetazione

diseredaménto [1681] **s. m.** ● (*raro*) diseredazione

diseredàre o †**disredàre** [comp. parasintetico di *erede*, col pref. *dis-*① ✻ sec. XIII] **v. tr.** (*io diserèdo*) ● privare dell'eredità

diseredàto **A** **part. pass.** di *diseredare*; anche **agg.** **1** nel sign. del v. **2** (*est.*) misero, povero: *le classi diseredate* **3** †privo di erede **B** **s. m.** (**f.** *-a*) ● chi manca del necessario per vivere: *troppi sono i diseredati, nel mondo*

diseredazióne [av. 1742] **s. f.** **1** il diseredare **2** nel diritto romano, esclusione dei figli in potestà dalla successione mediante dichiarazione solenne

†**diserède** [da *diseredare* ✻ av. 1694] **agg.** ● privo di eredità

†**diseredìtàre** o †**direditàre**, †**disreditàre** [comp. parasintetico di *eredità*, col pref. *dis-*① ✻ 1258] **v. tr.** ● diseredare

disergìa [vc. dotta, gr. *dysérgeia*, comp. di *dys-* 'dis-②' e *érgon* 'azione' ✻ 1956] **s. f.** (**pl.** *-gìe*) ● (*med.*) mancata coordinazione dei movimenti per disturbi nervosi

†**diserràre** ➤ **disserrare**

†**disertagióne** ➤ †**disertazione**

†**disertaménto** o †**desertaménto** [sec. XIII] **s. m.** ● abbandono | spopolamento | devastazione: *il d. dei forni, e lo scompiglio de' fornai* (A. MANZONI)

♣**disertàre** o †**desertàre** [lat. tardo *desertāre*, rafforz. di *desĕrere* 'abbandonare' ✻ 1287] **A** **v. tr.** (*io disèrto*) **1** (*lett.*) distruggere, devastare: *d. una contrada* | (*lett.*) spopolare: *se un contagio disertasse la vostra città* (G. CARDUCCI) **2** †mandare qlcu. in rovina, ridurlo in totale miseria **3** abbandonare, spec. definitivamente: *i contadini disertano i campi* | non partecipare a qlco.: *d. le urne, una riunione* | ***d. la scuola, la chiesa***, non frequentarla | ***d. l'amicizia, la compagnia di qlcu.***, trascurarla, evitarla **4** †sconfiggere, sgominare **B** **v. intr.** (aus. *avere*, *raro essere*) **1** abbandonare il reparto in cui si presta servizio militare, oppure non farvi più ritorno dopo un'assenza regolarmente concessa **2** (*fig.*) abbandonare un gruppo, una causa e sim. cui precedentemente si aderiva: *ha disertato dal partito* **C** **disertàrsi** **v. intr. pron.** ● †spopolarsi | †andare in rovina

†**disertatóre** o †**desertatóre** [sec. XV] **s. m.** (**f.** *-trice*); anche **agg.** ● devastatore, distruttore, saccheggiatore

†**disertatùra** [sec. XIV] **s. f.** ● deformità

†**disertazióne** o †**disertagióne** [av. 1349] **s. f.** ● distruzione, sterminio

†**disèrto**① ➤ **deserto**① e **deserto**②

†**disèrto**② [vc. dotta, lat. *disĕrtu(m)*, di etim. incerta ✻ sec. XIV] **agg.** ● (*lett.*) eloquente, facondo

disertóre o †**desertóre** [vc. dotta, lat. *desertōre(m)*, dal part. pass. di *desĕrere* (*pŭgnam*) 'abbandonare (il combattimento)' ✻ av. 1504] **s. m.** (**f.** *-trice*, *raro*) **1** militare che abbandona il reparto di appartenenza, o che ne rimane arbitrariamente assente oltre una determinata scadenza **2** (*fig.*, *raro*) chi abbandona una causa, un'idea, un partito e sim. SIN. traditore, transfuga

†**dìservìre** e deriv. ➤ †**disservire** e deriv.

diserzióne o †**deserzióne** [vc. dotta, lat. tardo *desertiōne(m)*, dal part. pass. di *desĕrere* (V. *disertore*) ✻ 1615] **s. f.** **1** reato del militare che diserta **2** (*fig.*) abbandono di una causa, di un partito e sim.

disetàneo [da *coetaneo* con cambio di prefisso (*dis-*①) ✻ 1912] **agg.** ● in selvicoltura, che non ha la stessa età: *piante disetanee* | costituito da piante di età diversa: *bosco d.*

†**disetàre** ➤ **dissetare**

disfacìbile [comp. di *dis-*① e *făcere* 'fare' ✻ av. 1704] **agg.** ● (*raro*) che si può disfare

disfaciménto [1275] **s. m.** **1** il disfare, il disfarsi | putrefazione, decomposizione: *il d. di un cadavere* **2** (*fig.*) sfacelo, dissoluzione: *il d. di una famiglia* | (*fig.*) decadenza, rovina: *il d. di una società* | (*fig.*, *lett.*) sfinimento, struggimento: *questo predominio dei colori di tramonto le dona un caldo d.* (G. UNGARETTI) **3** †danno, rovina, distruzione **4** †disfatta

†**disfacitóre** [1306] **s. m.** (**f.** *-trice*); anche **agg.** ● chi (o che) disfà, distrugge

†**disfacitùra** [1360] **s. f.** **1** demolizione, distruzione **2** materiali di demolizione

disfagìa [vc. dotta, comp. di *dis-*② e *-fagia* ✻ 1820] **s. f.** (**pl.** *-gìe*) ● (*med.*) difficoltà di deglutizione

†**disfaldàre** [comp. di *dis-*① e *falda* ✻ av. 1472] **v. tr.** e †**disfaldàrsi** **v. intr. pron.** ● sfaldare, sfaldarsi

†**disfamaménto** [da *disfamare*① ✻ av. 1406] **s. m.** ● diffamazione

†**disfamàre**① [comp. di *dis-*① e *fama* ✻ av. 1342] **v. tr.** ● diffamare, infamare

†**disfamàre**② [comp. di *dis-*① e *fame* ✻ 1319] **v. tr.** **1** (*lett.*) sfamare **2** (*fig.*) soddisfare: *E se la mia ragion non ti disfama, / vedrai Beatrice, ed ella pienamente / ti torrà questa e ciascun'altra brama* (DANTE *Purg.* XV, 76-78)

♦**disfàre** [comp. di *dis-*① e *fare*① ✻ 1219] **A** **v. tr.** (*io disfo* o *disfàccio* o *disfò, tu disfi* o *disfài, egli disfa* o *disfà, noi disfacciàmo* o *disfiàmo, voi disfàte, essi disfano* o *disfànno*; nel fut., nel congtv. pres., nel condiz. pres. e nell'imperat. coniug. come i verbi regolari in *-are* oppure (*disus.*, *lett.*) come *fare*; negli altri tempi coniug. come *fare*) **1** distruggere o scomporre quanto era stato fatto: *d. un vestito, un lavoro a maglia* | ***d. il letto***, metterlo in disordine; toglierne la biancheria per poi rifarlo | ***d. la casa***, vendere tutte le suppellettili | ***d. le valigie, i bagagli***, aprirli e toglierne il contenuto | ***d. un nodo***, scioglierlo | sciogliere, liquefare: *il calore disfa le sostanze grasse* **2** †devastare: *d. un paese, una contrada* | †annientare, uccidere: *Siena mi fé, disfecemi Maremma* (DANTE *Purg.* V, 134) **3** †esautorare, togliere qlcu. da una carica: *per far ottimo un re, convien disfarlo* (V. ALFIERI) **B** **disfàrsi** **v. intr. pron.** **1** (*raro*) ridursi in pezzi: *intere città si disfecero per il terremoto* | andare in putrefazione: *i cadaveri si disfanno nella tomba* | sciogliersi: *la neve si disfa al sole* **2** (*fig.*) struggersi, consumarsi (+ *da*, + *in*): *disfarsi dal dolore*; *disfarsi dalle risa*; *disfarsi in lacrime*; *e più degli altri in pianto si disface* (T. TASSO); *si disfaceva di tenerezza per lei* (I. NIEVO) | (*raro*) andare in rovina **C** **disfàrsi** **v. rifl.** ● liberarsi, sbarazzarsi (+ *di*): *disfarsi di un oggetto ingombrante*

disfasìa [vc. dotta, formata su *afasia* (V.) con sostituzione del pref. neg. con pref. pegg. ✻ 1892] **s. f.** ● (*med.*) disturbo del linguaggio consistente nell'incapacità di articolare le parole con la giusta coordinazione, dovuto a lesione del sistema nervoso centrale CFR. afasia

disfàsico **A** **agg.** (**pl. m.** *-ci*) ● (*med.*) relativo a disfasia: *disturbo d.* | affetto da disfasia: *malato d.* **B** **s. m.** (**f.** *-a*; **pl. m.** *-ci*) ● chi è affetto da disfasia

disfàtta [fr. *défaite* 'rotta militare', da *défaire* 'disfare' ✻ av. 1540] **s. f.** **1** rotta completa, sconfitta definitiva di un esercito o di un complesso di forze, con perdite irreparabili di uomini, materiali e mezzi **2** (*fig.*) sconfitta disastrosa: *difficilmente il partito potrà risollevarsi da una simile d.*

†**disfattìbile** [av. 1704] **agg.** ● disfacibile

disfattìsmo [fr. *défaitisme*; cfr. *disfattista* ✻ 1915] **s. m.** **1** attività e atteggiamento di chi, in tempo di guerra, tende a menomare la resistenza politica, economica o militare del proprio Paese **2** (*fig.*) atteggiamento di sfiducia e pessimismo riguardo all'esito di un'azione, un'impresa e sim.

disfattìsta [fr. *défaitiste*, da *défaite* 'disfatta'; calco sul russo *porajenetz*, deriv. di *porajenié* 'disfatta' ✻ 1917] **A** **s. m. e f.** (**pl. m.** *-i*) ● chi, in tempo di guerra, fa opera di disfattismo | (*est.*) chi dimostra e diffonde un sistematico ed eccessivo pessimismo sull'esito di un'impresa **B** **agg.** ● disfattistico: *discorso, propaganda, azione d.*

disfattìstico [1920] **agg.** (**pl. m.** *-ci*) ● di disfattismo, da disfattista

disfàtto **part. pass.** di *disfare*; anche **agg.** ● nei sign. del v. | in disordine: *hai lasciato il letto d.* | (*fig.*) smorto, rovinato: *volto d. dalla stanchezza* | (*fig.*) gravemente depresso, abbattuto e sim.

†**disfattóre** [sec. XIV] **s. m.** (**f.** *-trice*); anche **agg.** ● distruttore, devastatore

disfattùra [1753] **s. f.** ● (*raro*) disfacimento

disfavillàre [comp. di *dis-*① e *favilla* ⁎ 1319] **v. intr.** (**aus.** *avere*) ● (*lett.*) sfavillare: *qual zaffiro l'occhio disfavilla* (G. D'Annunzio)

disfavóre [comp. di *dis-*① e *favore* ⁎ av. 1478] **s. m.** ● (*lett.*) danno, svantaggio | ***argomento a d.***, contrario

†**disfavorévole** [1540] **agg.** ● contrario, sfavorevole ‖ †**disfavorevolménte**, **avv.** sfavorevolmente

†**disfavorìre** [comp. di *dis-*① e *favorire* ⁎ 1520] **v. tr.** ● contrariare, danneggiare

†**disfazióne** [da *disfare* ⁎ sec. XIII] **s. f. 1** disfacimento, rovina **2** scioglimento, liquefazione

disféci ➤ **disfare**

disfemìa [da *dis-*②, sul modello del gr. *euphēmía*, nel sign. di 'buona espressione' (V. *eufemia*) ⁎ 1956] **s. f.** ● (*med.*) anomalia del linguaggio consistente nell'incapacità a pronunciare certi fonemi

disfèmico① [da *disfemia* ⁎ 1926] **A agg.** (**pl. m.** *-ci*) ● (*med.*) relativo a disfemia **B agg. e s. m.** (**f.** *-a*) ● affetto da disfemia

disfèmico② [da *disfemismo* ⁎ 1966] **agg.** (**pl. m.** *-ci*) ● (*ling.*) caratterizzato da disfemismo

disfemìsmo [tratto da *eufemismo*, per sostituzione del pref. *eu-* con *dis-*①; cfr. il gr. *dysphēméin* 'dir male, oltraggiare' ⁎ 1950] **s. m.** ● (*ling.*) figura retorica che consiste nel sostituire, in modo spesso scherzoso o affettuoso, una parola con un'altra dotata all'origine di connotazione negativa, senza tuttavia attribuirle un tono offensivo (per es. *i miei vecchi* per *i miei genitori*) | la parola o l'espressione usata al posto di quella propria **CFR.** eufemismo

†**disferenziàre** ➤ **differenziare**

†**disfermaménto** [av. 1292] **s. m. 1** indebolimento **2** in retorica, confutazione

†**disfermàre** [comp. di *dis-*① e *fermare* ⁎ av. 1294] **v. tr.** ● indebolire | contraddire

†**disferràre** [comp. di *dis-*① e *ferro* ⁎ sec. XIII] **A v. tr. 1** liberare dai ferri gli zoccoli di un cavallo e sim. | liberare qlcu. dalle catene (*anche fig.*) **SIN.** sferrare **2** schiudere, aprire **3** liberare da un'arma, strappandola dalle carni: *d. la ferita, il petto* **B** †**disferràrsi v. rifl. 1** liberarsi dalle catene **2** togliersi un'arma dalla ferita

disfida [da *disfidare*① ⁎ av. 1478] **s. f.** ● (*lett.*) sfida: *la d. di Barletta*; *accettare una d.*; *mandare a qlcu. una d.*

disfidànte A part. pres. di *disfidare*①; anche **agg.** ● (*lett.*) nei sign. del v. **B s. m. e f.** ● (*raro, lett.*) chi lancia una disfida

†**disfidànza** [av. 1363] **s. f.** ● sfiducia

†**disfidàre**① [lat. mediev. *disfidāre* 'togliere la fede, provocare', comp. parasintetico di *fides* 'fede, fiducia', col pref. *dis-*① ⁎ av. 1250] **v. tr. 1** sfidare: *d. qlcu. a duello, a battaglia*; *prese in ardimento di d. la Dea della sapienza* (G.B. Marino) **2** dichiarare nemico, mettere al bando

†**disfidàre**② ➤ **diffidare**

†**disfidatóre** [da *disfidare*① ⁎ 1585] **s. m.**; anche **agg.** ● chi (o che) lancia una sfida

disfiguràre [comp. di *dis-*① e *figura* ⁎ 1612] **A v. tr.** ● (*raro, lett.*) sfigurare: *una cicatrice gli disfigurava il volto* **B disfiguràrsi v. intr. pron.** ● †alterarsi | †trasformarsi

†**disfinìre** [var. di *diffinire* con ricostruzione integrale del pref. ⁎ av. 1406] **v. tr.** ● definire, risolvere, decidere: *questo coro di figure …, disfiniteci di grazia che cosa sono?* (G. Vasari)

†**disfinitóre** [1600] **s. m. 1** chi risolve **2** interprete: *d. di sogni*

†**disfinizióne** [sec. XIV] **s. f.** ● definizione, risoluzione

†**disfioraménto** [av. 1334] **s. m.** ● deflorazione

disfioràre [comp. di *dis-*① e *fiore* in uso fig. ⁎ av. 1313] **A v. tr.** (*io disfióro*) **1** †privare del fiore | (*fig., lett.*) guastare, sciupare: *disfiorata è la guancia e l'occhio è morto* (I. Pindemonte) **2** (*fig., lett.*) disonorare | †deflorare **3** (*lett.*) sfiorare (*anche fig.*): *una carezza disfiora / la linea del mare e la scompiglia / un attimo* (E. Montale) **B disfioràrsi v. intr. pron.** ● (*lett.*) appassire, sfiorire (*anche fig.*)

disfiorentinàrsi [comp. di *dis-*① e *fiorentino* ⁎ av. 1576] **v. rifl.** ● (*raro, lett.*) cessare di essere fiorentino

disfò, **disfo** ➤ **disfare**

†**disfogaménto** [av. 1311] **s. m.** ● (*raro*) sfogo

disfogàre [comp. di *dis-*① e *foga* ⁎ 1294] **A v. tr.** (*io disfógo* (o *-ò-*), *tu disfóghi* (o *-ò-*)) ● (*lett.*) sfogare: *or via, disfoga / l'astio racchiuso* (U. Foscolo) **B disfogàrsi v. intr. pron.** ● (*lett.*) sfogarsi

disfogliàre [comp. di *dis-*① e *foglia* ⁎ av. 1294] **A v. tr.** (*io disfòglio*) ● (*lett.*) privare delle foglie: *un soffio disfogliò interamente una larga rosa bianca* (G. D'Annunzio) **B disfogliàrsi v. intr. pron.** ● (*lett.*) perdere le foglie

disfonìa [vc. dotta, comp. di *dis-*① e *-fonia* ⁎ 1820] **s. f.** ● (*med.*) alterazione della voce, dovuta a cause funzionali od organiche ‖ **disfònico**, **agg.** (**pl. m.** *-ci*) relativo a disfonia

disforìa [vc. dotta, gr. *dysphoría*, comp. di *dys-* 'dis-②' e un deriv. di *phérein* 'portare', quindi 'difficoltà di sopportare' ⁎ 1820] **s. f.** ● (*med.*) stato d'animo di oppressione angosciosa e di tristezza **CONTR.** euforia

disfòrico [1956] **agg.** (**pl. m.** *-ci*) ● (*med.*) caratterizzato da disforia: *atteggiamento d.* | affetto da disforia: *soggetto d.*

disformàre [comp. di *dis-*① e *formare* ⁎ av. 1292] **A v. tr.** (*io disfórmo*) ● (*raro, lett.*) trasformare | deformare, alterare **B v. intr.** (**aus.** *essere*) e **disformàrsi v. intr. pron.** ● (*raro, lett.*) differenziarsi | deformarsi, guastarsi

disformàto part. pass. di *disformare*; anche **agg.** ● (*raro, lett.*) mutato di forma: *acciocché a lui … io disformata non potessi dispiacere* (G. Boccaccio) | deformato

†**disformazióne** [av. 1396] **s. f.** ● deformazione

disfórme [da *disformare*, sul modello di *deforme* e *deformare* ⁎ av. 1334] **agg.** ● (*lett.*) difforme | differente ‖ †**disformeménte**, **avv.** in modo difforme, differente

disformità [av. 1334] **s. f. inv.** ● (*raro, lett.*) differenza: *non vi essendo d. di costumi, gli uomini si vivono quietamente* (N. Machiavelli) | †deformità

†**disfornito** [comp. di *dis-*① e *fornito* ⁎ av. 1253] **agg.** ● (*raro*) completamente sfornito

disfrancàre [comp. di *dis-*① e *franco* nel sign. di 'libero' ⁎ 1321] **A v. tr. 1** †privare della libertà **2** (*lett., fig.*) rendere schiavo della colpa: *il peccato disfrancò il loro volere* (G. Pascoli) **B disfrancàrsi v. intr. pron.** ● †perdersi d'animo

disfrancesàre [comp. di *dis-*① e *francese* ⁎ av. 1803] **A v. tr.** (*io disfrancéso*) ● (*lett., raro*) liberare dall'influenza francese **B disfrancesàrsi v. rifl.** ● liberarsi dall'influenza francese

disfrasìa [vc. dotta, comp. di *dis-*② e del gr. *phrásis* 'frase, discorso' ⁎ 1892] **s. f.** ● (*med.*) alterata composizione delle frasi dovuta a disturbi neurologici o mentali

disfrenàre [comp. di *dis-*① e *frenare* ⁎ 1266] **v. tr.** (*io disfréno* o *disfrèno*) ● (*lett.*) sfrenare

†**disfréno** (o *-è-*) [1266] **A agg.** ● sfrenato **B s. m.** ● mancanza di freni, di impacci | ***in d.***, liberamente

disfrondàre [comp. di *dis-*① e *fronda* ⁎ 1483] **A v. tr.** (*io disfróndo*) ● (*lett.*) sfrondare **B disfrondàrsi v. intr. pron.** ● (*lett.*) perdere le fronde; (*fig.*) svigorirsi

disfunzionàle [comp. di *dis-*① e *funzionale* ⁎ 1989] **agg.** ● che non è funzionale, che non adempie adeguatamente alle proprie funzioni ‖ **disfunzionalità**, **s. f. inv. 1** mancato adempimento alle proprie funzioni **2** (*med.*) presenza di una disfunzione

disfunzionaménto [comp. di *dis-*① e *funzionamento* ⁎ 1913] **s. m.** ● mancato o imperfetto funzionamento di qlco.: *il d. di un depuratore* | (*med.*) anomalia di un organo o di un apparato: *d. dell'apparato digerente*

disfunzióne [comp. di *dis-*② e *funzione* ⁎ 1942] **s. f. 1** (*med.*) alterazione della funzione di un organo | ***d. erettile***, alterazione funzionale del pene **2** (*est.*) cattivo funzionamento di enti, organizzazioni e sim.: *d. amministrativa*

SFUMATURE DI SIGNIFICATO

disfunzione - disservizio - disorganizzazione

Si definisce **disfunzione** il cattivo funzionamento di un organo, di un ente, di un servizio. Rispetto a *disfunzione* **disservizio** ha un ambito d'uso più ristretto, riferendosi a un servizio pubblico e in genere a un temporaneo o particolare suo malfunzionamento. La ragione che è all'origine di una disfunzione o di un disservizio può essere la **disorganizzazione**, cioè la cattiva organizzazione delle risorse umane e materiali che concorrono alla prestazione del servizio.

disgàggio [dal fr. *dégager* 'distaccare, liberare' ⁎ 1956] **s. m.** ● rimozione di masse instabili (rocce pericolanti, materiali franosi, valanghe) al fine di evitare crolli

†**disgannàre** [comp. di *dis-*① sostitutivo del pref. contrario *in-* di *ingannare* ⁎ 1342] **v. tr.** ● liberare dall'inganno

disgarbàre [comp. di *dis-*① e di *garbare* ⁎ 1869] **v. intr.** (**aus.** *essere*, *raro avere*) ● (*disus.*) dispiacere, non garbare

†**disgàrbo** [1572] **s. m.** ● sgarbo, mala grazia

disgelàre [comp. di *dis-*① e *gelare* ⁎ av. 1557] **A v. tr.** (*io disgèlo*) ● sciogliere, liberare dal ghiaccio: *il sole disgela i campi* **SIN.** sgelare **B v. intr. impers.** (**aus.** *essere* o *avere*) ● sciogliersi, detto del ghiaccio: *non disgela ancora* **C v. intr.** (**aus.** *essere*) e **disgelàrsi v. intr. pron.** ● liberarsi dal gelo, dal ghiaccio: *il lago è disgelato*; *la campagna si disgelava*

disgèlo [da *disgelare* ⁎ av. 1883] **s. m. 1** fusione del ghiaccio e della neve dovuta alla temperatura che sale sopra allo zero **2** (*fig.*) miglioramento dei rapporti tra due o più persone | superamento di posizioni politiche particolarmente rigide, che consente un graduale miglioramento sia della situazione interna di uno Stato, sia delle relazioni internazionali

†**disgènio** [comp. di *dis-*① e *genio* ⁎ av. 1729] **s. m.** ● avversione, repulsione

disgeusìa [comp. di *dis-*② e del gr. *gêusis* 'gusto', da *géuesthai* 'gustare' (di orig. indeur.) ⁎ 1830] **s. f.** ● (*med.*) alterazione o indebolimento della facoltà del gusto

†**disghiottire** [da *inghiottire*, con sostituzione di pref. (*dis-*①): propr. 'inghiottire male' ⁎ sec. XIV] **v. intr.** ● singhiozzare

†**disgiogàre** [comp. di *dis-*① e *giogo* ⁎ 1683] **v. tr.** ● sciogliere, liberare dal giogo (*anche fig.*)

†**disgióngere** e deriv. ➤ **disgiungere** e deriv.

†**disgiovàre** o †**disiovàre** [comp. di *dis-*① e

giovare ✻ 1314] **v. intr.** ● nuocere

†**dișgiùgnere** e deriv. ➤ **disgiungere** e deriv.

dișgiùngere o †**dișgiùgnere**, †**dișgión-gere** [lat. *disiŭngere*, comp. di *dis-*① e *iŭngere* 'congiungere' ✻ av. 1294] **A** **v. tr.** (**coniug. come** *giungere*) **1** (*lett.*) separare, disunire, dividere: *d. due amici, una famiglia; disgiunse le mani che prima aveva intrecciato* | (*lett.*) staccare, strappare: *... lo strazio disonesto / c'ha le mie frondi sì da me disgiunte* (DANTE *Inf.* XIII, 140-141) **2** (*fig.*) considerare separatamente: *d. un'idea dalla sua realizzazione pratica* | (*lett.*) rendere diverso, distinguere: *è l'ora che disgiunge il primo chiaro / dall'ultimo tremore* (G. UNGARETTI) **B** **dișgiùngersi** **v. intr. pron., rifl. e rifl. recipr.** ● (*lett.*) dividersi, separarsi, allontanarsi: *da tempo le tre arti pratiche ... si sono disgiunte* (G. D'ANNUNZIO)

dișgiungìbile [1869] **agg.** ● (*raro*) che può essere disgiunto ‖ **dișgiungibilità**, **s. f. inv.**

dișgiungiménto o †**dișgiugniménto** [av. 1406] **s. m.** ● (*lett.*) il disgiungere | separazione

†**dișgiungitóre** o †**dișgiugnitóre** [av. 1704] **s. m.** (**f.** *-trice*); **anche agg.** ● chi (o che) disgiunge

dișgiuntìvo o †**dișgiontìvo** [lat. tardo *disiunctīvu(m)*, da *disiŭnctus* 'disgiunto' ✻ 1529] **agg.** **1** che serve a disgiungere | (*gramm.*) ***congiunzione disgiuntiva***, che coordina due parole o frasi stabilendo un'alternativa fra loro (per es. *o, oppure, ovvero*) | (*filos.*) ***proposizione disgiuntiva***, che propone un'alternativa | ***sillogismo d.***, quello che ha come premessa maggiore una proposizione disgiuntiva **2** (*geol.*) detto di deformazione tettonica che si manifesta per mezzo di fratture e di faglie ‖ **dișgiuntivaménte**, **avv.** (*raro*) in modo disgiuntivo

dișgiùnto o †**dișgiónto** **part. pass.** di *disgiungere*; **anche agg.** **1** staccato, diviso | (*fig.*) separato, distinto: *con acume non d. da buon senso* (L. SCIASCIA) | ***voto d.***, V. *voto*① nel sign. 4 **2** (*mat.*) detto di due insiemi che non hanno elementi comuni ‖ **dișgiuntaménte**, **avv.** separatamente

†**dișgiuntùra** [av. 1566] **s. f.** ● disgiunzione

dișgiunzióne [lat. *disiunctiōne(m)*, da *disiŭnctus* 'disgiunto' ✻ av. 1328] **s. f.** ● separazione | (*fig.*) distinzione | †discordia

dișgocciolàre [comp. di *dis-*① e *gocciolare* ✻ 1612] **v. intr.** (*io dișgócciolo*; **aus.** *essere*) **1** (*raro, lett.*) sgocciolare, stillare **2** (*raro, lett., fig.*) consumarsi

dișgomberàre e deriv. ➤ **disgombrare** e deriv.

†**dișgómbra** o †**dișgómbera** [da *disgombrare* ✻ av. 1587] **s. f.** ● sgombero

†**dișgombraménto** [1566] **s. m.** ● il disgombrare | sgombro

dișgombràre o **dișgomberàre** [comp. di *dis-*① sostituito al pref. contrario *in-* in *ingombrare* ✻ 1299] **A** **v. tr.** (*io dișgómbro*) **1** (*lett.*) sgombrare: *disgombrava già di neve i poggi / l'aurora amorosa* (F. PETRARCA) **2** (*fig., lett.*) rimuovere dall'animo pensieri molesti, angosce e sim.: *quivi è colei che l'alte menti infiamma / e che da' petti ogni viltà disgombra* (A. POLIZIANO) **3** (*assol.*) †traslocare, cambiare casa **B** **dișgombràrsi** **v. intr. pron.** ● †dileguarsi (*anche fig.*)

dișgombratóre [av. 1638] **s. m.** (**f.** *-trice*); **anche agg.** ● (*raro, lett.*) chi (o che) disgombra

dișgómbro [1575] **agg.** ● (*lett.*) sgombro (*anche fig.*)

†**dișgorgàre** [comp. di *dis-*① e di *gorgo* ✻ av. 1509] **A** **v. tr.** ● fare sgorgare **B** **v. intr.** e †**di-șgorgàrsi** **v. intr. pron.** ● uscire a fiotti: *dal mio cor disgorghi / gran sangue, e i fiumi scorrano su 'l mondo* (G. D'ANNUNZIO)

dișgradàre① [comp. di *dis-*① e *grado* ✻ 1314] **A** **v. tr.** ● †sminuire, degradare: *d. qlcu. nella opinione altrui* | (*lett., raro*) rovinare | (*lett.*) vincere al confronto, superare: *una fame da disgradarne un lupo* **B** **v. intr.** (**aus.** *essere*) ● †allontanarsi, deviare **C** **di-șgradàrsi** **v. intr. pron.** **1** (*raro, lett.*) perdere la reputazione **2** (*lett.*) scendere, digradare

dișgradàre② [comp. di *dis-*① sostitutivo dell'opposto *ad-* in *aggradare* ✻ av. 1336] **v. intr.** (**aus.** *essere*; **rare le forme composte**) ● (*lett.*) dispiacere, essere sgradito: *So che a Lei non disgradano le cose mie* (G. CARDUCCI)

†**dișgradévole** [sec. XIV] **agg.** ● sgradevole

†**dișgradìre** [comp. di *dis-*① e *gradire* ✻ 1670] **A** **v. tr.** ● non gradire **B** **v. intr.** ● dispiacere

†**dișgràdo** [da *disgradire* ✻ 1300 ca.] **s. m.** ● mancanza di gradimento | ***essere a d.***, essere sgradito | ***avere a, in d.***, non vedere di buon occhio

dișgrafìa [vc. dotta, comp. di *dis-*② e *-grafia* ✻ 1918] **s. f.** ● (*med.*) disturbo specifico di scrittura che si manifesta con una difficoltà nella realizzazione della normale grafia, in assenza di carenze intellettive e neurologiche

dișgràfico [comp. di *dis-*② e *-grafico* ✻ 1987] **agg.** (**pl. m.** *-ci*) ● (*med.*) relativo a disgrafia

dișgranàre [comp. di *dis-*① e *grano* ✻ sec. XIV] **v. tr.** ● (*raro*) sgranare: *d. le spighe* | ***d. la catena***, disimpegnarla dalla dentiera dell'argano

†**dișgranellàre** [comp. di *dis-*① e *granello* ✻ av. 1342] **v. tr.** ● sgranare: *d. le spighe*

†**dișgràto** [comp. di *dis-*① e *grato* ✻ sec. XIII] **agg.** ● sgradito, noioso, spiacevole

†**dișgravàre** [comp. di *dis-*① e *gravare* ✻ 1261 ca.] **v. tr.** e **dișgravàrsi** **v. rifl.** ● sgravare, sgravarsi

†**dișgravidaménto** [av. 1694] **s. m.** ● aborto | ***d. volontario***, aborto procurato

†**dișgravidàre** [comp. di *dis-*① opposto a *ingravidare* ✻ 1353] **v. intr.** ● abortire: *ella molte arti usò per dovere, contro al corso della natura, d., né mai le potè venir fatto* (G. BOCCACCIO)

♦**dișgràzia** [comp. di *dis-*① e *grazia* ✻ 1275] **s. f.** **1** (*lett.* o *raro*) perdita del favore altrui: *essere, venire in d. di qlcu.* | ***cadere in d.***, perdere il proprio potere, la simpatia e gli appoggi altrui | ***in d. di Dio***, in peccato mortale | ***avere qlcu. in d.***, negargli la propria benevolenza | ***mettere, porre qlcu. in d.***, parlarne male **2** sorte avversa, sventura: *essere perseguitato dalla d.; ha la d. di essere povero; per colmo di d. ha perduto anche il treno; ognuno di noi ha le sue disgrazie* | ***per mia, per tua d.***, sfortunatamente per me, per te | ***d. volle che***, malauguratamente avvenne che | ***portare d.***, essere causa di guai, sciagure e sim. | **PROV.** ***le disgrazie non vengono mai sole*** **SIN.** avversità, scalogna, sfortuna **3** avvenimento improvviso e luttuoso: *è successa una d.; è morto in seguito a una d.* **SIN.** calamità, disastro, sciagura **4** (*est.*) avvenimento spiacevole e involontario: *non l'ha fatto di proposito, è stata una d.* **SIN.** disdetta, scalogna **5** †mancanza di grazia, di bellezza

SFUMATURE ➤ ***disastro***

†**dișgraziàre** [da *disgrazia* ✻ av. 1449] **v. tr.** **1** non ringraziare | privare della propria gratitudine, del proprio favore e sim. **2** far sfigurare al paragone, al confronto

♦**dișgraziàto** [da *disgrazia* ✻ av. 1310] **A** **agg.** **1** che non ha fortuna, che è oppresso e perseguitato da malanni, miseria, insuccesso o altre disgrazie: *un uomo d.; una famiglia povera e disgraziata; essere d. in amore, negli affari, al gioco* **SIN.** sfortunato, sventurato | che è degno di biasimo (in frasi escl.): *che cosa hai fatto, d.!* **SIN.** sciagurato **2** di ciò che è iniziato o si è svolto male, che ha prodotto esiti o conseguenze spiacevoli: *viaggio, anno d.; fu un'idea veramente disgraziata* **SIN.** dannato, sfortunato **3** †senza grazia, malfatto ‖ **dișgraziataménte**, **avv.** per disgrazia, sfortunatamente: *disgraziatamente il medico è intervenuto troppo tardi* **B** **s. m.** (**f.** *-a*) **1** persona disgraziata: *è un povero d.; aiutare i disgraziati* | (*est., pop.*) persona minorata, deforme **SIN.** infelice, miserabile **2** persona degna di biasimo: *lasciate perdere quel d.* | persona cattiva, malvagia

†**dișgrazióso** (o **-șo**) [1288] **agg.** ● ingrato | deplorevole

†**dișgredìre** ➤ **digredire**

dișgregàbile [av. 1519] **agg.** ● che si può disgregare ‖ **dișgregabilità**, **s. f. inv.**

dișgregaménto [av. 1519] **s. m.** ● disgregazione (*spec. fig.*): *il d. della famiglia*

†**dișgregànza** [sec. XIV] **s. f.** ● disgregazione

dișgregàre [vc. dotta, lat. tardo *disgregāre*, da *aggregāre* con sostituzione del pref. *ad-* con *dis-*① ✻ 1308] **A** **v. tr.** (*io dișgrègo, tu dișgrèghi*) **1** frantumare un corpo solido, compatto: *gli agenti atmosferici disgregano la roccia* **2** (*fig.*) privare un gruppo o una comunità della loro compattezza, coesione e sim.: *le rivalità personali hanno disgregato il partito* **3** (*chim.*) trattare una sostanza, spec. fondendola con carbonati o alcoli, al fine di renderla solubile **B** **dișgregàrsi** **v. intr. pron.** **1** andare in pezzi, in frantumi: *la massa si disgregava sotto i colpi* **2** (*fig.*) perdere la coesione e l'accordo, disunirsi: *la famiglia si è ormai disgregata*

SFUMATURE ➤ ***smembrare***

dișgregatìvo [vc. dotta, lat. tardo *disgregatīvu(m)*, da *disgregātus* 'disgregato' ✻ av. 1498] **agg.** ● che disgrega, che tende a disgregare | di disgregazione

dișgregatóre [da *disgregare* ✻ 1914] **s. m.** (**f.** *-trice*); **anche agg.** ● chi (o che) tende a disgregare (*spec. fig.*): *elementi disgregatori della famiglia, della società*

dișgregazióne [vc. dotta, lat. tardo *disgregatiōne(m)*, da *disgregātus* 'disgregato' ✻ 1308] **s. f.** ● frantumazione: *la d. di un corpo, di un materiale solido* | ***d. meteorica***, sgretolamento e frantumazione delle superfici rocciose dovuti a processi di natura fisica | (*fig.*) sfascio, disunione: *un periodo di d. sociale*

dișgressióne ➤ **digressione**

†**dișgrevàre** [comp. di *dis-*① e *greve* ✻ 1313] **v. tr.** ● (*raro*) liberare da un peso

†**dișgrignàre** ➤ **digrignare**

dișgroppàre o †**dișgruppàre** [comp. di *dis-*① e *groppo* ✻ 1314] **v. tr.** (*io dișgróppo* o *di-șgròppo*) ● (*lett.*) disfare, sciogliere un nodo (*anche fig.*)

dișgrossaménto [1830] **s. m.** ● sgrossamento

dișgrossàre [comp. di *dis-*① e *grosso* ✻ 1526] **v. tr.** (*io dișgròsso*) e **dișgrossàrsi** **v. intr. pron.** ● sgrossare, sgrossarsi

†**dișgruppàre** ➤ **disgroppare**

†**dișgruzzolàre** [comp. di *dis-*① e *gruzzolo* ✻ 1441] **v. tr.** ● rovistare, frugare

†**dișguàle** e deriv. ➤ **disuguale** e deriv.

dișguìdo [sp. *descuido*, da *descuidar*, originariamente 'esimere (*des-*) dal pensare (*cuidar*, dal lat. *cogitāre*)', 'trascurare' ✻ 1681] **s. m.** ● errore di spedizione o di recapito: *per un d. non ho ancora ricevuto la lettera* | (*est.*) errore nell'esecuzione di un programma preordinato; malinteso, contrattempo

†**dișguișàre** [comp. di *dis-*① e *guisa* ✻ 1694] **v. tr.** ● contraffare, deformare

♦**disgustàre** [da *disgusto* ✱ 1611] **A v. tr.** **1** dare disgusto: *il sapore di quel cibo mi disgusta* **SIN.** stomacare **2** (*fig.*) provocare fastidio, noia, insofferenza, ripugnanza e sim.: *un lavoro che disgusta; la sua presenza e le sue parole ci disgustavano* **SIN.** infastidire, nauseare, stomacare **B disgustàrsi v. intr. pron.** **1** provare disgusto, ripugnanza (+ *di*): *mi sono disgustato di lui, del suo servilismo* **SIN.** nausearsi, stomacarsi **2** (*fig., raro*) non essere più in buoni rapporti con qlcu.: *si è disgustato con noi* **C disgustàrsi v. rifl. recipr.** ● (*fig., disus.*) rompere l'amicizia: *quei due si sono disgustati*
SFUMATURE ➤ *saziare*

disgustàto **part. pass.** di *disgustare*; anche **agg.** ● (*fig.*) indignato, nauseato

disgustévole [av. 1597] **agg.** ● (*raro*) sgradevole, disgustoso

♦**disgùsto** [comp. di *dis-*① e *gusto* ✱ 1578] **s. m.** **1** senso di nausea, di ripugnanza (+ *di*, + *per*): *mangiare con d.; ho il d. delle sigarette; sento d. per il cibo* **2** (*fig.*) repulsione morale, insofferenza, avversione: *sento per lui un profondo d.; riviveva / il d. ... della pena / amara* (U. SABA) **3** (*lett.*) dispiacere provocato da contrasti, offese, difficoltà e sim.: *subire umiliazioni e disgusti*

disgustóso (o **-so**) [1659] **agg.** **1** che provoca disgusto, repulsione fisica: *odore, sapore, cibo d.* | (*est.*) pessimo: *ci offrirono un d. caffè* **SIN.** nauseante, ripugnante **2** (*fig.*) che provoca repulsione morale, che è estremamente sgradevole: *è un individuo d.; il suo contegno fu d.; rimasi sconvolto da quel d. spettacolo* **SIN.** ripugnante ‖ **disgustosaménte**, avv.

†**disìa** o †**desìa** [da *disia(re)* ✱ sec. XIII] **s. f.** ● desio

disiàbile ➤ **desiabile**

disiànza o **desiànza** [da *disiare* ✱ 1250 ca.] **s. f.** ● (*lett.*) desiderio | (*est.*) cosa desiderata

disiàre ➤ **desiare**

disiàto ➤ **desiato**

†**disideràre** e deriv. ➤ **desiderare** e deriv.

disidratànte **A part. pres.** di *disidratare*; anche **agg.** **1** nei sign. del v. **2** detto di sostanza in grado di sottrarre acqua ad altre sostanze **B** anche **s. m.**

disidratàre [fr. *déshydrater*, comp. di *dés-* 'dis-①' e *hydrater* 'idratare' ✱ 1905] **A v. tr.** ● privare o impoverire una sostanza o un corpo dell'acqua in essi contenuta: *d. l'aria; d. i cibi per conservarli; d. un organismo* **B disidratàrsi v. intr. pron.** ● subire disidratazione: *si è disidratato a causa della malattia*

disidratàto **part. pass.** di *disidratare*; anche **agg.** ● che ha subìto disidratazione: *organismo d.* | che è stato sottoposto a disidratazione: *alimento d.*

disidratatóre [1956] **s. m.** ● apparecchio o impianto per la disidratazione, spec. di fluidi

disidratazióne [fr. *déshydratation*, da *déshydrater* 'disidratare' ✱ 1874] **s. f.** **1** eliminazione o riduzione dell'acqua contenuta in una sostanza **2** (*med.*) eccessiva perdita di liquido organico, tale da portare nocumento alle normali funzioni dell'organismo

disidròsi [comp. di *dis-*②, *idro-* e del suff. *-osi* ✱ 1956] **s. f. inv.** ● (*med.*) affezione cutanea, favorita dalla sudorazione, caratterizzata da vescicole pruriginose a localizzazione palmo-plantare e interdigitale

†**disiecoràre** [comp. di *dis-*① e del lat. *iĕcur*, genit. *iĕcoris* 'fegato' ✱ av. 1530] **v. tr.** ● (*raro*) strappare il fegato

†**disiévole** o †**desiévole** [da *disiare* ✱ 1505] **agg.** ● (*lett.*) pieno di desiderio

†**disigillàre** ➤ **dissigillare**

†**disiguàle** ➤ **disuguale**

disillàbico [da *disillabo* ✱ 1869] **agg.** (pl. m. *-ci*) ● di due sillabe

disìllabo [vc. dotta, lat. *disy̆llabu(m)*, dal gr. *disýllabos* 'composto di due (*dís*) sillabe (*syllabái*)' ✱ av. 1698] **A agg.** ● composto di due sillabe **SIN.** bisillabo **B s. m.** ● gruppo di due sillabe

♣**disillùdere** [comp. di *dis-*① e *illudere* ✱ 1874] **A v. tr.** (coniug. come *illudere*) ● privare delle illusioni: *uno sguardo era sufficiente a disilludermi* (I. SVEVO) | deludere: *d. le speranze di qlcu.* **B disillùdersi v. intr. pron.** ● perdere le illusioni: *sognava grandi cose ma ora si è disilluso*

disillusióne [1858] **s. f.** ● perdita di ogni illusione: *subire una profonda d.; le disillusioni della vita* **SIN.** disinganno, disincanto
SFUMATURE ➤ *disincanto*

disillùso **A part. pass.** di *disilludere*; anche **agg.** ● nei sign. del v. | che ha perso ogni illusione su qlco. (+ *da*, + *di*): *d. dalla politica; d. di tutto; si sentiva già disillusa della vita* (L. CAPUANA) **B s. m.** (f. *-a*) ● persona disillusa

disimballàggio [1956] **s. m.** ● operazione del disimballare

disimballàre [comp. di *dis-*① e *imballare*① ✱ 1956] **v. tr.** ● togliere dall'imballaggio: *d. dei quadri*

†**disimbarazzàre** [comp. di *dis-*① e *imbarazzare* ✱ av. 1730] **v. tr.** ● togliere dall'imbarazzo, dall'impaccio

disimbracàre [comp. di *dis-*① e *imbracare* ✱ 1892] **v. tr.** (*io disimbràco, tu disimbràchi*) ● togliere l'imbraca a un animale

†**disimbracciàre** [comp. di *dis-*① e *imbracciare* ✱ av. 1494] **v. tr.** ● sfilare dal braccio: *d. lo scudo*

†**disimbrigliàre** [comp. di *dis-*① e *imbrigliare* ✱ av. 1680] **v. tr.** ● liberare dalle briglie (*anche fig.*)

disimpacciàre [comp. parasintetico di *impaccio*, col pref. *dis-*① ✱ 1677] **A v. tr.** (pres. *io disimpàccio*; fut. *io disimpaccerò*) ● (*raro*) liberare da impacci, noie e sim.: *d. le mani* **B disimpacciàrsi v. rifl.** ● togliersi dagli impacci: *disimpacciarsi da una situazione difficile*

disimpacciàto **part. pass.** di *disimpacciare*; anche **agg.** **1** nei sign. del v. **2** (*raro*) disinvolto: *un giovane franco e d.*

disimparàre [comp. di *dis-*① e *imparare* ✱ 1442] **v. tr.** **1** non ricordare o non sapere più quanto si era imparato: *d. la lezione; ho disimparato a guidare l'automobile; aveva dunque disimparato di camminare?* (I. SVEVO) **2** (*fig.*) perdere un'abitudine: *devi d. ad alzarti tardi*

†**disimpedìre** [comp. di *dis-*① e *impedire* ✱ 1600] **v. tr.** ● (*raro*) liberare dagli impedimenti

disimpegnàre [comp. di *dis-*① e *impegnare* ✱ 1641] **A v. tr.** (*io disimpégno*; coniug. come *segnare*) **1** sciogliere una persona da un impegno, da una promessa e sim. **2** liberare qlcu. o qlco. da impedimenti, impacci, ostacoli e sim.: *a fatica disimpegnarono il carro dal fango* | rendere indipendente: *d. le stanze con un corridoio* **3** riscattare qlco. data in pegno: *d. un gioiello* **4** (*milit.*) liberare dalla pressione dell'avversario **5** (*mar.*) liberare cavi, manovre, attrezzi, ancore, dagli ostacoli che ne impediscono il libero movimento **6** adempiere un ufficio, esercitare una funzione: *è stato molto abile nel d. l'incarico affidatogli* **B disimpegnàrsi v. rifl.** **1** liberarsi da un impegno: *mi sono disimpegnato da ogni obbligo verso di lui* **SIN.** disobbligarsi **2** riuscire a fronteggiare una situazione, cavarsela: *si disimpegna bene nel fare le veci del capofamiglia* **3** (*milit.*) ritirarsi gradualmente di fronte al nemico, spec. con intenti strategici **4** (*sport*) sottrarsi all'azione dell'avversario
SFUMATURE ➤ *districare*

disimpegnàto **part. pass.** di *disimpegnare*; anche **agg.** ● nei sign. del v. | (*fig., raro*) non impegnato sul piano ideologico, politico e sim.

♣**disimpégno** [da *disimpegnare*; nel sign. 3, calco sull'ingl. *disengagement* ✱ 1624] **s. m.** **1** ciò che serve a liberare da un obbligo, impegno e sim.: *cercare una scusa che serva da d.* | *fare qlco. per d.*, solo per adempiere un obbligo o tener fede alla parola data **2** in un edificio, passaggio che consente l'accesso a un locale senza dovere attraversarne altri: *stanza, locale di d.* | (*est.*) il locale che gode di tale passaggio: *in fondo al corridoio c'è un d.* **3** (*med.*) in ostetricia, fuoriuscita del feto dal canale del parto al momento della nascita **4** abbandono o mancanza di impegno sociale o politico **5** nel calcio, azione di alleggerimento di fronte a un attacco avversario

disimpiegàre [comp. di *dis-*① e *impiegare* ✱ 1830] **A v. tr.** (*io disimpiègo, tu disimpièghi*) ● (*raro*) privare dell'impiego **B disimpiegàrsi v. rifl.** ● dimettersi da un impiego

disimpiègo [comp. di *dis-*① e *impiego* ✱ 1858] **s. m.** (pl. *-ghi*) **1** mancata utilizzazione di qlco. **2** condizione di chi non ha un'occupazione totale

†**disimplicàre** [comp. di *dis-*① e *implicare* ✱ av. 1673] **v. tr.** ● (*raro*) disimpacciare

†**disimprìmere** [comp. di *dis-*① e *imprimere* ✱ 1638] **v. tr.** ● togliere un'impressione

†**disinàre** ➤ **desinare**① e **desinare**②

disincagliàre [comp. parasintetico di *incaglio*, col pref. *dis-*①, prob. sul modello dello sp. *desencallar* ✱ 1614] **A v. tr.** (*io disincàglio*) **1** liberare un natante da secche, scogli e sim. **2** (*fig.*) liberare da un ostacolo: *d. una proposta di legge* **B disincagliàrsi v. rifl.** **1** liberarsi da un incaglio, detto di natante **2** (*fig.*) superare un punto morto, un ostacolo e sim.

disincàglio [1889] **s. m.** ● operazione del disincagliare

disincantaménto [da *disincantare* ✱ 1869] **s. m.** **1** (*lett.*) disincanto **2** (*filos.*) ***d. del mondo***, nel pensiero di Max Weber (1864-1920), il prevalere in epoca moderna della razionalità scientifica a scapito delle credenze magiche e soprannaturali **3** secolarizzazione nel sign. 3

disincantàre [comp. di *dis-*① e *incantare*, prob. sul modello del fr. *désenchanter* ✱ av. 1585] **A v. tr.** **1** †sciogliere da un incantesimo, liberare da una magia **2** (*fig.*) disilludere, disingannare; ricondurre alla realtà: *avrebbe detto qualche parola stupida, di quelle che disincantano* (A. MORAVIA) **B disincantàrsi v. intr. pron.** **1** †liberarsi da un incantesimo **2** (*fig.*) disilludersi

disincantàto **part. pass.** di *disincantare*; anche **agg.** ● (*fig.*) privo di illusioni: *guardare la vita con animo d.*

♣**disincànto** [1684] **s. m.** **1** †liberazione da un incantesimo **2** (*fig.*) perdita di illusioni; scetticismo: *un sorriso che esprime d.*

SFUMATURE DI SIGNIFICATO
disincanto - disillusione - scetticismo
Disincanto è la perdita di ogni illusione, a cui si accompagna in genere una visione pessimistica della realtà. **Disillusione** ha lo stesso significato, ma esprime piuttosto un sentimento di delusione per il venire meno di una aspettativa. La tendenza a dubitare di tutto e di tutti, a non avere fiducia nella possibilità che si realizzi qualcosa che si desidererebbe è meglio espressa dal termine **scetticismo**.

disincarnàre [comp. di *dis-*① e *incarnare* ✱

1917] **A** v. tr. ● liberare, svincolare lo spirito dal corpo **B** **disincarnàrsi** v. rifl. ● liberarsi dai vincoli corporei

disincentivànte part. pres. di *disincentivare*; anche agg. ● che disincentiva, scoraggia, demotiva

disincentivàre [1964] v. tr. ● scoraggiare, demotivare; ridurre la tendenza a un determinato comportamento: *d. una decisione*; *d. le importazioni*

disincentivazióne [1971] s. f. ● il disincentivare

disincentìvo [comp. di *dis-*① e *incentivo* ✻ 1964] s. m. **1** misura volta a scoraggiare decisioni economiche considerate non conformi a un equilibrato sviluppo CONTR. incentivo **2** (*est.*) mancanza di incentivo: *ciò costituisce un d. alla nostra iniziativa*

†**disinclinàre** [comp. di *dis-*① e *inclinare* ✻ 1674] v. intr. ● (*raro*) non essere incline

†**disinclinazióne** [comp. di *dis-*① e *inclinazione* ✻ av. 1729] s. f. ● avversione, antipatia

†**disincontràto** [comp. di *dis-*① e *incontrato* ✻ av. 1588] agg. ● isolato, scompagnato

disincrostànte **A** part. pres. di *disincrostare*; anche agg. ● nel sign. del v. **B** s. m. ● sostanza chimica che, aggiunta all'acqua delle caldaie, impedisce formazioni calcaree o discioglie quelle esistenti

disincrostàre [comp. di *dis-*① e *incrostare* ✻ 1941] v. tr. (*io disincròsto*) ● liberare da incrostazioni: *d. le tubature*

disincrostazióne [1956] s. f. ● operazione del disincrostare

disindustrializzàre [comp. di *dis-*① e *industrializzare* ✻ 1950] v. tr. ● eliminare o ridurre le industrie di una città o di una regione ‖ **disindustrializzazióne**, s. f.

disinfestànte **A** part. pres. di *disinfestare*; anche agg. ● nei sign. del v. **B** s. m. ● sostanza atta a distruggere i parassiti animali

disinfestàre [comp. di *dis-*① e *infestare* ✻ 1942] v. tr. (*io disinfèsto*) ● liberare un luogo o una persona da insetti, parassiti e sim.: *d. la casa dai topi, un campo dalle erbacce*

disinfestatóre [1958] s. m. (f. *-trice*) ● chi è addetto alla disinfestazione

disinfestazióne [da *disinfestare* ✻ 1928] s. f. ● operazione del disinfestare

disinfettànte **A** part. pres. di *disinfettare*; anche agg. ● nel sign. del v. **B** s. m. ● mezzo o sostanza in grado di distruggere i microrganismi che provocano le infezioni

disinfettàre [fr. *désinfecter*, comp. di *dés-* 'dis-①' e *infécter*, da *infect* 'infetto' ✻ 1812] v. tr. (*io disinfètto*) ● distruggere i germi patogeni: *d. una ferita, un ferro chirurgico, un locale* | anche in forma pron.: *disinfettarsi una ferita, un taglio, un dito*
SFUMATURE ➤ ***depurare***

disinfettóre [da *disinfettare* sul modello del fr. *désinfecteur* ✻ 1906] s. m. (f. *-trice*) ● tecnico della disinfezione, dipendente da autorità sanitarie

disinfezióne [fr. *désinfection*, da *désinfecter* 'disinfettare' ✻ 1812] s. f. ● complesso delle operazioni fisiche, chimiche o meccaniche, intese a distruggere i germi patogeni

disinfiammàre [comp. di *dis-*① e *infiammare* ✻ 1669] **A** v. tr. ● togliere l'infiammazione **B** **disinfiammàrsi** v. intr. pron. ● sfiammarsi

disinflazionàre [comp. di *dis-*① e *inflazionare* ✻ 1991] v. tr. (*io disinflazióno*) ● (*econ.*) ridurre l'inflazione, contenendo la circolazione monetaria

disinflazióne [comp. di *dis-*① e *inflazione* ✻ 1985] s. f. ● condizione del sistema economico per cui l'inflazione viene contenuta, provocando però deflazione

disinflazionìstico [1985] agg. (pl. m. *-ci*) ● di disinflazione, che favorisce la disinflazione

disinformàre [comp. di *dis-*① e *informare* ✻ 1986] v. tr. (*io disinfórmo*) ● attuare una disinformazione nel sign. 2

disinformàto [comp. di *dis-*① e *informato* ✻ 1983] part. pass. di *disinformare*; anche agg. **1** nel sign. del v. **2** che ha scarse informazioni o conoscenze: *sei molto d. sulla storia del tuo Paese*

disinformazióne [1983] s. f. **1** mancanza o scarsità di informazione **2** informazione errata o fuorviante diffusa intenzionalmente per influenzare l'opinione pubblica: *l'entrata in guerra è stata preceduta da una campagna di d.*

disingannàre [comp. di *dis-*① e *ingannare* ✻ 1328] **A** v. tr. (*io disingànno*) **1** (*lett.*) togliere dall'errore, da una convinzione ingannevole: *nessuno lo disingannò, nemmeno Lucia* (A. MANZONI) **2** (*lett.*) deludere, disilludere: *non ho avuto il coraggio di disingannarlo dicendogli la verità* SIN. disincantare **B** **disingannàrsi** v. intr. pron. ● (*lett.*) rendersi conto della verità, chiarendo errori o eliminando illusioni: *disingannarsi di, su qlcu.*

†**disingannatìvo** [av. 1712] agg. ● che disinganna

disingannatóre [1869] s. m. (f. *-trice*); anche agg. ● (*raro*) chi (o che) disinganna

disingànno [da *disingannare* ✻ av. 1654] s. m. ● disillusione, delusione: *i disinganni dell'amore*; *provare i primi disinganni della vita*; *una malinconia che, accompagnata dal d., diviene dolore* (F. DE SANCTIS)

disingranàre [comp. di *dis-*① e *ingranare* ✻ 1874] v. tr. ● disaccoppiare due ingranaggi, che sono in presa | disinnestare: *d. la marcia*

disinibìre [comp. di *dis-*① e *inibire* ✻ 1983] **A** v. tr. (*io disinibìsco, tu disinibìsci*) ● togliere le inibizioni, i complessi e sim.: *le recenti esperienze lo hanno disinibito* **B** **disinibìrsi** v. intr. pron. ● perdere le inibizioni: *con la sua amicizia si è molto disinibito*

disinibìto part. pass. di *disinibire*; anche agg. ● privo di inibizioni | spregiudicato: *usa un linguaggio molto d.*

disinibitòrio [1983] agg. (pl. m. *-i* o *raro -ii*) ● di disinibizione | che favorisce la disinibizione

disinibizióne [1958] s. f. ● mancanza di inibizione

disinnamoraménto o †**disnamoraménto** [av. 1642] s. m. ● il disinnamorarsi

disinnamoràre o †**disnamoràre** [comp. di *dis-*① e *innamorare* ✻ av. 1374] **A** v. tr. (*io disinnamóro*) ● †far perdere l'innamoramento, l'amore **B** **disinnamoràrsi** v. intr. pron. ● (*raro*) non essere più innamorato | disamorarsi (+ *di*): *disinnamorarsi di un lavoro*

disinnescàre [comp. di *dis-*① e *innescare* ✻ 1950] v. tr. (*io disinnésco, tu disinnéschi*) **1** disattivare una bomba, una mina e sim., togliendo l'innesco **2** (*fig.*) eliminare ciò che può provocare pericoli o danni: *d. le polemiche, le tensioni*

disinnésco [1963] s. m. (pl. *-schi*) ● operazione del disinnescare

disinnestàre [comp. di *dis-*① e *innestare* ✻ 1922] **A** v. tr. (*io disinnèsto*) ● (*mecc.*) togliere l'innesto fra un organo motore e un organo mosso da questo | ***d. la marcia***, interrompere la connessione fra l'albero primario e quello secondario del cambio di velocità di un autoveicolo, manovrando la leva opportuna **B** anche **disinnestàrsi** v. intr. pron.: *la marcia si è disinnestata*

disinnèsto [1906] s. m. ● operazione del disinnestare | ***doppio d.***, nella guida degli autoveicoli, doppietta

†**disinóre** ➤ **disonore**

disinquinaménto [1981] s. m. ● liberazione da sostanze inquinanti: *procedere al d. di un canale*

disinquinàre [comp. di *dis-*① e *inquinare* ✻ 1983] v. tr. ● liberare dall'inquinamento: *d. le acque, l'ambiente*
SFUMATURE ➤ ***depurare***

†**disinsegnàre** [comp. di *dis-*① e *insegnare* ✻ av. 1294] v. tr. ● far dimenticare, far disimparare le cose apprese

disinserìre [comp. di *dis-*① e *inserire* ✻ 1980] v. tr. (*io disinserisco, tu disinserisci*) ● interrompere il collegamento tra un apparecchio elettrico e il circuito di alimentazione

disinserìto part. pass. di *disinserire*; anche agg. **1** nel sign. del v. **2** (*fig.*) che non è inserito in un ambiente, un gruppo e sim.

disinserzióne [1980] s. f. ● il disinserire

disinsettazióne [adattamento contratto dell'ingl. *disinsectization* dal v. *to disinsectize* 'rimuovere (*dis-*) gli insetti (*insect*) da un luogo' ✻ 1956] s. f. ● disinfestazione che libera ambienti, cose o persone da insetti dannosi

disinstallàre [comp. di *dis-*① e *installare* ✻ 1996] v. tr. ● rimuovere ciò che era stato installato: *d. un impianto semaforico* | (*inform.*) rimuovere dal disco rigido di un elaboratore elettronico un programma che vi era stato installato

disinstallazióne [comp. di *dis-*① e *installazione* ✻ 1996] s. f. ● il disinstallare, il venire disinstallato

disintasàre (o **-asà-**) [comp. di *dis-*① e *intasare* ✻ 1956] v. tr. (*io disintàso*) ● sturare: *d. una tubatura*

disintegràre [ingl. *to disintegrate*, comp. di *dis-*① e *to integrate* 'integrare' ✻ 1876] **A** v. tr. (*io disintegro*) **1** ridurre un corpo in frammenti: *lo scoppio disintegrò l'edificio* | (*fis.*) ***d. l'atomo***, provocare la disintegrazione atomica **2** (*fig.*) disgregare: *l'odio di parte sta disintegrando la nostra comunità* **B** **disintegràrsi** v. intr. pron. **1** subire la disintegrazione **2** (*fig.*) disgregarsi: *l'associazione si è disintegrata*

disintegratóre [1906] s. m. ● apparecchio atto a disintegrare materiali

disintegrazióne [av. 1909] s. f. ● frantumazione in minuscoli frammenti: *d. di un edificio* | (*fig.*) disgregazione: *d. sociale* | (*fis.*) ***d. atomica, nucleare***, mutamento di costituzione di un nucleo, dovuto a un processo radioattivo

disintèndere [comp. di *dis-*① e *intendere* ✻ av. 1729] v. tr. (coniug. come *tendere*) **1** †trascurare **2** (*lett.*) fraintendere, travisare

disinteressaménto [1858] s. m. ● mancanza di interessamento, di interesse

disinteressàre [comp. di *dis-*① e *interessare* ✻ 1642] **A** v. tr. (*io disinterèsso*) ● privare qlcu. dell'interesse per qlco.: *d. i giovani alla musica, alla politica* **B** **disinteressàrsi** v. intr. pron. ● non provare interesse per qlcu. o per qlco., non curarsene (+ *di*, + *a*): *disinteressarsi delle opinioni altrui*; *disinteressarsi a un problema*

†**disinteressatézza** [1685] s. f. ● disinteresse | generosità

disinteressàto part. pass. di *disinteressare*; anche agg. **1** nei sign. del v. | che non è interessato: *essere d. a qlco.*, (*raro*) *di qlco.* **2** che non mira al guadagno, che non agisce per interesse: *amico d.* | che non è fatto per interesse: *il mio è un consiglio d.* ‖ **disinteressataménte**, avv. senza scopo di lucro o fini particolari: *agire, parlare disinteressatamente*
SFUMATURE ➤ ***altruista***

♦**disinterèsse** [comp. di *dis-*① e *interesse* ✻ av. 1729] s. m. **1** mancanza d'interesse per qlcu. o qlco.: *mostrare d. per la famiglia, per la scuola; ha sempre dimostrato il massimo d. per i problemi culturali* SIN. indifferenza, noncuranza **2** noncuranza di ricavare un utile, materiale o morale: *aiutare qlcu. con vero d.* SIN. generosità

diṣintermediazióne [comp. di *dis-*① e *intermediazione* ✻ 1980] **s. f.** ● (*econ.*) riduzione dell'attività intermediaria delle banche in seguito alla diminuzione dei depositi

diṣintossicànte **A** **part. pres.** di *disintossicare*; anche **agg.** ● nei sign. del v. **B** **s. m.** ● farmaco, sostanza atta a disintossicare

diṣintossicàre [fr. *désintoxiquer*, comp. di *dés-* 'dis-①' e *intoxiquer* 'intossicare' ✻ 1927] **A** **v. tr.** (*io diṣintòssico, tu diṣintòssichi*) ● liberare un organo o un organismo dalle sostanze tossiche **B** **diṣintossicàrsi** **v. rifl.** ● eliminare dall'organismo le sostanze tossiche (+ *da*): *è in clinica per disintossicarsi; disintossicarsi dal fumo, dall'alcol* | (*fig.*) liberarsi da influenze negative: *disintossicarsi dalla vita frenetica*

diṣintossicazióne [fr. *désintoxication*, da *désintoxiquer* 'disintossicare' ✻ 1909] **s. f.** ● il disintossicare, il disintossicarsi SIN. detossicazione

diṣintrecciàre [comp. di *dis-*① e *intrecciare* ✻ av. 1594] **v. tr.** (**pres.** *io diṣintréccio*; **fut.** *io diṣintreccerò*) ● (*raro*) sciogliere ciò che è intrecciato

diṣinvestiménto [1956] **s. m.** ● operazione con cui si sottraggono i mezzi economici dalla prevista destinazione

diṣinvestìre [comp. di *dis-*① e *investire* ✻ 1956] **v. tr.** (*io diṣinvèsto*) **1** sottrarre dalla produzione mezzi economici in essa investiti **2** convertire in denaro liquido fondi precedentemente investiti

diṣinvitàre [con iperb. di *dis-*① e *invitare*, sul modello del fr. *désinviter* ✻ 1772] **v. tr.** ● (*raro*) revocare un invito

diṣinvòlgere [comp. di *dis-*① e *involgere* ✻ av. 1603] **v. tr.** (**coniug. come** *volgere*) ● (*raro, lett.*) svolgere

♦**diṣinvòlto** [sp. *desenvuelto*, propr. 'non (*des-*) impacciato, involto (*envuelto*)' ✻ 1562] **agg.** **1** che è privo di timidezza, spigliato: *una persona disinvolta; avere, assumere un contegno d.* CONTR. impacciato | disinibito: *usare un linguaggio alquanto d.* **2** privo di scrupoli: *un ragazzo troppo d. nel mentire; fare un uso piuttosto d. delle proprie prerogative* ‖ **diṣinvoltaménte**, **avv.** in modo disinvolto; con disinvoltura

SFUMATURE ➤ *spigliato*

♦**diṣinvoltùra** [sp. *desenvoltura*, da *desenvolver* 'disinvolgere', 'disimpacciare' ✻ av. 1508] **s. f.** **1** caratteristica di chi (o di ciò che) è disinvolto: *parlare, agire con d.* | agilità, scioltezza: *muoversi con d.* CONTR. impaccio **2** mancanza di ritegno, di scrupoli: *affermare, negare qlco. con d.* | leggerezza, noncuranza: *simili argomenti non si possono trattare con tanta d.*

diṣìo ➤ **desio**

diṣionìa [vc. dotta, comp. di *dis-*② e un deriv. di *ione* ✻ 1956] **s. f.** ● (*med.*) ogni alterazione dell'equilibrio ionico nei liquidi organici, spec. nel sangue

diṣióso ➤ **desioso**

†**diṣiovàre** ➤ †**disgiovare**

†**diṣiràre** ➤ †**desirare**

†**diṣìre** ➤ **desire**

†**diṣìro** ➤ **desire**

diṣiróso (o -**ṣo**) o †**deṣiróso** [1342 ca.] **agg.** ● (*raro*) desideroso

diṣiscrìvere [comp. di *dis-*① e *iscrivere* ✻ 1999] **A** **v. tr.** ● togliere dall'elenco degli iscritti il nome di qlcu. o qlco.: *d. uno studente, una squadra* **B** **diṣiscrìversi** **v. rifl.** ● revocare la propria iscrizione a qlco.: *disiscriversi da una newsletter*

diṣiscrizióne [1999] **s. f.** ● il disiscrivere, il disiscriversi | atto formale con cui si revoca la propria iscrizione a qlco.

diṣistìma [da *disistimare* ✻ av. 1331] **s. f.** ● scarsa o sfavorevole considerazione, discredito: *cadere, venire in d. presso qlcu.; guadagnarsi, meritarsi la d. di qlcu.* | (*lett.*) disprezzo: *la d. della vita* (G. LEOPARDI)

diṣistimàre [comp. di *dis-*① e *(i)stimare* ✻ 1668] **v. tr.** (**coniug. come** *stimare*) ● considerare con disistima | (*est.*) disprezzare

diṣitalianiẓẓàre [comp. di *dis-*① e *italianizzare* ✻ av. 1945] **v. tr.** ● rendere privo di caratteristiche italiane

Disklavier® /*pseudo-ted.* 'diskla,viʌ/ [marchio registrato, prob. comp. dalle voci ted. *Dis(kette)* e *Klavier* 'pianoforte' ✻ 1990] **s. m. inv.** ● pianoforte acustico in cui la tastiera è controllata da un computer che permette la regolazione, l'elaborazione e la memorizzazione dei suoni prodotti e la riproduzione di brani musicali memorizzati elettronicamente

diṣlacciàre o †**dilacciàre**, †**ṣdilacciàre** [comp. di *dis-*① e *laccio* ✻ sec. XIII] **A** **v. tr.** (**pres.** *io diṣlàccio*; **fut.** *io diṣlaccerò*) ● (*lett.*) slacciare, togliere: *d. l'elmo e la corazza; ceppi e ferri dai piè li dislaccia* (M.M. BOIARDO) **B** **diṣlacciàrsi** **v. rifl.** ● (*lett.*) slacciarsi, liberarsi

†**diṣlagàrsi** [comp. di *dis-*① e *lago* ✻ 1319] **v. intr. pron.** ● (*lett.*) ergersi, elevarsi da una distesa d'acqua: *diedi 'l viso mio incontr' al poggio / che 'nverso 'l ciel più alto si dislaga* (DANTE *Purg.* III, 14-15)

diṣlalìa [vc. dotta, comp. di *dis-*② e *-lalia* ✻ 1828] **s. f.** ● (*med.*) disturbo della pronuncia per difetto di conformazione degli organi della voce

†**diṣlamàre** [comp. di *dis-*① e *lama*① ✻ av. 1704] **v. tr.** **1** fare in pezzi un'armatura asportandone le piastre metalliche **2** spezzare, rompere

†**diṣlargaménto** [1592] **s. m.** ● espansione

†**diṣlargàrsi** [comp. di *dis-*① e *largo* ✻ 1592] **v. intr. pron.** ● dilatarsi

†**diṣlattàre** [comp. di *dis-*① e *latte* ✻ sec. XIV] **v. tr.** ● slattare, svezzare

†**diṣlaudàre** ➤ †**dislodare**

†**diṣleàle** o †**diṣlịàle** [comp. di *dis-*① e *leale* ✻ av. 1250] **agg.** ● sleale, infido, spergiuro: *il crudo tiranno Amor che sempre / d'ogni promessa sua fu d.* (L. ARIOSTO) ‖ **diṣlealménte**, †**diṣlealeménte**, **avv.** (*raro*) slealmente

†**diṣlealtà** [comp. di *dis-*① e *lealtà* ✻ av. 1294] **s. f.** ● slealtà

†**diṣleànza** o †**diṣlịànza** [da *disleale* con richiamo indiretto ad *alleanza* ✻ 1313] **s. f.** ● slealtà

diṣlegàre o (*tosc.*) †**ṣdilegàre** [comp. di *dis-*① e *legare* ✻ sec. XIII] **A** **v. tr.** (*io diṣlégo, tu diṣléghi*) **1** (*raro*) slegare, slacciare | (*fig.*) †*d. i denti*, eliminare l'allegamento **2** †liberare, sciogliere: *comanda forse tua fortuna ai venti, / e gli avince a sua voglia e gli dislega?* (T. TASSO) | †districare, separare **3** †dissipare, disciogliere | (*fig.*) †spiegare chiaramente **B** †**diṣlegàrsi** **v. rifl.** ● (*lett., raro*) slegarsi, liberarsi | (*fig.*) †*dislegarsi da colpa*, discolparsi

†**diṣleghévole** [av. 1332] **agg.** ● che si slega facilmente

diṣlessìa [vc. dotta, comp. di *dis-*① e del gr. *léxis* 'lettura' ✻ 1956] **s. f.** ● (*med.*) ridotta capacità di leggere, scrivere e sillabare correttamente le parole in presenza di una visione normale e di un normale riconoscimento delle lettere e del significato delle parole

diṣlèssico [1981] **agg.** (**pl. m.** *-ci*) ● (*med.*) relativo a dislessia | affetto da dislessia

†**diṣlịàle** ➤ †**disleale**

†**diṣlịànza** ➤ †**disleanza**

†**diṣlignàre** [comp. di *dis-*① sostitutivo di *al-* (per *ad-*) in *allignare* ✻ sec. XIII] **v. intr.** ● degenerare, tralignare

†**diṣlinguàto** [comp. di *dis-*① e *linguato* ✻ sec. XIV] **agg.** ● che è privo di lingua | (*fig.*) balbuziente

diṣlipidemìa [comp. di *dis-*②, *lipid(e)* ed *-emia* ✻ 1987] **s. f.** ● (*med.*) alterazione del quadro dei lipidi ematici in termini quantitativi assoluti oppure di abbondanza relativa

diṣlivèllo [comp. di *dis-*① e *livello* ✻ 1879] **s. m.** **1** differenza di livello o di quota tra due punti: *un d. di pochi metri; superare un forte d.* | (**est.**, *raro*) tratto non pianeggiante **2** (*fig.*) diversità di grado, condizione, situazione e sim.: *un d. di natura tecnologica; d. sociale*

diṣlocaménto [1813] **s. m.** **1** dislocazione | (*milit.*) collocazione di truppe, materiali, mezzi in determinate località o zone **2** (*mar.*) peso dell'acqua spostata dalla parte immersa dello scafo, equivalente al peso della nave

✦**diṣlocàre** [lat. mediev. *dislocāre*, comp. parasintetico di *lŏcus* 'luogo', col pref. *dis-*① ✻ av. 1294] **A** **v. tr.** (*io diṣlòco, tu diṣlòchi*) **1** collocare nel luogo più opportuno: *d. i vigili urbani nei punti di maggior traffico; d. i propri rappresentanti in varie province* | (*milit.*) ripartire le truppe in località o zone opportune **2** (*mar.*) spostare una certa quantità di acqua, corrispondente alla parte immersa dello scafo, detto di navi e sim. **3** †slogare **B** **v. intr.** (**aus.** *avere*) ● (*mar.*) pesare: *uno yacht che disloca 8 tonnellate* **C** **diṣlocàrsi** **v. intr. pron.** **1** disporsi, collocarsi **2** (*lett.*) snodarsi

diṣlocazióne [fr. *dislocation*, da *disloquer* 'dislocare' ✻ 1493] **s. f.** **1** trasferimento: *d. di truppe* | collocazione, ripartizione nel territorio: *d. dei centri di rifornimento, dei semafori, delle biblioteche* **2** (*geol.*) modificazione delle condizioni originarie di giacitura di masse rocciose sottoposte a forze tettoniche | trasporto di masse rocciose **3** (*med.*) spostamento dei due monconi di un osso fratturato **4** (*psicol.*) ***d. affettiva***, meccanismo mentale inconscio in cui un sentimento è spostato dal suo oggetto interno verso un sostituto esterno **5** (*ling.*) spostamento di un componente della frase a sinistra o a destra del suo posto normale (per es. la dislocazione a sinistra del complemento oggetto nella frase *il biglietto l'ho comprato io*) **6** (*miner.*) difetto nell'ordine assunto dagli atomi di un reticolo cristallino che si sviluppa in una sola direzione

†**diṣlodàre** o †**diṣlaudàre** [comp. di *dis-*① e *lodare* ✻ sec. XIV] **v. tr.** ● criticare, disapprovare

†**diṣlogaménto** [sec. XIV] **s. m.** ● slogatura (anche come forma di tortura)

diṣlogàre [comp. di *dis-*① e *l(u)ogo* ✻ av. 1294] **v. tr.** (*io diṣlògo, tu diṣlòghi*) e **diṣlogàrsi** **v. intr. pron.** **1** †spostare qlco. dalla sua sede naturale | (*fig.*) †distogliere, affrancare **2** (*lett., raro*) slogare, slogarsi

†**diṣlogatùra** [av. 1685] **s. f.** ● slogatura

†**diṣlogazióne** [sec. XIV] **s. f.** ● slogatura

†**diṣloggiàre** o †**diloggiàre** [comp. di *dis-*① opposto al pref. *ad-* di *alloggiare* ✻ av. 1527] **v. tr.** e **intr.** ● sloggiare

†**diṣlungàre** [comp. di *dis-*① e *lungo* ✻ sec. XIII] **v. tr.** e †**diṣlungàrsi** **v. intr. pron.** ● dilungare, dilungarsi

diṣlustràre [comp. di *dis-*① e *lustrare* ✻ 1868] **v. tr.** ● togliere il lustro a una stoffa SIN. decatizzare

diṣlustratóre [1868] **s. m.** (**f.** *-trice*) ●

operaio addetto al decatissaggio

†**diṣmagàre** [intens. di *smagare* (V.) ✱ av. 1250] **A** **v. tr.** **1** indebolire, infiacchire (*anche fig.*): *la fretta, / che l'onestade ad ogn'atto dismaga* (DANTE *Purg.* III, 10-11) **2** turbare, conturbare: *io son dolce serena, / che' marinari in mezzo mar dismago* (DANTE *Purg.* XIX, 19-20) **B** †**diṣmagàrsi** **v. intr. pron.** **1** allontanarsi, andarsene **2** (*fig.*) perdersi d'animo, smarrirsi, sbigottire

d

diṣmagliàre [comp. di *dis-*① e *maglia* ✱ sec. XIII] **A** **v. tr.** (*io diṣmàglio*) **1** (*lett., raro*) rompere le maglie di un'armatura e sim. **2** (*fig., lett.*) rompere: *L'avvocato si pentì ... per avere dismagliato la propria quiete* (L. SCIASCIA) **B** **diṣmagliàrsi** **v. intr. pron.** ● (*lett., raro*) rompersi, frantumarsi **C** **diṣmagliàrsi** **v. rifl.** ● †strapparsi con le unghie le croste della scabbia

†**diṣmalàre** [comp. di *dis-*① e *male* ✱ 1319] **A** **v. tr.** **1** risanare **2** purificare dal peccato, dalle colpe **B** **v. intr.** ● guarire

†**diṣmaltàre** [comp. di *dis-*① e *smalto* ✱ 1618] **A** **v. tr.** ● privare dello smalto **B** †**diṣmaltàrsi** **v. intr. pron.** ● perdere lo smalto | screpolarsi

†**diṣmantàre** [comp. di *dis-*① e *manto* ✱ sec. XIII] **v. tr.** ● spogliare del manto

†**diṣmarriménto** [av. 1282] **s. m.** ● smarrimento

†**diṣmarrìre** [intens. di *smarrire* (V.) ✱ av. 1257] **v. tr.** e †**diṣmarrirsi** **v. intr. pron.** ● smarrire, smarrirsi

†**diṣmembraménto** [1618] **s. m.** ● smembramento

†**diṣmembràre**① [comp. di *dis-*① e del denominale di *membro* ✱ sec. XIII] **v. tr.** ● smembrare

†**diṣmembràre**② [comp. di *dis-*① in sostituzione a *ri-* di *rimembrare* ✱ sec. XIII] **v. tr.** ● dimenticare

†**diṣmembrazióne** [da *dismembrare*① ✱ av. 1541] **s. f.** ● smembramento

diṣmemoràre [comp. di *dis-*① e di †*memorare* ✱ 1869] **A** **v. tr.** (*io diṣmèmoro*) ● (*lett.*) far perdere la memoria **B** **diṣmemoràrsi** **v. intr. pron.** ● (*lett.*) dimenticare, perdere la memoria: *Si dismemora il mondo e può rinascere* (E. MONTALE)

diṣmemoràto [1611] **part. pass.** di *dismemorare*; anche **agg.** ● (*lett.*) smemorato

diṣmenorrèa [vc. dotta, comp. di *dis-*② e *menorrea* ✱ 1792] **s. f.** ● (*med.*) mestruazione preceduta o accompagnata da dolore

diṣmenorròico [1966] **agg.** (**pl. m.** *-ci*) ● (*med.*) relativo alla dismenorrea

†**diṣmentàre** [comp. di *dis-*① e *mente* ✱ 1319] **v. tr.** ● dimenticare: *l'infelice, / seguendo me, dismenta l'accattare* (G. CARDUCCI)

†**diṣmenticàre** e deriv. ➤ **dimenticare** e deriv.

diṣmentìre [comp. di *dis-*① e *mentire* ✱ av. 1294] **A** **v. tr.** (*io diṣmentìsco, tu diṣmentìsci*) ● (*raro, lett.*) mentire, simulare: *nel sogno che dismente la veglia* (U. SABA) **B** **v. intr.** ● †sparire

diṣmésso **part. pass.** di *dismettere*; anche **agg.** **1** che non è più usato: *abiti dismessi* | (*burocr.*) che non è più in funzione: *strada dismessa; aree industriali dismesse* **2** †disusato: *parola dismessa* **3** †esonerato da una carica, un ufficio e sim.

diṣmetabòlico **agg.** (**pl. m.** *-ci*) ● (*med.*) provocato da dismetabolismo: *malattie dismetaboliche* | affetto da dismetabolismo: *organo, individuo d.*

diṣmetabolìṣmo [comp. di *dis-*② e *metabolismo* ✱ 1983] **s. m.** ● (*med.*) alterazione del metabolismo

diṣmetrìa [comp. di *dis-*① e *-metria* ✱ 1956] **s. f.** ● (*med.*) mancanza di misura nei movimenti volontari

diṣméttere o †**ṣdiméttere** [comp. di *dis-*① e *mettere* ✱ 1363] **v. tr.** (**coniug. come** *mettere*) **1** (*lett.*) smettere, interrompere, tralasciare: *Dismettano le gare e le avversioni e gli odii* (G. GIUSTI); *hanno dismesso ogni antica usanza* **2** cessare di usare | ***d. un abito***, non portarlo più | (*burocr.*) cessare di gestire: *d. una strada*

diṣmissióne [comp. di *dis-*① e *missione* nel senso proprio legato a *mettere* ✱ 1988] **s. f.** **1** il dismettere | ***d. della bandiera***, cambio autorizzato della nazionalità di nave mercantile **2** (*econ.*) cessione di un'impresa o di un cespite

diṣmiṣùra [comp. di *dis-*① e *misura* ✱ av. 1250] **s. f.** **1** †mancanza della giusta misura | †smoderatezza, eccesso **2** ***a d.***, eccessivamente: *ingrandire a d. le proprie qualità*

†**diṣmiṣurànza** [1266] **s. f.** ● intemperanza, eccesso

†**diṣmiṣuràre** [da *dismisura* ✱ 1250 ca.] **v. intr.** e †**diṣmiṣuràrsi** **v. intr. pron.** ● eccedere il termine, la misura

†**diṣmiṣurità** [av. 1334] **s. f.** ● mancanza del senso della misura

diṣmneṣìa [vc. dotta, comp. di *dis-*② e *-mnesia*, sul modello di *amnesia* ✱ 1829] **s. f.** ● (*psicol.*) alterazione della memoria

†**diṣmodàto** [comp. di *dis-*① e *modo* nel sign. di 'regola, misura' ✱ 1308] **agg.** ● smodato, sregolato

†**diṣmontànte** **part. pres.** di †*dismontare*; anche **agg.** **1** nei sign. del v. **2** che si abbassa: *marea d.*

†**diṣmontàre** [comp. di *dis-*① e *montare* ✱ av. 1294] **A** **v. tr.** ● percorrere scendendo: *d. la montagna* **B** **v. intr.** **1** smontare: *d. da cavallo* | andare verso il basso: *scesero il monte e dismontaro in quella / valle* (L. ARIOSTO) **2** sbarcare | sostare, far tappa

†**diṣmorbàre** [comp. di *dis-*① e *morbo* ✱ av. 1566] **v. tr.** ● purificare, disinfettare

diṣmorfofobìa [comp. di *dis-*②, *morfo-* e *-fobia* ✱ 1891] **s. f.** ● (*psicol.*) timore ossessivo di manifestare deformità fisiche ‖ **diṣmorfofòbico**, **agg.** (**pl. m.** *-ci*); anche **s. m.** (**f.** *-a*) nel sign. 2 **1** relativo a dismorfofobia **2** che (o chi) soffre di dismorfofobia

†**diṣmuòvere** [comp. di *dis-*① e *muovere* ✱ sec. XIII] **A** **v. tr.** ● smuovere, distogliere | commuovere **B** **v. intr.** ● (*raro*) lasciarsi commuovere

diṣmuschiatùra [comp. di *dis-*① e un deriv. di *muschio* ✱ 1935] **s. f.** ● (*bot.*) eliminazione, dal fusto e dai rami degli alberi, di muschi, licheni, alghe microscopiche che vi si depositano diventando spesso sede di insetti nocivi

diṣmutazióne [comp. del gr. *dís* 'doppio', e *mutazione* ✱ 1956] **s. f.** ● (*chim.*) reazione chimica in cui due molecole o parti di molecola identiche reagiscono tra loro dando origine a un composto più ossidato e a uno più ridotto

†**diṣnamoràre** e deriv. ➤ **disinnamorare** e deriv.

†**diṣnaturàle** [comp. di *dis-*① e *naturale* ✱ av. 1642] **agg.** ● (*raro*) innaturale

†**diṣnaturàre** [comp. di *dis-*① e *natura* ✱ av. 1257] **v. tr.** ● snaturare

†**diṣnebbiàre** [comp. di *dis-*① e *nebbia* ✱ 1319] **A** **v. tr.** (*io diṣnébbio*) **1** liberare dalla nebbia **2** (*fig.*) chiarire, rischiarare: *d. un argomento; d. l'intelletto* **B** †**diṣnebbiàrsi** **v. intr. pron.** ● (*fig., lett.*) diventare chiaro **C** †**diṣnebbiàrsi** **v. rifl.** ● (*fig., lett.*) liberarsi da un errore o sim.

diṣneiàno ➤ **disneyano**

†**diṣnervàre** o †**diṣnerbàre** [comp. di *dis-*① e *nervo* ✱ av. 1313] **v. tr.** e †**diṣnervàrsi** **v. intr. pron.** ● snervare, snervarsi

†**diṣnétto** [comp. di *dis-*① e *netto* ✱ 1314] **agg.** ● sudicio

diṣneyàno o **diṣneiàno** [1984] **agg.** ● relativo al produttore e regista cinematografico statunitense Walt E. Disney (1901-1966): *filmografia disneyana; fumetto, stile d.*

diṣnodàre [comp. di *dis-*① e *nodo* ✱ 1308] **A** **v. tr.** (*io diṣnòdo*) **1** (*raro, lett.*) disfare ciò che è annodato, sciogliere (*anche fig.*): *d. un vincolo d'amore* **2** (*raro*) rendere sciolto nei movimenti: *d. le articolazioni, le giunture* **3** (*fig., lett.*) rendere chiaro, manifesto **B** **diṣnodàrsi** **v. rifl.** **1** (*lett.*) snodarsi, slegarsi **2** (*fig., lett.*) distaccarsi, liberarsi: *sì che l'anima mia, che fatt'hai sana, / piacente a te dal corpo si disnodi* (DANTE *Par.* XXXI, 89-90)

†**diṣnodévole** [av. 1565] **agg.** ● (*raro, lett.*) che si può snodare

†**diṣnóre** ➤ **disonore**

†**diṣnudàre** o †**deṣnudàre** [comp. di *dis-*① e *nudo* ✱ av. 1294] **v. tr.** ● denudare

diṣobbediènte o **diṣubbidiènte** **A** **part. pres.** di *disobbedire*; anche **agg.** ● nei sign. del v. **B** **s. m. e f.** ● chi disobbedisce | chi pratica la disobbedienza civile; chi attua forme radicali di protesta contro i simboli del potere politico ed economico

diṣobbediènza o **diṣubbidiènza** [av. 1292] **s. f.** **1** abitudine a disobbedire: *d. incorreggibile* **2** atto consistente nel disobbedire: *d. agli ordini, alla legge; commettere una d.* | ***d. civile***, forma non violenta di protesta consistente nel trasgredire pubblicamente una norma o una legge ritenute ingiuste **SIN.** trasgressione

SFUMATURE ➤ ***inadempienza***

diṣobbedìre o **diṣubbidìre** [comp. di *dis-*① e *obbedire* ✱ av. 1294] **A** **v. intr.** (*io diṣobbedìsco, tu diṣobbedìsci*; **aus.** *avere*) ● comportarsi o agire in modo contrario a quello prescritto o stabilito: *devi imparare a non d. continuamente* | essere indocile nei confronti di qlcu., inosservante nei confronti di qlco.: *d. ai genitori, alle leggi* **B** **v. tr.** ● (*lett.* o *fam.*) rifiutare di ubbidire: *d. il proprio padre, i comandi della coscienza*

diṣobbligàre o †**diṣobligàre**, †**diṣobbrigàre**, †**diṣubbligàre**, †**diṣubbrigàre** [comp. di *dis-*① e *obbligare* ✱ 1298] **A** **v. tr.** (**pres.** *io diṣòbbligo, tu diṣòbblighi*; **part. pass.** *diṣobbligàto*, †*diṣòbbligo*) ● (*raro* o *lett.*) liberare qlcu. da un obbligo, da un vincolo, da un impegno e sim.: *d. da un voto, da una promessa; venivano obbligati i Vescovi ed Abbati ... quando non li disobbligava qualche legittima scusa* (L.A. MURATORI) **SIN.** disimpegnare **B** **diṣobbligàrsi** **v. rifl.** **1** (*raro*) affrancarsi da un obbligo, esimersi da un impegno e sim. **2** sdebitarsi nei confronti di qlcu. contraccambiando ciò che si è ricevuto (+ *di*, + *per*): *non so come disobbligarmi con lui del (o per il) per il favore che mi ha reso*

†**diṣobbligazióne** o †**diṣubbligazióne** [1363] **s. f.** ● il disobbligarsi

†**diṣòbbligo** o †**diṣòbligo** **A** **part. pass.** di *disobbligare* ● nei sign. del v. **B** **s. m.** (**pl.** *-ghi*) ● mancanza di obbligo, di dovere

†**diṣobbrigàre** ➤ **disobbligare**

†**diṣobligàre** e deriv. ➤ **disobbligare** e deriv.

†**diṣocchiàre** [comp. di *dis-*① e *occhio* ✱ 1643] **v. tr.** ● privare degli occhi

diṣoccupàre [comp. di *dis-*① e *occupare* ✱ 1342] **A** **v. tr.** (*io diṣòccupo*) ● lasciare libero, non occupare più: *gli studenti hanno disoccupato la scuola* **B** **diṣoccupàrsi** **v. rifl.** ● disinteressarsi: *bisogna che io pensi a di-*

soccuparmi da quelle occupazioni che possono ritardare i miei studi (G. GALILEI)

♦**diṣoccupàto** **A** **part. pass.** di *disoccupare*; **anche agg.** **1** che è senza lavoro, senza occupazione: *masse di operai disoccupati* **2** (**lett.**) ozioso: *ora disoccupata; vita disoccupata* **3** (**raro**) sgombro, libero: *c'è un appartamento d.* | che non è più occupato: *istituto d.* **B** **s. m.** (**f.** *-a*) ● chi non ha o non trova un lavoro | chi ha perduto il posto di lavoro e ne cerca un altro: *il numero dei disoccupati aumenta* **CFR.** inoccupato, sottoccupato

♦**diṣoccupazióne** [av. 1698] **s. f.** ● fenomeno sociale rappresentato dalla scarsità di posti di lavoro in rapporto al numero di aspiranti: *la piaga della d.; un piano del governo contro la d. giovanile* | ***d. stagionale***, derivante da cause meteorologiche o da cicli di lavorazione stagionale | ***d. tecnologica***, provocata dall'introduzione di nuove macchine, e particolarmente dall'estendersi del processo di automazione, nelle imprese | condizione di chi non riesce a trovare lavoro pur essendo in grado di lavorare | numero complessivo di quanti non trovano lavoro

disòdico [comp. di *di-*② e *sodio*, con suff. agg. ✱ 1983] **agg.** (**pl. m.** *-ci*) ● (**chim.**) detto di composto chimico che contiene due atomi di sodio

diṣodontìaṣi [comp. di *dis-*② e del gr. *odontíasis* 'dentizione', da *odontiân* 'mettere i denti (*odóntes*)' ✱ 1830] **s. f. inv.** ● (**med.**) difetto di eruzione del dente

disolàre① ➤ **disuolare**

†**diṣolàre**② e deriv. ➤ **desolare** e deriv.

disolatùra [da *disolare*① ✱ sec. XIV] **s. f.** ● (**veter.**) operazione del disolare

diṣoleàre [comp. di *dis-*① e un deriv. di *olio* ✱ av. 1952] **v. tr.** (**pres.** *io diṣòleo*; **fut.** *io diṣoleerò*) ● estrarre l'olio da frutti secchi: *d. mandorle, noci*

diṣoleazióne [1956] **s. f.** ● operazione del disoleare

disolfòrico [vc. dotta, comp. di *di-*② e *solforico* ✱ 1913] **agg.** (**pl. m.** *-ci*) ● (**chim.**) detto di acido inorganico, bibasico, denso, oleoso, ottenuto sciogliendo anidride solforica nell'acido solforico concentrato **SIN.** pirosolforico

†**diṣombràre** [comp. di *dis-*① e *ombra* ✱ sec. XIV] **v. tr.** ● liberare dall'ombra, dalle tenebre o (**fig.**) dai sospetti

disomìa [comp. di *di-* e *-somia* ✱ 1968] **s. f.** ● (**biol.**) condizione di un individuo che, come avviene normalmente, possiede coppie di cromosomi omologhi provenienti ciascuno da un diverso genitore

diṣomogeneità [da *disomogeneo* ✱ 1981] **s. f. inv.** ● mancanza di omogeneità

diṣomogèneo [comp. di *dis-*① e *omogeneo* ✱ 1881] **agg.** ● non omogeneo, privo di omogeneità: *un insieme d. di colori* ‖ **diṣomogeneaménte**, **avv.** in modo disomogeneo

diṣonestà [comp. di *dis-*① e *onestà* ✱ 1261 ca.] **s. f. inv.** **1** mancanza di onestà e di rettitudine: *mostrare d. nel trattare gli affari; comportarsi con d.* | mancanza di pudore e di decenza: *d. di pensieri, di vita* **2** atto o comportamento disonesto: *rubare sul peso è una vera d.* | atto o comportamento immorale: *commettere orribili d.*

SFUMATURE DI SIGNIFICATO
disonestà - malafede - perfidia
Disonestà è la mancanza di lealtà e correttezza, o anche l'attitudine di chi non impronta il suo comportamento al rispetto delle leggi; il termine identifica anche l'atto, il risultato di tale agire. La piena consapevolezza della propria slealtà e della propria intenzione di ingannare si definisce **malafede**. Una slealtà estrema, una malvagità attuata lucidamente si definisce **perfidia**.

†**diṣonestànza** [sec. XIV] **s. f.** ● mancanza di decoro

†**diṣonestàre** [da *disonesto* ✱ av. 1294] **A** **v. tr.** **1** disonorare, screditare | avvilire **2** violentare **3** vituperare **B** †**diṣonestàrsi** **v. rifl.** ● disonorarsi, perdere decoro

†**diṣonestézza** [av. 1334] **s. f.** ● disonore, impudicizia

†**diṣonestità** [av. 1370] **s. f.** ● (**raro**) disonestà

diṣonèsto [comp. di *dis-*① e *onesto* ✱ 1261 ca.] **A** **agg.** **1** che è privo di onestà, rettitudine, probità: *gente disonesta; negoziante d.; azione disonesta* | (**est.**) losco, sconveniente, corrotto: *politicante d.* **2** (**raro**) sconveniente, impudico: *spettacoli, discorsi disonesti* | privo di pudore, immorale: *pensieri, desideri disonesti; Io non sono mica una donna disonesta* (I. SVEVO) | †***parti disoneste del corpo***, pudende **3** †brutto, turpe **4** †eccessivo, smoderato ‖ **diṣonestaménte**, **avv.** **B** **s. m.** (**f.** *-a*) ● persona senza scrupoli, priva di onestà

SFUMATURE DI SIGNIFICATO
disonesto - corrotto - immorale
Disonesto è termine generico per definire chi tiene una condotta che manca di onestà, probità, lealtà, anche senza farsi responsabile di atti contrari alla legge. Se l'inosservanza riguarda abitualmente i principi morali è più pertinente **corrotto**, termine che viene tuttavia riferito in maniera specifica a chi nell'esercizio delle proprie mansioni riceve del denaro o altri beni per compiere atti contrari ai suoi doveri. **Immorale** definisce genericamente una persona il cui agire contravviene ai principi della morale; dunque è molto vicino a *corrotto*, rispetto a cui implica una sfumatura di maggior consapevolezza, talora anche ideologicamente motivata.

†**disonnàre** ➤ †**dissonnare**

dìsono [comp. di *di-*① e *s(u)ono* ✱ 1561] **agg.** ● (**ling.**) di due suoni

†**diṣonoraménto** [av. 1269] **s. m.** ● il disonorare

diṣonorànte **part. pres.** di *disonorare*; **anche agg.** ● nei sign. del v. | vergognoso, infamante

†**diṣonorànza** [1308] **s. f.** ● disonore, vituperio: *la verecundia è una paura di d. per fallo commesso* (DANTE)

diṣonoràre [comp. di *dis-*① e *onorare* ✱ 1288] **A** **v. tr.** (*io diṣonóro*) **1** privare dell'onore, macchiare l'onore: *d. il proprio nome, la famiglia, la patria, il grado* | infamare, screditare **2** (**raro**) sedurre: *d. una donna* | †deflorare **3** (**disus.**) non pagare o non accettare un titolo di credito quando dovuto: *d. la propria firma* **4** †non trattare con il debito rispetto **5** †privare dell'ornamento **B** **diṣonoràrsi** **v. rifl.** ● ledere il proprio onore, perdere l'onore: *con le sue azioni si è disonorato*

diṣonoràto **part. pass.** di *disonorare*; **anche agg.** ● che ha perduto l'onore ‖ **diṣonorataménte**, **avv.** senza onore

†**diṣonoratóre** [sec. XIV] **s. m.**; **anche agg.** ● chi (o che) disonora

♦**diṣonóre** o †**diṣinóre**, †**diṣnóre**, †**deṣinóre**, †**deṣnóre** [comp. di *dis-*① e *onore* ✱ 1213] **s. m.** **1** perdita dell'onore: *è meglio la morte del d.* | infamia, vergogna: *è un d. fuggire così* **2** chi (o ciò che) disonora: *certi uomini sono il d. del proprio Paese* **SIN.** vergogna

SFUMATURE ➤ ***infamia***

♦**diṣonorévole** [sec. XIII] **agg.** ● che è causa di disonore: *una resa d.* ‖ **diṣonorevolménte**, **avv.**

†**diṣonràre** ➤ †**disorrare**

diṣontogèneṣi [vc. dotta, comp. di *dis-*② e *ontogenesi* ✱ 1987] **s. f. inv.** ● (**biol.**) alterazione dello sviluppo embrionale che comporta malformazioni

diṣontogenìa [comp. di *dis-*②, *onto-* e *-genia* ✱ 1956] **s. f.** ● (**med.**) congenita malformazione del corpo

diṣopercolàre [comp. di *dis-*① e *opercolo* ✱ 1961] **v. tr.** (*io diṣopèrcolo*) ● togliere con apposito mezzo gli opercoli alle celle dei favi

diṣopercolatóre [1983] **agg.** (**f.** *-trice*) ● detto di qualsiasi mezzo usato per disopercolare: *coltello d.*

diṣopìa [vc. dotta, comp. di *dis-*② e *-opia* ✱ 1820] **s. f.** ● (**med.**) alterazione, spec. diminuzione, della vista

diṣoppilàre [comp. di *dis-*① e *oppilare* ✱ sec. XIV] **v. tr.** ● (**med.**) liberare da intasamento, da oppilazione | sturare

diṣoppilatìvo [sec. XIV] **agg.** ● (**med.**) che è in grado di levare l'oppilazione

disópra o **di sópra**, spec. nei sign. A e D [comp. di *di* e *sopra* ✱ 1321] **A** **avv.** **1** sopra | ***andare, salire di sopra***, al piano superiore di un'abitazione **2** prima: *come ho già detto di sopra* **B** **in funzione di agg. inv.** ● superiore: *il piano d.* | esterno: *la parte d. della foglia è lucida* **C** **in funzione di s. m. inv.** ● la parte superiore o esterna di qlco.: *il d. di un tavolo, di un libro, di un abito* | †***prendere il d.***, (**fig.**) prendere il sopravvento **D** **nella loc. prep.** ***al di sopra di*** ● sopra: *ponte che passa al di sopra di una via* | (**fig.**) al di fuori di: *essere al di sopra di ogni sospetto; al di sopra della mischia*

†**diṣorbitànza** [av. 1580] **s. f.** ● esorbitanza | eccesso

†**diṣorbitàre** [comp. di *dis-*① e *orbita* ✱ av. 1642] **v. intr.** ● esorbitare

†**diṣordinaménto** [1308] **s. m.** ● disordine | anomalie

†**diṣordinànza** [1288] **s. f.** ● turbamento, confusione

diṣordinàre① [comp. di *dis-*① e *ordine* ✱ 1282] **A** **v. tr.** (*io diṣórdino*) **1** privare dell'ordine, mettere in disordine: *il vento ha disordinato tutte le carte* **SIN.** scompigliare **2** (**milit.**) scompaginare, rompere le ordinanze del nemico **3** (**fig.**) confondere, sconvolgere: *d. i progetti, i piani di qlcu.* **B** **v. intr.** (**aus.** *avere*) ● (**lett.**) essere eccessivo, sregolato: *d. nel bere, nel mangiare, nello spendere* **C** **diṣordinàrsi** **v. intr. pron.** **1** (**raro**) uscire dall'ordine: *con queste disposizioni contraddittorie tutto si disordina* | turbarsi, confondersi | †tralignare **2** †dissestarsi economicamente: *molto più si disordina il povero di pagare la sua decima che il ricco la sua* (F. GUICCIARDINI)

diṣordinàre② [comp. di *dis-*① e *ordinare* ✱ av. 1873] **v. tr.** (*io diṣórdino*) ● (**lett.**, **raro**) revocare un ordine

†**diṣordinàrio** [da *disordine* ✱ 1340 ca.] **agg.** ● disordinato, irregolare ‖ †**diṣordinariaménte**, **avv.** straordinariamente

♦**diṣordinàto** **A** **part. pass.** di *disordinare*①; **anche agg.** **1** che è privo di ordine: *una camera disordinata* | (**fig.**) privo di coerenza, di chiarezza e sim.: *idee disordinate; racconto, discorso d.* **2** che tiene senza ordine le proprie cose o svolge la sua attività senza ordine o precisione: *un ragazzo d.; un collaboratore d.* **3** privo di misura (+ *in*): *bevitore, mangiatore d.; vita disordinata; persona disordinata nel bere e nel mangiare* | †licenzioso: *donna disordinata* **4** †inadatto, non idoneo ‖ **diṣordinataménte**, **avv.** **B** **s. m.** (**f.** *-a*) ● persona disordinata

diṣordinatóre [av. 1540] **s. m.** (**f.** *-trice*); **anche agg.** ● (**raro**) chi (o che) disordina

†**diṣordinazióne** [1308] **s. f.** ● disordine

♦**diṣórdine** [comp. di *dis-*① e *ordine* ✱ av. 1332] **s. m.** **1** mancanza di ordine, stato di confusione, scompiglio e sim. (*anche fig.*): *qui regna il d.*; *vivere in mezzo al d.*; *mettere, portare il d.*; *d. nelle idee, in uno scritto*; *stato di d. mentale* | ***in d.***, disordinato, fuori posto; con riferimento a persona, in condizione di non essere presentabile: *avere i capelli, gli abiti in d.*; *essere, trovarsi in d.*; *la mattina sono sempre in d.* | ***avere lo stomaco in d.***, che è disturbato, che non è a posto **2** mancanza di misura: *d. nel mangiare, nel bere* **SIN.** sregolatezza **3** cattiva amministrazione, cattivo funzionamento: *porre rimedio al d. della pubblica finanza* **4** (**spec. al pl.**) tumulto, moto popolare: *nella regione si verificarono violenti disordini*

d

diṣoressìa [vc. dotta, gr. *dysorexía*, comp. di *dys-* 'dis-②' e *órexis* 'appetito' ✱ 1956] **s. f.** ● (*med.*) alterazione del senso dell'appetito

diṣorgànico [comp. di *dis-①* e *organico* ✱ 1843] **agg.** (**pl. m.** *-ci*) ● che manca di organicità, sistematicità, omogeneità: *lavoro d.*; *idee disorganiche* ‖ **diṣorganicaménte**, **avv.** ‖ **diṣorganicità**, **s. f. inv.**

diṣorganiẓẓàre [fr. *désorganiser*, comp. di *dés-* 'dis-①' e *organiser* 'organizzare' ✱ 1623] **A** **v. tr.** ● privare in tutto o in parte dell'ordine, dell'organizzazione: *d. un ente, un ufficio, i piani di qlcu.* **B** **diṣorganiẓẓàrsi** **v. intr. pron.** ● venire a trovarsi in uno stato di confusione, disordine e sim.: *al primo attacco la difesa si disorganizzò* ‖ **diṣorganiẓẓazióne**, **s. f.** (V.)

diṣorganiẓẓàto **part. pass.** di *disorganizzare*; **anche agg. 1** privo di organizzazione: *ufficio d.* **2** che agisce in modo confuso e disorganico: *una persona disorganizzata* ‖ **diṣorganiẓẓataménte**, **avv.**

diṣorganiẓẓazióne [fr. *désorganisation*, da *désorganiser* 'disorganizzare' ✱ 1797] **s. f. 1** il disorganizzare | mancanza di organizzazione **2** (*med.*) alterazione di un tessuto o di un organo con conseguente perdita o riduzione delle caratteristiche strutturali

SFUMATURE ➤ *disfunzione*

diṣorientaménto [1858] **s. m. 1** mancanza, perdita dell'orientamento | (*fig.*) confusione, smarrimento: *il d. morale del dopoguerra* **2** (*med.*) mancanza della capacità di riferirsi ai punti dello spazio, del tempo e agli oggetti circostanti, come sintomo di malattia spec. mentale

SFUMATURE ➤ *stordimento*

diṣorientàre [comp. di *dis-①* e *orientare* ✱ 1812] **A** **v. tr.** (*io diṣoriènto*) **1** turbare, confondere qlcu. alterandone il senso della direzione: *l'uniformità del deserto disorienta chi vi si avventura* **2** (*fig.*) sconcertare, confondere: *la sua reazione mi disorientò* **B** **diṣorientàrsi** **v. intr. pron. 1** confondersi circa la direzione da seguire o da prendere: *è facile disorientarsi in un bosco* **2** (*fig.*) rimanere perplesso, sconcertato: *alla minima obiezione si disorienta*

diṣorientàto **part. pass.** di *disorientare*; **anche agg. 1** (*raro, lett.*) che ha perso l'orientamento **2** (*fig.*) confuso, sconcertato: *essere, rimanere d.*

SFUMATURE ➤ *perplesso*

diṣorlàre [comp. di *dis-①* e *orlare* ✱ 1872] **A** **v. tr.** (*io diṣórlo*) ● disfare un orlo: *d. una gonna* **B** **diṣorlàrsi** **v. intr. pron.** ● perdere l'orlo, detto di abiti o sim.

diṣormeggiàre [comp. di *dis-①* e *ormeggiare* ✱ 1771] **A** **v. tr.** (**pres.** *io diṣorméggio*; **fut.** *io diṣormeggerò*) ● (*mar.*) levare l'ormeggio, cioè le cime di ormeggio che fissano navi, imbarcazioni e sim. a terra: *d. un peschereccio* **B** **v. intr.** (**aus.** *essere*) ● (*mar.*) perdere l'ormeggio

diṣorméggio [1937] **s. m.** ● operazione del disormeggiare

†**diṣornàre** [comp. di *dis-①* e *ornare* ✱ av. 1294] **A** **v. tr.** ● privare degli ornamenti **B** †**diṣornàrsi** **v. rifl.** ● togliersi gli ornamenti

†**diṣorpellàre** [comp. di *dis-①* e *orpello* ✱ av. 1641] **v. tr.** ● mettere a nudo, svelare

†**diṣorràre** o †**diṣonràre** [comp. di *dis-①* e *orrare* 'onorare' ✱ av. 1294] **v. tr.** ● disonorare, spregiare

†**diṣorrévole** [sec. XIII] **agg.** ● disonorevole, spregevole | brutto ‖ †**diṣorrevolménte**, **avv.** in modo spregevole

diṣortografìa [comp. di *dis-②* e *ortografia* ✱ 1872] **s. f. 1** (*med.*) disturbo dell'apprendimento della scrittura caratterizzato dalla incapacità di trasformare in linguaggio scritto normale e corretto i suoni che compongono le parole **2** (*est.*) errore di ortografia

diṣortogràfico [sec. XX] **A** **agg.** (**pl. m.** *-ci*) ● relativo a disortografia: *disturbo d.* | affetto da disortografia: *bambino d.* **B** **s. m.** (**f.** *-a*) ● chi è affetto da disortografia

diṣoṣmìa [vc. dotta, gr. *dysosmía*, comp. di *dys-* 'dis-②' e *osmḗ* 'odore' ✱ 1835] **s. f.** ● (*med.*) alterazione del senso dell'olfatto

diṣossàre [comp. parasintetico di *osso*, col pref. *dis-①* ✱ av. 1374] **A** **v. tr.** (*io diṣòsso*) ● privare delle ossa un pezzo di carne o un animale ucciso: *d. un prosciutto, d. un pollo prima di cuocerlo* | (*est.*) togliere il nocciolo a un frutto: *d. le olive* **B** **diṣossàrsi** **v. intr. pron.** ● (*fig., poet.*) †consumarsi: *in fin ch'i' mi disosso, e snervo, e spolpo* (F. PETRARCA)

diṣossàto **part. pass.** di *disossare*; **anche agg. 1** privato delle ossa: *pollo d.* **2** (*fig., lett.*) dinoccolato, floscio | (*fig., lett.*) fiacco, spezzato

diṣossatrìce [da *disossa(re)* con il suff. *-trice* ✱ 1970] **s. f.** ● denocciolatrice

diṣossidànte o **deṣossidànte** **A** **part. pres.** di *disossidare*; **anche agg.** ● nei sign. del v. **B** **s. m.** ● composto, sostanza atta a disossidare

diṣossidàre o **deṣossidàre** [fr. *désoxyder*, comp. di *dés-* 'dis-①' e *oxyder* 'ossidare' ✱ 1830] **v. tr.** (*io diṣòssido*) ● (*chim.*) privare un composto, del tutto o in parte, dell'ossigeno

diṣossidazióne o **deṣossidazióne** [1830] **s. f.** ● operazione del disossidare

diṣostòṣi [comp. di *dis-②*, *osteo-* e *-osi* ✱ 1830] **s. f. inv.** ● (*med.*) malformazione dello scheletro, congenita o ereditaria

diṣostrùire [comp. di *dis-①* e *ostruire* ✱ 1752] **v. tr.** (*io diṣostruìsco, tu diṣostruìsci*) ● liberare da un'ostruzione

diṣostruzióne [1987] **s. f.** ● operazione del disostruire

†**diṣottenebràre** [comp. di *dis-①* e *ottenebrare* ✱ 1651] **v. tr.** ● rischiarare

disotterràre e deriv. ➤ **dissotterrare** e deriv.

disótto o **di sótto**, spec. nel sign. A [lat. *desŭbtus*, comp. della prep. *dē* 'di' e *sŭbtus* 'sotto' ✱ 1266] **A** **avv.** ● sotto, giù | ***andare, scendere d.***, al piano inferiore di un'abitazione **B** **in funzione di agg. inv.** ● inferiore: *il piano d.* | interno: *la parte d. della foglia è opaca* **C** **in funzione di s. m. inv.** ● la parte inferiore o interna di qlco.: *il d. del mobile, di un vestito* | ***essere, rimanere al d.***, (*fig.*) in condizione d'inferiorità rispetto ad altri o, in un'operazione economica, in perdita **D** **nella loc. prep. *al d. di*** ● sotto: *al d. di un anno di età*; *al d. dell'Equatore*; *al d. della media* | inferiore a: *un risultato al d. delle aspettative*

†**diṣovràre** [comp. di *dis-①* e *ovrare* ✱ av. 1276] **v. intr.** ● (*raro*) stare nell'inattività

dispacciaménto [av. 1328] **s. m. 1** distribuzione di energia elettrica o di gas **2** †disbrigo di un affare, un incarico e sim.

dispacciàre [provenz. *despachar*, dal lat. parl. **disimpedicāre*, comp. di *dis-①* e *impedicāre*, propr. 'porre la pastoia (*pĕdica*)' ✱ av. 1328] **A** **v. tr. 1** †inviare **2** †affrancare, liberare (*spec. fig.*) **B** **v. intr.** (**pres.** *io dispàccio*; **fut.** *io dispaccerò*; **aus.** *avere*) ● (*disus.*) spedire un dispaccio **C** †**dispacciàrsi** **v. rifl.** ● cavarsi d'impaccio

dispàccio [sp. *despacho*, da *despachar* nel senso di 'disbrigare' ✱ av. 1557] **s. m. 1** comunicazione ufficiale concernente questioni di rilievo, spec. affari di Stato: *d. militare*; *un d. cifrato*; *i dispacci diplomatici* **2** (*est.*) comunicazione scritta, lettera | ***d. telegrafico***, telegramma **3** †spaccio **4** †diploma accademico

dispaiàre [comp. di *dis-①* con sostituzione del pref. *ap-* (per *ad-*) in *appaiare* ✱ 1313] **v. tr.** (*io dispàio*) **1** (*raro*) scompagnare, spaiare cose accoppiate | (*lett.*) separare **2** †rendere sproporzionato

dispàio ➤ **dispaiare**, **disparire**

†**dispàndere** [vc. dotta, lat. *dispăndere* 'spandere (*păndere*) in ogni direzione (*dis-*)' ✱ av. 1306] **A** **v. tr.** ● spandere, spargere **B** **v. intr.** e †**dispàndersi** **v. intr. pron.** ● diffondersi, espandersi

†**dispantanàre** [comp. di *dis-* e *pantano* ✱ av. 1602] **v. tr.** ● togliere dal pantano

†**disparàre** ① [vc. dotta, lat. *disparāre*, comp. di *dis-①* e *parāre* 'appaiare' con sovrapposizione del sign. di 'preparare' del v. omonimo ✱ 1288] **v. tr.** ● dividere, separare

†**disparàre** ② [comp. di *dis-①* sostitutivo di *in-* in *imparare* ✱ 1300 ca.] **v. tr.** ● disimparare

disparatézza [av. 1328] **s. f.** ● diversità | eccesso

♦**disparàto** [part. pass. di †*disparare①* ✱ av. 1694] **agg.** ● che è molto diverso, che non presenta alcuna somiglianza con altre cose, persone o sim.: *là si incontrano i tipi più disparati*; *mi vengono in mente le idee più disparate* ‖ **disparataménte**, **avv.**

†**disparécchi** [comp. di *dis-①* e il pl. di *parecchio* ✱ av. 1543] **agg. e pron. indef. m. pl.** ● (*raro*) moltissimi

†**dispareggiàre** [comp. di *dis-①* e *pareggiare* ✱ av. 1597] **v. tr.** ● rendere disuguale

†**disparéggio** [av. 1673] **s. m.** ● disuguaglianza, differenza

†**disparére** ① [comp. di *dis-①* e del v. *parere* ✱ av. 1257] **v. intr.** ● sembrare brutto, sconveniente, inadatto | scomparire al confronto: *e falle disparer a tutte prove* (G. GUINIZZELLI)

disparére ② [comp. di *dis-①* e del sost. *parere①* ✱ av. 1342] **s. m.** ● (*raro*) parere diverso da quello di altri | †leggero dissenso | (*raro, lett.*) contrasto: *il re di Scozia è in qualche d. con lui* (F. GUICCIARDINI)

dispareunìa [vc. dotta, dal gr. *dyspáreunos* 'male accoppiato' ✱ 1956] **s. f.** ● (*med.*) dolore genitale avvertito soprattutto dalla donna durante il coito; può essere causato da fattori psicologici o fisiologici

†**dispàrgere** [vc. dotta, lat. *dispărgere* 'spargere (*spărgere*) qua e là (*dis-*)' ✱ 1316] **v. tr.** ● spargere, spandere

†**dispargiménto** [sec. XIV] **s. m. 1** dispersione **2** sperpero | distrazione

♦**dìspari** o †**dispàro** [vc. dotta, lat. *dīspare(m)*, comp. di *dis-①* e *pār*, genit. *păris* 'pari' ✱ av. 1257] **agg. inv. 1** (*mat.*) detto di numero non pari, non divisibile per due **2** (*raro, lett.*) disuguale, differente: *essere d. di cultura*; *due ragazzi d. fra loro per pochi anni* **3** (*lett.*) inferiore, inadeguato: *sostenere l'attacco con forze d.* **SIN.** impari ‖ †**disparménte**, †**disparimente**, **avv.** in modo diverso, disuguale

disparimento [1858] **s. m.** ● (*lett., raro*) sparizione, scomparsa

disparìre [comp. di *dis-①* con sostituzione del pref. *ap-* (per *ad-*) di *apparire* ✱ av. 1257] **v. intr.**

(pres. *io dispàio* o *disparìsco, tu dispàri* o *disparìsci*; pass. rem. *io dispàrvi* o *disparìi*, †*dispàrsi, tu disparìsti*; congtv. pres. *io dispàia, noi dispariàmo, voi dispariàte, essi dispàiano*; part. pass. *disparito*, † *dispàrso*; aus. *essere*) ● (*lett.*) sparire, scomparire, dileguarsi

disparìscènte [av. 1729] **agg.** ● (*raro, lett.*) che scompare rapidamente

disparità o †**disparitàde**, †**disparitàte** [vc. dotta, lat. tardo *disparitāte(m)*, da *dĭsparis* 'dispari' ✻ 1309] **s. f. inv.** ● disuguaglianza, differenza: *d. di età, di trattamento, di condizione, di idee*

SFUMATURE ➤ *differenza*

†**disparlàre** [var. intens. di *sparlare* ✻ sec. XIII] **v. intr.** ● sragionare

†**dispàro** ➤ **dispari**

†**dispàrso** ① **part. pass.** di *disparire*; anche **agg.** ● (*raro*) nei sign. del v.

†**dispàrso** ② **part. pass.** di †*dispargere*; anche **agg.** ● nei sign. del v.

♦**dispàrte** [comp. di *dis-* ① e *parte* 'luogo' ✻ 1266] **A avv. 1** †da lato, discosto: *stava colla schiera d. a vedere le condizioni della battaglia* (G. Villani) **2** nella loc. avv. ***in d.***, †***a d.***, da lato, da parte, in un luogo discosto: *tu pensoso in d. il tutto miri* (G. Leopardi) | ***tenersi, starsene in d.***, (*est.*) vivere appartato | ***mettere, lasciare in d. qlcu., qlco.***, (*fig.*) non curarsene più, non servirsene | ***tenere, mettere in d. qlcu.***, (*fig.*) non farlo partecipare a qlco. | ***mettere, tenere in d. qlco.***, metterla in serbo **B nella loc. prep.** ***in d. da*** ● (*lett.*) lontano da: *le altre vengono raggruppate in d. da quella* (B. Croce)

†**dispartènza** [sec. XIV] **s. f.** ● (*raro*) partenza, separazione

†**dispartiménto** [av. 1332] **s. m.** ● separazione, divisione

dispartìre [vc. dotta, lat. *dispartīre*, comp. di *dis-* ① e *partīre* 'dividere' ✻ sec. XIII] **A v. tr.** (*io dispartìsco* o *dispàrto, tu dispartìsci* o *dispàrti*; **part. pass.** *dispartito, lett.* †*dispàrto*) ● (*lett.*) disgiungere, separare, spartire | †***d. un'amicizia***, romperla | †***d. una questione***, risolverla, dirimerla | †***d. due o più persone***, separarle in una lite, contesa e sim. **B v. intr.** e **dispartìrsi v. intr. pron.** ● †allontanarsi, scostarsi

†**dispartitóre** [1300 ca.] **s. m.** (**f.** *-trice*); anche **agg.** ● chi (o che) dispartisce

†**dispàrto** **part. pass.** di *dispartire*; anche **agg.** ● nei sign. del v.

†**disparutézza** [da *disparuto* ✻ 1525] **s. f.** ● sparutezza, bruttezza | (*est.*) imperfezione

†**disparùto** [dal part. pass. di *disparere* ① ✻ 1338 ca.] **agg.** ● sparuto, macilento | malridotto

†**dispassionaménto** [comp. di *dis-* ① con sostituzione del pref. *ap-* (per *ad-*) e (*ap*)*passionamento* ✻ av. 1729] **s. m.** ● disamoramento

dispàtrio [comp. di *dis-* ① e un deriv. di *patria*, sul modello di *espatrio* ✻ 1947] **s. m.** ● (*lett.*) abbandono del proprio Paese e conseguente perdita delle proprie radici culturali e dei legami affettivi **CFR.** espatrio

†**dispegnàre** [comp. di *dis-* ① e di un deriv. di *pegno* ✻ sec. XIII] **v. tr.** ● disimpegnare

†**dispégnere** [var. intens. di *spegnere* ✻ sec. XIII] **v. tr.** ● spegnere (*anche fig.*)

†**dispèndere** [vc. dotta, lat. *dispĕndere*, propr. 'pesare (*pĕndere*) distribuendo (*dis-*)' ✻ 1260] **v. tr.** ● sperperare | sprecare: *d. il tempo, gli anni*

♣**dispèndio** [vc. dotta, lat. *dispĕndiu(m)*, deriv. di *dispĕndere* ' †dispendere' ✻ 1219] **s. m.** ● spesa eccessiva, sperpero, spreco di denaro: *il mio salario non permette il minimo d.* | consumo, impiego eccessivo e spesso inutile (*anche fig.*): *ottenere il massimo effetto col minimo d.*; *d. di mezzi, di forze, di energie* | (*est.*) impiego, uso: *con il minimo d. di tempo e di energie*

dispendióso (o -ṣo) [vc. dotta, lat. *dispendiōsu(m)*, da *dispĕndere* ' †dispendere' ✻ 1571] **agg.** ● che comporta dispendio: *tenore di vita d.* **SIN.** caro, costoso ‖ **dispendiosétto**, **dim.** ‖ **dispendiosaménte**, **avv.** con dispendio ‖ **dispendiosità**, **s. f. inv.**

†**dispenditóre** [sec. XIV] **s. m.**; anche **agg.** ● spenditore

dispennàre o †**despennàre** [comp. di *dis-* ① e *penna* ✻ av. 1294] **v. tr.** (*io dispénno*) ● (*lett.*) privare delle penne

♣**dispènsa** ① o (*pop.*) †**dispènza** [da *dispensare* ✻ 1261 ca.] **s. f. 1** (*raro*) distribuzione, somministrazione: *effettuare una d. di viveri* | †parte assegnata | ***d. d'acqua***, ripartizione delle disponibilità idriche tra gli utenti, negli impianti collettivi **2** stanza in cui si conservano le provviste alimentari | sulle navi, locale in cui si custodiscono e distribuiscono i viveri **3** (*centr.*) bottega, spaccio **4** mobile in cui si conservano le provviste alimentari | armadio, credenza **5** (*dir.*) atto mediante il quale l'amministrazione esenta qlcu. dal compimento di date formalità o dall'osservanza di date prescrizioni per il compimento di certe attività | atto con il quale l'autorità ecclesiastica, in particolari condizioni, esonera dall'osservanza di un obbligo o di un precetto canonico | (*est.*) documento che attesta tale esonero: *ritirare la d.*; *richiedere una copia della d.* **6** fascicolo di un'opera pubblicata periodicamente: *enciclopedia a dispense* | ***d. universitaria***, fascicolo contenente materiale relativo a un corso di lezioni tenuto da un docente **7** †assimilazione del cibo, digestione ‖ **dispensìna**, **dim.**

SFUMATURE DI SIGNIFICATO

dispensa - esonero - condono - remissione

Con **dispensa** si definisce l'atto di esentare qualcuno dal fare qualcosa a cui di norma sarebbe tenuto; è termine che trova impiego nel diritto canonico in relazione a un obbligo o a un precetto. Suo sinonimo è **esonero**, che etimologicamente fa riferimento alla liberazione da un onere e nell'uso conserva ancora questa sfumatura di significato, riferendosi prevalentemente alla liberazione da obblighi o pagamenti. Il **condono** è un provvedimento legislativo che riduce una parte di pena o consente di sanare un illecito o un'irregolarità versando una somma di denaro; consiste quindi nella riduzione di un obbligo. Con **remissione** invece si perdona una colpa o si condona interamente un obbligo; è termine che si riferisce soprattutto al perdono che la Chiesa concede al peccatore pentito.

†**dispènsa** ② [f. sost. del part. pass. di *dispendere* ✻ av. 1348] **s. f.** ● spesa, dispendio

dispensàbile [av. 1540] **agg.** ● che si può dispensare ‖ **dispensabilità**, **s. f. inv.**

†**dispensagióne** ➤ †**dispensazione**

†**dispensaménto** [1362] **s. m. 1** il dispensare **2** dispensa

♣**dispensàre** [vc. dotta, lat. *dispensāre*, intens. di *dispĕndere*, originariamente 'distribuire, pesando bene' ✻ av. 1292] **A v. tr.** (*io dispènso*) **1** (*lett.* o *iron.*) dividere, distribuire, elargire fra più persone: *d. lavori, elemosine ai poveri*; *d. sorrisi, sgridate, scappellotti* | (*lett.*) concedere **2** esonerare qlcu. dal fare qlco. a cui sarebbe tenuto: *d. dalle tasse* **SIN.** esimere, esentare **3** (*lett.*) †consumare, spendere, spec. il tempo: *vedrete ... come onestamente si possa d. el tempo* (F. Guicciardini) **4** †amministrare, governare **B dispensàrsi v. rifl.** ● esimersi dal fare o dal dire qlco.: *non posso dispensarmi dal dirvi che siete un ingrato* (C. Goldoni)

SFUMATURE ➤ *spartire*

dispensariàle [1966] **agg.** ● che riguarda un dispensario

dispensàrio [fr. *dispensaire*, dall'ingl. *dispensary*, da *to dispense* nel senso di 'somministrare (medicinali)' ✻ 1874] **s. m. 1** istituto ospedaliero dove si danno consulti e medicamenti gratuiti: *d. antitubercolare, oftalmico* **2** (*disus.*) insieme di medicinali di cui dispone una farmacia

†**dispensatìva** [av. 1729] **s. f.** ● amministrazione domestica

†**dispensatìvo** [vc. dotta, lat. tardo *dispensatīvu(m)*, da *dispensātus* 'dispensato' ✻ sec. XIV] **agg.** ● che serve a dispensare

dispensàto **part. pass.** di *dispensare*; anche **agg.** ● nei sign. del v.

dispensatóre [vc. dotta, lat. *dispensatōre(m)*, da *dispensātus* 'dispensato' ✻ 1268] **s. m.** (**f.** *-trice*); anche **agg. 1** chi (o che) dispensa **2** †ordinatore: *piaciuto fosse al d. de l'universo ...!* (Dante) **3** †amministratore, economo | †elemosiniere

†**dispensatòrio** [vc. dotta, lat. tardo *dispensatōriu(m)*, da *dispensātus* 'dispensato' ✻ 1748] **A agg.** ● che riguarda la distribuzione ‖ †**dispensatoriaménte**, **avv.** **B s. m.** ● dispensario nel sign. 2

dispensazionalìṣmo [calco sull'ingl. *dispensationalism*, da *dispensation* 'legge, religione' ✻ 1995] **s. m.** ● corrente di pensiero teologico diffusa a partire dal XIX sec. nell'ambito del protestantesimo, secondo la quale la storia del popolo di Dio sarebbe divisa in tante ere, in ognuna delle quali il patto fra Dio e l'uomo cambierebbe, con la conseguenza di attribuire valore storico e non universale alle Chiese e agli stessi princìpi fondamentali del cristianesimo

†**dispensazióne** o †**dispensagióne** [vc. dotta, lat. *dispensatiōne(m)*, da *dispensātus* 'dispensato' ✻ 1288] **s. f. 1** dispensa, distribuzione **2** concessione | esenzione

dispènser /dis'penser, *ingl.* dɪ'spensə(r)/ [vc. ingl., dal fr. ant. *dispenseur* 'dispensatore' ✻ 1963] **s. m. inv.** ● dispositivo di diversa forma e struttura, atto a contenere materiale vario e a erogarlo in uno o più pezzi o a più riprese **CFR.** erogatore

dispensière [da *dispensa* ① ✻ 1308] **s. m.** (**f.** *-a*) **1** (*lett.*) chi dispensa, elargisce (*anche fig.*): *a' generosi / giusta di gloria dispensiera è morte* (U. Foscolo) **2** chi ha la cura e la sorveglianza della dispensa

†**dispènso** ① [da *dispensare* ✻ av. 1374] **s. m.** ● disposizione, volontà, ordine

†**dispènso** ② [per *dispens(at)o* 'convenientemente distribuito' ✻ av. 1294] **agg.** ● accomodato, disposto

†**dispènto** (o -é-) **part. pass.** di †*dispegnere*; anche **agg.** ● nei sign. del v.

†**dispènza** ➤ **dispensa** ①

dispepsìa [vc. dotta, lat. *dyspĕpsia(m)*, dal gr. *dyspepsía*, comp. di *dys-* 'dis-' ② e *pépsis* 'digestione' ✻ 1792] **s. f.** ● (*med.*) disturbo della funzione digestiva, gastrica o intestinale **CONTR.** eupepsia

dispèptico [da *dispepsia* con richiamo del gr. *dýspeptos* 'indigesto' ✻ 1913] **A agg.** (**pl. m.** *-ci*) ● (*med.*) relativo a dispepsia: *disturbi dispeptici* **B agg. e s. m.** (**f.** *-a*) ● (*med.*) che (o chi) è affetto da dispepsia

†**dispèra** [da *disperare* ✻ av. 1250] **s. f.** ● (*pop.*) disperazione

†**disperàbile** [vc. dotta, lat. tardo *desperābile(m)*, da *desperāre* 'disperare' ✻ sec. XIV] **agg.** ● privo di speranza | senza rimedio

†**disperàggine** [1546] **s. f.** ● disperazione

†**disperaménto** [av. 1292] **s. m.** ● disperazione

disperànte **part. pres.** di *disperare*; anche

agg. **1** (*lett.*) che non spera più di ottenere qlco. e sim. | (*lett.*, *raro*) insopportabile: *il più noioso e d. uomo della terra* (G. LEOPARDI) **2** che porta a disperare; molto grave, drammatico: *trovarsi in una situazione d.*

disperànza o †**desperànza** [av. 1250] **s. f.** ● (*lett.*) disperazione: *decaddi a emblema / di d.* (G. UNGARETTI)

♦**disperàre** o †**desperàre** [vc. dotta, lat. *desperāre*, comp. di *dē-* e *sperāre* 'sperare' ✱ av. 1250] **A** **v. tr.** (*io dispèro*) **1** non sperare più di conseguire, di ottenere qlco., di riuscire in qlco. e sim. (+ *di* **seguito da inf.**, + *che* **seguito da congtv.**; *lett.* **con il compl. oggetto**): *i soccorritori disperavano di trovarlo in vita*; *dispero di poter vincere la gara*; *ormai dispero che si faccia vivo*; *dispera la vittoria e la vendetta* (T. TASSO) **2** (*lett.*) privare della speranza, ridurre alla disperazione: *la brutta situazione lo dispera* **B** **v. intr.** (**aus.** *avere*) **1** perdere completamente la speranza (+ *di*): *d. della salvezza, della buona riuscita di un affare*; *quando tutto va male non bisogna d.* **2** (*lett.*) essere in preda alla disperazione: *cadde lo spirto anelo, / e disperò* (A. MANZONI) | ***far d. qlcu.***, (*raro*, *lett.*) condurlo alla disperazione; (*est.*) fargli perdere la pazienza, procurargli gran fastidio: *mi ha fatto d. con i suoi continui capricci* **C** **disperàrsi** **v. intr. pron.** ● abbandonarsi, essere in preda, alla disperazione (+ *per*): *si disperava per il fallimento dell'impresa*; *non disperarti in quel modo!* **SIN.** abbattersi, avvilirsi

disperàta [f. sost. di *disperato* ✱ av. 1565] **s. f.** **1** (*letter.*) varietà di rispetto tipico della poesia popolare che ha come tema fisso il disperato lamento di un amante deluso o tradito, assunto a forma lirica, con vario metro, dal sec. XIV al XVI: *si mise a cantare una canzone d'amore, una d.* (G. D'ANNUNZIO) **SIN.** dispetto **2** specie di tressette con due giocatori

♦**disperàto** o †**desperàto** **A** **part. pass.** di *disperare*; **anche agg.** **1** che è in preda alla disperazione (+ *per*, *lett.* + *di*, **anche seguiti da inf.**): *è disperata per la morte del marito*; *è un uomo d. per aver perso tutti i suoi beni al gioco*; *d. di dover morire senza un suo bacio* (I. NIEVO) **2** che non lascia speranze: *il malato è in condizioni disperate*; *un caso d.* | che non ha possibilità di riuscita: *un'impresa disperata*; *un d. tentativo di salvare qlcu.* **3** (*lett.*) che è provocato dalla disperazione: *udirai le disperate strida, / vedrai li antichi spiriti dolenti* (DANTE *Inf.* I, 115-116) | ***alla disperata***, (*ellitt.*) con furia, alla meno peggio **4** (*lett.*) violento, crudele: *per gli spaldi in arme, / corre, e provvede a disperata pugna* (V. ALFIERI) ‖ **disperataménte**, **avv.** **1** in modo disperato: *piangeva disperatamente*; amaramente, sconsolatamente: *era disperatamente sola*; *così disperatamente estenuato e miserabile* (L. PIRANDELLO); senza speranza: *io disperatamente amo, ed indarno* (V. ALFIERI) **2** con tutte le proprie forze, furiosamente: *lottare disperatamente* **B** **s. m.** **1** (**f.** *-a*) chi non nutre più alcuna speranza: *lasciàn dolersi questo d.* (M.M. BOIARDO) **2** (**f.** *-a*) persona priva di mezzi che vive di espedienti: *è un d. che non ha mai un soldo in tasca* **3** (**f.** *-a*) chi si impegna con tutte le sue forze, in modo frenetico: *lavora, corre, viaggia come un d.*

♦**disperazióne** o †**desperazióne** [vc. dotta, lat. *desperatiōne(m)*, da *desperātus* 'disperato' ✱ av. 1292] **s. f.** **1** stato d'animo di chi non nutre più alcuna speranza ed è perciò in preda allo sconforto, all'angoscia e sim.: *abbandonarsi alla d.*; *essere ridotto, essere in preda alla d.*; *essere preso, assalito dalla d.* | ***darsi alla d.***, compiere atti che mostrino grande afflizione | ***per d.***, spinto da un'estrema necessità | ***il coraggio della d.***, V. *coraggio* **SIN.** abbattimento, avvilimento **2** chi (o ciò che) fa disperare: *mia sorella è la d. della famiglia*; *la matematica è la sua d.*; (*scherz.*) *che d. questo telefono: è sempre occupato!*

SFUMATURE DI SIGNIFICATO

disperazione - prostrazione - depressione

La **disperazione** è lo stato d'animo di chi non nutre più alcuna speranza ed è perciò in preda allo sconforto, all'angoscia. Mentre la disperazione può tuttavia dar luogo a manifestazioni reattive, la **prostrazione** definisce una condizione in cui lo sconforto e l'angoscia sono associati a stanchezza fisica e abbattimento psichico. In **depressione** lo stato di tristezza o di prostrazione può anche non essere giustificato da motivi oggettivi, quindi avere un'origine esclusivamente psichica.

SFUMATURE ➤ ***desolazione***, ➤ ***pessimismo***, ➤ ***scoraggiamento***

disperdènte **A** **part. pres.** di *disperdere*; **anche agg.** ● nei sign. del v. **B** **s. m.** ● (*chim.*) sostanza che favorisce la formazione di una dispersione o di una sospensione colloidale

disperdere [vc. dotta, lat. *dispĕrdere*, intens. (*dis-*) di *pĕrdere* 'perdere' ✱ av. 1292] **A** **v. tr.** (**coniug. come** *perdere*) **1** allontanare da una sede fissa, mandando in luoghi diversi: *d. le tribù indigene, un popolo vinto* | (*est.*) disseminare, sparpagliare qua e là: *il vento disperde le sementi*; *la polizia disperse i dimostranti* **CONTR.** concentrare **2** (*milit.*) mettere in fuga il nemico, annullandone ogni capacità operativa **3** dissipare, consumare (*anche fig.*): *d. le proprie sostanze in errate speculazioni*; *quando si lotta per varii scopi, si disperdono le forze* (F. DE SANCTIS) | ***d. i voti***, darli a liste minori che non hanno probabilità di ottenere seggi **4** (*chim.*, *fis.*) fare dispersione **5** (*lett.*) perdere, smarrire **6** †procurare l'aborto **B** **v. intr.** (**aus.** *essere*) e **dispèrdersi** **v. intr. pron.** ● †abortire **C** **dispèrdersi** **v. intr. pron.** **1** sbandarsi, sparpagliarsi, dividersi: *i soldati si dispersero per la boscaglia* **2** andare perduto: *l'acqua si disperde in vapore nell'atmosfera* **3** (*fig.*) sprecare le proprie energie intellettuali senza costrutto o impegnandosi in troppe attività: *si disperde in studi disordinati* **4** svanire, scomparire: *con il vento, il fumo si disperse*

disperdiménto [1654] **s. m.** ● (*raro*) dispersione

disperditóre [av. 1342] **s. m.** (**f.** *-trice*); **anche agg.** ● (*lett.*) chi (o che) disperde

dispèrgere [vc. dotta, lat. *dispĕrgere* 'spandere (*spărgere*) qua e là (*dis-*)' ✱ 1268] **A** **v. tr.** (**pres.** *io dispèrgo, tu dispèrgi*; **pass. rem.** *io dispèrsi, tu dispergésti*; **part. pass.** *dispèrso*) **1** (*lett.*) disperdere, sparpagliare **2** (*lett.*) sperperare, scialacquare **B** **dispèrgersi** **v. intr. pron.** **1** (*lett.*) sbandarsi, disperdersi **2** †divulgarsi, diffondersi

†**dispergiménto** [sec. XIV] **s. m.** ● (*raro*) dispersione, distruzione | spargimento

†**dispergitóre** [sec. XIV] **s. m.** (**f.** *-trice*); **anche agg.** ● chi (o che) distrugge, annienta

dispermìa ① [comp. di *di-* ②, *sperm(atozoo)* e del suff. *-ia* ② ✱ 1830] **s. f.** ● (*fisiol.*) penetrazione di due spermatozoi nella stessa cellula uovo

dispermìa ② [comp. di *dis-* ② *sperm(a)* e del suff. *-ia* ② ✱ 1956] **s. f.** ● (*med.*) anomalia nella composizione dello sperma o nell'eiaculazione

dispèrmo [comp. di *di-* ② e del gr. *spérma*, genit. *spérmatos* 'seme' ✱ 1835] **agg.** ● (*bot.*) detto di frutto che ha due semi

dispèro [da *disperare* ✱ sec. XIV] **s. m.** ● (*disus.*) disperazione

dispersióne [vc. dotta, lat. *dispersiōne(m)*, da *dispĕrsus* 'disperso' ✱ sec. XIV] **s. f.** **1** il disperdere, il disperdersi | sparpagliamento: *d. di carte, di fogli, di documenti*; *d. del gener umano perduto per la gran selva della terra* (G. VICO) | (*fig.*) spreco, dissipazione: *d. di energie*; *lavorare con grande d. di forze* | ***d. dell'elettricità***, fenomeno per il quale un corpo elettrizzato perde, col tempo, il suo stato elettrico, per imperfetto isolamento | ***d. del suono***, variazione della velocità di fase del suono a seconda della frequenza delle oscillazioni **2** (*chim.*) miscuglio eterogeneo, formato da due o più componenti, in cui un componente è in quantità prevalente e disperde gli altri; le dimensioni delle particelle disperse non sono minori di 0,1 o 0,2 micron **3** (*stat.*) modo di distribuirsi dei singoli valori di una distribuzione statistica **4** (*fis.*) separazione di onde elettromagnetiche o acustiche in componenti aventi diverse frequenze | ***d. della luce***, scomposizione della luce nei colori che la compongono

dispersìvo [1869] **agg.** **1** che tende a disperdersi, che impiega le proprie energie in diverse direzioni con scarsi risultati: *una ragazza intelligente ma troppo dispersiva* | che è privo di ordine interno, di sistematicità, di organicità e sim.: *lavoro d.*; *studiare in maniera dispersiva* **2** (*fis.*) atto a dare dispersione ‖ **dispersivaménte**, **avv.** ‖ **dispersività**, **s. f. inv.** caratteristica di chi (o di ciò che) è dispersivo

dispèrso ① **A** **part. pass.** di *disperdere*; **anche agg.** **1** sparso, sparpagliato | perduto, smarrito **2** (*fis.*) detto di raggio, fascio luminoso e sim. scomposto nei colori che lo compongono ‖ **dispersaménte**, **avv.** in modo dispersivo, improduttivo **B** **agg. e s. m.** (**f.** *-a*) ● che (o chi) risulta irreperibile e non dà più notizie di sé, spec. militare dopo una battaglia o civile dopo una catastrofe o una disgrazia: *quattro marinai risultano dispersi*

dispèrso ② **part. pass.** di *dispergere*; **anche agg.** ● (*lett.*) nei sign. del v.

dispersóre [da *disperdere* ✱ 1956] **s. m.** ● apparecchio atto a disperdere a terra la corrente elettrica, per la sicurezza delle persone

†**dispésa** (o **-ṣa**) [f. sost. di *dispeso* ✱ 1261 ca.] **s. f.** ● spesa | dispendio, spreco

†**dispéso** (o **-ṣo**) **part. pass.** di †*dispendere*; **anche agg.** ● nei sign. del v.

†**dispettàbile** [sec. XIV] **agg.** ● spregevole

†**dispettàre** [lat. *despectāre*, rafforz. di *despĭcere* 'guardare (*spĕcere*) dall'alto in basso (*dē-*)' ✱ 1288] **A** **v. tr.** ● disprezzare, disdegnare | provocare, offendere **B** **v. intr.** ● incollerire, sdegnarsi

†**dispettatóre** [1374] **s. m.** (**f.** *-trice*); **anche agg.** ● chi (o che) disprezza

†**dispettévole** [av. 1332] **agg.** ● spregevole

†**dispettivaménte** [av. 1334] **avv.** ● con disprezzo

♦**dispètto** ① o †**despètto** [lat. *despĕctu(m)*, part. pass. di *despĭcere*, comp. di *dē-* e *spĕcere* 'guardare, osservare' ✱ 1250 ca.] **s. m.** **1** azione compiuta con la ferma intenzione di molestare, irritare, dispiacere e sim.: *fare un d., dei dispetti, i dispetti* | ***per d., per fare d.***, con la deliberata intenzione di dispiacere, contrariare e sim.: *agisce così solo per d.*; *tutto ciò che fa lo fa per d.*; *è uscito per farmi d.* | ***a d. di qlco.*** malgrado, nonostante: *partiremo a d. della pioggia* | ***a d. di qlcu.***, nonostante la sua opposizione | ***a d. del mondo***, nonostante ogni contrarietà, a ogni costo | ***stare in paradiso a d. dei santi***, voler stare a ogni costo in un luogo dove non si è bene accetti **2** stizza, invidia, irritazione: *prova d. per la nostra vittoria*; *è roso dal d.*; *d'ira e di d. / svampa dentro, e fuor qual fiamma è rosso* (T. TASSO) **3** †disprezzo, sdegno | (*raro*) ***avere, tenere qlcu., qlco. in d.***, disprezzare | (*raro*) ***recarsi qlco. a d.***, aversene a male, ritenersene offeso **4** (*letter.*) disperata || **dispettàccio**, pegg. | **dispettino**, dim. | **dispettùccio**, dim.

SFUMATURE ➤ *stizza*

†dispètto② o **†despètto** [lat. *despĕctu(m)*, part. pass. sost. di *despĭcere* (V. *dispetto*①) ✱ 1313] **agg.** ● (*lett.*) disprezzato, spregevole: *O cacciati dal ciel, gente dispetta* (DANTE *Inf.* IX, 91)

♦**dispettóso** (o **-ṣo**) [da *dispetto*① ✱ sec. XIII] **agg. 1** che si compiace di fare dispetti: *bambine dispettose* | (*est.*) fastidioso, irritante: *vento d.* **2** che è fatto per dispetto: *gesto d.* **3** (*lett.*) sprezzante, altero, fiero **4** †spregevole, abbietto || **dispettosàccio**, **pegg.** | **dispettosèllo**, **dim.** | **dispettosétto**, **dim.** | **dispettosùccio**, **dim.** || **dispettosaménte**, **avv.** in modo dispettoso; con stizza || **dispettosità**, **s. f. inv.** atteggiamento dispettoso

dispiacènte **part. pres.** di *dispiacere*; anche **agg.** ● (*lett.*) spiacevole, sgradevole | (*raro*) spiacente

†dispiacènza o **†dispiagènza** [av. 1294] **s. f.** ● dispiacere | disgusto

♦**dispiacére**① [lat. parl. **displacēre* (comp. di *dis-*① e *placēre* 'piacere'), per il class. *displicēre* ✱ av. 1250] **A** **v. intr.** (**coniug. come** *piacere*; **anche impers.**; **aus.** *essere*) **1** riuscire sgradito (+ *a*): *d. all'occhio, all'orecchio, al palato; il tuo comportamento è dispiaciuto a tutti* | ***non d.***, riuscire abbastanza gradevole: *il film non mi è dispiaciuto* **2** costituire motivo di dolore, rammarico, disagio e sim. (anche impers.) (+ *per*, + *di*, + **inf.**, **anche preceduto da** *di*, + *che* **seguito da congtv.**): *la sua assenza dispiace a tutti; ci dispiace per quello che è successo; Mi dispiace di tutte queste disgrazie* (C. GOLDONI); *mi dispiace di dover già partire; dispiace dover dire queste cose proprio a voi; ci dispiace molto che dobbiate subire simili angherie* | ***mi dispiace, ci dispiace*** e sim., formule di cortesia usate per scusarsi, esprimere il proprio rammarico, attenuare un'affermazione e sim.: *mi dispiace che la faccenda sia andata a monte; credimi, ci dispiace infinitamente; mi dispiace per te, ma hai torto* | ***ti dispiace?, vi dispiace?, ti dispiacerebbe?*** e sim., formule di cortesia usate per attenuare una richiesta: *ti dispiace imbucarmi questa lettera?; ti dispiacerebbe se ti accompagnassi?* | ***se non ti dispiace, se non le dispiace*** e sim., formule di cortesia usate per chiedere l'assenso di qlcu.: *se non ti dispiace, cambio il mio libro col tuo; se non le dispiace, verrò da lei domani* SIN. addolorare **B** **dispiacérsi** **v. intr. pron.** ● provare rincrescimento, dispiacere, rammarico (+ *per*, + *che* **seguito da congtv.**, + *di*, **anche seguito da inf.**): *mi sono davvero dispiaciuto per il tuo insuccesso; mi sono dispiaciuto che tu non ci fossi; mi dispiaccio molto di quanto è accaduto; si dispiace di non essere venuto* CONTR. compiacersi

♦**dispiacére**② [da *dispiacere*① ✱ av. 1294] **s. m. 1** †fastidio, ripugnanza fisica **2** senso di afflizione, pena, rammarico e sim.: *fare, dare, recare d. a qlcu.; provare, sentire un d. vivo, fiero, profondo; piangere dal d.* | ***morire dal d.***, soffrire moltissimo | (*est.*) ciò che addolora, mortifica, contraria e sim.: *è stato il più grande d. della sua vita*

dispiacévole [av. 1294] **agg. 1** †disgustoso, ripugnante **2** (*lett.*) spiacevole || **dispiacevolménte**, **avv.**

dispiacevolézza [1566] **s. f.** ● (*raro*) caratteristica di chi (o di ciò che) è dispiacevole

dispiaciménto [av. 1306] **s. m.** ● (*raro, lett.*) dispiacere | †rincrescimento

dispiaciùto **part. pass.** di *dispiacere*①; anche **agg.** ● che prova dispiacere, spiacente (+ *per*, + *di*, **anche seguito da inf.**): *è d. per quanto è successo; sono d. della sua rinuncia; sono d. di dovervi disturbare*

†dispianàre [comp. di *dis-*① e *spianare* ✱ sec. XIII] **A** **v. tr. 1** spianare, distendere **2** (*fig.*) dichiarare, spiegare **B** **†dispianàrsi** **v. rifl.** ● distendersi, sdraiarsi

†dispiantàre [comp. di *dis-*① e *piantare* ✱ sec. XIV] **v. tr.** ● spiantare, sradicare | (*fig.*) rovinare, distruggere

†dispiatà e deriv. ➤ **†dispietà** e deriv.

dispiccàre [comp. di *dis-*① sostitutivo di *ap-* (per *ad-*) in *appiccare* ✱ 1308] **A** **v. tr.** (*io dispicco, tu dispicchi*) ● (*lett.*) staccare, spiccare **B** **dispiccàrsi** **v. rifl.** ● (*lett.*) partire rapidamente: *la cerulea diva / dalle cime d'Olimpo dispiccossi / velocissima* (V. MONTI) **C** **dispiccàrsi** **v. intr. pron.** ● †distaccarsi, scindersi

†dispicciàre [comp. di *di(s)-*① e *spicciare* ✱ av. 1704] **v. tr.** e **†dispicciàrsi** **v. rifl.** ● liberare, liberarsi da un impiccio

dispiegaménto [da *dispiegare* ✱ av. 1667] **s. m.** ● grande spiegamento: *d. di forze*

dispiegàre [comp. di *di(s)-*① e *spiegare* ✱ 1319] **A** **v. tr.** (*io dispiègo, tu dispièghi*) **1** (*lett.*) distendere, spiegare: *d. al vento le vele, la bandiera* | allargare: *d. le ali* **2** (*lett.*) disporre, schierare truppe **3** (*fig., lett.*) rendere manifesto | ostentare **B** **dispiegàrsi** **v. intr. pron. 1** (*lett.*) distendersi, allargarsi **2** (*lett., fig.*) svolgersi, svilupparsi: *la melodia si dispiegò nella sala* | (*fig., lett.*) manifestarsi, chiarirsi **3** †scaturire

dispiègo [da *dispiegare* ✱ av. 1872] **s. m.** (**pl.** *-ghi*) ● largo uso, grande impiego: *con d. di denaro e risorse* | (*est.*) uso, impiego: *con crescente d. di uomini e mezzi*

†dispietà o **†dispiatà** [comp. di *dis-*① e *pietà* ✱ sec. XIV] **s. f.** ● mancanza di pietà | empietà

†dispietànza [sec. XIII] **s. f.** ● (*raro*) crudeltà

dispietàto o **†dispiatàto** [comp. di *di(s)-*① e *spietato* ✱ sec. XIII] **agg. 1** (*poet.*) spietato, crudele: *e poi distese i dispietati artigli* (DANTE *Inf.* XXX, 9) **2** (*fig., poet.*) inesorabile, che infierisce crudelmente: *la dispietata mia ventura* (F. PETRARCA) || **†dispietataménte**, **avv.** spietatamente

†dispietóso (o **-ṣo**) [sec. XIII] **agg.** ● crudele

†dispìngere [comp. di *dis-*① e *pingere*① ✱ av. 1348] **v. tr.** ● cancellare un dipinto, un disegno e sim.

†dispitto o **†despitto** [ant. fr. *despit*, dal lat. *despĕctus* 'dispetto' ✱ 1313] **s. m.** ● disprezzo, dispetto

dispiumàre [comp. di *dis-*① e *piuma* ✱ av. 1589] **v. tr.** ● (*lett.*) privare delle piume: *la canna che dispiuma / mollemente il suo rosso / flabello a primavera* (E. MONTALE)

displaṣia [comp. di *dis-*② e del gr. *plásis* 'azione formativa' (da *plássein* 'formare', prob. di orig. indeur.) ✱ 1899] **s. f.** ● (*med.*) alterata differenziazione cellulare seguita da un'anomalia formativa di organi o tessuti

displàṣico [1932] **agg.** (**pl. m.** *-ci*) ● (*med.*) relativo a displasia

display /*ingl.* dɪˈspleɪ/ [vc. ingl., dal v. *to display* 'esporre, mettere in mostra' ✱ 1979] **s. m. inv.** (**pl. ingl.** *displays*) ● (*elettron.*) apparecchiatura (schermo video, tabellone luminoso e sim.) che presenta visivamente i dati numerici o grafici in uscita da un sistema, consentendone l'immediata lettura

†displicàre [vc. dotta, lat. tardo *displicāre*, comp. di *dis-*① e *plicāre* '(ri)piegare' ✱ sec. XIII] **v. tr.** ● spiegare, chiarire

†displicènzia o **†displicènza** [vc. dotta, lat. *displicĕntia(m)*, da *displicēre* 'dispiacere', comp. di *dis-*① e *placēre* 'piacere' ✱ av. 1455] **s. f.** ● dispiacere, dolore

displuviàle [1956] **agg.** ● (*geogr.*) relativo a displuvio

displuviàto [vc. dotta, lat. *displuviātu(m)*, tratto da *plŭvia* 'pioggia' col pref. *dis-* 'da una parte e dall'altra' ✱ av. 1798] **agg.** ● a due spioventi: *tetto d.*

displùvio [da *compluvio*, per sostituzione del pref. *dis-*① al pref. *con-* ✱ 1499] **s. m. 1** (*geogr.*) versante di un altopiano, di una collina, di un monte | ***linea di d.***, spartiacque **2** (*archit.*) diedro convesso formato da due falde di tetto contrapposte | spigolo spartiacque del tetto, all'intersezione delle due falde

dispnèa [vc. dotta, gr. *dýspnoia*, comp. di *dys-* 'dis-②' e un deriv. di *pnoḗ* 'respiro, respirazione' ✱ 1746] **s. f.** ● (*med.*) difficoltà di respiro accompagnata da senso di affanno: *d. da sforzo; d. inspiratoria, espiratoria*

dispnòico [vc. dotta, gr. *dyspnoïkós* 'relativo alla dispnea (*dýspnoia*)' ✱ 1829] **A** **agg.** (**pl. m.** *-ci*) ● (*med.*) relativo a dispnea, caratterizzato da dispnea CONTR. eupnoico **B** **agg.** e **s. m.** (**f.** *-a*) ● (*med.*) che (o chi) è affetto da dispnea

†dispodestàre o **†dispotestàre** [comp. di *di(s)-*① e *spodestare* ✱ av. 1348] **A** **v. tr.** ● spodestare **B** **†dispodestàrsi** **v. rifl.** ● privarsi del potere, dell'autorità

dispogliàre o **†despogliàre** [lat. *despoliāre* 'togliere (*dē-*) la spoglia (*spŏlium*)' ✱ 1287] **A** **v. tr.** (*io dispòglio*) **1** (*lett.*) spogliare: *dispogliò il nemico dell'armatura; d. un albero delle fronde* **2** (*fig.*) †privare **3** depredare, saccheggiare **B** **dispogliàrsi** **v. rifl. 1** (*raro*) spogliarsi **2** (*fig., lett.*) liberarsi da pensieri, sentimenti e sim. **3** †dileguarsi

†dispogliatóre [lat. *despoliatōre(m)*, da *despoliātus* 'dispogliato' ✱ av. 1729] **s. m.** (**f.** *-trice*); **anche agg.** ● chi (o che) dispoglia | predatore

†dispòglio [da *dispogliare* ✱ 1723] **s. m.** ● spoglio, ruberia

†dispolpàre [comp. di *dis-*① e *polpa* ✱ av. 1704] **v. tr.** ● spolpare

dispondèo [vc. dotta, lat. *dispondēu(m)*, dal gr. *dispóndeios* 'a doppio (*dís*) spondeo (*spondêios*)' ✱ 1830] **s. m.** ● metro della poesia greca e latina formato da quattro sillabe lunghe

disponènte **A** **part. pres.** di *disporre*; anche **agg.** ● nei sign. del v. **B** **s. m.** e **f.** ● (*dir.*) chi è autore di un atto di disposizione

†dispónere ➤ **disporre**

dispóngo ➤ **disporre**

♦**disponìbile** [fr. *disponible*, dal lat. mediev. *disponibilis*, da *dispōnere* 'disporre' ✱ 1682] **A** **agg. 1** †che si può disporre in un dato ordine **2** di cui si può disporre: *somma d.* | (*dir.*) ***patrimonio d.***, complesso di beni appartenenti ad enti pubblici, la cui disponibilità è disciplinata per legge | (*dir.*) ***quota, porzione d.***, parte dell'asse ereditario non riservato ai legittimari e di cui, quindi, il testatore può disporre liberamente | (*est.*) libero, a disposizione: *posto, impiego d.; camera d.* **3** (*fig.*) che è libero da impegni od occupazioni: *cercare operai disponibili* **4** (*fig.*) che è bendisposto, aperto a stimoli, suggerimenti o esperienze nuove (+ *a*, **anche seguito da inf.**): *un giovanotto simpatico e d.; insegnante d. al dialogo, al confronto; è sempre d. a mettersi in gioco* | che accoglie facilmente le proposte amorose | (*lett.*) incline: *persona d. alle avventure* || **disponibilità**, **s. f. inv.** (V.) **B** **s. f.** ● (*dir.*) quota disponibile: *la legittima e la d.*

disponibilità [fr. *disponibilité*, da *disponible* 'disponibile' ✱ 1796] **s. f. inv. 1** caratteristica o condizione di chi (o di ciò che) è disponibile (*anche fig.*): *la d. di una persona, di un capitale* **2** (**spec. al pl.**) elemento patrimoniale che può essere prontamente trasformato in denaro; denaro a disposizione: *le spese non possono eccedere le d.* **3** (*burocr.*) condizione transitoria di pubblico ufficiale o pubblico impiegato sospeso dal servizio per soppressione dello stesso o riduzione dell'organico, in attesa di essere riassunto in servizio o collocato a riposo: *collocamento in d.* | ***contratto di d.***, V. *contratto*② **4** (*mar.*) stato di una nave che debba restare inattiva per lungo tempo a causa di riparazioni e sim.

†**disponiménto** [av. 1292] **s. m.** ● disposizione

disponitivo [av. 1642] **agg.** ● (*raro*) dispositivo

†**disponitóre** [1282] **s. m. (f. *-trice*); anche agg.** ● (*lett.*) dispositore

†**disponsàre** e deriv. ➤ †**disposare** e deriv.

†**dispopolàre** [comp. di *dis-*① e *popolare*① ✱ sec. XIV] **v. tr.** ● spopolare

†**dispopolatóre** [sec. XIV] **s. m.** ● chi dispopola | devastatore

♦**dispórre** o †**dispónere** [lat. *dispōnere* 'porre (*ponēre*) qua e là (*dis-*)' ✱ 1261 ca.] **A v. tr. (coniug. come *porre*)** **1** sistemare convenientemente secondo un determinato criterio od ordine: *d. i libri negli scaffali, i mobili in una stanza, i commensali a tavola; saper d. le parole nel periodo* | acconciare: *d. i capelli nella foggia voluta* **2** preparare (+ *per*): *d. ogni cosa per la partenza* | rendere idoneo, adatto e sim. (+ *a*): *d. l'animo a una grande notizia* **3** indurre a un determinato stato d'animo, persuadere (+ *a*): *d. qlcu. all'ira, a una decisione, a un atto di generosità* **4** prescrivere, ordinare (+ *di* **seguito da inf.**, + *che* **seguito da congtv.**): *la legge dispone di perseguire gli evasori fiscali; disponiamo che queste norme siano rispettate; egli solo disponeva e tutti obbedivano* (G. D'Annunzio) **SIN.** stabilire **5** †deporre, dimettere **6** †spiegare, narrare, esporre **B v. intr. (aus. *avere*)** **1** decidere, stabilire: *disporrà nel modo che riterrà opportuno; abbiamo disposto diversamente* **2** (*est.*) essere in condizioni di utilizzare liberamente qlco. o qlcu. (+ *di*): *disponiamo di una notevole somma; non dispongo di una persona di fiducia* | fare affidamento: *disponi pure di me* **3** essere dotato (+ *di*): *l'albergo dispone di duecento posti letto* **C dispórsi v. rifl.** **1** sistemarsi secondo un certo criterio, un certo ordine: *gli atleti si disposero in semicerchio* **2** prepararsi a fare qlco. (+ *a*, **anche seguito da inf.**): *disporsi alla partenza; disporsi a ben morire; hanno torto questi tanti asinoni a disporsi di lamentarsi di voi* (G. Bruno) **3** †esporsi, rischiare

SFUMATURE ➤ *comandare*

†**disportazióne** [vc. dotta, lat. *deportatiōne(m)* 'deportazione' (V.), con sostituzione di pref. ✱ av. 1729] **s. f.** ● (*raro*) trasporto

†**disposaménto** o †**disponsaménto**, †**desponsaménto** [sec. XIV] **s. m.** ● sposalizio

†**disposàre** o †**disponsàre**, †**desponsàre** [lat. *desponsāre*, comp. di *dē* e *sponsāre* 'promettere in sposa (*spōnsa*)' ✱ sec. XII] **v. tr.** **1** dare, promettere o prendere una donna in moglie: *Paolo Malatesta è giunto / ... / qui, con pieno mandato / a d. Madonna Francesca* (G. D'Annunzio) **2** congiungere spiritualmente **3** (*fig.*) unire, mescolare

dispósi ➤ **disporre**

dispositio /lat. dispo'sittsjo/ [vc. lat., propr. 'disposizione' ✱ 1261 ca.] **s. f. inv. (pl. lat. *dispositiones*)** ● nella retorica classica, la partizione dell'arte del dire che riguarda l'ordinamento e la distribuzione degli argomenti nel discorso **CFR.** elocutio, inventio

dispositivo① [da *disposito* ✱ av. 1342] **agg.** ● che dispone, che vale a disporre | (*dir.*) ***sentenza dispositiva***, sentenza che dispone dei diritti o interessi dedotti in giudizio | ***processo d.***, in cui spetta alle parti il potere di dare impulso alla causa | ***documento d.***, contenente un negozio giuridico, un contratto ‖ †**dispositivaménte**, **avv.**

dispositivo② [fr. *dispositif*, dal lat. *dispŏsitus* 'disposito' ✱ 1918] **s. m.** **1** congegno che viene applicato a una macchina o a un impianto allo scopo di ottenere determinati effetti: *d. di messa a fuoco* | apparecchio: *d. antizanzare; sincronizzare il vecchio smartphone con il nuovo d.* | ***d. di sicurezza***, nelle armi da fuoco, sicura; (*fig.*) piano per fronteggiare particolari situazioni: *è scattato il d. di sicurezza della polizia* | ***d. di controllo***, insieme degli elementi conduttori i quali, con il loro movimento relativo, stabiliscono o interrompono la continuità di un circuito **2** (*milit.*) articolazione di una unità o di un complesso di forze: *d. di attacco, di marcia* **3** (*dir.*) contenuto decisorio di una sentenza | parte della sentenza in cui è riportato il contenuto decisorio di essa: *d. di una sentenza*

†**dispòsito** [vc. dotta, lat. *dispŏsitu(m)*, part. pass. di *dispōnere* 'disporre' ✱ sec. XIII] **agg.** ● disposto

†**dispositóre** [vc. dotta, lat. tardo *dispositō-re(m)*, da *dispŏsitus* 'disposito' ✱ 1308] **s. m. (f. *-trice*); anche agg.** ● chi (o che) dispone, rende adatto | chi (o che) ordina, regola, governa

†**dispositòrio** [sec. XIV] **agg.** ● (*raro*) dichiarativo

†**dispositùra** [vc. dotta, lat. *dispositūra(m)*, da *dispŏsitus* 'disposito' ✱ av. 1714] **s. f.** ● posizione, collocazione

♦**disposizióne**① [vc. dotta, lat. *dispositiō-ne(m)*, da *dispŏsitus* 'disposito' ✱ 1261 ca.] **s. f.** **1** (*dir.*) manifestazione di volontà negoziale che opera immediatamente sulla situazione giuridica preesistente: *atto di d.; d. testamentaria* **2** modo in cui cose e persone vengono disposte: *la d. delle terre e delle acque sul globo terrestre; la d. delle forze nemiche lungo i confini; la d. dei posti a tavola* **SIN.** collocazione, ordine **CFR.** tassi-, -tassi **3** (*mat.*) nel calcolo combinatorio, ciascuno dei raggruppamenti ordinati che si possono formare con gli elementi di un insieme | ***d. semplice***, quando in nessun raggruppamento lo stesso elemento può essere ripetuto **4** stato d'animo: *non è nella d. adatta a darti retta; d. d'animo, di spirito; d. favorevole, sfavorevole, verso qlcu.* **5** attitudine, inclinazione naturale (+ *per*): *avere molta, poca d. per lo scrivere, per la poesia, per un lavoro* | (*med.*) tendenza di un organismo a risentire gli effetti dannosi di una determinata causa nociva **6** facoltà di disporre liberamente di persone e cose: *l'albergo è a vostra completa d.; ha un intero patrimonio a sua d.; mi ha messo a d. la sua macchina* | ***essere, mettersi, porsi, tenersi, a d. di qlcu.***, essere pronto ad aiutarlo in qualsiasi momento e in qualsiasi modo **7** parte della retorica antica che consiste nel disporre con ordine la materia dell'orazione **8** ordine, prescrizione, volontà: *si atteneva alle disposizioni venute dall'alto; per d. di legge; sono le sue ultime disposizioni* **9** (*lett.*) †circostanza adatta, favorevole: *qui si vuole attendere la naturale d. del tempo* (Dante) **10** †stato, condizione: *la città ..., lungamente in guerra ... stata, alquanto in miglior disposizion ritornò* (G. Boccaccio) **11** †esposizione, spiegazione | †deliberazione, risoluzione

SFUMATURE ➤ *misura*

†**disposizióne**② [vc. dotta, lat. *depositiō-ne(m)* 'deposizione' (V.) con sostituzione di pref. ✱ av. 1642] **s. f.** ● (*raro*) fondiglio, deposito: *nella commozione dell'acqua ... si solleva la sua d. dal fondo, e s'intorbida* (G. Galilei)

disposofobìa [comp. dell'ingl. *dispos(e of)* 'eliminare, smaltire' e *-fobia* ✱ 2010] **s. f.** ● (*psicol.*) paura ossessiva di eliminare oggetti, abiti ecc. e conseguente tendenza patologica ad accumularli ‖ **disposofòbico**, **agg. (pl. m. *-ci*); anche s. m. (f. *-a*) nel sign. 2** **1** relativo a disposofobia **2** che (o chi) soffre di disposofobia

†**dispossessàre** [comp. di *dis-*① e *possesso* ✱ av. 1729] **v. tr.** ● spossessare

†**dispósta** [f. sost. di *disposto* ✱ 1261 ca.] **s. f.** ● disposizione | spiegazione, commento

†**dispostézza** [1589] **s. f.** **1** attitudine, disposizione **2** competenza **3** snellezza, agilità

dispósto **A part. pass.** di *disporre*; **anche agg.** **1** collocato: *libri disposti sugli scaffali* **2** deciso, stabilito (+ *da*): *misure disposte dalla legge* **3** pronto, propenso (+ *a*, **anche seguito da inf.**): *è d. ad aiutarci; è persona poco disposta all'ascolto; pure io sono d. di fare anche di ciò a tuo modo* (G. Leopardi) | ***ben d.***, V. *bendisposto* | ***mal d.***, V. *maldisposto* **B s. m.** ● (*dir.*) contenuto di un atto di disposizione: *in base al d. dell'autorità giudiziaria* | ***d. della legge***, ciò che la legge dispone | (*dir.*) ***d. combinato, combinato d.***, principio di diritto risultante dall'applicazione congiunta di due o più norme

†**dispotestàre** ➤ †**dispodestare**

♣**dispòtico** o (*raro*) **despòtico** [gr. biz. *despotikós* 'relativo al dispoto (*despótēs*)' ✱ 1363] **agg. (pl. m. *-ci*)** ● relativo a despota o a dispotismo; fondato sul dispotismo: *legislazione dispotica; regime politico d.* **SIN.** tirannico | (*est.*) da despota; autoritario, dittatoriale: *marito d.; maniere dispotiche* ‖ **dispoticaménte**, **avv.**

dispotìsmo o (*raro*) **despotìsmo** [da *dispoto*, gr. biz. *despótēs* 'despota' (V.) ✱ 1745] **s. m.** **1** governo assoluto, esercitato senza alcun rispetto per la legge | ***d. illuminato***, nel sec. XVIII, il governo riformatore di molti sovrani europei **2** (*fig.*) modo di comportarsi tirannico e autoritario

SFUMATURE ➤ *arbitrio*

†**dispòto** ➤ **despota**

disprassìa [comp. di *dis-*② e *prassia* ✱ 1988] **s. f.** ● (*med.*) perdita parziale della capacità di compiere atti motori coordinati

dispregévole [comp. di *dis-*① e *pregevole* ✱ av. 1292] **agg.** **1** (*lett.*) ripugnante, spregevole **2** (*lett.*) trascurabile, insussistente ‖ †**dispregevolménte**, **avv.** con disprezzo

†**dispregiàbile** [sec. XIV] **agg.** ● spregevole

†**dispregiaménto** [1268] **s. m.** ● dispregio

†**dispregiànza** o †**despregiànza** [av. 1294] **s. f.** ● dispregio

dispregiàre o †**despregiàre** [fr. ant. *despriser* 'disprezzare' ✱ av. 1250] **v. tr. (pres. *io disprègio*; fut. *io dispregerò*)** ● (*lett.*) avere in poco o in nessun pregio: *le cose che giornalmente si veggono, con più facilità si dispregiano* (N. Machiavelli) **SIN.** disprezzare

dispregiativo [1641] **agg.** **1** che mostra o esprime disprezzo: *tono d.* **2** (*gramm.*) spregiativo ‖ **dispregiativaménte**, **avv.**

dispregiatóre [av. 1333] **s. m. (f. *-trice*); anche agg.** ● (*lett.*) chi (o che) dispregia

disprègio o †**desprègio** [da *dispregiare* ✱ av. 1294] **s. m.** **1** (*lett.*) senso di disistima che si nutre nei confronti di qlcu. o di qlco.: *Dubitò che persino la mamma, sua madre!, dovesse averlo in d.* (C.E. Gadda) | disprezzo: *avere, tenere qlcu. in d.; essere, cadere in d. di qlcu.; lo trattava con evidente d.* **2** †atto spregevole, infame

†**disprèndersi** [comp. di *dis-*① e *prendere* ✱ av. 1276] **v. rifl.** ● distaccarsi, distogliersi

†**dispreziàre** ➤ **disprezzare**

disprezzàbile [1521] **agg. 1** degno di disprezzo **2** di poco o nessun pregio o importanza: *un debituccio d.*; *non era un nemico d.* (R. BACCHELLI) | ***non d.***, abbastanza pregevole o importante: *un contributo non d.*

†disprezzagióne [av. 1584] **s. f.** ● disprezzo, spregio

†disprezzaménto [av. 1311] **s. m.** ● (*lett.*) disprezzo

♦disprezzàre o **†dispreziàre**, **†desprezzàre** [lat. parl. **dispretiāre*, comp. parasintetico di *prĕtium* 'valore' (V. *prezzo*), col pref. *dis-*① ✻ 1282] **A** **v. tr.** (*io disprèzzo*) **1** ritenere qlcu. o qlco. indegno della propria stima e della propria considerazione: *tutti lo disprezzavano per la sua doppiezza*; *disprezzava onori, glorie, ricchezze* | **PROV.** ***chi disprezza compra***, spesso dietro il disprezzo per qlcu. o qlco. si nascondono delle mire | disdegnare: *disprezzò la nostra offerta di aiuto* | disistimare: *ha mostrato di d. il nostro lavoro* **2** avere in poco o in nessun conto: *d. il pericolo*; *d. le imposizioni* | detestare **B** **disprezzàrsi** **v. rifl. 1** ritenersi indegno di rispetto, stima e sim.: *mi disprezzo per ciò che ho fatto* **2** †trascurarsi, spec. negli abiti o nella persona

SFUMATURE ➤ ***infischiarsi***

†disprezzativo [sec. XV] **agg.** ● offensivo, sprezzante

disprezzatóre [av. 1311] **agg. e s. m.** (f. *-trice*) ● (*raro, lett.*) che (o chi) disprezza

†disprezzatùra [1618] **s. f.** ● trascuratezza | (*fig.*) disinvoltura

†disprezzévole [1336 ca.] **agg.** ● spregevole ‖ **†disprezzevolménte**, **avv.** spregevolmente

♦disprèzzo o **†desprèzzo** [da *disprezzare* ✻ av. 1306] **s. m. 1** totale mancanza di stima, considerazione e sim. nei confronti di qlco. o di qlcu.: *nutrire, sentire, provare d. per qlcu. o qlco.*; *trattare qlcu. o qlco. con d.*; *manifestare il proprio d. a qlcu.* | (*est.*) scarsa considerazione, noncuranza: *mostrare d. per le leggi, delle opinioni altrui*; *agire con grande d. del pericolo* **2** (*lett.*) offesa, oltraggio, ingiuria

†disprezzóso (o **-ṣo**) [av. 1667] **agg.** ● sprezzante

†disprigionàre [comp. di *dis-*① e *prigione* ✻ 1341] **v. tr.** ● scarcerare, liberare | (*fig.*) sprigionare

†disprofanàre [comp. di *dis-*① e *profanare* ✻ av. 1729] **v. tr.** ● riconsacrare, redimere

†dispromèttere [comp. di *dis-*① e *promettere* ✻ av. 1685] **v. tr.** ● ritirare ciò che si è promesso

†disproporzionàre [av. 1502] **v. tr.** ● rendere sproporzionato

disproporzióne [comp. di *dis-*① e *proporzione* ✻ av. 1406] **s. f.** ● (*raro, lett.*) sproporzione | diversità

dispròsio [vc. dotta, tratta dal gr. *dysprósitos* 'che si può difficilmente (*dys-*) raggiungere (*prositós* 'accessibile', dal v. *prosiénai* 'andare (*iénai*) verso (*prós*)')' ✻ 1913] **s. m.** ● elemento chimico, metallo appartenente al gruppo delle terre rare **SIMB.** Dy **NUM. AT.** 66

†disprovvedùto [comp. di *dis-*① e *provveduto* ✻ av. 1334] **agg.** ● imprevisto | sprovveduto, incauto

†dispulàre [comp. di *dis-*① e *pula* ✻ av. 1729] **v. tr.** ● ripulire dalla pula

†dispumàre [comp. di *di(s)-*① e *spuma* ✻ av. 1730] **v. tr.** ● despumare

†dispùngere [vc. dotta, lat. *dispŭngere*, propr. 'separare con punti', comp. di *dis-*① e *pŭngere* 'pungere' ✻ sec. XIII] **v. tr.** ● staccare

♣dìsputa o **†dispùta** [da *disputare* ✻ 1312] **s. f. 1** dibattito vivace e animato intorno a un tema prestabilito: *ci fu una d. letteraria dotta e accesa*; *d. filosofica, teologica, matematica*; *dispute contra tutti i dogmi e libri* (T. CAMPANELLA) **SIN.** discussione **2** alterco, contesa, lite: *nacque tra loro una d. violenta per futili motivi* **3** svolgimento di una competizione: *d. dei campionati mondiali di calcio*

SFUMATURE ➤ ***battibecco***, ➤ ***dibattito***

disputàbile [vc. dotta, lat. *disputābile(m)*, da *disputāre* 'disputare' ✻ 1521] **agg.** ● (*lett.*) controverso: *le cose poetiche ... sono ... disputabili* (G.B. MARINO) **SIN.** discutibile ‖ **disputabilità**, **s. f. inv.**

†disputaménto [da *disputare* ✻ av. 1338] **s. m.** ● disputa, discussione

disputànte **A** **part. pres.** di *disputare*; anche **agg.** ● nei sign. del v. **B** **s. m. e f.** ● (*raro*) chi partecipa a una discussione

†disputànza [sec. XIV] **s. f.** ● disputa

♦disputàre [vc. dotta, lat. *disputāre* 'esaminare (*putāre*) partitamente (*dis-*) un conto o un argomento', quindi 'discutere, argomentare' ✻ 1261 ca.] **A** **v. intr.** (*io dìsputo* o *†dispùto*; **aus.** *avere*) **1** (*lett.* o *raro*) discutere di qlco. contrapponendo la propria opinione a quella altrui (+ *di*, + *su*): *d. di politica, di questioni economiche, su un problema filosofico* **SIN.** polemizzare **2** competere, gareggiare: *d. con i colleghi per una promozione* **B** **v. tr. 1** (*raro*) esaminare, discutere: *d. le cause di qlco.* **2** contrastare (+ *a*): *d. il successo all'avversario* **3** sostenere, affrontare una competizione sportiva: *d. una gara* | ***d. il giro d'Italia***, prendervi parte **SIN.** giocare nel sign. B2 **C** **disputàrsi** **v. tr. pron.** (**aus.** *essere*) ● (con valore reciproco) contendersi qlco.: *disputarsi il posto, il premio, la vittoria*; *si disputavano accanitamente il pallone*

SFUMATURE ➤ ***argomentare***

†disputativo [vc. dotta, lat. tardo *disputatīvu(m)*, da *disputātus* 'disputato' ✻ av. 1332] **agg.** ● relativo alla disputa o al disputare

disputatóre [vc. dotta, lat. *disputatōre(m)*, da *disputātus* 'disputato' ✻ av. 1342] **s. m.** (f. *-trice*); anche **agg.** ● (*lett.*) chi (o che) disputa | chi (o che) è incline alla disputa

†disputatòrio [vc. dotta, lat. tardo *disputatōriu(m)*, da *disputātus* 'disputato' ✻ 1554] **agg.** ● che si riferisce alla disputa o che le è proprio

disputazióne [vc. dotta, lat. *disputatiōne(m)*, da *disputātus* 'disputato' ✻ av. 1294] **s. f. 1** (*lett.*) il disputare **SIN.** disputa **2** (*lett.*) dissertazione scritta: *d. di medicina*; *disputazioni filosofiche* ‖ **disputazioncèlla**, **dim.**

disqualificàre [comp. di *dis-*① e *qualificare* ✻ 1963] **v. tr.** (*io disqualìfico, tu disqualìfichi*) ● (*burocr.*) privare qlcu. della qualifica precedentemente attribuitagli ‖ **disqualificazióne**, **s. f.**

disquassàre [comp. di *di(s)-*① e *squassare* ✻ 1595] **v. tr.** ● (*lett.*) squassare, scrollare

disquilìbrio [comp. di *dis-*① e *(e)quilibrio* ✻ 1801] **s. m.** ● (*raro*) squilibrio

♣disquiṣìre [da *disquisizione* ✻ 1940] **v. intr.** (*io disquiṣìsco, tu disquiṣìsci*; **aus.** *avere*) ● discutere con sottigliezza talvolta eccessiva, intrattenersi in dispute eleganti e acute: *gli avvocati amano d.*; *d. per ore su un argomento*

disquiṣitóre [da *disquisizione* ✻ 1915] **s. m.** (f. *-trice*) ● chi disquisisce: *un fine ed elegante d.*

♣disquiṣizióne [vc. dotta, lat. *disquisitiōne(m)*, da *disquīrere* 'ricercare (*quāerere*) da tutti i lati (*dis-*)' ✻ sec. XIV] **s. f.** ● trattazione approfondita, talvolta eccessivamente minuziosa, di un determinato argomento: *disquisizioni dotte, erudite, inutili, capziose* ‖ **disquiṣizioncèlla**, **dim.**

diṣrafia [vc. dotta, comp. di *dis-*② e del gr. *ráphein* 'cucire', di orig. indeur. ✻ 1956] **s. f.** ● (*med.*) malformazione congenita derivante dalla saldatura difettosa delle due metà di un organo pari

diṣràfico [1956] **agg.** (pl. m. *-ci*) ● (*med.*) di disrafia

diṣrafiṣmo [da *disrafia* ✻ 1956] **s. m.** ● (*med.*) condizione anormale causata dalla presenza di una disrafia

†diṣragionàre [comp. di *dis-*① e *ragionare*① ✻ 1766] **v. intr.** ● sragionare

†diṣragióne [comp. di *dis-*① e *ragione* ✻ av. 1294] **s. f. 1** follia, insensatezza **2** torto, ingiustizia | ***a d.***, a torto **3** †infamia, disonore

†diṣragionévole [1320] **agg.** ● folle, insensato, irrazionale ‖ **†diṣragionevolménte**, **avv.** irrazionalmente

†diṣramàre① ➤ **diramare**②

diṣramàre② [comp. di *dis-*① e *rame* ✻ 1869] **v. tr.** ● (*disus.*) privare un oggetto, una superficie e sim. del rame che lo riveste

diṣramatùra [da *disramare*② ✻ 1869] **s. f.** ● (*disus.*) operazione del disramare

†diṣredàre ➤ **diseredare**

†diṣreditàre ➤ **†disereditare**

†diṣrómpere [vc. dotta, lat. *disrŭmpere*, var. di *dirŭmpere* 'dirompere' (V.) con pref. intatto ✻ sec. XIV] **v. tr.** ● rompere, spezzare

†diṣrótto **part. pass.** di *†disrompere*; anche **agg.** ● nel sign. del v.

†diṣrottùra [da *disrompere* ✻ sec. XIV] **s. f.** ● rottura, frattura

†diṣrugginàre ➤ **dirugginare**

†diṣrugginìre ➤ **dirugginire**

diṣruptivo ➤ **disruttivo**

diṣrupzióne [dall'ingl. *disruption* 'disgregazione, rottura': V. *†disrompere* ✻ 1956] **s. f.** ● (*elettr.*) fenomeno che si realizza allorché si verifica una scarica disruttiva

diṣruttivo o **diṣruptivo** [dal lat. *disrŭptus*, part. pass. di *di(s)rŭmpere* 'spezzare', propr. 'rompere (*rŭmpere*) a pezzi (*dis-*)' ✻ 1956] **agg.** ● (*fis.*) detto di scarica elettrica brusca tra due elettrodi quando la loro differenza di potenziale supera un certo valore o la loro distanza diminuisce oltre un certo limite

diṣruttóre [dal lat. *disrŭptus*, var. di *dirŭptus* (con cambio di pref.): V. *diruttore* ✻ 1956] **s. m.** ● (*aeron.*) in un velivolo, dispositivo destinato a ridurre o annullare la portanza dell'ala, costituito gener. da un'aletta incernierata sul dorso di questa, che può essere fatta sporgere, per es. durante l'atterraggio, allo scopo di aumentare la frenata **SIN.** spoiler

dissabbiatóre [comp. parasintetico di *sabbia*, con il pref. *dis-*① ✻ 1956] **s. m.** ● (*idraul.*) bacino, posto subito dopo le luci di introduzione di un'opera di presa, che ha lo scopo di trattenere le sabbie trasportate dall'acqua sino a che questa venga inviata nel canale derivato

dissacrànte **part. pres.** di *dissacrare*; anche **agg.** ● che dissacra: *linguaggio d.*

dissacràre o **†disacràre**, **†dissagràre**, **†disagràre** [da *consacrare*, con cambio di pref. (*dis-*①) ✻ av. 1327] **A** **v. tr. 1** (*raro*) sconsacrare **2** (*fig.*) mettere in discussione e criticare valori, istituzioni, modelli di comportamento e sim. consolidati da una lunga tradizione come indiscutibili e inviolabili: *d. il concetto di amore materno* **SIN.** demistificare, demitizzare **B** **dissacràrsi** **v. rifl.** ● †sciogliersi da un vincolo sacro

dissacràto **part. pass.** di *dissacrare*; anche **agg.** ● privato del carattere sacro: *un mondo d., senza inferno e senza paradiso* (A. MORAVIA) | (*fig.*) snaturato, rinnegato: *valori, principi dissacrati*

dissacratóre [1983] **s. m.** (f. *-trice*); anche **agg.** ● chi (o che) dissacra (*spec. fig.*)

dissacratòrio [1972] **agg.** (pl. m. *-i* o *raro -ii*) ● dissacrante, dissacratore

d

dissacrazióne [1673] **s. f.** ● il dissacrare

†**dissagràre** ➤ **dissacrare**

dissalaménto [1972] **s. m.** ● dissalazione

dissalàre [comp. parasintetico di *sale*, col pref. *dis-*①, prob. sul modello del fr. *dessaler* ✱ 1612] **v. tr. 1** asportare da acque salmastre i sali in esse contenuti **2** eliminare il sale di conservazione da alimenti tenendoli a bagno spec. in acqua: *d. il baccalà* | raschiare con un coltello la superficie incrostata di sale di un alimento: *d. le acciughe*

dissalatóre [1970] **s. m.** ● impianto o apparecchio usato per dissalare le acque del mare, allo scopo di renderle potabili

dissalazióne [1970] **s. f.** ● operazione del dissalare

dissaldàre [comp. di *dis-*① e *saldare*, prob. sul modello del fr. *dessouder* ✱ 1797] **v. tr. 1** distaccare togliendo la saldatura: *d. due piastre metalliche* **2** (*fig.*, *raro*) infrangere un legame

dissaldatùra [1956] **s. f.** ● operazione del dissaldare

dissanguaménto [1869] **s. m. 1** abbondante perdita di sangue: *morire per d.* **2** (*fig.*, *raro*) esaurimento di risorse: *d. economico*

dissanguàre [comp. parasintetico di *sangue*, col pref. *dis-*① ✱ 1673] **A v. tr.** (*io dissànguo, noi dissanguiàmo*) **1** privare del sangue un organismo vivente: *le ferite lo hanno dissanguato* **2** (*fig.*) esaurire quanto a risorse umane, a disponibilità economiche e sim.: *l'eccessivo fiscalismo dissangua la nazione*; *d. il proprio patrimonio* **B dissanguàrsi v. intr. pron. 1** perdere sangue in abbondanza: *dissanguarsi per le ferite* **2** (*fig.*) rovinarsi, spec. economicamente: *si dissangua per i figli*

dissanguàto part. pass. di *dissanguare*; anche **agg. 1** rimasto privo del sangue: *ha rischiato di morire d.* **SIN.** esangue **2** (*fig.*) rimasto privo di denaro e di mezzi economici: *Dissanguati dalle tasse e dalla mal'annata dell'anno avanti* (L. CAPUANA)

dissanguatóre [1869] **agg. e s. m.** (**f.** *-trice*) ● che (o chi) dissangua (*spec. fig.*)

dissanguinàre [comp. di *dis-*① e *sanguinare* ✱ 1835] **v. tr.** (*io dissànguino*) ● (*conceria*) mettere a bagno le pelli di animali affinché si purghino del sangue che vi è attaccato

†**dissapìto** [var. di †*dissipito* ✱ sec. XIV] **agg.** ● scipito, insipido

dissapóre [comp. di *dis-*① e *sapore* ✱ 1669] **s. m.** ● contrasto o screzio che turba l'armonia dei rapporti tra due o più persone: *fra loro c'è qualche d.*; *dissapori fra amici, fra coniugi*

†**dissavére** [adattamento dell'ant. fr. *dessavoir* 'senza (*des-*) sapere (*savoir*)' ✱ av. 1294] **s. m.** ● insipienza, ignoranza

†**dissavoróso** (o **-ṣo**) [comp. di *dis-*① e *savore* ✱ av. 1294] **agg.** ● privo di sapore

dissecàre [vc. dotta, lat. *dissecāre* 'tagliare (*secāre*) a pezzi (*dis-*)' ✱ 1869] **v. tr.** (*io dissèco* o *disséco, disseco, tu dissèchi* o *disséchi, dissechi*) Attenzione a non confondere 'dissecare' e le sue forme flesse con 'disseccare' (V.) e le analoghe forme flesse ● sezionare i cadaveri per studiarne l'anatomia e la causa di morte **SIN.** anatomizzare

dissecazióne [av. 1729] **s. f.** ● dissezione

disseccaménto [sec. XIV] **s. m.** ● il disseccare, il disseccarsi | prosciugamento | (*fig.*) esaurimento: *d. della vena poetica*

disseccàre o †**diseccàre** [comp. di *dis-*① e *seccare* ✱ 1268] **A v. tr.** (*io dissécco, tu disségchi*) Attenzione a non confondere 'disseccare' e le sue forme flesse con 'dissecare' (V.) e le analoghe forme flesse **1** rendere secco, asciutto: *il sole d'agosto ha disseccato i campi* **SIN.** asciugare, essiccare **2** (*fig.*) indebolire, inaridire **B disseccàrsi v. intr. pron. 1** prosciugarsi: *il pozzo si è disseccato* **2** (*fig.*) inaridirsi: *la sua vena creativa si è disseccata*

disseccativo o †**diseccativo** [sec. XIV] **agg.** ● atto a disseccare | essiccante

disseccazióne o †**diseccazióne** [av. 1334] **s. f.** ● il disseccare, il disseccarsi | essiccazione

disselciàre [comp. di *dis-*① e *selciare* ✱ 1827] **v. tr.** (**pres.** *io dissélcio*; **fut.** *io disselcerò*) ● privare del selciato: *d. una strada, una piazza*

dissellàre o (*raro*) **disellàre** [comp. parasintetico di *sella*, col pref. *dis-*① ✱ av. 1380] **A v. tr.** (*io dissèllo*) ● privare della sella: *d. un cavallo* **B v. intr.** ● †cader di sella

†**dissembràre** [comp. di *dis-*① e *sembrare* ✱ av. 1277] **v. intr.** ● (*raro*) non assomigliare

disseminagióne ➤ **disseminazione**

disseminàre [vc. dotta, lat. *disseminăre* 'spargere il seme (*seminăre*) d'ogni lato (*dis-*)' ✱ 1438] **A v. tr.** (*io dissémino*) **1** spargere qua e là, sparpagliare: *ha disseminato i suoi vestiti per tutta la stanza* | cospargere, costellare (+ *di*): *d. un foglio di scarabocchi* **2** (*fig.*, *raro*) diffondere, divulgare: *d. il malcontento tra la popolazione* **B disseminàrsi v. intr. pron.** ● spargersi qua e là | (*fig.*) diffondersi

disseminativo [1956] **agg.** ● (*bot.*) relativo alla disseminazione: *fenomeno, processo d.*

disseminàto part. pass. di *disseminare*; anche **agg. 1** sparso qua e là: *opere d'arte disseminate nelle città italiane* **2** cosparso (+ *di*): *spiaggia disseminata di rifiuti* | costellato: *testo d. di refusi*

disseminatóre [vc. dotta, lat. tardo *disseminatōre(m)*, da *disseminātus* 'disseminato' ✱ 1735] **s. m.** (**f.** *-trice*); anche **agg.** ● (*lett.*, *fig.*) chi (o che) dissemina: *d. di zizzania*

disseminazióne o **disseminagióne** [vc. dotta, lat. tardo *disseminatiōne(m)*, da *disseminātus* 'disseminato' ✱ av. 1557] **s. f. 1** (*bot.*) dispersione dei semi e di ogni tipo di propagoli prodottisi per via vegetativa, che assicura la riproduzione della specie | ***d. anemocora, idrocora, zoocora***, attuata a opera, rispettivamente, del vento, dell'acqua o di animali, spec. insetti **2** (*fig.*) diffusione, propagazione: *hanno lasciato aperta la strada alla d. delle nuove dottrine* (P. SARPI)

dissemìnulo [da *disseminare*, con suff. dim. ✱ 1956] **s. m.** ● (*bot.*) organo capace di riprodurre la pianta dalla quale si è distaccato

dissennàre [av. 1729] **v. tr.** (*io dissénno*) ● (*raro*, *lett.*) privare qlcu. del senno, rendere dissennato

dissennatézza [da *dissennato* ✱ av. 1853] **s. f.** ● mancanza di senno, stoltezza

dissennàto o †**disennàto** [comp. parasintetico di *senno*, col pref. *dis-*① ✱ av. 1288] **agg. e s. m.** (**f.** *-a*) ● che (o chi) è privo di senno, stolto, insensato: *ragazzo d.*; *atti dissennati* ‖ **dissennataménte**, **avv.**

SFUMATURE ➤ ***forsennato***

†**dissensàre** o †**disensàre** [comp. di *dis-*① e *senso* ✱ sec. XIII] **v. tr.** ● privare qlcu. dell'uso dei sensi

†**dissensàto** o †**disensàto A part. pass.** di †*dissensare*; anche **agg. 1** nel sign. del v. **2** privo della ragione, insensato ‖ †**dissensataménte**, **avv.** insensatamente **B s. m.** (**f.** *-a*) ● (*raro*) chi è privo di ragione

dissensióne [vc. dotta, lat. *dissensiōne(m)*, da *dissēnsus* 'dissenso' ✱ sec. XIII] **s. f.** ● (*lett.*) contrasto, diversità di opinioni | (*est.*) discordia, contesa: *interne / dissension di questo regno a fuga / l'avean costretto* (V. ALFIERI)

dissènso [vc. dotta, lat. *dissēnsu(m)*, dal part. pass. di *dissentīre* 'dissentire' ✱ 1625] **s. m. 1** mancanza di accordo, di consenso: *manifestare il proprio d. su qlco.* | disapprovazione: *dar segni di d.*; *suscitare il generale d.* | contrasto: *d. di opinioni, di giudizi* **2** situazione di conflitto, e di conseguente distacco, nei confronti delle linee ufficiali di una Chiesa, un partito, un regime politico totalitario e sim.: *il d. sovietico*; *il d. cattolico*; *i cattolici del d.*

SFUMATURE DI SIGNIFICATO

dissenso - controversia

Dissenso è l'espressione esplicita di un punto di vista diverso da quello esposto da altri o che costituisce l'opinione corrente. **Controversia** fa riferimento ugualmente a una diversità d'opinione, ma non identifica tanto il dissenso quanto la disputa che lo esprime.

SFUMATURE ➤ ***screzio***

dissentàneo [vc. dotta, lat. *dissentāneu(m)*, da *dissentīre* 'dissentire' ✱ av. 1488] **agg.** ● (*lett.*) dissimile, discorde

dissenterìa [vc. dotta, lat. *dysentĕria(m)*, dal gr. *dysentería*, comp. di *dys-* 'dis-②' e *éntera* 'intestini' ✱ av. 1306] **s. f.** ● (*med.*) infezione intestinale accompagnata da diarrea spesso con muco e sangue

dissentèrico [vc. dotta, lat. *dysentĕricu(m)*, dal gr. *dysenterikós* 'pertinente alla *dissenteria* (*dysentería*)' ✱ sec. XIV] **A agg.** (**pl. m.** *-ci*) ● (*med.*) di dissenteria **B s. m.** (**f.** *-a*) ● (*med.*) chi è affetto da dissenteria

dissentiménto [av. 1338] **s. m.** ● (*lett.*) dissenso

✦**dissentìre** o †**disentìre** [vc. dotta, lat. *dissentīre* 'sentire (*sentīre*) diversamente (*dis-*)' ✱ av. 1294] **v. intr.** (*io dissènto*; **part. pres.** *dissenziènte*; **aus.** *avere*) **1** essere di parere diverso o contrario rispetto ad altri (+ *da* qlcu., + *su* qlco.): *su questi punti dissentiamo completamente da voi* **2** †divergere, discordare

dissenziènte o †**disenziènte** [vc. dotta, lat. *dissentiĕnte(m)*, part. pres. di *dissentīre* 'dissentire' ✱ sec. XIV] **agg. e s. m. e f.** ● che (o chi) dissente | che (o chi) fa parte di un movimento di dissenso

†**disseparàre** o †**diseparàre** [vc. dotta, lat. *disseparāre*, comp. di *dis-*① e *separāre* 'separare' ✱ av. 1642] **v. tr.** e †**disseparàrsi v. rifl.** ● (*lett.*) separare, separarsi

†**disseparazióne** [vc. dotta, lat. tardo *disseparatiōne(m)*, da *disseparātus*, part. pass. di *disseparāre* 'disseparare' ✱ av. 1673] **s. f.** ● separazione

dissepólto part. pass. di *disseppellire*; anche **agg.** ● esumato | (*fig.*) riesumato

disseppelliménto [1841] **s. m.** ● il disseppellire

disseppellìre o **diseppellìre** [comp. di *dis-*① e *seppellire* ✱ sec. XIII] **v. tr.** (**pres.** *io disseppellisco, tu disseppellisci*; **part. pass.** *disseppellito* o *dissepólto*) **1** togliere dalla sepoltura **SIN.** esumare **2** riportare alla luce mediante scavi: *d. i resti di un'antica civiltà* **3** (*fig.*) rimettere in uso ciò che era stato dimenticato: *d. una vecchia usanza popolare* **SIN.** riesumare

disseppellitóre [1869] **agg. e s. m.** (**f.** *-trice*) ● (*raro*) che (o chi) disseppellisce

dissequestràre [comp. di *dis-*① e *sequestrare* ✱ 1942] **v. tr.** (*io dissequèstro*) ● liberare da un sequestro: *d. un immobile*

dissequèstro [1942] **s. m.** ● revoca di un provvedimento di sequestro: *d. di un bene*

dissero ➤ **dire**①

disserràre o †**diserràre** [comp. di *dis-*① e *serrare* ✱ 1266] **A v. tr.** (*io dissèrro*) **1** (*lett.*) aprire, schiudere: *a suo piacere la man chiude o disserra* (V. ALFIERI) **2** (*lett.*) vibrare: *più colpi tuttavia disserra al vento / e quinci e quindi spinge il suo cavallo* (L. Ariosto) | *d.* ***una schiera***, sbaragliarla **3** (*fig.*) †far scaturire, far sorgere: *con quello aspetto che pietà diserra* (Dante *Purg.* XV, 114) **B** **disserràrsi v. intr. pron. 1** (*lett.*) aprirsi **2** (*lett.*) lanciarsi, scagliarsi | sprigionarsi **3** †scaturire

♣**dissertàre** [vc. dotta, lat. *dissertāre*, frequentativo di *dissĕrere* 'disporre (*sĕrere*) ordinatamente (*dis-*)' ✱ sec. XIV] **v. intr.** (*io dissèrto*; aus. *avere*) ● trattare di un argomento ragionandovi sopra a lungo, con impegno e serietà (+ *di*, + *su*): *d.* *di teologia, su problemi filosofici*

SFUMATURE ➤ *discutere*

dissertatìvo [1869] **agg.** ● (*raro*, *lett.*) dissertatorio || **dissertativaménte**, avv.

dissertatóre [vc. dotta, lat. tardo *dissertatōre(m)*, da *dissertātus*, part. pass. di *dissertāre* 'dissertare' ✱ 1786] **s. m.** (**f.** *-trice*); anche **agg.** ● chi (o che) disserta

dissertatòrio [av. 1730] **agg.** (**pl. m.** *-i* o *raro -ii*) ● che è proprio della dissertazione

dissertazióne [vc. dotta, lat. tardo *dissertatiōne(m)*, da *dissertātus*, part. pass. di *dissertāre* 'dissertare' ✱ av. 1612] **s. f.** ● ampia e metodica trattazione di un argomento letterario, storico o scientifico | ***d. di laurea***, tesi || **dissertazioncèlla**, dim.

SFUMATURE ➤ *esposizione*

†**dissservìgio** ➤ **disservizio**

†**disservìre** o †**diservìre**, †**deservìre**② [comp. di *dis-*① e *servire* ✱ 1266] **v. tr. e intr.** ● rendere un cattivo servizio, risultare inutile o dannoso: *credendomi servire, diservita m'avete* (G. Boccaccio); *d. alla patria*

disservìzio o †**diservìzio**, †**disservìgio**, †**diservìgio** [comp. di *dis-*① e *servizio* ✱ sec. XIII] **s. m. 1** cattivo funzionamento, spec. di un servizio pubblico: *d. postale, ferroviario, aereo*; *il d. di un ufficio* **2** (*lett.*) cattivo servizio, danno

SFUMATURE ➤ *disfunzione*

dissestàre [comp. parasintetico di *sesto*③, con il pref. *dis-*① ✱ av. 1643] **v. tr.** (*io dissèsto*) **1** mettere in disordine, ridurre in condizioni di instabilità: *il temporale ha dissestato le tegole* **2** (*fig.*) danneggiare gravemente nel settore economico e finanziario: *d. l'azienda, la famiglia*

dissestàto **A** **part. pass.** di *dissestare*; anche **agg. 1** che è in cattive condizioni: *strada dissestata* **2** che è in dissesto: *azienda dissestata* **B** **s. m.** (**f.** *-a*) ● (*raro*) chi ha subito un dissesto economico: *la moltitudine dei dissestati, postulanti pane o giustizia* (R. Bacchelli)

dissèsto [da *dissestare* ✱ 1797] **s. m. 1** grave situazione patrimoniale di una persona, di una società, di un ente e sim.: *d. economico*; *azienda in d.*; *tutta la famiglia fu coinvolta nel d.* **2** (*fig.*) situazione di squilibrio e disordine: *d. idro-geologico*; *d. sociale*

dissetànte **A** **part. pres.** di *dissetare*; anche **agg.** ● che disseta: *bibita, caramella d.* **B** **s. m.** ● ciò che disseta: *la limonata è un ottimo d.*

dissetàre o †**disetàre** [comp. parasintetico di *sete*, con il pref. *dis-*① ✱ sec. XIII] **A** **v. tr.** (*io disséto*) **1** liberare dalla sete: *portaci una bibita che ci disseti* **2** (*fig.*, *lett.*) appagare, soddisfare: *a la mia donna / che mi diseta con le dolci stille* (Dante *Par.* VII, 11-12) **B** **dissetàrsi v. rifl. 1** levarsi la sete: *dissetarsi con una bevanda fresca* **2** (*fig.*, *lett.*) appagare il proprio desiderio di qlco.: *dissetarsi alle fonti del sapere*

dissettóre [vc. dotta, tratta da *dissĕctus*, part. pass. di *dissecāre* 'dissecare' ✱ av. 1704] **s. m. 1** (**f.** *-trice*) colui che prepara i pezzi per le dimostrazioni anatomiche **2** strumento per la dissezione

dissezionàre [da *dissezione* ✱ 1985] **v. tr.** (*io dissezióno*) **1** sottoporre a dissezione, dissecare: *d. un cadavere* **2** (*fig.*) analizzare in modo minuzioso: *d. un'opera*

dissezióne [vc. dotta, tratta da *dissĕctus*, part. pass. di *dissecāre* 'dissecare' ✱ av. 1729] **s. f.** ● sezionamento di un cadavere a scopo di studio: *d. anatomica*; *sala di d.*

dìssi ➤ **dire**①

♣**dissidènte** [vc. dotta, lat. *dissidĕnte(m)*, part. pres. di *dissidēre*, propr. 'sedere (*sedēre*) separatamente (*dis-*)', quindi 'discordare' ✱ 1619] **A** **agg.** ● che dissente: *gruppo d.*; *l'ala d. di un partito* SIN. discorde, dissenziente **B** **s. m. e f.** ● chi si distacca da un gruppo ideologico, politico, religioso e sim., non condividendo l'operato o il pensiero della maggioranza: *i dissidenti del movimento, del partito*; *la Chiesa dei dissidenti*

dissidènza [vc. dotta, lat. *dissidĕntia(m)*, da *dissĭdens*, genit. *dissidĕntis* 'dissidente' (V.) ✱ 1798] **s. f.** ● contrasto o dissidio di opinioni, idee e sim. all'interno di un gruppo, di un movimento e sim. | (*est.*) l'insieme dei dissidenti

♣**dissìdio** [vc. dotta, lat. *discĭdiu(m)* 'separazione' con sovrapposizione di *dissidēre* 'discordare' ✱ 1440 ca.] **s. m.** (**pl.** *-i* o *raro -ii*) ● dissenso o contrasto fra due o più persone, gruppi, enti e sim.: *il loro d. è insanabile*; *un lieve d. d'opinioni*; *il d. tra Chiesa e Stato*; *comporre un d.* | (*est.*) discordia, litigio: *ignoro le cause del d.*

SFUMATURE ➤ *screzio*

dissigillàre o †**disigillàre** [comp. di *dis-*① e *sigillare* ✱ 1321] **A** **v. tr.** ● aprire qlco. rompendone i sigilli: *d. un dispaccio, una lettera* **B** **dissigillàrsi v. intr. pron.** ● †perdere la propria natura: *Così la neve al sol si disigilla* (Dante *Par.* XXXIII, 64)

†**dissìmbolo** [comp. di *dis-*① e *simbolo* nel senso di 'simile' ✱ 1655] **agg.** ● differente, dissimile

dissimigliànte ➤ **dissomigliante**

dissimigliànza ➤ **dissomiglianza**

dissimigliàre ➤ **dissomigliare**

†**dissimigliévole** [sec. XIV] **agg.** ● dissimile, differente

dissimilàre① [da *dissimile* ✱ 1745] **A** **v. tr.** (*io dissìmilo*) ● (*raro*) rendere dissimile **B** **dissimilàrsi v. intr. pron.** ● (*ling.*) subire una dissimilazione, detto di suono

dissimilàre② [comp. di *dis-*① e *similare* ✱ av. 1563] **agg.** ● che è composto di parti o specie differenti SIN. dissimile, diverso || **dissimilarità**, s. f. inv.

dissimilàto **part. pass.** di *dissimilare*; anche **agg.** ● nei sign. del v.

dissimilazióne [da *assimilazione*, con cambio di pref. (*dis-*①) ✱ 1878] **s. f.** ● (*ling.*) processo per il quale due suoni identici o simili, trovandosi a contatto o a breve distanza, tendono a differenziarsi (per es., dal lat. *venenum* si ha l'italiano *veleno*, con dissimilazione di *-n-/-n-* in *-l-/-n-*)

dissìmile o (*poet.*) **dissimìle** [vc. dotta, lat. *dissĭmile(m)*, comp. di *dis-* e *sĭmilis* 'simile' ✱ 1282] **agg.** (**superl.** *dissimilissimo*, *lett.* *dissimillimo*) ● che è diverso, che non ha le stesse caratteristiche di qlcu. o qlco. (+ *da*, + *per*, + *in*): *un oggetto d.* *da* *un altro*; *avere opinioni dissimili*; *persone dissimili tra loro*; *siamo dissimili* *per* *abitudini*; *popoli dissimili* *nella* *lingua* SIN. diverso || **dissimilménte**, avv.

†**dissimilitùdine** [vc. dotta, lat. *dissimilitūdine(m)*, da *dissĭmilis* 'dissimile' ✱ 1308] **s. f.** ● dissomiglianza, diversità

dissimìllimo **agg.** ● (*lett.*) molto dissimile

dissimmetrìa [comp. di *dis-*① e *simmetria* ✱ 1956] **s. f.** ● mancanza di simmetria, asimmetria

dissimmètrico [comp. di *dis-*① e *simmetrico* ✱ 1902] **agg.** (**pl. m.** *-ci*) ● che presenta dissimmetria || **dissimmetricaménte**, avv.

♣**dissimulàre** [vc. dotta, lat. *dissimulāre*, comp. di *dis-*① e *simulāre*, propr. 'non essere simile', quindi 'nascondere, fingere' ✱ 1312] **A** **v. tr.** (*io dissìmulo*) **1** nascondere, non far trasparire sentimenti, pensieri e sim.: *d. la propria ambizione*; *dissimulava il timore sotto una forzata allegria* | (*est.*) non rivelare, minimizzare: *d. le difficoltà di un'impresa* **2** fingere, mostrarsi indifferente, celare le proprie intenzioni (*spec. assol.*): *saper d.*; *ha imparato a d.* **3** †falsificare **B** **dissimulàrsi v. rifl.** ● (*raro*) celarsi, nascondersi

dissimulàto **part. pass.** di *dissimulare*; anche **agg. 1** che è nascosto, celato: *rancore mal d.* **2** (*dir.*) ***negozio giuridico d.***, nella simulazione, quello che non appare all'esterno, ma che le parti hanno veramente voluto porre in essere || **dissimulataménte**, avv. con dissimulazione

dissimulatóre [vc. dotta, lat. *dissimulatōre(m)*, da *dissimulātus* 'dissimulato' ✱ 1476] **s. m.** (**f.** *-trice*); anche **agg.** ● chi (o che) dissimula: *forme, apparenze dissimulatrici*; *un abilissimo d.* | chi (o che) è solito dissimulare

SFUMATURE ➤ *ipocrita*

dissimulazióne [vc. dotta, lat. *dissimulatiōne(m)*, da *dissimulātus* 'dissimulato' ✱ 1308] **s. f. 1** il dissimulare SIN. finzione, mascheramento **2** capacità di nascondere il proprio pensiero, le proprie intenzioni e sim.

dissintonìa [comp. di *dis-*① e *sintonia* ✱ 1987] **s. f.** ● mancanza di sintonia fra un trasmettitore e un ricevitore

dissipàbile [vc. dotta, lat. *dissipābile(m)*, da *dissipāre* 'dissipare' ✱ 1576] **agg.** ● che si può dissipare

†**dissipaménto** [1553] **s. m.** ● dissipazione | (*raro*) straripamento

♣**dissipàre** o †**discipàre** [vc. dotta, lat. *dissipāre* 'gettare (*supāre*) qua e là (*dis-*)' ✱ av. 1288] **A** **v. tr.** (*io dìssipo* o †*dissìpo*) **1** (*lett.*) spargere in varie direzioni | †sbaragliare **2** dissolvere, disperdere (*anche fig.*): *d. la nebbia, le tenebre*; *d. i sospetti, i dubbi, le calunnie* | (*lett.*) consumare, annientare: *dissipa tu se lo vuoi / questa debole vita che si lagna* (E. Montale) **3** consumare sperperando o scialacquando: *ha dissipato un intero patrimonio*; *d. i propri beni, le sostanze di qlcu.* SIN. dilapidare **4** sciupare inutilmente: *d. il proprio tempo* SIN. sprecare **5** (*fis.*) operare una dissipazione di energia o di calore **B** **dissipàrsi v. intr. pron. 1** †distruggersi, rovinarsi **2** dissolversi, disperdersi (*anche fig.*): *la nebbia si sta dissipando*; *i vostri sospetti si dissiperanno ben presto*

♣**dissipatézza** [1822] **s. f.** ● caratteristica di chi (o di ciò che) è dissipato, corrotto: *d. di costumi, di vita*

dissipatìvo [da *dissipare* ✱ sec. XIV] **agg.** ● che provoca dissipazione (spec. con riferimento alla dissipazione di energia): *forza dissipativa*

♣**dissipàto** **A** **part. pass.** di *dissipare*; anche **agg.** ● nei sign. del v. **B** **agg. e s. m.** (**f.** *-a*) ● che (o chi) è vizioso, corrotto, sregolato: *condurre una vita dissipata* SIN. scapestrato, scioperato || **dissipataménte**, avv.

dissipatóre o †**discipatóre** [vc. dotta, lat. tardo *dissipatōre(m)*, da *dissipātus* 'dissipato' ✱ 1334] **s. m. 1** (**f.** *-trice*, *pop.* †*-tóra*) chi dissipa un patrimonio o sim. SIN. scialacquatore, spendaccione **2** (*idraul.*) bacino che ha lo scopo di dissipare parte dell'energia cinetica posseduta da una corrente **3** elettrodomestico che permette di convogliare nelle reti delle fognature, dopo una completa triturazione, tutti i rifiuti di cucina **4** attrezzo che, applicato all'imbracatura dell'alpinista, in caso di caduta lascia scorrere con forte attrito un breve tratto di corda, riducendo lo strappo sulla persona

✤**dissipazióne** o †**discipazióne** [vc. dotta, lat. *dissipatiōne(m)*, da *dissipātus* 'dissipato' ✱ 1306] **s. f. 1** sperpero, spreco, dilapidazione: *d. delle sostanze, del patrimonio* **2** sregolatezza di vita, di costumi e sim. **3** (*fis.*) dispersione, perdita | ***d. di energia***, trasformazione di energia meccanica o elettrica o d'altro tipo, normalmente per attrito, in una forma non utilizzabile | ***d. di calore***, dispersione nell'ambiente del calore generato da un apparecchio elettronico o di altro tipo

†**dissìpido** [da *insipido* con altro (*dis-*) pref. ✱ av. 1566] **agg.** • insipido | (*fig.*) insulso

†**dissipìto** [etim. incerta: da avvicinare a *scipito*, col pref. *dis-*① ✱ 1353] **agg. 1** insipido **2** (*fig.*) insulso, sciocco: *qualunque Ferondo fosse in ogni altra cosa semplice e d.* (G. Boccaccio)

dissociàbile [vc. dotta, lat. *dissociābile(m)*, da *dissociāre* 'dissociare' ✱ 1858] **agg.** • che si può dissociare: *le vostre responsabilità non sono dissociabili dalle nostre* ‖ **dissociabilità**, **s. f. inv.**

dissociàle [comp. di *dis-*① e *sociale* ✱ 1838] **A agg.** • (*psicol.*) caratterizzato da difficoltà a essere coinvolti nelle relazioni sociali: *comportamento d.* **CFR.** asociale **B agg. e s. m. e f.** • che (o chi) manifesta tale difficoltà ‖ **dissocialità**, **s. f. inv.**

dissociàre [vc. dotta, lat. *dissociāre*, comp. di *dis-*① e *sociāre* 'associare' ✱ 1737] **A v. tr.** (**pres.** *io dissòcio*; **fut.** *io dissocerò*) **1** disgiungere, separare (*spec. fig.*): *d. le proprie responsabilità*; *d. il pensiero dall'azione* **2** (*chim.*) scindere una molecola in altre più semplici oppure in atomi o ioni **B dissociàrsi v. rifl.** • (*fig.*) non aderire, tenersi fuori: *mi dissocio dalle vostre decisioni*

dissociatìvo [1952] **agg.** • che provoca dissociazione | relativo alla dissociazione: *fenomeno d.*

dissociàto A part. pass. di *dissociare*; anche **agg.** • nei sign. del v. | ***dieta dissociata***, V. *dieta*① **B s. m.** (**f.** *-a*) **1** (*psicol.*) chi soffre di dissociazione mentale | (*est.*) persona disordinata e incoerente **2** spec. nei processi per terrorismo, imputato che, pur riconoscendo l'errore delle proprie posizioni e azioni, rifiuta di collaborare con la giustizia

dissociazióne [vc. dotta, lat. *dissociatiōne(m)*, da *dissociātus* 'dissociato' ✱ 1850] **s. f. 1** disgiunzione, separazione **CFR.** schizo- | atteggiamento di chi non aderisce più, si distacca, si tiene fuori da qlco. **2** (*chim.*) scomposizione reversibile o irreversibile di molecole in molecole più semplici, atomi o ioni: *d. elettrolitica* | ***d. termica***, pirolisi **3** (*med.*) processo o condizione in cui attività psicologiche che hanno una certa unità tra loro perdono la maggior parte delle relazioni col resto della personalità e funzionano più o meno indipendentemente | ***d. mentale***, grave alterazione del potere logico, tipica della schizofrenia

dissodaménto [1817] **s. m.** • operazione del dissodare

dissodàre [comp. parasintetico di *sodo*, col pref. *dis-*① ✱ av. 1512] **v. tr.** (*io dissòdo*) **1** lavorare un terreno mai coltivato o lasciato incolto per qualche tempo per ridurlo a coltura **2** (*fig., raro*) cominciare a formare, trattare, educare e sim.: *d. la mente dei giovani*

dissòlsi ➤ **dissolvere**

dissòlto part. pass. di *dissolvere*; anche **agg.** • nei sign. del v.

dissolùbile [vc. dotta, lat. *dissolūbile(m)*, da *dissŏlvere* 'dissolvere' ✱ 1336 ca.] **agg.** • che si può dissolvere, annullare e sim.: *un legame d.* **CONTR.** indissolubile ‖ **dissolubilità**, **s. f. inv.**

dissolutézza [sec. XIV] **s. f. 1** caratteristica di chi (o di ciò che) è dissoluto: *la sua d. è senza limiti*; *la d. dei costumi caratterizzò quel secolo* **SIN.** corruzione, sregolatezza **2** azione o abitudine dissoluta: *grido contro quell'uomo ... ministro pagato della sua d.* (U. Foscolo)

SFUMATURE ➤ ***sregolatezza***

dissolutìvo [vc. dotta, lat. tardo *dissolutīvu(m)*, da *dissolūtus* 'dissoluto' ✱ 1310] **agg.** • che dissolve: *forza dissolutiva* | di dissoluzione: *fenomeno d.*

dissolùto [lat. *dissolūtu(m)*, part. pass. di *dissŏlvere* 'dissolvere' ✱ 1288] **A agg. 1** †sciolto, diluito | †disperso, sbandato | †scatenato **2** che manca di freni morali, che mostra licenziosità e sregolatezza: *vita dissoluta*; *uomo d.*; *abitudini dissolute* | (*lett.*) osceno: *scritti dissoluti* **3** (*lett., raro*) eccessivo, esagerato: *allegrezza dissoluta* | †impetuoso: *vento d.* ‖ **dissolutaménte**, **avv. B s. m.** (**f.** *-a*) • persona dissoluta: *invitava a modestia i dissoluti* (G.B. Marino)

SFUMATURE ➤ ***libertino***

dissolutóre [vc. dotta, lat. tardo *dissolutōre(m)*, da *dissolūtus* 'dissoluto' ✱ av. 1642] **agg. e s. m.** (**f.** *-trice*) • (*lett.*) che (o chi) dissolve

dissoluzióne [vc. dotta, lat. *dissolutiōne(m)*, da *dissolūtus* 'dissoluto' ✱ av. 1292] **s. f. 1** scioglimento | disfacimento: *la d. di un materiale* **2** (*fig.*) decadenza, crisi di valori, sfacelo morale: *la d. della società, della famiglia, delle idee* **3** (*fig.*) stato o condizione di ciò che è dissoluto: *la d. morale e la depravazione del gusto* (F. De Sanctis) **4** †scherno, beffa **5** †soluzione

dissolvènte A part. pres. di *dissolvere*; anche **agg.** • nei sign. del v. **B s. m.** • (*chim., raro*) solvente

dissolvènza [prob. trad. del termine cinematografico ingl. *fade-out* ✱ 1916] **s. f.** • (*elettron.*) aumento o riduzione graduale e progressivo di un segnale | (*cinema*) apparizione o scomparsa graduale e progressiva dell'immagine cinematografica | ***d. incrociata***, (*cinema*) evanescenza progressiva di un'immagine sulla quale si sovrappone gradualmente una nuova immagine **CFR.** assolvenza

✤**dissòlvere** [vc. dotta, lat. *dissŏlvere* 'sciogliere (*sŏlvere*) completamente (*dis-*)' ✱ 1268] **A v. tr.** (**pass. rem.** *io dissòlsi*, **lett. raro** *dissolvètti* o **lett. raro** *dissolvéi*, *tu dissolvésti*; **part. pass.** *dissòlto* o †*dissolùto*) **1** †sciogliere: *d. una polvere nell'acqua* **2** (*fig.*) disunire, disgregare, disfare: *d. una famiglia* | (*lett.*) distruggere: *i legni apre e dissolve / con fiero bombo il fulmine piombato* (G.B. Marino) | †annientare, ridurre in polvere **3** dissipare: *d. il fumo, la nebbia*; *hanno dissolto i nostri dubbi* **4** (*lett.*) confutare, contraddire: *d. una critica, un'ipotesi* **B dissòlversi v. intr. pron. 1** sciogliersi: *le nevi si dissolvono al sole* **2** disunirsi, disfarsi | dissiparsi (*anche fig.*): *i vostri timori presto si dissolveranno*

dissolviménto [sec. XIV] **s. m.** • (*lett.*) dissoluzione

dissolvitóre [1374] **agg. e s. m.** (**f.** *-trice*) • che (o chi) dissolve

dissomigliànte o **dissimigliànte part. pres.** di *dissomigliare*; anche **agg.** • che non somiglia; dissimile, diverso ‖ †**dissomiglianteménte**, **avv.**

dissomigliànza o **dissimigliànza** [sec. XIII] **s. f. 1** caratteristica di chi (o di ciò che) è dissomigliante **SIN.** differenza, diversità **2** ciò che rende dissomiglianti due o più cose o persone: *questa è l'unica d. fra noi* **SIN.** differenza, diversità

dissomigliàre o **dissimigliàre** [comp. di *dis-*① e *somigliare* ✱ 1266] **A v. intr.** (*io dissomìglio*; aus. *essere*) • (*lett.*) essere o diventare dissimile, diverso: *d. da qlcu., da qlco.*; *la vera umanità, sempre, ..., progrediente nel d. alla bestia* (G. Pascoli) **B dissomigliàrsi v. intr. pron.** • (*raro*) diventare dissimile, diverso

✤**dissonànte part. pres.** di *dissonare*; anche **agg. 1** (*mus.*) che non consuona, che è disarmonico | ***sala d.***, sorda, dove il suono si perde e si rifrange **2** (*fig.*) discordante: *opinioni dissonanti* ‖ **dissonanteménte**, **avv.** (*raro*) in modo dissonante

dissonànza [vc. dotta, lat. tardo *dissonăntia(m)*, da *dĭssonans*, genit. *dissonăntis*, part. pres. di *dissonāre* 'dissonare' ✱ av. 1342] **s. f. 1** (*mus.*) nella tradizione occidentale, insieme di due o più suoni il cui effetto non risulta soddisfacente all'orecchio, e che richiede una risoluzione | rapporto di suoni appartenenti a elementi tonali differenti **2** (*est.*) discordanza, disaccordo: *d. di colori, di opinioni* **3** (*psicol.*) ***d. cognitiva***, situazione di disagio derivante dal fatto che il soggetto ha idee, principi, comportamenti fra loro in conflitto o contrastanti con ciò che riconosce essere vantaggioso per sé

dissonàre [vc. dotta, lat. tardo *dissonāre* 'suonare (*sonāre*) diversamente (*dis-*)' ✱ av. 1328] **v. intr.** (*io dissuòno*; la *o* dittonga in *uo* solo se tonica; aus. *avere*) **1** (*mus.*) produrre dissonanza **2** (*fig.*) essere discordante

†**dissonnàre** o †**disonnàre** [comp. di *dis-*① e *sonno* ✱ 1321] **v. tr.** e †**dissonnàrsi v. intr. pron.** • (*lett.*) svegliare, svegliarsi

dìssono [vc. dotta, lat. *dissŏnu(m)* 'suono (*sŏnus*) discordante (*dis-*)' ✱ av. 1514] **agg. 1** (*mus.*) dissonante **2** (*fig., lett.*) discordante

dissotterraménto o (*lett.*) **disotterraménto** [sec. XVII] **s. m.** • (*raro*) il dissotterrare

dissotterràre o (*lett.*) **disotterràre** [comp. di *dis-*① e *sotterrare* ✱ sec. XIII] **v. tr.** (*io dissottèrro*) **1** togliere dalla sepoltura: *d. un cadavere per l'autopsia* **SIN.** esumare **2** (*est.*) riportare alla luce mediante scavi: *dissotterrarono i resti di un antico tempio* **3** (*fig., raro*) riportare alla memoria: *d. una rivalità di vecchia data* | rimettere in uso: *d. antiche abitudini locali* **SIN.** riesumare

dissotterratóre o (*raro, lett.*) **disotterratóre** [av. 1729] **agg. e s. m.** (**f.** *-trice*) • (*raro*) che (o chi) dissotterra

†**dissovvenìrsi** [comp. di *dis-*① e *sovvenirsi* ✱ av. 1729] **v. intr. pron.** • (*lett.*) dimenticarsi

✤**dissuadére** o †**disuadére**, (*evit.*) **dissụàdere** [vc. dotta, lat. *dissuadēre* 'sconsigliare', comp. di *dis-*① e *suadēre* 'consigliare' ✱ sec. XIV] **v. tr.** (**coniug. come** *suadere*) **1** convincere qlcu. a desistere da intenzioni, convinzioni, propositi, iniziative e sim. (**+** *da*, **lett. +** *di*): *l'ha dissuaso dall'abbandonare gli studi*; *tutti la circondarono, insistendo per dissuaderla da quel proposito* (F. De Roberto); *l'oste e il conduttore cercarono di dissuaderlo di andare innanzi* (G. Verga) **SIN.** distogliere **2** (*raro, lett.*) sconsigliare un'azione, un'impresa e sim.: *i generali gli dissuadevano la battaglia*

✤**dissuaṣióne** [vc. dotta, lat. *dissuasiōne(m)*, da *dissuāsus* 'dissuaso' ✱ 1554] **s. f.** • il dissuadere, il venire dissuaso | deterrenza: *forza di d.*

dissuaṣìvo [av. 1642] **agg.** • che dissuade: *tono d.* | che tende a dissuadere: *discorso d.* **CONTR.** persuasivo ‖ **dissuaṣivaménte**, **avv.** ‖ **dissuaṣività**, **s. f. inv.** caratteristica di ciò che è dissuasivo: *la dissuasività di una sanzione*

♦**dissuàso** **part. pass.** di *dissuadere*; anche **agg.** ● distolto da un proposito

dissuasóre [vc. dotta, lat. *dissuasōre(m)*, da *dissuāsus* 'dissuaso' ✻ 1745] **s. m.** (**f.** *dissuaditrice*, *raro*); anche **agg.** ● chi (o che) dissuade | ***d. di velocità***, piccolo dosso artificiale posto sulle strade per obbligare i conducenti a ridurre la velocità del veicolo | ***d. di sosta***, ostacolo atto a impedire la sosta di veicoli sui marciapiedi o in altri luoghi vietati | ***d. mobile***, pilone a scomparsa che serve da sbarramento mobile per impedire il passaggio degli autoveicoli **SIN.** Pilomat

†**dissuasòrio** [1395] **agg.** ● dissuasivo

dissuefàtto [vc. dotta, lat. *desuefāctu(m)*, part. pass. di *desuefăcere*, opposto a *adsuefăcere* 'assuefare' ✻ 1823] **agg.** ● (*lett.*) disabituato, disavvezzo

dissuèto [vc. dotta, lat. tardo *dissuētu(m)*, per *desuētu(m)* 'desueto' (V.) ✻ av. 1494] **agg.** **1** (*lett.*) che ha perduto la consuetudine, che non è più avvezzo a qlco.: *genti dissuete alla guerra* **2** (*raro*, *lett.*) desueto: *sapore d.*

dissuetùdine [vc. dotta, lat. tardo *dissuetūdine(m)*, per *desuetūdine(m)* 'desuetudine' (V.) ✻ 1441] **s. f.** **1** (*lett.*) mancanza di consuetudine: *la d. dallo scrivere* **2** †desuetudine

dissugàre [comp. di *dis-*① e *sugo* ✻ 1779] **A** **v. tr.** (*io dissùgo, tu dissùghi*) **1** (*raro*, *lett.*) asciugare **2** (*fig.*, *lett.*) svigorire **B** **dissugàrsi** **v. intr. pron.** ● (*lett.*) asciugarsi

dissuggellàre o †**disuggellàre** [comp. di *dis-*① e *suggellare* ✻ 1303] **v. tr.** (*io dissuggèllo*) **1** (*raro*, *lett.*) dissigillare: *d. una lettera, un plico* **2** (*fig.*, *lett.*) aprire, schiudere: *d. gli occhi*

distaccamènto [da *distaccare*; nel sign. 2 adattamento del fr. *détachement*, da *détacher* 'distaccare' ✻ 1669] **s. m.** **1** (*raro*, *lett.*) il distaccare | (*fig.*, *lett.*) distacco, separazione **2** (*milit.*) reparto di soldati impiegato in una sede diversa per compiti particolari, o dislocato per servizio

distaccàre [da *attaccare* con cambio di pref. *dis-*①; nel sign. 3, calco sul fr. *détacher* ✻ 1483] **A** **v. tr.** (*io distàcco, tu distàcchi*) **1** separare una cosa da ciò a cui è attaccata: *d. un frutto dalla pianta*; *d. con delicatezza il francobollo dalla busta* **2** (*fig.*) allontanare, distogliere: *d. un bambino dalla madre*; *non riusciamo a distaccarlo dai libri* **3** inviare, trasferire altrove, per ragioni di servizio, l'aliquota di un reparto militare: *d. un contingente al settore operativo* | (*est.*) trasferire altrove una persona o un gruppo per ragioni di lavoro: *d. qlcu. presso la sede centrale* **4** (*sport*) conquistare in gara un rilevante vantaggio sugli avversari, infliggere un distacco: *d. il gruppo in salita* **B** **distaccàrsi** **v. intr. pron.** **1** separarsi: *le due parti del meccanismo si distaccano facilmente* **2** (*fig.*) allontanarsi, disaffezionarsi: *distaccarsi dal mondo, dagli amici* **3** (*fig.*) distinguersi, emergere, risaltare: *si distaccava dagli altri*; *distaccarsi dalla media*

distaccàto **part. pass.** di *distaccare*; anche **agg.** **1** separato, allontanato | trasferito temporaneamente in altra sede: *insegnante d. presso il ministero* **2** (*fig.*) indifferente, imperturbabile: *ci ascoltava con espressione distaccata* ‖ **distaccataménte**, **avv.** in modo distaccato, con atteggiamento distaccato

†**distaccatùra** [sec. XIV] **s. f.** ● distacco, strappo

♦**distàcco** [da *distaccare* ✻ 1775] **s. m.** (**pl.** *-chi*) **1** rimozione: *il d. di alcune parti del motore* | separazione: *il d. delle province italiane dall'Austria* | il distaccarsi: *d. della retina* **2** (*fig.*) allontanamento, separazione affettiva: *è doloroso il d. dalle persone care*; *è arrivato il momento del d.* **3** (*fig.*) stato d'animo o atteggiamento di freddezza, indifferenza, disinteresse: *trattare qlcu. con d.*; *considerare qlco. con d.*; *parla della disgrazia con cinico d.* **4** (*sport*) distanza tra i concorrenti nel corso di una gara o alla sua conclusione: *annullare, incrementare il d.* | (*est.*) vantaggio: *vincere con un d. di tre minuti* **5** (*aeron.*) decollo

distagliàre [comp. di *di(s)-*① e *stagliare* ✻ 1341 ca.] **A** **v. tr.** ● (*disus.*) intersecare **B** **distagliàrsi** **v. intr. pron.** ● (*disus.*) intersecarsi

distàle [ingl. *distal*, tratto dal lat. *distāre* sul modello di altre parole dello stesso campo, come *central* 'centrale' e *proximal* 'vicino' ✻ 1898] **agg.** ● (*anat.*) tra due strutture disposte lungo un asse, detto di quella più lontana dal centro dell'organo, dell'apparato o dell'organismo di appartenenza **CONTR.** prossimale | ***lato d.***, lato del dente che guarda verso l'esterno dell'arcata dentaria ‖ **distalità**, **s. f. inv.** (*anat.*) caratteristica di struttura distale

distanasìa [tratto da *eutanasia*, per sostituzione del pref. *eu-* con *dis-*①; cfr. il gr. *dysthánatos* 'che produce una dura morte' ✻ 1966] **s. f.** ● morte dolorosa, con riferimento all'uso di tecniche terapeutiche che mirano a prolungare la vita del paziente quanto più possibile, senza tener conto delle sofferenze a cui va incontro **CFR.** eutanasia

♦**distànte** **A** **part. pres.** di *distare*; anche **agg.** **1** che dista, che è lontano (*anche fig.*): *quartieri distanti dal centro*; *opinioni distanti* **2** (*fig.*) che sente o mostra indifferenza, freddezza, distacco: *tono, espressione d.*; *non essere così d. con le persone!* **B** **in funzione di avv.** ● lontano: *venire da molto, poco d.*; *abitare d.*; *da così d. non si può distinguere bene*; *la nebbia non lasciava scorgere tre passi d.* (R. BACCHELLI) **CFR.** tele-

♦**distànza** o †**distànzia** [lat. *distāntia(m)*, da *dīstans*, genit. *distăntis*, 'distante' ✻ 1282] **s. f.** **1** spazio che intercorre tra due cose, luoghi o persone: *la d. tra Milano e Bologna*; *a questa d. non riesco a leggere la scritta*; *a poca d. da qui c'è un bar*; (*assol.*) *in questa città le distanze sono enormi*; *l'aereo ha accorciato le distanze* | (*gramm.*) ***complemento di d.***, indica la distanza da qlco. o da qlcu. presi come punto di riferimento; è introdotto dalle prep. *a* e *tra*, ma frequentemente si trova senza preposizione (per es.: *il bivio è a circa due chilometri*; *l'hotel è a pochi passi dalla stazione*; *devi svoltare a destra tra cinquecento metri*; *Pontedera dista 25 chilometri da Pisa*) | ***mantenersi a rispettosa, a debita d.***, tenersi prudentemente discosto; (*fig.*) rimanere cauto, distaccato | ***tenere, mantenere le distanze***, (*fig.*) non dare molta confidenza | (*fig.*) ***prendere le distanze da qlcu. o qlco.***, assumere una posizione distaccata, dissociarsi | ***d. di sicurezza***, quella che occorre mantenere dal veicolo che precede per evitare la collisione qualora questo si arresti bruscamente; (*milit.*) quella che deve intercorrere tra un obiettivo e le truppe amiche affinché il tiro d'artiglieria possa effettuarsi senza offenderle | ***d. focale***, V. *focale* **2** (*mat.*) ***d. di due punti***, lunghezza del segmento che ha per estremi i due punti | ***d. di rette o piani paralleli***, lunghezza del segmento intercettato da questi su una retta perpendicolare **3** (*sport*) nelle corse, lunghezza del percorso: *gara su media, lunga d.*; *coprire la d. in 5'30''* | ***vincere, venir fuori alla d.***, vincere una prova nella fase finale (*anche fig.*) **4** intervallo di tempo tra due eventi: *non vi è molta d. tra le due festività* **5** (*fig.*) differenza, divario, diversità: *tra noi esiste una d. incolmabile*

distanziàle [1956] **A** **agg.** ● relativo alla distanza **B** **s. m.** ● in varie tecnologie, pezzo che s'interpone fra altri due per mantenerli a una distanza stabilita

distanziaménto [da *distanziare* ✻ 1892] **s. m.** ● (*raro*) il distanziare

distanziàre [da *distanz(i)a*; nei sign. 2 e 3, cfr. l'ingl. *to distance* 'frapporre una distanza (*distance*, a sua volta dal fr.)' ✻ 1869] **v. tr.** (*io distànzio*) **1** porre a una certa distanza: *d. due oggetti dal muro* **2** conquistare un certo vantaggio sull'avversario: *d. qlcu. di cento metri, di quattro minuti, di otto punti* | (*est.*) lasciare dietro di sé, a una determinata distanza: *d. gli inseguitori* **3** (*fig.*) lasciare indietro qlcu., superare qlcu. in abilità, impegno e sim.: *ha distanziato in poco tempo tutti i suoi colleghi*

distanziatóre [da *distanziare* nel sign. 1 ✻ 1941] **A** **agg.** (**f.** *-trice*) ● che serve a distanziare | ***anello d.***, in fotografia, spessore circolare destinato ad aumentare la distanza fra l'obiettivo e la superficie sensibile **B** **s. m.** ● in varie applicazioni tecniche, apparecchio che serve a mantenere distanziati fra loro due o più pezzi

distanziomètrico [1956] **agg.** (**pl. m.** *-ci*) ● che serve per la misura della distanza: *cannocchiale d.* | ***pannello d.***, ciascuno dei tre segnali stradali che, posti a una certa distanza l'uno dall'altro, preannunciano un passaggio a livello

distanziòmetro [comp. di *distanza* e *-metro* ✻ 1892] **s. m.** ● cannocchiale con oculare munito di reticolo, che permette la misura delle distanze indirette

distàre [vc. dotta, lat. *distāre*, propr. 'stare (*stāre*) lontano (*dis-*)' ✻ 1319] **v. intr.** (*io dìsto, tu dìsti, egli dìsta*, raro *distà*; *noi distiàmo, voi distàte, essi dìstano*, raro *distànno*; **difett. dei tempi composti**) **1** essere a una determinata distanza: *distiamo pochi kilometri dalla città* **2** (*fig.*) essere differente o discordante: *le nostre opinioni distano alquanto*

†**distasàre** (o *-asà-*) [comp. di *dis-*① opposto a *in-* di *intasare* ✻ av. 1698] **v. tr.** ● liberare dall'intasatura

†**distemperaménto** [1282] **s. m.** **1** alterazione **2** intemperanza, eccesso

†**distemperànza** [vc. dotta, lat. *distemperāntia(m)*, da *distĕmperans*, genit. *distemperăntis* 'distemperante' ✻ 1282] **s. f.** **1** eccesso, intemperanza **2** disarmonia, squilibrio

†**distemperàre** o **distempràre** [vc. dotta, lat. *distemperāre*, comp. di *dis-*① e *temperāre* 'temperare' ✻ av. 1288] **v. tr.** **1** stemperare, sciogliere **2** (*fig.*) indebolire, logorare, struggere: *sopiti ardori / d'occhi nascosi distempràr quel gelo* (T. TASSO)

†**distemperatézza** [av. 1547] **s. f.** ● disordine, squilibrio

†**distemperàto** o **distempràto** **part. pass.** di *distemperare*; anche **agg.** **1** nei sign. del v. **2** (*lett.*) smoderato, eccessivo ‖ †**distemperataménte**, **avv.** (*raro*) smoderatamente

distempràre e deriv. ➤ †**distemperare** e deriv.

♦**distèndere** [vc. dotta, lat. *distĕndere* 'tendere (*tĕndere*) di qua e di là (*dis-*)' ✻ 1250 ca.] **A** **v. tr.** (**coniug. come** *tendere*) **1** rendere meno teso: *d. l'arco* | (*fig.*) rilassare: *questa musica distende i nervi* **2** spiegare, estendere nel senso della lunghezza o della larghezza: *d. un foglio sul tavolo, le gambe sul letto, le reti ad asciugare* | ***d. la vernice, il colore su qlco.***, spalmarli sottilmente | ***d. la voce***, spiegarla | (*mar.*) ***d. la vela***, tesarla perché non faccia sacco | ***d. l'ancora***, affondarla in un punto opportuno, tendendo poi la catena cui l'ancora stessa è fissata | in ginnastica, effettuare una distensione **3** mettere a giacere: *distesero con cura il ferito sulla barella*; *il* *colpo lo distese morto a terra* **4** (*raro*) mettere per iscritto: *d. un atto, un trattato* | (*raro, lett.*) esporre, narrare: *d. le proprie memorie* **B** **distèndersi** v. rifl. **1** sdraiarsi: *distendersi a terra, per terra; bisogna ch'io mi distenda un poco sul letto* **2** (*fig.*) rilassarsi: *dopo un lavoro intenso è necessario distendersi* **C** **distèndersi** v. intr. pron. **1** estendersi: *il deserto si distende sotto il sole* **2** (*fig., lett.*) dilungarsi nel parlare, nello scrivere: *si distende eccessivamente in frasi retoriche*

d

†**distendévole** [av. 1704] agg. ● atto a distendersi

distendìbile [av. 1712] agg. ● (*raro*) che si può distendere

†**distendiménto** [1268] s. m. ● il distendere, il distendersi: *il d. delle ali* | estensione, allungamento

†**distendìna** [av. 1642] s. f. ● distesa, strato

distenditóre s. m. (f. *-trice*) ● operaio tessile addetto alla preparazione e lavorazione delle fibre

†**distenditùra** [1681] s. f. ● il distendere | estensione

distène [fr. *disthène* 'dalla doppia (*di-*②) forza (in gr. *sthenós*)' ✻ 1835] s. m. ● (*miner.*) nome antico della cianite che ne mette in evidenza la differenza in durezza nelle due direzioni ortogonali

†**distenebràre** [comp. parasintetico di *tenebra*, con il pref. *dis-*① ✻ av. 1530] **A** v. tr. ● rischiarare: *siamo obbligati alle scienze superiori, le quali sole sono potenti a d. la cecità della nostra mente* (G. Galilei) **B** †**distenebràrsi** v. intr. pron. ● rischiararsi

†**distenére** [vc. dotta, lat. *distinēre*, comp. di *dis-*① e *tenēre* 'tenere' ✻ sec. XII] v. tr. **1** catturare, trattenere, imprigionare **2** aggravare, opprimere **3** (*fig.*) intrattenere, divertire

†**disteniménto** [sec. XIV] s. m. ● il distenere

distensióne [vc. dotta, lat. tardo *distensiōne(m)*, da *distēnsus*, part. pass. di *distĕndere* 'distendere' ✻ av. 1597] s. f. **1** il distendere: *la d. di un filo, dei muscoli* | (*fig.*) rilassamento, calma: *aver bisogno di d. e riposo* **2** (*fig.*) miglioramento della situazione politica interna di uno Stato o dei rapporti fra Stati: *periodo, fase di d.; la d. internazionale* CONTR. tensione **3** (*sport*) specialità del sollevamento pesi non più nel programma gare, simile allo slancio senza, però, l'intervento delle gambe nella seconda parte | in ginnastica, estensione

distensìvo [1950] agg. **1** che serve a distendere: *farmaco d.; ginnastica distensiva* **2** (*fig.*) riposante, rilassante: *finalmente una giornata distensiva!* **3** (*fig.*) caratterizzato da distensione: *provvedimento d.; dichiarazione distensiva* ‖ **distensivaménte**, avv.

†**disterminaménto** [da *disterminare*② ✻ sec. XIV] s. m. ● sterminio

†**disterminàre**① [vc. dotta, lat. *disterminăre* 'tenere separato (*dis-*) con dei limiti (*tĕrmini*)' ✻ sec. XIV] v. tr. **1** determinare i confini di un territorio **2** cacciare, espellere dai confini

†**disterminàre**② [da *sterminare* con sostituzione di pref. rafforz. ✻ sec. XIII] v. tr. ● sterminare, distruggere

†**disterminazióne** [vc. dotta, lat. tardo *disterminatiōne(m)*, da *disterminātus*, part. pass. di *disterminăre* 'disterminare②' ✻ sec. XIV] s. f. ● sterminio

†**disterràre**① [comp. di *dis-*① e *terra* ✻ 1399] v. tr. ● dissotterrare

†**disterràre**② [comp. di *dis-*① e *terra* nel senso di 'città, paese' ✻ av. 1629] v. tr. ● mandare in esilio

♦**distésa** (o *-ṣa*) [f. sost. di *disteso* ✻ 1266] s. f. **1** spazio o superficie di rilevanti dimensioni: *la d. del mare; possedere una vasta d. di terra* SIN. estensione **2** quantità di cose riunite ordinatamente l'una accanto all'altra: *una d. di oggetti da vendere; una d. di panni messi ad asciugare* **3** nella loc. avv. ***a d.***, senza interruzione, speditamente: *gridare a d.* | ***cantare a d.***, a voce spiegata | ***suonare a d.***, con la massima intensità e durata, riferito alle campane **4** †stesura per iscritto

♦**distéso** (o *-ṣo*) **A** part. pass. di *distendere*; anche agg. **1** steso, allungato: *braccia distese; biancheria distesa al sole* | ***vela distesa***, bene spiegata, senza formare sacco | (*fig.*) rilassato, tranquillo: *avere un'espressione distesa* **2** sdraiato: *d. sul divano* | ***lungo d.***, completamente sdraiato **3** (*est., lett.*) ampio, vasto (*anche fig.*): *cercò l'acqua e la terra ... / ... / le distese campagne e l'oceano* (G. Leopardi) | ***vento d.***, (*fig.*) che ha uniformità di forza e lunghezza di durata | ***canzone distesa***, ampia, di più stanze, di struttura regolare **4** †robusto ‖ **distesaménte**, avv. **1** minutamente, lungamente, con abbondanza di particolari: *raccontare qlco. distesamente* **2** †difilato **3** †per intero **B** avv. **1** (*raro, lett.*) diffusamente **2** (*lett.*) †difilato: *ma il re Gradasso ha già passati i monti, / ed a Parise se ne vien d.* (M.M. Boiardo) **C** s. m. **1** †scritto contenente informazioni, memorie, suppliche, istruzioni e sim. **2** †distesa

†**distèssere** [comp. di *dis-*① e *tessere* ✻ av. 1729] v. tr. ● disfare la tela tessuta

dìstico① [vc. dotta, lat. *dĭsticho(n)*, dal gr. *dístichon*, comp. di *di-*② e *stíchos* 'verso', di orig. indeur. ✻ 1509] s. m. (pl. *-ci*) **1** nella metrica classica, strofa di due versi | ***d. elegiaco***, nella poesia greca e latina, strofa formata da un esametro e da un pentametro **2** composizione di poche righe, e tipograficamente diversa dal testo successivo, per presentare in un giornale un autore o un pezzo

dìstico② [vc. dotta, lat. *dĭstichu(m)*, dal gr. *dístichos* 'a doppia (*dis-*) fila (*stíchos*)' ✻ av. 1597] agg. (pl. m. *-ci*) ● (*bot.*) detto del modo di disporsi alternato a destra e a sinistra di certi organi vegetali rispetto all'asse da cui sono generati

distillàbile [1869] agg. ● che può essere distillato

†**distillaménto** [av. 1607] s. m. **1** distillazione **2** (*fig.*) ciò che viene infuso, instillato

distillàre o †**destillàre** [vc. dotta, lat. *distillāre*, var. di *destillāre* 'colare goccia a goccia (*stillāre*, da *stĭlla*) completamente (*dis-*)' ✻ sec. XIII] **A** v. tr. **1** (*chim.*) sottoporre qlco. a distillazione: *d. l'acqua* | ottenere qlco. per distillazione: *d. l'alcol* | decantare | sottoporre ad analisi chimica **2** mandare fuori un liquido goccia a goccia: *i favi distillano miele; lagrime ... che 'l dolor distilla, / per li occhi miei* (F. Petrarca) **3** (*fig.*) estrarre faticosamente: *d. sentenze da antichi libri* **4** †filtrare **5** (*raro, fig.*) infondere, trasfondere, instillare: *in quel libro ha distillato tutta la sua scienza* **B** v. intr. (aus. *essere*) **1** trasudare o colare a stille: *la resina distilla dalla corteccia; dal serbatoio distilla un po' d'acqua* **2** (*fig.*) †derivare, procedere

distillàto o †**destillàto** **A** part. pass. di *distillare*; anche agg. ● nei sign. del v. **B** s. m. **1** prodotto di una distillazione **2** (*per anton.*) correntemente, bevanda fortemente alcolica, ottenuta per distillazione di un liquido fermentato: *d. di vino* | ***d. di vinacce***, grappa

distillatóio ➤ **distillatorio**

distillatóre [1554] **A** s. m. **1** (f. *-trice*) operaio addetto alla distillazione | fabbricante di liquori **2** apparecchio per la distillazione **B** agg. ● che distilla

distillatòrio o **distillatóio**, †**destillatòrio** [sec. XV] **A** agg. ● (*disus.*) che serve alla distillazione: *fornello d.* **B** s. m. ● (*disus.*) apparecchio per la distillazione

distillazióne o †**destillazióne** [vc. dotta, lat. *distillatiōne(m)*, var. di *destillatiōne(m)*, da *distillātus* 'distillato' ✻ 1324] s. f. ● (*chim.*) separazione di uno o più liquidi volatili dalle sostanze non volatili in essi disciolte, o separazione di liquidi di volatilità diversa; si effettua portando il liquido all'ebollizione e condensando per raffreddamento i vapori | ***d. frazionata***, separazione di una miscela liquida nei suoi diversi componenti in base al punto di ebollizione | ***d. secca, distruttiva***, operazione consistente nel riscaldare un solido, in assenza di aria, per decomporlo e ottenerne dei vapori che si possono condensare e separare

distillerìa [da *distillare* ✻ 1841] s. f. ● impianto industriale in cui si effettuano distillazioni | correntemente, fabbrica di liquori

dìstilo [vc. dotta, comp. di *di-*② e del gr. *-stilo* ✻ 1869] agg. **1** (*bot.*) detto di fiore con ovario a due stili **2** (*archit.*) detto di tempio con due colonne sulla fronte o di elemento architettonico sostenuto da due colonne

distimìa [gr. *dysthymía* 'abbattimento, depressione', da *dýsthymos* 'scoraggiato, triste', comp. di *dys-* 'dis-②' e *thymós* 'volontà, desiderio' (di etim. incerta) ✻ 1820] s. f. ● (*psicol.*) alterazione del tono dell'umore che provoca l'insorgere di uno stato depressivo

distìmico [1956] agg. (pl. m. *-ci*) ● (*med.*) relativo a distimia: *sindrome distimica*

†**distinàre** e deriv. ➤ **destinare** e deriv.

♦**distìnguere** [vc. dotta, lat. *distĭnguere* 'pungere (*-stĭnguere*) d'ogni parte (*dis-*)', quindi 'separare con punti' e 'tenere diviso' ✻ 1282] **A** v. tr. (pres. *io distìnguo*; pass. rem. *io distìnsi, tu distinguésti*; part. pass. *distìnto*) **1** individuare per mezzo dell'intelletto la differenza fra due concetti (+ *da*, + *tra*): *d. il vero dal falso; d. il bene dal male; d. tra realtà e finzione; d. tra due diverse proposte* SIN. discernere **2** (*assol.*) specificare con chiarezza, precisare: *distinguo: io non intendevo dire questo; distinguiamo: un conto è parlare, un altro è agire; ... in quanto alla femmina distinguo secondo e casi e secondo le qualità loro ...* (F. Guicciardini) **3** percepire chiaramente coi sensi le differenze esistenti fra due o più cose o persone, spec. se confuse in un insieme (+ *da*): *d. i colori, i suoni, le forme; non distingue una forma dall'altra; gli occhi son fatti per d. e conoscere le differenze* (G. Bruno) | riuscire a vedere: *la nebbia era così fitta che a fatica si potevano d. le case* SIN. individuare **4** rendere riconoscibile fra due o più persone o cose (+ *da*, + *fra*): *l'etichetta distingue questa bottiglia dalle altre; l'abito lo distingueva fra tutti; mi contento a d. con un asterisco quei sonetti* (G. Carducci) SIN. contrassegnare **5** rendere diverso, caratterizzare (+ *da*): *è la bontà che lo distingue dagli altri* | (*est.*) mettere in luce, far emergere: *l'audacia e la generosità lo distinsero nell'esecuzione dell'impresa* **6** dividere, separare, spartire (+ *in*): *la catena appenninica distingue l'oriente e l'occidente d'Italia; abbiamo distinto l'opera in tre parti* **B** **distìnguersi** v. intr. pron. e rifl. **1** essere riconoscibile, disporre di uno o più elementi caratterizzanti (+ *per*): *le due parole si distinguono per il diverso accento* **2** farsi notare (+ *per*): *si distingue per la sua buona volontà* SIN. emergere, spiccare **3** differenziarsi: *Gli antichi si distinguevano dal volgo coll'inalzare le cose al di sopra dell'opinione comune* (G. Leopardi)

SFUMATURE DI SIGNIFICATO

distinguere - selezionare - classificare

Distinguere significa dividere basandosi sul discernimento, sul riconoscimento di differenze o somiglianze. Se tale processo di distinzione è finalizzato alla scelta di uno o più elementi considerati preferibili si parla piuttosto di **selezionare**. Il processo di ordinamento sistematico degli elementi in base alle loro caratteristiche comuni si dice **classificare**.

distinguìbile [av. 1519] **agg.** ● che si può distinguere ‖ **distinguibilménte**, **avv.** ‖ **distinguibilità**, **s. f. inv.**

distinguiménto [1588] **s. m.** ● (*lett.*) distinzione

†**distinguitóre** [av. 1375] **agg. e s. m.** (**f.** *-trice*) ● che (o chi) distingue

distìnguo [prima pers. sing. del pres. indic. di *distinguere* ✱ 1869] **s. m. inv.** **1** nella filosofia scolastica, formula con cui veniva confutata un'argomentazione cominciando con una distinzione **2** (*est.*) distinzione acuta, talora pedante: *un sottile d.*; *sollevare dei d.*

distìnsi ➤ **distinguere**

distinta [f. sost. di *distinto* ✱ 1561] **s. f.** ● nota in cui si specificano dati relativi a oggetti, valori e sim.: *fatemi avere la d. dei vostri prezzi*; *fare la d. di un versamento bancario*

distintìssimo [1815] **agg.** **1** superl. di *distinto* **2** usato in formule introduttive di cortesia, spec. nelle intestazioni epistolari: *d. signore*

distintìvo [da *distinto* ✱ av. 1342] **A agg.** ● che distingue: *carattere d.* | (*ling.*) ***funzione distintiva***, che differenzia le une dalle altre le unità provviste di significato | che è atto a distinguere: *elemento d.* **B s. m.** **1** contrassegno dell'uniforme che indica il grado, l'appartenenza alle varie armi e specialità, qualifiche e sim. | (*est.*) contrassegno che serve a distinguere gli appartenenti a una categoria, a una associazione, a un partito e sim.: *appuntarsi sulla giacca il d.*; *un d. metallico di vari colori* | (*fig.*, *lett.*, *raro*) elemento caratterizzante **2** (*mar.*) insegna, guidone, fiamma e sim., usate sulle navi per indicare il grado dei comandanti, la presenza di alte autorità, la qualifica della nave e sim. o per segnalazione

♦**distìnto** **A** **part. pass.** di *distinguere*; anche **agg.** (**superl.** *distintissimo* (**V.**)) **1** separato (+ *da*): *il campo di indagine della fisica è distinto da quello della biologia* | differente: *sono due problemi distinti* | chiaro, evidente: *immagine distinta* CONTR. indistinto **2** particolarmente dignitoso ed elegante: *portamento d.*; *una persona molto distinta* | ***posti distinti***, (*assol.*) ***i distinti***, a teatro, spec. un tempo, i posti migliori di platea; in uno stadio e sim., i posti di costo intermedio, gener. coperti e adiacenti alle tribune **3** degno di grande stima e rispetto: *il nostro d. professore* | ***distinta famiglia, d. signore*** e sim., formule di cortesia usate nell'intestazione delle lettere | ***distinti saluti***, formula di cortesia usata per concludere una lettera | grado di valutazione scolastica inferiore a *ottimo* e superiore a *buono* ‖ **distintaménte**, **avv.** **1** in modo chiaro: *udì distintamente delle grida* **2** in modo differenziato: *problemi che vanno affrontati distintamente* **3** in modo distinto, con distinzione: *comportarsi distintamente*; nei saluti epistolari: *distintamente salutiamo* **B avv.** ● †chiaramente

distinzióne① [vc. dotta, lat. *distinctiōne(m)*, da *distinctus* 'distinto' ✱ 1282] **s. f.** **1** il distinguere | individuazione delle caratteristiche specifiche e delle differenze esistenti tra più elementi, concetti e sim.: *operare una sottile d.*; *senza fare d. alcuna dalle cose oneste a quelle che oneste non sono* (G. BOCCACCIO) **2** discriminazione, differenza: *eliminare ogni d. di razza* | ***fare d.***, discriminare | ***senza d.***, senza fare differenze **3** segno d'onore: *meritare una d.* | (*lett.*) privilegio: *una ambita d.*

distinzióne② [fr. *distinction*, dal lat. *distinctio*, genit. *distinctiōnis* 'distinzione①' ✱ av. 1883] **s. f.** ● garbo, cortesia, signorilità di modi: *persona di grande d.*
SFUMATURE ➤ ***nobiltà***, ➤ ***signorilità***

distiroidìsmo [comp. di *dis-*② e *tiroidismo* ✱ 1956] **s. m.** ● (*med.*) alterazione della funzionalità della tiroide

†**distirpàre** [comp. di *dis-*① sostituito a *es-* in *estirpare* ✱ 1350] **v. tr.** ● estirpare | (*fig.*) eliminare

distocìa [gr. *dystokía*, comp. di *dys-* 'dis-②' e *tókos* 'parto' (di orig. indeur.) ✱ 1825] **s. f.** (**pl.** *-cie*) ● (*med.*) espletamento del parto in modo difficile e pericoloso per la madre e per il feto

distòcico [1888] **agg.** (**pl. m.** *-ci*) ● (*med.*) detto di parto che si svolge in modo diverso da quello normale e fisiologico CONTR. eutocico

distògliere o (*poet.*) **distòrre** [comp. di *dis-*① e *togliere* ✱ sec. XIII] **A v. tr.** (**coniug. come** *togliere*) **1** allontanare, togliere via (+ *da*): *a fatica lo distolsero da quel luogo*; *distolse lo sguardo dal ferito* **2** (*fig.*) far desistere, allontanare, dissuadere (+ *da*, **anche seguito da inf.**): *d. qlcu. da un'idea, da un proposito*; *distogliendola dal venire a fargli visita* (E. MORANTE) | distrarre: *gli amici lo distolsero dal lavoro* **B distògliersi v. rifl.** ● allontanarsi (+ *da*): *non riuscivo a distogliermi da loro* | (*fig.*) distrarsi, sviarsi: *si distoglie troppo spesso dallo studio*

†**distogliménto** [1634] **s. m.** ● il distogliere | pretesto

†**distoglitóre** [sec. XIV] **s. m.** (**f.** *-trice*); anche **agg.** ● chi (o che) distoglie

distòlto **part. pass.** di *distogliere*; anche **agg.** ● nei sign. del v.

dìstoma [vc. dotta, comp. di *di-*② e del gr. *stóma* 'bocca', prob. di orig. indeur. ✱ 1820] **s. m.** (**pl.** *-i*) ● (*zool.*) ogni verme trematode dei Digenei | ***d. cinese***, trematode parassita anche dell'uomo, comune nell'Asia sud-orientale, trasmesso da pesci ingeriti crudi o poco cotti

distomatòsi [comp. di *distoma* e *-osi* applicato al tema del genit. (*stómatos*) della seconda parte del composto ✱ 1892] **s. f. inv.** ● (*med.*) infestazione da distoma

distonìa [comp. di *dis-*② e un deriv. del gr. *tónos* 'tensione' (V. *tono*①) ✱ 1828] **s. f.** **1** (*med.*) alterazione dell'equilibrio tonico dei muscoli e dell'equilibrio neurovegetativo: *d. muscolare, neurovegetativa* **2** (*fig.*) dissonanza, disaccordo: *d. tra previsioni e consuntivo* CFR. sintonia

distònico [1966] **A agg.** (**pl. m.** *-ci*) ● (*med.*) relativo a distonia **B agg. e s. m.** (**f.** *-a*) ● (*med.*) che (o chi) è affetto da una distonia

distopìa① [comp. di *dis-*① e *(u)topia* ✱ 1985] **s. f.** ● forma di società caratterizzata da aspetti negativi e indesiderabili, dovuti a fattori come lo sviluppo tecnocratico o l'eccesso del controllo statale ‖ **distòpico**①, **agg.** (**pl. m.** *-ci*) caratterizzato da condizioni di vita negative, indesiderabili: *realtà distopica*

distopìa② [comp. di *dis-*② e un deriv. del gr. *tópos* 'luogo' ✱ 1892] **s. f.** ● (*med.*) spostamento di un viscere o di un tessuto dalla sua sede normale ‖ **distòpico**②, **agg.** (**pl. m.** *-ci*) detto di organo, viscere o trapianto posizionato al di fuori della sua sede naturale

distòrcere [comp. di *dis-*① e *torcere* ✱ 1313] **A v. tr.** (**coniug. come** *torcere*) **1** (*lett.* o *raro*) scomporre, storcere con violenza: *d. le membra* | contorcere, stravolgere: *d. la bocca, gli occhi* **2** (*fig.*) falsare: *d. il significato di una parola* **3** (*fis.*) provocare la distorsione: *d. un segnale, un suono* **B distòrcersi v. rifl.** ● contorcersi

distorciménto [av. 1595] **s. m.** ● (*raro*) distorsione

†**distornaménto** [av. 1595] **s. m.** ● il distornare | impedimento

distornàre [comp. di *dis-*① e *(s)tornare*, sul modello del fr. ant. *destorner* ✱ av. 1250] **v. tr.** (*io distórno*) **1** (*lett.*) volgere ad altra parte, deviare, stornare (*anche fig.*): *prima dal corso distornar la luna / potrà* (T. TASSO) | (*lett.*) distogliere, sviare **2** (*raro*, *lett.*) disturbare **3** †cassare, cancellare

†**distórno** [sec. XIII] **s. m.** ● impedimento, ostacolo

distòrre ➤ **distogliere**

distorsióne [vc. dotta, lat. tardo *distorsiōne(m)* per *distortiōne(m)*, da *distŏrtus* 'distorto' ✱ sec. XIV] **s. f.** **1** alterazione, deformazione: *d. di un'immagine* | (*raro*) contorsione, contorcimento: *quella veemente d. dei fianchi* (A. MORAVIA) | (*fig.*) stravolgimento, falsificazione: *d. della verità*; *d. della realtà dei fatti* **2** (*med.*) ***d. articolare***, allontanamento temporaneo dei capi articolari con lesione della capsula e dei legamenti **3** (*fis.*) aberrazione di un sistema ottico, per cui l'immagine non risulta simile all'oggetto **4** (*fis.*) ogni deformazione di un suono riprodotto rispetto a quello originale, spec. in radiofonia e telefonia

distorsìvo [1985] **agg.** **1** che produce una distorsione | (*fig.*) che produce un'alterazione, uno stravolgimento e sim.: *gli effetti distorsivi dei paradisi fiscali*; *propaganda distorsiva* **2** (*med.*) relativo a una distorsione: *trauma d.*

distorsóre [da *distorsione* ✱ 1983] **s. m.** ● (*mus.*) dispositivo applicato a chitarre elettriche e apparecchiature di riproduzione stereofonica per ottenere, nei suoni originali, alterazioni di particolare effetto stilistico, spec. nell'esecuzione di musica rock

distòrto **part. pass.** di *distorcere*; anche **agg.** **1** (*lett.* o *raro*) storto | (*fig.*) falsato: *informazioni distorte* **2** (*fig.*) perverso, contorto: *immaginazione distorta*; *idee distorte* **3** (*med.*, *fis.*) sottoposto a distorsione: *arto d.*; *immagine distorta*; *suono d.* **4** (*miner.*) ***cristalli distorti***, irregolari e di apparente asimmetria

†**distràere** ➤ **distrarre**

†**distràggere** ➤ **distrarre**

distraìbile [1632] **agg.** **1** che può essere staccato, stornato, distratto | †dilatabile **2** che si distrae facilmente ‖ **distraibilità**, **s. f. inv.**

†**distraiménto** [av. 1342] **s. m.** ● il distrarre | distrazione, svago

†**distralciàre** [comp. di *dis-*① e *tralcio* ✱ av. 1764] **v. tr.** ● privare dei tralci | (*fig.*) spiegare

♦**distràrre** o †**destràrre**, †**distràggere**, †**distràere** [vc. dotta, lat. *distrăhere* 'tirare (*trăhere*) di qua e di là (*dis-*)' ✱ 1310] **A v. tr.** (**coniug. come** *trarre*) **1** †tirare con forza, far divergere | (*est.*) dislocare o togliere da un luogo: *d. le truppe dal fronte* **2** sottrarre e utilizzare qlco. per scopi diversi dal previsto (+ *da*): *d. una somma dal bilancio* **3** (*fig.*) distogliere, sviare (+ *da*): *d. lo sguardo*; *marito mio, non temete ch'io voglia distrarvi da' vostri affari* (C. GOLDONI) **4** (*fig.*) far perdere l'attenzione, la concentrazione: *i rumori mi distraggono*; *non distraetelo quando studia* **5** (*est.*) svagare, divertire: *bisogna distrarlo* **B distràrsi v. rifl.** **1** sviare la propria attenzione da ciò che si sta facendo: *non distrarti mentre scrivi*; *un ragazzo che si distrae facilmente* **2** (*est.*) svagarsi, divertirsi: *vado al mare per distrarmi un poco* **C distràrsi v. intr. pron.** ● †allungarsi, dilatarsi

SFUMATURE ➤ *evadere*

†**distràttile** [da *distrarre* nel sign. C ✱ av. 1704] **agg.** ● che si può dilatare, distendere CONTR. contrattile

†**distrattìvo** [av. 1603] **agg.** ● che serve a distrarre la mente

♦**distràtto** **A** **part. pass.** di *distrarre*; anche **agg.** **1** nei sign. del v. | sottratto: *somma illecitamente distratta* **2** sbadato, disattento: *ragazzo d.*; *mi guardava con un sorriso d.* | (*raro*) che è assorto nei propri pensieri: *Orlando, ch'era in gran pensier d.* (L. Ariosto) ‖ **distrattaménte**, **avv.** con distrazione, in modo sbadato **B** **s. m.** (**f.** *-a*) ● persona distratta

SFUMATURE ➤ *sbadato*

distrattóre [da *distrarre* ✱ 1992] **s. m.** **1** (**f.** *-trice*) (*raro*) chi (o ciò che) distrae, distoglie **2** nei quesiti a risposta multipla predeterminata, ciascuna delle risposte possibili, ma in realtà errate, presentate assieme alla risposta esatta **3** (*med.*) dispositivo meccanico impiegato in ortopedia e in altre specialità chirurgiche come divaricatore dei tessuti ossei

distraziόne [vc. dotta, lat. *distractiōne(m)*, da *distrăctus* 'distratto' ✱ av. 1342] **s. f.** **1** (*raro*) il distrarre | impiego di qlco. per scopi diversi dal previsto: *la d. di una somma*; *d. delle spese processuali* **2** (*med.*) allontanamento momentaneo dei capi articolari senza grave lesione della capsula **3** condizione in cui il pensiero, l'attenzione e sim. sono lontani dalla realtà attuale: *è stato un attimo di d.*; *incidente provocato da d., dovuto a d.*; *in questo lavoro non sono ammesse distrazioni*; *mi rimproverano la mia d., la mia incapacità di ricordare nomi e persone* (I. Svevo) | (*est.*) errore, svista, negligenza: *Non è una bugia, è una d.* (I. Svevo) **4** ciò che allontana dalle attività abituali: *quel ragazzo ha troppe distrazioni* | (*est.*) svago, divertimento: *non ci sono distrazioni in questa città* ‖ **distrazioncèlla**, **dim.**

distress /ingl. dɪˈstrɛs/ [comp. di *dis-*① e *stress* ✱ 1981] **s. m. inv.** ● (*med.*) stress negativo, conseguenza di una difficoltà di adattamento a una stimolazione esterna dannosa o sgradita CFR. eustress

distrétta [f. sost. di *distretto*① ✱ 1261 ca.] **s. f.** **1** †stretta **2** (*lett.*) angustia, spec. economica | necessità urgente **3** †obbligo, costrizione

†**distrettézza** [sec. XIV] **s. f.** **1** (*raro*) strettezza | strettoia **2** (*raro*) severità, rigore

distrétto① o (*poet.*) †**distritto** **A** **part. pass.** di *distringere*; anche **agg.** **1** nei sign. del v. | †costretto, trattenuto: *Amor m'ave in podere, / d. in sua balia* (C. Davanzati) **2** †intrinseco, intimo | devoto **3** †rigoroso, severo ‖ †**distrettaménte**, **avv.** **1** strettamente **2** rigorosamente **3** per forza **B** **s. m.** ● †luogo stretto | †prigione: *e nella rocca gli ha fatto ambidui / ... chiudere in d.* (L. Ariosto)

distrétto② [lat. mediev. *districtum*, da *distrĭngere* 'distringere' ✱ 1297] **s. m.** **1** (*dir.*) circoscrizione entro cui esplica le proprie funzioni un dato organo giurisdizionale o amministrativo: *d. della Corte d'appello di Bologna*; *d. ferroviario, postale, telefonico*; *d. notarile*; *d. scolastico* | ***d. militare***, o (**assol.**) ***distretto***, ente dell'organizzazione territoriale, preposto all'anagrafe e alla destinazione d'impiego del personale soggetto a obblighi di servizio militare; la sede di tale ente | (*elvet.*) suddivisione amministrativa dei Cantoni svizzeri **2** (*geogr.*) zona caratterizzata dal manifestarsi di un determinato fenomeno: *d. vulcanico*; *d. industriale* **3** (*anat.*) regione del corpo umano distinta per le sue caratteristiche funzionali: *d. vascolare* **4** †contado

distrettuàle o †**distrittuàle** [lat. mediev. *districtuāle(m)*, da *districtus* 'distretto②' ✱ 1303] **A** **agg.** ● relativo a distretto, nel sign. di *distretto②*: *ufficio d.* **B** **s. m.** ● †cittadino o abitante di un distretto

†**distribuiménto** [sec. XIV] **s. m.** ● distribuzione

♦**distribuìre** o †**stribuìre** [vc. dotta, lat. *distribŭere* 'ripartire (*tribŭere*) in diverse parti (*dis-*)' ✱ 1261 ca.] **v. tr.** (**pres.** *io distribuìsco, tu distribuìsci*; **part. pass.** *distribuìto*, **lett.** †*distribùto*) **1** assegnare a ciascuno secondo determinati criteri: *d. i posti a tavola*; *devono ancora d. le parti agli attori*; *hanno distribuito le nuove onorificenze* **2** disporre sistematicamente persone o cose in vista di precise finalità o realizzazioni: *d. le truppe nei vari reparti, i libri negli scaffali* **3** diffondere capillarmente: *d. i giornali ai rivenditori* | (*est.*) fornire, erogare: *d. acqua, gas* | spargere, stendere in modo uniforme: *d. la vernice sul piano del mobile*

SFUMATURE ➤ *spartire*

distribuìto **part. pass.** di *distribuire*; anche **agg.** ● nei sign. del v.: *ricchezza non uniformemente distribuita*

distribuitóre ➤ **distributore**

distributìvo [vc. dotta, lat. tardo *distributī-vu(m)*, da *distribūtus* 'distribuito' ✱ 1308] **agg.** **1** che serve a distribuire | relativo alla distribuzione: *criterio d.* | ***giustizia distributiva***, che dà a ciascuno secondo i meriti o i diritti | (*dir.*) ***negozio giuridico d.***, quello che pone termine a una comunione | (*gramm.*) ***aggettivi numerali distributivi***, numerali che indicano il modo di distribuire o ripartire una quantità (per es. *a tre a tre, due alla volta*) | (*gramm.*) ***complemento d.***, indica una particolare ripartizione o proporzione di persone o cose; è introdotto dalle prep. *per, a, su* e *di ... in* (per es.: *le persone vengono divise per età e per sesso*; *uscite uno alla volta*; *un aumento del cinque per cento*; *lavora cinque giorni su sette*; *numerare le schede di dieci in dieci*) **2** (*mat.*) ***proprietà distributiva***, proprietà per cui il prodotto di un fattore per una somma di addendi è uguale alla somma dei prodotti di quel fattore per ognuno degli addendi ‖ **distributivaménte**, **avv.** ‖ **distributività**, **s. f. inv.** (*mat.*) proprietà di una data operazione di essere distributiva rispetto a un'altra

distributóre o (*raro, lett.*) **distribuitóre** [vc. dotta, lat. tardo *distributōre(m)*, da *distribūtus* 'distribuito' ✱ 1308] **A** **agg.** (**f.** *-trice*) ● che distribuisce: *apparato d.*; *macchina distributrice* **B** **s. m.** **1** (**f.** *-trice*) chi distribuisce: *il d. del rancio* | ***d. di giornali, di libri***, chi li compera all'ingrosso dagli editori e li distribuisce ai rivenditori | ***d. cinematografico, d. di film***, persona o ente che provvede alla diffusione commerciale dei film nei cinema **2** apparecchio od organo atto a erogare varie sostanze o prodotti | ***d. di benzina***, o (*ellitt.*) ***distributore***, impianto per l'erogazione di carburante; (*est.*) stazione di servizio | ***d. automatico***, quello che, grazie all'introduzione di monete, gettoni e biglietti di banca, distribuisce biglietti, sigarette, caffè, bibite e sim. **3** in varie tecnologie, dispositivo atto a distribuire energia e sim. | ***d. d'accensione***, dispositivo che nei motori a benzina distribuisce la corrente elettrica alle candele per farvi scoccare la scintilla al momento giusto SIN. spinterogeno

distribuzionàle [da *distribuzione*, sul modello dell'ingl. *distributional* ✱ 1970] **agg.** ● che concerne la distribuzione di uno o più elementi linguistici; relativo al distribuzionalismo: *analisi d.* | (*ling.*) che concerne la distribuzione dei suoni nella catena parlata ‖ **distribuzionalménte**, **avv.**

distribuzionalìsmo [da *distribuzionale* ✱ 1965] **s. m.** ● (*ling.*) corrente linguistica statunitense della prima metà del Novecento, che scompone la frase nei suoi elementi costitutivi e li classifica in base alla loro distribuzione

distribuzióne o †**stribuzióne** [vc. dotta, lat. *distributiōne(m)*, da *distribūtus* 'distribuito' ✱ sec. XIII] **s. f.** **1** assegnazione a ciascuno secondo determinati criteri: *d. di viveri, di volantini, di omaggi*; *procedere alla d. della posta* | ***d. delle parti***, in una rappresentazione teatrale o in un film, attribuzione della parte a ciascun attore | ***d. dell'acqua, del gas, dell'elettricità***, erogazione | ripartizione, dislocazione: *analizzare la d. delle industrie sul territorio nazionale* **2** meccanismo o complesso di organi atto a regolare l'entrata e l'uscita del fluido motore o a trasmettere il moto: *d. delle motrici termiche, dei motori a combustione interna* **3** (*econ.*) insieme di attività attraverso le quali le merci prodotte vengono portate a contatto del consumatore finale e a questo vendute: *canali, catena, rete di d.* | ***grande d.***, quella realizzata su vasta scala mediante catene di grandi magazzini e sim. | ***d. cinematografica***, diffusione commerciale dei film nelle sale di proiezione **4** (*econ.*) ripartizione del reddito netto totale di un ente fra i diversi fattori della produzione **5** (*stat.*) successione delle modalità e delle relative frequenze con cui un fenomeno si manifesta, o delle probabilità con cui si suppone si manifesti | ***d. normale***, quella rappresentabile con una curva gaussiana | ***d. logaritmica normale***, calcolata su base logaritmica **6** l'insieme dei contesti in cui un elemento linguistico può trovarsi

districaménto [1851] **s. m.** ● (*raro*) il districare, il districarsi | (*fig., raro*) soluzione

districàre o (*raro*) **distrigàre** [comp. di *dis-*① e del lat. *trīcari* 'far difficoltà, creare imbarazzi', dal pl. *trīcae* 'noie, imbarazzi', di orig. sconosciuta ✱ 1308] **A** **v. tr.** (*io districo*, (*evit.*) *distrìco, tu distrìchi*, (*evit.*) *distrìchi*) **1** sbrogliare ciò che è intricato, avviluppato e sim.: *d. un groviglio di funi* **2** (*fig.*) chiarire e risolvere ciò che è confuso, ingarbugliato e sim.: *d. una questione, un problema, una situazione complicata* **B** **districàrsi** **v. rifl.** **1** tirarsi fuori da qlco. di intricato: *riuscì a fatica a districarsi dalle spine* **2** (*fig.*) cavarsela: *districarsi da una situazione difficile, da un impiccio*

SFUMATURE DI SIGNIFICATO

districarsi - disimpegnarsi - cavarsela

L'azione del **districarsi** esprime l'idea di venir fuori da una situazione confusa, intricata o perché la si è risolta o perché ci se n'è liberati dopo esservi rimasti implicati. In questo secondo significato corrisponde pressappoco a **disimpegnarsi**, che esprime un analogo concetto facendo riferimento all'impegno a cui ci si è sottratti. **Cavarsela** è termine corrente per indicare l'uscire senza o con pochi danni da una situazione difficile, rischiosa; il suo significato coincide dunque approssimativamente con il primo qui definito di *districarsi*.

distrigàre ➤ **districare**

†**distrìgnere** e deriv. ➤ **distringere** e deriv.

distrìngere o †**distrìgnere** [vc. dotta, lat. *distrĭngere* 'stirare (*strĭngere*) d'ogni lato (*dis-*)' ✱ 1213] **v. tr.** (**coniug. come** *stringere*) **1** (*lett.*) stringere con forza | (*fig., lett.*) tenere avvinto, conquistare | †***d. d'assedio***, cingere d'assedio **2** (*fig.*) †affliggere, opprimere **3** †trattenere, frenare

†**distringiménto** o †**distrigniménto** [1268] **s. m.** **1** lo stringere | costrizione **2** rigore, severità

distripàrk /distriˈpark, ingl. ˈdɪstrɪˌpɑːk/ [vc. ingl., comp. di *park* 'parco' e *distri(bution)* 'distribuzione' ✻ 1999] **s. m. inv.** ● infrastruttura logistica di grandi dimensioni, spesso ubicata vicino a un porto, utilizzata come centro di stoccaggio, assemblaggio, lavorazione e ridistribuzione di merci

†**distritto** ➤ **distretto**①

†**distrittuàle** ➤ **distrettuale**

distrofìa [vc. dotta, tratta dal gr. *dýstrophos* 'malnutrito', comp. di *dys-* 'dis-②' e un deriv. di *tréphein* 'nutrire', di orig. indeur.; per *distrofico* cfr. il fr. *dystrophique* ✻ 1820] **s. f.** ● (*med.*) alterazione dei processi nutritivi dei tessuti animali | ***d. muscolare***, miopatia degenerativa a carattere ereditario, caratterizzata da astenia progressiva e ingravescente, atrofia e debolezza dei muscoli scheletrici volontari **SIN.** miopatia primitiva ‖ **distròfico**, **agg.** (**pl. m.** *-ci*); anche **s. m.** (**f.** *-a*) nel sign. 2 **1** relativo alla distrofia **2** che (o chi) è affetto da distrofia

♦**distrùggere** o †**destrùggere**, †**distrùere**, †**destrùere**, †**destruire** [lat. *destrŭere*, comp. di *de-* e *strŭere* '(co)struire' ✻ 1250 ca.] **A** **v. tr.** (**pres.** *io distrùggo, tu distrùggi*; **pass. rem.** *io distrùssi, tu distruggésti*; **part. pass.** *distrùtto*) **1** annientare, annullare: *nulla si crea e nulla si distrugge; spesso l'esperienza distrugge le illusioni* | demolire completamente, ridurre in rovina: *d. una città, un edificio; il fuoco distrusse ogni cosa* | (*est.*) ridurre in pessime condizioni: *è un bambino che distrugge tutti i giocattoli; il male lo distrugge* **2** †sciogliere, liquefare: *d. la cera* **3** (*fig., lett.*) consumare lentamente, tormentare: *cieco desir, che 'l cor distrugge* (F. PETRARCA) **B** **distrùggersi** **v. rifl.** **1** ridursi in pessime condizioni, spec. di salute: *si distrugge con l'alcol* **2** †sciogliersi | (*fig.*) †macerarsi, consumarsi: *distruggersi di dolore* **C** **distrùggersi** **v. intr. pron.** ● (*fig., raro*) andare in rovina: *così lo Stato si distrugge*

†**distruggìbile** [1779] **agg.** ● (*raro*) distruttibile

†**distruggiménto** o †**destruggiménto** [1260] **s. m.** ● distruzione: *scampò la nostra città di Firenze da tanta furia, d., ruina* (G. VILLANI)

†**distruggitìvo** [av. 1566] **agg.** ● distruttivo

distruggitóre o †**destruggitóre** [1288] **agg. e s. m.** (**f.** *-trice*) ● (*lett.*) distruttore

distrùssi ➤ **distruggere**

distruttìbile o **destruttìbile** [av. 1835] **agg.** ● (*disus.*) che si può distruggere

distruttìvo o †**destruttìvo** [vc. dotta, lat. tardo *destructīvu(m)*, da *destrūctus* 'distrutto' ✻ 1298] **agg.** ● che è atto a distruggere | che distrugge: *azione distruttiva* | ***critica distruttiva***, che pone in rilievo solo gli aspetti negativi e non suggerisce soluzioni valide ‖ **distruttivaménte**, **avv.** ‖ **distruttività**, **s. f. inv.** caratteristica di ciò che è distruttivo; (*psicol.*) aggressività che non viene messa in atto per proteggersi ma è finalizzata all'annientamento di qualcosa o di qualcuno (calco sull'ingl. *destructiveness*)

♦**distrùtto** o †**destrùtto** **part. pass.** di *distruggere*; anche **agg.** **1** annientato, disfatto, in rovina: *città distrutta dalle bombe* **2** (*fig.*) privato di ogni energia fisica o morale: *un uomo d. dalla malattia, dai dolori; in ... biblioteca passò la maggior parte della sua vita, finché e quanto gli fu permesso dalla salute distrutta* (G. LEOPARDI) | (*fam., iperb.*) sfinito, molto stanco: *stasera sono d.*

distruttóre o †**destruttóre** [vc. dotta, lat. tardo *destructōre(m)*, da *destrūctus*, 'distrutto' ✻ 1395] **agg. e s. m.** (**f.** *-trice*) ● che (o chi) distrugge: *l'opera distruttrice del tempo* | ***d. di documenti***, apparecchio impiegato negli uffici per ridurre in sottili strisce di carta i documenti, spec. riservati, che non si intende conservare

♦**distruzióne** o †**destruzióne**, †**struzióne** [vc. dotta, lat. *destructiōne(m)*, da *destrūctus* 'distrutto' ✻ 1261 ca.] **s. f.** ● annientamento | demolizione: *la d. di un edificio pericolante* | rovina: *portare la d.; sanare le distruzioni della guerra* **CFR.** -lisi

†**disturbaménto** [1336 ca.] **s. m.** ● disturbo

†**disturbànza** [sec. XIII] **s. f.** ● disturbo

♦**disturbàre** [vc. dotta, lat. *disturbāre* 'turbare, rovesciare (*turbāre*) disperdendo (*dis-*)' ✻ av. 1250] **A** **v. tr.** **1** (*lett.*) turbare, sconvolgere: *ci vuol così poco a d. uno stato felice!* (A. MANZONI) **2** infastidire, molestare, importunare (*anche assol.*): *il rumore mi disturba; disturbo se accendo la radio?; si prega di non d.* | ***disturbo?, disturbiamo?***, formule di cortesia per introdursi presso qlcu. **SIN.** seccare **3** dare noia: *d. la vista, l'udito* | provocare disturbo fisico: *cibi che disturbano lo stomaco* **4** impedire il normale svolgimento di qlco. portando disordine, scompiglio e sim.: *d. il sonno, il riposo; ha la pessima abitudine di d. le lezioni; dal loggione disturbano lo spettacolo con fischi e grida* **B** **disturbàrsi** **v. rifl.** ● prendersi l'incomodo, la noia (+ *a* seguito da inf.): *non importa che vi disturbiate per noi; non disturbarti a intervenire* | ***non si disturbi, non doveva disturbarsi*** e sim., formule di cortesia per evitare che qlcu. si incomodi per noi, per ringraziarlo di un favore, di un servizio reso e sim.

disturbàto **part. pass.** di *disturbare*; anche **agg.** **1** nei sign. del v. **2** che ha un malessere fisico | affetto da turbe psichiche **3** reso poco chiaro da interferenze e sim.: *ricezione disturbata*

disturbatóre [1468] **agg. e s. m.** (**f.** *-trice*) ● che (o chi) disturba: *d. dell'ordine, della quiete pubblica; cacciare i disturbatori dal teatro* **SIN.** importuno

♦**distùrbo** [da *disturbare* ✻ av. 1374] **s. m.** **1** il disturbare: *d. della quiete pubblica* | ostacolo, impedimento: *quell'auto crea d. alla circolazione* | ***azione di d.***, (*milit.*) azione tattica che ha lo scopo di ostacolare gli spostamenti e i rifornimenti delle truppe avversarie; (*est.*) attività volta a intralciare le iniziative altrui; (*est.*) spec. nel calcio, azione che ha lo scopo di interrompere la prevalenza avversaria | incomodo, molestia, contrattempo: *mi dispiace di causarti tanto d.; ce ne andammo insino a Parigi senza un d. al mondo* (B. CELLINI) | ***prendersi il d.***, incomodarsi | ***togliere il d.***, congedarsi, in formule di cortesia del visitatore **SIN.** disagio, fastidio **2** alterazione nella funzionalità dell'organismo umano o di qualche sua parte: *ho qualche d. dovuto ai reumatismi; d. gastrico, viscerale; d. di stomaco; d. psichico, d. bipolare* **CFR.** -patia | (*psicol.*) ***d.*** (***del comportamento***) ***alimentare***, caratterizzato da ossessione nei confronti del cibo, paura di aumento di peso o percezione distorta dell'immagine del proprio corpo; in sigla DCA **CFR.** anoressia, bulimia **3** difetto nel funzionamento di un apparecchio: *d. telefonico; disturbi al motore dell'auto* | ogni perturbazione che renda impossibile o imperfetta la ricezione nelle telecomunicazioni ‖ **disturbétto**, **dim.** | **disturbìno**, **dim.**

SFUMATURE DI SIGNIFICATO

disturbo - intralcio - impedimento

Disturbo è ciò che infastidisce, molesta, importuna, non consentendo uno stato di tranquillità o il normale svolgimento di un'attività. **Intralcio** è un ostacolo che rende complesso, difficoltoso il raggiungimento di uno scopo, dunque è qualcosa di più di un disturbo. Con **impedimento** si è invece nella condizione di fermare, sospendere la propria azione per un ostacolo che si rivela insormontabile.

SFUMATURE ➤ ***indisposizione***

distùrna [etim. incerta ✻ 1931] **s. f.** ● (*tosc.*) scambio orale o scritto di componimenti polemici, satirici e sim., sotto forma di botta e risposta | ***dare la d.***, motteggiare | ***darsi la d.***, scambiarsi motti e frizzi

†**disuadére** ➤ **dissuadere**

dişubbidìre e deriv. ➤ **disobbedire** e deriv.

†**dişubbligàre** e deriv. ➤ **disobbligare** e deriv.

†**dişubrigàre** ➤ **disobbligare**

†**dişuggellàre** ➤ **dissuggellare**

†**dişùgnere** ➤ **disungere**

dişuguagliànza o **dişeguagliànza**, †**dişguagliànza** [comp. di *dis-*① e *uguaglianza* ✻ 1288] **s. f.** **1** caratteristica di ciò che è disuguale **SIN.** diversità | irregolarità: *le disuguaglianze del terreno* **2** disparità, differenza: *d. di grado, di età, di stile* | divario: *battersi contro le disuguaglianze sociali* **3** (*mat.*) relazione nella cui espressione compaia il segno disuguale, oppure uno dei segni maggiore, minore, maggiore o uguale, minore o uguale

†**dişuguagliàre** o **dişeguagliàre**, †**dişguagliàre** [comp. di *dis-*① e *uguagliare* ✻ sec. XIII] **v. tr.** ● rendere disuguale

dişuguagliàto o **dişeguagliàto**, †**dişguagliàto** **part. pass.** di †*disuguagliare*; anche **agg.** **1** †nel sign. del v. **2** detto di colore non uniforme di una tintura

†**dişuguàglio** o †**dişguàglio** [da *disuguagliare* ✻ av. 1342] **s. m.** ● disuguaglianza

dişuguàle o **dişeguàle**, †**dişequàle**, †**dişiguàle**, †**dişguàle** [comp. di *di-*① e *uguale* ✻ 1266] **agg.** **1** che è diverso per forma, estensione, dimensioni, colore, qualità, ecc.: *abiti, tessuti, stili disuguali; essere di condizione d.; vedo mobili eterogenei ... muoversi con velocità d.* (G. GALILEI) **CFR.** aniso- **2** (*mat.*) non uguale, diverso **3** privo di uniformità: *terreno d.* **SIN.** irregolare **4** (*fig.*) incostante, discontinuo: *rendimento, umore, carattere d.* ‖ **dişugualménte**, **avv.** ‖ **dişugualità**, **s. f. inv.** (*raro*) disuguaglianza; disorganicità: *disugualità di stile*

dişumanàre [da *disumano* ✻ av. 1406] **A** **v. tr.** ● (*lett.*) privare della natura e della dignità di essere umano: *contano di ... Pirrone che disumanava gli uomini per farne filosofi* (D. BARTOLI) **B** **dişumanàrsi** **v. intr. pron.** ● (*lett.*) perdere la natura di essere umano, abbrutirsi

dişumanità [sec. XIV] **s. f. inv.** **1** caratteristica di chi (o di ciò che) è disumano **2** atto disumano

dişumanizzàre [1903] **A** **v. tr.** ● privare delle qualità tipiche dell'essere umano (*anche assol.*): *la società tecnologica disumanizza* **B** **dişumanizzàrsi** **v. intr. pron.** ● perdere le qualità proprie dell'essere umano ‖ **dişumanizzazióne**, **s. f.**

dişumàno [comp. di *dis-*① e *umano* ✻ sec. XIII] **agg.** **1** privo di umanità, indegno dell'essere umano: *atti di crudeltà disumana* **2** che non sembra umano: *grido d.* **3** che supera la capacità di sopportazione dell'essere umano: *dolore d.; malattia disumana* **SIN.** atroce ‖ **dişumanaménte**, **avv.**

SFUMATURE DI SIGNIFICATO

disumano - impietoso - insensibile

Disumano si dice di chi è privo di umanità, ed è perciò indifferente alle conseguenze anche terribili che il suo agire provoca agli altri. **Impietoso** definisce l'atto o la persona che manca di pietà, che è una disposizione meno grave dell'assenza di umanità. Con **insensibile** si pone l'accento sulla mancanza di sensibilità, cioè sull'indifferenza nei confronti delle sofferenze altrui.

†**dişumàre** [comp. di *dis-*① sostituito ad altro pref. (*in-* di *inumare*, *es-* di *esumare*) ✻ 1573] **v. tr.**

• dissotterrare, esumare

diṣumazióne [da *disumare* ✱ 1858] **s. f.** • (*lett.*, *raro*) dissotterramento | (*fig.*) riesumazione

diṣumidìre [comp. di *dis-*① e *umido* ✱ 1855] **v. tr.** (*io diṣumidisco, tu diṣumidìsci*) • (*raro*) privare dell'umidità

†**diṣunàrsi** [comp. di *dis-*① e *uno* ✱ 1321] **v. rifl. e intr. pron.** • distaccarsi da un tutto di cui si è parte

diṣùngere o †**diṣùgnere** [comp. di *dis-*① e *ungere* ✱ 1779] **v. tr.** (**coniug. come** *ungere*) • (*raro*) sgrassare

diṣunìbile [da *disunire* ✱ av. 1642] **agg.** • (*raro*) che si può disunire

†**diṣunifórme** [comp. di *dis-*① e *uniforme* ✱ av. 1519] **agg.** • non uniforme

diṣunióne [comp. di *dis-*① e *unione* ✱ 1377] **s. f. 1** (*raro*) separazione di ciò che è unito: *d. di due organi meccanici* **2** (*fig.*) discordia: *mettere la d. tra concittadini; ho veduto cogli occhi miei delle famiglie in disordine, in d.* (C. Goldoni)

diṣunìre [comp. di *dis-*① e *unire* ✱ 1509] **A v. tr.** (*io diṣunìsco, tu diṣunìsci*) **1** separare o disgiungere ciò che è unito: *d. due fogli incollati* **SIN.** dividere **2** (*fig.*) disgregare con attriti e discordie: *d. una famiglia, una coppia di sposi* **SIN.** dividere **B diṣunìrsi v. rifl. e rifl. recipr.** • separarsi, dividersi **C diṣunìrsi v. intr. pron.** • (*sport*) perdere la coordinazione dei movimenti: *negli ultimi metri prima del traguardo si è disunito per lo sforzo*

diṣunità [comp. di *dis-*① e *unità* ✱ 1575] **s. f. inv.** • (*raro*) mancanza di unità, accordo, armonia | ***d. di stile***, disorganicità

diṣunitézza [1869] **s. f.** • (*raro*) caratteristica di ciò che è disunito

diṣunìto **part. pass.** di *disunire*; **anche agg. 1** separato, disgiunto **2** (*fig.*) privo di concordia: *popolo d.* | privo di omogeneità: *stile, discorso d.* **3** (*sport*) scoordinato, scomposto nello stile, nei movimenti ‖ **diṣunitaménte**, **avv.** in modo disunito; (*fig.*) senza unione o concordia

disuolàre o **disolàre**① [comp. di *di(s)-*① e *suola* ✱ 1869] **v. tr.** (*io disuòlo, pop. disòlo*; **coniug. come** *suolare*) • (*veter.*) privare della suola per ferratura o per intervento chirurgico: *d. una bestia da soma*

diṣùria o **diṣurìa** [vc. dotta, lat. tardo *dysūria(m)*, dal gr. *dysuría*, comp. di *dys-* 'dis-②' e *ôuron* 'urina' ✱ 1310] **s. f.** • (*med.*) difficoltà o irregolarità nell'emissione dell'urina, dovuta alla presenza di ostacoli meccanici o di fenomeni infiammatori

†**diṣuṣànza** [1261 ca.] **s. f.** • desuetudine, disuso | ***cadere in d.***, in disuso

diṣuṣàre [comp. di *dis-*① e *usare* ✱ 1250 ca.] **v. tr. 1** (*raro*) smettere di usare: *d. un cappotto* | far cadere in disuso: *d. una parola* **2** †usare male **3** †lasciare in abbandono

diṣuṣàto **part. pass.** di *disusare*; **anche agg. 1** non più in uso, caduto in disuso: *'trottabile' è un termine d.* **2** (*lett.*) insolito, straordinario: *un nuovo e d. incanto* (L. Ariosto) **3** (*raro, lett.*) disabituato **4** (*lett.*) non frequentato: *una via disusata* ‖ **diṣuṣataménte**, **avv.** (*raro*) in modo disusato

diṣùṣo① [comp. di *dis-*① e *uso* ✱ 1525] **s. m.** • cessazione di un uso, mancanza di uso: *andare, cadere in d.*

†**diṣùṣo**② [per *disus(at)o*] **agg.** • (*raro*) disusato

diṣutilàccio [av. 1543] **s. m.** (**f.** *-cia*; **pl. f.** *-ce*) **1** pegg. di *disutile* **2** persona oltremodo inetta e oziosa; buono a nulla

diṣùtile o †**diṣutole** [comp. di *dis-*① e *utile* ✱ av. 1294] **A agg. 1** (*lett.* o *raro*) che non è utile, che non produce alcuna utilità: *fatica, lavoro d.*; *estinguer le Religioni disutili è utilissimo* (T. Campanella) | (*est.*) dannoso, svantaggioso: *intervento d.* **2** (*lett.*) inetto, detto di persona: *uomo d.* ‖ **diṣutilménte**, **avv.** **B s. m.** • danno, perdita: *l'agricoltura ha subito molti disutili* **C s. m. e f.** • persona inetta ‖ **diṣutilàccio**, **pegg.** (V.)

diṣutilità o †**diṣutilitàde**, †**diṣutilitàte** [1300 ca.] **s. f. inv.** • (*lett.* o *raro*) caratteristica di chi (o di ciò che) è disutile | danno

†**diṣùtole** ➤ **disutile**

†**diṣvalére** [comp. di *dis-*① e *valere* ✱ av. 1294] **v. intr. 1** diminuire di valore **2** nuocere

†**diṣvaloràre** [da *disvalore* ✱ av. 1294] **v. tr.** • privare di valore

diṣvalóre [comp. di *dis-*① e *valore* ✱ av. 1294] **s. m. 1** valore negativo; l'opposto di un valore: *l'intolleranza è un d.* **SIN.** non valore **2** †mancanza di valore; incapacità, inettitudine

†**diṣvantàggio** [comp. di *dis-*① e *vantaggio* ✱ 1479] **s. m.** • svantaggio

†**diṣvantaggióso** (o *-ṣo*) [av. 1566] **agg.** • svantaggioso ‖ †**diṣvantaggiosaménte**, **avv.** svantaggiosamente

†**diṣvariaménto** [1282] **s. m.** • il disvariare

†**diṣvariàre** [adattamento del provenz. *se desvariar* 'differenziarsi', comp. di *des-* rafforzativo e *variar* 'variare' ✱ sec. XIII] **v. intr. e** †**diṣvariàrsi v. intr. pron. 1** essere diverso **2** essere di parere discorde

†**diṣvàrio**① [da *disvariare* ✱ av. 1274] **s. m.** • divario, differenza

†**diṣvàrio**② [comp. di *dis-*① e *vario* ✱ 1266] **agg.** • vario, diverso

†**diṣvedére** [comp. di *dis-*① e *vedere*① ✱ av. 1729] **v. tr.** • non voler vedere, ignorare

†**diṣvegliàre** [comp. di *di(s)-*① e *svegliare* ✱ 1294] **v. tr.** • svegliare, destare (*anche fig.*)

†**diṣvègliere** ➤ **disvellere**

diṣvelaménto [1716] **s. m.** • (*lett.*) rivelazione, manifestazione | (*raro*) spiegazione

diṣvelàre [comp. di *di(s)-*① e *velare* ✱ 1319] **A v. tr.** (*io diṣvélo*) **1** (*lett.*) svelare **2** (*fig., lett.*) palesare, manifestare **B diṣvelàrsi v. rifl.** • svelarsi

diṣvèllere o †**diṣvègliere**, †**diṣvèrre** [comp. di *di(s)-*① e *svellere* ✱ sec. XIII] **v. tr.** (**coniug. come** *svellere*) • (*lett.*) svellere, strappare, separare: *disvellendoli da mezzo le corna la fosca lana* (I. Sannazaro)

diṣvèlto **part. pass.** di *disvellere*; **anche agg.** • (*raro, lett.*) nei sign. del v.

†**diṣvenìre** [comp. di *di(s)-*① e *svenire* ✱ 1261 ca.] **A v. intr. 1** svenire **2** indebolirsi, consumarsi | (*est.*) attenuarsi, sbiadire **3** non addirsi, non essere opportuno **B** †**diṣvenìrsi v. intr. pron. impers.** • essere sconveniente

†**diṣventùra** [comp. di *dis-*① e *ventura* ✱ 1287] **s. f.** • sventura

†**diṣventuràto** [av. 1332] **agg.** • sventurato ‖ †**diṣventurataménte**, **avv.** disgraziatamente

†**diṣvèrre** ➤ **disvellere**

†**diṣvertudàre** o †**diṣvertudiàre** [comp. di *dis-*① e dell'ant. *vertude* 'virtù' ✱ av. 1294] **v. intr.** • perdere la forza d'animo

†**diṣvestìre** [comp. di *dis-*① e *vestire*① ✱ sec. XIII] **A v. tr. 1** svestire **2** (*fig.*) liberare: *S'io fui del primo dubbio disvestito* (Dante *Par.* I, 94) **B** †**diṣvestìrsi v. rifl.** • svestirsi

†**diṣvezzàre** [comp. di *dis-*① e *vezzo* ✱ 1395] **v. tr.** • disavvezzare, disabituare

†**diṣvézzo** [1581] **agg.** • disavvezzo, disabituato

†**diṣviaménto** [1266] **s. m.** • il disviare | (*fig.*) errore

†**diṣviànza** [sec. XIII] **s. f.** • smarrimento

diṣviàre [comp. parasintetico di *via*①, col pref. *dis-*① ✱ av. 1250] **A v. tr.** (*io diṣvìo*) **1** (*lett.*) allontanare dal cammino, dalla direzione stabilita (*anche fig.*) **2** (*lett., fig.*) allontanare dalla giusta via, dal bene e sim. **3** †danneggiare, ostacolare un'attività e sim. **B v. intr.** (**aus.** *avere*) e **diṣviàrsi v. intr. pron.** • (*lett.*) deviare (*anche fig.*): *disviarsi dalla retta strada*

†**diṣviatézza** [av. 1311] **s. f.** • errore, sviamento

†**diṣviatóre** [av. 1311] **agg.** (**f.** *-trice*) • che corrompe: *piaceri disviatori*

†**diṣviévole** [av. 1332] **agg.** • che devia, che disvia

†**diṣvigorìre** [comp. di *dis-*① e *vigore* ✱ av. 1597] **A v. tr.** • svigorire **B v. intr.** • perdere vigore

diṣviluppàre [comp. di *dis-*① con sostituzione del pref. *av-* (da *ad-*) di *avviluppare* ✱ sec. XIII] **A v. tr. 1** (*lett.*) svolgere, districare ciò che è avviluppato: *l'aureo suo crine / abbia testé disviluppato e sciolto* (I. Pindemonte) **2** (*lett., raro*) sviluppare **3** †trarre, sottrarre **B diṣviluppàrsi v. rifl.** • (*lett.*) districarsi, liberarsi (*anche fig.*): *Da tema e da vergogna / voglio che tu omai ti disviluppe* (Dante *Purg.* XXXIII, 31-32)

diṣvìo [da *disviare* col suff. *-io*① ✱ sec. XIII] **s. m.** (**pl.** *-ii*) • (*lett.*, *raro*) allontanamento | sviamento

†**diṣviscerare** [comp. parasintetico di *viscere*, con il pref. *dis-*① ✱ av. 1638] **v. tr.** • privare delle viscere

diṣvitaminòṣi [comp. di *dis-*②, *vitamin(a)* e del suff. *-osi* ✱ 1956] **s. f. inv.** • (*med.*) qualsiasi malattia causata da un carente o eccessivo apporto di vitamine

diṣviticchiàre [comp. di *dis-*① con sostituzione del pref. *av-* (da *ad-*) di *avviticchiare* ✱ 1319] **v. tr.** (*io diṣvitìcchio*) **1** (*lett.*) sciogliere ciò che è avviticchiato, intricato e sim. **2** (*fig.*) †discernere, distinguere

†**diṣviziàre** [comp. parasintetico di *vizio*, con il pref. *dis-*① ✱ 1328] **v. tr.** • liberare da un vizio, da un male, da un difetto

†**diṣvogliàre** [comp. di *dis-*① sostituito a *in-* di *invogliare* ✱ 1618] **A v. tr.** • togliere la voglia, disamorare **B** †**diṣvogliàrsi v. intr. pron.** • diventare svogliato, perdere il desiderio di qlco.

diṣvolére① [comp. di *dis-*① e *volere*① ✱ av. 1292] **v. tr.** (**coniug. come** *volere*) • (*lett.*) cessare di volere | rifiutare, ricusare

diṣvolére② [da *disvolere*① ✱ av. 1348] **s. m.** (**pl.** *raro -i*) • (*raro, lett.*) cambiamento di volontà | volontà contraria e opposta a quella di altri

†**diṣvòlgere** o †**diṣvòlvere** [comp. di *dis-*① con sostituzione del pref. *av-* (da *ad-*) di *avvolgere* ✱ av. 1348] **v. tr. 1** svolgere | (*fig.*) dipanare, correggere **2** slogare

ditàle [lat. *digitāle(m)* 'che copre il dito (*dĭgitus*)' ✱ sec. XIV] **s. m. 1** specie di piccolo cappuccio di metallo o di plastica, punteggiato da minuscoli incavi, usato per proteggere il dito con il quale si spinge l'ago quando si cuce **2** cappuccio di pelle o altra materia usato per proteggere un dito malato **3** (*mus.*, **spec. al pl.**) ciascuno degli anelli infilati sulla punta delle dita per pizzicare le corde del salterio ‖ **ditalìno**, **dim.** (V.) | **ditalóne**, **accr.** grosso ditale; (**spec. al pl.**) tipo di pasta più grande dei ditalini

ditalìno [1923] **s. m. 1** dim. di *ditale* **2** (**spec. al pl.**) tipo di pasta alimentare a forma di piccoli cilindri rigati **3** (*volg.*) atto di masturbazione femminile

ditàta [1754] **s. f. 1** colpo dato con un dito o con le dita: *gli ha dato una d. in un occhio* **2** impronta lasciata da un dito: *su questi fo-*

gli ci sono le tue ditate **3** (*raro*) quantità di roba che si può raccogliere con un dito: *una d. di panna* ‖ **ditatina**, **dim.**

Dìte [vc. dotta, lat. *Dīte(m)*, il dio degli Inferi nella mitologia latina ✱ av. 1375] **s. m. solo sing.** **1** (*poet.*) lucifero | ***città di D.***, la parte più profonda dell'Inferno dantesco **2** (*poet.*) l'Inferno, l'oltretomba

diteggiàre [da *dito*, con suff. verb. iter. ✱ 1892] **A** **v. tr.** (**pres.** *io ditéggio*; **fut.** *io diteggerò*) ● (*mus.*) segnare ciascuna nota con cifra corrispondente al dito da muovere per l'esecuzione **B** **v. intr.** e (*raro*) **tr.** (**aus.** *avere*) ● applicare con uno studio metodico le dita a uno strumento per suonarlo

diteggiatùra [1892] **s. f.** ● (*mus.*) atto e tecnica del diteggiare sul pentagramma | indicazione grafica delle dita che si devono muovere sullo strumento per eseguire le note

†**ditèllo** [lat. tardo *titīllu(m)*, da *titillāre* 'fare il solletico', con sovrapposizione di *dito* ✱ 1268] **s. m.** (**pl.** *ditèlle* o *ditèlla*, **f.**) ● ascella

†**ditenére** e deriv. ➤ **detenere** e deriv.

†**diterminàre** e deriv. ➤ **determinare** e deriv.

†**ditestazióne** ➤ **detestazione**

ditìno [av. 1735] **s. m.** (**pl.** *ditìni* o *ditìna*, **f.**, *raro ditìne*, **f.**) ● dim. di *dito*, spec. in riferimento al dito di un bambino | ***col d. alzato***, (*fig.*) nell'atteggiamento di chi rimprovera, ammonisce, impartisce una lezione ecc.

ditionàto [da *dition(ico)* e *-ato*② ✱ 1869] **s. m.** ● (*chim.*) sale dell'acido ditionico

ditiònico [comp. di *di-*② e del gr. *thêion* 'zolfo' (prob. d'orig. indeur.) ✱ 1869] **agg.** (**pl. m.** *-ci*) ● (*chim.*) detto di acido che è noto soltanto in soluzioni oppure sotto forma di sali

ditiràmbico [vc. dotta, lat. *dithyrămbicu(m)*, dal gr. *dithyrambikós* 'relativo al ditirambo' ✱ 1483] **agg.** (**pl. m.** *-ci*) **1** di ditirambo, relativo a ditirambo | (*fig.*, *lett.*) orgiastico, dionisiaco **2** (*fig.*, *lett.*) elogiativo

ditiràmbo [vc. dotta, lat. *dithyrămbu(m)*, dal gr. *dithýrambos*, di etim. incerta ✱ av. 1494] **s. m.** **1** canto corale in onore di Dioniso **2** (*fig.*) componimento o discorso destinato a lodare con entusiasmo qlcu. o qlco.

ditìsco [vc. dotta, tratta dal gr. *dýtēs* 'colui che s'immerge' col suff. dim. *-iskos* ✱ 1828] **s. m.** (**pl.** *-chi*) ● insetto acquatico dei Coleotteri, con corpo ovale, zampe posteriori con setole che funzionano da organi natatori, ali ben sviluppate sotto le elitre, carnivoro, predatore di qualsiasi animaletto acquatico

ditlòide [dalla vc. ingl. *ditloid* coniata da un esempio del gioco stesso: '*1*(One) *D*(ay) *i*(n) *t*(he) *L*(ife) *o*(f) *I*(van) *D*(enisovič)', titolo ingl. di un romanzo di Aleksandr Solženicyn (in it. 'Una giornata di Ivan Denisovič') ✱ 2006] **s. m.** ● gioco enigmistico che richiede la ricostruzione di una frase nota avendo a disposizione solo numeri, lettere iniziali e brevi parole grammaticali (per es.: 20 000 LS i M "Ventimila leghe sotto i mari")

♦**dìto** o †**dìgito** [lat. *dĭgitu(m)*, di etim. incerta, attrav. il lat. parl. **dĭitu(m)* ✱ av. 1292] **s. m.** (**pl.** *dìta*, †*dìte*, †*dìgita*, **f. considerate nel loro insieme; pl.** *dìti*, **m.**, *lett.* **o riferito alle dita se considerate separatamente:** *i diti mignoli*) **V. partitivo.** **1** ciascuna delle parti terminali della mano e del piede, mobili e articolate in una serie di piccole ossa: *le cinque dita della mano* **CFR.** dattilo-, -dattilo | ***d. grosso***, primo dito del piede | ***d. medio***, il terzo della mano | ***alzare, mostrare il d. medio***, gesto volgare rivolto a qlcu., equivalente a (*volg.*) 'vaffanculo' | ***incrociare le dita***, accavallare l'indice e il medio; (*fig.*) fare gli scongiuri | ***mostrare a d.***, (*fig.*) indicare, additare alla riprovazione | (*fig.*) ***legarsela al d.***, ricordare le offese per vendicarsene al momento opportuno | (*fig.*) ***sapere le cose sulla punta delle dita***, conoscere a fondo | ***mettere il d. sulla*** (***o nella***) ***piaga***, (*fig.*) individuare il punto debole o delicato di una situazione | ***non muovere un d. a favore di qlcu.***, (*fig.*) non prestargli il minimo aiuto | ***contarsi sulle dita***, essere in pochi | (*fig.*) ***toccare il cielo con un d.***, raggiungere il colmo della felicità | ***mordersi le dita***, (*fig.*) provare rabbia, ira o rimpianto, pentimento e sim. | ***leccarsi le dita***, (*fig.*) gustare moltissimo un cibo | ***non sollevare, non alzare un d.***, non accennare nessun gesto; (*fig.*) non fare nulla | (*fig.*) ***nascondersi dietro un d.***, voler negare, sulla base di argomenti inconsistenti, l'evidenza dei fatti **2** (*est.*) oggetto a forma di dito | ***d. di apostolo***, pasta dolce di forma cilindrica, ripiena di crema **3** parte del guanto che riveste il dito: *un guanto con le dita troppo strette* **4** antica unità di misura lineare corrispondente alla ventiquattresima parte del cubito **5** (*est.*) misura, quantità e sim. corrispondente circa alla larghezza di un dito: *bere un d. di vino; ha acquistato un nastro largo due dita* | (*fig.*) ***essere a un d. da qlco.***, essere vicinissimo a qlco. ‖ **ditàccio**, **pegg.** | **ditìno**, **dim.** (V.) | **ditóne**, **accr.** (V.) | **ditùccio**, **dim.**

dìtola [da *dito*, per la forma ✱ av. 1597] **s. f.** ● (*bot.*, *pop.*) clavaria

ditóne **s. m.** (**pl.** *-i* o *ditóne*, **f.** nel sign. 1) **1** accr. di *dito* **2** (*fam.*) alluce

dìtono [vc. dotta, lat. tardo *dĭtonu(m)*, dal gr. *dítonon* 'doppio (*dís*) tono (*tónos*)' ✱ av. 1565] **s. m.** ● (*mus.*) intervallo composto di due toni

†**ditràrre** e deriv. ➤ **detrarre** e deriv.

†**ditrinciàre** [comp. di *di-*① e *trinciare* ✱ sec. XIV] **v. tr.** ● (*raro*) trinciare, sminuzzare

ditrochèo [vc. dotta, lat. tardo *ditrochǣu(m)*, dal gr. *ditróchaios* 'doppio (*dís*) trocheo (*trochâios*)' ✱ 1830] **s. m.** ● metro della poesia greca e latina formato da due trochei

♦**dìtta**① [venez. *dita* 'detta' (sottinteso *compagnia*), in formule come 'la sopra*detta* (casa commerciale)', oppure 'la casa commerciale *detta*, chiamata ...' ✱ 1786] **s. f.** **1** (*dir.*) denominazione distintiva dell'impresa | correntemente, l'impresa individuata da tale denominazione e la sede della stessa: *premiata d.; passo un momento in d.* | (*scherz.*) ***offre, paga la d.***, è già tutto pagato, detto da chi in un locale ha pagato la consumazione anche per altri **2** gruppo di due o più attori di teatro che gestiscono una propria compagnia dandole il nome | ***premiata d.***, (*fig.*) coppia famosa: *la premiata d. Garinei e Giovannini* ‖ **dittarèlla**, **dim.**

†**dìtta**② ➤ **detta**②

dittàfono® o (*raro*) **dictàfono** [ingl. *dictaphone*, comp. del lat. *dictā(re)* 'dettare' e del gr. *phōnḗ* 'suono' ✱ 1931] **s. m.** ● magnetofono usato un tempo negli uffici per registrare e riprodurre la voce spec. nella dettatura della corrispondenza

dìttamo [vc. dotta, lat. *dĭctamnu(m)*, dal gr. *díktamnos*, di etim. discussa: da *Díktē*, nome di una montagna cretese (?) ✱ sec. XIII] **s. m.** ● pianta erbacea delle Rutacee sempreverde e aromatica con fiori bianchi, grandi, in racemi allungati (*Dictamnus alba*) **SIN.** frassinella

†**dittàre** e deriv. ➤ **dettare** e deriv.

dittatóre① o †**dettatóre**② [vc. dotta, lat. *dictatōre(m)*, dipendente da *dictāre* nel senso di 'comandare, prescrivere' ✱ 1258] **s. m.** (**f.** *-trice*) **1** nella Roma repubblicana, magistrato supremo eletto nei momenti di grave pericolo per lo Stato e investito dei pieni poteri civili e militari **2** chi governa secondo i princìpi della dittatura: *un d. di fredda e atroce follia* (L. SCIASCIA) **3** (*est.*) persona autoritaria e dispotica: *con i figli ha un comportamento da d.*

†**dittatóre**② ➤ **dettatore**①

dittatoriàle [fr. *dictatorial*, da *dictateur* 'dittatore' ✱ 1792] **agg.** **1** relativo a dittatore o a dittatura; fondato su una dittatura: *poteri dittatoriali; regime d.* **2** (*fig.*) da dittatore; autoritario, dispotico: *atteggiamento d.; metodo d.* ‖ **dittatorialménte**, **avv.**

dittatòrio [vc. dotta, lat. *dictatōriu(m)*, da *dictātor* 'dittatore' ✱ 1521] **agg.** (**pl. m.** *-i* o *raro -ii*) ● (*lett.*, *raro*) dittatoriale ‖ **dittatoriaménte**, **avv.** (*fig.*) in modo dittatorio

dittatùra o †**dettatùra**② [vc. dotta, lat. *dictatūra(m)*, da *dictātor* 'dittatore' ✱ av. 1326] **s. f.** **1** nella Roma repubblicana, ufficio di dittatore e durata di tale ufficio **2** forma di governo autoritario che accentra tutto il potere in un solo organo collegiale o nella sola persona di un dittatore **3** (*est.*) predominio assoluto e incontrastato

dittèo [vc. dotta, lat. *Dictǣu(m)*, dal gr. *Diktâios*, agg. di *Díktē* '(monte) Ditte' ✱ 1340] **agg.** ● (*lett.*) del monte Ditte, a Creta, legato al culto di Zeus

Dìtteri [vc. dotta, lat. *dĭptero(n)*, dal gr. *dípteros* 'a doppia (*dís*) ala (*pterón*)' ✱ 1797] **s. m. pl.** (**sing.** *-o*) ● (*zool.*) ordine di Insetti con le ali anteriori sviluppate e quelle posteriori trasformate in bilancieri (*Diptera*)

†**dittèrio** [vc. dotta, lat. *dictēriu(m)*, da *dĭctum* 'detto, arguzia' ✱ 1761] **s. m.** ● pulpito, cattedra

dìttero [V. *diptero*] **A** **agg.** ➤ **diptero** **B** **s. m.** ● (*zool.*) ogni insetto appartenente all'ordine dei Ditteri

dìttico [vc. dotta, lat. tardo *dĭptychu(m)* 'piegato in due, a dittico', dal gr. *díptychos*, comp. di *di-*② e un deriv. del v. *ptýssein* 'piegare' ✱ 1716] **s. m.** (**pl.** *-ci*) ● complesso formato da due tavolette d'avorio o di legno scolpite o dipinte, congiunte da cerniera | ***dittici consolari***, per lo più d'avorio, con figurazioni a rilievo, usati nella tarda età imperiale romana a scopo commemorativo | nei secc. XIV e XV, dipinto di tale forma ma di dimensioni maggiori, spec. di soggetto sacro

dittiosòma [comp. del gr. *díktyon* 'rete' e *sôma* 'corpo' ✱ 1987] **s. m.** (**pl.** *-i*) ● (*biol.*) organulo cellulare coinvolto in molteplici funzioni correlate alla sintesi di proteine

†**dìtto** ➤ **detto**

dittografìa [comp. del gr. *dittós*, var. di *dissós* 'doppio', e *-grafia* ✱ 1892] **s. f.** ● in filologia, errore di scrittura, tipico spec. degli antichi copisti, consistente nella ripetizione di una o più lettere o di una parola **CONTR.** aplografia

dittogràfico [1956] **agg.** (**pl. m.** *-ci*) ● di dittografia

dittologìa [comp. del gr. *dittós*, var. di *dissós* 'doppio', e *-logia* ✱ 1956] **s. f.** (**pl.** *-gie*) ● (*ling.*) ripetizione di un elemento di parola o di frase | ***d. sinonimica***, giustapposizione di due sinonimi o quasi sinonimi per amplificare un concetto; per es. 'consuma' e 'strugge' in: *torna il dolor che mi consuma e strugge* (G. BOCCACCIO)

dittològico [1956] **agg.** (**pl. m.** *-ci*) ● (*ling.*) relativo a dittologia

dittongaménto [da *dittongare* ✱ 1881] **s. m.** ● (*ling.*) dittongazione

dittongàre [vc. dotta, lat. tardo *diphtongāre*, da *diphtŏngus* 'dittongo' ✱ 1600] **A** **v. tr.** (*io dittòngo, tu dittònghi*) ● (*raro*) unire in dittongo **B** **v. intr.** (**aus.** *avere*) ● formare, generare un dittongo: *nel verbo 'sonare' la 'o' dittonga in 'uo'*

dittongazióne [1907] **s. f.** ● (*ling.*) trasformazione di una vocale in un dittongo **SIN.** dittongamento

dittòngo (o *-ó-*) o †**diftòngo** [vc. dotta, lat. tardo *diphtŏngu(m)*, dal gr. *díphthongos* 'doppio (*dís*) suono (*phthóngos*)' ✱ 1528 ca.] **s. m.** (**pl.**

-*ghi*) ● (*ling.*) sequenza nella stessa sillaba di due suoni vocalici, di cui però o il primo è pronunciato come semiconsonante o il secondo come semivocale (in italiano solo *i* e *u* formano dittongo, per es. in *piede* e *fuoco* oppure in *aula* e *sei*) (V. nota d'uso SILLABA) **CFR.** monottongo, trittongo, quadrittongo | ***d. ascendente, discendente***, dittongo tonico nel quale la vocale vera e propria costituisce rispettivamente il secondo elemento (*fióre, quàdro*) e il primo elemento (*tràino, fèudo*) | ***d. mobile***, quello che compare nelle forme di una parola, o in parole con la stessa radice, solo quando la sillaba è accentata; in italiano riguarda soltanto *iè* e *uò* che si alternano rispettivamente a *e* ed *o* (per es. *egli viène* e *noi veniàmo*; *suòno* e *sonerìa*)

dittòto ➤ **diptoto**

diurèṣi o, etim. meno corretto, **diùreṣi** [da *diuretico* ✱ 1820] **s. f. inv.** ● (*fisiol.*) escrezione ed eliminazione di urina | quantità di urina eliminata in un dato periodo di tempo

diurètico [vc. dotta, lat. tardo *diurēticu(m)*, dal gr. *diouretikós*, da *diourêin* 'passare attraverso (*diá*) l'urina (*ôuron*)' ✱ 1310] **A** **agg.** (**pl. m.** -*ci*) ● che favorisce la diuresi: *azione diuretica* || **diureticità**, **s. f. inv.** **B** **agg.**; anche **s. m.** ● detto di farmaco capace di aumentare la diuresi

†**diurnàle** [da *diurno* ✱ 1344 ca.] **A** **agg.** ● del giorno **B** **s. m.** **1** cronaca, diario **2** (*relig.*) parte del breviario comprendente le ore diurne dell'Ufficio divino

diurnàrio [vc. dotta, lat. tardo *diurnāriu(m)*, da *diŭrnus* 'diurno' ✱ 1869] **s. m.** ● presso gli antichi Romani, specie di scriba che stendeva gli atti del giorno

diurnìsta [comp. di *diurno* e -*ista* ✱ 1868] **s. m. e f.** (**pl. m.** -*i*) ● (*disus.*) impiegato assunto per lavori straordinari, e retribuito a giornata

✦**diùrno** [vc. dotta, lat. *diŭrnu(m)* 'della durata di un giorno (*dīes*)', in opposizione a *noctŭrnus* 'notturno' ✱ 1282] **A** **agg.** **1** del giorno: *ore diurne* | (*poet.*) ***astro d.***, il sole | ***albergo d.***, dove non si pernotta e che fornisce principalmente rapidi servizi igienici | (*astron.*) ***moto d.***, quello apparente di un astro per effetto della rotazione della Terra **2** che avviene o si manifesta durante il giorno: *fenomeno, spettacolo d.*; *il sonno aveva ogni animal terreno / dalle fatiche lor diurne sciolti* (L. DE' MEDICI) | (*zool.*) ***animali diurni***, che agiscono durante le ore di luce **3** (*raro*) quotidiano, di ogni giorno: *lavoro d.*; *pena diurna* || **diurnaménte**, **avv.** (*raro*) giornalmente **B** **s. m.** **1** (*relig.*) parte dell'Ufficio che contiene le ore canoniche da recitare durante il giorno **2** (*ellitt.*) albergo diurno

†**diùtino** [vc. dotta, lat. *diūtinu(m)* 'che dura a lungo (*dĭu*)', originariamente 'di un giorno (*dīes*) intero' ✱ 1499] **agg.** ● di lunga durata

diuturnità o †**diuturnitàde**, †**diuturnitàte** [vc. dotta, lat. *diuturnitāte(m)*, da *diutŭrnus* 'diuturno' ✱ av. 1332] **s. f. inv.** ● (*lett.*) caratteristica di ciò che è continuo e durevole: *forse che la felicità e la d. della vita, sono la stessa cosa?* (G. LEOPARDI)

✦**diutùrno** [vc. dotta, lat. *diutŭrnu(m)*, da *diūtinus* 'di lunga durata' con sovrapposizione di *diŭrnus* 'diurno' ✱ 1268] **agg.** ● (*lett.*) che dura a lungo: *dolori diuturni*; *la diuturna fatica* | (*est., lett.*) continuo: *con d. e pertinace esercizio* (G.B. MARINO) || **diuturnaménte**, **avv.**

dìva [vc. dotta, lat. *dīva(m)*, f. di *dīvu(m)* 'divo' ✱ 1321] **s. f.** **1** (*lett.*) dea **2** cantante o attrice molto famosa: *una d. della canzone, del cinema, dei fumetti* | ***d. dello schermo, della celluloide***, attrice del cinema || **divétta**, **dim.** (V.)

divagaménto [av. 1667] **s. m.** ● (*raro*) il vagare qua e là | (*raro*) divagazione | (*lett.*) svago

✦**divagàre** [vc. dotta, lat. tardo *divagāri* 'vagare (*vagāri*) di qua e di là (*dis*-)' ✱ av. 1576] **A** **v. intr.** (*io divàgo, tu divàghi*; **aus.** *avere*) **1** (*raro, lett.*) vagare qua e là **2** (*fig.*) allontanarsi da un argomento: *d. dal tema della discussione*; *non d.* **B** **v. tr.** ● (*raro*) divertire, distrarre: *d. un fanciullo* **C** **divagàrsi** **v. rifl.** ● distrarsi, svagarsi: *cerca di divagarti un po'*

✦**divagazióne** [1801] **s. f.** **1** il divagare | digressione: *d. poetica, fantastica*; *una esposizione succinta ... senza pedantesche divagazioni* (G. CARDUCCI) **2** (*raro*) svago, divertimento, distrazione

†**divallaménto** [av. 1292] **s. m.** ● discesa | frana

divallàre [comp. di *di*-① e *valle* ✱ 1313] **v. intr.** (**aus.** *essere*) e **divallàrsi** **v. intr. pron.** **1** (*lett.*) scendere, abbassarsi **2** †scorrere, defluire

divampaménto [av. 1333] **s. m.** ● (*raro*) il divampare | †incendio

divampàre [comp. parasintetico di *vampa*, col pref. *di*-① ✱ av. 1280] **A** **v. intr.** (**aus.** *essere*) **1** accendersi e svilupparsi all'improvviso con grande fiamma: *l'incendio divampò in un batter d'occhio* **2** (*fig.*) scatenarsi, manifestarsi o diffondersi con violenza: *la rivolta divampò in tutto il paese* **3** (*fig., raro*) ardere, ribollire: *d. d'ira, d'odio* **B** **v. tr.** ● (*lett.*) bruciare, incendiare (*anche fig.*)

✦**divàno** [turco *diwán*, di orig. persiana, dapprima 'consiglio di Stato', poi il 'sofà' dove sedevano i consiglieri e anche il 'libro' nel quale erano trascritte le loro decisioni, poi, per estensione, un 'libro di poesia' di una certa importanza ✱ 1529] **s. m.** **1** nell'antico Impero ottomano, consiglio dei ministri **2** un tempo, sofà basso e lungo, senza spalliera ma con cuscini, appoggiato a una parete della stanza | ***d. alla turca***, ottomana, sultana **3** oggi, sedile imbottito e ricoperto di tessuto o di pelle, gener. provvisto di spalliera, con o senza braccioli, per due o più persone | ***d. letto***, trasformabile in letto | canapè **4** (*letter.*) libro nel quale sono raccolte in ordine alfabetico di rime o cronologico tutte le poesie di un dato scrittore orientale || **divanétto**, **dim.** | **divanùccio**, **dim.**

divanzàre [ant. fr. *devanc(i)er* 'passare avanti (*devant*)' ✱ sec. XIV] **v. tr.** **1** †prevenire, precorrere **2** (*lett., raro*) superare: *Un gatto lo seguì poi divanzò trotterellando* (C.E. GADDA)

†**divariaménto** [av. 1673] **s. m.** ● variazione

†**divariàre** [comp. di *di*-① e *variare* ✱ av. 1345] **A** **v. tr.** ● modificare **B** **v. intr.** e †**divariàrsi** **v. intr. pron.** **1** essere diverso **2** scostarsi | distare

†**divariazióne** [av. 1375] **s. f.** ● differenza, divario

divaricàbile [1983] **agg.** ● che si può divaricare

divaricaménto [1865] **s. m.** ● (*raro*) divaricazione

divaricàre [vc. dotta, lat. *divaricāre*, comp. di *di*-① e *varicāre* 'allargare le gambe' (da *vārus* 'che ha le gambe storte in fuori', di etim. incerta) ✱ av. 1712] **A** **v. tr.** (*io divàrico, tu divàrichi*) **1** in ginnastica, effettuare una divaricata: *d. le gambe* **2** (*est.*) allontanare ciò che è accostato; scostare: *d. i due lembi di una ferita*; *a ogni risposta ... divaricava le labbra* (L. PIRANDELLO) **B** **divaricàrsi** **v. intr. pron.** ● allontanarsi in direzioni opposte | (*fig.*) divergere

divaricàta [1964] **s. f.** ● in ginnastica, apertura degli arti inferiori in direzioni opposte | ***d. frontale, sagittale***, in ginnastica artistica, ritmica e danza, posizione di massima apertura degli arti inferiori che formano un angolo di 180° **SIN.** spaccata

divaricàto **part. pass.** di *divaricare*; anche **agg.** **1** allargato in direzioni opposte: *gambe divaricate* | (*fig.*) divergenti: *posizioni divaricate all'interno di un partito* **2** (*bot.*) detto di organo vegetale che si allontana dal suo asse quasi ad angolo retto: *rami divaricati*

divaricatóre [1915] **s. m.** **1** attrezzo ginnico od ortopedico che ha la funzione di divaricare parti anatomiche **2** (*med.*) strumento chirurgico usato per tenere aperti i bordi di un'incisione durante un'operazione

divaricazióne [av. 1640] **s. f.** **1** il divaricare | spazio che intercorre tra due parti divaricate **2** (*fig.*) divergenza | (*fig.*) crescente divario

✦**divàrio** o †**divàro** [da *divariare* ✱ av. 1367] **s. m.** **1** diversità, differenza, spec. notevole: *il d. tra le tue e le mie opinioni*; *dalla vita alla morte non è d.* (G. LEOPARDI) | scarto, disparità di livello: *d. tecnologico* **SIN.** gap | ***d. digitale***, V. *digitale*③ **2** †divertimento

SFUMATURE ➤ ***differenza***

†**divastàre** e deriv. ➤ **devastare** e deriv.

†**dìve** o †**dìvo**③ [vc. dotta, lat. *dīves* (nom.) di etim. incerta: da *dīvus* 'dio', perché il ricco, come dio, non abbisogna di nulla (?) ✱ av. 1294] **agg.** ● ricco

†**divecchiàre** o †**devecchiàre** [comp. di *di*-① sostituito a *in*- di *invecchiare* ✱ 1618] **v. tr.** ● svecchiare, rinnovare

divedére [comp. di *di*-① e *vedere*① ✱ sec. XIII] **v. tr.** (**difett. usato solo all'inf.**) ● solo nella loc. ***dare a d.***, (*lett.* o *raro*) denotare, mostrare chiaramente; †dare a intendere, far credere

diveggiàre [da *diva, divo*② ✱ 1963] **v. intr.** (**pres.** *io divéggio*; **fut.** *io diveggerò*; **aus.** *avere*) ● (*raro*) ostentare, assumere modi e atteggiamenti da diva o da divo

†**divègliere** e deriv. ➤ **divellere** e deriv.

divèhi /di'vεi/ [denominazione locale ✱ 1984] **s. m. solo sing.** ● lingua del gruppo indoario parlato nelle isole Maldive

✦**divèllere** o †**divègliere**, †**divèrre** [vc. dotta, lat. *divĕllere*, comp. di *dis*-① e *vĕllere* 'strappare' ✱ sec. XIII] **A** **v. tr.** (**pres.** *io divèllo* o *divèlgo, tu divèlli*; **pass. rem.** *io divèlsi*, *raro lett. divùlsi, tu divelléstì*; **congtv. pres.** *io divèlla* o *divèlga*; **part. pass.** *divèlto*, *raro lett. divùlso*) ● estirpare, sradicare, scardinare: *d. piante, rami, erbe*; *i ladri hanno divelto il cancello* | (*fig., lett.*) eliminare: *d. i sospetti dalla mente di qlcu.* **B** **divèllersi** **v. rifl.** ● (*lett.*) staccarsi, allontanarsi a fatica, con sforzo, da qlcu. o da qlco.: *poi che con fatica dalla cucina e dalla Nuta si fu divelto* (G. BOCCACCIO)

†**divelliménto** o †**divegliménto** [sec. XIII] **s. m.** ● il divellere

divèlsi ➤ **divellere**

divèlto **part. pass.** di *divellere*; anche **agg.** ● sradicato, strappato con forza

✦**divenìre**① o †**devenìre**, †**dovenìre** [vc. dotta, lat. *devenīre* 'arrivare (*venīre*) giù (*dē*-)', 'pervenire' ✱ 1250 ca.] **v. intr.** (**coniug. come** *venire*; **aus.** *essere*) **1** diventare: *d. grande, adulto, vecchio*; *è divenuto più saggio* **2** †avvenire, accadere **3** (*lett.*) †giungere, arrivare: *Tacendo divenimmo là 've spiccia / fuor de la selva un picciol fiumicello* (DANTE *Inf.* XIV, 76-77) **4** (*lett.*) †derivare, discendere, provenire

divenìre② [da *divenire*① ✱ 1351] **s. m. solo sing.** **1** evoluzione, sviluppo: *Il vero non è nella sua immobilità, ma nel suo d.* (F. DE SANCTIS) **2** (*filos.*) il perpetuo fluire delle cose contrapposto all'immobilità dell'essere: *il d. eracliteo* | in Bergson (1859-1941), la realtà in quanto trasformazione permanente

♦**diventàre** o †**deventàre**, †**doventàre** [vc. dotta, lat. parl. **deventāre*, rafforz. di *devenīre* 'divenire' ✱ av. 1250] **v. intr.** (*io divènto* o *di-vénto*; aus. *essere*) ● acquistare caratteristiche, stato o condizione nuovi e diversi dai precedenti: *d. buono, cattivo, odioso, simpatico, attempato, vecchio*; *d. sindaco, deputato*; *il vino è diventato aceto* | ***d. bianco***, (*fig.*) impallidire | ***d. rosso***, (*fig.*) vergognarsi | ***d. di tutti i colori***, (*fig.*) confondersi, incollerirsi o smarrirsi per la paura | ***d. matto***, (*fig.*) perdere la testa | ***d. di sasso***, (*fig.*) restare stupefatto, senza parole **SIN.** divenire

†**diverberàre** [vc. dotta, lat. *diverberāre* 'percuotere a colpi di verga (*verberāre*, da *vĕrbera*, pl., 'verghe')' con *dis-*① ✱ sec. XIV] **v. tr.** ● squassare, agitare, percuotere

♦**divèrbio** [vc. dotta, lat. *divĕrbiu(m)*, originariamente 'discorso (*vĕrbum*) opposto (*dis-*) tra due attori sulla scena' ✱ 1679] **s. m.** **1** animata e aspra discussione, litigio verbale: *avere un violento d. con qlcu.*; *sono venuti a d. per futili motivi* **2** (*letter.*) parte dialogata dell'antico dramma latino

SFUMATURE ➤ ***battibecco***

divergènte **A** **part. pres.** di *divergere*; anche **agg.** **1** che diverge | (*fig.*) discordante **CONTR.** convergente **2** (*mat.*) di serie tale che la successione delle somme parziali abbia limite infinito | di prodotto infinito tale che la successione dei prodotti parziali abbia limite infinito o nullo | detto di rette orientate le quali, nella regione che interessa, s'allontanano l'una dall'altra **3** (*fis.*) detto di lente che trasforma un fascio di raggi divergenti **B** **s. m.** ● (*pesca*) tavola sagomata che viene legata ai cavi della rete a strascico per tenerne divaricate le pareti

divergènza [vc. dotta, lat. *devergĕntia(m)* 'inclinazione', da *devĕrgere* 'divergere' ✱ 1632] **s. f.** **1** il divergere | (*mat.*) in un campo vettoriale, quantità pari al rapporto tra il flusso uscente da una superficie chiusa infinitesima e il volume da essa racchiuso | (*meteor.*) deflusso orizzontale di aria, in tutte le direzioni, dal centro verso l'esterno di un'alta pressione **2** punto in cui due cose divergono: *la d. di due torrenti* **3** (*fig.*) disparità, differenza: *d. di opinioni, di caratteri, di giudizi* | disaccordo, dissenso: *tra i due sono sorte delle divergenze* **4** (*geol.*) allontanamento reciproco di due zolle crostali che avviene lungo le dorsali medio-oceaniche

♦**divèrgere** [vc. dotta, lat. tardo *devĕrgere* 'volgere (*vĕrgere*) d'altra parte (*dē-*)' ✱ 1797] **v. intr.** (**pres.** *io divèrgo, tu divèrgi*; **raro il pass. rem.** *io divergéi, tu divergésti*; **difett. del part. pass. e dei tempi composti**) **1** procedere in direzioni diverse, partendo da un punto comune (+ *da*): *le due strade divergono*; *la linea secondaria diverge dal binario principale* **2** (*fig.*) essere nettamente diverso, contrastante (+ *da*): *i miei gusti divergono dai tuoi*

†**divèrre** ➤ **divellere**

diversàbile [comp. di *divers(o)* e *abile* ✱ 1998] **agg. e s. m. e f.** ● (*eufem.*) che (o chi) è diversamente abile (V. *abile*) **CFR.** disabile || **diversabilità**, **s. f. inv.**

†**diversàre**① [adattamento del fr. *déverser* 'versare (*verser*) fuori (*de-*)' ✱ sec. XIV] **v. tr.** ● versare, effondere

†**diversàre**② [da *diverso* ✱ 1363] **v. intr.** e †**diversàrsi** **v. intr. pron.** ● essere diverso

†**diversificaménto** [1737] **s. m.** ● diversità

diversificàre [vc. dotta, lat. mediev. *diversificāre*, comp. di *divĕrsus* e *-ficare* ✱ 1266] **A** **v. tr.** (*io diversìfico, tu diversìfichi*) **1** rendere diverso, differenziare: *qualche tratto diversificava i loro lineamenti* | rendere vario: *d. le proprie letture* | considerare diverso: *d. due concetti* **2** (*econ.*) impiegare un patrimonio in differenti attività produttive o finanziarie allo scopo di ridurre il rischio dell'investimento o la variabilità del suo rendimento **B** **v. intr.** (aus. *essere*) e **diversificàrsi** **v. intr. pron.** ● essere o diventare diverso: *i due disegni si diversificano per alcuni particolari* || **diversificazióne**, **s. f.**

diversificàto **part. pass.** di *diversificare*; anche **agg.** ● nei sign. del v.

diversióne [vc. dotta, lat. tardo *diversiōne(m)*, da *divĕrsus* 'deviato' ✱ av. 1313] **s. f.** **1** (*raro*) deviazione: *d. delle acque* **2** (*milit.*) manovra consistente nell'attaccare o minacciare di attacco il nemico in luogo lontano da quello previsto per l'attacco effettivo | (*est.*) diversivo **3** (*raro*, *fig.*) digressione: *l'argomento non ammette diversioni* **4** †svago

diversità o †**diversitàde**, †**diversitàte** [vc. dotta, lat. *diversitāte(m)*, da *divĕrsus* 'diverso' ✱ av. 1257] **s. f. inv.** **1** caratteristica o condizione di chi (o di ciò che) è diverso: *d. di idee, di giudizi, di opinioni*; *sottolineare la propria d. da qualsiasi modello*; *non c'è d. d'intenti tra di noi* | †***fare d.***, costituire una differenza **SIN.** differenza **CONTR.** uguaglianza **2** (*est.*) varietà, molteplicità: *d. di colori, di forme*; *la natura varia le semenze secondo la d. delle cose che essa vole produrre al mondo* (LEONARDO) **3** ciò che rende diverse due persone o due cose: *non riusciva a cogliere la d. fra i due stili* | contrasto, discordanza: *d. di stile, di atteggiamenti*; *la tanta d. di giudizi sopra le medesime cose* (L.A. MURATORI) **SIN.** differenza, divario **4** †contrasto, controversia **5** †perversità, crudeltà **6** †calamità, sventura, avversità

diversìvo [av. 1313] **A** **agg.** ● che serve a deviare: *canale d.* | (*fig.*) che mira a distogliere, a distrarre, ad allontanare: *azione, manovra diversiva* **B** **s. m.** **1** mezzo atto a distogliere qlcu. da un'idea, da una preoccupazione, da un'attività e sim.: *un d. innocuo*; *cercare un d. alla monotonia quotidiana*; *il suo arrivo costituisce un d. per noi* | svago: *nello sport ha trovato un piacevole d.* **SIN.** distrazione **2** espediente che serve a ingannare gli altri circa le proprie reali intenzioni **3** (*idraul.*) alveo artificiale che ha la funzione di sottrarre da un corso d'acqua parte delle acque di piena

♦**divèrso** o †**devèrso** [vc. dotta, lat. *divĕrsu(m)*, part. pass. di *divĕrtere* 'volgere (*vĕrtere*) in opposta direzione (*dis-*)' ✱ 1224] **A** **agg.** **1** (*lett.*) che procede in altra direzione (*anche fig.*): *strade, aspirazioni diverse* | (*lett.*) vario, mutevole: *Me che i tempi ... / fan per diversa gente ir fuggitivo* (U. FOSCOLO) **2** differente, dissimile (+ *da*): *un abito d. dagli altri*; *in futuro la situazione sarà diversa rispetto a quella odierna*; *la natura si presenta ad ogni uomo con aspetti diversi* (U. FOSCOLO) **CFR.** allo-, etero- **CONTR.** uguale **3** †strano | †insolito, straordinario **4** †malagevole, aspro: *via diversa* | †orribile, mostruoso: *Cerbero, fiera crudele e diversa, / con tre gole caninamente latra* (DANTE *Inf.* VI, 13-14) **5** †crudele, perverso: *selva diversa* || **diversaménte**, **avv.** **1** in modo diverso (+ *da*): *ti sei comportato diversamente da come avevi detto*; (*eufem.*) davanti a un aggettivo, per indicare l'assenza di una determinata caratteristica, compensata da altre qualità: *diversamente magro*; anche **iron.**: *diversamente intelligente* (intendendo 'sciocco'); ***diversamente abile***, V. *abile* **2** altrimenti, se no, in caso contrario: *scrivici, diversamente verremo subito*; ***diversamente da***, a differenza di: *diversamente da te, io resto ottimista* **3** †in modo perverso, strano **4** †orribilmente **B** **s. m.** (**f.** *-a*) ● chi si comporta in modo non conforme a quelli che, per la maggioranza delle persone, sono i normali canoni di vita: *Ah, essere d. ... / significa non essere innocente...* (P.P. PASOLINI) | (*eufem.*) omosessuale **C** **avv.** ● (*raro*) diversamente: *s'appressa / chi assai di me ti parlerà d.* (I. PINDEMONTE) **D** **agg. indef. sing.** ● molto, alquanto, parecchio: *aspetto da d. tempo*; *c'era diversa gente* **E** **divèrsi** **agg. e pron. indef. pl.** ● molti, svariati: *per diversi motivi*; *ho accomandato a Vostra Signoria in diverse volte diverse mie lettere* (T. TASSO); *per la qual cosa da diversi fu cominciata a vagheggiare* (G. BOCCACCIO)

†**diversòrio** [vc. dotta, lat. *deversōriu(m)*, da *devĕrsus*, part. pass. di *devĕrtere* 'volgere (*vĕrtere*) verso (*dē-*)' ✱ av. 1306] **s. m.** ● ospizio, albergo

♦**divertènte** **part. pres.** di *divertire*; anche **agg.** ● che diverte, che rallegra: *un film, una serata, una compagnia d.*

divertévole [1869] **agg.** ● (*raro*, *lett.*) divertente

diverticolàre [1913] **agg.** ● (*anat.*) relativo a diverticolo: *cavità d.*

diverticolìte [comp. di *diverticolo* e *-ite*① ✱ 1973] **s. f.** ● (*med.*) infiammazione di diverticoli

divertìcolo [vc. dotta, lat. *divertĭculu(m)*, per *devertĭculu(m)*, da *devĕrtere*, comp. del pref. d'allontanamento *dē-* e *vĕrtere* 'volgere' ✱ av. 1342] **s. m.** **1** †viottolo che porta fuori dalla strada maestra | (*est.*) luogo appartato **2** (*fig.*) †sotterfugio | †digressione **3** (*anat.*) piccola estroflessione della parete di un organo cavo

diverticolòṣi [comp. di *diverticol(o)* e *-osi* ✱ 1956] **s. f. inv.** ● malattia consistente nella presenza di diverticoli in organi cavi quali, per es., la vescica e l'intestino

♦**divertiménto** [da *divertire*; nel sign. 4, calco sul fr. *divertissement* ✱ 1525] **s. m.** **1** (*lett.*) †allontanamento | (*fig.*) †digressione **2** ciò che diverte: *un d. infantile, intelligente, sciocco*; *pensare solo ai divertimenti*; *ama troppo i divertimenti* | ***parco dei divertimenti***, luna park | svago, passatempo: *studiare per d.*; *non lavora per d. ma per guadagnare* | ***non è un d., che bel d., sai che d.*** e sim., con riferimento a cose piuttosto gravose: *non è un d. lavorare tutto il giorno* | ***buon d.!***, escl. di augurio (*anche iron.*) **SIN.** diletto, sollazzo **3** persona che diverte: *quello strano individuo era il d. dei ragazzi* **4** (*mus.*) composizione strumentale senza una forma prestabilita, di carattere gaio | nella fuga, sezione modulante di passaggio fra le varie riesposizioni del soggetto **SIN.** episodio

SFUMATURE ➤ ***gioco***

♦**divertìre** [fr. *divertir*, dal lat. *divĕrtere* (V. *diverso*) ✱ sec. XIV] **A** **v. tr.** (*io divèrto* o **lett.** *divertisco* **nel sign. 1**) **1** (*lett.*) volgere altrove, allontanare, distogliere (*anche fig.*): *d. la disputa*; *d. l'animo dalla cura*; *la poesia ci divertisce da molti delitti* (T. TASSO) **2** rallegrare qlcu. intrattenendolo o facendolo partecipare ad attività od occupazioni piacevoli (*anche assol.*): *d. un bambino con giochi e passatempi*; *è uno spettacolo che diverte* | procurare allegria, far ridere: *quel film mi ha divertito molto* **SIN.** dilettare, ricreare, svagare **3** (*milit.*) †fare una diversione **B** **v. intr.** (aus. *avere*) e **divertirsi** **v. intr. pron.** ● †allontanarsi, divergere (*anche fig.*) **C** **divertirsi** **v. rifl.** **1** occupare il proprio tempo in attività gradevoli e distensive, darsi ai passatempi, agli svaghi e sim.: *dopo tanto lavoro ha bisogno di divertirsi*; *non pensa ad altro che a divertirsi* | ***divertirsi con poco***, essere di gusti semplici, non avere troppe esigenze, quanto ai divertimenti | ***divertirsi alle spalle di qlcu., a spese di qlcu.***, prendersi gioco di qlcu., farsi beffe di qlcu. | provare gusto (+ *a* **seguito da inf.**): *non sai quanto mi diverta a farlo arrabbiare*; *si divertiva a versar per terra e disperdere l'acqua della scienza* (L. SCIASCIA) | ***divertirsi un mondo***, moltissimo, provare un gusto matto | provare allegria, ridere: *allo spettacolo di quel comico mi sono proprio divertito* SIN. dilettarsi, ricrearsi, svagarsi **2** (*est.*) darsi a esperienze spec. amorose senza assumersi impegni o responsabilità, come per gioco: *con lei vuole solo divertirsi*; *in gioventù si è divertito molto*

divertissement /fr. divɛʀtis'mɑ̃/ [vc. fr., propr. 'divertimento' ✱ 1972] **s. m. inv. 1** (*mus.*) divertimento **2** composizione letteraria o artistica caratterizzata dal libero sviluppo di un tema spec. di carattere giocoso

divertìto **part. pass.** di *divertire*; **anche agg. 1** nei sign. del v. **2** che rivela divertimento: *un'espressione, un'occhiata divertita*

divétta [fr. *divette*, dim. di *diva*, italianismo ✱ 1896] **s. f. 1** dim. di *diva* **2** cantante o attrice poco nota: *una d. in cerca di pubblicità*; *una parentesi galante di Claudio con una d. cinematografica* (G. Gozzano)

†**divettàre**① [comp. di *di-*① e *vetta* 'cima' ✱ 1297] **v. tr.** ● cimare un albero, una pianta e sim.

†**divettàre**② [comp. di *di-*① e *vetta* 'scamato' ✱ sec. XV] **v. tr.** ● scamatare, battere con lo scamato o vetta: *d. la lana*

†**divettatùra** [da *divettare*② ✱ 1559] **s. f.** ● operazione del divettare la lana

†**divettìno** [sec. XIV] **s. m.** ● battilano

divezzaménto [da *divezzare*① ✱ 1869] **s. m. 1** (*lett.*) perdita di un'abitudine **2** (*fisiol.*) svezzamento

divezzàre① [comp. parasintetico di *vezzo*, col pref. *di-*① ✱ 1268] **A v. tr.** (*io divézzo*) **1** (*lett.*) togliere un'abitudine, disavvezzare **2** (*med.*) ***d. un bambino***, slattarlo, sottoporlo al divezzamento **B divezzàrsi v. intr. pron.** ● (*raro*) perdere un'abitudine, disassuefarsi: *divezzarsi dal fumo*

†**divezzàre**② [comp. parasintetico di *vezzo* nel sign. 5, con il pref. *di-*① ✱ av. 1729] **v. tr.** ● privare qlcu. dei vezzi, dei gioielli

divezzatùra [da *divezzare*① ✱ 1913] **s. f.** ● (*disus.*) divezzamento

divézzo [1554] **agg.** ● (*pop.*) che è stato divezzato

†**diviàre** e deriv. ➤ **deviare** e deriv.

diviàto [da analizzare *di viato* (da *via*) ✱ sec. XIII] **agg.** ● (*raro*, *lett.*) ratto, spedito ‖ †**diviataménte**, **avv.** speditamente

dividèndo [vc. dotta, lat. tardo *dividĕndu(m)*, da *divĭdere* 'dividere' ✱ 1739] **s. m. 1** (*mat.*) primo termine della divisione | quantità o numero da dividere **2** (*econ.*) parte degli utili netti di una società per azioni distribuita annualmente fra gli azionisti | (*fig.*) vantaggio, ricaduta positiva: *incassare il d. di un comportamento corretto*

♦**divìdere** o †**dovìdere** [vc. dotta, lat. *divĭdere*, comp. di *dis-*① e **vĭdere*, di forma e sign. incerti ✱ av. 1250] **A v. tr.** (**pass. rem.** *io divìsi*, *tu dividésti*, **ecc.**; **part. pass.** *divìso*) **1** scomporre in parti un tutto: *d. il pane in fette*; *d. una torta in sei porzioni*; *d. uno specchio d'acqua in settori*; *d. il tempo in ore, minuti, secondi* | ripartire in gruppi, suddividere, frazionare e sim.: *divisero gli operai in varie squadre* | (*mat.*) eseguire una divisione: *d. 27 per 3* | classificare: *d. le piante in famiglie e specie* | ripartire: *d. un libro in capitoli e paragrafi*; *la commedia era divisa in tre atti* **2** separare, disgiungere una parte dall'altra: *d. la radice e la desinenza di una parola*; *d. due litiganti*; *una catena montuosa divide i due Stati* | (*fig.*) disunire, mettere in disaccordo: *d. la famiglia, gli animi*; *d. il popolo in opposte fazioni* **3** distinguere: *d. il bene dal male*; *d. il torto dalla ragione* **4** distribuire: *d. il bottino, la preda*; *d. gli utili tra i soci*; *d. un'eredità fra gli eredi* | ***d. il lavoro***, assegnare a ogni persona un compito determinato | ***d. qlco. con qlcu.***, spartirla: *ha diviso le sue ricchezze coi fratelli* **5** (*fig.*) condividere: *d. con qlcu. le gioie, i dolori*; *d. le gioie, i dolori di qlcu.* | ***non aver nulla da d. con qlcu.***, considerarsi e mantenersi estraneo alla sua vita, ai suoi pensieri e sim. SIN. spartire **B divìdersi v. tr. pron.** (**aus.** *essere*) ● (con valore recipr.) spartire qlco. con altri: *dividersi la preda, il bottino, il guadagno*; *La vedova e il figlio … si erano divisa la sostanza per metà* (A. Fogazzaro) **C divìdersi v. rifl. 1** allontanarsi, separarsi: *si è diviso dalla sua città e dalla famiglia*; *così dalla mia terra io mi divisi, / con quanto gaudio non ti potrei dire* (L. Ariosto) **2** distribuirsi in gruppi (+ *in*): *dividersi in sette, in fazioni* **3** dedicarsi a più attività, occuparsi contemporaneamente di più cose (+ *fra*): *si divide fra l'insegnamento e la politica* **D divìdersi v. rifl. recipr.** ● separarsi, detto dei coniugi che cessano la convivenza **E divìdersi v. intr. pron. 1** essere distinto in parti, periodi, gruppi, specie, categorie (+ *in*): *la preistoria si divide in varie epoche* **2** diramarsi (+ *in*): *qui la strada si divide in due* **3** (*raro*) fendersi, spaccarsi

SFUMATURE DI SIGNIFICATO

dividere - suddividere - spezzare - separare

Fare un tutto in due o in più parti si definisce generalmente **dividere**. Il verbo ha poi significati più specifici che coincidono con quello di **suddividere**, cioè ripartire in gruppi; **spezzare**, cioè ridurre una cosa in più pezzi; **separare**, cioè scomporre in parti allontanandole poi una dall'altra.

SFUMATURE ➤ ***distinguere***, ➤ ***frazionare***, ➤ ***smembrare***, ➤ ***spartire***

†**dividévole** [sec. XIV] **agg. 1** divisibile **2** sedizioso

†**dividitóre** [1362] **s. m.** (**f.** *-trice*); **anche agg.** ● chi (o che) divide

dividìvi [vc. delle Antille (*dividivi*, *dibidibi*) (?) ✱ 1874] **s. m. inv.** ● frutto di un arbusto dell'America centr. e merid. ricco di tannino e quindi usato come materia conciante (*Caesalpinia coriaria*)

†**dividuità** [vc. dotta, lat. tardo *dividuitāte(m)*, da *divĭduus* 'dividuo' ✱ 1673] **s. f.** ● divisibilità

†**divìduo** [vc. dotta, lat. *divĭduu(m)* 'diviso, divisibile', da *divĭdere* 'dividere' ✱ 1584] **agg.** ● divisibile, separabile

†**divietagióne** [1355] **s. f.** ● divieto

†**divietaménto** [1303 ca.] **s. m.** ● proibizione, divieto

†**divietàre** [comp. di *di-* rafforz. e *vietare* ✱ 1282] **v. tr. 1** vietare, proibire **2** impedire **3** cacciare, escludere

divièto [da *divietare* ✱ 1261 ca.] **s. m. 1** proibizione, disposta da una legge, un regolamento o un'autorità, di determinati atti o comportamenti: *porre, mettere un d.*; *d. di sosta, di transito*; *rispettare, osservare, non osservare il d.* | correntemente, proibizione: *i divieti della morale* | ***far d.***, proibire, vietare: *a tutti è fatto d. di entrare* | †***aver d.***, essere proibito; essere impedito SIN. proibizione **2** (*raro*, *lett.*) impedimento, ostacolo: *questa volta il d. è vinto dal dovere* (V. Monti)

SFUMATURE ➤ ***inibizione***

†**divinàle** [vc. dotta, lat. tardo *divināle(m)*, da *divīnus* 'divino' ✱ av. 1306] **agg.** ● divino ‖ †**divinalménte**, **avv.** per opera divina

divinaménto [1275] **s. m.** ● (*raro*) presagio risultante dalla pratica divinatoria

divinàre [vc. dotta, lat. *divināre*, da *divīnus* 'relativo a dio' ✱ 1258] **v. tr. 1** indovinare, predire il futuro mediante le tecniche divinatorie **2** (*lett.*) presagire | (*raro*, *est.*) intuire, immaginare

divinatóre [vc. dotta, lat. tardo *divinatōre(m)*, da *divinātus* 'divinato' ✱ 1287] **s. m.** (**f.** *-trice*); **anche agg. 1** (*raro*) chi (o che) esercita la divinazione SIN. mago, indovino **2** (*lett.*) chi (o che) prevede o intuisce il futuro: *mente divinatrice*

divinatòrio [1354] **agg.** (**pl. m.** *-i* o *raro -ii*) **1** relativo alla divinazione | ***arte, facoltà divinatoria***, capacità paranormale di conoscere il futuro o il presente ignoto **2** profetico: *istinto d.*

divinazióne [vc. dotta, lat. *divinatiōne(m)*, da *divinātus* 'divinato' ✱ 1308] **s. f. 1** nelle religioni superiori e primitive, arte con cui si cerca di scoprire gli avvenimenti futuri o quelli presenti ignoti, attraverso l'esame dei segni che esprimono la volontà degli dei **2** (*est.*) predizione

†**divincolàbile** [av. 1704] **agg.** ● che si può divincolare

divincolaménto [av. 1519] **s. m.** ● il divincolarsi

divincolàre [comp. di *di-*① e *vincolare* ✱ av. 1400] **A v. tr.** (*io divìncolo*) ● (*raro*, *lett.*) muovere in qua e in là, dimenare | (*raro*) districare, liberare: *Elena divincolò le dita* (C. Pavese) **B v. intr.** (**aus.** *essere*) **1** (*raro*) guizzare, detto di serpenti, anguille e sim. **2** (*raro*, *lett.*) tentennare, vacillare **C divincolàrsi v. rifl.** ● dimenarsi, contorcersi: *divincolarsi per sciogliere i legami*; *quella serpe che lacerata e pesta … si va pur tuttavia divincolando* (G. Galilei) | sciogliersi, liberarsi: *riuscì a divincolarsi dai due aggressori*

divincolìo [1875] **s. m.** (**pl.** *-ii*) ● divincolamento continuato

diving /'daivin(g), *ingl.* 'daɪvɪŋ/ [vc. ingl., dal v. *to dive* 'immergersi' ✱ 1986] **s. m. inv.** ● immersione subacquea in apnea o con autorespiratore

divinis, a ➤ **a divinis**

divinità o †**divinitàde**, †**divinitàte** [vc. dotta, lat. *divinitāte(m)*, da *divīnus* 'proprio del dio' ✱ 1261 ca.] **s. f. inv. 1** natura, essenza divina: *gli antichi stimarono la d. e l'umanità potersi congiungere … in un solo subbietto* (G. Leopardi) CFR. teo- **2** essere divino, dio: *le d. pagane* **3** (*fig.*, *raro*) caratteristica di chi (o di ciò che) è divino, sublime: *la d. della poesia dantesca* **4** †scienza teologica: *i maestri, i dottori in d.* **5** †arte o facoltà divinatoria

diviniżżàre [fr. *diviniser*, da *divin* 'divino' ✱ 1677] **A v. tr. 1** rendere o considerare divino, collocare fra le divinità: *d. le forze della natura*; *gli antichi divinizzarono molti eroi* **2** (*fig.*) celebrare, esaltare come persona o cosa divina: *d. un poeta*; *d. l'arte* **B diviniżżàrsi v. rifl.** ● assumere un carattere divino ‖ **diviniżżazióne**, **s. f.**

♦**divìno** [vc. dotta, lat. *divīnu(m)*, da *dīvus* 'dio' ✱ av. 1250] **A agg. 1** di Dio, relativo a Dio o agli dei: *bontà, volontà, misericordia divina*; *i divini attributi di Giove*; *il nettare d.* | ***scienza divina***, la teologia **2** che ha natura di divinità, che partecipa della divina perfezione: *un essere d.*; *una creatura divina* SIN. celeste **3** che è degno di Dio o degli dei: *tributare a qlcu. onori divini* **4** che proviene da Dio, che è voluto o ispirato da Dio: *perdono d.*; *grazia divina*; *subire il castigo d.*; *ascoltare la parola divina* | ***Divina Scrittura***, la Bibbia **5** (*fig.*) eccellente, straordinario, sovrumano: *arte, bellezza, poesia divina*; *ogni aura tace al suo parlar d.* (A. Poliziano) | ***il D. Poeta***, (*per anton.*) Dante | (*iperb.*) bellissimo: *hai un vestito d.*; *oggi sei divina!* | (*iperb.*) squisito: *una cena divina* **6** †che indovina, predice ‖ **divinaménte**, **avv. 1** in modo divino, degno di Dio **2** (*est.*) in modo eccellente, straordinario **B s. m. 1** essenza o natura divina: *la collisione tra il satanico e il d.* (F.

De Sanctis) **2** (*raro*) ciò che riguarda la divinità: *conoscere il d.* **3** (**f.** *-a*) persona di bellezza, fascino o capacità eccezionali | (*per anton.*) ***la divina, il d.***, appellativo di attrici, attori, cantanti, artisti e sim. **4** †indovino, vate

divìṣa① [da *divisare*① ✱ av. 1292] **s. f. 1** †divisione, ripartizione | ***fare d. da qlcu., da qlco.***, separarsene, allontanarsene | (*tosc.*) ***fare la d.***, dividere i prodotti agricoli fra proprietario e mezzadro o contadino **2** (*fig.*) †discordia **3** (*raro*) scriminatura: *l'avevano pettinata alla moda, colla divisa in mezzo* (G. Verga)

♦**divìṣa**② o †**dovìṣa** [da *diviso*, perché originariamente veste *divisa* in più colori ✱ av. 1375] **s. f. 1** abito di varia foggia e colore, un tempo comune a tutti i membri di una casata, di una confraternita, di un'associazione e sim. | livrea: *la d. dei camerieri* **2** uniforme: *la d. degli alpini, degli aviatori, dei carabinieri* | nelle attività sportive, complesso degli indumenti che si devono indossare in osservanza al regolamento **3** (*arald.*) frase allegorica scritta su un nastro, posto sotto lo scudo: *la d. della famiglia è 'ad augusta per angusta'* **4** †sembianza **5** †modo, maniera

divìṣa③ [fr. *devise*, dal più ant. sign. di 'insegna, iscrizione' (?) ✱ 1892] **s. f.** ● (*econ.*) credito o titolo di credito in moneta estera | ***d. convertibile***, valuta convertibile

diviṣaménto [da *divisare*② ✱ 1261 ca.] **s. m.** ● (*lett.*) il divisare | proposito, progetto

†**diviṣàre**① [lat. parl. **divisāre*, intens. di *divĭdere* 'dividere' ✱ av. 1250] **v. tr. 1** dividere, separare **2** discernere, distinguere **3** distribuire

diviṣàre② o †**deviṣàre** [fr. *deviser*, dal lat. parl. **divisāre*; cfr. *divisare*① ✱ av. 1257] **v. tr. 1** (*lett.*) proporsi, stabilire: *divisò di partire al più presto; quello che Pietro si divisasse a sodisfacimento di tutti ..., m'è uscito di mente* (G. Boccaccio) **2** (*lett.*) immaginare, pensare: *d. qlco. tra sé* **3** (*lett.*) esporre, descrivere minutamente

divìṣi ➤ **dividere**

diviṣìbile [vc. dotta, lat. tardo *divisĭbile(m)*, da *divīsus* 'diviso①' ✱ av. 1328] **agg. 1** che si può dividere | (*dir.*) ***obbligazione d.***, in cui la prestazione si può ridurre in parte per sua natura o per volontà delle parti | (*dir.*) ***cosa d.***, riducibile in parti senza che sia del tutto alterata la destinazione economico-sociale **2** (*mat.*) che si può dividere esattamente, cioè con resto nullo: *il 16 non è d. per 7* ‖ †**diviṣibilménte**, **avv.** ‖ **diviṣibilità**, **s. f. inv.**

diviṣionàle [da *divisione* ✱ 1869] **agg. 1** (*milit.*) che concerne la divisione **2** detto di moneta che rappresenta una frazione di unità monetaria

diviṣionàrio [1797] **A agg.** ● di divisione | ***moneta divisionaria***, divisionale **B s. m.** ● (*milit.*) generale comandante di una divisione dell'esercito svizzero

♦**diviṣióne** [vc. dotta, lat. *divisiōne(m)*, da *divīsus* 'diviso①' ✱ 1261 ca.] **s. f. 1** il dividere | scomposizione in parti, settori, periodi, classi e sim.: *la d. di una parola in sillabe, di un libro in capitoli, di una provincia in comuni; la d. della preistoria in varie epoche* | distribuzione: *la d. del bottino, degli utili* | ripartizione: *d. di un terreno in lotti* | ***d. del lavoro***, organizzazione industriale del lavoro basata sulla specializzazione del singolo lavoratore e sulla parcellizzazione delle mansioni **2** separazione: *d. dei coniugi; d. dei contendenti; linea di d.; il torrente indica la d. fra i due terreni* | (*fig.*) distinzione: *d. fra bene e male* | ***d. dei poteri***, principio secondo cui i poteri dello Stato appartengono ad organi distinti, senza interferenze | (*fig.*) disaccordo, disunione: *le divisioni all'interno delle forze di maggioranza* **3** (*dir.*) scioglimento della comunione mediante assegnazione in proprietà, a ciascuno dei contitolari, di una parte dei beni comuni: *d. consensuale, giudiziale* **4** (*mat.*) operazione inversa della moltiplicazione per cui, dati due numeri, detti dividendo e divisore, se ne ottiene un terzo, detto quoziente, che moltiplicato per il divisore dà il dividendo **5** (*elettron.*) ***d. di frequenza***, operazione, eseguita mediante un divisore di frequenza, che fa passare da un segnale periodico avente una frequenza data a uno avente una frequenza sottomultipla della prima **6** (*bot.*) la categoria più elevata della sistematica vegetale, comprendente tutte le piante che possono ritenersi filogeneticamente collegate | (*biol.*) ***d. cellulare indiretta***, cariocinesi **7** (*milit.*) grande unità dell'esercito e dell'aviazione, composta da più brigate e comandata da un generale di divisione: *d. di fanteria, corazzata; il serpente verdegrigio delle divisioni naziste* (P. Levi) | in marina, gruppo di navi militari per lo più omogenee: *d. di cacciatorpediniere, d'incrociatori* **8** (*lett.*) nella retorica, distribuzione in varie parti dell'argomento di un discorso | nell'antica esegesi, suddivisione di un capitolo o di un canto di un'opera letteraria prima di iniziare a chiosarne parole e frasi **9** ripartizione interna di un ministero o di altra amministrazione pubblica, comprendente più sezioni o più uffici **10** nei campionati di calcio e sim., raggruppamento di squadre in base al valore | ***massima d.***, quella di serie A **11** (*mus.*) scomposizione della battuta nei suoi tempi

diviṣionìṣmo [dalla *divisione* dei colori nei loro elementi, escludendone l'impasto ✱ 1908] **s. m.** ● movimento pittorico sorto in Italia verso la fine del sec. XIX parallelamente al puntinismo francese, con il quale condivide la tecnica basata sulla scomposizione del colore in piccole pennellate di colori fondamentali **CFR.** puntinismo

diviṣionìsta [av. 1910] **A s. m. e f.** (**pl. m.** *-i*) ● pittore che pratica il divisionismo **B** anche **agg.** ● divisionistico: *pittura divisionista*

diviṣionìstico [1922] **agg.** (**pl. m.** *-ci*) ● relativo al divisionismo: *tecniche divisionistiche*

diviṣìvo [vc. dotta, lat. tardo *divisīvu(m)*, da *divīsus* 'diviso①' ✱ 1374] **agg.** ● che divide: *linea divisiva* | che è atto a dividere: *questione divisiva*

diviṣmo [da *divo*② ✱ 1929] **s. m. 1** fenomeno per cui i personaggi famosi del cinema, della canzone, dello sport e dello spettacolo in genere diventano oggetto dell'entusiasmo acritico del pubblico **2** comportamento capriccioso, eccentrico e presuntuoso ostentato, spec. nei contatti con il pubblico, da personaggi noti o famosi del mondo dello spettacolo, dello sport e sim.

diviṣo① **part. pass.** di *dividere*; anche **agg. 1** scomposto in parti | separato: *i tuoi genitori sono divisi* | (*fig.*) indeciso: *animo, cuore d.* | (*lett.*) ***vivere d. dal mondo***, lontano da tutti, appartato **2** (*mat.*) indica l'operazione della divisione (e si rende graficamente con il segno ':' oppure '÷' oppure '/'): *sedici d. (per) quattro* **SIN.** fratto **3** (*fig.*) discorde: *pareri divisi* ‖ †**diviṣaménte**, **avv.** separatamente

†**diviṣo**② [vc. dotta, lat. *divīsu(m)*, s. del part. pass. di *divĭdere* 'dividere' ✱ av. 1363] **s. m.** ● divisione | †***in d.***, separatamente | †***per non d.***, in comune

†**diviṣo**③ [adattamento dell'ant. fr. *devis* 'opinione', da *deviser* 'divisare, pensare' ✱ av. 1294] **s. m.** ● divisamento, pensiero

diviṣóre [lat. *divisōre(m)*, da *divīsus* 'diviso①' ✱ 1363] **A s. m.** (**f.** *raro dividitrice*); anche **agg.** ● (*raro*) chi (o che) divide **B s. m. 1** (*mat.*) secondo termine di una divisione, numero che divide il dividendo | ente per il quale l'ente dato è divisibile | ***comun d.***, divisore di tutti gli enti dati | ***massimo comun d.***, di più numeri, massimo fra i loro divisori comuni; di più polinomi, polinomio di grado massimo fra i divisori comuni **2** nelle lavorazioni meccaniche, apparecchio atto a dividere una circonferenza in un numero esatto di parti uguali **3** (*elettron.*) ***d. di frequenza***, oscillatore che effettua la divisione di frequenza

diviṣòrio [1354] **A agg.** (**pl. m.** *-i* o *raro -ii*) ● che serve a dividere: *muro d.* **B s. m.** ● elemento che divide, separa e sim.: *il d. delle acque; la stanza era tagliata in due da un d.*

divìstico [da *divo*② ✱ 1936] **agg.** (**pl. m.** *-ci*) ● di divismo | da divo, da diva: *modi, atteggiamenti divistici*

†**divìza** ➤ **dovizia**

†**divìzia** e deriv. ➤ **dovizia** e deriv.

divo① [vc. dotta, lat. *dīvu(m)* 'dio', di orig. indeur. ✱ 1321] **A agg. 1** (*lett.*) divino | magnifico, illustre: *il d. Augusto* **2** (*poet.*) risplendente, scintillante: *bello il tuo manto, o d. cielo, e bella / sei tu, rorida terra* (G. Leopardi) **B s. m.** (**f.** *-a* (**V.**)) ● (*lett.*) dio, nume

divo② [da *divo*①, ma modellato sul f. *diva*, che per primo ha assunto tale senso ✱ 1896] **s. m.** (**f.** *-a* (**V.**)) ● artista famoso, personaggio molto popolare: *un d. del cinema, della canzone, della televisione*

†**divo**③ ➤ †**dive**

†**divolgàre** e deriv. ➤ **divulgare** e deriv.

†**divòlgere** [adattamento su *avvolgere* dal lat. *devŏlvere* 'voltare (*vŏlvere*) in giù (*dē-*)' ✱ av. 1389] **v. tr. 1** volgere, travolgere **2** (*fig.*) distogliere, allontanare

†**divòlto** **part. pass.** di †*divolgere*; anche **agg.** ● nei sign. del v.

divoraménto o †**devoraménto** [1333] **s. m.** ● (*raro, lett.*) il divorare; il venire divorato

†**divoramónti** [comp. di *divora(re)* e il pl. di *monte* ✱ 1618] **s. m. inv.** ● (*scherz.*) spaccone, millantatore

♦**divoràre** o †**devoràre** [vc. dotta, lat. *devorāre*, comp. di *dē-* e *vorāre* 'divorare', di orig. indeur. ✱ 1266] **A v. tr.** (*io divóro*) **1** mangiare con grande avidità, detto degli animali spec. feroci: *la belva divorò la preda* | (*est.*) mangiare voracemente, inghiottendo il cibo in fretta, senza quasi masticarlo: *ha letteralmente divorato la cena* | anche in forma pron. (con valore intens.): *s'è divorato un piatto enorme di pasta* **2** (*fig.*) †depredare, distruggere, soggiogare: *d. popoli, città; l'ambizione ... soffia in cuor de' potenti, incitandoli a d. i vicini* (L.A. Muratori) **3** (*fig.*) distruggere, consumare, detto di fuoco, malattia, passione e sim.: *le fiamme divorarono l'edificio in breve tempo; la febbre lo divora; è divorato dall'odio* **4** (*fig.*) scialacquare, dilapidare: *sta divorando le poche sostanze del padre* **5** (*fig.*) leggere con grande interesse, tutto d'un fiato: *d. un libro, un romanzo; presto avrai divorato l'intera biblioteca!* **6** (*fig.*) percorrere a tutta velocità: *d. la strada; divorò i pochi metri che lo separavano da casa* **7** (*fig.*) fissare qlcu. o qlco. con grande intensità, mostrando apertamente il desiderio, la passione e sim.: *d. il cibo con gli occhi; la divorava con lo sguardo* **B divoràrsi v. intr. pron.** ● (*fig.*) struggersi, consumarsi: *divorarsi dalla rabbia, dal desiderio*

divoratóre o †**devoratóre** [vc. dotta, lat. tardo *devoratōre(m)*, da *devorātus* 'divorato' ✱ 1275] **A agg.** (**f.** *-trice*) ● che divora (*spec. fig.*): *fuoco d.; febbre divoratrice; angoscia divoratrice dell'anima* **B s. m.** (**f.** *-trice*) ●

gran mangiatore, persona estremamente ingorda e golosa: *un d. di dolci* | (*fig.*) ***d. di libri***, lettore avido e instancabile

†**divorazióne** o †**devorazióne** [vc. dotta, lat. *devoratiōne(m)*, da *devorātus* 'divorato' ✱ av. 1334] **s. f.** ● (*raro*) divoramento

†**divóro** [da *divorare* ✱ av. 1388] **s. m.** ● (*raro*) divoramento

divorziàle [da *divorzio* ✱ 1786] **agg.** ● (*raro*) relativo a divorzio ‖ **divorzialità**, **s. f. inv.** (*stat.*) frequenza dei divorzi in una popolazione

divorziàndo [da *divorzi(are)*, con il suff. *-ando* ✱ 1902] **agg. e s. m.** (**f.** *-a*) ● (*burocr.*) che (o chi) è in procinto di divorziare

divorziàre [fr. *divorcer*, adattato prima in *divorzare*, poi, nella forma attuale, per analogia su *divorzio* ✱ 1796] **v. intr.** (*io divòrzio*; **aus.** *avere*) ● fare divorzio: *ha divorziato di recente*; *hanno divorziato un anno fa* | (*est.*) dividersi, allontanarsi da cose o persone alle quali si era legati (*spesso scherz.*): *dopo una lunga amicizia, hanno divorziato*

divorziàto **A** **part. pass.** di *divorziare*; anche **agg.** ● nei sign. del v. **B** **s. m.** (**f.** *-a*) ● chi ha sciolto il matrimonio mediante divorzio

divorzìle [1985] **agg.** ● relativo a divorzio | ***assegno d.***, somma che uno dei due coniugi è tenuto a versare all'altro in caso di divorzio

divòrzio o (*poet.*) †**divòrzo** [vc. dotta, lat. *divŏrtiu(m)*, da *divĕrtere* 'volgere (*vĕrtere*) verso un'altra parte (*dis-*)' ✱ av. 1372] **s. m.** ● (*dir.*) scioglimento del matrimonio durante la vita dei coniugi: *chiedere, ottenere, concedere, negare il d.* | (*est.*) separazione, scissione: *il suo d. dall'ambiente accademico è stato senza rimpianti*; *il d. dei due partiti è un fatto scontato*

divorzìsmo [1933] **s. m.** ● atteggiamento di chi è divorzista

divorzìsta [1901] **A** **s. m. e f.** (**pl. m.** *-i*) **1** chi sostiene l'introduzione del divorzio in ordinamenti giuridici nei quali non è ammesso **2** avvocato esperto in cause di divorzio **B** **agg.** ● divorzistico

divorzìstico [1965] **agg.** (**pl. m.** *-ci*) **1** relativo al divorzio **2** relativo al divorzismo e ai divorzisti

†**divòrzo** ➤ **divorzio**

†**divòto** ➤ **devoto**

†**divozióne** ➤ **devozione**

divulgàbile [1966] **agg.** ● che si può divulgare ‖ **divulgabilità**, **s. f. inv.**

divulgaménto o †**divolgaménto** [av. 1294] **s. m.** ● (*lett.*, *raro*) divulgazione

divulgàre o †**divolgàre** [vc. dotta, lat. *divulgāre*, comp. di *dis-* 'dis-①' e *vulgāre* 'spandere tra la folla (*vŭlgus*)' ✱ 1293 ca.] **A** **v. tr.** (*io divùlgo, tu divùlghi*) **1** rendere noto a tutti un fatto, un avvenimento, un segreto e sim.: *d. una notizia per danneggiare una persona* **SIN.** diffondere **2** rendere comprensibili a una vasta cerchia di persone concetti artistici, letterari o scientifici esponendoli in modo semplice e chiaro: *d. i principi della fisica moderna* **SIN.** volgare **B** **divulgàrsi** **v. intr. pron.** ● spargersi, diffondersi: *la chiacchiera si è divulgata velocemente* | entrare nell'uso comune: *questo francesismo si è divulgato dappertutto*

divulgatìvo [1921] **agg.** ● di divulgazione, che ha lo scopo di divulgare: *un testo, un manuale d.*; *scritti scientifici divulgativi*

divulgatóre o †**divolgatóre** [vc. dotta, lat. tardo *divulgatōre(m)*, da *divulgātus* 'divulgato' ✱ av. 1516] **s. m.** (**f.** *-trice*); anche **agg.** **1** chi (o che) divulga: *un d. di notizie infondate* **2** chi (o che) fa opera di divulgazione: *d. di conoscenze mediche*

divulgazióne o †**divolgazióne** [vc. dotta, lat. tardo *divulgatiōne(m)*, da *divulgātus* 'divulgato' ✱ 1584] **s. f.** **1** diffusione di una notizia, un segreto e sim.: *d. di notizie false e tendenziose*; *d. di un segreto militare* **2** esposizione di argomenti spec. scientifici in modo accessibile a tutti: *un libro di d. scientifica*

divulsióne [vc. dotta, lat. *divulsiōne(m)*, da *divŭlsus*, part. pass. di *divĕllere* 'strappar (*vĕllere*) via (*dis-*)' ✱ 1499] **s. f.** ● (*med.*) dilatazione forzata di orifizio o canale: *d. anale*

divùlso **part. pass.** di *divellere*; anche **agg.** ● (*raro*) nei sign. del v.

divulsóre [1874] **s. m.** ● (*med.*) strumento per la divulsione

dìxieland /ˈdiksiland, -lend, *ingl.* ˈdɪksɪˌlænd/ [dal luogo di provenienza, gli 'stati del Sud', chiamati con una espressione di orig. incerta *Dixie(land)* 'la terra (*land*) di *Dixie* (soprannome dei neri)', quindi 'la terra dei neri' ✱ 1950] **s. m. inv.** ● (*mus.*) jazz bianco tradizionale, sorto a New Orleans e diffusosi successivamente a Chicago e a New York

dìxit /*lat.* ˈdiksit/ [vc. verb. lat., propr. 'disse' ✱ 1985] **vc. verb.** ● (*iron.*) così disse, così ha detto; espressione preceduta dal nome della persona della quale si riporta un'affermazione troppo perentoria

dizigòte [comp. di *di-*② e *zigote* ✱ 1997] **A** **s. m.** ● (*biol.*) ognuno dei due gemelli che si sviluppano dalla fecondazione di due cellule uovo **B** **agg.** ● (*biol.*) dizigotico

dizigòtico [comp. di *di-*② e *zigote*, con suff. aggettivale ✱ 1956] **agg.** (**pl. m.** *-ci*) ● (*biol.*) biovulare

♦**dizionàrio** [lat. mediev. *dictionāriu(m)*, dal lat. class. *dĭctio*, genit. *dictiōnis* 'dizione' (cfr. *vocabolario*) ✱ av. 1555] **s. m.** ● opera che presenta il lessico di una o più lingue, raccolto in ordine alfabetico e corredato di un determinato numero di informazioni (pronuncia, etimologia, categoria grammaticale, definizione o traduzione, esempi d'uso), o anche i termini relativi a un determinato settore specialistico, a una scienza, un'arte e sim.: *d. della lingua italiana*; *d. monolingue*; *d. bilingue*; *d. giuridico*; *d. di informatica, di geologia, di musica*; *d. enciclopedico* **SIN.** vocabolario ‖ **dizionariétto**, **dim.**

dizionarìsta [fr. *dictionnariste*, da *dictionnaire* 'dizionario' ✱ av. 1787] **s. m. e f.** (**pl. m.** *-i*) ● chi compila dizionari **SIN.** lessicografo

dizionarìstica [f. sost. di *dizionaristico* ✱ sec. XX] **s. f.** ● lessicografia

dizionarìstico [2004] **agg.** (**pl. m.** *-ci*) ● di dizionarista; lessicografico, vocabolaristico: *attività dizionaristica*

dizióne [vc. dotta, lat. *dictiōne(m)*, da *dīcere* 'dire' ✱ 1304] **s. f.** **1** (*lett.*) recitazione: *una pubblica d. di poesia* **2** modo chiaro e corretto di pronunciare le parole: *corso di d.*; *è un bravo attore, ma non ha una buona d.* **3** (*lett.*) discorso, frase, parola | locuzione: *una d. tipica del Meridione* **4** †autorità, potestà, dominio

SFUMATURE DI SIGNIFICATO

dizione - pronuncia

Dizione è propriamente la maniera di pronunciare le parole e, in senso più specifico, il modo corretto e chiaro di pronunciarle. **Pronuncia** è sinonimo di *dizione* nella prima accezione qui ricordata, tuttavia il termine designa anche l'insieme di elementi fonici e di ritmo che caratterizzano una lingua o un dialetto.

dj /diˈdʒɛi, *ingl.* ˈdiːdʒeɪ/ [1985] **s. m. e f. inv.** ● sigla di *disc jockey*

djembé /dʒamˈbe, *fr.* ʒɑ̃ˈbe/ [n. locale ✱ 1992] **s. m. inv.** (**pl. portog.** *djembés*) ● strumento a percussione originario dell'Africa centro-occidentale, costituito da una cassa a forma di calice, ricavata da un tronco scavato, chiusa a una delle due estremità da una membrana che viene percossa con le mani

DNA /dienneˈa*/ [sigla dell'ingl. *DeoxyriboNucleic Acid* 'acido deossiribonucleico' ✱ 1970] **s. m. inv.** **1** (*biol.*) acido deossiribonucleico, che si trova quasi esclusivamente nel nucleo delle cellule ed è portatore dei fattori ereditari | ***DNA ricombinante***, V. *ricombinante* **2** (*fig.*) matrice di un'identità culturale, personale, comportamentale: *il DNA di un partito*; *è una scelta scritta nel suo DNA*

♦**do**① /dɔ*, dɔ/ [etim. discussa ✱ 1536] **s. m. inv.** ● (*mus.*) prima nota dell'unica scala diatonica senza alterazioni in chiave **CFR.** ut, gammaut | ***do centrale***, il primo al di sotto del la del diapason | ***do di petto***, quello un'ottava sopra il do centrale; cantato dai tenori a voce piena, ne testimonia tradizionalmente la bravura; (*fig.*) il punto più alto, il culmine di qlco.: *quel poema fu il do di petto della sua produzione letteraria* (V. nota d'uso ACCENTO)

†**do**② ➤ †**doh**

do③ ➤ **dare**①

†**do'** /do/ [per *dove*] **avv.** ● forma tronca di *dove*

†**doàgio** ➤ †**duagio**

†**doàna** ➤ **dogana**

doàrio ➤ **dovario**

dobbiàmo ➤ **dovere**①

†**dóbbra** ➤ **dobla**

†**dobbràre** ➤ †**doblare**

dòbermann /ˈdɔberman, *ted.* ˈdoːbʌˌman/ [ted. *Dobermann(pinscher)* '(griffone) Dobermann'; dal n. dell'allevatore che l'ottenne per incrocio di un griffone con un pastore ted. ✱ 1919] **s. m. inv.** (**pl. ted.** *Dobermanns* o *Dobermänner*) ● cane da guardia e da difesa di taglia media con corpo snello e vigoroso, pelo corto e lucido e muso appuntito

dóbla (o **-ò-**) o †**dóbbra** [sp. *dobla*, propr. 'doppia', perché in orig. valeva il doppio di uno scudo ✱ sec. XIV] **s. f.** **1** moneta d'oro spagnola, coniata per la prima volta nel XIV sec. da Alfonso XI di Castiglia **2** (*lett.*) moneta d'oro in genere: *facea nascer le doble a diece a diece* (L. ARIOSTO)

†**doblàre** o †**dobbràre** [fr. ant. *dobler* 'raddoppiare' ✱ av. 1294] **v. tr.** ● raddoppiare, duplicare

†**dóblo** [ant. fr. *doble*, dal lat. *dŭplus* 'doppio' ✱ av. 1294] **agg.** ● doppio ‖ †**doblaménte**, **avv.** doppiamente

doblóne [sp. *doblón*, accr. di *dobla* 'dobla' ✱ 1651] **s. m.** ● moneta spagnola d'oro del valore di due scudi d'oro, coniata a partire dal XVI sec.

doc /dɔk/ [sigla di *d(enominazione di) o(rigine) c(ontrollata)* ✱ 1985] **A** **agg. inv.** **1** detto di vino o di altro prodotto provvisto di un contrassegno che ne garantisce la zona di produzione: *Chianti doc* **2** (*fig.*, *scherz.*) genuino, autentico: *milanesi doc*; *intellettuale doc* | molto buono, di gran pregio: *un film doc* **B** **s. m. inv.** ● vino o prodotto doc **C** **s. f. inv.** ● (spec. con iniziale maiuscola) qualifica che garantisce la denominazione d'origine controllata: *un vino che ha ottenuto la Doc*

♦**dóccia** [etim. incerta ✱ 1282] **s. f.** (**pl.** *-ce*) **1** (*archit.*) canale in terracotta, lamiera o cemento armato che, partendo dalla grondaia di un tetto, sporge dal muro del fabbricato per scaricare con un getto esterno l'acqua piovana **2** canale inclinato per convogliare l'acqua contro le pale della ruota di un mulino | (*est.*, *raro*) canale in genere | ***a d.***, detto di scalpello con scanalatura mediana **3** impianto idraulico usato nei locali da bagno per ottenere un'uniforme distribuzione a spruzzo dell'acqua sul corpo | (*est.*) locale, o parte di esso, in cui si trova tale impianto: *una d. rivestita di piastrelle azzurre* | (*est.*)

bagno fatto con tale sistema: *fare, farsi la d.*; *d. fredda, tiepida, calda* | ***d. fredda***, (*fig.*) notizia o avvenimento che giunge improvviso a spegnere ogni precedente entusiasmo | ***d. scozzese***, fatta alternando acqua calda e acqua fredda; (*fig.*) successione rapida e violenta di eventi piacevoli e spiacevoli | †***bere a d.***, a garganella **4** (*med.*) apparecchio ortopedico modellato in gesso o in plastica, di forma incavata, usato per immobilizzare un arto **5** (*zool.*) ***d. esofagea***, nei Ruminanti, parte dello stomaco per cui l'omaso comunica con l'esofago ‖ **doccétta**, **dim.** ‖ **doccìno**, **dim. m.** rubinetto con doccia collegata a un tubo flessibile

docciàre [da *doccia* ✱ av. 1333] **A** **v. tr.** (**pres.** *io dóccio*; **fut.** *io doccerò*) ● (*raro, lett.*) versare l'acqua su una persona o una cosa come da una doccia **B** **v. intr.** (**aus.** *essere* **se il soggetto è il liquido,** *avere* **se il soggetto è il recipiente**) ● †gocciare, stillare **C** **docciàrsi** **v. rifl.** ● (*raro*) fare la doccia

Docciaschiùma® [comp. di *doccia* e *schiuma* ✱ 1996] **s. m. inv.** ● prodotto adatto a essere usato facendo la doccia per la schiuma saponosa che produce mescolandosi con l'acqua

docciatùra [av. 1566] **s. f.** ● (*raro*) doccia o serie di docce, spec. a scopo curativo

†**dóccio** [etim. incerta ✱ av. 1494] **s. m.** **1** doccia **2** doccione

doccionàta [av. 1873] **s. f.** ● condotto formato di doccioni

doccióne [etim. discussa: lat. *ductiōne(m)* 'condotto (d'acqua)' con sovrapposizione d'altra parola (?) ✱ 1340 ca.] **s. m.** **1** (*archit.*) parte terminale della grondaia che serve a scaricare l'acqua lontano dai muri, consistente talora, spec. in palazzi antichi, in un'opera di scultura con figure grottesche o di animali | tubo collegato alla grondaia, che scarica le acque piovane a terra **2** (*raro*) nell'alpinismo, colatoio

docènte [vc. dotta, lat. *docĕnte(m)*, part. pres. di *docēre* 'insegnare' ✱ av. 1803] **A** **agg.** ● che insegna: *il personale d.* **B** **s. m. e f.** ● insegnante, professore: *d. di matematica* **CFR.** non docente

docènza [vc. dotta, lat. tardo *docĕntia(m)* 'dottrina', da *docēre* 'insegnare' ✱ 1880] **s. f.** ● titolo e professione di docente: *ottenere la d. in latino* | ***libera d.***, titolo, soppresso nel 1971, che abilitava a tenere corsi presso l'Università o istituti superiori

docére o **dòcere** [vc. dotta, lat. *docēre*, di orig. indeur. ✱ sec. XIII] **v. tr.** (**difett. usato solo nella terza pers. sing. del pres. indic.** *dòce*, **nel gerund.** *docèndo* **e nel part. pass.** *dòtto*) ● (*lett., poet.*) insegnare

dòcet [vc. lat., terza pers. sing. dell'indic. pres. del v. *docēre* 'insegnare' ✱ av. 1883] **vc. verb.** ● (posposto a un sost.) insegna, ammaestra: *Umberto Eco d.: un serio studioso può diventare un grande romanziere*

docèta [vc. dotta, lat. eccl. *Docētae* (nom.), dal gr. *Dokētái*, propr. 'i credenti (che il corpo di Cristo fosse un fantasma)', da *dokêin* 'sembrare, credere' ✱ 1825] **s. m. e f.** (**pl. m.** *-i*) ● seguace del docetismo

docetìṣmo [da *doceta* ✱ 1869] **s. m.** ● dottrina eretica dei primi secoli del cristianesimo, secondo la quale il corpo di Cristo era soltanto apparenza

docetìsta [1970] **s. m. e f.** (**pl. m.** *-i*) ● doceta

✱**dòcile** [vc. dotta, lat. *dŏcile(m)*, propr. 'che si può istruire (*docēre*)' ✱ 1261 ca.] **agg.** **1** (*lett.*) che apprende senza sforzo: *un'intelligenza d. e ricettiva* **2** che si piega con facilità alla volontà altrui, arrendevole, ubbidiente: *bambino, carattere d.*; *essere d. ai comandi, ai consigli di qlcu.* | mansueto: *animale d.*; *essere d. come un agnello* **SIN.** cedevole, remissivo **3** (*fig.*) che si può usare, manovrare, maneggiare, lavorare e sim. con molta facilità: *strumento d.*; *macchina, nave d. ai comandi*; *materiale d. allo scalpello* ‖ **docilménte**, **avv.** in modo docile: *acconsentire docilmente ai desideri di qlcu.*

SFUMATURE ➤ ***malleabile***, ➤ ***obbedire***

✱**docilità** o †**docilitàde**, †**docilitàte** [vc. dotta, lat. *docilitāte(m)*, da *dŏcilis* 'docile' ✱ 1261 ca.] **s. f. inv.** ● caratteristica di chi (o di ciò che) è docile

docimaṣìa [vc. dotta, gr. *dokimasía*, da *dokimázein* 'provare, assaggiare', da *dókimos*, propr. 'accettato' ✱ 1771] **s. f.** **1** nell'antica Grecia, esame dei requisiti necessari per esercitare particolari diritti o uffici **2** (*med.*) saggio necroscopico per dimostrare se il feto sia nato vivo o morto: *d. polmonare, auricolare* **3** (*chim.*) esame o saggio analitico di controllo su materiali metallici, da costruzione, combustibili e sim.

docimàstica [da *docimastico* ✱ 1779] **s. f.** ● (*chim.*) tecnica di preparazione dei saggi

docimàstico [vc. dotta, gr. *dokimastikós* 'relativo alla docimasia' ✱ 1851] **agg.** (**pl. m.** *-ci*) ● (*chim.*) relativo alla docimasia | ***bilancia docimastica***, di precisione, tenuta sotto campana o cassa di vetro, per riconoscere le proporzioni dei vari componenti di una sostanza minerale, spec. metallica

docimèno [vc. dotta, lat. tardo *Docimēnu(m)* 'relativo alla città frigia di *Docimio* (*Docimēum*)' ✱ 1874] **s. m.** ● (*geol.*) marmo lucente molto usato dagli antichi

docimologìa [comp. del gr. *dókimos* 'idoneo, capace' (da *dokimôun* 'mettere alla prova', di orig. indeur.), e *-logia* ✱ 1963] **s. f.** (**pl.** *-gìe*) ● disciplina a base pedagogica e didattica che studia scientificamente i metodi delle prove scolastiche e i loro criteri di valutazione

docimològico [1983] **agg.** (**pl. m.** *-ci*) ● relativo alla docimologia

docimòlogo [1966] **s. m.** (**f.** *-a*; **pl. m.** *-gi*) ● studioso, esperto di docimologia

dock /dɔk, *ingl.* dɒk/ [vc. ingl., dal neerl. *docke*, di etim. incerta ✱ 1797] **s. m. inv.** ● zona del porto dotata di banchine e delle attrezzature necessarie alle operazioni di carico e scarico delle navi, alla custodia e a quant'altro si richieda per il movimento delle merci

dòcking /ˈdɔkin(g), *ingl.* ˈdɒkɪŋ/ [vc. ingl., deriv. di *to dock* 'attraccare', da *dock* 'bacino' (vc. di orig. olandese) ✱ 1966] **s. m. inv.** ● in astronautica, aggancio in volo fra due o più veicoli spaziali

docking station /ˈdɔkin(g) ˈsteʃʃon, *ingl.* ˈdɒkɪŋˌsteɪʃən/ [loc. ingl. 'stazione (*station*) di aggancio (*docking*)' ✱ 1996] **loc. sost. f. inv.** (**pl. ingl.** *docking stations*) ● (*inform.*) dispositivo costituito da un insieme di connettori e di interfacce destinato ad accogliere un computer portatile per ampliarne le possibilità di collegamento

dòcmio [vc. dotta, gr. *dóchm(i)os* 'obliquo, trasversale', di etim. incerta ✱ 1874] **s. m.** **1** (*ling.*) metro della poesia greca e latina formato da cinque sillabe **2** (*zool.*) anchilostoma

docudràma /dokuˈdrama, *ingl.* ˈdɒkjʊˌdrɑːmə/ [vc. ingl., comp. di *docu(mentary)* 'documentario' e *drama* 'sceneggiato' ✱ 1980] **s. m. inv.** ● documentario con inserti sceneggiati | film o sceneggiato basato su fatti storici o di cronaca **CFR.** docufilm

docudràmma [1991] **s. m.** (**pl.** *-i*) ● adattamento di *docudrama* (V.)

docufìction /dokuˈfikʃon, *ingl.* ˈdɒkjəˌfɪkʃən/ [dall'ingl. *docu(mentation)* 'documentazione' e *fiction* (V.) ✱ 1996] **s. f. o m. inv.** ● (*tv*) ricostruzione documentaristica di fatti storici o di attualità, con inserti realizzati con le tecniche della fiction **CFR.** mockumentary

docufìlm [vc. ingl., comp. di *docu(mentary)* 'documentario' e *film* (V.) ✱ 1996] **s. m. inv.** ● film che ricostruisce fatti storici o di cronaca accompagnandoli con un commento **CFR.** docudrama

documentàbile [1911] **agg.** ● che può essere documentato ‖ **documentabilità**, **s. f. inv.**

documentàle [1602] **agg.** ● relativo a uno o più documenti | ***prova d.***, documentazione

documentalìsta [1987] **s. m. e f.** (**pl. m.** *-i*) ● persona esperta della documentazione, di cui applica praticamente i principi

documentàre [da *documento* ✱ 1678] **A** **v. tr.** (*io documénto*) **1** comprovare o dimostrare qlco. con documenti: *d. la verità di un fatto*; *documentò il suo racconto con registrazioni e fotografie* | illustrare e confermare una tesi e sim. mediante l'esibizione di documenti: *d. una teoria scientifica* **2** (*raro*) fornire qlcu. della necessaria documentazione **B** **documentàrsi** **v. rifl.** ● procurarsi le informazioni, i documenti e sim. necessari a conoscere con precisione qlco.: *documentarsi sugli ultimi avvenimenti politici*

documentàrio [fr. *documentaire* (sottinteso *film*) 'che documenta', da *document* 'documento' ✱ 1892] **A** **agg.** **1** relativo a uno o più documenti | che si fonda su documenti **2** che ha natura o forma di documento, che ha funzioni o finalità prettamente informative: *testimonianze documentarie*; *film d.* **3** che riguarda la documentazione: *materiale d.* ‖ **documentariaménte**, **avv.** secondo i documenti, in base a documenti **B** **s. m.** ● filmato di contenuto informativo, privo di elementi di invenzione

documentarìsta [1942] **s. m. e f.** (**pl. m.** *-i*) **1** classificatore, ordinatore di documenti **2** creatore e regista di documentari

documentarìstico [1956] **agg.** (**pl. m.** *-ci*) ● di documentario, tipico dei documentari: *stile d.* | di documentazione

documentàto **part. pass.** di *documentare*; **anche agg.** **1** corredato dei documenti necessari: *una domanda, una spesa documentata* **2** attendibile, provato con sicuri argomenti: *sono notizie ben documentate* | di persona, dotata di profonda conoscenza dell'argomento che tratta: *uno storico, un critico d.* ‖ **documentataménte**, **avv.**

documentatóre [1910] **s. m.** (**f.** *-trice*) ● chi raccoglie e fornisce ad altri una serie di documenti e di informazioni atte a facilitare lo studio, la ricerca scientifica e sim.

documentazióne [fr. *documentation*, da *document* 'documento' ✱ 1905] **s. f.** **1** raccolta di informazioni, documenti e sim. atti a documentare o documentarsi: *la d. di una verità*; *la d. di uno scienziato*; *centro di d. sindacale, medica, scientifica* | (**inform.**) ***d. automatica***, insieme di tecniche che permettono la registrazione in forma abbreviata di documenti nelle memorie e la loro successiva ricerca automatica **2** l'insieme dei dati, dei documenti e sim. che consentono di documentare qlco.: *d. ricca, scarsa, abbondante*; *fornire qlco. della relativa d.* | complesso di documenti relativi a qlco.: *la d. di un processo* | (*dir.*) complesso dei documenti rappresentativi di un atto o di un negozio giuridico

✱**documénto** [vc. dotta, lat. *documĕntu(m)* 'ogni cosa che serva per insegnare (*docēre*)' ✱ sec. XIII] **s. m.** **1** (*dir.*) ogni rappresentazione, comunque formata, di atti, fatti o dati giuridicamente rilevanti: *d. amministrativo, dichiarativo*; *d. informatico* | ***d. di trasporto***, documento fiscale allegato a una merce durante la spedizione o la consegna | ***d. di rico-***

noscimento, ogni documento munito di fotografia del titolare e rilasciato su carta o su supporto magnetico o informatico da un'amministrazione pubblica, che consente l'identificazione personale del titolare | ***d. d'identità elettronico***, documento analogo alla carta d'identità elettronica rilasciato dal comune fino al compimento del quindicesimo anno di età | ***documenti!***, invito perentorio a presentare o esibire i propri documenti personali **2** testimonianza di interesse storico: *quei castelli sono un d. della civiltà medievale* | (*est.*) avvenimento che comprova qlco. o riassume le caratteristiche di un determinato fenomeno: *un regime che è il massimo d. di disumanità* **3** qualsiasi cosa che costituisce materiale d'informazione o che può essere utile a documentare qlco.: *quel manoscritto è un valido d. per la tua ricerca* **4** †insegnamento, ammaestramento, esempio ‖ **documentìno**, **dim.** | **documentóne**, **accr.**

docu-reàlity /dokjuri'aliti, *ingl.* ˌdɒkjʊrɪ'ælətɪ/ [vc. pseudo-ingl., comp. di *docu(mentario)* e *reality (show)* ✻ 2004] **s. m. inv.** ● programma televisivo all'interno del quale, con uno stile documentario, si rappresentano scene di vita realmente accadute: *un docu-reality sulla vita delle giovani mamme*

dòdeca- (o **-ó-**) [dal gr. *dṓdeka* 'dodici'] **primo elemento** ● in parole composte, significa 'dodici': *dodecaedro, dodecafonia, dodecasillabo*

dodecaèdrico [1830] **agg.** (**pl. m.** *-ci*) ● (*mat.*) di dodecaedro

dodecaèdro [vc. dotta, gr. *dōdekáedros* 'con dodici (*dṓdeka*) facce o basi (*hédrai*)' ✻ av. 1617] **s. m. 1** (*mat.*) poliedro con dodici facce | ***d. regolare***, dodecaedro che ha per facce dei pentagoni regolari uguali **2** (*miner.*) forma cristallina semplice delimitata da 12 facce uguali, che possono essere o pentagoni o quadrilateri scaleni

dodecafonìa [vc. dotta, comp. di *dodeca-* e *-fonia* ✻ 1911] **s. f.** ● (*mus.*) teoria e prassi di composizione, sorta negli anni Venti del '900, fondata sull'equiparazione dei dodici suoni della scala temperata, impiegati non sulla base delle relazioni tonali bensì di quelle seriali ‖ **dodecafònico**, **agg.** (**pl. m.** *-ci*) relativo alla dodecafonia: *stile dodecafonico; musica dodecafonica* ‖ **dodecafonicaménte**, **avv.**

dodecàgono [vc. dotta, gr. *dōdekágōnon* 'con dodici (*dṓdeka*) angoli (*gōníai*)' ✻ av. 1647] **s. m.** ● (*mat.*) poligono con dodici vertici

dodecasìllabo [vc. dotta, gr. *dōdekasýllabos* 'che ha dodici (*dṓdeka*) sillabe (*syllabái*)' ✻ av. 1728] **A s. m. 1** nella poesia francese, verso alessandrino **2** nella metrica italiana, verso la cui ultima sillaba accentata è l'undicesima, spesso composto da due senari o da un ottonario e un quadrisillabo: *Quando il tremulo splendore della luna* (G. CARDUCCI) **B** anche **s. m.**: *verso d.*

dodecàstilo [vc. dotta, gr. *dōdekástylos*, comp. di *dṓdeka* 'dodici' e *stýlos* 'colonna' ✻ 1892] **agg.** ● (*archit.*) detto di edificio che ha dodici colonne sulla facciata

dodecennàle [da *dodicennio* ✻ 1873] **A agg. 1** che dura dodici anni: *prestito d.* **2** (*raro*) che dura da dodici anni: *causa d.* **3** che ricorre ogni dodici anni **B s. m.** ● ricorrenza del dodicesimo anno da un avvenimento memorabile | (*est.*) la cerimonia che si celebra in tale occasione

†**dódeci** ➤ **dodici**

dodecilbenzène [comp. di *dodec(a)-* e *benzene* ✻ 1980] **s. m.** ● (*chim.*) molecola organica aromatica e alifatica che, sottoposta a solforazione, costituisce il componente base per la preparazione dei detersivi

†**dodècimo** ➤ **duodecimo**

dodgeball /'dɔdʒbol, *ingl.* 'dɒdʒˌbɔːl/ [vc. ingl., propr. 'palla (*ball*) schivata (*dodge*)' ✻ 2004] **s. m. inv.** ● sport con regole simili al gioco infantile palla prigioniera che si svolge su un campo grande come quello da pallavolo tra due squadre di sei giocatori

dodicènne [vc. dotta, lat. tardo *duodecĕnne(m)* 'di dodici (*duŏdecim*) anni (*-ĕnnis*, da *ănnus* 'anno')' ✻ 1861] **agg. e s. m. e f.** ● che (o chi) ha dodici anni: *un ragazzo d.*; *spettacolo per dodicenni*

dodicènnio [vc. dotta, lat. tardo *duodecĕnniu(m)* '(spazio) di dodici (*duŏdecim*) anni (*-ĕnnium*, da *ănnus* 'anno')' ✻ av. 1810] **s. m.** (**pl.** *-i* o *raro -ii*) ● periodo di tempo di dodici anni

dodicèṣima (o **-é-**) [1983] **s. f.** ● (*mus.*) intervallo di dodici suoni

dodiceṣimàle [1983] **agg.** ● (*mat.*) di sistema che ha per base dodici

dodicèṣimo (o **-é-**) **A agg. num. ord.** ● corrispondente al numero dodici in una sequenza, in una successione (rappresentato da *XII* nella numerazione romana, da *12* in quella araba): *ho letto il capitolo d.*; *Luigi XII, re di Francia, regnò fino al 1515*; (*ellitt.*) *elevare tre alla dodicesima* | ***il secolo XII***, gli anni dal 1101 al 1200 **SIN.** (*lett.*) decimosecondo, (*lett.*) duodecimo **B s. m.** ● ciascuna delle dodici parti uguali di una stessa quantità: *calcolare i tre dodicesimi di trenta*

♦**dódici** o †**dódeci** [lat. *duŏdecim*, comp. di *dŭo* 'due' e *dĕcem* 'dieci' ✻ 1211] **agg. num. card. inv.; anche s. m. e f. inv.** (V. nota d'uso NUMERI E NUMERALI) ● numero naturale successivo di undici, rappresentato da *12* nella numerazione araba, da *XII* in quella romana. **I** come agg. ricorre nei seguenti usi **1** rispondendo o sottintendendo la domanda 'quanti?' indica la quantità numerica di dodici unità (spec. preposto a un sost.): *i d. mesi dell'anno*; *i d. apostoli*; *le d. tavole*; *i d. segni dello zodiaco*; *i d. Cesari*; *d. tredicesimi*; *il dodecaedro ha d. facce* | (*lett.*) parecchi, molti (con valore indet.): *li nemici delle Signorie Vostre vi faranno su d. comenti* (N. MACHIAVELLI) **CFR.** dodeca- **2** rispondendo o sottintendendo la domanda 'quale?', identifica qlco. in una pluralità, in una successione, in una sequenza (posposto a un sost.): *leggete il paragrafo d.*; *abita al numero d. della mia stessa strada* **II** come sost. ricorre nei seguenti usi **1** il numero dodici (per ellissi di un sost.): *il sei nel d. sta due volte*; *sconto del d. per cento*; *è questa la fermata del d.?*; *la Commissione dei d. fu eletta in Francia dall'Assemblea costituente*; *ha fatto d. al totocalcio* | ***le d.***, mezzogiorno; (*raro*) mezzanotte | ***nel '12***, nell'anno 2012 o nel 1912, nel 1812, ecc. **2** il segno che rappresenta il numero dodici

†**dodicìna** [1275] **s. f.** ● dozzina

dodicìsta [1963] **s. m. e f.** (**pl. m.** *-i*) ● (*raro*) chi ha fatto dodici al totocalcio e sim.

dòdo o **dìdo** [portog. *dodo* 'semplicione', d'etim. incerta ✻ 1881] **s. m.** ● (*zool.*) dronte

dóga (o **-ò-**) [etim. incerta; forse da accostare al lat. tardo *dōga* 'recipiente', a sua volta di orig. non chiarita ✻ 1286] **s. f. 1** ognuna delle strisce di legno che compongono il corpo di botti, barili, tini e sim.: *una d. di rovere, di abete* **2** †lista, striscia, fregio, spec. di vestiti **3** listone in legno | ciascuna assicella di legno in un telaio che sostituisce la rete per reggere il materasso

dogàdo ➤ **dogato**②

†**dogàia** o †**dugàia** [forse da *doga* 'recipiente, botte' ✻ 1338] **s. f.** ● fosso o canale di scolo | (*est.*) terreno bonificato dalle acque mediante canali di scolo

dogàle [da *doge* ✻ 1573] **agg.** ● (*lett.*) del doge: *palazzo d.*; *veste d.* | ***città d.***, (*per anton.*) Venezia | ***corno d.***, berretto di velluto rosso curvato in avanti portato dai Dogi veneziani

dogalìna [dim. di (*veste*) *dogale* ✻ av. 1580] **s. f.** ● veste foderata di ermellino e con maniche molto ampie indossata un tempo dai nobili veneziani

†**dogàme** [da *doga* ✻ 1303] **s. m.** ● (*raro*) quantità di doghe | legname per doghe

dogàna o †**doàna** [arabo parl. **duwān*, per *dīwān* 'ufficio' (dal persiano *divan*), con intrusione di *-g-* nel più ant. *doana* ✻ 1264] **s. f. 1** ufficio fiscale che ha l'incarico di riscuotere i tributi cui sono sottoposte le merci che entrano o escono dal territorio dello Stato **2** edificio in cui si esercita l'ufficio doganale: *una merce bloccata in d.* | il complesso degli impiegati addetti al controllo doganale: *lo sciopero della d.*; *i controlli della d.* | dazio doganale: *pagare la d.* **3** (*stor.*) fondaco in cui rimanevano le merci in deposito franche di imposizione doganale sino all'atto della immissione al consumo | †gabella, tassa

doganàle [av. 1835] **agg.** ● relativo alla dogana: *linea, tariffa, guardia d.* | ***dazio d.***, dovuto per il passaggio di merce attraverso la linea doganale di uno Stato | ***unione d.***, accordo tra diversi Stati per l'abolizione dei dazi doganali sulle merci tra essi scambiate, e per l'istituzione di un'unica barriera doganale nei confronti dei Paesi non facenti parte dell'unione

doganalìsta [1998] **s. m. e f.** (**pl. m.** *-i*) ● spedizioniere doganale

†**doganése** (o **-ṣ-**) [1701] **s. m.** ● (*raro*) doganiere

doganière [1313] **s. m.** (**f.** *-a*) ● agente dello Stato che sta nei porti e negli aeroporti o negli uffici doganali per il controllo delle operazioni inerenti la dogana | correntemente, agente della Guardia di Finanza

dogàre [da *doga* ✻ 1313] **v. tr.** (*io dógo* o *dògo, tu dóghi* o *dòghi*) **1** (*raro*) munire di doghe: *d. una botte* **2** (*lett.*) †cingere, listare

dogarèssa [lat. mediev. *ducarissa(m)*, f. di *dūx* 'doge', con il suff. che si trova in *duchessa, contessa*, ecc. ✻ 1380] **s. f.** ● (*stor.*) moglie del doge di Venezia

dogàto① **part. pass.** di *dogare*; anche **agg. 1** nei sign. del v. **2** (*fig., lett.*) solido | †avveduto, posato: *uomo ben d.*

dogàto② o **dogàdo** [da *doge* ✻ 1417] **s. m. 1** carica, titolo e dignità di doge | durata di tale carica **2** †territorio della Repubblica di Venezia

dòge o †**dògio** [vc. venez., che continua il lat. *dūce(m)* 'duce, condottiero' ✻ sec. XIII] **s. m. 1** (*stor.*) titolo dato a chi ricopriva la suprema carica nelle repubbliche di Venezia e di Genova **2** †duce, capo

doggy-bag /doggi'bɛg, *ingl.* 'dɒgɪˌbæg/ [vc. ingl., comp. di *bag* 'borsa' e *doggy* 'del, per il cane (*dog*)' ✻ 1996] **s. f. o m. inv.** ● sacchetto nel quale il cliente di un ristorante può farsi consegnare gli avanzi del pasto, da destinare al proprio cane

doghettàto [da *doga* ✻ 1985] **A agg.** ● rivestito di doghe **B s. m.** ● tipo di rivestimento costituito da doghe

dòglia [lat. tardo *dŏlia*, pl. di *dŏlium* 'dolore', ricavato da *dolēre* 'dolere' ✻ av. 1249] **s. f. 1** (*lett.*) dolore, patimento, sofferenza: *di lacrime pregni / sien gli occhi miei, sì come 'l cor di d.* (F. PETRARCA) | †lagnanza **2** (**al pl.**) dolori che precedono il parto **3** zoppìa: *L'asino andrebbe salassato ... se ha la d.* (G. VERGA) **4** †lutto: *abito di d.* ‖ (*lett.*) **dogliétta**, **dim.** | †**dogliùzza**, **dim.**

dogliànza [ant. fr. *do(u)liance*, da *doloir* 'dolere' ✻ 1478] **s. f. 1** (*raro*) lamento, lagnanza, rimostranza: *Ma lasciando le doglianze a* *dietro* (P. BEMBO) | ***far d.***, reclamare **2** (*lett.*) dolore, angoscia: *Vergine madre / vestita di cupa d.* (G. D'ANNUNZIO) | †condoglianza

†dogliènza [1287] **s. f. 1** (*lett.*) lagnanza: *or sempre nascono rampogna / e rimbrotti, d. e crucci* (G. D'ANNUNZIO) **2** (*lett.*) dolore

dòglio① (o -ó-) [lat. *dōliu(m)*, di etim. incerta ✱ av. 1313] **s. m.** ● grosso vaso di creta usato anticamente per conservare cereali, vino, olio | (*lett.*) orcio, giara, barile: *s'apriva / il fumeo d. e si saggiava il vino* (G. PASCOLI) || **dogliétto**, **dim.**

dòglio② (o -ó-) ➤ **dolio**

doglióso (o -ṣ-) [da *doglia* ✱ av. 1250] **agg. 1** (*lett.*) dolente, sofferente: *animo d.*; *corpo d.* **2** †che arreca dolore || **†dogliosaménte**, **avv.** dolorosamente

✦**dògma** o (*lett.*) **dòmma** [vc. dotta, lat. *dŏgma* (nom.), dal gr. *dógma*, genit. *dógmatos*, che passò dal primo sign. di 'parere' (da *dokêin* 'sembrare') a quello di 'parere decisivo, definitivo' ✱ av. 1550] **s. m.** (**pl.** *-i*) **1** nella religione cattolica, verità contenuta nella Rivelazione e proposta come obbligatoria alla fede universale per esplicita e solenne dichiarazione di concili ecumenici o del Sommo Pontefice | articolo di fede: *d. della Trinità, dell'Immacolata, dell'Assunzione di Maria Vergine al cielo* **2** (*est.*) proposizione o principio considerato come verità indiscutibile: *d. filosofico, politico* | ***quest'affermazione non è un d.***, è discutibile | (*biol.*) ***d. centrale***, tesi della biologia molecolare secondo cui il trasferimento dell'informazione genetica avviene nelle tre successive fasi della duplicazione del DNA, della trascrizione in RNA, della traduzione in proteina

SFUMATURE ➤ ***assioma***

dogmàtica o **dommàtica** [f. sost. di *dogmatico* ✱ av. 1750] **s. f. 1** parte della scienza teologica che tratta dei dogmi **2** studio teorico e astratto del diritto

✦**dogmàtico** o **dommàtico** [vc. dotta, lat. tardo *dogmătĭcu(m)*, dal gr. *dogmatikós* 'pertinente al dogma' ✱ 1582] **A agg.** (**pl. m.** *-ci*) **1** (*relig.*) relativo al dogma: *verità dogmatica*; *studio d.*; *testi dogmatici* **2** che si fonda su principi assiomatici e rifiuta qualsiasi tipo di verifica sperimentale **3** (*est.*) che non ammette dubbi, critiche, discussioni e sim.: *tono d.*; *verità dogmatica*; *queste sono affermazioni dogmatiche* **4** detto di chi adegua rigidamente il proprio pensiero ad idee o principi ai quali attribuisce valore di dogma, accettandoli con intransigenza e non ammettendo dubbi né critiche: *moralista d.* || **dogmaticaménte**, **avv.** in modo dogmatico: *affermare dogmaticamente qlco.* || **dogmaticità**, **s. f. inv.** **B s. m.** (**f.** *-a*) **1** persona dogmatica: *in politica è un d.* **2** studioso di dogmatica giuridica

dogmatìṣmo o **dommatìṣmo** [fr. *dogmatisme*, da *dogme* 'dogma' ✱ 1800] **s. m. 1** atteggiamento filosofico che fa scaturire l'accettazione di un principio da un'autorità indiscussa, non da una valutazione critica **CONTR.** criticismo **2** (*est.*) tendenza a considerare come assolutamente vere le proprie opinioni, rifiutando quelle altrui come false

dogmatìsta o **dommatìsta** [vc. dotta, lat. tardo *dogmatĭsta(m)*, dal gr. *dogmatistḗs*, da *dogmatízein* 'dogmatizzare' ✱ 1830] **s. m. e f.** (**pl. m.** *-i*) ● (*raro*) chi sostiene una tesi in modo dogmatico

dogmatiẓẓàre o **dommatiẓẓàre** [vc. dotta, lat. tardo *dogmatizāre*, dal gr. *dogmatízein*, da *dógma* 'dogma' ✱ av. 1342] **A v. intr.** (aus. *avere*) ● (*lett.*) parlare in modo dogmatico, enunciare dogmi: *costui … s'era impancato … a dogmatizzar di morale* (I. NIEVO) **B v. tr.** ● (*raro*) affermare come dogma || **dogmatiẓẓazióne**, **s. f.**

dògo [vc. sp., dall'ingl. *dog* 'cane' ✱ av. 1712] **s. m.** (**pl. inv.** o *-ghi*) ● (*zool.*) cane ottenuto dall'incrocio fra mastini e bulldog | (*est.*) nome talora attribuito a vari mastini o bulldog | ***d. di Bordeaux***, mastino francese | ***d. argentino***, cane molossoide, selezionato per la caccia nella pampa argentina

dògre [fr. *dogre*, dal neerl. *dogger*, sottinteso *boot*, 'battello per la pesca del merluzzo' (*dogger*, di etim. incerta) ✱ 1830] **s. m.** ● piccolo veliero a due alberi usato nell'Europa settentrionale per la pesca delle aringhe e il trasporto di merci

dog sìtter /dog'sitter, *ingl.* 'dɒg,sɪtə(r)/ [loc. formata dalle parole ingl. *dog* 'cane' e *sitter* 'assistente', sul modello di *baby-sitter* ✱ 1988] **loc. sost. m. e f. inv.** (**pl. ingl.** *dog sitters*) ● chi, dietro compenso, custodisce uno o più cani altrui

†doh /dɔ/ o **†do**② /dɔ/ [1377] **inter.** ● (*raro*) esprime desiderio, esortazione, preghiera, meraviglia, sdegno, rimprovero e sim.

†dòi ➤ **due**

†doimìla ➤ **duemila**

do-it-yourself /'duit jor'sɛlf, *ingl.* ˌduːɪtʃɔ'sɛlf/ [vc. ingl., propr. 'fai ciò da te' ✱ 1964] **s. m. inv.** ● il far da sé, cioè senza ricorrere all'aiuto di operai e artigiani, piccoli lavori o piccole riparazioni, spec. nell'ambito domestico **CFR.** fai da te

dolàbra [vc. dotta, lat. *dolābra(m)*, da *dolāre* 'piallare' ✱ 1483] **s. f.** ● nell'antica Roma, coltellaccio da sacrificio, o piccone a due becchi, di taglio e di punta

†dolàre [lat. *dolāre*, di orig. indeur. ✱ sec. XIV] **v. tr.** ● lavorare con l'ascia | squadrare

Dòlby® /'dɔlbi, *ingl.* 'dɒlbɪ, 'dəʊl-/ [dal n. del fisico amer. R. *Dolby* (1933-2013) ✱ 1979] **s. m. inv.** ● sistema usato nella registrazione dei nastri magnetici che, mediante amplificazione selettiva, permette di migliorare il rapporto segnale/rumore delle alte frequenze sonore | ***D. surround***®, sistema di diffusione del suono che fa uso di più casse acustiche (comp. con l'ingl. *surround* 'circondare')

✦**dólce** o **†dólze** [lat. *dŭlce(m)*, di etim. incerta; la variante *†dolze* attraverso l'ant. provenz. *dolz* 'dolce' ✱ av. 1250] **A agg. 1** che ha il gradevole sapore proprio dello zucchero, del miele e sim.: *bevanda d.*; *mandorle dolci* | ***farina d.***, quella di castagne | ***caffè d.***, zuccherato **CFR.** glico- **CONTR.** amaro **2** che ha il sapore tipico della frutta matura: *arancio d.*; *ciliegie dolci* **CONTR.** aspro **3** che contiene una maggiore quantità di zucchero rispetto ad altri cibi o bevande dello stesso tipo: *vino, liquore d.* **CONTR.** secco **4** che ha sapore delicato, non piccante: *formaggio d.* **5** che è privo di sale | ***acqua d.***, quella di laghi, fiumi ecc. **CONTR.** salato **6** (*chim.*) detto di acqua che contiene minime quantità di sali di calcio e magnesio **CONTR.** duro **7** gradevole alla vista, di armoniosa e serena bellezza: *un panorama d.*; *un colore d. e sfumato*; *un viso d. ed espressivo* **SIN.** delicato, soave **8** gradevole all'udito, melodioso: *un d. suono*; *il d. canto degli usignoli*; *mi parlava con voce d. e suadente* **9** gradevole all'odorato, di soave profumo: *l'aria era piena di dolci odori* **10** (*lett.*) gradevole al tatto, morbido: *… gli pareva che fossero dolci e lisci come le mani del babbo* (G. VERGA) | (*est.*) tenero, facile da lavorare, da incidere e sim.: *legname, ferro, pietra d.* | ***legno d.***, che brucia con facilità | ***carbone d.***, non minerale | (*fam.*) ***piedi dolci***, piedi piatti **11** che non è ripido: *un d. pendio*; *le dolci colline* | che non richiede particolare sforzo, moderato: *movimento d.* | ***ginnastica d.***, tipo di ginnastica che richiede un moderato impegno fisico, basata su movimenti coordinati, lenti e graduali **SIN.** soft **12** (*fig.*) mite, tiepido, temperato: *i dolci raggi del primo sole*; *amare i climi dolci*; *il d. inverno di qui* (A. BERTOLUCCI) **13** (*fig.*) che suscita sentimenti di gioiosa serenità, che rallegra e conforta lo spirito: *una d. speranza*; *i dolci ricordi della giovinezza*; *non saprei rinunciare alla vostra d. compagnia* | amoroso: *una d. promessa*; *un d. sentimento* | ***d. stil novo***, V. *stilnovo* **14** (*fig.*, *lett.*) allettante, piacevole, raffinato: *i dolci ozi delle antiche corti* | ***il d. far niente***, lo stare in ozio | ***la d. vita***, vita che trascorre nell'ozio e nel divertimento | ***maglione d. vita***, V. *dolcevita* **15** (*fig.*) gentile, affettuoso, mite: *carattere d.*; *educare un bambino con d. rigore*; *usare modi dolci e persuasivi* | docile: *indole d.* | †credulo, ingenuo **16** (*fig.*, *lett.*) benigno, amorevole: *e 'l d. duca meco si ristette* (DANTE *Inf.* XVIII, 44) **17** (*fig.*, *lett.*) diletto, amato: *casa, d. casa*; *talor meco s'adira / la mia d. nemica* (F. PETRARCA) **18** in ecologia, detto di tecnologia atta a produrre energia, il cui impiego è ritenuto meno costoso, inquinante, rischioso e soggetto all'estinzione delle fonti di quello delle tecnologie tradizionali **SIN.** soffice **CONTR.** duro **19** (*ling.*) detto del suono la cui pronuncia è relativamente poco intensa | (*disus.*) ***S d.***, s sonora | (*disus.*) ***C d.***, c palatale | ***spirito d.***, nelle vocali iniziali non aspirate del greco || **dolceménte**, **avv. 1** con dolcezza; con delicatezza **2** gradualmente, a poco a poco, soavemente: *la strada sale dolcemente*; *la luna si posava dolcemente sul lago* (G. VERGA) **B s. m. 1** sapore dolce: *il d. gli piace molto* **2** cibo che ha come ingrediente fondamentale lo zucchero o il miele: *il budino è il d. che preferisco* | confetto, caramella, cioccolatino, pasta dolce e sim.: *mangiarsi un d.* | piatto dolce servito solitamente alla fine di un pranzo: *d. o formaggio*; *essere al d.* | ***d. al cucchiaio***, ogni dolce che, per la sua consistenza cremosa, si consuma con il cucchiaio (per es. lo spumone o la mousse) **3** †sanguinaccio **4** (*fig.*, *lett.*) dolcezza, diletto: *e ancor mi distilla / nel core il d. che nacque da essa* (DANTE *Par.* XXXIII, 62-63) **5** (*arald.*) animale araldico simile a una volpe rampante **C avv.** ● (*poet.*) in modo dolce: *chi non sa come d. ella sospira, / e come d. parla, e d. ride* (F. PETRARCA) || **dolcétto**, **dim.** (V.) | **dolcino**, **dim.**

NOMENCLATURA

dolci = pasticceria
● *tipi di dolci*: torta = pasta di fondo (Sacher, savarin, pastiera, montebianco, profiterole, millefoglie, meringata, tartufata, Saint Honoré, margherita, diplomatico, tiramisù), pasta di lievito (panettone, pandoro, plum cake, ciambella, focaccia = pizza, pan di miglio, pandispagna), colomba, cornetto = brioche, croissant, krapfen, maritozzo = bombolone, frittella, zeppola; pasta sfoglia, pasta frolla, cialda, chiacchiera = frappa, struffoli, dolci al cucchiaio (crema, chantilly, crema al mascarpone, crema pasticciera, zabaione, bavarese, budino, crème caramel, panna cotta, mousse, spumone, charlotte, bignè, banana split); meringa; zuppa inglese, strudel, zuccotto; crostata; timballo di frutta, composta di frutta, macedonia, marmellata, gelatina, frutta candita, caramella, lecca-lecca, bonbon, confetto, anicino, marron glacé, cioccolatino (boero, cremino, pralina, gianduiotto, cuneese al rum), uovo di cioccolato, amaretto, ricciarello, brutto ma buono, panforte, parrozzo, pangiallo, pandolce, panfrutto, pan degli angeli, marzapane, fondente di frutta; panna montata, frappè, gelato; biscotteria = pasticceria, biscotto (wafer, taralluccio, savoiardo, canestrello, galletta, frollino, lingua di gatto), pasta = pasticcino; cantuccio; torrone, torroncino, croccante, mostacciolo, castagnaccio, nevola, mandorlata, mantovana; crêpe; cannolo, cassata, babà, sfogliatella, sfogliatina, africano, petit-four.

dolceamàro o (*disus.*) **dolciamàro** [comp. di *dolce* e *amaro* ✱ av. 1374] **agg.** (**pl. m.** *-i*) ● che è insieme dolce e amaro (*anche* *fig.*): *caffè d.*; *un ricordo d.*

dolcestilnovista [da *dolce stil novo*. V. *stilnovo* ✱ 1956] **s. m.; anche agg.** (**pl. m.** *-i*) ● (*raro*) stilnovista

dolcétta [da *dolce* ✱ 1957] **s. f.** ● (*bot.*) valerianella

dolcétto [da *dolce* ✱ sec. XIII] **s. m. 1** piccolo dolce, pasticcino | ***d. o scherzetto***, formula usata dai bambini durante la notte di Halloween (V.) **2** (gener. con iniziale maiuscola) vino rosso delle Langhe piemontesi, asciutto, con fondo lievemente amarognolo, prodotto dal vitigno omonimo

d

dolcevita o **dólce vita** [comp. di *dolce* e *vita*, dal film di F. Fellini *La dolce vita* (1959) in cui il protagonista talora lo indossava ✱ 1983] **A s. f. o m.** ● maglione a collo alto e aderente **B** anche in **loc. agg. inv.**: ***maglione d.***, ***maglione a d.***

♦**dolcézza** [lat. parl. **dulcētia(m)*, da *dŭlcis* 'dolce' ✱ 1268] **s. f. 1** sapore dolce: *la d. del miele* CONTR. amarezza **2** (*fig.*) caratteristica di ciò che è dolce: *la d. di un suono, di una sensazione, di un sentimento; la d. del suo sguardo ci turbava; ebbe un sorriso di estrema d.* | bontà, mitezza, gentilezza di modi: *parlare con d.; trattare, guardare qlcu. con d.; lo ha rimproverato con molta d.* **3** (**spec. al pl.**, *fig.*) ciò che è dolce, piacevole: *le dolcezze della vita* **4** (*fig.*) persona amata: *dove sei gita / che qui solo di te la ricordanza trovo, d. mia?* (G. LEOPARDI) **5** (*fig.*) sentimento di intima felicità e commozione: *avere l'animo colmo di d.*

SFUMATURE DI SIGNIFICATO
dolcezza - tenerezza - amorevolezza
Dolcezza in questo contesto di significato indica mitezza, gentilezza di modi, affettuosità. **Tenerezza** è un sentimento di commozione suscitato da affetto o compassione. **Amorevolezza** è un comportamento sollecito, affettuoso, pieno di dedizione.

†**dólcia** [lat. *dŭlcia* 'le cose dolci', neutro sostantivato di *dŭlcis* 'dolce' ✱ av. 1400] **s. f.** ● (*raro*) sangue di maiale con cui si fa il sanguinaccio

dolciàio [da *dolce* con il suff. *-aio*② ✱ 1919] **s. m.** (**f.** *-a*; **pl. m.** *-ai*) ● venditore, per lo più ambulante, di dolci

dolciamàro ➤ **dolceamaro**

dolciàna o **dulciàna** nel sign. 2 [adattamento del fr. ant. *douçaine*, dal lat. *dŭlcis* 'dolce', perché strumento dal suono dolce ✱ 1539] **s. f.** ● (*mus.*) tipo arcaico di fagotto

dolciàrio [da *dolce* ✱ 1931] **A agg.** ● relativo alla lavorazione e alla produzione dei dolci: *industria dolciaria* **B s. m.** (**f.** *-ia*) ● chi è addetto alla lavorazione dei dolci

dolciàstro [fr. *douceâtre*, da *doux* 'dolce' ✱ 1854] **agg. 1** che ha sapore dolce, ma stucchevole o sgradevole: *bevanda dolciastra* **2** (*fig.*) ambiguo, mellifluo: *maniere dolciastre; tono d.*

†**dolciàto** [1353] **agg. 1** (*raro*) molto dolce **2** (*fig.*, *lett.*) molto amato, diletto | mellifluo

†**dolcibène** [da *Dolcibene* (comp. di *dolce* e *bene*), n. di un celebre giullare ✱ 1573] **s. m.** ● (*raro*) giullare

†**dolcicanòro** [comp. di *dolce* e *canoro* ✱ 1618] **agg.** ● che canta dolcemente

dolcichìno [adattamento del venez. *dolzeghín*, da *dolze* 'dolce' (?) ✱ 1779] **s. m.** ● (*pop.*; **spec. al pl.**) tubero commestibile del cipero dolce SIN. babbagigi

dolcière [da *dolce* ✱ 1883] **s. m.** (**f.** *-a*) **1** addetto alla lavorazione dei dolci **2** pasticciere

dolcificànte o (*raro*) **dulcificànte A part. pres.** di *dolcificare*; **anche agg.** ● nei sign. del v. **B s. m.** ● additivo atto a conferire un sapore dolce ai prodotti alimentari SIN. edulcorante

dolcificàre o †**dulcificàre** [vc. dotta, lat. tardo *dulcificāre*, da *dŭlcis* 'dolce' e *-ficāre* = *făcere* 'fare' ✱ 1338] **v. tr.** (*io dolcìfico, tu dolcìfichi*) **1** rendere dolce, spec. prodotti alimentari: *d. il caffè* SIN. edulcorare **2** eliminare, almeno in parte, da un'acqua i sali di calcio e magnesio che le conferiscono durezza SIN. addolcire **3** (*lett.*, *fig.*) attenuare ‖ **dolcificazióne**, **s. f.**

dolcìgno [da *dolce* ✱ av. 1597] **agg.** ● (*raro*, *lett.*) dolciastro

†**dolcióne** [da *dolce* ✱ av. 1584] **agg. e s. m.** ● (*lett.*) credulone, sciocco

†**dolcióre** ➤ †**dolzore**

†**dolcìre** [da *dolce* ✱ av. 1492] **A v. tr.** ● dolcificare **B v. intr.** ● diventare dolce

†**dolcisonànte** [comp. di *dolce* e *sonante* ✱ av. 1704] **agg.** ● (*poet.*) che suona dolcemente: *cetra d.*

†**dolcitùdine** [vc. dotta, lat. *dulcitūdine(m)*, da *dŭlcis*, sul tipo di *amaritūdine(m)*, da *amārus* 'amaro' ✱ av. 1311] **s. f. 1** sapore molto dolce | (*fig.*) dolcezza, piacevolezza | (*lett.*) sdolcinatezza | (*est.*) piaceri, mollezze: *troppi denari ad un tratto hai spesi in d.* (G. BOCCACCIO) **2** (*fig.*) ingenuità, sciocchezza

♣**dolciùme** [da *dolce* ✱ av. 1535] **s. m. 1** (*raro*) sapore troppo dolce, stucchevole **2** (**spec. al pl.**) qualsiasi prodotto dell'industria dolciaria: *dolciumi freschi, secchi; negozio di dolciumi; una scatola di dolciumi*

dolciùra o †**dolzùra** [av. 1294] **s. f. 1** (*lett.*) †dolcezza **2** (*tosc.*, *poet.*) tempo mite e tiepido: *alla prima languida d. / l'olmo già sogna di rigermogliare* (G. PASCOLI) **3** †intenso godimento

dólco [da **dolcare*, dal lat. tardo *dulcāre* 'rendere dolce' ✱ av. 1367] **A agg.** (**pl. m.** *-chi*) **1** (*tosc.*, *lett.*) mite, temperato, detto di clima, stagione e sim. **2** (*fig.*, *lett.*) morbido, molle **B s. m.** ● (*lett.*) stagione mite, tiepida: *il tempo s'è messo a d.*

†**dolcoràre** o †**dulcoràre** [vc. dotta, lat. tardo *dulcorāre*, da *dŭlcor* 'dolcore' ✱ av. 1311] **v. tr.** ● (*raro*) addolcire

dolènte A part. pres. di *dolere*; **anche agg. 1** che duole: *braccio d.* **2** addolorato, dispiaciuto: *sono d. di non poter aiutarti* **3** che manifesta dolore: *sguardo d.* | (*fig.*, *lett.*) afflitto, sofferente: *li sospir' che manda 'l cor d.* (G. CAVALCANTI) | ***punto d.***, (*fig.*) l'aspetto più delicato e sgradito di una questione: *Un libro … che tocca i punti dolenti del passato e del presente* (L. SCIASCIA) | ***le dolenti note***, le voci dei condannati all'Inferno dantesco; (*fig.*, *iron.*) fatti e avvenimenti spiacevoli | ***Città d.***, l'Inferno **4** (*lett.*) meschino, misero, infelice: *possedo un cuore che mi rende la vita tempestosa e d.* (U. FOSCOLO) ‖ **dolenteménte**, **avv.** (*lett.*) con dolore **B s. m. e f. 1** (*lett.*) persona sofferente: *Erasi la d. in sul suo letto stesa gittata* (G. BOCCACCIO) **2** †persona malvagia: *Una fanciulla … volea con seco menar, quel d., e fargli villania* (L. PULCI)

†**dolènza** [sec. XIV] **s. f.** ● dolore, afflizione

dolenzìa [vc. dotta, lat. *dolēntia(m)*, da *dŏlens*, genit. *dolēntis* 'dolente' ✱ 1956] **s. f.** ● sensazione di dolore diffuso e persistente ma non acuto, indolenzimento

♦**dolére** [vc. dotta, lat. *dolēre* 'sentire dolore', di etim. incerta ✱ av. 1250] **A v. intr.** (**pres.** *io dòlgo* o †*dòglio, tu duòli, egli duòle, noi doliàmo* o *dogliàmo, voi doléte, essi dòlgono*; **imperf.** *io dolévo* o †*doléva* o †*doléa* o †*dolìa*; **pass. rem.** *io dòlsi* o †*dòlvi* o †*dòlfi, tu dolésti*; **fut.** *io dorrò*; **condiz. pres.** *io dorrèi*; **congtv. pres.** *io dòlga* o *dòglia, noi doliàmo* o *dogliàmo, voi doliàte* o *dogliàte, essi dòlgano*; **imperat.** *duòli, doléte*; **part. pres.** *dolènte*, †*doglìente*; **part. pass.** *dolùto*, †*dòlto*; **gerund.** *dolèndo*; **aus.** *essere*, *raro avere*) **1** provocare una sofferenza fisica: *mi duole il capo; gli dolevano gli occhi per il troppo guardare; il disinfettante doleva sulla ferita* **2** (*raro*, *lett.*) arrecare dolore, angoscia e sim.: *duolmi il tuo fato / il mio non già* (T. TASSO) **3** dispiacere, rincrescere (usato solo alla 3ª pers. sing. con valore impers.) (+ *di* **seguito da inf.**, + *che* **seguito da congtv.**): *mi duole di non poter venire; ci duole che siate giunti tardi; mi duole che tu non mi abbia avvertito* **4** †provare pietà **B dolérsi v. intr. pron. 1** provare rincrescimento, rammaricarsi (+ *di*): *dolersi di un errore, di una cattiva azione* | pentirsi: *dolersi dei propri peccati; ho sbagliato e me ne dolgo* **2** lamentarsi (+ *di*): *dolersi con qlcu. delle ingiustizie subite; hai buoni motivi per dolerti di loro; ce ne dorremo con chi di dovere* **3** †far male: *il suo corpo continuava a dolersi* **4** †manifestare il proprio compianto, condolersi

SFUMATURE DI SIGNIFICATO
dolersi - rammaricarsi - rimpiangere
Provare dispiacere, rincrescimento per qualcosa che è avvenuto si dice **dolersi**. **Rammaricarsi** ha lo stesso significato, ma suggerisce una sfumatura di amarezza, di delusione. **Rimpiangere** è invece più specificamente il soffrire per qualcosa o qualcuno che si è perduto e di cui si sente ancora la mancanza, oppure il pentirsi per avere fatto, o non fatto, qualcosa.

†**dolfìno** [da *delfino* con alterazione della vocale iniziale ✱ 1598] **s. m.** ● (*ven.*) delfino

†**dolìa** [av. 1389] **s. f.** ● (*lett.*) dolore, pena

dolicchiàre [da *dol(ere)* col suff. attenuativo *-icchiare* ✱ 1869] **v. intr.** (*io dolicchio*; **aus.** *essere* o *avere*) ● (*raro*) dolere leggermente e noiosamente: *la ferita mi dolicchia*

doliccicàre [1869] **v. intr.** (*io dolìccico, tu dolìccichi*; **aus.** *essere* o *avere*) ● (*fam.*, *raro*) dolicchiare

dòlico [vc. dotta, lat. *dŏlichu(m)*, dal gr. *dolichós* 'lungo', di orig. indeur. ✱ 1550] **s. m.** (**pl.** *-chi*) ● pianta rampicante delle Papilionacee con foglie composte da tre foglioline ovate, fiori purpurei o bianchi in racemi e frutti con semi commestibili (*Dolichos melanophtalmus*)

dòlico- [dal gr. *dolichós* 'lungo', di orig. indeur.] **primo elemento** ● in parole composte della terminologia scientifica, significa 'lungo': *dolicocefalia, dolicomorfo*

dolicocefalìa [comp. di *dolico-* e *-cefalia* ✱ 1871] **s. f.** ● tipo di conformazione del cranio con prevalenza del diametro longitudinale su quello trasverso

dolicocèfalo [comp. di *dolico-* e *-cefalo* ✱ 1864] **agg. e s. m.** (**f.** *-a*) ● che (o chi) presenta i caratteri della dolicocefalia

dolicodattilìa [comp. di *dolico-*, *-dattil(o)* e del suff. *-ia*② ✱ 1956] **s. f.** ● (*med.*) anomalia congenita delle dita delle mani e dei piedi che appaiono abnormemente lunghe

dolicomòrfo [comp. di *dolico-* e *-morfo* ✱ 1930] **agg.** ● detto di parte del corpo, spec. del cranio, che si presenta stretta e allungata

dolicònice [vc. dotta, comp. di *dolico-* e del gr. *ónyx*, genit. *ónykos* 'unghia' ✱ 1956] **s. f.** ● uccello americano dei Passeriformi dannoso alle colture dei cereali (*Dolichonyx oryzivorus*)

dolicostìlo [comp. di *dolico-* e *-stilo* ✱ 1956] **agg.** ● (*bot.*) detto di fiore che ha un lungo stilo

dolìna [sloveno e croato *dolina*, da *dô*, genit. *dòla* 'valle', di orig. indeur. ✱ 1873] **s. f.** ● (*geogr.*) depressione di forma arrotondata frequente nei terreni calcarei e dovuta al fenomeno carsico | ***d. a inghiottitoio***, foiba

dòlio o (*pop.*) **dòglio**② [vc. dotta, lat. *dō-liu(m)* 'doglio①', con allusione alla forma globulare della conchiglia * 1874] s. m. (pl. *-i* o *raro* *-ii*) ● grande mollusco mediterraneo dei Gasteropodi con ghiandole salivari che producono acido cloridrico e solforico (*Dolium galea*)

†**dolire** [av. 1250] v. intr. ● dolere

dollarizzazióne [da *dollaro* * 1985] s. f. ● (*econ.*) sostituzione o uso parallelo di una moneta nazionale con il dollaro statunitense | ancoraggio del valore di una moneta nazionale a quello del dollaro

♦**dòllaro** [ingl. *dollar*, dal basso ted. *däler* 'tallero' (V.) * 1783] s. m. ● unità monetaria degli Stati Uniti e di altri Paesi SIMB. $ || **dollaróne**, accr. | **dollarùccio**, dim.

dòlly /'dɔlli, *ingl.* 'dɒlɪ/ [vc. ingl., propr. 'bambolina' e poi anche 'carrello (per ripresa cinematografica e televisiva)' * 1957] s. m. inv. (pl. ingl. *dollies*) ● (*cinema, tv*) specie di piccola gru montata su un carrello che, tenendo sollevata la macchina da presa cinematografica o televisiva, consente di effettuare con questa movimenti di particolare complessità

dòlman [fr. *dolman*, dal turco *dolama(n)*, prob. attraverso il ted. *Dolman* * 1864] s. m. inv. **1** indumento dell'uniforme militare da parata degli ussari | giacca con alamari per signora **2** veste sacerdotale turca

dòlmen [fr. *dolmen*, vc. coniata dagli archeologi con le parole bretoni *t(a)ol* 'tavola' e *men* 'pietra' * 1863] s. m. inv. ● monumento funerario megalitico assai diffuso nelle regioni europee, costituito da due lastre di pietra di supporto e una di copertura

dolmènico [1971] agg. (pl. m. *-ci*) ● di dolmen, a forma di dolmen: *tombe, celle dolmeniche*

dòlo ① [vc. dotta, lat. *dŏlu(m)*, di etim. incerta * av. 1303] s. m. **1** (*dir.*) previsione e volontà del fatto illecito da parte dell'autore: *illecito civile, penale, commesso con d.* | ***d. eventuale***, situazione in cui l'autore, pur non volendo cagionare un evento lesivo, accetta il rischio che a seguito della propria condotta esso si verifichi CFR. colpa | induzione di una persona, mediante inganno, a compiere un negozio giuridico che altrimenti non avrebbe posto in essere: *d. commissivo, determinante, incidente, omissivo* **2** (*lett.*) malafede, disonestà | (*lett.*) inganno, frode | †colpa

†**dòlo** ② ► **duolo**

dolòmia [fr. *dolomie*, dal n. del geologo D. de Gratet de *Dolomieu* (1750-1801), che per primo l'individuò * 1817] s. f. ● (*geol.*) roccia costituita in prevalenza da dolomite

dolomìte [comp. di *dolom(ia)* e *-ite*② * 1869] s. f. **1** (*miner.*) carbonato doppio di calcio e magnesio in cristalli romboedrici di vario colore **2** ***le Dolomiti***, il gruppo montuoso delle Alpi orientali costituito prevalentemente da dolomia

dolomìtico [1869] agg. (pl. m. *-ci*) **1** (*miner.*) relativo alla dolomite: *roccia dolomitica* **2** (*geogr.*) relativo alle Dolomiti: *lago d.* | (*sport, est.*) ***alpinismo d.***, quello praticato sulle Alpi orientali

dolomitizzazióne [1848] s. f. ● (*geol.*) processo di trasformazione di rocce calcaree in dolomie per sostituzione della calcite da parte della dolomite

†**dolóne** [vc. dotta, lat. *dolōne(m)*, dal gr. *dólōn*, di etim. incerta * sec. XIV] s. m. ● (*mar.*) albero inclinato o sporgente dalla prua SIN. bompresso | vela quadrata col pennoncino sotto al bompresso | fiocco, controfiocco

dolorabilità [da *dolore* * 1956] s. f. inv. ● (*med.*) reazione dolorosa di una parte del corpo quand'è palpata, compressa, percossa a scopo diagnostico

doloránte part. pres. di *dolorare*; anche agg. ● che sente dolore fisico: *si rialzò d.* | che fa male, che dà dolore: *caviglia d.*

†**dolorànza** [av. 1294] s. f. ● dolore

doloràre [da *dolore* * sec. XIII] **A** v. intr. (*io dolóro*; aus. *avere*) ● (*lett.*) soffrire e manifestare la propria sofferenza **B** v. tr. ● †addolorare

doloràto **A** part. pass. di *dolorare*; anche agg. ● (*raro, lett.*) nei sign. del v. **B** s. m. **1** †dolore **2** (*raro, lett.*) chi soffre

dolorazióne [av. 1455] s. f. ● (*lett.*) sofferenza fisica

♦**dolóre** [lat. *dolōre(m)*, da *dolēre* 'dolere' * av. 1250] s. m. (pl. *-i*, m., †*-a*, f.) **1** sensazione di sofferenza fisica (+ *di*, + *a*): *d. reumatico, articolare; d. di testa, di denti, di stomaco; mitigare, calmare, acuire il d.; sentire un forte d. a una gamba, a una spalla; avere il corpo pieno di dolori* | ***letto di d.***, dove si giace da tempo per grave malattia | ***l'eterno d.***, la perenne sofferenza fisica dei dannati CFR. algo-①, -algia, odino-, -odinia SIN. male **2** sentimento o stato di profonda sofferenza morale: *d. intenso, inconsolabile, disperato; impazzire, morire di d.; vivere nel d.; essere straziato, sconvolto dal d.; Nessun maggior d. / che ricordarsi del tempo felice / ne la miseria* (DANTE *Inf.* V, 121-123) | ***abbandonarsi, darsi al d.***, disperarsi | †***menar d.***, lamentarsi | ***i sette dolori***, quelli della Madonna, da questa provati durante la vita terrena sua e del Cristo SIN. afflizione, pena, sofferenza **3** avvenimento, cosa o persona che procura dolore: *è stato il più grande d. della mia vita; quel figlio è il suo perenne d.* SIN. tormento | (al pl.) fastidi, guai: *o trovi un lavoro o son dolori!* || **doloràccio**, pegg. | **dolorétto**, dim. | **dolorino**, dim. | **dolorùccio**, (*lett.*) **dolorùzzo**, dim.

†**dolorìfero** [vc. dotta, lat. tardo *dolorĭferu(m)*, comp. di *dŏlor* 'dolore' e *-fer* '-fero' * av. 1694] agg. ● che reca dolore

dolorìfico [comp. di *dolor(e)* e *-ifico* * 1499] agg. (pl. m. *-ci*) **1** (*raro*) che dà dolore fisico: *stimolo d.* **2** relativo alla percezione del dolore fisico: *sensibilità dolorifica*

dolorimetrìa [comp. di *dolore* e *-metria* * 1966] s. f. ● (*med.*) procedimento di misura obiettiva dell'intensità del dolore

dolorìsmo [da *dolor(e)* con il suff. *-ismo* * 1950] s. m. ● (*lett.*) rappresentazione letteraria o artistica di un intenso sentimento di dolore: *il d. di Pavese*

dolorosità (o *-ş-*) [1447] s. f. inv. **1** (*raro*) caratteristica di ciò che è doloroso **2** (*lett.*) dolore, spec. abituale e continuo

doloróso (o *-ş-*) [lat. tardo *dolorōsu(m)*, da *dŏlor* 'dolore' * 1261 ca.] agg. **1** di dolore: *sensazione dolorosa* | (*lett.*) ***il d. regno***, l'Inferno **2** che procura dolore: *intervento d.; il d. distacco dalla persona amata* **3** che è pieno di dolore: *vita grama e dolorosa* | che manifesta dolore: *sguardo, sospiro d.; lamenti dolorosi* **4** (*lett.*) infelice, sventurato **5** †malvagio, scellerato, tristo || **dolorosétto**, dim. || **dolorosaménte**, avv. con dolore, angoscia || **dolorosità**, s. f. inv. (V.)

SFUMATURE DI SIGNIFICATO

doloroso - penoso - funesto - luttuoso

In riferimento a fatti, episodi, azioni, scelte e sim., **doloroso** è ciò che arreca un forte dispiacere, che provoca tristezza, rammarico profondo. **Penoso** aggiunge al dolore un'idea di disagio, di stento prolungato, che suscita pietà, compassione. **Funesto** è parola più incisiva, che descrive ciò che è profondamente dannoso, pericoloso, negativo. In questa accezione **luttuoso** è sinonimo di *funesto*; in senso proprio il termine identifica invece ciò che è fonte di morte.

dolóso (o *-ş-*) [vc. dotta, lat. *dolōsu(m)*, da *dŏlus* 'dolo' * av. 1327] agg. **1** (*dir.*) commesso con dolo: *delitto d.; omicidio d.* **2** (*lett.*) ingannevole, fraudolento || **dolosaménte**, avv. con dolo, inganno, astuzia || **dolosità** o †**dolositàde**, †**dolositàte**, s. f. inv. (*dir.*) natura dolosa: *la dolosità di un atto*

†**dòlto** part. pass. di *dolere*; anche agg. ● (*lett.*) nei sign. del v.

dolùto part. pass. di *dolere*; anche agg. ● (*raro*) nei sign. del v.

dolzàina [fr. ant. *douçaine*, dal lat. *dŭlcis* 'dolce', perché strumento dal suono dolce * 1539] s. f. ● (*mus.*) antico strumento ad aria

†**dólze** ► **dolce**

†**dolzóre** o †**dolcióre** [ant. provenz. *dolzor*, da *dolz* 'dolce' * av. 1250] s. m. **1** sapore dolce | (*lett.*) dolcezza **2** (*lett., fig.*) felicità, beatitudine: *letizia che trascende ogni d.* (DANTE *Par.* XXX, 42) | piacere

†**dolzùra** ► **dolciura**

dom /dɔm, dom/ [abbr. del lat. *dŏminus* 'signore' (V. *don*③)] s. m. inv. ● nel Medioevo, titolo riservato ai prelati, agli abati e ai monaci dell'ordine benedettino, e poi a tutti gli ecclesiastici | attualmente, titolo riservato ai prelati dell'ordine benedettino

dóma ① (o *-ò-*) [da *domare* * 1956] s. f. **1** (*centr.*) domatura di animale | luogo in cui viene praticata **2** (*raro*) domatrice

dòma ② [gr. *dôma* 'costruzione' * 1892] s. m. (pl. *-i*) ● (*miner.*) forma cristallina semplice, costituita da due facce che formano un diedro

domàbile [vc. dotta, lat. *domābile(m)*, da *domāre* 'domare' * 1499] agg. **1** che si può domare (*anche fig.*): *animale d.; rivolta d.* **2** (*raro, lett.*) flessibile, pieghevole || **domabilità**, s. f. inv.

♦**domànda** o †**dimànda** [da *domandare* * 1261 ca.] s. f. **1** il domandare | richiesta di informazioni; interrogazione, quesito: *fare una d.; rivolgere a qlcu. una d.; rispondere a una d.* | ***d. retorica***, frase interrogativa retorica (V. *interrogativo*) | le parole stesse con cui si domanda qlco.: *una d. strana, imbarazzante, assurda* | interrogazione scolastica: *non ho saputo rispondere alle domande del professore* **2** richiesta scritta: *presentare una d. in carta da bollo; la vostra d. è stata respinta* | (*dir.*) pretesa che si intende far valere in un giudizio civile | ***d. giudiziale, processuale***, atto contenente l'esposizione della pretesa che si intende far valere in un giudizio civile SIN. (*raro*) istanza | ***d. accessoria***, richiesta di interessi, spese, danni e sim. che si accompagna a quella principale di cui è una conseguenza logica **3** (*econ.*) quantità richiesta di un dato bene, a un certo prezzo, da parte di un singolo e dal mercato: *curva della d.* CONTR. offerta **4** (*est.*) richiesta, esigenza: *d. di cultura, di conoscenza; rispondere alle domande dei giovani* || **domandìna**, dim. | **domandóna**, accr. | **domandóne**, accr. m. | **domandùccia**, dim.

†**domandagióne** o †**dimandagióne** [1268] s. f. ● domanda

†**domandaménto** o †**dimandaménto** [1287] s. m. ● domanda

♦**domandàre** o †**dimandàre** [lat. *demandāre* 'raccomandare (*mandāre* con *dē-*)', poi 'mandare per sapere', 'chiedere' * 1219] **A** v. tr. **1** chiedere per sapere (*anche assol.*): *d. a qlcu. l'ora, un'informazione, un indirizzo; bisogna d. quanto costa; Domandai s'avesse compagnia* (G. CAVALCANTI) | ***domando e dico!***, escl. di meraviglia, indignazione e sim.: *io domando e dico se questo è il modo di comportarsi* | anche nella forma pron. **domandàrsi**, chiedersi; essere incerto su qlco., stupirsi di qlco. e sim.: *mi domando cosa devo fare; mi domando come certe cose possano accadere; Mi sono domandato se non ero sulla via d'impazzire!* (A. FOGAZZARO) **2** chiedere

a b c d e f g h i j k l m n o p q r s t u v w x y z

per ottenere: *d. un consiglio*; *d. il permesso di fare qlco.*; *d. scusa, perdono, aiuto*; *la libertà non si domanda ma si vuole* (I. NIEVO) | ***d. ragione di qlco.***, chiederne conto | ***d. la parola***, il permesso di parlare in assemblee, riunioni e sim. **3** (*lett.*) esigere, richiedere: *la direzione di un giornale dimanda una testa sgombra* (V. MONTI) **4** †chiamare, invitare, convocare **5** †cercare: *d. la morte* **6** †voler raggiungere: *d. le stelle, il cielo, il mare* **7** †denominare, soprannominare: *quel buon gusto che dimandiamo universale* (L.A. MURATORI) **B** **v. intr.** (**aus.** *avere*) ● informarsi, chiedere notizie (+ *di*): *mi domandano spesso di te* | manifestare il desiderio di vedere una persona o di parlarle: *al telefono domandano di te*; *c'è di là una persona che domanda di voi* **C** **domandàrsi** **v. intr. pron.** ● †aver nome, chiamarsi **D** **domandàrsi** **v. rifl. recipr.** ● †sfidarsi: *domandarsi a battaglia*

SFUMATURE DI SIGNIFICATO

domandare - esigere
Esprimere un desiderio per ottenerne il soddisfacimento, rivolgendosi ad altri con cortesia si dice **domandare.** Se invece la richiesta è fatta d'autorità si ricorre al termine **esigere.**
SFUMATURE ➤ ***chiedere***

†**domandativo** [1612] **agg.** ● interrogativo: *punto d.*

domandàto o †**dimandàto** **A** **part. pass.** di *domandare*; anche **agg.** ● nei sign. del v. | †che si vuol raggiungere **B** **s. m.** **1** †persona interrogata **2** †cosa domandata, richiesta

domandatóre o †**dimandatóre** [1282] **s. m.** (**f.** *-trice*); anche **agg.** ● (*raro*) chi (o che) domanda

†**domàndita** ➤ †**dimandita**

†**domàndo** ➤ †**dimando**

domàne **A** **avv.** ➤ **domani** nel sign. A **B** **s. f.**, †**m. inv.** **1** (*raro, lett.*) il giorno successivo a quello del quale si parla: *alla d. la era più rifinita che mai* (I. NIEVO) | (*est.*) il futuro **2** (*raro, lett.*) mattino

♦**domàni** o (*lett.*) **dimàni**, (*lett.*) **dimàne** nel sign. A, (*lett.*) **domàne** nel sign. A [lat. tardo *demāne*, comp. di *dē-* e *māne* '(di buon) mattino', n. di *mānis*, agg. parallelo di *mānus* 'buono', che nelle espressioni di tempo ha assunto il sign. 'di buonora'; la *-i* finale per analogia con *oggi* ✱ 1258] **A** **avv.** **1** nel giorno che segue immediatamente l'oggi: *ritornerò, arriverò, verrò d.*; *d. siamo impegnati*; *d. è un giorno festivo*; *d. mattina*; *d. pomeriggio*; *d. sera*; *d. notte*; *dimani, a mezzo il giorno / … / ti canteremo noi cipressi i cori* (G. CARDUCCI) | ***domani, doman l'altro***, dopodomani | ***d. a otto, a quindici***, una settimana, due settimane dopo di domani | ***a d.!***, formula di saluto come promessa di rivedersi il giorno seguente **2** in un tempo avvenire (con sign. indeterminato, spec. in contrapposizione con 'oggi'): *rimandare un lavoro dall'oggi al d.*; *oggi a me, d. a te*; *oggi qui, d. là* | **PROV.** ***non rimandare a d. quello che puoi fare oggi*** | ***oggi o d.***, prima o poi: *oggi o d. finiremo per scoprirlo* | ***da oggi a d.***, subito, in fretta: *è una decisione che non si può prendere da oggi a d.* | ***dagli oggi, dagli d.***, continuando a insistere: *dagli oggi, dagli d., sono riuscito a convincerlo* **3** (*iron.*) mai: *'Credi che mi restituirà il denaro che gli ho prestato?' 'Sì, d.!'* **B** **s. m. inv.** **1** il giorno successivo a quello del quale si parla: *il fanciullo, il d., era al lavoro* (G. PASCOLI) **2** (*est.*) il futuro, l'avvenire: *il d. è oscuro per tutti*; *la soluzione si prospetta in un d. molto lontano*; *in un prossimo d.*

♦**domàre** [lat. *domāre*, di orig. indeur. ✱ 1261 ca.] **v. tr.** (*io dómo* o *dòmo*) **1** rendere mansueto, domestico e sim.: *d. una belva*; *d. un cavallo selvaggio* **SIN.** addomesticare, ammansire **2** rendere docile, ubbidiente e sim.: *d. un ragazzo ribelle* **3** (*fig.*) soggiogare, sottomettere: *d. un popolo con l'uso delle armi* | ***d. un incendio***, riuscire a spegnerlo | fiaccare, stroncare: *d. la resistenza del nemico, degli insorti*; *d. una rivolta* **4** (*fig.*) tenere a freno, dominare: *d. le passioni, gli istinti*

SFUMATURE DI SIGNIFICATO

domare - piegare - schiacciare
Nel suo primo significato **domare** indica l'atto di addomesticare un animale; da qui gli usi estensivi e figurati di soggiogare, sottomettere, dominare. **Piegare**, che significa anzitutto rendere curvo ciò che era dritto, in usi figurati può definire il sottomettere gli altri alla propria volontà con la forza o col ricatto; in questo significato non è lontano da *domare*, ma mette maggiormente l'accento sull'atto di violenza che è stato determinante a vincere la resistenza della persona costretta a soggiacere. **Schiacciare** è in questo contesto l'opprimere, il sopraffare qualcuno sfruttando il proprio potere o la propria autorità, fino ad annientarlo.
SFUMATURE ➤ ***reprimere***

domatóre [lat. tardo *domatōre(m)*, da *domātus* 'domato' ✱ 1342] **A** **s. m.** (**f.** *-trice*) **1** chi doma, spec. chi presenta in un circo bestie feroci da lui ammaestrate **2** (*fig., lett.*) soggiogatore **B** **agg.** ● (*lett.*) che doma (*spec. fig.*)

domatrìce [lat. tardo *domitrīce(m)*, da *dŏmitus* 'domito' con sovrapposizione di *domato* ✱ 1927] **s. f.** ● carro pesante a due ruote e lunghe stanghe per domare i cavalli e addestrarli al tiro **SIN.** doma①

♦**domattìna** o †**dimattìna** [riduzione di *do(mani) mattina* ✱ av. 1292] **avv.** ● domani mattina: *arrivederci d., a d.*; *ti aspetto d.*; *d. decideremo*

domatùra [lat. *domitūra(m)*, da *dŏmitus* 'domito' con sovrapposizione di *domato* ✱ 1557] **s. f.** ● (*raro*) il domare: *la d. dei cavalli*

Domeneddìo ➤ **Domineddio**

†**Domenedìo** ➤ **Domineddio**

♦**doménica** [lat. eccl. *domĭnica(m)*, sottinteso *dīe(m)*, '(giorno) del Signore (*Dŏminus*)' ✱ sec. XI] **s. f.** **A differenza degli altri giorni della settimana (tranne il sabato), che sono invariabili, 'domenica' ha regolarmente il plurale** ● settimo giorno della settimana, dai Cristiani dedicato alle pratiche religiose e al riposo festivo: *osservare la d.*; *ci telefoniamo tutte le domeniche* | ***d. in albis, d. delle Palme***, V. *in albis, palma*② | ***della d.***, occasionale, inesperto: *guidatore, automobilista, pittore della d.* | ***vestito della d.***, V. *vestito*② | ***nato di d.***, (*fig.*) fortunato

domenicàle① [vc. dotta, lat. eccl. *dominicāle(m)*, da *domĭnica* 'domenica' ✱ av. 1328] **agg.** **1** della domenica: *gita d.*; *funzione religiosa d.* | ***riposo d.***, riposo festivo | ***trasmissione d.***, che si effettua di domenica **2** (*fig.*) allegro, spensierato: *in quella giornata si respirava un'atmosfera d.* || **domenicalménte**, **avv.** ogni domenica

domenicàle② ➤ **dominicale**

domenicàno① [1580] **A** **agg.** **1** di S. Domenico di Guzmán (1170-1221): *ordine d.*; *regola domenicana* **2** dell'ordine fondato da S. Domenico: *monaco d.* **B** **s. m.** (**f.** *-a*) ● religioso dell'ordine fondato da S. Domenico: *i domenicani e i francescani*

domenicàno② [dal colore bianco, proprio della veste dei frati di san *Domenico* ✱ 1830] **s. m.** ● (*zool.*) nome comune degli uccelli mestolone e gattorocchi

domenichìno [da *domenica*, giorno nel quale prestava prezzolato servizio ✱ 1554] **s. m.** ● servitore che un tempo veniva assunto soltanto per la domenica e i giorni festivi

domése (o *-ṣ-*) [da *Domo(dossola)* col suff. *-ese*① degli etnici ✱ 1868] **A** **agg.** ● di Domodossola **B** **s. m. e f.** ● abitante o nativo di Domodossola

domèstica [f. sost. di *domestico* ✱ 1350 ca.] **s. f.** ● donna di servizio

domesticàbile [1561] **agg.** **1** (*raro*) addomesticabile **2** (*biol.*) detto di pianta o animale suscettibile di domesticazione

domesticàre o (*lett.*) **dimesticàre** nel sign. 1 [da *domestico* ✱ 1304] **A** **v. tr.** (*io domèstico, tu domèstichi*) **1** (*raro*) addomesticare **2** (*biol.*) sottoporre specie vegetali o animali a selezioni tali da modificarne la morfologia e la fisiologia rispetto alle corrispondenti forme selvatiche, a vantaggio dell'uomo **B** **v. intr.** (**aus.** *essere*) e **domesticàrsi** **v. intr. pron.** **1** †fare amicizia con qlcu. **2** †abituarsi

domesticazióne [da *domesticare* ✱ sec. XIV] **s. f.** ● (*biol.*) operazione, tecnica del domesticare | domesticità

domestichézza [av. 1400] **s. f.** **1** domesticità **2** V. *dimestichezza*

domesticità [1865] **s. f. inv.** **1** (*raro*) familiarità, dimestichezza: *trattare qlcu. con d.* **2** condizione di specie vegetali o animali domestiche o addomesticate: *la d. di un animale, di una pianta*

♦**domèstico** o (*lett.*) **dimèstico** nei sign. A 2 e B 2 [vc. dotta, lat. *domĕsticu(m)* 'appartenente alla casa (*dŏmus*)' col suff. di *rŭsticus, silvāticus*, e sim. ✱ 1268] **A** **agg.** (**pl. m.** *-ci*) **1** della casa, della famiglia: *pareti domestiche*; *consuetudini domestiche* | ***focolare d.*** (*per anton.*) la casa; (*fig.*) il nucleo familiare | ***lari domestici***, nella religione degli antichi Romani, divinità protettrici della casa e del focolare | ***lavori domestici***, faccende di casa | ***prelato d.***, un tempo, ecclesiastico addetto alla corte pontificia | ***lavoro d.***, attività lavorativa prestata al servizio di una famiglia o di altra comunità e caratterizzata dalla convivenza tra lavoratore e datore di lavoro | (*est.*) privato: *vita domestica*; *affari domestici* **2** (*lett.*) confidenziale, familiare: *trattamento, tono d.* | ***uomo d.***, affabile, trattabile | ***essere, farsi d. con qlcu.***, avere o prendere una certa familiarità | †semplice, alla buona | (*raro*) ***alla domestica***, (*ellitt.*) con semplicità **3** detto di animale che vive con l'uomo, che lo nutre e lo alleva utilizzandolo per scopi diversi: *il cane e la mucca sono animali domestici* | (*raro*) detto di pianta coltivata **4** (*raro*) relativo alla stessa patria, allo stesso paese, allo stesso gruppo etnico e sim.: *usi domestici* | ***discordia domestica***, guerra civile || **domesticaménte**, **avv.** (*raro*) in modo domestico; familiarmente; modestamente, alla buona || **domesticità**, **s. f. inv.** (V.) **B** **s. m.** (**f.** *-a* (V.) **nei sign. 1 e 2**) **1** chi si occupa dei lavori domestici presso una famiglia dalla quale è retribuito: *furono ricevuti da due domestici* **2** †persona che fa parte della famiglia **3** (*bot.*) marza

domiciliàre① [da *domicilio*, sul modello del fr. *domiciliaire* ✱ 1798] **agg.** ● (*dir.*) del domicilio: *perquisizione d.*; *visita d.* | ***arresto d.*** o (al **pl.**) ***arresti domiciliari*** o, (*ellitt.*) nel linguaggio giornalistico, ***i domiciliari***, sanzione consistente nell'obbligo di non abbandonare il proprio domicilio || **domiciliarità**, **s. f. inv.** riconoscimento del diritto della persona a rimanere nella propria casa anche quando non è più in condizioni di provvedere completamente a sé stessa; (*est.*) insieme delle attività assistenziali che garantiscono questo diritto

domiciliàre② [da *domicilio* ✱ av. 1529] **A** **v. tr.** (*io domicìlio*) ● (*raro*) fornire di domicilio | (*dir.*) ***d. una cambiale***, indicare come luogo per il pagamento della stessa il domicilio di un terzo **B** **v. intr.** ● †abitare **C** **domiciliàrsi v. rifl. 1** (*dir.*) eleggere domicilio: *domiciliarsi presso un terzo* **2** prendere domicilio: *domiciliarsi in città*; *si è domiciliato a Roma*

†**domiciliàrio** [1673] **agg.** ● relativo al domicilio

domiciliarità ➤ **domiciliare**①

domiciliatàrio [da *domiciliare*② ✱ 1956] **s. m.** (**f.** *-ia*) **1** (*dir.*) persona presso la quale si è eletto domicilio e a cui si devono notificare gli atti diretti a colui che ha fatto tale elezione **2** (*dir.*) persona presso la quale è pagabile una cambiale domiciliata

domiciliàto **part. pass.** di *domiciliare*②; **anche agg. 1** che ha il proprio domicilio in un dato luogo: *il signor M.R., nato a Torino, d. a Firenze* **2** (*dir.*) ***debito d.***, debito di denaro che il debitore deve pagare al domicilio del creditore al tempo della scadenza | ***cambiale domiciliata***, pagabile non al domicilio dell'obbligato principale, ma al domicilio di un terzo **3** (*raro, lett.*) di vocabolo straniero divenuto di uso comune in una lingua: *infinite sono le antiche parole straniere domiciliate, e fatte cittadine della nostra lingua* (G. Leopardi)

domiciliazióne [da *domiciliare*② ✱ 1956] **s. f.** ● (*dir.*) indicazione del luogo nel quale è pagabile una cambiale domiciliata | (*est.*) indicazione di un indirizzo diverso dal proprio, come quello di una banca o di un ufficio postale, a cui devono essere indirizzate le bollette (del gas, del telefono e sim.) per il pagamento

domicìlio [vc. dotta, lat. *domicĭliu(m)*, da *dŏmus* 'casa' con sign. più astratto; per il secondo componente della vc., l'etim. è incerta ✱ av. 1373] **s. m.** (**pl.** *-i* o *raro -ii*) **1** (*dir.*) luogo in cui una persona ha stabilito la sede principale dei propri affari e interessi **CFR.** dimora, residenza | (*elvet.*) residenza anagrafica | ***eleggere d.***, stabilire con atto scritto un domicilio speciale | ***d. volontario, d. elettivo***, quello scelto liberamente dal soggetto | ***d. necessario, d. legale***, quello fissato dalla legge a determinati soggetti | ***d. fiscale***, quello che ogni contribuente deve avere in relazione ai suoi rapporti con l'amministrazione finanziaria **2** (*est.*) casa, abitazione, dimora: *farsi recapitare un pacco a d.*; *violazione di d.* **3** (*astrol.*) nello zodiaco, segno nel quale un corpo celeste trova la maggiore affinità e in cui può espandere liberamente la propria influenza **CONTR.** esilio

SFUMATURE ➤ ***recapito***

domificàre [vc. dotta, lat. mediev. *domificāre*, comp. di *dŏmus* 'casa' e *-ficāre* = *făcere* 'fare' ✱ 1797] **v. tr.** (*io domìfico, tu domìfichi*) ● (*astrol.*) dividere la sfera celeste in case ‖ **domificazióne**, **s. f.** suddivisione della sfera celeste in dodici case

domifórme [comp. di *domo*③ e *-forme* ✱ 1983] **agg.** ● (*lett.*) che ha forma di cupola

†**domìlia** ➤ **duemila**

dominàbile [1612] **agg.** ● che si può dominare: *un temperamento d.*

dominànte **A** **part. pres.** di *dominare*; **anche agg. 1** (*raro*) che domina: *popoli, nazioni dominanti* **2** che predomina, prevale sugli altri: *la classe, il partito d.*; *il colore d.* | ***religione d.***, quella che è più diffusa in uno Stato | ***opinioni dominanti***, quelle accolte e accettate dalla maggioranza | ***idea d.***, pensiero fisso, che ricorre costantemente nella mente di qlcu. | ***posizione d.***, che sovrasta i luoghi sottostanti (*anche fig.*) | ***motivo d.***, il tema principale di un brano musicale; (*est.*) il tema fondamentale di un'opera narrativa, di una produzione artistica e sim. **3** (*dir.*) ***fondo d.***, nelle servitù prediali, quello a favore del quale la servitù è costituita **4** (*meteor.*) ***vento d.***, quello che supera per intensità e frequenza ogni altro vento di un determinato luogo **5** (*mus.*) ***nota d.***, il quinto grado di una scala musicale **B** **s. m.** ● (*lett.*) chi detiene il potere, sovrano, tiranno | (*raro, est.*) signore, padrone **C** **s. f. 1** (*mus.*) nota dominante **2** (*fotogr.*) nella fotografia a colori, erronea accentuazione di una banda dello spettro cromatico

dominànza [1932] **s. f. 1** (*raro*) caratteristica o condizione di ciò che è dominante | predominio **2** (*biol.*) prevalenza di un determinato carattere nella discendenza di un incrocio

◆**dominàre** o †**diminàre** [vc. dotta, lat. *domināre*, lat. tardo *domināre* 'fare da padrone (*dŏminus*)' ✱ av. 1306] **A** **v. tr.** (*io dòmino*) **1** tenere soggette persone o cose alla propria autorità, influenza, controllo e sim.: *d. il popolo, uno Stato*; *un tempo si credeva che gli astri dominassero il destino dell'uomo*; *è un'industria che domina il mercato interno ed estero* | ***d. i mari***, essere una potenza marinara, avere il monopolio dei traffici marittimi | ***d. una situazione***, tenerla saldamente sotto il proprio controllo | (*fig.*) ***d. una lingua***, conoscerla perfettamente | (*fig.*) ***d. uno stile***, usarlo con grande maestria | (*fig.*) ***d. una materia***, maneggiarla, lavorarla con rara abilità: *è uno scultore che sa d. la creta e il marmo* **2** (*est.*) soggiogare: *d. le menti, gli spiriti*; *quel ragazzo è completamente dominato dal padre* | ***d. l'uditorio, il pubblico, gli spettatori*** e sim., avvincerli, affascinarli **3** sovrastare, detto di costruzioni elevate, di monti, colline e sim.: *la fortezza domina la città*; *l'altura dominava il paese sottostante* | abbracciare con lo sguardo: *di lassù si domina tutta la vallata* **4** (*fig.*) contenere, frenare, reprimere: *d. un sentimento, gli istinti*; *non sa d. la propria passione* **5** (*fig.*) imporsi, influenzare in modo decisivo: *sogni e fantasie dominavano la sua mente* **B** **v. intr.** (aus. *avere*) **1** essere padrone assoluto, esercitare il potere (+ *in*, + *su*): *d. in casa propria, in uno Stato*; *d. sul popolo, sulla nazione* **2** (*est.*) essere superiore, primeggiare, eccellere (+ *su*): *d. su tutti*; *d. sui compagni per la sua intelligenza* **3** ergersi, elevarsi (+ *su*): *una torre domina sul passo* | incombere: *una minaccia di sterminio dominava su di noi* **4** (*fig.*) imporsi, prevalere: *nella Francia di Luigi Filippo dominavano i moderati*; *quell'umore malinconico … dominava poi sempre su tutte le altre qualità* (V. Alfieri) | regnare: *nella città dominava il disordine* **C** **dominàrsi v. rifl.** ● tenere a freno i propri istinti, reprimere i propri impulsi e sim.: *se è provocato, difficilmente riesce a dominarsi* **SIN.** controllarsi

SFUMATURE ➤ ***vincere***

†**dominatìvo** [1568] **agg.** ● relativo al padrone | che domina, che impone

dominàto① **A** **part. pass.** di *dominare*; **anche agg.** ● nei sign. del v. **B** **s. m.** (**f.** *-a*) ● (*raro*) chi è soggetto al dominio altrui

†**dominàto**② [vc. dotta, lat. *dominātu(m)*, s. del part. pass. di *domināri* 'dominare' ✱ av. 1306] **s. m.** ● dominio

dominatóre [vc. dotta, lat. *dominatōre(m)*, da *dominātus* 'dominato①' ✱ av. 1328] **s. m.** (**f.** *-trice*); **anche agg.** ● chi (o che) domina: *gli antichi dominatori dei mari*; *un popolo d.*

dominazióne [vc. dotta, lat. *dominatiōne(m)*, da *dominātus* 'dominato①' ✱ av. 1243] **s. f. 1** dominio, potere esercitato su uno Stato, su una nazione o su un popolo: *la d. straniera in Italia* | periodo di tempo durante il quale si esercita il dominio: *durante la d. spagnola* **2** †stato, possedimento territoriale: *ritornato nella sua d. … ruinò … tutte le fortezze di quelle provincie* (N. Machiavelli) **3** (al **pl.**) gli angeli di uno dei cori che circondano il trono di Dio

dòmine [lat. *dŏmine*, vocativo di *dŏminus* 'padrone, signore' ✱ av. 1294] **A** **inter. 1** †formula di invocazione equivalente a 'oh Signore': *D., fallo tristo!* (G. Boccaccio) **2** (*raro, lett.*) esprime dubbio, incertezza, meraviglia e sim. o energica affermazione **3** (*lett., pleonast.*) diamine, in frasi interrogative ed esclamative: *che d. ho io stamani intorno all'occhi?* (N. Machiavelli) **B** **s. m. 1** †padrone, signore **2** †prete, abate

Domeneddìo /domine(d)'dio/ o (*lett.*) **Domeneddìo**, (*lett.*) **Dominedio**, (*ven.*) †**Domenedìo** /domene(d)'dio/ [comp. di *domine* (e) *dio* ✱ 1065] **s. m.** (**solo sing. nel sign. 1**; **pl.** *domineddii* **e con l'iniziale minuscola nel sign. 2**) **1** (*fam.*) Dio | Signore Iddio **2** (*scherz., disus.*) persona che è o si ritiene molto importante e potente: *ogni occasione è buona per fare il d.!* **SIN.** padreterno

dominicàle o **domenicàle**② [vc. dotta, lat. tardo *dominicāle(m)* 'relativo al padrone (*dŏminus*)' ✱ sec. XIV] **agg. 1** del Signore | ***Orazione d.***, il Paternostro **2** (*dir.*) del proprietario: *diritti dominicali* | ***reddito d.***, reddito soggetto all'imposta sui terreni, che compete al proprietario del fondo in quanto tale

dominicàno [dallo sp. *dominicano*, da *S. Domingo*, n. della capitale ✱ 1869] **A** **agg.** ● della Repubblica Dominicana **B** **s. m.** (**f.** *-a*) ● abitante o nativo della Repubblica Dominicana

dominicàto [vc. dotta, lat. *dominicātu(m)*, da *dŏminus* 'signore, padrone' ✱ 1987] **s. m.** ● nel Medioevo, terra di cui si aveva la proprietà e che non era soggetta ad alcun vincolo di carattere feudale

domìnico [vc. dotta, lat. *domĭnicu(m)* 'che appartiene al padrone (*dŏminus*)' ✱ sec. XIV] **agg.** (**pl. m.** *-ci*) ● del Signore, di Dio

◆**domìnio** o †**domìno**④, †**dimìnio**, †**dimìno** [vc. dotta, lat. *domĭniu(m)* 'diritto di dominare (*domināri*)' ✱ av. 1250] **s. m.** (**pl.** *-i* o *raro -ii*) **1** autorità, potere: *sete di d.*; *il d. spirituale della Chiesa*; *ribellarsi a ogni d. e imposizione* | ***di d. pubblico***, (*disus.*) che appartiene alla collettività; (*fig.*) che è noto a tutti: *notizia di d. pubblico* **2** esercizio incontrastato e assoluto del potere politico: *sottrarsi al d. di un principe* | posizione di supremazia, spec. politica o militare: *il d. di Sparta nell'antica Grecia* **CFR.** -archia, -crazia **3** padronanza, controllo assoluto (*anche fig.*): *ammiro il tuo d. sulle passioni*; *ha un grande d. della materia che tratta*; *besogn'è ch'io ti tenga al meo dimino* (C. d'Alcamo) | ***d. di sé***, autocontrollo | ***d. territoriale***, nel gioco del calcio e sim., costante supremazia di gioco da parte di una squadra **4** (*dir.*) proprietà | ***d. diretto***, nell'enfiteusi, il rapporto che intercorre fra il proprietario del fondo e il fondo stesso | ***d. utile***, nell'enfiteusi, il rapporto che intercorre fra l'enfiteuta e il fondo | ***patto di riservato d.***, quello che regola le vendite a rate, secondo cui il compratore acquista la proprietà della cosa comprata soltanto con il pagamento dell'ultima rata **5** territorio sottomesso a un determinato potere politico: *i domini coloniali inglesi* **6** (*mat.*) ***d. di una funzione***, l'insieme dei valori in cui essa è definita **7** (*fis.*) regione di un solido in cui i momenti magnetici o elettrici elementari sono allineati in modo uniforme **8** (*chim.*) in una macromolecola, in particolare una proteina, regione strutturalmente e funzionalmente definita distinta dal resto della molecola **9** (*inform.*) in una rete, sistema organizzato di risorse raggruppate in modo omogeneo e identificato da un nome univoco | in Internet, nome e indirizzo di un sito; suffisso che segnala l'appartenenza del sito a una data categoria (quali per es. il suffisso *.it* per i siti italiani, *.fr* per i siti francesi) | in un indirizzo di posta elettronica, la parte a destra del simbolo @ **10** (*fig.*) campo, ambito, settore: *il d. della letteratura, delle scienze*

domìnion /do'minion, *ingl.* də'mɪnjən/ [vc. ingl., dall'ant. fr. *dominion*, adattamento del lat. *domĭnium* 'dominio' ✱ 1892] **s. m. inv.** ● denominazione (non più usata dal 1947) di un territorio appartenente un tempo all'Impero britannico, pur essendo indipendente e dotato della personalità giuridica internazionale, e poi al Commonwealth

†**dòmino** ① [vc. dotta, lat. *dŏminu(m)*, da *dŏmus* 'casa'; quindi, originariamente 'padrone (di casa)' ✱ 1219] **s. m.** (**f.** *-a*) ● signore, padrone | ***d. e padrone***, padrone assoluto

dòmino ② [da *domino* ① con passaggio semantico non chiarito ✱ av. 1764] **s. m. inv.** **1** grande cappa con cappuccio, gener. di seta, indossata per la festa di Carnevale sull'abito da sera **2** (*est.*) persona mascherata col domino

dòmino ③ [fr. *domino*: dai colori bianco e nero che ricordano quelli del costume omonimo (?) ✱ 1830] **s. m.** ● gioco che si fa con 28 tessere divise in due parti, ciascuna con un numero da zero a sei, nel quale vince chi per primo riesce a disfarsi di tutte le proprie tessere | (*est.*) ***effetto d.***, il succedersi di eventi collegati tra loro, come le tessere del gioco omonimo che, messe in verticale, cadono una dopo l'altra se si fa cadere la prima

†**domìno** ④ ➤ **dominio**

dòminus [vc. lat., propr. 'signore, padrone' ✱ 1552] **s. m. inv.** (**pl. lat.** *domini*) **1** (*dir.*) titolare di un affare, di un ufficio e sim. | nel linguaggio forense, avvocato titolare di una causa che pende in un distretto diverso da quello nel quale egli esercita **2** chi (o ciò che) ha pieni poteri in una determinata situazione: *quel partito appare come il vero d. all'interno della coalizione*

dòmito [vc. dotta, lat. *dŏmitu(m)*, part. pass. di *domāre* 'domare' ✱ av. 1374] **agg.** ● (*lett.*) domato, vinto, sconfitto CONTR. indomito

†**domitóre** [vc. dotta, lat. *domitōre(m)*, da *dŏmitus* 'domito' ✱ 1483] **s. m.** (**f.** *-trice*) ● (*lett.*) domatore

dòmma e deriv. ➤ **dogma** e deriv.

dòmo ① [vc. dotta, lat. *dŏmo*, abl. di *dŏmus* 'casa', di orig. indeur. ✱ av. 1294] **A s. m. e f.** ● †casa | †famiglia **B s. m.** ➤ **duomo** ①

dòmo ② [fr. *dôme*, dal gr. *dôma* 'tetto a terrazza', attrav. l'ant. provenz. *doma* 'cupola' ✱ av. 1907] **s. m.** **1** (*lett.*) cupola **2** (*geol.*) V. *duomo* ②

dómo ③ (o **-ò-**) [da *dom(at)o*, part. pass. di *domare* ✱ av. 1484] **agg.** ● (*lett.*) domato, vinto: *sí da' martir, sí da' travagli doma* (G. STAMPA) | (*raro*) addomesticato

†**domònio** ➤ **demonio**

domòtica [comp. del lat. *dŏmus* 'casa' e di *(informa)tica* ✱ 1992] **s. f.** ● (*tecnol.*) disciplina che si occupa delle applicazioni dell'informatica e dell'elettronica all'abitazione

dòmus [vc. lat.: V. *domo* ① ✱ 1983] **s. f. inv.** (**pl. lat. inv.**) ● museo, fondazione, in varie loc.: *d. galileiana*

†**don** ① /dɔn/ [ant. fr. *don*, dal lat. *dē ŭnde* 'da dove'] **avv.** ● (*raro, poet.*) forma tronca di *donde*

don ② /dɔn/ o **don don** /don'dɔn/, **dong** ① [vc. onomat. ✱ sec. XIII] **A inter.** ● riproduce il suono di una grossa campana o i rintocchi di un orologio (*spec. iter.*) **B in funzione di s. m. inv.** ● il suono stesso delle campane: *il don don delle campane*

♦**don** ③ /dɔn, don/ [riduz. di *donno* per *dom(i)no* col sign. del lat. *dŏminus* 'signore' ✱ 1279] **s. m. inv.** **1** titolo riservato anticamente al Papa, poi ai vescovi e agli abati e infine spec. ai monaci e ai preti: *don Abbondio*; *don Orione* **2** in Spagna e Portogallo, titolo che spettava al re, ai principi del sangue e ai grandi del regno: *don Carlos* | titolo riservato a gentiluomini e a persone di riguardo spec. nei territori corrispondenti ai domini spagnoli in Italia: *don Rodrigo*; *mastro don Gesualdo*

donàbile [vc. dotta, lat. *donābile(m)*, da *donāre* 'donare' ✱ 1869] **agg.** ● (*raro*) che si può donare

†**donagióne** ➤ **donazione**

†**donaménto** [sec. XIII] **s. m.** **1** donazione, dono **2** (*raro*) corredo da sposa

donànte **A** part. pres. di *donare*; anche **agg.** ● nei sign. del v. **B s. m. e f.** ● (*dir.*) chi fa una donazione

♦**donàre** [lat. *donāre*, da *dōnum* 'dono' ✱ 1219] **A v. tr.** (*io dóno*) **1** dare qlco. spontaneamente e senza aspettarsi ricompense: *d. qlco. per riconoscenza, amore, affetto, ricordo* | ***d. tutto sé stesso***, dedicarsi completamente a qlcu. o a qlco. | ***d. il sangue***, per trasfusioni | ***d. un organo***, per trapianti SIN. regalare **2** conferire: *quel cappellino ti dona un'aria sbarazzina* **3** (*lett.*) fare qlcu. oggetto di doni **4** †condonare, perdonare **B v. intr.** (**aus.** *avere*) **1** (*dir.*) effettuare una donazione **2** giovare da un punto di vista estetico: *un'acconciatura che le dona molto*; *il viola non ti dona* **C donàrsi v. rifl.** ● (*lett.*) dedicarsi, offrirsi, applicarsi completamente: *donarsi alla medicina*; *si è donato completamente alla causa*

donàrio [vc. dotta, lat. *donāriu(m)*, da *dōnum* 'dono' ✱ 1716] **s. m.** ● nell'antica Roma, offerta agli dei | luogo in cui tale offerta era custodita

donatàrio [1342] **s. m.** (**f.** *-ia*) ● (*dir.*) beneficiario di una donazione

donatișmo [da *donatista* ✱ 1830] **s. m.** ● nella Chiesa cristiana d'Africa del IV sec., eresia e scisma di Donato, secondo i quali il battesimo rende santi e perfetti e deve essere rinnovato per i peccatori

donatista [vc. dotta, lat. *Donatĭsta(m)*, da *Donātus*, n. dell'eretico seguito ✱ av. 1328] **s. m. e f.** (**pl. m.** *-i*) ● seguace del donatismo

donativo [vc. dotta, lat. *donatīvu(m)*, da *donātus* 'donato' ✱ 1509] **s. m.** ● (*lett.*) dono, elargizione: *un lauto d.*; *un generoso d.* | mancia: *i donativi di fine d'anno*

donatóre [lat. *donatōre(m)*, da *donātus* 'donato' ✱ av. 1306] **s. m.** (**f.** *-trice*) **1** chi dona: *la fortuna donatrice di beni* | (*dir.*) chi fa una donazione **2** (*med.*) chi concede il proprio sangue per trasfusioni e organi del proprio corpo per trapianti: *d. di sangue, di un rene, degli occhi*

donazióne o †**donagióne** [vc. dotta, lat. *donatiōne(m)*, da *donātus* 'donato' ✱ 1287] **s. f.** **1** il donare **2** (*dir.*) contratto con cui una parte, per spirito di liberalità, arricchisce un'altra disponendo a suo favore di un proprio diritto o assumendo verso la stessa un'obbligazione **3** (*med.*) trapianto d'organo o tessuto da una persona deceduta a una viva o tra persone vive | ***d. samaritana***, fatta da una persona viva di sua spontanea volontà, senza conoscere il ricevente né avere con lui legami affettivi o di consanguineità

SFUMATURE DI SIGNIFICATO

donazione - elargizione - regalia - mancia

Donazione è genericamente l'atto di donare; come termine giuridico è il contratto con cui una parte cede liberalmente a un'altra un bene o un diritto. **Elargizione** è una donazione fatta con abbondanza e generosità; il termine è di uso elevato e non ha alcun valore specifico in ambito giuridico. **Regalia** è invece la donazione di una piccola quantità di denaro che si dà come ricompensa per un servizio prestato. Nell'uso di oggi *regalia* è sinonimo meno comune di **mancia**, piccolo donativo volontario in denaro che si dà a camerieri, fattorini e sim. per un servizio reso.

SFUMATURE ➤ ***regalo***

†**dónche** ➤ **dunque**

donchisciottàta [da *donchisciotte* ✱ 1799] **s. f.** ● (*raro*) azione ingenuamente spavalda, diretta al conseguimento di obiettivi irraggiungibili

donchisciòtte o **Don Chisciòtte** [dal n. di *Don Chisciotte*, il fantasioso e ingenuamente spavaldo protagonista del romanzo *'Il fantastico cavaliere don Chisciotte della Mancia'* di M. de Cervantes Saavedra (1547-1616) ✱ 1754] **s. m. inv.** ● chi si erge a difensore di princìpi e ideali generosi e nobili ma superati o comunque irraggiungibili: *essere un d.*; *fare il d.*

donchisciottésco [1765] **agg.** (**pl. m.** *-schi*) ● del romanzo 'Don Chisciotte' | di Don Chisciotte, protagonista di tale romanzo | (*fig.*) da donchisciotte: *audacia, generosità donchisciottesca* || **donchisciottescaménte**, **avv.**

donchisciottișmo [av. 1827] **s. m.** ● atteggiamento da donchisciotte

♦**dónde** o (*raro*) **d'ónde** [lat. *dē ŭnde* 'onde, da dove', di etim. incerta ✱ av. 1250] **A avv.** (*poet.* troncato in †*dón*) **1** (*lett.*) da dove, da quale luogo (in prop. interr. dirette o indirette): *d. arrivi?*; *non si è mai potuto sapere d. venisse* | (*est.*) da chi, da quale fonte: *d. viene questa notizia?*; *non riesco a capire d. tragga tanto coraggio* **2** (*lett.*) dal quale, da cui, dal luogo da cui (con valore rel.): *ritornarono al punto d. erano partiti* | attraverso cui: *e si lasciorno una via nel mezzo d. le fanterie passavano* (N. MACHIAVELLI) | per dove: *e piove sangue d. son passati* (G. CARDUCCI) **3** (*lett.*) da cui, dal che, dalla quale cosa (con valore causale): *d. si deduce*; *d. consegue* | per quale motivo: *d. tante lamentele?* | ***avere d.***, ***averne ben d.***, avere buone e fondate ragioni **4** (*lett.*) di cui, con cui, per cui (con valore rel.): *non avere d. vivere*; *duo valletti, d. si servia / a portar elmo e scudo, aveva allato* (L. ARIOSTO) **B cong.** ● (*lett., raro*) per cui, quindi (con valore conclusivo) **C s. m.** ● †il luogo; la causa

dóndola [da *dondolare* ✱ av. 1556] **s. f.** **1** †dondolamento | †***stare a d.***, trastullarsi **2** sedia a dondolo | (*pop.*) altalena: *giocare con la d.*

dondolaménto [1869] **s. m.** ● il dondolare, il dondolarsi

♦**dondolàre** o (*pop.*) **șdondolàre** [etim. discussa: almeno parzialmente imitativo (?) ✱ av. 1400] **A v. tr.** (*io dóndolo*) **1** far muovere in qua e in là una cosa sospesa, in equilibrio instabile o con un unico punto d'appoggio: *d. una corda, una sedia*; *d. la testa, la coda* | †***d. la mattea***, parlare sconclusionatamente | cullare: *d. un bambino* **2** (*fig.*) †rimandare continuamente | (*est.*) †tenere a bada: *i Franzesi … potrebbero d. e straccare i Svizzeri* (N. MACHIAVELLI) **B v. intr.** (**aus.** *avere*) e **dondolàrsi v. rifl.** **1** muoversi oscillando o ciondolando: *l'altalena dondola*; *d. da una parte e dall'altra*; *dondolarsi pigramente su una sedia* **2** (*fig.*) star bighelloni, senza far niente: *non fa che dondolarsi tutto il giorno per la casa* SIN. gingillarsi, oziare **3** (*fig.*) †indugiare

dondolìo [1780] **s. m.** (**pl.** *-ii*) ● dondolamento leggero e continuo

dóndolo [da *dondolare* ✱ 1427] **s. m.** **1** (*raro*) il dondolare | ***sedia, poltrona a d.***, su cui ci si può allungare e dondolare | ***cavallo a d.***, V. *cavallo* **2** (*lett.*) cosa che dondola: *un collarin … / con un dondol nel mezzo* (L. DE' MEDICI) | (*est., pop.*) altalena: *hanno messo il d. in giardino* **3** †pendolo | †***orologio a d.***, orologio a pendolo **4** †giocattolo | (*raro, fig.*)

†passatempo | ***stare, andare a d.***, perder tempo, stare in ozio **5** (*fig.*) †beffa, inganno **6** (*fig.*) †indugio, traccheggio

dondolóne [av. 1529] **s. m.** (**f.** *-a*); **anche agg.** ● (*raro*) bighellone, ozioso, sfaccendato: *fare il d.*; *camminare con aria dondolona* **SIN.** girellone

dondolóni o (*pop.*) **sdondolóni** [av. 1472] **avv.** ● dondolando, dondolandosi | ***andare, camminare d.***, girellare oziosamente, bighellonare | anche nella loc. avv. ***a d.***

don don ➤ **don②**

dong① /dɔng/ [vc. onomat. ✱ 1983] **inter.** **1** V. *don②* **2** riproduce il suono di un colpo di una botta o di uno scapaccione (*spec. scherz.*)

dong② /dɔng/ [propr. 'rame' ✱ 1892] **s. m. inv.** ● unità monetaria del Vietnam

dongiovannésco [1873] **agg.** (**pl. m.** *-schi*) ● da dongiovanni: *atteggiamento, orgoglio d.*

dongiovànni [dal n. di *Don Giovanni* Tenorio, personaggio di una commedia di Tirso de Molina (1584-1648) ✱ 1866] **s. m. inv.** ● uomo galante, fortunato corteggiatore di donne

dongiovannìsmo [1955] **s. m.** ● ostentato comportamento da dongiovanni

♦**dònna** [lat. *dŏmina(m)* 'signora' attraverso la forma sincopata *dŏmna(m)* ✱ 1173] **s. f.** **1** femmina fisicamente adulta della specie umana: *caratteri biologici, fisiologici, sessuali della d.*; *una d. alta, bassa, robusta, sottile, slanciata, ben fatta*; *una d. piccola, brutta*; *una bella d.* **CFR.** gineco-, gino-, -gino | nella loc. agg. inv. e avv. ***da d.***, proprio della donna o adatto a lei: *voce da d.*; *abito, cappello da d.* | ***vestirsi, agire, comportarsi da d.***, come una donna: *è solo una ragazzina, ma si comporta già da d.* | ***di d.***, femminile: *voce di d.* | ***d. crisi***, volutamente molto magra, di moda spec. negli anni intorno al 1930 | ***d. cannone***, enormemente grassa, come fenomeno da circo; (***est.***) donna molto grassa **2** persona indeterminata di sesso femminile: *ti ha cercato una d.*; *è venuta una d.*; *al telefono mi sembrava che parlasse una d.*; *pare una d. di una certa età* | ***andare a donne***, cercare facili avventure amorose **3** ogni essere umano di sesso femminile, considerato rispetto alle caratteristiche intellettuali o morali: *d. intelligente, ragionevole, equilibrata, buona, brava, gentile*; *d. perversa, ipocrita, pettegola, linguacciuta, maligna*; *una d. all'antica, moderna, à la page* | ***buona d.***, donna di animo buono, di sentimenti generosi e sim.; (*per antifrasi, disus.*) prostituta | ***figlio di buona d.!***, (*eufem.*) epiteto ingiurioso | ***brava d.***, abile, lavoratrice e sim. | ***santa d.***, estremamente buona, onesta, paziente e sim. | ***gran d.***, dotata di eccezionali capacità e virtù | ***d. generosa***, (*iron.*) disponibile a concedersi | ***d. di facili costumi***, incline ad avventure amorose | ***essere, non essere d. da***, essere, non essere capace di: *non è d. da fare sciocchezze* | **PROV.** ***chi dice d. dice danno*** **4** essere umano di sesso femminile, considerato in relazione al contesto in cui vive (spec. con valore collettivo) o all'attività che svolge: *la d. moderna*; *la d. lavoratrice*; *la mentalità, le esigenze, i problemi della d. d'oggi*; *le occupazioni tradizionali della d.* | può precedere o seguire un sostantivo che indica mestiere o professione: *d. poliziotto, poliziotto d.*; *d. soldato, soldato d.*; *d. avvocato, avvocato d.* (ma l'uso attuale tende sempre più a usare il genere femminile del sostantivo: *poliziotta, soldatessa, avvocatessa* ecc.) | ***d. di casa***, casalinga | ***d. di mondo***, abituata alla vita di società | (*eufem.*) ***d. di vita, di malaffare, di strada***, prostituta | (*eufem., disus.*) ***d. galante, perduta, pubblica, da prezzo, da trivio***, prostituta **5** (spec. preceduto dall'agg. poss.) sposa, moglie, donna amata: *la sua d.* | †***d. novella***, sposa novella **6** (**al pl., preceduto all'agg. poss.**) donne di una stessa famiglia: *le mie donne, … ti ricordano sempre* (G. CARDUCCI) **7** (*ellitt.*) donna di servizio, collaboratrice familiare: *cercare una d.*; *licenziare la d.*; *ho trovato una d. molto fidata* | ***d. a mezzo servizio, a ore***, assunta solo per qualche ora della giornata | ***d. fissa***, che vive con la famiglia presso la quale lavora **8** (*lett.*) signora, padrona: *apparve … la gloriosa d. della mia mente* (DANTE) **9** titolo riservato anticamente alle religiose di alcuni ordini: *essi lavorano nel monastero delle Donne di Faenza* (G. BOCCACCIO) **10** titolo riservato alle nobildonne e alle signore di riguardo: *d. Vittoria Colonna*; *d. Prassede* | (*merid.*) titolo anteposto anche a donne di umile condizione: *mentre aiutava d. Rosolina a fare la conserva del pomodoro* (G. VERGA) | †Maria Vergine | †***Nostra Donna***, la Madonna **11** ***prima d.***, V. *primadonna* **12** figura delle carte da gioco | nel gioco degli scacchi, regina **SIN.** dama, regina ‖ (*raro, lett.*) **donnàcchera**, **pegg.** | **donnàccia**, **pegg.** (V.) | (*lett.*) **donnàccola**, **pegg.** | **donnarèlla**, **dim.** | **donnétta**, **dim.** (V.) | **donnicciòla**, (*lett.*) **donnicciuòla**, **dim.** | **donnìna**, **dim.** (V.) | **donnìno**, **dim. m.** (V.) | **donnóna**, **accr.** | **donnóne**, **accr. m.** (V.) | **donnùccia**, **dim.** | (*spreg.*) **donnùcola**, **dim.**

Definizione d'autore

Vanta un'etimologia assai nobile e promettente (*domina*, nientemeno) totalmente mistificata e tradita nel corso dei secoli. Portatrice di vita, un tempo adorata come divinità, grazie a una sistematica quanto accorta operazione di marketing la **donna** è diventata sinonimo di molte cose, ma mai di essere superiore. Ci è voluto un Concilio per attribuirle un'anima e parecchi altri secoli per concederle il diritto di voto. Sinonimo di danno, spesso associata al demonio e alle costole altrui, gioia mai dissociata dal dolore, *mistero senza fine bello*, non è abilitata al plurale in presenza anche di un unico maschio. E pensare che il cromosoma Y, quello maschile, sta perdendo i pezzi, mentre il cromosoma X, quello femminile, se si guasta si ripara da solo. Mistero senza fine, appunto.

Lella Costa

donnàccia [av. 1584] **s. f.** (**pl.** *-ce*) **1** pegg. di *donna* | donna spregevole, corrotta, maligna e sim. **2** prostituta

†**donnàio** [1600] **agg.** ● donnaiolo

donnaiòlo o †**donnaiuòlo** [1564] **s. m.**; *lett.* **anche agg.** ● chi (o che) corteggia assiduamente le donne

†**donneàre** [ant. provenz. *domneiar*, da *domna* 'donna' ✱ sec. XIII] **v. intr.** ● conversare con donne | corteggiare le donne

donneggiàre [sec. XIV] **v. intr.** (**pres.** *io donnéggio*; **fut.** *io donneggerò*) **1** †comportarsi da padrona **2** (*lett.*) corteggiare donne **3** (*lett.*) comportarsi da donna

donnésco [1319] **agg.** (**pl. m.** *-schi*) **1** (*raro, spesso spreg.*) di donna, da donna: *abito d.*; *lavori donneschi*; *faccende donnesche* **SIN.** muliebre **2** †nobile, signorile: *con animo e con costume d.* (G. BOCCACCIO) **3** †incline alle donne ‖ **donnescaménte**, **avv.** (*raro*) in modo donnesco

donnétta **s. f.** **1** dim. di *donna* **2** donna di umile condizione sociale | (*spreg.*) donna mediocre, meschina ‖ **donnettìna**, **dim.**

donnicciòla o **donnicciuòla** [1438] **s. f.** **1** dim. di *donna* **2** (*spreg.*) donna (o anche uomo) di carattere debole, di animo vile, incline al pettegolezzo

donnìna [av. 1767] **s. f.** **1** dim. di *donna* **2** bambina assennata: *non ha ancora dieci anni ma è già una d.* **3** (*eufem.*) donna molto disponibile a relazioni amorose | ***d. allegra***, sgualdrina

donnìno [1869] **s. m.** **1** dim. di *donna* | donnina, nel sign. 2 **2** uomo effeminato e troppo curato

†**dònno** [lat. *dŏmnu(m)*, forma sincopata di *dŏminu(m)* 'signore' ✱ sec. XIII] **s. m.** **1** signore, padrone: *son donni … di lurida plebe* (A. MANZONI) **2** don: *un prete, chiamato d. Gianni di Barolo* (G. BOCCACCIO)

dònnola [lat. tardo *dŏmnula(m)* 'signorina, padroncina', dim. di *dŏmna* 'donna', con riferimento eufemistico alla grazia di questo animale ✱ av. 1292] **s. f.** ● carnivoro dei Mustelidi presente in Europa caratterizzato da un lungo corpo flessuoso, da arti piuttosto brevi e dalla pelliccia di colore rossiccio sul dorso e bianco sul ventre (*Mustela nivalis*) | ***d. dalla lunga coda***, specie del medesimo genere diffusa dal Canada all'America centrale (*Mustela frenata*)

donnóne [av. 1535] **s. m.** **1** accr. di *donna* **2** donna di grossa corporatura

♦**dóno** [lat. *dōnu(m)*, della stessa orig. di *dāre* 'dare' ✱ av. 1250] **A** **s. m.** (**pl.** *dóni, m.*; †*dónora, f.*) **1** atto del donare: *porgere, portare qlco. in d. a qlcu.* | ciò che si dona, l'oggetto di una donazione, regalo: *i doni di Natale*; *fare un d. a qlcu.* | (***est.***) donazione: *accettare il d.* **2** (*fig.*) concessione, grazia, privilegio: *un d. di Dio*; *de' Numi è d. / servar nella miseria altero nome* (U. FOSCOLO) | ***d. militare***, decorazione con la quale venivano onorati i valorosi dell'esercito romano | ***doni dello Spirito Santo***, Sapienza, Intelletto, Scienza, Consiglio, Fortezza, Pietà e Timor di Dio, virtù santificanti infuse dallo Spirito Santo **3** (*fig.*) qualità, virtù, dote: *è un d. di natura*; *non ha il d. della sintesi* | ***d. della parola***, facoltà di parlare, propria dell'uomo; (***est.***) eloquenza | ***avere il d. della musica***, esservi naturalmente portato **4** †remunerazione, interesse | ***d. di tempo***, usura **B** **in funzione di agg. inv.** ● (posposto a un sost.) detto di ciò che si dona, si dà in regalo, spec. nella loc. ***pacco d.***

Definizione d'autore

Donare crea una situazione di squilibrio fra chi dona e chi riceve: infatti chi ha ricevuto un **dono** cerca subito di contraccambiare, per ristabilire l'equilibrio. Non è un caso che la parola *gift* in inglese significhi "**dono**" e in tedesco significhi "veleno". Ci sono però altri doni, immateriali, che non mettono a disagio, come ad esempio suscitare in un bambino la passione della lettura. Quel bambino non si annoierà mai, non sarà più solo. La sua fantasia e la sua mente si apriranno e i tanti personaggi incontrati gli faranno capire meglio chi gli è vicino, sviluppando perfino il suo senso etico. Due grandi santi, Francesco e Chiara, fecero un altro tipo di **dono**: offrirono la comprensione partecipe e l'ascolto. In cambio chiesero ad ognuno di ritrovare la propria anima, mettendo in forse le proprie certezze per trasformare il proprio passato e se stessi.

Chiara Frugoni

†**dónqua** ➤ **dunque**

†**dónque** ➤ **dunque**

dont /fr. dɔ̃/ [vc. fr., propr. 'di cui' ✱ 1892] **agg. inv.**; **anche s. m. inv.** ● detto di un tipo di contratto di borsa (V. *contratto②* nel sign. 3)

donzèlla [ant. provenz. *donsela*, dal lat. *dom(i)nicĕlla(m)*, dim. di *dŏm(i)na* 'signora' ✱ av. 1250] **s. f.** **1** (*lett.*) giovinetta: *una d., / che adagio ne venia sopra a quel piano* (M.M. BOIARDO) **2** †damigella, servente **3** (*zool.*) denominazione di vari Pesci dei Labridi, caratterizzati dai vivaci colori SIN. zingarella || **donzellétta**, **dim.** | **donzellìna**, **dim.** (V.)

†**donzellàrsi** [da *donzella* ✱ av. 1527] **v. rifl.** ● divertirsi, gingillarsi

donzellìna [1553] **s. f. 1** dim. di *donzella* **2** (**al pl.**) tipo di focaccia fritta di pasta lievitata, tipica dell'Emilia-Romagna: *Donzelline ripiene di acciughe salate* (P. ARTUSI)

donzèllo [ant. provenz. *donsel*, dal lat. **dom(i)nicĕllu(m)*, dim. di *dŏm(i)nus* 'signore' ✱ 1266] **s. m. 1** titolo dato ai giovani nobili che si mettevano al servizio del re o di un cavaliere, per conseguire l'investitura cavalleresca | ***d. di corte***, paggio **2** †garzone, servente **3** †usciere dei magistrati | (*tosc.*) usciere del municipio

door-to-door /dortu'dɔr, *ingl.* 'dɔːtə'dɔː(r)/ [vc. ingl., propr. 'porta a porta' ✱ 1980] **agg. inv.**; **anche avv. e s. m. inv.** ● porta a porta

dòpa [ted. *dopa*, sigla di *d(i)o(xy)p(henyl)a(lanine)* ✱ 1956] **s. f.** ● (*chim.*) amminoacido derivato dalla tiroxina, che contribuisce alla formazione dei pigmenti scuri della pelle, dei capelli ecc.

dopamìna o **dopammìna** [ingl. *Dopamine*, sigla di *DihydrOxyPhenylethylAmine* 'diidrossifenietilamina' ✱ 1985] **s. f.** ● (*chim.*) catecolamina che negli animali superiori svolge importanti funzioni di neurotrasmettitore nel sistema nervoso centrale e la cui carenza, nell'uomo, è causa del morbo di Parkinson

dopàre [dall'ingl. *to dope* 'drogare'. V. *doping* ✱ 1971] **A v. tr.** (*io dòpo*) ● somministrare sostanze medicinali per accrescere illecitamente il rendimento sportivo: *d. un cavallo* | (*fig.*) spec. nel linguaggio giornalistico, gonfiare artificialmente, truccare: *d. un bilancio* **B dopàrsi v. rifl.** ● fare uso di sostanze medicinali per migliorare le proprie prestazioni agonistiche: *atleti che si dopano*

dopàto A part. pass. di *dopare*; **anche agg.** ● nei sign. del v. **B s. m.** (**f.** *-a*) ● atleta che fa uso di sostanze stupefacenti per migliorare le proprie prestazioni agonistiche

dòping /'dɔpin(g), *ingl.* 'dəupɪŋ/ [vc. ingl., propr. part. pres. di *to dope* 'drogare', da *dope* 'liquido spesso' di orig. neerl. (*doop* 'salsa', da *dopen* 'mescolare', ma originariamente 'battezzare (per immersione)') ✱ 1913] **s. m. inv.** ● assunzione o somministrazione illegale di droghe ad atleti o ad animali per accrescerne le energie psicofisiche e quindi il rendimento agonistico in competizione SIN. drogaggio nel sign. 1 | (*fig.*) ***d. amministrativo*** spec. nel linguaggio giornalistico, fenomeno consistente nel sopravvalutare una voce attiva del bilancio o nel sottovalutare i costi sostenuti

†**doplèro** ➤ **doppiere**

†**doplicàre** ➤ **duplicare**

†**dóplo** ➤ **doppio**

♦**dópo** (o -ò-) o †**dóppo** [lat. *dĕpo(st)* 'da (*dē*) poi (*pŏst*)' col mutamento non infrequente di *-ep-* in *-ŏp-* ✱ 1261 ca.] **A avv. 1** in seguito, poi, più tardi: *prima studia, d. usciremo*; *prima o d. è la medesima cosa*; *parleremo d. di questa faccenda*; *un'ora d.*; *questo accadde due mesi d.*; *subito d.*; *poco d.* | ***a d.***, a più tardi, arrivederci | anche pleonast.: *intanto fai quello che devi fare, poi d. si vedrà cosa decidere* | V. anche *dopodiché* CONTR. prima **2** oltre: *passate questo palazzo e voltate subito d.* | (*lett.*) dietro, appresso: *Taciti, soli, sanza compagnia / n'andavam l'un dinanzi e l'altro d.* (DANTE *Inf.* XXIII, 1-2) **B prep. 1** indica posteriorità nel tempo: *ci vediamo d. pranzo, d. cena, d. domani*; *arriverà d. il tramonto del sole*; *rinviamo la discussione a d. il pranzo*; *mi ha promesso una visita per d. le vacanze* | ***andarsene, entrare uno d. l'altro***, in rapida successione | ***d. tutto***, V. *dopotutto* | anche nella loc. prep. ***d. di*** (davanti a un pron. pers.): *siamo arrivati d. di voi* | davanti a sostantivi (anche a nomi propri di personalità rilevanti), forma loc. sost. m. o agg. inv., con il sign. di 'periodo successivo a qlco. o qlcu.' o 'relativo a tale periodo': *verifiche del d. elezioni*; *incidenti nel d. partita*; *la Francia del d. Chirac* CFR. post① | anche con grafia unita: V. *dopopartita*, *dopoelezioni*, *doposcì* ecc. **2** oltre (indica una successione nello spazio): *prendete la strada a destra d. la chiesa* | dietro: *veniva avanti lentamente, un passo d. l'altro* **C cong.** ● poi che, in seguito (introduce una prop. temp. implicita con il v. all'inf. o al part. pass.): *d. mangiato vado sempre a dormire*; *d. aver asciugate in segreto le lacrime, alzò la testa* (A. MANZONI) | (*lett.*) anche nella loc. cong. ***d. di*** (con il v. all'inf.): *Ripiombò nella sua lettura d. di aver esitato un istante* (I. SVEVO) | ***d. che***, V. *dopoché* **D s. m. inv.** ● il futuro, l'avvenire o il periodo successivo a qlco.: *non preoccuparti del d.*; *a questa vicenda non ci sarà un d.* **E in funzione di agg. inv.** (**posposto a un sost.**) ● in una successione, immediatamente seguente: *il giorno d.* | (*est.*) seguente: *nei giorni d.*

dópo- primo elemento ● in parole composte, unito a sostantivi, significa 'in un periodo successivo': *dopoguerra*, *dopoteatro*

dopobàrba [comp. di *dopo-* e *barba*① ✱ 1963] **A s. m. inv.** ● preparato che si applica sul viso dopo la rasatura **B anche agg. inv.**: *lozione*, *crema d.*

dopobórsa [comp. di *dopo-* 'periodo successivo' e *borsa*② ✱ 1923] **s. m. inv.** ● periodo di contrattazione immediatamente successivo all'orario ufficiale di borsa SIN. dopolistino

dopocéna [comp. di *dopo-* e *cena* ✱ 1870] **s. m. inv.** ● periodo di tempo successivo alla cena | (*est.*) trattenimento, riunione e sim. che ha luogo in questo periodo di tempo: *dare un d.*; *essere invitato a un d.*

dopoché o **dópo che** [comp. di *dopo-* e *che*② ✱ av. 1508] **cong. 1** da quando, dal momento che (introduce una prop. temporale con il v. all'indic.): *l'ho saputo d. eri partito* **2** (*raro*) quando, una volta che (introduce una prop. temporale con valore condiz. e il v. al congtv.): *verrai a trovarmi d. tu sia guarito*

♦**dopodiché** o **dópo di che** [comp. di *dopo-*, *di* e *che*② ✱ 1848] **avv. 1** dopo la qual cosa, dopo il quale fatto: *ha balbettato qualche scusa, d. se n'è andato* **2** (*lett.*) infine: *dopo di che l'Italia si trovò, stupita, quasi incredula, sul Campidoglio* (G. PASCOLI)

♦**dopodomàni** o **dópo domàni** [comp. di *dopo* e *domani* ✱ 1540] **A avv.** ● nella giornata che segue immediatamente il domani, fra due giorni: *partirò, verrò d.*; *ci vediamo d.* SIN. domani l'altro **B s. m. inv.** ● (*raro*) il giorno che segue il domani: *da d. comincio il nuovo lavoro*; *a d.!* | (*fig.*) futuro non immediato: *risolti i problemi del domani, dovremo affrontare quelli del d.*

dopoeleziòni o **dópo eleziòni** [comp. di *dopo-* e il pl. di *elezione* ✱ 1976] **s. m. inv.** ● periodo immediatamente successivo alle elezioni: *pensare al d.*

dopoguèrra [comp. di *dopo-* e *guerra* sul modello del fr. *après-guerre* ✱ 1916] **s. m. inv.** ● periodo storico che segue immediatamente una guerra, spec. in riferimento alle difficoltà materiali e morali che lo caratterizzano: *gli uomini, i giovani del d.*; *le difficoltà del d.* | ***primo d.***, che seguì alla guerra del 1914-18 | ***secondo d.***, che seguì alla guerra del 1939-45

dopolavorìsta [1931] **s. m. e f.** (**pl. m.** *-i*) ● chi è iscritto a un dopolavoro

dopolavorìstico [1930] **agg.** (**pl. m.** *-ci*) ● del dopolavoro, dei dopolavoristi | (*fig.*, *spreg.*) dilettantistico

dopolavóro [comp. di *dopo-* e *lavoro* ✱ 1925] **s. m. inv.** ● ente che organizza le attività ricreative e culturali dei lavoratori

dopolistìno [comp. di *dopo-* e *listino* ✱ 1985] **s. m. inv.** ● (*banca*) dopoborsa: *oscillazioni del d.*

dopopartìta o **dópo partìta** [comp. di *dopo-* e *partita*① ✱ 1965] **s. m. inv.** ● periodo immediatamente successivo a una partita, spec. di calcio: *i commenti del d.*

dopopàsto ➤ **pasto**②

♦**dopopranzo** o **dópo pranzo** [comp. di *dopo-* 'periodo successivo' e *pranzo* ✱ 1617] **A avv.** ● nel primo pomeriggio o, più generic., nel pomeriggio: *ieri, oggi, domani d.*; *ci vediamo subito d.*; *mi troverete in casa d.* **B s. m. inv.** ● il pomeriggio: *il mal tempo s'è diradato e fa il più bel dopo pranzo del mondo* (U. FOSCOLO)

doposbòrnia ➤ **sbornia**

doposcì o **dópo sci** [comp. di *dopo-* e *sci* ✱ 1963] **A s. m. inv.** ● capo di vestiario o particolare tipo di calzature che gli sciatori portano dopo l'attività sportiva **B anche agg. inv.**: *pantaloni, scarpe d.*

doposcuòla [comp. di *dopo-* e *scuola* ✱ 1913] **A s. m. inv.** ● nella scuola dell'obbligo, istituzione che organizza attività didattiche o ricreative per gli alunni dopo le regolari ore di lezione CFR. post-scuola **B anche agg. inv.**: *corsi d.*

doposóle [comp. di *dopo-* e *sole* ✱ 1970] **A s. m. inv.** ● cosmetico per idratare la pelle dopo un'esposizione ai raggi solari **B anche agg. inv.**: *crema, lozione d.*

dopoteàtro [comp. di *dopo-* e *teatro* ✱ 1985] **A s. m. inv.** ● il periodo nel quale, con vari intrattenimenti, si prolunga la serata all'uscita dal teatro: *ristorante per il d.*; *passare il d. al night* **B in funzione di agg. inv.** ● che si svolge nel suddetto periodo: *cena d.*

♦**dopotùtto** o **dópo tùtto** [comp. di *dopo-* e *tutto* ✱ 1874] **avv.** ● insomma, alla fin fine, in conclusione, tutto considerato, tutto sommato: *fate come volete, d. siete voi i responsabili*; *d. non sarò io a rimetterci*; *d. non ci vedo una gran differenza*

Doppelgänger /doppel'genger, *ted.* 'dɔpəl,gɛŋʌ/ [vc. ted., comp. di *doppel* 'doppio' e *Gänger* 'chi se ne va, passante', da *gehen* 'andare' ✱ 1924] **s. m. e f. inv.** (**f. ted.** *Doppelgängerin*; **pl. m. inv.**; **pl. f.** *Doppelgängerinnen*) ● sosia, reale o immaginario, di una persona | doppio, nel sign. B 5

dóppia [f. sost. di *doppio* ✱ 1618] **s. f. 1** moneta d'oro del valore di due ducati coniata in vari Stati italiani a partire dalla seconda metà del XV sec. **2** gemma contraffatta **3** (*colloq.*) consonante doppia: *sbagliare le doppie*

doppiàggio① [da *doppiare*①, nel sign. 4 ✱ 1933] **s. m.** ● (*sport*) il fatto di doppiare, di venire doppiato: *l'incidente è avvenuto durante il d. di una vettura in ritardo*

doppiàggio② [fr. *doublage*, da *doubler* 'doppiare②' ✱ 1933] **s. m.** ● (*cinema*) operazione consistente nel corredare una pellicola cinematografica di una colonna sonora diversa da quella registrata durante la lavorazione del film, per avere il film stesso parlato in una lingua diversa da quella originale, o per eliminare eventuali difetti

doppiàre① o †**dopiàre**, †**duplàre** [lat. tardo *duplāre*, da *dŭplus* 'doppio' ✱ av. 1294] **A v. tr.** (*io dóppio*) **1** †raddoppiare, duplicare | (*est.*) accrescere, aumentare **2** foderare un tessuto leggero con un altro più consistente **3** (*mar.*) oltrepassare un punto di terra, un faro, un molo | ***d. una boa***, nella vela, aggirarla regolarmente **4** (*sport*) nelle gare di corsa in pista o su circuito, superare un avversario di un intero giro | ***d. i colpi***, nel pugilato, colpire con una doppietta, portare un uno-due **B** **v. intr.** (aus. *essere*) e **doppiàrsi v. intr. pron.** ● †diventare doppio | (*est.*) aumentare, crescere

doppiàre② [fr. *doubler*, a sua volta dall'ingl. *to double* ✱ 1933] **v. tr.** (*io dóppio*) ● (*cinema*) effettuare il doppiaggio

doppiàto① **part. pass.** di *doppiare*①, nel sign. 4; anche **agg. e s. m.** (**f.** *-a*) ● che (o chi) ha subito un doppiaggio: *i concorrenti doppiati*

doppiàto② **A** **part. pass.** di *doppiare*②; anche **agg.** ● che è stato sottoposto a doppiaggio: *attore d.* **B** **s. m.** ● (*cinema*) colonna sonora che sostituisce quella originale

doppiatóre① [da *doppiare*① ✱ 1956] **s. m.** (**f.** *-trice*) ● nell'industria metallurgica, operaio addetto alla piegatura e rifilatura della latta appena uscita dal laminatoio

doppiatóre② [da *doppiare*② ✱ 1942] **s. m.** (**f.** *-trice*) ● attore specializzato nel doppiaggio

doppiatrìce [da *doppiare*① ✱ 1956] **s. f.** ● macchina che piega in due la stoffa nel senso dell'altezza

doppiatùra① [da *doppiare*① ✱ 1598] **s. f.** **1** raddoppiamento **2** (*mar.*) rinforzo dello scafo di una nave, costituito dal raddoppiamento del fasciame metallico

doppiatùra② [da *doppiare*② ✱ 1942] **s. f.** ● (*cinema, raro*) doppiaggio

doppieggiàre [da *doppio* ✱ av. 1419] **v. intr.** (**pres.** *io doppiéggio*; **fut.** *io doppieggerò*; **aus.** *avere*) **1** (*lett., raro*) essere falso, insincero **2** †avere doppio senso

doppière o (*lett.*) **†doppièro**, **†doplèro** [provenz. ant. *dobler*, da *doble* 'doppio' ✱ av. 1276] **s. m.** **1** (*lett.*) candeliere o candelabro a due o più bracci **2** †grossa torcia di cera formata da più candele: *lo foco in cima del d. / splende* (G. Guinizzelli)

doppiétta [da *doppio* ✱ 1889] **s. f.** **1** fucile da caccia a due canne | ***d. giustapposta***, in cui le due canne sono accoppiate lateralmente | ***d. sovrapposta***, le cui canne sono accoppiate verticalmente | (*est.*) cacciatore **2** doppio colpo di fucile **SIN.** coppiola **3** (*autom.*) spec. nei cambi senza sincronizzatore, manovra in cui, portata la leva in folle, si torna a innestare la frizione e si accelera per facilitare il passaggio a una marcia inferiore: *fare la d.* **4** in vari giochi, gare, sport, insieme di due colpi riusciti, di due punti ottenuti e sim. (**anche** *est.*): *sparare una d.*; *la punta della Roma ha segnato una d.* | nel pugilato, rapida successione di due colpi portati di sinistro e di destro **5** (*fis.*) dipolo **6** moneta d'oro del XVIII sec. coniata a Torino per la Sardegna

doppiétto [1875] **s. m.** ● doppietta, nei sign. 2 e 3

♦**doppiézza** [av. 1390] **s. f.** **1** (*raro*) caratteristica di ciò che è doppio: *la d. del filo, della corda* **SIN.** duplicità | (*est.*) †molteplicità **2** (*fig.*) mancanza di sincerità e di lealtà | simulazione, inganno, imbroglio: *aveagli insegnato a detestare … la d. propria di un tiranno* (G. Leopardi)

doppìno [da *doppio* ✱ 1797] **s. m.** **1** (*mar.*) parte di una cima ripiegata in doppio su sé stessa | cima di ormeggio di cui entrambi i capi si trovano a bordo **2** insieme di due conduttori costituenti un cavo telefonico

♦**dóppio** o (*lett.*) **dùplo**, **†dóplo** [lat. *dŭplu(m)*, comp. di *dŭo* 'due' e *-plus*, proprio di questo tipo di agg. ✱ 1261 ca.] **A** **agg.** **1** che è due volte maggiore, relativamente ad altra cosa analoga: *sostenere una doppia fatica*; *un caffè d.*; *ricevere una doppia razione*; *paga doppia* **2** che è costituito da due cose identiche unite o sovrapposte e che servono spesso allo stesso uso: *fucile a doppia canna*; *appartamento con doppi servizi*; *finestra con doppi vetri* **CFR.** diplo- | ***filo d.***, formato di due o più capi uniti insieme | (*fig.*) ***essere cucito a filo d. con qlcu.***, essere molto legato a qlcu. da interessi, sentimenti e sim. | ***corda doppia***, nell'alpinismo, manovra di discesa mediante l'utilizzo della corda | ***d. mento***, V. *mento* | ***vu d.***, la lettera 'w' | (*est.*) grosso, spesso: *tessuto d.*; *carta doppia* **3** duplice: *lettera in doppia copia* **CFR.** anfi-, duo- | che è ripetuto due volte: *hai commesso una doppia infrazione* | ***d. fallo***, V. *fallo*① | ***colpo d.***, nella scherma, quello per il quale gli avversari si toccano contemporaneamente per effetto di una iniziativa comune | ***a doppia mandata***, con due giri di chiave | ***d. senso***, parola o frase che si presta a una doppia interpretazione, spec. licenziosa: *una storiella piena di doppi sensi* | ***fare il d. gioco***, V. *gioco* nel sign. 4 | ***avere una doppia vita***, V. *vita*① nel sign. 3 | (*bot.*) ***fiore d.***, che ha maggior numero di petali dell'ordinario per la trasformazione di tutti gli stami | ***punto d.***, formato da due punti a croce sovrapposti **4** (*fig.*) falso, finto, infido: *è un uomo d.*; *parole doppie* **5** detto di bozzolo che contiene due crisalidi **6** (*ling.*) detto di segno grafico, ripetuto | detto di vocale o consonante, geminato | ***doppia articolazione***, articolazione del linguaggio sul piano del significato in monemi e sul piano del significante in fonemi **7** nel gioco del domino, di pezzo che ha su ambo i lati lo stesso numero: *un d. cinque* **8** (*antrop.*) nelle credenze di alcuni popoli, spec. dell'Africa nera, entità spirituale di un individuo che, all'insaputa di questi, può compiere malefici ai danni di altri esseri umani ‖ **doppiaménte**, **avv.** **1** due volte; in misura o dimensione doppia: *mi rallegro doppiamente con voi* **2** (*fig.*) con doppiezza; in modo falso, ambiguo: *agire doppiamente* **B** **s. m.** **1** quantità, numero, misura doppia: *no, voglio il d.*; *pagare il d.*; *pesare il d.*; *il d. di dieci è venti* | (*lett.*) ***in molti doppi, a mille doppi***, molte volte, mille volte di più **2** (*raro*) capo intrecciato di una fune: *corda a molti doppi* **3** (*comm.*) ***d. di commissione***, copiacommissione **4** attore pronto a sostituire un collega della compagnia in caso di necessità **5** il diverso o contrario aspetto di una stessa persona o situazione: *Pirandello e il suo d.*; *una metropoli moderna e il suo d. di violenza* **6** nel tennis e nel ping-pong, incontro fra quattro giocatori che gareggiano in coppia: *d. maschile, femminile, misto* | ***d. giallo***, nel tennis, incontro in alcuni tornei di doppio in cui l'accoppiamento è affidato al sorteggio | nel canottaggio, imbarcazione montata da due vogatori che azionano due remi ciascuno | nel nuoto sincronizzato, duo **C** **avv.** **1** due volte | ***vederci d.***, vedere le cose raddoppiate; (*fig.*) avere la sbornia, avere le traveggole **2** (*fig.*) †in modo falso e subdolo: *parlare, scrivere, agire d.*

doppiofóndo o **dóppio fóndo** [comp. di *doppio* e *fondo* ✱ 1881] **s. m.** (**pl.** *doppifóndi*) **1** (*mar.*) larga intercapedine del fondo degli scafi metallici, formata da un fasciame stagno interno disposto quasi parallelamente a quello esterno **2** (*est.*) qualunque cavità nascosta sotto un fondo fittizio: *valigia con d.*

doppiogiochìsmo [da *doppio gioco* ✱ 1951] **s. m.** ● comportamento di persona opportunista che fa il doppio gioco (V. *gioco* nel sign. 4)

doppiogiochìsta [1948] **s. m. e f.**; anche **agg.** (**pl. m.** *-i*) ● chi (o che) fa il doppio gioco o manifesta doppiogiochismo

doppiolavorìsta [da *doppio lavoro* ✱ 1982] **s. m. e f.** (**pl. m.** *-i*) ● chi svolge un doppio lavoro, uno dei quali gener. in maniera non ufficiale **CFR.** bioccupato

doppióne [da *doppio* ✱ 1509] **s. m.** **1** cosa identica a un'altra | altro esemplare di un libro o di un oggetto da collezione che già si possiede: *scambiarsi i doppioni* **2** bozzolo del baco da seta che racchiude due o più crisalidi **3** (*ling.*) allotropo **4** (*tess.*) difetto di un tessuto dove il filo si raddoppia **5** recita di due parti sostenuta dallo stesso attore in un'opera teatrale **6** †antica moneta d'oro del valore di due doppie; (*est.*) moneta preziosa **7** pezzo del domino che reca impresso nelle due caselle lo stesso numero

doppiopesìsmo (o **-eşi-**) [da *doppio pes(o)* 'due pesi' con il suff. *-ismo*, tratto dalla loc. *usare due pesi e due misure* ✱ 1996] **s. m.** ● nel linguaggio giornalistico, atteggiamento di chi dà su vicende simili giudizi differenti, a seconda che tali vicende si riferiscano alla sua parte o a quella avversa

doppiopesìsta (o **-eşi-**) [1996] **A** **s. m. e f.** (**pl. m.** *-i*) ● chi dà prova di doppiopesismo **B** anche **agg.**: *un politico d.*

doppiopètto [comp. di *doppio* e *petto* ✱ 1949] **A** **s. m.** (**pl.** *doppiopètto* o *doppiopètti*) ● giacca o mantello con i due davanti più o meno sovrapposti e chiusi da due file di bottoni | (*fig.*) nella loc. ***in d.***, detto di chi mira a dare di sé un'immagine ingannevole di rispettabilità: *imbroglione in d.* **B** anche in funzione di **agg.**: *cappotto d.*; *giacca d.*; *tailleur d.*

doppiotétto [comp. di *doppio* e *tetto* ✱ av. 1956] **s. m.** (**pl.** *doppitétti*) ● (*edil.*) soprattetto

doppiovétro [comp. di *doppio* e *vetro* ✱ 1985] **s. m.** (**pl.** *doppivétri*) **1** (**spec. al pl.**) (*colloq.*) vetrocamera **2** (**spec. al pl.**) (*est.*) finestra con doppia intelaiatura e due lastre di vetro per aumentare l'isolamento termico e acustico

doppìsta [da *doppio* nel sign. B 5 ✱ 1956] **s. m. e f.** (**pl. m.** *-i*) ● nel tennis, giocatore o giocatrice di doppio

Dòppler /'dɔppler, *ted.* 'dɔplʌ/ [dal n. del matematico C. J. *Doppler* (1803-1853) ✱ sec. XIX] in funzione di **agg. inv.** (posposto a un sost.) **1** (*fis.*) ***effetto D.***, fenomeno fisico per il quale la frequenza di un'onda appare aumentare se la sorgente e il ricevitore hanno un moto relativo che li avvicina tra loro, e appare diminuire se tale moto porta ad allontanarli; è usato per misure di velocità (per es. di autoveicoli o del flusso del sangue) **2** detto di strumenti, apparecchi e sim. che si basano su tale effetto | (*med.*) ***esame D.***, o (*ellitt.*) ***Doppler***, esame clinico per verificare la funzionalità dei vasi sanguigni

dopplersonografìa [comp. di *doppler* e *sonografia* ✱ sec. XX] **s. f.** ● (*med.*) ecodoppler

†dóppo ➤ **dopo**

doradìlla /dora'dilla, *sp.* °dora'ðiʎa, -ija/ [sp. *doradilla*, da *dorado* 'dorato', dal lat. *deaurātus*, per il colore brillante delle foglie ✱ 1830] **s. f.** (**pl.** *doradìlle* o **sp.** *doradillas*) ● pianta delle Felci con foglie a pagina inferiore di colore dorato (*Asplenium ceterach*)

doràre [lat. tardo *deaurāre*, comp. parasintetico di *āurum* 'oro', col pref. *dē-* ✱ 1266] **A** **v. tr.** (*io dòro*) **1** applicare uno strato sottile d'oro sulla superficie di un oggetto secondo vari metodi: *d. ad amalgama, a foglia, a bagno galvanico* | (*fig.*) ***d. la pillola***, V. *indorare* **2** (*fig.*) rendere simile all'oro | (*fig., lett.*) rivestire di una luce dorata: *quel raro strale / che di sua mano Amor pulisce e dora* (T. Tasso) **3** spennellare con albume o con tuorlo d'uovo o con uovo sbattuto la parte superiore di una pasta, prima di cuocerla | cuocere un cibo in un grasso sino a dargli un colore simile al giallo oro **B** **doràrsi v. intr. pron.** ● assumere un colore dorato: *Il cielo comincia a dorarsi dietro le colline* (E. De Amicis)

♦**doràto** **A** **part. pass.** di *dorare*; anche **agg.**

1 ricoperto di uno strato d'oro: *rame d.* **2** che ha il colore o i riflessi dell'oro: *giallo d.*; *marrone, bruno d.* | biondo: *capelli dorati* **3** (*fig.*, *lett.*) piacevole, attraente, lieto: *sogni dorati* | (*fig.*, *raro*) ***prigione dorata***, spec. nel linguaggio giornalistico, prigione particolare, dotata di varie comodità e privilegi | (*fig.*) ***prigione dorata, gabbia dorata***, condizione in cui, nonostante agi e comodità, manca una piena libertà d'azione | (*fig.*) ***gioventù dorata***, jeunesse dorée (V.) | (*fig.*, *lett.*) inondato di luce: *mirava il ciel sereno, / le vie dorate e gli orti* (G. LEOPARDI) **B** **s. m. 1** †doratura **2** (*raro*, *lett.*) colore giallo oro

doratóre [lat. tardo *deauratōre(m)*, da *deaurātus* 'dorato' ✻ 1342] **s. m.** (**f.** *-trice*) ● chi esercita l'arte del dorare

doratùra [av. 1292] **s. f. 1** operazione, tecnica del dorare **2** rivestimento, più o meno sottile, di oro | ornamento, fregio e sim., d'oro

dorèma [vc. dotta, gr. *dṓrēma* 'dono' per le sue benefiche proprietà ✻ 1874] **s. m.** (**pl.** *-i*) ● genere di piante perenni delle Apiacee da cui si ricava una gommoresina (*Dorema*)

dorerìa [da *dorare* ✻ av. 1543] **s. f.** ● (*raro*, *lett.*) quantità di oggetti d'oro: *lasciarono i Medici molti argenti e dorerie* (G. VASARI) | (*lett.*, *fig.*) sfarzo

Dòri [vc. dotta, lat. *Dōres*, dal gr. *Dōriêis*, che è da *Dôros* 'Doros', leggendario eroe eponimo della stirpe ✻ av. 1530] **s. m. pl.** (**sing.** *-io*) ● popolazione indoeuropea che nel XII sec. a.C. si stanziò in Grecia ponendo fine alla civiltà micenea; costituiscono uno dei tre principali gruppi etnolinguistici dell'antica Grecia, insieme con gli Ioni e gli Eoli

doriàno [dal nome della squadra di calcio dell'Andrea *Doria*, che, fondendosi con la Sampierdarenese, diede vita alla Sampdoria ✻ 1989] **agg. e s. m.** (**f.** *-a*) ● che (o chi) gioca nella Sampdoria, squadra di calcio della città di Genova, o ne è sostenitore

doricìṣmo ➤ **dorismo**

dòrico [vc. dotta, lat. *Dōricu(m)*, dal gr. *Dōrikós* 'proprio della stirpe dei Dori', così chiamati dal loro mitico antenato *Dôros* ✻ av. 1452] **A** **agg.** (**pl. m.** *-ci*) **1** relativo all'antica popolazione greca dei Dori: *dialetto d.* | (*archit.*) ***ordine d.***, ordine architettonico classico caratterizzato da colonna senza base scanalata, rastremata verso l'alto, con capitello composto di echino a forma di bacile e di abaco, fregio a metope e triglifi alternati **2** (*archit.*) relativo all'ordine dorico: *capitello, fregio d.*; *colonna dorica* **3** (*mus.*) ***modo d.***, il modo principale dell'antica musica greca **B** **s. m. solo sing.** ● dialetto greco parlato dagli antichi Dori

dorìfora [vc. dotta, d'uguale formazione di *doriforo* (V.): per le lunghe linee nere delle elitre, simili a lance (?) ✻ 1820] **s. f.** ● crisomela

dorìforo [vc. dotta, lat. *doryphoru(m)*, dal gr. *doryphóros* 'colui che porta (dal v. *phérein*) una lancia (*dóry*)' ✻ av. 1494] **s. m.** ● nell'antichità greca, soldato armato di lancia | soldato mercenario usato dai tiranni come guardia del corpo

dòrio [vc. dotta, lat. *Dōriu(m)* 'il ('modo') dorio', dal gr. *Dôrios* 'dorico, dei Dori' ✻ 1499] **s. m.** (**pl.** *-i* o *raro -ii*) ● nell'antica musica greca, nome dato al tetracordo con il semitono fra il terzo e il quarto suono, nonché al modo e all'armonia corrispondenti

dorìṣmo o **doricìṣmo** [da *dorico* ✻ av. 1729] **s. m.** ● (*ling.*) parola o locuzione caratteristica del dialetto dorico usata in altri dialetti greci

†**dormalfuòco** ➤ †**dormialfuoco**

†**dormentàre** [etim. discussa: lat. parl. **dormentāre*, frequentativo di *dormīre* 'dormire' (?) ✻ av. 1250] **A** **v. intr.** ● dormire **B** †**dormentàrsi** **v. intr. pron.** ● addormentarsi

dormènte ➤ **dormiente**

†**dormentòrio** o †**dormentòro** [da *dormitorio* con sovrapposizione di *dormentare* ✻ 1279] **s. m. 1** dormitorio **2** (*fig.*) cosa noiosa

dormeuse /fr. dɔʀˈmøz/ [vc. fr., propr. 'dormitrice', da *dormir* 'dormire' ✻ 1858] **s. f. inv.** ● poltrona a sdraio settecentesca munita di una o più spalliere di differente altezza: *disteso su una d. malandata, non rispose affatto* (A.M. ORTESE) **CFR.** dormosa

dòrmi [abbr. di *dormi(glione)* ✻ 1618] **s. m. e f. inv.** ● (*tosc.*, *scherz.*) dormiglione | ***fare il d.***, fingersi sbadato, ingenuo e sim.

†**dormịalfuòco** o †**dormalfuòco** [dalla loc. *dormi(re vicino) al fuoco* ✻ av. 1556] **s. m. e f. inv.** ● persona oziosa, pigra

dormicchiàre [lat. parl. **dormitulāre*, intens. di *dormitāre*, forma rafforz. di *dormīre* 'dormire' ✻ 1566] **v. intr.** (*io dormìcchio*; **aus.** *avere*) **1** dormire un sonno leggero svegliandosi di tanto in tanto **SIN.** sonnecchiare **2** (*fig.*, *raro*) essere disattento, fiacco e sim.

dormicolàre [da *dorm(ire)* con suff. frequentativo ✻ 1865] **v. intr.** (*io dormìcolo*; **aus.** *avere*) ● (*raro*) dormicchiare

dormiènte o **dormènte** **A** **part. pres.** di *dormire*; anche **agg. 1** nei sign. del v. **2** (*bot.*) detto di gemma che non si sviluppa ma resta in riposo anche per diversi anni **3** (*fig.*) che non è attivo, che non viene utilizzato: *depositi bancari dormienti* | (*gerg.*) nella massoneria, detto di affiliato che non partecipa più attivamente ai consigli della società | (*est.*) detto di spia o sim., in sonno (V. *sonno* nel sign. 6) **4** (*mar.*) detto di manovra spec. di sostegno che, mentre svolge le sue funzioni, non viene regolata: *manovra d.* **CONTR.** corrente **B** **s. m. e f.** ● chi dorme: *svegliare i dormienti* **C** **s. m. 1** (*bot.*, *tosc.*) fungo che nasce in marzo **2** (*archit.*) trave in legno, posta orizzontalmente su un muro per ripartire i carichi **3** (*mar.*) manovra dormiente

dormiènza [1970] **s. f.** ● nelle piante, riposo temporaneo di semi o gemme prima di germogliare

†**dormigióne** ➤ **dormizione**

†**dormigliàre** [ant. fr. *dormiller* 'dormire leggermente', da *dormir* e il suff. attenuativo *-iller* (lat. *-iculāre*) ✻ 1342] **v. intr.** ● dormicchiare (*anche fig.*)

dormiglióne [da *dormigliare* ✻ 1353] **s. m.** (**f.** *-a*) **1** chi ama dormire e dorme molto: *sveglia, d.!* **SIN.** poltrone **2** (*fig.*) negligente, pigro

dormigliósa (o *-ṣ-*) [prob. da *dormiglioso*] **s. f.** ● (*zool.*) magnosa

dormiglióso (o *-ṣ-*) [provenz. *dormilhos*, dall'ant. fr. *dormiller* 'dormigliare' ✻ 1287] **agg. 1** (*lett.*) sonnacchioso, sonnolento: *e tu entravi ..., d. Pipi* (S. SLATAPER) **2** (*raro*, *fig.*) negligente, tardo, pigro | (*lett.*) calmo, placido: *mare d.*

♦**dormìre** [lat. *dormīre*, di orig. indeur. ✻ 1250 ca.] **A** **v. intr.** (*io dòrmo*; **aus.** *avere*) **1** riposarsi per mezzo del sonno: *d. supino, disteso, bocconi, sul fianco*; *mettersi, andare a d.*; *d. profondamente, saporitamente, sodo* | ***trovare, non trovare da d.***, una sistemazione per la notte | ***d. come un ghiro, come un macigno, come un masso***, profondamente | ***d. della grossa***, a lungo e profondamente (con riferimento alla terza dormita dei bachi da seta) | ***d. in piedi***, (*fig.*) essere molto assonnato | ***d. con un occhio solo, con gli occhi aperti***, (*fig.*) stare all'erta, vigilare | ***dormirci sopra***, (*fig.*) rimandare una decisione importante per riflettere con più calma | ***d. con qlcu.***, (*eufem.*) avere rapporti sessuali con qlcu: *Che ... adesso dormisse con la cognata era il meno* (C. PAVESE) **2** (*est.*) stare inerte, inattivo: *Dorme lo 'ngegno tuo* (DANTE *Purg.* XXXIII, 64) | ***qui non bisogna d.***, bisogna essere solleciti e decisi | ***è un tipo che non dorme***, furbo, astuto | ***su, non d.!***, non essere pigro, sbrigati! | †***dormi al fuoco***, V. †*dormialfuoco* | **PROV.** ***chi dorme non piglia pesci***, chi è pigro non ottiene nulla **3** (*fig.*) fidarsi, stare sicuro: *per quanto lo riguarda puoi d. tranquillo* | ***d. tra due guanciali***, essere privo di timori e di preoccupazioni, non aver nulla da temere **4** giacere morto, nel sonno della morte: *d. in pace*; *qui dormono le sue spoglie mortali* **5** (*fig.*) essere silenzioso, immobile, detto di luoghi: *di notte tutta la città dorme*; *i campi dormono sotto la neve* | essere dimenticato, in disparte, detto di cose: *carte che dormono in un cassetto*; *le trattative dormono da mesi* | ***la pratica, l'istanza, la domanda dormono***, sono ferme, non procedono | ***mettere qlco. a d.***, metterla da parte, farla dimenticare **B** anche **v. tr.** ● (determinato dall'oggetto interno): *d. sonni tranquilli, agitati* | ***d. tutto un sonno***, dalla sera alla mattina, senza risvegli intermedi | ***d. il sonno del giusto***, serenamente, di chi ha fatto il proprio dovere | ***d. il sonno dei giusti, il sonno eterno, il sonno della morte***, (*fig.*) essere morto, giacere sepolto | anche nella forma pron. (con valore intens.) **dormìrsela**, dormire profondamente e con assoluta tranquillità **C** **dormìrsi** **v. intr. pron.** ● †dormire (con valore intens.): *chi cerca truova, e chi si dorme sogna* (L. PULCI)

dormìta [astratto verb. da *dormire* ✻ 1791] **s. f. 1** sonno lungo, ininterrotto e riposante: *fare, farsi una bella d.* **2** (*zootec.*) stato di torpore dei bachi da seta durante la muta ‖ **dormitìna**, **dim.** | **dormitóna**, **accr.**

†**dormitàre** [vc. dotta, lat. *dormitāre*, forma rafforz. di *dormīre* 'dormire' ✻ av. 1306] **v. intr.** ● (*lett.*) dormicchiare

†**dormitóre** [sec. XIII] **s. m.**; anche **agg. 1** chi (o che) dorme **2** (*raro*) dormiglione

dormitòrio [vc. dotta, lat. *dormitōriu(m)*, da *dormītus*, part. pass. di *dormīre* 'dormire' ✻ 1287] **A** **s. m. 1** grande stanza dove possono dormire molte persone, in collegi, caserme e sim. | ***d. pubblico***, ricovero per indigenti in cui si è accolti gratuitamente o con una minima spesa | parte del convento in cui sono situate le celle **2** (*fig.*) città, o quartiere periferico, scarsamente dotati di servizi e spazi verdi in cui abitano prevalentemente persone che lavorano in centri vicini e rientrano solo la sera **B** in funzione di **agg. inv.**: *quartieri d.*

dormitùra [1536] **s. f.** ● (*zootec.*) stato di torpore dei bachi da seta quando mutano la pelle

dormivéglia [comp. di *dormi(re)* e *veglia(re)* ✻ 1745] **s. m.** o (*lett.*) **f. inv.** ● stato fra il sonno e la veglia: *all'alba lo fece saltare su da quella d. la tromba dei soldati* (G. VERGA)

dormizióne o †**dormigióne** [vc. dotta, lat. *dormitiōne(m)*, da *dormītus*, part. pass. di *dormīre* 'dormire' ✻ av. 1311] **s. f. 1** †sonno **2** (*relig.*) nella Chiesa orientale, transito di Maria Vergine da questa all'altra vita

dormósa (o *-ṣ-*) **s. f.** ● adattamento di *dormeuse* (V.)

doronìco [arabo *dūrunğ*, di orig. persiana ✻ 1550] **s. m.** (**pl.** *-ci*) ● genere di piante erbacee rizomatose delle Composite con capolini solitari o in corimbi dai colori vivaci (*Doronicum*)

dorotèo [dal nome di santa Dorotea (IV sec.), martire durante le persecuzioni al tempo di Diocleziano; nel sign. B, dal convento delle Suore *Dorotee* sul Gianicolo, dove nel 1959 si riunì il gruppo che costituì la corrente ✻ 1847] **A** **agg.** (**f.** *-a*) ● ***Suore Dorotee***, (*ellitt.*) ***Dorotee***, appartenenti una delle congregazioni che si richiamano a Santa Dorotea **B** **agg. e s. m. (f. -*a*)** ● (*polit.*) negli anni 1960-80, appartenente a una importante corrente di centro del partito della Democrazia Cristiana

dorrèi ➤ **dolere**

dorrò ➤ **dolere**

dorsàle [vc. dotta, lat. tardo *dors(u)āle(m)* 'pertinente al dorso (*dŏrsum*)' ✱ 1681] **A** **agg. 1** relativo al dorso, situato nel dorso CONTR. ventrale | (*anat.*) ***spina d.***, colonna vertebrale | ***senza spina d.***, (*fig.*) privo di carattere, debole, inetto | ***muscolo gran d.***, muscolo della regione posteriore del tronco | (*sport*) ***salto d.***, salto in alto che l'atleta effettua superando l'asticella con il dorso rivolto verso terra SIN. fosbury **2** (*ling.*) detto di suono articolato per mezzo del dorso della lingua || **dorsalménte**, **avv.** dalla parte del dorso **B** **s. m. 1** spalliera di sedia, poltrona o divano **2** testata di letto **3** muscolo gran dorsale **C** **s. f.** ● rilievo o catena montuosa: *d. appenninica* | parte o diramazione di catena montuosa | ***d. oceanica***, rilievo sottomarino, vulcanico, gener. al centro degli oceani

dorsalgìa [comp. di *dors(o)* e *-algia* ✱ 1983] **s. f. (pl. -*gìe*)** ● manifestazione dolorosa localizzata nella zona del dorso

dorsalìsta [da *dorsale* ✱ 1983] **s. m. e f. (pl. m. -*i*)** ● (*sport*, *raro*) atleta che pratica il salto dorsale

dorsay /*fr.* dɔʀ'sɛ/ [dal n. dell'elegante conte A. G. *d'Orsay* ✱ 1905] **s. m. inv.** ● abito maschile da cerimonia

dorsìsta [da *dorso* nel sign. 6 ✱ 1931] **s. m. e f. (pl. m. -*i*)** ● nuotatore specialista dello stile sul dorso

♦**dòrso** (o **-ó-**) [lat. *dŏrsu(m)*, propr. spiegato come neutro sostantivato dell'avv. *deŏrsum* 'in giù, in basso' ✱ av. 1327] **s. m. 1** parte posteriore del torace compresa fra la nuca e la regione lombare CFR. noto- | (*est.*) schiena | ***dare, mostrare il d.***, (*fig.*) fuggire | ***piegare il d.***, (*fig.*) sottomettersi | ***spianare il d. a qlcu.***, bastonarlo **2** parte convessa di un organo anatomico: *d. della mano, del piede* **3** striscia di tela o altro materiale che unisce i due piatti della copertina di un libro SIN. costa, costola **4** lato superiore di un profilo aerodinamico, di un'ala e sim. SIN. estradosso **5** colmo, estremità alta di una montagna **6** stile di nuoto in posizione supina, caratterizzato da circonduzioni all'indietro delle braccia e dal battito alternato delle gambe **7** (*fotogr.*) parte posteriore intercambiabile delle macchine fotografiche in cui viene inserita la pellicola sensibile **8** in un quotidiano, fascicolo di uguale formato che si aggiunge al quotidiano stesso: *il d. regionale del Corriere della Sera*

dorsoventràle [comp. di *dorso* e *ventrale*, forse sul modello del fr. *dorsiventral* ✱ 1906] **agg. 1** che riguarda sia la parte dorsale sia la parte ventrale di un organismo animale | ***asse d.***, che si sviluppa fra dorso e ventre **2** detto di pianta, o di una sua parte, che presenta una faccia superiore, o dorsale, e una inferiore, o ventrale, differenti fra loro

†**dòsa** ➤ **dose**

doṣàggio [fr. *dosage*, da *dose* 'dose' ✱ 1853] **s. m. 1** determinazione della dose necessaria per qlco.: *il d. di una medicina*; *sbagliare il d.* **2** (*mar.*) regolazione del peso di un sottomarino mediante variazione del contenuto d'acqua e aria nel doppio fondo e nei serbatoi per raggiungere l'equilibrio idrostatico o per produrre l'immersione e l'emersione

doṣàre [fr. *doser*, da *dose* 'dose' ✱ 1696] **v. tr.** (*io dòṣo*) **1** misurare una o più sostanze, stabilendone la quantità o dose necessaria per qlco.: *d. gli ingredienti per un dolce*; *d. una medicina* **2** (*fig.*) usare con oculatezza e parsimonia: *d. le forze, le spese, le parole*

doṣatóre [1869] **s. m. 1** (**f. -*trice***) chi dosa **2** apparecchio che ha la funzione di immettere in un ciclo di produzione quantità dosate e regolabili di materiali | (*est.*) dispositivo che, applicato a una bottiglia, consente di versare una quantità determinata del contenuto

doṣatùra [1869] **s. f.** ● (*raro*) dosaggio

♦**dòṣe** o †**dòṣa** [vc. dotta, gr. *dósis* 'il dare', da *didōmi* 'io do' ✱ 1582] **s. f. 1** quantità determinata e proporzionata di una o più sostanze per ottenere un certo effetto o risultato: *calcolare in grammi una d.*; *mettere nella minestra la giusta d. di sale* | quantità prescritta di un farmaco | (*gerg.*) quantità di sostanza stupefacente che un drogato assume in una volta: *procurarsi i soldi per la d.* **2** (*est.*) razione | ***a piccole dosi***, in quantità minima volta per volta; (*fig.*) poco per volta: *tintarella a piccole dosi* | (*fig.*) quantità (*spec. scherz.*): *dare, prendere una buona d. di schiaffi, di pugni, di legnate*; *ci vuole una buona d. di faccia tosta!* | ***rincarare la d.***, aumentare la quantità, con riferimento a cose sgradevoli

doṣimetrìa [comp. di *dose* e *-metria* ✱ 1886] **s. f.** ● (*fis.*) determinazione dell'intensità di una radiazione

doṣimètrico [comp. del gr. *dósis* 'dose' e *-metrico*, sull'esempio dell'ingl. *dosimetric* ✱ sec. XX] **agg. (pl. m. -*ci*)** ● (*fis.*) relativo alla dosimetria: *unità di misura dosimetriche*

doṣìmetro [comp. di *dose* e *-metro* ✱ 1956] **s. m.** ● apparecchio per la dosimetria

dossàle [vc. dotta, lat. eccl. *dossāle*, forma assimilata di *dorsāle*, dall'agg. *dorsālis* 'pertinente al dorso (*dŏrsum*)' ✱ 1308] **s. m. 1** copertura del dosso di mobili, oggetti preziosi, artistici o di lusso **2** travicello o tavolone che fa parte della armatura provvisoria di archi e volte **3** parte dorsale dell'altare cristiano | fondo scolpito, dipinto o decorato a tergo di un altare addossato al muro | parte anteriore dell'altare, spesso coperta da un rivestimento decorativo | paliotto

dossier /dos'sje, *fr.* do'sje/ [vc. fr., dall'intitolazione scritta sul dorso (*dos*) dell'incartamento ✱ 1895] **s. m. inv.** ● fascicolo in cui sono raccolti i documenti riguardanti un argomento, una persona, un avvenimento

dossieràggio [da *dossier* e *-aggio* ✱ 1995] **s. m.** ● redazione di dossier contenenti notizie riservate su personaggi pubblici, società, organizzazioni e sim.

dossière o †**dossièro** [fr. *dossier*, da *dos* 'dorso, schiena' ✱ sec. XIV] **s. m. 1** †spalliera imbottita a capo del letto **2** parte della bardatura da tiro a cui sono uniti i portastanghe

dòsso [lat. parl. **dŏssu(m)*, forma assimilata di *dŏrsum* 'dorso' ✱ 1261 ca.] **s. m. 1** (*lett.*) dorso: *il d. della mano* | ***voltare il d.***, (*fig.*) fuggire | (*est.*) corpo | ***levarsi i vestiti di d.***, spogliarsi | ***levarsi un peso di d.***, (*fig.*) liberarsi di una preoccupazione | †***arma di d.***, la corazza **2** (*est.*) prominenza | cima, sommità: *il d. nevoso di un monte* **3** rialzo del fondo stradale, indicato da apposito segnale di pericolo CONTR. cunetta **4** la parte più grossa della pietra focaia || **dossétto**, **dossettino**, **dim.** | **dossóne**, **accr.**

dossògrafo [comp. del gr. *dóxa* 'opinione' e *-grafo* ✱ 1932] **s. m.** ● nell'antica Grecia, erudito raccoglitore di notizie storiche, detti celebri e opinioni dei filosofi più reputati

dossologìa ① [vc. dotta, gr. *doxología*, comp. di *dóxa* 'opinione, lode' e di *-logía* '-logia' ✱ 1830] **s. f. (pl. -*gìe*)** ● brano liturgico glorificatore, usato nei riti cattolico, romano e bizantino

dossologìa ② [comp. del gr. *dóxa* 'opinione' e *-logia* ✱ 1951] **s. f. (pl. -*gìe*)** ● demodossologia

dossològico [1983] **agg. (pl. m. -*ci*)** ● relativo a dossologia

dostoevskiàno [1935] **agg.** ● relativo allo scrittore russo F. M. Dostoevskij (1821-1881)

dot /dɔt/ [vc. ingl., propr. 'punto' (di area germ.), che con *line* 'linea' costituisce il simbolo-chiave del codice telegrafico ✱ 1956] **s. m. inv.** ● unità di misura della velocità di trasmissione telegrafica

†**dòta** ➤ **dote**

dotàle [vc. dotta, lat. *dotāle(m)* 'relativo alla dote (*dōs*, genit. *dōtis*)' ✱ sec. XIII] **agg.** ● (*dir.*) relativo alla dote: *beni dotali*; *rendita d.* | ***regime d.***, complesso delle norme disciplinanti la costituzione, l'amministrazione e il godimento della dote

♦**dotàre** [vc. dotta, lat. *dotāre*, da *dotātus* 'dotato' ✱ av. 1250] **A** **v. tr.** (*io dòto*) **1** dare, fornire della dote (+ *di*): *d. la propria figlia di una rendita modesta*; *se vuol dotar la serva, non lo ha da far col mio* (C. GOLDONI) | (*est.*) fornire un istituto, un ente e sim. di adeguati mezzi finanziari: *d. le associazioni benefiche di nuovi fondi* **2** provvedere, corredare, fornire (*anche fig.*) (+ *di*): *d. la città di nuove scuole*; *la natura l'ha dotato di bellezza e di ingegno* **B** **dotàrsi** **v. intr. pron.** ● provvedersi, fornirsi di qlco. (+ *di*): *la città ha deciso di dotarsi di una mediateca*

dotàto **part. pass.** di *dotare*; anche **agg. 1** fornito (+ *di*): *un hotel d. di ogni confort* **2** ricco di doti, di qualità: *un giovane d.*; *uno scrittore molto d.*; *uno studente poco d.* | ***essere, non essere d. per un lavoro***, avere, non avere le qualità necessarie per svolgerlo

dotatóre [1310] **s. m. (f. -*trice*)** ● (*raro*) chi dota qlcu. o qlco.

dotazióne [1395] **s. f. 1** (*raro*) il dotare | fornitura **2** insieme di beni assegnati a una filiale, a una persona o a un ufficio per svolgere una determinata attività | ***fondo di d.***, insieme di mezzi esposto nel bilancio di un ente pubblico **3** (*milit.*) complesso di materiali d'armamento, equipaggiamento e sim. assegnati al soldato e al reparto | (*mar.*) quantità di armi, munizioni, attrezzature e sim. che si imbarcano su una nave

dot còm o **dot.còm** /dot'kɔm, *ingl.* 'dɒt-ˌkɒm/ [loc. comp. dell'ingl. *dot* 'punto' e di *com* estensione nei siti o negli indirizzi Internet ✱ 2000] **loc. sost. f. inv. (pl. ingl. *dot coms*)** ● azienda tecnologica, legata a Internet

♦**dòte** o †**dòta** [vc. dotta, lat. *dōte(m)*, della stessa radice di *dăre* 'dare' ✱ 1268] **s. f. 1** il complesso dei beni apportati dalla moglie al marito per sostenere gli oneri del matrimonio (abolita in Italia, in quanto istituto giuridico, dal 1975): *farsi la d.*; *avere una ricca d.*; *portare qlco. in d.* | ***sposare la d.***, sposare una donna per la sua dote | ***cacciatore di d.***, chi si dà da fare per sposare una donna ricca | (*est.*) complesso dei beni personali che la novizia, all'atto della monacazione, attribuisce al monastero **2** complesso di beni finanziari assegnati a istituto o ente per il suo funzionamento **3** (*fig.*) speciale pregio o qualità naturale: *ha la d. della simpatia, della bellezza*; *la chiarezza è una grande d.*; *non ha certo la d. dell'altruismo* **4** †dono || **doterèlla**, **dim.** | **doticìna**, **dim.**

†**dòtta** ① [da *(a)d otta* nel senso di 'a tempo' ✱ 1275] **s. f. 1** ora, tempo **2** momento, occasione, circostanza | ***a d.***, nel momento opportuno

dótta ② [dal lat. *dŭcta(m)*, part. pass. di *dŭcere* 'condurre (i bovi al lavoro)' ✱ 1388] **s. f.** ● (*tosc.*) turno di lavoro, in campagna | ***rimetter le dotte***, recuperare il lavoro, e il tempo, perduto

a b c **d** e f g h i j k l m n o p q r s t u v w x y z

d

†**dótta**③ [ant. provenz. *dopte*, deriv. di *doptar* 'dottare' ✱ av. 1294] **s. f. 1** timore, paura, panico: *tanta fu la viltà, tanta la d.* (L. Ariosto) **2** dubbio, incertezza

†**dottàbile** [1288] **agg.** ● temibile

†**dottàggio** [sec. XIII] **s. m.** ● dubbio | timore

†**dottaménto** [sec. XIII] **s. m.** ● sospetto, dubbio

†**dottànza** [ant. fr. *doutance*, da *douter* 'dubitare' ✱ av. 1250] **s. f. 1** sospetto, timore: *di dir mi vien d.* (Dante) **2** dubbio, esitazione

†**dottàre** [ant. provenz. *doptar*, dal lat. *dubitāre* 'dubitare' ✱ av. 1250] **v. tr. 1** temere, paventare **2** dubitare, esitare

dottàto [etim. incerta ✱ 1625] **agg.; anche s. m.** ● detto di una qualità di fico dal frutto grosso, che si consuma fresco o essiccato

†**dottévole** [cfr. *dotta*③ ✱ 1288] **agg.** ● incerto, dubbio | temibile

†**dottìfico** [da *dotto*① ✱ av. 1642] **agg.** ● (*scherz.*) che rende dotto, sapiente

♣**dòtto**① [vc. dotta, lat. *dŏctu(m)*, part. pass. di *docēre* 'insegnare' (V.) ✱ av. 1250] **A agg. 1** che dispone di un'ottima cultura generale o di una specifica e approfondita preparazione in una determinata materia: *un uomo d.*; *essere d. in matematica, in teologia, di leggi, di musica* SIN. colto, sapiente **2** ricco di cultura, erudito: *libro d.*; *dotte citazioni* | che è proprio delle persone di grande cultura: *studi dotti* | ***lingue dotte***, quelle antiche, come il greco e il latino | ***parola dotta***, di origine o uso colto, non popolare **3** †esperto, accorto || **dottaménte**, **avv.** **B s. m.** (**f.** *-a*) ● persona di grande cultura e profonda preparazione: *congresso, società di dotti* SIN. sapiente

dótto② o **dùtto** [lat. *dūctu(m)*, da *dūcere* 'condurre' ✱ 1697] **s. m.** ● (*anat.*) canale, condotto che contiene una determinata sostanza: *d. biliare* | canale allungato che occupa una posizione di rilievo in un determinato organo: *d. cocleare*

-dótto [dal lat. *dūctu(m)* 'conduttore'] **secondo elemento** ● in parole composte, significa 'condotto', 'conduttura' e sim.: *acquedotto, metanodotto, oleodotto, viadotto*

dottoràggine [1552] **s. f.** ● (*lett.*, *scherz.*) preparazione da dottore, da grande erudito

dottoràle [1483] **agg.** ● di dottore: *toga d.*; *laurea d.* | (*iron.*) che è tipico di chi assume pose da sapientone: *aria d.* || **dottoralménte**, **avv.**

dottoràme [1869] **s. m.** ● (*spreg.*) quantità di dottori

dottoràndo [da *dottora(re)*, con il suff. *-ando* ✱ 1572] **s. m.** (**f.** *-a*) ● chi frequenta un corso di dottorato di ricerca

dottoràre [da *dottore* ✱ 1342] **A v. tr.** (*io dottóro*) ● (*raro*) conferire a qlcu. il grado di dottore, laureare **B dottoràrsi v. intr. pron.** ● (*raro*) diventare dottore, laurearsi: *dottorarsi in fisica*

†**dottoràtico** [av. 1566] **s. m.** ● dottorato, titolo di dottore

dottoràto [1342] **s. m.** ● grado, dignità, titolo di dottore: *raggiungere il d.*; *conseguire il d. in medicina* | (*raro*) conferimento di tale titolo: *il giorno del d.* | ***d. di ricerca*** o (*assol.*) ***dottorato***, qualifica accademica conseguita dopo la laurea magistrale da chi svolge, nell'ambito universitario, ulteriori studi e ricerche ottenendo risultati di valore scientifico: *ha conseguito il d. (di ricerca) in antropologia sociale*

♦**dottóre** [vc. dotta, lat. *doctōre(m)* 'insegnante', da *dŏctus* 'dotto①' ✱ 1268] **s. m.** (**troncato in** *dottor* **davanti a nomi propri** (**es.** *dottor Rossi*); **V. nota d'uso ELISIONE e TRONCAMENTO; f.** *-éssa*, *scherz.* †*-a*, †*dottrice*) **1** un tempo, maestro di dottrina, insegnante | ***fare il d.***, darsi arie di persona colta, sputare sentenze | ***parlare come un d.***, con tono saputo | ***D. della Chiesa***, titolo attribuito a determinati Santi della Chiesa cattolica per la perfetta ortodossia delle loro dottrine, dei loro scritti **2** chi è fornito del diploma di laurea di una facoltà universitaria (+ *in*): *è diventato d. quest'anno*; *d. in medicina*, *in lettere*, *in giurisprudenza* | ***d. magistrale***, che ha conseguito una laurea magistrale SIN. laureato **3** (*assol.*) comunemente, medico: *farsi curare da un bravo d.*; *chiamare il d.* **4** maschera della Commedia dell'arte, spec. rappresentata come un medico o un avvocato, che satireggia i sapienti e il loro modo di approfittare dell'ignoranza dei più umili CFR. Balanzone || **dottoràccio**, **pegg.** | **dottorèllo**, **dim.** | **dottorino**, **dim.** | **dottoróne**, **accr.** | **dottorùccio**, **dottorùzzo**, **dim.** | (*spreg.*) **dottorùcolo**, **dim.**

dottoreggiàre [1817] **v. intr.** (**pres.** *io dottoréggio*; **fut.** *io dottoreggerò*; **aus.** *avere*) ● (*spreg.*) ostentare in modo saccente la propria dottrina | (*scherz.*) atteggiarsi a persona di grande cultura

†**dottorerìa** [1552] **s. f.** ● boriosa ostentazione di dottrina

dottorésco [av. 1585] **agg.** (**pl. m.** *-schi*) ● (*spreg.*) che rivela un tono saputo e dottorale: *modo di parlare d.* || **dottorescaménte**, **avv.** in modo dottoresco, saputo

†**dottorévole** [av. 1704] **agg.** ● (*raro*, *scherz.*) dottorale

†**dottorézza** [av. 1803] **s. f.** ● (*scherz.*) chi eccelle negli studi: *il tragico a tai detti impallidì; / onde sua D. impietosì* (V. Alfieri)

†**dottorìa** [av. 1556] **s. f.** ● dottrina

†**dottóso** (o *-ṣ-*) [ant. fr. *douteux*, da *douter* 'dubitare' ✱ av. 1250] **agg. 1** timoroso, pauroso **2** dubbioso, incerto

dottrina [vc. dotta, lat. *doctrīna(m)* 'insegnamento', da *dŏctor* 'dottore' ✱ av. 1250] **s. f. 1** (*raro*, *lett.*) insegnamento, preparazione: *senza avere alcuna d. di medicina avuta già mai* (G. Boccaccio) **2** complesso di cognizioni apprese mediante uno studio approfondito: *uomini di grande, vasta, profonda d.* SIN. cultura, sapere **3** complesso organico di princìpi teorici fondamentali sui quali è basato un movimento filosofico, scientifico, politico, artistico e sim.: *la d. del libero scambio*; *la d. liberale, socialista* | insieme di princìpi affermati da un autore o riguardanti un settore di una scienza: *la d. di Platone*; *la d. della relatività* | insieme di princìpi direttivi, spec. in politica estera: *la d. di Monroe* **4** complesso dei dogmi e dei princìpi della fede cristiana **5** (*disus.*) catechismo: *andare a d.* **6** opera sistematica e interpretativa degli studiosi di diritto | il complesso di tali studiosi

SFUMATURE ➤ *teoria*

†**dottrinàio** [1708] **s. m.** ● (*scherz.*) dottrina

dottrinàle [vc. dotta, lat. tardo *doctrinăle(m)*, da *doctrīna* 'dottrina' ✱ av. 1375] **A agg. 1** relativo a una dottrina, che è proprio di una dottrina: *disputa d.*; *metodi dottrinali* | ***interpretazione d.***, ricerca, proveniente da un giureconsulto, del significato e della portata di una norma giuridica **2** (*lett.*) che ha funzioni o finalità didattiche: *commento d.* **3** dottrinario, cattedratico: *parlare con tono d.* || **dottrinalménte**, **avv. 1** in modo dottrinale **2** (*raro*) in modo astratto: *ragionare dottrinalmente* **B s. m.** ● †opera scritta a scopo didattico o comunque adatta a istruire

†**dottrinàre** [da *dottrina* ✱ 1265] **v. tr.** ● addottrinare, istruire

dottrinàrio [av. 1831] **A agg. 1** relativo alla dottrina o a una dottrina: *elaborazione dottrinaria* **2** che si fonda in modo rigido e acritico su enunciazioni e princìpi teorici e assoluti, spesso lontani dalla realtà: *insegnamento d.*; *gente candida ... che si era nutrita di credenze dottrinarie* (B. Croce) **B s. m.** (**f.** *-ia*) ● chi tende a ragionare in modo astratto piuttosto che ad affrontare i problemi concreti: *I dottrinari sono una delle sette piaghe d'Egitto* (L. Einaudi) | chi aderisce in modo dogmatico a una dottrina, a un'ideologia

dottrinarìṣmo [av. 1872] **s. m.** ● caratteristica di chi (o di ciò che) è dottrinario | tendenza o posizione dottrinaria

dottrineggiàre [av. 1642] **v. intr.** (**pres.** *io dottrinéggio*; **fut.** *io dottrineggerò*; **aus.** *avere*) ● (*lett.*, *spreg.*) fare sfoggio di cultura, di dottrina

†**dottrinésco** [av. 1556] **agg.** ● (*raro*) dottrinario

doublé /fr. du'ble/ [vc. fr., part. pass. di *doubler* 'rendere doppio', dal lat. tardo *duplāre*, da *dŭplus* 'doppio' ✱ 1922] **agg. inv. 1** rivestito di un sottile strato di oro, argento o altro metallo prezioso; placcato | ***oro d.***, similoro **2** foderato: *cappotto d.*

double dip /ingl. ˌdʌbl'dɪp/ [loc. ingl., propr. 'doppio (*double*) avvallamento (*dip*)' ✱ 2002] **loc. sost. m. inv.** (**pl. ingl.** *double dips*) ● (*econ.*) periodo di recessione seguito da una crescita e poi da un nuovo periodo di recessione

double-face /fr. dubl(ə)'fas/ [vc. fr., comp. di *double* 'doppio' e *face* 'faccia①' nel sign. di 'parte diritta del tessuto' ✱ 1905] **agg. inv.** ● detto di tessuto che ha due diritti, diversi l'uno dall'altro per disegno e colore | ***impermeabile double-face***, rifinito anche all'interno, in modo da poter essere indossato da entrambe le parti

douglàṣia (dou-gla-sia, dou-glas-ia) /du'glazja/ [dal n. del botanico scozzese D. *Douglas* (1798-1834) ✱ 1956] **s. f.** ● (*bot.*) abete americano

doula /'dula/ [dal gr. *dôulē*, propr. 'schiava, ancella' ✱ 2000] **s. f.** ● donna che svolge una funzione di sostegno psicologico e pratico, ma non medico né sanitario, a una puerpera durante la gravidanza e il parto e nei primi mesi di vita del bambino

♣**do ut des** /lat. dɔ ut'dɛs/ [lat., propr. 'do perché tu dia' ✱ 1963] **loc. sost. m. inv.** ● favore che si fa per riceverne in contraccambio un altro

dovàrio o **doàrio** [fr. *douaire*, dal lat. mediev. *dotārium*, da *dōs*, genit. *dōtis* 'dote' ✱ av. 1540] **s. m.** ● nel Medioevo, dono che il marito faceva alla moglie, all'atto del matrimonio, in previsione di un'eventuale vedovanza

♦**dóve** /'dove*, 'dove *nei sign. A, B; solo* 'dove *nel sign. C*/ [lat. *dē ŭbi* 'da (d)ove' ✱ 1261 ca.] **A avv.** (**troncato in** †*do'*, †*du'*) **1** in quale luogo (in frasi interr. dirette e indirette e in frasi escl.): *d. andate?*; *d. sarà nascosto?*; *d. mai si troverà ora?*; (*enfat.*) *dov'è che abiti?*; *non riesco a immaginare d. diavolo possa essersi cacciato*; *d. siamo capitati!*; *chissà d. si andrà a finire andando avanti di questo passo!* | ***da, di d.***, da quale luogo: *da d. arrivi?* | ***per d.***, o (*assol.*) ***d.***, per quale luogo: *per d. pensi di passare?* **2** nel luogo in cui (con valore rel.): *stai fermo d. sei* | dovunque: *d. tu vai ti verrà sempre appresso* (L. Pulci) | (*lett.*) ***d. che***, dovunque: *lo troveremo d. che sia* **3** il luogo in cui (con valore rel.): *ecco d. l'abbiamo trovato* | ***da d., di d.***, dal luogo in cui: *da d. abito vedo la tua casa* | ***per d.***, per il luogo per cui | V. anche *fin dove, laddove* **4** in cui (preceduto da un sost.): *il paese d. sono nato è molto piccolo*; *quella è la casa d. siamo diretti*; *Siede la terra d. nata fui / su la marina* (Dante *Inf.* V, 97-98) **5** (con valore correl.) in qualche luogo: *fermandomi d. più d. meno* (G. Leopardi) **B cong. 1** (*lett.*) se, nel caso che (con valore ipotetico; introduce una prop. condiz. con il v. al congtv.): *e d. non vi piacesse, ciascuno ... quello faccia che più gli piace* (G. Boccaccio) **2** (*lett.*) mentre, laddove (con valore avversativo): *a me fu di danno, d. a te fu di aiuto* **3** †perché, dal momento che (introduce una prop. causale con il v. all'indic.): *perciò non ne chiamate lupi, d. voi state pecore non siete* (G. Boccaccio) **4** †quando (introduce una prop. temporale con il v. all'indic.): *la favola ... si deve fingere solo d. si teme dir il vero* (T. Campanella) **C** **in funzione di s. m. inv.** ● luogo: *non voglio sapere né il d. né il quando*; *Chiaro mi fu allor come ogne d. / in cielo è paradiso* (Dante *Par.* III, 88-89) | ***in*** (o ***per***) ***ogni d.***, dappertutto (V. anche *ognidove*)

dovechessìa o **dovecchessìa** o **dóve che sìa** [1353] **avv.** ● (*lett.*) in qualsiasi luogo

†dovenìre ➤ **divenire**①

†doventàre ➤ **diventare**

♦dovére① o **†devére** [lat. *debēre*, comp. di *dē* 'da' e *habēre* 'avere' (originariamente 'avere qualcosa ottenuta da qualcuno') ✱ 1211] **v. tr.** (**difett. dell'imperat. e del part. pres.**; **pres.** *io dèvo* (o *-é-*), *dèbbo* (o *-é-*), *†dèggio* (o *-é-*), *†dèbbio* (o *-é-*), *†dèo*, *tu dèvi* (o *-é-*), *†dèggi* (o *-é-*), *†dèbbi* (o *-é-*) *†dèi*, *egli dève* (o *-é-*), *†dèbbe* (o *-é-*), *†dègge* (o *-é-*), *†dèe*, *†de'* /dɛ/, *noi dobbiàmo*, *†doviàmo*, *†dovémo*, **lett.** *deggiàmo*, *voi dovéte*, *essi dèvono* (o *-é-*), *dèbbono* (o *-é-*), *†dèggiono* (o *-é-*), *†dèono*, *†dènno* (o *-é-*); **imperf.** *io dovévo*, **lett.** *dovéva*, *†dovéa*, *noi dovevàmo*, *†debbevàmo*; **pass. rem.** *io dovètti*, **raro** *dovéi*, *tu dovésti*; *egli dovètte*, **raro** *dové*; **fut.** *io dovrò*, *†doverò*; **condiz. pres.** *io dovrèi*, *†doverèi* o *doverìa* o *dovrìa*; **congtv. pres.** *io dèbba* (o *-é-*), **raro** *dèva* (o *-é-*), *†dèbbia* (o *-é-*), *†dèggia* (o *-é-*), *†dèa*, ecc., *noi dobbiàmo*, *†debbiàmo*, *†deggiàmo*, *voi dobbiàte*, *†debbiàte*, *†deggiàte*; *essi dèbbano* (o *-é-*), **raro** *dèvano* (o *-é-*), *†dèbbiano* (o *-é-*), *†dèggiano* (o *-é-*); **part. pass.** *dovùto*, *†debùto*, *†devùto*; **aus.** *avere* **se è usato assol.**; **come v. servile tende ad avere l'aus. del v. a cui si accompagna:** *ho dovuto accompagnarlo alla stazione*; *sono dovuto andare, partire*; *sono dovuto uscire*; **tuttavia, con i v. intr. che richiedono l'aus.** *essere*, **è frequente anche l'uso dell'aus.** *avere*, **spec. quando si vuole accentuare l'idea dell'obbligo, della necessità:** *ho dovuto partire*; *ha dovuto ricorrere a un prestito*; **nei verbi rifl., si usa l'aus.** *essere* **se la particella pronominale è proclitica (cioè precede il verbo), l'aus.** *avere* **se è enclitica (cioè è unita ad esso):** *si è dovuta cambiare*; *ha dovuto cambiarsi*) **1** avere l'obbligo di fare una determinata cosa: *d. rispettare le leggi, gli orari dei pasti*; *dovete mantenere le promesse* | essere tenuto a comportarsi in un certo modo per ragioni di convenienza, di opportunità e sim.: *devi assolutamente partire*; *debbo comportarmi meglio* | ***dovete sapere che***, formula che introduce una narrazione, spec. piuttosto lunga | ***comportarsi come si deve***, in modo corretto, educato | con valore rafforz.: *dovessi morire*, a costo di morire | (*pleonast.*, *interr.*) ***perché devi sempre fare a modo tuo?***, perché fai sempre a modo tuo? **2** avere necessità, bisogno di fare qlco.: *deve dormire almeno tre ore*; *devi sapere tutta la verità* **3** essere possibile, probabile: *deve essere pazzo per agire così!*; *dovrebbe essere mezzogiorno*; *dev'essere successo qlco.* **4** essere sul punto di: *dovevo parlargli, ma poi mi è mancato il coraggio* **5** essere debitore, essere tenuto a restituire, a dare, a pagare (*anche fig.*): *d. una somma*; *quanto le devo?*; *ti devo la vita*; *gli deve molta gratitudine* | ***d. avere qlco. da qlco.***, essere creditore di qlcu. | (*fig.*) trarre, derivare: *quella località deve la sua fama all'ottimo clima* | ***essere dovuto***, essere causato, avere origine: *l'incidente è dovuto alla disattenzione dell'autista* | ***si deve a***, è merito di, è grazie a: *si deve a lui se il bambino si è salvato*

♦dovére② o **†devére** [da *dovere*① ✱ av. 1306] **s. m.** **1** ciò che si è tenuti a fare secondo la legge, la morale, le convenzioni e sim.: *avere il senso del d.*; *i doveri del cittadino*; *sottrarsi al d.*; *vittima del d.* | ***farsi un d. di qlco.***, sentirsi obbligati ad agire in un determinato modo | ***d. coniugale***, debito coniugale (V. *debito*②) **SIN.** obbligo **2** ciò che è considerato come conveniente, giusto: *comportamenti conformi al d.* | ***sentirsi in d. di fare qlco.***, ritenerlo giusto, necessario | ***d.!***, ***mio d.!***, formule di cortesia con cui si risponde a un ringraziamento affermando di essersi limitati a fare ciò che si doveva | ***come di d.***, com'è doveroso; com'è giusto | (*burocr.*) ***chi di d.***, persona responsabile di un dato ufficio o sim.: *si rivolga a chi di d.* | (*tosc.*) ***gli sta il d.***, gli sta bene | ***fare le cose a d.***, bene, con cura | ***ha avuto il suo d.***, il fatto suo **3** (*dir.*) posizione passiva di un rapporto giuridico **4** (*disus.*, **spec. al pl.**) saluto, complimento, ossequio: *fare i propri doveri a qlcu.* | (*disus.*) compito a casa (calco sul fr. *devoir*)

SFUMATURE ➤ ***obbligo***

doverìsmo [1991] **s. m.** ● (*raro*, *lett.*) eccessivo senso del dovere

doverìsta [1992] **s. m. e f.** (**pl. m.** *-i*) ● (*raro*) chi ha un eccessivo senso del dovere

doveróso (o *-ṣ-*) [sec. XV] **agg.** ● che è di dovere: *d. riserbo*; *obbedienza doverosa* | che è imposto dalla legge, dalla morale, dalle circostanze: *scuse doverose*; *è cosa doverosa dirci la verità* **SIN.** dovuto || **doverosaménte**, **avv.** in modo doveroso; come si deve, come è opportuno, conveniente || **doverosità**, **s. f. inv.** necessarietà: *la doverosità di una scelta*

SFUMATURE ➤ ***debito***①

†dovìdere ➤ **dividere**

†dovìṣa ➤ **divisa**②

♣dovìzia o **†divìzia**, **†dìviza** [vc. dotta, lat. tardo *divĭtia(m)*, da *dīves* 'ricco' di etim. incerta: da *dīvus* 'dio', perché il ricco, come Dio, non abbisogna di nulla (?) ✱ 1266] **s. f.** ● (*lett.*) grande abbondanza: *raccontare qlco. con d. di particolari* | (*lett.*) ***a gran d.***, in grande abbondanza | ricchezza

♣dovizióso (o *-ṣ-*) o **†divizióso** [av. 1292] **A** **agg.** ● (*lett.*) ricco: *famiglia doviziosa* | abbondante: *pasto d.* || **doviziosaménte**, **avv.** con dovizia **B** **s. m.** ● (*raro*, *lett.*) persona ricca: *credo che la voce di d. mi accreditasse come ottimo partito* (I. Nievo)

♦dovùnque o **†dovùnche** [comp. di *dove* e *-unque* ✱ av. 1300] **A** **cong.** **1** in qualunque luogo in cui (con valore rel. e il v. al congtv. o all'indic. fut.): *d. tu sia*; *d. si trovi*; *d. tu vada*; *ti seguirò d. tu andrai* **2** †ogniqualvolta (con valore temp.): *fa' d'andare secondando il parlare mio d. bisognerà* (N. Machiavelli) **B** **avv.** ● dappertutto, in ogni luogo: *è un prodotto che si trova d.*; *d. si udivano grandi grida*

dovùto o **†devùto**, **†debùto** **A** **part. pass.** di *dovere*; **anche agg.** **1** che si deve: *pagare la somma dovuta* | necessario, debito: *agire con le dovute cautele* **2** causato, prodotto da: *un successo d. alla forte volontà* || **dovutaménte**, **avv.** (*raro*) nel modo dovuto **B** **s. m.** **1** ciò che si è tenuti a restituire, a dare: *pagare più del d.*; *dare a qlcu. il d.* **2** †dovere: *fare il d.*

down① /daun, *ingl.* daʊn/ [vc. ingl., 'sotto' ✱ 1953] **A** **s. m. inv.** ● (*fis.*) numero quantico corrispondente al primo tipo (o sapore) di quark **B** **agg. inv. e avv.** ● (*colloq.*) giù di tono, depresso: *oggi mi sento d.* | (*colloq.*) fuori uso, non in funzione: *il computer è d.*

Down② /daun, *ingl.* daʊn/ [dal n. di J. L. H. *Down* (1828-1896), medico inglese che studiò e curò tale sindrome ✱ 1985] **agg. e s. m. e f. inv.** ● (*med.*) che (o chi) è affetto dalla sindrome omonima (V. *sindrome*): *una nuova terapia per i bambini D.*; *un convegno sull'assistenza ai D.*

downgrade /*ingl.* 'daʊnˌgreɪd/ o **downgrading** /*ingl.* 'daʊnˌgreɪdɪŋ/ [vc. ingl., propr. 'discesa', da *grade* 'grado' e *down* 'giù' ✱ 1990] **s. m. inv.** ● (*econ.*) revisione al ribasso del rating di una società o di un titolo

download /daun'loud, *ingl.* 'daʊnˌləʊd/ [vc. ingl., propr. 'scaricamento', comp. di *down* 'giù' e di un deriv. del v. *to load* 'caricare' ✱ 1996] **s. m. inv.** ● (*inform.*) trasferimento di dati tra sistemi collegati in rete (spec. Internet), in particolare da un sistema remoto a un sistema locale **CFR.** upload, loading

downshifting /daun'ʃiftin(g), *ingl.* 'daʊnˌʃɪftɪŋ/ [vc. ingl., propr. 'passaggio a marcia inferiore' ✱ 1996] **s. m. inv.** ● spec. nel linguaggio della sociologia, scelta di un tipo di lavoro meno redditizio ma anche meno stressante, fatta allo scopo di migliorare la qualità della vita

downsizing /daun'saidzin(g), *ingl.* 'daʊnˌsaɪzɪŋ/ [vc. ingl., propr. 'passaggio a dimensioni inferiori' ✱ 1989] **s. m. inv.** ● ridimensionamento di un'azienda o di un ente al fine di migliorarne l'efficienza | (*autom.*) riduzione delle dimensioni di un autoveicolo o della potenza del suo motore per diminuirne i consumi e ridurne l'impatto ambientale

downtown /*ingl.* ˌdaʊn'taʊn/ [vc. amer., comp. di *down* 'giù' e *town* 'città' ✱ 1954] **A** **avv.** ● verso il centro della città **B** **s. m. o f. inv.** ● il centro di una città

♦dozzìna o (*sett.*) **†dozzèna** [ant. fr. *douzaine*, da *douze* 'dodici' ✱ 1260] **s. f.** **1** complesso, serie di dodici, o circa dodici, unità: *acquistare una d. di fazzoletti, di uova*; *hanno iscritto alla corsa una d. di piloti*; *ti ho chiamato una d. di volte* | ***a dozzine***, in gran numero, in grande quantità | (*lett.*) ***di*** (o ***da***) ***d.***, di poco pregio **2** (*disus.*) vitto e alloggio che una famiglia privata fornisce a un pensionante a un determinato prezzo: *stare a d. presso qlcu.* | prezzo pattuito per tale prestazione: *riscuotere, pagare la d.* **3** nel gioco della roulette, ciascuna delle tre combinazioni costituite dai numeri 1-12, 13-24, 25-36 su cui si può puntare

♣dozzinàle [dalla loc. *di dozzina* ✱ 1387] **agg.** ● ordinario, comune: *un abito d.* | grossolano: *persona d.*; *gusti dozzinali* || **dozzinalménte**, **avv.** || **dozzinalità**, **s. f. inv.** ordinarietà; volgarità, grossolanità

SFUMATURE ➤ ***scadente***

dozzinànte [1541] **s. m. e f.** ● (*disus.*) pensionante presso una famiglia

dràba [vc. dotta, gr. *drábē* 'senape araba' ✱ av. 1698] **s. f.** ● (*bot.*) genere delle Crocifere comprendente varie specie di piccole erbe perenni distribuite spec. in ambienti rupestri montani (*Draba*) **CFR.** pelosella

dracèna [vc. dotta, lat. tardo *dracāena(m)*, dal gr. *drákaina*, f. di *drákōn* 'drago' per l'aspetto e per il succo rosso (sangue di drago) che si estrae incidendone la corteccia ✱ 1820] **s. f.** ● (*bot.*) genere di piante Monocotiledoni comprendente piante legnose delle regioni tropicali e subtropicali dell'Africa e dell'Asia, con rami terminanti in un ciuffo di foglie; molte specie e varietà sono coltivate come piante da appartamento (*Dracaena*)

Drachenballòn /ˌdrakenbal'lɔn, *ted.* 'dʀaxmbaˌlɔŋ/ [ted., propr. 'pallone (dal fr. *ballon*) drago (lat. *drăco*)' per il suo aspetto pauroso ✱ 1918] **s. m. inv.** (**pl. ted.** *Drachenballons* o *Drachenballone*) ● pallone frenato

dràcma ① [vc. dotta, lat. *drăchma(m)*, dal gr. *drachmḗ*, originariamente 'quanto si può prendere (*drássesthai*) con una mano' ✱ 1306] **s. f. 1** fino all'introduzione dell'euro (2002), unità monetaria della Grecia **2** V. *dramma* ②

dràcma ② ➤ **dramma** ②

†**dràco** ➤ **drago**

†**dracóne** ➤ **drago** nei sign. 1 e 2

draconiàno [dal n. del severo legislatore ateniese *Dracone* (VII sec. a.C.) ✱ 1823] **agg. 1** relativo a Dracone **2** (*est.*) molto severo e rigido: *provvedimento d.* || **draconianaménte**, **avv.**

d

dracònico [parallelo di *draconiano* (V.) ✱ 1869] **agg.** (**pl. m.** *-ci*) ● (*astron.*) del periodo di rivoluzione considerato come l'intervallo di tempo tra due successivi passaggi a uno stesso nodo dell'orbita della Luna: *anno, mese d.*

draconìtico [1970] **agg.** (**pl. m.** *-ci*) ● (*astron.*) draconico

dracontìași [da *drakóntion*, n. gr. del parassita, col suff. *-iasi* ✱ av. 1758] **s. f. inv.** ● (*med.*) malattia tropicale parassitaria dell'uomo causata dalla migrazione nel tessuto sottocutaneo e nei visceri della larva del nematode *Dracunculus medinensis* **SIN.** dracunculosi

dracònzio [vc. dotta, lat. *dracŏntiu(m)*, dal gr. *drakóntion*, da *drákōn*, genit. *drákontos* 'drago, serpente', perché ritenuto, per la sua variegatura, rimedio contro le serpi dalla pelle ad essa simile ✱ 1476] **s. m.** ● genere di piante erbacee rizomatose delle Aracee che sviluppano una foglia con lungo picciolo ogni anno (*Dracontium*)

dracunculòși [dal n. lat. del parassita *Dracuncul(us)* (*medinensis*) col suff. *-osi* ✱ 1956] **s. f. inv.** ● (*med.*) dracontiasi

dràfting /'draftin(g), *ingl.* 'drɑːftɪŋ/ [vc. ingl., dal v. *to draft* 'redigere' ✱ 1963] **s. m. inv.** ● stesura di un documento, spec. di una legge

dràga [fr. *drague*, dal v. ingl. *to drag* 'tirare (dal fondo del mare alla superficie)' ✱ 1780] **s. f. 1** macchina per l'escavazione e lo spurgo dei porti, dei fiumi, dei canali **2** (*mar.*) ancora galleggiante

dragàggio [fr. *dragage*, da *drague* 'draga' ✱ 1932] **s. m.** ● operazione del dragare | ***d. di mine***, operazione di recupero o distruzione delle mine subacquee poste dal nemico

dragamìne [comp. di *draga(re)* e il pl. di *mina* ① ✱ 1926] **s. m. inv.** ● (*mar.*) cacciamine attrezzato per il dragaggio delle mine

dragànte ① [etim. discussa: gr. mediev. **trikánthin* 'di tre (*tri-*) angoli (*kanthái*)' (?) ✱ 1607] **s. m.** ● (*mar.*) grossa trave posta trasversalmente alla ruota di poppa e le cui estremità si congiungono alle ultime coste e alle alette

dragànte ② ➤ **adragante**

dragàre [fr. *draguer*, da *drague* 'draga' ✱ 1780] **v. tr.** (*io dràgo, tu dràghi*) **1** scavare con la draga **2** bonificare un tratto di mare da mine subacquee, recuperandole o distruggendole

†**dragàta** [1483] **s. f.** ● (*scherz.*) colpo dato per mezzo di un drago: *riprese meglio il drago ... / ed una gran d. diè a Morgante* (L. Pulci)

dragatóre [1956] **s. m.** (**f.** *-trice*) ● draghista

†**draghinàssa** [da *daghinassa*, pegg. di *daga*, con sovrapposizione di *drago* ✱ av. 1589] **s. f.** ● (*scherz.*) spadone, sciabolone

draghìsta [da *draga* ✱ 1956] **s. m. e f.** (**pl. m.** *-i*) ● operaio addetto alla manovra di una draga

dràglia o **tràglia** [fr. *draille*, da *traille* 'traglia' con sovrapposizione di *drague* 'draga' ✱ av. 1539] **s. f.** ● (*mar.*) piccolo cavo metallico, spec. quello teso lungo il bordo della nave da un candeliere all'altro per formare la battagliola | piccolo strallo ausiliario

†**dràgma** ➤ **dramma** ②

♦**dràgo** o **dragóne** ① nei sign. 1 e 2, †**dràco**, †**dracóne** [lat. *drăco* (nom.), *dracōnem* (acc.), dal gr. *drákōn*, di etim. discussa: connesso col v. *dérkesthai* 'guardare' per il suo sguardo paralizzante (?) ✱ 1282] **s. m.** (**pl.** *-ghi*) **1** animale fiabesco simile a un enorme rettile alato che vomita fuoco | (*est.*) animale selvatico e feroce | ***d. volante***, aquilone **2** (*fig.*) †persona malvagia **3** ***d. volante***, piccolo rettile arboricolo dei Sauri con lunga coda sottile e due espansioni cutanee che gli permettono brevi voli (*Draco volans*) **4** ***pallone d.***, pallone frenato **SIN.** drachenballon **5** (*fam.*, *fig.*, *gerg.*) chi è furbo, in gamba: *è un d., un gran d.*; *che d.!* || **draghétto**, **dim.**

dragomànno [vc. di orig. orient., arabo *turǧumān* 'interprete', da *tarǧama* 'tradurre'; V. *turcimanno* ✱ sec. XIII] **s. m.** ● un tempo, interprete presso le ambasciate e i consolati europei in Oriente o viceversa

dragóna [fr. *dragonne*, f. di *dragon* 'dragone ②', il soldato della cui uniforme faceva parte ✱ av. 1712] **s. f.** ● (*milit.*) striscia doppia di cuoio o cordone intrecciato, di varia composizione, che, annodata all'elsa della sciabola e avvolta al polso, rende più sicura la presa della mano che impugna l'arma

dragonàto [da *dragone* ② ✱ 1830] **agg.** ● in araldica, detto di animale con coda di drago

dragon boat /dragon'bot, *ingl.* 'drægən-ˌbəʊt/ [loc. ingl., propr. 'imbarcazione (*boat*) a drago (*drag*)' per la forma della prua e della poppa ✱ 1996] **loc. sost. m.** o (*raro*) **f. inv.** (**pl. ingl.** *dragon boats*) ● (*sport*) disciplina sportiva che prevede regate tra imbarcazioni a remi con la prua e la poppa ornate da teste e code di dragone, con un equipaggio di venti vogatori, un tamburino e un timoniere

dragoncèllo [parallelo di *draconzio* (V.) ✱ 1563] **s. m. 1** pianta erbacea, cespugliosa, delle Composite con fiori raccolti in ampie pannocchie, usata per condimento (*Artemisia dracunculus*) **SIN.** estragone **2** verme dei Nematodi che provoca una grave malattia tropicale (*Dracunculus medinensis*)

dragóne ① [vc. dotta, lat. *dracōne(m)* 'drago' (V.) perché di brutto aspetto e velenoso ✱ av. 1292] **s. m.** (**f.** *-éssa* (V.)) **1** drago, nel sign. 1 **2** effigie del drago per insegna della coorte romana, dai tempi di Traiano || **dragonàccio**, **pegg.** | **dragoncèllo**, **dim.** | **dragoncìno**, **dim.**

dragóne ② [fr. *dragon*, perché militava sotto l'insegna fregiata da un *dragone* ✱ 1630] **s. m. 1** archibugiere a cavallo, nel XV sec. | soldato di cavalleria, con elmo fornito o meno di criniera **2** pezzo di artiglieria del XV sec. con palla da 40 libbre

dragóne ③ [ingl. *dragon* (*boat*) 'nave vichinga', dalla vc. vichinga *drakar* 'dragone', chiamata così prob. da un dragone che vi era effigiato ✱ 1934] **s. m.** ● imbarcazione a vela da regata, un tempo classe olimpica, a chiglia fissa e con equipaggio di tre persone

dragonéssa [f. di *dragone* ① ✱ av. 1729] **s. f. 1** (*raro*) femmina del drago **2** (*fig.*, *lett.*) donna dall'aspetto terribile e furioso

drag queen /drɛg'kwin, *ingl.* 'dræg̩kwiːn/ [loc. ingl., comp. di *drag*, che nel gergo teatrale designava la 'veste femminile indossata da un uomo' e *queen* nel senso gerg. di 'omosessuale' ✱ 1992] **loc. sost. f. inv.** (**pl. ingl.** *drag queens*) ● uomo, generalmente omosessuale o transessuale, che adotta vistosi e bizzarri travestimenti femminili, spec. per esibirsi in spettacoli di varietà

dràgster /'dragster, 'drɛg-, *ingl.* 'drægstə(r)/ [vc. ingl., comp. di *to drag* 'trascinare' e di *(road)-ster* 'automobile scoperta a due posti' ✱ 1974] **s. m. inv.** ● (*autom.*) speciale automobile dotata di motore elaborato per gare di accelerazione su brevi percorsi con partenza da fermo

draișìna /drai'zina, dre'-/ [ted. *Draisine*, dal n. dell'inventore, il nobile ted. C. F. *Drais* von Sauerbronn (1785-1851) ✱ 1913] **s. f.** ● strumento di locomozione a due ruote, mosso dalla spinta alterna dei piedi sul terreno, provvisto di una specie di manubrio, che rappresenta il prototipo della bicicletta **CFR.** celerifero

dràkar [svedese *drakar*, pl. di *drake*, propr. 'drago' per la figura del mostro usata come polena dagli antichi navigatori scandinavi ✱ 1889] **s. m. inv.** ● antica imbarcazione scandinava a vela quadra e a remi

Dràlon® [dal ted. *Dralon*, foggiato su *(ny)lon* ✱ 1958] **s. m. inv.** ● fibra tessile sintetica acrilica, usata per capi di biancheria e abiti

dràma e deriv. ➤ **dramma** ① e deriv.

♦**dràmma** ① o (*lett.*) **dràma** [vc. dotta, lat. tardo *drāma* (nom.), dal gr. *drâma* 'azione' (dal v. *drân* 'fare, agire') ✱ 1572] **s. m.** (**pl.** *-i*) **1** qualsiasi componimento letterario scritto per la rappresentazione scenica | ***d. storico***, a carattere tragico, introdotto dai romantici su base storica liberamente rielaborata | ***d. pastorale***, ambientato tra pastori tipizzati o mitici e ispirato alle bucoliche virgiliane | ***d. liturgico***, dramma sacro medievale su temi liturgici | ***d. giocoso***, l'opera comica del sec. XVIII | ***d. musicale***, l'opera del secondo Ottocento, spec. tedesca | ***d. per musica***, il melodramma dei secc. XVII e XVIII **2** opera teatrale caratterizzata da conflitti, passioni o forti contrasti fra i personaggi: *i drammi di Strindberg* **3** (*est.*) vicenda molto dolorosa, pubblica o privata: *d. di una famiglia*; *un d. sulla nave* | (*colloq.*, *iperb.*) problema, difficoltà: *svegliarlo presto è un vero d.* | ***fare un d. di qlco.***, esagerarne l'importanza **4** forza, tensione drammatica: *il d. dell'Inferno di Dante*; *un'opera interessante ma priva di d.* || **drammàccio**, **pegg.** | **drammétto**, **drammettìno**, **dim.** | **drammóne**, **accr.** (V.)

dràmma ② o **dràcma** ②, †**dràgma** [per *dracma*, con assimilazione ✱ 1319] **s. f. 1** la principale unità monetaria degli antichi Greci, di vario peso a seconda dei luoghi e dei tempi, con numerosi multipli e sottomultipli **2** (*lett.*, *fig.*) parte piccolissima di qlco. **3** misura di peso inglese, pari alla sedicesima parte dell'oncia

drammàtica [1570] **s. f. 1** (*raro*) uno dei generi letterari, che comprende le varie forme teatrali **2** l'arte che concerne il teatro di prosa

drammaticità [1902] **s. f. inv.** ● caratteristica di ciò che è drammatico: *la d. di una situazione* | potenza, forza drammatica: *la d. di un quadro*

♦**drammàtico** o †**dramàtico** [vc. dotta, lat. tardo *dramătico(m)*, dal gr. *dramatikós* 'relativo al dramma (*drâma*)' ✱ av. 1563] **agg.** (**pl. m.** *-ci*) **1** relativo al dramma, che è proprio del dramma: *arte, forma drammatica*; *stile, tono d.* | che scrive o interpreta drammi: *poeta d.*; *attore d.* | ***compagnia drammatica***, compagnia teatrale di prosa **2** (*fig.*) che ha l'intensità emotiva propria di un dramma: *scena, situazione drammatica*; *parlare con tono d.*; *fare gesti drammatici*; *via, non essere così d.* | ***narrazione drammatica***, presentata vivacemente, come in un dramma || **drammaticaménte**, **avv.** || **drammaticità**, **s. f. inv.** (V.)

SFUMATURE ➤ *tragico*

drammatiẓẓàre [fr. *dramatiser*, dal gr. *dramatízein* ✱ 1869] **A** **v. tr. 1** (*raro*) rendere atto alla rappresentazione, ridurre in forma di dramma: *d. un racconto, un romanzo storico, una vicenda reale* **2** (*fig.*) esagerare la gravità di un fatto (*anche assol.*): *d. la situazione; cercare di non d.* **B** **drammatizzàrsi** v. intr. pron. ● assumere una forma drammatica: *se la sua ironia ... fosse riuscita in qualche punto a drammatizzarsi* (L. PIRANDELLO) ‖ **drammatizzazióne**, s. f. (V.)

drammatizzazióne [fr. *dramatisation*, da *dramatiser* 'drammatizzare' ✱ 1932] s. f. **1** il drammatizzare | (*fig.*) esagerata accentuazione della gravità di qlco. **2** (*pedagogia*) esercitazione scolastica consistente nella libera rappresentazione scenica di un racconto e sim.

drammaturgìa [vc. dotta, gr. tardo *dramatourgía*, da *dramatourgós* 'drammaturgo' ✱ 1666] s. f. (pl. *-gìe*) ● arte drammatica | letteratura drammatica | trattato sull'arte drammatica

drammatùrgico [1869] agg. (pl. m. *-ci*) ● che riguarda la drammaturgia

drammatùrgo [vc. dotta, gr. tardo *dramatourgós*, comp. di *drâma*, genit. *drámatos* 'dramma①', e *érgon* 'lavoro' ✱ 1820] s. m. (f. *-a*, pl. m. *-ghi*, lett. *-gi*) ● scrittore di testi drammatici

drammóne s. m. **1** accr. di *dramma*① **2** opera teatrale o cinematografica con forti effetti drammatici | situazione, vicenda molto drammatica e patetica

drap /fr. dʀa/ [vc. fr., propr. 'drappo' (V.) ✱ 1905] s. m. inv. ● stoffa di lana morbida, lucida, setosa, adatta per abiti da sera

†**drappaménto** [av. 1642] s. m. ● vestito

†**drappàre** [da *drappo* ✱ sec. XV] v. tr. ● vestire, spec. sontuosamente | (*est.*) dipingere una figura vestita di drappi

†**drapparìa** ➤ **drapperia**

drappeggiaménto [av. 1796] s. m. ● (*raro*) il drappeggiare | drappeggio | (*fig.*) †ostentazione

drappeggiàre [iter. di †*drappare* ✱ sec. XV] **A** v. tr. (pres. *io drappéggio*; fut. *io drappeggerò*) **1** disporre in drappeggi: *d. un mantello sulle spalle di qlcu.* | avvolgere o ricoprire con drappeggi: *d. la propria persona in un ampio scialle* **2** (*fig., lett.*) nascondere sotto apparenze pompose ciò che in realtà è misero, dimesso e sim. **B** **drappeggiàrsi** v. rifl. **1** avvolgersi con drappeggi: *drappeggiarsi in abiti lussuosi* **2** (*fig., lett.*) assumere un atteggiamento imponente, fiero, statuario

✱**drappéggio** [da *drappeggiare* ✱ 1885] s. m. **1** tessuto ripreso e fissato in modo da formare un movimento armonioso di ampie pieghe ricadenti **2** insieme di pieghe morbide, disposte a ornare un abito e sim.: *motivo di d.* **3** (*fig., lett.*) finzione

drappèlla [da *drappello*① ✱ 1830] s. f. ● piccolo drappo rettangolare, di seta, con sopra ricamato lo stemma del reggimento, che si appende per ornamento alla tromba

drappellàre① [da *drappo* ✱ 1612] v. tr. ● (*disus.*) agitare, sventolare drappi, insegne, bandiere e sim.

†**drappellàre**② [da *drappello*② ✱ av. 1370] v. intr. ● andare in drappello

drappèllo① [av. 1388] s. m. **1** dim. di *drappo* **2** (*raro, lett.*) bandiera, insegna ‖ **drappellóne**, accr. (V.)

drappèllo② [dim. di *drappo*, nel sign. di 'insegna' e poi di 'gruppo di soldati che militano sotto la medesima insegna' ✱ sec. XIII] s. m. **1** gruppo di armati raccolti sotto la stessa insegna **2** (*est.*) gruppo di persone raccolte insieme: *un d. di cacciatori* | (*raro*) *fare d.*, riunirsi in gruppo ‖ **drappellétto**, dim.

drappellóne [av. 1363] s. m. **1** accr. di *drappello*① **2** †grande drappo appeso attorno al cielo dei baldacchini | †addobbo di chiese e sim. | (*tosc.*) balza o frangia dell'abito

drapperìa o †**drapparìa** [av. 1328] s. f. **1** quantità di drappi **2** fabbrica o magazzino di drappi e di tessuti in genere **3** nell'industria tessile, l'insieme di tutte le stoffe di lana o miste destinate all'abbigliamento maschile

drappicèllo [av. 1400] s. m. **1** dim. di *drappo* **2** †fazzoletto da naso

†**drappière** o †**drappièro**, †**drappièri** [fr. *drapier*, da *drap* 'drappo' ✱ 1261 ca.] s. m. ● fabbricante o mercante di drappi

✱**dràppo** [lat. tardo *drăppu(m)*, di prob. orig. celtica ✱ 1261 ca.] s. m. **1** tessuto di lana o di seta, per lo più operato | (*est., lett.*) tessuto in genere **2** (*lett.*) abito fastoso: *avvolgersi in drappi* | †abito, in genere | †fazzoletto **3** †palio colorato di seta che si dava in premio ai vincitori nelle gare spec. di corsa **4** †tovaglia dell'altare ‖ **drappèllo**, dim. (V.) | **drappétto**, dim. | **drappicèllo**, dim. (V.)

✱**dràstico** [fr. *drastique*, dal gr. *drastikós* 'efficace', da *drastós* 'fatto', agg. verb. di *drân* 'agire, compiere' ✱ 1765] agg. (pl. m. *-ci*) ● energico e deciso, oltre che efficace: *provvedimento d.* | ***purgante d.***, ad azione violenta CONTR. blando ‖ **drasticaménte**, avv. ‖ **drasticità**, s. f. inv.: *la drasticità di un rimedio, di un giudizio*

dràvida [ant. indiano *Dravidāh*, di etim. incerta ✱ 1892] **A** agg. (pl. m. *-a* o *-i*) ● detto di una popolazione che già abitava la penisola indiana prima dell'invasione indoiranica **B** s. m. e f. ● chi appartiene a tale popolazione

dravìdico [da *dravida* ✱ 1892] agg. (pl. m. *-ci*) ● relativo ai Dravidi | ***lingue dravidiche***, famiglia di lingue pre-indoarie parlate nel sud dell'India, nello Sri Lanka e in Pakistan

drawback /ingl. 'drɔː,bæk/ [vc. ingl., comp. di *to draw* 'tirare' e *back* 'indietro' ✱ 1892] s. m. inv. ● restituzione, all'atto dell'esportazione di un prodotto, del dazio d'importazione o degli altri tributi interni di cui furono gravati i materiali impiegati nella fabbricazione dello stesso

dreadlocks /drɛd'lɔks, ingl. 'drɛd,lɒks/ [vc. ingl., comp. di *dread* 'spaventoso' e *locks* 'riccioli' ✱ 1988] s. m. pl. ● lunghe ciocche di capelli attorcigliati e infeltriti, tipica acconciatura rasta

dreadnought /ingl. 'drɛd,nɔːt/ [vc. ingl., comp. di *to dread* 'aver paura' e *nought* 'niente' ✱ 1910] s. f. inv. ● (*mar.*) tipo di corazzata veloce, armata con cannoni di grosso calibro, dell'inizio del sec. XX

drenàggio [fr. *drainage*, da *drainer* 'drenare' ✱ 1855] s. m. **1** il drenare | sistema di tubi, canali o pozzi per lo scolo delle acque | bonifica di terreni palustri per mezzo di canali **2** (*chir.*) operazione destinata a favorire lo scolo di liquidi da cavità patologiche o naturali mantenendo aperto un orifizio mediante garze, tubi e sim.: *d. di una ferita* | strumento con cui si effettua tale operazione **3** (*fig.*) il drenare: *d. dei capitali* | (*econ.*) ***d. fiscale***, slittamento verso aliquote superiori che si verifica, in un sistema di imposizione fiscale progressiva, alla crescita del reddito nominale e a parità di reddito reale SIN. fiscal drag

drenàre [fr. *drainer*, dal v. ingl. *to drain*, propr. 'prosciugare, rendere secco (*dry*)' ✱ 1950] v. tr. (*io drèno*) **1** prosciugare un terreno facendone defluire le acque di ristagno | riferito a una superficie, lasciar filtrare l'acqua **2** (*chir.*) favorire lo scolo di liquidi da cavità patologiche o naturali mantenendo aperto un orifizio mediante garze, tubi e sim.: *d. una ferita* **3** (*fig.*) fare affluire, attirando a sé, per conservare o ridistribuire: *d. la manodopera straniera con una politica d'immigrazione*

†**drénto** ➤ **dentro**

drepanocìta o **drepanocito** [comp. del gr. *drépanon* 'falce' e *-cita* ✱ 1956] s. m. (pl. *-i*) ● (*med.*) eritrocita patologico a falce, contenente un tipo di emoglobina anomala

drepanocitemìa [comp. di *drepanocit(a)* ed *-emia* ✱ 1956] s. f. ● (*med.*) drepanocitosi

drepanocìtico [1956] **A** agg. (pl. m. *-ci*) ● (*med.*) relativo a drepanocitosi **B** s. m. (f. *-a*); anche agg. ● (*med.*) chi (o che) è affetto da drepanocitosi

drepanocìto ➤ **drepanocita**

drepanocitòsi [comp. di *drepanocit(a)* e del suff. *-osi* ✱ 1975] s. f. inv. ● (*med.*) forma di anemia ereditaria caratterizzata dalla presenza di drepanociti nel sangue SIN. falcemia, drepanocitemia

dressage /fr. dʀe'saʒ/ [vc. fr., da *dresser*, che, oltre al sign. proprio di 'drizzare', ha anche quello di 'indirizzare bene, istruire, educare' ✱ 1913] s. m. inv. **1** addestramento di animali, spec. cani e cavalli **2** (*sport*) gara di equitazione consistente nell'esecuzione di esercizi di abilità

dressàggio s. m. ● adattamento di *dressage* (V.)

dressàre [fr. *dresser*, propr. '(in)dirizzare' (dal lat. parl. **directiāre*), che ha assunto anche il sign. più specifico di 'istruire, educare' ✱ 1983] v. tr. (*io drèsso*) ● addestrare animali, spec. cani e cavalli da corsa

dress còde /drɛs'kɔd, ingl. 'drɛs,kəʊd/ [loc. ingl. 'codice (*code*) per l'abbigliamento (*dress*)' ✱ 2001] loc. sost. m. inv. (pl. ingl. *dress codes*) ● serie di regole relative all'abbigliamento più opportuno in particolari occasioni o in determinati luoghi: *il dress code per una cena elegante* CFR. outfit

†**drèto** ➤ **dietro**

drìade [vc. dotta, lat. *drўade(m)*, dal gr. *dryás*, genit. *dryádos* 'ninfa dell'albero', da *drŷs* 'albero', di orig. indeur. ✱ av. 1333] s. f. **1** nella mitologia greco-romana, ninfa abitatrice degli alberi e dei boschi **2** pianta erbacea delle Rosacee con foglie biancastre, inferiormente pelose e fiori bianchi, solitari (*Dryas octopetala*)

dribblàre [ingl. *to dribble*, propr. 'gocciolare', frequentativo di *drib*, var. arcaica di *drip* 'gocciolatura' ✱ 1911] v. tr. **1** (*sport*) nel calcio e sim., effettuare il dribbling (*anche assol.*) | ***d. l'avversario***, scartarlo con un dribbling **2** (*fig.*) evitare, eludere una difficoltà, un ostacolo e sim.

dribblatóre [da *dribblare* ✱ 1914] s. m. (f. *-trice*) ● calciatore abile nel dribbling

dribbling /'driblin(g) ingl. 'drɪblɪŋ/ [vc. ingl., da *to dribble* 'dribblare' ✱ 1910] s. m. inv. ● nel calcio e sim., l'azione di scartare abilmente l'avversario con finte e piccoli tocchi, conservando il possesso del pallone

†**drièto** ➤ **dietro**

drillo [da una lingua dell'Africa occid. ✱ 1874] s. m. ● scimmia dei Cinocefali, con coda corta, barba di colore bianco-fulvo e pelame scuro (*Mandrillus leucocephaeus*)

drin [vc. onomat. ✱ 1876] **A** inter. ● riproduce il suono di un campanello (*spec. iter.*) **B** anche in funzione di s. m. inv.: *il d. della bicicletta; fu svegliato dal drin drin della sveglia*

†**dringolàre** [vc. imitativa ✱ av. 1311] v. intr. ● (*raro*) tentennare, oscillare

drink /ingl. drɪŋk/ [vc. ingl., propr. 'bevanda', dal v. di orig. germ. *to drink* 'bere' ✱ 1954] s. m. inv. **1** nel linguaggio dei barman, miscela liquida, calda o fredda, alla cui base è una bevanda alcolica | correntemente, bevanda alcolica: *offrire un d.; vieni a prendere un d. da me?* **2** (*est.*) piccola festicciola o riunione in cui si offrono bevande alcoliche: *invitare qlcu. per un d.*

dripping /ˈdripin(g), *ingl.* ˈdrɪpɪŋ/ [vc. ingl., da *to drip* 'sgocciolare' ✱ 1950] **s. m. inv.** ● tecnica pittorica consistente nel far sgocciolare i colori sulla tela, in modo da dar vita a forme apparentemente casuali

dritta o (*raro*) **diritta** [av. 1786] **s. f. 1** V. *diritta* nei sign. 1 e 2 **2** (*raro* o *lett.*) parte destra, lato destro: *volgere a d.*; *tenersi a d.* | ***a d. e a manca***, a destra e a sinistra e (*est.*) in ogni direzione **3** (*mar.*) destra, rispetto a chi guarda verso la prua della nave **4** (*gerg.*) informazione riservata e fondamentale per la buona riuscita di un affare: *dare la d. a qlcu.*; *avere una d. precisa, giusta*

drittàta [da *dritto*① nel sign. di 'furbo' ✱ 1966] **s. f.** ● (*colloq.*) azione che rivela scaltrezza; trovata astuta: *fare una d.*; *è stata una gran d.*

drittézza ➤ **dirittezza**

♦**drìtto**① [1261 ca.] **A agg. 1** V. *diritto*① **2** †preciso, nella loc. con valore intens.: ***nel d. mezzo*** **3** (*colloq.*) astuto, scaltro: *parla poco, ma è d.* || **drittaménte**, avv. **B s. m. 1** V. *diritto*① **2** (f. *-a*) (*colloq.*) chi, agendo con astuzia e a volte anche con prepotenza e poco riguardo per gli altri, riesce a raggiungere lo scopo prefissosi **3** (*mar.*) ***d. di poppa, d. di prua***, elemento costruttivo della nave quasi perpendicolare all'estremità posteriore e anteriore della chiglia **4** lato principale, sotto l'aspetto tipologico o tecnico, di una moneta o di una medaglia **5** nei concorsi ippici, ostacolo costituito da barriere o tavole sovrapposte SIN. verticale **C avv. 1** V. *diritto*① **2** nelle loc. ***d. di poppa, d. di prua***, che indicano la direzione di oggetti lontani, lungo il prolungamento ideale dell'asse della nave verso poppa o verso prua || **drittàccio**, pegg. | **drittóne**, accr. (V.)

†**drìtto**② **part. pass.** di *drizzare* ● nei sign. del v.: *Vedi là Farinata che s'è d.* (DANTE *Inf.* X, 32)

†**drìtto**③ ➤ **diritto**②

drittofìlo [comp. di *d(i)ritto* e *filo* ✱ 1940] **s. m. inv. 1** il filo delle trame di un tessuto | ***tagliare in d.***, seguendo il filo della trama **2** segno che si fa con la punta di un ago lungo il filo di una stoffa prima di fare un orlo o una cucitura

drittóne o (*lett.*) **dirittóne** [accr. di *dritto*① nel sign. B2 ✱ 1842] **s. m.** (f. *-a*) ● (*fam.*) persona molto scaltra, furbacchione: *quel frate … con quel suo fare di gatta morta, … io l'ho per un dirittone* (A. MANZONI)

†**drittorovèscio** o †**dirittorovèscio** [comp. di *d(i)ritto* e *rovescio* ✱ av. 1646] **avv.** ● sottosopra

drittùra ➤ **dirittura**①

†**dritturière** ➤ †**diritturiere**

drive /*ingl.* draɪv/ [vc. ingl., propr. 'condurre, guidare' e spec. 'colpire, scagliare (una palla)', di area germ. ✱ 1930] **s. m. inv. 1** (*sport*) nel tennis, diritto | nel golf, il colpo lungo d'inizio di ciascuna buca **2** (*inform.*) dispositivo per la registrazione o la lettura di dati in un disco o nastro magnetico

drive-in /drai'vin, *ingl.* ˈdraɪv,ɪn/ [vc. ingl. d'America, propr. 'condurre, guidare (*drive*) dentro (*in*)' (sottinteso la propria automobile) ✱ 1954] **s. m. inv.** ● luogo pubblico all'aperto, quale cinema, ristorante, banca e sim., in cui i clienti usufruiscono delle prestazioni o dei servizi rimanendo dentro il loro automezzo opportunamente parcheggiato CFR. drive-through

driver /ˈdraiver, *ingl.* ˈdraɪvə(r)/ [vc. ingl., dal v. *to drive* 'condurre, guidare', di orig. germ. ✱ 1913] **s. m. inv. 1** (*sport*) guidatore del cavallo nelle corse al trotto **2** (*inform.*) l'insieme dei programmi utilizzati direttamente dal sistema operativo per la gestione di un dispositivo (per es. tastiera, stampante, dischi rigidi ecc.): *d. di periferica*

drive-through /*ingl.* ˈdraɪv,θruː/ [vc. ingl. d'America, propr. 'guidare (*to drive*) attraverso (*through*)' ✱ 1995] **s. m. inv. 1** negozio, per lo più ristorante, banca, farmacia e sim., in cui si può accedere al servizio rimanendo dentro il proprio automezzo CFR. drive in **2** (*autom.*) nelle gare automobilistiche, sanzione inflitta dalla giuria a un pilota, consistente nell'obbligo di percorrere l'intera corsia dei box a velocità limitata CFR. stop and go

drìzza [da *drizzare* ✱ 1797] **s. f.** ● (*mar.*) manovra corrente per issare e ammainare vele e pennoni | ***angolo di d.***, penna

†**drizzaménto** ➤ **dirizzamento**

drizzàre o **dirizzàre** [lat. parl. **directiāre*, da *dirēctus* 'diretto, dritto' ✱ 1261 ca.] **A v. tr.** (part. pass. *drizzàto*, †*dritto*) **1** (*raro*) far tornare dritto qlco. che è storto: *d. un chiodo, un ferro* | ***d. le gambe ai cani***, (*fig.*) fare una cosa impossibile **2** (*lett.*) dirigere | rivolgere verso una meta (*anche fig.*): *d. gli occhi, lo sguardo per guardare*; *d. l'animo, la mente, al bene* | ***d. le orecchie***, ascoltare attentamente, fare attenzione | (*raro, lett.*) assestare: *mena di punta, e drizza il colpo crudo* (L. ARIOSTO) **3** rizzare, innalzare: *d. un'antenna, una scala, l'albero di una nave* | (*lett.*) erigere, edificare: *contro gli drizza … / piramidi, obelischi e mausolei* (G.B. MARINO) **4** (*raro, lett.*) indirizzare, spedire **5** (*raro, lett.*) riparare, correggere: *desiderava correttori … che sapessero … drizzargli qualche torto nella dizione* (G. CARDUCCI) | †rimettere in ordine, in buon assetto **6** †disporre, predisporre **B drizzàrsi v. rifl.** ● mettersi in posizione eretta: *drizzarsi in piedi, sulla sella, sulle staffe* SIN. alzarsi **C drizzàrsi v. intr. pron.** ● (*raro, lett.*) volgersi, dirigersi: *verso Parigi si son dirizzati* (L. PULCI) | (*raro, lett.*) rivolgersi: *drizzarsi a qlcu. per averne aiuto, consiglio* e sim.

†**drizzàta** [av. 1566] **s. f.** ● atto del drizzare

†**drizzatìvo** o †**dirizzativo** [sec. XIV] **agg.** ● (*raro*) che serve a dirigere

†**drizzatóio** ➤ †**dirizzatoio**

drizzatóre o †**dirizzatóre** [sec. XIV] **s. m.** (f. *-trice*); anche **agg. 1** (*raro*) chi (o che) drizza **2** operaio addetto al raddrizzamento delle lamiere

drizzatùra o (*raro*) **dirizzatùra** [av. 1543] **s. f.** ● (*raro*) operazione del drizzare | †spartizione, scriminatura

drizzista [da *drizza* ✱ 1992] **s. m. e f.** (pl. m. *-i*) ● (*mar.*) membro dell'equipaggio di una barca a vela addetto alle drizze

drizzóne ➤ **dirizzone**

♦**dròga** [fr. *drogue*, di etim. discussa: neerl. *droog* 'secco' (?), con passaggio semantico oscuro ✱ 1502] **s. f. 1** (spec. al pl.) sostanza aromatica vegetale, per es. pepe, noce moscata e sim., usata per aromatizzare le vivande **2** ogni sostanza di origine vegetale, o sintetizzata chimicamente, capace di provocare modificazioni più o meno temporanee e dannose dell'equilibrio psicofisico di chi la assume: *la cocaina è una d.*; *fare uso di d.*; *essere dedito alla d.* | (spec. al sing.) insieme di tali sostanze: *traffico, spaccio di d.* | (*est.*) fenomeno sociale legato alla compravendita non legale di tali sostanze: *il mondo della d.*; *combattere la piaga della d.* | ***droghe leggere***, quelle come la canapa indiana con effetti euforizzanti o allucinogeni e dubbie caratteristiche di dipendenza fisica o psicofisica | ***droghe pesanti***, quelle che, come l'eroina, la morfina e la cocaina, producono notevoli alterazioni dell'equilibrio psicofisico e dipendenza fisica o psichica CFR. narco-② **3** (*fig.*) abitudine radicata a cui è difficile rinunciare: *per Carla i film sono una d.* | (*fig.*) chi (o ciò che) esercita un'attrattiva irresistibile, con conseguenze spesso dannose: *quella donna è la tua d.*; *la d. dei videogiochi*

drogàggio [1963] **s. m. 1** uso o somministrazione illegale di droghe ad atleti o ad animali per accrescerne le energie psicofisiche e quindi il rendimento agonistico in competizione SIN. doping **2** (*est.*) in varie tecnologie, aggiunta controllata di impurezze a una sostanza, al fine di variarne le caratteristiche

drogànte A part. pres. di *drogare*; anche **agg.** ● nei sign. del v. **B s. m.** ● farmaco o sostanza eccitante

♦**drogàre** [fr. *droguer*, da *drogue* 'droga' ✱ 1869] **A v. tr.** (io *drògo*, tu *dròghi*) **1** (*raro*) condire con droghe: *d. una pietanza, un intingolo* SIN. aromatizzare **2** somministrare droghe a qlcu.: *d. un atleta*; *l'hanno drogato per farlo parlare* | (*fig., econ.*) modificare per eccesso, attribuendo ai dati un valore maggiore del dovuto, spec. in relazioni di preventivo, consuntivo e sim.: *d. una statistica* **3** in varie tecnologie, sottoporre a drogaggio: *d. i semiconduttori* **B drogàrsi v. rifl.** ● prendere la droga, fare uso di droga

♦**drogàto A part. pass.** di *drogare*; anche **agg. 1** nei sign. del v. **2** detto di atleta, o di animale, sottoposti a drogaggio: *pugile, cavallo d.* **3** (*lett.*) eccitante: *mi affidavano le parti meno drogate del repertorio lirico* (E. MONTALE) **B s. m.** (f. *-a*) ● chi fa abitualmente uso di droga: *i drogati sono una piaga sociale*; *d. in crisi di astinenza*; *la disintossicazione dei drogati*

drogatóre [1956] **s. m.** (f. *-trice*) ● nella lavorazione delle carni, chi è addetto a condire con droghe, o spezie, le carni stesse

drogatùra [1956] **s. f. 1** il condire con spezie **2** (*raro*) il drogare, il drogarsi

♦**droghería** [av. 1557] **s. f.** ● negozio in cui si vendono spezie, generi alimentari e prodotti per la casa

♦**droghière** [1682] **s. m.** (f. *-a*) ● esercente di una drogheria

droghìsta [1684] **s. m. e f.** (pl. *-i*) ● (*raro*) venditore all'ingrosso di spezie, droghe e sim.

dròide [dall'ingl. *droid*, da *(an)droid* 'androide' ✱ 1977] **s. m.** ● nella letteratura fantascientifica, automa programmato per svolgere solo determinate funzioni, ma a un livello più evoluto di quello di un robot CFR. androide

dròma [fr. *drome*, dal neerl. *drom* 'massa, quantità (di pezzi)' ✱ 1956] **s. f.** ● (*mar., raro*) legname, attrezzatura di rispetto per l'alberatura, che un veliero porta con sé

dromedàrio [vc. dotta, lat. tardo *dromedāriu(m)*, in orig. agg. (sottinteso *camēlum* 'cammello'), da *drŏmas*, genit. *drŏmadis* 'corridore, rapido alla corsa' (dal gr. *dromás*, genit. *dromádos*, deriv. di *drómos* 'corsa', di orig. indeur.) ✱ av. 1292] **s. m.** (f. *-ia*) ● ruminante simile al cammello, ma con una sola gobba, con labbro superiore diviso in due e mantello di color fulvo (*Camelus dromedarius*)

dròmia [vc. dotta, gr. *dromías* 'corridore', da *drómos* 'dromo' ✱ 1830] **s. f.** ● genere di granchi dai movimenti molto lenti, che vivono sul fondo marino (*Dromia*)

dròmo [gr. *drómos* 'corsa', dal v. *dramêin* 'correre', di orig. indeur. ✱ 1830] **s. m.** ● (*mar.*) palo che serve da ormeggio o segnala e delimita passaggi pericolosi

-dromo, (*evit.*) **-dròmo** [gr. *-dromos*, da *dramêin* 'correre' di orig. indeur.] **secondo elemento** ● in parole composte, indica il luogo dove si effettuano determinate gare di corsa e sim.: *autodromo, cinodromo, ippodromo*

dromògrafo [vc. dotta, comp. del gr. *drómos* 'corsa' e di *-grafo* ✱ 1966] **s. m. 1** (*raro*) strumento per misurare la velocità di una nave **2** (*med.*) strumento per registrare la conduzione o il flusso del sangue

dromomanìa [comp. del gr. *drómos* 'corsa' e *-mania* ✱ 1960] **s. f.** ● (*med.*) tendenza nevrotica a passeggiare frettolosamente senza sosta

dromóne [vc. dotta, lat. tardo *dromōne(m)*, dal gr. *drómōn*, genit. *drómōnos*, legato al v. *dramêin* 'correre', per la sua velocità ✱ 1483] **s. m.** ● nave da guerra medievale a tre alberi, tipica dell'Impero bizantino

dròmos /*gr.* 'drɔmos/ [vc. gr. (*drómos*), propr. 'corsa' e anche 'passaggio, corridoio', dal v. *dramêin* 'correre' ✱ 1956] **s. m. inv.** ● (*archeol.*) corridoio sotterraneo che conduceva alla camera sepolcrale delle tombe a tholos

dróne [dall'ingl. *drone*, propr. 'fuco②' ✱ 1987] **s. m.** ● velivolo telecomandato di piccole dimensioni impiegato come bersaglio mobile in esercitazioni militari o come ricognitore in operazioni militari o di polizia

dròngo [vc. malgascia giunta attraverso il fr. ✱ 1874] **s. m.** (**pl.** *-ghi*) ● nome comune di numerosi uccelli tropicali dei Passeriformi, prevalentemente delle specie del genere *Dicrurus*, con piumaggio generalmente nero dai riflessi metallici, e con dimensioni medio-piccole; molte specie difendono il proprio nido in modo aggressivo | ***d. del Paradiso***, con penne caudali laterali dotate di apici molto lunghi (*Dicrurus paradiseus*) | ***d. nero***, con coda di lunghezza pari a quella totale del capo e del tronco (*Dicrurus macrocercus*)

drónte [etim. incerta, prob. dal n. indigeno ✱ 1797] **s. m.** ● grosso uccello dei Colombiformi oggi estinto (*Raphus cucullatus*) **SIN.** dodo

drop /drɔp, *ingl.* drɒp/ [vc. ingl., propr. 'goccia', e poi anche 'piccola quantità, breve distanza', di orig. indeur.; nel sign. 4, da *to drop* 'far cadere a gocce' ✱ 1905] **s. m. inv. 1** caramella dissetante a base di gomma e frutta, solitamente non incartata **2** variazione delle misure di vita e torace apportate alle taglie degli abiti confezionati, per meglio adattarle alle singole strutture fisiche **3** linea luminosa che appare sullo schermo televisivo a causa di un difetto del nastro magnetico **4** (*sport*) nel rugby, calcio di rimbalzo dato al pallone | ***d. shot***, nel tennis, colpo smorzato per far cadere la palla subito al di là della rete (comp. con *shot* (V.))

Dropbox® /'drɔpboks, *ingl.* 'drɒp,bɒks/ [vc. ingl., propr. 'scatola (*box*) per le consegne (*drop*)' ✱ 2008] **s. m. inv.** ● (*inform.*) programma che consente di archiviare online propri file (documenti, foto, video) e di condividerli in rete con altri utenti

droplòck /drop'lɔk, *ingl.* 'drɒp,lɒk/ [vc. ingl., comp. di *drop* 'caduta' e *lock* 'blocco'] **agg. inv.** ● (*econ.*) detto di prestito a tasso di interesse variabile che è tramutato in prestito a tasso fisso se i tassi di interesse scendono al di sotto di un livello prestabilito

dropout /drop'aut, *ingl.* 'drɒp,aʊt/ [vc. ingl. propr. 'che cade (*drop*) fuori (*out*)' ✱ 1976] **s. m. e f. inv.** ● chi abbandona la scuola prima di ottenere il diploma | (*est.*, *raro*) chi vive in uno stato di emarginazione

dròsera [vc. dotta, dal gr. *droserós* 'rugiadoso', da *drósos* 'rugiada', di etim. incerta ✱ 1820] **s. f.** ● pianta erbacea carnivora delle Droseracee, tipica dei luoghi paludosi, con foglie picciolate e lamina coperta di peli vischiosi (*Drosera rotundifolia*)

Droseràcee [vc. dotta, comp. di *drosera* e *-acee* ✱ 1820] **s. f. pl.** (**sing.** *-a*) ● (*bot.*) famiglia di piante erbacee, carnivore, delle Dicotiledoni con foglie a rosetta fornite di tentacoli o peli ghiandolari con cui catturano piccoli insetti (*Droseraceae*)

drosòfila [comp. del gr. *drósos* 'rugiada' e del f. di *-filo* ✱ 1865] **s. f.** ● piccolo insetto dei Ditteri di color ruggine, con ali trasparenti e occhi rossi, largamente impiegato negli studi sul meccanismo dell'eredità genetica (*Drosophila melanogaster*)

drosòmetro [vc. dotta, comp. del gr. *drósos* 'rugiada' e di *-metro* ✱ 1828] **s. m.** ● apparecchio per la misurazione della rugiada notturna

†**drudería** [sec. XIII] **s. f. 1** comportamento, atteggiamento e sim. amichevole o amoroso **2** tresca

drùdo [provenz. ant. *drut* 'amico, amante', forse dal francone **drūd* 'fedele'; vc. diffusa attrav. la lirica provenzale ✱ av. 1171] **A s. m.** (**f.** *-a*) **1** †amico fedele, persona cara **2** (*lett.*) amante, innamorato (*spec. spreg.*): *tu non guardi questa damigella? / Tu non saresti d'accettar per d.* (L. PULCI) **B agg. 1** (*lett.*) †leale, fedele | †innamorato **2** (*lett.*) dissoluto, lussurioso **3** †forte, florido | (*raro*, *lett.*) †rigoglioso, folto, detto di piante

drugstore /'dragstor, *ingl.* 'drʌg,stɔ:(r)/ [vc. ingl., propr. 'farmacia, emporio', comp. di *drug* 'farmaco' e *store* (V.) ✱ 1936] **s. m. inv.** ● grande negozio al dettaglio a orario continuato dove si vendono prodotti di vario tipo, come riviste, cosmetici e generi alimentari e di ristoro

drùida o **drùido** [vc. dotta, lat. *drŭida(s)* e *drŭide(s)*, nom. pl. *drŭidae* e *drŭides*, di orig. celtica, propr. 'che conosce (*wid-*) la quercia (*dru-*)', con allusione alle misteriose pratiche fatte col vischio quercino ✱ sec. XIII] **s. m.** (**pl.** *-i*) ● sacerdote degli antichi Celti

druìdico [av. 1764] **agg.** (**pl. m.** *-ci*) ● dei druidi: *riti druidici*

druidìsmo [av. 1803] **s. m.** ● la dottrina segreta che era insegnata dai Druidi e faceva parte della religione dei Celti

drùido ➤ **druida**

drum and bass /dramen'bɛs, *ingl.* ˌdrʌmən'beɪs/ o **drum'n'bass** [loc. ingl., propr. 'tamburo (*drum*) e basso' ✱ 1996] **loc. sost. m. inv.** (**pl. ingl.** *drum and basses*) ● genere musicale da ballo nato agli inizi degli anni Novanta del XX sec. in Inghilterra, caratterizzato dal ruolo preponderante della batteria e del basso, con l'alternanza di sonorità riprese da altri generi e affondi improvvisi sui toni bassi

drùpa [vc. dotta, lat. *drūpa(m)*, dal gr. *drýpepa*, acc. di *drýpeps*, forma parallela di *drypepḗs* 'che matura (dal v. *péptein*) sull'albero (*drŷs*)' ✱ av. 1498] **s. f.** ● (*bot.*) frutto con la parte esterna membranosa, la parte media carnosa, e la parte interna, che contiene il seme, dura e legnosa, come olive, pesche e sim.

drupàceo [1820] **agg.** ● (*bot.*) detto di frutto o seme che presenta i caratteri della drupa

drùsa [ted. *Druse* 'sedimento', di orig. germ. ✱ 1817] **s. f.** ● (*miner.*) aggregato di cristalli che crescono su una superficie più o meno pianeggiante

†**drusciolàre** e deriv. ➤ **sdrucciolare** e deriv.

drùso [arabo *durūz*, pl. di *duruzī*, dal n. di uno dei fondatori della comunità, l'egiziano *ad-Darazī* ✱ 1308] **s. m.** (**f.** *-a*) ● membro di una comunità etnico-religiosa di lingua araba sorta in Egitto nel sec. XI, in seguito trasferitasi in Libano, Siria e altri Paesi vicini che professa una religione esoterica affine alla musulmana; attualmente la comunità dei drusi controlla una regione montuosa del Libano e dispone di una forte milizia

†**druzzolàre** [da *ruzzolare* rafforzato col pref. *d(i)-* ✱ 1555] **v. intr.** ● ruzzolare, rotolare

dry /*ingl.* draɪ/ [vc. ingl., 'secco', di area germ. ✱ 1892] **agg. inv.** ● secco, detto di bevande alcoliche: *vermut, gin dry*

†**dùa** ➤ **due**

†**duàgio** o †**doàgio** [dal n. fr. della città di provenienza, *Douais*, nelle Fiandre ✱ 1309 ca.] **s. m.** ● tipo di panno molto fine e pregiato

dual band /dual'bɛnd, *ingl.* 'dju:əl,bænd/ [loc. ingl., propr. 'banda (*band*) doppia (*dual*)' ✱ 1997] **loc. agg. inv.** ● detto di telefono cellulare in grado di operare su due bande di frequenza **CFR.** bibanda

duàlberi o **due àlberi** [comp. di *due* e il pl. di *albero* ✱ 1889] **s. m. inv.** ● nave a due alberi verticali, come la goletta

duàle [vc. dotta, lat. *duāle(m)*, da *dŭo* 'due' ✱ av. 1535] **A agg. 1** (*mat.*) associato a un ente per effetto di un principio di dualità **2** (*gramm.*) detto del numero di forme grammaticali che indicano due persone o cose e l'azione fatta o subita da due persone o cose ‖ **dualménte**, **avv.** ‖ **dualità**, **s. f. inv.** (V.) **B s. m.** ● (*gramm.*) numero duale: *il d. dei verbi greci*

dual feed /dual'fid, *ingl.* 'dju:əl,fi:d/ [loc. ingl., prop. 'doppia (*dual*) alimentazione (*feed*)' ✱ 1997] **loc. sost. m. inv.** ● (*tv*) sistema per la ricezione della televisione via satellite costituito da due illuminatori sulla stessa parabola, che consente di ricevere segnali da due satelliti diversi

dual income tàx /'dual inkom'taks, *ingl.* 'dju:əl ˌɪŋkʌm'tæks/ [loc. ingl., propr. doppia (*dual*) 'tassa (*tax*) sul reddito (*income*)' ✱ 1996] **loc. sost. f. inv.** (**pl. ingl.** *dual income taxes*) ● regime fiscale nel quale vengono applicate due aliquote d'imposta diverse su quote parti del reddito di un'impresa in funzione della destinazione o meno dei redditi stessi al reinvestimento nell'attività produttiva; in sigla DIT

dualìsmo [1797] **s. m. 1** concezione filosofica che spiega l'universo facendo riferimento al concorso di due principi opposti irriducibili | (*est.*) in un ragionamento, opposizione tra due principi assolutamente irriducibili **2** (*fig.*) contrasto, antagonismo

dualìsta [1767] **s. m. e f.** (**pl. m.** *-i*) ● seguace e sostenitore di una qualsiasi concezione dualistica

dualìstico [1843] **agg.** (**pl. m.** *-ci*) ● relativo al dualismo ‖ **dualisticaménte**, **avv.**

dualità [vc. dotta, lat. tardo *duālitāte(m)*, da *duālis* 'duale' ✱ sec. XIV] **s. f. inv. 1** la condizione di ciò che è composto di due parti, elementi o principi, spec. se in contrasto fra loro: *la d. tra maschio e femmina* **2** (*filos.*) relazione che si stabilisce tra due principi antitetici **3** (*mat.*) proprietà di un postulato che si trasforma in un altro postulato se agli enti del primo se ne sostituiscono altri

dual móde /dual'mod, *ingl.* 'dju:əl,məʊd/ [loc. ingl., propr. 'modo di funzionamento (*mode*) doppio (*dual*)' ✱ 1996] **loc. agg. inv.** ● (*tel.*) detto di un telefono cellulare compatibile con due diverse tecnologie di comunicazione

dual SIM /dual'sim, *ingl.* 'dju:əl,sɪm/ [2008] ➤ **SIM**②

dùathlon /'duatlon/ [comp. del gr. *dúo* 'due' e *âthlon* 'lotta, gara', sul modello di *decathlon* ✱ 1993] **s. m. inv.** ● (*sport*) gara articolata su tre prove in due diverse discipline (due gare di corsa intervallate da una di ciclismo)

dub /dab, *ingl.* dʌb/ [vc. ingl. accorc. di *double* 'doppio' per l'effetto eco degli strumenti impiegati ✱ 1994] **s. m. inv.** ● genere di musica reggae in cui la componente strumentale prevale su quella vocalica, caratterizzata da effetti eco e suoni bassi accentuati

dubàt [somalo *dub* 'copricapo maschile, turbante' e *had* 'bianco' ✱ 1935] **s. m. inv.** ● soldato indigeno delle truppe italiane in Somalia, fino al secondo conflitto mondiale

dubbiànza [av. 1349] **s. f.** ● (*lett.*, *raro*) dubbio

†**dubbiàre** o †**dubiàre** [da *dubbio* ✱ av. 1294] **A v. intr.** ● (*lett.*) dubitare, esitare: *in cor dubbiava / se spronarli dovesse* (V. MONTI) **B v. tr. e intr.** ● (*lett.*) temere: *non dubbiar, mentr'io ti guido* (DANTE *Purg.* XX, 135); *che dubbii? o che vaneggia il tuo pensiero?* (T. TASSO) **C in funzione di s. m. solo sing.** ● (*lett.*) dubbio

†**dubbietà** o †**dubietà** [vc. dotta, lat. tardo *dubietāte(m)*, da *dŭbius* 'dubbio' ✱ av. 1342] **s. f.** ● (*lett.*) incertezza, dubbio | controversia

†**dubbiévole** [av. 1311] **agg. 1** ambiguo | dubitabile **2** sospettoso

dubbiézza o †**dubiézza** [av. 1427] **s. f.** ● (*lett.*, *raro*) stato di dubbio, di indecisione

♦**dùbbio** o †**dùbio** [vc. dotta, lat. *dŭbiu(m)*, da *dubiāre* 'dubitare' ✱ 1250 ca.] **A agg. 1** che è privo di certezza, sicurezza e sim., che non si può conoscere, definire o affermare con esattezza: *identità dubbia*; *quadro di autore d.*; *una persona di età dubbia* | ***è d. se***, non si sa se: *è d. se sia stato lui o un altro* | discutibile: *la sua sincerità è per lo meno dubbia*; *una scelta di d. gusto* | inattendibile: *giustificazioni dubbie* **SIN.** incerto **2** che non garantisce esiti o prospettive favorevoli, che è causa di ansie, preoccupazioni, timori e sim.: *il nostro avvenire è d.*; *la dubbia dimane non t'impaura* (E. MONTALE) | ***credito d.***, di difficile esazione **SIN.** incerto **3** variabile: *clima, tempo d.* **4** indistinto, indefinibile: *abito di colore d.* | fioco, scarso: *la dubbia luce del crepuscolo* **5** (*lett.* o *raro*) indeciso, esitante, irresoluto: *persona dubbia*; *carattere d.* **6** ambiguo, equivoco: *intenzioni, proposte dubbie*; *un uomo di dubbia fama* || **dubbiaménte**, **avv. B s. m. 1** stato d'animo di chi dubita, grave perplessità o incertezza: *essere in d. fra due diverse soluzioni*; *vivere continuamente nel d.*; *uscire da un grave d.*; *abbiamo tentato di dissipare ogni vostro d.* | ***d. amletico***, insolubile (*anche iron.*) | ***d. atroce***, angoscioso, tormentoso | ***senza d., senza alcun d., senza ombra di d.***, certamente | ***non c'è d., è fuor di d.***, è certo, è sicuro: *è fuor di d. che la situazione sia migliorata* | ***fuor d'ogni dubbio***, certamente: *si tratta fuor d'ogni d. di uno dei maggiori pianisti viventi* | ***mettere in d. qlco.***, dubitarne | **PROV.** ***nel d. astieniti*** **2** sospetto, inquietudine, timore (+ *che* **seguito da congtv.**; + *di* **seguito da inf.**; + *su*): *ho il d. che non abbia detto la verità*; *ho il dubbio di avere sbagliato*; *i vostri dubbi sono infondati*; *tenere per sé i propri dubbi*; *avere molti dubbi, nutrire seri dubbi, su qlcu.* **3** dilemma, problema, questione: *esprimere, manifestare, esporre un d.*; *un d. difficile da risolvere*; *dubbi di natura filosofica, morale, religiosa* **4** punto o elemento controverso, ambiguo, difficile e sim.: *chiarire un d.*; *l'unico d. che ancora sussiste riguarda l'autenticità della firma* **SIN.** incertezza **5** (*filos.*) atteggiamento metodologico che consiste nella sospensione del giudizio | ***d. assoluto***, nel pensiero scettico antico, il rinunciare a qualsiasi certezza | ***d. metodico***, in Cartesio e altri filosofi moderni, sospensione momentanea del giudizio adottata come mezzo per giungere alla certezza || **dubbiarèllo**, **dubbierèllo**, **dim.** | **dubbiétto**, **dim.**

SFUMATURE ➤ *scrupolo*, ➤ *sospetto*②

dubbiosità (o -ṣ-) [av. 1565] **s. f. inv. 1** (*raro*) caratteristica di chi è dubbioso: *la sua d. era evidente* **SIN.** perplessità, titubanza **2** condizione di ciò che fa sorgere o presenta dubbi **SIN.** incertezza

dubbióso (o -ṣ-) o †**dubióso** [vc. dotta, lat. tardo *dubiōsu(m)*, da *dŭbium* 'dubbio' ✱ 1261 ca.] **agg. 1** che dubita, che è pieno di dubbi, che è incerto: *uomo d. d'ogni cosa*; *esaminava la notizia con mente dubbiosa* | diffidente, sospettoso: *è d. di tutti* **2** che manifesta dubbio, perplessità, preoccupazione e sim.: *sguardo d.*; *parole dubbiose*; *mi osservò con aria dubbiosa* **SIN.** esitante, perplesso, titubante **3** che fa sorgere dubbi o perplessità, che rende incerto, esitante e sim.: *votazione, elezione dubbiosa*; *la faccenda presenta alcuni aspetti dubbiosi* **4** (*lett.*) ambiguo, oscuro, discutibile: *le cose poetiche ... sono più di tutte le altre dubbiose e disputabili* (G.B. MARINO) **5** (*lett.*) che dà timore, ansia, preoccupazione: *tempi dubbiosi*; *sorte dubbiosa* | (*lett.*) che comporta rischi e non offre sicura garanzia di riuscita: *battaglia, impresa dubbiosa* **6** (*fig.*, *lett.*) fioco, incerto: *al moribondo lume / di sepolcrali lampade dubbiose* (G. LEOPARDI) || **dubbiosaménte**, **avv.** || **dubbiosità**, **s. f. inv.** (V.)

†**dubbitàre** ➤ **dubitare**

†**dùbio** e deriv. ➤ **dubbio** e deriv.

dubitàbile [vc. dotta, lat. *dubitābile(m)*, da *dubitāre* ✱ 1540] **agg.** ● che può dare adito a dubbi || **dubitabilità**, **s. f. inv.**

†**dubitaménto** [av. 1306] **s. m.** ● dubbio

†**dubitamentóso** (o -ṣ-) [sec. XIV] **agg.** ● tormentato dal dubbio

dubitànte A part. pres. di *dubitare*; anche **agg.** ● nei sign. del v. || †**dubitanteménte**, **avv. B s. m. e f.** ● chi dubita

†**dubitànza** o †**duvitànza** [sec. XII] **s. f.** ● dubbio

♦**dubitàre** o †**dubbitàre** [vc. dotta, lat. *dubitāre*, iter. di *dubiāre* 'essere in dubbio' ✱ 1250 ca.] **v. intr.** (*io dùbito*; **aus.** *avere*) **1** trovarsi in una situazione psicologica di incertezza, non sapere se credere o non credere (+ *di*, **anche seguito da inf.**, + *su*, + *che*): *d. dei fatti*; *d. della verità di un'affermazione*; *d. di tutto, su tutto*; *d. sulle possibilità di riuscita di un'impresa*; *dubito che le loro reali intenzioni siano oneste*; *dubito di poter venire*; *dubito di essere all'altezza della situazione*; *dubito che sia persona adeguata al compito*; *dubito che verrà* | ***non d. che***, essere sicuro che: *non dubito che verrai* **2** mettere in discussione dati, convinzioni o principi fondamentali (+ *di*): *d. dell'esistenza di Dio, dell'immortalità dell'anima* | ***chi può, chi potrebbe d.?***, nessuno può avere dubbi al riguardo **3** non essere sicuro, diffidare (+ *di*, **anche seguito da inf.**): *d. di sé, delle proprie forze*; *d. della bontà, dell'onestà di qlcu.* | ***non dubitare di qlco.***, non metterla in dubbio, esserne certo: *non dubito della sua buonafede* | ***d. di tutto e di tutti***, non avere fiducia in nulla e in nessuno **4** temere (+ *di*, **anche seguito da inf.**, + *che* **seguito da congtv.**): *dubito di essere stato troppo duro con voi*; *Dubitò di avere inteso male* (I. SVEVO); *dubito che la malattia sia più grave di quel che sembra*; *dubitando di qualche danno, deliberò levare il campo* (F. GUICCIARDINI)

dubitativo [vc. dotta, lat. *dubitatīvu(m)*, da *dubitāre* 'dubitare' ✱ av. 1328] **agg. 1** che esprime dubbio: *rispondere con un tono d.*; *assolvere con formula dubitativa* **2** (*gramm.*) detto di locuzioni o parti del discorso (per es. *mah, forse, potrebbe essere, davvero?*) che esprimono dubbio e incertezza | ***proposizione dubitativa***, proposizione interr. indiretta introdotta dalla cong. *se* (per es.: *non so se sia il caso di scrivergli*; *non so se partire o meno*) || **dubitativaménte**, **avv.**

dubitatóre [vc. dotta, lat. tardo *dubitatōre(m)*, da *dubitāre* 'dubitare' ✱ 1420 ca.] **s. m.** (**f.** *-trice*); anche **agg.** ● (*lett.*, *raro*) chi (o che) è solito dubitare

dubitazióne [vc. dotta, lat. *dubitatiōne(m)*, da *dubitāre* ✱ 1261 ca.] **s. f. 1** (*raro*, *lett.*) dubbio **2** (*ling.*) figura retorica che consiste nell'esprimere l'esitazione nel compiere una determinata scelta oppure l'incertezza sulla verità di ciò che si afferma; per es. in: *Fu vera gloria? Ai posteri / l'ardua sentenza* (A. MANZONI)

†**dubitézza** [sec. XIV] **s. f.** ● (*raro*, *lett.*) dubbio

†**dùbito** [da *dubitare* ✱ av. 1306] **s. m.** ● dubbio

dubitóso (o -ṣ-) [sec. XII] **agg. 1** (*lett.*) pieno di dubbi, di preoccupazioni, di timori e sim. | sospettoso: *carattere d.* **2** †temibile | (*lett.*) misterioso, spaventoso: *poi vidi cose dubitose molto* (DANTE) || **dubitosaménte**, **avv.**

dublinése (o -ṣ-) [sec. XX] **A agg.** ● di Dublino **B s. m. e f.** ● abitante o nativo di Dublino

dùbnio [dal n. della città russa *Dubna*, dove l'elemento fu isolato ✱ 1997] **s. m.** ● elemento chimico transuranico artificiale **SIMB.** Db **NUM. AT.** 105

♦**dùca** [biz. *dôuka*, acc. di *dôux* 'duce', dal lat. *dūx* 'duce' ✱ av. 1294] **s. m.** (**pl.** *dùchi*, †*dùca*; **f.** *duchéssa*) **1** anticamente, sovrano di un ducato: *Francesco IV d. di Modena* **2** persona insignita del grado di nobiltà inferiore a quella di principe e superiore a quella di marchese: *il d. d'Alba* **3** †condottiero, guida: *tu d., tu segnore, e tu maestro* (DANTE *Inf.* II, 140) **4** †maestro, precettore, ispiratore: *Aristotile è maestro e d. de la ragione umana* (DANTE) || **duchétto**, **dim.** | **duchìno**, **dim.** (V.)

ducàle [vc. dotta, lat. tardo *ducāle(m)*, da *dūx* 'duce' ✱ 1320] **A agg.** ● di duca, del duca: *titolo d.*; *corte d.* | del doge: *palazzo d.* || †**ducalménte**, **avv.** (*raro*) in modo ducale **B s. m.** ● †partigiano di un duca

†**ducàre** [av. 1571] **v. tr.** ● insignire qlcu. della dignità ducale

ducàto① [vc. dotta, lat. *ducātu(m)*, da *dūx* 'duce' ✱ av. 1237] **s. m. 1** titolo, dignità di duca | (*est.*) autorità, potere, comando **2** territorio posto sotto l'autorità e la giurisdizione di un duca: *il d. di Parma*

ducàto② [vc. dotta, lat. mediev. *ducātu(m)*, perché vi era impressa la figura del doge (*duca*) venez. ✱ 1299] **s. m.** ● moneta d'oro italiana coniata dapprima a Venezia poi anche negli altri Stati italiani e stranieri || **ducatóne**, **accr.** (V.)

ducatóne [av. 1635] **s. m. 1** accr. di *ducato*② **2** grossa moneta d'argento introdotta da Carlo V a Milano, poi coniata in molti Stati italiani e stranieri

dùce [vc. dotta, lat. *dūce(m)*, dalla stessa radice di *dūcere* 'condurre', di orig. indeur. ✱ sec. XIII] **s. m. 1** (*lett.*) capo, condottiero | (*stor.*) nella Roma antica, titolo onorifico di comandanti o governatori; comandante militare di una provincia | ***D. del fascismo***, titolo assunto da Benito Mussolini dopo la marcia su Roma | ***il Duce***, (*per anton.*) Benito Mussolini **2** †guida, scorta: *lo tuo piacere omai prendi per d.* (DANTE *Purg.* XXVII, 131) || (*spreg.*) **ducétto**, **dim.** (V.)

†**ducèa** o †**duchèa** [ant. fr. *duchée* 'signoria di un duca (*duc*)' ✱ av. 1348] **s. f.** ● titolo e giurisdizione di un duca | (*raro*) territorio retto da un duca: *la d. di Bronte* **SIN.** ducato①

ducènto e deriv. ➤ **duecento** e deriv.

†**dùcere** o †**dùrre** [vc. dotta, lat. *dūcere* 'tirare, condurre', di orig. indeur. ✱ sec. XIII] **v. tr. 1** condurre **2** (*raro*) modellare, plasmare

ducésco [1985] **agg.** (**pl. m.** *-schi*) ● (*spreg.*) da duce; dittatoriale, autoritario, spec. con riferimento a B. Mussolini: *pose* *ducesche; atteggiamenti duceschi*

ducétto **s. m.** **1** dim. di *duce* **2** (*spreg.*) personaggio di piccolo calibro che si comporta da dittatore

†**duchéa** ➤ †**ducea**

†**duchésco** [sec. XV] **agg.** ● ducale

duchéssa [da *duca* col suff. di dignità f. *-éssa* ✱ 1353] **s. f.** **1** anticamente, sovrana di un ducato: *Maria Luisa d. di Parma* **2** moglie o figlia di un duca: *la d. di Windsor* || **duchessìna**, **dim.** (V.)

duchesse /fr. dy'ʃɛs/ [vc. fr., *duchesse* '(seta da) duchessa' ✱ 1819] **s. f. inv.** **1** tessuto di seta rasata o tela pesante lucida dall'aspetto fastoso e scintillante **2** tipo di poltrona a sdraio molto diffusa in Francia nel Settecento

duchessìna [av. 1565] **s. f.** **1** dim. di *duchessa* **2** figlia spec. giovane o nubile di un duca

duchìno **s. m.** **1** dim. di *duca* **2** figlio spec. giovane di un duca

dùctus [vc. lat., propr. 'tracciato' ✱ 1927] **s. m. inv.** (**pl. lat. inv.**) ● in paleografia, il tracciato della scrittura caratteristico di un particolare stile o del singolo amanuense

♦**dùe** o †**dùo**, †**dùi**, †**dùa**, †**duòi**, †**dòi** [lat. *dŭo*, lat. tardo *dŭi*, di orig. indeur. ✱ sec. XII] **agg. num. card. inv.; anche s. m. e f. inv.** (**pl. pop.** *dùi*) (**V. nota d'uso NUMERI E NUMERALI**) ● numero naturale successivo di uno, rappresentato da *2* nella numerazione araba, da *II* in quella romana. **I** come agg. ricorre nei seguenti usi **1** rispondendo o sottintendendo la domanda 'quanti?', indica la quantità numerica di due unità (spec. preposto a un sost.): *noi abbiamo due braccia, due gambe; afferrare con le due mani; i due terzi del consumo; coltello a due tagli; costume a due pezzi; il Regno delle Due Sicilie; due volte nella polvere, / due volte sull'altar* (A. MANZONI) **CFR.** ambi-, bi-, bis-①, duo- **2** (*est.*) pochi (con valore indet. per indicare una piccola quantità): *esco a fare due passi; vengo a fare due chiacchiere; mangio prima due bocconi; te lo dico in due parole; abito qui a due passi; è alto come due soldi di cacio* | ***in due minuti***, (*fig.*) prestissimo | anche nelle loc. ***uno o due, due o tre***: *sto via due o tre giorni; torno tra un'ora o due* **3** rispondendo o sottintendendo la domanda 'quale?', identifica qlco. in una pluralità, in una successione, in una sequenza (posposto a un sost.): *abita al numero due della mia stessa strada* **4** in composizione con altri numeri semplici o composti forma i numeri superiori: *trentadue; duecento; milleduecentocinquanta* **II** come sost. ricorre nei seguenti usi **1** il numero due (per ellissi di un sost.): *il due per cento della popolazione si è astenuto; il due nel dieci sta cinque volte; il due maggio cambio casa; ho giocato il due di spade; una delle due: o via io o via lui!* | ***le due***, le ore due della notte o del pomeriggio | ***e due!***, escl. d'impazienza e di irritazione | ***marciare per due***, affiancati | ***camminare, uscire a due a due***, due per volta | ***fare due più due***, (*colloq., fig.*) collegare i dati o gli elementi di cui si dispone per giungere a una chiara conclusione | ***ogni due per tre***, (*fam.*) molto spesso, quasi sempre, di continuo: *è pronto a lamentarsi ogni due per tre* | **PROV.** ***non c'è due senza tre*** | ***mangiare, bere, lavorare per due***, molto, il doppio del giusto | ***tiro a due***, carrozza con due cavalli **2** il segno che rappresenta il numero due: *scrivo il due e riporto l'uno* | (*sport*) nel pronostico sulla schedina del Totocalcio, indica la vittoria della squadra che gioca fuori casa; (*est.*) la vittoria stessa | (*sport*) nel Totip indica che un cavallo appartenente al gruppo due è arrivato primo o secondo **3** ***due di coppia***, nel canottaggio, doppio | ***due con, due senza***, nel canottaggio, imbarcazione montata da due vogatori, con o senza timoniere, che azionano ciascuno un solo remo **4** nella loc. agg. o sost. inv. ***due punto zero*** o (con grafia unita) ***duepuntozero***, (in cifre) ***2.0***, (*inform.*) detto di uno stadio di evoluzione delle applicazioni web che consentono un alto livello di interazione fra il sito e gli utenti, come social network, blog, piattaforme di condivisione di file multimediali, ecc.: *Web due punto zero; la comunicazione nel 2.0* | (*est.*) detto della versione rinnovata di qlco., spec. se si adottano tecnologie avanzate: *giornalismo, escursionismo 2.0*

dùe àlberi ➤ **dualberi**

duecentènne [comp. di *duecento* e la terminazione *-enne* (lat. *-ēnnis*, per *ănnus* 'anno') ✱ 1869] **agg.** **1** (*raro*) che ha duecento anni, detto di cosa **2** (*raro*) che dura da duecento anni

duecentésco o (*lett.*) **ducentésco**, (*tosc., lett.*) **dugentésco** [1926] **agg.** (**pl. m.** *-schi*) ● del secolo XIII: *poema, scrittore d.*

duecentèsimo (o *-é-*) o (*tosc.*) **dugentèsimo** (o *-é-*), (*lett.*) **ducentèsimo** (o *-é-*), (*tosc., lett.*) **dugentèsimo** (o *-é-*) [vc. dotta, lat. *ducentēsimu(m)*, da *ducĕnti* 'duecento' ✱ sec. XIII] **A** **agg. num. ord.** ● corrispondente al numero duecento in una sequenza, in una successione (rappresentato da *CC* nella numerazione romana, da *200°* in quella araba): *è d. in graduatoria* **B** **s. m.** ● ciascuna delle duecento parti uguali di una stessa quantità

duecentìsta o (*lett.*) **ducentìsta**, (*tosc., lett.*) **dugentìsta** [1820] **s. m. e f.** (**pl. m.** *-i*) **1** scrittore, artista del XIII sec. | studioso della cultura del Duecento **2** (*sport*) duecentometrista

duecentìstico o (*lett.*) **ducentìstico**, (*tosc., lett.*) **dugentìstico** [1956] **agg.** (**pl. m.** *-ci*) ● del Duecento, dei duecentisti

duecènto o (*tosc.*) **duegènto**, (*lett.*) **ducènto**, (*tosc., lett.*) **dugènto** [lat. *ducĕnti*, comp. di *dŭ(o)* 'due' e *cĕntu(m)* 'cento' ✱ av. 1292] **agg. num. card. inv.; anche s. m. e f. inv.** (**V. nota d'uso NUMERI E NUMERALI**) ● due volte cento, due centinaia, rappresentato da *200* nella numerazione araba, da *CC* in quella romana. **I** come agg. ricorre nei seguenti usi **1** rispondendo o sottintendendo la domanda 'quanti?', indica la quantità numerica corrispondente a duecento unità (spec. preposto a un sost.): *abita qui a d. metri; costa quasi d. euro; correre i d. metri* **2** rispondendo o sottintendendo la domanda 'quale?', identifica qlco. in una pluralità, in una successione, in una sequenza (posposto a un sost.): *sono arrivata fino a pagina d.; l'anno d. a.C.* **II** come sost. ricorre nei seguenti usi **1** il numero duecento (per ellissi di un sost.): *il Consiglio dei Duecento fu istituito a Firenze nel 1411; la Sala dei Dugento, in Palazzo Vecchio* | ***il Duecento***, (*per anton.*) il secolo XIII: *la prosa del Duecento* **2** il segno che rappresenta il numero duecento **3** (*sport*, **al pl.**) nell'atletica e nel nuoto, distanza di duecento metri su cui si svolge una classica gara | (*est.*) la gara stessa: *correre, vincere i d.; esordire nei d.*

duecentometrìsta [1965] **s. m. e f.** (**pl. m.** *-i*) ● atleta che compie gare di corsa o nuoto sulla distanza dei duecento metri

due diligence /dju'dilidʒens, *ingl.* 'dju:ˌdɪlɪdʒəns/ [loc. ingl., propr. 'dovuta (*due*) diligenza (*diligence*)' ✱ 1993] **loc. sost. f. inv.** (**pl. ingl.** *due diligences*) ● (*econ.*) controllo accurato dei dati del bilancio di una società

duegènto e deriv. ➤ **duecento** e deriv.

duellànte **A** **part. pres.** di *duellare*; **anche agg.** ● nei sign. del v. **B** **s. m. e f.** ● chi duella (*anche fig.*)

duellàre [vc. dotta, lat. tardo *duellāre*, da *duĕllum* 'duello' ✱ 1559] **v. intr.** (*io duèllo*; **aus.** *avere*) ● battersi in duello | (*est.*) battersi, lottare | (*fig.*) contrastare, polemizzare

duellatóre [vc. dotta, lat. arcaico *duellatō-re(m)*, da *duĕllum* 'duello' ✱ av. 1642] **s. m.** (**f.** *-trice*); **anche agg.** ● (*lett.*) chi (o che) si batte in duello

duellìsta [sec. XV] **s. m. e f.** (**pl. m.** *-i*) ● (*lett.*) chi si batte di frequente ed è esperto di duelli

♦**duèllo** [vc. dotta, lat. mediev. *duĕllu(m)*, che si rifà al lat. arcaico *duĕllu(m)*, parallelo di *bĕllum* 'guerra', inteso come 'combattimento fra due (*dŭo*)' ✱ av. 1328] **s. m.** **1** combattimento che si svolge secondo determinate regole tra due contendenti con armi uguali per risolvere controversie spec. d'onore: *d. alla pistola, alla spada; sfidare a d.* | ***d. rusticano***, con il coltello e senza testimoni | ***d. all'ultimo sangue***, fino alla morte di uno dei contendenti **2** (*fig.*) contesa, contrasto, lotta, gara accanita: *d. oratorio, diplomatico; d. agli scacchi; così al tempio ne venni ove si fêa / l'amoroso d.* (T. TASSO) | nel linguaggio calcistico, azione di contrasto tra due avversari **3** †scontro, battaglia

duemìla o, (*pop., tosc.*) **dumìla**, †**duomìla**, †**duomìlia**, †**doimìla**, †**domìlia** **agg. num. card. inv.; anche s. m. e f. inv.** (**V. nota d'uso NUMERI E NUMERALI**) ● due volte mille, due migliaia, rappresentato da *2000* nella numerazione araba, da *MM* in quella romana. **I** come agg. ricorre nei seguenti usi **1** rispondendo o sottintendendo la domanda 'quanti?', indica la quantità numerica di duemila unità (spec. preposto a un sost.): *costerà circa d. euro; il vecchio teatro conteneva d. persone* **2** rispondendo o sottintendendo la domanda 'quale?', identifica qlco. in una pluralità, in una successione, in una sequenza (posposto a un sost.): *l'abbonato numero d.; l'anno d.* **II** come sost. ricorre nei seguenti usi **1** il numero duemila (per ellissi di un sost.) | ***il duemila***, l'anno 2000: *le Olimpiadi del d.* | ***il Duemila***, (*per anton.*) il secolo XXI: *la civiltà del Duemila* **2** il segno che rappresenta il numero duemila **3** in composizione con altri numeri semplici e composti, forma i numeri superiori: *duemilauno; duemiladue; duemilatré; duemilaotto; duemilaundici; duemilaottanta; duemilacento*

duennàle [dal lat. *biennāle(m)* 'biennale', con sostituzione della prima parte con *due* ✱ av. 1708] **agg.** ● (*raro*) biennale

duepèzzi o **dùe pèzzi** [comp. di *due* e il pl. di *pezzo* ✱ 1948] **s. m. inv.** **1** costume da bagno femminile composto di reggiseno e mutandine o slip **SIN.** bikini **2** abito femminile con giacca | insieme di gonna e giacca

duepónti [comp. di *due* e il pl. di *ponte* ✱ 1956] **s. m. inv.** ● nave di linea con due ponti di batteria coperti

duepuntozèro ➤ **due**

duèrno [forma analogica, comp. di *du(e)* e della seconda parte di *(quad)erno* ✱ 1540] **s. m.** ● negli antichi codici e libri a stampa, mezzo quaderno costituito da due carte, pari a otto pagine

duettàre [denominale di *duetto* ✱ 1970] **v. intr.** (*io duétto*; **aus.** *avere*) ● cantare in un duetto | (*fig.*) agire in coppia dando prova di un'ottima intesa: *Balotelli e Pirlo duettano al limite dell'area*

duétto [av. 1712] **s. m.** **1** dim. di *duo* **2** (*mus.*) composizione per due voci o due strumenti concertanti **3** (*fam., scherz.*) diverbio fra due persone | il rumore, gli strilli, la confusione prodotti da due persone: *quei bambini fanno un bel d.* **4** nei dadi, duino ||

a b c d e f g h i j k l m n o p q r s t u v w x y z

duettino, dim.

†**dugàia** ➤ †**dogaia**

dugènto e deriv. ➤ **duecento** e deriv.

dùglia [adattamento del genovese *duggia* 'doppia', dal lat. *dŭpla* ✱ 1847] **s. f.** ● (*mar.*) rotolo di cima

dugliàre [1869] **v. tr.** (*io dùglio*) ● (*mar.*) addugliare

dugòngo [ingl. *dugong*, dal malese *dūyung*, di etim. incerta ✱ 1837] **s. m.** (**pl.** *-ghi*) ● mammifero marino erbivoro dei Sireni con largo muso e setole intorno alla bocca (*Dugong dugon*)

†**dùi** ➤ **due**

duìna [da *due* ✱ 1869] **s. f.** ● (*mus.*) figura ritmica di due valori che in un contesto a suddivisione ternaria ha la durata di tre note di uguale valore

duìno [da *due* ✱ sec. XIV] **s. m.** **1** il punteggio minimo ottenibile coi dadi, allorché entrambi segnano l'uno **2** (*tosc.*) moneta di due centesimi

duìsono [comp. di *due* e *s(u)ono* ✱ 1641] **agg.** ● (*ling.*) di due suoni

dulcacquìcolo o **dulciacquìcolo** [comp. del lat. *dulcis* 'dolce' e di *acquicolo* ✱ 1956] **agg.** ● (*biol.*) detto di organismo animale o vegetale che vive in acqua dolce

dulcamàra ① [lat. mediev. *dulcamāra*, comp. di *dŭlcis* 'dolce' e *amārus* 'amaro' ✱ 1828] **s. f.** ● pianta erbacea rampicante o strisciante delle Solanacee con proprietà medicinali, foglie intere, fiori violacei e frutti rossi a bacca (*Solanum dulcamara*)

Dulcamàra ② [dal n. del protagonista dell'opera *L'elisir d'amore* di G. Donizetti (1797-1848) ✱ av. 1879] **s. m. e f. inv.** ● (*per anton.*) imbroglione, ciarlatano

dulciacquìcolo ➤ **dulcacquicolo**

dulciàna [var. di *dolzaina*, rifatta sul lat. *dŭlcis* 'dolce' ✱ 1539] **s. f.** **1** (*mus.*) registro dell'organo che dà un suono più dolce del flauto **2** (*mus.*) V. *dolciana*

†**dulcificàre** e deriv. ➤ **dolcificare** e deriv.

dulcimer /*ingl.* 'dʌlsɪmə(r)/ [dal fr. ant. *doulcemer*, comp. del lat. *dŭlcis* 'dolce' e del gr. *mélos* 'canto' ✱ 1940] **s. m. inv.** ● (*mus.*) salterio inglese a corde percosse, d'uso colto nel tardo Medioevo e popolare-urbano in seguito

dulcìna [vc. dotta, tratta dal lat. *dŭlcis* 'dolce' ✱ 1893] **s. f.** ● sostanza bianca, cristallina, di potere dolcificante circa 200 volte superiore a quello dello zucchero comune, usata come dolcificante in genere e per diabetici

dulcinèa /dultʃi'nɛa, *sp.* °dulθi'nea, -lsi-/ [dal n., tratto dallo sp. *dulce* 'dolce', dell'innamorata di Don Chisciotte ✱ 1798] **s. f.** ● (*scherz.*) la donna amata

♣**dùlcis in fùndo** [lat., propr. 'il dolce in fondo'] **loc. avv.** ● alla fin fine, per ultimo, dopo una serie di fatti, è capitato qualcosa di bello o (*iron.*) di brutto

dulcite [vc. dotta, tratta dal lat. *dŭlcis* 'dolce' ✱ 1869] **s. f.** ● alcol esavalente che si presenta come polvere bianca di sapore dolce, principale componente della manna del Madagascar

†**dulcoràre** ➤ †**dolcorare**

dulìa [vc. dotta gr. *douleía*, da *dôulos* 'servo', di orig. egea ✱ sec. XIII] **s. f.** ● nel cattolicesimo, culto di venerazione reso ad angeli e santi

dulimàno [V. *dolman* ✱ 1830] **s. m.** ● alta uniforme dei giannizzeri caratterizzata dal tipico mantello rosso

dùma /'duma, *russo* 'dumʌ/ [vc. russa, propr. 'consiglio' di orig. got. ✱ 1892] **s. f.** (**pl.** *dùme* o **russo** *dumy*) ● nella storia russa, nome di diverse assemblee (per es. la d. dei boiari nella Russia zarista); oggi la d. di Stato designa un ramo del Parlamento

dum-dùm /dum'dum, *ingl.* 'dʌm,dʌm/ [dalla località di *Dumdum* (= 'collina', 'terrapieno', 'batteria'), presso Calcutta, dove questo proiettile venne fabbricato per la prima volta alla fine dell'Ottocento ✱ 1908] **agg. inv.** ● detto di proiettile da arma portatile inciso a croce sulla punta che all'impatto si frantuma provocando orrende ferite

†**duméto** [vc. dotta, lat. *dumētu(m)*, da *dūmus* 'dumo' ✱ 1499] **s. m.** ● spineto, pruneto

dumìla ➤ **duemila**

dùmo [vc. dotta, lat. *dūmu(m)*, di etim. incerta ✱ av. 1374] **s. m.** ● (*lett.*) pruno, spino

dumóso (o -ṣ-) [vc. dotta, lat. *dumōsu(m)*, da *dūmus* 'dumo' ✱ av. 1429] **agg.** ● (*lett.*) pieno di rovi, spine e sim.: *terreno d.*

dumper /'damper, *ingl.* 'dʌmpə(r)/ [vc. ingl., da *to dump* 'scaricare' (di etim. incerta) ✱ 1973] **s. m. inv.** ● pesante autoveicolo con cassone rinforzato ribaltabile, usato per trasportare sabbia, pietrame e sim.

dumping /'dampin(g), *ingl.* 'dʌmpɪŋ/ [dal v. *to dump* 'lasciar cadere, scaricare', da vc. di orig. scandinava di natura imitativa ✱ 1914] **s. m. inv.** ● (*econ.*) vendita di merci all'estero sotto costo o comunque a prezzi inferiori di quelli praticati all'interno

dùna [neerl. *dūne* 'altura', di lontana orig. indeur. ✱ 1567] **s. f.** ● monticello di sabbia instabile formato dal vento sulle spiagge o nei deserti sabbiosi

dune buggy /djum'baggi, *ingl.* 'dju:n,bʌgɪ/ [loc. ingl., comp. di *dune* 'duna' e *buggy* 'calesse' (di etim. incerta) ✱ 1970] **loc. sost. f. o m. inv.** (**pl. ingl.** *dune buggies*) ● tipo di automobile appositamente attrezzata per viaggiare nelle regioni desertiche, e quindi su qualsiasi terreno non asfaltato e accidentato

dunóso (o -ṣ-) [1956] **agg.** ● ricco di dune

♦**dùnque** o †**dùnqua**, †**dónque**, †**dónqua**, †**dónche** [lat. tardo *dŭnc*, da *dŭm* 'ancora', per analogia con la coppia *tŭm-tŭnc* 'allora' ✱ av. 1250] **A** **cong.** **1** perciò, pertanto, quindi (con valore conclusivo): *ho sbagliato, d. è giusto che debba pagare*; *penso, d. sono* **2** allora, quindi (per riprendere un discorso): *d., come dicevamo prima*; *dovete d. sapere che, in quel convento, c'era il nostro padre* (A. MANZONI) | per concludere un discorso: *d. siamo tutti d'accordo* **3** con valore rafforz. (per esortare, sollecitare, per esprimere impazienza, incredulità, rammarico e sim. in espressioni interr. o escl.) allora: *sbrigati d.!*; *ti vuoi d. decidere?*; *d.?*, *cos'è che mi vuoi dire?*; *d.! ci muoviamo?*; *credi d. che io sia qui per ascoltare le tue sciocchezze?*; *d. non ho scelta!* **B** **in funzione di s. m. inv.** ● la conclusione, il punto fondamentale di una questione: *veniamo al d.* | ***essere, trovarsi al d.***, al momento decisivo, risolutivo

dùo [vc. dotta, lat. *dŭo* 'due', di orig. indeur. ✱ av. 1647] **A** **agg. num. card. inv.** ● †V. **due** **B** **s. m. inv.** **1** (*mus.*) duetto, spec. se strumentale | due esecutori musicali che suonano lo stesso strumento o che hanno uguale importanza e fama **2** coppia di artisti, spec. cantanti o musicisti, che si esibiscono insieme | (*est.*) coppia di persone inseparabili o che si comportano nello stesso modo | (*sport*) specialità del nuoto sincronizzato **SIN.** doppio ‖ **duétto**, **dim.** (V.)

dùo- [dal lat. *dŭo* 'due'] **primo elemento** ● in parole composte, significa 'due', 'di due', 'doppio': *duopolio*

duodècima [da *duodecimo* ✱ 1561] **s. f.** ● (*mus.*) intervallo che abbraccia dodici gradi

duodecimàle [da *duodecimo* ✱ 1840] **agg.** ● detto di sistema di numerazione, o di misura, che ha per base dodici **CFR.** binario, ottale, decimale, esadecimale

duodècimo o †**dodècimo** [vc. dotta, lat. *duodĕcimu(m)*, da *duŏdecim* 'dodici' ✱ 1282] **agg. num. ord.; anche s. m.** ● (*lett.*) dodicesimo: *fu nominato papa Giovanni d.* (G. VILLANI)

†**duodècuplo** [vc. dotta, comp. del lat. *dŭo* 'due' e *dĕcuplu(m)* 'decuplo' ✱ 1632] **agg.** ● che è dodici volte maggiore, relativamente ad altra cosa analoga: *il tempo di un minuto primo è d. del tempo di cinque secondi* (G. GALILEI)

duodenàle [da *duodeno* ✱ 1830] **agg.** ● (*med.*) del duodeno | che colpisce il duodeno: *ulcera d.*

duodenìte [comp. di *duodeno* e *-ite* ① ✱ 1830] **s. f.** ● (*med.*) infiammazione del duodeno

duodèno [vc. dotta, lat. mediev. *duodēnu(m)*, sottinteso *digitōrum*, propr. 'di dodici (da *duodēni*, agg. distributivo di *duŏdecim* 'dodici') dito', perché di tale misura era ritenuto quest'organo ✱ 1493] **s. m.** ● (*anat.*) prima porzione dell'intestino tenue, tra stomaco e digiuno

†**duòi** ➤ **due**

duòli ➤ **dolere**

duòlo o †**dòlo** ② [lat. tardo *dŏlu(m)*, tratto forse da *dolēre* 'dolere' ✱ av. 1292] **s. m.** **1** (*lett.*) dolore | ***abito di d.***, da lutto | ***prendere il d.***, vestire a lutto **2** †pianto: *Per li occhi fora scoppiava lor d.* (DANTE *Inf.* XVII, 46) | †lamento

†**duomìla** ➤ **duemila**

♦**duòmo** ① o (*lett.*) **dòmo** ① [lat. *dŏmu(m)*, propr. 'casa (del Signore)', di orig. indeur. ✱ 1235] **s. m.** ● chiesa più importante di una città, per lo più coincidente con la cattedrale

duòmo ② o **dòmo** ② [1956] **s. m.** ● (*geol.*) struttura rocciosa cupoliforme di origine diapirica, intrusiva, vulcanica | ***d. salino***, diapiro

duòmo ③ [fr. *dôme* 'cupola' (V. *domo* ②) ✱ 1922] **s. m.** ● in varie tecnologie, la parte a forma di cupola di una caldaia che, sovrapposta al corpo principale di questa, è destinata ad accogliere il vapore saturo secco

duopòlio [comp. di *duo-* e *-polio* ✱ 1956] **s. m.** (**pl.** *-i* o **raro** *-ii*) ● (*econ.*) forma di mercato di un certo bene o servizio caratterizzata dalla presenza di due sole imprese in concorrenza fra loro

duopsònio [comp. di *duo-* e *-psonio* ✱ 1963] **s. m.** ● (*econ.*) situazione di mercato caratterizzata dalla presenza di due soli compratori di un bene o servizio, offerto da una pluralità di venditori

duosicilïàno [comp. di *duo-* e *siciliano* ✱ 1999] **agg.** ● (*stor.*) relativo al Regno delle Due Sicilie, spec. con riferimento al periodo borbonico (1816-1861): *governo, esercito d.*; *storiografia duosiciliana*

duòviro e deriv. ➤ **duumviro** e deriv.

†**duplàre** ➤ **doppiare** ①

†**duplazióne** [vc. dotta, lat. tardo *duplatiōne(m)*, da *duplāre* 'doppiare' ✱ 1589] **s. f.** ● duplicazione

dùplex [fr. *duplex* 'duplice' ✱ 1938] **A** **s. m. inv.** ● tipo di collegamento radiotelefonico in cui, tramite due canali, è possibile trasmettere e ricevere contemporaneamente | tipo di circuito telefonico in cui la trasmissione avviene su un'unica linea in modo bidirezionale | un tempo, metodo di collegamento telefonico in cui un'unica linea era condivisa da due utenti, che vi potevano accedere uno alla volta **B** **anche agg. inv.**: *collegamento d.* **CFR.** simplex

dùplica [da *duplicare* ✱ 1561] **s. f.** ● (*dir.*) atto con cui il convenuto reagisce alla replica dell'attore

duplicàre o (*lett.*) †**dupplicàre**, †**duplicàre** [vc. dotta, lat. *duplicāre*, da *dŭplex* 'duplice' ✱ av. 1342] **v. tr.** (*io dùplico, tu dùplichi*) **1** (*raro*) raddoppiare **2** riprodurre in una o più copie: *d. una chiave*; *d. una cassetta*

duplicàto **A** **part. pass.** di *duplicare*; anche **agg.** ● nei sign. del v. ‖ **duplicataménte**, **avv.** (*raro*) due volte **B** **s. m. 1** copia di un documento che riproduce quello originale: *chiedere un d. della patente di guida* **2** (*est.*) copia esatta di un oggetto: *fare il d. di una statua, di un gioiello* **3** opera bibliografica di cui si ha già una copia

duplicatóre [vc. dotta, lat. tardo *duplicatōre(m)*, da *duplicātus* 'duplicato' ✱ 1938] **s. m. 1** apparecchio che permette di ottenere un qualsiasi numero di copie del testo, disegno e sim. eseguito sulla matrice: *d. ad alcol, a inchiostro* | ***duplicatori xerografici***, che operano senza matrice **2** (*fotogr.*) dispositivo costituito da un gruppo di lenti che, posto tra il corpo della macchina e l'obiettivo, raddoppia la lunghezza focale di quest'ultimo

duplicatùra [1830] **s. f. 1** (*raro*) duplicazione **2** (*anat.*) struttura costituita dall'unione di due formazioni laminari: *d. peritoneale*

duplicazióne [vc. dotta, lat. tardo *duplicatiōne(m)*, da *duplicātus* 'duplicato' ✱ 1282] **s. f.** ● operazione del duplicare

♦**dùplice** [vc. dotta, lat. *dŭplice(m)*, comp. di *dŭo* 'due' e *-plex*, della stessa orig. di *plĕctere* 'piegare'; 'piegato in due' ✱ av. 1348] **A** **agg. 1** doppio: *presentare un documento in d. copia* **2** che si compone di due parti o elementi diversi, che presenta due aspetti e sim.: *un d. incarico*; *una d. questione* | che avviene fra due parti: *d. intesa* ‖ **dupliceménte**, **avv.** **B** **s. f.** ● nell'ippica, tipo di scommessa che richiede l'indicazione dei cavalli vincitori di due corse successive

Duplicidentàti [comp. del pl. di *duplice* e del pl. di *dentato* ✱ 1892] **s. m. pl.** (**sing.** *-o*) ● (*zool.*) ordine di Mammiferi apparentemente simili ai Roditori, con labbro superiore fesso, denti incisivi a crescita continua e denti mascellari in doppia coppia, anteriore e posteriore, arti anteriori con 5 dita, posteriori, più lunghi, con 4; vi appartengono il coniglio e la lepre (*Duplicidentata*) **SIN.** Lagomorfi

duplicità [vc. dotta, lat. tardo *duplicitāte(m)*, da *dŭplex*, genit. *dŭplicis* 'duplice' ✱ av. 1320] **s. f. inv. 1** caratteristica di ciò che è duplice **2** (*astrol.*) natura doppia dei segni zodiacali Gemelli, Vergine, Sagittario, Pesci **3** (*lett.*, *fig.*) finzione, simulazione | falsità, ipocrisia

†**duplificàto** [1340] **agg.** ● raddoppiato

†**dùplo** [lat. *dŭplu(m)*; V. *doppio* ✱ sec. XIV] **A** **agg.** ● (*lett.*) doppio **B** **s. m.** ● moneta pontificia coniata ad Avignone nel sec. XIV

†**dupplicàre** ➤ **duplicare**

†**dùra** ① [da *durare* ✱ av. 1348] **s. f.** ● durata | ***far d.***, resistere | ***stare alla d.***, ostinarsi

dùra ② o **dùrra** [arabo *ḏura* ✱ 1876] **s. f.** ● (*bot.*) pianta delle Graminacee, coltivata in Africa e Asia, la cui importanza alimentare è paragonabile a quella del frumento (*Sorghum durrha*)

duràbile [vc. dotta, lat. *durābile(m)*, da *durāre* 'durare' ✱ 1268] **agg.** ● (*raro*) durevole ‖ †**durabileménte**, **durabilménte**, **avv.** durevolmente ‖ **durabilità**, **s. f. inv.** (V.)

durabilità [vc. dotta, lat. tardo *durabilitāte(m)*, da *durābilis* 'durabile' ✱ av. 1320] **s. f. inv.** ● (*raro*) caratteristica di ciò che può durare nel tempo | resistenza al degrado e all'usura: *scarsa, elevata d. di un materiale*

duràcino o (*raro*) **duràcine** [vc. dotta, lat. *durăcinu(m)* 'dall'acino (*ăcinus*) duro (*dūrus*)' ✱ 1340 ca.] **agg. 1** di frutto a polpa consistente che resta attaccata al nocciolo: *pesca duracina* **CONTR.** spiccace **2** di uva con acini sodi e buccia resistente

duràle [1888] **agg.** ● (*anat.*) relativo alla duramadre

durallumìnio [comp. con *alluminio* e il n. della fabbrica tedesca che ne acquistò il brevetto, la *Dür(ener Metallwerke)*, dalla città di Düren ✱ 1924] **s. m.** (**pl.** *-i* o *raro -ii*) ● lega d'alluminio, rame, magnesio, manganese e silicio, che unisce alla resistenza chimica una resistenza meccanica prossima a quella dell'acciaio

duramàdre o **dùra màdre** [lat. mediev. *dūra(m) mātre(m)* (*cerĕbri*) 'spessa madre del cervello', calco sull'espressione della medicina araba *umm addimāg*, in cui *umm* significa 'madre' e 'protettrice, nutrice' ✱ 1491] **s. f.** (**pl.** *duremàdri*) ● (*anat.*) robusta membrana fibrosa che riveste all'esterno l'encefalo e il midollo spinale

duràme [vc. dotta, lat. *durāmen* (nom.), da *dūrus* 'duro' col suff. collettivo *āmen* '-ame' ✱ 1906] **s. m.** ● parte interna del legno degli alberi, più vecchia, più compatta, più dura e più scura dell'alburno

†**duraménto** [da *durare* ✱ 1287] **s. m.** ● durata

♦**durànte** **A** **part. pres.** di *durare*; anche **agg. 1** (*raro*, *lett.*) nei sign. del v. **2** ***vita natural d.***, per tutta la durata della vita **B** **prep.** ● nel corso di, nel tempo in cui si svolge o si svolgeva qlco., all'epoca di: *d. la guerra*; *d. la gara*; *d. la gita*; *d. il giorno*; *d. la notte*; *d. l'intera giornata*; *d. tutto il mese*; *d. il Medioevo* **C** **s. m. inv.** ● (*banca*) insieme delle contrattazioni che si svolgono in borsa tra apertura e chiusura di seduta

†**durànza** [sec. XIV] **s. f.** ● (*raro*) durata

♦**duràre** [lat. *durāre*, di etim. incerta, accostato erroneamente a *dūrus* 'duro' ✱ 1250 ca.] **A** **v. intr.** (**aus.** *essere, raro avere*) **1** conservarsi, mantenersi, resistere: *fiori che durano molto*; *un cibo che non dura*; *i tessuti solidi durano a lungo* | ***d. in carica***, restare in carica | bastare: *nelle sue mani il denaro non può d.*; *quanto dureranno le scorte di viveri?* **2** protrarsi nel tempo: *la questione dura ormai da vari anni*; *la buona stagione durerà per poco* | ***d. in eterno***, per sempre | ***d. da Natale a S. Stefano***, di ciò che finisce subito | continuare per un certo periodo di tempo, spec. in costruzioni impers. o con soggetto indef.: *dici che dura?*; *da troppo tempo dura così*; *la faccenda durò tre anni*; *credo che non durerà*; *non può d.!* **3** (*lett.* o *raro*) perseverare, insistere, ostinarsi: *d. nello scherzo, nello studio*; *d. a piangere, a lamentarsi*; *in questa sorte di sofismi si durerebbe in eterno a rigirarsi* (G. GALILEI) **B** **v. tr. 1** (*lett.*) soffrire, sopportare: *egli rimane a d. altri oltraggi, altre risa* (G. CARDUCCI) | ***d. fatica***, affaticarsi, avere difficoltà: *d. fatica per guadagnarsi il pane*; *d. fatica a trovare un aiuto* **2** (*raro*) ***durarla***, resistere: *non la durerò a lungo* | **PROV.** ***chi la dura la vince***

♦**duràta** [da *durare* ✱ av. 1292] **s. f. 1** il durare | periodo di tempo durante il quale si svolgono fatti, hanno luogo fenomeni e sim.: *la d. di una guerra, di una eclissi*; *calcolare la d. media della vita umana* | ***essere di lunga, di breve d.***, durare molto, poco | ***di d.***, di lunga durata: *materiale di d.* | ***contratto di d.***, la cui esecuzione si protrae nel tempo **2** (*ling.*) estensione temporale di una articolazione

duratìvo [av. 1406] **agg. 1** †durevole **2** (*ling.*) ***aspetto d.***, che esprime la durata e lo sviluppo dell'azione verbale (per es. dell'imperfetto *andava* nei confronti del passato remoto *andò*) | imperfettivo | continuo **CFR.** puntuale

†**duratóre** [vc. dotta, lat. tardo *duratōre(m)*, da *durātus* 'durato' ✱ 1551] **s. m.** ● chi tollera, sopporta

♦**duratùro** [vc. dotta, lat. *duratūru(m)*, part. fut. di *durāre* 'durare' ✱ av. 1292] **agg.** ● che dura, che è destinato a durare per molto tempo: *affetto d.*; *situazione stabile e duratura*

SFUMATURE DI SIGNIFICATO

duraturo - durevole - resistente - intramontabile

Ciò che ha tutte le caratteristiche per durare a lungo si definisce **duraturo**. **Durevole** ha lo stesso significato, ma si applica di preferenza a oggetti, beni dei quali descrive la capacità di mantenersi funzionanti ed efficienti, in grado dunque di assolvere il loro scopo per un ampio lasso di tempo. Ciò che è *durevole* è di necessità anche **resistente**, cioè atto a resistere all'azione del tempo, all'uso continuo e a ogni altro fattore di danneggiamento. Ciò che malgrado il trascorrere degli anni non perde la propria validità o efficacia, o chi conserva abilità e capacità oltre quanto concede normalmente l'età, si dice **intramontabile**.

SFUMATURE ➤ ***indelebile***

†**durazióne** [1308] **s. f.** ● durata

durèllo [da *duro* ✱ 1869] **s. m.** ● (**spec. al pl.**) interiora del pollo o di altri volatili **CFR.** frattaglia, rigaglia

♦**durévole** [1363] **agg.** ● duraturo: *amore sincero e d.* | (*econ.*) ***bene d.***, atto a prestare più servizi utili successivi | (*econ.*) ***bene non d.***, atto a prestare un solo servizio ‖ **durevolménte**, **avv.**

SFUMATURE ➤ ***duraturo***

durevolézza [1614] **s. f. 1** (*raro*) caratteristica di ciò che è durevole **2** (*geogr.*) attitudine di una roccia a resistere alle azioni alteratrici dell'atmosfera e degli agenti meteorici

durézza o †**durìzia** [lat. *durĭtia(m)*, da *dūrus* 'duro' ✱ av. 1250] **s. f. 1** caratteristica, proprietà di ciò che è duro: *la d. di un metallo*; *questo è un legno di grande d.* | proprietà di molte pietre preziose, spec. del diamante **2** proprietà di certe acque che, per via dei sali di calcio e magnesio in esse disciolti, stentano a dar schiuma coi saponi e formano incrostazioni per ebollizione **3** mancanza di elasticità | (*fig.*) ostinazione, caparbietà: *perseguire con d. i propri fini* **4** (*fig.*) inclemenza: *la d. del clima* **5** (*fig.*) asprezza: *rispondere, trattare con d.* | (*fig.*) severità: *la d. del suo carattere lo danneggia* | cattiveria, insensibilità: *dimostra grande d. di cuore* **6** (*fig.*) difficoltà: *lavoro di particolare d.* | (*raro*, *lett.*) oscurità di significato: *non lasciatevi scoraggiare dalla d. delle prime pagine* **7** scarsa sensibilità di un cavallo al morso **8** nella musica del XVII sec., dissonanza

†**durindàna** ➤ **durlindana**

†**durità** [vc. dotta, lat. *duritāte(m)*, da *dūrus* 'duro' ✱ av. 1342] **s. f.** ● durezza (*solo fig.*)

†**durìzia** ➤ **durezza**

durlindàna o †**durindàna** [ant. fr. *durendal*, propr. *d'Orlandona*, cioè 'la spada d'Orlando' ✱ sec. XIV] **s. f.** ● (*scherz.*) spada

♦**dùro** [lat. *dūru(m)*, di etim. incerta ✱ av. 1250] **A** **agg. 1** che non si lascia intaccare, scalfire e sim.: *d. come l'acciaio, come il sasso* **CFR.** sclero- | ***terreno d.***, non dissodato | ***legno d.***, particolarmente compatto | ***pane d.***, raffermo | ***carne dura***, tigliosa | ***pera, mela dura***, acerba | ***uova dure***, sode | ***grano d.***, V. *grano* | ***pietra dura***, denominazione di minerali di elevata durezza come la giada, l'ametista, il lapislazzuli, usati in oreficeria | (*colloq.*) ***d. d'orecchi***, che ci sente poco; (*fig.*) che finge di non capire | (*fig.*, *colloq.*) ***d. di testa, di comprendonio***, ottuso, lento a capire | ***avere la pelle dura***, (*fig.*) resistere alle fatiche e alle sofferenze fisiche e morali | ***osso d.***, (*fig.*) persona o cosa non facile da affrontare o risolvere | (*fig.*) ***a muso duro***, con modi rudi e decisi | (*est.*) ruvido, ispido: *tessuto d.*; *barba dura* **2** (*sport*) ***fare, prati-***

care, un gioco d., nel rugby, nel calcio e sim., disimpegnarsi con interventi eccessivamente decisi e aggressivi **3** che cede con difficoltà, che è privo di elasticità: *materasso d.* | ***cappello d.***, bombetta | (*fig.*) ostinato, caparbio: *persona dura* **4** (*fig.*) aspro, spiacevole, doloroso: *vita dura*; *è una dura verità*; *è d. calle / lo scendere e 'l salir per l'altrui scale* (DANTE *Par.* XVII, 59-60) | ***dura necessità***, inevitabile e crudele | (*fig.*) inclemente, freddo, detto di tempo: *un inverno molto d.*; *la dura stagione delle piogge* | hard: *musica dura* **5** (*fig.*) rigido, severo, inflessibile: *ha assunto un atteggiamento troppo d. nei nostri confronti* | malvagio, crudele, insensibile: *uomo dal cuore d.* **6** (*fig.*) difficile, arduo (+ *da* **seguito da inf.**): *ci hanno affidato un compito particolarmente d.*; *compito duro da affrontare*; *sarà d. il poter fargli inganno* (L. ARIOSTO) | ***duro a morire***, (*raro*) che non muore facilmente; (*fig.*) che resiste, che è molto radicato: *un pregiudizio duro a morire* | anche impers.: *è dura*; *sarà dura*; *'L'è dura', rispose il Griso* (A. MANZONI) | (*est.*) incomprensibile, ostico: *un testo d. da capire* **7** (*ling.*) velare: *la c e la g dure di 'cane' e 'gatto'* **CONTR.** palatale, dolce **8** (*chim.*) detto di acqua caratterizzata da durezza: *acqua dura* **9** (*ecologia*) detto di tecnologia tradizionale atta a produrre energie, il cui impiego è ritenuto dispendioso, inquinante, rischioso e soggetto all'estinzione delle fonti **CONTR.** dolce, soffice || **duraménte**, **avv.** **1** con durezza, con asprezza, con severità: *trattare qlcu. duramente*; dolorosamente: *a piagnere incominciai duramente* (G. BOCCACCIO) **2** †fortemente **B** **s. m.** **1** oggetto o superficie dura: *dormire sul d.* | parte dura di qlco.: *togliere il d.* **2** (*fig.*) difficoltà: *adesso viene il d.* **3** (**f.** *-a*) (*fig.*) persona che non accetta imposizioni, che sa superare ogni difficoltà, che non si piega: *il nostro capitano è un d.* | persona spietata e violenta: *fare il d.*; *assumere atteggiamenti da d.* **4** (*tosc.*) caramella di zucchero filato **C** in **funzione di avv.** **1** con asprezza e severità: *parlare d.* | ***andare giù d.***, polemizzare o criticare molto aspramente **2** profondamente: *dormire d.* | ***lavorare d.***, intensamente || **durétto**, **durettino**, **dim.** | **duróne**, **accr.** | **duròtto**, **alter.**

duròmetro [comp. di *duro* e *-metro* ✱ 1956] **s. m.** ● (*fis.*) apparecchio per la misurazione della durezza dei corpi

duróna [da *duro* ✱ 1956] **s. f.** ● varietà coltivata di ciliegia duracina: *d. di Vignola*

duróne [milan. *durón* ✱ 1925] **s. m.** **1** nodo durissimo in un blocco di marmo **2** callo, tiloma **3** durona

dùrra ➤ **dura**②

†dùrre ➤ **†ducere**

duttàle [vc. dotta, dal lat. *dŭctus* '(con)dotto' con il suff. *-ale*① ✱ 1987] **agg.** ● (*anat.*) relativo al dotto di una struttura anatomica: *parete d.*

†duttìbile [1438] **agg.** ● docile, duttile

♣dùttile [vc. dotta, lat. *dŭctile(m)*, da *dŭctus*, part. pass. di *dūcere* 'guidare', propr. 'che si può condurre, tirare' ✱ av. 1564] **agg.** **1** detto di corpo o sostanza che presenta duttilità **2** (*est.*) flessibile: *verso lei / piega il d. collo* (G. PARINI) **3** (*fig.*) arrendevole, adattabile: *carattere d.* | che ha facilità di applicazione in diversi campi di attività: *ingegno, mente d.* || **duttilménte**, **avv.**

SFUMATURE ➤ ***flessibile***, ➤ ***malleabile***

♣duttilità [da *duttile*, sul modello del fr. *ductilité* ✱ 1751] **s. f. inv.** **1** proprietà di corpi o sostanze che si possono piegare, allungare e ridurre in fili senza rompersi **2** (*fig.*) adattabilità, arrendevolezza: *d. di carattere* | capacità di applicazione in diversi campi di attività: *dimostrare grande, scarsa, d. d'ingegno*

dùtto ➤ **dotto**②

†duttóre [vc. dotta, lat. *ductōre(m)*, da *dŭctus*, part. pass. di *dūcere* 'condurre' ✱ av. 1306] **s. m.** (**f.** *-trice*) ● condottiero, duce, guida

duty free /djuti'fri, *ingl.* 'djuːtɪˌfriː/ [1984] **loc. sost. m. inv.** ● accorc. di *duty free shop*

duty free shop /'djuti friʃ'ʃɔp, *ingl.* 'djuːtɪ 'friːˌʃɒp/ [loc. ingl., comp. di *duty* 'dovere, imposta' (dal fr. ant. *du* 'dovuto'), *free* 'libero' (vc. germ.) e *shop* 'bottega' (vc. germ.) ✱ 1983] **loc. sost. m. inv.** (**pl. ingl.** *duty free shops*) ● negozio, situato spec. in aeroporti, su navi e sim., in cui si vendono merci non gravate di tasse

duumviràle o **duunviràle**, **duoviràle** [vc. dotta, lat. *duumvirāle(m)*, da *duŭmviri* (V. *duunviro*) ✱ 1830] **agg.** ● attinente ai duumviri, al duumvirato

duumviràto o **duunviràto**, **duoviràto** [vc. dotta, lat. *duumvirātu(m)*, da *duŭmviri* (V. *duumviro*) ✱ 1657] **s. m.** **1** ufficio e dignità di duumviro | durata di tale ufficio **2** (*raro*) l'insieme dei duumviri

duùmviro o **duùnviro**, **duòviro** [vc. dotta, lat. *duŭmviru(m)*, comp. di *duo* 'due' e *vir* 'uomo' ✱ sec. XIV] **s. m.** ● nell'antica Roma, ognuno degli appartenenti al collegio di magistrati composto di due membri

duùnviro e deriv. ➤ **duumviro** e deriv.

duvet /*fr.* dy'vɛ/ [vc. fr., 'lanugine, piuma' e 'letto di piume', dim. di *dum*, dall'ant. nordico *dūnn* 'piuma' ✱ 1905] **s. m. inv.** ● giacca, spec. in tessuto impermeabile, trapuntata e imbottita di piuma, usata spec. da alpinisti **SIN.** piumino

duvetìna [1938] **s. f.** ● adattamento di *duvetine* (V.)

duvetine /*fr.* dyv'tin/ [da *duvet* ✱ 1938] **s. f. inv.** ● tessuto leggero, spec. di lana, molto morbido e con superficie pelosa

†duvitànza ➤ **†dubitanza**

dvd /divud'di, divid'di, divvud'di/ o **DVD** [inizialmente sigla ingl. di *D(igital) V(ideo) D(isc)* 'disco video digitale', poi comunemente interpretato come *D(igital) V(ersatile) D(isc)* 'disco versatile digitale' ✱ 1996] **s. m. inv.** (**pl. ingl.** *dvds*) ● disco ottico capace di contenere fino a 17 GB di suoni, immagini o dati informatici | (*fam.*) lettore di disco dvd | ***dvd rom***, per sola lettura

dynasty /'dainasti, *ingl.* 'daɪnəstɪ *o* 'dɪnəstɪ/ [vc. ingl., propr. 'dinastia'; dal nome di una fortunata serie televisiva americana con questo titolo, trasmessa dal 1981 al 1989 ✱ 1987] **s. f. inv.** (**pl. ingl.** *dynasties*) ● grande famiglia imprenditoriale, spec. se divisa da lotte di potere | (*est.*) le lotte stesse per il controllo del patrimonio e delle attività da parte dei suoi membri

dzòngkha /'dzɔŋka/ [n. locale, propr. 'la lingua della fortezza' ✱ 1984] **s. m. solo sing.** ● lingua nazionale del Bhutan, appartenente al gruppo tibetano

e, E

I suoni rappresentati in italiano dalla lettera *E* sono quelli delle due vocali anteriori o palatali di media apertura: l'*E* chiusa o stretta /e/, che tende verso la vocale più chiusa di questa serie /i/, e l'*E* aperta o larga /ɛ/, che tende invece verso la vocale più aperta di tutte /a/. La distinzione tra le due *E* si ha regolarmente solo in sillaba accentata (es. *sènto* /'sɛnto/, *rilièvo* /ri'ljɛvo/, *bèlo* /'bɛlo/, *caffè* /kaf'fɛ*/, di fronte a *véndo* /'vendo/, *compiévo* /kom'pjevo/, *vélo* /'velo/, *perché* /per'ke*/); in sillaba non-accentata si ha un'*E* chiusa (es. *pàdre* /'padre/, *però* /pe'rɔ*/, *sentiva* /sen'tiva/, *vendùto* /ven'duto/), tranne che nei composti i cui primi elementi, se isolati, hanno /ɛ/ (es. *prendisóle* /prɛndi'sole/). In sillaba accentata, la lettera può portare un accento scritto, obbligatorio per le vocali accentate finali di determinati monosillabi e di tutte le parole polisillabe (es. è /ɛ*/ verbo, *canapè* /kana'pɛ*/), raro e facoltativo negli altri casi (es. *nèttare* /'nɛttare/, volendo distinguere da *nettàre* /net'tare/). L'accento è sempre grave se l'*E* è aperta (come negli esempi ora citati), è invece acuto se l'*E* è chiusa (es. *batté* /bat'te*/); ma è tuttora molto diffusa una più antica accentazione, uniformemente grave, che però è meglio evitare perché antifonetica (es. **battè*, **perchè*, con lo stesso segno d'accento di *caffè*, *canapè*, *è*, nonostante la diversa pronuncia).

e ①, (*maiusc.*) **E** /e*/ [av. 1292] **s. f. o m. inv.** ● quinta lettera dell'alfabeto italiano: *e minuscola, E maiuscolo* | nella compitazione spec. telefonica it. *e come Empoli*; in quella internazionale *e come echo* | (sempre con iniziale maiuscola) sigla di Est: *vento da NE* | ***e commerciale***, usato in luogo della congiunzione *e* nelle diciture commerciali **SIMB.** & | ***vitamina E***, V. *vitamina*

♦**e** ② /e*/ o **ed** /ed/, (*poet.*) †**et** ① /et/ [lat. *ĕt*, di orig. indeur. ✱ 1065] **cong.** (**può assumere la forma eufonica** *ed*, *poet.* †*et*, **davanti a parola che comincia per vocale, spec. per** *e*: *ed egli; Adamo ed Eva; ed ora?*. **Seguito dall'art. m. pl.** *i* **dà origine alla forma contratta lett. o pop. tosc.** *e'*: *voi fiorirete i ginnasi e' licei* (G. CARDUCCI). **Seguito dagli art. m. sing.** *il* **e** *lo* **dà origine alle forme contratte poet.** *e 'l*, †*el*: *e par che l'aria e 'l ciel si ravviluppi* (L. PULCI)) **1** con valore coordinativo e aggiuntivo unisce semplicemente due o più elementi di una prop. che abbiano la stessa funzione (sostantivi, aggettivi, predicati, pronomi, avverbi, complementi) oppure due o più prop. della stessa specie: *la luna e il sole*; *Franco e Flavia*; *rosso e azzurro*; *bello e buono*; *è un lavoro utile e bello*; *noi e voi*; *presto e bene*; *a te e per te*; *gioca e si diverte molto* | se gli elementi coordinati sono più di due la cong. precede in genere l'ultimo; viene invece ripetuta davanti a ogni elemento quando si voglia ottenere un particolare effetto stilistico: *un uomo, una donna e un bambino*; *bianco, rosso e verde*; *adesso, domani e sempre*; *esta selva selvaggia e aspra e forte* (DANTE *Inf.* I, 5); *e resiste e s'avanza e si rinforza* (T. TASSO); *a poco a poco cominciò poi a scoprir campanili e torri e cupole e tetti* (A. MANZONI) **2** con valore rafforz.: *bell'e fatto*; *bell'e finito*; *bell'e andato*; *bell'e morto*; *tutti e due*; *tutt'e tre*; *tutt'e quattro* | (*rafforz.* ed *enfat.*) al principio di un periodo: *e tu dov'eri allora?*; *e ho avuto cuore di abbandonarla?* (U. FOSCOLO); *e l'acqua cade su la morta estate* (G. PASCOLI) | in espressioni correl. introduce due elementi ai quali si vuole dare particolare rilievo (*e mangia e si lamenta di ingrassare*; *e uno piange e l'altro strilla*) oppure assume il significato di 'sia ... sia', 'sia ... che', 'tanto ... quanto' con valore aggiuntivo (*vuole e questo e quello*; *e d'estate e d'inverno*) o disgiuntivo (*e che vi piaccia e che non vi piaccia*) **3** ma, invece, mentre (con valore avversativo e antitetico): *lo credevo sincero e non lo è affatto*; *tutti lavorano e tu te ne stai lì a guardare* | eppure: *sapeva bene di sbagliare, e l'ha fatto ugualmente*; *non t'incresca restare a parlar meco; / vedi che non incresce a me, e ardo!* (DANTE *Inf.* XXVII, 24) **4** ebbene (con valore enfat. ed esortativo): *vuoi proprio comprarlo? e compralo!*; *e deciditi dunque!*; *e sta un po' fermo!*; *e smettila!*; *e vattene!* **5** più (nell'addizione, nella composizione dei numerali, nell'indicazione di pesi e misure): *tre e due*, *cinque*; *mille e duecento*; *cento e due*; *quattro kili e seicento*; *un metro e ottanta* **6** †allora, in tal caso, ebbene (con valore correl.): *quando questo fatto avrai, e io ti dirò il rimanente* (G. BOCCACCIO) **7** †anche: *se pure questo v'è all'animo di volere essere moglie e marito insieme, e a me* (G. BOCCACCIO) **8** †ecco che: *Com'io tenea levate in lor le ciglia, / e un serpente con sei piè si lancia* (DANTE *Inf.* XXV, 49-50) **9** †cioè: *la qual tu poi, tornando al tuo fattore, / lasciasti in terra, e quel soave vello* (F. PETRARCA)

è ➤ **essere** ①

e' ① /e/ **pron. pers. m. di terza pers. sing. e pl.** ● (*tosc.* o *poet.*) forma tronca di '*ei* ①'

†**e'** ② ➤ **i** ②

e' ③ /e/ **cong.** ● (*lett.* o *pop.*, *tosc.*) forma tronca per la cong. *e* seguita dall'art. m. pl. *i*: *contro i servi e' tiranni* (G. CARDUCCI)

e- ① [dalla prep. lat. *ex* 'da, fuori'] **pref.** ● presente in numerose parole di origine latina, come forma ridotta del pref. lat. *ex-*, ha il significato di 'fuori' o indica privazione: *emettere*, *enucleare*, *evirare* **SIN.** es-

e- ② /i, *ingl.* iː/ [abbr. ingl. di *e(electronic)* 'elettronico'] **primo elemento** ● in parole composte, unito a sostantivi, significa 'elettronico': *e-commerce*, *e-reader*, *e-zine*

early warning /erli'wɔrnin(g), *ingl.* ˌɜːli'wɔːnɪŋ/ [loc. ingl., propr. 'avvertimento (*warning*) anticipato (*early*)' ✱ 1986] **loc. sost. m. inv.** (**pl. ingl.** *early warnings*) ● avvertimento preventivo, preavviso

easy /*ingl.* 'iːzɪ/ [vc. ingl., propr. 'facile, semplice', prestito dal fr. ant. ✱ 1985] **agg. inv.** ● piacevole, confortevole: *atmosfera, ambiente e.*

easy listening /izi'listenin(g), *ingl.* ˌiːzi'lɪs(ə)nɪŋ/ [loc. ingl., propr. 'ascolto (*listening*) facile (*easy*)' ✱ 1992] **loc. sost. m. inv.** ● genere musicale pop che fa uso di sonorità tradizionali per creare atmosfere di piacevole intrattenimento

ebanista [fr. *ébéniste*, da *ébène* 'ebano' ✱ 1681] **s. m. e f.** (**pl. m.** *-i*) ● artigiano specializzato nella lavorazione dell'ebano o di altri legni di pregio

ebanisteria [fr. *ébénisterie*, da *ébéniste* 'ebanista' ✱ 1843] **s. f. 1** arte e tecnica della lavorazione dell'ebano o di altri legni di pregio | le opere prodotte **2** laboratorio dell'ebanista

ebanìte [ingl. *ebonite*, da *ebony* 'ebano' ✱ 1875] **s. f.** ● massa dura di colore scuro, ottenuta vulcanizzando il caucciù con molto zolfo, usata come dielettrico, per rivestimenti anticorrosivi e per svariati oggetti di uso industriale e domestico

èbano o **èbeno** [vc. dotta, lat. *ĕbenu(m)*, dal gr. *ébenos*, di orig. egiziana (*hbnj, hebni*) ✱ 1324] **A s. m.** ● albero delle Ebenacee che fornisce un legno pregiato nero e durissimo (*Diospyros ebenum*) | (*est.*) il legno di tale albero: *una statuetta d'e.* | (*fig.*) ***nero come l'e.***, nerissimo **B in funzione di agg. inv.** ● che ha il colore nero intenso caratteristico dell'ebano: *capelli di un nero e.*

SFUMATURE ➤ ***nero***

♦**ebbène** o (*fam.*) **ebbè**, (*fam.*) **embè**, (*centr.*, *merid.*) **mbè** [comp. di *e* ② e *bene* ✱ 1741] **cong. 1** dunque, orbene (con valore conclusivo): *e., verrò anch'io*; *e., decidi come credi* **2** allora (con valore rafforz. ed enfat., per esortare o sollecitare, per esprimere impazienza, incredulità, rammarico e sim. in espressioni interr.): *e., che te ne pare?*; *e., avete deciso?*; *e., cosa intendi fare?*; *Mbè, perché no? – fece Tuta* (L. PIRANDELLO) | (*assol.*) *e.?*, sollecitando una risposta, un parere

èbbi ➤ **avere** ①

èbbio [lat. *ĕbulu(m)*, di etim. incerta ✱ 1313] **s. m.** ● pianta erbacea perenne delle Caprifogliacee dall'odore sgradevole, con fiori bianchi in infiorescenze e bacche nere globose (*Sambucus ebulus*)

✦**ebbrézza** o (*raro*) **ebrézza**, †**ebriézza** [da *ebbro* ✱ 1268] **s. f. 1** stato di ubriachezza **2** (*est.*) perturbamento, simile all'ubriachezza, dovuto a sentimenti o sensazioni particolarmente intense: *l'e. dei sensi*; *l'e. della velocità*; *le parve di aver dato un balzo immenso nel cielo dell'e.* (A. MORAVIA) | entusiasmo: *giungere al colmo dell'e.* **SIN.** esaltazione, rapimento

SFUMATURE ➤ ***vertigine***

†**ebbriàco** e deriv. ➤ **ubriaco** e deriv.

ebbrietà ➤ **ebrietà**

†**ebbrióso** ➤ **ebrioso**

✦**èbbro** o (*raro*) **èbro**, †**èbrio** [vc. dotta, lat.

ēbriu(m), di etim. incerta, ma certo in opposizione con *sōbrius* 'sobrio' ✱ 1268] **agg. 1** (*lett.*) ubriaco: *e. di vino*; *così vecchio, è e. e lieto* (L. de' Medici) **2** (*fig.*) che è fuori di sé: *e. di dolore, di gioia* | *e. d'ira*, cieco per l'ira | esaltato, eccitato, stordito: *e. d'amore, di gloria* **SIN.** rapito

†**ebdòmada** o †**eddòmada**, †**edòmada** [vc. dotta, lat. tardo *hebdŏmada(m)*, dal gr. *hebdomáda*, acc. di *hebdomás*, 'gruppo di sette (*heptá*)' ✱ 1290] **s. f.** ● settimana

ebdomadàrio o (*raro*) **eddomadàrio**, †**edomadàrio** [vc. dotta, lat. tardo *hebdomadāriu(m)*, da *hebdŏmada* 'settimana', sul tipo del corrispondente *septimanāriu(m)*, da *septimāna* 'settimana'; nel sign. B1, dal fr. *hebdomadaire* ✱ sec. XIV] **A agg.** ● (*lett.*) che accade o si ripete ogni settimana: *ricorrenza ebdomadaria* **SIN.** settimanale **B s. m. 1** pubblicazione con periodicità settimanale: *un e. scientifico* **2** (*raro*) ecclesiastico che, nel capitolo di una cattedrale, compie un ufficio della durata di una settimana, a turno con gli altri canonici

ebefrenìa [vc. dotta, comp. del gr. *hḗbē* 'giovinezza' e *phrḗn*, genit. *phrenós* 'mente' ✱ 1892] **s. f.** ● (*psicol.*) forma di schizofrenia che compare prevalentemente nell'età dell'adolescenza

ebefrènico [1910] **A agg.** (**pl. m.** *-ci*) ● di ebefrenia **B s. m.** (**f.** *-a*; **pl. m.** *-ci*); **anche agg.** ● chi (o che) è affetto da ebefrenia: *una mimica gesticolare e facciale a carattere nettamente e.* (C.E. Gadda)

Ebenàcee [comp. di *ebeno* e *-acee* ✱ 1820] **s. f. pl.** (**sing.** *-a*) ● (*bot.*) famiglia di piante arboree delle Dicotiledoni tropicali cui appartiene l'ebano (*Ebenaceae*)

†**ebenìno** [sec. XIII] **agg.** ● di ebano

èbeno ➤ **ebano**

†**ebère** o **èbere** [vc. dotta, lat. *hebēre*, di etim. incerta ✱ av. 1374] **v. intr.** (**difett. usato solo nella terza pers. sing. del pres. indic.** *èbe poet.*) ● languire, venir meno | (*fig.*, *lett.*) essere inattivo, oziare: *la spada di Medoro anco non ebe; / ma sì sdegna ferir l'ignobil plebe* (L. Ariosto)

ebetàggine [1875] **s. f.** ● (*lett.*, *raro*) imbecillità

èbete [vc. dotta, lat. *hĕbete(m)*, da *hebēre* 'essere smussato' (contrapposto ad *acūtus* 'acuto' tanto in senso fisico quanto in senso morale) ✱ av. 1563] **agg. e s. m. e f. 1** che (o chi) mostra ottusità di mente: *sguardo e.*; *comportamento da e.* **2** †che (o chi) è debole, fiacco **3** (*lett.*, *raro*) stordito, intontito: *Sono stanco, … fatto e. dal caldo* (G. Carducci)

ebetìsmo [1787] **s. m.** ● condizione di chi è ebete **SIN.** ottusità

ebetùdine [vc. dotta, lat. tardo *hebetūdine(m)*, da *hebetāre* 'ebetare' ✱ sec. XIV] **s. f.** ● (*lett.*, *raro*) ebetismo: *una specie di e. gli occupò il cervello* (G. D'Annunzio)

eblaìta [1983] **A agg.** (**pl. m.** *-i*) ● relativo all'antichissima città siriana di Ebla: *lingua, scrittura e.* **B s. m. e f.** ● abitante o nativo di Ebla

Èbola [dal n. del fiume *Ebola*, che attraversa la zona equatoriale ✱ 1994] **s. m. solo sing.**; **anche agg.** ● virus altamente letale, agente di febbre emorragica, isolato nella regione dell'Africa equatoriale del fiume Ebola

ebollìre [vc. dotta, lat. *ebullīre* 'bollire (*bullīre*) a lungo (*ex-*)' ✱ av. 1342] **A v. intr.** (**coniug.** come *bollire*; **aus.** *avere*) ● (*raro*) bollire **B v. tr.** ● (*fig.*) †proferire

ebollitóre [1956] **s. m.** ● (*raro*) bollitore

ebollizióne o **ebullizióne** [vc. dotta, lat. *ebullitiōne(m)*, da *ebullīre* 'ebollire' ✱ av. 1313] **s. f. 1** (*fis.*) passaggio di un liquido allo stato aeriforme, caratterizzato dalla formazione di bolle gassose non soltanto alla superficie ma in tutta la massa del liquido stesso | ***punto, temperatura di e.***, in cui il fenomeno si manifesta, variabile da sostanza a sostanza e dipendente dalla pressione esterna **2** (*fig.*) inquietudine, fermento, eccitazione della mente e dei sensi: *aveva la mente in e.* | tumulto, agitazione: *tutta la scuola è in e.*

e-bomb /i'bomb, *ingl.* 'i:bɒm/ [vc. ingl., riduzione di *e(lectromagnetic) bomb* 'bomba elettromagnetica' ✱ 2002] **s. f. inv.** (**pl. ingl.** *e-bombs*) ● dispositivo militare in grado di produrre impulsi elettromagnetici di potenza tanto elevata da mettere fuori uso tutte le apparecchiature elettriche ed elettroniche presenti nell'area colpita, senza danneggiare le persone e le infrastrutture

ebook /i'buk, *ingl.* i:'bʊk/ o **e-book** [vc. ingl., comp. di *e-*② e *book* 'libro' ✱ 1996] **s. m. inv.** ● testo memorizzato in un file che può essere visualizzato sullo schermo di un apposito lettore o di un normale computer in forma simile alla pagina di libro | ***ebook reader***, software che consente di visualizzare i file di un ebook; lettore portatile di ebook (comp. con *reader* 'lettore')

Definizione d'autore

L'**ebook** è l'evoluzione digitale del libro, e nel contempo ne supera alcuni limiti espressivi. Risultato dell'integrazione fra un contenuto digitale (***ebook** content*) strutturato e accompagnato da elementi descrittivi (***ebook** metadata*), un dispositivo di lettura (***ebook** reader*) e un programma di lettura (*reading software*), l'**ebook** può essere la trasposizione digitale di un libro cartaceo o – pur conservando di norma il primato della scrittura – utilizzare anche audio, video, elementi interattivi. Ma per parlare propriamente di **ebook** occorre considerare anche la lunghezza, il carattere unitario e insieme complesso del contenuto, il ruolo dell'autore: elementi rispetto ai quali l'**ebook** si collega all'eredità della forma-libro.

Gino Roncaglia

ebraicìsta [1875] **s. m. e f.** (**pl. m.** *-i*) ● (*raro*) ebraista

ebraicità [da *ebraic(o)* col suff. *-ità* ✱ 1821] **s. f. inv.** ● condizione di chi (o di ciò che) è ebreo | appartenenza di qlcu. o di qlco. alla cultura, alla religione, alla storia o alla tradizione ebraica

♦**ebràico** [vc. dotta, lat. eccl. *Hebrăicu(m)*, dal gr. *Hebraïkós*, da *Hebrâios* 'ebreo' ✱ 1282] **A agg.** (**pl. m.** *-ci*) ● degli Ebrei, relativo agli Ebrei: *calendario e.*; *lingua, scrittura, religione ebraica* ‖ **ebraicaménte**, **avv.** (*raro*) in modo ebraico ‖ **ebraicità**, **s. f. inv.** (V.) **B s. m. solo sing.** ● lingua della famiglia semitica parlata dagli Ebrei; lingua ufficiale dello Stato di Israele

ebraìsmo [vc. dotta, gr. *Hebraïsmós*, originariamente 'lingua degli Ebrei (*Hebrâioi*)' ✱ 1570] **s. m. 1** religione e complesso delle tradizioni degli Ebrei, spec. di quelli antichi, distinto talvolta dal giudaismo, il quale si riferisce soltanto agli Ebrei della diaspora **2** (*ling.*) voce o sintagma proprio della lingua ebraica

ebraìsta [1911] **s. m. e f.** (**pl. m.** *-i*) ● chi si dedica allo studio della lingua, della cultura e della tradizione ebraica

ebraiẓẓàre [vc. dotta, gr. *hebraïzein* 'parlare come un ebreo (*Hebrâios*)' ✱ av. 1595] **A v. tr.** ● rendere ebreo, simile agli Ebrei, conforme ai costumi ebrei **B v. intr.** (**aus.** *avere*) ● (*raro*) comportarsi nel modo degli Ebrei imitandone i riti, i costumi, la lingua ‖ **ebraiẓẓazióne**, **s. f.**

♦**ebrèo** [vc. dotta, lat. *Hebrāeu(m)*, dal gr. *Hebrâios*, dall'ebr. *'ibhrī*: propr. 'che proviene dalla regione al di là (*'ēbher*), sottinteso del fiume' (?) ✱ sec. XIII] **s. m.** (**f.** *-a*); **anche agg. 1** appartenente al popolo discendente da un gruppo di tribù semitiche stanziatesi, durante il secondo millennio a.C., nella Palestina e costituitosi poi in unità nazionale e religiosa | ***e. errante***, figura leggendaria di ebreo che schernì Cristo sul Calvario e fu condannato a vagare fino alla fine del mondo; (*fig.*) persona irrequieta, che non si ferma mai **2** (*fig.*, *spreg.*) secondo un'antica tradizione antisemitica, chi (o che) mostra grande attaccamento al denaro: *Don Rodrigo intanto faceva … mentalmente i suoi conti … Questo capriccio mi vuol costare! Che e.!* (A. Manzoni) (V. nota d'uso STEREOTIPO) ‖ **ebreàccio**, **pegg.** | **ebreìno**, **dim.** | **ebreùccio**, **ebreùzzo**, **dim.**

ebrézza ➤ **ebbrezza**

†**ebrìaco** e deriv. ➤ **ubriaco** e deriv.

†**ebriàrsi** [vc. dotta, lat. tardo *ebriāre*, da *ēbrius* 'ebbro' ✱ 1261 ca.] **v. rifl.** ● ubriacarsi

ebriàto **part. pass.** di †*ebriarsi*; **anche agg. 1** †ubriaco **2** (*fig.*, *lett.*) esaltato

†**ebriatóre** [sec. XIV] **s. m.** ● ubriacone

ebrietà o (*raro*) **ebbrietà**, †**ebrietàde**, †**ebrietàte** [vc. dotta, lat. *ebrietāte(m)*, da *ebriātus* 'ebriato' ✱ 1288] **s. f. inv.** ● (*raro*, *lett.*) ubriachezza | (*fig.*, *lett.*) esaltazione, eccitazione

†**ebriézza** ➤ **ebbrezza**

†**ebrifestóso** (o *-ṣo*) [vc. dotta, comp. di *ebri(o)* e *festoso* ✱ av. 1698] **agg.** ● (*poet.*) esultante

†**èbrio** ➤ **ebbro**

ebrióso (o *-ṣ-*) o †**ebbrióso** [vc. dotta, lat. *ebriōsu(m)*, da *ēbrius* 'ebbro' sul tipo di *vinōsus* 'dedito al vino' ✱ 1268] **agg. 1** †incline all'ubriachezza **2** (*fig.*, *lett.*) esaltato | inebriante

èbro ➤ **ebbro**

ebulliometrìa [vc. dotta, comp. del lat. *ebullīre* 'bollire' e *-metria* ✱ 1892] **s. f.** ● (*fis.*) ebullioscopia

ebulliòmetro [comp. del lat. *ebullīre* 'bollire (*bullīre*) del tutto (*ex-*)' e *-metro* ✱ 1903] **s. m.** ● ebullioscopio

ebullioscopìa [comp. di un deriv. del lat. *ebullīre* 'bollire (*bullīre*) del tutto (*ex-*)' e *-scopia* ✱ 1902] **s. f.** ● parte della chimica fisica che studia l'innalzamento del punto di ebollizione di un determinato solvente dovuto alla dissoluzione in esso di una data sostanza

ebullioscòpico [da *ebullioscopia* ✱ 1917] **agg.** (**pl. m.** *-ci*) ● relativo all'ebullioscopia: *apparecchio e.*; *analisi ebullioscopica*

ebullioscòpio [vc. dotta, comp. del lat. *ebullīre* 'bollire' e *-scopio* ✱ 1865] **s. m. 1** apparecchio per misurare il punto di ebollizione, e quindi il peso molecolare, di una soluzione **2** (*enol.*) strumento che, in base al punto di ebollizione di un vino, ne determina il grado alcolico

ebullizióne ➤ **ebollizione**

†**èbulo** [V. *ebbio* ✱ sec. XIV] **s. m.** ● (*lett.*) ebbio: *Come fosser finocchi, ebuli o aneti* (L. Ariosto)

eburneazióne [da *eburneo* ✱ 1956] **s. f.** ● (*med.*) formazione patologica di osso compatto in seno ad altro tessuto osseo, spesso di natura tumorale

✦**ebùrneo** o **ebùrno** [vc. dotta, lat. *ebŭrneu(m)* 'fatto di avorio (*ĕbur*)', di orig. straniera, ma di etim. incerta ✱ av. 1340] **agg. 1** (*lett.*) d'avorio: *corno e.* **2** (*lett.*, *fig.*) candido come l'avorio: *collo e.*; *denti eburnei*

SFUMATURE ➤ ***candido***

e-business /i'biznəs, *ingl.* ˌi:'bɪznɪs/ [vc. ingl., comp. di *e-*② e *business* 'commercio, affari' ✱ 1998] **s. m. inv.** ● l'insieme delle attività economiche e commerciali svolte attraverso Internet **CFR.** e-commerce

écarté /*fr.* ekar'te/ [vc. fr., propr. 'scartato', part. pass. di *écarter*, comp. di *é-*, pref. di separazione, e *carter*, denominale di *carte* 'carta' ✻ 1905] **s. m. inv.** ● gioco a 32 carte per due giocatori in cui il giocatore deve conquistare 5 punti, che vengono aggiudicati a seconda del numero delle prese effettuate in una mano

ecatómbe [vc. dotta, lat. *hecatŏmbe(m)*, dal gr. *hekatómbē*, comp. di *hekatón* 'cento' e *bôus* 'bue' ✻ av. 1535] **s. f. 1** nella religione dell'antica Grecia, sacrificio di cento o comunque di numerosi buoi, o di altri animali, a una o a più divinità | (*est.*) sacrificio grande e solenne di vittime animali **2** (*fig.*) sterminio, strage (*anche scherz.*): *il combattimento si risolse in una vera e.*; *l'esame di latino è stato un'e.*

†**ecatombèo** [vc. dotta, gr. *hekatómbaios* 'relativo all'ecatombe (*hekatómbē*)' ✻ 1631] **agg.** ● di ecatombe

ecatòstilo [vc. dotta, lat. *hecatŏstylo(n)*, dal gr. *hekatóstylos*, comp. di *hekatón* 'cento' e *-stilo* ✻ 1834] **s. m.** ● portico o edificio di cento colonne

ecbòlico [vc. dotta, dal gr. *ekbólion* 'sostanza che favorisce l'espulsione del feto' ✻ 1834] **agg.** (**pl. m.** *-ci*) ● (*med.*) oxitocico

†**eccecàre** o †**escecàre** [vc. dotta, lat. *excaecāre*, da *caecāre* 'accecare' col pref. rafforz. *ex-* ✻ av. 1498] **v. tr.** ● accecare

†**eccecazióne** [vc. dotta, lat. tardo *excaecatiōne(m)*, da *excaecāre* 'eccecare' ✻ sec. XIV] **s. f.** ● accecamento | (*fig.*) cecità di mente

eccedentàrio [fr. *excédentaire*, da *excédent* 'eccedente' ✻ 1983] **agg.** ● che è in eccedenza, in più, rispetto al fabbisogno: *mano d'opera eccedentaria*

eccedènte **A** **part. pres.** di *eccedere*; anche **agg. 1** che è in più, che avanza: *quantità e.* **SIN.** sovrabbondante **2** (*mus.*) detto dell'intervallo della scala che aggiunge un semitono all'intervallo giusto o maggiore dello stesso nome: *quarta e., dal do al fa diesis* **SIN.** aumentato **B** **s. m.** ● ciò che eccede, che è in più: *eliminare tutto l'e.*

SFUMATURE ➤ ***superfluo***

eccedènza [1579] **s. f. 1** il fatto di eccedere rispetto a un dato limite: *un'e. di peso, di prezzo* **SIN.** eccesso, sovrabbondanza **2** quantità che supera il limite fissato: *c'è un'e. di cento euro sulla spesa prevista* | ciò che eccede: *eliminare le eccedenze* | ***utilizzo in e.***, l'utilizzo di un fido al di fuori dei limiti autorizzati dal concedente **SIN.** avanzo

♣**eccèdere** o †**escèdere** [vc. dotta, lat. *excēdere* 'andar (*cēdere*) fuori (*ex-*)' ✻ 1306] **A** **v. tr.** (**pass. rem.** *io eccedètti* o *eccedéi, tu eccedésti*) **1** andar oltre: *e. la competenza, i limiti, la spesa prevista* **SIN.** esorbitare, oltrepassare **2** †vincere, superare **B** **v. intr.** (**aus.** *avere*) ● superare la giusta misura (+ *in*): *e. nel mangiare, nel bere, nello scherzo* | mostrare eccessiva impulsività nel parlare, nell'agire: *sono stato provocato e ho ecceduto; ti chiedo scusa per aver ecceduto* **SIN.** esagerare, trasmodare

ecce hòmo /*lat.* ettʃe'ɔmo/ o (*raro*) **ecceòmo** [dalle parole di Pilato, secondo la tradizione lat.: 'ecco (*ĕcce*) l'uomo (*hŏmo*)' ✻ av. 1696] **loc. sost. m. inv. 1** immagine dipinta o scolpita del Cristo flagellato e coronato di spine **2** (*raro, fig.*) persona fisicamente malridotta e malconcia

ecceità [vc. dotta, lat. mediev. *haecceitāte(m)*, dal lat. *hăecce* (*rēs*) 'queste (cose)', f. di una forma intens. (*hĭcce*) di *hĭc* 'questo' (**f.** *hăec*) ✻ 1585] **s. f. inv.** ● nella filosofia di Duns Scoto (1266 ca.-1308), principio che rende ogni cosa sé stessa e la distingue da tutte le altre

♦**eccellènte** o †**escellènte** [vc. dotta, lat. *excellĕnte(m)*, part. pres. di *excĕllere* 'eccellere' ✻ 1294] **agg.** (**superl.** *eccellentissimo* (V.)) **1** che si innalza sugli altri dello stesso genere per pregi, qualità, dignità: *è un e. scrittore; mi sembra un'e. idea* | superiore per bontà, qualità: *vino, cibo, pranzo e.* **CONTR.** scadente **2** nel linguaggio giornalistico, si dice di personaggi di grande rilievo ed importanza, o di fatti che li riguardano: *un testimone e.*; *arresti eccellenti* **3** †elevato, eminente, detto di luogo **4** (*disus.*) titolo onorifico: *l'e. Priore Conte* (R. BACCHELLI) ‖ **eccellentemènte**, **avv.**

> **SFUMATURE DI SIGNIFICATO**
> ***eccellente - insigne - inimitabile***
> **Eccellente** è la persona che si innalza decisamente sugli altri per pregi, qualità, oppure la cosa che è superiore per bontà, qualità. **Insigne** si riferisce in genere a persona e mette l'accento sui tratti distintivi che determinano il merito, il pregio particolare. Con **inimitabile** si sottolinea l'unicità, l'eccezionalità di una persona o di una cosa, indipendentemente dal suo essere di qualità straordinaria.

eccellentìssimo [1881] **agg. 1** superl. di *eccellente* **2** titolo dato anticamente ai primi re di Francia e d'Italia, ai duchi di Savoia, poi ai senatori della repubblica di Lucca e ai patrizi di Venezia **3** titolo onorifico spettante a persona di grande autorità: *l'e. presidente della Corte* | titolo spettante agli arcivescovi e ai vescovi della Chiesa cattolica

♦**eccellènza** o †**eccellènzia**, †**escellènza** [vc. dotta, lat. *excellĕntia(m)*, da *excĕllens*, genit. *excellĕntis* 'eccellente' ✻ 1306] **s. f. 1** condizione, caratteristica di chi (o di ciò che) è eccellente: *e. di mente, d'ingegno* | massimo grado di bontà e perfezione: *ha raggiunto l'e. nella poesia; desiderosi di imitare con l'e. dell'arte la grandezza della natura* (G. VASARI) | qualità superiore: *l'e. di un cibo, di una medicina* | ciò che si distingue per i suoi grandi pregi: *le eccellenze artistiche, gastronomiche, della Toscana* | ***per e.***, per antonomasia, in senso assoluto: *nel Medioevo Aristotele era considerato il filosofo per e.* | ***in e.***, in sommo grado | ***di e.***, di alto livello, di altissima qualità: *ospedale di e.* | ***centro, scuola, polo di e.***, istituzione spec. universitaria dove si svolge attività di formazione e ricerca di elevato livello **2** titolo dato anticamente a imperatori, re, pontefici, ai più alti ufficiali della corona e ai maggiori feudatari, esteso poi a tutti i nobili, ai vescovi, ad alti funzionari e ufficiali: *desidero ringraziare Vostra E.* | (*est.*) la persona che portava il titolo di eccellenza: *al ricevimento ho conosciuto molte eccellenze*

SFUMATURE ➤ ***nobiltà***

eccèllere [vc. dotta, lat. *excĕllere* 'salire (**cĕllere*) oltre (*ex-*) tutti' ✻ av. 1328] **v. intr.** (**pass. rem.** *io eccèlsi, tu eccellésti*; **part. pass.** *eccèlso* (V.); **aus.** *essere* o *avere*; raro nei tempi comp.) ● essere superiore: *e. in bontà; e. su tutti; e. nella pittura, nella matematica* | (*iron.*) distinguersi: *e. nel male, nella bruttezza* **SIN.** emergere

†**eccelsitùdine** o †**escelsitùdine** [av. 1348] **s. f.** ● grandezza, altezza, spec. come titolo onorifico

eccèlso o †**escèlso** **A** **part. pass.** di *eccellere*; anche **agg.** L'aggettivo 'eccelso' esprime una qualità al massimo grado e non dovrebbe avere né comparativo né superlativo; tuttavia è spesso percepito come aggettivo di grado positivo e la forma 'più eccelso' è frequentemente usata: *i monumenti più eccelsi dell'arte greca; i più eccelsi ideali d'arte e di pensiero* (L. CAPUANA) **1** (*lett.*) altissimo: *cime, montagne eccelse* | (*fig.*) sommo, eminente: *è un uomo di ingegno e.* | (*fig.*) ottimo: *formaggio e.* **2** †titolo onorifico attribuito a personaggi di alta autorità ‖ **eccelsamènte**, **avv.** altamente **B** **s. m. 1** (*est., per anton., lett.*) Dio: *Vedi l'Eccelso omai e la larghezza / de l'etterno valor* (DANTE *Par.* XXIX, 142-143) **2** (*raro, lett.*) il cielo, il Paradiso: *gloria a Dio nell'e., negli eccelsi*

♣**eccentricità** [av. 1313] **s. f. inv. 1** distanza dal centro di qlco., spec. di una città e sim. **2** (*mat.*) in una conica, rapporto delle distanze di un punto da un fuoco e dalla relativa direttrice **3** (*astron.*) ***e. lineare***, distanza del centro dell'ellisse da uno dei due fuochi | ***e. numerica***, rapporto tra l'eccentricità lineare e il semiasse maggiore dell'ellisse **4** (*fig.*) stravaganza, bizzarria: *cerca di farsi notare con le sue e.*

♣**eccèntrico** [vc. dotta, lat. mediev. *excĕntricu(m)*, comp. parasintetico di *cĕntrum* 'centro', col pref. *ex-* ✻ 1282] **A** **agg.** (**pl. m.** *-ci*) **1** (*mat.*) di circolo o sfera contenuti in un altro, ma che non hanno con questo lo stesso centro | ***circolo e.***, nell'astronomia tolemaica, circolo lungo il quale si sarebbe mosso il centro dell'orbita descritta da un pianeta intorno alla Terra, la quale pertanto non ne avrebbe costituito il centro **SIN.** deferente **2** che è distante dal centro: *quartiere, luogo e.* | (*bot.*) ***ovario e.***, quando non occupa il centro del fiore **3** (*fig.*) bizzarro, singolare, stravagante: *abito, atteggiamento e.* ‖ **eccentricamènte**, **avv. 1** fuori del centro **2** in maniera stravagante, bizzarra ‖ **eccentricità**, **s. f. inv.** (V.) **B** **s. m. 1** (*mecc.*) dispositivo per la trasformazione di un moto rotatorio in moto rettilineo alterno, formato da una piastra circolare in ghisa o acciaio ruotante attorno a un asse e da un collare che porta un'asta | camma **2** (**f.** *-a*) persona eccentrica, stravagante | artista del caffè-concerto che mescola al suo numero improvvisazioni comico--brillanti

SFUMATURE ➤ ***snob***

ecceòmo ➤ **ecce homo**

eccepìbile [1869] **agg.** ● che può essere criticato, discusso: *è un argomento e.* ‖ **eccepibilménte**, **avv.** (*raro*) in modo eccepibile ‖ **eccepibilità**, **s. f. inv.**

♣**eccepìre** [vc. dotta, lat. *excĭpere* 'prendere, mettere (*căpere*) da parte (*ex-*)' con inserimento nella serie dei v. in *-ire* ✻ 1791] **v. tr.** (*io eccepìsco, tu eccepìsci*) ● obiettare: *non ha nulla da e. sul suo operato; e. in merito a qlco., circa qlco.* | (*dir.*) addurre in contrario, sollevando un'eccezione: *la difesa ha eccepito che ...*

eccerpìre [vc. dotta, lat. *excĕrpere* 'cavar (*cărpere*) fuori (*ex-*)', 'estrarre', con passaggio ad altra coniug. ✻ 1956] **v. tr.** (*io eccerpìsco, tu eccerpìsci*) ● (*raro*) selezionare parole e brani da un testo, spec. giuridico

♦**eccessìvo** [da *eccesso* ✻ 1354] **agg. 1** che eccede, oltrepassa il limite, la misura: *il caldo oggi è e.; dosi eccessive, velocità eccessiva, prezzo e.* | ***idee eccessive***, estreme, in politica **2** †sommo, sovrumano | (*poet.*) singolare: *alberi di tanto strana ed eccessiva bellezza* (I. SANNAZARO) ‖ **eccessivamènte**, **avv.** fuor di misura, in eccesso, troppo ‖ **eccessività**, **s. f. inv.**

♦**eccèsso** o †**escèsso** nei sign. 5 e 6 [vc. dotta, lat. *excĕssu(m)*, part. pass. di *excēdere* 'eccedere' ✻ 1268] **s. m. 1** superamento della giusta misura: *e. di zelo, di fiducia* | esagerazione: *peccare per e.* | ***all'e.***, in modo esagerato, esorbitante | ***in e.***, in quantità eccessiva | (*mat.*) ***per e.***, di approssimazione che si mantiene maggiore del numero da approssimare **SIN.** dismisura, soverchio **2** atto, comportamento, sentimento e sim. lontani dalla moderazione, dalla convenienza: *spingere all'e. un sentimento* | ***andare agli eccessi***, trascendere | ***dare in eccessi***, farsi sopraffare dalla collera **3** (*dir.*) superamento dei limiti posti dalla legge all'esercizio di una facoltà, di un diritto, di una potestà: *e. colposo di legittima difesa; e. di potere* **4** †amplificazione, ingrandimento: *esorbitante potenza* *da piccioli princìpi pervenuta con vari progressi ad un e. illimitato* (P. SARPI) **5** †delitto, misfatto: *de' commettitori di così grande e. investigando* (G. BOCCACCIO) **6** †uscita | *e.* ***di mente***, estasi

♦**eccètera** o †**et cètera** /et'tʃɛtera/, †**etcètera** /et'tʃɛtera/, †**e cètera** [vc. dotta, lat. *ĕt cētera*, propr. 'e le altre cose' (neutro di *cēteri* 'gli altri', di orig. indeur.) ✱ 1306] **A** **avv.** ● (*anche iter.*) si usa, anche abbreviato in *ecc.* o *etc.*, con il sign. di 'e così via', 'e via dicendo', 'e altre cose analoghe', per troncare un'enumerazione, un'elencazione, una citazione, un discorso e sim. che si ritiene superfluo continuare: *carta, matita, gomma, riga eccetera eccetera* **B** **in funzione di s. m. o †f.** (**pl. m. inv.; pl. f.** †*eccètere*) ● la formula stessa di eccetera: *troppi e.; con tutti questi e. non si capisce molto*

†**eccettàre** o †**escettàre** [vc. dotta, lat. *exceptāre*, parallelo frequentativo e fam. di *excĭpere* 'eccepire' ✱ av. 1311] **v. tr.** ● (*raro*) eccettuare

†**eccettàto** **A** **part. pass.** di †*eccettare*; **anche agg.** ● nei sign. del v. **B** **in funzione di prep.** ● (*raro*) tranne, eccetto

♦**eccètto** [vc. dotta, lat. *excĕptu(m)*, part. pass. di *excĭpere* 'eccepire' ✱ sec. XIII] **A** **prep.** ● tranne, fuorché, all'infuori di: *sono venuti tutti, e. Carlo*; *tutti si sono ricordati, e. lui*; *riceve tutti i giorni e. il giovedì* | anche nella loc. prep. ***e. che***: *vado d'accordo con tutti, e. che con te* **B** **nelle loc. cong.** ***e. che, raro e. se*** ● a meno che, salvo che (introduce una prop. eccettuativa esplicita con il v. al congtv., implicita con il v. all'inf.): *verrò certamente, e. che non sopraggiunga un improvviso ostacolo*; *è permessa ogni cosa, e. che fumare* **C** **agg.** **1** †eccettuato **2** †privilegiato

†**eccettóre** [vc. dotta, lat. *exceptōre(m)*, da *excĭpere* 'raccogliere, scrivere' ✱ sec. XIV] **s. m.** ● scrivano

eccettuàbile [1865] **agg.** ● (*raro*) che si può eccettuare

eccettuàre [da *eccetto* ✱ sec. XIII] **v. tr.** (*io eccèttuo, noi eccettuiàmo*) ● non includere nel numero, nella totalità, nella norma: *se eccettuate questo caso, tutti gli altri non hanno creato complicazioni* **SIN.** escludere

eccettuatìvo [1612] **agg.** ● che serve a eccettuare | (*gramm.*) ***congiunzione eccettuativa***, che introduce una proposizione eccettuativa (per es.: *eccetto, eccetto che, tranne, tranne che, fuorché, a meno che, salvo, salvo che, se non* ecc.) | ***proposizione eccettuativa***, proposizione subordinata che indica una circostanza che limita quanto espresso dalla reggente (per es.: *non si fanno eccezioni tranne che non vi sia un motivo urgente*; *in casa fa tutto tutto fuorché cucinare*)

♦**eccettuàto** **A** **part. pass.** di *eccettuare*; **anche agg.** ● escluso: *sono sempre a casa, eccettuata la domenica* **B** **nella loc. cong.** †***e. che***, a condizione che: *gli accettò con le condizioni proposte, e. che Alessandro da Triulzi con alcuni capitani dei fanti rimanessero prigioni suoi* (F. GUICCIARDINI)

†**eccettuazióne** [1304] **s. f.** ● esclusione, eccezione

♦**eccezionàle**, (*evit.*) **eccezzionàle** [fr. *exceptionnel*, da *exception* 'eccezione' ✱ 1840] **agg.** **1** che costituisce un'eccezione: *intervento e.* **SIN.** insolito, anomalo | ***legge e.***, le cui disposizioni derogano a regole generali poste da altre leggi | ***in via e., del tutto e.***, per eccezione, in via straordinaria **2** singolare, straordinario, grandissimo: *capacità, intelligenza, bellezza e.* ‖ **eccezionalménte**, **avv.** per eccezione, in via eccezionale; straordinariamente ‖ **eccezionalità**, **s. f. inv.** (V.)
SFUMATURE ➤ *raro*

eccezionalìsmo [1882] **s. m.** ● concezione basata sulla certezza di rappresentare qlco. di eccezionale, di speciale: *l'e. americano*

eccezionalità [da *eccezionale* ✱ 1870] **s. f. inv.** ● il costituire un fatto eccezionale, non consueto: *data l'e. della situazione* **SIN.** anormalità | il fatto di essere grandioso, fenomenale, strepitoso: *l'e. di uno spettacolo*

♦**eccezióne** [vc. dotta, lat. *exceptiōne(m)*, da *excĕptus* 'eccetto' ✱ 1340] **s. f.** **1** deroga, esclusione da una norma, da una regola o dalla normalità: *per voi faremo un'e.* | ***senza e.***, niente e nessuno escluso | ***d'e.***, fuori del normale, dell'ordinario | ***eccezion fatta per, fatta e. per, a e. di***, tranne, eccettuato: *ho concluso i preparativi, fatta e. per qualche telefonata* | ***in via d'e.***, eccezionalmente | ***fare e.***, essere anomalo | (*est.*) fatto che esce dalla normalità, dall'ordinarietà: *il fenomeno osservato costituisce un'e. inspiegabile* | **PROV.** ***l'e. conferma la regola*** **2** critica, obiezione, rilievo: *muovere, opporre un'e.*; *fare delle eccezioni* | ***superiore a qualunque, a ogni e.***, a qualunque critica **3** (*dir.*) ragione che, nel processo civile, può essere addotta davanti al giudice, o rilevata d'ufficio dallo stesso, perché provveda diversamente da come gli è stato chiesto: *sollevare una e.*; *e. processuale, di rito*; *e. sostanziale, di merito*

SFUMATURE DI SIGNIFICATO
eccezione - deroga - strappo - inosservanza
L'esclusione temporanea o parziale di qualcosa o qualcuno da una norma generale si definisce **eccezione**. Stesso concetto ma registro molto più familiare ha il termine **strappo**. Nel linguaggio giuridico l'*eccezione* si definisce **deroga**: più precisamente questa consiste nel porre con un provvedimento legislativo un'eccezione rispetto alla regola contenuta in altra norma giuridica. Una *deroga* decisa arbitrariamente e abusivamente diventa un'**inosservanza**, ossia una trasgressione e una contravvenzione della regola.
SFUMATURE ➤ *deroga*

†**eccheggiàre** ➤ **echeggiare**

-ecchiàre **suff.** ● in verbi derivati da altri verbi, ha valore attenuativo o frequentativo: *sonnecchiare, punzecchiare*

ecchìmosi o **ecchimòsi** [vc. dotta, gr. *ekchýmōsis* 'travaso', dal v. *ekchymôusthai* 'far travasare il sangue', propr. 'far uscire (*ek-*) il succo (*chymós*)' ✱ 1820] **s. f. inv.** ● (*med.*) piccola macchia emorragica dovuta a un travaso di sangue nei tessuti spec. in seguito a una contusione

ecchimòtico [1879] **agg.** (**pl. m.** *-ci*) ● (*med.*) di ecchimosi

†**ècci** o †**èvvi** [comp. di *è*, terza pers. del pres. indic. del v. *essere*, e di *ci*① o *vi*① nel sign. C] **vc.** ● c'è: *Ècci un'altra molto ingegnosa ragione* (G. GALILEI)

eccì o **ecciù**, **etcì** /et'tʃi*/, **etciù** /et'tʃu*/, **atciù** /at'tʃu*/ [vc. onomat. ✱ 1956] **inter.** ● riproduce il suono di uno starnuto

♦**eccìdio** o †**escìdio** [vc. dotta, lat. *excĭdiu(m)*, da *exscĭndere* 'annientare', con sovrapposizione di *uccidere* ✱ 1351] **s. m.** (**pl.** *-i* o *raro -ii*) **1** sterminio, strage: *l'e. di Tebe, l'e. delle Fosse Ardeatine* **2** †rovina

eccìmero [vc. dotta, comp. di *ecci(tato)* e *-mero* ✱ 1987] **s. m.** ● (*chim.*) molecola composta da atomi che sono legati nello stato eccitato ma non nello stato fondamentale

eccipiènte [vc. dotta, lat. *excipiĕnte(m)*, part. pres. di *excĭpere* nel senso di 'accogliere', 'prendere (*căpere*) completamente (*ex-*)' ✱ 1865] **A** **agg.** ● (*farm.*) detto di sostanza priva di qualsiasi attività farmacologica, che si mescola a una sostanza attiva per poterla usare nella forma voluta facilitandone la somministrazione **B** **anche s. m.**

eccitàbile [vc. dotta, lat. tardo *excitābile(m)*, da *excitāre* 'eccitare' ✱ 1819] **agg.** ● che si eccita facilmente: *è un temperamento e.* **SIN.** emotivo ‖ **eccitabilità**, **s. f. inv.** (V.)

eccitabilità [1813] **s. f. inv.** **1** caratteristica di chi si eccita facilmente: *persona di grande e.* **2** (*biol.*) caratteristica propria di ogni cellula di reagire agli stimoli naturali o artificiali con un mutamento del proprio stato fisico-chimico che si può tradurre in varie manifestazioni biologiche

eccitaménto [1442] **s. m.** **1** l'eccitare, l'eccitarsi: *e. sessuale* | ciò che eccita: *certi film sono un e. alla violenza* **2** (*biol.*) stimolo capace di provocare reazioni nella sostanza vivente: *e. nervoso*

eccitànte **A** **part. pres.** di *eccitare*; **anche agg.** ● che eccita | emozionante, elettrizzante | provocante, seducente **B** **s. m.** ● sostanza che stimola gli organi o i tessuti organici, rendendoli più pronti alle loro funzioni **SIN.** stimolante

♦**eccitàre** o †**escitàre** [vc. dotta, lat. *excitāre* 'muover (*citāre*) fuori (*ex-*)' ✱ av. 1292] **A** **v. tr.** (*io èccito*) **1** risvegliare, stimolare, suscitare: *e. l'appetito, l'interesse, la curiosità*; *le velleità di rievocare l'antica tragedia greca … tentano … invano di e. violente e torbide commozioni* (B. CROCE) | muovere, provocare: *e. il riso, la nausea, la collera* | istigare: *e. la discordia*; *e. il popolo alla rivolta* | (*raro*) incitare: *e. un giovane allo studio* **2** (*med.*) suscitare una reazione nella materia vivente **3** porre in uno stato di agitazione (*anche assol.*): *e. i sensi, la fantasia*; *il tè è una bevanda che eccita* | muovere a sdegno, a ira: *non eccitarlo, sai che reagirebbe in malo modo* **CONTR.** calmare | suscitare desiderio sessuale (*anche assol.*) **4** (*elettr.*) mandare corrente in un circuito per magnetizzare un circuito magnetico e generare quindi un flusso **5** (*fis.*) rendere eccitato un sistema quantistico **B** **eccitàrsi** **v. intr. pron.** ● turbarsi, agitarsi, innervosirsi (+ *per*, **anche seguito da inf.**): *si eccita facilmente*; *eccitarsi per le novità, per aver letto una notizia* | provare un desiderio sessuale
SFUMATURE ➤ *accendere*

eccitatìvo [1375] **agg.** ● (*raro*) che eccita o è idoneo a produrre eccitazione

eccitàto **part. pass.** di *eccitare*; **anche agg.** **1** turbato, agitato, irrequieto | emozionato, esaltato | che prova un forte desiderio sessuale **2** (*fis.*) detto di un sistema quantistico avente un'energia maggiore di quella minima possibile: *stato e. di un atomo* ‖ **eccitataménte**, **avv.**

eccitatóre [vc. dotta, lat. tardo *excitatōre(m)*, da *excitātus* 'eccitato' ✱ 1353] **A** **agg.** (**f.** *-trice*) ● (*raro*) che eccita: *strumento e.*; *grido eccitator de la battaglia* (T. TASSO) **B** **s. m.** **1** (**f.** *-trice*) (*raro*) chi eccita **2** (*med.*) elemento o strumento che provoca eccitazione **3** apparecchio che produce vibrazioni meccaniche | generatore di corrente elettrica per l'alimentazione delle bobine di altri generatori

eccitatrìce [vc. dotta, lat. tardo *excitatrīce(m)*, da *excitātus* 'eccitato' ✱ 1892] **s. f.** ● (*elettr.*) tipo di dinamo accoppiata meccanicamente agli alternatori con lo scopo di fornire corrente continua sufficiente per l'eccitazione dei poli delle macchine sincrone

eccitazióne [vc. dotta, lat. tardo *excitatiōne(m)*, da *excitātus* 'eccitato' ✱ sec. XV] **s. f.** **1** l'eccitare, l'eccitarsi: *e. degli animi, della fantasia*; *e. nervosa* | ***e. di motori elettrici***, creazione del campo magnetico necessario al funzionamento del motore **2** condizione di chi è eccitato, irrequieto, euforico: *un momento di e.*; *Le signore s'accomiatavano (…) coll'allegria e l'e. nelle parole e nel gesto* (G. VERGA) **SIN.** agitazione, fermento | condizione di chi è eccitato sessualmente
SFUMATURE ➤ *euforia*

ecciù ➤ **eccì**
ecclèsia① [vc. dotta, lat. *ecclēsia(m)*, dal gr. *ekklēsía* 'assemblea degli invitati' (*ékklētoi*, dal v. *kaléin* 'chiamare per nome') ✱ 1865] **s. f.** ● assemblea del popolo nelle antiche città greche
†**ecclèsia**② ➤ **chiesa**
♣**ecclesiàle** [fr. *ecclésial*, dal lat. *ecclēsia* 'chiesa' ✱ 1968] **agg.** ● che concerne la Chiesa, spec. nel suo aspetto di comunità preminentemente spirituale ‖ **ecclesialità**, **s. f. inv.** caratteristica di ciò che è ecclesiale; l'insieme dei valori ecclesiali
ecclesialése (o **-se**) [da *ecclesial(e)* col suff. *-ese*② ✱ 1987] **A** **s. m.** ● linguaggio tipico degli ambienti ecclesiastici (*anche iron.*) **B** anche **agg.**: *termini ecclesialesi*
ecclesiàste [vc. dotta, lat. tardo *ecclesiăste(m)*, dal gr. *ekklēsiastḗs* ✱ 1308] **s. m.** **1** chi, presso gli antichi Greci, partecipava all'ecclesia | oratore che parlava nell'ecclesia **2** ***Ecclesiaste***, titolo greco di uno dei libri dell'Antico Testamento
ecclesiàstico [vc. dotta, lat. eccl. *ecclesiăsticu(m)* 'pertinente alla chiesa (*ecclēsia*)', dal gr. *ekklēsiastikós* 'pertinente all'assemblea (*ekklēsía*)' ✱ 1261 ca.] **A** **agg.** (**pl. m.** *-ci*) ● che concerne la Chiesa o il clero, spec. nell'aspetto organizzativo, istituzionale e gerarchico: *gerarchia ecclesiastica; abito, beneficio e.* | ***asse e.***, i beni confiscati dallo Stato alla Chiesa | ***diritto e.***, ramo speciale del diritto pubblico che disciplina la fenomenologia religiosa; (*est.*) disciplina che lo studia ‖ **ecclesiasticaménte**, **avv.** in modo conforme alle regole della Chiesa ‖ **ecclesiasticità**, **s. f. inv.**: *l'ecclesiasticità di una cerimonia* **B** **s. m.** **1** sacerdote, prete, chierico **2** ***Ecclesiastico***, titolo latino del libro di Siracide, facente parte dei libri deuterocanonici dell'Antico Testamento
ecclesiologìa [comp. del lat. *ecclēsia* 'chiesa', e *-logia* ✱ 1932] **s. f.** (**pl.** *-gìe*) ● dottrina teologica cattolica circa l'origine, la natura e gli attributi della Chiesa | (*est.*) ogni disciplina, anche non cattolica, che studia la chiesa come comunità dei fedeli
ecclesiològico [1968] **agg.** (**pl. m.** *-ci*) ● relativo alla ecclesiologia
ecclesiòlogo [1968] **s. m.** (**f.** *-a*; **pl. m.** *-gi*) ● studioso di ecclesiologia
ecclèttico ➤ **eclettico**
ecclìmetro o **eclìmetro** [vc. dotta, comp. del gr. *ékklima* 'movimento laterale, inclinazione', e *-metro* ✱ 1869] **s. m.** ● strumento topografico che dà l'inclinazione della linea di mira
†**ecclisse** ➤ **eclissi**
†**ecclissi** e deriv. ➤ **eclissi** e deriv.
ecclittico e deriv. ➤ **eclittico** e deriv.
♦**ècco**① o †**dècco** [lat. *ĕccum*, di orig. indeur. ✱ 1261 ca.] **A** **avv.** **1** si usa per indicare, mostrare, annunciare, presentare qlcu. o qlco., per sottolineare un dato di fatto o per introdurre un discorso, con i sign. di 'vedi', 'vedi qui', 'tieni', 'ascolta', 'senti' e sim.: *e. la casa dei nostri amici; e. qui il tuo libro; e. là il signor Momolo, egli è pronto a sposarla* (C. Goldoni); *e. qual è il problema; e. il punto; e. in poche parole la situazione; e. come sono andate le cose* | anche iron.: *e. le tue prodezze!; e. i bei risultati delle mie fatiche!* | con valore rafforz.: *quand'e., ed e.*, quando improvvisamente, quando inaspettatamente: *quand'e. me lo vedo venire incontro; Ed e. un altro di quelli splendori / ver' me si fece* (Dante *Par.* IX, 13-14) | con valore rafforz. *e. che*: *e. che siamo daccapo!* | con valore conclusivo *e. perché*: *e. perché insistevi tanto!* | seguito da un part. pass. indica un'azione già compiuta: *e. fatto; eccoci arrivati!* **2** si unisce ai pron. pers. atoni *mi, ti, ci, si, vi, lo, la, le, li* e alla particella *ne*, in posizione enclitica proclitica: *eccoci pronti; eccoli là; eccotelo; eccone uno; eccomi! arrivo!* **3** si usa come risposta a una chiamata: *'Luigi?' 'e.!'*; *'cameriere?' 'eccomi, signore!'*; *'la mia giacca?' 'eccola!'* **B** in funzione di **inter.** ● (*pleonast.*) con valore intens.: *e., se tu facessi maggiore attenzione!*; *'che te ne pare?' 'e., non saprei'*
†**ècco**② ➤ **eco**①
♦**eccóme** o (*raro*) **e cóme** [comp. di *e*② e *come*, con raddoppiamento sintattico ✱ 1819] **avv.** ● certamente, senza dubbio (come energica conferma di un fatto, di una dichiarazione): *se ha ubbidito? e. ha ubbidito!; i ragazzi ci stanno, e.; E. se è un galantuomo!* (A. Manzoni) | ***e. no?***, ***e. no!***, certamente: *'lo credi proprio?' 'e. no!'* | (*assol.*) nelle risposte: *'l'hai proprio visto?' 'e.!'*
èccrino [comp. del gr. *ek-* 'fuori' e di *-crino* ✱ sec. XIX] **agg.** ● (*biol.*) detto di ghiandola le cui cellule epiteliali non perdono parte del protoplasma nel corso della secrezione
ecdèmico [vc. dotta, tratta dal gr. *ékdēmos* 'che è estraneo (*ek-*) al popolo (*dêmos*)', sul modello di *endemico* ✱ 1892] **agg.** (**pl. m.** *-ci*) ● (*med.*) detto di malattia non diffusiva, prodotta da causa non locale **CONTR.** endemico
ecdòtica [dal gr. *ékdotos* 'edito' con il suff. agg. proprio dei n. gr. delle arti ✱ 1961] **s. f.** ● in filologia, teoria e pratica dell'edizione critica del testo
ecdòtico [1952] **agg.** (**pl. m.** *-ci*) ● (*ling.*) relativo all'ecdotica
†**e cètera** ➤ **eccetera**
ècfrasi /'ɛkfrazi/ [vc. dotta, gr. *ékphrasis*, da *ekphrázein* 'descrivere', comp. da *ek*, avv. che indica completamento, e *phrázein* 'esporre' ✱ sec. XVI] **s. f. inv.** ● lunga ed elaborata descrizione di un'opera d'arte, secondo precisi canoni retorici: *l'e. di un quadro manierista* | (*est.*) descrizione accurata
echeggiaménto [1869] **s. m.** ● (*raro*) continuo risonare come d'eco | (*fig.*) evocazione, richiamo
echeggiàre o †**eccheggiàre** [da *eco* ✱ av. 1638] **A** **v. intr.** (**pres.** *io echéggio*; **fut.** *io echeggerò*; **aus.** *avere* o *essere*) ● fare eco, risuonare con eco: *il teatro echeggiava di applausi fragorosi; lo scoppio echeggiò nella vallata* **B** **v. tr.** ● (*fig.*) evocare, imitare, ricalcare
Echeneifórmi [comp. del lat. *echenēis* 'remora', dal gr. *echenēís* 'che (trat)tiene (dal v. *échein*) la nave (*nâus*, genit. *nēós*)', e del pl. di *-forme* ✱ 1970] **s. m. pl.** (**sing.** *-e*) ● (*zool.*) ordine di Pesci ossei con la prima pinna dorsale trasformata in disco adesivo mediante il quale si attaccano ad altri individui (*Echeneiformes*)
echèo [vc. dotta, tratta dal lat. tardo *echēa* (pl.), dal gr. *ēchêia*, da *ēchḗ* 'eco', per la loro funzione risonatrice ✱ 1679] **s. m.** **1** nell'antico teatro greco, vaso di rame che si metteva in apposite nicchie per far risuonare la voce degli attori o che, riempito di pietre, era agitato per imitare il rumore del tuono **2** piccolo vaso di bronzo un tempo messo nel corpo degli strumenti a corda per aumentarne la sonorità
èchide [vc. dotta, tratta dal gr. *échis* 'serpente', di orig. indeur. ✱ 1968] **s. m.** ● piccolo serpente dei Viperidi, velenosissimo, di color sabbia con una macchia bianca sul capo (*Echis carinatus*) **SIN.** vipera delle piramidi
echìdna [vc. dotta, dal gr. *échidna* 'vipera', di orig. indeur. ✱ 1828] **s. f.** ● genere di Mammiferi dei Monotremi con muso sottile, unghie robustissime adatte a scavare e aculei disseminati fra i peli del mantello (*Echidna*)
echidnìna [comp. di *echidna* e *-ina* ✱ 1865] **s. f.** ● principio attivo del veleno dei serpenti
echinàcea [vc. dotta, comp. di *echin(o)-* e del sing. di *-acee* ✱ 1990] **s. f.** ● (*bot.*) genere di piante erbacee delle Composite, originario dell'America settentrionale (*Echinacea*) | nome comune di alcune specie di questo genere, coltivate per ornamento o per le proprietà depurative e antinfiammatorie delle radici e del rizoma (*E. purpurea, E. angustifolia, E. pallida*)
echinàto [vc. dotta, lat. *echinātu(m)* 'spinoso' ✱ 1499] **agg.** ● (*bot.*) che è coperto di piccole spine o di aculei
echìno [vc. dotta, lat. *echīnu(m)*, dal gr. *echînos*, da *échis* 'serpente' ✱ av. 1452] **s. m.** **1** (*zool.*) riccio di mare **2** (*archit.*) elemento del capitello dorico e di quello ionico, posto sotto l'abaco, con profilo pressoché parabolico
echìno- [dal gr. *echînos* 'riccio'] **primo elemento** ● in parole scientifiche composte significa 'riccio', 'che ha aspetto di riccio', 'spinoso': *echinococco, echinodermi*
echinocàctus [comp. di *echino-* e *cactus* ✱ 1820] **s. m. inv.** ● genere di piante americane delle Cactacee, con fusto unico e rotondeggiante e foglie trasformate in spine (*Echinocactus*)
echinocàrdio [comp. di *echino-* e *-cardio* ✱ sec. XIX] **s. m.** ● genere di Echinodermi con guscio poligonale a forma di cuore (*Echinocardium*)
echinocòcco [vc. dotta, comp. di *echino-* e del gr. *kókkos* 'granello' (V. *cocco*④) ✱ 1820] **s. m.** (**pl.** *-chi*) ● verme parassita dei Platelminti, che vive allo stadio adulto nell'intestino del cane e come larva anche nell'uomo (*Echinococcus granulosus*)
echinococcòsi [1922] **s. f. inv.** ● (*med.*) infestazione da echinococco, con formazione di cisti in svariati organi, spec. il fegato e il polmone
Echinodèrmi [vc. dotta, comp. di *echino-* e *-derma* ✱ 1820] **s. m. pl.** (**sing.** *-a*) ● (*zool.*) tipo di animali marini dei Deuterostomi di forma stellata o cilindrica; fra le specie più note, la stella marina e l'oloturia (*Echinodermata*)
Echinòidi [vc. dotta, comp. del gr. *echînos* 'riccio' e *êidos* 'forma' ✱ 1892] **s. m. pl.** (**sing.** *-e*) ● (*zool.*) classe di Echinodermi comprendente i ricci di mare (*Echinoidea*)
echinulàto [da *echino*, con suff. dim. ✱ 1956] **agg.** ● (*bot.*) detto di spore, semi e sim. coperti di piccolissime sporgenze
èchio [vc. dotta, lat. *ĕchio(n)*, dal gr. *échion*, da *échis* 'vipera', per il suo frutto simile a una testa di vipera ✱ 1561] **s. m.** (**pl.** *-i* o *raro -ii*) ● genere di piante erbacee o arbustive delle Borraginacee con fiori a corolla bilabiata (*Echium*)
echistotèrmo [comp. del gr. *hḗkistos* 'minimo' (superl. dell'avv. *êka* 'lievemente'), e *-termo* ✱ 1956] **agg.** ● (*bot.*) detto di flora che si sviluppa oltre i limiti di latitudine e altitudine propri della vegetazione arborea
Echiuroidèi [comp. del gr. *échis* 'vipera', di orig. indeur., *ourá* 'coda' e un deriv. di *êidos* 'forma', per la loro proboscide estensibile ✱ sec. XIX] **s. m. pl.** (**sing.** *-èo*) ● (*zool.*) gruppo di organismi simili agli Anellidi, ma privi di parapodi (*Echiuroidea*)
ecìdio [vc. dotta, gr. *oikídion*, dim. di *ôikos* 'casa', per la forma ✱ 1834] **s. m.** ● (*bot.*) corpo fruttifero dei Funghi dei Basidiomiceti Uredinali determinante forme patologiche note col nome di ruggini
e-cig /*ingl.* 'iːsɪg/ [2012] **s. f. inv.** ● accorc. di *e-cigarette*
e-cigarette /i'sigaret, *ingl.* 'iːsɪgəˌret/ [vc. ingl., comp. di *e-*② e *cigarette* 'sigaretta' ✱ 2010] **s. f. inv.** ● sigaretta elettronica

ecìsta o **eciste** [gr. *oikistés* 'fondatore' ✻ 1905] **s. m.** (**anche f. nel sign. 2; pl. m.** *-i*) **1** (*stor.*) nell'antica Grecia, capo di una spedizione coloniale **2** (*est.*, *raro*) fondatore

eclampsìa [vc. dotta, fr. *éclampsie*, dal gr. *éklampsis*, deriv. del v. *eklámpein* 'uscir fuori (*ek-*) con lo splendere (*lámpein*)': per la luce abbagliante che colpisce i malati durante gli attacchi (?) ✻ av. 1806] **s. f.** ● (*med.*) accesso di violente contrazioni muscolari simili a quelle epilettiche, con cefalea e perdita di coscienza | ***e. gravidica***, che si manifesta durante la gravidanza, e che è da essa provocata

eclàmptico [1968] **agg.** (**pl. m.** *-ci*) ● (*med.*) di eclampsia: *sindrome eclamptica*

eclatànte [fr. *éclatant*, propr. part. pres. di *éclater* 'scoppiare', dal francone **slaitan* 'fendere, spezzare' ✻ 1858] **agg.** ● detto di ciò che manifesta con grande evidenza la sua natura o le sue caratteristiche: *una verità e.*; *un esempio e. di egoismo* | (*est.*) che colpisce vivamente: *notizia e.*; *il fatto e. è che ...*

eclatànza [da *eclatante* ✻ 1825] **s. f.** ● immediata e forte risonanza: *l'e. mediatica di una dichiarazione* | chiara evidenza, palese rilevanza: *l'e. di un risultato*

eclettiçìsmo [1806] **s. m.** ● (*lett.*) eclettismo

♣**eclèttico** o (*raro*) **ecclèttico** [vc. dotta, fr. *éclectique*, dal gr. *eklektikós* 'atto a scegliere', deriv. del v. *eklégein* 'cogliere (*légein*) fuori (*ek-*)', 'trascegliere' ✻ 1806] **A agg.** (**pl. m.** *-ci*) **1** (*filos.*) proprio dell'eclettismo | che segue l'eclettismo **2** (*est.*) che si dedica a studi, discipline o attività differenti: *ha una mente eclettica* | (*est.*) di artista, e della sua opera, il cui stile si compone di elementi tratti da diverse correnti ‖ **eclètticaménte**, **avv.** in modo eclettico, con versatilità ‖ **eclètticità**, **s. f. inv. B s. m.** (**f.** *-a*) **1** chi segue l'indirizzo filosofico dell'eclettismo **2** (*est.*) chi ha diversi e molteplici interessi o attività

♣**eclettìşmo** [fr. *éclectisme*, da *éclectique* 'eclettico' ✻ 1829] **s. m. 1** indirizzo filosofico (sorto in Grecia nel periodo ellenistico) che tende a conciliare fra loro dottrine di scuole diverse **2** nell'arte figurativa, tendenza a ispirarsi a diverse fonti culturali, operando una scelta degli elementi ritenuti migliori | (*est.*) tendenza a combinare metodi e idee differenti (talvolta con sfumatura critica)

eclìmetro ➤ **ecclimetro**

†**eclissaménto** [1797] **s. m.** ● eclissi

eclissàre o (*pop.*) †**ecclissàre** [da *eclissi* ✻ 1321] **A v. tr. 1** (*astron.*) rendere invisibile in seguito a eclissi: *la Luna ha eclissato la Terra* **2** (*est.*) vincere col proprio splendore uno splendore meno intenso: *il Sole eclissa le stelle* **SIN.** offuscare, oscurare **3** (*fig.*) umiliare, far sfigurare vistosamente: *e. la fama, la gloria, la bellezza di qlcu.* **B eclissàrsi v. intr. pron. 1** (*astron.*) diventare invisibile per il verificarsi di un'eclissi **2** (*est.*) scomparire: *le sue ricchezze si sono eclissate in un momento* **3** (*fig.*) non farsi più vedere, andarsene di nascosto: *dopo lo scandalo ha preferito eclissarsi*

eclìssi o **eclìsse**, (*pop.*) †**ecclìssi**, (*pop.*) †**ecclìsse** [vc. dotta, lat. *eclīpse(m)*, dal gr. *ékleipsis*, dal v. *ekléipein* 'lasciare, abbandonare' ✻ 1282] **s. f. o †m. inv. 1** (*astron.*) temporanea invisibilità di un astro per interposizione di un altro | ***e. solare***, quando la Luna occulta il Sole | ***e. lunare***, quando la Terra si interpone tra Luna e Sole | ***e. totale***, di tutto l'astro | ***e. parziale***, di una parte dell'astro | ***e. anulare***, quando la luna si sovrappone al sole e ne lascia visibile solo la parte esterna a forma di anello **2** (*fig.*) †oscurità, ombra **3** (*fig.*) crisi, decadenza, periodo oscuro

eclìttica o **ecclìttica** [f. sost. di *eclittico* ✻ 1314] **s. f.** ● (*astron.*) traiettoria circolare apparentemente percorsa dal Sole in un anno nella sfera celeste | piano nel quale giace l'orbita che la Terra descrive intorno al Sole

eclìttico o **ecclìttico** [vc. dotta, lat. tardo *eclipticu(m)*, dal gr. *ekleiptikós* 'relativo all'eclisse (*ékleipsis*)' ✻ 1282] **agg.** (**pl. m.** *-ci*) ● (*astron.*) che concerne l'eclissi o l'eclittica

†**eclìzia** ➤ **clizia**

ècloga ➤ **egloga**

ecmneşìa [comp. del gr. *ek* 'fuori' e di *-mnesia*, sul modello di *amnesia* ✻ sec. XIX] **s. f.** ● (*psicol.*) alterazione della memoria per cui si rivive il passato come presente

ecmnèstico [1956] **agg.** (**pl. m.** *-ci*) ● (*med.*) di ecmnesia: *fenomeno e.*

♦**èco** ① o †**ècco** ② [vc. dotta, lat. *ēchu(m)*, dal gr. *ēchṓ*, deriv. del v. *ēchêin* 'risonare' di etim. incerta ✻ av. 1320] **s. f. o m.** (**pl. m.** *èchi*; *raro* **pl. f. inv.**) **1** fenomeno acustico caratterizzato dal ripetersi di un suono a causa della riflessione dell'onda sonora contro un ostacolo, quando l'onda riflessa giunge all'osservatore distinta dall'onda diretta | ***fare eco***, (*fig.*) ripetere le parole di qlcu., spec. con intenzione di scherno; consentire, approvare ciò che qlcu. dice | (*fig.*) ***farsi eco di qlcu., di qlco.***, riferire, ripetere l'opinione di altri | (*fig.*) evocazione, richiamo | ***radio eco, eco radioelettrico***, fenomeno simile all'eco sonoro ma relativo alle onde radioelettriche **2** (*raro, est.*) luogo in cui l'eco si verifica **3** (*fig.*) insieme di voci, di commenti: *suscitare una vasta eco nella città*; *l'avvenimento ha destato una larga eco* **SIN.** seguito, risonanza **4** (*letter.*) artificio poetico consistente nel ripetere l'ultima parola o le ultime sillabe di senso compiuto del verso precedente: *'Che fai tu, Eco, mentre io ti chiamo? Amo'* (A. POLIZIANO) **5** (*mus.*) artificio, adoperato spec. nei madrigali del Cinquecento e del Seicento, consistente nel ripetere un elemento musicale, con intensità minore di suono

SFUMATURE ➤ *scalpore*

èco ② **s. f. inv.** ● accorc. di *ecografia*

èco- [gr. *ôikos* 'casa, abitazione', di orig. indeur.] **primo elemento** ● in parole composte della terminologia scientifica, significa 'casa', 'ambiente naturale', 'territorio': *ecofobia, ecologia, ecomuseo* | spec. nel linguaggio giornalistico, ha il valore di 'ecologia', 'ecologico', 'ecologista': *ecoincentivo, ecoturismo, ecopelliccia*

eco-architettùra [comp. di *eco-* e *architettura* ✻ 1993] **s. f.** ● bioarchitettura

ecoàuto [comp. di *eco-* e *auto* ✻ 2002] **s. f. inv.** ● automobile a impatto ambientale bassissimo o nullo per l'impiego di carburanti alternativi ai derivati del petrolio **SIN.** automobile ecologica

ecobàlla [comp. di *eco-* e *balla* ✻ 1997] **s. f.** ● balla di rifiuti solidi urbani compattati e deumidificati, da smaltire nei termovalorizzatori come combustibile per la produzione di energia

ecobònus [comp. di *eco-* e *bonus* ✻ 2005] **s. m. inv.** ● sovvenzione pubblica a favore di consumi o modalità produttive che tutelano l'ambiente **CFR.** ecoincentivo

ecocardiografìa [comp. di *eco*② e *cardiografia* ✻ 1983] **s. f.** ● (*med.*) impiego degli ultrasuoni per diagnosticare lesioni vascolari o determinare strutture cardiache

ecocardiogràfico [1983] **agg.** (**pl. m.** *-ci*) ● (*med.*) relativo all'ecocardiografia

ecocardiògrafo [1987] **s. m.** ● (*med.*) strumento impiegato per eseguire l'ecocardiografia

ecocardiogràmma [comp. di *eco*② e *cardiogramma* ✻ 1987] **s. m.** (**pl.** *-i*) ● (*med.*) registrazione dell'immagine cardiaca e dei grossi vasi sanguigni mediante ecocardiografia

ecocatàstrofe [comp. di *eco-* e *catastrofe* ✻ 1971] **s. f.** ● catastrofe ecologica

eco-chic /ekoʃ'ʃik/ [comp. di *eco-* e *chic* ✻ 2001] **agg. inv.; anche s. m. inv.** ● detto di stile elegante e allo stesso tempo rispettoso dell'ambiente: *moda, struttura alberghiera eco-chic*; *gli amanti dell'eco-chic*

ecocìdio [comp. di *eco-* e *-cidio* ✻ 1971] **s. m.** (**pl.** *-i* o *raro -ii*) ● distruzione dell'ambiente naturale attuata consapevolmente

ecocompatìbile [comp. di *eco-* e *compatibile* ✻ 1989] **agg.** ● ecosostenibile ‖ **ecocompatibilità**, **s. f. inv.**

ecocontribùto [comp. di *eco-* e *contributo* ✻ 1990] **s. m.** ● contributo pubblico per l'acquisto di beni e prodotti non dannosi per l'ambiente

ecodesign /ekode'zain, *ingl.* ˌi:kəʊdɪ'zaɪn/ [comp. di *eco-* e *design* ✻ 1993] **s. m. inv.** ● ideazione e progettazione di beni e prodotti che dalla scelta dei materiali fino al loro smaltimento riducano al minimo l'impatto ambientale

ecodiesel /eko'dizel/ [comp. di *eco-* e (*motore*) *diesel* ✻ 1989] **A agg. inv.** ● (*autom.*) detto di veicolo equipaggiato di motore diesel, le cui emissioni di gas di scarico rispettano le normative in materia di inquinamento atmosferico **B s. m. inv.** ● veicolo ecodiesel

ecodòppler [comp. di *eco*② e *doppler* ✻ sec. XX] **s. f. o m. inv.** ● (*med.*) tecnica diagnostica che impiega gli ultrasuoni per determinare la velocità del flusso ematico **SIN.** dopplersonografia **CFR.** Doppler

ecoetichétta [comp. di *eco-* ed *etichetta* ✻ 1993] **s. f.** ● marchio di garanzia che attesta che un prodotto risponde a determinati requisiti di tutela dell'ambiente **CFR.** ecolabel

ecofobìa [comp. di *eco-* e *-fobia* ✻ 1951] **s. f.** ● (*psicol.*) timore morboso di stare soli in casa ‖ **ecofòbico**, **agg.** (**pl. m.** *-ci*); **anche s. m.** (**f.** *-a*) **nel sign. 2 1** relativo a ecofobia **2** che (o chi) soffre di ecofobia

ecòfora [vc. dotta, gr. *oikophóros* 'che porta (dal v. *phérein*) la sua casa (*ôikos*)' ✻ 1874] **s. f.** ● piccola farfalla la cui larva vive sotto la corteccia di svariati alberi (*Oecophora oliviella*)

ecogenètica [comp. di *eco-* e *genetica* ✻ 1963] **s. f.** ● (*biol.*) ramo della genetica che indaga sulle correlazioni tra le variazioni ereditarie e gli adattamenti all'ambiente

ecògeno [comp. di *eco*① e *-geno* ✻ 1997] **agg.** ● (*med.*) detto di organo o tessuto in grado di riflettere onde ultrasonore producendo eco, come si verifica nella tecnica diagnostica dell'ecografia

ecogoniòmetro [comp. di *eco*① e *goniometro* ✻ 1948] **s. m.** ● dispositivo atto a localizzare oggetti subacquei mediante emissione di onde ultrasoniche e ricezione delle onde riflesse **SIN.** sonar

ecografìa ① [comp. di *eco*① e *-grafia* ✻ 1983] **s. f.** ● (*med.*) ripetizione passiva e inerte di segni grafici

ecografìa ② [comp. di *eco*① e *-grafia* ✻ 1983] **s. f.** ● (*med.*) tecnica diagnostica basata sull'eco di onde ultrasoniche ad alta frequenza inviate sull'organo in esame **SIN.** sonografia, ultrasonografia

ecogràfico ① [1983] **agg.** (**pl. m.** *-ci*) ● (*med.*) relativo all'ecografia

ecogràfico ② [comp. di *eco-* e *-grafico* ✻ 1983] **agg.** (**pl. m.** *-ci*) ● pertinente allo studio della distribuzione territoriale e dell'organizzazione della comunità umana

ecografìsta [1987] **s. m. e f.** (**pl. m.** *-i*) **1** tecnico specializzato nella lettura e nell'impiego dell'ecografo **2** tecnico che esegue l'ecografia

ecògrafo [comp. di *eco*① e *-grafo* ✻ 1983] **s. m. 1** (*mar.*) strumento costituito da un ecoscandaglio fornito di dispositivo registratore **2** (*med.*) apparecchio per ecografia **3** ecografista

ecogràmma [comp. di *eco*① e *-gramma* ✱ 1983] **s. m.** (**pl.** *-i*) ● diagramma fornito da un ecografo

ecòico [vc. dotta, lat. tardo *echŏicu(m)*, da *ēchṓ* 'eco' ✱ 1869] **agg.** (**pl. m.** *-ci*) **1** relativo a eco, caratterizzato da eco: *camera ecoica* CONTR. anecoico | (*est.*) relativo agli stimoli uditivi: *memoria ecoica* (V. *memoria*) **2** nella poesia latina, detto di verso in cui parole diverse terminano con sillabe uguali oppure la parola finale ripete quella iniziale | detto di distico elegiaco in cui l'emistichio finale del pentametro ripete l'emistichio iniziale dell'esametro **3** nelle letterature moderne, detto di componimento poetico in cui le ultime parole del verso vengono ripetute come forma di risposta a una domanda contenuta nel verso stesso

ecòide [vc. dotta, comp. di *eco-* e *-oide*, sul modello dell'ingl. *ecoid* ✱ 1963] **s. m.** ● (*ecologia*) componente di un ecosistema costituito da un organismo e dal suo habitat

ecoincentìvo [comp. di *eco-* e *incentivo* ✱ 1990] **s. m.** ● incentivo economico all'acquisto di beni o prodotti non dannosi per l'ambiente CFR. ecobonus

ecolàbel [comp. di *eco-* e dell'ingl. *label* 'etichetta' ✱ 1992] **s. f. inv.** ● ecoetichetta dell'Unione europea raffigurante un fiorellino con una E al centro circondata da stelle

ecolalìa [ted. *Echolalie*, comp. del gr. *ēchṓ* 'eco' e *-lalia* ✱ 1890] **s. f. 1** (*med.*) ripetizione insensata di parole o frasi udite, frequente negli schizofrenici e nei ritardati mentali e, in forma più debole, nei bambini **2** ripetizione, nell'ambito di una frase parlata, della stessa parola o espressione (per es. *voglio vedere cosa farai, voglio*)

ecolocalizzazióne [comp. di *eco*① e *localizzazione* ✱ 1966] **s. f.** ● (*zool.*) capacità fisiologica di Chirotteri e Cetacei di individuare oggetti immobili o mobili tramite emissione di suoni o ultrasuoni e raccolta della loro eco

ecologìa [ted. *Oekologie* comp. del gr. *ôikos* 'casa, abitazione' (V. *eco-*), e di *-logia* '-logía' ✱ 1911] **s. f.** (**pl.** *-gìe*) ● branca della biologia che studia i rapporti fra organismi viventi e ambiente circostante e le conseguenze di tali rapporti, spec. al fine di limitarne o eliminarne gli effetti negativi: *e. umana, animale, vegetale*; *e. marina*

ecològico [1892] **agg.** (**pl. m.** *-ci*) **1** che riguarda l'ecologia **2** che salvaguarda l'ambiente naturale: *detersivo e.* | ***pelliccia ecologica***, V. *pelliccia* | ***isola ecologica***, V. *isola* | ***impronta ecologica***, V. *impronta*① ‖ **ecologicaménte**, **avv.** in modo ecologico; dal punto di vista ecologico ‖ **ecologicità**, **s. f. inv.**

ecologismo [da *ecologia* ✱ 1979] **s. m.** ● movimento per la salvaguardia e la conservazione dell'ambiente naturale

ecologìsta [1971] **s. m. e f.**; anche **agg.** (**pl. m.** *-i*) ● chi (o che) si interessa di ecologia | (*est.*) chi (o che) si preoccupa della salvaguardia e della conservazione dell'ambiente naturale: *movimento e.* SIN. ambientalista

ecologìstico [1980] **agg.** (**pl. m.** *-ci*) ● (*raro*) dell'ecologismo, degli ecologisti

ecòlogo [1956] **s. m.** (**f.** *-a*; **pl. m.** *-gi*) ● studioso di ecologia

ecomàfia [comp. di *eco-* e *mafia* ✱ 1994] **s. f.** ● settore della mafia che gestisce attività altamente dannose per l'ambiente, come l'abusivismo edilizio o lo smaltimento clandestino dei rifiuti tossici

e cóme ➤ **eccome**

ecometrìa [comp. di *eco*① e *-metria* ✱ 1869] **s. f.** ● tecnica di rilevamento e misurazione che si basa sugli echi prodotti da un corpo riflettente

ecòmetro [comp. di *eco*① e *-metro* ✱ 1934] **s. m.** ● (*mar.*) ecoscandaglio

e-còmmerce /iˈkɔmers, *ingl.* ˌiːˈkɒmɜːs/ [vc. ingl. comp. di *e-*② e *commerce* 'commercio, scambio' ✱ 1997] **s. m. inv.** ● commercio elettronico CFR. e-business

ecomóstro [comp. di *eco-* e *mostro*② ✱ 1999] **s. m.** ● costruzione che suscita repulsione sul piano estetico e dal punto di vista ambientale

ecomusèo [comp. di *eco-* e *museo* ✱ 1990] **s. m.** ● complesso museale costituito da un'area di territorio che conserva le testimonianze di tradizioni popolari, lavorazioni artigianali o industriali non più attive, coltivazioni abbandonate ecc.: *l'e. della Comunità montana del Casentino*

economàle [1869] **agg.** ● che riguarda un economo o un economato: *ufficio, cassa e.*

economàto [da *economo* ✱ 1745] **s. m. 1** ufficio e carica di economo **2** l'ufficio che provvede all'acquisto e all'amministrazione delle attrezzature e dei materiali necessari al funzionamento di un ente, un'istituzione e sim.: *l'e. dell'università*

econometrìa [ingl. *econometry*, comp. di *econo(my)* 'economia' e *-metry* '-metria' ✱ 1942] **s. f.** ● branca dell'economia che utilizza la matematica e la statistica per indagare sulle leggi e le relazioni quantitative esistenti fra le variabili economiche

econométrico [1956] **A agg.** (**pl. m.** *-ci*) ● relativo all'econometria **B s. m.** ● econometrista

econometrìsta [1956] **s. m. e f.** (**pl. m.** *-i*) ● studioso, esperto di econometria

econòmetro [comp. di *econo(mia)* e *-metro* ✱ 1968] **s. m.** ● (*mecc.*) analizzatore automatico di gas di combustione, usato per determinare la completezza o meno della combustione stessa | strumento montato sul cruscotto di un'automobile che indica il consumo di carburante in relazione al regime del motore

♦**economìa** [vc. dotta, lat. *oeconŏmia(m)*, dal gr. *oikonomía*, da *oikonómos* 'economo' ✱ av. 1530] **s. f. 1** tendenza dell'uomo a realizzare il massimo risultato con mezzi dati, o un dato risultato col minimo di mezzi, motivata dalla limitatezza dei mezzi rispetto ai fini e dalla scarsità dei beni rispetto ai bisogni | (*est.*) utilizzazione razionale delle fonti di utilità di cui si dispone: *amministrare il proprio tempo con e.* **2** complesso delle attività e dei rapporti fra uomini connessi alla produzione, alla distribuzione e al consumo di beni e servizi **3** sistema di produzione, distribuzione e consumo, di un dato Paese in un dato periodo: *le caratteristiche dell'e. italiana* | ***e. di mercato***, basata sull'iniziativa privata, in cui prevale la legge della domanda e dell'offerta | ***e. mista***, in cui coesistono iniziativa privata e iniziativa dello Stato | ***nuova e.***, basata sull'innovazione organizzativa, tecnologica e finanziaria, sulla globalizzazione, sulla flessibilità (calco sull'ingl. *new economy*) | ***e. verde***, basata sul rispetto dell'ambiente, dell'ecosistema (calco sull'ingl. *green economy*) | ***Ministero dell'E. e delle Finanze***, quello che nell'attuale distribuzione delle aree di governo riunifica le competenze dei precedenti Ministeri dell'Economia e delle Finanze | ***e. sommersa***, parte di reddito, prodotto in un Paese, che sfugge a ogni controllo fiscale o statistico **4** risparmio | ***fare e.***, risparmiare | ***vivere senza e.***, con prodigalità | (*econ.*) ***retribuzione a e.***, quella corrisposta a un operaio indipendentemente dalla quantità di lavoro svolto | ***in e.***, al risparmio | (*econ., edil.*) ***lavori fatti in e.***, quelli che, nella costruzione di un edificio, il proprietario gestisce direttamente senza l'intervento di ditte appaltatrici | (*econ.*) ***e. di scala***, in un'azienda, l'insieme dei risparmi che si ottengono quando, per le sue dimensioni ottimali, i costi globali di produzione crescono meno che proporzionalmente rispetto all'aumento della quantità di prodotto **5** (**spec. al pl.**) denaro accumulato risparmiando: *investire saggiamente le proprie economie* **6** scienza, dottrina, teoria economica | ***e. politica***, disciplina che studia i processi di produzione, scambio e consumo dei beni e dei servizi atti alla soddisfazione dei bisogni e dei desideri umani | ***e. classica***, spec. per il marxismo, complesso delle teorie economiche di D. Ricardo (1772-1823) e dei suoi predecessori | ***e. agraria***, studio dell'ordinamento aziendale e dei processi produttivi dell'agricoltura | ***e. aziendale***, V. *aziendale* **7** ***e. domestica***, disciplina che studia la conduzione della casa, della famiglia **8** (*fig.*) armonica proporzione che regola la disposizione delle parti in un'opera spec. letteraria

económica [sec. XIV] **s. f. 1** (*raro*) economia **2** nel sistema filosofico crociano, parte della filosofia pratica che studia l'economia

economicismo [1963] **s. m.** ● complesso delle dottrine che assegnano all'economia un posto preponderante nell'insieme delle attività umane

economicìstico [1935] **agg.** (**pl. m.** *-ci*) ● relativo a economicismo

economicità [1910] **s. f. inv. 1** conformità ai principi dell'economia: *e. di una legge, di una politica* **2** convenienza a livello economico: *e. di una spesa*

♦**económico** [vc. dotta, lat. *oeconŏmicu(m)*, dal gr. *oikonomikós*, da *oikonomía* 'economia' ✱ 1363] **agg.** (**pl. m.** *-ci*) **1** relativo all'economia: *ciclo e.*; *crisi economica*; *dottrine, scienze economiche* **2** poco costoso, fatto con economia: *vitto, trasporto e.* | ***edizione economica***, realizzata con materiali meno pregiati, allo scopo di ridurre il prezzo di vendita di un libro al minimo possibile | ***classe economica***, nei viaggi aerei e navali, quella meno dispendiosa CONTR. dispendioso **3** †economo ‖ **economicaménte**, **avv.** con riferimento all'economia: *un paese economicamente debole*; *con economia* ‖ **economicità**, **s. f. inv.** (V.)

economismo [av. 1876] **s. m.** ● economicismo

♦**economìsta** [1775] **s. m. e f.** (**pl. m.** *-i*) ● studioso, esperto di economia politica

economìstico [1930] **agg.** (**pl. m.** *-ci*) ● relativo all'economia politica

economizzàre [fr. *économiser*, da *économe* 'economo' ✱ 1798] **A v. tr.** ● amministrare con economia | risparmiare: *e. il tempo, le forze* **B v. intr.** (**aus.** *avere*) ● fare economia, astenersi da spese non necessarie: *siamo costretti a e. al massimo* ‖ **economizzazióne**, **s. f.**

economizzatóre [ingl. *economizer*, da *to economize* 'economizzare' ✱ 1897] **s. m. 1** (**f.** *-trice*) (*raro*) chi economizza **2** (*tecnol.*) dispositivo atto a consentire risparmi energetici: *l'e. della lavatrice*

ecònomo [vc. dotta, lat. tardo *oecŏnomu(m)*, dal gr. *oikonómos*, comp. di *ôikos* 'casa' e *-nómos*, che sta in rapporto col v. *némein* 'ripartire, distribuire' ✱ av. 1580] **A s. m.** (**f.** *-a*) **1** chi amministra le entrate e le spese di una comunità, di un ente, di un ufficio e sim.: *e. di un collegio, dell'università*; *un e. di prim'ordine* **2** chi sa fare economia nell'amministrare i propri beni **B agg.** ● che risparmia, che usa con parsimonia i beni propri o altrui: *un ragazzo e.*; *donna, madre economa* | (*lett.*)

ispirato alla parsimonia: *le idee aristocratiche della marchesa, temperate di abitudini econome* (A. Fogazzaro)

ecònomy /e'kɔnomi, *ingl.* ɪ'kɒnəmɪ/ **s. f. inv.** ● accorc. di *economy class*: *viaggiare in e.*

ecònomy class /e'kɔnomi klas, *ingl.* ɪ'kɒnəmɪ,klɑːs/ [loc. ingl., propr. 'classe economica' ✱ 1989] **loc. sost. f. inv.** (**pl. ingl.** *economy classes*) ● sugli aerei, classe turistica **CFR.** business class

ecopacifismo [comp. di *eco-* e *pacifismo* ✱ 1985] **s. m.** ● tendenza e movimento politico che si batte contemporaneamente contro la guerra e per la difesa dell'ambiente

ecopacifista [comp. di *eco-* e *pacifista* ✱ 1985] **agg. e s. m. e f.** (**pl. m.** *-i*) ● appartenente o ispirato all'ecopacifismo

Ècopass [comp. di *eco-* e *pass* ✱ 2007] **s. m. inv.** ● pedaggio a cui sono tenuti determinati autoveicoli per circolare nei centri urbani a traffico limitato, allo scopo di limitare l'inquinamento

ecopèlle [comp. di *eco-* e *pelle* ✱ 1993] **s. f.** ● pellame animale conciato mediante processi di lavorazione a ridotto impatto ambientale | (*impropr.*) similpelle

ecopelliccia [comp. di *eco-* e *pelliccia* ✱ 1989] **s. f.** (**pl.** *-ce*) ● tessuto sintetico che imita la pelliccia

ecopiazzòla [comp. di *eco-* e *piazzola* ✱ 2001] **s. f.** ● (*burocr.*) isola ecologica (V. *isola* nel sign. 5)

ecopùnto [comp. di *eco-* e *punto*① ✱ 1991] **s. m.** (**pl.** *-i*; **anche inv. nel sign. 2**) **1** (**spec. al pl.**) punteggio ottenuto in base a parametri ecologici: *gli ecopunti per il transito dei mezzi pesanti* **2** (*raro*) luogo dove si conferiscono i sacchetti della raccolta differenziata | ***Ecopunto***®, negozio che acquista dai privati i rifiuti opportunamente differenziati, per poi riciclarli

ecoscandàglio [comp. di *eco*① e *scandaglio* ✱ 1968] **s. m.** ● (*mar.*) strumento che misura la profondità del fondo marino basandosi sulla velocità di propagazione di onde sonore **SIN.** ecometro

ecosfèra [comp. di *eco-* e *(atmo)sfera* ✱ 1987] **s. f. 1** parte del sistema solare, compresa tra le orbite della Terra e di Marte, nella quale le condizioni di temperatura e pressione consentono l'esistenza di acqua allo stato liquido **2** biosfera

ecosistèma [comp. di *eco-* e *sistema* ✱ 1971] **s. m.** (**pl.** *-i*) ● l'insieme degli esseri viventi, dell'ambiente e delle condizioni fisico-chimiche che, in uno spazio delimitato, sono inseparabilmente legati tra loro, sviluppando interazioni reciproche **SIN.** biosistema

ecosolidàle [comp. di *eco-* e *solidale* ✱ 2001] **agg.** ● che si propone il rispetto per l'ambiente e per le persone: *progetto e.*; *prodotto e.*

ecosostenìbile [comp. di *eco-* e *sostenibile* ✱ 1992] **agg.** ● detto di ciò che rispetta l'ambiente e l'ecosistema circostante: *edilizia e.* **SIN.** ecocompatibile ‖ **ecosostenibilità**, **s. f. inv.**

ecostòria [comp. di *eco-* e *storia* ✱ 1982] **s. f.** ● storia degli insediamenti umani

ecotàssa [comp. di *eco-* e *tassa* ✱ 1990] **s. f.** ● imposizione fiscale che penalizza attività e consumi volti a danneggiare l'ambiente: *e. sui rifiuti industriali*; *e. sulla benzina col piombo*

ecoterrorismo [comp. di *eco-* e *terrorismo* ✱ 1989] **s. m.** ● attività terroristica rivolta contro aziende o società accusate di provocare gravi danni all'ambiente

ecoterrorìsta [comp. di *eco-* e *terrorista* ✱ 1989] **s. m. e f.** (**pl. m.** *-i*) ● chi pratica forme di ecoterrorismo

ecotìpo o **ecòtipo** [comp. di *eco-* e *tipo* ✱ 1922] **s. m.** ● (*biol.*) aspetto particolare assunto da organismi vegetali e animali per selezione genotipica dell'ambiente | popolazione di individui derivata da selezione naturale in un determinato ambiente

ecotomografìa [comp. di *eco(grafia)* e *tomografia* ✱ 1987] **s. f.** ● (*med.*) tecnica diagnostica a ultrasuoni che permette di osservare sezioni di organi interni

ecotòno [vc. dotta, comp. di *eco-* e *-tono*, sul modello dell'ingl. *ecotone* ✱ 1987] **s. m.** ● (*ecologia*) zona di contatto e di transizione tra due ecosistemi diversi

ecoturismo [comp. di *eco-* e *turismo* ✱ 1991] **s. m.** ● turismo praticato da chi sceglie mete di interesse naturalistico e adotta un comportamento rispettoso dell'ambiente

ecpiròsi [vc. dotta, lat. *ecpyrōsi(n)*, dal gr. *ekpýrōsis* 'consumazione (*ek-*) col fuoco (*pŷr*, genit. *pyrós*)' ✱ av. 1738] **s. f. inv.** ● (*filos.*) nello stoicismo, conflagrazione universale che distruggerebbe il mondo alla fine di ogni suo ciclo

écru /*fr.* e'kʀy/ [vc. fr., comp. di un pref. rafforz. (*é-*) e *cru*, propr. 'crudo', perché non ha ancora subito la 'cottura' di certe operazioni ✱ 1905] **agg. inv.** ● detto di tessuto crudo o filato allo stato greggio | detto di colore che ricorda quello, grezzo, della corda e dello spago

ècstasy /'ɛkstasi, *ingl.* 'ɛkstəsɪ/ [vc. ingl., propr. 'estasi' ✱ 1988] **s. f. inv.** ● tipo di droga sintetizzata chimicamente che produce notevoli alterazioni del sistema nervoso

ectasìa o **èctasi**, **ettasìa** [vc. dotta, tratta dal gr. *éktasis*, dal v. *ektéinein* 'estendere (*ek-* e *téinein* 'tendere')' ✱ 1869] **s. f. 1** (*ling.*) nella metrica latina, allungamento di vocale normalmente breve **2** (*med.*) dilatazione uniforme del lume di un vaso o di un organo cavo: *e. gastrica*, *venosa*

ectàsico [1907] **agg.** (**pl. m.** *-ci*) ● (*med.*) dilatato

èctipo o **ectìpo** [vc. dotta, gr. *éktypos* 'distinto di carattere', propr. 'fuori (*ék*) del tipo (*týpos*)' ✱ 1994] **s. m.** ● persona al di fuori della norma per caratteristiche anatomo-fisiologiche e temperamento

ectipografìa [ingl. *ectypography*, comp. del gr. *éktypos* 'segno (*týpos*) in fuori (*ek*)' e dell'ingl. *-graphy* '-grafia' ✱ 1892] **s. f.** ● particolare tipo di stampa per ciechi consistente, un tempo, in lettere alfabetiche in rilievo, in seguito, in uno speciale alfabeto basato su sei punti variamente disposti, secondo il sistema Braille

ectlìpsi [vc. dotta, lat. tardo *ecthlīpsi(m)*, dal gr. *ékthlipsis*, dal v. *ekthlíbein* 'far uscire (*ek-*) col comprimere (*thlíbein*)' ✱ av. 1912] **s. f. inv.** ● (*ling.*) soppressione del suono di una parola

ècto- [dal gr. *ektós* 'esterno'] **primo elemento** ● in parole scientifiche composte significa 'fuori, esterno': *ectoplasma* **CONTR.** endo-

ectoblàstico [da *ectoblasto* ✱ 1983] **agg.** (**pl. m.** *-ci*) ● relativo a ectoblasto

ectoblàsto [vc. dotta, comp. di *ecto-* e *-blasto* ✱ 1956] **s. m.** ● (*anat.*) ectoderma

ectodèrma [vc. dotta, comp. di *ecto-* e *-derma* ✱ 1892] **s. m.** (**pl.** *-i*) ● (*biol.*) foglietto esterno della gastrula embrionale dopo che si è formato il tubo neurale

-ectomìa [dal gr. *ektomḗ* 'resezione', comp. di *ek* 'fuori' e *tomḗ* 'taglio' (dal v. *témnein* 'tagliare', di orig. indeur.)] **secondo elemento** ● in parole composte della terminologia medica significa 'ablazione': *appendicectomia*, *prostatectomia*, *tonsillectomia*

ectoparassìta [comp. di *ecto-* e *parassita* ✱ 1968] **s. m.** (**pl.** *-i*) ● parassita vivente sulla superficie del corpo dell'ospite

ectopìa [vc. dotta, tratta dal gr. *éktopos* 'che è fuori (*ek-*) di posto (*tópos*)' ✱ 1797] **s. f.** ● (*med.*) anomalia di posizione di un organo: *e. renale*; *e. testicolare* ‖ **ectòpico**, **agg.** (**pl. m.** *-ci*) (*med.*) detto di organo, struttura anatomica o feto dislocati in sedi anomale **SIN.** atopico

ectoplàsma [vc. dotta, comp. di *ecto-* e *plasma* ✱ 1906] **s. m.** (**pl.** *-i*) **1** (*biol.*) strato esterno, più denso, del citoplasma cellulare **SIN.** ectosarco **2** in parapsicologia, la sostanza emanata dal medium in trance | (*est.*) persona evanescente, inconsistente

ectoplasmàtico [1956] **agg.** (**pl. m.** *-ci*) ● che concerne l'ectoplasma

ectosàrco [vc. dotta, comp. di *ecto-* e del gr. *sárx*, genit. *sarkós* 'carne' ✱ 1970] **s. m.** (**pl.** *-chi*) ● (*biol.*) ectoplasma

ectoscopìa [comp. di *ecto-* e *-scopia* ✱ 1968] **s. f.** ● (*med.*) osservazione esteriore del corpo umano, spec. a scopi diagnostici, antropologici e sim.

ectotermìa [comp. di *ecto-* e *-termia* ✱ 1987] **s. f.** ● (*fisiol.*) condizione degli ectotermi **CONTR.** endotermia

ectotèrmico [comp. di *ecto-* e *-termico* ✱ sec. XX] **agg.** (**pl. m.** *-ci*) ● (*fisiol.*) riferito a un ectotermo **CONTR.** endotermico

ectotèrmo [comp. di *ecto-* e *-termo* ✱ 1987] **s. m.** ● (*zool.*) organismo animale che utilizza prevalentemente sorgenti di calore esterne per elevare la propria temperatura corporea **CONTR.** endotermo

ectròpion o **ectrópio** [vc. dotta, gr. *ektrópion*, dal v. *ektrépein* 'volgere (*trépein*) in fuori (*ek-*)' ✱ 1797] **s. m. inv.** ● (*med.*) rovesciamento della palpebra verso l'esterno

ècu /'ɛku, e'ky, e'ku*/ [sigla ingl. tratta dalle iniziali di *E(uropean) c(urrency) u(nit)* 'unità monetaria europea'; simile anche alla vc. fr. *écu* 'scudo' ✱ 1983] **s. m. inv.** ● (*econ.*) fino all'introduzione dell'euro (2002), unità monetaria di conto del Sistema Monetario Europeo

ecuadorégno o **equadorégno** [formazione pseudo-sp. per lo sp. ecuatoriano ✱ sec. XX] **agg. e s. m.** (**f.** *-a*) ● ecuadoriano

♦**ecuadoriàno** [1932] **A agg.** ● dell'Ecuador **B s. m.** (**f.** *-a*) ● abitante o nativo dell'Ecuador **SIN.** ecuadoregno

ecùleo [vc. dotta, lat. *ecŭleu(m)*, dim. di *ĕquus* 'cavallo' ✱ sec. XIV] **s. m.** ● strumento di tortura simile nella forma a un cavalletto, su cui un tempo si disarticolavano le membra degli inquisiti

ecumène [vc. dotta, lat. *oecūmene(m)*, dal gr. *oikouménē*, propr. 'abitata' (dal v. *oikêin* 'abitare', da *ôikos* 'casa, abitazione'), sottinteso *gê* 'terra' ✱ 1950] **s. f. 1** (*geogr.*) parte emersa della Terra su cui l'uomo trova le condizioni essenziali per abitare **2** (*est.*) la comunità universale dei seguaci di una fede religiosa, spec. con riguardo a quella cattolica

ecumenicità [1869] **s. f. inv.** ● caratteristica di ecumenico, di universale, riferita spec. al movimento di unificazione dei Cristiani e di riconoscimento dei valori comuni di tutte le religioni

ecumènico [vc. dotta, lat. tardo *oecumĕnicu(m)*, dal gr. *oikoumenikós* 'pertinente all'ecumene (*oikouménē*)' ✱ av. 1565] **agg.** (**pl. m.** *-ci*) **1** di tutto il mondo cattolico | ***Concilio e.***, al quale prendono parte tutti i vescovi cattolici **2** universale, che supera le divisioni fra confessioni cristiane e aspira al recupero dei valori comuni di fede | ***movimento e.***, proprio di molte Chiese riformate e della Chiesa cattolica, dopo il Concilio Vaticano II | ***spirito e.***, atteggiamento delle Chiese cristiane, tendente a superare i conflitti ideologici e gerarchici nel riconoscimento del comune patrimonio spirituale o rivelato | (*est.*) universale, che tende a unire, a conciliare ‖ **ecumenicaménte**, **avv.** secondo lo spirito evangelico

|| **ecumenicità**, **s. f. inv.** (V.)

ecumenìsmo [1956] **s. m.** ● (*relig.*) indirizzo ideologico e pratico che ispira i vari movimenti che tendono a superare gli attriti dottrinari e le differenze storiche fra confessioni cristiane e a recuperare, nello spirito di fraternità, i comuni valori religiosi e soprannaturali | (*est.*) tendenza post-conciliare della Chiesa cattolica e di molte Chiese cristiane alla rivalutazione dei motivi spirituali presenti in tutte le religioni

eczèma [vc. dotta, dal gr. *ékzema*, propr. 'ebollizione', comp. di *ék-* 'fuori' e *zéma* '(che è stato) bollito' ✱ 1820] **s. m.** (**pl.** *-i*) ● malattia infiammatoria della cute caratterizzata da arrossamento e dalla presenza di vescicole

eczemàtico [1970] **agg.** (**pl. m.** *-ci*) ● eczematoso

eczematóso (o **-ṣ-**) [fr. *eczémateux*, da *eczéma* 'eczema' ✱ 1898] **agg.** ● dell'eczema: *processo e.*

ed ➤ **e**②

edàce [vc. dotta, lat. *edāce(m)*, da *ĕdere* 'mangiare', di orig. indeur. ✱ 1498] **agg.** ● (*lett.*) che divora, consuma

†**edacità** [vc. dotta, lat. *edacitāte(m)*, da *ĕdax*, genit. *edācis* 'edace' ✱ 1554] **s. f.** ● voracità

edàfico [dal gr. *édaphos* 'suolo, terreno' (legato con *hédos* 'sede, base') ✱ 1913] **agg.** (**pl. m.** *-ci*) ● (*biol.*) di elemento che da solo o con altri influisce sulla distribuzione della flora in una data zona | ***fattore e.***, rapporto fra le piante e il substrato

edafìsmo [da *edafico* ✱ 1905] **s. m.** ● rapporto fra la struttura chimico-fisica del terreno e la distribuzione dei vegetali

edafòbio [comp. del gr. *édaphos* 'suolo, terreno' (V. *edafico*), e *-bio* ✱ 1983] **agg.** ● detto di animale che vive nel terreno

edafologìa [comp. del gr. *édaphos* 'suolo, terreno' (V. *edafico*), e *-logia* ✱ 1956] **s. f.** (**pl.** *-gìe*) ● ramo dell'ecologia che studia il suolo come mezzo biologico

èdafon [dal gr. *édaphos* 'suolo, terreno' (V. *edafico*), con la terminazione della vc. modello *(planct)on* ✱ 1913] **s. m. inv.** ● insieme di organismi animali o vegetali viventi nel terreno

Edàm [dal n. della città olandese di produzione ✱ 1917] **s. m. inv.** ● formaggio fuso olandese, di forma sferica e crosta vermiglia

eddài ➤ **dai**②

èddico [sec. XX] **agg.** (**pl. m.** *-ci*) ● dell'Edda, raccolta di canti epici spec. in antico islandese: *carmi eddici*

†**eddòmada** e deriv. ➤ †**ebdomada** e deriv.

Edelweiss /ˈedelvais, *ted.* ˈeːdl̩ˌvaes/ [ted. *Edelweiß*, propr. 'bianco (*weiß*) nobile (*edel*)' ✱ 1884] **s. m. inv.** (**pl. ted.** *Edelweiße*) ● (*bot.*) stella alpina

edèma o **èdema** [vc. dotta, gr. *oídēma*, da *oidêin* 'gonfiare', di orig. indeur. ✱ av. 1698] **s. m.** (**pl.** *-i*) ● (*med.*) accumulo di liquido nello spazio interstiziale dei tessuti che, perciò, si presentano tumefatti

edemàtico [av. 1698] **agg.** (**pl. m.** *-ci*) ● (*med.*) relativo a edema

edematóso (o **-ṣ-**) [1574] **A agg.** ● (*med.*) dell'edema | che ha la natura, l'aspetto e sim. dell'edema **B agg. e s. m.** (**f.** *-a*) ● che (o chi) è affetto da edema

èden [ebr. *'Ēden*, da *'ēden* 'delizia' ✱ sec. XIV] **s. m. inv.** (*Eden* **nel sign. 1**) **1** nell'Antico Testamento, Paradiso Terrestre assegnato alle creature prima del peccato **2** (*est.*) luogo meraviglioso e felice: *questo paese è un e.* **SIN.** paradiso **3** (*fig.*) condizione di grande felicità

edènico [1843] **agg.** (**pl. m.** *-ci*) **1** (*raro, lett.*) dell'eden | che merita l'eden **2** (*fig.*) caratterizzato da felicità, beatitudine, perfezione: *immagine edenica*; *mondo e.*

edèntulo [vc. dotta, lat. *edĕntulu(m)*, da *dĕnte(m)* 'dente' con *e-* privativo ✱ 1938] **agg.** ● (*fisiol.*) detto di persona o animale privo di denti

èdera (o **è-**) [vc. dotta, lat. *(h)ĕdera(m)*, di etim. incerta ✱ av. 1374] **s. f.** ● pianta sempreverde rampicante delle Araliacee, che si attacca per mezzo di piccole radici avventizie ai tronchi degli alberi e ai muri (*Hedera helix*) **SIN.** ellera | (*fig.*) ***avvinto come l'e.***, strettamente e per sempre | (*polit., fig.*) ***il Partito dell'E.***, (*per anton.*) il partito repubblicano italiano che ha la foglia di tale pianta come simbolo

ederàceo [vc. dotta, lat. *hederāceu(m)*, da *hĕdera* 'edera' ✱ 1550] **agg.** ● (*raro*) di edera, relativo a edera

ederèlla [da *edera* ✱ av. 1912] **s. f.** ● (*bot.*) piccola erba annuale delle Scrofulariacee, con foglie simili all'edera (*Veronica arvensis*)

†**ederìfero** [vc. dotta, comp. di *edera* e *-fero* ✱ av. 1729] **agg.** ● cinto d'edera

ederóso (o **-ṣ-**) [vc. dotta, lat. *hederōsu(m)*, da *hĕdera* 'edera' ✱ av. 1560] **agg.** ● (*lett.*) pieno d'edera | cinto d'edera | (*est.*) rampicante

edìbile [vc. dotta, lat. tardo *edĭbile(m)*, da *ĕdere* 'mangiare' ✱ 1987] **agg.** ● che si può mangiare: *la parte e. del melone, della pesca* **SIN.** commestibile || **edibilità**, **s. f. inv.**

♦**edìcola** [vc. dotta, lat. *aedĭcula(m)*, dim. di *āedes*, originariamente '(locale con) focolare', poi 'locale' in genere, quindi 'dimora', spec. 'dimora sacra, tempio', di orig. indeur. ✱ 1485 ca.] **s. f.** **1** (*archit.*) piccola costruzione, indipendente o annessa a un edificio maggiore, che contiene una statua o un'immagine sacra: *fu tratto a una specie di piccola e graziosa e.* (D. BUZZATI) | ***finestra, nicchia a e.***, inquadrata da motivi architettonici analoghi a quelli di certe edicole **2** chiosco adibito alla vendita di giornali e sim. || **edicolétta**, **dim.**

edicolànte [1950] **s. m. e f.** ● chi vende giornali e sim. in un chiosco

edificàbile [da *edificare* ✱ 1860] **agg.** **1** che si può edificare: *palazzo e.* **2** detto di terreno, area, zona e sim. che possiede i requisiti previsti dalla legge per potervi edificare || **edificabilità**, **s. f. inv.**: *l'edificabilità di un'area*

†**edificaménto** [sec. XIII] **s. m.** ● l'edificare | edificio

edificànte **A part. pres.** di *edificare*; anche **agg.** ● (*fig.*) che dispone al bene, alla virtù, che dà buon esempio: *una lettura e.* | ***poco e.***, discutibile, riprovevole: *condotta poco e.* || **edificanteménte**, **avv.** (*raro*) in modo edificante **B s. m.** ● †muratore

edificàre o †**deficàre**, †**dificàre** [vc. dotta, lat. *aedificāre*, comp. di *āedes* 'dimora' (V. *edicola*) e *-ficāre* '-ficare' ✱ av. 1292] **A v. tr.** (*io edìfico, tu edìfichi*) **1** fabbricare, costruire, spec. in muratura: *e. una casa, una torre, un monumento* **2** (*fig.*) fondare, istituire stabilmente (*anche assol.*): *e. uno Stato, una dottrina religiosa, un sistema filosofico* | ***e. sulla roccia***, (*fig.*) in modo duraturo | ***e. sulla sabbia***, (*fig.*) senza fondamento **3** indurre al bene: *e. l'animo, la coscienza, i giovani* **B edificàrsi v. intr. pron.** ● (*raro, lett.*) disporsi al bene, alla virtù || **edificazióne**, **s. f.** (V.)

†**edificàta** [av. 1306] **s. f.** ● edifizio

edificatìvo [sec. XIV] **agg.** ● (*raro*) che serve a edificare | esemplare

edificatóre o †**dificatóre** [vc. dotta, lat. *aedificatōre(m)*, da *aedificātus* 'edificato' ✱ 1282] **agg. e s. m.** (**f.** *-trice*) ● che (o chi) edifica

edificatòrio [vc. dotta, lat. tardo *aedificatōriu(m)*, da *aedificātus* 'edificato' ✱ av. 1364] **agg.** (**pl. m.** *-i* o *raro -ii*) **1** relativo alla costruzione di edifici, all'edilizia **2** (*fig., lett.*) edificante, con l'esempio e le parole

edificazióne o †**dificazióne** [vc. dotta, lat. *aedificatiōne(m)*, da *aedificātus* 'edificato' ✱ av. 1306] **s. f.** **1** l'edificare | costruzione **2** †edificio **3** (*fig., lett.*) ideazione, istituzione, fondazione: *l'e. di un mondo nuovo* **4** (*fig.*) buon esempio, invito al bene, alla virtù: *che le nostre parole vi siano di e.*

♦**edifìcio** o (*lett.*) **edifizio**, †**deficio**, †**dificio**① [vc. dotta, lat. *aedifĭciu(m)*, da *aedificāre* 'edificare' ✱ av. 1292] **s. m.** **1** costruzione gener. in muratura, per abitazione o altro uso pubblico o privato **2** (*est.*) complesso organico, struttura organizzata: *e. sociale* | (*fis.*) ***e. molecolare***, disposizione spaziale degli atomi o dei gruppi atomici che formano la molecola **3** (*fig.*) complesso di ragionamenti, argomentazioni e sim. congegnati insieme: *l'e. dell'accusa risultò inverosimile* **4** (*lett., raro*) macchinazione

edìle, (*evit.*) **èdile** [vc. dotta, lat. *aedīle(m)*, propr. 'addetto a ogni dimora (*āedes*: V. *edicola*) sacra e privata' ✱ av. 1292] **A agg.** ● relativo all'edilizia: *impresa e.*; *operaio, perito e.* **B s. m.** (**anche f. nel sign. 2**) **1** nella Roma antica, magistrato con funzioni amministrative e di polizia cittadina **2** chi lavora nell'industria edile: *gli edili entreranno in sciopero domani*

edilità [vc. dotta, lat. *aedilitāte(m)* da *aedīlis* 'edile' ✱ sec. XIV] **s. f. inv.** **1** (*stor.*) carica dell'edile: *aspirare all'e.* | durata dell'ufficio di edile: *durante l'e.* **2** (*raro*) ufficio municipale che si occupa dei lavori pubblici

edilìzia [da *edilizio* ✱ 1864] **s. f.** ● arte, tecnica e settore produttivo relativi alla costruzione di edifici: *e. pubblica, privata*; *e. scolastica, residenziale*; *crisi dell'e.*

edilìzio [vc. dotta, lat. *aedilĭciu(m)* 'pertinente all'*edile* (*aedīlis*)' ✱ 1374] **agg.** **1** (*stor.*) di edile: *carica edilizia*; *editto e.* | ***azione edilizia***, nel diritto romano, azione accordata dall'edile nelle controversie sorte nei mercati pubblici **2** relativo all'edilizia: *cooperativa edilizia* | ***regolamento e.***, complesso di norme di legge che regolano la costruzione degli edifici di un centro urbano | ***credito e.***, concesso per far fronte alle esigenze della proprietà immobiliare urbana

†**èdima** [lat. *hĕbdomas* (nom.), dal gr. *hebdomás* 'il numero sette', legato con *heptá*, 'sette' di orig. indeur. ✱ 1282] **s. f.** ● settimana | (*tosc.*) *mezz'e.*, mercoledì

edipèo [da *Edipo* (V. *edipico*) ✱ 1950] **agg.** ● (*letter.*) di Edipo: *ciclo e.*

edìpico [da *Edipo*, personaggio mitologico a cui l'oracolo di Delfi aveva predetto che avrebbe ucciso il padre e sposato la madre ✱ 1950] **agg.** (**pl. m.** *-ci*) ● (*psicoan.*) relativo al complesso di Edipo (V. *complesso*③)

edipìsmo [da (complesso di) *Edipo* ✱ 1968] **s. m.** **1** (*psicoan.*) condizione di chi non ha superato il complesso di Edipo **2** (*med.*) tendenza a provocare lesioni intenzionali ai propri occhi

edìpo **s. m. inv.** ● (*psicoan.*) accorc. di *complesso di Edipo*

edìpoda [dal gr. *Oidipódēs*, var. di *Oidípous* 'Edipo' ✱ 1874] **s. f.** ● genere di Insetti degli Ortotteri comuni nei luoghi aridi, con ali gener. fasciate di scuro (*Oedipoda*)

editàre [fr. *éditer*, da *éditeur* 'editore' ✱ 1938] **v. tr.** (*io èdito*) **1** (*raro*) dare alle stampe **SIN.** pubblicare, stampare **2** (*edit.*) fare l'editing

èditing /ˈɛditin(g), *ingl.* ˈedɪtɪŋ/ [vc. ingl., gerundio di *to edit* 'curare per la stampa', che ha la stessa radice dell'it. *edito* (V.) ✱ 1983] **s. m. inv.** ● (*edit.*) l'insieme delle operazioni di correzione, revisione e montaggio per la pubblicazione di un testo o la realizzazione di un film, di un programma televisivo, di un pro-

a b c d e f g h i j k l m n o p q r s t u v w x y z

gramma per computer e sim.

editio prìnceps /lat. e'dittsjo 'printʃeps/ [loc. lat., propr. 'edizione (V.) prima (*prīnceps*, da **prīmocaps* 'che prende (dal v. *căpere*) il *primo* posto')' ✱ 1917] **loc. sost. f. inv.** (**pl. lat.** *editiones principes*) ● prima edizione a stampa di un'opera | la prima edizione di un autore classico, greco o latino, stampata nel Quattrocento o nella prima metà del Cinquecento

èdito [vc. dotta, lat. *ēditu(m)*, part. pass. di *ēdere* 'dar (*dăre*) fuori (*ex-*)' ✱ 1395] **agg. 1** che è stato pubblicato: *opera edita per la prima volta*; *poesie edite e inedite* SIN. pubblicato CONTR. inedito **2** †divulgato, reso noto

èditor /'ɛditor, *ingl.* 'ɛdɪtə(r)/ [vc. ingl., da *to edit* 'curare un'edizione' ✱ 1962] **s. m. e f. inv. 1** chi, in una casa editrice, è responsabile di un intero settore di attività (narrativa, saggistica, ecc.) | chi cura la pubblicazione di un'opera altrui; redattore **2** (*inform.*) programma che consente l'inserimento e la modifica di testi o immagini

♦**editóre** [vc. dotta, lat. *editōre(m)*, da *ēditus* 'edito'; nei sign. B 2 e B 3, cfr. l'ingl. *editor*, che significa, oltre che 'curatore di un'edizione', anche 'direttore o redattore di periodico' ✱ 1687] **A agg.** ● che pubblica libri, riviste e sim.: *società editrice* **B s. m.** (**f.** *-trice*) **1** imprenditore o società che sceglie e pubblica libri, periodici, giornali, dischi e sim. **2** (*raro*) editor nel sign. 1 **3** (*raro*) direttore di un giornale, di una rivista

♦**editorìa** [1896] **s. f.** ● industria libraria, attività editoriale: *e. scolastica, parascolastica, varia* | l'insieme degli editori e delle loro attività | ***e. elettronica***, attività di realizzazione di prodotti editoriali su supporto elettronico | ***e. individuale, da scrivania***, attività editoriale svolta da singoli operatori mediante tecniche e strumenti di composizione tipografica e videoimpaginazione su personal computer

editoriàle [da *editore*; nel sign. B, dall' ingl. *editorial*, da *editor* 'direttore di giornale' (V. *editore*) ✱ 1894] **A agg.** ● relativo a editore, a casa editrice o a editoria: *pubblicità e.*; *industria e.* | ***direttore e.***, in una casa editrice, chi si occupa della scelta e della cura redazionale dei libri **B s. m.** ● articolo di un giornale o di una rivista, pubblicato gener. in prima pagina, che esprime l'opinione autorevole dei principali collaboratori e, in particolari occasioni, il punto di vista del direttore

editorialìsta [da *editoriale* nel sign. B ✱ 1929] **s. m. e f.** (**pl. m.** *-i*) ● chi scrive articoli di fondo in un giornale

edittàle [vc. dotta, lat. tardo *edictāle(m)*, da *edīctum* 'editto' ✱ 1834] **agg. 1** di editto: *formula e.* **2** nella pratica forense, previsto dalla legge: *pena e.*

editto [vc. dotta, lat. *edīctu(m)*, dal part. pass. di *edīcere* 'dichiarare, dir (*dīcere*) fuori (*ex-*)' ✱ 1319] **s. m. 1** nel diritto romano, atto di governo proveniente da un magistrato o dall'imperatore **2** (*est.*) ordine, comando emanato da una pubblica autorità | (*raro*) bando | (*fig.*) †disposizione divina: *ascoltando il santo e.* (V. MONTI)

edituo [vc. dotta, lat. *aedĭtuu(m)* 'custode (dal v. *tuēri*) del tempio (*aedes*: V. *edicola*)' ✱ sec. XIV] **s. m.** ● nella religione degli antichi Romani, guardiano delle cose sacre e custode del tempio

♦**edizióne** [vc. dotta, lat. *editiōne(m)*, da *ēditus* 'edito' ✱ sec. XV] **s. f. 1** pubblicazione di un'opera per mezzo della stampa in un certo numero di copie: *e. economica*; *e. scolastica, purgata, poliglotta*; *e. spuria, originale*; *e. riveduta e corretta* | ***e. principe***, V. *editio princeps* | ***e. critica***, il cui testo è stato ricostruito criticamente dal curatore con l'intento di ristabilirne la forma originale | ***e. in folio, in 4°, in 8°, in 16°***, quella in cui il foglio disteso è stato piegato rispettivamente 1, 2, 3, 4 volte | ***e. fuori commercio***, destinata a una ristretta cerchia di persone | ***e. di lusso***, quella eseguita con materiali di qualità superiore alla media, talvolta con tavole, carte e sim. mancanti nell'edizione normale | ***e. a dispense***, quella pubblicata a fascicoli di solito settimanali | ***e. contraffatta***, quella eseguita senza il permesso del proprietario del copyright | ***e. nazionale***, quella delle opere di un grande scrittore fatta a spese dello Stato | (*raro*) ristampa **2** (*est.*) libro, opera pubblicata: *una e. antica, rara* **3** complesso di esemplari di un'opera che si stampano con una stessa composizione tipografica: *prima, seconda e.*; *i minuti caratteri dell'e. di Basilea* (L. SETTEMBRINI) **4** parte della tiratura complessiva di un giornale, eseguita entro ore fisse prestabilite | ***e. nazionale***, destinata alla diffusione in tutto il paese | ***seconda e.***, con aggiunta di notizie recentissime o correzioni | ***e. regionale***, con pagine riservate a quanto interessa una determinata regione | ***e. straordinaria***, in occasione di avvenimenti particolari **5** (*dir.*) ***contratto di e.***, contratto con il quale l'autore concede a un editore il diritto di pubblicare una propria opera **6** (*est.*) esecuzione di spettacoli, manifestazioni, feste e sim.: *l'ultima e. del Palio di Siena*; *una applaudita e. dell'Edipo Re* | (*est.*) realizzazione di una gara che si ripete periodicamente: *la prima e. del Giro d'Italia* **7** (*est.*) ultima fase della lavorazione di un film | versione di un film in una lingua straniera **8** (*fig., scherz.*) modo di essere, di apparire, di comportarsi: *si è presentata in un'e. completamente rinnovata* || **edizioncèlla**, **dim.** | **edizioncìna**, **dim.**

edochiàno [giapp. *Edokko* 'proprio di Tokyo (*Edo*, n. dell'ant. capitale)' ✱ 1942] **agg. e s. m.** (**f.** *-a*) ● tokyota (V.)

†**edòmada** e deriv. ➤ †**ebdomada** e deriv.

edònico [1892] **agg.** (**pl. m.** *-ci*) ● (*raro*) edonistico, epicureo

♣**edonìsmo** [vc. dotta, tratta dal gr. *hēdonḗ* 'piacere', da *hēdýs* 'dolce', di orig. indeur. ✱ av. 1855] **s. m.** ● qualsiasi dottrina filosofica che riconosca il fondamento della vita morale nel piacere individuale | (*est.*) atteggiamento di chi mira al raggiungimento del piacere come scopo fondamentale della vita SIN. epicureismo

edonìsta [1919] **s. m. e f.** (**pl. m.** *-i*) ● chi segue l'edonismo

edonìstico [1892] **agg.** (**pl. m.** *-ci*) ● che è proprio dell'edonista o dell'edonismo || **edonisticaménte**, **avv.**

♣**edòtto** [vc. dotta, lat. *edŏctu(m)*, part. pass. di *edocēre* 'insegnare (*docēre*) a fondo (*ex-*)' ✱ 1812] **agg.** ● informato, istruito: *rendere e. qlcu. sulle* (o *circa le*) *nuove norme della circolazione*; *fu reso e. del tradimento*

edredóne [fr. *édredon*, dall'islandese *aedhar-dúnn* 'piuma (*dúnn*) dell'uccello chiamato *aedhr* (genit. *aedhar*)', passato dal nord a tutte le lingue dell'Europa centro-sett. ✱ 1874] **s. m.** ● anatra marina delle zone nordiche dal bellissimo piumaggio nero e bianco (*Somateria mollissima*)

-èdro [dal gr. *hédra* 'base', di orig. indeur.] **secondo elemento** ● in parole composte della geometria, significa 'faccia', 'che ha un dato numero di facce': *decaedro, dodecaedro, triedro*

educàbile [1860] **agg.** ● che può essere educato || **educabilità**, **s. f. inv.**

†**educaménto** [av. 1620] **s. m.** ● educazione

educànda [vc. dotta, lat. *educănda*, f. del gerundivo di *educāre* 'educare' ✱ 1673] **s. f.** ● giovinetta che viene educata in un convento o in un istituto | (*est.*) ragazza timida e pudica: *non è un film per educande*

educandàto [da *educanda* ✱ 1831] **s. m.** ● istituto o collegio, gener. religioso, dove si educano ragazze | parte del convento a esse riservato

♦**educàre** [vc. dotta, lat. *educāre*, della stessa radice di *dūcere* 'condurre, portare' col pref. rafforz. *ex-* ✱ 1268] **v. tr.** (*io èduco, tu èduchi*) **1** guidare e formare qlcu., spec. giovani, affinandone e sviluppandone le facoltà intellettuali e le qualità morali in base a determinati principi: *e. i figli, i giovani*; *e. qlcu. in modo rigido, al rispetto degli altri, con l'esempio* | ***e. il popolo***, elevarne il livello culturale | ***e. la mente, i sensi, le facoltà dell'intelletto***, affinarle, ingentilirle | (*est.*) rendere idoneo allo svolgimento di certe funzioni: *e. qlcu. all'arte, alla vita pubblica* **2** abituare con l'esercizio, con la pratica ripetuta: *e. il corpo alle privazioni, i muscoli allo sforzo, il cavallo al morso* SIN. allenare, assuefare, avvezzare, esercitare **3** (*lett.*) allevare, coltivare: *e. una pianta*; *e. un figlio*; *amaranti educavano e viole* (U. FOSCOLO)

SFUMATURE DI SIGNIFICATO

educare - formare - plasmare

Educare è il termine più generale per definire il processo attraverso cui gli elementi più giovani di un gruppo sociale vengono istruiti con l'insegnamento e con l'esempio a condividerne i principi, i comportamenti, le conoscenze. **Formare** esprime l'idea più circoscritta di un addestramento finalizzato a uno specifico scopo. In **plasmare** vi è l'idea di un'educazione meno aperta, concepita come adeguamento a un modello predefinito.

SFUMATURE ➤ ***insegnare***

educativo [1622] **agg. 1** che concerne l'educazione: *nuova concezione educativa* **2** che tende a educare: *libro, spettacolo e.*

♦**educàto** **part. pass.** di *educare*; anche **agg. 1** che ha ricevuto una buona educazione: *giovane e.* SIN. compìto, cortese **2** che rivela una buona educazione: *modi educati* SIN. garbato | (*est.*) addestrato, affinato: *una voce educata*; *un orecchio e.* CONTR. grezzo || **educataménte**, **avv.** da persona ben educata

educatóre [vc. dotta, lat. *educatōre(m)*, da *educātus* 'educato' ✱ 1525] **A agg.** ● che educa: *la funzione educatrice della famiglia* **B s. m.** (**f.** *-trice*) **1** chi educa o istruisce i giovani | chi si interessa ai problemi dell'educazione **2** chi nell'àmbito delle istituzioni specializzate si occupa professionalmente dei problemi psico-pedagogici dei soggetti handicappati o disadattati

educatòrio [1843] **s. m.** (**pl.** *-i* o *raro -ii*) ● (*raro*) educandato

♦**educazióne** [vc. dotta, lat. *educatiōne(m)*, da *educātus* 'educato' ✱ 1440] **s. f. 1** formazione intellettuale e morale sulla base di determinati principi: *dare, impartire, ricevere una buona e.*; *e. rigida, severa, sbagliata* | ***e. sentimentale***, progressiva scoperta, tipica dell'età giovanile, dei rapporti affettivi e di quelli amorosi (dal titolo di un romanzo di G. Flaubert del 1869) | ***e. permanente***, quella che, seguendo l'individuo lungo tutto l'arco della vita, ne vuole sviluppare la personalità alla luce delle trasformazioni culturali in atto nella società | ***e. sessuale***, volta a dare corrette e opportune informazioni sul comportamento sessuale e sulla riproduzione | ***e. fisica***, insieme delle attività di movimento che mirano allo sviluppo delle capacità fisiche | ***e. alimentare***, quella che insegna i principi di una corretta alimentazione **2** denominazione generica di alcune discipline o materie d'insegnamento scolastico (sempre seguita da un agg. che ne specifica il conte-

nuto), spec. nell'ambito della scuola dell'obbligo: *e. artistica, e. civica, e. fisica, e. musicale, e. tecnica* **3** buona creanza, modo di comportarsi corretto e urbano nei rapporti sociali: *ha dato prova di grande e.; bella e.!* | ***chi ti ha insegnato l'e.?***, per sottolineare il comportamento scortese di qlcu. SIN. gentilezza, urbanità **4** (*lett.*) †allevamento, coltura di piante o di animali: *e. dei fiori, dei bachi da seta*
SFUMATURE ➤ ***insegnamento***

†**edùcere** o †**edùrre** [vc. dotta, lat. *edūcere* 'condurre (*dūcere*) fuori (*ex-*)' ✱ sec. XIV] **v. tr.** ● condurre fuori

edulcorànte **part. pres.** di *edulcorare*; anche **agg. e s. m.** ● dolcificante | (*fig., raro*) che tende ad addolcire

edulcoràre [fr. *édulcorer*, dal lat. tardo *dŭlcor*, genit. *dulcōris* 'sapore dolce, dolcezza' ✱ 1951] **v. tr.** (*io edùlcoro*) **1** (*raro*) rendere dolce **2** (*fig.*) attenuare, mitigare gli aspetti più crudi e polemici di una notizia, racconto e sim.

edulcoràto **part. pass.** di *edulcorare*; anche **agg.** **1** (*raro*) addolcito **2** (*fig.*) mitigato, attenuato: *racconto e. dei fatti*

edulcorazióne [vc. dotta, tratta dal lat. tardo *dulcorāre*, da *dŭlcor*, genit. *dulcōris*, col pref. *ex-* rafforzativo ✱ 1786] **s. f.** ● (*raro*) dolcificazione | (*fig.*) attenuazione, mitigazione

♣**edùle**, (*evit.*) **èdule** [vc. dotta, lat. *edūle(m)*, da *ĕdere* 'mangiare', di orig. indeur. ✱ 1797] **agg.** ● che si può mangiare: *frutti, piante eduli* SIN. commestibile, mangereccio

èduo [vc. dotta, lat. *Aēdiu(m)* ✱ 1517] **agg. e s. m.** (**f.** *-a*) ● (*stor.*) appartenente a un'antica popolazione celtica stanziatasi nell'attuale Borgogna, che dal II sec. d.C. instaurò rapporti di alleanza con Roma

†**edùrre** ➤ †**educere**

edutainment /edu'teinment, *ingl.* ɛdjʊ'teɪnmənt/ [vc. ingl. risultante dalla fusione di *edu(cation)* 'educazione' e *(enter)tainment* 'intrattenimento' ✱ 1991] **s. m. inv.** ● settore dell'editoria multimediale che produce opere che istruiscono divertendo

eduzióne [vc. dotta, lat. *eductiōne(m)*, da *edūcere* 'condurre fuori' ✱ 1585] **s. f.** **1** nella filosofia aristotelica e scolastica, il passaggio dalla potenza all'atto **2** (*miniere*) operazione con cui si allontanano dalla miniera le acque sotterranee che vi si infiltrano: *galleria di e.*

efebèo [vc. dotta, lat. *ephebēu(m)*, dal gr. *ephēbêion*, da *éphēbos* 'efebo' ✱ 1750] **s. m.** ● nell'antica Grecia, luogo della palestra riservato agli esercizi degli efebi

efebìa [1892] **s. f.** ● condizione di efebo, nel mondo greco-romano

♣**efèbico** [1889] **agg.** (**pl. m.** *-ci*) **1** di efebo: *istruzione efebica* **2** (*est.*) da efebo: *grazia efebica* ‖ **efebicità**, **s. f. inv.**

♣**efèbo** o **èfebo** [vc. dotta, lat. *ephēbu(m)*, dal gr. *éphēbos* 'in (*epí*) adolescenza (*hḗbē*)' ✱ 1583] **s. m.** **1** nell'antica Grecia, giovinetto che, superati i diciotto anni, era iscritto nelle liste di leva e istruito nell'arte musicale, nella letteratura e soprattutto nell'uso delle armi **2** (**f.** *-a*) (*lett.*) adolescente, giovinetto | (*est.*) giovane con corporatura e atteggiamenti delicati, quasi femminei | giovane donna dalle forme acerbe, quasi da ragazzo

èfedra [vc. dotta, lat. *ĕphedra(m)*, dal gr. *ephédra*, f. di *éphedros* 'che si pone (da *hédra* 'base') sopra (*epí*)', per la sua proprietà di ergersi e innalzarsi ✱ 1476] **s. f.** ● genere di piante arbustive e cespugliose delle Efedracee con piccole foglie caduche squamiformi e fiori piccoli (*Ephedra*)

Efedràcee [comp. di *efedra* e *-acee* ✱ 1968] **s. f. pl.** (**sing.** *-a*) ● (*bot.*) famiglia di piante arbustive delle zone temperate, alcune specie delle quali contengono un alcaloide medicinale (*Ephedraceae*)

efedrìna [comp. di *efedra* e *-ina* ✱ 1892] **s. f.** ● alcaloide contenuto in varie specie di efedra, usato per istillazioni oculari o nasali e nella cura dell'asma bronchiale

efelcìstico o **efelchìstico** [gr. *ephelkystikós* 'attirato, aggiunto', comp. di *epí* 'sopra' ed *élkein* 'tirare' ✱ 1956] **agg.** (**pl. m.** *-ci*) ● (*ling.*) nella morfologia del greco, detto del *ni* che si aggiunge alla fine di alcune parole terminanti per vocale, seguite da forte interpunzione o da parola cominciante con vocale

efèlide [vc. dotta, lat. tardo *ephēlide(m)*, dal gr. *éphēlis* (al pl. *ephēlides*), di etim. incerta, ma ritenuto comp. di *epí* 'sopra' e *hḗlios* 'sole', perché sorgono maggiormente con l'esposizione al sole ✱ av. 1729] **s. f.** ● ognuna delle piccole macchie cutanee giallo-brune, causate da eccessiva produzione di melanina, che subiscono variazioni con l'esposizione ai raggi solari; presenti sulle zone scoperte della pelle spec. di soggetti giovani con pelle poco pigmentata CFR. lentiggine

efèmera [dal gr. *ephḗmeros* 'che resta su (*epí*) un solo giorno (*hēméra*)' ✱ 1874] **s. f.** ● genere di Insetti degli Efemeroidei con metamorfosi incompleta e vita brevissima (*Ephemera*) SIN. effimera

efemèride ➤ **effemeride**

efèmero [vc. dotta, lat. *ephēmeru(m)*, dal gr. *ephḗmeros* 'in (*epí*) un giorno (*hēméra*)' ✱ 1550] **s. m.** ● (*bot.*) colchico autunnale

Efemeroidèi [dal gr. *ephḗmeros* 'che resta su (*epí*) un solo giorno (*hēméra*)' e *-oidei* ✱ sec. XX] **s. m. pl.** (**sing.** *-èo*) ● (*zool.*) ordine arcaico di Insetti emimetaboli, con gli anteriori più grandi delle posteriori, larve acquatiche, adulti a vita breve, e apparato digerente ridotto (*Ephemeroidea*)

efèndi ➤ **effendi**

efèsia [vc. dotta, lat. *Ephēsia(m)*, dal gr. *ephesía*, perché si riteneva che fosse la pianta che ha favorito la nascita di Artemide d'*Efeso* ✱ sec. XIX] **s. f.** ● (*bot.*) aristolochia

efesìno [1342] **A** **agg.** ● di Efeso, antica città dell'Asia minore **B** **s. m.** ● (**f.** *-a*) abitante o nativo di Efeso SIN. efesio

efèsio [vc. dotta, lat. *Ephēsiu(m)*, dal gr. *Ephésios* ✱ 1268] **agg.** **1** di Efeso | ***lettere efesie***, antiche formule greche, di significato oscuro, che si incidevano su amuleti e a cui si attribuivano poteri magici SIN. efesino **2** ***Efesia***, appellativo di Artemide, a cui era dedicato un tempio nella città di Efeso e in onore della quale venivano celebrate ogni anno feste orgiastiche, chiamate *le feste efesie*, (*ellitt.*) *le Efesie*

†**effàbile** [vc. dotta, lat. *effābile(m)*, da *effāri*, sin., nella terminologia religiosa, di *ēlŏqui* 'parlare (*fari*) chiaramente (*ex-*)' ✱ 1499] **agg.** ● che si può esprimere a parole CONTR. ineffabile

†**effascinazióne** [vc. dotta, lat. *effascinatiōne(m)*, da *effascināre*, rafforz. di *fascināre* 'fascinare[2]' ✱ 1504] **s. f.** ● malocchio, malia

effàto [vc. dotta, lat. *effātu(m)*, part. pass. di *effāri* 'parlare (*fāri*) nettamente (*ex-*)', quindi, in senso augurale, 'limitare con formule sacre' e, nella terminologia filosofica, 'stabilire un assioma' ✱ av. 1817] **s. m.** **1** (*raro, lett.*) preghiera solenne pronunciata dal sacerdote nell'atto di consacrare un luogo o un tempio **2** (*lett.*) detto, assioma, sentenza

èffe [1337] **s. f. o m. inv.** ● nome della lettera *f*

effemèride o **efemèride** [vc. dotta, lat. *ephemĕride(m)*, dal gr. *ephēmerís*, genit. *ephēmerídos* 'giornaliero', comp. di *epí* (con valore distributivo) ed *hēméra* 'giorno' ✱ av. 1557] **s. f.** **1** (*astron.*) tavola numerica con le coordinate, e altri elementi variabili nel tempo, degli astri, per istanti regolarmente intervallati | (*astrol.*) ciascuna delle tabelle per la ricerca della posizione dei pianeti nello zodiaco **2** (*stor.*) libro nel quale, un tempo, si annotavano giorno per giorno i fatti più importanti **3** (*est.*) giornale, rassegna periodica in materia scientifica o letteraria **4** (*raro*) almanacco, lunario **5** (*lett.*) †cronaca: *ma che più mi stendo io in farvi una efemeride della mia vita ...?* (D. BARTOLI)

effemerotèca [fr. *éphémerothèque*, comp. di *éphémère* 'effimero' (nel senso etim. 'che dura un giorno', cioè 'giornale') e *thèque* 'teca', sul modello di *bibliothèque* 'biblioteca' ✱ 1908] **s. f.** ● (*raro*) raccolta di pubblicazioni periodiche SIN. emeroteca

†**effeminaménto** o †**effemminaménto** [sec. XIV] **s. m.** ● effeminatezza

effeminàre o **effemminàre** [vc. dotta, lat. *effemināre*, comp. parasintetico di *fēmina* 'femmina', col pref. *ex-* ✱ 1361] **A** **v. tr.** (*io efféмino*) **1** far assumere atteggiamenti, apparenza e sensibilità di tipo femminile **2** (*fig., lett.*) rendere debole, lezioso e frivolo: *abitudini e svaghi che effeminano i giovani; queste attillature, imprese, moti ... spesso non fanno altro che effeminare gli animi* (B. CASTIGLIONE) SIN. infiacchire, rammollire **B** **effeminàrsi** **v. intr. pron.** ● assumere modi femminili | (*fig., lett.*) infiacchirsi, snervarsi

†**effeminatàggine** o †**effemminatàggine** [av. 1558] **s. f.** ● effeminatezza

effeminatézza o **effemminatézza** [1549] **s. f.** ● condizione di chi è effeminato: *e. di costumi* | atto effeminato

effeminàto o **effemminàto** **part. pass.** di *effeminare*; anche **agg.** ● che ha modi femminili | (*est., spreg.*) lezioso, frivolo CFR. virile ‖ **effeminataménte**, **avv.** con effeminatezza

effeminatóre o **effemminatóre** [1525] **s. m.** (**f.** *-trice*); anche **agg.** ● (*lett.*) chi (o che) rende effeminato

†**effeminazióne** [vc. dotta, lat. tardo *effeminatiōne(m)*, da *effeminātus* 'effeminato' ✱ sec. XIV] **s. f.** ● effeminatezza

effemminàre e deriv. ➤ **effeminare** e deriv.

effèndi o **efèndi** [turco *efendi*, dal moderno *aphéndis* per il gr. ant. *authéntēs*, di oscura composizione, anche se il primo elemento è concordemente ritenuto *autós* 'sé, sé stesso' ✱ 1765] **s. m. inv.** ● (posposto al nome) in Turchia, particolare titolo onorifico per funzionari, notabili, uomini di alto livello culturale o sociale | correntemente, signore

♣**efferatézza** [1843] **s. f.** ● inumana ferocia e crudeltà: *agire con e.* | (*est.*) azione efferata: *in ogni guerra si sono compiute efferatezze*

♣**efferàto** [vc. dotta, lat. *efferātu(m)*, part. pass. di *efferāre* 'rendere feroce', comp. parasintetico di *fĕra* 'bestia feroce', col pref. *ex-* rafforz. ✱ sec. XIV] **agg.** ● che è caratterizzato da crudeltà e ferocia inumane: *un delitto e.; strage efferata* ‖ **efferataménte**, **avv.** con efferatezza

†**efferazióne** [vc. dotta, lat. tardo *efferatiōne(m)*, da *efferātus* 'efferato' ✱ 1630] **s. f.** ● ferocia

efferènte [vc. dotta, lat. *efferĕnte(m)*, part. pres. di *effĕrre* 'portar (*fĕrre*) fuori (*ex-*)' ✱ 1834] **agg.** **1** detto di tubo o condotto che serve all'uscita di un liquido o di un gas da un recipiente **2** (*anat.*) detto di canale o condotto che porta fuori da un organo i fluidi da questo secreti: *ansa e.; vaso e.* | detto di organo che esercita una funzione di allontanamento da un altro CONTR. afferente

efferènza [vc. dotta, dal lat. *effĕrre* (V. *efferente*) ✱ sec. XX] **s. f.** ● (*anat.*) struttura anatomica (nervo, vaso sanguigno e sim.) che allontana segnali o fluidi da una parte del corpo

†**efferità** o †**efferitàde**, †**efferitàte** [vc. dotta, lat. *efferitātem*, da *efferātus* 'efferato' ✱ 1481] **s. f.** ● efferatezza

effervescènte [vc. dotta, lat. *effervescĕnte(m)*, part. pres. di *effervēscere* '(cominciare a) bollire (*fervēre*)' ✱ 1869] **agg.** **1** che produce effervescenza o è in stato di effervescenza: *magnesia e.*; *bibita e.* **2** (*fig.*) fervido, vivace, brioso: *ingegno, spirito, immaginazione e.*

effervescènza [da *effervescente* ✱ 1668] **s. f.** **1** fenomeno per cui un gas si sviluppa da un liquido sotto forma di piccole e numerose bolle **2** (*fig.*) vivacità, brio: *e. culturale* | agitazione, fermento: *il pubblico è in grande e. per l'accaduto*

†**effèto** [vc. dotta, lat. *effētu(m)* 'che ha partorito', comp. di *fētus* 'pregno' con *ex-* conclusivo ✱ av. 1530] **agg.** ● (*fig.*) esausto, spossato

effettàto [da *effetto* ✱ 1980] **agg.** **1** pieno di effetti: *musica effettata* **2** (*raro*) nel gioco del calcio, del tennis e sim., detto di tiro eseguito con l'effetto

†**effettìo** ➤ **effettivo**

effettìsmo [comp. di *effetto* e *-ismo* ✱ av. 1973] **s. m.** ● ricerca dell'effetto, della sensazione, spec. in opere narrative o cinematografiche: *l'autore ha rinunciato a un facile e.*

effettìstica [f. sost. di *effettistico* ✱ 1993] **s. f.** **1** tendenza all'effettismo **2** insieme degli effetti utilizzati in opere cinematografiche, teatrali, televisive e sim.

effettìstico [1935] **agg.** (**pl. m.** *-ci*) ● (*raro*) caratterizzato da effettismo: *tecniche effettistiche*

effettìvo o †**effettìo** [vc. dotta, lat. *effectīvu(m)*, da *effēctus* 'effetto' ✱ 1294] **A** **agg.** **1** (*raro, lett.*) che serve a produrre o produce un effetto: *Dio è causa unica effettiva delle creature* (G. Carducci) **2** vero, reale, tangibile: *guadagno e.*; *dare alle parole il loro e. significato*; *la cura mi ha dato un e. miglioramento* | ***tempo e.***, nello sport, quello impiegato realmente, dopo aver detratto ogni genere di interruzione | ***lavoro e.***, quello realmente prestato non calcolando nel computarlo i periodi di riposo e il tempo occorrente per recarsi e tornare dallo stesso **CONTR.** apparente **3** che ricopre di diritto e in modo permanente una carica o un ufficio: *docente e.*; *assistente e.* | ***socio e.***, contrapposto a onorario | ***ufficiale e.***, in servizio permanente, di professione, contrapposto a ufficiale di complemento | ***personale e.***, insieme dei lavoratori, facenti parte del ruolo organico dell'impresa, che occupano posti con caratteri di permanenza ‖ **effettivaménte**, **avv.** in realtà, veramente: *è effettivamente malato*; *effettivamente non ha tutti i torti* ‖ **effettività**, **s. f. inv.** **1** caratteristica di ciò che è effettivo, reale, concreto **2** (*filos.*) nell'esistenzialismo, il sussistere dell'uomo nella sua autoconsapevolezza e libertà **B** **s. m.** **1** (**f.** *-a*) chi ricopre di diritto e in modo permanente una carica o un ufficio: *gli effettivi dell'università* **2** complesso numerico degli uomini in forza organica a un corpo o ente militare **3** atleta, giocatore, titolare e riserva, componente una squadra: *l'allenatore ha a disposizione pochi effettivi* **4** concreta consistenza di qlco.: *e. del patrimonio*

♦**effètto** [vc. dotta, lat. *effēctu(m)*, dal part. pass. di *efficere* 'fare (*făcere*) completamente (*ex-*)', 'compiere'; nei sign. 6 e 7, adattamento del fr. (usato al pl.) *effets*, da *effet* 'effetto, realizzazione' ✱ 1261 ca.] **s. m.** **1** ciò che è conseguenza di una causa: *gli effetti del caldo, dell'età*; *i buoni effetti dello studio, dell'onestà*; *molte volte nascono occasioni sufficienti per produr notabili effetti* (P. Sarpi) | ***raggiungere l'e. voluto***, ottenerlo | ***e. collaterale***, V. *collaterale* | esito favorevole, giovamento: *l'e. di una medicina, di una cura* **SIN.** risultato, frutto **2** (*est.*) attuazione, realizzazione: *mandare qlco. a e.* | adempimento di minaccia, promessa e sim. **3** capacità di produrre determinate conseguenze, efficacia: *la legge ha e. retroattivo*; *essere privo d'ogni e.* **4** (*fig.*) impressione viva e immediata: *che e. queste luci sul prato!* | ***cercare l'e.***, cercare di colpire l'attenzione, di commuovere: *attore, cantante che cerca l'e.* | ***d'e.***, di ciò che colpisce vivamente, anche se in modo superficiale: *battute, frasi d'e.*; *scena d'e.*; *un quadro, un abbigliamento d'e., di grande e.* | ***fare e.***, provocare turbamento, commozione: *quella scena mi ha fatto un certo e.*; *mi fa e. rivederti dopo tanto tempo* | ***fare l'e. di***, dare un'impressione di somiglianza: *quell'uomo mi fa l'e. di una brava persona* **5** in vari giochi, traiettoria deviata fatta seguire alla bilia, alla palla o al pallone mediante un particolare colpo di lato perché arrivi in un determinato modo o per ingannare l'avversario: *gioco d'e.*; *colpire d'e.* **6** (**spec. al pl.**) bene mobile o immobile: *effetti patrimoniali* **7** ***effetti personali***, oggetti d'uso, vestiario e sim. **8** titolo di credito: *e. bancario*; *e. bancabile* | (**per anton.**) cambiale, ordine di pagamento: *firmare, protestare un e.* **9** (*fis.*) fenomeno, scientificamente notevole, derivante da una causa definita | ***e. corona***, V. *corona* | ***e. Joule***, fenomeno per cui un corpo attraversato da corrente elettrica si riscalda | ***e. Larsen***, in una catena elettroacustica, innesco spontaneo di oscillazioni di ritorno, spec. tra altoparlante e microfono, con emissione di un caratteristico fischio | ***e. Volta***, forza elettromotrice di contatto che si ha quando il contatto stesso avviene fra due corpi conduttori di natura fisica o chimica differenti | ***e. Zeeman***, scissione delle linee spettrali, all'esame spettroscopico, quando gli atomi emittenti sono sottoposti a un campo magnetico **10** (*est.*) fenomeno dovuto a particolari accorgimenti o al verificarsi di determinate situazioni | ***e. ottico, acustico***, per il quale qlco. o qlcu. si presenta alla vista o all'udito in maniera non corrispondente al vero | ***e. tunnel***, V. *tunnel* nel sign. B | ***effetti speciali***, accorgimenti cinematografici o teatrali per simulare situazioni non direttamente riproducibili in scena come pioggia, neve, nebbia e sim. | ***effetti di luce***, ottenuti in cinematografia o teatro mediante mutamenti di luce | ***effetti sonori***, rumori e suoni atti a completare in un film o in una scena teatrale una precisa ambientazione | (*tv*) ***e. neve***, V. *neve*, sign. B | ***e. serra***, nelle serre e nei collettori solari, riscaldamento di un ambiente mediante coperture trasparenti ai raggi solari capaci di trattenere parte del calore prodotto; (*ecologia*) aumento della temperatura terrestre, dovuto spec. all'incremento del contenuto di anidride carbonica e altri gas nell'atmosfera, che impedisce a una parte del calore solare riflesso dalla superficie terrestre di disperdersi nello spazio | (*med.*) ***e. cocktail***, quello prodotto dall'assunzione contemporanea di farmaci diversi | ***e. placebo***, V. *placebo* | ***e. ritardo***, V. *ritardo* | ***e. Doppler***, V. *Doppler* | ***e. memoria***, in un accumulatore elettrico, fenomeno che ne riduce progressivamente la capacità in seguito a frequenti ricariche effettuate quando esso non è completamente scarico **11** (*est.*) insieme delle conseguenze politiche, economiche e sociali e dei riflessi che derivano da un evento importante o dalla notorietà di un personaggio pubblico: *e. Chernobyl*; *e. Mitterrand* | ***e. annuncio***, V. *annuncio* **12** (*raro*) fatto: *veniamo all'e.* | ***in effetti***, (*lett.*) ***in e.***, in realtà, davvero: *in effetti hai proprio ragione* **13** (*raro*) fine, scopo: *a questo e. decidemmo di intervenire*; *l'affermazione è valida a tutti gli effetti* ‖ **effettàccio**, **pegg.** | **effettìno**, **dim.** | **effettóne**, **accr.**

SFUMATURE ➤ *risultato*

effettóre [vc. dotta, lat. *effectōre(m)*, da *effēctus* 'effetto' ✱ 1551] **s. m.** (**f.** *-trice*) **1** (*anat.*) organo capace di rispondere con una particolare attività a una stimolazione nervosa **2** in cibernetica, dispositivo o apparecchio capace di produrre un effetto quando sia opportunamente stimolato **3** †autore

effettuàbile [1618] **agg.** ● che si può effettuare ‖ **effettuabilità**, **s. f. inv.**

effettuàle [fr. *effectuel*, da *effectuer* 'effettuare' ✱ av. 1405] **agg.** ● (*lett.*) effettivo, reale: *mi è parso più conveniente andare drieto alla verità e. della cosa, che alla immaginazione di essa* (N. Machiavelli) ‖ **effettualménte**, **avv.** in realtà ‖ **effettualità**, **s. f. inv.** (*raro*) effettività, concretezza

♦**effettuàre** [fr. *effectuer*, dal lat. *effēctus* 'effetto' ✱ av. 1557] **A** **v. tr.** (*io effèttuo, noi effettuiàmo*) ● mandare a effetto, compiere, realizzare: *e. una memorabile impresa* | fare: *il treno non effettua altre fermate* | adempiere, eseguire: *e. l'altrui volontà* **B** **effettuàrsi** **v. intr. pron.** ● accadere, aver luogo: *la riunione non si è effettuata per mancanza di adesioni*

effettuazióne [1602] **s. f.** ● adempimento, esecuzione, realizzazione: *l'e. di un proposito* **SIN.** attuazione, compimento

†**effettuóso** (o **-ṣ-**) [vc. dotta, lat. *effectuōsu(m)*, da *effēctus* 'effetto' ✱ 1336 ca.] **agg.** ● efficace ‖ †**effettuosaménte**, **avv.** efficacemente

†**effezióne** [vc. dotta, lat. *effectiōne(m)*, da *effēctus* 'effetto' ✱ av. 1348] **s. f.** **1** efficacia | effetto, compimento **2** affetto

♦**efficàce** [vc. dotta, lat. *efficāce(m)*, da *efficere* 'fare (*făcere*) del tutto (*ex-*)' ✱ av. 1294] **agg.** **1** che raggiunge lo scopo prefissato o produce l'effetto desiderato (+ *per*, + *in*, **raro** + *a*, **anche seguiti da inf.**): *aiuto, argomento e.*; *un farmaco e. contro le nevralgie*; *metodo e. per la prevenzione della malattia*; *misura e. per ridurre la disoccupazione*; *queste opinioni furono in lui abbastanza efficaci per fargli comporre di belle poesie* (F. De Sanctis); *norme efficaci nella lotta contro il crimine*; *è uno scrittore e. nell'esprimere le emozioni*; *l'astinenza così e. a liberar l'animo dalle tendenze sensuali* (A. Manzoni) | ***Grazia e.***, nella teologia cattolica, quella che determina la volontà a operare e produce l'azione meritoria **SIN.** efficiente, valido **2** (*est.*) che si rivela valido e persuasivo per chi legge o ascolta, in quanto dotato di vivezza, incisività e sim.: *un e. resoconto*; *la tua descrizione dell'incidente è molto e.* **3** (*fis.*) che provoca lo stesso effetto | ***lunghezza e. di un pendolo composto***, quella di un pendolo semplice di pari frequenza | ***valore e. di una corrente elettrica alternata***, il valore di una corrente continua che produce lo stesso riscaldamento ‖ **efficaceménte**, **avv.** con efficacia

SFUMATURE ➤ *adatto*

♦**efficàcia** [vc. dotta, lat. *efficācia(m)*, da *efficere* 'fare (*făcere*) del tutto (*ex-*)' ✱ 1306] **s. f.** (**pl.** *-cie*) **1** capacità di ottenere un dato effetto o di raggiungere un dato scopo: *l'e. di una terapia, di una punizione* | (*est.*) particolare intensità espressiva: *parlare, scrivere con e.*; *dipinto di rara e.* | (*lett.*) forza: *l'e. dei venti marittimi* (V. Alfieri) **2** (*dir.*) capacità di un fatto, atto o negozio di produrre effetti giuridici: *l'e. di una norma* | ***e. della legge***, capacità di produrre i suoi effetti tipici | il prodursi di tali effetti: *e. retroattiva* **3** nel pugilato, uno degli elementi determinanti nell'attribuire il punteggio agli atleti professionisti

efficènte • (*evit.*) ➤ **efficiente**

efficènza • (*evit.*) ➤ **efficienza**

efficientaménto, (*evit.*) **efficentaménto** [1990] **s. m.** • (*burocr.*) complesso di attività che mirano a rendere qlco. più efficiente: *e. fiscale*; *e. dei servizi postali*; *e. dei costi aziendali*

efficientàre, (*evit.*) **efficentàre** [da *efficiente* ✱ 2000] **v. tr.** (*io efficiènto*) • (*burocr.*) rendere efficiente o più efficiente

♦**efficiènte**, (*evit.*) **efficènte** [vc. dotta, lat. *efficiĕnte(m)*, part. pres. di *efficere* 'fare (*făcere*) del tutto (*ex-*)' ✱ 1268] **agg. 1** idoneo a produrre l'effetto voluto: *legislazione e.* | (*filos.*) ***causa e.***, in quanto produce realmente un effetto | (*gramm.*) ***complemento di causa e.***, V. *agente* nel sign. B 1 **2** che ha un buon funzionamento: *motore, organismo e.* | (*est.*) che risponde pienamente alle sue funzioni e ai suoi compiti: *un'organizzazione e.*; *un'impiegata molto e.* ‖ **efficienteménte**, **avv.**

efficientìsmo, (*evit.*) **efficentìsmo** [1980] **s. m.** • caratteristica di chi (o di ciò che) è sempre e comunque efficiente al massimo grado (*anche spreg.*)

efficientista, (*evit.*) **efficentista** [1974] **s. m. e f.** (**pl. m.** *-i*) • chi agisce o si comporta con efficientismo

efficientìstico, (*evit.*) **efficentìstico** [1968] **agg.** (**pl. m.** *-ci*) • caratterizzato da efficientismo

♦**efficiènza**, (*evit.*) **efficènza** [vc. dotta, lat. *efficiĕntia* 'le cose efficienti', nt. pl. di *efficiens*, genit. *efficiĕntis* 'efficiente' ✱ av. 1332] **s. f. 1** capacità di produrre un dato effetto, di raggiungere certi risultati | ***mettere, rimettere in e.***, mettere o rimettere un motore, un congegno e sim. in grado di funzionare | ***essere in piena e.***, al massimo, nella pienezza della propria capacità e attività **2** (*econ.*) requisito che indica l'alta produttività che presentano le risorse impiegate o le tecniche produttive assunte da un'impresa | (*est.*) procedimento e comportamento seguiti nell'esplicazione di una qualsiasi attività **3** (*aeron.*) ***e. aerodinamica***, rapporto fra il peso di un determinato corpo portante e la forza che occorre a trainarlo

effìge ➤ **effigie**

†**effìgia** ➤ **effigie**

effigiàre [vc. dotta, lat. tardo *effigiāre*, da *effigies* 'effigie' ✱ 1319] **v. tr.** (**pres.** *io effìgio*; **fut.** *io effigerò*) **1** raffigurare qlcu. in effigie, ritrarlo, rappresentarne le sembianze: *un affresco che effigia personaggi illustri* **2** (*lett.*) adornare mediante effigi, modellare, lavorare a figure: *e. il portale di una chiesa*; *e. la cera, il marmo* **3** †plasmare, edificare **4** †descrivere

†**effigiatóre** [1614] **s. m.** (**f.** *-trice*); **anche agg.** • chi (o che) effigia | (*fig.*) creatore

♣**effìgie** o **effìge**, †**effìgia** [vc. dotta, lat. *effigie(m)*, arcaico *effigia(m)*, da *effingere* '†effingere' ✱ 1321] **s. f.** (**pl.** *-gie* o *-gi*) **1** figura, ritratto: *dipingere l'e. di qlcu.* | opera d'arte che rappresenta tale immagine: *e. in marmo, in bronzo, in cera* | ***giustiziare, ardere in e.***, in epoca antica, eseguire la condanna capitale di un contumace servendosi, in assenza di lui, di un suo ritratto **2** (*raro*) aspetto, sembiante: *non avere più e. d'uomo* **3** (*lett.*) modello caratteristico: *e. morale* ‖ **effigiétta**, **dim.**

effìmera [da *effimero* ✱ sec. XIV] **s. f.** • (*zool.*) efemera

♣**effìmero** o (*lett.*) **efìmero** [vc. dotta, gr. *ephḗmeros* 'in (*epí*) un giorno (*hēméra*)', 'che dura un sol giorno', quindi 'di breve durata' ✱ av. 1277] **A agg. 1** che dura un giorno solo: *febbre effimera* **2** (*est.*) che ha breve o brevissima durata: *è stata una gloria effimera*; *le effimere scorrerie dei Turchi* (I. NIEVO) | passeggero, fugace: *piacere e.*; *speranze effimere* **SIN.** caduco, labile **CONTR.** duraturo, durevole | ***fiore e.***, che appassisce nel volgere di poche ore | ***insetto e.***, che da adulto ha vita brevissima **B s. m.** • ciò che ha breve durata, è transitorio e spesso fatuo, futile | complesso di spettacoli o manifestazioni culturali di carattere occasionale e di breve durata

SFUMATURE ➤ *fugace*

†**effìngere** [vc. dotta, lat. *effingere*, in orig. 'esprimere (*ex-*) modellando con l'argilla (*fingere*)' ✱ 1438] **v. tr.** • ritrarre

efflorescènte [vc. dotta, lat. *efflorescĕnte(m)*, propr. part. pres. di *efflorēscere* 'cominciare a fiorire (*florēre*), a sbocciare (*ex-*)' ✱ 1834] **agg. 1** (*lett.*) che comincia a fiorire **2** (*chim.*) detto di sostanza che presenta efflorescenza

efflorescènza [da *efflorescente* ✱ 1684] **s. f. 1** (*chim.*) proprietà di certe sostanze cristalline, consistente nel perdere la propria trasparenza e nel ridursi in polvere spec. per totale o parziale perdita di molecole d'acqua di cristallizzazione **2** (*geol.*) formazione salina su rocce, terreni, muri e in genere ambienti umidi | fenomeno che porta a tali formazioni **3** (*med.*) esantema poco rilevato della cute

effluènte [vc. dotta, lat. *effluĕnte(m)*, part. pres. di *efflŭere* 'scorrer (*flŭere*) via (*ex-*)' ✱ 1585] **A agg.** • di liquido o gas che sgorga da un condotto **B s. m.** • massa delle acque di rifiuto di agglomerati urbani o stabilimenti industriali, in qualsiasi stadio dello smaltimento o del trattamento di depurazione | ***e. radioattivo***, residuo gassoso, liquido o solido che deriva da operazioni su sostanze radioattive

efflùire [vc. dotta, lat. *efflŭere* 'scorrer (*flŭere*) via (*ex-*)', con cambio di coniug. ✱ 1499] **v. intr.** (*io effluìsco, tu effluìsci*; **aus.** *essere*) • (*raro*) uscire, riversarsi a fiotti

efflùsso [vc. dotta, lat. tardo *efflūxu(m)*, part. pass. di *efflŭere* 'effluire' ✱ 1584] **s. m.** • fuoriuscita di un gas o di un liquido da un'apertura: *l'e. dell'acqua dalla rottura del tubo*

♣**efflùvio** [vc. dotta, lat. *efflūviu(m)*, da *efflŭere* 'scorrer (*flŭere*) via (*ex-*)' ✱ 1621] **s. m. 1** esalazione di un odore gradevole: *cipressi e cedri / di puri effluvi i zefiri impregnando* (U. FOSCOLO) **2** (*iron.*) odore sgradevole, lezzo: *senti l'e. della palude!* **3** (*est.*) emanazione: *un e. di raggi luminosi* | (*elettr.*) ***e. elettrico***, dispersione dell'elettricità da un conduttore nell'aria

effóndere o †**effùndere** [vc. dotta, lat. *effŭndere* 'versare (*fŭndere*) fuori (*ex-*)' ✱ 1320] **A v. tr.** (**coniug. come** *fondere*) • (*lett.*) spargere, versare (*anche fig.*): *e. acqua sui prati*; *e. l'animo, la piena degli affetti*; *parea per gli occhi e / il sorriso de l'alma* (G. CARDUCCI) **B v. intr.** (**aus.** *essere*) • fuoriuscire **C effóndersi v. intr. pron.** • spandersi, diffondersi: *il suono della campana si effonde per la valle*; *un lampo ad or ad or s'effonde* (G. PASCOLI)

†**effondiménto** o †**effundiménto** [sec. XIV] **s. m.** • effusione

effossòrio [vc. dotta, tratta dal lat. *effŏssus*, part. pass. di *effŏdere* 'cavare (*fŏdere*) fuori (*ex-*)', 'scavare' ✱ 1869] **agg.** (**pl. m.** *-i* o *raro -ii*) • che serve a scavare, detto spec. di macchine usate in canali, porti e sim.

effrazióne [fr. *effraction*, dal lat. *effrāctus*, part. pass. di *effringere* 'rompere (*frāngere*) del tutto (*ex-*)' ✱ 1812] **s. f.** • (*burocr.*) rottura, forzatura di dispositivi di sicurezza spec. nel compimento di un furto: *l'e. di una serratura* **SIN.** scasso nel sign. 1

†**effrenàto** [vc. dotta, tratta da *effrenātu(m)*, part. pass. di *effrenāre*, comp. di *ex-* separativo e *frenāre* 'frenare' ✱ 1288] **agg.** • sfrenato, smodato ‖ †**effrenataménte**, **avv.** sfrenatamente, smodatamente

†**effùgere** [vc. dotta, lat. *effŭgere* 'fuggire (*fŭgere*) via (*ex-*)' ✱ sec. XIV] **v. tr.** • fuggire, sfuggire

†**effùgio** [vc. dotta, lat. *effŭgiu(m)*, da *effŭgere* '†effugere' ✱ 1499] **s. m.** • scampo, scappatoia

effumazióne [vc. dotta, tratta dal lat. tardo *effumāre* 'mandar fumo (*fumāre*) fuori (*ex-*)' ✱ av. 1313] **s. f. 1** esalazione naturale di vapori o fumo, dalla superficie di alcune acque o dal dorso o sommità di alcuni monti **2** (*milit.*) fumo per segnali **SIN.** fumata

†**effùndere** e deriv. ➤ **effondere** e deriv.

effuṣiòmetro [comp. di *effusione* e *-metro* ✱ 1917] **s. m.** • (*fis.*) apparecchio per la determinazione della densità di un gas, ottenuta misurando il suo tempo di efflusso da un foro in parete sottile

effuṣióne [vc. dotta, lat. *effusiōne(m)*, da *effūsus* 'effuso' ✱ sec. XIII] **s. f. 1** abbondante spargimento: *la battaglia ci costò grande e. di sangue* **SIN.** versamento **2** (*fis.*) diffusione di un gas in uno o più altri attraverso piccoli fori in parete sottile **3** (*geol.*) emissione di lava da un condotto vulcanico, gener. durante fasi eruttive non violente | (*est.*) lava emessa alla superficie **4** (*fig.*) calda dimostrazione di affetto: *abbracciare qlcu. con e.*; *scambiarsi tenere effusioni*

effuṣìvo [1930] **agg. 1** (*geol.*) detto di processo geologico originato dall'effusione di lave in superficie | detto di roccia formata per consolidamento di lave **2** (*fig.*, *raro*) espansivo: *abbraccio e.*; *ha un carattere poco e.* ‖ **effuṣività**, **s. f. inv. 1** caratteristica di ciò che è effusivo **2** (*fig.*) affettuosità, espansività

effùṣo **part. pass.** di *effondere*; **anche agg.** • (*lett.*) versato | sparso | sciolto: *chiome effuse* | ***e. in pianto***, sciolto in lacrime | (*raro*) ampio, copioso ‖ **effuṣaménte**, **avv. 1** ampiamente, estesamente: *trattare effusamente un argomento* **2** (*lett.*) con slancio, con ardore: *molte donne ... mi hanno effusamente lodato* (G. CARDUCCI)

effuṣóre [vc. dotta, lat. tardo *effusōre(m)*, da *effūsus* 'effuso' ✱ av. 1667] **A s. m.** (**f.** *effonditrìce*); **anche agg.** • chi (o che) effonde **B s. m.** • (*fis.*) condotto divergente atto a trasformare in energia cinetica quella di pressione di un fluido | ugello di scarico all'estremità posteriore dei motori a getto

-èfico [dal secondo elemento compositivo lat. *-(ĕ)ficu(m)*, dalla radice di *făcere* 'fare', di orig. indeur.] **suff.** • in aggettivi di derivazione latina indica capacità di fare, creare, produrre: *benefico, malefico* | V. anche *-ifico*

efidròṣi [vc. dotta, gr. *ephídrōsis* 'sudore (da *hidrṓs* 'sudore, traspirazione') superficiale (*epí*)' ✱ 1797] **s. f. inv.** • (*med.*) aumento di sudorazione in una parte del corpo

efìmero ➤ **effimero**

efìmnio [gr. *ephýmnion* 'ciò che si canta dopo (*epí*) l'inno (*hýmnos*)' ✱ 1956] **s. m.** • (*letter.*) in componimenti strofici della poesia classica, ritornello posto al termine di ogni strofa

èfod [ebr. *'ēphō(w)dh*, propr. 'veste' ✱ sec. XIV] **s. m. inv.** • nella liturgia levitica dell'Antico Testamento, paramento sacerdotale privo di maniche indossato solo dal sommo sacerdote | abito di lino grezzo indossato dai sacerdoti comuni

eforàto [1869] **s. m.** • titolo, carica e dignità di eforo | durata di tale carica

èforo [vc. dotta, lat. *ĕphoru(m)*, dal gr. *éphoros* 'che sorveglia (da *orân* 'vedere') sopra (*epí*)' ✱ av.

1338] **s. m.** ● nell'antica Sparta, ciascuno dei cinque magistrati supremi con poteri civili e talvolta anche politici

eftemìmera o **eptemìmera**, **eftemìmere** [comp. del gr. *heptá* 'sette', *hemi-* 'mezzo' e *méros* 'parte', come spiega il calco *semisettenaria* ✱ 1956] **agg. solo f.** ● (*letter.*) di cesura che si trova dopo tre piedi e mezzo **SIN.** semisettenaria

ègagro o **egàgro** [vc. dotta, gr. *áigagros*, comp. di *áix*, genit. *aigós* 'capra' e *ágrios* 'selvatico' ✱ 1797] **s. m.** ● capra asiatica simile allo stambecco alpino ma con corna meno imponenti (*Capra aegagrus*)

egalitàrio ➤ **egualitario**

egalitarìsmo ➤ **egualitarismo**

egèmone [vc. dotta, gr. *hēgemṓn*, dal v. *hēgêisthai* 'condurre' ✱ 1828] **A s. m.** ● (*lett.*) duce, guida: *l'e. degli eserciti greci* **B agg.** ● che prevale, domina, si impone: *Stato e.*; *potenza e.*

egemonìa [vc. dotta, gr. *hēgemonía*, da *hēgemṓn* 'egemone' ✱ 1799] **s. f. 1** supremazia che uno Stato esercita su altri **2** (*fig.*) preminenza, direzione, guida: *e. culturale*

egemònico [vc. dotta, gr. *hēgemonikós*, da *hēgemṓn* 'egemone' ✱ 1851] **agg.** (**pl. m.** *-ci*) **1** che è in posizione di egemonia: *Stato e.* **2** (*est.*) che è proprio di chi vuole raggiungere una posizione di egemonia: *volontà egemonica*; *tendenze egemoniche* ‖ **egemonicaménte**, **avv.**

egemònio [1887] **agg.** ● (*lett.*) che guida

egemonìsmo [da *egemonia* ✱ 1980] **s. m.** ● aspirazione, tendenza all'egemonia

egemonìstico [1980] **agg.** (**pl. m.** *-ci*) ● di egemonismo: *mire egemonistiche*

egemonizzàre [1983] **v. tr.** ● sottoporre alla propria egemonia: *e. la cultura* ‖ **egemonizzazióne**, **s. f.**

egèo [vc. dotta, lat. *Aegēum* (*măre* o *pĕlagus*), dal gr. *Aigéus*, di prob. orig. pregreca ✱ 1342] **agg.** ● relativo al mare Egeo: *coste, isole egee*

†**egestà** [vc. dotta, lat. *egestāte(m)*, collegata con *egēre* 'aver bisogno', di etim. incerta ✱ 1304] **s. f.** ● povertà, indigenza, miseria

eggià ➤ **eh già**

-eggiàre [dal suff. verb. del lat. parl. *-idiāre*, che riproduce il gr. *-ízein*, suff. denominale di orig. indeur.] **suff.** ● forma verbi tratti da nomi, da aggettivi, da avverbi che indicano manifestazione del termine stesso da cui derivano, o azione intensiva, continuata: *amareggiare, corteggiare, favoleggiare, indietreggiare, noleggiare, occhieggiare* | V. anche *-izzare*

-éggio **suff.** ● forma sostantivi derivati da verbi in *-eggiare*: *arpeggio, conteggio, carteggio, maneggio, noleggio, solfeggio, sorteggio* | forma anche sostantivi denominali: *ponteggio, bandeggio, magheggio*

♣**ègida** o †**ègide**, (*evit.*) **egìda** [vc. dotta, lat. *aegida*, acc. di *aegis*, dal gr. *aigís*, da *áix*, genit. *aigós* '(pelle di) capra', che proteggeva lo scudo di Zeus ✱ 1492] **s. f. 1** scudo di Zeus, coperto con la pelle della capra Amaltea | scudo od ornamento pettorale di Pallade Atena **2** (*fig., lett.*) protezione, difesa, riparo: *porsi sotto l'e. della legge* | patrocinio, patronato: *il convegno si svolge sotto l'e. della Provincia*

eginètico [vc. dotta, lat. *Aeginēticu(m)*, dal gr. *Aiginētikós*, dal n. di Egina (*Áigina*), facilmente di orig. preellenica ✱ 1765] **agg.** (**pl. m.** *-ci*) ● di Egina, isola greca | ***lega eginetica***, lega di bronzo usata da statuari greci

egìoco [vc. dotta, gr. *aigíochos*, perché portatore dell'*egida* (V.) ✱ 1810] **agg.** (**pl. m.** *-ci*) ● (*lett.*) armato dell'egida, appellativo di Zeus

Ègira o, più diffuso ma meno corretto, **Egìra** [arabo *hiğra* 'emigrazione', dal v. *hāğara* 'lasciare, emigrare' ✱ av. 1652] **s. f.** ● fuga di Maometto dalla Mecca a Medina, avvenuta il 16 luglio del 622 d.C., che segna l'inizio dell'era musulmana

Egìtto [nome dell'*Egitto*, inteso, un tempo, come Paese lontano e strano ✱ 1585] **s. m.** ● nella loc. agg. inv. ***d'Egitto***, (*fam.*) per esprimere brusca disapprovazione o negazione nei confronti di quanto detto da qlcu.: *«Non era un pastore?» (...) «Ma che pastore d'E.! Era un ragazzo, un contadino»* (G. DELEDDA) | nella loc. sost. f. ***piaga d'E.***, secondo la Bibbia, una delle dieci calamità con cui Dio colpì gli Egizi per convincerli a lasciar partire gli Ebrei (acqua mutata in sangue, invasione di rane, di zanzare, di mosconi, peste del bestiame, ulcere, grandine, invasione di locuste, tenebre profonde, morte di tutti i primogeniti); (***est.***, ***per anton.***) evento rovinoso

egittologìa [vc. dotta, comp. di *Egitto* e *-logia* ✱ 1892] **s. f.** (**pl.** *-gìe*) ● disciplina che studia le civiltà, i popoli e le arti dell'antico Egitto

egittològico [av. 1952] **agg.** (**pl. m.** *-ci*) ● relativo all'egittologia

egittòlogo [vc. dotta, comp. di *Egitto* e *-logo* ✱ 1905] **s. m.** (**f.** *-a*; **pl. m.** *-gi*) ● studioso di egittologia

†**egizìaco** [vc. dotta, lat. tardo *Aegyptĭacu(m)*, dal gr. *Aigyptiakós* 'relativo all'Egitto (*Áigyptos*)' ✱ sec. XIII] **agg.** (**pl. m.** *-ci*) ● egiziano

♦**egiziàno** [da *egizio* ✱ sec. XIII] **A agg.** ● relativo all'Egitto **B s. m. 1** (**f.** *-a*) abitante o nativo dell'Egitto **2** carattere tipografico nero con grazie piatte dello stesso spessore delle aste, apparso agli inizi del sec. XIX **C s. m. solo sing.** ● lingua dell'antico Egitto appartenente alla famiglia camitica

egìzio [vc. dotta, lat. *Aegȳptiu(m)*, dal gr. *Aigýptios* 'di Egitto (*Áigyptos*)' ✱ 1258] **A agg.** ● dell'antico Egitto: *arte egizia* **B s. m.** (**f.** *-ia*) ● abitante o nativo dell'antico Egitto

eglefìno [fr. *aiglefin*, da *églefin* (con sovrapposizione di *aigle* 'aquila'), a sua volta dal precedente *esclevis*, che riproduce il neerl. *schelvisch*, propr. 'pesce (*visch*) dalla carne che si sfalda (*schelle* 'scaglia')', con due componenti di area germ. ✱ 1917] **s. m.** ● pesce osseo dei Gadiformi dell'Atlantico di cui si utilizzano le carni molto saporite (*Melanogrammus aeglefinus*)

♦**égli** o (*lett.*) **éi**① (troncato in **e'**, V.), †**élli**①, (*tosc.*) **gli**③ /*ʎi/ nel sign. 2 e 3, purché in proclisi [lat. parl. **ĭlli* per *ĭlle*, parola di difficile analisi nella formazione dei componenti ✱ av. 1250] **pron. pers. m. di terza pers. sing. e** †**pl.** (***pop., tosc.*** **o** ***poet.*** **troncato in** *e'* **davanti a consonante semplice o davanti a** *f, v, p, b, t, d, c, g* **seguite da** *l* **e** *r*, **purché in proclisi) 1** indica la persona di cui si parla e si usa come soggetto riferito al m. sing. (spec. nell'uso scritto o lett.): *e. partirà domani*; *e. crede che sia vero*; *del gravissimo scudo arma ei la manca* (T. TASSO); *Ei fu* (A. MANZONI) **SIN.** lui **2** (*tosc.*, *lett.*) riferito a pers. o cosa sing. o pl., spec. con valore pleonast.: *e. è gran tempo che ciò è accaduto*; *non è e. forse vero?*; *e. non sono ancora molti anni passati, che in Firenze fu una giovane* (G. BOCCACCIO) **3** (*tosc.*) †essi: *e' verranno subito*; *se cosa appare ond'elli abbian paura* (DANTE *Purg.* II, 127) **4** †lui, ciò, esso, loro, essi (riferito a pers. o cosa sing. e pl., anche nei complementi indiretti): *ch'alcuna gloria i rei avrebber d'elli* (DANTE *Inf.* III, 42)

églino o †**éllino** [da *egli* col suff. *-no*, proprio della terza pers. pl. nella coniug. verb. ✱ 1261 ca.] **pron. pers. m. di terza pers. pl.** ● (*lett.*) essi: *si avevan e. ad imbarcar per Venezia* (C. GOLDONI)

ègloga o **ècloga** [vc. dotta, lat. *ĕcloga(m)*, dal gr. *eklogḗ* 'scelta', dal v. *eklégein* 'coglier (*légein*) fuori (*ek-*)' ✱ 1374] **s. f. 1** componimento poetico solitamente di argomento pastorale e in forma dialogica: *le egloghe di Virgilio* **CFR.** bucolica **2** tipo di composizione musicale che si ispira a quella letteraria, con accenti idillici

Ègo [vc. dotta, lat. *ĕgo* 'io', di orig. e vasta diffusione indeur. ✱ 1918] **s. m. inv.** ● nella psicoanalisi, Io

ègo- [dal lat. *ĕgo* 'io'] **primo elemento** ● in parole composte, spec. della terminologia filosofica e psicologica, significa 'sé stesso', 'di sé': *egocentrismo, egoismo*

egoàrca [vc. dotta, comp. di *ego-* e *-arca* ✱ av. 1912] **s. m. e f.** (**pl. m.** *-chi*) ● (*lett.*) egoista presuntuoso e soperchiatore: *voi vi atteggiate a felici, ad egoarchi, a superuomini* (G. PASCOLI)

egoàrchico [1949] **agg.** (**pl. m.** *-ci*) ● (*lett.*) proprio di egoarca

egocèntrico [vc. dotta, comp. di *ego-* e *-centrico*, da *centro* ✱ 1905] **A agg.** (**pl. m.** *-ci*) ● (*psicol.*) che è proprio dell'egocentrismo o che ne è caratterizzato: *carattere e.* | ***linguaggio e.***, linguaggio che non ha riferimento o esigenze sociali, sebbene possa prodursi in presenza di altri, comune nei bambini ‖ **egocentricaménte**, **avv.** ‖ **egocentricità**, **s. f. inv.** **B agg. e s. m.** (**f.** *-a*) ● che (o chi) manifesta egocentrismo

SFUMATURE ➤ ***egoista***

egocentrìsmo [da *egocentrico* ✱ 1917] **s. m.** ● (*psicol.*) tendenza a porre sé stessi al centro di ogni situazione | (*est.*) atteggiamento accentratore

egodistonìa [comp. di *ego-* e *distonia* ✱ sec. XX] **s. f.** ● (*psicol.*) disturbo della personalità determinato da uno stato di forte conflitto interiore, che può anche dar luogo a reazioni aggressive verso sé stessi o verso gli altri

egodistònico [1992] **agg.** (**pl. m.** *-ci*) ● (*psicol.*) relativo a egodistonia

egofonìa [vc. dotta, comp. del gr. *áix*, genit. *aigós* 'capra' e *-fonia* ✱ 1842] **s. f.** ● (*med.*) nel caso di un polmone compresso da versamento pleurico o di addensamento polmonare, aumento della risonanza vocale in cui le sillabe assumono un timbro nasale o belante rilevabile alla auscultazione ‖ **egofònico**, **agg.** (**pl. m.** *-ci*) relativo a egofonia; caratterizzato da egofonia

egoìsmo [fr. *égoïsme*, comp. del lat. *ĕgo* 'io' e del suff. *-isme* '-ismo' ✱ av. 1535] **s. m.** ● esclusivo ed eccessivo amore di sé stesso o dei propri beni, che non tiene conto delle altrui esigenze e diritti: *è di un incredibile e.*; *restringere e riconcentrare ogni … affetto ed inclinazione verso sé stesso, il che si chiama appunto e.* (G. LEOPARDI) **CONTR.** altruismo

♦**egoìsta** [av. 1764] **A s. m. e f.** (**pl. m.** *-i*) ● chi tende a seguire esclusivamente i propri interessi e desideri, senza considerare quelli altrui **CONTR.** altruista **B agg.** ● egoistico: *mentalità egoista*; *desideri egoisti* ‖ **egoistàccio**, **pegg.** | **egoistóne**, **accr.**

SFUMATURE DI SIGNIFICATO

egoista - egotista - egocentrico

Egoista è chi bada esclusivamente ai propri interessi o alla soddisfazione dei propri bisogni, tenendo di conseguenza in minor conto le esigenze altrui. **Egotista** è invece termine tecnico della psicologia per definire chi con compiacimento intellettuale mette sempre il proprio io al centro dell'attenzione altrui. **Egocentrico** ha sostanzialmente lo stesso significato di *egotista* ma è voce di uso più corrente.

egoìstico [1832] **agg.** (**pl. m.** *-ci*) ● da egoista | che denota egoismo: *amore e.* **CONTR.** altruistico ‖ **egoisticaménte**, **avv.** da egoista ‖ **egoisticità**, **s. f. inv.**

egolalìa [comp. di *ego-* e *-lalia* ✱ 1987] **s. f.** ●

(*psicol.*) tendenza a parlare continuamente di sé

egolatrìa [vc. dotta, comp. di *ego-* e *-latria* ✶ 1932] **s. f.** ● adorazione, culto di sé stesso SIN. autolatria

egomanìa [comp. di *ego-* e *mania* ✶ 1894] **s. f.** ● (*psicol.*) egocentrismo esasperato

egomaniacàle [1972] **agg.** ● (*psicol.*) proprio dell'egomania | caratterizzato da egomania: *un carattere e.*

egomanìaco [1971] **A** **s. m.** (**f.** *-a*; **pl. m.** *-ci*) ● (*psicol.*) chi è affetto da egomania **B** **agg.** ● egomaniacale

egopòdio [vc. dotta, gr. *aigopódēs*, comp. di *áix*, genit. *aigós* 'capra' e *póus*, genit. *podós* 'piede' ✶ 1830] **s. m.** (**pl.** *-i* o *raro -ii*) ● pianta erbacea perenne delle Apiacee con foglie di forma simile ai piedi di capra (*Aegopodium podagraria*)

egoriferìto [comp. di *ego-* e *riferito* ✶ 2000] **agg.** ● che considera sé stesso e le proprie esperienze punto di riferimento di tutta la realtà esterna CFR. autoreferenziale

egotèle [vc. dotta, gr. *aigothêlas*, perché popolarmente si riteneva che succhiasse (da *thēlḗ* 'mammella') il latte di capra (*áix*, genit. *aigós*) ✶ 1970] **s. m.** ● uccello notturno australiano con capo simile a quello dei gufi, occhio grande e vivace, piumaggio molle e abbondante (*Aegoteles cristata*)

egòtico [1914] **A** **agg.** (**pl. m.** *-ci*) ● (*psicol.*) caratterizzato da egotismo **B** **agg. e s. m.** (**f.** *-a*) ● che (o chi) denota egotismo

egotìşmo [ingl. *egotism*, dal lat. *ĕgo* 'io' col suff. *-ism* '-ismo' e la *-t-* di altre vc., come *nepotism* 'nepotismo' ✶ 1887] **s. m.** ● (*psicol.*) stima eccessiva di sé che induce ad attribuire valore solo alle proprie esperienze e a parlare esclusivamente di sé

egotìsta [1765] **s. m. e f.;** anche **agg.** (**pl. m.** *-i*) ● (*psicol.*) chi (o che) agisce in base all'egotismo

SFUMATURE ➤ *egoista*

egotìstico [1907] **agg.** (**pl. m.** *-ci*) ● da egotista | che denota egotismo: *carattere e.* SIN. egotico ‖ **egotisticaménte**, **avv.**

egotizzàre [ingl. *to egotize*, da *egotism* 'egotismo' ✶ 1776] **v. intr.** (**aus.** *avere*) ● (*raro*) esaltare il proprio io | (*est.*) parlare esageratamente di sé

♣**egrègio** [vc. dotta, lat. *egrĕgiu(m)*, propr. 'che si stacca dal (*ex-*) gregge (*grĕx*, genit. *grĕgis*)' ✶ 1321] **agg.** (**pl. f.** *-gie*) **1** che esce dall'ordinario, che è singolare, eccellente: *una traduzione egregia*; *i gran nomi e i fatti egregi* (A. POLIZIANO) | †cospicuo: *una somma egregia* **2** formula di cortesia negli indirizzi e nelle intestazioni di lettere: *all'e. signor Rossi* SIN. distinto, esimio ‖ **egregiaménte**, **avv.**

egressìvo [dal lat. *egrĕssus*, part. pass. di *ēgredi* 'andare (*grădi*) fuori (*ex-*)', 'terminare', in opposizione a *ingressivo* ✶ 1970] **agg.** ● (*ling.*) detto di suono la cui articolazione provoca uscita di aria

egrèsso [vc. dotta, lat. *egrĕssu(m)*, dal part. pass. di *ēgredi* 'andar (*grădi*) fuori (*ex-*)' ✶ 1499] **s. m.** ● (*raro*, *lett.*) uscita

egrétta [fr. *aigrette*, da *aigron*, di orig. germ., con sostituzione di suff. ✶ 1892] **s. f.** **1** genere di Aironi comprendente l'airone maggiore e l'airone minore (*Egretta*) **2** pennacchio usato un tempo come ornamento sul copricapo dei generali e colonnelli **3** adattamento di *aigrette* (V.)

†**egritùdine** [vc. dotta, lat. *aegritūdine(m)*, da *aeger*, genit. *aegri* 'malato' ✶ 1440] **s. f.** ● (*lett.*) infermità, malattia

ègro [vc. dotta, lat. *aegru(m)*, di etim. incerta ✶ av. 1374] **agg.** ● (*lett.*) infermo, debole: *ella già sente / morirsi, e 'l piè le manca e. e languente* (T. TASSO) | (*fig.*, *lett.*) fiacco | †dolente, afflitto ‖ †**egraménte**, **avv.** malvolentieri

†**egrotànte** [vc. dotta, lat. *aegrotănte(m)*, part. pres. di *aegrotāre* 'essere ammalato' ✶ 1483] **agg.** ● (*lett.*) ammalato

†**egròto** [vc. dotta, lat. *aegrōtu(m)*, legato ad *aeger*, genit. *aegri* 'malato' in modo non chiaro ✶ av. 1386] **agg.** ● (*lett.*) infermo

eguagliàre e deriv. ➤ **uguagliare** e deriv.

eguàle e deriv. ➤ **uguale** e deriv.

egualitàrio o **ugualitàrio**, (*raro*) **egalitàrio** [fr. *égalitaire*, da *égalité* 'eguaglianza' ✶ 1894] **A** **agg.** ● che si ispira all'egualitarismo, che si fonda sull'egualitarismo: *teoria, ideologia, politica egualitaria*; *istanze egualitarie* **B** **s. m.** (**f.** *-ia*) ● seguace, sostenitore dell'egualitarismo

egualitarìşmo o **ugualitarìşmo**, (*raro*) **egalitarìşmo** [fr. *égalitarisme*, da *égalitaire* 'egualitario' ✶ 1907] **s. m.** ● concezione politica che mira a realizzare una società in cui sia realizzata l'eguaglianza economica e sociale e tutti godano di una eguale parte delle ricchezze

†**eguàre** ➤ †**equare**

egùmeno [vc. dotta, gr. *hegoúmenos*, part. di *hēgêisthai* 'condurre, guidare' ✶ av. 1667] **s. m.** ● capo di una comunità di monaci della Chiesa greca

egurgitàre [vc. dotta, lat. *egurgitāre* 'gettare (*gurgitāre*) fuori (*ex-*)' ✶ 1585] **v. tr.** (*io egùrgito*) ● (*lett.*) buttare fuori con impeto

♦**eh** /ɛː, *nel sign. 1 anche* eː/ [vc. espressiva ✶ av. 1294] **inter.** **1** esprime (a seconda del contesto e dell'intonazione) malcontento, perplessità, rincrescimento, con diverse sfumature che vanno dallo sdegno al rimprovero, alla minaccia, alla disapprovazione, al compatimento, alla esortazione, alla rassegnazione: *eh! queste cose non si fanno!*; *silenzio eh!* | con valore rafforz. ***eh, via!***, ***eh là***: *eh, via, per chi mi prende!*; *Eh via, stolto, m'offendi* (C. GOLDONI) CFR. evvia, suvvia | V. anche *eh già* **2** esprime dubbio, possibilità e anche lieve speranza: *eh! può darsi che il tempo cambi*; *potrebbe anche farcela, eh?*; *eh! spero che tutto ti vada bene!* **3** pronunciato in tono interr., esprime meraviglia, sorpresa, stupore: *eh? e tu non hai reagito?* | esprime l'invito a confermare un parere: *è stata una bella festa, eh?*; *bella ragazza, eh?* **4** (*fam.*) si usa come risposta a una chiamata con i sign. di 'eccomi', 'sono qua', oppure 'che vuoi?': *'Maria!' 'eh?'*

eh già o (*colloq.*) **eggià** [V. *eh* e *già* ✶ 1736] **loc. inter.** ● esprime (a seconda del contesto e dell'intonazione) conferma, riconoscimento, constatazione amara, ironica o rassegnata di un fatto o di una situazione: *'Allora le cose stanno così?' 'Eh già!'*; *'Dobbiamo proprio rinunciare?' 'Eh già!'*; *Eh già – pensava tra sé – vedo dove vuoi andare a parare* (A. MANZONI); *eggià, lo sappiamo, hai sempre ragione tu*

♦**éhi** /ei/ [vc. espressiva ✶ 1395] **inter.** **1** si usa per richiamare l'attenzione di qlcu., spec. in tono secco e perentorio: *ehi voi, venite qui!*; *ehi di casa! c'è nessuno?*; *ehi di bottega!*; *ehi! attento a quello che dici!*; *ehi, quel galantuomo di campagna!* (A. MANZONI) | (*fam.*) si usa in risposta a chi chiama: *'Giuseppe!' 'ehi!'* **2** esprime meraviglia, stupore e anche ammirazione: *ehi, che roba!*; *ehi! hai visto che riflessi?*

ehilà /ei'la*/ o **ehi là** [comp. di *ehi* e *là* ✶ 1586] **inter.** **1** si usa per richiamare l'attenzione di qlcu. spec. in tono perentorio o (*fam.*) in risposta a chi chiama: *e.! buon uomo!*; *e.! salve!* **2** esprime meraviglia, stupore, ammirazione e sim.: *e.! che salto!*

†**ehimè** ➤ †**eimè**

♦**ehm** /ɛm/ [vc. onomat. ✶ 1757] **inter.** ● riproduce il suono non precisamente articolato di un leggero colpo di tosse ed esprime esitazione, minaccia, reticenza, incredulità, ironia e sim. | si usa per richiamare discretamente l'attenzione di qlcu. o per interrompere un discorso imbarazzante

éi ① ➤ **egli** | ➤ **esso**

†**èi** ② ➤ **avere** ①

èia [vc. dotta, lat. *ēia*, pari al gr. *êia*, egualmente d'orig. espressiva ✶ 1353] **inter.** ● (*lett.*) esprime meraviglia, esortazione, esultanza: *eia, mirto del Quarnaro! / alalà!* (G. D'ANNUNZIO) | ***eia! eia! eia!, alalà***, grido di saluto, ovazione, incitamento, usato nel periodo fascista

eiaculàre [vc. dotta, lat. *eiaculāri* (tardo *eiaculāre*) 'gettar fuori', comp. di *ex* 'fuori' e *iaculāri* 'scagliare' (da *iăculum* 'giavellotto', deriv. di *iăcere* 'scagliare') ✶ av. 1907] **A** **v. intr.** (*io eiàculo*; **aus.** *avere*) ● (*anat.*, *fisiol.*) emettere sperma dall'uretra **B** **v. tr.** ● (*fig.*, *raro*) emettere, proferire: *eiaculò le sue imbecilli villanie ... contro me* (G. CARDUCCI)

eiaculatóre [1869] **agg.** (**f.** *-trice*) ● (*anat.*) che serve all'eiaculazione | ***dotto e.***, parte terminale del dotto deferente

eiaculatòrio [av. 1730] **agg.** (**pl. m.** *-i* o *raro -ii*) ● eiaculatore

eiaculazióne [av. 1730] **s. f.** **1** (*anat.*, *fisiol.*) emissione di sperma dall'uretra **2** (*fig.*, *spreg.*, *raro*) dimostrazione eccessiva, scomposta: *mille eiaculazioni di fede, di speranza e di carità* (G. GIUSTI)

eidètico [gr. *eidētikós* 'proprio della conoscenza' (*éidēsis*) ✶ 1968] **agg.** (**pl. m.** *-ci*) **1** (*filos.*) che concerne la conoscenza diretta, visiva delle cose | nella fenomenologia di E. Husserl (1859-1938), detto dell'intuizione dell'essenza delle cose **2** (*psicol.*) detto di immagine percettiva soggettiva, proiettata sul mondo esterno indipendentemente dalla presenza reale degli oggetti cui l'immagine si riferisce ‖ **eideticità**, **s. f. inv.**

Eidophòr® /eido'fɔr, 'ɛidofor/ [marchio registrato ✶ 1974] **s. m. inv.** ● (*tv*) apparecchio per la proiezione televisiva di immagini su un grande schermo, usato spec. per seguire in studio collegamenti in diretta o brani registrati

eidotìpo o **eidòtipo** [comp. del gr. *êidos* 'aspetto, forma' (d'orig. indeur.) e *-tipo* ✶ 1983] **s. m.** ● schizzo topografico quotato eseguito in modo approssimativo dal geometra, quando ancora si trova sul terreno da rilevare, perché serva di base al disegno definitivo

eiettàbile [da *eiettare*, sul modello dell'ingl. *ejectable* ✶ 1965] **agg.** ● (*aeron.*) che può essere espulso da un aereo in volo: *serbatoio e.* | ***sedile e.***, quello che in certi velivoli militari, spec. da caccia, può essere espulso in caso di avaria o emergenza consentendo a chi lo occupa di scendere con il paracadute

eiettàre [vc. dotta, lat. *eiectāre* 'gettare (*iectāre*, parallelo di *iactāre*) fuori (*ex-*)' ✶ 1983] **v. tr.** (*io eiètto*) ● espellere, proiettare all'esterno: *gli aerei supersonici eiettano ossido d'azoto*

eiettìvo [dal lat. *eiĕctus*, part. pass. di *eĭcere* 'gettar (*iăcere*) fuori (*ex-*)' ✶ 1956] **agg.** ● (*ling.*) detto di suono la cui articolazione è egressiva

eiettóre [vc. dotta, tratta da *eiĕctus* (V. *eiezione*) sul modello di analoghe deriv. ✶ 1917] **s. m.** **1** dispositivo per l'aspirazione e l'espulsione di fluidi, che sfrutta la depressione creata dal passaggio di un getto di aria, vapore o acqua in un condotto composto di un tratto convergente e di uno divergente **2** dispositivo che, nelle armi da fuoco moderne a retrocarica, a ripetizione e automatiche, estrae ed espelle dall'arma l'involucro della carica sparata

eiezióne [vc. dotta, lat. *eiectiōne(m)*, da *eiĕctus*, part. pass. di *eicĕre* 'gettar (*iăcere*) fuori (*ex-*)' ✱ 1673] **s. f. 1** espulsione all'esterno, spec. di un liquido **2** (*geol.*) espulsione di materiali lavici e piroclastici da un condotto vulcanico

†**eimè** o **eimé**, †**ehimè** /ei'mɛ*, ei'me*/ [1342] **inter.** ● ahimè, ohimè

einsteiniàno (ein-stein-ia-no, ein-stei-nia--no) /ainstai'njano/ [1926] **agg.** ● relativo ad Albert Einstein (1879-1955) e alle sue teorie

einstèinio (ein-stein-io, ein-stei-nio) /ains-'tainjo/ [dal n. del matematico e fisico ted. Albert *Einstein* ✱ 1963] **s. m.** ● elemento chimico, metallo transuranico ottenuto artificialmente **SIMB.** Es **NUM. AT.** 99

e

èira [guaranì *eyra*, propr. 'gatto' ✱ sec. XIX] **s. m. inv.** ● felino simile al gatto domestico con arti brevi e lunga coda (*Felis yaguarundi*)

†**eiulàto** [vc. dotta, lat. *eiulātu(m)*, dal part. pass. di *eiulāre* 'guaire', dall'escl. di dolore *ĕi*, di orig. espressiva ✱ av. 1306] **s. m.** ● pianto clamoroso

†**eiulazióne** [vc. dotta, lat. *eiulatiōne(m)*, da *eiulātus* 'eiulato' ✱ 1655] **s. f.** ● lamento accompagnato da pianto

†**el** ① /el/ [av. 1257] **art. determ. m. sing.** ● (*poet.*) il: *del rimbombar de' corni el cel rintruona* (A. POLIZIANO)

†**el** ② /el/ [sec. XIII] **pron. pers. m. di terza pers. sing.** (*'l*, **se preceduto da vocale**) ● forma tronca di *ello*

†**elà** [av. 1742] **inter.** ● ehilà

elaboràbile [1817] **agg.** ● che può essere elaborato | che può essere sottoposto a elaborazione: *dati difficilmente elaborabili* ‖ **elaborabilità**, **s. f. inv.**

elaboràre [vc. dotta, lat. *elaborāre* 'applicarsi, lavorare diligentemente' (comp. parasintetico di *lăbor*, genit. *labōris* 'fatica') ✱ 1584] **v. tr.** (*io elàboro* **o raro, secondo il modello latino,** *elabóro*) **1** comporre o preparare qlco. con grande applicazione e studio dei particolari, avendo cura di svilupparne o perfezionarne gli elementi di fondo, i dati caratterizzanti e sim.: *e. un piano, un progetto*; *e. una legge, una riforma* **2** digerire: *lo stomaco elabora il cibo* | (*fig.*) ***e. un lutto***, V. *lutto* **3** (*biol.*) produrre, emettere, secernere: *le cellule del pancreas elaborano il succo pancreatico* **4** sottoporre a elaborazione: *e. dati*

elaboratézza [1737] **s. f.** ● (*raro*) caratteristica di ciò che è elaborato: *l'e. dello stile appesantisce la sua prosa*

elaboràto **A** **part. pass.** di *elaborare*; **anche agg. 1** preparato con grande cura **2** detto di ciò che è eccessivamente studiato, curato, raffinato e sim.: *stile e.*; *prosa elaborata e priva di spontaneità* **SIN.** ricercato **3** detto di motore d'automobile che, avendo subìto particolari adattamenti, è in grado di sviluppare maggior potenza e velocità ‖ **elaborataménte**, **avv.** **B** **s. m. 1** risultato di un'elaborazione | compito scritto eseguito spec. a scuola: *consegnare gli elaborati di latino* **2** (*biol.*) la sostanza prodotta da un organo: *l'e. di una ghiandola* **3** (*inform.*) tabulato

elaboratóre [1905] **A** **agg.** (**f.** *-trice*) ● che elabora: *fantasia elaboratrice* **B** **s. m. 1** chi elabora **2** organo che elabora: *il fegato è un e. di sostanze* **3** ***e. elettronico***, o (*assol.*) ***elaboratore***, macchina elettronica destinata all'elaborazione di dati secondo una sequenza di istruzioni **SIN.** computer

elaborazióne [vc. dotta, lat. tardo *elaboratiōne(m)*, da *elaborātus* 'elaborato' ✱ av. 1730] **s. f. 1** preparazione e definizione di un'idea, un progetto e sim. attraverso lo sviluppo e la trasformazione degli elementi che li caratterizzano: *l'e. di una teoria, di un piano*; *l'e. di un nuovo romanzo* | l'elaborare: *e. di una tesi* | ***e. del lutto***, V. *lutto* **2** (*med.*) complesso di modificazioni biochimiche impartite a una sostanza dall'attività di un organo o di una cellula **3** ***e. dei dati***, o (*ellitt.*) ***elaborazione***, qualunque procedimento aritmetico e logico al quale vengono sottoposti dati numerici o analogici, introdotti in un sistema di apparecchiature, allo scopo di ottenerne i risultati contabili, scientifici e sim. voluti, nella forma richiesta | ***e. automatica dei dati***, meccanizzazione integrale del lavoro di ufficio mediante l'uso di macchine elettroniche o tradizionali altamente automatizzate | ***e. elettronica dei dati***, trattamento di dati mediante macchine elettroniche **4** (*mus.*) la seconda parte della forma sonata, che sviluppa i temi esposti dalla prima | qualunque cambiamento, arrangiamento, modificazione **5** (*raro*) ciò che si elabora

elàbro [dal grecismo lat. *ellĕborus* 'elleboro' con sovrapposizione del sin. indigeno *verātrum* 'veratro' ✱ sec. XVI] **s. m.** ● (*bot.*) elleboro

elàfide o **èlafe** [vc. dotta, tratta dal gr. *élaps* 'elapide' (?) ✱ sec. XIX] **s. m.** ● (*zool.*) colubro di Esculapio

èlafro [vc. dotta, dal gr. *elaphrós* 'leggero', di orig. indeur. ✱ 1874] **s. m.** ● piccolo insetto coleottero dei Carabidi (*Elaphrus riparius*)

elàide [vc. dotta, dal gr. *elaís*, genit. *elaídos* 'pianta di ulivo' ✱ 1869] **s. f.** ● genere di Palme con poche specie, una delle quali fornisce il grasso di palma (*Elaeis*)

elàidico [1869] **agg.** (**pl. m.** *-ci*) ● (*chim.*) elaidinico

elaidìna [vc. dotta, dal gr. *elaís*, genit. *elaídos* 'pianta di ulivo', e *-ina* ✱ 1869] **s. f.** ● (*chim.*) gliceride dell'acido elaidinico, isomero dell'oleina dalla quale si ottiene per azione dell'acido nitroso

elaidìnico [da *elaidina* ✱ 1917] **agg.** (**pl. m.** *-ci*) ● (*chim.*) detto di acido isomero dell'acido oleico | ***acido e.***, acido organico insaturo monobasico, ottenuto per trattamento dell'acido oleico con acido nitroso

elaidinizzazióne [ingl. *elaidinization*, dal v. *to elaidinize*, da *elaidine* 'elaidina' ✱ sec. XX] **s. f.** ● (*chim.*) trasformazione dell'acido oleico in acido elaidinico; il fenomeno avviene nel corso di trattamenti chimici sugli oli, come per es. la distillazione

elaìna [vc. dotta, dal gr. *eláïnos*, agg. di *élaion* 'olio' ✱ 1917] **s. f.** ● (*chim.*, *raro*) oleina

elàio- o **elèo-** [dal gr. *élaion* 'olio', di orig. indeur.] **primo elemento** ● in parole composte spec. della terminologia scientifica, significa 'olio': *elaiometro, elaiotecnica*

elaiòmetro [vc. dotta, comp. di *elaio-* e *-metro* ✱ 1869] **s. m.** ● strumento usato per determinare la quantità di oli e di grassi presente nei semi oleosi

elaiopòlio [comp. di *elaio-* e *-polio* ✱ 1942] **s. m.** (**pl.** *-i* **o raro** *-ii*) ● stabilimento consortile per la lavorazione e la vendita dell'olio d'oliva

elaiotèca [comp. di *elaio-* e *-teca* ✱ 2002] **s. f.** ● locale per l'esposizione, la degustazione e talora la vendita di oli di oliva

elaiotècnica [comp. di *elaio-* e *tecnica* ✱ 1968] **s. f.** ● tecnica della lavorazione e produzione dell'olio

elàmico [da *Elam*, n. di una regione dell'antica Asia anteriore ✱ 1956] **agg.** (**pl. m.** *-ci*) ● dell'Elam: *arte, lingua, religione elamica*

elamìta [av. 1306] **s. m. e f.** (**pl. m.** *-i*) ● abitante o nativo dell'Elam

elamìtico [1956] **agg.** (**pl. m.** *-ci*) ● relativo all'Elam e agli Elamiti

élan vital /fr. e,lɑ̃vi'tal/ [loc. fr., propr. 'slancio (*élan*) vitale (*vital*)', introdotta da H. Bergson (1859-1941) ✱ 1930] **loc. sost. m. inv.** (**pl. fr.** *élans vitaux*) ● (*filos.*) slancio, forza vitale

Elàpidi [vc. dotta, dal gr. *élaps*, variante tarda di *él(l)ops*, noto spec. come 'nome di pesce', di etim. incerta, e *-idi* ✱ 1892] **s. m. pl.** (**sing.** *-e*) ● (*zool.*) famiglia di Rettili velenosissimi caratteristici per la coda a forma conica (*Elapidae*)

elargìre [vc. dotta, lat. *elargīri*, da *largīri* 'distribuire con larghezza' (da *lărgus*) con *ex-* raff-forz. ✱ av. 1328] **v. tr.** (*io elargisco, tu elargisci*) ● donare, concedere generosamente: *e. doni, favori* **SIN.** dispensare

elargitóre [1584] **s. m.** (**f.** *-trice*) ● chi elargisce

elargizióne [1611] **s. f.** ● atto dell'elargire | dono generoso: *fare un'e. ai poveri*

SFUMATURE ➤ ***donazione***

Elaṣmobrànchi [comp. del gr. *elasmós* 'piastra' e *bránchia* 'branchie' per la forma delle loro branchie ✱ 1892] **s. m. pl.** (**sing.** *-chio*) ● (*zool.*) sottoclasse di Condroitti comprendente la quasi totalità dei Pesci cartilaginei, con la sola esclusione degli Olocefali (*Elasmobranchia*)

elastàn [da *elastomero* ✱ 1998] **s. m. inv.** ● (*tess.*) fibra sintetica in poliuretano molto elastica e resistente, impiegata soprattutto nell'abbigliamento sportivo **CFR.** Spandex

elastàṣi [comp. di *elast(ina)* e *-asi* ✱ 1990] **s. f. inv.** ● (*chim.*) enzima idrolitico capace di degradare l'elastina; è abbondante nel succo pancreatico e nei granulociti neutrofili

elasticità [1721] **s. f. inv. 1** (*fis.*) proprietà dei corpi di riprendere forma e volume iniziali se solidi, o solo volume, se liquidi, al cessare della causa deformante **2** (*est.*) scioltezza nei movimenti del corpo: *malgrado gli anni ha conservato una incredibile e.* **SIN.** agilità **3** (*fig.*) capacità di adattarsi prontamente a situazioni e ambienti diversi, di apprendere nuove idee, di assuefarsi a nuovi concetti e sim.: *l'e. dell'ingegno, della mente* **CONTR.** ottusità, chiusura **4** capacità di variare secondo le circostanze: *e. di un sistema economico* **CONTR.** rigidità | ***e. della domanda, dell'offerta***, variabilità della domanda o dell'offerta di beni o servizi al variare delle condizioni generali di mercato | ***e. di cassa***, utilizzo di un credito in conto corrente il quale presenta frequenti passaggi da debito a credito del correntista

elasticiẓẓàre [1965] **v. tr.** ● rendere elastico: *e. un tessuto* ‖ **elasticiẓẓazióne**, **s. f.**

elasticiẓẓàto **part. pass.** di *elasticizzare*; **anche agg.** ● detto di tessuto cui viene conferita elasticità con opportuni trattamenti, usato spec. per costumi da bagno, guaine e sim.

elàstico [vc. dotta, gr. *elastikós* per *elatós* 'duttile', da *elân*, forma abbr. di *eláunein* 'tirare' e 'spingere' ✱ 1677] **A** **agg.** (**pl. m.** *-ci*) **1** che possiede elasticità: *corpo, materiale e.* | ***deformazione elastica***, di un corpo elastico | ***linea, curva elastica***, linea secondo cui si dispone l'asse geometrico di un solido deformato sotto l'azione di forze esterne | ***filo e.***, filo di gomma rivestito di seta, di cotone o altra fibra | ***tessuto e.***, tessuto fabbricato con filo elastico **2** (*est.*) dotato di agilità, scioltezza e sim.: *passo e.*; *muscoli elastici* | (*milit.*) ***difesa elastica***, tattica che consente parziali penetrazioni dell'attaccante prevedendo che possano essere assorbite e poi eliminate con il contrattacco **3** (*fig.*) pronto, svelto, aperto: *mente, intelligenza elastica* **CONTR.** chiuso, ottuso, rigido **4** (*fig.*) che muta col mutare delle circostanze, adeguandosi alla realtà, e non attenendosi a idee o schemi fissi (**anche spreg.**): *un uomo di principi morali piuttosto elastici* | ***coscienza elastica***, che scende a compromessi | ***orario e.***, flessibile, non rigidamente prefissato ‖ **elasticaménte**, **avv.** ‖ **elasticità**, **s. f. inv.** (V.) **B** **s. m. 1** strisciolina di gomma ad anello, usata per stringere o legare **2** nastro composto di fili di cotone, seta e sim. e di filamenti di gomma: *l'e. della cintura, del reggiseno, del reggicalze* **3** ripiano molleggiato del letto, che serve da sostegno al materasso ‖ **elastichìno**, **dim.**

SFUMATURE ➤ ***flessibile***

elastìna [comp. di *elast(ico)* e *-ina* ✱ av. 1936] **s. f.** ● (***chim.***) proteina fibrosa strutturale con elevate caratteristiche di elasticità, principale componente delle fibre connettivali elastiche di tendini, legamenti e pareti arteriose

elastòmero [comp. del gr. *elast(ik)ós* 'elastico' e *méros* 'parte', per la proprietà caratteristica ✱ 1955] **s. m.** ● (***chim.***) ogni polimero, naturale o sintetico, che ha le proprietà e le caratteristiche del caucciù

elatère [vc. dotta, gr. *elatḗr*, genit. *elatêros*, 'che spinge', da *eláunein* 'spingere, guidare', di etim. incerta ✱ 1874] **s. m.** **1** insetto dei Coleotteri che, se rovesciato sul dorso, spicca salti mediante un particolare meccanismo per rimettersi in piedi (*Elater*) **SIN.** (***pop.***) elaterio① **2** (***bot.***) cellula sterile, igroscopica, che in alcuni muschi e nelle epatiche sta fra le spore e coi suoi movimenti ne orienta l'espulsione

Elatèridi [comp. di *elater(e)* e *-idi* ✱ 1943] **s. m. pl.** (**sing.** *-e*) ● (***zool.***) grande famiglia di Coleotteri con corpo allungato e convesso, numerose specie della quale sono dannosissime a varie piante coltivate (*Elateridae*)

elaterìna [da *elaterio*① e *-ina* ✱ 1869] **s. f.** ● (***chim.***) sostanza fortemente purgativa contenuta nel frutto dell'elaterio

elatèrio① [vc. dotta, gr. *elatḗr* 'che spinge' (dal v. *eláunein* 'spingere avanti'), V. *elatere* ✱ av. 1320] **s. m.** **1** (***bot.***) cocomero asinino **2** (***zool.***) elatere | ***e. dei cereali***, piccolo coleottero le cui larve sono dannosissime alle piante, spec. ai cereali (*Agriotes lineatus*)

elatèrio② [vc. dotta, lat. tardo *elatēriu(m)*, dal gr. *elatḗrios* 'stimolante' ✱ sec. XIX] **s. m.** ● (***chim.***) mescolanza di sostanze estratte da frutti di Cucurbitacee contenenti elaterina

elatìvo [dal lat. *elātus*, part. pass. di *ecfĕrre* nel senso di 'elevare', 'portare (*fĕrre*) su (*ex-*)', col suff. di altri termini grammaticali (*ablativo* e *superlativo*) ✱ 1956] **agg.** **1** (***ling.***) detto di caso che esprime il movimento dall'interno di un luogo verso l'esterno **2** (***gramm.***) superlativo assoluto | superlativo

†**elàto** [vc. dotta, lat. *elātu(m)*, part. pass. di *ef-fĕrre* 'portar (*fĕrre*) fuori (*ex-*) dagli altri, in alto' ✱ 1340] **agg.** ● sollevato, innalzato | (***fig.***) altero | (***fig.***) nobile

†**elazióne** [vc. dotta, lat. *elatiōne(m)*, da *elātus* 'elato' ✱ av. 1342] **s. f.** ● alterigia, superbia

elbàno [sec. XIX] **A** **agg.** ● dell'isola d'Elba **B** **s. m.** (**f.** *-a*) ● abitante o nativo dell'Elba

èlce o **èlice**① [lat. *ēlice(m)* variante dial. di *īlice(m)*, di etim. incerta ✱ av. 1374] **s. f. o m.** ● (***lett.***) leccio

elcéto [1583] **s. m.** ● lecceto

eldoràdo [sp. *el dorado*, dapprima indicante *el (hombre) dorado* 'l'uomo d'oro', che, secondo la leggenda, abitava in un favoloso e fantastico impero, che da lui prese nome ✱ av. 1320] **s. m.** ● paese leggendario di delizie e d'abbondanza **SIN.** eden

Eleagnàcee [comp. di *eleagn(o)* e *-acee* ✱ 1917] **s. f. pl.** (**sing.** *-a*) ● (***bot.***) famiglia di piante legnose coperte di particolari peli squamosi (*Elaeagnaceae*)

eleàgno [gr. *eláiagnos*, comp. del n. di due piante, 'ulivo' (*eláia*) e 'agnocasto' (*ágnos*), di orig. beotica ✱ 1794] **s. m.** ● pianta ornamentale da giardino delle Eleagnacee, con foglie bianco-argento e frutto a drupa, rosso e commestibile (*Elaeagnus angustifolia*) **SIN.** olivagno

e-learning /i'lernin(g), *ingl.* iː'lɜːnɪŋ/ [vc. ingl., propr. 'insegnamento (*learning*) elettronico (*e-*, che sta per *eletronic*)' ✱ 2000] **s. m. inv.** ● apprendimento mediante sistemi informatici

eleàte [1525] **agg. e s. m. e f.** ● (***filos.***) eleatico

eleàtico [av. 1803] **A** **agg.** (**pl. m.** *-ci*) **1** di Elea, città della Magna Grecia: *costumi eleatici* **2** relativo alla filosofia della scuola di Elea (che ebbe come principali esponenti Parmenide e Zenone, di Elea, e Melisso di Samo): *dottrina eleatica* **B** **s. m.** (**f.** *-a*) **1** nativo, abitante di Elea **2** seguace della filosofia eleatica

eleatìsmo [1942] **s. m.** ● dottrina filosofica della scuola di Elea che svaluta la conoscenza sensibile come mutevole e transitoria, riconoscendo la verità solo nella conoscenza razionale

elèction day /e'lɛkʃon 'dei, *ingl.* ɪ'lɛkʃən-ˌdeɪ/ [loc. ingl., propr. 'giorno (*day*) dell'elezione (*election*)' ✱ 1992] **loc. sost. m. inv.** (**pl. ingl.** *election days*) ● nel linguaggio giornalistico, il giorno delle elezioni, spec. quello nel quale si svolgono più consultazioni elettorali

elèctron o **èlectron**, **elèktron** [gr. *élektron* 'lega d'oro e d'argento', da *ēléktōr* 'brillante', di etim. incerta ✱ 1874] **s. m. inv.** ● lega ultraleggera a base di magnesio con rame, alluminio, zinco, caratterizzata da buone proprietà meccaniche, usata spec. in aeronautica

♦**elefànte** [vc. dotta, lat. *elephănte(m)*, nom. *ĕlepha(n)s*, dal gr. *eléphas*, di orig. straniera ✱ sec. XIII] **s. m.** **1** (**f.** *-éssa*) mammifero proboscidato, il più grosso animale terrestre vivente, con caratteristiche zanne e lunga proboscide **CFR.** barrire | ***e. africano***, con grandi orecchie e zanne molto sviluppate (*Loxodonta africana*) | ***e. indiano***, con orecchie e zanne più piccole dell'elefante africano (*Elephas indicus*) **2** (***fig.***) persona grossa o goffa, priva di grazia: *è un e.*; (***est.***) persona priva di tatto, di delicatezza: *si comporta come un e.*; *agire come un e. in una cristalleria* **3** ***e. di mare***, gambero marino (*Homarus vulgaris*) | ***e. marino***, grossa foca fornita di una corta proboscide (*Mirounga leonina*) **SIN.** foca elefantina **4** (***lett.***) †avorio ‖ **elefantìno**, **dim.** (V.)

elefantésco [av. 1704] **agg.** (**pl. m.** *-schi*) ● da elefante: *s'alzò con passi elefanteschi* (I. CALVINO) | (***est.***) di grandi proporzioni: *mole elefantesca*

elefantìaco [vc. dotta, lat. tardo *elephantĭacu(m)*, dal gr. *elephantiakós* 'relativo all'*elefantiasi* (detta anche *eléphas*)' ✱ 1750] **agg.** (**pl. m.** *-ci*) **1** (***med.***) elefantisiaco **2** (***fig.***) enorme, smisurato, sproporzionato: *crescita elefantiaca*

elefantìasi [vc. dotta, lat. *elephantĭasi(m)*, dal gr. *elephantíasis* per l'aspetto rugoso che assume la pelle, simile a quella di un elefante (*eléphas*) ✱ 1587] **s. f. inv.** **1** (***med.***) edema imponente da stasi linfatica, di solito causato da un parassita dei Nematodi **2** (***fig.***) anormale ed esagerato aumento: *l'e. della burocrazia*

elefantiàsico [1904] **agg.** (**pl. m.** *-ci*) ● (***med.***) dell'elefantiasi | affetto da elefantiasi

elefantìno① [1779] **s. m.** **1** dim. di *elefante* **2** il piccolo dell'elefante

elefantìno② [vc. dotta, lat. *elephantĭnu(m)*, dal gr. *elephántinos*, da *eléphas*, genit. *eléphantos* 'elefante' ✱ av. 1342] **agg.** **1** (***raro, lett.***) di elefante | (***med.***) ***morbo e.***, elefantiasi **2** (***lett.***) †d'avorio

♦**elegànte** [vc. dotta, lat. *elegănte(m)*, ant. part. pres. di **elegāre* 'scegliere (**legāre*, intens. di *lĕgere*) fuori (*ex-*)' ✱ av. 1342] **A** **agg.** **1** di fattura squisitamente accurata e fine: *abito, mobile e.* | che rivela buongusto e raffinatezza: *donna, uomo e.*; *abito e.*; *gesti eleganti* | (***enol.***) detto di vino pregiato particolarmente armonico **2** (***fig.***) ingegnoso, sottile: *una e. questione di diritto* ‖ **elegantemènte**, **avv.** **1** con eleganza: *vestire elegantemente*; con stile: *ha fronteggiato elegantemente la situazione* **2** brillantemente, abilmente: *se l'è cavata elegantemente*, **CONTR.** goffamente **B** in funzione di **avv.** ● elegantemente: *è una signora che veste molto e.*; *scrivere, parlare e.* ‖ **elegantìno**, **dim.** | **elegantóne**, **accr.** (V.)

elegantóne [propr. accr. di *elegante* ✱ 1900] **s. m.** (**f.** *-a*); anche **agg.** ● chi (o che) veste seguendo rigorosamente la moda | (***iron.***) chi (o che) ostenta una eleganza vistosa

♦**elegànza** [vc. dotta, lat. *elegăntia(m)*, da *ēlegans*, genit. *elegăntis* 'elegante' ✱ av. 1375] **s. f.** **1** caratteristica propria di chi (o di ciò che) è elegante: *l'e. di una persona, di un vestito, dello stile* | (***per anton.***) modo di vestire con gusto e raffinatezza: *la sua e. è proverbiale*; *Ella era vestita … con un'e. cittadina, trita e complicata* (A. MORAVIA) **2** (**al pl.**) modi di dire ricercati e raffinati: *le eleganze dei classici*

Definizione d'autore

Non si compra l'**eleganza**: la si possiede, è un dono innato. Per questo, l'**eleganza** non può essere insegnata: come il talento è qualcosa che, semplicemente, c'è. È il tocco di Mozart o di Giotto, la bellezza di Arvo Pärt o di Picasso. Eppure l'**eleganza** non è soltanto in uno stile, in un modo di porsi o nella grazia di un movimento irripetibile e leggero; si trova anche dove non è lecito aspettarsela: nella fatica del lavoro, nell'onestà. È elegante a suo modo ogni cosa che è o sa apparire semplice, sobria e ci connette con il mistero profondo della vita: il pianto di un bambino, il ridere degli uomini e delle donne, il nostro stesso essere vivi, perfino l'atto del morire.

Carla Fracci

SFUMATURE DI SIGNIFICATO

eleganza - gusto - finezza

Una grazia, un'armonia di maniere, un aspetto squisitamente curato e fine si dice **eleganza**; in relazione al modo di vestire, eleganza è la capacità di scegliere ciò che meglio si adatta alla persona e che conferisce un tratto personale e distinto. Il presupposto dell'*eleganza* è il **gusto**, che consiste sia nell'attitudine innata a discernere pregi e difetti estetici, sia nel particolare senso del bello che può essere acquisito e raffinato attraverso l'educazione. Riferito a cose, **finezza** è l'eccellenza e la delicatezza della fattura che rivela un *gusto* squisito; detto di persona, il termine rivela delicatezza d'animo e gentilezza di modi.

SFUMATURE ➤ ***raffinatezza***, ➤ ***signorilità***

†**eleggèndo** ➤ **eligendo**

eleggènte o †**eligènte** **part. pres.** di *eleggere*; anche **agg.** ● nei sign. del v. | †che presceglie

♦**elèggere** o †**elìgere** [vc. dotta, lat. *elĭgere* 'scegliere', comp. di *ex* 'da, fra' e *lĕgere* 'scegliere' ✱ 1219] **v. tr.** (**coniug. come** *leggere*) **1** (***lett.***) preferire, prediligere: *care mie violette, quella mano / che v'elesse infra l'altre … / v'ha di tanta eccellenzia e pregio ornate* (L. DE' MEDICI) | (***lett.***) decidere: *elesse di finger indisposizione e rimanersene* (P. SARPI) **2** nominare qlcu. a un ufficio, una carica o dignità, con votazione palese o segreta (+ *a*): *e. un consigliere, gli amministratori, i deputati*; *e. qlcu. a sindaco, a giudice costituzionale*; *eleggemmo sei cittadini comuni, tre de' Neri e tre de' Bianchi* (D. COMPAGNI) |

(*est.*) scegliere: *e. qlcu. a proprio confidente*; *gli autori rinascimentali elessero gli antichi a proprio modello* **3** (*burocr.*) stabilire in base a una scelta: *e. il proprio domicilio in un luogo*

eleggìbile [fr. *éligible*, dal lat. *elĭgere* 'eleggere' ✱ 1642] **agg.** ● che può essere eletto; che ha i requisiti necessari a essere eletto a una carica ‖ **eleggibilità**, **s. f. inv.** (V.)

eleggibilità [fr. *éligibilité*, da *éligible* 'eleggibile' ✱ 1784] **s. f. inv.** ● possesso dei requisiti necessari a essere validamente eletto: *e. a un organo, a una carica*

e

†**eleggiménto** [sec. XIV] **s. m.** ● scelta

†**eleggitóre** [sec. XIV] **agg. e s. m.** (**f.** *-trice*) ● che (o chi) sceglie

elegìa [vc. dotta, lat. *elegīa(m)*, dal gr. *elegéia* (sottinteso *ōdḗ*) '(canto) elegiaco', agg. f. di *élegos* 'elego' ✱ 1342] **s. f.** (**pl.** *-gìe*) **1** (*letter.*) componimento poetico di carattere morale o sentimentale **2** (*mus.*) composizione strumentale di carattere mesto

♣**elegìaco** [vc. dotta, lat. tardo *elegīacu(m)*, dal gr. *elegiakós*, da *elegéia* 'elegia' ✱ 1374] **agg.** (**pl. m.** *-ci*) **1** di elegia | appartenente a elegia | ***poeta e.***, di elegie | ***distico e.***, strofa risultante dall'unione di un esametro con un pentametro **2** (*fig.*) permeato di mestizia, di malinconia **SIN.** triste, nostalgico ‖ **elegiacaménte**, **avv.** in modo lamentoso, triste

elegiàmbo [vc. dotta, gr. *elegíambos*, comp. di *élegos* 'elego' e *íambos* 'giambo' ✱ 1869] **s. m.** ● verso latino formato da un comma di pentametro e da un dimetro giambico

elegìsmo [1970] **s. m.** ● (*raro*) carattere o tendenza elegiaca

èlego [vc. dotta, gr. *élegos* 'verso elegiaco', di orig. microasiatica ✱ sec. XIV] **agg.** (**pl. m.** *-gi*, *raro -ghi*) ● (*lett.*) elegiaco

elèktron o **èlektron** ➤ **electron**

†**elementàle** [av. 1320] **agg.** ● che concerne gli elementi di un corpo

♦**elementàre**① o †**elementàrio** [vc. dotta, lat. *elementāriu(m)*, da *elemĕntum* 'elemento' ✱ av. 1328] **agg.** **1** relativo a uno o più elementi | (*chim.*) ***analisi e.***, metodo di analisi chimica atto a determinare la qualità e la quantità degli elementi che costituiscono una sostanza | (*fis.*) ***carica e.***, carica elettrica dell'elettrone, per convenzione negativa **2** che costituisce un elemento: *sostanza e.* | (*fis.*) ***particella e.***, V. *particella* **3** (*est.*) che è proprio delle prime e fondamentali nozioni di una scienza, di un'arte e sim.: *principi elementari*; *geometria e.* | ***scuola e.***, (*ellitt.*) ***le elementari***, scuola primaria | ***maestro e.***, che insegna in una scuola elementare | (*est.*) facile da comprendere: *è una dimostrazione e.* | semplice, ovvio: *e., l'assassino è il maggiordomo!* | basilare, fondamentale: *ignora le più elementari regole di grammatica* ‖ **elementarménte**, **avv.** ‖ **elementarità**, (*evit.*) **elementarietà**, **s. f. inv.** caratteristica di ciò che è elementare

†**elementàre**② [da *elemento* ✱ 1381] **v. tr.** ● (*raro*) comporre di più elementi

†**elementàrio** ➤ **elementare**①

elementarità ➤ **elementare**①

elementarizzàre [da *elementare*① ✱ 1963] **v. tr.** ● (*raro*) rendere molto semplice: *e. una teoria* | adeguare al livello della scuola elementare: *e. il sistema formativo* ‖ **elementarizzazióne**, **s. f.**

†**elementazióne** [da *elemento* ✱ 1609] **s. f.** ● composizione degli elementi

♦**eleménto** o †**eliménto** [vc. dotta, lat. *elemĕntu(m)*, di etim. discussa: dalle lettere dell'alfabeto (*elemĕnta*) *l, m, n* (?) ✱ 1282] **s. m.** **1** ciascuna delle parti semplici di cui i filosofi antichi ritenevano fosse composta la materia | ***i quattro elementi***, l'acqua, l'aria, la terra e il fuoco | ***la furia degli elementi***, lo scatenamento delle forze naturali **2** (*chim.*) ognuno dei corpi semplici costituiti da atomi che hanno uguale il numero e la disposizione degli elettroni: *e. chimico*; *e. transuranico*; *e. marcato* | ***e. di transizione***, i cui atomi presentano una struttura elettronica con uno strato interno incompleto | ***e. nativo***, allo stato naturale | ***e. biogeno fondamentale***, ciascuno dei dieci elementi chimici indispensabili alla struttura del protoplasma | ***e. oligodinamico***, oligoelemento **3** (*est.*) ciascuna delle parti essenziali che compongono un apparecchio multiplo: *gli elementi di un radiatore, di una batteria elettrica* **4** (*est.*) parte o fattore costitutivo di qlco.: *gli elementi accidentali del negozio giuridico* | (*ling.*) ***primo e.***, in una parola composta, prefissoide | (*ling.*) ***secondo e.***, in una parola composta, suffissoide | (*med.*) ***e. morboso***, qualsiasi fattore di malattia | (*astron.*) ***elementi orbitali***, sei quantità che determinano la forma di un'orbita e la sua posizione nello spazio | (*mat.*) ***e. di un insieme***, uno degli enti che costituiscono l'insieme | ***e. differenziale***, classe delle curve che in un punto dato hanno contatto d'ordine non inferiore a un numero intero dato **5** ambiente | ***il liquido e.***, il mare | ***essere, trovarsi nel proprio e.***, (*fig.*) a proprio agio **6** (*fig.*) chi fa parte di un gruppo, di una comunità: *è il peggior e. dell'ufficio* | (*colloq.*) ***che e.!***, che bel tipo! **7** (**spec. al pl.**) dato, informazione fondamentale relativa a un fatto, un problema e sim.: *eccovi tutti gli elementi della questione* | ***elementi di prova***, che provano qlco. | ***elementi di giudizio***, sui quali si fonda un giudizio **8** (**al pl.**) primi rudimenti, nozioni fondamentali di una scienza, di un'arte e sim.: *elementi di geometria*

elemòsina o (*pop.*) **lemòsina**, (*pop.*) **limòsina**, †**elimòsina** [vc. dotta, lat. cristiano *eleemŏsyna(m)*, poi anche *elemŏsina(m)*, dal gr. *eleēmosýnē*, da *eleḗmōn* 'misericordioso' da *éleos* 'pietà' (di etim. sconosciuta) ✱ 1268] **s. f.** **1** secondo il precetto cristiano della carità, soccorso materiale che si dà al prossimo bisognoso: *fare, chiedere l'e.* | (*per anton.*) beneficenza fatta ai poveri, a una chiesa o a un convento: *dare in e.* | ***ridursi all'e.***, (*fig.*) in totale miseria **2** compenso dato al sacerdote per celebrare una Messa | compenso, tassa percepita per le concessioni di dispense e di atti amministrativi ecclesiastici **3** (*spreg.*) ciò che si fa o che si dà con superiore degnazione o controvoglia: *ti ho chiesto un favore, non un'e.*

> **SFUMATURE DI SIGNIFICATO**
>
> ***elemosina - obolo - offerta***
>
> Il soccorso in denaro che si dà al prossimo bisognoso, ubbidendo al precetto cristiano della carità, si dice **elemosina**. **Obolo** era originariamente il nome di una moneta greca di scarso valore; oggi è termine di uso poco comune per indicare il piccolo donativo in denaro che si elargisce durante le funzioni sacre per provvedere alle necessità della chiesa. Suo sinonimo in questa accezione è **offerta**, parola che pone l'accento sulla volontarietà del dono e la libera scelta del suo ammontare.

elemosinàre o (*pop.*) **limosinàre** [1483] **A** **v. tr.** (*io elemòsino*) **1** chiedere qlco. in elemosina: *e. un tozzo di pane* | (*fig.*) domandare qlco. umiliandosi: *viene sempre a e. la mia compagnia* **SIN.** mendicare, questuare **2** dare in elemosina **B** **v. intr.** (**aus.** *avere*) ● chiedere l'elemosina: *va elemosinando tutto il giorno per le strade*

†**elemosinàrio** o †**elimosinàrio**, †**limosinàrio** [vc. dotta, lat. tardo *eleemosynāriu(m)*, da *eleemŏsyna* 'elemosina' ✱ av. 1342] **s. m.** ● elemosiniere

†**elemosinatóre** o †**limosinatóre** [1475] **s. m.** ● chi fa o chiede l'elemosina

elemosinerìa [sec. XV] **s. f.** ● (*relig.*) ***E. apostolica***, istituzione della Santa Sede incaricata di esercitare la carità

elemosinière o (*pop.*) **limosinière**, (*pop.*) **limosinièro**, †**elemosinièro**, †**elimosinière**, †**elimosinièro** [av. 1342] **A** **s. m.** ● chi distribuiva le elemosine nelle corti dei sovrani, nelle case dei ricchi di un tempo, e sim. | dignitario della Santa Sede che presiede, con il titolo di arcivescovo, l'Elemosineria apostolica **B** **s. m.** (**f.** *-a*); **anche agg.** ● †chi (o che) fa molte elemosine

elencàbile [1956] **agg.** ● che si può elencare

♦**elencàre** [da *elenco* ✱ 1812] **v. tr.** (*io elènco* (o *-é-*), *tu elènchi* (o *-é-*)) ● disporre in ordine di elenco: *e. gli alunni di una scuola* | (*est.*) enumerare, considerare uno per uno: *gli elencai tutti i suoi difetti*

elencatòrio [da *elencato*, part. pass. di *elencare* ✱ 1943] **agg.** (**pl. m.** *-i* o *raro -ii*) ● che elenca | (*spreg.*) che si limita a elencare, enumerare: *una descrizione elencatoria*

elencazióne [1898] **s. f.** ● l'elencare | elenco | enumerazione

elènchico [dal gr. *élenchos* (V.) ✱ 1585] **agg.** (**pl. m.** *-ci*) ● (*filos.*) elenctico

élenchos /'elenkos/ [gr. *élenchos* (V. *elenco*) ✱ 1948] **s. m. inv.** (**pl. gr.** *élenchoi*) ● (*filos.*) confutazione

♦**elènco** (o *-é-*) [vc. dotta, lat. tardo *elĕnchu(m)*, dal gr. *élenchos* 'dimostrazione, confutazione, prova', da *elénchein* 'dimostrare, confutare' (di etim. incerta) ✱ 1525] **s. m.** (**pl.** *-chi*) **1** lista compilata con opportuno ordine: *e. di libri, di nomi*; *l'e. degli assenti* | ***e. telefonico***, volume comprendente tutti gli abbonati telefonici di un distretto **2** (*filos.*) in logica, confutazione della tesi dell'avversario muovendo da quanto da lui stesso affermato ‖ **elenchìno**, **dim.**

elènctica [dal gr. *elenktikós* 'che confuta', da *élenchos* (V.) ✱ 1765] **s. f.** ● (*filos.*) parte della dialettica che ha per scopo la confutazione degli argomenti dell'avversario **CFR.** apodittica, apologetica

elènctico [1669] **agg.** (**pl. m.** *-ci*) ● (*filos.*) relativo alla elenctica; confutatorio **SIN.** elenchico

elènio [vc. dotta, lat. *helĕniu(m)*, dal gr. *helénion* 'la pianta di Elena (*Helénē*), figlia di Giove' ✱ 1499] **s. m.** ● pianta erbacea delle Composite con foglie ovate e rugose e fiori gialli in pannocchie (*Inula helenium*) **SIN.** enula campana

elèo [vc. dotta, lat. *Elēu(m)*, dal gr. *Elêios* 'proprio dell'Elide (*Êlis*)' ✱ 1585] **A** **agg.** ● dell'Elide, regione del Peloponneso, dove si celebravano i giochi olimpici: *dialetto e.*; *palma elea* **B** **s. m.** (**f.** *-a*) ● nativo, abitante dell'Elide

elèo- ➤ **elaio-**

eleomèle [vc. dotta, lat. *elaeŏmeli* (neutro), dal gr. *elaiómeli* 'gomma dolce (come il miele: *méli*), che cola dall'ulivo (*élaion*)' ✱ 1550] **s. m.** ● balsamo oleoso che si ricava da un albero della Siria

eleotèsio [vc. dotta, lat. tardo *elaeothĕsiu(m)*, comp. del gr. *élaion* 'olio' e *thésis* 'posto' ✱ av. 1798] **s. m.** ● (*archeol.*) parte del bagno dove i bagnanti o i frequentatori della palestra si ungevano il corpo con oli, unguenti o sim.

elètta [f. sost. di *eletto* ✱ 1319] **s. f.** **1** (*raro*, *lett.*) elezione, scelta: *io temo forse / che troppo avrà d'indugio nostra e.* (DANTE *Purg.* XIII, 11-12) **2** (*lett.*) il fior fiore

elettézza [1869] **s. f.** ● (*raro*, *lett.*) squisitezza, eleganza: *e. di pensieri, di frasi*

elettìvo [vc. dotta, lat. tardo *electīvu(m)*, da

elēctus 'eletto, scelto' ∗ 1308] **agg. 1** che si nomina o si assegna per elezione: *assemblea, carica, monarchia elettiva* | che deriva da una libera scelta: *domicilio e.* **2** (*lett.*) di scelta, che serve a scegliere: *atto e.* | ***affinità elettiva***, specie di simpatia e attrazione reciproca fra due o più persone, che le spinge a scelte e comportamenti simili **3** (*farm.*) che agisce soltanto in casi ben determinati | fornito di azione specifica ‖ **elettivaménte**, **avv. 1** per mezzo di elezioni **2** (*raro*) in modo elettivo, in modo da costituire una scelta; (*raro*) soprattutto, di preferenza ‖ **elettività**, **s. f. inv. 1** caratteristica di ciò che è elettivo: *l'elettività di un farmaco* **2** (*raro*) eleggibilità

elètto **A** **part. pass.** di *eleggere*; **anche agg. 1** scelto in base a un'elezione **2** chiamato da Dio a una missione o a una predicazione religiosa | ***popolo e.***, (*per anton.*) gli Ebrei | scelto con grazia particolare fra gli altri credenti **3** (*lett.*) distinto, nobile, pregiato: *ingegno e.*; *anima, mente eletta* | (*est.*) scelto, selezionato: *classe eletta* ‖ **elettaménte**, **avv.** in modo eletto, con distinzione **B** **s. m.** (**f.** *-a*) **1** chi è stato scelto, prescelto, nominato: *ecco il nostro e.*; *gli eletti al Parlamento* **2** (**spec. al pl.**) chi è stato scelto, chiamato da Dio: *gli eletti del Signore* | anima beata: *la schiera degli eletti*

♦**elettoràle** [1619] **agg. 1** relativo alle elezioni, agli elettori: *riforma e.*; *circoscrizione e.* | ***corpo e.***, l'insieme degli elettori di uno Stato o anche di una circoscrizione | ***legge e.***, legge che disciplina il modo di svolgimento delle elezioni | ***diritto e.***, diritto di elettorato | ***seggio e.***, V. *seggio* | ***sistema e.***, modo di computare i voti nelle elezioni **2** (*stor.*) che concerne gli elettori del Sacro Romano Impero: *dieta e.* ‖ **elettoralménte**, **avv.** dal punto di vista elettorale

elettoralìsmo [comp. di *elettorale* e *-ismo* ∗ 1915] **s. m.** • atteggiamento di chi, in politica, agisce in modo demagogico e opportunistico al solo fine di ottenere un risultato elettorale favorevole

elettoralìstico [1936] **agg.** (**pl. m.** *-ci*) • basato sull'elettoralismo: *promesse elettoralistiche*

♦**elettoràto** [1548] **s. m. 1** corpo elettorale: *chiamare alle urne l'e.* | ***diritto di e.***, diritto di partecipare alle elezioni di rappresentanti popolari | ***diritto di e. attivo***, diritto di voto | ***diritto di e. passivo***, diritto di porre la propria candidatura **2** (*stor.*) dignità e ufficio di elettore del Sacro Romano Impero | territorio soggetto a tale elettore

♦**elettóre** [vc. dotta, lat. *electōre(m)* 'sceglitore', da *elēctus* 'eletto' ∗ sec. XIII] **s. m. 1** (**f.** *-trice*) chi ha il diritto di elettorato attivo: *lista degli elettori* | ***grande e.***, nel linguaggio giornalistico, chi è in grado di raccogliere un elevato numero di voti per un candidato a un'elezione; ciascun membro del Parlamento o delegato regionale che elegge il Presidente della Repubblica **2** (*stor.*) titolo dei principi e degli arcivescovi del Sacro Romano Impero che eleggevano l'imperatore

†**elettovàrio** ➤ **elettuario**

†**elettovàro** ➤ **elettuario**

elettràuto [comp. di (*impianto*) *elettr(ico)* e *auto(mobile)* ∗ 1959] **s. m. inv.** (**anche f. inv. nel sign. 2**) **1** officina di riparazione o negozio di vendita delle parti elettriche degli autoveicoli **2** chi ripara o vende queste parti

elettrète [dall'ingl. *electret*, comp. di *electr(icity)* 'elettricità' e *(magn)et* 'magnete' ∗ 1956] **s. m.** • (*elettr.*) materiale dielettrico dotato di polarizzazione permanente e quindi in grado di generare autonomamente un campo elettrico

†**elettricìsmo** [1747] **s. m.** • elettricità

♦**elettricìsta** [1886] **s. m. e f.** (**pl. m.** *-i*) • tecnico che ripara o installa impianti elettrici

♦**elettricità** [fr. *électricité*, a sua volta dall'ingl. *electricity*, da *electric* 'elettrico' ∗ 1715] **s. f. inv. 1** (*fis.*) proprietà fisica della materia che si manifesta tramite forze attrattive o repulsive | ***e. negativa*** (o ***resinosa***), quella dei corpi con un eccesso di elettroni | ***e. positiva*** (o ***vetrosa***), quella dei corpi ai quali sono stati sottratti elettroni **2** elettrologia **3** (*fam.*) energia elettrica: *è mancata l'e.* **4** (*fig., fam.*) agitazione, irritabilità, tensione: *c'è molta e. nell'aria*; *cerca di scaricare su qualcun altro la tua e.*

Definizione d'autore

Elettricità è la scossa che ha vestito di nuovi colori e significati la musica dalla metà degli anni Cinquanta: è la temperatura di una nuova lingua che per felice convenzione abbiamo chiamato rock'n'roll, ma ha tante parentele e relazioni che continuano a fiorire. È la trasformazione del blues, origine e seme di tutto. È la sorpresa di quando bambini si scopre il fascino della radio e dei primi dischi. È la magia di un ascolto famelico e di una passione che non si è mai rarefatta. È tensione, energia, è il magnetismo che ci attraversa quando il ritmo di pensiero e di vita è quello della nostra canzone. L'**elettricità** è il fuoco indimenticabile di chi ha scelto la musica per raccontare l'universo.

Enzo Gentile

♦**elèttrico** [fr. *électrique*, tratto dal lat. *ēlectrum* 'ambra', perché il fenomeno elettrico fu notato per la prima volta strofinando dell'ambra ∗ 1660] **A** **agg.** (**pl. m.** *-ci*) **1** (*fis.*) relativo all'elettricità: *energia elettrica*; *campo e.* | ***carica elettrica***, quantità di elettricità presente in un accumulatore, in ciascuna delle due armature di un condensatore elettrico | ***centrale elettrica***, locale o gruppo di locali adibito essenzialmente all'esercizio di generatori dell'energia elettrica | ***albero e.***, accoppiamento di trasmissione fra due macchine elettriche, in cui una funge da generatore e l'altra da motore, stabilito collegandole elettricamente **2** (*est.*) detto di ogni meccanismo la cui forza motrice è l'energia elettrica: *orologio e.*; *macchina elettrica* | ***sedia elettrica***, V. *sedia* **3** nella loc. ***blu e.***, colore azzurro brillante simile a quello della scintilla elettrica **4** (*fig., colloq.*) pieno di irrequietezza, di nervosismo: *umore e.* **B** **s. m.** • (**spec. al pl.**) lavoratore dell'industria elettrica: *lo sciopero degli elettrici* ‖ **elettricaménte**, **avv.** mediante l'elettricità; dal punto di vista dell'elettricità

NOMENCLATURA

elettrica (energia)

• *produzione generatori*: alternatore, turboalternatore; dinamo, turbodinamo;

• *centrale elettrica*: anemoelettrica, dieselelettrica, geotermoelettrica (= geotermica), idroelettrica, mareomotrice, talassotermica, nucleotermoelettrica (= elettronucleare = nucleare), termoelettrica; trasformatore; motore elettrico; accumulatore;

• *conversione diretta in energia elettrica* dalla caduta dell'acqua (energia idroelettrica, carbone bianco; diga, bacino idroelettrico); da energia termica (magnetofluidodinamica; termoionica; termoelettrica; termopila); da energia luminosa (fotoelettrica: cella solare, batteria solare); da energia chimica (elettrochimica: pila voltaica, a combustibile); da fenomeni naturali, geyser, soffioni (energia geotermica); pila voltaica, termocoppia, pila termoelettrica, pila fotoelettronica (= fotovoltaica);

• *trasmissione e distribuzione* (= fornitura) dell'energia elettrica: linea elettrica (di trasporto = trasmissione, di distribuzione) aerea, in cavo; colonna montante; rete di trasmissione e interconnessione; rete di distribuzione; rifasamento; ora di punta; blackout; corrente elettrica, conduzione, conduttori, semiconduttori, linea elettrica (bifilare), carica elettrica (ionizzazione, induzione elettrostatica), intensità di corrente elettrica, presa di corrente elettrica (punto luce), elettrodomestici.

elettrificàre [fr. *électrifier*, da *electri-* 'elettro-' e *-fier* '-ficare' ∗ 1747] **v. tr.** (*io elettrìfico, tu elettrìfichi*) **1** attrezzare o trasformare un impianto allo scopo di utilizzare energia elettrica: *e. una linea ferroviaria* **2** †elettrizzare ‖ **elettrificazióne**, **s. f.**

elettrizzàbile [1746] **agg.** • (*fis.*) che può essere elettrizzato, che può elettrizzarsi ‖ **elettrizzabilità**, **s. f. inv.**

elettrizzànte **part. pres.** di *elettrizzare*; **anche agg.** • (*fig.*) eccitante, entusiasmante: *musica e.*

elettrizzàre [fr. *électriser*, da *électrique* 'elettrico' ∗ 1746] **A** **v. tr. 1** far comparire delle cariche elettriche su un corpo inizialmente neutro: *e. per strofinio, per contatto, per induzione elettrostatica* **2** (*fig.*) entusiasmare, eccitare: *e. il pubblico* **B** **elettrizzàrsi** **v. intr. pron. 1** diventare carico di elettricità **2** (*fig.*) eccitarsi, infervorarsi ‖ **elettrizzazióne**, **s. f.**

elettrizzàto **part. pass.** di *elettrizzare*; **anche agg.** • (*fig.*) eccitato

elettrizzatóre [av. 1764] **agg. e s. m.** (**f.** *-trice*) • che (o chi) elettrizza

elèttro [vc. dotta, lat. *ēlĕctru(m)*, dal gr. *ḗlektron* 'ambra', da *ēléktōr* 'brillante', di etim. incerta ∗ av. 1333] **s. m. 1** lega naturale o artificiale dell'oro con l'argento, usata per le più antiche monete greche dell'Asia Minore **2** (*lett.*) ambra gialla: *porta anelli d'e. e di cristallo / alla caviglia* (G. D'Annunzio)

elèttro- [dal gr. *ḗlektron* 'ambra'. V. *elettro*] **primo elemento** • in parole composte della terminologia scientifica, significa 'elettrico', 'dell'elettricità', 'che è mosso dall'energia elettrica', e sim.: *elettrocardiogramma, elettrochimica, elettromagnete, elettrotreno*

elettroacùstica [comp. di *elettro-* e *acustica* ∗ 1941] **s. f.** • ramo dell'acustica relativa ai trasduttori elettrici per la generazione e la ricezione del suono

elettroacùstico [1936] **agg.** (**pl. m.** *-ci*) • relativo all'elettroacustica

elettroaffinità [comp. di *elettro-* e *affinità* ∗ 1956] **s. f. inv.** • (*chim.*) attitudine di un atomo a ricevere un elettrone e a trasformarsi in ione negativo

elettroanàlisi [comp. di *elettro-* e *analisi* ∗ 1956] **s. f. inv.** • (*chim.*) analisi chimica effettuata con l'ausilio di metodi elettrochimici

elettrobistùri [comp. di *elettro-* e *bisturi* ∗ 1956] **s. m. inv.** • apparecchio usato in chirurgia per incidere i tessuti sfruttando l'azione di determinate forme di corrente elettrica che contemporaneamente hanno effetto emostatico

elettrocalamìta [vc. dotta, comp. di *elettro-* e *calamita* ∗ 1874] **s. f.** • elettromagnete

elettrocapillarità [comp. di *elettro-* e *capillarità* ∗ sec. XIX] **s. f. inv.** • capillarità nei liquidi causata dalla presenza di cariche elettriche

elettrocardiografìa [comp. di *elettro-* e *cardiografia* ∗ 1932] **s. f.** • registrazione grafica degli impulsi elettrici del cuore

elettrocardiogràfico [1987] **agg.** (**pl. m.** *-ci*) • relativo all'elettrocardiografia o all'elettrocardiografo: *registrazione elettrocardiografica*

elettrocardiògrafo [vc. dotta, comp. di *elettro-* e *cardiografo* ∗ 1932] **s. m.** • apparecchio per la registrazione degli impulsi elettrici del cuore

elettrocardiogràmma [vc. dotta, comp.

di *elettro-* e *cardiogramma* ✻ 1913] **s. m.** (**pl.** *-i*) ● diagramma ottenuto con l'elettrocardiografo

elettrocauterizzazióne [vc. dotta, comp. di *elettro-* e *cauterizzazione* ✻ sec. XX] **s. f.** ● (*chir.*) distruzione o coagulazione del tessuto mediante applicazione di corrente elettrica

elettrochìmica [vc. dotta, comp. di *elettro-* e *chimica* ✻ 1849] **s. f.** ● settore della chimica fisica che studia le relazioni tra elettricità e reazioni chimiche, spec. le trasformazioni di energia chimica in energia elettrica e viceversa

elettrochìmico [vc. dotta, comp. di *elettro-* e *chimico* ✻ 1849] **A agg.** (**pl. m.** *-ci*) ● relativo all'elettrochimica: *potenziale e.* **B s. m.** (**f.** *-a*) ● studioso di elettrochimica

elettrochirurgìa [comp. di *elettro-* e *chirurgia* ✻ 1956] **s. f.** (**pl.** *-gìe*) ● (*chir.*) impiego dell'elettricità nella pratica chirurgica mediante elettrobisturi

elettrochòc ➤ **elettroshock**

elettrocinètica [comp. di *elettro-* e *cinetica* ✻ 1956] **s. f.** ● ramo dell'elettrologia che studia particolari fenomeni dovuti al movimento di particelle cariche

elettrocoagulazióne [comp. di *elettro-* e *coagulazione* ✻ 1920] **s. f.** **1** (*chir.*) elettrocauterizzazione **2** tecnica di depilazione permanente consistente nella distruzione del bulbo pilifero mediante corrente ad alta frequenza

elettrocomandàto [comp. di *elettro-* e *comandato* ✻ sec. XX] **agg.** ● detto di dispositivo il cui funzionamento è regolato da un comando elettrico

elettrocontàbile [comp. di *elettro-* e *contabile* ✻ 1985] **agg.** ● detto di macchina elettronica che esegue operazioni contabili | detto di centro, di ufficio che si serve di tali macchine

elettroconvulsìvo [comp. di *elettro-* e *convulsivo* ✻ 1983] **agg.** ● (*med.*) che, mediante scosse elettriche, provoca convulsioni, contrazioni violente: *shock e.*

elettrocuzióne [ingl. *electrocution*, forma contratta di *electro-execution* ✻ 1905] **s. f.** **1** elettroesecuzione **2** scarica accidentale di corrente elettrica sul corpo umano

elettrodepoṣizióne [comp. di *elettro-* e *deposizione* ✻ 1948] **s. f.** ● finissima deposizione di un metallo su di una superficie mediante elettrolisi di un suo sale

elettrodịàgnoṣi [comp. di *elettro-* e *diagnosi* ✻ sec. XX] **s. f. inv.** ● (*med.*) diagnosi di patologie o disfunzioni del sistema nervoso e dei muscoli volontari mediante esami che impiegano la stimolazione elettrica o che registrano l'attività elettrica

elettrodiagnòstica [comp. di *elettro-* e *diagnostica* ✻ 1892] **s. f.** ● (*med.*) tecnica ed esecuzione della elettrodiagnosi

elettrodịàliṣi [comp. di *elettro-* e *dialisi* ✻ 1956] **s. f. inv.** ● (*chim.*) dialisi in cui il passaggio di ioni o altre specie chimiche attraverso la membrana viene accelerato per mezzo di una forza elettromotrice

elettròdico [comp. di *elettrod(o)* e *-ico* ✻ sec. XX] **agg.** (**pl. m.** *-ci*) ● (*chim.*) relativo a un elettrodo: *potenziale e.*

elettrodinàmica [vc. dotta, comp. di *elettro-* e *dinamica* ✻ 1849] **s. f.** ● parte dell'elettrologia che studia le azioni reciproche di circuiti percorsi da corrente elettrica

elettrodinàmico [vc. dotta, comp. di *elettro-* e *dinamico* ✻ 1849] **agg.** (**pl. m.** *-ci*) ● (*fis.*) che riguarda l'elettrodinamica | ***azioni elettrodinamiche***, azioni meccaniche che si esercitano tra fili percorsi da corrente ‖ **elettrodinamicità**, **s. f. inv.**

elettrodinamìṣmo [vc. dotta, comp. di *elettro-* e *dinamismo* ✻ 1983] **s. m.** ● insieme dei fenomeni elettrodinamici

elettrodinamòmetro [vc. dotta, comp. di *elettro-* e *dinamometro* ✻ 1892] **s. m.** ● strumento che serve per misurare l'intensità di una corrente elettrica

elèttrodo, (*evit.*) **elettròdo** [ingl. *electrode*, comp. di *electro-* 'elettro-' e del gr. *hodós* 'via' ✻ 1849] **s. m.** ● conduttore attraverso il quale una corrente elettrica penetra in un corpo o ne esce | nella candela dei motori a scoppio, parte da cui scocca la scintilla

elettrodomèstico [vc. dotta, comp. di *elettro-* e *domestico*, agg. ✻ 1935] **A s. m.** (**pl.** *-ci*) ● apparecchio elettrico di impiego soprattutto domestico **B** (*raro*) **anche agg.**: *apparecchi elettrodomestici*

elettrodótto [vc. dotta, comp. di *elettro-* e *-dotto* ✻ 1936] **s. m.** ● conduttura costituita da linee aeree o da cavi adibita al trasporto dell'energia elettrica

elettroencefalografìa [comp. di *elettro-* ed *encefalografia* ✻ 1941] **s. f.** ● registrazione dei fenomeni elettrici che si svolgono nell'encefalo

elettroencefalogràfico [1970] **agg.** (**pl. m.** *-ci*) ● relativo a elettroencefalografia

elettroencefalògrafo [comp. di *elettro-* ed *encefalografo* ✻ 1942] **s. m.** ● strumento per la registrazione degli elettroencefalogrammi

elettroencefalogràmma [comp. di *elettro-* ed *encefalogramma* ✻ 1948] **s. m.** (**pl.** *-i*) ● (*med.*) tracciato ottenuto dalla registrazione dell'attività elettrica delle cellule nervose del cervello; in sigla EEG | ***e. piatto***, tracciato in cui non è registrata nessuna onda cerebrale e che indica, quindi, una completa assenza di attività del cervello

elettroeroṣióne [comp. di *elettro-* ed *erosione* ✻ 1987] **s. f.** ● processo di lavorazione dei metalli che si basa sull'erosione prodotta da scariche elettriche

elettroeṣecuzióne [comp. di *elettro-* ed *esecuzione*, svolgimento dell'ingl. *electrocution* 'elettrocuzione' ✻ 1931] **s. f.** ● esecuzione delle condanne capitali mediante corrente elettrica

elettròfilo [comp. di *elettro(ne)* e *-filo* ✻ 1956] **agg.** ● (*chim.*) detto di atomo o molecola organica caratterizzati da una carenza elettronica e quindi da una elevata affinità con specie chimiche ricche di elettroni

elettrofìltro [comp. di *elettro-* e *filtro*① ✻ 1956] **s. m.** ● (*chim.*) apparecchiatura usata per la separazione di particelle solide o liquide sospese in un gas

elettrofìṣica [comp. di *elettro-* e *fisica* ✻ 1960] **s. f.** ● elettrologia

elettrofiṣiologìa [vc. dotta, comp. di *elettro-* e *fisiologia* ✻ 1856] **s. f.** (**pl.** *-gìe*) ● (*med.*) studio dei rapporti tra elettricità e organismo vivente

elettrofiṣiològico [vc. dotta, comp. di *elettro-* e *fisiologico* ✻ 1857] **agg.** (**pl. m.** *-ci*) ● dell'elettrofisiologia

elettrofonìa [comp. di *elettro-* e *-fonia* ✻ 1877] **s. f.** ● produzione di suoni semplici mediante apparecchiature elettroniche ‖ **elettrofònico**, **agg.** (**pl. m.** *-ci*) relativo alla elettrofonia

elettroforèṣi [comp. di *elettro-* e del gr. *phórēsis* 'trasporto', da *phorêin* 'portare qua e là' ✻ 1931] **s. f. inv.** ● (*chim.*) migrazione di sostanze in soluzione per effetto di un campo elettrico **SIN.** cataforesi

elettroforètico [1956] **agg.** (**pl. m.** *-ci*) ● relativo all'elettroforesi

Elettrofòridi [comp. di *elettro-*, *-foro* e *-idi* ✻ 1983] **s. m. pl.** (**sing.** *-io*) ● (*zool.*) famiglia di Pesci dei Cipriniformi sudamericani simili ad anguille, muniti di potenti organi elettrici (*Electrophoridae*)

elettroformatùra [comp. di *elettro-* e *formatura* ✻ 1956] **s. f.** ● produzione di oggetti metallici mediante elettrodeposizione

elettròforo [vc. dotta, comp. di *elettro-* e *-foro* ✻ av. 1798] **s. m.** ● macchina elettrostatica atta a produrre una separazione di cariche elettriche mediante induzione elettrostatica

elettrofuṣióne [comp. di *elettro-* e *fusione* ✻ 1956] **s. f.** ● fusione di metalli effettuata con il forno elettrico

elettrògeno [vc. dotta, comp. di *elettro-* e *-geno* ✻ 1820] **agg.** ● che produce elettricità: *apparecchio, gruppo e.*

elettròliṣi o **elettrolìṣi** [ingl. *electrolysis*, comp. di *electro-* 'elettro-' e del gr. *lýsis* 'soluzione' ✻ 1849] **s. f. inv.** ● (*chim.*) migrazione degli ioni di un elettrolito verso elettrodi a cui è stata applicata una opportuna differenza di potenziale

elettròlita ➤ **elettrolito**

elettrolìtico [ingl. *electrolytic*, da *electrolyte* 'elettrolito' ✻ 1849] **agg.** (**pl. m.** *-ci*) ● (*chim.*) proprio dell'elettrolisi | ***dissociazione elettrolitica***, scissione delle molecole di una sostanza in ioni, per effetto di fusione o di adatto solvente, e conseguente migrazione degli ioni verso gli elettrodi ‖ **elettroliticaménte**, **avv.** mediante elettrolisi

elettròlito (o **-olìto**) o **elettròlita** (o **-olìta**) [ingl. *electrolyte*, comp. di *electro-* 'elettro-' e del gr. *lytós* 'che può essere sciolto' ✻ 1841] **s. m.** ● (*chim.*) sostanza dissociabile in ioni quando venga disciolta in acqua o in altri solventi dissocianti | (*est.*) soluzione risultante dal processo di elettrolisi

elettrolịẓẓàre [1865] **v. tr.** ● sottoporre a elettrolisi ‖ **elettrolịẓẓazióne**, **s. f.**

elettrolịẓẓatóre [1956] **s. m.** ● dispositivo in cui avviene una elettrolisi

elettrologìa [vc. dotta, comp. di *elettro-* e *-logia* ✻ 1828] **s. f.** (**pl.** *-gìe*) ● parte della fisica che studia i fenomeni elettrici ed elettromagnetici

elettrològico [1943] **agg.** (**pl. m.** *-ci*) ● relativo all'elettrologia

elettròlogo [1943] **s. m.** (**f.** *-a*; **pl. m.** *-gi*) ● studioso di elettrologia

elettroluminescènza [vc. dotta, comp. di *elettro-* e *luminescenza* ✻ 1917] **s. f.** ● energia raggiante luminosa che viene emessa durante una scarica elettrica nei gas rarefatti

elettromagnète [vc. dotta, comp. di *elettro-* e *magnete* ✻ 1869] **s. m.** ● (*fis.*) avvolgimento con nucleo di acciaio nel quale al passaggio della corrente si generano forti campi magnetici che gli fanno attrarre i metalli come una calamita **SIN.** elettrocalamita

elettromagnètico [vc. dotta, comp. di *elettro-* e *magnetico* ✻ 1838] **agg.** (**pl. m.** *-ci*) ● relativo a elettromagnetismo: *induzione elettromagnetica*

elettromagnetìṣmo [vc. dotta, comp. di *elettro-* e *magnetismo* ✻ 1829] **s. m.** ● branca della fisica che studia le azioni mutue fra correnti elettriche e magneti | complesso dei fenomeni elettrici e magnetici

elettromeccànica [comp. di *elettro-* e *meccanica* ✻ 1937] **s. f.** ● ramo dell'elettrotecnica applicata alle macchine

elettromeccànico [vc. dotta, comp. di *elettro-* e *meccanico* ✻ 1903] **A agg.** (**pl. m.** *-ci*) **1** proprio dell'elettromeccanica **2** detto di meccanismo azionato da elettricità **B s. m.** (**f.** *-a*) ● operaio o tecnico addetto alla costruzione o riparazione di macchine elettriche

elettromedicàle [comp. di *elettro-* e *medicale* ✻ 1932] **agg.** ● che riguarda le apparecchiature elettriche impiegate in medicina

elettrometallurgìa [vc. dotta, comp. di

elettro- e *metallurgia* ✱ 1869] **s. f.** (pl. *-gìe*) ● branca dell'industria chimica relativa all'estrazione e raffinazione dei metalli mediante processi elettrici

elettrometallùrgico [sec. XIX] **agg.** (pl. m. *-ci*) ● relativo all'elettrometallurgia

elettrometrìa [comp. di *elettro-* e *-metria* ✱ sec. XIX] **s. f.** ● (*fis.*) in metrologia, misura delle differenze di potenziale mediante l'uso di elettrometri | misura di grandezze elettrostatiche

elettròmetro [vc. dotta, comp. di *elettro-* e *-metro* ✱ 1792] **s. m.** ● misuratore elettrostatico di tensioni: *e. a filo, a quadranti*

elettromiografìa [comp. di *elettro-* e *miografia* ✱ 1956] **s. f.** ● (*med.*) tecnica diagnostica basata sulla registrazione dei potenziali elettrici associati all'attività muscolare

elettromiògrafo [comp. di *elettro-* e *miografo* ✱ 1956] **s. m.** ● (*med.*) strumento utilizzato per elettromiografie

elettromiogràmma [comp. di *elettro-*, *mio-* e *-gramma* ✱ 1956] **s. m.** (pl. *-i*) ● (*med.*) tracciato ottenuto mediante elettromiografia

elettromotóre [vc. dotta, comp. di *elettro-* e *motore* ✱ 1812] **A** **agg.** (f. *-trice*) ● che ha capacità di mettere in movimento cariche elettriche | ***forza elettromotrice***, V. *forza* nel sign. 3 **B** **s. m.** ● apparecchio elettrico che produce il moto dell'elettricità in un circuito chiuso SIN. motore elettrico

elettromotrìce [vc. dotta, comp. di *elettro-* e *motrice* ✱ 1948] **s. f.** ● automotrice ferroviaria azionata da motori elettrici

elettronarcòsi [comp. di *elettro-* e *narcosi* ✱ 1952] **s. f. inv.** **1** (*med.*) pratica terapeutica usata nella cura di alcune malattie nervose, consistente nel provocare una narcosi mediante applicazione, a livello cerebrale, di corrente elettrica continua per vari minuti **2** nei mattatoi, metodo usato per anestetizzare, mediante corrente elettrica, gli animali destinati al macello

♦**elettróne** [vc. dotta, comp. di *elettro-* e *(i)one* ✱ 1906] **s. m.** ● (*fis.*) ciascuna delle particelle cariche di elettricità negativa che ruotano attorno al nucleo dell'atomo, carico di elettricità positiva

elettronegativo [vc. dotta, comp. di *elettro-* e *negativo* ✱ 1849] **agg.** **1** (*fis.*) detto di ione che nell'elettrolisi si porta al polo positivo **2** (*chim.*) di elemento i cui atomi sono capaci di appropriarsi di elettroni appartenenti ad atomi contigui, diventando ioni negativi ‖ **elettronegatività**, **s. f. inv.** **1** tendenza degli atomi di un elemento ad attrarre elettroni **2** ***serie delle elettronegatività***, che classifica gli elementi in base a tale tendenza

♦**elettrònica** [da *elettronico*, secondo il modello già gr.-lat. di deriv. dei n. di arti ✱ 1950] **s. f.** ● branca dell'elettrotecnica che studia fenomeni e applicazioni della conduzione dell'elettricità nei gas, nel vuoto e nei materiali semiconduttori

♦**elettrònico** [da *elettrone* ✱ 1932] **agg.** (pl. m. *-ci*) **1** relativo all'elettrone o all'elettronica | ***calcolatore e., elaboratore e.***, che impiegano per il calcolo o l'elaborazione circuiti elettronici | ***calcolo e., elaborazione elettronica***, svolti con l'impiego di calcolatori o elaboratori elettronici | ***orologio e.***, in cui l'oscillatore meccanico è sostituito da un dispositivo elettronico generatore d'oscillazioni | ***libro e.***, ebook **2** ***musica elettronica***, tipo di realizzazione sonora ottenuta con generatori di frequenza e manipolata con mezzi offerti dalla moderna tecnica della registrazione ‖ **elettronicaménte**, **avv.** per mezzo dell'elettronica

elettronucleàre [comp. di *elettro-* e *nucleare* ✱ 1987] **A** **agg.** ● detto di energia elettrica prodotta nelle centrali nucleari **B** **s. m.** ● l'energia elettrica così prodotta e l'insieme delle sue utilizzazioni, con i relativi problemi sanitari, ecologici, economici e politici

elettronvòlt [comp. di *elettron(e)* e *volt* ✱ 1948] **s. m. inv.** ● (*fis.*) unità di energia, pari a $1{,}602 \cdot 10^{-19}$ joule, uguale a quella necessaria per spostare un elettrone da un punto a un altro il cui potenziale differisce dal primo di 1 volt SIMB. eV

elettroosmòsi e deriv. ➤ **elettrosmosi** e deriv.

elettroòttica [comp. di *elettr(o)-* e *ottica* ✱ 1917] **s. f.** ● parte della fisica che studia l'effetto di campi elettrici sull'emissione, propagazione e assorbimento della luce

elettropneumàtico [comp. di *elettro-* e *pneumatico* ✱ sec. XX] **agg.** (pl. m. *-ci*) ● (*mecc.*) detto di dispositivo meccanico ad azionamento pneumatico comandato elettricamente: *servomeccanismo e*

elettropómpa [comp. di *elettro-* e *pompa* ✱ 1930] **s. f.** ● pompa mossa da motore elettrico e costituente con quest'ultimo un unico gruppo

elettroporazióne [comp. di *elettro-* e di un deriv. di *poro*, sul modello dell'ingl. *electroporation* ✱ 1994] **s. f.** ● (*biol.*) tecnica che utilizza un impulso elettrico ad alto voltaggio per ottenere l'ingresso di materiale genetico eterologo in cellule ricevitrici

elettropositivo [vc. dotta, comp. di *elettro-* e *positivo* ✱ 1849] **agg.** **1** (*fis.*) detto di ione che nell'elettrolisi si dirige al polo negativo **2** (*chim.*) detto di elemento i cui atomi sono capaci di cedere elettroni, diventando così ioni positivi ‖ **elettropositività**, **s. f. inv.** tendenza di un elemento chimico a cedere elettroni trasformandosi in ione positivo

elettrosaldàto [comp. di *elettro-* e *saldato* ✱ 1992] **agg.** ● che è stato sottoposto a saldatura elettrica: *materiale e.*

elettroscòpio [vc. dotta, comp. di *elettro-* e *-scopio* ✱ 1820] **s. m.** ● strumento elettrostatico destinato a segnalare l'esistenza di una differenza di potenziale elettrico

elettroshòck /elettrɔʃ'ʃɔk/ o **elettrochòc** /elettrɔʃ'ʃɔk/ [vc. dotta, comp. di *elettro-* e *shock* (V. *choc*) ✱ 1942] **s. m. inv.** ● metodo di cura di alcune malattie mentali consistente nell'applicare al cervello del paziente correnti elettriche molto brevi, di voltaggio elevato e di bassa frequenza, in modo da provocare una specie di crisi epilettica

elettroshockterapìa /elettrɔʃʃɔktera'pia/ [comp. di *elettroshock* e *terapia* ✱ 1983] **s. f.** ● terapia mediante elettroshock

elettrosiderurgìa [comp. di *elettro-* e *siderurgia* ✱ 1987] **s. f.** (pl. *-gìe*) ● settore della siderurgia che utilizza forni elettrici per ottenere leghe ferrose da minerale di ferro

elettrosincrotróne [comp. di *elettro-* e *sincrotrone* ✱ 1953] **s. m.** ● sincrotrone per elettroni

elettrosmòg [comp. di *elettro-* e *smog*; 1995] **s. m. inv.** ● nel linguaggio giornalistico, l'inquinamento elettromagnetico provocato da linee di trasmissione dell'energia elettrica o da antenne per le radiocomunicazioni

elettrosmòsi o **elettroosmòsi** /elettr(o)oz'mɔzi/ [vc. dotta, comp. di *elettro-* e *osmosi* ✱ 1956] **s. f. inv.** ● passaggio di un liquido attraverso una parete porosa, provocato dalla differenza di potenziale esistente fra le due parti di liquido separate dalla membrana stessa

elettrosmòtico o **elettroosmòtico** **agg.** (pl. m. *-ci*) ● relativo all'elettrosmosi: *fenomeno e.*

elettrostàtica [vc. dotta, comp. di *elettro-* e *statica* ✱ 1849] **s. f.** ● branca dell'elettrologia che tratta dei campi elettrici e in genere dei fenomeni di elettricità in quiete

elettrostàtico [1869] **agg.** (pl. m. *-ci*) ● (*fis.*) proprio dell'elettrostatica o a essa relativo ‖ **elettrostaticità**, **s. f. inv.**

elettrostimolatóre [comp. di *elettro-* e *stimolatore* ✱ 1986] **s. m.** ● (*med.*) apparecchio per attuare l'elettrostimolazione

elettrostimolazióne [comp. di *elettro-* e *stimolazione* ✱ 1986] **s. f.** ● (*med.*) stimolazione elettrica dei tessuti a scopi terapeutici o per trattamenti estetici: *e. cardiaca*

elettrostrittìvo [1970] **agg.** ● relativo alla elettrostrizione | che presenta elettrostrizione

elettrostrizióne [comp. di *elettro-* e del lat. *strĭctio*, genit. *strictiōnis* 'costrizione, stringimento' ✱ 1931] **s. f.** ● fenomeno di deformazione elastica di un corpo sotto l'influenza di un campo elettrico

elettrotècnica [vc. dotta, comp. di *elettro-* e *tecnica* ✱ 1884] **s. f.** ● tecnica della produzione e della utilizzazione dell'elettricità

elettrotècnico [vc. dotta, comp. di *elettro-* e *tecnico* ✱ 1915] **A** **agg.** (pl. m. *-ci*) ● proprio dell'elettrotecnica o a essa relativo **B** **s. m.** (f. *-a*) ● specialista, esperto di elettrotecnica

elettroterapìa [vc. dotta, comp. di *elettro-* e *terapia* ✱ 1864] **s. f.** ● applicazione di particolari forme di elettricità nella cura delle malattie ‖ **elettroteràpico**, **agg.** (pl. m. *-ci*) relativo all'elettroterapia ‖ **elettroterapìsta**, **s. m. e f.** (pl. m. *-i*) chi effettua elettroterapie

elettrotermìa [comp. di *elettro-* e *-termia* ✱ sec. XIX] **s. f.** **1** parte dell'elettrotecnica che si occupa delle applicazioni relative ai fenomeni termici prodotti dall'elettricità **2** conversione di energia elettrica in energia termica

elettrotèrmico [1874] **agg.** (pl. m. *-ci*) ● relativo all'elettrotermia

elettrotrazióne [comp. di *elettro-* e *trazione* ✱ 1930] **s. f.** ● trazione elettrica di veicoli

elettrotrèno [vc. dotta, comp. di *elettro-* e *treno* ✱ 1937] **s. m.** ● complesso di elettromotrici e di eventuali rimorchi, adibito esclusivamente a servizi rapidi per viaggiatori

elettrotropìsmo [comp. di *elettro-* e *tropismo* ✱ sec. XIX] **s. m.** ● (*biol.*) galvanotropismo

elettroutensìle [1976] **s. m.** ● macchina utensile azionata da un motore elettrico

elettrovalènza [comp. di *elettro-* e *valenza* ✱ 1956] **s. f.** ● (*chim.*) legame chimico dovuto all'attrazione elettrostatica tra ioni di segno opposto

elettrovàlvola [comp. di *elettro-* e *valvola* ✱ 1983] **s. f.** ● (*tecnol.*) dispositivo di regolazione di un circuito idraulico o pneumatico, comandato gener. da un elettromagnete

elettuàrio o (*raro*) **lattuàrio**, (*raro*) **lattovàro**, †**elettovàrio**, †**elettovàro** [vc. dotta, lat. tardo *electuāriu(m)*, di etim. incerta ✱ sec. XIV] **s. m.** ● antico preparato farmaceutico semidenso o sciropposo ottenuto mescolando medicamenti con miele, sciroppo, conserve e sim.

eleusìno [vc. dotta, lat. *Eleusīnius*, dal gr. *Eleusínios* 'di Eleusi (*Eleusís*)' ✱ 1481] **A** **agg.** ● di Eleusi, nell'Attica | ***misteri eleusini***, riti e feste in onore di Demetra e di Persefone, che si celebravano in Eleusi **B** **s. m.** (f. *-a*) ● abitante o nativo di Eleusi

eleuterògino [vc. dotta, comp. del gr. *eléutheros* 'libero' e di *-gino* ✱ 1869] **agg.** ● (*bot.*) di fiore che ha l'ovario libero

elevaménto [sec. XIV] **s. m.** **1** innalzamento | (*fig.*) miglioramento **2** †zona, punto più elevato

♦**elevàre** [vc. dotta, lat. *elevāre* 'levare (*levāre*) fuori (*ex-*), in alto' ✱ av. 1328] **A** **v. tr.** (*io elèvo* o *raro*, secondo il modello latino, *èlevo*) **1** levare in alto: *e. le mani al cielo* | (**est.**) rendere più alto: *e. un edificio di un piano* | (*fig.*) rendere migliore: *e. le proprie condizioni sociali, il proprio tenore di vita* SIN. alzare **2** (*mat.*) ***e. al quadrato, al cubo, all'ennesima potenza***, calcolare il quadrato, il cubo, l'ennesima potenza di un numero; moltiplicare il numero per sé stesso rispettivamente due, tre o enne volte **3** (*fig.*) innalzare, promuovere a una carica o dignità: *e. qlcu. al trono, alla tiara* **4** (*burocr.*) intimare, contestare: *e. un'ammenda, una contravvenzione* | ***e. il protesto***, notificare **B** **elevàrsi** v. intr. pron. **1** diventare più alto: *la temperatura si è ulteriormente elevata* | crescere: *il tenore di vita si è elevato* **2** ergersi, innalzarsi: *montagne che si elevano oltre gli 8000 metri* **C** **elevàrsi** v. rifl. • (*fig.*) migliorarsi, portarsi a un livello superiore (+ *a*): *si è elevato a una posizione economica invidiabile*

elevatézza [1670] s. f. • caratteristica di ciò che è elevato (*spec. fig.*): *e. di sentimenti*

•**elevàto** **A** part. pass. di *elevare*; anche agg. **1** alto (*anche fig.*): *una montagna elevata; un'elevata posizione economica* **2** (*fig.*) nobile, eletto: *sentimenti elevati* **3** (*mat.*) indica l'operazione dell'elevazione a potenza di un numero: *due e. alla terza; x e y elevati alla terza, x e. y* ‖ **elevataménte**, avv. in modo elevato (*spec. fig.*): *sentire, pensare elevatamente* **B** s. m. • †parte elevata di un terreno

elevatóre [dal lat. tardo *elevatōre(m)*, da *elevātus* 'elevato'; nel sign. B2, dall'ingl. *elevator* ✱ sec. XIV] **A** agg. (f. *-trice*) • che eleva | (*anat.*) detto di muscolo che agisce alzando una parte del corpo: *muscolo e. della scapola* **B** s. m. **1** (f. *-trice*) (*raro*) chi eleva **2** macchina per sollevare o trasportare materiali a diversa altezza: *e. trasportabile, fisso, pneumatico; e. a nastro, a catene, a tazze* **3** meccanismo che, nelle armi da fuoco portatili, serve a sollevare la cartuccia per portarla nella canna predisponendola per lo sparo

elevazióne [vc. dotta, lat. *elevatiōne(m)*, da *elevātus* 'elevato' ✱ 1282] s. f. **1** innalzamento (*anche fig.*): *l'e. della mente a Dio* | aumento: *e. del tenore di vita* | (*med.*) ***e. del polso***, aumento di frequenza | (*est.*) rialzo, altura **2** (*mat.*) ***e. a potenza***, operazione consistente nel calcolare una data potenza di un numero **3** atto con il quale, nella liturgia della Messa, il celebrante solleva e presenta all'adorazione dei fedeli l'ostia e il calice immediatamente dopo le due relative formule consacratorie del canone **4** in varie specialità sportive, slancio in alto di un atleta: *capacità di e.* | nella ginnastica, passaggio lento dal basso in alto degli arti in qualsiasi posizione si trovino **5** (*milit.*) inclinazione data sul piano verticale alla bocca di un'arma da fuoco: *puntamento in e.* | (*aeron.*) quota di un punto del terreno rispetto al livello del mare | ***angolo di e.***, fra l'asse longitudinale di un aereo e la traiettoria, nel piano verticale vero o apparente **6** (*astron.*) altezza

elevóne [ingl. *elevon*, da *elev(ator)* 'superficie portante' col suff. *-on* di *aileron* 'alettone', preso dal fr. ✱ 1993] s. m. • (*aeron.*) superficie di governo che esercita la funzione combinata di alettone ed equilibratore; è impiegato nelle ali a delta

†**elezionàre** [sec. XV] v. tr. • designare i candidati a un ufficio

†**elezionàrio** [sec. XIII] s. m. **1** chi è destinato a essere eletto **2** (*raro*) elettore

•**elezióne** [vc. dotta, lat. *electiōne(m)*, da *elēctus* 'eletto' ✱ av. 1292] s. f. **1** scelta, attraverso una votazione, di chi è destinato a ricoprire una data carica o ufficio: *l'e. del presidente, dell'amministratore delegato* | (al pl.) procedura mediante la quale si scelgono i rappresentanti della collettività nel Parlamento e in altre istituzioni: *tenere, indire, fare, rinviare le elezioni* | ***elezioni politiche***, dei deputati e dei senatori | ***elezioni amministrative***, dei membri dei consigli comunali, provinciali, regionali | ***elezioni primarie***, V. *primario* nel sign. A 1 **2** (*lett.*) scelta volontaria, libera scelta: *tema di mia e.*; *né per elezion mi si nascose, / ma per necessità* (DANTE *Par.* XV, 40-41) | ***Patria d'e.***, nazione o luogo in cui non si è nati ma dove si sceglie di vivere | (*dir.*) ***e. di domicilio***, dichiarazione scritta con cui una persona stabilisce che tutte le comunicazioni relative a uno o più affari le vengano fatte in un dato luogo | nella teologia cristiana della salvezza, libera e gratuita scelta che Dio fa di alcune anime alla gloria eterna o alla partecipazione di eccezionali grazie | ***Vaso d'e.***, (*per anton.*) san Paolo

SFUMATURE DI SIGNIFICATO

elezione - nomina - designazione

L'atto di eleggere attraverso il voto una persona a una carica si dice **elezione**. Effetto di un'*elezione* è dunque la **nomina** di qualcuno a un ufficio, un incarico o una dignità. Con **designazione** l'attribuzione di una carica non avviene attraverso una votazione ma su indicazione di una persona o di un collegio che ha l'autorità per farlo.
SFUMATURE ➤ ***scelta***, ➤ ***votazione***

èlfo [ingl. *elf*, vc. di orig. germ. ✱ 1828] s. m. • nella mitologia nordica, piccolo genio dell'aria, ora benefico, ora ostile all'essere umano: *Con gli occhi alla pioggia e agli elfi della notte* (S. QUASIMODO)

èli- [tratto da *elicottero*] primo elemento • in parole composte indica relazione con l'elicottero: *elibus, eliporto*

èlia [da un n. proprio lat. (?) ✱ 1968] s. f. • insetto emittero che infesta i vegetali erbacei e arborei danneggiandoli gravemente (*Aelia*)

elìaco [vc. dotta, gr. *hēliakós*, da *hḗlios* 'sole', di orig. indeur. ✱ 1561] agg. (pl. m. *-ci*) • (*astron.*) detto di astro che sorge e tramonta rispettivamente prima e dopo il Sole, nell'istante in cui risulta appena percettibile nelle luci del crepuscolo

eliambulànza [comp. di *eli-* e *ambulanza* ✱ 1974] s. f. • elicottero adibito al trasporto di malati o feriti

eliàntemo [vc. dotta, comp. del gr. *hḗlios* 'sole' e *ánthemon* 'fiore', per il colore dorato dei fiori ✱ 1834] s. m. • pianta perenne delle Cistacee con fusti legnosi alla base e fiori gialli o rosei raccolti in grappoli (*Heliantemum chamaecistus*)

elianticolo [comp. di *elianto* (V.) e di *-colo* ✱ 1983] agg. • relativo alla coltivazione del girasole

eliantìna [da *elianto*, per la colorazione prodotta ✱ 1956] s. f. • (*chim.*) correntemente, metilarancio

eliànto [vc. dotta, lat. *hēlianthe(s)*, dal gr. *hēlianthḗs* 'il fiore (*ánthos*) del sole (*hḗlios*)', per il suo colore giallo ✱ 1834] s. m. • (*bot.*) girasole

eliappròdo [comp. di *eli-* e *approdo* ✱ 1993] s. m. • luogo in cui gli elicotteri possono atterrare o decollare in caso di emergenza

eliàste [vc. dotta, gr. *hēliastḗs*, da *hēliáia* 'eliea' ✱ av. 1829] s. m. • nell'antico diritto greco, membro del tribunale penale di Atene

èlibus [comp. di *eli-* e *-bus*, sul modello dell'ingl. *helibus* ✱ 1963] s. m. inv. • elicottero usato per il trasporto frequente di molte persone su tratti brevi | elicottero di grande capienza

èlica [vc. dotta, lat. *hĕlica(m)*, dal gr. *hélix*, genit. *hélikos* 'spirale', di orig. indeur. ✱ av. 1617] s. f. **1** (*mat.*) curva di un cilindro o di un cono che incontra le generatrici sotto angolo costante: *e. cilindrica, e. conica* | (*biol.*) ***doppia e.***, struttura molecolare tridimensionale costituita da due filamenti avvolgentisi a elica, caratteristica dell'acido deossiribonucleico **2** (*mar.*) propulsore idrodinamico a due o più pale disposte angolarmente intorno a un asse, gener. posto a poppa dei natanti | (*aeron.*) sistema rotante di pale radiali connesse in vari modi al mozzo che agisce da propulsore, da motore o da organo sostentatore **3** linea cava in giro di viti, torchi, trapani, chiocciole | rigatura elicoidale nell'interno della canna di fucili e pistole, che dà stabilità e precisione a un proiettile conico **4** (spec. al pl.) tipo di pasta alimentare a forma di elica ‖ **elichétta**, dim.

èlice ① ➤ **elce**

èlice ② [vc. dotta, lat. *hĕlice(m)*, dal gr. *hélix* (V. *elica*) ✱ 1499] s. f. **1** (*anat.*) margine libero del padiglione auricolare **2** (*archit.*) piccola voluta del capitello corinzio **3** (*lett.*) chiocciola **4** †elica

†**elìcere** [vc. dotta, lat. *elĭcere* 'far uscire (*lăcere*) fuori (*ex-*)' ✱ av. 1321] v. tr. (difett. usato solo nella terza pers. sing. dell'indic. pres. *elìce*) • (*poet.*) far uscire: *questo finto dolor da molti elice / lacrime vere* (T. TASSO)

elicìcolo [1983] agg. • di chiocciole: *allevamento e.*

elicicoltóre [comp. di *elice*② nel sign. 3 e *-coltore* ✱ 1985] s. m. (f. *-trice*) • chi alleva chiocciole commestibili

elicicoltùra [comp. di *elice*② nel sign. 3 e *coltura* ✱ 1970] s. f. • allevamento di chiocciole commestibili, spec. nelle varietà pregiate

Elìcidi [dal gr. *hélix* 'voluta della chiocciola' (V. *elice*②), e *-idi* ✱ 1892] s. m. pl. (sing. *-e*) • (*zool.*) grande famiglia di Gasteropodi dei Polmonati terrestri a conchiglia elicoidale cui appartiene la chiocciola (*Helicidae*)

elicìsta [da *elica* ✱ 1970] s. m. e f. (pl. m. *-i*) • (*mar.*) addetto all'installazione, alla manutenzione e al controllo delle eliche

elìcito [vc. dotta, lat. *elicitu(m)*, da *elicere*, comp. di *ex* 'da, fra' e *lacere* 'estrarre, strappare' ✱ av. 1498] agg. • (*filos.*) detto di manifestazione di volontà che si produce senza alcuna mediazione razionale

elicogìra [comp. del gr. *hélix*, genit. *hélikos* 'spirale' e di un deriv. del v. *girare* ✱ 1956] s. f. • (*miner.*) operazione che associa alla rotazione attorno a un asse una traslazione lungo l'asse stesso, in modo che ne risulti una spirale

elicoidàle [da *elicoide* ✱ 1892] agg. • proprio di un'elica o di un elicoide | a forma di elica: *rampa, scala e.*

elicòide [vc. dotta, gr. *helikoeidḗs* 'che ha la forma (*êidos*) di un'elica (*hélix*, genit. *hélikos*)' ✱ 1678] **A** agg. • che è fatto a elica | (*bot.*) ***cima e.***, specie d'infiorescenza con fiori inseriti attorno all'asse **B** s. m. • (*mat.*) superficie luogo delle rette che incontrano un'elica tracciata su un cilindro di rotazione e l'asse del cilindro, e sono perpendicolari a quest'ultimo

Elicóna [vc. dotta, lat. *Helicōna*, dal gr. *Helikṓn*, propr. 'monte coperto di salici (*helíkes*)' della Beozia, che, nella mitologia greca, era ritenuto la sede delle Muse e di Apollo ✱ 1319] s. m. solo sing. • (*lett.*) l'ispirazione poetica: *Or convien che E. per me versi, / ... / forti cose a pensar mettere in versi* (DANTE *Purg.* XXIX, 40-42)

elicóne [ingl. *helicon*, propr. 'Elicona', n. del monte sacro alle Muse ✱ 1892] s. m. • (*mus.*) tipo di bassotuba molto grande, usato spec. nelle bande militari, che ha forma circolare, in modo da poter essere portato sulla spalla quando si marcia

elicònio [vc. dotta, lat. *Helicōniu(m)*, dal gr.

Helikônios 'dell'Elicona (*Helikôn*)' ✱ av. 1416] **agg.** ● (*lett.*) dell'Elicona | ***le Vergini Eliconie***, (*per anton.*) le Muse | (*est.*) della poesia, delle muse

elicotrèma [comp. del gr. *hélix*, genit. *hélikos* 'spirale' e *trêma*, genit. *-atos* 'foro, apertura' ✱ 1848] **s. m.** (**pl.** *-i*) ● (*anat.*) orifizio presente all'apice della coclea, in corrispondenza del quale il dotto cocleare termina e la rampa vestibolare continua nella rampa timpanica trasferendole il segnale sonoro

elicotterista [1963] **A s. m. e f.** (**pl. m.** *-i*) **1** chi pilota un elicottero **2** chi fabbrica elicotteri **B agg.** ● che fabbrica elicotteri: *industria e.*

♦**elicòttero** [fr. *hélicoptère*, comp. del gr. *hélix*, genit. *hélikos* 'elica', e *pterón* 'ala' ✱ 1909] **s. m.** ● aeromobile a decollo e atterraggio verticali, dotato di rotore orientabile a grandi pale che gli consente di restare fermo in aria o spostarsi velocemente lungo qualsiasi traiettoria ‖ **elicotterino**, **dim.**

elicrìso [vc. dotta, lat. *helichrȳsu(m)*, dal gr. *helíchrysos* 'oro (*chrysós*) di palude (*hélos*)', per il colore dorato dei suoi fiori ✱ 1476] **s. m.** ● pianta erbacea delle Composite che fornisce un'essenza per profumi (*Helichrysum italicum*)

♣**elìdere** [vc. dotta, lat. *elīdere* 'spingere (*lǣdere*, nel sign. poi perduto di 'urtare') fuori (*ex-*)' ✱ 1498] **A v. tr.** (**pass. rem.** *io elìsi* o *raro elidètti, raro elidéi, tu elidésti*; **part. pass.** *elìso*) **1** (*ling.*) sopprimere la vocale atona in fine di parola perché non formi iato con la vocale successiva, e sostituirvi l'apostrofo **2** (*est.*) annullare, rimuovere: *e. gli effetti di un acido* **B elìdersi v. intr. pron.** ● (*ling.*) subire elisione **C elìdersi v. rifl. recipr.** ● annullarsi reciprocamente: *due forze opposte che si elidono*

elièa [vc. dotta, gr. *hēliáia*, prestito dorico, da *halḗs* 'riunito, raccolto' ✱ 1892] **s. f.** ● massimo tribunale dell'antica Atene costituito da cittadini tratti a sorte in misura uguale da ogni tribù

eligèndo o †**eleggèndo** [da †*eligere*, var. di *eleggere* ✱ 1610] **agg. e s. m.** (**f.** *-a*) ● che (o chi) deve essere eletto, è in procinto di essere eletto: *l'e. sindaco di Pesaro*

†**elìgere** e deriv. ➤ **eleggere** e deriv.

†**eliménto** ➤ **elemento**

eliminàbile [1911] **agg.** ● che si può eliminare: *ostacoli, difetti difficilmente eliminabili* ‖ **eliminabilità**, **s. f. inv.**

eliminacóde [comp. del v. *elimina(re)* e del pl. di *coda* ✱ 1986] **s. m. inv.** ● dispositivo che rilascia un tagliando numerato per stabilire l'ordine di accesso al banco di un negozio o allo sportello di un ufficio **CFR.** anticode, tagliacode

♦**eliminàre** [vc. dotta, fr. *éliminer*, dal lat. *eliminãre*, propr. 'cacciare dalla (*ex-*) soglia (*līmen*, genit. *lĭminis*)' ✱ 1499] **v. tr.** (*io elìmino*) **1** togliere, rimuovere: *e. errori, sospetti* | ***e. una squadra, un avversario***, estrometterli dall'ulteriore partecipazione a una competizione, spec. sportiva, in base ai risultati delle eliminatorie **2** mandar fuori, espellere: *e. le tossine* **3** (*mat.*) ***e. un parametro, una variabile***, dato un sistema di equazioni, dedurne un sistema equivalente nel quale il parametro o la variabile non compaiano più **4** (*eufem.*) sopprimere, ammazzare: *e. un rivale, un testimone scomodo*

eliminatòria [f. sost. di *eliminatorio* ✱ 1908] **s. f.** ● (**spec. al pl.**) ciascuna delle gare di selezione di una stessa specialità, per l'ammissione alla finale solo dei migliori concorrenti

eliminatòrio [fr. *éliminatoire*, da *éliminer* 'eliminare' ✱ 1908] **agg.** (**pl. m.** *-i* o *raro -ii*) ● che serve a eliminare, a selezionare: *prove, gare eliminatorie*; *girone e.*

eliminazióne [fr. *élimination*, da *éliminer* 'eliminare' ✱ av. 1835] **s. f. 1** l'eliminare: *e. di errori, di sostanze tossiche, di elementi negativi; decidere l'e. dei nemici* **SIN.** soppressione, rimozione | ***procedere per e.***, escludendo una a una le ipotesi che si rivelano errate **2** (*sport*) esclusione di un concorrente o di una squadra da una competizione in base ai risultati delle eliminatorie o per squalifica | ***e. diretta***, in un torneo, sistema secondo cui ogni incontro deve terminare con l'esclusione del perdente dal torneo stesso

eliminazionìsta [1985] **agg.**; anche **s. m. e f.** (**pl. m.** *-i*) **1** che (o chi) mira a eliminare, ad annientare un popolo o un'etnia: *antisemitismo e.* **2** che (o chi) tende a negare qlco., spec. in campo teorico o scientifico

†**elimòṣina** e deriv. ➤ **elemosina** e deriv.

èlio [ingl. *helium*, dal gr. *hḗlios* 'sole', di orig. indeur. ✱ 1892] **s. m.** (**pl.** *èlii*) ● elemento chimico, gas inerte presente in forti quantità nel Sole, in molte stelle e, sulla Terra, spec. nei gas naturali, impiegato nell'industria del freddo, nella missilistica, e sim. **SIMB.** He **NUM. AT.** 2

èlio- [dal gr. *hḗlios* 'sole' (V. *elio*)] **primo elemento** ● in parole composte della terminologia scientifica, significa 'sole', 'solare': *eliocentrico, eliografia, elioscopio, elioterapia*

eliocèntrico [vc. dotta, comp. di *elio-* e *-centrico* ✱ av. 1739] **agg.** (**pl. m.** *-ci*) ● (*astron.*) che assume il Sole come centro | ***sistema e.***, quello di Copernico, che postulò la Terra in moto intorno al Sole **CFR.** geocentrico

eliocentrìṣmo [vc. dotta, da *eliocentrico* ✱ 1965] **s. m.** ● (*astron.*) il sistema di Copernico che affermò la rivoluzione dei pianeti intorno al Sole

eliofanògrafo [comp. di *eliofan(ia)* 'periodo d'illuminazione diurna', comp. di *elio-* e della base gr. *phan-* 'apparire', e *-grafo* ✱ 1917] **s. m.** ● (*meteor.*) strumento per misurare la durata dell'illuminazione solare giornaliera

eliofilìa [vc. dotta, comp. di *elio-* e *-filia* ✱ sec. XIX] **s. f.** ● proprietà di alcune piante di vegetare bene alla luce solare

eliòfilo [vc. dotta, comp. di *elio-* e *-filo* ✱ sec. XIX] **agg.** ● detto di pianta che vegeta in modo ottimale se esposta alla luce diretta del sole

eliofobìa [vc. dotta, comp. di *elio-* e *-fobia* ✱ 1797] **s. f. 1** proprietà di alcune piante di vegetare bene in ombra non sopportando la luce **SIN.** sciafilia **2** (*psicol.*) impossibilità di guardare luci molto intense quali quella solare ‖ **eliofòbico**, **agg.** (**pl. m.** *-ci*); anche **s. m.** (**f.** *-a*) **nel sign. 2 1** relativo a eliofobia **2** eliofobo ‖ **eliòfobo**, **agg. 1** di pianta che rifugge la luce **SIN.** sciafilo **2** (*psicol.*) che soffre di eliofobia

eliografìa [vc. dotta, comp. di *elio-* e *-grafia* ✱ 1839] **s. f. 1** primo e rudimentale procedimento fotografico **2** procedimento di stampa su carta speciale, mediante lampada ad arco o fluorescente e sviluppo a vapori di ammoniaca

eliogràfico [1869] **agg.** (**pl. m.** *-ci*) **1** (*astron.*) relativo alla posizione di un punto sul disco apparente del Sole **2** che serve per l'eliografia: *macchina eliografica* | ottenuto mediante l'eliografia: *riproduzione eliografica*

eliografista [1956] **s. m. e f.** (**pl. m.** *-i*) ● tecnico addetto a operazioni di riproduzione eliografica

eliògrafo [vc. dotta, comp. di *elio-* e *-grafo* ✱ 1839] **s. m. 1** apparecchio telegrafico ottico che trasmette segnali riflettendo la luce del Sole o una luce artificiale mediante un sistema di specchi **2** cannocchiale astronomico usato per fotografare il sole

eliomagnetìṣmo [comp. di *elio-* e *magnetismo* ✱ 1956] **s. m.** ● magnetismo solare

eliòmetro [vc. dotta, comp. di *elio-* e *-metro* ✱ 1766] **s. m.** ● (*astron.*) strumento per misurare l'intensità della radiazione solare

elióne [da *eli(o)* col suff. *-one*③ ✱ 1956] **s. m.** ● (*fis.*) nucleo dell'elio, costituito da due protoni e due neutroni

elioscòpico [sec. XIX] **agg.** (**pl. m.** *-ci*) ● (*astron.*) che permette l'osservazione diretta del Sole: *strumento e.*

elioscòpio [vc. dotta, comp. di *elio-* e *-scopio* ✱ 1745] **s. m. 1** segnale o punto brillante che utilizza, per riflessione, i raggi solari **2** (*astron.*) strumento per osservare il Sole che attenua la luminosità senza modificarne il colore

eliosfèra [comp. di *elio-* e *sfera* ✱ 1983] **s. f.** ● (*astron.*) regione concentrica con il Sole, nella quale si estende il vento solare

eliòstato [vc. dotta, comp. di *elio-* e del gr. *statós* 'posto, collocato' ✱ 1797] **s. m.** ● specchio che riflette in una data direzione un fascio di raggi del Sole

eliotassìa o **eliotàssi** [1987] **s. f.** ● (*biol.*) eliotattismo

eliotattìsmo [comp. di *elio-* e *tattismo* ✱ 1987] **s. m.** ● (*biol.*) fototattismo determinato dalla luce solare **SIN.** eliotassia

elioteìṣmo [comp. di *elio-* e *teismo* ✱ 1917] **s. m.** ● carattere di alcune religioni superiori e primitive, nelle quali il Sole divinizzato è la suprema rappresentazione religiosa

elioterapìa [vc. dotta, comp. di *elio-* e *terapia* ✱ 1899] **s. f.** ● (*med.*) metodo di cura mediante l'esposizione del corpo ai raggi solari ‖ **elioteràpico**, **agg.** (**pl. m.** *-ci*) relativo a elettroterapia

eliotipìa [vc. dotta, comp. di *elio-* e *-tipia* ✱ 1869] **s. f.** ● procedimento usato in passato per ottenere, mediante la luce solare, più copie da una negativa fotografica | fototipia

eliotìpico [sec. XIX] **agg.** (**pl. m.** *-ci*) ● di eliotipia | che si ottiene mediante eliotipia: *riproduzione eliotipica*

eliotròpia① o **elitròpia** [vc. dotta, lat. *heliotrōpiu(m)*, dal gr. *hēliotrópion* 'che si volge (dal v. *trépein*) verso il sole (*hḗlios*)', del quale riflette i raggi ✱ av. 1250] **s. f.** ● (*miner.*) calcedonio verde picchiettato di rosso, che si credeva rendesse invisibile chi lo portava

eliotropìa② [comp. di *elio-* e *-tropia*] **s. f.** ● (*bot.*) eliotropismo

eliotròpico [vc. dotta, da *eliotropismo* ✱ 1956] **agg.** (**pl. m.** *-ci*) ● (*bot.*) che presenta eliotropismo

eliotròpio o (*raro*) **elitròpio** [vc. dotta, lat. *heliotrōpiu(m)*, dal gr. *hēliotrópion* 'che si volge (dal v. *trépein*) verso il sole (*hḗlios*)' ✱ 1476] **s. m. 1** pianta erbacea delle Borraginacee con fiori bianchi in infiorescenze e proprietà medicinali (*Heliotropium europaeum*) | (*lett.*) girasole **2** (*miner.*) eliotropia

eliotropìṣmo [vc. dotta, comp. di *elio-* e *tropismo* ✱ 1865] **s. m.** ● (*bot.*) proprietà di organi vegetali di reagire a stimoli luminosi incurvandosi nella direzione degli stimoli stessi **SIN.** fototropismo

Eliozòi [vc. dotta, comp. di *elio-* e del gr. *zô(i)on* 'animale' ✱ 1892] **s. m. pl.** (**sing.** *-zòo*) ● (*zool.*) ordine di Protozoi dei Sarcodini con pseudopodi rigidi disposti radialmente (*Heliozoa*)

elipàrco [comp. di *eli-* e *parco*①, sul modello di *autoparco* ✱ 1993] **s. m.** (**pl.** *-chi*) **1** parco per lo stazionamento di elicotteri **2** il complesso degli elicotteri addetti a un servizio o a un ente

eliplàno [comp. di *eli-* e della seconda parte di *(aero)plano* ✱ 1963] **s. m.** ● mezzo aereo sperimentale caratterizzato da un'elica orizzontale e da ali fisse, capace quindi di muoversi sia come un elicottero sia come un aeroplano **CFR.** convertiplano

elipòrto [comp. di *eli-* e della seconda parte di *(aero)porto*, sul modello dell'ingl. *heliport* ✱ 1950] **s. m.** ● area destinata all'atterraggio e al decollo di elicotteri, alla quale sono annesse le installazioni per i passeggeri, il personale di bordo e gli apparecchi **SIN.** eliscalo

eliportuàle [1974] **agg.** ● di un eliporto: *area e.*

elisabettiàno [av. 1916] **agg.** ● relativo al regno di Elisabetta I d'Inghilterra (1558-1603) e al corrispondente periodo storico e culturale: *teatro e.*

eliscàlo [comp. di *eli-* e *scalo* ✱ 1974] **s. m.** ● eliporto

elìsia [vc. dotta, dal gr. *Ēlýsia*, pl. di *Ēlýsion* 'degli Elisi' ✱ sec. XVI] **s. f.** ● mollusco marino simile a una lumaca, con due espansioni laterali del mantello e respirazione solo cutanea (*Elysia viridis*)

Elìsio o **Elìso**② [vc. dotta, lat. *Elýsiu(m)*, dal gr. *Ēlýsion* (sottinteso *pedíon* 'pianura'), vc. pregreca di etim. sconosciuta ✱ 1321] **A s. m.** ● giardino di delizie assegnato, secondo la mitologia classica, alle anime dei virtuosi **B agg.** ● dell'Elisio (anche con iniziale minuscola): *Campi Elisi*; *per te rintocca / un presagio nell'elisie sfere* (E. MONTALE)

✦**elisióne** [vc. dotta, lat. *elisiōne(m)*, da *elīsus*, part. pass. di *elīdere* 'elidere' ✱ 1588] **s. f.** **1** l'elidere | annullamento **2** (*ling.*) caduta nella pronuncia della vocale finale di una parola davanti a vocale iniziale, indicata graficamente con l'apostrofo; per es. la caduta della *e* finale di 'ove' in: *spira, ov'Amor ferì nel fianco Apollo* (F. PETRARCA) | nella metrica latina, spesso nel sign. di *sinalefe* **3** (*mus.*) artificio vocale che si usa per la fusione di due sillabe in una sola nota | soppressione di un tempo debole in uno schema ritmico fissato

NOTA D'USO

elisione e troncamento

Uno dei mezzi per evitare incontri sgradevoli di suoni (o 'cacofonie') tra due parole diverse è quello di abbreviare la parola che precede. Perciò, invece di dire *lo uomo, una àncora, santo Antonio, della opera, la ha vista, lo hotel,* oppure *buono anno, bello giovane, signore preside,* diremo più opportunamente *l'uomo, un'àncora, sant'Antonio, dell'opera, l'ha vista, l'hotel* oppure *buon anno, bel giovane, signor preside*. Come si vede dagli esempi, abbiamo soppresso una vocale o una sillaba in fine di parola, sostituendola in qualche caso con il segno dell'apostrofo. Sono i due fenomeni dell'elisione e del troncamento.

Si intende per **elisione** la soppressione della vocale finale atona (cioè non accentata) di una parola seguita da un'altra che comincia per vocale o per *h* seguita da vocale. Al posto della vocale caduta si mette **l'apostrofo** ('). Le regole sull'uso dell'elisione sono piuttosto flessibili e molto è lasciato al gusto e alla scelta personali. In generale si registra una tendenza alla diminuzione dell'uso di alcuni tipi di elisione mentre altri assumono oggi una coloritura un po' antiquata (per es. *il tuo amico, ch'era a Bologna lo scorso anno*).

- Normalmente si elidono gli articoli *lo* e *la*, le preposizioni articolate composte con *lo* e *la* e gli aggettivi dimostrativi *questo* e *quello* e qualificativo *bello* (però soltanto al singolare): *l'ozio, l'edera, quell'inetto, quell'hacker, bell'idea* (o *bella idea*), *quest'esempio* (o anche *questo esempio*), *quell'uscita* (o anche *quella uscita*). Analogamente si elidono l'art. indeterminativo *una* e i suoi composti *alcuna, ciascuna,* ecc.: *un'àncora, un'amica* (o *una amica*), *un'àsola, nessun'altra*; come si vede, si elidono sempre davanti a vocale tonica, non sempre davanti a vocale atona. ATTENZIONE: l'art. e pron. *le* non si elide mai, perciò si scriverà *le oche, le industrie, le epoche, le incontrai*. Quanto ai plurali maschili in *-i* (*gli, degli, quegli*), si elidono soltanto davanti a *i* e non davanti ad altre vocali: *gl'Italiani* (ma nell'uso prevale oggi *gli Italiani*); ma **non** *gl'atleti, gl'ultimi,* ecc., bensì *gli atleti, gli ultimi,* ecc.
- Le forme atone dei pron. pers. *lo* e *la* di regola si elidono: *l'ho amata, l'odierò sempre*. *Gli* pronome si comporta come *gli* articolo (vedi sopra), quindi: *gl'indicai l'uscita,* ma **non** *gl'aprii,* bensì *gli aprii*.
- Le particelle *mi, ti, si, ne* di regola si elidono: *m'ha detto, s'alzò, se n'andò, t'ho visto*. Tuttavia in questo caso l'uso è vario e si trovano normalmente le forme non elise.
- La particella pron. o avv. *ci* si elide soltanto davanti a *e* o *i*: *c'è, c'era, c'eravamo, c'incontrammo,* ma **non** *c'andai, c'urlò,* bensì *ci andai, ci urlò*. Nell'uso arcaico, in quello giornalistico e talvolta letterario moderno, allo scopo di rendere particolari inflessioni dialettali o un tono familiare, si può trovare la particella *ci* elisa anche davanti alle altre vocali o suoni vocalici: *Non vorrei che la stagione, che c'ha guastato i frutti, ci danneggiasse nel vino* (G. GALILEI); *Or via, / nessun qui c'ode* (V. ALFIERI); *c'aveva una gran sete; non c'ho fame; che c'azzecca?* Tali forme, esclusive della lingua parlata, non sono consigliabili nella lingua scritta.
- La preposizione *di* si elide: *un chilo d'insalata, una domenica d'autunno*. Invece la preposizione *da* normalmente non si elide: *casa da affittare*; tuttavia l'elisione avviene in alcune locuzioni: *d'altronde, d'altra parte, d'ora in poi, d'altro canto*.
- *Articoli, preposizioni o aggettivi* non si elidono davanti a una *i* seguita da vocale (in questo caso la *i* è considerata una semiconsonante). Si dirà perciò *lo iodio, la iuta, lo iato, lo Ionio*.
- *Santo* si elide normalmente davanti a nome proprio che comincia per vocale: *Sant'Antonio, Sant'Onorato*.

Vediamo ora i seguenti esempi: *signor preside, un buon amico, mal di mare, son tornati, che bel cagnolino*. Anche in questo caso abbiamo abbreviato una parola per evitare un suono ritenuto sgradevole nell'incontro con la parola successiva. Si tratta del **troncamento**, che è la caduta della parte finale di una parola. Rispetto all'elisione **tre** sono le **differenze** fondamentali:

– l'elisione fa cadere soltanto la vocale finale, il troncamento fa cadere anche un'intera sillaba: *quel libro, un bel tipo*;
– si può avere elisione soltanto davanti a parola che comincia per vocale, il troncamento avviene invece anche se la parola che segue comincia per consonante: *san Fermo, gran salto*;
– l'elisione vuole sempre l'apostrofo per sostituire la vocale caduta; il troncamento generalmente non lo vuole (a parte alcune eccezioni; V. oltre): *un tal amico, qual è, nessun altro*.

Perché ci sia troncamento si devono verificare **tre condizioni**:

– dopo aver subito il troncamento, la parola deve terminare con le consonanti *l, r, n* e (raramente) *m*: *qual motivo, suor Anna, son caduti, siam soli*;
– la parola che segue non deve cominciare con *s impura, z, x, gn* e *ps*. Quindi *un albero, un cane,* ma *uno stupido, uno zoppo*. Il caso di parola che comincia con *pn* è più flessibile: davanti a *pneumatico*, per es., è ormai comune l'uso del troncamento: *un buon pneumatico*;
– la parola che subisce il troncamento deve essere al singolare; non c'è troncamento al plurale: *un buon libro,* ma *buoni libri*. ATTENZIONE: *grande* fa eccezione a questa condizione. Si può dire infatti: *sono dei gran farabutti*.

Nel caso di caduta della sola vocale finale davanti a parola che comincia per vocale resta spesso il dubbio se si tratti di elisione o di troncamento e cioè se si debba mettere l'apostrofo. Per esempio: *buon anno* o *buon'anno*? *qual è* o *qual'è*? *pover uomo* o *pover'uomo*? *un artista* o *un'artista*? Il problema si può facilmente risolvere. Se la parola accorciata può essere posta davanti ad un'altra parola dello stesso genere che comincia per consonante, questo significa che tale parola non richiede elisione perché è già di per sé compiuta. È una forma tronca, non ci vuole l'apostrofo. Per es. *buon* davanti a parola maschile che comincia per consonante non si modifica: *buon compleanno, buon pranzo*; potrò quindi scrivere *buon anno, buon appetito,* ecc. Al contrario, *buon* davanti a parola femminile che comincia per consonante non si può dire: *buon donna, buon maestra* sono forme inaccettabili, occorre dire *buona*. Poiché l'aggettivo *buona* si elide davanti a vocale, scriverò: *buon'amica, buon'alimentazione*. Per lo stesso motivo scriverò *qual è, qual auspicio, qual amica, qual angoscia* (**senza** l'apostrofo: posso dire infatti *qual buon vento, qual cumulo di errori* ed anche, al femminile, *qual grazia, qual testardaggine*). Scriverò invece *pover'uomo*, trattandosi di elisione (infatti non posso scrivere *pover caro, pover figlio,* bensì *povero caro, povero figlio*). Quanto a *un artista*, se si tratta di un uomo lo scriverò così, senza apostrofo (in quanto posso dire *un cane, un leone*), ma scriverò *un'artista* (= *una artista*) se si tratta di una donna (appunto perché non posso dire *un donna, un sedia,* bensì *una donna, una sedia*).

Infine, mentre l'apostrofo dell'elisione non è mai seguito da uno spazio (*un'amica*), l'apostrofo del troncamento richiede sempre uno spazio successivo (*un po' amaro*).

Vediamo ora in quali casi si ha generalmente troncamento:

- con *uno* e composti (*alcuno, ciascuno,* ecc.): *un angelo, alcun desiderio, ciascun libro, nessun altro*;
- con *buono*: *buon onomastico, buon compleanno*;
- con *quello, bello, grande* e *santo* davanti a consonante: *quel comico, un bel pasticcio, un gran giocatore, san Giorgio*. ATTENZIONE: davanti a vocale si ha invece elisione sia al femminile che al maschile: *quell'amico, bell'amicizia, grand'uomo, sant'Antonio*;
- con *frate*, davanti a consonante: *fra Cristoforo, fra Luigi* (ma *frate Antonio*);
- con *suora*, anche davanti a vocale: *suor Teresa, suor Angela*;
- con *tale* e *quale*, che non si elidono mai nemmeno davanti al femminile (si può dire infatti *tal donna, qual donna*): *qual amica, tal amarezza, qual emozione, qual orrore*. Ricordiamo che è molto frequente anche la forma non tronca: *quale rischio, tale uomo, quale astuzia*.

Come si è detto, il troncamento non richiede alcun segno grafico che indichi la caduta della vocale o della sillaba. Ci sono però delle eccezioni in cui il troncamento è indicato con l'apostrofo. Le principali sono: *ca'*, troncamento di *casa*: *Ca' Foscari*; *mo'*, tronc. di *modo*: *a mo' d'esempio*; *po'*, tronc. di *poco*: *ne assaggio solo un po'*; *be'*, tronc. di 'bei' o di 'bene'; *ma'*, tronc. di 'mamma'; *pa'*, tronc. di 'papà'; *va', da', sta', di', fa'*, forme dell'imperativo dei verbi *andare, dare, stare, dire, fare*: *va' dove ti pare!*, eccetera.

(In relazione ai problemi di troncamento ed elisione, V. anche le voci *bello, buono, grande, quale, quello, santo, suora, tale, uno*).

elisìr o (*lett.*) **elisìre**, **elixìr** /elik'sir/ [arabo *al-iksīr* 'la (*al*) pietra filosofale', efficace anche come medicamento, in forma di 'sostanza secca' (*iksīr*, dal gr. *xērós* 'secco') ✱ av. 1557] **s. m. (pl. inv.)** **1** preparazione farmaceutica ottenuta dalla mescolanza di sciroppi con alcolati e sostanze medicamentose | ***e. di lunga vita***, nella chimica alchimistica, farmaco dell'eterna giovinezza, rimedio a ogni male **2** liquore tonico e corroborante: *e. di china*

eliskì [vc. coniata prob. in fr. con *héli(coptère)* 'elicottero' e *ski* ✱ 1983] **s. m. inv.** ● attività sciistica praticata servendosi dell'elicottero come mezzo di risalita | (*est.*) elicottero adibito a tale attività sportiva

elìso① **part. pass.** di *elidere*; anche **agg.** ● annullato | (*ling.*) che ha subìto elisione

Elìso② ➤ **Elisio**

elisoccórso [comp. di *eli-* e *soccorso* ✱ 1985]

s. m. • soccorso a malati o feriti portato con un elicottero attrezzato e impiegato come ambulanza

elitàrio [da *élite* ✻ 1973] **agg.** • da élite, che è tipico di un'élite (con connotazione spesso negativa): *divertimento e.*; *scelte elitarie* || **elitariaménte**, **avv.** in modo elitario

elitarìṣmo [comp. di *elitar(io)* e *-ismo* ✻ 1986] **s. m.** • atteggiamento, spirito elitario

elitàxi [comp. di *eli-* e *taxi* ✻ 1962] **s. m. inv.** • elicottero impiegato come taxi

élite /fr. e'lit/ [vc. fr., originariamente 'azione di scegliere (part. pass., ant. fr. *eslit*, di *élire*, dal lat. parl. **exlĕgere* 'eleggere')', poi 'ciò che vi è di meglio, di scelto' ✻ 1861] **s. f. inv.** • cerchia ristretta di persone che si distinguono per superiore cultura, censo, ascendente e sim. **SIN.** crema, fior fiore | classe dirigente: *l'élite che detiene il potere politico, economico*

elitìṣmo [1965] **s. m.** • atteggiamento di chi si considera parte di un'élite (*anche spreg.*): *l'e. di certi intellettuali* | caratteristica di ciò che riflette una concezione elitaria: *l'e. di alcune ideologie*

elitìsta [1973] **s. m. e f.; anche agg.** (**pl. m.** *-i*) • (*raro*) chi (o che) fa parte di un'élite o rivela una concezione elitaria

elitìstico [1983] **agg.** (**pl. m.** *-ci*) • (*raro*) che si ispira a una concezione elitaria: *discorso e.*

èlitra [vc. dotta, gr. *élytra*, neutro pl. di *élytron* 'involucro', da *eilýein* 'avvolgere', di orig. indeur. ✻ 1797] **s. f.** • (*zool.*) nei Coleotteri, ognuna delle due ali indurite che coprono le seconde ali membranose

elitrasportàre [comp. di *eli-* e *trasportare* ✻ 1971] **v. tr.** (*io elitraspòrto*) • (*milit.*) trasportare mediante elicottero

elitròpia ➤ **eliotropia**①

elitròpio ➤ **eliotropio**

elivìa [comp. di *eli-* e della seconda parte di comp. come *(ferro)via*, *(aero)via*, *(funi)via*, e sim. ✻ 1963] **s. f.** • aerovia per elicotteri

elixir ➤ **elisir**

♦**élla** [lat. *ĭlla(m)*, originariamente un dimostrativo: 'quella', comp. di due elementi di orig. non chiara ✻ av. 1250] **pron. pers. f. di terza pers. sing.** (**pop. tosc.** *la*, **per aferesi, nei sign. 1, 3, 4, purché in proclisi**) **1** (*lett.*) indica la persona di cui si parla e si usa come soggetto riferito al f. sing.: *e. sorrideva*; *e. venne*; *ell'è un'altra madonna, ell'è un'idea* (G. CARDUCCI) **2** †riferito a pers. o cosa f. sing. nei complementi indiretti: *'inverso d'e. / ogne dimostrazion mi pare ottusa* (DANTE *Par.* XXIV, 95-96) **3** (*tosc.*, *lett.*) riferito a cosa, spec. con valore pleonast.: *e tanto più mi riusciva gravosa questa servitù, quanto ch'e. era una particolarità usata a me solo* (V. ALFIERI); *son elle cose ch'abbiano a narrarsi / a un par mio?* (V. ALFIERI) **4** (con iniziale maiuscola) si usa in luogo di 'lei' come forma di rispettosa cortesia, rivolgendosi a una persona, anche di sesso maschile, con cui non si è in familiarità (nel linguaggio letterario o in espressioni dal tono molto formale o elevato): *Ella conosce me, e conosce la condotta ch'io ho tenuto fino ad ora* (G. LEOPARDI); *mi auguro, signor Presidente, che Ella voglia ricevermi*

ellàdico [lat. *Hellădicu(m)*, dal gr. *Helladikós* 'dell'Ellade (*Hellás*, genit. *Helládos*)' ✻ 1585] **agg.** (**pl. m.** *-ci*) • dell'Ellade

-ellàre [corrisponde al suff. lat. *-illāre*, proprio di dim. verb.] **suff.** • forma verbi cui conferisce valore diminutivo e frequentativo: *girellare*, *saltellare*

èlle① [1261 ca.] **s. f. o m. inv.** • nome della lettera *l*

†**élle**② [lat. *ĭllae* (nom.), pl. di *ĭlla* 'ella' ✻ 1250 ca.] **pron. pers. f. di terza pers. pl.** • esse (in funzione di soggetto e complemento): *voci alte e fioche, e suon di man con e.* (DANTE *Inf.* III, 27)

elleborìna [comp. di *elleboro* e *-ina* ✻ 1550] **s. f.** • sostanza vermifuga e purgativa contenuta nel rizoma dell'elleboro

ellèboro [vc. dotta, lat. *(h)ellĕboru(m)*, dal gr. *(h)elléboros*, comp. di *ellós* 'cerbiatto' e *bibrṓskein* 'divorare', perché pianta mangiata dai cervi ✻ sec. XIV] **s. m.** • (*bot.*) genere di piante erbacee delle Ranuncolacee, velenose, con fiori provvisti di perigonio e stami in parte trasformati in nettarii (*Helleborus*) **SIN.** elabro

ellènico [vc. dotta, gr. *Hellēnikós*, agg. di *Héllēnes* 'Greci, Elleni' ✻ 1745] **agg.** (**pl. m.** *-ci*) • greco, spec. con riferimento alla Grecia classica || **ellenicità**, **s. f. inv.**

elleniṣmo [vc. dotta, gr. *hellēnismós* 'imitazione dei modi greci', da *hellēnízein* 'ellenizzare' ✻ av. 1640] **s. m.** **1** periodo storico e corrispondente fase della cultura greca compresi tra la morte di Alessandro Magno (323 a.C.) e la conquista romana dell'Egitto (31 a.C.), in cui tale cultura si estese e sviluppò al di fuori della madrepatria, spec. in Egitto e nell'Asia Minore, assumendo particolari caratteristiche derivanti dall'incontro con le preesistenti civiltà del mondo mediorientale **2** gusto ricercato, erudito e spesso formalistico che caratterizza tale cultura **3** (*ling.*) grecismo

ellenìsta [vc. dotta, gr. *Hellēnistḗs* 'partigiano delle usanze greche', da *hellēnízein* 'ellenizzare' ✻ 1710] **s. m. e f.** (**pl. m.** *-i*) • chi studia la cultura greca, spec. quella classica

ellenìstico [da *ellenista* ✻ 1793] **agg.** (**pl. m.** *-ci*) **1** dell'ellenismo: *periodo e.*; *arte, civiltà ellenistica* **2** (*est.*) che apprezza il gusto o si adegua allo stile degli ellenisti || **ellenisticaménte**, **avv.** da ellenista

elleniẓẓànte **part. pres.** di *ellenizzare*; **anche agg.** • (*lett.*) che si rifà all'influenza e ai modelli della cultura greca

elleniẓẓàre [vc. dotta, gr. *hellēnízein* 'agire come i Greci (*Héllēnes*)' ✻ 1869] **A** **v. tr.** • sottoporre all'influenza ellenica **B** **v. intr.** (**aus.** *avere*) • imitare i modelli di cultura greca **C** **elleniẓẓàrsi** **v. intr. pron.** • assumere caratteristiche elleniche, greche || **elleniẓẓazióne**, **s. f.**

élleno① [da *elle*② con attrazione della desinenza verb. *-no* ✻ sec. XIII] **pron. pers. f. di terza pers. pl.** • (*lett.*) esse: *elle non sanno, ... quello che elle si vogliono e. stesse* (G. BOCCACCIO)

èlleno② [vc. dotta, gr. *héllēn*, genit. *héllēnos* 'greco, elleno', da *Héllēn* 'Elleno', mitico eroe fondatore della stirpe ellenica ✻ 1810] **A** **agg.** • (*lett.*) della Grecia antica **B** **s. m.** (**f.** *-a*) • abitante e nativo della Grecia antica

ellepì [trascrizione delle due lettere di cui è formata la sigla *LP* di *long-playing* ✻ 1962] **s. m. inv.** • long-playing

†**éllera** (o **è-**) o †**léllera** (o **-è-**) [prob. contaminazione del lat. *hĕdera(m)* 'edera' e del lat. *hĕlica(m)* 'elica' ✻ sec. XIII] **s. f.** • (*poet.*) edera

-ellétto [doppio suff. dim. *-ello* ed *-etto*] **suff.** • rafforza in alcuni sostantivi alterati il valore diminutivo: *finestrelletta*, *campanelletta*

†**élli**① ➤ **egli**

†**élli**② ➤ †**ello**

†**éllino** ➤ **eglino**

-ellìno [doppio suff. dim. *-ello* e *-ino*] **suff.** • rafforza in alcuni sostantivi alterati il valore diminutivo o vezzeggiativo: *campanellino*, *fiorellino*

ellìsse o (*raro*) **ellìssi**② [vc. dotta, gr. *élleipsis* 'mancanza', da *elléipein* 'omettere', con riferimento a determinate situazioni di figure geometriche ✻ av. 1617] **s. f.** **1** (*mat.*) luogo dei punti tali che la somma delle loro distanze da due punti fissi, detti fuochi, è costante | curva individuata dall'intersezione di un cono indefinito con un piano non parallelo al suo asse né alla sua direttrice **2** (*astron.*) orbita descritta da un corpo celeste intorno a un altro: *l'e. di un pianeta intorno al Sole, di un satellite intorno a un pianeta*

ellìssi① [vc. dotta, lat. *ellīpsi(m)*, dal gr. *élleipsis* 'mancamento, omissione', da *elléipein* 'mancare (*léipein*) dentro (*en-*)' ✻ av. 1563] **s. f. inv.** • (*ling.*) omissione di una o più parole che il contesto o la costruzione grammaticale richiederebbero; per es.: *a ognuno* [spetta] *la sua croce*

ellìssi② ➤ **ellisse**

ellissògrafo [vc. dotta, comp. di *ellisse* e *-grafo* ✻ 1865] **s. m.** • (*mat.*) strumento per disegnare un'ellisse

ellissoidàle [da *ellissoide* ✻ 1953] **agg.** • (*mat.*) che ha forma di ellissoide

ellissòide [vc. dotta, comp. di *ellisse* e del gr. *-oeidḗs* 'simile', da *êidos* 'forma' ✻ 1820] **s. m.** • (*mat.*) quadrica che non sia un cono o un cilindro e priva di punti all'infinito reali | ***e. di rotazione***, superficie ottenuta facendo ruotare un'ellisse intorno a un suo asse

ellìttico① [vc. dotta, gr. *elleiptikós*, da *élleipsis* 'ellisse, mancanza' ✻ 1621] **agg.** (**pl. m.** *-ci*) **1** (*mat.*) proprio di un'ellisse | detto di una configurazione o espressione nella quale v'è una coppia di elementi complessi coniugati **2** (*bot.*) detto di organo vegetale con contorno a forma di ellisse: *foglia ellittica* **SIN.** ovale || **ellitticità**①, **s. f. inv.**: *l'ellitticità di un'orbita*

ellìttico② [vc. dotta, gr. *elleiptikós*, da *élleipsis* 'ellissi, omissione' ✻ av. 1808] **agg.** (**pl. m.** *-ci*) • (*ling.*) di ellissi | che presenta ellissi | (*est.*) sintetico, allusivo || **ellitticaménte**, **avv.** in modo ellittico, per ellissi || **ellitticità**②, **s. f. inv.**: *l'ellitticità di una frase*

†**éllo** [lat. *ĭllu(m)* (V. *ella*) ✻ av. 1250] **pron. pers. m. di terza pers. sing.** (*poet.* **troncato in** *el*; **pl.** *élli*②) • egli, lui: *se tu diventi sua così com'ello è divenuto tuo* (G. BOCCACCIO); *Fresche delizie avranno elli da scerre* (G. D'ANNUNZIO)

-èllo o, con parole che finiscono in *-one*, **-cèllo** [suff. dim. corrispondente al lat. *-ĕllu(m)*] **suff.** • conferisce ad aggettivi e sostantivi valore diminutivo, spesso con sfumatura vezzeggiativa: *alberello*, *paesello*, *carrozzella*, *passioncella* | talvolta con valore attenuativo, corrispondente a 'piuttosto', 'alquanto': *cattivello*, *bricconcello*

†**elmàto** [da *elmo* ✻ av. 1745] **agg.** • fornito di elmo

elmétto [1918] **s. m.** **1** dim. di *elmo* **2** copricapo di materiale resistente usato a scopo difensivo da soldati, minatori e sim.

Elmìnti [vc. dotta, gr. *hélmi(n)s*, genit. *hélminthos* 'verme', di orig. indeur. ✻ 1829] **s. m. pl.** (**sing.** *-o* o *-a*) • (*generic.*) vermi parassiti

elmintìaṣi [vc. dotta, comp. di *elminto-* e *-iasi* ✻ 1797] **s. f. inv.** • malattia causata da vermi o elminti

elminticìda [comp. di *elminti* e *-cida* ✻ 1892] **A** **s. m.** (**pl.** *-i*) • sostanza usata per disinfestare acque, terreni e sim. dagli elminti che li infestano **B** **anche agg.**

elmìnto-, -elmìnto [dal gr. *hélmins*, genit. *hélminthos* 'verme' (V. *Elminti*)] **primo e secondo elemento** • in parole composte della terminologia scientifica, spec. zoologica, significa 'verme' o indica relazione coi vermi: *elmintologia*, *Platelminti*

elmintologìa [vc. dotta, comp. di *elminto-* e *-logia* ✻ 1820] **s. f.** (**pl.** *-gìe*) • ramo della zoologia che ha per oggetto lo studio dei vermi parassiti

elmintològico [1869] **agg.** (**pl. m.** *-ci*) • che riguarda l'elmintologia

e

elmintòlogo [vc. dotta, comp. di *elminto-* e *-logo* ✱ sec. XVIII] **s. m.** (**f.** *-a*; **pl. m.** *-gi*) ● studioso di elmintologia

elmintòṣi [1965] **s. f. inv.** ● (*med.*) elmintiasi

élmo [got. *hilms*, vc. germ. ✱ 1241] **s. m. 1** antica armatura difensiva del capo, di ferro, di forme svariate, indossata durante i combattimenti | (*est.*, *lett.*) ***cingersi l'e.***, armarsi | (*raro*) casco | (*raro*) celata **2** (*est.*) copricapo metallico di varia foggia, usato per protezione, ornamento cerimoniale e sim.: *e. da pompiere*; *e. da corazziere* **3** parte superiore dello scafandro del palombaro, munita di vetri per poter guardare all'esterno **SIN.** casco **4** (*arald.*) ornamento dello scudo **5** (*chim.*) parte superiore dell'alambicco || **elmétto**, **dim.** (V.)

el Niño /sp. el'niɲo/ [loc. sp., propr. 'Gesù Bambino' poiché il fenomeno compare attorno a Natale ✱ 1984] **loc. sost. m. inv.** ● corrente calda a carattere periodico del Pacifico sud-orientale, che talvolta dà origine a sensibili variazioni climatiche in tutto il globo

Elòbie [comp. del gr. *hélos* 'palude' e *-bio* ✱ 1979] **s. f. pl.** (**sing.** *-a*) ● (*bot.*) ordine di Monocotiledoni acquatiche o palustri, con fiori provvisti di calice e corolla, come nelle Dicotiledoni (*Helobiae*)

elocùtio /lat. elo'kuttsjo/ [vc. lat., propr. 'espressione', dal v. *ēloqui* 'parlare (*lŏqui*) dicendo tutto, completamente (*ē-*)' ✱ 1261 ca.] **s. f. inv.** (**pl. lat.** *elocutiones*) ● nella retorica classica, la partizione dell'arte del dire che riguarda l'eloquio, cioè l'uso delle parole e delle frasi opportune all'argomento di cui si tratta **CFR.** dispositio, inventio

elocutòrio [vc. dotta, lat. *elocutōriu(m)*, da *elocūtus*, part. pass. di *ēloqui* 'parlare eloquentemente' (V. *eloquio*) ✱ av. 1642] **agg.** (**pl. m.** *-i* o *raro -ii*) ● (*raro*) relativo all'elocuzione

elocuzióne [vc. dotta, lat. *elocutiōne(m)*, da *elocūtus*, part. pass. di *ēloqui* 'parlare eloquentemente' (V. *eloquio*) ✱ sec. XIII] **s. f.** ● esposizione ordinata ed efficace, mediante le parole, delle proprie idee e dei propri sentimenti | parte della retorica che insegna il modo di dare la corretta forma linguistica alle idee

elodèa [vc. dotta, tratta dal gr. *helṓdēs* 'paludoso' (da *hélos* 'palude') ✱ sec. XIX] **s. f.** ● pianta acquatica delle Idrocaritacee che si riproduce rapidamente in modo da ostacolare la navigazione o la pesca (*Elodea canadensis*) **SIN.** peste d'acqua

elodèrma [vc. dotta, comp. del gr. *hêlos* 'chiodo' e *dérma* 'pelle', per le sue chiazze scure ✱ 1917] **s. m.** (**pl.** *-i*) ● genere di Rettili dei Sauri con zampe tozze, coda lunga e massiccia, pelle ricoperta da piccoli tubercoli e morso velenoso (*Heloderma*)

♣**elogiàre** [vc. dotta, lat. tardo *elogiāre*, propr. 'descrivere in breve', da *elŏgium* nel senso di 'breve formula, sommario' ✱ 1858] **v. tr.** (**pres.** *io elògio*; **fut.** *io elogerò*) ● esaltare con lodi: *e. una persona per le sue azioni*; *e. la bontà, l'onestà* **SIN.** encomiare, lodare **CONTR.** biasimare

elogiatìvo [1858] **agg.** ● che elogia, che ha lo scopo di elogiare: *parole elogiative* || **elogiativaménte**, **avv.** in modo, con tono, elogiativo

elogiatóre [1885] **agg. e s. m.** (**f.** *-trice*) ● che (o chi) elogia

♦**elògio** [vc. dotta, lat. *elŏgiu(m)*, prob. dal gr. *elegêion* 'componimento elogiativo' deformato dall'etim. pop. ✱ 1577] **s. m. 1** discorso o scritto laudativo: *l'e. della filosofia*; *fare l'e. di qlcu., di qlco.* | ***e. funebre***, in lode di un defunto **2** componimento in voga nella letteratura latina e umanistica con cui veniva celebrato un personaggio ricorrendo a rigorosi schemi retorici **3** parole di lode: *il suo coraggio merita molti elogi* **SIN.** lode, plauso
SFUMATURE ➤ *lode*

†**elogìsta** [1789] **s. m. e f.** (**pl. m.** *-i*) ● scrittore di elogi | elogiatore

elogìstico [1834] **agg.** (**pl. m.** *-ci*) ● (*lett.*) fatto in forma di elogio, contenente elogi: *scrittura elogistica*

†**elongàre** [vc. dotta, lat. *elongāre*, comp. parasintetico di *lŏngus* 'lungo' ✱ av. 1332] **v. tr. e intr.** ● allontanare, allontanarsi

elongazióne [vc. dotta, lat. *elongatiōne(m)*, da *elongātus*, part. pass. di *elongāre* '†elongare' ✱ 1282] **s. f. 1** †allontanamento **2** (*astron.*) digressione **3** (*fis.*) distanza, a ogni istante, di un punto oscillante dal centro di oscillazione

♣**eloquènte** [vc. dotta, lat. *eloquĕnte(m)*, part. pres. di *ēloqui* 'parlare con arte' (V. *eloquio*) ✱ 1342] **agg.** ● che sa parlare efficacemente: *oratore, predicatore e.* | (*est.*) di ciò che è chiaro ed espressivo: *ragionamento, silenzio, sguardo e.*; *parole eloquenti* **SIN.** significativo || **eloquenteménte**, **avv.**

♣**eloquènza** [vc. dotta, lat. *eloquĕntia(m)*, da *elŏquens* 'eloquente' ✱ 1261 ca.] **s. f. 1** capacità di parlare in modo efficace, così da produrre l'impressione desiderata sugli ascoltatori; oratoria: *e. politica, forense, accademica*; *e. ornata, sobria*; *e. greca, romana*; *versare fiumi di e.*; *per pompa di e., hanno fabbricato e fabbricano nuove parole e frasi* (L.A. MURATORI) | ***modello di e.***, chi è particolarmente facondo | †***cattedra di e.***, di letteratura **2** (*fig.*) forza ed espressività: *l'e. di uno sguardo, di un gesto, di un silenzio* | (*iron.*) ***l'e. del bastone, della spada***, la loro forza

♣**elòquio** [vc. dotta, lat. *elŏquiu(m)*, da *ēloqui*, originariamente 'parlare (*lŏqui*), dicendo tutto, completamente (*ex-*)', poi 'parlare con arte o eloquenza' ✱ sec. XIV] **s. m.** ● (*lett.*) linguaggio, modo di parlare: *un e. ricercato, ornato, abbondante, forbito*

élsa (o **è-**) [ant. alto ted. *helza*, di ambito germ. ✱ 1321] **s. f.** ● impugnatura della spada, spec. con riferimento agli elementi metallici variamente figurati che proteggono la mano | ***e. a crociera***, con traversa difensiva di metallo perpendicolare alla lama tipica delle spade antiche

†**élso** (o **è-**) [1476] **s. m.** ● elsa

èlson [vc. ingl. *nelson* (con *n-* sottratto nella loc. *in (n)elson*, dal n. proprio (di un lottatore?) *Nelson*) ✱ 1942] **s. f. inv.** ● nella lotta libera e greco-romana, presa a terra che si effettua infilando l'avambraccio sotto l'ascella dell'avversario tentando con la mano di far leva o di premere sulla nuca per schienarlo

†**elucidàre** [vc. dotta, lat. tardo *elucidāre*, da *lucidāre* nel senso di 'chiarire, illustrare' con *ex-* rafforz. ✱ 1499] **v. tr.** ● dichiarare, spiegare

♣**elucubràre** [vc. dotta, lat. *elucubrāre*, comp. di *ex-* rafforz. e *lucubrāre* 'lavorare a lume di lanterna' (da *lūcubrum* 'lucerna', interpretato come 'ciò che riluce (*lucēre*) nell'ombra') ✱ 1855] **v. tr.** (*io elùcubro*) ● pensare seriamente, meditare intensamente (*spec. iron.*): *e. un piano, un progetto*; *che cosa starà elucubrando?*

elucubrazióne [1572] **s. f.** ● meditazione lunga e minuziosa (*spec. iron.*): *l'e. di un filosofo*; *non bisogna dar troppo peso alle sue elucubrazioni*

♣**elùdere** [vc. dotta, lat. *elūdere*, originariamente 'finire (*ex-*) di giocare (*lūdere*)', poi 'prendersi gioco', 'schivare un colpo nel gioco' ✱ av. 1540] **v. tr.** (**pass. rem.** *io elùṣi* o *eludéi, tu eludésti*; **part. pass.** *elùṣo*) ● sfuggire, evitare scaltramente: *e. la sorveglianza dei guardiani*; *e. le leggi, la giustizia, il fisco*

eludìbile [da *eludere* ✱ av. 1909] **agg.** ● che si può eludere || **eludibilità**, **s. f. inv.**

elu̇ènte **A** **part. pres.** di *eluire*; **anche agg.** ● nel sign. del v. **B** **s. m.** ● (*chim.*) mezzo atto ad asportare una sostanza mescolata ad altre

elu̇ìre [vc. dotta, lat. *elŭere* 'lavar (*lŭere*) via (*ex-*)', con passaggio ad altra coniug. ✱ 1965] **v. tr.** (*io elu̇ìsco, tu elu̇ìsci*) ● (*chim.*) asportare per mezzo di un gas o di un opportuno solvente una sostanza mescolata ad altre

elu̇ìto [1968] **A** **agg.** ● (*chim.*) detto di sostanza percolata attraverso una colonna cromatografica **B** **anche s. m.**

eluizióne o **eluzióne** **s. f.** ● (*chim.*) operazione dell'eluire

eluṣìbile [1983] **agg.** ● (*raro*) che si può eludere

♣**eluṣióne** [vc. dotta, lat. tardo *elusiōne(m)*, da *elūdere* 'eludere' ✱ 1789] **s. f.** ● (*raro*) l'eludere, l'evitare | ***e. fiscale, tributaria***, ogni atto tendente a eliminare o ridurre il carico tributario mediante comportamento giuridicamente lecito **CFR.** evasione

♣**eluṣìvo** [vc. dotta, tratta da *eludere* sul modello di altri deriv. da comp. del lat. *lūdere* ✱ 1855] **agg.** ● che serve o tende a eludere: *un intervento e.*; *possedeva una qualità elusiva e selvatica* (P. LEVI) **SIN.** evasivo, sfuggente || **eluṣivaménte**, **avv.** || **eluṣività**, **s. f. inv.**
SFUMATURE ➤ *ambiguo*

elùṣo **part. pass.** di *eludere* ● nei sign. del v.

eluṣòrio [vc. dotta, tratta da *eludere* sul modello di altri deriv. da comp. del lat. *lūdere* ✱ av. 1718] **agg.** ● (*raro*) elusivo

eluviàle [dal lat. *elŭvies* 'inondazione' (V. *eluvio*), col medesimo rapporto esistente tra *alluviale* e il lat. *allŭvies* ✱ 1917] **agg.** ● (*geol.*) di eluvio: *terreno e.*; *depositi eluviali*

eluviazióne [1970] **s. f.** ● dilavamento di sali solubili dallo strato attivo del terreno nei climi piovosi

elùvio [lat. *elŭvies* 'inondazione', da *elŭere*, propr. 'portare via (*ex-*) col lavare (*lŭere*)' ✱ sec. XX] **s. m.** ● (*geol.*) deposito o terreno formato dal disfacimento di rocce preesistenti sul luogo stesso

eluzióne ➤ **eluizione**

elvèlla [vc. dotta, lat. *helvĕlla(m)* 'piccola erba', vc. rara della terminologia rustica in rapporto con una formazione indeur., che spiegherebbe 'che dà sul verde tenero o sul giallo' ✱ 1499] **s. f.** ● fungo con gambo solcato e cappello liscio e lobato (*Helvella crispa*)

Elvellàcee [comp. di *elvell(a)* con il suff. *-acee* ✱ 1987] **s. f. pl.** (**sing.** *-a*) ● (*bot.*) famiglia di Funghi degli Ascomiceti, con corpo fruttifero distinto in gambo e cappello, comprendente alcune specie commestibili (*Helvellaceae*) | comunemente, spugnole

elvètico [vc. dotta, lat. *Helvĕticu(m)* 'proprio degli Elvezi (*Helvētii*)', n. degli antichi abitanti dell'odierna Svizzera ✱ 1619] **A** **agg.** (**pl. m.** *-ci*) **1** relativo all'Elvezia o agli antichi Elvezi **2** svizzero **B** **s. m.** (**f.** *-a*) ● (*lett.*) svizzero

elvetiṣmo [sec. XX] **s. m.** ● (*ling.*) parola o locuzione propria dell'italiano parlato dagli svizzeri del Canton Ticino e di alcune zone dei Grigioni

elvèzio [vc. dotta, dal lat. *Helvētiu(m)* ✱ 1532] **agg. e s. m.** (**f.** *-ia*) ● (*stor.*) appartenente a un'antica popolazione celtica stanziatasi nel II sec. a.C. nella regione compresa fra il Reno, il Giura e il lago di Ginevra, sconfitta dai Romani nel 58 a.C.

elẓeviriàno [da *elzeviro* ✱ 1827] **agg.** ● relativo agli Elzevier, tipografi olandesi dei secc. XVI e XVII

elẓevirìsta [1939] **s. m. e f.** (**pl. m.** *-i*) ● scrittore di elzeviri | (*est.*) prosatore che predilige il bozzetto o il ricordo autobiografico

elẓevìro [dal n. della famiglia di tipografi olandesi *Elzevier* del XVI sec., che idearono quei caratteri, con i quali, poi, si compose solitamente l'articolo d'apertura della terza pagina ✱ 1887]

A **s. m.** **1** carattere tipografico di antico stile usato dagli stampatori olandesi Elzevier **2** edizione di tipo elegante e di formato molto piccolo **3** articolo d'argomento artistico, storico, letterario, o anche recensione o racconto che un giornale pubblica in apertura di terza pagina **B** **agg.** ● (*raro*) elzeviriano

-èma **suff.** ● in parole composte della linguistica, significa 'unità minima': *grafema, lessema, morfema*

emaciaménto [1750] **s. m.** ● grave dimagrimento

emaciàre [vc. dotta, lat. tardo *emaciāre*, comp. parasintetico di *măcies* 'magrezza' (deriv. di *măcer* 'magro') ✱ av. 1712] **A** **v. tr.** (**pres.** *io emàcio*; **fut.** *io emacerò*) ● (*raro*) rendere magro, smunto: *la malattia l'ha emaciato* **B** **emaciàrsi** **v. intr. pron.** ● (*raro*) diventare magro e smunto

✦**emaciàto** **part. pass.** di *emaciare*; anche **agg.** ● magro, smunto, macilento

emaciazióne [sec. XIV] **s. f.** ● (*raro, lett.*) estrema magrezza

emafèreṣi [comp. di *em(o)-* e *aferesi* ✱ 1996] **s. f. inv.** ● (*med.*) tecnica trasfusionale che consente di trattenere solo alcuni componenti del sangue fresco quali plasma, leucociti e piastrine e di restituire al donatore le restanti frazioni

emagràmma [ingl. *emagram*, comp. di *em-* 'in-' e *-agram* di *(di)agram* 'diagramma' ✱ sec. XX] **s. m.** (**pl.** *-i*) ● (*meteor.*) diagramma su assi cartesiani che descrive l'andamento di temperatura, umidità, pressione e venti in un profilo verticale dell'atmosfera

email /i'meɪl, *ingl.* 'i:meɪl/ o **e-mail** [abbr. ingl. di *e(lectronic) mail* 'posta elettronica' ✱ 1993] **A** **s. f. inv.** ● posta elettronica **B** **s. f.** o (*raro*) **m. inv.** (**pl. ingl.** *emails*) ● messaggio inviato con la posta elettronica **SIN.** mail **C** **in funzione di agg. inv.** ● (posposto a un sost.) relativo alla posta elettronica: *messaggio e-mail; ti mando il mio indirizzo email*

emàle [comp. del gr. *hâima* 'sangue' *em(o)-* e del suff. *-ale*[1] ✱ sec. XIX] **agg.** ● (*biol.*) relativo al sistema circolatorio | ***arcata e.***, porzione ventrale della vertebra dei Vertebrati inferiori che accoglie vasi sanguigni

emalopìa [vc. dotta, tratta dal gr. *haimálōps* 'dall'aspetto (*ôps*, genit. *ōpós* 'vista') sanguinante (*haimaléos*, da *hâima* 'sangue')' ✱ 1834] **s. f.** ● (*med.*) versamento di sangue nella camera anteriore dell'occhio

♦**emanàre** [vc. dotta, lat. *emanāre* 'spandersi (*manāre*) fuori (*ex-*)' ✱ av. 1429] **A** **v. tr.** **1** effondere, esalare: *molti fiori emanano un gradevole profumo* **2** emettere, promulgare: *e. una sentenza, un decreto, un ordine, una circolare* | ***e. una legge***, legiferare **B** **v. intr.** (aus. *essere*) ● scaturire, provenire (**anche** *fig.*): *la luce emana dal Sole; dal suo volto emanava una grande dolcezza* **SIN.** promanare

emanatìṣmo [1843] **s. m.** ● dottrina filosofico-religiosa propria del neoplatonismo, secondo la quale il mondo e tutte le cose esistenti traggono origine da un'emanazione divina **SIN.** emanazionismo

emanatìsta [1843] **s. m. e f.; anche agg.** (**pl. m** *-i*) ● chi (o che) segue la dottrina dell'emanatismo

emanatìstico [1843] **agg.** (**pl. m.** *-ci*) ● relativo all'emanatismo

†**emanatìvo** [1756] **agg.** ● emanatistico

emanatóre [1843] **A** **agg.; anche s. m.** (**f.** *-trice*) ● che (o chi) emana **B** **s. m.** ● apparecchio che diffonde sostanze profumate o insetticide: *e. antizanzare*

emanazióne [vc. dotta, lat. tardo *emanatiō-ne(m)*, da *emanāre* 'emanare' ✱ av. 1535] **s. f.** **1** l'emanare | emissione, esalazione, diffusione: *e. di raggi, odori, vapori* **2** atto con cui un'autorità pubblica stabilisce norme vincolanti: *e. di un decreto da parte del Presidente della Repubblica* **3** (*est.*) ciò che è emanato: *emanazioni vulcaniche* | esalazione, odore: *e. pestifera, venefica* | (*fig.*) derivazione, espressione: *il governo è l'e. di un'area politica di centrodestra, di centrosinistra* **4** (*chim., disus.*) ciascuno degli isotopi radioattivi (attinon, radon, toron), prodotti dalla disintegrazione di elementi radioattivi quali l'attinio, il radio, il torio **5** nel neoplatonismo e poi in altre teorie filosofico-religiose, atto con cui Dio irradia la sua potenza sul mondo dando origine alle cose

emanazionìṣmo [comp. di *emanazion(e)* e *-ismo* ✱ 1968] **s. m.** ● (*filos.*) emanatismo

†**emanceppàre** e deriv. ➤ **emancipare** e deriv.

✦**emancipàre** o †**emanceppàre** [vc. dotta, lat. *emancipāre*, comp. parasintetico di *mancĭpium* 'acquisto di una proprietà', 'schiavo acquistato', comp. di *mănus* 'mano' e *căpere* 'prendere' ✱ 1308] **A** **v. tr.** (*io emàncipo*) **1** rendere libero: *e. una popolazione dal dominio straniero* **2** (*dir.*) nel mondo romano, liberare un figlio dalla patria potestà o uno schiavo facendolo liberto | attualmente, attribuire al minore di età, allorché sussistono determinate condizioni, una limitata capacità di agire **B** **emancipàrsi** **v. rifl.** ● rendersi libero, indipendente da qlcu. o qlco.: *emanciparsi dalla dipendenza economica*

✦**emancipàto** o †**emanceppàto** **part. pass.** di *emancipare*; **anche agg.** **1** (*dir.*) che ha ottenuto l'emancipazione | (*est.*) libero da un vincolo, da una soggezione e sim. **2** (*est.*) privo di condizionamenti nel modo di pensare, di vivere e sim.: *una ragazza emancipata* **SIN.** evoluto

emancipatóre [vc. dotta, lat. tardo *emancipatōre(m)*, da *emancipātus* 'emancipato' ✱ 1846] **s. m.** (**f.** *-trice*); **anche agg.** ● chi (o che) emancipa

emancipatòrio [1863] **agg.** (**pl. m.** *-i* o *ra-ro -ii*) ● relativo a emancipazione | che mira a emancipare; liberatorio: *progetto e.*

emancipazióne [vc. dotta, lat. *emancipatiōne(m)*, da *emancipātus* 'emancipato' ✱ av. 1580] **s. f.** ● l'emancipare, l'emanciparsi | (*est.*) liberazione da un vincolo, da una soggezione e sim. | ***e. della donna***, liberazione dalla condizione di inferiorità giuridica, sociale e culturale rispetto agli uomini

SFUMATURE ➤ ***libertà***

emangiòma o **emoangiòma** [comp. di *em(o)-* e *angioma* ✱ sec. XIX] **s. m.** (**pl.** *-i*) ● (*med.*) neoformazione benigna costituita da proliferazione di vasi sanguigni

♦**emarginàre** [comp. parasintetico di *margine*, sul modello del fr. *émarger* ✱ 1877] **v. tr.** (*io emàrgino*) **1** (*burocr.*) indicare, segnare in margine: *e. una nota su un documento* **2** (*fig.*) mettere ai margini, estromettere dalla vita sociale: *e. i diversi*

emarginàto **A** **part. pass.** di *emarginare*; **anche agg.** ● (*burocr.*) nei sign. del v. **B** **s. m.** **1** (*burocr.*) nota a margine su un documento **2** (**f.** *-a*) chi viene messo ai margini, isolato o escluso dalla vita sociale: *un quartiere periferico che rischia di creare degli emarginati; i disabili non vogliono essere degli emarginati*

♦**emarginazióne** [1964] **s. f.** ● l'emarginare | condizione di chi è emarginato

SFUMATURE DI SIGNIFICATO

emarginazione - segregazione - isolamento

Emarginazione è la condizione propria di chi vive ai margini della società, cioè non partecipa alla vita sociale, ne viene escluso; questa condizione è in genere associata all'estrema povertà o alla devianza. La **segregazione** è la conseguenza di un atto coercitivo del potere che esclude dal godimento di diritti una parte della popolazione in base a dei pregiudizi di ordine sociale, religioso o razziale. **Isolamento** è lo stato di chi per sua libera decisione vive appartato, partecipando molto limitatamente alla vita della collettività, indipendentemente da condizioni sociali o economiche particolari.

emàrtro [vc. dotta, comp. del gr. *hâima* 'sangue' e *árthrōsis* 'articolazione (da *árthron* 'giuntura')' ✱ sec. XIX] **s. m.** ● (*med.*) versamento di sangue in una cavità articolare

emasculazióne o **emascolazióne** [vc. dotta, tratta dal v. lat. *emasculāre*, comp. di *ex-* sottrattivo e del deriv. verbale di *māsculus* sul modello di *evirāre* 'evirare' ✱ 1874] **s. f.** ● (*med.*) asportazione chirurgica o traumatica del pene e dei testicoli

ematèmeṣi [vc. dotta, comp. di *emat(o)-* e del gr. *émesis* 'vomito' ✱ 1833] **s. f. inv.** ● (*med.*) espulsione di sangue con il vomito

emàtico [gr. *haimatikós* 'di sangue (*hâima*, genit. *háimatos*)' ✱ 1828] **agg.** (**pl. m.** *-ci*) ● (*med.*) del sangue: *versamento e.*; *stasi ematica*

ematidròṣi [comp. di *em(o)-*, *idr(o)-* e del suff. *-osi* ✱ 1834] **s. f. inv.** ● (*med.*) traspirazione di sudore misto a sangue

ematimetrìa [vc. dotta, comp. di *emato-* e *-metria* ✱ sec. XIX] **s. f.** ● (*med., raro*) emometria

ematìna [vc. dotta, comp. di *emat(o)-* e *-ina* ✱ 1797] **s. f.** ● (*chim.*) idrossido della forma ossidata dell'eme

ematìte [vc. dotta, lat. *haematīte(m)*, dal gr. *haimatítē* 'color del sangue (*hâima*, genit. *háimatos*)', sottinteso *líthos* 'pietra' ✱ av. 1367] **s. f.** ● (*miner.*) ossido di ferro in cristalli romboedrici o lamellari, spesso in masse compatte di color grigio scuro o nerastro e dalla lucentezza metallica oppure in masse pulverulente di colore rosso sangue

èmato- [dal gr. *hâima*, genit. *háimatos* 'sangue' di etim. incerta] **primo elemento** (*emat-*, **davanti a vocale**) ● in parole scientifiche composte della terminologia medica significa 'sangue', 'del sangue', 'sanguigno': *ematofobia, ematuria*

ematocèfalo [vc. dotta, comp. di *emato-* e del gr. *kephalḗ* 'testa' ✱ sec. XIX] **s. m.** ● (*med.*) cefaloematoma

ematocèle [comp. di *emato-* e *-cele* ✱ 1835] **s. m.** ● (*med.*) raccolta circoscritta di sangue in una cavità del corpo, spec. in quella peritoneale

ematòcrito [comp. di *emato-* e del gr. *kritós* 'separato' ✱ 1956] **s. m.** ● (*med.*) rapporto, espresso in percentuale, tra il volume della frazione corpuscolata del sangue (cellule bianche e rosse) e il volume totale del sangue

ematodermìa [comp. di *emato-* e *-dermia* ✱ 1956] **s. f.** ● (*med.*) qualsiasi alterazione della pelle legata a malattie del sangue

ematòfago [comp. di *emato-* e *-fago* ✱ 1874] **agg.** (**pl. m.** *-gi*) ● detto di insetto che si nutre di sangue: *pulci ematofaghe*

ematofobìa [vc. dotta, comp. di *emato-* e *-fobia* ✱ 1834] **s. f.** ● (*psicol.*) paura morbosa del sangue **SIN.** emofobia ‖ **ematofòbico**, **agg.** (**pl. m.** *-ci*); **anche s. m.** (**f.** *-a*) **nel sign. 2** **1** relativo a ematofobia **2** ematofobo ‖ **ematòfobo**, **agg. e s. m.** (**f.** *-a*) che (o chi) soffre di ematofobia

ematògeno [vc. dotta, comp. di *emato-* e *-geno* ✱ 1910] **agg.** ● che concerne la produzione dei globuli rossi

ematologìa [vc. dotta, comp. di *emato-* e *-logia* ✱ 1820] **s. f.** (**pl.** *-gìe*) ● (*med.*) studio delle caratteristiche normali e patologiche del sangue | (*est.*) reparto ospedaliero per pazienti interessati da patologie del sangue

ematològico [sec. XIX] **agg.** (**pl. m.** *-ci*) • (*med.*) relativo all'ematologia

ematòlogo [1865] **s. m.** (**f.** *-a*; **pl. m.** *-gi*) • studioso di ematologia

ematòma [vc. dotta, comp. di *emat(o)-* e *-oma* ✱ 1828] **s. m.** (**pl.** *-i*) • (*med.*) raccolta localizzata di sangue

ematopatìa [vc. dotta, comp. di *emato-* e *-patia* ✱ 1892] **s. f.** • (*med.*) emopatia

ematopoièṣi [vc. dotta, comp. di *emato-* e del gr. *póiēsis* 'azione di fare (*poiêin*)' ✱ 1828] **s. f. inv.** • (*biol.*) produzione degli elementi corpuscolati del sangue **SIN.** emopoiesi

ematopoiètico [vc. dotta, gr. *haimatopoietikós*, comp. di *hâima*, genit. *háimatos* 'sangue' e *poiētikós* 'che ha la possibilità di fare (*poiêin*)' ✱ 1820] **agg.** (**pl. m.** *-ci*) • (*biol.*) che concerne l'ematopoiesi **SIN.** emopoietico

ematopsìa [vc. dotta, comp. di *emato-* e del gr. *ópsis* 'vista' ✱ sec. XIX] **s. f.** • (*med.*) alterazione della vista per cui gli oggetti appaiono colorati di rosso

ematòṣi [vc. dotta, gr. *haimátōsis*, da *haimatôun* 'convertire in sangue (*hâima*)' ✱ 1771] **s. f. inv.** • (*med.*) processo di ossigenazione del sangue venoso a livello dei polmoni

ematossilìna [vc. dotta, comp. di *emato-* e del gr. *xýlon* 'legno' ✱ 1869] **s. f.** • (*chim.*) composto incolore ottenuto dal durame della leguminosa subtropicale *Haematoxylon campechianum*, utilizzato in istologia come colorante della cromatina

ematùria o **ematurìa** [vc. dotta, comp. di *emat(o)-* e *-uria* ✱ 1788] **s. f.** • (*med.*) presenza di sangue nelle urine

emàzia [fr. *hématies*, dal gr. *haimátia*, dim. pl. di *hâima* 'sangue' ✱ 1899] **s. f.** • (*anat.*) globulo rosso

embarcadèro /embarka'dɛro, *sp.* embarka'ðero/ [vc. sp., da *embargar* 'imbarcare' ✱ 1881] **s. m.** (**pl.** *embarcadèri* o **sp.** *embarcaderos*) • (*disus.*) imbarcadero

embàrgo [dallo sp. *embargar* 'impedire', dal lat. parl. **imbarricāre* 'chiudere con una *barra*' ✱ av. 1764] **s. m.** (**pl.** *-ghi*) **1** blocco economico consistente nel divieto disposto dall'autorità di esportare o comunque di avere scambi commerciali con un dato Stato **2** fermo di navi straniere nei porti o nelle acque territoriali, disposto da uno Stato per rappresaglia **3** (*est.*) divieto di rendere noti documenti o notizie prima di una determinata scadenza: *stampa e tivù hanno accettato l'e.*

embatèrio [vc. dotta, gr. *embatḗrion*, sottinteso *rythmós* o *mélos* '(canto) di marcia', da *embáinein* 'entrare (*báinein*) dentro (*en-*)' ✱ av. 1912] **s. m. 1** (*letter.*) dispondeo **2** nella Grecia antica, canto di marcia e di guerra

embè ➤ **ebbene**

embèdded /em'bɛdded, *ingl.* ɪm'bedɪd/ [vc. ingl., dal v. *to embed* propr. 'racchiudere, inglobare' ✱ 2003] **agg. inv.**; **anche s. m. inv. 1** detto di giornalista che lavora in una zona di guerra al seguito di un esercito, accettandone la protezione, ma anche le limitazioni nei movimenti **2** (*inform.*) detto di sistema elettronico nel quale gli apparati hardware e software sono progettati per una specifica applicazione: *i telefoni cellulari sono sistemi e.*

Embioidèi [dal gr. *émbios* 'vitale', comp. di *en* 'dentro' e *bíos* 'vita' (di orig. indeur.) ✱ sec. XIX] **s. m. pl.** (**sing.** *-èo*) • (*zool.*) ordine di Insetti con femmine sempre attere e maschi talvolta alati, viventi in gallerie di seta prodotta da ghiandole contenute nei tarsi del primo paio di zampe (*Embioidea*)

emblée, d' ➤ **d'emblée**

✦**emblèma** [vc. dotta, lat. *emblēma* (neutro), dal gr. *émblēma*, propr. 'inserzione', 'che si getta (dal v. *bállein*), che si applica dentro (*en-*)' ✱ 1538] **s. m.** (**pl.** *-i*) **1** figura simbolica ordinariamente accompagnata da un motto o da una sentenza | simbolo, immagine: *la bilancia è l'e. della giustizia*; *l'automobile di lusso come e. della ricchezza* **2** nell'antichità, raffinata figurazione a mosaico che, eseguita nella bottega di un artigiano, era poi inserita in un mosaico pavimentale più rozzo formato sul posto

emblemàtica [f. sost. di *emblematico* ✱ 1952] **s. f.** • raccolta, studio di emblemi, spec. come componimenti letterari

✦**emblemàtico** [vc. dotta, lat. *emblemăticu(m)*, sottinteso *ŏpus* 'opra, lavoro', da *emblēma* 'emblema' ✱ 1499] **agg.** (**pl. m.** *-ci*) **1** di emblema, che costituisce un emblema: *una figura emblematica* **SIN.** simbolico | ***pittura emblematica***, quella in cui determinati segni si ripetono costantemente **2** (*fig.*) rappresentativo, simbolico, significativo: *un comportamento e.* **SIN.** paradigmatico | (*fig.*, *lett.*) ricco di immagini, allegorico: *linguaggio e.* ‖ **emblematicaménte**, **avv.** ‖ **emblematicità**, **s. f. inv.**

embolìa [da *embolo* ✱ 1892] **s. f.** • (*med.*) presenza di embolo in un vaso sanguigno, con occlusione dello stesso e arresto della circolazione: *e. cerebrale, polmonare, gassosa*

emboliṣmàle [vc. dotta, adattamento del lat. tardo *embolismāle(m)*, da *embolĭsmus* 'embolismo②' ✱ 1585] **agg.** • (*lett.*) intercalare | ***mese e.***, in alcuni calendari lunisolari come quello greco e quello ebraico, mese inserito nell'anno per far coincidere ciclo lunare e ciclo solare

emboliṣmo ① [da *embolo* ✱ 1874] **s. m.** • (*med.*) embolia

emboliṣmo ② [vc. dotta, lat. tardo *embolĭsmu(m)*, dal gr. *embolismós* 'intercalazione', da *embállein* 'gettare (*bállein*) dentro (*en-*)' ✱ 1612] **s. m. 1** anno di tredici mesi lunari o che, in alcuni calendari lunisolari (per es. quello ebraico), ha un mese intercalare **2** preghiera liturgica intercalata nel canone della Messa, con cui si chiede a Dio la liberazione da tutti i mali

èmbolo (o **é-**) [gr. *émbolos* 'ostruttore, cuneo', da *embállein* 'lanciare (*bállein*) dentro (*en-*)' ✱ 1874] **s. m. 1** (*med.*) formazione estranea, solida, liquida o gassosa, presente nel sangue **2** (*mecc.*) discontinuità o bolla d'aria che può formarsi nelle canalizzazioni del carburante o di altro liquido provocando il difettoso funzionamento del motore

embrassons nous /*fr.* ɑ̃bʀasɔ̃'nu/ [loc. fr., propr. 'abbracciamoci' ✱ 1923] **loc. sost. m. inv.** • invito a superare discordie, controversie e sim., spec. di natura politica, che si ferma all'esteriorità, senza affrontare i problemi di fondo **CFR.** (*roman.*) volemose bene

embricàre o (*lett.*) **imbricàre** [adattamento del lat. tardo *imbricāre*, da *ĭmbrix*, genit. *ĭmbricis* 'embrice' ✱ 1499] **A v. tr.** (*io émbrico, tu émbrichi*) • coprire con embrici **B embricàrsi v. rifl. recipr.** • sovrapporsi come gli embrici di un tetto: *penne che si embricano*

embricàto o (*raro*) **imbricàto part. pass.** di *embricare*; **anche agg. 1** coperto di embrici: *tetti embricati* **2** (*bot.*, *zool.*) detto di foglie, squame di pesci e sim. sovrapposte le une alle altre come gli embrici di un tetto

embricatùra [1957] **s. f.** • disposizione di elementi vari come gli embrici di un tetto | (*est.*) l'insieme degli elementi così disposti

émbrice o †**imbrice** [lat. *ĭmbrice(m)* 'tegola per raccogliere le acque piovane' (da *ĭmbrex*, genit. *ĭmbris* 'pioggia', prob. di orig. indeur.) ✱ av. 1320] **s. m. 1** lastra di terracotta a forma di trapezio, con orlo rialzato ai due lati opposti non paralleli, che serve come prima copertura dei tetti **2** (*mar.*; *raro*) grossa corda che, con altre similari, tiene fissa l'invasatura allo scafo durante il varo

embriciàta o †**imbriciàta** [da *embrice* ✱ 1618] **s. f. 1** copertura di embrici **2** †colpo d'embrice

embriciàto [av. 1730] **agg.** • embricato

èmbrio- [dal gr. *émbryon* 'embrione'] **primo elemento** • in parole composte della terminologia scientifica, significa 'embrione', 'feto': *embriogenia, embriologia*

embriofìllo [vc. dotta, comp. di *embrio-* e *-fillo* ✱ 1917] **s. m.** • (*bot.*) cotiledone

embriogèneṣi [vc. dotta, comp. di *embrio-* e *genesi* ✱ 1905] **s. f. inv.** • processo di formazione e sviluppo dell'embrione

embriogenìa [vc. dotta, comp. di *embrio-* e *-genia* ✱ 1843] **s. f.** • (*biol.*) embriogenesi

embriogènico [vc. dotta, comp. di *embrio-* e *-genico* ✱ 1869] **agg.** (**pl. m.** *-ci*) • dell'embriogenesi

embriologìa [vc. dotta, comp. di *embrio-* e *-logia* ✱ 1745] **s. f.** (**pl.** *-gìe*) • ramo della biologia che studia lo sviluppo degli organismi viventi attraverso i processi che seguono la fecondazione della cellula uovo

embriològico [1869] **agg.** (**pl. m.** *-ci*) • che concerne l'embriologia

embriòlogo [vc. dotta, comp. di *embrio-* e *-logo* ✱ 1869] **s. m.** (**f.** *-a*; **pl. m.** *-gi*) • studioso di embriologia

embrionàle [av. 1852] **agg. 1** (*biol.*) che concerne l'embrione **SIN.** embrionario, embrionico **2** (*fig.*) che è ancora in fase di formazione: *un piano ancora e.* | ***allo stato e.***, (*fig.*) in fase di formazione, di elaborazione e sim. **3** detto di manifestazione vulcanica in cui il magma non risale fino alla superficie ‖ **embrionalménte**, **avv.** (*fig.*) allo stato embrionale

embrionàrio [1874] **agg.** • (*biol.*) embrionale

embrionàto [1834] **agg.** • dotato di embrione: *uova embrionate*

embrióne [vc. dotta, gr. *émbryon*, propr. 'che cresce (dal v. *brýein* 'germogliare, fiorire', di etim. incerta) dentro (*en-*)' ✱ 1282] **s. m. 1** (*biol.*) individuo animale nei suoi primi stadi di sviluppo dopo la fecondazione della cellula uovo **CFR.** blasto-, -blasto **2** (*bot.*) abbozzo della pianta che si trova nel seme **3** (*fig.*) cosa o idea che comincia a prendere forma: *il nostro progetto è ancora un e.* | ***in e.***, in formazione **SIN.** abbozzo

embriònico [av. 1758] **agg.** (**pl. m.** *-ci*) • (*biol.*) embrionale

embriopatìa [comp. di *embrio-* e *-patia* ✱ 1950] **s. f.** • (*med.*) qualsiasi condizione di anormalità in un embrione o in un feto ‖ **embriopàtico**, **agg.** (**pl. m.** *-ci*) relativo a embriopatia, caratterizzato da embriopatia

embriotomìa [vc. dotta, gr. *embryotomía*, comp. di *émbryon* 'feto, neonato' e *témnein* 'tagliare' ✱ 1835] **s. f.** • (*med.*) operazione ostetrica, praticata sempre più raramente, mediante la quale si riduce il volume di un feto morto per facilitarne l'estrazione dall'utero

embriòtomo [gr. *embryotómos*, comp. di *émbryon* 'feto, embrione' e un deriv. di *témnein* 'tagliare' ✱ sec. XIX] **s. m.** • (*med.*) strumento per l'embriotomia

†**embrocàre** [da *embroc(c)a* ✱ sec. XIV] **v. tr.** • (*med.*) curare mediante embrocazioni

†**embrocazióne** [sec. XIV] **s. f.** • antico medicamento liquido per uso esterno, a base di sostanze oleose, adoperato come calmante

†**embròcca** [vc. dotta, lat. tardo *ĕmbrocha(m)*, dal gr. *embrochḗ*, da *embréchein* 'bagnare, irrorare (*bréchein*) dentro (*en-*)' ✱ sec. XIV] **s. f.** • (*med.*) embrocazione

†**embùto** ➤ **imbuto**

ème [dal gr. *haimo-*, da *hâima* 'sangue', di etim. incerta ✱ 1980] **s. m.** ● (*chim.*) composto organico che costituisce il nucleo centrale non proteico dell'emoglobina a cui conferisce la colorazione rossa e la proprietà di trasportare ossigeno

emènda [da *emendare* ✱ av. 1364] **s. f.** **1** (*lett.*) correzione: *Dunque, per l'e. dei traviati nessun frutto, nessuna speranza* (C. CATTANEO) **2** (*lett.*) ammenda, riparazione di una colpa

emendàbile [vc. dotta, lat. *emendābile(m)*, da *emendāre* 'emendare' ✱ 1550] **agg.** ● che si può emendare ‖ **emendabilità**, **s. f. inv.**

♦**emendaménto** o †**mendaménto** [sec. XIV] **s. m.** **1** (*lett.*) correzione, rettifica di errori, difetti e sim. **2** (*agric.*) apporto di sostanze a un terreno per migliorarne la fertilità **3** (*dir.*) modifica di un testo legislativo sottoposto all'esame di un'assemblea parlamentare: *proporre un e.*; *votare un e.*, *su un e.*

♣**emendàre** o **mendàre**, †**emmendàre** [vc. dotta, lat. *emendāre* 'correggere', comp. parasintetico di *mĕnda* 'errore, menda', col pref. *ex-* ✱ 1280] **A v. tr.** (*io emèndo*) **1** privare di imperfezioni, errori o difetti: *e. un testo dagli errori* | modificare introducendo emendamenti: *e. una legge* | (*fig.*) correggere: *la buona consuetudine a tempo vince ed emenda ogni appetito non ragionevole* (G. VICO) **2** (*agric.*) correggere la costituzione fisica di un terreno con l'apporto di elementi in tutto o in parte mancanti **B emendàrsi v. rifl.** ● (*lett.*) correggersi | rimettersi sulla buona via: *devi emendarti dei tuoi difetti*

emendàtio /lat. emen'dattsjo/ [vc. lat., propr. 'emendazione' ✱ 1973] **s. f. inv.** (**pl. lat.** *emendationes*) ● in filologia, correzione degli errori penetrati in un testo passato attraverso varie trascrizioni

emendatìvo [av. 1595] **agg.** ● (*raro*) che ha lo scopo di correggere, di migliorare: *giustizia emendativa*

emendatóre o †**mendatóre** [vc. dotta, lat. *emendatōre(m)*, da *emendātus* 'emendato' ✱ sec. XIV] **agg. e s. m.** (**f.** *-trice*) ● che (o chi) emenda: *legge, pena emendatrice*

†**emendatòrio** [vc. dotta, lat. tardo *emendatōriu(m)*, da *emendātus* 'emendato' ✱ sec. XIV] **agg.** ● che ha capacità di emendare | emendativo

emendazióne o †**mendazióne** [vc. dotta, lat. *emendatiōne(m)*, da *emendātus* 'emendato' ✱ 1288] **s. f.** **1** (*raro*, *lett.*) emendamento | (*lett.*) ravvedimento, riparazione | (*est.*) †castigo, punizione **2** emendatio

†**emèndo** [av. 1292] **s. m.** ● ammenda

èmental **s. m. inv.** ● adattamento di *emmental* (V.)

emeralopìa [fr. *héméralopie*, dal gr. *hēmerálōps* 'emeralopo' ✱ 1820] **s. f.** ● (*med.*) diminuita capacità visiva in presenza di intensa luminosità

emeràlopo [vc. dotta, gr. *hēmerálōps*, da *hēméra* 'giorno' (di orig. indeur.), sul modello di *nyktálōps* 'nictalopo' ✱ sec. XIX] **agg. e s. m.** (**f.** *-a*) ● (*med.*) che (o chi) è affetto da emeralopia

emergènte **A part. pres.** di *emergere*; anche **agg.** **1** che emerge **2** che va acquistando maggiore importanza o successo: *ceti emergenti*; *un cantante e.* | ***Paesi emergenti***, quelli, spec. appartenenti al Terzo mondo, in cui è in crescita il livello di civiltà tecnologica e industriale | (*dir.*) ***danno e.***, perdita patrimoniale risarcibile quando sia conseguenza immediata e diretta di un inadempimento o di un fatto illecito altrui **B s. m.** (**anche f. nel sign. 1**) **1** chi va acquistando maggiore importanza o successo **2** (*raro*) accidente, caso imprevisto

emergènza [da *emergere*; nel sign. 2, sul modello dell'ingl. *emergency* ✱ 1641] **s. f.** **1** (*raro*) l'emergere | (*astron.*) †emersione | ciò che emerge, sporge, affiora | (*est.*) fatto, fenomeno, reperto di particolare importanza: *emergenze storiche, linguistiche, archeologiche* | (*bot.*) protuberanza sulla superficie del fusto o delle foglie **2** circostanza o difficoltà imprevista, che richiede un intervento rapido: *in caso di e. telefonatemi* | situazione pubblica pericolosa, che richiede provvedimenti eccezionali: *dichiarare lo stato di e.* | anche come primo elemento di locuzioni (davanti a un sost.): *e. occupazione*; *e. droga* | ***freno di e.***, dispositivo che permette di provocare l'arresto, spec. di un treno, mediante segnalazione acustica

emergenziàle [1984] **agg.** ● di emergenza: *periodo, stato e.* | emanato per fronteggiare un'emergenza; eccezionale: *legge, provvedimento e.* ‖ **emergenzialità**, **s. f. inv.**

emergenzialìşmo [1969] **s. m.** ● nel linguaggio giornalistico, tendenza a considerare ogni situazione irregolare, spec. sul piano della sicurezza, come un'emergenza che necessita di misure legislative eccezionali

♦**emèrgere** [vc. dotta, lat. *emĕrgere*, opposto (*ex-* 'fuori') a *mĕrgere* 'affondare', di orig. indeur. ✱ 1321] **v. intr.** (**pres.** *io emèrgo, tu emèrgi*; **pass. rem.** *io emèrsi, tu emergésti*; **part. pass.** *emèrso*; **aus.** *essere*) **1** venire a galla: *lo scoglio emerge con la bassa marea* | (*est.*) mostrarsi, apparire: *la luna emerse dalle nubi* | uscir fuori: *una figura indistinta emerse dal buio* **2** (*fig.*) risultare, manifestarsi: *sono emersi nuovi particolari*; *sono emerse le sue responsabilità* | (*fig.*) segnalarsi, distinguersi, eccellere: *emerge su tutti per la sua statura morale*

♣**emèrito** [vc. dotta, lat. *emĕritu(m)*, part. pass. di *emerēre* 'finire (*ex-*) di servire nell'esercito (*merēre*)'; era detto *emeritus* il soldato romano congedato dopo aver compiuto il servizio militare ✱ sec. XIV] **agg.** **1** di chi conserva il grado e la dignità di un ufficio che ha cessato di esercitare: *professore e.*; *consigliere e.* **2** illustre, insigne (*anche iron.*): *un e. scienziato*; *un e. truffatore*

èmero [vc. dotta, gr. *hḗmeros* 'non selvatico, coltivato', di etim. incerta (?) ✱ av. 1597] **s. m.** ● arbusto cespuglioso delle Papilionacee con fiori gialli e legumi pendenti, sottili e ricurvi (*Coronilla emerus*)

emerocàllide [vc. dotta, tratta dal gr. *hēmerokallés* 'bellezza (*kállos*) di un solo giorno (*hēméra*)' ✱ 1476] **s. f.** ● genere di piante rizomatose delle Xantorreacee con foglie allungate e strette e fiori di color giallo o arancio (*Hemerocallis*)

emerografìa [vc. dotta, comp. del gr. *hēméra* 'giorno' (per 'giornale') e *-grafia* ✱ 1942] **s. f.** ● indagine e raccolta bibliografica relativa ai giornali

emerotèca [vc. dotta, comp. del gr. *hēméra* 'giorno' (per 'giornale') e *thḗka* 'custodia', attraverso il fr. *hémérothèque* ✱ 1923] **s. f.** ● collezione di giornali e riviste **SIN.** effemeroteca

♦**emersióne** [da *emerso* ✱ 1754] **s. f.** **1** l'emergere, l'affiorare (*anche fig.*): *e. di un sommergibile*; *e. di attività economiche sommerse* **2** (*mar.*) manovra per cui un mezzo subacqueo viene a galla: *e. totale, parziale*; *effettuare l'e.* | ***navigare in e.***, sopra il livello dell'acqua **3** (*astron.*) riapparizione di un astro dopo un'occultazione

emèrso **part. pass.** di *emergere*; anche **agg.** **1** che sta fuori dall'acqua: *foglie emerse* | (*fig.*) che si è manifestato | (*fig.*) che si è segnalato **2** (*geogr.*) ***terra emersa***, la superficie terrestre rispetto agli oceani

emésso **part. pass.** di *emettere*; anche **agg.** **1** mandato fuori, emanato | (*fig.*) promulgato **2** detto di francobollo o serie di francobolli di cui è stata effettuata l'emissione | ***francobollo non e.***, francobollo pronto per l'emissione, che poi non viene effettuata

emètico [vc. dotta, lat. tardo *emĕticu(m)*, dal gr. *emetikós*, da *emêin* 'vomitare', di orig. indeur. ✱ 1714] **A agg.** (**pl. m.** *-ci*) ● che provoca il vomito: *tartaro e.*; *sostanza emetica* **B s. m.** ● farmaco o sostanza che provoca il vomito

emetìna [vc. dotta, comp. del gr. *émetos* '(disposizione al) vomito', da *emêin* 'vomitare', di orig. indeur., e *-ina* ✱ 1834] **s. f.** ● alcaloide che si trova nella radice di ipecacuana, usato come espettorante ed emetico

emetìşmo [dal gr. *émetos* (V. *emetina*) ✱ 1956] **s. m.** ● (*med.*) tendenza patologica a vomitare

emetiẓẓànte [1956] **agg.** ● (*med.*) che provoca il vomito: *tosse e.*

emettènza [da *emett(ere)* con il suff. *-enza* ✱ 1956] **s. f.** ● (*fis.*) radianza

♦**eméttere** [lat. *emĭttere* 'mandar (*mĭttere*) fuori (*ex-*)' ✱ 1525] **v. tr.** (**coniug. come** *mettere*) **1** mandare o mettere fuori: *e. un grido, un fischio*; *e. fumo e fiamme*; *e. onde radio* | (*est.*) mettere in circolazione: *e. un assegno*; *lo Stato ha emesso nuovi biglietti di banca* **2** (*fig.*) esprimere, dire: *e. un'opinione discutibile* | pronunciare, esprimere, promulgare: *e. un decreto, un'ordinanza, una sentenza*

emettitóre [1956] **s. m.** ● (*elettr.*) uno degli elettrodi del transistor

emettitrìce [propr. f. di *emettitore* ✱ 1984] **s. f.** ● macchina automatica che distribuisce biglietti di viaggio o altro

èmi- [dal gr. *hēmi-* 'mezzo', di orig. indeur.] **primo elemento** ● in parole composte della terminologia scientifica, spec. medica, significa 'mezzo', 'metà'

-emìa [gr. *aimía*, dai comp. tecnici in *-aimos*, da *hâima* 'sangue', di orig. incerta] **secondo elemento** ● in parole composte della terminologia medica, significa 'sangue': *leucemia, setticemia*

emiangiocàrpo [comp. di *emi-* e *angiocarpo* ✱ 1956] **agg.** ● (*bot.*) detto del corpo fruttifero di un fungo quando l'imenio si forma avvolto da uno strato protettivo e si libera successivamente, come nel genere *Amanita*

emianopsìa [comp. di *emi-*, *an-* privativo e del gr. *ópsis* 'vista' ✱ 1892] **s. f.** ● (*med.*) cecità di una metà del campo visivo di uno o entrambi gli occhi

emiatrofìa [vc. dotta, comp. di *emi-* e *atrofia* ✱ 1892] **s. f.** ● (*med.*) atrofia di una metà di un organo o della metà del corpo

emicefalìa [vc. dotta, comp. di *emi-* e un deriv. del gr. *kephalḗ* 'testa' ✱ 1968] **s. f.** ● (*med.*) mancanza parziale di sviluppo del cranio nel feto **SIN.** emicrania②

emicèfalo [vc. dotta, comp. di *emi-* e del gr. *kephalḗ* 'testa' ✱ 1834] **agg. e s. m.** (**f.** *-a*) ● che (o chi) è affetto da emicefalia

emicellulósa (o **-ş-**) [comp. di *emi-* e *cellulosa* ✱ 1956] **s. f.** ● (*chim.*) polisaccaride complesso che si trova nei vegetali, insieme alla cellulosa e alla lignina, come costituente delle pareti cellulari o come materiale di riserva

emicìclo [vc. dotta, lat. tardo *hemicýcl(i)u(m)*, dal gr. *hēmikýklion* 'semicerchio', comp. di *hēmi-* 'mezzo' e *kýklos* 'cerchio' ✱ sec. XV] **s. m.** **1** anticamente, gradinata riservata agli spettatori in un teatro **2** costruzione o parte di costruzione a pianta semicircolare | ***e. della Camera dei deputati***, lo spazio centrale limitato dai banchi dei deputati disposti a semicerchio

èmico [ingl. *emic*, tratto da *(phon)emic* 'fonemico' * 1969] **agg.** (**pl. m.** *-ci*) • (*ling.*) relativo a dati che sono pertinenti e hanno quindi una funzione distintiva (in contrapposizione a quella descrittiva) | (*est.*) relativo al valore funzionalmente distintivo di un certo fatto o fenomeno **CONTR.** etico③

emicrània① [V. *emicrania*② * av. 1547] **s. f.** • (*med.*) dolore che colpisce metà del capo | (*est.*) mal di testa

emicranìa② [vc. dotta, lat. tardo *hemicrānia(m)*, dal gr. *hēmikranía*, comp. di *hēmi-* 'metà' e *kraníon* 'cranio, testa' * 1968] **s. f.** • (*med.*) emicefalia

e

emicrànico [1897] **agg.** (**pl. m.** *-ci*) • dell'emicrania

emidàttilo [comp. di *emi-* e *-dattilo* * 1874] **s. m.** • (*zool.*) genere dei Rettili degli Squamati, diffuso nelle zone tropicali e in quelle temperate calde (*Hemidactylus*)

èmide [vc. dotta, lat. *ĕmyde(m)*, dal gr. *emýs*, di etim. incerta * 1476] **s. f.** • tartaruga palustre, diffusa in Europa (*Emys orbicularis*)

emidràmma [vc. dotta, comp. di *emi-* e *dramma*②, come il gr. *hēmídrachmon* * sec. XIX] **s. f.** • moneta greca antica del valore di mezza dramma

emièdrico [vc. dotta, comp. di *emi-* e del gr. *hédra* 'base' * sec. XIX] **agg.** (**pl. m.** *-ci*) • di cristallo che presenta solo la metà delle facce che si possono ricavare mediante tutti gli elementi di simmetria del sistema cristallino

emiencefalìa [vc. dotta, comp. di *emi-* ed *encefalo* * 1892] **s. f.** • (*med.*) sviluppo parziale dell'encefalo nel feto

emifonìa [vc. dotta, comp. di *emi-* e *-fonia* * 1874] **s. f.** • (*med.*) attenuazione della voce

emìgale [vc. dotta, comp. di *emi-* 'mezzo' e del gr. *galê* 'donnola, faina' * 1930] **s. f.** • piccolo mammifero carnivoro dal corpo snello, con lunga coda e pelliccia fulva dotata di quattro strie dorsali scure (*Hemigalus derbyanus*)

emigrànte **A** **part. pres.** di *emigrare*; anche **agg.** • nei sign. del v. **B** **s. m. e f.** • chi emigra, spec. per trovare lavoro: *la nave degli emigranti esce dal porto*

emigràre [vc. dotta, lat. *emigrāre*, da *migrāre* con *ex-* rafforz. * av. 1793] **v. intr.** (**aus.** *essere*; *avere* **quando il v. è usato assol.**) **1** partire dal proprio luogo di origine per andare a stabilirsi in modo temporaneo o definitivo in altra località: *e. in America, in Germania, al Nord* **SIN.** espatriare **2** (*est.*) di animali, migrare

emigràto **A** **part. pass.** di *emigrare*; anche **agg.** • nei sign. del v. **B** **s. m.** (**f.** *-a*) • chi ha lasciato il proprio luogo d'origine per vivere altrove: *gli emigrati italiani sono numerosi in Argentina* | (*est.*) fuoriuscito politico: *gli emigrati napoletani in Piemonte dopo il 1848*

emigratòrio [1907] **agg.** (**pl. m.** *-i* o *raro -ii*) • inerente all'emigrazione: *movimento, flusso e.*

emigrazióne [vc. dotta, lat. tardo *emigratiōne(m)*, da *emigrātus* 'emigrato' * 1374] **s. f.** **1** spostamento dai luoghi di origine e insediamento in altri territori per motivi di lavoro o di clima: *la grande e. italiana della fine dell'Ottocento* | ***e. selettiva***, spostamento di popolazione che interessa solo determinate categorie **2** (*est.*) flusso di moneta verso mercati esteri: *l'e. dei capitali*; *e. di valuta* **3** insieme degli emigrati di una data nazionalità: *l'e. italiana in America*

SFUMATURE ➤ ***migrazione***

•**emiliàno** [1892] **A** **agg.** • dell'Emilia: *dialetto e.* **B** **s. m.** (**f.** *-a*) • nativo, abitante dell'Emilia **C** **s. m. solo sing.** • dialetto gallo-italico, parlato in Emilia

emimetabolìa [da *emimetabolo* * 1968] **s. f.** • (*zool.*) condizione degli insetti emimetaboli

emimetàbolo [comp. di *emi-* e del gr. *metábolos* 'cangiante' (cfr. *metabole*) * 1917] **agg.** • (*zool.*) detto di insetto a metamorfosi incompleta

emimorfìte [vc. dotta, comp. di *emi-*, del gr. *morphḗ* 'forma' e di *-ite*② * 1968] **s. f.** • (*miner.*) silicato idrato di zinco che cristallizza nel sistema rombico in masse di colore biancastro **SIN.** calamina

emimòrfo [comp. di *emi-* e *-morfo* * 1968] **agg.** • detto di un cristallo che presenta terminazioni diverse alle due estremità

emìna① [vc. dotta, comp. di *em(o)-* e *-ina* * sec. XIV] **s. f.** • antica unità italiana di misura di capacità per aridi, di valore variabile a seconda delle regioni **SIN.** mina

emìna② [V. *emina*① * 1968] **s. f.** • (*chim.*) cloridrato di ematina sotto forma di cristalli microscopici bruni

•**eminènte** [vc. dotta, lat. *eminĕnte(m)*, dal part. pres. di *eminēre* 'sporgere in fuori, elevarsi', comp. di *ĕx* e *minae* 'eminenza, sporgenza', di etim. incerta * av. 1292] **agg.** (**superl.** *eminentissimo* (**V.**)) **1** (*lett.* o *raro*) che si innalza rispetto all'ambiente circostante: *castello in posizione e.* **2** (*fig.*) che eccelle sugli altri: *un ingegno e.* | che si distingue per dignità, onore o pregi: *erano presenti eminenti personalità* | degno di grande stima e considerazione: *avere eminenti meriti*; *ha reso eminenti servigi durante la guerra* ‖ **eminenteménte**, **avv.** in modo specifico; in massima parte: *attività eminentemente pratica*; (*raro*) in modo eminente

eminentìssimo [av. 1601] **agg.** **1** superl. di *eminente* **2** titolo spettante ai cardinali

•**eminènza** [vc. dotta, lat. *eminĕntia(m)*, da *ēminens*, genit. *eminĕntis* 'eminente' * 1320] **s. f.** **1** (*lett.*) elevazione, prominenza: *eminenze e cavità, delle quali ne è numero grandissimo nella faccia lunare* (G. GALILEI) | (*anat.*) sporgenza o rilievo di organi o tessuti: *e. tenar* **2** (*est.*, *raro*) terreno o luogo eminente: *attestare le truppe su un'e. del terreno* **3** (*fig.*) eccellenza, elevatezza: *l'e. del suo ingegno* **4** titolo spettante ai cardinali: *si rivolse a Sua Eminenza* | (*fig.*) ***e. grigia***, consigliere potente e segreto di un'alta personalità (dal fr. 'éminence grise' epiteto di F. Lecrerc du Tremblay, padre cappuccino amico e confidente di Richelieu, il quale invece era detto 'Eminenza rossa')

†**eminenziàle** [1679] **agg.** • perfetto

emiòbolo [vc. dotta, gr. *hēmiṓbolon*, comp. di *hēmi-* 'mezzo' e *óbolos* 'obolo' * sec. XX] **s. m.** • moneta greca antica del valore di mezzo obolo

emiòlia [dal lat. mediev. *hemiolīa(m)*, che riproduce il gr. *hēmiolía*, f. di *hēmiólios* 'una volta e mezzo', cioè metà (*hēmi-* 'semi-') e tutto (*hólos*) * 1529] **s. f.** • (*mus.*) sesquialtera

emiono o **emióne** [vc. dotta, gr. *hēmíonos* 'mulo', comp. di *hēmi-* 'mezzo' e *ónos* 'asino' * 1834] **s. m.** • equide selvatico dell'Asia (*Equus hemionus*)

emiopìa [vc. dotta, comp. di *emi-* e del gr. *ṓps*, genit. *ōpós* 'occhio' * sec. XIX] **s. f.** • (*med.*) emianopsia

emiparassìta [comp. di *emi-* e *parassita* * 1956] **s. m. e f.**; **anche agg.** (**pl. m.** *-i*) • detto di pianta verde che si attacca alla radice o al fusto di altre piante, sottraendo loro acqua e sali minerali **SIN.** semiparassita

emiparèsi [comp. di *emi-* e *paresi* * sec. XIX] **s. f. inv.** • (*med.*) paresi che colpisce una sola metà del corpo

emiparètico [1968] **A** **agg.** (**pl. m.** *-ci*) • di emiparesi **B** **agg. e s. m.** (**f.** *-a*) • che (o chi) è stato colpito da emiparesi

emiplegìa [gr. *hēmiplēgía*, comp. di *hēmi-* 'emi-' e un deriv. di *plēgḗ* 'colpo' (di orig. indeur.), attraverso il fr. *hémiplégie* * 1706] **s. f.** (**pl.** *-gìe*) • (*med.*) paralisi dei muscoli di una metà del corpo

emiplègico [fr. *hémiplégique*, da *hémiplégie* 'emiplegia' * 1875] **A** **agg.** (**pl. m.** *-ci*) • dell'emiplegia **B** **agg. e s. m.** (**f.** *-a*) • che (o chi) è affetto da emiplegia

emiràto [1892] **s. m.** **1** titolo, carica e dignità dell'emiro | durata di tale carica **2** il territorio retto da un emiro

emìro [arabo *amīr* 'principe, governatore' * 1264] **s. m.** • nel mondo islamico, titolo dei discendenti di Maometto e dei capitribù arabi

emisemèstre [comp. di *emi-* e *semestre* * 2000] **s. m.** • nell'università, periodo didattico di sei settimane

emisfèrico [1584] **agg.** (**pl. m.** *-ci*) • a forma d'emisfero ‖ **emisfericità**, **s. f. inv.**

emisfèro o †**emisfèrio**, †**emispèrio**, †**emispèro** [vc. dotta, lat. *hemisphāeriu(m)*, dal gr. *hēmisphaírion* 'mezza (*hēmi-*) sfera (*sphaíra*)' * 1313] **s. m.** **1** metà di una sfera | (*anat.*) ***e. cerebrale***, ciascuna delle due strutture di forma semisferica che costituiscono il telencefalo | ***e. cerebellare***, ciascuna delle strutture che affiancano il verme del cervelletto **2** (*geogr.*) ciascuna delle due parti in cui la Terra viene divisa da un circolo massimo | ***e. boreale***, quello posto a nord dell'equatore | ***e. australe***, quello posto a sud dell'equatore | (*est.*) carta geografica in cui è rappresentata metà della superficie terrestre

emisferoidàle **agg.** • che ha forma di mezza sfera

†**emispèrio** ➤ **emisfero**

†**emispèro** ➤ **emisfero**

emissàrio① [vc. dotta, lat. *emissāriu(m)*, che ha il senso proprio del v., dal part. pass. dal quale è tratto: *emĭttere* 'mandar (*mĭttere*) via, fuori (*ex-*)' * 1499] **A** **agg.** • (*raro*) che consente il deflusso: *vena emissaria* **B** **s. m.** **1** corso d'acqua, naturale o artificiale, in cui laghi, paludi, e sim. convogliano e scaricano le loro acque | canale deviatore di un fiume **2** (*anat.*) vaso o canale che allontana gli umori da un organo **3** †stallone

emissàrio② [vc. dotta, lat. *emissāriu(m)*, s. da *emĭssus*, part. pass. di *emĭttere* 'emettere' * 1669] **s. m.** (**f.** *-ia*) • chi per conto d'altri svolge trattative diplomatiche, spesso segrete, oppure attività di spionaggio, sabotaggio e sim.: *un e. delle Nazioni Unite*; *il Sultano inviò alcuni emissari a provocare dei disordini*

•**emissióne** [vc. dotta, lat. *emissiōne(m)*, da *emĭssus*, part. pass. di *emĭttere* 'emettere' * sec. XIV] **s. f.** **1** l'emettere, il mandar fuori: *e. di voce, di sangue* **SIN.** diffusione, esalazione, fuoriuscita **2** il mettere in circolazione titoli di credito: *e. di azioni, di obbligazioni* | ***e. globale***, che riguarda titoli collocati su scala mondiale **3** messa in vendita di un francobollo o di una serie di francobolli | ***data di e.***, giorno della messa in vendita **4** (*fis.*) ogni fenomeno che ha sede in un corpo e che dà origine a un flusso non nullo di energia o di materia o di elettricità attraverso una superficie chiusa contenente quel corpo: *e. elettronica*; *e. di onde radio* | trasmissione radiotelevisiva **5** (*mus.*) modo di produrre un suono, spec. nell'attacco; nella tecnica vocale dipende dall'apparato fisiologico in cui prevalentemente risuona la voce: *e. orale, di testa, di petto*

emissìvo [1834] **agg.** • di emissione: *potere e.*; *forza emissiva*

emistìchio [vc. dotta, lat. *hemistĭchiu(m)*, dal gr. *hemistíchion* 'mezzo (*hēmi-*) verso (*stíchos*)' * 1570] **s. m.** • mezzo verso | ciascuna delle due parti in cui la cesura divide un verso

emitoràce [comp. di *emi-* e *torace* ✱ 1886] **s. m.** ● ciascuna delle due metà del torace: *e. destro, sinistro*

emìtrago [vc. dotta, comp. di *emi-* e del gr. *trágos* 'capro' ✱ sec. XIX] **s. m.** (**pl.** *-ghi*) ● mammifero simile a una capra, con corpo robusto, corna ben sviluppate e pelame che forma criniera (*Hemitragus jemlahicus*)

emitritèo o **emitridèo** [vc. dotta, lat. *hēmitritaeu(m)*, dal gr. *hēmitritâios*, comp. di *hēmi-* 'mezzo' e *tritáios* 'del terzo giorno', da *trítos* 'terzo' ✱ sec. XIV] **s. m.** ● (*med.*) febbre terzana doppia

♦**emittènte** **A** **part. pres.** di *emettere*; anche **agg.** **1** nei sign. del v. **2** *stazione radio e.*, trasmittente **B** **s. f.** **1** società che emette certificati azionari **2** stazione trasmittente: *e. radiofonica, televisiva* **C** **s. m. e f.** **1** (*dir.*) il sottoscrittore di un vaglia cambiario **2** nella teoria dell'informazione, chi emette un messaggio, linguistico o no **SIN.** allocutore

emittènza [da *emittente*, sul modello di *utente-utenza* e sim. ✱ 1984] **s. f.** ● l'insieme delle emittenti radiofoniche e televisive

Emìtteri [vc. dotta, comp. di *emi-* e del gr. *pterón* 'ala' ✱ 1865] **s. m. pl.** (**sing.** *-o*) ● (*zool.*) superordine di Insetti emimetaboli con un apparato boccale atto a pungere e succhiare **SIN.** Emitteroidei, Rincoti

Emitteroidèi [1983] **s. m. pl.** (**sing.** *-èo*) ● (*zool.*) Emitteri

emivìta [comp. di *emi-* 'mezzo' e *vita* ✱ 1987] **s. f.** ● (*fis.*) periodo di dimezzamento: *e. di un farmaco*

emizigòte [comp. di *emi-* e *zigote* ✱ 1987] **agg.** ● (*biol.*) detto di gene presente singolarmente nel genoma, come avviene nel caso degli organismi aploidi

èmme [1319] **s. f. o m. inv.** ● nome della lettera *m*

emmenagògo [vc. dotta, comp. del gr. *émmēna* 'corsi del mese (*mḗn*, genit. *mēnós*)' e *agōgós* 'che guida, conduce' ✱ 1758] **A** **s. m.** (**pl.** *-ghi*) ● farmaco che provoca la comparsa delle mestruazioni **B** anche **agg.**: *farmaco e.*

†**emmendàre** ➤ **emendare**

èmmental /'ɛmmental, *ted.* 'ɛmənta:l/ [dal n. della valle svizzera, la valle (*Tal*) del fiume Grande Emme (*Grosse Emme*), dove è fiorente la produzione casearia ✱ 1895] **s. m. inv.** ● formaggio svizzero a pasta dura cotta, preparato con latte vaccino intero, di colore giallo chiaro, caratterizzato da grossi buchi **CFR.** emental

Emmentàler® /emmen'taler, *ted.* 'ɛmənta:lʌ/ [da *Emmental* ✱ 2005] **s. m. inv.** ● nome commerciale del formaggio emmental prodotto nella valle dell'Emme in Svizzera

emmètrope [1908] **A** **agg.** ● (*med.*) che presenta emmetropia: *occhio e.*; *soggetto e.* **SIN.** emmetropico **B** **s. m. e f.** ● (*med.*) soggetto che non ha bisogno di correzioni visive

emmetropìa [vc. dotta, comp. del gr. *émmetros* 'in (*en-*) misura (*métron*) giusta' e *ṓps*, genit. *ōpós* 'occhio' ✱ 1892] **s. f.** ● (*med.*) vista normale per corretta rifrazione oculare

emmetròpico [sec. XIX] **agg.** (**pl. m.** *-ci*) ● (*med.*) emmetrope

†**èmmi** [comp. di *è*, terza pers. del pres. indic. del v. *essere*, e di *mi*①] **vc.** ● mi è: *Emmi tutto 'l Mondo a noia!* (G. D'ANNUNZIO)

èmo [vc. ingl., abbr. di *emotional* 'emotivo' ✱ sec. XX] **A** **s. m. inv.** ● genere musicale nato negli anni '80 del Novecento come sottogenere del punk-rock, approdato in seguito a soluzioni melodiche **B** **s. m. e f. inv.** ● appartenente a gruppi giovanili appassionati di questo genere, che si distinguono per l'accentuata emotività dei loro atteggiamenti e per l'abbigliamento prevalentemente nero, i capelli con frangia asimmetrica e gli occhi bistrati **C** anche **agg. inv.**: *musica, look emo*

èmo- [dal gr. *haimo-*, da *hâima* 'sangue' (V. *emato-*)] **primo elemento** ● in parole composte della terminologia scientifica, spec. medica, significa 'sangue', 'sanguinoso': *emofilia, emoglobina, emoscopia*

emoangiòma ➤ **emangioma**

emoblàsto [comp. di *emo-* e *-blasto* ✱ 1968] **s. m.** ● (*biol.*) cellula indifferenziata dalla quale può prendere origine un qualsiasi elemento delle varie linee cellulari del sangue

emocatèreṣi [comp. di *emo-* e del gr. *katháiresis* 'distruzione' ✱ 1956] **s. f. inv.** ● (*fisiol.*) eritrocateresi

emocèle [comp. di *emo-* e *-cele* ✱ 1946] **s. m.** ● (*biol.*) cavità del corpo degli Artropodi e di altri invertebrati in cui circola l'emolinfa

emocianìna [vc. dotta, comp. di *emo-* e *cianina* ✱ 1930] **s. f.** ● (*biol.*) proteina, contenente rame, presente nel sangue di certi invertebrati ai quali impartisce, per esposizione all'aria, una colorazione bluastra

emocìto [comp. di *emo-* e *-cito* ✱ 1956] **s. m.** ● cellula del sangue degli Insetti e di altri invertebrati

emocitòmetro [comp. di *emo-* e *citometro* ✱ 1905] **s. m.** ● (*med.*) apparecchio impiegato per contare le cellule del sangue

emoclaṣìa [vc. dotta, comp. di *emo-* e del gr. *klásis* 'rottura' (dal v. *klân* 'spezzare', di orig. indeur.) ✱ sec. XX] **s. f.** ● (*med.*) grave alterazione del sangue per distruzione degli elementi corpuscolati

emoclàṣico [da *emoclasia* ✱ sec. XX] **agg.** (**pl. m.** *-ci*) ● di emoclasia: *crisi emoclasica*

emocoltùra o **emocultùra** [comp. di *emo-* e *-coltura* ✱ 1911] **s. f.** ● (*med.*) esame colturale del sangue, fisiologicamente sterile, al fine di isolare microrganismi

emocròmo [comp. di *emo-* e *-cromo* ✱ 1992] **s. m.** **1** (*biol.*) pigmento responsabile del colore del sangue, come l'emoglobina nei Vertebrati e l'emocianina in alcuni invertebrati **2** (*med.*) esame emocromocitometrico

emocromocitomètrico [comp. di *emo-*, *cromo-*, *cito-* e *-metrico* ✱ 1956] **agg.** (**pl. m.** *-ci*) ● (*med.*) detto dell'esame di laboratorio che determina una serie di parametri ematici quantitativi (conteggio di eritrociti, leucociti, piastrine, determinazione di emoglobina, ematocrito, formula leucocitaria) e qualitativi (morfologia di eritrociti, leucociti e piastrine)

emocultùra ➤ **emocoltura**

emoderivàto [comp. di *emo-* e *derivato* ✱ 1975] **A** **s. m.** ● (*med.*) qualsiasi componente derivato dal sangue intero che viene impiegato a scopo terapeutico (es. trasfusionale) o preventivo (es. immunoglobuline) **B** **agg.** ● (*med.*) che deriva dal sangue: *sostanza emoderivata*

emodiàliṣi [comp. di *emo-* e *dialisi* ✱ 1973] **s. f. inv.** ● (*med.*) depurazione del sangue da sostanze tossiche mediante un processo di dialisi attuato con un'apparecchiatura nota come rene artificiale

emodializzàto [da *emodialisi* ✱ 1983] **agg. e s. m.** (**f.** *-a*) ● che (o chi) è sottoposto a emodialisi

emodinàmica [vc. dotta, comp. di *emo-* e *dinamica* ✱ av. 1824] **s. f.** ● (*fisiol.*) studio dei fenomeni legati alla circolazione del sangue

emodinàmico [da *emodinamica* ✱ sec. XIX] **agg.** (**pl. m.** *-ci*) ● di emodinamica

emodinamòmetro [vc. dotta, comp. di *emo-* e *dinamometro* ✱ 1874] **s. m.** ● misuratore della velocità del sangue

emofilìa [vc. dotta, comp. di *emo-* e del gr. *philía* 'amicizia', qui nel senso di 'tendenza (a emorragie)' ✱ 1841] **s. f.** ● (*med.*) turba della coagulazione del sangue, a carattere ereditario, dovuta alla mancanza di un particolare fattore plasmatico

emofilìaco o **emofìlico** [da *emofilia* ✱ 1909] **A** **agg.** (**pl. m.** *-ci*) ● di emofilia **B** **agg. e s. m.** (**f.** *-a*; **pl. m.** *-ci*) ● che (o chi) è affetto da emofilia

emofobìa [vc. dotta, comp. di *emo-* e *fobia* ✱ 1874] **s. f.** ● (*psicol.*) paura morbosa del sangue **SIN.** ematofobia ‖ **emofòbico**, **agg.** (**pl. m.** *-ci*); anche **s. m.** (**f.** *-a*) nel sign. 2 **1** relativo a emofobia **2** emofobo ‖ **emòfobo**, **agg. e s. m.** (**f.** *-a*) che (o chi) soffre di emofobia

emoftalmìa o **emoftàlmo** [vc. dotta, comp. di *emo-* e *oftalmia* ✱ sec. XIX] **s. f.** ● (*med.*) emorragia endoculare

emogaṣanàliṣi [comp. di *emo-*, *gas* e *analisi* ✱ 1970] **s. f. inv.** ● (*med.*) analisi che consente di misurare contemporaneamente i valori di pH, ossigeno e biossido di carbonio del sangue

emogènico [comp. di *emo-* e *-genico* 'genetico' ✱ sec. XIX] **agg.** (**pl. m.** *-ci*) ● (*med.*) detto di prova di laboratorio intesa a verificare la resistenza dei capillari e i processi di coagulazione del sangue: *prove emogeniche*

emoglobìna [vc. dotta, comp. di *emo-* e *glob(ul)ina*, dal lat. *glŏbulus* 'piccolo globo' ✱ 1874] **s. f.** ● (*chim.*) proteina contenente eme, presente nei globuli rossi con la funzione prevalente di trasporto dell'ossigeno

emoglobinemìa [comp. di *emoglobin(a)* ed *-emia* ✱ 1900] **s. f.** ● (*med.*) concentrazione di emoglobina nel plasma

emoglobinòmetro [comp. di *emoglobina* e *-metro* ✱ 1965] **s. m.** ● strumento per misurare il tasso di emoglobina nel sangue

emoglobinopatìa [comp. di *emoglobin(a)* e *-patia* ✱ 1946] **s. f.** ● (*med.*) qualsiasi malattia genetica, come l'anemia falciforme, causata da alterazioni dell'emoglobina ‖ **emoglobinopàtico**, **agg.** (**pl. m.** *-ci*); anche **s. m.** (**f.** *-a*) nel sign. 2 **1** relativo a emoglobinopatia **2** che (o chi) soffre di emoglobinopatia

emoglobinùria o **emoglobinurìa** [vc. dotta, comp. di *emoglobina* e del gr. *ôuron* 'urina' ✱ 1880] **s. f.** ● (*med.*) presenza di emoglobina nelle urine

emolìnfa [comp. di *emo-* e *linfa* ✱ 1912] **s. f.** ● liquido, talvolta colorato, circolante negli insetti e in altri artropodi

emolinfàtico [1956] **agg.** (**pl. m.** *-ci*) ● (*anat.*) detto di linfoghiandola molto ricca di globuli rossi

emoliṣàto [da *emolisi* ✱ 1955] **s. m.** ● (*med.*) liquido prodotto per emolisi dei globuli rossi

emolìṣi [vc. dotta, comp. di *emo-* e *lisi* ✱ 1899] **s. f. inv.** ● (*med.*) rottura dei globuli rossi con fuoriuscita dell'emoglobina

emoliṣìna [comp. di *emolis(i)* e *-ina* ✱ av. 1911] **s. f.** ● (*biol.*) anticorpo specifico che determina emolisi

emolìtico [1895] **agg.** (**pl. m.** *-ci*) ● (*med.*) dell'emolisi, che provoca emolisi

emolliènte [vc. dotta, lat. *emolliĕnte(m)*, part. pres. di *emollīre* 'render molle (*mollīre*, denominale di *mŏllis*) completamente (*ex-*)' ✱ av. 1698] **A** **agg.** **1** in farmacologia e in cosmetica, detto di sostanza o preparato che esercita un'azione ammorbidente e rilassante sulla pelle o sulle mucose: *pomata e.* **2** (*tess.*) detto di sostanza usata per rendere i tessuti flessibili e morbidi **B** anche **s. m.**

†**èmolo** ➤ **emulo**

emoluménto [vc. dotta, lat. *emolumĕntu(m)*, originariamente 'somma pagata per macinare il grano', da *emŏlere* 'macinare completamente', comp. di *ĕx* e *mŏlere* 'macinare', di orig. indeur. ✱ 1438] **s. m.** **1** retribuzione corrisposta per una prestazione continuativa o saltuaria di carattere professionale: *percepisce ricchi emolumenti*; *la patente di Console*

non parlava di emolumenti (C. Goldoni) | (*raro*) guadagno occasionale **2** †profitto, guadagno
SFUMATURE ➤ *compenso*, ➤ *onorario*②

emometrìa [vc. dotta, comp. di *emo-* e *-metria* ✱ 1899] **s. f.** ● (*med.*) misurazione dell'emoglobina contenuta nel sangue

emòmetro [comp. di *emo-* e *-metro* ✱ 1888] **s. m.** ● strumento usato per l'emometria

emònio [vc. dotta, lat. *Haemŏniu(m)*, da *Hemŏnia*, n. gr. della Tessaglia (*Haimonía*), da Emone (*Hâimōn*, genit. *Hâimonos*), l'eponimo della stirpe insediatasi nell'Emonia, forse di orig. eolica, ma di etim. incerta ✱ 1600] **agg.** ● (*lett.*) della Tessaglia

emoparassìta [comp. di *emo-* e *parassita* ✱ 1915] **s. m.** (**pl. m.** *-i*) ● (*biol.*) organismo parassita del sangue

emopatìa [vc. dotta, comp. di *emo-* e *-patia* ✱ 1874] **s. f.** ● (*med.*) malattia del sangue circolante e degli organi emopoietici ‖ **emopàtico**, **agg.** (**pl. m.** *-ci*); **anche s. m.** (**f.** *-a*) **nel sign. 2** **1** relativo a emopatia, caratterizzato da emopatia **2** che (o chi) soffre di emopatia

emopatologìa [vc. dotta, comp. di *emo-* e *patologia* ✱ 1892] **s. f.** (**pl.** *-gìe*) ● studio delle emopatie

emopericàrdio [vc. dotta, comp. di *emo-* e *pericardio* ✱ 1956] **s. m.** ● (*med.*) versamento di sangue nella cavità pericardica

emoperitonèo [vc. dotta, comp. di *emo-* e *peritoneo* ✱ sec. XIX] **s. m.** ● (*med.*) raccolta di sangue nella cavità peritoneale

emopoièṣi [vc. dotta, comp. di *emo-* e del gr. *póiēsis* 'fattura' (dal v. *poiêin* 'fare') ✱ 1874] **s. f. inv.** ● (*biol.*) ematopoiesi

emopoiètico [vc. dotta, comp. di *emo-* e del gr. *poiētikós* (da *poiētós* 'creato', agg. verb. di *poiêin* 'fare') ✱ 1874] **agg.** (**pl. m.** *-ci*) ● (*biol.*) ematopoietico

emoreologìa [comp. di *emo-* e *reologia* ✱ 1984] **s. f.** (**pl.** *-gìe*) ● (*fisiol.*) studio del comportamento idrodinamico del sangue all'interno dei vasi

emorragìa [vc. dotta, lat. *haemorrhăgia(m)*, dal gr. *haimorragía*, comp. di *hâima* 'sangue' e *rēgnýnai* 'scorrere' ✱ 1491] **s. f.** (**pl.** *-gìe*) **1** (*med.*) fuoriuscita di sangue dai vasi sanguigni: *e. esterna, interna* **2** (*fig.*) perdita, fuga, deflusso: *e. di capitali*; *e. di cervelli*

emorràgico [vc. dotta, gr. *haimorragikós*, da *haimorragía* 'emorragia' ✱ 1828] **agg.** (**pl. m.** *-ci*) ● che concerne l'emorragia

emorroidàle [da *emorroide* ✱ sec. XV] **agg.** ● di emorroide

emorroidàrio [1834] **agg.** **1** (*anat.*) che si trova nelle pareti dell'intestino retto e dell'ano: *nervo e.*; *arterie, vene emorroidarie* **2** (*med.*) di emorroide, causato da emorroide

emorròide [vc. dotta, lat. *haemorrhŏidae* (nom. pl.), dal gr. *haimorroídes* (sottinteso *flébes* 'vene') 'soggette a emettere (*réein*) sangue (*hâima*)' ✱ av. 1306] **s. f.** ● (*med.*, **spec. al pl.**) dilatazione di una o più vene emorroidarie

emorroidectomìa [comp. di *emorroid(e)* ed *-ectomia* ✱ 1983] **s. f.** ● (*chir.*) asportazione chirurgica delle emorroidi

emorroìssa [vc. dotta, lat. tardo *haemorrhoĭssa(m)*, dal gr. *haimorrôusa* 'che soffre per fluire (*réein*) di sangue (*hâima*)' ✱ av. 1597] **s. f.** ● (*raro*) donna che soffre di perdite di sangue, spec. riferito alla donna che guarì toccando il lembo della veste di Gesù

emospermìa [comp. di *emo-* e *sperma* ✱ 1956] **s. f.** ● (*med.*) presenza di sangue nello sperma

Emosporìdi [comp. di *emo-* e il pl. di *sporidio* ✱ 1968] **s. m. pl.** (**sing.** *-io*) ● (*zool.*) gruppo di Sporozoi parassiti del sangue di Vertebrati, cui appartengono i plasmodi della malaria (*Haemosporidia*)

emòstaṣi o **emostàṣi** [vc. dotta, gr. *haimóstasis* 'arresto (*stásis*) del sangue (*hâima*)' ✱ 1820] **s. f. inv.** ● arresto di un'emorragia

emostàtico [vc. dotta, gr. *haimostatikós*, da *haimóstasis* 'emostasi' ✱ 1820] **A** **agg.** (**pl. m.** *-ci*) ● che produce emostasi: *cotone e.*; *pinza emostatica*; *matita emostatica* **B** **s. m.** ● ogni farmaco atto a produrre emostasi

emotèca [vc. dotta, comp. di *emo-* e *teca* ✱ 1946] **s. f.** ● armadio frigorifero o anche locale, reparto ospedaliero dove si conserva il sangue per le trasfusioni

emoterapìa [comp. di *emo-* e *terapia* ✱ 1892] **s. f.** ● cura delle malattie mediante introduzione di sangue umano per via parenterale

emóticon /e'motikon, *ingl.* ɪ'məʊtikɒn/ [vc. ingl. comp. di *emot(ion)* 'emozione' e di *icon* 'icona' ✱ 1995] **s. m. o f. inv.** ● (*inform.*) faccina nel sign. 2 **SIN.** smiley | piccola icona o simbolo usati nei messaggi elettronici, nei social network, ecc.

emotìṣi ➤ **emottisi**

♦**emotìvo** [fr. *émotif*, dal lat. *emōtus*, part. pass. di *emovēre* 'muover via, rimuovere' ✱ 1897] **A** **agg.** ● relativo a emozione, che deriva da emozione: *reazione, crisi emotiva* | (*raro*) che provoca emozione **B** **agg. e s. m.** (**f.** *-a*) ● che (o chi) è molto sensibile alle emozioni; che si emoziona, che si turba facilmente: *temperamento e.*; *reazioni da e.* ‖ **emotivaménte**, **avv.** per quanto riguarda le emozioni; in modo emotivo ‖ **emotività**, **s. f. inv.** (V.)

emotoràce [vc. dotta, comp. di *emo-* e *torace* ✱ 1938] **s. m.** ● (*med.*) raccolta di sangue nella cavità toracica

emotossìna [comp. di *emo-* e *tossina* ✱ 1930] **s. f.** ● (*biol.*) tossina contenuta nel sangue

emotrasfuṣióne [comp. di *emo-* e *trasfusione* ✱ 1986] **s. f.** ● (*med.*) trasfusione diretta di sangue nel circolo ematico

emotrasfùṣo [da *emotrasfusione* ✱ 1987] **A** **s. m.** (**f.** *-a*) ● (*med.*) individuo cui è stata praticata una trasfusione di sangue **B** **anche agg.**

emòtrofo [comp. di *emo-* e *-trofo* ✱ 1956] **s. m.** ● (*biol.*) negli Euteri, ognuna delle sostanze nutritive fornite dal sangue materno all'embrione

emottìṣi o (*pop.*) **emotìṣi** [vc. dotta, comp. di *emo-* e del gr. *ptýsis* 'sputo' (da *ptýein* 'sputare', di orig. espressiva), accostata, per etim. pop., a *tisi* ✱ 1769] **s. f. inv.** ● fuoriuscita di sangue dalla bocca

emottòico [vc. dotta, gr. *haimoptyïkós*. V. *emottisi* ✱ 1869] **agg. e s. m.** (**f.** *-a*; **pl. m.** *-ci*) ● che (o chi) è soggetto a emottisi

emozionàbile [fr. *émotionnable*, da *émotionner* 'emozionare' ✱ 1959] **agg.** ● che si emoziona facilmente: *un ragazzo e.* ‖ **emozionabilità**, **s. f. inv.**

emozionàle [da *emozione*; cfr. ingl. *emotional* ✱ 1892] **agg.** ● relativo a emozione, dovuto a emozione: *stato e.* ‖ **emozionalménte**, **avv.** dal punto di vista emotivo ‖ **emozionalità**, **s. f. inv.** facilità a provare emozioni; capacità di suscitare emozioni: *spettacolo ad alta emozionalità*

♦**emozionànte** **part. pres.** di *emozionare*; **anche agg.** ● che suscita emozione, che appassiona, che eccita: *film, racconto e.*

♦**emozionàre** [da *emozione* ✱ 1890] **A** **v. tr.** (*io emozióno*) ● provocare o suscitare un'emozione (**anche assol.**): *uno spettacolo che emoziona* | impressionare, turbare: *l'equilibrista emozionò il pubblico con i suoi esercizi* **B** **emozionàrsi** **v. intr. pron.** ● turbarsi, agitarsi: *all'esame mi sono emozionato, e non ho saputo rispondere*; *si è emozionato all'idea di rivederla* | (*est.*) provare un'intensa emozione: *emozionarsi per un incontro, di fronte alla bellezza di un tramonto*
SFUMATURE ➤ *commuovere*

emozionàto **part. pass.** di *emozionare*; **anche agg.** ● che è in preda a un'emozione: *era molto e. per quell'incontro inatteso* | agitato, impressionato, confuso **SIN.** turbato ‖ **emozionataménte**, **avv.** (*raro*) con emozione

♦**emozióne** [fr. *émotion*, da *émouvoir* 'mettere in moto, eccitare' (poi solo in senso morale), dal lat. parl. *exmovēre*, parallelo di *emovēre* 'muover (*movēre*) via (*ex-*)' ✱ 1644] **s. f.** ● sentimento molto intenso, come paura, gioia, angoscia e sim., che può provocare alterazioni psichiche e fisiologiche: *arrossire per l'e.* | correntemente, impressione o turbamento vivo e intenso: *la forte e. gli provocò un malore* | esperienza eccitante: *andare in cerca di emozioni*

SFUMATURE DI SIGNIFICATO

emozione - sentimento - emotività

L'**emozione** è un moto dell'animo molto intenso, come paura, gioia o angoscia, che può provocare alterazioni psichiche e fisiologiche; correntemente, indica un'agitazione viva, eccitazione. Il significato di **sentimento** coincide in parte con quello di *emozione*, ossia denota un moto, un impulso dell'animo, ma descrive anche uno stato emotivo ed affettivo più duraturo, come amore, amicizia, rancore; usato al singolare e in senso assoluto, coincide con **emotività**, e cioè identifica la sfera affettiva ed emozionale, in contrapposizione a quella razionale.
SFUMATURE ➤ *concitazione*

♦**empatìa** [vc. dotta, gr. *empátheia* 'passione', comp. di *en* 'in' e un deriv. di *páthos* 'affetto' (V. *pathos*) ✱ 1900] **s. f.** **1** (*filos.*) coinvolgimento emotivo nell'opera d'arte **2** (*psicol.*) capacità di immedesimarsi nelle condizioni di un altro e condividerne pensieri ed emozioni | (*est.*) capacità o condizione di profonda intesa con qlcu.

empàtico [1987] **A** **agg.** (**pl. m.** *-ci*) ● relativo all'empatia, che è caratterizzato da empatia: *identificazione empatica* ‖ **empaticaménte**, **avv.** in modo empatico, con empatia **B** **agg. e s. m.** (**f.** *-a*) ● che (o chi) prova empatia

empatiẓẓàre [1961] **v. intr.** (**aus.** *avere*) ● provare empatia | immedesimarsi: *e. con la sofferenza, con la gioia di qlcu.* ‖ **empatiẓẓazióne**, **s. f.**

†**emperadóre** ➤ **imperatore**

empetìgine ➤ **impetigine**

empiàstro e deriv. ➤ **impiastro** e deriv.

Empidìdi [vc. dotta, gr. *empís*, genit. *empídos* 'insetto', formazione pop. da *empínein* 'bere (*pínein*) avidamente (*en-*)', s'intende dai fiori ✱ sec. XIX] **s. m. pl.** (**sing.** *-e*) ● (*zool.*) famiglia di Insetti ditteri, pelosi, con la proboscide atta a perforare, i cui maschi offrono alla femmina come dono di nozze una preda appena catturata (*Empididae*)

empièma [vc. dotta, gr. *empýēma*, dal v. *empyêin* 'avere il pus (*pýon*) dentro (*en-*)' ✱ sec. XIV] **s. m.** (**pl.** *-i*) ● (*med.*) raccolta di pus in una cavità: *e. pleurico*; *e. della colecisti*

empiemàtico [vc. dotta, gr. *empyēmatikós*, da *empýēma*, genit. *empýēmatos*, 'empiema' ✱ sec. XIV] **agg.** (**pl. m.** *-ci*) ● empiematoso

empiematóso (o *-ṣ-*) [1970] **A** **agg.** ● che concerne l'empiema **B** **agg. e s. m.** (**f.** *-a*) ● che (o chi) è affetto da empiema

émpiere [lat. *implēre* 'riempire (*plēre*) dentro (*in-*)' con passaggio ad altra coniug. ✱ 1282] **v. tr.** (**imperf.** *io empiévo*; **condiz. pres.** *io empierèi*; **part. pass.** *empiùto*; **nelle altre forme coniug. come** *empire*) e **émpiersi** **v. rifl. e intr. pron.** ● (*lett.*) empire, empirsi

empietà o †**empietàde**, †**empietàte**, †**impietà** [lat. *impietāte(m)*, da *ĭmpius* 'empio①' ✱ 1268] **s. f. inv. 1** caratteristica di chi (o di ciò che) è empio: *l'e. di uno spettacolo, di uno scritto* | sacrilega irreligiosità: *Socrate fu condannato per e.* **2** azione, discorso da persona empia: *commettere, dire ogni sorta d'e.* | scelleratezza, crudeltà: *quell'efferata rappresaglia fu una vera e.*

†**empiézza**① o †**impiézza** [da *empio*① ✱ 1266] **s. f.** ● crudeltà, spietatezza: *ancora mostrarono i Ghibellini maggior e.* (G. VILLANI)

†**empiézza**② [da *empio*② ✱ sec. XIV] **s. f. 1** sazietà **2** completezza

†**empiménto** [da *empire* ✱ 1304] **s. m. 1** riempimento **2** adempimento

✤**émpio**① o †**ìmpio** [lat. *ĭmpiu(m)*, comp. di *ĭn-* con valore avversativo, e *pĭus* 'pio' ✱ av. 1292] **agg. e s. m. (f. -ia) 1** che (o chi) reca grave offesa al sentimento religioso: *un'empia bestemmia; un libro e.; un e. bestemmiatore* | (**est.**) irriverente verso istituzioni tradizionalmente rispettate: *un e. attentato al monumento dei Caduti* **2** che (o chi) è spietato, crudele: *un'empia vendetta; ma regna il santo, e non l'iniquo e l'e.* (T. TASSO) | (**est.**, **lett.**) iniquo: *fato, destino e.; non è nuova colpa / chieder ch'agli empi guai segua alcun bene* (T. CAMPANELLA) || **empiaménte**, **avv.** in modo empio, senza religione e senza pietà

émpio② [per *empi(ut)o*, part. pass. di *empire* ✱ sec. XIV] **agg.** ● (**tosc.**, **scherz.**) pieno, satollo

empìre [lat. parl. **implīre* per *implēre* 'empiere' ✱ 1268] **A v. tr. (pres.** *io émpio, tu émpi, egli émpie, noi empiàmo, voi empìte, essi émpiono*; **imperf.** *io empìvo*; **fut.** *io empirò*; **pass. rem.** *io empìi* o *raro empiéi, tu empìsti* o *raro empiésti*; **congtv. pres.** *io émpia*; **congtv. imperf.** *io empìssi*; **condiz. pres.** *io empirèi*; **imperat.** *émpi, empìte*; **gerund.** *empièndo*; **part. pass.** *empìto*) **1** (**lett.**) riempire (**anche fig.**): *e. di acqua un secchio; e. un carro di merci; e. la testa di pregiudizi, la bocca di paroloni* | occupare uno spazio **2** (**fig.**, **lett.**) colmare, riparare: *e. un difetto, una lacuna* | ***e. il numero***, completarlo **3** †soddisfare, adempiere: *e. la brama, la profezia* **B empìrsi v. rifl. e tr. pron. (aus.** *essere*) ● (**lett.**) riempirsi: *empirsi i polmoni d'aria pulita* | ***empirsi la pancia, il ventre***, mangiare a sazietà, rimpinzarsi: *Veniva ogni giorno a empirsi la pancia* (G. VERGA) | saziarsi: *empirsi di dolci* **C empìrsi v. intr. pron. 1** riempirsi (**anche fig.**): *il teatro si empì di spettatori; s'empì d'uno zampettio / di talpe la limonaia* (E. MONTALE) **2** †avverarsi

empìreo o †**empìrio**, (**poet.**) †**empìro**, †**impìreo**, †**impìrio** [vc. dotta, gr. *empýrios* 'che è nel (*en-*) fuoco (*pŷr*, genit. *pyrós*)' ✱ av. 1292] **A s. m.** ● nel sistema tolemaico e nella filosofia scolastica, il cielo supremo o della luce, sede di Dio e dei beati | (**lett.**) paradiso **B agg.** ● (**lett.**) degno del cielo, sublime

empireumàtico [vc. dotta, tratta dal gr. *empýreuma*, genit. *empyréumatos* 'carbone coperto di cenere per accendere il fuoco (*pŷr*, genit. *pyrós*)' ✱ av. 1698] **agg. (pl. m. -ci)** ● (**chim.**) detto di sostanza ottenuta dalla distillazione a secco di sostanze organiche, che ha odore e sapore caratteristico dello zucchero bruciato

empirìa [gr. *empeiría*, comp. di *en-* 'in' e di un deriv. di *peîra*, propr. 'esperienza in qualche settore', 'pratica (spec. in campo medico)' ✱ 1920] **s. f.** ● (**filos.**) tutto ciò che concerne l'esperienza o ha relazione con essa

empìrico [vc. dotta, lat. tardo *empiricu(m)*, dal gr. *empeirikós* 'che si muove nella (*en-*) esperienza (*pêira*)', attrav. il fr. *empirique* ✱ 1584] **A agg. (pl. m. -ci) 1** (**filos.**) che si basa sull'esperienza **2** fondato solo sulla pratica e non su criteri scientifici: *rimedio, procedimento, metodo e.* **3** (**chim.**) ***formula empirica***, che indica la natura e il numero degli atomi di una molecola e non le relazioni strutturali || **empiricaménte**, **avv. 1** secondo i principi dell'empirismo **2** in modo empirico; in base all'esperienza || **empiricità**, **s. f. inv. B s. m. (f. -a)** ● (**med.**) chi segue l'empirismo

†**empìrio** ➤ **empireo**

empiriocriticìsmo [comp. di *empiri(sm)o* e *criticismo* ✱ 1951] **s. m.** ● (**filos.**) indirizzo filosofico sviluppatosi nella seconda metà del sec. XIX nell'ambito del positivismo, che costituisce una forma di empirismo radicale

empirìsmo [fr. *empirisme*, da *empirique* 'empirico' ✱ 1771] **s. m. 1** indirizzo filosofico secondo il quale tutti i dati della conoscenza derivano dall'esperienza, che viene pertanto assunta come unico criterio di verità | ***e. logico***, neopositivismo **2** (**med.**) metodo terapeutico basato sulla pratica, non su criteri scientifici **3** caratteristica di chi (o di ciò che) è empirico: *l'e. di un metodo, di un sistema*

empirìsta [fr. *empiriste*, da *empirisme* 'empirismo' ✱ 1892] **s. m. e f. (pl. m. -i) 1** chi segue l'indirizzo filosofico dell'empirismo **2** (**raro**) chi opera o agisce in modo empirico

empirìstico [av. 1926] **agg. (pl. m. -ci)** ● che concerne l'empirismo o gli empiristi || **empiristicaménte**, **avv.**

†**empìro** ➤ **empireo**

✤**émpito** [lat. *ĭmpetu(m)* 'impeto' (V.) ✱ 1304] **s. m. 1** (**lett.**) forza travolgente e precipitosa: *e. del mare; la valle echeggiò di fragore / come d'un e. d'acque / irrompenti* (G. D'ANNUNZIO) **2** (**fig.**, **lett.**) smania, ardore veemente: *l'e. dei sensi* | (**fig.**) slancio, impulso: *in un e. di sincerità, di generosità, di rabbia*

†**empitóre** [lat. parl. **implitōre(m)*, da **implīre* 'empire' ✱ 1308] **agg. e s. m. (f. -trice) 1** che (o chi) empie **2** che (o chi) adempie: *e. del comandamento del suo signore* (DANTE)

†**empitùra** [1543] **s. f.** ● l'empire | (**est.**) ripieno | (**fig.**) riempitivo | imbottitura

emplàstico [vc. dotta, gr. *emplastikós* 'che serve per *empiastro* (*émplastron*)' ✱ 1623] **s. m. (pl. -ci)** ● empiastro

empòrio [vc. dotta, lat. *empŏriu(m)*, dal gr. *empórion*, da *émporos* 'navigante su nave straniera, passeggero *in viaggio* (*en pórō*)' ✱ av. 1292] **s. m. 1** luogo di raccolta e di smercio dei prodotti di una regione: *Venezia era l'e. dell'Adriatico* | centro di commercio di un particolare prodotto: *Amsterdam è l'e. mondiale dei diamanti* | (**fig.**, **lett.**) centro di diffusione **2** grande magazzino dove si vende ogni genere di prodotti | (**est.**) varia e disordinata accozzaglia di oggetti

SFUMATURE ➤ ***negozio***

empowerment /*ingl.* ɪm'paʊəmənt/ [da *to empower* 'investire di potere (*power*)' ✱ 1994] **s. m. inv.** ● acquisizione di potere nei centri decisionali della politica e dell'economia, ma anche nella famiglia e nella società: *l'e. è un obiettivo prioritario del movimento delle donne*

emù [prob. voce australiana, giunta a noi attrav. il fr. *émeu* ✱ 1797] **s. m. inv.** ● uccello dei Casuariformi, simile allo struzzo ma più piccolo, con corpo tozzo e zampe con tre dita (*Dromaius novaehollandiae*) **SIN.** struzzo australiano

✤**emulàre** [vc. dotta, lat. *aemulāri*, poi anche *aemulāre*, da *āemulus* 'emulo' ✱ 1499] **v. tr.** (*io èmulo*) ● sforzarsi di eguagliare o superare qlco. o qlcu.: *è difficile e. la sua generosità*

SFUMATURE ➤ ***imitare***

emulatìvo [1892] **agg. 1** tendente a emulare **2** (**dir.**) di emulazione: *atto e.*

emulatóre [vc. dotta, lat. *aemulatōre(m)*, da *aemulātus*, part. pass. di *aemulāre* 'emulare' ✱ av. 1405] **s. m. (f. -trice)**; **anche agg. 1** chi (o che) emula **2** (**inform.**) ***programma e.***, programma destinato a permettere ai programmi scritti per un certo elaboratore di essere eseguiti su un elaboratore diverso

✤**emulazióne** [vc. dotta, lat. *aemulatiōne(m)*, da *aemulātus*, part. pass. di *aemulāre* 'emulare' ✱ sec. XIII] **s. f. 1** desiderio e sforzo di eguagliare o superare qlcu.: *un buon maestro deve suscitare l'e. tra gli scolari; ha un forte spirito di e.; l'e. è la forza, l'invidia è la debolezza* (F. DE SANCTIS) **2** (**dir.**) atto compiuto dal proprietario di una cosa, al solo scopo di nuocere o recare molestia a terzi **3** (**inform.**) operazione di un elaboratore elettronico con un programma che gli permette di simulare il modo di operare di altro elaboratore con caratteristiche diverse

emulgènte [part. pres. di †*emulgere* ✱ 1585] **agg.** ● (**anat.**) detto di vaso o condotto che deriva gli umori da un organo: *vena e.*

†**emùlgere** o **emulgére** [vc. dotta, lat. *emulgēre* 'mungere (*mulgēre*) sino in fondo (*ex-*)' ✱ av. 1704] **v. tr.** ● mungere | (**fig.**) ricavare

✤**èmulo** o †**èmolo** [vc. dotta, lat. *āemulu(m)*, di etim. incerta ✱ 1268] **agg. e s. m. (f. -a)** ● che (o chi) si propone di imitare o uguagliare qlcu. o le sue capacità e virtù: *quel discepolo fu degno e. del maestro; e. del ciel, ... / saettato dal sole, il mar lampeggia* (G.B. MARINO) | (**raro**) rivale, concorrente

emulsìna [dal lat. *emŭlsus*, part. pass. di *emulgēre* 'trarre (*mulgēre*) fino in fondo (*ex-*)' col suff. della chim. *-ina* ✱ 1869] **s. f.** ● enzima contenuto nelle mandorle amare e in altri semi

emulsiòmetro [da *emulsione* ✱ 1983] **s. m.** ● apparecchio consistente in una specie di pompa usata per sollevare acque fangose mediante insufflazione di aria compressa

emulsionàbile [1869] **agg.** ● che può essere portato allo stato di emulsione

emulsionànte A part. pres. di *emulsionare*; **anche agg.** ● nel sign. del v. **B s. m.** ● sostanza che rende possibile o facilita l'emulsione

emulsionàre [da *emulsione* ✱ 1869] **v. tr.** (*io emulsióno*) ● ridurre a emulsione

emulsionatóre [1970] **A s. m.** ● apparecchio che induce in emulsione un liquido con un altro in cui sia insolubile **B anche agg. (f. -trice)**: *apparecchio e.; macchina emulsionatrice*

emulsióne [vc. dotta, tratta dal lat. *emŭlsu(m)*, part. pass. di *emulgēre* ' †emulgere' ✱ 1664] **s. f. 1** (**chim.**) sospensione, sotto forma di goccioline, di un liquido in un altro non miscibile col primo: *e. di olio in acqua; e. medicamentosa* **2** (**fotogr.**) ***e. sensibile*** (o ***fotografica***), sostanza gelatinosa contenente sali di argento sensibili all'azione della luce

emùngere [vc. dotta, lat. *emŭngere*, di orig. indeur. ✱ 1516] **v. tr. (pass. rem.** *io emùnsi, tu emungésti*; **part. pass.** *emùnto*) **1** (**raro**) prosciugare, drenare | estrarre acqua da un bacino o da un pozzo **2** †smungere | (**fig.**) fiaccare, indebolire: *tutti uno dopo l'altro uccise, / o ferì sì ch'ogni vigor n'emunse* (L. ARIOSTO)

emungiménto [1968] **s. m. 1** (**lett.**) l'emungere **2** estrazione di acqua da falde sotterranee

emùnto part. pass. di *emungere*; **anche agg.** ● nei sign. del v.

emuntóre [1968] **A agg.**; **anche s. m. (f. -trice)** ● (**raro**) che (o chi) emunge **B s. m.** ● (**geogr.**) emissario di un bacino lacustre

emuntòrio [vc. dotta, lat. tardo *emunctōriu(m)*, da *emūnctus* 'emunto', part. pass. di *emŭn-*

a b c d e f g h i j k l m n o p q r s t u v w x y z

gere 'emungere' ✱ av. 1313] **s. m.** (**pl.** *-i* o *raro* *-ii*) ● (**anat.**) organo o apparato destinato all'eliminazione dei materiali di rifiuto dell'organismo: *e. renale*

†en ① ➤ **in**①

†en ② ➤ **ne**①

enàllage [vc. dotta, lat. tardo *enăllage(n)*, dal gr. *enallagḗ*, dal v. *enallássein* 'cambiare (*allássein*) in senso inverso (*en-*)' ✱ 1552] **s. f.** ● (**ling.**) figura retorica che consiste nell'utilizzare una parte del discorso con la funzione di un'altra (un aggettivo per un avverbio; un tempo presente per un futuro e sim.); per es. l'uso avverbiale degli aggettivi 'soave' e 'piana' in: *e cominciommi a dir soave e piana* (DANTE *Inf.* II, 56)

enalòtto [comp. di *ENAL* (a cui viene devoluta una parte delle entrate) e *lotto* ✱ 1965] **s. m.** ● concorso pubblico settimanale a premi, analogo al totocalcio ma fondato sul gioco del lotto, ora sostituito dal superenalotto

†enànte ➤ **†innante**

enantèma [vc. dotta, lat. *enanthēma* (nom. nt.), dal gr. *enanthêin* 'fiorire' ✱ 1874] **s. m.** (**pl.** *-i*) ● (**med.**) eruzione a carico di una membrana mucosa: *e. scarlattinoso, e. morbilloso*

enàntio- [dal gr. *enantíos* 'contrario, opposto' (da *antí* 'contro')] **primo elemento** ● in parole composte della terminologia scientifica, significa 'opposizione': *enantiomorfismo, enantiosemia*

enantiomorfìsmo [da *enantiomorfo* ✱ 1932] **s. m.** ● proprietà di due enti, immagine speculare l'uno dell'altro, di sovrapporsi tra loro unicamente per riflessione rispetto a un piano esterno agli enti stessi: *tra la mano destra e la mano sinistra esiste e.*

enantiomòrfo [comp. di *enantio-* e *-morfo* ✱ 1931] **agg.** **1** che presenta enantiomorfismo: *strutture enantiomorfe* **2** (**chim.**) detto di ciascuna delle due modificazioni, una destrogira e l'altra levogira, di uno stesso composto

enantiopatìa [vc. dotta, tratta dal gr. *enantiopathḗs*, comp. di *enantíos* 'contrario, opposto' e *páthos* 'sofferenza' ✱ 1874] **s. f.** ● (**med.**) allopatia

enantiosemìa [comp. di *enantio-* e *-semia* ✱ 1917] **s. f.** ● (**ling.**) processo di cambiamento di significato per cui una parola viene ad assumere un senso opposto a quello originario (per es. 'ministro' deriva dal lat. *minister* 'servo')

enantiotropìa [comp. di *enantio-* e *-tropia* ✱ 1917] **s. f.** ● (**miner.**) passaggio reversibile di una sostanza da una forma cristallina all'altra

enarmonìa [da *enarmonico* ✱ av. 1595] **s. f.** ● (**mus.**) rapporto fra due note di nome diverso, per es. *do diedis* e *re bemolle*, ma di identica altezza, grazie al temperamento della scala

enarmònico [vc. dotta, lat. tardo *en(h)armŏnicu(m)*, parallelo di *en(h)armŏniu(m)* 'enarmonio' ✱ 1561] **agg.** (**pl. m.** *-ci*) ● (**mus.**) detto del terzo genere dell'antica musica greca, che si serve dei quarti di tono: *il tetracordo di genere e.* | detto di intervallo che presenta enarmonia | ***modulazione enarmonica***, che usa enarmonia per collegare tonalità lontane CONTR. equabile ‖ **enarmonicaménte**, **avv.**

enarmònio [vc. dotta, lat. tardo *en(h)armŏniu(m)*, dal gr. *enarmónios* 'che ha un'armonia (*harmonía*) dentro (*en-*) di sé' ✱ 1581] **agg.** ● enarmonico

enarmonizzàre [sec. XVI] **A** **v. tr.** ● (**mus.**) rendere enarmonico **B** **v. intr.** (aus. *avere*) ● (**mus.**) usare procedimenti enarmonici

†enarràre [vc. dotta, lat. *enarrāre* 'raccontare (*narrāre*) diffusamente (*ex-*)' ✱ av. 1348] **v. tr.** ● spiegare, esporre: *un capitolo ... che enarra i nomi e le famiglie di molte bellezze fiorentine* (G. CARDUCCI)

†enarrativo [vc. dotta, lat. tardo *enarratīvu(m)*, da *enarrātus*, part. pass. di *enarrāre* '†enarrare' ✱ av. 1729] **agg.** ● espositivo

†enarrazióne [vc. dotta, lat. *enarratiōne(m)*, da *enarrātus*, part. pass. di *enarrāre* '†enarrare' ✱ sec. XIV] **s. f.** ● spiegazione, esposizione

enartròsi [vc. dotta, gr. *enárthrōsis*, comp. di *en-* rafforz. e *árthrōsis* 'articolazione' ✱ 1745] **s. f. inv.** ● (**med.**) tipo di articolazione mobile le cui superfici articolari sono sferiche, una concava e una convessa

encàrpo [vc. dotta, lat. tardo *encărpa* (nt. pl.), dal gr. *énkarpa* 'festoni di frutti (*kárpa*) nelle (*en-*) colonne' ✱ 1834] **s. m.** ● festone di fiori, frutti e foglie usato come motivo ornamentale nell'architettura classica e del Rinascimento

encàustica [vc. dotta, lat. *encăustica(m)*, dal gr. *enkaustikḗ*, sottinteso *téchnē*, '(arte) dell'*encausto* (*énkaustos*)' ✱ 1562] **s. f.** ● arte del dipingere a encausto

encàustico [vc. dotta, lat. *encăusticu(m)*, dal gr. *enkaustikós* 'proprio dell'*encausto* (*énkaustos*)' ✱ 1499] **agg.** (**pl. m.** *-ci*) ● dell'encausto, relativo all'encausto: *tecnica encaustica*

encàusto [vc. dotta, lat. *encăustu(m)*, dal gr. *énkaustos*, originariamente 'colore sciolto nella cera fusa' poi 'inchiostro di porpora usato dagli imperatori per firmare', poi, generalmente, 'inchiostro', dal v. *enkáiein* 'bruciare (*káiein*) sopra (*en-*)' ✱ 1788] **s. m.** ● tecnica di pittura murale usata dagli antichi Greci e Romani che si servivano di colori diluiti in cera fusa e spalmati a caldo sull'intonaco: *pittura a e.*; *dipingere a e.*

encefàlico [1824] **agg.** (**pl. m.** *-ci*) ● (**anat.**) che concerne l'encefalo

encefalìna [comp. di *encefal(o)* e *-ina* ✱ 1983] **s. f.** ● (**chim.**) neuropeptide, isolato dal cervello, con azione simile a quella dell'oppio

encefalìte [vc. dotta, comp. di *encefal(o)* e *-ite*① ✱ 1820] **s. f.** ● (**med.**) infiammazione dell'encefalo

encefalìtico [1925] **A** **agg.** (**pl. m.** *-ci*) ● (**med.**) relativo a encefalite **B** **agg. e s. m.** (**f.** *-a*) ● (**med.**) che (o chi) è affetto da encefalite

encèfalo [vc. dotta, gr. *enképhalos*, sottinteso *myelós* '(il midollo) che è dentro (*en-*) la testa (*kephalḗ*)' ✱ 1773] **s. m.** ● (**anat.**) parte del sistema nervoso centrale contenuta per intero nella cavità cranica; nell'uomo comprende il cervello, il mesencefalo, il cervelletto, il ponte e il midollo allungato

encefalografìa [vc. dotta, comp. di *encefa-l(o)* e *-grafia* ✱ 1932] **s. f.** ● (**med.**) radiografia della massa cerebrale, eseguita a scopo diagnostico

encefalogràmma [comp. di *encefalo* e *-gramma* ✱ 1947] **s. m.** (**pl.** *-i*) ● (**med.**) visualizzazione grafica dell'encefalo a scopo di studio o diagnostico

encefalòide [vc. dotta, comp. di *encefal(o)* e *-oide* ✱ 1835] **agg.** ● (**med.**) che ha consistenza molle, simile a quella del cervello: *tumore e.*

encefalomalacìa [comp. di *encefalo* e *malacia* ✱ 1892] **s. f.** (**pl.** *-cìe*) ● (**med.**) rammollimento cerebrale dovuto a disturbi circolatori

encefalopatìa [vc. dotta, comp. di *encefa-l(o)* e *-patia* ✱ 1874] **s. f.** ● (**med.**) ogni malattia o condizione degenerativa del cervello | *e. spongiforme*, alterazione degenerativa prevalentemente a carico della corteccia cerebrale che assume aspetto spugnoso; si rivela come demenza a rapida progressione | (**zool.**) *e. spongiforme bovina*, malattia del bestiame adulto causata da prioni e caratterizzata da degenerazione spongiforme della corteccia cerebrale; in sigla BSE ‖ **encefalopàtico**, **agg.** (**pl. m.** *-ci*); anche **s. m.** (**f.** *-a*) nel sign. 2 **1** relativo a encefalopatia **2** che (o chi) soffre di encefalopatia

encefalospinàle [comp. di *encefalo* e *spinale* ✱ 1993] **agg.** ● (**anat.**) relativo all'encefalo e al midollo spinale | ***asse e.***, nevrasse

†enchimòsi [vc. dotta, gr. *enchýmōsis* 'diffusione di succo (*chymósis*) nel (*en-*) corpo' ✱ sec. XIV] **s. f. inv.** ● (**med.**) ecchimosi

†enchirìdio [vc. dotta, lat. tardo *enchirīdio(n)*, dal gr. *encheirídion* '(libro che si tiene) in (*en-*) mano (*chéir*, genit. *cheirós*)', 'manuale' ✱ av. 1729] **s. m.** ● manuale

encìclica [vc. dotta, lat. eccl. (*epĭstola*) *encȳclica* '(lettera) circolare (da *encȳclicus*: V. *enciclico*)' ✱ 1689] **s. f.** ● lettera circolare che il Papa indirizza, in forma solenne, ai vescovi o a tutta la comunità cristiana, su argomenti dottrinari o pastorali

encìclico [vc. dotta, lat. eccl. *encȳclicu(m)*, adattamento del gr. *enkýklios* 'circolare, in (*en-*) cerchio (*kýklos*)' ✱ 1869] **agg.** (**pl. m.** *-ci*) ● circolare, spec. nella loc. ***lettera enciclica***

enciclopedìa [gr. *enkýklios paidéia*, propr. 'educazione (*paidéia*) ciclica (*enkýklios*)', cioè complessiva ✱ av. 1600] **s. f.** **1** opera che riunisce ed espone in modo sistematico le cognizioni relative a tutto il sapere umano, o a una singola parte di esso: *e. universale, giuridica, medica*; *e. dei giochi e degli sport* | ***l'Enciclopedia***, (**per anton.**) quella pubblicata in Francia nella seconda metà del XVIII sec., opera dei maggiori rappresentanti dell'Illuminismo francese **2** (**fig.**) persona molto dotta: *quell'uomo è un'e. ambulante* **3** †sistema ordinato di tutte le conoscenze umane

enciclopèdico [1585] **agg.** (**pl. m.** *-ci*) **1** di enciclopedia, che ha carattere di enciclopedia: *opera enciclopedica*; *manuale e.* | ***dizionario e.***, che riporta non solo termini enciclopedici ma anche voci del lessico comune **2** (**fig.**) ricco di cognizioni in ogni campo del sapere: *ingegno e.*; *mente enciclopedica* ‖ **enciclopedicaménte**, **avv.** in maniera enciclopedica

enciclopedìsmo [fr. *encyclopédisme*, da *encyclopédie* 'enciclopedia' ✱ 1844] **s. m.** **1** il complesso delle dottrine e delle idee illuministiche contenute nell'Enciclopedia francese **2** cultura enciclopedica | (**spreg.**) tendenza a far sfoggio di erudizione | tendenza, in un'opera intellettuale, a includervi ogni ramo del sapere

enciclopedìsta [fr. *encyclopédiste*, da *encyclopédie* 'enciclopedia' ✱ 1766] **s. m. e f.** (**pl. m.** *-i*) **1** collaboratore dell'Enciclopedia francese SIN. philosophe | (**raro**) chi collabora alla compilazione di una enciclopedia **2** seguace delle dottrine e delle idee illuministiche

enclave /en'klave, *fr.* ɑ̃'klav/ [vc. fr., da *enclaver*, dal lat. parl. **inclavāre* 'chiudere a chiave (*clāvis*)' ✱ 1892] **s. f. inv.** (**pl. inv.** o *-vi* o **fr.** *-ves*) ● piccolo territorio straniero all'interno dei confini di uno Stato (per es. Campione d'Italia, territorio italiano, dal punto di vista della Svizzera, all'interno della quale si trova) CFR. exclave

ènclisi [vc. dotta, tratta dal gr. *énklisis* 'inclinazione', da *enklínein* 'appoggiarsi (*klínein*) sopra (*en-*)' ✱ 1892] **s. f. inv.** ● (**ling.**) fenomeno per cui una parola atona si appoggia alla parola tonica precedente (es. *dimmi, vacci, sceglilo*) CONTR. proclisi

enclìsia [1968] **s. f.** ● (**ling.**) enclisi

enclìtica [vc. dotta, lat. tardo *enclĭtica*, nt. pl. di *enclĭticus* 'enclitico' ✱ 1726] **s. f.** ● (**ling.**) parola di una sola sillaba, priva di accento proprio, che nella pronuncia si appoggia alla parola precedente; si scrive unitamente a essa (per es. *chiamami*)

enclìtico [vc. dotta, lat. tardo *enclĭticu(m)*, dal gr. *enklitikós*, da *enklínein* 'chinarsi (*klínein*) sopra (*en-*)' ✱ 1528 ca.] **agg.** (**pl. m.** *-ci*) ● detto di parola soggetta a enclisi: *pronome, avverbio e.* (per es. *-mi* e *-ci* in *dimmi* ed *esserci*) (V. nota d'uso ACCENTO) ‖ **encliticaménte**, **avv.** in posizione enclitica

encòlpio [gr. tardo *enkólpion*, nt. sost. dell'agg. *enkólpios* 'che sta sul seno', comp. di *en* 'in' e *kólpos* 'seno' ✱ av. 1907] **s. m.** ● piccolo reliquiario che anticamente i cristiani portavano appeso al collo

encomiàbile [1836] **agg.** ● degno di encomio: *un comportamento e.* ‖ **encomiabilménte**, **avv.**

encomiàre [da *encomio* ✱ av. 1347] **v. tr.** (*io encòmio*) ● lodare solennemente e pubblicamente: *fu encomiato per il suo grande coraggio*

†**encomiàsta** [vc. dotta, gr. *enkōmiàstēs*, da *enkōmiázein* 'fare un encomio (*enkṓmion*)' ✱ av. 1642] **s. m.** ● (*lett.*) encomiatore

encomiàstico [vc. dotta, gr. *enkōmiastikós*, da *enkomiázein* 'fare un encomio (*enkṓmion*)' ✱ 1631] **agg.** (**pl. m.** *-ci*) ● che loda, elogia: *tono, discorso e.* ‖ **encomiasticaménte**, **avv.** (*lett.*) in modo, con tono encomiastico

encomiatóre [av. 1787] **s. m.** (**f.** *-trice*); anche **agg.** ● (*raro*) chi (o che) encomia: *un servile e.*

encomiènda [sp. *encomienda*, da *encomendar* 'affidare' ✱ 1721] **s. f.** ● istituzione socio-economica delle colonie spagnole dell'America centro-meridionale, consistente nella concessione di grandi estensioni di terreno a conquistatori o immigrati spagnoli, che avevano l'obbligo di provvedere alla evangelizzazione e protezione delle popolazioni indigene, e il diritto di riceverne in cambio tributi e prestazioni di lavoro

✦**encòmio** [vc. dotta, gr. *enkṓmion* 'discorso in (*en-*) un banchetto (*kṓmos*)' ✱ av. 1566] **s. m.** **1** (*lett.*) canto o componimento poetico in lode di un personaggio eminente: *mendico un epigramma, / un sonetto, un e.* (G. BRUNO) **2** (*est.*) lode, spec. pubblica e solenne, tributata da un superiore all'inferiore o da una persona importante, autorevole e sim.: *tributare a qlcu. un e.*; *rivolgere a qlcu. parole di e.*; *azione degna di e.* | (*milit.*) riconoscimento, ricompensa al valore | ***e. semplice***, lode data dal superiore all'inferiore, sia verbalmente sia con lettera | ***e. solenne***, citazione all'ordine del giorno dei motivi della lode attribuita al militare encomiato

SFUMATURE ➤ *lode*

encondròma [vc. dotta, comp. del gr. *énchondros* 'cartilaginoso', propr. 'nella (*en-*) cartilagine, simile a un grano (*chóndros*)', e *-oma* ✱ 1892] **s. m.** (**pl.** *-i*) ● (*med.*) tumore benigno della cartilagine

encondròtomo [vc. dotta, comp. del gr. *énchondros* (V. *encondroma*) e *-tomo* ✱ 1983] **s. m.** ● (*raro*) strumento per tagliare la cartilagine

encopressìa o **encoprèṣi** [vc. dotta, comp. del gr. *en* 'sopra' e del tema di *kópros* 'sterco', sul modello di *enuresi* ✱ 1956] **s. f.** ● (*med.*) incontinenza fecale per incapacità di controllo degli sfinteri dovuta spec. a disturbi psichici o a regressione

encratìṣmo [deriv. dal lat. *Encratīta(s)* pl., dal gr. *Enkratîtai*, deriv. di *enkráteia* 'continenza' ✱ 1924] **s. m.** ● eresia cristiana del II sec. che, riconoscendo nella materia il principio del male, imponeva agli adepti regole di vita rigidissime

†**énde** ➤ **ne**①

endecacòrdo [vc. dotta, lat. tardo *(h)endecachŏrdu(m)*, dal gr. *hendekáchordos* 'con undici (*héndeka*) corde (*chordái*)' ✱ 1581] **s. m.** ● (*mus.*) sistema di undici corde diatoniche | strumento a undici corde

endecaèdro [vc. dotta, comp. del gr. *héndeka* 'undici' ed *-edro* ✱ 1869] **s. m.** ● (*mat.*) poliedro con undici facce

endecàgono [vc. dotta, lat. *(h)endecagōnu(m)*, dal gr. *hendekágōnos* 'che ha undici (*héndeka*) angoli (*gōníai*)' ✱ 1869] **s. m.** ● poligono con undici vertici

endecasìllabo [vc. dotta, lat. *hendecasȳllabu(m)*, dal gr. *hendekasýllabos* 'di undici (*héndeka*) sillabe (*syllabái*)' ✱ av. 1525] **A** **s. m.** **1** nella metrica italiana, verso la cui ultima sillaba accentata è la decima; è composto di undici sillabe se termina con parola piana: *pose colei che sola a me par donna* (F. PETRARCA) (V. nota d'uso ACCENTO) | ***e. sciolto***, in successione senza rima **2** nella metrica classica, verso di undici sillabe fisse, ma con tipologie differenti: *e. alcaico, e. falecio, e. saffico* **B** anche **agg.**: *verso e.*

endemìa [vc. dotta, gr. *endēmía*, agg. f. di *endḗmios* 'natio, indigeno', comp. di *en* 'in' e *dêmos* 'regione, paese', attrav. il fr. *endémie* ✱ 1855] **s. f.** ● manifestazione morbosa di malattia a carattere diffusivo, circoscritta a un limitato territorio

endèmico [da *endemia*, attrav. il fr. *endémique* ✱ av. 1730] **agg.** (**pl. m.** *-ci*) **1** (*med.*) che riguarda l'endemia | caratterizzato da endemia: *malattia endemica* **2** (*biol.*) caratterizzato da endemismo **3** (*fig.*) cronicamente diffuso o radicato in una determinata situazione o in un dato ambiente: *i mali endemici di una metropoli* ‖ **endemicaménte**, **avv.** ‖ **endemicità**, **s. f. inv.**

endemìṣmo [1892] **s. m.** ● (*biol.*) fenomeno per cui una varietà, razza, specie di organismo rimane circoscritta a un'area geografica limitata

endèrmico [vc. dotta, comp. del gr. *en-* 'in, sotto' e *dérma* 'pelle, derma', con suff. agg. ✱ 1829] **agg.** (**pl. m.** *-ci*) ● (*med.*) che agisce attraverso la cute

endermologìa [dal fr. *endermologie*, comp. di *endermi(que)* 'endermico' e del suff. *-logie* 'logia' ✱ 2001] **s. f.** ● (*med.*) tecnica non invasiva per il miglioramento del flusso linfatico e vascolare nel tessuto cutaneo mediante massaggi con una speciale macchina, utili anche a ridurre la cellulite e a eliminare altri inestetismi della pelle

endìadi [vc. dotta, lat. tardo *(h)endȳadis* (nom.), tratta dall'espressione gr. *hèn dià dyôin*, propr. 'uno per mezzo di due' ✱ av. 1595] **s. f. inv.** ● (*ling.*) espressione di un unico concetto per mezzo di due termini coordinati, solitamente due sostantivi, uniti da congiunzione: *onde vanno a gran rischio uomini et arme* (F. PETRARCA)

†**èndica** [lat. parl. **ĕnthica(m)* per *enthēca(m)*, dal gr. *enthḗkē*, dal v. *entithénai* 'porre (*tithénai*) dentro (*en-*)' ✱ 1263] **s. f.** **1** provvista, incetta | ***fare e.***, incettare **2** (*raro*) fondaco, deposito, magazzino

†**endicaiuòlo** [1574] **s. m.** ● incettatore

†**endicàre** [da *endica* ✱ av. 1347] **v. intr.** ● fare incetta

éndice (o **è-**) [lat. *ĭndice(m)* 'indicatore', da una radice di orig. indeur. col sign. di 'mostrare' ✱ 1305] **s. m.** o †**f.** **1** †ciò che si serba per ricordo o segno di qlco. **2** (*tosc.*) uovo finto o vero che si lascia nel nido perché le galline tornino a deporvi le uova **SIN.** guardanidio, nidiandolo

endivia ➤ **indivia**

èndo- [dal gr. *éndon* 'dentro', di orig. indeur.] **primo elemento** ● in parole composte della terminologia scientifica, significa 'dentro', 'interno', 'posto all'interno': *endocardio, endocrino, endogeno, endoscopia* **CONTR.** ecto-, eso-

-èndo [lat. *-ĕndu(m)*, desinenza del gerundivo] **suff.** ● proprio di aggettivi, talora sostantivati, o di sostantivi di origine latina o formati in modo analogo: *orrendo, stupendo, tremendo*; *agenda, faccenda* | implica spesso un'idea di obbligatorietà, di necessità o di imminenza: *addendo, dividendo; costituendo* | V. anche *-ando*

endoarterióso (o **-ṣ-**) [da *endo-* e *arterioso* ✱ 1987] **agg.** **1** (*med.*) interno a un'arteria **2** (*med.*) pertinente al rivestimento interno di una arteria

endoarterìte [comp. di *endo-* e *arterite* ✱ 1892] **s. f.** ● (*med.*) processo infiammatorio a carico dell'intima di un'arteria

endoblàsto [comp. di *endo-* e *-blasto* ✱ 1874] **s. m.** ● (*anat.*) endoderma

endocàrdico [av. 1927] **agg.** (**pl. m.** *-ci*) ● (*anat.*) relativo all'endocardio

endocàrdio [vc. dotta, comp. di *endo-* e *-cardio* ✱ 1865] **s. m.** ● (*anat.*) lamina endoteliale che riveste le cavità interne del cuore

endocardìte [comp. di *endocardio* e *-ite*① ✱ 1841] **s. f.** ● (*med.*) infiammazione dell'endocardio

endocàrpo o **endocàrpio** [vc. dotta, comp. di *endo-* e del gr. *karpós* 'frutto' ✱ 1820] **s. m.** ● (*bot.*) nelle drupe e nelle bacche, il più interno dei tre strati che formano questi frutti

endocellulàre [comp. di *endo-* e *cellula*, con suff. agg. ✱ 1919] **agg.** ● (*biol.*) che si trova, o si sviluppa, all'interno della cellula: *membrana e.* **CONTR.** extracellulare

endocèntrico [comp. di *endo-* e *-centrico* ✱ 1983] **agg.** (**pl. m.** *-ci*) ● detto di sintagma o di parola composta la cui distribuzione è identica a quella di uno dei suoi costituenti

endocitòṣi [comp. di *endo-* e *-cito* 'cellula' con il suff. *-osi* ✱ 1987] **s. f. inv.** ● (*biol.*) processo di assunzione da parte della cellula di minute particelle o di liquidi mediante l'attività del plasmalemma e del citoplasma periferico **CFR.** pinocitosi **CONTR.** esocitosi

endocrànico [1891] **agg.** (**pl. m.** *-ci*) ● (*med.*) che si trova o si sviluppa all'interno del cranio: *tumore e.*

endocrànio [vc. dotta, comp. di *endo-* e *cranio* ✱ 1892] **s. m.** ● (*anat.*) lamina periostale interna del cranio

endocranìte [comp. di *endocranio* e *-ite*① ✱ 1874] **s. f.** ● (*med.*) infiammazione dell'endocranio

endocrìnico [da *endocrino* ✱ 1983] **agg.** (**pl. m.** *-ci*) ● (*anat.*) relativo alle ghiandole endocrine

endòcrino [vc. dotta, comp. di *endo-* e di *-crino* ✱ 1912] **agg.** ● (*anat.*) che compie una secrezione interna | ***ghiandola endocrina***, che immette le sostanze elaborate direttamente nel sangue, senza condotti escretori

endocrinologìa [vc. dotta, comp. di *endocrino* e *-logia* ✱ 1913] **s. f.** (**pl.** *-gìe*) ● branca della medicina che si occupa della funzione e delle malattie delle ghiandole a secrezione interna

endocrinòlogo [1965] **s. m.** (**f.** *-a*; **pl. m.** *-gi*) ● studioso di endocrinologia

endodèrma [vc. dotta, comp. di *endo-* e *-derma* ✱ 1892] **s. m.** (**pl.** *-i*) **1** (*biol.*) lo strato interno della gastrula embrionale, dal quale trae origine la mucosa dei visceri **2** (*bot.*) lo strato più interno della corteccia

endodèrmico [1956] **agg.** (**pl. m.** *-ci*) ● dell'endoderma

endodinàmica [comp. di *endo-* e *dinamica* ✱ 1930] **s. f.** ● (*geol.*) insieme dei fenomeni, quali terremoti, bradisismi, moti magmatici convettivi, che, agendo dall'interno della superficie terrestre, ne modificano l'aspetto

a b c d e f g h i j k l m n o p q r s t u v w x y z

e

endodonzìa [comp. di *endo-* e un deriv. di *-odonte* ✱ 1987] **s. f.** ● (*med.*) branca della odontoiatria che studia le malattie della polpa dentaria

endofaṣìa [comp. di *endo-* e del gr. *phásis* 'voce' ✱ 1956] **s. f. 1** (*psicol.*) allucinazione acustica, per cui si crede di sentire delle voci interne **2** nel linguaggio della critica letteraria, il discorso interiore, distinto, nella sua apparente irrazionalità, dal discorso scritto o parlato

endofàṣico [1963] **agg.** (**pl. m.** *-ci*) ● relativo a endofasia: *fenomeni endofasici; discorso e.*

endòfita [comp. di *endo-* e un deriv. del gr. *phytón* 'pianta' ✱ 1892] **A s. m.** (**pl.** *-i*) ● vegetale parassita di organi interni di altre piante | organismo animale che vive come parassita o saprofita nei tessuti di una pianta **B** anche **agg.**: *insetto e.*; *pianta e.*

endofitico [1956] **agg.** (**pl. m.** *-ci*) ● di organismo che penetra all'interno di un altro e qui vive: *alghe endofitiche*

endogamìa [vc. dotta, comp. di *endo-* e *-gamia* ✱ sec. XIX] **s. f. 1** (*antrop.*) istituzione o tendenza per cui i membri di un clan o di una tribù contraggono matrimonio entro il proprio gruppo sociale **2** (*biol.*) riproduzione tra membri della medesima popolazione **3** (*biol.*) autogamia

endogàmico [sec. XX] **agg.** (**pl. m.** *-ci*) ● (*antrop.*, *biol.*) di endogamia, caratterizzato da endogamia

endògamo [vc. dotta, comp. di *endo-* e *-gamo* ✱ 1924] **agg.** ● (*antrop.*) che pratica l'endogamia: *popolazioni endogame*

endogastrìte [vc. dotta, comp. di *endo-* e *gastrite* ✱ 1874] **s. f.** ● (*med.*) infiammazione della mucosa gastrica

endogèneṣi [vc. dotta, comp. di *endo-* e *genesi* ✱ 1908] **s. f. inv.** ● (*biol.*, *geol.*) generazione per via interna

endògeno [vc. dotta, comp. di *endo-* e *-geno*; cfr. il gr. *endogenḗs* 'nato dentro la casa' ✱ 1829] **agg. 1** (*biol.*) che proviene dall'interno dell'organismo | ***spore endogene***, che si formano all'interno della cellula madre **2** (*geol.*) detto di processo geologico, roccia, fenomeno e sim. che ha origine all'interno della litosfera o del globo terrestre **3** (*econ.*) che nasce o scaturisce dall'interno di un sistema: *inflazione endogena* CONTR. esogeno

endogèo [comp. di *endo-* e *-geo* 'terreno', dal gr. *geō-* (da *gê* 'terra') ✱ 1987] **agg.** ● (*biol.*) detto di organismo che vive nel terreno

endolìnfa [vc. dotta, comp. di *endo-* e *linfa* ✱ sec. XIX] **s. f.** ● (*anat.*) liquido che riempie le cavità dell'orecchio interno

endometamorfiṣmo [comp. di *endo-* e *metamorfismo* ✱ 1956] **s. m.** ● (*geol.*) endomorfismo

endomètrio [vc. dotta, comp. di *endo-* e del gr. *mḗtra* 'utero' ✱ sec. XIX] **s. m.** ● (*anat.*) mucosa di rivestimento della superficie interna dell'utero

endometriòṣi [comp. di *endometri(o)* e *-osi* ✱ 1944] **s. f. inv.** ● malattia caratterizzata dalla presenza e dallo sviluppo di mucosa uterina in sede anormale, oppure in organi diversi dall'utero

endometrìte [comp. di *endometr(io)* e *-ite*① ✱ 1887] **s. f.** ● (*med.*) infiammazione dell'endometrio

endomìṣio [vc. dotta, comp. di *endo-* e del gr. *mŷs* 'muscolo' ✱ 1930] **s. m.** ● (*anat.*) membrana connettivale che riveste fascetti di fibre muscolari striate

endomitòṣi [comp. di *endo-* e *mitosi* ✱ 1956] **s. f. inv.** ● (*biol.*) cariocinesi incompleta nel corso della quale la replicazione della cromatina non è seguita né dalla divisione nucleare né da quella citoplasmatica; ne risulta la condizione detta poliploidia

endomorfìṣmo [comp. di *endo-* e *-morfismo* ✱ 1930] **s. m.** ● (*geol.*) metamorfismo esercitato su una massa magmatica endogena da una roccia già consolidata che con essa viene a contatto

endomòrfo [sec. XIX] **agg.** ● (*geol.*) relativo a endomorfismo

endomuscolàre [da *endo-* sul modello di *intramuscolare* ✱ 1899] **agg.** ● intramuscolare

endònimo [comp. di *end(o)-* e *-onimo*, sul modello del contr. *esonimo* ✱ 1987] **s. m.** ● nome con cui una località è chiamata nella lingua dell'area geografica in cui è situata (per es. *Paris* è l'endonimo della città di Parigi) CFR. esonimo

†**endonnàrsi** ➤ †**indonnarsi**

endooculàre /end(o)oku'lare/ [comp. di *endo-* e del lat. *ŏculus* 'occhio' ✱ 1983] **agg.** ● (*anat.*) che sta nell'interno dell'occhio: *liquido e.*

endoparassìta [comp. di *endo-* e *parassita* ✱ 1892] **s. m.** (**pl.** *-i*) ● parassita che vive all'interno del corpo dell'ospite, in cavità profonde o nello spessore dei tessuti

endoplàṣma [vc. dotta, comp. di *endo-* e *plasma* ✱ 1906] **s. m.** (**pl.** *-i*) ● (*biol.*) parte più interna del citoplasma caratterizzata dalla presenza di organuli

endoplaṣmàtico [1970] **agg.** (**pl. m.** *-ci*) ● (*biol.*) relativo all'endoplasma | ***reticolo e. liscio***, organulo dalle molteplici funzioni, costituito da una rete tridimensionale di cavità per lo più tabulari | ***reticolo e. granulare***, organulo della sintesi proteica, costituito da un sistema di cavità delimitate da membrane corredate da ribosomi

endoplèurico [comp. di *endo-* e *pleura*, con suff. agg. ✱ 1933] **agg.** (**pl. m.** *-ci*) ● (*med.*) che si trova, o che avviene, nello spazio pleurico

Endopròcti [comp. di *endo-* e del gr. *prōktós* 'ano', vc. prob. di orig. indeur. ✱ 1956] **s. m. pl.** (**sing.** *-o*) ● (*zool.*) gruppo di Protostomi acquatici sessili, di piccole dimensioni (*Endoprocta*)

endòptico ➤ **entottico**

endorachidèo [vc. dotta, comp. di *endo-* e *rachideo* ✱ 1915] **agg.** ● (*anat.*) che è all'interno della cavità vertebrale

endoreattóre [vc. dotta, comp. di *endo-* e *reattore* ✱ 1948] **s. m.** ● (*aeron.*) motore a razzo che contiene combustibile e comburente

endorèico [comp. di *endo-* e un deriv. del gr. *rêin* 'scorrere', di orig. indeur. ✱ 1956] **agg.** (**pl. m.** *-ci*) ● (*geogr.*) detto di bacino idrografico le cui acque si versano in specchi d'acqua interni

endorfìna [comp. di *endo-* e *(mo)rfina* ✱ 1983] **s. f.** ● (*chim.*) peptide prodotto dal cervello, con azione simile a quella dell'oppio

endòrsement /en'dɔrs(e)ment, *ingl.* ɪn'dɔːsmənt/ [vc. ingl., da *to endorse* 'firmare a tergo, girare' ✱ 1984] **s. m. inv. 1** (*comm.*) girata **2** autorizzazione da parte di una compagnia aerea di sostituire il proprio biglietto con quello di un'altra **3** dichiarazione di sostegno a un candidato o a una posizione politica

endoschèletro [comp. di *endo-* e *scheletro* ✱ 1888] **s. m.** ● (*anat.*) scheletro interno dei Vertebrati

endoscopìa [vc. dotta, comp. di *endo-* e *-scopia* ✱ 1903] **s. f.** ● (*med.*) tecnica di esame ottico di organi o cavità interne

endoscòpico [1933] **agg.** (**pl. m.** *-ci*) ● relativo a endoscopia

endoscòpio [vc. dotta, comp. di *endo-* e *-scopio* ✱ 1869] **s. m.** ● (*med.*) strumento per esaminare l'interno di organi o cavità naturali

endoṣmòmetro [comp. di *endosmo(si)* e *-metro* ✱ 1869] **s. m.** ● (*fis.*) strumento usato per la misurazione di fenomeni di endosmosi

endoṣmòṣi [vc. dotta, comp. di *endo-* e *osmosi* ✱ 1865] **s. f. inv. 1** (*fis.*) diffusione di solvente in una soluzione, attraverso una membrana porosa, che la mantenga all'esterno **2** (*med.*) penetrazione di agenti medicamentosi per azione dell'elettricità

endospèrma [vc. dotta, comp. di *endo-* e *sperma* ✱ 1865] **s. m.** (**pl.** *-i*) ● (*bot.*) albume della pianta

endòsseo [comp. di *endo-* e *osseo* ✱ 1983] **agg.** ● (*anat.*) relativo alla parte interna di un osso o di più ossa

endostatìna [comp. di *endo-* e un deriv. del v. lat. *stāre* 'fermare, arrestare' ✱ 1998] **s. f.** ● (*med.*) sostanza peptidica capace di arrestare la proliferazione delle cellule endoteliali vasali

endòstio [comp. di *endo-* e un deriv. del gr. *ostéon* 'osso' ✱ sec. XIX] **s. m.** ● (*anat.*) lamina fibrosa che riveste il canale midollare delle ossa lunghe

endoteliàle [1890] **agg.** ● (*anat.*) relativo all'endotelio | che costituisce l'endotelio: *cellula e.*

endotèlio [comp. di *endo-* e un deriv. del gr. *thēlḗ* 'mammella' sul modello, con sostituzione del pref., di *epitelio* ✱ 1892] **s. m.** (**pl.** *-i* o *raro -ii*) ● (*anat.*) lamina cellulare che riveste la superficie interna dei vasi sanguigni e delle cavità cardiache

endoterapìa [vc. dotta, comp. di *endo-* e *terapia* ✱ 1956] **s. f.** ● metodo di cura per alcune malattie delle piante, consistente spec. nel far assorbire dall'apparato radicale sostanze medicinali somministrate nel terreno in soluzioni acquose

endotermìa [comp. di *endo-* e *-termia* ✱ 1987] **s. f.** ● (*fisiol.*) condizione degli endotermi CONTR. ectotermia

endotèrmico [vc. dotta, comp. di *endo-* e *termico* ✱ 1906] **agg.** (**pl. m.** *-ci*) **1** detto di processo chimico o reazione che avviene con assorbimento di calore CONTR. esotermico **2** (*fisiol.*) relativo a un endotermo CONTR. ectotermico ‖ **endotermicità**, **s. f. inv.**

endotèrmo [comp. di *endo-* e *-termo* ✱ 1987] **s. m.** ● (*zool.*) organismo animale che utilizza i propri processi metabolici come principale sorgente di calore corporeo CONTR. ectotermo

endòtico ➤ **entotico**

endotimpànico [vc. dotta, comp. di *endo-* e *timpano*, con suff. agg. ✱ 1983] **agg.** (**pl. m.** *-ci*) ● (*med.*) che avviene dentro il timpano: *insufflazioni endotimpaniche*

endotossìna [comp. di *endo-* e *tossina* ✱ 1930] **s. f.** ● (*biol.*) tossina prodotta in un microrganismo e liberata solo quando esso muore

endotracheàle [vc. dotta, comp. di *endo-* e *trachea*, con suff. agg. ✱ 1983] **agg.** ● (*med.*) relativo all'interno della trachea: *intubazioni endotracheali*

endòttico ➤ **entottico**

endovéna [comp. di *endo-* e *vena*② ✱ 1956] **A s. f.** ● (*med.*) iniezione endovenosa: *fare, praticare un'e.* **B in funzione di avv.** ● dentro la vena: *iniettare un farmaco e.*

endovenósa (o *-ṣ-*) [1930] **s. f.** ● (*med.*) iniezione endovenosa

endovenóso (o *-ṣ-*) [da *endovena* ✱ 1903] **agg.** ● (*med.*) che penetra all'interno della vena | ***iniezione endovenosa***, fatta introducendo i medicamenti direttamente nella vena

endurance /en'djurans, *ingl.* ɪn'djʊərəns/ [vc. ingl., propr. 'resistenza', da *to endure* 'resistere' ✱ 1982] **A s. f. inv.** ● (*sport*) gara automobilistica di lunga distanza che si svolge fuori da un circuito | (*sport*) resistenza generale di base indispensabile per la pratica di qualsiasi sport **B** anche agg.

endurista [1983] s. m. e f. (pl. m. *-i*) ● (*sport*) chi pratica l'enduro

endùro [vc. ingl. d'America, prob. dallo sp. *endurar* 'resistere' ✱ 1982] s. m. inv. **1** (*sport*) specialità del fuoristrada motociclistico consistente in una gara di regolarità su percorsi di lunghezza non inferiore al centinaio di miglia **2** (*est.*) la motocicletta usata per tale specialità

-ène [dal suff. patronimico f. gr. *-ênē*] suff. ● in chimica indica idrocarburi con almeno un doppio legame (*etene, propene, isoprene*) o composti della serie aromatica (*benzene, toluene*)

†**èneo** [vc. dotta, lat. *āeneu(m)*, agg. di *āes*, genit. *āeris*, di orig. indeur. ✱ 1499] agg. ● (*lett.*) di bronzo

eneolìtico [vc. dotta, comp. di *eneo* e del gr. *lithikós* 'della pietra (*líthos*)' ✱ 1884] **A** agg. (pl. m. *-ci*) **1** detto di periodo preistorico i cui reperti partecipano dei fenomeni e delle attività proprie dell'età della pietra e dell'età del bronzo **2** relativo a tale periodo: *civiltà eneolitica* **B** s. m. ● periodo eneolitico: *gli uomini, i reperti dell'e.*

energètica [da *energetico* ✱ 1907] s. f. ● (*ing.*) studio dell'energia e delle sue trasformazioni

♦**energètico** [vc. dotta, gr. *energētikós* 'attivo', da *enérgeia* 'energia' ✱ av. 1730] **A** agg. (pl. m. *-ci*) **1** di energia | che è in grado di produrre energia: *fonte energetica* | ***piano e.***, piano relativo all'approvvigionamento delle risorse di energia **2** detto di sostanza o farmaco capace di stimolare e rinvigorire le energie dell'organismo **3** (*lett.*) vigoroso **B** s. m. ● energizzante

energetìsmo [1932] s. m. ● teoria filosofico-scientifica di matrice positivista che riconosce nell'energia e non nella materia il principio primo dell'universo CFR. dinamismo

♦**energìa** [vc. dotta, lat. tardo *energīa(m)*, dal gr. *enérgeia*, da *energḗs*, forma tarda parallela di *energós* 'attivo', 'dentro (*en-*) al lavoro (*érgon*)' ✱ av. 1563] s. f. (pl. *-gie*) **1** vigore fisico, forza: *un uomo pieno di e.*; *perdere, riacquistare le energie* SIN. vigore, vitalità CONTR. fiacchezza **2** (*fis.*) attitudine di un corpo o di un sistema di corpi a compiere un lavoro: *e. cinetica, potenziale, elettrica* | ***e. dolce***, V. *dolce* | ***e. dura***, V. *duro* | ***e. rinnovabile***, V. *fonte* | ***e. nucleare***, quella ottenuta mediante la fissione o la fusione nucleare | ***e. alternativa***, derivante da fonti energetiche rinnovabili o non inquinanti | ***e. azzurra***, (*per anton.*) il metano **3** (*fig.*) forza di carattere, risolutezza nell'agire: *non ha l'e. necessaria per comandare*; *un lampo d'e. rese il suo pensiero rapido e intenso* (I. SVEVO) **4** (*fig.*) forza, efficacia, intenso effetto: *uno stile pieno di e., ricco di e., privo di e.*; *medicina che agisce con e.*

Definizione d'autore

Se volete mettere in imbarazzo una persona, chiedetele cos'è l'**energia**. Tutti pensano di saperlo, ma nessuno saprà darvi una risposta chiara. Sappiamo che senza **energia** non si può far nulla, che essa si manifesta in forme diverse interconvertibili e che nel trasformarsi la sua *quantità* si conserva mentre la sua *qualità* degrada. Sappiamo che è causa di guerre e che è il vero potere che governa il mondo. Sappiamo che è tutto quello che permette di fare qualcosa o di generare un cambiamento, anche in ambiti non materiali. Dell'**energia** sappiamo tutto, ma non sappiamo dire cos'è: se non che è un qualcosa di natura universale che appare in forme materiali e immateriali e che non si può "ridurre" a nulla di più elementare.

Vincenzo Balzani

SFUMATURE DI SIGNIFICATO

energia - resistenza - vitalità

Energia è il vigore fisico, la forza dei muscoli e dei nervi unita alla volontà di fare, di agire, di muoversi. **Resistenza** è invece la capacità di resistere allo sforzo fisico o intellettuale, senza mai lasciarsi abbattere o scoraggiare. **Vitalità** è l'*energia* nervosa che concorre a rendere un individuo attivo, operoso, resistente allo sforzo.
SFUMATURE ➤ ***dinamismo***, ➤ ***robustezza***

NOMENCLATURA

energia

● *forme e qualificazioni dell'energia*: accumulabile ⇔ non accumulabile, acustica (= sonora), alternativa, animale, assorbita, chimica, cinetica, cosmica, delle maree (= mareomotrice), di accoppiamento, di associazione ⇔ di dissociazione, di attivazione, di eccitazione, di estrazione, di formazione, di interazione, di ionizzazione, di legame, di massa, di pressione, di punto zero, di riposo (= di quiete), di risonanza, di scambio, di soglia (= critica), di transizione, dura ⇔ soffice, elastica, elettrica, elettrocinetica, elettromagnetica, elettrostatica, eolica (= del vento), esterna ⇔ interna, geotermica (= endogena), geotermoelettrica, gravitazionale, idraulica, idroelettrica, incidente, libera, luminosa, magnetica, magnetostatica, meccanica, muscolare, mutua, non rinnovabile ⇔ rinnovabile, nucleare (= atomica), nucleotermoelettrica, potenziale (= di posizione), raggiante (= radiante), relativistica, riflessa, solare, stellare, superficiale, termica (= calore), termodinamica, termoelettrica, totale, trasmessa, utilizzabile (= utile), utilizzata, volumica (= densità di energia);

● *fonti* = sorgenti di energia (= energetiche) = materie prime energetiche primarie, secondarie; competitività, conservazione, costo, diversificazione, economia, disponibilità, risparmio; fabbisogni (= bisogni) di energia (= energetici) stagionali, mensili, settimanali, orari;

● *risorse* (= riserve) *energetiche*: conservazione, consumo, disponibilità, esaurimento, uso razionale, razionamento; domanda, consumi, sprechi di energia; approvvigionamento, rifornimento energetico; crisi dell'energia (= energetica), del petrolio (= petrolifera); problema energetico; scorte di energia; investimenti nel settore energetico; misure, politiche di conservazione, di risparmio dell'energia; isolamento termico degli edifici, riscaldamento centralizzato, teleriscaldamento, cogenerazione, trasporti collettivi; prospettiva energetica; politica, programma nucleare; movimento, protesta antinucleare; gli antinucleari;

● *fonti primarie*: combustibili fossili, vegetali, nucleari; energia gravitazionale, delle maree, eolica, geotermica, idraulica, solare; gradiente termico del mare; moto ondoso del mare; fonti rinnovabili, fonti alternative;

● *fonti secondarie*: carbone di legna; energia elettrica; coke; gas di cokeria, d'officina, d'altoforno, di petrolio liquefatto (GPL), di raffineria; benzine, gasolio, olio combustibile, kerosene, distillati leggeri del petrolio;

● *processi e proprietà*: accumulazione (= immagazzinamento), approvvigionamento, assorbimento, ciclo, conservazione, consumo, conversione (= trasformazione), degradazione, dispersione, distribuzione, estrazione, flusso, generazione, produzione, riflessione, sfruttamento, spreco, surrogabilità, trasmissione (= trasporto, trasferimento), utilizzazione;

● *unità di energia*: joule (J); elettronvolt (= voltelettrone) (eV); erg; kilogrammetro (kgf·m); litro atmosfera (l·atm); tec; tep, megatep (Mtep); ton (T), kilowattora (kWh);

● *unità di calore*: caloria (cal), kilocaloria (= grande caloria) (kcal); frigoria (fg); unità termica britannica (Btu);

● *unità di potenza*: watt (W); cavallo vapore (CV); cavallo vapore britannico (= horsepower) (hp);

● *impianti e mezzi di estrazione*: miniera di carbone; pozzo petrolifero; pozzo gasifero; torbiera; serbatoio idraulico;

● *impianti di trasformazione*: raffineria, cokeria, altoforno, carbonaia, officina del gas;

● *mezzi di trasporto*: gasdotto, metanodotto, oleodotto, nave carboniera, nave metaniera, petroliera, superpetroliera, linea elettrica;

● *impianti di accumulazione*: serbatoio di petrolio e prodotti petroliferi, di gas naturale, di gas d'officina, idraulico; parco carbone.

● *tipi di energia*: delle maree; eolica (motore a vento = motore eolico, aeromotore, turbina a vento, mulino a vento, centrale anemoelettrica (= eolica), impianto anemoelettrico (= eolico); geotermica (soffione, sorgente calda, geyser; gradiente geotermico; falda geotermale; fluido geotermico; campo geotermico; giacimento geotermico; impianto geotermico; centrale geotermoelettrica (= geotermica); idraulica (bacino imbrifero, serbatoio idraulico, condotta forzata, impianto di pompaggio, turbina idraulica, motore idraulico, salto motore, centrale idroelettrica); nucleare (V.); solare (V.); termica (V.); elettrica (V.);

● *termini attinenti*: banda di energia (= banda energetica); bilancio energetico; calore specifico; contenuto energetico; corrente elettrica; decadimento radioattivo; effetto fotoelettrico, fotovoltaico, Joule, termoelettrico, termoelettronico; entropia; fattore di assorbimento, di riflessione, di trasmissione; flusso; forza; forza motrice; fossilizzazione; fotodisintegrazione; fotosintesi; isolamento termico; isotopo fertile, fissile (= fissionabile); lavoro; livello energetico; neutrone (lento, termico, veloce); nucleo; potenza; principi della termodinamica; principio di conservazione dell'energia; radiazione elettromagnetica, solare; reazione chimica (endoenergetica ⇔ esoenergetica, endotermica ⇔ esotermica), nucleare (di fissione, di fusione); rendimento; superconduttività; temperatura;

● *biogenerazione*: energia da trasformazione di residui organici; biomassa; biogeneratore di energia;

● *gradiente termico del mare*: centrale talassotermica.

● *bioenergetica*: ciclo dell'energia; fotosintesi; fotofosforilazione; fosforilazione; assimilazione ⇔ disassimilazione; metabolismo ⇔ catabolismo; animali omeotermi (= a sangue caldo) ⇔ eterotermi (= pecilotermi, a sangue freddo); bioluminescenza; bioelettricità;

● *effetti sull'ambiente e sull'uomo*: inquinamento atmosferico, delle acque (radioattivo, termico); rifiuti radioattivi = scorie; smaltimento dei rifiuti radioattivi; esposizione alle radiazioni ionizzanti; buco dell'ozono; fallout; dosimetria; dosimetro.

♦**enèrgico** [1688] agg. (pl. m. *-ci*) ● attivo, deciso, risoluto: *uomo, carattere, discorso e.* CONTR. fiacco | efficace, drastico: *rimedio e.* CONTR. blando ‖ **energicaménte**, avv. con energia
SFUMATURE ➤ ***forte***

energìsmo [1951] s. m. ● energetismo | (*lett.*) attivismo

energìvoro [comp. di *energi(a)* e *-voro* ✱ 1987] agg. ● che consuma una grande quantità di energia: *sistema e.*

energizzànte **A** part. pres. di *energizzare*; anche agg. ● nei sign. del v. **B** s. m. ● preparato capace di stimolare e rinvigorire le energie dell'organismo SIN. energetico

energizzàre [1808] v. tr. **1** (*tecnol.*) dare, fornire energia a una macchina, a un apparecchio **2** rendere qlcu. energico o più energico, rafforzare, rinvigorire ‖ **energizzazióne**, s. f.

energometrìa [comp. di *energ(ia)* e *-metria* ✱ 1956] s. f. ● (*med.*) esame eseguito mediante energometro

energòmetro [comp. di *energ(ia)* e *-metro*

✶ 1968] **s. m.** ● (*med.*) strumento impiegato per misurare l'espansibilità della parete di un vaso arterioso periferico in rapporto all'attività cardiaca

energùmeno [vc. dotta, lat. *energūmenu(m)*, dal gr. *energóumenos*, part. pass. di *energêin* 'agire (vigorosamente)' ✶ 1585] **s. m. (f. -*a*)** **1** †indemoniato, ossesso: *urlare come un e.* **2** (*est.*) persona violenta, che si lascia dominare dall'ira: *a stento lo sottrassero alla violenza dell'e.* | (*est.*, *colloq.*) persona di grande stazza e forza fisica: *davanti alla porta c'era una sorta di e.*

e

energy drink /'ɛnerdʒi 'drink, *ingl.* 'ɛnədʒɪˌdrɪŋk/ [loc. ingl., propr. 'bevanda (*drink*) energetica (*energy*)' ✶ 1996] **loc. sost. m. inv.** ● bevanda energetica

ènergy mànager /'ɛnerdʒi 'manadʒer, *ingl.* ˌɛnədʒɪ'mænɪdʒə(r)/ [loc. ingl., propr. 'direttore (*manager*) dell'energia (*energy*)' ✶ 1984] **loc. sost. m. e f. inv. (pl. ingl.** *energy managers*) ● (*org. az.*) tecnico incaricato della gestione energetica aziendale

enervàre [vc. dotta, lat. *enervāre* 'togliere (*ex-*) il nerbo (*nĕrvus*)' ✶ sec. XIV] **A v. tr.** (*io enèrvo*) **1** †infiacchire, snervare **2** (*med.*) privare un organo dell'innervazione, per produrre immobilità o per eliminare gravi disturbi sensitivi SIN. denervare **B v. intr.** ● †indebolirsi: *cominciarono ad e. le forze dell'Imperio romano* (N. MACHIAVELLI)

enervazióne [vc. dotta, lat. tardo *enervatiōne(m)*, da *enervātus* 'enervato' ✶ 1797] **s. f.** ● (*med.*) intervento chirurgico che ha lo scopo di enervare

enfant gâté /amˌfanga'te*, *fr.* ɑ̃ˌfɑ̃gɑ'te/ [loc. fr., propr. 'bambino guastato' (cioè 'viziato') ✶ 1892] **loc. sost. m. e f. inv. (f. fr.** *enfant gâtée*; **pl. fr.** *enfants gâtés*) ● bambino troppo viziato, al quale si perdona ogni capriccio | (*est.*) persona che ha avuto successo nella vita, precocemente e senz'alcuna fatica: *Con la sua figurina espressiva, ... fu l'enfant gâté dello scelto uditorio* (F. DE ROBERTO)

enfant prodige /amˌfampro'diʒ, *fr.* ɑ̃ˌfɑ̃pʀɔ'diʒ/ [loc. fr., propr. 'fanciullo (*enfant*, della stessa orig. del corrispondente it. 'infante') prodigio (in uso agg.)' sul tipo di *enfant gâté* ✶ av. 1866] **loc. sost. m. e f. inv. (pl. fr.** *enfants prodiges*) **1** bambino prodigio **2** (*est.*) chi, nonostante l'età ancora relativamente giovane, occupa una posizione importante in un dato contesto: *è l'enfant prodige dei concertisti italiani*

enfant terrible /amˌfanter'ribl, *fr.* ɑ̃ˌfɑ̃tɛ'ʀibl/ [loc. fr., propr. 'fanciullo (*enfant* 'infante') terribile' ✶ 1892] **loc. sost. m. e f. inv. (pl. fr.** *enfants terribles*) **1** bambino particolarmente turbolento e irrispettoso **2** (*est.*) chi, in un ambiente, in un movimento culturale e sim., si distingue per la sua spregiudicata irriverenza

+**ènfaṣi** [vc. dotta, lat. tardo *ĕmphasi(m)*, dal gr. *émphasis*, deriv. di *empháinein* 'esibire, dimostrare', 'mostrare (*pháinein*) dentro (*en-*)'; nel sign. 3 per influsso dell'ingl. *emphasis* ✶ 1529] **s. f. inv.** **1** (*ling.*) figura retorica che consiste nel mettere in particolare rilievo una parola o un'espressione; per es. il rilievo dato a 'pari' in: *Sì, se l'arroganza de' vostri pari fosse legge per i pari miei* (A. MANZONI) | (*est.*) esagerazione retorica: *parlare, scrivere con e.*; *un libro scritto senza e., con semplicità e vivacità* (F. DE SANCTIS) **2** forza ed efficacia del parlare, dell'esprimersi: *lo difendeva respingendo con e. ogni accusa* **3** importanza, rilievo: *nel concorso, particolare e. viene data alla personalità del candidato* **4** (*tipogr.*) stile tipografico (corsivo, neretto, maiuscoletto e sim.) utilizzato per dare particolare evidenza a parole o frasi in un testo

+**enfàtico** [vc. dotta, lat. tardo *emphăticos* (avv.), dal gr. *emphatikós*, da *empháinein* (V. *enfasi*) ✶ 1584] **agg. (pl. m. -*ci*)** ● caratterizzato da enfasi: *parlare con tono e.*; *discorso, stile e.* SIN. ampolloso, ridondante ‖ **enfaticaménte**, **avv.** ‖ **enfaticità**, **s. f. inv.**

enfatiẓẓàre [da *enfatico* ✶ 1953] **v. tr.** **1** pronunciare con enfasi: *e. una battuta* **2** rendere enfatico, solenne, ridondante | esagerare, ingigantire: *e. una notizia*; *e. le proprie qualità* ‖ **enfatiẓẓazióne**, **s. f.**

†**enférmo** ➤ **infermo**

†**enfertà** ➤ **infermità**

enfiagióne o †**enfazióne**, †**infiagióne**, †**infiazióne**, †**inflagióne** [da *enfiare* ✶ av. 1290] **s. f.** ● (*raro*, *lett.*) gonfiore, tumefazione

†**enfiaménto** o †**infiaménto** [sec. XIII] **s. m.** ● gonfiamento | ingrossamento

†**enfiammagióne** ➤ **infiammazione**

enfiàre o †**infiàre** [lat. *inflāre* 'soffiare (*flāre*) dentro (*in-*)', 'gonfiare' ✶ 1266] **A v. tr.** (*io énfio*) ● (*lett.* o *tosc.*) gonfiare, ingrossare: *il vento salso gli enfia le narici* (G. PASCOLI) **B v. intr. (aus.** *essere*) e **enfiàrsi v. intr. pron.** **1** (*lett.* o *tosc.*) ingrossarsi per gonfiore, spec. di parti del corpo: *le gambe, i piedi si enfiano* | (*est.*) †crescere, aumentare **2** (*fig.*) †insuperbire **3** (*fig.*) †arrabbiarsi, adirarsi

†**enfiatìvo** [av. 1320] **agg.** ● che produce gonfiore

enfiàto o †**infiàto** **A part. pass.** di *enfiare*; anche **agg.** ● (*lett.*) nei sign. del v. **B s. m.** ● †ascesso, tumore, bubbone ‖ †**enfiatèllo**, **dim.**

†**enfiatùra** o †**infiatùra** [1288] **s. f.** ● enfiagione | (*fig.*) alterigia

énfio [per *enfi(at)o* ✶ 1553] **agg.** ● (*lett.*) gonfio, tumefatto

enfióre [da *enfiare*, sul modello di *gonfiore* da *gonfiare* ✶ sec. XIV] **s. m.** ● (*tosc.*) gonfiore

enfiṣèma [vc. dotta, gr. *emphýsēma*, dal v. *emphysân* 'soffiare (*physân*) dentro (*en-*)' ✶ 1752] **s. m. (pl. -*i*)** ● (*med.*) aumento del contenuto d'aria di un organo o di un tessuto | *e. polmonare*, aumento del contenuto d'aria nei polmoni per dilatazione degli alveoli

enfiṣemàtico [1919] **agg. (pl. m. -*ci*)** ● (*med.*) di enfisema | che presenta enfisema: *polmone e.*

enfiṣematóso (o **-ṣo**) [1925] **A agg.** ● di enfisema, caratterizzato da enfisema: *bronchite enfisematosa* **B agg. e s. m. (f. -*a*)** ● che (o chi) è affetto da enfisema

enfitèuṣi [vc. dotta, lat. tardo *emphytēusi(m)*, dal gr. *emphýteusis*, da *emphytéuein* 'piantare (*phytéuein*) dentro (*en-*)' ✶ 1342] **s. f. inv.** ● (*dir.*) diritto di godere un fondo altrui per almeno vent'anni, con l'obbligo di apportarvi migliorie e di corrispondere periodicamente un canone in denaro o in natura

enfitèuta [vc. dotta, lat. tardo *emphytēuta(m)*, dal gr. *emphyteutḗs*, da *emphytéuein* 'piantare (*phytéuein*) dentro (*en-*)' ✶ 1342] **s. m. e f. (pl. m. -*i*)** ● (*dir.*) titolare del diritto reale di enfiteusi

enfitèutico [vc. dotta, lat. tardo *emphytēuticu(m)*, dal gr. *emphyteutikós*, da *emphytéuein* 'piantare (*phytéuein*) dentro (*en-*)' ✶ 1310] **agg. (pl. m. -*ci*)** ● (*dir.*) relativo all'enfiteusi | ***fondo e.***, oggetto d'enfiteusi

engagé /*fr.* ɑ̃ga'ʒe/ [vc. fr., propr. part. pass. di *s'engager* 'impegnarsi' (da *gage* 'pegno': V. *ingaggiare*) ✶ 1950] **agg. inv.** ● detto di chi è impegnato culturalmente e politicamente: *pittore, poeta e.*

engagement /*fr.* ɑ̃gaʒ'mɑ̃/ [vc. fr., deriv. di *engager* 'impegnare' (V. *engagé*) ✶ 1903] **s. m. inv.** ● impegno, in senso politico e culturale

†**engannàre** e deriv. ➤ **ingannare** e deriv.

engineering /endʒi'nierin(g), *ingl.* ˌɛndʒɪ'nɪərɪŋ/ [vc. ingl., propr. 'ingegneria', da *engineer* 'ingegnere' ✶ 1982] **s. m. inv.** ● progettazione, produzione, verifica e condotta di macchine e impianti industriali, richiedenti l'applicazione di tecniche proprie di settori diversi dell'ingegneria

èngler /'ɛngler, *ted.* 'ɛŋlʌ/ [dal n. del chimico ted. C. O. V. *Engler* (1842-1925) ✶ 1956] **s. m. inv.** ● unità di misura della viscosità degli oli minerali

-éngo o **-èngo** ➤ **-ingo**

engòbbio ➤ **ingobbio**

engràmma [vc. dotta, comp. del gr. *en* 'in' e *-gramma* ✶ 1968] **s. m. (pl. -*i*)** ● (*fisiol.*) ipotetica modifica che interviene nel sistema nervoso centrale a seguito di un'esperienza e che viene considerata come base dei processi di memorizzazione

eniàlio [vc. dotta, dal gr. *Enyálos*, prob. da *enyn* 'uccidere' ✶ 1834] **agg.** ● nella mitologia greca, epiteto di Ares, dio della guerra

enicùro [vc. dotta, comp. del gr. *henikós* 'singolare' e *ourá* 'coda' ✶ 1874] **s. m.** ● uccello asiatico dei Passeriformi con ciuffo erettile sul capo, coda lunga e forcuta (*Enicurus leschenaulti*)

enidrocoltùra [comp. del gr. *énydros* 'acquatico' e *-coltura* ✶ av. 1941] **s. f.** ● (*bot.*) idrocoltura

enìgma o (*lett.*) **enìmma**, †**enìgmate** [vc. dotta, lat. *aenīgma* (neutro), dal gr. *áinigma*, dal v. *ainíssesthai* 'parlare per enigma (*âinos*, di etim. incerta)' ✶ 1319] **s. m. (pl. -*i*)** **1** breve componimento, per lo più in versi, in cui ambiguamente e allusivamente si propone una parola o un concetto da indovinare | (*est.*) indovinello **2** (*est.*) discorso o frase ambigui e difficili da comprendere: *padre guardiano, non mi dica la cosa così in enimma* (A. MANZONI) **3** (*fig.*) cosa inspiegabile e misteriosa: *il suo comportamento per me è un e.* | persona di cui non si riesce a capire il carattere, le intenzioni e sim.: *quell'uomo è un e.*; *Ma tuo figlio – ecco il punto, ti ripeto – non è un e. / Egli è un mistero* (P.P. PASOLINI) | †simbolo oscuro SIN. rebus CFR. sciarada

enigmàtico o (*lett.*) **enimmàtico** [vc. dotta, gr. *ainigmatikós*, da *áinigma* 'enigma' ✶ sec. XIV] **agg. (pl. m. -*ci*)** ● che ha natura di enigma: *discorso e.* | indecifrabile, misterioso: *viso, uomo e.* | †simbolico, allegorico SIN. astruso, oscuro ‖ **enigmaticaménte**, **avv.** ‖ **enigmaticità**, **s. f. inv.**

SFUMATURE DI SIGNIFICATO

enigmatico - astruso - oscuro

È **enigmatico** ciò che ha natura o apparenza di enigma, ossia ciò che è difficile da comprendere perché volutamente coperto e allusivo, o che risulta inspiegabile. **Astruso** è invece ciò che è difficilmente comprensibile perché eccessivamente sottile, complicato e privo di concretezza, mentre **oscuro** definisce ciò che è difficile da intendere, da verificare o da conoscere senza però che vi sia alcuna intenzionalità a nascondere o velare la verità.

SFUMATURE ➤ ***ambiguo***, ➤ ***tenebroso***

†**enigmatiẓẓàre** [av. 1642] **v. intr.** ● parlare per enigmi

enigmìsta [1906] **s. m. e f. (pl. m. -*i*)** ● persona abile a inventare o risolvere enigmi | cultore di enigmistica

enigmìstica [comp. di *enigma* con suff. originariamente agg. (sottinteso 'arte' o 'tecnica') ✶ 1901] **s. f.** ● arte di inventare o risolvere giochi enigmistici, quali indovinelli, rebus, sciarade, anagrammi

enigmìstico o (*disus.*) **enimmìstico** [da *enigma* ✶ 1886] **agg. (pl. m. -*ci*)** ● relativo a enigma o a enigmistica: *giochi enigmistici* ‖ **enigmisticaménte**, **avv.** dal punto di vista enigmistico

enigmologìa [comp. di *enigma* e *-logia* ✻ 1993] **s. f. (pl. *-gìe*)** ● (*raro*) studio dei grandi enigmi o fatti misteriosi della storia, per cercare di chiarirli

enìmma e deriv. ➤ **enigma** e deriv.

enipontàno [da *Oenipons*, nome lat. della città, 'ponte (*pons*) sull'Inn (*Oeni*)' ✻ 1828] **A agg.** ● della città austriaca di Innsbruck, capoluogo del Tirolo **B s. m. (f. *-a*)** ● abitante o nativo di Innsbruck

enjambement /fr. ɑ̃ʒɑ̃b'mɑ̃/ [vc. fr., da *enjamber* 'oltrepassare in terreno altrui', senso fig. di un deriv. di *jambe* 'gamba' ✻ 1971] **s. m. inv.** ● (*ling.*) in metrica, breve pausa alla fine di un verso, la cui ultima parola è, comunque, in stretto legame sintattico con la prima del successivo: *Ma sedendo e mirando, interminati / spazi di là da quella ...* (G. Leopardi)

ènna ➤ **henna**

ennagonàle [1561] **agg.** ● di ennagono

ennàgono [vc. dotta, lat. tardo *enneagōnu(m)*, dal gr. *enneágōnos* 'che ha nove (*ennéa*) angoli (*gōníai*)' ✻ 1585] **s. m.** ● poligono con nove vertici

ènne① [sec. XIV] **s. f. o m. inv.** ● nome della lettera *n*

†**ènne**② [comp. di *è*, terza pers. del pres. indic. del v. *essere*, e di *ne*②] **vc.** ● ci è, è a noi: *ed ènne dolce così fatto scemo* (Dante *Par.* XX, 136)

†**ènne**③ [comp. di *è*, terza pers. del pres. indic. del v. *essere*, e di *ne*①] **vc.** ● ne è: *Delle quali il cielo e la terra sono pieni; e ènne il numero tale ...* (G. Boccaccio)

-ènne [lat. *-enne(m)*, che in comp. agg. vale 'anno' (da *ănnus*)] **secondo elemento** ● forma parole composte che servono a indicare gli anni di età: *quindicenne, ventenne*

enneacòrdo [vc. dotta, gr. *enneáchordos* 'con nove (*ennéa*) corde (*chordái*)' ✻ 1581] **s. m.** ● (*mus.*) antico strumento a nove corde | sistema di nove corde diatoniche

ennèade [vc. dotta, gr. *enneádes*, pl. di *enneás* 'complesso di nove (*ennéa*)' ✻ av. 1729] **s. f.** ● (*raro*) complesso di nove cose o persone

enneagìnia [vc. dotta, comp. del gr. *ennéa* 'nove' e *-ginia* ✻ 1874] **s. f.** ● (*bot.*) presenza di nove ovari nel fiore

enneasìllabo [vc. dotta, gr. *enneasýllabos* 'di nove (*ennéa*) sillabe (*syllabái*)' ✻ av. 1912] **s. m. 1** nella metrica classica, verso di nove sillabe: *e. alcaico* **2** (*raro*) nella metrica italiana, novenario

ennése (o **-ṣ-**) [sec. XX] **A agg.** ● di Enna **B s. m. e f.** ● abitante o nativo di Enna

♦**ennèṣimo** (o **-é-**) [dall'espressione mat. *elevare alla (seconda, terza, quarta, ...) ennesima potenza*, con riferimento all'esponente *n* (*enne*), che simboleggia un qualsiasi *numero* intero ✻ 1905] **agg. num. ord. indef. 1** corrispondente al numero *n* in una sequenza, in una successione: *elevare all'ennesima potenza*; (**ellitt.**) *tre all'ennesima* **2** (*est.*) l'ultimo di una lunga sequenza: *farò un e. tentativo; gliel'ho detto per l'ennesima volta*

-ènnio [lat. *-enniu(m)*, che in comp. sost. vale 'anno' (da *ănnus*)] **secondo elemento** ● in parole composte significa 'periodo di (due, tre, dieci, trenta, ecc.) anni': *biennio, triennio, decennio, trentennio*

ènnupla o **n-upla** /'ɛnnupla/ [dal n. della lettera *enne*, sul modello di *quadrupla* ✻ 1968] **s. f.** ● (*mat.*) insieme di *n* elementi considerati nel loro ordine

èno- [dal gr. *oînos* 'vino', di orig. indeur.] **primo elemento** ● in parole composte, significa 'vino': *enofilo, enologo*

enocianìna [vc. dotta, comp. di *eno-* e *cianina* ✻ 1889] **s. f.** ● (*chim.*) liquido denso rosso-violetto colorante naturale dell'uva, estraibile dalle vinacce e dalla buccia dell'uva nera

enòfilo [vc. dotta, comp. di *eno-* e *-filo* ✻ 1841] **A agg.** ● che si occupa della produzione e del miglioramento del vino: *circolo e.* **B s. m. (f. *-a*)** ● (*raro, scherz.*) chi ama il vino, chi è buon bevitore

enoftàlmo [comp. del gr. *en* 'dentro' e *ophthalmós* 'occhio' ✻ av. 1906] **s. m.** ● (*med.*) infossamento del globo oculare nell'orbita

enogastronomìa [comp. di *eno-* e *gastronomia* ✻ 1969] **s. f.** ● l'arte della buona cucina unita alla conoscenza dei vini e del loro abbinamento con i cibi | l'insieme delle usanze e dei prodotti gastronomici e vinicoli di un territorio

enogastronòmico [comp. di *eno-* e *gastronomico* ✻ 1979] **agg. (pl. m. *-ci*)** ● che riguarda l'enogastronomia: *riunione enogastronomica*

enogastrònomo [comp. di *eno-* e *gastronomo* ✻ 1984] **s. m. (f. *-a*)** ● esperto, cultore di enogastronomia

enòico [vc. dotta, comp. di *eno-* e *-ico* ✻ 1963] **agg. (pl. m. *-ci*)** ● relativo al vino e alla vite

enòlito [vc. dotta, comp. di *eno-* e del gr. *lytós* 'sciolto' ✻ 1892] **s. m.** ● vino medicinale

enòlo [vc. dotta, comp. del gr. *hen* 'uno' e *-olo*①] **s. m.** ● (*chim.*) composto organico nella cui molecola è contenuto un gruppo ossidrilico legato a un atomo di carbonio portante un doppio legame

enologìa [vc. dotta, comp. di *eno-* e *-logia*, attrav. il fr. *oenologie* ✻ 1773] **s. f. (pl. *-gìe*)** ● studio e tecnica della produzione, della conservazione e dell'invecchiamento dei vini

enològico [da *enologia*, attrav. il fr. *oenologique* ✻ 1861] **agg. (pl. m. *-ci*)** ● concernente l'enologia: *industria enologica* ‖ **enologicaménte**, **avv.** per quanto concerne l'enologia

enòlogo [1789] **s. m. (f. *-a*; pl. m. *-gi*)** ● esperto, diplomato in enologia

enòmetro [vc. dotta, comp. di *eno-* e *-metro* ✻ 1820] **s. m.** ● un tempo, strumento atto a determinare il peso specifico e il contenuto alcolico del vino

enopirateria [comp. di *eno-* e *pirateria* ✻ 2003] **s. f.** ● nel linguaggio giornalistico, l'azione illecita commessa da un produttore vinicolo che dichiara senza averne titolo una denominazione tipica o un'origine geografica, o falsifica il nome del vitigno o modifica il disciplinare di un vino

Enòplidi [vc. dotta, gr. *énoplos* 'in (*en-*) armi (*hopla*)', 'armato' ✻ sec. XIX] **s. m. pl. (sing. *-e*)** ● (*zool.*) gruppo di Nemertini marini piccoli e con corpo appiattito (*Enoplidae*)

enòplio [gr. *enóplios* (sottinteso *rythmós*) '(aria per danza) armata', dall'agg. *enóplios*, 'che è sotto (*en*) le armi (*hópla*)' ✻ sec. XIX] **agg.** ● detto di metro dell'antica poesia lirica, tragica e comica greca, tipico in origine delle danze guerriere, poi adattato in grande varietà di forme e spesso associato ad altri metri

enopòlio [comp. di *eno-* e *-polio* ✻ 1828] **s. m. (pl. *-i* o *raro -ii*)** ● cantina per ammassi liberi e volontari di uve, gestita, in certe zone viticole, da enti statali o parastatali per conto dei produttori | mostra-mercato di vini

♦**enórme** (o **-ò-**) [vc. dotta, lat. *enŏrme(m)* 'fuori (*ex-*) della regola (*nŏrma*)' ✻ av. 1327] **agg.** ● estremamente grande, smisurato (**anche fig.**): *perdite, ricchezze, guadagni enormi; è stata una e. ingiustizia* ‖ **enormeménte**, **avv.** smisuratamente; †scelleratamente

enormità o †**enormitàde**, †**enormitàte** [vc. dotta, lat. *enormitāte(m)*, da *ēnormis* 'enorme' ✻ av. 1396] **s. f. inv. 1** caratteristica, condizione di ciò che è enorme (**spec. fig.**): *l'e. delle sue richieste ci stupisce* | grandissima quantità: *la mia tesi è confermata da un'e. di casi* | **un'e.**, moltissimo: *quell'orologio costa un'e.* **2** sciocchezza, errore, sproposito: *stai dicendo delle e.* | azione molto grave; crimine: *fare, commettere e.*

enoṣigèo [vc. dotta, lat. *Ennosigāeu(m)*, dal gr. *En(n)osígaios*, comp. di *énosis* 'scotimento' e *-geo* ✻ 1822] **agg.** ● (*lett.*) epiteto di Poseidone, dio del mare, scuotitore della Terra

enostòṣi [vc. dotta, comp. del gr. *en-* 'in' e *ostéon* 'osso' ✻ 1874] **s. f. inv.** ● (*med.*) tumefazione verso il canale interno dell'osso

enotèca [gr. tardo *oinothḗkē* 'custodia (*thḗkē*, intesa come 'cantina' o 'bottiglia') di vino (*ôinos*)', ma assunta come comp. di *eno-* e della seconda parte di simili voci: *(biblio)teca, (pinaco)teca*, ecc. ✻ 1963] **s. f. 1** raccolta di vini tipici pregiati in bottiglie **2** (*est.*) locale dove sono raccolti vini tipici o pregiati, a scopo di esposizione e vendita, talvolta con degustazione

enotecàrio [da *enoteca* sul modello di *bibliotecario* ✻ 1983] **s. m. (f. *-ia*)** ● (*raro*) chi conduce un'enoteca

enotècnica [comp. di *eno-* e *tecnica* ✻ 1895] **s. f.** ● tecnica della produzione dei vini

enotècnico [1885] **A agg. (pl. m. *-ci*)** ● relativo all'enotecnica **B s. m. (f. *-a*)** ● tecnico specializzato nella produzione vinicola

enoteiṣmo [ted. *Henotheismus*, comp. del gr. *hêis*, genit. *henós* 'uno' e *theós* 'Dio' ✻ 1892] **s. m.** ● atteggiamento religioso di chi adora una divinità come unica, pur ammettendo l'esistenza di altre divinità

enotèra [gr. *oinothḗras*, di composizione incerta: anche la prima parte (da *ôinos* 'vino') non è semanticamente spiegata ✻ 1476] **s. f.** ● genere di piante erbacee delle Onagracee comprendente varie specie ornamentali e medicinali (*Oenothera*)

enòtrio [vc. dotta, lat. *Oenōtriu(m)*, agg. di *Oenōtria(m)*, ant. n. dell'Italia' ✻ 1566] **agg.** ● (*lett.*) italico, italiano: *una bruna villana ... simile a enotria Iddia* (G. D'Annunzio)

enoturìṣmo [comp. di *eno-* e *turismo* ✻ 1995] **s. m.** ● settore del turismo diretto verso le zone più rinomate dal punto di vista della produzione e della cultura del vino; prevede la visita a vigneti, cantine, enoteche ecc.

enovàglio [comp. di *eno-* e *vaglio* ✻ 1983] **s. m.** ● (*enol.*) spartisemi

en passant /fr. ɑ̃pa'sɑ̃/ [fr., propr. 'passando', part. pres. di *passer* 'passare' con *en* 'in', che denota simultaneità con altra azione ✻ av. 1765] **loc. avv.** ● di sfuggita, tra l'altro, incidentalmente: *mi ha parlato della faccenda soltanto così, en passant*

en plein /fr. ɑ̃'plɛ̃/ [fr., propr. 'in (*en*) pieno (*plein*)' ✻ 1908] **loc. sost. m. inv.** ● nel gioco della roulette, uscita del numero su cui si è puntato singolarmente, non in combinazione con altri numeri, e con cui si ottiene la massima vincita possibile | (*est.*) ***fare en plein, fare un en plein***, ottenere un successo completo, raggiungere il miglior risultato possibile

en plein air /fr. ɑ̃ˌplɛ'nɛʀ/ [loc. fr., propr. 'in piena aria' ✻ sec. XX] **loc. avv.** ● all'aria aperta, all'aria libera: *dipingere en plein air*

enroṣadìra [ladino dolomitico *enrosadöra* e *rosadüra*, propr. 'il farsi di colore rosa', da *rösa* '(color di) rosa' ✻ 1924] **s. f.** ● la graduale colorazione rosa che sfuma verso il viola, che le pareti dolomitiche assumono al tramonto

-ènse ➤ **-ese**①

ensemble /fr. ɑ̃'sɑ̃bl/ [vc. fr., propr. 'insieme', presto sost., dapprima con riferimento alle arti plastiche ✻ 1965] **s. m. inv. 1** nel linguaggio della moda, gruppo di indumenti che costituiscono un insieme **2** (*mus.*) complesso vocale o strumentale

ensifórme [vc. dotta, comp. del lat. *ēnsis* 'spada' (prob. di orig. indeur.), e *-forme* ✻ av. 1673] **agg.** ● di organo animale o vegetale con vertice acuto a forma di spada

enstatite [vc. dotta, tratta dal gr. *enstátēs* 'che si pone (dal v. *histánai* 'porre') davanti (*en-*)', 'contrario', con allusione alla sua refrattarietà ✱ 1892] **s. f.** • (*miner.*) pirosseno di magnesio di colore verdiccio o bruno

entactògeno [comp. del gr. *éntaktos* 'disponibilità' e *-geno* ✱ sec. XX] **agg.** • (*farm.*) detto di sostanza stupefacente, come l'ecstasy, che, producendo effetti di eccitazione e impulsività, facilita il contatto con gli altri

entalpìa [dal gr. *enthálpein* 'riscaldare', 'scaldare (*thálpein*, di non chiara orig.) dentro (*en-*)' ✱ 1929] **s. f.** • (*fis.*) in un sistema termodinamico, funzione pari alla somma dell'energia interna e del prodotto del volume occupato moltiplicato per la pressione cui esso è sottoposto

entàlpico [1970] **agg.** (**pl. m.** *-ci*) • (*fis.*) relativo all'entalpia

èntași [vc. dotta, gr. *éntasis* 'azione di tendere, serrare', da *entéinein* 'tendere (*téinein*) dentro (*en-*)' ✱ 1499] **s. f. inv.** • (*archit.*) rigonfiamento centrale del fusto della colonna classica per compensare l'effetto ottico che, se esattamente cilindrica, la farebbe apparire più stretta al centro

♦**ènte** [vc. dotta, lat. *ēns*, genit. *ĕntis*, supposto part. pres. del v. *esse* 'essere', introdotto per rendere il corrispondente *tò ón*, pl. *tà ónta*, dei filosofi greci ✱ av. 1555] **s. m.** **1** (*filos.*) ciò che esiste o che ha possibilità di esistere | ***e. di ragione***, ciò che esiste soltanto nel pensiero | ***E. supremo***, Dio **2** (*dir.*) persona giuridica, spec. pubblica: *e. morale, previdenziale, parastatale*; *e. ecclesiastico* | ***enti locali***, i comuni, le province, le regioni | ***e. pubblico***, ente organizzato in vista di scopi di interesse pubblico, sia generali sia di dimensioni locali **3** (*mat.*) elemento astratto cui si attribuiscono in modo assiomatico determinate proprietà (per es. il punto, la retta, il piano, ecc.)

-ènte [dal part. pres. lat. della coniug. dei v. in *-ere* (*-ĕnte(m)*)] **suff.** • forma i participi presenti dei verbi in *-ere* (*temente*) e in *-ire* (*sentente*) e gli aggettivi participiali spesso sostantivati, di origine latina o no, che indicano gener. modo di essere, condizione: *adolescente, credente, consulente, esercente, trasparente*

entelechìa [vc. dotta, lat. tardo *entelechīa(m)*, dal gr. *entelécheia*, che si analizza 'avere (*échein*) in (*en-*) compimento (*télos*)' ✱ 1525] **s. f.** • nella filosofia di Aristotele, condizione di perfezione di un ente che ha realizzato ogni sua potenzialità | nella filosofia di Leibniz, la sostanza semplice o monade in quanto capace di realizzare in sé il proprio fine

entèllo [vc. dotta, lat. *Entĕllu(m)*, dal gr. *Éntellos*, mitico eroe siciliano, secondo l'uso scient. di attribuire talvolta nomi classici a specie animali o vegetali ✱ 1874] **s. m.** • scimmia dei Cercopitecidi agilissima, con muso piccolo incorniciato di peli (*Presbytis entellus*)

entente /fr. ɑ̃'tɑ̃t/ [vc. fr., da *entendre* 'intendere' ✱ 1856] **s. f. inv.** • intesa, alleanza, accordo, spec. in campo politico e diplomatico | ***E. cordiale***, accordo tra Gran Bretagna e Francia, sancito nel 1904

†**entènza** ➤ †**intenza**① e †**intenza**②

ènter /'enter, *ingl.* 'ɛntə(r)/ [vc. ingl., dal v. *to enter* 'immettere' ✱ 1991] **s. m. inv.** • (*inform.*) invio

enteràle [comp. di *enter(o)-* e del suff. *-ale*① ✱ 1968] **agg.** • (*med.*) che segue la via gastroenterica: *somministrare un farmaco per via e.* **CFR.** parenterale

enteralgìa [vc. dotta, comp. di *enter(o)-* e *-algia* ✱ 1820] **s. f.** (**pl.** *-gìe*) • (*med.*) dolore intestinale

enterectașìa [vc. dotta, comp. di *enter(o)-* ed *ectasia* ✱ 1874] **s. f.** • (*med.*) dilatazione dell'intestino

enterectomìa [comp. di *enter(o)-* ed *-ectomia* ✱ 1892] **s. f.** • (*chir.*) asportazione chirurgica, parziale o totale, dell'intestino

entèrico [vc. dotta, gr. *enterikós*, agg. di *énteron* 'intestino' (V. *entero-*) ✱ 1820] **agg.** (**pl. m.** *-ci*) • (*anat.*) relativo all'intestino tenue

enterìte [vc. dotta, comp. di *entero-* e *-ite*① ✱ 1820] **s. f.** • (*med.*) infiammazione della mucosa intestinale **CFR.** enterosi

èntero- [dal gr. *énteron* 'intestino' (da *én* 'in, dentro')] **primo elemento** • in parole scientifiche composte, spec. della terminologia medica, significa 'intestino': *enteroclisma, enteropatia*

Enterobatteriàcee [comp. di *entero-* e *batterio* ✱ 1956] **s. f. pl.** (**sing.** *-a*) • famiglia di batteri, a prevalente localizzazione intestinale, che provocano la decomposizione di materiali contenenti carboidrati (*Enterobacteriaceae*)

enterocèle [comp. di *entero-* e *-cele* ✱ 1476] **s. m.** • (*med.*) ernia intestinale

enterocettóre [comp. di *entero-* e *(re)cettore* ✱ 1987] **s. m.** • (*anat., fisiol.*) recettore adatto a ricevere informazioni dagli organi interni cavi **CFR.** esterocettore, propriocettore

enterocezióne [comp. di *entero-* e *(ri)cezione* ✱ 1993] **s. f.** • (*fisiol.*) complesso delle funzioni dei recettori e dei centri nervosi che consentono l'acquisizione di informazioni dagli organi interni cavi **CFR.** esterocezione, propriocezione

enterocito o **enterocita** [comp. di *entero-* e *-cito* ✱ sec. XX] **s. m.** • (*med.*) cellula intestinale

enteroclìși [comp. di *entero-* e del gr. *klýsis* 'lavaggio' ✱ 1865] **s. f. inv.** • lavanda intestinale **SIN.** clistere

enteroclìșma [vc. dotta, comp. di *entero-* e del gr. *klýsma* 'lavanda' ✱ 1879] **s. m.** (**pl.** *-i*) • apparecchio per l'enteroclisi | enteroclisi **SIN.** clistere

enterocòlico [comp. di *entero-* e *colico*① ✱ 1956] **agg.** (**pl. m.** *-ci*) • (*med.*) relativo all'intestino tenue e al colon

enterocolìte [vc. dotta, comp. di *entero-* e *colite* ✱ 1865] **s. f.** • (*med.*) infiammazione dell'intestino tenue e del colon

enteroepàtico [comp. di *entero-* ed *epatico* ✱ 1956] **agg.** (**pl. m.** *-ci*) • (*med.*) relativo all'intestino e al fegato

enterolitìași [comp. di *entero-* e *litiasi* ✱ 1834] **s. f. inv.** • (*med.*) condizione caratterizzata dalla presenza di calcoli nell'intestino

enteròlito [comp. di *entero-* e *-lito*① ✱ 1874] **s. m.** • (*med.*) calcolo intestinale

enterologìa [comp. di *entero-* e *-logia* ✱ 1797] **s. f.** (**pl.** *-gìe*) • branca della medicina che studia la struttura, la funzione, la patologia dell'intestino

enteròlogo [comp. di *entero-* e *-logo* ✱ 1993] **s. m.** (**f.** *-a*; **pl. m.** *-gi*) • studioso di enterologia | medico specializzato in enterologia

enteropatìa [vc. dotta, comp. di *entero-* e *-patia* ✱ 1829] **s. f.** • qualsiasi malattia intestinale ‖ **enteropàtico**, **agg.** (**pl. m.** *-ci*); **anche s. m.** (**f.** *-a*) **nel sign. 2** **1** relativo a enteropatia **2** che (o chi) soffre di enteropatia

Enteropnèusti [comp. di *entero-* e un deriv. del v. gr. *pnêin* 'respirare' ✱ 1917] **s. m. pl.** (**sing.** *-a*) • (*zool.*) gruppo di animali marini dal corpo vermiforme muniti di una proboscide contrattile anteriore all'apertura boccale (*Enteropneusta*)

enteroptòși [comp. di *entero-* e *ptosi* ✱ 1909] **s. f. inv.** • (*med.*) dislocazione più bassa dell'intestino rispetto alla posizione normale per lassità dei sistemi di sostegno

enterorrafìa [vc. dotta, comp. di *entero-* e un deriv. del gr. *raphḗ* 'cucitura' ✱ 1834] **s. f.** • (*chir.*) sutura dell'intestino

enterorragìa [vc. dotta, comp. di *entero-* e *(emo)rragia* ✱ 1887] **s. f.** (**pl.** *-gìe*) • (*med.*) emorragia intestinale

enteroscopìa [comp. di *entero-* e *-scopia* ✱ sec. XIX] **s. f.** • (*med.*) esame endoscopico dell'intestino

enteròși [vc. dotta, comp. di *entero-* e *-osi* ✱ 1983] **s. f. inv.** • malattia non infiammatoria dell'intestino **CFR.** enterite

enterostenòși [vc. dotta, comp. di *entero-* e *stenosi* ✱ 1892] **s. f. inv.** • (*med.*) restringimento dell'intestino

enterostomìa [comp. di *entero-* e *-stomia* ✱ 1897] **s. f.** • (*chir.*) creazione di una comunicazione dell'intestino con l'esterno attraverso la parete addominale (stoma), tale da evitare lo svuotamento intestinale per via anale

enterotomìa [vc. dotta, comp. di *entero-* e *-tomia* ✱ 1834] **s. f.** • (*chir.*) incisione di un tratto di parete intestinale

enteròtomo [vc. dotta, comp. di *entero-* e *-tomo* ✱ 1874] **s. m.** • bisturi per l'enterotomia

enterotossìna [comp. di *entero-* e *tossina* ✱ 1987] **s. f.** • (*med.*) qualsiasi proteina batterica esogena che, ingerita o prodotta nell'organismo ospite, agisce sulla mucosa intestinale causando i sintomi dell'intossicazione alimentare

enterovìrus [comp. di *entero-* e *virus* ✱ 1980] **s. m. inv.** **1** (*biol.*) genere di virus intestinali della famiglia *Picornaviridae* che provocano infezioni asintomatiche o moderate con ampia varietà di sindromi come raffreddore, angina e tonsillite, poliomielite, gastroenterite, congiuntivite, stomatite, esantema **2** ogni virus di tale genere

enterozòo [vc. dotta, comp. di *entero-* e del gr. *zô(i)on* 'animale' ✱ 1968] **s. m.** • verme intestinale

entertainer /enter'teiner, *ingl.* ˌɛntə'teɪnə(r)/ [vc. ingl., propr. 'intrattenitore', da *to entertain* 'intrattenere, divertire' ✱ 1973] **s. m. e f. inv.** • chi intrattiene il pubblico in modo brillante e divertente

entertainment /enter'teinəment, *ingl.* ˌɛntə'teɪnmənt/ [vc. ingl., propr. 'intrattenimento', da *to entertain* 'intrattenere, divertire' ✱ 1963] **s. m. inv.** • genere di spettacolo leggero diretto a intrattenere piacevolmente il pubblico

enteșopatìa [vc. dotta, dall'ingl. *enthesopathy*, comp. del gr. *énthesis* 'inserimento, immissione' e *pathy* '-patia' ✱ sec. XX] **s. f.** • (*med.*) patologia causata dall'alterazione dell'inserzione muscolare o tendinea nell'osso

entificàre [1917] **v. tr.** (*io entìfico*) • (*filos.*) attribuire a un concetto gli attributi dell'ente ‖ **entificazióne**, **s. f.**

entimèma [vc. dotta, lat. *enthymēma* (neutro), dal gr. *enthýmēma*, dal v. *enthymêisthai* 'tenere in (*en-*) mente (*thymós*)', 'considerare' ✱ av. 1328] **s. m.** (**pl.** *-i*) • (*filos.*) nella logica aristotelica, sillogismo che si basa su premesse non certe | ragionamento in forma sillogistico-deduttiva in cui è taciuta una delle due premesse

entimemàtico [vc. dotta, lat. tardo *enthymemáticu(m)*, dal gr. *enthymēmatikós* 'proprio dell'*entimema* (*enthýmēma*)' ✱ 1551] **agg.** (**pl. m.** *-ci*) • (*filos.*) relativo a entimema

entipologìa [comp. del gr. *entypôun* 'incidere, imprimere' (comp. di *en* 'in' e *typôun* 'segnare con un'impronta', da *týpos* 'impronta', d'orig. indeur.) e *-logia* ✱ 1983] **s. f.** (**pl.** *-gìe*) • studio degli stampati sotto il profilo storico, tecnico, artistico e funzionale

entipòsi [gr. *entýpōsis* 'impressione, impronta',

deriv. di *entipôun* 'imprimere, effigiare', comp. di *en* 'dentro' e *typôun* 'imprimere' (deriv. di *týpos* 'impronta': V. *tipo*) ✱ 1834] **s. f. inv.** ● (*anat.*) cavità articolare della spalla

♦**entità** [vc. dotta, tratta dal lat. *ēns, ĕntis* 'ente' ✱ av. 1563] **s. f. inv.** **1** (*filos.*) l'essenza di un ente; in senso concreto, l'ente stesso **2** (*fig.*) importanza, valore, grandezza: *cose di molta e.*; *patrimonio di notevole e.*; *danno di scarsa e.*

†**entitatìvo** [da *entità* ✱ 1584] **agg.** ● costitutivo dell'ente

entolòma [comp. del gr. *entós* 'dentro' e *lôma* 'orlo, frangia' (di etim. incerta): detto così perché ha le lamelle connesse col gambo ✱ 1917] **s. m.** (**pl.** *-i*) ● genere di Funghi dei Basidiomiceti con molte specie, la maggior parte delle quali velenose (*Entoloma*)

entòmata [falso pl. del gr. *éntoma* 'insetti' (già pl., dunque, di *éntomon*), da *entémnein* 'tagliare (*témnein*) in (*en-*) pezzi', per la configurazione del suo corpo segmentato; ritenuto uno dei sing. in *-ma* (come *poema, dogma, thema*), che assumevano al pl. la desinenza *-ta* (*poemata, themata*) ✱ 1319] **s. m. pl.** ● (*lett.*) insetti: *V'hanno degli entomati che non sanno due volte tessersi la larva* (A. Boito)

èntomo- [dal gr. *éntomon* (*zô(i)on*) '(animale) segmentato', 'insetto'] **primo elemento** ● in parole composte della terminologia scientifica, significa 'insetto': *entomofago, entomofilo, entomologo*

entomocorìa [comp. di *entomo-* e un deriv. del gr. *chōrêin* 'spostarsi, diffondersi' ✱ 1956] **s. f.** ● (*bot.*) disseminazione che avviene a opera di insetti

entomòcoro [1956] **agg.** ● (*bot.*) che avviene per entomocoria: *disseminazione entomocora* | che presenta entomocoria: *piante entomocore*

entomòfago [vc. dotta, comp. di *entomo-* e *-fago* ✱ 1865] **A s. m.** (**pl.** *-gi*) ● insetto che si nutre di altri insetti **B agg.** ● detto di organismo che si nutre di insetti: *insetto e., pianta entomofaga*

entomofàuna [vc. dotta, comp. di *entomo-* e *fauna* ✱ 1983] **s. f.** ● il complesso degli insetti di una determinata zona o regione

entomofilìa [vc. dotta, comp. di *entomo-* e *-filia* ✱ 1939] **s. f.** ● (*bot.*) impollinazione che avviene a opera di insetti

entomòfilo [vc. dotta, comp. di *entomo-* e *-filo* ✱ 1916] **agg.** ● (*bot.*) che avviene per entomofilia: *impollinazione entomofila* | che presenta entomofilia: *piante entomofile*

entomologìa [vc. dotta, comp. di *entomo-* e *-logia* ✱ 1797] **s. f.** (**pl.** *-gìe*) ● ramo della zoologia che ha per oggetto lo studio degli insetti

entomològico [1797] **agg.** (**pl. m.** *-ci*) ● relativo all'entomologia

entomòlogo [1846] **s. m.** (**f.** *-a*; **pl. m.** *-gi*) ● studioso di entomologia

Entomòstraci o **Entomòstrachi** [vc. dotta, comp. di *entomo-* e del gr. *óstrakon* 'conchiglia' ✱ 1834] **s. m. pl.** (**sing.** *-co*) ● (*zool.*) sottoclasse di Crostacei comprendente gli individui a organizzazione più primitiva nei quali il capo risulta di un numero vario di segmenti e l'addome è sempre privo di arti (*Entomostraca*)

entòtico o **endòtico** [comp. del gr. *entós* 'dentro' e *oto-*, con suff. aggettivale ✱ 1892] **agg.** (**pl. m.** *-ci*) ● (*med.*) detto di fenomeno o alterazione che riguarda l'orecchio interno

entòttico o **endòttico**, **endòptico** [fr. *entoptique*, comp. del gr. *entós* 'dentro' e del fr. *optique* 'ottico' ✱ 1892] **agg.** (**pl. m.** *-ci*) ● (*med.*) relativo o che ha origine all'interno dell'occhio: *fenomeno e.*

entourage /fr. ɑ̃tu'ʀaʒ/ [vc. fr., da *entourer* 'stare attorno (*entour*)', 'circondare' ✱ 1897] **s. m. inv.** ● gruppo di persone che stanno di solito attorno a un personaggio di rilievo: *fa parte dell'e. del ministro* | (*est.*) cerchia di conoscenti, di amici: *il proprio e.*

entozòo [vc. dotta, comp. del gr. *entós* 'dentro' e *zô(i)on* 'animale' ✱ 1829] **s. m.** ● (*zool.*) parassita degli animali che vive all'interno dell'ospite

entracte /fr. ɑ̃'tʀakt/ [vc. fr., propr. 'tra (*entre*) un atto (*acte*) e l'altro' ✱ 1905] **s. m. inv.** ● intervallo fra un atto e l'altro di uno spettacolo teatrale

†**entràgna** [sp. *entraña*, dal lat. *interānea*, neutro pl. di *interāneum* = *intestīnum* 'intestino', fatto da *ĭnter* 'dentro' sul modello di *extrāneus* 'esterno' ✱ 1618] **s. f.** ● (**spec. al pl.**) viscere, interiora

†**entràgno** [1618] **s. m.** ● entragna | (*fig.*) animo, indole

entraîneuse /fr. ɑ̃tʀɛ'nøz/ [vc. fr., propr. 'trascinatrice', da *entraîner* 'trainare (*traîner*) con sé' ✱ 1956] **s. f. inv.** ● donna che intrattiene i clienti nei locali notturni

♦**entràmbi** o †**entràmbo**, †**intràmbo**, †**tràmbi** [dal lat. *ĭnter ămbos* 'con l'uno e l'altro' ✱ av. 1294] **A agg. num. m. pl.** (**pl. f.** *entràmbe*) ● tutti e due, l'uno e l'altro, ambedue (sempre seguito dall'art. determ.): *e. i comandanti morirono; entrambe le figlie sono bionde* **SIN.** ambedue **B anche pron.**: *colei Sofronia, Olindo egli s'appella, / d'una cittade e. e d'una fede* (T. Tasso); *sa che da trambi è sommamente amato* (L. Ariosto)

†**entràme** [lat. *interāmen*, tratto dal pl. *interāmina*, da *interānea* 'entragna' (V.) con sostituzione di suff. ✱ av. 1424] **s. m.** ● viscere, interiora

†**entraménto** o †**intraménto** [1268] **s. m.** **1** l'entrare | (*est.*) entrata | espugnazione **2** (*fig.*) opportunità, occasione | modo di comportarsi

entrànte o †**intrànte** **A part. pres.** di *entrare*; **anche agg.** **1** nei sign. del v. **2** che sta per iniziare: *settimana e.*; *mese e.* | che sta per entrare in carica: *il presidente e.* **3** (*fig., lett.*) convincente: *ragione e.* | (*raro*) ***persona e.***, che con abilità o invadenza sa introdursi presso altri **4** (*lett., raro*) insinuante, suasivo: *tono di voce e.* **B s. m.** ● †inizio: *e. del mese*

♦**entràre**① o †**intràre** [lat. *intrāre* 'andare all'interno (*ĭntra*)' ✱ av. 1250] **A v. intr.** (*io éntro*; aus. *essere*) **1** andare all'interno di un luogo o di un ambiente: *e. in casa, in classe, in città; e. dalla porta, dalla finestra, per la finestra, attraverso il giardino; il cancello è chiuso e non si può e.* | ***entra!, entrate!***, invito a entrare, rivolto a chi bussa, suona e sim. | ***e. per la finestra***, (*fig.*) riuscire immeritatamente, per vie o con metodi irregolari | ***e. in acqua***, immergersi | ***e. in area***, nel calcio, sviluppare un'azione d'attacco nell'area di rigore | ***e. in scena***, detto di attore, presentarsi sul palcoscenico e dare inizio alla recitazione; (*fig.*) cominciare ad agire, a produrre determinati effetti e sim.: *poi entrarono in scena i grossi calibri* | ***e. nel personaggio***, detto di attore, impersonarlo con totale aderenza; (*fig.*) immedesimarsi in un tipo, in un modello e sim.: *e. nel personaggio della vittima* | ***e. sotto le coperte, e. nel letto***, andare a letto | (*fig.*) immischiarsi, ficcare il naso: *vuole e. dappertutto; e. nei fatti degli altri; smetti di e. nelle cose che non ti riguardano* | penetrare: *il chiodo non entra nel muro* **2** (*est.*) trovare posto, poter stare in qlco., essere contenuto (+ *in*): *questo vino non può e. in una sola bottiglia; il due entra quattro volte nell'otto* | (*fig.*) essere capito, ricordato e sim.: *ogni idea nuova che gli picchiasse nella testa per e. lo metteva in sospetto* (G. Verga); *questa poesia non mi entra in testa* | (*fig.*) insinuarsi: *e. nel cuore, nella mente, di qlcu.*; *un dubbio entrò nel mio animo* **3** (*colloq.*) calzare, adattarsi: *queste scarpe non mi entrano* **4** (*fig.*) essere ammesso a far parte di un gruppo, di una categoria e sim. (+ *in*): *e. in magistratura, nell'esercito, in senato; è entrato ormai nella nostra famiglia* | ***e. a far parte***, accedere, aderire, iscriversi e sim.: *e. a far parte di un'associazione* | ***e. in convento, in religione***, farsi suora, frate | ***e. in un intrigo, in un complotto***, trovarvisi implicato, anche involontariamente **5** (*fig.*) dare inizio, principio a un'attività: *e. in lotta, in guerra con, contro qlcu.* | ***e. in campo contro qlcu.***, cominciare a lottare, a combattere | ***e. in argomento***, iniziarne la trattazione | ***e. in ballo, in gioco***, intervenire | ***e. in società***, iniziare a frequentarla | ***e. in contatto con qlcu.***, iniziare rapporti, trattative e sim. | (*est.*) iniziare a trovarsi in una condizione, stato o tempo: *e. in agonia, in convalescenza, nel secondo anno di vita, nei dieci anni d'età* | ***e. in carica***, assumerla | ***e. in amore***, detto degli animali, quando assumono comportamenti o atteggiamenti particolari del periodo riproduttivo | ***e. in vigore***, diventare obbligatorio cominciando ad avere efficacia, detto spec. di atto normativo | ***e. in possesso di qlco.***, ottenerla | ***e. in collisione con qlco.***, scontrarsi **6** nel calcio, effettuare un'entrata **7** ***entràrci***, poter essere contenuto in qlco. (con valore intens.): *questo vestito nella valigia non ci entra!* | (*fig.*) avere attinenza, avere a che fare con qlco.: *che c'entra la politica?; io non c'entro!; è un discorso che non c'entra niente* | (*fig.*) ***entrarci come i cavoli a merenda***, di ciò che non ha nulla a che vedere con un'altra determinata cosa, faccenda e sim. **B v. tr.** ● (*lett.*) penetrare: *per poter e. ogni sentiero* (L. Ariosto)

entràre② o †**intràre** [da entrare① ✱ 1310] **s. m. solo sing.** **1** (*raro, lett.*) ingresso, entrata **2** principio di stagione, mese, anno, settimana: *sull'e. di maggio, della primavera*

♦**entràta** o †**intràta** [1261 ca.] **s. f.** **1** l'entrare: *l'e. degli operai in fabbrica; un'efficace e. in scena; dazio d'e.* | ***e. libera***, facoltà di entrare liberamente in un locale | ***e. di favore***, permesso di entrare in un luogo di spettacolo senza acquistare il biglietto | (*est.*) ora in cui si entra: *sposteremo l'e. alle nove* | (*est.*) luogo per cui si entra, ingresso, atrio: *un edificio con varie entrate; la nave è all'e. del porto; e. di servizio, principale, laterale; e. coperta, vasta, luminosa* | ***all'e.***, quando o dove si entra **2** (*fig.*) ammissione, accettazione e sim.: *la sua e. in magistratura è cosa certa* **3** (*fig.*) inizio, principio: *e. in guerra, in lotta; l'e. della Messa* | ***e. in carica***, presa di possesso di un impiego, ufficio e sim. | ***e. in vigore***, acquisto dell'obbligatorietà da parte di un atto normativo | ***tabella a doppia e.***, V. *tabella* **4** †adito | (*fig.*) †occasione, pretesto **5** (*mus.*) momento in cui viene enunciato un tema, un soggetto di fuga e sim. | momento in cui una voce o uno strumento interviene con la sua parte nell'insieme **CFR.** attacco | cenno del direttore d'orchestra o di coro per ricordare agli esecutori l'avvicinarsi del loro intervento | nell'opera, intervento di un cantante nella scena teatrale **6** nel calcio, intervento di un difensore sull'azione d'attacco di un avversario: *e. in scivolata* | ***e. a gamba tesa***, nel calcio, azione di contrasto fallosa, in quanto costituisce gioco pericoloso; (*fig.*) iniziativa provocatoria, intervento molto aggressivo: *un'e. a gamba tesa in campagna elettorale* **7** lemma di un dizionario **8** (*fig.*) guadagno, incasso, reddito: *un'e. sicura; non tutte le sue entrate provengono dal lavoro* | ***entrate e uscite***, incassi e spese | †***vivere d'e.***, di rendita **9** (*inform.*) operazione di trasferimento dei dati, o delle istruzioni di programma, da un'unità periferica alla memoria principale di un elaboratore || **entratàccia, pegg.** | **entratina, dim.** | **entratùccia, dim.**

SFUMATURE DI SIGNIFICATO

entrata - provento - introito

Entrata è ogni incasso derivante da una vendita, oppure ogni guadagno in denaro derivante dall'esercizio di un mestiere o di una professione. **Provento** è parola ancora più generale, che designa un utile economico di qualsiasi provenienza o natura. **Introito** è invece parola del linguaggio commerciale e burocratico per indicare specificamente le entrate di denaro in cassa.

†**entratóre** [1258] **agg. e s. m.** (**f.** *-trice*) ● che (o chi) entra

entratùra [1459] **s. f. 1** (*lett., raro*) l'entrare | (*est.*) ingresso, entrata **2** (*fig.*) facilità di accedere in un ambiente importante e presso persone autorevoli | (*est.*) persona che permette di stabilire un contatto utile: *ho un'e. al ministero* | (*lett.*) ***avere e. con qlcu.***, familiarità, amicizia | (*fig.*) †esordio, introduzione | (*fig.*) †opportunità: *saper cogliere l'e.* **3** somma che si deve versare per l'iscrizione di un cavallo a una corsa

entrave /fr. ɑ̃'tʀav/ [vc. fr., propr. 'impaccio, impedimento' e propr. 'pastoia', da *entraver*, deriv. dall'ant. fr. *tref* 'pezzo di legno' (dal lat. *trăbs*, genit. *trăbis*, 'trave') ✱ av. 1910] **s. f. inv.** ● restringimento della gonna subito sotto al ginocchio, o più in basso, secondo una moda dei primi anni del Novecento

entrechat /fr. ɑ̃tʀə'ʃa/ [vc. fr., dall'it. (*salto*) *intrecciato* ✱ 1858] **s. m. inv.** ● nella danza classica, passo che prevede l'esecuzione di un salto verso l'alto durante il quale i piedi si incrociano più volte passando alternativamente l'uno davanti all'altro

entrecôte /fr. ɑ̃tʀə'kot/ [vc. fr., propr. 'pezzo di carne tagliata tra (*entre*) una costola (*côte*) e l'altra' ✱ 1905] **s. f. inv.** ● costata di bovino macellato | fetta di lombata di bovino adulto disossata

entre-deux /fr. ɑ̃tʀə'dø/ [fr., propr. 'parte posta tra (*entre*) due (*deux*)' ✱ 1887] **s. m. inv.** ● tramezzo di pizzo o di ricamo inserito come guarnizione in un tessuto

entrée /fr. ɑ̃'tʀe/ [vc. fr., propr. 'entrata' ✱ 1766] **s. f. inv. 1** prima portata, dopo la minestra o l'antipasto | nei menu importanti, pietanza che viene servita dopo la portata di carne o pesce **2** (*spec. scherz.*) entrata, ingresso in un ambiente di qlcu. che vuole stupire o richiamare l'attenzione su di sé

entremets /fr. ɑ̃tʀə'mɛ/ [vc. fr., propr. 'piatto fra (*entre*) le portate (*mets*)' ✱ 1818] **s. m. inv.** ● nei pranzi importanti, piatto piuttosto leggero che si serve fra l'arrosto e la frutta

entre nous /fr. ɑ̃tʀə'nu/ [loc. fr., propr. 'tra (*entre*) noi (*nous*)' ✱ 1908] **loc. avv.** ● fra di noi, in un ambito ristretto: *sono questioni che devono restare entre nous* | in confidenza, con segretezza e discrezione: *sia detto entre nous*

entrìșmo [da *entro* col suff. *-ismo* ✱ 1969] **s. m.** ● tattica politica consistente nell'introdursi in un'organizzazione o in un'istituzione allo scopo di modificarla dall'interno

entrista [1986] **A s. m. e f.** (**pl. m.** *-i*) ● sostenitore, fautore dell'entrismo **B agg.** ● relativo all'entrismo: *politica entrista*

♦**éntro** o †**intro**① [lat. *ĭntro*, da *ĭnter*, comp. di *ĭn* con la determinazione locutiva *-ter* ✱ 1282] **A prep. 1** prima della fine di: *e. un giorno*; *e. l'anno* **2** (*spec. lett.*) dentro, in: *va e. casa*; *guarda e. l'armadio*; *e. determinati limiti* | (*lett.*) †anche nelle loc. prep. ***e. a, e. in, e. per, per e.***: *la lasciò cadere e. nel pozzo* (G. BOCCACCIO); *guardavano con attenzione per e. il nostro calesso* (C. GOLDONI) | †***da e.***, dentro: *d'e. le leggi trassi il troppo e 'l vano* (DANTE *Par.* VI, 12) | †***per e.***, attraverso: *per e. i luoghi tristi / venni stamane* (DANTE *Purg.* VIII, 58-59) **3** †tra **B avv.** ● †dentro: *che fa' tu e., che non esci fuora?* (L. DE' MEDICI) | con valore rafforz. con altri avv. di luogo: *qua e.*; *là e.*; *colà e.*; *ivi e.* (anche *entrovi*) **C in funzione di agg. inv.** ● (*lett.*) nella loc. ***d'e.***, interno: *nascendo di quel d'e. quel di fori* (DANTE *Par.* XII, 13)

entrobórdo [comp. di *entro* 'dentro' e *bordo* (in opposizione a *fuoribordo*) ✱ 1942] **A agg. inv.** ● detto di motore sistemato all'interno di un'imbarcazione | (*est.*) detto di imbarcazione dotata di tale motore **CONTR.** fuoribordo **B s. m. inv.** ● motore posto o da porre all'interno di un'imbarcazione | (*est.*) imbarcazione da turismo o da competizione con motore applicato all'interno dello scafo: *gare per e.*

entrofuoribórdo [comp. di *entro(bordo)* e *fuoribordo* ✱ 1966] **A s. m. inv.** ● imbarcazione veloce con motore posto nell'interno dello scafo, che muove un'elica applicata su un piede mobile e sollevabile | (*est.*) tale tipo di meccanismo propulsivo **B anche agg. inv.**: *motore e.*

†**entrométtere** ➤ **intromettere**

entróne [da *entrata*, modellato su *androne* ✱ 1869] **s. m.** ● (*tosc.*) androne

entropìa [vc. dotta, ted. *Entropie*, comp. del gr. *en-* 'dentro' e *tropḗ* 'rivolgimento', sul modello di *Energie* 'energia' ✱ 1892] **s. f. 1** (*fis.*) funzione di stato di un sistema termodinamico; in un sistema isolato, la sua variazione è nulla nelle trasformazioni reversibili, è sempre positiva nelle trasformazioni irreversibili | in meccanica statistica, misura del grado di disordine di un sistema **CONTR.** sintropia **2** nella teoria dell'informazione, misura della scarsità dell'informazione contenuta in un messaggio **3** (*est.*) misura del livello di disordine | in un organismo sociale, misura della tendenza al livellamento | degradazione

entròpico [1950] **agg.** (**pl. m.** *-ci*) ● (*fis.*) relativo all'entropia | ***fenomeni entropici***, quelli che, governati da un principio di causalità, tendono a disgregare i sistemi materiali e a degradare l'energia

entròpion o **entròpio** [vc. dotta, dal gr. *entropḗ* 'volgimento (*tropḗ*) in dentro (*en-*)' ✱ 1834] **s. m. inv.** ● (*med.*) introflessione della palpebra verso il bulbo oculare

entrotèrra [comp. di *entro* 'dentro' e *terra*, secondo il modello compositivo del corrispondente ted. *Hinterland* ✱ av. 1861] **s. m. inv.** ● territorio che si estende per una certa profondità all'interno di una fascia costiera

entrovàlle [comp. di *entro* e *valle* ✱ 1956] **s. m. inv.** ● territorio che si trova all'interno di una valle o di una zona valliva

èntry lèvel /'ɛntri'lɛvel, *ingl.* 'ɛntrɪˌlɛvəl/ [loc. ingl., propr. 'livello di base', comp. di *entry* 'ingresso, accesso' e *level* 'livello' ✱ 1993] **loc. agg. inv.; anche loc. sost. m. inv.** ● detto della versione di base, più economica, di un prodotto: *fotocamera, telefonino entry level*

entușiașmànte **part. pres.** di *entusiasmare*; **anche agg.** ● che entusiasma, che appassiona: *film, lettura e.*

♦**entușiașmàre** [da *entusiasmo* ✱ 1797] **A v. tr.** ● rendere pieno d'entusiasmo: *la lettura di quel libro mi ha entusiasmato* | ***la tua proposta non mi entusiasma***, mi piace poco | infiammare: *e. la folla con discorsi* **SIN.** appassionare, eccitare, infervorare **B entușiașmàrsi v. intr. pron.** ● diventare entusiasta (+ *a*, + *per*, **raro o lett.** + *di*): *entusiasmarsi per una partita di calcio*; *si entusiasmò all'idea di partire*; *non si entusiasma di nulla*; *egli tanto desiderava di vederla entusiasmata di quella montagna* (I. SVEVO) **SIN.** appassionarsi, eccitarsi, infervorarsi

♦**entușiàșmo** [vc. dotta, gr. *enthousiasmós*, da *enthousiázein* 'essere ispirato in (*en-*) dio (*theós*)' ✱ 1549] **s. m. 1** intenso sentimento di ammirazione, gioia ed esaltazione: *destare, suscitare, spegnere l'e.*; *essere pieno di e. per qlco.* **2** ardore, slancio: *mettersi con e. a fare qlco.*; *credette d'aver trovata la via per dare aiuto all'amico ed ... accettò con e.* (I. SVEVO) | intensa partecipazione: *abbracciare con e. un ideale* **3** †delirio, furore sacro: *l'e. della Sibilla*

SFUMATURE ➤ ***infatuazione***, ➤ ***zelo***

♦**entușiàsta** [vc. dotta, gr. *enthousiastḗs*, da *enthousiázein* 'essere divinamente ispirato' (*entheós*, da *en-* 'in' e *theós* 'dio') ✱ av. 1642] **A agg.** (**pl. m.** *-i*) **1** pieno di entusiasmo (+ *per*): *atteggiamento e.*; *essere e. per la scienza, per l'opera lirica* **2** (*est.*) particolarmente soddisfatto (+ *di*, **anche seguito da inf.**): *sono e. del tuo nuovo libro*; *è entusiasta di questa opportunità*; *sono entusiasti di poter raccontare la loro esperienza* **B s. m. e f.** ● chi sente entusiasmo, chi è pieno di entusiasmo: *una folla di entusiasti* | chi vive con ottimismo: *è un e.*

SFUMATURE DI SIGNIFICATO

entusiasta - esaltato - euforico

Chi prova gioia, allegria, grande ammirazione per qualcosa o per qualcuno si definisce **entusiasta**. Ma se tale stato d'animo sconfina in passione fanatica o in eccitazione eccessiva è più pertinente **esaltato**. Non ha connotazioni negative **euforico**, che descrive la condizione di chi si trova in uno stato emotivo di grande gioia, unita a energia e fiducia.

entușiàstico [vc. dotta, gr. *enthousiastikós*, da *enthousiastḗs* 'entusiasta' ✱ 1579] **agg.** (**pl. m.** *-ci*) ● mosso da entusiasmo: *grido, applauso e.*; *lode entusiastica* || **entușiasticaménte**, **avv.**

enucleàre [vc. dotta, lat. *enucleāre* 'togliere (*ex-*) il nocciolo (*nŭcleus*, dim. di *nŭx* 'noce')' ✱ av. 1498] **A v. tr.** (**pres.** *io enùcleo*; **fut.** *io enucleerò*) **1** spiegare, chiarire con precisione: *abbiamo finalmente enucleato il problema* | mettere in evidenza, individuare: *e. i termini essenziali di una questione* **2** in chirurgia, eseguire un'enucleazione **B enucleàrsi v. intr. pron.** ● evidenziarsi, manifestarsi con precisione

enucleazióne [av. 1764] **s. f. 1** (*raro*) l'enucleare | spiegazione: *l'e. di un principio scientifico* **2** (*chir.*) asportazione di una formazione sferoidale circoscritta dai tessuti circostanti | ***e. dell'occhio***, asportazione del bulbo oculare dalla cavità orbitaria

ènula [lat. tardo *ĕnula(m)*, per *ĭnula(m)*, preso per via pop. dal gr. *helénion* 'elenio' ✱ sec. XIV] **s. f.** ● (*bot.*) inula

enumeràre [vc. dotta, lat. *enumerāre* 'contare (*numerāre*) perfettamente (*ex-*)' ✱ av. 1342] **v. tr.** (*io enùmero*) ● esporre una serie di cose una dopo l'altra con ordine: *e. le difficoltà, i vantaggi* **SIN.** elencare, noverare

enumerazióne [vc. dotta, lat. *enumeratiōne(m)*, da *enumerāre* 'enumerare' ✱ 1442] **s. f. 1** l'enumerare | serie di cose enumerate: *e. parziale, totale* **2** (*ling.*) figura retorica che consiste nel raggruppare per coordinazione una serie di parole e di concetti; per es. in: *Le donne, i cavallier, l'arme, gli amori, / le cortesie, l'audaci imprese io canto* (L. ARIOSTO) | nella retorica classica, riepilogo ordinato dei punti salienti di un discorso precedente

enunciàre o (*lett.*) **enunziàre** [vc. dotta, lat. *enuntiāre* 'far conoscere (*nuntiāre*) fuori (*ex-*)' ✱ av. 1472] **v. tr.** (**pres.** *io enùncio*; **fut.** *io enuncerò*) **1** esprimere un concetto o un argomento nella forma adeguata e con precisione: *e. un problema, una teoria, un teore-*

ma **2** †affermare

†enunciativa [1623] **s. f.** • proposizione enunciativa

enunciativo [vc. dotta, lat. *enuntiatīvu(m)*, da *enuntiātus* 'enunciato' * 1575] **agg.** • che enuncia, che espone | (*gramm.*) ***proposizione enunciativa***, che esprime in modo positivo o negativo una constatazione (per es.: *oggi fa freddo*; *stasera non ho fame*) **SIN.** proposizione assertiva **CFR.** interrogativo, esclamativo, dubitativo, volitivo

enunciato o (*lett.*) **enunziato** [vc. dotta, lat. *enuntiātu(m)*, dal part. pass. di *enuntiāre* 'enunciare'] **A** **part. pass.** di *enunciare*; anche **agg.** • nei sign. del v. **B** **s. m.** **1** (*mat.*) forma nella quale si esprime un teorema o un problema **2** (*filos.*) nella logica moderna, qualsiasi proposizione sottoponibile a un giudizio di vero/falso **3** (*ling.*) sequenza di parole dotata di senso compiuto

enunciatore [1585] **s. m.** (**f.** *-trice*) • chi enuncia

enunciazione o (*lett.*) **enunziazione** [vc. dotta, lat. *enuntiatiōne(m)*, da *enuntiātus* 'enunciato' * av. 1328] **s. f.** • l'enunciare | formulazione: *la precisa e. del problema* | ciò che si enuncia

enunziare e deriv. ➤ **enunciare** e deriv.

enuresi [vc. dotta, tratta dal v. gr. *enourêin* 'urinare (*ourêin*) sopra (*en-*)' * 1820] **s. f. inv.** • (*med.*) incontinenza involontaria di urina, spec. durante il sonno

†envea ➤ **†inveggia**

†enveia ➤ **†inveggia**

environment /envi'ronment, *ingl.* ɪn'vaɪrənmənt/ [vc. ingl. 'ambiente' * 1966] **s. m. inv.** • ricerca artistica sviluppatasi intorno al 1970, che tende a fare uscire la creazione dell'artista dalla superficie convenzionale del quadro ponendo l'osservatore-spettatore al centro di elementi più o meno organizzati, estranei ai mezzi codificati delle belle arti, anche di natura tecnologica

-enza [tratto, come il corrispondente lat. *-ĕntia(m)*, dal part. pres. in *-ente*] **suff.** • forma sostantivi astratti che indicano condizione, modo di essere, stato: *conoscenza, convenienza, partenza, prudenza*

enzima [vc. dotta, ted. *Enzym*, comp. del gr. *en-* 'dentro' e *zýmē* 'lievito' (di orig. indeur.) * 1892] **s. m.** (**pl.** *-i*) • composto di natura proteica che accelera le reazioni chimiche **SIN.** fermento

enzimatico [1932] **agg.** (**pl. m.** *-ci*) • relativo a enzima

enzimologia [comp. di *enzima* e *-logia* * 1892] **s. f.** (**pl.** *-gie*) • branca della biochimica che studia gli enzimi

enzoozia [vc. dotta, comp. del gr. *en-* 'in' e un deriv. di *zô(i)on* 'animale' * 1834] **s. f.** • (*zootec.*) malattia la cui diffusione è limitata a una stalla o a un allevamento, con carattere di permanenza

†eo • V. **io**

e/o /e'o*/ [1950] **cong.** • con valore aggiuntivo e disgiuntivo, coordina due elementi che possono unirsi e sommarsi o escludersi e contrapporsi a vicenda, spec. nel linguaggio economico e commerciale: *cercansi tecnici e/o disegnatori* (V. nota d'uso BARRA)

-eo /eo/ [in lat. *-ĕu(m)*, proprio delle formazioni agg.] **suff.** • forma aggettivi, di origine quasi esclusivamente latina, che esprimono derivazione e qualità: *aureo, ferreo, ligneo, terreo*

Eocene [vc. dotta, ingl. *eocene*, comp. del gr. *héōs* 'aurora' (di orig. indeur.) e *-cene*① * 1879] **s. m.** • (*geol.*) secondo periodo e sistema del Paleogene

eocenico [av. 1930] **agg.** (**pl. m.** *-ci*) • (*geol.*) relativo all'Eocene

Eoli [vc. dotta, lat. *Ăeoles*, dal gr. *Aiolées* con var., dal n. del mitico fondatore della stirpe Áiolos o Aiólos 'Eolo' * 1821] **s. m. pl.** (**sing.** *-io*) • popolazione indoeuropea che si stanziò in Tessaglia e in Beozia e che, a partire dall'XI sec. a.C., fondò colonie in Asia Minore; costituiscono uno dei tre principali gruppi etnolinguistici dell'antica Grecia, insieme con i Dori e gli Ioni

eolico① [dal n. di *Eolo*, dio dei venti nella mitologia greca * 1828] **agg.** (**pl. m.** *-ci*) **1** del dio Eolo **2** (*geogr.*) del vento, dovuto al vento | ***depositi eolici***, di sabbia o neve accumulata dal vento | (*fis.*) mosso dal vento, generato dal vento: *motore e., energia eolica*

eolico② [vc. dotta, lat. *Aeŏlicu(m)*, dal gr. *Aiolikós* 'proprio degli Eoli (*Aiolées*)' * 1481] **A** **agg.** (**pl. m.** *-ci*) • dell'Eolide, antica regione dell'Asia Minore | degli antichi Eoli: *dialetto e.* **B** **s. m. solo sing.** • dialetto greco parlato dagli antichi Eoli

eolina [da *eolio*① * 1892] **s. f.** **1** (*disus.*) armonica a bocca **2** particolare registro d'organo che produce suoni dolci

eolio① [vc. dotta, lat. *Aeoliu(m)*, dal gr. *Aiólios*, deriv. di *Aíolos* 'Eolo, re dei venti' * 1342] **agg.** (**pl. m.** *-i* o *-ii*) • (*lett.*) di Eolo, mitico re dei venti | ***grotte eolie***, dove spirano venti freschi | ***arpa eolia***, strumento a corda da cui il vento trae suoni gradevoli

eolio② [vc. dotta, lat. *Aeoliu(m)*, dal gr. *Aiólios* 'relativo all'Eolia' * av. 1638] **agg.** (**pl. m.** *-i* o *-ii*) • (*lett.*) degli antichi Eoli, spec. con riferimento a Saffo e alla sua poesia | ***la Poetessa eolia***, (*per anton.*) Saffo | (*mus.*) ***modo e.***, uno dei modi della musica greca

eolismo [da *eolico*②, con *-ismo* * 1956] **s. m.** • (*ling.*) parola o locuzione caratteristica del dialetto eolico

eolite [vc. dotta, comp. del gr. *héōs* 'aurora' e *-lite*, *-lito*①, e formata sul modello di *neolite*, V. *neolitico* * sec. XIX] **s. f.** • (*paleontologia*) selce con grossolane scheggiature naturali un tempo ritenute di origine antropica

eone [vc. dotta, lat. eccl. *aeōne(m)* 'essere esistente dall'eternità (gr. *aiṓn*, di etim. incerta)' * 1748] **s. m.** **1** nell'antica Grecia, il tempo in senso assoluto, considerato una divinità nell'ambito delle religioni misteriche **2** nella dottrina gnostica (II sec. d.C.), uno degli esseri eterni che emanano da Dio e che fungono da intermediari tra Lui e il mondo | nella escatologia neotestamentaria, epoca della storia del mondo **3** (*geol.*) periodo che comprende più ere geologiche

eonismo [dal n. del cavaliere Ch. d'*Eon* (XVIII sec.), noto per tale inclinazione, e *-ismo* * 1968] **s. m.** • (*raro*) travestitismo

eoo [vc. dotta, lat. *Eōu(m)*, dal gr. *ēôos* 'proprio dell'aurora (*ēốs*)' * av. 1292] **A** **agg.** • (*poet.*) orientale: *sorgeva il novo sol da i lidi eoi* (T. TASSO) | ***luce eoa***, mattutina **B** **s. m.** • (*poet.*) vento di levante

eosina [comp. del gr. *ēốs* '(del colore dell')aurora' e *-ina* * sec. XIX] **s. f.** • colorante del gruppo delle ftaleine usato per tingere lana e seta, per colorare inchiostri e lacche e in medicina

eosinofilia [da *eosinofilo* * sec. XIX] **s. f.** **1** la proprietà di alcune cellule di colorarsi con l'eosina **2** (*med.*) presenza, superiore al normale, di eosinofili nel sangue, che si verifica nel corso di certe malattie

eosinofilo [comp. di *eosina* e *-filo* * 1917] **s. m.** • cellula bianca del sangue

epa [vc. dotta, lat. tardo *hēpar* (neutro), dal gr. *hêpar* 'fegato', di orig. indeur. * 1266] **s. f.** • (*lett.*) pancia, ventre: *rispuose quel ch'avea infiata l'epa* (DANTE *Inf.* XXX, 119)

épagneul /*fr.* epa'ɲœl/ [vc. fr., propr. 'spagnolo', dapprima *espaignol*, che meglio riflette la diretta deriv. dallo sp. *español* 'spagnolo', perché razza proveniente dalla Spagna * 1908] **s. m. inv.** • cane da caccia a pelo lungo e setoso | ***épagneul breton***, tipo di épagneul più piccolo, di pelo bianco e marrone o bianco e rossiccio

epagoge [vc. dotta, lat. tardo *epagōge(m)*, dal gr. *epagōgḗ* 'condotta (*agōgḗ*) sopra (*ep(í)*)', 'induzione' * 1552] **s. f.** • nella logica aristotelica, procedimento induttivo

epagogico [vc. dotta, gr. *epagōgikós*, da *epagōgḗ* 'epagoge' * 1869] **agg.** (**pl. m.** *-ci*) • relativo all'epagoge | induttivo

epagomeni [vc. dotta, gr. *epagoménē* (sottinteso *hēméra* 'giorno'), part. passivo di *epágein* 'portare sopra, aggiungere' * av. 1830] **s. m. pl.** (**sing.** *-o*) • giorni complementari che, in alcuni calendari, si intercalano o aggiungono a determinati anni per far coincidere l'anno solare con quello lunare o per scopi analoghi

epanadiplosi [vc. dotta, lat. tardo *epanadiplōsi(m)*, dal gr. *epanadíplōsis* 'reduplicazione', da *díplōsis* 'raddoppiamento', rafforzato con *ep(í)* 'sopra' e *ána* 'nuovamente' * 1745] **s. f. inv.** • (*ling.*) figura retorica che consiste nella ripetizione della medesima parola (o gruppo di parole) all'inizio e alla fine di un enunciato; per es. in: *Prendi partito accortamente, prendi* (F. PETRARCA)

epanafora [vc. dotta, lat. tardo *epanăphora(m)*, dal gr. *epanaphorá* 'riportare' comp. di un deriv. del v. *phérein* 'portare' rafforzato con *ep(í)* 'sopra' e *ána* 'di nuovo' * 1594] **s. f.** • (*ling.*) in retorica, anafora nel sign. 1

epanalessi [vc. dotta, lat. tardo *epanalēpsi(n)*, dal gr. *epanálēpsis*, comp. delle particelle rafforzative *ep(í)* 'sopra' e *ána* 'di nuovo' e di un deriv. del v. *lambánein* 'prendere' * av. 1595] **s. f. inv.** • (*ling.*) figura retorica che consiste nella ripetizione di una o più parole all'inizio, alla fine o all'interno di un enunciato; per es. in: *canta nell'ombra più fonda, / chi sa dove, chi sa dove!* (G. D'ANNUNZIO)

epanalettico [da *epanalessi* * 1965] **agg.** (**pl. m.** *-ci*) • relativo a epanalessi

epanodo [vc. dotta, lat. tardo *epănodu(m)*, dal gr. *epánodos* 'regressione' * 1834] **s. m.** • (*ling.*) figura retorica che consiste nel riprendere, arricchendole di particolari, una o più parole enunciate in precedenza; per es.: *consiglio la montagna e la collina: la montagna per l'aria, la collina per il riposo*

epanortosi [vc. dotta, lat. tardo *epanorthōsis*, dal gr. *epanórthōsis* 'correzione' * 1968] **s. f. inv.** • (*ling.*) figura retorica con cui si attenua o si ritratta qualcosa che si è detto in precedenza; per es.: *come ho fatto a dire che era un genio? È un artista appena mediocre*

eparca ➤ **eparco**

eparchia [vc. dotta, gr. *eparchía* 'provincia governata dall'*eparco* (*éparchos*)' * 1619] **s. f.** • nell'Impero romano d'oriente, suddivisione della diocesi o dell'esarcato sottoposta al governo di un eparca

eparco o **eparca** [vc. dotta, gr. *éparchos* 'che governa (*archós*) sopra (*epí*) un territorio' * 1834] **s. m.** (**pl.** *-chi*) • funzionario preposto al governo di un'eparchia

eparina [ingl. *heparin*, dal gr. *hêpar* 'fegato' * 1932] **s. f.** • (*chim.*) polisaccaride presente in vari organi, spec. nel fegato, ad azione anticoagulante ed antilipemica

epatalgia [vc. dotta, comp. di *epat(o)* e *-algia* * 1788] **s. f.** (**pl.** *-gie*) • (*med.*) dolore localizzato alla regione epatica

†epate [vc. dotta, lat. *hēpar*, genit. *hēpatis*, dal gr. *hêpar*, di orig. indeur. * 1529] **s. m.** • fegato

epatica [vc. dotta, lat. *hepătica(m)*, f. di *hepăticu(m)* 'epatico', per la forma delle foglie somiglianti al fegato (*hēpar*) * av. 1320] **s. f.** • pianta erbacea delle Ranuncolacee con foglie cuoriformi, inferiormente pelose di color rosso bruno e fiori azzurri (*Anemone hepatica*) SIN. erba trinità

Epàtiche [dall'agg. lat. *hepăticus* 'proprio del fegato (*hēpar*, genit. *hēpatis*)', perché una specie era popolarmente usata per la cura dei mali epatici ✱ 1828] **s. f. pl.** (**sing.** *-a*) ● (*bot.*) classe di Briofite dal tallo laminare strisciante (*Hepaticae*)

epàtico [vc. dotta, lat. tardo *hepăticu(m)*, dal gr. *hēpatikós* 'proprio del fegato (*hêpar*, genit. *hêpatos*)' ✱ av. 1313] **A** **agg.** (**pl. m.** *-ci*) ● (*anat.*, *med.*) del fegato, relativo al fegato: *arteria epatica*; *insufficienza, colica, cirrosi epatica* **B** **agg. e s. m.** (**f.** *-a*) ● che (o chi) è malato di fegato **C** **s. m.** ● (*chim.*) fegato di zolfo

epatìte [vc. dotta, comp. di *epat(o)* e *-ite*①, secondo il fr. *hépatite* ✱ 1750] **s. f.** ● (*med.*) infiammazione del fegato: *e. virale*

epatiẓẓazióne [vc. dotta, tratta dal v. gr. *hēpatízein* 'soffrire di fegato' ed 'essere come il fegato' (*hêpar*, genit. *hêpatos*) ✱ 1874] **s. f.** ● (*med.*) indurimento di un tessuto o di un organo che assume la consistenza del fegato: *e. polmonare*

èpato- [dal gr. *hêpar*, genit. *hêpatos* 'fegato' (di orig. indeur.)] **primo elemento** ● in parole composte della terminologia medica, significa 'fegato': *epatite, epatotomia*

epatobiliàre [comp. di *epato-* e *biliare* ✱ 1947] **agg.** ● (*anat.*) relativo al fegato e alle vie biliari

epatocìta o **epatocìto** [comp. di *epato-* e *-cita* ✱ 1987] **s. m.** (**pl.** *-i*) ● (*biol.*) cellula di forma poliedrica e metabolicamente molto attiva, costituente fondamentale del tessuto epatico

epatologìa [comp. di *epato-* e *-logia* ✱ sec. XVIII] **s. f.** (**pl.** *-gìe*) ● (*med.*) ramo della medicina che studia il fegato e le sue malattie

epatòlogo [da *epatologia* ✱ 1987] **s. m.** (**f.** *-a*; **pl. m.** *-gi*) ● (*med.*) medico specialista in malattie del fegato

epatomegalìa [vc. dotta, comp. di *epato-* e *megalia* ✱ 1951] **s. f.** ● (*med.*) ingrossamento del fegato

epatopàncreas [comp. di *epato-* e *pancreas* ✱ 1983] **s. m. inv.** ● (*zool.*) denominazione di alcune ghiandole annesse all'apparato digerente degli Artropodi e dei Molluschi

epatopatìa [comp. di *epato-* e *-patia* ✱ 1843] **s. f.** ● qualsiasi malattia del fegato ‖ **epatopàtico**, **agg.** (**pl. m.** *-ci*); **anche s. m.** (**f.** *-a*) **nel sign. 2** **1** relativo a epatopatia **2** che (o chi) soffre di epatopatia

epatoprotettìvo [comp. di *epato-* e *protettivo* ✱ 1956] **agg.** ● (*farm.*) epatoprotettore

epatoprotettóre [comp. di *epato-* e *protettore* ✱ 1956] **A** **agg.** (**f.** *-trice*) ● (*farm.*) detto di prodotto in grado di svolgere un'azione di protezione sulle cellule epatiche in condizioni patologiche, come nell'epatite o nella cirrosi: *farmaco e., alimento e.* SIN. epatoprotettivo **B** **anche s. m.**

epatorragìa [vc. dotta, comp. di *epato-* e *-(r)ragia* ✱ 1874] **s. f.** (**pl.** *-gìe*) ● (*med.*) emorragia epatica

epatoscopìa [gr. *hēpatoskopía*, comp. di *hêpar*, genit. *hêpatos* 'fegato' e un deriv. di *skopêin* 'osservare' ✱ sec. XIX] **s. f.** ● nelle religioni greco-romana, etrusca e mesopotamica, esame a scopo divinatorio del fegato di animali sacrificati

epatòṣi [vc. dotta, comp. di *epato-* e *-osi* ✱ 1932] **s. f. inv.** ● malattia non infiammatoria del fegato

epatosplenomegalìa [comp. di *epato-*, *spleno-* e *-megalia* ✱ 1956] **s. f.** ● (*med.*) ingrossamento simultaneo del fegato e della milza

epatotomìa [vc. dotta, comp. di *epato-* e *-tomia* ✱ 1874] **s. f.** ● (*med.*) incisione del fegato

epatotossìna [comp. di *epato-* e *tossina* ✱ 1968] **s. f.** ● tossina che determina alterazioni più o meno gravi nelle cellule epatiche

epàtta [vc. dotta, lat. tardo *epăcta(s)* (pl.), dal gr. *epaktái*, sottinteso *hēmérai* '(giorni) intercalari', da *epágein* 'portare (*ágein*) sopra (*epí*)', 'aggiungere' ✱ av. 1294] **s. f.** ● (*astron.*) età della luna al 1° di gennaio di ogni anno, cioè numero di giorni trascorsi dall'ultimo novilunio che, aggiunti all'anno lunare, lo rendono uguale all'anno solare

epèira [vc. dotta, comp. del gr. *epí* 'sopra' e *eírein* 'intrecciare' ✱ 1892] **s. f.** ● ragno degli Araneidi con un disegno a croce sull'addome (*Araneus diadematus*)

epeirogèneṣi ➤ **epirogenesi**

epèndima [gr. *epéndyma* 'che sta sopra (*ep(í)*) la veste (*éndyma*)' ✱ 1892] **s. f.** ● (*anat.*) rivestimento interno dei ventricoli cerebrali e del canale midollare

ependimàle [comp. di *ependim(a)* e del suff. *-ale*① ✱ sec. XIX] **agg.** ● (*anat.*) relativo al rivestimento delle cavità del sistema nervoso centrale o alle cavità stesse | ***canale e.***, lume del midollo spinale

epènteṣi [vc. dotta, lat. tardo *epĕnthesi(n)*, dal gr. *epénthesis*, comp. di *énthesis* 'inserzione', da *entithénai* 'porre (*tithénai*) dentro (*en-*)' con *epí* 'sopra' rafforz. ✱ 1540] **s. f. inv.** **1** (*ling.*) inserzione di un suono non etimologico nell'interno di una parola; per es. l'inserzione della *r* all'interno di 'valente' in: *nacque la valentre contessa* (G. VILLANI) **2** in enigmistica, zeppa

epentètico [vc. dotta, gr. *epenthetikós* 'relativo all'*epentesi* (*epénthesis*)' ✱ av. 1764] **agg.** (**pl. m.** *-ci*) ● (*ling.*) relativo all'epentesi | inserito per epentesi: *fonema e.*

eperlàno [fr. *éperlan*, dal medio neerlandese *spierlinc*, da *spier* 'palo', per la sua forma ✱ 1968] **s. m.** ● (*zool.*) sperlano

†**e però** ➤ **epperò**

epeṣegèṣi [vc. dotta, lat. tardo *epexegēsi(n)*, dal gr. *epexḗgēsis* 'spiegazione (*exḗgēsis*) ulteriore (*epí*, propr. 'sopra')' ✱ 1892] **s. f. inv.** ● (*ling.*) aggiunta esplicativa a una frase o a un'espressione

epeṣegètico [da *epesegesi* ✱ 1951] **agg.** (**pl. m.** *-ci*) ● (*ling.*) di epesegesi | esplicativo | ***genitivo e.***, nella grammatica latina, quello che determina il senso generico del sostantivo da cui dipende (per es. *virtus temperantiae*, la virtù della temperanza)

ephèmera /lat. e'fɛmera/ [vc. lat., propr. 'cose effimere', dal nt. gr. e lat. *ephêmeron*] **s. m. o f. pl.** ● in antiquariato, insieme di oggetti, accessori, curiosità e sim. attinenti a un determinato settore merceologico e difficilmente classificabili come settore a sé stante per l'assenza di caratteri comuni

èpi- [dal gr. *epí* 'su', 'di nuovo', di orig. indeur.] **pref.** ● significa 'sopra', 'in', 'di nuovo' o indica sovrapposizione, aggiunta: *epicarpo, epifita*

èpica [da *epico* ✱ 1766] **s. f.** **1** genere di poesia che tratta temi e leggende eroiche: *l'e. di Omero, di Virgilio* **2** (*raro*) complesso di poemi epici: *l'e. greca* **3** (*est.*, *raro*) ogni vicenda memorabile: *l'e. del lavoro italiano nel mondo* SIN. epopea

epicànto [comp. di *epi-* e del gr. *kanthós* 'angolo dell'occhio' (V. *canto*②) ✱ sec. XIX] **s. m.** ● (*med.*) anomalia consistente in una piega cutanea che copre talvolta l'angolo interno dell'occhio

epicàrdio [vc. dotta, comp. di *epi-* e *-cardio* ✱ 1892] **s. m.** ● (*anat.*) sottile lamina cellulare che riveste all'esterno il cuore

epicardìte [vc. dotta, comp. di *epicardio-* e *-ite*① ✱ 1970] **s. f.** ● (*med.*) infiammazione dell'epicardio

epicàrpo o **epicàrpio** [vc. dotta, comp. di *epi-* e del gr. *karpós* 'frutto' ✱ 1820] **s. m.** ● (*bot.*) strato più esterno del frutto, per lo più membranoso SIN. esocarpo

epicèdico [da *epicedio* ✱ 1869] **agg.** (**pl. m.** *-ci*) ● che ha carattere di epicedio

epicèdio [vc. dotta, lat. tardo *epicedīo(n)*, dal gr. *epikḗdeion* '(canto) sul (*epí*) funerale (*kêdos*)' ✱ 1582] **s. m.** ● nell'antica poesia greca, canto corale in onore di un morto | componimento poetico funebre

epicèno [vc. dotta, lat. tardo *epicoēnu(m)*, dal gr. *epíkoinon* '(genere) comune (*koinós*)' con *epí* 'su' rafforz. ✱ 1582] **agg.** ● (*gramm.*) promiscuo: *genere e.*

epicentràle [1995] **agg.** ● dell'epicentro di un terremoto

epicèntro (o **-é-**) [vc. dotta, gr. *epíkentros* 'che sta sopra (*epí*) al centro (*kéntron*)' ✱ 1892] **s. m.** **1** punto della superficie terrestre sovrastante l'ipocentro di un terremoto **2** (*fig.*) punto in cui qlco. si manifesta più intensamente, da cui qlco. si origina e si espande: *l'e. di una epidemia, della sommossa*

epichèia [dal gr. *epiéikeia* 'moderazione' ✱ 1673] **s. f.** ● spec. nel diritto canonico, equità, indulgenza nell'applicazione della legge

epicherèma [vc. dotta, lat. *epichirēma*, dal gr. *epichéirēma*, propr. '(sostenuto) sulla (*epí*) mano (*chéir*)' ✱ 1559] **s. m.** (**pl.** *-i*) ● (*filos.*) sillogismo in cui una o entrambe le premesse sono accompagnate dalla loro dimostrazione

epicheremàtico [gr. *epicheirēmatikós* 'relativo all'epicherema (*epichéirēma*)' ✱ 1869] **agg.** (**pl. m.** *-ci*) ● relativo all'epicherema

epicìclo [vc. dotta, lat. tardo *epicȳclu(m)*, dal gr. *epíkyklos* 'che sta sopra (*epí*) il cerchio (*kýklos*)' ✱ 1282] **s. m.** ● (*astron.*) uno dei due circoli immaginari che nell'antico sistema tolemaico rappresentano il moto di ciascun pianeta

epicicloidàle [da *epicicloide* ✱ 1917] **agg.** ● (*mat.*) di epicicloide | (*mecc.*) ***moto e.***, generato da un cerchio che rotola su un altro

epicicloìde [vc. dotta, comp. di *epicicl(o)* e *-oide* ✱ 1718] **s. f.** ● (*mat.*) cicloide della circonferenza, tale che il cerchio ruotante stia nella regione esterna a questa

epiclàstico [comp. di *epi-* e *clastico* ✱ 1983] **agg.** (**pl. m.** *-ci*) ● (*geol.*) detto di roccia clastica i cui elementi sono stati trasportati dalle acque, dai venti o dai ghiacciai

epiclèṣi [gr. *epíklēsis* 'invocazione', da *epikalêin* 'chiamare, invocare' ✱ 1956] **s. f. inv.** **1** attributo rituale con cui gli antichi Greci si rivolgevano a una divinità nelle invocazioni **2** nella liturgia della Messa, preghiera con cui il sacerdote chiede a Dio di operare la transustanziazione

♦**èpico** [vc. dotta, lat. *ĕpicu(m)*, dal gr. *epikós*, agg. di *épos* (V. *epos*) ✱ 1483] **A** **agg.** (**pl. m.** *-ci*) **1** che canta temi e leggende eroiche: *poema e.*; *poeta e.*; *poesia epica* | ***soggetto e.***, degno di un'epopea **2** eroico: *racconto, tema e.* | (*fig.*, *lett.*) grandioso, straordinario: *le epiche selve immense della Svezia scoscesa* (V. ALFIERI) ‖ **epicaménte**, **avv.** a modo di epopea ‖ **epicità**, **s. f. inv.** **B** **s. m.** ● poeta epico

epicondilìte [comp. di *epicondil(o)* e *-ite*① ✱ 1956] **s. f.** ● (*med.*) infiammazione dell'epicondilo

epicòndilo [comp. di *epi-* e *condilo* ✱ sec. XVIII] **s. m.** ● (*anat.*) protuberanza ossea adiacente a un condilo, che costituisce il punto di inserimento di legamenti o tendini: *e. laterale, mediale del femore, dell'omero*

epicontinentàle [comp. di *epi-* e *continentale* ✱ 1965] **agg.** ● (*geol.*) detto di ambiente di sedimentazione marina, poco profondo, sovrastante le masse di sial continentali

epicòrio [gr. *epichṓrios* 'che sta sopra (*epí*) il paese (*chṓra*)' ✱ 1869] **agg.** (**pl. m.** *-i* o *raro -ii*) ● (*lett.*) nativo, indigeno
epicòtile [comp. di *epi-* e *cotile(done)* ✱ 1956] **s. m.** ● (*bot.*) parte di una pianticella compresa fra le foglie embrionali e la foglia successiva
epìcriṣi [vc. dotta, gr. *epíkrisis* 'giudizio (*krísis*)' con *epí* 'sopra' rafforz. ✱ 1828] **s. f. inv.** ● (*med.*) giudizio riassuntivo su una malattia o sulla causa di morte
epicrìtico [1934] **agg.** (**pl. m.** *-ci*) ● (*med.*) relativo a epicrisi
epicureggiàre [da *epicureo* sul tipo del lat. tardo *epicurizāre* ✱ 1869] **v. intr.** (**pres.** *io epicuréggio*; **fut.** *io epicureggerò*; **aus.** *avere*) ● (*lett.*) fare l'epicureo, il gaudente
epicureìṣmo [1735] **s. m.** **1** indirizzo filosofico fondato da Epicuro di Samo (341-270 a.C.), che pone il fine dell'uomo nel conseguimento del piacere, inteso come liberazione dalle passioni e assenza di qualsiasi turbamento **2** (*est.*) modo di vivere da gaudente **SIN.** edonismo
epicurèo o †**epicùrio** [vc. dotta, lat. *Epicurēu(m)*, dal gr. *Epikóureios* 'proprio di Epicuro (*Epíkouros*)' ✱ 1282] **A** **agg.** ● relativo a Epicuro e al suo insegnamento **B** **s. m.** (**f.** *-a*) **1** chi segue la filosofia di Epicuro **2** (*est.*) chi conduce una vita tendente esclusivamente al benessere materiale e dedita ai piaceri
epidemìa [vc. dotta, gr. *epidēmía*, da *epídēmos* 'generale, pubblico', comp. di *epí-* e *dêmos* 'popolo' (V. *demo-*①) ✱ 1282] **s. f.** **1** manifestazione improvvisa di una malattia infettiva che si diffonde rapidamente tra gli individui di una stessa area **2** (*fig.*) cattiva tendenza, riprovevole abitudine largamente diffusa: *il malcostume, la malafede sono diventati una vera e.*
epidèmico [fr. *épidémique*, da *épidémie* 'epidemia' ✱ av. 1508] **agg.** (**pl. m.** *-ci*) ● che ha le caratteristiche di un'epidemia (*anche fig.*): *meningite epidemica* ‖ **epidemicaménte**, **avv.** ‖ **epidemicità**, **s. f. inv.**
epidemiologìa (o **-mìo-**) [vc. dotta, comp. di *epidemia* e *-logia* ✱ 1892] **s. f.** (**pl.** *-gìe*) ● (*med.*) disciplina medica che studia le cause e i meccanismi di diffusione delle malattie
epidemiològico [sec. XIX] **agg.** (**pl. m.** *-ci*) ● (*med.*) relativo all'epidemiologia: *indagini epidemiologiche*
epidemiòlogo [vc. dotta, comp. di *epidemi(a)* e *-logo* ✱ 1968] **s. m.** (**f.** *-a*; **pl. m.** *-gi*) ● studioso di epidemiologia | medico specializzato in epidemiologia
★**epidèrmico** [fr. *épidermique*, da *épiderme* 'epidermide' ✱ 1828] **agg.** (**pl. m.** *-ci*) **1** (*anat.*) relativo all'epidermide: *formazioni epidermiche* **2** (*fig.*) che resta in superficie: *emozioni epidermiche*; *sensibilità epidermica* **SIN.** esteriore, superficiale ‖ **epidermicaménte**, **avv.** ‖ **epidermicità**, **s. f. inv.**
epidèrmide [vc. dotta, lat. tardo *epidĕrmide(m)*, gr. *epidermís*, genit. *epidermídos* 'che sta sopra (*epí*) la pelle (*dérma*)' ✱ av. 1673] **s. f.** **1** (*anat.*) parte più superficiale, epiteliale, della cute **2** (*bot.*) tegumento che ricopre tutte le parti del vegetale, costituito dal sughero nella radice e nel fusto della maggior parte delle piante **3** (*fig.*) parte superficiale: *emozioni che scalfiscono appena l'e.*
epidiascòpico [1983] **agg.** (**pl. m.** *-ci*) ● relativo a epidiascopio
epidiascòpio [comp. di *epi(scopio)*② e *diascopio* ✱ 1942] **s. m.** ● apparecchio che combina le funzioni di un episcopio e di un diascopio
epididimìte [da *epididim(o)* con *-ite*① ✱ 1874] **s. f.** ● (*med.*) infiammazione dell'epididimo
epidìdimo [vc. dotta, gr. *epididymís* '(posto) sopra (*epí*) i testicoli (*dídymoi*: propr. 'gemelli'. V. *didimo*① e *(2)*)' ✱ 1678] **s. m.** ● (*anat.*) primo segmento delle vie spermatiche, costituito da un sottile canale raggomitolato su sé stesso e situato nella parte postero-superiore del testicolo
epidìttico [vc. dotta, lat. *epidīcticu(m)*, dal gr. *epideiktikós* 'relativo alla dimostrazione (*epídeixis*)' ✱ av. 1640] **agg.** (**pl. m.** *-ci*) ● dimostrativo | ***genere e.***, nella retorica classica, genere usato nelle cerimonie pubbliche
epidoto [fr. *épidote*, tratto dal v. gr. *epididónai* 'dare (*didónai*) in più (*epí*)' perché due lati del suo parallelogramma di base sono più lunghi degli altri due ✱ 1834] **s. m.** ● (*miner.*) silicato idrato di alluminio, calcio e ferro, di colore giallo-verdino, verde o nerastro
epiduràle [da *epi-* e *durale* ✱ 1907] **agg.** ● (*anat.*) localizzato nello spazio compreso fra la duramadre e la parete ossea del cranio o del canale vertebrale | (*med.*) ***anestesia epidurale*** o (*ellitt.*) ***epidurale***, somministrazione di farmaci anestetici nello spazio tra vertebra e dura madre del midollo spinale
Epifanìa o †**Pifanìa** [vc. dotta, lat. tardo *epiphanīa(m)* dal gr. *tà epipháneia* (nt. pl.) 'manifestazioni (da *pháinein* 'apparire' e *epí* 'sopra'), sottinteso della divinità' ✱ av. 1292] **s. f.** (*epifanìa* **nel sign. 3**) **1** nella tipologia religiosa, manifestazione della divinità in forma visibile | nella tradizione cristiana occidentale, la prima manifestazione dell'umanità e divinità del Cristo ai Magi **2** festa che commemora la visita dei Magi alla grotta di Betlemme, il 6 gennaio | **PROV.** ***l'E. tutte le feste porta via*** **SIN.** (*pop.*) Befana **3** (*fig.*, *lett.*) manifestazione, apparizione: *l'e. del pensiero*
epifànico [1908] **agg.** (**pl. m.** *-ci*) ● (*lett.*) di epifania
epifenomènico [sec. XIX] **agg.** (**pl. m.** *-ci*) ● relativo a un epifenomeno
epifenòmeno [vc. dotta, comp. di *epi-* e *fenomeno* ✱ 1820] **s. m.** **1** (*filos.*) nel positivismo, manifestazione della coscienza, considerata secondaria rispetto ai fenomeni che interessano la fisicità della persona | (*est.*) aspetto secondario, collaterale di un fenomeno, spec. sociale **2** (*med.*) sintomo secondario che si aggiunge in un tempo successivo a quelli fondamentali di una malattia
epifìllo [comp. di *epi-* e *-fillo* ✱ 1834] **A** **agg.** ● (*bot.*) detto di fungo o lichene che vive sulle foglie di altre piante **B** **s. m.** **1** parte superiore dell'abbozzo fogliare **2** genere di Cactacee prive di spine, con ramificazioni appiattite e grandi fiori, spesso con fioritura notturna, originarie del Brasile e coltivate per ornamento (*Epiphyllum*)
epifiṣàrio [1834] **agg.** ● (*anat.*) dell'epifisi
epìfiṣi [vc. dotta, gr. *epíphysis* 'sostanza (*phýsis*) aggiunta (*epí*)' ✱ 1560] **s. f. inv.** **1** (*anat.*) estremità delle ossa lunghe **2** (*anat.*) ghiandola a secrezione interna posta all'interno del cranio, la cui attività endocrina si svolge nei primi anni di vita, inibendo lo sviluppo sessuale
epìfita [vc. dotta, comp. di *epi-* e *-fita* ✱ 1829] **A** **s. f.** ● pianta che cresce su un'altra utilizzandola come sostegno **B** **anche agg. solo f.**: *pianta e.*
epifitìa [comp. di *epi-* e un deriv. di *phytón* 'pianta', con richiamo alla formazione di *epidemia* ✱ 1874] **s. f.** ● ogni malattia epidemica delle piante
epifonèma [vc. dotta, lat. *epiphonēma* (nom.), gr. *epiphṓnēma* 'voce (*phṓnēma*) aggiunta (*epí*)' ✱ av. 1589] **s. m.** (**pl.** *-i*) ● (*ling.*) figura retorica consistente nel concludere il discorso con una frase sentenziosa, spesso di tono esclamativo; per es.: *ecco il giudicio uman come spesso erra!* (L. Ariosto)
epìfora [vc. dotta, lat. *epĭphora(m)*, dal gr. *epiphorá*, dal v. *epiphérein* 'portare (*phérein*) in aggiunta (*epí*)' ✱ 1476] **s. f.** **1** (*med.*) lacrimazione **2** (*ling.*) figura retorica che consiste nella ripetizione della medesima parola, o gruppo di parole, alla fine di due o più frasi o versi successivi; per es. la ripetizione di 'tutte' in: *da tutte / molte asportai pregiate spoglie, e tutte / all'Atride le cessi* (V. Monti) **SIN.** epistrofe
epifràgma [gr. *epíphragma* 'coperchio', comp. di *epí* 'sopra' e *phrágma* 'chiusura' (cfr. *diaframma*) ✱ 1813] **s. m.** (**pl.** *-i*) ● (*zool.*) opercolo formato da muco seccato con cui le chiocciole possono chiudere la conchiglia in determinati periodi
epìfraṣi [dal gr. *epiphrázein* propr. 'addurre inoltre' ✱ sec. XX] **s. f. inv.** ● (*ling.*) figura retorica che consiste nell'aggiungere mediante coordinazione uno o più termini ad una frase in sé compiuta; per es. l'aggiunta di 'e queta' in: *Già era dritta in sù la fiamma e queta* (Dante *Inf.* XXVII, 1)
epigamìa [vc. dotta, gr. *epigamía* 'matrimonio (*gámos*) addizionale o reciproco (*epí*)' ✱ 1834] **s. f.** ● nell'antico diritto greco, concessione accordata da uno stato a un cittadino straniero di contrarre nozze legittime con un cittadino di quello stesso stato
epigàstrico [da *epigastrio* ✱ 1681] **agg.** (**pl. m.** *-ci*) ● (*anat.*) che concerne l'epigastrio: *ernia epigastrica*
epigàstrio [vc. dotta, gr. *epigástrion*, forma sostantivata dell'agg. *epigástrios* 'sopra il basso ventre' (comp. di *epi-* e *gastḗr* 'ventre': V. *gastro-*) ✱ 1745] **s. m.** ● (*anat.*) parte superiore centrale dell'addome situata al disopra dello stomaco; comunemente, bocca dello stomaco
epigèneṣi [vc. dotta, comp. di *epi-* e *genesi* ✱ 1834] **s. f. inv.** ● (*biol.*) teoria secondo cui tutte le parti di un nuovo individuo si formano ex-novo nel corso dello sviluppo embrionale, non essendo già contenute come tali nell'uovo **CONTR.** preformazione
epigenètica [comp. di *epi-* e *genetica* ✱ 1990] **s. f.** ● (*biol.*) branca della biologia molecolare che si occupa delle caratteristiche ereditabili non codificate nella sequenza del DNA
epigenètico [da *epigenesi* ✱ 1935] **agg.** (**pl. m.** *-ci*) **1** (*biol.*) dell'epigenesi | dell'epigenetica **2** (*geol.*) detto di apparato vulcanico o attività vulcanica posteriore rispetto a precedenti manifestazioni
epigenìa [comp. di *epi-* e *-genia* ✱ 1869] **s. f.** **1** (*geol.*) processo di fossilizzazione mediante sostituzione di alcuni minerali contenuti nello scheletro degli organismi **2** (*geol.*) formazione di minerali di una roccia per processi diversi da quelli che hanno generato la roccia stessa **3** (*geol.*) fenomeno di sostituzione dei minerali nelle rocce dilavate dall'azione di acque sotterranee con i sali contenuti nelle acque stesse
epigèo [vc. dotta, gr. *epígeios* 'terrestre, che sta sopra (*epí*) la terra (*gê*)' comp. di *epi-* e *-geo* ✱ 1813] **A** **agg.** **1** detto di pianta od organo vegetale che si sviluppa sopra il terreno **CONTR.** ipogeo **2** detto di animale che vive sulla superficie del suolo **B** **s. m.** ● (*mar.*, *raro*) cima di ormeggio a terra
epìgino [vc. dotta, comp. di *epi-* e del gr. *gynḗ* 'donna' ✱ 1813] **agg.** ● (*bot.*) detto di fiore che ha perianzio e androceo inseriti superiormente all'ovario **CONTR.** ipogino
epiglòttico [1834] **agg.** (**pl. m.** *-ci*) ● (*anat.*) dell'epiglottide
epiglòttide [vc. dotta, gr. *epiglōttís*, genit. *epiglōttídos* 'che sta sopra (*epí*) la lingua (*glôtta*)' ✱ sec. XIV] **s. f.** ● (*anat.*) cartilagine laringea a forma di racchetta, che chiude la glottide

epiglottite [vc. dotta, comp. di *epiglott(ide)* e *-ite*① * 1874] **s. f.** • (*med.*) infiammazione dell'epiglottide

epigònio [vc. dotta, gr. *epigóneion*, dal n. del suo inventore (*Epígonos*) * 1834] **s. m.** (**pl.** *-i* o *raro -ii*) • antico strumento musicale a quaranta corde usato in Grecia

epìgono [vc. dotta, lat. *Epĭgoni*, nom. pl., dal gr. *epígonoi* 'i nati (*gónoi*) dopo (*epí*)', comp. di *epi-* e *gónos* 'prole, discendente' (di orig. indeur.) * 1769] **s. m.** (**f.** *-a*) **1** scrittore, artista, pensatore che continua, spesso senza originalità, idee e forme dei suoi predecessori **2** (*raro*) discendente, successore: *i nostri epigoni* SFUMATURE ➤ *seguace*

epìgrafe [vc. dotta, gr. *epigraphḗ* 'scrittura (*graphḗ*) sovrapposta (*epí*)' * av. 1727] **s. f.** o †**m.** **1** iscrizione: *epigrafi greche e latine* **2** citazione in versi o in prosa all'inizio di un'opera o di una sua parte | dedica posta in fronte a un libro

epigrafìa [1792] **s. f.** **1** disciplina che si occupa delle iscrizioni antiche e della loro interpretazione **2** arte di comporre epigrafi **3** complesso delle epigrafi oggetto di un particolare studio: *l'e. latina, greca*

epigràfica [1953] **s. f.** • scrittura epigrafica

epigràfico [vc. dotta, gr. *epigraphikós* 'relativo all'epigrafe (*epigraphḗ*)' * av. 1836] **agg.** (**pl. m.** *-ci*) **1** di epigrafe | ***scrittura epigrafica***, scrittura elaborata per l'incisione su pietra **2** (*fig.*) conciso e concettoso: *discorso, stile e.* ‖ **epigraficaménte**, **avv.**

epigrafista [1858] **s. m. e f.** (**pl. m.** *-i*) **1** studioso di epigrafia **2** scrittore di epigrafi

epìgrafo [gr. *epigrapheús* 'che registra (le proprietà, i tributi, ...)', dal v. *epigráphein* 'scrivere (*gráphein*) sopra (*epí*)' * 1869] **s. m.** • pubblico ufficiale che nell'antica Atene aveva l'incarico di stabilire i tributi degli Stati assoggettati e le tasse di guerra

epigràmma [vc. dotta, lat. *epigrămma*, dal gr. *epígramma* 'scritto (*grámma*) sovrapposto (*epí*)' * 1440] **s. m.** (**pl.** *-i*) • (*letter.*) nella Grecia antica, breve componimento in versi inciso su una lapide | nella letteratura greco-latina e poi in quelle moderne, componimento di pochi versi di vario argomento, ma sempre di tono arguto o satirico ‖ **epigrammétto**, **dim.** | **epigrammùccio**, **dim.**

†**epigrammatàrio** [vc. dotta, lat. tardo *epigrammatāriu(m)*, da *epigrămma* (genit. *epigrămmatis*) * 1585] **s. m.** • (*lett.*) epigrammista

epigrammàtica [1929] **s. f.** • arte di comporre epigrammi | genere letterario degli epigrammi | insieme della produzione di epigrammi di un determinato periodo letterario: *l'e. greca del IV sec*

epigrammàtico [vc. dotta, lat. tardo *epigrammăticu(m)*, da *epigrămma* (genit. *epigrămmatis*) * av. 1565] **agg.** (**pl. m.** *-ci*) **1** relativo a epigramma **2** (*est.*) conciso e pungente: *motto, detto e.* ‖ **epigrammaticaménte**, **avv.** da epigramma, in modo epigrammatico

†**epigrammatìsta** [vc. dotta, gr. *epigrammatistḗs*, da *epígramma*, genit. *epigrámmatos* 'epigramma' * 1684] **s. m. e f.** (**pl. m.** *-i*) • epigrammista

epigrammìsta [var. di *epigramm(at)ista* * 1708] **s. m. e f.** (**pl. m.** *-i*) • scrittore di epigrammi SIN. epigrammatista

epilatóre [dal fr. *epilatoire* da *épiler* 'depilare' * 1996] **s. m.** • rasoio elettrico usato per depilarsi

epilatòrio [fr. *épilatoire*, da *épiler* 'depilare' * sec. XIX] **agg.** (**pl. m.** *-i* o *raro -ii*) • depilatorio

epilazióne [fr. *épilation*, da *épiler* 'togliere (*é-*) i peli (ant. fr. *peils*)' * 1874] **s. f.** • (*raro*) depilazione

epilessìa [vc. dotta, lat. tardo *epilēpsia(m)*, dal gr. *epilēpsía*, da *epilambánein* 'attaccare (*lambánein*) sopra (*epí*)' * av. 1320] **s. f.** • (*med.*) sindrome cerebrale caratterizzata da crisi di convulsioni, spesso con perdita della coscienza SIN. mal caduco, morbo comiziale

epilèttico [vc. dotta, lat. tardo *epilēpticu(m)*, dal gr. *epilēptikós* 'proprio dell'epilessia (*epilēpsía*)' * av. 1320] **A** **agg.** (**pl. m.** *-ci*) • di epilessia | ***equivalente e.***, disturbo somatico o psichico che si manifesta al posto delle convulsioni **B** **agg. e s. m.** (**f.** *-a*) • che (o chi) è affetto da epilessia

epilettifórme [vc. dotta, comp. di *epilett(ico)* e *-forme* * 1899] **agg.** • che ha sintomi simili a quelli dell'epilessia

epilettòide [vc. dotta, comp. di *epilett(ico)* e *-oide* * 1951] **A** **agg.** • che è simile all'epilessia: *crisi e.* **B** **agg. e s. m. e f.** • che (o chi) ha tendenza all'epilessia

epilìmnio [comp. di *epi-* e un deriv. di *limno-* * 1956] **s. m.** • (*biol.*) la zona superiore di un lago, spessa una decina di metri, dove sono massime l'attività assimilatrice dei vegetali e la concentrazione dell'ossigeno

epìllio [gr. *epýllion*, dim. (*-ýllion*) di *épos* 'racconto epico' * 1951] **s. m.** • (*letter.*) poemetto di carattere narrativo ed erudito sviluppatosi in età alessandrina

epilòbio [vc. dotta, comp. di *epi-* e del gr. *lóbion*, dim. di *lóbos* 'lobo' * 1834] **s. m.** • pianta erbacea delle Onagracee con infiorescenze rosee o bianche e frutto a capsula (*Epilobium*)

†**epilogaménto** [av. 1311] **s. m.** • riassunto

epilogàre [da *epilogo* * 1308] **v. tr.** (*io epìlogo, tu epìloghi*) • (*raro, lett.*) riepilogare

†**epilogatùra** [sec. XIV] **s. f.** • epilogo

†**epilogazióne** [av. 1311] **s. f.** • riepilogo

✦**epìlogo** [vc. dotta, lat. *epĭlogu(m)*, dal gr. *epílogos* 'discorso (*lógos*) aggiunto (*epí*), conclusivo' * 1354] **s. m.** (**pl.** *-ghi*) **1** parte conclusiva di un dramma o di altre opere letterarie | ultima parte di un'orazione **2** (*est.*) compimento, termine, conclusione: *l'e. di una storia, della guerra, della sommossa, delle trattative*

epìmaco [vc. dotta, gr. *epímachos* 'che è pronto ad attaccare', comp. di *epí* rafforz. e un deriv. di *máchē* 'battaglia' * 1887] **s. m.** (**pl.** *-chi*) • uccello tropicale dei Passeriformi che ha le due penne centrali della coda lunghissime (*Epimachus fastosus*)

epìmero [deriv. impropriamente da *epi-* e *-mero* * 1874] **s. m.** **1** (*chim.*) composto organico, spec. uno zucchero, la cui formula di struttura differisce da quella di un suo simile solamente per la distribuzione spaziale dei sostituenti di uno degli atomi di carbonio che lo compongono **2** (*anat.*) porzione dorsale del mesoderma dalla quale derivano, tra l'altro, gli abbozzi delle vertebre, i muscoli del tronco e il derma di tale regione del corpo

epimorfìsmo [comp. di *epi-* e *morfismo* * 1963] **s. m.** • (*mat.*) omomorfismo suriettivo

epinefrìna [vc. dotta, comp. di *epi-*, *nefro-* e *-ina* * 1956] **s. f.** • (*biol.*) adrenalina

epinìcio [vc. dotta, lat. *epinīciu(m)*, dal gr. *epiníkion*, sottinteso *mélos*, '(canto) sopra (*epí*) la vittoria (*níkē*, di orig. sconosciuta)' * 1631] **A** **s. m.** • canto in onore di un vincitore negli agoni ginnici, tipico dell'antica poesia greca **B** **agg.** • relativo a tale canto: *genere e.*

epiornìte o **epiòrnite** [vc. dotta, comp. del gr. *aipýs* 'alto' e un deriv. di *órnis* 'uccello' * 1917] **s. m.** • grosso uccello fossile non volatore con robuste zampe a quattro dita (*Aepyornis*)

epìploon o **epìploo** [vc. dotta, gr. *epíploon*, comp. di *epí* 'sopra' e *ploos*, attinente a *pléô* 'fluttuo' * 1825] **s. m. inv.** • (*anat.*) omento

epirogènesi o **epeirogènesi** [vc. dotta, comp. del gr. *êpeiros* 'continente' e *genesi* * 1931] **s. f. inv.** • (*geol.*) complesso di lenti movimenti verticali che interessano le zone rigide della crosta terrestre

epirogenètico [1968] **agg.** (**pl. m.** *-ci*) • relativo all'epirogenesi: *movimenti epirogenetici*

epiròta [1374] **A** **agg.** (**pl. m.** *-i*) • dell'antico Epiro **B** **s. m. e f.** • abitante o nativo dell'antico Epiro

epiròtico [1554] **agg.** (**pl. m.** *-ci*) • relativo all'antico Epiro o ai suoi abitanti

epirrèma [gr. *epírrēma* 'che sta sopra (*epí*) il discorso (*rêma*)' * 1834] **s. m.** (**pl.** *-i*) • nella commedia attica, serie di tetrametri trocaici di carattere e tono satirico o beffardo che il semicoro rivolgeva al pubblico

episclerite [comp. di *epi-*, *scler(otica)* e *-ite*① * 1911] **s. f.** • (*med.*) infiammazione superficiale della sclerotica

episcopàle [vc. dotta, lat. tardo *episcopāle(m)*, da *epĭscopus* 'vescovo' * 1304 ca.] **agg.** • vescovile: *giurisdizione, sede, sedia, capitolo e.* | ***città e.***, dove risiede un vescovo | ***Chiesa e.***, Chiesa protestante anglicana degli Stati Uniti, costituita come federazione di vescovi

episcopaliàno [sec. XX] **agg.** • relativo alla dottrina o all'organizzazione della Chiesa episcopale

episcopalìsmo [ingl. *episcopalism*, da *episcopal* 'episcopale' * 1956] **s. m.** **1** dottrina ecclesiologica secondo la quale i vescovi radunati in concilio possiedono collegialmente un'autorità superiore a quella del Papa SIN. conciliarismo **2** dottrina che sostiene i diritti del vescovo contro il primato papale di giurisdizione e nega al pontefice il potere di limitarli o abrogarli

episcopàto [vc. dotta, lat. tardo *episcopātu(m)*, da *epĭscopus* 'vescovo' * sec. XIII] **s. m.** **1** ufficio, titolo e dignità di vescovo | durata di tale ufficio **2** complesso dei vescovi: *l'e. cattolico*; *l'e. francese* **3** (*raro*) sede, curia vescovile

episcopìa [comp. di *epi-* e *-scopia* * 1956] **s. f.** • (*fis.*) proiezione di corpi opachi illuminati a luce riflessa

episcòpico [1968] **agg.** (**pl. m.** *-ci*) • ricavato, ottenuto con episcopia: *proiezione episcopica*

episcòpio① [vc. dotta, lat. tardo *episcŏpiu(m)*, da *epĭscopus* 'episcopo' * av. 1612] **s. m.** • (*lett.*) casa e curia vescovile

episcòpio② [vc. dotta, comp. di *epi-* e *-scopio* * 1917] **s. m.** • (*fis.*) apparecchio per la proiezione di corpi opachi illuminati a luce riflessa

epìscopo [vc. dotta, lat. tardo *epĭscopu(m)*, dal gr. *epískopos*, originariamente 'ispettore, colui che guarda (dal v. *skopêin*) sopra (*epí*)' * sec. XIII] **s. m.** **1** nell'antichità classica, ispettore straordinario che Atene inviava nelle città soggette con funzioni speciali **2** †vescovo

episèma [vc. dotta, gr. *epísēm(a)* 'segno (*sêma*) posto sopra (*epí*)' * 1874] **s. m.** (**pl.** *-i*) **1** motivo araldico che appare su stemmi di antiche città greche, monete o vasi decorati **2** (*mus.*) nella scrittura neumatica, segno che prescrive il prolungamento di durata del suono sopra il quale è posto

episillogìsmo [comp. di *epi-* e *sillogismo* * av. 1855] **s. m.** • (*filos.*) sillogismo in cui una delle due premesse risulta essere la conclusione di un altro sillogismo

episinalèfe [vc. dotta, lat. *epysinălīphe(n)*, dal gr. *episynaloiphḗ*, comp. di *epí* 'sopra' e *synaloiphḗ* 'sinalefe' * 1869] **s. f.** • (*letter.*) fenomeno della metrica moderna per cui la vocale finale di un verso e quella iniziale del succes-

sivo vengono conteggiate come un'unica sillaba; è un preziosismo stilistico piuttosto raro nella poesia italiana
episiotomìa [vc. dotta, comp. del gr. *epíseion* 'regione pubica' e del suff. *-tomia* * 1968] **s. f.** ● (*chir.*) incisione laterale o mediale dell'orifizio vulvovaginale per facilitare il passaggio del feto durante il parto
†**episodiàre** [da *episodio* * 1588] **v. tr.** ● arricchire di episodi
episòdico [1576] **agg.** (**pl. m.** *-ci*) **1** di episodio | che riveste un carattere accidentale, occasionale, sporadico: *è soltanto un fatto e.* CONTR. ricorrente, sistematico **2** di componimento che contiene molti episodi: *romanzo e.* | (*est.*) frammentario: *narrazione episodica* ‖ **episodicaménte**, **avv.** per episodi; in maniera occasionale ‖ **episodicità**, **s. f. inv.**
♦**episòdio** [vc. dotta, gr. *epeisódion* 'entrata (*eisódion*, comp. di *eis* 'verso' e *hodós* 'via') aggiuntiva (*ep(í)*)' * av. 1551] **s. m. 1** nella tragedia greca, scena o serie di scene comprese fra due stasimi **2** in una composizione letteraria, azione accessoria collegata alla principale: *l'e. di Cloridano e Medoro nell'Orlando Furioso* | (*est.*) parte di una composizione letteraria: *studiare alcuni episodi dell'Eneide* | (*est.*) puntata di una serie televisiva o radiofonica: *un serial in otto episodi* | ***film a episodi***, film costituito di parti autonome, con un tema comune **3** avvenimento, vicenda: *un triste e. di cronaca; un e. della II guerra mondiale* | fatto occasionale, isolato: *quell'incontro è stato solo un e. nella sua vita* **4** (*mus.*) frammento accessorio di una forma musicale in più parti | nella fuga, divertimento **5** (*med.*) manifestazione accessoria di una malattia ‖ **episodiétto**, **dim.**
epispadìa [comp. di *epi-* e del gr. *spân* 'lacerare' * 1834] **s. f.** ● (*med.*) anomalia congenita caratterizzata dall'apertura dell'uretra sul dorso del pene
epispàstico [vc. dotta, gr. *epispastikós* 'che tira (*spastikós* 'spastico') su (*epí*), che attira' * 1834] **agg.** (**pl. m.** *-ci*) ● detto di medicamento che, applicato sulla cute, provoca vivo bruciore e vescicolazione
epispèrma [vc. dotta, comp. di *epi-* e del gr. *spérma* 'seme' * 1874] **s. m.** (**pl.** *-i*) ● (*bot.*) involucro esterno del seme
epìstasi [vc. dotta, gr. *epístasis* 'che si ferma (*stásis*) sopra (*epí*)' * 1963] **s. f. inv.** ● (*biol.*) prevalenza, nel fenotipo, di un carattere sull'altro quando i geni non siano allelomorfi
epistàssi [vc. dotta, gr. *epístaxis* 'gocciolamento', da *epistázein* 'che gocciola (*stázein*) sopra (*epí*)' * 1792] **s. f. inv.** ● (*med.*) perdita di sangue dal naso
epìstate [vc. dotta, lat. *epistăte(m)*, dal gr. *epistátēs* 'che sta avanti o sopra (*epí*)' * 1834] **s. m.** ● nell'antica Atene, funzionario con mansioni politiche, amministrative, giudiziarie, militari
epistàttico [1956] **agg.** (**pl. m.** *-ci*) ● (*med.*) di epistassi
epistemàtico [vc. dotta, tratta dal gr. *epistḗmē* 'conoscenza' (propr. 'ciò che è posto sopra', comp. di *epí-* e *histánai* 'essere posto') * 1968] **agg.** (**pl. m.** *-ci*) ● deduttivo
epistème [gr. *epistḗmē* 'conoscenza' (V. *epistematico*) * 1967] **s. m. o f.** ● (*filos.*) nella filosofia classica, il sapere scientifico oggettivo, contrapposto sia all'opinione sia alla conoscenza pratica | nella filosofia contemporanea, insieme dei presupposti teorici alla base di una scienza o di un sistema filosofico
epistèmico [av. 1910] **agg.** (**pl. m.** *-ci*) ● che riguarda la conoscenza, la scienza esatta
epistemologìa [vc. dotta, comp. del gr. *epistḗmē* 'conoscenza' (V. *epistematico*) e *-logia* * 1933] **s. f.** (**pl.** *-gìe*) **1** (*raro*) teoria della conoscenza SIN. gnoseologia **2** filosofia della scienza | riflessione intorno ai principi e al metodo della conoscenza scientifica **3** (*psicol.*) *e. genetica*, teoria di J. Piaget (1896-1980) che si propone di individuare le connessioni fra gli stadi dello sviluppo dell'intelligenza dell'individuo e l'evoluzione delle forme del pensiero nella storia dell'umanità
epistemològico [1907] **agg.** (**pl. m.** *-ci*) ● relativo all'epistemologia
epistemòlogo [1956] **s. m.** (**f.** *-a*; **pl. m.** *-gi*) ● studioso di epistemologia
epistìlio [vc. dotta, lat. tardo *epistȳliu(m)*, dal gr. *epistýlion* 'che sta sopra (*epí*) la colonna (*stŷlos*)' * 1464] **s. m.** (**pl.** *-i* o *raro -ii*) ● architrave
epìstola o †**epìstula**, †**pìstola**② [vc. dotta, lat. *epĭstola(m)*, dal gr. *epistolḗ* 'messaggio', da *epistéllein* 'ordinare (*stéllein*) sopra (*epí*) qualcosa' * 1261 ca.] **s. f. 1** componimento, in versi o in prosa, in forma di lettera, di contenuto e stile nobile ed elevato: *le epistole del Petrarca* | composizione poetica di tipo lirico-didascalico, fiorita in Italia nei secc. XVIII e XIX: *il carme dei Sepolcri del Foscolo è un'e. a Pindemonte* **2** parte della Messa, nella quale il celebrante legge, prima del Vangelo, brani tratti dalle Epistole degli Apostoli | ognuna delle lettere indirizzate dagli Apostoli alle prime chiese cristiane o a fedeli di tali chiese, e facenti parte del canone del Nuovo Testamento | ***dalla parte dell'e.***, a destra del celebrante **3** (*scherz.*) lettera prolissa e noiosa ‖ **epistolétta**, **dim.** | **epistolóne**, **accr. m.**
epistolàre o †**pistolàre** [vc. dotta, lat. tardo *epĭstolāre(m)*, da *epĭstola* 'epistola' * 1497] **agg.** ● di lettera, di lettere, tipico delle lettere: *corrispondenza, genere, stile e.* | ***testamento e.***, redatto in forma di lettera | ***romanzo e.***, in cui l'azione viene narrata attraverso lettere inviate dal personaggio principale o che i vari personaggi si scambiano tra loro ‖ **epistolarménte**, **avv.** in forma epistolare ‖ **epistolarità**, **s. f. inv.**
epistolàrio [vc. dotta, lat. tardo *epistolāriu(m)*, da *epĭstola* 'epistola' * av. 1311] **s. m. 1** libro che, nell'antica liturgia cattolica di rito latino, conteneva i tratti delle Epistole e del Vangelo da leggersi nelle messe quotidiane o solenni **2** raccolta delle lettere di un autore o di una persona illustre: *l'e. di Leopardi; e. di Cavour* | opera che raccoglie tali lettere
epistolarità ➤ **epistolare**
epistolografìa [vc. dotta, comp. di *epistola* e *-grafia* * 1828] **s. f.** ● arte dello scrivere lettere, spec. ufficiali o di argomento elevato | insieme di tali lettere in un determinato periodo letterario: *l'e. politica rinascimentale*
epistologràfico [1869] **agg.** (**pl. m.** *-ci*) **1** relativo all'epistolografia: *genere e.* **2** (*lett.*) epistolare ‖ **epistolograficaménte**, **avv.** dal punto di vista epistolografico, secondo lo stile epistolografico
epistològrafo [vc. dotta, comp. di *epistola* e *-grafo*, analogamente al gr. *epistolográphos* * av. 1810] **s. m.** (**f.** *-a*) ● chi scrive epistole
epistolóne ➤ **pistolone**
epìstrofe [vc. dotta, gr. *epistrophḗ* 'conversione', 'che si volge (*strophḗ*) in su (*epí*)' * 1745] **s. f.** ● (*ling.*) epifora
epistrofèo [vc. dotta, gr. *epistrophéus*, propr. 'vertebra che ruota sopra un'altra', comp. di *epí-* e *strophéus* 'cardine, ganghero' (da *stréphein* 'volgere', di etim. incerta) * 1820] **s. m.** ● (*anat.*) seconda vertebra cervicale SIN. asse②
†**epìstula** ➤ **epistola**
♦**epitàffio** o **epitàfio**, †**patàffio**, †**pitàffio** [vc. dotta, lat. *epităphiu(m)*, dal gr. *epitáphios* '(scritto, ma originariamente discorso) sopra (*epí*) la tomba (*táphos*)' * av. 1311] **s. m. 1** nell'antica Grecia, discorso pubblico in onore di un defunto **2** iscrizione celebrativa posta sulla tomba di un defunto: *un e. retorico*
epitàfio e deriv. ➤ **epitaffio** e deriv.
epitàgma [vc. dotta, gr. *epítagma* 'corpo (*tágma*) sussidiario (*epí*)' * 1834] **s. m.** (**pl.** *-i*) ● nell'antica falange greca, corpo dei fanti armati alla leggera e corpo dei cavalleggeri
epitalàmico [av. 1722] **agg.** (**pl. m.** *-ci*) ● di epitalamio, che ha carattere di epitalamio: *poesia epitalamica*
epitalàmio [vc. dotta, lat. *epithalămiu(m)*, dal gr. *epithalámios*, sottinteso *hýmnos*, 'inno cantato in coro davanti (*epí*) alla camera nuziale (*thálamos*)' * sec. XIV] **s. m.** ● componimento poetico in onore degli sposi: *gli epitalami di Callimaco, di Catullo*
epitàlamo [comp. di *epi-* e *talamo* * 1931] **s. m.** ● (*anat.*) parte dorsale del diencefalo, in cui è situata l'epifisi
epìtasi [vc. dotta, gr. *epítasis* 'distendimento, accrescimento' * 1549] **s. f. inv.** ● (*lett.*) parte centrale del dramma greco dedicata al crescendo dell'azione
epitassìa o **epitàssi** [fr. *épitaxie*, comp. di *épi-* 'epi-' e *-taxie* (dal gr. *táxis*: V. *-tassi*) * 1983] **s. f.** ● (*miner.*) crescita orientata di una sostanza cristallina su uno strato di una sostanza cristallina diversa
epitassiàle [da *epitassia* * 1983] **agg.** ● (*miner.*) ottenuto, prodotto mediante epitassi: *crescita e.*
epiteliàle [da *epitelio* * 1865] **agg.** ● (*anat.*) di epitelio: *tessuto e.*
epitèlio [vc. dotta, comp. di *epi-* e un deriv. del gr. *thēlḗ* 'mammella' * 1828] **s. m.** (**pl.** *-i* o *raro -ii*) ● (*anat.*) tessuto caratterizzato da cellule strettamente addossate una all'altra: *e. di rivestimento; e. ghiandolare*
epitelióma [vc. dotta, comp. di *epiteli(o)* e *-oma* * 1865] **s. m.** (**pl.** *-i*) ● (*med.*) tumore maligno dell'epitelio cutaneo
epitelioprotettìvo [vc. dotta, comp. di *epitelio* e *protettivo* * 1993] **agg.** ● che protegge gli epiteli: *la vitamina A è dotata di funzione epitelioprotettiva*
epitelizzànte [da *epitelio* * 1968] **A agg.** ● detto di farmaco o altra sostanza che favorisce l'accrescimento dell'epitelio su una superficie da cui è stato asportato per intervento chirurgico, trauma e sim. **B** anche **s. m.**
epitelizzazióne [da *epitelio* * 1989] **s. f.** ● (*biol.*) formazione di tessuto epiteliale in grado di rivestire i tessuti sottostanti | ***e. cicatriziale***, fase finale del processo di riparazione di una piaga o di una ferita in un organo rivestito da epitelio
epitèma o **epìtema** [vc. dotta, lat. tardo *epĭthema(m)*, dal gr. *epíthēma* 'che è applicato, posto (*tithénai*) sopra (*epí*)' * 1361] **s. m.** (**pl.** *-i*) **1** †ogni medicamento esterno, umido o secco **2** (*bot.*) nelle foglie, gruppo di particolari cellule prive di clorofilla che hanno la funzione di secernere acqua **3** (*mar.*; *raro*) testata dell'albero, del calcese e sim.
epìtesi [vc. dotta, gr. *epíthesis* 'il porre (*thésis*) sopra (*epí*)', 'sovrapposizione' * 1873] **s. f. inv. 1** (*med.*) correzione di un arto difettoso **2** (*ling.*) aggiunta di un fonema (spec. una vocale) non etimologico alla fine di una parola; per es. l'aggiunta di *e* a 'più' in: *Or s'i' non procedesse avanti piùe* (DANTE *Par.* XIII, 88) SIN. paragoge **3** (*mar., raro*) testata, arrembo
epitetàre [da *epiteto* * 1720] **v. intr.** (*io epìteto*; aus. *avere*) ● (*raro, lett.*) arricchire di epiteti ben scelti | eccedere nell'uso di epiteti
epitètico [da *epitesi* * 1582] **agg.** (**pl. m.** *-ci*) ● (*ling.*) di epitesi, che costituisce epitesi CFR. anorganico, anaptittico, parassita, prostetico

epìteto o †**pìteto** [vc. dotta, lat. *epìtheto(n)*, dal gr. *epítheton* 'posto (dal v. *tithénai*) in aggiunta (*epí*)' ✱ 1374] **s. m. 1** sostantivo, aggettivo o locuzione che qualifica un nome indicandone le caratteristiche (per es. *pieveloce*, che si unisce spesso ad 'Achille') | ***e. fisso***, che accompagna frequentemente un nome **2** (**est.**) titolo ingiurioso: *un e. irripetibile* **SIN.** insulto
SFUMATURE ➤ ***soprannome***

epitomàre [vc. dotta, lat. tardo *epitomāre*, da *epĭtoma*, forma parallela, latinizzata, di *epĭtome* ✱ av. 1588] **v. tr.** (*io epìtomo*) ● ridurre in epitome **SIN.** compendiare, riassumere

epitomatóre [av. 1729] **s. m.** (**f.** *-trice*) ● autore di un'epitome

epìtome [vc. dotta, lat. *epĭtome(m)*, dal gr. *epitomḗ* 'tagliato (dal v. *témnein*) in superficie (*epí*)' ✱ 1487] **s. f.** o †**m.** ● compendio di un'opera di notevole vastità: *l'e. delle storie di Livio* | (**lett.**, ***fig.***) sintesi
SFUMATURE ➤ ***compendio***

epìtopo [comp. di *epi-* e del gr. *tópos* 'luogo, posto' ✱ 1980] **s. m.** ● (***biol.***) determinante antigenico

epìtrito [vc. dotta, lat. tardo *epĭtritu(m)*, dal gr. *epítritos* '(uno) sopra (*epí*) il terzo (*trítos*)' ✱ 1781] **s. m.** ● (***ling.***) piede metrico della poesia greca e latina formato da quattro sillabe, di cui tre sono lunghe e una è breve

epitròclea [comp. di *epi-* e *troclea* ✱ 1834] **s. f.** ● (***anat.***) rilievo osseo che sovrasta la troclea

epìtrope [vc. dotta, lat. tardo *epĭtrope(n)*, propr. 'concessione', dal gr. *epitropḗ* 'azione di appellarsi a qualcuno', comp. di *epí* 'sopra, verso' (V. *epi-*) e *trépein* 'volgere' (forse d'orig. indeur.) ✱ 1552] **s. f. 1** (***ling.***) figura retorica per la quale l'oratore, confidando nella bontà della sua causa, mostra di rimettersi al giudizio del magistrato; per es. in: *Signori giurati, io so che voi renderete alla luce e alla vita quest'uomo che ne è degno* (R. BACCHELLI) **2** raccolta di decisioni relative a questioni morali o materiali della Chiesa ortodossa

epìtropo [vc. dotta, lat. tardo *epĭtropo(n)*, dal gr. *epítropos* 'colui al quale è affidata la gestione di qlco.', da *epitropḗ* 'diritto di decidere' (V. *epitrope*) ✱ 1834] **s. m. 1** nell'antica Grecia, funzionario pubblico **2** nella Grecia medievale, magistrato con funzioni simili a quelle del giudice di pace

†**epìttima** [variante di *epitema* ✱ sec. XIV] **s. f.** ● impiastro, cataplasma

†**epittimazióne** [sec. XIV] **s. f.** ● applicazione di epittime

epiẓòo [vc. dotta, comp. di *epi-* e del pl. del gr. *zô(i)on* 'animale' ✱ 1892] **s. m.** ● organismo che vive su altri animali senza esserne parassita

epiẓootìa ➤ **epizoozia**

epiẓoòtico [fr. *épizootique*, da *épizootie* 'epizootia' ✱ 1785] **agg.** (**pl. m.** *-ci*) ● (***zootec.***) che ha carattere di epizoozia: *afta epizootica*

epiẓoozìa o **epiẓootìa** [fr. *épizootie*, dal gr. *zō(i)ótēs* 'natura animale', da *zô(i)on* 'animale vivente' (V. *zoo-*, *-zoo*), sul modello di *épidémie* 'epidemia' ✱ 1785] **s. f.** ● diffusione di una malattia fra un grande numero di animali e su un vasto territorio | (**est.**) la malattia stessa

èpo [sigla di *E(ritro)PO(ietina)* ✱ 1991] **s. f. inv.** ● (***biol.***) eritropoietina

♦**època** [vc. dotta, gr. *epochḗ* (sottinteso *astérōn*) 'posizione (delle stelle)' (dal v. *epéchein* 'trattenere', 'tenere (*échein*) sopra (*epí*)'), come punto fermo nel computare il tempo ✱ 1546] **s. f. 1** periodo storico di lunga durata, contrassegnato dagli avvenimenti storici, politici, culturali che in esso si sono verificati: *e. classica, napoleonica, risorgimentale* | (**est.**) momento storico rilevante: *l'e. di Maometto* | ***fare e.***, (***fig.***) essere degno di rilievo, essere memorabile: *uno scandalo che fece e.* | ***le epoche della vita umana***, l'infanzia, la giovinezza, ecc. | ***d'e.***, detto di ciò che è rappresentativo di un determinato periodo storico, più o meno recente: *villa, auto, lampada d'e.* | ***dell'e.***, di quel periodo, coevo: *Mozart si impose subito tra i musicisti dell'e.* **SIN.** età, evo **2** (**est.**) tempo, periodo: *a quell'e. ero uno studente*; *l'e. fortunata del mio Teatro* (C. GOLDONI) | ***all'e.***, in quel tempo, in quegli anni: *all'e. la vicenda suscitò un grande scalpore* **3** unità della cronologia geologica in cui viene suddiviso un periodo **4** (***banca***) data iniziale fissata per il calcolo di scadenza media o di interesse nei conti correnti
SFUMATURE ➤ ***tempo***

epocàle [1965] **agg.** ● che riguarda una data epoca, spec. in storiografia | (***iperb.***) che inizia una nuova epoca, straordinario: *una svolta e.* ‖ **epocalità**, **s. f. inv.** caratteristica di ciò che è epocale; (***iperb.***) straordinarietà

epochè [gr. *epochḗ* 'arresto', da *epéchein* 'trattenere, sospendere', 'tenere (*échein*) sopra (*epí*)' ✱ av. 1667] **s. f. inv.** ● nella filosofia scettica, sospensione del giudizio | nella filosofia fenomenologica di E. Husserl (1859-1938), atto con cui si sospende qualsiasi giudizio sull'esistenza delle cose contingenti

epòdico [vc. dotta, gr. *epōdikós* 'relativo all'*epodo* (*epōdós*)' ✱ av. 1638] **agg.** (**pl. m.** *-ci*) ● relativo all'epodo o che ne ha la forma | ***sistema e.***, formato da un trimetro e da un dimetro giambici | che contiene epodi: *raccolta epodica*

epòdo, (***evit.***) **èpodo** [vc. dotta, lat. *epōdo(n)*, dal gr. *epōdós* 'canto (*ōdḗ*) aggiunto (*epí*, sottinteso nell'intervallo)' ✱ 1585] **s. m. 1** secondo verso di un distico | componimento in distici giambici, spec. usato nella poesia di argomento morale-satirico: *gli Epodi di Orazio*; *i giambi ed epodi del Carducci* **2** terza parte di una triade lirica di cui la prima parte è la strofe e la seconda l'antistrofe

eponimìa [vc. dotta, gr. *epōnymía*, da *epṓnymos* 'eponimo' ✱ 1942] **s. f. 1** presso gli antichi Greci e Romani, l'uso di indicare l'anno col nome del magistrato in carica **2** (**est.**) il designare un movimento, un periodo, un organo anatomico, una malattia e sim. col nome di un personaggio, di uno studioso, di uno scienziato e sim.

epònimo [vc. dotta, gr. *epṓnymos* '(dato) sopra (*epí*) il nome (*ónyma*, eolico per *ónoma*)' ✱ av. 1604] **agg. e s. m.** (**f.** *-a*) **1** nell'antica Grecia e a Roma, il magistrato che dava il nome all'anno: *arconte, console e.* **2** che (o chi) dà il nome a una città, a una famiglia, a un popolo, e sim. | (**est.**) che (o chi) dà il proprio nome a un periodo, un movimento, una raccolta di scritti e sim. o ne riassume le caratteristiche: *il Marino è l'e. del seicentismo in Italia*

♣**epopèa** o †**epopèia** [vc. dotta, gr. *epopoiía*, da *epopoiiós* 'poeta epico', comp. di *épos* 'poesia', 'poema' e un deriv. da *poiêin* 'fare, creare' ✱ 1554] **s. f. 1** poema epico | (**est.**) genere letterario proprio delle narrazioni epiche | (**est.**) insieme delle narrazioni epiche proprie di un popolo o di una letteratura, considerate nel loro aspetto contenutistico o stilistico: *l'e. anglosassone, omerica* **2** (**est.**) serie di fatti memorabili ed eroici: *e. garibaldina, napoleonica*

SFUMATURE DI SIGNIFICATO
epopea - poema - saga
Un'**epopea** è una narrazione, orale o scritta, incentrata sulle vicende di un popolo o di un personaggio particolare; in significato esteso, è l'insieme delle narrazioni epiche proprie di un popolo o di una letteratura. **Poema** è propriamente una composizione poetica di ampie dimensioni, di carattere narrativo e didascalico; il poema di argomento epico, che racconta le gesta eroiche di un personaggio o di un gruppo di personaggi, coincide di fatto con l'epopea. Una **saga** è invece più specificamente un racconto tradizionale germanico, una leggenda mitica o eroica dei popoli del Nord Europa; in accezione estesa, il termine è usato anche per indicare la storia romanzata di una famiglia o di un personaggio.
SFUMATURE ➤ ***leggenda***

†**epopèico** [vc. dotta, gr. *epopoiikós*, da *epopoiía* 'epopea' ✱ 1588] **agg.** ● (**lett.**) epico, eroico

eporediése (o *-ṣ-*) o **eporediènse** [vc. dotta, lat. tardo *eporediēnse(m)*, da *Eporēdia*, nome lat. di Ivrea ✱ 1849] **A agg.** ● relativo a Ivrea **B s. m. e f.** ● abitante o nativo di Ivrea

èpos [vc. dotta, lat. *ĕpos*, dal gr. *épos*, propr. 'parola', di orig. indeur. ✱ av. 1842] **s. m. inv.** ● leggenda epica | complesso o ciclo di narrazioni epiche, relative a un popolo: *l'e. bretone, classico*

epossìdico [da *epossido* ✱ 1968] **agg.** (**pl. m.** *-ci*) ● (***chim.***) detto di gruppo contenente un atomo di ossigeno in una struttura a ponte | di sostanza o composto contenente uno o più gruppi epossidici | ***resina epossidica***, materiale polimerico ottenuto polimerizzando uno o più monomeri di cui almeno uno contenente due o più gruppi epossidici

epòssido [comp. di *ep(i)-* e *ossido* ✱ 1956] **s. m.** ● (***chim.***) composto che contiene un gruppo epossidico

epòtide [vc. dotta, gr. *epōtídes* 'con orecchie (*ôta*) sovrapposte (*epí*)' ✱ 1834] **s. f.** ● (**spec. al pl.**) ciascuno dei due spuntoni anticamente collocati a prua della nave per concorrere all'urto insieme allo sperone

♣**epperò** o †**e però** [comp. di *e(t)*① e *però* ✱ sec. XIV] **cong. 1** (**lett.**) perciò (con valore conclusivo): *e però tu te n'andrai prima* (G. BOCCACCIO) **2** (**lett.**) ma, però (con valore avversativo): *un pezzetto di sole* (...) *fece una timida e. trionfale apparizione nel cielo* (B. FENOGLIO)

eppòi ➤ **poi**

♦**eppùre** [comp. di *e(t)*① e *pure* ✱ av. 1311] **cong. 1** tuttavia, nondimeno (con valore avversativo): *non si decide a muoversi, e. sa che è tardi*; *e., vedete, la cosa è più facile che non sembri* (G. VERGA) **2** in frasi escl. ribadisce un concetto già espresso, rafforza un'obiezione, un rimprovero o esprime rammarico: *e. è così!*; *eppur si muove!*; *e. mi sembra chiaro!*

e-procurement /ipro'kjurement, *ingl.* ˌiːprəˈkjʊəmənt/ [vc. ingl., comp. di *e-*② e *procurement* 'approvvigionamento' ✱ 1999] **s. m. inv.** ● (***Internet***) insieme di tecnologie, strumenti e metodologie che consentono di effettuare acquisti di beni e servizi attraverso la rete

èpsilon [vc. dotta, gr. *è psilón* 'e semplice', perché non si scrive *ai*, che nel tardo gr. aveva assunto la stessa pronuncia ✱ 1524] **s. f. o m. inv.** ● nome della quinta lettera dell'alfabeto greco **CFR.** eta

epsomìte [dal n. della località ingl. *Epsom*, dove per la prima volta fu preparato dall'acqua delle fonti minerali, e *-ite*② ✱ 1874] **s. f.** ● (***miner.***) solfato idrato di magnesio in croste o masse compatte entro giacimenti di salgemma o di sali potassici

èpta- [dal gr. *heptá* 'sette', di orig. indeur.] **primo elemento** (**per assimilazione** *etta-*) ● in parole composte della terminologia scientifica, significa 'sette': *eptagono, eptaedro*; in chimica, indica la presenza di 7 atomi o raggruppamenti atomici uguali: *eptano*

eptacòrdo o **ettacòrdo** [vc. dotta, lat. tardo *heptachŏrdu(m)*, dal gr. *heptáchordos* 'di sette (*heptá*) corde (*chordái*)' ✱ 1834] **s. m. 1** (***mus.***) antica lira fornita di sette corde **2** (***mus.***) nella musica greca, sistema di sette suoni

eptaèdro ➤ **ettaedro**

eptafònico [vc. dotta, comp. di *epta-* e *-fonico* ✱ 1987] **agg.** (**pl. m.** *-ci*) ● (*mus.*) eptatonico

eptàgono e deriv. ➤ **ettagono** e deriv.

eptàno [ingl. *heptane*, dal gr. *heptá* 'sette'; chiamato così per il numero degli atomi di carbonio ✱ 1889] **s. m.** ● (*chim.*) idrocarburo alifatico saturo a sette atomi di carbonio, contenuto nel petrolio

eptasìllabo [vc. dotta, lat. tardo *heptasýllabu(m)*, comp. del gr. *heptá* 'sette' e *syllabḗ* 'sillaba' sul modello di *hendecasýllabus* 'endecasillabo' ✱ av. 1550] **A** **s. m.** ● (*raro*) settenario **B** **anche agg.**: *verso e.*

èpthathlon /'ɛptatlon/ o **èptatlon** [da *epta-* sul modello di *pentathlon* ✱ 1964] **s. m. inv.** ● gara atletica femminile comprendente sette prove (tre di corsa, due di salto e due di lancio)

eptatlèta [comp. di *ept(athlon)* e *atleta* ✱ 1989] **s. f.** ● atleta specializzata o partecipante a gare di eptathlon

èptatlon ➤ **epthathlon**

eptatònico [vc. dotta, comp. di *epta-* e *-tonico* ✱ 1993] **agg.** (**pl. m.** *-ci*) ● (*mus.*) detto della scala di sette suoni o gradi, che nella forma della scala diatonica è tipica delle culture evolute (fa sol la si do re mi) **SIN.** eptafonico

eptavalènte [comp. di *epta-* e *valente* ✱ 1968] **agg.** ● (*chim.*) detto di atomo o raggruppamento atomico che si può combinare con sette atomi di idrogeno | detto di composto che nella molecola presenta sette identici gruppi funzionali

eptemìmera ➤ **eftemimera**

èptodo [vc. dotta, tratta dal gr. *heptá* 'sette', con riferimento al numero degli elementi che lo compongono, integrato dalla seconda parte di componenti della stessa serie (*anodo, catodo, elettrodo*, ecc.) ✱ 1956] **s. m.** ● tubo elettronico a sette elettrodi

epùlide [vc. dotta, gr. *epoulís*, genit. *epoulídos* '(che si forma) sopra (*ep(í)*) la gengiva (*ôulon*)' ✱ sec. XIV] **s. f.** ● (*med.*) tumore connettivale benigno della gengiva

epulóne [vc. dotta, lat. *epulōne(m)*, originariamente 'incaricato della preparazione del banchetto (*ĕpulae*) in onore di Giove' ✱ av. 1455] **s. m.** **1** presso gli antichi Romani, magistrato incaricato di provvedere ai banchetti sacri in onore di Giove e delle altre divinità **2** (*scherz.*) ghiottone, mangione | (*lett.*) persona ricca ed egoista

†**epulonésco** [av. 1694] **agg.** ● da epulone

†**epulonìsmo** [av. 1698] **s. m.** ● smodato uso di cibi, bevande e ricchi conviti

epuràre [fr. *épurer*, comp. parasintetico di *pur* 'puro' ✱ 1796] **v. tr.** **1** (*raro*) liberare dalle impurità: *e. la benzina* **2** (*fig.*) sottoporre a epurazione: *e. la pubblica amministrazione*; *e. i funzionari inefficienti*

epuràto **A** **part. pass.** di *epurare*; **anche agg.** ● nei sign. del v. **B** **s. m.** (**f.** *-a*) ● chi è stato sottoposto a un procedimento di epurazione

epuratóre [1911] **s. m.** (**f.** *-trice*) **1** chi è addetto alla depurazione di prodotti chimici, alimentari e sim. **2** membro di una commissione di epurazione

epurazióne [fr. *épuration*, da *épurer* 'epurare' ✱ 1798] **s. f.** **1** (*raro*) operazione dell'epurare | (*raro*) cernita **2** serie di provvedimenti intesi ad estromettere da una collettività gli elementi ritenuti indegni di appartenervi, spec. per motivi politici: *le epurazioni dell'epoca staliniana* | serie di provvedimenti presi per estromettere dall'Amministrazione statale i funzionari più compromessi con un regime precedente: *l'e. in Italia dopo la seconda Guerra mondiale*

equàbile [vc. dotta, lat. *aequābile(m)*, da *aequāre* 'equare' ✱ 1308] **agg.** **1** (*raro*) che si distribuisce egualmente, che è uniforme: *moto e.* **2** (*est., lett.*) equo, giusto: *legge e.* **3** (*mus.*) detto della scala temperata che, per dividersi in dodici intervalli uguali, assimila nella scala naturale i diesis delle note con i bemolli delle note seguenti e viceversa **CONTR.** enarmonico ‖ **equabilménte**, **avv.** (*raro*) in modo equabile ‖ **equabilità**, **s. f. inv.** (V.)

equabilità [vc. dotta, lat. *aequabilitāte(m)*, da *aequābilis* 'equabile' ✱ sec. XIV] **s. f. inv.** ● (*lett.*) caratteristica di ciò che è equabile | †uniformità

equadorégno ➤ **ecuadoregno**

†**equàle** e deriv. ➤ **uguale** e deriv.

equalizzàre [ingl. *to equalize*, da *equal* 'uguale' ✱ 1956] **v. tr.** ● (*raro*) rendere costante, uniforme, regolare | equilibrare ‖ **equalizzazióne**, **s. f.** (V.)

equalizzatóre [vc. ingl. 'equilibratore' ✱ 1956] **s. m.** ● (*mus., fis.*) in un sistema di riproduzione stereofonica del suono, apparecchio capace di attenuare o esaltare le diverse bande di frequenza separatamente, mediante comandi distinti, per ottimizzare il segnale acustico in relazione all'ambiente circostante

equalizzazióne [ingl. *equalization*, da *to equalize*, 'pareggiare, uguagliare, livellare' ✱ 1956] **s. f.** **1** nella riproduzione del suono, operazione con la quale si attenuano o si esaltano singole bande di frequenza **2** (*econ.*) eliminazione di differenze ingiustificate di trattamento salariale o tributario tra varie categorie di lavoratori o contribuenti

✦**equànime** o †**equànimo** [vc. dotta, lat. tardo *aequănime(m)*, dall'espressione corrente *ăequo ănimo* 'di un animo (*ănimus*) uguale (*ăequus*)' ✱ av. 1292] **agg.** ● sereno, giusto e imparziale: *essere, dimostrarsi e. nel giudicare*; *professore e.*; *giudizio, parere e.* ‖ **equanimeménte**, **avv.**

✦**equanimità** o †**equanimitàde**, †**equanimitàte** [vc. dotta, lat. tardo *aequanimitāte(m)*, da *aequănimus* 'equanime' ✱ sec. XIII] **s. f. inv.** ● caratteristica di chi (o di ciò che) è equanime **SIN.** giustizia, imparzialità

†**equànimo** ➤ **equanime**

†**equànte** [vc. dotta, lat. *aequănte(m)*, part. pres. di *aequāre* 'equare' ✱ 1314] **s. m.** ● (*astron.*) nel sistema tolemaico, particolare punto interno al circolo eccentrico, dal quale il moto del pianeta appariva uniforme

†**equàre** o †**eguàre** [vc. dotta, lat. *aequāre*, da *ăequus* 'equo' ✱ av. 1327] **v. tr.** ● uguagliare, pareggiare

equatóre [vc. dotta, lat. tardo *aequatōre(m)* 'che rende eguali i giorni e le notti', deriv. del class. *aequāre* 'rendere uguale' (V. †*equare*) ✱ 1282] **s. m.** ● (*geogr.*) circolo massimo equidistante dai due poli, che divide la Terra in due emisferi **SIN.** circolo equinoziale, linea equinoziale | (*est.*) la regione equatoriale | ***e. celeste***, circolo massimo della sfera celeste i cui poli sono i poli celesti | ***e. termico***, linea che unisce i punti della superficie terrestre nei quali risulta massima la temperatura media annuale | ***e. magnetico***, luogo dei punti della superficie terrestre in cui è nulla l'inclinazione magnetica

equatoriàle [prob. dal fr. *équatorial*, da *équateur* 'equatore' ✱ 1800] **A** **agg.** ● dell'equatore: *clima, fauna, foresta e.*; *piogge equatoriali* **B** **s. m.** ● telescopio mobile rispetto a due assi di cui uno parallelo all'asse di rotazione della Terra

equazionàle [vc. dotta, ingl. *equational* 'divisa in due parti eguali', da *equation* 'equazione' nel senso orig. di 'eguagliamento' ✱ 1956] **agg.** ● (*biol.*) nella loc. ***divisione e.***, nella meiosi, la seconda divisione nucleare mediante la quale a ognuno dei gameti viene assegnato un ugual numero aploide di cromosomi, di norma metà di origine paterna e metà di origine materna **CFR.** riduzionale

equazióne [vc. dotta, lat. *aequatiōne(m)* 'uguagliamento', da *aequāre* (V. †*equare*) ✱ av. 1320] **s. f.** **1** (*mat.*) uguaglianza contenente una o più quantità variabili o incognite, verificata solo per particolari valori di queste: *e. algebrica, determinata, differenziale, impossibile, assurda*; *e. trascendentale, trigonometrica* | ***e. di una curva, di una superficie***, condizione necessaria e sufficiente cui debbono soddisfare le coordinate di un punto, affinché questo appartenga alla curva o alla superficie **2** (*astron.*) ***e. del tempo***, differenza in tempo tra la culminazione del Sole medio e quella del Sole vero | ***e. della luce***, differenza tra l'istante in cui la luce viene emessa da un astro e quello in cui arriva all'osservatore **3** (*chim.*) rappresentazione simbolica della reazione chimica che indica l'eguaglianza stechiometrica fra le sostanze di partenza e quelle che si formano nel corso di una reazione **4** (*fig.*) rapporto di corrispondenza, di uguaglianza **5** †computo, calcolo

✦**equèstre** o †**equèstro** [vc. dotta, lat. *equĕstre(m)*, da *ĕquus* 'cavallo' (di orig. indeur.) ✱ 1374] **agg.** **1** di cavalieri, di cavalleria: *milizia, battaglia e.* | di persona a cavallo: *statua e.* | ***circo e.***, in cui si esibiscono, tra gli altri, dei cavallerizzi | ***sport equestri***, quelli che si basano sull'impiego del cavallo, quali ippica, equitazione e polo | ***ordine e.***, nella Roma antica, quello dei cavalieri forniti di particolare censo **2** (*est.*) cavalleresco: *onorificenza e.*

èqui- [lat. *aequi-* (da *ăequus* 'uguale'; V. *equo*①), che in parecchi comp. poetici o tecnici riproduce i corrispondenti gr. *iso-* e *homo-*] **primo elemento** ● in parole composte dotte, significa 'uguale': *equidifferenza, equidistare, equipartizione*

equiàngolo [vc. dotta, lat. tardo *aequiăngulu(m)*, comp. di *ăequus* 'uguale' e *ăngulus* 'angolo' sul tipo corrispondente gr. *isogṓnios* ✱ 1578] **agg.** ● che ha gli angoli uguali: *triangolo, poligono e.*

†**equicrùre** [vc. dotta, lat. tardo *aequicrūriu(m)*, comp. di *ăequus* 'uguale' e *crūs*, genit. *crūris* 'gamba, lato' sul tipo del corrispondente gr. *isoskelḗs* ✱ sec. XVI] **agg.** ● (*mat.*) isoscele

Èquidi [comp. del lat. *ĕqu(us)* 'cavallo' e *-idi* ✱ 1874] **s. m. pl.** (**sing.** *-e*) ● (*zool.*) famiglia di Mammiferi dei Perissodattili che poggiano sul terreno con un solo dito dell'arto fornito di un robusto zoccolo (*Equidae*)

equidiàle [vc. dotta, lat. tardo *aequidiāle(m)*, comp. di *ăequus* 'uguale' e *dīes* 'giorno' sul modello dell'equivalente gr. *isḗmeros* ✱ 1573] **agg.** ● equinoziale

equidifferènte [vc. dotta, comp. di *equi-* e *differente* ✱ 1834] **agg.** ● (*mat.*) ugualmente differente

equidifferènza [vc. dotta, comp. di *equi-* e *differenza* ✱ 1871] **s. f.** ● (*mat.*) proprietà di equidifferente

equidistànte [vc. dotta, lat. tardo *aequidistănte(m)*, comp. di *ăeque* 'egualmente' e *dīstans*, genit. *distăntis* 'distante' ✱ av. 1328] **agg.** **1** (*mat.*) ugualmente distante | ***rette equidistanti***, rette parallele **2** (*fig.*) detto di chi (o di ciò che), tra opposte soluzioni, partiti, opinioni e sim., si mantiene in una posizione intermedia, di equilibrio ‖ **equidistanteménte**, **avv.** (*raro*) in modo equidistante

equidistànza [da *equidistante* ✱ av. 1519] **s. f.** **1** (*mat.*) uguale distanza **2** (*geogr.*) costante differenza di livello fra una isoipsa e l'altra nella rappresentazione topografica di un rilievo **3** (*est.*) posizione intermedia e imparziale: *atteggiamento di e.*; *e. politica*

equidistàre [av. 1328] **v. intr. (coniug. come** *distare*; **difett. del part. pass. e dei tempi composti) ●** (*raro*) essere a uguale distanza da qlco. rispetto a un punto di riferimento

equilàtero [vc. dotta, lat. tardo *aequilăteru(m)*, comp. di *ăequus* 'uguale' e *lătus*, genit. *lăteris* 'lato' sul tipo dell'equivalente gr. *isópleuros* ✱ sec. XIV] **agg. ●** che ha i lati uguali: *poligono, triangolo e.*

e

equilibraménto [sec. XVIII] **s. m. 1** l'equilibrare **2** (*mecc.*) operazione con cui si ottiene l'equilibrio di un corpo rotante, modificando la distribuzione delle sue masse in modo che il baricentro si venga a trovare sull'asse di rotazione | (*autom.*) equilibratura

equilibràre [vc. dotta, lat. tardo *aequilibrāre* 'bilanciare (*librāre*) egualmente (*ăeque*)' ✱ 1631] **A v. tr. ●** porre, tenere in equilibrio (*anche fig.*): *e. i due piatti della bilancia*; *e. le spese con le entrate* **B equilibràrsi v. rifl. e rifl. recipr. ●** mettersi, tenersi in equilibrio (*anche fig.*): *forze, argomenti che si equilibrano*; *equilibrarsi nelle spese*

equilibràto part. pass. di *equilibrare*; **anche agg. 1** che è in equilibrio: *carico non e.* **2** che mostra equilibrio, uniformità, armoniosità e sim. fra le sue varie parti: *costruzione equilibrata*; *arredamento ben e.* **3** (*fig.*) che dà prova di equanimità, ponderatezza, senso di moderazione: *giudizio e.*; *opinione, critica equilibrata*; *ragazzo e.* ‖ **equilibrataménte**, **avv.**

equilibratóre [1855] **A agg.** (**f.** *-trice*) ● che equilibra: *organo e.* **B s. m. 1** (**f.** *-trice*) (*raro*) chi equilibra (*spec. fig.*) **2** (*mecc.*) organo atto a realizzare l'equilibrio | negli orologi, strumento per controllare l'equilibrio del bilanciere **3** (*aeron.*) parte mobile dell'impennaggio orizzontale, che serve a equilibrare l'aereo sul piano longitudinale, nel cabrare o picchiare **4** (*milit.*) congegno dell'affusto di artiglieria che serve a mantenere bilanciata, facilitandone il puntamento, la bocca da fuoco

equilibratùra [1938] **s. f. ●** (*autom.*) operazione consistente nell'applicare sul cerchio della ruota di un autoveicolo piccoli pesi di piombo per compensare le irregolarità di distribuzione delle masse di gomma nel copertone

♦**equilìbrio** o †**equilìbro** [vc. dotta, lat. tardo *aequilībriu(m)*, comp. di *ăequus* 'uguale' e un deriv. da *lībra* 'bilancia', come il corrispondente modello gr. *isostathmía* ✱ 1581] **s. m. 1** (*fis.*) stato di un corpo che si verifica quando le risultanti delle forze applicate e dei loro momenti sono nulle | ***e. stabile, instabile***, secondo che il corpo, spostato di poco dalla sua posizione, vi ritorna o si allontana di più | ***e. indifferente***, se rimane fermo in qualsiasi posizione | ***e. statico, dinamico***, secondo che, fra le forze applicate, non si considerino oppure si considerino anche quelle di inerzia **2** correntemente, stato di un corpo che, posto in bilico, si regge dritto per contrappeso: *stare, mettersi in e.* | ***perdere l'e.***, non reggersi in piedi e cadere | ***asse di e.***, V. *asse*① | ***giochi d'e.***, V. *gioco* nel sign. 1 **3** (*chim.*) ***e. chimico***, lo stabilirsi di condizioni stazionarie fra le sostanze di partenza e quelle che si formano nel corso di una reazione **4** (*fig.*) armonica proporzione fra le componenti di qlco.: *l'e. di una costruzione* **5** (*fig.*) convivenza e conciliazione di forze, elementi, atteggiamenti e sim., contrastanti: *l'e. politico fra le grandi potenze*; *tendere all'e. economico* | capacità di comportarsi con misura, equità, controllo di sé e sim.: *in quell'occasione dimostrò un grande e.*

SFUMATURE ➤ *buonsenso*, ➤ *moderazione*

equilibrìşmo [1901] **s. m. 1** arte dell'equilibrista | giochi d'equilibrio **2** (*fig.*) capacità di destreggiarsi con abilità non sempre irreprensibile, in modo da superare vantaggiosamente difficoltà, contrasti, pericoli e sim.: *e. politico*

equilibrìsta [fr. *équilibriste*, da *équilibre* 'equilibrio' ✱ 1883] **s. m. e f.** (**pl. m.** *-i*) **1** artista di circo o varietà specialista in giochi d'equilibrio **2** (*fig.*) chi è particolarmente abile nel destreggiarsi in situazioni difficili, spec. in politica

†**equilìbro** ➤ **equilibrio**

equinìşmo [da *equino*, perché ricorda il movimento delle zampe del cavallo ✱ sec. XX] **s. m. ●** (*med.*) grave anomalia del piede per cui la punta è volta verso il basso, mentre il tallone resta sollevato, dovuta spec. a paralisi dei muscoli anteriori della gamba

equìno [vc. dotta, lat. *equīnu(m)*, da *ĕquus* 'cavallo' (V. *equestre*) ✱ av. 1328] **A agg. 1** di cavallo: *razza equina*; *carne equina* **2** (*med.*) detto di piede affetto da equinismo **B s. m. ●** ogni animale appartenente alla famiglia degli Equidi

equinoziàle [vc. dotta, lat. *aequinoctiāle(m)*, da *aequinŏctium* 'equinozio' ✱ 1314] **agg. ●** attinente all'equinozio | ***punti equinoziali***, in cui avvengono gli equinozi

equinòzio [vc. dotta, lat. *aequinŏctiu(m)*, comp. di *ăequus* 'uguale' e *nŏx*, genit. *nŏctis*, come l'equivalente gr. *isonýktion* ✱ av. 1292] **s. m. ●** (*astron.*) istante in cui il Sole, muovendosi sull'eclittica, si trova esattamente sull'equatore, cioè a uno dei due nodi della sua orbita rispetto all'equatore celeste | ***e. di primavera***, il 20 marzo | ***e. d'autunno***, il 22 o 23 settembre

equipaggiaménto [1780] **s. m. 1** l'equipaggiare, l'equipaggiarsi **2** complesso degli indumenti, mezzi, impianti, materiali, apparati e sim. necessari per una determinata attività: *l'e. di un esercito, di un atleta*; *e. fisso, mobile*; *e. radio, radar*; *e. militare, di salvataggio*

equipaggiàre [da *equipaggio* ✱ 1780] **A v. tr.** (**pres.** *io equipàggio*; **fut.** *io equipaggerò*) ● fornire dei materiali, degli uomini, dei mezzi necessari a una determinata attività: *e. una nave*; *e. l'esercito, una spedizione, una macchina* **B equipaggiàrsi v. rifl. ●** prendere con sé ciò che serve a una determinata attività, a un determinato scopo: *equipaggiarsi per la montagna, per l'inverno*

equipaggiàto part. pass. di *equipaggiare*; **anche agg. ●** fornito di quanto è necessario

♦**equipàggio** [fr. *équipage*, da *équiper* 'fornire del necessario', originariamente 'provvedere un'imbarcazione dell'occorrente' dall'ant. nordico *skipa*, che ha quest'ultimo sign. ✱ sec. XIV] **s. m. 1** l'insieme del personale, sottufficiali e marinai, imbarcato su una nave militare o mercantile, agli ordini degli ufficiali di bordo | (*est.*) insieme delle persone che provvedono alla guida e al funzionamento di vari mezzi di locomozione: *e. di un aereo, di un'auto da corsa, di un bob, di una imbarcazione da canottaggio* **2** (*raro*) bagaglio | (*raro*) corredo **3** †abbigliamento | addobbo (*anche fig.*) **4** (*lett.*) carrozza signorile: *vedemmo, affacciati alla finestra, fermarsi davanti al portone di casa nostra uno strano e.* (U. SABA) | l'insieme dei cavalli e dei servitori addetti a tale carrozza **5** (*elettr.*) organo mobile di un apparecchio di misura

equiparàbile [vc. dotta, lat. *aequiperābile(m)*, da *aequiperāre* 'equiparare' ✱ 1869] **agg. ●** che si può equiparare (+ *a*): *una convivenza e. al matrimonio* **SIN.** assimilabile, equivalente ‖ **equiparabilità**, **s. f. inv.**

equiparàre o †**equiperàre** [vc. dotta, lat. *aequiperāre*, prob. da **aequĭperus*, comp. di *ăequus* 'uguale' e *-parus* dal v. *părere* 'partorire, produrre' ✱ 1374] **v. tr.** (*io equipàro* **o** *raro*, **secondo il modello latino,** *equìparo*) ● pareggiare, assimilare (+ *a*): *e. il trattamento economico dei dipendenti pubblici a quello dei dipendenti privati* | comparare: *e. le qualità di due persone*

equiparàto part. pass. di *equiparare*; **anche agg. ●** pareggiato, considerato di pari valore

equiparazióne [vc. dotta, lat. tardo *aequiperatiōne(m)*, da *aequiperāre* 'equiparare' ✱ av. 1673] **s. f. ●** l'equiparare | pareggiamento

equipartizióne [comp. di *equi-* e *partizione* ✱ 1929] **s. f. ●** equa divisione e assegnazione

équipe /fr. e'kip/ [vc. fr., originariamente 'equipaggio' (V.) ✱ 1908] **s. f. inv. 1** (*sport*) squadra **2** gruppo di persone che operano insieme per uno stesso fine: *un'équipe di ricercatori*

†**equiperàre** ➤ **equiparare**

equipollènte [vc. dotta, lat. tardo *aequipollĕnte(m)*, comp. di *ăequus* 'uguale' e *pŏllens*, genit *pollĕntis*, part. pres. di *pollēre* 'essere forte, dominare', sul tipo del corrispondente gr. *isodýnamos* ✱ av. 1328] **agg. 1** (*spec. burocr.*) equivalente quanto al valore o agli effetti | ***titoli equipollenti***, documenti non uguali nella forma, ma nel valore intrinseco, rispetto a ciò che attestano | (*gramm.*) ***proposizioni equipollenti***, che con diversi vocaboli dicono la stessa cosa **2** (*ling.*) ***opposizione e.***, in cui l'elemento distintivo è differente in ciascuno dei due fenomeni **3** (*arald.*) detto dei nove scacchi che compongono uno scudo, cinque dei quali di uno smalto e quattro di un altro ‖ †**equipollenteménte**, **avv.** (*raro*) con equipollenza

SFUMATURE ➤ *equivalente*

equipollènza [da *equipollente* ✱ av. 1328] **s. f. 1** (*spec. burocr.*) equivalenza di forza, potenza o valore **2** nella logica, coincidenza di due enunciati nel loro valore di verità

†**equiponderànza** [av. 1519] **s. f. ●** equivalenza di peso

†**equiponderàre** [vc. dotta, tratta dal lat. *aequipŏnderus* 'di uguale (*ăequus*) peso (*pŏndus*, genit. *pŏnderis*)' ✱ av. 1647] **v. intr. ●** essere di uguale peso

equipotènte [comp. di *equi-* e *potente* ✱ av. 1956] **agg. ●** (*mat.*) detto di ognuno di due insiemi che hanno la stessa potenza

equipotenziàle [vc. dotta, comp. di *equi-* e *potenziale* ✱ 1892] **agg. ●** (*fis.*) detto di linee e superfici aventi lo stesso potenziale

equiprobàbile [vc. dotta, comp. di *equi-* e *probabile* sul modello dell'ingl. *equiprobable* ✱ 1968] **agg. ●** (*stat.*) che ha uguale grado di probabilità

equipùnto [comp. di *equi-* e *punto* ✱ 1994] **s. m. ●** (*miner.*) in un reticolo cristallino, ogni punto identico a quello preso come origine

Equisetàcee [comp. di *equiset(o)* e *-acee* ✱ 1865] **s. f. pl.** (**sing.** *-a*) ● (*bot.*) famiglia di piante terrestri o palustri comprendente gli equiseti (*Equisetaceae*)

equisèto [vc. dotta, lat. *equis(ā)etu(m)*, comp. di *ĕquus* 'cavallo' e *sāeta* 'crine', così detta per il suo aspetto ✱ 1565] **s. m. ●** pianta rizomatosa delle Equisetacee con fusto aereo articolato e foglie connate in verticilli (*Equisetum*) | ***e. arvense***, coda cavallina

equisonànza [vc. dotta, lat. tardo *aequisonăntia(m)* 'che suona (*sŏnans*, genit. *sonāntis*, part. pres. di *sonāre*) uguale (*ăequus*)' ✱ av. 1754] **s. f. ●** (*mus.*, *raro*) eguaglianza o analogia di suono tra due note

equisono [vc. dotta, lat. tardo *aequisŏnu(m)*, comp. di *ăequus* 'uguale' e *sŏnus* 'suono' come il gr. *isóphthongos* ✱ 1561] **agg. ●** (*raro*) di uguale suono

equità o †**equitàde**, †**equitàte** [vc. dotta, lat. *aequitāte(m)*, da *āequus* 'uguale' ✱ 1261 ca.] **s. f. inv. 1** (*dir.*) applicazione della norma giuridica secondo giustizia, cioè tenendo conto delle concrete circostanze non previste dalla legge **2** (*est.*) giustizia, imparzialità: *decidere con e.*

†**equitàre** [vc. dotta, lat. *equitāre*, da *ĕques*, genit. *ĕquitis* 'equite, cavaliere' ✱ av. 1488] **v. intr.** ● cavalcare

†**equitàte** ➤ **equità**

equitatìvo [da *equita(te)* ✱ 1803] **agg.** ● (*raro*) dettato da equità: *giudizio e.* | che tende all'equità: *provvedimento e.* ‖ **equitativaménte**, **avv.**

equitatóre [1337] **s. m.** ● (*disus.*) cavallerizzo

equitazióne [vc. dotta, lat. *equitatiōne(m)*, da *equitāre* '†equitare' ✱ 1797] **s. f. 1** l'arte, la tecnica, la pratica dell'andare a cavallo: *scuola di e.* **2** attività agonistica a cavallo | ***e. da campagna***, comprende il concorso ippico e il polo | ***e. da corsa***, le gare di trotto e galoppo

NOMENCLATURA

equitazione e ippica

● *equitazione*: di scuola, da campagna; alta scuola, lavoro alla corda, cavalletto, passo, trotto (di scuola, battere la sella), trotto veloce, galoppo; appoggiata, dressage, arie, canter, capriola, ciambella, levata, mezza volta, passage, piroetta, serpentina; concorso ippico, eventing, prova di potenza, rifiuto; capezzone, longhina, martingala;

● *ippica*: ippodromo (tabellone delle partenze, totalizzatore, tribune coperte, apparecchio per le partenze = starting gate, nastri), maneggio, galoppatoio, trottatoio, scuderia (box, bilancia, paddock = recinto per cavalli, ring); oxer, abbuono, handicap (ascendente, discendente); piazzamento;

● *persone*: fantino (giubba), driver, jockey, amazzone, stalliere, mossiere = starter, allibratore = bookmaker;

● *scommesse*: accoppiata, piazzata, singola sul piazzato, vincente, singola sul vincente, duplice vincente, tris, trio, multiplo, totalizzatore;

● *cavalli*: puledro, purosangue, trottatore, sulky, yearling, top weight, miler, maiden, outsider, favorito, crack; pedigree; andatura, incollatura, lunghezza, rompere;

● *competizioni*: gran premio, corsa (al trotto, al galoppo, piana, a ostacoli), oaks, omnium, walk-over, criterium, cross-country, steeplechase, derby, concorso ippico.

†**èquite** [vc. dotta, lat. *ĕquite(m)*, da *ĕquus* 'cavallo', perché originariamente 'cittadino tenuto a servire nella cavalleria' ✱ 1481] **s. m.** ● nell'antica Roma, membro della classe dei cavalieri

equivalènte **A** **part. pres.** di *equivalere*; **anche agg.** ● che ha uguale valore (**+** *a*, **anche seguito da inf.**): *titoli equivalenti*; *una temperatura e.* *a* *40 gradi Celsius*; *una risposta negativa sarebbe e.* *a* *far fallire la trattativa* | (*mat.*) ***figure piane equivalenti***, d'ugual area | ***solidi equivalenti***, di ugual volume | ***farmaco e.***, V. *farmaco* ‖ **equivalenteménte**, **avv.** (*raro*) in modo equivalente **B** **s. m. 1** valore uguale, somma di uguale valore: *dare l'e. in merci, in derrate* **2** (*chim.*) frazione del peso atomico di un elemento che sostituisce o si combina con un atomo di idrogeno

SFUMATURE DI SIGNIFICATO

equivalente - equipollente

Equivalente è ciò che ha lo stesso valore di qualcos'altro o, in senso esteso, stesso significato, stessa efficacia, stessa importanza. **Equipollente** è parola dell'uso burocratico per definire ciò che ha uguale valore dal punto di vista giuridico.

equivalènza [da *equivalente* ✱ 1385] **s. f. 1** condizione o proprietà di ciò che è equivalente **2** (*mat.*) qualsiasi relazione che sia riflessiva, simmetrica e transitiva

equivalére [vc. dotta, lat. tardo *aequivalēre*, comp. del lat. *āequus* 'uguale' e *valēre* 'valere' ✱ 1374] **A** **v. intr.** (**coniug. come** *valere*; **aus.** *essere* **o** *avere*) ● essere di ugual valore, significato o efficacia (**+** *a*, **anche seguito da inf.**): *questo discorso equivale* *a* *una sfida*; *ogni altra spiegazione equivale* *a* *ribadirla* (I. Svevo) **B** **equivalérsi** **v. rifl. recipr.** ● avere lo stesso valore, la stessa importanza, lo stesso significato e sim.: *questi due quadri si equivalgono*; *concetti che si equivalgono*

equivàlso **part. pass.** di *equivalere* ● nei sign. del v.

†**equivelóce** [vc. dotta, comp. di *equi-* e *veloce* ✱ 1679] **agg.** ● uguale nella velocità

†**equivelocità** [vc. dotta, comp. di *equi-* e *velocità* ✱ av. 1673] **s. f.** ● uguaglianza nella velocità

equivicinànza [comp. di *equi-* e *vicinanza* ✱ 2002] **s. f.** ● caratteristica di chi (o di ciò che) è intermedio fra due schieramenti politici

equivicìno [comp. di *equi-* e *vicino*, sul modello dell'opposto *equidistante* ✱ 1997] **agg.** ● detto di chi, tra due schieramenti politici contrapposti, cerca di mantenere buoni rapporti con entrambi | che è caratterizzato da equivicinanza: *atteggiamento e.*

equivocàbile [1962] **agg.** ● che può essere equivocato **CONTR.** inequivocabile, inequivoco

†**equivocàle** [1618] **agg.** ● di equivoco

†**equivocaménto** [av. 1321] **s. m.** ● equivoco

equivocàre [vc. dotta, lat. tardo *aequivocāre*, da *aequĭvocus* 'equivoco' ✱ 1321] **v. intr.** (*io equìvoco, tu equìvochi*; **aus.** *avere*) ● sbagliarsi nell'interpretare il significato di un discorso o di un'espressione o nel valutare qualcosa: *credo che tu stia equivocando*; *hai equivocato su quel che ho detto*

equivocazióne [vc. dotta, lat. tardo *aequivocatiōne(m)*, da *aequivocare* 'equivocare' ✱ av. 1328] **s. f. 1** †equivoco: *occasione a molte fallacie e equivocazioni* (G. Galilei) **SIN.** sbaglio **2** (*filos.*) argomentazione fallace conseguente all'equivocità di uno dei termini di un sillogismo

†**equivochésco** [1618] **agg.** ● che ha dell'equivoco

equivocità [1869] **s. f. inv.** ● caratteristica di equivoco

equìvoco [vc. dotta, lat. tardo *aequĭvocu(m)*, comp. di *āequus* 'uguale' e *vōx*, genit. *vōcis* 'voce' sul tipo del corrispondente gr. *homṓnymos* ✱ 1363] **A** **agg.** (**pl. m.** *-ci*) **1** che si può intendere in modi diversi: *frase, risposta equivoca*; *parole equivoche* **SIN.** ambiguo | ***rima equivoca***, formata da parole di egual suono e di diverso significato **2** (*fig.*) che desta sospetto: *condotta equivoca* | di moralità incerta: *personaggio e.* | malfamato: *locale e.* | ***condizione equivoca***, di chi vive con mezzi oscuri, loschi **SIN.** ambiguo, dubbio, losco ‖ **equivocaménte**, **avv.** **B** **s. m. 1** interpretazione erronea: *a scanso di equivoci, ascoltatemi con attenzione*; *cadere in un e.* | confusione, errore: *dare adito a equivoci* | (*est.*) ambiguità, malinteso: *abbiamo chiarito ogni e.* **2** †tipo di metafora

†**equivocóso** (o **-ṣ-**) [1612] **agg.** ● incerto, oscuro

èquo ① [vc. dotta, lat. *āequu(m)*, di etim. incerta ✱ 1499] **A** **agg. 1** che ha il senso della misura e della moderazione, che è giusto e imparziale: *giudizio e.* | ***patto e., condizioni eque***, in cui i vantaggi e gli svantaggi si equilibrano | (*est.*) onesto, proporzionato: *prezzo, compenso e.* **2** adeguato alle possibilità e alle concrete esigenze: *condizioni eque*; *affitto e.* | ***e. canone***, V. *canone* | ***e. e solidale*** o ***equosolidale***, detto di scambio commerciale con Paesi in via di sviluppo, effettuato con modalità che tendono ad assicurare ai produttori una equa remunerazione; (*est.*) detto di prodotto acquistato mediante tale commercio ‖ **equaménte**, **avv.** con equità **B** **s. m.** ● (*raro*) ciò che è giusto: *l'e. e l'onesto*

SFUMATURE ➤ ***obiettivo***

†**èquo** ② [vc. dotta, lat. *ĕquu(m)*, di orig. indeur. ✱ av. 1328] **s. m.** ● cavallo

equòreo [vc. dotta, lat. *aequŏreu(m)*, da *āequor*, genit. *āequoris* 'mare', ma propr. 'superficie piana, uguale (*āequus*)' ✱ 1562] **agg.** ● (*lett.*) del mare: *nell'e. seno* (G. Leopardi)

equosolidàle ➤ **equo** ①

♦**èra** ① [vc. dotta, lat. tardo *āera(m)* 'numero, cifra', poi 'data dalla quale si inizia a contare gli anni', originariamente pl. di *āes*, genit. *āeris*, nel senso di 'denaro', 'quantità' ✱ av. 1574] **s. f. 1** periodo di tempo il cui inizio è contrassegnato da un avvenimento di particolare importanza a partire dal quale vengono computati gli anni: *l'era di Roma*; *l'era musulmana* | ***era di Cristo, era volgare***, quella iniziata con la nascita di Cristo, stabilita al 25 dicembre del 753 dalla fondazione di Roma (denominata *volgare* in contrapposizione all'epoca *classica*) | (*est.*) periodo storico caratterizzato da particolari avvenimenti: *era atomica, missilistica* **2** (*geol.*) l'unità più generale in cui si suddivide il tempo geologico, e che a sua volta può suddividersi in periodi: *la più antica era geologica è stato l'archeozoico*

SFUMATURE ➤ ***tempo***

èra ② ➤ **essere** ①

eracleènse [av. 1527] **agg.** ● di Eraclea, città della Magna Grecia

eracliàno [1956] **agg.** ● di Eraclio (575-641), imperatore d'Oriente

eraclitèo [1843] **agg.** ● del filosofo greco Eraclito (550 ca.-480 ca. a.C.) di Efeso

eraclitìṣmo [av. 1952] **s. m. 1** dottrina del filosofo greco Eraclito di Efeso, che sosteneva la tesi dell'eterno divenire **2** (*est.*) ogni concezione che si rifà alla dottrina di Eraclito

†**eradicàre** [vc. dotta, lat. tardo *eradicāre*, da *rādix*, genit. *radīcis* 'radice' con *ex-* sottratt. ✱ av. 1311] **v. tr.** ● sradicare: *era sì fisso … el desiderio … che nessuna mansuetudine … bastava a eradicarlo* (F. Guicciardini)

†**eradicatìvo** [av. 1698] **agg.** ● idoneo a eradicare o (*fig.*) a eliminare

eradicazióne [1788] **s. f. 1** †l'eradicare **2** eliminazione definitiva di una malattia su un intero territorio o su scala mondiale

èrano ➤ **essere** ①

erariàle [da *erario* ✱ 1798] **agg.** ● dell'erario, relativo all'erario: *amministrazione e.*; *spese, imposte erariali*

eràrio [vc. dotta, lat. tardo *aerāriu(m)*, da *āes*, genit. *āeris*, originariamente 'rame, bronzo', poi 'denaro, tesoro (dello Stato)' ✱ av. 1292] **s. m. 1** (*stor.*) nell'antica Roma, il denaro pubblico | luogo in cui tale denaro si conservava **2** l'amministrazione finanziaria dello Stato: *gli introiti, le spese dell'e.*; *devolvere all'e. le proprie sostanze* **3** †tesoriere

èrasi ➤ **essere** ①

eraṣmiàno [1545] **agg.** ● relativo all'umanista Erasmo da Rotterdam (1466 o 1469-1536) | ***pronuncia erasmiana***, pronuncia del greco classico per cui i dittonghi si pronunciano come tali, e la lettera η (eta) ha il valore di *e* **CFR.** etacismo **CONTR.** reuchliniano

eràso (o **-ṣ-**) [lat. *erāsu(m)*, part. pass. di *erādere*, comp. di *ex-* sottratt. e *rādere* 'radere' (V.)] **agg.** ● raso, raschiato via, detto spec. di scrittura, titolo e sim. su codici pergamenacei

erastianișmo o **erastianéșimo** [dal n. del teologo svizzero Tommaso *Erasto* (1524-1583) ✱ 1892] **s. m.** ● dottrina teologico-politica che subordina il potere della Chiesa a quello dello Stato

eravàmo ▸ **essere**①

♦**èrba** [lat. *hĕrba(m)*, di etim. incerta ✱ av. 1226] **A s. f. 1** pianta di altezza gener. limitata con fusto verde e mai legnoso | ***e. acciuga***, origano | ***e. aglina***, cicuta minore | ***e. amara***, balsamite, erba di S. Pietro | ***e. argentata***, driade | ***e. bacaia***, delle Papilionacee con fiori bianchi o gialli a standardo striato di rosso (*Ononis natrix*) | ***e. baccellina***, ginestrella | ***e. bozzolina***, (*tosc.*) bambagiona | ***e. brusca***, acetosa | ***e. calderina***, delle Composite, ricoperta di peli con capolini formati solo da fiori tubulari (*Senecio vulgaris*) | ***e. cali***, cali | ***e. cariofillata***, garofanaia | ***e. cicutaria***, delle Geraniacee con foglie pennatosette e fiori rosei riuniti in infiorescenze (*Erodium cicutarium*) | ***e. cipollina***, V. *cipollina* | ***e. cipressina***, delle Euforbiacee con rizoma strisciante e fiori in ombrelle terminali (*Euphorbia cyparissias*) | ***e. codina***, delle Graminacee ottima foraggera (*Alopecurus agrestis*) | ***e. cornetta***, emero | ***e. da calli***, delle Grassulacee con fusti eretti, foglie carnose e fiori bianchi o porporini in corimbi (*Sedum telephium*) | ***e. da gatti***, maro | ***e. da porri***, celidonia | ***e. da spazzole***, delle Graminacee le cui radici fibrose si usano per fabbricare spazzole (*Chrisopogan gryllus*) | ***e. dei camosci***, nardo celtico | ***e. dei pidocchi***, stafisagria | ***e. del cucco***, delle Cariofillacee con fiori il cui calice forma un piccolo otre aperto alla sommità (*Silene inflata*) | ***e. della regina***, tabacco | ***e. di S. Giovanni***, iperico | ***e. di S. Pietro***, erba amara | ***e. fava***, favagello | ***e. forbicina***, delle Composite con fusto angoloso e fiori gialli (*Bidens tripartita*) | ***e. fragolina***, sanicola | ***e. fumaria***, adoxa | ***e. galletta***, specie di latiro perenne, con un solo paio di foglioline lanceolate e fiori gialli, comune nei prati e nelle siepi **SIN.** latiro dei prati (*Lathyrus pratensis*) | ***e. gatta***, gattaia | ***e. ginestrina***, vecciarino | ***e. guada***, guaderella | ***e. limoncina***, cedrina | ***e. lucciola***, delle Giuncacee con fiori bianco-argentei e foglie con lunghi peli bianchi ai margini (*Luzula nivea*) | ***e. Luisa***, cedrina | ***e. luiula***, acetosella | ***e. lupa***, delle Orobancacee di color giallo rossastro, parassita delle Composite (*Orobanche major*) | ***e. mazzolina***, pannocchina | ***e. medica***, delle Papilionacee a foglie composte di tre foglioline (*Medicago sativa*) | ***e. miseria***, miseria | ***e. morella***, morella | ***e. nocca***, delle Ranuncolacee, velenosa con foglie composte peduncolate alla base, sessili superiormente e fiori verdi o rossastri (*Helleborus viridis*) | ***e. paris***, uva di volpe | ***e. perla***, nome di alcune piante erbacee delle Borraginacee i cui frutti sono acheni piccoli, duri e biancastri (*Buglossoides*, *Lithodora*, *Lithospermum*, *Neatostema*) | ***e. pesce***, felce acquatica con foglie distiche, inferiormente rossastre e pelose (*Salvinia natans*) | ***e. pignola***, delle Crassulacee con radici sottili e foglie carnose di sapore piccante (*Sedum acre*) | ***e. puzza***, elleboro fetido | ***e. quattrina***, nummularia | ***e. rogna***, viperina | ***e. ruggine***, cedracca | ***e. saetta***, acquatica delle Alismatacee a foglie eteromorfe immerse nastriformi, galleggianti a cuore, emerse a saetta (*Sagittaria sagittaefolia*) | ***e. seta***, vincetossico | ***e. spagna***, erba medica | ***e. stella***, alchimilla | ***e. strega***, licopodio | ***e. tortora***, delle Borraginacee con foglie biancastre ricoperte di peluria (*Cerinthe minor*) | ***e. trinità***, epatica | ***e. vellutina***, cinoglossa | ***e. vescica***, utricularia | ***e. vetriola***, parietaria | ***e. viperina***, viperina | (*fig.*) ***fare di ogni e. un fascio***, ***fare di tutta l'e. un fascio***, considerare tutto alla stessa stregua, senza distinzioni; generalizzare | ***non è e. del suo orto***, (*fig.*) non è farina del suo sacco | (*fig.*, *scherz.*) ***l'e. voglio non cresce neanche nel giardino del re***, con riferimento a desideri, spec. infantili, espressi con capricciosa ostinazione **2** complesso delle piante erbacee che crescono spec. spontaneamente su un terreno: *sedere, sdraiarsi sull'e.* | ***fare l'e., andare a e.***, raccoglierla in quanto nociva alle colture o per darla al bestiame | ***tenere, mettere, mandare a e. il bestiame***, al pascolo **3** (*gerg.*) marijuana: *fumare l'e.* **4** (**spec. al pl.**) verdura, erbaggio: *sono erbe cotte ieri; acquistare erbe e frutta al mercato; il mercato delle erbe* | ***erbe aromatiche***, quelle odorose, usate in cucina per aromatizzare le pietanze | ***Piazza delle Erbe***, in alcune località, nome della piazza dove si svolge o si svolgeva il mercato ortofrutticolo **5** (*fig.*) nella loc. agg. inv. ***in e.***, detto di chi si trova agli inizi di un'attività, professione e sim. ed è ancora privo di abilità ed esperienza: *dottore, tecnico, scolaro, in e.* **B** **in funzione di agg. inv.** (**posposto a un sost.**) **1** che ha il colore tipico dell'erba: *verde e.* **2** nella loc. ***punto e.***, punto di ricamo che crea l'effetto di una linea sottile ‖ **erbàccia**, **pegg.** (V.) | **erbétta**, **dim.** (V.) | **erbìna**, **dim.** | **erbolìna**, **dim.** | **erbùccia**, **dim.** (V.)

erbàccia [1346] **s. f.** (**pl.** *-ce*) ● pegg. di *erba* | erba inutile o dannosa per le piante coltivate: *attraversò l'orto, camminando fino a mezza gamba tra l'erbacce di cui era popolato* (A. MANZONI)

†**erbàccio** ▸ **erbaggio**

erbàceo [vc. dotta, lat. *herbāceu(m)*, da *hĕrba* 'erba' ✱ av. 1597] **agg. 1** di vegetale a fusto tenero, non lignificato **2** detto di vino di profumo e sapore che richiama un gusto d'erba appena tagliata

erbàggio o †**erbàccio** [fr. *herbage*, da *herbe* 'erba' ✱ 1287] **s. m. 1** (**spec. al pl.**) ogni qualità di erba commestibile **2** (*dir.*) †erbatico

erbàio [1306] **s. m.** (**pl.** *-ai*) **1** luogo in cui crescono solo erbe **2** coltura di foraggiere non prative da utilizzarsi fresche o insilate

erbaiòlo o (*lett.*) **erbaiuòlo**, (*centr.*) **erbaròlo**, †**erbaruòlo** [1550] **s. m.** (**f.** *-a*) **1** (*lett.* o *centr.*) chi vende erbaggi **2** (*disus.*) chi va a fare l'erba nei campi **3** †erborista

erbàle [av. 1320] **agg.** ● (*lett.*) che ha natura di erba: *vanno pel tratturo antico al piano, / quasi per un erbal fiume silente* (G. D'ANNUNZIO)

Erbalùce [forse, rifacimento pop. con *erba* di un precedente *albaluce* ✱ 1909] **s. m. inv. 1** vitigno coltivato in Piemonte, nella zona di Ivrea, da cui si ottengono un vino bianco secco e un vino passito **2** vino bianco secco, di color giallo paglierino e dal profumo fresco, prodotto dal vitigno omonimo: *E. di Caluso*

erbàrio [vc. dotta, lat. *herbāriu(m)*, da *hĕrba* 'erba' ✱ av. 1577] **s. m. 1** volume in cui sono descritte le piante medicinali e le loro proprietà **2** raccolta di piante fatte essiccare con opportuni accorgimenti

erbaròlo ▸ **erbaiolo**

†**erbaruòlo** ▸ **erbaiolo**

†**erbàta** [1308] **s. f.** ● quantità d'erbe

erbàtico [vc. dotta, lat. tardo *herbātĭcu(m)*, da *hĕrba* 'erba' ✱ sec. XIII] **s. m.** (**pl.** *-ci*) ● spec. nel Medioevo, diritto di far erba o di fare pascolare il bestiame in terreno pubblico | censo dovuto al comune per tale diritto

erbàto [da *erba* ✱ av. 1446] **A agg. 1** †condito di erbe **2** (*raro, lett.*) coperto d'erba | (*raro*) mescolato con l'erba **B s. m.** ● †torta fatta con erbaggi

erbatùra [1869] **s. f.** ● periodo di tempo che intercorre tra una falciatura d'erba e l'altra

erbazzóne [da *erbazze*, 'erbe selvatiche', usate in origine nella preparazione ✱ 1995] **s. m.** ● (*cucina*) torta salata farcita di verdure varie, lardo e aromi, tipica della cucina emiliana

erbeggiàre [av. 1729] **v. intr.** (**pres.** *io erbéggio*; **fut.** *io erbeggerò*; **aus.** *avere*; **anche impers. con aus.** *essere*) ● (*raro*) verdeggiare d'erba

erbétta [dim. di *erba* ✱ 1319] **s. f. 1** erba sottile, appena spuntata **2** (*centr.*) prezzemolo | (**al pl.**, *sett.*) bietole | ***le erbette***, (*per anton.*) le erbe odorose ‖ **erbettìna**, **dim.**

erbicìda [comp. di *erba* e *-cida* ✱ 1956] **s. m.**; **anche agg.** (**pl. m.** *-i*) ● sostanza chimica che impedisce la crescita e la moltiplicazione di determinate specie erbacee

èrbio [dal n. della località svedese *(Ytt)erby*, dove fu scoperto ✱ 1869] **s. m.** ● elemento chimico, metallo del gruppo delle terre rare **SIMB.** Er **NUM. AT.** 68

erbìre [da *erba* ✱ 1855] **v. intr.** (*io erbìsco, tu erbìsci*; **aus.** *avere*) ● (*raro, lett.*) coprirsi di erba

erbivéndolo [comp. di *erba* e *-vendolo*, sul modello di *fruttivendolo* ✱ 1853] **s. m.** (**f.** *-a*) ● venditore di erbaggi, legumi, frutta e sim.

erbìvoro [vc. dotta, comp. del lat. *hĕrba* 'erba' e un deriv. di *vorāre* 'divorare' ✱ 1724] **A agg.** ● che si nutre esclusivamente di vegetali: *animali erbivori* **B s. m.** (**f.** *-a*) **1** animale erbivoro **2** (*scherz.*) persona vegetariana o prevalentemente vegetariana

erbolàre ▸ **erborare**

†**erbolàto** o †**erbolàtto** nel sign. 3 [av. 1388] **s. m. 1** torta a base di erbaggi **2** impiastro fatto con erbe medicinali **3** erborista

erboràre o (*raro*) **erbolàre** [1745] **v. intr.** (*io èrboro*; **aus.** *avere*) ● andare in cerca di erbe per uso medicinale o per studio

erborazióne [av. 1758] **s. f.** ● l'erborare

erborinàto [milan. *erborinà* 'stracchino venato di muffa verde (*erborìn*, propr. 'prezzemolo', da *erba*)' ✱ 1895] **agg.** ● detto di formaggio striato o chiazzato di muffa verde

erborìsta [fr. *herboriste* per *herboliste*, dal lat. *hĕrbula* 'erbetta' ✱ av. 1647] **s. m. e f.** (**pl. m.** *-i*) ● specialista nella raccolta e utilizzazione di piante officinali | chi vende erbe medicinali **SIN.** semplicista②

erboristerìa [fr. *herboristerie*, da *herboriste* 'erborista' ✱ 1917] **s. f. 1** raccolta, conservazione e utilizzo delle piante officinali **2** negozio di erborista

erborìstico [1956] **agg.** (**pl. m.** *-ci*) ● relativo all'erboristeria

erboriẓẓàre [fr. *herboriser* per *herboliser*, dal lat. *hĕrbula* 'erbetta' ✱ av. 1783] **v. intr.** (**aus.** *avere*) ● erborare: *– ... Va a e.! – diceva sempre mia madre ammirata* (N. GINZBURG) ‖ **erboriẓẓazióne**, **s. f.** (V.)

erboriẓẓatóre [da *erborizzare* ✱ 1874] **s. m.** (**f.** *-trice*) ● raccoglitore di erbe, di piante

erboriẓẓazióne [fr. *herborisation*, da *herboriser* 'erborizzare' ✱ 1707] **s. f. 1** erborazione **2** addizione ai formaggi di muffe verdi o blu per renderne il sapore più piccante

erbóso (o *-ș-*) [lat. *herbōsu(m)*, da *hĕrba* 'erba' ✱ av. 1292] **agg.** ● ricco, folto d'erba: *prato, terreno e.*; *per lo e. paese, andava ... pianamente* (I. SANNAZARO) | ***tappeto e.***, folto prato

erbùccia [1353] **s. f.** (**pl.** *-ce*) **1** dim. di *erba* **2** (*bot.*) timo **3** (**al pl.**) erbe aromatiche usate come condimento

erciniàno [sec. XX] **agg.** ● (*geol.*) ercinico

ercìnico [dal lat. *Hercўnia* (sottinteso *silva* 'bosco'), n. di una catena montuosa in territorio ted.

∗ 1956] agg. (pl. m. -ci) • (geol.) detto dell'orogenesi che si verificò nel tardo Paleozoico, interessando varie regioni dell'Europa centrale SIN. variscico

ercogamìa [comp. del gr. *hércos* 'recinto' e *-gamia* ∗ 1917] s. f. • (bot.) nei fiori ermafroditi, particolare disposizione degli organi riproduttivi maschili e femminili che ne rende impossibile la reciproca impollinazione

ercolanése (o -ṣ-) o **ercolanènse** [1812] A agg. • della città di Ercolano B s. m. e f. • abitante o nativo di Ercolano

èrcole [vc. dotta, lat. *Hĕrcule(m)*, dal gr. *Hēraklês* 'celebre (*-kleēs*, da *kléos* 'gloria, fama') attraverso Giunone (*Hḗra*)', eroe della mitologia greco-romana, celebre per le sue imprese e prove ∗ 1313] s. m. (pl. -i) • persona eccezionalmente forte e robusta ‖ **ercolino**, dim. (V.)

ercolìno ① s. m. 1 dim. di *Ercole* 2 bambino particolarmente robusto

ercolìno ② [da *Ercole*, con sovrapposizione di *arco* ∗ 1923] A agg. • (raro) detto di gambe leggermente arcuate dal ginocchio in giù | detto di persona con tale conformazione B anche s. m.

♣**ercùleo** [vc. dotta, lat. *Hercŭleu(m)* 'di Ercole (*Hĕrcules*)' ∗ av. 1505] agg. 1 di Ercole | proprio, degno di Ercole: *forza, statura erculea* 2 (lett.) di Ercole I d'Este: *generosa Erculea prole* (L. Ariosto) | ***addizione erculea***, a Ferrara, raddoppio del perimetro urbano, voluto da Ercole I d'Este e realizzato da B. Rossetti nel 1492

-ere /ere, 'ere/ [dalla desinenza lat. dei v. della seconda (*-ēre*) e della terza (*-ĕre*) coniug.] suff. • costituisce la desinenza dell'infinito dei verbi della seconda coniugazione: *credere, perdere, vedere*

e-reader /i'rider, *ingl.* iːˈriːdə(r)/ [2006] s. m. inv. • accorc. di *ebook reader* (V. *ebook*)

erèbia [dal lat. *Ĕrebus* 'dio delle tenebre' ed 'Erebo, regno delle ombre', per il colore oscuro (?) ∗ av. 1916] s. f. • piccola farfalla bruno-nera con ali rossastre ai margini, la cui larva cresce sulle Graminacee (*Erebia*)

Èrebo [vc. dotta, lat. *Ĕrebu(m)*, dal gr. *Érebos*, di orig. indeur. ∗ 1426 ca.] s. m. • nella mitologia greca, luogo oscuro, sotterraneo, dimora dei morti
SFUMATURE ➤ *inferno* ②

†**erèda** ➤ **erede**

†**eredàre** o †**redàre** [av. 1311] v. tr. • ereditare

♦**erède** o †**erèda**, †**rèda**, †**rède** [vc. dotta, lat. *herēde(m)*, di etim. incerta ∗ 1261 ca.] s. m. e f. 1 (dir.) chi, alla morte di una persona, subentra in tutti i suoi rapporti patrimoniali attivi o passivi o in una quota di essi: *lasciare, nominare qlcu. e.*; *istituzione di e.* | ***e. legittimo***, chi succede per legge, in mancanza di testamento | ***e. necessario***, chi per legge, in caso di successione testamentaria, ha diritto a una quota del patrimonio del defunto | ***e. universale***, chi succede nell'intero patrimonio | ***e. testamentario***, chi è stato chiamato alla successione per testamento | ***e. beneficiario***, erede che ha accettato l'eredità con beneficio d'inventario | ***e. apparente***, chi possiede i beni di un'eredità e si comporta come erede, senza esserlo | ***e. al trono***, in una dinastia, chi è destinato a succedere al sovrano regnante | (scherz., fam.) figlio primogenito, spec. maschio: *finalmente ha avuto il tanto sospirato e.* 2 (fig.) chi conserva e prosegue attività, tradizioni e sim.: *e. della famiglia*; *l'e. delle virtù familiari* | ***e. spirituale***, o (ellitt.) ***erede***, chi continua ed estende o elabora ulteriormente idee e attività di una grande personalità in ogni settore dell'umanità: *gli eredi di Freud, di Marx, di Mazzini*
SFUMATURE ➤ *seguace*

♦**eredità** o †**ereditàde**, †**ereditàte**, †**reditàta** [vc. dotta, lat. *hereditāte(m)*, da *hēres*, genit. *herēdis* 'erede' ∗ av. 1292] s. f. inv. 1 (dir.) complesso dei beni e dei rapporti giuridici appartenuti al defunto e oggetto della successione: *adire un'e.*; *delazione dell'e.* 2 (biol.) complesso delle caratteristiche e proprietà potenziali, in forma di istruzioni chimiche, contenute nei cromosomi, che un organismo vivente riceve dal genitore attraverso le cellule germinali 3 (fig.) retaggio: *lasciare un'e. di gloria, di vizi, di virtù*; *sol chi non lascia e. d'affetti / poca gioia ha dell'urna* (U. Foscolo)

ereditàbile [da *eredit(are)* con il suff. *-abile* ∗ 1987] agg. • che può essere ereditato: *bene e.*; *variazioni genetiche ereditabili* ‖ **ereditabilità**, s. f. inv. (V.)

ereditabilità [da *ereditare* ∗ 1987] s. f. inv. • (biol.) capacità di essere ereditato | ***indice di e.***, indice di quanto un carattere fenotipico sia geneticamente determinato e sia frutto della selezione naturale

†**ereditàggio** o †**reditàggio** [comp. di *eredit(à)* e *-aggio* ∗ sec. XIII] s. m. • eredità

†**ereditàle** [sec. XIV] agg. • attinente a eredità

ereditàndo [1963] s. m. (f. *-a*) • (dir.) il soggetto defunto il cui patrimonio viene devoluto ai successori

ereditàre o †**redetàre** [vc. dotta, lat. tardo *hereditāre*, da *herēditas* 'eredità' ∗ av. 1328] v. tr. (*io erèdito*) • ricevere per successione ereditaria (anche fig.): *e. un immobile*; *e. la virtù, la fede, la sensibilità paterna* | †*e. qlcu.*, esserne erede

ereditarietà [1882] s. f. inv. 1 (dir.) possibilità di essere trasmesso in eredità 2 (biol.) trasmissione alla discendenza dei caratteri fisiologici o patologici appartenenti al patrimonio genetico

ereditàrio [vc. dotta, lat. *hereditāriu(m)*, da *herēditas* 'eredità' ∗ 1342] agg. 1 (dir.) relativo all'eredità: *asse e.*; *diritti, beni ereditari*; *comunione ereditaria* | ***principe e.***, l'erede al trono 2 (biol.) che concerne l'ereditarietà: *caratteri ereditari* | ***malattia ereditaria***, le cui cause esistono già nelle cellule germinali ‖ **ereditariaménte**, avv. per via ereditaria

†**ereditàte** ➤ **eredità**

ereditière o **ereditièro** [adattamento del fr. *héritière*, dall'agg. lat. *hereditārius* 'proprio dell'erede (*hēres*, genit. *herēdis*)' ∗ 1736] s. m. (f. *-a*); anche agg. • chi (o che) ha ereditato o deve ereditare una notevole ricchezza: *ha sposato una ricca ereditiera*

†**erèggere** ➤ **erigere**

-erellàre [doppio suff. attenuativo, accanto a *-ellare*] suff. • forma verbi alterati con valore diminutivo e frequentativo: *bucherellare, canterellare, giocherellare, salterellare, trotterellare*

-erellìno [doppio suff. dim., *-erello* e *-ino*] suff. • rafforza in alcuni sostantivi alterati il valore diminutivo: *bucherellino, caserellina*

-erèllo [ampliamento rafforz. con *-er-* del suff. dim. *-ello*] suff. • conferisce ad alcuni sostantivi valore diminutivo e talvolta con sfumatura peggiorativa: *coserella, fatterello, salterello*

-erellóne [doppio suff. *-erello* (dim.) e *-one* ① (accr. a senso vezz.)] suff. • conferisce ad alcuni sostantivi valore diminutivo-vezzeggiativo: *pazzerellone*

eremacàuṣi o **eremacoṣìa** [vc. dotta, comp. del gr. *ēréma* (avv.) 'lentamente' e *kâusis* 'combustione' ∗ 1869] s. f. inv. • processo chimico e biochimico che subiscono le sostanze organiche nel terreno in presenza di eccesso di ossigeno

eremìta o †**eremìto**, †**remìta**, (pop.) †**romìto** [vc. dotta, lat. cristiano *eremīta(m)*, dal gr. *erēmítēs*, da *érēmos* 'deserto' ∗ 1304 ca.] s. m. (anche f. nel sign. 1; pl. m. *-i*) 1 chi, spec. per motivi religiosi, vive solitario in luoghi remoti o deserti | (est.) persona che vive appartata dal mondo: *vivere da e.*; *essere un e.* 2 una delle figure nel gioco dei tarocchi 3 (zool.) ***Bernardo l'e.***, paguro

eremitàggio o **romitàggio** [sec. XIII] s. m. • luogo da eremita | (est.) abitazione solitaria e isolata

eremitàno o **romitàno** [1298] A agg. 1 relativo o appartenente all'ordine di S. Agostino di osservanza eremitica: *monaco e.* 2 †eremitico B s. m. • monaco dell'ordine di S. Agostino di osservanza eremitica: *convento degli eremitani*

eremìtico o †**romìtico** [vc. dotta, lat. eccl. *eremīticu(m)*, da *eremīta* 'eremita' ∗ 1374] agg. (pl. m. *-ci*) • di eremita, ascetico: *vita eremitica* | (lett.) solitario ‖ **eremiticaménte**, avv. al modo di un eremita

†**eremìto** ➤ **eremita**

†**eremitòrio** ➤ **romitorio**

†**eremitòro** ➤ **romitorio**

èremo o (poet.) **èrmo** ② [vc. dotta, lat. eccl. *erēmu(m)*, dal gr. *érēmos* 'solitario', di etim. incerta ∗ av. 1294] A s. m. • luogo solitario dove si ritirano gli eremiti | (est.) dimora o luogo tranquillo e isolato: *si è ritirato nel suo e. in montagna* B agg. • †V. **ermo** ①

†**èreo** [vc. dotta, lat. *āereu(m)*, da *āes*, genit. *āeris*, sul tipo di *fĕrreu(m)* da *fĕrrum*, in sostituzione del più ant. *ahēnu(m)* 'èneo' ∗ 1499] agg. • (lett.) di bronzo, di rame

ereṣìa o †**reṣìa** [vc. dotta, dal lat. *hāeresi(m)*, che riproduce il gr. *háiresis*, da *hairêisthai* 'fare la propria scelta', di etim. incerta ∗ av. 1292] s. f. 1 nelle religioni fondate su una dogmatica universalmente o ufficialmente riconosciuta, dottrina basata su interpretazioni personali in contrasto con la tradizione | nel cristianesimo antico, tesi o dottrina che si oppone agli insegnamenti dei Concili e all'opinione comune dei Padri della Chiesa | nel cattolicesimo, dottrina che si oppone alla verità rivelata da Dio e proposta autenticamente come tale dalla Chiesa 2 (est.) opinione erronea o contrastante con quelle più comunemente seguite: *e. filosofica, letteraria, scientifica* | (est.) grosso sproposito, sproloquio: *non farmi dire eresie* 3 †discordia

ereṣiàrca (o -ṣiàr-) [vc. dotta, lat. tardo *haeresiărcha(m)*, dal gr. *hairesiárchēs* 'capo (V. *-arca*) di un'*eresia* (*háiresis*)' ∗ av. 1292] s. m. (pl. *-chi*, lett. *-che*) • capo o fondatore di movimento eretico

ereṣiologìa (o -ṣio-) [comp. di *eresia* e *-logia* ∗ 1956] s. f. (pl. *-gìe*) • trattazione storica e dottrinaria delle eresie e dei loro rapporti con l'insegnamento canonico della Chiesa

ereṣiòlogo (o -ṣiò-) [vc. dotta, comp. di *eresia* e *-logo* ∗ 1956] s. m. (f. *-a*; pl. m. *-gi*) • studioso di eresiologia

ereṣìpela ➤ **erisipela**

ereṣìpola ➤ **erisipela**

erèssi ➤ **erigere**

†**eretàggio** ➤ **retaggio**

†**eretàre** [fr. *hériter*, dal lat. *hereditāre* 'ereditare' ∗ av. 1349] v. tr. • ereditare

ereticàle [1619] agg. • che è proprio di eretici o eresie: *dottrina e.* ‖ **ereticalità**, s. f. inv.

†**ereticàre** [da *eretico* ∗ sec. XIII] v. intr. • cadere in eresia, diventare eretico

erètico [vc. dotta, lat. tardo *haerĕticu(m)*, dal gr. *hairetikós* 'colui che ha scelto' (V. *eresia*) ∗ 1268] A agg. (pl. m. *-ci*) • di eresia, che costituisce eresia: *dottrina eretica* ‖ **ereticaménte**, avv. da eretico B agg. e s. m. (f. *-a*)

a b c d e f g h i j k l m n o p q r s t u v w x y z

e

1 (*relig.*) che (o chi) professa una dottrina eretica **2** (*colloq.*) che (o chi) è ateo, miscredente **3** che (o chi), all'interno di un partito politico e sim., sostiene principi contrari all'ideologia del partito stesso

eretìno [lat. *Eretīnu(m)*, abitante della città di *Erētu(m)*, dove sarebbe poi sorta Monterotondo * sec. XX] **A** **agg.** • di Monterotondo, in provincia di Roma **B** **s. m.** (**f.** *-a*) • abitante o nativo di Monterotondo

eretismo [vc. dotta, gr. *erethismós*, dal v. *erethízein*, forma secondaria di *eréthein* 'irritare, eccitare', di etim. incerta * av. 1803] **s. m.** • (*med.*) stato di esagerata irritabilità o sensibilità di tutto il corpo o di qualche suo organo

eretìstico [1956] **agg.** (**pl. m.** *-ci*) • (*med.*) di eretismo: *stato e.*

erèttile [da *eretto* * 1834] **agg.** **1** (*anat.*) detto di tessuto o di organo che si inturgidisce e si erige riempiendosi di sangue | ***disfunzione e.***, alterazione funzionale del pene **2** (*bot.*) di organo vegetale che si erige se sottoposto a determinati stimoli

erettìvo [1950] **agg.** • (*fisiol.*) relativo a erezione

erètto **part. pass.** di *erigere*; anche **agg.** **1** innalzato | (*fig.*) istituito, costituito **2** dritto: *tenere il capo, il busto e.* | †perpendicolare | †erto, ripido

erettóre [vc. dotta, lat. tardo *erectōre(m)*, da *erēctus* 'eretto' * 1676] **A** **agg.** (**f.** *-trice*) • (*anat.*) detto di muscolo che permette l'erezione **B** **anche s. m.**

ereutofobìa [comp. del gr. *éreuthos* 'rossore' e *-fobia* * 1917] **s. f.** • (*psicol.*) eritrofobia

erezióne [vc. dotta, lat. tardo *erectiōne(m)*, da *erēctus* 'eretto' * av. 1529] **s. f.** **1** innalzamento, costruzione: *e. di un monumento* | (*fig.*) fondazione: *e. di un'opera pia in ente morale* **2** (*fisiol.*) fenomeno del drizzarsi di un organo erettile: *e. del pene*

erg ① /ɛrg/ [dal gr. *érg(on)* 'lavoro', di orig. indeur. * 1892] **s. m. inv.** • (*fis.*) unità di lavoro nel sistema CGS, corrispondente al lavoro compiuto dalla forza di 1 dina per lo spostamento di 1 cm **SIMB.** erg

erg ② /ɛrg/ [da una vc. araba dial. *'erg*, dal class. *'irq* * 1968] **s. m. inv.** • deserto sabbioso con dune, tipico del Sahara

Èrgal® [marchio registrato * 1992] **s. m. inv.** • (*metall.*) lega leggera da lavorazione plastica costituita da alluminio, zinco, magnesio e rame, che, dopo opportuno trattamento termico, raggiunge resistenze elevatissime necessarie nelle attrezzature alpinistiche e sim.

èrga òmnes [lat., propr. 'contro (*ĕrga* 'verso', con la sfumatura negativa, propria del lat. fam., che aveva assunto la prep. dal senso benevolo 'diretto verso ...') tutti (*ŏmnes*, acc. pl. di *ŏmnis*, isolato nel lat.)' * 1956] **loc. avv.**; anche **loc. agg. inv.** • (*dir.*) nei confronti di tutti i cittadini: *atto valido erga omnes*

ergastolàno [da *ergastolo* * 1796 ca.] **s. m.** (**f.** *-a*) • chi sta scontando una condanna all'ergastolo

ergastolàrio [vc. dotta, lat. *ergastulāriu(m)*, da *ergăstulum* 'ergastolo' * 1869] **s. m.** • (*disus.*) ergastolano

ergàstolo [vc. dotta, lat. *ergăstulu(m)*, dal gr. *ergastḗrion* 'casa di lavoro (dal v. *ergázesthai*, da *érgon* 'lavoro'), fabbrica (per schiavi)', con adattamento al sistema di suff. lat. * 1499] **s. m.** **1** (*dir.*) pena detentiva consistente nella privazione della libertà personale per tutta la durata della vita: *condannare all'e.* **2** (*est.*, *raro*) luogo dove si sconta detta pena | ***gente da e.***, (*fig.*) da galera **3** nell'antica Roma, edificio dove abitavano gli schiavi e i condannati a lavori agricoli

ergastoplàsma [comp. della base gr. *ergast*, dal v. *ergázesthai* 'lavorare', e *plasma* * 1968] **s. m.** (**pl.** *-i*) • (*biol.*) regione del citoplasma caratterizzata dalla presenza di abbondante reticolo endoplasmatico granulare

ergatìvo [dal tema del gr. *ergázesthai* 'lavorare, operare', sul modello di *ablativo* * sec. XX] **A** **agg.** • (*ling.*) che indica chi compie l'azione: *caso e.*; *funzione ergativa* | (*gramm.*) causativo: *verbo e.* **B** **s. m.** • (*ling.*) in alcune lingue, come il basco e le lingue caucasiche, caso che esprime la funzione grammaticale del complemento d'agente

+**èrgere** [lat. parl. **ĕrgere*, per il class. *erĭgere* 'erigere' (V.) * 1313] **A** **v. tr.** (**pres.** *io èrgo, tu èrgi*; **pass. rem.** *io èrsi, tu ergésti*; **part. pass.** *èrto*) **1** (*lett.*) levare in alto: *e. il capo con gesto di sfida* | edificare: *ersero uno splendido monumento* **2** (*fig.*, *lett.*) innalzare: *e. l'anima, la mente a Dio* | ***e. l'animo***, insuperbirsi | †far insuperbire **B** **èrgersi** **v. rifl.** • drizzarsi: *si erse minaccioso in tutta la sua statura* | (*fig.*) attribuirsi indebitamente un ruolo (+ *a*): *ergersi a giudice di tutto e di tutti* **SIN.** erigersi | (*fig.*) †adirarsi **C** **èrgersi** **v. intr. pron.** • innalzarsi: *sul fondo si erge un monte*

+**èrgo** [vc. dotta, lat. *ĕrgo*, sorto dall'espressione **ē rŏgo* 'partendo dalla (*ex-*) direzione (dal v. *rĕgere*) di ...' * sec. XII] **A** **cong.** • (*lett.* o *scherz.*) dunque, pertanto (con valore conclusivo): *ha molte lacune, spesso presenta male i personaggi ... E., è un cattivo poeta* (F. DE SANCTIS) **B** **in funzione di s. m. inv.** • (*raro*, *scherz.*) conclusione: *essere, giungere, venir all'e.*; *quegli argomenti e quegli e. di cui si servivano i predicatori* (F. DE SANCTIS)

èrgo- [dal gr. *érgon* 'lavoro', di orig. indeur.] **primo elemento** • in parole composte moderne significa 'lavoro': *ergometro, ergoterapia*

ergòdico [vc. dotta, dal ted. *ergodisch*, agg. di *Ergode*, n. coniato da L. Boltzmann con i due elementi gr. *érgon* 'opera' e *hodós* 'via', intendendo 'passaggio di energia' * 1956] **agg.** (**pl. m.** *-ci*) • (*fis.*) detto di sistema o processo in cui le medie calcolate nel tempo coincidono con le medie calcolate su sistemi o processi simili ‖ **ergodicità**, **s. f. inv.** proprietà di un sistema o processo ergodico

ergogènico [comp. di *ergo-* e *-genico* * 1963] **A** **agg.** (**pl. m.** *-ci*) • detto di qualsiasi fattore (nutrizionale, farmacologico, fisiologico, ecc.) in grado di migliorare una prestazione fisica **B** **anche s. m.**: *gli anabolizzanti sono degli ergogenici*

ergògrafo [comp. di *ergo-* e *-grafo* * 1917] **s. m.** • (*fisiol.*) apparecchio impiegato per la misura e la registrazione del lavoro muscolare prodotto in condizioni controllate

ergòlo [comp. di *erg(o)-* e *-olo*② * 1970] **s. m.** • (*chim.*) elemento attivo di un propellente

ergologìa [comp. di *ergo-* e *-logia* * sec. XIX] **s. f.** (**pl.** *-gìe*) • parte dell'etnologia che studia la cultura materiale dei popoli primitivi

ergometrìa [comp. di *ergo-* e *-metria* * 1956] **s. f.** • (*med.*) misurazione del lavoro muscolare mediante l'ergometro

ergòmetro [comp. di *ergo-* e *-metro* * 1930] **s. m.** • dinamometro con cui si misura la potenza utile di una macchina o del lavoro muscolare

ergóne [dal gr. *érgon* 'lavoro', di orig. indeur. * 1956] **s. m.** • (*chim.*) termine desueto che indica qualsiasi sostanza necessaria in tracce per attivare o regolare un processo fisiologico o biochimico, tra cui enzimi, ormoni, vitamine e sim.

ergonomìa [comp. di *ergo-* e un deriv. del gr. *nómos* 'norma, regola' * 1965] **s. f.** • disciplina che studia il rapporto fra uomo, macchina (o strumento) e ambiente di lavoro in modo che sia conveniente alle esigenze psicofisiche del lavoratore e all'efficienza produttiva

ergonòmico [1967] **agg.** (**pl. m.** *-ci*) • relativo a ergonomia | costruito in base ai principi dell'ergonomia: *impugnatura ergonomica* | (*est.*) confortevole: *sedile e.* ‖ **ergonomicaménte**, **avv.** dal punto di vista ergonomico ‖ **ergonomicità**, **s. f. inv.**

ergònomo [1983] **s. m.** (**f.** *-a*) • studioso, esperto di ergonomia

ergosterìna [1951] **s. f.** • (*chim.*) ergosterolo

ergosteròlo [fr. *ergostérol* 'sterolo (*stérol*) presente nella segale cornuta (*ergot*)' * 1951] **s. m.** • (*chim.*) sterolo precursore della vitamina D presente nel lievito e in numerosi vegetali

ergotècnica [comp. di *ergo-* e *tecnica* * 1968] **s. f.** • studio dei mezzi e delle tecniche per ottenere un maggior rendimento del lavoro umano

ergoterapìa [comp. di *ergo-* e *terapia* * 1951] **s. f.** • (*med.*) uso riabilitativo o terapeutico di attività lavorative per persone in stato di invalidità o di malattia mentale **SIN.** terapia occupazionale ‖ **ergoteràpico**, **agg.** (**pl. m.** *-ci*) relativo a ergoterapia

ergotìna [fr. *ergotine*, comp. di *ergot* '(fungo della) segale cornuta' (di etim. incerta) e *-ine* '-ina' * 1869] **s. f.** • (*chim.*) sostanza che si estrae dalla segale cornuta, usata come emostatico uterino

ergotismo [fr. *ergotisme*, comp. di *ergot* '(fungo della) segale cornuta' (di etim. incerta) e *-isme* '-ismo' * 1869] **s. m.** • intossicazione da segale cornuta

èri ➤ **essere**①

-erìa [dal suff. fr. *-erie*] **suff.** • forma nomi concreti che indicano negozio, laboratorio (*birreria*, *falegnameria*, *macelleria*, o anche neologismi di recente coniazione, come *focacceria*, *jeanseria* e sim.), azione, attività (*pirateria*), insieme di oggetti, di armi e di appartenenti a corpi militari (*argenteria*, *fanteria*); oppure nomi astratti indicanti qualità, stato, azione, spesso con valore spregiativo (*porcheria*, *furberia*, *poltroneria*)

eribànno [ant. alto ted. *heriban* 'bando (*ban*) per la raccolta dell'esercito (*heri, hari*)' * 1846] **s. m.** • nell'ordinamento franco e longobardo, bando di chiamata alle armi di tutti gli uomini liberi

èrica (o **è-**) [vc. dotta, lat. *ĕrica(m)*, dal gr. *eríkē*, di etim. incerta * 1561] **s. f.** • genere di piante delle Ericacee, comprendente moltissime specie, con rami fitti e sottili, foglie aghiformi e fiori piccoli solitari o riuniti in grappoli (*Erica*)

Ericàcee [vc. dotta, comp. di *erica* e *-acee* * 1841] **s. f. pl.** (**sing.** *-a*) • (*bot.*) famiglia di piante legnose delle Dicotiledoni con foglie per lo più persistenti, coriacee e fiori atti-nomorfi (*Ericaceae*)

erigèndo [vc. dotta, lat. *erigĕndu(m)*, gerundivo di *erĭgere* 'erigere' * 1905] **agg.** • da cui si prevede la costruzione: *l'erigenda casa di riposo per attori*

erìgere o †**erèggere** [vc. dotta, lat. *erĭgere*, comp. di *rĕgere* 'dirigere' col pref. *ex-* che indica movimento dal basso in alto * 1313] **A** **v. tr.** (**pres.** *io erìgo, tu erìgi*; **pass. rem.** *io erèssi, tu erigésti*; **part. pass.** *erètto*) **1** innalzare, costruire: *e. un altare, una statua* **2** (*fig.*) fondare, istituire: *e. una scuola, un beneficio ecclesiastico* **3** (*fig.*) costituire, spec. elevando di grado: *e. una regione in principato*; *e. una fondazione in ente morale* **B** **erìgersi** **v. rifl.** **1** attribuirsi, anche indebitamente, una carica o una prerogativa: *erigersi a giudice, a censore*; (*lett.*) *erigersi in arbitro* **SIN.** ergersi **2** drizzarsi, innalzarsi

3 (*fig.*) costituirsi: *buona parte delle città si eressero in repubblica* (L.A. MURATORI)

erigeróne [gr. *ērigérōn*, propr. 'che invecchia presto', comp. di *êri* 'presto' e *gérōn* 'vecchio' (entrambi di orig. indeur.) ✱ 1476] **s. m.** • genere di piante delle Composite comprendente erbe annue o perenni, con foglie lanceolate e fiori minuti in capolini disposti a racemo (*Erigeron*)

erigìbile [da *erigere* ✱ av. 1924] **agg.** • che si può erigere

†**erile** [vc. dotta, lat. *erīle(m)*, fatto da *ĕrus* 'padrone' (di etim. incerta), come *servīle(m)*, da *sĕrvus* 'servo' ✱ av. 1469] **agg.** • (*lett.*) padronale

Erinacèidi [dal lat. tardo *erinācĕus* 'riccio', var. di *erīcius* 'riccio', di etim. incerta, e *-idi* ✱ 1917] **s. m. pl.** (**sing.** *-e*) • (*zool.*) famiglia di Insettivori di solito piccoli e con coda corta, cui appartiene il riccio (*Erinaceidae*)

†**Erìne** ➤ **Erinni**

erìngio [gr. *ērýngion*, di etim. incerta ✱ 1476] **s. m.** • genere di piante delle Apiacee comprendente erbe perenni con brattee spinose e fiori in capolini (*Eryngium*)

Erìnni o †**Erinne**, †**Erìne** [vc. dotta, lat. *Ĕrin(n)y(n)*, dal gr. *Erinýs*, di etim. incerta ✱ 1313] **s. f. inv.** • ciascuna delle tre divinità greche (Tisifone, Megera e Aletto) vendicatrici dell'empietà e dei delitti di sangue, poi suscitatrici di discordie **CFR.** Furia | (*fig.*, *lett.*) tormento, rimorso: ... *la voce / che non è mia ma dell'interna E.* (G. D'ANNUNZIO)

erinnofilìa [ted. *Erinnophilie*, comp. di *Erinn(erungsmark)* '(franco)bollo commemorativo (da *erinnern* 'ricordare')' e *-philie* '-filia' ✱ 1965] **s. f.** • collezionismo di bolli chiudilettera, simili a francobolli ma privi di valore postale

erinnòfilo [1956] **A agg.** • relativo all'erinnofilia **B s. m.** (**f.** *-a*) • chi pratica l'erinnofilia

erinòṣi [vc. dotta, comp. del gr. *eríneos*, propr. 'lanoso', n. attribuito al fungo che causa questa malattia, e *-osi* ✱ 1892] **s. f. inv.** • malattia della vite o di altre piante che si manifesta con una presenza eccessiva di peli sulle foglie

èrio- [dal gr. *érion* 'lana', di etim. incerta] **primo elemento** • in parole composte della terminologia scientifica, significa 'lana' o indica somiglianza con la lana: *eriocalco, eriosoma*

eriocàlco [comp. di *erio-* e del gr. *chalkós* 'rame' ✱ 1869] **s. m.** (**pl.** *-chi*) • minerale azzurro monoclino che si trova nelle lave del Vesuvio in aggregati fibrosi

eriodinamòmetro [comp. di *erio-* e *dinamometro* ✱ 1968] **s. m.** • strumento usato per misurare la resistenza e l'elasticità dei fili di lana

eriòforo [lat. *eriŏphoru(m)*, dal gr. *eriophóros*, comp. di *érion* 'lana' (V. *erio-*) e *-phoros* '-fero', perché piante lanuginose ✱ 1834] **s. m.** • genere di piante erbacee delle Ciperacee col frutto rivestito di setole (*Eriophorum*)

eriòmetro [comp. di *erio-* e *-metro* ✱ 1869] **s. m.** • strumento ottico usato per misurare il diametro dei fili di lana

eriosòma [comp. di *erio-* e *-soma* ✱ 1968] **s. m.** (**pl.** *-i*) • afide le cui femmine danneggiano i rami dei meli coprendoli di una sostanza cerosa a fiocchi (*Eriosoma lanigerum*)

erìṣamo ➤ **erisimo**

Eriṣifàcee [comp. del gr. *erysi-* 'rosso', *síphōn* 'tubo' e *-acee* ✱ sec. XIX] **s. f. pl.** (**sing.** *-a*) • (*bot.*) famiglia di Funghi degli Ascomiceti che vivono sulle foglie con micelio di colore bianco (*Erysiphaceae*)

erìṣimo o **erìṣamo** [vc. dotta, lat. *erўsimu(m)*, dal gr. *erýsimon*, da *érysthai* 'proteggere', per le sue proprietà terapeutiche ✱ sec. XIV] **s. m.** • pianta erbacea delle Crocifere con piccoli fiori gialli e frutto a siliqua (*Erysimum officinale*)

eriṣìpela o **ereṣìpela**, **ereṣìpola** [vc. dotta, lat. tardo *erysĭpelas* (nom. nt.), dal gr. *erysípelas* 'dalla pelle (*-pelas*) di color rosso (*erysi-*)' ✱ sec. XIV] **s. f.** • (*med.*) infezione cutanea a chiazze rosse migranti, provocata da streptococchi specifici

eriṣipelatóso (o **-ṣo**) [av. 1698] **A agg.** • di erisipela **B agg. e s. m.** (**f.** *-a*) • che (o chi) è affetto da erisipela

erìstica [vc. dotta, gr. *eristikḗ* (sottinteso *téchnē*) '(arte) disputatoria', da *erízein* 'contendere', da *éris* 'contesa' ✱ 1828] **s. f.** • (*filos.*) arte del ragionare impiegando sottili argomenti dialettici, indipendentemente dalla verità o dalla falsità della proposizione sostenuta

erìstico [vc. dotta, gr. *eristikós*, da *erízein* 'amare la contesa (*éris*)' ✱ 1797] **agg.** (**pl. m.** *-ci*) • che concerne l'eristica | (*est.*) sottile, ingannevole ‖ **eristicaménte**, **avv.**

†**eritàggio** ➤ **retaggio**

eritèma [vc. dotta, gr. *erýthēma* 'rossore', da *erythháinein* 'far diventare rosso (*erythrós*)' ✱ 1792] **s. m.** (**pl.** *-i*) • (*med.*) arrossamento della cute per vasodilatazione capillare: *e. solare*

eritematóso (o **-ṣ-**) [1862] **agg.** • (*med.*) relativo a eritema | che si manifesta con eritema: *eruzione eritematosa*

eritremìa [comp. di *eritr(o)-* ed *-emia* ✱ 1925] **s. f.** • (*med.*) malattia del sangue caratterizzata da un aumento anormale del numero dei globuli rossi e da un alto grado di anemia

eritrène [comp. di *eritr(o)-* ed *-ene* ✱ sec. XIX] **s. m.** • (*chim.*) butadiene

♦**eritrèo** [sec. XIV] **A agg.** • dell'Eritrea: *flora, fauna eritrea* | †del Mar Rosso **B s. m.** (**f.** *-a*) • nativo, abitante dell'Eritrea o † di Paesi bagnati dal Mar Rosso

eritrìna [dal gr. *erythrós* 'rosso', di orig. indeur. col suff. *-ina* ✱ 1834] **s. f.** **1** genere di piante arboree o arbustive delle Papilionacee con fiori di color rosso intenso (*Erythrina*) **2** (*chim.*) sostanza contenuta in vari licheni tintori

eritrìte [comp. di *eritr(o)-* e *-ite*② ✱ 1874] **s. f.** **1** (*miner.*) arseniato idrato di cobalto di colore carminio **2** (*chim.*) alcol alifatico tetravalente contenuto in alcuni licheni

eritro- [dal gr. *erythrós* 'rosso', di orig. indeur.] **primo elemento** • in parole composte scientifiche, significa 'rosso', o indica relazione con i globuli rossi: *eritrocita, eritropoiesi*

eritroblàsto [comp. di *eritro-* e *-blasto* ✱ sec. XIX] **s. m.** • (*biol.*) globulo rosso immaturo

eritroblastòṣi [da *eritroblasto*, con il suff. *-osi* ✱ 1938] **s. f. inv.** • (*med.*) presenza di un elevato numero di eritroblasti nel sangue

eritrocatèreṣi [comp. di *eritro-* e del gr. *hathaíresis* 'diminuzione' ✱ 1968] **s. f. inv.** • (*fisiol.*) processo di demolizione dei globuli rossi usurati da parte di organi deputati a tale funzione **SIN.** emocateresi

eritrocìta o **eritrocìto** [vc. dotta, comp. di *eritro-* e *-cito* (o *-cita*) ✱ 1899] **s. m.** (**pl.** *-i*) • (*anat.*) globulo rosso

eritrocitòṣi [da *eritrocita* col suff. *-osi* ✱ 1956] **s. f. inv.** • (*med.*) aumento anormale del numero dei globuli rossi del sangue

eritrodèrma [comp. di *eritro-* e *-derma* ✱ 1993] **s. m.** (**pl.** *-i*) • (*med.*) eritrodermia

eritrodermìa [comp. di *eritro-* e *-dermia* ✱ sec. XIX] **s. f.** • (*med.*) eritema generalizzato e persistente spesso associato a desquamazione cutanea: *e. da psoriasi, e. da eczema* **SIN.** eritroderma

eritrofìlla [vc. dotta, comp. di *eritro-* e del gr. *phýlla* 'foglie' ✱ 1892] **s. f.** • (*bot.*) ficoeritrina

eritrofobìa [comp. di *eritro-* e *-fobia* ✱ 1956] **s. f.** • (*psicol.*) paura ossessiva di arrossire **SIN.** ereutofobia ‖ **eritrofòbico**, **agg.** (**pl. m.** *-ci*); anche **s. m.** (**f.** *-a*) nel sign. 2 **1** relativo a eritrofobia **2** che (o chi) soffre di eritrofobia ‖ **eritròfobo**, **agg. e s. m.** (**f.** *-a*) eritrofobico nel sign. 2

eritromicìna [comp. di *eritro-*, *mic(o)-* e del suff. *-ina* ✱ 1956] **s. f.** • (*farm.*) antibiotico macrolidico prodotto dal batterio *Streptomyces erithreus*, efficace nella terapia della maggior parte delle infezioni causate da batteri gram-positivi e da alcuni gram-negativi, nei quali inibisce la sintesi proteica

eritropoièṣi [comp. di *eritro-* e *-poiesi* ✱ 1956] **s. f. inv.** • (*biol.*) processo di formazione dei globuli rossi

eritropoietìna [comp. di *eritropoie(si)* e *-ina* ✱ 1962] **s. f.** • (*biol.*) ormone prodotto dal rene che stimola la formazione dei globuli rossi nel midollo osseo **SIN.** epo

eritropsìa [vc. dotta, comp. di *eritro-* e un deriv. del gr. *ópsis* 'vista' ✱ 1956] **s. f.** • (*med.*) alterazione della vista per cui gli oggetti appaiono colorati in rosso

eritrorèṣina [vc. dotta, comp. di *eritro-* e *resina* ✱ 1983] **s. f.** • resina di colore rosso contenuta nella radice del rabarbaro

eritrosedimentazióne [comp. di *eritro-* e *sedimentazione* ✱ 1983] **s. f.** • (*med.*) sedimentazione dei globuli rossi | ***velocità di e.***, prova di laboratorio che misura il tempo impiegato dai globuli rossi a depositarsi sul fondo di un recipiente; è utile per accertare un'eventuale infezione in atto; in sigla VES

eritròṣi [comp. di *eritr(o)-* e *-osi* ✱ 1932] **s. f. inv.** • (*med.*) arrossamento cutaneo

eritroṣìna [comp. di *eritro-* e di *(e)osina* ✱ 1869] **s. f.** • (*chim.*) ciascuno di una classe di coloranti, contenenti iodio e sodio o potassio, analoghi all'eosina, usati per tingere di rosso o giallo la lana e la seta, per colorare la carta, e come sensibilizzatori fotografici

Eritroxilàcee [comp. di *eritro-*, *xilo-* e *-acee* ✱ 1829] **s. f. pl.** (**sing.** *-a*) • (*bot.*) famiglia di piante legnose delle Dicotiledoni (*Erythroxylaceae*)

èrlang [dal n. dello scienziato danese A.K. *Erlang* (1878-1929) ✱ 1973] **s. m. inv.** • (*fis.*) unità di misura adimensionale del traffico telefonico, pari al tasso medio di occupazione di un apparecchio o di un impianto

Erlèbnis /er'lebnis, *ted.* ɛʌ'le:pnɪs/ [vc. ted., deriv. del v. *erleben* 'vivere (una situazione)' ✱ 1960] **s. m. o f. inv.** (**pl. ted.** *Erlebnisse*) • (*filos.*) nella filosofia del Novecento, l'esperienza vissuta, che resta presente nella coscienza anche in modo inconscio

èrma [vc. dotta, lat. *hĕrma(m)*, dal gr. *Hermês*, n. del dio Mercurio ✱ 1594] **s. f.** • nell'antica Grecia, pilastro rettangolare, posto ai crocicchi, sormontato dalla raffigurazione scolpita di una testa umana che in origine era quella del dio Ermete | attualmente, qualsiasi statua a mezzo busto posta su pilastro

ermafrodiṣmo ➤ **ermafroditismo**

ermafrodita • (*evit.*) ➤ **ermafrodito**

ermafroditiṣmo o (*lett.*) **ermafrodiṣmo** [da *ermafrodito*; cfr. il fr. *hermaphrodisme* ✱ 1828] **s. m.** • (*biol.*) coesistenza, in uno stesso individuo, degli organi sessuali primari maschili e femminili | (*impropr.*) pseudoermafroditismo

ermafrodìto [vc. dotta, lat. *hermaphrodītu(m)*, dal gr. *hermaphróditos*, dal n. del figlio di Mercurio (*Hermês*) e Venere (*Aphrodítēs*), che ottenne di fondersi nel corpo della ninfa Salmace ✱ 1319] **A agg.** **1** (*biol.*) che presenta ermafroditismo: *fiore, animale e.*; *pianta ermafrodita* **2** (*raro*, *spreg.*) omosessuale **3** †eterosessuale: *Nostro peccato fu e.* (DANTE *Purg.* XXVI, 82) **4** †ambiguo, ibrido **B s. m.** (*evit.* *ermafrodita*) **1** (*biol.*) individuo vegetale o animale caratterizzato da ermafroditismo **2** (*est.*, *spreg.*) omosessuale

ermellinàto o **armellinàto** [1865] **agg.** **1** detto di mantello equino bianco cosparso di macchie nere delle dimensioni di pochi centimetri **2** (*arald.*) detto di ermellino di smalto diverso dal bianco a macchie nere

ermellìno o **armellìno** [da *armellino*, a sua volta da **armenino*, topo di Armenia ✱ sec. XIII] **s. m.** **1** carnivoro dei Mustelidi adattato alla vita di altitudine, con corpo allungato e flessuoso dalla pelliccia pregiata, bruna d'estate e candida in inverno, e la punta della coda sempre nera (*Mustela erminea*) **2** pelliccia pregiata dell'omonimo animale: *mantello orlato, foderato di e.* | ***toghe di e.***, (*per anton.*) i magistrati dei più alti gradi gerarchici, spec. quelli della Corte di Cassazione **3** (*arald.*) pelliccia composta di un campo d'argento seminato di macchie nere a forma di trifoglio con gambo tripartito **4** (*bot.*, *tosc.*) albero di S. Andrea

ermenèuta [vc. dotta, gr. *hermēneutḗs*, da *hermenéuein* 'interpretare', da *hermēnéus* 'interprete': di orig. microasiatica (?) ✱ 1907] **s. m. e f.** (**pl. m.** *-i*) ● studioso, esperto di ermeneutica

ermenèutica [vc. dotta, gr. *hermēneutikḗ* (sottinteso *téchnē*) '(arte) interpretatoria' ✱ 1797] **s. f.** **1** arte e tecnica dell'interpretazione dei testi: *e. biblica, letteraria* | ***e. giuridica***, l'interpretazione delle leggi **2** (*filos.*) indirizzo della filosofia contemporanea che generalizza la teoria dell'interpretazione dei testi riconducendola a una critica del linguaggio in quanto rivelatore della dimensione costitutiva dell'esistenza umana

ermenèutico [vc. dotta, gr. *hermēneutikós*, da *hermenéuein* 'interpretare' ✱ av. 1852] **agg.** (**pl. m.** *-ci*) ● dell'ermeneutica, interpretativo: *metodo e.*

ermeṣìno ➤ **ermisino**

✦**ermètico** ① [vc. dotta, dal n. gr. del dio Mercurio (*Hermês*), cui si attribuiva l'invenzione dell'alchimia, l'esposizione delle sue dottrine in libri di oscura interpretazione e la fusione dei bordi di vasi di vetro, che restavano, così, *ermeticamente* chiusi ✱ 1684] **A** **agg.** (**pl. m.** *-ci*) **1** di Ermete Trismegisto, nome greco del dio egiziano Thot, e della corrente filosofico-religiosa attribuita ai suoi scritti: *libri ermetici* **2** di recipiente perfettamente chiuso, a chiusura stagna: *vaso, contenitore e.* **3** (*fig.*) oscuro e difficile a comprendersi: *discorso e.*; *espressione ermetica del viso* **4** (*letter.*) relativo alla tendenza poetica dell'ermetismo: *poeta e.*; *poesia ermetica* || **ermeticaménte**, **avv.** **1** in modo ermetico: *vaso chiuso ermeticamente* **2** in modo incomprensibile: *scrivere, esprimersi ermeticamente* || **ermeticità**, **s. f. inv.**: *l'ermeticità di un recipiente*; *l'ermeticità di un discorso, di una poesia* **B** **s. m.** (**f.** *-a*) ● (*filos.*, *letter.*) chi segue i canoni dell'ermetismo

SFUMATURE DI SIGNIFICATO

ermetico - sibillino - impenetrabile

Correntemente **ermetico** definisce ciò che è di difficile interpretazione: il termine deriva dal nome del dio Ermete, al quale si attribuivano oscure teorizzazioni filosofiche e alchemiche. Dalla mitologia arriva invece la parola **sibillino**, che descrive ciò che è ambiguo, enigmatico e di oscura interpretazione, come lo erano i responsi delle Sibille, profetesse dell'antichità classica. Ciò che addirittura non può essere compreso, penetrato dall'intelletto umano si dice invece **impenetrabile**.

SFUMATURE ➤ ***esoterico***

ermètico ② [sviluppo semantico di *ermetico* ① ✱ sec. XVII] **agg.** (**pl. m.** *-ci*) ● di erma: *colonna ermetica*

ermetiṣmo [fr. *hermétisme*, da *hermétique* 'ermetico ①' ✱ 1927] **s. m.** **1** (*filos.*) dottrina filosofica di età ellenistica contenuta in testi attribuiti al personaggio leggendario di Ermete Trismegisto, i quali trattano sia di questioni spirituali e teologiche sia di materie come l'astrologia, l'occultismo e la magia **2** (*letter.*) tendenza prevalente nella poesia italiana degli anni '30 e '40 del Novecento, caratterizzata da un linguaggio analogico di estrema concisione, per lo più oscuro **3** (*fig.*) oscurità, incomprensibilità

ermiṣìno o **ermeṣìno**, †**ormeṣìno**, †**ormiṣìno** [dal n. della città persiana di *Ormuz*, di cui tale tessuto era originario ✱ 1499] **s. m.** ● tessuto leggero di seta

✦**érmo** ① (o **è-**), †**èremo** [allotropo pop. di *eremo* ✱ av. 1374] **agg.** ● (*lett.*) solitario, deserto: *cercai per poggi solitari ed ermi* (F. PETRARCA)

érmo ② (o **è-**) ➤ **eremo**

ermogeniàno [vc. dotta, lat. tardo *Hermogeniānu(m)* 'di Ermogene (*Hermŏgenes*)', propr. 'figlio (*-genḗs*) di Mercurio (*Hermês*)' ✱ 1585] **agg.** ● (*dir.*) nella loc. ***codice e.***, raccolta di costituzioni imperiali romane compilata in Oriente intorno al sec. III a.C. da un certo Ermogene o dal giurista Ermogeniano

èrnia [vc. dotta, lat. *hĕrnia(m)*, di etim. incerta ✱ sec. XIV] **s. f.** **1** (*med.*) fuoriuscita di un viscere o di una parte di esso dalla cavità dove normalmente risiede: *e. infiammata, strozzata* | ***e. del, al disco***, V. *disco* ① **2** (*bot.*) malattia che compare nelle radici del cavolo o della rapa

erniària [da *ernia*, perché usata come medicamento contro questa malattia ✱ sec. XIV] **s. f.** ● piccola pianta erbacea delle Cariofillacee molto ramosa e con fiori piccoli, ritenuta medicamentosa per l'ernia (*Herniaria glabra*)

erniàrio [1797] **agg.** ● (*med.*) relativo all'ernia: *strozzamento e.* | ***cinto e.***, apparecchio di contenzione dell'ernia

erniàto [1968] **agg.** ● (*med.*) detto di organo che forma il contenuto di un'ernia: *intestino e.*

erniazióne [da *ernia* col suff. *-zione* ✱ 1987] **s. f.** ● (*med.*) processo di formazione di un'ernia

èrnico [lat. *Hĕrnicu(m)* ✱ 1521] **A** **agg.** (**pl. m.** *-ci*) ● relativo a un'antica popolazione italica, stanziata nel Lazio presso la valle del Sacco **B** **s. m.** (**f.** *-a*) ● ogni appartenente a tale popolazione

ernióso (o **-ṣ-**) [vc. dotta, lat. *herniōsu(m)*, da *hĕrnia* 'ernia' ✱ av. 1350] **agg. e s. m.** (**f.** *-a*) ● (*med.*) che (o chi) è affetto da ernia

erniotomìa [vc. dotta, comp. di *ernia* e *-tomia* ✱ 1820] **s. f.** ● (*chir.*) intervento chirurgico per la rimozione di un'ernia

ernista [1917] **s. m. e f.** (**pl. m.** *-i*) ● chi prepara apparecchi curativi dell'ernia

èro ① [1979] **s. f. inv.** ● (*gerg.*) accorc. di *eroina*

èro ② ➤ **essere** ①

eródere [vc. dotta, lat. *erōdere*, comp. di *rōdere* e del pref. asportativo *ex-* ✱ 1499] **v. tr.** (**pass. rem.** *io erósi*; **part. pass.** *erόso*) ● consumare per erosione: *l'acqua erode le coste alte*

erodìbile [1956] **agg.** ● che può essere eroso, che è soggetto a erosione: *rocce erodibili* || **erodibilità**, **s. f. inv.**: *erodibilità del suolo, dei bacini idrografici*

erodotèo [1829] **agg.** ● dello storico greco Erodoto (484-426 ca. a.C.)

✦**eròe** [vc. dotta, lat. *herōe(m)*, dal gr. *hḗrōs*, genit. *hḗrōos*, di etim. incerta ✱ av. 1498] **s. m.** (**f.** *-ina* (**V.**), †*-éssa*) **1** in molte mitologie, essere intermedio fra gli dei e gli uomini che interviene nel mondo con imprese eccezionali | nella mitologia greco-romana, figlio nato dall'unione di un dio o di una dea con un essere umano e dotato di virtù eccezionali **2** (*est.*) chi sa lottare con eccezionale coraggio e generosità, fino al cosciente sacrificio di sé, per una ragione o un ideale ritenuti validi e giusti: *morire da e.*; *battersi, sacrificarsi da e. per la fede, per la scienza, per un'idea politica* | (*est.*) uomo illustre per virtù eccelse e in particolare per valore guerriero: *gli eroi del Risorgimento* | ***l'e. dei due mondi***, (*per anton.*) G. Garibaldi | (*iron.*) persona coraggiosa solo a parole: *e. da poltrona* | ***fare l'e.***, detto di chi vuole affrontare rischi o pericoli senza una vera necessità **3** personaggio principale di un'opera letteraria, teatrale, cinematografica: *e. omerico, ariostesco*; *gli eroi del cinema americano*; *tutti gli eroi e le eroine dell'Ibsen sono protesi nell'aspettazione* (B. CROCE) | ***il nostro e.***, il protagonista dell'opera di cui si sta trattando | ***e. negativo***, quello che si contrappone all'eroe convenzionale per essere privo dei valori positivi a questo di solito attribuiti | (*iron.*) ***l'e. della festa***, chi primeggia in essa **SIN.** protagonista

erogàbile [1869] **agg.** ● che si può erogare || **erogabilità**, **s. f. inv.**

erogàre [vc. dotta, lat. *erogāre* 'chiedere (*rogāre*) dal (*ex-*) popolo il consenso per prelevare il denaro dell'erario per le spese pubbliche', quindi, prevalendo il fine, 'pagare, spendere, distribuire' ✱ 1330] **v. tr.** (*io èrogo, tu èroghi*) **1** spendere per un fine determinato: *e. una somma in beneficenza*; *e. fondi per un'autostrada* **2** fornire, mediante appositi impianti, a una rete di distribuzione: *e. gas, luce, acqua*

erogatóre [vc. dotta, lat. tardo *erogatōre(m)*, da *erogātus* 'erogato' ✱ 1828] **A** **agg.** (**f.** *-trice*) ● che eroga: *società erogatrice del gas* **B** **s. m.** ● congegno che regola l'erogazione di un liquido o di un fluido

erogazióne [vc. dotta, lat. *erogatiōne(m)*, da *erogātus* 'erogato' ✱ sec. XIV] **s. f.** ● destinazione di una somma e sim. a un fine determinato: *si prevede l'e. di fondi* | fornitura: *sospendere l'e. della corrente elettrica* | la somma erogata o (*raro*) la quantità fornita

erògeno [comp. del gr. *érōs* 'amore' e *-geno* ✱ 1935] **agg.** ● che è atto a produrre sensazioni erotiche, a eccitare sessualmente: *zone erogene del corpo* **SIN.** erotogeno

†**eroicherìa** [av. 1704] **s. f.** ● (*scherz.*) eroicità

eroiciẓẓàre [1745] **v. tr.** ● considerare e trattare qlcu. come un eroe | trattare un argomento con tono e modo eroico || **eroiciẓẓazióne**, **s. f.**

✦**eròico** [vc. dotta, lat. *herōicu(m)*, dal gr. *hērōïkós* 'proprio dell'*eroe*' ✱ 1363] **agg.** (**pl. m.** *-ci*) **1** degno di un eroe: *azione, impresa eroica*; *fare una morte eroica* | (*relig.*) ***virtù eroica***, quella esercitata in forma eccezionale e richiesta come segno della santità nei processi di beatificazione | (*est.*) dotato di grande coraggio e forza d'animo: *donna, madre eroica* **2** attinente agli eroi antichi: *poemi eroici* | ***secoli eroici***, favolosi, in cui sarebbero vissuti gli eroi dell'antichità | ***verso e.***, l'esametro, usato nei poemi epici || **eroicaménte**, **avv.** da eroe: *battersi, morire eroicamente* || **eroicità**, **s. f. inv.**

SFUMATURE ➤ ***intrepido***

eroicòmico [vc. dotta, comp. di *eroi(co)* e *comico* ✱ av. 1635] **agg.** (**pl. m.** *-ci*) **1** eroico e comico insieme | ***poema e.***, in cui le gesta di un eroe o la storia di un grande avvenimento sono narrate comicamente, o un soggetto futile è svolto con tono epico **2** (*est.*) di ciò che è fatto con intenzioni serie e si conclude comicamente: *impresa eroicomica*

eroicosatìrico [vc. dotta, comp. di *eroico* e *satirico* ✱ 1620] **agg.** (**pl. m.** *-ci*) ● di poema eroico e satirico insieme

eroina① [vc. dotta, lat. *heroīna(m)*, dal gr. *hērōínē*, f. di *hḗrōs* 'eroe' ✱ av. 1400] **s. f. 1** donna di virtù eroica **2** protagonista femminile di un romanzo, dramma e sim.

eroina② [vc. dotta, comp. di *eroe*, per la sua azione vigorosa, e *-ina* ✱ 1899] **s. f.** ● alcaloide derivato dalla morfina, ad azione analgesica, narcotica e stupefacente

eroinòmane [comp. di *eroina*② e *-mane* ✱ 1980] **s. m. e f.; anche agg.** ● chi (o che) è affetto da eroinomania

eroinomanìa [comp. di *eroina*② e *-mania* ✱ 1956] **s. f.** ● forma di tossicomania dovuta all'assuefazione all'eroina

eroìṣmo [fr. *héroïsme*, dal gr. *hḗrōs* 'eroe' ✱ av. 1712] **s. m. 1** qualità e virtù di persona eroica **SIN.** coraggio **2** atto eroico: *è stato un vero e.*

erómpere o †**erùmpere** [adattamento del lat. *erŭmpere* 'romper (*rŭmpere*) fuori (*ex-*)' ✱ sec. XIV] **v. intr.** (**coniug. come** *rompere*; **aus.** *avere*) ● venir fuori con violenza (**anche fig.**): *la folla eruppe nella strada; eruppero in un'imprecazione; così dicendo dalle porte eruppe, / seguito dal fratello, il grande Ettorre* (V. MONTI)

èros [gr. *érōs*, da *erân* 'amare', di etim. incerta ✱ 1935] **s. m. inv. 1** impulso d'amore, che gli antichi Greci impersonarono in *Eros*, figlio di Afrodite **2** in psicoanalisi, libido | l'insieme degli istinti di conservazione **CFR.** thanatos

èros cènter /'ɛros 'sɛnter, *ingl.* 'ɪərɒ(s)-ˌsɛntə(r)/ [loc. ingl., propr. 'centro (*center*) dell'amore (*eros*)' ✱ 1985] **loc. sost. m. inv.** (**pl. ingl.** *eros centers*) ● locale o complesso di locali dove è possibile intrattenersi con chi offre rapporti sessuali a pagamento

eroṣióne [vc. dotta, lat. *erosiōne(m)*, da *erōsus* 'eroso' ✱ 1683] **s. f. 1** (*geogr.*) azione distruttiva delle acque correnti | ***e. regressiva***, quella di un corso d'acqua che tende a spostare verso le sue sorgenti il punto di massima erosione | (*est.*) azione abrasiva esercitata dagli agenti naturali sulla parte superficiale della litosfera: *e. eolica; e. glaciale* **2** (*med.*) lesione circoscritta della cute o di una mucosa per distacco degli strati più superficiali **3** (*econ.*) ***e. nel potere d'acquisto di una moneta***, la sua progressiva perdita di valore nel tempo | ***e. fiscale***, riduzione della base imponibile dei tributi in conseguenza di esenzioni, detrazioni o di evasione

eroṣìvo [av. 1698] **agg.** ● (*geogr.*) che provoca erosione: *l'azione erosiva delle acque, del vento*

eróso (o **-ṣ-**) **part. pass.** di *erodere*; **anche agg.** ● consumato per erosione

eròtico [vc. dotta, lat. tardo *erōticu(m)*, dal gr. *erōtikós* 'proprio dell'amore sensuale (*érōs*, genit. *érōtos*, da *erân* 'amare', di etim. incerta)' ✱ 1687] **agg.** (**pl. m.** *-ci*) ● inerente all'erotismo: *desiderio e.; romanzi, libri erotici* | afrodisiaco: *bevande erotiche* ‖ **eroticaménte**, **avv.** ‖ **eroticità**, **s. f. inv.**

SFUMATURE ➤ ***boccaccesco***

erotìṣmo [per *erot(ic)ismo*, da *erotico* ✱ 1858] **s. m.** ● l'insieme degli istinti, dei desideri, delle manifestazioni relativi alla sfera sessuale | particolare propensione verso il godimento di tipo sessuale | (*psicol.*) piacere sessuale che deriva dall'eccitazione di alcune zone corporee: *e. orale* | prevalenza, esaltazione dell'amore fisico nella letteratura e nell'arte

erotiẓẓàre [1911] **v. tr.** ● rendere erotico | attribuire a qlco. un significato erotico ‖ **erotiẓẓazióne**, **s. f.**

erotiẓẓàto **part. pass.** di *erotizzare*; **anche agg. 1** detto di persona eccitata eroticamente o sottoposta a stimoli erotici **2** caratterizzato da elementi o motivi erotici: *un ambiente e.*

eròto- [dal gr. *érōs*, genit. *érōtos* 'amore', di orig. sconosciuta] **primo elemento** ● in parole composte significa 'amore', 'impulso erotico', 'istinto sessuale': *erotogeno, erotomania*

erotògeno [comp. di *eroto-* e *-geno* ✱ 1942] **agg.** ● erogeno

erotologìa [comp. di *eroto-* e *-logia* ✱ 1982] **s. f.** (**pl.** *-gìe*) ● studio dei fenomeni relativi all'erotismo

erotòmane [1932] **agg. e s. m. e f.** ● che (o chi) è affetto da erotomania | (*est.*, *spec. scherz.*) chi è incline ad avventure erotiche **CFR.** sessodipendente

erotomanìa [vc. dotta, gr. *erōtomanía*, comp. di *érōs*, genit. *érōtos* 'amore sensuale' e *manía* 'mania' ✱ 1834] **s. f.** ● (*med.*) desiderio sessuale morbosamente intenso

erótto **part. pass.** di *erompere* ● (*raro*) nei sign. del v.

Erpèstidi [dal lat. scient. *Herpestidae*, dal gr. *herpēstḗs* 'che striscia, rettile' ✱ 1955] **s. m. pl.** (**sing.** *-e*) ● (*zool.*) famiglia di Mammiferi Carnivori presente in Africa e Asia, comprendente diversi generi, fra i quali le manguste, caratterizzati da taglia modesta e sagoma slanciata (*Herpestidae*)

èrpete [vc. dotta, lat. *hĕrpete(m)*, dal gr. *hérpēs*, dal v. *hérpein* 'strisciare', perché malattia che striscia e si diffonde sulla pelle ✱ sec. XIV] **s. m.** ● (*med.*) herpes

erpètico [vc. dotta, tratta dal gr. *hérpēs*, genit. *hérpētos* 'herpes' ✱ av. 1758] **A agg.** (**pl. m.** *-ci*) ● (*med.*) che concerne l'herpes, che è causato da herpes **B s. m.** (**f.** *-a*) ● (*med.*) chi è affetto da herpes

erpetifórme [1968] **agg.** ● (*med.*) che ha l'aspetto di un herpes

erpetìṣmo [1874] **s. m.** ● (*med.*) predisposizione, gener. ereditaria, verso malattie erpetiche

erpetologìa [vc. dotta, comp. del gr. *herpetón* 'rettile' e *-logia* ✱ 1820] **s. f.** (**pl.** *-gìe*) ● ramo della zoologia che ha per oggetto lo studio dei rettili e degli anfibi

erpetòlogo [1869] **s. m.** (**f.** *-a*; **pl. m.** *-gi*) ● studioso di erpetologia

erpicaménto [1855] **s. m.** ● (*raro*) erpicatura

erpicàre [lat. **herpicāre*, da *hĭrpex*, genit. *hĭrpicis* 'erpice' ✱ av. 1320] **v. tr.** (*io érpico, tu érpichi*) ● lavorare il terreno con l'erpice

†**erpicatóio** [av. 1320] **s. m.** ● grande rete per catturare pernici, quaglie e fagiani

erpicatùra [av. 1597] **s. f.** ● operazione, lavoro dell'erpicare

érpice (o **è-**) [lat. *(h)ĭrpice(m)*, da *hĭrpus*, n. sannita del 'lupo', ai cui denti venivano paragonati i rebbi ✱ av. 1320] **s. m.** ● attrezzo di ferro per lavori superficiali del terreno, costituito da un telaio provvisto di denti, lame o dischi

†**erràbile** [vc. dotta, lat. *errābile(m)*, da *errāre* 'errare' ✱ sec. XIV] **agg.** ● soggetto a errare

♣**errabóndo** [vc. dotta, lat. *errabŭndu(m)*, da *errāre* 'errare' ✱ sec. XIV] **agg.** ● (*lett.*) che vaga, errante: *gli sguardi errabondi, e il gesto tremante della vittima* (I. NIEVO) | (*raro*) ramingo, randagio

erraménto [sec. XIV] **s. m. 1** †errore **2** (*lett.*) vagabondaggio | (*fig.*) fantasticheria

errànte **A** **part. pres.** di *errare*; **anche agg. 1** che va peregrinando: *cavaliere e.* | (*fig.*, *lett.*) che si allontana dalla retta via **2** ***stella e.***, pianeta, così chiamato dagli antichi perché la sua posizione muta rapidamente rispetto alle stelle fisse **3** (*fig.*, *lett.*) instabile: *amori erranti* | ***sguardo e.***, (*fig.*) incerto, vago **B s. m. e f.** ● (*lett.*) chi erra | peccatore

erranza [vc. dotta, lat. tardo *errăntia(m)*, da *ĕrrans*, genit. *errăntis* 'errante' ✱ av. 1250] **s. f. 1** (*lett.*) il vagabondare, il peregrinare **2** †errore, smarrimento, incertezza: *così mi truovo in amorosa e.* (DANTE)

♣**erràre** [vc. dotta, lat. *errāre*, di orig. indeur. ✱ 1250 ca.] **A v. intr.** (*io èrro*; **aus.** *avere*) **1** vagare qua e là senza meta (**anche fig.**): *e. per valli e monti; errando per boschi senza sentiero* (I. SANNAZARO); *e. con l'immaginazione* **SIN.** peregrinare **2** (*lett.*) allontanarsi dal vero, dal giusto, dal bene (**spec. fig.**): *forse erra dal vero / mirando all'altrui sorte, il mio pensiero* (G. LEOPARDI) **3** cadere in errore: *se erro ditemelo; e. nello scrivere, nel parlare; e. in materia di fede* **SIN.** sbagliare **B v. tr. 1** (*raro*, *lett.*) sbagliare: *e. il cammino, il colpo* **2** (*lett.*) percorrere vagando

SFUMATURE ➤ ***vagare***

erràta còrrige [lat., propr. 'correggi (imperat. del v. *corrĭgere*) gli errori (pl. di *errātum*, dal part. pass. di *errāre*)' ✱ 1745] **loc. sost. m. inv.** ● tavola che riporta gli errori di stampa di un libro scoperti dopo la tiratura dei fogli, gener. posta alla fine del libro stesso

♣**erraticità** [1865] **s. f. inv. 1** caratteristica di ciò che è erratico **2** (*fig.*) instabilità, vaghezza

♣**erràtico** [vc. dotta, lat. *errăticu(m)*, da *errātus* 'errato' ✱ av. 1328] **agg.** (**pl. m.** *-ci*) **1** che cambia continuamente posto: *fauna erratica* | ***piante, erbe erratiche***, che attecchiscono dovunque, senza coltura | (*fig.*, *lett.*) incerto, dubbioso **2** (*med.*) che sparisce e ricompare: *febbri erratiche* **3** (*geol.*) di materiale trasportato dai ghiacciai e poi abbandonato a causa del loro ritirarsi: *masso e.* ‖ **erraticità**, **s. f. inv.** (V.)

erràto① **part. pass.** di *errare*; **anche agg. 1** sbagliato, inesatto **CONTR.** esatto **2** ***andar e.***, incorrere in un errore involontario ‖ **errataménte**, **avv.**

erràto② [da *erre* ✱ 1853] **agg.** ● (*tosc.*) detto di parola, spec. mese, che contiene la lettera erre

èrre [av. 1348] **s. f. o m. inv.** ● nome della lettera *r* | ***arrotare la e., avere l'e. moscia, avere l'e. francese***, (*fam.*) ***parlare con l'e.***, avere una pronuncia della erre con articolazione uvulare, per vezzo o per difetto naturale

†**èrro** [da *errare* ✱ av. 1292] **s. m.** ● errore

erroneità [1681] **s. f. inv.** ● caratteristica di ciò che è erroneo

erròneo o †**erronìo** [vc. dotta, lat. *errōneu(m)*, da *errāre* 'errare' ✱ 1294] **agg. 1** che contiene un errore, che si fonda su un errore: *un'erronea interpretazione della legge* **2** †che è in errore, che commette errore **3** †che vaga, che si muove **4** †che induce a sbagliarsi, a sviarsi: *l'adolescente, che entra ne la selva erronea di questa vita* (DANTE) ‖ **erroneaménte**, **avv.**

†**errònico** [av. 1348] **agg. 1** erroneo **2** vagante

†**errònio** ➤ **erroneo**

♦**erróre** [vc. dotta, lat. *errōre(m)*, da *errāre*, come *amōre(m)*, da *amāre* ✱ av. 1250] **s. m. 1** allontanamento dal vero, dal giusto, dalla norma e sim.: *e. di calcolo; un e. di grammatica, di ortografia; un e. di distrazione; commettere, rilevare, correggere, rettificare un e.; non è uom sì savio che non pigli qualche volta degli errori* (F. GUICCIARDINI) | ***salvo e.***, a meno che non vi sia stato qualche involontario errore | ***per e.***, per sbaglio, spec. di distrazione | ***e. di distrazione***, a questa dovuto | valutazione sbagliata, opinione in contrasto con la realtà: *cadere in e.; indurre qlcu. in e.; e. di giudizio; sei in e. se pensi di aver già vinto* | comportamento o azione inopportuni, inadeguati: *è stato un e. imper-*

a b c d e f g h i j k l m n o p q r s t u v w x y z

donabile esserci dimenticati del suo complemento | (*est.*) colpa, peccato: *fu un e. di gioventù; riparare gli errori commessi* **2** (*dir.*) falsa rappresentazione della realtà: *e. di fatto, di diritto; e. ostativo, e. motivo* | ***e. giudiziario***, in un processo penale, condanna pronunciata a torto contro un innocente per un errore relativo ai fatti imputatigli **3** nella misurazione di una grandezza fisica, differenza fra il valore esatto e quello dedotto dall'osservazione | ***e. sistematico***, dipendente da difetto dello strumento o da cattivo procedimento | ***e. accidentale***, dipendente da cause incontrollabili **4** (*lett.*) peregrinazione: *ne' deserti / seguír d'Arabia i suoi errori infelici* (T. Tasso) **5** (*fig., lett.*) l'errare, il vagare con la mente, con la fantasia | (*lett.*) speranza fallace, illusione ‖ **erroràccio**, **pegg.** | **errorétto**, **dim.** | **errorìno**, **dim.** | **erróne**, **accr.** | **errorùccio**, **errorùzzo**, **dim.**

NOTA D'USO

errori comuni

Un'indagine svolta fra i redattori e i collaboratori della casa editrice Zanichelli ha identificato i 106 errori più frequenti e insidiosi nello scrivere e nel parlare italiano. Eccone l'elenco:

errato	corretto
accellerare	accelerare
acchitto	acchito
anedottico	aneddotico
appropiato	appropriato
avvallo [garanzia]	avallo
areoporto	aeroporto
atzeco	azteco
Caltanisetta	Caltanissetta
collutazione	colluttazione
colluttorio	collutorio
conoscienza	conoscenza
coscenza, scenza	coscienza, scienza
eccezzionale	eccezionale
eccheggiare	echeggiare
efficenza	efficienza
essicare	essiccare
esterefatto	esterrefatto
evaquazione	evacuazione
ingegniere	ingegnere
Macchiavelli	Machiavelli
Missisipi	Mississippi
metereologia	meteorologia
peronospera	peronospora
rindondante	ridondante
é, cioé	è, cioè
caffé, té	caffè, tè
sè, nè, ventitrè	sé, né, ventitré
perchè, benchè, affinchè	perché, benché, affinché
potè, dovè	poté, dové
egli da	egli dà
egli fà, stà, và	egli fa, sta, va
un di	un dì
si [affermazione]	sì
ré, tré	re, tre
vicere, ventitre	viceré, ventitré
blù, sù	blu, su
rossoblu, lassu	rossoblù, lassù
un pò	un po'
a mò di	a mo' di
qual'è	qual è
un'altro, un'amico, buon'amico	un altro, un amico, buon amico
un altra, un amica, buon amica	un'altra, un'amica, buon'amica
qualcun'altro	qualcun altro
qualcun altra	qualcun'altra
àmaca	amàca
autodròmo	autòdromo
bàule	baùle
bolscèvico	bolscevìco
càduco	cadùco
callifùgo, febbrifùgo	callìfugo, febbrìfugo
io centèllino	io centellìno
codàrdia	codardìa
io dévio	io devìo
èdile	edìle
èdule	edùle
egìda	ègida
elettròdo	elèttrodo
eurèka	èureka
Frìuli	Friùli
giàcere	giacére
gomèna	gòmena
ilàre [allegro]	ìlare
impàri [non pari]	ìmpari
ìnfido	infìdo
leccòrnia	leccornìa
mentòre	mèntore
mòllica	mollìca
mulièbre	mulìebre
Nuòro	Nùoro
persuàdere, dissuàdere	persuadére, dissuadére
pùdico	pudìco
rùbrica	rubrìca
sartìa	sàrtia
termìte [insetto]	tèrmite
tràlice	tralìce
ùbbia	ubbìa
che essi vadino, venghino	che essi vadano, vengano
che egli dasse, stasse	che egli desse, stesse
non **mi oso di** dire	non **oso** dire
vorrei che tu **vieni** (o **venga**)	vorrei che tu **venissi**
questo non **centra**!	questo non **c'entra**!
inerente **il** ...	inerente **al** ...
glissare **il**	glissare **sul**
red**arre**	red**igere**
un fan**s**	un fan
un mural**es**	un mural**e**
un silo**s**	un silo
un vigilant**es**	un vigilant**e**
le spec**i**	le speci**e**
a gratis	gratis
lo acme	**la** acme
la amalgama	**lo** amalgama
percui	per cui

In tutti i casi precedenti non vi sono dubbi. Ci sono poi altre parole – come *alchimia, guaina, karakiri* – che sono comunemente pronunciate o scritte, anche dalle persone colte, in modo diverso da quello suggerito da alcuni grammatici per ragioni di etimologia o di morfologia. Ma già nella prima edizione di questo vocabolario, Nicola Zingarelli condannava 'la vanità di chi vuole col suo proprio arbitrio dar norme al parlare e allo scrivere. Le norme sono quelle dell'uso delle persone colte'. Perciò, nei casi seguenti, le forme indicate nella colonna di destra, anche se più corrette, possono talora essere giudicate ricercate o affettate.

più diffuso; non scorretto	più corretto o più ricercato
io àdulo	io adùlo
anodìno	anòdino
io arrògo	io àrrogo
diatrìba	diàtriba
io èspleto	io esplèto
io evàporo	io evapóro
facòcero	facocèro
guàina	guaìna
Ìslam	Islàm
karakìri	harakìri
lubrìco	lùbrico
Nòbel	Nobèl
ossequiente	ossequente
io pignòro	io pìgnoro
pitòsforo	pittòsporo
sàlubre	salùbre
mi sbèllico	mi sbellìco
scandìnavo	scandinàvo
io sepàro	io sèparo
serotìno	seròtino
le steli	le stele
le superfici	le superficie
io tràvio	io travìo
io vàluto, svàluto	io valùto, svalùto
zàffiro	zaffìro

Infine elenchiamo i principali casi in cui è ammessa una doppia grafia o pronuncia, segnalando la forma preferita nella colonna di destra:

corretto	preferito
io abrògo	io àbrogo
caciucco	cacciucco
io constàto	io cònstato
cosidetto, cosifatto	cosiddetto, cosiffatto
denuncie	denunce
diùresi	diurèsi
famigliare	familiare
intiero	intero
leggiero	leggero
obbiettivo	obiettivo
pressapoco	pressappoco
provincie	province
se stesso	sé stesso
sopratutto	soprattutto
the	tè
zabaglione	zabaione

†**ersèra** ➤ **ieri**

èrsi ➤ **ergere**

♣**érta** (o **è-**) [f. sost. di *erto* ✱ 1313] **s. f. 1** salita con forte pendenza, faticosa a percorrersi: *prendere l'e. del monte; mirar pender da un'e. / le capre e pascer questo e quel virgulto* (A. Poliziano) | †***all'e.***, in su, ritto **2** V. *all'erta*

†**ertézza** [av. 1328] **s. f.** ● (*raro*) caratteristica di ciò che è erto, ripido, scosceso

♣**érto** (o **è-**) [part. pass. di *ergere* ✱ 1282] **A agg.** ● faticoso da salire, ripido: *colle e.* ‖ **ertaménte**, **avv.** (*raro*) ripidamente **B s. m.** ● †erta | †sommità, vetta | †***poggiar sull'e.***, (*fig.*) essere sublime

†**erubescènte** [vc. dotta, lat. *erubescĕnte(m)*, part. pres. di *erubēscere* 'diventare del tutto (*ex-*) rosso (*rŭber*)' ✱ 1483] **agg. 1** di colore rosso **2** (*fig.*) che si fa rosso, per vergogna, timidezza ecc.

♣**erubescènza** [vc. dotta, lat. tardo *erubescĕntia(m)*, da *erubĕscens*, genit. *erubescĕntis* 'erubescente' ✱ 1354] **s. f.** ● (*lett.*) rossore causato da pudore, vergogna ecc.

erubescite [vc. dotta, comp. del lat. *erubēscere* 'diventare rosso (*rŭber*)', per il suo vivo colore, e *-ite*② ✱ 1889] **s. f.** ● (*miner.*) bornite

erùca [vc. dotta, lat. *erūca(m)*, di etim. incerta ✱ av. 1320] **s. f. 1** genere di piante erbacee mediterranee delle Crocifere, cui appartiene la ruchetta (*Eruca*) **2** bruco

erùcico [da *eruca* ✱ 1874] **agg.** (**pl. m.** *-ci*) ● (*chim.*) detto di acido alifatico non saturo, contenuto nell'olio di colza, di ravizzone e di altre Crocifere, usato spec. come lubrificante

erudìbile [vc. dotta, lat. tardo *erudībile(m)*, da *erudīre* 'erudire' ✱ 1869] **agg.** ● che si può erudire

†**eruditménto** [1438] **s. m.** ● insegnamento

♣**erudìre** [vc. dotta, lat. *erudīre*, comp. di *ex-* sottrattivo e *rŭdis* 'rude, rozzo' ✱ sec. XIV] **A v. tr.** (*io erudisco, tu erudisci*) ● rendere colto e istruito: *e. un discepolo* **SIN.** addottrinare, istruire | addestrare | (*scherz.*) informare **B erudìrsi v. intr. pron.** ● acquistare erudizione: *erudirsi nelle scienze, nelle arti, nelle lettere*

eruditismo [1908] **s. m.** ● (*spreg.*) erudizione arida consistente in una confusa raccolta di nozioni inutili

erudìto A part. pass. di *erudire*; anche **agg. 1** colto, istruito **2** ***libro e.***, ricco di notizie minute e copiose | ***memoria erudita***, scrittura piena di dottrine e notizie peregrine | ***note erudite***, corredo di annotazioni dotte a un testo ‖ **eruditaménte**, **avv.** in modo dotto **B s. m.** (**f.** *-a*) ● chi possiede un vasto bagaglio di nozioni relative a una o più discipline, ma è spesso privo di idee e spunti originali

erudiziòne [vc. dotta, lat. *eruditiōne(m)*, da *erudītus* 'erudito' ✱ 1436] **s. f.** ● ampio corredo di cognizioni intorno a varie discipline (talvolta con valore limitativo): *e. storica, filoso-*

fica; fare sfoggio di e.; uomo di una immensa e. greca, latina e toscana (G. VICO) || **erudizioncèlla**, **dim.**

†**erùmna** [vc. dotta, lat. *aerŭmna(m)* 'peso, carico' in senso fisico, prima che morale: di orig. etrusca (?) ✱ sec. XIV] **s. f.** ● affanno, tristezza, miseria

†**erumnóso** (o -ṣ-) [vc. dotta, lat. *aerumnō-su(m)*, da *aerŭmna* 'erumna' ✱ 1499] **agg.** ● afflitto, dolente

†**erùmpere** ➤ **erompere**

erùppi ➤ **erompere**

†**eruttaménto** [av. 1712] **s. m. 1** eruzione: *l'e. di un vulcano* **2** rutto

eruttàre [vc. dotta, lat. *eructāre*, da *ructāre* 'ruttare' con *ex-* rafforz. ✱ sec. XIV] **A v. intr.** (aus. *avere*) ● compiere eruttazioni **SIN.** ruttare **B v. tr. 1** emettere, più o meno violentemente, prodotti piroclastici, gassosi e lavici, detto di vulcano e sim. **2** (*fig.*, *raro*) mandar fuori dalla bocca: *eruttava parole sconce*

eruttazióne [vc. dotta, lat. tardo *eructatiō-ne(m)*, da *eructāre* 'eruttare' ✱ av. 1320] **s. f.** ● emissione rumorosa dalla bocca di gas provenienti dallo stomaco

eruttìvo [dal lat. *erŭptus*, part. pass. di *erŭmpere* 'erompere' ✱ 1765] **agg. 1** di processo geologico originato da magmi o da lave | ***rocce eruttive***, rocce formate per raffreddamento e consolidamento di magmi e lave **2** (*med.*) caratterizzato da eruzione cutanea: *psoriasi eruttiva*

eruzióne [vc. dotta, lat. *eruptiōne(m)*, da *erŭptus*, part. pass. di *erŭmpere* 'erompere' ✱ av. 1313] **s. f. 1** (*geol.*) fuoriuscita più o meno violenta di materiale lavico, piroclastico e gassoso da una bocca vulcanica | (*astron.*) ***e. solare***, espulsione dal Sole di particelle che raggiungendo la Terra provocano perturbazioni del campo magnetico | (*miniere*) violenta fuoriuscita di petrolio o gas naturale dal pozzo, quando questo raggiunge il giacimento **2** (*med.*) comparsa simultanea di macchie, pustole, bolle, sulla cute: *e. varicellosa* | ***e. dentaria***, fuoriuscita del dente dall'alveolo verso la cavità boccale **3** †sortita: *distendendosi in tanto spazio, restava per tutto debile a poter resistere a una e.* (N. MACHIAVELLI)

erziàno ➤ **hertziano**

Es /ted. ɛs/ [ted. *Es*, sostantivazione del pron. nt. di terza pers. sing. ('esso') ✱ 1935] **s. m. solo sing.** ● (*psicoan.*) parte della psiche da cui provengono i desideri istintivi o gli impulsi alla soddisfazione immediata dei bisogni primari **SIN.** Id

es- /ɛs/ [dalla prep. lat. *ex*] **pref.** ● presente in numerose parole di origine latina, in cui rappresenta l'*ex-* originario, ha valore negativo-sottrattivo (*esautorare*) o intensivo (*esclamare*); in altri casi ha il sign. di 'fuori' della prep. lat. *ex* (*escludere, espellere*)

èsa- [dal gr. *héx* 'sei', di orig. indeur.] **primo elemento** ● in parole composte significa 'sei', 'formato di sei': *esamotore, esapodi, esarchia* | in chimica indica la presenza di 6 atomi o raggruppamenti atomici: *esano*

eṣacànta [vc. dotta, comp. di *esa-* e del gr. *ákantha* 'spina' ✱ sec. XIX] **agg. solo f.** ● (*zool.*) nella loc. ***larva e.***, il primo stadio larvale di alcuni Cestodi, provvisto di 6 uncini chitinosi **SIN.** oncosfera

†**eṣacerbaménto** [1669] **s. m.** ● esacerbazione

◆**eṣacerbàre** [vc. dotta, lat. *exacerbāre*, comp. di *acerbāre* col pref. *ex-* rafforz. ✱ sec. XIV] **A v. tr.** (*io eṣacèrbo*) **1** inasprire: *e. un dolore, una pena* | (*est.*) aggravare: *e. una infezione* **2** (*fig.*) irritare, esasperare: *e. l'animo con parole offensive* **B eṣacerbàrsi v. intr. pron.** ● diventare più aspro, più irritato: *l'umore della folla si esacerbava; si esacerbarono molto più gli animi de' principi* (F. GUICCIARDINI) | (*est.*) aggravarsi

SFUMATURE DI SIGNIFICATO

esacerbare - inasprire - acuire

Il rendere qualcosa più duro, più crudele, più grave si dice **esacerbare**: il verbo può essere riferito a qualcosa di fisico, come un dolore o un'infezione o a qualcosa di immateriale, come una pena, una sofferenza morale, un sentimento negativo. In riferimento a cose immateriali *esacerbare* può essere sostituito da **inasprire**, che si usa soprattutto in riferimento a condizioni dell'animo, punizioni e altri strumenti disciplinari. **Acuire** ha uguale significato ma, a differenza dei verbi precedenti, si riferisce esclusivamente a sensazioni fisiche ed emotive e non a situazioni esterne al soggetto.

eṣacerbàto **part. pass.** di *esacerbare*; anche **agg.** ● molto amareggiato, esasperato: *avere, sentirsi, l'animo e.*

eṣacerbazióne [vc. dotta, lat. tardo *exacerbatiōne(m)*, da *exacerbātus* 'esacerbato' ✱ av. 1342] **s. f. 1** (*lett.*) irritazione, esasperazione | (*lett.*) aggravamento: *e. di una pena* **2** aumento dell'intensità dei sintomi di una malattia: *una repentina e. d'un mal cronico* (A. MANZONI)

eṣaciṣottaèdro [vc. dotta, comp. del gr. *hexákis* 'sei (*héx*) volte' e *ottaedro* ✱ 1837] **s. m.** ● (*miner.*) poliedro cristallino delimitato da 48 facce triangolari scalene disposte a piramide in gruppi di 6 al posto di ciascuna delle facce di un ottaedro

eṣacistetraèdro [vc. dotta, comp. del gr. *hexákis* 'sei (*héx*) volte' e *tetraedro* ✱ sec. XIX] **s. m.** ● (*miner.*) poliedro cristallino delimitato da 24 facce triangolari scalene disposte a piramide in gruppi di 6 al posto di ciascuna delle facce di un tetraedro

Eṣacoràlli [comp. di *esa-* e il pl. di *corallo* ✱ 1968] **s. m. pl.** (**sing.** *-o*) ● (*zool.*) Zoantari

eṣacordàle [sec. XVI] **agg.** ● relativo all'esacordo

eṣacòrdo [vc. dotta, lat. tardo *hexăchordu(m)*, comp. del gr. *héx* 'sei' e *chordḗ* 'corda' ✱ 1561] **s. m. 1** (*mus.*) successione di sei suoni che costituiscono la base della solmisazione **2** (*raro*) strumento musicale a sei corde

eṣadactilìa o **eṣadattilìa** [vc. dotta, gr. *hexadaktylía* 'che ha sei (*héx*) dita (*dáktyloi*)' ✱ 1888] **s. f.** ● (*med.*) presenza di sei dita nelle mani o nei piedi

eṣadecimàle [comp. di *esa-* e *decimale*① ✱ 1983] **agg.** ● (*mat.*) detto di sistema di numerazione che ha per base il numero sedici **CFR.** binario, ottale, decimale, duodecimale

eṣaèdro [vc. dotta, lat. tardo *hexăhedru(m)*, dal gr. *hexáedros* 'che ha sei (*héx*) basi (*hédrai*)' ✱ 1607] **s. m.** ● (*mat.*) poliedro con sei facce quadrangolari | ***e. regolare***, cubo

eṣafònico [vc. dotta, comp. di *esa-* e *-fonico* ✱ 1956] **agg.** (**pl. m.** *-ci*) ● (*mus.*) esatonale

◆**eṣageràre** [vc. dotta, lat. *exaggerāre*, originariamente 'ammassare, fare argine', poi 'ingrandire', comp. del pref. rafforz. *ex-* e di *aggerāre* 'arginare', da *ăgger*, genit. *ăggeris* 'argine' ✱ av. 1535] **A v. tr.** (*io eṣàgero*) **1** far apparire qlco. maggiore di quanto sia, far sembrare più grande: *e. l'importanza di un fatto* **2** rendere eccessivo: *e. le tinte, la forma* **B v. intr.** (aus. *avere*) ● eccedere in qlco. (+ *in*, anche seguito da inf.; + *con*; + *a* seguito da inf.): *e. nel tono; forse ha un po' esagerato nel parlare; è meglio non e. con gli allarmismi; non e. a dare tutto questo peso alle diete!; stai esagerando; non esageriamo!* **C eṣageràrsi v. intr. pron. 1** (*lett.*, *raro*) peggiorare **2** †adirarsi

eṣagerativo [av. 1667] **agg.** ● (*raro*) che tende a esagerare

◆**eṣageràto** **A part. pass.** di *esagerare*; anche **agg. 1** eccessivo, che eccede la misura: *lodi esagerate; prezzo e.; reazione esagerata* **2** (*colloq.*) fuori dell'ordinario, eccezionale: *una ragazza dalla bellezza esagerata; voglio fare un lungo viaggio e vedere dei posti esagerati* || **eṣageratamènte**, **avv. B s. m.** (**f.** *-a*) ● chi eccede la misura, i limiti della normalità, convenienza e sim.

eṣageratóre [vc. dotta, lat. tardo *exaggeratōre(m)*, da *exaggerātus* 'esagerato' ✱ av. 1667] **s. m.** (**f.** *-trice*, *pop.*, *disus.* *-tóra*); anche **agg.** ● (*raro*) chi (o che) esagera

eṣagerazióne [vc. dotta, lat. *exaggeratiōne(m)*, da *exaggerātus* 'esagerato' ✱ av. 1535] **s. f. 1** l'esagerare | caratteristica di ciò che è esagerato: *in quell'articolo c'è troppa e.* | ***senza e.***, secondo verità, senza aggiungere nulla a quella che è la verità **2** discorso, comportamento e sim., esagerato | cifra eccessiva: *costare un'e.*

eṣagitàre [vc. dotta, lat. *exagitāre* 'spingere con forza (*agitāre*) sino in fondo (*ex-*)' ✱ 1525] **v. tr.** (*io eṣàgito*) **1** (*lett.*, *fig.*) agitare, turbare fortemente: *e. l'animo* **2** †tormentare, maltrattare

eṣagitàto **part. pass.** di *esagitare*; anche **agg. e s. m.** (**f.** *-a*) ● che (o chi) è in preda a grande agitazione

eṣagitazióne [vc. dotta, lat. tardo *exagitatiōne(m)*, da *exagitātus* 'esagitato' ✱ av. 1543] **s. f.** ● (*lett.*) agitazione, turbamento

eṣagòge [vc. dotta, lat. *exagōga(m)*, lat. tardo *exagōge(m)*, dal gr. *exagōgḗ* 'il trasportare (*agōgḗ*) fuori (*ex-*)' ✱ av. 1729] **s. f.** ● nell'antica Grecia, processione fuori del tempio durante le cerimonie in onore di Dioniso

eṣagonàle [1561] **agg. 1** di esagono **2** (*miner.*) ***sistema e.***, sistema cristallino che presenta quattro assi cristallografici, di cui i tre sul piano orizzontale formano tra loro angoli di 120° e hanno parametri uguali, mentre il quarto, ortogonale ai precedenti e con un parametro diverso, è verticale e coincide con l'asse di simmetria

eṣàgono [vc. dotta, lat. tardo *hexagōnu(m)*, dal gr. *hexágōnos* 'che ha sei (*héx*) angoli (*gōníai*)' ✱ 1502] **A s. m.** ● poligono con sei vertici **B agg.** ● (*raro*) esagonale: *forma esagona*

eṣalàbile [av. 1712] **agg.** ● (*raro*) che può esalare, evaporare

†**eṣalaménto** [av. 1519] **s. m. 1** esalazione **2** sfogo | spasso, svago

◆**eṣalàre** [vc. dotta, lat. *exhalāre* 'soffiare (*halāre*, donde *hālitus* 'alito') fuori (*ex-*)' ✱ av. 1320] **A v. tr. 1** mandare fuori, disperdendo attorno nell'aria: *e. profumo, vapori, fumo* | ***e. lo spirito, l'anima, l'ultimo respiro***, (*fig.*) morire **SIN.** effondere, emanare **2** (*raro*, *lett.*) sfogare **B v. intr.** (aus. *essere*) **1** emanare: *dal terreno esala un pessimo odore* **2** (*lett.*, *fig.*) sfogarsi **3** †evaporare **4** †ricrearsi, respirare

†**eṣalatóio** [av. 1502] **s. m.** ● esalatore | scolo delle acque

eṣalatóre [da *esalare*, col senso etim. del lat. *exhalāre* 'soffiar (*halāre*) fuori (*ex-*)' ✱ av. 1537] **A s. m.** ● sfiatatoio per il ricambio d'aria in locali di edifici, o per l'uscita di fumo, gas e sim. in una fornace **B agg.** (**f.** *-trice*) ● che serve al ricambio dell'aria: *tubo e.*

eṣalazióne [vc. dotta, lat. *exhalatiōne(m)*, da *exhalātus*, part. pass. di *exhalāre* 'esalare' ✱ 1319] **s. f. 1** l'esalare | ciò che esala: *e. pestilenziale* **SIN.** effluvio, emanazione **2** (*geol.*) emissione alla superficie terrestre di gas e vapori di origine vulcanica **3** †sfogo, sollievo

†**eṣaldìre** ➤ **esaudire**

†**eṣàlo** [da *esalare* ✱ 1476] **s. m.** ● esalazione, effluvio

eṣaltaménto [sec. XIII] **s. m.** ● (*lett.*) esaltazione

eṣaltànte **part. pres.** di *esaltare*; anche **agg.** ● entusiasmante, eccitante: *un'esperienza e.* | che costituisce motivo di grande vanto: *una vittoria e.* | ***un film, una serata poco e.***, piuttosto noiosa, deprimente

♦**eṣaltàre** o †**essaltàre** [vc. dotta, lat. tardo *exaltāre*, comp. del pref. di movimento verso l'alto *ex-* e *ăltus* 'alto' ✱ av. 1292] **A** **v. tr.** **1** magnificare con lodi: *e. le imprese di un eroe* | (*lett.*) ***e. qlcu. al cielo, alle stelle***, lodarlo eccessivamente **2** (*lett.*) elevare ad alte dignità, cariche, onori: *e. al pontificato* **3** entusiasmare: *il discorso esaltò la folla* | eccitare: *di desideri vani / t'esalto, mia inesperta anima altera* (U. SABA) **SIN.** entusiasmare **4** potenziare, mettere in risalto, accentuare: *quell'abito esaltava la sua bellezza; la linea aerodinamica esalta le caratteristiche sportive della vettura; la regia debole ha esaltato i difetti degli attori* **B** **v. intr.** (aus. *essere*) ● †crescere, prevalere | †insuperbire | †compiacersi **C** **eṣaltàrsi** **v. intr. pron.** **1** (*raro, lett.*) rafforzarsi, crescere di potere, di fama | insuperbire **2** (*lett.*) elevarsi spiritualmente | (*fig.*) †esultare: *mi fuor mostrati li spiriti magni, / che del vedere in me stesso m'essalto* (DANTE *Inf.* IV, 119-120) **3** infervorarsi eccessivamente: *esaltarsi per un'idea* **D** **eṣaltàrsi** **v. rifl.** ● gloriarsi, vantarsi: *chi si esalta sarà umiliato, e chi si umilia sarà esaltato*

eṣaltàto **A** **part. pass.** di *esaltare*; anche **agg.** ● che è in uno stato di eccitazione, di eccessivo entusiasmo e sim. **B** **s. m.** (**f.** *-a*) ● persona esaltata | persona fanatica, mossa da esagerato entusiasmo
SFUMATURE ➤ ***entusiasta***

eṣaltatóre [vc. dotta, lat. tardo *exaltatōre(m)*, da *exaltātus* 'esaltato' ✱ av. 1375] **agg. e s. m.** (**f.** *-trice*) ● che (o chi) esalta | ***e. di sapidità***, additivo utilizzato per accentuare il sapore di prodotti alimentari, spec. conservati

eṣaltatòrio [av. 1930] **agg.** (**pl. m.** *-i* o *raro -ii*) ● (*raro*) di esaltazione: *tono e.*

♦**eṣaltazióne** [vc. dotta, lat. tardo *exaltatiōne(m)*, da *exaltātus* 'esaltato' ✱ sec. XIII] **s. f.** **1** l'esaltare | magnificazione: *e. dei pregi, delle virtù di qlcu.* **2** (*lett.*) innalzamento a un'alta dignità: *l'e. al pontificato* **SIN.** elevazione **3** (*fig.*) stato di anormale eccitazione: *e. morbosa* | (*est.*) fanatismo, fervore eccessivo: *e. di mente, religiosa* **4** (*med.*) accentuazione dell'attività di un organo **5** (*astron.*) †culminazione superiore di un astro **6** (*astrol.*) nello zodiaco, segno particolarmente affine a un corpo celeste, il cui influsso risulta perciò esaltato, potenziato, più efficace **CONTR.** caduta
SFUMATURE ➤ ***celebrazione***, ➤ ***fanatismo***

♦**eṣàme** o †**eṣàmine** [vc. dotta, lat. *exāmen* (nom.), da *exĭgere* nel sign. di 'pesare (*ăgere*) bene (*ex-*)' ✱ av. 1306] **s. m.** **1** ponderata considerazione di qlcu. o qlco. al fine di conoscerne la condizione e le caratteristiche: *e. della vista, del sangue; sottoporre a e. chimico, istologico; fare l'e. di un testo; non gioverebbe togliere in e. queste opere per dimostrarne il difetto e il vizio* (B. CROCE) | ***prendere in e.***, sottoporre ad attenta analisi; valutare: *prendere in e. una proposta, un progetto* | (*dir.*) ***e. dei testimoni***, interrogatorio dei testimoni dedotti in giudizio | (*dir.*) ***e. della causa***, studio delle questioni portate in giudizio e delle formalità nello stesso svolte | ***e. di coscienza***, esercizio spirituale che, nel cattolicesimo, precede la confessione e consiste nel richiamare alla memoria i peccati commessi; (*est.*) sincera valutazione dei propri comportamenti in base a un criterio di moralità **SIN.** analisi, disamina **CFR.** -scopia **2** prova, o serie di prove, cui si sottopone un candidato per verificarne la preparazione, le attitudini e sim.: *e. scritto, orale; e. di ammissione, di idoneità, di maturità, di abilitazione, di laurea; dare, affrontare, sostenere gli esami; esami attitudinali; concorso per titoli ed esami* | ***e. di Stato***, ogni esame pubblico che rilascia un titolo con valore legale; (*per anton.*) l'esame per conseguire il diploma al termine di un corso di studi di scuola secondaria superiore; esame che abilita all'esercizio di alcune professioni | ***e. di guida***, per ottenere la patente | ***passare l'e.***, superarlo, essere promosso ‖ **eṣamàccio**, **pegg.** | **eṣamìno**, **dim.** | **eṣamóne**, **accr.** | **eṣamùccio**, **dim.**

SFUMATURE DI SIGNIFICATO
esame - indagine - inchiesta
Esame è il termine più generale per definire l'atto di considerare con accuratezza una persona o una cosa per verificarne lo stato, le condizioni, le caratteristiche. In **indagine** l'esame prende le forme di uno studio sistematico e approfondito con metodi e tecniche propri dell'ambito specifico in cui si opera; in particolare si riferisce alle investigazioni dell'autorità giudiziaria. **Inchiesta** è un equivalente di *indagine*, ma ha un ambito d'uso più specifico in relazione a investigazioni giornalistiche o a ricerche di tipo sociologico.
SFUMATURE ➤ ***interrogazione***

eṣametilendiammìna [comp. di *esametilene* e *diammina* ✱ 1989] **s. f.** ● (*chim.*) diammina alifatica che costituisce uno dei prodotti più importanti per la fabbricazione del nylon, e si presenta in lamelle cristalline e incolori

eṣametilène [comp. di *esa-* e *metilene* ✱ 1968] **s. m.** ● (*chim.*) cicloesano

eṣàmetro [vc. dotta, lat. *hexămetru(m)*, dal gr. *hexámetron* 'di sei (*héx*) misure (*métra*)' ✱ av. 1375] **s. m.** ● verso di sei piedi della poesia greca e latina, detto anche esametro dattilico

†**eṣàmina** [da *esaminare* ✱ av. 1433] **s. f.** ● (*dir.*) esame: *e. dei testimoni, della causa*

eṣaminàbile [1869] **agg.** ● che si può esaminare ‖ **eṣaminabilità**, **s. f. inv.**

†**eṣaminaménto** [av. 1292] **s. m.** ● l'esaminare | esame lungo e minuto

eṣaminàndo [vc. dotta, lat. *examinăndu(m)*, gerundivo di *examināre* 'esaminare' ✱ 1826] **agg. e s. m.** (**f.** *-a*) ● che (o chi) si appresta a sostenere un esame **SIN.** candidato

eṣaminànte **part. pres.** di *esaminare*; anche **agg. e s. m. e f.** ● che (o chi) esamina

†**eṣaminànza** [av. 1306] **s. f.** ● esame

♦**eṣaminàre** [vc. dotta, lat. *examināre*, da *exāmen*, genit. *exāminis* 'esame' ✱ 1268] **v. tr.** (*io eṣàmino*) **1** prendere in esame, analizzare con attenzione: *e. una questione, una dottrina, un autore; e. la causa* **SIN.** considerare, studiare **2** sottoporre a un esame: *e. gli scolari, i candidati; e. qlcu. in filosofia; e. i testimoni*
SFUMATURE ➤ ***osservare***

eṣaminatóre [vc. dotta, lat. tardo *examinatōre(m)*, da *examinātus*, part. pass. di *examināre* 'esaminare' ✱ 1308] **s. m.** (**f.** *-trice*); anche **agg.** ● chi (o che) esamina, spec. nelle scuole, in concorsi e sim.: *e. severo; commissione esaminatrice*

†**eṣaminazióne** [vc. dotta, lat. tardo *examinatiōne(m)*, da *examinātus*, part. pass. di *examināre* 'esaminare' ✱ 1300 ca.] **s. f.** ● esame, investigazione

†**eṣàmine** ➤ **esame**

eṣamotóre [comp. di *esa-* e *motore* ✱ 1950] **A** **agg.** ● dotato di sei motori **B** **s. m.** ● aeroplano con sei motori

♣**eṣàngue** [vc. dotta, lat. *exsăngue(m)* 'privo (*ex-*) di sangue (*sănguis*)' ✱ av. 1494] **agg.** **1** quasi privo di sangue, che ha perso molto sangue **SIN.** dissanguato **2** (*fig.*) debole, smorto, pallido: *viso, aspetto e.* | (*fig., lett.*) di scritto e sim. privo di vigoria stilistica: *stile e.* **3** (*fig., lett.*) morto: *plachi il tiranno e. / lo spirto mio col suo maligno sangue* (T. TASSO)

eṣanimàre [vc. dotta, lat. *exanimāre*, da *exănimis* 'esanime' ✱ 1485 ca.] **A** **v. tr.** (*io eṣànimo*) ● (*lett.*) scoraggiare, abbattere | privare della forza **B** **eṣanimàrsi** **v. intr. pron.** ● (*lett.*) perdersi d'animo

eṣanimàto **part. pass.** di *esanimare*; anche **agg.** ● (*raro, lett.*) morto: *e par ch'al vento muovasi / la trista Filli esanimata e pendola* (I. SANNAZARO) | (*fig., lett.*) sconfortato

eṣànime [vc. dotta, lat. *exănime(m)* 'privo (*ex-*) di anima (*ănima*)' ✱ av. 1342] **agg.** ● che è morto o svenuto: *giaceva e. al suolo*

eṣàno [vc. dotta, comp. di *es(a)-* e *-ano*② ✱ 1889] **s. m.** ● (*chim.*) idrocarburo alifatico saturo a sei atomi di carbonio, contenuto nel petrolio e usato come solvente

eṣanòfele [vc. dotta, comp. di *es-* e *anofele* ✱ 1908] **s. m.** ● farmaco a base di solfato di chinino contro le febbri malariche

eṣantèma o (*raro*) **eṣàntema** [vc. dotta, lat. tardo *exanthēma* (nom. nt.), dal gr. *exánthēma*, da *exanthêin* 'che fiorisce (*anthêin*) fuori (*ex-*)' ✱ 1749] **s. m.** (**pl.** *-i*) ● (*med.*) ogni eruzione cutanea costituita da vescicole, pustole, petecchie, bolle: *e. morbilloso*

eṣantemàtico [1752] **agg.** (**pl. m.** *-ci*) ● (*med.*) di esantema, che si manifesta con esantemi: *tifo e.*; *malattia esantematica*

eṣaplòide [comp. di *es(a)-* e *aploide* ✱ 1989] **agg.** ● (*biol.*) detto di numero di cromosomi nelle cellule vegetative delle piante, uguale per la stessa specie, sei volte maggiore del numero aploide

Eṣàpodi [vc. dotta, comp. di *esa-* e del gr. *póus*, genit. *podós* 'piede' ✱ 1797] **s. m. pl.** (**sing.** *-e*) ● (*zool.*) Insetti

eṣapodìa [comp. di *esa-* e del gr. *póus*, genit. *podós* 'piede' ✱ 1956] **s. f.** ● (*ling.*) nella metrica classica, successione di sei piedi metrici

eṣarazióne o **exarazióne** [vc. dotta, lat. *exaratiōne(m)*, da *exarāre*, propr. 'cavar fuori (*ex-*) dalla terra con l'*arāre*', poi, fig., 'scrivere (con lo stilo, come aratro che solchi le tavolette di cera)' ✱ 1929] **s. f.** **1** (*geol.*) azione erosiva che un ghiacciaio, col suo peso e il suo lento movimento di discesa, esercita sulle rocce **2** in paleografia, cancellatura presente in codici e documenti fatta con il raschietto

eṣàrca [vc. dotta, lat. tardo *exărchu(m)*, dal gr. *éxarchos* 'comandante, che è a capo (*archós*)' ✱ av. 1504] **s. m.** (**pl.** *-chi*) ● nell'Impero romano d'oriente, comandante supremo delle forze militari imperiali | governatore dei domini bizantini in Italia dal VI all'VIII sec.

eṣarcàto [vc. dotta, lat. mediev. *exarchātu(m)*, da *exarca* 'esarca' col suff. di dominio territoriale *-ātum* '-ato' ✱ 1525] **s. m.** **1** ufficio dell'esarca e durata della carica dello stesso **2** provincia d'Italia soggetta al dominio di Bisanzio

eṣarchìa [comp. di *esa-* e *-archia* ✱ 1869] **s. f.** ● governo di sei persone o di sei partiti

eṣàrchico [1943] **agg.** (**pl. m.** *-ci*) ● relativo a esarchia

†**eṣasperaménto** [1665] **s. m.** ● esasperazione

eṣasperànte **part. pres.** di *esasperare*; anche **agg.** ● che provoca irritazione e nervosismo: *questo gocciolìo è davvero e.* ‖ **eṣasperanteménte**, **avv.**

♣**eṣasperàre** [vc. dotta, lat. *exasperāre* 'rendere aspro (*asperāre*, da *ăsper* 'aspro') del tutto (*ex-*)' ✱ sec. XIV] **A** **v. tr.** (*io eṣàspero*) **1** portare alla massima irritazione o indignazione: *e. il popolo con le ingiustizie; e. qlcu. con soprusi e prepotenze* | irritare **SIN.** inasprire **2** rendere aspro, intenso: *e. il dolore, la malattia, la pena* SIN. esacerbare **B** **eşasperàrsi v. intr. pron.** ● adirarsi, irritarsi, risentirsi

SFUMATURE DI SIGNIFICATO

esasperare - acuire
Provocare in una persona uno stato di irritazione e risentimento tali da spingerla a reazioni violente e atti inconsulti si dice **esasperare**. Riferito a una situazione, a una tensione, a una difficoltà il verbo indica inasprimento, aggravamento, ed è dunque sinonimo di **acuire**, che però allarga il suo ambito d'uso allo stato fisico della persona, definendo il peggiorare di dolori e malattie.

eşasperàto **part. pass.** di *esasperare*; anche **agg. 1** che è in preda all'esasperazione: *era e. per le continue prepotenze subite* SIN. irritato, incollerito **2** spinto all'eccesso, molto intenso: *un rancore e.* ‖ **eşasperataménte**, **avv.** in modo esasperato, con esasperazione: *sbuffava esasperatamente*; in modo da esasperare: *un film esasperatamente noioso*

†**eşasperatóre** [av. 1364] **s. m.** (**f.** *-trice*); anche **agg.** ● chi (o che) esaspera

eşasperazióne [vc. dotta, lat. tardo *exasperatiōne(m)*, da *exasperāre* 'esasperare' ✱ av. 1337] **s. f. 1** estrema irritazione e risentimento: *portare qlcu. all'e.*; *essere al colmo, al massimo, dell'e.* **2** massima asprezza o intensità: *il progresso del male portò all'e. della sofferenza*

eşàstico [vc. dotta, lat. *hexăstichu(m)*, dal gr. *hexástichos* 'che ha sei (*héx*) versi (*stíchoi*)' ✱ av. 1597] **agg.** (**pl. m.** *-ci*) **1** composto di sei versi **2** (*bot.*, *raro*) detto di alcune spighe fornite di sei file di granelli

eşàstilo [vc. dotta, lat. tardo *hexăstylo(n)*, dal gr. *hexástylos*, comp. di *héx* 'sei' e *-stilo* ✱ 1758] **agg.** ● (*archit.*) fornito di sei colonne | ***tempio, portico e.***, che ha sulla fronte sei colonne come la maggior parte dei templi greci

eşatòmico [comp. di *es(a)-* e *atomico* ✱ 1874] **agg.** (**pl. m.** *-ci*) ● (*chim.*) detto di ione, raggruppamento atomico o molecola formato da sei atomi | di composto chimico la cui molecola è formata da sei atomi uguali o diversi

eşatonàle [comp. di *esa-* e *tonale* ✱ 1939] **agg.** ● (*mus.*) dell'esatonia SIN. esatonico, esafonico

eşatonìa [dal gr. *hexátonos* 'che ha sei (*héx*) toni (*tónoi*, sing. *tónos*)' ✱ sec. XX] **s. f.** ● (*mus.*) suddivisione della scala in sei parti uguali, da cui deriva una scala dei sei toni interi, detta scala esatonale, usata tra il XIX e il XX sec. per es. da Debussy e Puccini

eşatònico [1987] **agg.** (**pl. m.** *-ci*) ● (*mus.*) esatonale

eşattézza [da *esatto*① ✱ av. 1535] **s. f. 1** caratteristica di ciò che è esatto: *l'e. di un orologio, di un calcolo, di una risposta* SIN. precisione **2** scrupolosa diligenza: *lavorare con grande e.* SIN. accuratezza, rigore

Eşattinèllidi [vc. dotta, comp. di *esa-*, del gr. *aktís*, genit. *aktînos* 'raggio' e il suff. *-ella* con *-idi* ✱ 1892] **s. m. pl.** (**sing.** *-e*) ● (*zool.*) classe di Spugne silicee delle acque profonde a forma gener. cilindrica e con spicole stellate a sei raggi (*Hexactinellidae*) SIN. Ialosponge

♦**eşàtto**① [vc. dotta, lat. *exāctu(m)*, propr. part. pass. di *exĭgere* nel senso di 'pesare (*ăgere*) esattamente (*ex-*)' ✱ 1484 ca.] **agg. 1** eseguito con accuratezza e precisione, privo di errori: *i suoi calcoli sono sempre esatti* | (*est.*) che si fonda sulla precisione e la conformità a certi principi: *scienze esatte* CFR. orto- **2** conforme al vero: *il suo racconto era e.*; *riferire l'e. svolgimento dei fatti* | giusto: *quell'orologio indica l'ora esatta* | con ellissi del v. 'essere' con valore di affermazione, spec. nelle risposte: *'tre più due fa cinque' 'e.!'* **3** che fa le cose con scrupolo e precisione: *era il più e. dei funzionari* | puntuale: *essere e. nel pagare* SIN. diligente, preciso ‖ **eşattaménte**, **avv. 1** precisamente: *erano esattamente le tre*; in modo esatto: *rispondere esattamente* **2** per l'appunto, appunto, proprio: *hai fatto esattamente il contrario di ciò che dovevi*; sì, proprio così (con valore affermativo nelle risposte): *'Secondo te ho sbagliato?' 'Esattamente'*

eşàtto② **part. pass.** di *esigere*; anche **agg.** ● (*raro*) riscosso

eşattóre [vc. dotta, lat. *exactōre(m)*, da *exāctus* 'esatto②', part. pass. di *exĭgere* nel senso di 'trar (*ăgere*) fuori (*ex-*)', 'riscuotere' ✱ 1285] **s. m.** (**f.** *-trice*, ***pop., disus.*** *-tóra* **nel sign. 2**) **1** chi è delegato a riscuotere per conto terzi affitti, abbonamenti, tasse, imposte | impiegato dell'esattoria **2** †chi esige, pretende qlco. come a sé dovuto **3** †esecutore di giustizia

eşattorìa [da *esattore* ✱ 1816] **s. f.** ● ufficio dell'esattore e luogo in cui ha sede: *e. comunale, provinciale*

eşattoriàle [1883] **A agg.** ● dell'esattoria, dell'esattore | ***cartella e.***, V. *cartella* **B s. m. e f.** ● esattore

†**eşaudévole** [adattamento del lat. tardo *exaudībile(m)* 'esaudibile' ✱ 1342] **agg.** ● pronto a esaudire

eşaudìbile [vc. dotta, lat. tardo *exaudībile(m)*, da *exaudīre* 'esaudire' ✱ sec. XIV] **agg.** ● che si può esaudire: *il tuo desiderio è e.*

eşaudiménto [sec. XIV] **s. m.** ● (*raro*, *lett.*) l'esaudire

♣**eşaudìre** o †**eşaldìre** [vc. dotta, lat. *exaudīre* 'ascoltare (*audīre*) pienamente (*ex-*)' ✱ sec. XIII] **v. tr.** (*io eşaudìsco*, †*eşàudo*, *tu eşaudìsci*, †*eşàudi*) **1** accogliere benevolmente una richiesta: *e. una preghiera, una grazia, un desiderio, i voti di qlcu.* | accontentare, soddisfare qlcu.: *se tu già m'esaudisti peccatore, / perch'or non m'esaudisci penitente?* (T. CAMPANELLA) | †concedere, permettere SIN. accogliere **2** †ubbidire

eşauditóre [vc. dotta, lat. *exauditōre(m)*, da *exaudītus*, part. pass. di *exaudīre* 'esaudire' ✱ sec. XIII] **s. m.** (**f.** *-trice*); anche **agg.** ● (*lett.*, *raro*) chi (o che) esaudisce: *pietoso e. de' miei prieghi* (F. SACCHETTI)

†**eşaudizióne** [vc. dotta, lat. tardo *exauditiōne(m)*, da *exaudītus*, part. pass. di *exaudīre* 'esaudire' ✱ 1320] **s. f.** ● esaudimento

eşauribile [1771] **agg.** ● che si può esaurire CONTR. inesauribile ‖ **eşauribilità**, **s. f. inv.**

eşauriènte **part. pres.** di *esaurire*; anche **agg. 1** che tratta a fondo un argomento: *una trattazione e.* SIN. approfondito, completo **2** che toglie ogni dubbio o incertezza: *prova, spiegazione e.* SIN. convincente, persuasivo ‖ **eşaurienteménte**, **avv.**

eşauriménto [av. 1694] **s. m. 1** l'esaurire, l'esaurirsi: *e. delle provviste*; *ingresso libero fino a e. dei posti* | ***graduatoria a e.***, V. *graduatoria* SIN. fine, cessazione **2** (*med.*) indebolimento, spossamento: *e. fisico, mentale* | ***e. nervoso***, condizione caratterizzata da stanchezza, irritabilità e altri disturbi **3** (*idraul.*) prosciugamento di stagni, paludi, scavi di fondazione, e sim.

SFUMATURE DI SIGNIFICATO

esaurimento - prostrazione - astenia
Uno stato di grande affaticamento fisico e mentale, accompagnato da insonnia, depressione, irritabilità si dice comunemente **esaurimento**. **Prostrazione** descrive invece una condizione fisica e mentale di enorme stanchezza, di avvilimento e depressione. **Astenia** definisce un disturbo fisico e non psicologico, uno stato di debolezza e di una conseguente minore funzionalità di un organo o dell'intero organismo.
SFUMATURE ➤ ***stanchezza***

♦**eşaurìre** [vc. dotta, lat. *exhaurīre* 'vuotare (*haurīre*, di etim. incerta) completamente (*ex-*)' ✱ av. 1519] **A v. tr.** (*io eşaurisco, tu eşaurisci*) **1** consumare completamente (***anche fig.***): *e. le provviste*; *e. un pozzo petrolifero, una sorgente*; *e. i fondi stanziati*; *e. le proprie forze, il proprio repertorio* SIN. finire **2** indebolire, spossare: *una fatica prolungata esaurisce chiunque* **3** trattare con completezza, realizzare interamente: *e. un argomento, i propri compiti* **4** estrarre completamente da una sostanza, con opportuni procedimenti, i principi attivi o ciò che interessa **5** (*mar.*) liberare dall'acqua i locali interni di una nave **B eşaurìrsi v. rifl.** ● logorare le proprie forze fisiche, le proprie energie mentali e sim.: *esaurirsi nel lavoro, per lo studio eccessivo* **C eşaurìrsi v. intr. pron.** ● restar privo del proprio contenuto: *la miniera s'è ormai esaurita* | (*fig.*) consumarsi: *le sue virtù poetiche si sono esaurite*

eşaurito **part. pass.** di *esaurire*; anche **agg. 1** finito, consumato: *un pozzo e.* **2** interamente venduto: *è una edizione da tempo esaurita* | ***tutto e.***, frase che indica l'avvenuta vendita della totalità dei biglietti in teatri e sim. **3** detto di persona che mostra sintomi di esaurimento nervoso: *essere, sentirsi e.*

eşaustióne [vc. dotta, lat. tardo *exhaustiōne(m)*, da *exhăustus* 'esausto' ✱ 1966] **s. f.** ● (*mat.*) procedimento per il calcolo di aree e volumi in cui si possono scorgere i rudimenti del concetto di integrale

eşaustivo [fr. *exhaustif*, preso a sua volta dall'ingl. *exhaustive*, coniato dal lat. *exhāustus*, part. pass. di *exhaurīre* 'esaurire' ✱ 1942] **agg.** ● che tende a esaurire o esaurisce un argomento, un problema e sim.: *risposta esaustiva* ‖ **eşaustivaménte**, **avv.** ‖ **eşaustività**, **s. f. inv.**

♣**eşàusto** o †**essàusto** [vc. dotta, lat. *exhāustu(m)*, part. pass. di *exhaurīre* 'esaurire' ✱ 1321] **agg. 1** completamente vuoto o finito: *erario e.*; *fondi esausti* | esaurito, scarico: *batteria esausta* | ***terreno e.***, che non ha più sostanze nutritive, che non produce più **2** (*fig.*) stremato: *forza, mente esausta*; *sentirsi e. per il troppo lavoro* **3** (*lett.*) consumato: *non er'anco del mio petto essausto / l'ardor del sacrificio* (DANTE *Par.* XIV, 91-92)

eşautoraménto [av. 1937] **s. m.** ● (*raro*) esautorazione

eşautoràre [vc. dotta, lat. *exauctorāre*, nella terminologia milit. 'porre in congedo, privare del soldo', comp. di *ex-* (*s-* sottratt.) e *auctorāre* 'assoldare, ingaggiare' (da *āuctor* nel senso di 'venditore') ✱ av. 1566] **v. tr.** (*io eşàutoro o raro*, **secondo il modello latino,** *eşautóro*) ● privare qlcu. o qlco. dell'autorità o delle competenze (+ *da*, + *di*): *e. l'assemblea, il presidente, un ufficiale*; *e. qlcu. da un incarico*; *è stato esautorato delle sue funzioni*

eşautoràto **part. pass.** di *esautorare*; anche **agg.** ● privato di autorità o d'importanza

eşautorazióne [vc. dotta, lat. tardo *exauctoratiōne(m)*, da *exauctorātus* 'esautorato' ✱ 1792] **s. f.** ● l'esautorare, il venire esautorato

eşavalènte [comp. di *esa-* e *valente* ✱ 1875] **agg.** ● (*chim.*) detto di elemento, ione, gruppo atomico, 6 volte monovalente

eşazióne [vc. dotta, lat. *exactiōne(m)*, da *exāctus* 'esatto②', part. pass. di *exĭgere* 'trar (*ăgere*) fuori (*ex-*)', 'riscuotere' ✱ av. 1304] **s. f. 1** riscossione: *e. delle tasse, dei crediti, delle quote* **2** quantità di denaro riscossa per conto terzi: *abbondantissime esazioni di danari* (P. SARPI) **3** †imposizione | †tributo, imposta

eşborsàre [comp. parasintetico di *borsa* ✱ 1483] **v. tr.** (*io eşbórso*) ● (*burocr.*) sborsare, spendere

eşbórso [da *esborsare* ✱ 1642] **s. m.** ●

(*burocr.*) pagamento, spesa

eṣbòsco [comp. del pref. latineggiante *es-* (da *ex-* 'fuori da') e *bosco* ✱ 1962] **s. m.** (**pl.** *-schi*) ● trasporto degli alberi abbattuti al luogo di raccolta e di carico

ésca① [lat. *ēsca(m)*, dal v. *ĕdere*, precedentemente *ēsse*, 'mangiare' ✱ 1268] **s. f. 1** cibo che viene utilizzato per catturare animali selvatici, pesci, uccelli e sim.: *e. vivente, naturale, artificiale, avvelenata; attaccare l'e. all'amo* **2** (*fig.*) inganno, lusinga, seduzione: *correre all'e.; prendere qlcu. all'e.* **3** sostanza vegetale, ricavata spec. dai funghi, che si usava un tempo per accendere il fuoco o per trasmetterlo alla polvere delle antiche armi da fuoco **4** (*fig., lett.*) incitamento: *e. amorosa* | ***mettere l'e. accanto al fuoco***, procurare l'occasione d'innamorarsi, di litigare e sim. | ***dare e.***, incitare | ***dare e. al fuoco***, (*fig.*) alimentare una passione, un litigio **5** †cibo, nutrimento (*anche fig.*): *ch'i' non curo altro ben, né bramo altr'e.* (F. PETRARCA) **6** malattia di vari alberi provocata da funghi, i quali penetrano nel legno dei tronchi trasformandolo in una massa molliccia | (*enol.*) ***mal dell'e.***, malattia della vite che provoca il disseccamento dei tralci e lesioni nei ceppi, e può portare alla morte della pianta ‖ **eschétta**, **dim.**

èsca② ➤ **uscire**

escalation /eska'leʃʃon, *ingl.* ˌɛskə'leɪʃən/ [vc. ingl., dal v. *to escalate* 'intensificare', a sua volta da *escalade* 'ascesa, scalata' ✱ 1964] **s. f. inv.** ● aumento graduale e progressivo di un'azione bellica e (*est.*) di una qualsiasi azione o fatto economico o sociale: *l'e. dell'uso di stupefacenti*

†**escaménto** [sec. XIV] **s. m.** ● esca

escamotage /*fr.* ɛskamɔ'taʒ/ [vc. fr., da *escamoter* 'far sparire una cosa, sostituire una cosa con un'altra, cambiare le carte in tavola', che è l'occitano *escamotar*, deriv. di *escamar* 'sfilacciare', da *escama* 'squama, scaglia' ✱ 1892] **s. m. inv.** ● espediente, trucco, sotterfugio che si mette in atto per trarsi d'impaccio

†**escandescènte** [vc. dotta, lat. *excandescĕnte(m)*, part. pres. di *excandēscere* 'infiammarsi', 'cominciare a imbianchire (*candēscere*) completamente (*ex-*)' ✱ sec. XIV] **agg.** ● che dà spesso in escandescenze

escandescènza o †**scandescènza** [vc. dotta, lat. *excandescĕntia(m)*, da *excandēscens* genit. *excandescĕntis*, 'escandescente' ✱ av. 1566] **s. f.** ● (**spec. al pl.**) impeto improvviso d'ira accompagnato da atti e parole violente: *dare in escandescenze*

escape /es'keip, *ingl.* ɪs'keɪp/ [vc. ingl., dal v. *to escape* 'fuggire' ✱ 1991] **s. m. inv.** ● (*inform.*) tasto che provoca l'uscita da un programma o annulla un comando dato precedentemente

escapiṣmo [ingl. *escapism*, da *to escape* 'scappare', che è il fr. *échapper* ✱ 1986] **s. m.** ● tendenza all'evasione intesa in senso psicologico, cioè alla fuga dai problemi della realtà

escapologìa [calco sull'ingl. *escapology*, comp. di *escape* 'evasione' e *-logy* '-logia' ✱ 1992] **s. f.** (**pl.** *-gìe*) ● branca dell'illusionismo relativa alla capacità di liberarsi da vari tipi di costrizione (catene, funi, lucchetti, gabbie, bauli e sim.), spesso in combinazione tra loro

èscara o **èschera** [vc. dotta, lat. tardo *ĕschara(m)*, dal gr. *eschára*, di etim. incerta ✱ sec. XIV] **s. f.** ● (*med.*) tessuto necrotico nerastro, che si forma come crosta sulla cute per effetto di fattori quali ustioni, sostanze caustiche o corrosive, decubito, gangrena

escardinàre [1965] **v. tr.** (*io escàrdino*) ● provvedere canonicamente all'escardinazione

escardinazióne [da *incardinazione* con sostituzione di suff. di sign. opposto ✱ 1965] **s. f.** ● atto canonico con il quale si consente che un chierico sia tolto da una diocesi per essere incardinato in un'altra

escarificazióne [vc. dotta, comp. di *escara* e *-ficazione* ✱ 1874] **s. f.** ● (*med.*) formazione di un'escara

escaròtico [vc. dotta, lat. tardo *escharōticu(m)*, dal gr. *escharōtikós* 'tendente a formare un'escara (*eschára*)' ✱ 1691] **s. m.** (**pl.** *-ci*) ● (*med.*) sostanza che, applicata sopra una parte vivente, l'irrita violentemente, la disorganizza e vi determina la formazione di un'escara

escàtico [da *esca* 'cibo' col suff. di tributo *-atico* ✱ av. 1750] **s. m.** (**pl.** *-ci*) ● anticamente, diritto di far pascolare suini nei boschi pubblici | tassa dovuta per l'esercizio di tale diritto **SIN.** ghiandatico

†**escàto** [1364] **s. m. 1** luogo dove si poneva l'esca per attirare gli uccelli **2** (*fig.*) inganno, allettamento: *avendo sempre gli animi ... a dire menzogne, a fare escati* (F. SACCHETTI)

escatologìa [vc. dotta, comp. del gr. *éskata* 'le cose estreme (da *éschatos*, da *ex-* 'fuori')' e *-logia* ✱ 1892] **s. f.** (**pl.** *-gìe*) ● parte della teologia che ha per oggetto l'indagine sui destini ultimi dell'uomo e dell'universo

escatològico [1908] **agg.** (**pl. m.** *-ci*) ● relativo all'escatologia | relativo al destino ultimo del mondo e dell'uomo ‖ **escatologicaménte**, **avv.** dal punto di vista escatologico

escatologiṣmo [comp. di *escatolog(ico)* e *-ismo* ✱ 1956] **s. m.** ● indirizzo della critica storica del Cristianesimo secondo il quale elemento fondamentale della predicazione di Gesù sarebbe l'attesa della fine del mondo, ritenuta imminente

escavàre ➤ **scavare**

escavatóre o **scavatóre** nel sign. B2 [av. 1730] **A** **s. m.**; **anche agg.** (**f.** *-trice* (V.)) ➤ **scavatore** nel sign. A **B** **s. m. 1** macchina per lo più semovente e cingolata, atta a eseguire scavi o movimenti di terreno per fondazioni, canali, strade **2** strumento chirurgico usato per compiere interventi sulle ossa

escavatorìsta [1956] **s. m. e f.** (**pl. m.** *-i*) ● operaio addetto a una escavatrice

escavatrìce o **scavatrìce** [1940] **s. f.** ● escavatore nel sign. B1

escavazióne o (*raro*) **scavazióne** [vc. dotta, lat. *excavatiōne(m)*, da *excavātus*, part. pass. di *excavāre* 'scavare' ✱ 1680] **s. f. 1** operazione, lavoro dello scavare | (*miniere*) ***e. a giorno, a cielo aperto***, eseguita sulla superficie terrestre | ***e. in sotterraneo***, eseguita sotto la superficie terrestre **2** (*med.*) processo morboso consistente nella formazione di cavità nei polmoni dei tubercolotici

èsce ➤ **uscire**

†**escecàre** ➤ †**eccecare**

†**escèdere** ➤ **eccedere**

†**escellènte** e deriv. ➤ **eccellente** e deriv.

†**escèlso** e deriv. ➤ **eccelso** e deriv.

escèrti [1779] **s. m. pl.** (**sing.** *-o*) ● (*raro*) adattamento di *excerpta* (V.)

†**escertóre** [1754] **s. m.** ● (*raro*) chi fa escerti

†**escèsso** ➤ **eccesso**

†**escettàre** ➤ †**eccettare**

èschera ➤ **escara**

Escherìchia /eʃʃe'rikja/ [dal n. del biologo ted. T. *Escherich* (1857-1911) ✱ 1956] **s. f.** ● (*biol.*) genere di batteri della famiglia *Enterobacteriaceae* che comprende specie gram-negative presenti nel canale alimentare di animali e dell'uomo | ***E. coli***, nell'uomo, è causa di enteriti, infezioni delle vie urogenitali e di meningite nel neonato

†**eschermidóre** ➤ **schermidore**

èschia o **ìschia** [lat. *aescŭlus* ✱ sec. XIV] **s. f.** ● (*bot., tosc.*) nome popolare della rovere

†**eschifàre** ➤ **schifare**

eschilèo [1843] **agg.** ● relativo a Eschilo (525-456 a.C.), poeta tragico greco, al suo stile, alla sua opera

eschimése (o **-ṣe**) o (*raro*) **esquimése** (o **-ṣe**) [dall'algonchino *uiyaskimowok* 'mangiatore (*mow* 'egli mangia') di carne cruda (*askī*)'; la variante 'esquimese' deriva dal fr. 'esquimeau' ✱ 1764] **A** **agg.** ● dell'Artide americana e delle coste orientali siberiane **B** **s. m. e f.; anche agg.** ● appartenente alla popolazione di ceppo mongolide che abita nell'Artide americana e lungo le coste orientali siberiane, il cui nome nazionale, con il quale tale popolazione preferisce essere chiamata, è *inuit* **C** **s. m. solo sing.** ● lingua parlata dagli eschimesi

èschimo ➤ **eskimo**①

eschimotàggio [fr. *esquimautage*, da *esquimau* 'esquimese' con la terminazione di *(cano)tage* 'canottaggio' ✱ 1965] **s. m.** ● (*sport*) eskimo②

èschio (o **é-**) o **èsculo**① [lat. *āesculu(m)*, di etim. incerta ✱ av. 1537] **s. m.** ● (*bot.*) farnia

†**eschiùdere** e deriv. ➤ **escludere** e deriv.

†**eschivàre** ➤ **schivare**

èsci ➤ **uscire**

†**esciàme** ➤ **sciame**

†**escìdio** ➤ **eccidio**

†**escìndere** [vc. dotta, lat. *exscĭndere* 'squarciare (*scĭndere*) del tutto (*ex-*)' ✱ 1534] **v. tr.** ● (*raro*) scindere

†**escìre** e deriv. ➤ **uscire** e deriv.

escissióne o **esciṣióne** [vc. dotta, lat. *excisiōne(m)*, da *excīsus* 'escisso' ✱ av. 1829] **s. f.** ● (*med.*) asportazione chirurgica di una parte limitata di un tessuto o di un organo: *e. di un polipo, e. della clitoride*

escisso o **esciṣo** [vc. dotta, lat. *excīsu(m)*, part. pass. di *excīdere* 'tagliare (*cāedere*) via (*ex-*)' ✱ av. 1342] **agg.** ● (*med.*) asportato mediante escissione

†**escitàre** ➤ **eccitare**

†**esclamaménto** [av. 1694] **s. m.** ● esclamazione

♦**esclamàre** o †**sclamàre**, †**scramàre** [vc. dotta, lat. *exclamāre* 'chiamare (*clamāre*) ad alta voce (*ex-*)' ✱ 1308] **A** **v. tr.** ● dire ad alta voce e con enfasi (spec. per introdurre il discorso diretto): *esclamò: 'Guarda!', indicandomi inorridito la scena; Qualcuno esclamava qualcosa, forse in cucina* (C. PAVESE) **B** **v. intr.** (**aus.** *avere*) **1** levare delle esclamazioni: *uscì di casa esclamando e imprecando* **2** (*lett.*) lamentarsi, gemere | reclamare: *e. contro la sorte*

esclamatìvo [av. 1406] **agg.** ● di esclamazione | (*gramm.*) ***punto e.***, segno che denota il senso e l'intonazione esclamativa | ***proposizione esclamativa***, proposizione indipendente che contiene un'esclamazione e nello scritto è generalmente conclusa da un punto esclamativo (per es.: *com'è bella!; vattene!; ah, se solo potessi tornare indietro!*) ‖ **esclamativaménte**, **avv.** con esclamazione

†**esclamatóre** [av. 1694] **s. m.; anche agg.** ● chi (o che) esclama

esclamazióne o †**sclamazióne** [vc. dotta, lat. *exclamatiōne(m)*, da *exclamāre* 'esclamare' ✱ av. 1328] **s. f. 1** l'esclamare | espressione o parola pronunciata in segno di allegria, ammirazione, sdegno e sim.: *prorompere in esclamazioni* **2** (*gramm.*) interiezione | (*ling.*) figura retorica che consiste nell'esprimere con enfasi uno stato d'animo in forma esclamativa; per es.: *Ahi figlio mio! Se con sì reo destino / ti partorii, perché allevarti, ahi lassa!* (V. MONTI)

esclaustràto [da *esclaustrazione*] **agg. e s. m.** ● che (o chi) vive in stato di esclaustrazione

esclaustrazióne [lat. eccl. *exclaustrātio*, genit. *exclaustratiōnis*, deriv. di *clāustrum* 'chiostro' ✱ 1968] **s. f.** ● facoltà concessa a un membro di un istituto religioso di vivere temporaneamente fuori della comunità, rimanendo legato all'osservanza dei voti ma deponendo l'abito religioso

♦**esclùdere** o †**eschiùdere**, †**ischiùdere** [vc. dotta, lat. *exclūdere* 'chiudere (*clāudere*) fuori (*ex-*)' ✱ av. 1306] **A v. tr.** (**pass. rem.** *io esclùsi, tu escludésti*; **part. pass.** *esclùso*) **1** (*lett.*, *raro*) chiudere fuori: *fummo esclusi dalla sala* **2** lasciare al di fuori: *e. da un beneficio* **CONTR.** includere | non ammettere: *e. le circostanze attenuanti*; *e. qlcu. da un esame*; *una cosa esclude l'altra* | eccettuare: *tutti i colori mi piacciono escludendo il rosso* **3** ritenere impossibile, privo di fondamento (+ *che* **seguito da congtv.**, + *di* **seguito da inf.**): *escludo che lui ne sia responsabile*; *escludo di aver capito male* | ***non escludo***, lo ritengo possibile: *non escludo che lei possa cambiare idea*; *non escludo di poter partire anch'io* **4** (*lett.*) impedire: *questa siepe, che da tanta parte / dell'ultimo orizzonte il guardo esclude* (G. LEOPARDI) **B esclùdersi v. rifl. recipr.** ● elidersi: *i contrari si escludono*

escludìbile [1988] **agg.** ● che si può escludere || **escludibilità**, **s. f. inv.**

♦**esclusióne** [vc. dotta, lat. *exclusiōne(m)*, da *exclūsus* 'escluso' ✱ av. 1328] **s. f.** ● l'escludere | estromissione: *e. dal voto, da un'assemblea* | ***una lotta senza e. di colpi***, in cui tutto è consentito | ***procedere per e.***, ricercare una verità eliminando via via le ipotesi che sembrano poco convincenti | ***a e. di***, fatta eccezione per | (*gramm.*) ***complemento di e.***, indica chi o ciò che rimane escluso da quanto è espresso dal verbo; è introdotto dalle prep. *tranne, eccetto, fuorché, meno, salvo, senza* e dalle loc. prep. *all'infuori di, eccetto che, a eccezione di, fatta eccezione per* (o *eccezion fatta per*) (per es.: *sono venuti tutti tranne Luigi*; *un cellulare senza fotocamera*; *il film vale poco, fatta eccezione per la splendida scenografia*)

esclusìva [f. sost. di *esclusivo* ✱ 1619] **s. f.** ● facoltà di esercitare un diritto o godere un bene escludendone gli altri: *e. di vendita*; *il giornale ha l'e. di questa notizia* | ***in e.***, godendo di tale facoltà | ***diritto di e.***, diritto esclusivo | ***clausola di e.***, patto di limitazione della concorrenza

esclusivìsmo [1865] **s. m.** **1** intolleranza nel valutare le opinioni e i giudizi degli altri per amore dei propri **SIN.** intransigenza | atteggiamento possessivo o eccessivamente possessivo nei rapporti con gli altri **2** indirizzo politico-economico di uno Stato consistente nell'accordare a società private particolari privilegi

esclusivìsta [av. 1910] **A s. m. e f.** (**pl. m.** *-i*) **1** chi pecca di esclusivismo **SIN.** intransigente **2** chi gode di un'esclusiva **B** anche **agg.**: *tendenza e.*

esclusivìstico [1921] **agg.** (**pl. m.** *-ci*) ● da esclusivista: *atteggiamento, comportamento e.* || **esclusivisticaménte**, **avv.**

♦**esclusìvo** [da *escluso* ✱ 1585] **agg.** **1** che tende o serve a escludere: *intervento e.* | (*gramm.*) ***proposizione esclusiva***, proposizione subordinata che esprime un'esclusione rispetto a quanto è detto nella reggente (per es.: *le ha telefonato senza che io lo sapessi*; *l'ho fatto senza accorgermene*) **2** che spetta solo a una persona o a un gruppo di persone: *è un nostro e. beneficio* | ***diritto e.***, che non compete ad altri | ***dottrina, opinione esclusiva***, che esclude tutte le altre | ***amore e.***, geloso, possessivo | ***un locale, un ambiente e.***, riservato a un'élite, raffinato **3** unico: *modello e.* **4** (*raro*) esclusivista: *è troppo e. nei suoi giudizi* || **esclusivaménte**, **avv.** in modo esclusivo; unicamente, soltanto: *Un cassetto del suo tavolo era destinato esclusivamente alle munizioni* (I. SVEVO); *la responsabilità è esclusivamente sua* || **esclusività**, **s. f. inv.** **1** caratteristica di ciò che è esclusivo **2** esclusiva

♦**esclùso** o †**eschiùso**, (*pop.*) †**sclùso** **A part. pass.** di *escludere*; anche **agg.** **1** che è lasciato fuori, che non è ammesso | ***nessuno e.***, tutti compresi | emarginato: *sentirsi e. da un certo ambiente* **2** impossibile: *è e. che domani si parta* | ***non è e. che ...***, c'è qualche probabilità: *non è e. che io venga a trovarti* **B s. m.** (**f.** *-a*) ● chi non è ammesso a partecipare o a godere di qlco.

†**esclusóre** [vc. dotta, lat. tardo *exclusōre(m)*, da *exclūsus* 'escluso' ✱ av. 1667] **s. m.** ● chi esclude

esclusòrio [vc. dotta, lat. tardo *exclusōriu(m)*, da *exclūsus* 'escluso' ✱ 1836] **agg.** ● che tende a escludere: *restrizione, clausola esclusoria*

èsco ➤ **uscire**

-ésco [suff. agg., in cui sono confluiti due diversi suff.: il lat. *-īscu(m)* e il germ. *-isk*] **suff.** ● forma aggettivi denominali, anche sostantivati, che indicano relazione o appartenenza, talora con sfumatura negativa (*trecentesco, dantesco, cavalleresco, romanesco*; *furbesco, bambinesco, libresco*) o che fanno riferimento a qualità, caratteristiche e sim. (*gigantesco, fiabesco*)

escogitàbile [av. 1712] **agg.** ● (*raro*) che si può escogitare

♦**escogitàre** [vc. dotta, lat. *excogitāre*, da *cogitāre* 'pensare, immaginare', col pref. rafforz. *ex-* ✱ 1351] **v. tr.** (*io escògito*) ● trovare, inventare dopo aver riflettuto intensamente e a lungo: *e. un mezzo, un espediente, un trucco*
SFUMATURE ➤ *inventare*

†**escogitativa** [av. 1712] **s. f.** ● inventiva

escogitatóre [vc. dotta, lat. tardo *excogitatōre(m)*, da *excogitātus* 'escogitato', part. pass. di *excogitāre* 'escogitare' ✱ av. 1729] **agg. e s. m.** (**f.** *-trice*) ● che (o chi) escogita

escogitazióne [vc. dotta, lat. *excogitatiōne(m)*, da *excogitātus* 'escogitato', part. pass. di *excogitāre* 'escogitare' ✱ av. 1544] **s. f.** ● (*raro*) l'escogitare | cosa escogitata

†**escolpazióne** [vc. dotta, tratta dal lat. tardo *exculpāre*, comp. di *culpāre*, da *cŭlpa* 'colpa' col preverbale sottrattivo *ex-* ✱ 1613] **s. f.** ● discolpa

escomiàre [vc. sett., dal lat. *commeāre* 'andar via' (V. *commiato*) ✱ 1738] **v. tr.** (*io escòmio*) ● (*dir.*) licenziare mediante escomio

escòmio [da *escomiare* ✱ 1858] **s. m.** ● (*dir.*) licenziamento del colono o mezzadro dal fondo: *dare l'e.*

†**escomunicàre** e deriv. ➤ **scomunicare** e deriv.

èscono ➤ **uscire**

escoriàre [vc. dotta, lat. tardo *excoriāre*, comp. parasintetico di *cōrium* 'crosta, pelle' ✱ 1707] **A v. tr.** (*io escòrio*) ● ledere con un'escoriazione **B escoriàrsi v. tr. pron.** (aus. *essere*) ● prodursi un'escoriazione: *nell'urto si è escoriato un braccio*

†**escoriativo** [1550] **agg.** ● che produce escoriazioni

escoriàto **part. pass.** di *escoriare*; anche **agg.** ● che presenta una o più escoriazioni: *ginocchio, gomito e.*

escoriazióne [sec. XIV] **s. f.** ● lesione superficiale della cute, che interessa solo gli strati epiteliali

escorporazióne [da *escorporare*, dal lat. mediev. *excorporāre* 'togliere (*ex-*) da un corpo (*cŏrpus*) una parte', sull'es. opposto *incorporāre* ✱ 1858] **s. f.** ● (*dir.*) nel sistema tavolare, separazione di una porzione di bene immobile

èscort /ˈɛskort, *ingl.* ˈɛskɔːt/ [vc. ingl., propr. 'scorta, accompagnatore' ✱ 1960] **s. m. e f. inv.** ● persona retribuita per accompagnare qlcu. in viaggi od occasioni mondane | (*est.*, *eufem.*) chi, in tale ruolo, è anche disponibile a prestazioni sessuali

†**escorticaménto** ➤ **scorticamento**

escreàto [vc. dotta, lat. *exscreātu(m)*, part. pass. di *exscreāre*, di orig. onomat. ✱ av. 1698] **s. m.** ● (*med.*) muco o altro materiale eliminato dalle vie respiratorie mediante raschio o espettorazione

†**escrementàle** [1612] **agg.** ● escrementizio

escrementìzio o †**scrementìzio** [1628] **agg.** ● di escremento

escreménto o †**screménto** [vc. dotta, lat. *excremĕntu(m)*, da *excĕrnere* 'fare uscire (*ex-*) col passare per il setaccio (sign. originario di *cĕrnere*)' ✱ 1511] **s. m.** ● (*med.*) ogni materiale di rifiuto dell'organismo | comunemente, sterco, feci **CFR.** scato-, copro-

†**escrementóso** (o **-so**) [1584] **agg.** ● fatto di escrementi

escrescènza [vc. dotta, lat. *excrescĕntia* (nom. nt. pl.), da *excrēscens*, genit. *excrescĕntis* 'escrescente' ✱ av. 1557] **s. f.** **1** (*med.*) proliferazione della cute o delle mucose **2** (*est.*) protuberanza, sporgenza **3** †crescita delle acque di un fiume nei periodi di piena **4** (*raro*, *lett.*) ridondanza di scritti o di discorsi

escréscere [vc. dotta, lat. *excrēscere* 'crescere (*crēscere*) in fuori (*ex-*)' ✱ 1441] **v. intr.** (**coniug. come** *crescere*; **aus.** *essere*) ● (*med.*) crescere di tessuti abnormi sulla cute o sulle mucose

escretìvo [vc. dotta, tratta dal lat. *excrētu(m)*, part. pass. di *excĕrnere* 'far uscire (*ex-*) col setacciare (*cĕrnere*)' ✱ 1925] **agg.** ● (*med.*) proprio dell'escrezione | che favorisce l'escrezione

escrèto [vc. dotta, lat. *excrētu(m)*, part. pass. di *excĕrnere* 'setacciare (*cĕrnere*) per far uscir fuori (*ex-*)' ✱ 1956] **A agg.** ● (*med.*) versato esternamente per escrezione **B s. m.** ● sostanza secreta ed eliminata

escretóre [vc. dotta, tratta dal lat. *excrētu(m)*, part. pass. di *excĕrnere* 'far uscire (*ex-*) col setacciare (*cĕrnere*)' ✱ 1737] **A agg.** (**f.** *-trice*) ● (*med.*) che concerne o consente l'escrezione: *condotto, apparato e.*; *ghiandola escretrice* **B s. m.** ● (*chim.*) recipiente con cui si separa una materia da un misto o dalle sostanze che la compongono

escretòrio [av. 1694] **agg.** (**pl. m.** *-i* o *raro* *-ii*) ● (*med.*) escretore

escrezióne [vc. dotta, tratta dal lat. *excrētu(m)*, part. pass. di *excĕrnere* 'far uscire (*ex-*) col setacciare (*cĕrnere*)' ✱ av. 1698] **s. f.** **1** (*med.*) processo di allontanamento dei prodotti di secrezione ghiandolare **2** sostanza secreta ed eliminata dall'organismo

†**escruciàre** [vc. dotta, lat. *excruciāre*, comp. di *cruciāre* 'travagliare con strumento di supplizio (*crŭx*, genit. *crŭcis* 'croce')', col preverbale intensivo *ex-* ✱ 1499] **v. tr.** ● tormentare (*anche fig.*)

escubìa ➤ **cubia**

†**escùbie** [vc. dotta, lat. *excŭbia(s)* (pl.), da *excubāre* 'giacere fuori (*ex-*)' ✱ 1442] **s. f. pl.** ● veglia notturna | guardia

†**escubitóre** [vc. dotta, lat. *excubitōre(m)*, da *excŭbitus*, part. pass. di *excubāre* 'dormire (*cubāre*) fuori (*ex-*) casa' ✱ 1342] **agg.** ● che vigila | ***uccello e.***, il gallo

escùdo /*portog.* ɪʃˈkuðu, isˈkudu, *sp.* esˈkuðo/ [dal lat. *scūtu(m)*, per lo 'scudo' impresso vi ✱ 1892] **s. m. inv.** (**pl. portog. e sp.** *escudos*)

• unità monetaria di Capo Verde e, fino all'introduzione dell'euro (2002), del Portogallo **SIMB.** Esc

esculènto [lat. *esculĕntu(m)*, da *ēsca* 'cibo', sul tipo di *sucŭlĕntus* da *sūcus*, e sim. ✱ 1499] **agg.** • (*lett.*) commestibile, detto spec. di vegetali

esculìna [da *esculo* ✱ 1848] **s. f.** • (*chim.*) glucoside ad azione vasocostrittrice

èsculo① ➤ **eschio**

èsculo② **s. m.** • (*bot.*) genere di piante arboree delle Ippocastanacee, con infiorescenze ricche di fiori tubulosi bianchi o rosei, come nell'ippocastano (*Aesculus*)

†**escuòtere** ➤ **scuotere**

escursióne [vc. dotta, lat. *excursiōne(m)*, da *excŭrsus*, part. pass. di *excŭrrere* 'correre (*cŭrrere*) fuori (*ex-*)' ✱ av. 1530] **s. f. 1** gita o viaggio fatto a scopo di studio o di divertimento | gita in montagna **2** (*milit.*, **spec. al pl.**) esercitazione a scopo di allenamento fisico e di addestramento operativo dei reparti alpini | †scorreria **3** differenza fra il valore massimo e il valore minimo assunti da una grandezza in un ciclo di variazione: *e. febbrile* | (*meteor.*) ***e. della temperatura diurna, mensile, annuale***, differenza tra la temperatura più alta e la temperatura più bassa verificatasi in un determinato periodo di tempo **4** ampiezza massima di spostamento permessa all'elemento mobile di un meccanismo o a una parte del corpo nell'esecuzione della propria funzione: *e. di una biella*; *e. del femore*

escursionìsmo [da *escursione* ✱ 1941] **s. m. 1** attività di chi fa escursioni spec. in montagna **2** forma minore di alpinismo che esclude itinerari di arrampicata o comunque difficili

escursionìsta [fr. *excursionniste*, da *excursion* 'escursione' ✱ 1883] **s. m. e f.** (**pl. m.** *-i*) • chi fa escursioni

escursionìstico [1928] **agg.** (**pl. m.** *-ci*) • relativo alle escursioni o all'escursionismo

†**escùṣa** ➤ **scusa**

†**escuṣàbile** ➤ **scusabile**

†**escuṣàre** ➤ **scusare**

†**escuṣatòrio** [vc. dotta, lat. tardo *excusatōriu(m)*, da *excusātus* 'escusato' ✱ av. 1342] **agg.** • di scusa, che serve a scusare

†**escuṣazióne** o †**iscuṣazióne**, †**scuṣazióne** [vc. dotta, lat. *excusatiōne(m)*, da *excusātus* 'escusato' ✱ 1308] **s. f.** • scusa, difesa: *accettare benignamente la loro e.* (F. GUICCIARDINI)

escussióne [vc. dotta, lat. *excussiōne(m)*, da *excŭssus*, part. pass. di *excŭtere* 'escutere' ✱ 1578] **s. f. 1** (*dir.*) atto dell'escutere: *e. dei testimoni*; *e. di un debitore*; *beneficio di e.* **2** (*dir.*, *raro*) istruzione probatoria nel processo penale

escùsso **part. pass.** di *escutere*; **anche agg.** • nel sign. del v.

escùtere [vc. dotta, lat. *excŭtere*, propr. 'scuotere (*quătere*) per far cader giù (*ex-*)', poi 'esaminare' ✱ 1799] **v. tr.** (**pass. rem.** *io escùssi, tu escutésti*; **part. pass.** *escùsso*) • (*dir.*) interrogare i testimoni nel corso del processo | ***e. il debitore***, intimargli di pagare, iniziare contro di lui un processo di esecuzione

eṣdebitazióne [da *debito* con il pref. *es-* ✱ 1985] **s. f.** • (*dir.*) liberazione del fallito dai debiti residui nei confronti dei creditori rimasti insoddisfatti a seguito di procedura concorsuale

-ése① (o **-ṣ-**) o **-ènse** [lat. parl. *-ēse(m)* per il corrispondente classico *-ēnse(m)*] **suff.** (*-ense*, **in forma talora lett.**) • in aggettivi e sostantivi indica appartenenza o relazione con una entità geografica o linguistica, cittadinanza, nazionalità, famiglia (*bolognese*, *piemontese*, *francese*, *braidense*, *estense*, *monacense*), oppure condizione sociale, titolo nobiliare (*borghese*, *marchese*)

-ése② (o **-ṣ-**) [per incrocio di *-ese*① col suff. ingl. *-ese* di *journalese* 'linguaggio giornalistico'] **suff.** • conferisce valore spreg. a parole designanti linguaggi speciali: *burocratese*, *sindacalese*

eṣecràbile [vc. dotta, lat. *exsecrābile(m)*, da *exsecrāre* 'esecrare' ✱ av. 1342] **agg.** • degno di esecrazione: *l'e. e fiero / misfatto* (G. PARINI) ‖ **eṣecrabilménte**, **avv.** ‖ **eṣecrabilità**, **s. f. inv.**

eṣecràndo [vc. dotta, lat. tardo *exsecrăndu(m)*, gerundivo di *exsecrāre* 'esecrare' ✱ av. 1566] **agg.** • esecrabile: *delitto e.*; *azione esecranda* **SIN.** abominevole

♣**eṣecràre** o †**essecràre** [vc. dotta, lat. *exsecrāre* 'togliere il carattere sacro', comp. parasintetico di *săcer* 'sacro', col pref. *ex-* ✱ av. 1292] **v. tr.** (*io eṣècro* o *èṣecro*) • aborrire, detestare, odiare: *il suo delitto fu esecrato da tutti*; *i traditori devono essere esecrati*

eṣecràto **part. pass.** di *esecrare*; **anche agg.** • detestato, aborrito

†**eṣecratóre** [vc. dotta, lat. tardo *exsecratōre(m)*, da *exsecrātus*, part. pass. di *exsecrāre* 'esecrare' ✱ av. 1681] **s. m.** (**f.** *-trice*); **anche agg.** • chi (o che) esecra | chi (o che) maledice

†**eṣecratòrio** [1686] **agg.** • che serve a esecrare: *commento e.*

♣**eṣecrazióne** o †**essecrazióne** [vc. dotta, lat. *exsecratiōne(m)*, da *exsecrātus*, part. pass. di *exsecrāre* 'esecrare' ✱ 1361] **s. f.** • sentimento di estremo orrore e disprezzo: *fu oggetto della nostra e.* | manifestazione di tale sentimento: *indicarono il bandito alla pubblica e.*

SFUMATURE ➤ ***odio***

eṣecutàre [fr. *exécuter*, da *exécution* 'esecuzione' ✱ av. 1463] **v. tr.** (*io eṣècuto*) • (*dir.*) colpire nelle forme di legge dando esecuzione processuale forzata a un atto avente forza autoritaria: *e. un debitore*

♦**eṣecutìvo** [vc. dotta, tratta dal lat. *exsecūtus*, part. pass. di *ĕxsequi* 'eseguire' ✱ av. 1328] **A agg. 1** di esecuzione: *fase esecutiva* | che può essere eseguito: *progetto e.* **2** (*dir.*) che conferisce la potestà di eseguire: *formula esecutiva* | ***titolo e.***, atto avente dati requisiti che fornisce al titolare il diritto di dare inizio a una esecuzione processuale forzata | ***processo e.***, di esecuzione | ***potere e.***, funzione spettante al governo e alla pubblica amministrazione **CFR.** giudiziario, legislativo | ***comitato e.***, organo collegiale cui spetta di attuare le direttive impartite dall'organo deliberante ‖ **eṣecutivaménte**, **avv.** mediante esecuzione ‖ **eṣecutività**, **s. f. inv.** caratteristica di ciò che è esecutivo; (*dir.*) condizione di un atto o di un provvedimento giurisdizionale cui si può dare immediata esecuzione **B s. m. 1** (*dir.*) potere esecutivo | Governo | comitato esecutivo **2** bozzetto od opera grafica realizzata in modo da poter essere passata alla stampa senza altre correzioni **3** †chi è attivo, risoluto

eṣecutóre [vc. dotta, lat. tardo *exsecutōre(m)*, da *exsecūtus*, part. pass. di *ĕxsequi* 'eseguire' ✱ 1305] **s. m.** (**f.** *-trice*) **1** chi esegue: *uno scrupoloso e. degli ordini* | (*dir.*) ***e. testamentario***, persona incaricata dal testatore di curare l'esecuzione delle disposizioni testamentarie **2** chi esegue una composizione musicale **3** †gendarme | ***e. di giustizia***, carnefice, boia

SFUMATURE ➤ ***musicista***

†**eṣecutorìa** [da *esecutore* ✱ 1355] **s. f.** • (*dir.*) ufficio e mansione dell'esecutore testamentario o di quello di giustizia

†**eṣecutoriàle** [av. 1527] **agg.** • esecutivo

eṣecutorietà [1901] **s. f. inv.** • (*dir.*) caratteristica di ciò che è esecutorio: *e. di una sentenza*

eṣecutòrio [vc. dotta, lat. tardo *executōriu(m)*, da *exsecūtus*, part. pass. di *ĕxsequi* 'eseguire' ✱ 1745] **agg.** (**pl. m.** *-i* o *raro -ii*) • (*dir.*, *raro*) esecutivo: *atto, giudizio e.*; *legge esecutoria*

♦**eṣecuzióne** o †**secuzióne** [vc. dotta, lat. *ex(s)ecutiōne(m)*, da *exsecūtus*, part. pass. di *ĕxsequi* 'eseguire' ✱ 1280] **s. f. 1** attuazione: *l'e. di un lavoro* | realizzazione, interpretazione: *un'e. di brani musicali* **2** realizzazione di un'idea, un proposito, un comando e sim.: *è una cosa di difficile e.*; *le deboli risoluzioni e debolissime esecuzioni* (N. MACHIAVELLI) | ***avere e.***, realizzarsi | ***dare e. a qlco.***, eseguirla **SIN.** effettuazione **3** (*dir.*) adempimento, spontaneo o forzato, di contratto, sentenza, atto amministrativo e sim.: *e. coattiva per inadempimento del compratore* | ***e. provvisoria di una sentenza***, forzato adempimento di una sentenza non ancora passata in giudicato | ***e. capitale***, o (*assol.*) ***esecuzione***, uccisione del condannato a morte **4** (*ling.*) manifestazione concreta della competenza grammaticale dei parlanti

SFUMATURE ➤ ***rappresentazione***

eṣèdra o (*raro*) **èṣedra** [vc. dotta, lat. *ĕxedra(m)*, dal gr. *exédra* 'sede (*hédra*, di orig. indeur.) esterna (*ex-*)', perché posta davanti alla casa ✱ sec. XIV] **s. f. 1** nel mondo greco e romano, portico in luogo aperto, spesso con sedili, per intrattenersi a conversare **2** spazio architettonico a semicerchio, spesso delimitato da colonne

♣**eṣegèṣi** [vc. dotta, gr. *exḗgēsis*, da *exágesthai* 'condurre (*ágesthai*) fuori (*ex-*)', 'accompagnare' ✱ 1797] **s. f. inv.** • studio e interpretazione critica di un testo: *e. biblica, dantesca, delle fonti del diritto romano* | metodologia di tale studio

SFUMATURE ➤ ***interpretazione***

♣**eṣegèta** o (*disus.*) **eṣegète** [vc. dotta, gr. *exēgētḗs* 'guida', da *exágesthai* (V. *esegesi*) ✱ av. 1787] **s. m. e f.** (**pl. m.** *-i*) • chi si dedica all'interpretazione di testi | (*est.*) commentatore, critico, interprete

eṣegètica [vc. dotta, lat. tardo *exegētice(m)*, dal gr. *exēgētiká*, sottinteso *biblía*, '(libri) esplanatori', da *exēgētikós* 'esegetico' ✱ 1797] **s. f.** • arte e tecnica dell'interpretazione di un testo sacro, giuridico, letterario

♣**eṣegètico** [vc. dotta, gr. *exēgētikós*, da *exēgētḗs* 'esegeta' ✱ av. 1565] **agg.** (**pl. m.** *-ci*) • interpretativo: *commento e.* | concernente l'esegesi: *lezioni esegetiche* ‖ **eṣegeticaménte**, **avv.** mediante esegesi

eṣeguìbile [1520 ca.] **agg.** • che si può eseguire ‖ **eṣeguibilità**, **s. f. inv.**

eṣeguiménto [av. 1694] **s. m.** • (*disus.*) esecuzione

♦**eṣeguìre** o †**esseguire** [lat. *ĕxsequi* 'seguire (*sĕqui*) fino in fondo (*ex-*), perseguire', rifatto su *seguire* ✱ 1363] **v. tr.** (*io eṣéguo* (o *-è-*) o **lett.** *eṣeguìsco, tu eṣégui* (o *-è-*) o **lett.** *eṣeguìsci*) **1** mettere in atto, realizzare: *e. un lavoro, un disegno, un progetto, un piano* **SIN.** attuare **2** mettere in pratica, adempiere: *e. gli ordini dell'autorità, i dettami di una legge* **3** (*mus.*) interpretare, con la voce o con strumenti, composizioni musicali: *e. una sinfonia, un concerto*; *e. Mozart*

†**eṣeguitóre** o †**esseguitóre** [av. 1348] **s. m.** (**f.** *-trice*) • esecutore

†**eṣeguizióne** o †**esseguizióne** [av. 1348] **s. f.** • esecuzione

eṣempigràzia o †**eṣempligràzia**, †**esempigràzia** [vc. dotta, lat. *exĕmpli grātia* 'per, in grazia di (*grātia*) esempio (*exĕmplum*)' ✱ av. 1519] **avv.** • (*lett.* o *scherz.*) per esempio, a mo' d'esempio: *nemici ne abbiamo tutti. Mastro don Gesualdo, e.!* (G. VERGA) **CFR.** exempli gratia

♦**eṣèmpio** (o -é-) o †**eṣèmplo**, †**eṣèmpro**, †**essèmpio**, †**essèmplo**, †**iṣèmplo**, †**assèmpro** [lat. *exĕmplu(m)*, da *exĭmere* 'porre (*ĕmere*, di orig. indeur.) da parte (*ex-*) per servire da modello' * av. 1250] **s. m.** **1** ogni persona o cosa che venga presa a modello positivo da imitare o negativo da respingere: *tuo fratello è un e. di integrità; il cane è il miglior e. di fedeltà; quel ragazzo è un e. di pigrizia; un e. di corretta gestione amministrativa* | (*est.*) fatto, azione o caso da imitare: *insegnare con gli esempi; dare buono, cattivo e.; prender e. da qlcu.; imitare l'e. di qlcu.* | ***sull'e.***, seguendo l'esempio | ***per e., ad e., in via di e., a mo' d'e.***, frasi usate per proporre un esempio | (*est.*) ammaestramento: *questa punizione deve servire a tutti di e.* **2** caso che attesta usi grammaticali o lessicali, o che chiarisce un concetto: *un vocabolario ricco di esempi; addurre, citare un e.* **3** caso tipico, rappresentativo di una serie di altri del medesimo genere: *un e. di prosa naturalista; un pregevole e. di architettura gotica* **SIN.** modello, tipo **4** †originale di un testo | libro, esemplare | copia, trascrizione ‖ **eṣempiétto**, **dim.** | **eṣempino**, **dim.**
SFUMATURE ➤ ***paragone***

♦**eṣemplàre**① [vc. dotta, lat. *exemplāre(m)* 'che serve come esempio (*exĕmplum*)' * av. 1328] **agg.** ● che serve come esempio: *giustizia, vita, virtù e.* | che costituisce un modello positivo: *madre, marito e.* | (*est.*) eccellente: *un'esecuzione e. dell'Eroica* | ***castigo, punizione e.***, che costituisce un monito per gli altri | emblematico, rappresentativo: *un personaggio e. della recente storia italiana* ‖ **eṣemplarménte**, **avv.** ‖ **eṣemplarità**, **s. f. inv.** caratteristica di ciò che è esemplare: *l'esemplarità di un comportamento*

♦**eṣemplàre**② [vc. dotta, lat. *exemplāre*, abl. di *exĕmplar* (nt.), da *exĕmplum* 'esempio, modello' * 1321] **s. m.** **1** ogni singola unità in un gruppo di oggetti analoghi o identici: *un prezioso e. di moneta del Cinquecento* | (*est.*) copia: *un e. di una stampa dell'Ottocento* | oggetto che costituisce un esempio tipico, un modello: *un e. di stile barocco* **CFR.** tipo-, -tipo **2** ogni animale, vegetale od oggetto tipico del proprio genere, famiglia o specie: *ha raccolto molti esemplari di farfalle, di funghi, di fiori esotici; un bell'e. di giada* **3** (*lett.*) persona che rappresenta un esempio da imitare: *un e. di virtù* **4** (*filos.*) modello, archetipo

SFUMATURE DI SIGNIFICATO
esemplare - prototipo - campione
Un modello da imitare, un originale da copiare e riprodurre si chiama **esemplare**; per estensione si chiama *esemplare* ogni singola copia riprodotta sulla base di tale modello e, nel linguaggio corrente, anche un individuo o un oggetto che presenta tutte le caratteristiche del proprio genere, famiglia o specie. Il primo e più antico esemplare di qualcosa, poi utilizzato come modello per le realizzazioni successive, soprattutto in ambito industriale, si chiama **prototipo**; in usi figurati e scherzosi, si definisce *prototipo* una persona che presenta al massimo grado le caratteristiche rappresentative di una certa categoria di gente o di un certo comportamento umano. In quest'ultima accezione *prototipo* è sinonimo di **campione**, che tuttavia è spesso usato anche in contesti non ironici, con intenti realmente elogiativi.
SFUMATURE ➤ ***tipo***

eṣemplàre③ o †**assempràre** [vc. dotta, lat. tardo *exemplāre*, da *exĕmplum* 'esempio, modello' * 1275] **v. tr.** (*io eṣèmplo* (o *-é-*)) **1** trascrivere, copiare da un originale (+ *su*): *esemplare un testo sulla partitura originale* | (*est.*) ritrarre da un esempio, da un modello, copiando o imitando: *e. il proprio stile sull'espressionismo tedesco* **2** (*raro*) effigiare: *ritrasse ed esemplò in limpide armonie il suo intimo colloquio* (G. CARDUCCI)

†**eṣemplàrio** o †**eṣempràrio**, †**essemplàrio** [vc. dotta, lat. tardo *exemplāriu(m)*, da *exemplāria*, pl. di *exĕmplar* 'esemplare②' * 1306] **s. m.** ● esemplare, nel sign. di esemplare②

eṣemplarità ➤ **esemplare**①

†**eṣemplatìvo** [av. 1334] **agg.** ● che si basa su esempi ‖ †**eṣemplativaménte**, **avv.** in via d'esempio

eṣemplificàre [vc. dotta, lat. mediev. *exemplificāre*, comp. di *exĕmplum* 'esempio' e *-ficāre* '-ficare' * av. 1313] **v. tr.** (*io eṣemplìfico, tu eṣemplìfichi*) **1** spiegare con esempi, allegando esempi: *esemplificò con chiarezza la sua teoria* **2** †paragonare ‖ **eṣemplificazióne**, **s. f.** (V.)

eṣemplificatìvo [av. 1328] **agg.** ● che serve a esemplificare: *una lezione esemplificativa* ‖ **eṣemplificativaménte**, **avv.**

eṣemplificazióne [vc. dotta, lat. mediev. *exemplificatiōnem*, da *exemplificāre* 'esemplificare' * av. 1328] **s. f.** ● spiegazione per mezzo d'esempi: *è necessaria una e.* | complesso degli esempi citati: *ecco la nostra e.; una ricca e. accompagna la teoria*

†**eṣempligràzia** ➤ **esempigrazia**

†**eṣèmplo** (o *-é-*) ➤ **esempio**

†**eṣèmpro** (o *-é-*) e deriv. ➤ **esempio** e deriv.

eṣencèfalo [vc. dotta, comp. di *eso-*② ed *encefalo* * 1874] **s. m.** ● (*med.*) malformazione congenita in cui l'encefalo è posto prevalentemente fuori del cranio

eṣentàre [lat. parl. **exemptāre*, da *exēmptus*, part. pass. di *exĭmere* 'mettere (*ĕmere*) da parte (*ex-*)' * sec. XIV] **A** **v. tr.** (*io eṣènto*) ● rendere libero da un dovere, da un obbligo, da un onere: *e. dalla frequenza delle lezioni* **SIN.** dispensare, esimere **B** **eṣentàrsi** **v. rifl.** ● (*raro*) esimersi, sottrarsi: *esentarsi dai propri doveri di cittadino*

eṣentàsse [da *esent(e) (dalle) tasse* * 1938] **agg. inv.** ● (*burocr.*) che è esente da tasse: *vincita e.*

eṣènte o †**eṣènto** [vc. dotta, lat. *exēmptu(m)*, part. pass. di *exĭmere* 'esimere', inserito nella serie dei part. in *-ente* * av. 1306] **A** **agg.** **1** dispensato da un dovere, da un obbligo, da un onere (+ *da*): *e. dalle tasse* | ***fare e.***, esentare | (*est.*) libero, preservato da malanni: *e. dal contagio, dall'infezione* | privo, mondo: *il suo comportamento non è e. da colpe* **2** †privato: *Rodomonte, causa del mal loro, / se ne va e. da tanto martoro* (L. ARIOSTO) **B** **s. m.** ● un tempo, ufficiale della guardia nobile pontificia, ora soppressa, di grado corrispondente a quello di colonnello

eṣenterazióne [vc. dotta, comp. di *es-* e un deriv. di *entero-* * 1861] **s. f.** ● (*chir.*) eviscerazione

†**eṣènto** ➤ **esente**

†**eṣenzionàre** [da *esenzione* * 1612] **v. tr.** ● esentare

eṣenzióne [vc. dotta, lat. tardo *exemptiōne(m)*, da *exēmptus* 'esente' * av. 1328] **s. f.** **1** dispensa da un obbligo: *godere dell'e. dalle imposte; ecco il nostro documento di e.* **SIN.** esonero **2** †privazione: *sempre alle donne sia licito aver … e. di fatiche* (B. CASTIGLIONE)

eṣequiàle o †**essequiàle** [vc. dotta, lat. *exsequiāle(m)*, da *exsĕquiae* 'esequie' * av. 1311] **agg.** ● (*raro*) delle esequie | ***Messa e.***, Messa funebre

†**eṣequiàre** [vc. dotta, lat. *exsequiāri*, da *exsĕquiae* 'esequie' * av. 1311] **v. tr.** ● sotterrare qlcu. con esequie

eṣèquie o †**essèquie** [vc. dotta, lat. *exsĕquiae*, nom. pl., da *ĕxsequi* (V. *eseguire*) 'seguire (*sĕqui*) completamente (*ex-*) (un corteo funebre)' * av. 1292] **s. f. pl.** (**sing.** *lett.*, *raro -a*) ● l'insieme delle cerimonie e delle onoranze tributate a un defunto: *e. pie, sacre, solenni, umili; celebrare le e. di qlcu.; tributare solenni e. a qlcu.* | funerale: *seguire le e. di qlcu.; partecipare alle e. di qlcu.; Si ebbe … una solenne esequia* (L. SCIASCIA)

†**eṣèquio** o †**essèquio** [av. 1348] **s. m.** ● (*raro*) esequie

eṣercènte **A** **part. pres.** di *esercire*; anche **agg.** ● nei sign. del v. **B** **s. m. e f.** ● chi mantiene in esercizio un negozio, un'impresa e sim.: *l'e. di una sala cinematografica*

eṣercìre [vc. dotta, lat. *exercēre*, originariamente 'cacciare (*arcēre*) via (*ex-*)', poi 'lavorare, esercitare', con cambio di coniug. * 1476] **v. tr.** (*io eṣercisco, tu eṣercìsci*) **1** gestire, amministrare un negozio **2** esercitare: *e. la professione medica*

eṣercitàbile [av. 1704] **agg.** ● che si può esercitare

†**eṣercitaménto** [vc. dotta, lat. tardo *exercitamĕntu(m)*, da *exercitātus* 'esercitato' * av. 1348] **s. m.** ● l'esercitarsi | esercizio

♦**eṣercitàre** o †**essercitàre** [vc. dotta, lat. *exercitāre*, intens. di *exercēre* 'esercire' * av. 1292] **A** **v. tr.** (*io eṣèrcito*) **1** tenere in esercizio, in attività, in funzione: *e. l'occhio, la voce, i muscoli* | ***e. la pazienza***, usarne molta | ***e. la lingua***, (*scherz.*) chiacchierare molto | (*est.*) addestrare: *e. le gambe, le braccia, la prontezza dei riflessi; e. il corpo alla lotta, al salto, al nuoto; e. qlcu. nel disegno, nelle arti* | assuefare: *e. la propria mente ai prolungati sforzi, il proprio fisico ai digiuni* **2** usare, adoperare per un fine: *e. il potere, il dominio, la propria autorità, il comando* | ***e. un'influenza, un ascendente su qlcu.*** o ***su qlco.***, avere molto potere su qlcu. o su qlco.; *la sottile influenza che esercita sui caratteri l'educazione* (G. VERGA) | ***e. pressioni su qlcu.***, spingerlo a qlco. | (*dir.*) ***e. un'azione***, rivolgere un'istanza a un dato organo giudiziario perché provveda | ***e. un diritto***, valersene operando in conformità allo stesso **3** attendere abitualmente a una professione o a un'attività (*anche assol.*): *e. l'avvocatura; un medico che non esercita* | ***e. il culto***, praticarlo **4** †mettere alla prova **B** **eṣercitàrsi** **v. rifl.** ● addestrarsi, allenarsi (+ *in*, + *a*): *esercitarsi nella caccia, in palestra, al nuoto, alla lotta* | (*est.*) fare del movimento fisico: *non si può restare seduti tutto il giorno, bisogna anche esercitarsi* | far pratica: *esercitarsi in un ufficio legale*

SFUMATURE DI SIGNIFICATO
esercitare - addestrare - allenare
Esercitare è far apprendere con l'esercizio pratico i principi di una disciplina, di un'arte, di un mestiere. **Addestrare** è rendere idonea una persona, ma anche un animale, a svolgere un compito che richiede una certa abilità. **Allenare** aggiunge ad *addestrare* un'idea di continuità nell'esercizio, tanto è vero che è l'unico dei tre a essere impiegato in relazione alla pratica sportiva.
SFUMATURE ➤ ***insegnare***

†**eṣercitatìvo** [vc. dotta, lat. tardo *exercitatīvu(m)*, da *exercitātus* 'esercitato' * sec. XIV] **agg.** ● attivo

eṣercitàto **part. pass.** di *esercitare*; anche **agg.** ● tenuto in esercizio, addestrato, allevato: *un orecchio ben e.* | (*lett.*) agitato, tormentato | †affaticato, stanco

†**eṣercitatóre** [vc. dotta, lat. *exercitatōre(m)*, da *exercitātus* 'esercitato' * av. 1375] **s. m.** (**f.** *-trice*); anche **agg.** **1** chi (o che) esercita **2** istruttore

eṣercitazióne [vc. dotta, lat. *exercitatiōne(m)*, da *exercitātus* 'esercitato' * av. 1332] **s. f.** ● pratica o esercizio di addestramento a qualche attività fisica o intellettuale: *esercitazioni scolastiche, critiche, militari*

•**esèrcito** o †**essèrcito** [vc. dotta, lat. *exĕrcĭtu(m)*, originariamente 'esercizio', poi 'esercizio, rivista militare', quindi 'soldati (adunati per la rivista)', da *exĕrcitus*, part. pass. di *exercēre* 'esercire' ✱ av. 1292] **s. m. 1** complesso delle forze armate di uno Stato organizzate e fornite di tutto quanto occorre per combattere | aliquota delle forze armate destinata a condurre la guerra terrestre | ***e. di occupazione***, quello che in guerra occupa militarmente un Paese nemico sottomesso | ***e. di campagna***, quello che svolge le operazioni belliche vere e proprie | (*scherz.*) ***e. di Franceschiello***, gruppo di persone eterogeneo, inefficiente e disorganizzato (con riferimento, secondo un'errata tradizione storica, all'esercito di Francesco II di Borbone, re delle Due Sicilie dal 1859 al 1860, detto Franceschiello per la sua giovinezza e inesperienza) **2** (*fig., iperb.*) gran quantità di persone, animali o cose, riunite insieme: *un e. di fannulloni, di creditori, di cavallette* **3** (*relig.*) ***E. di Cristo***, Chiesa militante | ***E. della Salvezza***, organizzazione evangelica, ispirata a una rigida disciplina militare, fondata per scopi religiosi e morali

eserciziàrio [1842] **s. m.** ● raccolta di esercizi, spec. scolastici

•**esercìzio** [vc. dotta, lat. *exercĭtiu(m)*, da *exĕrcitus* 'esercito' nel senso originario ✱ 1268] **s. m. 1** metodica ripetizione di ciò che serve per addestrarsi in qlco. o imparare qlco.: *mettere, tenere in e. il corpo, la mente, la memoria*; *lo 'ngegno sanza e. si guasta* (LEONARDO) | ***essere in e.***, essere addestrato, allenato | ***essere fuori e., privo di e.***, non essere allenato | (*est.*) moto: *per conservarsi in salute è bene fare molto e.* | (*est.*) applicazione di nozioni e regole per diventare esperti in una materia, in un'attività: *è un e. molto duro, faticoso, impegnativo, difficile*; *avete fatto i vostri esercizi di matematica?* | ***esercizi spirituali***, nella pratica religiosa cattolica, ritiro di laici o di ecclesiastici per dedicarsi alla preghiera e alla meditazione **2** uso o pratica di qlco.: *l'e. di una professione, di un diritto, dei propri poteri* | ***essere nell'e. delle proprie funzioni***, nel loro adempimento | ***e. di un diritto***, nel diritto penale, causa di giustificazione del reato prevista per chi agisce nell'esplicazione di un proprio diritto soggettivo **3** funzionamento o gestione di impresa, azienda pubblica o privata, e sim.: *chi ha ottenuto l'e. della nuova ferrovia?*; *l'e. della fabbrica non è redditizio* | ***essere, non essere in e.***, in attività, in funzione | ***fuori e.***, non funzionante | (*est.*) azienda, negozio: *aprire, chiudere un e.* | ***pubblico e.***, albergo, ristorante, bar, luogo di spettacolo e sim. **4** (*comm.*) periodo di tempo, per lo più annuale, corrispondente all'attività di gestione di un'azienda: *bilancio dell'e. 2002*; *e. finanziario, costi d'e.* | ***e. provvisorio***, autorizzazione del parlamento al governo a effettuare entrate e uscite in attesa dell'approvazione tardiva del bilancio di previsione **5** (*sport*) complesso di movimenti razionalmente finalizzati: *esercizi individuali, collettivi, liberi, obbligatori*; *esercizi atletici, ginnici* || **eserciziétto**, **dim.**

SFUMATURE ➤ *gioco*

†**eseredàre** [vc. dotta, lat. *exheredāre* 'escludere (*ex-*) dall'ereditare (*hereditāre*)' ✱ av. 1292] **v. tr.** ● privare dell'eredità

†**eseredità̀re** [vc. dotta, lat. tardo *exhereditāre* 'escludere (*ex-*) dall'ereditare (*hereditāre*)' ✱ sec. XIV] **v. tr.** ● privare dell'eredità

esèrgo o (*raro*) **exèrgo** [fr. *exergue*, comp. del gr. *ex-* 'fuori' e *érgon* 'opera, lavoro', detto così perché situato al di fuori del disegno ✱ av. 1750] **s. m.** (**pl.** *-ghi* **o inv.**) ● (*numism.*) settore inferiore del campo di una moneta o di una medaglia, delimitato da una linea orizzontale e generalmente riservato alla data di coniazione, al nome della zecca, alla cifra del valore o a un motto | (*est.*) parte iniziale di un libro o di uno scritto dove si colloca un motto o una citazione; (*est.*) il motto o la citazione stessi

esfiltràre [da *(in)filtrare* con il pref. di valore opposto *es-* ✱ 1986] **v. tr.** ● effettuare un'esfiltrazione (*anche assol.*)

esfiltrazióne [1990] **s. f. 1** fuoriuscita di un gas o di un liquido, spec. attraverso gli interstizi di un corpo o piccole aperture **2** (*fig.*) intervento consistente nel mettere in salvo, spec. di nascosto, piccoli reparti armati, agenti segreti o sim., allontanandoli da un territorio sotto controllo nemico o sottraendoli a un ambiente ostile

esfoliànte **A** **part. pres.** di *esfoliare*; **anche agg.** ● che causa esfoliazione, detto spec. di cosmetico: *crema e.* **B** **s. m.** (*med.*) ● prodotto esfoliante: *prescrivere un e.*

esfoliàre [vc. dotta, dal lat. tardo *exfoliare*. V. *sfogliare*① ✱ 1993] **A** **v. tr.** (*io esfòlio*) ● (*med.*) produrre, causare esfoliazione **B** **esfoliàrsi** **v. intr. pron.** ● (*med.*) sfaldarsi, detto degli strati più superficiali dell'epidermide

esfoliativo [1834] **agg.** ● (*med.*) che presenta esfoliazione: *dermatite esfoliativa*

esfoliazióne o **esfogliazióne** [vc. dotta, tratta dal lat. tardo *exfoliātu(m)*, part. pass. di *exfoliāre*. Cfr. *esfoliarsi* ✱ 1834] **s. f.** ● (*med.*) distacco lamellare degli strati superficiali di un organo o tessuto: *e. cutanea*; *e. intestinale*; *cellule di e.*

†**esguardàre** ➤ †**sguardare**

•**esibìre** [vc. dotta, lat. *exhibēre* 'produrre (*habēre*) fuori (*-ex-*)', 'presentare', con mutamento di coniug., attrav. il fr. *exhiber* ✱ av. 1498] **A** **v. tr.** (*io esibisco, tu esibìsci*) **1** mostrare, presentare: *e. i documenti* **2** mettere in mostra: *esibiva un elegante completo scuro* | ostentare: *e. la propria erudizione* **3** (*lett.*) proporre **4** (*dir.*) presentare in giudizio, per ordine dell'autorità giudiziaria **B** **esibìrsi** **v. rifl. 1** realizzare uno spettacolo, dare spettacolo (+ *a*, + *in*): *la compagnia si esibisce per la prima volta*; *si è esibito al pianoforte, alla chitarra*; *esibirsi in un concerto, in un duetto*; *esibirsi al circo* **2** farsi notare, mettersi in mostra: *non perde mai l'occasione di esibirsi* **3** (*lett.*) offrirsi per qlco.: *si esibì di compiere quell'impresa*

esibitóre [vc. dotta, lat. tardo *exhibitōre(m)*, da *exhĭbitus*, part. pass. di *exhibēre* 'esibire' ✱ 1433] **s. m.** (**f.** *-trice*) **1** (*raro*) chi esibisce **2** (*raro, lett.*) latore di lettere, documenti e sim.

esibizióne [vc. dotta, lat. tardo *exhibitiōne(m)*, da *exhĭbitus*, part. pass. di *exhibēre* 'esibire', attrav. il fr. *exhibition* ✱ 1363] **s. f. 1** presentazione: *l'e. di un documento* **SIN.** mostra | ostentazione, sfoggio **2** (*lett.*) offerta, spec. dei propri servigi: *e. di aiuto* **3** esecuzione, numero, spettacolo: *è stata un'ottima e. musicale* | nel linguaggio sportivo, gara, incontro, partita di carattere dimostrativo e spettacolare: *l'e. dei campioni del mondo*

esibizionìsmo [dal fr. *exhibitionnisme*, da *exhibition* 'esibizione' ✱ 1894] **s. m. 1** tendenza eccessiva a far mostra di sé **2** (*psicol.*) esposizione intenzionale, gener. di tipo ossessivo, degli organi sessuali

esibizionìsta [1892] **agg. e s. m. e f.** (**pl. m.** *-i*) **1** che (o chi) ama far mostra di sé, delle proprie doti o capacità **2** (*psicol.*) che (o chi) è affetto da esibizionismo

esibizionìstico [1952] **agg.** (**pl. m.** *-ci*) ● relativo all'esibizionismo o all'esibizionista

esicàsmo [1956] **s. m.** ● dottrina e metodo propri dei monaci esicasti

esicàsta [vc. dotta, gr. *hēsychastḗs*, da *hēsycházein* 'stare tranquillo (*hḗsychos*)' ✱ 1834] **A** **s. m.** (**pl.** *-i*) ● monaco orientale seguace delle dottrine ascetiche cristiane che professano la possibilità di accedere alla visione sensibile di Dio attraverso tecniche fisiologiche e mentali di concentrazione **B** **anche agg.**: *monaco e.*

†**esìcio** ➤ **esizio**

esigènte **part. pres.** di *esigere*; **anche agg.** ● che esige, che pretende molto: *un cliente, un lettore e.*; *è molto e. in fatto di abbigliamento* || **esigenteménte**, **avv.**

•**esigènza** o †**esigènzia** [vc. dotta, lat. tardo *exigĕntia(m)*, da *ĕxigens*, genit. *exigĕntis* 'esigente' ✱ 1308] **s. f. 1** necessità: *Cedeva ... all'e. della logica, ma insieme all'e. del sistema* (A. MANZONI) | (**spec. al pl.**) bisogno, richiesta: *le esigenze della convenienza, della società, del grado, della scuola* | (**al pl.**) pretese: *avere molte esigenze*; *essere pieno di esigenze* **2** †riscossione

esigenziàle [1985] **agg.** ● (*burocr.*) che riflette un'esigenza, una necessità: *normativa e.*

•**esìgere** [vc. dotta, lat. *exĭgere* 'far uscire (*ăgere*) fuori (*ex-*)' ✱ 1499] **v. tr.** (**pres.** *io esìgo, tu esìgi*; **pass. rem.** *io esigètti o esigéi, tu esigésti*; **part. pass.** *esàtto*) **1** richiedere con autorità o con forza, pretendere (**qlco.**; + *che* **seguito da congtv.**, + *di* **seguito da inf.**): *e. il rispetto, una risposta, una spiegazione*; *esigo che ci sia silenzio*; *esigo di essere rispettato* **2** (*est.*) comportare come necessario: *è un lavoro che esige la massima attenzione* **SIN.** necessitare, reclamare **3** riscuotere: *e. un credito*

SFUMATURE ➤ *domandare*

esigìbile [1610] **agg.** ● che si può esigere, riscuotere: *il credito è già e.* || **esigibilità**, **s. f. inv.**

esìglio ➤ **esilio**

•**esiguità** [vc. dotta, lat. *exiguitāte(m)*, da *exĭguus* 'esiguo' ✱ 1834] **s. f. inv.** ● caratteristica di ciò che è esiguo

•**esìguo** [vc. dotta, lat. *exĭguu(m)*, propr. 'pesato esattamente', da *exĭgere*, che ha anche questo senso; poi 'pesato troppo rigidamente', 'scarso' ✱ 1336 ca.] **agg.** ● piccolo, modesto, irrilevante: *una spesa esigua*; *un e. ruscello: Rio Bo* (A. PALAZZESCHI) || **esiguaménte**, **avv.** (*raro*) in modo esiguo

esilaraménto [1869] **s. m.** ● (*disus.*) eccitazione

esilarànte **part. pres.** di *esilarare*; **anche agg. 1** che suscita ilarità, allegria: *spettacolo e.* **SIN.** divertente, spassoso **2** ***gas e.***, protossido d'azoto usato come anestetico

•**esilaràre** [vc. dotta, lat. *exhilarāre* 'dare un aspetto esteriore gaio e vivace', comp. parasintetico di *hĭlaris* 'ilare', col pref. *ex-* ✱ sec. XIV] **A** **v. tr.** (*io esìlaro*) ● rendere ilare, allegro: *le sue parole esilararono la platea* **B** **esilaràrsi** **v. intr. pron.** ● spassarsi, divertirsi

•**èsile** o †**èsile** [vc. dotta, lat. *exīle(m)*, di etim. incerta, con accento retratto per analogia con altri agg. sdruccioli in *-ile* ✱ 1342] **agg. 1** sottile, tenue: *mughetto fiore piccino / calice di enorme candore / sullo stelo e.* (G. UNGARETTI) | magro, gracile: *un bambino e.* **2** (*fig.*) debole, fievole: *una voce e.* | di scarsa consistenza: *esili argomenti* || **esilìno**, **dim.** || **esilménte**, **avv.**

esiliàre [da *esilio* ✱ sec. XIII] **A** **v. tr.** (*io esìlio*) ● mandare in esilio, condannare all'esilio | (*est.*) mandar via, allontanare: *lo esiliarono dalla sua casa* **B** **v. intr.** (**aus.** *avere*) ● †andare in esilio **C** **esiliàrsi** **v. rifl.** ● andarsene spontaneamente in esilio: *si è esiliato oltre confine* | (*est.*) appartarsi da qlcu. o qlco.

eşiliàto **A** **part. pass.** di *esiliare* ● nei sign. del v. **B** **s. m.** (**f.** *-a*) ● esule: *esiliati politici*

♦**eşìlio** o (*lett.*) **eşìglio**, †**essìlio**, †**essìglio** [vc. dotta, lat. *ex(s)ĭliu(m)*, da *ĕx(s)ul*, genit. *ĕx(s)ulis* 'esule' ✱ 1308] **s. m.** (**pl.** *-i* o *raro -ii*) **1** allontanamento forzato o fuga volontaria dalla propria patria: *subire una condanna all'e. per motivi politici; l'e., che m'è dato, onor mi tegno* (DANTE) | ***l'e. d'Israele***, la schiavitù degli Ebrei in Egitto e in Babilonia e (*est.*) la condizione degli Ebrei nella diaspora | (*raro*) cacciata da un luogo, sfratto da una casa **2** il luogo, il tempo e la condizione di esule: *vivere e morire in e.* **3** (*relig.*) condizione dell'uomo che, cacciato dal Paradiso, non gode della visione di Dio | (*lett.*) l'oltretomba **4** (*fig.*) separazione, isolamento da qlco. o qlcu.: *il suo e. dal mondo ci addolora; mi sento in e. in mezzo agli uomini* (G. UNGARETTI) **5** (*astrol.*) nello zodiaco, segno che presenta scarsa affinità con un corpo celeste, il cui influsso perciò risulta indebolito **CONTR.** domicilio

✱**eşilità** o †**eşilitàde**, †**eşilitàte** [vc. dotta, lat. *exilitāte(m)*, da *exīlis* 'esile' ✱ 1560] **s. f. inv.** ● caratteristica di chi (o di ciò che) è esile

†**eşimàre** [da *†esi(sti)mare* (cfr. l'ant. provenz. *esismar*) ✱ av. 1348] **v. tr.** ● pensare, stimare, valutare

eşimènte **A** **part. pres.** di *esimere*; anche **agg.** ● nel sign. del v. **B** **s. f.** ● (*dir.*) causa di giustificazione: *accertare l'esistenza di una e.*

✱**eşìmere** [vc. dotta, lat. *exĭmere* 'prendere (*ĕmere*) in disparte (*ex-*)', 'liberare' ✱ 1619] **A** **v. tr.** (**difett. del part. pass. e dei tempi composti**) ● rendere libero, esente: *e. qlcu. da un servizio* **SIN.** dispensare, esentare **B** **eşìmersi** **v. rifl.** ● sottrarsi (+ *da*): *esimersi da un obbligo; aveva ognor delle scuse pronte per esimersi dall'uscir meco* (L. DA PONTE) | ***non potersi esimere dal fare qlco.***, essere costretto a farla

✱**eşìmio** [vc. dotta, lat. *exĭmiu(m)*, propr. 'messo da parte', secondo il sign. originario di *exĭmere*, poi 'che si stacca dagli altri', 'eccellente' ✱ 1364] **agg.** ● eminente, insigne (*anche iron.*): *studioso, medico, insegnante e.; meglio evitare quell'e. furfante* | (*lett.*) ragguardevole, eccellente: *virtù esimia* | (*disus.*) distinto, egregio, in formule epistolari di cortesia: *Mi rivolgo a Lei, e. professore, …*

†**èşimo** [ant. fr., ant. provenz. *esme*, da *esmer* 'stimare', dal lat. *aestimāre* 'stimare' ✱ av. 1565] **s. m.** ● ragguaglio, giudizio

-èşimo ① (o **-é-**) [lat. *-ēsimu(m)*, dal suff. superl. italico e celt.] **suff.** ● forma i numerali ordinali successivi a 'decimo': *undicesimo, dodicesimo, diciannovesimo, ventesimo, ventunesimo, ventiduesimo, centesimo.* Quando i numerali cardinali terminano con *-tré*, l'ordinale termina con *-eesimo*; per es. *ventitreesimo, novantatreesimo, centotreesimo*

-èşimo ② ➤ **-ismo**

†**eşinanìre** [vc. dotta, lat. *exinanīre* 'rendere del tutto (*ex-*) vano (*inānis*)' ✱ sec. XIII] **A** **v. tr.** ● spossare, esaurire | umiliare, annichilire **B** **v. intr.** ● venir meno, esaurirsi

†**eşinanizióne** [vc. dotta, lat. *exinanitiōne(m)*, da *exinanītus* 'esinanito' ✱ 1554] **s. f.** ● esaurimento | umiliazione

eşiodèo [1869] **agg.** ● relativo a Esiodo (fine sec. VIII-inizio VII a.C.), poeta greco, al suo stile, alla sua opera

èşipo [vc. dotta, lat. *ōesypu(m)*, dal gr. *óisypos*, di etim. incerta ✱ 1550] **s. m.** ● grasso greggio della lana

eşistènte [av. 1328] **A** **part. pres.** di *esistere*; anche **agg.** ● che c'è, che è presente: *è il miglior detersivo e. sul mercato* **B** **s. m.** **1** ciò che esiste, è in atto, è reale: *gestire l'e.* **2** (*filos.*) ciò che esiste in sé **CFR.** ente

eşistentìvo [da *esistente* ✱ 1956] **agg.** ● (*filos.*) nella filosofia di M. Heidegger (1889-1976), detto del modo in cui l'uomo si rapporta alla propria esistenza quando decide le alternative che questa gli presenta **CFR.** esistenziale

♦**eşistènza** [vc. dotta, lat. tardo *exsistĕntia(m)*, da *ĕxsistens*, genit. *exsistĕntis* 'esistente' ✱ 1304] **s. f.** **1** realtà; il fatto di esistere, la condizione di ciò che esiste: *dimostrare l'e. di Dio; l'e. di un grave errore, di molte difficoltà* **CFR.** onto- | presenza: *le analisi hanno rilevato l'e. di un'infezione* **2** vita: *diritto all'e.; lotta per l'e.; la mia e. temporale, come uomo, tocca omai al suo termine* (I. NIEVO) | ***giocarsi l'e.***, mettere a repentaglio la propria vita

eşistenziàle [vc. dotta, lat. tardo *exsistentiāle(m)*, da *exsistĕntia* 'esistenza', ripreso anche dalla filosofia ted. (*existentiell, -al*) ✱ 1869] **agg.** **1** che riguarda l'esistenza, la vita: *disagio e.* | detto di tutto ciò che coinvolge l'individuo a livello di vissuto personale: *problemi esistenziali* **2** (*filos.*) di giudizio che afferma o nega l'esistenza di una cosa | nella filosofia di M. Heidegger (1889-1976), detto del modo in cui l'uomo si rapporta alla propria esistenza quando si interroga su di essa **CFR.** esistentivo ‖ **eşistenzialménte**, **avv.** dal punto di vista esistenziale ‖ **eşistenzialità**, **s. f. inv.** (*filos.*) principio che riconosce e dà valore all'esistenza di un ente

eşistenzialişmo [vc. dotta, tratta dal ted. *Existenz (Philosophie)* 'filosofia dell'esistenza' ✱ 1942] **s. m.** ● complesso di indirizzi filosofici contemporanei che affermano il primato dell'esistenza sull'essenza e hanno per oggetto l'analisi dell'esistenza stessa intesa come categoria comprensiva di tutte le cose che sono al mondo

eşistenzialìsta [da *esistenzialismo* ✱ av. 1952] **A** **agg.** (**pl. m.** *-i*) ● relativo all'esistenzialismo **B** **agg. e s. m. e f.** ● che (o chi) segue l'esistenzialismo

eşistenzialìstico [1956] **agg.** (**pl. m.** *-ci*) ● relativo all'esistenzialismo o agli esistenzialisti: *angoscia esistenzialistica* ‖ **eşistenzialisticaménte**, **avv.** secondo il pensiero dell'esistenzialismo

♦**eşìstere** [vc. dotta, lat. *exsĭstere* 'levarsi (*sĭstere*) fuori (*ex-*)', 'apparire' ✱ av. 1342] **v. intr.** (**pass. rem.** *io eşistètti* o *eşistéi, tu eşistésti*; **part. pass.** *eşistìto*; **aus.** *essere*) **1** essere in atto, essere nella realtà: *Dio esiste; è un personaggio che non esiste e non è mai esistito* | (*est.*) esserci: *per lei esiste solo la famiglia; non esistono dubbi o errori di sorta* | ***non esiste***, (*colloq.*) è assurdo, impensabile, inammissibile: *pretende di avere ragione … non esiste!* **2** essere vivo, vivere: *ha da poco cessato di e.*

†**eşistimàre** [vc. dotta, lat. *existimāre* 'giudicare (*aestimāre*) a fondo (*ex-*)' ✱ sec. XIV] **v. tr.** ● giudicare, stimare

†**eşistimazióne** [vc. dotta, lat. *existimatiōne(m)*, da *existimātus*, part. pass. di *existimāre* 'esistimare' ✱ av. 1498] **s. f.** ● stima, opinione

eşitàbile [da *esitare*② ✱ av. 1711] **agg.** ● che si può vendere facilmente: *una merce e.* ‖ **eşitabilità**, **s. f. inv.**

eşitabóndo [vc. dotta, lat. *haesitabŭndu(m)*, da *haesitāre* 'esitare①' ✱ 1583] **agg.** ● (*lett.*) esitante

†**eşitaménto** [av. 1694] **s. m.** ● dubbio, titubanza

eşitànte **part. pres.** di *esitare*①; anche **agg.** ● dubbioso, incerto, titubante

SFUMATURE ➤ ***perplesso***

eşitànza [vc. dotta, lat. *haesitāntia(m)*, da *haesitātus* 'esitato' ✱ 1683] **s. f.** ● (*raro, lett.*) esitazione | ***senza e.***, con prontezza e decisione

♦**eşitàre** ① [vc. dotta, lat. *haesitāre*, intens. di *haerēre* 'restare attaccato', di etim. incerta ✱ 1673] **v. intr.** (*io èşito*; **aus.** *avere*) ● non sapersi decidere (+ *a* **seguito da inf.**, + *fra*): *è un tipo che esita sempre; esita a fare una scelta definitiva; esito fra le due soluzioni* | essere o mostrarsi perplesso, dubbioso, incerto (+ *a*, + *in* **seguiti da inf.**): *non esito a credergli; esitò alquanto a voltarsi quando s'accorse che qualcuno era entrato* (I. SVEVO); *esitava nel rispondere* | ***senza e.***, subito, con decisione: *rispose di sì senza e.*

✱**eşitàre** ② [da *esito* ✱ av. 1642] **v. tr.** (*io èşito*) ● smerciare, vendere: *quelle merci si esitano poco* | (*burocr.*) recapitare: *e. la corrispondenza*

eşitàre ③ [da *esito* nel sign. 1 ✱ 1968] **v. intr.** (*io èşito*; **aus.** *avere*) ● nel linguaggio medico, risolversi di una malattia

eşitazióne [vc. dotta, lat. *haesitatiōne(m)*, da *haesitātus* 'esitato', part. pass. di *esitare*① ✱ av. 1504] **s. f.** ● indecisione, perplessità: *e. nell'operare, nel rispondere* | ***senza e.***, risolutamente **CONTR.** risolutezza

SFUMATURE ➤ ***scrupolo***

♦**èşito** [vc. dotta, lat. *ĕxitu(m)* 'uscita', dal part. pass. di *exīre* 'uscire' ✱ sec. XIV] **s. m.** **1** riuscita, conclusione, risultato: *l'e. di una missione; un affare dall'e. incerto; aspettiamo l'e. del concorso* | ***di dubbio e.***, di riuscita problematica | ***non sortire alcun e.***, non avere alcun effetto | (*burocr.*) risposta: *la nostra lettera è ancora priva di e.* | (*med.*) conclusione o conseguenza di un processo morboso: *e. infausto; gli esiti della polmonite* | (*med.*) risultato di un test diagnostico: *e. positivo, negativo* **SIN.** compimento, risultato **2** (*raro*) uscita: *e. della folla, dell'acqua* | (*disus.*) spesa: *un negozio che ha molti esiti* **3** (*comm.*) vendita, spaccio **4** (*ling.*) risultato, punto d'arrivo di una trasformazione fonetica, morfologica o lessicale

✱**eşiziàle** [vc. dotta, lat. *exitiāle(m)*, da *exĭtium* 'esizio' ✱ sec. XV] **agg.** ● che apporta grave danno: *una politica, un comportamento e.* | ***malattia e.***, mortale **SIN.** dannoso, funesto ‖ **eşizialménte**, **avv.** ‖ **eşizialità**, **s. f. inv.**

SFUMATURE ➤ ***nefasto***

eşìzio o (*poet.*) †**eşìcio** [vc. dotta, lat. *exĭtiu(m)*, parallelo di *ĕxitus* 'uscita (dalla vita)' ✱ sec. XIV] **s. m.** ● (*lett.*) rovina, distruzione, morte

eşizióso (o **-şo**) [1810] **agg.** ● (*lett.*) esiziale

èskimo ① o **èschimo** [vc. ingl. che significa 'eschimese': detto così perché ricorda l'abbigliamento degli eschimesi ✱ 1970] **s. m.** (**pl. inv.** o *-i*) ● ampio giaccone con cappuccio, di tela impermeabile quasi sempre grigioverde, gener. foderato di lana

èskimo ② [vc. ingl. *eskimo(roll)* 'ribaltamento eschimese', dagli eschimesi che lo hanno ideato ✱ 1987] **s. m.** ● (*sport*) tecnica di raddrizzamento della canoa o del kayak rovesciati

eşlège [vc. dotta, lat. *exlēge(m)* 'fuori (*ex-*) della legge (*lēx*, genit. *lēgis*)' ✱ av. 1744] **agg.** (**pl. inv.** o *lett. -i*) ● fuori della legge, non soggetto a legge: *condizione e.*

èşo- ① [dal gr. *ésō* 'dentro', di etim. incerta] **primo elemento** ● (*raro*) in parole composte dotte, significa 'dentro', 'interno': *esoterico*

èşo- ② [dal gr. *éxō* 'fuori', di orig. indeur.] **primo elemento** (**raro** *exo-*) ● in parole composte dotte o della terminologia scientifica, significa 'in fuori', 'esterno', 'dall'esterno', 'verso l'esterno', e sim.: *esoderma, esogamia, esosfera* **CONTR.** endo-

eşobiologìa [comp. di *eso-*② e *biologia* ✱ 1965] **s. f.** (**pl.** *-gie*) ● branca della biologia che studia la possibilità di esistenza di organismi viventi nei corpi extraterrestri **SIN.** cosmobiologia

a b c d **e** f g h i j k l m n o p q r s t u v w x y z

eṣobịòlogo [comp. di *eso-*② e *biologo* ✱ 1981] **s. m. (f. -*a*; pl. m. -*gi*)** ● studioso di esobiologia

eṣocàrpo [vc. dotta, comp. di *eso-*② e *-carpo* ✱ 1892] **s. m.** ● (*bot.*) epicarpo

eṣocèntrico [comp. di *eso-*② e *-centrico* ✱ 1949] **agg. (pl. m. -*ci*)** ● (*ling.*) detto di sintagma la cui distribuzione non è identica a quella dei suoi costituenti

eṣocèto [vc. dotta, lat. *exocoetu(m)*, dal gr. *exṓkoitos* 'pesce che riposa (*kóitē* 'azione di dormire') fuori (*éxō*) dell'acqua' secondo l'opinione degli antichi ✱ 1476] **s. m.** ● genere di Teleostei degli Esocetoidei con ampie pinne pettorali grazie alle quali spiccano salti fuori dall'acqua (*Exocoetus*) **SIN.** pesce volante

Eṣocetoidèi [vc. dotta, comp. del lat. *exocōetus*, trascrizione del gr. *exṓkoitos* 'che resta (dal v. *heîsthai*) fuori (*éxō*)' per la sua capacità di uscire dall'acqua, col suff. *-oidei*, proprio dei raggruppamenti zoologici superiori alle famiglie ✱ 1987] **s. m. pl. (sing. -*èo*)** ● (*zool.*) sottordine dei Teleostei caratterizzati dalla posizione molto arretrata della pinna dorsale, di quella anale e di quelle pelviche (*Exocoetoidei*) **SIN.** Sinentognati

eṣocitòṣi [comp. di *eso-*② 'fuori', *cito-* e il suff. *-osi* ✱ 1987] **s. f. inv.** ● (*biol.*) emissione modulata di minute quantità di materiale da parte di una cellula **CFR.** pinocitosi **CONTR.** endocitosi

eṣòcrino [vc. dotta, comp. di *eso-*② e di *-crino* ✱ 1932] **agg.** ● (*anat.*) che compie una secrezione esterna | ***ghiandola esocrina***, i cui prodotti vengono riversati nell'organismo attraverso un sistema di condotti escretori

eṣodàle [1968] **agg.** ● relativo a esodo | (*est.*) che ha le caratteristiche di un esodo, di un tragitto verso qlco.: *il cammino e. dell'uomo*

eṣodàto [da *esodo* con il suff. *-ato*② ✱ 1974] **agg. e s. m. (f. -*a*)** ● (*burocr.*) detto di lavoratore sollecitato a lasciare il lavoro avendo maturato il diritto alla pensione ma che non può percepirla perché nel frattempo sono stati innalzati i limiti d'età o i requisiti minimi, restando così senza stipendio e senza pensione

eṣodèrma [vc. dotta, comp. di *eso-*② e *-derma* ✱ 1956] **s. m. (pl. -*i*)** ● (*bot.*) esodermide

eṣodèrmide [vc. dotta, comp. di *eso-*② e un deriv. del gr. *dérma* 'pelle' ✱ sec. XIX] **s. f.** ● (*bot.*) guaina a uno o più strati di cellule che nelle piante riveste l'ipodermide, sostituendo, spec. nelle radici, l'epidermide presto distrutta

eṣodinàmica [comp. di *eso-*② e *dinamica* ✱ 1956] **s. f.** ● (*geol.*) insieme dei fenomeni extraatmosferici, atmosferici e biologici che, agendo dall'esterno della superficie terrestre, ne modificano l'aspetto

eṣòdio [vc. dotta, lat. *exōdiu(m)*, dal gr. *exódion* (V. *esodo*) ✱ sec. XIV] **s. m. (pl. -*i* o raro -*ii*)** ● nell'antica Roma, specie di farsa che veniva recitata dopo la rappresentazione di un dramma

èṣodo [vc. dotta, lat. cristiano *ĕxodu(m)*, dal gr. *éxodos* 'via (*hodós*) d'uscita (*ex-*)' ✱ av. 1328] **s. m.** (*Esodo* **nel sign. 3**) **1** partenza in gran numero da uno stesso luogo: *l'e. dei profughi dalle terre invase* | spostamento in massa: *l'e. dalle campagne verso le città* | ***il grande e.***, (*per anton.*) quello degli abitanti di un centro urbano verso i luoghi delle vacanze, spec. estive | emigrazione: *l'e. dei meridionali a Torino* **2** (*est.*) trasferimento all'estero di somme di denaro e altri beni: *l'e. dei capitali, l'e. delle opere d'arte* **3** (*per anton.*) uscita dall'Egitto del popolo ebraico, guidato da Mosè verso la Terra Promessa | titolo del secondo libro del Pentateuco, nella Bibbia, che narra tale vicenda **4** (*letter.*) ultimo episodio nella tragedia greca

SFUMATURE ➤ ***migrazione***

eṣofagèo [1681] **agg.** ● (*anat.*) dell'esofago

eṣofagìṣmo [comp. di *esofago* e *-ismo* ✱ 1874] **s. m.** ● (*med.*) malattia caratterizzata da spasmo dell'esofago

eṣofagìte [comp. di *esofag(o)* e *-ite*① ✱ sec. XIX] **s. f.** ● (*med.*) processo infiammatorio dell'esofago

eṣòfago [vc. dotta, gr. *oisophágos*, propr. 'quello che trasporta (da *óisein*, di etim. incerta) e mangia (*-phagos* '-fago')' ✱ sec. XV] **s. m. (pl. -*gi*)** ● (*anat.*) organo tubulare dell'apparato digerente compreso tra la faringe e lo stomaco

eṣofagostomìa [vc. dotta, comp. di *esofago* e *-stomia* ✱ 1968] **s. f.** ● (*chir.*) abboccamento chirurgico dell'esofago all'esterno

eṣoftàlmo [vc. dotta, gr. *exóphthalmos* 'con l'occhio (*ophthalmós*) in fuori (*ex-*)' ✱ 1901] **s. m.** ● (*med.*) protrusione dei bulbi oculari dalla cavità orbitaria

eṣogamìa [comp. di *eso-*② e *-gamia*, in opposizione a *endogamia* ✱ sec. XIX] **s. f. 1** istituzione o tendenza per cui i membri di un clan o di una tribù cercano il coniuge al di fuori del proprio gruppo sociale **2** (*biol.*) riproduzione tra individui appartenenti a popolazioni diverse

eṣogàmico [sec. XIX] **agg. (pl. m. -*ci*)** ● esogamo ‖ **eṣogamicaménte**, **avv.** per esogamia: *riprodursi esogamicamente*

eṣògamo [comp. di *eso-*② e *-gamo* ✱ sec. XIX] **agg.** ● che riguarda l'esogamia | che pratica l'esogamia: *tribù esogame*

eṣogèneṣi [comp. di *eso-*② e *genesi*, in opposizione a *endogenesi* ✱ 1956] **s. f. inv.** ● formazione per via esterna

eṣògeno [vc. dotta, comp. di *eso-*② e *-geno* ✱ 1841] **agg. 1** (*geol.*) di processo geologico che avviene alla superficie terrestre, causato da agenti esterni e superficiali quali le acque, i venti, i ghiacciai **2** (*med.*) che proviene dall'esterno dell'organismo **3** (*econ.*) che deriva o proviene dall'esterno di un sistema: *variabile esogena* **CONTR.** endogeno

†**eṣolèto** [vc. dotta, lat. *exolētu(m)*, dal part. pass. di *exolēscere* 'cessare (*ex-*) di crescere (*alēscere*, incoativo di *ălere*)', con sovrapposizione, per il sign., di *obsolēscere* 'passare di moda' (da *solēre* 'essere solito') ✱ 1499] **agg.** ● disusato, scaduto, antiquato: *vocabolo e.*

eṣometamorfìṣmo [comp. di *eso-*② e *metamorfismo* ✱ 1956] **s. m.** ● (*geol.*) esomorfismo

eṣòmide [vc. dotta, gr. *exōmís*, genit. *exōmídos* 'che lascia scoperta (*éxō* 'fuori') la spalla (*ômos*)' ✱ 1716] **s. f.** ● (*archeol.*) nell'antica Grecia, corta tunica che lasciava scoperta una spalla

eṣomorfìṣmo [comp. di *eso-*② e *-morfismo* ✱ 1934] **s. m.** ● (*geol.*) metamorfismo esercitato su una roccia già consolidata da una massa magmatica endogena

eṣomòrfo [1956] **agg.** ● (*geol.*) originato da esomorfismo

eṣondàbile [1994] **agg.** ● detto di area o zona a rischio di esondazione: *la pericolosità di costruire in una zona e.* ‖ **eṣondabilità**, **s. f. inv.**

eṣondàre [vc. dotta, lat. *exundāre*, comp. del pref. *ex-* 'fuori' e *undāre* 'ondeggiare, fluttuare' ✱ av. 1375] **v. intr.** (*io eṣóndo*; **aus.** *avere* **o** *essere*) **1** straripare (**anche fig.**): *il torrente ha (o è) esondato; l'incertezza rigurgitò, esondò il dubbio, dagli argini dell'anima* (C.E. GADDA) **2** (*fig.*, *lett.*) esagerare: *non essendo a' nostri termini contenti, esondiamo* (G. BOCCACCIO)

eṣondazióne [av. 1907] **s. f.** ● l'esondare: *le periodiche esondazioni del lago di Como* **SIN.** straripamento

eṣóne [comp. di *eso-*② e *-one*④ (contrapposto a *introne*) ✱ 1956] **s. m.** ● (*biol.*) uno dei tratti di DNA presenti in un gene interrotto da introni **CFR.** introne

eṣoneràre [vc. dotta, lat. *exonerāre*, comp. di *ex-* (*s-* sottratt.) e *onerāre* 'caricare di un peso (*ŏnus*, genit. *ŏneris*)' ✱ 1812] **A v. tr.** (*io eṣònero*) **1** rendere libero, esente da un obbligo, da un onere: *e. dal pagamento di una spesa, dall'obbligo di leva* | ***e. un fondo da un canone***, affrancarlo **SIN.** dispensare **2** destituire, rimuovere da un incarico: *e. qlcu. dal comando*; *e. un allenatore* **B eṣoneràrsi v. rifl.** ● dispensarsi, esimersi: *esonerarsi da un dovere*

eṣoneràto A part. pass. di *esonerare*; **anche agg.** ● nei sign. del v. **B s. m. (f. -*a*)** ● chi ha ottenuto un esonero

eṣònero [da *esonerare* ✱ 1812] **s. m.** ● dispensa, esenzione | allontanamento da un incarico

SFUMATURE ➤ ***dispensa***①

eṣònimo [ingl. *exonym*, comp. di *exo-* 'eso-②' e *-onym* '-onimo' ✱ 1987] **s. m.** ● nome con cui una località è chiamata in una determinata lingua e che differisce dal nome con cui la località stessa viene denominata nell'area geografica in cui è situata (per es. *Londra* è l'esonimo italiano della città che in Inghilterra è denominata *London*) **CFR.** endonimo

eṣopianéta [comp. di *eso-*② e *pianeta*① ✱ 2002] **s. m. (pl. -*i*)** ● (*astron.*) pianeta che non appartiene al sistema solare

eṣopiàno [1810] **agg.** ● esopico

eṣòpico [1584] **agg. (pl. m. -*ci*)** ● di Esopo (sec. VI a.C.), celebre favolista greco | ***favole esopiche***, di Esopo e di chi imita il suo stile o segue i suoi insegnamenti

†**eṣoràbile** [vc. dotta, lat. *exorābile(m)*, da *exorāre* 'esorare' ✱ sec. XIV] **agg.** ● che si può commuovere o che si può scongiurare con la preghiera **SIN.** arrendevole

†**eṣoràre** [vc. dotta, lat. *exorāre* 'pregare (*orāre*) fino in fondo (*ex-*)' ✱ sec. XIV] **v. tr.** ● pregare intensamente, supplicare

eṣorbitànte part. pres. di *esorbitare*; **anche agg.** ● eccessivo, esagerato: *prezzo e.* ‖ **eṣorbitanteménte**, **avv.** in maniera esorbitante

eṣorbitànza [1483] **s. f. 1** caratteristica di ciò che è esorbitante: *l'e. di una richiesta* **2** (*astron.*, *raro*) differenza, un tempo sensibile, tra le posizioni osservate dei pianeti e quelle calcolate

✦**eṣorbitàre** [vc. dotta, lat. tardo *exorbitāre* 'uscire (*ex-*) dalla via tracciata (*ŏrbita*)' ✱ 1542] **v. intr.** (*io eṣòrbito*; **aus.** *avere*) ● uscire dai limiti, eccedere (+ *da*): *la questione esorbita dalle sue funzioni*; *il tema esorbita dalle mie conoscenze* **SIN.** eccedere, fuoriuscire

†**eṣorbitazióne** [vc. dotta, lat. tardo *exorbitatiōne(m)*, da *exorbitātus*, part. pass. di *exorbitāre* 'esorbitare' ✱ sec. XIV] **s. f.** ● esorbitanza

eṣorcìṣmo [vc. dotta, lat. eccl. *exorcĭsmu(m)*, dal gr. *exorkismós*, da *exorkízein* 'esorcizzare' ✱ av. 1328] **s. m. 1** (*relig.*) in molte religioni, rito gener. magico, per mezzo del quale si scacciano gli spiriti malefici | nel cattolicesimo e nella Chiesa ortodossa, rito con cui si espelle il demonio dal corpo di un ossesso **2** (*fig.*) scongiuro | rimozione

eṣorcìsta [vc. dotta, lat. eccl. *exorcĭsta(m)*, dal gr. *exorkistḗs*, da *exorkízein* 'esorcizzare' ✱ av. 1342] **A s. m. e f. (pl. m. -*i*)** ● chi pratica l'esorcismo **B s. m.** ● chi, nella gerarchia sacerdotale cattolica vigente prima del Concilio Vaticano II, aveva ricevuto l'ordine dell'esorcistato

eṣorcistàto [1673] **s. m.** ● nella gerarchia dell'ordinazione sacerdotale cattolica, terzo degli ordini minori, soppresso dopo il Concilio Vaticano II

eṣorcìstico [1585] **agg.** (**pl. m.** *-ci*) ● relativo all'esorcismo, proprio dell'esorcismo: *formula esorcistica; pratiche esorcistiche*

eṣorcizzàre [vc. dotta, lat. eccl. *exorcizāre*, dal gr. *exorkízein* 'scongiurare', comp. di *ex-* rafforz. e *horkízein* 'giurare', da *hórkos* 'giuramento', di orig. oscura ✱ sec. XIV] **A** **v. tr.** **1** (*relig.*) liberare dal demonio mediante esorcismo: *e. un indemoniato* | cacciare, espellere mediante esorcismo: *e. il demonio* **2** (*fig.*) cercare di tener lontano, scongiurare qlco. che si teme: *e. le proprie paure* **B** **v. intr.** (**aus.** *avere*) ● celebrare, compiere un esorcismo ‖ **eṣorcizzazióne**, **s. f.**

eṣorcizzatóre [sec. XVI] **s. m.** (**f.** *-trice*); **anche agg.** ● chi (o che) esorcizza

†**eṣòrdia** [da *esordio* con mutamento spreg. di genere ✱ 1319] **s. f.** ● esordio: *dopo lunga e., / gli ricordò l'oltraggio e la violenza* (L. PULCI)

eṣordiàle [1869] **agg.** ● (*raro*) di esordio

†**eṣordiàre** [da *esordio* ✱ av. 1367] **v. intr.** ● esordire

eṣordiènte **part. pres.** di *esordire*; **anche agg. e s. m. e f.** ● che (o chi) esordisce in un'attività: *gara di nuoto per esordienti* **SIN.** principiante

♦**eṣòrdio** o †**essòrdio** [vc. dotta, lat. *exōrdiu(m)*, propr. 'inizio (*ex-*) di una trama (da *ordīri* 'ordire')', poi 'principio', in generale per influenza da *exorīri* 'spuntare' ✱ 1268] **s. m.** (**pl.** *-i* o *raro* *-ii*, †*essòrdia*, **f.**) **1** (*letter.*) parte introduttiva o iniziale di una orazione | (*est.*) preambolo, introduzione, parte iniziale di un testo o di un discorso: *dopo un breve e. l'oratore incominciò la sua relazione* | (*est.*) formula con cui, nella parte iniziale di una lettera, ci si rivolge al destinatario (per es.: *caro Luigi, egregio professore*) **2** (*fig.*) inizio di avvenimenti o di particolari attività: *e. di un'impresa; civiltà ai suoi esordi* **SIN.** principio | prima apparizione, debutto: *l'e. di un attore sulle scene; l'e. di un calciatore*
SFUMATURE ➤ *inizio*

♦**eṣordìre** [vc. dotta, lat. *exordīri* 'cominciare (*ex-*) a ordire una trama (*ordīri*)', quindi, 'dar inizio' ✱ 1321] **v. intr.** (*io eṣordìsco, tu eṣordìsci*; **aus.** *avere*) **1** dare inizio a un discorso: *l'oratore esordì salutando i convenuti* **2** iniziare una professione, un'attività artistica, sportiva e sim.: *e. nel commercio, nell'insegnamento; e. sulla scena, in teatro* | ***e. in serie A, al giro d'Italia***, parteciparvi per la prima volta

eṣoreattóre [comp. di *eso-*② e *reattore* per l'espulsione delle masse dei fluidi ✱ 1956] **s. m.** ● (*aeron.*) propulsore che utilizza come comburente l'aria atmosferica

eṣorèico [comp. di *eso-*② e un deriv. del gr. *rêin* 'scorrere' ✱ 1956] **agg.** (**pl. m.** *-ci*) ● (*geogr.*) detto di un bacino idrografico o di una regione le cui acque scolano al mare

eṣornàre [vc. dotta, lat. *exornāre*, comp. del pref. rafforz. *ex-* e *ornāre* 'ornare' ✱ 1438] **v. tr.** (*io eṣórno*) ● (*lett.*) abbellire, adornare

eṣornatìvo [dal lat. *exornātus*, part. pass. di *exornāre*, comp. di *ornāre* 'ornare', col pref. rafforz. *ex-* ✱ av. 1712] **agg.** ● che serve ad abbellire, a ornare **SIN.** decorativo, ornamentale

eṣortàre [vc. dotta, lat. *exhortāri*, comp. del pref. rafforz. *ex-* e *hortāri* 'esortare', di orig. indeur. ✱ av. 1342] **v. tr.** (*io eṣòrto*) ● incitare con la persuasione (+ *a*, **anche seguito da inf.**; *raro, lett.* + *di*): *e. qlcu. al bene, allo studio, al rispetto dei genitori; ti esorto a non ripetere simili errori; per andare ad esortarla di non compromettermi con un atto simile* (I. SVEVO)

eṣortatìvo [vc. dotta, lat. *exhortatīvu(m)*, da *exhortāri* 'esortare' ✱ av. 1364] **agg.** ● che serve o che vale a esortare: *discorso e.; orazione, epistola esortativa*

eṣortatóre [vc. dotta, lat. tardo *exhortatōre(m)*, da *exhortātus*, part. pass. di *exhortāri* 'esortare' ✱ 1483] **s. m.** (**f.** *-trice*); **anche agg.** ● chi (o che) esorta

eṣortatòrio [vc. dotta, lat. tardo *exhortatōriu(m)*, da *exhortātus*, part. pass. di *exhortāri* 'esortare' ✱ av. 1364] **agg.** (**pl. m.** *-i* o *raro* *-ii*) ● (*lett., raro*) esortativo

eṣortazióne [vc. dotta, lat. *exhortatiōne(m)*, da *exhortātus*, part. pass. di *exhortāri* 'esortare' ✱ av. 1328] **s. f.** ● ammonimento, sollecitazione a fare qlco.: *rivolgere parole di e. a qlcu.* | ciò che serve a esortare: *l'e. fu priva di effetti* **SIN.** ammonizione, consiglio ‖ **eṣortazioncèlla**, **dim.**

SFUMATURE DI SIGNIFICATO
esortazione - raccomandazione
L'**esortazione** è un consiglio dato in maniera partecipe da una persona autorevole rispetto a una materia che ha un rilievo morale o è attinente alla sfera alta degli ideali, dei valori. La **raccomandazione** si riferisce ad aspetti più pratici, concerne cioè l'opportunità, l'utilità e viene da chi ha competenza, esperienza.

†**eṣòrto** [vc. dotta, lat. *exōrtu(m)*, dal part. pass. di *exorīri* 'uscir (*orīri*) fuori (*ex-*)' ✱ av. 1642] **s. m.** ● (*astron.*) il sorgere di un astro

eṣoschèletro (o **-é-**) [vc. dotta, comp. di *eso-*② e *scheletro* ✱ 1888] **s. m.** ● (*zool.*) rivestimento cutaneo chitinoso più o meno rigido del corpo di invertebrati, spec. degli Artropodi

eṣosfèra [da *eso-*② sul modello di *atmosfera* ✱ 1956] **s. f.** ● (*geofis.*) involucro più esterno, oltre i 400 km, dell'atmosfera terrestre

eṣòsio o **eṣòṣo**② [vc. dotta, comp. di *es(a)* e *-osio* ✱ 1907] **s. m.** ● (*chim.*) zucchero a sei atomi di carbonio

♣**eṣóso**① (o **-ò-**) (o **-ṣo**) [vc. dotta, lat. *exōsu(m)* 'che odia', poi 'che è odiato', da *ōsus* 'che odia' (da *odīsse* 'odiare') ✱ 1478] **agg.** **1** avaro, gretto: *parenti esosi* | ***prezzo e.***, eccessivo | ***negoziante e.***, che vende a prezzi troppo alti **2** (*lett.*) odioso, antipatico: *atteggiamento e.* | (*tosc.*) noioso ‖ **eṣoṣaménte**, **avv.** ‖ **eṣoṣità**, **s. f. inv.** caratteristica di chi (o di ciò che) è esoso

eṣòṣo② ➤ **esosio**

eṣostòrico [comp. di *eso-*② e *storico* ✱ 1894] **agg.** (**pl. m.** *-ci*) ● che è al di fuori della tradizione storica, spec. con riferimento a quei popoli primitivi studiati dall'etnologia e non dalle scienze storiche

eṣostòṣi [vc. dotta, gr. *exóstōsis*, comp. di *éx(ō)* 'esterno' e un deriv. di *ostéon* 'osso' ✱ av. 1758] **s. f. inv.** ● (*med.*) escrescenza dell'osso verso l'esterno, senza carattere tumorale

eṣòstra [vc. dotta, lat. *exōstra(m)*, dal gr. *exṓstra*, da *exōthêin* 'cacciare (*thêin*) fuori (*éxō*)' ✱ av. 1292] **s. f.** **1** ponte di legno, usato nell'antichità, che dalla torre degli assedianti veniva calato sulle mura degli assediati per penetrare nella città **2** macchina teatrale

eṣotèca [comp. di *eso-*② e *teca* ✱ sec. XIX] **s. f.** ● tessuto esterno della teca dei coralli

eṣotècio [vc. dotta, comp. del gr. *éxō* 'fuori' e del dim. di *thḗkē* 'ripostiglio' ✱ 1956] **s. m.** ● (*bot.*) strato esterno dell'involucro dell'antera

♣**eṣotèrico** [vc. dotta, gr. *esōterikós*, da *esṓteros* 'interiore, intimo', deriv. di *ésō* 'dentro' (V. *eso-*①) col suff. *-teros*, che indica opposizione ✱ av. 1595] **agg.** (**pl. m.** *-ci*) **1** (*filos.*) detto di insegnamento che alcuni filosofi greci impartivano esclusivamente a una cerchia ristretta di discepoli **CONTR.** essoterico **2** (*relig.*) relativo a esoterismo e a ogni dottrina iniziatica di religione o di setta **3** (*fig.*) misterioso, incomprensibile ai più: *poesia esoterica* ‖ **eṣotericaménte**, **avv.** in modo esoterico; in modo incomprensibile ‖ **eṣotericità**, **s. f. inv.**

SFUMATURE DI SIGNIFICATO
esoterico - arcano
Esoterico designa ciò che per i più risulta incomprensibile, e che pare destinato quindi alla comprensione di pochi iniziati, cioè già introdotti in un determinato campo. **Arcano** è invece ciò che non si comprende, e in assoluto non è possibile comprendere o spiegare razionalmente.
SFUMATURE ➤ *ermetico*①

eṣoteriṣmo [1847] **s. m.** **1** (*relig.*) tendenza in alcune religioni a riservare una parte delle verità e degli insegnamenti soltanto a gruppi di eletti o di iniziati **2** (*est.*) caratteristica delle sette e dei movimenti segreti di comunicare le proprie dottrine e tecniche solo agli iniziati

eṣotèrmico [vc. dotta, comp. di *eso-*② e *termico* ✱ 1917] **agg.** (**pl. m.** *-ci*) ● detto di processo chimico o reazione che avviene con sviluppo di calore **CONTR.** endotermico ‖ **eṣotermicità**, **s. f. inv.**

♣**eṣòtico** [vc. dotta, lat. *exōticu(m)*, dal gr. *exōtikós* 'che viene da fuori (*éxō*)' ✱ 1499] **A** **agg.** (**pl. m.** *-ci*) ● che è caratteristico di Paesi lontani, forestieri: *vocabolo e.; arte, civiltà esotica* | ***specie esotica***, specie vegetale o animale che non è originaria del luogo che si considera | (*est.*) strano, stravagante: *moda esotica; gusti esotici* **CONTR.** nostrano ‖ **eṣoticità**, **s. f. inv.**: *l'esoticità di una moda* **B** **s. m.** ● ciò che è esotico: *amare l'e.; il gusto dell'e.* ‖ **eṣoticaménte**, **avv.**

eṣotiṣmo [1908] **s. m.** **1** elemento esotico, in arte, letteratura e sim. **2** (*ling.*) forestierismo **3** gusto, ricerca di modi e forme esotiche: *e. nella moda, nelle abitudini di vita; gusto per l'e.* | carattere esotico: *l'e. del suo abbigliamento sfiora il ridicolo*

eṣotìsta [1956] **s. m. e f.** (**pl. m.** *-i*) ● chi predilige o indulge all'esotismo

eṣotizzànte [1951] **agg. e s. m. e f.** ● che (o chi) segue o si ispira a usi, costumi, forme tipiche di Paesi lontani

eṣotossìna [comp. di *eso-*② e *tossina* ✱ 1956] **s. f.** ● (*biol.*) ciascuna delle tossine eliminate o escrete da un microrganismo nel mezzo circostante e capaci di provocare la comparsa dei rispettivi anticorpi

eṣotropìa [comp. di *eso-*② e *-tropia* ✱ 1956] **s. f.** ● (*med.*) strabismo convergente | ***e. accomodativa***, strabismo accomodativo

ÈSP® /ɛsp, ɛesse'pi/ [sigla ted. di *Elektronisches Stabilitätsprogramm* 'programma elettronico di stabilità' ✱ 1994] **s. m. inv.** ● (*autom.*) sistema elettronico di controllo della stabilità di un autoveicolo, che lo rimette in assetto in caso di sbandata

espàda /es'pada, *sp.* es'paða/ [vc. sp., dal lat. *spătha* 'spada' ✱ 1878] **s. m. inv.** (**pl. sp.** *espadas*) ● nella corrida, chi ha il compito di uccidere il toro con la spada **SIN.** matador

espadrille /*fr.* ɛspa'dʀij/ [vc. fr., ant. *espardille*, da *espardillo*, vc. dial. del Roussillon, con radice *spart* 'sparto' ✱ 1959] **s. f.** (**pl. fr.** *espadrilles*) ● tipo di calzatura bassa in tela, con suola di corda intrecciata

espàndere [vc. dotta, lat. *expăndere*, comp. di *ex-* rafforz. e *păndere* 'spandere, allargare', di etim. incerta ✱ av. 1350] **A** **v. tr.** (**pass. rem.** *io espànsi* o *raro* *espandètti* o *raro* *espandéi*, *tu espandésti*; **part. pass.** *espànso*) ● ingrandire, allargare: *e. l'area abitata di un territorio* | (*inform.*) aumentare la capacità di un elaboratore o di una sua parte: *e. la memoria* | diffondere, spandere: *quel fiore espande un intenso profumo* **B** **espàndersi** **v. intr. pron.** **1** (*fis.*) aumentare di volume: *il gas si espande* **2** allargarsi, ingrandirsi: *Ro-*

ma cominciò a espandersi nei territori confinanti | estendersi, diffondersi: *un delicato aroma si espande; nasce e si espande il romanticismo* **3** (*raro*) aprirsi, confidarsi con qlcu.

espandìbile [da *espand(ere)* con il suff. *-ibile* ✱ 1987] **agg.** **1** che si può espandere | che ha la proprietà di espandersi **2** (*inform.*) di dispositivo, spec. computer, le cui caratteristiche possono essere potenziate con l'inserimento di componenti aggiuntivi || **espandibilità**, **s. f. inv.**

espandiménto [sec. XIV] **s. m.** **1** †espansione **2** (*geol.*) esteso deposito di rocce effusive

espansìbile [av. 1827] **agg.** ● (*raro*) espandibile || **espansibilità**, **s. f. inv.**

♦**espansióne** [vc. dotta, lat. tardo *expansiōne(m)*, da *expānsus*, part. pass. di *expāndere* 'espandere' ✱ 1621] **s. f.** **1** l'espandere, l'espandersi | ingrandimento territoriale: *l'e. di un popolo, di uno Stato* | diffusione: *l'e. di una civiltà* | sviluppo: *fase di e.*; *l'e. di un'industria* **2** (*fis.*) aumento di volume di un corpo | ***e. dell'universo***, fenomeno per il quale le galassie si allontanano l'una dall'altra con velocità proporzionali alle relative distanze **3** nei motori a combustione interna, fase in cui il gas prodotto dalla combustione della miscela d'aria e carburante si espande spingendo lo stantuffo verso il punto morto inferiore e producendo un lavoro **4** parte che ha subìto un allargamento o un ingrossamento | ***e. polare***, quella estrema di un polo magnetico **5** (*med.*) dilatazione di un organo **6** (*fig.*) manifestazione ed effusione d'affetto: *ci tratta sempre con grande e.* **7** †straripamento

SFUMATURE DI SIGNIFICATO

espansione - dilatazione - ampliamento

Espansione è nel linguaggio della fisica l'aumento di volume di un gas; in senso estensivo designa qualsiasi fenomeno comporti un allargamento, una crescita. **Dilatazione** è in fisica un aumento delle dimensioni di un corpo solido per variazione di temperatura o per sollecitazione meccanica; in senso più generale indica genericamente un'estensione, un aumento qualsiasi di volume. **Ampliamento** è un allargamento soprattutto nel senso della superficie, in senso figurato equivale a *crescita, espansione*.

espansionìsmo [1905] **s. m.** ● tendenza a espandersi, ad allargare i propri confini, la propria sfera d'influenza economica e sim., spec. mediante la conquista di nuovi territori o di nuovi mercati: *e. coloniale*

espansionìsta [1905] **A** **agg.** (**pl. m.** *-i*) ● tendente all'espansionismo: *Stato e.* **B** **s. m. e f.** ● fautore dell'espansionismo

espansionìstico [1911] **agg.** (**pl. m.** *-ci*) ● di espansionismo, tendente all'espansionismo: *politica espansionistica*

espansìvo [da *espanso*, come il parallelo fr. *expansif* ✱ 1697] **agg.** **1** (*raro*) che ha proprietà di espandersi: *moto e.*; *forza espansiva* **2** (*fig.*) che palesa sinceramente e spontaneamente i propri affetti: *ragazzo, carattere e.* || **espansivaménte**, **avv.** (*raro*) in modo espansivo || **espansività**, **s. f. inv.** **1** (*raro*) capacità di espandersi **2** (*fig.*) caratteristica di chi è espansivo

espànso **A** **part. pass.** di *espandere*; anche **agg.** **1** nei sign. del v. | allargato, aperto: *foglie a lamina espansa* | dilatato **2** (*chim.*) detto di resina sintetica che possiede bassa densità dovuta all'espansione del prodotto polimerico, utilizzata come isolante termico o acustico: *polistirolo e., poliuretani espansi* **B** **s. m.** ● (*chim., per anton.*) polistirolo espanso

espansóre [da *espandere* ✱ 1956] **s. m.** ● in varie tecnologie, dispositivo in grado di determinare un'espansione mediante pressione meccanica o idraulica | in chirurgia ricostruttiva, nome di dispositivi di vario genere impiantati sottocute per riportare a dimensioni normali una parte del corpo da cui siano stati asportati dei tessuti | in ortodonzia, apparecchio per correggere il palato stretto

espàrgere ➤ **spargere**

espatriàre [fr. *expatrier* 'andar fuori (*ex-*) della propria patria (*patrie*)' ✱ 1766] **v. intr.** (*io espàtrio*; **aus. intr.** *essere*, *raro avere*) o (*lett.*) **espatriàrsi** **v. intr. pron.** ● andarsene dalla patria per sempre o per un periodo di tempo piuttosto lungo: *determinatomi … ad espatriarmi per sempre* (V. ALFIERI) **SIN.** emigrare **CONTR.** rimpatriare

espàtrio [da *espatriare* ✱ 1917] **s. m.** ● l'espatriare: *e. temporaneo, definitivo* **SIN.** emigrazione **CFR.** dispatrio **CONTR.** rimpatrio

♣**espediènte** o (*pop.*) **spediènte** [vc. dotta, lat. *expediēnte(m)*, part. pres. di *expedīre* 'render libero, facile' ✱ 1363] **A** **s. m.** ● trovata, rimedio, spesso ingegnosi, per risolvere una situazione difficile: *e. efficace, valido, giovevole*; *ricorrere agli espedienti* | ***vivere di espedienti***, arrangiarsi come meglio si può **SIN.** mezzuccio, rimedio, stratagemma || **espedientùccio**, **dim.** **B** **agg.** ● (*lett.*) utile, opportuno

SFUMATURE DI SIGNIFICATO

espediente - trovata - ripiego

Espediente è un rimedio messo in opera per risolvere una difficoltà, uscire da un impaccio. **Trovata** ha lo stesso significato, ma mette l'accento sull'ingegnosità, la brillantezza del rimedio escogitato. **Ripiego** è invece una soluzione stentata, non soddisfacente che permette di risolvere solo provvisoriamente un problema.

SFUMATURE ➤ ***artificio***, ➤ ***sotterfugio***

espedìre [vc. dotta, lat. *expedīre*, propr. 'liberare (*ex-*) da un laccio' (*pĕdi(ca)*, da *pēs*, genit. *pĕdis*, 'il piede, preso dal laccio') ✱ av. 1328] **A** **v. tr.** (*io espedìsco, tu espedìsci*) **1** (*lett.*) sbrigare, terminare: *e. un'impresa* | †emettere: *non potè le parole e. / come chi parla molte volte e sogna* (L. PULCI) **2** †soddisfare | †congedare | †inviare, spedire: *e. un messaggero* **3** †sgombrare, liberare **B** **espedìrsi** **v. rifl.** ● †spicciarsi, sbrigarsi, liberarsi | †congedarsi

†**espeditìvo** [av. 1530] **agg.** ● sbrigativo

espedìto **part. pass.** di *espedire*; anche **agg.** **1** (*lett.*) nei sign. del v. | terminato, portato a termine **2** †libero, disimpacciato | ***linguaggio e.***, sciolto, chiaro **3** †veloce, pronto | ***soldato e.***, armato alla leggera || †**espeditaménte**, **avv.** speditamente

†**espedizióne** [vc. dotta, lat. *expeditiōne(m)*, da *expedītus* nel senso di '(soldato) non impedito (dai bagagli)' ✱ av. 1328] **s. f.** **1** spedizione | dispaccio, lettera **2** disbrigo di un affare, di una faccenda

espèllere [vc. dotta, lat. *expĕllere* 'spingere (*pĕllere*) fuori (*ex-*)' ✱ 1468] **v. tr.** (**pass. rem.** *io espùlsi, tu espellésti*; **part. pass.** *espùlso*) **1** scacciare: *e. dalla scuola, da un circolo, da uno Stato, da un partito* **2** (*med.*) mandare fuori dal corpo

†**espèndere** e deriv. ➤ **spendere** e deriv.

esperantìsta [da *esperanto* ✱ 1923] **s. m. e f.** (**pl. m.** *-i*) ● cultore o sostenitore dell'esperanto

esperànto [dallo pseudonimo *Esperanto* 'colui che spera', del suo inventore ✱ 1905] **A** **s. m.** ● lingua artificiale, semplificata nei suoi elementi costitutivi, creata per i rapporti internazionali **B** **in funzione di agg.**: *grammatica esperanta*

espèria [vc. dotta, lat. *hespĕria(m)*, dal gr. *hespérios* 'vespertino' ✱ 1834] **s. f.** ● genere di piccole farfalle dal corpo tozzo, con ali corte e rossastre e un caratteristico volo a scatti (*Hesperia*)

esperìbile [da *esperire* ✱ 1673] **agg.** ● che si può esperire || **esperibilità**, **s. f. inv.**

esperìdio [vc. dotta, dal lat. *Hespĕrides* (gr. *Hesperídes*) 'ninfe abitanti un'isola dell'Oceano dove possedevano un giardino con mele d'oro': il frutto è detto così per allusione a queste mele d'oro ✱ 1828] **s. m.** (**pl.** *-i* o *raro -ii*) **1** (*bot.*) frutto degli agrumi **2** (*zool.*) esperia

†**esperiènte** [vc. dotta, lat. *experiĕnte(m)*, part. pres. di *experīre* 'esperire' ✱ av. 1504] **agg.** ● esperto || †**esperienteménte**, **avv.** con esperienza

♦**esperiènza** o †**esperiènzia**, †**isperiènza**, †**speriènza**, †**speriènzia** [vc. dotta, lat. *experiĕntia(m)*, da *expĕriens*, genit. *experiĕntis* 'esperiente' ✱ av. 1294] **s. f.** **1** conoscenza diretta di qlco. acquisita nel tempo per mezzo dell'osservazione e della pratica (+ *di*, + *in*, **anche seguiti da inf.**): *avere e. del mondo, del dolore; possedere una vasta e. nello sport, in un determinato lavoro; avere e. nel destreggiarsi in situazioni difficili; l'e. di essere testimone di un avvenimento memorabile; la e. non falla mai, ma sol fallano i nostri giudizi* (LEONARDO) | ***parlare per e.***, per diretta conoscenza | (*est.*) conoscenza del mondo, della vita: *un uomo pieno di e.* | circostanza o vicenda direttamente vissuta: *è stata un'e. molto spiacevole* | ***persona che ha avuto molte esperienze***, (*eufem.*) un'intensa vita sentimentale | ***raccontare le proprie esperienze***, le proprie vicende **2** (*filos.*) conoscenza acquisita elaborando con la riflessione e verificando con l'esperimento i dati forniti dalla percezione sensibile **3** (*scient.*) esperimento: *l'e. … di una palla tirata in su a perpendicolo con una balestra* (G. GALILEI) || **esperienzùccia**, **dim.**

SFUMATURE DI SIGNIFICATO

esperienza - pratica - perizia

La conoscenza diretta di qualcosa, acquisita per uso, prova diretta o osservazione si dice **esperienza**. **Pratica** indica invece il concreto esercizio di un'attività, che si traduce anche nel raggiungimento di una certa padronanza dell'attività stessa. **Perizia** è un superiore livello di maestria in un'arte o in una disciplina, ed è un misto di *esperienza, pratica* e capacità.

SFUMATURE ➤ ***capacità***

esperienziàle [1983] **agg.** ● relativo a esperienza | (*psicol.*) relativo a una fenomenologia che si svolge dentro e fuori la persona, e viene elaborata dalla riflessione

esperimentàre e deriv. ➤ **sperimentare** e deriv.

♦**esperiménto** o (*raro*) **speriménto**, †**esperménto**, †**sperménto** [vc. dotta, lat. *experimĕntu(m)*, da *experīre* 'esperire' ✱ av. 1294] **s. m.** **1** l'esperimentare | prova, tentativo compiuto per saggiare e conoscere le caratteristiche di qlco. o qlcu.: *far e. delle proprie forze* | ***fare qlco. in via di e., per e.***, per provare e vedere i risultati | †***far e. della sorte***, affidarsi al destino **2** (*scient.*) osservazione o riproduzione artificiale di un fenomeno per motivi didattici o per scopi di ricerca scientifica: *esperimenti di chimica, di fisica* **SIN.** esperienza **3** (*disus.*) esame

Definizione d'autore

Sembra una parola lontana, appartenente all'ambiente ristretto del mondo scientifico. Eppure è così vicina alla vita di tutti giorni. Facciamo esperimenti in ogni momento della nostra vita, quando ci cimentiamo con una nuova ricetta in cucina, mettiamo alla prova la fedeltà di un amico, assaggiamo un chicco d'uva dal fruttivendolo. Sperimenta un bimbo appena nato che ha i primi contatti con il mondo, e continuiamo a voler

sperimentare alla fine della nostra vita quando, chiudendo gli occhi, ci chiediamo come sarà il "dopo". Per me personalmente, in quanto fisico, l'**esperimento** rappresenta il mio approccio con le meraviglie della natura e il modo per appagare la mia curiosità e la mia sete di conoscenza.
Fabiola Gianotti

espèrio [vc. dotta, lat. *hespĕriu(m)*, dal gr. *hespérios*, da *héspera* 'sera', di orig. indeur. ✻ av. 1367] **agg.** **1** (*lett.*) occidentale **2** (*lett.*) dell'Esperia, antico nome della penisola italica | italico

♣**esperìre** [vc. dotta, lat. *experīri*, comp. del pref. *ex*-rafforz. e del v. non attestato **perīre*, da un n. affine al gr. *pêira* 'prova, saggio' ✻ 1308] **v. tr.** (**pres.** *io esperisco, tu esperisci*; **part. pass.** *esperìto*, †*espèrto*) **1** mettere in opera: *e. la via, i mezzi legali; e. un'azione davanti all'autorità giudiziaria* **2** (*lett.*) provare, sperimentare | †dimostrare

†**espermentàre** ➤ **sperimentare**

†**esperménto** ➤ **esperimento**

èspero o (*poet.*) †**èspro** [vc. dotta, lat. *hĕsperu(m)*, dal gr. *hésperos*, sottinteso *astḗr*, '(la stella) della sera' ✻ 1342] **s. m.** (*Espero* **nel sign. 1**) **1** (*lett.*) nome del pianeta Venere **SIN.** vespero **2** (*lett.*) occidente **3** (*lett.*) vento di ponente

♦**espèrto** o (*lett., pop., tosc.*) **spèrto** **A** **part. pass.** di *esperire* ● †nei sign. del v. **B** **agg.** **1** che ha molta esperienza della vita: *e l'arida stagion conosce ancora l'uom già canuto e per lungo uso e.* (T. TASSO) **SIN.** consumato, navigato **2** che conosce qlco., che è pratico di qlco. (+ *di*): *essere e. degli uomini, delle cose del mondo* | (*est.*) dotto, preparato (+ *di*, + *in*): *uno studioso particolarmente e. in* (o *di*) *epigrafia, in* (o *di*) *musica classica; è un ricercatore e. dell'Illuminismo* **CFR.** -logo **SIN.** competente, conoscitore **3** bravo, abile, provetto, valente (+ *in*, **anche seguito da inf.**): *un tecnico e.; giovarsi di esperti collaboratori; una squadra esperta nelle competizioni internazionali; un campione e. nel gareggiare* | (*est.*) detto di ciò che rivela particolari capacità acquisite con l'esperienza: *mani esperte; guardare con occhio e.* **4** (*inform.*) ***sistema e.***, programma di elaborazione in grado di assistere l'utente, in modo interattivo, nella soluzione di uno specifico problema ‖ **espertaménte**, **avv.** da persona esperta: *trattare espertamente un'arte* **C** **s. m.** (**f.** *-a*) ● chi possiede una specifica e approfondita preparazione su determinati argomenti, in determinati campi (+ *di*, + *in*): *è un e. di* (o *in*) *elettrotecnica; chiederemo la consulenza di un e. di storia romana* ‖ (*spec. iron.*) **espertóne**, **accr.**
SFUMATURE ➤ *perito*②

†**espetìbile** [vc. dotta, lat. *expetĭbile(m)*, da *expĕtere* 'desiderare (*pĕtere*) ardentemente (*ex*- rafforz.)' ✻ 1484 ca.] **agg.** ● desiderabile

†**espettaménto** [sec. XIV] **s. m.** ● attesa

†**espettàre** [lat. *expectāre* 'guardare (*spectāre*) da lontano (*ex*-)', poi 'attendere' ✻ av. 1342] **A** **v. tr.** ● aspettare **B** **v. intr.** e †**espettàrsi** **v. intr. pron.** ● spettare

†**espettatìva** [av. 1311] **s. f.** ● (*raro*) aspettativa

†**espettazióne** [vc. dotta, lat. *expectatiōne(m)*, da *exspectātus*, part. pass. di *expectāre* 'aspettare' ✻ av. 1342] **s. f.** ● attesa, aspettativa

espettorànte [av. 1698] **A** **agg.** ● detto di farmaco o rimedio atto a facilitare l'espettorazione **SIN.** espettorativo **B** **anche s. m.**

espettoràre [vc. dotta, lat. *expectorāre*, comp. parasintetico di *pĕctus*, genit. *pĕctoris* 'petto', col pref. *ex*- 'fuori' ✻ 1696] **v. tr.** (*io espèttoro*) ● (*med.*) espellere muco o altro materiale dai bronchi o dalla trachea

espettorativo [1869] **agg. e s. m.** ● espettorante

espettoràto **A** **part. pass.** di *espettorare*; **anche agg.** ● nei sign. del v. **B** **s. m.** ● muco o altro materiale eliminato con l'espettorazione

espettorazióne [av. 1730] **s. f.** ● l'espettorare

espiàbile [vc. dotta, lat. *expiābile(m)*, da *expiāre* 'espiare①' ✻ 1745] **agg.** ● che si può espiare, nel sign. di espiare①

espiaménto [1869] **s. m.** ● (*raro*) espiazione

espiantàre [vc. dotta, lat. scient. *explantāre*, coniato in analogia con l'opposto *implantāre* 'impiantare' ✻ 1985] **v. tr.** ● (*chir.*) compiere un espianto di organi o tessuti | (*biol.*) sottoporre a espianto

espiantazióne [ingl. *explantation*, da *to explant*, propr. 'spiantare' ✻ 1956] **s. f.** **1** (*biol.*) trasferimento di tessuto da un organismo vivente in un terreno artificiale per coltura **2** (*biol.*) prelievo completo o parziale di un organo o tessuto da un organismo a scopo di trapianto **SIN.** espianto

espiànto [sovrapp. di *espiantazione* a *trapianto* ✻ 1963] **s. m.** **1** (*biol.*) organo o frammento di organo o tessuto asportato da un organismo vivente o appena deceduto a scopo di coltura di laboratorio o di trapianto chirurgico **CFR.** trapianto **2** (*biol.*) espiantazione

espiàre① [vc. dotta, lat. *expiāre*, comp. di *ex*-rafforz. e *piāre* 'rendere puro (*pĭus*)', 'purificare, espiare' ✻ av. 1292] **v. tr.** (*io espio*) **1** emendare con la pena una colpa commessa: *e. i propri errori giovanili; e. un delitto* | scontare: *e. la pena* **2** compiere l'espiazione, nei suoi vari significati religiosi

†**espiàre**② [adattamento dell'ant. fr. *espier*, della stessa orig. e sign. dell'it. *spiare* ✻ 1340 ca.] **v. tr.** ● spiare

†**espiativo** [1619] **agg.** ● che serve a espiare, nel sign. di espiare①

espiatóre [vc. dotta, lat. tardo *expiatōre(m)*, da *expiātus* 'espiato' ✻ av. 1694] **agg. e s. m.** (**f.** *-trice*) ● (*raro*) che (o chi) espia

espiatòrio [vc. dotta, lat. tardo *expiatōriu(m)*, da *expiātus* 'espiato' ✻ 1641] **agg.** (**pl. m.** *-i* o *raro -ii*) **1** relativo all'espiazione: *rito e.* | ***capro e.***, che si sacrificava per uccisione o si abbandonava nel deserto, perché, assumendole sopra di sé, liberasse l'offerente dalle colpe; (*fig.*) chi, senza colpa, paga per gli errori di altri **2** che serve a espiare: *cerimonia espiatoria; il sacrificio generoso ed e.* (B. CROCE)

espiazióne [vc. dotta, lat. *expiatiōne(m)*, da *expiātus* 'espiato' ✻ sec. XIV] **s. f.** **1** l'espiare, nel sign. di espiare①: *l'e. di un delitto, di una pena* **2** nella religione greco-romana, solenne rito di propiziazione sacrificale degli dei | in tutte le religioni, placazione della divinità offesa per errati comportamenti rituali o infrazione delle norme etiche | nella teologia cattolica, il riparare al torto fatto a Dio, con il peccato, compiendo opere di carità e accettando penitenze e mortificazioni

espilàre [vc. dotta, lat. *expilāre*, comp. di *ex*-rafforz. e *pilāre* 'rubare' (in orig. 'ammucchiare, piantare', da *pīla* 'pilastro') ✻ sec. XIV] **v. tr.** **1** †rubare, depredare | (*lett., fig.*) carpire: *s'era addentrato nelle grazie di qualche cardinale per e. la buona fede del Papa* (I. NIEVO) **2** (*raro, fig.*) plagiare, copiare

†**espilazióne** [vc. dotta, lat. *expilatiōne(m)*, da *expilāre* 'espilare' ✻ 1684] **s. f.** ● furto, rapina

†**espìngere** ➤ **spegnere**

espiràre [vc. dotta, lat. *exspirāre* 'soffiar (*spirāre*) fuori (*ex*-)' ✻ av. 1306] **A** **v. intr.** ● †spirare: *caduto da cavallo e calpesto, espirò* (N. MACHIAVELLI) **B** **v. tr.** ● espellere l'aria dai polmoni **CONTR.** inspirare

espiratóre [1834] **agg.** (**f.** *-trice*) ● (*anat.*) che agisce promuovendo l'espirazione: *muscolo e.*

espiratòrio [1900] **agg.** (**pl. m.** *-i* o *raro -ii*) ● di espirazione

espirazióne [vc. dotta, lat. *exspiratiōne(m)*, da *exspirātus*, part. pass. di *exspirāre* 'espirare' ✻ av. 1563] **s. f.** ● fase della respirazione in cui l'aria viene espulsa dai polmoni

†**episcàre** [vc. dotta, lat. *expiscāri*, propr. 'cercare diligentemente (*ex*-) dove si nasconde il pesce (*pĭscis*)', poi gener. 'indagare con attenzione' ✻ 1632] **v. tr.** ● ritrovare con abilità

†**esplanàre** ➤ **spianare**

†**esplanatóre** ➤ †**spianatore**②

esplementàre [dal lat. *explemĕntum* 'ciò che serve a riempire' ✻ 1993] **agg.** ● (*mat.*) ***angoli esplementari***, angoli la cui somma dà un angolo di 360°

espletaménto [1956] **s. m.** ● (*burocr.*) compimento, completamento

espletàre [vc. dotta, dal lat. *explētus*, part. pass. di *explēre* 'riempire (*plēre*) del tutto (*ex*-)' ✻ 1815] **v. tr.** (*io esplèto* **o, diffuso ma etim. meno corretto,** *io èspleto*) ● (*burocr.*) compiere, portare a termine: *e. gli atti, le operazioni di carico e scarico*

espletazióne [1943] **s. f.** ● (*raro*) espletamento

espletìvo [vc. dotta, lat. tardo *expletīvu(m)*, da *explētus*, part. pass. di *explēre* 'riempire (*plēre*) interamente (*ex*-)' ✻ 1641] **agg.** ● (*ling.*) pleonastico, riempitivo | ***particelle espletive***, quelle non indispensabili, ma che servono ad aumentare l'efficacia dell'espressione (per es. *ti* nella frase *'e d'un tratto chi ti vedo?'*)

esplicàbile [vc. dotta, lat. tardo *explicābile(m)*, da *explicāre* 'esplicare' ✻ sec. XIV] **agg.** ● (*raro*) che si può esplicare **CONTR.** inesplicabile ‖ **esplicabilità**, **s. f. inv.**

esplicaménto [1843] **s. m.** ● (*disus.*) svolgimento | (*disus.*) compimento | (*disus.*) progresso

esplicàre o †**splicàre** [vc. dotta, lat. *explicāre*, propr. 'dispiegare', comp. di *ex*- (*s*- sottratt.) e *plicāre* 'piegare' ✻ av. 1328] **A** **v. tr.** (*io èsplico, tu èsplichi*) **1** esercitare: *e. un'attività* **2** (*lett.*) esporre, spiegare: *e. un'idea, una dottrina, un concetto* **B** **esplicàrsi** **v. intr. pron.** **1** attuarsi, realizzarsi: *Sapete dov'è la vita della legge, dove ella si esplica?* (F. DE SANCTIS) **2** †spiegarsi

esplicativo [1543] **agg.** ● di spiegazione, relativo a spiegazione: *valutare la capacità esplicativa di un'ipotesi* | che serve a spiegare, a esporre: *nota esplicativa* | (*filos.*) ***giudizio e.***, quello analitico

esplicazióne [vc. dotta, lat. *explicatiōne(m)*, da *explicātus*, part. pass. di *explicāre* 'esplicare' ✻ 1573] **s. f.** **1** (*lett.*) chiarimento, spiegazione **2** esercizio, svolgimento: *e. di un'attività*

†**esplìcere** [vc. dotta, tratta da *esplicito* ✻ sec. XV] **v. tr.** (**difett. usato solo nella terza pers. sing. dell'indic. pres.** *èsplice*) ● spiegare

esplicitàre [da *esplicito* ✻ 1942] **v. tr.** (*io esplìcito*) ● rendere esplicito | esprimere chiaramente: *mi esplicitò il suo rifiuto*

esplicitazióne [1965] **s. f.** ● l'esplicitare

esplicitézza [1760] **s. f.** ● condizione di ciò che è esplicito, palese, evidente

♦**esplìcito** [vc. dotta, lat. *explĭcitu(m)*, part. pass. di *explicāre* 'esplicare', forma parallela di *explicātu(m)* ✻ av. 1342] **agg.** **1** espresso chiaramente, senza sottintesi: *obbligo e.; condizione esplicita* | ***proposizione esplicita***, quella che ha il verbo al modo finito **CONTR.** implicito **2** detto di chi si esprime in modo chiaro, aperto, inequivocabile: *è stato e., non è d'accordo* ‖ **esplicitaménte**, **avv.** in modo espli-

cito e chiaro
SFUMATURE ➤ *chiaro*

esplodènte **A** part. pres. di *esplodere*; anche agg. ● nei sign. del v. **B** s. m. ● (spec. al pl.) materiale esplosivo

♦**esplòdere** [vc. dotta, lat. *explōdere*, propr. 'cacciar via (*ex-*) col battere le mani (arcaico *plōdere*, classico *plaūdere*)' ✱ av. 1758] **A** v. intr. (pass. rem. *io esplòṣi, tu esplodésti*; part. pass. *esplòṣo*; aus. *essere*) **1** essere soggetto a un'esplosione: *la dinamite, la nitroglicerina, esplodono* | scoppiare: *le bombe esplodono*; *l'aereo esplose durante il decollo* **2** (*fig.*) dare in escandescenze, prorompere: *esplose in grida di rabbia* | esclamare con grande vivacità: *'Smettila!', esplose, battendo un pugno sul tavolo* | manifestarsi con grande intensità e quasi all'improvviso: *è esplosa l'estate*; *è esplosa la rabbia dei minatori*; *esplosero alcune rivolte* SIN. scoppiare | (*fig.*, *iperb.*) nel linguaggio giornalistico, manifestare clamorosamente le proprie qualità: *esplode nello slalom il giovane sciatore azzurro* **3** (*fig.*) eruttare, detto di vulcano: *esplode, e la cascata della lava vien giù* (R. BACCHELLI) **B** v. tr. ● sparare con un'arma da fuoco: *esplose un colpo di rivoltella*

esploditóre [1917] s. m. ● piccolo generatore elettrico portatile, usato per ottenere il brillamento delle mine

esploràbile [1869] agg. ● che si può esplorare ‖ **esplorabilità**, s. f. inv.

♦**esploràre** [vc. dotta, lat. *explorāre*, di etim. incerta ✱ av. 1328] v. tr. (*io esplòro*) **1** percorrere un territorio sconosciuto per conoscerlo e descriverlo SIN. perlustrare | (*mar.*) esaminare coste, isole e sim. per determinare posizioni, passaggi, insenature **2** osservare attentamente: *e. i crateri lunari col telescopio* | (*med.*) eseguire una esplorazione **3** (*spec. fig.*) cercare di conoscere: *e. le mosse, le posizioni del nemico*; *e. le attività, i segreti, l'animo, le intenzioni di qlcu.* SIN. sondare
SFUMATURE ➤ *scrutare*

esplorativo [1886] agg. ● di esplorazione, che serve a esplorare (*spec. fig.*): *mandato, sondaggio e.*; *indagine esplorativa*; *fare qlco. a scopo e.*

esploratóre o †**sploratóre** [vc. dotta, lat. *exploratōre(m)*, da *explorātus* 'esplorato' ✱ av. 1337] **A** agg. (f. *-trice*) ● che esplora: *mente esploratrice* **B** s. m. **1** (f. *-trice*) chi esplora: *e. di caverne sotterranee* | ***giovani esploratori***, giovani organizzati sul modello dello scoutismo **2** (f. *-trice*) (*per anton.*) chi si dedica alle esplorazioni geografiche: *un grande, un famoso e.* **3** soldato con il compito di andare in avanscoperta, spiare le mosse del nemico, segnalarne le postazioni, ecc. **4** (*mar.*) nave leggera e veloce di ricerca, di scoperta, di avviso, di sorpresa, di guida di flottiglia

esploratòrio [vc. dotta, lat. *exploratōriu(m)*, da *explorātus* 'esplorato' ✱ 1554] agg. (pl. m. *-i* o *raro -ii*) **1** (*lett.*) attinente all'esplorazione **2** (*med.*) che ha lo scopo di studiare gli organi interni

esplorazióne [vc. dotta, lat. *exploratiōne(m)*, da *explorātus* 'esplorato' ✱ av. 1494] s. f. **1** attività che ha lo scopo di esplorare zone sconosciute: *le esplorazioni polari*; *l'e. del continente nero*; *compiere un viaggio di e. geografica* **2** (*med.*) esame diagnostico di una cavità o di un organo interno eseguito manualmente o con l'uso di strumenti **3** (*mil.*) attività diretta a ricavare ogni dato informativo sul nemico: *e. ravvicinata, strategica, tattica*

♦**esplosióne** [vc. dotta, lat. *explosiōne(m)*, da *explōsus* 'esploso' ✱ 1677] s. f. **1** reazione violenta propria degli esplosivi che avviene con forte sviluppo di gas e di calore e conseguente aumento di volume **2** scoppio: *l'e. del tuono, della folgore* | (*fig.*) violenta manifestazione di sentimento: *un'e. d'ira, di sdegno, di gioia* | (*fig.*) improvviso e brusco manifestarsi: *l'e. del caldo*; *l'e. di una rivolta* **3** (*med.*) manifestazione subitanea di sintomi patologici **4** nei motori a combustione interna, fase in cui avviene la combustione rapidissima della miscela d'aria e carburante che ha come conseguenza l'espansione SIN. scoppio **5** (*ling.*) movimento di apertura improvvisa del canale vocale

esploṣivista [da *esploso*② ✱ 1983] **A** s. m. e f. (pl. m. *-i*) ● disegnatore specializzato nel disegno esploso **B** anche agg.

♦**esploṣivo** [1677] **A** agg. **1** di esplosione, relativo a esplosione: *reazione esplosiva* **2** che è in grado di produrre un'esplosione: *preparato e.*; *miscela esplosiva* **3** (*fig.*) improvviso e intenso: *odio, amore e.*; *ira esplosiva* | (*fig.*) sensazionale, clamoroso: *un'intervista esplosiva*; *rivelazioni esplosive* | (*fig.*) prorompente: *fisico e.* **4** (*fig.*) estremamente critico e pericoloso: *situazione esplosiva* **5** (*ling.*) occlusivo ‖ **esploṣivaménte**, avv. ‖ **esploṣività**, s. f. inv. proprietà o caratteristica di ciò che è esplosivo (*anche fig.*): *l'esplosività di una miscela, di una situazione* **B** s. m. ● sostanza o miscuglio di sostanze che per urto, effetto del calore, innesco o altre cause, subisce una reazione di esplosione: *e. innescante, dirompente*

esplòṣo① part. pass. di *esplodere*; anche agg. ● nei sign. del v.

esplòṣo② [dall'ingl. *exploded* ✱ 1987] **A** agg. ● detto di disegno che mostra con grande chiarezza le varie parti di una macchina, rappresentandole separatamente nella sequenza e nella posizione in cui si disporranno nel montaggio **B** anche s. m.: *l'e. della cupola di S. Carlo al Corso in Roma*

†**espogliàre** ➤ †**espoliare**

†**espoliàre** o †**espogliàre** [vc. dotta, lat. *exspoliāre* 'spogliare (*spoliāre*) completamente (*ex-*)' ✱ av. 1306] v. tr. ● spogliare | depredare

espoliazióne o **espogliazióne** [vc. dotta, lat. tardo *exspoliatiōne(m)*, da *exspoliātus*, part. pass. di *exspoliāre* 'espoliare' ✱ av. 1455] s. f. ● (*raro*) spoliazione | (*disus.*) depredazione

♦**esponènte** o †**sponènte** **A** part. pres. di *esporre*; anche agg. ● (*raro*) nei sign. del v. **B** s. m. e f. **1** persona particolarmente qualificata e rappresentativa nell'ambito di un'attività, di un movimento, di un gruppo: *un noto e. politico, sindacale*; *i maggiori esponenti della pittura informale* **2** (*burocr.*) chi in un'istanza espone il caso, le richieste sue e di altri: *l'e. chiede pertanto che gli sia resa giustizia* **C** s. m. **1** (*ling.*) lemma **2** (*mat.*) secondo termine dell'operazione di elevamento a potenza | numero che indica la potenza alla quale la base va elevata | ***e. intero***, numero di volte per il quale la base va moltiplicata per sé stessa **3** (*mar.*) ***e. di carico***, numero indice del peso che una nave può portare, oltre quello del suo scafo **4** in tipografia, segno, lettera, numero in corpo minore collocato un po' sopra la riga

esponenziàle [vc. dotta, tratta dal lat. *expōnens*, genit. *exponĕntis* 'esponente' ✱ 1748] **A** agg. ● (*mat.*) di funzione o equazione nella quale una o più variabili figurano all'esponente | ***curva, funzione e.***, curva di equazione $y = e^x$ | (*anche fig.*) detto di fenomeno in cui una quantità è soggetta a una crescita o diminuzione percentualmente costante nel tempo; (*est.*) detto di aumento sempre più rapido: *crescita e.* **B** s. f. ● curva esponenziale

†**espónere** ➤ **esporre**

espóngo ➤ **esporre**

esponìbile [1585] agg. ● (*raro*) che si può esporre ‖ **esponibilità**, s. f. inv.

esponitóre o †**sponitóre** [1261 ca.] s. m. (f. *-trice*); anche agg. ● espositore

♦**espórre** o †**espónere**, †**spórre** [vc. dotta, lat. *expōnere* 'porre (*pōnere*) fuori (*ex-*)' ✱ 1261 ca.] **A** v. tr. (coniug. come *porre*) **1** mettere in mostra, alla vista del pubblico: *e. le merci in vetrina*; *e. quadri*; *e. un avviso* | ***e. il Santissimo, le reliquie***, collocarli sull'altare per presentarli al culto dei fedeli **2** (*fotogr.*) sottoporre una pellicola, una lastra sensibile e sim. all'azione della luce **3** (*fig.*) abbandonare: *e. al ridicolo, alle dicerie, alle calunnie*; *pèra colui che primo / a le triste oziose / acque e al fetido limo / la mia cittade espose* (G. PARINI) | (*disus.*) ***e. un neonato***, abbandonarlo spec. perché resti affidato alla carità pubblica **4** (*fig.*) mettere in una situazione rischiosa: *e. i propri soldati a un grave pericolo*; *e. la propria vita* **5** comunicare, riferire in modo dettagliato: *e. all'autorità il proprio alibi, a un amico la propria vicenda* | manifestare, esprimere: *vorrei e. il mio punto di vista* | illustrare: *e. i capisaldi di una teoria* | (*est.*, *lett.*) leggere, spiegare, interpretare, spec. di fronte a un pubblico: *e. le sacre scritture* **6** (*assol.*) fare una mostra delle proprie opere, detto di artisti: *è un pittore che espone in molte gallerie* **B** **espórsi** v. rifl. **1** mettersi, disporsi in modo da subire l'azione di agenti esterni (+ *a*): *esporsi al sole*; *esporsi alle correnti d'aria* | mettersi in una situazione pericolosa o rischiosa: *esporsi ai pericoli, all'ira dei nemici, alle pallottole* | (*fig.*) prestare il fianco: *esporsi alle critiche* **2** (*fig.*) compromettersi: *esporsi manifestando opinioni radicali*; *bada a non esporti troppo* **3** (*fig.*) indebitarsi (+ *per*): *la ditta si è esposta per cinquecentomila euro*

SFUMATURE DI SIGNIFICATO
esporre - riferire - trattare
Il raccontare qualcosa per esteso e dettagliatamente a qualcuno, con il chiaro fine di informarlo o aggiornarlo su un determinato fatto o argomento si dice **esporre**. **Riferire** è termine d'uso più generico, che descrive il comunicare ad altri quanto si sa; è spesso usato in contesti burocratici e formali, dove indica l'atto dovuto di comunicare a un superiore gerarchico o a un'autorità competente. Il verbo più adeguato per identificare l'azione di chi espone un argomento esaustivamente e con metodi scientifici è **trattare**, che si usa soprattutto in riferimento ad articoli, saggi, lezioni, conferenze.
SFUMATURE ➤ *narrare*

esportàbile [1968] agg. ● che si può esportare ‖ **esportabilità**, s. f. inv.

♦**esportàre** o †**isportàre** [vc. dotta, lat. *exportāre* 'portar (*portāre*) fuori (*ex-*)' ✱ 1446] v. tr. (*io espòrto*) ● portare qlco. oltre i confini di una nazione, spec. per farne commercio: *e. prodotti agricoli, manufatti industriali, generi d'abbigliamento* | (*fig.*) diffondere all'estero: *e. idee nuove* CONTR. importare

esportatóre [av. 1928] agg. e s. m. (f. *-trice*) ● che (o chi) esporta: *compagnia esportatrice*; *è uno dei maggiori esportatori di frutta*

♦**esportazióne** [vc. dotta, lat. *exportatiōne(m)*, da *exportāre* 'esportare' ✱ 1580] s. f. ● spedizione di prodotti all'estero, in cambio di moneta e merci: *prodotti per l'e.* | (spec. al pl.) complesso delle merci esportate: *il valore delle vostre esportazioni è invariato da due anni* CONTR. importazione

espósi ➤ **esporre**

espoṣìmetro [comp. di (*tempo di*) *esposi(zione)* e *-metro* ✱ 1942] s. m. ● (*fotogr.*) fotometro che indica il tempo di esposizione in base alla misurazione quantitativa della luce

espositìvo o †**spositìvo** [da *esposito* * av. 1406] **agg.** **1** che serve a esporre, a spiegare: *genere, scritto e.* | di esposizione: *chiarezza espositiva* **2** relativo a un'esposizione, a una mostra: *centro e.*; *area espositiva* ‖ **espositivaménte**, **avv.** (*raro*) in modo espositivo

†**espòsito** [vc. dotta, lat. *expŏsitu(m)*, dal part. pass. di *expōnere* 'esporre' * sec. XVI] **s. m.**; **anche agg.** ● trovatello, bambino esposto

espositóre o †**spositóre** [vc. dotta, lat. tardo *expositōre(m)*, da *expŏsitus* 'esposto' * av. 1328] **A** **s. m.** (**f.** *-trice*); **anche agg.** **1** chi (o che) espone opere artistiche o prodotti industriali: *il premio è riservato agli espositori*; *ditta espositrice* **2** chi (o che) riferisce o narra qlco.: *è un brillante e.* | chiosatore, illustratore di testi **B** **s. m.** ● supporto mobile, con cui, nei negozi, si espongono al pubblico le merci in vendita, spec. per consentirne il prelievo diretto da parte degli acquirenti

♦**esposizióne** o †**sposizióne** [vc. dotta, lat. *expositiōne(m)*, da *expŏsitus* 'esposto' * 1268] **s. f.** **1** l'esporre all'aperto, alla luce: *e. del bucato all'aria aperta* | (*relig.*) ***e. del Santissimo***, pratica liturgica cattolica, consistente nel disporre sopra l'altare l'ostia consacrata nell'ostensorio, per presentarla all'adorazione dei fedeli | ***e. delle reliquie***, collocazione delle reliquie dei santi sull'altare per presentarle alla venerazione dei fedeli | ***e. di neonati***, un tempo, abbandono di neonati alla carità altrui | †***e. di un condannato***, gogna, berlina **2** (*fotogr.*) scelta della combinazione di tempo di posa e diaframma | ***indice di e.***, metodo di accoppiamento del tempo di posa e dell'apertura del diaframma | (*fig.*) condizione di chi è esposto all'azione di radiazioni ionizzanti **3** pubblica mostra: *e. di opere d'arte, di prodotti agricoli*; *e. biennale, internazionale, regionale, nazionale* | ***palazzo delle esposizioni***, destinato ad accoglierle **4** posizione di qlco. rispetto ai quattro punti cardinali (+ *a*): *e. a mezzogiorno, a oriente*; *l'e. di un edificio* **5** relazione, narrazione orale o scritta: *e. dei risultati di un affare*; *precisa e. dei fatti, dei concetti, delle proprie ragioni, di una dottrina* | (*lett.*) interpretazione: *e. di un'allegoria* **6** (*mus.*) parte iniziale di una composizione musicale, nella quale sono enunciati per la prima volta i temi che daranno vita allo sviluppo successivo **7** nel linguaggio alpinistico, caratteristica di un passaggio, di una via di arrampicata, e sim. che sono esposti **8** (*comm.*) complesso dei crediti verso un terzo da parte di un'azienda ‖ **esposizioncèlla**, **dim.**

SFUMATURE DI SIGNIFICATO

esposizione - dissertazione - discussione

Si dice **esposizione** una qualsiasi comunicazione orale che avvenga in un contesto di ufficialità. **Dissertazione** è un discorso o uno scritto condotto metodicamente su un argomento scientifico o letterario. **Discussione** è invece uno scambio di opinioni, oppure un esame collegiale preliminare a una decisione o alla formulazione di un'ipotesi.

espósto o †**spósto** **A** **part. pass.** di *esporre*; **anche agg.** **1** messo in vista, in mostra **2** collocato, rivolto: *edificio e. a Nord, a occidente, al sole* **3** nel linguaggio alpinistico, detto di un passaggio, di una via di arrampicata e sim., del tutto scoperti sul vuoto **4** (*med.*) detto di individuo che è venuto a contatto con un agente patogeno o un fattore di rischio **5** (*econ.*) che vanta crediti **B** **s. m.** **1** (**f.** *-a*) (*disus.*) bambino abbandonato dai genitori SIN. trovatello **2** (*burocr.*) ciò che è narrato e riferito in una petizione diretta a un'autorità: *secondo quanto risulta dall'e.* | (*est.*) la petizione stessa e il documento che la reca: *scrivere, accogliere, respingere un e.*

†**esprèmere** ➤ **esprimere**

♦**espressióne** o †**ispressióne**, †**spressióne** [vc. dotta, lat. *expressiōne(m)*, da *exprĕssus* 'espresso①' * 1363] **s. f.** **1** manifestazione di sentimenti, pensieri e sim.: *e. della volontà, di un'idea* | emanazione: *quel ministro è un'e. dell'area moderata* **2** parola, frase con cui si esprime il pensiero, il sentimento e sim.: *e. d'amore, di dolore, di gratitudine* | (*est.*) locuzione: *mi sembra un'e. dialettale* SIN. termine, vocabolo **3** (*ling.*) l'elemento esteriore del segno linguistico **4** atteggiamento, aspetto che manifesta sentimenti o stati d'animo: *i suoi occhi avevano un'e. triste* | (*est.*) capacità di esprimere qlco. con efficacia: *parole prive di e.*; *prosa ricca di e.*; *sogguardò la sposa, con una e. di doppiezza* (E. MORANTE) **5** (*mat.*) serie di termini, di simboli e di segni propri di una teoria | procedimento e risultato di un numero finito di operazioni razionali e di estrazioni di radice applicate a determinati numeri o lettere **6** (*mus.*) nella tecnica degli strumenti ad arco, moto oscillatorio delle dita sulla corda per ottenere il vibrato | nella loc. ***con e.***, espressivo

SFUMATURE ➤ ***atteggiamento***

espressionìsmo [fr. *expressionnisme*, da *expression* 'espressione' * 1926] **s. m.** ● tendenza a manifestare nell'arte il mondo interiore dei sentimenti, deformando sino alla più violenta esasperazione i dati del reale | movimento artistico che, sorto in Germania agli inizi del sec. XX, si pose questi intenti programmaticamente, in reazione all'impressionismo; in musica, identificabile con la scuola di Vienna (A. Schönberg, A. Berg, A. Webern), in cui, attraverso la dissoluzione del linguaggio musicale tonale, si giunge alla dodecafonia

espressionìsta [fr. *expressionniste*, da *expressionnisme* 'espressionismo' * 1922] **A** **s. m. e f.** (**pl. m.** *-i*) ● esponente, seguace dell'espressionismo: *una mostra di espressionisti* **B** **agg.** ● espressionistico: *pittore e.*; *quadro e.*

espressionìstico [1949] **agg.** (**pl. m.** *-ci*) ● relativo all'espressionismo o agli espressionisti | detto di artista e di opera d'arte che presenta i caratteri dell'espressionismo ‖ **espressionisticaménte**, **avv.** secondo le teorie dell'espressionismo

†**espressìva** [av. 1642] **s. f.** ● facoltà di esprimersi, di esprimere qlco. efficacemente

espressivìsmo [comp. di *espressiv(o)* e *-ismo* * 1984] **s. m.** ● stile letterario che tende, con invenzioni espressive, a dare più forza alla comunicazione scritta, ricorrendo ai dialetti, ai gerghi, ai linguaggi tecnici e settoriali, alle lingue straniere: *l'e. di Gadda*

espressìvo [fr. *expressif*, da *expression* 'espressione' * av. 1498] **agg.** **1** che esprime chiaramente ed efficacemente concetti, pensieri, sentimenti, stati d'animo e sim.: *silenzio, sguardo, gesto, linguaggio e.*; *avere un viso molto e.*; *occhi espressivi* | (*raro*) che serve a esprimere **2** (*ling.*) detto di fatto linguistico dovuto a fattori soggettivi **3** (*mus.*) detto di indicazione che richiede una particolare attenzione al fraseggio e una certa libertà esecutiva; usata anche come specificazione di altre: *adagio e.* ‖ **espressivaménte**, **avv.** ‖ **espressività**, **s. f. inv.** **1** caratteristica di chi (o di ciò che) è espressivo **2** (*biol.*) intensità con cui il carattere determinato da un certo gene si manifesta in un particolare soggetto

♦**esprèsso**① o †**isprèsso**, †**sprèsso** **A** **part. pass.** di *esprimere*; **anche agg.** **1** dichiarato o manifestato esplicitamente: *patto commissorio e.*; *con l'e. consenso della direzione* **2** (*raro*, *lett.*) appositamente mandato: *La quale nuova … la significo ad quelle per uomo e.* (N. MACHIAVELLI) ‖ **espressaménte**, **avv.** **1** in modo chiaro, manifesto, esplicito: *mi chiese espressamente di partire* **2** apposta: *ti ho chiamato espressamente per parlarti* **B** **avv.** ● †espressamente, esplicitamente: *El par che tu mi nieghi, / o luce mia, e. in alcun testo / che decreto del cielo orazion pieghi* (DANTE *Purg.* VI, 28-30)

♦**esprèsso**② [ingl. *express*, dal fr. *exprès* 'espresso' * 1853] **A** **agg.** ● celere, rapido | ***treno e.***, treno veloce, che ferma solo nelle località di maggior importanza | (*est.*) detto di cibo o bevanda preparati al momento, dietro richiesta: *piatto e.*; *spaghetti espressi* | ***caffè e.***, caffè ristretto preparato al momento con particolari macchine automatiche **B** **in funzione di agg. inv.** ● detto di lettera o pacco recapitato con una consegna apposita **C** **s. m.** **1** (*ellitt.*) caffè espresso: *chiedere, bere un e.* **2** (*ellitt.*) treno espresso **3** (*ellitt.*) lettera espresso ‖ **espressìno**, **dim.** caffè simile a un marocchino, nel sign. B 5

†**espressóre** o †**ispressóre** [vc. dotta, lat. tardo *expressōre(m)*, da *exprĕssus* 'espresso①' * av. 1556] **s. m.** ● chi esprime | esponente

♦**esprìmere** o †**esprèmere**, †**isprìmere**, †**sprìmere** [vc. dotta, lat. *exprĭmere* 'premere (*prĕmere*) per far uscire (*ex-*)' * sec. XIII] **A** **v. tr.** (**pass. rem.** *io esprèssi, tu esprimésti*; **part. pass.** *esprèsso*) **1** manifestare, comunicare con atti e parole: *e. giudizi, pensieri, opinioni, sentimenti*; *e. un desiderio*; *ha espresso la volontà di partire*; *col pianto, col silenzio si possono e. molte cose* | significare: *queste parole non esprimono nulla* | †tradurre da un'altra lingua SIN. dimostrare, esternare, estrinsecare **2** tradurre in espressione artistica: *un musicista che esprime perfettamente il senso del dolore* **3** generare, produrre: *la maggioranza parlamentare non è in grado di e. un governo forte* **4** (*lett.*) spremere, emettere **5** (*fig.*) †trarre fuori | ***e. la verità dalla bocca altrui***, estorcerla **B** **esprìmersi** **v. intr. pron.** **1** esporre chiaramente i propri pensieri (+ *su*): *non sa esprimersi*; *mi sono già espresso sull'argomento* | parlare (+ *in*): *non riesco a esprimermi in francese*; *che modo di esprimersi!* | dire, affermare: *così si esprime Spinoza nell'"Etica"* | far valere le proprie capacità: *un tennista in grado di esprimersi su ogni tipo di superficie* **2** manifestarsi: *nelle sue opere si esprime un alto impegno civile*

SFUMATURE ➤ ***parlare***①

esprimìbile [1765] **agg.** ● che si può esprimere: *è un concetto non e. a parole* CONTR. inesprimibile ‖ **esprimibilità**, **s. f. inv.**

esprit /fr. ɛsˈpʀi/ [vc. fr., dal lat. *spīritu(m)* 'spirito①' * 1866] **s. m. inv.** ● vivacità d'ingegno, arguzia, senso dell'umorismo | ***e. de géométrie, e. de finesse***, nel pensiero di B. Pascal, rispettivamente la ragione, la razionalità, e il sentimento, l'intuizione

†**èspro** ➤ **espero**

†**esprobràre** [vc. dotta, lat. *exprobrāre*, comp. di *ex-* rafforz. e *prŏbrum* 'azione riprovevole' * av. 1504] **v. tr.** ● rimproverare, biasimare, rinfacciare

†**espròmere** [vc. dotta, lat. *exprōmere*, comp. di *ex-* rafforz. e *prōmere* 'porre (originario sign. di *ĕmere*) avanti (*pro-*)' * av. 1542] **v. tr.** (**difett.** **usato solo alla terza pers. sing. dell'indic. pres.** *espròme* **e all'inf. pres.**) ● far uscir fuori

espromissàrio [dal lat. *expromĭssus*, part. pass. di *expromĭttere* 'rispondere per qualcuno' (V. *espromittente*) * 1970] **s. m.** (**f.** *-ia*) ● (*dir.*) creditore parte di una espromissione

espromissióne [dal lat. *expromĭssus*, part. pass. di *expromĭttere* 'garantire' (V. *espromittente*) * 1869] **s. f.** ● (*dir.*) negozio col quale un terzo assume su di sé un debito altrui in favore del creditore: *e. cumulativa, liberatoria*

espromissóre [vc. dotta, lat. tardo *expromissōre(m)*, da *expromĭttere* 'promettere' * 1673]

s. m. (difett. del f.) ● (*dir.*) espromittente
espromittènte [vc. dotta, lat. *expromittĕnte(m)*, part. pres. di *expromĭttere* 'garantire (secondo il sign. giuridico-religioso di *promĭttere* 'promettere') fermamente (*ex-*)' ✱ 1968] **s. m. e f.** ● (*dir.*) chi nell'espromissione assume su di sé il debito SIN. espromissore
espropriàbile [da *espropri(are)* con il suff. *-abile* ✱ 1957] **agg.** ● che può essere espropriato: *terreno, immobile e.* ‖ **espropriabilità**, **s. f. inv.**
espropriàre o (*pop.*) **spropriàre**, (*pop.*) **spropiàre** [vc. dotta, lat. mediev. *expropriāre*, comp. parasintetico di *prŏprius* 'proprio', col pref. *ex-* 'fuori' ✱ av. 1306] **A** **v. tr.** (*io espròprio*) **1** privare qlcu. della proprietà su un bene nelle ipotesi e con le forme disposte dalla legge: *e. i proprietari terrieri*; *e. il latifondo* **2** (*est.*) privare qlcu. di ciò che possiede **B** **espropriàrsi** **v. rifl.** ● privarsi spontaneamente di qlco.
espropriazióne [da *espropriare* ✱ av. 1484] **s. f.** ● l'espropriare: *e. per pubblica utilità*; *procedura di e.* | (*fig.*) privazione
espròprio [da *espropriare* ✱ 1584] **s. m.** ● espropriazione | ***e. proletario***, appropriazione di beni o servizi, spec. compiuta in gruppo, motivata come azione di protesta politica
espugnàbile [vc. dotta, lat. *expugnābile(m)*, da *expugnāre* 'espugnare' ✱ sec. XIV] **agg.** ● che si può espugnare (*anche fig.*): *roccaforte e.*; *virtù e.* CONTR. inespugnabile ‖ **espugnabilità**, **s. f. inv.**
espugnàre o †**spugnàre**② [vc. dotta, lat. *expugnāre*, comp. di *ex-* rafforz. e *pugnāre* 'combattere' ✱ av. 1321] **v. tr.** (**coniug. come** *segnare*) **1** impadronirsi combattendo di un luogo fortificato: *e. una fortezza, una città, una piazza* **2** (*fig., lett.*) costringere alla resa: *siamo riusciti a e. la sua resistenza*
espugnatóre [vc. dotta, lat. *expugnatōre(m)*, da *expugnātus*, part. pass. di *expugnāre* 'espugnare' ✱ sec. XIV] **agg. e s. m.** (**f.** *-trice*) ● (*lett.*) che (o chi) espugna
espugnazióne o †**spugnazióne** [vc. dotta, lat. *expugnatiōne(m)*, da *expugnātus*, part. pass. di *expugnāre* 'espugnare' ✱ sec. XIV] **s. f.** ● l'espugnare: *le espugnazioni di lochi inespugnabili* (B. CASTIGLIONE) SIN. conquista
♦**espulsióne** [vc. dotta, lat. *expulsiōne(m)*, da *expŭlsus* 'espulso' ✱ av. 1313] **s. f.** **1** cacciata, allontanamento: *l'e. dalla scuola, da uno Stato, da un'assemblea, dal campo di gara* **2** emissione: *e. dei bossoli*; *e. del feto*
SFUMATURE ➤ *congedo*
espulsìvo [vc. dotta, lat. tardo *expulsīvu(m)*, da *expŭlsus* 'espulso' ✱ av. 1292] **agg.** ● che spinge fuori, che ha forza di espellere | (*med.*) ***periodo e. del parto***, quello in cui si ha la proiezione all'esterno del feto
espùlso **A** **part. pass.** di *espellere* ● nei sign. del v. **B** **s. m.** (**f.** *-a*) ● chi è stato scacciato: *gli espulsi devono presentarsi in direzione accompagnati dai genitori*
espulsóre [vc. dotta, lat. *expulsōre(m)*, da *expŭlsus* 'espulso' ✱ 1554] **A** **agg.** (**f.** *espultrice*) ● che espelle **B** **s. m.** **1** chi espelle **2** congegno che nelle armi a retrocarica concorre a espellere il bossolo sparato
espulsòrio [1956] **agg.** (**pl. m.** *-i* o *raro -ii*) ● (*raro*) espulsivo
espùngere [vc. dotta, lat. *expŭngere* 'pungere (*pŭngere*) completamente (*ex-*)', poi 'cancellare con punti' ✱ av. 1704] **v. tr.** (**coniug. come** *pungere*) **1** in filologia, eliminare da un testo frasi, parole o lettere ritenute spurie | (*est.*) eliminare parole o brani da uno scritto o da uno stampato: *nella ristampa l'autore ha espunto l'ultimo capitolo* SIN. togliere **2** (*fig., lett.*) eliminare, escludere: *e. un pensiero dall'animo*
espùnto **part. pass.** di *espungere* ● nei sign. del v.
†**espuntòrio** [av. 1729] **agg.** ● (*lett.*) che serve a espungere | ***punto e.***, nelle antiche scritture, il punto posto sopra o sotto una lettera da espungere
espunzióne [vc. dotta, lat. tardo *expunctiōne(m)*, da *expŭnctum* 'espunto' ✱ 1758] **s. f.** ● l'espungere CONTR. interpolazione
espurgàbile [av. 1704] **agg.** ● (*raro*) che si può espurgare
espurgàre [vc. dotta, lat. *expurgāre*, comp. di *ex-* rafforz. e *purgāre* 'pulire' ✱ av. 1320] **v. tr.** (*io espùrgo, tu espùrghi*) **1** †ripulire, depurare **2** (*fig.*) togliere da un testo spec. letterario ciò che è ritenuto immorale o inopportuno: *e. il Decameron*
†**espurgatóre** [av. 1555] **s. m.** (**f.** *-trice*); **anche agg.** ● chi (o che) espurga
†**espurgatòrio** [av. 1676] **agg.** ● che mira a espurgare
†**espurgazióne** [vc. dotta, lat. *expurgatiōne(m)*, da *expurgātus* 'espurgato', part. pass. di *expurgāre* 'espurgare' ✱ sec. XIV] **s. f.** **1** l'espurgare, il venire espurgato **2** evacuazione **3** (*med.*) spurgo
†**espùrgo** [da *espurgare* ✱ 1741] **s. m.** ● spurgo, espurgazione
esquimése ➤ **eschimese**
†**esquiṣìto** e deriv. ➤ **squisito** e deriv.
♦**éssa** **pron. pers. f. di terza pers. sing.** ● forma f. di 'esso'
-éssa [lat. parl. *-ĭssa*, dal gr. *-issa*, usato per n. personali f.] **suff.** ● forma nomi femminili: *baronessa, dottoressa, duchessa, leonessa, ostessa, poetessa*
essai /fr. eˈsɛ/ [vc. fr., dal lat. tardo *exăgium*, da cui anche l'it. *saggio*② ✱ 1892] **s. m. inv.** **1** saggio, prova, esperimento | V. anche *ballon d'essai* e *cinéma d'essai* **2** (*sport*) nel gioco del rugby, meta
†**essaltàre** ➤ **esaltare**
†**essàusto** ➤ **esausto**
♦**ésse**① **pron. pers. f. di terza pers. pl.** ● forma f. pl. di 'esso'
èsse② [av. 1348] **s. f. o m. inv.** ● nome della lettera *s* | ***fatto a e.***, di ciò che ricorda la forma sinuosa della S maiuscola: *curva a e.* | ***avere le gambe a e.***, avere le gambe storte
†**essecràre** e deriv. ➤ **esecrare** e deriv.
essedàrio [vc. dotta, lat. *essedāriu(m)*, da *ĕssedum* 'essedo' ✱ 1583] **s. m.** ● chi guidava un essedo o combatteva su di esso
èssedo [vc. dotta, lat. *ĕssedu(m)*, vc. di orig. celt. ✱ 1726] **s. m.** ● carro a due ruote scoperto usato dai Galli e dai Britanni
†**esseguìre** e deriv. ➤ **eseguire** e deriv.
†**essèmpio** e deriv. ➤ **esempio** e deriv.
†**essèmplo** e deriv. ➤ **esempio** e deriv.
essendoché o **essèndo che** [comp. di *essendo* e *che*② ✱ av. 1449] **cong.** ● (*lett.*) poiché, giacché, per il fatto che (introduce una prop. causale con il v. all'indic., raro al congtv.): *essendo che amendue i pronunziati posson esser veri* (G. GALILEI)
essènico [1869] **agg.** (**pl. m.** *-ci*) ● degli Esseni
essèno [vc. dotta, lat. *Essēni* (nom. pl.), dal gr. *Essēnói*, di etim. discussa: dal siriaco *ḥăsēn*, pl. di *ḥăsē* 'pio' (?) ✱ 1481] **s. m.** (**f.** *-a*) ● seguace di una setta ebraica precristiana praticante forme di ascetismo
essènza o †**essènzia** [vc. dotta, lat. *essĕntia(m)*, costruito su *esse* 'essere', *ĕssens* 'essente', analogico su *sapiĕntia* e calco sul gr. *ousía* ✱ 1282] **s. f.** **1** (*filos.*) la proprietà specifica di una cosa, mancando la quale essa o non esiste o non è più tale **2** (*est.*) parte sostanziale, fondamentale e caratteristica di qlco.: *l'e. del discorso, del problema*; *l'e. di una teoria, di una dottrina* **3** (*chim.*) sostanza volatile di odore acuto e composizione varia, estratta da corteccia, fiori, frutti e sim. di alcune piante, usata in medicina, farmacia, profumeria: *e. di trementina, di mandorle amare* **4** nel linguaggio forestale e merceologico, la specie di un albero: *un bosco di pini e altre essenze* | (*est.*) il legno che si ricava da tali alberi: *il rovere è un'e. forte*; *il pioppo è un'e. dolce*
♦**essenziàle** [vc. dotta, lat. tardo *essentiāle(m)*, da *essĕntia* 'essenza' ✱ 1308] **A** **agg.** **1** che concerne l'essenza di qlco.: *l'elemento e. di una teoria* | estremamente importante: *la ragione è un requisito e. dell'uomo*; *il punto e. della questione*; *è e. che anche tu sia presente* SIN. fondamentale | (*dir.*) ***errore e.***, determinante del consenso | ***termine e.***, il cui mancato rispetto comporta la risoluzione del contratto | necessario, indispensabile: *l'ossigeno è e. alla respirazione* | privo di fronzoli, scarno ma efficace: *stile, linguaggio e.* SIN. capitale, fondamentale, primario CONTR. accidentale, casuale **2** (*chim.*) ***olio e.***, essenza ‖ **essenzialménte**, **avv.** in sostanza, in essenza; fondamentalmente: *si tratta di questioni essenzialmente diverse* ‖ **essenzialità**, **s. f. inv.** caratteristica di ciò che è essenziale: *l'essenzialità di un arredo, di una narrazione* **B** **s. m.** ● la cosa principale e necessaria: *l'e. è capire il problema*
essenzialiṣmo [1965] **s. m.** ● (*filos.*) ogni concezione filosofica che ammette la priorità ontologica dell'essenza rispetto all'esistenza
essenzièro [da *essenza* nel sign. 3 ✱ 1950] **agg.** ● relativo alla produzione di essenze
†**essèquie** e deriv. ➤ **esequie** e deriv.
essèra [vc. dotta, lat. *hexēre(m)*, dal gr. *hexḗrēs*, comp. di *héx* 'sei' e un deriv. di *eréssein* 'remare', di orig. indeur. ✱ 1892] **s. f.** ● nell'antica Grecia, nave a sei ordini di remi sovrapposti
†**essercitàre** ➤ **esercitare**
†**essèrcito** ➤ **esercito**
♦**èssere**① [lat. parl. **ĕssere*, per il classico *ĕsse*, di orig. indeur. ✱ 963] **A** **v. intr.** (**pres.** *io sóno*, †*so'* /sɔ*/, *tu sèi, egli è* /ɛ*/, †*è*, †*ène*, *noi siàmo*, **centr.** *sémo* (o *-è-*), †*sómo*, *voi sïète* (o *-é-*), †*séte*, *essi sóno*, †*ènno*; **imperf.** *io èro*, †*èra*, *tu èri*, *egli èra*, *noi eravàmo*, †*èramo* o †*eràmo*, *voi eravàte*, *essi èrano*; **pass. rem.** *io fùi, tu fósti*, †*fùsti*, *egli fu* /fu*/, †*fùe*, †*fo'* /fo*/, *noi fùmmo, voi fóste*, †*fùste*, *essi fùrono*, †*fùrno*, †*fùro*, †*fòro*, †*fuòro*; **fut.** *io sarò*, †*serò*, *tu sarài, egli sarà*, †*fìa*, †*fìe*, *noi sarémo, voi saréte, essi sarànno*, †*fìano*, †*fìeno*; **condiz. pres.** *io sarèi*, †*serèi*, †*saria*, †*fòra*, *tu sarésti*, †*serésti*, *egli sarèbbe* (o *-é-*), †*serèbbe*, †*saria*, †*fòra*, *noi sarémmo, voi saréste, essi sarèbbero* (o *-é-*), †*sarìano*, †*fòrano*; **congtv. pres.** *io sìa*, †*sie*, *tu sìa*, **lett.** *sìi*, *egli sìa*, *noi siàmo, voi siàte, essi sìano*, †*sieno*; **congtv. imperf.** *io fóssi*, †*fùssi*; **imperat.** *sìi, siàte*; **part. pres.** *raro essènte*; **part. pass.** *stàto* (V.), †*essùto* (V.), †*sùto*; **gerund.** *essèndo*, †*sèndo*. **ATTENZIONE!** *è* **va sempre accentato;** *fu* **non va accentato (V. nota d'uso ACCENTO). È v. ausiliare per tutti i tempi della forma passiva, per i tempi composti di ogni forma rifl., intr. pron. e impers. e inoltre per i tempi composti di molti v. intr. attivi e dei servili quando il verbo che segue all'infinito richiede l'aus.** *essere*. **La forma** *si sia* **di 'essere' come ausiliare o di †'essersi' (V. sign. C) è spesso sostituita nell'uso lett. da** *siasi* **(con la grafia unita e la particella pron.** *si* **enclitica):** *benché ... siasi scordato di scrivermi* (I. NIEVO); *piano od erto che siasi* (T. TASSO); **lo stesso si verifica con le forme** *si era, si erano*, **sostituite da** *erasi, eransi*: *Adele erasi messa a sedere sul canapè* (G. VERGA); *Ed eransi fortificati ... con bastioni e con ripari* (F. GUICCIARDINI)) **B** esprime un

aspetto della realtà **1** (*assol.*) esprime essenza o esistenza in sé: *Dio è, Dio non è; non preoccupatevi per ciò che non è; bisogna prendere la vita com'è; e la luce fu* | (*burocr.*) ***Carlo X, (del) fu Giuseppe***, figlio del defunto Giuseppe **2** (*assol.*) accadere, avvenire, aver luogo: *sarà quel che sarà; quel che è stato è stato; che sarà di me?; dopo varie scaramucce vi fu una dura battaglia; che cosa c'è, adesso?* | ***sarà***, forse è così, ma ci credo poco | ***così sia***, formula conclusiva che esprime talvolta anche rassegnazione | ***e sia!***, te lo concedo | ***sia quel che sia***, succeda ciò che deve succedere | ***sia come sia***, in ogni caso | ***come (se) nulla fosse***, con noncuranza, con naturalezza | ***come sarebbe a dire?***, (*assol.*) ***sarebbe?***, cioè? (sollecitando una spiegazione) | (*ellitt.*) ***è che***, il fatto è che: *vorrei venire con te, è che devo studiare* **3** provenire (+ *di*): *di dove sei? Sono di Ferrara; Onde fosti? e cui figliuolo?* (G. Boccaccio) **4** arrivare, pervenire (+ *a*, + *in*, + *da*): *fra due ore siamo a Roma, in città, in centro; un attimo e sono da lei* | andare: *l'anno scorso sono stato a Londra* **5** trovarsi in un dato rapporto, di appartenenza, favore, contrasto e sim., rispetto a qlco.: *allora, sei del numero anche tu?; lui è dei nostri; sono tutti dalla tua parte; sei o non sei per il divorzio?; siamo con voi!* | trovarsi, vivere e sim.: *non so dove sono; e. a casa, a scuola, in ufficio; e. davanti, dietro, vicino a qlcu.; e. al sicuro, nei guai* | ***siamo alle solite!***, ci troviamo nella situazione, gener. spiacevole, in cui ci siamo già trovati più volte | ***e. altrove***, (*fig.*) essere distratto, o comunque psicologicamente lontano dalla propria situazione concreta in un dato momento | occupare una data posizione, con riferimento a un sistema di relazioni spaziali o temporali: *che ora è?; da qui a casa ci sono due kilometri* | diventare: *vuole e. ricco; mi riposerò quando sarò vecchio* **6** come v. copulativo collega direttamente il soggetto con un predicato che lo determina: *e. operaio, impiegato; e. ricco, povero, influente; e. una nullità; e. sé stesso; e. buono, cattivo; la balena è un mammifero; lui preferisce e. che sembrare onesto; non è niente* **7** (*colloq.*) pesare: *quanto è questa carne?; il pane è un kilo* | (*colloq.*) costare: *quanto è in tutto? Sono cinquanta euro* **II** esprime varie relazioni grammaticali **1** introduce un elemento che determina il soggetto, specificandone lo stato, la funzione, l'appartenenza, l'origine, la materia e sim. (+ *in*, + *di*): *e. in buono, in cattivo stato; e. in uniforme; e. in gran numero; e. in dubbio, in forse; quel cassettone è di mio nonno; è d'oro, di bronzo; e. di aiuto, di conforto, di sostegno; e. di cattivo umore; e. di turno* | ***questo non è da te***, non è degno di te, non è coerente con le tue qualità | ***e. di ritorno***, ritornare | ***non siamo di questa opinione***, non condividiamo questa opinione | ***e. da più, da meno***, valere di più, di meno **2** indica la necessità, la possibilità, la convenienza di qlco. (anche nella forma *esserci*) (+ *da*, + *a* **seguiti da inf.**): *sono principi da dimostrare; è difficile da spiegare, è difficile a spiegarsi; è facile da fare, da dire, è facile a farsi, a dirsi; non c'è nulla da dire; non c'è che da aspettare; c'è da piangere* **3** indica la destinazione, il fine, la propensione, la preferenza (+ *per*): *questo è per te; è per questo che sei venuto; sono tutti per la Lazio* | (*lett.*) indica l'imminenza dell'azione espressa dal verbo che segue: *siamo per lasciare la città* **4** ***per e.***, limita il raggio di applicazioni della frase che segue: *per e. il direttore, è molto giovane; per e. intelligente, lo è* **III** unito a *ci* (avverbio con valore locativo o indeterm., oppure pronome con valore neutro), nella forma **èsserci** **1** esistere: *non ci sono uomini perfetti; non c'è nessuno che sia così ingenuo; ci sono a questo riguardo regole precise; non c'era anima viva* | ***c'è da***, bisogna; ci sono buoni motivi per fare qlco.: *c'è da stirare le camicie; c'è da mettersi le mani nei capelli; c'è quasi da piangere; c'è poco da ridere!* | vivere: *c'era in quel tempo un uomo* | ***c'era una volta***, inizio di molti racconti e favole | ***c'è***, (*pop.*, *raro*) ci sono: *Per tutto c'è degli aizzatori, de' mettimale* (A. Manzoni) | ***che c'è?***, che vuoi?, che succede? | (*roman.*) ***ci sei o ci fai?*** (o ***ci fai o ci sei?***), davvero non capisci o fingi di non capire? **2** essere presente: *alla cena ci sarà anche Giulia* **3** avvenire, aver luogo: *oggi c'è il tema in classe* **4** essere arrivato: *finalmente ci siamo!* | (*fig.*) essere giunto a una conclusione, a un punto importante e sim.: *ora ci sono* | (*fig.*, *colloq.*) ***ci sei?***, hai capito? | (*colloq.*) ***non ci siamo***, non ce l'hai fatta; l'hai fatto ma non l'hai fatto bene **B** **v. intr. impers.** **1** introduce un predicato che determina una data azione, processo, fenomeno e sim., senza che vi sia un soggetto esplicitamente definito: *è caldo, freddo, nuvolo; è Pasqua; è così; è come dici tu; beh, sa com'è* **2** rafforza l'elemento successivo allo stesso verbo 'essere' (+ *per*, + *a*, + *di*, **ecc.** ... + *che*): *è per te che lo dico; è per il tuo bene che lo faccio; è a lei che devi parlare con franchezza; è di lui che si sta discutendo* **C** **èssersi** **v. intr. pron.** ● †essere (con valore intens.): *E non so che si sia malinconia* (C. Angiolieri)

♦**èssere**② [da *essere*① ✱ av. 1257] **s. m.** **1** (**solo sing.**) (*filos.*) ciò che esiste: *l'e. e il non e.* | il fatto di esistere: *dovere a Dio il proprio e.* | modo, condizione in cui si trova qlcu. o qlco.: *l'e. proprio dell'uomo; conoscere una cosa nel suo e.* | stato: *Qui ho ritrovato ... la mia roba tutto in buon e.* (P. Verri) | ***†dare l'e.***, la vita **CFR.** onto-, non essere **2** ciò che ha una qualunque forma di vita, di esistenza: *gli esseri viventi* | ***l'Essere Supremo***, Dio **3** persona, individuo: *è un e. odioso; C'è un e. più infelice di me sulla terra?* (G. Verga) ‖ **esserino**, **dim.** (V.) | (*vezz.*) **esserùccio**, **dim.**

esserino [av. 1912] **s. m.** **1** dim. di *essere*② **SIN.** bambinello, creaturina **2** creatura che ispira tenerezza e compassione: *povero e., muore dal freddo*

♦**éssi** **pron. pers. m. di terza pers. pl.** ● forma m. pl. di 'esso'

essiccagióne ➤ **essiccazione**

essiccaménto, (*evit.*) **essicaménto** [av. 1816] **s. m.** ● essiccazione

essiccànte, (*evit.*) **essicànte** **A** **part. pres.** di *essiccare*; **anche agg.** ● nei sign. del v. **B** **s. m.** **1** (*med.*) sostanza che, a contatto con piaghe e ferite infette, assorbe il materiale purulento e sterilizza la lesione favorendo la cicatrizzazione **2** prodotto chimico impiegato per l'essiccazione delle piante in campo

essiccàre o †**essicàre** [vc. dotta, lat. *exsiccāre* 'seccare (*siccāre*) del tutto (*ex-*)' ✱ av. 1557] **A** **v. tr.** (*io essìcco, tu essìcchi*) **La forma arcaica 'essicare', con una *c*, non è corretta nell'uso attuale** **1** prosciugare: *e. una palude, un bacino* | asciugare: *e. una piaga* **2** sottoporre a essiccazione: *e. la canapa, le prugne* **B** **essiccàrsi** **v. intr. pron.** **1** diventare secco, asciutto: *presto le paludi si essiccheranno* **2** (*fig.*) inaridirsi: *gli si è essiccata la fantasia*

essiccatìvo, (*evit.*) **essicatìvo** [av. 1313] **agg.** ● che serve, che è idoneo a essiccare: *polvere essiccativa*

essiccatóio, (*evit.*) **essicatóio** [1903] **s. m.** (**pl.** *-ói*) **1** macchina dell'industria tessile che compie l'essiccazione della fibra | impianto per l'essiccazione di vari prodotti: *e. per riso, grano, mais; e. per pelli* **2** luogo in cui si compie l'essiccazione

essiccatóre, (*evit.*) **essicatóre** [av. 1646] **s. m.** **1** essiccatoio **2** (**f.** *-trice*) addetto all'essiccazione di prodotti vari | nelle saline e nelle torbiere, chi raccoglie i residui

essiccazióne o **essiccagióne**, (*evit.*) **essicazióne** [vc. dotta, lat. tardo *exsiccatiōne(m)*, da *exsiccātus*, part. pass. di *exsiccāre* 'essiccare' ✱ av. 1313] **s. f.** ● eliminazione parziale o totale, da materiali o sostanze varie, di acqua o altri liquidi: *e. di una pellicola, delle pelli, dei materiali edilizi* | prosciugamento, bonifica: *l'e. di un acquitrino*

essiccòsi, (*evit.*) **essicòsi** [da *essiccare* col suff. *-osi* ✱ 1956] **s. f. inv.** ● (*med.*) perdita di notevole quantità di acqua da parte dell'organismo

†**essìglio** ➤ **esilio**

†**essìlio** ➤ **esilio**

♦**ésso** [lat. *ĭpsu(m)*, di etim. incerta ✱ 1065] **A** **pron. pers. m. di terza pers. sing.** (**f.** *éssa*; **pl. m.** *éssi*, *†éi*; **pl. f.** *ésse*) **1** (**al sing.**) indica la cosa o l'animale (*fam.* **al f.**, *lett.* **al m.**, anche la persona) di cui si parla e si usa come soggetto; più raramente, e spec. nel f., come complemento: *ho ascoltato il tuo proposito: e. è lodevolissimo; ella mi piace, ... accomoderei con essa i miei interessi* (C. Goldoni); *se anche il tacesse, lo direbbe il di lui viso per e.* (V. Alfieri) | (*burocr.*) ***chi per e.***, chi ne fa le veci: *si esige la firma del titolare o di chi per e.* | ***†e con e.***, insieme: *la disavventura era tale, e con e. la discordia de' Fiorentini* (G. Villani) **2** (**al pl.**) indica le persone, gli animali, le cose di cui si parla e si usa sia come soggetto, sia come complemento: *essi verranno domani; alcune di esse sono pronte; S'ei fur cacciati, ei tornar d'ogne parte* (Dante *Inf.* X, 49) **B** **in funzione di agg. dimostr.** **1** (*lett.*) proprio, medesimo (con valore rafforz. e intens. preposto a un sost. o a un pron. pers. con i quali può o meno concordare): *io son essa che lutto, / madre* (Dante *Purg.* XVII, 38-39); *e correr fra' primieri / pallido e scapigliato e. tiranno* (G. Leopardi); (*pleonast.*) *Di vero tu cenerai con e. meco* (G. Boccaccio) | (*lett.*) ***e. lui***, V. *essolui* **2** (*lett.*) questo, quello, tale, suddetto: *l'anima in tanto esce di e. corpo, in quanto solo è impedita di rimanervi* (G. Leopardi) **3** (*lett.*) †entra nella composizione di alcune prep.: *lunghesso; sovresso; sottesso*

essolùi o **ésso lùi** [rafforzamento del pron. *lui* con il pron. alternativo *esso* ✱ sec. XIII] **pron. pers. m. di terza pers. sing.** (**f.** *essolei* **o** *esso lei*, *†essalei*, *†essa lei*; **pl. m.** *essoloro* **o** *esso loro*, *†essi loro*; **pl. f.** *†esse loro*) ● (*lett.*) lui (con valore rafforz.): *ella voleva con essolui digiunare* (G. Boccaccio); *per resistere a' famoli ammutinati contro essoloro* (G. Vico); *quasi riconciliato talvolta con esso lei* (G. Leopardi)

†**essòrdio** ➤ **esordio**

♦**essotèrico** [vc. dotta, lat. *exotĕricu(m)*, dal gr. *exōterikós*, da *éxō* 'di fuori, esterno' (V. *eso-*②) col suff. *-teros*, che indica opposizione ✱ sec. XVI] **agg.** (**pl. m.** *-ci*) ● di dottrina o insegnamento destinati al vasto pubblico | (*est.*) comprensibile, chiaro **CONTR.** esoterico ‖ **essotericaménte**, **avv.** ‖ **essotericità**, **s. f. inv.**

essoterìsmo [1843] **s. m.** ● caratteristica di ciò che è essoterico

essudàre [vc. dotta, lat. *exsudāre* 'uscire per trasudamento, trasudare', comp. di *ex-* 'fuori' e *sudāre* 'sudare' ✱ 1896] **v. intr.** (**aus.** *avere*) ● (*biol.*) fuoriuscire per filtrazione

essudativo [sec. XIX] **agg.** ● (*med.*) che concerne l'essudazione: *diatesi essudativa*

essudatìzio [1956] **agg.** ● (*med.*) caratteristico, proprio di un essudato: *liquido e.*

essudàto **A** **part. pass.** di *essudare*; anche **agg.** ● nei sign. del v. **B** **s. m.** **1** (*med.*) liquido che fuoriesce dai vasi sanguigni di un tessuto infiammato **2** (*biol.*) materiale fluido che in certi organismi vegetali filtra attraverso le pareti cellulari e si deposita nei tessuti adiacenti, come le gomme e le resine

essudazióne [vc. dotta, lat. tardo *exsudatiōne(m)*, da *exsudātus* 'essudato' ✱ 1834] **s. f.** ● (*biol.*) l'essudare

†**essùto** o †**sùto** **part. pass.** di *essere* ● nei sign. del v.

♦**est** /ɛst/ [fr. *est*, dall'ingl. *east*, di orig. indeur. ✱ 1561] **A** **s. m.** **1** (*geogr.*; anche con iniziale maiuscola) punto cardinale nella cui direzione si vede sorgere il Sole nei giorni degli equinozi di primavera e di autunno **2** (*est.*) territorio, paese e sim. situato in direzione dell'est rispetto a un punto stabilito: *l'Est dell'Europa* | (*per anton.*) ***i Paesi dell'Est***, quelli dell'Europa orientale, un tempo soggetti all'influenza politica dell'Unione Sovietica **3** (*est.*) nel bridge, posizione del giocatore che, al tavolo da gioco, si colloca di fronte al giocatore in posizione Ovest con cui fa coppia **B** **in funzione di agg. inv.** ● (posposto a un sost.) orientale, spec. nelle loc. ***fascia est, parete est, zona est*** e sim.

†**està** ➤ **estate**

estàblishment /e'stabliʃment, *ingl.* ɪ'stæblɪʃmənt/ [vc. ingl., deriv. del v. *to establish* 'stabilire' di orig. fr. (dall'ant. fr. *establir*), dapprima applicato all'organizzazione milit. *stabilita* per legge ✱ 1960] **s. m. inv.** ● classe dirigente, insieme di coloro che occupano un posto preminente in ogni ambito della vita sociale, economica e culturale

estàglio [deriv. merid. del lat. tardo *taliāre* 'tagliare, dividere' (?) ✱ 1922] **s. m.** ● contratto per l'esecuzione di un lavoro a cottimo, in uso nell' Italia meridionale

estampida /*provenz.* estaŋ'pida/ [vc. ant. provenz. 'canzone a ballo ritmata battendo i piedi', dal got. **stampjan* 'pestare' ✱ 1956] **s. f.** ● (*mus.*) composizione strumentale diffusa nei secc. XIII e XIV

estància /es'tansja, *sp.* es'tanθja, -sja/ [vc. sp., 'luogo dove si usa stare (*estar*)', 'stanza' ✱ 1889] **s. f. inv.** (**pl. sp.** *estancias*) ● nell'America meridionale, grande tenuta dove si alleva il bestiame su vasta scala

†**estànte** ➤ **istante**②

♦**èstaṣi** o †**estaṣìa** [vc. dotta, lat. tardo *ĕx(s)tasi(m)*, dal gr. *ékstasis*, dal v. *existánai* 'star (*histánai*) fuori (*ex-*) dalla mente' ✱ av. 1342] **s. f.** o †**m. inv.** **1** stato psichico di svincolamento dalla realtà, di entusiasmo fanatico e di commozione, misto a un senso di rapimento, a volte accompagnato da visioni e da sensazioni uditive allucinatorie **2** nella fenomenologia religiosa, l''uscita da sé' dell'anima che, abbandonato il legame con il corpo fisico e con i sensi, stabilisce un contatto temporaneo con il divino | nella teologia cattolica, supremo grado dell'ascesi e dell'esperienza mistica, nel quale l'anima è rapita nella contemplazione di Dio **3** (*est.*) stato di intenso piacere: *è una musica che fa andare in e.*; *e. amorosa* | (*fam., scherz.*) ***essere in e.***, essere distratto **SIN.** rapimento

SFUMATURE DI SIGNIFICATO

estasi - rapimento - incanto

Estasi descrive uno stato allucinatorio che porta a uno svincolamento dalla realtà; nella fenomenologia religiosa è l'uscita da sé dell'individuo che stabilisce un contatto temporaneo col divino indipendentemente dal corpo e dai sensi; correntemente identifica uno stato di felicità assoluta, di beatitudine conseguente alla sensazione di un intenso piacere. **Rapimento** esprime lo stesso concetto, ma introduce la sfumatura dell'essere come sottratto a sé stesso. In **incanto** il piacere straordinario si traduce nella sensazione di essere preso in un incantesimo, di vivere in un sogno.

estaṣiàre [fr. *(s')extasier*, da *extase* 'estasi' ✱ 1766] **A** **v. tr.** (*io estàṣio*) ● mandare in estasi: *è una musica che mi estasia* **SIN.** affascinare **B** **estaṣiàrsi** **v. intr. pron.** ● andare in estasi, in visibilio: *si estasiava nel contemplare quel quadro* **SIN.** bearsi, incantarsi

estaṣiàto o †**estaṣìto** **part. pass.** di *estasiare*; anche **agg.** **1** nei sign. del v. **2** preso da intensa ammirazione, da profondo godimento: *rimase e. dall'esecuzione della pianista*

♦**estàte** o (*lett.*) **stàte**, (*poet.*) †**està**, (*roman.*) †**istàte** [vc. dotta, lat. *aestāte(m)*, di orig. indeur. col sign. fondamentale di 'calore bruciante' ✱ av. 1250] **s. f.** ● stagione dell'anno che dura 93 giorni e 14 ore, dal solstizio d'estate all'equinozio d'autunno, corrispondente all'inverno nell'emisfero australe | ***e. di S. Martino***, periodo di buona stagione che si verifica solitamente verso l'11 novembre, giorno di tale santo | ***e. indiana***, nell'America settentrionale, estate di S. Martino ‖ **estatàccia**, **pegg.** | **estatìna**, **dim.**

♦**estàtico** [vc. dotta, gr. *ekstatikós*, da *ékstasis* 'estasi' ✱ 1319] **agg.** (**pl. m.** *-ci*) **1** di estasi: *mi parve in una visïone / estatica di sùbito esser tratto* (DANTE *Purg.* XV, 85-86) **2** che è in estasi (*anche fig.*): *un santo dall'espressione estatica era al centro del quadro*; *rimase e. a guardarla* **3** (*fig.*) di ciò che per immobilità, apparente distacco dal tempo e perfezione ricorda il rapimento dell'estasi: *un mare e. brillava sotto la luna* ‖ **estaticaménte**, **avv.** in modo estatico, in estasi ‖ **estaticità**, **s. f. inv.**

estavolazióne [comp. di *es-* e di un deriv. di *tavolare*, da *tavola* nel sign. 15, sull'es. opposto di *intavolazione* ✱ 1956] **s. f.** ● (*dir.*) nel sistema tavolare, cancellazione di un bene immobile dal registro fondiario

†**estemporàle** [vc. dotta, lat. *extemporāle(m)*, da *ĕxtempore* 'al (*ĕx-*) momento (*tĕmpus*, genit. *tĕmporis*)' ✱ av. 1449] **agg.** ● estemporaneo ‖ †**estemporalità**, **s. f. inv.** estemporaneità

estemporaneità [da *estemporaneo*, sul modello di *estemporalità* ✱ 1869] **s. f. inv.** ● (*raro*) caratteristica di chi (o di ciò che) è estemporaneo

♣**estemporàneo** [var. di *estemporale* ✱ av. 1498] **agg.** ● immediato, improvvisato: *risoluzione estemporanea*; *discorso e.* | ***poeta e.***, che compone versi improvvisando | approssimativo, poco meditato: *un espediente e.* **CONTR.** meditato ‖ **estemporaneaménte**, **avv.** senza preparazione, all'improvviso

♦**estèndere** [vc. dotta, lat. *extĕndere* 'tendere (*tĕndere*) del tutto (*ex-*)' ✱ av. 1306] **A** **v. tr.** (**coniug. come** *tendere*) **1** rendere più ampio, più vasto: *e. i confini dello Stato, il significato di un vocabolo, le proprie nozioni scientifiche* | allungare: *e. gli arti inferiori* | applicare a un maggior numero di persone: *e. un beneficio, un diritto*; *e. un invito*; *e. i ringraziamenti* **2** (*mus.*) produrre estensione **3** (*fig., raro*) stendere: *il notaio estenderà l'atto domani* **4** †distendere, spiegare: *e. il mantello* **B** **estèndersi** **v. intr. pron.** **1** diventare, farsi sempre più ampio: *la città si estende ogni giorno* | propagarsi: *il male, il contagio, il malcontento, la corruzione si estendono* | diffondersi, allargarsi (+ *a*): *la sperimentazione del nuovo farmaco si estenderà a tutto il territorio nazionale* | (*raro*) dilungarsi **2** distendersi, occupare una determinata superficie: *le sue terre si estendono per molti ettari*

estendìbile [av. 1712] **agg.** ● estensibile ‖ **estendibilità**, **s. f. inv.**

†**estendiménto** [sec. XIV] **s. m.** ● l'estendere, l'estendersi | tensione | espansione

estenditrìce ➤ **estensore**

estènse [av. 1533] **A** **agg.** ● di Este, in provincia di Padova | dei duchi d'Este: *Stato e.* **B** **s. m. e f.** ● (**spec. al pl.**) ciascuno degli appartenenti alla casa d'Este | (**al pl.**) la famiglia, la casata d'Este: *la corte degli Estensi a Ferrara*

estensìbile [1832] **agg.** **1** che si può estendere, ampliare: *una sedia e.* **2** (*fig.*) che può essere esteso, che si può applicare anche ad altre persone o cose: *una rendita e. anche al coniuge*; *una decisione e. anche ad altri settori* | in formule epistolari di cortesia, che va esteso: *ossequi estensibili a tutta la famiglia* ‖ **estensibilità**, **s. f. inv.**

estensìmetro [comp. di *estensi(one)* e *-metro* ✱ 1913] **s. m.** ● (*mecc.*) dispositivo per misurare deformazioni di corpi o strutture

estensionàle [1979] **agg.** ● (*filos.*) relativo all'estensione, nel sign. 5 | ***definizione e.***, quella che definisce un termine per estensione

♦**estensióne** o †**stensióne** [vc. dotta, lat. tardo *extentiōne(m)*, da *extĕnsus* 'esteso' ✱ av. 1328] **s. f.** **1** ampliamento (*anche fig.*): *e. territoriale*; *favorire l'e. della potenza di qlcu.*; *e. di un concetto, del significato di un termine* | ***in tutta l'e. della parola***, nel suo pieno significato, senza restrizioni | ***per e.***, estendendo il significato del termine **2** movimento per cui un segmento di un arto viene allontanato da quello contiguo: *e. della gamba sulla coscia* | in ginnastica, passaggio da un atteggiamento raccolto a uno disteso degli arti e del corpo **SIN.** distensione **3** dimensione, superficie: *l'e. di un campo, di una zona*; *un paese di grande e.* | (*raro*) spazio: *una grande e. di colore misterioso e indistinto* (I. SVEVO) | (*gramm.*) ***complemento di e.***, V. *quantità* **4** (*mus.*) l'intera gamma dei suoni, dall'acuto al grave, che uno strumento o una voce può emettere: *un'e. di tre ottave* **SIN.** tessitura **5** (*filos.*) in logica, il significato generale, comune a una classe di oggetti che sono definiti dalla stessa parola **CONTR.** intensione

SFUMATURE ➤ *spazio*

estensìvo o †**stensìvo** [vc. dotta, lat. tardo *extensīvu(m)*, da *extĕnsus* 'esteso' ✱ 1525] **agg.** **1** che estende, che amplia | ***interpretazione estensiva di una norma di legge***, che ne estende l'applicazione ad ambiti più ampi, non esplicitamente previsti | ***uso e. di una parola***, che ne amplia il significato proprio (per es. nella frase *'dicono tutti che è una bella testa'*, *'testa'* nel sign. di 'persona intelligente' è un uso estensivo del sign. proprio della parola) **2** ***coltura estensiva***, di terreni lasciati a pascolo e solo in piccola parte coltivati con modesto impiego di capitali **CONTR.** intensivo **3** (*fis.*) detto di grandezza o proprietà caratteristica di un corpo o un sistema la cui misura dipende dalla quantità di materia presente in quest'ultimo o dalla sua forma: *la massa, l'energia interna, il volume sono grandezze estensive* **CONTR.** intensivo **4** (*urbanistica*) detto di zona residenziale caratterizzata da una densità della popolazione residente inferiore a 150 abitanti all'ettaro ‖ **estensivaménte**, **avv.** in modo estensivo, per estensione ‖ **estensività**, **s. f. inv.**

estènso [vc. dotta, lat. *extĕnsu(m)*, part. pass. di *extĕndere* 'estendere' ✱ av. 1332] **agg.** ● (*raro*) esteso, spec. nella loc. ***per e.***, compiutamente, fin nei particolari

estensóre [da *extĕnsus* 'esteso' ✱ 1748] **A** **agg. m.** ● che produce estensione: *muscolo e.* **B** **s. m.** **1** (**f.** *estenditrice*) compilatore di uno scritto: *l'e. di un articolo, di una sen-*

tenza **2** attrezzo ginnico formato da più spirali metalliche da mettere in tensione mediante due impugnature poste alle estremità **3** (*anat.*) muscolo estensore

estenuànte **part. pres.** di *estenuare*; anche **agg.** ● che estenua | che provoca grande stanchezza, che indebolisce fisicamente e psichicamente: *viaggio, attesa e.*

✦**estenuàre** o †**stenuàre** [vc. dotta, lat. *extenuāre*, comp. parasintetico di *tĕnuis* 'tenue, sottile', col pref. *ex-* rafforz. ✻ av. 1313] **A** **v. tr.** (*io estènuo, noi estenuiàmo*) **1** (*raro*) rendere magro, consumare lentamente: *la lunga prigionia l'aveva estenuato* | (*est.*) indebolire, fiaccare: *questo caldo insistente mi ha estenuato* **SIN.** sfibrare, spossare **2** (*fig.*) impoverire: *e. le casse dello Stato* | ***e. un terreno***, impoverirlo per il mancato apporto di adeguate concimazioni **3** (*fig.*) †avvilire, deprimere: *estenuando i meriti suoi* (B. Castiglione) **B** **estenuàrsi** **v. intr. pron.** ● stancarsi, spossarsi

†**estenuatìvo** o †**stenuatìvo** [av. 1313] **agg.** ● (*raro*) estenuante

estenuàto **part. pass.** di *estenuare*; anche **agg.** **1** privo di forze fisiche o morali **SIN.** sfinito, spossato | (*fig.*, *raro*) decadente, esangue: *uno stile fiacco, e.* **2** (*fig.*, *lett.*) deperito ‖ **estenuatamènte**, **avv.** (*lett.*) con estenuazione, con spossatezza, stancamente

estenuazióne o †**stenuazióne** [vc. dotta, lat. *extenuatiōne(m)*, da *extenuātus* 'estenuato' ✻ 1554] **s. f.** **1** estrema spossatezza **2** †dimagrimento eccessivo

esteràsi [comp. di *ester(e)* e *-asi* ✻ 1968] **s. f. inv.** ● (*chim.*) enzima che, con l'intervento degli elementi dell'acqua, catalizza la scissione della molecola di un estere liberando l'acido e l'alcol costituenti

èstere [ted. *Ester*, da *Es(sigä)ther* 'etere (*Äther*) acet(ic)o (*Essig*, dal lat. **atĕcum*, forma metatetica di *acētum*)' ✻ 1892] **A** **s. m.** ● (*chim.*) composto organico che usualmente si ottiene per condensazione di un acido con un alcol, con eliminazione di acqua: *e. fosforico* **B** anche **agg.**: (*chim.*) *gruppo e.*

esterefàtto ● (*evit.*) ➤ **esterrefatto**

esterificàre [da *estere* ✻ 1923] **A** **v. tr.** (*io esterìfico, tu esterìfichi*) ● (*chim.*) convertire in estere un acido mediante trattamento con un alcol **B** **esterificàrsi** **v. intr. pron.** ● trasformarsi in estere ‖ **esterificazióne**, **s. f.**

✦**esterióre** [vc. dotta, lat. *exteriōre(m)*, compar. di *ĕxter(us)* 'esterno' ✻ 1308] **A** **agg.** ● che è, avviene o appare al di fuori: *aspetto, fenomeno e.* | ***mondo e.***, che è al di fuori dell'uomo, distinto dai pensieri e dai sentimenti | superficiale, apparente: *la loro cordialità era soltanto e.*; *qualità esteriori* **SIN.** esterno, estrinseco **CONTR.** interiore ‖ **esteriorménte**, **avv.** **1** all'esterno, dall'esterno, di fuori **2** (*fig.*) superficialmente, apparentemente **B** **s. m.** ● ciò che appare al di fuori: *stando all'e., la casa mi sembra in ottimo stato*

esteriorità [1669] **s. f. inv.** ● ciò che appare all'esterno: *non farsi ingannare dall'e. delle cose o delle persone* | ***curare le esteriorità***, le apparenze **SIN.** apparenza **CONTR.** interiorità

esteriorizzàre [1900] **A** **v. tr.** ● rendere esteriore, mostrare all'esterno, spec. sentimenti e sim. **B** **esteriorizzàrsi** **v. intr. pron.** ● esternarsi ‖ **esteriorizzazióne**, **s. f.** (V.)

esteriorizzazióne [1908] **s. f.** **1** l'esteriorizzare, l'esteriorizzarsi | manifestazione di un sentimento **2** (*med.*) estrazione di un organo mobile, dalla sede in cui è contenuto, nel corso di un processo operatorio **3** (*psicol.*) il rivolgersi di interessi ed energie verso l'esterno

esterminàre ➤ **sterminare**

esterminàto ➤ **sterminato**①

esterminatóre ➤ **sterminatore**

esterminazióne ➤ **sterminazione**

†**esterminévole** [adattamento del lat. tardo *extermināb̆ilis*, da *extermināre* 'esterminare' ✻ av. 1704] **agg.** ● distruttivo

estermìnio ➤ **sterminio**

esternalità [ingl. *externality*, da *external* 'esterno' ✻ 1985] **s. f. inv.** ● (*econ.*) influenza, positiva o negativa, che lo svolgimento di un'attività economica o produttiva esercitata sull'ambiente, il mercato e i consumatori, procurando indirettamente vantaggi o danni

esternalizzàre [adattamento dell'ingl. *to externalize* 'rivolgersi verso l'esterno', da *external* 'esterno' ✻ 1986] **v. tr.** ● (*econ.*) terziarizzare, nel sign. A 2 ‖ **esternalizzazióne**, **s. f.**

✦**esternàre** [vc. dotta, lat. *ex(s)ternāre*, che, anche se non si consideri deriv. da *extĕrnus* 'esterno', ha subìto l'influenza di questo ✻ 1780] **A** **v. tr.** (*io estèrno*) **1** manifestare qlco. che si ha nell'animo: *e. un sospetto*; *e. il proprio affetto per qlcu.*; *una certa vergogna di me stesso che non esternava* (V. Alfieri) **SIN.** esprimere, palesare **2** (*assol.*) avvalersi del potere di esternazione | (*est.*) fare dichiarazioni pubbliche, spec. in modo estemporaneo: *un politico che esterna spesso* **B** **esternàrsi** **v. intr. pron.** ● diventare palese, apparire all'esterno: *il timore impediva ai suoi sentimenti di esternarsi* **C** **esternàrsi** **v. rifl.** ● aprire il proprio animo: *esternarsi con qlcu.*

SFUMATURE ➤ ***palesare***

esternàto [da *esterno*①, sul modello del f. *externat* ✻ sec. XIX] **s. m.** ● condizione propria degli allievi o degli assistiti di un'istituzione scolastica o educativa in genere, che fruiscano del vitto e dell'alloggio familiari **CONTR.** internato

esternazióne [da *esternare* ✻ 1798] **s. f.** ● l'esternare: *l'e. di un sentimento* | ***potere di e.***, quello che consente al Presidente della Repubblica di esprimere la propria opinione in materia politico-istituzionale | opinione espressa in base a tale potere

✦**estèrno** [vc. dotta, lat. *extĕrnu(m)*, da *ĕxter* 'di fuori (*ĕx-*)', come *intĕrnus* 'interno', da *ĭnter* 'di dentro' ✻ sec. XIV] **A** **agg.** (**compar.** *esteriore* (V.); **superl.** *estremo* (V.)) **1** che è al di fuori di qlco.: *perimetro e.*; *mura esterne*; *dai segni esterni si conosce l'interno* (C. Goldoni) **CFR.** ecto-, eso-② **CONTR.** interno | ***scala esterna***, fuori della casa | ***angolo e.***, in un poligono, uno degli angoli compresi fra un lato e il prolungamento di un altro | ***alunni esterni***, che non hanno seguito i corsi regolari nella scuola in cui sostengono gli esami; anche, in un collegio, quelli che ne frequentano i corsi scolastici senza essere convittori | (*filos.*) ***mondo e.***, la realtà percepibile sensorialmente | ***per uso e.***, di medicamento da impiegarsi per le parti esterne del corpo | ***pianeta e.***, superiore **2** nel linguaggio sportivo, detto di incontro disputato sul campo avversario: *vittoria esterna*; *pareggio e.* **CONTR.** casalingo **3** †forestiero, straniero **4** †separato, disgiunto ‖ **esternaménte**, **avv.** **1** dalla parte esterna; al di fuori **2** (*fig.*) esteriormente, in apparenza: *Seguiva esternamente, come tanti altri, le pratiche del culto* (L. Pirandello) **B** **s. m.** **1** il lato o la parte di fuori: *l'e. del tronco è ruvido* **CONTR.** interno **2** (**f.** *-a*) chi frequenta i corsi di studio di un collegio senza esserne convittore **3** in teatro, ricostruzione scenografica di un luogo aperto | (**al pl.**) ***gli esterni***, in cinematografia, riprese girate al di fuori dei teatri di posa **4** (*sport*) in alcuni giochi di palla a squadre, chi si muove lungo le fasce laterali del campo | nella pallacanestro, giocatore che, sia in difesa che in attacco, agisce lungo le linee laterali | nel baseball, ciascuno dei tre giocatori della stessa squadra schierata in difesa che prende posizione nel settore del campo di gioco fuori del diamante: *e. sinistro*; *e. centro*; *e. destro*

✦**èstero** [vc. dotta, lat. *ĕxteru(m)* 'di fuori', da *ĕx*, spec. con l'idea di 'uscita', e il suff. compar. *-tero* ✻ 1499] **A** **agg.** ● forestiero, straniero: *giornali esteri*; *merci estere* | che riguarda le relazioni con gli Stati stranieri: *politica estera*; *Ministero degli Affari Esteri* **B** **s. m.** **1** qualunque territorio o parte di territorio posto al di fuori dei confini nazionali | ***all'e.***, fuori dal proprio Paese: *vivere, lavorare, andare all'e.* | (*ellitt.*) ***gli Esteri***, Ministero degli Affari Esteri | (*econ.*) ***pagamento e. su e.***, trasferimento di moneta da un conto estero a un altro conto estero **2** (**spec. al pl.**) sezione della redazione di un giornale che cura il notiziario internazionale

esterocettóre [comp. di *estero-* e *(re)cettore* ✻ 1968] **s. m.** ● (*fisiol.*) recettore situato sulla superficie del corpo e sensibile a stimoli provenienti dall'esterno **CFR.** enterocettore, propriocettore

esterocezióne [comp. di *estero-* e *(ri)cezione* ✻ 1993] **s. f.** ● (*fisiol.*) complesso delle funzioni dei recettori e dei centri nervosi che consentono l'acquisizione delle informazioni dall'ambiente esterno **CFR.** enterocezione, propriocezione

esterofilìa [comp. di *estero* e *-filia* ✻ av. 1920] **s. f.** ● accentuata predilezione per tutto ciò che è straniero **SIN.** xenofilia

esteròfilo [comp. di *estero* e *-filo* ✻ av. 1944] **A** **agg. e s. m.** (**f.** *-a*) ● che (o chi) predilige tutto ciò che è straniero **B** **agg.** ● caratterizzato da esterofilia: *atteggiamento e.* **SIN.** xenofilo

esterofobìa [comp. di *estero* e *-fobia* ✻ av. 1975] **s. f.** ● avversione per tutto ciò che è straniero ‖ **esterofòbico**, **agg.** (**pl. m.** *-ci*) relativo a esterofobia, che denota esterofobia ‖ **esteròfobo**, **agg. e s. m.** (**f.** *-a*) che (o chi) dimostra esterofobia

esteromanìa [comp. di *estero* e *-mania* ✻ av. 1937] **s. f.** ● predilezione esagerata per tutto ciò che è straniero

esterovestìto [1985] **agg.** ● (*econ.*) che ha la residenza fiscale all'estero ma opera in Italia: *società esterovestita*

esterovestizióne [propr. 'assunzione di una veste estera' ✻ 1985] **s. f.** ● (*econ.*) residenza fittizia all'estero di un soggetto o localizzazione fiscale fuori dall'Italia di una società che opera sul territorio italiano, al fine di godere di un'imposizione contributiva più vantaggiosa

✦**esterrefàtto**, (*evit.*) **esterefàtto** [vc. dotta, dal lat. *exterrēre* sul modello di *stupefatto* ✻ 1532] **agg.** ● (*raro*) spaventato, atterrito | sbalordito, sbigottito: *restare, rimanere e.*; *lasciare qlcu. e.*

-estesìa [dal gr. *áisthēsis* 'sensazione'] **secondo elemento** ● in parole composte della terminologia medica, significa 'sensazione' o 'sensibilità': *iperestesia*

estesio- [Cfr. *-estesia*] **primo elemento** ● in parole composte della medicina significa 'sensazione' o 'sensibilità': *estesiometro*

estesiologìa [comp. di *estesio-* e *-logia* ✻ 1887] **s. f.** (**pl.** *-gìe*) ● parte della medicina che si occupa dello studio degli organi di senso

estesiòmetro [comp. di *estesio-* e *-metro* ✻ 1887] **s. m.** ● apparecchio per lo studio delle sensazioni elementari

estéso (o -**so**) **A** **part. pass.** di *estendere*; anche **agg.** **1** ampio, vasto: *un territorio e.* | (*fig.*) ***significato e.***, traslato | ***per e.***, senza abbreviazioni **2** †teso, proteso ‖ **estesaménte**, **avv.** ampiamente; per esteso **B** **s. m.**

● †estensione

Est Est Est /ɛst ɛst ɛst/ [ripetizione dell'indic. pres. lat. *ĕst*, tanto '(egli) è', quanto '(c')è', spesso aneddoticamente spiegata, ma d'incerta interpretazione * av. 1798] **loc. sost. m. inv.** ● vino bianco secco (talora amabile) di colore giallo e dal fresco aroma d'uva, prodotto a Montefiascone, presso il lago di Bolsena, con uve Trebbiano e Malvasia

♣**estèta** [vc. dotta, gr. *aisthētḗs*, da *aisthánesthai* 'percepire', di orig. indeur. * 1898] **s. m. e f.** (**pl. m.** *-i*) **1** chi ha il culto della bellezza artistica | seguace dell'estetismo **2** (*est.*) persona di raffinata sensibilità

♦**estètica** [ted. *Ästhetik*, dal gr. *aisthētikós* 'sensitivo, percettivo' * 1756] **s. f. 1** concezione filosofica del bello e dell'arte: *l'e. rinascimentale, romantica*; *l'e. di Hegel* **2** (*est.*) avvenenza, bellezza: *curare l'e. del proprio corpo*; *una costruzione che difetta di e.*

♣**estètico** [vc. dotta, gr. *aisthētikós*, da *aisthētós* 'sensibile', agg. verb. di *aisthánesthai* 'percepire', di orig. indeur. * 1772] **agg.** (**pl. m.** *-ci*) **1** che concerne l'estetica **2** (*est.*) inerente, relativo al bello: *gusto, senso e.* | bello, gradevole a vedersi: *una soluzione architettonica poco estetica* **3** che cura o migliora l'aspetto del corpo: *trattamento e.*; *chirurgia estetica* ‖ **esteticaménte**, **avv.** secondo l'estetica, dal punto di vista estetico ‖ **esteticità**, **s. f. inv.** carattere, aspetto estetico; valore formale di un'opera artistica

estetişmo [per *esteti(ci)smo*, da *estetico* * 1908] **s. m. 1** atteggiamento di chi considera primari e fondamentali i valori estetici **2** indirizzo critico che valuta e giudica un'opera d'arte limitatamente ai suoi valori formali **3** ricerca eccessiva di effetti estetici: *l'e. di certe immagini fotografiche*

estetista [per *estet(ic)ista*, da *estetica* * 1963] **s. m. e f.** (**pl. m.** *-i*) ● persona esperta in cure di bellezza

estetìstico [1913] **agg.** (**pl. m.** *-ci*) ● caratterizzato da estetismo

estetiẓẓànte **part. pres.** di *estetizzare*; anche **agg. 1** che estetizza **2** improntato a estetismo: *poetica e.* | che ostenta una raffinatezza di modi, gesti, stile e sim. spesso esagerata

estetiẓẓàre [1929] **A v. tr.** ● attribuire a qlco. un valore estetico: *e. la realtà quotidiana* **B v. intr.** (**aus.** *avere*) ● assumere atteggiamenti da esteta ‖ **estetiẓẓazióne**, **s. f.**

estetologia [comp. di *estetica* e *-logia* * 1965] **s. f.** (**pl.** *-gìe*) ● (*raro*) estetica, nel sign. 1

†**estima** ➤ **stima**

†**estimàbile** [vc. dotta, lat. *aestimābile(m)*, da *aestimāre* 'estimare' * 1659] **agg.** ● apprezzabile

estimàle [av. 1876] **agg.** ● relativo a estimo

estimàre ➤ **stimare**

†**estimàrio** [da *estimo* * 1635] **s. m.** ● libro dell'estimo

estimativa o †**stimativa** [1321] **s. f.** ● (*lett.*) facoltà di ben giudicare | giudizio

†**estimativo** o †**stimativo** [av. 1321] **agg.** ● che serve a stimare, valutare: *giudizio e.* | ***virtù estimativa***, facoltà di giudicare

♣**estimatóre** [vc. dotta, lat. *aestimatōre(m)*, da *aestimātus* 'estimato' * sec. XIV] **s. m.** (**f.** *-trice*) **1** chi prova e professa ammirazione per qlcu. o qlco.: *e. della pittura cubista* **2** V. *stimatore*

estimatòrio [vc. dotta, lat. tardo *aestimatōriu(m)*, da *aestimātus* 'estimato' * 1869] **agg.** (**pl. m.** *-i* o *raro* *-ii*) ● che concerne la stima del valore, del prezzo di qlco.: *giuramento e.*

estimazióne o †**stimazióne**, †**stimagióne** [vc. dotta, lat. *aestimatiōne(m)*, da *aestimātus* 'estimato' * av. 1311] **s. f. 1** (*lett.*) stima, reputazione: *essere in grande e.* **2** (*lett.*) valutazione, giudizio: *io mi truovo dalla mia e. ingannato* (G. BOCCACCIO)

èstimo① o †**stimo**② [da *estimare* * 1291] **s. m. 1** stima del valore di beni | rendita imponibile di beni immobili | ***e. catastale***, rendita imponibile quale risulta dal catasto | †valutazione: *l'e. dei danni* **2** disciplina economica che ha per oggetto la formulazione di giudizi relativi ai valori monetari attribuibili ai beni economici in relazione a un dato scopo: *e. rurale, civile, catastale* **3** †registro pubblico contenente la descrizione dei beni dei contribuenti | tributo agli stessi applicato

†**èstimo**② [vc. dotta, lat. *ĕxtimu(m)*, superl. di *ĕxter(us)* 'esterno' * 1499] **agg.** ● esterno

♦**estinguere** [vc. dotta, lat. *ex(s)tĭnguere* 'spegnere (*stĭnguere*) completamente (*ex-*)' * 1268] **A v. tr.** (**pres.** *io estinguo*; **pass. rem.** *io estinsi, tu estinguésti*; **part. pass.** *estìnto*) **1** spegnere: *e. l'incendio, le fiamme* | eliminare, far cessare: *e. la sete* **2** (*fig.*) annullare, far svanire: *e. un desiderio, la memoria*; *né verrà tempo mai / che 'l tuo bel nome estingua* (I. SANNAZARO) | (*dir.*) causare l'estinzione di un rapporto giuridico | ***e. un debito***, pagarlo | ***e. un conto bancario***, chiuderlo **3** (*lett.*) uccidere, annientare **B estinguersi v. intr. pron. 1** spegnersi: *le fiamme si estinsero da sole* | (*fig., lett.*) morire **2** (*fig.*) finire: *quando si estingueranno questi odi?* **3** cessare di esistere per estinzione: *una famiglia che si è estinta*

estinguìbile [vc. dotta, lat. tardo *extinguĭbile(m)*, da *extĭnguere* 'estinguere' * 1549] **agg.** ● che può essere estinto ‖ **estinguibilità**, **s. f. inv.**

†**estinguiménto** [1655] **s. m.** ● (*raro*) estinzione

†**estinguitóre** [av. 1527] **s. m.** (**f.** *-trice*); anche **agg.** ● chi (o che) estingue, distrugge

estinsi ➤ **estinguere**

estintìvo [sec. XIV] **agg.** ● (*dir.*) che è in grado di estinguere

estinto **A part. pass.** di *estinguere*; anche **agg. 1** spento | finito, scomparso: *razza estinta* | pagato: *un debito e.* | (*dir.*) annullato: *un reato e.* **2** †cancellato | †stinto, scolorito **B s. m.** (**f.** *-a*) ● chi è morto: *l'illustre e.*; *il caro e.*

estintóre [vc. dotta, lat. *exstinctōre(m)*, da *exstĭnctus* 'estinto', attrav. il fr. *extincteur* * 1892] **s. m.** ● apparecchio usato per estinguere piccoli incendi

♦**estinzióne** [vc. dotta, lat. *exstinctiōne(m)*, da *exstĭnctus* 'estinto' * 1540] **s. f. 1** spegnimento: *l'e. di un incendio* | (*fig.*) annullamento, scomparsa: *l'e. d'ogni senso di pietà* (A. MANZONI) | (*fisiol.*) scomparsa della risposta a uno stimolo di un riflesso condizionato o di un comportamento appreso | (*biol.*) scomparsa di un gruppo tassonomico dalla biosfera: *e. di una specie, e. dei dinosauri* | (*est.*) cessazione dei fenomeni prodotti da agenti naturali o da una forza qualunque | ***e. della calce***, spegnimento della calce viva in acqua | ***e. di un vulcano***, fine dell'attività vulcanica per il raffreddamento e il consolidamento del serbatoio magmatico **2** (*dir.*) cessazione di un diritto o rapporto per cause previste dalla legge o disposte dalle parti: *e. di un diritto reale, di un'obbligazione* | ***e. di un debito***, pagamento per cui rimane annullato **3** il venir meno di una famiglia o stirpe per mancanza di discendenti diretti: *e. di una dinastia*

estirpàbile [1832] **agg.** ● che si può estirpare

estirpaménto [av. 1320] **s. m.** ● (*raro*) estirpazione (*anche fig.*)

estirpàre o (*pop.*) **stirpàre** [vc. dotta, lat. *exstirpāre*, comp. di *ex-* rafforz. e *stĭrps*, genit. *stĭrpis* 'pollone, sterpo' * av. 1320] **v. tr. 1** sradicare, svellere dalla radice: *e. le erbacce, un dente, un tumore* **2** (*fig.*) eliminare totalmente: *e. la corruzione, le eresie, gli odi di parte*

estirpatóre [vc. dotta, lat. tardo *exstirpatōre(m)*, da *exstirpātus* 'estirpato' * 1377] **A agg.** ● che estirpa **B s. m. 1** (**f.** *-trice*) chi estirpa (*spec. fig.*) **2** attrezzo usato per smuovere o liberare il terreno da radici ed erbe infestanti

estirpatùra [1869] **s. f.** ● estirpazione delle erbacce

estirpazióne [vc. dotta, lat. tardo *exstirpatiōne(m)*, da *exstirpātus* 'estirpato' * av. 1342] **s. f.** ● l'estirpare (*anche fig.*): *e. di erbacce*; *e. di un dente*; *l'e. degli odi*

estivàle [da *estivo* * av. 1328] **agg.** ● (*lett.*) estivo: *ardori estivali* (R. BACCHELLI) | †***solstizio e.***, solstizio d'estate

estivànte **A part. pres.** di *estivare*; anche **agg.** ● nei sign. del v. **B s. m. e f.** ● (*raro*) villeggiante

estivàre [vc. dotta, lat. *aestivāre*, da *aestīvus* 'proprio dell'estate (*āestas*, genit. *aestātis*)', attrav. il fr. *estiver* * av. 1886] **A v. tr.** ● condurre il bestiame in pascoli di montagna durante l'estate **B v. intr.** (**aus.** *avere*) ● (*raro*) trascorrere l'estate in luogo diverso da quello in cui di solito si vive

estivazióne [fr. *estivation*, da *estiver* 'estivare' * 1874] **s. f. 1** fenomeno per cui alcuni animali vanno in letargo quando la temperatura ambiente diviene troppo alta per il normale svolgersi delle attività vitali **2** alpeggio, monticazione **3** (*bot.*) particolare disposizione dei pezzi florali in un bocciolo

♦**estivo** [vc. dotta, lat. *aestīvu(m)*, per **aestatīvu(m)*, da *āestas*, genit. *aestātis* 'estate' * 1334] **agg.** ● dell'estate: *abbigliamento e.*; *mesi estivi*; *verdi fronde / mover soavemente a l'aura estiva … / s'ode* (F. PETRARCA) ‖ **estivaménte**, **avv.** (*lett.*) da estate

ésto [lat. *ĭstu(m)*, nom. *ĭste*, comp. della particella lat. *is-* e del dimostr. di orig. indeur. *-te* * av. 1249] **agg. dimostr.** ● (*lett.*) questo: *ahi quanto a dir qual era è cosa dura / esta selva selvaggia e aspra e forte* (DANTE *Inf.* I, 4-5)

†**estògliere** ➤ **estollere**

†**estollènza** [vc. dotta, lat. tardo *extollĕntia(m)*, da *extollere* 'estollere' * sec. XIV] **s. f.** ● boria, superbia

estòllere o †**estògliere** [vc. dotta, lat. *extŏllere*, comp. di *ex-* di movimento verso l'alto e *tŏllere* 'alzare' * av. 1306] **A v. tr.** (**pres.** *io estòllo*; **pass. rem.** *io estòlsi, tu estolléstі*; **part. pass.** *estòlto*) ● (*lett.*) innalzare (*anche fig.*): *qui il vulgo de' pagani il pianto estolle* (T. TASSO) | (*fig.*) lodare, celebrare **B estòllersi v. intr. pron. 1** (*lett.*) sorgere, innalzarsi **2** †allontanarsi **3** †inorgoglirsi

èstone o (*disus.*) **estóne** [1898] **A agg.** ● dell'Estonia: *territorio e.* **B s. m. e f.** ● abitante o nativo dell'Estonia **C s. m. solo sing.** ● lingua della famiglia uralica, parlata dagli Estoni

estòrcere o †**estòrquere** [vc. dotta, lat. *extorquēre* 'togliere (*torquēre*) via (*ex-*) di forza', con passaggio a diversa coniug. * av. 1306] **v. tr.** (**coniug. come** *torcere*) ● carpire ad altri beni o vantaggi con minaccia, violenza o inganno: *e. denaro con ricatti*; *e. una promessa*

†**estòrre** [adattamento (su *torre*②) del lat. *extŏllere* 'levare (*tŏllere*) completamente (*ex-*)' * 1342] **v. tr.** ● togliere, escludere

estorsióne [vc. dotta, lat. tardo *extorsiōne(m)*, da **extŏrsus*, part. pres. (parallelo di *extŏrtus*) di *extorquēre* 'estorcere' * sec. XIII] **s. f. 1** reato di chi, costringendo con violenza o minaccia taluno a fare o non fare qualcosa, procura a sé o ad altri un profitto ingiusto con altrui danno **2** (*est.*) pretesa violenta e arbitraria

estorsìvo [1983] **agg.** ● di estorsione: *sequestro di persona a scopo e.*

estorsóre o **estortóre** [da *estorsione*; la var. è tratta da *estorto*, part. pass. di *estorcere* ✱ 1800] **s. m.** (**f.** *estorcitrìce*) ● chi commette estorsioni

estòrto **part. pass.** di *estorcere*; anche **agg.** **1** carpito con violenza o minaccia **2** †sottratto, rimosso

èstra- e *comp.* ➤ **extra-** e *comp.*

estradàbile [1983] **agg.** ● che si può estradare ‖ **estradabilità**, **s. f. inv.**

estradàre [fr. *extrader*, da *extradition* 'estradizione' ✱ 1877] **v. tr.** ● (*dir.*) consegnare per estradizione

estradiòlo [da *estro* ✱ 1956] **s. m.** ● (*chim.*) ormone naturale della classe degli estrogeni, dotato di attività anabolizzante, deputato alla regolazione del ciclo mestruale della femmina dei Mammiferi e alla comparsa e al mantenimento dei caratteri sessuali femminili

estradizióne [fr. *extradition*, comp. del lat. *ĕx* 'fuori' e *tradĭtio*, genit. *traditiōnis* 'consegna' ✱ 1797] **s. f.** ● (*dir.*) procedura, regolata da convenzioni e usi internazionali, in forza della quale uno Stato (richiesto) consegna a un altro Stato (richiedente) una persona imputata o condannata per un reato commesso nello Stato richiedente e per il quale deve essere giudicata o scontare la pena: *rifiutare, concedere l'e.*

estradòsso [adattamento del fr. *extrados*, comp. di *ĕxtra-* e *dos* 'dosso' ✱ 1869] **s. m.** **1** (*archit.*) superficie esterna e convessa di un arco o di una volta **2** (*aeron.*) dorso, lato superiore di un'ala

†estràere ➤ **estrarre**

estragóne [fr. *estragon*, di orig. araba ✱ 1956] **s. m.** ● (*bot.*) dragoncello

estraìbile [da *estrarre* ✱ 1956] **agg.** ● che si può estrarre, tirar fuori ‖ **estraibilità**, **s. f. inv.**

estràle [da *estro* nel sign. 2 ✱ 1935] **agg.** ● (*biol.*) relativo all'estro | ***ciclo e.***, il periodico presentarsi dell'estro nelle femmine degli animali domestici

†estramissióne [da *trasmissione* col pref. lat. rafforz. *ex-* ✱ 1639] **s. f.** ● emissione

estranaturàle [vc. dotta, lat. tardo *extranatūrāle(m)*, comp. di *ĕxtra-* 'estra-' e *naturālis* 'naturale' ✱ 1869] **agg.** ● (*raro*) che è fuori dalle leggi della natura

estraneazióne ➤ **estraniazione**

estraneità [1850] **s. f. inv.** ● condizione, caratteristica di chi (o di ciò che) è estraneo

♦**estràneo** o (*poet.*) **stràno**, **†estrànio**, **†estràno**, **†istràneo**, **†istràno**, **†stràgno**, (*poet.*) **†strànio** [vc. dotta, lat. *extrāneu(m)* 'di fuori', da *ĕxtra* 'extra-' ✱ av. 1294] **A** **agg.** **1** che appartiene a Stato, società, ambiente o famiglia diversi da quelli cui appartiene chi parla (+ *a*): *persona estranea al nostro mondo* **CFR.** xeno- **2** (*est.*) che è al di fuori di un luogo, di un lavoro e sim. (+ *a*): *essere e. a una attività, a una iniziativa; mantenersi, dichiararsi estranei a un movimento politico* **3** (*fig.*) che ha natura, struttura, significato e sim., diversi da quelli dell'oggetto o dell'elemento considerato (+ *a*): *discorso e. all'argomento* | ***corpo e.***, frammento di varia natura e sim. penetrato in un organismo animato **4** †forestiero, straniero | †strano, inusitato: *qual che si fosse / de l'estrania prigion l'ordigno e l'arte* (T. TASSO) ‖ **estraneaménte**, **avv.** (*raro*) in maniera estranea **B** **s. m.** (**f.** *-a*) **1** persona estranea: *ingresso vietato agli estranei* **2** †straniero

estraniaménto [1983] **s. m.** **1** estraniazione **2** straniamento

estraniàre [da †*estranio* ✱ 1926] **A** **v. tr.** (*io estrànio*) ● allontanare, rendere estraneo (+ *da*): *e. qlcu. dalla famiglia, dallo studio* **B** **estraniàrsi** **v. rifl.** ● rendersi estraneo (+ *da*): *si è completamente estraniato dal nostro gruppo* | ***estraniarsi dalla realtà***, fuggirla rinchiudendosi nel proprio mondo interiore o nel proprio ambito quotidiano

estraniazióne o **estraneazióne** [1965] **s. f.** ● allontanamento, isolamento dalla realtà, da un dato ambiente e sim. **SIN.** estraniamento

†estrànio ➤ **estraneo**

†estràno ➤ **estraneo**

†estraordinàrio ➤ **straordinario**

estrapolàre o **extrapolàre** [da *estrapolazione* ✱ 1941] **v. tr.** (*io estràpolo*) **1** (*mat.*) calcolare approssimativamente il valore di una funzione in un punto esterno all'intervallo in cui sono noti i valori da essa assunti **2** (*est.*) ricavare, estrarre da un contesto

estrapolazióne [tratto da *interpolazione* con sostituzione del pref. *estra-* (o *extra-*) a *inter-* ✱ 1917] **s. f.** **1** (*mat.*) operazione dell'estrapolare | in statistica, procedimento matematico di determinazione induttiva mediante il quale si riesce a prevedere come si svolgerà tendenzialmente nel futuro un certo fenomeno di cui si conosce in modo più o meno approssimativo l'andamento passato **2** (*est.*) estrazione di una parte da un tutto | nella critica letteraria, l'espungere una frase dal testo in cui è inserita **3** (*fig.*) passaggio, per analogia, da un'idea semplice a una più complessa

♦**estràrre** o **†estràere**, **†stràere**, **†stràrre** [vc. dotta, lat. *extrăhere* 'trarre (*trăhere*) fuori (*ex-*)' ✱ 1261 ca.] **v. tr.** (**coniug. come** *trarre*) **1** trarre fuori da qlco.: *e. un dente, il denaro dal portafoglio, un brano da un libro* | (*mat.*) ***e. la radice di un numero***, trovare il numero che, moltiplicato per sé stesso, dà il numero dato | (*est.*) scavare da un giacimento minerario: *e. i diamanti, il carbone* **2** (*fig.*) tirare a sorte: *e. i numeri del lotto, i partecipanti a una gara* **3** †esportare **4** (*chim.*) asportare meccanicamente o con solventi uno o più elementi da un miscuglio

estrasoggettìvo [comp. di *estra-* e *soggettivo* ✱ 1869] **agg.** ● (*raro*) che è fuori dal soggetto ‖ **estrasoggettivaménte**, **avv.** (*raro*) in modo estrasoggettivo

estrattìvo [da *estratto* ✱ av. 1320] **agg.** ● relativo a estrazione: *procedimenti estrattivi* | (*chim.*) detto di sostanza ottenuta per estrazione | ***industria estrattiva***, mineraria | (*ling.*) detto del prefisso *s-*, quando indica l'estrazione di qualche cosa

estràtto o **†stràtto**[2] **A** **part. pass.** di *estrarre*; anche **agg.** ● nei sign. del v. **B** **s. m.** **1** prodotto che si ricava da sostanze animali o vegetali per estrazione con opportuni solventi e successiva evaporazione o con altri metodi vari: *e. di camomilla, di china, di fegato; e. di carne, di pomodoro; e. di lavanda, di tuberosa* | in profumeria, essenza **2** fascicolo contenente un articolo di rivista o un capitolo di un libro, stampato a parte utilizzando la stessa composizione **3** copia testuale di prestabiliti elementi di un documento | ***e. conto***, distinta che riporta il saldo delle operazioni effettuate su un conto corrente in un determinato periodo di tempo | ***e. catastale***, certificato dei beni immobili posseduti da una ditta | ***e. di un atto pubblico***, certificato rilasciato da pubblico ufficiale contenente gli estremi di un atto pubblico precedentemente redatto **4** numero o biglietto estratto a sorte in lotterie o per ammortizzare obbligazioni | nel gioco del lotto, l'estrazione di un numero su una ruota; il premio è 11,2 volte la posta | ***e. determinato***, nel lotto, giocata nella quale occorre indicare il numero abbinato alla ruota e all'ordine di estrazione; il premio è 55 volte la posta **5** †indice **C** in funzione di **prep.** ● †tranne, eccetto ‖ **estrattino**, **dim.**

SFUMATURE ➤ ***compendio***

estrattóre [da *estratto* ✱ 1588] **s. m.** **1** (**f.** *-trice*) tecnico od operaio addetto a operazioni di estrazione **2** strumento che serve a estrarre cuscinetti, boccole, perni e sim. dalle sedi nelle quali sono stati forzati | nelle armi da fuoco a retrocarica, dispositivo che estrae dalla camera il bossolo del proiettile sparato **3** in varie tecnologie, apparecchio per l'estrazione di sostanze liquide o solide **4** (*biol.*) strumento per estrarre corpi estranei da tessuti animali

estravagànte [vc. dotta, lat. mediev. *extravagāntem* (V. *stravagante*) ✱ 1336 ca.] **A** **agg.** **1** V. *stravagante* **2** detto di scritti minori e sim. non compresi da un autore nella raccolta delle proprie opere: *le rime estravaganti del Petrarca* **B** **s. f.** ● costituzione o decretale che, nelle antiche fonti di diritto canonico, si aggiunge al corpo principale di fonti

†estravagànza ➤ **stravaganza**

estrazióne [vc. dotta, tratta dal lat. *extrăctus* 'estratto' ✱ sec. XIV] **s. f.** **1** operazione dell'estrarre: *l'e. di un dente, di un chiodo, di un minerale; pozzo, impianto di e.* | (*mat.*) ***e. di una radice***, operazione consistente nell'estrarre una radice da un dato numero **2** sorteggio: *e. di una lotteria, di un biglietto; le estrazioni del lotto* | ***di prima e.***, detto di numero estratto per primo **3** (*chim.*) separazione di uno o più composti da una mescolanza mediante trattamento con opportuno solvente **4** (*fig.*) origine, derivazione, nascita: *persona di bassa e.* **5** †esportazione

-èstre [dal lat. *-ēstre(m)*] **suff.** ● forma aggettivi, analoghi a quelli di origine latina, che indicano relazione con il sostantivo di base: *alpestre, rupestre*

estrèma [1965] **s. f.** ● nel calcio, ala: *e. destra; e. sinistra*

estremànte [dal part. pres. di *estremare*, denominale di *estremo* ✱ 1968] **A** **agg.** ● (*mat.*) di ciascuno dei punti in cui una funzione assume un valore massimo o minimo **B** **s. m.** ● punto estremante

†estremàre [da *estremo* ✱ av. 1342] **A** **v. intr.** ● consumarsi, menomarsi **B** **v. tr.** ● stremare, menomare

estremìṣmo [fr. *extrémisme*, da *extrême* 'estremo' ✱ 1798] **s. m.** ● tendenza e atteggiamento di chi, spec. in politica, sostiene e propugna idee radicali ed estreme: *e. di destra, di sinistra*

estremìsta [fr. *extrémiste*, da *extrême* 'estremo' ✱ 1798] **A** **s. m. e f.** (**pl. m.** *-i*); anche **agg.** ● chi (o che) sostiene e propugna idee, teorie e sim. ispirate a estremismo: *gli estremisti di destra, di sinistra* **B** **agg.** ● caratterizzato da estremismo: *corrente politica e.; idee estremiste* **SIN.** estremistico

estremìstico [1956] **agg.** (**pl. m.** *-ci*) ● relativo a estremismo o a estremisti; caratterizzato da estremismo ‖ **estremisticaménte**, **avv.**

estremità o **†estremitàde**, **†estremitàte**, **†stremità**, **†stremitàde**, **†stremitàte** [vc. dotta, lat. *extremitāte(m)*, da *extrēmus* 'estremo' ✱ 1282] **s. f. inv.** **1** parte estrema, punto terminale (**anche fig.**): *e. di una spada; all'e. della vita* (DANTE) | (*est.*) orlo, lembo: *e. di un tavolo* | ***e. di una stoffa***, vivagno **CFR.** acro- **2** (*fig., lett.*) eccesso | †fine, termine | †massimo grado **3** †estrema miseria, indigenza: *tolga Iddio che voi in sì fatta e. venuto siate* (G. BOCCACCIO) **4** (**al pl.**) piedi o (*raro*) gambe, mani o (*raro*) braccia: *avere le e. congelate*

estremizzàre [1962] **A** **v. tr.** **1** esasperare le tensioni politiche e sociali **2** ispirare a estremismo, rendere estremistico: *e. le proprie tesi* **B** **estremizzàrsi** **v. intr. pron.** ● diventare estremo || **estremizzazióne**, **s. f.** l'estremizzare; atteggiamento estremistico

♦**estrèmo** o †**strèmo** [vc. dotta, lat. *extrēmu(m)*, superl. di *ĕxter(us)* 'esterno' ✱ 1294] **A** **agg.** L'aggettivo 'estremo' deriva da un superlativo latino, ma nella lingua italiana è percepito spesso come aggettivo di grado positivo; perciò la forma 'più estremo' è frequentemente usata: *fino alle più estreme conseguenze; l'ala più estrema di un partito; la sventura più estrema* (G. Leopardi). Raro e colloquiale è invece il superlativo 'estremissimo': *un atteggiamento di estremissima prudenza* **1** ultimo (*anche fig.*): *limite, confine, grado e.*; *questo è de' nostri passi e. segno* (A. Poliziano); *negli stremi gioghi delle nostre alpi* (P. Bembo) | ***giungere all'ora estrema***, al momento di morire | ***e. orizzonte***, l'ultimo limite dell'orizzonte visibile | ***E. Oriente***, l'Asia Orientale | ***gli estremi onori***, le onoranze funebri | ***Estrema Unzione***, uno dei sette sacramenti della Chiesa, dopo il Concilio Vaticano II denominato Sacramento degli Infermi, consistente nell'ungere, con olio santo, le diverse parti del corpo che sono sedi dei sensi e nell'invocare sopra di esse la benedizione di Dio | che, spec. in politica, propugna idee e soluzioni radicali: *estrema destra*; *estrema sinistra* **2** di massima grandezza, gravità, urgenza e sim.: *pericolo e.*; *estrema felicità*; *un caso di estrema necessità*; *miseria estrema* | drastico, definitivo: *rimedio e.* | **PROV.** ***a mali estremi, estremi rimedi***, V. *rimedio* | ***sport e.***, quello che affronta le massime difficoltà tecniche nel tentativo di raggiungere i limiti delle possibilità umane || **estremaménte**, **avv.** al massimo grado: *è estremamente buono e generoso* **B** **s. m.** **1** punto, limite, momento estremo (*anche fig.*): *toccare l'e.*; *giungere agli estremi della gioia, della potenza, della miseria*; *appendere qlco. all'e. di un palo* | ***l'e., gli estremi della vita***, il momento della morte | ***essere agli estremi***, in punto di morte | ***lottare fino all'e.***, fino all'ultimo | ***gli estremi si toccano***, le idee antitetiche si rassomigliano in qualche modo | ***all'e.***, alla fine **2** (*mat.*) in una proporzione, il primo o il quarto termine | ***e. di un intervallo, di un segmento***, uno dei due punti che lo individuano | ***e. di una funzione di una o più variabili***, punto in cui essa assume un valore massimo o minimo rispetto ai punti adiacenti | (*filos.*) i due termini (soggetto e predicato) della conclusione di un sillogismo **3** (**spec. al pl.**) elemento di identificazione: *gli estremi di un documento* | ***estremi di un reato***, elementi costitutivi di un singolo reato **4** (*sport*) ***e. di difesa***, o (*assol.*) ***estremo***, nel rugby, il giocatore più arretrato nello schieramento facente parte della linea dei tre quarti, l'ultimo dei difensori **5** (*fig.*) esagerazione, eccesso: *passare da un e. all'altro* **6** †miseria, bisogno

estremòfilo [comp. di *estremo* e *-filo* ✱ 1993] **agg.** ● (*biol.*) detto di organismo che vive in condizioni ambientali di norma intollerabili

estremorientàle [comp. di *estrem(o)* e *orientale* ✱ 1913] **agg.** ● che concerne l'Estremo Oriente

†**estricàre** ➤ **strigare**

†**estrinsecaménto** [1797] **s. m.** ● estrinsecazione

estrinsecàre [da *estrinseco* ✱ av. 1328] **A** **v. tr.** (*io estrìnseco, tu estrìnsechi*) ● manifestare all'esterno: *e. il proprio pensiero* **SIN.** esprimere **B** **estrinsecàrsi** **v. intr. pron.** ● esternarsi: *nell'opera d'arte si estrinseca l'artista*

estrinsecazióne [1843] **s. f.** ● l'estrinsecare, l'estrinsecarsi | espressione, manifestazione

♣**estrìnseco** [vc. dotta, lat. *extrīnsecus* (avv.), comp. di **ĕxtrim*, da *ĕxter(us)* 'di fuori, esterno', e *sĕcus* (prep.) 'lungo, presso' ✱ av. 1332] **agg.** (**pl. m.** *-ci*, †*-chi*) ● che non appartiene in modo sostanziale alla natura di qlcu. o qlco.: *pregio e.*; *ragioni, prove estrinseche*; *argomenti estrinseci* **CONTR.** intrinseco | (*est.*) esterno, esteriore | (*lett.*) superficiale, apparente || **estrinsecaménte**, **avv.**

♣**èstro** [vc. dotta, lat. *ŏestru(m)*, dal gr. *óistros*, di etim. incerta ✱ sec. XIII] **s. m.** **1** genere di Insetti dei Ditteri le cui larve sono parassite di animali domestici (*Oestrus*) | ***e. bovino***, ipoderma **2** (*biol.*) nelle femmine dei Mammiferi, periodo in cui maturano le cellule uovo e l'apparato riproduttore si prepara all'accoppiamento e alla riproduzione **3** ardore, ispirazione artistica, inventiva: *e. poetico, musicale*; *scrivere, comporre seguendo l'e.* **4** capriccio, ghiribizzo: *agire secondo l'e. e non secondo la ragione*; *mi venne … l'e. di rissare* (G. D'Annunzio) | ***a e.***, secondo l'umore

estroflessióne [comp. di *estra-* e *flessione* ✱ 1894] **s. f.** ● (*med.*) ripiegamento verso l'esterno di un organo anatomico o di una sua parte

estroflèsso **part. pass.** di *estroflettersi*; **anche agg.** ● nei sign. del v.

estroflèttersi [comp. di *estra-* e *flettersi* ✱ 1968] **v. intr. pron.** (**coniug. come** *flettere*) ● (*med.*) svilupparsi e curvarsi verso l'esterno, detto di organo anatomico o di una sua parte

estrogènico [1956] **agg.** (**pl. m.** *-ci*) ● relativo alle sostanze estrogene

estrògeno [comp. di *estro* nel sign. 2 e *-geno* ✱ 1950] **A** **agg.** ● detto di sostanza capace di produrre l'estro: *composto, ormone e.* **B** **s. m.** ● ormone ovarico che agisce sullo sviluppo dei caratteri femminili e sul ciclo mestruale

estromanìa [comp. di *estro* nel sign. 2 e *-mania* ✱ 1834] **s. f.** ● (*disus.*) stimolo incessante a soddisfare il desiderio sessuale

estroméssо **part. pass.** di *estromettere* ● nei sign. del v.

estrométtere [comp. di *estra-* e *mettere*, come contrapposto a *intromettere* ✱ 1942] **A** **v. tr.** (**coniug. come** *mettere*) ● mettere al di fuori: *e. qlcu. dalla società, da un club* **SIN.** escludere, espellere **B** **anche estrométtersi** **v. rifl.**

estromissióne [1942] **s. f.** ● allontanamento, esclusione: *e. dal partito*

estróne [comp. di *estro* nel sign. 2 e *(orm)one* ✱ 1950] **s. m.** ● (*biol.*) estrogeno che si trova nell'ovaia, nella placenta, nelle urine e che esercita azioni svariate e complesse **SIN.** follicolina

estròrso [vc. dotta, lat. *extrōrsu(m)*, da **ĕxtro* (parallelo a *īntro*), locativo di *ĕxter(us)* 'di fuori' ✱ 1869] **agg.** ● (*bot.*) di antera che si apre verso l'esterno del fiore

estrosità (o **-oṣi-**) [1908] **s. f. inv.** **1** caratteristica di chi (o di ciò che) è estroso **2** azione o idea estrosa **SIN.** capriccio, bizzarria, originalità

♣**estróso** (o **-ṣo**) [da *estro* nel sign. 4 ✱ av. 1803] **agg.** **1** di chi (o di ciò che) è bizzarro, capriccioso: *carattere, ragazzo e.* **2** compiuto, fatto con estro, con originalità: *scritto, articolo e.* **CONTR.** banale, scialbo || **estrosaménte**, **avv.** || **estrosità**, **s. f. inv.** (V.)

SFUMATURE ➤ ***originale***

estroversióne [da *introversione*, con cambio di pref. (*estra-*) ✱ av. 1712] **s. f.** ● (*psicol.*) atteggiamento psicologico di interesse per il mondo esterno, per l'ambiente sociale, piuttosto che per i propri pensieri e sentimenti **CONTR.** introversione

♣**estrovèrso** [part. pass. di *estrovertere* ✱ av. 1685] **agg. e s. m.** (**f.** *-a*) ● (*psicol.*) che (o chi) è caratterizzato da estroversione | (*est.*) aperto, comunicativo, espansivo **CONTR.** introverso

estrovèrtere [da *introvertere*, con cambio di pref. (*estra-*) ✱ av. 1694] **A** **v. tr.** (**part. pass.** *estrovèrso*; **difett. del pass. rem.**) ● rivolgere in fuori **B** **estrovèrtersi** **v. rifl.** ● volgere la propria attenzione al mondo esterno

estrovertìto [ted. *extrovertiert*, secondo la tipologia dei caratteri di C. G. Jung (1875-1961) ✱ 1942] **agg. e s. m.** (**f.** *-a*) ● estroverso

estrùdere [vc. dotta, lat. *extrūdere* 'spingere (*trūdere*) fuori (*ex-*)' ✱ av. 1512] **v. tr.** (**pass. rem.** *io estrùṣi, tu estrudésti*; **part. pass.** *estrùṣo*) **1** (*lett.*) spingere fuori con violenza: *facultà di e. e dissipare le materie aderenti* (G. Galilei) **2** sottoporre a estrusione: *e. un metallo* | formare un imballaggio mediante estrusione

†**estrùere** [vc. dotta, lat. *extrŭere* 'costruire (*strŭere*, propr. 'disporre a strati') innalzando (*ex-*)' ✱ av. 1566] **v. tr.** **1** costruire, fabbricare **2** accumulare

estruṣióne [da *estruso* ✱ 1632] **s. f.** **1** (*lett.*) l'estrudere **2** (*geol.*) lenta emissione, da parte di un vulcano, di lava molto viscosa che tende a solidificarsi sopra il condotto innalzandosi lentamente come una guglia **3** (*tecnol.*) processo di lavorazione di metalli e materie plastiche, consistente nel comprimerli in un cilindro riscaldato alla cui estremità si trova un'apertura dal quale il materiale esce modellato secondo la forma voluta; si usa per preparare lastre, tubi, barre, profilati e sim. | nell'industria alimentare, analogo procedimento per dare a impasti la forma con cui saranno messi in commercio

estruṣìvo [1965] **agg.** **1** (*geol.*) di estrusione, caratterizzato da estrusione **2** (*raro, lett.*) che estrude

estrùṣo **A** **part. pass.** di *estrudere*; **anche agg.** ● (*tecnol.*) ottenuto per estrusione **B** **s. m.** ● nell'industria alimentare, prodotto ottenuto riducendo le materie di base in un impasto omogeneo, che si fa poi passare attraverso un foro che dà al prodotto stesso la forma desiderata: *estrusi di formaggio*

estruṣóre [1965] **s. m.** ● (*tecnol.*) apparecchio che realizza l'estrusione

†**estrùtto** **part. pass.** di †*estruere*; **anche agg.** ● nei sign. del v.

†**estuàre** [vc. dotta, lat. *aestuāre*, da *āestus* 'ribollimento', di orig. indeur. ✱ 1442] **v. intr.** ● (*lett.*) ardere, ribollire (*anche fig.*)

estuàrio [vc. dotta, lat. *aestuāriu(m)*, da *āestus* nel senso di 'agitazione delle onde', da quello primitivo di 'calore bruciante, bollore' ✱ av. 1328] **s. m.** ● (*geogr.*) foce di fiume, che si allarga a forma di lungo imbuto in cui il mare penetra profondamente, caratteristica delle coste basse spec. oceaniche: *l'e. del Tamigi*

estubàre [adattamento dell'ingl. *to extubate*, comp. di *ex-* 'fuori' e *tub(e)* 'tubo' con il suff. verb. *-ate* ✱ 1987] **v. tr.** ● (*med.*) sottoporre a estubazione

estubazióne [da *estubare* ✱ 1987] **s. f.** ● (*med.*) rimozione di un tubo o cannula precedentemente inserito in un organo cavitario: *e. della trachea*

estumescènza [vc. dotta, tratta dal lat. tardo *extumēscere*, comp. di *ex-* rafforz. e *tumēscere* '(cominciare a) gonfiarsi', incoativo di *tumēre* 'essere gonfiato', di orig. indeur. ✱ 1887] **s. f.** ● (*raro*) rigonfiamento

estumulazióne [comp. di *es-* (dal lat. *ĕx* 'fuori') e *tumulazione* ✱ 1956] **s. f.** ● esumazione di una salma sepolta mediante tumulazione

estuóso (o **-so**) [vc. dotta, lat. *aestuōsu(m)*, da *āestus* 'effervescenza per il calore', di orig. indeur. ✱ 1557] **agg. 1** (*lett.*) che arde, ribolle: *ardea tra bianche nuvole estuose / il sol primaverile* (G. Carducci) **2** (*lett.*) burrascoso (*anche fig.*)

†**esturbàre** [vc. dotta, lat. *exturbāre* 'spingere (*turbāre*) fuori (*ex-*)' ✱ 1342] **v. tr.** ● mandare via con violenza

✱**esuberànte** **part. pres.** di *esuberare*; anche **agg. 1** rigoglioso: *vegetazione e.* | ***forme esuberanti***, floride | eccedente: *manodopera e.* **2** (*fig.*) pieno di vitalità, di brio: *ragazzo, carattere e.* ‖ **esuberanteménte**, **avv.**

✱**esuberànza** [vc. dotta, lat. tardo *exuberāntia(m)*, da *exūberans*, genit. *exuberāntis* 'esuberante' ✱ 1481] **s. f. 1** grande o eccessiva abbondanza: *l'e. del raccolto*; *l'e. di personale* | ***in e.***, in quantità superiore al necessario **2** (*fig.*) vivacità, espansività, comunicativa: *e. del carattere*; *l'e. dei giovani*

✱**esuberàre** [vc. dotta, lat. *exuberāre* 'produrre (*uberāre*, da *ūber* 'fertile, fecondo', sign. deriv. da quello proprio di 'mammella', di orig. indeur.) abbondantemente (*ex-*)' ✱ 1735] **v. intr.** (*io esùbero*; aus. *essere*) ● (*raro*, *lett.*) sovrabbondare

esùbero [1950] **s. m. 1** (*burocr.*) quantità eccedente: *e. di personale* **2** (*est.*) lavoratore in sovrappiù: *il problema degli esuberi nelle banche*

esulàre [vc. dotta, lat. *exsulāre*, da *ĕxul*, genit. *ĕxulis* 'esule' ✱ av. 1492] **v. intr.** (*io èsulo*; aus. *avere*) **1** (*lett.*, *raro*) andare volontariamente in esilio | andar vagando lontano **2** (*fig.*) essere estraneo, al di fuori: *questo esula dai miei compiti*

†**esulceraménto** [sec. XIV] **s. m.** ● (*raro*) esulcerazione

esulceràre [vc. dotta, lat. *exulcerāre*, comp. di *ex-* rafforz. e *ulcerāre* 'piagare (da *ŭlcus*, genit. *ŭlceris* 'ferita, piaga', di orig. indeur.)' ✱ av. 1364] **A** **v. tr.** (*io esùlcero*) **1** (*med.*) provocare un'ulcera | (*est.*) piagare **2** (*fig.*) esacerbare, addolorare al massimo grado **B** **esulceràrsi** **v. intr. pron.** ● (*raro*) subire un'ulcerazione

esulcerativo [1745] **agg.** ● che è in grado di esulcerare

esulceràto **part. pass.** di *esulcerare*; anche **agg. 1** nei sign. del v. **2** (*fig.*) profondamente addolorato, esacerbato

esulceratóre [1869] **agg.** (f. *-trice*) ● (*raro*) che esulcera

esulcerazióne [vc. dotta, lat. *exulceratiōne(m)*, da *exulcerātus* 'esulcerato' ✱ av. 1698] **s. f. 1** (*med.*) ulcerazione superficiale **2** (*fig.*) esacerbazione

èsule [vc. dotta, lat. *ĕx(s)ule(m)*: '(cacciato) dal (*ex-*) proprio suolo (*sŏlum*)' (?) ✱ av. 1328] **s. m. e f.**; anche **agg.** ● chi (o che) è o va in esilio: *la tristezza degli esuli* **SIN.** fuoriuscito, rifugiato **CFR.** profugo | ***tomba e.***, in terra d'esilio

esultànte **part. pres.** di *esultare*; anche **agg.** ● pieno di esultanza: *i tifosi erano esultanti per la vittoria della loro squadra*

esultànza [vc. dotta, lat. tardo *ex(s)ultāntia(m)*, da *ex(s)ŭltans*, genit. *ex(s)ultāntis* 'esultante' ✱ 1738] **s. f.** ● intensa gioia: *con indicibile e.*

SFUMATURE ➤ ***allegria***

esultàre [vc. dotta, lat. *ex(s)ultāre*, comp. di *ex-* rafforz. e *saltāre* 'saltellare', iter. di *salīre* 'saltare' ✱ av. 1327] **v. intr.** (aus. *avere*) ● sentire e manifestare esultanza: *la notizia mi fece e.* | ***e. in cuor proprio***, senza manifestazione esteriore | †risuonare allegramente | †spadroneggiare

SFUMATURE ➤ ***gioire***

†**esultazióne** [vc. dotta, lat. *ex(s)ultatiōne(m)* da *exultātus*, part. pass. di *ex(s)ultāre* 'esultare' ✱ av. 1348] **s. f.** ● esultanza

eșumàre [vc. dotta, lat. mediev. *exhumāre*, comp. di *ex-* estrattivo e *hŭmus* 'terra', in contrapposizione al lat. class. *inhumāre* 'inumare' ✱ 1883] **v. tr.** (*io eșùmo* o *èșumo*) **1** trarre dalla tomba: *la salma fu esumata per ordine delle autorità* **CONTR.** inumare **2** (*fig.*) trarre dall'oblio cose già dimenticate: *e. un'antica abitudine*

eșumazióne [1673] **s. f.** ● l'esumare (*anche fig.*)

†**eșuperànte** [vc. dotta, lat. *ex(s)uperānte(m)*, part. pres. di *ex(s)uperāre*, comp. di *ex-* rafforz. e *superāre* 'superare' ✱ av. 1492] **agg.** ● eccedente | eccellente

†**eșuperànza** [vc. dotta, lat. *ex(s)uperāntia(m)*, da *exsŭperans*, genit. *ex(s)uperāntis* 'esuperante' ✱ 1551] **s. f.** ● eccedenza

†**eșurìre** [vc. dotta, lat. *esurīre*, desiderativo di *ĕsse*, *ĕdere* 'mangiare', di orig. indeur. ✱ 1319] **v. intr.** (difett. usato solo al gerund. *eșurièndo*) ● avere fame, voglia, brama

†**eșùsto** [vc. dotta, lat. *exūstu(m)*, part. pass. di *exūrere* 'bruciare (*ūrere*) completamente (*ex-*)' ✱ av. 1375] **agg.** ● bruciato, arso

eșùvia o **exùvia** /eg'zuvja/ [vc. dotta, lat. *exŭviae*, nom. pl., deriv. di *exŭere* 'spogliare', contr. di *indŭere* 'vestire' (V. *indumento*) ✱ 1499] **s. f.** ● (*zool.*) l'esoscheletro degli Artropodi o lo strato corneo dei Rettili eliminato periodicamente con la muta

†**esvèllere** ➤ **svellere**

†**et** ① ➤ **e** ②

†**et** ② ➤ **ette**

èta [dal gr. *ēta*, di orig. semitica ✱ sec. XIV] **s. f. o m. inv.** ● nome della settima lettera dell'alfabeto greco **CFR.** epsilon

✦**età** o (*poet.*) †**etàde**, (*poet.*) †**etàte** [vc. dotta, lat. *aetāte(m)*, per il più ant. *aevitāte(m)*, da *āevus* '(durata di) tempo' ✱ 1261 ca.] **s. f. inv. 1** gli anni della vita, il tempo che si ha: *che età ha?*; *all'età di sei, venti, trent'anni*; *maggiore, minore di età* **CFR.** -enne **2** ognuno dei vari periodi in cui si è soliti dividere la vita degli uomini o, più in generale, degli esseri viventi: *morta / in tanto strazio e in sì tenera etate* (L. de' Medici) | ***la prima, la tenera età***, l'infanzia | ***la novella, la verde età***, l'adolescenza o la giovinezza | ***la mezza età***, fra la giovinezza e la vecchiaia | ***l'età matura***, in cui si raggiunge la pienezza della propria vita | ***età critica***, quella intermedia tra l'adolescenza e la giovinezza e tra l'età matura e la vecchiaia | ***la terza età***, la vecchiaia | ***età evolutiva***, il periodo della vita compreso fra la nascita e il conseguimento della piena maturità fisica e psichica | ***essere in età da marito***, di donna matura per il matrimonio | ***età sinodale***, V. *sinodale* | ***un uomo d'età, di una certa età, in età***, avanti con gli anni | ***ha la sua età***, di chi è in età avanzata | ***avere l'età della ragione***, essere mentalmente maturi | ***età mentale***, livello di sviluppo dell'intelligenza, espresso come equivalente all'età della vita in cui il bambino, in media, raggiunge il livello medesimo | ***l'età della luna***, i giorni trascorsi dall'ultimo novilunio | (*gramm.*) ***complemento di età***, indica l'età di qlcu. o qlco.; è introdotto dalle prep. *a* e *di* e dalla loc. prep. *all'età di* o, con valore approssimativo, dalla prep. *su* o dalla loc. prep. *intorno a* (per es.: *Mozart morì <u>a</u> 34 anni*; *una ragazza <u>di</u> vent'anni*; *una quercia <u>di</u> quattro secoli*; *ha avuto il primo figlio <u>all'età di</u> 25 anni*; *un uomo <u>sui</u> sessanta*; *ha avuto i primi sintomi <u>intorno agli</u> ottant'anni*) **3** gli anni che si richiedono per poter fare qlco.: *ha passato ormai l'età di giocare* | ***limiti di età***, oltre i quali non è più possibile fare qlco. | ***minore età***, in diritto civile, quella inferiore ai 18 anni | ***maggiore età***, in diritto civile, quella stabilita dalla legge nel compimento del diciottesimo anno d'età, in cui si ha capacità di agire per la cura dei propri interessi **4** epoca, periodo: *età storiche, preistoriche*; *l'età di Augusto*; *età risorgimentale, contemporanea* | ***l'età di mezzo***, il Medioevo | (*est.*) generazione: *la nostra età* | (*lett.*) vita **5** unità della cronologia geologica in cui si suddivide un'epoca | unità cronologica della preistoria: *età del bronzo, età del ferro*

etacìșmo [dal gr. *ēta*, di orig. semitica, con sovrapposizione, per la seconda parte, di vc. affini, come *lambdacismo* ✱ 1869] **s. m.** ● (*ling.*) pronuncia del greco classico, proposta da Erasmo da Rotterdam (1466/69-1536), secondo cui i dittonghi conservano il loro valore fonetico, e la lettera η (eta) viene pronunciata *e* **CFR.** erasmiano **CONTR.** itacismo

etacìsta [1869] **s. m. e f.** (pl. m. *-i*) ● (*ling.*) chi segue o sostiene l'etacismo

etacìstico [1956] **agg.** (pl. m. *-ci*) ● dell'etacismo | che si basa sull'etacismo: *pronuncia etacistica*

†**etàde** ➤ **età**

étagère /fr. eta'ʒɛʀ/ [vc. fr., da *étage* '(ri)piano', dal lat. parl. **stāticum* per *stātio* 'che sta', da *stāre* ✱ 1852] **s. f. inv.** ● mobile a scaffali, per libri, oggetti ornamentali ecc. | mensola d'angolo **SIN.** cantoniera

étamine /fr. eta'min/ [vc. fr., lat. parl. **stamīnea*, f. sost. di *stamīneus* 'fatto di filo (*stāmen*)' ✱ 1908] **s. f. inv.** ● (*tess.*) stamigna

etàno [fr. *éthane*, comp. dell'iniziale di *éth(er)* 'etere②' e *-ano*② ✱ 1889] **s. m.** ● (*chim.*) idrocarburo alifatico saturo a due atomi di carbonio, contenuto nel petrolio e nei gas naturali; è impiegato come combustibile, come refrigerante e per sintesi organiche

etanòlo [comp. di *etano* e *-olo*① ✱ 1917] **s. m.** ● (*chim.*) alcol etilico

†**etàte** ➤ **età**

†**et cètera** ➤ **eccetera**

†**etcètera** ➤ **eccetera**

etcì ➤ **eccì**

etciù ➤ **eccì**

etelìșmo [ted. *Ethelismus*, dal gr. *ethélein* 'volere', di orig. indeur. ✱ 1892] **s. m.** ● (*filos.*) teoria secondo la quale la volontà è la forza fondamentale dell'anima

etène [1917] **s. m.** ● (*chim.*) etilene

etèra ① [vc. dotta, gr. *hetáira*, di orig. indeur. ✱ 1865] **s. f. 1** nell'antica Grecia, cortigiana raffinata e dotata di cultura **2** (*lett.*, *eufem.*) donna di facili costumi

†**ètera** ② ➤ **etere**①

eteradelfìa [comp. di *etero-* e *adelfia* (V.) ✱ sec. XIX] **s. f.** ● (*med.*) crescita abnormemente maggiore di un feto rispetto a un altro, nello sviluppo intrauterino dei gemelli

eteradèlfo [1874] **agg.** ● (*med.*) proprio dell'eteradelfia, caratterizzato da eteradelfia

ètere ① o †**ètera** ② [vc. dotta, lat. *āethera*, dal gr. *aithḗr*, da *áithein* 'ardere, brillare', di orig. indeur. ✱ 1308] **s. m. 1** (*lett.*) la parte più alta e pura dello spazio | (*poet.*) aria, cielo: *quest'e. vivace / che gli egri spirti accende* (G. Parini) | ***e. cosmico***, ipotetico mezzo imponderabile ed elastico che si supponeva riempisse tutto l'Universo, per spiegare la propagazione della luce **2** spazio | ***via e.***, per mezzo della propagazione delle onde elettromagnetiche, si contrappone a *via cavo*

ètere ② [ted. *Äther*, attribuito alla sostanza volatile per accostamento con il latinismo *Äther* 'etere①' ✱ 1771] **A** **s. m. 1** (*chim.*) composto organico costituito da due radicali idrocarburici uniti da un atomo di ossigeno | ***e. etilico***, liquido organico volatile che produce anestesia generale o locale **2** (*per anton.*) correntemente, etere etilico **B** anche **agg.**: *gruppo e.*

a b c d **e** f g h i j k l m n o p q r s t u v w x y z

✦**etèreo**① [vc. dotta, lat. *aethĕriu(m)*, dal gr. *aithérios*, agg. di *aithḗr*, genit. *aithéros* 'etere①' ✱ sec. XIV] **agg.** ● (*lett.*) che è dell'etere, che si trova nell'etere: *vibrazione eterea* | (*poet.*) del cielo: *sotto l'e. padiglion rotarsi / più mondi* (U. FOSCOLO) | (*est.*) celestiale, incorporeo: *bellezza eterea*

etèreo② [da *etere*② ✱av. 1810] **agg.** ● (*chim.*) relativo all'etere | ***narcosi eterea***, ottenuta con inalazione di etere **SIN.** eterico

eterìa [vc. dotta, lat. *hetăeria(m)*, dal gr. *hetaíría*, da *hetâ(i)ros* 'compagno', di orig. indeur. ✱ 1858] **s. f. 1** nell'antica Grecia, lega spec. politica **2** nella Bisanzio medievale, guardia del corpo dell'imperatore costituita da mercenari stranieri **3** società segreta per la liberazione della Grecia, costituita alla fine del Settecento

eteriàrca [comp. di *eteria* e *-arca* ✱1869] **s. m.** (**pl.** *-chi*) ● comandante dell'eteria bizantina

etèrico [1869] **agg.** (**pl. m.** *-ci*) ● (*chim.*) etereo

eterificàre [da *etere*② ✱1834] **A v. tr.** (*io eterìfico, tu eterìfichi*) ● trasformare un alcol in etere **B eterificàrsi v. intr. pron.** ● (*chim.*) trasformarsi in etere, detto di alcol || **eterificazióne**, **s. f.**

†**etèrio** [1566] **agg.** ● etereo, nel sign. di etereo①

eterìsmo [da *etere*② ✱1940] **s. m.** ● intossicazione per inalazione di etere

eterizzàre [da *etere*② ✱av. 1850] **v. tr. 1** aggiungere etere a un liquido **2** anestetizzare con etere || **eterizzazióne**, **s. f.**

eternàbile [1983] **agg.** ● che si può eternare

†**eternàle** o †**etternàle** [vc. dotta, lat. tardo *aeternāle(m)*, da *aetĕrnus* 'eterno' ✱1266] **agg.** ● eterno: *sono alle pene eternali dannato* (G. BOCCACCIO) || †**eternalménte**, **avv.** in eterno || †**eternalità**, **s. f. inv.** eternità

eternàre o †**etternàre** [vc. dotta, lat. *aeternāre*, da *aetĕrnus* 'eterno' ✱1313] **A v. tr.** (*io etèrno*) ● immortalare: *e. il volto di qlcu. in un quadro* | rendere durevole, perenne: *e. gli odi, la discordia* **B eternàrsi v. rifl.** ● (*lett.*) farsi immortale, per meriti, fama e sim. **C eternàrsi v. intr. pron.** ● (*raro*) continuare, essere durevole, perenne: *rivalità che si eternano attraverso le generazioni*

Ètèrnit® o **Eternìt** [marchio registrato ✱ 1916] **s. m. inv.** ● (*edil.*) nome commerciale del fibrocemento

eternità o †**eternitàde**, †**eternitàte**, †**etternità** [vc. dotta, lat. *aeternitāte(m)*, da *aeternus* 'eterno' ✱1304] **s. f. inv. 1** nelle rappresentazioni religiose, una delle forme proprie della condizione divina, che è libera dai limiti del tempo umano e non ha principio né fine: *l'e. di Dio* | (*est.*) condizione di ciò che dura indefinitamente | ***l'e. della materia***, indistruttibilità **2** vita eterna, immortalità: *guadagnarsi l'e.* **3** tempo infinito, senza principio né termine | (*colloq.*, *iperb.*) tempo lungo, interminabile: *un discorso noioso che dura un'e.*

eternizzàre [da *eterno*, sul modello del fr. *éterniser* ✱1766] **A v. tr.** ● rendere eterno o (*iperb.*) interminabile: *avrei desiderato la morte per e. quell'istante* (G. VERGA) **B eternizzàrsi v. intr. pron.** ● diventare eterno o (*iperb.*) interminabile: *la pioggia rischiava di eternizzarsi* || **eternizzazióne**, **s. f.**

✦**etèrno** o †**ettèrno** [vc. dotta, lat. *aetĕrnu(m)*, prima *aevitĕrnu(m)*, da *ăevus* 'durata della vita', di orig. indeur. ✱1266] **A agg. 1** che non ha principio e non avrà fine, che è durato e durerà sempre: *Dio è e.*; *certe eterne verità che non possiamo sconoscere o riniegare* (G. VICO) **2** che ha avuto principio e non avrà fine | ***il sonno e.***, la morte | ***pena eterna***, l'Inferno | ***premio e.***, il Paradiso | ***la vita eterna***, l'esistenza ultraterrena | immortale rispetto alla durata dell'umanità: *Dante ha raggiunto una fama eterna* | ***la città eterna***, (*per anton.*) Roma | che durerà per tutta la vita: *provare un'eterna gratitudine*; *giurare e. amore* | ***in e.***, (*ellitt.*) per l'eternità **3** (*colloq.*, *iperb.*) interminabile: *un lavoro, un discorso e.* | incessante, continuo: *basta con i tuoi eterni lamenti!* | che è sempre lo stesso: *ecco l'e. ritardatario!* | duraturo, indistruttibile: *giacca eterna* || **eternaménte**, **avv.** in modo eterno, per l'eternità; per sempre, per tutta la vita; (*iperb.*) costantemente, continuamente **B s. m. 1** eternità: *e mi sovvien l'e., / e le morte stagioni* (G. LEOPARDI) | ***l'Eterno***, (*per anton.*) Dio **2** †anima

SFUMATURE ➤ *perpetuo*

ètero [1972] **agg. inv.**; anche **s. m. e f. inv.** ● (*gerg.*) eterosessuale **CFR.** omo

ètero- [dal gr. *héteros* 'altro', 'diverso'] **primo elemento** ● in parole composte dotte o della terminologia scientifica, significa 'altro', 'diverso': *eterociclico, eterodonte, eterogenesi* **CONTR.** omo- | in altri casi, significa 'dall'esterno': *eteroeducazione, eterodirigere* | in altri casi, significa 'eterosessuale': *eterofobia*

eteroàtomo [comp. di *etero-* e *atomo* ✱ 1926] **s. m.** ● (*chim.*) qualsiasi atomo, diverso dal carbonio, che entra nella composizione di un composto ciclico

eterocarpìa [comp. di *etero-* e del gr. *karpós* 'frutto', di orig. indeur. ✱1834] **s. f.** ● (*bot.*) produzione di frutti morfologicamente diversi da parte della stessa pianta

eterocàrpo [1834] **agg.** ● (*bot.*) detto di pianta che presenta eterocarpia

eterocentrìsmo [comp. di *etero-* ed *(ego)-centrismo* ✱1993] **s. m.** ● (*psicol.*) atteggiamento di chi tende a porre gli altri al centro della realtà in cui vive

eterocèrco [comp. di *etero-* e *-cerco* ✱1874] **agg.** (**pl. m.** *-chi*) ● (*zool.*) detto della coda dei Pesci in cui la pinna è asimmetrica

eterocìclico [comp. di *etero-* e *ciclico* ✱ 1917] **agg.** (**pl. m.** *-ci*) ● (*chim.*) detto di composto organico ciclico il cui anello è formato, oltre che da atomi di carbonio, anche da atomi di elementi chimici diversi: *anello e.*

eteroclìsìa [1907] **s. f.** ● (*ling.*) anomalia di lemma eteroclito

eteròclito [vc. dotta, lat. tardo *heterŏclitо(n)*, dal gr. *heteróklitos* 'di altra (*héteros*) declinazione (da *klínein*)' ✱1509] **agg. 1** (*ling.*) di verbo, sostantivo o aggettivo la cui flessione comprende più temi o radici (per es., in latino, *fero* 'io porto' che diventa *tuli* 'io portai'; in italiano, *vado* che diventa *andai*) **2** (*lett.*) anormale, inusitato: *cotesto sì e. / nome, per certo, avrò male in memoria* (L. ARIOSTO)

eterocromìa [comp. di *etero-* e *-cromia* ✱ 1987] **s. f.** ● (*med.*) differente colorazione delle iridi o di altre due parti del corpo che hanno normalmente lo stesso colore

eteròcrono [gr. *heteróchronos* 'di tempo (*chrónos*) diverso (*héteros*)' ✱1874] **agg.** ● (*med.*) aritmico

eterodiegètico [fr. *hétérodiégétique*, comp. di *hétéro-* 'etero-' e *diégétique* 'diegetico' ✱1993] **agg.** (**pl. m.** *-ci*) ● detto di narrazione in cui il narratore non compare come personaggio della storia che racconta

eterodìna [gr. *heterodýna(mos)* 'di diverso (*héteros*) potere (*dýnamis*)' ✱1927] **s. f.** ● oscillatore a radiofrequenza, con intensità e periodo regolabili, utilizzato per produrre battimenti con un segnale in ingresso di frequenza differente **CFR.** supereterodina

eterodirètto [comp. di *etero-* e *diretto* ✱ 1965] **agg.** ● detto di chi non ha autonoma capacità di decisione autonoma e si lascia perciò dirigere da altri nel proprio comportamento

eterodirìgere [retroformazione da *eterodiretto* ✱1976] **v. tr.** (**coniug. come** *dirigere*) ● condizionare il comportamento di qlcu. limitando la sua autonomia di decisione | controllare, dirigere dall'esterno un'organizzazione, un gruppo, ecc.

eterodónte [comp. di *etero-* e del gr. *odṓn*, genit. *odóntos* 'dente' ✱1917] **agg.** ● detto di animale fornito di denti disuguali fra loro a seconda della funzione che essi assumono **CONTR.** omodonte

eterodossìa [gr. *heterodoxía*, da *heteródoxos* 'eterodosso' ✱1765] **s. f.** ● dottrina o insegnamento in contrasto con l'opinione comune o ufficialmente riconosciuta, spec. in materia religiosa **CONTR.** ortodossia

eterodòsso [gr. *heteródoxos* 'di un'altra (*héteros*) opinione (*dóxa*)' ✱1739] **agg.** ● relativo a eterodossia: *teoria eterodossa* | che professa dottrine od opinioni in contrasto con quelle ufficiali o prevalenti **CONTR.** ortodosso

eteroeducazióne [comp. di *etero-* ed *educazione* ✱1956] **s. f.** ● azione educativa esercitata dall'esterno su un soggetto **CONTR.** autoeducazione

eterofillìa [da *eterofillo* ✱1820] **s. f.** ● fenomeno per cui le foglie di una pianta si presentano lungo il fusto con due o più forme diverse

eterofìllo [comp. di *etero-* e *-fillo* ✱1834] **agg.** ● di pianta che presenta eterofillia

eterofobìa [comp. di *etero-* e *-fobia* ✱1968] **s. f. 1** avversione, ostilità per tutto ciò che è altro, diverso, alternativo o sim. **2** avversione per l'eterosessualità e gli eterosessuali || **eterofòbico**, **agg.** (**pl. m.** *-ci*) **1** relativo a eterofobia **2** (*raro*) eterofobo || **eteròfobo**, **agg. e s. m.** (**f.** *-a*) che (o chi) dimostra eterofobia

eterofonìa [comp. di *etero-* e *-fonia* ✱1874] **s. f.** ● (*mus.*) nell'antica Grecia, specie di polifonia consistente nel sovrapporre alla melodia del canto un accompagnamento degli strumenti talora differenziato e forse esornativo

eteroforìa [comp. di *etero-* e *-foria* ✱1899] **s. f.** ● (*med.*) tendenza patologica di un occhio o di entrambi a deviare dalla normale direzione dello sguardo, dovuta a squilibrio funzionale dei muscoli che presiedono ai movimenti dell'occhio

eterofòrico [1983] **A agg.** (**pl. m.** *-ci*) ● di eteroforia **B agg. e s. m.** (**f.** *-a*) ● che (o chi) è affetto da eteroforia

eterogamète [comp. di *etero-* e *gamete* ✱ 1968] **s. m.** ● (*biol.*) gamete morfologicamente diverso a seconda del sesso di provenienza

eterogamìa [comp. di *etero-* e un deriv. del gr. *gámos* 'matrimonio' ✱1965] **s. f.** ● (*biol.*) riproduzione che avviene tramite gameti maschili e femminili morfologicamente e dimensionalmente molto diversi **CFR.** anisogamia, isogamia

eteròogamo [comp. di *etero-* e del gr. *gámos* 'matrimonio' ✱1834] **agg.** ● (*biol.*) relativo all'eterogamia | ***riproduzione sessuale eterogama***, caratterizzata dalla fusione di gameti differenti

eterogeneità [da *eterogeneo* ✱av. 1730] **s. f. inv.** ● caratteristica, condizione di ciò che è eterogeneo **CONTR.** omogeneità

eterogèneo [gr. *heterogenḗs*, 'di altro (*héteros*) genere (*génos*)' ✱av. 1535] **agg. 1** di natura e caratteristiche diverse: *sulle banchine del porto vi sono le merci più eterogenee*; *pubblico e.* **CONTR.** omogeneo **2** (*gramm.*) di sostantivo che nel plurale ha o può avere genere diverso che nel singolare (per es. *braccio, braccia*)

eterogènesi [comp. di *etero-* e *genesi* ✱ 1869] **s. f. inv. 1** (*biol.*) alternanza di generazioni **2** (*biol.*) comparsa di un organismo mutante in una popolazione **3** (*filos.*) *e. dei fini*, principio secondo cui le azioni umane possono conseguire fini diversi da quelli perseguiti

eterogonìa [comp. di *etero-* e *-gonia* ✱ 1892] **s. f.** ● (*biol.*) regolare alternanza di riproduzione partenogenetica e sessuata in alcune specie animali, come gli imenotteri e alcuni crostacei

eteroguidàto [comp. di *etero-* e *guidato* ✱ 1974] **agg.** ● che viene diretto, orientato da altri o da altro: *una protesta eteroguidata*

eteroinnèsto [comp. di *etero-* e *innesto* ✱ 1968] **s. m.** ● (*chir.*) xenotrapianto

eterointegraziòne [vc. dotta, comp. di *etero-* e *integrazione* ✱ 1882] **s. f.** ● (*dir.*) completamento di una lacuna normativa con l'applicazione di norme di altro ordinamento giuridico

eterolalìa [comp. di *etero-* e *-lalia* ✱ 1887] **s. f.** ● (*med.*) forma di loquacità propria del delirio

eterològico [vc. dotta, comp. di *etero-* e *logico* ✱ 1971] **agg. (pl. m. *-ci*)** ● detto di termine, spec. un aggettivo, che esprime una proprietà da esso non posseduta: *bisillabico è e. in quanto non è composto da due sillabe* CONTR. autologico

eteròlogo [da *omologo* con sostituzione di prefissoide a senso opposto (*etero-* a *omo-*) ✱ 1874] **agg. (pl. m. *-ghi*) 1** detto di elemento chimico appartenente alla stessa serie orizzontale nel sistema periodico di Mendeleev **2** (*biol.*) detto di organo, tessuto o sostanza organica che proviene da una specie diversa da quella considerata

eteròmane [1919] **agg. e s. m. e f.** ● che (o chi) è affetto da eteromania

eteromanìa [comp. di *etere* e *mania* ✱ 1917] **s. f.** ● (*med.*) abitudine morbosa d'inalare etere

eteròmero [comp. di *etero-* e *-mero* ✱ 1917] **agg.** ● (*bot.*) detto di verticillo florale che ha un numero di pezzi disuguale | detto del tallo dei licheni in cui i gonidi non sono sparsi uniformemente, ma distribuiti in strati

eterometàbolo [comp. di *etero-* e del gr. *metabolḗ* 'mutamento' ✱ 1968] **agg.; anche s. m.** ● (*zool.*) detto di insetto che alla nascita è privo di ali, ma ha un aspetto simile all'adulto

eteròmio [comp. di *etero-* e del gr. *mŷs*, genit. *myós* 'topo' ✱ 1951] **s. m.** ● piccolo mammifero roditore dell'America meridionale (*Heteromys*)

eteromorfismo [da *eteromorfo* ✱ 1917] **s. m.** ● (*bot.*) fenomeno per cui su una stessa pianta sono presenti due o più tipi di organi della medesima struttura morfologica

eteromòrfo [gr. *heterómorphos* 'di forma (*morphḗ*) diversa (*héteros*)' ✱ 1874] **agg.** ● di pianta che presenta eteromorfismo

eteronimìa [comp. di *etero-* e un deriv. del gr. *ónyma*, var. di *ónoma* 'nome' ✱ 1956] **s. f.** ● (*ling.*) fenomeno per cui coppie naturali di oggetti o di esseri animati sono denominati con nomi di diversa etimologia (per es. *fratello-sorella*; *maiale-scrofa*)

eteronimo [comp. di *eter(o)-* e *-onimo* ✱ 1956] **A agg. 1** (*ling.*) detto di nome che è in rapporto di eteronimia con uno o più altri **2** detto di opera pubblicata dall'autore con nome diverso da quello suo proprio, spec. se firma con quello suo vero altre opere, dando vita così a due figure distinte di autore CFR. ortonimo, pseudonimo **B s. m.** ● nome fittizio di un autore, spec. se pubblica altre opere col suo vero nome

eteronomìa [comp. di *etero-* e un deriv. del gr. *nómos* 'legge' ✱ 1846] **s. f.** ● (*filos.*) nella filosofia kantiana, condizione nella quale la volontà del soggetto deriva dall'esterno la ragione della propria azione CONTR. autonomia

eterònomo [1843] **agg. 1** (*filos.*) caratterizzato da eteronomia CONTR. autonomo **2** (*ling.*) detto di mutamento fonetico condizionato da fattori esterni

eteropàtico [comp. di *etero-* e un deriv. del gr. *páthos* 'malattia' ✱ sec. XIX] **agg. (pl. m. *-ci*)** ● (*med.*) allopatico

eteroplòide [comp. di *etero-* e *(a)ploide* ✱ 1987] **agg.** ● (*biol.*) aneuploide

eteropolàre [comp. di *etero-* e *polare* ✱ 1931] **agg.** ● (*fis.*) di legame che avviene per attrazione elettrostatica fra ioni di segno opposto SIN. ionico

eteropòlio [comp. di *etero-* e *-polio* ✱ 1963] **s. m. (pl. *-i* o *raro -ii*)** ● (*econ.*) forma di mercato caratterizzata dalla differenza qualitativa dei beni e servizi offerti da ciascuno dei venditori rispetto a quelli offerti dagli altri

eteropsònio [comp. di *etero-* e *-psonio* ✱ 1963] **s. m.** ● (*econ.*) forma di mercato caratterizzata dalla differenza delle condizioni economiche di ciascuno dei compratori e dalla conseguente preferenza dei venditori per la domanda di uno o di alcuni fra loro in particolare

eterosessismo [comp. di *etero-* e *sessismo* ✱ 1986] **s. m.** ● tendenza a considerare normali soltanto gli eterosessuali o i comportamenti eterosessuali CFR. omofobia

eterosessista [1986] **agg. e s. m. e f. (pl. m. *-i*)** ● che (o chi) manifesta eterosessismo

eterosessuàle [comp. di *etero-* e *sessuale* ✱ 1955] **A agg.** ● che riguarda i rapporti sessuali fra due persone di sesso diverso: *relazione e.* **B agg. e s. m. e f.** ● che (o chi) prova attrazione sessuale per persone di sesso opposto CFR. bisessuale, omosessuale ‖ **eterosessualità**, **s. f. inv.** inclinazione sessuale di chi è attratto da persone di sesso diverso; caratteristica di ciò che è eterosessuale

eterosfèra [da *etero-*, sul modello di *atmosfera* ✱ 1963] **s. f.** ● (*geofis.*) la regione superiore dell'atmosfera terrestre, che si estende oltre 80-100 km di altezza

eterosillàbico [comp. di *etero-* e *sillaba*, con suff. agg. ✱ 1956] **agg. (pl. m. *-ci*)** ● (*ling.*) detto di suono appartenente a sillaba diversa da quella considerata (per es. i suoni *p* e *d* nelle due sillabe *spon-* e *-da* di '*sponda*') CONTR. tautosillabico

eterosòmo [vc. dotta, comp. di *etero-* e del gr. *sôma* 'corpo' ✱ 1874] **agg.** ● (*biol., zool.*) che ha corpo diverso, detto spec. di razze di polli in domesticità rispetto a quelli selvatici

eterotàllico [comp. di *etero-* e *tallo*, con suff. agg. ✱ 1956] **agg. (pl. m. *-ci*)** ● (*bot.*) detto di pianta in cui l'organo di riproduzione produce gameti di sesso o solo maschile o solo femminile

eterotassìa [comp. di *etero-* e un deriv. del gr. *táxis* 'ordinamento' ✱ 1865] **s. f.** ● (*biol.*) anormale disposizione di organi

eterotermìa [da *eterotermo* ✱ 1956] **s. f.** ● (*fisiol.*) condizione degli eterotermi CONTR. omeotermia

eterotèrmico [comp. di *etero-* e *termico* ✱ 1993] **agg. (pl. m. *-ci*)** ● (*fisiol.*) riferito agli eterotermi CONTR. omeotermico

eterotèrmo [comp. di *etero-* e del gr. *thermós* 'caldo' ✱ 1913] **agg. e s. m.** ● (*zool.*) detto di organismo animale in grado di variare la temperatura corporea in varie parti del corpo o in tempi diversi CONTR. omeotermo

eterotopìa [comp. di *etero-* e un deriv. del gr. *tópos* 'luogo' ✱ 1874] **s. f.** ● (*med.*) sviluppo di un tessuto in sede anomala ‖ **eterotòpico**, **agg. (pl. m. *-ci*)** (*med.*) detto di organo, viscere o trapianto che presenta eterotopia CFR. ortotopico

eterotrapiànto [comp. di *etero-* e *trapianto* ✱ 1989] **s. m.** ● (*chir.*) xenotrapianto

eterotrofìa [comp. di *etero-* e un deriv. del gr. *trophḗ* 'cibo, nutrizione' ✱ 1865] **s. f.** ● (*biol.*) fenomeno per cui un organismo che non è capace di fabbricare da sé le sostanze organiche le assume da altri organismi CONTR. autotrofia ‖ **eterotròfico**, **agg. (pl. m. *-ci*)** relativo a eterotrofia ‖ **eteròtrofo**, **agg.** di organismo animale o vegetale che presenta eterotrofia

Eteròtteri [comp. di *etero-* e un deriv. del gr. *pterón* 'ala' ✱ 1834] **s. m. pl. (sing. *-o*)** ● (*zool.*) ordine di Insetti degli Emitteri con ali anteriori in parte indurite (*Heteroptera*)

eterozigòsi [comp. di *eterozig(ote)* e *-osi* ✱ 1963] **s. f. inv.** ● (*biol.*) condizione genetica degli eterozigoti | l'unione di gameti geneticamente diversi

eterozigòte [comp. di *etero-* e *zigote* ✱ 1918] **s. m.; anche agg.** ● (*biol.*) individuo derivante dall'unione di gameti a fattori ereditari diversi

etèsie [av. 1367] **s. f. pl.** ● venti etesii

etèsio [vc. dotta, lat. *ētēsĭu(m)*, dal gr. *etēsios*, sottinteso *ánemos* '(vento) annuale (da *étos* 'anno')' ✱ 1542] **A s. m. (pl. *-sii* o *-si*)** ● (**spec. al pl.**) vento periodico proveniente da nord che soffia durante i mesi estivi nel Mediterraneo orientale SIN. meltemi **B agg.** ● (*lett.*) proprio degli etesii: *vento e.*; *brezza etesia*

ETF ➤ **exchange-traded fund**

èthos /'ɛtos/ [vc. gr., *êthos* 'costume, carattere', di orig. indeur. ✱ av. 1904] **s. m. inv.** ● regola, norma di vita

♦**ètica** [vc. dotta, lat. *ēthica(m)*, dal gr. *ēthikḗ* 'relativo al carattere (*êthos*, di orig. indeur.)' ✱ 1261 ca.] **s. f. 1** (*filos.*) parte della filosofia che studia i problemi e i valori connessi all'agire umano: *la distinzione fra bene e male è propria dell'e.*; *l'e. kantiana* | ***e. normativa*** (*o* ***precettiva***), ***e. descrittiva***, a seconda che si proponga, o meno, di raccomandare norme di comportamento **2** insieme delle norme di condotta pubblica e privata seguite da una persona o da un gruppo di persone: *un'e. severa*; *la mia e. professionale*; *l'e. cristiana*; *l'e. di Giolitti, l'e. di De Gasperi*

SFUMATURE ➤ ***morale***

♦**etichètta** ① [fr. *étiquette*, dall'ant. fr. *estiquer* 'attaccare', dal neerl. *stikken*; nel sign. 3, calco sull'ingl. (*record*) *label*, propr. 'marca (*label*) di dischi (*record*)' ✱ 1797] **s. f. 1** cartellino che si applica su un oggetto per indicarne il prezzo, il contenuto, il nome, l'anno, la collocazione in un ordine ecc.: *l'e. di un prodotto, su una bottiglia* | (*inform.*) stringa di caratteri alfanumerici che richiama in modo sintetico un programma, un'istruzione, un record **2** (*fig.*) definizione sommaria con cui si attribuisce una qualità, una tipologia, un'appartenenza: *nessuno gradisce l'e. del piantagrane*; *un grande artista non si lascia mai classificare sotto un'e.* **3** casa discografica ‖ **etichettina**, **dim.**

etichètta ② [sp. *etiqueta*, dal fr. *étiquette* 'lista dei testimoni' (dal senso più ant. di 'marca attaccata a un palo'), esteso da Carlo V al 'protocollo di corte' ✱ av. 1712] **s. f.** ● cerimoniale degli usi e costumi da osservare nelle corti regali | (*est.*) il complesso delle norme consuetudinarie di comportamento in società e in particolari cerimonie | ***tenere all'e.***, guardare alla forma | ***senza e.***, senza formalismi, alla buona

SFUMATURE ➤ *cerimoniale*

etichettaménto [1977] **s. m.** ● l'etichettare | (*fig.*) classificazione, catalogazione: *l'e. di un fenomeno*

etichettàre [adattamento del fr. *étiqueter*, da *étiquette* 'etichetta①' ✱ 1950] **v. tr.** (*io etichétto*) **1** fornire di etichetta **2** (*fig.*) qualificare in modo generico e sbrigativo: *l'hanno etichettato come piantagrane*

SFUMATURE ➤ *classificare*

etichettatrìce [1965] **s. f.** ● macchina o apparecchio per etichettare

etichettatùra [1956] **s. f.** ● operazione dell'etichettare | tipo di etichetta; dicitura contenuta in un'etichetta: *e. impropria*

e

etichettifìcio [comp. di *etichetta* e *-ficio* ✱ 1963] **s. m.** ● fabbrica di etichette

eticìṣmo [da *etic(o)* con il suff. *-ismo* ✱ av. 1952] **s. m.** ● (*filos.*) moralismo: *contro la Logica ... a beneficio di non so quale ... e.* (B. Croce)

eticista [da *etica* ✱ 1924] **s. m. e f.** (**pl. m.** *-i*) **1** esperto di problemi etici, spec. quelli attinenti alla professione medica (riguardo ad aborto, eutanasia, tecnologie riproduttive) o alla gestione di attività economiche **2** (*raro*) studioso di filosofia morale

eticità [da *etico*① ✱ 1911] **s. f. inv. 1** caratteristica, condizione di ciò che è etico **2** nella filosofia hegeliana, la realizzazione del diritto e della moralità in istituzioni storiche quali la famiglia, la società, lo Stato

♦**ètico**① [vc. dotta, lat. *ēthicu(m)*, dal gr. *ēthikós* 'proprio della morale (*êthos*, di orig. indeur.)' ✱ av. 1565] **A agg.** (**pl. m.** *-ci*) **1** (*filos.*) che concerne l'etica o la filosofia morale **2** che attiene all'agire umano valutato in relazione a principi di ordine morale | ***codice e.***, V. *codice* **3** (*gramm.*) ***dativo e.***, complemento che esprime l'interesse con cui una persona segue l'azione verbale (per es. *mi* in *'stammi bene'*) **4** ***farmaco e.***, V. *farmaco* ‖ **eticaménte**, **avv.** per quanto concerne l'etica ‖ **eticità**, **s. f. inv.** (V.) **B s. m.** (**f.** *-a*) ● (*filos.*) chi si dedica allo studio dell'etica

ètico② [vc. dotta, gr. *hektikós*, attributo di una febbre 'continua' (da *héxis* 'essere in una certa condizione', deriv. di *échein* 'avere, tenere') ✱ sec. XIII] **agg. e s. m.** (**f.** *-a*; **pl. m.** *-ci*) ● (*lett.*) tisico

ètico③ [ingl. *etic*, tratto da *(phon)etic* 'fonetico' ✱ 1969] **agg.** (**pl. m.** *-ci*) ● (*ling.*) relativo a dati oggettivi, che non sono pertinenti e non hanno quindi una funzione distintiva all'interno di un determinato sistema linguistico | (*est.*) relativo all'aspetto puramente descrittivo di un certo fatto o fenomeno CONTR. emico

etil- [da *etano*] **primo elemento** ● in parole composte della terminologia chimica, denota la presenza di un radicale derivante dall'etano per eliminazione di un atomo di idrogeno in molecole organiche

etìle [comp. del gr. *aith(ḗr)* 'etere②' e *hýlē* 'materia' ✱ 1869] **s. m.** ● (*chim.*) residuo dell'etano costituito da due atomi di carbonio e cinque di idrogeno

etilène [da *etile* ✱ 1869] **s. m.** ● (*chim.*) idrocarburo alifatico non saturo a due atomi di carbonio, gassoso, di largo impiego nell'industria SIN. etene

etilènico [1933] **agg.** (**pl. m.** *-ci*) ● (*chim.*) relativo all'etilene: *legame e.*

etìlico [1869] **agg.** (**pl. m.** *-ci*) ● (*chim.*) detto di composto che contiene un etile: *alcol e.*; *etere e.*

etilìṣmo [comp. di *etile* e *-ismo* ✱ 1934] **s. m.** ● (*med.*) intossicazione da alcol etilico: *e. cronico, acuto* SIN. alcolismo

etilista [1965] **s. m. e f.**; **anche agg.** (**pl. m.** *-i*) ● chi (o che) presenta i sintomi dell'etilismo SIN. alcolista

etilòmetro [comp. di *etil-* e *-metro* ✱ 1988] **s. m.** ● strumento per effettuare l'analisi del fiato allo scopo di stabilire la quantità di alcol etilico ingerita; è usato dalla Polizia stradale per controllare se un automobilista guida in stato di ebbrezza

etilotèst [comp. di *etilo(metro)* e *test* ✱ 1990] **s. m. inv.** ● test effettuato con l'etilometro

ètimo [vc. dotta, lat. *ĕtymo(n)*, dal gr. *étymon* 'vero (*étymos*) significato di una parola' ✱ av. 1617] **s. m.** ● (*ling.*) forma data o stabilita dalla quale si fa derivare una parola

etimologìa [vc. dotta, lat. *etymolŏgia(m)*, dal gr. *etymología*, comp. di *étymon* 'intimo significato della parola', e *-logía* '-logia' ✱ sec. XIII] **s. f.** (**pl.** *-gìe*) ● (*ling.*) ricerca dei rapporti che una parola ha con un'altra unità più antica da cui è derivata | disciplina che si occupa della formazione delle parole, mediante la quale si riducono unità più recenti a termini già conosciuti | (*est.*) etimo | ***e. popolare, e. incrociata***, fenomeno per cui il soggetto parlante, basandosi su alcune somiglianze formali, riallaccia una parola a un'altra senza che fra esse esista alcuna parentela

etimològico [vc. dotta, lat. *etymolŏgicu(m)*, dal gr. *etymologikós*, da *etymología* 'etimologia' ✱ av. 1675] **A agg.** (**pl. m.** *-ci*) ● che riguarda l'etimologia | detto di significato originario o di suono che è il reale sviluppo di un suono precedente | ***dizionario e.***, quello che dà l'etimologia dei lemmi registrati | ***figura etimologica***, procedimento retorico per il quale si usano nella stessa frase parole che hanno uguale radice: *rise, e in quel riso dalla man del figlio / prese il nappo* (V. Monti) ‖ **etimologicaménte**, **avv.** secondo l'etimologia **B s. m.** ● †etimologo

etimologìsta [1584] **s. m. e f.** (**pl. m.** *-i*) ● etimologo

etimologizzàre [av. 1375] **v. intr.** (**aus.** *avere*) ● (*lett.*) ricostruire l'etimologia di una parola | proporre un'interpretazione etimologica

etimòlogo [vc. dotta, lat. *etymŏlogu(m)*, dal gr. *etymólogos*, da *etymología* 'etimologia' ✱ av. 1744] **s. m.** (**f.** *-a*; **pl. m.** *-gi*) ● chi si dedica a studi etimologici SIN. etimologista

etìno [da *etile* ✱ 1917] **s. m.** ● (*chim.*) acetilene

ètio- ➤ **ezio-**

etiologìa e deriv. ➤ **eziologia** e deriv.

etiònico [comp. di *e(tilene)* e del gr. *theîon* 'zolfo' ✱ 1874] **agg.** (**pl. m.** *-ci*) ● (*chim.*) detto di acido organico contenente due gruppi solfonici

etiopatogèneṣi ➤ **eziopatogenesi**

♦**etìope** o †**etiòpo** [vc. dotta, lat. *Aethĭope(m)*, dal gr. *Aithíops*, propr. 'dall'aspetto (*ópsis*) bruciato (dal v. *áithein* 'ardere')' ✱ 1319] **A agg.** ● dell'Etiopia **B s. m. e f. 1** abitante o nativo dell'Etiopia SIN. etiopico **2** †africano **3** †preparato medicinale di colore nero o scuro

etiòpico [vc. dotta, lat. *Aethiŏpicu(m)*, dal gr. *Aithiopikós*, agg. di *Aithíops* 'etiope' ✱ av. 1367] **A agg.** (**pl. m.** *-ci*) ● dell'Etiopia o degli Etiopi **B s. m.** (**f.** *-a*) ● abitante o nativo dell'Etiopia SIN. etiope **C s. m. solo sing.** ● lingua della famiglia semitica parlata dagli Etiopi

etiòpide [vc. dotta, lat. *Aethiŏpide(m)*, dal gr. *Aithiopís*, f. di *Aithíops* 'etiope' ✱ av. 1577] **s. m. e f.** ● ciascuno degli appartenenti a un ceppo umano formato da Etiopici, da alcune tribù sahariane e centro-africane e da alcuni gruppi malgasci

†**etiòpo** ➤ **etiope**

etiotropìṣmo e deriv. ➤ **eziotropismo** e deriv.

etìṣia [fr. *étisie*, da un precedente *hectisie* (fatto sul modello di *phtisie* 'tisi'), adattato a *étique* 'etico' ✱ 1671] **s. f.** ● (*med.*) tubercolosi: *una crudele e. lo uccide lentamente* (A. Boito)

etmoidàle [1829] **agg.** ● che concerne l'etmoide

etmòide [vc. dotta, gr. *ēthmoeidḗs* 'a forma (*êidos*) di crivello (*ēthmós*)' ✱ 1771] **s. m.** ● (*anat.*) osso della base del cranio che concorre alla formazione delle cavità nasali e delle cavità orbitarie

etnàrca [vc. dotta, gr. *ethnárkhēs*, comp. di *éthnos* 'popolo' e *-árkhēs*, da *árchein* 'essere a capo' ✱ 1869] **s. m.** (**pl.** *-chi*) ● titolo di rango inferiore a quello di re, dato in età ellenistico-romana a capi di popoli orientali | presso i cristiani ortodossi soggetti a dominazione straniera (per es. a Cipro), il patriarca o metropolita investito anche di funzioni civili

etnèo [vc. dotta, lat. *Aetnāeu(m)*, dal gr. *Aitnâios*, di orig. indeur. (?) ✱ 1532] **A agg.** ● dell'Etna **B s. m.** (**f.** *-a*) **1** abitante delle pendici dell'Etna **2** abitante o nativo dell'antica città di Etna

♣**etnìa** [dal gr. *éthnos* 'razza, popolo' (V. *etnico*) ✱ 1945] **s. f.** ● raggruppamento umano basato su comuni caratteri fisico-somatici, linguistici e culturali

etnicizzazióne [1992] **s. f.** ● connotazione di un fatto o di un fenomeno in base alle differenti etnie coinvolte: *e. di un conflitto*; *e. del mercato del lavoro*

♣**ètnico** [vc. dotta, lat. eccl. *ĕthnicu(m)* 'pagano', dal gr. *ethnikós*, da *éthnos* 'popolo', di etim. incerta ✱ av. 1550] **agg.** (**pl. m.** *-ci*) **1** che è proprio di un popolo: *i caratteri etnici dei polinesiani* | ***gruppo e.***, aggregato sociale che si caratterizza per comunanza di cultura e lingua | ***pulizia etnica***, locuzione ripresa dal linguaggio giornalistico e con la quale sono definiti da chi li mette in atto i programmi di eliminazione di minoranze etniche attuati in forme che vanno dalla deportazione al genocidio **2** (*est.*) che è tipico delle tradizioni, del costume o del folclore di popolazioni spec. extraeuropee: *cucina etnica*; *musica etnica*; *moda, oggettistica etnica* **3** (*ling.*) ***nome e.***, etnonimo **4** nella terminologia biblica e (*est.*) cristiana antica, detto di chi non apparteneva al popolo giudaico e (*est.*) di chi non era cristiano ‖ **etnicaménte**, **avv.** dal punto di vista etnico ‖ **etnicità**, **s. f. inv.** condizione di appartenenza a un gruppo etnico in relazione agli aspetti biologici, storici, culturali o linguistici

ètno- [dal gr. *éthnos* 'popolo', di etim. incerta] **primo elemento** ● in parole composte dotte, significa 'popolo', 'razza': *etnografia, etnologia* | in parole di formazione recente, significa 'etnico' nel sign. 2: *etno-chic*; *etno-rock*

etnocèntrico [comp. di *etno-* e *-centrico* ✱ 1984] **agg.** (**pl. m.** *-ci*) ● proprio dell'etnocentrismo, caratterizzato da etnocentrismo: *atteggiamento e.* ‖ **etnocentricaménte**, **avv.** in modo etnocentrico, da un punto di vista etnocentrico

etnocentrìṣmo [comp. di *etnocentr(ico)* e *-ismo*, sul modello dell'ingl. *ethnocentrism* ✱ 1974] **s. m.** ● atteggiamento di chi attribuisce al proprio gruppo etnico una superiorità culturale e giudica gli altri gruppi etnici esclusivamente in base ai propri valori

etno-chic /etnoʃ'ʃik/ [comp. di *etno-* e *chic* ✱ 1996] **A agg. inv.** ● che è caratterizzato da uno stile elegante abbellito da elementi etnici: *abbigliamento etno-chic*; *giardino, accessori etno-chic* | relativo a tale stile: *tendenze etno-chic* **B s. m. inv.** ● stile di abbigliamento o di arredamento che presenta tali caratteristiche

etnocìdio [comp. di *etno-* e *-cidio* ✱ 1983] **s. m.** (**pl.** *-i* o *raro -ii*) ● distruzione del patrimonio culturale di un gruppo etnico

etnografìa [comp. di *etno-* e *-grafia* ✱ 1829] **s. f.** ● disciplina che studia, con intendimenti descrittivi, i costumi e le tradizioni dei popoli della Terra CFR. etnologia

etnogràfico [1826] **agg.** (**pl. m.** *-ci*) ● relativo all'etnografia ‖ **etnograficaménte**, **avv.** dal punto di vista dell'etnografia

etnògrafo [comp. di *etno-* e *-grafo* ✱ 1840] **s. m.** (**f.** *-a*) ● studioso, esperto di etnografia

etnolinguìstica [comp. di *etno-* e *linguistica* ✱ 1969] **s. f.** ● parte della linguistica che studia le relazioni fra le lingue e i vari tipi di cultura umana

etnologìa [comp. di *etno-* e *-logia* ✱ av. 1853] **s. f.** (**pl.** *-gìe*) ● disciplina che studia le culture e le civiltà dei vari popoli, utilizzando i dati dell'etnografia, per stabilire l'evoluzione, il diffondersi e l'affermarsi delle culture umane

etnològico [1857] **agg.** (**pl. m.** *-ci*) ● che concerne l'etnologia: *studi etnologici* ‖ **etnologicaménte**, **avv.** dal punto di vista etnologico

etnòlogo [comp. di *etno-* e *-logo* ✱ 1865] **s. m.** (**f.** *-a*; **pl. m.** *-gi*) ● studioso, esperto di etnologia

etnomuṣicologìa [comp. di *etno-* e *musicologia* ✱ 1965] **s. f.** (**pl.** *-gìe*) ● parte della musicologia che studia le musiche popolari dei vari Paesi

etnònimo [comp. di *etn(o-)* e *-onimo* ✱ 1956] **s. m.** ● (*ling.*) aggettivo o nome derivato da un nome di Paese o di regione, che indica l'appartenenza a questa regione o a questo Paese (per es. *tedesco, toscano, triestino*) SIN. nome etnico CFR. glottonimo

etnopsichiatrìa [comp. di *etno-* e *psichiatria* ✱ 1982] **s. f.** ● ramo della psichiatria che studia i rapporti esistenti tra le manifestazioni psicopatologiche e i fattori etnici

etnostòria [comp. di *etno-* e *storia* ✱ 1987] **s. f.** ● studio storico ed etnologico delle civiltà primitive scomparse o acculturate

-éto [lat. *-ētu(m)*, suff. impiegato per n. collettivo] **suff.** ● forma termini che indicano terreni adibiti a particolari colture (*frutteto, vigneto*) o boschi e sim. di determinate piante e altre forme vegetali (*canneto, castagneto, faggeto*) o insieme di materiali o costruzioni varie (*ghiaieto, macereto, sepolcreto*)

étoile /fr. e'twal/ [vc. fr., propr. 'stella' ✱ 1917] **s. f. inv.** ● il primo o la prima ballerina di un corpo di ballo classico | (*est.*) interprete famoso nel mondo della danza o dello spettacolo

etòlico [vc. dotta, lat. *Aetōlicu(m)*, dal gr. *Aitōlikós* 'proprio dell'Etolia (*Aitōlía*, di etim. incerta)' ✱ 1589] **agg.** (**pl. m.** *-ci*) ● dell'Etolia, regione storica della Grecia classica: *città etoliche*

etologìa [vc. dotta, lat. *ethologia(m)*, dal gr. *ēthología*, comp. di *éthos* 'costume' e *-logía* '-logia' ✱ 1820] **s. f.** (**pl.** *-gìe*) **1** (*disus.*) ramo della psicologia relativo allo studio e alla classificazione dei caratteri | (*disus.*) studio dei caratteri e dei costumi dei popoli **2** disciplina che studia il comportamento e le abitudini animali con particolare attenzione alle loro reciproche relazioni e all'adattamento all'ambiente | ***e. vegetale***, studio del modo di vita delle piante

etològico [1765] **agg.** (**pl. m.** *-ci*) ● dell'etologia ‖ **etologicaménte**, **avv.** dal punto di vista etologico

etòlogo [av. 1729] **s. m.** (**f.** *-a*; **pl. m.** *-gi*) ● studioso di etologia

etopèa [vc. dotta, lat. tardo *ethopoēia(m)*, dal gr. *ēthopoiía* 'formazione (da *poiêin* 'fare, creare') del carattere (*êthos*)' ✱ 1639] **s. f.** ● (*ling.*) nella retorica, descrizione del carattere, dei costumi, dell'indole di un personaggio; per es. in: *o anima lombarda, / come ti stavi altera e disdegnosa / e nel mover de li occhi onesta e tarda!* (DANTE *Purg.* VI, 61-63)

etossilazióne [da *etossilico* ✱ 1987] **s. f.** ● (*chim.*) reazione chimica che consente di introdurre in una molecola organica un gruppo etossilico

etossìlico [comp. di *et(ano)*, *ossi(dato)* e del suff. *-ico* ✱ 1987] **agg.** (**pl. m.** *-ci*) ● (*chim.*) detto di gruppo sostituente ottenuto dall'alcol etilico per eliminazione di un atomo di idrogeno dal suo gruppo ossidrilico

†**ètra** [vc. dotta, lat. *āethra(m)*, dal gr. *áithra*, deriv. di *aithḗr*, genit. *aithéros* 'etere' ✱ 1516] **s. m. solo sing.** ● (*poet.*) etere, aria

♦**etrùsco** [vc. dotta, lat. *Etrūscu(m)*, di etim. discussa: di orig. osca, da *tursko* 'etrusco' con sovrapposizione di *etro-* 'altro' (?) ✱ sec. XIV] **A agg.** (**pl. m.** *-schi*) **1** dell'antica Etruria **2** (*poet.*) toscano | ***il mare e.***, il Tirreno **B s. m.** (**f.** *-a*) ● abitante o nativo dell'antica Etruria **C s. m. solo sing.** ● lingua etrusca

etruscologìa [comp. di *etrusco* e *-logia* ✱ 1908] **s. f.** (**pl.** *-gìe*) ● studio della storia, della lingua e dei monumenti etruschi

etruscològico [1983] **agg.** (**pl. m.** *-ci*) ● relativo all'etruscologia

etruscòlogo [comp. di *etrusco* e *-logo* ✱ 1925] **s. m.** (**f.** *-a*; **pl. m.** *-gi*) ● studioso di etruscologia

ètta- ➤ **epta-**

-ettàccio [doppio suff., *-etto* dim. e *-accio* pegg.] **suff.** ● conferisce ad alcuni sostantivi valore diminutivo e spregiativo: *carrettaccio, librettaccio, panchettaccia*

ettacòrdo ➤ **eptacordo**

ettaèdro o **eptaèdro** [vc. dotta, comp. di *epta-* ed *-edro* ✱ 1820] **s. m.** ● (*mat.*) poliedro con sette facce

ettagonàle o **eptagonàle** [1561] **agg.** ● (*mat.*) di ettagono | che ha forma di ettagono

ettàgono o **eptàgono** [vc. dotta, lat. tardo *heptagōnu(m)*, dal gr. *heptágōnos* 'che ha sette (*heptá*) angoli (*gōníai*)' ✱ 1585] **s. m.** ● (*mat.*) poligono con sette vertici

ettaràto [da *ettaro* ✱ 1956] **s. m.** ● (*raro*) superficie di un terreno misurata in ettari

-ettàre [suff. verb. corrispondente, per forma e funzioni, al suff. attenuativo *-etto*] **suff.** ● forma verbi con valore diminutivo e frequentativo: *fischiettare, picchiettare, schioppettare, scoppiettare, zampettare*

♦**èttaro** [fr. *hectare*, ibrido comp. del gr. *hekatón* 'cento' e del lat. *ārea* 'area' ✱ 1833] **s. m.** ● unità di superficie agraria equivalente a 10 000 metri quadrati SIMB. ha

ettaṣìa ➤ **ectasia**

ètte o †**et**② /et/ [var. rafforz. di *et*, secondo la pron. pop. tosc. ✱ 1618] **s. m. solo sing.** **1** (*fam., disus.*) nulla, niente (in frasi negative): *non ci capisco un e.*; *non me ne importa un e.* **2** (*fam., disus.*) poco: *c'è mancato un e. che non finisse per terra*

†**ettèrno** e deriv. ➤ **eterno** e deriv.

†**ètti** [comp. di *è*, terza pers. del pres. indic. del v. *essere*, e di *ti*①] **vc.** ● ti è: *or etti occulta la cagione del pianto degli uomini* (G. BOCCACCIO)

-ettìno [doppio suff., *-etto* e *-ino*, l'uno e l'altro dim.] **suff.** ● conferisce ad aggettivi e sostantivi alterati valore diminutivo o vezzeggiativo: *casettina, grandettino*

ètto [fr. *hecto*, abbr. di *hectogramme* 'ettogrammo' ✱ 1859] **s. m.** ● ettogrammo: *mi dia tre etti di stracchino e un e. e mezzo di acciughe*

ètto- [fr. *hect(o)-*, arbitrariamente ricavato dal gr. *hekatón* 'cento', di orig. indeur.] **primo elemento** ● anteposto a un'unità di misura, la moltiplica per cento, cioè per 10^2: *ettogrammo, ettolitro* SIMB. h

-étto [suff. dim. di orig. incerta] **suff.** ● conferisce a sostantivi e aggettivi valore diminutivo, spesso con tono affettivo o vezzeggiativo: *bimbetto, cerchietto, foglietto*; oppure spregiativo: *attricetta, capetto, piccoletto* | aggiunto a un numerale ordinale, forma nomi che indicano un complesso, spec. musicale: *terzetto, quartetto, ottetto*

ettogràmmo [fr. *hectogramme*, comp. di *hecto-* 'etto-' e *gramme* 'grammo' ✱ 1799] **s. m.** ● unità di misura di massa, equivalente a 100 grammi SIMB. hg

ettòlitro [fr. *hectolitre*, comp. di *hecto-* 'etto-', e *litre* 'litro' ✱ 1800] **s. m.** ● unità di misura di volume equivalente a 100 litri SIMB. hl

ettòmetro [fr. *hectomètre*, comp. di *hecto-* 'etto-', e *mètre* 'metro' ✱ 1821] **s. m.** ● unità di misura di lunghezza equivalente a 100 metri SIMB. hm

ettopascàl [comp. di *etto-* e *pascal*] **s. m. inv.** ● unità di misura della pressione, equivalente a 100 pascal o a 1 millibar SIMB. hPa

èu- [dal gr. *êu* 'bene', di orig. indeur.] **primo elemento** (**talora** *ev-* **davanti a vocale**) ● in parole composte dotte o della terminologia scientifica, significa 'bene', 'buono': *eucaina, eucalipto, euclasio*

eubiòtica [comp. di *eu-* e del gr. *biotikós* 'vitale, della vita', sul modello di *macrobiotica* ✱ 1982] **s. f.** ● insieme di regole utili per vivere in modo sano, basate spec. sull'adozione di alcune consuetudini dietetiche, come la scelta di cibi naturali, integrali e la giusta associazione dei diversi componenti nutritivi

eubòico [vc. dotta, lat. *Eubŏicu(m)*, dal gr. *Euboïkós* 'proprio dell'Eubea (*Éuboia*, di etim. incerta)' ✱ 1342] **agg.** (**pl. m.** *-ci*) ● (*lett.*) dell'Eubea | (*lett., est.*) della città di Cuma, fondata da coloni dell'Eubea

eucaìna [comp. di *eu-* e della seconda parte di *(co)caina* ✱ 1917] **s. f.** ● (*chim.*) prodotto succedaneo della cocaina

eucalìpto o **eucalìtto** [comp. di *eu-* e gr. *kalyptós* 'coperto', per la forma del calice dei suoi fiori ✱ 1820] **s. m.** ● albero delle Mirtacee con foglie ovali o falcate da cui si ricava un olio essenziale (*Eucalyptus globulus*) SIN. albero della febbre

eucaliptòlo [comp. di *eucalipto* e *-olo*② ✱ 1874] **s. m.** ● liquido di odore aromatico canforaceo, estratto dall'olio essenziale di eucalipto, usato come farmaco balsamico, antisettico, anticatarrale e sim.

eucalìtto ➤ **eucalipto**

eucarestìa ➤ **eucaristia**

eucarióte [comp. di *eu-* e del gr. *káryon* 'nucleo' (di orig. sconosciuta) ✱ 1974] **A s. m.** ● (*biol.*) organismo le cui cellule hanno il nucleo provvisto di una membrana che lo delimita rispetto al citoplasma **B anche agg.**: *organismo e.* CONTR. procariote

eucariòtico [1983] **agg.** (**pl. m.** *-ci*) ● (*biol.*) relativo a eucariote CONTR. procariotico

eucaristìa o **eucarestìa** [vc. dotta, lat. cristiano *eucharĭstia(m)*, dal gr. *eucharistía*, comp. di *êu* 'bene' e di un deriv. da *cháris* 'grazia' ✱ av. 1328] **s. f.** **1** uno dei sacramenti della Chiesa cattolica, in cui, sotto le specie del pane e del vino, si contengono realmente il corpo, il sangue, l'anima e la divinità di Gesù Cristo, come tale accettato, con varianti di dottrina teologica, dalla Chiesa ortodossa, dalla Chiesa luterana e da altre confessioni cristiane **2** comunione **3** ostia consacrata

eucarìstico [vc. dotta, lat. eccl. *eucharĭsticu(n)*, dal gr. *eucharistikós* 'di gratitudine' (V. *eucarestia*) ✱ 1657] **agg.** (**pl. m.** *-ci*) ● dell'eucaristia, attinente all'eucaristia: *sacramento, pane, culto e.* | ***Offerta eucaristica***, la Messa | ***Congresso e.***, adunanza religiosa cattolica nella quale si intende adorare pubblicamente Gesù Cristo nell'eucaristia e diffonderne il culto

èucera [comp. di *eu-* e del gr. *kērós* 'cera' (?) ✱ sec. XIX] **s. f.** ● ape selvatica a vita non sociale, con maschi dotati di lunghe antenne (*Eucera longicornis*)

euclàṣio [comp. di *eu-* e del gr. *klásis* 'rottura' (da *klân* 'rompere (in pezzi)', di orig. indeur.) ✻ 1874] **s. m.** ● (*miner.*) silicato di berillio e alluminio in cristalli incolori

euclidèo [1907] **agg. 1** che concerne il matematico greco Euclide (III sec. a.C.) o i suoi postulati: *geometria euclidea* | di ente fondato sui principi della geometria euclidea **2** (*fig.*) razionale, rigoroso

eucologìa [comp. del gr. *euchḗ* 'preghiera' (di orig. indeur.) e *-logia* ✻sec. XIX] **s. f.** (**pl.** *-gìe*) ● nella teologia cattolica, dottrina che riguarda la preghiera e le sue forme

eucològico [sec. XIX] **agg.** (**pl. m.** *-ci*) ● relativo a eucologia o a eucologio

eucològio [vc. dotta, gr. eccl. *euchológion*, comp. di *euchḗ* 'preghiera' e *-lógion*, da *légein* 'dire, parlare' ✻ 1716] **s. m.** ● libro di preghiere rituali nella Chiesa orientale

eucraṣìa [vc. dotta, gr. *eukrasía*, comp. di *êu* 'buono' e un deriv. di *krâsis* 'mescolanza, temperamento' (V. *crasi*) ✻sec. XVIII] **s. f.** ● (*med.*) armonico sviluppo delle parti di un corpo o di un organo

eucrite [dal ted. *Eukrit*, comp. di *Eukr(it)-*, dal gr. *éukritos* 'che si distingue facilmente' e del suff. *-it* '-ite②' ✻ 1956] **s. f.** ● (*miner.*) roccia eruttiva composta essenzialmente da plagioclasio basico | tipo di acondrite composto da tale roccia

eudemonìa [gr. *eudaimonía*, da *eudáimōn* 'fortunato', 'posseduto dal buon (*êu*) genio (*dáimōn*)' ✻ 1829] **s. f.** ● (*filos.*) la felicità intesa come scopo fondamentale e ultimo dell'agire umano

eudemònico [vc. dotta, gr. *eudaimonikós*, da *eudáimōn* 'fortunato', 'posseduto da un buon (*êu*) genio (*dáimōn*)' ✻ 1869] **agg.** (**pl. m.** *-ci*) ● (*raro*) proprio dell'eudemonia

eudemonìṣmo [vc. dotta, gr. *eudaimonismós*, da *eudaimonizein* 'chiamare felice' (V. *eudemonico*) ✻av. 1566] **s. m.** ● dottrina filosofica fondata sull'eudemonia

eudemonìstico [av. 1904] **agg.** (**pl. m.** *-ci*) ● che concerne l'eudemonismo ‖ **eudemonisticaménte**, **avv.** (*raro*) in modo eudemonistico

eudemonologìa [comp. del gr. *eudáimōn* 'fortunato' (V. *eudemonico*) e *-logia* ✻ 1829] **s. f.** (**pl.** *-gìe*) ● (*filos.*) ogni dottrina che tratta dell'eudemonia

eudemonològico [av. 1855] **agg.** (**pl. m.** *-ci*) ● relativo all'eudemonologia ‖ **eudemonologicaménte**, **avv.** (*raro*) in modo eudemonologico

eudermìa [comp. di *eu-* e un deriv. del gr. *dérma* 'pelle' ✻ 1939] **s. f.** ● (*med.*) stato fisiologico normale della pelle

eudèrmico [1942] **agg.** (**pl. m.** *-ci*) ● (*med.*) di eudermia | detto di medicamento che migliora il trofismo cutaneo

eudiometrìa [da *eudiometro* ✻ 1869] **s. f.** ● analisi dell'aria e dei gas in genere

eudiòmetro [vc. dotta, comp. del gr. *éudios* 'chiaro, fine', propr. 'che ha un buon (*êu*) giorno (*díos*)', di orig. indeur., e *-metro* ✻ 1786] **s. m.** ● (*mecc.*) tubo robusto con un estremo chiuso, fornito di spinterometro, e l'altro estremo aperto che pesca in acqua, usato per determinare spec. la quantità di miscela tonante esistente nell'aeriforme che viene introdotto

euedràle [vc. dotta, comp. di *eu-* ed *-edr(o)* col suff. d'agg. *-ale*① ✻ 1994] **agg.** ● (*miner.*) detto di cristallo con tutte le facce ben sviluppate

eufemìa [vc. dotta, lat. tardo *euphēmia(m)*, dal gr. *euphēmía*, comp. di *êu* 'bene' e *phḗmē* 'cosa detta' ✻ 1603] **s. f.** ● (*ling., raro*) eufemismo

eufemìṣmo [vc. dotta, gr. *euphēmismós*, da *euphēmizesthai* 'usare buone (*êu*) parole (*phḗmai*), di buon auspicio' ✻ 1603] **s. m.** ● (*ling.*) figura retorica mediante la quale si attenua l'asprezza o la sconvenienza di un'espressione usando una perifrasi o sostituendo un vocabolo con un altro; per es. l'uso di 'doloroso passo' per 'morte' in: *quanti dolci pensier, quanto disio / menò costoro al doloroso passo!* (DANTE *Inf.* V, 113-114) | la parola o l'espressione usata al posto di quella propria **CFR.** disfemismo

eufemìstico [1867] **agg.** (**pl. m.** *-ci*) ● (*ling.*) di eufemismo, usato come eufemismo: *termine e.* ‖ **eufemisticaménte**, **avv.** in modo eufemistico, per eufemismo

eufemiẓẓàre [1969] **v. tr.** ● attenuare l'asprezza o la sconvenienza di un'espressione usando eufemismi | (*est.*) mitigare, edulcorare ‖ **eufemiẓẓazióne**, **s. f.**

✦**eufonìa** [vc. dotta, lat. tardo *euphōnia(m)*, dal gr. *euphōnía*, comp. di *êu* 'bene' e *phōnḗ* 'voce' ✻ 1585] **s. f.** ● (*ling.*) effetto gradevole che si produce quando dati suoni si incontrano **CONTR.** cacofonia ‖ **eufònico**, **agg.** (**pl. m.** *-ci*) dell'eufonia; che produce eufonia: *la 'd' eufonica in 'ad', 'ed' o 'od'* ‖ **eufonicaménte**, **avv.**

eufònio [comp. di *eu-* e del gr. *phōnḗ* 'voce' ✻ 1876] **s. m.** ● (*mus.*) strumento aerofono d'ottone della famiglia del flicorno | registro organistico che ha il timbro del clarinetto

eufòrbia [vc. dotta, lat. *euphŏrbia(m)*, dal gr. *euphórbion*, dal n. del medico scopritore del suo sugo, *Eúphorbos* 'il ben (*êu*) nutrito (da *phérbein* 'alimentare')' ✻av. 1367] **s. f.** ● genere di piante delle Euforbiacee comprendente alcune comuni erbe e alcune piante grasse che giungono a 2-3 m d'altezza (*Euphorbia*)

Euforbiàcee [vc. dotta, comp. di *euforbia* e *-acee* ✻ 1829] **s. f. pl.** (**sing.** *-a*) ● (*bot.*) famiglia di piante delle Dicotiledoni contenenti spesso un latice biancastro (*Euphorbiaceae*)

✦**euforìa** [vc. dotta, gr. *euphoría*, comp. di *êu* 'bene' e un deriv. di *phérein* 'portare' ✻ 1820] **s. f. 1** (*psicol.*) stato d'animo o atteggiamento emotivo di invulnerabilità e di benessere **CONTR.** disforia **2** correntemente, sensazione di vigore, contentezza e fiducia: *vivere in continua e.* | (*est.*) vivacità, ottimismo: *nel mercato valutario c'è e.*

SFUMATURE DI SIGNIFICATO
euforia - eccitazione
Euforia è una sensazione di benessere che si manifesta come vivacità, gioia di vivere, volontà di fare; può dipendere da uno stato psico-fisico particolarmente felice o essere indotta dall'assunzione di alcol o di droghe. Con **eccitazione** si fa riferimento a una condizione psico-fisica di agitazione come conseguenza di uno stimolo esterno.
SFUMATURE ➤ ***allegria***

eufòrico [1939] **agg.** (**pl. m.** *-ci*) ● pieno di euforia: *stato e.*; *sentirsi e.* ‖ **euforicaménte**, **avv.** in modo euforico, con euforia
SFUMATURE ➤ ***entusiasta***

euforiẓẓànte [sul modello della vc. fr. *euphorisant* ✻ 1983] **part. pres.** di *euforizzare*; **anche agg.** ● che provoca euforia, che rende euforico: *farmaco e.*

euforiẓẓàre [comp. di *eufor(ia)* e *-izzare*, sul modello del fr. *euphoriser* ✻ 1988] **A v. tr.** ● rendere euforico, mettere in stato di euforia **B euforiẓẓàrsi v. intr. pron.** ● diventare euforico ‖ **euforiẓẓazióne**, **s. f.**

eufòtide [vc. dotta, comp. di *eu-* e del gr. *phôs*, genit. *phōtós* 'luce' ✻ 1892] **A s. f.** ● (*miner.*) roccia gabbrica a grana grossa contenente grandi diallagi alterati riflettenti la luce **B** in funzione di **agg. inv.**: *gabbro e.*

eufràṣia [vc. dotta, gr. *euphrasía* 'ilarità', perché rendeva lieta (*êu*) la mente (*phrḗn*, genit. *phrenós*) ✻sec. XIII] **s. f.** ● pianta erbacea delle Scrofulariacee, comune in Italia, parassita, con fiori in grappoli di colori variabili dal violaceo al giallo (*Euphrasia officinalis*)

eufuìṣmo [ingl. *euphuism*, da *Euphues*, titolo di un romanzo di John Lyly (1554-1606), dal gr. *euphyḗs* 'ben (*êu*) cresciuto (dal v. *phýein*)' ✻ 1823] **s. m.** ● stile letterario inglese analogo al nostro marinismo, caratterizzato dalla ricchezza di similitudini e di altre figure retoriche

eufuìsta [1965] **s. m. e f.** (**pl. m.** *-i*) ● seguace dell'eufuismo

eufuìstico [1930] **agg.** (**pl. m.** *-ci*) ● pertinente all'eufuismo

eugàneo [vc. dotta, lat. *Eugănеu(m)*, di etim. incerta: da accostarsi ai (Liguri) *Ingauni* (?) ✻ 1374] **A s. m.** ● antico abitatore del Veneto **B agg. 1** degli Euganei | ***Venezia euganea***, il Veneto **2** dei colli Euganei: *flora euganea*

eugenètica [comp. di *eu-* e *genetica*, sul modello dell'ingl. *eugenics* ✻ 1915] **s. f.** ● ramo della genetica che si propone il progressivo miglioramento della specie umana attraverso l'incrocio tra individui portatori di caratteri geneticamente favorevoli **SIN.** eugenica

eugenètico [vc. dotta, gr. *eugenḗs*, *eugenétēs*, comp. di *êu* 'buono' e un deriv. di *génos* 'razza, specie' ✻ 1941] **agg.** (**pl. m.** *-ci*) ● (*med.*) dell'eugenetica | che concerne o ha per scopo il miglioramento della specie umana **SIN.** eugenico ‖ **eugeneticaménte**, **avv.** per quanto riguarda l'eugenetica

eugènia [dal n. del principe *Eugenio* di Savoia (?) ✻ 1829] **s. f.** ● (*bot.*) genere di piante delle Mirtacee cui appartengono varie specie, una delle quali fornisce i chiodi di garofano (*Eugenia*)

eugènica [dall'ingl. *eugenics*, deriv dal gr. *eugenḗs* 'di buona razza'; V. *eugenetico* ✻ 1939] **s. f.** ● eugenetica

eugènico [ingl. *eugenic*, dal gr. *eugenḗs* 'di buona nascita' ✻ 1869] **agg.** (**pl. m.** *-ci*) ● eugenetico

eugenìṣmo [vc. dotta, comp. di *eugen(ica)* e del suff. *-ismo* sul modello dell'ingl. *eugenism* ✻ 1932] **s. m.** ● (*biol.*) applicazione dell'eugenetica, spec. nel settore della riproduzione umana

eugenìsta [1934] **s. m. e f.** (**pl. m.** *-i*) ● studioso di eugenetica e dei problemi a essa relativi

eugenòlo [comp. di *eugen(ia)*① e *-olo*② ✻ 1917] **s. m.** ● (*chim.*) fenolo monovalente che si trova nell'olio essenziale dei chiodi di garofano, usato come antisettico e in profumeria

euginìa [vc. dotta, comp. di *eu-* e *-ginia* ✻ 1983] **s. f.** ● ramo della ginecologia che si occupa del benessere della donna e del suo equilibrio fisico e psichico

euglèna [vc. dotta, gr. *éuglenos* 'dai begli (*êu*) occhi, pupille (*glḗnai*)' ✻ 1892] **s. f.** ● alga flagellata verde, unicellulare, comune nelle acque stagnanti e sul terreno molto umido (*Euglena viridis*)

Euglenofìcee [comp. di *euglena* e *-ficee* ✻ 1968] **s. f. pl.** (**sing.** *-a*) ● (*bot.*) classe di alghe verdi unicellulari d'acqua dolce (*Euglenophyceae*)

Euglenòfite [comp. di *euglena* e *-fito* ✻ 1956] **s. f. pl.** (**sing.** *-a*) ● (*bot.*) divisione di alghe verdi unicellulari (*Euglenophyta*)

eugubìno [forma mediev. di *iguvino* (V.) ✻ 1379] **A agg.** ● di Gubbio, in provincia di Perugia **B s. m.** (**f.** *-a*) ● abitante o nativo di Gubbio

euleriàno [1922] **agg.** ● relativo al matematico svizzero L. Euler (1707-1783): *triangolo sferico e.*

eulogìa [vc. dotta, lat. *eulŏgia(s)* (pl.), dal gr.

eulogíes 'buone (*êu*) parole (da *lógos* 'parola')', come *benedizioni* (da *bene* e *dire*) ✻ 1745] **s. f.** (**pl.** *-gìe*) **1** pane benedetto che, nei primi secoli del Cristianesimo, veniva distribuito ai fedeli che partecipavano all'assemblea e alla celebrazione del sacrificio | (*est.*) cibo benedetto, dono offerto a Dio | reliquia proveniente dai luoghi santi **2** (*raro*, *lett.*) elogio, celebrazione, esaltazione: *una bella e.… del liberalismo* (B. CROCE)

èumene [vc. dotta, gr. *eumenḗs* 'benevolo', 'di buon (*êu*) animo (*ménos*)' ✻ 1834] **s. f.** ● insetto simile alla vespa con livrea nera a macchie gialle che nidifica nel fango (*Eumenes*)

Eumicèti [comp. di *eu-* e del gr. *mýkētes* 'funghi', pl. di *mýkēs*, di orig. indeur. ✻ 1930] **s. m. pl.** (**sing.** *-e*) ● (*bot.*) sottodivisione di Funghi comprendente i Funghi superiori, terrestri, saprofiti o parassiti (*Eumycetes*)

eumòlpo [da *Eumolpo*, n. di un personaggio della mitologia greca ✻ 1917] **s. m.** ● genere di Coleotteri comprendente lo scrivano della vite (*Eumolpus*)

eunucherìa [da *eunuco* ✻ 1835] **s. f.** ● (*raro*) debolezza, impotenza d'animo

eunuchìṣmo [da *eunuco* ✻ 1921] **s. m.** ● (*med.*) stato morboso causato dalla mancanza delle ghiandole sessuali in individui di sesso maschile

eunùco o †**inùco** [vc. dotta, lat. *eunūchu(m)*, dal gr. *eunoûchos*, comp. di *eunḗ* 'letto' e di un deriv. dal v. *échein* 'avere (in custodia)' ✻ 1336 ca.] **A** **s. m.** (**pl.** *-chi*) **1** (*med.*) uomo privo degli organi genitali per difetto organico o per evirazione **2** nelle monarchie orientali di un tempo, guardiano evirato degli harem **3** (*fig.*) persona incapace e inetta **B** **agg.** **1** evirato, castrato **2** (*fig.*, *lett.*) debole, fiacco

eunucòide [comp. di *eunuc(o)* e *-oide* ✻ sec. XIX] **A** **agg.** ● (*med.*) proprio dell'eunucoidismo, provocato da eunucoidismo: *caratteri eunucoidi*; *voce e.* **B** **agg. e s. m. e f.** ● (*med.*) che (o chi) è affetto da eunucoidismo

eunucoidìṣmo [comp. di *eunuco*, *-oide* e *-ismo* ✻ sec. XIX] **s. m.** ● (*med.*) sviluppo sessuale incompleto, in individui di entrambi i sessi, causato da deficiente attività delle ghiandole sessuali

†**eù oè** ➤ **evoè**

eupatorìna [comp. di *eupatori(o)* e *-ina* ✻ 1869] **s. f.** ● (*chim.*) alcaloide che si estrae dall'eupatorio

eupatòrio [vc. dotta, lat. *eupatŏriu(m)*, dal gr. *eupatórion*, dal n. di Mitridate *Eupatore*, re del Ponto, che da essa avrebbe tratto uno specifico per il fegato ✻ sec. XIV] **s. m.** ● pianta erbacea perenne delle Composite con rizoma rossastro, foglie pelose e fiori biancastri in capolini, dotata di proprietà medicinali (*Eupatorium cannabinum*)

eupàtride [vc. dotta, gr. *eupatrídes* 'di nobile (*êu*) padre (*patḗr*, genit. *patrós*)' ✻ 1806] **s. m.** ● patrizio ateniese o corinzio che assumeva le cariche più elevate dello Stato

eupepsìa [gr. *eupepsía*, da *éupeptos* 'di facile (*êu*) digestione (da *péptein*, propr. 'cuocere')' ✻ 1820] **s. f.** ● (*med.*) buona digestione CONTR. dispepsia

eupèptico [vc. dotta, dal gr. *éupeptos*, comp. di *êu* 'buona' e dell'agg. di *péptein* 'cuocere, digerire' ✻ 1961] **A** **agg.** (**pl. m.** *-ci*) ● detto di medicamento o sostanza che facilita la digestione **B** **anche s. m.**

euplòide [comp. di *eu-* e *(a)ploide* ✻ 1987] **agg.** ● (*biol.*) che ha un numero di cromosomi pari a un multiplo del numero aploide CONTR. aneuploide

eupnèa [vc. dotta, lat. *eupnoea(m)*, dal gr. *eúpnoia* 'facilità nel respirare' ✻ sec. XVIII] **s. f.** ● (*fisiol.*) respirazione facile e regolare CONTR. dispnea

eupnòico [av. 1882] **A** **agg.** (**pl. m.** *-ci*) ● (*fisiol.*) relativo a eupnea, caratterizzato da eupnea: *respiro e.* CONTR. dispnoico **B** **agg.**; **anche s. m.** ● (*farm.*) detto di farmaco che favorisce una respirazione regolare

euraṣiàno [av. 1916] **agg. e s. m.** ● eurasiatico

euraṣiàtico o **euroaṣiàtico** [1923] **A** **agg.** (**pl. m.** *-ci*) ● dell'Europa e dell'Asia, considerate come una sola entità geografica: *continente e.*; *regioni eurasiatiche* **B** **agg. e s. m.** (**f.** *-a*) ● che (o chi) è nato da padre europeo e da madre asiatica, o viceversa

eurègio [comp. di *eu(ro-)* e del lat. *regio* 'regione' ✻ 1988] **s. f. inv.** ● euroregione, in particolare quella comprendente Tirolo, Sud Tirolo-Alto Adige e Trentino

èureka, (*evit.*) **eurèka** [vc. gr. (*héureka*), perfetto del v. *heurískein* 'trovare' ✻ 1865] **inter.** ● esprime gioia per avere raggiunto la soluzione di qlco. o per avere trovato il modo di realizzarla: *io mi sono travagliato … a risolvere una difficoltà filosofica e alfine l'ho risoluta o credo di averla risoluta. Eureka!* (B. CROCE)

eurialinità [1968] **s. f. inv.** ● (*biol.*) proprietà degli organismi eurialini

eurialìno [vc. dotta, comp. del gr. *eurýs* 'largamente' e *hálinos* 'salino' ✻ 1933] **agg.** ● (*biol.*) di organismo acquatico che tollera più o meno ampie variazioni di salinità dell'ambiente CONTR. stenoalino

euribate [comp. del gr. *eurýs* 'largo' e *báthos* 'profondità' ✻ 1993] **agg.** ● (*biol.*) detto di organismo acquatico che può tollerare ampie variazioni della pressione idrostatica CONTR. stenobate

euricoro [dal gr. *eurýchōros* 'ampio, spazioso', comp. di *eurýs* 'largo' e *chóros* 'terreno' ✻ 1968] **agg.** ● (*biol.*) detto di specie animale o vegetale che può vivere in vari ambienti CONTR. stenocoro

euripidèo [1869] **agg.** ● relativo al poeta tragico greco Euripide (480-406 ca. a.C.)

euripìga [vc. dotta, comp. del gr. *eurýs* 'largo' e *pygḗ* 'natica' ✻ 1874] **s. m.** (**pl.** *-gi*) ● genere di Uccelli tropicali dei Gruiformi simili all'airone, con piumaggio di vari colori (*Eurypyga*)

euristica [da *euristico* ✻ av. 1823] **s. f.** **1** studio dei metodi e delle tecniche della ricerca scientifica in relazione alla scoperta di nuovi dati e verità **2** in storiografia, filologia e sim., metodo di ricerca e raccolta di nuovi documenti

euristico [vc. dotta, tratta dal v. gr. *heurískein* 'trovare', con diversi collegamenti indeur. ✻ 1905] **agg.** (**pl. m.** *-ci*) **1** relativo all'euristica **2** nella ricerca scientifica, detto di metodo o procedimento atto a favorire la scoperta di nuovi risultati: *questa ipotesi ha validità prevalentemente euristica*

eurìte [dal gr. *eurýs* 'che si estende in larghezza' (di orig. indeur.) e *-ite*② (?) ✻ 1834] **s. f.** ● (*geol.*) porfido quarzifero bianco a struttura microcristallina e frattura scheggiosa, molto alterato

euritèrmo [comp. del gr. *eurýs* 'largo' e *-termo* ✻ 1929] **agg.** ● (*biol.*) detto di organismo in grado di tollerare notevoli variazioni della temperatura ambientale CONTR. stenotermo

euritmìa [vc. dotta, lat. tardo *eurȳthmia(m)*, dal gr. *eurythmía*, comp. di *êu* 'buono' e un deriv. di *rythmós* 'ritmo' ✻ 1499] **s. f.** **1** armonica distribuzione degli elementi compositivi di un'opera d'arte: *l'e. di una facciata, di un rilievo* **2** (*fisiol.*) armonico sviluppo del corpo o di un organo **3** (*med.*) regolarità della pulsazione cardiaca

eurìtmico [da *euritmia* ✻ 1758] **agg.** (**pl. m.** *-ci*) **1** che presenta euritmia **2** (*fisiol.*, *med.*) relativo a euritmia ‖ **euritmicaménte**, **avv.** (*raro*) in modo euritmico

èuro① [vc. dotta, lat. *ēuru(m)*, dal gr. *êuros*, di etim. incerta ✻ av. 1292] **s. m.** ● (*lett.*) scirocco

♦**èuro**② [da *Euro(pa)* ✻ 1995] **s. m.** (**pl. inv.** o *raro -i*) ● unità monetaria di parte dei Paesi membri dell'Unione europea, di corso legale dal 2002: *abbiamo pagato 8 euro*; *il costo complessivo è di euro 43,38* SIMB. €

èuro- primo elemento (*eur-* davanti a vocale) ● in parole composte, significa 'europeo': *eurodollaro, eurovisione, eurasiatico*

euroamericàno [comp. di *euro-* e *americano*, sull'es. dell'ingl. *euro-american* o *euramerican* ✻ 1985] **agg.** ● che concerne l'Europa e l'America

euroaṣiàtico ➤ **eurasiatico**

eurobbligazióne [comp. di *euro-* e *obbligazione* ✻ 1985] **s. f.** ● (*econ.*) titolo a reddito fisso emesso in un'eurodivisa

eurobònd /euro'bɔnd, *ingl.* 'jʊərəʊˌbɒnd/ [vc. ingl., comp. di *euro-* 'euro-' e *bond* 'obbligazione' ✻ 1979] **s. m. inv.** ● (*econ.*) eurobbligazione

eurocandidàto [comp. di *euro-* e *candidato* ✻ 1979] **s. m.** (**f.** *-a*) ● candidato al Parlamento europeo

euroccidentàle [comp. di *eur(o)-* e *occidentale* ✻ 1979] **agg.** ● dell'Europa occidentale: *Paesi, nazioni euroccidentali*

eurocènt /euro'tʃɛnt, euro'sɛnt/ [comp. di *euro*② e dell'ingl. *cent* ✻ 1996] **s. m. inv.** ● moneta equivalente alla centesima parte di un euro SIN. cent, nel sign. 1

eurocèntrico [da *eurocentrismo* ✻ 1963] **agg.** (**pl. m.** *-ci*) ● di eurocentrismo, relativo a eurocentrismo: *prospettive eurocentriche*

eurocentrìṣmo [comp. di *euro-* e *centrismo* ✻ 1967] **s. m.** ● concezione secondo la quale l'Europa è al centro della storia e della civiltà umana

eurochèque /eurɔʃ'ʃɛk, *fr.* øʀɔ'ʃɛk/ [vc. fr., comp. di *euro-* 'euro-' e *chèque* (V.) ✻ 1978] **s. m. inv.** ● carta di credito con cui è possibile acquistare beni e servizi nei Paesi europei che la accettano

Eurocìty /euro'siti/ [comp. di *euro-* e dell'ingl. *city* (V.), sul modello di *Intercity* ✻ 1987] **s. m. inv.** ● (*ferr.*) treno rapido che effettua collegamenti veloci fra città di diverse nazioni europee

eurocommissàrio [comp. di *euro-* e *commissario* ✻ 1990] **s. m.** (**f.** *-ia*) ● membro della Commissione Europea

eurocomunìṣmo [comp. di *euro-* e *comunismo* ✻ 1975] **s. m.** ● spec. negli anni 1970-'80, il complesso delle posizioni politiche e teoriche tipiche di alcuni partiti comunisti occidentali (tra cui quello italiano) caratterizzate dalla crescente autonomia dal modello sovietico e dall'accettazione della tradizione liberale e democratica

eurocomunìsta [1975] **A** **agg.** (**pl. m.** *-i*) ● relativo all'eurocomunismo: *politica e.* **B** **agg. e s. m. e f.** ● sostenitore, fautore dell'eurocomunismo

eurocomunitàrio [comp. di *euro-* e *comunitario* ✻ 1984] **agg.** ● relativo all'Unione europea

euròcrate [comp. di *euro-* e *-crate* ✻ 1965] **s. m. e f.** ● funzionario delle istituzioni europee

eurodeputàto [comp. di *euro-* e *deputato* ✻ 1980] **s. m.** (**f.** *-a*, *scherz. -éssa*) ● deputato al Parlamento dell'Unione europea

eurodèstra [comp. di *euro-* e *destra* ✻ 1984] **s. f.** ● insieme dei partiti politici europei di destra

eurodivìṣa [comp. di *euro-* e *divisa* ✻ 1974] **s. f.** ● (*econ.*) ogni divisa negoziata e collocata in Stati diversi da quello d'emissione e spec.

in Europa | in particolare, divisa di uno Stato europeo occidentale collocata a lungo termine in un altro Stato **SIN.** euromoneta, eurovaluta

eurodòllaro [comp. di *euro-* e *dollaro* * 1963] **s. m.** • dollaro statunitense depositato in banche fuori degli Stati Uniti, spec. in Europa, e disponibile per operazioni finanziarie

eurogrùppo [comp. di *euro-* e *gruppo* * 1972] **s. m. 1** (con iniziale maiuscola) organismo che riunisce i ministri economici dei Paesi dell'Unione europea che hanno adottato l'euro **2** gruppo di parlamentari europei che aderiscono a uno stesso schieramento: *e. popolare, socialista*

Eurolàndia [comp. di *euro*② e *-landia* * 1990] **s. f.** • nel linguaggio giornalistico, l'insieme dei Paesi che hanno aderito alla moneta unica europea

euromercàto [comp. di *euro-* e *mercato* * 1974] **s. m.** • (*econ.*) il mercato delle eurodivise

euromìssile [comp. di *euro-* e di *missile* * 1979] **s. m.** • (*milit.*) missile balistico a gittata intermedia con testata nucleare che era schierato in Europa dal blocco della Nato in contrapposizione agli SS20 schierati dal patto di Varsavia

euromissilìstico [1982] **agg.** (**pl. m.** *-ci*) • relativo agli euromissili

euromonéta [comp. di *euro-* e *moneta* * 1974] **s. f.** • (*econ.*) eurodivisa

Euronight /euro'nait/ [comp. di *euro* '(treno) euro(peo)' e dell'ingl. *night* '(di) notte' * 1994] **s. m. inv.** • (*ferr.*) treno rapido, in servizio internazionale notturno, con sole carrozze letto o con cuccette

Europa League /eu'rɔpa lig, *ingl.* juə'rəupə'li:g/ [dalla loc. ingl. *(Uefa) Europa League*, comp. di *Europa* e *League* 'lega, federazione' * 2009] **loc. sost. f. inv.** • (*sport*) torneo calcistico organizzato dalla Uefa su scala europea tra le squadre classificate nei rispettivi campionati nazionali subito dopo quelle ammesse alla Champions League; fino alla stagione 2008-'09 era denominata 'Coppa Uefa'

europànto [comp. di *euro-* e *-panto* * 1997] **s. m.** • lingua artificiale ottenuta mescolando a una struttura dominante inglese vocaboli che, per la loro diffusione o per le loro radici comuni, sono generalmente comprensibili nelle più diffuse lingue europee; si usa spec. in modo scherzoso

europarlamentàre [1979] **A agg.** • dell'europarlamento **B s. m. e f.** • membro dell'europarlamento

europarlaménto [comp. di *euro-* e *parlamento* * 1983] **s. m.** • Parlamento dell'Unione europea

europeìsmo [1821] **s. m. 1** atteggiamento di chi è favorevole all'unità europea | movimento che mira a rafforzare tale unità **2** (*ling.*) forma linguistica propria di più lingue europee

europeìsta [1933] **A s. m. e f.** (**pl. m.** *-i*) • sostenitore, fautore dell'europeismo **B agg.** • europeistico

europeìstico [1950] **agg.** (**pl. m.** *-ci*) • relativo all'europeismo o agli europeisti || **europeisticaménte**, **avv.** secondo l'europeismo

europeizzàre [1908] **A v. tr.** • conformare al costume e all'uso europeo **B europeizzàrsi v. intr. pron.** • adottare gusti, abitudini e sim. tipici degli europei || **europeizzazióne**, **s. f.**

♦**europèo** [vc. dotta, lat. *Europāeu(m)*, dal gr. *Eurōpâios*, da *Eurṓpē* 'Europa', di etim. incerta * av. 1557] **A agg.** • dell'Europa: *civiltà europea* **B s. m.** (**f.** *-a*) • abitante o nativo dell'Europa

euròpio [fr. *europium*, da *Europe* 'Europa' * 1930] **s. m.** • elemento chimico, metallo del gruppo delle terre rare **SIMB.** Eu **NUM. AT.** 63

europòide [1956] **s. m. e f.; anche agg.** • chi (o che) appartiene a un'etnia originaria dell'Europa o ne ha le caratteristiche somatiche **SIN.** caucasoide **CFR.** mongoloide

euroregióne [comp. di *euro-* e *regione* * 1987] **s. f.** • ente territoriale transnazionale costituito da enti regionali locali e facente capo all'Unione Europea, con il fine di promuovere gli interessi comuni di popolazioni che abitano aree di confine tra due o più Stati: *l'e. transpirenaica, austro-ungherese*

euroscetticìsmo [comp. di *euro-* e *scetticismo* * 1985] **s. m.** • atteggiamento di chi non si dimostra pienamente favorevole al processo economico e politico di integrazione europea

euroscèttico [comp. di *euro-* e *scettico* * 1990] **A s. m.** (**f.** *-a*) • chi dà prova di euroscetticismo: *gli euroscettici inglesi* **B anche agg.** (**pl. m.** *-ci*): *propaganda euroscettica*

eurosfìda [comp. di *euro-* e *sfida* * 1986] **s. f.** • sfida sportiva di carattere europeo, spec. in riferimento a tornei di calcio

eurosinìstra [comp. di *euro-* e *sinistra* * 1980] **s. f.** • insieme dei partiti politici europei di sinistra

eurosocialìsmo [comp. di *euro-* e *socialismo* * 1979] **s. m.** • insieme delle comunanze ideologiche, politiche, storiche e istituzionali tra i partiti socialisti, socialdemocratici e laburisti dell'Europa occidentale

eurosocialìsta [1977] **A agg.** (**pl. m.** *-i*) • relativo all'eurosocialismo **B s. m. e f.** • sostenitore, fautore dell'eurosocialismo

Eurostàr [comp. di *Euro-* e *star*: 'stella europea' * 1995] **s. m. inv.** • elettrotreno veloce con prenotazione obbligatoria compresa nel prezzo del biglietto

euroterrorìsmo [comp. di *euro-* e *terrorismo* * 1980] **s. m.** • terrorismo politico che opera in Europa attraverso collegamenti tra i gruppi eversivi dei singoli Paesi

euroterrorìsta [comp. di *euro-* e *terrorista* * 1980] **A s. m. e f.** (**pl. m.** *-i*) • terrorista che appartiene a gruppi eversivi collegati a livello europeo **B agg.** • relativo all'euroterrorismo

eurovalùta [comp. di *euro-* e *valuta* * 1963] **s. f.** • (*econ.*) eurodivisa

Eurovisióne [comp. di *euro-* e della seconda parte di *(tele)visione* * 1959] **s. f.** • collegamento fra le reti televisive di diversi Paesi europei per trasmettere contemporaneamente lo stesso programma

eurovisìvo [comp. di *euro-* e *(tele)visivo* * 1963] **agg.** • dell'Eurovisione: *collegamento e.*

eurozòna [comp. di *euro*② e *zona* * 1998] **s. f.** • insieme degli Stati in cui l'unità monetaria in uso è l'euro

èuskara o **èuskera** [sp. *éuscaro*, adattamento del basco *euskara* 'lingua basca' * 1892] **A agg.** (**pl. m. inv.** o *-i*; **pl. f. inv.**) • relativo alla popolazione dei Baschi **B s. m. solo sing.** • lingua parlata dai Baschi **SIN.** basco

eustàtico [comp. di *eu-* e *statico* * 1956] **agg.** (**pl. m.** *-ci*) • relativo all'eustatismo

eustatìsmo [da *eustatico* * 1970] **s. m.** • fenomeno di innalzamento o abbassamento del livello dei mari per il discioglimento o la formazione di grandi calotte di ghiaccio durante l'epoca glaciale

eustèle [comp. di *eu-* e *stele* nel sign. botanico * 1987] **s. f.** • (*bot.*) il cilindro centrale nel fusto primario di Gimnosperme e Angiosperme delle Dicotiledoni, con tessuti vascolari disposti in pochi cerchi regolari intorno al midollo

èustilo [vc. dotta, lat. tardo *eustȳlo(n)*, dal gr. *éustylos*, comp. di *êu* 'bene, giusto' e *-stilo* * 1340 ca.] **s. m.** • una delle misure dell'intercolunnio greco, in cui la distanza fra una colonna e l'altra è di due diametri e un quarto

eustress /eu'strɛs, *ingl.* 'ju:strɛs/ [comp. di *eu-* e *stress* * 1983] **s. m. inv.** • (*med.*) stress positivo, come reazione a una stimolazione esterna favorevole al soggetto **CFR.** distress

eutanasìa [vc. dotta, comp. di *eu-* e un deriv. del gr. *thánatos* 'morte', di orig. indeur. * 1554] **s. f. 1** (*med.*) morte non dolorosa provocata in caso di prognosi infausta e di sofferenze ritenute intollerabili | ***e. attiva***, per somministrazione di determinate sostanze | ***e. passiva***, per sospensione del trattamento medico **CFR.** distanasia **2** (*disus.*) morte tranquilla e naturale

eutanàsico [1939] **agg.** (**pl. m.** *-ci*) • di eutanasia: *atto e.* | relativo all'eutanasia

eutèctico ➤ **eutettico**

eutènica [ingl. *euthenics*, dal gr. *euthēnía* 'prosperità', deriv. di *euthenêin* 'fiorire', di etim. incerta * 1953] **s. f.** • in genetica, disciplina che studia le pratiche riguardanti il miglioramento degli individui, realizzabile agendo sui fattori ambientali

eutènico [1983] **agg.** (**pl. m.** *-ci*) • relativo all'eutenica: *pediatria eutenica*

Eutèri [comp. di *eu-* e del gr. *thēríon* 'animale' * 1968] **s. m. pl.** (**sing.** *-io*) • (*zool.*) sottoclasse di Mammiferi privi di marsupio e di cloaca, con sviluppo embrionale intrauterino, dotati di placenta (*Eutheria*)

eutèttico o **eutèctico** [vc. dotta, tratta dal gr. *éutēktos* 'ben (*êu*) fuso (*tēktós*, dal v. *tēkein*, di orig. indeur.)' * 1930] **A agg.** (**pl. m.** *-ci*) • (*chim.*) detto di miscuglio di due o più sostanze che presenta un punto di fusione o di solidificazione ben definito e più basso di quello dei singoli componenti **SIN.** crioidrato **B anche s. m.**

eutettòide [comp. di *eutett(ico)* e *-oide* * 1956] **A agg.** • (*chim.*) detto di miscuglio simile all'eutettico, ma che a una certa temperatura subisce variazioni strutturali senza fondersi | ***acciaio e.***, extraduro, a struttura lamellare, rappresentato unicamente dalla perlite **B anche s. m.**

eutichiàno [1575] **s. m.** (**f.** *-a*) • eretico monofisita, seguace dell'eresia di Eutiche, archimandrita di Costantinopoli nel V sec., che sosteneva la presenza in Cristo della sola natura divina

eutimìa [vc. dotta, gr. *euthymía*, da *éuthymos* 'di buon (*êu*) animo (*thymós*)' * av. 1729] **s. f.** • serenità ed equilibrio spirituale

eutocìa [gr. *eutokía*, propr. 'parto (dal v. *tíktein*) felice (*êu*)' * 1873] **s. f.** (**pl.** *-cìe*) • (*med.*) espletamento naturale del parto, senza pericolo per la madre e per il feto

eutòcico [1956] **agg.** (**pl. m.** *-ci*) • (*med.*) detto del parto espletato normalmente **CONTR.** distocico

eutonìa [comp. di *eu-* e *-tonia* * 1892] **s. f.** • stato di equilibrato tono muscolare o nervoso **CONTR.** distonia

eutònico [1983] **agg.** (**pl. m.** *-ci*) • relativo a eutonia

eutrofìa [gr. *euthrophía* 'buona (*êu*) nutrizione (*trophḗ*, di orig. indeur.)' * 1834] **s. f. 1** (*fisiol.*) buono stato di nutrizione dei tessuti **2** (*biol.*) condizione di un ambiente acquatico eutrofico || **eutròfico**, **agg.** (**pl. m.** *-ci*) **1** (*farm.*) detto di farmaco che migliora lo stato di nutrizione dei tessuti **2** (*biol.*) detto di ambiente acquatico ricco di sostanze nutritizie **CONTR.** oligotrofico; detto di tessuto, di organo o di organismo caratterizzati da eutrofia

eutrofizzànte [da *eutrofia* * 1986] **agg.** •

che contribuisce al processo di eutrofizzazione: *agenti eutrofizzanti*

eutrofizzàre [1985] **A** **v. tr.** ● (*biol.*) arricchire un ambiente di sostanze nutritive **B** **eutrofizzàrsi** **v. intr. pron.** ● arricchirsi di sostanze nutritive ‖ **eutrofizzazióne**, **s. f.** (V.)

eutrofizzazióne [1977] **s. f.** ● (*biol.*) processo naturale di arricchimento in sostanze nutritive di un ambiente che di quelle sostanze è povero CFR. mesotrofia

euzòne o **èuzone** [gr. *éuzōnos*, comp. di *êu* 'bene' e *zṓnē* 'cintura' (V. *zona*) ✻ av. 1912] **s. m.** ● nell'esercito greco moderno, soldato di fanteria leggera

ev- ● V. **eu-**

Èva [vc. dotta, lat. tardo *Eva(m)*, dal gr. *Éua*, di orig. ebr. col sign. originario 'essere vivente' ✻ 1266] **s. f.** ● nelle religioni ebraica e cristiana, nome della prima donna, creata da Dio e data per compagna ad Adamo, madre del genere umano | ***i figli di Eva***, gli esseri umani

evacuaménto, (*evit.*) **evaquaménto** [1599] **s. m.** ● (*raro*) evacuazione

evacuànte, (*evit.*) **evaquànte** **part. pres.** di *evacuare*; **anche agg. e s. m.** ● (*raro*) purgante

evacuàre, (*evit.*) **evaquàre** [vc. dotta, lat. tardo *evacuāre*, comp. di *ex-* rafforz. e *văcuus* 'vuoto, vacuo' ✻ av. 1313] **A** **v. tr.** (*io evàcuo, noi evacuiàmo*) **1** rendere vuoto, sgombro: *e. un luogo per ragioni di sicurezza* **2** espellere: *e. le feci, la bile* | (*assol.*) andare di corpo **3** (*fig.*) †annullare, render vano **B** **v. intr.** (**aus.** *avere*) ● andarsene da un luogo: *e. dalla zona in pericolo* **C** **evacuàrsi** **v. rifl.** **1** †defecare **2** (*fig.*) †sfogarsi **3** †finire

evacuativo, (*evit.*) **evaquativo** [1612] **agg.** ● (*med.*) che serve a evacuare

evacuàto, (*evit.*) **evaquàto** **A** **part. pass.** di *evacuare*; **anche agg.** ● nei sign. del v. **B** **s. m.** (**f.** *-a*) ● chi è allontanato dalla propria abitazione a causa di eventi bellici o di catastrofi naturali

evacuatóre, (*evit.*) **evaquatóre** [da *evacuare* ✻ 1766] **A** **s. m.** ● farmaco che ha l'effetto di aumentare la peristalsi favorendo l'evacuazione dell'intestino **B** **anche agg.**: *farmaco e.*

evacuazióne o †**vacuazióne**, (*evit.*) **evaquazióne** [vc. dotta, lat. tardo *evacuatiōne(m)*, da *evacuātus* 'evacuato' ✻ av. 1328] **s. f.** **1** espulsione delle feci SIN. defecazione **2** sgombero di un luogo per ragioni di sicurezza e sim.: *e. di un edificio, di un paese*

evàdere [vc. dotta, lat. *evādere* 'andar (*vādere*) fuori (*ex-*)' ✻ 1481] **A** **v. intr.** (**pass. rem.** *io evàsi, tu evadésti*; **part. pass.** *evàso*; **aus.** *essere*) **1** fuggire da un luogo di pena, da una prigione e sim. **2** sottrarsi ai propri obblighi fiscali **3** (*fig.*) cercare di allontanarsi da situazioni, ambienti e sim. sgradevoli o insoddisfacenti (*anche assol.*): *e. dalla monotonia di ogni giorno, dalle preoccupazioni; ogni tanto sento il bisogno di e.* | †scampare da un male, pericolo e sim. **B** **v. tr.** **1** sbrigare, eseguire: *e. una pratica di ufficio, un affare* | ***e. la corrispondenza***, rispondere alle lettere ricevute **2** evitare di pagare: *e. le tasse*

SFUMATURE DI SIGNIFICATO

evadere - distrarsi - dimenticare

Evadere indica propriamente il fuggire da un luogo chiuso, specialmente di prigionia; figuratamente si riferisce all'atto di trarsi fuori, anche momentaneamente, da un ambiente sgradevole o da una situazione di disagio. **Distrarsi** descrive un evadere con la mente, col pensiero ma accentua il carattere di momentaneità. Se questa fuga mentale assume carattere definitivo si dice **dimenticare**.

SFUMATURE ➤ ***sbrigare***

†**evagazióne** [vc. dotta, lat. *evagatiōne(m)*, da *evagātus*, part. pass. di *evagāre*, comp. di *ex-* d'allontanamento e *vagāre* 'vagare' ✻ av. 1342] **s. f.** ● svago

evaginàre [vc. dotta, lat. tardo *evagināre*, comp. di *ex-* estrattivo e *vagīna* 'guaina' ✻ 1483] **A** **v. tr.** (*io evàgino* o *raro*, secondo il modello latino, *evagìno*) ● †togliere dalla guaina **B** **evaginàrsi** **v. intr. pron.** ● (*biol.*) derivare come struttura autonoma dalla parete di un organo cavo, mantenendo un proprio lume, come avviene nel corso di alcuni processi di sviluppo

evaginazióne [vc. dotta, lat. tardo *evaginatiōne(m)*, da *evaginātus*, part. pass. di *evagināre* 'evaginare' ✻ 1706] **s. f.** **1** †l'evaginare **2** (*biol.*) struttura anatomica cava, che ha preso origine da un'altra struttura di maggiori dimensioni e parimenti cava

✦**evanescènte** [vc. dotta, lat. *evanescĕnte(m)*, part. pres. di *evanēscere* 'perdersi', comp. di *ex-* rafforz. e (incoativo) *vānus* 'vuoto, vano' ✻ 1499] **agg.** **1** che va svanendo, dileguando, affievolendosi: *immagine, suono, ricordo e.*; *accosto il volto a evanescenti labbri* (E. MONTALE) **2** (*ling.*) detto di vocale che ha suono debole o indistinto

✦**evanescènza** [da *evanescente* ✻ 1896] **s. f.** **1** caratteristica di ciò che è evanescente **2** improvviso e temporaneo affievolimento di una ricezione telefonica

evangeliàrio o **evangelàrio** [dal lat. cristiano *euangĕlium* 'vangelo' col suff. proprio di libri liturgici ✻ 1727] **s. m.** ● libro liturgico delle Chiese occidentali e orientali che raccoglieva i passi del Vangelo da cantare o recitare nelle messe dell'anno e in particolari funzioni

evangèlico o †**vangèlico** [vc. dotta, lat. cristiano *euangĕlicu(m)*, dal gr. *euangelikós*, da *euangélion* 'evangelo' ✻ 1306] **A** **agg.** (**pl. m.** *-ci*) **1** dei Vangeli, relativo ai Vangeli: *testo e., spirito e.* | ***Chiesa evangelica***, denominazione generica di molti movimenti religiosi riformati | ***Unione evangelica***, confessione protestante scozzese **2** conforme agli insegnamenti del Vangelo: *vita, virtù, povertà evangelica* ‖ **evangelicaménte**, **avv.** secondo gli insegnamenti del Vangelo ‖ **evangelicità**, **s. f. inv.** **B** **s. m.** (**f.** *-a*) ● chi appartiene alla Chiesa evangelica

Evangèlio ➤ **Vangelo**

evangelismo [comp. di *evangelo* e *-ismo* ✻ 1921] **s. m.** ● tendenza ad adeguare totalmente il proprio modo di vivere allo spirito e agli insegnamenti del Vangelo: *l'e. di Tolstoi*

evangelista o †**vangelista** [vc. dotta, lat. cristiano *euangelĭsta(m)*, dal gr. *euangelistḗs*, da *euangelízesthai* 'evangelizzare' ✻ av. 1294] **s. m.** (**pl.** *-i*) ● autore di un Vangelo | ***i quattro evangelisti***, i quattro autori dei Vangeli canonici (Marco, Matteo, Luca e Giovanni)

evangelistàrio [da *evangelista* col suff. di raccolta antologica *-ario* ✻ av. 1556] **s. m.** ● (*raro*) evangeliario

evangelizzàre o †**vangelizzàre** [vc. dotta, lat. eccl. *evangelizāre*, dal gr. *euangelízesthai*, da *euangélion* 'evangelo' ✻ av. 1330] **v. tr.** **1** predicare la parola del Vangelo per convertire al Cristianesimo **2** (*fig., raro*) cercare di convincere qlcu., spec. in campo politico ‖ **evangelizzazióne**, **s. f.**

evangelizzatóre [vc. dotta, lat. eccl. *euangelizatōre(m)*, da *euangelicāre* 'evangelizzare' ✻ 1663] **s. m.** (**f.** *-trice*) ● chi predica il Vangelo, spec. a popoli non cristiani

Evangèlo ➤ **Vangelo**

evaporàbile [av. 1537] **agg.** ● che evapora facilmente ‖ **evaporabilità**, **s. f. inv.**

evaporaménto [av. 1320] **s. m.** ● evaporazione

✦**evaporàre** [vc. dotta, lat. tardo *evaporāre*, comp. di *ex-* sottratt. e *vāpor*, genit. *vapōris* 'vapore' ✻ av. 1292] **A** **v. intr.** (*io evàporo* o, etim. più corretto ma meno diffuso, *evapóro*; **aus.** *essere* nel sign. 1; **aus.** *avere* nel sign. 2) **1** diventare vapore: *l'acqua marina evapora depositando sale; la benzina evapora con facilità* **2** diminuire per evaporazione **B** **v. tr.** ● trasformare un liquido in un vapore per riscaldamento o abbassamento di pressione

evaporativo [vc. dotta, lat. tardo *evaporatīvu(m)*, da *evaporāre* 'evaporare' ✻ sec. XIII] **agg.** ● di evaporazione | †che evapora o che fa evaporare

evaporàto **part. pass.** di *evaporare*; **anche agg.** **1** privato della parte acquosa: *latte e.* | ***legno e.***, sottoposto a stagionatura artificiale **2** (*raro*) che ha perduto il profumo, il contenuto alcolico e sim., per evaporazione: *liquore e.*

evaporatóre [1892] **s. m.** **1** apparecchio usato per essiccare solidi o per separare due liquidi mediante evaporazione di uno di loro **2** recipiente pieno d'acqua che si applica ai caloriferi, per mantenere all'ambiente la necessaria umidità

†**evaporatòrio** [sec. XIV] **s. m.** ● suffumigio

evaporazióne [vc. dotta, lat. *evaporatiōne(m)*, da *evaporātus* 'evaporato' ✻ av. 1320] **s. f.** **1** (*fis.*) passaggio di un liquido allo stato aeriforme, che si verifica solo alla superficie del liquido stesso a qualsiasi temperatura anche inferiore a quella di ebollizione | il vapore esalato **2** (*est.*) la riduzione di volume che ne consegue

evaporìmetro [comp. di *evapor(azione)* e *-metro* ✻ 1892] **s. m.** ● (*fis.*) strumento, usato spec. in meteorologia, che misura la quantità d'acqua evaporata in un dato intervallo di tempo

evaporite [deriv. di *evaporare*, col suff. *-ite*(2) ✻ 1964] **s. f.** ● (*geol.*) sedimento minerale cristallizzato che risulta dall'evaporazione delle acque nelle quali le sostanze sedimentate erano in soluzione

✦**evasióne** [vc. dotta, lat. tardo *evasiōne(m)*, da *evāsus* 'evaso' ✻ sec. XIV] **s. f.** **1** fuga da un luogo di pena: *l'e. dei tre detenuti fallì* **2** (*fig.*) allontanamento, distrazione da ciò che opprime: *e. dalla realtà* | ***d'e.***, che si propone soltanto di intrattenere divertendo: *arte, film, letteratura d'e.* **3** (*burocr.*) esecuzione, disbrigo: *e. della corrispondenza* **4** mancato pagamento di tasse, imposte e sim.: *e. fiscale*

✦**evasivo** [fr. *évasif*, dal lat. *evāsus* 'evaso' ✻ 1792] **agg.** ● che evita di trattare o affrontare un problema, di rispondere direttamente e sim.: *mostrarsi e. su un argomento; frasi, risposte evasive* | ambiguo, elusivo: *atteggiamento e.* ‖ **evasivaménte**, **avv.** ‖ **evasività**, **s. f. inv.**

evàso **A** **part. pass.** di *evadere*; **anche agg.** ● (*burocr.*) eseguito, sbrigato: *corrispondenza già evasa* **B** **agg. e s. m.** (**f.** *-a*) ● che (o chi) è fuggito dalla prigione: *la polizia ha catturato due evasi*

evasóre [1931] **s. m.** (**f.** *evaditrice*) ● chi si sottrae ai propri obblighi fiscali

†**evèllere** [vc. dotta, lat. *evĕllere* 'strappare (*vĕllere*) via (*ex-*)' ✻ av. 1375] **v. tr.** ● svellere, estirpare

evemerismo [1887] **s. m.** ● dottrina di Evemero di Messina (sec. III a.C.), che considerava gli dei come personaggi benemeriti divinizzati | tendenza presente in alcune religioni alla divinizzazione di personaggi e antenati illustri

evenemenziàle [calco sul fr. *événementiel*, deriv. con suff. aggettivale da *événement* 'avvenimento, evento' ✻ 1982] **agg.** ● detto di tendenza storiografica che studia in prevalenza i singoli eventi, piuttosto che i processi sociali di lunga durata

eveniènza [da *evenire* ✱1812] **s. f.** ● occorrenza, caso: *è bene tenersi pronti per ogni e.*; *ad una e. gli avrei dato mano* (I. NIEVO) **SIN.** occasione

†**eveniménto** [av. 1406] **s. m.** ● evento

†**evenire** [vc. dotta, lat. *evenīre* 'venir (*venīre*) fuori (*ex-*)' ✱1336 ca.] **v. intr.** ● avvenire, accadere

♦**evènto** [vc. dotta, lat. *evĕntu(m)*, part. pass. di *evenīre* 'evenire' ✱av. 1327] **s. m. 1** fatto che si è già verificato o che si può verificare: *è stato un e. disastroso*; *attendiamo gli eventi*; *avverso al mondo, avversi a me gli eventi* (U. FOSCOLO) | (*lett.*) ***in ogni e.***, comunque vada | †***in e.***, qualora; all'occorrenza | ***fausto, lieto e.***, la nascita di un bambino | avvenimento o iniziativa di particolare rilievo: *un e. culturale* **2** (*fis.*) punto dello spazio-tempo

♦**eventuàle** [da *evento* ✱av. 1673] **A agg.** ● che può accadere o no: *eventuali complicazioni*; *guadagni, debiti, diritti eventuali* **SIN.** possibile ‖ **eventualménte**, **avv.** nel caso, se mai: *eventualmente verrò domani* **B eventuàli s. f. pl.** ● nel linguaggio burocratico, argomentazioni, temi e sim., possibili al di fuori di uno schema prestabilito di lavoro | ***varie ed eventuali***, formula conclusiva spec. di ordini del giorno ‖ **eventualità**, **s. f. inv.** (V.)

SFUMATURE ➤ *casuale*

eventualità [da *eventuale* ✱av. 1712] **s. f. inv. 1** condizione di ciò che è eventuale: *l'e. di un incidente* **2** evento: *tenersi pronti per ogni e.* **SIN.** avvenimento, possibilità

evergète o **evèrgete**, (*raro*) **evergèta** [dal gr. *euergétes*, comp. di *eu-* e *érgon* 'lavoro' ✱1815] **s. m.** (**pl.** *-i*) ● benefattore, come titolo onorifico nell'antica Grecia

evergreen /ever'grin, *ingl.* 'ɛvəˌgriːn/ [vc. ingl., propr. 'sempreverde' ✱1983] **A agg. inv. 1** (*spec. iron.*) detto di chi (o di ciò che) è sempre attuale, sempre di moda: *cantante, canzone e.* **SIN.** intramontabile **2** (*banca*) detto di credito rotativo senza data di scadenza, che la banca può, in determinate circostanze, convertire in un credito a termine **B s. m. e f. inv.** ● personaggio, cantante, canzone e sim. sempre di moda | campione intramontabile

eversióne [vc. dotta, lat. *eversiōne(m)*, da *evĕrsus*, part. pass. di *evĕrtere* '†evertere' ✱sec. XIV] **s. f. 1** complesso di atti, violenti e spesso anche criminosi, tendenti a creare disordine e smarrimento nell'ambito sociale, allo scopo di abbattere l'ordine costituito: *lotta all'e.* **2** (*lett.*) rovina, distruzione: *l'e. di Gerusalemme* **3** †nausea e disturbi di stomaco

eversìvo [dal lat. *evĕrsus*, part. pass. di *evĕrtere* 'volgere (*vĕrtere*) via (*ex-*)' ✱1741] **agg. 1** che mira a rovesciare o abolire qlco. | ***trame eversive***, complotti intesi ad abbattere o a modificare l'ordine costituito di un Paese **2** (*est.*) che stravolge una tradizione o un assetto culturale, che innova radicalmente; rivoluzionario: *la forza eversiva di un testo teatrale*

†**evèrso part. pass.** di †*evertere*; **anche agg.** ● nei sign. del v.

eversóre [vc. dotta, lat. *eversōre(m)*, da *evĕrsus*, part. pass. di *evĕrtere* ' †evertere' ✱av. 1547] **s. m. 1** (**f.** *-a*) chi attua una trama eversiva **2** (*lett.*) chi distrugge: *e. / di mura, piloto di tutte / le sirti, ove navighi?* (G. D'ANNUNZIO)

†**evèrtere** [vc. dotta, lat. *evĕrtere*, comp. di *ex-* d'allontanamento e *vĕrtere* 'volgere' ✱sec. XIV] **v. tr.** ● rovinare, abbattere, distruggere

evezióne [vc. dotta, lat. tardo *evectiōne(m)*, da *evĕctus*, part. pass. di *evĕhere* 'portare (*vĕhere*) su (*ex-*)' ✱1797] **s. f.** ● (*astron.*) ineguaglianza nel moto della Luna prodotta dall'attrazione del Sole

èvia [vc. dotta, lat. *Eu(h)ias* (nom.), dal gr. *Euiás* 'baccante', così detta per il suo grido di giubilo *euán*, dall'inter. *êua* ✱1903] **s. f.** ● (*raro, poet.*) baccante

♦**evidènte** [vc. dotta, lat. *evidĕnte(m)*, usata per rendere il gr. *enargḗs*, ricorrendo ad **evidēre* 'vedere (*vidēre*) chiaramente (*ex-*)' ✱sec. XIII] **agg. 1** che si vede con chiarezza: *colore, ira, irritazione e.* **2** che non si può mettere in dubbio, che non ha bisogno di dimostrazioni (+ *che*): *colpa e.*; *la difficoltà è e. a tutti*; *è fin troppo e. che ha ragione lei* **SIN.** certo, chiaro, manifesto ‖ **evidenteménte**, **avv. 1** in modo evidente: *era evidentemente affaticato* **2** con tutta probabilità, a quanto pare: *evidentemente non ci siamo capiti*; *Evidentemente ella lo evitava* (G. VERGA); (come risposta affermativa) altroché, sì, eccome: *'gli hai telefonato?' 'evidentemente'*

SFUMATURE ➤ *chiaro*

♦**evidènza** o †**evidènzia** [vc. dotta, lat. *evidĕntia(m)*, da *ēvidens*, genit. *evidĕntis* 'evidente', sul modello del gr. *enárgeia* ✱1308] **s. f. 1** condizione di ciò che è evidente: *l'e. dei fatti* | ***tenere qlco. in e.***, tenerla in modo che si veda chiaramente | risalto, rilievo: *dare e. a un particolare* | ***mettere, porre, tenere in e.***, far notare, mettere in risalto | ***mettersi in e.***, farsi notare | ***negare l'e.***, non riconoscere quanto è manifesto, palese | (*est.*) forza rappresentativa: *la grande e. di un'immagine, di una metafora* **2** certezza, chiarezza: *è di una e. matematica*; *provare l'e. di qlco.* **3** (*burocr.*) documento, spec. in copia, che attesta operazioni, pratiche e sim. svolte da un ufficio: *conservare le evidenze* | prova (come calco dell'ingl. *evidence*): *allegare l'e. del versamento*; *e. sperimentale*

evidenziàbile [1956] **agg.** ● che si può evidenziare

♦**evidenziàre** [1960] **A v. tr.** (*io evidènzio*) **1** mettere in evidenza, far notare, rimarcare (+ *di* **seguito da inf.**, + *che*): *e. un particolare*; *l'inchiesta ha evidenziato i risvolti inquietanti della vicenda*; *l'imputato ha evidenziato di non conoscere il testimone*; *i dati evidenziano che l'inflazione è in aumento* **2** mettere in risalto con l'evidenziatore | (*inform.*) marcare un tratto di testo o altri dati per cancellarli, copiarli o modificarli **B evidenziàrsi v. intr. pron.** ● manifestarsi: *una malattia che si evidenzia con la comparsa di macchie*

evidenziatóre [1983] **A agg.** (**f.** *-trice*) ● che mette in evidenza: *colore e.* **B s. m.** ● tipo di pennarello a tratto colorato non coprente usato per dare risalto a una o più parole in uno scritto **SIN.** marker

evidenziatùra [1938] **s. f.** ● evidenziazione

evidenziazióne [1985] **s. f.** ● l'evidenziare, il venire evidenziato | ciò che è evidenziato

evìncere [vc. dotta, lat. *evĭncere* 'superare (*vĭncere*) del tutto, completamente (*ex-*)' ✱1441] **v. tr.** (**coniug. come** *vincere*) **1** trarre come deduzione (+ *che*): *da ciò si evince che non è possibile fare altrimenti* **SIN.** ricavare, desumere **2** (*dir.*) rivendicare o recuperare un bene per vie giudiziali

evìnto part. pass. di *evincere* ● (*raro*) dedotto, desunto

eviràre [vc. dotta, lat. *evirāre*, comp. di *ex-* sottratt. e *vĭr* 'uomo' ✱1807] **v. tr. 1** asportare i testicoli **SIN.** castrare **2** (*fig.*) rendere fiacco, debole

eviràto A part. pass. di *evirare*; **anche agg.** ● nei sign. del v. **B s. m. 1** chi ha subìto l'evirazione **SIN.** castrato **2** cantore evirato

evirazióne [vc. dotta, lat. *eviratiōne(m)*, da *evirātus* 'evirato' ✱1797] **s. f.** ● asportazione dei testicoli **SIN.** castrazione

evisceràre [vc. dotta, lat. *eviscerāre*, comp. di *ex-* sottratt. e *vĭscera* (nt. pl.) 'viscere' ✱av. 1527] **v. tr.** (*io evìscero*) ● (*chir.*) estroflettere o asportare i visceri dalla cavità in cui sono contenuti

evisceràto part. pass. di *eviscerare*; **anche agg.** ● detto di animale commestibile che, dopo l'uccisione, è stato privato delle interiora: *pollame, pesce e.*

eviscerazióne [da *eviscerare* ✱1943] **s. f.** ● operazione dell'eviscerare

evitàbile [vc. dotta, lat. *evitābile(m)*, da *evitāre* 'evitare' ✱1525] **agg.** ● che si può evitare: *scandalo e.* | (*lett.*) da evitare ‖ **evitabilità**, **s. f. inv.**

†**evitàndo** [vc. dotta, lat. *evitāndu(m)*, gerundivo di *evitāre* 'evitare' ✱1735] **agg.** ● che si deve evitare

♦**evitàre** [vc. dotta, lat. *evitāre*, comp. di *ex-* rafforz. e *vitāre* 'evitare' ✱1300] **A v. tr.** (*io èvito* o *poet. evìto*) **1** scansare, schivare: *e. un pericolo, un ostacolo*; *si dedica ai problemi che sempre evitò* (I. SVEVO) | sfuggire: *e. gli sguardi indiscreti* **2** comportarsi in modo da non fare qlco. (+ *di* **seguito da inf.**, + *che* **seguito da congtv.**): *e. di bere troppo*; *e. che venga tradita la fiducia in qlcu.*; *suo marito limitavasi ad e. che il fumo del sigaro le desse noja* (G. VERGA) **3** impedire, scongiurare: *il pilota è riuscito a e. una sciagura* | risparmiare a qlcu. pesi, preoccupazioni e sim.: *gli ho potuto e. una spesa* **B evitàrsi v. tr. pron.** (**aus.** *essere*) ● evitare a sé stesso, risparmiarsi: *evitarsi gli strapazzi*; *ti saresti evitato una figuraccia* **C evitàrsi v. rifl. recipr.** ● sfuggirsi, cercare di non incontrarsi: *dopo il litigio i fratelli si evitavano*

†**evitatóre** [sec. XIV] **s. m.** (**f.** *-trice*) ● chi (o ciò che) evita, schiva

evitazióne [dal lat. *evitatiōne(m)* 'il fatto di evitare (*evitāre*)'; nel sign. 2, calco sull'ingl. *evitation* ✱av. 1311] **s. f. 1** †l'evitare: *e. di pericoli* **2** (*antrop.*) istituzione diffusa spec. tra gli aborigeni del continente americano per cui alcuni parenti acquisiti (come genero e suocera) non possono rivolgersi la parola, mangiare o dormire nello stesso luogo

evìtico [1965] **agg.** (**pl. m.** *-ci*) ● di Eva, progenitrice del genere umano | ***in costume e.***, (*scherz.*) nuda

evìtto [vc. dotta, lat. tardo *evĭctus*, part. pass. di *evĭncere* 'evincere' ✱1777] **s. m. e agg.** ● (*dir.*) chi (o che) ha subìto l'evizione

evizióne [vc. dotta, lat. tardo *evictiōne(m)*, da *evĭctus*, part. pass. di *evĭncere* 'evincere' ✱av. 1565] **s. f.** ● (*dir.*) perdita totale o parziale di una cosa per rivendica della stessa da parte di un terzo

èvo [vc. dotta, lat. *āevu(m)* 'tempo (che dura)', di orig. indeur. ✱sec. XIV] **s. m. 1** ciascuno dei grandi periodi in cui si usa suddividere, da un punto di vista cronologico, la storia dell'umanità: *evo antico, medio, moderno* **2** (*raro*) lungo periodo

♦**evocàre** [vc. dotta, lat. *evocāre* 'chiamar (*vocāre*) fuori (*ex-*)' ✱1363] **v. tr.** (*io èvoco* o *poet. evòco, tu èvochi* o *poet. evòchi*) **1** richiamare dal mondo dei trapassati per facoltà medianiche: *e. gli spiriti* **2** (*fig.*) ricordare, celebrare: *e. il passato, la memoria di qlcu.*; *me ad evocar gli eroi chiamin le Muse* (U. FOSCOLO) | (*fig.*) richiamare, ricreare: *lo scrittore riesce ad e. con suggestione il mondo della sua infanzia*

evocatìvo [1955] **agg.** ● che serve a evocare (*anche fig.*)

evocatóre [vc. dotta, lat. *evocatōre(m)*, da *evocātus* 'evocato' ✱av. 1827] **s. m.** (**f.** *-trice*); **anche agg.** ● chi (o che) evoca

evocatòrio [vc. dotta, lat. tardo *evocatōriu(m)*, da *evocātus* 'evocato' ✱1948] **agg.** (**pl. m.** *-i* o *raro -ii*) ● (*raro*) evocativo: *rito, potere e.*

evocazióne [vc. dotta, lat. *evocatiōne(m)*, da *evocātus* 'evocato' ✱1374] **s. f.** ● l'evocare, il venire evocato | ricordo, rievocazione

Èvo-Dèvo [vc. ingl. comp. di *evo(lution)* 'evoluzione' e *dev(elopment)* 'sviluppo' ✱2002] **A s. m. o f. inv.** ● (*biol.*) biologia evolutiva dello sviluppo **B anche in funzione di agg. inv.**

evoè o (*raro*) **èvoe**, **†eù oè** [vc. dotta, lat. *eu(h)ōe*, dal gr. *euoî*, onomat. ✱1480] **inter.** ● (*poet.*) esprime la gioia bacchica e si usa come invocazione o come acclamazione al dio Dioniso: *ognun segua, Bacco, te! / Bacco, Bacco, eù, oè!* (A. POLIZIANO)

-èvole [continuazione pop. dei suff. lat. *-ĕbile(m)* e *-ĭbile(m)*, estesa poi anche agli agg. verb. in *-ābile(m)*] **suff.** ● forma aggettivi, sia di senso attivo che passivo, derivati da verbi o da sostantivi: *amorevole, biasimevole, lacrimevole, cedevole, favorevole, piacevole* | V. anche *-abile, -ibile, -ubile*

evolụire [da *evoluzione* sul tipo di altri rapporti, come *costruire* da *costruzione*, *attribuire* da *attribuzione* ✱1884] **v. intr.** (*io evolụisco, tu evolụisci*; aus. *avere*) ● fare evoluzioni, detto spec. di reparti militari, navi e aerei

evolùta [f. sost. di *evoluto* ✱1785] **s. f.** ● (*mat.*) curva in viluppo delle normali alla curva data | luogo dei centri dei cerchi osculatori alla curva data

evolutìvo [av. 1852] **agg.** ● di evoluzione: *processo e.*; *fase evolutiva* | (*dir.*) ***interpretazione evolutiva***, interpretazione della norma giuridica fatta tenendo conto del mutare della realtà e delle esigenze sociali | (*ling.*) ***grammatica evolutiva***, studio dell'evoluzione di uno o più sistemi linguistici | (*psicol., pedagogia*) ***età evolutiva***, il periodo della vita fra la nascita e il raggiungimento della piena maturità fisica e psichica ‖ **evolutivaménte**, **avv.** in maniera evolutiva, secondo un'evoluzione

♦**evolùto** **part. pass.** di *evolvere*; anche **agg.** **1** che è giunto al suo pieno sviluppo **2** (*est.*) pervenuto a un elevato grado di maturità civile e sociale: *nazione, civiltà evoluta* | ***persona evoluta***, priva di pregiudizi

♦**evoluzióne** [vc. dotta, lat. *evolutiōne(m)*, da *evolūtus* 'evoluto' ✱1640] **s. f.** **1** lenta, graduale trasformazione: *e. del pensiero* | sviluppo: *e. di una società*; *fase, periodo di e.* | ***e. sociale***, processo di mutamento sociale secondo determinate leggi di sviluppo continuo e graduale | ***e. linguistica***, insieme dei mutamenti subiti da un sistema linguistico nel corso del tempo **2** (*biol.*) trasformazione degli organismi viventi nel corso del tempo, che porta all'affermazione di nuovi caratteri ereditari **3** insieme di movimenti eseguiti secondo preordinate modalità: *e. di un battaglione*; *evoluzioni di ginnasti* **4** (*aeron.*) volo di aereo su traiettoria curva **5** (*mar.*, **spec. al pl.**) insieme di percorsi rettilinei e curvilinei che una o più navi compiono per determinati scopi cinematici o tattici

SFUMATURE DI SIGNIFICATO

evoluzione - sviluppo - crescita

Una trasformazione graduale da uno stato, una condizione, una forma a un'altra si definisce **evoluzione**. Per definire una progressione verso una forma adulta o comunque più compiuta sono da preferire **sviluppo** o **crescita**, termini che suggeriscono entrambi un'idea di incremento, espansione, potenziamento.

evoluzionìsmo [fr. *évolutionnisme*, da *évolution* 'evoluzione' ✱1878] **s. m.** **1** insieme delle teorie filosofico-scientifiche che spiegano la formazione e lo sviluppo dell'universo come il risultato dell'evoluzione da stati della materia omogenei e indeterminati ad altri sempre più specifici e determinati **2** (*biol.*) teoria secondo la quale le specie viventi sulla Terra traggono origine da forme estremamente semplici evolutesi in altre progressivamente più complesse CONTR. fissismo **3** (*antrop.*) lo sviluppo dell'uomo e della società verso forme di organizzazione sociale sempre più progredite

evoluzionìsta [1875] **s. m. e f.** (**pl. m.** *-i*) ● chi segue o si ispira alle teorie filosofico-scientifiche dell'evoluzionismo

evoluzionìstico [1901] **agg.** (**pl. m.** *-ci*) ● relativo all'evoluzionismo o agli evoluzionisti | che si basa sull'evoluzionismo

evolvènte **A part. pres.** di *evolvere*; anche **agg.** ● nei sign. del v. **B s. f.** ● (*mat.*) curva di cui la curva data è l'evoluta

♦**evòlvere** [vc. dotta, lat. *evŏlvere*, comp. di *ex-* rafforz. e *vŏlvere* 'volgere' ✱1516] **A v. tr.** (**pass. rem.** *io evòlsi* o *evolvètti* o *evolvéi, tu evolvésti*; **part. pass.** *evolùto*) ● (*raro, lett.*) sviluppare **B v. intr.** (aus. *essere*) e **evòlversi** **v. intr. pron.** ● trasformarsi progredendo gradualmente: *la situazione evolve con rapidità; gli organismi viventi si sono evoluti nel tempo*

evònimo [vc. dotta, gr. *euṓnymos* 'di buon (*êu*) nome (*ónyma*, dial. per il più corrente *ónoma*)', denominazione eufem., perché pianta velenosa ✱1476] **s. m.** ● arbusto ramoso delle Celastracee con legno giallo, piccoli fiori verdognoli e frutto ad angoli sporgenti, rosso, purgativo (*Evonymus europaeus*) SIN. berretta da prete, fusaggine

†**evùlso** **part. pass.** di *†evellere*; anche **agg.** ● nei sign. del v.

evvài o (*raro*) **e vài** [comp. di *e*② e *vai*, imperat. di *andare*① con raddoppiamento sintattico ✱1997] **inter.** ● (*colloq.*) esprime forte incoraggiamento oppure compiacimento per un successo (con intonazione fortemente accentuata): *5 a 0: evvai!*

†**èvvi** ➤ †**ecci**

evvìa [comp. di *e*② e *via*② con raddoppiamento sintattico ✱1751] **inter.** ● esprime incoraggiamento o impazienza: *Evvia! che cerimonie!* (I. NIEVO) CFR. suvvia | (*raro*) ebbene

♦**evvìva** [comp. di *e*② e *viva*, imperat. di *vivere*① ✱av. 1367] **A inter.** **1** esprime esultanza, plauso, entusiasmo, approvazione, augurio e sim. (nelle scritte murali espresso gener. con una W): *e. l'Italia*; *e. gli alpini!*; *e. la libertà!*; (*scherz.*) *e. me!*; *e. tutti!* | anche iron.: *e. la modestia!* **2** si usa anche con il sign. di 'salve', 'salute', come forma di saluto, come espressione augurale nei brindisi, come augurio rivolto a qlcu. che starnuta **B in funzione di s. m. inv.** ● grido di esultanza, plauso e sim.: *mandare un e.*; *gli entusiastici e. della folla*

e-wòrk /i'work, *ingl.* 'iːwɜːk/ [vc. ingl., comp. di *e-*② e *work* 'lavoro' ✱2001] **s. m. inv.** (**pl. ingl.** *e-works*) ● telelavoro

e-wòrker /i'worker, *ingl.* ˌiː'wɜːkə(r)/ [2001] **s. m. e f. inv.** ● telelavoratore

♦**ex** /ɛks/ [prep. lat. con vari sign. ('da', 'fuori', 'secondo'), che assume spesso, in composizione, il senso neg. del concetto principale, come in vari comp. verb. e agg. lat. ✱av. 1292] **A prep.** ● da, originato da: *si vende lana ex materassi*; *provvedimento ex decreto legge n. …* | (*borsa*) detto di titolo azionario, dopo il distacco di una cedola: *da oggi le Pirelline quotano ex dividendo* **B in funzione di agg. inv.** ● che non si trova più in una determinata condizione o carica rispetto al presente (premesso a un sost. cui può anche essere unito da un trattino): *ex combattente*; *l'ex presidente*; *associazione di ex allievi*; *l'ex fidanzata*; *la mia ex-casa*; *la ex-Iugoslavia* **C in funzione di s. m. e f. inv.** ● chi ha cessato di ricoprire una carica o di svolgere una funzione determinata (per ellissi del sost.): *il gol dell'ex* | chi ha cessato di appartenere a un partito politico, a un movimento culturale e sim.: *gli ex del comunismo* | (*colloq.*) ***il mio ex, la mia ex***, la persona con cui è terminato un rapporto amoroso

èxa- /'ɛksa/ [dal gr. *héx* 'sei', di orig. indeur.; riferito alla sesta potenza di 10^3] **primo elemento** ● anteposto a un'unità di misura, la moltiplica per 10^{18}, cioè per un miliardo di miliardi SIMB. E

♣**ex abrùpto** [lat., propr. 'dal (*ĕx*) discorso spezzato, rotto (V. *abrupto*)' ✱av. 1363] **loc. avv.** ● all'improvviso, detto spec. di discorsi che iniziano senza introduzione: *entrare ex abrupto in argomento*

♦**ex aequo** /*lat.* ɛg'zɛkwo/ [lat., propr. 'secondo (*ĕx*) il giusto (*āequo*, abl. di *āequus*, con sottintendimento di 'valore', 'diritto')' ✱1905] **A loc. avv.** ● alla pari, a pari merito: *classificarsi primo ex aequo* **B loc. sost. m. inv.** ● premio alla pari con altri: *la giuria ha deciso per un ex aequo*

ex ànte [lat., propr. 'da prima'] **A loc. avv.** ● con effetto retroattivo **B loc. agg. inv.** ● relativo a situazioni o aspettative precedenti al verificarsi di un dato evento | ***risparmio ex ante***, il risparmio programmato o preventivato, che può differire da quello effettivamente realizzato

exarazióne ➤ **esarazione**

♣**ex càthedra** /*lat.* ɛks'katedra/ [lat., propr. 'dalla (*ĕx*) cattedra (*căthedra*)' ✱av. 1775] **loc. avv.** **1** dall'alto di una autorità suprema, con riferimento alle parole del Papa in materia di fede e di morale, quando devono essere considerate infallibili perché direttamente provenienti dall'autorità apostolica e ispirate dallo Spirito Santo **2** (*est.*) in modo e con tono perentorio, superbo e sussiegoso: *parlare ex cathedra*

excèntro (o **-é-**) [comp. del lat. *ĕx*, col senso proprio nei comp. di 'fuori', e *centro* ✱1956] **s. m.** ● (*mat.*) punto d'incontro delle bisettrici degli angoli esterni formati dai prolungamenti di due lati di un triangolo e di quella dell'angolo tra essi compreso

excèrpta [vc. dotta, lat. *excĕrpta*, nt. del part. pass. di *excĕrpere* 'prendere, trarre (*cărpere*) fuori (*ex-*)' ✱1836] **s. m. pl.** (**sing. lat.** *excerptum*) ● brani estratti da una o più opere di un autore CFR. escerti

exchange-traded fund /*ingl.* ɪks'tʃeɪndʒˌtreɪdɪd fʌnd/ o **ETF** /etti'ɛffe/ [loc. ingl., propr. 'fondo (*fund*) negoziato (*traded*) in borsa (*exchange*)' ✱2000] **loc. sost. m. inv.** (**pl. ingl.** *exchange-traded funds*) ● (*econ.*) fondo comune di investimento la cui quotazione è conseguente all'andamento di un indice di borsa o di un paniere prestabilito di titoli; in sigla ETF

exclave /*fr.* ɛks'klav/ [vc. fr., da *enclave* con sostituzione di pref. opposto ✱1892] **s. f. inv.** (**pl. inv.** o *-vi* o **fr.** *-ves*) ● territorio appartenente a uno Stato, ma posto all'interno dei confini di uno o più altri Stati (per es., dal punto di vista dell'Italia, Campione d'Italia, che pur essendo territorio italiano si trova all'interno della Svizzera) CFR. enclave

♣**excùrsus** [vc. lat., propr. 'scorreria', dal part. pass. di *excŭrrere* 'correre (*cŭrrere*) fuori (*ex-*)' ✱1918] **s. m. inv.** (**pl. lat. inv.**) ● divagazione, digressione: *fare un e.*; *un breve e.*

exècutive /ek'sɛkutiv, *ingl.* ɪg'zɛkjʊtɪv/ [vc. ingl., agg. (negli Stati Uniti sost.) da *to execute* 'eseguire', tratto dal fr. *executeur* 'esecutore' ✱1962] **A s. m. e f. inv.** ● dirigente, quadro aziendale | persona incaricata di un lavoro amministrativo o della gestione di affari **B in funzione di agg. inv.** ● detto di ciò che è particolarmente adatto a uomini d'affari, dirigenti e sim.: *valigetta e.* | ***aereo, jet e.***, aereo privato usato da dirigenti d'azienda e sim. per rapidi trasferimenti

exeità [da *ex* con il suff *-ità* ✱ 1991] **s. f. inv.** ● condizione di chi è o si sente un ex

✦**exèmpli gràtia** /*lat.* eg'zɛmpli 'grattsja/ [loc. lat., propr. 'a motivo di (*grātia*) esempio (*exĕmpli*)'] **loc. avv.** ● per esempio **CFR.** esempigrazia

exèmplum /*lat.* eg'zɛmplum/ [vc. lat., propr. 'esempio' ✱ sec. XIII] **s. m. inv. (pl. lat. *exempla*)** ● nella storiografia letteraria, racconto breve di età medievale che contiene un ammaestramento morale o religioso

e

exequàtur [vc. lat., dal congtv. imperat. di *exsĕqui* 'eseguire' ✱ 1619] **s. m. inv. 1** (*dir.*) attribuzione di efficacia esecutiva a una sentenza civile emessa in uno Stato straniero | dichiarazione pretorile di esecutività di un lodo arbitrale **2** (*burocr.*) ordine o permesso di eseguire un atto amministrativo, dato dal superiore gerarchico di chi ha formulato o emanato l'atto **3** (*dir.*) atto con cui uno Stato autorizza un console straniero a esercitare sul suo territorio le funzioni affidategli **4** (*dir.*) un tempo provvedimento di controllo esercitato da un'autorità statuale su atti giuridici dell'autorità ecclesiastica, con particolare riguardo alla destinazione di beni economici e conferimento di benefici (formula abolita con il Concordato del 1929)

exèreṣi o **exerèṣi** /eg'zɛrezi, egze'rɛzi/ [gr. *exáiresis* 'estrazione', deriv. di *exairêin* 'estrarre', comp. di *ex* 'fuori' e *airêin* 'prendere' (d'etim. incerta) ✱ 1956] **s. f. inv.** ● (*chir.*) asportazione, totale o parziale, di un organo

exèrgo ➤ **esergo**

exeùnte [vc. dotta, lat. *exeŭnte(m)*, part. pres. di *exīre* 'uscire' ✱ 1499] **agg.** ● (*lett.*) che è alla fine, che sta per finire: *un manoscritto del dodicesimo secolo e.* **SIN.** uscente **CFR.** ineunte

èxit① [vc. lat., propr. 'esce', dal v. *exīre* 'uscire' ✱ 1902] **s. m. inv. 1** nelle opere teatrali, didascalia che indica l'uscita di scena di un personaggio **2** (*fig.*) uscita di scena, rapida sparizione

èxit② [vc. ingl. 'uscita', dal lat. *exit* (V. *exit*①) ✱ 1978] **s. m. inv.** ● uscita, in alcune loc. | nella loc. sost. m. inv. ***exit poll***, sondaggio per la previsione dell'esito di una votazione, effettuato domandando alle persone che lasciano un seggio elettorale come hanno votato (comp. con *poll* 'inchiesta'): *valutare l'attendibilità di un exit poll* | nella loc. sost. m. inv. ***exit plan*** (comp. con *plan* 'programma'), piano di rientro da una situazione difficile | nella loc. sost. f. inv. ***exit strategy*** (comp. con *strategy* 'strategia'), strategia di uscita (V. *strategia*)

✦**ex lège** [lat., propr. 'secondo (*ĕx*) la legge (*lēge*, abl. di *lēx*, genit. *lēgis*)'] **loc. avv.** ● in base alla legge, secondo quanto è stabilito dalla legge

ex lìbris [lat., propr. 'dai (*ĕx*) libri (*lĭber*, abl. pl. *lĭbris*)', sottinteso 'di ... ' ✱ 1881] **loc. sost. m. inv.** ● nota scritta o cartellino incollato nell'interno della copertina o sul frontespizio, che indica il nome o le iniziali del proprietario, spesso con fregi e motti

ex multis /ɛks 'multis/ [loc. lat., propr. 'tra (*ĕx*) i molti (*mŭltis*, abl. pl. di *mŭltus*)' ✱ 1898] **loc. avv.** ● tra i molti, tra le molte, spec. prima di una citazione: *quanto alle sentenze, confronta ex multis...*

✦**ex nihilo** /*lat.* ɛks'niilo/ [loc. lat., propr. 'dal (*ex*) nulla (*nihilum*)'] **loc. avv.** ● dal nulla

✦**ex nòvo** [lat., propr. 'da (*ĕx*) nuovo (*nŏvo*, abl. di *nŏvus*)' ✱ 1905] **loc. avv.** ● daccapo, di sana pianta: *rifare qlco. ex novo*

èxo- /'ɛkso/ ➤ **eso-**②

exoàsco /egzo'asko/ [comp. di *exo-* e del lat. *ascus* 'asco' ✱ 1930] **s. m. (pl. *-schi*)** ● genere di Funghi degli Ascomiceti i cui aschi si sviluppano direttamente sul micelio (*Exoascus*)

expàt /ek'spat, *ingl.* 'ɛkspæt/ [vc. ingl., accorc. di *expatriate* 'espatriato' ✱ 1990] **s. m. e f. inv.** ● chi ha un contratto di lavoro all'estero; (*est.*) chi risiede e lavora all'estero

èxpedit, non ➤ **non expedit**

expertise /*fr.* ɛkspɛʀ'tiz/ [vc. fr., da *expert* 'esperto' con suff. di sostantivazione d'agg. *-ise* ✱ 1963] **s. f. inv.** ● dichiarazione di autenticità di un'opera d'arte, rilasciata da un esperto

èxplicit [vc. lat., riduzione della formula di chiusura del lat. tardo *ĕxplicit* (*lĭber*) '(il libro) finisce (per *explĭcit(us est)*, da *explĭcere* 'compiere, spianare')' qui' ✱ 1892] **s. m. inv. 1** nei codici, parola iniziale della formula che era posta spec. al termine di un'opera con indicazione riguardo al titolo e al nome dell'autore **2** nell'uso filologico e bibliografico, le parole finali di un testo **CONTR.** incipit

exploit /*fr.* ɛks'plwa/ [vc. fr., ant. fr. *espleit*, dal lat. parl. **explĭcitum* 'azione compiuta', da *explicāre* 'effettuare, finire', '(s)piegare (*plicāre*) del tutto (*ex-*)' ✱ av. 1911] **s. m. inv.** ● impresa di rilievo, spec. sportiva: *fare un e.*; *un e. sbalorditivo*

Expo /*fr.* ɛks'po/ [vc. fr., abbr. di *exposition* 'esposizione' ✱ 1966] **s. f. inv.** ● esposizione universale

èxport /'ɛksport, *ingl.* 'ɛkspɔːt/ [ingl., dal lat. *exportāre* (V. *esportare*) ✱ 1908] **s. m. inv.** ● (*econ., comm.*) esportazione | volume delle esportazioni

✦**ex pòst** /*lat.* ɛks'pɔst/ [lat., propr. 'di poi' ✱ 1980] **A loc. avv.** ● con l'esperienza del dopo **B loc. agg. inv.** ● relativo a situazioni successive al verificarsi di un dato evento | ***risparmio ex post***, il risparmio effettivamente realizzato, che può differire da quello programmato o preventivato

✦**ex profèsso** [lat., propr. 'da (*ĕx*) dichiarazione (*profĕssus*, part. pass. di *profitēri* 'dichiarare apertamente')' ✱ av. 1580] **loc. avv.** ● intenzionalmente, in modo deliberato: *parlare ex professo di politica* | (*est.*) in maniera completa, approfondita: *trattare ex professo un argomento*

exsanguinotrasfuṣióne [vc. dotta, comp. del lat. *ĕx, sănguin(em)* e *trasfusione* ✱ 1956] **s. f.** ● (*med.*) sostituzione completa del sangue di un soggetto mediante trasfusione di sangue compatibile

extènded play /eks'tɛnded plei, *ingl.* ɪk'stɛndɪd 'pleɪ/ [ingl., per *extended playing*, propr. '(disco) con tempo di esecuzione (da *to play* 'recitare, eseguire') prolungato (*extended*, da *to extend* 'estendersi, prolungarsi')' ✱ 1959] **A loc. sost. m. inv.** ● disco fonografico a 45 giri **B loc. agg. inv.**: *disco extended play*

extènsion /ek'stɛnʃon, *ingl.* ɪk'stɛnʃ(ə)n/ [vc. ingl. 'prolungamento' ✱ 1993] **s. f. inv.** ● tecnica di allungamento artificiale dei capelli consistente nell'applicare all'acconciatura delle ciocche di capelli posticci | ciocca di capelli così applicata

extenso, in ➤ **in extenso**

extispìcio [vc. dotta, lat. *extispĭciu(m)*, comp. di *ĕxta* (pl.) 'viscere', vc. della terminologia augurale, di orig. incerta, e *-spicio* ✱ av. 1311] **s. m.** ● nell'antica Roma, esame divinatorio che gli aruspici facevano dei visceri delle vittime, per trarne pronostici

èxtra [dall'avv. e prep. lat. *ĕxtra* 'fuori di', da *ĕx* 'fuori' ✱ av. 1336] **A prep.** ● fuori di, non incluso in: *relazioni e. famiglia*; *spese e. bilancio* **B in funzione di agg. inv. 1** di qualità superiore: *vino e.*; *un prodotto e.* | seguito da un altro agg. gli dà valore di superl.: *procedimento e. rapido*; *burro e. fino* **2** fuori dell'usuale o del previsto, insolito: *limitare le spese e.*; *assistere a uno spettacolo e.* **C in funzione di s. m. inv.** ● il sovrappiù, ciò che si spende o si guadagna fuori del prestabilito: *tutti gli e. sono a carico mio*; *quel lavoro gli porta molti e.* | in un albergo, ristorante e sim., ciò che si consuma al di fuori del trattamento prestabilito

èxtra- o **èstra-** [dal lat. *ĕxtra* 'fuori' (V. *extra*)] **pref.** ● in parole composte significa 'fuori'; *extraparlamentare, extraterritoriale, extrauterino* | ha valore di superlativo, spec. nel linguaggio commerciale o giornalistico: *extraforte, extravergine*; *extragettito* **CFR.** stra-

extraatmosfèrico [comp. di *extra-* e *atmosferico* ✱ sec. XX] **agg. (pl. m. *-ci*)** ● che si trova o avviene fuori dell'atmosfera terrestre | (*milit.*) ***missile e.***, destinato a mettere in orbita satelliti artificiali extraterrestri o a lanciare sonde e veicoli spaziali nello spazio extraterrestre

extracellulàre [comp. di *extra-* e dell'agg. *cellulare* ✱ sec. XX] **agg.** ● (*biol.*) riferito all'ambiente esterno rispetto a una cellula

extracomunitàrio [comp. di *extra-* e *comunitario* ✱ 1972] **A agg.** ● relativo a Paesi non appartenenti all'Unione europea: *politiche extracomunitarie* **B agg. e s. m. (f. *-ia*)** ● che (o chi) proviene da Paesi non appartenenti all'Unione europea, spec. con riferimento agli immigrati in cerca di occupazione provenienti da Paesi economicamente arretrati

extraconiugàle o **estraconiugàle** [comp. di *extra-* e *coniugale* ✱ 1931] **agg.** ● estraneo all'ambito del matrimonio: *relazione e.*

extracontrattuàle o **estracontrattuàle** [comp. di *extra-* e *contratto*, con suff. aggettivale ✱ 1956] **agg.** ● che non deriva da un rapporto contrattuale: *colpa, responsabilità e.* ‖ **extracontrattualità**, **s. f. inv.**

extracorpòreo [comp. di *extra-* e *corporeo* ✱ 1962] **agg.** ● che si trova o avviene fuori del corpo umano | (*med.*) detto di funzione fisiologica umana che, diversamente dalla norma e a causa di eccezionali esigenze terapeutiche, si compie al di fuori dell'organismo: *circolazione sanguigna extracorporea*

extracorrènte [comp. di *extra-* e *corrente*② ✱ 1869] **s. f.** ● (*elettr.*) corrente elettrica secondaria di autoinduzione che si verifica all'atto dell'apertura o chiusura di un circuito

extracurricolàre o **extracurriculàre** [comp. di *extra-* e *curricolare* ✱ 1987] **agg.** ● che è al di fuori di un curricolo scolastico, che non rientra in un normale corso di studi: *corsi extracurricolari* ‖ **extracurricolarità**, **s. f. inv.**

extradèficit [vc. pseudo-lat., comp. di *extra* e *deficit* ✱ 2001] **s. m. inv.** ● (*econ.*) eccedenza del deficit reale rispetto a quello previsto

extradiegètico [fr. *extradiégétique*, comp. di *extra-* 'extra-' e *diégétique* 'diegetico' ✱ 1993] **agg. (pl. m. *-ci*)** ● detto di narrazione in cui il narratore si rivolge direttamente al pubblico e non ad altri personaggi del racconto

extradomèstico [comp. di *extra-* e *domestico* ✱ 1984] **agg. (pl. m. *-ci*)** ● che si svolge fuori dalla propria abitazione: *lavoro e.*

extradotàle o **estradotàle** [comp. di *extra-* e *dote*, con suff. aggettivale ✱ 1673] **agg.** ● (*dir.*) detto di bene della moglie che non fa parte della dote **CFR.** parafernale

extraeuropèo [comp. di *extra-* ed *europeo* ✱ 1945] **agg.** ● che non fa parte del continente europeo: *nazioni extraeuropee*

extragalàttico o **estragalàttico** [comp. di *extra-* e *galattico* ✱ sec. XX] **agg. (pl. m. *-ci*)** ● (*astron.*) che non appartiene alla galassia locale, cioè a quella di cui fa parte il sistema

solare
extragèttito [comp. di *extra-* e *gettito* ✱ 2000] **s. m.** ● eccedenza del gettito fiscale rispetto alle previsioni
extragiudiziàle o **estragiudiziàle**, (*raro*) **extragiudiciàle**, (*raro*) **estragiudiciàle** [comp. di *extra-* e *giudiziale* ✱ 1357] **agg.** ● (*dir.*) estraneo a una causa: *spese extragiudiziali* ‖ **extragiudizialménte**, **avv.** in maniera extragiudiziale
extra-làrge /ɛkstra'lardʒ, *ingl.* ˌɛkstrə'lɑːdʒ/ [vc. ingl. 'largo (*large*) più del normale (*extra*)' ✱ 1976] **A** **agg. inv.** ● detto di capo di abbigliamento di taglia molto grande: *una felpa extra-large* **B** **s. m. o f. inv.** ● capo extra-large **SIMB.** XL
extralegàle o **estralegàle** [comp. di *extra-* e *legale* ✱ av. 1853] **agg.** ● non disciplinato legislativamente: *problema e.*
extralinguìstico [comp. di *extra-* e *linguistico* ✱ 1968] **agg.** (**pl. m.** *-ci*) ● (*ling.*) detto di fattore linguistico che non appartiene alla grammatica, bensì all'uso di quest'ultima nella codificazione e nella decodificazione degli enunciati
extramoenia /*lat.* ekstra'mɛnja/ [vc. dotta comp. di *extra-* e del pl. lat. *moenĭa* 'mura' ✱ 1993] **agg. inv.** ● extramurale nel sign. 2
extramuràle o **estramuràle** [comp. di *extra-* e *mura*, con suff. agg. ✱ sec. XX] **agg.** **1** che si trova, avviene e sim. al di fuori delle mura di cinta: *borgo e.* **SIN.** extramuraneo **2** detto di attività o fenomeno che si svolge all'esterno di un edificio | ***professione e.***, in ambito sanitario, attività di medico libero professionista e dipendente del Servizio Sanitario Nazionale che viene svolta in strutture private **SIN.** extramurario
extramuràneo [comp. di *extra-* e *muro* con il suff. *-aneo* ✱ 1588] **agg.** ● che è esterno rispetto alle mura di una città **SIN.** extramurale nel sign. 1
extramuràrio [comp. di *extra-* e *murario* ✱ 1987] **agg.** ● extramurale nel sign. 2
extranazionàle [comp. di *extra-* e *nazionale* ✱ av. 1890] **agg.** ● che è al di fuori di un ambito nazionale
Èxtranet /'ɛkstranet, *ingl.* 'ɛkstrəˌnɛt/ [vc. ingl. da *Intranet* con sostituzione della parte iniziale con *extra-* di sign. opposto ✱ 1997] **s. f. solo sing.** ● (*Internet*) sistema Intranet aperto all'accesso da parte di utenti esterni
extraoràrio [comp. di *extra-* e *orario* ✱ 1993] **agg. inv.** ● che è al di fuori dell'orario concordato, detto spec. di prestazioni lavorative
extraospedalièro [comp. di *extra-* e *ospedaliero* ✱ 1955] **agg.** ● che è collocato o si svolge fuori da una struttura ospedaliera
extraparlamentàre [comp. di *extra-* e *parlamentare*② ✱ 1832] **A** **agg.** **1** che non fa parte dello schieramento dei partiti rappresentati in parlamento: *formazioni extraparlamentari* | che si verifica al di fuori del parlamento: *crisi e.* **2** che privilegia altre forme di lotta politica rispetto a quella parlamentare: *movimento e.*; *sinistra e.*; *destra e.* ‖ **extraparlamentarità**, **s. f. inv.** **B** **s. m. e f.** ● chi aderisce a un movimento politico extraparlamentare
extrapiramidàle [comp. di *extra-* e *piramidale* ✱ 1927] **agg.** ● (*med.*) che non appartiene al sistema piramidale
extrapolàre ➤ **estrapolare**
extraprocessuàle o **estraprocessuàle** [comp. di *extra-* e *processuale* 'del processo' ✱ 1981] **agg.** ● (*dir.*) extragiudiziale: *spese extraprocessuali* | che si produce al di fuori dello stesso processo: *effetti extraprocessuali di una sentenza*
extraprofìtto [comp. di *extra-* e *profitto* ✱ 1956] **s. m.** ● profitto superiore al livello ritenuto normale
extraràpido [comp. di *extra-* e *rapido* ✱ 1956] **agg.** ● rapidissimo, detto spec. di lastra fotografica molto sensibile
extrascolàstico [comp. di *extra-* e *scolastico* ✱ av. 1937] **agg.** (**pl. m.** *-ci*) ● che si svolge al di fuori della scuola o dell'orario scolastico: *attività extrascolastica*
extrasensìbile [comp. di *extra-* e *sensibile* ✱ sec. XIX] **agg.** ● che oltrepassa il livello percettivo dell'uomo
extrasensoriàle [comp. di *extra-* e *sensoriale* ✱ 1963] **agg.** ● ***percezione e.***, in parapsicologia, la percezione che avviene senza l'intervento di uno dei sensi
extrasìstole o **estrasìstole** [comp. di *extra-* e *sistole* ✱ 1911] **s. f.** ● (*med.*) sistole cardiaca anomala, che altera il ritmo cardiaco
extrasistolìa o **estrasistolìa** [1920] **s. f.** ● (*med.*) alterazione del ritmo cardiaco a causa di extrasistoli
extrasistòlico o **estrasistòlico** [1922] **agg.** (**pl. m.** *-ci*) ● (*med.*) di estrasistole
extra-small /ekstra'zmɔl, *ingl.* ˌɛkstrə'smɔːl/ [vc. ingl. comp. di *extra* 'extra-' e *small* 'piccolo' ✱ 1998] **A** **agg. inv.** ● detto di capo di abbigliamento di taglia molto piccola **B** **s. m. o f. inv.** ● capo extra-small **SIMB.** XS
extrasolàre [comp. di *extra-* e *solare*① ✱ 1956] **agg.** ● che è fuori del Sole | che è fuori del sistema solare
extrasottìle [comp. di *extra-* e *sottile* ✱ 1986] **agg.** ● sottilissimo: *lenti extrasottili*
extrastallìa [comp. di *extra-* e *stallia* ✱ 1937] **s. f.** ● nel commercio marittimo, compenso ulteriore dovuto all'armatore quando il completamento del carico non è ultimato entro il termine convenuto
extrastròng /ekstra'strɔng/ [comp. di *extra-* e dell'ingl. *strong* (V.) ✱ 1931] **A** **agg. inv.** ● detto di un tipo di carta molto resistente, usata spec. per lavori d'ufficio **B** **s. f. inv.** ● tale tipo di carta: *un foglio di e.*
extratemporàle [comp. di *extra-* e *temporale* ✱ 1911] **agg.** ● che è al di fuori dei limiti di tempo **SIN.** sovratemporale
extraterrèstre [comp. di *extra-* e *terrestre* ✱ 1897] **A** **agg.** ● che si trova o avviene al di fuori del pianeta Terra **B** **s. m. e f.** ● ipotetico abitante di corpi celesti diversi dalla Terra: *l'invasione degli extraterrestri*
extraterritoriàle o **estraterritoriàle** [comp. di *extra-* e *territorio*, con suff. aggettivale ✱ 1921] **agg.** ● che è fuori del territorio di uno Stato: *zona e.* | (*dir.*) che gode della extraterritorialità: *sede e.* ‖ **extraterritorialità**, **s. f. inv.** (*dir.*) condizione di date persone o dati beni che non sono soggetti alla giurisdizione dello Stato sul cui territorio si trovano
extraurbàno [comp. di *extra-* e *urbano* ✱ 1865] **agg.** ● che è situato al di fuori di una città: *parco e.* | ***linea di trasporto extraurbana***, quella che collega la città con i paesi e sobborghi vicini
extrauterìno [comp. di *extra-* e *utero* ✱ 1874] **agg.** ● (*med.*) che è fuori dell'utero | ***gravidanza extrauterina***, quando l'uovo fecondato si impianta al di fuori della mucosa uterina
extravagànza [dal fr. *extravagance* 'stravaganza' ✱ 1987] **s. f.** ● (*mus.*) composizione con scopi caricaturali e frequenti licenze
extravèrgine [comp. di *extra-* e *vergine* ✱ sec. XX] **agg.** ● (*comm.*) qualifica che la legge riserva a un olio di oliva ottenuto con spremitura meccanica e che abbia un tasso di acidità non superiore all'1%
extrèma ràtio /*lat.* ek'strɛma 'rattsjo/ ➤ **ratio**②
extremis, in ➤ **in extremis**
exùvia ➤ **esuvia**
ex vòto [lat., propr. 'secondo (*ĕx*) il voto (*vōto*, abl. di *vōtum*, sottinteso *suscĕpto*, abl. del part. pass. di *suscĭpere* 'fare', cioè 'per un voto fatto')' ✱ 1855] **loc. sost. m. inv.** ● oggetto dedicato a una divinità | nel cattolicesimo, oggetto offerto a chiese o ad altari per grazie ricevute
eyeliner /ai'lainer, *ingl.* 'aɪˌlaɪnə(r)/ [vc. ingl., propr. 'che segna con una linea (*line*, di orig. fr.) l'occhio (*eye*, di orig. indeur.)' ✱ 1965] **s. m. inv.** ● liquido denso, di vario colore, da usarsi con apposito pennellino, per il trucco degli occhi
†**eziandìo** [lat. *ĕtiam* 'anche' (comp. di *ĕt* 'e' e *iăm* 'già') e *Dio* per rafforz. ✱ 1268] **cong.** ● (*lett.*) anche, altresì | †*e.* ***che***, anche se: *porterò io lo mio consiglio e darollo e. che non mi sia chiesto* (DANTE)
e-zine /*ingl.* iː'ziːn/ [vc. ingl., comp. di *e-*② e della seconda parte di *(fan)zine* (V.) ✱ 1995] **s. f. inv.** ● rivista elettronica circolante via Internet
èzio- o **ètio-** [dal gr. *aitía* 'causa', di orig. incerta] **primo elemento** ● in parole composte della terminologia scientifica, significa 'causa': *eziopatogenesi, eziotropo*
eziolaménto [fr. *étiolement*, da *étioler* 'far deperire e scolorire una pianta tenendola al buio', d'etim. incerta ✱ 1917] **s. m.** ● (*bot.*) fenomeno per cui le piante cresciute all'oscuro sono giallastre per mancanza di clorofilla, hanno steli molto lunghi e foglie di dimensioni ridotte
eziolàto [adattamento del fr. *étiolé* 'deperito', di orig. incerta ✱ 1921] **agg.** ● detto di pianta tenuta in ambiente scuro il cui fusto si allunga più del normale e non è più verde
eziologìa o (*raro*) **etiologìa** [vc. dotta, lat. tardo *aetiolŏgia(m)*, dal gr. *aitiología*, comp. di *aitía* 'causa' (V. *ezio-*) e *-logía* '-logia' ✱ 1631] **s. f.** (**pl.** *-gìe*) **1** settore di una scienza che studia e ricerca le cause di un fenomeno | (*est.*, *med.*) studio delle cause che provocano una malattia | l'insieme di tali cause: *malattia a e. sconosciuta* **2** nel mondo greco e latino, studio delle origini di città, feste, miti e sim.
eziològico o **etiològico** [1561] **agg.** (**pl. m.** *-ci*) ● dell'eziologia, relativo all'eziologia
eziopatogènesi o **etiopatogènesi** [comp. di *ezio-* e *patogenesi* ✱ 1936] **s. f. inv.** ● (*med.*) studio delle cause e dei meccanismi di insorgenza di una malattia
eziotropìsmo o **etiotropìsmo** [comp. di *ezio-* e *tropismo* ✱ 1968] **s. m.** ● (*med.*) attività terapeutica di un farmaco volta specificamente contro l'agente responsabile di una malattia infettiva
eziòtropo o **etiòtropo** **agg.** ● (*med.*) relativo a eziotropismo | dotato di eziotropismo: *farmaco e.*
-ézza [continuazione pop. del suff. lat. *-ĭtia(m)* e del più raro suff. parallelo *-ĭtie(m)*] **suff.** ● forma nomi astratti derivati da aggettivi: *agiatezza, bellezza, crudezza, grandezza, sicurezza*

f, F

Il suono rappresentato in italiano dalla lettera *F* è quello della consonante costrittiva, o fricativa, labiodentale non-sonora /f/. Questa consonante può essere, secondo i casi, semplice (es. *gùfo* /ˈgufo/, *cenotàfio* /tʃenoˈtafjo/, *mellìfluo* /melˈlifluo/, *di fuòri* /diˈfwɔri/; *trónfio* /ˈtroɱfjo/, *in fuòri* /iɱˈfwɔri/) oppure geminata (es. *gòffo* /ˈgɔffo/, *sóffio* /ˈsoffjo/, *afflüènte* /affluˈɛnte/, *da fuòri* /dafˈfwɔri/).

f, (*maiusc.*) **F** [av. 1294] **s. f. o m. inv.** ● sesta lettera dell'alfabeto italiano (nome per esteso: *èffe*): *f minuscola*; *F maiuscolo* | nella compitazione spec. telefonica it. *f come Firenze*; in quella internazionale *f come fox-trot* | ***vitamina F***, V. *vitamina*

♦**fa** ① /fa*, fa/ [lettere iniziali della seconda parte del secondo verso (*Mira gestorum famuli tuorum*) dell'inno a S. Giovanni scelto da Guido d'Arezzo a fondamento della scala musicale ✱av. 1306] **s. m. inv.** ● (*mus.*) quarta nota della scala musicale di *do* (V. nota d'uso ACCENTO)

♦**fa** ② /fa*/ [terza pers. sing. del pres. indic. di *fare* ✱1528] **avv.** ● or è, or sono, prima d'ora (si usa in varie loc. temporali, gener. posposto, (*lett.*) anche anteposto, a un'indicazione di tempo): *tanto tempo fa*; *venti anni fa*; *poche settimane fa*; *due ore fa*; *poco* (*tempo*) *fa*; *pochi minuti fa*; *Qual navilio ci giunse già fa un mese?* (F. SACCHETTI)

Fabàcee [vc. dotta, dal lat. *făba(m)* con il suff. *-acee* ✱sec. XX] **s. f. pl.** (**sing.** *-a*) ● (*bot.*) Papilionacee

fabbiṣógno [comp. di *fa(re)* e *bisogno* ✱1812] **s. m.** ● ciò che è necessario al soddisfacimento di un bisogno o al raggiungimento di uno scopo: *il f. alimentare dell'uomo*

♦**fàbbrica** o (*lett.*) **fàbrica** [vc. dotta, lat. *fābrica(m)* 'arte, mestiere, negozio di artigiano', da *făber*, genit. *făbri* 'artigiano, fabbro' ✱1282] **s. f.** **1** stabilimento opportunamente attrezzato per lo svolgimento di un'attività industriale: *una f. d'automobili*; *gli operai, gli impiegati, il direttore di una f.*; *comprare a prezzo di f.* | **CFR.** -ficio | (*fig.*) luogo, ambiente e sim. da cui trae origine qlco. di criticabile o di negativo: *quel ritrovo è una f. di pettegolezzi*; *quel corso di laurea è una f. di disoccupati* | (*fig., scherz.*) ***la f. dell'appetito***, la necessità di mangiare **2** attività e organizzazione dirette a edificare qlco.: *Brunelleschi diresse la f. del Duomo di Firenze*; *iniziare la f. di uno stadio* | (*fig.*) ***lungo come la f. di S. Pietro***, di ciò che non finisce mai **3** fabbriceria **4** (*raro*) edificio in costruzione o ultimato: *questo palazzo è una bella e solida f.* **5** †officina del fabbro, fonderia ‖ **fabbrichétta**, **dim.** | **fabbrichìna**, **dim.** | **fabbricóna**, **accr.** | **fabbricóne**, **accr. m.** (V.) | **fabbricùccia**, **dim.**

fabbricàbile [vc. dotta, lat. tardo *fabricābile(m)*, da *fabricāre* 'fabbricare' ✱av. 1704] **agg.** ● che si può fabbricare | ***area, terreno f.***, su cui si può edificare **SIN.** edificabile ‖ **fabbricabilità**, **s. f. inv.**

♦**fabbricànte** **A** **part. pres.** di *fabbricare* ● nei sign. del v. **B** **s. m. e f.** ● chi fabbrica | chi possiede e dirige una fabbrica: *un f. di scarpe*

♦**fabbricàre** o (*lett.*) **fabricàre** [vc. dotta, lat. *fabricāre*, da *fābrica*. V. *fabbrica* ✱1268] **v. tr.** (*io fàbbrico, tu fàbbrichi*) **1** costruire o erigere un edificio: *f. un grattacielo* | (*fig.*) ***f. sulla sabbia***, non dare solide basi **SIN.** edificare **CONTR.** abbattere, demolire **2** produrre, fare (*anche fig.*): *quella industria fabbrica sapone*; *si è fabbricato i mobili da solo*; *Amor, sa solo fabricar inganni* (L.B. ALBERTI) **CFR.** -ficare **3** (*fig.*) inventare, immaginare: *fabbricarsi un alibi*; *f. notizie false* | (*fig.*) ***f. castelli in aria***, fantasticare **4** (*fig.*) ordire, macchinare, architettare: *f. un processo, false accuse*

fabbricatìvo [1862] **agg.** ● (*raro*) fabbricabile: *terreno f., area fabbricativa*

♦**fabbricàto** **A** **part. pass.** di *fabbricare*; anche **agg.** ● nei sign. del v. **B** **s. m.** ● edificio, costruzione in muratura | corpo di fabbrica che occupa un certo tratto di terreno | ***imposta sui fabbricati***, imposta che colpisce il reddito degli edifici

fabbricatóre [vc. dotta, lat. *fabricatōre(m)*, da *fabricāre* 'fabbricare' ✱av. 1292] **A** **agg.** (**f.** *-trice*) ● che fabbrica o costruisce (*spec. fig.*) **B** **s. m.** **1** (*raro*) chi fabbrica | (*fig.*) chi inventa qlco. ad arte: *quel giornalista è un f. di notizie false* **2** (*raro*) muratore

fabbricatòrio [vc. dotta, lat. tardo *fabricatōriu(m)*, da *fabricāre* 'fabbricare' ✱av. 1328] **agg.** (**pl. m.** *-i* **o raro** *-ii*) ● (*raro*) che concerne la fabbricazione

fabbricazióne [vc. dotta, lat. *fabricatiōne(m)*, da *fabricāre* 'fabbricare' ✱sec. XIV] **s. f.** **1** (*raro*) costruzione, edificazione **2** produzione: *la f. della carta* | ***imposta di f.***, imposta che colpisce la produzione di una data merce: *imposta di f. sugli spiriti, sugli oli minerali, sullo zucchero* **3** lavorazione: *difetto di f.*

fabbricerìa [da *fabbriciere* ✱1807] **s. f.** ● ente ecclesiastico che si occupa della gestione dei beni destinati alla manutenzione degli edifici ecclesiastici e alle spese di culto

fabbricière o †**fabbrichière** [fr. *fabricier*, da *fabrique* 'fabbrica' ✱av. 1550] **s. m.** **1** †costruttore | †fabbro **2** chi fa parte di una fabbriceria

fabbricóne [av. 1742] **s. m.** **1** accr. di *fabbrica* **2** casamento grande e squallido

fabbrìle o **fabrìle** [vc. dotta, lat. *fabrīle(m)*, da *făber*, genit. *făbri* 'artigiano, fabbro' ✱av. 1328] **agg.** ● (*lett.*) relativo al fabbro e a ogni attività di carattere artigianale: *mercanzia, arte f.*

♦**fàbbro** o (*lett.*) **fàbro** [lat. *făbru(m)*, di etim. incerta ✱1235] **s. m.** (*raro, lett.* **f.** *-a*) **1** artigiano che lavora il ferro e gli oggetti in ferro: *rivolgersi a un f. per riparare una cancellata* | ***f. ferraio, f. ramaio, f. stagnaio***, che lavora spec. il ferro, il rame, lo stagno **2** (*est., lett.*) artefice, creatore: *f. d'inganni e tradimenti* | (*fig.*) ***F. eterno, F. dell'Universo***, Dio

fabianìṣmo o **fabianéṣimo** [ingl. *fabianism*. V. *fabiano* ✱1932] **s. m.** ● movimento politico di tendenza socialista riformista, sorto in Inghilterra alla fine del sec. XIX, dal quale ha avuto origine il laburismo

fabiàno [dall'ingl. *Fabian Society*, società che prendeva il nome da Q. *Fabio* Massimo il Temporeggiatore (275 ca.-203 a.C.) ✱1893] **s. m.**; anche **agg.** ● seguace del fabianismo

fabliau /fr. fabliˈjo/ [fr., forma piccarda, da *fable* 'favola' ✱1892] **s. m. inv.** (**pl. fr.** *fabliaux*) ● (*letter.*) breve racconto satirico, in rima, tipico del Medioevo francese

fàbrica e deriv. ➤ **fabbrica** e deriv.

fabrìle ➤ **fabbrile**

fàbro ➤ **fabbro**

fàbula [dal lat. *fābula(m)* 'favola' ✱sec. XIV] **s. f.** **1** V. *favola* e deriv. **2** nel linguaggio della critica letteraria, l'insieme dei contenuti e dei motivi di un testo narrativo, sottostanti all'intreccio vero e proprio

†**fabulàre** [vc. dotta, lat. *fabulāri*, da *fābula* 'favola' ✱av. 1342] **v. intr.** **1** raccontare favole **2** conversare, chiacchierare

fabulatóre ➤ **favolatore**

fabulatòrio [1949] **agg.** (**pl. m.** *-i* **o raro** *-ii*) ● relativo alla fabulazione

fabulazióne [fr. *fabulation*, dal lat. *fābula(m)* (V. *favola*) ✱sec. XIV] **s. f.** **1** (*lett.*) favola, narrazione, racconto **2** (*psicol.*) produzione immaginaria del pensiero espressa sia in forma di racconti più o meno coordinati, sia in forma di discorsi totalmente incoerenti rispetto alle circostanze **3** (*filos.*) nel pensiero di H. Bergson (1859-1941), tendenza delle religioni a creare miti in grado di esorcizzare la paura della morte

fabulìstico [1915] **agg.** (**pl. m.** *-ci*) ● nel linguaggio della critica letteraria, relativo alla fabula, alla narrazione | inventivo | (*raro*) favolistico

♦**faccènda** [lat. *faciĕnda* 'cose da farsi', gerundivo nt. pl. di *fácere* 'fare' ✱1268] **s. f.** **1** cosa da fare, affare, incombenza: *devo sbrigare questa f.*; *d'ora in poi baderò solo alle mie faccende*; *non è f. ... nella quale bisogni più virtù che in uno capitano gli esserciti* (F. GUICCIARDINI) | ***essere in faccende***, essere occupato **SIN.** occupazione **2** fatto, situazione, vicenda: *è una f. seria*; *mi è capitata una brutta f.* **3** (**al pl.**) complesso dei lavori domestici quotidiani: *in due ore sbrigo tutte le faccende*; *fare le faccende* **SIN.** mestieri ‖ **faccendàccia**, **pegg.** | **faccendìna**, **dim.** | **faccendùccia**, **faccendùzza**, **dim.** | **faccenduòla**, **dim.**

faccendière o (*raro*) **faccendièro** [da *faccenda* ✱1513] **A** **s. m.** (**f.** *-a*); (*raro*) anche **agg.**

nel sign. 1 **1** chi (o che) si dà da fare in intrighi e in affari poco onesti, spec. per trarne profitto: *è stato arrestato un noto f.*; *un f. politico*; *sono sempre nelle corti ... faccendieri, che stanno desti per intender le cose che vanno attorno* (N. MACHIAVELLI) SIN. armeggione, intrigante, maneggione **2** †commerciante | †amministratore, mediatore **B** agg. ● (*lett.*) intraprendente

faccendóne [da *faccenda* ✱av. 1686] s. m. (f. *-a*) ● chi si dà molto da fare con scarsi risultati

†faccènte ➤ **facente**

faccétta [av. 1571] s. f. **1** dim. di *faccia* | (*inform.*) faccina nel sign. 2 **2** viso piccolo e grazioso **3** ciascuno dei piani di una pietra preziosa tagliata a forma di poliedro **4** (*med.*) *f. articolare*, piccola superficie articolare di un osso, per lo più pianeggiante ‖ **facettìna**, dim.

faccettàre [da *faccetta* ✱1808] v. tr. (*io faccétto*) ● fare le faccette alle pietre preziose

faccettatrice [da *faccettare* ✱1929] s. f. ● in apicoltura, macchina usata per la preparazione dei fogli cerei, sui quali imprime la forma delle celle: *f. a stampo, a cilindri*

faccettatùra [1869] s. f. ● lavorazione a facette SIN. sfaccettatura

facchinàggio [da *facchino* ✱1837] s. m. **1** attività di trasporto di merci e bagagli svolta da facchini **2** retribuzione dovuta a facchini

facchinàta [1876] s. f. **1** (*disus.*) gesto o atto triviale **2** (*fig., raro*) sfacchinata

facchinésco [av. 1537] agg. (pl. m. *-schi*) ● (*raro*) di facchino, da facchino: *lavoro f.*

facchìno [etim. discussa: dall'arabo *faqīh*, in orig. 'giureconsulto, teologo' (?) ✱1436] **A** s. m. **1** chi per mestiere trasporta carichi o bagagli nelle stazioni, nei porti e sim.: *f. di porto, di stazione, di piazza* | *lavoro da f.*, faticoso SIN. portabagagli **2** (*fig., spreg.*) uomo grossolano e triviale: *si è comportato come un f.* **B** agg. ● †facchinesco

♦**fàccia**① [lat. parl. **făcia(m)*, per il class. *făcie(m)* 'figura, aspetto', da *facĕre* 'fare' ✱av. 1292] s. f. (pl. *-ce*) **1** parte anteriore della testa, nella quale si trovano gli occhi, il naso e la bocca: *f. tonda, ovale, quadrata*; *f. grassa, magra, ossuta, emaciata*; *f. abbronzata, rossa, pallida, cerea*; *f. sana, malaticcia*; *lavarsi la f.* SIN. viso, volto | (*fig.*) reputazione, dignità: *salvare la f.*; *perdere, rimetterci la f.* | ***metterci la f.***, (*fig.*) esporsi in prima persona | ***uomo a due facce***, doppio | (*fig.*) ***avere la f. di dire*** o ***fare qlco.***, averne l'ardire, la sfrontatezza | ***voltare la f. a qlcu.***, rinnegarlo | (***a***) ***f. a f.***, di fronte o molto vicino; (*fig.*) a confronto (V. anche *faccia a faccia*) SIN. vis-à-vis | (*fig.*) ***guardare bene in f. qlcu.***, trattarlo con franchezza | ***dire le cose in f. a qlcu.***, parlare chiaramente | ***ridere in f. a qlcu.***, esprimergli disprezzo | ***gettare in f. a qlcu. i favori fatti***, rinfacciare | ***non guardare in f.*** (***a***) ***nessuno***, V. *guardare* nel sign. B 1 | (*fig., iron.*) ***viva la f.!***, escl. di scherno o di lode sarcastica | ***alla f. di chi ci vuole male***, a suo dispetto | ***alla f. tua!***, escl. di spregio | ***alla f.!***, perbacco, accidenti: *'Costa duemila euro' 'Alla f.!'* **2** espressione, aspetto: *una f. amica*; *una f. sinistra, brutta, patibolare*; *quando gliel'ho detto, ha cambiato f.* | (*fig.*) ***f. di bronzo, f. tosta***, chi non si vergogna di nulla | ***fare la f. feroce***, assumere un'espressione truce | ***f. da funerale***, V. *funerale* | ***f. da schiaffi***, V. *schiaffo* SIN. fisionomia **3** parte e superficie esterna o anteriore di qlco.: *la f. della casa dà sulla piazza*; *le facce di una moneta*; *sulla f. della terra*; *le due facce di un foglio*; *le facce dei dadi* | ***in f. a, di f. a qlco.***, davanti, di fronte, dirimpetto a qlco.: *la farmacia è proprio in f. alla stazione* | (*fig.*) ***le mille facce di una questione***, i suoi numerosi aspetti, lati e sim. | parte di qlco. rivolta verso chi guarda: *la f. della luna, del sole* | ***l'altra f. della luna, di qlco.***, (*fig.*) il lato nascosto, problematico, sgradevole e sim. **4** (*mat.*) ciascuna delle superfici che individuano un poliedro | ***f. di un simplesso***, il simplesso individuato da una parte dell'insieme dei vertici del simplesso CFR. -edro **5** (*miner.*) superficie piana che delimita un cristallo in una sua parte, assumendo una posizione ben precisa rispetto agli assi cristallografici | ***f. fondamentale***, quella che, in ogni specie cristallina, taglia gli assi cristallografici alla distanza di riferimento | ***f. generale***, quella che taglia tutti e tre gli assi cristallografici a distanze qualsiasi | ***f. speciale***, quella che, tagliando due assi, è parallela al terzo oppure tagliandone uno è parallela agli altri due ‖ **facciàccia**, pegg. | **faccétta**, dim. (V.) | **faccina**, dim. (V.) | **faccino**, dim. m. (V.) | **facciòna**, accr. | **faccióne**, accr. m. (V.) | **facciòtta**, accr.

SFUMATURE ➤ *lato*①

fàccia② ➤ **fare**①

fàccia a fàccia [calco sull'ingl. *face to face* ✱1982] **A** loc. sost. m. inv. ● incontro in cui si confrontano due o più persone che sostengono tesi, idee, posizioni contrapposte: *oggi ci sarà il faccia a faccia televisivo tra i segretari dei due partiti* **B** anche loc. agg. inv. e avv.: *dibattito faccia a faccia*; *si sono incontrati faccia a faccia*

facciàle o **faciàle** [1499] agg. **1** (*anat.*) della faccia: *nervo f.* | ***angolo f.***, quello costituito da due rette, di cui una dalle narici alla fronte e l'altra dalle narici all'orecchio, il cui valore è una misura craniometrica per la definizione della fisionomia facciale **2** (*econ., numism., filatelia*) ***valore f.***, quello di monete, titoli azionari od obbligazionari, francobolli e sim., quale risulta dalle indicazioni stampate o incise sopra di essi

♦**facciàta** [da *faccia*① ✱1342] s. f. **1** (*archit.*) parete o muro anteriore esterno di un edificio dove è l'ingresso principale e di maggior importanza architettonica **2** ciascuna delle due superfici di una pagina: *tema di due facciate* **3** (*fig.*) apparenza, aspetto esterno: *non giudicare dalla f.* | ***di f.***, formale, solo apparente: *cortesia di f.* | copertura di attività illecita: *il negozio è solo una f. per lo spaccio di droga* SIN. esteriorità ‖ **facciatina**, dim. | **facciatóne**, accr. m.

facciavìsta [comp. di *faccia* e *vista* ✱1987] s. f. ● solo nella loc. agg. inv. ***a f.***, detto di struttura muraria lasciata al rustico, priva delle opere di finitura superficiale

faccina [1898] s. f. **1** dim. di *faccia* **2** (*inform.*) combinazione di caratteri (parentesi, due punti, trattino ecc.) che ricorda vagamente i tratti di un volto umano; si usa per esprimere particolari stati d'animo negli SMS e nei messaggi di posta elettronica (per es. :-) esprime un volto lieto, :-(un volto triste) SIN. emoticon, faccetta CFR. smiley

faccìno [1926] s. m. **1** dim. m. di *faccia*: *Un f. pallido, ... dalla bocca piccola* (D. BUZZATI) **2** viso minuto e grazioso

fàccio ➤ **fare**①

facciòla o **facciuòla** [da *faccia*① ✱1612] s. f. **1** ciascuna delle due strisce di tela bianca inamidata che scendono dal collo sul petto, oggi tipiche di alcuni abiti talari e della toga dei magistrati **2** †l'ottava parte del foglio

faccióne [accr. di *faccia* ✱av. 1850] s. m. ● faccia grande, larga: *con la beatitudine dipinta in tutto il f. di luna piena* (L. PIRANDELLO)

fàce [vc. dotta, lat. *făce(m)*, da una radice indeur. che significa 'bruciare' ✱1266] s. f. ● (*lett.*) fiaccola | (*fig.*) ***f. della discordia***, fatto che è stato causa di litigi | (*est.*) splendore, luce | †stella, astro ‖ **facèlla**, dim. (V.)

Facebook® /ingl. 'feɪsˌbʊk/ [vc. ingl., propr. 'registro (*book*) dei visi (*face*)' ✱2006] s. m. inv. ● (*Internet*) sito di relazioni sociali che consente agli iscritti di scambiarsi messaggi e di condividere informazioni, notizie, fotografie e commenti

facèlia [vc. dotta, lat. scient. *phacēlia(m)*, dal gr. *phákel(os)* 'fascio', riferito all'aspetto dei fiori ✱1869] s. f. ● (*bot.*) pianta erbacea delle Borraginacee con fiori a corolla campanulata blu a macchie bianche, raccolti in infiorescenze ricche e vistose, originaria dell'America settentrionale e coltivata per ornamento (*Phacelia campanularia*)

facèlla [1319] s. f. **1** (*lett.*) dim. di *face* **2** (*poet.*) piccola ma intensa luce | (*est.*) splendore **3** †passione amorosa ‖ **facellina**, dim.

facèndo ➤ **fare**①

facènte o **†faciènte**, **†faccènte** **A** part. pres. di *fare* ● che fa: *f. parte* **B** s. m. e f. ● (*burocr.*) nella loc. ***f. funzione***, chi in un ufficio svolge funzioni e compiti in assenza del legittimo titolare

†fàcere ➤ **fare**①

facéssi ➤ **fare**①

facésti ➤ **fare**①

♣**facèto** [vc. dotta, lat. *facētu(m)* 'elegante', poi 'arguto', di etim. incerta ✱sec. XIV] **A** agg. ● piacevole, arguto, spiritoso: *persona faceta*; *discorso, sonetto f.*; *di naturale il tono diviene comico e f.* (F. DE SANCTIS) ‖ **facetaménte**, avv. (*raro*) in modo faceto **B** s. m. solo sing. ● ciò che è faceto | ***parlare tra il serio e il f.***, in modo scherzoso ma anche un po' serio **C** s. m. (f. *-a*) ● persona spiritosa, arguta

SFUMATURE ➤ *ameno*

♣**facèzia** [vc. dotta, lat. *facētia(m)*, da *facētus* 'faceto' ✱1441] s. f. ● motto arguto e spiritoso: *una f. pungente, elegante*; *si scambiano facezie di cattivo gusto*; *quivi ... i suavi ragionamenti e l'oneste facezie s'udivano* (B. CASTIGLIONE) SIN. amenità, arguzia, frizzo ‖ **facezióla**, **faceziuòla**, dim.

SFUMATURE ➤ *motto*

fachirìsmo [1894] s. m. ● insieme delle pratiche ascetiche dei fachiri

fachìro [arabo *faqīr* 'povero, mendicante' ✱1721] s. m. **1** religioso indù, che vive in povertà e pratica l'ascesi **2** (*est.*) chi si sottopone a prove e a pratiche ascetiche come il digiuno, le mutilazioni, la catalessi

fachìte [dal gr. *phakê* 'lenticchia' di orig. orient. (?) ✱1834] s. f. ● (*med.*) infiammazione del cristallino

faciàle ➤ **facciale**

facicchiàre [frequentativo di *†facere* ✱1866] v. tr. (*io facìcchio*) ● (*raro*) fare qlco. malamente o con svogliatezza (*anche assol.*)

†facidànno [comp. di *†facere* e *danno*① ✱av. 1587] s. m. **1** chi fa danno SIN. malfattore **2** ladruncolo

†faciènte ➤ **facente**

fàcies [vc. lat., propr. 'faccia' ✱1749] s. f. inv. (pl. lat. inv.) **1** modo di presentarsi di una roccia, di una pianta, di un animale | ***f. sedimentaria***, insieme dei caratteri relativi alla sedimentazione che una roccia presenta in un luogo o in una determinata area geografica **2** (*med.*) aspetto, espressione del volto di un malato dovuto a modifiche causate da determinate malattie | ***f. ippocratica***, nella peritonite

♦**fàcile** [vc. dotta, lat. *făcile(m)*, da *făcere* 'fare' ✱av. 1306] **A** agg. (superl. *facilissimo*; cfr. *†facillimo*) **1** che si fa senza fatica o difficoltà (+ *a*, + *da* seguiti da inf.): *un lavoro f.*; *è più*

a b c d e f g h i j k l m n o p q r s t u v w x y z

f. a dirsi che a farsi; un tema, un compito f. da fare; il che è tanto f. da intendersi (G. Galilei); *non mi fermerò a cercarne la ragione, ch'è f. a trovare* (G. Leopardi); *con ragioni troppo facili a indovinarsi* (A. Manzoni) | (*est.*) ***salita, strada f.***, che si supera senza fatica **SIN.** agevole, eseguibile, possibile **CONTR.** difficile **2** che si comprende senza fatica, sforzo o difficoltà: *lezione f.; linguaggio f.* | ***stile f.***, piano e scorrevole **SIN.** comprensibile, semplice **CONTR.** oscuro **3** che può essere ottenuto o raggiunto senza difficoltà: *ai disonesti son riservati i facili guadagni* | ***persona di f. contentatura***, che si accontenta di poco | ***metallo f. alla fusione***, che fonde con poco calore | ***far tutto f.***, crederlo per leggerezza realizzabile senza fatica **SIN.** comodo **4** affabile, trattabile: *uomo di f. carattere* | incline, propenso (**+** *a*, **anche seguito da inf.**): *f. al bere; f. alla collera, all'ira; perché gli uomini ... sono facili a ricevere e difficili a rendere* (G. Leopardi) | pronto, corrivo: *f. alle promesse* | ***avere il bicchiere, il pugno, la pistola f.***, (*pop.*) bere, azzuffarsi, sparare con facilità | poco serio: *donna f., di facili costumi* **5** probabile, possibile a verificarsi (**+** *che* **seguito da congtv.**): *è f. che nevichi* ‖ **facilménte** o †**facileménte**, **avv. 1** con facilità **2** probabilmente **B avv.** ● (*fam.*) facilmente, agevolmente: *è un tipo che parla e scrive f.* ‖ **facilétto**, **dim.** | **facilino**, **dim. C s. m. solo sing.** ● ciò che è facile

facilìșmo [da *facile* ✱ 1837] **s. m. 1** tendenza a rendere tutto troppo facile, spec. in campo pedagogico **2** (*raro*) mancanza di rigore, faciloneria

♦**facilità** o †**facilitàde**, †**facilitàte** [vc. dotta, lat. *facilitāte(m)*, da *făcilis* 'facile' ✱ av. 1419] **s. f. inv. 1** caratteristica di ciò che è facile: *f. di un'impresa; la maggiore ... f. di tradurre i medesimi effetti* (G. Galilei) **CONTR.** difficoltà **2** predisposizione, attitudine naturale a fare qlco. senza sforzo (**+** *di*; **+** *in*, **anche seguito da inf.**; **+** *a* **seguito da inf.**): *f. di parola, di penna; un tenore che dimostra una grande f. nel registro acuto; f. nello scrivere, nel fare amicizia; la loro fantasia ha gran f. di staccarsi subito da un oggetto per attaccarsi a un altro* (G. Leopardi) | ***avere f. a fare qlco.***, mostrare una notevole predisposizione per qlco.: *ha f. a imparare le lingue* | ***avere f. a***, essere portato a un determinato comportamento: *ha f. ad arrabbiarsi; ha molta f. a dimenticare le date* | ***con f.***, senza sforzo o fatica: *ho imparato con f. la lezione* **3** (*lett.*) condiscendenza, disponibilità talora corriva a fare qlco.: *la f. nel conceder confessionali et indulgenze* (P. Sarpi); *f. al perdono* **4** †benignità, affabilità

♦**facilitàre** [da *facile* ✱ av. 1460] **v. tr.** (*io facìlito*) **1** rendere più facile o agevole: *f. la digestione; f. il passaggio; f. la soluzione di un problema* **SIN.** appianare, favorire **2** concedere crediti | dilazionare: *f. i pagamenti*

†**facilitàte** ➤ **facilità**

facilitàto A part. pass. di *facilitare*; **anche agg.** ● nei sign. del v. **B s. m.** (**f.** *-a*) ● cliente di una banca cui è stato concesso un credito a breve termine per particolari motivi

facilitatóre [1848] **s. m.** (**f.** *-trice*); **anche agg.** ● chi (o che) facilita | (*raro*) chi svolge attività di sostegno a vantaggio di altri, assistendoli nell'espletamento di un compito | (*burocr.*) ***f. linguistico***, esperto nella didattica dell'italiano come seconda lingua, che assiste gli studenti stranieri che frequentano la scuola italiana

facilitazióne [1745] **s. f.** ● agevolazione, spec. di tipo economico

facility management /fa'siləti 'manadʒment, *ingl.* fə'sɪlətɪ 'mænɪdʒmənt/ [loc. ingl., propr. 'gestione (*management*) di una struttura (*facility*)' ✱ 1995] **loc. sost. m. inv.** ● (*org. az.*) gestione delle attività non produttive di un'azienda (manutenzione di edifici e impianti, ristorazione, sicurezza, ecc.)

facility manager /fa'siləti 'manadʒer, *ingl.* fə'sɪlətɪ 'mænɪdʒə(r)/ [1997] **loc. sost. m. e f. inv.** (**pl. ingl.** *facility managers*) ● (*org. az.*) funzionario responsabile del facility management

†**facìllimo** [vc. dotta, lat. *facĭllimu(m)*, superl. di *făcilis* 'facile' ✱ 1499] **agg.** ● facilissimo

facilóne [da *facile* ✱ 1906] **A s. m.** (**f.** *-a*); **anche agg.** ● detto di persona che, per superficialità e leggerezza, crede tutto facile da realizzare e non si impegna seriamente nelle cose **B agg.** ● (*colloq.*) detto di ciò che è approssimativo, semplicistico: *un discorso un po' f.*

faciloneria [1920] **s. f.** ● caratteristica di chi è facilone

†**facimàle** [comp. di †*facere* e *male* ✱ sec. XV] **s. m. e f. inv.** ● chi fa del male o provoca danni | malfattore

†**facìmolo** [da avvicinare al lat. *făcere* 'fare'. Cfr. *fattura* ✱ 1306] **s. m.** ● stregoneria, malia

facinoróso (o -**ș**-) [vc. dotta, lat. *facinorōsu(m)*, da *făcinus*, genit. *facĭnoris* 'atto colpevole', da *făcere* 'fare' ✱ 1483] **agg. e s. m.** (**f.** *-a*) ● che (o chi) è incline a fomentare disordini, a compiere atti di violenza, di ribellione ecc.: *un gruppo di facinorosi impedì lo svolgersi della cerimonia; gente facinorosa; fare stare a dovere un f.* (A. Manzoni) ‖ **facinorosaménte**, **avv.** ‖ **facinorosità**, **s. f. inv.** caratteristica di chi (o di ciò che) è turbolento, ribelle, violento ecc.

facitóre [da †*facere* ✱ sec. XIII] **s. m.** (**f.** *-trice*) **1** (*lett.*) chi fa, chi realizza | (*scherz.*) ***f. di versi***, poeta di facile vena **2** (*tosc.*) persona di fiducia che amministra beni immobili urbani per conto del padrone

facòcchio [comp. di *fa*, dal v. *fare*, e *cocchio* ✱ av. 1828] **s. m. 1** (*roman.*) chi fabbrica o aggiusta carri, carrozze e sim. **2** (*roman.*) cocchiere, vetturino: *i tassinari e i facocchi s'erano ritirati* (P.P. Pasolini)

facòcero o, etim. più corretti ma meno diffusi, **facocèro**, **facochèro** [comp. del gr. *phakós* 'lenticchia' (di etim. incerta) e *chôiros* 'porco' (prob. di orig. indeur.): detto così per le escrescenze che ha sul grugno ✱ 1828] **s. m.** ● mammifero africano dei Suidi simile al cinghiale, con pelle rugosa ricoperta da pochissime setole, grossa testa con criniera che si prolunga sul dorso e canini sporgenti e ricurvi (*Phacochoerus aethiopicus*)

fàcola o **fàcula** [lat. *făcula(m)*, dim. di *făx*, genit. *făcis* 'face' ✱ 1475] **s. f.** ● facella | (*astron.*) ***f. solare***, flocculo

♦**facoltà** o †**facultà**, †**facultàde**, †**facultàte** [vc. dotta, lat. *facultāte(m)*, da *făcilis* 'facile' ✱ av. 1292] **s. f. inv. 1** capacità, attitudine a fare o sentire qlco.: *f. creativa, di giudizio, di osservazione; f. mentali; essere in possesso delle proprie f. (mentali); f. di intendere e di volere* **2** autorità, potere, diritto: *non ho la f. di impedirti questa azione* | autorizzazione, permesso: *avremo presto la f. di recarci all'estero* **3** riferito a qlco., proprietà di produrre determinati effetti: *l'acido cloridrico ha la f. di corrodere i metalli* **4** (*dir.*) manifestazione del diritto soggettivo consistente nella possibilità di porre in essere comportamenti giuridicamente rilevanti: *f. del proprietario di disporre della cosa* **5** nel vecchio ordinamento dell'Università italiana, struttura didattica che raggruppava le materie necessarie al raggiungimento della laurea in un settore di studi, ora sostituita dal dipartimento: *f. di medicina, di lettere* | (*est.*) insieme dei docenti che vi insegnavano | (*est.*) la sede della facoltà **6** (**spec. al pl.**) ricchezza, patrimonio, bene materiale **SIN.** risorsa

SFUMATURE DI SIGNIFICATO

facoltà - attitudine - abilità

Per **facoltà** si intende la capacità, la possibilità di fare qualcosa. Diversa cosa è l'**attitudine**, che è la predisposizione naturale verso una determinata attività. Con **abilità** si sottolinea invece la particolare capacità nello svolgerla, cioè la bravura, la perizia.

facoltatìvo [da *facoltà* ✱ 1673] **agg. 1** che è lasciato alla discrezione o alla facoltà di qlcu. | ***esame, corso f.***, che lo studente può liberamente scegliere | ***fermata facoltativa***, a richiesta del viaggiatore | ***obbligazione facoltativa***, in cui il debitore adempie prestando un oggetto diverso da quello dedotto in obbligazione **CONTR.** obbligatorio **2** che concede facoltà o libertà quanto alla scelta o alla effettuazione: *disposizioni facoltative* **3** (*ling.*) detto di variante fonematica libera ‖ **facoltativaménte**, **avv.** in modo facoltativo, senza obbligo ‖ **facoltatività**, **s. f. inv.** condizione di ciò che è facoltativo: *la facoltatività di un esame, di una scelta*

facoltizzàre [1796] **v. tr.** ● (*burocr.*, *raro*) dare facoltà a qlcu. di fare qlco. **SIN.** autorizzare ‖ **facoltizzazióne**, **s. f.**

♣**facoltóso** (o -**ș**-) [da *facoltà* ✱ av. 1563] **agg.** ● che dispone di molti beni materiali: *una famiglia facoltosa* **SIN.** abbiente, danaroso, ricco ‖ **facoltosaménte**, **avv.**

façon /*fr.* fa'sɔ̃/ [vc. fr., propr. 'arte di fare', dal lat. *factiōne(m)* 'fattura'; cfr. *sans façon* ✱ 1905] **s. f. inv.** ● (*abbigliamento*) fattura, modello | ***lavorazione a f.***, quella di capi d'abbigliamento confezionati in serie su un modello base

♣**facóndia** [vc. dotta, lat. *facŭndia(m)*, da *facŭndus* 'facondo' ✱ 1308] **s. f.** ● facilità, varietà, ricchezza di parole: *sostenne con grande f. la nostra causa* **SIN.** eloquenza

♣**facóndo** [vc. dotta, lat. *facŭndu(m)*, da *fāri* 'parlare', di orig. indeur. ✱ 1308] **agg.** ● (*lett.*) dotato di facondia: *oratore, avvocato f.; sia il cortigiano, quando gli viene in proposito, f.* (B. Castiglione) | (*spreg.*) verboso ‖ **facondaménte**, **avv.**

façonneur /*fr.* fasɔ'nœʀ/ [vc. fr., da *façon* ✱ 1983] **s. m. inv.** ● (*abbigliamento*) façonnista

façonnista /fason'nista/ o **façonista** [dal fr. *façonner* 'dare a una cosa una forma particolare', da *façon* 'modo, forma' (dal lat. *factiōne(m)* 'il fare', deriv. di *făctus*, part. pass. di *făcere* 'fare') ✱ 1983] **s. m. e f.** (**pl. m.** *-i*) ● (*abbigliamento*) chi confeziona in serie abiti e altri indumenti, spec. femminili

facsìmile o **fac-sìmile**, **fassìmile** [pseudolatinismo di formazione moderna, propr. 'fa una cosa simile' ✱ 1829] **s. m.** (**pl. inv. o** *-i*) **1** riproduzione esatta di scritto, stampa, incisione, firma e sim. **2** (*fig.*) cosa o (*raro*) persona assai simile a un'altra: *quella cravatta è un f. della mia* **SIN.** copia **3** (*raro*) telefax

fàctor /'faktor, *ingl.* 'fæktə(r)/ [vc. ingl., V. *factoring* ✱ 1985] **s. m. inv.** ● agente o istituto finanziario che svolge attività di factoring

fàctoring /'faktorin(g), *ingl.* 'fæktərɪŋ/ [vc. ingl., da *factor* nel sign. di 'agente commissionario, depositario', dal fr. ant. *facteur* 'fattore' ✱ 1974] **s. m. inv.** ● (*dir.*) operazione finanziaria consistente nell'acquistare i crediti di un'azienda nei confronti di terzi, con o senza garanzia di adempimento, in cambio di uno sconto più o meno elevato

factòtum [pseudolatinismo di formazione moderna, propr. 'fa tutto' ✱ av. 1589] **s. m. e f. inv.** ● in un ufficio, una ditta e sim., chi svolge mansioni di varia natura, godendo della completa fiducia del titolare dell'ufficio o della ditta: *è diventato il f. del direttore*

fàcula ➤ **facola**

†**facultà** ➤ **facoltà**

†**facultàde** ➤ **facoltà**

†**facultàte** ➤ **facoltà**

fàder /ˈfader, *ingl.* ˈfeɪdə(r)/ [vc. ingl., dal v. *to fade* 'dissolversi' ✱ 1996] **s. m. inv.** ● (*elettron.*) dispositivo di controllo di livello di un segnale | (*est.*) accorc. di *crossfader*

†**fadìga** ➤ **fatica**

fàding /ˈfadin(g), *ingl.* ˈfeɪdɪŋ/ [vc. ingl. 'affievolimento', da *to fade* 'svanire' ✱ 1927] **s. m. inv.** ● (*elettr.*) evanescenza

†**fàdo**① [ant. fr. *fade*, dal lat. parl. **fāpidu(m)*, sovrapposizione di *fătuus* 'fatuo' a *văpidus* 'svanito' da *văpor* 'vapore' ✱ sec. XIV] **agg.** ● vano, insulso

fàdo② /*portog.* ˈfaðu, -du/ [vc. portog., dal lat. *fātu(m)* 'fato, destino' ✱ 1954] **s. m. inv.** (**pl. portog.** *fados*) ● genere musicale portoghese accompagnato dal canto, che utilizza strumenti a corda di tradizione popolare | (*est.*) il canto stesso, di intonazione nostalgica

faentìna [lat. *faventīna(m)*, da *Favĕntia* 'Faenza' ✱ 1892] **s. f.** ● ceramica fatta a Faenza o su imitazione di quelle di Faenza

faentìno [av. 1328] **A agg.** ● di Faenza **B s. m.** (**f.** *-a*) ● abitante o nativo di Faenza

faènza [dalla città di *Faenza*. V. *faentina* ✱ 1885] **s. f.** ● ceramica a impasto poroso e naturalmente colorato, dal giallo al rosso, ricoperto di uno strato di smalto

faeṣìte [dal paese di *Faè* (Belluno), dove il prodotto veniva lavorato ✱ 1936] **s. f.** ● legno sintetico ottenuto dai cascami di segheria, ridotti per macerazione in pasta e poi pressati in tavole

Fagàcee [dal lat. *fāgus* 'faggio' ✱ 1917] **s. f. pl.** (**sing.** *-a*) ● (*bot.*) famiglia di piante arboree delle Dicotiledoni con foglie intere e frutto ad achenio racchiuso o parzialmente circondato dalla cupola (*Fagaceae*) **SIN.** Cupulifere

faggéta [da *faggio* ✱ 1773] **s. f.** ● bosco di faggi **SIN.** faggeto

faggéto [av. 1470] **s. m.** ● faggeta

faggìna [da *faggio* ✱ 1875] **s. f. 1** il frutto del faggio **SIN.** faggiola **2** (*chim.*) alcaloide che si estrae dai frutti del faggio

fàggio [lat. *fāgeu(m)*, agg. di *fāgus* 'faggio', di orig. indeur. ✱ 1285] **s. m. 1** grande albero delle Cupulifere con corteccia liscia e biancastra, foglie ovate e frutti a forma triangolare (*Fagus silvatica*) **2** legno dell'albero omonimo

faggiòla [1550] **s. f.** ● faggina, nel sign. 1

-fagìa [dal gr. *-phagía*, da *phagêin* 'mangiare' (di orig. indeur.)] **secondo elemento** ● in parole composte della terminologia scientifica, significa 'mangiare', o indica tendenza, vizio di mangiare: *aerofagia, antropofagia, onicofagia*

fagianàia [da *fagiano* ✱ 1779] **s. f.** ● luogo dove si allevano fagiani

fagianèlla [da *fagiano* ✱ 1856] **s. f.** ● (*zool.*) gallina prataiola

fagiàno [lat. *phasiānu(m)*, dal gr. *phasianós* '(uccello) del Fasi', fiume della Colchide ✱ av. 1294] **s. m.** (**f.** *-a*) **1** uccello dei Galliformi con lunga coda, piumaggio dai vivaci colori nel maschio, volo pesante (*Phasianus colchicus*) | *f. alpestre*, gallo cedrone | *f. argentato*, con un vistoso ciuffo sul capo (*Gemnaeus nychtemerus*) | *f. dorato*, vistosamente colorato, con ciuffo color oro sul capo (*Chrysolophus pictus*) | *f. di monte*, simile al gallo cedrone, il maschio adulto nero, la femmina e il giovane fulvi (*Lyrurus tetrix*) **2** carne dell'omonimo animale, usata come vivanda: *f. in umido* || **fagianòtto**, **dim.**

fagiolàio [1869] **s. m.** (**f.** *-aia*, **pl. m.** *-ai*) ● (*raro*) chi mangia volentieri fagioli

fagiolàta o †**fagiuolàta** [1542] **s. f. 1** scorpacciata di fagioli **2** minestra a base di fagioli **3** (*fig.*) †balordaggine, sciocchezza

fagiolìno [1721] **s. m. 1** dim. di *fagiolo* **2** baccello di una varietà di fagiolo nano commestibile non ancora maturo

♦**fagiòlo** o (*lett.*) **fagiuòlo** [lat. *phasĕolu(m)*, dal gr. *phásēlos* 'fagiolo', di etim. incerta ✱ av. 1375] **s. m. 1** pianta annua erbacea delle Papilionacee con fiori in grappoli di color bianco, giallo o purpureo, fusto nano o rampicante, foglie composte da tre foglioline e frutto a legume (*Phaseolus vulgaris*) | *f. di Spagna*, fagiolone, fagiolo americano | *f. americano*, fagiolone | *f. cinese*, soia | *f. dall'occhio, f. con l'occhio nero*, pianta erbacea delle Papilionacee, spontanea nelle regioni tropicali afroasiatiche, coltivata per i semi commestibili simili a piccoli fagioli con ilo nero (*Vigna unguiculata*) **2** seme commestibile della pianta di fagiolo: *fagioli lessi, in insalata*; *pasta e fagioli*; *fagioli con le cotiche* | (*fig., fam.*) *andare a f.*, andare a genio | (*fig., fam.*) *capitare a f.*, arrivare al momento giusto **3** bacinella per strumenti chirurgici a forma di rene o di fagiolo **4** (*scherz.*) studente del secondo anno di una facoltà universitaria **5** (*pop.*, **spec. al pl.**) testicolo di animale, spec. di gallo || **fagiolétto**, **dim.** | **fagiolìno**, **dim.** (V.) | **fagiolóne**, **accr.** (V.)

fagiolóne [1869] **s. m. 1** accr. di *fagiolo* **2** varietà di fagiolo ornamentale dai fiori di color scarlatto (*Phaseolus coccineus*) **SIN.** fagiolo americano, fagiolo di Spagna

fagiuòlo e deriv. ➤ **fagiolo** e deriv.

†**fàglia**① [provenz. *falha*, dal lat. *făllere* 'ingannare' ✱ sec. XIII] **s. f.** ● fallo, errore, mancanza | *senza f.*, certamente

fàglia② [fr. *faille*, vc. del dial. vallone, del linguaggio dei minatori: deriv. di *faillir* 'mancare, far difetto' ✱ 1881] **s. f.** ● (*geol.*) frattura di un complesso roccioso, accompagnata dallo spostamento relativo delle due parti separate | *f. diretta*, causata da una distensione delle rocce | *f. inversa*, dovuta a compressione, in cui il movimento tende a sovrapporre le parti fagliate | *f. trasforme*, frattura che attraversa tutta la litosfera, dove due zolle scivolano l'una accanto all'altra **SIN.** paraclasi

fàglia③ [fr. *faille*, in orig. 'velo, copricapo (delle donne fiamminghe)', di etim. incerta ✱ 1547] **s. f.** ● tessuto di seta, con armatura derivata dalla tela, per lo più nero, a coste fortemente rilevate

fagliàre ➤ **sfagliare**

fàglio ➤ **sfaglio**

fàgo [riduzione di (*batterio*)*fago* ✱ 1956] **s. m.** (**pl.** *-gi*) ● (*biol.*) batteriofago

fàgo-, -fago [dal gr. *-phagos* 'mangiatore', da *phagêin* 'mangiare' (V. *-fagia*)] **primo e secondo elemento** ● in parole composte della terminologia scientifica, significa 'che mangia': *fagocita, antropofago*

fagocìta o **fagocìto** [comp. di *fago-* e *-cito* (o *-cita*) ✱ 1908] **s. m.** (**pl.** *-i*) ● (*biol.*) cellula capace di assumere dall'ambiente nel proprio citoplasma particelle di natura biologica o inorganica; nell'uomo e nei Mammiferi rappresenta un dispositivo difensivo contro le infezioni microbiche

fagocitàre [da *fagocita* ✱ 1950] **v. tr.** (*io fagòcito* o *fagocìto*) **1** (*biol.*) assorbire per fagocitosi **2** (*fig.*) assorbire, incorporare, accaparrarsi: *l'Impero romano fagocitò i reami dell'Asia minore*

fagocitàrio [1932] **agg.** ● (*biol.*) relativo ai fagociti o alla fagocitosi

fagocitazióne [1968] **s. f.** ● il fagocitare (*spec. fig.*)

fagocìto ➤ **fagocita**

fagocitòṣi [da *fagocita* ✱ 1899] **s. f. inv.** ● (*biol.*) meccanismo con cui una cellula ingerisce particelle estranee o microbi mediante l'emissione di processi citoplasmatici che circondano tali corpuscoli

fagopirìṣmo [1951] **s. m.** ● malattia cutanea eruttiva che colpisce equini, suini e ruminanti determinata da abnorme sensibilità cutanea legata all'ingestione di fagopiro

fagopìro [comp. del lat. *fāgus* 'faggio' e del gr. *pyrós* 'frumento' ✱ 1779] **s. m.** ● (*bot.*) grano saraceno

fagostàtico [comp. di *fago-* e *-statico* ✱ 1983] **agg.** (**pl. m.** *-ci*) ● (*biol.*) detto di sostanza, presente in natura o usata nella lotta biologica agli organismi nocivi, gener. insetti, che inibisce il comportamento di nutrizione inducendo gli organismi stessi a non alimentarsi, provocando così, indirettamente, la loro morte per inedia

fagottàro [da *fagotto*① ✱ 1965] **A s. m.** (**f.** *-a*); **anche agg.** ● (*roman.*) detto di chi, durante un'escursione spec. al mare, consuma un pasto con viveri portati da casa **B agg.** ● relativo a tale modalità di consumare un pasto: *feste fagottare*

fagottìno [1826] **s. m. 1** dim. di *fagotto* **2** (*cucina*) preparazione gastronomica costituita da un ritaglio di pasta di forma quadrata o circolare, ripieno in vario modo e richiuso unendo i lembi verso l'alto

fagottìsta [da *fagotto*② ✱ 1834] **s. m. e f.** (**pl. m.** *-i*) ● suonatore di fagotto

fagòtto① [fr. *fagot*, di etim. incerta ✱ 1505] **s. m. 1** involto di roba fatto alla meglio: *l'ho incontrato al mercato carico di fagotti*; *dare alla lavandaia il f. della biancheria* | *far f.*, (*fig.*) andarsene in modo frettoloso da un posto, sloggiare **2** (*fig.*) persona che si comporta e si veste in modo goffo e impacciato || **fagottèllo**, **dim.** | **fagottìno**, **dim.** (V.) | **fagottóne**, **accr.**

fagòtto② [etim. incerta; forse da *fagotto*①, per il mantice che lo strumento aveva in orig. ✱ 1585] **s. m. 1** strumento musicale a fiato, della famiglia dei legni, ad ancia doppia con lunga canna e beccuccio ripiegato a collo d'oca **2** (*est.*) orchestrale che suona detto strumento

Fahrenheit /ˈfarenait, *ted.* ˈfaːʀn,haet/ [dal n. del fisico G. D. *Fahrenheit* (1686-1736), che la ideò ✱ 1892] **agg. inv.** ● (*fis.*) detto di scala termometrica, utilizzata spec. negli Stati Uniti, che attribuisce valore 32 alla temperatura del ghiaccio fondente e valore 212 a quella dell'acqua bollente alla pressione di 1 atmosfera | *grado F.*, grado relativo a detta scala **SIMB.** °F | *termometro F.*, quello con scala Fahrenheit **CFR.** scala

fài ➤ **fare**①

fàida [longob. *faihida* 'diritto alla vendetta privata', vc. germ. ✱ av. 1750] **s. f. 1** presso gli antichi popoli germanici, il diritto dei familiari di un ucciso di vendicarne la morte sull'uccisore stesso o sui suoi familiari **2** lotta fra gruppi privati, spec. a scopo di vendetta

fai da te /faidaˈte*/ o **faidaté** [calco sull'ingl. *do-it-yourself* ✱ 1974] **A loc. sost. m. inv.** ● il fare da sé piccoli lavori o piccole riparazioni, spec. nell'ambito domestico, senza ricorrere all'aiuto di artigiani od operai specializzati: *il manuale del fai da te*; (*anche fig.*) *il fai da te pensionistico* **B anche loc. agg. inv.**: *turisti fai da te*; *idraulico fai da te*

faille /*fr.* faj/ [1913] **s. f. inv.** ● faglia③

faìna [lat. parl. **fagīna(m)* '(martora) dei faggi' da *fāgus* 'faggio', prob. attrav. il fr. ant. *faïne* ✱ 1282] **s. f. 1** carnivoro dei Mustelidi presente in Europa e in alcune regioni dell'Asia dalla pelliccia di colore bruno scuro, con una macchia bianca sul petto, agile predatore spec. di volatili (*Martes foina*) **2** pelliccia pregiata fornita dall'animale omonimo **3** (*fig.*) persona dal volto aguzzo | persona maligna, scaltra, avida

fainésco [av. 1956] **agg.** (**pl. m.** *-schi*) ● da faina: *muso f.* | (*fig.*) scaltro, infido, maligno ‖ **fainescaménte**, **avv.** in modo fainesco (*spec. fig.*)

fair play /fer'plei, *ingl.* 'fɛə,pleɪ/ [loc. ingl., propr. 'gioco (*play*) leale (*fair*, propr. 'giusto')', l'uno e l'altro di vasta area germ. ✱1828] **loc. sost. m. inv.** ● comportamento corretto e leale, capacità di trattare gli altri nel modo dovuto

fair vàlue /fer'valju, *ingl.* ˌfeə(r)'væljuː/ [loc. ingl., comp. di *fair* 'equo' e di *value* 'valore' ✱1994] **loc. sost. m. inv.** (**pl. ingl.** *fair values*) ● (*econ.*) valore equo di uno strumento finanziario che viene calcolato sulla base di un modello probabilistico, indipendentemente dalle fluttuazioni di mercato

fairway /fer'wei, *ingl.* 'fɛə,weɪ/ [vc. ingl., propr. 'cammino (*way*) favorevole (*fair*)' ✱1989] **s. m. inv.** ● (*sport*) nel golf, parte del percorso ben rasata compresa tra il tee di partenza e il green di ogni buca

fake /*ingl.* feɪk/ [vc. ingl., propr. 'falso', 'contraffatto' ✱1998] **A s. m. inv.; anche agg. inv.** ● (*gerg.*) in Internet, detto di sito o documento falso, contraffatto **B s. m. e f. inv.** ● (*gerg.*) utente di Internet che falsifica la propria identità

fàla [lat. *fāla(m)*, di orig. etrusca ✱1821] **s. f.** ● torre di legno per scagliare dardi usata anticamente in assedi o combattimenti del circo

fa la /fal'la*/ [dalle sillabe *fa* e *la* ripetute nel ritornello ✱1834] **loc. sost. m. inv.** ● canto semplice e grazioso della fine del sec. XVI con ritornello costituito dalle sillabe *fa la fa la* ripetute tante volte quante richieste dal canto o dal verso

falàfel /fa'lafel, *arabo* fæ'laːfil/ o **felàfel** /fe'lafel, *arabo* fæ'laːfil/ [dall'arabo *falāfil* ✱1989] **s. m. inv.** (**sing. arabo** *falfala*) ● (*cucina*) polpettina di fave o ceci con prezzemolo, cipolla, aglio e spezie, tipica della cucina araba

falànga [dal gr. *phálanx*, genit. *phálangos*, 'pezzo di legno cilindrico', di orig. indeur. ✱av. 1796] **s. f.** ● (*mar.*) tavola o rullo spalmati di cera usati per portare in secco barche di legno

falànge ① [vc. dotta, lat. *phalănge(m)*, dal gr. *phálanx*, propr. 'trave, tronco d'albero', di orig. indeur. ✱av. 1292] **s. f.** **1** nell'antica Grecia, particolare formazione di fanteria schierata in battaglia, costituita da una massa compatta e rigida di soldati armati di lunghe lance (dette 'sarisse') | ***f. macedone***, quella perfezionata da Alessandro Magno e da lui impiegata per la conquista dell'Asia | (*est.*) qualunque schiera massiccia **2** (*fig.*) moltitudine di gente: *una f. di creditori, di studiosi* **SIN.** schiera **3** partito spagnolo di ideologia fascista, fondato da Primo de Rivera nel 1933 e riorganizzato dal generale Franco nel 1937 | partito politico paramilitare dell'estrema destra cristiano-maronita, in Libano

falànge ② [gr. *phálanx*, genit. *phálangos*, per la disposizione delle ossa che ricorda una falange militare ✱1681] **s. f.** ● (*anat.*) ciascuno dei segmenti delle dita delle mani e dei piedi ‖ **falangétta**, **dim.** (V.) | **falangina**, **dim.** (V.)

falangétta [propr. dim. di *falange*② ✱1829] **s. f.** ● (*anat.*) falange terminale del dito che porta l'unghia

Falanghina [vc. napol., prob. dal lat. *phalănga(m)* 'palo' per sostenere la vite ✱1615] **s. f. o m. inv.** ● vino bianco di color giallo paglierino, profumo fruttato e sapore fresco e armonico prodotto in Campania dal vitigno omonimo: *F. del Sannio*

falangìna [propr. dim. di *falange*② ✱1828] **s. f.** ● (*anat.*) seconda falange del dito

falàngio [dal lat. scient. *Phalangĭum*, dal gr. *phalángion* 'tarantola', poiché si riteneva che neutralizzasse il morso delle tarantole ✱1561] **s. m.** ● (*bot.*) nastrino

falangìsmo [da *falange*① ✱1939] **s. m.** ● movimento politico promosso in Spagna dalla Falange

falangìsta ① [1936] **agg. e s. m. e f.** (**pl. m.** *-i*) **1** aderente, pertinente alla Falange spagnola e al falangismo **2** aderente, pertinente alla Falange libanese

falangìsta ② [dalla forma caratteristica della *falange* delle dita dei piedi ✱1834] **s. m.** (**pl.** *-i*) ● genere di Marsupiali di piccole dimensioni, con folta pelliccia, coda prensile e ripiegatura laterale della pelle che funge da paracadute (*Trichosurus*)

falangìte [vc. dotta, lat. *phalangītae*, nom. pl., dal gr. *phalangítai*, da *phálanx*, genit. *phálangos* 'falange①' ✱sec. XIV] **s. m.** ● soldato della falange

falangìtico [vc. dotta, gr. *phalangitikós*, da *phálanx*, genit. *phálangos* 'falange①' ✱1968] **agg.** (**pl. m.** *-ci*) ● detto dell'ordinamento tattico dell'antica falange

falanstèrio o **falanstèro** [fr. *phalanstère*, comp. di *phalange* 'falange, gruppo di persone' e il suff. *-stère*, ricavato da *monastère* 'monastero' ✱1848] **s. m.** **1** edificio che avrebbe dovuto ospitare una collettività di 1600 persone, ordinata secondo principi socialisti, nell'utopistico 'regno dell'armonia' teorizzato da Ch. Fourier (1772-1837) **2** (*est.*) grosso caseggiato popolare

falàrica [vc. dotta, lat. tardo *falārica(m)*, da *fāla* 'fala' ✱av. 1292] **s. f.** ● pesante giavellotto in uso spec. presso gli antichi Romani che, provvisto all'estremità di stoppa intrisa di pece, zolfo ed olio incendiari, si scagliava tra i nemici a mano o mediante una macchina da guerra

falascià [adattamento it. dell'amarico *falasha* 'straniero' ✱1892] **s. m. e f. inv.** ● appartenente alla comunità degli Ebrei neri d'Etiopia: *l'esodo dei f. verso Israele*

falàsco [vc. di etim. incerta, prob. di orig. mediterr. ✱1492] **s. m.** (**pl.** *-schi*) ● genere di piante erbacee delle Ciperacee usate per impagliare seggiole, intrecciare sporte e stuoie e costruire capanni da caccia (*Carex*)

falbalà ▸ **falpalà**

fàlbo [provenz. *falb*, di orig. germ. ✱av. 1557] **agg.** ● (*lett.*) di colore giallo scuro: *bei segugi falbi e maculati* (G. D'Annunzio)

fàlca [gr. *phálkēs* 'costa di nave' ✱av. 1557] **s. f.** ● (*mar.*; *disus.*) piccola tavola ad arco usata per rialzare i fianchi delle imbarcazioni in caso di mare grosso, evitando così di imbarcare acqua

†**falcàre** [lat. parl. **falcāre*, da *falcātus* 'armato di falce, a forma di falce' ✱1319] **v. tr.** **1** piegare a forma di falce | (*assol.*) riferito al cavallo, fare una falcata **2** escludere **3** armare di falce | falciare

falcàstro [vc. dotta, lat. tardo *falcāstru(m)*, da *fălx*, genit. *fălcis* 'falce' ✱sec. XIV] **s. m.** ● antica arma in asta, con spuntoni laterali, simile a una falce, impiegata per l'armamento dei carri o dalla fanteria contro i guerrieri a cavallo

falcàta [da *falcare* ✱1696] **s. f.** **1** in equitazione, ciclo completo di battute a terra degli arti del cavallo, calcolata fra due impronte successive di uno stesso arto anteriore **2** nel podismo, l'azione e la misura dello spostamento di una gamba da un contatto col terreno a quello successivo | (*est.*) andatura dell'atleta in corsa | ***a grandi falcate***, a passi lunghi e veloci **3** rapido abbassarsi del falco, a piombo sulla preda | rapida virata sulle ali effettuata da un uccello

falcàto [lat. *falcātu(m)*, da *fălx*, genit. *fălcis* 'falce' ✱av. 1292] **agg.** **1** che ha forma simile a quella di una falce | ***Luna falcata***, che presenta illuminata solo una parte, sottile come una falce | ***ordinanza falcata***, schieramento usato dagli eserciti dell'antichità, a fronte arcuato, con la concavità rivolta verso il nemico **2** munito di falce | ***carro f.***, carro da guerra dell'antichità, armato di falci o falcastri sul timone, ai fianchi e ai mozzi delle ruote

falcatùra [da *falcare* ✱1499] **s. f.** **1** figura falcata: *la f. della luna* **2** curvatura graduale progressiva di qlco.

fàlce o †**fàlcia** [lat. *fălce(m)*, di orig. preindeur. ✱av. 1292] **s. f.** **1** attrezzo per tagliare a mano cereali ed erbe, fornito di un corto manico e di una lama di acciaio stretta e molto arcuata con costola di rinforzo | ***f. fienaia***, falce a manico lungo, con una o due impugnature e lama larga e lunga dall'estremità appuntita, per il taglio manuale dei foraggi | ***f. messoria***, falciola | †***il grano è alla f.***, è quasi maturo per essere falciato | ***f. e martello***, simbolo dei partiti di sinistra di ispirazione marxista **2** falce agricola inastata e trasformata in arma **3** (*est.*) qualunque oggetto che abbia la forma di una falce | ***f. di luna***, piccola parte illuminata nella luna crescente o calante | (*anat.*) ***f. del cervello, del cervelletto***, piega della duramadre che si insinua fra gli emisferi di questi organi ‖ **falcétta**, **dim.** | **falcétto**, **dim. m.** (V.) | **falcino**, **dim. m.** | **falciòla**, **dim.** (V.) | **falcióne**, **accr. m.** (V.)

falcemìa [comp. di *falc(e)* ed *-emia* ✱1956] **s. f.** ● (*med.*) drepanocitosi

falcétto [1716] **s. m.** **1** dim. di *falce* **2** tipo di falce con lama molto curvata e corto manico di legno usata per tagliare piccoli rami, siepi e sim. | coltello di diverse dimensioni per potare rami non molto grossi e ripassare la superficie di taglio per renderla liscia **SIN.** falciola, potatoio

falchétta [da *falca* ✱1846] **s. f.** ● (*mar.*) bordo superiore dello scafo nelle imbarcazioni, dove sono ricavate le scalmiere per i remi | nelle moderne imbarcazioni, profilo gener. metallico che orla la coperta per evitare che persone o cose scivolino fuori bordo

falchétto [1622] **s. m.** **1** dim. di *falco* **2** (*zool.*) gheppio

†**fàlcia** ▸ **falce**

falciacaricatrìce [comp. di *falcia(trice)* e il f. di *caricatore* ✱sec. XX] **s. f.** ● macchina agricola che taglia le erbe da foraggio e le carica su un rimorchio

falciaménto [1956] **s. m.** ● (*raro*) il falciare | (*milit.*) ***tiro di f.***, tiro falciante

falciànte **part. pres.** di *falciare*; **anche agg.** **1** nei sign. del v. **2** ***tiro f.***, specie di tiro proprio della mitragliatrice, ottenuto con movimento continuo dell'arma in senso orizzontale, così da battere un intero settore d'azione

falciàre [da *falce* ✱av. 1463] **v. tr.** (**pres.** *io fàlcio*; **fut.** *io falcerò*) **1** tagliare con la falce: *f. l'erba, il grano* | (*fig.*) mietere vittime: *l'epidemia ha falciato molte vite umane* **SIN.** recidere **2** nel calcio, far cadere volontariamente, con uno sgambetto, un avversario in corsa **3** abbattere nemici con tiro falciante di mitragliatrice

falciàta [av. 1566] **s. f.** **1** il falciare | colpo di falce: *dare una f. al fieno* **2** quantità falciata in una sola volta: *una f. d'erbacce*

falciatóre [da *falciare* ✱av. 1449] **s. m.** (**f.** *-trice*, *pop.*, *disus.* *-tóra*); **anche agg.** ● chi (o che) falcia erba e fieno | guidatore di una fal-

ciatrice
falciatrìce [da *falciare* ✱1892] **s. f. 1** macchina per il taglio dei foraggi a mezzo della barra falciante **2** (*lett.*) ***la F.***, (*per anton.*) la morte
falciatùra [1865] **s. f.** ● operazione, lavoro del falciare erbe e grano | il periodo di tempo in cui ciò avviene **SIN.** taglio
✦**falcìdia** [vc. dotta, lat. *quărta(m) Falcĭdia(m)* 'la quarta parte di eredità' detta così dal n. del tribuno della plebe C. *Falcĭdius* che propose questa legge ✱av. 1419] **s. f. 1** nel diritto romano, legge limitatrice dei legati che riserva all'erede un quarto dell'eredità **2** (*fig.*) detrazione, tara: *i debiti hanno operato una vera f. sulle sue sostanze* | †***fare la f.***, falcidiare **3** (*est.*) strage, sterminio (*anche fig.*): *l'epidemia ha provocato una f. di animali*; *una f. di concorrenti, di esaminandi*
✦**falcidiàre** [da *falcidia* ✱1812] **v. tr.** (*io falcìdio*) ● decimare, ridurre drasticamente (*anche fig.*): *i nemici furono falcidiati dai tiri delle mitragliatrici*; *le continue spese falcidiarono il suo stipendio*
falcìfero [vc. dotta, lat. *falcĭferu(m)*, comp. di *fălx*, genit. *fălcis* 'falce' e *fĕrre* 'portare' ✱1499] **agg.** ● (*lett.*) armato o portatore di falce | ***il dio f.***, Saturno
falcifórme [comp. di *falce* e *-forme* ✱1834] **agg.** ● che ha forma di falce
falciglióne [da *falce*, per la forma del becco ✱1874] **s. m.** ● (*zool., centr.*) beccaccino
falciòla [1821] **s. f. 1** dim. di *falce* **2** piccola falce per mietere a mano cereali ed erba in genere, con tagliente a lembo continuo o seghettato **SIN.** falcetto
falcióne [av. 1363] **s. m. 1** accr. di *falce* **2** in una seminatrice meccanica, lama destinata ad aprire il solco in cui sarà deposto il seme | grosso coltello a tagliante ricurvo usato per triturare il foraggio **3** arma in asta con lungo ferro a forma di coltellaccio, ordinaria nelle milizie a piedi degli antichi comuni italiani | specie di daga con lama falcata in punta
♦**fàlco** [lat. tardo *fălco*, nom., da avvicinare a *fălx*, genit. *fălcis* 'falce', per la forma del becco; nel sign. 3, calco sull'anglo-amer. *hawk* ✱sec. XIII] **s. m.** (**pl.** *-chi*) **1** uccello dei Falconiformi predatore diurno, con robusto becco ricurvo e possenti unghie (*Falco*) **CFR.** stridere | ***f. pescatore***, rapace diurno che pesca non solo in superficie ma anche tuffandosi in profondità (*Pandion haliaëtus*) | ***f. pellegrino***, rapace migratore, che cattura la preda quasi sempre in volo (*Falco peregrinus*) | ***f. della regina***, rapace che, in Italia, è stazionario nel sud della Sardegna e nelle isole vicine (*Falco eleonorae*) | ***f. pecchiaiolo***, uccello dei Falconiformi adattato a una dieta insettivora, composta prevalentemente da api (*Pernis apivorus*) | ***occhio di f.***, vista acutissima | (*lett.*) ***occhi di f.***, (*fig.*) dallo sguardo vivo e penetrante **2** (*fig.*) persona d'indole fiera e d'intelligenza sveglia | persona rapace, astuta, capace di tendere insidie **3** (*fig.*) sostenitore di una linea intransigente e aggressiva nelle controversie di politica internazionale o (*est.*) in una situazione di scontro, di contrapposizione **CONTR.** colomba **4** agente di polizia che svolge attività di repressione dei crimini, pattugliando le strade in abiti borghesi con motociclette all'apparenza private ‖ **falcàccio**, **pegg.** | **falchétto**, **dim.** (V.)
falconàra [da *falcone* ✱sec. XVI] **s. f. 1** luogo dove si allevano i falconi **2** (*milit.*) †falconiera
†**falconàre** [da *falcone* ✱av. 1367] **v. intr.** ● andare a caccia col falcone
falcóne [lat. tardo *falcōne(m)*. V. *falco* ✱1282] **s. m. 1** falco, spec. quello di grosse dimensioni usato per la caccia: *f. di Tunisi* | †***andare a f.***, falconare | †***gettare il f.***, (*fig.*) cercare di attrarre qlcu. **2** anticamente, il più piccolo dei cannoni, da 6 a 7 libbre di palla **3** (*mar.*) †caposaldo di argano, ormeggi e sim. ‖ **falconcèllo**, **dim.** | **falconétto**, **dim.** (V.)
falconerìa [da *falcone* ✱av. 1684] **s. f.** ● tecnica usata nel Medioevo, e che ancora sopravvive in alcuni Paesi, di cacciare uccelli e quadrupedi con l'ausilio di falchi ammaestrati
falconétto [sec. XV] **s. m. 1** dim. di *falcone* **2** il più piccolo pezzo di artiglieria del genere colubrina, da 3 a 4 libbre di palla
falconièra [da *falcone* ✱av. 1548] **s. f.** ● feritoia nelle mura delle antiche opere fortificate per il tiro delle artiglierie di piccolo calibro **SIN.** falconara
falconière [da *falcone* ✱sec. XIII] **s. m. 1** colui che era addetto all'ammaestramento e alla custodia dei falconi da caccia **2** (*arald.*) titolo dell'ufficiale di corte preposto all'allevamento dei falconi e alla direzione delle cacce
Falconifórmi [comp. di *falcone* e il pl. di *-forme* ✱1968] **s. m. pl.** (**sing.** *-e*) ● (*zool.*) ordine di Uccelli predatori, carnivori, con becco robusto uncinato e piedi con forti artigli
fàlda [got. **falda* 'piega di una veste' ✱av. 1304] **s. f. 1** strato largo e sottile che può sovrapporsi ad altri: *f. di ghiaccio, di pasta sfoglia*; *lana, cotone in falde* | ***nevica a larghe falde***, con grossi fiocchi **2** lamina, scaglia, strato di pietre o metalli: *f. di piombo, di sasso* | ***f. del tetto***, ciascuna delle superfici piane e inclinate che lo compongono | (*geol.*) ***f. di ricoprimento, tettonica, di carreggiamento***, vasto complesso di rocce che, nel sollevamento o nel corrugamento di una catena montuosa, hanno subìto una forte traslazione orizzontale ricoprendo un'area diversa della catena | ***f. freatica***, nella quale l'acqua filtra liberamente attraverso la roccia permeabile e può essere raggiunta con pozzi ordinari | ***f. acquifera, idrica***, complesso delle acque che imbevono uno strato sotterraneo di rocce permeabili | ***f. artesiana***, nella quale l'acqua filtra sotto pressione attraverso rocce permeabili ricoperte da strati di rocce impermeabili **3** parte del soprabito dalla cintura in giù: *le falde della marsina* | (*disus.*) ***essere in falde***, in abito da cerimonia | lembo di veste | (*disus.*) ***attaccarsi alle falde di qlcu.***, (*fig.*) stargli sempre intorno per avere un favore | †***a f. a f.***, un fiocco dopo l'altro; parte dopo parte **4** veste di seta bianca, con lunga coda a strascico che il Papa indossa durante le funzioni sacre pontificali **5** parte inferiore della corazza a lamine snodate per proteggere il ventre (panciera) o le reni (guardareni) **6** (*geogr.*, **spec. al pl.**) pendice di un monte: *le falde del Monte Bianco* **7** tesa del cappello **8** carne attaccata alla lombata e alla coscia dei bovini **9** (**al pl.**, *tosc.*) dande **10** †sopravveste **11** †tasca ‖ **faldèlla**, **dim.** (V.) | **faldétta**, **dim.** | **faldina**, **dim.** | **faldóne**, **accr. m.** (V.)
faldàre [da *falda* ✱1585] **v. tr.** ● (*miniere*) tagliare pietre o minerali secondo le falde o strati
faldàto **part. pass.** di *faldare*; anche **agg. 1** (*miniere*) fatto a falde, che si presenta a falde **2** †provvisto di falde: *abito f.*
faldèlla [1310] **s. f. 1** dim. di *falda* | strato, striscia sottile **2** †pezzuola di garza o cotone usata un tempo per medicazioni **3** (*tess.*) †piccola quantità di lana, il cui peso, non superiore alle 10 libbre, era determinato prima che venisse unta per la pettinatura **4** (*tess.*) cardato di cotone, per imbottiture
faldìglia [sp. *faldilla*, dim. di *falda* 'falda' ✱1516] **s. f.** ● guardinfante, crinolina
faldistòrio o **faldistòro** [lat. mediev. *faldistoriu(m)*, dal francone *faldistôl* 'sedia pieghevole', attrav. il fr. ant. *faldestoel* ✱av. 1513] **s. m.** ● sedia a braccioli, senza spalliera, con cuscino e inginocchiatoio, usata dal Papa e dai vescovi in alcune funzioni sacre
faldóne [accr. di *falda* ✱1986] **s. m.** ● (*burocr.*) cartella per raccogliere documenti | (*est.*) i documenti stessi
faldóso (o -ṣ-) [da *falda* ✱1499] **agg. 1** che presenta falde, strati: *roccia faldosa* **2** (*raro*) che si sfalda
falecèo o **falècio**, **falèucio**, **falèuco** [vc. dotta, lat. tardo *Phalaēciu(m)*, dal gr. *Phaláikeion*, chiamato così dal poeta gr. *Faleco* che lo inventò ✱1546] **s. m.** ● verso greco e latino di undici sillabe
♦**falegnàme** [comp. di *fa(re)* 'lavorare' e *legname* ✱sec. XIV] **s. m. e f.** ● artigiano che lavora il legno | ***martello da f.***, con la bocca quadra e la penna biforcuta
falegnamerìa [1921] **s. f. 1** tecnica, mestiere del falegname **2** laboratorio del falegname
falèna (o -é-) [vc. dotta, gr. *phálaina* 'piccola farfalla notturna' (accostata, ma senza chiaro legame semantico, a *phállaina* 'balena', la quale, a sua volta, va ricondotta a *phallós* 'fallo②': per la forma del corpo) ✱av. 1730] **s. f. 1** lepidottero dei Geometridi le cui femmine depongono le uova su vari alberi, in autunno, così che le larve divorano i germogli in primavera (*Operophtera brumata*) | qualunque farfalla crepuscolare o notturna che è attratta dalla luce **2** (*fig.*) prostituta, passeggiatrice notturna; (*est.*) donna leggera
fàlera [vc. dotta, lat. *phălerae*, nom. pl. f., dal gr. *phálara*, nt. pl., di orig. indeur. ✱1476] **s. f. 1** medaglia d'oro assegnata come premio ai soldati dell'antica Roma e da appendersi al petto **2** correntemente, borchia metallica, spec. usata per ornamento nei finimenti dei cavalli
faleràto [vc. dotta, lat. *phalerātu(m)*, da *phălerae* 'falera' ✱av. 1492] **agg.** ● (*lett., raro*) ornato di falere
Falèrno [vc. dotta, lat. *falĕrnu(m)*, dal n. del territorio in cui si produceva questo vino ✱1508] **s. m.** ● vino noto fin dall'antichità, bianco o rosso, asciutto, prodotto nella zona dei Campi Flegrei (Napoli) e nel Lazio con varie uve locali tra cui l'Aglianico
falèṣia o **falèṣa** [fr. *falaise*, vc. normanno-piccarda, dal francone **falisa* ✱1925] **s. f.** ● costa con ripide pareti rocciose a strapiombo sul mare
falèucio ➤ **faleceo**
falèuco ➤ **faleceo**
falìsco [vc. dotta, lat. *Falĭscu(m)* ✱av. 1367] **A agg. e s. m.** (**f.** *-a*; **pl. m.** *-sci*) **1** appartenente a un'antica popolazione italica dell'Etruria meridionale **2** che (o chi) è nato o abita a Montefiascone **B s. m. solo sing.** ● dialetto parlato dagli antichi Falisci
fàlla [da *fallare* ✱1612] **s. f. 1** squarcio, fenditura e sim. nella carena di una nave, in un serbatoio, in un argine e sim., da cui penetrano o fuoriescono le acque **2** (*fig.*) punto di dispersione che è causa di danno: *non riuscirà a tamponare tutte le falle del suo patrimonio* **3** (*milit.*) interruzione della linea difensiva attraverso cui è facile al nemico infiltrarsi e rompere lo schieramento **SIN.** breccia **4** (*fig.*) †errore, mancanza
†**fallàbile** [av. 1348] **agg.** ● che può fallare
fallàccio [1965] **s. m. 1** pegg. di *fallo①* **2** (*sport, gerg.*) fallo vistoso e intenzionale contro un avversario
✦**fallàce** [vc. dotta, lat. *fallāce(m)*, da *fallĕre*. V. *fallire* ✱1268] **agg. 1** (*spec. lett.*) che trae o può trarre in inganno: *indizio, segno, argo-*

a b c d e f g h i j k l m n o p q r s t u v w x y z

mentazione f. | che è frutto di false illusioni o non corrisponde alle aspettative: *speranza f.*; *promesse fallaci* SIN. illusorio, ingannevole | incerto: *o vita nostra debole e f.!* (L. PULCI) | †spergiuro, menzognero **2** (*est.*) di colore, che non regge: *il giallo oro è un colore f.* **3** †deperibile, detto spec. di frutta ‖ **fallacemènte**, avv. (*raro*) in modo fallace

Fallàcee [da *fall(o)* con il suff. *-acee* ✱ 1987] **s. f. pl. (sing. *-a*)** ● (*bot.*) famiglia di Funghi dei Basidiomiceti con corpo fruttifero a gambo allungato e cappello ovoidale di odore fetido (*Phallaceae*)

♣**fallàcia** [vc. dotta, lat. *fallācia(m)*, da *fāllax*, genit. *fallācis* 'fallace' ✱ 1261 ca.] **s. f. (pl. *-cie*)** **1** (*lett.*) caratteristica di ciò che è fallace: *f. di una prova, di una dimostrazione* SIN. falsità | (*est., lett.*) inganno: *teneano la menzogna e la f. ferma contra la veritade* (B. LATINI) CONTR. veracità **2** †sofisma, ragionamento falso o complicato

fallànza [provenz. *falhansa*, dal lat. *fāllere* 'fallare' ✱ 1235] **s. f. 1** (*bot.*) fallimento, esito negativo di qlco.: *f. di un incrocio botanico* **2** †errore, fallo, colpa: *come donna onesta che permane / di sé secura, e per l'altrui f., / ..., timida si fane* (DANTE *Par.* XXVII, 31-33) | *fare f.*, mancare, errare **3** (*fig.*) †doppiezza, falsità | †tradimento, inganno

fallàre [lat. tardo *fallāre*, per il classico *fāllere*. V. *fallire* ✱ av. 1250] **A** v. intr. (aus. *avere*) **1** (*lett.*) commettere un errore, un fallo, un peccato: *ma nell'ultima bolgia ... / me ... / dannò Minòs, a cui fallar non lece* (DANTE *Inf.* XXIX, 118-120) | PROV. ***chi non fa non falla***, solo chi non fa nulla non sbaglia **2** (*lett.*) mancare, venir meno: *il pagan vuole entrar, ma il piè gli falla* (L. ARIOSTO); (*scherz.*) *se non mi falla la memoria* **3** (*bot.*) non germinare, spec. riferito a semi di piante **B** v. tr. **1** †trasgredire, violare **2** (*raro*) sbagliare: *f. il colpo*; *salvata rima e sentenze fallando* (C. DAVANZATI) **C** **fallàrsi** v. intr. pron. ● †commettere peccato

fallàto part. pass. di *fallare*; anche agg. **1** nei sign. del v. **2** che presenta un difetto di fabbricazione: *un tessuto, un cristallo f.*

fallènte part. pres. di *fallire*; †anche agg. e s. m. ● che sbaglia | †che induce in errore | peccatore

†**fallènza** [provenz. *falhensa*, dal lat. *fāllere* 'fallare' ✱ sec. XII] **s. f. 1** errore, colpa: *il nostro imperadore / che ti dovea punir di tua f.* (L. PULCI) | sbaglio, svista **2** eccezione

fallìbile [dal lat. *fāllere* 'fallare' ✱ av. 1328] **agg. 1** che è soggetto a errare: *tutti gli uomini sono fallibili* CONTR. infallibile **2** (*lett.*) dubbio, incerto **3** †fallace ‖ **fallibilità** o †**fallibilitàde**, †**fallibilitàte**, s. f.

fallibilìșmo [da *fallibil(e)* col suff. *-ismo* ✱ 1987] **s. m.** ● teoria epistemologica di Charles S. Peirce (1839-1914), secondo la quale nessuna conoscenza scientifica è mai assoluta, ma contiene sempre elementi di incertezza e indeterminazione

fallibilista [1974] **A** agg. (pl. m. *-i*) ● relativo a fallibilismo **B** agg. e s. m. e f. ● esponente o sostenitore del fallibilismo

fàllico [vc. dotta, lat. tardo *phăllicu(m)*, dal gr. *phallikós*, da *phallós* 'fallo②' ✱ 1549] **agg. (pl. m. *-ci*)** ● relativo al fallo: *simbologia fallica* | di Priapo | ***versi fallici***, in onore di Priapo | (*psicoan.*) ***fase fallica***, la terza fase dello sviluppo psicosessuale, corrispondente alla fase edipica, in cui le zone erogene sono il pene e la clitoride ‖ **fallicità**, s. f. inv.

†**falligióne** [provenz. *falhizon*, dal lat. *fāllere* 'fallare' ✱ 1287] **s. f.** ● fallo, mancanza: *io non credetti mai tal f. / della tu' fé* (G. BOCCACCIO)

fallimentàre [da *fallimento①* ✱ 1918] **agg. 1** di fallimento, relativo a fallimento: *vendita f.*; *concordato, procedimento f.* | ***asta f.***, vendita all'asta dei beni di un fallito | ***prezzo f.***, (*fig.*) di assoluta concorrenza **2** (*fig.*) che porta al disastro, alla rovina: *una politica f.* SIN. disastroso ‖ **fallimentarménte**, avv.

fallimentarìsta [1965] **s. m. e f. (pl. m. *-i*)** ● legale o giurista particolarmente esperto di pratiche fallimentari o di diritto fallimentare

falliménto① [da *fallire* ✱ av. 1348] **s. m. 1** esito negativo: *il f. di una trattativa*; *il f. di una spedizione* | (*est.*) disastro, insuccesso totale: *la festa si risolse in un vero f.* **2** (*dir.*) procedimento concorsuale giudiziale tendente alla liquidazione del patrimonio dell'imprenditore commerciale insolvente e alla ripartizione del ricavato fra tutti i suoi creditori | ***dichiarazione di f.***, provvedimento del Tribunale che accerta l'insolvenza dell'imprenditore commerciale e apre la procedura fallimentare **3** †colpa, peccato **4** †mancanza, grande scarsità

SFUMATURE ➤ *rovina*

†**falliménto②** [provenz. *falhmien*, dal lat. *fāllere* 'fallare' ✱ av. 1250] **s. m.** ● fallo, errore: *un uom solo senza f.* (P. BEMBO)

♦**fallìre** [lat. *fāllere*, di orig. indeur. ✱ 1250 ca.] **A** v. intr. (pres. *io fallisco, tu fallisci*; part. pass. *fallito*, †*fallùto*) **1** (aus. *avere* se riferito a persona, *essere* se riferito a cosa) non raggiungere il fine prefisso (+ *in*): *f. in un tentativo, in un'impresa*; *ha fallito nel suo scopo* | avere esito negativo, non realizzarsi: *il piano è fallito* CONTR. riuscire **2** (aus. *essere*) (*dir.*) sottostare a una dichiarazione di fallimento **3** †sbagliare, peccare **4** (aus. *avere*) (*lett.*) venir meno, mancare di fede: *f. all'aspettativa, alla promessa, al giuramento* **5** †mancare | †***fallisce poco***, manca poco **6** †cessare **B** v. tr. **1** non riuscire a colpire: *f. la preda, la palla* | ***f. il colpo***, non cogliere il bersaglio | ***f. la porta***, nel calcio e sim., tirare il pallone fuori della porta avversaria | ***f. l'intervento***, mancarlo **2** †ingannare: *f. la fede, la promessa* | †***f. il tedio***, ingannare il tempo

fallìto **A** part. pass. di *fallire*; anche agg. **1** mancato | non riuscito: *tentativo f.* | che non è riuscito ad affermarsi: *un attore f.* **2** che ha subito fallimento **3** †insufficiente, manchevole **B** s. m. (f. *-a*) **1** imprenditore che ha subìto la dichiarazione di fallimento **2** chi non è riuscito a raggiungere alcun risultato valido in un'attività o nella vita in genere: *è un povero f.*; *quello scrittore è un f.*

fàllo① [da *fallare* ✱ av. 1294] **s. m. 1** (*spec. lett.*) errore, sbaglio, equivoco: *quella teoria ha fatto cadere in f. molti studiosi*; *li falli di fragilità e d'ignoranza si puniscono solo con vituperi* (T. CAMPANELLA) | ***mettere un piede in f.***, scivolare, sdrucciolare (*anche fig.*) | colpa, peccato: *essere in f.*; *un f. imperdonabile* | ***senza f.***, in modo certo, sicuro | (*est., lett.*) †delitto, reato **2** (*sport*) infrazione al regolamento di gara, per cui è comminata una punizione: *fare, subire un f.* | ***f. intenzionale***, nel calcio, nella pallanuoto e sim., grave scorrettezza deliberatamente commessa ai danni di un avversario | ***doppio f.***, nel tennis, errore su entrambi i tiri a disposizione del giocatore al servizio | ***f. di sfondamento***, nella pallacanestro, quello dell'attaccante ai danni del difensore | ***f. tattico***, nel calcio e in altri sport di squadra, fallo intenzionale spec. a centrocampo, che ha lo scopo di impedire un'azione avversaria che si prospetta pericolosa | ***f. tecnico***, V. *tecnico* | ***f. squalificante***, V. *squalificante* **3** (*raro*) mancamento, difetto: *la pazienza comincia a fargli f.* | †***andare in f.***, andare a vuoto, fallire **4** difetto, imperfezione, spec. di un tessuto, del vetro, della porcellana **5** †slealtà ‖ **fallàccio**, pegg. (V.) | **fallétto**, dim.

fàllo② [vc. dotta, lat. tardo *phăllu(m)*, dal gr. *phallós*, di orig. indeur. ✱ 1549] **s. m. 1** emblema del membro virile che, nella religione greco-romana e in molte altre religioni antiche e primitive, rappresenta le divine energie della generazione e della fecondità umana, animale e agricola | amuleto usato dai Romani a scopo propiziatorio **2** (*lett.*) pene **3** (*bot.*) fungo delle Fallacee con corpo fruttifero a gambo allungato e cappello ovoidale reticolato ricoperto da una mucillagine deliquescente di odore fetido che contiene le basidiospore e ne facilita la dispersione tramite alcuni insetti (*Phallus impudicus*) SIN. satirione

fallocèntrico [comp. di *fallo②* e *-centrico* ✱ 1987] **agg. (pl. m. *-ci*)** ● relativo al fallocentrismo, che è caratterizzato da fallocentrismo: *società fallocentrica*; *atteggiamenti fallocentrici*

fallocentrìșmo [da *fallocentrico* ✱ 1991] **s. m.** ● tendenza ad attribuire all'uomo, in quanto dotato degli attributi maschili, un ruolo centrale nella società e una posizione di privilegio e di predominio rispetto alla donna

fallòcrate [da *fallocrazia* ✱ 1983] **s. m. e f.** ● chi ha concezioni e comportamenti basati sulla fallocrazia

fallocràtico [1978] **agg. (pl. m. *-ci*)** ● relativo o ispirato a fallocrazia: *società fallocratica*; *atteggiamenti fallocratici* ‖ **fallocraticaménte**, avv.

fallocrazìa [comp. di *fallo②* e *-crazia* ✱ 1973] **s. f.** ● (*spreg.* o *scherz.*) supremazia e predominio del maschio sulla donna | concezione e comportamento basati su tale supremazia

falloforìa [ricostruzione su *fallo②* del gr. *phallēphória*, comp. di *phallós* 'fallo②' e *-phória* '-foria' ✱ 1834] **s. f.** ● nell'antica Grecia, processione, facente parte del culto di Dioniso, in cui veniva portato in giro il simulacro fallico

falloidìna [vc. dotta, comp. del gr. *phallós* 'fallo' e *-eidḗs* '-oide' con il suff. *-ina* ✱ 1956] **s. f.** ● (*chim.*) tossina presente in alcuni Funghi velenosi, spec. nell'*Amanita phalloides*

fallòppa ➤ **faloppa**

fallóso (o *-ș-*) [da *fallo①* ✱ 1940] **agg. 1** di ciò che presenta falli o difetti di fabbricazione: *vetro f.*; *stoppa fallosa* SIN. difettoso **2** (*sport*) che commette molti falli, che è caratterizzato da ripetuti falli: *giocatore f.*; *gioco f.* ‖ **fallosaménte**, avv. in modo falloso, commettendo molti falli ‖ **fallosità**, s. f. inv. caratteristica di chi (o di ciò che) è falloso

fallout /fo'laut, *ingl.* 'fɔːl,aʊt/ [vc. ingl., propr. 'caduta fuori', comp. di *fall* 'caduta' (vc. germ. di orig. indeur.) e *out* 'fuori' ✱ 1963] **s. m. inv. 1** caduta sulla superficie terrestre di polveri radioattive accumulate nell'atmosfera in seguito a esplosioni nucleari SIN. ricaduta radioattiva **2** (*fig.*) effetto indiretto di un evento, di un fenomeno: *il fallout tecnologico della ricerca spaziale* SIN. ricaduta

†**fallùto** part. pass. di *fallire* ● nei sign. del v.

falò [prob. dal gr. *phanós* 'torcia', poi 'fanale, lanterna', di etim. incerta ✱ av. 1292] **s. m. inv. 1** fuoco intenso ma di breve durata acceso all'aperto per distruggere qlco., per fare segnalazioni o anche come segno di festa: *i contadini accesero grandi f. sulle aie* **2** (*fig., disus.*) distruzione: *ha fatto un f. di tutte le sue idee giovanili* **3** †ostentazione di ricchezza

falòppa o (*raro*) **fallòppa** [etim. incerta ✱ sec. XIV] **A** s. f. **1** bozzolo floscio e irregolare del baco da seta rimasto incompleto per la morte della larva **2** seta di qualità inferiore, che si trae dalle faloppe SIN. terzanella **B** s. m. inv. e s. f. ● (*fam., disus.*) persona bugiarda ‖ **faloppóne**, accr. m.

falòtico [dal fr. *falot* 'stravagante, bizzarro', dall'ingl. *fellow* 'compagno' ✱ 1539] **agg.** (**pl. m.** *-ci*) ● (*lett.*) fantastico, bizzarro, strano: *il f. / mutarsi della mia vita* (E. MONTALE)

falpalà o **falbalà** [fr. *falbala*, dal franco-provenzale *farbela* 'cencio, vesti stracciate', forse da accostare a *faloppa* ✱ 1703] **s. m. inv.** ● striscia di stoffa arricciata, pieghettata e sim. messa per guarnizione intorno a sottane, tende, cappelli e sim.

falsabràca [calco sul fr. *fausse-braie* ✱ 1618] **s. f.** (**pl.** *falsebràche*) ● elemento dell'antica fortificazione, costituito da un recinto basso a raddoppio del recinto principale dell'opera fortificata

falsachìglia [comp. del f. di *falso* e *chiglia* ✱ 1937] **s. f.** (**pl.** *falsechìglie*) ● deriva, chiglia mobile delle imbarcazioni a vela

†**falsadóre** ➤ †**falsatore**

†**falsaménto** [av. 1292] **s. m.** ● falsificazione

†**falsamonéte** [comp. di *falsa(re)* e il pl. di *moneta* ✱ 1508] **s. m. inv.** ● falsificatore di monete

†**falsàrdo** [provenz. *falsart*, dal lat. *fălsus* 'falso' ✱ 1600] **s. m.** (**f.** *-a*); **anche agg.** ● falsificatore | imbroglione, stregone

falsàre [vc. dotta, lat. tardo *falsāre*, da *fălsus* 'falso' ✱ av. 1250] **v. tr.** **1** esporre, rappresentare qlco. in modo contrario o diverso dal vero: *f. la realtà storica* | falsificare, alterare: *f. una deposizione con notizie inventate*; *un registratore che falsa le voci* **SIN.** deformare, travisare **2** †ingannare, fuorviare **3** (*lett.*) contraffare: *f. monete, documenti* **4** ornare, guarnire con falsature
SFUMATURE ➤ ***alterare***

falsarìga [comp. del f. di *falso* e *riga* ✱ 1585] **s. f.** (**pl.** *falsarìghe, raro falserighe*) **1** foglio rigato da porre sotto il foglio su cui si scrive per procedere diritto nella scrittura **2** (*fig.*) esempio, norma che si segue in modo fedele o pedissequo | ***sulla f. di***, sul modello di, a imitazione di

falsàrio [vc. dotta, lat. *falsāriu(m)*, da *fălsus* 'falso' ✱ av. 1328] **A** **s. m.** (**f.** *-ia*) **1** chi falsifica documenti, atti pubblici, banconote, monete e sim. **2** †chi dice bugie o giura il falso **B** **agg.** ● †menzognero, falso | †falsificato

falsàto **part. pass.** di *falsare*; **anche agg.** ● distorto, alterato

†**falsatóre** o †**falsadóre** [vc. dotta, lat. *falsatōre(m)*, da *falsāre* 'falsare' ✱ 1243 ca.] **s. m.** (**f.** *-trice*); **anche agg.** **1** chi (o che) altera la realtà: *f. del vero* **2** chi falsifica monete **SIN.** falsario

falsatùra [1869] **s. f.** **1** guarnizione di merletto fra due pezzi di tessuto **SIN.** entre-deux **2** tipo di ricamo sfilato usato in particolare per guarnire la biancheria di casa

†**falseggiàre** [da *falso* ✱ 1321] **A** **v. tr.** ● falsificare | simulare **B** **v. intr.** **1** cantare in falsetto **2** mentire

falsettìsta [1956] **s. m.** (**pl.** *-i*) ● cantante che può sostenere parti di soprano o di contralto con l'uso del falsetto

falsétto [da *falso* ✱ 1542] **s. m.** ● (*mus.*) tecnica vocale fondata sull'emissione di testa per ottenere suoni acuti eccedenti il proprio registro, oggi usata spec. nella musica leggera

falsificàbile [1869] **agg.** **1** che si può falsificare **2** (*filos.*) che può essere contraddetto, confutato ‖ **falsificabilità**, **s. f. inv.**

†**falsificaménto** [1612] **s. m.** ● falsificazione

falsificàre [dal lat. tardo *falsificātus*, comp. di *fălsus* 'falso' e *făcere* 'fare' ✱ 1308] **v. tr.** (*io falsìfico, tu falsìfichi*) **1** contraffare, imitare, alterare con l'intenzione e la consapevolezza di commettere un reato: *f. un documento, una firma, una banconota, un quadro* | (*est.*) manipolare, truccare: *f. una notizia, un dato* **2** (*filos.*) confutare un'ipotesi o una teoria ‖ **falsificazióne**, **s. f.** (V.)

falsificàto **part. pass.** di *falsificare*; **anche agg.** ● nei sign. del v.

falsificatóre [av. 1328] **s. m.** (**f.** *-trice*) ● chi falsifica qlco. intenzionalmente | falsario

falsificazióne [av. 1595] **s. f.** **1** contraffazione di qlco. con intenzioni dolose: *f. di un documento, di un'opera d'arte* **SIN.** alterazione | (*est.*) documento o atto artificiosamente prodotto **2** (*filos.*) confutazione di un'ipotesi o una teoria
SFUMATURE ➤ ***alterazione***

falsificazionìsmo [da *falsificazione* ✱ 1987] **s. m.** ● (*filos.*) teoria epistemologica proposta nel 1934 da Karl R. Popper (1902-1994), secondo la quale le ipotesi e le teorie scientifiche farebbero segnare un progresso della conoscenza solo se falsificabili, cioè confutabili sperimentalmente, con conseguente proposizione di nuove teorie a loro volta falsificabili

falsità o †**falsitàde**, †**falsitàte** [vc. dotta, lat. tardo *falsitāte(m)*, da *fălsus* 'falso' ✱ 1268] **s. f. inv.** **1** caratteristica di ciò che è falso: *f. di un giudizio, di una prova, di una affermazione*; *la verità o f. della dottrina* (G. GALILEI) **SIN.** inganno **CONTR.** verità **2** mancanza di lealtà, ipocrisia, finzione: *f. d'animo*; *rivelare la f. di qlcu.* **3** azione, frase, parola contraria al vero: *le sue f. verranno presto smascherate* **SIN.** menzogna
SFUMATURE ➤ ***bugia***②

♦**fàlso** [lat. *fălsu(m)*, da *făllere* 'ingannare'. V. *fallire* ✱ av. 1250] **A** **agg.** **1** che non corrisponde alla realtà e alla verità: *f. indizio*; *notizia, citazione, opinione, apparenza, supposizione falsa* | errato, erroneo: *falsa traccia*; *le false religioni incominciaron a svanire con le lettere* (G. VICO) | ***falsa strada***, strada sbagliata (*spec. fig.*) | ***passo f.***, compiuto con rischio di cadere e di scivolare; (*fig.*) insuccesso: *passo f. del Milan a Genova*; (*fig.*) errore, azione poco accorta | ***falsa partenza***, V. *partenza*, sign. 2 **SIN.** ingannevole **CONTR.** vero **2** che è stato contraffatto, alterato con intenzione dolosa: *lettera falsa*; *moneta, firma falsa*; *testamento f.*; *sotto f. nome*; *chiave falsa* | ***fare carte false***, (*fig.*) adoperarsi con ogni mezzo per ottenere qlco. o favorire qlcu. **SIN.** truccato **CONTR.** autentico **3** che è privo di sincerità: *giuramento f.*; *promessa falsa* | ***testimone f.***, che non dice o tace il vero | ***immagine falsa***, artificiosa | ***essere, sentirsi in una posizione falsa***, agire in modo poco chiaro e onesto o trovarsi al centro di una situazione imbarazzante | ***toccare un tasto f.***, (*fig.*) affrontare incautamente un discorso o un argomento che era meglio evitare | simulato, finto: *sorriso, pianto f.*; *falsa virtù, modestia* | detto di persona ipocrita: *una persona falsa* | ***f. amico***, V. *amico*, sign. B1 **SIN.** inattendibile **CONTR.** genuino, schietto **4** che non è ciò di cui ha l'apparenza: *oro, argento f.* | ***f. allarme***, segnalazione di allarme che si rivela infondata (**anche** *fig.*); notizia preoccupante e conseguente timore che si rivelano infondati | ***f. scopo, f. problema***, intesi a nascondere la vera natura di quello che si vuole o di cui si tratta | ***tinta falsa, colore f.***, che si alterano facilmente | ***luce falsa***, che dà agli oggetti un colore non naturale | ***mettere, presentare qlcu., qlco. sotto falsa luce***, farlo apparire meschino, denigrarlo e sim. | ***f. magro***, chi appare sottile, pur avendo in realtà forme rotonde | †***sotto f. colore***, con ingannevole apparenza | ***f. bordone***, V. *falsobordone* **CFR.** pseudo- **SIN.** illusorio **5** (*bot.*) ***f. frutto***, quello formato da parti della pianta non appartenenti all'ovario | ***f. fusto***, fusto formato dalle guaine delle foglie strettamente addensate come nel banano e in alcune palme | ***f. pepe***, albero del pepe | ***f. verticillo***, insieme di organi vegetali riuniti in modo da simulare un vero verticillo ‖ **falsaménte**, **avv.** in modo falso; in modo affettato, artificioso **B** **s. m.** **1** cosa falsa: *il vero e il f.*; *dire, giurare il f.* **2** (**f.** *-a*) (*colloq.*) persona falsa **3** falsificazione, falsità: *delitti di f.*; *querela di f.* | ***f. ideologico***, contraffazione che vizia il contenuto di un atto giuridico | ***f. in bilancio***, il reato commesso da chi falsifica i bilanci di una società introducendovi elementi non veritieri oppure omettendo informazioni utili a valutarne correttamente lo stato patrimoniale e finanziario **4** opera d'arte, francobollo, documento e sim., contraffatto: *un f. di Michelangelo*; *vendere, comprare, firmare un f.* **C** **avv.** ● falsamente: *parole, promesse che suonano f.* ‖ **falsàccio**, **pegg.** | **falsìno**, **dim.** | **falsóne**, **accr.**

SFUMATURE DI SIGNIFICATO
falso - affettato - posticcio
Si dice **falso** tutto ciò che non ha rispondenza con la realtà o con la verità; riferito a persona definisce comportamenti o parole ingannevoli, che mancano di sincerità, di schiettezza. **Affettato** esprime il particolare falso che risulta dall'ostentare qualcosa di artificioso, di troppo studiato. **Posticcio** esprime l'artificiosità a un grado ancora più elevato; definisce infatti ciò che è finto, artificiale e che si vorrebbe far passare per naturale.

falsobordóne o **fàlso bordóne** [comp. di *falso* e *bordone*③ ✱ av. 1704] **s. m.** (**pl.** *falsibordóni*) ● (*mus.*) pratica di canto liturgico del sec. XVI | nella armonia moderna, successione per moto parallelo di accordi di terza e sesta | tecnica tipica del salmo, per cui nel canto gregoriano s'inseriscono brevi frammenti polifonici | tecnica tipica del salmo, per cui all'invariato suono dell'organo s'alterna il canto delle voci, sempre soggetto a variazioni

falsobràccio [comp. di *falso* e *braccio* ✱ 1937] **s. m.** (**pl.** *falsibràcci*) ● (*mar.*; *disus.*) grosso cavo per tonneggio, o per l'ormeggio delle imbarcazioni sottobordo

falsopiàno [comp. di *falso* e *piano* ✱ 1960] **s. m.** (**pl.** *falsipiàni*) ● tratto di superficie terrestre che appare piano, ma che in realtà è caratterizzato da modeste irregolarità, dislivelli o rilievi

falun gòng /falun'gɔn(g), *cinese* fal'uŋ'ɔŋ/ [loc. cinese, propr. 'ruota della legge' ✱ 1999] **loc. sost. m. inv.** ● movimento buddista sorto in Cina nel 1993, che teorizza il raggiungimento della salute fisica e della pace spirituale attraverso tecniche di meditazione ed esercizi fisici mirati a risvegliare i centri di energia del corpo | (*est.*) l'insieme delle tecniche di questo movimento

♦**fàma** [vc. dotta, lat. *fāma(m)*, da *fāri* 'parlare', di orig. indeur. ✱ 1250 ca.] **s. f.** **1** (*lett.*) notizia, voce che ha una diffusione vasta e rapida: *la f. dei suoi misfatti è arrivata fino a noi* | (*lett.*) ***è f.***, corre voce | †***noto di f.***, famoso **2** stima pubblica, nomea, reputazione: *buona, dubbia, cattiva, pessima f.*; *avere f. di galantuomo* **3** notorietà, rinomanza: *quel poeta gode f. mondiale*; *ha faticato molto ma è riuscito ad arrivare alla f.* | †***essere, venire in f.***, essere, diventare famoso **4** †cattiva opinione, discredito: *e se nulla di noi pietà ti move, / a vergognar ti vien de la tua f.* (DANTE *Purg.* VI, 116-117)
SFUMATURE ➤ ***gloria***①, ➤ ***reputazione***

†**famàre** [av. 1348] **v. tr.** ● divulgare la fama | onorare

†**famàto** [av. 1332] **agg.** ● affamato

♦**fàme** [lat. *fāme(m)*, di etim. incerta ✱ 1250 ca.]

s. f. 1 sensazione causata dall'impellente bisogno di cibo: *sentire gli stimoli, i morsi della f.; soffrire la f.; cascare dalla f.; f. da lupi, da leoni* | ***f. canina***, impulso morboso verso i cibi **SIN.** mal della lupa | ***morire di f.***, essere molto affamato; (*fig.*) essere in condizioni di estrema miseria | ***cavarsi la f.***, saziarsi | ***ingannare la f.***, cercare di distrarsi per non avvertirne gli stimoli | ***morto di f.***, persona molto povera; (*fig.*) miserabile | ***brutto come la f.***, bruttissimo | ***lungo come la f.***, lunghissimo | ***stipendio, pensione, salario*** e sim. ***da*** (o *raro* ***di***) ***f.***, insufficiente a soddisfare le necessità elementari della vita | †***pascere la f.***, saziarsi | **PROV.** ***la f. è cattiva consigliera***, lo stato di bisogno induce ad azioni sbagliate **CONTR.** sazietà **2** (*est.*) carestia | ***prendere una città per f.***, costringerla ad arrendersi privandola dei viveri necessari al sostentamento della popolazione **3** (*fig.*) bisogno intenso di qlcu.: *quel bambino ha f. di affetto* | desiderio sfrenato: *f. di denaro, di gloria, di onori* | ***f. dell'oro***, cupidigia || **famìna**, **dim.** | **famóna**, **accr.**

f

SFUMATURE DI SIGNIFICATO

fame - appetito - voracità - bulimia

Fame è lo stimolo naturale all'assunzione di cibo che è propria dell'uomo e degli animali. L'**appetito** è soltanto dell'uomo e implica la buona disposizione verso il cibo specifico che si mangia, il piacere di gustarlo. **Voracità** è il mangiare rapidamente con ingordigia, senza assaporare; si riferisce infatti in primo luogo ad animali considerati famelici come il lupo o lo squalo. **Bulimia** definisce un disturbo dell'alimentazione caratterizzato dall'impulso a inghiottire grandi quantità di cibo e ad attuare poi pratiche compensatorie volte a evitare l'aumento di peso (vomito, abuso di lassativi, attività sportiva esagerata).

famèdio [comp. del lat. *fāma* 'fama' e *aedes* 'casa', sul modello di *cavaedium* 'cavedio' ✱ 1889] **s. m.** ● edificio funebre eretto a scopo di celebrazione e sepoltura di personaggi illustri

♣**famèlico** [vc. dotta, lat. *famēlicu(m)*, da *fămes* 'fame' ✱ 1338 ca.] **agg.** (**pl. m.** *-ci*) **1** molto affamato, detto spec. di animali: *un branco di cani randagi e famelici* **2** (*lett.*, *fig.*) avido, cupido: *la famelica brama e sitibonda* (G.B. Marino) || **famelicaménte**, **avv.** (*raro*) avidamente || **famelicità**, **s. f. inv.**

famigeràto [vc. dotta, lat. *famigerātu(m)*, comp. di *fāma* 'fama' e *gĕrere* 'portare' ✱ 1541] **agg. 1** che gode di cattiva fama: *il f. ladro è stato finalmente arrestato* **2** (*raro*) ben noto, famoso (**spec. iron.**): *un mangiatore f.* (E. De Amicis) || **famigerataménte**, **avv.**

SFUMATURE ➤ ***famoso***

♦**famìglia** o †**famìlia** [lat. *famĭlia(m)*, da *fămulus* 'servitore' (V. *famulo*) ✱ 1261 ca.] **s. f. 1** nucleo fondamentale della società umana costituito da genitori e figli: *f. legittima*; *essere di f. ricca, povera, agiata, benestante*; *sentire il peso della f.*; *provare le gioie della f.*; *padre, madre di f.* | ***figlio di f.***, minorenne ancora sottoposto alla tutela e all'autorità dei genitori | insieme di persone unite da vincoli di parentela o affinità: *trascorro il Natale con tutta la mia f.*; *entrare a far parte di una f.* | ***consiglio di f.***, riunione dei componenti di una famiglia per deliberare sugli affari e gli interessi di casa | ***stato di f.***, certificato che riporta i dati anagrafici dei componenti una famiglia | ***f. nucleare***, quella ristretta al nucleo fondamentale formato da genitori e figli, espressione caratteristica della società industrializzata | ***f. allargata*** (o ***estesa***), (*antrop.*) insieme di famiglie, imparentate tra loro da più generazioni, che convivono sotto lo stesso tetto; (*est.*) insieme di persone legate fra di loro per effetto di matrimoni in corso o precedenti **CFR.** famigliastra | ***f. di fatto***, unione formata da una coppia di persone che convivono senza avere contratto matrimonio e dagli eventuali figli | ***f. colonica***, quella residente sul podere e addetta alla sua coltivazione | ***farsi una f.***, sposarsi | ***tenere, avere f.***, essere sposato, spec. con figli | ***essere tutto f., tutto casa e f.***, dedito completamente alla casa e ai congiunti | ***essere di f.***, amico e assiduo frequentatore di casa | ***stare in f.***, alla buona, senza tante cerimonie | ***la Sacra f.***, quella composta da Gesù, Giuseppe e Maria | (*fig.*) ***lavare i panni sporchi in f.***, non interessare gli estranei alle cose spiacevoli della propria casa | ***formato f.***, detto di prodotto presentato in confezione più grande e conveniente **2** il complesso delle persone unite da uno stesso vincolo che hanno un ascendente diretto comune, considerato nel passato, nel presente, nel futuro: *appartenere a una f. nobile, antica, aristocratica*; *indagare sulle origini di una f.*; *ricostruire l'albero genealogico di una f.*; *essere il capostipite di una f.*; *f. reale* | ***capita anche nelle migliori famiglie***, (*fig.*) di fatto o evento riprovevole ma non inconsueto **SIN.** discendenza, stirpe **3** (*est.*) gruppo di persone, animali o cose che presentano caratteristiche analoghe o hanno un vincolo comune: *la f. europea*; *la f. dei popoli del Mediterraneo*; *la f. degli idrocarburi* | ***f. monastica, religiosa***, ordine o congregazione maschile o femminile | ***la f. umana***, il genere umano | ***f. linguistica, di lingue***, complesso di parlate derivanti da una stessa lingua comune | ***f. di codici, di manoscritti***, che derivano da una fonte comune | ***una f. di ceramiche***, serie di ceramiche che presentano lo stesso tipo di motivi decorativi e gli stessi toni di colore | (*mus.*) gruppo di strumenti differenziati fra loro spec. per estensione e timbro: *la f. dei liuti, dei flauti* **4** gruppo sistematico usato nella classificazione degli organismi animali e vegetali e comprendente uno o più generi affini **5** nella mafia, gruppo i cui membri si ritengono uniti da un patto di reciproca omertà, nel rispetto della volontà di un capo **6** †insieme delle persone che costituivano il seguito o la corte di un personaggio: *f. del podestà, del bargello*; *Ecco il signor con molta sua f.* (L. Pulci) | (*lett.*) la servitù di una casa: *apre terrazze e logge la f.* (G. Leopardi) **7** †sbirraglia || **famigliétta**, **dim.** | **famiglióna**, **accr.** | **famigliòla**, (*lett.*) **famigliuòla**, **dim.** (V.)

Definizione d'autore

Tutti abbiamo un'esperienza intima di che cosa sia una **famiglia**. Questa conoscenza intima ce la fa apparire insieme come naturale e ovvia. Eppure, basta gettare uno sguardo fuori di noi, considerare la storia e la varietà delle culture, per renderci conto che non vi è nulla di meno naturale, di più socialmente, normativamente e culturalmente costruito della **famiglia**. Chi ha diritto a farne una o ad appartenervi, quali diritti e doveri ne derivano entro la **famiglia**, e tra questa e la società, come si strutturano i rapporti tra i sessi e le generazioni – tutto questo cambia nello spazio e nel tempo ed è oggetto di continue ridefinizioni e rinegoziazioni.

Chiara Saraceno

SFUMATURE DI SIGNIFICATO

famiglia - casa - focolare

Un insieme di persone unite da vincoli di parentela costituisce una **famiglia**; in accezione ristretta il termine identifica il nucleo costituito da marito, moglie e figli. Per descrivere l'ambiente familiare come centro di affetti, interessi, abitudini si usa piuttosto il termine **casa**. Ancora più connotato in senso affettivo è **focolare**, che evoca il calore domestico e gli affetti familiari.

famigliàre e deriv. ➤ **familiare** e deriv.

famigliàstra [da *famiglia* col suff. *-astra* di *(figli)astra*, *(sorell)astra* e sim. ✱ 1988] **s. f.** ● (*scherz.*) famiglia allargata formatasi in seguito a unioni spec. tra divorziati o separati, comprendente i nuovi nati e i figli nati in matrimoni precedenti

♣**famìglio** [da *famiglia* ✱ 1312] **s. m. 1** †usciere, messo del Comune | †guardia, sbirro **2** (*lett.*) domestico, servo: *un suo fidato f.* (F. Sacchetti) **3** (*disus.*) nell'Italia settentrionale, collaboratore di un'azienda agricola convivente con la famiglia del proprietario

famigliòla o (*lett.*) **famigliuòla** [av. 1374] **s. f. 1** dim. di *famiglia* **2** (*bot.*) ***f. buona***, chiodino

†**famìlia** ➤ **famiglia**

♦**familiàre** o **famigliàre**, spec. nel sign. A 1 [vc. dotta, lat. *familiāre(m)*, da *famĭlia* 'famiglia' ✱ 1268] **A agg. 1** della famiglia: *educazione f.*; *patrimonio f.*; *faccenda f.*; *era assillato da preoccupazioni famigliari* | ***lavoro f.***, attività lavorativa prestata a favore di una persona a cui il lavoratore è legato da vincoli familiari e con cui convive | ***genio f.***, nella mitologia romana, genio del luogo, divinità domestica **2** di ciò che si conosce bene per lunga pratica o dimestichezza (+ *a*): *letture familiari*; *è una tecnica che mi è f.*; *è un personaggio f. a molti bambini* | che richiama qlco. di noto: *un volto, un panorama f.* **SIN.** consueto **3** (*fig.*) affabile, semplice: *linguaggio, stile, tono f.* | ***lingua, locuzione f.***, proprie della conversazione corrente, quotidiana | (*fig.*) intimo, confidenziale: *colloquio f.* | ***essere f. con qlcu.***, intrattenere rapporti molto amichevoli | semplice, alla buona: *trattamento, cucina, pensione f.* || **familiarménte**, **avv.** in modo familiare: *trattare familiarmente qlcu.* || **familiarità**, **s. f. inv.** (V.) **B s. m. e f. 1** persona di famiglia: *in alcune circostanze riuniamo tutti i familiari* **2** †servo | †guardia, sbirro **3** †ministro, confidente o servitore di principe o prelato: *con Currado Malespina si mise per famigliare* (G. Boccaccio) **C s. f.** ● (*autom.*) station wagon

†**familiarésco** o †**famigliarésco** [sec. XIV] **agg.** ● familiare || †**familiarescaménte**, **avv.**

familiarità o (*lett.*) **famigliarità** [vc. dotta, lat. *familiaritāte(m)*, da *familiāris* 'familiare' ✱ av. 1292] **s. f. inv. 1** confidenza e affabilità tipiche di chi (o di ciò che) è familiare: *trattare qlcu. con f.* | ***prendersi troppa f.***, eccedere in confidenza **2** consuetudine, dimestichezza con qlco. che si acquista attraverso un'esperienza attenta e prolungata: *avere f. con un libro, un autore, una disciplina, una scienza*

SFUMATURE ➤ ***amicizia***

familiarizzàre [fr. *familiariser*, da *familier* 'familiare' ✱ 1619] **v. intr.** (**aus.** *avere*) e **familiarizzàrsi v. intr. pron.** ● prendere familiarità con qlco. e con qlcu.: *f. con i nuovi colleghi di lavoro*; *subito si familiarizzò con lui, meravigliato della sua mitezza* (I. Svevo) | impratichirsi: *familiarizzarsi con le nuove tecnologie informatiche* || **familiarizzazióne**, **s. f.**

familìsmo [da *famiglia* ✱ 1943] **s. m.** ● vincolo particolarmente intenso di solidarietà fra i membri di una stessa famiglia, spec. quando prevalga sul legame con la comunità sociale

familìsta [av. 1952] **s. m. e f.**; anche **agg.** (**pl. m.** *-i*) ● chi (o che) è ispirato o caratterizzato da familismo

familìstico [da *famiglia* ✱ 1964] **agg.** (**pl. m.** *-ci*) ● caratterizzato da familismo

♦**famóso** (o **-ṣ-**) [lat. *famōsu(m)*, da *fāma* 'fama' ✱ 1268] **agg. 1** che gode di una fama rilevante, buona o cattiva che sia: *medico, qua-*

dro, ladro, furfante f.; *un pittore f. per i suoi paesaggi* **SIN.** celebre, illustre, rinomato **CONTR.** ignoto, oscuro **2** di cosa o persona su cui si è già parlato a lungo (*spec. scherz.*): *quanto vi è poi costato quel f. pranzo?*; *quando uscirà il vostro f. lavoro?* **SIN.** celebrato, memorabile **3** †infame | ***libello f.***, scritto ingiurioso e infamante || **famosaménte**, **avv.** (*raro*) in modo famoso || **famosità**, **s. f. inv.** (*raro*) fama

SFUMATURE DI SIGNIFICATO
famoso - famigerato - illustre
Famoso è chi gode di fama, di grande rinomanza, in conseguenza di un fatto o di fatti che lo hanno visto protagonista, o per la particolare bravura che mostra in un campo. Si può essere famosi per ragioni buone o cattive, ma se la fama è negativa è più specifico **famigerato**. Con **illustre** non si mette l'accento sulla notorietà, ma sulle qualità intrinseche della persona e le opere insigni che ha prodotto.

famulàto [vc. dotta, lat. *famulātu(m)*, da *fămulus* 'famulo' ✻ 1499] **s. m. 1** condizione di famulo **2** (*raro, dir.*) circostanza aggravante per un furto commesso approfittando della condizione di domestico o coabitante

†**famulatòrio** [vc. dotta, lat. tardo *famulatōriu(m)*, da *fămulus* 'famulo' ✻ 1641] **agg.** ● servile: *verbo f.*

†**famulazióne** [vc. dotta, lat. tardo *famulatiōne(m)*, da *fămulus* 'famulo' ✻ sec. XV] **s. f.** ● servitù

†**famulènto** [da *fame* ✻ sec. XIII] **agg.** ● (*lett.*) famelico, affamato: *per sovvenire alle famulenti pecorelle* (I. SANNAZARO)

fàmulo [vc. dotta, lat. *fămulu(m)*, di orig. preindeur. ✻ av. 1294] **s. m.** (**f.** *-a*) ● (*lett.*) servo, domestico, famiglio, spec. nell'antica Roma

♦**fan** /fan, *ingl.* fæn/ [ingl., abbr. di *fanatic* 'fanatico' ✻ 1933] **s. m. e f. inv.** **La forma *fans* è il plurale inglese di *fan*, perciò non va usata in riferimento al singolare: la frase 'sono un fans...' è scorretta** ● entusiastico sostenitore di un cantante, di un famoso attore e sim. | (*raro*) tifoso **CFR.** groupie
SFUMATURE ➤ ***simpatizzante***

fanàle [gr. biz. *phanárion* 'lanterna', deriv. di *phanós* (V. *falò*), col suff. *-ale*①, tipico degli agg. ✻ av. 1348] **s. m. 1** apparecchio che serve a illuminare o a segnalare con la sua luce la presenza e la posizione di un oggetto: *accendere il f.*; *i fanali dell'auto, di una nave, di un aereo*; *fanali a luce bianca, a luce colorata* | ***fanali di via***, quelli a luce fissa verde (a destra) e rosso (a sinistra) posti sul fianco delle navi e sulle ali degli aeromobili per indicarne la direzione del movimento | ***f. da carrozza***, lume per lo più a cera che, in coppia, veniva posto sul davanti delle carrozze, uno per parte **2** †lume, lanterna, lampione: *f. a gas, a petrolio*; *una strada illuminata da numerosi fanali* | faro, spec. con portata limitata **3** (*zool.*) pesce lucerna || **fanalétto**, **dim.** | **fanalino**, **dim.** (V.) | **fanalóne**, **accr.**

fanalerìa [1928] **s. f. 1** apparato d'illuminazione, spec. di un veicolo: *la f. dell'automobile, dell'aeroplano* **2** (*est.*) apparecchio d'illuminazione

fanalìno [1927] **s. m. 1** dim. di *fanale* **2** ***f. di coda***, luce rossa di segnalazione, collocata nella parte posteriore di un veicolo; (*fig.*) chi occupa l'ultimo posto spec. in graduatorie, classifiche e sim.: *fare, essere il f. di coda*

fanalìsta [1891] **s. m. e f.** (**pl. m.** *-i*) ● addetto alla manutenzione di un fanale, di un faro e sim.

♦**fanàtico** [vc. dotta, lat. *fanātĭcu(m)* 'ispirato da una divinità, invasato da estro divino', da *fānum* 'tempio' ✻ sec. XIV] **agg. e s. m.** (**f.** *-a*; **pl. m.** *-ci*) **1** che (o chi), mosso da esagerato entusiasmo per un'idea, una fede, una teoria e sim., si mostra intollerante nei confronti di ogni posizione che non sia la sua: *è un credente f.*; *il suo è uno zelo f.* **SIN.** fazioso, settario **2** ammiratore entusiasta di qlcu. o di qlco. | che (o chi) mostra eccessivo zelo ed entusiasmo per qlco.: *essere f. del teatro, della letteratura, dello sport*; *essere f. per la musica*; *sono tutti fanatici ammiratori di quell'attrice*; *è un f. della puntualità, della pulizia* **3** (*roman.*) che (o chi) si dimostra esagerato, presuntuoso e sim. || **fanaticóne**, **accr.** || **fanaticaménte**, **avv.**

♦**fanatìṣmo** [fr. *fanatisme*, da *fanatique* 'fanatico' ✻ 1708] **s. m. 1** adesione incondizionata ed entusiastica a un'idea, una fede, una teoria e sim., che comporta l'intolleranza più assoluta dell'opinione altrui: *si lasciano trasportare dal f.*; *le passioni forti, figlie del f. e dell'entusiasmo* (C. BECCARIA) **SIN.** faziosità, settarismo **CONTR.** misura, tolleranza **2** eccessivo entusiasmo o ammirazione: *l'arrivo di quel cantante suscita scene di f.*; *faceva parlar molto di sé ... col suo f. pei Francesi* (I. NIEVO) **SIN.** esaltazione

SFUMATURE DI SIGNIFICATO
fanatismo - esaltazione - furore
L'adesione incondizionata e intransigente a una dottrina, a un'idea si definisce **fanatismo**; il termine identifica anche un entusiasmo esagerato nei confronti di qualcosa, o un'ammirazione sproporzionata, maniacale nei confronti di qualcuno. **Esaltazione** è la caratteristica di chi si trova in uno stato di eccitazione tale da fargli perdere equilibrio e obiettività e da portare anche ad atti sconsiderati, addirittura di violenza. In questo contesto di significati, anche il **furore** è uno stato di esaltazione, che può anche produrre degli effetti positivi, spingendo all'azione e non solo a distruzione e violenza.
SFUMATURE ➤ ***adorazione***, ➤ ***idolatria***

fanatiẓẓàre [fr. *fanatiser*, da *fanatisme* 'fanatismo' ✻ 1796] **v. tr.** ● portare al fanatismo: *una dottrina politica che tende a f. i suoi seguaci* || **fanatiẓẓazióne**, **s. f.**

fancazzìsta [comp. di *fa (u)n cazzo* ✻ 1995] **A s. m. e f.** (**pl. m.** *-i*) ● (*volg.*) chi non fa o non ha voglia di fare nulla **B** anche **agg.**: *un perditempo f.*

†**fancèllo** [da *fanticello*, dim. di *fante*① ✻ 1238] **s. m.** (**f.** *-a*) ● fanciullo | garzone, servo || †**fancellétto**, **dim.**

fanciùlla [f. di *fanciullo* ✻ 1268] **s. f. 1** (*lett.* o *raro*) giovanetta di età compresa fra i sei e i tredici anni | (*est.*) giovane donna: *una graziosa f.*; *si è sposata ancora f.* | (*lett.*) innamorata, sposa **2** (*lett.*) nubile, zitella: *è rimasta f.* || **fanciullàccia**, **pegg.** (V.) | **fanciullétta**, **dim.** | **fanciullina**, **dim.** | **fanciullóna**, **accr.**

fanciullàccia [1924] **s. f.** (**pl.** *-ce*) **1** pegg. di *fanciulla* **2** pianta erbacea delle Ranuncolacee, con foglie divise in lobi sottili, fiore terminale a 5 brattee simili alle foglie e frutto a capsula contenente semi neri e piccanti (*Nigella damascena*)

fanciullàggine [da *fanciullo* ✻ 1585] **s. f.** ● comportamento o discorso infantile, puerile e sim.: *dici sempre le solite fanciullaggini* **SIN.** bambinata

†**fanciullàia** o †**fanciullàglia** [av. 1565] **s. f.** ● ragazzaglia

fanciullàta [1861] **s. f.** ● ragazzata

fanciullésco [1268] **agg.** (**pl. m.** *-schi*) ● di fanciullo: *atto f.*; *un ingegno f.* (G. VICO) | (*est.*) puerile, sciocco: *atteggiamenti fanciulleschi* **SIN.** bambinesco, infantile || **fanciullescaménte**, **avv.** in modo fanciullesco; in modo sconsiderato

fanciullézza [1268] **s. f. 1** età umana compresa tra i sei e i tredici anni circa: *i ricordi della f. sono spesso deformati dalla nostalgia* **2** (*fig.*) origine di qlco.: *la f. della poesia* **3** †fanciullaggine

♦**fanciùllo** [da *fancello*, con cambio di suff. ✻ 1268] **A s. m.** (**f.** *-a* (V.)) **1** (*lett.* o *raro*) giovanetto di età compresa fra i sei e i tredici anni: *letture per i fanciulli* | ***f. prodigio***, che mostra intelligenza e capacità superiori alla norma **SIN.** ragazzino **2** (*fig.*) persona ingenua o inesperta: *comportarsi da f.* | ***è ancora un f.***, di chi, pur avendo superato l'età della fanciullezza, ne conserva la fresca semplicità | ***eterno f.***, chi non matura con gli anni **B agg. 1** (*lett.*) fanciullesco: *ha ancora un aspetto f.*; *il suo viso f. ingannava un po' tutti* **2** (*lett.*, *fig.*) di ciò che è ancora agli inizi e lontano dalla maturità: *si tratta di una scienza fanciulla*; *è una nazione ancora fanciulla* || **fanciullàccio**, **pegg.** | **fanciullétto**, **dim.** | **fanciullino**, **dim.** | **fanciullóne**, **accr.** (V.)

fanciullóne [av. 1584] **s. m.** (**f.** *-a*) **1** accr. di *fanciullo* **2** (*fig.*) persona ingenua e sempliciotta

fan club /fan'klab, -εb, -ub, *ingl.* 'fæn,klʌb/ [loc. ingl., comp. di *fan* e *club* ✻ 1986] **loc. sost. m. inv.** (**pl. ingl.** *fan clubs*) ● associazione di cui fanno parte i sostenitori più accesi di un cantante, di un attore e sim.

fan còil /fan'kɔil, *ingl.* 'fæn,kɔɪl/ [propr. 'spirale di tubi (*coil*) che fa da ventola (*fan*)' ✻ 1994] **loc. sost. m. inv.** (**pl. ingl.** *fan coils*) ● (*tecnol.*) ventilconvettore

fancùlo ➤ **vaffanculo**

fandàngo [dallo sp. *fandango*, di etim. incerta ✻ 1760] **s. m.** (**pl.** *-ghi*) ● canzone e ballo andaluso a tempo ternario accompagnato dal suono di nacchere e chitarre

fàndom /'fandom, *ingl.* 'fændəm/ [comp. dell'ingl. *fan*, 'sostenitore' e del suff. ingl. *-dom* che significa 'insieme di persone' ✻ 1970] **s. m. inv.** ● l'insieme degli appassionati di un settore, spec. di fantascienza

♦**fandònia** [etim. incerta ✻ 1555] **s. f.** ● cosa non vera, inventata spec. per vanteria: *racconta sempre e solo grosse fandonie* **SIN.** bugia, frottola, menzogna

SFUMATURE DI SIGNIFICATO
fandonia - frottola - panzana
Fandonia è la notizia, il racconto inventato per scherzo o per vanteria; può essere un misto di falso e di vero e può anche mancare la consapevolezza di dire cose non vere. Una bugia di poco conto è anche la **frottola**, mentre la **panzana** è una sciocchezza palesemente inventata, un'affermazione del tutto priva di fondamento.
SFUMATURE ➤ ***bugia***②, ➤ ***invenzione***

fané /*fr.* fa'ne/ [vc. fr., part. pass. di *faner* 'far appassire, avvizzire', dal lat. parl. **fenāre*, da *fēnum* 'fieno' ✻ 1885] **agg. inv.** (**f. fr.** *fanée*; **pl. m.** *fanés*; **pl. f.** *fanées*) ● che ha perduto la freschezza: *abito f.*; *viso f.*

fanèllo [dal lat. *fāginus*, agg. di *fāgus* 'faggio', perché 'uccello del faggio', con suff. dim. ✻ av. 1320] **s. m.** ● uccello dei Passeriformi comune in Italia nelle zone incolte ai margini dei boschi, che ha voce piacevole e può vivere in gabbia (*Carduelis cannabina*) **SIN.** montanello | ***f. nordico***, diffuso nel Nord Europa durante l'estate (*Carduelis flavirostris*)

Fanerògame [comp. del gr. *phanerós* 'visibile' (da *pháos*, var. di *phôs* 'luce'), e *-gamo* ✻ 1809] **s. f. pl.** (**sing.** *-a*) ● (*bot.*) in alcune sistematiche, spec. antiche, gruppo di piante caratterizzate dagli organi di riproduzione visibili **SIN.** Spermatofite

fanerogàmico [1956] **agg.** (**pl. m.** *-ci*) ● relativo alle fanerogame: *flora fanerogamica*

fanfalùca [lat. tardo *fanfalūca(m)*, dal gr.

pomphólyga, acc. di *pomphólyx* 'bolla d'aria', di orig. espressiva ✱ 1356] **s. f. 1** †frammento leggerissimo di paglia o di carta bruciata che si leva in aria **2** (*fig.*) ciancia, fandonia: *le tue fanfaluche non si contano più* | invenzione, assurdità: *perde il tempo a scrivere delle fanfaluche pastorali* (G. Baretti) | capriccio: *ha troppe fanfaluche a cui pensare per lavorare seriamente* **3** †pasta dolce simile alla pasta sfoglia

fànfano [lat. *pŏmpilu(m)*, dal gr. *pompílos*, da *pompḗ* 'accompagnamento' ✱ 1834] **s. m.** ● (*zool., sett.*) pesce pilota

fanfàra [fr. *fanfare*, di orig. onomat. ✱ 1679] **s. f.** ● banda musicale militare formata spec. da ottoni | musica composta per tali bande || **fanfarètta**, **dim.**

fanfaronàta [sp. *fanfarronada*, da *fanfarrón* 'fanfarone' ✱ 1689] **s. f.** ● atteggiamento o discorso da fanfarone **SIN.** millanteria, smargiassata, sparata

fanfaróne [sp. *fanfarrón*, di orig. onomat. ✱ 1685] **s. m.** (**f.** *-a*) ● chi ingrandisce a dismisura la portata delle sue vere o più spesso presunte qualità **SIN.** millantatore, smargiasso, spaccone

†**fànfera** ➤ **vanvera**

†**fanferìna** [dim. di *fanfera* ✱ av. 1672] **s. f.** ● baia, burla | ***mettere in f.***, in burla

fanfìction o **fan fiction** /fan'fikʃon, *ingl.* ˌfæn'fikʃən/ [vc. ingl., propr. 'narrativa (*fiction*) scritta da ammiratori (*fan*)' ✱ 1996] **s. f. inv.** ● storia ispirata a trame o personaggi di film di animazione, fumetti, telefilm, romanzi fantasy e sim., creata e messa in rete da appassionati di quei generi narrativi

fànga [da *fango* ✱ 1584] **s. f.** ● (*centr., merid.*) poltiglia alta e in grande quantità, spec. in zone campestri: *un viottolo pieno di f.*

fangàia [da *fango* ✱ 1845] **s. f.** ● tratto di strada o luogo con molto fango

fangatùra [1869] **s. f.** ● (*med.*) immersione di tutto il corpo o di parti di esso nei fanghi termali a scopo terapeutico

fanghìglia [da *fango* ✱ 1550] **s. f. 1** fango, melma: *la densa f. nel centro della via* (I. Svevo) | deposito terroso dell'acqua **2** deposito argilloso di materiali eterogenei

fanghìno [1947] **s. m.** (**f.** *-a*) ● nelle stazioni termali, chi è addetto alle operazioni di fangatura

♦**fàngo** [vc. di orig. germ. ✱ av. 1276] **s. m.** (**pl.** *-ghi*) **1** terra trasformata dall'acqua in poltiglia più o meno consistente: *imbrattarsi di f.* **CFR.** pelo- | ***fanghi termali***, o (*assol.*) ***fanghi***, impasto di melma e acque termali, con particolari proprietà medicamentose: *cura dei fanghi*; *fare i fanghi* | ***f. di fondo***, parte del fondo marino in cui è presente terriccio più o meno molle e in cui affonda l'ancora | ***fanghi rossi***, le scorie industriali, tossiche, del diossido di titanio | ***fanghi blu***, sedimenti marini bluastri per la presenza di solfuri e materie organiche | ***fanghi verdi***, sedimenti marini verdastri per la presenza di glauconite | ***f. attivo*** o ***attivato***, trattato con principi attivi che lo rendono idoneo a produrre un determinato effetto; in particolare, arricchito di colonie di microrganismi che, nutrendosi di sostanze organiche, vengono immessi negli impianti di depurazione delle acque perché contribuiscano a filtrarle **2** (*fig.*) stato di abiezione, di miseria morale: *cadere nel f.*; *uscire dal f.*; *raccogliere, togliere qlcu. dal f.* | (*fig.*) ***gettare f. addosso a qlcu., coprire qlcu. di f.***, infamarlo, disonorarlo | ***macchina del fango***, nel linguaggio giornalistico, campagna mediatica per screditare un avversario politico con rivelazioni distorte o del tutto false che lo riguardano **3** (*geol.*) sedimento clastico non consolidato, impregnato d'acqua, a elementi di dimensioni inferiori a un sedicesimo di mm: *f. argilloso*; *fanghi silicei* || **fangàccio**, **pegg.** | **fanghìccio**, **dim.**

Definizione d'autore

Il **fango** si plasma e ci accoglie quando cadiamo, è l'impronta della terra sui nostri corpi, memoria della lotta. La partita, la vittoria, la sconfitta hanno l'odore del **fango**. Il **fango** ci nasconde il volto e ci marchia la maglia, che è come una seconda pelle. È sporco, ma non fa male: quando eravamo dei piccoli rugbisti alla fine degli allenamenti giocavamo a tuffarci nelle pozze. Come il sudore, è un marchio e un simbolo di ciò che siamo: il **fango** alla fine della partita racconta i nostri sacrifici e la nostra passione.

Mauro Bergamasco

fangóso (o -ṣ-) [av. 1311] **agg. 1** pieno di fango: *terreno, viottolo f.* | limaccioso, melmoso: *lago, stagno f.* | imbrattato di fango: *scarpe fangose* **2** (*fig., lett.*) abietto, spregevole: *vita fangosa* || **fangosétto**, **dim.** || **fangosità**, **s. f. inv.** caratteristica di ciò che è fangoso: *la fangosità di un sentiero*

fangoterapìa [comp. di *fango* e *terapia* ✱ 1935] **s. f.** ● (*med.*) uso dei fanghi termali a scopo terapeutico || **fangoteràpico**, **agg.** (**pl. m.** *-ci*) relativo a fangoterapia

fànnia [etim. incerta ✱ 1956] **s. f.** ● insetto dei Ditteri simile alla mosca comune tanto da essere con essa confuso, diffuso ovunque, con scarsa tendenza a posarsi sugli uomini (*Fannia canicularis*)

fànno ➤ **fare**①

fannullàggine [av. 1928] **s. f.** ● (*raro*) caratteristica o comportamento del fannullone **SIN.** poltronaggine

fannullóne [comp. di *fare*① e *nulla* ✱ 1847] **s. m.** (**f.** *-a*) ● chi non ha voglia di far niente **SIN.** bighellone, ozioso, poltrone **CONTR.** sgobbone

fannulloneria [1997] **s. f.** ● caratteristica di chi è fannullone

fàno [vc. dotta, lat. *fānu(m)*, da avvicinare a *fās* 'diritto sacro' ✱ 1353] **s. m.** ● (*archeol.*) tempio, luogo sacro, santuario

fanóne① [fr. *fanons*. V. *fanone*② ✱ 1835] **s. m.** ● (*zool.*) ognuna delle lamine cornee flessibili a margine frangiato, inserite in gran numero sulla mascella superiore dei Cetacei dei Misticeti, che nell'insieme fungono da filtro trattenendo il plancton

fanóne② [fr. *fanon*, dal francone **fano* 'pezzo di stoffa' ✱ 1841] **s. m.** ● ognuna delle mozzette uguali, sovrapposte, di seta, a strisce bianche e dorate, che il Papa pone sugli omeri quando celebra pontificalmente | ciascuna delle strisce pendenti dalla parte posteriore della mitra **SIN.** infula

fànotron [comp. del gr. *pháinō* 'io risplendo' e *-trone*, ricavato da *elettrone* ✱ 1956] **s. m. inv.** ● tipo di tubo elettronico a gas usato come raddrizzatore

fànta- [abbr. di *fantasia*] **primo elemento** ● in alcune parole composte di formazione recente, sul modello di *fantascienza*, indica la presenza di elementi fantasiosi o immaginari: *fantapolitica, fantascienza*

Fantacàlcio® [comp. di *fanta-* e *calcio*① ✱ 1985] **s. m. solo sing.** ● gioco di simulazione della gestione di una società calcistica che prevede la partecipazione a un campionato virtuale collegato ai risultati delle partite reali

fantaccìno [dim. di *fante*② ✱ 1539] **s. m.** ● anticamente, soldato a piedi, a servizio di un cavaliere | (*est., scherz.*) soldato semplice di fanteria

fantacrònaca [comp. di *fanta-* e *cronaca* ✱ 1966] **s. f.** ● cronaca in cui si narrano avvenimenti fantastici o scarsamente aderenti alla realtà

fantapolìtica [da *politica*, sul modello di *fantascienza* ✱ 1963] **s. f.** ● genere narrativo che si basa su avvenimenti politici immaginari o ipotetici | interpretazione o ipotesi politica inverosimile, non basata su dati reali: *fare della f.*

fantapolìtico [1967] **agg.** (**pl. m.** *-ci*) ● di fantapolitica | ispirato alla fantapolitica || **fantapoliticaménte**, **avv.**

fantascientìfico [comp. di *fanta-* e *scientifico* ✱ 1954] **agg.** (**pl. m.** *-ci*) ● di fantascienza, relativo alla fantascienza: *letteratura fantascientifica* | (*est.*) avveniristico: *un progetto f.* | (*fig.*) assurdo, inverosimile: *un'ipotesi fantascientifica* || **fantascientificaménte**, **avv.** || **fantascientificità**, **s. f. inv.**

fantasciènza [comp. di *fanta-* e *scienza*, per tradurre l'ingl. *science-fiction* ✱ 1952] **s. f.** ● genere letterario o cinematografico che si basa sull'interpretazione fantastica e avveniristica delle conquiste della scienza e della tecnica

♦**fantaṣìa** [vc. dotta, lat. *phantăsia(m)*, dal gr. *phantasía*, da *pháinō* 'io mostro' ✱ 1294] **A s. f. 1** facoltà della mente umana di interpretare liberamente i dati forniti dall'esperienza, o di rappresentare contenuti inesistenti in immagini sensibili: *f. sbrigliata, originale, fervida, povera, ricca*; *f. … quella potenza la quale è simile al lume nell'illustrar le cose* (T. Tasso); *lavorare di f.*; *mancare di, non avere f.*; *queste supposizioni sono frutto di una f. malata* **SIN.** immaginazione, inventiva | pensiero: *riandare con la f. a un evento passato* | fantasticheria: *ricadde come stanco per tornare alle sue fantasie* (I. Nievo) | illazione, supposizione: *non ci credo: le tue sono solo fantasie* **2** opera o prodotto di tale facoltà: *una splendida f. di colori*; *fantasie gastronomiche* | (*est.*) fenomeno naturale che esce dall'ordinario, dalla norma: *le fantasie della natura* **3** (*lett.*) bizzarria, capriccio, voglia: *non capisco queste tue fantasie improvvise*; *non dar peso alle sue fantasie* | ***avere f. di qlco.***, desiderarla **4** tessuto, capo d'abbigliamento, e sim., a colori vivaci, disegni vistosi e capricciosi: *una f. in seta a colori contrastanti*; *accessori di f.* **5** (*mus.*) composizione di forma assai libera, a volte ispirata a temi di altre composizioni | centone di melodie da opere liriche nei concerti bandistici **6** danza di certe popolazioni africane compiuta su due file di ballerini che avanzano o indietreggiano per poi assumere forma circolare, con forti battute dei piedi e accelerazioni frenetiche **B in funzione di agg. inv.** (**posposto a un sost.**) **1** detto di tessuto a colori vivaci e a disegni vistosi e di ciò che con tale tessuto si confeziona: *seta f.*; *abito f.* | (*est.*) detto di gioiello d'imitazione, non prezioso: *collana f.* **2** detto di ogni carattere tipografico non rientrante nelle suddivisioni principali || **fantaṣiàccia**, **pegg.** | **fantaṣiétta**, **dim.** | **fantaṣiùccia**, **dim.**

SFUMATURE DI SIGNIFICATO

fantasia - fantasticheria

Fantasia è l'immaginazione, l'inventiva, cioè la facoltà di creare e rappresentarsi immagini, nonché il prodotto di tale facoltà; in altra accezione la parola identifica un'idea, un desiderio insoliti, lontani dalla realtà. **Fantasticheria** è l'attività del fantasticare, cioè dell'immaginare liberamente; rispetto a *fantasia*, il vocabolo ha una sfumatura negativa perché dell'immaginazione sottolinea più l'aspetto strano e irrealizzabile che quello creativo.

SFUMATURE ➤ ***sogno***

fantàṣima [da *fantasma*, con epentesi (cioè inserzione) della *-i-* ✱ sec. XIII] **s. f. o m.** (**pl. m.**

-i) **1** (*tosc.*, *lett.*) fantasma, spettro **2** †incubo nel sonno | †apparizione paurosa: *egli è la f., della quale io ho avuta a queste notti la maggior paura che mai s'avesse* (G. Boccaccio)

fantaṣióso (o **-ṣo**) [da *fantasia* ✱ av. 1704] **agg. 1** pieno di estro: *spettacolo, racconto f.* **SIN.** brioso, vivace **CONTR.** arido, monotono **2** (*est.*) bizzarro, inverosimile: *una ricostruzione dei fatti alquanto fantasiosa* **3** di persona dotata di estro e di fantasia: *un uomo f. e originale* **SIN.** immaginoso ‖ **fantaṣiosaménte**, **avv.** ‖ **fantaṣiosità**, **s. f. inv.** caratteristica di chi (o di ciò che) è fantasioso

fantaṣista [fr. *fantaisiste*, da *fantaisie* 'fantasia' ✱ 1884] **A s. m. e f. (pl. m. *-i*)** ● artista di varietà dalle molteplici attitudini sceniche | (*est.*) nel linguaggio sportivo, giocatore, spec. di calcio, molto dotato tecnicamente e imprevedibile nelle giocate **B agg.** ● fantasistico

fantaṣìstico [1968] **agg. (pl. m. *-ci*)** ● di fantasista ‖ **fantaṣisticaménte**, **avv.**

♦**fantàṣma** [vc. dotta, lat. *phantăsma*, dal gr. *phántasma* 'fantasma, immagine', da *phantázō* 'io mostro', al medio 'io appaio' ✱ av. 1294] **A s. m. o †f. (pl. m. *-i*) 1** immagine di persona defunta rievocata dalla fantasia allucinata e considerata come reale | spettro, ombra: *f. notturno*; *credere, non credere ai fantasmi* | ***è il f. di sé stesso***, di persona irriconoscibile e malridotta **SIN.** apparizione **2** immagine illusoria, priva di corrispondenza con la realtà dei fatti: *sono tutti fantasmi della loro mente malata*; *inseguire i fantasmi del successo* | ***f. poetico***, visione poetica come si configura all'intuizione dell'artista **CONTR.** realtà **3** (*psicoan.*) scenario prodotto dalla fantasia, in cui il soggetto realizza un desiderio conscio o inconscio **4** (*fig.*) minaccia, pericolo, spauracchio: *ora che si leva sull'orizzonte il f. degli esami* (A. Fogazzaro) ‖ **fantaṣmino**, **dim.** (V.) | **fantaṣmóne**, **accr. B** in funzione di **agg. inv.** ● (posposto a un sost., *fig.*) che non ha effettiva realtà | ***governo f.***, privo di ufficialità o che opera nella clandestinità | ***città f.***, abbandonata | ***scrittore f.***, che dà forma letteraria a idee e scritti di altra persona lasciandone a quest'ultima la paternità | ***immagine f.***, detto di difetto della ricezione televisiva in cui appare una seconda immagine più debole, dovuta a un'onda riflessa, che dà luogo a una visione sdoppiata

fantaṣmagorìa [fr. *fantasmagorie*, comp. del gr. *phántasma* 'fantasma' e *agoréuō* 'io parlo pubblicamente' ✱ av. 1803] **s. f. 1** (*disus.*) rapida successione, su uno schermo bianco, di immagini in movimento, prodotte dalla lanterna magica **2** (*est.*) serie ininterrotta di suoni o di immagini fantastiche che eccitano esageratamente l'immaginazione | spettacolo sfarzoso e fantastico: *la piazza era tutta una f. di luci, suoni e colori* **3** (*est.*) insieme artificioso ed eccessivo, per ottenere effetti vistosi in quadri, romanzi, poesie e sim.: *una f. di citazioni, di ipotesi, di cifre* **4** (*fig.*, *lett.*) insieme di illusioni o visioni prodotte da una fantasia alterata, sovreccitata e sim.: *ha la testa piena di fantasmagorie*

fantaṣmagòrico [fr. *fantasmagorique*, da *fantasmagorie* 'fantasmagoria' ✱ 1863] **agg. (pl. m. *-ci*)** ● che ha le caratteristiche di una fantasmagoria: *spettacolo f.* ‖ **fantaṣmagoricaménte**, **avv.** ‖ **fantaṣmagoricità**, **s. f. inv.**

fantaṣmàtico [fr. *fantasmatique*, da *fantasme* 'fantasma' ✱ av. 1588] **agg. (pl. m. *-ci*) 1** (*raro*, *lett.*) di fantasma, di spettro | (*est.*) che è prodotto dall'immaginazione, dalla fantasia **2** (*psicoan.*) detto di quanto è elaborato dall'inconscio sotto forma di fantasmi o fantasie ‖ **fantaṣmaticaménte**, **avv.**

fantàṣmico [da *fantasma* ✱ av. 1686] **agg. (pl. m. *-ci*)** ● (*lett.*) di fantasma, di spettro | (*fig.*) irreale, inconsistente

fantaṣmìno [dim. di *fantasma* ✱ 1912] **s. m. 1** piccolo fantasma, spec. come protagonista di film e cartoni animati **2** (**spec. al pl.**) calzino molto corto, che non fuoriesce dal bordo della scarpa

fantasticàggine [da *fantasticare* ✱ 1612] **s. f. 1** (*lett.*) fanstricheria, elucubrazione **2** (*lett.*) stranezza, bizzarria, stravaganza: *sapeva ... tollerare a tempo il brontolio e le fantasticaggini del padrone* (A. Manzoni)

fantasticàre [da *fantastico* ✱ av. 1328] **A v. tr.** (*io fantàstico, tu fantàstichi*) ● creare, immaginare con la fantasia: *fantasticava di viaggiare in mondi lontani* | almanaccare, arzigogolare: *cosa state fantasticando?* **B v. intr.** (**aus.** *avere*) ● abbandonarsi a congetture fantastiche, lavorare di fantasia: *su cosa state fantasticando?*; *assai ore ... su quelle sue pagine ... io andava fantasticando* (V. Alfieri)

fantasticatóre [sec. XIV] **s. m. (f. *-trice*)**; **anche agg.** ● chi (o che) ha l'abitudine di fantasticare

fantasticherìa [1527] **s. f.** ● il fantasticare **SIN.** fantasia | congettura fantastica: *sono le sue solite fantasticherie* **SIN.** arzigogolo, chimera

SFUMATURE ➤ *fantasia*

♦**fantàstico** [vc. dotta, lat. tardo *phantăsticu(m)*, dal gr. *phantastikós*, da *phantázō* 'io mostro' ✱ av. 1292] **A agg. (pl. m. *-ci*) 1** della fantasia: *capacità fantastica e immaginativa* | (*lett.*) dotato di fantasia, sognatore **2** che è prodotto dalla fantasia e non ha necessaria rispondenza nella realtà dei fatti: *è una narrazione fantastica*; *sono tutte idee fantastiche le tue* | irreale, immaginario, chimerico: *è un paesaggio, un luogo f.* **3** (*iperb.*) eccezionale, magnifico: *uno spettacolo f.*; *dispone di un patrimonio f.*; *è una ragazza assolutamente fantastica* **SIN.** favoloso, formidabile **4** (*lett.*) lunatico, cervellotico, bizzarro: *poteva ... cavarsi anche lui la voglia di essere un po' f.* (A. Manzoni) ‖ **fantasticaménte**, **avv. B** in funzione di **inter.** ● esprime meraviglia, stupore, ammirazione, approvazione e sim.: *f.! ce l'ha fatta!* **C s. m. 1** ciò che è proprio della fantasia o che da essa nasce **CONTR.** reale **2** ciò che è unico, incredibile, eccezionale: *il f. è che sia riuscito a vincere*

SFUMATURE ➤ *immaginario*

fantasticóne [1887] **s. m. (f. *-a*)** ● (*raro*) chi è solito fantasticare

fantastiliàrdo [comp. di *fantasti(co)* e *(mi)liardo* ✱ 1989] **s. m.** ● (*scherz.*) quantità elevatissima di denaro **SIN.** fantastilione

fantastilióne [comp. di *fantasti(co)* e *(mi)lione* ✱ 1961] **s. m.** ● (*scherz.*) fantastiliardo

fàntasy /'fantazi, *ingl.* 'fæntəsɪ/ [vc. ingl., propr. 'fantasia' ✱ 1976] **A s. m. o** (*raro*) **f. inv.** ● genere letterario e cinematografico basato sulla narrazione di avvenimenti ambientati spec. in un Medioevo di fantasia, con elementi propri del romanzo cavalleresco, delle saghe nordiche, della fiaba e della mitologia **B anche agg. inv.**: *genere f.*

fànte① [lat. *infănte(m)* 'infante', con aferesi della sillaba iniziale ✱ sec. XII] **s. m. (f. *fante*③ (V.)) 1** †bambino | †ragazzo, giovane uomo **2** (*raro*, *lett.*) garzone addetto a vari servizi: *essere f. di qlcu.* | **PROV.** ***scherza coi fanti e lascia stare i santi***, scherza pure su argomenti profani o di poco conto, ma non su quelli sacri o seri | †apprendista | †fattorino | ***†f. di stalla***, stalliere | ***lesto f.***, (*raro*) V. *lestofante* ‖ **fanticèllo**, **dim.** | **fanticìno**, **dim.** | †**fantìno**, **dim.** (V.)

fànte② [dal gotico *fanthja* 'soldato a piedi'; nel sign. 2, dal 'soldato di fanteria' che vi è raffigurato ✱ 1312] **s. m. 1** soldato di fanteria | ***f. piumato***, bersagliere | ***†f. perduto***, soldato scelto, addestrato alle azioni più rischiose | ***†far cavalli e fanti***, arruolare truppe **2** nelle carte italiane e francesi, la figura di minor pregio ‖ **fantaccìno**, **dim.** (V.)

†**fànte**③ [f. di *fante*① ✱ sec. XIII] **s. f. 1** serva, fantesca: *aveva Giacomin in casa una f. attempata* (G. Boccaccio) **2** donna di umile condizione o di cattiva reputazione ‖ **fanticèlla**, **dim.** | **fantìna**, **dim.** (V.)

†**fànte**④ [vc. dotta, lat. *fānte(m)*, part. pres. di *fāri* 'parlare' ✱ 1319] **A agg.** ● che è dotato di parola, di ragione **SIN.** ragionevole **B s. m.** ● individuo dotato di parola, di ragione: *Ma come d'animal divegna f.* (Dante *Purg.* XXV, 61)

fanterìa [da *fante*② ✱ av. 1363] **s. f.** ● componente fondamentale delle forze di terra, formata da truppe appiedate e dotate di mezzi di trasporto leggeri | Arma dell'esercito che, oltre alla fanteria propriamente detta, include anche alpini, bersaglieri, granatieri, lagunari e paracadutisti | ***f. di marina***, denominazione generica che indica truppe addestrate in operazioni da sbarco e anfibie

fantésca [da *fante*③ ✱ 1306] **s. f.** ● (*lett.* o *scherz.*) domestica | donna di servizio

fantìna [av. 1348] **s. f. 1** †dim. di *fante*③ | bambina, ragazza | giovane serva **2** (*tecnol.*) nel tornio parallelo, l'organo, fissato rigidamente al banco, che contiene il mandrino e tutti i meccanismi di variazione di velocità

fantìno [propr. dim. di *fante*① ✱ av. 1257] **s. m. 1** (**f. *-a***) †fanciullo, bambino: *non è fantin che sì sùbito rua / col volto verso il latte* (Dante *Par.* XXX, 82-83) **2** (**f. *-a***) chi monta o guida per professione i cavalli nelle corse al galoppo o al trotto | ***berretto da f.***, berretto con cupola a spicchi molto aderente e con visiera **SIN.** jockey **3** †fante, soldato **4** †persona scaltra

†**fantoccerìa** [da *fante*① ✱ av. 1584] **s. f.** ● pensiero o atto assurdo, sciocco e sim.

fantocciàio [1550] **s. m. (f. *-aia*, pl. m. *-ai*)** ● (*raro*) fabbricante di fantocci, di pupazzi

fantocciàta [av. 1742] **s. f.** ● (*raro*, *anche fig.*) burattinata

fantòccio [da *fante*① ✱ 1548] **A s. m. (f. *-a*; pl. f. *-ce*) 1** pupazzo fatto a imitazione della figura umana con pezzi di stoffa, legno o altri materiali, usato come giocattolo, spaventapasseri ecc. **2** (*fig.*) persona senza volontà propria che si lascia agevolmente guidare dagli altri: *non sei che un povero f. e non te ne accorgi*; *voglio vedere quando la smetterai di fare il f.* **B** in funzione di **agg. inv.** ● (posposto al sost., *fig.*) nella loc. ***governo f.***, governo privo di ogni effettiva autorità, usato strumentalmente da altri ‖ **fantoccétto**, **dim.** | **fantoccìno**, **dim.** | **fantoccióne**, **accr.**

fantolìno [dim. del lat. *infāntulus*, a sua volta dim. di *infans*, genit. *infāntis* 'infante', con aferesi della sillaba iniziale. Cfr. *fante*① ✱ 1319] **s. m. (f. *-a*)** ● (*lett.*) bambino

fantomàtico [fr. *fantômatique*, da *fantôme* 'fantasma' ✱ 1890] **agg. (pl. m. *-ci*) 1** spettrale, fantastico **2** (*est.*) inafferrabile, misterioso: *un f. personaggio* ‖ **fantomaticaménte**, **avv.** ‖ **fantomaticità**, **s. f. inv.**

Fantòzzi [dal n. di un personaggio creato dall'attore Paolo Villaggio e da lui interpretato in molti film ✱ 1985] **s. m. e f. inv.** ● oscuro impiegato, modesto funzionario | persona maldestra, spesso coinvolta in situazioni tragicomiche o particolarmente sfortunate

fantozziàno [1977] **agg.** ● che ricorda i modi goffi e impacciati del ragionier Fantozzi: *aspetto f.* | tragicomico, grottesco, sfortunato: *vicenda, situazione fantozziana*

fanzìna **s. f.** ● adattamento di *fanzine* (V.)

fanzine /fan'dzin, *ingl.* 'fæn,ziːn/ [vc. dell'ingl. d'America, propr. 'rivista per appassionati', comp. di *fan* e *(maga)zine* ✱ 1965] **s. f. inv.** ● rivista, per lo più realizzata in economia e a bassa tiratura, destinata agli appassionati di un settore (musica rock, fantascienza, cartoni animati, ecc.)

FAQ /fak/ [sigla ingl. di *F(requently) A(sked) Q(uestions)* ✱ 1996] **s. f. pl.** ● spec. in Internet, le domande poste più frequentemente su un determinato argomento e le risposte relative

far ▸ **fare**①

fàra [vc. longob. ✱av. 1912] **s. f.** ● (*stor.*) presso i Longobardi, spedizione cui partecipava tutto il popolo | piccolo nucleo gentilizio e militare longobardo che, sotto il comando di un arimanno, costituiva la cellula del ducato; il termine è rimasto in italiano come primo elemento di molti nomi propri di luogo: *Fara S. Martino*

farabùtto [ted. *Freibeuter* 'libero saccheggiatore, corsaro'. Cfr. *filibustiere* ✱ 1650] **s. m.** (**f.** *-a*) ● persona disonesta e senza scrupoli **SIN.** canaglia, imbroglione, mascalzone

fàrad [dal n. del fisico ingl. M. *Faraday* (1791-1867) ✱ 1889] **s. m. inv.** ● unità di misura di capacità elettrica, corrispondente a 1 coulomb/volt **SIMB.** F

fàraday /'faradai, *ingl.* 'færə,deɪ/ [dal n. del fisico inglese M. *Faraday* (1791-1867) ✱sec. XX] **s. m. inv.** ● (*elettr.*) unità di misura della carica elettrica necessaria per liberare in elettrolisi 1 grammo-equivalente di sostanza; equivale a 96484,56 coulomb

faràdico [1892] **agg.** (**pl. m.** *-ci*) ● detto di corrente elettrica di induzione

faraglióne [etim. incerta ✱sec. XV] **s. m.** ● grande scoglio aguzzo, staccato dalla costa

faràndola [provenz. moderno *farandoulo*, da *fa-rundello* 'fa-giri' ✱ 1893] **s. f.** ● danza a catena tipica della Provenza

faraóna [da *faraone*①, perché proviene dall'Egitto ✱ 1869] **A** **s. f.** ● uccello dei Galliformi con testa e parte del collo nudi, piumaggio macchiettato di bianco e grigio, allevato per la carne (*Numida meleagris*) **B** **anche agg.** solo **f.**: *gallina f.*

♦**faraóne**① [vc. dotta, lat. *Pharaōne(m)*, nom. *Pharao*, dal gr. *Pharaṓ*, dall'ebr. *Par'ôh*, di orig. egiziana ✱av. 1311] **s. m.** (**f.** *-a*) **1** uno dei titoli onorifici spettanti agli antichi re d'Egitto **2** (*fig.*, *lett.*) persona superba

faraóne② [fr. *pharaon*; dal *faraone* che era raffigurato sulle carte (?) ✱av. 1755] **s. m.** ● gioco d'azzardo a carte, diffuso spec. nel Settecento, tra cinque o più giocatori, dei quali uno tiene il banco

faraònico [da *faraone*① ✱ 1585] **agg.** (**pl. m.** *-ci*) **1** dei faraoni dell'antico Egitto: *le tombe faraoniche* **2** (*fig.*) grandioso, di uno sfarzo spesso esagerato: *al mare s'è fatto una villa faraonica* ‖ **faraonicaménte**, **avv.** ‖ **faraonicità**, **s. f. inv.**

†**faràssi** ▸ **fare**①

fàrcia [fr. *farce*, da *farcir* 'farcire' ✱ 1854] **s. f.** (**pl.** *-ce*) ● qualsiasi preparazione culinaria usata per farcire

farcìno [fr. *farcin*, dal lat. *farcīmen*, da *farcīre* 'riempire, imbottire', in quanto produce tumori ✱ 1830] **s. m.** ● malattia contagiosa cronica degli equini, caratterizzata da infiammazione purulenta del sistema linfatico e formazione di noduli e ulcere **CFR.** morva

farcìre [fr. *farcir*, dal lat. *farcīre*, di etim. incerta ✱ 1499] **v. tr.** (*io farcisco, tu farcisci*) **1** imbottire polli, pasticci o altro con carne tritata, riso, castagne, tartufi o un qualsiasi altro ripieno (+ *con*, + *di*): *f. una torta con della crema*; *f. di lardo un pesce* **2** (*raro*, *fig.*) riempire, inzeppare (+ *di*): *f. un compito di errori* **SIN.** infarcire

farcìto **part. pass.** di *farcire*; anche **agg.** ● imbottito, ripieno (+ *con*, + *di*; *anche fig.*): *tacchino f.*; *pan di Spagna f. di cioccolato*; *olive farcite con capperi*; *articolo f. di citazioni*

farcitùra [1987] **s. f.** **1** operazione del farcire **2** insieme di ingredienti con cui si farcisce una vivanda

fard /fard, *fr.* faʀ/ [vc. fr., deriv. di *farder* 'imbellettare', di orig. germ. ✱ 1905] **s. m. inv.** ● cosmetico in polvere pressata o in pasta, in varie tonalità di rosso, usato per rendere più vivo il colorito delle guance o per creare ombreggiature sul viso **SIN.** blush

†**fàrda** [dal fr. *farder* 'imbellettare'; V. *fard* ✱av. 1494] **s. f.** **1** sudiciume **2** sputo catarroso

†**fardellàre** [av. 1558] **v. tr.** ● affardellare

♣**fardèllo** [dim. di *fardo*① ✱ 1279] **s. m.** **1** (*raro* o *lett.*) involto o fagotto di notevole peso e dimensioni: *un pesante f. di merci* | †*far f.*, far fagotto: *d'ogni cosa ne fece un f.* (L. Pulci) **2** (*fig.*) peso, carico: *il f. dei pensieri e delle preoccupazioni quotidiane* **3** imballaggio di più confezioni di un prodotto con una pellicola di plastica termoretraibile, in sostituzione dei tradizionali cartoni: *un f. di 6 bottiglie d'acqua minerale* ‖ **fardellètto**, **dim.** | **fardellìno**, **dim.**

†**fàrdo**① [arabo *farda* 'carico del cammello' ✱av. 1347] **s. m.** ● balla cilindrica di pelle in cui si riponevano cibi, spezie e sim. | sacco per trasportare il caffè ‖ **fardèllo**, **dim.** (V.)

†**fàrdo**② [da †*farda* ✱ 1288] **s. m.** ● belletto

♦**fàre**① o †**fàcere** [lat. *făcere*, di orig. indeur. ✱ 1065] **A** **v. tr.** (talora troncato in *far*; **pres.** *io fàccio, raro fo* /fɔ*/, †*fào, tu fài*, †*fàci, egli fa* /fa*/, †*fàce*, †*fàe, noi facciàmo, voi fàte, essi fànno*; **imperf.** *io facévo, tu facévi, egli facéva*, †*faciva*, †*facìa*, †*fàva*, †*féa, essi facévano*, †*féano*; **pass. rem.** *io féci*, †*féi*, †*féo, tu facésti*, **poet.** *fésti, egli féce*, **lett.** *fé* o *fe'* /fe*/, †*féne, noi facémmo*, †*fémmo, voi facéste*, †*féste, essi fécero*, **poet.** *fénno*, †*féróno*, †*fécione*, †*féro*, †*fér*; **fut.** *io farò*, †*faràggio*; **congtv. pres.** *io fàccia*, †*fàzza*, †*fàcci*; **congtv. imperf.** *io facéssi*, †*féssi*; **condiz. pres.** *io farèi*, †*farìa, tu farésti, egli farèbbe* (o *-é-*), †*farìa*; **imperat.** *fa* /fa, fa*/ o *fa'* (V. nota d'uso ELISIONE e TRONCAMENTO) o *fài, fàte*; **part. pres.** *facènte* (V.), †*faccènte*; **part. pass.** *fàtto* (V.); **gerund.** *facèndo*, †*faccèndo*, †*facièndo*). ATTENZIONE! La forma *fa* (terza pers. sing.) non richiede l'accento (V. nota d'uso ACCENTO). Nell'imperativo, la forma *fa'* ha l'apostrofo in quanto troncamento di *fai* (uno dei casi di troncamento con apostrofo) (V. nota d'uso ELISIONE e TRONCAMENTO). Le forme *fa* o *fa'* dell'imperat. possono assumere, in unione con particelle pron., le forme *fàmmi, fàgli, fàlle, fàcci, fànne, fàmmene, fàgliene, fàccene* ecc., con raddoppiamento della consonante iniziale della particella pron. tranne quando in unione con *gli*. *Fàtti* è l'imperat. della forma pron. o rifl. *fàrsi* (es. *fatti un panino*); *fàttene* è l'imperat. della forma intens. *fàrsene* (es. *fattene una ragione*); *fàttela* è l'imperat. della forma intens. *fàrsela* (es. *fàttela da solo!*). **I** produrre un effetto **1** creare: *Iddio fece il mondo dal nulla* | generare: *f. figli, fiori, frutti, rami, foglie* | dare origine: *Siena mi fé, disfecemi Maremma* (Dante *Purg.* V, 134) | di animali, figliare: *la gatta ha fatto quattro gattini* | cagionare o produrre: *terra magra e arida che fa poco*; *le arrabbiature fanno cattivo sangue* **2** porre in essere, in atto: *f. una legge, il male, il bene*; *hanno fatto una vera strage*; *f. causa a qlcu.*; *f. credito a un cliente* | realizzare: *f. un'opera, un lavoro di grande impegno e difficoltà* | eseguire: *f. la volontà, il desiderio di qlcu.*; *avete fatto la nostra ambasciata?* | ripetere imitando: *f. il verso del gufo, del gallo, del corvo* **3** costruire, produrre: *f. scarpe, abiti, case, automobili, pezzi di ricambio* | ***f. un quadro, una natura morta***, dipingere | ***f. una statua, un bassorilievo***, scolpire | ***f. un libro, un poema***, scriverli | ***f. testamento***, esprimere le proprie ultime volontà **4** cucinare: *f. pietanze squisite, piatti prelibati* | preparare: *f. da mangiare, da pranzo, da cena*; *questa carne può essere fatta a lesso, arrosto o in salsa* **5** contare, avere: *Roma fa circa tre milioni di abitanti* | adunare: *f. massa, gente, schiere*; †*f. cavalli, fanti* | procacciarsi, ottenere: *f. denari, quattrini, fortuna* **6** formare, raccogliere: *f. proseliti* **7** rendere: *f. bella una stanza*; *col vostro continuo andirivieni, avete fatto un albergo della mia casa!*; *gli stanno facendo la vita difficile* **8** emettere, detto spec. di liquidi: *la ferita fa sangue* | ***f. acqua***, di natante non più impermeabile, con falle | ***f. acqua (da tutte le parti)***, (*fig.*, *colloq.*) di ciò che attraversa una grave crisi; di proposta o ragionamento che non regge, non è sostenibile **9** seminare, piantare, coltivare: *f. il grano, le fave, i piselli* **10** dare come risultato, relativamente a numeri: *due più due fa quattro*; *nove diviso tre fa tre* | (*colloq.*) costare: *quanto fa?*; *fanno cinquanta euro* **11** configurare, formare: *un tubo che fa gomito*; *qui la strada fa angolo e più oltre si biforca* **12** eleggere: *f. qlcu. re, console, imperatore, Papa, sindaco, deputato* | nominare: *f. conte, cavaliere, generale* **13** praticare un mestiere, esercitare una professione: *f. l'idraulico, il fruttivendolo, il medico, l'ingegnere, il professore, l'indossatrice* | occupare una carica o un ufficio e svolgerne le relative mansioni: *f. il sindaco, il presidente, il questore* | ***f. da sindaco, da giudice, da padre, da madre***, esercitare le funzioni connesse con tali qualifiche, senza averne i titoli **14** rappresentare in teatro: *f. il Saul, l'Otello* | recitare: *ha fatto la parte di Iago* | assumere un determinato atteggiamento: *f. lo stupido, il furbo, lo gnorri, il pesce in barile* **15** pensare, giudicare, ritenere: *dopo una così lunga assenza, ti facevamo ormai morto*; *lo facevo più furbo e più abile* **16** concepire: *f. un disegno, un proposito, un pensiero* | (*colloq.*) ***f. un pensierino su qlco.***, prenderla in considerazione, valutare attentamente la possibilità di ottenerla **II** compiere un'azione **1** operare, agire: *f. bene, male, presto, tardi* | ***f. molto, poco per qlcu., o qlco.***, adoperarsi molto o poco | ***f. e disfare***, (*fig.*) spadroneggiare | ***fa tu***, provvedi tu | ***f. per tre, per dieci***, quanto farebbero tre, dieci persone | ***f. tanto che***, adoperarsi fino a che non si è riusciti in qlco. | ***far sì che***, agire, operare in modo che: *le precauzioni adottate hanno fatto sì che non ci siano stati incidenti* | ***f. come qlcu.***, comportarsi come qlcu. | ***non sapere cosa f.***, essere dubbiosi su una decisione da prendere, su una via da seguire e sim. | ***non se ne fa nulla***, non si conclude | ***non c'è che f., non c'è niente da f.***, è tutto inutile | ***non f. niente***, essere oziosi | ***non fa nulla***, non importa | ***non f. altro che***, dedicarsi quasi esclusivamente a | ***non faccio per dire***, non è per vantarmi | ***non faccio per criticare***, non voglio criticare | ***lasciar f.***, permettere che qlcu. operi come meglio crede | ***saper f., saperci f.***, essere abile nel lavoro, nel comportarsi e sim. | ***darsi da f.***, adoperarsi molto per qlco. | **PROV.** ***chi fa da sé fa per tre*** | ***avere da f.***, essere occupato | ***ma chi te lo fa f.?***, per sottolineare che non vale la pena impegnarsi in un'impresa che costa fatica a chi la compie | ***farne di tutti i colori, farne di cotte e di crude***, compiere azioni di ogni genere, ma soprattutto bizzarre o riprovevoli **2** sforzarsi, industriarsi (+ *di* **seguito da inf.**): *fate di venire al più presto; fa di ottenere un prestito* **3** usato per introdurre un discorso diretto con maggiore forza; dire, interloquire: *a un certo punto mi fece: 'hai proprio ragione'; e io gli faccio: 'pensa per te!'* **III** spesso è usato per evitare le ripetizioni di un v. precedente, dal quale è specificato: *vorrei dirgli il fatto suo ma non so come f.* | con valore pleonast. e rafforz. di un altro v.: *il continuo spendere che fa, finirà per rovinarlo* **IV** seguito da un infinito **1** in numerose costruzioni assume valore causativo: *f. piangere, ridere; far credere qlco. a qlcu.; fammi vedere quel che succede; vuole farmi dire, fare, ciò che non voglio; farò valere le mie ragioni* | ***far dormire una pratica***, insabbiarla | (*fig., fam.*) ***vai a farti friggere***, detto spec. a persona importuna **2** lasciare | ***far capire qlco. a qlcu.***, fornirgli gli elementi necessari per capire qlco. **V** nei casi seguenti assume significati diversi, determinati dal complemento: *f. acqua, legna, carbone*, procurarsene una determinata quantità | ***f. fuoco***, accenderlo; sparare | ***f. razza***, riprodursi | ***f. una grazia***, concederla | ***f. una promessa***, impegnarsi | ***f. il bagno***, immergersi nell'acqua | ***f. un prezzo***, stabilirlo o proporlo | ***f. un sogno***, sognare | ***f. la vita***, (*eufem.*) esercitare la prostituzione | ***f. la bella vita***, vivere piacevolmente | ***f. una vita d'inferno, da cani***, vivere malissimo | ***f. un colpo, un grosso colpo***, rubare o rapinare | ***f. voglia a qlcu.***, invogliarlo | ***quella torta mi fa voglia***, sento il desiderio di mangiarla | ***f. appetito***, stuzzicarlo | ***f. giudizio***, ravvedersi | ***f. coraggio, animo a qlcu.***, incoraggiarlo o rincuorarlo | ***f. il nome, i nomi***, rivelarli | ***f. lezione***, insegnare | †***f. mercanzia***, esercitare il mestiere di mercante | ***f. teatro***, recitare | ***f. una scuola***, frequentarla | ***f. scuola***, V. *scuola* nel sign. 7 | ***f. la barba, i capelli, le unghie***, tagliarli | ***f. la pelle a qlcu.***, ucciderlo | ***f. le carte***, mescolare e distribuirle, nel gioco | ***f. il biglietto***, pagare il prezzo di una corsa in autobus, di un viaggio in treno, di entrata in un cinema o teatro e sim. dietro rilascio di un tagliando | ***f. le tre, le quattro, le dieci***, con riferimento a orologio, segnare tali ore; con riferimento a persona, stare alzata fino a tali ore | ***f. pelo***, detto di muro che si incrina | ***f. corpo***, detto di muro, gonfiarsi e uscire dalla perpendicolare | ***f. presa***, detto di colla o cemento o sim., indurirsi, raffreddarsi | ***f. un accordo***, accordarsi | ***f. un patto***, pattuire | †***f. briga***, litigare | (*lett.*) ***f. cenere di qlcu.***, incenerirlo | ***f. allegria***, procurarla | ***f. un lungo, un breve cammino***, percorrerlo | ***f. i fatti***, agire e non parlare | ***f. le smorfie, il muso***, atteggiare il viso a tali espressioni | ***f. un saluto***, salutare | ***f. una riverenza, un inchino***, inchinarsi | ***f. buona accoglienza***, accogliere benignamente | ***f. il viso rosso***, arrossire | ***f. a mezzo***, dividere | ***f. forca, vela, fuga, sega***, (*fig.*) marinare le lezioni | †***f. cavalcate***, muovere milizie a cavallo | ***f. canale***, incavarsi a forma di canale | †***f. le forche***, (*fig.*) fare il furbo | ***f. la forca a qlcu.***, (*fig.*) ostacolarlo in ogni modo | ***f. un sermone***, una predica, predicare | ***f. festa***, festeggiare | ***f. una brutta, una bella figura***, impressionare sfavorevolmente o favorevolmente | ***fa moda***, detto di qlco. (abito, libro, avvenimento) che segue, o anche anticipa, la moda | ***fa notizia***, detto di avvenimento e sim. di grande risonanza | ***f. caso a qlcu.*** o ***a qlco.***, notarli: *hai fatto caso a suo marito, al suo abbigliamento?* | ***f. la bocca a qlco.***, (*fig.*) abituarvisi | ***f. rotta***, dirigersi | ***f. scalo, tappa***, sostare | ***f. la fame***, patirla | ***f. lieto***, allietare | ***f. onore a qlcu.***, procurargliene | ***f. paura***, impaurire | ***f. meraviglia***, di ciò che stupisce | ***f. meraviglie***, dimostrare grande stupore | †***f. serra***, sollecitare | (*fig.*) ***f. il buono e il cattivo tempo***, spadroneggiare | ***f. fuori qlcu.***, ucciderlo | ***f. colpo su qlcu.***, impressionarlo | ***f. il gioco di qlcu.***, favorirlo | ***f. piacere a qlcu.***, soddisfarlo | ***f. specie***, meravigliare, stupire | ***f. schifo***, risultare disgustoso; di persona, essere insopportabile e sim. | ***f. silenzio***, tacere | ***f. giuramento***, giurare | ***f. stato***, definire parzialmente o totalmente una controversia, detto di provvedimento giurisdizionale | ***f. tesoro di qlco.***, conservarla con gran cura; (*fig.*) trarne insegnamento | ***f. il callo a qlco.***, assuefarsi | ***f. fronte a qlco.***, non sfuggirla | ***f. fronte a qlcu.***, resistere | ***f. d'uopo***, essere necessario | ***f. di cappello***, salutare togliendoselo | (*fig.*) ***f. tanto di cappello***, mostrare la propria ammirazione | ***non f. né caldo né freddo***, (*fig.*) lasciare indifferente | ***non f. motto, parola***, non dire nulla **VI** unito al pronome *ci* (con valore neutro), nella forma **fàrci 1** (*colloq.*) fare, in riferimento a qlco.: *non puoi farci nulla; Tanto qui che ci faccio* (G. D'Annunzio) **2** (*fig., pop.*) ***farci la birra***, considerare inutile qlco.: *con le tue proposte, ci faccio la birra!* | ***farci caso***, notare, fare attenzione a qlco.: *ci hai fatto caso?; scusa, non ci ho fatto caso* | (*fig., colloq.*) ***farci il callo***, assuefarsi a qlco. | ***farci una croce sopra***, (*fig., colloq.*) non pensare più, rinunciare a qlco. | ***che vuoi farci, che ci vuoi fare, non puoi farci niente***, non puoi rimediare a qlco.: *Ma che vuoi farci? Ti vuole lui, così* (L. Pirandello) | ***non so cosa farci***, in questo caso non posso far nulla (con tono risentito) | ***farci un pensierino***, prendere in considerazione qlco. | (*roman.*) ***ci fai o ci sei?*** (o ***ci sei o ci fai?***), V. *essere*① nel sign A III 1 **VII** unito ai pronomi *ci* (con valore neutro) e *la* (con valore indeterm.), nella forma **fàrcela** • avere successo, riuscire in qlco. o a fare qlco.: *sono certo che ce la farai; in mezza giornata ce la posso fare* | ***non farcela***, non riuscire | ***non farcela più***, non riuscire a sopportare oltre una determinata situazione **VIII** unito al pronome *la* indeterm., nella forma **fàrla 1** superare, sorprendere o beffare qlcu. con abilità o con astuzia: *te l'ho fatta!; a me non la fai!* | ***farla in barba a tutti***, (*fig.*) prendersi gioco di tutti, spuntarla su tutti | **PROV.** ***chi la fa l'aspetti***, V. *aspettare* nel sign. A 1 **2** in alcune loc.: ***farla breve, farla corta***, sintetizzare, concludere | ***per farla breve***, sintetizzando | ***farla da padrone***, spadroneggiare | ***farla finita***, smettere definitivamente qlco.; troncare un rapporto con qlcu.; uccidersi | ***farla franca***, sfuggire alle proprie responsabilità, alla cattura e sim. | ***farla sporca***, commettere azioni riprovevoli **3** (*fam.*) orinare o defecare | ***farla fuori dal vaso***, (*fig., fam.*) essere molto inopportuno, fare un errore grossolano, una gaffe **B** **v. intr.** (**aus.** *avere*) **1** essere adatto, conveniente, vantaggioso (+ *per*, + *a*): *questo cappotto non fa per lui; la fatica intensa e prolungata non faceva per loro; queste cose fanno proprio al caso nostro* **2** compiersi, con riferimento al tempo: *oggi fanno dieci anni che è finita la guerra* | iniziare una nuova fase della luna: *oggi fa la luna nuova* **3** in diverse costruzioni (**spesso** + *a*): ***f. a pugni, a calci, a botte, a coltellate***, azzuffarsi con pugni ecc. | ***f. a palle di neve***, tirarsi palle di neve | ***f. alla lotta, alla corsa, a gara, a chi arriva prima***, gareggiare lottando, correndo ecc. | ***f. a mosca cieca, alla morra, alle comari, all'altalena***, giocare | ***f. (a) cambio***, scambiare | ***f. a*** (o ***in***) ***tempo***, riuscire a fare qlco. entro una data scadenza: *spicciati, o non faremo in tempo* | ***fa fino***, denota raffinatezza | ***far bene***, giovare: *un po' di riposo ti farebbe bene* | ***far male***, nuocere **C** **v. intr. impers.** (**aus.** *avere*) **1** compiersi: *ha già fatto notte; fa giusto un mese che gli ho scritto* | ***dieci giorni fa***, dieci giorni orsono (V. anche *fa*②) **2** essere, riferito alle condizioni del tempo: *fa caldo; fa bello; fa brutto; questa notte ha fatto molto freddo* **D** **fàrsi** **v. tr. pron.** (**aus.** *essere*) **1** effettuare, compiere (con valore rafforz. e intensivo): *farsi una lunga passeggiata, una dormita, una bevuta con gli amici; si è fatto una gran risata; farsi la doccia, il bagno; farsi il trucco; mi faccio una settimana al mare; mi sono fatto mille metri di salita* | consumare, mangiare, bere: *farsi una pizza, una birra* **2** (*colloq.*) acquistare: *si è fatto la macchina nuova, la casa in montagna* **3** produrre, procurare a sé stesso: *farsi una macchia sul vestito; si è fatta un piccolo taglio alla mano* **4** creare una nuova relazione con qlcu.: *farsi l'amante; si è già fatto molti amici* **5** lasciare, consentire, permettere e sim.: *fammi pensare un momento; farsi sedurre, ingannare; si è fatto prendere, trasportare dall'ira* **6** in alcune loc: ***farsi animo***, darsi coraggio | ***farsi il letto***, metterlo in ordine | (*volg.*) ***farsi una donna, un uomo***, avere con essi un rapporto sessuale | ***farsi un'idea, un concetto***, concepirli, formularli | ***farsi una ragione di qlco.***, capacitarsi di qlco.; rassegnarsi a qlco. | ***farsi*** (o ***fare***) ***i fatti propri***, badare alle proprie faccende, spec. senza impicciarsi in quelle altrui | ***farsi*** (o ***fare***) ***strada***, aprirsi un varco; (*fig.*) ottenere successi, raggiungere una buona posizione sociale | ***farsi beffe di qlcu.***, prendersi gioco di lui | (*fig.*) ***farsi le ossa***, fare esperienza, impratichirsi spec. in un lavoro **7** **fàrsela** (con il pron. *la* indeterm.), intendersela con qlcu. (*spec. spreg.*): *se la fa col direttore* | (*ellitt.*) ***farsela addosso, farsela sotto***, (*fam.*) fare i propri bisogni nei vestiti; (*fig., fam.*) spaventarsi moltissimo **8** **fàrsene**, (*intens.*) fare, utilizzare: *che cosa te ne fai di tutte quelle scatole?* | (*fig.*) (in frasi negative) infischiarsene: *non me ne faccio nulla delle sue giustificazioni!* | ***farsene un baffo***, (*fam.*) infischiarsene totalmente: *delle sue minacce me ne faccio un baffo!* **E** **fàrsi** **v. rifl.** **1** rendersi: *farsi cattolico, protestante; farsi promotore di qlco.; sono io a farmene garante!* | (*fig.*) ***farsi in quattro***, moltiplicare i propri sforzi, adoperarsi in ogni modo per aiutare qlcu. o risolvere qlco. | ***farsi bello***, (*fig.*) darsi delle arie, pavoneggiarsi | ***farsi forte***, (*fig.*) avvalersi: *farsi forte delle proprie conoscenze altolocate* **2** (*raro*) fingersi: *per ottenere il nostro consenso si fa buono e tranquillo* **3** portarsi: *farsi presso, accosto a qlcu.* | ***farsi avanti***, avanzare; (*fig.*) proporsi per qlco.; (*fig.*) mettersi in vista, affermarsi | ***farsi sotto***, avvicinarsi, spec. in un assalto, in un combattimento o in una gara **4** (*assol., gerg.*) drogarsi: *è uno che si fa; da quanto tempo ti fai?* **F** **fàrsi** **v. intr. pron.** **1** diventare: *farsi grande, grosso, alto, sottile; farsi pallido in volto; è un traguardo che si fa sempre più lontano; si fa sera; si è fatto tardi; si sta facendo buio; si è fatta notte* | anche impers.: *fattosi notte, io accesi la ditta torcia* (B. Cellini) | (*assol., colloq.*) diventare bravo, abile in qlco.: *quel pianista ha talento: è giovane, ma si farà* **2** iniziare a narrare (+ *da*): *farsi da lontano, dal principio, dalle origini*

♦**fàre**② o †**fàcere** [da *fare*① ✱av. 1264] **s. m.** (**pl.** †-*i*) **1** l'operare, l'agire: *il vizio è la passione fatta abitudine, ... un f. perché si è fatto* (F. De Sanctis) | ***ha un bel f. e insistere!***, nonostante lavori e insista, è tutto inutile **2** comportamento, tratto: *ha un f. distaccato e impersonale; con quel suo f. da gattamorta* (R. Bacchelli) **3** fase o momento iniziale di qlco.: *essere sul f. della vita* | ***sul far*** (o ***lett. al far***) ***del giorno***, all'alba | (*lett.*)

sul far dell'alba, all'apparire delle prime luci | ***sul far della notte, della sera***, quando comincia ad annottare **SIN.** principio

†**farèa** [errore di lettura del lat. *parēas*, dal gr. *paréias*, di etim. incerta * 1313] **s. f.** ● leggendario serpente africano

farètra [vc. dotta, lat. *phăretra(m)*, dal gr. *pharétra*, da *phérō* 'io porto', di orig. indeur. * av. 1327] **s. f.** ● astuccio portatile contenente le frecce, usato dagli antichi arcieri **SIN.** turcasso

faretràto [vc. dotta, lat. *pharetrātu(m)*, da *phăretra* 'faretra' * av. 1374] **agg.** ● fornito di faretra | ***il dio f.***, Cupido o Apollo | ***la dea faretrata***, Diana

farétto [1983] **s. m. 1** dim. di *faro* **2** dispositivo per illuminazione, sistemato da solo o più spesso in gruppo, che in genere sfrutta lampade a incandescenza ed è usato spec. per valorizzare determinati elementi di un arredamento

♦**farfàlla** [etim. incerta * av. 1300] **s. f. 1** nome comune degli insetti dell'ordine dei Lepidotteri | ***f. diurna***, attiva nelle ore di luce | ***f. notturna***, attiva solo durante la notte | ***f. crepuscolare***, attiva al calar della sera | ***andare a caccia di farfalle***, (*fig.*) perdere il proprio tempo in cose inutili; nel gergo del calcio, detto di portiere o altro difensore che fa degli interventi a vuoto | (*fig.*) †***l'angelica f.***, l'anima umana | ***a f.***, detto di tutto ciò che per la forma ricorda una farfalla | ***cravatta a f.***, annodata a quattro capi, con due code e due cocche | ***nuoto a f.***, stile di nuoto in cui le braccia si muovono come nel delfino, mentre le gambe si muovono a rana | ***valvola a f.***, valvola nella quale la chiusura è regolata da un otturatore con asse di rotazione nel mezzo usato per regolare l'afflusso di miscela o aria nel motore a carburazione o ad iniezione **2** (*fig.*) persona leggera e volubile **3** (*fig.*, *scherz.*) biglietto o comunicazione scritta in genere, spec. se poco gradita | cambiale, citazione **4** (**al pl.**) tipo di pasta da brodo di media pezzatura ‖ **farfallétta**, **dim.** | **farfallìna**, **dim.** | **farfallìno**, **dim. m.** (V.) | **farfallóna**, **accr.** | **farfallóne**, **accr. m.** (V.) | **farfallùccia**, **dim.**

farfallaménto [da *farfalla* * 1970] **s. m.** ● forte oscillazione delle ruote anteriori degli autoveicoli | moto vibratorio delle molle delle valvole dei motori a scoppio, negli autoveicoli, che si verifica alle velocità troppo alte di rotazione del motore

farfallìno [av. 1907] **s. m. 1** (**f.** *-a*) dim. di *farfalla* **2** cravatta a farfalla **3** (**f.** *-a*) (*fig.*) persona superficiale e incostante

farfallìsta [1950] **s. m. e f.** (**pl. m.** *-i*) ● nuotatore specialista nello stile a farfalla

farfallóne [av. 1320] **s. m. 1** (**f.** *-a*) accr. di *farfalla* **2** (**f.** *-a*; *fig.*) persona fatua e incostante | (*fig.*) chi predilige fugaci avventure amorose, detto spec. di uomo **3** (*fig.*) sproposito, errore

†**farfanicchio** [etim. incerta * sec. XIV] **s. m.** ● persona mediocre e superficiale

fàrfara [sec. XIV] **s. f.** ● (*bot.*) farfaro

farfaràccio [da *farfaro* * 1834] **s. m.** ● pianta erbacea delle Composite con foglie grigiastre e pelose e fiori piccoli di color rosa o bianco (*Petasites officinalis*)

fàrfaro [lat. *fărfaru(m)*, di orig. preindeur. * sec. XIV] **s. m.** ● pianta erbacea delle Composite con rizoma sotterraneo, foglie cuoriformi e fiori gialli che compaiono prima delle foglie (*Tussilago farfara*) **SIN.** farfara, tussilagine, tussilago

farfugliàre [prob. dallo sp. *farfullar*, di orig. onomat. * 1884] **A** **v. intr.** (*io farfùglio*; aus. *avere*) ● parlare in modo disarticolato, indistinto e sim.: *– Ottima – farfugliò, masticando grosso* (L. Sciascia) **B** **v. tr.** ● dire borbottando, balbettando: *farfugliò che aveva fame* **SIN.** balbettare, barbugliare

SFUMATURE ➤ ***barbugliare***

fàrgna ➤ **farnia**

♦**farìna** [lat. *farīna(m)*, da *fār*, genit. *fărris* 'farro' * 1282] **s. f. 1** prodotto della macinazione dei semi di un cereale, spec. del grano | ***fior di f.*** o ***f. di primo velo***, la più fine e pura, che esce dal velo più fitto del buratto | ***f. gialla***, di granoturco, per la polenta | ***f. di patate***, fecola | ***F. lattea***®, marchio registrato di alimento per bambini piccoli e convalescenti, a base di latte in polvere, farina e zucchero | ***f. dolce***, di castagne | ***non è f. del tuo sacco***, (*fig.*) non è cosa o idea tua | ***vendere semola per f.***, (*fig.*, *disus.*) ingannare, darla a bere, a intendere | †***assediato di f.***, ridotto alla fame | **PROV.** ***la f. del diavolo va tutta in crusca***, V. *diavolo* **2** (*est.*) prodotto ottenuto macinando altre sostanze: *f. di tabacco* | ***f. fossile***, diatomite | ***f. d'ossa***, fertilizzante fosfatico ricavato da ossa gregge o sgrassate, seccate e macinate | ***ridurre qlco. in f.***, polverizzarla

farinàccio [da *farina*, nel sign. 1, per il colore bianco * av. 1597] **s. m. 1** fungo commestibile delle Agaricacee con cappello grigiastro simile all'ovolo (*Amanita ovoidea*) **2** †legno ridotto in polvere dai tarli **3** (**spec. al pl.**) scarto della farina usata per pane e pasta, utilizzato come alimento per animali

farinàceo [vc. dotta, lat. *farinăceu(m)*, da *farīna* 'farina' * av. 1730] **A** **agg.** ● di farina | che ha la consistenza e l'aspetto della farina | simile alla farina **B** **s. m.** ● (**spec. al pl.**) denominazione di ogni prodotto alimentare (come cereali, patate e sim.) a base di farine o di fecole

farinàio [vc. dotta, lat. *farinăriu(m)*, da *farīna* 'farina' * av. 1557] **s. m.** (**pl.** *-ai*) **1** †commerciante che acquistava il grano, lo faceva macinare e rivendeva la farina **2** (*disus.*) luogo dove si conserva la farina

farinaiòlo o (*lett.*) **farinaiuòlo** [1459] **s. m.** (**f.** *-a*) ● (*raro, lett.*) venditore di farina

farinàta [da *farina* * av. 1300] **s. f.** ● alimento a base di farina cotta in acqua, latte e sim. | focaccia più o meno sottile a base di farina di ceci impastata con acqua e cotta in forno; specialità ligure e toscana

†**farinèllo** [da *farina*, in senso metaforico * 1617] **s. m.** ● furfante, birbante

†**farinévole** [1618] **agg.** ● di farina

faringàle [1956] **agg. 1** (*raro*) faringeo **2** (*ling.*) detto di suono articolato nella faringe

farìnge [vc. dotta, gr. *phárynx*, genit. *pháryngos*, di orig. indeur. * 1480] **s. f.** o (*raro, med.*) **m.** ● (*anat.*) condotto muscolo-membranoso che si trova dietro le fosse nasali e sopra la laringe e continua con l'esofago

faringectomìa [comp. di *faring(e)* ed *-ectomia* * sec. XX] **s. f.** ● (*chir.*) asportazione parziale della faringe

faringèo o (*raro*) **farìngeo** [da *faringe* * 1681] **agg.** ● della faringe: *affezione faringea*

faringìte [comp. di *faring(e)* e *-ite*[1] * 1831] **s. f.** ● (*med.*) infiammazione della faringe

faringoiatrìa [comp. del gr. *phárynx*, genit. *pháryngos* 'faringe' e *-iatria* * 1956] **s. f.** ● branca della medicina che si occupa delle malattie della faringe

faringoscopìa [comp. del gr. *phárynx*, genit. *pháryngos* e *-scopia* * 1917] **s. f.** ● (*med.*) ispezione della faringe

faringospàsmo [comp. di *faring(e)* e *spasmo* * 1834] **s. m.** ● (*med.*) spasmo dei muscoli della faringe

faringotomìa [comp. di *faring(e)* e *-tomia* * 1797] **s. f.** ● (*chir.*) incisione chirurgica delle pareti faringee

farinóso (o *-ṣ-*) [vc. dotta, lat. tardo *farinōsu(m)*, da *farīna* 'farina' * av. 1484] **agg. 1** di farina, contenente farina: *semi farinosi* | che si sfarina: *patate farinose* **2** simile a farina: *neve farinosa* ‖ **farinosità**, **s. f. inv.**

fariṣàico [vc. dotta, lat. tardo *pharisăicu(m)*, da *pharisaeus* 'fariseo' * av. 1564] **agg.** (**pl. m.** *-ci*) **1** di fariseo, dei farisei **2** (*fig.*) falso, ipocrita: *zelo f.*; *invidia farisaica* ‖ **fariṣaicaménte**, **avv.** in modo farisaico; (*fig.*) falsamente

fariṣeiṣmo o **fariṣaiṣmo** [comp. di *farise(o)* e *-ismo* * 1851] **s. m. 1** dottrina professata dalla setta legalitaria dei Farisei presso gli antichi Ebrei **2** (*fig.*) atteggiamento di zelo religioso formale e ostentato | (*fig.*) falsità, ipocrisia

fariṣèo [vc. dotta, lat. tardo *pharisăeu(m)*, dal gr. *pharisáios*, dall'aramaico *perishayyā*, agg. pl. 'separati' * av. 1306] **A** **s. m.** (**f.** *-a*) **1** seguace di un'antica setta religiosa ebraica, che si distingueva per la rigida e formale osservanza della legge mosaica **2** (*fig.*) chi con falsità e ipocrisia si preoccupa della forma più che della sostanza delle sue azioni: *viso, faccia da f.*; *non fidarti di lui, è un f.* **B** **anche agg.**: *setta farisea*; *azione farisea*

farlòcco [vc. dial. sett. var. di *farlòc* di oscura orig. * 1959] **agg.** (**pl. m.** *-chi*) ● (*fam.*) falso, fasullo

farmacèutica [fr. *pharmaceutique*. V. *farmaceutico* * av. 1589] **s. f.** ● farmacologia

farmacèutico [vc. dotta, lat. tardo *pharmaceuticu(m)*, dal gr. *pharmakeutikós*, da *phármakon* 'rimedio, farmaco' * 1585] **agg.** (**pl. m.** *-ci*) ● relativo ai farmaci: *laboratorio f.*; *industria, chimica farmaceutica* ‖ **farmaceuticaménte**, **avv.** dal punto di vista farmaceutico

♦**farmacìa** [vc. dotta, gr. *pharmakéia*, da *phármakon* 'rimedio, farmaco' * 1585] **s. f.** (**pl.** *-cie*) **1** scienza e tecnica della preparazione di medicinali secondo le prescrizioni mediche e le norme della farmacopea ufficiale **2** locale dove si vendono e talvolta ancora si preparano farmaci e medicinali | mobiletto o cassetta per i farmaci | (*disus.*) insieme di medicinali

♦**farmacìsta** [da *farmacia* * 1812] **s. m. e f.** (**pl. m.** *-i*) ● laureato in farmacia che vende medicinali e, talvolta, li prepara

fàrmaco [vc. dotta, gr. *phármakon*, di orig. indeur. * 1442] **s. m.** (**pl.** *-ci* o *disus.* *-chi*) **1** sostanza che per le sue proprietà chimiche, chimico-fisiche e fisiche è dotata di virtù terapeutiche **SIN.** medicamento | ***f. da banco***, quello che può essere acquistato senza ricetta | ***f. etico***, quello soggetto a prescrizione medica | ***f. generico*** o ***equivalente***, quello che ha lo stesso principio attivo di un farmaco originale non più coperto da brevetto | ***f. salvavita***, quello che cura patologie che, non adeguatamente trattate, potrebbero avere esiti gravi o addirittura letali | ***f. orfano***, quello utilizzabile per la cura di alcune malattie rare, ma non commercializzato per gli elevati costi di produzione e le ridotte prospettive di mercato | ***f. di fascia A, B, C***, secondo il Servizio Sanitario Nazionale, rispettivamente medicinale essenziale e per malattie croniche mutuabili, medicinale utile ma non essenziale (categoria ora abolita) e medicinale non mutuabile **2** (*fig.*, *lett.*) rimedio, cura: *la sua presenza è l'unico f. per il mio cliente* (G. Deledda)

SFUMATURE ➤ ***rimedio***

fàrmaco- [V. *farmaco*] **primo elemento** ● in parole composte, per lo più formate modernamente, indica relazione con i farmaci: *farmacologia*, *farmacovigilanza*

farmacobotànica [comp. di *farmaco-* e *botanica* * 1956] **s. f.** ● ramo della botanica che ha come oggetto le piante medicinali

farmacochìmica [comp. di *farmaco-* e *chimica* ✱ 1834] **s. f.** ● (*chim.*) branca della chimica che studia la struttura e le proprietà biologiche delle molecole di interesse farmacologico

farmacocinètica [comp. di *farmaco-* e *cinetica* ✱ 1987] **s. f.** ● (*farm.*) studio delle modalità di assorbimento, distribuzione, trasformazione biologica ed eliminazione dei farmaci da parte dell'organismo

farmacodinàmica [comp. di *farmaco-* e *dinamica* ✱ 1887] **s. f.** ● studio del meccanismo d'azione dei farmaci

farmacodipendènte [comp. di *farmaco-* e *-dipendente* ✱ 1983] **s. m. e f.; anche agg.** ● che (o chi) si trova in uno stato di farmacodipendenza

farmacodipendènza [comp. di *farmaco-* e *dipendenza* nel sign. 3 ✱ 1979] **s. f.** ● dipendenza da farmaci

farmacogenètica [comp. di *farmaco-* e *genetica* ✱ 1956] **s. f.** ● studio della interrelazione fra risposta ai farmaci e caratteri genetici

farmacogenòmica [comp. di *farmaco-* e *genomica*, analogo all'ingl. *pharmacogenomics* ✱ 1999] **s. f.** ● disciplina che studia le basi genetiche delle differenze individuali nella risposta ai farmaci

farmacognoṣìa [comp. di *farmaco-* e *-gnosia* ✱ 1892] **s. f.** ● ramo della farmacologia che studia le droghe medicinali, spec. quelle vegetali

farmacologìa [comp. di *farmaco-* e *-logia* ✱ 1798] **s. f. (pl. *-gìe*)** ● (*farm.*) scienza che studia i farmaci per quanto riguarda origine, natura chimica, sviluppo, proprietà ed effetti sugli organismi viventi

farmacològico [1869] **agg. (pl. m. *-ci*)** ● pertinente alla farmacologia ‖ **farmacologicaménte**, **avv.** **1** dal punto di vista della farmacologia **2** mediante farmaci

farmacòlogo [comp. di *farmaco-* e *-logo* ✱ 1965] **s. m. (f. *-a*; pl. m. *-gi*)** ● studioso, specialista di farmacologia

farmacopèa [fr. *pharmacopée*, dal gr. *pharmakopoiía*, comp. di *phármakon* 'farmaco' e *poiéō* 'io faccio' ✱ 1585] **s. f.** **1** catalogo, emanato dallo Stato, che registra i nomi di tutti i preparati medicinali in uso, nonché le relative formule, i metodi di preparazione, i requisiti analitici, la loro purezza, e altre caratteristiche **2** (*raro*) arte di preparare farmaci | †ricettario

†**farmacopòla** [vc. dotta, lat. *pharmacopōla(m)*, dal gr. *pharmakopṓlēs*, comp. di *phármakon* 'farmaco' e *pōléō* 'io vendo' ✱ av. 1646] **s. m. (pl. *-i*)** ● farmacista

farmacoresistènza [comp. di *farmaco* e *resistenza* ✱ 1987] **s. f.** ● (*med.*) resistenza esercitata da microrganismi (es. batteri) o parassiti patogeni all'azione di un farmaco

farmacosorveglianza [vc. dotta, comp. di *farmaco-* e *sorveglianza* ✱ 1993] **s. f.** ● (*farm.*) farmacovigilanza

farmacoterapìa [comp. di *farmaco-* e *-terapia* ✱ 1902] **s. f.** ● cura, trattamento delle malattie mediante i farmaci

farmacovigilànza [comp. di *farmaco-* e *vigilanza* ✱ 1985] **s. f.** ● attività di controllo sui farmaci in commercio, allo scopo di individuare eventuali effetti negativi non registrati in fase di sperimentazione **SIN.** farmacosorveglianza

farmers' market /'farmers 'market, *ingl.* ˌfa:məz'ma:kɪt/ [loc. ingl., propr. 'mercato (*market*) dei contadini (*farmers*)' ✱ 1998] **loc. sost. m. inv. (pl. ingl. *farmers' markets*)** ● mercato contadino (V. *mercato* nel sign. 1)

farneticaménto o †**freneticaménto** [av. 1311] **s. m.** ● il farneticare | delirio, vaneggiamento

farneticànte **part. pres.** di *farneticare*; **anche agg.** **1** che farnetica, vaneggia: *alcuni … sovreccitati e quasi farneticanti, altri già lassi* (L. Pirandello) **2** (*fig.*) delirante, sconclusionato: *discorso f.*

farneticàre o (*raro*) **freneticàre** [da *farnetico* ✱ av. 1294] **A** **v. intr.** (*io farnètico, tu farnètichi*; **aus.** *avere*) **1** parlare in modo sconnesso per delirio, malattia e sim.: *è da ieri che farnetica; la notte seguente tutta farneticò* (B. Cellini) **2** (*fig.*) parlare a vanvera, far discorsi assurdi e irragionevoli: *stai farneticando e non intendo ascoltarti* **SIN.** sragionare, vaneggiare **B** **v. tr.** ● (*lett.*) dire cose assurde, irragionevoli: *una suggestione malefica che lo spingeva a f. sogni di libertà* (G. Deledda)

farneticazióne [1912] **s. f.** ● ciò che si dice farneticando; delirio, vaneggiamento | (*est.*) assurdità

farnètico o †**frenètico** nel sign. 1 B [lat. *phrenēticu(m)* 'frenetico' (V. *frenetico*) ✱ 1305] **A** **agg. (pl. m. *-ci*, raro *-chi*)** ● (*lett.*) che farnetica, che delira ‖ **farneticaménte**, **avv.** (*raro*) in modo delirante **B** **s. m. (pl. *-chi*, raro *-ci*)** **1** (*lett.* o *raro*) accesso di frenesia, delirio, follia: *essere in preda al f.* | ***dare in farnetichi***, in deliranti escandescenze **SIN.** vaneggiamento **2** (*fig.*, *raro*) frenesia, capriccio, smania **3** †pasticcio, intrigo **4** †chi farnetica

farnétto [dal lat. *fārnu(m)* 'frassino', con suff. dim. ✱ 1951] **s. m.** ● quercia della regione mediterranea (*Quercus farnetto*)

fàrnia o **fàrgna** [lat. *fārnea(m)* (*ărborem*) 'albero di frassino', da *fārnus* 'frassino' ✱ 1563] **s. f.** ● grande albero delle Cupulifere con grosso tronco a corteccia scura, foglie lobate glabre con corto picciolo e ghiande riunite in piccoli gruppi all'apice di un peduncolo (*Quercus pedunculata*) **SIN.** quercia gentile

♦**fàro** [vc. dotta, lat. *Phăru(m)*, dal gr. *Pháros*, n. di un'isoletta nel porto di Alessandria, dove Tolomeo Filadelfo nel III sec. a.C. edificò un faro ✱ av. 1264] **s. m.** **1** strumento di segnalazione luminosa installato su una costruzione elevata; costituito da una sorgente di luce di grande intensità con lenti e specchi speciali per indirizzare opportunamente il fascio luminoso, serve da riferimento per la navigazione marittima e aerea | la costruzione stessa su cui tale strumento è installato | ***f. galleggiante***, posto su un natante, una boa, un pontile ancorati **2** riflettore, fanale: *il duomo, illuminato dai fari, campeggiava nella piazza* **3** su veicoli e aeromobili, proiettore: *i fari dell'automobile, del treno* | (*est.*) fotoelettrica ‖ **farétto**, **dim.** (V.)

†**faròllo** ➤ **fare**①

†**farràggine** e deriv. ➤ **farragine** e deriv.

†**farraginàre** o †**farragginàre** [1716] **v. tr.** ● mescolare insieme molte cose

†**farraginatóre** [av. 1686] **s. m.** ● confusionario imbrattacarte

♣**farràgine** o †**farràggine** [vc. dotta, lat. *farrāgine(m)* 'miscuglio di biade per il bestiame', da *fār*, genit. *fărris* 'grano'; passò poi già in lat. a significare 'miscuglio di varie materie e cose' ✱ av. 1566] **s. f.** ● (*raro*, *spec. fig.*) moltitudine confusa di cose disparate: *una f. di libri, di opinioni, di citazioni* **SIN.** congerie, confusione, guazzabuglio

SFUMATURE ➤ ***guazzabuglio***

♣**farraginóso** (o *-ṣ-*) [da *farragine* ✱ 1673] **agg.** ● costituito da elementi confusi e disorganici e perciò disordinato, macchinoso: *discorso f.; farraginosi volumi di privati ed oscuri interpreti* (C. Beccaria) ‖ **farraginosaménte**, **avv.** ‖ **farraginosità**, **s. f. inv.** confusione, macchinosità

fàrro [lat. *fărri*, abl. sing. di *fār* 'grano', di orig. indeur. ✱ sec. XIV] **s. m.** ● (*bot.*) denominazione comune a diverse varietà di frumento con cariossidi ancora rivestite da glume e glumette dopo la trebbiatura (seme vestito), coltivate nelle regioni montuose mediterranee | cariosside di queste varietà, di elevato valore nutrizionale, svestita per uso alimentare | ***f. grande***, con spiga cilindrica allungata, pendula a maturità, con due cariossidi per spighetta (*Triticum spelta*) **SIN.** spelta | ***f. medio***, con spiga appiattita, pendente a maturità e due cariossidi per spighetta, il più coltivato sin dall'antichità (*Triticum dicoccum*) | ***f. piccolo***, con spighe fragili, erette a maturità, coltivato nel neolitico e oggi utilizzato per il miglioramento genetico degli altri farri (*Triticum monococcum*)

fàrsa① [fr. *farce* 'carne tritata', poi 'commedia', da *farcir* 'farcire' ✱ av. 1470] **A** **s. f.** **1** genere teatrale, risalente al XV sec. ma vivo ancor oggi, di carattere comico e grossolano | ogni opera teatrale appartenente a tale genere **2** (*mus.*) breve opera buffa in uno o due atti, inizialmente inserita fra un atto e l'altro di un'opera seria: *La serva padrona di Pergolesi è una f.* **3** (*fig.*) serie di avvenimenti o imprese sciocche e ridicole: *spesso la vita è una f.* | avvenimento grottesco, privo di serietà: *l'esame è stato una f.* **B** **in funzione di agg. inv.** ● (posposto a un sost.) finto, grottesco o scandaloso: *processo f.; esami f.* ‖ **farsàccia**, **pegg.** | **farsétta**, **dim.**

†**fàrsa**② [etim. incerta ✱ av. 1571] **s. f.** **1** farsetto **2** sacco di tela riempito di lana da materassi

farsàlico [1342] **agg. (pl. m. *-ci*)** ● di Farsalo, antica città greca presso la quale nel 48 a.C. Cesare sconfisse Pompeo

†**farsàta** [da *farsa*② (?) ✱ av. 1400] **s. f.** **1** fodera imbottita del farsetto **2** tipo di cuffia imbottita che si indossava sotto l'elmo **3** coperta imbottita

farsésco [da *farsa*① ✱ 1939] **agg. (pl. m. *-schi*)** **1** di farsa, relativo alla farsa **2** (*est.*) ridicolo, grottesco: *episodio f.* ‖ **farsescaménte**, **avv.**

†**farsettàio** [da *farsetto* ✱ sec. XIV] **s. m. (f. *-a*)** ● chi confezionava i farsetti

farsétto [etim. incerta ✱ sec. XIII] **s. m.** **1** corpetto imbottito che si indossava sopra la camicia, tipico dell'abbigliamento maschile popolare di un tempo **2** specie di camiciola in lana che i militari indossavano sopra la camicia | corpetto dei marinai **3** piccola stecca pieghevole di legno su cui è avvolto il lembo della pelle del tamburo ‖ (*lett.*) **farsettàccio**, **pegg.** | **farsettìno**, **dim.** | **farsettóne**, **accr.**

fàrsi [da *Fārs*, n. arabo della regione iraniana Pars ✱ 1843] **s. m. solo sing.** ● lingua del gruppo indoeuropeo parlata in Iran **SIN.** persiano

farsi, da ➤ **da farsi**

Far Wèst /far'wɛst, *ingl.* 'fa:ˌwest/ [loc. ingl., propr. 'lontano Ovest' ✱ 1892] **loc. sost. m. inv.** **1** insieme delle regioni occidentali degli Stati Uniti, verso cui si diressero le migrazioni dei coloni del sec. XIX e in cui sono ambientati i film western **2** (*fig.*) territorio governato da leggi proprie e spietate, in cui predomina la violenza e ha grande diffusione la criminalità | (*fig.*) situazione di contrasto violento, di scontro furibondo

fas [vc. dotta, lat. *fās* 'proprio del diritto divino, lecito', che gli antichi collegavano, forse, con il v. *fāri* 'parlare' ✱ 1584] **s. m. inv.** ● ciò che è lecito | ***per fas e per nefas***, V. *nefas*

faṣatùra [da *fase* ✱ 1988] **s. f.** ● (*autom.*) regolazione di un motore a combustione interna in modo che le varie fasi del ciclo avvengano nel momento più adatto per ottenere il massimo rendimento complessivo

fascèra [da *fascia* ✻ 1956] **s. f.** ● nella preparazione del formaggio, stampo forato in cui viene pressata la cagliata per eliminarne il siero e farle assumere la forma voluta

fascétta [1550] **s. f.** **1** dim. di *fascia* **2** banda di carta, con l'indirizzo del destinatario, che avvolge pubblicazioni spedite per posta | *f.* ***editoriale***, quella sovrapposta trasversalmente alla copertina di un libro, con funzioni pubblicitarie e di richiamo **SIN.** manchette **3** tipo di busto femminile, spec. di tessuto elastico, per modellare la vita e i fianchi **4** anello metallico per fissare la canna del fucile o del moschetto al fusto della cassa **5** (*milit.*) piccola striscia di tessuto, su cui è applicato lo scudetto del reparto e talvolta il grado, inserita nella spallina della camicia e della tuta mimetica **6** (*mecc.*) anello metallico per serrare manicotti di gomma sui raccordi | anello in plastica per legare cavi elettrici e sim. ai loro supporti ‖ **fascettina**, **dim.**

fascettàrio [da *fascetta* ✻ 1956] **s. m.** ● raccolta delle fascette con gli indirizzi delle persone abbonate a periodici o alle quali vengano regolarmente spediti cataloghi e sim.

fascettatrìce [da *fascetta* ✻ 1987] **s. f.** ● macchina che applica le fascette per la spedizione di giornali e riviste

♦**fàscia** [lat. *făscia(m)*, da *făscis* 'fascio', di etim. incerta ✻ 1297] **s. f.** (**pl.** *-sce*, *lett.* *-scie*) **1** striscia di tessuto, carta e sim. usata per avvolgere, stringere, ornare qlco.: *f. per medicazioni*; *portare in vita un'alta f. di seta*; *la f. del cappello*; *la f. tricolore del sindaco* | *f.* ***elastica***, in medicina, quella in tessuto elastico per curare slogature, distorsioni e sim.; nell'abbigliamento femminile, ventriera o busto in tessuto elastico, senza stecche | *f.* ***tergisudore***, quella, di tessuto spugnoso, portata dagli atleti sulla fronte perché assorba il sudore | ***spedire giornali, documenti e sim. sotto f.***, avvolgendoli in una fascia di carta, e non chiudendoli in busta, il che permette di usufruire di una tariffa ridotta **2** (**spec. al pl.**) ciascuna delle strisce di tessuto usate un tempo per avvolgere i neonati | ***essere in fasce***, detto di bambino, essere nei primi mesi di vita; (*fig.*) detto di cosa ancora sul nascere **3** (**spec. al pl.**) striscia di stoffa che un tempo i soldati avvolgevano attorno alle gambe, dalle caviglie al ginocchio **SIN.** mollettiera **4** (*est.*) oggetto che, per la forma o la funzione, è analogo a una fascia | *f.* ***elastica***, anello elastico in ghisa o altro metallo, non completamente chiuso su sé stesso, che, montato in apposite gole sullo stantuffo, striscia contro la parete del cilindro dei motori alternativi di combustione interna, mantenendo la tenuta | ***a f.***, detto di oggetti a forma di fascia | ***anello, bracciale a f.***, di forma unita, piatta, regolare **5** (*est.*) parte di territorio estesa in lunghezza e non in profondità: *f. smilitarizzata, equatoriale, torrida* | *f.* ***fortificata, di resistenza***, zona di terreno di una certa profondità contenente opere difensive e artiglierie **SIN.** zona **6** (*est.*, *sport*) ***fasce laterali***, le due zone che corrono lungo le linee laterali del campo di calcio e sim. | (*fig.*) *f.* ***oraria***, suddivisione delle ore di una giornata in determinati raggruppamenti | *f.* ***d'ascolto***, fascia oraria definita in base al pubblico che segue le trasmissioni radiotelevisive: *f. d'ascolto serale, pomeridiana* **7** (*est.*) gruppo, settore, categoria: *le varie fasce di contribuenti*; *fasce sindacali* | *f.* ***protetta***, le ore diurne e di prima serata durante le quali le emittenti radio e TV si impegnano, in base a un codice di autoregolamentazione, a non trasmettere programmi che possano turbare la sensibilità dei bambini **8** (*anat.*) guaina connettivale che riveste strutture profonde come muscoli e nervi | *f.* ***lata***, membrana che riveste i muscoli della coscia **9** (*archit.*) tipo di cornice, anche decorata, stretta e piana **10** (*arald.*) striscia che occupa orizzontalmente la parte centrale dello scudo **11** (*mus.*) superficie cilindrica del tamburo | parete laterale degli strumenti ad arco ‖ **fascétta**, **dim.** (V.) | **fascióne**, **accr. m.** (V.)

fasciacóda [comp. di *fascia(re)* e *coda* ✻ 1830] **s. m. inv.** ● striscia di cuoio o di tela con cui si fascia o si tiene ripiegata la coda del cavallo

fasciàle [da *fascia* ✻ av. 1730] **agg.** ● (*anat.*) relativo a una fascia | ***muscolo f.***, sartorio

fasciàme [da *fascia* ✻ 1798] **s. m.** ● (*mar.*) rivestimento della struttura di una nave con funzioni di resistenza e di forma: *f. esterno, interno*

fasciànte **part. pres.** di *fasciare*; **anche agg.** **1** che fascia | avvolgente **2** detto di capo di vestiario molto aderente, spec. sui fianchi: *abito f.*; *blue jeans fascianti*

fasciàre [lat. tardo *fasciāre*, da *fāscia* 'fascia' ✻ 1287] **A** **v. tr.** (**pres.** *io fàscio*; **fut.** *io fascerò*) **1** avvolgere in una fascia: *f. il neonato* | anche in forma pron.: *fasciarsi un arto ferito* **SIN.** bendare **2** coprire o circondare come con una fascia: *f. di carta un libro per conservarlo* **SIN.** rivestire **3** (*lett.*) cingere o chiudere tutt'attorno | (*assol.*) aderire: *un abito che fascia molto* **4** circondare con il fasciame la struttura di una nave o di un aereo **B** **fasciàrsi** **v. rifl.** ● avvolgersi in fasce, in abiti o indumenti attillati e sim.: *fasciarsi in lunghi abiti*; *fasciarsi di seta*

fasciàta [av. 1306] **s. f.** ● rapida fasciatura

fasciàto **A** **part. pass.** di *fasciare*; **anche agg.** **1** avvolto in fasce **2** ***corda fasciata***, ottenuta avvolgendo a spirale un sottile filo metallico in giri stretti e continui, intorno a un'anima metallica o di minugia **B** **s. m.** ● (*arald.*) scudo coperto di fasce in numero pari e a smalti alternati

fasciatóio o **fasciatóre** [av. 1632] **s. m.** (**pl.** *-ói*) **1** piano d'appoggio di un mobile su cui si depone il neonato per cambiarlo **2** (*disus.*) panno usato per fasciare il neonato

fasciatùra [sec. XIV] **s. f.** **1** (*med.*) applicazione di fasce o bende per comprimere parti malate del corpo, o isolarle dal contatto con germi, o per mantenere in sede i medicamenti **2** insieme di fasce e sim. che avvolgono o stringono: *f. elastica* **3** protezione in cavetto fatta su un cavo ‖ **fasciaturìna**, **dim.**

fascicolàre ① [dal lat. *fascĭculus* 'fascetto', dim. di *fāscis* 'fascio' ✻ 1968] **agg.** ● (*anat.*) che concerne un piccolo fascio di fibre | ***contrazione f.***, che avviene in gruppi limitati di fibre, in uno stesso muscolo

fascicolàre ② [da *fascicolo* ✻ 1982] **v. tr.** (*io fascìcolo*) ● raccogliere fogli in fascicoli

fascicolàto [1798] **agg.** ● (*bot.*) detto di organi vegetali riuniti in un fascio | ***radici fascicolate***, quelle in cui le radici secondarie uguagliano o superano in sviluppo la principale **SIN.** affastellato

fascicolatóre [1983] **s. m.** ● dispositivo che, in una macchina fotocopiatrice, divide automaticamente in fascicoli un insieme di documenti di cui si vogliono ottenere più copie

fascicolatrìce [da *fascicolare* ② ✻ 1983] **s. f.** ● macchina che fascicola automaticamente

fascicolatùra [da *fascicolare* ② ✻ av. 1983] **s. f.** ● operazione del fascicolare

fascicolazióne [da *fascicolo* ✻ 1989] **s. f.** **1** studio della composizione dei fascicoli che costituiscono libri o codici **2** disposizione in fascicoli di un giornale **3** (*med.*) piccola contrazione muscolare conseguente a un impulso spontaneo abnorme generato in una fibra nervosa motoria

fascìcolo [vc. dotta, lat. *fascĭculu(m)*, dim. di *fāscis* 'fascio' ✻ av. 1498] **s. m.** **1** insieme di carte e documenti relativi a una pratica, una causa e sim.: *ritirare un f.* **2** ogni numero di una pubblicazione periodica o a dispense: *raccogliere tutti i fascicoli di un'enciclopedia*; *mi manca il quarto f. della rivista* | (*est.*) libretto, opuscolo **SIN.** dispensa **3** (*anat.*) piccolo fascio spec. di fibre: *f. nervoso* ‖ **fascicolétto**, **dim.** | **fascicolóne**, **accr.**

SFUMATURE ➤ ***opuscolo***

fascìna [lat. *fascīna(m)*, da *fāscis* 'fascio' ✻ av. 1214] **s. f.** **1** fascio di sterpi o legna di piccolo formato usato spec. per bruciare o per formare ripari: *una catasta di fascine* **2** †fazzoletto ‖ **fascinétta**, **dim.** | **fascinòtto**, **dim. m.**

fascinàia [1869] **s. f.** ● (*raro*) luogo dove si tengono le fascine

fascinàio [1869] **s. m.** (**f.** *-aia*, **pl. m.** *-ai*) ● chi raccoglie e vende fascine

fascinàme [1738] **s. m.** ● quantità di legna da fascine

fascinàre ① [da *fascina* ✻ av. 1558] **v. tr.** (*io fascìno*) ● radunare in fascine legname minuto o rametti

fascinàre ② [vc. dotta, lat. *fascināre*, da *fāscinum*. V. *fascino* ✻ av. 1327] **v. tr.** (*io fàscino*) ● (*lett.*) affascinare

fascinàta [da *fascina* ✻ av. 1608] **s. f.** ● ammasso di fascine per difesa contro l'azione delle acque su sponde, argini, trincee, terrapieni, colmate

fascinatóre [vc. dotta, lat. tardo *fascinatōre(m)*, da *fāscinum*. V. *fascino* ✻ av. 1535] **agg. e s. m.** (**f.** *-trice*) ● (*lett.*) che (o chi) affascina

fascinazióne [vc. dotta, lat. *fascinatiōne(m)*, da *fāscinum*. V. *fascino* ✻ 1354] **s. f.** **1** (*lett.*) l'affascinare | (*lett.*) fascino, malia | vivo interesse per qlco. che affascina: *la f. per il mare*; *f. per le nuove tecnologie* **2** caduta in uno stato ipnotico

♦**fàscino** [vc. dotta, lat. *fāscinu(m)* 'malia, amuleto', nato dalla sovrapposizione di *fāscis* 'fascio' al gr. *báskanos* 'ammaliatore' ✻ 1485] **s. m.** **1** (*lett.*) influenza malefica dovuta a malia o incantesimo **2** capacità di attrarre fortemente, di sedurre: *il f. della bellezza, dell'eloquenza*; *una donna ricca di f.* **SIN.** attrattiva, richiamo

SFUMATURE ➤ ***malia***

fascinóso (o *-ṣo*) [1902] **agg.** ● ricco di fascino ‖ **fascinosaménte**, **avv.**

fàscio [lat. *fāsce(m)*, di etim. incerta ✻ 1235 ca.] **s. m.** **1** quantità di cose gener. di forma allungata e sottile, raccolte e spesso legate insieme: *un f. d'erba, di legna, di fili, di carta* | (*fig.*) ***fare di ogni erba un f., di tutta l'erba un f.***, considerare alla stessa stregua situazioni diverse, generalizzare un giudizio **2** (*fig.*, *lett.*) quantità di cose riunite disordinatamente: *un f. di notizie* **SIN.** ammasso | (*lett.*) carico, peso, fardello: *sotto il f. de' miei danni io manco* (T. Tasso) **3** in varie scienze e tecnologie, insieme coordinato di elementi, strutture, parti e sim. | *f.* ***di binari***, insieme di più binari cui è attribuita una determinata funzione | *f.* ***elettronico***, insieme dei raggi di elettroni emessi da un catodo e convogliati, per mezzo di campi elettrici o magnetici, lungo una particolare direzione | (*mat.*) *f.* ***di piani***, insieme dei piani che passano per una retta o sono paralleli a un piano | *f.* ***di rette***, l'insieme delle rette che passano per un punto o sono parallele a una retta | *f.* ***di raggi***, insieme o flusso di raggi luminosi, di particelle o di radiazioni elettromagnetiche che escono da uno stesso punto o convergono in uno stesso punto | (*ling.*) *f.* ***di correlazioni***, insieme di più correlazioni della stessa classe di parentela i cui fonemi entrano in più opposizioni **4** (*anat.*) unione di fibre disposte longitudinalmente | ***f. muscolare***, di fibre muscolari | ***f. nervoso***, di fibre nervose | (***bot.***) ***f. vascolare***, insieme delle cellule o di complessi di cellule che servono per la conduzione di sostanze nutritizie nella pianta **5** nella Roma antica, mazzo di verghe con la scure, simbolo del potere esecutivo e quindi insegna dei re e in seguito dei consoli: *i littori precedevano i consoli, portando i fasci* | simbolo del movimento fascista **6** associazione politica: *Camera dei Fasci e delle Corporazioni* | ***Fasci dei lavoratori***, associazioni socialiste o con tendenze anarchiche, fondate dai contadini sul finire del XIX sec. per lottare contro i latifondisti | ***Fasci di combattimento***, gruppi di azione politica (fondati nel 1919) dai quali si organizzò il fascismo | (***est.***) il fascismo; il partito fascista (spesso con iniziale maiuscola): *ci tiene a far sapere che non è iscritto al F.* (V. PRATOLINI) **7** (***est., gerg.***) fascista ‖ **fascètto**, **dim.**

fasciòla o **fasciòla** [lat. *fascĭola(m)*, dim. di *făscia* 'fascia' ∗ 1499] **s. f. 1** piccola fascia **2** (*zool.*) ***f. epatica***, verme dei Platelminti piatto a forma ovale e munito di due ventose, parassita delle vie biliari della pecora ed eccezionalmente dell'uomo (*Fasciola hepatica*) **SIN.** distoma

fascióne [av. 1406] **s. m. 1** accr. di *fascia* | striscia di lamiera sotto il paraurti posteriore di un'automobile **2** (*tosc.*) parte esterna di uno pneumatico di bicicletta o di automobile

fascismo [dal *fascio* littorio, simbolo del partito ∗ 1919] **s. m. 1** regime politico totalitario stabilito in Italia dal 1922 al 1943, fondato sulla dittatura di un partito unico, l'esaltazione nazionalista e il corporativismo: *il Duce del f.* **2** (***est.***) ogni ideologia e regime politico fondato sul totalitarismo di destra: *il f. di F. Franco*

fascista [da *fascismo* ∗ 1911] **A s. m. e f. (pl. m. -*i*) 1** seguace, sostenitore del fascismo **2** (***est., spreg.***) chi tende con ogni mezzo a sopraffare l'avversario, a negare i diritti altrui, e sim. | (***est.***) persona dispotica e prepotente **B agg. 1** del fascismo, dei fascisti: *periodo f.*; *dittatura f.* | ***era f.***, notazione cronologica istituita nel 1926 in aggiunta alla data del calendario civile, con inizio dal 28 ottobre 1922, giorno della marcia su Roma **2** (***est., spreg.***) dispotico, prepotente ‖ **fascistàccio**, **pegg.** | **fascistèllo**, **dim.** | **fascistóne**, **accr.**

fascìstico [1918] **agg. (pl. m. -*ci*)** ● (*raro*) fascista

fascistizzàre [1927] **v. tr.** ● rendere fascista ‖ **fascistizzazióne**, **s. f.**

fascistòide [comp. di *fascist(a)* e del suff. *-oide* ∗ 1944] **agg. e s. m. e f.** ● (*spreg.*) che (o chi) mostra affinità o inclinazione al fascismo

fascìte [comp. di *fascia* e *-ite*① ∗ 1955] **s. f.** ● (*med.*) infiammazione di una fascia anatomica, spec. muscolare

fascògale [comp. del gr. *pháskō(los)* 'borsa' e *galê* 'donnola', ambedue di etim. incerta ∗ 1874] **s. m.** ● marsupiale carnivoro australiano con la coda per metà fornita di lunghi peli e dita con forti unghie (*Phascogale tapoafata*)

♦**fàse** [gr. *phásis* 'apparizione di un astro', da *phái-nomai* 'io appaio' ∗ 1737] **s. f. 1** (*astron.*) ciascuno dei diversi aspetti successivamente e ciclicamente osservabili in un corpo celeste, dovuti alla sua posizione rispetto al Sole e alla Terra: *le fasi di Venere, di Mercurio* | ***fasi lunari***, luna nuova, primo quarto, luna piena, ultimo quarto **2** (***est.***) ognuno dei momenti o periodi successivi e diversi in cui si può suddividere qlco.: *le fasi della Rivoluzione francese* **SIN.** epoca **3** (***est.***) aspetto caratteristico e definito nel tempo di un fenomeno, di una serie di attività e sim.: *le fasi del processo*; *f. istruttoria*; *le varie fasi di un negoziato, di una partita*; *le fasi eliminatorie di un torneo*; *la f. terminale di una malattia* | ***mettere in f.***, nei motori a scoppio e sim., mettere a punto, regolare: *mettere in f. l'accensione, la distribuzione* | ***in f. di***, in corso di: *un progetto in f. di realizzazione*; *un antico edificio in f. di restauro* | ***fuori f.***, detto di motore che manca di tale messa a punto | ***essere fuori f.***, (***fig.***) sentirsi stanco, esaurito, svogliato e sim., essere giù di corda | (***fisiol.***) ***f. paradossale***, nel sonno, periodo in cui si sogna | (***geol.***) ***f. magnetica***, ciascuno stadio del consolidamento di un serbatoio magmatico **4** (***fis.***) caratteristica delle variazioni di una grandezza periodica, che determina l'inizio di ciascun periodo: *accordo di f.*; *differenza di f.* | in un sistema elettrico polifase, ciascuno dei circuiti **5** (***chim.***) porzione fisicamente omogenea di un sistema in equilibrio: *f. liquida*; *f. solida*

fasèlo o **fasèllo** [vc. dotta, lat. *phasēlu(m)*, dal gr. *phásēlos*, di etim. incerta ∗ 1483] **s. m.** ● antica imbarcazione piccola e leggera, a vela o a remi, di origine egizia

fashion /'fɛʃʃon, *ingl.* 'fæʃən/ [vc. ingl., a sua volta dal fr. *façon* 'modo' (V. *façon*) ∗ 1892] **A s. f. inv.** ● alta moda, eleganza | ***fast f.***, settore dell'industria dell'abbigliamento che progetta e realizza le sue produzioni in tempi molto rapidi, praticando così prezzi contenuti **B agg. inv.** ● di gran moda, alla moda, molto elegante: *un abito f.*; *ragazza f.*

fashionista /feʃʃo'nista/ [dall'ingl. *fashion*, con il suff. *-ista* ∗ 2003] **s. m. e f. (pl. m. -*i*)**; (***raro***) **anche agg.** ● chi (o che) segue le indicazioni della moda; modaiolo

Fasiànidi [comp. del lat. *phasiānus* 'fagiano' (propr. agg. di *Phāsis* '(l'uccello) del fiume Fasi') col suff. *-idi* ∗ 1956] **s. m. pl. (sing. -*e*)** ● (*zool.*) famiglia di Uccelli dei Galliformi cui appartengono, tra gli altri, i fagiani, le quaglie, le pernici (*Phasianidae*)

fàsmate [vc. dotta, gr. *phásma*, genit. *phásmatos*, da *pháinomai* 'io appaio' ∗ 1834] **s. f. pl.** ● immagini colorate formate dalle nuvole per effetto della luce del Sole o della Luna

Fasmìdi [comp. del gr. *phásma* 'figura', 'fantasma' (della radice di *pháinein* 'apparire') col suff. *-idi* ∗ 1874] **s. m. pl. (sing. -*e*)** ● (*zool.*) ordine di Insetti con ali posteriori più grandi delle anteriori, piegabili, e apparato masticatore (*Phasmida*)

fasolàro [vc. dial., dal lat. *phaselus* 'fagiolo' per la forma ∗ 1987] **s. m.** ● (*zool.*) mollusco bivalve dei Lamellibranchi di dimensioni comprese tra 5 e 8 cm; vive nei fondali sabbiosi e ha carni molto gustose (*Callista chione*)

fasòmetro [comp. di *fase* e *-metro* ∗ 1940] **s. m.** ● (*elettr.*) strumento che misura la differenza di fase di due fenomeni periodici aventi la stessa frequenza

fasonista ➤ **façonnista**

fasóre [dall'ingl. *phasor*, comp. di *phas(e)* 'fase' e *(vect)or* 'vettore' ∗ sec. XX] **s. m.** ● (*fis.*) vettore simbolico

fassìmile ➤ **facsimile**

fassóne [etim. incerta ∗ 1969] **s. m. (f. -*a*)** ● (*zootec.*) varietà di Bovino di origine piemontese; è allevato per la qualità delle sue carni

fastèllo [da **fascitello*, dim. di *fascio* ∗ 1306] **s. m. (pl. *fastèlli*, m. o *fastèlla*, f., *raro*) 1** fascio non troppo voluminoso di legna o altri oggetti non grossi: *un f. di sterpi, di verghe, di paglia* | ***f. di fieno***, manipolo **2** †fascio, mazzo di lettere o carte ‖ **fastellétto**, **dim.** | **fastellino**, **dim.** | **fastellóne**, **accr.**

fast fashion ➤ **fashion**

fast food /fast'fud, *ingl.* 'fɑːst,fuːd/ [loc. ingl., comp. di *fast* 'rapido, veloce' e *food* 'cibo, alimento' (entrambi d'orig. germ.) ∗ 1982] **loc. sost. m. inv.** ● locale in cui si servono pasti da consumarsi velocemente, costituiti da piatti di rapida preparazione **CFR.** slow food | (***est.***) pasto, cibo che viene servito in tale locale

fàsti [vc. dotta, lat. *fāsti*, nom. pl. 'giorni in cui il pretore poteva amministrare la giustizia', da *fās* 'comando divino' ∗ 1554] **s. m. pl. 1** nell'antica Roma, calendario ufficiale, compilato dal Pontefice massimo, che indicava i giorni in cui era lecito discutere cause, trattare pubblici affari e sim. | ***f. consolari***, cataloghi annuali dei consoli o di altri magistrati eponimi, cui venivano spesso aggiunte notizie sugli avvenimenti principali dell'anno **2** (***fig.***) ricordi di avvenimenti grandiosi, memorabili: *i f. di una città in decadenza* | ***i f. e i nefasti***, le pagine gloriose e oscure di un periodo storico

fastidiàre [vc. dotta, lat. tardo *fastidiāre*, da *fastīdium* 'fastidio' ∗ sec. XIV] **A v. tr.** (*io fastìdio*) **1** (***lett.***) molestare, infastidire | (***assol.***) riuscire sgradito, annoiare: *le cose di che l'uomo abbondevole si trova, fastidiano* (G. BOCCACCIO) **2** (***lett.***) disprezzare, avere a noia: *gli scienziati … li fastidiamo come vuoti e pedanti* (B. CROCE) **B fastidiàrsi v. intr. pron.** ● †provare fastidio, disgusto

fastidiévole [av. 1562] **agg.** ● (*raro, lett.*) fastidioso

♦**fastìdio** [vc. dotta, lat. *fastīdiu(m)* 'nausea', comp. di *fāstus* 'orgoglio' e *taedium* 'noia' ∗ 1268] **s. m. 1** senso di molestia, disagio, disturbo e sim.: *dare, recare f. a qlcu.* | (***lett.***) ***darsi f.***, darsi pena; incomodarsi, impegnarsi **2** disgusto, avversione, noia: *avere f. di un lavoro, di una persona, di un'idea*; *il f. che recano le trattazioni che ogni giorno le officine letterarie e librarie offrono* (B. CROCE) **3** causa di affanno, dispiacere o molestia: *è un bel f.!*; *smettetela di dar f. a tutti* **SIN.** cruccio | seccatura, guaio: *non vuole fastidi con la polizia* **4** (***sett.***) malessere, disturbo fisico: *quei cibi mi hanno dato f.* **5** (***lett.***) alterigia, superbia **6** †sporcizia, sudiciume ‖ **fastidiùccio**, **dim.**

SFUMATURE ➤ ***seccatura***

fastidiosàggine (o **-oṣà-**) [av. 1311] **s. f.** ● (***lett.***) fastidiosità, noia, molestia

fastidióso (o **-ṣo**) [vc. dotta, lat. *fastidiō-su(m)*, da *fastīdium*. V. *fastidio* ∗ av. 1292] **agg. 1** noioso, seccante, molesto: *lavoro, clima f.*; *conversazione fastidiosa*; *è un bambino insistente e f.*; *sì lungo e f. peregrinaggio* (G. BRUNO) **CONTR.** gradito, piacevole **2** che si infastidisce con facilità: *persona fastidiosa* | (***lett.***) difficile da accontentare **3** †nauseante, disgustoso **4** †sprezzante, sdegnoso ‖ **fastidiosétto**, **dim.** ‖ **fastidiosaménte**, **avv.** ‖ **fastidiosità**, **s. f. inv.** caratteristica di ciò che procura fastidio; senso di fastidio

SFUMATURE ➤ ***spiacevole***

fastidìre [vc. dotta, lat. *fastidīre*, da *fastīdium*. V. *fastidio* ∗ av. 1374] **v. tr.** (*io fastidìsco, tu fastidìsci*) **1** (***lett.***) infastidire **2** (***lett.***) disdegnare, ricusare | †avere a nausea, in disgusto

fastigiàto [1499] **agg. 1** che termina con un fastigio: *un polittico f.* **2** (***bot.***) detto di chioma d'albero i cui rami si sviluppano verso l'alto ravvicinati al tronco

♣**fastìgio** [vc. dotta, lat. *fastīgiu(m)* 'sommità, cima', da *fastigāre* 'far terminare in punta', poi 'elevare' ∗ sec. XIV] **s. m. 1** (***archit.***) parte superiore di un edificio | frontone di un tempio | (***est.***) tavoletta più alta di un polittico **2** (***fig.***) grado massimo di qlco.: *raggiungere i fastigi della perfezione*; *i sommi fastigi … della storia* (G. CARDUCCI) **SIN.** culmine, apice, vertice

fastigióso (o -ṣo) [av. 1446] **agg.** ● fastoso, grandioso

⁎**fàsto**① [vc. dotta, lat. *fāstu(m)*. V. *fasti* ⁎ sec. XIV] **agg. 1** detto di giorno in cui, secondo le prescrizioni vigenti nell'antica Roma, era lecito trattare cause, affari pubblici e sim. **2** (*est., lett.*) propizio, favorevole **SIN.** fausto **CONTR.** nefasto

⁎**fàsto**② [vc. dotta, lat. *fāstu(m)*, di etim. incerta ⁎ sec. XIV] **s. m. 1** sfarzo, lusso, sontuosità, magnificenza: *il f. della corte imperiale* | ostentazione di lusso e ricchezze: *far qlco. per f.* **2** (*est., poet.*) bellezza intensa e decadente: *ho sofferto i primi fasti / dell'autunno* (U. SABA)

⁎**fastóso** (o -ṣo) [vc. dotta, lat. *fastōsu(m)*, da *fāstus* 'fasto②' ⁎ 1516] **agg.** ● pieno di fasto: *lusso f.* **SIN.** pomposo, sfarzoso, sontuoso **CONTR.** modesto ‖ **fastosaménte**, **avv.** ‖ **fastosità**, **s. f. inv.** lusso, pompa, sontuosità: *la fastosità di un ricevimento*; (*est.*) insieme di apparati fastosi

Fastpay® /fast'pei, *ingl.* 'fæst,peɪ/ [vc. ingl., propr. 'paga(mento) (*pay*) veloce (*fast*)' ⁎ 1994] **s. m. inv.** ● sistema di pagamento del pedaggio autostradale tramite carta di debito bancaria a banda magnetica

faṣùllo [vc. del giudeo-romanesco, dall'ebr. *pāsûl* 'illegittimo, invalido' ⁎ 1942] **agg. 1** privo di autenticità: *un certificato f.* | privo di valore: *moneta fasulla* **SIN.** falso **2** (*fig.*) inetto, incapace: *avvocato f.* ‖ **faṣullaménte**, **avv.**

⁎**fàta** [lat. parl. **fāta(m)*, da *fātum* 'fato' ⁎ av. 1250] **s. f. 1** nelle tradizioni popolari, donna bellissima e dotata di poteri soprannaturali e della capacità di compiere imprese straordinarie, gener. benefiche: *bacchetta della f.*; *racconti di fate* | (*fig.*) ***avere dita, mani di f.***, avere dita, mani molto belle, o dal tocco particolarmente leggero o abilissime, spec. nei lavori femminili **2** nella mitologia romana, divinità del destino che stabilisce il termine finale della vita umana **SIN.** parca **3** ***F. Morgana***, fenomeno ottico, analogo al miraggio, in cui un oggetto lontano appare sospeso nell'aria; si verifica a causa della rifrazione dei raggi luminosi che attraversano strati atmosferici con densità variabile (dal nome di una fata del ciclo leggendario della Tavola rotonda) **4** (*fig.*) donna dotata di grande bellezza e di numerose virtù: *era la f. dei poveri e degli ammalati* ‖ **fatina**, **dim.**

†**fatagióne** [da *fatare* ⁎ sec. XIV] **s. f.** ● (*lett.*) pratica magica, incantesimo

⁎**fatàle** [vc. dotta, lat. *fatāle(m)*, da *fātum* 'fato' ⁎ 1313] **agg. 1** stabilito dal fato, dal destino: *ordine, legge, decisione f.* | del fato: *empio destin f., / uccidi omai questa odiosa vita* (T. TASSO) | (*est.*) inevitabile: *era f. che andasse a finire così*; *conseguenza f.* | (*lett.*) assegnato, prescelto dal destino | ***libri fatali***, sibillini **2** cruciale, decisivo: *incontro f.*; *Renzo... arrivato in Milano nel giorno f.* (A. MANZONI) **3** di ciò che cagiona morte, distruzione o danno irrimediabile: *il freddo intenso gli è stato f.* | ***l'ora f.***, della morte **SIN.** esiziale, funesto **CONTR.** fausto **4** (*fig.*) dotato di irresistibile fascino: *donna, sguardo f.*; *occhi fatali* ‖ **fatalménte**, **avv. 1** inevitabilmente **2** (*raro*) per disgrazia ‖ **fatalità**, **s. f. inv.** (V.)

fataliṣmo [fr. *fatalisme*, da *fatal* 'fatale' ⁎ 1745] **s. m. 1** (*filos.*) concezione che considera gli accadimenti come ineluttabili **2** atteggiamento di chi subisce passivamente la realtà

fatalista [fr. *fataliste*, da *fatal* 'fatale' ⁎ 1745] **A s. m. e f.** (**pl. m.** *-i*) ● chi si sottomette al corso degli eventi senza cercare di modificarlo **B agg.** ● che denota fatalismo: *atteggiamento f.*

fatalistico [1878] **agg.** (**pl. m.** *-ci*) ● caratteristico del fatalista: *concezione fatalistica* ‖ **fatalisticaménte**, **avv.** in modo fatalistico, con fatalismo

fatalità [da *fatale* ⁎ 1576] **s. f. inv. 1** caratteristica di ciò che è fatale: *la f. di un avvenimento* **SIN.** inevitabilità **2** destino contrario: *la f. ha voluto che l'impresa non fosse portata a termine* | avvenimento dannoso e imprevedibile: *è stata una vera f.* | (*ellitt.*) talora con valore di incidentale: *stavo uscendo e, f., sono caduto* **SIN.** sfortuna

Definizione d'autore

Nel significato di "per caso", a Venezia si usa molto la parola **fatalità** da sola, in posizione incidentale con funzione ellittica/avverbiale: «**Fatalità**, stavo uscendo e sono inciampato». I miei concittadini concepiscono il caso come un elemento da isolare sintatticamente, un sostantivo/avverbio che va separato dal resto della frase: una divinità da ossequiare, sì, ma tenendola ben chiusa nel tempietto della punteggiatura.

Tiziano Scarpa

fatalóne [da *fatale* ⁎ 1941] **s. m.** (**f.** *-a*) ● (*iron.*) chi si dà arie d'irresistibile conquistatore e seduttore

fatàre [da *fato* ⁎ 1304] **v. tr. 1** (*lett.*) fornire di potenza e virtù magiche: *f. un anello, un'arma* | (*lett.*) render preda di un incantesimo: *f. una persona* **2** (*fig., lett.*) affascinare **3** †svelare o predire il destino

fatàto **part. pass.** di *fatare*; anche **agg. 1** dotato di virtù magiche: *quella manina artistica e fatata che ha formato tutte le cose dell'universo* (E. MORANTE) | frutto di magia, di incantesimo: *castello f.* | ***mani fatate***, (*fig.*) che riescono in qualunque lavoro con grande facilità **2** (*fig.*) pieno di fascino, di incanto: *notte fatata* **3** †fatale, destinato **4** †stabilito dal destino | †***mal f.***, sventurato

fàte ➤ **fare**①

fàthom /'fadom, *ingl.* 'fæðəm/ [ingl. ant. *faethm*, da una vc. germ. che indicava 'apertura delle braccia' ⁎ 1874] **s. m. inv.** ● unità di misura di lunghezza, usata nei Paesi anglosassoni spec. in marina per la misura della profondità, equivalente a 2 yard e cioè a 1,8288 m **SIN.** braccio **SIMB.** fm

⁎**fatica** o †**fatiga**, †**fadiga** [lat. parl. **fatīga(m)*, da *fatigāre*. V. *faticare* ⁎ 1250 ca.] **s. f. 1** sforzo che si sostiene per compiere qlco. di particolarmente impegnativo sul piano fisico o mentale: *f. ardua, penosa, ingrata*; *f. di braccia, di gambe* | ***f. sprecata***, sforzo inutile | ***costare f.***, risultare gravoso, faticoso | (*est.*) la stanchezza che ne deriva: *che f.!*; *non mi reggo in piedi dalla f.* | †***prendere f.***, affaticarsi | (*est.*) lavoro fisico o mentale che costa sforzo e stanca: *scansare, fuggire le fatiche*; *le fatiche di Ercole*; *l'alta f. e le mirabil prove / che fece il franco Orlando per amore* (M.M. BOIARDO) | ***persona di*** (o ***da***) ***f.***, che svolge lavori pesanti | ***cavallo da*** (o ***di***) ***f.***, da tiro | ***abiti di f.***, da lavoro **CONTR.** riposo **2** deterioramento di un materiale causato da sforzi ripetuti: *rottura per f.* **3** (*fig.*) pena, difficoltà | ***a f.***, con difficoltà; a stento | ***durar f. a fare qlco.***, incontrare ostacoli, difficoltà **4** †affanno, travaglio | †noia, fastidio: *dare f.* ‖ **faticàccia**, **pegg.**

Definizione d'autore

La **fatica** è una mia assidua compagna di viaggio – convivo con lei più o meno da una quindicina d'anni. Abbiamo un rapporto diretto, una stretta "amicizia" a volte sgradita, cattiva, insostenibile, ma senza la quale non sarei mai giunta a essere la migliore ginnasta al mondo. La **fatica** non mente mai. Se alla fine dell'allenamento mi ha spezzato le ossa e ha reso uno straccio i miei muscoli è il segnale che mi sono allenata bene. La **fatica** oggi mi toglie, quasi mi annienta, ma domani mi ridarà tutto con gli interessi.

Vanessa Ferrari

faticabilità [dal fr. *fatigabilité* ⁎ 1956] **s. f. inv.** ● disposizione naturale all'affaticamento spec. nelle attività lavorative

⁎**faticàre** o †**fatigàre** [lat. *fatigāre* 'affaticare', dalla stessa etim. di *fatīsci*. V. *fatiscente* ⁎ 1261 ca.] **A v. intr.** (*io fatìco, tu fatìchi*; **aus.** *avere*) **1** lavorare con fatica (+ *per*, **anche seguito da inf.**): *f. per qlco., per qlcu.*; *faticano molto per vivere* **2** (*fig.*) lavorare od operare con difficoltà o sforzo (+ *per* **seguito da inf.**, + *in*): *f. a lungo per terminare uno scritto, una ricerca*; *è un ragazzo che fatica in matematica* | riuscire a stento a fare qlco. (+ *a* **seguito da inf.**): *f. a capire, a camminare*; *non faticai a trovare la stazione* **SIN.** penare, sforzarsi **B v. tr. 1** †affaticare, stancare **2** †molestare: *f. qlcu. con pressanti richieste* **3** †dire o fare faticosamente **4** †guadagnare col proprio lavoro **C faticàrsi v. intr. pron.** ● †affaticarsi | sforzarsi

faticàta o †**fatigàta** [sec. XIV] **s. f.** ● grande sforzo o fatica: *ti assicuro che è una dura f.* **SIN.** sfacchinata

faticàto **part. pass.** di *faticare*; anche **agg. 1** †affaticato **2** (*raro*) ottenuto, raggiunto con grande impegno e fatica: *l'esito dell'impresa è stato molto f.*

faticatóre [lat. tardo *fatigatōre(m)*, da *fatigāre* 'affaticare' ⁎ 1374] **s. m.** (**f.** *-trice*, *pop., disus. -tóra*); anche **agg.** ● (*raro*) chi lavora molto e resiste bene allo sforzo

fàtico [dal gr. *phatós* 'che si può dire, esprimere', dalla stessa radice di *phēmí* 'io parlo' (d'orig. indeur.) ⁎ 1966] **agg.** (**pl. m.** *-ci*) ● (*ling.*) detto di ciò che, nel linguaggio verbale, ha lo scopo di stabilire, mantenere aperta o verificare la comunicazione tra il locutore e il destinatario (per es. con le frasi 'Mi ascolti?', 'Non è vero?', 'Sono chiaro?'): *funzione fatica*; *frase interrogativa fatica*

faticóne [1886] **s. m.** (**f.** *-a*) ● (*raro, fam.*) persona che lavora intensamente e non si sottrae alla fatica

⁎**faticóso** (o -ṣ-) o †**fatigóso** [da *fatica* ⁎ 1261 ca.] **agg. 1** che richiede sforzo e procura fatica (+ *da* **seguito da inf.**): *salita faticosa*; *lavoro molto f.*; *un dovere f. da assolvere* | difficile: *f. da maneggiare* | gravoso, molesto | (*fig., lett.*) travagliato: *la faticosa storia degli uomini* (G. CARDUCCI) | (*fig.*) †***tempi faticosi***, duri, difficili **SIN.** grave, pesante **CONTR.** agevole, leggero **2** †esercitato alla fatica: *sovrappone / l'arme a le membra faticose 'ntorno* (T. TASSO) **3** (*lett.*) affaticato: *disteso in terra, f. e lasso* (I. SANNAZARO) **4** (*lett., fig.*) involuto: *stile f.* ‖ **faticosétto**, **dim.** ‖ **faticosaménte**, **avv.** in modo faticoso, con fatica, con sforzo; a stento, con difficoltà, a fatica ‖ **faticosità**, **s. f. inv.** gravosità: *la faticosità di un lavoro*

SFUMATURE ➤ ***laborioso***

⁎**fatìdico** [vc. dotta, lat. *fatĭdicu(m)*, comp. di *fātum* 'fato' e *dīcere* 'dire' ⁎ sec. XIV] **agg.** (**pl. m.** *-ci*) **1** (*lett.*) che rivela il fato o predice il futuro: *augurio, linguaggio f.*; *una fatidica Cassandra* (G. BRUNO) | ***segno f.***, rivelatore del futuro della volontà divina **SIN.** profetico **2** fatale, decisivo: *una data fatidica* ‖ **fatidicaménte**, **avv.**

†**fatìga** e deriv. ➤ **fatica** e deriv.

fatigue /*ingl.* fə'tiːg/ [vc. ingl., dal fr. *fatigue* 'fatica' ⁎ 1996] **s. f. inv.** ● (*med.*) complesso di sintomi caratterizzato da uno stato di grave astenia accompagnata da depressione

fatimide o **fatimita** [da *Fatima*, figlia di Maometto, da cui i Fatimidi dicono di discendere ⁎ 1834] **agg.** (**pl. m.** *-i*) ● (*stor.*) relativo alla dinastia musulmana sciita dei Fatimidi, che dominò gran parte dell'Africa settentrionale, Egitto e Siria dal 909 al 1171

fatimita ➤ **fatimide**

✦**fatiscènte** [vc. dotta, lat. *fatiscĕnte(m)*, part. pres. di *fatīsci* 'fendersi', di etim. incerta ✻ 1499] **agg.** ● che va in rovina, cadente (*anche fig.*): *muro f.*; *edificio f.*; *sistema politico ormai f.* ‖ **fatiscentemènte**, **avv.**

✦**fatiscènza** [1985] **s. f.** ● (*lett.*) condizione di ciò che è fatiscente

fatismo [da *fatico* ✻ 1991] **s. m.** ● (*ling.*) forma fatica

✦**fàto** [vc. dotta, lat. *fātu(m)*, da *fāri* 'pronunciare, profetare, parlare', di orig. indeur. ✻ av. 1294] **s. m.** (**pl.** *fàti*, **m.**, †*fàta*, **f.**) **1** per gli antichi, legge eterna e ineluttabile che regola e domina senza contrasto la vita dell'Universo: *sta scritto nel f.*; *opporsi al f.* | †*cedere al f.*, morire | (*est.*) †volere divino **2** destino, caso, fatalità: *il f. ha voluto così*

SFUMATURE ➤ *sorte*①

fàtta① [f. di *fatto*② ✻ sec. XIV] **s. f.** ● specie, genere, qualità: *uomini di questa f.* | ***d'ogni f.***, d'ogni genere | ***mala f.***, V. *malefatta*

fàtta② [part. pass. f. sost. di *fare*① ✻ av. 1484] **s. f.** ● escrementi degli uccelli, spec. della beccaccia, sul terreno, che il cacciatore utilizza come traccia | ***essere sulla f.***, seguire le tracce (*lett. anche fig.*)

fattàccio [av. 1735] **s. m. 1** pegg. di *fatto*② | (**al pl.**, *fam.*) affari, faccende: *si faccia i fattacci suoi!* **2** azione o avvenimento riprovevole **3** crimine di particolare malvagità: *la cronaca del f.*

fatterèllo o **fattarèllo** [av. 1712] **s. m. 1** dim. di *fatto*② **2** avvenimento di poca importanza **3** raccontino, aneddoto ‖ **fatterellino**, **dim.**

fattézza [da *fatto*① ✻ av. 1250] **s. f. 1** †figura, forma di qlco.: *prima ti dice l'altezza e la f. di questo circulo* (G. BOCCACCIO) **2** (**al pl.**) lineamenti del viso: *avere, essere di fattezze fini, delicate, grossolane* | aspetto fisico: *nessuna finezza di fattezze: era troppo grossa* (E. DE AMICIS) **SIN.** fisionomia, sembianze

fattìbile [da *fatto*① ✻ 1342] **A** **agg.** ● che si può fare o che è agevole fare: *una cosa f.* **SIN.** attuabile, possibile, realizzabile **CONTR.** irrealizzabile ‖ **fattibilménte**, **avv.** ‖ **fattibilità**, **s. f. inv.** (V.) **B** **s. m.** ● ciò che si può fare: *ho fatto tutto il f. per un marito* (C. GOLDONI)

fattibilità [1980] **s. f. inv.** ● condizione di ciò che è fattibile: *accertare il grado di f. di un impianto* **SIN.** realizzabilità

fattìccio [lat. *factīciu(m)*. V. *fattizio* ✻ sec. XIV] **agg.** (**pl. m.** *-ci*; **pl. f.** *-ce*) ● (*lett.*) di membra grosse, di complessione robusta e tarchiata

fatticità [dall'ingl. *facticity* di provenienza fr. ✻ 1965] **s. f. inv.** ● (*filos.*) nell'esistenzialismo, il puro sussistere di una cosa, in quanto estraneo all'effettività dell'esperienza umana

fattispècie [lat. *făcti spĕcie(m)* 'apparenza di fatto'. V. *fatto*② e *specie* ✻ av. 1729] **s. f. inv.** ● (*dir.*) fatto produttivo di conseguenze giuridiche, spec. caso concreto di cui si tratta in giudizio: *esaminare la f.*; *nella f. non esiste alcuna attenuante* | ***nella f.***, (*est.*) in questo caso specifico

fattitìvo [dal lat. *factitāre*, frequentativo di *făcere* 'fare' ✻ 1945] **agg.** ● (*ling.*) iterativo | causativo

✦**fattìvo** [da *fatto*① ✻ 1304] **agg.** ● che è utile, efficace: *il f. interessamento delle autorità* | di chi è operoso, attivo: *un dirigente f. e abile* ‖ **fattivaménte**, **avv.** in modo fattivo, utile ‖ **fattività**, **s. f. inv.** caratteristica di chi (o di ciò che) è fattivo **SIN.** operosità

fattìzio [vc. dotta, lat. *factīciu(m)*, da *făctus* 'fatto②' ✻ 1499] **agg.** ● (*raro*) che non è naturale o autentico, ma prodotto dalla mano dell'uomo **SIN.** artificiale | ***idee fattizie***, nella filosofia cartesiana, quelle che il pensiero umano si forma da sé **CFR.** innato

✦**fàtto**① **part. pass.** di *fare*; **anche agg. 1** fabbricato, costruito, prodotto (+ *a*): *f. a mano, a macchina* **2** formato: *f. a esse, a calice, a quadri* | ***persona ben fatta***, fisicamente ben formata | ***come Dio l'ha f.***, nudo | ***non sapere come una cosa è fatta***, non conoscerla, non averla mai vista | ***è f. così!***, questo è il suo carattere | ***com'è f.?***, come è? di che natura o aspetto è? | costituito (+ *di*): *f. di carne e d'ossa*; *f. di marmo, di ferro* **3** maturo: *frutti fatti* | ***uomo f.***, adulto | (*fig.*) ***a notte fatta***, inoltrata **4** cotto al punto giusto: *la pasta è fatta* **5** operato, compiuto, realizzato: *cosa ben fatta, mal fatta* | ***ben f.!***, escl. di approvazione | ***così f.***, ***sì f.***, V. *cosiffatto*, *siffatto* | ***letto f.***, riordinato | ***a conti fatti***, (*fig.*) tutto considerato | ***venir f. di***, capitare, succedere involontariamente: *quando ascolto i suoi sproloqui, mi vien f. di ridere* | ***subito f.!***, ecco pronto | ***è fatta!***, di cosa conclusa, positivamente o negativamente | **PROV.** ***cosa fatta capo ha***, V. *capo* | ***detto f.***, immediatamente | ***è subito, è presto f.***, immediatamente | ***bell'e f.***, già fatto, compiuto: *questo è mio marito, il matrimonio è bell'e f.* (A. MANZONI) | **PROV.** ***quel ch'è f. è reso***, ciò che si fa agli altri viene ricambiato con ugual moneta **6** adatto, idoneo (+ *per*, **anche seguito da inf.**): *quell'attore pare f. per le parti comiche*; *non è proprio fatto per insegnare*; *quella vita non era certo fatta per lei!* | ***f. apposta per qlco.***, adattissimo, tagliato su misura **7** (*colloq.*) molto stanco, molto affaticato: *dopo una giornata di lavoro sono f.* | (*fam.*) ubriaco | (*est.*, *gerg.*) che è sotto l'effetto di una droga: *quel tipo è f.* ‖ †**fattaménte**, **avv. 1** †effettivamente **2** †nella loc. avv. ***così fattamente***, in tal modo: *l'altre, udendo costei così fattamente parlare, … si tacquero* (G. BOCCACCIO); †***sì fattamente***, V. *siffatto*

✦**fàtto**② [vc. dotta, lat. *făctu(m)*, part. pass. nt. sost. di *făcere* 'fare' ✻ av. 1292] **s. m. 1** azione o atto concreto: *ci vogliono fatti e non parole* | ***fare i fatti***, agire | ***porre qlcu. di fronte al f. compiuto***, ad una azione già realizzata | ***fatti amministrativi***, le varie operazioni con cui si manifesta l'attività aziendale | ***sul f.***, nell'atto stesso di compiere un'azione | ***cogliere qlcu. sul f.***, mentre agisce | ***venire, scendere, passare a vie di f.***, alle mani | ***f. d'arme***, combattimento | ***f. di sangue***, uccisione o ferimento | ***il f. è fatto***, non si può tornare indietro, è inutile ripensarci o recriminare | (*fig.*) ***i fatti parlano chiaro***, non vi sono dubbi di sorta | ***alla prova, alla resa dei fatti***, alla verifica concreta | ***dato di f.***, elemento certo, reale, indiscutibile | ***stato di f.***, V. *stato*② | ***in f. di***, per quanto riguarda | ***in fatti***, V. *infatti* | ***di f.***, in realtà: *di f. lui non ne sapeva nulla* | ***unione di f.***, V. *unione* **2** avvenimento, accaduto: *raccontami come si sono svolti i fatti* | ***fatti diversi***, di minore importanza riportati dai giornali | ***il f. sta che, f. sta che, sta di f. che, il f. è che***, ciò che è vero è che; in realtà: *il f. è che glie ne diedero tante* (G. VERGA) | fenomeno, circostanza, evento: *bisogna verificare questo strano f.*; *è un f. del tutto eccezionale* | †***essere al f.***, essere al corrente: *non sono al f. … degli avvenimenti* (P. VERRI) **3** (*dir.*) avvenimento che determina il sorgere, il modificarsi o l'estinguersi di un rapporto giuridico: *f. illecito*; *f. notorio* | (*est.*) insieme delle concrete circostanze di un rapporto giuridicamente rilevante: *desumere da un f. elementi di prova*; *errore di f.* | ***fatti di causa***, questioni di cui si discute in giudizio | ***questione di f.***, sostanziale **4** serie di eventi che costituiscono la trama di un romanzo, film, commedia e sim.: *il f. si svolge durante la seconda Guerra mondiale*; *il f. è banale e risaputo, ma la recitazione ottima* **SIN.** vicenda **5** cosa, nel suo significato più ampio: *è un f. quasi incredibile* | (**al pl.**) faccende, affari personali: *badare ai fatti propri*; *impicciarsi dei fatti altrui*; *fatti miei!*; *fatti loro!* | ***andare per i fatti propri***, andarsene | ***f. personale***, faccenda relativa ad una sola persona e alla sua vita privata | ***i fatti di casa***, questioni o interessi familiari | (*lett.*) ***gran f.***, caso molto importante; (con funzione oggettivale) cospicuo, importante; (con funzione avverbiale) molto, in misura rilevante: *suo marito non stava in casa gran f.* (G. VERGA) | ***sa il f. suo***, conosce bene il suo mestiere, è consapevole delle sue capacità e sim. | ***dire a qlcu. il f. suo***, ciò che si merita | †***il mio, il tuo, il suo f.***, il mio, tuo, suo utile o vantaggio **SIN.** affare **6** spesso è usato per introdurre un argomento che si annuncia: *il f. della sua promozione ci rende felici*; *il f. che sia partito ci riempie di malinconia* ‖ **fattàccio**, **pegg.** (V.) | **fattarèllo**, **fatterèllo**, **dim.** (V.) | **fattùccio**, **dim.**

fattòide [comp. di *fatt(o)* e *-oide* ✻ 1975] **s. m.** ● fatto non realmente accaduto, ma costruito spec. dai mezzi di comunicazione di massa e reso verosimile

fattóra [1673] **s. f. 1** (*pop.*) moglie del fattore, nel sign. 2 **2** †cameriera

fattóre [lat. *factōre(m)* 'fabbricatore', da *făcere* 'fare' ✻ 1266] **s. m.** (**f.** *-trice* (**V.**), *-tóra* (**V.**) **o** *fattoréssa* (**V.**) **nei sign. 2 e 4**) **1** (*lett.*) artefice, autore, creatore | ***l'Alto, il Sommo Fattore***, Dio **2** chi coadiuva l'imprenditore agricolo nell'esercizio dell'impresa agricola e lo rappresenta secondo gli usi **3** †agente, rappresentante commerciale **4** †servitore, lavorante, inserviente **5** elemento che concorre a produrre un effetto: *i fattori del benessere sociale, della ricchezza* | ***f. campo***, nel calcio e in altri sport, l'influenza favorevole che il giocare sul proprio campo con l'incitamento del pubblico esercita su un atleta o una squadra: *contare sul f. campo* | ***f. produttivo, di produzione***, ogni elemento che concorre alla produzione, in particolare terra, capitale e lavoro | (*biol.*) ***fattori di riproduzione***, elementi responsabili della trasmissione dei caratteri ereditari, che passano da una generazione all'altra attraverso i gameti | (*biol.*, *fisiol.*) ***f. Rh***, fattore antigene del sangue umano; V. anche *Rh* | (*chim.*) ***f. estrinseco***, vitamina B12 **6** (*mat.*) ciascuno dei termini di una operazione, spec. della moltiplicazione **7** in varie tecnologie o discipline, coefficiente | ***f. di potenza***, rapporto fra potenza effettiva e potenza apparente di una corrente alternata | ***f. ambientale***, coefficiente di maggiorazione del tempo normale di lavorazione che tiene conto di eventuali condizioni disagevoli relative all'ambiente spec. di lavoro | ***f. di impatto***, indice di valutazione del rilievo di una pubblicazione scientifica, calcolato sul numero di citazioni che ha fatto registrare nella letteratura del settore; in sigla I.F. **8** †trottola

fattoréssa [av. 1566] **s. f. 1** moglie del fattore, nel sign. 2 | amministratrice, sopraintendente di un'azienda agricola **2** (*lett.*) inserviente di un monastero femminile

✦**fattorìa** [da *fattore*, nel sign. 2 ✻ sec. XIV] **s. f. 1** azienda agricola **2** insieme dei fabbricati agricoli necessari a una fattoria | casa del fattore **3** †amministrazione di una fattoria | †ufficio di fattore

SFUMATURE ➤ *podere*①

fattoriàle [1892] **A** **agg.** ● relativo a fattore nei sign. 5, 6, 7 | (*mat.*) ***prodotto f.***, prodotto dei successivi numeri interi da 1 fino a un numero dato | ***psicologia f.***, descrizione dell'intelligenza o della personalità in termini di fattori, determinabili attraverso un metodo statistico detto analisi fattoriale || **fattorialità**, **s. f. inv.** **B** **s. m.** ● (*mat.*) di un numero naturale *n*, è il numero, indicato con *n!*, pari al prodotto di tutti i numeri naturali minori o uguali a *n* | nel calcolo combinatorio, *n!* è il numero delle permutazioni di *n* elementi

fattorinàggio [da *fattorino* ✱ 1983] **s. m.** ● (*burocr.*) il complesso delle funzioni proprie del fattorino

fattorìno [da *fattore* ✱ 1478] **s. m.** **1** (**f.** *-a*) chi, presso un'azienda pubblica o privata, è incaricato dei piccoli servizi, spec. di consegna e recapito: *il f. vi consegnerà il pacco* | ***f. del telegrafo***, che porta a domicilio telegrammi **2** (**f.** *-a*) in un mezzo di trasporto pubblico, chi è addetto alla distribuzione dei biglietti: *il f. del tram, dell'autobus* **3** †arnese di ferro con funzione di supporto

fattorizzàre① [da *fattore* nel sign. 6 ✱ 1974] **v. tr.** ● (*mat.*) procedere alla ricerca dei componenti primi di un numero || **fattorizzazióne**, **s. f.**

fattorizzàre② [adattamento dell'ingl. *factoring* (V.) ✱ 1992] **v. tr.** ● (*econ.*) cedere un credito a una società di factoring || **fattorizzazióne**, **s. f.**

fattoush /*arabo* fæt'tuʃ/ ➤ **fattush**

fattrìce [vc. dotta, lat. tardo *factrīce(m)*, da *făcere* 'fare' ✱ av. 1348] **s. f.** **1** la femmina degli Equini e dei Bovini destinata alla riproduzione | ***f. di sangue puro***, per la riproduzione dei cavalli da corsa **2** (*raro*, *lett.*) esecutrice, autrice

fattuàle [da *fatto*② ✱ 1965] **agg.** ● pertinente a una determinata realtà di fatto || **fattualménte**, **avv.** || **fattualità**, **s. f. inv.** condizione di ciò che è fattuale, inerente alla realtà

fattucchièra [prob. connesso con il lat. *fătum* 'fato' ✱ av. 1535] **s. f.** (**m.** *raro -e*) ● donna che compie incantesimi, magie, fatture **SIN.** incantatrice, maliarda, strega

fattucchierìa [av. 1597] **s. f.** ● pratica di arti magiche popolari, per mezzo di filtri, incantesimi e stregonerie: *ammaliato per virtù di una f. eseguita coi libri santi* (G. Deledda)

fattùra [lat. tardo *factūra(m)*, da *făcere* 'fare' ✱ 1266] **s. f.** **1** confezionamento, lavorazione di qlco.: *la f. di un abito; la f. di quel cappello mi è costata molto* | (*est.*) modo con cui una cosa è realizzata o fatta: *versi di rozza, buona, pregevole f.* **2** documento che il venditore rilascia al compratore e che contiene la distinta delle merci vendute o la descrizione del servizio prestato e il corrispondente importo: *spedire, ricevere la f.* **3** †creatura **4** †opera: *e questo consiglio fu f. di due compagni* (F. Sacchetti) **5** (*lett.*) fattezza, aspetto **6** (*pop.*) stregoneria, incantesimo: *fare la f. a qlcu.*; *credere alle fatture* || **fatturina**, **dim.**

> **SFUMATURE DI SIGNIFICATO**
> ***fattura - maleficio - malocchio***
> Una pratica magica volta a influenzare il comportamento di una persona o provocarle un danno si dice **fattura**. **Maleficio** ha lo stesso significato, ma appartiene a un registro espressivo più elevato. **Malocchio** indica invece qualcosa di più specifico, ovvero un influsso malefico esercitato con lo sguardo al fine di attirare la sfortuna su chi ne è investito; più in generale indica un'attenzione malevola e invidiosa che si suppone abbia effetti negativi su chi ne è oggetto.

fatturàre [da *fattura* ✱ 1395] **v. tr.** **1** (*raro*) manipolare, adulterare: *f. il vino con sostanze acquose* | (*fig.*, *lett.*) falsare **2** redigere una fattura: *f. le importazioni, le esportazioni* | documentare con fattura: *f. una vendita, una prestazione* | realizzare vendite per un determinato importo: *un'azienda che fattura due miliardi l'anno* **3** (*raro*) affatturare, stregare

fatturàto **A** **part. pass.** di *fatturare*; anche **agg.** ● nei sign. del v. **B** **s. m.** ● volume delle vendite risultante dall'ammontare delle fatture emesse da un'impresa in un determinato periodo: *il f. della ditta è in aumento*

fatturazióne [1865] **s. f.** ● operazione del fatturare

fatturìsta [da *fattura* nel sign. 2 ✱ 1942] **s. m. e f.** (**pl. m.** *-i*) ● impiegato che compila fatture commerciali

†**fattùro** [vc. dotta, lat. *factūru(m)*, part. fut. di *făcere* 'fare' ✱ 1321] **agg.** **1** che sta per fare, che farà | ***essere f.***, stare per fare, essere sul punto di fare: *fatto avea prima e poi, era f.* (Dante *Par.* VI, 83) **2** che sarà fatto

fattush o **fattoush** /*arabo* fæt'tuʃ/ [vc. araba ✱ 1994] **s. m. inv.** (**pl. arabo inv.**) ● (*cucina*) insalata di pomodori, cetrioli, cipolle, lattuga, ecc. tagliati e mescolati a dadini di pane arabo (pita), tipica della cucina mediorientale

✦**fatuità** o †**fatuitàde**, †**fatuitàte** [vc. dotta, lat. *fatuitāte(m)*, da *fătuus* 'fatuo' ✱ 1306] **s. f. inv.** ● caratteristica di chi (o di ciò che) è fatuo **SIN.** leggerezza

✦**fàtuo** [vc. dotta, lat. *fătuu(m)*, di etim. incerta ✱ 1304 ca.] **agg.** ● vuoto, vano, frivolo, leggero: *discorso, amore f.*; *un individuo f.* | ***fuoco f.***, fiammella che appare nei cimiteri nei pressi delle tombe, prodotta dall'accensione spontanea di sostanze gassose emananti dalla decomposizione dei cadaveri; (*fig.*) illusione che svanisce presto || **fatuaménte**, **avv.** con fatuità, frivolezza

SFUMATURE ➤ ***frivolo***

†**fatùtto** [comp. di *fa(re)*① e *tutto* ✱ 1623] **s. m. e f. inv.**; anche **agg. inv.** ● faccendone

fàtwa /'fatwa, *arabo* 'fæt-wa/ [vc. araba, propr. 'consultazione' ✱ av. 1829] **s. f. inv.** (**pl. arabo** *fatàwa*) ● parere giuridico-teologico pronunciato da un muftì in seguito alla richiesta di un giudice musulmano di sapere se un caso specifico è regolato dalla legge islamica e quale provvedimento eventualmente richieda | (*est.*) condanna pubblica conseguente a tale parere, che impegna tutti i credenti a eseguirne la sentenza

faucàle [da *fauci* ✱ 1952] **agg.** ● (*raro*, *ling.*) detto di suono articolato per mezzo delle fauci

✦**fàuci** o †**fàuce** [vc. dotta, lat. *fauces*, pl., di etim. incerta ✱ sec. XIV] **s. f. pl.** (**sing.** *lett. fàuce*) **1** orifizio di passaggio dalla cavità orale alla faringe | (*est.*) bocca, spec. di animali carnivori: *le f. di un leone* | (*fig.*) ***cadere nelle f. di un usuraio***, essere costretto a chiedergli un prestito, cadere nelle sue mani **2** (*fig.*, *lett.*) apertura, sbocco: *penetriamo nella stretta fauce del Quarnaro* (G. D'Annunzio)

fault /fɔlt, fo-, *ingl.* fɔːlt/ [vc. ingl., dal fr. *faute*, dal lat. parl. **fallita(m)*, da *fallere* 'fallire' ✱ 1905] **s. m. inv.** ● nel tennis e in altri sport, fallo

fàuna [vc. dotta, lat. *Fāuna(m)*, figlia (o sposa) del dio *Fauno* ✱ 1832] **s. f.** **1** insieme degli animali di un determinato ambiente: *f. marina*; *f. alpina* **2** (*est.*, *iron.*) insieme di persone connesse a un dato ambiente: *la f. dei vacanzieri*

faunésco [da *fauno* ✱ 1812] **agg.** (**pl. m.** *-schi*) ● tipico del fauno: *sguardo, viso f.*; *orecchie faunesche* || **faunescaménte**, **avv.**

faunìsta [1873] **agg. e s. m. e f.** (**pl. m.** *-i*) ● che (o chi) è studioso o esperto di ciò che concerne la fauna

faunìstica [1884] **s. f.** ● studio della fauna di un determinato ambiente

faunìstico [1883] **agg.** (**pl. m.** *-ci*) ● della fauna, relativo alla fauna: *patrimonio f.* || **faunisticaménte**, **avv.** relativamente alla fauna

fàuno [vc. dotta, lat. *fāunu(m)*, da avvicinare a *favēre* 'favorire (la crescita)' ✱ 1336 ca.] **s. m.** ● antica divinità italica protettrice dei campi e delle greggi, raffigurato con orecchie appuntite, corna e piedi caprini, analogamente al dio Pan col quale venne a identificarsi || **faunétto**, **dim.**

faustiàno (faust-ia-no, fau-stia-no) [1948] **agg.** ● relativo a Faust, personaggio protagonista sia della tragedia di C. Marlowe (1564-1593) che del poema drammatico di W. Goethe (1749-1832) | (*est.*) caratterizzato dalla continua ricerca di nuove conoscenze ed esperienze: *spirito f.*

✦**fàusto** [vc. dotta, lat. *fāustu(m)*, da avvicinare a *favēre* 'favorire' ✱ 1321] **agg.** **1** (*lett.*) propizio, favorevole **SIN.** fasto **2** (*est.*) lieto, felice, fortunato: *annuncio f.*; *giorno f.* | ***f. evento***, lieto evento **CONTR.** infausto, nefasto || **faustaménte**, **avv.** felicemente

✦**fautóre** [vc. dotta, lat. *fautōre(m)*, da *favēre* 'favorire' ✱ av. 1342] **agg. e s. m.** (**f.** *-trice*) ● che (o chi) favorisce, promuove, sostiene: *f. della libertà, dell'alleanza, della pace, della rivoluzione* **SIN.** sostenitore **CONTR.** avversario, nemico

fauve /*fr.* fov/ [vc. fr., propr. 'belva', vc. di orig. francone ✱ 1905] **A** **s. m. inv.** ● artista seguace del fauvismo **B** **agg. inv.** ● relativo al fauvismo, che segue il fauvismo: *pittura, esposizione f.*

fauvìsmo /fo'vizmo/ [fr. *fauvisme*, da *fauve* (V.) col suff. *-isme* 'ismo' ✱ 1914] **s. m.** ● movimento artistico sorto in Francia agli inizi del sec. XX, la cui pittura è caratterizzata da colori puri violentemente contrastanti e da una composizione tridimensionale tendente alla semplificazione o alla deformazione del reale nella ricerca di una primitiva immediatezza di espressione

fàva [lat. *făba(m)*, di orig. indeur. ✱ 1282] **s. f.** **1** pianta erbacea delle Papilionacee con foglie composte paripennate, fiori di color bianco o violaceo in racemi e legumi scuri contenenti semi verdastri (*Vicia faba*) | il seme commestibile di tale pianta | ***prendere due piccioni con una f.***, raggiungere due risultati e sim., in una sola volta | ***f. dei morti***, ***f. dolce***, pasticcini croccanti a base di mandorle, farina, zucchero e albume d'uovo che si consumano tradizionalmente nella ricorrenza dei defunti **2** †voto, suffragio che si dava deponendo una fava nell'urna | †***f. nera***, voto favorevole | †***f. bianca***, voto contrario | †***mettere alle fave***, ai voti **3** (*raro*) cosa da nulla, niente: *non valere una f.* | (*lett.*) ***di f.***, di nessun conto | (*sett.*) ***la rava e la f.***, V. *rava* | †***è tutto f.***, tutto la stessa cosa **4** (*volg.*) glande | (*est.*) pene || **favétta**, **dim.** (V.)

favagèllo [da *fava*, perché le foglie assomigliano a quelle delle fave ✱ av. 1449] **s. m.** ● pianta erbacea delle Ranuncolacee con tuberi carnosi, breve fusto sdraiato e fiori giallo-dorati (*Ranunculus ficaria*)

favàggine [da *fava* col suff. di alcune piante *-aggine*, suff. già in lat. usato per formare nomi di piante ✱ 1813] **s. f.** ● pianta erbacea delle Zigofillacee con foglioline carnose e fiori ascellari con proprietà medicinali (*Zygophyllum fabago*)

favàio [lat. tardo *fabāriu(m)*, da *făba* 'fava' ✱ 1853] **s. m.** (**pl. m.** *-ai*) ● (*raro*) campo coltivato a fave

favàra [dall'arabo *fawwāra* ✱ 1932] **s. f.** ● nell'isola di Pantelleria, abbondante emissione di vapore a 100 °C

favarèlla ➤ **faverella**

favàta [lat. *fabāta(m)*, da *fāba* 'fava' ✻ av. 1566] **s. f. 1** minestra di fave **2** (*fig., tosc.*) millanteria

favèla /*portog.* fa'vɛla/ [vc. del portog. brasiliano, propr. 'alveare', dal lat. *fāvu(m)* 'favo' ✻ 1974] **s. f. inv. (pl. portog.** *favelas*) ● quartiere di baracche costruite spec. alla periferia di grandi città brasiliane

favèlla [da *favellare*① ✻ sec. X] **s. f. 1** facoltà di parlare: *il dono della f.*; *perdere, riacquistare la f.* | (*est., lett.*) discorso: *con qual f. / il lor voler ti palesaro i numi?* (P. METASTASIO) | ***tener f.***, conversare **2** (*lett.*) lingua particolare: *la f. latina*; *molto studio nelle altrui favelle ponendo* (P. BEMBO)

favellàre① [lat. parl. **fabellāre*, da *fabĕlla* 'piccolo racconto', dim. di *fābula* 'favola' ✻ sec. XII] **A v. intr.** (*io favèllo*; **aus.** *avere*) ● (*lett.*) parlare, discorrere: *chi d'una cosa, e chi d'altra favella* (L. DE' MEDICI) **B v. tr.** ● (*lett.*) dire, esprimere: *lingua … che il ver favella apertamente* (A. MANZONI)

favellàre② [da *favellare*① ✻ sec. XIV] **s. m. (pl. †-i)** ● (*lett.*) discorso: *udrò sempr'io / il favellar vostro arrogante?* (V. ALFIERI) | (*lett.*) modo di parlare, idioma: *il favellar toscano* | †locuzione

†**favellatóre** [da *favellare* ✻ sec. XIII] **s. m. (f. -*trice*)** ● parlatore

favellìo [1304] **s. m. (pl. -*ii*)** ● (*lett.*) chiacchierio

†**favènte** [vc. dotta, lat. *favĕnte(m)*, part. pres. di *favēre* 'favorire' ✻ 1342] **agg.** ● (*lett.*) fautore

faverèlla o **favarèlla** [da *fava* ✻ av. 1665] **s. f.** ● impasto di fave cotte, usato come mangime per cavalli

favéto [1550] **s. m.** ● (*raro*) campo coltivato a fave

favétta [1572] **s. f. 1** dim. di *fava* **2** tipo di fava a seme piccolo usata spec. nell'alimentazione del bestiame (*Vicia faba minor*) **SIN.** favino **3** (*fig.*) †persona saccente

favìlla [lat. *favĭlla(m)*, dalla stessa radice di *favēre* 'riscaldare' ✻ 1268] **s. f. 1** parte minutissima di materia incandescente: *le faville di un falò* | ***far faville***, (*fig.*) di chi eccelle, ottiene brillanti risultati e sim. | ***andar in faville***, bruciare | ***mandar faville dagli occhi***, (*fig.*) per gioia o ira | †cenere sottile che ricopre la brace **SIN.** scintilla **2** fiammella | (*fig.*) principio di un sentimento o minima causa di qlco.: *la f. dell'amore, dell'odio* **3** (*fig., lett.*) briciola, minima parte || **favillétta**, **dim.** | **favillùzza**, **dim.**

favìno [da *fava*] **s. m.** ● favetta, nel sign. 2

favìṣmo [da *fava* ✻ 1899] **s. m.** ● (*med.*) anemia emolitica ereditaria che si manifesta con l'ingestione di fave crude o con l'inalazione di polline di fava

favìssa [vc. dotta, lat. *favĭssae*, nom. pl., di orig. preindeur. ✻ 1903] **s. f.** ● negli antichi templi, cella sotterranea situata all'interno del recinto sacro ma fuori del tempio, che serviva come deposito per le offerte votive

fàvo [lat. *fāvu(m)*, di etim. incerta ✻ av. 1342] **s. m. 1** nell'arnia, costruzione di cera ad andamento verticale consistente in un agglomerato di celle, eseguita dalle api operaie **2** (*med.*) grosso foruncolo o agglomerato di foruncoli intercomunicanti in genere causato da stafilococchi **SIN.** vespaio **3** (*med.*) infezione della cute e del cuoio capelluto causata da funghi **CFR.** tigna

♦**fàvola** o †**fàbula** [lat. *fābula(m)*, da *fāri* 'parlare' ✻ av. 1292] **s. f. 1** breve narrazione in prosa o in versi, di intento morale, didascalico e sim., che ha per oggetto un fatto immaginato i cui protagonisti sono per lo più cose o animali: *le favole di Esopo, di La Fontaine* | ***la morale della f.***, l'insegnamento che se ne ricava; (*est.*) il significato reale, l'effettiva portata di un fatto, di un avvenimento e sim. | (*fig., colloq.*) ciò che è particolarmente bello, piacevole ecc.: *oggi la neve è una f.* | ***da f.***, straordinario, eccezionale, favoloso: *abita in una villa da f.*; *Italia da f. contro la Germania* **2** racconto spec. popolare di argomento fantastico, con personaggi immaginari quali fate, gnomi, streghe e sim., spesso con intenti educativi: *raccontare le favole ai bambini*; *un libro di favole*; *le favole di Andersen*; *la f. di Biancaneve, del gatto con gli stivali* **SIN.** fiaba **3** qualsiasi racconto o argomento fantastico, misterioso, mitico: *l'origine di quel popolo è avvolta nella f.*; *quelle credenze hanno il tono della f.* | chiacchiera, diceria sul conto di una persona o su un avvenimento od anche l'oggetto di tali chiacchiere: *quell'individuo è diventato la f. del paese* **4** commedia, dramma: *f. pastorale* | intreccio di commedia, dramma o poema | (*lett.*) inezia, bagattella | †novella, aneddoto, fatterello **5** (*fig., poet.*) vita umana: *la f. breve è finita* (G. CARDUCCI) **6** invenzione, bugia, fandonia: *eran tutte favole* || **favolétta**, **dim.** | **favolina**, **dim.** | **favolùccia**, **dim.**

> **SFUMATURE DI SIGNIFICATO**
>
> ***favola - fiaba - novella***
>
> In senso proprio, **favola** è una breve narrazione in prosa o in versi, di intento morale o didascalico, avente per oggetto un fatto immaginario e i cui protagonisti sono per lo più animali o esseri inanimati. **Fiaba** è invece propriamente un racconto fantastico di origine popolare, nel quale si muovono personaggi immaginari come fate, gnomi, streghe e simili, e dove l'intento educativo, didascalico o moraleggiante cede il posto a elementi più marcatamente fantastici. Cosa diversa è la **novella**, racconto di una vicenda reale o verosimile, alla quale è estraneo l'elemento fantastico e soprannaturale.

†**favolàre** [sec. XIII] **v. intr. 1** raccontar favole | immaginare, fantasticare **2** favellare **SIN.** fabulare

favolatóre o **fabulatóre** [lat. *fabulatōre(m)*, da *fābula* 'favola' ✻ sec. XIII] **s. m. (f. -*trice*)** ● (*lett.*) narratore di favole o (*est.*) di fandonie: *Questo narrò la mia favolatrice* (G. D'ANNUNZIO); *fabulatori vani da miracolar le genti aspettanti* (C.E. GADDA)

favoleggiaménto [1442] **s. m.** ● (*raro*) il favoleggiare | (*lett.*) racconto fantastico | †leggenda

favoleggiàre o †**fabuleggiàre** [da *favola* ✻ sec. XIII] **A v. intr. (pres.** *io favoléggio*; **fut.** *io favoleggerò*; **aus.** *avere*) **1** raccontare favole **2** rappresentare cose favolose, parlandone o scrivendone (+ *di*): *questa è la città di cui tanto si è favoleggiato* | (*est.*) riferire come diceria o come congettura: *si favoleggia di un nuovo amore dell'attrice* **B v. tr.** ● immaginare, fantasticare: *si favoleggiò ch'avesse dimestichezza con la ninfa Egeria* (T. TASSO)

favoleggiatóre [sec. XIV] **s. m. (f. -*trice*)**; **anche agg.** ● (*raro, lett.*) chi (o che) favoleggia

favolèllo [adattamento dell'ant. fr. *fablel*, dim. di *fable* 'racconto immaginario', di orig. lat. (*fābula*) ✻ 1869] **s. m.** ● breve racconto, poemetto narrativo medievale **SIN.** fabliau

favolista [av. 1798] **s. m. e f. (pl. m. -*i*)** ● scrittore di favole

favolìstica [1965] **s. f. 1** genere letterario delle favole | insieme di favole proprie di un determinato paese o area geografica: *la f. nordica* **2** studio delle favole

favolìstico [1965] **agg. (pl. m. -*ci*)** ● relativo alle favole: *genere f.* || **favolisticaménte**, **avv.**

♦**favolóso** (o -ṣ-) o †**fabulóso** [lat. *fabulōsu(m)*, da *fābula* 'favola' ✻ av. 1328] **agg. 1** di favola, che appartiene alla favola: *una storia, una divinità favolosa* | leggendario: *il f. Egitto*; *tutte le storie barbare hanno favolosi principi* (G. VICO) **2** (*est.*) incredibile, enorme, esagerato: *una ricchezza favolosa*; *prezzo f.* | straordinario, eccezionale, meraviglioso: *uno spettacolo f.*; *un libro f.* || **favolosaménte**, **avv. 1** (*lett.*) in modo favolistico, a mo' di favola: *i poeti dicevano favolosamente che le bestie si fermassero a udire il canto di questo o di quello* (G. LEOPARDI) **2** incredibilmente, straordinariamente: *un ricevimento favolosamente sfarzoso* || **favolosità**, **s. f. inv.**

> **SFUMATURE DI SIGNIFICATO**
>
> ***favoloso - leggendario***
>
> **Favoloso** è ciò che ha le caratteristiche di una favola, è frutto di una elaborazione fantastica e manca dunque di qualsiasi legame con la storia e con la realtà. Molto vicino è **leggendario**, che fa riferimento a ciò che, pur avendo in origine forse qualche fondamento storico, è stato tuttavia arricchito da una tale quantità di particolari inventati che gli elementi fantastici risultano di fatto preponderanti. Entrambi i termini si usano in senso esteso per descrivere qualcosa di meraviglioso, straordinario, eccezionale.
>
> **SFUMATURE** ➤ ***straordinario***

favònio [vc. dotta, lat. *favōniu(m)*, da *favēre* 'favorire la crescita', perché col suo tepore favorisce i germogli ✻ av. 1292] **s. m. 1** (*lett.*) vento tiepido di ponente **2** (*meteor.*) vento discendente caldo, secco e a raffiche, sul versante sottovento di una catena montuosa **SIN.** föhn

†**favoràbile** [vc. dotta, lat. *favorābile(m)*, da *făvor*, genit. *favōris* 'favore' ✻ sec. XIV] **agg.** ● favorevole || †**favorabilménte**, **avv.** favorevolmente

♦**favóre** [vc. dotta, lat. *favōre(m)*, da *favēre* 'favorire', di etim. incerta ✻ av. 1292] **s. m. 1** benevolenza, preferenza, simpatia: *f. popolare*; *godere il f. del popolo, del pubblico*; *la squadra gode del f. del pronostico* | ***votare a f. di qlcu., di qlco.***, dimostrare col voto di volere la sua elezione, di approvarne le richieste, le proposte e sim. | ***parlare in f.***, esprimere consenso, approvazione e sim. | ***incontrare il f. di qlcu.***, detto di cosa, atteggiamento, iniziativa e sim. che riscuote simpatia e consensi | ***di f.***, detto di ciò che si fa o si concede come agevolazione, per venire incontro alle esigenze o alle richieste di qlcu.: *prezzo di f.*; *firma, cambiale di f.* | ***entrata, biglietto di f.***, che consente l'ingresso gratuito a spettacoli e sim. **2** atto concreto che dimostra benevolenza verso qlcu.: *chiedere, fare un f. a qlcu.*; *fammi il f. di tacere*; *non mi scorderò mai il f. che fatto mi avete* (C. GOLDONI) | ***mi faccia il f.!***, escl. di impazienza, sdegno e sim. | ***per f.***, formula di cortesia per chiedere qlco. **SIN.** cortesia, piacere **3** aiuto, beneficio, vantaggio, spec. nelle loc. ***a f., in f.***: *soccorsi a f. degli alluvionati*; *testimoniare a f. di qlcu.*; *testimoni a f. di qlcu.*; *intervenire in f. di qlcu.*; *la sentenza è in nostro f.* | ***col f. di***, con l'aiuto di, grazie a: *con il vostro f. è riuscito a sistemarsi*; *fuggì col f. delle tenebre* **4** (**al pl.**, *lett.* o *scherz.*) disponibilità a concedersi a un rapporto amoroso: *ottenere i favori di una donna, della propria bella* || **favorétto**, **dim.** | **favorìno**, **dim.** | **favoróne**, **accr.** | **favorùccio**, **dim.**

> **SFUMATURE DI SIGNIFICATO**
>
> ***favore - simpatia - inclinazione***
>
> **Favore** esprime una disposizione benevola nei confronti di qualcuno, che nasce da apprezzamento, approvazione verso ciò che fa o dice. **Simpatia** implica invece un'attrazione, un'inclinazione istintiva che ha origine dalla gradevolezza, dalla piacevolezza. **Inclinazione** aggiunge alla simpatia un moto di interesse, affetto o desiderio.
>
> **SFUMATURE** ➤ ***piacere***②

favoreggiaménto [1524] **s. m. 1** †favore, favoritismo **2** (*dir.*) *f. personale*, reato consistente nell'aiutare qlcu. a eludere le indagini o a sottrarsi alle ricerche delle autorità, dopo che è stato commesso un reato | *f. reale*, reato consistente nell'aiutare qlcu. ad assicurarsi il prodotto o il profitto di un reato | *f. bellico*, reato di chi si accorda in tempo di guerra con lo straniero o commette altri fatti al fine di favorire le operazioni militari del nemico o nuocere a quelle del proprio Stato | *f. della prostituzione*, reato di chi agevola, con qualsiasi atto che non raggiunga lo sfruttamento vero e proprio, la prostituzione altrui

favoreggiàre [da *favore* ∗ sec. XIII] **v. tr.** (**pres.** *io favoréggio*; **fut.** *io favoreggerò*) **1** (*lett.*) favorire, sostenere: *f. un intrigo, la corruzione* | (*lett.*) avvantaggiare **2** (*dir.*) aiutare commettendo il reato di favoreggiamento: *f. un reo, un omicida*

SFUMATURE ➤ *agevolare*

favoreggiatóre [av. 1333] **A agg. e s. m.** (**f.** *-trice*) ● (*lett.*) che (o chi) è favorevole, benevolo | (*lett.*) protettore, sostenitore **B s. m.** (**f.** *-trice*) ● (*dir.*) chi si rende colpevole di favoreggiamento

♦**favorévole** [1312] **agg. 1** che approva, consente, è a favore: *sentenza, risposta, voto f.*; *siamo favorevoli alla vostra proposta, a proseguire la discussione* | opportuno, idoneo, vantaggioso: *tempo, stagione f.*; *condizioni favorevoli per tentare una scalata* **2** benigno, benevolo: *giudizio f.* | propizio: *vento f.* | positivo, fausto: *esito f.*; *previsioni favorevoli* CONTR. avverso, ostile ‖ **favorevolménte**, **avv.**

♦**favorìre** [da *favore* ∗ 1476] **A v. tr.** (*io favorìsco, tu favorìsci*) **1** incoraggiare, assecondare, sostenere: *f. i desideri, le aspirazioni, le inclinazioni di qlcu.* | aiutare, sostenere con parzialità: *f. un concorrente* CONTR. avversare, contrariare, danneggiare **2** promuovere, appoggiare, facilitare, agevolare: *f. il commercio, l'industria, un partito, una opinione* **3** (*burocr.*) porgere: *favorisca i documenti, il biglietto* **B v. intr.** (**aus.** *avere*) ● accettare di fare qlco., compiacere per cortesia: *di' al cavaliere di Ripafratta, che favorisca venire da me* (C. GOLDONI) | *vuole f.?*, invitando qlcu. a pranzare alla propria tavola | *tanto per f.*, formula di cortesia con la quale si accetta l'offerta di cibi, bevande e sim., prendendone in piccola quantità | *favorisca!*, entri!, si accomodi! | *favorisca alla cassa*, invito che si fa al cliente di pagare | *favorisca in questura!, favorisca seguirmi*, esprimendo un ordine, anche in modo brusco

SFUMATURE ➤ *agevolare*

favorita [1525] **s. f.** ● amante prediletta di un uomo potente e importante, spec. di un sovrano: *la f. dell'imperatore, del sultano*

favoritismo [da *favorire* ∗ 1853] **s. m.** ● atteggiamento, atto di chi favorisce qlcu. indebitamente, con parzialità

favorito A part. pass. di *favorire*; anche **agg. 1** amato, prediletto, preferito: *il mio scrittore f.* **2** detto di atleta, cavallo, e sim., che è considerato il probabile vincitore di una competizione sportiva: *la squadra favorita di un torneo* ‖ **favoritaménte**, **avv.** †benevolmente, favorevolmente; agevolmente **B s. m. 1** (**f.** *-a* (V.)) persona prediletta: *ecco il suo f.* SIN. beniamino | (*lett.*) amante di qlcu., spec. di una sovrana **2** (**f.** *-a*) atleta, cavallo, squadra e sim., favoriti: *clamorosa sconfitta del f.* **3** (**al pl.**) basette lunghe fino all'altezza del mento SIN. fedine, scopettoni

favùle [lat. *fabūle* 'gambo della fava' (da *făba* 'fava') ∗ sec. XIV] **s. m. 1** campo di fave **2** stoppia, gambo seccato della fava

fax [accorc. di *telefax* ∗ 1984] **s. m. inv. 1** apparecchio per la ricetrasmissione di documenti tramite la rete telefonica: *inviare l'estratto conto via fax* **2** il documento trasmesso o ricevuto con tale apparecchio: *ti mando un fax* | (*est.*) il contenuto del documento stesso: *sono d'accordo col tuo fax* | *popolo dei fax*, V. *popolo*[1] nel sign. 3

faxàre [da *fax* ∗ 1989] **v. tr.** ● trasmettere via fax: *f. un documento*

fazénda /portog. fa'zẽnda/ [vc. portog., dal lat. *faciĕnda* 'cose da farsi' (V. *faccenda*) ∗ 1889] **s. f. inv.** (**pl. portog.** *fazendas*) ● azienda agricola brasiliana

fazendeiro /portog. fazẽn'deiru/ [vc. portog., deriv. di *fazenda* ∗ 1917] **s. m.** (**f.** *-a*; **pl. m. portog.** *fazendeiros*) ● chi possiede o conduce una fazenda

†**fazionàrio** [vc. dotta, lat. tardo *factionāriu(m)* 'capo fazione nelle corse del circo', da *făctio*, genit. *factiōnis* 'fazione' ∗ av. 1589] **s. m.** ● aderente a una fazione

fazióne [vc. dotta, lat. *factiōne(m)*, da *făcere* 'fare' ∗ 1266] **s. f. 1** raggruppamento spec. politico, particolarmente intollerante e aggressivo: *guerre, lotte di fazioni* SIN. setta **2** (*est.*) nel calcio e sim., gruppo di tifosi di una data squadra: *i tifosi di entrambe le fazioni* **3** †(*milit.*) Servizio di guardia | (*lett.*) fatto d'arme, azione militare: *uomo, gente, cavallo da f.* | *fare f.*, combattere | *essere, montare di f.*, di sentinella **4** †forma, aspetto | †*a f.*, a forma, guisa **5** †modellatura, costituzione fisica **6** (*lett.*) avvenimento **7** †impresa, opera

faziosità (o *-ṣ-*) [1919] **s. f. inv.** ● caratteristica di chi (o di ciò che) è fazioso

SFUMATURE ➤ *settarismo*

fazióso (o *-ṣ-*) [vc. dotta, lat. *factiōsu(m)*, da *făctio* 'fazione' ∗ av. 1533] **A agg. 1** intollerante, settario, di parte: *giornale f.*; *individuo f. e dogmatico* | (*est.*) parziale: *un giudizio f.* **2** †violento, facinoroso CONTR. moderato ‖ **faziosaménte**, **avv.** ‖ **faziosità**, **s. f. inv.** (V.) **B s. m.** (**f.** *-a*) ● persona settaria e intollerante: *un gruppo di faziosi* ‖ **faziosétto**, **dim.**

♦**fazzolétto** [dim. di *fazzolo* ∗ av. 1471] **s. m.** ● quadrato spec. di lino o di cotone, per soffiarsi il naso, asciugare il sudore e sim.: *f. da donna, da uomo* | *f. di carta*, del tipo usa e getta | *fare un nodo al f.*, annodarne una cocca, per ricordare qlco. | grande quadrato, di seta o altri tessuti, per coprire la testa e sim.: *portare il f. annodato sotto il mento* CFR. foulard | (*fig.*) *f. di terra*, campo molto piccolo ‖ **fazzolettàccio**, **pegg.** | **fazzolettino**, **dim.** | **fazzolettóne**, **accr.**

fazzòlo o **fazzuòlo** [lat. parl. **faciŏlu(m)*, da *făcies* 'faccia' ∗ 1427] **s. m. 1** †quadrato di stoffa **2** (*lett.*) fazzoletto ‖ **fazzolétto**, **dim.** (V.)

†**fé**[1] /fe*/ [forma tronca di *fede* (V.) ∗ av. 1250] **s. f.** ● fede: *alla buona fé!*; *alla fé di Cristo!*; *alla fé di Dio!* | *in fé di Dio*, di certo, sicuramente: *in fé di Dio, se tu non la mi dai, tu non avrai mai da me cosa che ti piaccia* (G. BOCCACCIO)

fé[2] o **fe'** ➤ **fare**[1]

féa ➤ **fare**[1]

feàce [vc. dotta, lat. *Phaeāce(m)*, dal gr. *Pháiaks*, deriv. dell'agg. *phaikós* 'splendente' ∗ 1566] **agg. e s. m. e f.** ● appartenente ai Feaci, mitico popolo descritto da Omero nell'Odissea: *al caro degli dei popol F.* (I. PINDEMONTE)

featurétte /ingl. ˌfiːtʃ(ə)'ret/ [vc. ingl. da *feature* (*film*) 'lungometraggio' con il suff. dim. *-ette*, propr. 'medio-metraggio' ∗ 2000] **s. f. inv.** ● filmato che accompagna l'uscita di un lungometraggio e comprende scene riprese dietro le quinte durante la realizzazione, interviste al regista e agli attori, ecc.

♦**febbràio** o (*centr.*) †**febbràro** [lat. *februāriu(m)* 'mese dedicato alla purificazione', da *fĕbruus* 'purificante' ∗ av. 1288] **s. m.** (**pl.** *-ai*) ● secondo mese dell'anno nel calendario gregoriano, di 28 giorni negli anni normali, di 29 in quelli bisestili

♦**fèbbre** o †**fèbre** [lat. *fĕbre(m)*, di etim. incerta ∗ 1268] **s. f. 1** aumento della temperatura corporea dovuto a malattia: *provare, misurare la f.* | (*fig.*) *avere una f. da cavallo*, molto alta | *albero della f.*, eucalipto | (*est.*) nome di alcune malattie: *f. gialla*, epatite infettiva acuta causata da un virus trasmesso dalla puntura di particolari zanzare | *f. ondulante, f. maltese*, brucellosi | *f. tifoide*, tifo addominale **2** (*fam., est.*) herpes, che appare sulle labbra **3** (*fig.*) passione ardente, desiderio intenso: *f. della gelosia, del denaro, del gioco*; *Io avevo la f. d'arrivare, ma ce ne volle* (B. FENOGLIO) | (*fig.*) eccitazione, frenesia: *la f. dei Mondiali*; *la f. del sabato sera* | *avere la f. addosso*, (*fig.*) essere in preda a forte agitazione, paura, ansietà ‖ **febbràccia**, **pegg.** | **febbrétta**, **dim.** | **febbricèlla**, **dim.** | **febbriciàttola**, **dim.** (V.) | (*lett.*) **febbricina**, **dim.** | **febbrina**, **dim.** | **febbróna**, **accr.** | **febbróne**, **accr. m.** (V.)

febbriciàttola [av. 1698] **s. f. 1** dim. di *febbre* **2** febbre poco elevata, ma persistente

febbricitànte [lat. *febricitāntem*, part. pres. di *febricitāre*, deriv. di *fĕbris* 'febbre' ∗ av. 1328] **agg.** ● che ha la febbre: *malato f.*

febbrìcola [lat. *febrĭcula(m)*, dim. di *fĕbris* 'febbre' ∗ 1885] **s. f.** ● (*med.*) febbre poco elevata ma persistente, spec. serotina

febbricóso (o *-ṣ-*) o †**febricóso** [av. 1363] **agg. 1** (*lett.*) febbricitante **2** (*raro*) malsano | (*fig., lett.*) febbrile

febbrìfugo, (*evit.*) **febbrifùgo** [comp. di *febbre* e *-fugo* ∗ 1684] **agg. e s. m.** (**pl. m.** *-ghi*) ● antipiretico

febbrìle o †**febrìle** [da *febbre* ∗ av. 1320] **agg. 1** di febbre: *accesso, stato f.* **2** (*fig.*) agitato, convulso: *il cammino … f. che segue l'umanità per raggiungere la conquista del progresso* (G. VERGA) | intenso, frenetico: *attività, lavoro f.* ‖ **febbrilménte**, **avv.**

febbróne [1663] **s. m. 1** accr. di *febbre* **2** febbre molto alta

febèo [vc. dotta, lat. *phoebēu(m)*, dal gr. *phóibeios*, da *Phôibos* 'Febo' ∗ av. 1416] **agg.** ● (*lett.*) di Febo, dio del Sole e della poesia: *la scorta de' febei raggi lucenti* (L. DE' MEDICI) | *estro f.*, poetico

†**fèbre** e deriv. ➤ **febbre** e deriv.

fecàle [1775] **agg.** ● delle feci: *materia f.*

fecalizzazióne [da *fecale* ∗ 1983] **s. f.** ● inquinamento di acque marine, lacustri e sim. causato dall'immissione di acque con un alto contenuto di materia fecale

fecalòma [comp. di *fecal(e)* e del suff. *-oma* ∗ 1956] **s. m.** (**pl.** *-i*) ● (*med.*) grossa massa fecale che provoca occlusione del retto terminale

fèccia (o *-é-*) [lat. parl. **faecea(m)*, da *fāex*, genit. *fāecis* 'feccia', di orig. preindeur. ∗ 1282] **s. f.** (**pl.** *-ce*) **1** deposito melmoso che si forma nei vasi vinari per sedimentazione del vino: *f. di svinatura, di filtrazione* | *bere il calice sino alla f.*, (*fig.*) provare tutte le amarezze | (*est.*) sedimento di un liquido **2** (*fig.*) parte peggiore: *la f. della società* **3** (*lett.*, **spec. al pl.**) escrementi, feci

fecciàia [da *feccia* ∗ sec. XIV] **s. f.** ● apertura praticata nel fondo anteriore della botte dove si applica la cannella per fare uscire la feccia

fecciàio [sec. XIV] **agg.** (**pl. m.** *-ai*) ● di feccia | *spina fecciaia*, che si toglie per far uscire la feccia dalla botte

feccióso (o **-ṣ-**) [1353] **agg. 1** ricco di feccia: *vino f.* | torbido, impuro (*lett.*, *anche fig.*): *olio f.* **CONTR.** limpido, pulito, puro **2** (*fig.*) †spregevole, vile | †volgare, disgustoso: *i modi fecciosi della moglie* (F. SACCHETTI)

fecciùme [av. 1686] **s. m. 1** (*raro*) quantità di feccia **2** (*fig.*, *lett.*) gentaglia | (*fig.*, *lett.*) abiezione

fèci ① (o **-é-**) [lat. *fāeces*, pl. di *fāex* 'feccia' ✱ sec. XIV] **s. f. pl.** ● (*fisiol.*) materiali di rifiuto dell'organismo, di origine alimentare, eliminati dal corpo attraverso l'intestino retto **CFR.** copro-, scato- **SIN.** escrementi

féci ② ➤ **fare**①

feciàle o **fezìale** [vc. dotta, lat. *fetiāle(m)*, di etim. incerta ✱ sec. XIV] **s. m.** ● (*lett.*) ciascuno dei venti sacerdoti che, presso gli antichi Romani, provvedevano ritualmente a dichiarare la guerra e a concordare la pace

fècola [fr. *fécule*, dal lat. *fāecula(m)*, dim. di *fāex*, genit. *fāecis* 'feccia' ✱ av. 1715] **s. f. 1** sostanza amidacea d'aspetto farinoso, che si estrae da alcuni tuberi, rizomi e bulbi: *f. di patate, di castagne* **2** (*per anton.*) correntemente, fecola di patate

fecondàbile [av. 1704] **agg.** ● che si può fecondare ‖ **fecondabilità**, **s. f. inv.**

fecondàre o †**fecundàre** [vc. dotta, lat. *fecundāre*, da *fecŭndus* 'fecondo' ✱ av. 1306] **v. tr.** (*io fecóndo*) **1** (*biol.*) determinare la formazione e lo sviluppo del germe embrionario **2** rendere fertile: *l'acqua e il sole fecondano la terra* | (*fig.*) potenziare, stimolare: *f. la mente con lo studio e l'applicazione* **CONTR.** inaridire, isterilire

fecondatìvo [av. 1459] **agg.** ● che serve a fecondare

fecondatóre [1614] **A agg.** ● che feconda (*anche fig.*): *un sole f.*; *pensiero, ideale f.* **B s. m.** (**f.** *-trice*) ● chi feconda (*anche fig.*) | *f. laico*, in zootecnia, qualifica professionale di chi è in grado di svolgere le operazioni di fecondazione artificiale di suini e bovini

fecondazióne o †**fecundazióne** [av. 1730] **s. f.** ● (*biol.*) unione dei gameti maschile e femminile che determina la formazione del germe embrionario | ***f. artificiale***, introduzione artificiale del seme maschile nell'apparato genitale della femmina appartenente alla stessa specie, negli animali e negli esseri umani | ***f. assistita***, fecondazione artificiale usata in presenza di impedimenti fisiologici dell'uomo o della donna | ***f. omologa***, fecondazione artificiale in cui il seme o la cellula uovo sono forniti dal coniuge | ***f. eterologa***, fecondazione artificiale in cui il seme o la cellula uovo sono forniti da un donatore di solito ignoto | ***f. in vitro***, quella realizzata in laboratorio su una cellula germinale (*oocita*) di una donatrice che verrà successivamente impiantata nella parete uterina | ***f. incrociata***, quella di una pianta con polline di un'altra pianta

fecondità o †**feconditàde**, †**feconditàte**, †**fecundità** [vc. dotta, lat. *fecunditāte(m)*, da *fecŭndus* 'fecondo' ✱ 1306] **s. f. inv. 1** (*biol.*) capacità di essere fecondo: *la f. dei conigli* | capacità della femmina di essere fecondata e di procreare **2** fertilità, produttività (*anche fig.*): *la f. di un terreno*; *f. d'ingegno*; *la f. dell'immaginazione* (G. LEOPARDI) **CONTR.** improduttività

♣**fecóndo** o †**fecùndo** [vc. dotta, lat. *fecŭndu(m)*, di orig. indeur. ✱ av. 1364] **agg. 1** detto di donna o di femmina di animali che può procreare: *una sposa feconda* | ***matrimonio f.***, ***nozze feconde***, con molti figli **2** che produce largamente (*anche fig.*): *terreno f.*; *ingegno f.*; *fu in lettere ed in arme più f. / che l'universo tutto quanto insieme* (T. CAMPANELLA) | (*fig.*) che può avere ricco svolgimento, ampi sviluppi, larga trattazione: *tema f.*; *idea feconda* **SIN.** fertile, produttivo **CONTR.** sterile **3** (*lett.*) che feconda: *vento f.* ‖ **fecondaménte**, **avv.** con fecondità

SFUMATURE DI SIGNIFICATO

fecondo - prolifico - fertile

Una donna o femmina di animale è **feconda** quando è in grado di concepire e dare alla luce dei piccoli. Se la prole generata è numerosa il termine più appropriato è **prolifica**. **Fertile** ha lo stesso significato di *fecondo* se riferito a persona o animale, ma a differenza di questo è usato soprattutto per definire un terreno molto produttivo. Su un piano figurato, i tre aggettivi si equivalgono, esprimendo creatività, capacità di produrre nuove idee, di determinare nuovi sviluppi.

feculàceo [dal lat. *fāecula* 'fecola' ✱ 1968] **agg.** ● che ha natura di fecola

†**feculènto** [vc. dotta, lat. *faeculĕntu(m)*, da *fāecula*, dim. di *fāex*, genit. *fāecis* 'feccia' ✱ 1340 ca.] **agg.** ● feccioso: *vino f.*

†**fecundàre** e deriv. ➤ **fecondare** e deriv.

fedaìn o **fedayn** /feda'in, *arabo* fɪˌdæːˈiːn/, **feddayn** /fedda'in/, **fidayin** /fida'in/ [da *fidā'iyyīn*, pl. di *fidā'ī* 'che offre la sua anima in riscatto, volontario della morte' ✱ 1963] **s. m. inv.** ● appartenente al corpo militare composto da guerriglieri palestinesi, organizzato nel 1955 dall'Egitto contro Israele | (*est.*) guerrigliero palestinese

†**fedàre** [vc. dotta, lat. *foedāre*, da *foedus* 'turpe'. V. †*fedo* ✱ 1336 ca.] **v. tr.** ● sporcare, insozzare

fedayn ➤ **fedain**

feddayn ➤ **fedain**

♦**féde** [lat. *fide(m)*, di orig. indeur. ✱ 1229] **s. f.** (*poet.* **troncato in** *fé*) **1** adesione incondizionata a valori o concetti, determinata da una convinzione assoluta indipendente da prove logiche (**+** *in*): *avere f. nella libertà, nel progresso*; *avere f. nella vittoria*; *prestar f. alla magia, all'astrologia* **2** il complesso dei princìpi seguiti in politica, in filosofia e sim.: *f. monarchica, socialista, anarchica* **SIN.** convinzione, credo, ideologia **3** (*relig.*) adesione ad una verità rivelata o soprannaturale | complesso delle credenze che, in una religione, sono accettate come rivelate e non discutibili | religione: *la f. ebraica, cristiana* **4** nel cristianesimo, una delle tre virtù teologali, consistente nell'assenso della ragione e nell'adesione della volontà, mossa da Dio a mezzo della Grazia, alle verità rivelate da Dio: *lume della f.*; *dono della f.*; *articolo, dogma di f.*; *dubbio di f.* **CFR.** carità, speranza | ***materia di f.***, parti della religione cattolica che costituiscono dogma | ***fare atto di f.***, dichiarare formalmente la propria credenza e (*fig.*) la propria adesione a qlco. | ***rinnegare la f.***, apostatare | ***i conforti della f.***, estrema unzione | ***uomo di poca f.***, (*fig.*, *scherz.*) chi non ha fiducia negli altri o nel loro operato **5** fiducia (**+** *in*): *aver f. nel trionfo della tecnica, nell'avvenire* | credito: *ottenere, acquistare, meritare f.* | ***buona f.***, V. *buonafede* | ***mala f.***, V. *malafede* **6** osservanza di ciò che è stato promesso | fedeltà, onestà, lealtà: *f. coniugale, di sposo, di amico, di amante*; *mantenere f. alla parola data*; *tener f. ai patti, al giuramento* | †***alzar la f.***, la mano per giurare **7** anello che si scambiano gli sposi, il giorno del matrimonio: *la f. si porta infilata nell'anulare della mano sinistra* **8** attestato | ***far f.***, attestare, essere prova | ***in f.***, formula di conferma e conclusione di un documento, un certificato e sim. | (*burocr.*) documento, certificato: *f. di battesimo, di stato civile* | ***f. di credito***, documento bancario con cui l'istituto emittente si obbliga a pagare a vista al prenditore o al giratario una data somma di denaro | ***f. di deposito***, titolo di credito all'ordine rappresentativo delle merci depositate in un magazzino generale o in un deposito franco ‖ **fedina**, **dim.** nel sign. 7

SFUMATURE ➤ *credenza*①

†**fedecommessàrio** ➤ **fedecommissario**

fedecommésso o **fidecommésso**, (*raro*) **fidecommisso** [vc. dotta, lat. *fideicommĭssu(m)* 'affidato alla lealtà', comp. di *fides* 'lealtà' e *commĭssum*, part. pass. di *committĕre* 'affidare' (V. *commettere*) ✱ 1342] **s. m.** ● (*dir.*) obbligo imposto dal testatore all'erede di conservare i beni ereditati e di trasmetterli alla sua morte, in tutto o in parte, a una data persona, consentito in casi molto limitati dalla legislazione vigente

fedecommèttere o (*raro*) **fidecommèttere**, (*raro*) **fidecommittere** [ricavato da *fedecommesso* ✱ 1766] **v. tr.** (**coniug. come** *mettere*) ● (*dir.*) lasciare qlco. in fedecommesso

fedecommissàrio o (*raro*) **fidecommissàrio**, †**fedecommessàrio**, †**fidecommessàrio** [vc. dotta, lat. tardo *fideicommissāriu(m)*, da *fideicommĭssum* 'fedecommesso' ✱ 1295] **A agg.** ● (*dir.*) di fedecommesso, relativo a fedecommesso: *disposizione fedecommissaria* | ***sostituzione fedecommissaria***, fedecommesso **B s. m.** (**f.** *-ia*) ● (*dir.*) persona cui devono essere trasmessi, dall'erede, i beni lasciati in fedecommesso

fededégno [lat. *fide dignu(m)* 'degno di fede' ✱ 1353] **agg.** ● (*lett.*) che è degno di fede, di fiducia: *i pagani non sono inferiori, ma sono spesso più … fede degni dei cristiani* (F. DE SANCTIS)

†**fedelàggio** [sec. XIV] **s. m.** ● vassallaggio

♦**fedéle** (o **-é-**) o †**fidéle** (o †**-è-**) [lat. *fidēle(m)*, da *fĭdes* 'fede' ✱ 1261 ca.] **A agg.** (**superl.** *fedelissimo* (**V.**)) **1** che è costante e leale nei rapporti con gli altri: *un amico f.* | che, in un rapporto di coppia, non tradisce il vincolo amoroso (**+** *a*): *marito, moglie, compagno f.*; *Penelope rimase sempre f. a Ulisse* **SIN.** devoto **CONTR.** traditore | che è costante nelle convinzioni, nei valori: *è f. alle tradizioni* | che rispetta un obbligo, un impegno e sim.: *f. al dovere, alla parola data* | che si affeziona, che mostra attaccamento a qlcu.: *il cane è un animale f.* | (*est.*) assiduo: *un cliente f.* | (*est.*) che non delude mai: *la mia f. utilitaria* **2** (*est.*) che corrisponde al vero, all'originale e sim. (**+** *a*): *fornire un quadro f. della situazione*; *traduzione, ristampa, imitazione, ritratto f.*; *il film è fedele al romanzo da cui è tratto* **SIN.** esatto ‖ **fedelménte**, **avv. 1** in modo fedele; con fedeltà: *Costui … sempre m'ha servito fedelmente* (N. MACHIAVELLI) **2** con precisione, con scrupolosa esattezza: *tradurre fedelmente un testo* **B s. m. e f. 1** seguace di una fede religiosa (**+** *di*): *i fedeli di Cristo, di Maometto* **SIN.** credente | appartenente ad una confessione religiosa | chi ha una particolare devozione spec. per un santo: *f. di san Francesco, della Madonna* **2** (*est.*) seguace di una idea, di una persona e sim. (**+** *di*): *i fedeli del re, della monarchia*; *ha riunito tutti i suoi fedeli* **3** titolo dato nel Medioevo da re e imperatori ai vassalli e agli ufficiali della Corona: *eran fedeli de' conti Guidi* (G. VILLANI)

fedelìni o (*sett.*) **fidelìni**, **fidellìni** [da *filo*, con dissimilazione ✱ 1858] **s. m. pl.** (**sing.** *-o*) ● tipo di pasta alimentare lunga e molto sottile

fedelìssimo [av. 1311] **A agg.** ● superl. di *fedele* **B s. m.** (**f.** *-a*) ● collaboratore molto stretto e fidato: *il segretario ha riunito i suoi fedelissimi*

fedeltà o †**fidelità**, †**fidelitàde**, †**fidelitàte**, †**fedelità**, †**fedeltàde**, †**fedeltàte** [lat. *fidelitāte(m)*, da *fidēlis* 'fedele' ✱ 1260] **s. f. inv. 1** caratteristica di chi è fedele: *f. coniugale* | lealtà, devozione: *f. verso la patria*; *giurare,* *serbare f. a qlcu.*; *uomo di sicura e provata f.* **2** conformità all'originale: *f. di una copia, una traduzione* | (*fis.*) ***f. di uno strumento***, attitudine di uno strumento di misura a fornire, in misurazioni successive della stessa grandezza, valori con variazione minima **3** ***alta f.***, nelle attrezzature per la riproduzione del suono, tecnica che permette di riprodurre tutta la gamma udibile senza apprezzabili distorsioni; settore produttivo e distributivo relativo a tali attrezzature SIN. hi-fi, high fidelity **4** (*stor.*) devozione di vassallo al signore

fèdera [longob. *fëdera* 'federa del cuscino, imbottita di piume' ✱ 1354] **s. f.** ● fodera a forma di sacchetto di tela, di lino e sim., che ricopre il guanciale: *una f. di bucato*; *cambiare le federe* ‖ **federìna**, **dim.**

federàle [fr. *fédéral*, dal lat. *fōedus*, genit. *fōederis* 'patto' ✱ 1790] **A** **agg.** **1** detto di Stato composto i cui membri sono enti territoriali muniti di un'ampia sfera di autonomia: *Stato f.*; *repubblica f.* | relativo a tale Stato: *parlamento f.* | (*est.*) che si basa su un accordo tra Stati che cedono parti consistenti della loro sovranità: *Europa f.* CFR. intergovernativo **2** di federazione sportiva: *regolamento f.*; *dirigente f.* ‖ **federalménte**, **avv.** **B** **s. m.** ● in epoca fascista, segretario di una federazione di Fasci di combattimento

federalìṣmo [fr. *fédéralisme*, da *fédéral* 'federale' ✱ 1793] **s. m.** **1** tendenza politica favorevole alla federazione di più Stati **2** assetto politico-istituzionale di uno Stato federale | tendenza politica favorevole a tale assetto | ***f. fiscale***, sistema in cui gli enti locali (Regioni, Comuni e sim.) riscuotono le imposte, devolvendone una parte all'amministrazione centrale dello Stato

federalista [fr. *fédéraliste*, da *fédéral* 'federale' ✱ 1798] **A** **s. m. e f.** (**pl. m.** *-i*) ● fautore, seguace del federalismo **B** **agg.** ● federalistico: *sistema f.*

federalìstico [1904] **agg.** (**pl. m.** *-ci*) ● del federalismo, dei federalisti

federàre [fr. *fédérer*, da *fédéré* 'federato' ✱ av. 1869] **A** **v. tr.** (*io fèdero*) ● riunire in federazione **B** **federàrsi** **v. intr. pron.** ● riunirsi in federazione

federatìvo [fr. *fédératif*, da *fédéré* 'federato' ✱ 1756] **agg.** **1** relativo a una federazione **2** relativo al federalismo e ai federalisti: *movimento f.*

federàto [fr. *fédéré*, dal lat. *foederātu(m)*, da *fōedus*, genit. *fōederis* 'patto' ✱ av. 1580] **agg.** **1** detto di Stato membro di uno Stato federale, dotato di un'ampia sfera di autonomia benché privo della personalità giuridica sotto il profilo del diritto internazionale **2** nel mondo romano, detto delle città unite a Roma con patto speciale per il quale erano soggette a determinati vincoli

♦**federazióne** [fr. *fédération*, dal lat. tardo *foederatiōne(m)*, da *foederātus* 'federato' ✱ 1798] **s. f.** **1** il federare, il federarsi **2** (*dir.*) confederazione: *f. di Stati* **3** associazione formata non da persone fisiche ma da enti minori: *f. sindacale*; *f. dei consorzi agrari*; *f. provinciale di un partito* **4** ente nazionale che regola, disciplina, organizza e propaganda una determinata attività sportiva: *Federazione Italiana Gioco Calcio* **5** sede di una federazione | ambito territoriale in cui una federazione opera

federiciàno o **fridericiàno** [1875] **agg.** ● relativo a ogni personaggio storico di nome Federico, spec. a Federico II di Svevia (1194-1250) e Federico II di Prussia (1712-1786): *politica federiciana* | ***Università federiciana***, quella di Napoli, fondata nel 1224 da Federico II di Svevia

✦**fedìfrago** [vc. dotta, lat. *foedĭfragu(m)*, comp. di *fōedus* 'patto' e *frăngere* 'spezzare' ✱ 1513] **agg.** (**pl. m.** *-ghi*) ● (*lett.*) che rompe i patti e tradisce impegni e accordi presi | (*scherz.*) infedele: *ha cacciato di casa il marito f.*

fedìna [da *fede*, nel sign. 8 ✱ 1773] **s. f.** ● (*burocr.*) ***f. penale***, o (*ellitt.*) ***f.***, certificato rilasciato dalla Procura della Repubblica, che documenta eventuali condanne penali di un cittadino: *f. penale sporca, pulita*

fedìne [vc. tosc. di etim. incerta ✱ 1857] **s. f. pl.** ● strisce di barba che dalle tempie scendono lungo le guance, tipiche spec. dell'Ottocento SIN. favoriti, scopettoni

†**fedìre** e deriv. ➤ **ferire** e deriv.

feditóre [1312] **s. m.** **1** †V. *feritore* | †uccisore **2** (*lett.*) nelle milizie medievali, cavaliere armato alla leggera

†**fèdo** [vc. dotta, lat. *foedu(m)*, di etim. incerta ✱ 1313] **agg.** ● lordo, sozzo, repellente: *l'alta valle feda* (DANTE *Inf.* XII, 40)

feed /*ingl.* fiːd/ [vc. ingl., prop. 'alimentazione'] **s. m. inv.** **1** (*inform.*) unità di informazione formattata secondo specifiche prestabilite | (*est.*) servizio per la fornitura di informazioni in abbonamento attraverso il web **2** (*tv*) illuminatore

feedback /fid'bɛk, *ingl.* 'fiːd‚bæk/ [vc. ingl., 'reazione', propr. 'rifornimento all'indietro', comp. di *feed* 'alimento' (vc. germ. di orig. indeur.) e *back* 'indietro' (vc. germ.) ✱ 1956] **s. m. inv.** **1** (*inform.*) nei sistemi automatici di controllo o di trattamento dell'informazione, ritorno di segnale che permette all'unità di governo del sistema di scoprire eventuali anomalie nello svolgimento del processo controllato e di provvedervi opportunamente SIN. retroazione **2** (*ling.*) effetto retroattivo di un'azione o di un messaggio sui promotori dell'azione o del messaggio stessi **3** (*fig.*) effetto retroattivo di un'azione o di un fenomeno: *studiare, registrare il f. di una campagna pubblicitaria* | (*fig.*) reazione, risposta: *gli autori dello spettacolo attendono il f. degli spettatori* **4** (*biol.*) modalità di regolazione di un processo biologico che si attua attraverso l'attivazione o l'inibizione di uno dei componenti attivi del processo, per es. di un enzima nel caso di una via metabolica, da parte di uno dei prodotti del processo stesso

feeling /'filin(g), *ingl.* 'fiːlɪŋ/ [vc. ingl., da *to feel* 'percepire, provare sensazioni' (vc. germ. d'orig. indeur.) ✱ 1958] **s. m. inv.** ● intesa, sintonia, simpatia che si stabilisce fra due o più persone per affinità di sentimenti e sensibilità

SFUMATURE DI SIGNIFICATO

feeling - sensazione

Feeling è la corrente di simpatia, la sintonia che si instaura in modo immediato fra due persone; il termine si usa anche per indicare una percezione soggettiva, un'impressione non motivata da elementi razionali. In questo senso *feeling* coincide con **sensazione**, che però propriamente indica uno stato di coscienza determinato da uno stimolo materiale, sensoriale.

SFUMATURE ➤ ***impressione***

feèrico [fr. *féerique*, da *féerie*; V. *féerie* ✱ 1930] **agg.** (**pl. m.** *-ci*) ● (*lett.*) pieno di incanto, estremamente suggestivo, quasi fatato: *spettacolo f.*; *visione feerica* SIN. fiabesco, magico

féerie /*fr.* fe(e)'ʀi/ [vc. fr., da *fée* 'fata' ✱ 1880] **s. f. inv.** **1** genere teatrale francese del XIX sec. comprendente storie di fate talvolta simboliche e allusive a situazioni reali **2** (*est.*) spettacolo irreale, fantasticamente bello

fegatàccio [1869] **s. m.** **1** pegg. di *fegato* | (*fig.*) grande audacia, coraggio ecc. **2** (*fig.*, *disus.*) persona audace e coraggiosa

fegatèlla [dal colore rosso scuro, come quello del fegato, della parte inferiore delle foglie ✱ av. 1320] **s. f.** ● piccola pianta delle Epatiche con tallo laminare e frastagliato la cui parte inferiore ha il colore del fegato (*Fegatella conica*)

fegatèllo [av. 1416] **s. m.** **1** dim. di *fegato* **2** pezzetto di fegato di maiale, ravvolto nella rete e cucinato, di solito, con erbe aromatiche **3** (*gerg.*) breve spezzone girato come raccordo tra due riprese cinematografiche o televisive

fegatìno [1850] **s. m.** **1** dim. di *fegato* **2** fegato di pollo, piccione o altro volatile, usato in molte preparazioni di cucina

♦**fégato** [lat. (*iĕcur*) *ficātu(m)* 'fegato (d'oca) ingrossato con un'alimentazione a base di fichi' ✱ 1282] **s. m.** **1** (*anat.*) grossa ghiandola dell'apparato digerente dei Vertebrati, posta nella parte superiore destra dell'addome: *soffrire di f.*; *essere malati di f.* | ***mangiarsi, rodersi il f.***, (*fig.*) tormentarsi per la rabbia | ***farsi venire il mal di f.***, (*fig.*) prendersela troppo per qlco. CFR. epato- **2** fegato di animale, come vivanda: *f. di maiale, di vitello*; *f. alla veneziana*; *pasticcio di f. d'oca* | ***olio di f. di merluzzo***, olio medicinale con proprietà ricostituenti **3** ***f. di zolfo***, polisolfuro di potassio usato in medicina sotto forma di lozioni o pomate come antipsorico ed antiseborroico **4** (*fig.*) grande coraggio, audacia, ardimento: *uomo di f.*; *aver f.*; *mancare di f.*; *avere il f. di fare qlco.* ‖ **fegatàccio**, **pegg.** (V.) | **fegatèllo**, **dim.** (V.) | **fegatìno**, **dim.** (V.)

fegatóso (o **-ṣ-**) [da *fegato* ✱ av. 1576] **A** **agg.** **1** che soffre di disturbi epatici **2** (*fig.*) che è astioso, irascibile: *un carattere f.* **3** (*disus.*) di colore rosso cupo, come quello del fegato ‖ **fegatosaménte**, **avv.** **B** **s. m.** (**f.** *-a*) **1** chi soffre di disturbi epatici **2** (*fig.*) persona irascibile e astiosa

feijòa /*portog.* fei'ʒoa/ [dal n. del botanico brasiliano J. De Silva *Feijo* ✱ 1988] **s. f. inv.** (**pl. portog.** *feijoas*) **1** (*bot.*) genere di piante delle Mirtacee con due sole specie distribuite nelle regioni temperate dell'America meridionale (*Feijoa*) **2** (*bot.*) arbusto sempreverde delle Mirtacee originario dell'America meridionale, coltivato anche in Europa per le sue bacche commestibili con profumo di ananas (*Feijoa sellowiana*) | il frutto di tale pianta CFR. feioca

feijoàda /*portog.* feiʒo'ada/ [vc. portog. da *feijão* 'fagiolo' ✱ 1991] **s. f. inv.** (**pl. portog.** *feijoadas*) ● (*cucina*) piatto a base di fagioli neri, carne di suino e verdure, tipico della tradizione portoghese e brasiliana

feiòca [da *feijoa*] **s. f.** ● adattamento di *feijoa* (V.)

felàfel ➤ **falafel**

félce [lat. *filice(m)*, di orig. preindeur. ✱ sec. XIII] **s. f.** ● correntemente, pianta delle Pteridofite con spore che si trovano sulla pagina inferiore delle foglie | ***f. aquilina***, delle Polipodiacee con foglie coriacee molto lunghe (*Pteridium aquilinum*) SIN. felce comune | ***f. dolce***, delle Polipodiacee, con foglie divise in lobi allungati e riuniti alla base e grosso rizoma commestibile dal sapore di liquirizia (*Polypodium vulgare*) | ***f. femmina***, delle Polipodiacee, con foglie di color verde chiaro due volte suddivise (*Athyrium filix-foemina*) | ***f. maschio***, delle Polipodiacee, con grandi foglie suddivise e rizoma a proprietà medicinali (*Polystichum filix-mas*)

felcéta [1855] **s. f.** ● terreno ricco di felci

felcéto [1869] **s. m.** ● felceta

Félci [V. *felce* ✱ 1892] **s. f. pl.** (**sing.** *-e*) ● (*bot.*) classe di piante delle Pteridofite con radice, fusto e foglie ma senza fiori e frutti (*Filicinae*) SIN. Filicali, filicine

Fèldenkrais® /'fɛldenkrais/ [dal n. del suo inventore, Moshe *Feldenkrais* (1904-1984) ✱

1990] **s. m. inv.** ● metodo che si prefigge di migliorare il benessere fisico e mentale con esercizi che combinano attività motoria e sviluppo della percezione del proprio corpo

feldispàto e deriv. ➤ **feldspato** e deriv.

feldmaresciàllo [ted. *Feldmarschall* 'maresciallo di campo', comp. di *Feld* 'campo' e *Marschall* 'maresciallo' ✱1797] **s. m.** ● in passato, massimo grado di generale nei Paesi di lingua tedesca

feldspàtico o **feldispàtico** [1822] **agg.** (**pl. m.** *-ci*) ● che contiene feldspato: *rocce feldspatiche* | relativo al feldspato

feldspàto o **feldispàto** [ted. *Feldspat* 'spato di campo', comp. di *Feld* 'campo' e *Spat* 'spato' ✱1797] **s. m.** ● (*miner.*) alluminosilicato di potassio, sodio o calcio costituente un gruppo di minerali molto diffusi nella litosfera

feldspatòide o **feldispatòide** [comp. di *feldspato* e *-oide* ✱1940] **s. m.** ● (*miner.*) alluminosilicato di potassio o di sodio, simile al feldspato ma molto più raro

†**fèle** ➤ **fiele**

felibrìsmo [1923] **s. m.** ● movimento promosso dai felibri per conservare vita e dignità letteraria al provenzale e ai dialetti affini

felìbro [provenz. *félibre*, dal lat. tardo *fēllebre(m)* 'poppante', cioè 'chi succhia il latte della scienza' ✱1908] **s. m.** ● ciascuno dei membri di una associazione letteraria fondata in Provenza nel XIX sec.

♦**felice** [vc. dotta, lat. *felīce(m)* 'fertile, nutriente', dalla stessa radice di *fecŭndus* 'fecondo' ✱av. 1294] **agg.** **1** che è pienamente appagato nei suoi desideri: *marito, donna f.*; *vivere f. e contento*; *siate felici!* | ***fare f. qlcu.***, soddisfare, appagare completamente qlcu. | ***sono f. di vederla, di conoscerla***, mi fa piacere vederla, conoscerla **SIN.** beato, contento, lieto **CONTR.** triste **2** che apporta gioia, felicità: *giorni felici*; *matrimonio f.*; *erano tempi felici* | (*per anton.*) ***l'età f.***, l'infanzia | (*escl.*) ***f. notte, f. riposo!***, buona notte, buon riposo! **3** (*fig.*) favorevole, propizio, positivo: *esito f.* | ***giorno f.***, fausto | ***viaggio, spedizione f.***, che ha avuto un buon esito | ***idea f.***, utile, opportuna | ***una frase, un'espressione f.***, ben riuscita, efficace | (*fig.*) ***avere la mano f.***, saper scegliere bene o essere abile e fortunato in qlco. **4** (*lett.*) fertile: *Campania f.* | (*lett.*) puro, limpido: *te beata, gridai, per le felici / aure pregne di vita* (U. FOSCOLO) **5** †buono, virtuoso ‖ **felicemènte**, **avv.** **1** in modo felice: *trascorrere felicemente un periodo di vacanza* **2** con esito positivo, con successo: *l'impresa si è conclusa felicemente*

♦**felicità** o †**felicitàde**, †**felicitàte** [vc. dotta, lat. *felicitāte(m)*, da *fēlix*, genit. *felīcis* 'felice' ✱av. 1292] **s. f. inv.** **1** condizione, stato d'animo di chi è felice o pienamente appagato: *vivere in perfetta f.*; *la somma f. possibile dell'uomo … è quando egli vive quietamente nel suo stato* (G. LEOPARDI) | (*filos.*) eudemonia **SIN.** beatitudine, contentezza **2** ciò che procura contentezza: *è una f. vederti!*; *ti auguro ogni f.* **SIN.** gioia **CONTR.** tristezza **3** (*raro*) caratteristica di ciò che è del tutto adeguato, riuscito, opportuno: *la f. di una risposta, di un discorso* | abilità particolare: *la tua f. nel comporre versi*

Definizione d'autore

Hobbes ne ha dato una splendida definizione: *Ad fines semper ulteriores minime impedita progressio* («Un progredire che incontra un minimo di impedimenti al conseguimento di obiettivi sempre più avanzati»). Solo che d'impedimenti, che dipendano o non dipendano da noi, ne incontriamo sempre. E la **felicità** non si ottiene a comando. Non si può dire «Sii felice!», così come non si può dire «Sii spontaneo!». Diceva Čechov: *La **felicità** è una ricompensa che giunge a chi non l'ha cercata.* Inseguita troppo, con parossismo e insistenza, finisce per produrre effetti negativi. Talvolta, poi, quando si ottiene il risultato cui si è a lungo aspirato viene da dire: «Tutto qui?».

Remo Bodei

felicitàre [vc. dotta, lat. tardo *felicitāre* 'rendere felice', da *fēlix*, genit. *felīcis* 'felice' ✱1313] **A** **v. tr.** (*io felìcito*) **1** (*lett.*) rendere felice, beato | (*lett.*) fare contento qlcu. o rendere prospera qlco.: *che Dio vi feliciti!* **2** (*lett.*) colmare di complimenti, di congratulazioni: *io vi felicito che abbia prevalso in voi il partito più liberale* (A. FOGAZZARO) **B** **v. intr.** (**aus.** *avere*) ● †prosperare: *si vede oggi questo principe f. e domani ruinare* (N. MACHIAVELLI) **C** **felicitàrsi** **v. intr. pron.** ● essere contento (+ *di*, + *per*): *felicitarsi dell'esito* (o *per l'esito*) *favorevole di qlco.* **SIN.** gioire, rallegrarsi | congratularsi (+ *per*): *felicitarsi con qlcu. per un successo*

†**felicitàte** ➤ **felicità**

felicitazióne [1559] **s. f.** **1** †il felicitare **2** il felicitarsi: *Quale amico di casa dovrai fare delle visite di f.* (I. SVEVO) **SIN.** congratulazione, rallegramento | (**al pl.**) espressione di rallegramento o congratulazione: *sincere felicitazioni!*; *presentare le proprie felicitazioni*

Fèlidi [dal lat. *fēles* 'piccolo carnivoro', in genere, spec. 'gatto', col suff. *-idi* ✱1956] **s. m. pl.** (**sing.** *-e*) ● (*zool.*) famiglia di Mammiferi dei Carnivori abili al salto, con unghie retrattili, canini e denti ferini molto sviluppati (*Felidae*)

♣**felìno** [vc. dotta, lat. tardo *felīnu(m)*, agg. di *fēles* 'gatto' ✱1798] **A** **agg.** ● caratteristico dei felini: *agilità felina* | che ricorda le caratteristiche dei felini e spec. del gatto; agile, flessuoso, elastico: *balzo f.* | (*fig.*) astuto, guardingo, subdolo: *sguardo f.*; *astuzia felina* ‖ **felinamènte**, **avv.** alla maniera dei felini, dei gatti **B** **s. m.** ● carnivoro appartenente alla famiglia dei Felidi

fellàga o **fellàgha** [vc. fr., *fellagha*, dall'arabo *fallāq*, propr. 'taglia(strada), bandito', da *falaqa* 'spaccare' ✱1956] **s. m. inv.** ● ribelle membro di bande armate in lotta contro la Francia all'epoca dell'occupazione coloniale francese dell'Algeria e della Tunisia

fellàh /fel'la*, *arabo* fæl'lɑːħ/ [arabo *fallāḥ* o *fellāḥ* 'contadino', attraverso il fr. *fellâh* ✱av. 1562] **s. m. inv.** (**pl. arabo** *fellahìn*, (*lett.*) *fallàhùn*) ● contadino egiziano della valle del Nilo

fellàndrio [dal lat. *phellandrion* ✱1562] **s. m.** ● (*bot.*) pianta erbacea perenne delle Apiacee che vive in terreni acquitrinosi dell'Europa centro-meridionale e dell'Asia occidentale, con frutti di uso medicinale (*Oenanthe aquatica*)

fellàtio /*lat.* fel'lattsjo/ [vc. lat. moderno, da *fellātu(m)*, part. pass. del v. *fellāre* 'succhiare' ✱1914] **s. f. inv.** (**pl. lat.** *raro fellationes*) ● pratica erotica consistente nello stimolare con la bocca e con la lingua l'organo sessuale maschile **SIN.** coito orale, irrumazione

fellatóre [vc. dotta, lat. *fellatōre(m)*, dal v. *fellāre* 'succhiare' ✱1525] **s. m.** (**f.** *-trice*) ● chi pratica la fellatio

†**fèlle** ➤ **fiele**

fellèma [dal gr. *phellós* 'sughero', di orig. indeur. ✱1940] **s. m.** (**pl.** *-i*) ● (*bot.*) sughero

felliniàno [1960] **agg.** ● del regista cinematografico F. Fellini (1920-1993): *i film felliniani* | (*est.*) che ricorda l'atmosfera onirica, le situazioni o i personaggi grotteschi o caricaturali dei film di Fellini: *una vicenda felliniana*; *una donna opulenta, dalla bellezza felliniana*

†**fèllo** o †**fellóne** nel sign. 1 [V. *fellone* ✱av. 1257] **agg.** **1** malvagio, scellerato, empio: *che gridava: 'Or se' giunta, anima fella!'* (DANTE *Inf.* VIII, 18) | iniquo, spietato **2** triste, malinconico **3** disonesto, traditore

fellodèrma [comp. del gr. *phellós* 'sughero' e *-derma* ✱1917] **s. m.** (**pl.** *-i*) ● (*bot.*) tessuto parenchimatico generato, nei fusti e nelle radici, dal fellogeno nel lato interno

fellògeno [comp. del gr. *phellós* 'sughero' e *-geno* ✱1917] **s. m.** ● (*bot.*) strato di cellule vive che nella zona corticale del fusto produce il sughero verso l'esterno e il felloderma verso l'interno

fellóne [etim. incerta ✱av. 1250] **A** **s. m.** (**f.** *-a*, †*-éssa*) ● (*lett.*) traditore, ribelle | (*scherz.*) briccone **B** **agg.** ➤ †**fello** ‖ †**fellonemènte**, **avv.** da fellone

fellonésco [av. 1294] **agg.** (**pl. m.** *-schi*) **1** (*lett.*) di fellone, da fellone: *atto f.*; *composto il viso a un atto di serietà ancor più bieco e f.* (A. MANZONI) **SIN.** scellerato **2** †crudele ‖ †**fellonescamènte**, **avv.** da fellone

fellonìa [da *fellone* ✱1268] **s. f.** **1** nel diritto feudale, infedeltà del vassallo verso il proprio signore che comporta la perdita del feudo | ribellione, sedizione **2** †slealtà, falsità, tradimento **3** †malvagità, scelleratezza **4** †crudeltà, ferocia

felloplàstica [comp. del gr. *phellós* 'sughero' e *-plastica* ✱1874] **s. f.** ● lavorazione plastica del sughero

félpa [ant. fr. *ferpe*, di etim. incerta ✱1598] **s. f.** ● tessuto morbido di lana, cotone o altre fibre, peloso solo su una faccia | (*est.*) indumento confezionato con tale tessuto ‖ **felpètta**, **dim.** | **felpìna**, **dim.** | **felpóna**, **accr.** | **felpóne**, **accr. m.**

felpàre [1943] **v. tr.** (*io félpo*) **1** foderare, rivestire, imbottire di felpa **2** (*fig.*, *lett.*) attutire, attenuare, smorzare: *L'odore acuto della segatura … felpava i passi e il sussurrio delle signorine del paese* (D. CAMPANA)

♣**felpàto** [av. 1712] **A** **agg.** **1** detto di tessuto lavorato a felpa o simile a felpa | (*est.*) rivestito o foderato di felpa: *guanti felpati* **2** (*fig.*) che non produce rumore: *passo f.* **B** **s. m.** ● tessuto a superficie pelosa e morbida come una felpa

félse ➤ **felze**

felsìneo [dal lat. *Fĕlsina*, ant. n. di Bologna, di orig. etrusca ✱1483] **agg.** ● (*lett.*) bolognese

feltràbile [1983] **agg.** ● che può feltrarsi ‖ **feltrabilità**, **s. f. inv.** (V.)

feltrabilità [1968] **s. f. inv.** ● proprietà delle lane e di altri peli di animali di compenetrarsi intimamente sotto l'azione combinata del calore, di particolari soluzioni e di una appropriata sollecitazione meccanica

feltràio [1956] **s. m.** (**f.** *-aia*, **pl. m.** *-ai*) ● operaio che esegue la follatura delle lane e dei peli

feltràre [da *feltro* ✱1691] **A** **v. tr.** (*io féltro*) **1** lavorare la lana o il pelo in modo da ridurli come feltro **2** coprire, foderare di feltro **3** †filtrare **B** **feltràrsi** **v. intr. pron.** **1** diventare feltro o simile al feltro **2** intrecciarsi, detto delle erbe in un prato e delle loro radici

feltràto **part. pass.** di *feltrare*; anche **agg.** ● nei sign. del v.

feltratùra [1776] **s. f.** ● operazione che, sfruttando le proprietà feltranti della lana, crea uno strato di feltro sulla superficie dei tessuti o trasforma in feltro un insieme di fibre sciolte

feltrazióne [av. 1712] **s. f.** ● fenomeno fisico-chimico che consente alle fibre cellulosiche di unirsi tenacemente fra loro nel momento in cui ha inizio la sottrazione d'acqua della sospensione

feltrìno [1992] **s. m.** **1** dim. di *feltro* **2** ritaglio di feltro che si applica sotto sedie, mobili o soprammobili per attutire i rumori e non danneggiare le superfici di appoggio

féltro [vc. di orig. germ. ✱ 1243] **s. m. 1** falda di lana o di altri peli animali, di spessore uniforme, ottenuta senza il concorso della tessitura, usufruendo esclusivamente della capacità feltrante delle fibre **2** articolo d'abbigliamento, spec. cappello, in feltro: *un f. da uomo, da signora*; *L'uomo dal f. nero si voltò* (A. MORAVIA) **3** pezzo di feltro, adibito a vari usi o impiegato in varie tecnologie: *proteggere con un f. il materasso di un bambino, di un malato*; *i feltri della lucidatrice* **4** †filtro || **feltrino**, **dim.** (V.) | **feltróne**, **accr.**

felùca [sp. *faluca*, dall'ar. *faluwa*; nel sign. 2, per la forma somigliante a quella della nave ✱ 1579] **s. f. 1** imbarcazione bassa e veloce con due alberi a vela latina **2** cappello a due punte dell'alta uniforme degli ufficiali di marina, dei diplomatici, degli accademici **3** (*fig.*) nel linguaggio giornalistico, ambasciatore, diplomatico || **feluchétta**, **dim.** | **felucóne**, **accr. m.**

†**felzàta** [dal lat. mediev. *fersata* 'stuoia, coperta' ✱ 1561] **s. f.** ● coperta di lana, spec. da letto, con ordito sottile e ritorto

félze o **félse** [etim. incerta ✱ 1581] **s. m.** ● copertura centrale della gondola per protezione del passeggero

†**fémina** e deriv. ➤ **femmina** e deriv.

femme fatale /fr. famfa'tal/ [loc. fr., 'donna (*femme*) fatale (*fatale*)' ✱ 1957] **loc. sost. f. inv.** (**pl. fr.** *femmes fatales*) ● donna dotata di un fascino irresistibile

♦**fémmina** o (*poet.*) †**fémina** [lat. *fēmina(m)*, dalla stessa radice di *fecŭndus* 'fecondo' ✱ av. 1250] **A s. f. 1** negli organismi a sessi separati, l'individuo portatore dei gameti femminili atti a essere fecondati da quelli maschili al fine della riproduzione della specie: *la f. del lupo, del cervo*; *avere due figlie femmine* **CFR.** gino-, -gino **2** donna (*anche spreg.*): *la curiosità è f.*; *femina è cosa garrula e fallace* (T. TASSO) | donna che si caratterizza per la sua sensualità: *quella f. riboccante di giovinezza e di lussuria* (G. D'ANNUNZIO) | †*f. di mondo, di guadagno*, meretrice | (*merid.*) *mala f.*, V. *malafemmina* **3** †moglie | †*prendere a f.*, prendere in moglie **4** in un congegno composto, il pezzo di forma incavata che consente l'inserimento stabile di un altro pezzo: *la f. del gancio, dell'automatico*; *l'attrezzo funziona a maschio e f.* **CONTR.** maschio | (*tecnol.*) *f. della vite*, madrevite **B in funzione di agg.** (**gener. inv. nei sign. 2 e 3**) **1** detto di donna fisicamente dotata e desiderabile: *quella ragazza è molto f.* **SIN.** attraente, femminile **2** detto dell'elemento incavato, in un congegno composto: *automatico, gancio f.* | (*tecnol.*) *vite f.*, madrevite **3** si usa per indicare il sesso femminile di animali il cui nome è un sost. di genere promiscuo: *un leopardo f.*; *un falco f.* || **femminàccia**, **pegg.** | **femminèlla**, **dim.** (V.) | **femminétta**, **dim.** | **femminùccia**, **dim.** (V.)

femminèlla o †**feminèlla** [sec. XIII] **s. f. 1** dim. di *femmina* | (*lett.*) amante **2** donna piccola o debole | (*est.*, *lett.*) uomo, spec. giovane, debole o effeminato **3** parte dell'agganciatura dove entra il gancio **SIN.** gangherella **4** (*mar.*) ferramenta del cardine applicato al dritto di poppa di una imbarcazione dove entrano gli agugliotti per reggere il timone e permetterne l'orientamento **5** (*bot.*) germoglio della vite derivato da una gemma dell'anno

femminèllo **s. m. 1** V. *femminiello* **2** (*bot.*) varietà di bergamotto con rami esili e frutti lisci e rotondi

femmìneo o †**femìneo** [lat. *femĭneu(m)*, agg. di *fēmina* 'femmina' ✱ av. 1328] **agg. 1** (*lett.*) femminile: *un f. segno / ti fa piangere quasi* (U. SABA) **2** effeminato || **femmineaménte**, **avv.**

femminésco [sec. XIV] **agg.** (**pl. m.** *-schi*) ● (*lett.*, *spreg.*) femmineo || **femminescaménte**, **avv.**

femminicìdio [comp. di *femmina* e *-cidio* ✱ 2001] **s. m.** (**pl.** *-i* o *raro -ii*) ● uccisione o violenza compiuta nei confronti di una donna, spec. quando il fatto di essere donna costituisce l'elemento scatenante dell'azione criminosa

Definizione d'autore

Molti si chiedono perché è stata necessaria l'introduzione di una nuova parola, **femminicidio**, per un crimine che alla fine è "un omicidio come un altro". Semplicemente perché non è un omicidio come un altro. Dietro alla catena ininterrotta di donne uccise in quanto donne c'è un grande movente che va portato allo scoperto, un nemico che si annida in ogni tipo di cultura e società: è l'atteggiamento culturale dominante che considera una moglie, compagna, fidanzata, figlia, sorella – insomma una donna –, come "qualcosa" da possedere e non "qualcuno" con pari diritti e dignità. Se la parola non vi piace, inventatevi un altro neologismo, troviamo insieme un termine più aggraziato e pertinente. Ma non facciamo finta che il dramma non esista.

Serena Dandini

femminièllo o **femminèllo** [vc. napol., da *femmina* ✱ 1983] **s. m.** ● (*merid.*) travestito che esercita la prostituzione

femminière o †**feminière** [av. 1556] **s. m.** ● (*lett.*) donnaiolo

♦**femminile** o (*poet.*) †**feminile** [1268] **A agg. 1** di femmina, di donna: *sesso f.* | (*gramm.*) *genere f.*, genere grammaticale che, in una classificazione a due generi, si oppone al maschile, e, in una classificazione a tre generi, si oppone al maschile e al neutro | (*astrol.*) *temperamento f.*, dei segni Toro, Cancro, Vergine, Scorpione, Capricorno, Pesci **2** da donna: *abito f.* | *scuola, classe f.*, riservata alle donne | *linea f.*, discendenza dalle figlie femmine | tipico della donna: *grazia f.*; *astuzia, orgoglio f.* **SIN.** muliebre || **femminilménte**, †**femminileménte**, **avv.** **B s. m. 1** (*gramm.*) genere femminile: *il f., il maschile e il neutro* | forma, desinenza che è propria del genere femminile: *f. regolare, irregolare* **2** carattere proprio del sesso femminile | (*raro*) femminilità | nella loc. agg. inv. *al f.*, di donne, fatto da donne: *letteratura, cinema al f.* **3** (*sport*) incontro, torneo e sim. che ha luogo fra atlete: *il f. di tennis, di fioretto, di nuoto* **4** rivista che tratta argomenti che interessano soprattutto le donne: *diminuisce la tiratura dei femminili*

NOTA D'USO

femminile

Nella lingua italiana esistono due generi: il maschile e il femminile. Nel caso di esseri inanimati o di concetti, la distinzione è del tutto convenzionale, non ha cioè alcuna relazione col sesso maschile o femminile: *il piatto, la sedia, la gioia, il dolore, il sole, la luna*. Nel caso di esseri animati, invece, la distinzione tra genere maschile e femminile corrisponde gener. al sesso: *marito, attore, portiere* e *gallo* sono di genere maschile; *moglie, attrice, portiera* e *gallina* sono di genere femminile. Si è detto 'generalmente' perché ci sono delle eccezioni, nomi che sono di genere femminile anche quando indicano uomini, come *la guida, la spia, la recluta, la sentinella, la guardia, la vittima*, o nomi maschili che si riferiscono sempre a donne, come *il soprano*, o indifferentemente a uomini o donne, come *il pedone*. ATTENZIONE: in questi casi la concordanza è sempre grammaticale: *il soprano Maria R. è stato applaudito; la sentinella, Luigi R., è stata ricoverata in ospedale*.

Da ciò deriva che la trasformazione dal maschile al femminile riguarda soltanto nomi che indicano persone o animali. Anche alcuni nomi che indicano 'cose' o concetti hanno la forma maschile e femminile oppure, con la medesima forma, possono essere maschili e femminili. Per es.: *il testo – la testa, il modo – la moda, il radio – la radio, il capitale – la capitale*. È evidente però che in questi casi si tratta di un falso cambiamento di genere che riflette un completo cambiamento di significato.

Ma come si forma, di regola, il femminile? Ricordiamo che i nomi, da questo punto di vista, si dividono in quattro categorie:

1 I nomi indipendenti o **di genere fisso**, che hanno come femminile un nome di radice diversa: *uomo – donna, maschio – femmina, fratello – sorella*, ecc.;
tra gli animali: *bue – mucca, porco – scrofa*, ecc.

2 I nomi **di genere comune**, che hanno un'unica forma per il maschile e per il femminile: *il/la consorte, il/la pianista, il/la cliente*, ecc. Tali nomi si distinguono per mezzo dell'articolo o eventualmente dell'aggettivo con cui si uniscono. Essi sono:

- alcuni nomi in *-e*: *il/la custode, il/la nipote, il/la preside*;
- i nomi corrispondenti a forme sostantivate del part. pres. di un verbo oppure, pur senza derivare da un verbo, contenenti il suffisso *-ante*: *un/un'agente, il/la cantante; il/la bracciante, il/la chiromante*;
- i nomi in *-ista, -cida* e *-iatra*: *il/la barista, il/la canoista, il/la tirannicida, il/la pediatra*;
- quasi tutti i nomi in *-a*, spesso di origine greca: *un/un'atleta, il/la ginnasta, un/un'ipocrita, lo/la stratega*.

3 I nomi **di genere promiscuo**, nomi di animali con un'unica forma per il maschio e per la femmina: *la mosca, il serpente, la volpe*. Per specificare occorre dire *il maschio* (*la femmina*) *della volpe*, oppure *la volpe maschio* (*femmina*).

4 I nomi **di genere mobile**, che formano il femminile mutando la desinenza o aggiungendo un suffisso sulla base delle seguenti regole generali:

- i nomi che al maschile terminano in *-o* prendono al femminile la desinenza *-a*: *amico – amica, fanciullo – fanciulla, zio – zia, lupo – lupa*;
- i nomi che al maschile terminano in *-a* appartengono quasi tutti alla categoria dei nomi di genere comune (V. sopra), con un'unica forma sia per il maschile che per il femminile. Solo alcuni nomi formano il femminile aggiungendo al tema il suffisso *-essa*: *duca – duchessa, poeta – poetessa, profeta – profetessa, papa – papessa, (scherz.) monarca – monarchessa*;
- i nomi che al maschile terminano in *-e* formano il femminile assumendo la desinenza *-a* (*signore – signora, padrone – padrona*) oppure rimangono invariati (*cliente, agente, dirigente*) oppure aggiungono il suffisso *-essa* (*conte – contessa, studente – studentessa, giullare – giullaressa*);
- i nomi che al maschile terminano in *-tore* formano il femminile mutando la desinenza in *-trice*: *genitore – genitrice; lettore – lettrice*. ATTENZIONE: *dottore* diventa però *dottoressa*; *pastore, tintore* e *impostore* prendono invece il suffisso *-tora*;
- i nomi che al maschile terminano in *-sore* formano il femminile aggiungendo il suffisso *-itrice* alla radice del verbo da cui derivano: *aggressore – aggreditrice; possessore – posseditrice* (ma *professore* diventa, com'è noto, *professoressa*);
- in alcuni pochi casi, la formazione del femminile avviene in maniera particolare: *dio – dea, re – regina, abate – badessa, doge – dogaressa, eroe – eroina, gallo – gallina*.

In questo quadro generale, è spesso difficile formare il femminile dei nomi che indicano professioni o cariche. Il motivo è semplice: negli ultimi decenni sono avvenute nel nostro Paese profonde modificazioni sociali, economiche e culturali. Una delle conseguenze è stata la crescente presenza femminile in mestieri e professioni un tempo riservate agli uomini. Ecco allora che, quando un'abitudine consolidata identificava una certa professione col ruolo – e quindi col nome – maschile, la necessità di individuare la corrispondente forma femminile ha creato imbarazzo e dubbi. *Avvocata, avvocatessa* o ancora *avvocato? Chirurga* o ancora *chirurgo*? Valgono comunque le seguenti regole:

- il femminile di nomi che indicano professioni o cariche si forma in generale senza problemi applicando le regole indicate in precedenza. Si dice perciò: *la dentista, la pediatra, la analista, la farmacista; la psicologa, la radiologa, la ginecologa, la cardiologa; la chimica, la filosofa, la deputata; la direttrice, la amministratrice, la ispettrice, la senatrice; la preside, la docente, la agente*. Nel caso di 'notaio' si può dire sia *la notaia Maria Rossi* che *il notaio Maria Rossi*. Rare invece sono le forme *ingegnera, medica* e *soldata*, con i femminili di alcuni nomi dei gradi militari;
- è sempre opportuno usare la forma femminile, quando esiste, anziché il maschile: si dirà perciò *la radiologa di turno Maria R.* e non *il radiologo di turno Maria R.* Analogamente è consigliabile preferire *l'ambasciatrice Clara L.* a *l'ambasciatore signora Clara L.*: l'eventuale dubbio che possa trattarsi della moglie di un ambasciatore maschio sarà chiarito dal contesto;
- talora il suffisso *-essa* ha intonazione ironica o addirittura spregiativa: perciò è preferibile *la presidente* a *la presidentessa, la filosofa* a *la filosofessa*, ecc. Nessun problema tuttavia per *studentesse, professoresse, poetesse, dottoresse* e, naturalmente, neppure per *ostesse, duchesse, baronesse, contesse* e *principesse*;
- anche i nomi invariabili di origine straniera possono in generale essere femminili: si dirà perciò *la manager, la leader, la art director, la designer, la scout*, ecc. Ma *gentleman, chaperon, dandy, mister* e *steward* sono solo maschili, mentre *nurse, vendeuse, miss* e *hostess* sono solo femminili;
- il femminile di *capo* e dei suoi composti è invariabile sia al singolare che al plurale: si dirà perciò *il capo, la capo, i capi, le capo* e *il caposervizio, la caposervizio, i capiservizio, le caposervizio*;
- alcuni nomi femminili si riferiscono sia a uomini che a donne: *guida, guardia, sentinella, recluta, matricola, spia, comparsa, controfigura, maschera*, ecc.; analogamente alcuni nomi maschili si riferiscono anche a donne: per esempio *messo, mimo, mozzo, sosia, secondo* (nei duelli), *fantasma*. Inoltre *soprano, mezzosoprano* e *contralto* si usano preferibilmente al maschile, benché indichino in genere cantanti di sesso femminile; si notino comunque i plurali: *i soprani, le soprano*;
- mantengono il loro genere anche se riferite a persone di sesso diverso le locuzioni come *battitore libero, franco tiratore, portatore d'acqua, braccio destro* e *prima donna*;
- alcuni nomi, infine, si riferiscono solo a uomini: *galantuomo, maggiordomo, nostromo, paggio* e *marito, padre, padrino, fratello, genero, scapolo, celibe*; altri solo a donne: *dama, mondina, caterinetta, perpetua* e *moglie, madre, madrina, sorella, nuora, nubile*;
- di norma il vocabolario riporta nella sezione grammaticale di ciascun lemma le indicazioni per la formazione del femminile nei casi in cui possano esservi dubbi.

femminilișmo [1932] **s. m.** ● (*biol.*) presenza, nell'individuo maschio, di caratteri secondari femminili

♦**femminilità** [1639] **s. f. inv. 1** complesso delle caratteristiche fisiche, psichiche e comportamentali che sono proprie della donna e la distinguono dall'uomo **2** (*est.*) grazia, fascino femminile

Definizione d'autore

La **femminilità** è una delle polarità dell'essere vivente, è la forza e la debolezza della donna. Eppure la si può trovare anche in un uomo. È una parola meravigliosa, perché può contenere la contraddizione e restare se stessa. Può contenere grazia, dolcezza, mitezza, ma anche e soprattutto forza, comprensione, fierezza, onestà e coraggio. Presidio, ascolto. La ritrovo nel mistero del saper accogliere, e se devo figurarmela immagino due braccia lunghissime che sanno proteggere senza chiedere nulla in cambio. E penso alla poesia di Ungaretti *Casa mia*:

Sorpresa
dopo tanto
d'un amore
Credevo di averlo sparpagliato
per il mondo.

Così, nei momenti di pace, **femminilità** è per me questa piccola poesia, casa mia.

Alba Rohrwacher

femminilizzàre [da *femminile* ✱ 1941] **A v. tr. 1** (*fisiol.*) fare acquisire o accentuare i caratteri sessuali secondari femminili: *ormoni che femminilizzano* | (*est.*) rendere, far diventare femminile o più femminile **2** rendere più consistente la presenza femminile in un settore: *f. la politica* **B femminilizzàrsi v. intr. pron.** ● assumere caratteristiche femminili ‖ **femminilizzazióne**, **s. f.** (V.)

femminilizzazióne [da *femminile* ✱ 1941] **s. f. 1** (*fisiol.*) acquisizione dei caratteri sessuali secondari femminili **2** aumento della presenza femminile in un settore, spec. lavorativo, o in una specifica categoria di popolazione

femminìno o **feminìno** [lat. *feminīnu(m)*, da *fēmina* 'femmina' ✱ 1160] **A agg.** ● (*lett.*) femminile: *grazia femminina; astuzia femminina* ‖ †**femmininaménte**, **avv.** in modo femminile **B s. m.** ● nella loc. ***l'eterno f.***, (*lett.*) l'immutabile essenza femminile che affascina gli uomini (dal ted. *das Ewigweibliche*, espressione usata nel 'Faust' di W. Goethe): *Oscuri capricci dell'eterno f.* (A. SAVINIO)

'**femminișmo** [fr. *féminisme*, dal lat. *fēmina* 'femmina' ✱ 1896] **s. m.** ● movimento internazionale che, spec. nella seconda metà dell'Ottocento, ha rivendicato l'uguaglianza giuridica, politica e sociale della donna rispetto all'uomo | negli anni 1960-70, movimento che ha posto l'accento sulla posizione antagonistica della donna rispetto all'uomo, sulla contestazione dei ruoli tradizionalmente attribuiti alla donna e sulla riscoperta di alcuni valori tipicamente femminili

femminìsta [fr. *féministe*, dal lat. *fēmina* 'femmina' ✱ 1895] **A s. f. e m.** (**pl. m.** *-i*) ● chi sostiene e favorisce il femminismo **B agg.** ● del femminismo, delle femministe: *movimento f.*

femminìstico [1903] **agg.** (**pl. m.** *-ci*) ● relativo al femminismo ‖ **femministicaménte**, **avv.** in modo femministico; dal punto di vista del femminismo

femminizzàre [fr. *féminiser*, dal lat. *fēmina* 'femmina' ✱ av. 1803] **A v. tr.** ● attribuire caratteristiche femminili **B v. intr.** (**aus.** *avere*) ● (*raro, lett.*) comportarsi da donna **C femminizzàrsi v. intr. pron.** ● assumere caratteristiche femminili | caratterizzarsi per un aumento della presenza femminile: *in certi settori la forza lavoro si va femminizzando* ‖ **femminizzazióne**, **s. f.**

femminùccia o †**femminùzza** [sec. XIV] **s. f.** (**pl.** *-ce*) **1** dim. di *femmina*; (*vezz.*) bambina, neonata **2** (*fig., spreg.*) bambino pauroso e impressionabile | uomo debole o vile

femoràle [vc. dotta, lat. tardo *femorāle(m)*, da *fĕmur*, genit. *fĕmoris* 'femore, coscia' ✱ 1834] **agg.** ● (*anat.*) del femore, della coscia: *arteria f.*

fèmore [vc. dotta, lat. *fĕmur*, nt. nom., al genit. *fĕmoris*, di orig. oscura ✱ sec. XIV] **s. m. 1** (*anat.*) osso lungo che costituisce lo scheletro della coscia, articolato con l'anca e con la tibia **2** (*archit.*) listello che divide l'uno dall'altro i glifi del triglifo

fèmto- [norvegese e danese *femten* 'quindici'] **primo elemento** ● anteposto a un'unità di misura, la divide per un milione di miliardi, cioè la moltiplica per 10^{-15} **SIMB.** f

fen /fɛn/ [vc. cinese ✱ 1932] **s. m. inv.** ● moneta della Repubblica Popolare Cinese, corrispondente alla centesima parte dello *yüan*

fenacetìna [comp. di *fen(olo)* e *aceto* ✱ 1892] **s. f.** ● preparato medicinale derivato dal fenolo, usato come antipiretico, analgesico, sedativo

fenachistoscòpio [comp. di un deriv. del gr. *phenākízein* 'ingannare, illudere' e *-scopio* ✱ 1957] **s. m.** ● apparecchio inventato negli anni '30 dell'Ottocento, basato su un disco su cui è rappresentata un'immagine nelle fasi progressive di un'azione, il quale, fatto ruotare, dà a chi l'osserva l'impressione del movimento

fenantrène [comp. di *fen(ile)* e *antr(ac)ene* ✱ 1889] **s. m.** ● (*chim.*) composto organico, isomero dell'antracene, contenuto nel catrame del carbon fossile, usato per fare coloranti e farmaceutici

fenàto [da *fen(ico)* ✱ 1869] **s. m.** ● (*chim.*) sale dell'acido fenico: *f. di canfora, di chinina, di potassio*

fènce /*ingl.* fɛns/ [vc. ingl., da *defense* 'difesa' ✱ 1917] **s. f. inv.** ● (*sport*) nell'ippica, ostacolo consistente in un fosso seguito da una siepe

♣**fendènte A part. pres.** di *fendere* ● (*raro*) nei sign. del v. **B s. m.** ● colpo di sciabola vibrato alla testa, disimpegnando il proprio ferro da quello dell'avversario con un movimento dall'avanti all'indietro | nel linguaggio calcistico, forte tiro in porta

♣**fèndere** o †**sfèndere** [lat. *findere*, di orig. indeur. ✱ av. 1276] **A v. tr.** (**pass. rem.** *io fendètti* o *fendéi*, †*féssi, tu fendésti*; **part. pass.** *fendùto*, †*fésso*) **1** dividere, spaccare di netto in due: *f. una pietra, la testa con un colpo* | tagliare per il lungo: *il legnaiuolo fende le tavole di olmo, di frassino, di querce* (D'ANNUNZIO) | (*est., lett.*) lacerare | (***fig., lett.***) ***f. il cuore***, trafiggerlo dolorosamente | frangere il terreno con l'aratro, lavorare la terra: *Chi solca l'acqua e chi la terra fende* (G.B. MARINO) **2** attraversare quasi aprendosi un varco: *f. le nubi, la nebbia* | ***f. l'aria***, volare | ***f. i flutti, le onde***, nuotare, navigare | ***f. la folla, la calca***, passarvi in mezzo con difficoltà **B fèndersi v. intr. pron. 1** screpolarsi, aprirsi, spaccarsi **2** (*raro*) dividersi

SFUMATURE DI SIGNIFICATO

fendere - spaccare - squarciare

Fendere è dividere trasversalmente qualcosa, separandola in due parti con l'ausilio di un arnese tagliente. Anche **spaccare** descrive il separare qualcosa in due o più parti, ma rispetto a *fendere* esprime una violenza maggiore dell'azione, che può essere compiuta anche con un oggetto contundente. **Squarciare** è invece aprire qualcosa con violenza, aprendo in essa grandi squarci, quindi danneggiandola gravemente o distruggendola.

fendinèbbia [comp. di *fendere* e *nebbia* ✱ 1952] **s. m. inv.** ● proiettore d'autoveicolo, talvolta a luce gialla, che migliora la visibilità nella nebbia

fenditóio [da *fendere* ✱ av. 1859] **s. m.** (**pl.** *-ói*) **1** strumento per l'innesto a spacco su grossi rami con lama talora a dorso ripiegato per battervi col martello **2** (*est.*) strumento usato per spaccare qlco. trasversalmente

fenditóre [av. 1519] **s. m.** (**f.** *-trice*); **anche agg.** ● (*raro*) chi (o che) fende | (*lett.*) aratore

fenditùra o †**sfenditùra** [da *fendere* ✱ sec. XIV] **s. f.** ● crepa, fessura spec. lunga e sottile: *f. di una roccia, di una trave* **CFR.** schisto-, schizo-, -fido **SIN.** apertura, spacco

feneratìzio o **feneratìcio** [vc. dotta, lat. tardo *feneratīciu(m)*, da *fenerātor* 'feneratore' ✱ 1808] **agg.** ● (*dir.*) relativo all'usura: *patto f.*; *condizioni feneratizie* | ***mutuo f.***, quello in cui sono pattuiti interessi usurari

†**feneratóre** [vc. dotta, lat. *feneratōre(m)*, da *fēnus*, genit. *fēnoris* 'usura' ✱ 1381] **s. m.** ● usuraio

fenèsta ➤ **finestra**

†**fenèstra** e deriv. ➤ **finestra** e deriv.

fenestràggio [dal fr. *fenestrage*, deriv. del fr. ant. *fenestr(e)* 'finestra' e del suff. *-age* ✱ 1965] **s. m.** ● nel tardo Medioevo, tributo che un cittadino doveva pagare per ogni casa posseduta, calcolato sul numero delle finestre

fenestràto [1525] **agg.** ● (*bot.*) detto di organo provvisto di aperture

fenestratùra [1968] **s. f.** ● in varie tecnologie, apertura praticata allo scopo di ricavare frammenti o campioni di un materiale

fenestrazióne [da *fenestra* col suff. *-zione* ✱ 1963] **s. f.** **1** (*chir.*) creazione di un'apertura eseguita spec. per aggirare un'ostruzione **2** (*med.*) comunicazione anomala, gener. congenita, fra comparti dell'organismo

feng shui /fɛn(g)'ʃui, *cinese* ˌfʌŋˌʃweɪ/ [loc. cinese composta di *feng* 'vento', 'aria' e *shui* 'acqua' ✱ 1993] **loc. sost. m. solo sing.** ● antica disciplina e tecnica di origine cinese, basata sulla ricerca di un equilibrio armonico con l'ambiente in cui si vive; consiste nel disporre gli elementi urbanistici (vie, piazze, ecc.), gli edifici, le stanze o gli oggetti in modo da attirare le energie positive e ridurre quelle negative

fenianìsmo [fr. *fénianisme*. V. *feniano* ✱ 1881] **s. m.** ● (*stor.*) movimento politico dei feniani

feniàno [ingl. *fenian*, dall'irlandese *fiann*, n. di una fazione di irlandesi ✱ 1866] **s. m.** ● (**spec. al pl.**) ciascun membro del movimento indipendentista clandestino irlandese che, spec. nel XIX sec., cospirò contro il dominio inglese

fenicàto [da *fenico* ✱ 1874] **agg.** ● (*chim.*) di preparato trattato con acido fenico, che contiene acido fenico: *cotone f.*; *acqua fenicata*

fenìce [vc. dotta, lat. *phoenīce(m)*, nom. *phoenix*, dal gr. *phôinix* 'della Fenicia' ✱ av. 1250] **A** **s. f.** o †**m.** **1** uccello fiabesco d'Arabia che, secondo le leggende classiche e medievali, si costruiva, ogni cinquecento anni, un rogo con piante aromatiche, per ardervi e poi risorgerne **2** (*fig., lett.*) ***la f., l'araba f.***, simbolo di cosa o persona irreale, introvabile o molto rara: *la pietra filosofale fu la f. degli alchimisti medievali*; *come l'araba f. / che ci sia ciascun lo dice / dove sia nessun lo sa* (P. METASTASIO) **B** **s. f.** ● genere di Palme asiatiche e africane cui appartiene la palma da datteri (*Phoenix*)

♦**fenìcio** [vc. dotta, lat. *phoenīciu(m)*, dal gr. *phoiníkeos* ✱ 1374] **A** **agg.** (**pl. m.** *-ci*; **pl. f.** *-cie*) ● della Fenicia, antica regione tra il Mediterraneo e i monti del Libano **B** **s. m.** (**f.** *-cia*) ● abitante o nativo dell'antica Fenicia **C** **s. m. solo sing.** ● lingua della famiglia semitica parlata dagli antichi Fenici

fènico [fr. *phénique*, dal gr. *pháinomai* 'io risplendo', perché ricavato dal gas illuminante ✱ 1869] **agg.** (**pl. m.** *-ci*) ● (*chim.*) ***acido f.***, fenolo

fenicòttero [vc. dotta, lat. *phoenicŏpteru(m)*, dal gr. *phoinikópteros*, propr. 'dalle ali rosse', comp. di *phôinix* 'rosso' e *pterón* 'ala' ✱ sec. XIV] **s. m.** ● uccello dei Ciconiformi, con lunghissime zampe prive di piume, collo straordinariamente allungato e mobilissimo, becco largo e lungo piegato ad angolo, che predilige le lagune salmastre (*Phoenicopterus ruber*) **SIN.** fiammingo

fenilalanìna [comp. di *fenil(e)* e *alanina* ✱ 1968] **s. f.** ● (*chim.*) amminoacido aromatico presente nelle proteine vegetali e animali, indispensabile per l'organismo umano

fenilammìna [comp. di *fenil(e)* e *ammina* ✱ 1869] **s. f.** ● (*chim.*) anilina

fenilchetonùria o **fenilchetonurìa** [comp. di *fenil(e)*, *cheton(e)* e *-uria* ✱ 1987] **s. f.** ● (*med.*) malattia ereditaria del metabolismo caratterizzata da accumulo nel sangue di fenilalanina ed eliminazione urinaria di acido fenilpiruvico

fenìle [da *fen(olo)* ✱ 1869] **s. m.** ● (*chim.*) radicale derivato dal benzene per perdita di un atomo di idrogeno

fenìlico [da *fenile* ✱ 1892] **agg.** (**pl. m.** *-ci*) ● (*chim.*) detto di composto che contiene il radicale fenile

fenilpirùvico [comp. di *fenil(e)* e *piruvico* ✱ 1968] **agg.** (**pl. m.** *-ci*) ● (*chim.*) detto di acido che si forma nel rene come prodotto metabolico di un aminoacido

fennèc [arabo *fanak* 'volpe del deserto' ✱ 1834] **s. m. inv.** ● carnivoro dei Canidi simile a una piccola volpe con orecchie sviluppatissime (*Fennecus zerda*) **SIN.** volpe del deserto, volpe della sabbia

fèno- [dal gr. *pháinein* 'apparire', di orig. indeur.] **primo elemento** ● in parole composte della terminologia scientifica, significa 'manifestazione' o fa riferimento a ciò che appare: *fenologia, fenotipo*

fenocristàllo [comp. di *feno-* e *cristallo* ✱ 1930] **s. m.** ● cristallo relativamente più grande degli altri, ben distinguibile dalla pasta di fondo, in rocce a struttura porfirica

fenolàto [1956] **s. m.** ● (*chim.*) fenato

fenolftaleìna [comp. di *fenol(o)* e *ftaleina* ✱ 1892] **s. f.** ● (*chim.*) ftaleina usata in chimica analitica come indicatore di pH, incolore in soluzione acida e rosso-violacea in soluzione alcalina; è stata usata in passato come lassativo

fenòli [1874] **s. m. pl.** ● (*chim.*) composti della serie aromatica in cui uno o più gruppi ossidrilici sostituiscono atomi di idrogeno di anelli benzenici

fenòlico [1929] **agg.** (**pl. m.** *-ci*) ● relativo ai fenoli | ***resina fenolica***, resina polimerica ottenuta polimerizzando due o più monomeri di cui almeno uno contenente uno o più gruppi fenolo

fenòlo [fr. *phénol*, da *phénique* 'fenico' ✱ 1874] **A** **s. m.** ● derivato ossigenato del benzolo, capostipite dei fenoli, contenuto nel catrame di carbon fossile, ora ottenuto per sintesi; impiegato nell'industria chimica spec. per la fabbricazione di resine fenoliche e in medicina per l'azione antisettica e anestetica locale **SIN.** acido fenico **B** **anche agg.**: (*chim.*) *gruppo f.*

fenologìa [comp. di *feno-* e *-logia* ✱ 1892] **s. f.** (**pl.** *-gìe*) ● studio dei fenomeni della vita animale e vegetale in relazione allo svolgersi delle vicende climatiche stagionali

fenològico [1861] **agg.** (**pl. m.** *-ci*) ● relativo alla fenologia: *ricerche fenologiche*

fenòlogo [1956] **s. m.** (**f.** *-a*; **pl. m.** *-gi*) ● studioso di fenologia

fenomenàle [da *fenomeno* ✱ av. 1855] **agg.** **1** straordinario, eccezionale: *ha una memoria f.* **2** (*filos., raro*) fenomenico ‖ **fenomenalità**, **s. f. inv.** **1** (*raro*) straordinarietà **2** (*filos., raro*) fenomenicità

fenomenalìsmo [da *fenomenale* ✱ av. 1914] **s. m.** ● fenomenismo

fenomènico [1843] **agg.** (**pl. m.** *-ci*) ● che concerne il fenomeno o che ne ha le caratteristiche | (*filos.*) ***conoscenza fenomenica***, quella limitata al fenomeno ‖ **fenomenicaménte**, **avv.** sotto l'aspetto fenomenico ‖ **fenomenicità**, **s. f. inv.**

fenomenìsmo [1903] **s. m.** ● dottrina filosofica secondo la quale la nostra conoscenza è limitata al fenomeno, ossia alla rappresentazione che noi ci facciamo delle cose e non alla cosa in sé

♦**fenòmeno** [vc. dotta, lat. tardo *phaenŏmeno(n)*, dal gr. *phainómenon*, part. pres. medio di *pháinomai* 'io appaio' ✱ 1584] **A** **s. m.** **1** tutto ciò che può essere osservato e studiato attraverso una conoscenza diretta: *f. acustico, ottico, atmosferico*; *la febbre è un f. naturale di difesa dell'organismo* | (*filos.*) in Kant e Hegel, ciò che è oggetto di conoscenza sensibile **CFR.** noumeno **2** fatto o insieme di fatti che si distinguono per caratteristiche particolari e sono oggetto di analisi, discussioni ecc.: *f. storico, sociale*; *il f. della disoccupazione giovanile*; *il f. del turismo di massa* **3** (*colloq.*) persona o cosa straordinaria: *quel medico è un f.*; *quella vettura è proprio un f.* | (*scherz.*) persona bizzarra, curiosa: *E il fidanzato? Che f.!* (R. BACCHELLI) **4** (*disus.*) individuo con anomalie mostruose esibito nei baracconi e nei circhi **B** **in funzione di agg. inv.** ● (posposto a un sost., *fam.*) straordinario: *un cavallo f.*

fenomenologìa [da *fenomeno* ✱ 1828] **s. f.** (**pl.** *-gìe*) **1** descrizione di un complesso di fenomeni così come essi si manifestano all'esperienza | (*med.*) ***f. clinica***, descrizione dei sintomi con cui si manifesta una malattia **2** ***f. dello spirito***, nella filosofia di G. W. F. Hegel (1770-1831), analisi dei momenti attraverso i quali lo spirito, muovendo dalla conoscenza sensibile, si fa sapere assoluto **3** nella filosofia di E. Husserl (1859-1938), metodo che considera il fenomeno non come cosa in sé ma come si manifesta nella realtà della coscienza, con il fine di coglierne la pura forma | (*est.*) la scuola filosofica di Husserl

fenomenològico [1869] **agg.** (**pl. m.** *-ci*) **1** relativo alla fenomenologia **2** relativo alla fenomenologia di E. Husserl ‖ **fenomenologicaménte**, **avv.** dal punto di vista fenomenologico

fenomenòlogo [tratto da *fenomenologia* ✱ 1962] **s. m.** (**f.** *-a*; **pl. m.** *-gi*) ● chi segue la fenomenologia di E. Husserl

fenoplàsto [comp. di *feno(lo)* e *-plasto* ✱ 1956] **s. m.** ● (*chim.*) resina termoindurente ottenuta per condensazione del fenolo o di suoi derivati con aldeidi, impiegata spec. per polveri da stampaggio oltre che nell'industria elettrica, chimica, tessile, e nel campo delle vernici

fenòssido [comp. di *feno(lo)* e *ossid(at)o*] **agg.** ● (*chim.*) detto dello ione negativo ottenuto dal fenolo per perdita di uno ione idrogeno

fenotìpico [1956] **agg.** (**pl. m.** *-ci*) ● (*biol.*) relativo a fenotipo

fenotìpo o **fenòtipo** [ingl. *phenotype*, comp. di *pheno-* 'feno-' e *type* 'tipo' ✱ 1931] **s. m.** ● il complesso dei caratteri fisici esterni di un individuo, risultato del suo patrimonio genetico ma anche dei fattori ambientali **CFR.** genotipo

Feofìcee [comp. del gr. *phaiós* 'scuro' e *phŷkos* 'alga' ✱ 1956] **s. f. pl.** (**sing.** *-a*) ● (*bot.*) classe di organismi pluricellulari, di dimensioni relativamente grandi, di forma svariata e colore bruno, che vivono esclusivamente in ambienti marini (*Phaeophyceae*) SIN. Alghe brune

Feòfite [comp. del gr. *phaiós* 'scuro' e del pl. f. di *-fito* ✱ 1968] **s. f. pl. (sing. *-a*)** ● (*bot.*) divisione comprendente alghe brune pluricellulari (*Phaeophyta*)

†**fèra** ➤ **fiera**②

✤**feràce** [vc. dotta, lat. *ferāce(m)*, da *fĕrre* 'portare' ✱ 1321] **agg.** ● (*lett.*) fertile, fecondo (*anche fig.*): *terreno f.*; *le vendemmie spumanti / di tutti gli autunni feraci* (G. D'ANNUNZIO); *fantasia, ingegno f.* ‖ **feraceménte**, **avv.**

✤**feracità** o †**feracitàde**, †**feracitàte** [vc. dotta, lat. *feracitāte(m)*, da *fĕrax*, genit. *ferācis* 'ferace' ✱ av. 1597] **s. f. inv.** ● (*lett.*) caratteristica di ciò che è ferace; fertilità, fecondità (*anche fig.*)

✤**feràle** [vc. dotta, lat. *ferāle(m)*, di etim. incerta ✱ av. 1294] **agg.** ● (*lett.*) che porta morte | ***notizia, annunzio f.***, funesto | ***presagio f.***, di cattivo augurio ‖ **feralménte**, **avv.**

fèrcolo [vc. dotta, lat. *fĕrculu(m)*, da *fĕrre* 'portare' ✱ av. 1342] **s. m.** **1** nell'antica Roma, grande vassoio per portare i piatti in tavola **2** nell'antichità, specie di portantina sulla quale si portavano in trionfo le spoglie dei nemici vinti | in età medievale e moderna, struttura lignea, in genere riccamente decorata, usata per portare in processione le immagini o le reliquie dei santi

ferecratèo o **ferecràzio** [vc. dotta, lat. *pherecratīu(m)*, dal gr. *pherekráteios*, dal n. di *Ferecrate* (sec. V a.C.), il poeta che lo adoperò ✱ 1834] **A** **s. m.** ● verso greco e latino di sette sillabe che si può considerare come una forma catalettica del gliconeo **B** **anche agg.**: *verso f.*

ferecràtico [1834] **agg. (pl. m. *-ci*)** ● relativo al verso ferecrateo

ferecràzio ➤ **ferecrateo**

ferentàrio [vc. dotta, lat. *ferentāriu(m)*, di etim. incerta ✱ av. 1292] **s. m.** ● soldato della legione romana, a piedi o a cavallo, fornito di armi da getto per dare inizio al combattimento

ferètrio [vc. dotta, lat. *ferētriu(m)*, di etim. incerta ✱ 1336 ca.] **agg.** ● attributo di Giove capitolino cui si offrivano le spoglie del trionfo, prese ai vinti

fèretro o (*poet.*) **ferètro** [vc. dotta, lat. *fĕretru(m)*, dal gr. *phéretron*, da *phérō* 'io porto' ✱ 1340] **s. m.** **1** bara ricoperta dalla coltre funebre | (*est.*) bara: *seguire, accompagnare il f.* **2** †fercolo, nel sign. 2

fèria [vc. dotta, lat. tardo *fēria(m)*, da avvicinare a *fēstus* 'festivo' ✱ 1336 ca.] **s. f.** **1** nel diritto romano, ciascuno dei giorni dedicati agli dei in cui era vietato compiere dati atti pubblici **2** nel calendario liturgico cattolico, ogni giorno della settimana non festivo | ***seconda f.***, il lunedì **3** (**al pl.**) periodo di riposo a cui ha diritto il lavoratore: *andare, essere in ferie*; *prendere due giorni di ferie* | ***ferie estive, pasquali***, periodo di vacanza durante l'estate, a Pasqua SIN. vacanze

feriàle [vc. dotta, lat. tardo *feriāle(m)*, da *fēria*; il sign. di 'giorno lavorativo' deriva dall'uso liturgico in cui si chiamavano *feriali* i giorni dedicati alla *festa* di un santo, cioè tutti i giorni della settimana, tranne la domenica dedicata al Signore ✱ av. 1311] **agg.** **1** di giorno o periodo, non festivo | (*est.*) lavorativo: *questa settimana ha soltanto quattro giorni feriali* **2** riferito a ciò che non è festivo: *orario f.* | ***Messa f.***, celebrata secondo il rito proprio delle ferie, non festiva **3** (*raro*) relativo alle ferie, nel sign. 3: *periodo f.* | ***lavoro f.***, prestazione di lavoro svolto durante il periodo in cui al lavoratore spettano le ferie e che attribuisce allo stesso il diritto a una retribuzione maggiorata **4** †usuale, comune, ordinario ‖ **ferialità**, **s. f. inv.** caratteristica di ciò che è feriale, che non è festivo; (raro) normale quotidianità

ferìbile [da *ferire* ✱ sec. XIV] **agg.** ● che si può ferire | †vulnerabile

†**ferìgno** [da *ferino*, con accostamento a *maligno* ✱ 1505] **agg.** ● (*lett.*) ferino | feroce

feriménto o †**fediménto** [da *ferire* ✱ 1441] **s. m.** ● il ferire, il venire ferito

ferinità [1584] **s. f. inv.** ● (*lett.*) caratteristica di chi (o di ciò che) è ferino

✤**ferìno** [vc. dotta, lat. *ferīnu(m)*, da *fēra* 'fiera' ✱ 1336 ca.] **agg.** ● (*lett.*) di fiera: *orme ferine* | (*est.*) animalesco: *il viver zotico e f.* (G. LEOPARDI) | ***cuore, istinto f.***, selvaggio, crudele: *di una nudità e di uno squallore naturali e quasi ferini* (A. MORAVIA) ‖ **ferinaménte**, **avv.**

♦**ferìre** o †**fedìre** [lat. *ferīre*, di orig. indeur. ✱ 1219] **A** **v. tr.** (*io ferìsco, tu ferìsci, egli ferìsce*, **lett.** †*fière* o *fère*; **part. pass.** *ferìto*, †*ferùto*) **1** colpire causando una ferita (+ *a*, + *con*, **lett.** + *di*): *l'uomo ha ferito un suo connazionale*; *f. qlcu. alla testa, alla mano*; *f. qlcu. con il coltello*; *Ma lui ferì di spada quel gigante* (M.M. BOIARDO) | ***f. a morte***, ferire in modo così grave da procurare la morte | anche in forma pron.: *ferirsi una mano*; *si è ferito un braccio* | PROV. ***chi di spada ferisce di spada perisce*** **2** (*fig.*) addolorare, offendere, umiliare (+ *in*): *la tua indifferenza lo ferisce*; *f. qlcu. nell'onore, nell'orgoglio* **3** †percuotere | †***f. colpi, percosse***, dare colpi, percosse | ***senza colpo f.***, senza fare uso delle armi o senza trovare resistenza | †***f. tornei***, battersi nei tornei | (*lett.*) scagliare **4** (*fig.*) colpire, detto spec. dell'azione dei raggi solari sugli occhi o della voce sull'udito (+ *a*): *la luce viva lo ferisce agli occhi*; *f. le orecchie con grida e lamenti* | (*fig.*) ***f. la fantasia di qlcu.***, produrre una forte impressione su qlcu. | (*fig.*) ***f. il cuore a qlcu.***, addolorarlo o farlo innamorare **5** †assalire il nemico | †***f. per costa***, caricare di lato: *Corso Donati ... fedì i nemici per costa* (D. COMPAGNI) **B** **ferìrsi** **v. rifl., rifl. recipr. e intr. pron.** ● prodursi una ferita (+ *a*, + *con*): *si è ferito gravemente*; *ferirsi alla testa, al braccio, alla mano*; *si è ferito con il coltello, con il fucile*

♦**ferìta** o †**fedìta**, †**ferùta** [da *ferire* ✱ 1219] **s. f.** **1** taglio o lacerazione della cute e dei tessuti sottostanti prodotta da un corpo contundente o penetrante: *f. grave, leggera, mortale*; *f. d'arma da fuoco*; *medicare una f.* | ***f. superficiale***, scalfittura | ***f. contusa***, senza lacerazione dell'epidermide | lesione del tessuto vegetale: *un vecchio tronco pieno di ferite* **2** (*fig.*) grave dolore od offesa morale: *inasprire, riaprire una f.*; *f. d'amore* ‖ **feritàccia**, **pegg.** | **feritìna**, **dim.** | **feritùccia**, **dim.**

ferità o †**feritàde**, †**feritàte**, †**fierità**, †**fieritàde**, †**fieritàte** [vc. dotta, lat. *feritāte(m)*, da *fĕrus* 'feroce' ✱ av. 1292] **s. f. inv.** **1** (*lett.*) crudeltà: *orrenda, immane / f.* (T. TASSO) **2** †selvatichezza

♦**ferìto** o †**fedìto** **A** **part. pass.** di *ferire*; anche **agg.** ● nei sign. del v. **B** **s. m. (f. *-a*)** ● chi ha subìto una o più ferite: *un f. grave*; *raccogliere, medicare i feriti* | ***scambio dei feriti***, scambio dei prigionieri gravemente feriti, tra belligeranti

feritóia [da *ferire*, perché da essa si colpiva il nemico ✱ 1609] **s. f.** **1** (*archit.*) stretta apertura verticale, allargata verso la parete interna, ricavata nei muri di rocche, parapetti, torri, navi, per tirare contro il nemico rimanendo protetti **2** apertura per dare luce a una cantina e sim. **3** in vari dispositivi o apparecchi, fessura per introdurre monete, gettoni e sim.

feritóre o †**feditóre** [da *ferire* ✱ sec. XIII] **A** **s. m.** (**f.** *-trice*, *pop.*, *disus.* *-tora*); anche **agg.** ● chi (o che) ferisce **B** **agg.** ● †che è valente nel maneggiare armi

†**fèrla** [lat. *fĕrula(m)* 'canna'. V. *ferula*① ✱ av. 1389] **s. f.** ● gruccia, stampella | bastone

†**ferlinànte** [da *ferlino* ✱ 1609] **s. m.** ● operaio che lavora a ferlini o a gettoni

†**ferlìno** [ingl. *ferlin*, dal neerl. *vierling*, da avvicinare al ted. *vier* 'quattro' ✱ av. 1306] **s. m.** ● gettone, contrassegno, spec. quello in piombo bollato da una parte sola, un tempo dato a soldati e operai per riconoscerne e verificarne la presenza in certi lavori

férma [da *fermare* ✱ av. 1363] **s. f.** **1** periodo di permanenza sotto le armi (obbligatorio fino al 2005) per prestare il servizio militare: *f. obbligatoria*; *f. volontaria* **2** puntata del cane da penna davanti al selvatico | ***cane in f.***, puntato sull'animale | ***f. di consenso***, fatta dal cane vedendo un altro cane puntare | ***f. girata***, del cane che ha girato il selvatico e lo ha messo tra sé e il cacciatore **3** †ratifica di un patto, di un trattato

fermacalzóni [comp. di *ferma(re)* e il pl. di *calzone* ✱ 1943] **s. m. inv.** ● molletta usata da chi va in bicicletta per stringere alla gamba il fondo dei pantaloni in modo da evitare che si sporchino e che si impiglino nella catena

fermacampióne o **fermacampióni** [dal v. *ferma(re)* e *campione* ✱ sec. XX] **s. m.** ● piccolo fermaglio metallico che si inserisce in un occhiello e si apre a farfalla; è usato per la chiusura di buste il cui contenuto può essere sottoposto a ispezione postale

fermacapélli [comp. di *ferma(re)* e il pl. di *capello* ✱ 1911] **s. m. inv.** ● fermaglio di materiale vario, spesso anche decorato, usato per trattenere i capelli

fermacàrro [comp. di *ferma(re)* e *carro* ✱ 1956] **s. m.** ● (*ferr.*) dispositivo con respingenti impiantato all'estremità di un binario tronco SIN. paraurti

fermacàrte [comp. di *ferma(re)* e il pl. di *carta* ✱ 1890] **s. m. inv.** ● oggetto pesante di bronzo, pietra o cristallo, da tenere sulla scrivania poggiato su fogli sciolti per impedire che volino via SIN. calcafogli, calcalettere

fermacravàtta o **fermacravàtte** [comp. di *ferma(re)* e *cravatta* ✱ 1925] **s. m. inv.** ● fermaglio per fissare la cravatta alla camicia, in modo che rimanga tesa

fermadeviatóio [comp. di *ferma(re)* e *deviatoio* ✱ 1956] **s. m. (pl. *-ói*)** ● (*ferr.*) dispositivo meccanico applicato ad un deviatoio, che immobilizza direttamente gli aghi onde assicurarli nella posizione voluta SIN. fermascambio

fermàglio [provenz. *fermalh*, dal lat. parl. **firmāculu(m)*, da *firmāre* 'assicurare' ✱ 1263] **s. m.** **1** ogni oggetto, sotto forma di gancio, fibbia, monile e sim., che serva a chiudere o a tenere ferme due parti staccate di qlco. **2** monile, ornamento per vesti o per acconciature ‖ **fermagliétto**, **dim.** | **fermaglìno**, **dim.**

†**fermaménto** [lat. *firmamĕntu(m)*, da *firmāre*. V. *fermare* ✱ 1261 ca.] **s. m.** **1** fermata | cessazione **2** fondamento, sostegno **3** costanza | fermezza **4** unione **5** argomento confermativo

fermanèllo [comp. di *ferma(re)* e *anello* ✱ 1925] **s. m.** ● anello sottile che si tiene infilato al dito per assicurare un anello prezioso o che, comunque, non si vuole rischiare di perdere

fermàno [sec. XIII] **A** **agg.** ● di Fermo **B** **s. m. (f. *-a*)** ● abitante o nativo di Fermo

fermapàlle [comp. di *ferma(re)* e il pl. di *palla* ✱ 1983] **s. m. inv.** ● riparo naturale o artificiale che è dietro il bersaglio e serve a fermare la corsa dei proiettili nei tiri d'esercitazione

fermapiède [comp. di *ferma(re)* e *piede* * av. 1909] **A** **s. m.** ● dispositivo a staffa, applicato spec. al pedale delle biciclette da corsa, che permette al piede di non scivolare **SIN.** serrapiede **B** **agg.** ● detto di ogni dispositivo con analoga funzione: *cinghia f.*

fermapòrta o **fermapòrte** [comp. di *ferma(re)* e *porta* * 1969] **s. m. inv.** ● qualsiasi oggetto o sistema che serve per impedire a una porta aperta di chiudersi o di sbattere

♦**fermàre** [lat. *firmāre* 'assicurare, rafforzare', da *firmus* 'fermo, saldo' * 1261 ca.] **A** **v. tr.** (*io férmo*) **1** interrompere, arrestare il movimento di qlcu. o di qlco.: *f. un cavallo*; *f. il motore*; *f. il treno*; *f. qlcu. per strada* | (*lett.*) ***f. il passo***, fermarsi, sostare | (*fig.*) ***f. l'attenzione, il pensiero, lo sguardo su qlco.***, considerare attentamente qlco. | ***f. il lavoro, il discorso***, interrompere il lavoro, il discorso | ***f. la palla***, nel calcio, stopparla | ***f. una squadra***, nel calcio e sim., sconfiggere una formazione forte in una partita di campionato | (*fig., lett.*) placare, dominare: *vi preghiamo, che voi fermiate una volta lo animo* (N. MACHIAVELLI) **2** (*dir.*) trattenere qlcu. in stato di fermo in attesa di arresto o di rilascio: *la polizia fermò un individuo sospetto* **3** fissare, rendere stabile: *f. un bottone*; *f. la cravatta con lo spillo* | bloccare, assicurare: *f. una porta, le persiane* | (*fig.*) ***f. qlco. nella mente, nel pensiero***, imprimere qlco. nella memoria | ***f. le carni***, impedirne il processo di ulteriore frollatura con una prima cottura | (*raro*) ***f. il colore***, renderlo consistente con un'altra mano di vernice | ***f. il punto***, fissare con una annodatura il punto al termine di una cucitura **SIN.** assicurare, fissare **4** (*lett., fig.*) risolvere: *Ho fermato di non parlare di politica* (S. PELLICO) **5** (*colloq.*) riservare un servizio: *f. un taxi* | ***f. una casa***, prenderla in affitto | prenotare: *f. una camera in un albergo* **6** (*lett.*) assumere qlcu. al proprio servizio **7** (*fig., lett.*) appoggiare, posare: *Noemi... le fermò... le labbra in fronte* (A. FOGAZZARO) | ***f. la voce***, sopra una parola, una sillaba | †collocare, porre: *f. le tende, l'accampamento* **8** (*caccia*) puntare: *f. le pernici* **9** (*lett.*) stabilire, decidere: *fermai di partire alla volta d'Italia* (V. ALFIERI) | (*lett.*) concordare, patturire **10** †confermare, ribadire **11** †firmare **B** **v. intr.** (aus. *avere*) ● effettuare una sosta (+ *in*, + *a*): *l'autobus ferma in punti determinati, in piazza, alla stazione* | ***ferma!, ferma là!***, intimazione ad arrestarsi e rimanere immobili nella posizione in cui si è stati sorpresi; intimazione a cessare un'azione **C** **fermàrsi** **v. intr. pron.** **1** arrestarsi, fare una sosta: *il camion si fermò sul ciglio della strada* | interrompere un movimento: *non fermarti così bruscamente!*; *mi sono fermato a parlare con tuo zio*; *fermatevi!* | interrompersi nel parlare: *su, continua a raccontare, non ti fermare!* | soffermarsi: *l'insegnante si è fermato a lungo sulle leggi della meccanica* | interrompere un lavoro, un'attività: *ha sgobbato tutto il giorno senza fermarsi un attimo* | †accamparsi **CONTR.** muoversi **2** trattenersi: *mi fermerò a Roma, in campagna, al mare pochi giorni* **3** stabilirsi: *fermarsi definitivamente in una città, a Londra* **4** cessare, calmarsi: *il vento si è fermato* | smettere di funzionare: *l'orologio si è fermato* **5** (*lett.*) rafforzarsi, radicarsi **6** †stabilire, deliberare: *si fermò di venire a Genova* (G. VILLANI)

fermascàmbio o **fermascàmbi** [comp. di *ferma(re)* e *scambio* * 1949] **s. m.** ● (*ferr.*) fermadeviatoio

♦**fermàta** [da *fermare* * 1639] **s. f.** **1** interruzione di un movimento | sosta: *effettuare una breve f.* | breve sciopero, sospensione del lavoro: *una f. di due ore* | pausa: *parlare con frequenti fermate* **2** interruzione della corsa in un mezzo di trasporto pubblico per lasciare salire e scendere i viaggiatori o per altro motivo: *f. in linea, in stazione*; *f. obbligatoria, facoltativa*; *f. intermedia* | ***f. di servizio***, con esclusione del servizio viaggiatori **SIN.** sosta **3** punto del tragitto in cui si fermano mezzi pubblici di trasporto: *hanno spostato la f. del tram* | durata di una sosta: *una breve f.* | nel codice della strada, breve sosta: *divieto di f.* **4** (*mus.*) pausa, corona || **fermatìna**, dim.

fermàto **A** **part. pass.** di *fermare*; anche **agg.** ● nei sign. del v. | (*fig.*) †deciso, risoluto | (*fig., lett.*) stabilito; stipulato **B** **s. m.** **1** (f. *-a*) chi è sottoposto a fermo giudiziario: *il f. è privo di alibi* **2** †accordo, convenzione

fermatùra [da *fermare* * sec. XIII] **s. f.** **1** (*raro*) atto, modalità del fermare: *f. di un bottone, del bavero* | allacciatura: *si è rotta la f.* **2** punto in cui una cosa è fermata

fermentàbile [1737] **agg.** ● che può fermentare **SIN.** fermentescibile || **fermentabilità**, **s. f. inv.**

fermentàre [vc. dotta, lat. *fermentāre*, da *fermĕntum* 'fermento' * sec. XIV] **A** **v. intr.** (*io ferménto*; aus. *avere*) **1** essere in fermentazione, ribollire: *l'uva nel tino fermenta* **2** (*fig.*) crescere, ribollire: *il malcontento fermenta nel popolo* **3** lievitare, detto della pasta **B** **v. tr.** ● sottoporre una sostanza, vino, mosto, pasta, all'azione dei fermenti

fermentatìvo [av. 1698] **agg.** ● di fermentazione; che può fermentare o produrre una fermentazione

fermentàto **part. pass.** di *fermentare*; anche **agg.** ● che ha subito un processo di fermentazione: *formaggio f.*; *mosto f.*

fermentatóre [av. 1730] **s. m.** **1** (f. *-trice*) (*chim.*) addetto alla conduzione di apparecchi per fermentazione **2** (f. *-trice*) (*enol.*) addetto alla fermentazione del mosto d'uva dopo la pigiatura **3** (*chim.*) apparecchio nel quale avviene la fermentazione, usato spec. negli impianti di depurazione delle acque di rifiuto per trattare i fanghi provenienti dalle vasche di fermentazione

fermentazióne [vc. dotta, lat. tardo *fermentatiōne(m)*, da *fermentāre* 'fermentare' * 1681] **s. f.** ● processo consistente nella trasformazione chimica di sostanze organiche per mezzo di alcuni microrganismi | ***f. acetica***, trasformazione dell'alcol in acido acetico | ***f. alcolica***, trasformazione di zuccheri in alcol | ***f. malolattica***, V. *malolattico* | ***f. lattica***, trasformazione di zuccheri in acido lattico | ***f. putrida***, putrefazione | ***f. intestinale***, processo di decomposizione degli zuccheri con formazione di gas e di anidride carbonica

fermentescìbile [dal lat. *fermentēscere*, da *fermentare* 'fermentare' * 1834] **agg.** ● fermentabile || **fermentescibilità**, **s. f. inv.**

fermentìo [da *fermento* * 1869] **s. m.** (pl. *-ii*) ● (*raro*) rumore di massa in fermentazione | un fermentare continuo

ferménto [vc. dotta, lat. *fermĕntu(m)*, dalla stessa radice di *fervēre* 'bollire' * av. 1342] **s. m.** **1** enzima **CFR.** zimo- | ***fermenti lattici***, microrganismi che si ritrovano nel latte acido e che hanno la proprietà di scindere il lattosio producendo acido lattico; sono usati nelle infezioni intestinali e per l'attivazione dei processi digestivi **2** (*lett.*) fermentazione **3** lievito **4** (*fig.*) agitazione, subbuglio: *la popolazione è in f.*; *gli animi erano in f.* | (al pl.) segnali, avvisaglie: *cominciarono così i primi fermenti di rivolta* | (*est.*) valore o concetto in grado di innescare sviluppi positivi: *fermenti di libertà*; *idee che sono il f. della società contemporanea*

ferméżza [da *fermo* * av. 1250] **s. f.** **1** (*raro*) caratteristica di ciò che è fermo, stabile: *f. del braccio, della mano* **2** (*fig.*) costanza, saldezza: *f. di propositi, di convinzioni* | decisione, energia: *dimostrare f. in una trattativa*; *usare verso i figli la necessaria f.* **SIN.** rigore **3** †validità, di leggi e sim.: *articoli ... contro la f. de' quali non è pericolo alcuno* (G. GALILEI) **4** †fermaglio **5** †robustezza, solidità

SFUMATURE ➤ ***costanza***, ➤ ***determinazione***

férmi [dal n. del fisico E. *Fermi* (1901-1954) * 1963] **s. m. inv.** ● unità di misura di lunghezza che vale 10^{-13} centimetri ed è utilizzata nelle scienze nucleari **SIMB.** fm

férmio [dal n. del fisico E. *Fermi* * 1963] **s. m.** (pl. *-i* o *raro -ii*) ● elemento chimico, metallo transuranico artificiale **SIMB.** Fm **NUM. AT.** 100

fermióne [detto così perché ubbidisce alle leggi di statistica enunciate dal fisico E. *Fermi* * 1956] **s. m.** ● particella di spin semintero, che obbedisce alla statistica di Fermi-Dirac

♦**férmo** [lat. *firmu(m)*, di orig. indeur. * 1238] **A** **agg.** **1** che non si muove: *treno f.*; *stare f. con i piedi, con le mani* **SIN.** immobile | ***fermo!, fermo là!, fermi tutti!***, intimazioni ad arrestarsi e rimanere immobili, nella posizione in cui si è sorpresi; intimazioni a cessare un'azione | ***da f.***, restando immobile; senza rincorsa | ***orologio f.***, non funzionante | ***acqua ferma***, stagnante | ***terra ferma***, V. *terraferma* | ***salute ferma***, (*lett.*) buona salute | ***mano ferma***, non tremante; (*fig.*) decisa, sicura | ***gli affari sono fermi***, le vendite ristagnano | (*lett.*) ***stare a piè f.***, non muoversi | ***tirare a f.***, nel linguaggio dei cacciatori, tirare ad animali immobili, né in corsa, né a volo | ***vino f.***, non frizzante **2** (*est.*) fisso, fissato: *con gli occhi fermi allo spettacolo raccapricciante* | intento, teso: *con l'ali alzate e ferme al dolce nido* (DANTE *Inf.* V, 83) | †***stelle ferme***, stelle fisse | (*lett.*) compatto, solido: *terreno f.*; *vi veggio qual saldo, f. e costante scoglio* (G. BRUNO) **3** (*fig.*) costante in una decisione: *animo, carattere f.* | irremovibile, saldo: *rimanere f. nelle proprie idee, sulle proprie posizioni* **SIN.** perseverante, saldo, tenace **CONTR.** volubile **4** (*fig.*) risoluto, energico: *tono di voce f.* | (*lett.*) ***con viso f.***, con espressione sicura, priva di incertezze; (*fig.*) con decisione | (*fig.*) deciso: *è f. proposito di tutti di ritrovarci presto* **5** (*fig.*) stabilito in modo certo, con sicurezza: *resta f. che ci vedremo domani* | ***f. restando che ...***, restando valido, inteso, stabilito che ... | ***per f.***, per certo, con sicurezza | ***punto f.***, V. *punto*① nel sign. 3 **6** †ben fortificato **7** (*mus.*) ***canto f.***, V. *canto*① **8** (*banca*) ***a f.***, detto di contratto a termine che, alla scadenza convenuta, deve avere regolare esecuzione da ambo le parti: *pagamento a f.* || **fermaménte**, **avv.** **1** (*raro*) in modo stabile, sicuro; †in modo costante: *ora vegghiando e ora non fermamente dormendo* (G. BOCCACCIO) **2** (*fig.*) decisamente, con fermezza: *credo fermamente nella sua innocenza* **B** in funzione di **avv.** **1** (*raro, lett.*) fortemente | (*fam.*) ***tener f.***, resistere **2** (*lett.*) †fermamente **C** **s. m.** **1** (*raro*) il fermare | fermata | ***dare un f. alla carne***, darle una prima cottura | nell'hockey su prato, arresto della palla da parte di un giocatore | ***f. auto***, blocco della circolazione degli autoveicoli nelle aree urbane quando l'inquinamento atmosferico oltrepassa livelli prestabiliti | ***f. pesca***, sospensione temporanea dell'attività di pesca in mare a scopo di ripopolamento ittico **2** (*dir.*) ***f. di indiziato di delitto***, limitazione provvisoria della libertà personale disposta dal pubblico Ministero o dalla polizia giudiziaria a carico delle persone gravemente indiziate di un reato quando vi sia fondato sospetto di fuga e per il tempo strettamente necessario alle indagini: *Ingravallo ... decise per il f. del Valdarena* (C.E. GADDA) | ***f. amministrativo***, provvedimento della pubblica autorità che vieta la circolazione di un veicolo **3** strumento o congegno che serve per fissare qlco.: *il f. di un cancello*; *il f. della baionetta*; *il f. automatico del giradischi* | ***f. immagine***, V. *fermo-immagine* **4** (*banca*) blocco momentaneo di utilizzazione di un conto corrente o di un deposito titoli **5** †patto | ***†non tenere il f.***, cambiare idea

SFUMATURE ➤ ***severo***

fermodellismo e deriv. ➤ **ferromodellismo** e deriv.

fermo-immàgine o **férmo immàgine** [comp. di *fermo* nel sign. C 3 e *immagine* ✱ 1966] **s. m. (pl. inv. o** *fermi-immagine*) ● funzione del videoregistratore o della moviola che consente di fissare un singolo fotogramma | (*est.*) l'immagine stessa così fissata

férmo pòsta o **fermopòsta**, (*lett.*) **férmo in pòsta** [da *fermo* (*in*) *posta* ✱ 1811] **A loc. avv.** ● con una spedizione secondo cui la corrispondenza viene indirizzata presso un ufficio postale e qui ritirata personalmente dal destinatario: *spedire, scrivere fermo posta* **B in funzione di loc. agg. inv.** ● detto del servizio postale così effettuato: *lettere fermoposta* **C in funzione di loc. sost. m. inv. 1** il servizio così effettuato: *servirsi, fare uso del fermo posta* **2** il reparto di un ufficio postale che svolge il suddetto servizio: *ritirare una lettera al fermo posta*

Fernèt®, (*pop.*) **fernè**, (*evit.*) **Fèrnet** [n. dato dall'inventore B. Branca all'inizio del XIX sec. ✱ av. 1859] **s. m. inv.** ● liquore amaro digestivo a base di erbe e radici, quali rabarbaro, china e genziana

fernétta [da *ferla* ✱ 1834] **s. f.** ● **(spec. al pl.)** ognuna delle piccole lamelle all'interno delle serrature, o delle corrispondenti tacche della chiave

†fèro ➤ **fiero**

-fero [lat. *-feru(m)* 'che produce', da *ferre* 'portare', di orig. indeur.] **secondo elemento** ● in parole composte dotte o della terminologia scientifica e tecnica, significa 'che porta', 'che genera', 'che produce': *calorifero, frigorifero, frugifero*

♦**feróce** (o **-ó-**) [vc. dotta, lat. *ferōce(m)*, da *fĕrus* 'fiero' ✱ 1282] **agg. 1** crudele, inumano, spietato, atroce: *nemico, battaglia, tiranno f.*; *discorso f.*; *da tempi selvaggi, feroci e fieri cominciano gli uomini ad addimesticarsi con le religioni* (G. VICO) | ***bestie feroci***, quelle che vivono allo stato selvaggio | ***scherzo f.***, offensivo **CONTR.** mite, pacifico **2** intollerabile, violento: *appetito, sete f.* **3** (*lett.*) coraggioso, fiero | †esperto | †orgoglioso, altero ‖ **ferocétto, dim.** ‖ **feroceménte, avv.** in modo feroce, con ferocia

feròcia [vc. dotta, lat. *ferōcia(m)*, da *fĕrox*, genit. *ferōcis* 'feroce' ✱ 1362] **s. f. (pl.** *-cie*) **1** caratteristica di chi (o di ciò che) è feroce: *f. di un nemico, di un animale* **SIN.** crudeltà, inumanità **2 (spec. al pl.)** atto di crudeltà: *le ferocie dei tiranni*

ferocità o **†ferocitàde**, **†ferocitàte** [vc. dotta, lat. *ferocitāte(m)*, da *ferōcia* 'ferocia' ✱ av. 1292] **s. f. inv. 1** (*lett.*) ferocia **CONTR.** mitezza **2** †coraggio, fierezza

Feròdo® [dal n. anagrammato con l'aggiunta di una *e* di H. *Frood*, fondatore della prima industria di questo materiale ✱ 1942] **s. m.** ● materiale, un tempo a base di amianto, molto resistente all'usura e alle variazioni di temperatura, usato come guarnizione dei tamburi dei freni e negli innesti a frizione

fèrola o **fèrula**② [lat. *fĕrula(m)* 'canna, bastoncello'. V. *ferula*① ✱ sec. XIV] **s. f.** ● pianta erbacea perenne delle Apiacee con foglie ampie e fiori gialli in ombrelle (*Ferula communis*)

feromóne o **ferormóne** [comp. del lat. *fĕr(re)* 'portare' (V. *-fero*) e *o(r)mone* ✱ 1973] **s. m.** ● (*biol.*) ogni sostanza chimica escreta da un animale che influenza il comportamento, lo sviluppo o la riproduzione di altri individui della stessa specie

ferracavàllo [comp. di *ferra(re)* e *cavallo* ✱ 1566] **s. m.** ● (*disus.*) maniscalco

ferràccia [da *ferro* ✱ av. 1684] **s. f. (pl.** *-ce*) ● recipiente di ferro, usato dai doratori a fuoco per scaldare l'oro puro prima di amalgamarlo col mercurio

ferràccio [pegg. di *ferro* ✱ av. 1535] **s. m. 1** ferraglia **2** ghisa

ferràglia [fr. *ferraille*, da *fer* 'ferro' ✱ av. 1680] **s. f. 1** quantità di rottami di ferro **2** rottami, chiodi e frantumi di ferro usati come mitraglia dagli antichi pezzi d'artiglieria

ferragostàno [1963] **agg.** ● del ferragosto | tipico delle vacanze di ferragosto

ferragósto [lat. *fēriae* (nom.) *Augŭsti* 'festa di agosto' ✱ 1566] **s. m.** ● festa del 15 agosto in onore dell'Assunta | (*est.*) periodo di vacanza comprendente i giorni precedenti e seguenti il 15

ferràio [lat. *ferrāriu(m)*, da *fĕrrum* 'ferro' ✱ av. 1342] **s. m. (f.** *-aia*, **pl. m.** *-ai*); **anche agg.** ● chi (o che) lavora il ferro: *fabbro f.*

ferraiòlo① o (*lett.*) **ferraiuòlo** [arabo *feryūl*, dal lat. *pallĭolu(m)*, dim. di *pallĭum* 'pallio' ✱ 1557] **s. m.** ● ampio mantello a ruota con bavero e senza maniche, un tempo usato per difendersi dal freddo, oggi portato da cardinali e prelati, con colore corrispondente alla dignità

ferraiòlo② [da *ferro* ✱ 1310] **s. m. (f.** *-a*) **1** operaio che pone in opera l'armatura in ferro delle costruzioni in cemento armato **2** †fabbro ferraio

ferràme [da *ferro* ✱ 1487] **s. m.** ● quantità di oggetti di ferro

ferraménta [ant. pl. di *ferramento* ✱ sec. XIV] **A s. f. inv. 1** elemento metallico di un manufatto **2** assortimento di oggetti, arnesi e sim. di ferro: *negozio di f.* **B s. m. inv.** o (*sett.*) **s. f. inv.** ● negozio in cui si vendono tali oggetti: *comprare dei chiodi dal f.*

ferraménto [vc. dotta, lat. *ferramĕntu(m)*, da *fĕrrum* 'ferro' ✱ av. 1292] **s. m. 1** utensile di ferro | (*lett.*) ***ferramenti grossi***, cerchioni, catene, ancore, incudini e sim. **2 (spec. al pl.)** †strumento per ferrare i cavalli; ferro da cavallo

†ferrandìna [etim. discussa: fr. *ferrandine*, dal n. dell'inventore *Ferrand* (?) ✱ sec. XIV] **s. f.** ● stoffa leggera con trama di lana e ordito di seta

ferràre [da *ferro* ✱ 1287] **v. tr.** (*io fèrro*) **1** munire di ferro o ferri | ***f. una botte***, cerchiarla | †munire di inferriate: *f. le finestre* **2** applicare i ferri agli zoccoli di cavalli, asini ecc. **3** (*pesca*) mettere in tensione la lenza per agganciare il pesce all'amo **4** †incatenare

ferraréccia [da *ferro* ✱ 1633] **s. f. (pl.** *-ce*) ● (*disus.*) insieme di attrezzi e arnesi in ferro, spec. per uso agricolo | (*disus.*) negozio di ferramenta

ferrarése (o **-ṣ-**) [1321] **A agg.** ● di Ferrara **B s. m. e f.** ● abitante o nativo di Ferrara

ferrarìsta [dal n. dell'industriale modenese E. *Ferrari* (1898-1988), costruttore di automobili sportive e da competizione ✱ 1962] **s. m. e f. (pl. m.** *-i*) ● chi possiede o guida un'automobile Ferrari | sostenitore delle Ferrari di Formula 1

ferràta [da *ferrare* ✱ av. 1348] **s. f. 1** (*tosc.*) colpo di ferro da stirare **2** †inferriata, cancello | †finestra o sportello muniti di inferriata o di grata **3** (*disus.*) ferrovia **4** in alpinismo, itinerario su roccia attrezzato con funi metalliche, scale, gradini di ferro e sim. allo scopo di facilitarne il percorso **5** (*pesca*) atto del ferrare **6** †carcere **7** †impronta lasciata dai ferri del cavallo

ferràto① **part. pass.** di *ferrare*; **anche agg. 1** munito di elementi di ferro, quali chiodi e sim.: *bastone, palo f.* | ***via ferrata***, in alpinismo, ferrata | ***strada ferrata***, ferrovia **2** (*fig.*) che conosce a fondo un argomento, una disciplina: *un ragazzo f. in letteratura contemporanea*

ferràto② [da (*acido*) *ferr(ico)* ✱ 1869] **s. m.** ● (*chim.*) sale dell'acido ferrico, di cui non è nota l'esistenza allo stato libero

ferratóre [da *ferrare* ✱ av. 1292] **s. m. (f.** *-trice*) **1** †maniscalco | fabbro **2** operaio che, nelle miniere, nelle saline, nei cantieri edili e sim., provvede alla posa in opera e alla manutenzione dei binari per il trasporto del materiale

ferratùra [da *ferrare* ✱ 1287] **s. f. 1** operazione del ferrare, spec. cavalli o altri animali | modalità di applicazione dei ferri | l'insieme dei ferri applicati **2** (*raro*) insieme di elementi in ferro che armano porte, finestre, carrozze, mobili, casse | lavori in ferro

ferravècchio ➤ **ferrovecchio**

♦**fèrreo** [vc. dotta, lat. *fĕrreu(m)*, agg. di *fĕrrum* 'ferro' ✱ av. 1342] **agg. 1** (*raro*) di ferro: *corona ferrea* **2** (*fig.*) resistente, robusto: *braccia ferree*; *salute ferrea* | ***memoria ferrea***, molto tenace **3** (*fig.*) inflessibile, rigido, rigoroso: *disciplina ferrea*; *il f. regnar* (V. ALFIERI) | (*fig.*) risoluto, irremovibile: *volontà ferrea*; *proposito f.* ‖ **ferreaménte, avv.**

ferrettizzazióne [da *ferretto* nel sign. 3 ✱ 1932] **s. f.** ● (*geol.*) alterazione superficiale di terreni alluvionali consistente in una decalcificazione completa con ossidazione e idrolisi dei composti di ferro

ferrétto [dim. di *ferro*; nel sign. 3, detto così perché contiene sostanze ferrose ✱ 1476] **s. m. 1** piccolo oggetto o arnese di ferro | filo di ferro molto sottile e semiflessibile usato per sostenere la tesa dei cappelli, le coppe dei reggiseni e sim. **2** ferro per fare la calza **3** (*geol.*) terreno ferruginoso, impermeabile, a reazione acida, di color rosso-ruggine, tipico di lande o brughiere **SIN.** baraggia ‖ **ferrettino, dim.**

fèrri- primo elemento ● in parole composte della terminologia chimica, indica la presenza del ferro trivalente

fèrrico [da *ferro* ✱ 1869] **agg. (pl. m.** *-ci*) ● (*chim.*) detto di composto del ferro trivalente | ***idrato f.***, si forma esponendo ferro all'aria umida

ferrièra [fr. *ferrière*, dal lat. *ferrāria(m)* 'miniera di ferro', da *fĕrrum* 'ferro' ✱ 1478] **s. f. 1** stabilimento siderurgico per la lavorazione dei lingotti di ferro: *il padrone delle ferriere* **2** †miniera di ferro

ferrìfero [comp. di *ferro-*① e *-fero* ✱ 1798] **agg.** ● che è composto di ferro: *pietra ferrifera* | che produce ferro: *miniera ferrifera*

ferrìgno [da *ferro* ✱ 1313] **agg. 1** simile al ferro per colore o altre caratteristiche: *tutto di pietra di color f.* (DANTE *Inf.* XVIII, 2) | che contiene ferro: *minerale f.* **2** (*fig., lett.*) duro, rigido: *aspetto f.* | (*lett.*) robusto, resistente: *io non credo che sia il più f. e 'l più rubizzo uomo in Firenze di me* (N. MACHIAVELLI) **3** †di ferro: *armatura ferrigna*

ferrìsta [da *ferro* nel sign. 2 ✱ sec. XX] **s. m. e f. (pl. m.** *-i*) ● (*chir.*) infermiere specializzato che, durante un intervento operatorio, prepara e porge di volta in volta al chirurgo i ferri necessari

ferrìte [comp. di *ferro-*① e *-ite*② ✱ 1920] **s. f. 1** (*chim.*) forma allotropica del ferro, detto

a b c d e **f** g h i j k l m n o p q r s t u v w x y z

anche *ferro puro* **2** (*metall.*) materiale contenente ossido di ferro, che trova applicazioni in elettrotecnica e in elettronica

ferritina [dall'(*acido*) *ferr(ico)* ✻ 1956] **s. f.** ● (*chim.*) composto albuminoide del ferro ricavato dal fegato e dalla milza di maiale, o preparato per sintesi

♦**fèrro** [lat. *fĕrru(m)*, di etim. incerta ✻ 1250 ca.] **s. m.** **1** elemento chimico, metallo in generale di color grigio, molto diffuso in natura nei suoi composti ma raramente allo stato libero, ottenuto negli altiforni dai suoi minerali ossidati; impiegato tal quale, oppure nella preparazione di leghe come ghise o acciai, nelle costruzioni, nella fabbricazione degli oggetti più svariati e in terapia come tonico e ricostituente dell'organismo SIMB. Fe NUM. AT. 26 CFR. sidero- | ***età del f.***, il più recente periodo della preistoria | ***f. dolce***, contenente meno del 15% di carbonio | ***f. passivato***, inattaccabile dagli acidi dopo trattamento con acido nitrico concentrato | ***f. battuto***, lavorato a martello | ***f. crudo***, che non si può lavorare, ferraccio | ***f. stagnato***, latta | ***f. vetrino***, ferro crudo che si rompe facilmente | ***f. ridotto***, miscela di ferro metallico e di ossido ferroso, polvere fina, pesante, insolubile in acqua ma solubile nel succo gastrico, di impiego medicinale | (*fig.*) ***digerire anche il f.***, (*fig.*) essere di stomaco forte | ***sentirsi in una botte di f.***, (*fig.*) essere tranquillo, sentirsi sicuro | ***toccare f.***, (*fig.*) fare scongiuri | ***di f.***, (*fig.*) robustissimo quanto al fisico, inflessibile quanto a carattere, volontà e sim., detto di persona; detto di cosa, molto resistente: *salute, memoria, stomaco di f.* | ***usare il pugno di f.***, essere severo, rigido | ***cuore di f.***, duro come il ferro, crudele, spietato | ***alibi di f.***, (*fig.*) inattaccabile | (*fig.*) ***raccomandato di f.***, che dispone di raccomandazioni potentissime **2** oggetto di ferro o altro metallo: *accomodare qlco. con un f.* | (**al pl.**) attrezzi da lavoro (chiodi, martello, pinza, ecc.): *la cassetta dei ferri* | ***i ferri del mestiere***, gli strumenti che servono a un determinato lavoro | ***essere sotto i ferri del chirurgo***, stare subendo un intervento operatorio | ***battere il f. finché è caldo***, (*fig.*) insistere in qlco. finché dura la situazione favorevole | ***f. da stiro, da stirare***, (*ellitt.*) *ferro*, utensile per stirare, costituito da una piastra di ferro fornita di manico, che si passa sui panni: *f. a carbone* (*disus.*); *f. elettrico* | ***f. di cavallo***, lama metallica più larga che spessa, formata come l'orlo plantare dello zoccolo che deve proteggere | ***a f. di cavallo***, a semicerchio: *tavola a f. di cavallo* | ***f. da calza*** (*ellitt.*) *ferro*, asticciola di metallo o anche di legno o plastica per lavorare a maglia | nel golf, tipo di bastone spec. per colpi corti **3** (*lett.*) arma da taglio, spada: *nella destra ha il f. ancora* (P. METASTASIO) | ***incrociare i ferri***, incrociare le spade, detto dei duellanti | ***essere, venire ai ferri corti***, (*fig.*) a un contrasto molto aspro | ***mettere a f. e (a) fuoco***, distruggere, saccheggiare **4** (**spec. al pl.**) catena per prigionieri, carcerati e sim. | ***mettere ai ferri***, incatenare, ammanettare | ***condannare ai ferri***, ai lavori forzati, alla galera **5** ***ai ferri***, alla griglia: *pesce, bistecca ai ferri*; *cuocere ai ferri* **6** (*disus.*) arricciacapelli **7** (*zool.*) ***f. di cavallo***, rinolofo **8** (*mar.*) ancora, ancorotto **9** nelle gondole veneziane, pettine **10** †armatura ‖ **ferràccio**, **pegg.** (V.) | **ferrétto**, **dim.** (V.) | **ferrùzzo**, **dim.**

fèrro- ① **primo elemento** ● in parole composte della terminologia scientifica, indica la presenza del ferro: *ferrocemento, ferrolega* | nella terminologia chimica, indica in particolare presenza di ferro bivalente in un composto: *ferrocianuro*

fèrro- ② **primo elemento** ● in parole composte, è accorciamento di *ferrovia* e significa 'ferroviario' o indica relazione con la ferrovia: *ferromodellismo, ferrotranviere*

ferrobattèrio [comp. di *ferro-* ① e *batterio* ✻ 1956] **s. m.** ● (*biol.*) batterio diffuso nel suolo, nelle acque e nei sistemi di distribuzione idrica, il cui sviluppo è associato con la deposizione extracellulare di ossidi o idrossidi di ferro e/o manganese

ferroceménto [giustapposizione di *ferro* e *cemento* ✻ 1980] **s. m.** ● (*edil.*) materiale da costruzione costituito da reti di acciaio incorporate nel cemento, utilizzato, sotto forma di lastre piane o curve, spec. per coperture sottili o per scafi di imbarcazioni

Ferrochìna® [marchio registrato ✻ 1890] **s. m. inv.** ● liquore tonico a base di ferro e di china

ferrocianìdrico [comp. di *ferro-* ① e *cianidrico* ✻ 1874] **agg.** (**pl. m.** *-ci*) ● (*chim.*) ***acido f.***, composto del ferro bivalente, non stabile, che per azione dell'aria si scompone diventando azzurro

ferrocianùro [comp. di *ferro-* ① e *cianuro* ✻ 1869] **s. m.** ● (*chim.*) sale dell'acido ferrocianidrico | ***f. di potassio***, usato come ossidante e mordente in tintoria, per preparare esplosivi e nella cementazione dell'acciaio

ferrocròmo [comp. di *ferro-* ① e *cromo* ✻ 1956] **s. m.** ● ferrolega contenente altissime quantità di cromo, usata per preparare acciai al cromo

ferroelettricità [comp. di *ferro-* ① ed *elettricità* ✻ 1956] **s. f. inv.** ● proprietà, posseduta da alcuni materiali dielettrici, di presentare caratteristiche elettriche analoghe a quelle magnetiche dei materiali ferromagnetici

ferrofilotranviàrio [comp. di *ferro-* ②, *filo-* ③ e *tranviario* ✻ 1956] **agg.** ● relativo ai trasporti ferroviari, filoviari e tranviari

ferrolèga [comp. di *ferro-* ① e *lega* ✻ 1942] **s. f.** (**pl.** *ferroléghe*) ● lega contenente ferro e altri metalli e metalloidi vari che ne caratterizzano le proprietà, ottenuta in generale al forno elettrico; trova impiego spec. in siderurgia nella fabbricazione dell'acciaio e della ghisa

ferromagnètico [1932] **agg.** (**pl. m.** *-ci*) ● (*fis.*) che presenta ferromagnetismo

ferromagnetìșmo [comp. di *ferro-* ① e *magnetismo* ✻ 1930] **s. m.** ● (*fis.*) tipo di magnetismo del ferro, nichel, cobalto e certi loro composti e leghe, aventi suscettività magnetica positiva ed elevata

ferromodellìșmo o **fermodellìșmo** [comp. di *ferro-* ②, *modello*, e *-ismo* ✻ 1965] **s. m.** ● attività o passatempo consistente nel costruire o collezionare modellini funzionanti di treni e di attrezzature ferroviarie

ferromodellìsta o **fermodellìsta** [1965] **s. m. e f.** (**pl. m.** *-i*) ● chi si dedica al ferromodellismo

ferromodellìstico o **fermodellìstico** [1968] **agg.** (**pl. m.** *-ci*) ● relativo al ferromodellismo

ferroprìvo [comp. di *ferro-* ① e *privo* ✻ sec. XX] **agg.** ● (*med.*) caratterizzato da carenza o mancanza totale di ferro: *anemia ferropriva*

ferróso (o *-ș-*) [da *ferro* ✻ 1841] **agg.** ● (*chim.*) detto di composto del ferro bivalente: *solfato f.* ‖ **ferrosità**, **s. f. inv.**

ferrotipìa [comp. di *ferro-* ① e *-tipia* ✻ 1892] **s. f.** ● procedimento mediante il quale si ottiene un positivo fotografico su una lastra metallica sensibilizzata

ferròtipo [comp. del lat. *fĕrru(m)* 'ferro' e *-tipo* ✻ 1956] **s. m.** ● (*fotogr.*) immagine positiva ottenuta su una lastra di ferro coperta di emulsione sensibile

ferrotranviàrio (o *-vià-*) [comp. di *ferro-* ② e *tranviario* ✻ 1941] **agg.** ● attinente alle ferrovie e alle tranvie o ai ferrotranvieri

ferrotranvière [comp. di *ferro-* ② e di *tranviere* ✻ 1935] **s. m.** (**f.** *-a*) ● (**spec. al pl.**) addetto ai servizi ferroviari e tranviari

ferrovècchio o (*lett.*) **ferravècchio** [comp. di *ferro-* ① e *vecchio* ✻ av. 1388] **s. m.** (**pl.** *ferrivecchi*) **1** chi compera e rivende arnesi metallici od oggetti vecchi **2** (*fig.*) cosa, oggetto in pessime condizioni: *la tua bicicletta è proprio un f.* | (*est.*) persona molto malandata, anziana, che si sente inutile o superata

♦**ferrovìa** [calco sul ted. *Eisenbahn* 'strada ferrata', comp. di *Eisen* 'ferro' e *Bahn* 'via' ✻ 1852] **s. f.** **1** strada ferrata, percorso fornito di binari su cui avanzano i treni: *f. a scartamento normale, ridotto*; *f. a semplice, a doppio binario* **2** servizio di trasporto ferroviario: *spedire un pacco per f.* **3** amministrazione ferroviaria: *è impiegato in f., nelle ferrovie*; *Ferrovie svizzere* | stazione ferroviaria: *andare alla f.*; *il negozio è vicino alla f.* | (*lett.*) treno: *credevamo di udire il fischio della f.* (G. VERGA)

♦**ferroviàrio** [da *ferrovia* ✻ 1839] **agg.** ● relativo alle ferrovie: *orario f.*; *stazione ferroviaria*

ferrovière [da *ferrovia* ✻ 1880] **s. m.** (**f.** *-a*) **1** chi lavora presso un'azienda ferroviaria **2** ***genio ferrovieri***, specialità dell'Arma del genio per la costruzione e l'esercizio di linee ferroviarie

ferrugìgno o **ferrugìneo** [lat. *ferrugĭneu(m)*, da *ferrūgo*, genit. *ferrūginis* 'ferrugine' ✻ sec. XIV] **agg.** ● (*lett.*) di color ruggine: *nelle fenditure ferrugigne de' riarsi maggesi* (G. CARDUCCI)

ferrùgine [vc. dotta, lat. *ferrūgine(m)*, da *fĕrrum* 'ferro' ✻ sec. XIV] **s. f.** **1** liquido bruno-rossastro ottenuto per azione degli acidi solforico e nitrico sul solfato ferroso, usato in tintoria come mordente per seta **2** †ruggine

ferrugìneo [vc. dotta, lat. *ferrugĭneu(m)*. V. *ferrugigno* ✻ 1282] **agg.** **1** V. *ferrugigno* **2** (*lett.*) ferruginoso

ferruginóso (o *-ș-*) [vc. dotta, lat. tardo *ferruginōsu(m)*, da *ferrūgo*, genit. *ferrūginis* 'ferrugine' ✻ 1585] **agg.** ● che contiene ferro in soluzione o un suo composto: *medicamento f.*; *acqua ferruginosa* SIN. ferrato, ferrugineo ‖ **ferruginosità**, **s. f. inv.**

†**ferruminàre** [vc. dotta, lat. *ferrumināre*, da *ferrūmen*, genit. *ferrūminis* 'saldatura', dalla stessa radice di *firmus* 'fermo, saldo', con accostamento a *fĕrrum* 'ferro' ✻ av. 1730] **v. tr.** ● saldare a fuoco

ferruminatòrio [da *ferruminare* ✻ 1788] **agg.** (**pl. m.** *-i* o *raro -ii*) ● atto a saldare | ***cannello f.***, cannello col quale si alimenta e dirige la fiamma per saldare a fuoco o per fondere metalli

ferry-boat /ferri'bot, *ingl.* 'fɛri,bəʊt/ [vc. ingl., comp. di *to ferry* 'traghettare' e *boat* 'barca' ✻ 1883] **s. m. inv.** (**pl. ingl.** *ferry-boats*) ● nave traghetto

fèrsa ① [ted. alpino *fersse*, di orig. germ. ✻ 1441] **s. f.** **1** (*sett.*) esantema infantile: morbillo **2** (*bot.*) malattia fungina delle foglie di alcune piante arboree, quali fico, castagno, gelso

fèrsa ② ➤ **sferza**

♦**fèrtile** [vc. dotta, lat. *fĕrtile(m)*, da *fĕrre* 'portare, produrre' ✻ 1321] **agg.** **1** che è produttivo, che rende molto: *terreno f.* | feconda, detto di donna o di femmina di animale CONTR. sterile **2** (*fig.*) fecondo, ricco di idee, creativo: *immaginazione, ingegno f.*; *Più f. talento / Del mio, no, non si dà* (L. DA PONTE) **3** nella terminologia nucleare, detto di sostanza o materiale suscettibile di essere trasformato in materiale fissile ‖ **fertilménte**, †**fertileménte**, **avv.**

SFUMATURE ➤ ***fecondo***

♦**fertilità** o †**fertilitàde**, †**fertilitàte** [vc. dotta, lat. *fertilitāte(m)*, da *fĕrtilis* 'fertile' ✱ 1342] **s. f. inv.** ● caratteristica di ciò che è fertile (**anche fig.**): *f. di una terra; f. di ingegno, di mente* | fecondità

fertilizzànte **A** **part. pres.** di *fertilizzare*; **anche agg.** ● nel sign. del v. **B** **s. m.** ● sostanza naturale o chimica atta a fertilizzare terreni agrari

fertilizzàre [da *fertile* ✱av. 1686] **v. tr.** ● rendere fertile un terreno con l'apporto di concimi **SIN.** concimare || **fertilizzazióne**, **s. f.**

fertirrigàre [da *fertirrigazione* ✱1957] **v. tr.** (*io fertirrìgo, tu fertirrìghi*) ● (**agric.**) sottoporre a fertirrigazione: *f. campi, prati*

fertirrigazióne [comp. di *ferti(le)* e *irrigazione* ✱1938] **s. f.** ● (**agric.**) irrigazione eseguita con acque contenenti disciolte determinate quantità di concime, o anche con liquami urbani adeguatamente depurati

fèrula① [vc. dotta, lat. *fĕrula(m)*, di etim. incerta ✱1476] **s. f.** **1** bacchetta usata un tempo nelle scuole per punizioni corporali **2** (**lett., fig.**) critica intransigente **SIN.** sferza **3** nell'antichità classica, bastone costituente il simbolo della dignità sacerdotale | in epoca medievale, bastone pastorale del vescovo **4** stecca di legno o di metallo per immobilizzare un arto fratturato

fèrula② ➤ **ferola**

ferulìfero [comp. di *ferula*① e *-fero* ✱av. 1729] **s. m.** ● portatore di ferula sacerdotale

ferulòsi [comp. di *ferula*② e *-osi* ✱1956] **s. f. inv.** ● (**veter.**) nei Bovini e negli Ovini, intossicazione causata dall'ingestione della parte aerea della ferola

†**ferùta** ➤ **ferita**

†**ferùto** **part. pass.** di *ferire*; **anche agg.** ● nei sign. del v.

fervènte **part. pres.** di *fervere*; **anche agg.** **1** (**lett.**) bollente, cocente, infuocato: *la fiamma del sol f. e chiara* (L. DE' MEDICI) **2** (**fig.**) ardente, intenso, detto spec. di sentimento: *amore, odio f.* | ***preghiera f.***, piena di fervore | ***cattolico, socialista f.***, acceso sostenitore delle proprie idee || **ferventeménte**, **avv.**

†**fervènza** [sec. XIV] **s. f.** ● infiammazione | (**fig.**) fervore

fèrvere [lat. *fĕrvere* (classico *fervēre*), di orig. indeur. Cfr. *fermento* ✱1319] **v. intr.** (**pass. rem.** *io fervètti* o *fervéi, tu fervésti*, **difett. del part. pass. e dei tempi composti**) **1** (**lett.**) essere cocente, ardere **2** (**lett.**) ribollire o essere agitato, detto di un liquido: *l'acqua ferve sul fuoco; Ferve il mar di novo* (T. TASSO) | ***il mare ferve nella tempesta***, infuria **3** (**fig.**) essere al colmo dell'intensità, dell'ardore: *fervono i preparativi per la partenza; fervono i lavori, le iniziative* **4** (**fig., lett.**) infuriare: *ferverà orrenda la notturna pugna* (U. FOSCOLO)

fervidézza [av. 1694] **s. f.** **1** †calore **2** (**lett.**) fervore

♣**fèrvido** [vc. dotta, lat. *fĕrvidu(m)*, da *fervēre*. V. *fervere* ✱av. 1306] **agg.** **1** (**lett.**) rovente, infuocato: *i fervidi raggi del sole* | (**lett.**) spumeggiante: *come f. mosto* (G. STUPARICH) **2** (**fig.**) molto affettuoso, caloroso: *augurio f.; sentimento f.* | intenso: *una fervida attività* | vivace, creativo: *ha una fervida fantasia; errai seguendo / troppo il f. pensiere* (G. PARINI) | appassionato, acceso: *un f. sostenitore delle teorie liberali* || **fervidaménte**, **avv.** con fervore

♣**fervóre** [vc. dotta, lat. *fervōre(m)*, da *fervēre*. V. *fervere* ✱av. 1306] **s. m.** **1** (**lett.**) calore, bollore: *nel f. dell'estate* **2** ardore di un sentimento, di una passione: *questo f. di nuova vita* (B. CROCE) | intensità di partecipazione: *studiare, lavorare con grande f.* **SIN.** ardore, entusiasmo **3** impeto di un'azione, di un movimento: *il f. delle danze* | momento culminante: *nel f. della lotta* **4** †sermone, predica || **fervorino**, **dim.** nel sign. 4 (V.)

SFUMATURE ➤ *zelo*

fervorìno [dim. di *fervore* nel sign. 4 ✱1869] **s. m.** **1** in particolari occasioni del culto cattolico, come la prima Comunione, la Cresima e sim., discorso breve che il celebrante rivolgeva ai fedeli, per risvegliarne il senso di devozione **2** (**scherz.**) discorsetto di esortazione, di ammonimento: *un f. del padre al figlio* **SIN.** paternale, pistolotto

fervoróso (o **-ṣ-**) [av. 1610] **agg.** ● pieno di ardore, di zelo, assai fervido: *le risa, le svariate esclamazioni, che seguirono ... la confessione fervorosa* (L. PIRANDELLO) | (**lett.**) ardente || **fervorosaménte**, **avv.** con fervore

fèrza ➤ **sferza**

fèrzo [etim. incerta ✱1481] **s. m.** ● (**mar.**) ciascuna delle strisce di tessuto che cucite insieme formano la vela

féṣa [vc. lomb. di orig. sconosciuta ✱1829] **s. f.** ● taglio di carne ricavato dalla coscia del tacchino, del bue o del vitello macellati, indicato per arrosti, scaloppine e fettine

fescennìno [vc. dotta, lat. *fescennīnu(m)*, dalla città di *Fescĕnnia* ✱sec. XIV] **A** **agg.** **1** (**letter.**) detto di carme popolare, tipico degli antichi Latini, di carattere salace, eseguito durante feste agresti **2** (**est., lett.**) sfrenato, licenzioso **B** **s. m.** ● (**letter.**) carme fescennino

†**fèscina** [lat. *fiscina(m)*, dim. di *fiscus* 'cestello'. V. *fisco* ✱sec. XV] **s. f.** ● corba o paniere per raccogliere frutta

féssa [lat. *fissa(m)*, f. del part. pass. di *findere* 'fendere', *fissu(m)* ✱1440] **s. f.** **1** (**lett.**) fessura, spaccatura **2** (**merid., volg.**) vulva

fessàggine [da *fess(o)*② con il suff. *-aggine* ✱1898] **s. f.** **1** (**colloq.**) caratteristica di chi è fesso **SIN.** stupidità, cretineria **2** (**raro**) fesseria

fesserìa [da *fesso*② ✱1896] **s. f.** **1** (**colloq.**) discorso, comportamento e sim. da fesso: *dire, fare fesserie* **SIN.** sciocchezza, stupidaggine **2** (**est.**) cosa di nessun conto: *non perderti in simili fesserie* | bazzecola

fésso① [lat. *fissu(m)*, part. pass. di *findere* 'fendere'] **A** **part. pass.** di *fendere*; **anche agg.** **1** (**lett.**) incrinato, spaccato **2** ***suono f.***, quello sordo o stonato prodotto da oggetti cavi le cui pareti sono incrinate: *il suono f. di un vaso, di una campana* | ***voce fessa***, sgradevole e stridula **B** **s. m.** **1** (**lett.**) spaccatura, incrinatura **2** (**tosc.**) apertura, fessura: *il fumo pei fessi del solaio penetrava nell'andito ove eravamo* (I. NIEVO) || **fessino**, **dim.** | **fessolino**, **dim.**

fésso② [dalla vc. dei dial. merid. *fessa* 'vulva', da *fendere* ✱1898] **A** **agg.** ● (**colloq.**) sciocco, balordo, tonto | ***fare f. qlcu.***, ingannarlo **B** **s. m. (f. -a)** ● (**colloq.**) scemo, cretino | allocco || **fessacchiòtto**, **alter.**

†**fèsso**③ [vc. dotta, lat. *fĕssu(m)*, da *fatīsci* 'stancarsi', dalla stessa radice da cui anche *fatigāre* 'stancare' ✱av. 1375] **agg.** ● stanco, affaticato

♦**fessùra** [lat. *fissūra(m)*, da *fissus* 'fesso, spaccato' ✱sec. XIII] **s. f.** **1** spaccatura lunga e sottile: *una f. del terreno* **SIN.** fenditura **2** (**est.**) spiraglio, spec. di porte e finestre socchiuse **3** (**anat.**) apertura, fenditura naturale gener. di forma allungata: *f. cerebrale* | (**eufem., raro**) organo genitale femminile **SIN.** scissura **4** †screpolatura, ruga **5** †buca, fossa || **fessurétta**, **dim.** | **fessurìna**, **dim.** | **fessurìno**, **dim. m.**

fessuràrsi [1917] **v. intr. pron.** ● incrinarsi, rompersi con crepe o fessure longitudinali

fessurazióne [1956] **s. f.** ● formazione di crepe e fessure

♦**fèsta** [lat. *fēsta*, nt. pl. di *fēstum*, di etim. incerta ✱1266] **s. f.** **1** giorno in cui si celebra una ricorrenza religiosa o civile: *f. civile, nazionale, commemorativa; la f. del Patrono; osservare, celebrare la f.* | ***parato, ornato, vestito a f.***, come nei giorni di festa | ***f. di famiglia***, ricorrenza lieta per una famiglia **2** nelle religioni, giorno solenne, gener. dedito al riposo e alle celebrazioni rituali: *f. di Capodanno, dei morti* | solennità della religione e della Chiesa cattolica, nella quale si celebra un avvenimento liturgico: *f. del Natale, della Pasqua, di Ognissanti; f. di precetto* | ***f. di un Santo***, giorno della sua commemorazione | ***feste mobili, feste fisse***, che non cadono (come la Pasqua), o cadono (come il Natale), in date fisse | **PROV.** ***passata la f. gabbato lo santo***, una volta ottenuto ciò che si voleva, gli impegni assunti vengono dimenticati **3** (**al pl.**) serie di giorni festivi, a Natale o a Pasqua: *ritrovarsi durante le feste* | ***buone feste***, augurio fatto in occasione delle feste natalizie o pasquali **4** (**colloq.**) giorno del compleanno o dell'onomastico: *oggi è la mia f.* **5** giorno non lavorativo, di vacanza | ***far f.***, non lavorare | ***aver f.***, essere liberato dal lavoro, da un'occupazione | ***è finita la f.***, (**fig.**) finora si è scherzato, ora bisogna fare sul serio | ***conciare per le feste***, (**fig.**) ridurre in pessime condizioni **SIN.** vacanza **6** trattenimento per celebrare una ricorrenza o un avvenimento spesso con spettacoli o ricevimenti: *organizzare, dare una f.; f. danzante; f. di compleanno* | ***f. da ballo***, (**lett.**) ***f. di ballo***, trattenimento organizzato per ballare | ***guastare la f.***, turbarne il sereno andamento; (**fig.**) disturbare la conclusione di qlco., rovinare i piani di qlcu. | ***fare f.***, festeggiare | ***far la f. a qlcu.***, (**per antifrasi**) toglierlo di mezzo, ucciderlo | ***fare la f. a una donna***, farle perdere la verginità | ***fare la f. a una cosa***, consumarla in fretta | †***avere f.***, divertirsi **7** tutto ciò che reca allegria e gioia: *la sua laurea è una f. per tutti* **8** lieta accoglienza; dimostrazione di gioia, allegria, giubilo | ***far f. a qlcu.***, accoglierlo lietamente: *il cane fa f. al padrone* || **festicciòla**, **festicciuòla**, **dim.** | **festìna**, **dim.** | **festìno**, **dim. m.** (V.) | **festóna**, **accr.**

festaiòlo o (**lett.**) **festaiuòlo** [av. 1484] **A** **agg.** **1** che ama le feste o i festeggiamenti: *è una compagnia festaiola* **2** di festa, tipico delle feste: *atmosfera festaiola* **B** **s. m. (f. -a)** ● (**lett.**) chi organizza feste

festànte **part. pres.** di †*festare*; **anche agg.** **1** che è in festa; gioioso, esultante: *popolo, città f.* **2** (**lett.**) festoso, ridente: *i tuoi colli / per vendemmia festanti* (U. FOSCOLO) **CONTR.** cupo, mesto || **festanteménte**, **avv.**

†**festàre** [lat. tardo *festāre*, da *fēsta* ✱sec. XIII] **A** **v. tr.** ● festeggiare, celebrare **B** **v. intr.** ● far festa

festeggiaménto [sec. XIV] **s. m.** **1** celebrazione di qlcu. o qlco. con una festa: *indire un solenne f.* **2** (**spec. al pl.**) insieme delle manifestazioni con cui si festeggia qlco.: *i festeggiamenti per le nozze di suo fratello*

♦**festeggiàre** [da *festa* ✱1336 ca.] **A** **v. tr.** (**pres.** *io festéggio*; **fut.** *io festeggerò*) **1** celebrare con festa: *f. un anniversario, un compleanno* | solennizzare: *f. la vittoria, la pace* **SIN.** onorare **2** accogliere, onorare qlcu. con festa: *f. un amico, un collega, i convitati* **B** **v. intr.** (**aus.** *avere*) **1** †divertirsi, sollazzarsi: *spesso festeggia e fa molti conviti* (M.M. BOIARDO) **2** dimostrare grande gioia e allegrezza | fare festa **3** (**lett.**) brillare, scintillare: *il mare festeggiò di luce* (R. BACCHELLI) **C** **in funzione di s. m.** ● (**lett.**) festa, festeggiamento: *Non era il festeggiar finito ancora* (G. LEOPARDI)

festeggiàto **A** **part. pass.** di *festeggiare*; **anche agg.** • nei sign. del v. **B** **s. m. (f. *-a*)** • persona cui è dedicata una festa

festeggiatóre [av. 1686] **s. m. (f. *-trice*)** • chi festeggia

†**festeréccio** [1310] **agg. (pl. f. *-ce*)** • (*raro*) da festa | ***giorno f.***, festivo ‖ †**festerecciaménte**, **avv.**

festévole [da *festa* ✱ 1336 ca.] **agg. 1** (*lett.*) allegro, festoso: *un f. avvenimento; danza, musica f.; di festevoli ninfe accorta schiera* (G.B. MARINO) **2** (*raro*) amante delle feste, dei divertimenti: *una compagnia f.* **3** †festivo ‖ **festevolménte**, **avv.** allegramente, lietamente

festevolézza [1869] **s. f.** • (*raro*) allegria, giocondità | amenità

†**festinàre** [vc. dotta, lat. *festināre*, di etim. incerta ✱ 1319] **v. intr.** • affrettarsi: *da terra il ciel che più alto festina* (DANTE *Purg.* XXXIII, 90)

†**festinazióne** [vc. dotta, lat. *festinatiōne(m)*, da *festināre* 'festinare' ✱ av. 1311] **s. f.** • fretta, premura

festìno① [dim. di *festa* ✱ av. 1601] **s. m. 1** festa, trattenimento spec. notturno e con balli, musica, rinfreschi: *offrire un f.* | (*lett.*) banchetto **2** festa di carattere erotico: *festini con film a luci rosse*

†**festìno**② [vc. dotta, lat. *festīnu(m)*, da *festināre* 'festinare' ✱ 1306] **agg.** • sollecito, pronto, presto: *però non fui a rimembrar f.* (DANTE *Par.* III, 61) ‖ †**festinaménte**, **avv.** con fretta, con sollecitudine

♦**fèstival** o **festivàl** [vc. ingl., dall'ant. fr. *festival*, dal lat. *festīvus* 'piacevole, festivo' ✱ 1846] **s. m. inv. 1** manifestazione organizzata periodicamente per presentare al pubblico opere musicali, teatrali o cinematografiche talora con assegnazione finale di premi: *il f. della canzone; il f. di Venezia* | (*est.*) manifestazione culturale comprendente una serie di incontri ed eventi che si svolgono generalmente in più giornate: *f. della filosofia, della letteratura, del diritto* **2** festa popolare all'aperto

Definizione d'autore

Talvolta un **festival** è anche una festa, purché contenga il germe di ciò che un domani accadrà. Talvolta è un'isola da cui si riemerge ubriachi e come travolti da un'onda di *jet lag*, felicemente e un po' colpevolmente ignari di ciò che è accaduto nel mondo. «Ho visto cose che voi umani...» siamo soliti dire a chi non c'era. Talvolta questo vale solo per balenanti frammenti e tuttavia ci basta, perché il **festival** è quel luogo dell'utopia in cui ancora abbiamo il coraggio di pensare che il reale non è una prigione, che i linguaggi possono mutare, infiammarsi e frantumare i luoghi comuni in una sintesi che polverizza le vecchie barriere tra pop e autore. Un'avventura ai confini del futuro, una scheggia di *maraviglia* prima di tornarsene, impensieriti, a casa.

Piera Detassis

festivalière [da *festival* nel sign. 1 ✱ 1983] **s. m. (f. *-a*)** • chi prende parte a un festival (***anche iron.*** o ***spreg.***)

festivalièro [1965] **A** **agg.** • relativo a un festival; dei festival, tipico dei festival (***anche iron.*** o ***spreg.***): *atmosfera festivaliera* **B** **agg. e s. m. (f. *-a*)** • che (o chi) partecipa a un festival o ama partecipare ai festival

festività o †**festivitàde**, †**festivitàte** [vc. dotta, lat. *festivitāte(m)*, da *festīvus* 'piacevole, festivo' ✱ 1304] **s. f. inv. 1** festa solenne: *le festività del Santo patrono; una f. civile* **SIN.** solennità **2** (*lett.*) gaiezza, giocondità: *la f. delle sue maniere*

festìvo [vc. dotta, lat. *festīvu(m)*, da *fēsta* 'festa' ✱ av. 1342] **agg. 1** di festa: *giorno f.* | relativo ai giorni di festa: *abito f.; orario f.* | ***riposo f.***, quello di cui, per legge, fruiscono i lavoratori mantenendo il diritto alla normale retribuzione | ***lavoro f.***, lavoro straordinario prestato durante le festività **CONTR.** feriale **2** (*lett.*) allegro, lieto, festoso: *maniere festive* ‖ **festivaménte**, **avv.** ‖ **festività**, **s. f. inv.** (V.)

†**fèsto** [lat. *fēstu(m)*. V. *festa* ✱ av. 1306] **A** **agg.** • di festa: *per adornare il dì f. ed altero* (F. PETRARCA) **B** **s. m.** • festa

festonàre [da *festone* ✱ 1942] **v. tr.** (*io festóno*) • (*disus.*) ornare con festoni

festonàto **part. pass.** di *festonare*; **anche agg.** • (*raro*) adorno di festoni | a forma di festone

festonatùra [1983] **s. f.** • (*raro*) smerlatura

festóne [da *festa* ✱ av. 1519] **s. m. 1** ornamento costituito da rami, fiori, foglie, strisce colorate e sim. che, sorretto da due capi, si appende ad alberi, finestre, balconi, soffitti ecc. in segno di festa **2** motivo ornamentale consistente nella raffigurazione, scolpita o dipinta, di un festone **3** punto di ricamo per rifinire l'orlatura di fazzoletti, tovagliette e sim. **SIN.** smerlo **4** sistema di allevamento della vite i cui tralci vengono tesi tra un tutore e l'altro ‖ **festoncìno**, **dim.**

♣**festóso** (o **-ṣo**) [da *festa* ✱ sec. XIV] **agg.** • che accoglie, saluta e sim. con festa: *cane f.* | che manifesta allegria, giocondità: *accoglienze festose* **SIN.** allegro, gioioso ‖ **festosaménte**, **avv.** ‖ **festosità**, **s. f. inv.** caratteristica di chi (o di ciò che) è festoso; dimostrazione di allegria, letizia

Festschrift /*ted.* 'fɛst,ʃrift, *ted.* 'fɛst,ʃrɪft/ [comp. ted. di *Fest* 'festa' e *Schrift* 'scritto' ✱ 1992] **s. m. inv. (pl. ted. *Festschriften*)** • volume che raccoglie scritti celebrativi di colleghi e allievi in onore di uno studioso

festùca [lat. *festūca(m)*, di etim. incerta ✱ 1313] **s. f. 1** (*lett.*) fuscello di paglia **2** pianta erbacea rizomatosa delle Graminacee coltivata per foraggio (*Festuca*)

féta /*gr. moderno* 'feta/ [gr. moderno *phéta*, propr. 'fetta' dall'it. *fetta*] **s. f. inv. (pl. gr. *fetes*)** • formaggio di latte di pecora o di capra, oggi preparato industrialmente anche con latte di vacca, a pasta molle e friabile, stagionato in salamoia, tipico della Grecia e di altri Paesi balcanici

fetàle [da *feto* ✱ 1834] **agg.** • relativo al feto: *annessi fetali*

fetazióne [da *feto* ✱ 1892] **s. f.** • formazione del feto

fetch /*ingl.* fɛtʃ/ [vc. ingl., propr. 'distanza da percorrere' ✱ 1987] **s. m. inv.** • (*mar.*) lunghezza del tratto di mare aperto su cui spira il vento senza incontrare ostacoli, da cui dipende l'ampiezza delle onde generate

fetécchia [vc. napol., propr. 'vescia', dal lat. *foetēre* 'puzzare' ✱ 1988] **s. f. 1** (*merid.*) flatulenza **2** (*fig.*) persona sgradevole, cosa di poco conto: *dobbiamo proprio sorbirci questa f.?*

fetènte [lat. *foetēnte(m)*, part. pres. di *foetēre* 'puzzare' ✱ sec. XIII] **A** **agg. 1** (*lett.*) che emana puzza, fetore: *locale f.* **SIN.** fetido, puzzolente **2** (*fig.*) spregevole, ignobile: *un comportamento f.* **B** **s. m. e f.** • persona abietta, ignobile: *non fare il f.* **SIN.** carogna ‖ **fetentèllo**, **dim.** | **fetentóne**, **accr.**

fetenzìa [1963] **s. f. 1** (*merid.*) sporcizia, luridume: *togli questa f. dalla tua camera* **2** (*fig.*) azione meschina, spregevole: *smettila di fare fetenzie* | cosa sgradita, di nessun valore o di cattivo gusto: *questo regalo è proprio una f.*

fetére o **fètere** [lat. *foetēre*, di etim. incerta ✱ av. 1342] **v. intr.** (*io fèto*; **difett. del part. pass. e dei tempi composti**) • (*lett.*) emanare fetore

♣**fetìccio** [fr. *fétiche*, dal portog. *feitiço*, dal lat. *factīciu(m)* '(idolo) falso'. V. *fattizio* ✱ av. 1803] **s. m. 1** oggetto che, nelle religioni di molti popoli primitivi, si ritiene dotato di forza e potere magici; composto gener. di vari elementi vegetali, animali, umani e minerali, in forma di statua o immagine **2** (*fig.*) ciò che è oggetto di ammirazione esagerata, fanatica: *ogni epoca ha i suoi feticci* **SIN.** idolo

fetićìdio [comp. di *feto* e *-cidio* ✱ 1892] **s. m. (pl. *-i* o *raro* *-ii*)** • uccisione del feto

feticiṣmo [fr. *fétichisme*, da *fétiche* 'feticcio' ✱ 1834] **s. m. 1** carattere di alcune religioni primitive nelle quali prevale il culto dei feticci **2** (*fig.*) adorazione fanatica per qlcu. o qlco. **SIN.** fanatismo **3** (*psicol.*) forma di deviazione sessuale in cui un oggetto, spec. un indumento, rappresenta l'altro sesso e permette il soddisfacimento del desiderio sessuale

SFUMATURE ➤ ***idolatria***

feticìsta [fr. *fétichiste*, da *fétichisme* 'feticismo' ✱ 1888] **A** **s. m. e f. (pl. m. *-i*) 1** chi (o che) adora feticci, pratica il culto dei feticci **2** (*fig.*) adoratore fanatico **3** (*psicol.*) chi (o che) pratica il feticismo **B** **anche agg.**

feticìstico [1913] **agg. (pl. m. *-ci*)** • caratterizzato da feticismo ‖ **feticisticaménte**, **avv.**

feticiẓẓàre [da *feticcio*, sul modello del fr. *fétichiser* ✱ 1912] **v. tr.** • trasformare in feticcio, in totem **SIN.** totemizzare | (*fig.*) considerare qlco. come esclusivo e quasi sacro: *f. un concetto* **SIN.** idoleggiare ‖ **feticiẓẓazióne**, **s. f.**

♣**fètido** [vc. dotta, lat. *fōetidu(m)*, da *foetēre* 'puzzare' ✱ 1282] **agg. 1** che emana fetore: *pèra colui che primo / a le triste oziose / acque e al f. limo / la mia cittade espose* (G. PARINI) **SIN.** puzzolente **CONTR.** odoroso, profumato **2** (*fig.*) abietto, disonesto: *individuo f.* ‖ **fetidaménte**, **avv.** con fetore

fetidùme [av. 1803] **s. m. 1** fetore, puzza **2** (*fig., raro*) turpitudine

fètish /*ingl.* 'fɛtɪʃ/ [vc. ingl. di orig. portog., propr. 'feticcio' ✱ 1985] **A** **s. m. inv.** • feticismo **B** **agg. inv.** • feticista, feticistico: *l'immaginario f.*

fèto (o **-é-**) [vc. dotta, lat. *fētu(m)*, dalla stessa radice di *fēmina* 'femmina' ✱ 1319] **s. m.** • (*biol.*) prodotto del concepimento quando assume la forma caratteristica della specie a cui appartiene; nella specie umana ciò avviene all'inizio del terzo mese di gravidanza

fetologìa [comp. di *feto* e *-logia* ✱ 1983] **s. f. (pl. *-gie*)** • ramo della medicina che studia lo sviluppo del prodotto del concepimento dal secondo mese di vita intrauterina al parto

fetòlogo [1983] **s. m. (f. *-a*; pl. m. *-gi*)** • specialista, studioso di fetologia

fetónte [dal n. del personaggio mitico ✱ 1308] **s. m.** • uccello marino tropicale, ottimo volatore, con becco diritto, più lungo del capo (*Phaethon*) **SIN.** uccello del sole, uccello dell'oceano

♣**fetóre** [vc. dotta, lat. *foetōre(m)*, da *foetēre* 'puzzare' ✱ av. 1306] **s. m.** • puzzo forte e nauseante: *f. di cadaveri, di fogna* | (*fig., lett.*) nefandezza: *vomitò parole / vane, d'intollerabile f.* (U. SABA)

♦**fétta** [da *offetta, dim. di *offa* ✱ sec. XIII] **s. f. 1** parte di cibo larga e di vario spessore separata con un taglio: *una f. di pane, di polenta, di cocomero; tagliare qlco. a fette* | (*fig.*) ***fare a fette qlcu.***, ammazzarlo | ***f. di torta***, (*fig.*) porzione di guadagno, quota di utile **SIN.** trancia, trancio **2** (*fig.*) piccola parte, striscia: *tra i tetti si vede una f. di cielo*; *una f. di terreno* | *f.* ***di luna***, falce **3** (*fig.*) parte, porzione: *una grossa f. di guadagno*; *ritagliarsi la propria f. di potere* **4** striscia di tessuto | nastro **5** (*fam.*, **spec. al pl.**) piede umano: *e locchi locchi, se la fecero a fette fino al Ponte Bianco* (P.P. PASOLINI) || **fettàccia**, **pegg.** | **fettarèlla**, **dim.** | **fettìna**, **dim.** (V.) | **fettolìna**, **dim.** | **fettóna**, **accr.** | **fettóne**, **accr. m.** | **fettùccia**, **dim.** (V.)

fettìna [av. 1964] **s. f. 1** dim. di *fetta* **2** taglio sottile di carne (manzo, vitellone, vitello) da cucinare ai ferri o in padella

fettóne [da *fetta* * 1585] **s. m. 1** parte posteriore e inferiore dello zoccolo degli equini, a forma di cuneo **SIN.** forchetta **2** (*fam.*) grosso piede umano

fettùccia [av. 1535] **s. f.** (**pl.** *-ce*) **1** dim. di *fetta* **2** robusta striscia, spec. di cotone, usata per vari scopi: *rinforzare l'orlo con una f.*; *legare qlco. con una f.* | (*est.*) benda sottile e allungata **3** (*est.*) rotella metrica, nastro **4** (**spec. al pl.**; *disus.*) tipo di pasta alimentare piatta e sottile **5** residuo dell'estrazione industriale dello zucchero costituito dalle radici di barbabietola tagliate in sottili strisce **6** rettilineo stradale lungo vari kilometri: *la f. di Terracina* **7** robusta striscia di nylon usata dagli alpinisti nell'arrampicata su roccia o su ghiaccio; ha la stessa funzione del cordino || **fettuccìna**, **dim.** (V.)

fettuccìna [1865] **s. f. 1** dim. di *fettuccia* **2** (*roman.*; **spec. al pl.**) tipo di pasta alimentare tagliata a strisce lunghe e sottili **CFR.** tagliatella

fettùnta [comp. di *fetta* e *unto* * 1922] **s. f.** ● (*tosc.*) fetta di pane tostato strofinata con aglio e condita con sale e olio di frantoio **SIN.** bruschetta

feudàle [da *feudo* * av. 1450] **agg. 1** relativo al feudo o al feudalesimo: *giurisdizione, età f.* **2** (*fig.*, *spreg.*) assolutista, dispotico: *prepotenza f.* | (*est.*) antiquato, rozzo: *mentalità f.* || **feudalménte**, **avv.** || **feudalità**, **s. f. inv. 1** condizione feudale; regime feudale **2** la classe dei feudatari

feudalésco [av. 1869] **agg.** (**pl. m.** *-schi*) ● (*lett.*, *spreg.*) feudale

feudalèṣimo o **feudaliṣmo** [da *feudo* * 1797] **s. m.** ● sistema politico, economico e sociale basato sull'istituto del feudo, sorto nell'alto Medioevo nella regione franca ed estesosi successivamente in Germania e Italia

feudatàrio [da *feudo* * av. 1363] **A s. m.** (**f.** *-ia*) **1** (*stor.*) nel Medioevo, il titolare del feudo **2** (*est.*) latifondista **B agg.** ● feudale

fèudo [francone *fēh-od* 'proprietà di bestiame, proprietà mobile', comp. di *fēh* 'bestiame' e *od* 'proprietà' * av. 1405] **s. m. 1** (*stor.*) nel Medioevo, concessione di un signore o del sovrano a un vassallo di un beneficio e del privilegio della immunità fiscale | (*est.*) il territorio concesso in beneficio **2** (*fig.*) grande possedimento terriero **3** (*fig.*) ambiente, campo di attività e sim. in cui si esercita un dominio assoluto e spesso dispotico: *l'ufficio è diventato il suo f.*; *la facoltà è il f. incontrastato di quel professore*

feuilleton /fr. fœj'tɔ̃/ [vc. fr., da *feuillet*, dim. di *feuille* 'foglio' * 1819] **s. m. inv.** ● inserto di un giornale che, nell'Ottocento, ospitava romanzi a puntate | romanzo popolare, o genere letterario, a forti tinte, ricco di colpi di scena, con nette contrapposizioni tra personaggi buoni e cattivi **SIN.** romanzo d'appendice | (*est.*, *spec. spreg.*) film o produzione radiotelevisiva con tali caratteristiche

fez /fɛts*/ [da *Fez*, città del Marocco * 1878] **s. m. inv.** ● copricapo a tronco di cono, rosso, con un fiocchetto di seta nera, in uso nell'Impero ottomano e oggi in alcuni Paesi arabi | analogo berretto di color cremisi con nappa azzurra, parte dell'uniforme dei bersaglieri | berretto nero di tale foggia, usato, in epoca fascista, dagli appartenenti alla milizia

feziàle ➤ **feciale**

†**fi'** /fi, fi*/ o †**fil** [1313] **s. m.** ● (*poet.*) figlio: *Né li gravò viltà di cuor le ciglia / per esser fi' di Pietro Bernardone* (DANTE *Par.* XI, 88-89) | oggi usato in alcuni cognomi: *Firidolfi*; *Fibonacci*

fi ① /fi*/ o **phi** /fi*/ [dal gr. *phi* * 1561] **s. f.** o **m. inv.** ● nome della ventunesima lettera dell'alfabeto greco

†**fi** ② ➤ **fiiiuuu**

†**fia** ➤ **essere** ①

♦**fiàba** [lat. *fābula(m)* 'favola', attraverso il lat. parl. **flāba(m)* * 1618] **s. f. 1** racconto fantastico di origine popolare: *antiche fiabe nordiche*; *rappresentare, mettere in scena una f.*; *le fiabe dei fratelli Grimm*; *scrivere un libro di fiabe* **SIN.** favola **2** (*fig.*, *lett.*) fandonia, fola, frottola

SFUMATURE ➤ ***favola***

fiabésco [1763] **agg.** (**pl. m.** *-schi*) **1** di fiaba, tipico della fiaba: *personaggio f.* | (*est.*) irreale **2** (*est.*) incantevole, fantastico, meraviglioso: *paesaggio f.*; *indossare un abito f.*; *vivere in un palazzo f.* || **fiabescaménte**, **avv.**

fiabìstica [da *fiaba*, sul modello di *novellistica* * 1963] **s. f.** ● favolistica

fiàcca [da *fiaccare* * 1841] **s. f. 1** stanchezza, fiacchezza: *aver la f. addosso* **2** svogliatezza | ***battere la f.***, agire controvoglia, scansare le fatiche **3** (*colloq.*) stagnazione: *per la Borsa è un momento di f.* || **fiaccóna**, **accr.**

SFUMATURE ➤ ***stanchezza***

fiaccàbile [av. 1704] **agg.** ● (*raro*) che si può fiaccare

†**fiaccacòllo** [comp. di *fiacca(re)* e *collo* * av. 1527] **s. m.** ● rompicollo | ***a f.***, a precipizio, a rotta di collo

fiaccaménto [sec. XIV] **s. m. 1** (*raro*) il fiaccare **2** †fiacchezza **3** †rovina, distruzione

fiaccàre [da *fiacco* ① * 1287] **A v. tr.** (*io fiàcco, tu fiàcchi*) **1** rendere debole e fiacco, privare dell'energia: *i dolori hanno fiaccato il suo spirito*; *f. le forze, la resistenza di qlcu.* **SIN.** prostrare, spossare **2** (*raro* o *lett.*) rompere qlco. flettendola: *f. un ramo* | ***f. le ossa, le costole, il collo a qlcu.***, percuoterlo | (*fig.*) ***f. le corna a qlcu.***, umiliarne la superbia, l'arroganza | anche in forma pron.: *ha rischiato di fiaccarsi il collo* **B v. intr.** † e **fiaccàrsi v. intr. pron.** ● (*lett.*) rompersi, spezzarsi, cedere: *le gonfiate vele / caggiono avvolte, poi che l'alber fiacca* (DANTE *Inf.* VII, 13-14) **C fiaccàrsi v. intr. pron.** ● (*lett.*) perdere vigore, spossarsi: *per gli studii in cui … mi fiacco, mi rodo* (G. CARDUCCI) **SIN.** esaurirsi, infiacchire

SFUMATURE DI SIGNIFICATO

fiaccare - snervare - prostrare

Fiaccare è l'azione di rendere fiacchi, cioè di privare di forza, di vigore fisico e morale. Significato analogo ha **snervare**, che considera la stessa azione dal punto di vista del logoramento della forza nervosa. **Prostrare** definisce l'indurre in una condizione di profonda stanchezza fisica o di abbattimento morale, che conduce all'avvilimento e all'inerzia.

SFUMATURE ➤ ***stancare***

fiaccatùra [1745] **s. f. 1** (*raro*) il fiaccare | spossatezza **2** regione del corpo del cavallo più soggetta a contusioni | (*est.*) la contusione stessa che si produce

fiaccheràio [da *fiacchere* 'fiacre' * 1869] **s. m.** (**pl.** *-ai*) ● (*tosc.*) vetturino pubblico della carrozza a cavalli **CFR.** fiacchere

fiàcchere [1869] **s. m.** ● (*tosc.*) adattamento di *fiacre* (V.)

fiacchézza [da *fiacco* ① * 1505] **s. f. 1** spossatezza fisica o mancanza di vigore morale: *la f. causata da uno strapazzo fisico*; *f. di mente, d'animo*; *f. di stile* **SIN.** debolezza **CONTR.** forza **2** †atto di debolezza

fiacchìte [1970] **s. f.** ● (*fam.*, *scherz.*) mancanza di vigore e nerbo, fisico e morale, intesa quasi come una malattia: *un attacco di f.*

♣**fiàcco** ① [lat. *flăccu(m)*, di orig. indeur. * 1344] **agg.** (**pl. m.** *-chi*; **superl.** *fiacchissimo*) ● che non ha forza, vigore fisico o morale: *una persona fiacca* **SIN.** apatico, stanco **CONTR.** energico, vigoroso | (*fig.*) debole, poco brillante, noioso: *un discorso f.*; *una serata fiacca*; *il suo libro oggi pare f.* (L. SETTEMBRINI) | (*borsa*) ***mercato f.***, con pochi movimenti || **fiacchétto**, **dim.** | **fiacchìno**, **dim.** | **fiaccóne**, **accr.** | **fiaccùccio**, **dim.** || **fiaccaménte**, **avv.** in modo fiacco: *sostenere fiaccamente una proposta, una teoria*

†**fiàcco** ② [da *fracco* * av. 1375] **s. m.** (**pl.** *-chi*) ● rovina, distruzione, strage | ***fare f.***, distruggere, fare a pezzi; fare un gran fracasso

fiàccola [lat. parl. **flăcula(m)*, da *făcula*, dim. di *făx*, genit. *făcis* 'face' * sec. XIII] **s. f. 1** fusto di legno resinoso o sim. spalmato di materiale infiammabile, per ardere e illuminare anche all'aperto e con vento: *ognuno di noi portava la sua f.* | ***f. olimpica***, la torcia che, prima dell'inizio delle Olimpiadi, una staffetta di tedofori trasferisce dalla Grecia alla città in cui si svolgono i giochi olimpici, e che rimane accesa fino alla loro conclusione **2** (*fig.*, *lett.*) ciò che può alimentare o attizzare qlco.: *la f. dell'odio, della discordia* | ciò che illumina, alimenta o simboleggia qlco.: *la f. della scienza, della libertà* || **fiaccolétta**, **dim.** | **fiaccolìna**, **dim.** | **fiaccolóna**, **accr.** | **fiaccolóne**, **accr. m.**

fiaccolàta [da *fiaccola* * 1887] **s. f.** ● corteo notturno fatto con fiaccole accese, per feste, onoranze e sim.

fiacre /fr. 'fjakʀ/ [fr., dal n. di S. *Fiacre*, la cui immagine era appesa nel luogo in cui si affittavano queste vetture * 1766] **s. m. inv.** ● vettura di piazza, a cavalli **CFR.** fiacchere

fiadóne [lat. tardo *fladōne(m)*, di orig. germ. * 1287] **s. m.** ● rustica pasta dolce con ripieno di mandorle e rum, tipica del Trentino | dolce di pasta sfoglia con ripieno di formaggio e uova, che si prepara in Abruzzo per le feste pasquali || **fiadoncèllo**, **dim.**

fiàla [vc. dotta, lat. *phĭala(m)*, dal gr. *phiálē*, di orig. egea * 1321] **s. f. 1** piccolo recipiente in vetro, chiuso ermeticamente, contenente liquidi medicamentosi o profumi: *la cura completa consta di ventiquattro fiale* **2** †piccola bottiglia di vetro, panciuta e a collo lungo | †ampolla, bottiglia || **fialétta**, **fialettìna**, **dim.**

fialòide [comp. di *fial(a)* e del suff. *-oide* * 1985] **s. m.** ● contenitore cilindrico per farmaci liquidi, con dimensioni intermedie tra la fiala e il flacone

♦**fiàmma** [lat. *flămma(m)*, di orig. indeur. * av. 1250] **A s. f. 1** lingua di fuoco prodotta dalla combustione di un gas: *la f. della candela*; *la casa era avvolta dalle fiamme*; *alte fiamme si levavano dal bosco incendiato* | ***f. ossidrica***, ottenuta bruciando l'idrogeno in corrente di ossigeno | ***f. ossiacetilenica***, ottenuta bruciando l'acetilene in corrente di ossigeno | ***andare in fiamme***, prendere fuoco | ***dare alle fiamme***, incendiare | ***mettere a fuoco e fiamme***, sconvolgere, devastare | ***vivanda alla f.***, cosparsa di liquore cui si dà fuoco in tavola **SIN.** flambé | ***far fuoco e fiamme***, (*fig.*) agitarsi, strepitare per qlco., darsi molto da fare per ottenere o raggiungere qlco. | ***ritorno di f.***, nei motori, combustione della miscela eccessivamente prolungata per cui l'infiammazione si comunica alla miscela in arrivo nel cilindro; (*fig.*) il riaccendersi di passioni e sentimenti che si credevano ormai sopiti; anche, riapparizione inattesa di un fenomeno, una moda ecc. | (*est., lett.*) †rogo, pira: *condannare alle fiamme* **2** (*fig.*) sentimento intenso e ardente: *la f. dell'amore, della fede, della libertà* | (*fig.*) passione d'amore: *la divorante f. in me si tace* (V. Alfieri) | (*est.*) persona amata: *ha rivisto una sua vecchia f.; l'alma mia f. oltra le belle bella* (F. Petrarca) **SIN.** ardore, passione **3** (*fig.*) colore rosso acceso: *un tramonto, un cielo di f.* | ***avere, sentirsi salire le fiamme al viso***, arrossire per emozione, ansietà o alterazione febbrile | ***diventare di f.***, arrossire | nel linguaggio dei tintori, il vivace riflesso delle tinte quando sono osservate a luce radente **4** ornamento intagliato a foglia stilizzata molto usato come terminale nei seggioloni cinquecenteschi italiani **5** (*milit.*, al pl.) mostrine colorate sul bavero della giubba, a guisa di fiamme, che contraddistinguono Armi, corpi e specialità varie | i militari che le portano | ***Fiamme gialle***, le guardie di finanza **6** (*mar.*) striscia triangolare di stoffa, lunga e sottile, con i colori nazionali che le navi da guerra portano in testa d'albero, come distintivo di nave militare | banderuola triangolare per segnali **7** ***la Fiamma***, (*polit., per anton.*) il Movimento Sociale Italiano (confluito nel 1995 in Alleanza Nazionale), che aveva una fiamma tricolore come simbolo **B** in funzione di agg. inv. ● (posposto a un sost.) nelle loc. ***rosso f.***, di colore rosso vivo, tipico della fiamma | ***punto f.***, punto di ricamo eseguito in lana o seta a più colori alternati, secondo un disegno a dente di sega di varia misura || **fiammèlla**, **fiammellìna**, dim. | **fiammétta**, **fiammettìna**, dim. | **fiammicèlla**, dim. | **fiammìna**, dim. | (*lett.*) **fiammolìna**, dim.

SFUMATURE DI SIGNIFICATO

fiamma - pavese

La **fiamma** è una bandiera speciale della marina militare con i colori nazionali, costituita da una striscia triangolare di stoffa, lunga e sottile che viene innalzata sull'albero come segno distintivo della nave. Il **pavese** è invece un insieme ornamentale di bandiere che percorrono la nave da poppa a prua in segno di festa.

fiammànte part. pres. di †*fiammare*; anche agg. **1** risplendente come la fiamma **2** (*fig.*) ***rosso, colore f.***, molto vivo, acceso | (*fig.*) ***nuovo f.***, o (*ellitt.*) ***fiammante***, nuovissimo

fiammàre [lat. *flammāre*, da *flămma* 'fiamma①' ✱ 1321] v. intr. (aus. *avere*) ● (*poet.*) fiammeggiare: *fiammando, a volte, a guisa di comete* (Dante *Par.* XXIV, 12)

fiammàta [1699] s. f. **1** fiamma alta, intensa e rapida, dovuta all'accensione di sostanze che bruciano con grande facilità: *l'alcol ha prodotto una gran f.* | ***fare una f. di qlco.***, dare qlco. alle fiamme **2** (*fig.*) improvvisa e intensa manifestazione di un sentimento o di un fenomeno di breve durata: *quell'idillio è stato solo una f.* || **fiammatìna**, dim.

fiammàto [1731] **A** agg. ● detto di filato o tessuto con striature a colori appariscenti, spesso con ingrossamenti saltuari alquanto marcati **B** anche s. m.: *un bel f.*

fiammatùra o **flammatùra** [da *fiamma* ✱ 1956] s. f. **1** in varie tecnologie, trattamento di una superficie con una fiamma per variarne le caratteristiche **2** in vari oggetti o materiali, striatura o venatura

fiammeggiànte part. pres. di *fiammeggiare*; anche agg. **1** che manda fiamme (*anche fig.*): *occhi fiammeggianti di rabbia* | (*est.*) di colore simile alla fiamma, gener. rosso acceso: *i suoi fiammeggianti capelli crespi* (A. Moravia) **2** ***gotico f.***, tardo gotico caratterizzato da sovrabbondanza di sovrastrutture decorative, di elementi terminali accentuatamente aguzzi e slanciati, quasi a forma di fiamma **CFR.** fiorito

fiammeggiàre [1319] **A** v. intr. (pres. *io fiamméggio*; fut. *io fiammeggerò*; aus. *avere*) **1** divampare | mandar fiamme **2** (*fig.*) risplendere, scintillare, sfavillare: *i suoi occhi fiammeggiavano d'ira; l'eterne nevi intatte / d'armi e armati fiammeggiâr* (V. Monti) | rosseggiare: *il cielo fiammeggia* **B** v. tr. ● bruciare la peluria del pollame e della cacciagione spennata, passandola rapidamente più volte sulla fiamma | dar fuoco al liquore con cui si prepara una vivanda alla fiamma

fiàmmeo o (*lett.*) **flàmmeo** [lat. *flămmeu(m)*, da *flămma* 'fiamma①' ✱ 1499] agg. ● (*poet.*) di fiamma; fiammeggiante

fiammiferàio [1870] s. m. (f. *-aia*, pl. m. *-ai*) **1** operaio in una fabbrica di fiammiferi **2** venditore di fiammiferi

♦**fiammìfero** [vc. dotta, lat. *flammĭferu(m)*, comp. di *flămma* 'fiamma①' e *fĕrre* 'portare' ✱ 1342] **A** s. m. ● bastoncino di legno o altro materiale imbevuto di stearina, con una capocchia rivestita di una miscela fosforica che si accende per sfregamento | ***f. da cucina***, di legno | ***f. di cera***, cerino | ***f. di sicurezza*** o ***svedese***, con capocchia contenente clorato di potassio o altro ossidante, che si accende soltanto se sfregato su una superficie ricoperta di fosforo rosso o altre sostanze combustibili miscelate a un abrasivo | ***accendersi come un f.***, (*fig.*) di persona molto irascibile **B** agg. ● †che porta fiamma || **fiammiferìno**, dim.

fiammìnga [da *fiammingo*①, perché usata nelle Fiandre ✱ 1798] s. f. ● (*sett.*) vassoio o piatto ovale per servire in tavola

fiammìngo① [da *flaming*, vc. germ. ✱ 1313] **A** agg. (pl. m. *-ghi*) ● delle Fiandre: *paesaggio f.; lingua fiamminga* | (*est.*) dei Paesi Bassi: *pittori fiamminghi* | ***genere f.***, proprio della pittura fiamminga **B** s. m. (f. *-a*) **1** nativo, abitante delle Fiandre | belga, non di lingua francese: *contrasti tra fiamminghi e valloni* **2** pittore fiammingo: *lo stile dei fiamminghi* **C** s. m. solo sing. ● lingua fiamminga, attualmente parlata in Belgio e in una piccola regione della Francia settentrionale **CFR.** neerlandese

fiammìngo② [provenz. *flamenc*, da *flămma* 'fiamma①'; propr. '(dalle ali) di fiamma' ✱ av. 1476] s. m. (pl. *-ghi*) ● (*zool.*) fenicottero

fiammìsta [da *fiamma* ✱ 1956] s. m. e f. (pl. m. *-i*) ● operaio fonditore dell'industria siderurgica

fiàmmola [lat. *flămmula(m)* 'fiammella' ✱ sec. XIV] s. f. ● pianta erbacea comune nei boschi, con fiori candidi e profumati raccolti in pannocchie (*Clematis flammula*)

fiancàle [da *fianco* ✱ 1476] s. m. ● parte dell'armatura che copre ciascun fianco

fiancàre [da *fianco* ✱ av. 1646] v. tr. (*io fiànco, tu fiànchi*) ● rinforzare ai fianchi: *f. un arco, una volta*

fiancàta [da *fianco* ✱ 1481] s. f. **1** fianco o parte laterale di qlco.: *la f. di una nave, di una vettura, di un mobile* **2** nell'affusto dei cannoni, coscia **3** (*mar.; disus.*) bordata

fiancheggiaménto [da *fiancheggiare* ✱ 1834] s. m. ● il fiancheggiare | (*fig.*) appoggio indiretto, spalleggiamento (spec. con una connotazione negativa)

fiancheggiàre [da *fianco* ✱ 1540] v. tr. (pres. *io fianchéggio*; fut. *io fiancheggerò*) **1** delimitare qlco. ai fianchi, stare a lato di qlco.: *i monti che fiancheggiano il fiume; una siepe di biancospino fiancheggia la strada* | accompagnare tenendosi al fianco di qlcu. o sui fianchi di qlco.: *i carabinieri in alta uniforme fiancheggiavano il corteo* **2** (*milit.*) proteggere spec. con tiro di artiglieria il fianco di un'opera difensiva | proteggere i fianchi scoperti di una unità in movimento **3** (*fig.*) aiutare qlcu. standogli a fianco nelle difficoltà, dandogli man forte e sim.: *è fiancheggiato da numerosi sostenitori* | appoggiare, spalleggiare in modo indiretto (spec. con una connotazione negativa): *f. un movimento eversivo* **SIN.** sostenere **4** †pungere con motti

fiancheggiatóre [da *fiancheggiare* ✱ 1849] agg. e s. m. (f. *-trice*) ● che (o chi) fiancheggia

fianchétto [da *fianco* ✱ 1887] s. m. ● nel gioco degli scacchi, posizione dell'alfiere collocato nella seconda casella di una delle diagonali principali della scacchiera

♦**fiànco** [ant. fr. *flanc*, dal francone *hlanka* ✱ 1266] s. m. (pl. *-chi*) **1** parte laterale del corpo compresa tra l'ultima costa e l'anca **CFR.** latero- | ***mettersi le mani sui fianchi***, in atto di stizza o di impazienza | (*sport*) ***lavorare ai fianchi l'avversario***, colpirlo ripetutamente in quella parte del corpo per fiaccarne la resistenza; (*fig.*) sottoporre qlcu. ad attacchi continui e logoranti | nella loc. avv. ***al f.***, vicino, accosto: *scese la scala con al f. la consorte* | nella loc. avv. ***f. a f.***, molto vicino, accosto, in stretto contatto (spec. fig.): *lavorano f. a f.* | ***stare al f. di qlcu.***, essergli vicino; (*fig.*) essere sempre solidale con qlcu. | (*fig.*) †***alzare il f.***, mangiare molto | (*est.*) lato debole: *presentare il f. al nemico* | (*fig.*) ***dare, offrire, prestare il f.***, esporsi facilmente: *è una teoria che presta il f. a molte critiche* | (*lett.*) il corpo: *il debil f. ... strascinando* (G. Parini) | (*lett.*) grembo materno | (*fig.*, spec. al pl.) capacità di resistenza: *avere buoni fianchi* **2** parte laterale di qlco.: *i fianchi dello scudo, di un monumento* | ***affrontare una questione di f.***, (*fig.*) non direttamente | nelle loc. agg. inv. ***di f., a f.***, vicino, adiacente: *l'appartamento, l'edificio a f., di f.; il portone a f.* | nella loc. prep. ***di f. a***, lateralmente, vicino a: *la farmacia è di f. alla stazione* | ***f. destr! f. sinistr!***, comando militare o ginnico per fare passare una squadra dalla formazione di fronte a quella di fianco **3** lato di un esercito schierato | parte laterale di una nave **SIN.** lato **4** versante, pendio: *Pel montano f. / ... scendendo immensa piena* (G. Leopardi) || **fianchétto**, dim. | **fiancóne**, accr.

fianconàta [da *fianco* ✱ sec. XVII] s. f. ● nella scherma di fioretto e di spada, azione di filo che termina al fianco: *f. di seconda; f. di quarta*

fiancùto [av. 1543] agg. ● (*lett.*) grosso di fianchi

fiàndra [dalla *Fiandra*, regione dell'Europa sett. ✱ 1967] s. f. ● filo o tessuto di lino, usato spec. per tovagliati: *tela di f.*

Fiàno [forse da un toponimo *Fiano*, luogo di provenienza ✱ 1917] s. m. ● (*enol.*) vitigno tipico della zona di Avellino, da cui si ricava il vino bianco secco omonimo

fiàsca [da *fiasco* ✱ 1476] s. f. **1** fiasco di forma schiacciata da appendersi alla cintura, un tempo usata per portare la polvere da sparo | (*ven.*) fiasco, bottiglia **2** (*tosc.*) piccola damigiana senza manici || **fiaschétta**, dim. (V.)

fiascàio [av. 1449] s. m. (f. *-aia*, pl. m. *-ai*) **1** venditore di fiaschi **2** chi è addetto alla lavorazione dei fiaschi, sia industrialmente che artigianalmente

fiaschétta [1554] s. f. **1** dim. di *fiasca* **2** piccola borraccia usata in viaggio o in escursioni **3** tasca di cuoio appesa alla bandoliera, nella quale il soldato teneva le cartucce | recipiente usato un tempo dai cacciatori per tenervi la polvere da sparo || **fiaschettina**, **dim.**

fiaschetterìa [1863] **s. f.** • un tempo, vendita di vino al minuto, in fiaschi, con servizio di mescita e talora di cucina

fiaschettóne [da *fiaschetto*, per la forma del nido ✱ 1855] **s. m.** • (*zool.*) pendolino

fiàsco [got. *flaskō* ✱sec. XIII] **s. m.** (**pl.** *-schi*) **1** recipiente in vetro di forma sferoidale, rivestito di fibre vegetali o sintetiche, con collo lungo e stretto, destinato a contenere liquidi: *riempire i fiaschi di vino, di olio* | (*fig.*) ***prendere fischi per fiaschi***, equivocare **2** (*est.*) la quantità di liquido contenuta in un fiasco: *ne bevvi più di un f.* (B. Cellini) **3** gabbia di canna a forma rotonda, in cui si mettono quaglie da richiamo **4** (*fig.*) esito negativo, insuccesso, fallimento: *fare f. in qlco.*; *l'esame è stato un vero f.*; *il nuovo film è un f. colossale* || **fiascàccio**, **pegg.** | **fiaschétto**, **fiaschettino**, **dim.** | **fiaschìno**, **dim.** | **fiascóne**, **accr.**

fìat [dalla frase biblica *fiat lūx* 'la luce (*lūx*) sia fatta (*fiat*, dal v. *fieri* 'farsi, diventare', della stessa radice di *fŭi*)' ✱ 1798] **s. m. inv.** • attimo, tempo brevissimo, dalle parole che Dio, secondo la Genesi, pronunciò creando il mondo: *in un f.*

fiàta [ant. fr. *fiée*, dal lat. parl. **vicāta(m)*, da **vĭx*, genit. *vĭcis* 'vece' ✱ av. 1250] **s. f.** • (*lett.*) circostanza, volta | (*lett.*) ***tal f.***, talvolta | †***in quella f.***, allora | †***lunga f.***, per lungo tempo | †***talla f.***, talvolta

†**fiataménto** [av. 1347] **s. m.** • il respirare | soffio

fiatàre [lat. tardo *flatāre*, intens. di *flāre* 'soffiare' ✱ av. 1292] **A** **v. intr.** (**aus.** *avere*) **1** (*raro*) alitare, respirare | †spirare, detto del vento **2** (*fig.*) articolar parola (spec. in frasi negative) | ***non f., non ardire di f.***, tacere, non osare dir nulla: *dopo averle fatto più d'una volta giurare che non fiaterebbe* (A. Manzoni) | ***senza f.***, in silenzio assoluto | ***non f. con nessuno***, non parlare di qlco. con nessuno **3** †fiutare, annusare | (*lett.*) esalare, emanare **B** **v. tr.** **1** †emettere | (*lett.*) rivelare, dire **2** (*fig.*) †subodorare

fiatàta [av. 1802] **s. f.** • (*lett.*) respiro: *I polmoni tiran più lungo la f.* (S. Slataper) | (*est.*) fiato o alito cattivo

fiàti [1869] **s. m. pl.** (**sing.** *-o*) • (*mus.*) strumenti a fiato

♦**fiàto** [lat. *flātu(m)*, da *flāre* 'soffiare' ✱ 1268] **s. m.** **1** aria che si emette dai polmoni attraverso naso e bocca, durante il movimento di espirazione: *scaldarsi le mani col f.*; *appannare i vetri col f.* | alito: *gli puzza il f.*; *il suo f. sa di vino, di sigaro* | (*est.*) respiro: *trattenere il f.*; *un odore terribile che mozza, toglie il f.* | ***col f. sospeso***, trattenendo il respiro; (*fig.*) in ansiosa attesa | ***tirare il f.***, respirare meglio dopo uno sforzo fisico; (*fig.*) avere un momento di pausa, di tranquillità, dopo un impegno gravoso | ***dare, esalare il f.***, morire | ***aver f.***, aver vita | ***avere il f. grosso***, ansimare; (*fig.*) essere in difficoltà | ***f. corto***, respiro affannoso; (*fig.*) prospettive limitate: *una riforma che ha il f. corto* | ***sentirsi mancare il f.***, respirare con difficoltà | ***prendere, ripigliare f.***, fermarsi un poco per riposare | ***sentire il f. sul collo***, (*fig.*) essere inseguito da vicino o troppo sorvegliato da qlcu. | ***strumenti a f.***, (*ellitt.*) ***fiati***, quelli in cui le vibrazioni sonore sono provocate dall'aria fortemente espirata dal suonatore | ***dar f. alle trombe***, cominciare a suonarle; (*fig.*) divulgare una notizia | ***a perdita di f.***, V. *perdifiato* | (*fig.*) ***d'un f., tutto d'un f.***, senza interruzioni, tutto in una volta | (*fig.*) ***in un f.***, in un attimo **2** (*lett.*) odore, esalazione: *sì che s'ausi un poco in prima il senso / al tristo f.* (Dante *Inf.* XI, 11-12) **3** (*lett.*) voce, favella | ***non aver f.***, restare senza parole | ***non dire, non far f.***, non fiatare | ***buttar via, sprecare, consumare il f.***, parlare inutilmente | ***f. sprecato***, discorsi inutili, senza efficacia **4** forza di respirare (*anche fig.*): *non aver f.*; *perdere il f.* | ***rimanere senza f.***, (*fig.*) allibire | (*sport*) capacità di resistenza: *avere poco, molto f.* | ***fare il f.***, allenarsi per raggiungere la resistenza necessaria per affrontare una competizione | ***rompere il f.***, nel podismo, nel ciclismo e sim., superare l'iniziale debito di ossigeno **5** (*lett.*) vento o brezza leggera | soffio di vento **6** †essere animato | †anima, persona **7** †nulla: *non intender f.* | †***cosa fatta col f.***, con la massima delicatezza | (*lett.*) quantità minima: *il loro ... splendore ... ci ridiede un f. di coraggio* (D. Buzzati) || **fiatóne**, **accr.** (V.)

fiatóne [1952] **s. m.** **1** accr. di *fiato* **2** fiato grosso, difficoltà di respiro, affanno: *alla fine della corsa aveva il f.*

fìbbia [lat. *fibula(m)*, da *figere* 'ficcare' ✱ av. 1333] **s. f.** • fermaglio di varia materia e forma usato per tenere chiuse cinture, braccialetti e sim. o come ornamento || **fibbiétta**, **fibbiettìna**, **dim.** | **fibbióne**, **accr. m.**

fiberglàss /fiber'glas, *ingl.* 'faɪbəˌglɑːs/ o **fiber glass**, **fibreglass** /*ingl.* 'faɪbəˌglɑːs/ [vc. ingl., comp. di *fiber* 'fibra', dal lat. *fibra* attraverso il fr. *fibre*, e *glass* 'vetro' di diffusione germanico-celtica e di orig. indeur. ✱ 1955] **s. m. inv.** • fibra di vetro, molto resistente ed elastica, impiegata spec. nella fabbricazione di carrozzerie di autoveicoli, scafi d'imbarcazioni, aste da salto

fìbra [vc. dotta, lat. *fibra(m)*, di etim. incerta ✱ av. 1374] **s. f.** **1** (*anat.*, *biol.*) qualsiasi struttura allungata e sottile presente in tessuti animali e vegetali: *f. connettivale, vegetale, del legno* | ***f. muscolare***, formazione contrattile allungata che costituisce il muscolo volontario o il miocardio | ***f. nervosa***, prolungamento di un neurone che assicura la connessione con altre cellule nervose, con effettori o con recettori | ***fibre alimentari***, negli alimenti vegetali, parte costituita da cellulosa, polisaccaridi non cellulosici e lignina, resistente all'azione degli enzimi dell'apparato digerente **2** (*est.*) sostanza, prodotto e sim. filamentoso o riducibile in fili | ***f. tessile***, prodotto di origine naturale o artificiale atto ad essere trasformato in filato e in tessuto | (*tecnol.*) ***f. di vetro***, materiale costituito da fili di vetro assai flessibili e sottili, impiegato spec. per l'isolamento termico, acustico ed elettrico e come rinforzo di materie plastiche per la produzione di vetroresina | ***fibre sintetiche***, ottenute mediante procedimenti chimici di sintesi | ***fibre artificiali***, ottenute mediante opportune trasformazioni chimiche da polimeri già esistenti in natura | (*ottica*) ***f. ottica***, filamento lungo e sottile di materiale trasparente, quale il vetro o il plexiglas, che ha la proprietà di convogliare con rendimento molto alto un flusso di energia raggiante | ***fibre di carbonio***, ottenute da filamenti polimerici di cellulosa o poliacrilici mediante vari trattamenti termici che conferiscono loro particolari proprietà di resistenza, leggerezza ed elasticità che ne suggeriscono l'impiego in varie tecnologie d'avanguardia **3** carta senza collanti, o cartone, impregnata in bagno di cloruro di zinco, usata per valigeria, nell'industria meccanica, elettrotecnica e tessile: *borsa di f.* **4** (**al pl.**) †viscere degli animali **5** (*fig.*) parte più interna, intimo: *la f. del cuore, dell'animo*; *giungere alle più nascoste fibre* **6** (*fig.*) costituzione o complessione fisica: *uomo di forte f.* | (*est.*) energia, vigore: *non avere f.* **7** †vena || **fibrétta**, **dim.**

fibràto [vc. dotta, lat. *fibrātu(m)*, da *fibra* 'fibra' ✱ 1869] **agg.** • (*lett.*) che presenta venature

fibratùra [da *fibra* ✱ 1987] **s. f.** • tessuto che costituisce la struttura resistente del legno

fibreglass ▸ **fiberglass**

fibrìlla [dim. del lat. *fibra(m)* 'fibra' ✱ 1765] **s. f.** • (*biol.*) costituente elementare di una fibra dell'organismo umano o animale

fibrillàre① [1834] **agg.** • (*biol.*) relativo a fibrilla

fibrillàre② [1970] **v. intr.** (**aus.** *avere*) **1** (*med.*) andar soggetto a fibrillazione **2** (*fig.*) essere in fibrillazione

fibrillazióne [prob. dal fr. *fibrillation*, da *fibrille* 'fibrilla' ✱ 1930] **s. f.** **1** (*med.*) contrazione anomala, di breve durata, di piccoli fasci di fibre muscolari, che non porta a efficiente contrazione muscolare | ***f. cardiaca***, contrazione rapida della muscolatura cardiaca **2** (*fig.*) stato di nervosismo, di agitazione: *essere, entrare in f.*; *il Governo è in f.*

fibrìna [da *fibra* ✱ 1824] **s. f.** • (*biol.*) sostanza proteica del sangue, di origine epatica, che partecipa al processo di coagulazione sanguigna | ***spugna di f.***, ottenuta dal fibrinogeno umano, con proprietà emostatiche, usata nelle emorragie capillari e venose

fibrinògeno [comp. di *fibrina* e *-geno* ✱ 1874] **s. m.** • (*biol.*) sostanza proteica da cui deriva la fibrina per azione di enzimi

fibrinolìṣi [comp. di *fibrin(a)* e *lisi* ✱ 1963] **s. f. inv.** • (*med.*) processo enzimatico che determina la dissoluzione di un coagulo di fibrina

fibrinóso (o *-ṣ-*) [1834] **agg.** • (*biol.*) che contiene fibrina | che ha i caratteri della fibrina

fibro- primo elemento • in parole composte della terminologia scientifica, significa 'fibra' o indica relazione con le fibre: *fibroblasto*, *fibrocita*

fibroadenòma [comp. di *fibro-* e *adenoma* ✱ 1912] **s. m.** (**pl.** *-i*) • (*med.*) tumore benigno delle ghiandole, caratterizzato da abbondante tessuto fibroso

fibroblàsto [comp. di *fibro-* e *-blasto* ✱ 1956] **s. m.** **1** (*biol.*) cellula connettivale indifferenziata destinata a evolvere come fibrocita **2** (*biol.*) fibrocita impegnato nella sintesi delle componenti extracellulari del connettivo

fibrocèllula [comp. di *fibro-* e *cellula* ✱ 1941] **s. f.** • (*anat.*) cellula affusata a mo' di fibra, propria del tessuto muscolare liscio

fibroceménto [comp. di *fibro-* e *cemento* ✱ 1942] **s. m.** • (*edil.*) materiale ottenuto originariamente dall'impasto di cemento e fibre d'amianto, usato per coperture e come isolante; per gli effetti cancerogeni dell'amianto oggi si produce con fibre di cellulosa

fibrocìta o **fibrocìto** [comp. di *fibro-* e *-cita* ✱ 1956] **s. m.** (**pl.** *-i*) • (*biol.*) fondamentale elemento cellulare del tessuto connettivale

fibròide [comp. di *fibr(a)* e *-oide* ✱ 1874] **agg.** • costituito da tessuto fibroso

fibroìna [da *fibra* ✱ 1834] **s. f.** • (*chim.*) sostanza albuminoide, componente principale della fibra serica, cui conferisce lucentezza e morbidezza

fibròma [fr. *fibrome*, da *fibre* 'fibra' ✱ 1871] **s. m.** (**pl.** *-i*) • (*med.*) tumore benigno del tessuto connettivo fibroso

fibromatòṣi [da *fibroma* ✱ 1897] **s. f. inv.** • (*med.*) condizione caratterizzata dallo sviluppo di noduli di tessuto fibroso

fibromatóso (o *-ṣ-*) [da *fibroma* ✱ 1956] **agg.** • (*med.*) relativo a fibroma o caratterizzato da fibromi

fibromialgìa [comp. di *fibro-* e *mialgia* ✱ 1953] **s. f.** (**pl.** *-gìe*) ● (*med.*) sindrome caratterizzata da dolore cronico dei muscoli e delle articolazioni, associata a debolezza, affaticamento e disturbi del sonno

fibroplasìa [comp. di *fibro-* e *-plasia* ✱ 1953] **s. f.** ● (*med.*) formazione di tessuto fibroso

fibrosarcòma [comp. di *fibro-* e *sarcoma* ✱ 1892] **s. m.** (**pl.** *-i*) ● (*med.*) tumore maligno del tessuto connettivo fibroso

fibroscòpio [comp. di *fibro-* e *-scopio* ✱ 1983] **s. m.** ● (*med.*) strumento che sfrutta la proprietà delle fibre di vetro di guidare la luce, usato per l'esame endoscopico di vari organi

fibròsi [comp. di *fibr(a)* e *-osi* ✱ 1932] **s. f. inv.** ● (*med.*) degenerazione di tessuto nobile e sua sostituzione a opera di tessuto connettivo

fibróso (o **-ṣ-**) [da *fibra* ✱ av. 1673] **agg.** **1** che possiede, che è formato da, fibre: *organo, tessuto, materiale f.* **2** (*est.*) filamentoso, legnoso: *carne fibrosa* ‖ **fibrosità**, **s. f. inv.** proprietà, caratteristica di ciò che è fibroso

fibrovascolàre [comp. di *fibro-* e *vascolare* ✱ 1865] **agg.** ● (*anat.*) detto di struttura che comprende componenti fibrose e vascolari

fibula [vc. dotta, lat. *fibula(m)*. V. *fibbia* ✱ 1342] **s. f.** **1** (*anat.*) perone **2** (*archeol.*) fibbia, fermaglio

fibulàre [da *fibula* ✱ 1987] **agg.** ● (*anat.*) riferito alla fibula o al perone: *osso f.*

fìca o (*sett.*) **figa** [etim. incerta ✱ 1266] **s. f.** **1** (*volg.*) vulva | (**al pl.**) †gesto di scherno fatto infilando il pollice tra l'indice e il medio della mano a pugno chiuso: *le mani alzò con amendue le fiche* (DANTE *Inf.* XXV, 2) **2** (*est.*, *volg.*) donna molto attraente, eccitante ‖ **fichètta**, **dim.** | **ficóna**, **accr.**

ficàia [lat. tardo *ficāria(m)*, da *ficus* 'fico①' ✱ 1282] **s. f.** ● (*tosc.*) fico, nel sign. 1: *Ragionamento … fatto a Roma sotto una f.* (P. ARETINO) | (*est.*) luogo piantato a fichi

ficàio [1539] **agg.** (**pl. m.** *-ai*) ● (*raro, tosc.*) che produce fichi: *settembre f.*

ficàlbo [comp. di *fic(o)*① e *albo* 'bianco' ✱ av. 1566] **s. m.** ● varietà di fico bianchicchio

-ficàre [lat. *-ficāre*, equivalente, in verbi comp. denominali, a *fācere* 'fare'] **secondo elemento** ● in verbi per la maggior parte di origine latina, vale 'fare', 'rendere', 'fabbricare': *beneficare, dolcificare, panificare, pianificare, prolificare*

ficària [dalla forma di *fico*① dei tuberi ✱ 1834] **s. f.** ● (*bot.*) favagello

ficàta① [da *fico*① ✱ av. 1566] **s. f.** **1** †colpo dato scagliando uno o più fichi **2** (*fig.*, *lett.*) opera mediocre; questione futile, priva di rilievo: *l'occuparsi in queste ficate mi par cosa … sciocca* (G. GALILEI)

ficàta② ➤ **figata**

ficàto [vc. dotta, lat. *ficātu(m)*, da *ficus* 'fico①' ✱ av. 1535] **agg.** ● di pane impastato con polpa di fichi: *pan f.*

-ficatóre **secondo elemento** ● forma sostantivi derivati dai corrispondenti verbi in *-ficare*: *panificatore, pianificatore*

-ficatòrio **secondo elemento** ● forma aggettivi derivati dai corrispondenti verbi in *-ficare*: *edificatorio, purificatorio*

-ficazióne **secondo elemento** ● forma sostantivi derivati dai corrispondenti verbi in *-ficare*: *dolcificazione, pianificazione*

ficcanasàre (o **-ṣ-**) [da *ficcanaso* ✱ 1883] **v. intr.** (**aus.** *avere*) ● intromettersi indebitamente, curiosare in modo indiscreto e invadente: *f. nelle faccende degli altri*

ficcanàso (o **-ṣ-**) [comp. di *ficca(re)* e *naso* ✱ 1767] **s. m. e f.** (**pl. m.** *ficcanàsi* **o inv.**; **pl. f. inv.**) ● (*fig.*) persona indiscreta che si intromette in cose che non la riguardano

ficcànte **part. pres.** di *ficcare*; **anche agg.** **1** †nei sign. del v. **2** (*milit.*) ***tiro f.***, dall'alto in basso | ***†fortificazione f.***, quella che per la sua elevazione dominava la campagna **3** (*fig.*) incisivo, penetrante: *prosa f.*; *gioco f.*

ficcàre [lat. parl. **figicāre*, intens. di *fīgere* 'infiggere' ✱ 1268] **A** **v. tr.** (*io ficco, tu ficchi*) **1** fare entrare a forza: *f. un palo in terra, un chiodo nel muro* | ***†f. carote***, piantarle; (*fig.*) inventare bugie | ***f. il naso, il becco***, (*fig.*) impicciarsi **SIN.** piantare | (*fig.*) ***f. gli occhi addosso a qlcu.***, guardarlo in modo penetrante: *io l'osservai profondamente, ficcandogli rispettosamente gli occhi negli occhi* (V. ALFIERI) **2** (*colloq.*) mettere: *dove avrò ficcato gli occhiali?* | (*colloq.*) mandare a forza, rinchiudere: *al ritorno è ficcato in prigione* (C.E. GADDA) **B** **ficcàrsi** **v. tr. pron.** (**aus.** *essere*) ● mettersi, cacciarsi, infilarsi: *ficcarsi le mani in tasca, le dita nel naso*; *aveva aperto l'uscio, e così s'era ficcati i ladri in casa* (G. VERGA) | (*fig.*) ***ficcarsi in capo, in testa qlco.***, ostinarsi in un proposito: *s'era ficcato in testa di sposare la cugina* (F. DE ROBERTO) **C** **ficcàrsi** **v. rifl.** ● cacciarsi dentro a qlco. (*anche fig.*): *ficcarsi nella tana, in casa*; *ficcarsi nei pasticci, nei guai*; *ci siamo ficcati in un bell'imbroglio!* **D** **ficcàrsi** **v. intr. pron.** ● (*fam.*) andare a finire: *dove si sono ficcate le chiavi di casa?*

-ficee [dal gr. *phŷkos* 'alga', di orig. semitica] **secondo elemento** (**sing.** *-a*) ● in parole composte della sistematica botanica, indica la classe delle alghe: *Cloroficee, Rodoficee*

fiche /fr. fiʃ/ [vc. fr., da *ficher* 'ficcare', propr. 'chiodo che si conficca' ✱ 1905] **s. f.** (**pl. fr.** *fiches* **o pl. inv.**) **1** gettone da gioco **2** (*banca*) tagliando su cui si registrano operazioni bancarie

fichéto o (*raro*) **ficheréto** [da *fico*① ✱ sec. XIV] **s. m.** ● luogo piantato a fichi

fichétto o **fighétto** [dim. di *fico*③ ✱ 1957] **s. m.** (**f.** *-a*) ● (*colloq.*) giovane di bella presenza, elegante, vanesio (*anche spreg.*) ‖ **fichettìno**, **dim.**

fichtiàno (ficht-ia-no, fich-tia-no) /fik'tjano, fix-/ [1884] **A** **agg.** ● che riguarda il filosofo tedesco J. G. Fichte (1762-1814) e il suo pensiero **B** **s. m.** (**f.** *-a*) ● chi segue o si ispira alla filosofia di Fichte

fichu /fr. fi'ʃy/ [vc. fr., 'messo su alla meglio', da *ficher* 'ficcare, mettere' ✱ 1866] **s. m. inv.** ● fazzoletto triangolare di leggera seta, di velo, di batista, ornato spesso di pizzi, che le donne portavano al collo, incrociandolo o annodandolo sul petto per coprire la scollatura **CFR.** fisciù

-ficio [lat. *-ficiu(m)*, dal v. *fācere* 'fare' e, quindi, 'operare', 'lavorare'] **secondo elemento** ● in parole composte, significa 'luogo dove si lavora, si fabbrica, si produce' o 'fabbricazione', 'lavorazione': *calzaturificio, cotonificio, lanificio, oleificio, pastificio, zuccherificio*

fìco① o **†fìgo**① [lat. *fīcu(m)*, di orig. preindeur. ✱ 1256] **s. m.** (**pl.** *fichi*, **m.**, *†ficora*, **f.**) **1** albero delle Moracee con corteccia grigia, foglie palmato-lobate e frutti dolci e carnosi (*Ficus carica*) | ***†essere il f. dell'orto***, (*fig.*) essere il prediletto di qlcu. | ***foglia di f.***, V. *foglia*, sign. 1 | il frutto di tale pianta: *fare una scorpacciata di fichi*; *conservare, seccare i fichi* | ***f. mandorlato***, fatto appassire e imbottito con una mandorla, spesso anche cotto al forno per favorirne l'amalgama | ***f. secco*** o (con grafia unita) ***ficosecco***, fico fatto appassire al sole: *un cestino di fichi secchi* | ***un f. secco***, (*fam.*) nulla (spec. in funzione avverbiale): *Il vostro maestro non valeva nemmeno un f. secco* (E. SALGARI) | (*fig.*, *fam.*) ***non me ne importa un f.***, (*enfat.*) ***un f. secco***, non me ne importa niente, me ne infischio | (*fig.*) ***far le nozze coi fichi secchi***, voler fare con mezzi esigui qualcosa di impegnativo **2** ***f. d'India***, V. *ficodindia* **3** (*tosc.*, **spec. al pl.**) carezza, smanceria: *far fichi*

fìco② [gr. *phýkēs* 'pesce che vive nel *fuco*' ✱ 1956] **s. m.** (**pl.** *-chi*) ● pesce osseo dei Gadidi che vive sui fondi fangosi dei mari italiani, le cui carni sono assai apprezzate (*Phycis blennioides*)

fìco③ o (*sett.*) **figo**② [prob. da *fica* ✱ 1959] **agg. e s. m.** (**pl. m.** *-chi*; **superl.** *fichissimo*) ● spec. nel gergo giovanile, che (o chi) incontra pienamente il gusto del momento, perché piacevole fisicamente, attraente, alla moda ‖ **fichétto**, **dim.** (V.)

fico- [gr. *phŷkos* 'alga' (V. *-ficee*)] **primo elemento** ● in parole composte della terminologia scientifica, significa 'alga': *ficocianina, ficomiceti*

-fico [lat. *-ficu(m)*, come secondo termine di comp. tratto da *-ficere*, forma non accentata di *fācere* 'fare'] **secondo elemento** ● in parole di derivazione o formazione latina, significa 'che fa', 'che rende' e sim.: *benefico, munifico, prolifico*

ficocianìna [comp. di *fico-* e *cianina* ✱ 1917] **s. f.** ● proteina coniugata di colore bluastro che si trova nel plasma esterno delle alghe azzurre

ficodìndia o **fico d'India** [1565] **s. m.** (**pl.** *fichidindia* o *fichi d'India*) ● pianta grassa delle Cactacee, con foglie trasformate in spine, fusti appiattiti, verdi, simili a foglie successive, fiori gialli o rossi, frutto a bacca (*Opuntia ficus indica*) | il frutto commestibile di tale pianta, ovoide e con molti semi

ficoeritrìna [comp. di *fico-* ed *eritrina* ✱ 1887] **s. f.** ● proteina coniugata rosa, caratteristica di certe alghe nei cui plastidi si trova

ficologìa [comp. di *fico-* e *-logia* ✱ 1968] **s. f.** (**pl.** *-gìe*) ● algologia①

ficòlogo [comp. di *fico-* e *-logo* ✱ 1987] **s. m.** (**f.** *-a*; **pl. m.** *-gi*) ● studioso di ficologia

Ficomicèti [comp. di *fico-* e del gr. *mýkēs*, genit. *mýkētos* 'fungo' ✱ 1834] **s. m. pl.** (**sing.** *-e*) ● (*bot.*) classe di Funghi unicellulari, parassiti o saprofiti (*Phycomycetes*)

ficosécco ➤ **fico**①

fictio iùris /lat. 'fiktsjo 'juris/ [loc. lat., propr. 'supposizione, finzione (*fictio*) del diritto (*iūs*, genit. *iūris*)' ✱ 1956] **loc. sost. f. inv.** **1** (*dir.*) procedimento di equiparazione in forza del quale un fatto in realtà mai accaduto si considera come giuridicamente verificatosi **SIN.** finzione giuridica, finzione legale **2** (*dir.*) ente di creazione legislativa privo di consistenza ontologica **3** (*dir.*) applicazione analogica di una norma giuridica a una fattispecie in essa non considerata

fiction /'fikʃon, ingl. 'fɪkʃən/ [vc. ingl., propr. 'romanzo, invenzione' ✱ 1959] **s. f. inv.** ● genere letterario, cinematografico o televisivo che si basa sulla narrazione di fatti inventati | (*est.*) opera appartenente a tale genere

ficus [lat. *ficus*, nom., 'fico' ✱ 1895] **s. m. inv.** ● genere di piante delle Moracee originarie delle Indie, coltivate in numerose varietà per le belle foglie (*Ficus*)

fida [da *fidare* ✱ av. 1566] **s. f.** **1** (*stor.*) in età feudale, tassa dovuta da chi metteva a coltura terreni precedentemente adibiti a pascolo | ***f. pascolo***, ancora oggi in Italia meridionale, tassa per esercitare il pascolo su aree di proprietà comunale **2** †salvacondotto

†fidànte **part. pres.** di *fidare*; **anche agg. e s. m.** ● che (o chi) si fida

fidànza [rifacimento su *fidare* del fr. ant. *fiance* 'promessa', da *fier* 'fidare' ✱ 1229] **s. f.** ● (*lett.*)

fede, fiducia | *dar f.*, assicurare | *fare a f.*, far affidamento | †pegno, garanzia; salvacondotto

fidanzaménto [da *fidanzare* ✱ 1891] **s. m.** ● promessa reciproca di matrimonio: *celebrare, sciogliere il f.* | (*est.*) cerimonia relativa a tale promessa: *è stato un f. molto fastoso* | (*est.*) periodo di tempo durante il quale si è fidanzati: *un f. di molti anni*

♦**fidanzàre** [da *fidanza* ✱ av. 1363] **A v. tr. 1** (*raro*) impegnare per il matrimonio: *f. una figlia a, con qlcu.* **2** †rassicurare, garantire **B fidanzàrsi v. rifl. e rifl. recipr.** ● scambiarsi promessa di matrimonio (+ *con*): *fidanzarsi in giovane età; si sono fidanzati da poco; si è fidanzato con una ragazza americana* | (*fam.*) avere una stabile relazione amorosa

fidanzatino [1985] **s. m.** (**f.** *-a*) ● dim. di *fidanzato* | (*est.*) giovane innamorato: *ecco Laura con il suo f.; i fidanzatini di Peynet*

♦**fidanzàto A part. pass.** di *fidanzare*; anche **agg.** ● promesso in matrimonio **B s. m.** (**f.** *-a*) ● chi ha dato o ricevuto promessa di matrimonio | (*est.*) persona con cui si ha un rapporto amoroso ‖ **fidanzatino**, **dim.** (V.)

♦**fidàre** [lat. parl. **fidāre*, per il classico *fīdere*, da *fīdus* 'fido' ✱ av. 1257] **A v. tr.** (*io fido*) **1** (*spec. lett.*) affidare: *f. una persona a un'altra; a me sol fida la importante cura* (V. ALFIERI) | (*raro*) ***f. un terreno***, darlo in affitto per il pascolo **2** dare a fido, a credito: *gli hanno fidato molta merce* **3** †assicurare **B v. intr.** (**aus.** *avere*) ● aver fede, fiducia (+ *in*): *f. nel buon volere, nell'onestà, nella protezione di qlcu., nella propria stella; f. in Dio, nella provvidenza* **SIN.** confidare **C fidàrsi v. intr. pron. 1** avere fiducia (+ *di*): *fidarsi di un amico, del padre; mi fido di voi* | fare assegnamento: *fidarsi del proprio intuito* | **PROV.** ***fidarsi è bene, non fidarsi è meglio*** **2** (*colloq.*) sentirsi capace di fare qlco. (+ *a*, + *di* **seguiti da inf.**): *ti fidi a prendere una decisione così importante da solo?; non mi fido ancora di camminare solo* **D fidàrsi v. rifl.** ● †affidarsi: *fidarsi a qlcu.*

fidatézza [av. 1869] **s. f.** ● caratteristica di chi merita fiducia, di ciò su cui si può fare affidamento

fidàto A part. pass. di *fidare*; anche **agg. 1** (*lett.*) familiare | abituale, consueto: *si ritrovò nel suo f. letto* (L. ARIOSTO) **2** di persona in cui si può aver fiducia: *è un'amica fidata* **SIN.** sicuro ‖ **fidataménte**, **avv. B s. m.** ● (*lett.*) persona di fiducia: *ne trionfò co' suoi fidati* (A. MANZONI)

fidayin ➤ **fedain**

fidecomméttere e deriv. ➤ **fedecommettere** e deriv.

fidecommittere e deriv. ➤ **fedecommettere** e deriv.

fideìsmo [fr. *fidéisme*, dal lat. *fides* 'fede' ✱ 1905] **s. m. 1** atteggiamento filosofico e religioso secondo cui soltanto la fede, strumento di conoscenza superiore alla ragione e da essa indipendente, consente di conoscere le supreme verità **2** (*est.*) adesione incondizionata e acritica a una teoria, una dottrina, un'opinione

fideìsta [fr. *fidéiste*, dal lat. *fides* 'fede' ✱ 1942] **s. m. e f.** (**pl. m.** *-i*) ● seguace del fideismo | chi dà prova di fideismo

fideìstico [1943] **agg.** (**pl. m.** *-ci*) ● relativo a fideismo | caratterizzato da fideismo: *adesione fideistica* ‖ **fideisticaménte**, **avv.** in modo fideistico, secondo il fideismo

fideiussióne o **fidejussióne** [vc. dotta, lat. tardo *fideiussiōne(m)*, da *fideiubēre* 'far sicurtà, farsi garante', comp. di *fides* 'lealtà, fede' e *iubēre* 'comandare' ✱ av. 1565] **s. f.** ● (*dir.*) garanzia personale mediante cui un terzo si impegna verso il creditore ad adempiere l'obbligazione del debitore principale: *contratto di f.* | ***f. omnibus***, con la quale il terzo si impegna ad adempiere tutte le obbligazioni del debitore principale

fideiussóre o **fidejussóre** [vc. dotta, lat. tardo *fideiussōre(m)*. V. *fideiussione* ✱ av. 1342] **s. m.** ● (*dir.*) colui che si obbliga personalmente verso il creditore con un contratto di fideiussione

fideiussòrio o **fidejussòrio** [vc. dotta, lat. tardo *fideiussōriu(m)*. V. *fideiussione* ✱ av. 1328] **agg.** (**pl. m.** *-i* o *raro -ii*) ● relativo alla fideiussione o al fideiussore: *obbligazione fideiussoria*

†**fidéle** e deriv. ➤ **fedele** e deriv.

fidelìni ➤ **fedelini**

fidèlity card /fi'deliti kard, *ingl.* fɪ'delətɪ ˌkaːd/ [loc. ingl., comp. di *fidelity* 'fedeltà' e *card* 'carta, tessera' ✱ 1989] **loc. sost. f. inv.** (**pl. ingl.** *fidelity cards*) ● tessera utilizzabile presso il negozio o la catena commerciale che l'ha emessa allo scopo di fidelizzare il cliente con l'offerta di sconti, premi o altri vantaggi

fidelizzàre [dal fr. *fideliser*, propr. 'rendere fedele (*fidèle*)' ✱ 1985] **v. tr.** ● (*econ.*) rendere un cliente fedele a un'impresa tramite opportune politiche di marketing ‖ **fidelizzazióne**, **s. f.**

fidellìni ➤ **fedelini**

fidènte [vc. dotta, lat. *fidĕnte(m)*, part. pres. di *fīdere* 'fidarsi' ✱ 1820] **agg.** ● (*lett.*) che ha fiducia: *persona f. nelle proprie forze* **SIN.** fiducioso ‖ **fidenteménte**, **avv.** con piena fiducia

fidenziàno [1585] **agg.** ● relativo o simile allo stile di Fidenzio Glottocrisio, pseudonimo dello scrittore Camillo Scroffa (1526/27-1565), che pubblicò poesie in lingua pedantesca, beffeggiando il linguaggio dei dotti del suo tempo

fidìaco [vc. dotta, lat. *phidĭacu(m)*, dal gr. *pheidiakós* 'di Fidia' (490 ca.-431 ca. a.C.) ✱ 1864] **agg.** (**pl. m.** *-ci*) ● di Fidia | di eccelso scultore, paragonabile a Fidia: *scalpello f.* | di opera degna dello scalpello di Fidia: *una testa fidiaca*

fidicine [vc. dotta, lat. *fidicĭne(m)*, comp. di *fides* 'cetra' e *cănere* 'cantare' ✱ av. 1729] **s. m.** (**f.** *-a*) ● nell'antica Roma, suonatore di strumento a corde che partecipava alle cerimonie religiose

♦**fido** ① [lat. *fīdu(m)*, da *fīdere* 'porre fiducia' ✱ 1313] **A agg.** ● di provata fedeltà e lealtà: *f. amico e compagno* | di ciò che è consueto, familiare, affidabile: *la sua fida utilitaria* | (*lett.*) di luogo con cui si ha confidenza: *già mai vidi valle aver sì spessi / luoghi da sospirar riposti e fidi* (F. PETRARCA) **B s. m.** ● compagno o seguace fidato: *i suoi fidi gli fecero scudo*

fido ② [da *fidare* ✱ 1781] **s. m.** ● (*banca*) credito commerciale | ***f.*** (***accordato***), importo massimo di credito che una banca concede a un proprio cliente **SIN.** castelletto

-fido [lat. *fidu(m)*, da *findere* 'fendere'] **secondo elemento** ● in aggettivi composti di formazione latina o moderna, significa 'diviso, che presenta fenditure': *bifido, trifido*

♦**fidùcia** [vc. dotta, lat. *fidūcia(m)*, da *fīdere* 'porre fiducia' ✱ 1268] **s. f.** (**pl.** *-cie*) **1** nel diritto romano, contratto con cui si consegnava una cosa a una persona affinché questa la restituisse più tardi o la consegnasse ad altri **2** senso di sicurezza che viene dal profondo convincimento che qlcu. o qlco. siano conformi alle proprie attese e speranze (+ *in*): *f. piena, assoluta, illimitata; f. nell'avvenire, nella vittoria; f. nelle proprie forze, nella propria riuscita; avere, nutrire f. in qlcu. o qlco.; perdere la f. in qlcu.; ingannare, tradire la f. di qlcu.; ispirare f.* | ***persona, uomo di f.***, di cui ci si fida completamente | ***ufficio, incarico di f.***, che richiede tatto, prudenza e comporta notevoli responsabilità **SIN.** fede **CONTR.** diffidenza **3** (*polit.*) ***f. del Parlamento al Governo***, adesione al programma politico che le due Camere esprimono mediante voto favorevole allo stesso: *voto di f.; mozione di f.* | ***questione di f.***, che il Governo pone, dichiarando di fare dipendere le proprie dimissioni dall'accoglimento o dal rigetto, da parte del Parlamento, di una proposta di legge **CONTR.** sfiducia

SFUMATURE ➤ ***speranza***

fiduciàle [vc. dotta, lat. tardo *fiduciāle(m)*, da *fidūcia* 'fiducia' ✱ 1475] **agg. 1** (*raro*) di fiducia: *rapporto f. tra medico e paziente* | †confidenziale **2** nella cartografia catastale, detto di elementi topografici univocamente determinati, utilizzati come riferimento per tutte le misure territoriali ‖ †**fiducialménte**, **avv.** con fiducia

fiduciànte [1956] **s. m. e f.** ● (*dir.*) chi cede un bene con negozio giuridico fiduciario

fiduciàrio [vc. dotta, lat. tardo *fiduciāriu(m)*, da *fidūcia* 'fiducia' ✱ 1673] **A agg. 1** fondato sulla fiducia | (*dir.*) ***negozio giuridico f.***, attribuzione di un bene con l'obbligo, per chi lo riceve, di farne un uso determinato | ***circolazione fiduciaria***, della carta moneta, fondata sulla solvibilità dello Stato **2** detto di società che amministra beni immobili o mobili per conto di clienti a cui rende conto periodicamente dei risultati della sua gestione | (*banca*) relativo a un rapporto di fido | ***deposito f.***, l'ammontare dei depositi presso banche in partite, al portatore o nominative, libere o vincolate ‖ **fiduciariaménte**, **avv. B s. m.** (**f.** *-ia*) ● nel linguaggio commerciale, chi è incaricato di svolgere stabilmente un'attività di fiducia, spec. per conto di un ente

fiducióso (o *-ṣ-*) [da *fiducia* ✱ 1525] **agg.** ● che sente fiducia, che è pieno di fiducia: *f. nella divina provvidenza, nelle proprie capacità* | che esprime, che rivela fiducia: *contegno f.; volto f.* **CONTR.** diffidente ‖ **fiduciosaménte**, **avv.** con fiducia

†**fièbole** e deriv. ➤ **fievole** e deriv.

fièdere [da *fedire* 'ferire' con passaggio ad altro tipo di coniug. (da *-íre* a *-ére*), come *riedere* per *redire* ✱ 1268] **A v. tr.** (**difett. usato solo all'indic. pres., all'imperf. indic., alla seconda pers. del pass. rem.** *fiedésti* **e al congtv. pres.**) ● (*poet.*) ferire **B v. intr.** ● †volgersi, dirigersi (*anche fig.*) | †piombare, calare

fièle o (*poet.*) †**fèle**, (*poet.*) †**fèlle** [lat. *fĕlle*, abl. di *fĕl*, di orig. indeur. ✱ 1268] **s. m.** (**pl.** *-i*) **1** (*anat.*) bile | ***amaro come il f.***, estremamente amaro **2** (*fig.*) rabbia, rancore, odio: *parole di f.; s'era chiuso in un feroce orgoglio pieno di f. e di noia* (R. BACCHELLI) | ***intingere la penna nel f.***, scrivere con cattiveria | †***con mal f.***, con odio **SIN.** livore, malanimo **3** †vizio

SFUMATURE ➤ ***bile***, ➤ ***livore***

fienagióne [da *fieno* ✱ 1865] **s. f.** ● insieme dei lavori di falciatura e di raccolta del fieno | trasformazione dell'erba in fieno | epoca in cui si svolgono tali lavori

fienàia [da *fienaio* ✱ av. 1910] **s. f.** ● (*raro*) fienile

fienàio [lat. *fenāriu(m)*, da *fēnum* 'fieno' ✱ sec. XIII] **agg.** (**pl. m.** *-ai*) ● (*lett.*) da fieno: *falce, forca fienaia*

fienaiòlo o **fienaiuòlo** [da *fieno* ✱ av. 1685] **A agg.** ● (*lett.*) da fieno: *erba fienaiola* **B s. m.** ● †chi raccoglie o vende il fieno

†**fienàle** [sec. XIV] **agg.** ● da fieno: *falce f.*

fienaròla [detta così perché sta nel *fieno* ✱ 1813] **s. f. 1** (*zool.*) luscengola **2** (*bot.*) graminacea da prato che costituisce un ottimo foraggio (*Poa pratensis*)

fienicoltùra [1889] **s. f.** ● coltura e produzione del fieno

fienile [lat. *fenīle* (normalmente adoperato al pl.), da *fēnum* 'fieno' ✱1798] **s. m.** ● luogo dove si conservano i foraggi ed il materiale per lettiera

♦**fièno** [lat. parl. **flēnum*, nato dalla sovrapp. di *flōs* 'fiore' a *fēnum* 'fieno' (dalla stessa radice di *fecŭndus* 'fecondo') ✱1291] **s. m. 1** erba di prato, pascolo ed erbaio, tagliata, essiccata e conservata per l'alimentazione del bestiame | ***fare il f.***, raccoglierlo | ***mettere, portare f. in cascina***, (*fig.*) conseguire un risultato, accantonare un vantaggio | ***f. fresco***, non ancora essiccato | ***f. ribollito***, di colore bruno, alteratosi per scarsa essiccazione | ***f. bianco***, bambagiona | ***f. d'Ungheria***, erba medica | ***f. greco***, erba delle Papilionacee con fiori giallastri e semi dotati di proprietà medicinali (*Trigonella fenumgraecum*) | ***f. santo***, lupinella **2** (*med.*) ***raffreddore da f.***, rinite provocata da uno stato allergico nei confronti dei pollini

fienóso (o **-ṣ-**) [1789] **agg.** ● (*lett., raro*) che odora di fieno: *il f. effluvio delle campagne* (C. Dossi)

♦**fièra** ① [lat. tardo *fēria(m)* (V. *feria*), con metatesi della *i*; detta così perché le fiere avvenivano nei giorni di festa ✱1260] **s. f. 1** mercato locale periodico con vendita all'ingrosso e al minuto dei più svariati prodotti, tenuta spesso in occasione di festività religiose: *domani comincia la f. di S. Lucia; andò alla f. coi puledri da vendere* (G. Verga) **2** grande mercato nazionale o internazionale che si tiene periodicamente in luoghi determinati dove convengono produttori ed acquirenti, e che interessa tutti o solo alcuni settori della produzione: *la f. di Milano, del Levante; f. del libro; la f. del mobile e dell'arredamento* | ***f. campionaria***, in cui si espongono solo i campioni dei vari prodotti da vendersi su ordinazione | il luogo in cui si svolgono tali mercati: *i nuovi padiglioni della f.* **3** esposizione e vendita al pubblico di oggetti gratuitamente ottenuti, a scopo benefico: *f. di beneficenza; organizzare una f. a favore degli alluvionati* **4** (*fig., colloq.*) grande disordine e confusione: *cos'è questa f.?* ‖ **fieróna**, **accr.** | **fieróne**, **accr. m.** | (*spreg.*) **fierùcola**, **dim.**

SFUMATURE ➤ ***kermesse***, ➤ ***mercato***

♦**fièra** ② o (*poet.*) †**fèra** [lat. *fĕra(m)*, f. di *fĕrus* 'fiero' ✱av. 1276] **s. f. 1** belva o animale selvaggio: *il pasto delle fiere* **2** (*fig., poet.*) persona crudele e selvaggia **3** (*poet.*) †donna ritrosa che non contraccambia i sentimenti dell'innamorato

fierézza [da *fiero* ✱av. 1250] **s. f.** ● caratteristica di chi (o di ciò che) è fiero: *f. d'animo, di carattere; la modestia accresce e più compar per la f.* (B. Castiglione) **SIN.** dignità, orgoglio

fieri, in ➤ **in fieri**

fierìstico [da *fiera* ① ✱1935] **agg.** (**pl. m.** *-ci*) ● di fiera, relativo a fiera: *il nuovo quartiere f.*

†**fierità** ➤ **ferità**

†**fieritàde** ➤ **ferità**

†**fieritàte** ➤ **ferità**

♦**fièro** o (*poet.*) †**fèro** [lat. *fĕru(m)*, di orig. indeur. ✱av. 1257] **agg. 1** (*lett.*) terribile, spaventoso, orrendo: *strage, battaglia, lotta fiera; bosco, antro f.* | (*lett.*) crudele, feroce, selvaggio: *aspetto f.; con lo spiedo acuto / il fèr cignale aspetterò* (L. de' Medici) | (*lett.*) severo, aspro, crudo: *risposta, rampogna, parola fiera* **2** fermo, risoluto, consapevole della propria dignità: *carattere f.; popolo f.; uno sguardo f.; un f. portamento* **3** orgoglioso (+ *di*): *sono f. di voi* | ***andar f. di qlcu. o qlco.***, esserne orgoglioso **4** (*lett.*) ardente, veemente: *amore, sdegno f.* | (*lett.*) forte, grande: *calore, sonno f.* **5** †impetuoso; violento ‖ **fieraménte**, **avv. 1** in modo fiero; con fierezza; con risolutezza, con durezza **2** (*lett.*) enormemente: *quella ricerca, che ... sarebbe stata fieramente gravosa* (A. Manzoni)

SFUMATURE ➤ ***intrepido***

†**fievilézza** ➤ **fievolezza**

✤**fièvole** (o **-é-**) o †**fièbole** (o **-é-**) [lat. *flēbile(m)*, da *flēre* 'piangere', di orig. onomat. ✱1261 ca.] **agg.** ● debole, fioco: *voce, suono f.* | (*raro*) fiacco ‖ **fievolménte**, **avv.** in modo fioco e debole

✤**fievolézza** o †**fiebolézza**, †**fievilézza** [da *fievole* ✱av. 1294] **s. f.** ● (*raro*) debolezza | (*fig.*) †fragilità: *f. d'animo*

fifa ① [vc. d'orig. milan. o veneta ✱1884] **s. f.** ● (*fam.*) paura: *agli esami ho una gran f.* | ***f. blu***, grande spavento ‖ **fifarèlla**, **dim.**

fifa ② [vc. onomat. ✱av. 1698] **s. f.** ● (*zool.*) pavoncella

fifo [sigla ingl., tratta dalle iniziali della loc. *first in first out*, propr. 'il primo dentro, il primo fuori' ✱1983] **s. m. inv.** ● criterio di valutazione delle scorte di magazzino basato sulla presunzione che le ultime unità immagazzinate siano le ultime a essere prelevate | sistema di immagazzinamento a tunnel, per cui l'ultima unità entrata è l'ultima a essere prelevata **CFR.** lifo

fifóne [da *fifa* ① ✱1895] **agg. e s. m.** (**f.** *-a*) ● (*fam.*) che (o chi) è pauroso, pusillanime

fifty-fifty /ingl. 'fɪftɪ 'fɪftɪ/ [loc. dell'ingl. d'America, propr. 'cinquanta-cinquanta' ✱1956] **agg. inv. e avv. 1** (*econ.*) indica che il capitale sociale di una società, o gli utili ricavati da un'impresa, sono divisi in parti uguali fra i partecipanti **2** (*est.*) a metà, in parti uguali, al cinquanta per cento: *per le spese del viaggio faremo fifty-fifty; le novità sono un po' belle, un po' brutte, fifty-fifty*

fìga ➤ **fica**

fìgaro [dal n. del protagonista della commedia 'Le barbier de Séville' (1775) di P. A. C. Beaumarchais, messa poi in musica da W. A. Mozart ('Le nozze di Figaro', 1786) e da G. Rossini ('Il barbiere di Siviglia', 1816). Il giacchetto è detto così perché usato da questo personaggio nella commedia ✱1832] **s. m. 1** (*scherz.*) barbiere **2** corto giacchino di stile spagnolo | bolero

figàta o (*raro*) **ficàta** ② [da *fico* ③ ✱1982] **s. f.** ● (*pop.*) ciò che suscita ammirazione, è eccezionalmente riuscito o molto piacevole: *questa moto è una gran f.*

✤**figgere** o †**figere** [lat. *figere*, di orig. indeur. ✱1266] **v. tr.** (**pres.** *io figgo, tu figgi*; **pass. rem.** *io fissi, tu figgésti*; **part. pass.** *fitto*) **1** (*lett.*) conficcare: *f. un chiodo, la lancia* | (*fig.*) ***figgersi in mente qlco.***, ostinarsi in qlco. | †immobilizzare: *tanto l'afflisse / questo dolor, ch'infermo al letto il fisse* (L. Ariosto) | †trafiggere **2** (*lett.*) fissare: *f. lo sguardo o gli occhi su qlco.* | (*fig.*) ***f. la mente***, applicarsi | †statuire, stabilire: *f. un termine* **3** (*lett.*) posare, premere: *ne 'l collo ... le labbra calde figgeva* (G. D'Annunzio)

fighettìsmo [da *fighetto* ✱1992] **s. m.** ● (*colloq.*) caratteristica di chi ostenta atteggiamenti snob, alla moda (*anche spreg.*) | comportamento che manifesta tale caratteristica

fighétto ➤ **fichetto**

fighièra [dal lat. *figere* 'ficcare'. V. *figgere* ✱1937] **s. f.** ● (*mar.*) nei velieri, asta metallica fissata lungo i pennoni sulla quale si inferisce il bordo della vela

fighter /ingl. 'faɪtə(r)/ [vc. ingl., 'combattente, lottatore', da *to fight* 'combattere', vc. germ. di orig. indeur. ✱1933] **s. m. inv.** ● pugile la cui azione è basata sull'attacco

figiàno [1883] **A agg.** ● relativo alle isole Figi, arcipelago e Stato dell'Oceania, nell'oceano Pacifico occidentale **B agg. e s. m.** (**f.** *-a*) ● abitante o nativo delle isole Figi **C s. m. solo sing.** ● lingua del gruppo melanesiano parlata nelle Figi

♦**fìglia** [lat. *filia(m)*, f. di *filius* 'figlio', dalla stessa radice indeur. da cui derivano anche *fēmina* 'femmina' e *fecŭndus* 'fecondo' ✱1308] **s. f. 1** individuo di sesso femminile, rispetto a chi l'ha generata | ***f. da maritare*** o ***da marito***, che ha l'età per potersi sposare | (*fig.*) ***le figlie di Eva***, le donne | (*est.*) ragazza; donna: *quante ne ha passate quella povera f.!; io pur non vidi mai più bella f.* (L. Pulci) | ***le figlie di Maria***, associazione religiosa secolare di giovani ragazze **2** nata, generata (*anche fig.*): *Venere, f. del mare; la violenza è f. dell'odio* **3** tagliando di un bollettario, destinato a essere staccato e consegnato quale ricevuta: *blocchetto a madre e f.* ‖ **figliétta**, **dim.**

figliàle ➤ **filiale**

figliàre [da *figlio* ✱1291] **v. tr.** (*io figlio*) ● generare, partorire, detto spec. di animali: *la mucca ha figliato; la scrofa ha figliato dieci maialini* | †produrre frutti, delle piante e della terra | (*lett., fig.*) produrre, causare

figliàstro [lat. tardo *filiăstru(m)*, da *filius* 'figlio' ✱1211] **s. m.** (**f.** *-a*) **1** figlio che il marito ha avuto da altra moglie o la moglie da altro marito, nei confronti del nuovo coniuge: *ha una figlia e due figliastri* **2** †figlio illegittimo

figliàta [da *figliare* ✱sec. XV] **s. f.** ● il complesso degli animali nati in un unico parto; *una f. di tre gattini* **SIN.** nidiata

figliatùra [da *figliare* ✱sec. XIV] **s. f.** ● (*raro*) il figliare | periodo in cui gli animali figliano

figliazióne ➤ **filiazione**

figlicìdio [vc. dotta, comp. di *figli(o)* e *-cidio* ✱1906] **s. m.** (**pl.** *-i* o *raro -ii*) ● uccisione del proprio figlio o della propria figlia

♦**fìglio** o †**filio** [lat. *filiu(m)*, dalla stessa radice indeur. da cui derivano anche *fēmina* 'femmina' e *fecŭndus* 'fecondo' ✱sec. XI] **s. m.** (**f.** *-ia* (V.); *poet.* **troncato in** †*fi'*, †*fil*) **1** individuo di sesso maschile rispetto a chi l'ha generato, tanto nella specie umana che in quelle animali: *avere, allevare, educare un f.; f. unico, primogenito, maggiore, minore; è f. di povera gente* | ***F. unigenito, Figlio di Dio***, o (*per anton.*) ***il Figlio***, il Cristo, come seconda persona della Trinità | ***il Figlio dell'uomo***, Gesù Cristo, negli Evangeli | ***f. di primo, di secondo letto***, di prime o seconde nozze | (*dir.*) ***f. legittimo***, nato da genitori uniti in matrimonio | ***f. naturale***, nato da genitori non uniti in matrimonio al momento della nascita | (*eufem., disus.*) ***f. dell'amore***, naturale | ***f. illegittimo***, un tempo, figlio nato da genitori almeno uno dei quali era sposato con altra persona | ***f. adottato***, che ha assunto la posizione di figlio in seguito ad adozione | (*dir.*) ***f. incestuoso***, figlio di genitori uniti da vincoli di parentela o di affinità entro il grado stabilito dalla legge | ***f. in provetta*** (o ***della provetta***), nato in seguito a fecondazione artificiale | ***è f. di suo padre!***, di chi somiglia moltissimo al padre, sia dal punto di vista fisico che dal carattere | ***f. di papà***, (*spreg.*) giovane che si giova soltanto dell'autorità o della ricchezza paterna per raggiungere il successo nella vita | ***f. di mamma***, ***f. di mammà***, ragazzo o uomo di carattere debole, timido e sim. | ***f. di famiglia***, soggetto alla potestà dei genitori; che vive ancora nella famiglia dei genitori | ***f. della serva***, (*fig., scherz.*) di chi non gode alcuna considerazione | (*fig., pop.* o *volg.*) ***f. di buona donna***, ***f.***

di puttana, f. d'un cane, espressioni fortemente ingiuriose (talvolta usate in tono scherzoso) | (*fig.*) chi (o ciò che) è prodotto da qlcu. o qlco.: *f. del dolore, della fortuna, del vizio; immagino benissimo di chi sia f. questo scritto anonimo* | ***f. del popolo***, di chi ha umili origini | ***f. d'arte***, chi nasce da una famiglia di artisti o di attori e si dedica anch'esso all'arte o al teatro; (*est., anche scherz.*) chi si dedica alla stessa attività dei genitori | ***f. del secolo, del suo tempo***, di chi riunisce in sé le caratteristiche positive e negative della propria epoca **2** (**al pl.**) l'insieme degli individui generati da una stessa persona: *ha avuto parecchi figli* | ***salute e figli maschi!***, ***auguri e figli maschi***, (*disus.* o *scherz.*) esclamazioni di augurio | ***i figli dei figli***, le generazioni a venire | (*est.*) posteri, discendenti: *tramandare qlco. ai figli* | ***i figli di Adamo***, (*fig.*) tutti gli uomini | ***i figli di Israele***, (*fig.*) gli Ebrei | ***i figli del vento***, (*fig.*) gli zingari **3** (*est.*) persona particolarmente cara: *quei ragazzi per lui son tutti figli* | ***carissimi, dilettissimi figli***, appellativo rivolto da ecclesiastici ai fedeli | ragazzo, giovane; uomo (come appellativo affettuoso): *non è un cattivo f.; coraggio, f. mio!* **4** cittadino od originario di un dato paese o regione: *i figli d'Italia, di Francia; tu non altro che il canto avrai del f., / o materna mia terra* (U. Foscolo) **5** (*fig.*) conseguenza, risultato: *molti problemi contemporanei sono figli di errori passati* || **figliàccio**, **pegg.** | **figliétto**, **dim.**

Definizione d'autore

Non c'è possibilità di essere vivi senza essere figli. Si può non essere padri, madri, fratelli o sorelle, ma non si può non essere figli. La condizione dell'essere **figlio** definisce l'esistenza umana come segnata dall'impossibilità di autogenerarsi. L'esistenza umana viene sempre da un Altro, ha sempre una provenienza. Il **figlio** è colui che intrattiene un debito simbolico con chi lo ha preceduto. E tuttavia il **figlio** porta con sé anche il compito di oltrepassare la propria provenienza: essere figli significa fare esperienza del mondo al di là del legame familiare da cui si proviene. Ogni figlio è impegnato in un processo di formazione; deve darsi una forma che sia propria pur discendendo da chi lo ha preceduto, deve poter essere un giusto "erede".

Massimo Recalcati

figliòccio [da *figlio* ✱1353] **s. m.** (**f.** *-cia*; **pl. f.** *-ce*) ● chi è stato tenuto a battesimo o a cresima, rispetto al padrino o alla madrina || **figlioccìno**, **dim.**

figliolànza o (*raro*) **figliuolànza** [1550] **s. f.** **1** (*spec. scherz.*) il complesso dei figli: *una bella, numerosa f.* **SIN.** prole **2** (*lett.*) la relazione che intercorre tra figlio e padre; (*fig.*) dipendenza spirituale

figliòlo o (*lett.*) **figliuòlo** [lat. *filĭolu(m)*, dim. di *filius* 'figlio' ✱1213] **s. m.** (**f.** *-a*) **1** figlio, con connotazione più familiare e affettuosa (*spec. tosc.*): *ha due bei figlioli* | ***il figliol prodigo***, (*scherz.*) di chi si pente di ciò che ha fatto e torna sulle sue decisioni (dal protagonista della parabola evangelica che torna, dopo lunga assenza, alla casa del padre) | ***Padre, Figliolo e Spirito Santo***, le tre Persone della Trinità **2** (*est.*) ragazzo, giovane: *si è fidanzata con un bravo e bel f.*; (*con compatimento*) *benedetto f.!*; (*con compiacimento*) *che bella figliola!* **3** persona per cui si ha stima e affetto: *è un bravo f.!; povero f.!* | ***caro f.!***, espressione (*anche iron.*) che una persona più anziana rivolge a una più giovane, un ecclesiastico a un fedele e sim. || **figliolàccio**, **pegg.** | **figliolétto**, **dim.** | **figliolìno**, **dim.** | **figliolóna**, **accr. f.** | **figliolóne**, **accr.**

figliuòlo e deriv. ➤ **figliolo** e deriv.

fignolo [ant. alto ted. *finne* 'pustola' ✱sec. XIV] **s. m.** ●(*tosc., lett.*) foruncolo || **fignolétto**, **dim.**

fignolóso (o **-ṣ-**) [1869] **agg.** ●(*tosc.*) pieno di piccoli foruncoli

†**figo** ① ➤ **fico** ①

figo ② ➤ **fico** ③

figulìna [1561] **s. f.** **1** (*raro, lett.*) arte del vasaio **2** (*raro, lett.*) oggetto prodotto dal vasaio

figulinàio [1908] **s. m.** (**f.** *-aia*, **pl. m.** *-ai*) ● (*raro, lett.*) chi lavora la terracotta **SIN.** vasaio

figulìno [vc. dotta, lat. *figulīnu(m)*, da *figulus* 'figulo' ✱av. 1537] **agg.** ● (*lett.*) del vasaio e della sua arte

fìgulo [vc. dotta, lat. *figulu(m)*, da *fingere* 'plasmare'. V. *fingere* ✱sec. XIV] **A s. m.** (**f.** *-a*) ● (*lett.*) vasaio **B agg.** ●†figulino

♦**figùra** [vc. dotta, lat. *figūra(m)*, da *fingere* 'plasmare' ✱sec. XII] **s. f.** **1** forma o aspetto esterno di qlco.: *quell'edificio ha una strana f.; la f. dell'astro appariva chiaramente al telescopio* | aspetto fisico di una persona: *mutare, conservare la propria f.; una f. slanciata, elegante, tozza; aver f. di persona ammalata* | ***in f. umana***, in forma d'uomo | (*est.*) la persona stessa, quanto alle sue caratteristiche intrinseche o all'impressione che produce sugli altri: *una f. simpatica, bella, sospetta, strana* | (*est.*) la persona caratterizzata storicamente come appartenente a una categoria, una professione o sim.: *è la f. più enigmatica del Risorgimento; la f. del medico di famiglia* | ***f. di sistema***, docente di un istituto, scelto dal collegio docenti con incarico di vicario o vicepreside o con funzioni specifiche nell'area didattica (per es. aggiornamento interno all'istituto, biblioteca, computer ecc.) | personaggio: *le figure secondarie di un film* **2** (*mat.*) insieme di punti e/o di sottospazi particolarmente notevoli, come rette, piani e sim., di uno spazio topologico | †cifra **3** disegno, illustrazione: *ogni f. reca una didascalia; ancora non sa leggere e guarda solo le figure* | nelle arti figurative, immagine disegnata, dipinta o scolpita, rappresentazione di un uomo o di una donna: *ritratto a f. intera, paesaggio con figure* **CFR.** icono- | nel gioco delle carte, ogni carta con un'immagine | negli scacchi, ogni pezzo, escluso il pedone **4** (*lett.*) simbolo: *figure allegoriche, surreali* | (*est.*) la rappresentazione che ne consegue: *il Buon Pastore, Orfeo e Mosè, nelle catacombe, sono figure di Cristo* **5** (*fig.*) immagine: *f. reale, ideale* | (*fig.*) spettro: *le figure del sogno* **6** apparenza, mostra: *oggetti vistosi e di poco valore esposti solo per f.* | ***far f.***, comparire bene | ***fare una bella, una brutta f.***, in pubblico, suscitare impressione favorevole o sfavorevole | ***far la f. dello sciocco, del babbeo, del disonesto, dell'ignorante***, dare l'impressione di essere sciocco, babbeo, ecc. | ***che f.!***, cattiva o imbarazzante impressione di sé, figuraccia | ***bella f.***, (*per antifrasi*) figuraccia **7** (*lett., fig.*) idea, ipotesi | †***fare f.***, immaginare, narrare | †***per f.***, per esempio **8** (*ling.*) ***f. retorica***, ogni espressione o costrutto che si allontana da un uso della lingua in cui le parole designano univocamente e direttamente le cose; si impiega per dare forza espressiva al discorso, per ottenere effetti di attenuazione, enfatizzazione e sim. (per es. l'affermazione *non è bello* invece che *è brutto* è una figura retorica – la litote – che attenua la crudezza della frase senza cambiarne il significato) **9** (*filos.*) ***f. del sillogismo***, la forma del sillogismo a seconda della posizione che il termine medio assume nelle premesse (soggetto in entrambe, predicato in entrambe, oppure soggetto nell'una e predicato nell'altra) **10** (*dir.*) tipo: *f. di processo; pena applicabile a una data f. di reato* **11** esercizio che si esegue nel pattinaggio artistico, nello sci nautico, e sim.: *figure obbligatorie, figure libere* | nella danza, serie di movimenti o di posizioni particolari del ballerino o della coppia: *le figure del valzer, del tango* **12** †costellazione **13** (*mus.*) segno di notazione che indica la durata di una nota o di una pausa || **figuràccia**, **pegg.** (V.) | **figurétta**, **dim.** | **figurìna**, **dim.** (V.) | **figurìno**, **dim. m.** (V.) | **figuróna**, **accr.** (V.) | **figuróne**, **accr. m.** (V.)

figuràbile [av. 1311] **agg.** **1** †plasmabile **2** (*raro*) immaginabile, verosimile || **figurabilità**, **s. f. inv.**

figuràccia [av. 1799] **s. f.** (**pl.** *-ce*) **1** pegg. di *figura* **2** cattiva impressione di sé, suscitata negli altri col proprio comportamento: *ha fatto una f.*

figuràle [vc. dotta, lat. tardo *figurāle(m)*, da *figūra* 'figura' ✱av. 1342] **agg.** **1** (*lett.*) allegorico, simbolico: *significato f.* **2** relativo alla figura || †**figuralménte**, **avv.** || **figuralità**, **s. f. inv.**

figurànte [dal part. pres. di *figurare*, sul modello del fr. *figurant* ✱1777] **s. m. e f.** **1** (*cinema*) comparsa che talvolta può compiere azioni di una certa importanza o dire qualche battuta generica **2** (*est.*) persona di scarsissimo rilievo: *è solo un f. in seno all'amministrazione*

♦**figuràre** [vc. dotta, lat. *figurāre*, da *figūra* 'figura' ✱1266] **A v. tr.** **1** rappresentare mediante l'attribuzione di una data figura: *f. un angelo, un demonio nel marmo, nel legno, in un grande affresco* **SIN.** raffigurare **2** (*est.*) rappresentare in qualità di simbolo, segno: *f. la discordia, la fortuna, il vizio; l'edera figura l'affetto tenace* **3** (*raro*) fingere o far mostra di qlco.: *è inutile che figuri di non saper niente* **B v. intr.** (**aus.** *avere*) **1** far figura: *figura male col suo aspetto modesto* | (*assol.*) far bella mostra o impressione: *è un vestito che figura; ci s'era messo con tutto l'impegno per f. davanti alla fidanzata* (C. Cassola) **SIN.** comparire **2** stare, trovarsi, risultare: *nel conto non figura la mia percentuale* **3** apparire: *la loro intercessione non deve f.; deve f. come debitore e non come creditore* **C figuràrsi** **v. tr. pron.** (**aus.** *essere*) ● rappresentarsi con l'immaginazione (+ *di* **seguito da inf.**, + *se*, + *che*): *mi figuro la casa, il giardino; mi figuravo di compiere un lungo viaggio meraviglioso; te la figuri la faccia del professore?* | anche con valore espressivo o enfatico: *figurati che sosteneva di aver ragione!; figurati se mi ha ceduto il posto!; Si figuri che la mia cuoca ... fa di me quello che vuole* (A. Fogazzaro) **SIN.** immaginarsi | ***figurarsi!, figurati!, figuriamoci!, si figuri!*** ecc., certamente no o certamente sì, a seconda del contesto: *'Ti ha restituito il libro?' 'Figuriamoci!'; 'La disturbo?' 'Si figuri'; 'Posso assaggiarne uno?' 'Figurati!'* **D figuràrsi** **v. intr. pron.** ●(*lett.*) assumere forma o sembianza fisica

figurativìsmo [da *figurativo* ✱1958] **s. m.** ● tendenza figurativa in pittura e scultura **CONTR.** astrattismo

figurativo [vc. dotta, lat. tardo *figuratīvu(m)*, da *figurāre* 'figurare' ✱av. 1328] **A agg.** **1** che rappresenta per mezzo di figure | ***arti figurative***, la pittura e la scultura | nell'arte moderna, detto di arte, artista o tendenza che in qualche modo rappresenti o interpreti la realtà esterna senza prescindere da essa, spec. in contrapposizione ad astratto **2** (*econ.*) detto di un valore cui non corrisponde un effettivo esborso monetario, come il fitto non pagato da chi occupa un immobile proprio o l'interesse sul capitale di un'impresa **3** (*lett.*) simbolico ‖ **figurativaménte**, **avv.** in modo figurativo; da un punto di vista figurativo ‖ **figuratività**, **s. f. inv.** in pittura e scultura, carattere figurativo **B** **s. m.** (**f.** *-a*) ● pittore che si ispira al figurativismo

figuràto **part. pass.** di *figurare*; **anche agg.** **1** rappresentato in figura **2** ***ballo f., danza figurata***, con figure **3** illustrato o decorato con figure: *libro f.*; *vaso f.* **4** che si esprime mediante simboli, allegorie, allusioni e sim.: *linguaggio, stile f.* | (*ling.*) che si esprime mediante figure retoriche, metafore, traslati (in opposizione a *proprio*): *la parola 'testa' è usata in molte espressioni figurate* | ***carme f.***, componimento poetico i cui versi sono disposti in modo da riprodurre la figura di un oggetto o di un essere animato ‖ **figurataménte**, **avv.** in senso figurato

f

figurazióne [vc. dotta, lat. *figuratiōne(m)*, da *figurāre* 'figurare' ✱ av. 1328] **s. f.** **1** (*raro*) raffigurazione: *la f. di una piazza cittadina* | insieme di figure, di immagini: *un arazzo con figurazioni di tipo orientale* **2** nella danza e nello sport, insieme di figure **3** (*mus.*) breve insieme di note di particolare rilievo melodico o ritmico che formano un inciso in una frase musicale

♦**figurina** [1550] **s. f.** **1** dim. di *figura* | aspetto femminile snello e armonioso: *ha una f. elegante* **2** statuetta di vari materiali: *le figurine di Tanagra*; *le figurine di Lucca* **3** piccola immagine di vario soggetto stampata su cartoncino, acclusa a prodotti commerciali o venduta in buste chiuse, la cui serie completa può dare diritto a premi

figurinàio [da *figurina* ✱ 1869] **s. m.** (**f.** *-aia*, **pl. m.** *-ai*) ● fabbricante e venditore di statuette: *i figurinai di Lucca*

figurinìsta [da *figurino* ✱ av. 1764] **s. m. e f.** (**pl. m.** *-i*) ● chi disegna figurini di moda

figurino [1812] **s. m.** **1** dim. di *figura* **2** disegno che mostra la foggia o i particolari di un abito maschile o femminile | (*fig.*) ***è un f., sembra un f.***, è vestito all'ultima moda e con ricercatezza

figurìsta [da *figura* ✱ 1584] **s. m. e f.** (**pl. m.** *-i*) ● pittore che dipinge figure | nei secc. XVII e XVIII, pittore che eseguiva le figure in paesaggi dipinti da altri

figùro [da *figura* ✱ av. 1803] **s. m.** ● uomo d'aspetto losco: *ho incontrato uno strano f.* | (*est.*) uomo di dubbia moralità: *uno squallido f.* ‖ **figuràccio**, **pegg.**

figuróna [1911] **s. f.** **1** accr. di *figura* **2** gran successo, ottima impressione: *fare una f.*

figuróne [1988] **s. m.** ● (*colloq.*) figurona

fiiiuuu o **fiuuu** /'fijuu, 'fjuu/ o †**fi**② /fii/ [vc. onomat. ✱ 1618] **inter.** **1** riproduce il suono del fischio **2** esprime disprezzo, nausea e sim. | esprime sollievo per uno scampato pericolo

†**fil** ● V. †**fi'**

♦**fila** [da *filo*, prob. attrav. il pl. ant. (*le*) *fila*, che sopravvive in espressioni come 'tirare le fila' ✱ sec. XIV] **s. f.** **1** insieme di persone o cose disposte una dopo l'altra: *una f. di scolari, di acquirenti, di mattoni*; *mettere, tenere in f.*; *prima, seconda, terza f.* **SIN.** linea, serie, (*lett.*) teoria | ***f. di denti***, chiostra | ***f. di alberi***, filare | ***fare la f.***, attendere il proprio turno, disporsi in fila | ***in f. indiana***, uno dietro l'altro | ***per f. destr!, per f. sinistr!***, ordini per fare girare a destra o a sinistra un reparto incolonnato senza mutarne la formazione | ***essere in prima f.***, esposto per primo a una prova pericolosa (*anche fig.*) | in un teatro o in un cinema, serie trasversale di poltrone: *sedere in prima f.* | in un teatro, ordine di palchi | (*mus.*) ***di f.***, nell'orchestra moderna, detto di strumenti ad arco nelle cui parti non sono previsti assolo: *violino di f.* **2** (**al pl.**) ranghi: *militare nelle file di un partito* | ***serrare le file***, stringersi in formazione compatta, detto di militari; (*fig.*) stringersi compatti | ***disertare le file***, disertare; (*fig.*) abbandonare un'impresa, tradire qlcu. **3** (*est.*) serie continua: *subire una f. di sciagure, di malanni* | ***di f.***, senza interruzione | ***tre giorni di f.***, uno dopo l'altro | ***fuoco di f.***, serie continua di colpi d'arma da fuoco; (*fig.*) susseguirsi rapido di domande, contestazioni e sim. **4** serie di otto caselle contigue sulla scacchiera

filàbile [av. 1704] **agg.** ● che si può filare

filàccia o †**filàccica** [lat. parl. *'*filācea(m)*, da *filum* 'filo' ✱ 1612] **s. f.** (**pl.** *-ce*) **1** insieme delle fibre gregge vegetali appena liberate dal tiglio mediante macerazione, gramolatura e pettinatura | ***f. di lino***, usata per medicare ferite, prima che fosse introdotto l'uso del cotone idrofilo: *Le filacce … indicavano il posto dove l'operazione aveva avuto luogo* (L. Capuana) | insieme di fili che pendono da un'orlatura sfilacciata **2** (*mar.*) fibra vegetale ritorta che serve a formare il legnolo dei cavi

filaccicóso (o **-ṣ-**) [da *filaccia* ✱ av. 1712] **agg.** ● (*lett.*) filaccioso

filàccio [da *filaccia* ✱ 1585] **s. m.** ● (*mar.*) filo di vecchio cavo ‖ **filaccióne**, **accr.**

filacciòlo o (*lett.*) **filacciuòlo** [da *filaccio* ✱ 1956] **s. m.** ● speciale lenza, fornita di un grosso amo, usata per pescare pesci piuttosto grossi

filaccióso (o **-ṣ-**) [da *filaccia* ✱ 1914] **agg.** ● che si sfilaccia | filamentoso ‖ **filacciosaménte**, **avv.**

filacciuòlo ➤ **filacciolo**

filactèrio ➤ **filatterio**

filadelfiése (o **-ṣ-**) [1939] **A** **agg.** ● di Filadelfia **B** **s. m. e f.** ● abitante o nativo di Filadelfia

filagràna ➤ **filigrana**

filaménto [vc. dotta, lat. tardo *filamĕntu(m)*, da *filum* 'filo' ✱ 1499] **s. m.** (**pl.** *filaménti*, **m.**, *lett. filaménta*, **f.**) **1** (*anat.*) fibra sottile e allungata: *filamenti nervosi* **CFR.** nemato- **2** conduttore metallico filiforme, gener. di tungsteno, che attraversato dall'elettricità diventa una sorgente luminosa | (*elettron.*) conduttore filiforme in un tubo termoelettronico **3** (*bot.*) peduncolo che sostiene la parte superiore (*antera*) dello stame, cioè dell'organo maschile del fiore | ***f. dei muschi***, seta

filamentóso (o **-ṣ-**) [av. 1730] **agg.** ● che si presenta sotto l'aspetto di filamenti | che è ricco di filamenti: *corteccia filamentosa*

Filànca® [marchio registrato ✱ 1963] **s. f.** ● fibra sintetica elastica usata spec. per calze e maglie

filànda [da *filare*① ✱ 1787] **s. f.** ● fabbrica nella quale si procede alla trattura della seta | fabbrica nella quale vengono filate le fibre tessili

filandàia [1855] **s. f.** ● operaia di una filanda

filandière [1869] **s. m.** (**f.** *-a*) ● proprietario o direttore di una filanda

filandìna [1942] **s. f.** ● filandaia

filàndra [fr. *filandre*, da *filer* 'filare①' ✱ 1834] **s. f.** ● (**spec. al pl.**) sottoprodotto o cascame della filatura e della tessitura

♦**filànte** **A** **part. pres.** di *filare*①; **anche agg.** **1** nei sign. del v. **2** detto di ciò che, svolgendosi, si allunga in forma di filo: *stella f.* | ***formaggio f.***, che cola in lunghi filamenti **3** nel linguaggio degli sciatori, detto di percorso favorevole alle forti andature **4** slanciato, aerodinamico: *un'auto sportiva dalla linea f.* **B** **s. m.** ● alterazione del vino, più frequente in quello bianco e dolce, che diventa torbido e mucillaginoso **SIN.** grassume

♦**filantropìa** [fr. *philanthropie*, dal gr. *philantrōpía*, da *philánthrōpos* 'filantropo' ✱ 1584] **s. f.** ● sentimento di amore per il prossimo e attività concreta rivolta a migliorarne le condizioni di vita: *opere di f.*; *la f., o amore universale dell'umanità* (G. Leopardi) **SIN.** umanitarismo **CONTR.** misantropia

SFUMATURE ➤ ***umanità***

filantròpico [fr. *philanthropique*, da *philanthropie* 'filantropia' ✱ 1789] **agg.** (**pl. m.** *-ci*) ● di filantropo: *sentimenti, propositi, interventi filantropici* | di filantropia: *istituzione, società filantropica* ‖ **filantropicaménte**, **avv.** con filantropia; da filantropo

filantropìsmo [1798] **s. m.** **1** tendenza alla filantropia **2** movimento pedagogico di ispirazione illuministica sviluppatosi in Germania nella seconda metà del XVIII secolo

♦**filàntropo** [fr. *philanthrope*, dal gr. *philánthrōpos*, comp. di *phílos* 'amico' e *ánthrōpos* 'uomo' ✱ 1749] **s. m.** (**f.** *-a*); **anche agg.** ● chi (o che) prova sentimenti di filantropia e tenta di realizzarli concretamente **CONTR.** misantropo

♦**filàre**① [lat. tardo *filāre*, da *filum* 'filo' ✱ 1300] **A** **v. tr.** **1** ridurre in filo fibre tessili, quali canapa, lino, lana, cotone, raion | †***f. grosso, sottile***, secondo la grossezza del filo; (*fig.*) non badare, o badare, ai dettagli | ***al tempo che Berta filava***, al bel tempo antico, in un'età lontana | (*fig.*) ***f. il perfetto amore***, di due innamorati che vanno completamente d'accordo **2** (*est.*) ridurre in fili altri materiali, dopo averli opportunamente ammorbiditi spec. col calore: *f. l'oro, l'argento, il vetro, lo zucchero* **3** (*mar.*) lasciare scorrere con regolarità una cima, una catena e sim., mantenendone il controllo: *f. una gomena, la catena dell'ancora a mare* | ***f. in bando***, lasciare scorrere una cima fino a che non risulta più in tensione | ***f. a collo, a mano a mano***, lentamente | ***f. i remi***, smettere di remare, lasciandoli fuor d'acqua **4** (*fig.*, *raro*) lasciar colare o scorrere lentamente ma in modo continuo: *la botte fila il vino* | (*mus.*) ***f. un suono***, tecnica vocale, tipica del belcanto, in cui su una sola nota si passa dal pianissimo al fortissimo e si torna al pianissimo **5** (*centr.*) ***f., filarsi qlcu.***, prenderlo in considerazione, badargli: *parla, parla, ma pochi lo filano*; *cerca di farsi notare, ma nessuno se lo fila* **6** (*lett.*) predisporre **B** **v. intr.** **1** (aus. *avere*) fare la tela o il bozzolo, detto di ragno, baco da seta e sim. **2** (aus. *avere*) ridursi in lunghi filamenti: *se riscaldata la mozzarella fila* | diventare vischioso, detto di vino o aceto **3** (aus. *avere*) (*est.*) colare lentamente: *Dai gambi rotti fila un umore che si attacca alle mani* (G. D'Annunzio) | (*fig.*) ***il lume, la candela fila***, dà una fiamma lunga e fumosa: *la lampada a petrolio filava e il vetro s'anneriva da una parte* (G. Stuparich) **4** (aus. *essere*) (*fig.*) svolgersi secondo un filo logico, chiaro e coerente: *discorso, ragionamento che fila* **5** (aus. *avere*) (*fig.*) fare le fusa, detto del gatto **6** (aus. *essere*) (*fig.*) procedere a forte velocità: *è una macchina potente e fila ch'è una bellezza* | andarsene lestamente, fuggire: *quando mi ha visto furioso, è filato via senza discutere* | ***fila!, filate!***, vai, andatevene | ***f. per la tangente***, (*fig.*) prendere il largo, andarsene in gran fretta | ***f. diritto***, (*fig.*) rigar dritto, non deviare dal proprio dovere | ***far f. qlcu.***, (*fig.*) farlo rigare diritto | anche nella forma pron. (con valore intens.) **filàrsela** (con il pron. *la* indeterm.), svignarsela: *appena mi ha visto, se l'è filata* | ***filarsela all'inglese***, andarsene senza farsi notare, alla chetichella **7** (aus. *avere*) (*fig.*, *scherz.*) amoreggiare: *quei due filano da parecchio*

filàre② [da *fila* ✱ av. 1311] **s. m.** **1** fila di piante o alberi: *f. di viti, di cipressi* | fila di oggetti: *un f. di casupole* | ***f. di mattoni***, strato **2** †serie di otto caselle nella scacchiera **3** (*lett.*) fila di denti **4** (*miner.*) successione periodica in una direzione degli atomi o molecole facenti parte di un reticolo cristallino, separati tra loro da una distanza costante || **filarétto**, **dim.** | **filarìno**, **dim.**

filària [dal lat. *filum* 'filo' ✱ 1834] **s. f.** ● (*zool.*) nome comune di vari Nematodi caratterizzati da corpo filiforme; ospiti in fase larvale di Insetti, parassitano da adulti i Vertebrati e l'uomo

filarìaṣi ➤ **filariosi**

filarìno [da *filare*① nel sign. B 7 ✱ 1905] **s. m.** ● (*colloq.*) relazione sentimentale poco impegnativa, spec. tra ragazzi: *ho avuto un f. con lei al tempo del liceo* | (*est.*) la persona con cui si ha tale legame

filariòṣi o **filarìaṣi** [da *filaria* ✱ 1930] **s. f. inv.** ● malattia tropicale causata da una filaria

filarmònica [av. 1851] **s. f.** ● associazione che riunisce amatori della musica o, in genere, chi si diletta di musica | (*est.*) sede di tale associazione: *il concerto si terrà alle 9,30 alla F.* | orchestra di musica classica: *la F. della Scala*

filarmònico [comp. di *filo-*① e *armonia* ✱ 1543] **agg. e s. m.** (**f.** *-a*; **pl. m.** *-ci*) ● che (o chi) ha passione per la musica classica e ne coltiva lo studio: *un gruppo di giovani filarmonici* | ***società filarmonica***, di filarmonici

filàssi [vc. dotta, gr. *phýlaxis* 'custodia, protezione, difesa', non spiegato nella sua orig. ✱ 1968] **s. f. inv.** ● (*med.*) difesa naturale che un organismo oppone alle infezioni

filastròcca [etim. incerta ✱ av. 1442] **s. f.** **1** componimento in versi brevi, con ripetizioni di sillabe, parole e sim., spesso recitato in cadenza, per divertire o addormentare i bambini **2** (*est.*) tiritera, litania, cantilena: *mi sono sorbito la solita f.*

filàta **s. f.** **1** (*lett.*) fila, serie **2** (*roman.*) sgridata

filatelìa [fr. *philatélie*, comp. del gr. *phílos* 'amico' e *atéleia* 'franchigia' ✱ 1892] **s. f.** ● collezionismo di francobolli

filatèlica [da *filatelico* ✱ 1905] **s. f.** ● (*disus.*) filatelia | il complesso delle nozioni storiche, tecniche, e sim. concernenti i francobolli

filatèlico [fr. *philatélique*, da *philatélie* 'filatelia' ✱ 1894] **A** **agg.** (**pl. m.** *-ci*) ● relativo a collezionismo o commercio di francobolli: *valore, mercato f.*; *Società Filatelica*; *quotazione, passione, rarità filatelica* **B** **s. m.** (**f.** *-a*) **1** collezionista di francobolli **SIN.** filatelista **2** commerciante di francobolli

filatelìsta [1942] **s. m. e f.** (**pl. m.** *-i*) ● collezionista di francobolli, cultore della filatelia

†**filatèra** [da *fila* ✱ 1612] **s. f.** ● successione di più cose in fila | filastrocca | (*est.*) elenco: *una f. di ciance* (D. Bartoli)

†**filatéssa** [da *filata* ✱ av. 1543] **s. f.** ● lunga fila

filatìccio [da *filato* ✱ 1550] **s. m.** ● seta scadente, ricavata da bozzoli sfarfallati | filo e tessuto ottenuto da tale seta

♦**filàto** **A** **part. pass.** di *filare*①; anche **agg.** **1** ridotto in fili: *zucchero f.* **2** (*fig.*) continuo, ininterrotto: *parlare per tre ore filate* | coerente, senza intoppi: *ragionamento f.* || **filataménte**, **avv.** in modo continuo e ordinato **B** **s. m.** ● insieme di fibre tessili ritorte che danno origine a un corpo approssimativamente cilindrico, continuo, flessibile, di piccola sezione, prodotto mediante filatura | ***f. semplice***, a corpo unico | ***f. ritorto***, a più capi | ***f. cucirino***, per fare cuciture

filatóio [da *filato* ✱ 1312] **s. m.** (**pl.** *-ói*) **1** macchina per la filatura | †***girare il f.***, (*fig.*) vaneggiare **2** parte della filanda in cui si completa la filatura e si procede all'avvolgimento del filo su bobine | (*est.*) la filanda stessa **3** (*tess.*) ***f. ad anelli***, ring

filatóre [da *filare*① ✱ 1353] **A** **s. m.** (**f.** *-trice*, *pop.*, *disus.* *-tóra*) ● chi fila, spec. operaio addetto alla filatura **B** **agg.** ● che fila: *macchina filatrice*

filatrìce [1869] **s. f.** ● macchina per la filatura

filattèrio o **filactèrio** [vc. dotta, lat. tardo *phylactēriu(m)*, dal gr. *phylaktḗrion* 'difesa, talismano', da *phylássō* 'io proteggo' ✱ 1820] **s. m.** **1** ciascuno dei due astucci di cuoio contenenti pezzi di pergamena su cui sono scritti alcuni passi della Torah, che gli Ebrei maschi tengono legato al braccio sinistro e al capo durante la preghiera del mattino dei giorni feriali | (*impropr.*) i pezzi di pergamena racchiusi in tali astucci **2** (*arte*) cartiglio

filatùra [da *filare*① ✱ 1389] **s. f.** **1** operazione o serie di operazioni che consentono di trasformare una fibra tessile in filato: *f. a mano, a macchina*; *f. cardata, pettinata* | ***f. delle fibre sintetiche***, operazione consistente nel far passare la pasta da filare attraverso le filiere e nel coagulare in vari modi la bava **2** fabbrica tessile nella quale le fibre vengono trasformate in filati **3** (*agric.*) anormale allungamento di steli, germogli e sim. | nelle viti, trasformazione delle infiorescenze in viticci

fildifèrro o **fil di fèrro** o **filo di fèrro** [1319] **s. m.** (**pl.** *fildifèrro* o *fili di fèrro* o *pop.* *fildifèrri*) ● trafilato di acciaio dolce, a sezione circolare, del diametro di qualche millimetro, adibito a vari usi e applicazioni tecniche e artigianali

file① [gr. *phylḗ* 'tribù' ✱ av. 1748] **s. f. inv.** ● nella Grecia classica, ciascuna delle tribù in cui erano suddivise le popolazioni doriche e ioniche

file② /ingl. faɪl/ [vc. ingl., propr. 'fila' ✱ 1969] **s. m. inv.** ● (*inform.*) insieme di dati logicamente correlati conservati nella memoria di un computer **SIN.** archivio || **filétto** /fai'letto/, **dim.**

fileggiàre [da *filare*① ✱ 1874] **v. intr.** (**pres.** *io filéggio*; **fut.** *io fileggerò*; **aus.** *avere*) ● (*mar.*) sbattere, detto della vela che riceve il vento parallelamente alla sua superficie

filellènico [1869] **agg.** (**pl. m.** *-ci*) ● (*lett.*) filelleno: *società filellenica*

filellenìṣmo [1918] **s. m.** **1** interesse e ammirazione per la civiltà e la nazione greca **2** (*stor.*) movimento sviluppatosi in Europa tra il 1820 e il 1830 a sostegno della causa dell'indipendenza greca

filellèno [vc. dotta, gr. *philéllēn*, genit. *philéllēnos*, comp. di *phílos* 'amico' e *éllēn*, genit. *éllēnos* 'elleno, greco' ✱ av. 1604] **agg. e s. m.** (**f.** *-a*) ● sostenitore del filellenismo

file sharing /fail'ʃerin(g)/, *ingl.* 'faɪl,ʃeə(r)ɪŋ/ [loc. ingl., propr. 'condivisione (*sharing*) di *file*' ✱ 2001] **loc. sost. m. inv.** ● (*inform.*) condivisione di file tra computer collegati alla stessa rete | (*est.*) software che consente di scambiare file con un computer remoto condiviso

filet /fr. fi'lɛ/ [vc. fr., propr. 'rete', alterazione di *filé* 'filato', part. pass. sost. di *filer* 'filare①' ✱ 1932] **s. m. inv.** ● tipo di ricamo eseguito su un fondo costituito da una rete a maglie geometriche | (*est.*) tessuto ricamato a filet

filètico [ingl. *phyletic*, dal gr. *phyletikós*, agg. di *phylḗ* 'tribù, razza' (d'orig. indeur.) ✱ 1956] **agg.** (**pl. m.** *-ci*) ● (*biol.*) filogenetico

filettàggio [fr. *filetage*, da *fileter* 'filettare' ✱ sec. XX] **s. m.** ● (*tecnol.*) filettatura

filettàre [da *filetto*① ✱ 1716] **v. tr.** (*io filétto*) **1** ornare, guarnire con filetti: *f. una gonna di rosso*; *f. un cappello*; *f. una livrea* **2** dotare di filettatura: *f. un foro, un dado, un perno, una vite*

filettàto **part. pass.** di *filettare*; anche **agg.** **1** nei sign. del v. **2** detto di carattere tipografico in cui i tratti di ciascuna lettera sono percorsi da una linea bianca

filettatóre [1940] **s. m.** (**f.** *-trice*) ● operaio addetto alla filettatura

filettatrìce [1930] **s. f.** ● macchina utensile semiautomatica o automatica, che serve a filettare viti e madreviti

filettatùra [da *filettare* ✱ 1855] **s. f.** **1** guarnizione di qlco. mediante filetti | insieme dei filetti che ornano qlco.: *una f. in pelle, in oro*; *abito bianco con f. blu* **2** operazione meccanica consistente nell'incidere il filetto su viti, madreviti e sim. | parte filettata di tali pezzi **SIN.** filettaggio

filétto① [dim. di *filo* ✱ av. 1380] **s. m.** **1** (*raro*) filo sottile: *un f. d'erba, di fumo* **2** ornamento costituito da striscette di tessuto, cordoncini, galloni: *i filetti sul berretto degli ufficiali* **3** tratto sottile usato per separare colonne di testo, per riquadrare i dati nelle tabelle o come elemento ornamentale **4** sottile tratto di penna con cui si iniziano o si uniscono fra loro le lettere alfabetiche **5** funicella legata al basso delle reti da pesca perché stiano tese **6** (*fam.*) frenulo **7** nei finimenti del cavallo, tipo d'imboccatura semplice **8** (*mecc.*) sporgenza elicoidale della vite a sezione triangolare, trapezoidale e sim. **SIN.** pane② **9** negli orologi, scanalatura praticata nella lunetta, nella quale s'incastra a forza il vetro **10** (*fig.*) nella loc. †***tenere a f. qlcu.***, tenerlo a dieta, a digiuno || **filettìno**, **dim.**

filétto② [detto così perché le pedine si devono mettere in *fila* ✱ 1717] **s. m.** ● gioco da tavolo a due, consistente nel disporre in fila tre pedine, su uno dei lati di tre quadrati concentrici **SIN.** tria②

filétto③ [dal *filo* della schiena ✱ sec. XVIII] **s. m.** **1** (*cucina*) parte muscolare interna dei lombi di un animale macellato, spec. bovino: *bistecca di f.* **2** (*cucina*, *est.*) lembo di carne lungo e stretto tagliato sul petto di polli, tacchini, ecc. | ognuna delle due parti, pulite e diliscate, in cui si dividono alcuni pesci: *filetti di sogliola, di acciughe, di sgombro* | in alcune preparazioni alimentari, ingrediente tagliato a strisce sottili: *sugo al f. di pomodoro*

-filìa [dal gr. *philía* 'amore' (V. *filo-*①)] **secondo elemento** ● in parole composte, significa 'favore', 'simpatia', 'tendenza', 'affinità' e sim. per persone o cose: *anglofilia, bibliofilia, francofilia*

filiàle o (*raro*, *lett.*) **figliàle** [vc. dotta, lat. tardo *filiāle(m)*, da *filius* 'figlio' ✱ 1268] **A** **agg.** ● di figlio, da figlio: *amor f.*; *carità, pietà f.*; *la debita obbedienza f.* (G. Boccaccio) || **filialménte**, **avv.** da figlio || **filialità**, **s. f. inv.** **B** **s. f.** **1** sede secondaria di un'azienda: *la sede centrale e le filiali*; *la f. della mia banca* **2** impresa dipendente da altra

filiazióne o (*raro*, *lett.*) **figliazióne** [vc. dotta, lat. tardo *filiatiōne(m)*, da *filius* 'figlio' ✱ av. 1328] **s. f.** **1** rapporto giuridico tra genitori e figli: *f. legittima, illegittima, naturale, adottiva* **2** (*fig.*) derivazione, provenienza: *f. di una lingua da un'altra* | (*fig.*) †tutela **3** (*geogr.*) l'insieme delle masse di ghiaccio che si staccano da un ghiacciaio o da un iceberg

filibùsta [da *filibustiere* ✱ 1929] **s. f.** ● consorteria costituita dai predoni di mare che nel sec. XVII infestavano le coste del mar Caraibico

filibusterìa [da *filibustiere* ✱ 1877] **s. f.** ● attività dei filibustieri

filibustering /fili'basterin(g), *ingl.* 'fɪlɪˌbʌstərɪŋ/ [vc. ingl., da *to filibuster* 'fare un'azione da filibustiere' ✱ 1952] **s. m. inv.** ● nel linguaggio politico, l'ostruzionismo parlamentare

✦**filibustière** [sp. *filibustero*, dal neerl. *vrijbuiter* 'libero cacciatore di bottino', comp. di *vrij* 'libero' e *buit* 'bottino' ✱ 1772] **s. m. 1** corsaro **2** (**f.** *-a*) (*fig.*) avventuriero senza scrupoli, mascalzone

Filicàli [comp. del lat. *filix*, genit. *filicis* 'felce', e *-ali* ✱ 1956] **s. f. pl.** (**sing.** *-e*) ● (*bot.*) ordine di piante delle Pteridofite con gli organi riproduttori sulla pagina inferiore delle foglie (*Filicales*) **SIN.** Felci

Filicìne [dal lat. *filix*, genit. *filicis* 'felce' ✱ 1956] **s. f. pl.** (**sing.** *-a*) ● (*bot.*) Felci

f

filièra [fr. *filière*, da *fil* 'filo' ✱ 1550] **s. f. 1** dispositivo per la filatura delle fibre tessili artificiali e sintetiche, costituito da una piastrina di metallo pregiato con fori capillari attraverso i quali vengono spinte le masse fluide destinate a formare le fibre elementari **2** in varie tecnologie, dispositivo per trafilare materiali metallici o plastici **SIN.** trafila | in meccanica, disco metallico dotato di un foro con settori filettati, usato per eseguire la filettatura di viti e sim. **3** (*zool.*) ognuno degli organi addominali dei ragni che ricevono il secreto dalle ghiandole della seta e formano i caratteristici fili della ragnatela **4** †fila, filare: *una f. di volumi* **5** (*econ.*) sequenza delle lavorazioni effettuate in successione per trasformare le materie prime in prodotti finiti | (*est.*) comparto industriale omogeneo

filière /*fr.* fi'ljɛʀ/ [vc. fr., da *file* 'fila (dei sottoscrittori)' ✱ 1956] **s. f. inv.** ● titolo all'ordine, giuridicamente considerato titolo rappresentativo della merce, mediante il quale il venditore fa reale offerta di consegna, della merce stessa, al proprio compratore

filifórme [comp. di *filo* e *-forme* ✱ 1813] **agg.** ● che ha forma di filo, che è lungo e sottile come filo: *tentacolo f.* | (*est.*) magrissimo

filìggine ▸ **fuliggine**

filigràna o **filogràna**, **filagràna** [comp. di *filo* e *grano*, cioè 'filo a grani' ✱ 1668] **s. f. 1** lavoro di oreficeria a trafori formato da fili e nastrini sottili o curvati a forma di arabeschi e fogliami composti e saldati insieme **2** (*fig.*) †lavoro raffinato **3** marchio, disegno, figurazione che si rivela solamente osservando in controluce un certo tipo di carta: *la f. di una banconota, di un francobollo* | nella loc. avv. *in f.*, (*fig.*) tra le righe, in modo nascosto o appena accennato: *nel romanzo si colgono in filigrana richiami autobiografici*

filigranàto [1869] **agg. 1** detto di carta su cui è stata impressa la filigrana **2** (*fig.*, *lett.*) sottilmente venato, appena impregnato: *una prosa filigranata di tristezza*

filigranatùra [da *filigrana* ✱ 1957] **s. f.** ● operazione consistente nell'imprimere la filigrana sui fogli di carta

filigranoscòpio [comp. di *filigrana* e *-scopio* ✱ 1930] **s. m.** ● piccola vaschetta di color nero, dove si esamina la filigrana di un francobollo dopo averlo collocato con la vignetta in basso e inumidito di benzina

filìno [1978] **s. m. 1** dim. di *filo* **2** (*fam.*) piccola quantità (*anche fig.*): *condire con un f. d'olio*; *un f. d'ironia*

†**fìlio** ▸ **figlio**

filipèndula [comp. di *filo* e *pendulo*, perché i tuberi pendono da un filo ✱ 1834] **s. f.** ● pianta erbacea delle Rosacee con foglie pennate, fiori bianchi e radici con un ingrossamento circa alla loro metà (*Spiraea filipendula*)

✦**filìppica** [vc. dotta, lat. tardo *Philĭppicae* (nom. pl.), f. sost. di *Philĭppicus* 'filippico'; furono chiamate così le orazioni di Demostene contro *Filippo II* di Macedonia e, per analogia, quelle di Cicerone contro M. Antonio ✱ av. 1647] **s. f.** ● discorso molto aspro e polemico: *è uscito in una f. contro il malcostume* **SIN.** invettiva

✦**filippìno**① [1787] **A agg.** ● delle isole Filippine **B s. m.** (**f.** *-a*) ● abitante o nativo delle isole Filippine **C s. m. solo sing.** ● lingua ufficiale delle Filippine, variante formalizzata del tagalog

filippìno② [av. 1810] **s. m.** ● sacerdote o fratello laico appartenente alla Congregazione dell'Oratorio, fondata da San Filippo Neri (1515-1595) **SIN.** oratoriano

filìppo [da *Filippo*, n. del re che la fece incidere ✱ av. 1606] **s. m. 1** nome dello statere d'oro di Filippo II di Macedonia (382 ca.-336 a.C.), usato nell'area mediterranea in epoca ellenistica **2** moneta milanese d'argento, coniata da Filippo II di Spagna (1527-1598)

filisteìsmo [comp. di *filiste(o)* e *-ismo* ✱ av. 1908] **s. m.** ● atteggiamento, comportamento e mentalità da filisteo

filistèo [ebr. *Pelishtīm*: l'uso del termine nel sign. di 'conformista' nacque nel sec. XVI tra gli studenti tedeschi che paragonavano sé stessi al popolo eletto e gli altri cittadini ai Filistei ✱ 1268] **agg. e s. m.** (**f.** *-a*) **1** appartenente ai Filistei, un'antica popolazione stanziatasi sulle coste della Palestina: *esercito f.*; *le lotte fa Israeliti e Filistei* **2** (*fig.*) che (o chi) ha mentalità gretta, meschina, retriva: *il padre f. brutale* (E. MORANTE) **SIN.** conformista

fillade [fr. *phyllade*, dal gr. *phyllás*, genit. *phylládos* 'fogliame', da *phýllon* 'foglia' (V. *fillo-*) ✱ 1817] **s. f.** ● (*miner.*) roccia metamorfica a grana minutissima costituita essenzialmente da quarzo e miche

filler /'filler, *ingl.* 'fɪlə(r)/ [vc. ingl. 'riempitivo' ✱ 1917] **s. m. inv. 1** in varie tecnologie, elemento riempitivo, additivo **2** riempitivo usato in interventi di chirurgia plastica: *un f. antirughe*

fillér /*ungherese* 'fille:r/ [ungherese, dal medio alto ted. *vierer*, n. di una moneta del valore di quattro (ted. *vier*, di orig. indeur.) pfennig] **s. m. inv.** (**pl. ungherese inv.**) ● moneta ungherese pari alla centesima parte del fiorino

fillio [vc. dotta, gr. *phýllion*, dim. di *phýllon* 'foglia' (V. *fillo-*) ✱ 1834] **s. m.** ● genere di Insetti che si confondono facilmente con le foglie, diffusi nella regione indo-malese (*Phyllium*)

fillirèa [gr. *phillyréa* 'tipo di pianta' ✱ av. 1577] **s. f.** ● genere di piante delle Oleacee, diffuse nella macchia mediterranea, con fiori bianchi e frutti a drupa (*Phillyrea*)

fillo-, -fillo [dal gr. *phýllon* 'foglia', prob. di orig. indeur.] **primo e secondo elemento** ● in parole composte della terminologia scientifica, soprattutto botanica, significa 'foglia' o indica relazione con foglie: *fillotassi, antofillo*

fillocladio [comp. di *fillo-* e del gr. *kládion* 'piccolo ramo' ✱ 1956] **s. m.** ● (*bot.*) cladodio

fillòdia [V. *fillodio* ✱ 1932] **s. f.** ● (*agric.*) *f. del cotone*, malattia di tipo virale che colpisce le gemme e i fiori delle piante di cotone, i quali diventano verdi e sterili e, di conseguenza, non producono fibra

fillòdio [dal gr. *phyllṓdēs* 'simile a foglia', comp. di *phýllon* 'foglia' ed *-eidḗs* '-oide' ✱ 1834] **s. m.** (**pl.** *-i* o **raro** *-ii*) ● picciolo fogliare allargato, simile a una foglia

fillòfago [comp. di *fillo-* e *-fago* ✱ 1892] **agg.** (**pl. m.** *-gi*) ● di animale, spec. insetto, che mangia le foglie

fillòma [comp. di *fill(o)-* e *-oma* ✱ 1892] **s. m.** (**pl.** *-i*) ● (*bot.*) denominazione generica delle foglie e degli organi vegetali a esse omologhi

fillomanìa [comp. di *fillo-* e *-mania* ✱ 1834] **s. f.** ● (*bot.*) produzione di foglie in quantità superiore al normale

fillomedùṣa [comp. di *fillo-* e *medusa* ✱ 1917] **s. f.** ● anfibio dell'America tropicale simile alle raganelle, che fa vita arboricola ed ha mani e piedi prensili (*Phyllomedusa*)

Fillòpodi [vc. dotta, comp. del lat. scient. *phyllo-* 'fillo-' e del gr. *póus*, genit. *podós* 'piede' ✱ 1834] **s. m. pl.** (**sing.** *-e*) ● (*zool.*) sottordine di Crostacei dei Branchiopodi viventi nell'acqua, comprendente piccole specie di Artropodi dal corpo molto allungato, segmentato e fornito di numerose zampine (*Phyllopoda*)

filloptòṣi [comp. di *fillo-* e *ptosi* ✱ 1834] **s. f. inv.** ● (*bot.*) caduta delle foglie dovuta a cause non naturali

fillosòma [comp. di *fillo-* e *-soma*, perché ha il corpo appiattito e somigliante a una foglia ✱ 1874] **s. m.** (**pl.** *-i*) ● stadio larvale dell'aragosta a forma di fogliolina trasparente con esili zampe

fillòssera o **filòssera** [comp. di *fillo-* e del gr. *xērós* 'secco', perché dissecca le foglie ✱ 1874] **s. f.** ● piccolo insetto degli Afidi che reca gravi danni alla vite, attaccandone le foglie o le radici per succhiarne la linfa (*Phylloxera vastatrix*)

fillotàssi [comp. di *fillo-* e del gr. *táxis* 'ordine, disposizione' ✱ 1874] **s. f. inv.** ● disposizione delle foglie sui rami

fillumenìstica [comp. di *filo-*① e del lat. *lūmen*, genit. *lūminis* 'lume' ✱ 1983] **s. f.** ● collezionismo di etichette e figurine ritagliate dalle scatole di fiammiferi

✦**film** o (*raro*, *tosc.*, *roman.*) **filme** [vc. ingl., propr. 'pellicola' ✱ 1889] **s. m. inv.**; *raro* **f. 1** pellicola fotografica o cinematografica **2** opera cinematografica: *un f. d'avventure, d'amore*; *f. a colori, in bianco e nero*; *girare un f.* **CFR.** movie | ***f. LUCE***, programma di attualità e notizie proiettato nelle sale cinematografiche tra uno spettacolo e l'altro, spec. in Italia negli anni fra il 1930 e il 1950 | ***f. tv*** o ***f.-tv***, (*raro*) ***f. tivù***, (*raro*) ***f. tivvù***, film realizzato per essere mandato in onda da una rete televisiva **SIN.** tv-movie | ***f. d'animazione***, in cui il movimento è ricostruito mediante la ripresa di disegni in sequenza che ricostruiscono il movimento o mediante tecniche di computer animation | (*est.*) genere di narrazione cinematografica: *f. western, di guerra, di gangster* | ***f. d'azione***, film caratterizzato da ritmo incalzante, con situazioni pericolose, inseguimenti e sim. | ***f. noir***, V. *noir* | ***f. in costume***, ispirato a episodi storici, leggende o comunque ambientato in una civiltà del passato **3** cinema, arte cinematografica: *all'epoca del f. muto* **4** patina, strato sottile | pellicola plastica leggerissima ‖ **filmàccio**, **pegg.** | **filmétto**, **dim.** | **filmìno**, **dim.** (V.) | **filmóne**, **accr.**

filmàbile [1939] **agg.** ● da cui si può trarre un film | che si può ridurre in film: *romanzo difficilmente f.* ‖ **filmabilità**, **s. f. inv.**

filmàre [da *film* ✱ 1916] **v. tr.** ● riprendere con la macchina da presa: *f. un incontro di calcio, un avvenimento mondano* | (*raro*) ridurre a film: *f. un romanzo*

filmàto **A part. pass.** di *filmare*; anche **agg.** ● nei sign. del v. **B s. m.** ● brano cinematografico inserito spec. a fini di documentazione in trasmissioni televisive, spettacoli teatrali, conferenze e sim.

filme ▸ **film**

fìlmico [1959] **agg.** (**pl. m.** *-ci*) ● relativo al film, al cinema ‖ **filmicaménte**, **avv.** da un punto di vista filmico ‖ **filmicità**, **s. f. inv.**

filmìna [1959] **s. f.** ● striscia di pellicola cinematografica da 35 mm sulla quale sono impresse diapositive per proiezione fotografica

filmìno [1977] **s. m.** ● dim. di *film*: *un f. leg-*

gero ma divertente | film amatoriale: *il f. delle nozze*

filmìstico [1926] **agg.** (**pl. m.** *-ci*) ● filmico, cinematografico

film-maker /film'meker, *ingl.* 'fɪlm-ˌmeɪkə(r)/ [vc. ingl., comp. di *film* e *maker* 'facitore, creatore' (di orig. germ.) ✱ 1980] **s. m. e f. inv.** (**pl. ingl.** *film-makers*) ● autore di un film, di cui segue tutte le fasi della lavorazione, curando il soggetto, la sceneggiatura, la regia, il montaggio, ecc.

filmografìa [comp. di *film* e *-grafia* ✱ 1950] **s. f.** ● lista dei film realizzati da un autore | lista di film riguardanti un determinato argomento o classificabili in base a un determinato criterio

filmogràfico [1960] **agg.** (**pl. m.** *-ci*) ● relativo alla filmografia | (*est.*) cinematografico

filmologìa [comp. di *film* e *-logia* ✱ 1948] **s. f.** (**pl.** *-gìe*) ● disciplina che studia le opere cinematografiche dal punto di vista tecnico, artistico e sociologico

filmològico [1983] **agg.** (**pl. m.** *-ci*) ● della filmologia

film-òpera [comp. di *film* e *opera* nel sign. 10 ✱ 1983] **s. m. inv.** ● film che ha per contenuto un'opera lirica, preordinatamente cantata e recitata in funzione della sua ripresa cinematografica

filmotèca [comp. di *film* e *-teca* ✱ 1930] **s. f.** ● (*raro*) cineteca

fìlm-strip /*ingl.* 'fɪlm,strɪp/ [vc. ingl., comp. di *film* (V.) e *strip* 'nastro' ✱ 1972] **s. m. inv.** (**pl. ingl.** *film-strips*) ● filmina

♦**fìlo** [lat. *filu(m)*, di orig. indeur. ✱ 1266] **s. m.** (**pl.** *fili*, **m.**, *fila*, **f. con valore collettivo nel sign. di** *'filamenti'* (**V. sign. 2**) **e in alcune loc. del sign. 4**) **1** manufatto di forma lunga e sottile, a sezione cilindrica, per tessere, cucire e sim. ottenuto dalla lavorazione di fibre tessili naturali o artificiali: *f. di cotone, di seta, di nylon*; *f. semplice, doppio, ritorto*; *matassa, gomitolo, rocchetto di f.* | ***f. di Scozia***, di cotone, lucido, usato spec. per articoli di maglieria: *guanti di f. di Scozia* | ***f. chirurgico***, vegetale, animale o metallico, usato per suture | ***essere attaccato a un f.***, (*fig.*) in condizioni di grande precarietà | ***dare del f. da torcere***, (*fig.*) mettere in seria difficoltà | ***essere legato a f. doppio con qlcu.***, (*fig.*) avere forti legami affettivi o di interesse | (*fig., colloq.*) ***fare il f. a qlcu.***, fare la corte | tessuto di lino o cotone: *fazzoletto, lenzuolo di f.* **2** tutto ciò che ha o assume forma sottile e allungata, simile a quella del filo: *f. di fieno, d'erba, di paglia*; *f. di ferro, d'oro*; *il f. del telefono* | ***f. diretto***, collegamento diretto; (*fig.*) rapporto diretto, personale | ***fili d'oro***, (*fig., lett.*) capelli biondi | ***f. spinato***, metallico, con punte intrecciate a intervalli regolari, usato per recinzioni e difese | ***f. elettrico***, conduttore metallico per corrente elettrica | ***f. di sicurezza***, quello inserito nella carta delle banconote per impedirne la falsificazione | ***f. di perle, di coralli e sim.***, insieme di perle o coralli infilati su un filo | filamento: *fagioli col f.*; *i fili, le fila del formaggio* | sottile rivolo: *un f. d'olio cola dalla bottiglia*; *un f. di sangue sgorgava dalla ferita*; *il fondo appiccicava e faceva le fila* (A. MANZONI) **3** (*est.*) cordicella, cavetto | ***f. a piombo***, sottile fune che reca a un'estremità un peso di piombo o di ottone, usato per fissare la direzione della verticale: *il f. a piombo dei muratori* | ***f. elicoidale***, quello formato da tre fili di acciaio avvolti ad elica, usato per il taglio dei blocchi di marmo | ***f. d'Arianna***, quello che, secondo la leggenda, Arianna consegnò a Teseo perché non si smarrisse all'interno del labirinto; (*fig.*) ciò che consente di uscire da una situazione particolarmente intricata, confusa, difficile | ***f. del traguardo, f. di lana***, in vari sport, quello teso, anche idealmente, sulla linea del traguardo | ***vincere sul f. di lana***, (*raro*) ***sul f. del traguardo***, (*ellitt.*) ***sul filo***, prevalere all'ultimo momento in una gara molto combattuta (*anche fig.*) | (*fig.*) differenza minima di spazio o di tempo, spec. nella loc ***sul f. di***: *l'attaccante è scattato sul f. del fuorigioco*; *una gara combattuta sul f. dei secondi* | (*fig.*) ***f. della schiena, delle reni***, spina dorsale | ***f.*** (***conduttore***), (*fig.*) linea ideale che costituisce l'elemento costante di coerenza, di continuità in un ragionamento, un racconto e sim.: *perdere, ritrovare il f. della storia*; *un'interpretazione condotta sul f. del grottesco* | ***perdere il f.*** (***del discorso***), non ritrovare più l'ordine logico | ***f. rosso***, (*fig.*) collegamento ideale che unisce fenomeni, fatti, personaggi e sim. **SIN.** fil rouge **4** tirante delle marionette | (*fig.*) ***tenere, reggere le fila di qlco.***, dirigere, gestire qlco., spec. nell'ombra | (*fig.*) ***tirare le fila di qlco.***, cercare di concluderla **5** nelle armi bianche e in ogni altro strumento tagliente, parte della lama che forma il limite estremo del taglio: *il f. del pugnale, della spada, della scure, del rasoio, delle forbici* | ***perdere il f.***, non essere più tagliente | ***essere, camminare, trovarsi sul f. del rasoio***, (*fig.*) in condizione di pericolo o rischio continuo | ***passare qlcu. a fil di spada***, ucciderlo **6** spigolo: *il f. del muro, del tavolo* | nei pattini da ghiaccio, ciascuno dei due spigoli della lama del pattino da ghiaccio, formati dalla scanalatura longitudinale ad essa: *f. interno, esterno* **7** (*fig.*) quantità minima: *un f. di voce*; *un f. di speranza*; *un f. d'acqua, di vento* | ***essere ridotto a un f.***, essere molto deperito **8** (*fig.*) direzione: *il f. della corrente, del vento* | ***per f. e per segno***, in modo continuo e dettagliato | ***il f. del legno***, il senso, la direzione della fibra | ***a f., a dritto f.***, per diritto | ***stare a f.***, stare diritto | †***di f.***, senza por tempo in mezzo; direttamente | (*fig.*) bandolo di una situazione intricata: *trovare il f.* | ***a f. di logica***, (*fig.*) secondo un corretto ragionamento **9** †fila | †***in f.***, in fila | (*mar.*) ***fil di ruota***, andatura a vela con il vento che spira di poppa esattamente nell'asse longitudinale dello scafo || **filétto**, **dim.** (V.) | **filino**, **dim.** (V.) | **filóne**, **accr.** (V.) | **filùccio**, **filùzzo**, **dim.**

filo- ① [gr. *philo-*, da *phílos* 'amico', di orig. indeur.] **primo elemento** (*fil-*, **davanti a vocale**) ● in parole composte, significa 'che ha propensione, simpatia', 'che dimostra tendenza, affinità' e sim., per persone o cose: *filocinese, filodrammatico, filofascista, filologo, filosofo*

filo- ② [dal gr. *phýlon* 'stirpe', di orig. indeur.] **primo elemento** ● in parole composte della terminologia botanica e zoologica, significa 'discendenza': *filogenesi* **CFR.** nemato-

filo- ③ **primo elemento** ● in parole composte della terminologia tecnica, indica trasporto e comunicazione 'mediante filo': *filovia, filodiffusione*

filò [vc. ven., 'filato' ✱ 1750] **s. m. inv.** ● (*ven.*) un tempo, veglia invernale dei contadini nelle stalle o presso il focolare, trascorsa in chiacchiere o ascoltando racconti | ***far f.***, passare il tempo durante tale veglia; (*fig.*) chiacchierare oziosamente del più e del meno: *quando uno andava nelle stalle a far f.* (M. RIGONI STERN)

-filo [V. *filo-*①] **secondo elemento** ● in parole composte, significa 'che ha propensione, simpatia, tendenza, affinità' e sim. per persone o cose: *bibliofilo, francofilo* **CONTR.** -fobo

filoamericàno [comp. di *filo-*① e *americano* ✱ 1937] **agg. e s. m.** (**f.** *-a*) ● che (o chi) ha simpatia per gli Stati Uniti o ne approva la politica

filoàrabo [comp. di *filo-*① e *arabo* ✱ sec. XX] **agg. e s. m.** (**f.** *-a*) ● che (o chi) ha simpatia per i popoli di lingua araba, ne ammira la cultura e i costumi o ne approva la politica

filoatlàntico [comp. di *filo-*① e *atlantico* ✱ sec. XX] **agg. e s. m.** (**f.** *-a*; **pl. m.** *-ci*) ● che (o chi) sostiene l'alleanza politico-militare istituitasi con il Patto atlantico fra gli Stati Uniti e i Paesi dell'Europa occidentale

fìlobus o (*pop.*) **filobùs** [comp. di *filo-*③ e *-bus* ✱ 1935] **s. m. inv.** ● autobus elettrico munito di un doppio trolley con cui attinge energia da una linea aerea bifilare

filoccidentàle o **filo-occidentàle** [comp. di *filo-*① e *occidentale* ✱ sec. XX] **agg. e s. m. e f.** ● che (o chi) ha simpatia per il mondo occidentale, ne ammira la cultura e i costumi o ne approva la politica **CONTR.** antioccidentale

filocinése (o *-ṣ-*) [comp. di *filo-*① e *cinese* ✱ 1937] **agg. e s. m. e f.** ● che (o chi) ha simpatia per la Cina e ne ammira la cultura e i costumi o ne approva la politica

filocomunìsta [comp. di *filo-*① e *comunista* ✱ 1986] **agg. e s. m. e f.** (**pl. m.** *-i*) ● simpatizzante per il comunismo o per un partito comunista

filodèndro [vc. dotta, gr. *philódendros* 'amante degli alberi', comp. di *phílos* 'amico' e *-dendro* ✱ 1865] **s. m.** ● genere di piante rampicanti delle Aracee, ornamentali con fusto scarsamente ramificato e foglie persistenti (*Philodendron*) | correntemente, pianta delle Aracee con radici aeree e foglie dai caratteristici fori ovali o tondeggianti (*Monstera deliciosa*)

filodiffuṣióne [comp. di *filo-*③ e *diffusione* ✱ 1958] **s. f.** ● sistema di ricezione di particolari trasmissioni radiofoniche a mezzo della normale linea telefonica in utenza

filodiffùṣo [comp. di *filo-*③ e *diffuso*, part. pass. di *diffondere* ✱ 1971] **agg.** ● trasmesso con il sistema della filodiffusione: *programma radiofonico f.*

filodiffuṣóre [comp. di *filo-*③ e *diffusore* ✱ 1970] **s. m.** ● dispositivo per riprodurre i programmi radiofonici trasmessi con la filodiffusione

filodossìa [vc. dotta, gr. *philodoxía*, comp. di *phílos* 'amico' e *dóxa* 'gloria' ✱ av. 1819] **s. f.** ● (*filos.*) in Kant, atteggiamento di chi riconosce la validità dell'opinione comune, in contrapposizione al sapere filosofico criticamente fondato | (*est.*) dilettantismo filosofico

filodrammàtica [1930] **s. f.** ● compagnia, società di attori dilettanti

filodrammàtico [comp. di *filo-*① e (*arte*) *drammatica* ✱ 1805] **agg. e s. m.** (**pl. m.** *-ci*) ● che (o chi) è appassionato di teatro e si dedica a esso come dilettante: *una recita di filodrammatici*

filofascìsta [comp. di *filo-*① e *fascista* ✱ 1923] **agg. e s. m. e f.** (**pl. m.** *-i*) ● simpatizzante per il fascismo

filogèneṣi [comp. di *filo-*② e *genesi* ✱ 1874] **s. f. inv.** ● storia del processo evolutivo degli organismi viventi dall'epoca della loro comparsa sulla Terra a oggi **SIN.** filogenia

filogenètica [da *filogenesi* ✱ 1897] **s. f.** ● lo studio delle cause e delle modalità della filogenesi

filogenètico [da *filogenesi* ✱ 1898] **agg.** (**pl. m.** *-ci*) ● relativo alla filogenesi || **filogeneticaménte**, **avv.** per quanto riguarda la filogenesi

filogenìa [comp. di *filo-* e *-genia* ✱ 1874] **s. f.** ● filogenesi

filogovernativo [comp. di *filo-*① e *governativo* ✱ 1985] **agg.** ● che appoggia il governo, che simpatizza per il governo: *giornale f.*

filografìa [da *filo-* e *-grafia*; nel sign. 2, calco

sull'ingl. *philography* ✱ 1908] **s. f.** **1** attitudine a comprendere e ad amare la pittura **2** collezionismo di autografi

filogràna ➤ **filigrana**

filoguidàto [comp. di *filo-*③ e *guidato*, part. pass. di *guidare* ✱ 1983] **agg.** ● detto di congegno o macchina comandata tramite un filo elettrico o, nei sistemi più sofisticati, tramite una fibra ottica: *gru filoguidata, missile f.*

filoimperiàle [comp. di *filo-*① e *imperiale* ✱ 1983] **agg.** ● (*stor.*) spec. nel Medioevo, fautore, sostenitore dell'imperatore e della sua politica **CFR.** filopapale

filoislàmico [1925] **agg.**; anche **s. m. e f.** (**pl. m.** *-ci*) ● che (o chi) ha simpatia nei confronti dell'Islam e di ciò che è islamico

filoisraeliàno [comp. di *filo-*① e *israeliano* ✱ 1984] **agg. e s. m.** (**f.** *-a*) ● che (o chi) ha simpatia per lo Stato d'Israele o ne approva la politica

filologìa [vc. dotta, lat. *philolŏgia(m)*, dal gr. *philologίa*, da *philólogos*. V. *filologo* ✱ 1643] **s. f.** (**pl.** *-gìe*) **1** disciplina che studia la lingua e la letteratura così come vengono trasmesse da fonti scritte od orali: *f. greca, latina, romanza, germanica, slava* **2** disciplina che ha come fine la ricostruzione di un testo nella sua forma originale, liberandolo da errori e rimaneggiamenti successivi | ***f. d'autore***, che studia le carte dell'autore al fine di ricostruire la genesi dell'opera **CFR.** critica testuale **3** (*est.*) l'insieme dei filologi e degli studi filologici di un dato periodo o di una data area culturale: *la f. tedesca dell'Ottocento*

filològico [da *filologia* ✱ 1643] **agg.** (**pl. m.** *-ci*) ● relativo alla filologia, basato sulla filologia: *studio f.*; *dissertazione, indagine filologica* | ***scienze filologiche***, costitutive o ausiliarie della filologia, come l'ermeneutica, la critica del testo e sim. | (*est.*) che si ispira ai criteri della filologia; meticoloso, preciso: *il rigore f. di una ricostruzione storica* || **filologicaménte**, **avv.** da filologo, in base alla filologia || **filologicità**, **s. f. inv.**

filologìsmo [1931] **s. m.** ● (*spreg.*) riduzione della critica letteraria a tecnica filologica

filòlogo [vc. dotta, lat. *philŏlogu(m)*, dal gr. *philólogos* 'amante dei discorsi, amante delle lettere', comp. di *phílos* 'amico' e *lógos* 'discorso' ✱ 1546] **A** **s. m.** (**f.** *-a*; **pl. m.** *-gi*) ● studioso di filologia | (*lett.*) erudito in materie letterarie e grammaticali **B** **anche agg.**: *umanista f.*

filonazìsta [comp. di *filo-*① e *nazista* ✱ 1946] **agg. e s. m. e f.** (**pl. m.** *-i*) ● simpatizzante per il nazismo

filoncìno [1754] **s. m.** **1** dim. di *filone*① **2** pane di forma allungata, con le punte arrotondate

filondènte o **filundènte** [da *filo in dente* (del pettine) ✱ 1598] **s. m.** ● (*disus.*) tela di canapa molto rada e tesa usata come base per ricami

filóne① [1532] **s. m.** **1** (*miniere, geol.*) vena principale della miniera, strato di giacimento nella fenditura di una roccia: *f. metallifero, carbonifero* **2** zona del corso d'acqua dove la corrente è più profonda e veloce **3** (*fig.*) tendenza o corrente letteraria, artistica o di pensiero: *opera che rientra nel f. del Decadentismo* | (*fig.*) linea di sviluppo, ramo: *un nuovo f. di indagine, di ricerca*; *il f. principale di un dibattito* **CFR.** (*ingl.*) thread **4** grosso pane di forma allungata **5** midollo spinale del bue e del vitello macellati || **filoncìno**, **dim.** (V.)

filóne② [fr. *filon*, vc. gerg. da *filer* 'filare' ✱ av. 1686] **s. m.** (**f.** *-a* **nel sign. 1**) **1** (*sett.*) persona furba che sa manovrare abilmente persone e situazioni a seconda dei suoi interessi **2** nella loc. verbale (*gerg.*) ***fare f.***, marinare la scuola

filoneìsmo [comp. di *filo-*① e del gr. *néos* 'nuovo' ✱ 1908] **s. m.** ● (*lett.*) amore eccessivo per il nuovo

filoneìstico [1983] **agg.** (**pl. m.** *-ci*) ● (*lett.*) relativo a filoneismo || **filoneisticaménte**, **avv.**

filoniàno [da *filone*① ✱ 1931] **agg.** ● (*miniere, geol.*) relativo a un filone: *rocce filoniane*

filonucleàre [comp. di *filo-*① e *nucleare* ✱ 1980] **agg. e s. m. e f.** ● che (o chi) è favorevole all'uso dell'energia nucleare e all'installazione di centrali nucleari

filopalestinése (o *-se*) [comp. di *filo-*① e *palestinese* ✱ 1984] **agg.** ● che sostiene i palestinesi nel conflitto che li oppone allo Stato di Israele

filopapàle [comp. di *filo-*① e *papale* ✱ 1996] **agg.** ● (*stor.*) spec. nel Medioevo, fautore, sostenitore del papa **CFR.** filoimperiale

filopiùma [comp. di *filo-*② e *piuma* ✱ 1956] **s. f.** ● (*zool.*) ognuno dei caratteristici annessi cutanei degli Uccelli, corrispondenti a penne prive di vessillo, prevalentemente localizzati intorno al becco con probabili funzioni sensoriali

filorientàle o **filo-orientàle** [comp. di *filo-*① e *orientale* ✱ sec. XX] **agg. e s. m. e f.** ● che (o chi) ha simpatia per l'Oriente e ne ammira la cultura e i costumi

filóso (o *-s-*) [da *filo* ✱ av. 1557] **agg.** **1** costituito da fili, ricco di fili: *frutto dalla polpa aspra e filosa* **2** (*est.*) fibroso, stopposo: *carne filosa*

filosofàglia [1858] **s. f.** ● (*spreg.*) accozzaglia di cattivi filosofi

filosofàle [da *filosofo* ✱ av. 1304] **agg.** **1** (*lett.*) filosofico | (*raro, iron.*) da filosofo: *parlare con tono f.* **2** ***pietra f.***, pietra leggendaria, capace di tramutare in oro ogni altro metallo, ricercata dagli alchimisti medievali

filosofànte **A** **part. pres.** di *filosofare*; anche **agg.** ● (*raro, lett.*) che si occupa di filosofia (*spec. spreg.*) **B** **s. m. e f.** ● †chi si interessa di filosofia | (*lett., spreg.*) filosofastro

filosofàre [vc. dotta, lat. *philosophāri*, da *philŏsophus* 'filosofo' ✱ sec. XIII] **A** **v. intr.** (*io filòsofo*; **aus.** *avere*) **1** dedicarsi alla meditazione filosofica **2** (*scherz.*) filosofeggiare **B** **v. tr.** ● (*lett.*) trattare filosoficamente un argomento

filosofàstro [vc. dotta, lat. tardo *philosophăstru(m)*, spreg. di *philŏsophus* 'filosofo' ✱ 1539] **s. m.** (**f.** *-a*) ● (*spreg.*) filosofo di nessun valore

filosofeggiàre [1612] **v. intr.** (**pres.** *io filosoféggio*; **fut.** *io filosofeggerò*; **aus.** *avere*) **1** †filosofare **2** (*spreg.*) atteggiarsi a filosofo | disquisire su un problema banale con la pretesa di fare filosofia

filosofèma [vc. dotta, gr. *philosóphēma*, da *philosophéō* 'io filosofeggio' ✱ 1594] **s. m.** (**pl.** *-i*) **1** nella logica di Aristotele, il ragionamento dimostrativo **2** concetto, teoria filosofica **3** (*spreg.*) sofisma

filosoferìa [1819] **s. f.** ● (*lett., spreg.*) teoria filosofica astrusa; astruseria con pretese filosofiche

filosofésco [1527] **agg.** (**pl. m.** *-schi*) ● (*lett.*) da filosofo (*spec. spreg.*): *atteggiamento, discorso f.*; *boria, vanagloria filosofesca* || **filosofescaménte**, **avv.** (*raro*) in modo filosofesco

filosofèssa [av. 1712] **s. f.** **1** studiosa di filosofia (*spec. iron.*) **2** (*iron., fig.*) donna saccente e chiacchierona

filosofìa [vc. dotta, lat. *philosŏphia(m)*, dal gr. *philosophía*, comp. di *phílos* 'amico' e *sophía* 'saggezza' ✱ av. 1243] **s. f.** **1** attività del pensiero che nei secoli, ininterrottamente dalla Grecia antica fino a oggi, ha avuto come oggetto i fondamenti della realtà, i princìpi e le cause prime delle cose, i modi della conoscenza, i problemi e i valori connessi all'agire umano: *f. teoretica, pratica*; *f. del linguaggio, della storia* | ***f. morale***, etica | ***f. dell'arte***, estetica | ***f. della scienza***, epistemologia | ***storia della f.***, studio dello sviluppo del pensiero filosofico | facoltà universitaria nella quale si studiano le discipline filosofiche: *iscriversi a f.* **2** l'opera, il sistema, il pensiero di un filosofo o di una determinata scuola: *la f. di Aristotele, di Hegel, di Bergson*; *la f. della scolastica* | ***f. della libertà***, libertismo **3** (*est.*) concezione, orientamento fondamentale alla base di un'attività: *la f. produttiva di un'azienda* **4** (*fig.*) serenità d'animo, superiorità spirituale: *sa accettare con f. tanto le cose sgradite che le piacevoli* **5** (*fig., colloq.*) astrazione, astrattezza: *fare della f.*

filosòfico [vc. dotta, lat. tardo *philosŏphicu(m)*, dal gr. *philosophikós*, da *philósophos* 'filosofo' ✱ 1308] **agg.** (**pl. m.** *-ci*) **1** di filosofia, relativo alla filosofia: *studi filosofici* | da filosofo: *atteggiamento f.* **2** (*fig.*) contemplativo, riflessivo, sereno (***anche scherz.***): *a chi guarda le cose con filosofica equità* (C. Dossi) || **filosoficaménte**, **avv.** || **filosoficità**, **s. f. inv.**

filosofìsmo [fr. *philosophisme*, da *philosophe* 'filosofo' ✱ 1753] **s. m.** ● ostentazione esagerata di concetti filosofici | tendenza a far filosofia su argomenti che le sono estranei

filòsofo [vc. dotta, lat. *philŏsophu(m)*, dal gr. *philósophos*. V. *filosofia* ✱ 1261 ca.] **s. m.** (**f.** *-a*, *iron.* o *spreg.* *-éssa* (**V.**)) **1** chi si dedica alla ricerca filosofica | ***il F.***, (*per anton.*) Aristotele, secondo la tradizione medievale **2** (*fig.*) chi assume un atteggiamento di serena imperturbabilità di fronte alle sventure e alle avversità della vita: *non sei abbastanza f. per godere le gioie della vita* || **filosofàccio**, **pegg.** | **filosofétto**, **dim.** | **filosofìno**, **dim.** | **filosofóne**, **accr.** | **filosofùccio**, **dim.**

filosofùme [1869] **s. m.** ● (*spreg.*) accolta di filosofastri

filosoviètico [comp. di *filo-*① e *sovietico* ✱ 1970] **agg. e s. m.** (**pl. m.** *-ci*) ● che (o chi) aveva simpatia per l'Unione Sovietica e ne approvava la politica

filòssera ➤ **fillossera**

filotèa [gr. *philotéia* 'amore di Dio', comp. di *phílos* 'amico' e *theós* 'Dio' ✱ 1825] **s. f.** ● libro di meditazioni e pratiche devote

filòtto [contrazione di *fila di otto*, perché i tre birilli in fila valgono otto punti ✱ 1930] **s. m.** ● nel gioco del biliardo, colpo tirato in modo che il pallino o la palla avversaria abbattano tutti e tre i birilli in fila; (*fig.*) successo decisivo: *fare f.*

filoveìcolo [comp. di *filo-*③ e *veicolo* ✱ 1963] **s. m.** ● ogni veicolo provvisto di pneumatici, con motore a trazione elettrica alimentato per contatto da una linea aerea bifilare

filovìa [comp. di *filo-*③ e *via*, sul modello di *ferrovia* ✱ 1925] **s. f.** **1** linea aerea bifilare per l'alimentazione elettrica dei filobus **2** linea di trasporto pubblico servita da filobus | (*est.*) filobus

filoviàrio (o *-vià-*) [1942] **agg.** ● relativo a filobus o a filovie

fil rouge /fr. fil'ruʒ/ [loc. fr., propr. 'filo (*fil*) rosso (*rouge*)' ✱ 1984] **loc. sost. m. inv.** (**pl. fr.** *fils rouges*) ● filo rosso (V. *filo* nel sign. 3)

filtràbile [da *filtrare* ✱ 1923] **agg.** **1** che si può filtrare **2** che può attraversare un filtro | (*biol.*) ***virus f.***, caratterizzato da filtrabilità || **filtrabilità**, **s. f. inv.** (V.)

filtrabilità [1956] **s. f. inv.** ● proprietà, caratteristica di ciò che è filtrabile | (*biol.*) ***f. di un virus***, proprietà di alcuni virus che, per la loro piccolezza e per varie condizioni fisico-chimiche, attraversano i comuni filtri batteriologici

filtràggio [1966] **s. m.** ● operazione del filtrare

filtrànte **part. pres.** di *filtrare*; anche **agg.** **1** che fa da filtro: *massa f.* | che può filtrare | che consente la filtrazione: *materiale f.* **2** (*sport*) ***passaggio f.***, spec. nel calcio, passaggio in profondità, che passa attraverso la difesa avversaria

filtràre o †**feltràre** [da *filtro*① ✱ 1612] **A** **v. tr.** **1** passare un liquido, un gas e sim. attraverso un filtro per purificarli: *f. il vino, l'olio, il tè* | (*est.*) attenuare, smorzare: *f. un suono*; *f. la luce mediante una tenda* **2** (*fig.*) selezionare, vagliare: *f. le telefonate, le informazioni* | (*fig.*) analizzare, elaborare mentalmente: *f. un'esperienza, un avvenimento* **B** **v. intr.** (**aus.** *essere*) **1** penetrare goccia a goccia attraverso un corpo solido dopo averlo inzuppato o utilizzando fessure e sim.: *l'acqua filtrava dai muri e dalle imposte* | (*est.*) passare a stento, trapelare: *Al tenue barlume che filtrava dalle imposte* (L. PIRANDELLO) **2** (*fig.*) riuscire a passare, a trapelare: *per quanto segreta la notizia filtrò ugualmente* | ***f. tra le maglie della difesa avversaria***, nel linguaggio calcistico, passare nonostante lo stretto controllo

filtràto **A** **part. pass.** di *filtrare*; anche **agg.** ● passato attraverso un filtro | (*fig.*) trapelato **B** **s. m.** ● sostanza filtrata | ***f. dolce***, mosto parzialmente fermentato e filtrato per impedire la trasformazione completa dello zucchero in alcol

filtratóre [1911] **s. m.**; anche **agg.** **1** (**f.** *-trice*) in varie tecnologie, addetto alla filtrazione **2** (*zool.*) organismo acquatico che raccoglie il proprio nutrimento mediante la filtrazione dell'acqua ambientale tramite le fessure branchiali o altre strutture

filtrazióne [1663] **s. f.** ● operazione del filtrare

filtro① [fr. *filtre*, di orig. germ. ✱ 1765] **s. m.** **1** dispositivo per filtrazione che fa passare un fluido trattenendo le particelle solide o le impurità, e che consta di materiali porosi vari come carta, tela, carbone, oppure consiste in un mezzo meccanico: *f. per il vino, per l'olio*; *il f. della moka* | ***f. dell'aria***, montato sulla presa d'aria dei motori a scoppio o di altre macchine per depurarla | ***f. del carburante***, montato a monte del carburatore | ***f. dell'olio***, montato sul circuito di lubrificazione | ***f. a carbone attivo***, in cui il materiale filtrante è costituito da carbone attivo, usato nella depurazione di acque, gas e sim. **2** rotolino di carta o di sostanza porosa introdotta in pipe o bocchini oppure applicato ad un estremo delle sigarette, affinché assorba la nicotina **3** nella tecnica fotografica, lamina di vetro o di plastica di colorazione determinata che posta davanti all'obiettivo assorbe una parte dello spettro luminoso modificandolo per migliorare la ripresa **4** (*elettr.*) circuito che permette soltanto il passaggio di correnti di particolari frequenze **5** (*fig.*) elemento immateriale che seleziona, chiarifica: *il f. della memoria* **6** (*anat.*) leggero solco verticale tra il setto nasale e il labbro superiore ‖ **filtrìno**, **dim.**

filtro② [vc. dotta, lat. *phĭltru(m)*, dal gr. *phíltron*, da *philéō* 'io amo', perché il filtro doveva suscitare l'amore ✱ 1665] **s. m.** ● bevanda magica ritenuta capace di eccitare o spegnere una passione

filtroprèssa [ted. *Filterpresse*, comp. di *Filter* 'filtro①' e *Presse* 'pressa' ✱ 1909] **s. f.** (**pl.** *filtroprèsse*) ● filtro per operazioni industriali, costituito da una serie di piastre filtranti affiancate, attraverso cui passa mediante pressione il liquido da depurare

filugèllo [lat. parl. **follicĕllu(m)*, dim. di *fŏllis* 'sacco di cuoio, vescica', con avvicinamento a *filo* ✱ av. 1328] **s. m.** ● (*zool.*) baco da seta

filundènte ➤ **filondente**

fìlza [etim. discussa: da un **filzella*, nato da un incontro del lat. *fīlum* 'filo' con **funicĕlla* (?) ✱ 1287] **s. f.** **1** serie di cose simili infilate una di seguito all'altra: *una f. di perle*; *mettere al fuoco una f. di salsicce* SIN. fila **2** (*fig.*) serie successiva di più cose simili: *una f. di esempi, di citazioni, di improperi* SIN. sequela, sfilza **3** †festone intessuto di mazzetti di alloro e di mortella **4** particolare tipo di cucitura a intervalli regolari, usata spec. per l'imbastitura **5** fascio di documenti uniti insieme per essere collocati in archivio ‖ **filzétta**, **dim.** (V.) | **filzolìna**, **dim.**

filzétta [1887] **s. f.** **1** dim. di *filza* **2** particolare tipo di salame fine, sottile e allungato

filzuòlo [da *filza* ✱ 1930] **s. m.** ● unità minima di matasse di seta

fìmbria [vc. dotta, lat. *fimbria(m)*, di etim. incerta ✱ sec. XIII] **s. f.** **1** (*lett.*) orlo frangiato di una gonna | (*lett.*) balza ricamata, posta in fondo ad una veste **2** (*anat.*) appendice, estremità a forma di frangia | ***f. tubarica***, porzione iniziale della salpinge

fimbriàto [vc. dotta, lat. *fimbriātu(m)*, da *fimbria* 'fimbria' ✱ 1342] **agg.** **1** †ornato di frangia | ricamato all'orlo **2** (*bot.*) detto di organo con margine finemente suddiviso

fimìcolo [comp. di *fimo* e *-colo* ✱ 1956] **agg.** ● detto di animale, spec. insetto, che vive nel letame

fimo [vc. dotta, lat. *fīmu(m)*, di etim. incerta ✱ sec. XIV] **s. m.** ● (*lett.*) sterco, letame | (*fig.*, *lett.*) sudiceria, lordura: *persona d'atro f. intrisa* (A. MANZONI)

fimòṣi o (*meno comune*) **fimoṣi** [vc. dotta, gr. *phímōsis* 'stringimento', da *phimóō* 'io metto la museruola', da *phimós* 'museruola' ✱ 1561] **s. f. inv.** ● (*med.*) restringimento congenito o acquisito dell'orifizio del prepuzio

†**finacché** o †**finaché** ➤ **fino a che**

final cut /ingl. 'faɪn(ə)lˌkʌt/ [loc. ingl., comp. di *final* 'finale' e *cut* 'taglio' ✱ 1991] **loc. sost. m. inv.** (**pl. ingl.** *final cuts*) ● nell'industria cinematografica hollywoodiana, diritto riservato alla produzione di modificare il montaggio effettuato dal regista

♦**finàle** [vc. dotta, lat. tardo *fināle(m)*, da *fīnis* 'fine①' ✱ 1268] **A** **agg.** **1** che viene per ultimo, che sta alla fine: *vocale, sillaba f.* | ***esame f.***, alla fine dell'anno scolastico | (*est.*) conclusivo: *esito, intervento f.*; *decisione f.*; *la scena, la battuta f. di un dramma* | ***giudizio f.***, giudizio universale SIN. estremo CONTR. iniziale **2** relativo al fine e allo scopo: *causa, intenzione f.* | (*gramm.*) ***congiunzione f.***, che introduce una proposizione finale (per es.: *affinché, perché*; *per, di, a*) | ***proposizione f.***, proposizione subordinata che indica lo scopo per il quale si compie l'azione espressa dalla reggente (per es.: *lo ripeto affinché tu lo capisca meglio*; *salgo in casa per prendere l'ombrello*) **3** (*est.*) decisivo, definitivo: *desiderare la soluzione f. di un problema, di una questione* ‖ **finalménte**, †**finaleménte**, **avv.** ➤ **finalmente** ‖ **finalità**, **s. f. inv.** (V.) **B** **s. m.** **1** ultima parte, parte conclusiva: *il f. di un dramma, di una commedia, di una sinfonia* SIN. epilogo | fase conclusiva, spec. di una competizione sportiva: *vincere, imporsi nel f.*; *crollare sul f.* **2** parte terminale della lenza, di filo più sottile, al quale è legato l'amo SIN. basso di lenza, setale **3** (**al pl.**) nel gioco della roulette, combinazione di numeri singoli che terminano con la stessa cifra (3, 13, 23, 33) su cui si può puntare **4** (*tipogr.*) finalino nel sign. 2 ‖ **finalétto**, **dim.** | **finalìno**, **dim.** (V.) | **finalóne**, **accr.** **C** **s. f.** **1** (*ling.*) posizione dell'ultimo suono o dell'ultima sillaba di una parola **2** (*gramm.*) proposizione finale: *le finali e le causali* **3** (*sport*) gara conclusiva dopo le eliminatorie: *disputare, giocare, vincere la f.*; *entrare in f.* CFR. finalissima | ***ottavi, quarti di f.***, V. *ottavo, quarto*

†**finaleménte** ➤ **finalmente**

finalìna [dal s. *final(e)* con suff. f. dim. ✱ 1986] **s. f.** ● (*sport*) la finale per l'assegnazione del terzo e quarto posto in un torneo a squadre

finalìno [1956] **s. m.** **1** dim. di *finale* **2** (*tipogr.*) fregio decorativo stampato alla fine di un capitolo CFR. cul-de-lampe

finalìṣmo [fr. *finalisme*, da *final* 'finale' ✱ 1894] **s. m.** ● concezione filosofica secondo cui nell'universo tutto tenderebbe alla realizzazione di un fine SIN. teleologia

finalìssima [da *finale* nel sign. C3 col suff. *-issima* dei superl. ✱ 1939] **s. f.** ● (*sport*) finale importante e molto attesa

finalìsta [fr. *finaliste*, da *final* 'finale' ✱ 1908] **s. m. e f.**; anche **agg.** (**pl. m.** *-i*) **1** in gare a eliminazione, chi (o che) è stato ammesso alle finali: *i finalisti dei 100 metri piani*; *le squadre finaliste* **2** (*filos.*) seguace di una teoria finalistica

finalìstico [1902] **agg.** (**pl. m.** *-ci*) ● (*filos.*) relativo al finalismo, conforme al finalismo ‖ **finalisticaménte**, **avv.** secondo una concezione finalistica

finalità [vc. dotta, lat. tardo *finalitāte(m)*, da *finālis* 'finale' ✱ 1843] **s. f. inv.** **1** (*filos.*) caratteristica di un fenomeno o di un complesso di fenomeni ordinati a un fine | ***principio di f.***, principio filosofico in base al quale tutto ciò che si verifica tende verso un fine ultimo SIN. teleologia **2** fine, scopo: *ogni azione deve avere delle f. ben precise*

finaliżżàre [1858] **v. tr.** **1** (*raro*) portare a termine, concludere **2** indirizzare, rivolgere a un fine, uno scopo (+ *a*, **anche seguito da inf.**): *l'intervento è finalizzato alla salvaguardia del verde pubblico*; *la proposta è finalizzata a creare posti di lavoro* **3** (*spec. assol.*) nel gergo del calcio, segnare una rete ‖ **finaliżżazióne**, **s. f.**

finaliżżàto **part. pass.** di *finalizzare*; anche **agg.** ● rivolto a un fine determinato (*anche assol.*): *corsi finalizzati alla formazione professionale*; *progetti finalizzati*

fin allóra o **finallóra** ➤ **fino allora**

♦**finalménte** o †**finaleménte** [av. 1294] **avv.** **1** da ultimo, alla fine: *salutò tutti e f. si ricordò di me* **2** infine, spec. per esprimere la soddisfazione derivante da qlco. che si è ottenuto, si è verificato e sim. dopo una lunga attesa (*anche assol.*): *abbiamo f. ottenuto quanto chiedevamo*; *f. siete arrivati*; *F.!, era ora!* **3** †di proposito, apposta **4** (*lett.*) completamente, definitivamente: *io dovevo f. eliminare quella seccante fanciulla dal mio destino* (I. SVEVO)

finànche o **finànco** [comp. di *fino*① e *anche* ✱ 1566] **avv.** ● anche, perfino: *è f. troppo facile*

♦**finànza**① [fr. *finance*, da *finer* 'pagare alla fine', da *fin* 'fine' ✱ av. 1540] **s. f.** **1** (*dir.*) il complesso delle entrate e delle spese dello Stato o di altro ente pubblico: *f. statale, pubblica* | la gestione di tali spostamenti patrimoniali | ***f. locale***, degli enti locali | ***f. straordinaria***, insieme delle entrate e delle spese relative a esigenze eccezionali | ***scienza delle finanze***, ramo dell'economia che studia i presupposti e gli effetti dell'attività finanziaria dello Stato | ***Ministero dell'Economia e delle Finanze***, V. *economia* nel sign. 3 | ***f. allegra***, gestione irresponsabile, sciupona, delle risorse finanziarie **2** ***Guardia di F.***, (*ellitt.*, *per anton.*) ***la Finanza***, corpo delle guardie, dipendente dal Ministro dell'Economia e delle Finanze, incaricate di vigilare sulle dogane, i monopoli, i tributi | ***Intendenza di F.***, ufficio provinciale periferico del Ministero delle Finanze **3** (*dir.*, **spec. al pl.**) insieme di mezzi di cui dispongono lo Stato o altri enti pubblici per il raggiungimento dei propri fini: *finanze insufficienti, dissestate* | (**est.**) correntemente, disponibilità economiche di un individuo, di una famiglia, di una organizzazione: *le sue finanze non glielo permettono* **4** (*banca*) attività per il reperimento dei mezzi e l'impiego di essi in imprese economiche | il complesso delle persone che esplicano tale attività | ***alta f.***, i maggiori operatori economici sul piano nazionale e internazionale, e il complesso di capitali da essi manovrati, utilizzati e sim.: *i problemi dell'alta f.* | ***f. mobiliare***, il complesso delle attività finalizzate a organizzare operazioni sul capitale di società o emissioni di obbligazioni | ***f. di progetto***, tecnica di finanziamento di specifici progetti, spec. di opere infrastrutturali di interesse pubblico, basata sull'utilizzo del capitale privato che partecipa alla gestione e ne ricava degli utili | ***f. etica***, attività finanziaria che ha come fine la gestione del risparmio e del credito secondo principi di solidarietà e giustizia sociale | ***f. d'impresa***, l'insieme delle attività finanziarie di un'azienda, come la gestione degli investimenti, l'utilizzazione del credito, l'allocazione delle risorse, ecc. **CFR.** corporate finance

†**finànza**② [provenz. *finanza*, da *finar* 'cessare, finire' ✱av. 1306] **s. f.** ● fine

finanziaménto [da *finanziare* ✱1920] **s. m.** **1** fornitura di denaro occorrente per un'impresa: *siamo in attesa di un f.* | (*banca*) ***f. in valuta***, apertura di credito in valuta estera **2** la somma di denaro che viene fornita: *un congruo f.* | disponibilità di capitali per un'attività

finanziàre [fr. *financer*, da *finance* 'finanza①' ✱1918] **v. tr.** (*io finànzio*) ● provvedere dei mezzi finanziari necessari alla riuscita di una determinata impresa o al compimento di un dato investimento: *f. una ricerca, una pubblicazione, un partito politico*

finanzïària [1965] **s. f.** **1** società finanziaria **2** legge finanziaria

finanzïàrio [fr. *financier*, da *finance* 'finanza①' ✱1790] **agg.** **1** (*dir.*) relativo alla finanza: *anno f. dello Stato; esercizio f.* | ***diritto f.***, complesso degli atti legislativi che disciplinano la raccolta, la gestione e l'erogazione dei mezzi economici occorrenti all'attività degli enti pubblici | ***legge finanziaria***, fino al 2009, denominazione della 'legge di stabilità' (V. *stabilità*) **2** relativo al complesso di denaro liquido posseduto in un dato momento: *situazione finanziaria* **3** ***società finanziaria***, che ha come scopo l'investimento prevalente dei propri capitali in titoli di altra società o enti e il finanziamento di attività produttive anche di privati ‖ **finanziariaménte**, **avv.** dal punto di vista finanziario

finanziarizzazióne [1986] **s. f.** ● (*econ.*) diffusione e accresciuta importanza delle attività finanziarie nel sistema economico

finanziatóre [da *finanziare* ✱1951] **agg. e s. m.** (**f.** *-trice*) ● che (o chi) provvede a un finanziamento: *banca finanziatrice; i nostri finanziatori esteri*

finanzièra [fr. *financière*, da *finance* 'finanza①', perché adoperata da banchieri e uomini di finanza ✱1905] **s. f.** **1** lunga giacca maschile a falde per cerimonia, usata un tempo spec. da banchieri e deputati **SIN.** redingote **2** (*cucina*) pietanza costituita da piccoli pezzi di rigaglie, animelle, funghi, tartufi cotti nel burro con aggiunta di vino o marsala e servita per contornare sformati

finanzière [fr. *financier*, da *finance* 'finanza①' ✱1616] **s. m.** (**f.** *-a*; **V. nota d'uso FEMMINILE**) **1** chi tratta affari di alta finanza | chi si occupa di problemi finanziari **2** membro del corpo della Guardia di Finanza **3** †esattore | †ministro delle finanze

†**finàre** [da *fine* ✱1266] **A** **v. intr.** **1** venir meno, aver fine | morire **2** andare a finire, riuscire **3** cessare, smettere **B** **v. tr.** ● portare a termine

finattantoché o **finattànto che**, **fino a tànto che** /,finoattanto'ke*, finoat'tanto ke*/ [comp. di *fino*①, *a*, *tanto* e *che*② ✱1353] **cong.** ● (*lett.*, *intens.*) fintantoché

fìnca [sp. *finca* 'debito', poi 'registro' ✱1812] **s. f.** ● (*burocr.*) colonna di una tabella, di un registro e sim.

fincàto [1968] **agg.** ● (*burocr.*) diviso in colonne: *registro, modulo f.*

fincatùra [da *finca* ✱1987] **s. f.** ● (*burocr.*) divisione di un foglio in colonne

♦**finché** o **fin che**, **fino che**, †**finoché** [comp. da *fin(o)*①, (*a*) e *che*② ✱1250 ca.] **cong.** ● fino a quando (introduce una prop. temp. con il v. all'indic. o al congtv. e può anche essere seguita dalla negazione 'non' con valore pleonastico, senza assumere valore negativo): *gridò f. ebbe voce; insisterò f. non l'avrò* (o *non l'abbia*) *ottenuto; f. c'è la salute ...; puoi star qui fino che vuoi* (A. FOGAZZARO) **SIN.** fino a che, †finacché, †infino che | in frasi negative: *non uscirai f. non te lo dico io*

fin de non-recevoir /fr. fɛ̃ dənɔ̃rəsə'vwaʀ/ [loc. fr., propr. 'fine di non ricevere', cioè 'rifiuto di accettare' ✱1892] **loc. sost.** (**m. inv. in italiano, f. in francese; pl. f. fr.** *fins de non-recevoir*) ● (*dir.*) dichiarazione di inammissibilità o irricevibilità | (*est.*) rifiuto di prendere in considerazione una proposta o una richiesta

fin de siècle /fr. ,fɛ̃d'sjɛkl/ [fr., 'fine di secolo' ✱1893] **loc. agg. inv.** ● detto di oggetto, mobile, tessuto e sim. tipico della fine del sec. XIX, o che rammenta tale periodo

♦**fin d'óra** [loc. comp. di *fin(o) d(a) ora* ✱1554] **loc. avv.** ● già ora, a partire da questo momento: *te lo devi mettere in testa fin d'ora; ti ringrazio fin d'ora*

fin dóve o **fino a dóve**, (*raro*, *lett.*) **findóve** [loc. comp. da *fin(o) (a) dove* ✱av. 1492] **loc. avv.** ● fino a che punto: *si chiedeva fin dove sarebbe arrivata la sua impudenza* | fino al punto che, fino al luogo dove: *guardando con la coda dell'occhio, fin dove poteva* (A. MANZONI)

♦**fìne**① [lat. *fine(m)*, di etim. incerta ✱960] **A** **s. f.** **1** punto estremo o momento terminale di qlco.: *seguire una vicenda dal principio alla f.; eccoci alla f. del nostro cammino, delle nostre peripezie; la f. del mondo* | anche ellitt. della prep.: *ne riparliamo a f. anno; pagamento a f. mese; una dichiarazione del presidente a f. riunione* | ***essere al principio della f.***, nella fase iniziale della crisi, del crollo definitivo | ***buona f. e miglior principio***, frase augurale per il Capodanno | ***f.!***, escl. con cui si annuncia che qlco. è terminata | ***essere la f. del mondo***, (*fig.*) essere assolutamente eccezionale, capace di scatenare indicibili entusiasmi | ***essere in fin di vita***, in agonia, in punto di morte | ***dare, porre f. a qlco.***, terminarla | ***alla f.***, finalmente | ***in fin dei conti***, (*fig.*) tutto considerato: *in fin dei conti, chi ci rimette sono io* | ***alla fin f.***, dopo tutto: *alla fin f. la cosa riguarda lui, decida come gli pare* | (**lett.**) ***in f.***, V. *infine* | ***senza f.***, perennemente, continuamente; eterno | compimento, conclusione: *arrivare alla f. del proprio lavoro* | ***che f. ha fatto la mia richiesta?***, che esito ha avuto? | †accordo, transazione **2** morte: *che f. terribile!* | ***fare una buona, bella, brutta f.***, morire bene, male | ***fare una brutta, una pessima f.***, andare a finire malamente | distruzione, rovina: *correre, precipitare verso la f.* **3** †confine **4** †quietanza | †vendita **B** **in alcune loc. sost. m. inv.** ● ***fine settimana*** o (con grafia unita) ***finesettimana***, gli ultimi due giorni della settimana, sabato e domenica, considerati come giorni di riposo (ellitt. per 'la fine della settimana'; calco sull'ingl. *week-end*): *negli ultimi fine settimana ha sempre piovuto* | ***f. mese***, gli ultimi giorni del mese: *pagheremo a f. mese* | ***f. anno***, l'ultimo o gli ultimi giorni dell'anno: *dove passi il f. anno?; il negozio chiuderà a f. anno* | ***fine vita***, la fine, la fase terminale della vita (calco sull'ingl. *life's end*): *legge sul fine vita* **C** **s. m.** **1** scopo, intendimento, proposito: *prefiggersi, proporsi, conseguire un f.; mirare, tendere a un f. onesto, turpe, lecito, prossimo, remoto; il f. de' concetti ben fatti ... è di svegliar la meraviglia in chi legge* (L.A. MURATORI) | ***f. ultimo, sommo, supremo***, Dio | ***f. a sé stesso***, che ha la sua ragione in sé, che non è subordinato ad altri scopi (anche con valore limitativo): *uno studio f. a sé stesso; protesta sterile, f. a sé stessa* | ***secondo f.***, non rivelato, non confessabile | ***a fin di bene***, con intenzioni oneste | ***al f. di, ai fini di***, allo scopo di | ***a che f.?***, a quale scopo? | ***al f. di vedere, ottenere*** e sim., per vedere, ottenere e sim. | (*gramm.*) ***complemento di f. o scopo***, indica il fine, lo scopo di ciò che è espresso dal verbo; è introdotto dalle prep. *a, di, da, per, in* e dalle loc. prep. *a scopo di, a fin di, con fini di* e sim. (per es.: *le sentinelle a guardia del ponte; sta studiando per l'esame; che gli serva di lezione!; un cane da caccia; ha agito a fin di bene; una società con fini di lucro*) | ***†a fin che***, V. *affinché* **2** esito, effetto, riuscita: *spero di condurre l'affare a buon f.* | ***lieto f.***, V. *lieto* | ***clausola salvo buon f.***, patto con cui il cessionario di un credito subordina l'efficacia della cessione alla solvibilità del debitore **3** †freno, limite **4** †confine, limite di terra, paese

♦**fìne**② o **fìno**② [V. *fino*② ✱av. 1250] **agg.** **1** che ha spessore o diametro molto ridotti: *f. come un capello; una f. lamina d'oro* **SIN.** sottile | ***aria f.***, pura, rarefatta | di grana molto minuta: *cipria, polvere f.; sabbia bianca e f.* | (**est.**) esile, delicato: *quella bella mano f. e bianca* (G. VERGA) **CONTR.** grosso **2** (*fig.*) acuto: *udito, vista f.* | penetrante: *ha un ingegno f.* | (**lett.**) ***una trovata, un espediente f.***, astuto **3** (*fig.*) di gusto squisito, di ottima qualità: *abito, trucco f.; un gioiello estremamente f.* | pregiato: *cioccolato f.; oro fino* | (**est.**) elegante, distinto, signorile: *è una donna non bella ma molto f.; il suo f. sorriso di galante cavaliere* (A. FOGAZZARO) **CONTR.** dozzinale, grossolano, volgare **4** (*fig.*) estremamente accurato o preciso: *meccanica f.; regolazione f.* **5** (*lett.*) valente, raffinato: *Il Giusti è poeta... finissimo* (G. CARDUCCI) ‖ **fineménte**, **avv.** **1** con acutezza **2** con abilità **3** con eleganza, con distinzione

†**fìne**③ ➤ **fino**①

finecórsa [comp. di *fine*① e di *corsa* ✱1980] **s. m. inv.** ● (*tecnol.*) in una macchina o un sistema, meccanismo o fermo che arresta al punto voluto la corsa di un organo meccanico **SIN.** scontro

finesettimàna ➤ **fine**①

♦**finèstra** o (*napol.*) **fenèsta**, †**fenèstra** [lat. *fenĕstra(m)*, di etim. incerta ✱1268] **s. f.** **1** apertura nelle pareti degli edifici, per aerazione e illuminazione; (**est.**) le imposte e i vetri che la chiudono: *aprire la f.* | ***f. a tetto***, prossima al tetto | ***f. sopra tetto***, sul tetto, che prende luce dall'alto | ***aprire una f.***, costruirla; (**est.**) schiuderne le imposte | ***f. esterna***, che si apre sulla strada o un giardino pubblico | ***f. interna***, che dà su un cortile

| *f. panoramica*, più larga che alta | ***f. a ghigliottina***, il cui vetro si fa scorrere dall'alto verso il basso | ***f. a crociera***, con l'apertura divisa in quattro parti da una struttura a croce | ***f. a tramoggia***, con un riparo che impedisce di affacciarsi, di vedere in basso e di essere veduti, tipica dei conventi di monache e delle carceri | ***stare alla f.***, affacciati; (*fig.*) rimanere spettatori, non impegnarsi | ***farsi alla f.***, affacciarsi | ***buttare i soldi dalla f.***, (*fig.*) spenderlo in modo insensato | ***uscire dalla porta e rientrare dalla f.***, (*fig.*) rientrare, spec. per vie traverse, in un luogo o in un incarico da cui si era stati allontanati; detto di cosa, rientrare in gioco dopo essere stata accantonata: *una proposta che, uscita dalla porta, rientra dalla finestra* **2** apertura | ***busta con f., a f.***, con riquadro di carta trasparente per consentire la lettura dell'indirizzo scritto sulla lettera in essa contenuta | (**anat.**) ***f. ovale, f. rotonda***, aperture della parete interna della cassa del timpano | (**geol.**) erosione provocata in una falda, che mette allo scoperto il terreno sottostante | †cruna dell'ago **3** (**giornalismo**) breve articolo incorniciato da filettature **SIN.** palchetto **4** (**al pl., fig.**) †occhi **5** (**inform.**) in un elaboratore elettronico, porzione delimitata dello schermo del terminale, nella quale è possibile eseguire un'attività indipendente **6** (**fig.**) spec. nel linguaggio giornalistico, periodo di tempo durante il quale il lavoratore che ha maturato il diritto alla pensione di anzianità può effettivamente accedervi | (**est.**) ogni periodo di tempo in cui un fatto si può compiere: *per la riunione ho una f. di due ore giovedì* | (**med.**) ***periodo f.***, V. *periodo* nel sign. 8 || **finestrèlla**, **dim.** | (**lett.**) **finestrètta**, **dim.** | **finestrìna**, **dim.** | **finestrìno**, **dim. m.** (V.) | **finestróna**, **accr.** | **finestróne**, **accr. m.** (V.) | (**lett.**) **finestruòla**, **dim.** | (**lett.**) **finestruòlo**, **dim. m.** | (**lett.**) **finestrùccia**, **dim.** | (**lett.**) **finestrùcola**, **dim.**

NOMENCLATURA

finestra
● *caratteristiche*: larga ⇔ stretta, interna ⇔ esterna, semplice ⇔ doppia;
● *tipi di finestra*: finestrino = finestrella, abbaino, finestrone = rosone = vetrata = lunetta = occhio di bue; bocca di lupo, ad arco lanceolato, a loggia sporgente, a lunetta, a croce rinascimentale, a tetto, panoramica, a ghigliottina, a tramoggia, a bilico, a libro, a frontone, strombo = strombatura; porta finestra, usciale; finta, tonda, invetriata, ferrata, architravata, impannata, balaustrata; monofora, bifora, trifora, bow window; fila di finestre, riscontro di finestre;
● *parti della finestra*: infisso, telaio, mazzetta, montante, strombatura, spalletta, architrave, stipite, parapetto, davanzale, cornicione, cerniera, gangheri = cardini, bandelle, impannata (lastre di vetro, mastice, telaio, battentatura, nottolino = nasello = monachetto, maniglia); imposte = scuri, persiana girevole (telaio, battenti, cardini, bandelle, stecche, gelosie), vasistas, persiana scorrevole (rotaie, incavi), persiana avvolgibile = tapparella (rullo, cassonetto, guide, cinghia), serranda, anta, veneziana, tenda (marquise, a pacchetto, a vetro, tendone, mantovana, capriccio, riloga, tendina, cordone, orlo, frangia, cappi, nappe); grata, inferriata (vano, bastone): a mandorla, diritta, a corpo (a gabbia, inginocchiata).

finestràta [1767] **s. f.** **1** (*raro*) colpo di finestra chiusa bruscamente **2** (**lett., fig.**) squarcio improvviso nel cielo nuvoloso attraverso cui appare la luce del sole

finestràto o †**fenestràto** [vc. dotta, lat. *fenestrātu(m)*, da *fenĕstra* 'finestra' ✱1464] **A agg.** **1** fornito di finestre **2** ***maniche finestrate***, ampie e tagliate in senso longitudinale, tipiche dei costumi rinascimentali **B s. m.** ●†ordine di finestre in un piano di un edificio

finestratùra [1983] **s. f.** ● l'insieme delle finestre di un edificio, o dei finestrini di un mezzo di trasporto

♦**finestrìno** o †**fenestrìno** [1547] **s. m.** **1** dim. di *finestra* **2** apertura analoga a una piccola finestra, spec. dei mezzi di trasporto: *il f. dell'automobile, dell'autobus*; *è severamente vietato sporgersi dai finestrini*

finestróne [av. 1566] **s. m.** **1** accr. di *finestra* **2** finestra molto grande, propria degli edifici monumentali **3** portafinestra

finézza [da *fine*② ✱sec. XIII] **s. f.** **1** sottigliezza, tenuità: *i suoi capelli erano di una f. estrema*; *la f. di un tessuto* | (**fig.**) acume, sagacia: *f. di giudizio, di mente, di gusto*; *f. di udito* **2** raffinatezza, eleganza: *intaglio eseguito con grande f.* | signorilità, educazione: *trattare con f. qlcu.* **CONTR.** grossolanità **3** atto di cortesia: *mi hanno circondato di finezze*; *obbligatissima alle sue finezze* (C. GOLDONI) | gesto sportivo eseguito con eleganza: *esibirsi in finezze tecniche* **4** in architettura navale, rapporto tra un volume e l'area della superficie che lo racchiude, indice della snellezza di uno scafo

SFUMATURE ➤ ***eleganza***

finferlo [ted. *Pfifferling*, n. dell'"ovolo" ✱1892] **s. m.** ● (**bot., sett.**) gallinaccio②

finger /ˈfinger, *ingl.* ˈfɪŋgə(r)/ [vc. ingl., propr. 'dito' ✱1998] **s. m. inv.** **1** negli aeroporti, tunnel telescopico che collega la porta d'imbarco o di sbarco dell'aerostazione direttamente al portellone dell'aereo, senza necessità di scale **2** (**inform.**) software in grado di reperire dati personali in Internet

♦**fingere** [lat. *fingere*, da una radice indeur. che indica 'plasmare' ✱av. 1294] **A v. tr.** (**pres.** *io fingo, tu fingi*; **pass. rem.** *io finsi, tu fingésti*; **part. pass.** *finto*) **1** voler far credere qlco. che in realtà non è (**+ di seguito da inf.**): *f. di partire, di ignorare, di conoscere* | simulare: *f. gioia, amore, affetto, una malattia* | (**assol.**) mostrare il contrario di ciò che si prova o si sente: *sa f. molto bene* | ***è una persona che non sa f.***, sincera, schietta **2** (**lett.**) figurarsi, immaginare: *f. di essere Papa*; *f.* (o *fingersi*) *qlco. col pensiero, con l'immaginazione*; *profondissima quiete / io nel pensier mi fingo* (G. LEOPARDI) | supporre: *fingiamo che tu sia già partito* **3** (**lett.**) simboleggiare o rappresentare con la narrazione in poemi e sim.: *Dante fingeva un viaggio nei regni eterni* **4** †modellare, plasmare, formare **B fingersi v. rifl.** ● voler apparire, farsi credere: *fingersi pazzo, malato, allegro, triste*; *di fingermi felice anche ho pensato* (U. SABA)

finger food /finger'fud, *ingl.* 'fɪŋgə,fu:d/ [loc. ingl., comp. di *finger* 'dito' e *food* 'cibo' ✱ 1995] **A loc. sost. m. inv.** (**pl. ingl.** *finger foods*) ● cibo che si mangia usando direttamente le mani (per es. pizzette, tartine, tapas e ogni altra vivanda preparata a tale scopo) **B anche in funzione di loc. agg. inv.**: *stuzzichini finger food*

fingiménto [av. 1328] **s. m.** **1** (**lett.**) finzione **2** (**lett.**) rappresentazione | (**lett.**) invenzione

†**fingitóre** [av. 1328] **s. m.** (**f.** *-trice*) **1** simulatore **2** chi crea, rappresenta artisticamente

finìbile [sec. XIV] **agg.** **1** †che finisce; caduco, perituro **2** che si può finire, condurre a termine: *ritengo che il lavoro sia f. nel giro di un mese*

finiménto [da *finire*① ✱av. 1250] **s. m.** **1** †il finire | †fine | †morte **2** (**raro, lett.**) rifinitura di qlco.: *occuparsi del f. di una statua* | (**est.**) ciò che serve per completare, ornare, abbellire o perfezionare qlco. **3** (**al pl.**) l'insieme degli oggetti che servono per attaccare gli animali da tiro a carri, carrozze e sim. o per sellare i cavalli **4** †le portate finali di un pranzo **5** (**gramm.**) †terminazione, desinenza | †conclusione di un discorso

SFUMATURE DI SIGNIFICATO

finimento - guarnizione - bordura - fregio
Finimento è termine generico che definisce qualsiasi elemento che completa, rifinisce un oggetto migliorandone l'estetica e divenendo parte di esso. La **guarnizione** è ciò che serve a guarnire, a ornare, ma resta comunque un elemento aggiuntivo, non fa corpo con il resto. Con **bordura** si intende un'ornamentazione che fa da cornice: per es. a un tappeto, a un arazzo, o le piante al margine di un'aiuola, la guarnizione intorno a una pietanza ecc. **Fregio** è qualsiasi ornamentazione a fascia di andamento orizzontale; è termine specifico dell'architettura per indicare la parte decorata della trabeazione compresa fra l'architrave e la cornice.

finimóndo [lat. *fine(m) mŭndi* 'fine del mondo' ✱1360 ca.] **s. m.** **1** (**lett.**) la fine del mondo **2** (**fig.**) grande sconquasso accompagnato da trambusto e confusione: *pareva il f.*; *le sue dichiarazioni scatenarono il f.* **3** †ultimo limite della Terra

♦**finìre**① [lat. *fīnīre*, da *fīnis* 'fine, termine' ✱sec. XII] **A v. tr.** (*io finisco, tu finisci*) **1** portare a termine, a compimento: *f. un discorso, un lavoro, un disegno, una costruzione* | ***f. un romanzo, un libro***, concluderne la stesura o la lettura | ***f. gli anni***, compierli | ***f. la vita, i giorni***, morire | (**est.**) rifinire: *f. un mobile con fregi e intagli* **2** esaurire, consumare completamente: *abbiamo finito il pane*; *fra poco finiremo le riserve* | ***f. un patrimonio, le proprie sostanze*** e sim., dilapidarli **3** (**est.**) uccidere: *finirono i superstiti a colpi di sciabola*; *finite quell'animale, che non soffra più!* **4** concludere in modo definitivo: *dovete f. questa storia* | (**lett.**) risolvere, dirimere: *f. una lite* **5** compiere del tutto una data azione (**+ di seguito da inf.**): *hai finito di scrivere?*; *ho appena finito di leggere il tuo libro* **6** †mettere in atto **7** †dare quietanza mediante pagamento **8** †circoscrivere, delimitare **9** (**lett.**) appagare, soddisfare **10 finirla** (con il pron. *la* indeterm.), smettere di fare qlco. (**+ di seguito da inf., + con**): *non la finisce più di lamentarsi* | ***è tempo di finirla!, finiscila!, finiamola!, la vuoi finire!*** e sim., escl. di impazienza e di sdegno: *finiscila di fare questo fracasso!*; *finitela con questo chiasso!*; *la vuoi finire di sghignazzare?*; *è ora di finirla!* **B v. intr.** (**aus.** *essere*) **1** avere fine, giungere alla fine, alla conclusione: *la festa è finita*; *arrivammo quando il giorno finiva*; *presto finirà l'inverno*; *anche il gran cielo stellato finirà* (G. UNGARETTI); *fra noi tutto è finito* | ***f. bene, male***, concludersi bene, male | **PROV.** ***tutto è bene quel che finisce bene*** | ***la cosa non finisce qui!***, espressione con cui si minacciano conseguenze spiacevoli | ***a non f.***, detto di ciò che è continuo, incessante, interminabile: *piove a non f.*; *Furono ramanzine a non f.* (I. CALVINO) **2** (**impers.**) cessare (**+ di seguito da inf.**): *è finito di piovere, di nevicare* **3** aver termine, limite, sbocco: *il sentiero finisce qui*; *la strada finisce nei* (o *tra i*) *campi*; *questo fiume finisce nel Po* | (**est.**) terminare (**+ con**): *il vestito finisce con una frangia* | ***f. in vocale, in consonante***, di vocabolo, avere una certa terminazione **4** indica il protrarsi di un'azione o di un comportamento oltre il necessario o il prevedibile compiersi di qlco. (**+ con, + per seguiti da inf.**): *se lavori così finirai con l'ammalarti*; *hanno finito col lasciarsi*; *quella sera finì per piovere* | concludersi, terminare in un certo modo (anche impers.) (**+ in, + con, + che**): *la storia finì in tragedia*; *l'incontro è finito con un pareggio*; *qui finisce male*; *finisce a botte*; *finirà che dovrò andarci io* | ***f. in gloria***, (*fig.*) concludersi molto positivamente, con successo

5 riferito a persona, venire a trovarsi in una data condizione, spec. negativa (+ *in*): *quel ragazzo finirà male*; *f. in carcere, in ospedale*; *ma dove andremo a f.?* | ***chissà dov'è andato a f.?***, riferendosi a persona di cui non si hanno più notizie | seguito da un compl. predicativo, diventare: *è finito povero in canna* **6** di oggetti, arrivare, cacciarsi in un dato luogo: *il palloncino finì in cielo*; *la palla finì in acqua*; *dov'è finito il mio ombrello?* **7** (*fig.*) metter capo, andare a parare: *so bene dove vuoi f. con le tue allusioni*; *un discorso che non si sa dove vada a f.* | ***com'è poi andata a f.?***, quali sono stati i risultati? SFUMATURE ➤ ***sbrigare***

♦**finire**② [da *finire*① ✱ av. 1306] **s. m. solo sing.** ● termine, fine: *il f. del giorno* | ***sul f.***, †***in sul f.***, verso la fine | ***al f.***, alla fine

finis [vc. lat., propr. 'fine, termine' ✱ av. 1886] **s. m. inv.** (**pl. lat.** *fines*) ● (*scherz.*) fine: *f. delle lezioni*

finissage /*fr.* fini'saʒ/ [vc. fr., propr. 'finissaggio'; nel sign. 2, sul modello di *vernissage* ✱ 1905] **s. m. inv. 1** finitura, rifinitura | finissaggio **2** giornata o manifestazione di chiusura di una esposizione artistica, di un festival, ecc. CFR. vernissage

finissàggio [fr. *finissage*, da *finir* 'finire' ✱ 1938] **s. m. 1** fase finale del processo produttivo costituito da operazioni di rifinitura sul prodotto | insieme di tali operazioni: *il f. di un pezzo meccanico* | ***f. di un tessuto***, rifinizione **2** (*zootec.*) ultimo periodo della fase di ingrasso di qualsiasi tipo di animale destinato alla macellazione: *f. di suini, bovini, ovini*; *stalla di f.*

†**finìta** [provenz. *fenida*, dal lat. *finīre* ✱ av. 1257] **s. f.** ● fine | morte

finità [av. 1565] **s. f. inv. 1** †condizione di ciò che è compiuto, perfetto **2** (*filos., lett.*) finitezza

finitézza [1550] **s. f. 1** (*raro*) compiutezza, perfezione: *manufatto di rara f.* **2** (*filos.*) condizione di ciò che è limitato, imperfetto, incompiuto: *la f. della ragione umana*

finìtimo [vc. dotta, lat. *finĭtimu(m)*, da *finis* 'confine' ✱ av. 1292] **A agg.** ● confinante, limitrofo: *paesi finitimi* | (*lett.*) vicino **B s. m.** ● †abitante di territorio che confina: *altri finitimi loro inimici* (N. MACHIAVELLI) SFUMATURE ➤ ***confinante***

†**finitivo** [vc. dotta, lat. *finitīvu(m)*, da *finīre* 'finire' ✱ av. 1406] **agg. 1** (*gramm.*) ***modo f.***, finito **2** definitivo

♦**finìto A part. pass.** di *finire*; **anche agg. 1** terminato, concluso: *un lavoro già f. da tempo* | ***farla finita***, porre fine a qlco., una volta per tutte: *basta con questo chiasso, fatela finita!* | ***farla finita con la vita***, uccidersi | ***farla finita con qlcu.***, cessare ogni rapporto con lui | che è stato portato a termine (con valore passivante) (+ *di* **seguito da inf.**): *un supermercato appena f. di costruire* **2** (*lett.*) rifinito, perfezionato, accurato: *esecuzione musicale finita* | ***non ben f.***, di ciò che si è in qualche modo trascurato | (*raro*) detto di chi è esperto, abile in qlco.: *artista, artigiano f.* **3** (*gramm.*) ***modo f.***, che ha determinazione di numero e persona **4** (*mat.*) non infinitesimo: *equazione alle differenze finite* | (*filos.*) limitato, non infinito | (*lett.*) caduco, perituro **5** detto di chi (o di ciò che) ha già dato il meglio di sé e non ha più speranza di risollevarsi (fisicamente, moralmente o in un'attività): *è un uomo finito*; *come atleta ormai è f.* | ***è finita***, non c'è più niente da fare ‖ **finitaménte**, **avv.** (*raro*) in modo finito; completamente **B s. m. 1** (*filos.*) ciò che è limitato, imperfetto: *sentire il contrasto tra f. e infinito* **2** ***f. di stampare***, complesso dei dati d'obbligo, quali data e luogo di stampa, nome dello stampatore e sim., posti alla fine dell'opera

finitóre [vc. dotta, lat. *finitōre(m)*, da *finīre* 'finire, determinare i confini' ✱ av. 1555] **s. m. 1** (**f.** *-trice*) chi rifinisce, chi esegue lavori di finitura: *f. edile* **2** utensile usato per la lavorazione di finitura | (*tecnol.*) parte terminale di una macchina copiatrice automatica che esegue le operazioni finali di fascicolatura e pinzatura dei testi duplicati

finitrìce [1956] **s. f.** ● macchina stradale che stende e spiana l'impasto bituminoso

finitùdine [1584] **s. f.** ● (*filos.*) carattere, condizione di ciò che è finito, limitato, imperfetto

finitùra [av. 1306] **s. f.** ● tutto ciò che è necessario per completare e perfezionare qlco.: *all'abito mancano solo le finiture* | ***f. di un edificio***, insieme delle opere da aggiungere al rustico per rendere l'edificio utilizzabile SIN. rifinizione

finizióne [da *finire*①; calco sul fr. *finition* nel sign. 2 ✱ 1468] **s. f. 1** (*tosc.*) fine, compimento **2** (**al pl.**, *raro*) in varie tecnologie, spec. quella dell'automobile, finitura, rifinitura

♦**finlandése** (o *-ṣ-*) [1561] **A agg.** ● della Finlandia: *costumi finlandesi* | (*sport*) ***passo f.***, uno dei modi di procedere nelle gare sciistiche di fondo **B s. m. e f.** ● nativo, abitante della Finlandia **C s. m. solo sing.** ● lingua della famiglia uralica, parlata in Finlandia

finlandiẓẓàre [comp. di *Finland(ia)* e *-izzare* ✱ 1973] **v. tr.** ● sottoporre a finlandizzazione (V.)

finlandiẓẓazióne [1973] **s. f.** ● rigido condizionamento della politica di un Paese neutrale da parte di una grande potenza confinante, come nel caso della Finlandia con l'Unione Sovietica negli anni successivi alla seconda Guerra mondiale

finn /*ingl.* fɪn/ [ingl., propr. 'finlandese' ✱ 1963] **s. m. inv.** ● piccola imbarcazione a vela, da regata, monoposto

fìnnico [dai *Finni*, che diedero il nome alla Finlandia ✱ 1787] **A agg.** (**pl. m.** *-ci*) ● relativo ai Finni, antico popolo eurasiatico stanziatosi nell'Europa nord-orientale: *letteratura finnica* **B agg. e s. m.** (**f.** *-a*) ● finlandese

♦**fino**① o †**fine**③ [lat. *fine*, abl. di *finis* 'limite' ✱ sec. XIII] **A prep.** (**troncata in** *fin*. **Ha gli stessi sign. di 'sino'. Si preferisce l'una o l'altra forma per evitare la cacofonia:** *f. a settembre*) **1** esprime l'estensione da un termine a un altro, con riferimento allo spazio e al tempo (quasi sempre seguita da un avv. o da un'altra prep. che determina il termine): *fin quando?*, *fin qui*; *fin là*; *fin lassù*; *fin sopra i capelli*; †*Fin quel giorno*; †*fin iersera* | V. anche *fintantoché*, *fino a che*, *finché*, *fin d'ora*, *fin dove* **2** nelle loc. prep. ***f. a***, ***f. in***, esprime il limite cui si giunge, con riferimento sia allo spazio, sia al tempo: *giungere f. a mille metri di profondità*; *andare f. in fondo*; *aspettare f. a domani*; *ho atteso f. ad ora*; *resistere f. all'estremo limite delle forze*; *spendere f. all'ultimo centesimo* | nelle loc. cong. ***f. a***, ***f. al punto di*** (introducono una prop. consecutiva con il v. all'inf.): *gridare f. a restare senza voce*; *insistere f. a raggiungere il proprio intento*; *soffrire di qlco. f. al punto di morirne* | esprime approssimazione a un limite quantitativo: *prendere f. a venti gocce prima dei pasti* **3** nelle loc. prep. ***f. da***, †***f. di***, esprime il limite da cui si parte o si giunge, con riferimento sia allo spazio, sia al tempo: *esplorare il corso di un fiume f. dalle sorgenti*; *esiste f. dal principio del mondo*; *aspetta fin da ieri, fin dall'alba*; *bisogna incominciare fin d'ora*; *si è dedicato alla musica fin da bambino* **B avv.** ● anche, perfino, addirittura: *f. il figlio gli ha negato aiuto* | ***ha fin detto troppo, ha detto fin troppo***, anche troppo, più del necessario

♦**fino**② [lat. *fine(m)* 'limite', nel senso di 'estremo' ✱ av. 1250] **A agg. 1** fine, minuto: *sale f.* | (*fig.*) sottile, astuto: *cervello f.* | (*sett.*) ***lavorare di f.***, con molta esattezza, accuratezza **2** purissimo: *oro, argento f.* **3** †fidato, fido ‖ **finaménte**, **avv.** con finezza **B s. m.** ● la quantità di metallo prezioso contenuta in una moneta **C in funzione di avv.** ● nella loc. ***far f.***, (*colloq.*) denotare eleganza, raffinatezza

fino a che /finoak'ke*, 'fino ak'ke*/ o †**finacché**, †**finaché** [comp. di *fino*①, *a* e *che*② ✱ av. 1533] **cong.** ● (*intens.*) finché

fino allóra o **fin allóra**, (*lett.*) **finallóra**, **fino ad allóra** [comp. di *fino*① e *allora* ✱ 1513] **loc. avv.** ● fino a quel momento

fino a tànto che ➤ **finattantoché**

finocchièlla [detta così perché assomiglia al *finocchio* ✱ 1728] **s. f.** ● (*bot.*) mirride

finòcchio① [lat. parl. **fenŭculu(m)*, per il class. *fenĭculu(m)*, dim. di *fēnum* 'fieno' ✱ sec. XIII] **s. m. 1** pianta erbacea perenne delle Apiacee con foglie divise in lobi filiformi, fiori gialli e semi aromatici (*Foeniculum vulgare*) | ***f. dolce***, varietà coltivata per le guaine fogliari carnose e bianche commestibili (*Foeniculum sativum*) | ***f. porcino***, pianta delle Apiacee con proprietà medicinali (*Peucedanum officinale*) | †***pascere di f. qlcu.***, ***dar finocchi a qlcu.***, (*fig.*) infinocchiare | †***sino al f.***, completamente | †***finocchi!***, escl. di stupore e meraviglia **2** †inetto, babbeo ‖ **finocchiàccio**, **pegg.** | **finocchiétto**, **dim.** | **finocchino**, **dim.** | **finocchióne**, **accr.**

finòcchio② [vc. fiorentina, entrata in it. solo recentemente con la letteratura neorealistica, da riconnettere a *finocchio*①, con passaggio semantico non chiaro ✱ 1863] **s. m.** ● (*pop.*) omosessuale maschile

finocchióna [detta così perché dentro c'è del *finocchio* ✱ 1875] **s. f.** ● salume tipico della Toscana, aromatizzato con semi di finocchio

fino che o †**finoché** ➤ **finché**

♦**finóra** o (*lett.*) **fin óra** [comp. di *fin(o)*①, *(a)* e *ora* ✱ 1313] **avv. 1** fino a questo momento: *i progressi compiuti f. sono scarsi*; *f. non l'hanno trovato*; *delle opere innumerabili dei mortali da te vedute f., pensi tu che pur una ottenesse l'intento suo?* (G. LEOPARDI) **2** (*lett.*) fin d'ora: *e vo' dolermi, e fin ora mi doglio / di te* (L. ARIOSTO)

finsi ➤ **fingere**

♦**fìnta** [da *finto* ✱ 1585] **s. f. 1** il fingere | finzione, simulazione: *la sua allegria e le sue gentilezze sono una f.* | ***far f.***, fingere: *i vecchi fanno f. di non sentire* (A. PALAZZESCHI) | ***fare qlco. per f.***, per finzione, spec. scherzosa | ***far f. di niente***, restare imperturbabile **2** (*milit.*) azione simulata per distogliere il nemico dal punto in cui lo si vuole effettivamente attaccare **3** (*sport*) simulazione di una mossa per ingannare l'avversario **4** striscia di tessuto che nasconde l'abbottonatura su giacche, mantelli, impermeabili e sim. SIN. pattina

fintàggine [da *finto* ✱ 1856] **s. f.** ● (*lett.*) comportamento di chi finge abitualmente SIN. doppiezza

♦**fintantoché** o **fintànto che** /fintanto'ke*, fin'tanto ke*/, **fin tànto che** /'fin'tanto ke*/ [comp. di *fin(o)*①, *tanto* e *che*② ✱ av. 1375] **cong.** ● (*enfat.*) finché, fino a quando: *non gli darò tregua f. non muterà condotta di vita*

fintàre [da *finta* ✱ 1956] **v. tr. e intr.** (**aus.** *avere*) ● nel linguaggio sportivo, effettuare una finta | ***f. un'azione***, simularla per ingannare l'avversario | ***f. un avversario***, ingannarlo con una finta

fintìno [1868] **s. m.** ● (*disus.*) posticcio di capelli a forma di coda o di frangia, un tempo usato dalle donne

•**finto** **A** **part. pass.** di *fingere*; **anche agg.** **1** detto di chi finge, simula: *non fare il f. tonto* | detto di ciò che non è sincero: *finta gentilezza* **2** che è artificiale, che non è autentico: *barba finta*; *capelli finti* | che non è spontaneo: *un sorriso del tipo f. ingenuo* | detto spec. di stile non originale (anche in funzione di primo elemento inv.): *mobili (in stile) f. rustico*; *una cupola finto-bizantina* **SIN.** falso **CONTR.** vero ‖ **fintaménte**, **avv.** con finzione, con simulazione **B** **s. m.** **1** (**f.** *-a*) persona falsa, ipocrita **CONTR.** sincero **2** finzione: *il vero e il f.* ‖ **fintóne**, **accr.**

finto- **primo elemento** • in aggettivi composti, significa, con funzione avverbiale, 'apparentemente, falsamente': *finto-innocente*, *finto-ingenua*, *finto-rammaricato*

finzionàle [1970] **agg.** • immaginario | basato sulla finzione, sull'invenzione: *giochi finzionali* ‖ **finzionalità**, **s. f. inv.**

finzióne [lat. *fictiōne(m)* (da *fictus* 'finto'), rifatto su *fingere* ✱ 1304] **s. f.** **1** simulazione, doppiezza: *parlare con, senza f.*; *è un individuo alieno da finzioni* | ciò che è finto, simulato: *non credere alle loro finzioni*; *le loro parole sono tutta una f.* **2** rappresentazione, creazione della fantasia: *f. poetica* | rappresentazione della realtà per mezzo del linguaggio teatrale o cinematografico: *f. scenica* **3** (*dir.*) *f.* ***giuridica, legale***, fictio iuris

fio ① [fr. ant. *fieu* 'feudo' ✱ av. 1294] **s. m.** (**pl.** *fii*) **1** †feudo: *baronie e signoraggi e fii de' cavalieri* (G. VILLANI) **2** †censo o pagamento che si deve per fondo, tributo o altro | (*est.*) †tributo, omaggio, ricompensa **3** (*fig.*) pena: *pagare il fio della propria colpa*

†**fio** ② [dal n. della lettera *phi* dell'alfabeto greco ✱ av. 1400] **s. m. solo sing.** **1** la lettera ipsilon **2** fine | ***dall'a al fio***, (*fig.*) dal principio alla fine **3** poca cosa | nulla (in loc. neg.)

fiocàggine [da *fioco* ✱ sec. XIV] **s. f.** • (*lett.*) abbassamento di voce

†**fiòcca** ① [da *fioccare* ✱ av. 1406] **s. f.** **1** fiocco di neve | neve **2** grande quantità di cose o persone | gragnuola: *una f. di bastonate* (G. CARDUCCI)

fiòcca ② [detta così perché vi si fa il *fiocco* ✱ sec. XVI] **s. f.** • (*tosc.*) collo del piede | parte superiore della scarpa | analoga parte delle calze

fioccànte [da *fiocco*② ✱ 1819] **s. m.** • (*mar.*; *raro*) sulle navi a vela, marinaio cui compete la manovra dei fiocchi

✦**fioccàre** [da *fiocco*① ✱ 1321] **A** **v. intr.** (*io fiòcco, tu fiòcchi*; **aus.** *essere*) **1** cadere a fiocchi: *la neve fioccò lentamente per tutta la notte*; *più che neve bianca / che senza vento in un bel colle fiocchi* (F. PETRARCA) **2** (*fig.*) susseguirsi in abbondanza: *fioccano le proteste, gli applausi, le contravvenzioni*; *incominciarono a fioccar botte da ogni parte* **3** (*fig.*) †pullulare **B** **v. intr. impers.** (**aus.** *essere* o *avere*) • nevicare: *guarda come fiocca* **C** **v. tr.** • †spargere in quantità

fioccatùra [deriv. da *fiocco*① ✱ 1937] **s. f.** • trattamento di cereali e legumi che vengono prima decorticati, poi riscaldati a vapore, quindi schiacciati con una macchina a rulli ed essiccati, al fine di renderli più leggeri e digeribili

fiocchettatùra [1956] **s. f.** • ornamento di fiocchetti

fiocchétto [1545] **s. m.** **1** dim. di *fiocco*①: *fiocchetti di burro* **2** nappina per distintivo **3** (**spec. al pl.**) tipo di pastina da brodo a forma di piccoli fiocchi **4** salume fatto con la parte interna e magra della coscia del maiale, salata e stagionata; specialità parmense ‖ **fiocchettìno**, **dim.**

•**fiòcco** ① [lat. *flŏccu(m)* 'fiocco di lana', di etim. incerta ✱ sec. XV] **s. m.** (**pl.** *-chi*) **1** annodatura di un nastro o di una cravatta fatta in modo da formare due cocche e due lembi: *legare, sciogliere il f.*; *il f. della scarpa, del cappello*; *scollatura ornata da un f. di seta* | ***f. rosa, azzurro***, fiocco appeso all'ingresso di una casa, che segnala la nascita di un bambina o di un bambino; (*est.*) la nascita stessa: *f. rosa in casa Bianchi* | ***coi fiocchi, con i fiocchi e i controfiocchi***, (*fig.*, *colloq.*) eccellente: *pianista, professore, medico coi fiocchi* | (*zool.*) *f.* ***della coda***, insieme dei crini che ricopre l'estremità distale della coda di alcuni animali **2** bioccolo di lana, seta e sim.: *acquistare della lana in fiocchi* | piccolo ammasso di cristallini di neve | (*est.*) falda di nebbia, di vapore ecc.: *fiocchi di incenso leggieri* (G. PASCOLI) **3** ammasso di fibre tessili naturali pronte per la lavorazione | insieme di fibre artificiali corte: *f. di nylon, f. di poliestere* **4** (**spec. al pl.**) pasta di media pezzatura a forma di fiocco | (**al pl.**) granelli di cereali, trattati in modo da diventare più digeribili e leggeri: *fiocchi d'avena, di riso, di mais* **5** †abbondanza di qlco. | †*fare il f.*, affollarsi **6** †furto: *fare un f.* ‖ **fiocchétto**, **dim.** (V.) | **fiocchìno**, **dim.** | **fioccóne**, **accr.**

fiòcco ② o **flòcco** [deformazione paretimologica, per avvicinamento a *fiocco*①, del fr. *foc*, dal neerl. *fok*, a sua volta dal medio olandese *vocken* 'ventilare' ✱ 1815] **s. m.** (**pl.** *-chi*) • (*mar.*) vela triangolare inferita allo strallo di prua | nell'attrezzatura a brigantino, le quattro vele di taglio tese tra l'albero di trinchetto e il bompresso, propriamente chiamate trinchettina, gran fiocco, fiocco e controfiocco | *f.* ***pallone***, denominazione del precursore dell'odierno spinnaker

fioccóso (o *-ṣ-*) [lat. tardo *floccōsu(m)*, da *flŏccus* 'fiocco①' ✱ av. 1665] **agg.** **1** (*raro* o *lett.*) ricco di fiocchi | fatto a fiocchi | soffice come un fiocco **2** (*chim.*) di precipitato che si separa in forma di fiocchi

fioccùto [av. 1597] **agg.** • (*raro*, *lett.*) fioccoso

✦**fiochézza** [da *fioco* ✱ 1615] **s. f.** • (*lett.*) fiocaggine

fiòcina [lat. *fŭscina(m)* 'tridente', di etim. incerta ✱ av. 1320] **s. f.** • attrezzo con tre o più denti fissi muniti di ardiglione che viene impiegato per la cattura di pesci di medie e grandi dimensioni | *f.* ***snodata***, con alette mobili ai lati che si aprono nella ferita facendo maggior presa

fiocinàre [da *fiocina* ✱ 1846] **A** **v. intr.** (*io fiòcino*; **aus.** *avere*) • lanciare la fiocina **B** **v. tr.** • colpire con la fiocina: *f. un pesce*

fiocinàta [1940] **s. f.** • colpo vibrato con la fiocina

fiocinatóre [1866] **s. m.** (**f.** *-trice*) • pescatore esperto nel lanciare la fiocina

fiòcine [lat. *flōce(m)* 'feccia', cui si è sovrapposto *ăcinus* 'acino' ✱ av. 1320] **s. m.** **1** buccia dell'acino dell'uva **2** (*tosc.*) seme dell'uva **SIN.** vinacciolo

fiocinière [da *fiocina* ✱ 1772] **s. m.** • pescatore addetto al lancio della fiocina

fiocinìno [av. 1939] **s. m.** • (*ven.*) pescatore di frodo con la fiocina

✦**fiòco** [sovrapposizione di *roco* a *fiacco* ✱ av. 1292] **agg.** (**pl. m.** *-chi*; **superl.** *fiochissimo*) **1** di suono fievole, sommesso, soffocato: *parlare con voce fioca*; *udire un rumore f.*; *pace! grida la campana, / ma lontana, fioca* (G. PASCOLI) | di luce debole, bassissima: *un f. chiarore di candela* **SIN.** tenue **2** (*fig.*) †inadatto, insufficiente ‖ (*lett.*) **fiochétto**, **dim.** ‖ **fiocaménte**, **avv.** debolmente

fiónda [lat. parl. **flŭnda(m)*, da **fŭndula*, dim. di *fŭnda* 'fionda', di etim. incerta ✱ sec. XIII] **s. f.** **1** antica arma da getto formata da due strisce di cuoio e una specie di tasca contenente il proiettile da lanciare **2** strumento con cui spec. i ragazzi lanciano sassi, costituito da un legno o ferro biforcuto cui è assicurato un robusto elastico

fiondàre [da *fionda* ✱ 1912] **A** **v. tr.** (*io fióndo*) • (*lett.*) lanciare con la fionda | (*est.*) scagliare qlco. con forza | (*assol.*) nel calcio, effettuare un tiro forte e teso **B** **fiondàrsi** **v. rifl.** • (*colloq.*) spostarsi da un luogo a un altro con estrema precipitazione: *si fiondò fuori dal negozio*; *appena ho saputo la notizia mi sono fiondata da te* **SIN.** precipitarsi | (*est.*) buttarsi a capofitto: *si è fiondato nel lavoro*

fiondàta [1912] **s. f.** **1** tiro di fionda | (*fig.*) critica molto aspra: *una f. micidiale contro il governo* **SIN.** stoccata **2** (*est.*) nel calcio, tiro teso e violento **CFR.** sciabolata, rasoiata

†**fiondatóre** [da *fionda*, sul modello del lat. tardo *fundātor*, genit. *fundatōris* 'frombolière' ✱ sec. XIV] **s. m.** • soldato armato di fionda

fiór ➤ **fiore**

fioràio [da *fiore* ✱ av. 1755] **s. m.** (**f.** *-aia*, **pl. m.** *-ai*) • venditore di fiori **CFR.** fiorista | (*est.*) negozio del venditore di fiori

fioràle ➤ **florale**

fioralìṣo ➤ **fiordaliso**

fioràme [1602] **s. m.** **1** (*raro*) l'insieme dei fiori che ornano un giardino **2** (**al pl.**) disegno a fiori e frutti stampati, dipinti, tessuti e sim., per ornamento: *stoffa, cornice a fiorami*

fioràto [sec. XV] **agg.** • disegnato o stampato a fiori: *carta, stoffa fiorata*

fiorcappùccio [da *fiore* e *cappuccio* ✱ av. 1698] **s. m.** • pianta erbacea delle Ranuncolacee con fiori azzurri che si prolungano in una specie di sprone (*Delphinium consolida*) **SIN.** sprone di cavaliere

fiordalìṣo o **fioralìṣo** [fr. *fleur de lis* 'fiore di giglio' ✱ sec. XIII] **s. m.** **1** pianta erbacea delle Composite a fusto eretto, ramoso, foglie lineari e fiori azzurri in capolini (*Cyanus segetum*) **SIN.** battisegola, battisuocera **2** (*arald.*) giglio, spec. quello d'oro, emblema dei re di Francia

fiordilàtte o **fiór di làtte** [1864] **s. m. inv.** **1** mozzarella di latte vaccino **2** tipo di gelato a base di latte, panna e zucchero

fiòrdo [norvegese *fjord*, da una forma indeur. che significa 'approdo' ✱ 1887] **s. m.** • insenatura marina lunga, stretta e ramificata dovuta alla sommersione di valli modellate dall'esarazione glaciale

•**fióre** [lat. *flōre(m)*, di orig. indeur. ✱ av. 1226] **A** **s. m.** (**talora troncato in** *fior*) **1** organo della riproduzione delle piante superiori costituito da foglie trasformate in sepali e petali e contenente stami e pistilli; è spesso la parte più bella, e profumata, della pianta: *f. doppio, ermafrodita, unisessuato*; *fiori rossi, gialli, bianchi*; *fiori freschi, selvatici, di giardino, di serra, di campo*; *corona, mazzo, ghirlanda di fiori* **CFR.** anto- | *f.* ***artificiale***, fatto di stoffa, carta, plastica e sim. | ***fiori d'arancio***, simbolo delle nozze | ***linguaggio dei fiori***, che attribuisce ad ogni fiore un significato simbolico | ***rose e fiori***, (*fig.*) bello, facile, positivo: *non credere che sia stato tutto rose e fiori* | (*fig.*) *f.* ***all'occhiello***, chi (o ciò che) costituisce motivo di orgoglio, di fierezza: *la sicurezza sociale è il f. all'occhiello di quel Paese* | ***pianta in f.***, fiorita, coperta di fiori | ***essere in f.***, nell'epoca della fioritura; (*fig.*) nel pieno rigoglio: *una fanciulla in f.* | ***a fiori***, di cosa dipinta, ornata e sim. con fiori **2** (*est.*) pianta che produce fiori, spec. ornamentali: *piantare, annaffiare i fiori*; *un giardino pieno di fiori* | (*est.*) pianta, in quanto caratterizzata dal fiore che produce | *f.* ***della passione***, passiflora | ***fior di***

cera, pianta erbacea perenne delle Asclepiadacee, con fusto rampicante e fiori rosei in infiorescenza (*Hoya carnosa*) | ***f. di cuculo***, pianta erbacea delle Cariofillacee con fiori rosei a cinque petali (*Lychnis floscuculi*) | ***f. d'ogni mese***, calendola | ***fior di passione***, passiflora | ***f. di primavera***, pratolina | ***f. rosso***, adonide, fior d'adone | ***fior galletto***, V. anche *fiorgalletto* | ***f. nobile***, stella alpina | ***f. di maggio***, narciso | ***f. ragno***, pianta delle Orchidacee con fiori verde-giallastro e labello bruno con due linee colorate al centro così da somigliare all'incirca a un ragno posato su un fiore (*Ophrys arancifera*) | ***f. stella***, pianta delle Ranuncolacee con fiore rosso a petali raggiati (*Anemone hortensis*) **3** (*fig.*) parte scelta, migliore, più bella di qlco.: *il f. dei cavalieri, degli eroi, dei poeti* | con valore rafforz. nella loc. ***fior f.***, parte migliore, che eccelle: *il fior f. della nobiltà* | ***f. di farina***, farina di massima purezza | ***f. del latte***, panna | ***f. della lana***, la parte più lunga e soffice | (*fig., lett.*) ***il f. della verginità***, la purezza femminile | (*fig., lett.*) ***fiori poetici***, forme stilistiche di raffinata eleganza | ***essere nel f.***, nel momento migliore | ***nel f. degli anni***, nel rigoglio della giovinezza | ***nel f. della bellezza, della giovinezza***, all'apice SIN. perfezione **4** (*est.*) persona oltremodo bella, delicata: *quella ragazza è un f.* **5** (*chim.*) polvere finissima ottenuta per sublimazione di talune sostanze | ***F. di zolfo®***, marchio registrato dello zolfo sublimato **6** (*lett.*) compendio, sommario, antologia **7** (*fig.*) grande quantità, abbondanza, nella loc. (***un***) ***fior di***: *ho speso fior di quattrini*; *portare un fior di dote* | (*fig., anche iron.*) ***un fior di galantuomo, di mascalzone***, di persona in cui l'onestà o la disonestà raggiungono il massimo grado | †quantità minima; un poco | (*lett.*) ***fior di qlco.***, un po' di: *chi ha fior di senno lo dica* (A. MANZONI) **8** parte superficiale di qlco. | (*enol.*) ***il f. del vino***, fioretta | strato superficiale della pelle conciata che ne reca la grana caratteristica | (*fig.*) nella loc. ***a fior di***, sulla superficie di: *emergere a fior d'acqua*; *sentire un dolore a fior di pelle* | ***avere i nervi a fior di pelle***, essere in uno stato di grande nervosismo | (*fig.*) ***dire qlco. a fior di labbra***, mormorarla appena **9** tela crespa sottilissima ricavata dal fiore della bambagia **10** piccola macchia bianca a contorni irregolari, situata sulla fronte dei cavalli **11** (*cucina*) ***f. sardo***, formaggio di latte ovino a pasta cruda, tipico della Sardegna **12** (**al pl.**) uno dei quattro semi delle carte da gioco francesi: *re di fiori* CFR. cuore, picca①, quadro② **13** (**al pl.**) †mestruazioni **14** ***fiori di Bach***, soluzioni estratte da fiori selvatici, o provenienti da coltivazioni controllate, che vengono assunte per via orale e alle quali si attribuisce un'influenza sul benessere mentale, emozionale e fisico **B** **avv.** • †affatto, punto (in frasi negative) ‖ **fioràccio**, **pegg.** | **fiorèllo**, **fiorellino**, **dim.** | **fiorétto**, **dim.** (V.) | **fioricino**, **dim.** (V.) | **fioróne**, **accr.** (V.)

♦**fiorènte** **part. pres.** di *fiorire*; anche **agg.** • che fiorisce | (*fig.*) che è in fiore, florido: *ragazza f.*; *economia f.* ‖ **fiorenteménte**, **avv.** (*raro*) in modo florido, rigoglioso

SFUMATURE ➤ ***florido***

fiorentìna [f. sost. di *fiorentino* ✻ 1812] **s. f.** **1** bistecca o costata alla fiorentina (V. *fiorentino*) **2** lucerna metallica a olio, composta di tre becchi e di un alto fusto **3** (*chim.*) tipo di bottiglia provvista superiormente di un rubinetto e inferiormente di un sifone, usata per la separazione di liquidi immiscibili

fiorentineggiàre [da *fiorentino* ✻ av. 1729] **v. intr.** (**pres.** *io fiorentinéggio*; **fut.** *io fiorentineggerò*; **aus.** *avere*) • usare accento, forme e modi fiorentini

fiorentinerìa [av. 1576] **s. f.** • (*lett.*, *spreg.*) modo affettato di parlare fiorentino

fiorentinésco [1354] **agg.** (**pl. m.** *-schi*) • (*lett.*, *spec. spreg.*) da fiorentino: *modo, accento f.* ‖ **fiorentinescaménte**, **avv.** alla fiorentina

fiorentinìsmo [av. 1606] **s. m.** **1** espressione tipica della parlata fiorentina: *autore che abusa di fiorentinismi* **2** tendenza letteraria a ritenere gli autori fiorentini i veri modelli della lingua italiana

fiorentinìsta [1873] **A** **s. m. e f.** (**pl. m.** *-i*) • sostenitore della tendenza letteraria del fiorentinismo **B** **agg.** • (*raro*) fiorentinistico

fiorentinìstico [1970] **agg.** (**pl. m.** *-ci*) • relativo al fiorentinismo

fiorentinità [av. 1565] **s. f. inv.** **1** caratteristica di chi (o di ciò che) è fiorentino **2** complesso delle caratteristiche tipiche dell'arte, della lingua, della cultura dei fiorentini

fiorentinizzàre [av. 1606] **A** **v. tr.** • tradurre in volgare fiorentino | (*est.*) italianizzare **B** **v. intr.** (**aus.** *avere*) • (*raro*) fiorentineggiare

♦**fiorentìno** [lat. *florentīnu(m)*, da *Florĕntia* 'Firenze' ✻ 1261 ca.] **A** **agg.** • di Firenze o dei suoi abitanti: *usi fiorentini*; *parlata fiorentina* | ***alla fiorentina***, (*ellitt.*) alla maniera dei fiorentini | ***bistecca, costata alla fiorentina***, bistecca di vitellone toscano che si ricava dalla lombata, col filetto attaccato, cucinata ai ferri con olio, pepe e sale ‖ **fiorentinaménte**, **avv.** in modo fiorentino **B** **s. m.** (**f.** *-a*) **1** abitante o nativo di Firenze **2** (*raro*) gigliato, nel sign. B 2

fiorènza [da *Fiorenza*, n. poet. di Firenze, che è il lat. *Florĕntia(m)*, n. augurale da *florēre* 'fiorire' ✻ 1983] **s. f.** • tessuto leggerissimo di seta per biancheria

fiorerìa o (*raro*) **florerìa** [da *fiore* ✻ 1834] **s. f.** **1** (*raro*) negozio in cui si vendono fiori **2** (*disus.*) floricoltura

fiorétta [da *fiore* ✻ av. 1400] **s. f.** **1** (*poet.*) †piccolo fiore **2** malattia dei vini poco alcolici che determina la formazione in superficie di una pellicola biancastra che, scuotendo il vino, si rompe in piccoli frammenti simili a fiori

fiorettàre [da *fioretto*① ✻ 1865] **v. tr.** (*io fiorétto*) • (*lett.*) infiorettare

fiorettatùra [av. 1890] **s. f.** • (*lett.*) infiorettatura | (*mus.*) abbellimento

fiorettìsta [da *fioretto*② ✻ 1923] **s. m. e f.** (**pl. m.** *-i*) • schermidore di fioretto

fiorétto① [1313] **s. m.** **1** (*lett.*) dim. di *fiore* **2** parte scelta di qlco.: *il f. del cotone* | †gruppo di elementi scelti: *f. di cavalieri* **3** (**al pl.**, *lett.*) scelta di racconti, avvenimenti, aneddoti e sim.: *i fioretti di S. Francesco* | florilegio di sentenze, motti e sim. **4** (*disus.*) tela o seta molto sottile **5** sacrificio o rinuncia fatti spontaneamente per penitenza a fine di devozione: *i fioretti del mese di maggio* **6** (**spec. al pl.**, *lett.*) ornamento stilistico ‖ **fiorettìno**, **dim.**

fiorétto② [dal bottone che ha in cima, raffigurato come un piccolo *fiore* ✻ av. 1729] **s. m.** **1** una delle tre armi della scherma, a lama quadrangolare d'acciaio, sottile e flessibile, il cui colpo è valido solo se arriva di punta: *scherma di f.* | ***usare il f., colpire di f.***, (*fig.*) in una polemica, usare argomenti arguti, ironici, pungenti | ***f. elettrico***, fornito di un filo elettrico che consente la segnalazione automatica, su un apposito apparecchio, di un colpo portato **2** (*tecnol.*) punta di acciaio, talvolta di diamante, che si applica alle perforatrici per forare le rocce **3** in elettrotecnica, lungo bastone isolato, munito di gancio, che serve a manovrare a mano apparecchiature sotto tensione

fiorgallétto o **fiór gallétto** [da separarsi *fior(e) galletto* (in accezione botanica) ✻ 1970] **s. m.** • (*bot.*) afaca

fioricoltóre ➤ **floricoltore**

fioricoltùra ➤ **floricoltura**

fioricultóre ➤ **floricoltore**

fioricultùra ➤ **floricoltura**

fiorièra [da *fiore* ✻ av. 1895] **s. f.** **1** cassetta di vario materiale in cui coltivare fiori o piante ornamentali **2** recipiente per fiori recisi

fiorìfero [vc. dotta, lat. *florĭferu(m)*, comp. di *flōs*, genit. *flōris* 'fiore' e *-fer* '-fero' ✻ 1499] **agg.** • che produce fiori: *pianta fiorifera* | †ricco di fiori

fiorìle [da *fiore* sul modello del fr. *floréal* 'floreale' ✻ 1797] **s. m.** • ottavo mese del calendario rivoluzionario francese, il cui inizio corrispondeva al 20 aprile e il termine al 19 maggio SIN. floreale

fiorìno [dim. di *fiore*; così chiamato per il giglio che portava impresso su una faccia ✻ sec. XIII] **s. m.** **1** moneta d'oro coniata a Firenze nel sec. XIII, del valore di venti soldi, che su una faccia aveva il giglio e sull'altra l'effigie di San Giovanni Battista; imitato in molti Stati spec. dell'Europa centrale | unità monetaria dell'Ungheria (SIMB. Ft) e, fino all'introduzione dell'euro (2002), dell'Olanda e delle Antille Olandesi **2** (*est.*) †denaro, moneta

♦**fiorìre**① o †**florìre** [lat. tardo *florīre*, da *florēre* (da *flōs*, genit. *flōris* 'fiore'), con metaplasmo ✻ av. 1257] **A** **v. intr.** (*io fiorìsco, tu fiorìsci*; **aus.** *essere*, *raro*, *lett.* *avere*) **1** far fiori, coprirsi di fiori (+ *di*): *la pianta, il ramo, il giardino, la campagna fioriscono*; *Invano / fiorisce di viole il colle e il piano* (G. GOZZANO) | ***il grano fiorisce***, fa la spiga **2** (*fig.*) essere nel pieno vigore, floridezza, rigoglio e sim.: *la giovinezza fiorisce*; *le arti e i commerci fiorirono nell'Italia rinascimentale* | (*est.*, *lett.*) essere adorno (+ *di*): *f. di virtù, di bellezza, d'innocenza* SIN. prosperare **3** (*fig.*) giungere alla fama, diventare illustre: *Dante fiorì alla fine dell'Evo Medio*; *Roma fiorì per le armi e per il diritto* | (*fig.*) nascere, affermarsi, svilupparsi: *la civiltà minoica fiorì oltre 4000 anni fa* **4** (*fig.*) prendere forma, manifestarsi: *un sorriso le fiorì sulle labbra* | PROV. ***se son rose, fioriranno***, V. *rosa*① **5** coprirsi di muffa, di ossido o di un sale in efflorescenza: *il vino, il rame, i muri fioriscono* | incresparsi, spec. per umidità: *l'intonaco del soffitto sta fiorendo* | coprirsi di eruzioni cutanee **B** **v. tr.** **1** (*lett.*) render pieno di fiori: *la primavera fiorisce i campi e i giardini* **2** (*raro*) ornare di fiori: *f. una tomba*; *f. la mensa, le stanze* | dipingere o disegnare a fiori: *f. una parete* **3** (*fig.*, *lett.*) abbellire, arricchire: *f. uno scritto, un discorso con eleganti metafore* **C** **fiorìrsi** **v. rifl.** • †ornarsi

fiorìre② [da *fiorire*① ✻ av. 1374] **s. m. solo sing.** • fioritura | (*fig.*) sviluppo, rigoglio: *la città è tutta un f. di iniziative*; *il f. di nuove correnti culturali*; *vana cosa è il giovenil f.* (L. DE' MEDICI)

fiorìsta [fr. *fleuriste*, da *fleur* 'fiore' ✻ 1693] **s. m. e f.** (**pl. m.** *-i*) **1** fioraio | fabbricante o venditore di fiori artificiali **2** pittore di fiori

fiorìta [f. sost. di *fiorito* ✻ av. 1749] **s. f.** **1** fiori e foglie, anche riuniti in festoni, con cui si ornano strade o chiese in occasione di feste, processioni e sim.: *spargere la f.* **2** (*lett.*) florilegio: *f. di liriche provenzali* **3** †fioritura

†**fiorìtézza** [av. 1595] **s. f.** • carattere di ciò che è fiorito, elegante: *f. di stile*

♦**fiorìto** o †**florìto** **part. pass.** di *fiorire*; anche **agg.** **1** coperto, pieno di fiori: *prato f.* | (*fig.*)

che si è affermato, sviluppato: *pittori fioriti nel tardo Rinascimento* **2** (**est.**) di ciò che è tessuto a fiori: *seta fiorita* **3** (*raro*) pieno: *un tema f. di errori* **4** (*mus.*) florido **5** †scelto, illustre: *ingegno f.* | †esimio, distinto: *Baron f., / onor della mia corte* (M.M. BOIARDO) **6** (*fig.*) ornato, elegante: *stile f.* | †***carità fiorita***, generosa | ***gotico f.***, è detto lo stile gotico tardo, caratterizzato da un gusto accentuato per la ricchezza e l'eleganza dei motivi decorativi **CFR.** fiammeggiante **7** (*fig., lett.*) prospero, felice: *età, vita fiorita* **8** †valoroso, prode ‖ **fioritaménte**, **avv.** in modo fiorito; con eleganza

fioritùra [da *fiorire* ✱ av. 1712] **s. f.** **1** il fiorire; insieme di fiori: *la f. delle rose*; *una f. ricca, bella, rigogliosa* | (**est.**) epoca in cui le piante fioriscono: *siamo alla f.* **2** (*fig.*) grande sviluppo e rigoglio: *le arti sono in piena f.*; *si assiste ad una incredibile f. di studi e scoperte scientifiche* **3** (*fig.*) eleganza, ornamento formale: *la f. dello stile* **4** (*mus.*) abbellimento **5** macchia di umidità, ossido e sim. | eruzione: *una f. di foruncoli*

fioróne [av. 1581] **s. m.** **1** accr. di *fiore* **2** fico primaticcio, non molto saporito, che matura a primavera avanzata o all'inizio dell'estate **3** (*archit.*) elemento ornamentale in forma di fiore stilizzato

fiorrancìno [da *fiorrancio* 'calendola', per il ciuffo che ricorda quel fiore ✱ 1643] **s. m.** ● passeraceo comune sui monti italiani, riconoscibile per la parte superiore del capo color rosso fuoco (*Regulus ignicapillus*)

fiorràncio [dal colore *arancio* dei *fiori* ✱ sec. XIV] **s. m.** ● (*bot.*) calendola

fiorùme [da *fiore* ✱ av. 1730] **s. m.** ● tritume del fieno ammucchiato che resta sul pavimento del fienile

fiòsso [lat. parl. **flŏssu(m)*, da **fŏssulu(m)*, da *fŏssa* 'fossa' ✱ av. 1730] **s. m.** **1** (*lett.*) arco del piede, più o meno marcato **2** la parte più stretta della scarpa, situata fra il tacco e la pianta

fiottàre [da *fiotto* ✱ av. 1292] **v. intr.** (*io fiòtto*; **aus.** *avere*) **1** (*lett.*) fluttuare, ondeggiare | (*lett.*) rumoreggiare o gorgogliare sordamente (*anche fig.*): *Gorgoglia e fiotta la nostalgia irrequieta* (S. SLATAPER) **2** (*centr.*) borbottare, piagnucolare, mugugnare: *fiottò contro il nipote e contro il marito* (F. DE ROBERTO)

fiottìo [da *fiottare* ✱ 1869] **s. m.** (**pl.** *-ii*) ● (*lett.*) ondeggiamento inesistente | (*lett.*) mormorio, brontolio | (*fig.*) piagnucolio

✦**fiòtto** [lat. *flūctu(m)*, da *flŭere* 'scorrere' ✱ 1266] **s. m.** **1** (*lett.*) movimento ondoso del mare e rumore che ne deriva | (*lett.*) flutto, onda | †marea **2** getto di liquido impetuoso e improvviso: *un f. inerte e denso di sangue cupo sgorgò dalla bocca* (R. BACCHELLI) **SIN.** zampillo | ***a fiotti***, a ondate; (**est.**) in gran quantità: *il sangue gli colava a fiotti dal naso* | (*fig., lett.*) corso, flusso: *il f. dei ricordi* | (*fig., lett.*) sfogo, impeto improvviso: *ebbe … un f. di schietta giocondità* (A. PALAZZESCHI) **3** (*centr.*) borbottio lamentoso, piagnucolio **4** †rimprovero **5** †moltitudine, frotta | ***in f.***, tutti insieme, con impeto

fìppio [vc. di origine onomat. ✱ 1971] **s. m.** ● verso della femmina e dei piccoli di capriolo: *il f. (…) dei piccoli che chiamano la madre* (M. RIGONI STERN)

fireball /'fairbol, *ingl.* 'faɪə,bɔːl/ [vc. ingl., propr. 'palla (*ball*) di fuoco (*fire*)' ✱ 1982] **s. m. inv.** ● piccola barca velocissima da regata, con scafo molto leggero, ampie superfici veliche e deriva mobile a trapezio

firewall /fair'wɔl, *ingl.* 'faɪə,wɔːl/ [vc. ingl., comp. di *wall* 'parete' e *fire* 'fuoco', propr. 'parete tagliafiamma' ✱ 1995] **s. m. inv.** ● (*inform.*) software che filtra l'accesso dei dati in un computer in rete, bloccando quelli non autorizzati

FireWire® /fair'wair, *ingl.* 'faɪə,waɪə(r)/ [vc. ingl., propr. 'connessione (*wire*) (veloce) come il fuoco (*fire*)' ✱ 1996] **agg. inv.; anche s. m. inv.** ● (*inform.*) detto di uno standard di connessione tra computer e periferiche in grado di trasferire dati ad altissima velocità

✦**fìrma** [da *firmare* ✱ 1618] **s. f.** **1** scrittura autografa del proprio nome e cognome che si appone a una lettera, un documento e sim.: *apporre, mettere la f.*; *f. chiara, illeggibile, per esteso*; *f. falsa*; *autenticare, falsificare una f.* | atto del firmare: *la f. di un documento* | ***a f.*** (***di***), che è firmato da: *un editoriale a f. del direttore*; *è arrivata una circolare a f. M. Rossi* | (*fig.*) il marchio, il segno distintivo: *l'attentato porta la f. del racket* | (*burocr.*) ***andare alla f.***, di documento inviato a chi deve firmarlo per renderlo valido, esecutivo e sim. | (*inform.*) ***f. elettronica, f. digitale***, sistema di codifica basato sull'uso di codici alfanumerici che consente al sottoscrittore e al destinatario di attestare e verificare la provenienza e l'integrità di un documento informatico | ***raccogliere le firme***, le adesioni per qualche iniziativa | ***registro delle firme***, dei visitatori | ***far onore alla propria f.***, essere puntuale nell'adempimento di obblighi, promesse e sim. | (*colloq.*) ***ci farei la f.!***, accetterei molto volentieri | ***per onor di f.***, solo per onorare il proprio buon nome **2** personaggio famoso: *le grandi firme della moda* | noto giornalista: *è una delle firme più prestigiose* **3** (*raro*) ditta **4** nel linguaggio commerciale, potere di trattare e assumere obbligazioni in nome e per conto di terzi: *ha la f. per l'impresa* | (*banca*) ***credito di f.***, garanzia prestata dalla banca a terzi **5** nel gergo militare, firmaiolo ‖ **firmétta**, **dim.**

firmaiòlo [1942] **A** **s. m.** (**f.** *-a*) **1** (*spreg.*) nel gergo militare, chi, firmando il documento di rafferma, prolunga per volontà propria il periodo della ferma militare **2** (*spreg.*) chi è solito firmare documenti, appelli di protesta e sim. **B** **anche agg.**

firmaménto [vc. dotta, lat. *firmamĕntu(m)* 'sostegno (del cielo)', da *firmāre* 'tener saldo' ✱ 1294] **s. m.** **1** cielo: *le stelle del f.* **2** (*fig.*) ambiente artistico o culturale caratterizzato da personaggi di valore, di successo: *il f. del cinema, del teatro, della letteratura* **3** †base, fondamento (*anche fig.*)

firmàno [persiano *farmân* 'ordine' ✱ 1700] **s. m.** ● (*stor.*) decreto, licenza, ordine dei sultani ottomani

firmànte **A** **part. pres.** di *firmare*; **anche agg.** ● (*raro*) nei sign. del v. **B** **s. m. e f.** ● (*raro*) firmatario

✦**firmàre** [vc. dotta, lat. *firmāre* 'render saldo, assicurare', da *firmus* 'saldo' ✱ av. 1463] **A** **v. tr.** ● munire della propria firma: *f. un atto come autore, come testimone*; *f. col timbro, di mano propria* | (**est.**) ratificare o sanzionare apponendo la firma: *f. un trattato, un decreto* | ***f. la propria condanna***, (*fig.*) essere la causa diretta delle proprie sventure, di un insuccesso e sim. **SIN.** sottoscrivere **B** **firmàrsi** **v. rifl.** ● (*raro*) apporre la propria firma

firmàrio [da *firma* ✱ 1964] **s. m.** ● (*burocr.*) cartella per documenti o lettere da firmare

firmatàrio [da *firmare* ✱ 1869] **s. m.** (**f.** *-ia*); **anche agg.** ● chi (o che) sottoscrive con la propria firma un atto, un documento e sim., per approvarlo, ratificarlo, renderlo esecutivo e sim.: *i firmatari del trattato di pace*; *i ministri firmatari del nuovo accordo commerciale*

firmàto **part. pass.** di *firmare*; **anche agg.** **1** nei sign. del v. **2** detto di capo di abbigliamento o di accessorio che porti la sigla di un noto stilista: *una camicetta, una borsetta firmata* | (*fig.*) che ha il segno distintivo di qlcu.: *un successo f. dal centravanti*

fìrmware /'firmwer, *ingl.* 'fɜːm,wɛə/ [vc. ingl., comp. di *firm* 'fermo, stabile' (dal lat. *fĭrmu(m)*) e *ware* 'oggetti' (vc. di orig. germ.) ✱ 1983] **s. m. inv.** ● (*inform.*) insieme delle istruzioni e dei programmi residenti in memoria di cui un sistema di elaborazione è permanentemente dotato dal costruttore

firn [ted. dial. 'vecchio di un anno' ✱ 1883] **s. m. inv.** ● (*meteor.*) neve caduta da almeno un anno, compattata e in parte ricristallizzata, che si avvia a trasformarsi in ghiaccio

first lady /first'ledi, *ingl.* 'fɜːst,leɪdɪ/ [loc. ingl., propr. 'prima (*first*) signora (*lady*)' ✱ 1942] **loc. sost. f. inv.** (**pl. ingl.** *first ladies*) **1** la moglie del presidente degli Stati Uniti e (**est.**) del presidente di altre repubbliche **2** (*fig.*) donna che primeggia in un determinato campo: *la first lady della moda italiana*

first mìnute /first'minut, *ingl.* ,fɜːst'mɪnɪt/ [loc. ingl., propr. 'primo (*first*) minuto (*minute*)', come opposto a *last minute* ✱ 2001] **A** **loc. agg. inv.** ● detto di biglietto o viaggio acquistato con forte sconto molto prima della partenza: *pacchetto first minute* **B** **anche loc. sost. m. inv.**: *partire con un first minute* **CFR.** last minute, advanced booking

fisàlia [dal gr. *physaléos* 'pieno di vento', da *physáō* 'io soffio' ✱ 1834] **s. f.** ● celenterato marino che vive in colonie sostenute da un grosso pneumatoforo, da cui pendono i filamenti urticanti con cui si procura il cibo (*Physalia physalis*)

fisàre [da (*af*)*fisare* ✱ 1542] **v. tr.** (*io fiṣo*) ● (*lett.*) guardare fissamente, scrutare | (*fig., lett.*) rivolgere

fisarmònica [ted. *Physarmonika*, comp. del gr. *phŷsa* 'mantice' e *harmonikós* 'armonico' ✱ 1856] **s. f.** ● strumento musicale formato da un mantice a soffietto con ai lati due tastiere, una per la melodia e una per l'accompagnamento | ***a f.***, (**est.**) a soffietto, come una fisarmonica

fisarmonicìsta [1942] **s. m. e f.** (**pl. m.** *-i*) ● chi suona la fisarmonica

fìscal /'fiskal, *ingl.* 'fɪskəl/ [vc. ingl., dal fr. *fiscale*, a sua volta dal lat. *fiscus*, V. *fisco* ✱ 1980] **agg. inv.** ● (*econ.*) fiscale | fiscale, in alcune loc. sost. m. inv. | ***f. cliff***, baratro fiscale (comp. con *cliff* 'dirupo') | ***f. compact***, patto di bilancio (comp. con *compact* 'patto, accordo') | ***f. drag***, drenaggio fiscale (comp. con *drag* 'trascinamento')

†**fiscalàto** [av. 1638] **s. m.** ● titolo, dignità e ufficio di avvocato o procuratore fiscale

fiscàle [vc. dotta, lat. *fiscāle(m)*, da *fiscus* 'fisco' ✱ av. 1504] **A** **agg.** **1** relativo al fisco: *esenzione f.*; *codice f.* | ***ricevuta f.***, documento obbligatorio che, in alternativa alla fattura, attesta il pagamento di una somma per un acquisto o per una prestazione professionale | ***scontrino f.***, quello che i commercianti al dettaglio sono tenuti a emettere al momento della vendita | ***dazio f.***, che ha lo scopo di procurare un'entrata allo Stato | ***avvocato f., procuratore f.***, chi un tempo sosteneva l'accusa nei processi, come l'attuale pubblico ministero | ***medico f.***, fiduciario di un'amministrazione incaricato di sottoporre a visita medica i dipendenti assenti per malattia | ***scudo f.***, V. *scudo*① nel sign. A 4 **2** (*fig.*) duro, rigoroso, vessatorio | inquisitorio: *domande fiscali* | pignolo, meschino: *mostrarsi f. con i dipendenti* ‖ **fiscalménte**, **avv.** **1** sotto l'aspetto fiscale **2** in modo fiscale e vessatorio ‖ **fiscalità**, **s. f. inv.** **B** **s. m.** (**anche f. nel sign. 2**) **1** (*filatelia*) marca da bollo **2** (*fig.*) persona eccessivamente pignola o rigorosa **3** †avvocato, procuratore fi-

scale
SFUMATURE ➤ *rigoroso*

fiscaleggiàre [da *fiscale* ✻ av. 1712] **v. intr.** (**pres.** *io fiscaléggio*; **fut.** *io fiscaleggerò*; **aus.** *avere*) ● (*raro*) comportarsi in modo fiscale

fiscalismo [1878] **s. m. 1** sistema fiscale eccessivamente oneroso **2** (*fig.*) atteggiamento fiscale

fiscalista [1970] **s. m. e f.** (**pl. m.** *-i*) **1** specialista, esperto di questioni fiscali **2** (*fig.*, *raro*) persona il cui comportamento è ispirato a fiscalismo

fiscalistico [sec. XX] **agg.** (**pl. m.** *-ci*) ● (*raro*) relativo al fiscalismo | da fiscalista

fiscalità [1869] **s. f. inv. 1** sistema fiscale | (*econ.*) *f.* ***latente***, insieme di imposte prepagate e imposte differite, relative ad alcune componenti del reddito d'esercizio, quali per es. le spese di rappresentanza e di manutenzione **2** (*fig.*) eccessiva rigidezza e pignoleria

fiscalizzàre [da *fiscale* ✻ 1858] **v. tr.** ● trasferire all'erario: *il governo fiscalizza la riduzione del prezzo del gasolio* | attribuire al fisco oneri o spese che in precedenza gravavano su privati ‖ **fiscalizzazióne**, **s. f.** (V.)

fiscalizzazióne [1964] **s. f.** ● il fiscalizzare | *f.* ***degli oneri sociali***, intervento dello Stato che si assume oneri previdenziali in precedenza posti a carico degli imprenditori

fiscèlla [lat. *fiscĕlla(m)*, dim. di *fiscina*, dim. di *fĭscus* 'cestello'. V. *fisco* ✻ 1340 ca.] **s. f.** ● cestello di vimini usato per far scolare il siero della ricotta fresca

♦**fischiàre** o (*pop.*, *tosc.*) **fistiàre** [lat. tardo *fistulāri* 'suonare la zampogna', da *fĭstula* 'zampogna', di etim. incerta ✻ sec. XIV] **A v. intr.** (*io fischio*; **aus.** *avere*) **1** emettere o produrre un suono acuto e sibilante: *f. con le labbra, con due dita in bocca, con un fischietto; la locomotiva fischia; il vento fischiava tra i rami; la serpe scattò fischiando; i proiettili fischiavano attorno a lui senza colpirlo* | *f.* ***al cane, a qlcu.***, fare un fischio o sibilo di richiamo | *f.* ***ai tordi, alle quaglie***, imitarne il fischio per farli avvicinare | (*fig.*, *colloq.*) ***mi fischiano le orecchie***, qualcuno parla di me (secondo un'antica credenza popolare) **2** essere di pronuncia difettosa riguardo alle consonanti sibilanti: *quando parla fischia* **B v. tr. 1** riprodurre col fischio un'aria musicale: *f. una canzone, un motivetto* **SIN.** zufolare **2** disapprovare con fischi (*anche assol.*): *fischiarono il tenore, l'autore, la commedia; gli spettatori cominciarono a f.* **3** nel calcio e sim., rilevare da parte dell'arbitro con un colpo di fischietto un fallo, dare un ordine d'arresto o di ripresa del gioco: *f. un fuorigioco, la fine dell'incontro* | *f.* ***il calcio d'inizio***, dare il via alla partita **C fischiàrsi v. rifl.** ● †precipitarsi, slanciarsi

fischiàta o (*pop.*, *tosc.*) **fistiàta** [da *fischiare* ✻ av. 1606] **s. f. 1** fischio spec. di richiamo, di riconoscimento e sim.: *fammi una f. dalla strada così ti riconoscerò* **2** manifestazione di disapprovazione o scherno fatta con forti fischi e alti schiamazzi: *dovevi sentire le fischiate dal loggione!* ‖ **fischiatìna**, **dim.**

fischiatóre o (*pop.*, *tosc.*) **fistiatóre** [lat. *fistulatōre(m)* 'suonatore di flauto, di zampogna', da *fĭstula* 'zampogna' ✻ av. 1562] **A agg.** ● che fischia: *serpe fischiatrice* **B s. m.** (**f.** *-trice*) **1** chi sa fischiare molto bene | chi imita il verso degli uccelli per richiamo **2** chi manifesta la propria disapprovazione fischiando

fischierellàre [cfr. *fischiettare* ✻ 1869] **v. tr. e intr.** (*io fischierèllo*; **aus.** *avere*) ● (*raro*) fischiettare

fischiettàre [intens. di *fischiare* ✻ 1819] **v. tr. e intr.** (*io fischiétto*; **aus.** *avere*) ● fischiare allegramente un motivo musicale: *f. un'arietta; passeggiava fischiettando*

fischiettìo [1819] **s. m.** (**pl.** *-ii*) ● il continuo e insistente fischiettare

fischiétto [1561] **s. m. 1** dim. di *fischio*[1] **2** piccolo strumento attraverso cui si fischia: *il f. del capostazione, dell'arbitro* | strumento con cui si imita il sibilo o il verso di vari uccelli: *un f. per i tordi, per le pernici* **3** (*est.*, *sport*) nel calcio, arbitro: *il miglior f. italiano* **4** (**al pl.**) pasta da minestra, sorta di cannelloni corti ‖ **fischiettìno**, **dim.**

♦**fischio**[1] o (*pop.*, *tosc.*) **fistio** [da *fischiare* ✻ sec. XIII] **s. m. 1** suono lungo e sottile prodotto da persone, animali o cose: *un f. forte, prolungato, di richiamo; senti il f. del merlo; si udiva il f. del vento tra le foglie; e il treno non smetteva quel suo altissimo f. per le campagne* (I. CALVINO) | ***fammi un f.***, (*fig.*, *colloq.*) avvisami, fammelo sapere: *se cambi idea, fammi un f.* | ***accogliere a, con fischi***, manifestando ostilità o disapprovazione | (*fig.*) ***prendere fischi per fiaschi***, una grossa svista **2** fischietto: *il f. del capostazione; giocattolo col f.* | ***non valere un f.***, nulla | (*fam.*) ***col f.!***, neanche per idea: *col f. che ci vado!* ‖ **fischiétto**, **dim.** (V.)

fischìo[2] [da *fischiare* col suff. *-io*[1] ✻ av. 1783] **s. m.** (**pl.** *-ii*) ● (*raro*) sibilo prolungato e insistente: *si sentiva … negli orecchi un ronzìo, un f. continuo* (A. MANZONI)

fischióne [dal caratteristico *fischio* che emette volando ✻ 1773] **s. m. 1** uccello degli Anseriformi affine all'anatra; diffuso nell'Europa settentrionale dove vive in vicinanza di zone d'acqua, sverna in Italia (*Anas penelope*) **SIN.** anatra matta, penelope[1] **2** chiurlo

†**fiscìna** [vc. dotta, lat. *fĭscina(m)*, dim. di *fĭscus* 'cestello' (V. *fisco*) ✻ 1504] **s. f.** ● paniere, cesta di vimini, spec. per riporvi la frutta: *al secondo è apparecchiata una nova e bella f.* (I. SANNAZARO)

fisciù [1695] **s. m. inv.** ● adattamento di *fichu* (V.)

fìsco [vc. dotta, lat. *fĭscu(m)* 'cestello', poi 'cassa dello stato', di etim. incerta ✻ av. 1363] **s. m.** (**pl.** *-chi*) ● amministrazione dello Stato a cui si devolvono i tributi, il ricavato delle condanne pecuniarie, le eredità di coloro che muoiono senza eredi legittimi o testamentari | amministrazione finanziaria dello Stato: *esattore del f.; lite col f.; avvocato del f.*

fìscolo [vc. dotta, lat. tardo *fĭsculu(m)*, dim. di *fĭscus*. V. *fisco* ✻ av. 1893] **s. m.** ● recipiente circolare di fibra o disco metallico per stratificare la pasta di olive da sottoporre a spremitura **SIN.** bruscola

fisetère [vc. dotta, lat. *physetēre(m)*, dal gr. *physētḗr* 'canale per la respirazione dei cetacei', al pl. 'cetacei', da *physáō* 'io soffio' ✻ sec. XV] **s. m.** ● (*zool.*) capodoglio

fìsherman /ˈfiʃʃərmen, *ingl.* ˈfɪʃəmən/ [1970] **s. m. inv.** ● accorc. di *sport-fisherman*

fish eye /*ingl.* ˈfɪʃ,aɪ/ [loc. ingl., propr. 'occhio di pesce', comp. di *fish* 'pesce' (vc. germ. d'orig. indeur.) e *eye* 'occhio' (vc. germ.) ✻ 1971] **loc. sost. m. inv.** ● (*fotogr.*) obiettivo grandangolare con angolo di ripresa molto ampio che crea un'immagine a prospettiva sferica, così chiamato perché la lente esterna è molto curva e sporgente come l'occhio di un pesce

fisiàtra [comp. di *fis(iochinesiterapia)* e *-iatra* ✻ 1978] **s. m. e f.** (**pl. m.** *-i*) ● medico specialista in fisiatria

fisiatrìa [1883] **s. f. 1** (*med.*) specialità medica che si occupa del trattamento delle malattie con mezzi fisici (calore, elettricità ecc.), apparecchi meccanici o manipolazioni **2** fisioterapia

fisiàtrico [1917] **agg.** (**pl. m.** *-ci*) ● relativo alla fisiatria

fìsica [vc. dotta, lat. *phy̆sica(m)*, dal gr. *physikḗ* (sottinteso *téchnē*) 'arte della natura', da *phýsis* 'natura' ✻ 1261 ca.] **s. f. 1** scienza che studia la materia, l'energia e le loro reciproche interazioni: *le leggi della f.; laureato in f.* | *f.* ***teorica, pura***, studia le leggi fisiche attraverso calcoli, prescindendo dagli aspetti applicativi | *f.* ***sperimentale***, ricerca fisica volta allo studio sperimentale dei fenomeni | *f.* ***terrestre***, geofisica | *f.* ***celeste***, astrofisica | *f.* ***matematica***, disciplina che tratta questioni fisiche con metodi matematici | *f.* ***dei solidi***, studia le proprietà della materia allo stato solido | *f.* ***atomica***, scienza che studia l'atomo e la sua struttura | *f.* ***nucleare***, scienza che studia il nucleo | *f.* ***delle particelle***, scienza che studia le particelle elementari della materia | *f.* ***quantistica***, applicazione alla fisica della teoria dei quanti | *f.* ***elettronica***, branca della fisica che studia le azioni degli elettroni **2** †filosofia naturale **3** †arte medica ‖ **fisichétta**, **dim.** (V.)

fisicalismo [ted. *Physikalismus*, da *physikalisch*, agg. di *Physik* 'fisica' ✻ 1953] **s. m.** ● concezione filosofica della prima metà del sec. XX, che tendeva a unificare tutte le scienze (comprese quelle sociali) nella fisica, il cui linguaggio pertanto veniva assunto come unitario e universale

fisichétta [dim. di *fisica* ✻ 1951] **s. f.** ● (*gerg.*) nel linguaggio universitario, corso di laboratorio di fisica

fisicismo [fr. *physicisme*, da *physique* 'fisico' ✻ 1875] **s. m.** ● (*filos.*) dottrina che tende a dare una spiegazione fisica di tutte le realtà

fisicista [fr. *physiciste*, da *physicisme* 'fisicismo' ✻ 1983] **s. m. e f.** (**pl. m.** *-i*) ● (*filos.*) chi segue o si ispira al fisicismo

♦**fìsico** [vc. dotta, lat. *phy̆sicu(m)*, dal gr. *physikós*, da *phýsis* 'natura' ✻ 1310 ca.] **A agg.** (**pl. m.** *-ci*) **1** che concerne la natura, i suoi fenomeni e le leggi che li regolano: *cause, ragioni, prove fisiche; proprietà, scienze, leggi fisiche; è curioso che l'ordine f. sia così lento a filtrare in noi* (E. MONTALE) | ***carte fisiche***, che mettono in evidenza i fatti fisici della superficie terrestre, quali l'orografia, il clima, le caratteristiche geologiche e sim. **2** del corpo umano: *difetto f.; forza fisica* | †relativo alla medicina | †***dottore, medico f.***, di malattie interne ‖ **fisicaménte**, **avv. 1** secondo la fisica: *principio fisicamente inaccettabile* **2** relativamente al corpo; dal punto di vista fisico: *fisicamente sei a posto* **3** materialmente: *mi è fisicamente impossibile essere lì per le tre* ‖ **fisicità**, **s. f. inv.** caratteristica di ciò che è fisico; corporeità, materialità **B s. m. 1** (**f.** *-a*; V. nota d'uso FEMMINILE) studioso di fisica **2** il corpo umano, spec. riguardo alla sua condizione di salute e alla sua conformazione: *avere un bel f.; un f. cagionevole; valutare qlcu. nel f. e nel morale* **3** †studioso di filosofia naturale **4** †medico ‖ **fisicàccio**, **pegg.** | **fisichétto**, **dim.** | **fisichìno**, **dim.** | **fisicóne**, **accr.**

fisicochìmica [comp. di *fisica* e *chimica* ✻ 1874] **s. f.** ● chimica fisica (V. *chimica*)

fisicomatemàtico [comp. di *fisico* e *matematico* ✻ av. 1640] **A agg.** (**pl. m.** *-ci*) ● attinente a fisica e matematica ‖ **fisicomatematicaménte**, **avv.** secondo la fisica e la matematica **B s. m.** (**f.** *-a*) ● studioso di fisica matematica

♦**fìsima** [etim. incerta; deformazione pop. di *sofisma* (?) ✻ av. 1444] **s. f.** ● idea fissa, singolare e capricciosa: *ha la f. di far versi; è pieno di fisime* **SIN.** fissazione

SFUMATURE DI SIGNIFICATO

fisima - capriccio
Un'idea fissa, una piccola fissazione o mania caratteriale, inconsueta e strana si definisce **fisima. Capriccio** indica invece un desiderio, un'idea stravagante e improvvisa, a carattere momentaneo e non duraturo.

fișio- [dal gr. *physio-*, da *phýsis* 'natura', di orig. indeur.] **primo elemento** • in parole composte dotte o della terminologia scientifica, ha il significato di 'natura' (*fisiognosia, fisiologia*) o di 'fisico' (*fisioterapia*) | in alcuni casi è accorciamento di *fisiologia* e significa 'considerato dal punto di vista fisiologico'

fișiochineșiterapìa e deriv. ➤ **fisiocinesiterapia** e deriv.

fișiocineșiterapìa o **fișiochineșiterapìa**, **fișiokineșiterapìa** [comp. di *fisio-*, *cinesi-* e *terapia* ✻ 1960] **s. f.** • (*med.*) fisioterapia basata sull'esecuzione di specifici movimenti ed esercizi fisici terapeutici || **fișiocineșiterapìsta**, **s. m. e f.** (**pl. m.** *-i*) specialista che pratica la fisiocinesiterapia

fișiòcrate [fr. *physiocrate*, da *physiocratie* 'fisiocrazia' ✻ av. 1829] **s. m. e f.** • economista seguace della fisiocrazia

fișiocràtico [1850] **A agg.** (**pl. m.** *-ci*) • che concerne la fisiocrazia **B s. m.** • fisiocrate

fișiocrazìa [fr. *physiocratie*, comp. del gr. *phýsis* 'natura' e *krátos* 'forza, potere' ✻ 1803] **s. f.** • dottrina economica sorta in Francia nel XVIII sec., che sosteneva la libertà di circolazione dei beni e riteneva la terra unica fonte di ricchezza

fișiogèneși [comp. di *fisio-* e *genesi* ✻ 1851] **s. f. inv.** **1** (*med.*) origine organica di un fenomeno morboso **CFR.** psicogenesi **2** (*med.*) descrizione delle alterazioni fisiologiche risultanti da un processo patologico **3** (*biol.*) fisiogenia

fișiogenìa [comp. di *fisio-* e *-genia* ✻ 1839] **s. f.** • (*biol.*) sviluppo delle strutture e delle funzioni dell'organismo

fișiognomìa ➤ **fisiognomica**

fișiognòmica o **fișiognomìa**, **fișiognomonìa**, **fișiognomònica** [vc. dotta, gr. *physiognōmonía*. V. *fisiognomo* ✻ 1579] **s. f.** • disciplina parascientifica che cerca di interpretare i caratteri di un individuo dall'aspetto esterno, spec. dai tratti del viso

fișiognòmico o **fișiognomònico** [av. 1799] **agg.** (**pl. m.** *-ci*) • relativo alla fisiognomica

fișiògnomo [vc. dotta, lat. *physiognōmon*, nom. del gr. *physiognṓmōn*, comp. di *phýsis* 'natura' e *gnṓmōn* 'conoscitore', da *gignṓskō* 'io conosco' ✻ 1726] **s. m.** (**f.** *-a*) • esperto di fisiognomica

fișiognomonìa ➤ **fisiognomica**

fișiognomònico ➤ **fisiognomico**

fișiognoșìa [comp. di *fisio-* e del gr. *gnôsis* 'conoscenza' ✻ 1869] **s. f.** • nella filosofia di C.S. Peirce (1839-1914), il complesso delle scienze della natura, incluse quelle umane in quanto anch'esse naturali

fișiokineșiterapìa ➤ **fisiocinesiterapia**

fișiologìa [vc. dotta, lat. *physiolŏgia(m)*, dal gr. *physiología*. V. *fisio-* e *-logia* ✻ av. 1694] **s. f.** (**pl.** *-gie*) **1** scienza che studia le funzioni organiche dei vegetali e degli animali: *f. umana, vegetale* **2** (*fig.*) condizione di normalità **CFR.** patologia

fișiològico [vc. dotta, lat. tardo *physiolŏgicu(m)*, dal gr. *physiologikós*, da *physiología* 'fisiologia' ✻ 1561] **agg.** (**pl. m.** *-ci*) **1** che concerne la fisiologia **2** (*fig.*) naturale, normale: *la fame è un fatto f.* **CFR.** patologico | che è considerato regolare, nella norma: *mantenere il tasso di disoccupazione a un livello f.* **CFR.** anomalo || **fișiologicamènte**, **avv.** || **fișiologicità**, **s. f. inv.**

fișiòlogo [vc. dotta, lat. tardo *physiŏlogu(m)*, dal gr. *physiológos*. V. *fisiologia* ✻ 1374] **s. m.** (**f.** *-a*; **pl. m.** *-gi*) **1** studioso di fisiologia **2** †naturalista

fișiomànte [comp. di *fisio(nomia)* e *-mante* ✻ av. 1565] **s. m. e f.** • chi pratica la fisiomanzia

fișiomanzìa [comp. di *fisio(nomia)* e *-manzia* ✻ 1869] **s. f.** • arte d'indovinare il passato o il futuro di una persona in base ai tratti della sua fisionomia

fișionomìa o (*lett.*) **fișonomìa** [da *fisiognomonia* ✻ 1308] **s. f.** **1** aspetto caratteristico di una persona, costituito dai lineamenti del viso e dall'espressione: *f. regolare, bella, brutta, nota*; *la f. immobile di cartapecora, la voce brutalmente sonora* (I. SVEVO) **2** (*est.*) aspetto esteriore di qlco.: *l'inconfondibile f. della campagna toscana*; *in quell'anno 1899 la f. di Parigi fu completamente messa a soqquadro* (L. SCIASCIA) | l'insieme delle caratteristiche peculiari di qlco. o qlcu.: *la f. di un popolo*; *la f. della cultura europea* **SIN.** carattere

fișionòmico o †**fișonòmico** nel sign. B [1555] **A agg.** (**pl. m.** *-ci*) • della fisionomia: *carattere f.* || **fișionomicamènte**, **avv.** sotto l'aspetto della fisionomia **B s. m.** • †studioso di fisionomia

fișionomìsta o **fișonomìsta** [fr. *physionomiste*, da *physionomie* 'fisionomia' ✻ av. 1544] **s. m. e f.** (**pl. m.** *-i*) • chi ha l'attitudine a riconoscere immediatamente una persona vista in precedenza anche una sola volta: *essere, non essere f.*

fișiònomo o †**fișònomo** [1374] **s. m.** (**f.** *-a*) • (*lett.*) fisionomista

fișiopatologìa [comp. di *fisio-* e *patologia* ✻ 1876] **s. f.** (**pl.** *-gìe*) • branca della medicina che studia le modificazioni organiche che insorgono durante una malattia

fișiopatològico [1851] **agg.** (**pl. m.** *-ci*) • relativo alla fisiopatologia

fișiopsìchico [comp. di *fisio-* e *psichico* ✻ 1894] **agg.** (**pl. m.** *-ci*) • (*lett.*) psicofisico

fișiopsicologìa [comp. di *fisio(logia)* e *psicologia* ✻ 1956] **s. f.** (**pl.** *-gìe*) • psicofisiologia

fișiopsicològico [1885] **agg.** (**pl. m.** *-ci*) • psicofisiologico

fișioterapìa [comp. di *fisio-* e *terapia* ✻ 1903] **s. f.** • (*med.*) ramo della medicina riabilitativa che si avvale di mezzi fisici (elettricità, ultrasuoni, freddo, luce, radiazioni termiche), dell'attività fisica, del massaggio a scopo terapeutico **SIN.** terapia fisica, fisiatria || **fișioteràpico**, **agg.** (**pl. m.** *-ci*) relativo a fisioterapia || **fișioterapìsta**, **s. m. e f.** (**pl. m.** *-i*) specialista che pratica la fisioterapia

fìșo [da *fisare* ✻ 1266] **A agg.** • (*lett.*) fisso, intento, detto dello sguardo o del pensiero || **fișamènte**, **avv.** (*lett.*) fissamente: *Il fratello la guardò fisamente* (G. D'ANNUNZIO) **B avv.** • (*lett.*) fissamente, intensamente: *Ma guarda f. là, e disviticchia / col viso quel che vien sotto a quei sassi* (DANTE *Purg.* X, 118-119) | †*dormire f.*, profondamente, sodo

fìșo- [dal gr. *phŷsa* 'bolla', di orig. indeur.] **primo elemento** • in parole composte della terminologia scientifica, significa 'bolla, vescica': *fisofora, fisoclisti*

fișoclìsto [comp. di *fiso-* e del gr. *kleistós* 'chiuso' ✻ 1956] **agg.** (**pl. m.** *-i*) • detto di pesce osseo dei Teleostei nel quale la vescica natatoria non comunica con l'apparato digerente (*Physoclisti*)

fișòfora [comp. di *fiso-* e *-foro* ✻ 1874] **s. f.** • celenterato marino dell'ordine dei Sifonofori, la cui colonia si allunga su un asse centrale (*stolone*) sormontato dallo pneumatoforo e prolungato da tentacoli prensili (*Physophora hydrostatica*)

fișomètra [comp. di *fiso-* e del gr. *mḗtra* 'utero' ✻ 1834] **s. f.** • (*med.*) distensione dell'utero per formazione di gas, per lo più di origine putrefattiva

fișonomìa e deriv. ➤ **fisionomia** e deriv.

fișòstomo [comp. di *fiso-* e *-stoma* ✻ 1869] **agg.** (**pl. m.** *-i*) • detto di pesce osseo dei Teleostei nei quali la vescica natatoria comunica con la faringe

fìssa [1966] **s. f.** • (*fam.*) pensiero fisso, idea ossessiva, fissazione: *avere una f.*

fissàbile [1887] **agg.** • che si può fissare || **fissabilità**, **s. f. inv.**

fissàggio [fr. *fixage*, da *fixer* 'fissare' ✻ 1892] **s. m.** **1** il fissare **2** operazione chimica per rendere stabile l'immagine fotografica ottenuta con lo sviluppo **3** in tintoria, operazione con cui si fissano i colori di un tessuto

fissamaiùscole [comp. di *fissare* e il pl. di *maiuscola* ✻ sec. XX] **s. m. inv.** • tasto e dispositivo che nelle macchine per scrivere e nei personal computer permette la scrittura a lettere tutte maiuscole

fissànte **A part. pres.** di *fissare*; **anche agg.** • nei sign. del v.: *spray, lacca f.* **B s. m.** • qualsiasi sostanza o prodotto che favorisce la presa o la tenuta di un'applicazione, come la vernice su una parete, il trucco sul viso, l'assetto di una pettinatura e sim. **CFR.** fissativo

♦**fissàre** [da *fisso* ✻ av. 1375] **A v. tr.** **1** rendere fisso, fermo, stabile: *f. un'imposta, una porta*; *f. un foglio con le puntine da disegno* | ***f. un colore***, impedirne ogni modifica o alterazione mediante uno specifico trattamento | ***f. la carne***, impedirne la ulteriore frollatura con una prima cottura **2** (*est.*) fermare su qlco. o qlcu. (+ *su*): *f. l'occhio su una vetrina, l'attenzione sulle parole dell'insegnante* | ***f. gli occhi su qlcu.***, porgli gli occhi addosso | anche in forma pron., nelle loc. ***fissarsi qlco. in testa***, ***in mente***, imprimerla nella memoria **3** guardare intensamente e a lungo: *f. bene in volto qlcu.*; *non f. così la gente!* **4** determinare, decidere, stabilire (+ *di* **seguito da inf.**, **raro** + *che*): *f. una regola grammaticale, una data, un appuntamento*; *abbiamo fissato di vederci alle quattro*; *Renzo ... aveva fissato di non parlargliene che al momento di concludere* (A. MANZONI) **5** (*fig.*) prenotare: *f. una camera d'albergo, un tavolo al ristorante* | pattuire: *f. qlco. per una data somma*; *f. il prezzo di qlco.* **6** sottoporre la pellicola fotografica al fissaggio **B fissàrsi v. intr. pron.** **1** tenersi fermo | stabilirsi in un luogo: *dopo mille peregrinazioni si è fissato a Roma* **2** (*fig.*) pensare continuamente a qlco., ostinarsi o insistere su qlco. o qlcu. (+ *su*, + *di* **seguito da inf.**, + *che* **seguito da congtv.**): *si è fissato su quell'idea*; *si è fissato di diventare un pittore*; *s'è fissato che ce l'abbia con lui* **SIN.** intestardirsi **3** stare assorto, con gli occhi o la mente fissi in qlco. (+ *in*, + *su*): *fissarsi nel vuoto, su un quadro* **C fissàrsi v. rifl. recipr.** • guardarsi l'un l'altro fissamente: *erano soli, a fissarsi negli occhi* (R. BACCHELLI)

fissativo [da *fissare* ✻ 1731] **A s. m.** **1** sostanza naturale o prodotto sintetico che garantisce la conservazione di un materiale che altrimenti si deteriorerebbe o evaporerebbe rapidamente **2** fissante: *f. chimico* **B agg.** • che serve a fissare, a rendere stabile: *prodotto f. per capelli*

fissàto **A part. pass.** di *fissare*; **anche agg.** • nei sign. del v. **B s. m.** **1** (**f.** *-a*) chi ha una fissazione, una mania **2** (*raro, lett.*) impegno, accordo: *non stare al f.* | (*tosc.*) appuntamento: *mancare al f.*

SFUMATURE ➤ ***testardo***

fissàto bollàto [comp. dei part. pass. di *fissare* e *bollare* ✻ 1930] **loc. sost. m.** • modulo, assoggettato all'imposta di bollo, ora abolito, su cui venivano redatti i contratti di Borsa

fissatóre [fr. *fixateur*, da *fixer* 'fissare' ✻ 1869] **A agg.** • atto a fissare **B s. m.** **1** (**f.**

-*trice*) operaio di una tintoria addetto al fissaggio dei colori **2** componente principale di una soluzione di fissaggio **3** cosmetico liquido o pastoso, usato per mantenere la piega dei capelli

fissazióne [da *fissare* ✱ av. 1519] **s. f.** **1** operazione del fissare | (*fig.*) determinazione **2** (*fig.*) idea ossessiva, ostinata | (*est.*) ubbia, fisima **SIN.** monomania **3** (*psicoan.*) pulsione che non riesce a seguire l'evoluzione dell'individuo, fissandosi su una fase del suo sviluppo o su una determinata esperienza; ne consegue un disturbo della personalità dovuto all'incapacità del soggetto di adattarsi a nuove condizioni **4** (*lett.*) sguardo fisso: *spesso i suoi occhi... avevano una f. vitrea* (G. DELEDDA)
SFUMATURE ➤ *complesso*③

fissi ➤ **figgere**

fissile [vc. dotta, lat. *fĭssile(m)*, da *fissus*, part. pass. di *findere* 'fendere' ✱ 1745] **agg.** **1** che si fende facilmente in lamina: *roccia f.* **2** (*fis.*) detto di nuclide capace di scindersi per fissione in seguito a cattura di neutroni | detto di materiale contenente nuclei capaci di subire la fissione in seguito all'assorbimento di neutroni di qualsiasi energia **SIN.** fissionabile

fissilità [1970] **s. f. inv.** ● (*fis.*) proprietà di fissile

fissionàbile [da *fissione*, sul modello dell'ingl. *fissionable* ✱ 1947] **agg.** ● (*fis.*) fissile

fissionàre [1948] **v. tr.** (*io fissióno*) ● (*fis.*) sottoporre a una fissione nucleare: *f. un nucleo atomico*

fissióne [ingl. *fission*, dal lat. *fissiōne(m)* 'fendimento', da *fĭssus* (V. *fesso*①) ✱ 1950] **s. f.** ● (*fis.*) rottura, spontanea o indotta da bombardamento di opportune particelle, di un nucleo atomico talvolta con enorme liberazione di energia

fissìparo [comp. del lat. *fĭssus* (V. *fesso*①) e un deriv. di *părere* 'partorire' ✱ 1844] **agg.** ● detto di animale, spec. protozoo, che si riproduce per scissione

Fissìpedi [vc. dotta, lat. tardo *fissĭpede(m)*, comp. di *fĭssus* (V. *fesso*①) e *pēs*, genit. *pĕdis* 'piede' ✱ 1892] **s. m. pl.** (**sing.** -*e*) ● (*zool.*) sottordine dei Mammiferi carnivori, le cui zampe hanno dita ben distinte fra loro e munite di artigli (*Fissipedia*)

fissìṣmo [1956] **s. m.** ● (*biol.*) teoria che sostiene l'invariabilità delle specie viventi **CONTR.** evoluzionismo

fissìstico [1956] **agg.** (**pl. m.** -*ci*) ● (*biol.*) che concerne il fissismo

fissità [da *fisso* ✱ 1832] **s. f. inv.** ● caratteristica di ciò che è fisso, immobile: *la f. del suo sguardo mi impressiona* | invariabilità, immutabilità: *la f. di un pensiero*
SFUMATURE ➤ *immutabilità*

◆**fisso** [lat. *fixu(m)*, part. pass. di *figere* 'fissare', di orig. indeur. ✱ 1282] **A** **agg.** **1** che è fermato in modo da non potersi spostare o muovere: *impianto, telefono f.*; *chiodo ben f. nel muro*; *coltello a manico f.* | †inchiodato, confitto | †infilzato, trafitto | ***corda fissa***, nell'alpinismo, corda, per lo più metallica, fissata in un passaggio difficile di una via d'arrampicata per agevolarne il superamento | (*inform.*) ***disco f.***, disco rigido, hard disk | ***telefono f.***, telefono che funziona collegato a un cavo telefonico (in contrapposizione al telefono cellulare) | (*fig., lett.*) ***avere f. nel cuore, nella mente qlcu. o qlco.***, pensarci continuamente | (*fig.*) ***idea fissa***, fissazione | ***chiodo f.***, (*fig.*) pensiero continuo e tormentoso **CONTR.** mobile **2** fermo, immobile: *i soldati erano fissi sull'attenti*; *si fero spere sopra fissi poli* (DANTE *Par.* XXIV, 11) | (*astron.*) ***stelle fisse***, gli astri i cui moti apparenti sulla sfera celeste sono apprezzabili con osservazioni intervallate di molti anni | (*econ.*) ***costo f.***, quello che resta immutato malgrado aumenti quantitativamente il bene prodotto **3** (*est.*) intento, concentrato, con riferimento allo sguardo e al pensiero: *occhio f. su qlcu. o qlco.*; *Ad ascoltarli er'io del tutto f.* (DANTE *Inf.* XXX, 130) | irremovibile, ostinato, risoluto: *ormai è f. in quella sua opinione* **4** (*fig.*) stabile e non saltuario: *impiego, stipendio, domicilio f.*; *essere senza fissa dimora* | costante, invariabile: *regola fissa*; *prezzo, reddito f.*; *spese, rendite fisse* | determinato, stabilito: *resta f. che ci vediamo domani* **5** †compatto, sodo: *terreno f.* | (*sett.*) ***tela, tessuto f.***, non rado, a trama fitta | (*sett.*) denso: *liquido f.* ‖ **fissaménte**, **avv.** in modo fisso, insistente: *Io lo guardava in faccia fissamente* (S. PELLICO) **B** **avv.** ● fissamente: *guardare f.* **C** **s. m.** **1** stipendio o compenso stabile: *percepire un f. più le percentuali* **2** (*ellitt., colloq.*) telefono fisso: *chiamami sul f.*

fissurèlla [detto così dalla *fessura* all'apice della conchiglia ✱ 1874] **s. f.** ● mollusco dei Gasteropodi con conchiglia conica priva di spirale e forata all'apice, assai comune nel Mediterraneo (*Fissurella graeca*)

fistiàre e deriv. ➤ **fischiare** e deriv.

fìstola o †**fìstula** [lat. *fĭstula(m)*, di etim. incerta ✱ av. 1313] **s. f.** **1** (*med.*) apertura anomala che si forma a seguito di trauma o processo patologico nelle pareti tra organi vicini o tra una cavità e la superficie esterna: *f. duodenale, f. anale* **2** tubo usato dagli antichi, e spec. dai Romani, per la conduttura delle acque **3** (*mus.*) siringa | canna d'organo ‖ **fistolétta**, **dim.**

fistoliẓẓàre [denominale di *fistola* ✱ 1987] **v. intr.** (**aus.** *avere*) e **fistoliẓẓàrsi** **v. intr. pron.** **1** (*med.*) dare luogo a una fistola in seguito a un processo morboso **2** (*chir.*) creare chirurgicamente una comunicazione fra due strutture di cui una è gener. un organo cavo ‖ **fistoliẓẓazióne**, **s. f.** (V.)

fistoliẓẓazióne [1926] **s. f.** ● (*med.*) formazione di una fistola

†**fìstolo** [1353] **s. m.** **1** piaga, fistola | (*est.*) disgrazia, malanno **2** (*fig., tosc.*) diavolo, demonio: *avere il f. addosso*

fistolóso (o -ṣo) [vc. dotta, lat. *fistulōsu(m)*, da *fistula* 'fistola' ✱ av. 1313] **agg.** **1** (*med.*) che concerne la fistola: *tramite f.* **2** che soffre di fistole **3** detto di organo vegetale cavo all'interno

†**fìstula** ➤ **fistola**

fistulàre [vc. dotta, lat. tardo *fistulāre*, da *fistula* 'fistola' ✱ 1499] **v. intr.** (*io fìstulo*; **aus.** *avere*) ● suonare la fistola

fistulatóre [vc. dotta, lat. *fistulatōre(m)*, da *fĭstula* 'fistola' ✱ 1717] **s. m.** (**f.** -*trice*) ● (*lett.*) suonatore di fistola

fistulina [dim. del lat. *fĭstula* 'tubo, fistula' ✱ 1874] **s. f.** ● fungo delle Poliporacee a forma di clava o lingua, carnoso, di colore rosso sanguigno, che cresce sui tronchi di castagno (*Fistulina hepatica*) **SIN.** lingua di bue

-fita ➤ **fito-, -fito**

fit boxe /fit'bɔks, *ingl.* 'fɪt,bɒks/ [comp. di *fit(ness)* e *boxe* ✱ 1999] **loc. sost. f. inv.** ● attività fisica di gruppo che si svolge a tempo di musica combinando le caratteristiche dell'aerobica con i colpi e le figure di difesa delle arti marziali, ma senza contatto fra i partecipanti

fitèuma [vc. dotta, gr. *phýteuma*, da *phytéuō* 'io pianto' ✱ 1561] **s. m.** (**pl.** -*i*) ● campanulacea perenne dei prati e dei boschi con fiori azzurri o giallastri in spiga ovoide (*Phyteuma spicatum*)

fitìna [ingl. *phytin*, dal gr. *phytón* 'pianta' (V. *fito-*) ✱ 1909] **s. f.** ● sostanza organica, contenente calcio, magnesio e fosforo, abbondante in molti vegetali, proposta in terapia come attivatore del ricambio organico

fìtness /'fitnes, *ingl.* 'fɪtnəs/ [vc. ingl., propr. 'appropriatezza, convenienza, idoneità', da *fit* 'adatto, appropriato' (d'etim. incerta) ✱ 1983] **s. m. o f. inv.** **1** in genetica, misura della capacità riproduttiva e di sopravvivenza di un organismo in un determinato ambiente in rapporto agli altri organismi della stessa specie | ***f. darwiniana*** o ***relativa***, indice o misura diretta del contributo di un genotipo alla generazione successiva rispetto agli altri genotipi della popolazione **2** benessere, forma fisica che si raggiunge spec. mediante opportuni programmi di preparazione fisica | l'insieme di tali programmi

fito-, -fito o **-fita** [dal gr. *phytón* 'pianta', di orig. indeur.] **primo e secondo elemento** ● in parole composte della terminologia scientifica, significa 'pianta' o fa riferimento al regno vegetale: *fitobiologia, fitochimica, fitogeografia, fitopatologia*; *saprofito, tallofita, xerofito*

fitobiologìa [comp. di *fito-* e *biologia* ✱ 1874] **s. f.** (**pl.** -*gìe*) ● biologia dei vegetali

fitocenòṣi [comp. di *fito-* e *cenosi* ✱ 1930] **s. f. inv.** ● complesso di piante che crescono in un ambiente fisico e chimico ben determinato, e in cui i singoli individui si influenzano reciprocamente

fitochìmica [comp. di *fito-* e *chimica* ✱ 1898] **s. f.** ● ramo della chimica biologica che studia i processi chimici propri dei vegetali

fitocoṣmèṣi [comp. di *fito-* e *cosmesi* ✱ 1952] **s. f. inv.** ● cosmesi che impiega prodotti contenenti estratti vegetali

fitocròmo [comp. di *fito-* e *-cromo* ✱ 1874] **s. m.** ● (*chim.*) pigmento vegetale che, attivato dalla luce, regola la colorazione e la crescita delle piante

fitodepurazióne [comp. di *fito-* e *depurazione* ✱ 1983] **s. f.** ● (*biol.*) processo di depurazione delle acque basato sull'attività biologica di alcune piante

fitoenẓìma [comp. di *fito-* ed *enzima* ✱ sec. XX] **s. m.** (**pl.** -*i*) ● (*chim.*) enzima di origine vegetale

fitofagìa [comp. di *fito-* e *-fagia* ✱ 1987] **s. f.** (**pl.** -*gìe*) ● condizione degli animali fitofagi

fitòfago [comp. di *fito-* e *-fago* ✱ 1834] **agg.** (**pl. m.** -*gi*) ● di animale, spec. insetto, che si nutre di vegetali: *acari fitofagi*

fitofarmacìa [da *fitofarmaco* ✱ 1956] **s. f.** (**pl.** -*cìe*) ● studio e applicazione dei fitofarmaci

fitofàrmaco [comp. di *fito-* e *farmaco* ✱ 1956] **s. m.** (**pl.** -*ci*) ● (*agric.*) sostanza chimica che, intervenendo sul ciclo biologico di una pianta, vi apporta delle modificazioni atte a incrementare e migliorare la produzione della pianta stessa, oppure è usata come vero e proprio farmaco per curarne alcune malattie

fitofenologìa [comp. di *fito-* e *fenologia* ✱ 1917] **s. f.** (**pl.** -*gìe*) ● (*bot.*) studio dei fenomeni della vita vegetale in relazione alle vicende climatiche stagionali

Fitoflagellàti [vc. dotta, comp. di *fito-* e *Flagellati*, secondo il modello del lat. scient. *Phytoflagellati* ✱ 1956] **s. m. pl.** (**sing.** -*o*) ● (*biol.*) raggruppamento sistematico di Flagellati accomunati dalla presenza di organuli caratteristici delle cellule vegetali

fitogènico [comp. di *fito-* e *-genico* ✱ 1925] **agg.** (**pl. m.** -*ci*) ● (*geol.*) detto di roccia sedimentaria di origine organica formata da resti vegetali | ***formazioni fitogeniche***, dovute agli organismi vegetali, come i giacimenti di carboni fossili

fitogeografìa [comp. di *fito-* e *geografia* ✱ 1828] **s. f.** ● (*bot.*) studio della distribuzione geografica delle piante e delle sue cause

fitogeologìa [comp. di *fito-* e *geologia* ✱ 1892] **s. f. (pl. *-gìe*)** ● disciplina che studia la distribuzione delle specie vegetali nelle ere geologiche

fitoiatrìa [comp. di *fito-* e *-iatria* ✱ 1956] **s. f.** ● fitoterapia

fitolàcca [comp. di *fito-* e *lacca* ✱ 1779] **s. f.** ● pianta delle Fitolaccacee con fiori riuniti in grappoli, frutto a bacca contenente una sostanza colorante e radici velenose (*Phytolacca decandra*) **SIN.** uva turca

Fitolaccàcee [vc. dotta, comp. di *fitolacca* e *-acee* ✱ 1869] **s. f. pl. (sing. *-a*)** ● (*bot.*) famiglia di piante a fiore ciclico (*Phytolaccaceae*)

fitologìa [comp. di *fito-* e *-logia* ✱ 1748] **s. f. (pl. *-gìe*)** ● (*raro*) botanica

fitomòrfo [comp. di *fito-* e *-morfo* ✱ 1879] **agg.** ● detto di elemento decorativo che riproduce una pianta, un ramo o una foglia: *motivo f.*

fitonimìa [da *fitonimo* ✱ 1834] **s. f.** ● (*ling.*) parte dell'onomastica che studia i nomi delle piante ‖ **fitonìmico**, **agg. (pl. m. *-ci*)**

fitònimo [comp. di *fit(o)-* e *-onimo* ✱ 1956] **s. m.** ● (*ling.*) nome di pianta

fitopaleontologìa [comp. di *fito-* e *paleontologia* ✱ 1917] **s. f. (pl. *-gìe*)** ● studio dei fossili vegetali **CFR.** paleobotanica

fitoparassitologìa [comp. di *fito-* e *parassitologia* ✱ 1956] **s. f. (pl. *-gìe*)** ● (*biol.*) ramo della parassitologia che studia i parassiti delle piante

fitopatìa [comp. di *fito-* e *-patia* ✱ 1956] **s. f.** ● qualsiasi malattia che colpisca le piante

fitopatògeno [comp. di *fito-* e *patogeno* ✱ 1940] **A agg.** ● in patologia vegetale, detto di parassita responsabile di malattie delle piante **B s. m.** ● organismo fitopatogeno

fitopatologìa [comp. di *fito-* e *patologia* ✱ 1828] **s. f. (pl. *-gìe*)** ● studio delle malattie delle piante sia di origine parassitaria che fisiologica

fitopatòlogo [comp. di *fito-* e *patologo* ✱ 1970] **s. m. (f. *-a*; pl. m. *-gi*)** ● chi studia le malattie delle piante

fitoplàncton [comp. di *fito-* e *plancton* ✱ 1917] **s. m. inv.** ● (*biol.*) insieme di microscopici organismi vegetali che partecipano alla costituzione del plancton

fitoplàsma [comp. di *fito-* e *plasma* ✱ 1880] **s. m. (pl. *-i*)** ● (*biol.*) genere di batteri fitopatogeni, privi di parete cellulare, trasmessi nel floema delle piante da insetti che succhiano la linfa, quali gli Afidi e i Cicadellidi (*Phytoplasma*)

fitoregolatóre [comp. di *fito-* e *regolatore* ✱ 1986] **s. m.** ● in fisiologia vegetale, ogni sostanza di origine non vegetale utilizzata in agricoltura per stimolare la crescita e la produttività delle piante **SIN.** fitormone sintetico

fitormóne [comp. di *fito-* e *ormone* ✱ 1956] **s. m.** ● (*bot.*) in fisiologia vegetale, ogni sostanza organica vegetale che agisce come regolatore dei processi vitali delle piante **SIN.** ormone vegetale | ***f. sintetico***, fitoregolatore

fitosanitàrio [comp. di *fito-* e *sanitario* ✱ 1956] **agg.** ● che concerne la cura e la difesa delle piante contro i parassiti animali e vegetali: *provvedimenti fitosanitari*

fitosteròlo [comp. di *fito-* e *sterolo* ✱ 1956] **s. m.** ● (*chim.*) sterolo di origine vegetale

fitostimolìna [comp. di *fito-* e un deriv. del lat. *stĭmulu(m)* 'stimolo'] **s. f.** ● (*chim.*) composto appartenente a una classe di sostanze complesse di origine vegetale; stimola la rigenerazione di tessuti animali ed è impiegato come farmaco topico spec. in dermatologia

fitoterapìa [comp. di *fito-* e *terapia* ✱ 1828] **s. f. 1** cura delle malattie con rimedi vegetali **2** (*agric.*) ramo della patologia vegetale che studia i rimedi atti a combattere le malattie delle piante ‖ **fitoteràpico**, **agg. (pl. m. *-ci*)** relativo a fitoterapia ‖ **fitoterapìsta**, **s. m. e f. (pl. m. *-i*)** (*med.*) chi cura le malattie con rimedi vegetali

fitotomìa [comp. di *fito-* e *-tomìa* ✱ 1834] **s. f.** ● anatomia delle piante

fitotòssico [comp. di *fito-* e *tossico*① ✱ 1956] **agg. (pl. m. *-ci*)** ● detto di sostanza nociva alle piante ‖ **fitotossicità**, **s. f. inv.**

fitotossìna [comp. di *fito-* e *tossina* ✱ 1956] **s. f.** ● tossina di origine vegetale, per es. proveniente da funghi

fitotróne [ingl. *phytotron*, comp. di *phyto-* 'fito-' ed *elet(t)rone* ✱ 1956] **s. m.** ● serie di ambienti ad aria condizionata per lo studio e la sperimentazione delle piante

fitozòo [comp. di *fito-* e *-zoo* ✱ 1834] **s. m.** ● (*zool.*; *disus.*) anterozoo

fìtta [da *fitto*① ✱ sec. XIV] **s. f. 1** sensazione fisica dolorosa che si manifesta d'improvviso e acutamente: *una f. crudele gli tortura va un fianco* (R. Bacchelli) **SIN.** trafittura | (*fig.*) ***sentire una f. al cuore***, un'improvvisa sensazione di angoscia **2** (*tosc.*) ammaccatura prodotta da un colpo: *pentola piena di fitte* **3** (*raro*) gran quantità di persone o di cose: *nella piazza c'era una gran f.* **4** profondità raggiunta con un solo colpo di vanga **5** †terreno cedevole (*anche fig.*) ‖ **fittarèlla**, **dim.**

fittàbile [da *fitto*② ✱ av. 1566] **s. m.** ● (*sett.*, *disus.*) fittavolo

fittacàmere [comp. di *fitta(re)* e il pl. di *camera* ✱ 1955] **s. m. e f. inv.** ● (*raro*) affittacamere

fittaiuòlo o (*raro*) **fittaiòlo** [V. *fittabile* ✱ sec. XIII] **s. m. (f. *-a*)** ● (*lett.*) fittavolo

fittàre [da *fitto*② ✱ av. 1556] **v. tr.** ● (*raro*) affittare

fittàvolo [1856] **s. m. (f. *-a*)** ● chi ha in affitto un podere altrui **SIN.** affittuario

fittézza [da *fitto*① ✱ av. 1673] **s. f.** ● compattezza, densità, foltezza: *la f. degli alberi nel bosco*

fìttile [vc. dotta, lat. *fictile(m)*, da *fictus*, part. pass. di *fingere* 'plasmare, fingere' ✱ sec. XIV] **agg.** ● fatto con argilla: *vasi, figure fittili*

fittizietà [1915] **s. f. inv.** ● caratteristica di ciò che è fittizio

♦**fittìzio** [vc. dotta, lat. *fictīciu(m)*, da *fictus*. V. *fittile* ✱ 1308] **agg.** ● ingannevole, falso: *lettere fittizie*; *testimonianza fittizia* | irreale, apparente: *Colui non par corpo f.* (Dante *Purg.* XXVI, 12) | ***sepoltura fittizia***, cenotafio | ***maggioranza fittizia***, che appare solida ma è costituita da elementi discordanti ‖ **fittiziaménte**, **avv.** in modo apparente o simulato; (*lett.*) per via d'invenzione

♦**fìtto**① [lat. *fictu(m)*, part. pass. di *figere* 'fissare', di orig. indeur.] **A part. pass.** di *figgere*; anche **agg. 1** conficcato, ficcato (+ *in*): *un ago f. nel braccio* | (*fig.*) impresso, fissato **2** ***a capo f.***, V. *capofitto* | ***spina fitta nel cuore***, (*fig.*, *lett.*) dolore continuo e intenso **3** folto: *pelo f.*; *bosco f.*; *tessuto a trama fitta* | ***pettine f.***, con denti sottili e molto vicini | ***lettera fitta***, di scrittura minuta a caratteri ravvicinati | †***star f. addosso a qlcu.***, infastidirlo in modo pressante | ***rete fitta***, a maglie strette e frequenti **CONTR.** rado **4** denso, compatto, spesso: *liquido f. e viscoso*; *nebbia fitta*; *tenebre fitte* | (*fig.*) ***mistero f.***, ***buio f.***, mistero impenetrabile: *buio f. sulla vicenda dei faldoni scomparsi* | †pieno: *inverno f.*; *a notte fitta* **5** frequente: *un f. lampeggiar di luci colorate*; *una fitta serie di visite* **6** †trafitto **7** †risoluto, fermo: *il cor volonteroso al cammin f.* (L. Ariosto) ‖ **fittaménte**, **avv. 1** densamente **2** strettamente **3** frequentemente **B avv.** ● ininterrottamente, intensamente: *piove, nevica f.*; *parlare f. f.*, molto rapidamente e senza sosta: *tu mi parlavi simulato e f. f.* (L. Pulci) | frequentemente: *lampeggia f.* **C s. m.** ● la parte più densa e folta di qlco.: *il f. della foresta*

SFUMATURE ➤ *spesso*

fìtto② [da (*canone*) *fitto* 'canone di locazione fissato' ✱ 1280] **s. m.** ● affitto | †fondo concesso in affitto

†**fìtto**③ [vc. dotta, dal lat. *fictu(m)*, part. pass. del v. *fingere* 'fingere' ✱ 1525] **agg. 1** finto, falso: *... ha convertiti i nomi veri in nomi fitti* (N. Machiavelli) **2** che è frutto della fantasia, della creazione poetica

fittonànte [1956] **agg.** ● (*bot.*) nella loc. ***radice f.***, radice a fittone

fittóne [accr. di *fitto*① 'conficcato' (?) ✱ av. 1606] **s. m.** ● (*bot.*) radice principale, simile a un cono rovesciato, che si accresce fortemente rispetto alle radici secondarie

†**fittuàrio** [da *fitto*② ✱ av. 1566] **s. m.** ● affittuario

fitwalking /fit'wɔlkin(g), *ingl.* 'fɪt,wɔːkɪŋ/ [vc. ingl., propr. 'passeggiata (*walking*) per star bene (*to fit*)' ✱ 2000] **s. m. inv.** ● il camminare a passo sostenuto come disciplina sportiva non agonistica

fiumàna [da *fiume* ✱ 1309 ca.] **s. f. 1** fiume gonfio e impetuoso | (*est.*) piena del fiume: *una f. devastatrice ha rotto gli argini* **2** (*fig.*) gran numero di persone o cose, spec. se si muovono in una stessa direzione: *una f. di gente, di veicoli*; *siamo noi ... f. d'ombre* (G. Ungaretti) | (*raro*) ***una f. di parole***, un flusso inarrestabile

fiumàno① [av. 1400] **agg.** ● (*raro*) di fiume: *acqua fiumana*

fiumàno② [1896] **A agg.** ● della città di Fiume **B s. m. (f. *-a*)** ● abitante o nativo della città di Fiume

fiumàra [vc. merid., da *fiume* ✱ av. 1348] **s. f. 1** corso d'acqua a regime torrentizio: *le fiumare calabresi* **2** (*lett.*) fiume, torrente | fiumana nel sign. 1

fiumaròlo [da *fiume* ✱ 1941] **s. m. (f. *-a*)** ● (*roman.*) barcaiolo del Tevere | chi fa bagni nel Tevere

♦**fiùme** [lat. *flūme(n)*, da *flŭere* 'scorrere' ✱ 1261 ca.] **A s. m. (pl. *fiùmi*, †*fiùmini*, †*fiùmora*, f.) 1** corso perenne di acque provenienti da vari corsi minori nati da sorgenti o da laghi o ghiacciai, che scorre verso il mare, un lago o verso un fiume più grande nel quale s'immette: *la sorgente, il corso, la foce di un f.* | **PROV.** ***tutti i fiumi vanno al mare***, ogni evento ha la sua conclusione naturale e inevitabile | (*est.*) †acqua **CFR.** potamo-, -potamo **2** il greto o alveo lasciato libero dall'acqua corrente: *cavar sassi, sabbia dal f.* **3** (*fig.*) grande quantità: *dalla botte spaccata uscì un f. di vino*; *versare fiumi di lacrime, di sangue* | (*fig.*) ***versare fiumi d'inchiostro su qlco.***, scrivere moltissimo su un dato argomento | ***a fiumi***, in gran copia **SIN.** abbondanza **B in funzione di agg. inv.** ● (posposto a un sost.) detto di ciò che si dilunga oltre il termine consueto: *processo, seduta, romanzo f.* ‖ **fiumétto**, **dim.** | **fiumicèllo**, **dim.** | **fiumiciàttolo**, **pegg.** | **fiumicìno**, **dim.**

NOMENCLATURA

fiume
● *tipi di fiume*: corso d'acqua, fiumara, torrente, ruscello, rio, rigagnolo, rivolo, canale; fiumana; affluente, subaffluente, confluente, tributario emissario ⇔ immissario; aurifero, ghiaioso, melmoso, grosso = gonfio, profondo, oceanico ⇔ continentale, guadabile ⇔ inguadabile, navigabile, innavigabile, tortuoso = serpeggiante = sinuoso, maestoso; artificiale; navigabile; inquinato;

● *corso del fiume*: sorgente = fonte, letto = alveo, ansa, meandro, foce (delta, estuario); bacino; bacino idrografico, sistema idrografico; corso (superiore, mediano, inferiore), braccio = ramo = ramificazione, lanca, sacca, rapida, salto, cascata, cateratta, filone, fondale, tonfano, greto, sponda, argine, spalletta, altana = alzaia, polesine, diga; regime (compensato, torrentizio, costante), corrente fluviale, corrente di torbida, portata, piena, conoide alluvionale, deposito alluvionale, magra, secca, ruscellamento, alluvione, inondazione, straripamento, fiumana, fontanazzo, lama, limo;
● *azioni*: nascere, fluire, defluire, discendere, scaturire, sgorgare; finire, gettarsi, affluire, confluire, sboccare, sfociare, versarsi; bagnare, diramarsi, ghiacciare, gonfiare, irrigare, inondare, tracimare, perdersi, serpeggiare, straripare; arginare, regimare, disarginare, inalveare, imbrigliare, interrare, guadare, tagliare la corrente, traghettare; erodere, trasportare, depositare, sghiaiare; navigare;
● *studio dei fiumi*: potamologia, idrografia, idrologia, idraulica fluviale, oroidrografia;
● *persone*: barcaiolo, traghettatore, pescatore, fiumarolo, idrologo.

f

♦**fiutàre** [etim. incerta ✻ 1353] **v. tr. 1** aspirare col naso per percepire odori, anche assol.: *il bracco fiuta la preda* | †*f. le orme*, seguirle SIN. annusare **2** aspirare qlco. col naso: *f. il tabacco, la cocaina* **3** (*fig.*) intuire o presagire qlco. da indizi vaghi e imprecisi: *f. un imbroglio, un buon affare; noi uomini civili udendo e fiutando alcune cose, ci turiamo naso ed orecchie* (F. De Sanctis) SIN. subodorare

fiutàta [1734] **s. f.** ● atto del fiutare: *dare una f.* | quantità di tabacco che si fiuta in una volta || **fiutatìna**, **dim.**

♦**fiùto** [da *fiutare* ✻ 1520] **s. m. 1** atto del fiutare: *tabacco da f.* | †*al primo f.*, subito **2** odorato, spec. degli animali: *il cane da caccia ha un f. finissimo* **3** (*fig.*) intuizione pronta, intuito: *ha un ottimo f. nel trattare gli affari* | *al f.*, (*fig., lett.*) a prima vista **4** (*fig., lett.*) indizio, sentore: *vero è che abbiamo avuto qualche f. questa mattina* (N. Machiavelli)

fiuuu ➤ **fiiiuuu**

fix /ingl. fɪks/ [vc. ingl., da *to fix* 'fissare' ✻ 1972] **s. f. inv.** (**pl. ingl.** *fixes*) ● nel gergo dei tossicodipendenti, iniezione di droga, spec. di eroina

fixing /'fiksin(g), *ingl.* 'fɪksɪŋ/ [vc. ingl., propr. 'fissaggio', da *to fix* 'fissare'; V. *fix* ✻ 1979] **s. m. inv.** ● (*borsa*) prezzo del corso dell'oro fissato, sul mercato ufficiale, dalle principali banche | (*est.*) quotazione ufficiale di azioni, metalli e sim. | (*est.*) momento in cui viene definita tale quotazione

flabellàto [av. 1943] **agg. 1** flabelliforme **2** (*bot.*) di organo disposto a ventaglio

flabellìfero [comp. di *flabello* e *-fero* ✻ 1869] **s. m.** ● (*lett.*) chi porta il flabello

flabellifórme [comp. di *flabello* e *-forme* ✻ 1834] **agg.** ● che ha forma di flabello: *foglie flabelliformi*

flabèllo [vc. dotta, lat. *flabĕllu(m)* 'ventaglio', dim. di *flābrum* 'soffio di vento', da *flāre* 'soffiare' ✻ 1483] **s. m. 1** ventaglio di foglie, di piume, e sim., usato spec. nelle antiche civiltà orientali **2** ciascuno dei due ventagli di piume bianche in cima ad un'asta, innalzati un tempo ai lati del Papa, quando veniva portato in sedia gestatoria **3** (*bot.*) lembo di pagina fogliare che si forma da foglie parallelinervie per rottura ad opera del vento

flaccidézza [1788] **s. f. 1** caratteristica di flaccido, floscio **2** malattia del baco da seta che diventa floscio

flaccidità [av. 1730] **s. f. inv.** ● (*raro*) flaccidezza

✦**flàccido** [vc. dotta, lat. *flăccidu(m)*, da *flăccus* 'fiacco' ✻ 1525] **agg.** ● privo di compattezza, elasticità, e sim.: *muscoli flaccidi* SIN. cascante, floscio | (*fig.*) fiacco | (*lett.*) fioco, indistinto: *suono f.*; *voce flaccida* || **flaccidìno**, **dim.** || **flaccidaménte**, **avv.**

flacóne [fr. *flacon*; stessa orig. dell'it. *fiasco* ✻ 1764] **s. m.** ● boccetta di vetro, plastica o ceramica, di ridotta capacità, contenente prodotti dell'industria profumiera, cosmetica e chimico-farmaceutica || **flaconcìno**, **dim.**

flag /ingl. flæg/ [vc. ingl., propr. 'bandiera, segnale' ✻ 1976] **s. m. o f. inv.** ● (*inform.*) in un programma, variabile di servizio il cui stato indirizza il flusso dell'elaborazione

flagellaménto [da *flagellare* ✻ sec. XIV] **s. m.** ● il flagellare, il venire flagellato (*anche fig.*)

flagellànte **A** **part. pres.** di *flagellare*; anche **agg.** ● nei sign. del v. **B** **s. m. e f.** ● membro di una delle confraternite umbre di devoti del XIII sec., che praticavano la mortificazione con pubblica flagellazione e visitavano i santuari cantando laudi SIN. disciplinato

flagellàre o (*pop.*) †**fragellàre** [vc. dotta, lat. *flagellāre*, da *flagĕllum* 'flagello' ✻ 1268] **A** **v. tr.** (*io flagèllo*) **1** sferzare col flagello, con una sferza: *f. uno schiavo, un condannato* **2** (*est.*) battere o colpire ripetutamente con violenza: *la tempesta flagellava i campi* | (*fig., lett.*) *f. i vizi, le menzogne*, denunciarli e condannarli con asprezza **3** (*lett.*) tormentare, vessare **B** **flagellàrsi** **v. rifl. 1** percuotersi con un flagello, spec. come penitenza **2** (*fig., lett.*) tormentarsi, affliggersi: *ora s'affligge indarno e si flagella* (L. Ariosto)

Flagellàti [da *flagelli*, di cui sono provvisti ✻ 1892] **s. m. pl.** (**sing.** *-o*) ● (*zool.*) classe di Protozoi muniti di uno o più flagelli, comprendente alcuni ordini intermedi tra animali e piante (*Flagellata*)

flagellatóre o (*pop.*) †**fragellatóre** [av. 1328] **s. m.** (**f.** *-trice*); **anche agg.** ● chi (o che) flagella | (*fig.*) fustigatore

flagellazióne o (*pop.*) †**fragellazióne** [vc. dotta, lat. tardo *flagellatiōne(m)*, da *flagellāre* 'flagellare' ✻ sec. XIV] **s. f. 1** il flagellare, il flagellarsi | pena consistente nel percuotere con una sferza | *f. del Cristo*, rappresentazione iconografica o statuaria di Gesù flagellato **2** disciplina del flagello usata da alcuni movimenti di devoti nel XIII sec.

✦**flagèllo** o (*pop.*) †**fragèllo** [lat. *flagĕllu(m)*, dim. di *flăgrum* 'sferza', di etim. incerta ✻ av. 1294] **s. m.** (**pl.** *flagèlli*, **m.**, †*flagèlla*, **f.**) **1** sferza formata da funicelle sparse di nodi, o da strisce di cuoio, usata un tempo come strumento di supplizio o di penitenza | (*est.*) il supplizio stesso: *gli schiavi furono condannati al f.* | (*lett.*) frusta per i cavalli | †mazza, correggiato **2** (*raro, fig.*) flagellamento: *il f. delle onde* **3** (*fig.*) evento o fatto che arreca danni e rovine: *il f. della guerra, della carestia, della grandine, della droga* | *f. di Dio*, cosa o persona che è causa di disastri e tribolazioni, intese come punizioni divine SIN. calamità **4** (*iperb., anche scherz.*) chi reca noie, fastidi e sim.: *tuo figlio è un vero f.* SIN. disastro **5** (*fig., lett.*) critico aspro e intransigente: *Pietro Aretino fu detto il f. dei principi* **6** (*fam.*) quantità enorme: *Quel f. di cattivi libri* (G. Baretti) **7** (*biol.*) piccolo organo motorio filamentoso presente nei Flagellati e in alcuni altri organismi come le alghe, i protozoi e i gameti CFR. mastigo- || **flagellétto**, **dim.**

flagiolétto [fr. *flageolet*, dim. dell'ant. fr. *flageol*, dal lat. parl. **flabĕolu(m)*, da *flābrum* 'soffio' (V. *flabello*) ✻ 1865] **s. m.** ● (*mus.*) specie di piccolo flauto con becco

flagìzio [vc. dotta, lat. *flagĭtiu(m)*, da *flagitāre* 'interpellare aspramente', di orig. espressiva ✻ sec. XIV] **s. m.** ● (*lett.*) scelleratezza, malvagità

flagizióso (o *-ṣ-*) [vc. dotta, lat. *flagitiōsu(m)*, da *flagĭtium* 'flagizio' ✻ 1476] **agg.** ● (*lett.*) scellerato

✦**flagrànte** [part. pres. di *flagrare*; nel sign. 2, dal lat. tardo *flagrănti crĭmine* (*comprehĕndi*) 'essere sorpreso sul delitto ancora caldo' ✻ av. 1492] **agg. 1** (*lett.*) ardente, luminoso: *f. sol leon* (G. D'Annunzio) | (*fig., lett.*) appassionato **2** (*dir.*) di reato o di reo in stato di flagranza o quasi flagranza: *furto f.* | (*ellitt.*) ***cogliere qlcu. in f.***, in flagranza di reato, sul fatto **3** (*fig.*) evidente, chiaro, manifesto: *essere in f. contraddizione* || **flagranteménte**, **avv.**

✦**flagrànza** [vc. dotta, lat. *flagrăntia(m)*. V. *flagrante* ✻ av. 1442] **s. f. 1** †ardore | (*fig.*) fervore **2** (*dir.*) situazione che ricorre allorché l'autore di un reato viene sorpreso nell'atto di commetterlo | (*dir.*) ***quasi f.***, situazione che ricorre allorché subito dopo il reato l'autore dello stesso è inseguito ovvero è sorpreso con cose o tracce dalle quali appaia che ha commesso immediatamente prima il reato

flagràre [vc. dotta, lat. *flagrāre*, da avvicinare a *flamma* 'fiamma' ✻ av. 1374] **v. intr.** (**aus.** *essere*) ● (*lett.*) ardere, avvampare (**spec. fig.**): *non sente ... quand'io flagro* (F. Petrarca)

flagship store /ingl. 'flægʃɪp,stɔ:(r)/ ➤ **store**

flambàggio [fr. *flambage*, da *flamber* (V. *flambare*) ✻ 1956] **s. m.** ● operazione di laboratorio con cui si sterilizza un oggetto passandolo più volte su una fiamma

flambàre [fr. *flamber* 'infiammare', dal lat. *flammāre* 'infiammare' ✻ 1956] **v. tr. 1** sterilizzare mediante flambaggio **2** in gastronomia, fiammeggiare

flambé /fr. flɑ̃'be/ [vc. fr., part. pass. di *flamber* (V. *flambare*) ✻ 1973] **agg. inv.** ● detto di vivanda che al momento di essere servita in tavola viene cosparsa di liquore, spec. cognac, al quale si dà fuoco: *filetto, omelette f.*

flambèrga [fr. *flamberge*, n. della spada di Rinaldo da Montalbano, eroe delle canzoni di gesta, da *Froberge, Floberge*, n. proprio di pers. germ., accostato per etim. pop. a *flamme* 'fiamma' ✻ 1940] **s. f.** ● spada da duello in uso nei secc. XVII e XVIII

flamboyant /fr. flɑ̃bwa'jɑ̃/ [fr., propr. 'fiammeggiante', part. pres. di *flamboyer* 'fiammeggiare', da *flambe*, forma dissimilata dell'ant. fr. *flamble*, dal lat. *flămmula(m)*, dim. di *flămma* 'fiamma' ✻ 1892] **agg. inv.** ● detto dello stile tardo-gotico, spec. francese e germanico, caratterizzato da sovrabbondanza di strutture decorative, di elementi terminali accentuatamente aguzzi e slanciati, quasi a forma di fiamma

flaménco (o *-è-*) [dallo sp. *flamenco*, dal neerl. *flaming* 'fiammingo' ✻ av. 1904] **s. m.** (**pl.** *-chi*) ● componimento musicale spagnolo d'origine gitana per solo canto oppure canto con accompagnamento di strumenti a pizzico | danza sul ritmo di tale composizione

flaminàle [vc. dotta, lat. *flaminăle(m)*, da *flāmen*, genit. *flāminis* 'flamine' ✻ 1834] **agg.** ● (*stor.*) relativo al flamine

flaminàto [vc. dotta, lat. *flaminātu(m)*, da *flāmen*, genit. *flāminis* 'flamine' ✻ av. 1606] **s. m.** ● (*stor.*) dignità e ufficio di flamine

flàmine [vc. dotta, lat. *flāmine(m)*, dalla stessa radice da cui deriva il sanscrito *brahmán* 'bramino' ✻ av. 1292] **s. m.** ● (*stor.*) nella Roma antica, ciascuno dei 15 sacerdoti che attendevano al culto di singole divinità e provvedevano ai riti sacrificali in onore di esse

flamìnica [vc. dotta, lat. *flammĭnica(m)*, da *flāmen*, genit. *flāminis* 'flamine' ✻ av. 1604] **s. f.**

• (*stor.*) sacerdotessa sposa del flamine

flammatùra ➤ **fiammatura**

flàmmeo ➤ **fiammeo**

flàmmula [vc. dotta, lat. *flămmula(m)*, dim. di *flămma* 'fiamma' ✱ 1499] **s. f.** • fungo basidiomicete delle Agaricacee saprofita su legno (*Flammula*)

flan ① /fr. flɑ̃/ [vc. fr., dal francico **flado* ✱ 1877] **s. m. inv.** • sformato cotto in uno stampo dal quale viene tolto a cottura ultimata: *f. di carciofi*

flan ② /fr. flɑ̃/ [fr. V. *flan* ① ✱ 1939] **s. m. inv.** • (*tipogr.*) cartoncino speciale usato in stereotipia per prendere l'impronta | l'impronta stessa **CFR.** flano

flanàre [da *flan* ② ✱ 1970] **v. tr.** • (*tipogr.*) prendere l'impronta di una composizione in un flan

flanatùra [1965] **s. f.** • operazione del flanare

flanèlla [fr. *flanelle*, dall'ingl. *flannel*, dal gallese *gwhanen*, da *gwlân* 'lana'; nella loc. 'far flanella', prob. connessione con il fr. *flâner* 'bighellonare' (V. *flâneur*) ✱ 1750] **s. f.** • stoffa di lana o cotone a trama piuttosto rada, non rasata dal diritto, per camicie, pigiami e sim. | (*fig.*, *sett.*) ***far f.***, oziare, bighellonare, perder tempo || **flanellìna**, **dim.**

flânerie /fr. flan'ʀi/ [vc. fr. 'il gironzolare' ✱ 1904] **s. f. inv.** • passeggiata di chi va a zonzo, senza una meta precisa: *al tempo in cui Stendhal faceva le sue flâneries per le vie di Milano* (A. Savinio) | anche fig.: *una f. musicale, letteraria*

flâneur /fr. fla'nœʀ/ [vc. fr. dal v. region. *flâner* 'gironzolare' ✱ av. 1910] **s. m. inv.** (**f.** fr. *flâneuse*) • bighellone, perditempo

flàngia [ingl. *flange* 'bordo, costa' ✱ 1905] **s. f.** (**pl.** *-ge*) • (*mecc.*) piastra a forma di anello provvista di fori, posta all'estremità dei tubi per congiungere i tubi stessi fra loro o con altre parti di macchina

flangiàre [dall'ingl. *to flange* 'munire di costa o bordo' (*flange*, alterazione di *flanch*, di orig. oscura)' ✱ 1978] **v. tr.** (**pres.** *io flàngio*; **fut.** *io flangerò*) **1** (*mecc.*) collegare due organi meccanici o due tubi mediante flange **2** chiudere totalmente o parzialmente, con una flangia, la sezione di un tubo onde eliminare o limitare il passaggio di un fluido

flàno [1939] **s. m.** • adattamento di *flan* ② (V.)

flap /flap, *ingl.* flæp/ [vc. ingl., propr. 'falda', da *to flap* 'agitare', di orig. espressiva ✱ 1942] **s. m. inv.** • (*aeron.*) ipersostentatore costituito da un'aletta articolata al bordo posteriore dell'ala

flappéggio [1956] **s. m.** • (*aeron.*) nei rotori di elicotteri e sim., oscillazione o battito delle pale in un piano che contiene l'asse del rotore

♦**flash** /flɛʃ*, *ingl.* flæʃ/ [vc. ingl., propr. 'lampo', di orig. espressiva ✱ 1924] **A s. m. inv.** (**pl.** ingl. *flashes*) **1** lampo di luce ottenuto un tempo col magnesio e in seguito mediante dispositivo elettronico, per eseguire fotografie notturne o in ambiente scarsamente illuminato | dispositivo che produce tale lampo **2** lampo di luce variamente impiegato in apparecchiature elettroniche | sorgente luminosa, spec. lampada a spirale, che lo produce **3** (*fig.*) breve notizia giornalistica riguardante un avvenimento recentissimo: *un f. d'agenzia* | (*est.*) breve informazione di attualità spec. in una trasmissione radiotelevisiva: *sull'avvenimento verranno trasmessi dei f. tra un programma e l'altro* **B agg. inv.** • molto breve, essenziale, tempestivo: *notizia f.*; *telegiornale f.* **C** nella loc. sost. m. inv. ***flash mob***, riunione improvvisa in un luogo pubblico di un gruppo di persone convocata tramite Internet o sms (dalla loc. ingl. *flash mob*, propriamente 'folla lampo')

flashback /flɛʃ'bɛk, *ingl.* 'flæʃˌbæk/ [vc. ingl., comp. di *flash* 'lampo' (V. *flash*) e *back* 'indietro' (di orig. germ.) ✱ 1959] **s. m. inv.** **1** in cinematografia, inserimento di scene che spezzano l'ordine cronologico del racconto per rievocare avvenimenti già trascorsi | l'avvenimento stesso | (*est.*) analogo procedimento usato in un testo narrativo **CFR.** flashforward **2** (*fig.*) episodio del passato che torna vividamente alla mente

flashfòrward /flɛʃ'fɔrward, *ingl.* ˌflæʃ'fɔːwəd/ [vc. ingl., 'lampo (*flash*) in avanti (*forward*)', propr. sul modello dell'opposto *flashback* ✱ 1989] **s. m. inv.** • in cinematografia, inserimento di scene che spezzano l'ordine cronologico del racconto per mostrare avvenimenti futuri | l'avvenimento stesso | (*est.*) analogo procedimento usato in un testo narrativo **CFR.** flashback

flashing /'flɛʃʃin(g), *ingl.* 'flæʃɪŋ/ [vc. ingl., da *flash* 'sprazzo di luce' (di orig. incerta) e, quindi, relativo a operazioni con la 'fiamma' ✱ 1970] **s. m. inv.** • denominazione usata per definire alcuni tipi di operazioni industriali quali l'arrostimento, la distillazione e sim.

flat /flat, *ingl.* flæt/ [agg. ingl., propr. 'piatto' ✱ 1994] **agg. inv.** **1** detto di tariffa a costo fisso **2** (*borsa*) detto di mercato in ristagno, povero di scambi

flàto [vc. dotta, lat. *flātu(m)* 'soffio'. V. *fiato* ✱ 1483] **s. m.** • gas, formatosi nello stomaco o nell'intestino, emesso dalla bocca o dal retto

flàtting /'flattin(g), *ingl.* 'flætɪŋ/ [vc. ingl., riduzione di *flatting agent* 'agente opacizzante', dal v. *to flat* 'coprire uniformemente con vernice' ✱ 1963] **s. m. inv.** • tipo di vernice traslucida, da applicarsi per dare brillantezza a mobili e sim.

flatulènto [fr. *flatulent*, dal lat. *flātus* 'soffio' ✱ 1750] **agg.** • che provoca flatulenza

flatulènza [fr. *flatulence*, da *flatulent* 'flatulento' ✱ 1745] **s. f.** • eccessiva produzione di gas nello stomaco e nell'intestino | emissione di gas dal retto

♣**flàtus vòcis** [loc. lat., propr. 'emissione (*flātu(m)*) di voce (da *vōx*, genit. *vōcis*)' ✱ 1940] **loc. sost. m. inv.** (**pl.** lat. **inv.**) • parola o discorso privi d'importanza e consistenza: *le loro promesse sono flatus vocis*

flautàto [1816] **agg.** **1** (*mus.*) detto di effetto timbrico degli strumenti ad arco, in cui un suono vellutato simile a quello del flauto è ottenuto sfiorando la corda | detto di timbro di voce femminile nei suoni sopracuti **2** (*est.*) di suono modulato e dolce: *voce, nota flautata*

flautìno [av. 1647] **s. m.** **1** dim. di *flauto* **2** (*mus.*) flauto piccolo, come l'ottavino e il piffero

flautista [da *flauto* ✱ 1639] **s. m. e f.** (**pl. m.** *-i*) • chi suona il flauto

♦**flàuto** ① [provenz. *flaut*, nato dalla sovrapposizione di *laiit* 'liuto' a *flaujol* (stessa orig. di *flagioletto*) ✱ sec. XIII] **s. m.** **1** (*mus.*) strumento a fiato in legno o metallo a forma di canna cilindrica, privo di ancia e munito di più fori dei quali il primo serve d'imboccatura per spingere il fiato e gli altri, posti su una stessa linea, si aprono e si chiudono coi polpastrelli delle dita, modulando il suono | ***f. traverso***, quello che si suona tenendolo orizzontalmente allà bocca dell'esecutore | ***f. diritto, dolce, a becco***, quello che si suona appoggiando le labbra all'apposita imboccatura situata a un'estremità | ***f. di Pan***, siringa | †strumento a fiato in generale **2** (*est.*) flautista **3** (*agric.*) ***a f.***, taglio a piano inclinato del tronco degli alberi | ***a becco di f.***, tipo di innesto || (*lett.*) **flautétto**, **dim.** | **flautìno**, **dim.** (V.) | **flautóne**, **accr.**

flàuto ② [fr. *flûte*, dal neerl. *fluit*, abbr. di *fluitschip* 'nave a forma di bicchiere' ✱ 1869] **s. m.** • antica nave da carico a tre alberi, ricavata da una fregata o da un vascello

flavèdo o **flavèdine** [ricavato dal lat. *flavēre* 'essere color oro', deriv. di *flāvus* 'biondo' (V. *flavo*) ✱ av. 1961] **s. f.** • (*bot.*) la parte più esterna, gialla, della buccia del frutto degli agrumi

flavènte [vc. dotta, lat. *flavĕnte(m)*, part. pres. di *flavēre* 'essere color oro' ✱ 1879] **agg.** • (*lett.*) biondeggiante, fulvo: *ariste flaventi / com'oro a' raggi canicolari* (G. D'Annunzio)

flavescènte [vc. dotta, lat. *flavescĕnte(m)*, part. pres. di *flavēscere* 'diventare color oro', da *flāvus* 'biondo'. V. *flavo* ✱ av. 1758] **agg.** • (*raro*, *lett.*) biondeggiante

flavescènza [da *flavescente*; nel sign. 2 perché nelle viti di varietà a uva bianca la malattia produce una colorazione giallo-dorata ✱ 1805] **s. f.** **1** (*raro*) caratteristica di ciò che è flavescente o (*est.*) gialliccio **2** (*enol.*) ***f. dorata***, malattia della vite, causata da microrganismi, che porta alla disidratazione degli acini e al disseccamento del grappolo

flavìna [da *flavus* 'biondo, giallo' col suff. *-ina* ✱ 1874] **s. f.** • (*chim.*) pigmento giallo, solubile in acqua, sintetizzato da piante e da alcuni microrganismi, ma non dagli animali superiori

flavìsmo [da *flavo* ✱ 1956] **s. m.** • anomalia di certi uccelli soggetti al fenomeno ereditario dell'ingiallimento delle penne

flavìzie [da *flavo*, sul modello di *canizie* ✱ 1551] **s. f. inv.** • (*lett.*) colore biondo **SIN.** biondezza

♣**flàvo** [vc. dotta, lat. *flāvu(m)*, di etim. incerta ✱ 1476] **agg.** • (*lett.*) di colore giallo dorato: *mostrare il colore dei capegli flavi* (B. Castiglione)

flavóne [da *flavo*, per il colore ✱ 1917] **s. m.** • pigmento naturale organico che dà colore a molte piante, fiori, frutti

flavònico [sec. XX] **agg.** (**pl. m.** *-ci*) • relativo a flavone

flavonòide [vc. dotta, da *flavon(e)* con il suff. *-oide* ✱ 1960] **s. m.** • (*chim.*) ogni molecola di origine vegetale con struttura derivata da quella del flavone

flebectomìa [comp. di *fleb(o)-* ed *-ectomia* ✱ 1956] **s. f.** • (*chir.*) asportazione parziale o totale di una vena

♣**flèbile** [vc. dotta, lat. *flēbile(m)*, da *flēre* 'piangere', di orig. onomat. ✱ sec. XIV] **agg.** **1** di suono o voce fievole, sommessa, tenue | (*est.*) esile: *una f. speranza* **2** (*lett.*) lamentoso, supplichevole, dolcemente triste: *in queste voci languide risuona / un non so che di f. e soave* (T. Tasso) **SIN.** fioco **3** (*mus.*) indicazione espressiva che richiede scarsa intensità di suono || **flebilménte**, **avv.** **1** sommessamente; debolmente **2** lamentosamente || **flebilità**, **s. f. inv.**

flebìte [fr. *phlébite*, dal gr. *phléps*, genit. *phlebós* 'vena' (V. *flebo-*) ✱ 1819] **s. f.** • (*med.*) infiammazione di una vena

flèbo [1980] **s. f. inv.** • (*med.*) accorc. di *fleboclisi*

flèbo- [gr. *phlebo-*, da *phléps*, genit. *phlebós* 'vena', di etim. incerta] **primo elemento** • in parole composte, significa 'vena': *fleboclisi*, *flebotomo*

fleboclìsi [comp. di *flebo-* e del gr. *klýsis* 'lavaggio' ✱ 1912] **s. f. inv.** • (*med.*) lenta e continuativa somministrazione per via endovenosa di liquidi contenenti sostanze nutritive o farmaci | (*est.*) la soluzione somministrata | (*est.*) l'apparecchiatura utilizzata per tale operazione

flebografìa [comp. di *flebo-* e *-grafia* ✱ 1936] **s. f.** • (*med.*) esame radiologico di una vena o di un distretto venoso mediante introduzione endovenosa di sostanze radiopache

flebogràmma [comp. di *flebo-* e *-gramma* ✱ 1934] **s. m.** (**pl.** *-i*) **1** (*med.*) immagine radiografica di una vena previa iniezione intravascolare di un mezzo di contrasto radiopaco **2** (*med.*) tracciato del polso venoso

flebologìa [comp. di *flebo-* e *-logia* ✱ 1834] **s. f.** (**pl.** *-gìe*) ● (*med.*) studio delle vene e delle loro malattie

fleborragìa [vc. dotta, comp. di *flebo-* e *-ragia* ✱ 1834] **s. f.** (**pl.** *-gìe*) ● (*med.*) grave emorragia venosa

fleboscleròṣi o **flebosclèroṣi** [comp. di *flebo-* e *sclerosi* ✱ 1910] **s. f. inv.** ● (*med.*) ispessimento fibroso di una vena per deposizione di collagene nella parete, in seguito a traumi o ipertensione venosa

flebotomìa [vc. dotta, lat. tardo *phlebotŏmia(m)*, dal gr. *phlebotomía*, da *phlebotómos* 'flebotomo' ✱ sec. XIV] **s. f.** ● (*chir.*) incisione della parete di una vena, in passato per praticare salassi, oggi per asportare coaguli

flebòtomo [vc. dotta, lat. tardo *phlebŏtomu(m)*, dal gr. *phlebotómos*, comp. di *phléps*, genit. *phlebós* 'vena' e *témno* 'io taglio'; nel sign. 3, in quanto succhia il sangue ✱ 1828] **s. m.** **1** chi esercitava le forme più semplici di chirurgia, in particolare le flebotomie per i salassi **2** lancetta per salassare **3** (*zool.*) insetto dei Ditteri simile alla zanzara, ma più piccolo, che punge l'uomo e, oltre che molesto, può diventare trasmettitore di virus e protozoi (*Phlebotomus papatasi*) **SIN.** pappataci

flèche /*fr.* flɛʃ/ [vc. fr., propr. 'freccia, frecciata', per la caratteristica posizione assunta dallo schermidore nell'esecuzione del colpo ✱ 1942] **s. f. inv.** ● (*sport*) nella scherma, colpo diretto portato con il corpo tutto proteso in avanti

flegrèo [vc. dotta, lat. *Phlegrǣu(m)*, dal gr. *Phlegrâios*, agg. etnico di *Phlégra* 'Flegra', che è da *phlégein* 'ardere, bruciare', perché zona vulcanica ✱ av. 1492] **agg.** **1** di Flegra, antico nome della penisola greca di Pallene, in Calcidica **2** relativo a un territorio vulcanico della Campania a ovest di Napoli e al tratto di mare a esso prospiciente: *Campi Flegrei*; *isole flegree*

✦**flèmma** o †**flègma** [lat. tardo *phlĕgma*, dal gr. *phlégma* 'infiammazione', poi 'catarro', da *phlégō* 'io brucio' ✱ av. 1294] **s. f.** **1** secondo l'antica medicina, uno dei quattro umori principali del corpo, ritenuto responsabile di reazioni lente o deboli **CFR.** atrabile, bile, sangue **2** calma o lentezza esagerata: *fare le cose con f.*; *alle volte la vivacità … alle volte la languidezza e f. è madre di grazia* (G. Leopardi) **CONTR.** foga, impeto **3** in passato, residuo acquoso di una distillazione alcolica **4** †catarro

✦**flemmàtico** [vc. dotta, lat. tardo *phlegmătĭcu(m)*, dal gr. *phlegmatikós*, da *phlégma*. V. *flemma* ✱ 1305] **agg.** (**pl. m.** *-ci*) **1** (*med.*) caratterizzato da flemma **2** che agisce con calma e lentezza, senza mai scomporsi: *temperamento, tipo f.* **SIN.** lento, placido **CONTR.** impetuoso ‖ **flemmaticaménte**, **avv.** con flemma ‖ **flemmaticità**, **s. f. inv.**

flèmmone, (*evit.*) **flemmóne** [vc. dotta, lat. tardo *phlĕgmone(m)*, dal gr. *phlegmonḗ*, da *phlégō* 'io brucio'. V. *flemma* ✱ 1493] **s. m.** ● (*med.*) infezione infiltrante del tessuto cellulare sottocutaneo o interstiziale

flemmonóso (o *-ṣ-*) [1583] **agg.** ● che ha i caratteri del flemmone

✦**flessìbile** [vc. dotta, lat. *flexĭbile(m)*, da *flĕxus* 'flesso' ✱ av. 1342] **A** **agg.** **1** che si piega facilmente senza spezzarsi: *ramo, metallo f.* | (*raro*) elastico, flessuoso: *corpo agile e f.* **CONTR.** rigido **2** (*fig.*) docile: *carattere f.* | che si adatta alle diverse esigenze o necessità: *ingegno f.* **SIN.** duttile | *voce f.*, che passa facilmente da un tono all'altro: *o tu che addestri / a modular con la flessibil voce / teneri canti* (G. Parini) | *costituzione f.*, che può essere modificata con la stessa procedura seguita per la formazione delle leggi ordinarie | *orario f.*, sistema per cui, in un'azienda, i dipendenti hanno la possibilità di scegliere il momento d'inizio e di termine del lavoro, fermo restando il numero di ore lavorative ‖ **flessibilménte**, **avv.** (*raro*) in modo flessibile ‖ **flessibilità**, **s. f. inv.** (V.) **B** **s. m.** **1** tubo o cavo pieghevole: *il f. della doccia* **2** apparecchio elettrico portatile usato per tagliare pietre o metalli mediante un disco rotante di materiale abrasivo

SFUMATURE DI SIGNIFICATO

flessibile - pieghevole - duttile - elastico

Ciò che si può facilmente piegare si dice **flessibile**; **pieghevole** ha lo stesso significato, ma se *flessibile* si applica di preferenza ai materiali, *pieghevole* si riferisce piuttosto agli oggetti interi e non alla materia di cui sono costituiti. Ciò che oltre a piegarsi facilmente si presta a essere facilmente plasmato, modellato si definisce **duttile**. Lievemente diverso è il significato di **elastico**, che propriamente identifica ciò che, sottoposto a una deformazione meccanica, ha la capacità di riprendere forma e volume iniziali al cessare della causa deformante. Se riferiti a persone, *flessibile, elastico, duttile* identificano in senso figurato chi ha la capacità di adattarsi alle situazioni e agli stimoli più diversi.

SFUMATURE ➤ ***versatile***

flessibilità o †**flessibilitàde**, †**flessibilitàte** [vc. dotta, lat. tardo *flexibilĭtāte(m)*, da *flexĭbilis* 'flessibile' ✱ av. 1406] **s. f. inv.** **1** proprietà, caratteristica di ciò che è flessibile, pieghevole, duttile: *la f. di un corpo, di un ramo* | (*fig.*) duttilità: *dell'ingegno* **2** (*econ.*) *f. del prezzo*, coefficiente numerico che esprime la reazione del prezzo alla variazione della domanda **3** (*fig.*) disponibilità a cambiare spesso posto di lavoro o a cambiare le mansioni cui si è preposti | caratteristica di un sistema economico in cui il lavoratore cambia spesso tipo di lavoro o mansioni

flessibilizzàre [1959] **v. tr.** ● rendere più flessibile: *f. il mercato del lavoro* ‖ **flessibilizzazióne**, **s. f.**

flessicurézza o *raro* **flessisicurézza** [adattamento dell'ingl. *flexicurity* (V.) ✱ 2000] **s. f.** ● (*econ.*) caratteristica di un mercato del lavoro che mira a contemperare la flessibilità imposta dal mercato globale con un sistema di sicurezze sociali **CFR.** flexicurity

flèssile [av. 1530] **agg.** ● (*lett.*) flessibile

flessìmetro [comp. di *flĕxus*, part. pass. di *flĕctere* 'piegare' e *-metro* ✱ 1941] **s. m.** ● strumento di misura con lettura diretta, che serve per determinare gli spostamenti dei punti di una struttura sotto carico in una determinata direzione

flessionàle [1902] **agg.** ● (*ling.*) relativo alla flessione: *forme flessionali*

✦**flessióne** [vc. dotta, lat. *flexiōne(m)*, da *flĕxus* 'flesso' ✱ 1308] **s. f.** **1** piegamento | in ginnastica, passaggio del corpo o di una sua parte da un atteggiamento disteso a uno raccolto: *f. degli arti*; *f. in avanti* **2** curvatura: *la f. di un arco* **3** progressiva riduzione o calo: *si è notata una certa f. dei prezzi al dettaglio* | *f. economica*, lieve depressione dell'attività economica **SIN.** diminuzione **CONTR.** incremento **4** (*ling.*) processo morfologico consistente nel dare alle radici (nominali, verbali e sim.) gli affissi, o desinenze, che esprimono le funzioni sintattiche e grammaticali | *f. nominale*, declinazione | *f. verbale*, coniugazione ‖ **flessioncèlla**, **dim.** | **flessioncìna**, **dim.**

flessisicurézza ➤ **flessicurezza**

flessìvo [da *flesso* ✱ 1869] **agg.** ● (*ling.*) detto delle lingue (per es. il latino) che esprimono i rapporti grammaticali per mezzo della flessione della parola

flèsso **A** **part. pass.** di *flettere*; anche **agg.** **1** piegato **2** (*ling.*) *forma flessa*, parola composta di un tema lessicale e di una desinenza **B** **s. m.** ● (*mat.*) punto di una curva piana in cui essa cambia verso di concavità e viene attraversata dalla sua tangente

flessografìa [comp. di *flĕxus*, part. pass. di *flĕctere* 'piegare' e *-grafia* ✱ 1963] **s. f.** ● sistema di stampa che usa un cliché di caucciù in rilievo, il che consente di stampare su qualsiasi supporto, comprese le materie plastiche

flessogràfico [1983] **agg.** (**pl. m.** *-ci*) ● relativo alla flessografia: *stampa flessografica*

flessòmetro [comp. del lat. *flĕxus*, part. pass. di *flĕctere* 'piegare', e *-metro* ✱ 1987] **s. m.** ● metro tascabile costituito da un nastro d'acciaio graduato avvolto in un contenitore e capace di rimanere rigido quando viene estratto

flessóre [da *flesso* ✱ 1681] **A** **s. m.** ● muscolo atto a flettere **B** anche **agg. m.** (**difett. del f.**): *muscolo f.*

✦**flessuóso** (o *-ṣo*) [vc. dotta, lat. *flexuōsu(m)*, da *flĕxus* 'flesso' ✱ 1499] **agg.** **1** dotato di grande flessibilità ed elasticità: *salice f.*; *cantar forse degg'io / il f. acanto?* (G.B. Marino) | che si flette in modo armonico e seducente: *Una bellissima fanciulla … dal corpo f. come una palma* (E. Salgari) **2** che ha un andamento sinuoso: *la sponda flessuosa di un fiume* **CONTR.** rigido ‖ **flessuosaménte**, **avv.** ‖ **flessuosità**, **s. f. inv.** caratteristica di chi (o di ciò che) è flessuoso: *la flessuosità della pantera* **CONTR.** rigidità

SFUMATURE DI SIGNIFICATO

flessuoso - agile - snodato

Flessuoso è ciò che presenta un andamento vario e sinuoso, curve eleganti; riferito a persona descrive una figura armoniosa, un modo di muoversi elegante. Anche **agile** descrive una proprietà del movimento, indicando prontezza, sveltezza e scioltezza. Un grado ancora maggiore di agilità e scioltezza è espresso da **snodato**, che descrive chi ha capacità e libertà di movimento molto sviluppate.

flessùra [vc. dotta, lat. *flexūra(m)*, da *flĕxus* 'flesso' ✱ 1623] **s. f.** **1** (*geol.*) piega monoclinale che raccorda due livelli diversi di uno strato roccioso **2** †piegamento, curvatura | †giuntura: *la terra, corpo uno e continuo, e privo di flessure e di snodamenti* (G. Galilei)

†**flèto** [vc. dotta, lat. *flētu(m)*, da *flēre* 'piangere', di orig. onomat. ✱ 1321] **s. m.** ● pianto, lutto: *sparser lo sangue dopo molto f.* (Dante *Par.* XXVII, 45)

✦**flèttere** [vc. dotta, lat. *flĕctere*, di etim. incerta ✱ 1321] **A** **v. tr.** (**pass. rem.** *io flettéi*, *raro flèssi*, *tu flettésti*; **part. pass.** *flèsso*) **1** piegare, curvare: *f. le braccia*; *la fronda che flette la cima / nel transito del vento* (Dante *Par.* XXVI, 85-86) **2** (*gramm.*) variare la desinenza o la radice di una parola per esprimere determinati rapporti grammaticali; declinare, coniugare **B** **v. intr.** (**aus.** *avere*) ● calare, diminuire: *le vendite flettono* **C** **flèttersi** **v. rifl. e intr. pron.** **1** piegarsi, incurvarsi **2** (*gramm.*) detto di una parola, variare le proprie desinenze o la propria radice

flexicùrity /fleksi'kuriti, *ingl.* ˌflɛksɪ'kjʊərətɪ/ [vc. ingl., comp. di *flexi(bility)* 'flessibilità' e *(se)curity* 'sicurezza' ✱ 1997] **s. f. inv.** ● flessicurezza

flìaco [vc. dotta, gr. *phlýax*, genit. *phlýakos* 'buffone', di orig. indeur. ✱ 1588] **s. m.** (**pl.** *-ci*) ● presso gli antichi Dori nell'Italia meridionale, attore di rappresentazioni popolari, farsesche e salaci

flicornìsta o (*raro*) **fliscornìsta** [1956] **s. m. e f.** (**pl. m.** *-i*) ● suonatore di flicorno

flicòrno o (*raro*) **fliscòrno** [ted. *Flügelshorn*, comp. di *Flügel* 'ala' e *Horn* 'corno' ✱ 1865] **s. m.** ● (*mus.*) famiglia di strumenti a fiato, d'ottone, con suono intermedio fra tromba, trombone e corno | *f. basso grave*, bombardone | *f. baritono*, bombardino

flight recòrder /'flait re'kɔrder, *ingl.* 'flaɪtrɪˌkɔːdə(r)/ [loc. ingl., comp. di *flight* 'volo' (vc. germ.) e *recorder* 'registratore' (da *to record* 'registrare, ricordare') ✱ 1979] **loc. sost. m. inv.** (**pl. ingl.** *flight recorders*) ● (*aeron.*) registratore di volo, scatola nera

flint /*ingl.* flɪnt/ [ingl. 'silice', di orig. indeur. ✱ 1795] **s. m. inv.** ● vetro con notevole contenuto di ossido di piombo, usato per lenti e per cristalleria di pregio

flip /*ingl.* flɪp/ [vc. ingl., dal v. *to flip* 'far girare con un piccolo colpo' ✱ 1997] **s. m. inv.** ● (*tel.*) sportellino apribile presente in alcuni modelli di telefoni cellulari, la cui apertura può attivare il telefono

flip-book /*ingl.* 'flɪpˌbʊk/ [vc. dell'ingl. d'America, comp. di *to flip* 'far girare con un colpetto' e *book* 'libro' ✱ 1987] **s. m. inv.** ● libretto formato da una serie di immagini che raffigurano in successione diverse posizioni di un soggetto e che, fatte scorrere rapidamente, danno la sensazione del movimento del soggetto stesso

flìp-flòp [vc. ingl. onomat. ✱ 1967] **s. m. inv.** ● (*elettron.*) amplificatore con due punti di lavoro stabili, usato in sistemi elettronici o in sistemi di controllo a fluido

flippàre [dal v. dell'ingl. d'America *to flip* 'agitarsi, entusiasmarsi' ✱ 1984] **A v. intr.** (**aus.** *avere*) **1** (*gerg.*) essere in uno stato di grande esaltazione o eccitazione **2** (*gerg.*) assumere droga **B flippàrsi v. intr. pron.** ● (*gerg.*) drogarsi

flippàto **part. pass.** di *flippare*; anche **agg.** **1** (*gerg.*) stordito, suonato, poco presente a sé stesso **2** (*gerg.*) stravolto per effetto di una droga: *f. duro*

flìpper /'flipper, *ingl.* 'flɪpə(r)/ [vc. ingl. non usata in questo sign. nei Paesi anglosassoni; i *flippers*, propr. 'pinne', sono le alette dell'apparecchio, che spingono la pallina ✱ 1956] **s. m. inv.** ● gioco elettrico a monete o gettoni che si svolge su un piano leggermente inclinato, consistente nel colpire con due levette azionate da pulsanti laterali una pallina metallica che, urtando una serie di ostacoli, fa totalizzare dei punti che vengono visualizzati su un pannello elettronico verticale; biliardino elettrico **CFR.** tilt

flirt /flert, *ingl.* flɜːt/ [fr. *flirt*, dall'ingl. *flirt*, da *to flirt* 'far muovere, ondeggiare', di etim. incerta ✱ 1895] **s. m. inv.** **1** relazione sentimentale breve e superficiale **SIN.** amoreggiamento **2** (*est.*) persona con cui si ha una relazione di tal genere ‖ **flirtìno** /fler'tino/, **dim.**

flirtàre /fler'tare, flir-/ [fr. *flirter*. V. *flirt* ✱ 1887] **v. intr.** (**aus.** *avere*) **1** amoreggiare in modo superficiale, senza impegnare i propri sentimenti **2** (*fig.*) dimostrare interesse a stabilire relazioni, accordi, intese: *f. con i partiti di destra*

fliscòrno e deriv. ➤ **flicorno** e deriv.

Flit® [marchio registrato di un liquido insetticida ✱ 1930] **s. m. inv.** ● qualunque insetticida che venga usato per nebulizzazione

flittèna o **flittène** [gr. *phlýktaina* 'pustola', da *phlýzō* 'io ribollo', di orig. indeur. ✱ 1778] **s. f.** ● (*med.*) cavità negli strati superficiali della cute, ripiena di liquido sieroso limpido **SIN.** bolla

float /flot, *ingl.* fləʊt/ [vc. ingl., da *float* 'galleggiante' (vc. germ.) ✱ 1983] **agg. inv.** ● detto di vetro molto sottile e resistente, destinato a usi speciali (per es., come vetro di sicurezza nelle automobili)

floater /'floter, *ingl.* 'fləʊtə(r)/ [vc. ingl., propr. 'galleggiante', dal v. *to float* 'stare a galla' ✱ 1993] **s. m. inv.** ● (*econ.*) obbligazione a tasso indicizzato

floating /flotin(g), *ingl.* 'fləʊtɪŋ/ [vc. ingl., propr. 'galleggiante, fluttuante', da *to float* 'galleggiare' (vc. d'orig. germ.) ✱ 1977] **s. m. inv.** ● (*banca*) fluttuazione

flobert /*fr.* flɔ'bɛʀ/ [dal n. dell'armaiolo fr., N. Flobert (1819-1894) ✱ 1912] **A s. m. inv.** ● tipo di fucile a retrocarica a un colpo, con canna ad anima liscia di calibro molto piccolo, usato spec. per il tiro a segno **B s. f. inv.** ● pistola con le medesime caratteristiche

floccàggio o **flockàggio** [da *flock* ✱ sec. XX] **s. m.** ● (*tecnol.*) operazione mediante la quale fibre di nylon, cotone e sim. lunghe qualche millimetro ed elettrizzate vengono fatte aderire a un supporto, spec. un tessuto, allo scopo di conferirgli un aspetto scamosciato o vellutato **SIN.** vellutatura

floccàre [sec. XX] **v. tr.** (*io flòcco, tu flòcchi*) ● (*tecnol.*) eseguire l'operazione del floccaggio

floccàto [1983] **s. m.** ● (*tecnol.*) materiale di aspetto scamosciato o vellutato, ottenuto mediante floccaggio, usato in arredamento, abbigliamento e pelletteria

floccatrice [1983] **s. f.** ● (*tecnol.*) macchina usata per eseguire il floccaggio **SIN.** vellutatrice

flòcco ➤ **fiocco**②

flocculànte [1970] **agg.** ● (*chim.*) detto di additivo atto a favorire la flocculazione

flocculàre① **v. intr.** (*io flòcculo*; **aus.** *avere*) ● (*chim.*) separarsi allo stato fioccoso, detto di un precipitato, di un colloide

flocculàre② [1956] **agg.** ● (*astron.*, *chim.*) di flocculo, di flocculi: *nube f.*; *precipitato f.*

flocculazióne [dal lat. tardo *flŏcculus*, dim. di *flŏccus* 'fiocco' ✱ 1931] **s. f.** ● (*chim.*) aggregazione di particelle di precipitato a formare fiocchi facilmente depositabili | gelificazione di colloide sotto forma di fiocchi

flòcculo [vc. dotta, lat. tardo *flŏccŭlu(m)*, dim. di *flŏccus* 'fiocco' ✱ 1956] **s. m.** **1** (*astron.*) nube chiara o scura di calcio o idrogeno osservabile sulla superficie solare **SIN.** facola solare **2** (*anat.*) ciascuno dei due corpiccioli cerebellari disposti nella parte inferiore del cervelletto **3** (*chim.*) precipitato formato di particelle colloidali, ottenuto per flocculazione

flock /flɔk, *ingl.* flɒk/ [vc. ingl., propr. 'fiocco, lana da materassi' (prob. stessa orig. dell'it. *fiocco*) ✱ 1983] **s. m. inv.** ● (*tecnol.*) insieme di fibre di nylon, cotone e sim. usate per la produzione di floccati

flockàggio ➤ **floccaggio**

floèma [fr. *phloème*, dal gr. *phloiós* 'corteccia', di orig. indeur. ✱ 1917] **s. m.** (**pl.** *-i*) ● (*bot.*) insieme dei tubi cribrosi che servono nella pianta alla circolazione delle sostanze nutritive

flogìstico [da *flogisto* ✱ 1779] **agg.** (**pl. m.** *-ci*) **1** (*med.*) infiammatorio: *processo f.* **2** (*lett.*) combustibile

flogìsto [gr. *phlogistós* 'arso', da *phlogízō* 'io brucio', da *phlóx*, genit. *phlogós* 'fiamma', di orig. indeur. ✱ 1778] **s. m.** ● sostanza che, nei secc. XVII e XVIII, si riteneva presente nei combustibili e nei metalli dai quali si sarebbe separata per riscaldamento od ossidazione

flogopìte [ted. *Phlogopit*, ricavata dal gr. *phlogōpós* 'dall'aspetto (*ṓps*) di fiamma (*phlóx*, genit. *phlogós*)' col suff. mineralogico *-ite*② ✱ 1917] **s. f.** ● (*miner.*) mica potassica di magnesio, in lamelle bronzee lucenti, presente nei calcari dolomitici metamorfici

flogòṣi o (*meno comune*) **flògoṣi** [vc. dotta, gr. *phlógōsis* 'infiammazione', da *phlogóō* 'io infiammo', da *phlóx*, genit. *phlogós* 'fiamma'. Cfr. *flogisto* ✱ 1734] **s. f. inv.** ● (*med.*) infiammazione

floorball /'flɔrbol, *ingl.* 'flɔːˌbɔːl/ [vc. ingl., comp. di *floor* 'pavimento, parquet' e *ball* 'palla' ✱ 1998] **s. m. inv.** ● (*sport*) sport simile all'hockey, giocato al coperto con squadre di tre o cinque giocatori più il portiere, su un campo come quello della pallacanestro o della pallavolo

flop /flɔp, *ingl.* flɒp/ [vc. ingl., propr. 'tonfo' ✱ 1983] **s. m. inv.** ● insuccesso, fallimento, fiasco

floppàre [da *flop* ✱ 1992] **v. intr.** (*io flòppo*; **aus.** *avere* o *raro essere* se riferito a cosa) ● (*colloq.*) fallire, fare fiasco

flòppy disk /floppi'disk, *ingl.* 'flɒpɪˌdɪsk/ [loc. ingl., comp. di *floppy* 'allentato, floscio' (da *to flop* 'penzolare, pendere in modo floscio', vc. d'orig. espressiva) e *disk* 'disco' ✱ 1976] **loc. sost. m. inv.** (**pl. ingl.** *floppy disks*) ● (*inform.*) dischetto

♦**flòra** [vc. dotta, lat. *Flōra(m)*, dea dei fiori, da *flōs*, genit. *flōris* 'fiore' ✱ 1638] **s. f.** **1** (*bot.*) l'insieme delle specie vegetali che popolano un determinato ambiente naturale o una determinata regione geografica: *f. di palude*; *la f. delle Alpi* **CFR.** vegetazione **2** (*biol.*) insieme di batteri presenti in una regione dell'organismo umano: *f. intestinale*; *f. batterica vaginale*

floràle o (*raro*) **fioràle** nel sign. 2 [vc. dotta, lat. *florāle(m)*, da *Flōra* 'Flora' ✱ av. 1564] **agg.** **1** (*raro*, *lett.*) relativo alla dea Flora: *giochi, feste florali* **2** (*bot.*) del fiore, dei fiori: *foglie florali*

♣**floreàle** [fr. *floréal*, dal lat. *flōreus*, agg. di *flōs*, genit. *flōris* 'fiore' ✱ 1789] **A agg.** **1** di fiore, che si compone di fiori: *decorazione f.* | (*enol.*) di vino il cui profumo richiama quello dei fiori | *orologio f.*, V. *orologio* **2** *stile f.*, liberty ‖ **florealménte**, **avv.** ‖ **florealità**, **s. f. inv.** **B s. m.** ● fiorile

florènzio [dal lat. *Florĕntia* 'Firenze' perché fu scoperto nell'università di questa città ✱ 1930] **s. m.** ● (*chim.*, *raro*) prometeo

florerìa ➤ **fioreria**

florìcolo [comp. del lat. *flōs*, genit. *flōris* 'fiore' e *cŏlere* 'coltivare, abitare' ✱ 1956] **agg.** **1** di animale che vive o si posa di preferenza sui fiori **2** relativo alla coltivazione dei fiori: *tecniche floricole*

floricoltóre o **floricultóre**, **floricultóre**, **floricoltóre** [1875] **s. m.** (**f.** *-trice*) ● chi si dedica alla floricoltura

floricoltùra o **floricultùra**, **floricultùra**, **floricoltùra** [fr. *floriculture*, comp. del lat. *flōs*, genit. *flōris* 'fiore' e fr. *culture* 'coltura, coltivazione' ✱ 1864] **s. f.** ● coltivazione di fiori e piante ornamentali: *esperto in f.*

floricultóre ➤ **floricoltore**

floricultùra ➤ **floricoltura**

Florìdee [dal lat. *flōridus* nel senso etim. di 'fiorito' (da *flōs*, genit. *flōris* 'fiore') ✱ 1887] **s. f. pl.** (**sing.** *-a*) ● (*bot.*) classe di alghe rosse di forma varia ed elegante, filamentosa o ramificata (*Florideae*)

♣**floridézza** [da *florido* ✱ av. 1508] **s. f.** ● stato o condizione di chi (o di ciò che) è florido, prospero, fiorente e sim.: *ha perso tutta la sua f.*; *la f. del corpo, sodo, anzi un po' quadro* (I. CALVINO); *f. di un commercio, di un'industria* **SIN.** rigogliosità

floridità [av. 1667] **s. f. inv.** ● (*raro*) floridezza

♣**flòrido** [vc. dotta, lat. *flōridu(m)*, da *florēre* 'fiorire' ✱ 1306] **agg.** **1** che è prosperoso, fiorente, rigoglioso (*anche fig.*): *aspetto f.*; *essere in f. stato*; *commercio, condizioni, finanze floride* **2** (*mus.*) detto di contrappunto caratterizzato dalle più svariate combinazioni ritmiche nelle diverse parti **SIN.** fiorito ‖ **floridaménte**, **avv.**

SFUMATURE DI SIGNIFICATO

florido - fiorente - rigoglioso - prosperoso

Florido e **fiorente**, entrambi in relazione etimologica con 'fiorire', sono intercambiabili pressoché in tutti gli usi; dei due tuttavia solo *fiorente* è ricorrente nell'uso di 'essere in fiore', detto di piante, giardini ecc.; negli usi figurati questo esprime meglio di *florido* l'idea di essere nel momento culminante del proprio sviluppo. **Rigoglioso**, se riferito a pianta, è perfettamente sovrapponibile a *fiorente*; negli usi figurati aggiunge un'idea di vigore fisico, di bellezza esuberante. **Prosperoso**, sebbene abbia gli stessi significati figurati di *fiorente*, viene usato principalmente per descrivere la formosità femminile oppure uno stato di ricchezza e benessere.

♣**florilègio** [comp. del lat. *flōs*, genit. *flōris* 'fiore' e *-legio*, ricavato dal lat. *lĕgere* 'raccogliere'; calco sul gr. *anthología* 'antologia' ✻ av. 1729] **s. m.** ● raccolta di brani scelti di uno o di più autori SIN. antologia | (*iron.*, *raro*) raccolta esemplare: *un f. di errori*

†**florìre** e deriv. ➤ **fiorire**① e deriv.

florìstica [da *flora* ✻ 1917] **s. f.** ● parte della botanica che cataloga le piante di un determinato territorio

florìstico [comp. di *flor(a)* e *-istico* ✻ 1987] **agg.** (**pl. m.** *-ci*) **1** detto di ciò che riguarda la flora **2** (*bot.*) relativo alla floristica

floriterapìa [comp. del lat. *flōs*, genit. *flōris*, 'fiore' e *-terapia* ✻ 1992] **s. f.** ● trattamento terapeutico basato sull'uso di alcune varietà di fiori selvatici ritenuti in grado di curare vari disturbi spec. psicologici CFR. fiori di Bach

florovivaìṣmo [da *florovivaista* ✻ 1980] **s. m.** ● l'attività dei florovivaisti

florovivaìsta [comp. del lat. *flōs*, genit. *flōris* 'fiore' e *vivaista* ✻ 1980] **s. m. e f.** (**pl. m.** *-i*) ● chi, per professione, si occupa di un vivaio di fiori e di piante

florovivaìstico [1980] **agg.** (**pl. m.** *-ci*) ● relativo al florovivaismo o ai florovivaisti

floscézza [av. 1712] **s. f.** ● (*raro*) condizione di ciò che è floscio

♣**flòscio** [sp. *flojo*, dal lat. *flūxu(m)*. V. *flusso* ✻ 1574] **agg.** (**pl. m.** *-sci*; **pl. f.** *-sce*, **lett.** *-scie*) **1** privo di consistenza, non sodo: *tessuto, cartone f.* | ***cappello f.***, di feltro non rigido | flaccido: *carni flosce* SIN. moscio **2** (*fig.*, *raro*) privo di vigore, energia e sim.: *individuo f.* SIN. fiacco, molle ‖ **flosciaménte**, **avv.**

flòsculo [vc. dotta, lat. *flōsculu(m)* 'fiorellino', dim. di *flōs*, genit. *flōris* 'fiore' ✻ 1499] **s. m.** ● (*bot.*) ciascuno dei piccoli fiori che formano il capolino delle Composite

flòtta [sp. *flota*, dal fr. *flotte*, vc. di orig. scandinava ✻ 1506] **s. f.** ● insieme dei mezzi nautici da guerra o da traffico appartenenti a uno Stato o a una compagnia di navigazione: *la f. romana, cartaginese*; *la nostra f. mercantile* | (*est.*) ***f. aerea***, complesso degli aerei militari di uno Stato o degli aerei civili appartenenti a una società: *la f. aerea italiana*; *la f. aerea dell'Alitalia*; *dall'alta lontananza, già si avvicinavano i boati della f. aerea* (E. MORANTE) | complesso dei veicoli di un'azienda: *f. di autobus*

flottàggio [fr. *flottage*, da *flotter* 'galleggiare'. V. *flottare* ✻ 1939] **s. m.** **1** fluttuazione | il flottare: *il f. di un aereo* **2** (*chim.*) flottazione **3** (*sport*) nella pallacanestro, azione difensiva laterale, compiuta da più giocatori, i quali controllano l'avversario che ha la palla

flottànte [fr. *flottant*, part. pres. di *flotter*. V. *flottare* ✻ 1877] **A** **s. m.** ● (*banca*) quantità di titoli azionari di una società quotata in Borsa posseduti da piccoli risparmiatori | ***a largo f., di scarso f.***, detto di titolo di cui si trattano quotidianamente in Borsa grossi o, rispettivamente, modesti quantitativi **B** **agg.** ● ***pavimento f.***, V. *pavimento*

flottàre [fr. *flotter*, dal lat. *fluctuāre* 'fluttuare', con influsso del francone *flôd* 'flutto' ✻ 1697] **A** **v. intr.** (*io flòtto*; **aus.** *avere*) **1** muoversi in acqua, detto di nave o aereo in regime di sostentazione idrostatica **2** (*sport*) nella pallacanestro, eseguire un'azione di flottaggio **B** **v. tr.** **1** (*chim.*) sottoporre a flottazione **2** far scendere lungo la corrente di un fiume: *f. alberi da legname*

flottazióne [fr. *flottaison*, da *flotter* 'galleggiare'. V. *flottare* ✻ av. 1869] **s. f.** **1** (*chim.*, *miner.*) separazione dei minerali utili dalla ganga mediante la loro sospensione in acqua addizionata di agenti schiumogeni e agitata con forti correnti d'aria **2** fluitazione **3** galleggiamento | ***linea di f.***, linea di galleggiamento

flottìglia [sp. *flotilla*, dim. di *flota* 'flotta' ✻ 1510] **s. f.** ● (*mar.*) nella marina militare, complesso di navi leggere e gener. dello stesso tipo, riunito sotto un unico comando: *f. di motocannoniere, motosiluranti, sommergibili* | (*est.*) complesso di navi da pesca partecipanti a una operazione di pesca comune | (*est.*) complesso di imbarcazioni da diporto appartenenti a una determinata società sportiva | insieme di imbarcazioni a vela da diporto che effettuano crociere in gruppo, organizzate da una società di noleggio

flou /*fr.* flu/ [fr., propr. 'sfumato' ✻ 1905] **A** **agg. inv.** **1** detto di abito vaporoso a linee morbide **2** nella tecnica fotografica, detto di contorno sfumato, evanescente **B** **s. m. inv.** ● speciale effetto fotografico di evanescenza nei contorni dell'immagine

flow chart /flo'tʃart, *ingl.* 'fləʊ,tʃɑːt/ [loc. ingl., propr. 'scheda di flusso' ✻ 1983] **loc. sost. m. inv.** (**pl. ingl.** *flow charts*) ● (*inform.*) diagramma di flusso

fluènte **A** **part. pres.** di *fluire*; anche **agg.** **1** che scorre, che fluisce: *acqua f.* **2** (*fig.*) lungo e morbido, sciolto: *barba f.*; *capelli fluenti* | (*fig.*) scorrevole, disinvolto: *un eloquio f.*; *parla un inglese f.* | di chi parla correntemente una lingua straniera (calco sull'ingl. *fluent*): *è f. in francese* **3** †detto di città e sim. che risiede presso un fiume: *Roma è f. al Tevere* **B** **s. m. o f.** ● †corso d'acqua: *alcuni non Florenzia, ma Fluenzia vogliono che la fusse nel principio detta, per esser posta propinqua al f. d'Arno* (N. MACHIAVELLI) ‖ **fluenteménte**, **avv.** in modo fluente, scorrevole (*spec. fig.*): *Dapprima parlai con stento ed esitazione*; *poi sempre più fluentemente* (A. MORAVIA)

fluff /flaf, *ingl.* flʌf/ [vc. ingl., propr. 'lanugine, peluria' ✻ 1978] **s. m. inv.** ● materiale fioccoso dotato di potere assorbente, usato per fabbricare pannolini per neonati

fluidézza [da *fluido* ✻ av. 1311] **s. f.** ● (*lett.*) fluidità

fluìdica [da *fluido* ✻ 1970] **s. f.** ● tecnologia per il controllo e la regolazione di processi e impianti industriali, che utilizza tipici circuiti percorsi da piccoli getti di fluidi come acqua, metallo fuso, aria e viene impiegata spec. in modo complementare all'elettronica

fluìdico [1911] **agg.** (**pl. m.** *-ci*) ● relativo a fluido nel sign. B1 | relativo alla fluidica ‖ **fluidicità**, **s. f. inv.**

fluidificàbile [da *fluidificare* ✻ 1956] **agg.** ● che può essere ridotto allo stato fluido

fluidificànte **A** **part. pres.** di *fluidificare*; anche **agg.** ● nei sign. del v. **B** **s. m.** ● medicamento espettorante che agendo sulla secrezione bronchiale rende più fluido il catarro

fluidificàre [1831] **A** **v. tr.** (*io fluìdifico, tu fluìdìfichi*) **1** far passare un corpo allo stato fluido | aumentare la scorrevolezza di un liquido particolarmente denso e viscoso **2** nel calcio, organizzare l'azione difensiva in funzione dell'attacco **B** **fluidificàrsi** **v. intr. pron.** ● diventare fluido ‖ **fluidificazióne**, **s. f.** (V.)

fluidificazióne [1831] **s. f.** ● il fluidificare, il venire fluidificato

fluidìsta [1983] **A** **s. m. e f.** (**pl. m.** *-i*) ● progettista di dispositivi, macchine e impianti a fluido **B** **agg.** ● detto di disegnatore tecnico che prepara i piani di esecuzione e i disegni relativi a dispositivi, macchine e impianti a fluido

fluidità o †**fluiditàde**, †**fluiditàte** [1666] **s. f. inv.** **1** proprietà, condizione di ciò che è fluido: *la f. dell'olio* **2** (*fig.*) scorrevolezza: *f. di stile* **3** (*fig.*) instabilità, mutevolezza: *la f. dei rapporti internazionali*

fluidiẓẓàre [da *fluid(o)* con il suff. *-izzare* sul modello dell'ingl. *to fluidize* ✻ 1987] **v. tr.** ● (*chim.*) eseguire una fluidizzazione (V.)

fluidiẓẓazióne [da *fluidificare*, sul modello dell'ingl. *fluidization* ✻ 1913] **s. f.** ● (*chim.*) operazione che consente, tramite l'introduzione dal basso di un gas, di disperdere materiale pulverulento all'interno di un recipiente al fine di accelerare e rendere più uniforme la reazione con altre materie presenti

♦**flùido** [vc. dotta, lat. *flŭidu(m)*, da *flŭere* 'scorrere'. V. *fluire* ✻ 1499] **A** **agg.** **1** (*fis.*) detto di sostanza liquida o aeriforme: *composto f.* CFR. solido | ***corrente fluida***, il moto spec. dell'acqua nei canali, nelle condotte o nei corsi d'acqua naturali **2** (*fig.*) che è scorrevole, sciolto: *stile f.*; *parola, eloquenza fluida* **3** (*fig.*) che è in fase di evoluzione, che non si è ancora stabilizzato: *situazione fluida* SIN. mutevole CONTR. fermo ‖ **fluidaménte**, **avv.** in modo fluido, scorrevole **B** **s. m.** **1** (*fis.*) sostanza liquida o aeriforme che può assumere la forma del recipiente che la contiene CFR. solido **2** (*fig.*) ipotetica emanazione di energia che consente di trasmettere ad altri il proprio pensiero o la propria volontà: *f. magnetico*

fluidodinàmica [comp. di *fluido* e *dinamica* ✻ 1956] **s. f.** ● parte della fisica meccanica che studia la dinamica dei fluidi

fluidodinàmico [1956] **agg.** (**pl. m.** *-ci*) ● relativo alla fluidodinamica ‖ **fluidodinamicità**, **s. f. inv.**

fluidostàtica [comp. di *fluido* e *statica* ✻ sec. XX] **s. f.** ● (*fis.*) parte della meccanica dei fluidi che studia le proprietà di un fluido in equilibrio statico

fluidostàtico [1980] **agg.** (**pl. m.** *-ci*) ● relativo alla fluidostatica

♦**fluìre** [lat. *flŭere*, di orig. indeur. Cfr. *fiume* ✻ 1475] **A** **v. intr.** (*io fluìsco, tu fluìsci*; **aus.** *essere*) **1** colare, sgorgare con abbondanza: *il sangue fluiva dalla ferita* | (*fig.*) scorrere con facilità, con scioltezza: *le parole fluivano chiare dalle sue labbra* | ***f. e refluire***, detto dell'alta e bassa marea **2** (*est.*) passare, trascorrere: *Fluiva il giorno* (G. PASCOLI) **3** (*poet.*) filtrare: *fluisce tra te e me sul belvedere / un chiarore* (E. MONTALE) **B** **in funzione di s. m. solo sing.** **1** flusso: *il f. del sangue* **2** lo scorrere, il trascorrere: *il f. del tempo*

SFUMATURE ➤ ***scendere***

fluitàre [vc. dotta, lat. *fluitāre*, intens. di *flŭere* 'fluire' ✻ sec. XV] **v. intr.** (*io flùito*; **aus.** *essere*) ● galleggiare venendo trasportato dalla corrente: *grossi tronchi fluitavano al centro del fiume*

fluitazióne [da *fluitare* ✻ 1798] **s. f.** ● sistema di trasporto del legname consistente nell'affidare i tronchi alla corrente di un fiume

fluminènse [portog. *fluminense*, dal lat. *flūmen*, genit. *flūminis* 'fiume', per allusione al portog. *rio* 'fiume' ✻ 1942] **agg.** ● della regione di Rio de Janeiro

flùo [accorc. di *fluo(rescente)* ✱ 1992] **agg. inv.** ● (*colloq.*) fluorescente: *orologio con lancette fluo*

fluo- **primo elemento** ● in parole composte, spec. della terminologia scientifica, significa 'fluoro', 'contenente fluoro': *fluografia, fluosilicato*

fluoboràto [dall'ingl. *fluoborate*, comp. di *fluo-* e *borato* ✱ 1834] **s. m.** ● (*chim.*) ognuno dei sali dell'acido fluoborico, impiegati come fondenti in metallurgia

fluobòrico [dall'ingl. *fluoboric*, comp. di *fluo-* e *borico* ✱ 1834] **agg.** (**pl. m.** *-ci*) ● (*chim.*) detto dell'acido costituito da atomi di idrogeno, boro e fluoro

fluografìa [comp. di *fluo-* e *-grafia* ✱ 1965] **s. f.** ● procedimento, basato sul fenomeno della fluorescenza, per la fotografia di superfici incise

fluoràto [comp. di *fluor(o)* e *-ato* ✱ 1956] **s. m.** ● (*chim.*) sale dell'acido fluorico

fluoresceìna [da *fluorescenza* ✱ 1956] **s. f.** ● (*chim.*) sostanza organica che presenta un'intensa fluorescenza giallo-verde; è impiegata principalmente in medicina, oftalmologia e geologia

fluorescènte [fr. *fluorescent*, deriv. di *fluor* 'fluoro' ✱ 1874] **agg.** ● detto di sostanza che presenta il fenomeno della fluorescenza

fluorescènza [fr. *fluorescence*, da *fluor* 'fluoro' ✱ 1874] **s. f.** ● (*fis.*) tipo di fotoluminescenza che si manifesta solo finché dura l'azione della luce sulla sostanza che genera il fenomeno **CONTR.** fosforescenza

fluòrico [da *fluoro* ✱ 1834] **agg.** (**pl. m.** *-ci*) ● (*chim.*) relativo al fluoro

fluoridràto [fr. *fluorhydrate*. V. *fluoruro* e *idrato* ✱ 1869] **s. m.** ● composto chimico derivante dall'addizione di acido fluoridrico a una base organica o a un fluoruro alcalino

fluorìdrico [fr. *fluorhydrique*, comp. di *fluor* 'fluoro' e del gr. *hýdōr* 'acqua' ✱ 1869] **agg.** (**pl. m.** *-ci*) ● (*chim.*) ***acido f.***, composto da un atomo di fluoro e uno di idrogeno; gassoso, di odore irritante, corrosivo, usato spec. per intaccare materiali silicei come vetri e sim.

fluorimetrìa [comp. di *fluoro* e *-metria* ✱ 1956] **s. f.** ● (*chim.*) tecnica analitica per la determinazione quantitativa e qualitativa di un composto chimico, basata sulla misurazione della sua fluorescenza e usata in campo farmaceutico, nell'agricoltura, negli inquinamenti, nelle analisi medico-legali e sim.

fluorimètrico [sec. XX] **agg.** (**pl. m.** *-ci*) ● relativo alla fluorimetria

fluorìte [comp. di *fluoro* e *-ite*② ✱ 1874] **s. f.** ● (*miner.*) fluoruro di calcio in cristalli cubici o in masse compatte, vitree, di vario colore

fluorizzàre [da *fluoro* ✱ sec. XX] **v. tr.** ● (*med.*) aggiungere fluoruri alle acque potabili a scopo preventivo della carie ‖ **fluorizzazióne**, **s. f.** (V.)

fluorizzazióne [1965] **s. f.** **1** (*med.*) operazione del fluorizzare **2** processo con cui si ricopre la superficie di una lente con uno strato sottilissimo di un fluoruro per diminuire la percentuale di luce riflessa

fluòro [fr. *fluor*, vc. dotta, dal lat. *fluōre(m)* 'flusso', da *flŭere* 'scorrere, fluire', quindi, in orig., 'sostanza liquida' ✱ 1798] **s. m.** ● elemento chimico, non metallo, alogeno gassoso giallo-verdastro, di odore irritante, ottenuto per elettrolisi di acido fluoridrico anidro **SIMB.** F **NUM. AT.** 9

fluòro- [V. *fluoro*] **primo elemento** ● in parole composte della terminologia scientifica indica presenza di fluoro: *fluorocarburo, fluoroderivato*

fluorocarbùro [comp. di *fluoro-* e *carburo* ✱ 1956] **s. m.** ● (*chim.*) idrocarburo in cui tutti o parte degli atomi di idrogeno sono stati sostituiti da atomi di fluoro

fluoroderivàto [comp. di *fluoro-* e *derivato* ✱ sec. XX] **s. m.** ● (*chim.*) composto gener. organico contenente fluoro

fluoròsi [comp. di *fluor(o)* e del suff. *-osi* ✱ 1938] **s. f. inv.** ● (*med.*) condizione conseguente a ingestione prolungata ed eccessiva di fluoro, caratterizzata da osteosclerosi e da alterata calcificazione dei denti il cui smalto appare chiazzato

fluoruràre [denominale di *fluoro* ✱ 1956] **v. tr.** ● (*chim.*) introdurre uno o più atomi di fluoro in molecole, gener. di sostanze organiche, mediante fluorurazione

fluorurazióne [da *fluorurare* ✱ 1952] **s. f.** ● (*chim.*) reazione chimica che consente di introdurre atomi di fluoro in molecole

fluorùro [da *fluoro* ✱ 1831] **s. m.** ● sale dell'acido fluoridrico: *f. di calcio*

fluosilicàto [comp. di *fluo-* e *silicato* ✱ 1834] **s. m.** ● sale dell'acido fluosilicico, usato in diverse lavorazioni industriali

fluosilìcico [comp. di *fluo-* e *silicico* ✱ 1834] **agg.** (**pl. m.** *-ci*) ● detto di acido formato da fluoro e silicio, noto soltanto in soluzione acquosa, ma non allo stato anidro

flussàggio [fr. *fluxage*, da *fluxer* 'rendere fluido' (a sua volta dall'ingl. *to flux*) ✱ 1956] **s. m.** ● (*tecnol.*) procedimento usato per rendere fluidi materiali bituminosi mediante solventi a base oleosa

†**flussìbile** [vc. dotta, lat. tardo *fluxĭbile(m)*, da *flŭxus* 'flusso' ✱ av. 1406] **agg.** ● che può scorrere, fluire | (*fig.*) transitorio

†**flùssile** [vc. dotta, lat. tardo *flŭxile(m)*, da *flŭxus* 'flusso' ✱ av. 1578] **agg.** ● fluido | (*fig.*) transitorio

flussimetrìa [comp. di *fluss(o)* e *-metria* ✱ 1987] **s. f.** ● (*med.*) registrazione mediante flussimetro della velocità con cui il sangue circola nelle arterie

flussìmetro [comp. di *flusso* e *-metro* ✱ 1992] **s. m.** ● (*med.*) apparecchio a ultrasuoni per il controllo della velocità della circolazione del sangue nelle arterie

flussióne [vc. dotta, lat. tardo *fluxiōne(m)*, da *flŭxus* 'flusso' ✱ 1612] **s. f.** **1** (*med.*; *disus.*) malattia generata dal flusso eccessivo di sangue; congestione **2** (*veter.*) iridociclite recidivante **3** †(*mat.*) Velocità con la quale varia una quantità fluente | derivata

♦**flùsso** [vc. dotta, lat. tardo *flŭxu(m)*, da *flŭere* 'scorrere, fluire' ✱ av. 1292] **A** **s. m.** **1** movimento scorrevole di un liquido o di un gas: *il f. delle acque*; *il f. dell'aria in un condotto* | (*med.*) fuoriuscita di liquidi organici dalle cavità in cui sono contenuti: *f. mestruale* | (*fig.*) ***un f. di parole***, grande quantità, profluvio **SIN.** getto **2** (*est.*) movimento incessante: *il f. del pubblico all'uscita di un teatro, del traffico* | il succedere, il trascorrere: *il f. delle stagioni* | ***flussi*** (***elettorali***), spostamenti di voti da una forza politica ad altre, o tra votanti e non votanti, in una tornata elettorale: *analisi dei flussi* **3** movimento periodico e costante della marea per il quale l'acqua di mare si solleva e dilaga sul livello ordinario **SIN.** alta marea | ***f. e riflusso***, alta e bassa marea | (*fig.*) ***f. e riflusso delle vicende umane***, il loro alterno avvicendarsi **4** (*fis.*) grandezza scalare associata ad un campo vettoriale, che indica l'intensità del passaggio del campo attraverso una fissata superficie: *f. elettrico, magnetico* | ***f. luminoso***, la potenza luminosa irradiata da una sorgente **5** (*inform.*) ciascuna delle sequenze di dati che attraverso le unità periferiche dell'elaboratore entrano in elaborazione come dati da elaborare o ne escono come risultati dell'elaborazione **B** **agg.** ● †caduco, labile: *eran l'altre transitorie e flusse / speranze umane* (L. Ariosto) | †fiacco, floscio

flussometrìa [comp. di *flusso* e *-metria* ✱ 1995] **s. f.** ● misurazione mediante flussometro della velocità del flusso di un gas o di un liquido

flussòmetro [comp. di *flusso* e *-metro* ✱ 1926] **s. m.** **1** apparecchio usato spec. per la misura della portata di un fluido in un condotto **2** strumento per la misurazione del flusso magnetico **3** (*fis.*) apparecchio per la misurazione del flusso di un gas o di un liquido

flûte /*fr.* flyt/ [vc. fr., propr. 'flauto', per la forma ✱ 1963] **s. f. inv.** ● tipo di bicchiere a calice, stretto e alto

flutter /'flatter, *ingl.* 'flʌtə(r)/ [vc. ingl., propr. 'vibrazione', da *to flutter* 'ondeggiare', intens. di un precedente *to flotian* 'galleggiare, stare a galla' vc. germ. di orig. indeur. ✱ 1955] **s. m. inv.** **1** (*med.*) contrazione rapida del muscolo cardiaco con frequenza di 200-350 battiti al minuto **2** nella riproduzione del suono, variazione della velocità di rotazione di un disco o di scorrimento di un nastro che provoca la distorsione del suono stesso

♣**flùtto** [vc. dotta, lat. *flŭctu(m)*, da *flŭere* 'scorrere' ✱ av. 1328] **s. m.** ● (*lett.*) onda marina: *il notturno zeffiro / blando sui flutti spira* (U. Foscolo) | (*est.*) il mare

fluttuaménto [1351] **s. m.** ● (*lett.*) fluttuazione | (*fig.*) †instabilità

fluttuànte **part. pres.** di *fluttuare*; **anche agg.** **1** ondeggiante | (*fig.*) incostante, oscillante **2** (*econ.*) detto del debito pubblico a breve termine, perciò soggetto a variazione di ammontare: *debito f.* **3** (*anat.*) detto di ogni costola libera, non connessa con lo sterno

♣**fluttuàre** [vc. dotta, lat. *fluctuāre*, da *flŭctus* 'flutto' ✱ 1342] **v. intr.** (*io flùttuo, noi fluttuiàmo*; **aus.** *avere*) **1** essere mosso e agitato dai flutti | (*est.*) ondeggiare: *un fluttuar di fanti e di cavalli* (G. Leopardi) | (*fig.*) oscillare: *in quell'esistenza che fluttuava fra la demenza e la povertà* (M. Serao) **2** (*fig.*) essere variabile, incerto, dubbioso: *opinioni che fluttuano* **3** (*banca*) riferito a una moneta, raggiungere quotazioni di cambio con le altre in base alle sole leggi della domanda e dell'offerta, senza quotazioni di parità fissa: *la sterlina fluttua*; *l'euro fluttua rispetto al dollaro*

♣**fluttuazióne** [vc. dotta, lat. *fluctuatiōne(m)*, da *fluctuāre* 'fluttuare' ✱ av. 1342] **s. f.** **1** ondeggiamento (*spec. fig.*) **2** fluitazione **3** (*med.*) movimento di un liquido raccolto in una cavità | flutter **4** (*fis.*) deviazione casuale di una grandezza fisica dal suo valore medio | (*mat.*) variazione di una grandezza intorno a un valore medio **5** (*econ.*) movimento oscillatorio che si può riscontrare nell'attività economica **6** (*banca*) regime di libertà nei cambi monetari | (*est.*) libera quotazione di una moneta rispetto ad altre

fluttuóso (o -ṣ-) [vc. dotta, lat. *fluctuōsu(m)*, da *flŭctus* 'flutto' ✱ 1340] **agg.** **1** (*lett.*) tempestoso (*anche fig.*) **2** (*arald.*) detto di elemento grafico simile alle onde del mare

fluviàle [vc. dotta, lat. *fluviāle(m)*, da *flŭvius* 'fiume' ✱ sec. XIV] **agg.** **1** di fiume, relativo ai fiumi: *acqua, onda, arena f.*; *problemi fluviali* | che ha luogo, si svolge nei fiumi o che si trova lungo i fiumi: *pesce, navigazione f.*; *porto f.*; *flora f.*; *i mulini fluviali, … sciolti e mobili per struttura* (R. Bacchelli) **2** (*fig.*, *lett.*) abbondante, copioso: *lacrime fluviali*; *eloquenza f.* ‖ **fluvialità**, **s. f. inv.** (*raro*) carattere fluviale; (*fig.*) copiosità

fluviàtile [vc. dotta, lat. *fluviātile(m)*, da *flŭvius* 'fiume' ✱ 1499] **agg.** ● (*lett.*) fluviale

†**flùvido** [vc. dotta, lat. *flŭvidu(m)*, da *flŭere* 'scorrere' ✱ 1321] **agg.** ● fluido

a b c d e f g h i j k l m n o p q r s t u v w x y z

†**flùvio** [vc. dotta, lat. *flūviu(m)*, da *flŭere* 'scorrere, fluire' ✱ av. 1292] **s. m.** ● fiume

fluvioglaciàle [comp. di *fluvi(ale)* e *glaciale* ✱ 1960] **agg.** ● detto del materiale morenico trasportato e depositato dalle acque di fusione dei ghiacciai | *conoide f.*, dovuto al deposito di materiale fluvioglaciale

fluviòmetro [comp. di †*fluvio* e *-metro* ✱ 1970] **s. m.** ● apparecchio misuratore dei cambiamenti di livello dell'acqua di un fiume

fly and drive /*ingl.* 'flaɪ ən'draɪv/ [loc. ingl., propr. 'vola e guida' ✱ 1987] **loc. sost. m. inv.** ● nei viaggi, formula che comprende il biglietto aereo e il noleggio di un'autovettura

flyby /*ingl.* 'flaɪ,baɪ/ [vc. ingl., comp. di *to fly* 'volare' e *by* 'vicino' (entrambi di orig. indeur.) ✱ 1983] **s. m. inv.** ● sorvolo di un corpo celeste a distanza ravvicinata da parte di una sonda spaziale

flying dutchman /flain'dɔtʃman, *ingl.* ˌflaɪŋ'dʌtʃmən/ [n. ingl. dell''Olandese (*Dutchman*, dall'agg. medio neerlandese *du(u)tsc(h)* 'olandese') volante (*flying*, part. pres. di *to fly* 'volare')', l'una e l'altra vc. di orig. indeur. e area germ.; dal n. del personaggio del dramma di R. Wagner (1813-1883) Der Fliegende Holländer ✱ 1965] **loc. sost. m. inv.** ● deriva olimpica, leggera e veloce, a scafo tondo, per due persone di equipaggio, attrezzata con randa, fiocco e spinnaker

flying jùnior /flain'junjor, *ingl.* ˌflaɪɪŋ-'dʒuːniə(r)/ [comp. dell'ingl. *flying* 'volante', part. pres. di *to fly* 'volare', e del lat. *junior*, propr. 'più giovane', forma comparativa di *iŭvenis* 'giovane' ✱ 1973] **loc. sost. m. inv.** ● deriva biposto, più semplice e più piccola del flying dutchman, cui si ispira

flysch /*ted.* flyʃ/ [vc. dialettale svizzera ✱ 1892] **s. m. inv.** ● (*geol.*) formazione soprattutto detritica composta da calcari, prevalentemente marnosi, rocce scistose, arenarie, ecc.

fly zone, no ➤ **no-fly zone**

FM /effe'ɛmme, *ingl.* ˌɛf'ɛm/ [sigla ingl. di *F(requency) M(odulation)* 'modulazione di frequenza' ✱ 1981] **s. f. inv.** ● (*radio*) modulazione di frequenza

fo ➤ **fare**①

Fob /fɔb/ [sigla ingl. di *f(ree) o(n) b(oard)* 'libero a bordo' ✱ 1930] **agg. inv.** ● nel trasporto marittimo e aereo, detto di contratto di spedizione che attribuisce al venditore le spese di trasporto e i relativi rischi fino all'imbarco della merce

♦**fobìa** [fr. *phobie*, ricavato da *hydrophobie* 'idrofobia' e vc. simili ✱ 1899] **s. f. 1** (*psicol.*) paura eccessiva, che appare irrazionale e immotivata, per qualche particolare tipo di oggetti o situazioni **2** (*est.*, *colloq.*) forte avversione verso qlcu. o qlco. **SIN.** antipatia
SFUMATURE ➤ ***orrore***

-fobìa [dal gr. *-phobía*, da *phóbos* 'timore', di orig. indeur.] **secondo elemento** ● in parole composte, significa 'paura', 'avversione', 'ripugnanza': *anglofobia, claustrofobia*

fòbico [fr. *phobique*, da *phobie* 'fobia' ✱ 1956] **A agg.** (**pl. m.** *-ci*) ● (*psicol.*) di fobia, relativo a fobia: *manifestazioni fobiche* **B agg. e s. m.** (**f.** *-a*; **pl. m.** *-ci*) ● (*psicol.*) che (o chi) soffre di fobie: *soggetto f.*

-fobo [dal gr. *-phóbos* 'che teme' (V. *-fobia*)] **secondo elemento** ● in parole composte, significa 'che ha paura, timore', 'che prova avversione', 'che sente ripugnanza' nei confronti di persone o cose: *anglofobo, idrofobo* **CONTR.** -filo

†**fobórgo** [adattamento del fr. *faubourg* ✱ 1643] **s. m.** ● sobborgo

♦**fòca** [vc. dotta, lat. *phōca(m)*, dal gr. *phṓkē*, da una radice indeur. che significa 'soffiare' ✱ av. 1333] **s. f. 1** nome comune di numerose specie di Mammiferi appartenenti a diversi generi dei Pinnipedi ben adattati alla vita acquatica, con arti sagomati a natatoia, testa tondeggiante e lunghe vibrisse | ***f. comune***, vitello di mare (*Phoca vitulina*) | ***f. dal cappuccio***, dotata di un organo cavo fibro-muscolare nella regione frontale, da cui il nome (*Cystophora cristata*) | ***f. monaca***, specie dei mari temperati, di carattere giocoso e abitudini gregarie (*Monachus monachus*) **2** (*fig.*, *scherz.*) persona grassa e lenta nei movimenti **3** ***pelle di f.***, striscia di tessuto sintetico che imita una pelliccia, da applicare sotto gli sci da fondo o da alpinismo per non scivolare all'indietro, così chiamata perché un tempo, per lo stesso uso, si impiegava la pelle della foca || **fochétta**, **dim.** | **fochìna**, **dim.**

focàccia [lat. tardo *focācia(m)* 'cotta nella cenere', da *fŏcus* 'focolare' ✱ 1353] **s. f.** (**pl.** *-ce*) ● pane schiacciato, condito con olio o altri ingredienti, messo a cuocere in forno | dolce tondo e schiacciato di farina, uova e zucchero | ***rendere pan per f.***, (*fig.*) ricambiare un torto o un danno || **focaccétta**, **dim.** | **focaccìna**, **dim.**

focàia [lat. tardo *focāria(m)*, da *fŏcus* 'fuoco' ✱ 1362] **agg. solo f.** ● solo nella loc. ***pietra f.***, pietra silicea assai dura che, percossa da un oggetto spec. metallico, produce scintille

focàle [dal lat. *fŏcus* 'fuoco' ✱ 1817] **A agg. 1** (*mat.*) relativo al fuoco o ai fuochi di una conica: *asse f.*; *distanza f.* **2** relativo al fuoco di un sistema ottico | ***distanza, lunghezza f.***, distanza del fuoco di uno specchio o di una lente, dallo specchio o lente, misurata lungo l'asse | ***linea f.***, uno dei due segmenti, perpendicolari tra loro, lungo i quali convergono i raggi di un fascio astigmatico | (*fig.*) ***punto f.***, punto decisivo, della massima importanza: *il punto f. di un problema* **3** (*med.*) pertinente a focolaio, situato in un focolaio || **focalità**, **s. f. inv.** in ottica, focalizzazione **B s. f.** ● in una lente, distanza focale

focalizzàre [1963] **A v. tr. 1** in fotografia, mettere a fuoco: *f. l'immagine* **2** (*fig.*) precisare e chiarire i termini di una questione, un problema e sim.: *non riesco a f. bene la situazione* | (*fig.*) concentrare, indirizzare: *f. l'attenzione su un dato problema* **B focalizzàrsi v. intr. pron.** ● incentrarsi, concentrarsi || **focalizzazióne**, **s. f.**

focàtico [lat. mediev. *focāticu(m)*, dal lat. *fŏcus* 'focolare' ✱ sec. XIV] **s. m.** (**pl.** *-ci*) ● in età medievale, imposta che gravava su ciascun gruppo familiare, in seguito sostituita dall'imposta di famiglia

focàto o †**fuocàto** [da *f(u)oco* ✱ av. 1327] **agg. 1** †infuocato **2** †scarlatto **3** detto di mantello equino o canino che presenta la focatura: *la buona idea di portare con sé ... la cagna bracca focata* (G. Tomasi di Lampedusa)

focatùra [1956] **s. f.** ● macchia di color rosso vivo, al contorno degli occhi, alle estremità, ai fianchi, al petto dei mantelli bai o sauri

†**fòcchia** [etim. incerta ✱ sec. XV] **s. f.** ● infiorescenza del finocchio

fóce [lat. *fāuce(m)*, di etim. incerta ✱ sec. XIII] **s. f. 1** sbocco o bocca di fiume nel mare o in altro fiume o in lago: *f. a delta, a estuario* | (*est.*) †ingresso di un porto, golfo e sim. | (*est.*) †luogo d'ingresso o di uscita | †punto dell'orizzonte: *Surge ai mortali per diverse foci / la lucerna del mondo* (Dante *Par.* I, 37-38) **2** †apertura o passaggio angusto | nella Divina Commedia, girone | †gola di montagna **3** †bocca | (**al pl.**) †fauci, gola

focèna [vc. dotta, gr. *phṓkaina*, da *phṓkē* 'foca' ✱ 1828] **s. f.** ● genere di Mammiferi dei Cetacei simili al delfino, ma con muso arrotondato, di modeste dimensioni, con pinna dorsale triangolare (*Phocoena phocoena*) **SIN.** marsovino

focése (o -ṣ-) [vc. dotta, lat. *Phocēnse(m)*, da *Phōcis*, dal gr. *Phōkís* 'Focide' ✱ 1585] **A agg.** ● della Focide, regione storica della Grecia **B s. m. e f.** ● abitante o nativo della Focide

focheggiaménto [1989] **s. m.** ● operazione del focheggiare

focheggiàre [1970] **v. tr.** (**pres.** *io fochéggio*; **fut.** *io focheggerò*) ● mettere a fuoco: *f. un apparecchio fotografico*

fochìno o **fuochìno** [1970] **s. m.** ● in miniere e sim., operaio addetto al brillamento delle mine **SIN.** brillatore

fochìsta ➤ **fuochista**

†**focìle**① [dal lat. *fŏcus* 'focolare' ✱ 1313] **s. m. 1** V. *fucile* **2** (*fig.*) incitamento, attizzamento

†**focìle**② [calco sull'arabo *zand*, coppia di bastoncini che, con lo strofinamento, producono fuoco e che ricordano per la forma le due ossa ✱ sec. XIV] **s. m.** ● osso della gamba e dell'avambraccio

fòco ➤ **fuoco**

focolàio [V. *focolare* ✱ 1875] **s. m.** (**pl.** *-ai*) **1** (*med.*) punto di maggior intensità di un fenomeno biologico | ***f. di infezione***, centro di iniziale localizzazione dei germi **2** (*fig.*) centro da cui si propaga qlco.: *un f. di vizio*; *il f. della rivolta* **3** (*geol.*) serbatoio magmatico

focolàre [lat. tardo *foculāre*, da *fŏculus*, dim. di *fŏcus* 'focolare' ✱ sec. XIII] **s. m. 1** parte del camino, costituita da un piano di pietre o di mattoni, su cui si accende il fuoco | (*est.*) camino **2** (*fig.*) casa, famiglia: *sentire nostalgia del proprio f.*; *il f. domestico* **3** (*tecnol.*) parte di un impianto di combustione in cui viene bruciato il combustibile: *il f. di una caldaia, di una locomotiva* **4** (*dir.*) istituzione prevista dalla legge sui minori diretta a sostituire parzialmente il nucleo familiare senza però allontanarne completamente il giovane che viene ospitato **5** comunità di laici consacrati, coniugati e non, la cui norma principale è la mutua e continua carità
SFUMATURE ➤ ***famiglia***

focolarìno [1965] **s. m.** (**f.** *-a*) ● laico consacrato che fa parte di un focolare

focomelìa [comp. di *foca* e del gr. *mélos* 'membro', per l'aspetto che assumono gli esseri colpiti da questa malformazione ✱ 1899] **s. f.** ● (*med.*) anomalia o malformazione, in genere provocata da farmaci, che nel feto inibisce il normale sviluppo degli arti superiori o inferiori o di entrambi

focomèlico [1963] **agg. e s. m.** (**f.** *-a*; **pl. m.** *-ci*) ● che (o chi) è affetto da focomelia

focometrìa [comp. di *foco* e *-metria* ✱ 1970] **s. f.** ● (*ottica*) misura della distanza focale di lenti e altri dispositivi ottici

focòmetro [comp. del lat. *fŏcus* e di *-metro* ✱ 1917] **s. m.** ● strumento che permette di misurare la distanza focale dei sistemi ottici

focóne [da *f(u)oco* ✱ 1478] **s. m. 1** (*roman.*) braciere **2** nelle antiche armi da fuoco ad avancarica, forellino che consentiva di accendere la carica di lancio **3** (*mar.*) †luogo usato nelle navi per custodire fuoco necessario alle operazioni militari e alla cucina

focóso (o -ṣ-) o †**fuocóso** [da *f(u)oco* ✱ 1304] **agg. 1** †infuocato, acceso | (*est.*) arrossato, paonazzo: *ha la testa focosa per lo star chinato* (G. Vasari) **2** (*fig.*) molto impulsivo, irruente, passionale e sim.: *carattere, temperamento f.* | ***cavallo f.***, che si impenna facilmente **SIN.** ardente, impetuoso, veemente || **focosétto**, **dim.** | **focosìno**, **dim.** || **focosaménte**, **avv.** || **focosità**, **s. f. inv.** (*fig.*) ardore, impetuosità, irruenza

fòcus [lat., propr. 'focolare'. V. *fuoco*; nel sign.

2, dall'ingl. *focus* ✱ 1838] **s. m. inv.** (**pl. lat.** *foci*; **pl. ingl.** *focuses*) **1** (*med.*) centro infetto da cui si staccano germi o tossine che vanno a localizzarsi in altri punti dell'organismo o determinano una reazione generale **2** (*ling.*) la parte dell'enunciato che presenta il maggior interesse CFR. rema②

focus group /fokus'grup, *ingl.* 'fəʊkəs-ˌgruːp/ [loc. ingl. propr. 'gruppo (*group*) di persone chiamate per mettere a fuoco (*focus*) un argomento' ✱ 1995] **loc. sost. m. inv.** (**pl. ingl.** *focus groups*) ● gruppo ristretto di persone, riunito da esperti di sociologia, che discute un argomento assegnato; l'esame dell'andamento della discussione consente di determinare gli orientamenti e le tendenze di fondo di un insieme più vasto di persone

fòdera [da *fodero*① ✱ 1374] **s. f.** ● rivestimento interno o esterno di qlco., in materiali svariati: *la f. di un libro, di una cassa, della valigia; f. di tela, carta, metallo* | (*per anton.*) tessuto usato come rivestimento interno di un capo di abbigliamento ‖ **foderétta**, **dim.** (V.) | **foderìna**, **dim.**

foderàme [1901] **s. m.** ● insieme delle stoffe per foderare gli abiti: *casa del f.*

foderàre [da *fodera* ✱ 1310] **v. tr.** (*io fòdero*) **1** munire di fodera, ricoprire con una fodera: *f. un abito, un baule, una valigia, una parete; f. di zinco, cuoio, lamiera, seta, carta* SIN. rivestire **2** in culinaria, rivestire un recipiente di pasta per racchiudervi una vivanda da cuocere al forno

foderàto **part. pass.** di *foderare*; anche **agg.** **1** munito di fodera **2** *essere ben f.*, (*fig., disus.*) molto ricco | (*fig., fam.*) *avere gli occhi, gli orecchi foderati di prosciutto*, vederci o sentirci poco, non voler vedere o sentire SIN. ricoperto, rivestito

foderatùra [av. 1356] **s. f.** ● (*raro*) lavoro del foderare | la fodera di un indumento o di un oggetto

foderétta [1983] **s. f.** **1** dim. di *fodera* **2** (*tosc.*) federa

fòdero① [germ. *fôdr* 'custodia della spada' ✱ 1288] **s. m.** **1** guaina di cuoio, legno o metallo delle armi bianche, spec. di quelle lunghe | *trarre la spada dal f.*, sguainarla; (*fig.*) disporsi a guerra aperta | *rimettere la spada nel f.*, (*fig.*) cessare un contrasto, uno scontro, una polemica **2** †fodera

fòdero② [etim. incerta ✱ av. 1348] **s. m.** ● zattera, di più travi legate insieme, per trasportare legname lungo la corrente dei fiumi | (*est.*) il legname così trasportato

†**fòdero**③ ➤ **fodro**

†**fodìna** [lat. *fodīna(m)*, da *fŏdere* 'scavare', di orig. indeur. ✱ av. 1642] **s. f.** ● cava, miniera

†**fodìre** [vc. dotta, lat. *fŏdere, fodīre* 'scavare' ✱ sec. XIV] **v. tr.** ● zappare, dissodare, coltivare

fòdro o †**fòdero**③ [francone *fodar* 'nutrimento' ✱ av. 1512] **s. m.** ● (*stor.*) in epoca medievale, contribuzione di foraggio dovuta al sovrano e al suo esercito quando transitavano per un territorio

Foehn ➤ **Föhn**

fòffa ➤ **fuffa**

♦**fóga** (o -ò-) [lat. *fŭga(m)*. V. *fuga* ✱ av. 1292] **s. f.** **1** ardore, slancio, impeto: *la f. della passione, del discorso; correre, combattere con f.; scrittore ... tutto f. di senso e fantasia* (B. CROCE) SIN. furia, veemenza CONTR. flemma **2** (*lett.*) forza d'urto: *la f. dell'acqua* | †salita ripida | †percorso

♦**fòggia** [etim. incerta ✱ 1294] **s. f.** (**pl.** *-ge*) **1** modo, maniera: *f. di procedere, di parlare* **2** forma o aspetto esteriore di qlco.: *abito di f. strana, disusata, capricciosa; la f. diversa delle vesti può distinguere una nazione dall'altra* (L.A. MURATORI) | moda, maniera di vestire **3** nel Medioevo, parte del cappuccio che scendeva lungo una guancia ricadendo sulla spalla **4** †taglia o figura del corpo

SFUMATURE ➤ *moda*①

foggiàno [1893] **A** **agg.** ● di Foggia **B** **s. m.** (**f.** *-a*) ● abitante o nativo di Foggia

foggiàre [V. *foggia* ✱ 1288] **v. tr.** (**pres.** *io fòggio*; **fut.** *io foggerò*) **1** modellare secondo una determinata forma: *foggiarono vari utensili agricoli, con mezzi primitivi* **2** (*fig.*) formare, plasmare: *le difficoltà hanno foggiato il suo carattere* | anche in forma pron.: *si foggia nella profana immaginazione una bella immagine di fanciulla* (G. BOCCACCIO)

foggiatùra [1821] **s. f.** **1** (*raro*) il foggiare **2** nell'industria ceramica, operazione di formatura

♦**fòglia** [lat. tardo *fŏlia(m)*, dal pl. di *fŏlium* 'foglio, foglia', di orig. indeur. ✱ 1250 ca.] **s. f.** **1** (*bot.*) organo delle piante cormofite in cui, in condizioni normali, si compie quasi esclusivamente la funzione clorofilliana e la traspirazione: consta di una lamina di color verde, sorretta da un peduncolo o picciolo CFR. fillo-, -fillo | *il cader delle foglie*, l'autunno | *f. morta, secca*, in aeronautica, figura acrobatica per cui un aereo discende con una serie di scivolate pendolari a destra e a sinistra, come fanno certe foglie cadendo | (*calcio*) *punizione a f. morta*, calcio di punizione con parabola improvvisamente discendente dopo il superamento della barriera difensiva | *color di f. morta*, colore marrone bruciato | *tremare come una f.*, di freddo, paura e sim. | *mangiare la f.*, (*fig.*) intuire un inganno, un'allusione, un tranello | *non muover f.*, non far nulla, lasciare le cose come stanno | *f. di fico*, quella apposta in passato, in quadri o sculture, sugli organi genitali dei nudi maschili o femminili; (*fig.*) ciò che serve a nascondere qlco. che si ritiene negativo o riprovevole | PROV. *non si muove f. che Dio non voglia* **2** riproduzione scolpita o dipinta di foglie, spec. d'acanto, usata come motivo ornamentale **3** lamina sottilissima d'oro, d'argento o di rame | *dorare a f.*, rivestire un oggetto di foglia sottilissima d'oro, quasi impalpabile, dopo aver passato sulla superficie da dorare una speciale preparazione **4** (*mecc.*) ognuna delle lamine di acciaio a forma rettangolare che costituiscono una molla a balestra ‖ **fogliétta**, **dim.** (V.) | **foglìna**, **dim.** | **fogliolìna**, **dim.** (V.) | **fogliòna**, **accr.** | **fogliùccia**, **fogliùzza**, **dim.**

fogliàceo [vc. dotta, lat. *foliăceu(m)*, da *fŏlium* 'foglia' ✱ av. 1725] **agg.** ● che ha aspetto di foglia

fogliàme [av. 1442] **s. m.** **1** l'insieme delle foglie di una o più piante: *il f. folto della quercia; nascondersi tra il f.* **2** quantità di foglie | ornamento di foglie dipinte, scolpite e sim.: *il f. del capitello, della cornice* | *a f.*, detto di decorazione orafa sbalzata o incisa a corridietro, spec. di foglie d'acanto

fogliànte [fr. *feuillant*, dall'ordine religioso che traeva il nome dall'abbazia di *Feuillants*, presso Tolosa ✱ 1836] **s. m.** ● (*stor.*) ogni appartenente al club politico parigino, operante fino al 1791, costituito da elementi moderati, fautori di una monarchia costituzionale e che aveva la sua sede nell'ex-convento dei monaci omonimi

fogliàre① [da *foglia* ✱ 1809] **agg.** ● (*bot.*) di foglia

fogliàre② [da *foglia* ✱ sec. XIII] **v. intr.** (*io fòglio*; **aus.** *avere*) ● (*lett.*) produrre foglie; germogliare

fogliàto [lat. *foliātu(m)*, da *fŏlium* 'foglio' ✱ av. 1311] **agg.** **1** †fronzuto: *ramo f.* **2** detto di metallo ridotto in lamine, in foglie: *argento, oro f.*

fogliazióne [1869] **s. f.** ● lo sbocciare delle foglie dalle gemme

fogliétta① [1863] **s. f.** **1** dim. di *foglia* **2** tabacco da fiuto non conciato ‖ **fogliettìna**, **dim.**

fogliétta② o (*roman.*) **fojétta** [provenz. *folheta*, di etim. incerta ✱ 1342] **s. f.** ● misura per vino e olio, corrispondente a circa mezzo litro, usata un tempo spec. a Roma

†**fogliettànte** [da *foglio* ✱ av. 1742] **s. m.** ● (*iron.*) chi scrive su giornali e sim.

fogliétto [av. 1484] **s. m.** **1** dim. di *foglio* **2** in filatelia, foglio di dimensioni ridotte, contenente un numero limitato di francobolli uguali o facenti parte di una stessa serie, spec. commemorativi **3** foglio stampato, volante, per notizie, annunci e sim.: *f. pubblicitario, informativo* SIN. biglietto **4** †giornale di piccolo formato **5** (*anat.*) membrana: *f. pleurico, peritoneale* **6** omaso **7** (*biol.*) struttura anatomica laminare | *f. embrionale*, ognuno dei fondamentali strati cellulari presenti in un embrione durante e dopo il processo di gastrulazione CFR. ectoderma, endoderma, mesoderma ‖ **fogliettìno**, **dim.** | **fogliettóne**, **accr.**

foglìfero [comp. di *foglia* e *-fero* ✱ 1869] **agg.** ● che porta foglie

♦**fòglio** [lat. *fŏlium*. V. *foglia* ✱ sec. XIII] **s. m.** **1** pezzo di carta di formato gener. rettangolare, di spessore e dimensioni variabili, per usi diversi: *f. bianco, rigato, a quadretti, da disegno; un f. di quaderno; un f. protocollo, di carta bollata; un f. di carta pergamena* | (*est.*) lastra sottilissima di metallo, legno e sim.: *alluminio, oro in fogli; un f. di stagnola* **2** foglio scritto, stampato, inciso e sim.: *condensate il racconto in pochi fogli; firmate il f. qui accluso* | (*est.*) pubblicazione periodica, spec. di carattere ufficiale: *F. degli annunzi legali* | (*elvet.*) *f. ufficiale*, Gazzetta ufficiale | *f. volante*, stampato o manoscritto a sé stante; volantino | *a fogli mobili*, detto di un sistema di rilegatura che permette la rapida sostituzione o l'inserimento di fogli | documento: *un f. ufficiale* | *f. (in) bianco*, non scritto, o con la firma in bianco | *f. di via obbligatorio*, documento con cui il questore provvede ad allontanare da un Comune, rimandandole al luogo di residenza, le persone pericolose per la sicurezza e la moralità pubblica | *f. complementare*, (*disus.*) certificato di proprietà di un autoveicolo | *f. rosa*, autorizzazione temporanea alla guida di autoveicoli rilasciata dalla Prefettura su un modulo rosa a chi intende sostenere l'esame di guida, per consentirgli di esercitarsi a fianco di una persona munita di patente | pagina: *i fogli di un libro* | (*disus.*) biglietto di banca **3** in filatelia, tavola di quaranta, cinquanta, sessanta o cento francobolli uguali, fornita dall'amministrazione postale per la vendita **4** (*inform.*) *f. elettronico*, programma per la gestione dei dati in forma tabulare SIN. spreadsheet | *f. (di) stile*, in un programma di trattamento testi o di videoimpaginazione, file che riepiloga le caratteristiche tipografiche del documento **5** (*edil.*) nelle loc. *mattoni in f.*, detto di mattoni messi di taglio | *muro in f.*, fatto con mattoni disposti in tale modo SIN. a coltello **6** (*zootec.*) *f. cereo*, in apicoltura, sottile superficie di cera che reca su entrambe le facce le impronte delle celle da operaie e che viene collocato nell'arnia per risparmiare alle api una parte del lavoro di costruzione del favo ‖ **fogliàccio**, **pegg.** | **fogliétto**, **dim.** (V.) | **fogliolìno**, **dim.** | **foglióne**, **accr.** | (*lett.*) **fogliùzzo**, **dim.**

fogliolìna [1340 ca.] **s. f.** **1** dim. di *foglia* **2** (*bot.*) ognuno dei lobi che costituiscono la foglia composta

fogliόso (o -ṣ-) [lat. *foliōsu(m)*, da *fŏlium* 'foglia' * 1340 ca.] **agg.** • pieno di foglie: *un ramo f.*

fogliùto [1342] **agg.** • (*lett.*) frondoso

fógna [da *fognare*② * 1287] **s. f. 1** fossa o conduttura di drenaggio o scolo, per acque bianche o nere **2** (*fig.*) luogo sudicio, ambiente corrotto **3** (*fam., scherz.*) persona immonda o smodatamente ingorda ‖ **fognàccia**, **pegg.** | **fognóne**, **accr. m.**

fognaiòlo o (*lett.*) **fognaiuòlo** [1834] **s. m. 1** (**f.** *-a*) operaio che lavora alle fogne **2** (*pop., disus.*) osso del muso dei suini

fognànte [da *fogna* * 1983] **agg.** • destinato a trasportare le acque di rifiuto: *rete f.*

fognàre① [da *fogno* * 1861] **v. intr. impers.** (*fógna*; **aus.** *essere*, **raro** *avere*) • (*tosc.*) nevicare con burrasca di vento

fognàre② [lat. parl. **fundiāre* 'scavare', da *fŭndus* 'fondo' (?) * av. 1597] **v. tr.** (*io fógno*; **coniug. come** *segnare*) **1** munire di fognatura **2** (*fig.*) †ingannare il compratore non colmando completamente una misura di capacità | (*ling.*) †omettere una lettera parlando o scrivendo

fognàrio [1983] **agg.** • che riguarda le fogne

fognatùra [da *fognare*② * av. 1597] **s. f. 1** insieme delle opere necessarie per l'allontanamento da un centro abitato delle acque piovane e delle acque di rifiuto | (**al pl.**) rete fognaria | ***f. dei terreni agrari***, drenaggio **2** coccio poggiato sul buco di scolo dei vasi da fiori **3** (*ling.*) †elisione

fógno [lat. *favōniu(m)* 'favonio' * 1855] **s. m.** • (*tosc.*) burrasca di vento con pioggia e nevischio

fognòlo [da *fogna* * 1869] **s. m.** • piccolo canale di una rete fognaria | canalizzazione che convoglia le acque di rifiuto dall'interno di un edificio verso la rete fognaria urbana

fogonatùra [da *focone*, attrav. il venez. * 1889] **s. f.** • (*mar.*; *disus.*) mastra② nel sign. 1

Föhn /*ted.* føːn/ o **Foehn** /*ted.* føːn/ [vc. ted., dal precedente ant. alto ted. *phōnno* di orig. lat.: (*vĕntus*) *favōnius* 'favonio' * 1881] **s. m. inv.** (**pl. ted.** *Föhne*) **1** (*meteor.*) favonio nel sign. 2 **2** (*raro*) asciugacapelli, fon **CFR.** fon①

+**fòia** [lat. *fūria(m)* 'furia' * av. 1300] **s. f. 1** stato di intensa eccitazione sessuale, spec. degli animali **2** (*raro, est.*) desiderio smodato **SIN.** brama, frenesia

fòiba [vc. di origine friulana, dal lat. *fŏvea(m)* 'fossa' * 1869] **s. f. 1** (*geogr.*) tipo di dolina costituita da un avvallamento imbutiforme sul fondo del quale si trova comunemente un inghiottitoio **2** (*stor.*) ***le Foibe***, nel periodo dell'occupazione iugoslava di Trieste (maggio-giugno 1945), fosse comuni per le vittime di rappresaglie militari e assassinii politici | (*est.*) il fenomeno degli eccidi e delle rappresaglie ad opera dei partigiani comunisti iugoslavi nell'ultima fase della seconda Guerra mondiale e subito dopo

foie gras /*fr.* fwa'gʀa/ [loc. fr., propr. 'fegato grasso' * 1942] **loc. sost. m. inv.** • fegato d'oca ingrassata con apposita alimentazione; specialità gastronomica francese | ***pâté de foie gras***, pasticcio di fegato d'oca | ***foie gras al torcione*** (o ***al torchon***), avvolto in uno strofinaccio in modo da assumere una forma cilindrica e cotto al vapore

foiòlo [lat. *fŏliu(m)* 'foglia', attrav. il milan. *fojö* * 1931] **s. m.** • trippa di manzo, ricavata dall'omàso, terza cavità dello stomaco dei ruminanti

foióso (o *-ṣ-*) [lat. *furiōsu(m)* 'furioso' * 1476] **agg.** • (*lett.*) che è in foia

fojétta ▸ **foglietta**②

fòla [lat. *fābula(m)*. V. *favola* * av. 1306] **s. f. 1** (*lett.*) favola, fiaba: *raccontare le fole ai bambini*; *o tu che narri disutili fole* (U. Saba) **2** (*est.*) cosa non vera, frottola

folacìna [ingl. *folacin*, da *fol(ic) ac(id)* 'acido folico' con il suff. della chim. *-in* '-ina' * sec. XX] **s. f.** • (*chim.*) acido folico

fòlade [gr. *phōlás*, genit. *phōládos* 'che sta in una buca', da *phōleá* 'tana', di orig. indeur. * av. 1698] **s. f.** • mollusco marino dei Bivalvi, commestibile, con conchiglia priva di cerniera che perfora le rocce ed è luminescente al buio (*Pholas dactylus*)

fòlaga [lat. *fūlica(m)*, di orig. indeur. * av. 1440] **s. f.** • uccello palustre dei Ralliformi, con zampe piuttosto brevi (*Fulica atra*) **SIN.** germano nero | ***f. di canneto***, (*fig.*) persona che vive oscura e tranquilla ‖ **folaghétta**, **dim.**

+**folàta** [etim. discussa: lat. parl. **fullāre* 'follare' (?) * 1552] **s. f. 1** soffio impetuoso ed improvviso: *una f. di vento* **SIN.** raffica **2** (*lett.*) grande quantità di animali, persone o cose che si riversa o spande con impeto in un luogo: *folate di sabbia*; *una f. di pioggia*; *una f. di ricordi* | ***a folate***, a raffiche | ***una f. di uccelli***, stormo ‖ **folatìna**, **dim.**

SFUMATURE DI SIGNIFICATO

folata - raffica - refolo - buffo

Folata è un soffio improvviso e impetuoso di vento. Se il vento cambia improvvisamente di velocità si ha una **raffica**. Se invece il soffio del vento cresce e poi a tratti diminuisce si ha un **refolo**. Se è impetuoso e violento è un **buffo**.

folàto [vc. dotta, da *fol(ico)* con il suff. *-ato*② * 1980] **s. m.** • (*chim.*) sale dell'acido folico

folcìre o **fólcere** [lat. *fulcīre*, di etim. incerta * av. 1306] **A v. tr.** (**difett. usato solo nella seconda e terza pers. sing. del pres. indic.** *fólci*, *fólce*; **nella terza pers. sing. del pass. rem.** *fólse*; **nella terza pers. sing. dell'imperf. congtv.** *folcìsse*; **part. pass.** *folcìto* o *fólto*) • (*lett.*) puntellare, sostenere, appoggiare | †dirigere **B folcìrsi v. rifl. 1** †fermarsi, appoggiarsi | †librarsi **2** (*fig.*) †rifugiarsi, trovare conforto

folclóre (o *-ò-*) o **folklóre** /fol'klore, *ingl.* 'fəʊk,lɔː(r)/ [dall'ingl., comp. di *folk* 'popolo' e *lore* 'dottrina' * 1884] **s. m. 1** disciplina che studia le tradizioni popolari **2** insieme delle tradizioni popolari e delle loro manifestazioni in quanto oggetto di studio o anche di semplice interesse | (*est.*) l'aspetto chiassoso, superficiale e colorito di una situazione, di un avvenimento e sim. (*anche spreg.*)

folclòrico o **folklòrico** [1899] **agg.** (**pl. m.** *-ci*) • (*raro*) relativo al folclore: *studi folclorici* **CFR.** folcloristico

folclorìṣmo o **folklorìṣmo** [1924] **s. m.** • amore per il folclore | (*spreg.*) tendenza all'eccesso e all'esibizione nel rappresentare il folclore

folclorìsta o **folklorìsta** [1884] **s. m. e f.** (**pl. m.** *-i*) • studioso di folclore

folclorìstico o **folklorìstico** [1875] **agg.** (**pl. m.** *-ci*) **1** appartenente al folclore, caratterizzato dal folclore: *spettacolo f.*; *danza folcloristica* | che riguarda il folclore: *ricerche folcloristiche* **CFR.** folclorico **2** (*est., scherz.*) bizzarro, pittoresco: *un tipo f.* ‖ **folcloristicaménte**, **avv.**

fòlco [gr. *pholkós* 'storto, sbilenco', da una radice indeur. che significa 'allontanarsi dalla via retta' * 1983] **s. m.** (**pl.** *-chi*) • ragno sedentario con zampe molto lunghe e sottili, che vive nelle grotte, nei tronchi cavi e anche nelle case (*Pholcus phalangioides*)

fòlder /'folder, *ingl.* 'fəʊldə(r)/ [vc. ingl., propr. 'cartella, carpetta' dal v. *to fold* 'piegare' * 1942] **s. m. inv. 1** pieghevole o volantino di contenuto pubblicitario o informativo **2** raccoglitore, album: *f. di francobolli* **3** (*inform.*) cartella

folgorànte **part. pres.** di *folgorare*; **anche agg. 1** che folgora | (*lett.*) sfolgorante **2** che colpisce violentemente e all'improvviso (*spec. fig.*): *colpo f.*; *amore, passione f.*; *una risposta f.* | (*fig.*) ***un'idea f.***, brillante, luminosa **3** particolarmente intenso e vivo: *sguardo f.*; *dolore f.*

+**folgoràre** [lat. *fulgurāre*, da *fŭlgur*, genit. *fŭlguris* 'folgore' * 1304 ca.] **A v. intr.** (*io fólgoro*; **aus.** *avere*) **1** (*lett.*) brillare di lampi o folgori | (*est.*) lampeggiare: *i colpi delle artiglierie folgoravano nella notte* **2** (*fig., lett.*) risplendere di luce abbagliante: *ma quella folgorò nel mio sguardo / sì, che da prima il viso non sofferse* (Dante *Par.* III, 128-129) **SIN.** balenare **3** (*fig.*) †avanzare con impeto e celerità: *Da indi scese folgorando a Iuba* (Dante *Par.* VI, 70) **4** (*fig.*) †scagliarsi contro qlcu. o qlco. con invettive violente **B v. tr. 1** colpire con la folgore, col fulmine: *Giove folgorò Capaneo* | (*fig.*) colpire, fulminare, investire all'improvviso: *f. qlcu. con lo sguardo*; *un sospetto lo folgorò*: *fu folgorato dalla bellezza di quel quadro* **2** (*est.*) colpire con una scarica di energia elettrica: *l'alta tensione folgorò due operai* **3** (*gerg.*) nel calcio, battere il portiere con un tiro micidiale e imparabile

folgoràto **part. pass.** di *folgorare*; **anche agg. 1** colpito dalla folgore: *morire f.* **2** (*est.*) raggiunto da una luce intensa, vivissima: *egli quasi f. dovette socchiuder le palpebre* (I. Nievo) **3** (*fig.*) profondamente colpito, impressionato, turbato: *restò f. dalla notizia* | ***f. sulla via di Damasco***, (*fig.*) colpito da un'improvvisa rivelazione, repentinamente convertito a un'idea (con riferimento alla conversione di San Paolo in seguito alla miracolosa apparizione di Gesù)

folgoratóre [lat. *fulguratōre(m)*, da *fulgurāre* 'folgorare' * 1561] **agg. e s. m.** (**f.** *-trice*) **1** (*lett.*) che (o chi) folgora | ***il F.***, (**per anton.**) Giove **2** nell'antica Roma, augure che traeva auspici osservando le folgori

folgorazióne [vc. dotta, lat. *fulguratiōne(m)*, da *fulgurāre* 'folgorare' * 1894] **s. f. 1** (*med.*) effetto del passaggio di scariche elettriche attraverso un organismo animale **2** (*fig.*) improvvisa intuizione

+**fólgore**① o †**fùlgore** [lat. *fŭlgure*, abl. di *fŭlgur*, di orig. indeur. * av. 1243] **A s. f.** o †**m.** (**pl.** *-i*, †*fólgora*, **f.**) **1** fulmine, saetta: *il vecchio tronco fu spaccato dalla f.* **2** (*fig.*) chi (o ciò che) agisce con estrema rapidità o potenza distruttrice: *Attila era una f. di guerra* **B s. m.** • (*lett.*) splendore: *il f. degli occhi suoi* (G. D'Annunzio)

†**folgóre**② ▸ **fulgore**

folgoreggiàre [1319] **v. intr.** (**pres.** *io folgoréggio*; **fut.** *io folgoreggerò*; **aus.** *avere*) **1** (*lett.*) risplendere come folgore **2** †cadere o muoversi con la velocità della folgore

folgorìo [1894] **s. m.** (**pl.** *-ii*) • (*raro*) sfolgorio

folgorìte [comp. di *folgore*① e *-ite*② * 1874] **s. f. 1** concrezione tubolare quarzosa, originata dal passaggio del fulmine attraverso sabbie silicee **2** (**al pl.**) tracce di vetrificazione in rupi granitiche silicee colpite dal fulmine

fòliage /'fɔlie(i)dʒ, *ingl.* 'fəʊliɪdʒ/ [vc. ingl., di orig. fr., propr. 'fogliame' * 1989] **s. m. inv.** • fenomeno autunnale consistente nel progressivo trascolorare dal giallo al rosso vinaccia delle foglie degli alberi, prima della loro caduta

foliazióne [ingl. *foliation*, da *folio* 'foglio' * 1858] **s. f.** • numero delle pagine di un giornale o di una rivista e loro distribuzione, gener. fissa, tra i diversi argomenti

fòlico [dal lat. *fŏlium* 'foglio, foglia' * 1956] **agg.** (**pl. m.** *-ci*) • (*chim.*) ***acido f.***, vitamina del gruppo B la cui carenza nell'uomo altera principalmente l'ematopoiesi **SIN.** folacina

Folidòti [comp. del gr. *pholís*, genit. *pholídos*

'scaglia' (di orig. indeur.) e *ôus*, genit. *ōtós* 'orecchio' ✱ 1970] **s. m. pl. (sing.** *-e*) ● (*zool.*) ordine di Mammiferi con corpo coperto di squame cornee, comprendente i pangolini (*Pholidota*)

folignàte [1483] **A agg.** ● di Foligno **B s. m. e f.** ● abitante o nativo di Foligno

folio, in ➤ **in folio**

folk /folk, *ingl.* fəuk/ [vc. ingl., propr. 'popolo' ✱ 1967] **A agg. inv.** ● popolare, detto di genere musicale caratterizzato da contenuti spec. sociali o di protesta: *musica, canzone f.* **B s. m. inv.** ● genere musicale folk: *un cantante di f.*

folklóre e deriv. ➤ **folclore** e deriv.

folk music /folk'mjuzik, *ingl.* 'fəuk,mju:zɪk/ [loc. ingl., comp. di *folk* 'popolare' e *music* 'musica' ✱ 1985] **loc. sost. f. inv.** ● la musica popolare, spec. quella degli Stati Uniti

folk-ròck /folk'rɔk, *ingl.* 'fəuk,rɒk/ [vc. ingl., comp. di *folk* e *rock* ✱ 1975] **s. m. inv.** ● genere musicale nato negli anni 1960-1970 negli Stati Uniti e in Inghilterra dalla fusione del folk e del rock

folk-sìnger /folk'singer, *ingl.* 'fəuk,sɪŋə(r)/ [vc. ingl., propr. 'cantante popolare', comp. di *folk* 'popolare' e *singer* 'cantante', da *to sing* 'cantare' ✱ 1983] **s. m. e f. inv. (pl. ingl.** *folk-singers*) ● cantante di folk-song

folk-sòng /folk'sɔn(g), *ingl.* 'fəuk,sɒŋ/ [vc. ingl., propr. 'canto popolare' ✱ 1970] **s. m. inv. (pl. ingl.** *folk-songs*) ● canto popolare caratterizzato da contenuti spec. sociali o di protesta

♦**fólla** (o *-ò-*) [da *follare*, come *calca* da *calcare*: in orig. il sign. di *folla* era solo quello di 'pressione' ✱ sec. XIV] **s. f. 1** quantità di gente riunita insieme: *una f. festante si assiepava lungo la strada; una f. immensa e festosa traboccava di contrada in contrada* (I. NIEVO) | (*fig.*) ***bagno di f.***, il trattenersi a lungo tra una folla entusiasta durante una manifestazione pubblica, detto spec. di personaggio famoso **2** (*est., anche spreg.*) gente, massa: *aveva tentato d'uscire dal suo guscio e comunicare con la f.* (I. SVEVO); *non mi interessano gli applausi della f.* **3** (*fig.*) gran numero di cose: *una f. di pensieri disordinati* **SIN.** moltitudine

SFUMATURE DI SIGNIFICATO

folla - calca - ressa - carnaio

Un gran numero di persone riunito insieme costituisce una **folla**. Se l'assembramento è particolarmente fitto e le persone strette le une alle altre si ha una **calca**. Con **ressa** si definisce una folla che si muove in maniera disordinata, spingendo e urtando. Se l'insieme numeroso e fitto di persone è semivestito, come una folla di bagnanti su una spiaggia, abbiamo un **carnaio**, termine che ha una decisa valenza spregiativa.

SFUMATURE ➤ ***moltitudine***

follànte A part. pres. di *follare* ● nei sign. del v. **B s. m.** ● prodotto chimico usato per follare i tessuti di lana

follàre [lat. parl. **fullāre* 'calcare', deriv. di *fŭllo* 'sgrassatore di panni', di etim. incerta ✱ 1420] **v. tr.** (*io fóllo* (o *-ò-*)) **1** sottoporre a follatura i tessuti di lana **2** pigiare l'uva, coi piedi o coi follatoi | sottoporre il mosto a follatura **3** †premere

follàto A part. pass. di *follare*; **anche agg. 1** nei sign. del v. **2** †affollato | †folto: *era di frondi verdi il loco pieno, / e di quelle era ben f. e spesso* (G. BOCCACCIO) **B s. m.** ● tessuto di lana che ha subìto la follatura

follatóio [1834] **s. m. (pl.** *-ói*) ● strumento per pigiare l'uva

follatóre [av. 1544] **s. m. 1** (**f.** *-trice*) operaio addetto alle operazioni di follatura **2** follatoio | bastone per follare il vino, munito all'estremità di pioli disposti in piani diversi **3** follatrice

follatrìce [1965] **s. f.** ● macchina per follare i tessuti

follatùra [da *follare* ✱ 1771] **s. f. 1** operazione con la quale si fanno restringere e rassodare i tessuti di lana sottoponendoli a pressione, a sfregamento e ad azioni chimiche in bagni alcalini o acidi **2** pigiatura dell'uva | ***f. del vino, del mosto***, pratica enologica consistente nel risospingere al fondo delle botti le vinacce che, durante la fermentazione, vengono a galla, al fine di ottenere una migliore vinificazione del mosto, e quindi vini più limpidi e purgati

†**fòlle**① [lat. *fŏlle(m)* 'mantice, sacco di cuoio, pallone', di orig. onomat. ✱ av. 1327] **s. m. 1** mantice, soffietto **2** sacchetto, borsa

♦**fòlle**② [da †*folle*①, nel sign. di 'pallone', poi 'testa vuota' ✱ av. 1250] **A agg. 1** di persona che agisce senza senno e raziocinio: *una ragazza f.* | ossessionato (+ *di*): *essere f. di sdegno, di desiderio; ero f. di lei* (G. D'ANNUNZIO) **CONTR.** savio **2** di ciò che è fatto o concepito sconsideratamente: *un'azione f.; un'idea f.* | incontenibile, irresistibile: *un amore f.; nutre una passione f. per la musica; una paura f.* **3** (*mecc.*) detto di organo ruotante quando gira a vuoto, cioè senza trasmettere il movimento: *ingranaggio f.; ruota f.* **4** (*mecc.*) nella loc. avv. ***in f.***, con nessuna marcia ingranata, in riferimento alla posizione degli ingranaggi di un cambio di velocità: *mettere in f. il motore* ‖ **folleménte**, **avv.** pazzamente; senza prudenza e moderazione: *desiderare follemente qlco.* **B s. m. e f.** ● matto, pazzo: *occhi da f.; sguardo da f.* ‖ **follétto**, **dim.** (V.)

SFUMATURE ➤ ***pazzo***

folleggiaménto [av. 1730] **s. m.** ● il folleggiare

folleggiàre [da *folle*② ✱ sec. XII] **v. intr. (pres.** *io folléggio*; **fut.** *io folleggerò*; **aus.** *avere*) **1** (*raro*) comportarsi da folle **2** (*est.*) scatenarsi nei divertimenti, darsi alla pazza gioia

folleggiatóre [sec. XIV] **s. m. (f.** *-trice*); **anche agg.** ● (*raro*) chi (o che) abitualmente folleggia

follétto [dim. di *folle*② ✱ 1313] **A s. m. 1** spirito creato dalla fantasia popolare, dotato di indole bizzarra e sorprendente ma non malvagia: *i folletti e gli gnomi* **2** (*fig.*) ragazzo molto vivace e inquieto **B in funzione di agg. m.** ● pazzerello: *spirito f.* ‖ **follettìno**, **dim.**

follìa [da *folle*② ✱ av. 1250] **s. f. 1** comunemente, stato di alienazione mentale, pazzia, demenza: *ha ucciso in un accesso di f.; essere colto da improvvisa f.; essere in preda alla f.* | ***f. collettiva***, esaltazione di massa portata al parossismo | (*est.*) mancanza di raziocinio, sconsideratezza: *si è rovinato a causa della sua f.* | ***amare qlcu. alla f., fino alla f.***, perdutamente **2** atto sconsiderato, temerario, avventato: *quella spesa è stata una vera f.!; che f.!* | ***fare follie***, darsi alla pazza gioia, divertirsi in modo sfrenato | ***fare follie per qlcu. o qlco.***, desiderare oltre ogni ragionevole limite | ***f.!, follie!***, si dice per commentare ciò che è illogico, stravagante: *Follie!... follie... delirio vano è questo!* (F.M. PIAVE *La Traviata* di G. Verdi) **3** (*mus.*) antica danza di origine portoghese, piuttosto movimentata, diffusa spec. in Spagna, anche come parte di spettacoli teatrali | nella musica barocca, melodia di carattere sostenuto e tempo ternario, derivata dalla danza e usata come basso di variazioni strumentali, spec. violinistiche: *la Follia di Corelli*

follicolàre [vc. dotta, lat. tardo *folliculāre(m)*, da *follĭculus* 'follicolo' ✱ av. 1597] **agg.** ● (*anat.*) relativo ai follicoli

follicolìna [da *follicolo* ✱ 1932] **s. f.** ● (*fisiol.*) ormone prodotto dall'ovaio, ad azione estrogena

follicolìte [comp. di *follicolo* e *-ite*① ✱ 1874] **s. f.** ● (*med.*) infiammazione dei follicoli piliferi

follìcolo [vc. dotta, lat. *follĭculu(m)*, dim. di *fŏllis* 'folle①' ✱ sec. XIV] **s. m. 1** (*bot.*) frutto secco deiscente simile al legume, che si apre lungo una sola linea di sutura **2** (*anat.*) piccola cavità | ***f. pilifero***, piccola cavità della cute in cui si impianta il pelo | ***f. ooforo***, piccola formazione dell'ovaio contenente la cellula uovo **3** (*mar.*) manichetta di cuoio intorno al ginocchio del remo nelle poliremi, che, infissa al bordo, impediva all'acqua di entrare nei portelli

follicolóso (o *-ṣ-*) [vc. dotta, lat. tardo *folliculōsu(m)*, da *follĭculus* 'follicolo' ✱ 1874] **agg.** ● provvisto di follicoli

follóne o **fullóne** [lat. *fullōne(m)*, di etim. incerta ✱ av. 1348] **s. m. 1** macchina dell'industria laniera usata per la follatura dei tessuti di lana | ***f. a cilindri***, per follare vari tipi di tessuti | ***f. a martelli***, usato raramente per tessuti molto pesanti, coperte ecc. **2** †l'operaio che un tempo lavava e follava le lane

follonière [1956] **s. m. (f.** *-a*) ● operaio addetto ai folloni

fòllower /'fɔllower, *ingl.* 'fɒləuə(r)/ [vc. ingl., 'seguace', dal v. *to follow* 'seguire' ✱ 1965] **s. m. e f. inv. 1** (*Internet*) persona che riceve abitualmente, attraverso Twitter o un altro sito di relazioni sociali, messaggi pubblicati da una fonte **2** (*raro*) persona gregaria, che si accoda passivamente agli altri

follow-up /follo'ap, *ingl.* 'fɒləu,ʌp/ [vc. ingl., dal v. *to follow up* 'proseguire' di orig. germ. ✱ 1960] **s. m. inv. 1** (*org. az.*) assistenza fornita ai nuovi assunti in un'azienda per aiutarli e indirizzarli opportunamente nel loro sforzo iniziale di apprendimento **2** (*med.*) visita o test di controllo, richiamo e sim. che si effettua periodicamente per valutare l'evoluzione di una malattia e la validità della terapia adottata

fólta [da *folto* ✱ av. 1388] **s. f.** ● (*lett.*) calca, folla | (*est.*) zuffa | (*fig., lett.*) gran numero

foltézza [da *folto* ✱ 1554] **s. f.** ● (*raro*) caratteristica di folto: *la f. dei capelli, delle foglie*

♦**fólto** [lat. *fŭltu(m)*, part. pass. di *fulcīre* 'sostenere, rafforzare'. V. *folcire* ✱ av. 1292] **A agg. 1** abbondante, numeroso e fitto: *erba folta; pelo, bosco f.; una folta schiera di armati* **CONTR.** rado | pieno: *un libriccino f. di informazioni* **2** denso: *nebbia, caligine folta* ‖ **foltaménte**, **avv. B s. m.** ● la parte più densa, fitta o interna di qlco.: *nel f. del bosco, della mischia, della folla*

SFUMATURE ➤ ***spesso***

foménta [lat. *fomēnta*, nt. pl. di *fomēntum* 'fomento' ✱ av. 1646] **s. f.** ● (*med., raro*) fomento

♣**fomentàre** [vc. dotta, lat. tardo *fomentāre*, da *fomēntum* 'fomento' ✱ 1519] **v. tr.** (*io foménto*) **1** †curare con fomenti **2** incitare, istigare: *f. l'odio, la discordia, la passione* | (*est.*) promuovere, suscitare: *f. una rivolta* **3** (*lett.*) favorire, incoraggiare

SFUMATURE ➤ ***accendere***

fomentatóre [av. 1540] **s. m. (f.** *-trice*); **anche agg.** ● istigatore: *un f. di guerre, discordie, passioni*

fomentazióne [vc. dotta, lat. tardo *fomentatiōne(m)*, da *fomēntum* 'fomento' ✱ av. 1320] **s. f. 1** il fomentare: *la f. del vizio* **2** (*med.*) pratica del fomento

♣**foménto** o **fuménto** [vc. dotta, lat. *fomēntu(m)*, da *fovēre* 'riscaldare', di orig. indeur. ✱ 1342] **s. m. 1** medicamento caldo e umido che, applicato alla parte malata, ha la proprietà di mitigare il dolore | suffumigio **2** (*lett.*) ciò che serve ad alimentare il fuoco:

a b c d e **f** g h i j k l m n o p q r s t u v w x y z

f

dar f. alle fiamme **3** (*fig., lett.*) stimolo, istigazione: *da niuna cosa ha l'ambizione de' pontefici maggior f. che da se stessa* (F. Guicciardini)

✦**fòmite** o †**fòmito** [vc. dotta, lat. *fōmite(m)*, da *fovēre* 'riscaldare', di orig. indeur. ✱ av. 1406] **s. m. 1** †materia secca che serve come esca per il fuoco **2** (*fig., lett.*) istigazione, stimolo, incentivo: *il f. delle ribellioni* | causa attiva: *essere f. di malattie*

fon① /fɔn/ **s. m. inv.** ● adattamento di *Föhn* nel sign. 2 (V.) **SIN.** asciugacapelli, phon

fon② /fɔn/ ● (*evit.*) ➤ **phon** nel sign. 1

fonàre [da *fon*① ✱ 1983] **v. tr.** (*io fòno*) ● (*colloq.*) asciugare i capelli, o farne la messa in piega, col föhn

fonastenìa [vc. dotta, comp. di *fon(o)-* e *astenia* ✱ 1942] **s. f.** ● (*med.*) difficoltà di fonazione dovuta a un eccessivo uso della voce

fonatòrio [1915] **agg.** (**pl. m.** *-i* o *raro -ii*) ● che serve alla fonazione: *organo f.*

fonazióne [fr. *phonation*, dal gr. *phōnḗ* 'voce' (V. *fono-*) ✱ 1874] **s. f.** ● processo che forma la voce e il linguaggio articolato

foncé /fr. fɔ̃'se/ [vc. fr., 'cupo, scuro', propr. 'affondato, profondo', part. pass. di *foncer*, propr. 'mettere il fondo (a una botte)', poi 'rendere un colore più scuro', da *fons*, forma ant. di *fond* 'fondo' ✱ 1892] **agg. inv.** ● detto di colore scuro, cupo

fónda① [da *fondo* ✱ 1797] **s. f. 1** (*mar.*) tratto di mare in una rada e sim. che offre alle navi la possibilità di ancorarsi agevolmente | ***nave alla f.***, ormeggiata alla propria ancora o a una boa lontano dalla riva **2** (*raro*) fondo, profondità | bassura **3** (*fig.*) †gran quantità

fónda② [lat. tardo *fŭnda(m)* 'fionda', di etim. incerta ✱ av. 1292] **s. f. 1** (*raro*) un tempo, ampia borsa da fissare alla sella | fondina per la pistola **2** †borsa, tasca: *una f. di denari* **3** †fionda

fondàccio [1487] **s. m. 1** (*raro*) pegg. di *fondo* **2** feccia: *f. di botte, di bottiglia* **3** merce di poco valore rimasta invenduta: *i fondacci di bottega* **4** (*disus.*) bassifondi di una città | (*disus.*) plebaglia

✦**fóndaco** (o **-ò-**) [arabo *funduq* 'magazzino', dal gr. *pandochêion* 'albergo', comp. di *pân* 'tutto' e *déchesthai* 'accogliere' ✱ 1264] **s. m.** (**pl.** *-chi*, *raro -ci*) **1** bottega in cui un tempo si vendevano tessuti al minuto | magazzino o deposito di merci varie **2** nel Medioevo, edificio adibito a magazzino, e spesso ad alloggio, per i mercanti in Paesi stranieri

fondàle [da *fondo* ✱ sec. XV] **A s. m. 1** profondità delle acque del mare, di un fiume, di un lago in un punto determinato | (*est.*) correntemente, fondo marino: *l'isola è nota per i suoi meravigliosi fondali* **2** grande telone che fa da sfondo alla scena ‖ **fondalìno**, **dim.** **B agg.** ● (*lett.*) di fondo, che sta sul fondo | †del fondo di un fiume | †profondo

fondàme [1942] **s. m.** ● residuo, fondo depositato da certi liquidi

fondaménta [lat. *fundamĕnta*, pl. di *fundamĕntum* (V. *fondamento*) ✱ 1554] **s. f.** (**pl.** *-e* o **inv.**) ● a Venezia, nome di strada, alla base di un edificio, che costeggia un canale o un rio: *Ha camminato per calli fondamente campi e campielli* (G. D'Annunzio)

✦**fondamentàle** [lat. tardo *fundamentāle(m)*, da *fundamĕntum* 'fondamento' ✱ 1427] **A agg. 1** che costituisce il fondamento: *norme, principi fondamentali* | (*est.*) che riveste importanza basilare: *regole, formule fondamentali* | ***diritti fondamentali***, i diritti imprescrittibili della persona **SIN.** principale **2** (*mus.*) che è base a un accordo musicale | ***nota f.***, nella scala musicale, tonica ‖ **fondamentalménte**, **avv. 1** nei fondamenti, alla base **2** essenzialmente, eminentemente: *un problema fondamentalmente pratico* ‖ **fondamentalità**, **s. f. inv.** **B s. m. 1** ciò che serve da fondamento | (**spec. al pl.**) tecnica di base di uno sport: *i fondamentali della pallacanestro* **2** (*mus.*) nota base di un accordo musicale

fondamentalismo [ingl. *fundamentalism*, da *fundamental* 'fondamentale' ✱ 1956] **s. m. 1** movimento religioso protestante che pone come fondamenti del cristianesimo l'accettazione dei dogmi, dei miracoli, dell'infallibilità della Bibbia e ammette soltanto l'interpretazione letterale di questa **2** movimento islamico che sostiene l'applicazione letterale e rigorosa della legge coranica anche nella società attuale **3** (*est.*) atteggiamento di chi persegue l'attuazione intransigente e dogmatica dei principi di un movimento religioso, politico e sim.

fondamentalista [ingl. *fundamentalist* ✱ 1946] **A s. m. e f.; anche agg.** (**pl. m.** *-i*) ● seguace, sostenitore del fondamentalismo | (*est.*) chi (o che) dà prova di fondamentalismo **B agg.** ● relativo al fondamentalismo o ai fondamentalisti; caratterizzato da fondamentalismo

fondamentalìstico [da *fondamentalist(a)* col suff. *-ico* ✱ 1992] **agg.** (**pl. m.** *-ci*) ● (*raro*) fondamentalista

†**fondamentàre** [av. 1294] **v. tr.** ● munire di fondamenta | (*fig.*) basare

fondaménto [lat. *fundamĕntu(m)*, da *fundāre* 'porre le fondamenta'. V. *fondare* ✱ 1261 ca.] **s. m.** (**pl.** *fondaménta*, **f. spec. nel sign. proprio**, *fondaménti*, **m. spec. nei sign. fig.**) **1** (**gener. al pl.**) parte sotterranea delle costruzioni, che sostiene il peso di tutto l'edificio: *gettare le fondamenta* **2** (*fig.*) il complesso di principi che servono di base e di sostegno ad una scienza, una disciplina e sim.: *scoprire i fondamenti di un sistema*; *il f. della storia, della religione, della filosofia*; *porre i fondamenti di una nuova organizzazione sociale* | ***fare f. su*** (o *lett.* ***in***) ***qlcu. o qlco.***, farvi assegnamento: *più f. potete fare in uno che abbia bisogno di voi* (F. Guicciardini) **3** (*fig.*) ragione valida, fondato motivo: *parlare con f.*; *sono notizie prive di f.*; *accuse senza f.*

fondant /fon'dan, *fr.* fɔ̃'dɑ̃/ [vc. fr., da *fondre* 'fondere' ✱ 1881] **s. m. inv.** ● dolcetto a base di zucchero e aromi vari che si fonde in bocca

fondànte [part. pres. di *fondare*] **agg.** ● fondamentale, basilare: *l'elemento f. di una teoria* **SIN.** costitutivo

✦**fondàre** [lat. *fundāre*, da *fŭndus* 'fondo' ✱ 1261 ca.] **A v. tr.** (*io fóndo*) **1** gettare le fondamenta di una costruzione (*anche assol.*): *f. una diga, un porto*; *f. sul tufo, sulla pietra* | ***f. sull'acqua, sulla sabbia***, (*fig.*) fare opera vana | (*est.*) ***f. una città, una colonia***, erigerne gli edifici e dettarne gli ordinamenti **2** (*fig.*) porre le basi istituzionali di un ente, un organismo e sim.: *f. un regno, una società*; *f. un ordine religioso, un'opera pia, un collegio* **SIN.** creare, formare, istituire **3** (*fig.*) inventare, scoprire: *f. una scienza, una teoria* **4** basare, dare fondamento (+ *su*, + *con*): *f. la difesa, l'accusa su prove inconfutabili*; *f. l'affermazione con un documento* **5** †affondare **B fondàrsi v. intr. pron. e rifl. 1** avere, trovare le proprie basi, il proprio fondamento (+ *su*): *sono illazioni che si fondano su ipotesi errate*; *tutte le altre disposizioni degli uomini ... si fondano in qualche inganno e in qualche immaginazione falsa* (G. Leopardi) **2** fare assegnamento (+ *su*): *non dovete fondarvi su vaghe promesse*

fondàta [da *fondo* ✱ 1625] **s. f.** ● (*tosc.*) deposito, fondo di un liquido

fondatézza [1680] **s. f.** ● caratteristica di ciò che è fondato, che ha fondamento: *la f. delle sue ragioni, dei suoi sospetti* **SIN.** consistenza, validità

fondatìvo [da *fondare* ✱ 1866] **agg. 1** che costituisce la base, il fondamento di qlco.: *il valore f. della democrazia* **2** che contribuisce o è strettamente connesso alla fondazione di qlco.: *congresso f. del partito*; *Roma, luogo f. dell'impero romano*

fondàto **part. pass.** di *fondare*; **anche agg. 1** nei sign. del v.: *un edificio f. sulla roccia*; *una città fondata prima di Cristo*; *un partito f. nel dopoguerra* **2** (*fig.*) che ha fondamento valido: *discorso f.*; *sospetti fondati*; *fondate ragioni* **CONTR.** infondato **3** †fondo, profondo (*anche fig.*) | ***inverno f.***, pieno inverno ‖ **fondataménte**, **avv.** con fondatezza

fondatóre [vc. dotta, lat. *fundatōre(m)*, da *fundāre* 'fondare' ✱ 1306] **s. m.** (**f.** *-trice*); **anche agg.** ● chi (o che) istituisce, fonda, edifica: *f. di una città, di un impero*; *f. di un'opera pia, di un'accademia* | ***soci fondatori***, nelle società per azioni, i soci che hanno sottoscritto l'atto costitutivo

fondazionàle [da *fondazione*, sul modello dell'ingl. *foundational* ✱ 1987] **agg.** ● (*filos.*) relativo alla ricerca dei fondamenti di una scienza o di una teoria

fondazionalismo [da *fondazional(e)* col suff. *-ismo* ✱ 1989] **s. m.** ● (*filos.*) orientamento che mira a definire il fondamento epistemologico di ogni sapere scientifico

fondazióne [vc. dotta, lat. tardo *fundatiōne(m)*, da *fundāre* 'fondare' ✱ 1427] **s. f. 1** atto del fondare: *la f. di Roma* | costruzione, erezione | creazione, istituzione: *f. di un collegio, un istituto, un partito* **2** (**al pl.**) le parti di una costruzione che penetrano nel terreno per raggiungere un piano stabile su cui poggiare i carichi soprastanti **3** (*dir.*) istituzione con personalità giuridica costituita sulla base di un patrimonio destinato al conseguimento, senza fini di lucro, di uno scopo spec. benefico o culturale: *f. culturale*; *f. bancaria*

fondèllo [da *fondo* ✱ 1585] **s. m. 1** parte di fondo di oggetti vari: *il f. dei pantaloni* | (*fig., colloq.*) ***prendere qlcu. per i fondelli***, prenderlo in giro, ingannarlo **2** estremità posteriore di un bossolo **3** (*raro*) anima dei bottoni

fondènte **A part. pres.** di *fondere*; **anche agg.** ● che fonde facilmente | ***cioccolato f.***, V. *cioccolato* **B s. m. 1** in metallurgia, sostanza che si unisce ai minerali durante la fusione per trasformare le impurità in scoria fluida | nell'industria ceramica, sostanza che si mescola all'impasto di argilla per provocarne la vetrificazione **2** fondant

fóndere o †**fùndere** [lat. *fŭndere* 'versare', di orig. indeur. ✱ sec. XIII] **A v. tr.** (**pass. rem.** *io fùsi, tu fondésti, egli fùse*, †*fondé*, †*fondò*; **part. pass.** *fùso*, †*fondùto*) **1** rendere liquido un corpo solido: *f. l'oro, l'argento, il bronzo*; *il calore fonde il ghiaccio* | ***f. in conchiglia***, colando la materia fusa in una forma metallica | ***f. le bronzine***, nei motori degli autoveicoli, per surriscaldamento dovuto a mancanza di lubrificazione sufficiente **SIN.** sciogliere **2** ottenere un oggetto metallico mediante fusione: *f. una statua, un candelabro, una campana* **3** (*fig.*) unire due o più elementi in un tutto organico: *f. i colori, due enti, due classi*; *la storia deve fondere fatti e filosofia insieme* (F. De Sanctis) **4** (*fig.*) †versare, spargere **5** †divulgare, diffondere **6** †dissipare: *f. le facoltà, i beni, le sostanze* **B v. intr.** (**aus.** *avere*) e (*lett.*) **fóndersi v. intr. pron.** ● diventare liquido, spec. per azione del calore; *il ghiaccio fonde a 0 °C*; *la neve fonde al sole* **C fóndersi v. rifl. recipr.** ● (*fig.*) unirsi formando un tutto unico (+ *con*, + *in*): *quelle due associazioni si sono fuse*;

quella società si è fusa con *un'altra; le voci e i suoni si fondono* in *un'unica sinfonia* SFUMATURE ➤ *congiungere*

fonderìa [fr. *fonderie*, da *fondre* 'fondere' ✱ av. 1566] **s. f. 1** in metallurgia, stabilimento o reparto per la fusione dei metalli e relativa colata in forme **2** †laboratorio in cui si distillavano e preparavano essenze, profumi e liquori

fondézza [av. 1597] **s. f.** ● (*lett.*) caratteristica di ciò che è profondo; profondità

fondiàrio [da *fondo* nel sign. 8 ✱ 1819] **agg.** ● relativo a terreni, a beni immobili: *proprietà fondiaria; rendita fondiaria* | ***tassa fondiaria***, imposta su terreni e fabbricati | ***credito f.***, concesso per sopperire alle esigenze della proprietà immobiliare rustica; anche, banca che fornisce prestiti a lunga scadenza, garantendosi con ipoteche sugli immobili | ***cartella fondiaria***, titolo a reddito fisso emesso da istituti di credito fondiario | ***libro f.***, catasto tavolare

fondìbile [da *fondere* ✱ av. 1565] **agg.** ● che si può fondere

fondìglio [da *fondo* ✱ av. 1347] **s. m.** ● (*lett.*) deposito lasciato da un liquido nel fondo di un recipiente ‖ **fondigliòlo**, **dim.**

fondìna [da *fonda*② ✱ 1812] **s. f. 1** custodia gener. di cuoio per la pistola **2** (*sett.*) piatto fondo, per minestra o zuppa

fondino [1970] **s. m. 1** dim. di *fondo* **2** piccolo fondale posto dietro un'apertura, come porta, finestra e sim., della scena teatrale **3** (*tipogr.*) sfondo di retino posto a evidenziare una parte di testo

fondìsta [da *fondo* nei sign. 10 e 11 ✱ 1937] **s. m. e f.** (**pl. m.** *-i*) **1** atleta specializzato nelle gare di fondo | atleta particolarmente resistente agli sforzi prolungati (V. *fondo* nel sign. A 11) **2** scrittore o giornalista specializzato negli articoli di fondo di un giornale **3** sottoscrittore di fondi di investimento

fonditóre [da *fondere* ✱ sec. XIV] **s. m.** (**f.** *-trice*) **1** operaio addetto alla fonderia | operaio vetrario addetto alla conduzione dei forni di fusione **2** †dissipatore, prodigo

fonditrìce [1952] **s. f.** ● (*edit.*) macchina usata per produrre caratteri mobili uguali in grandi quantità

fonditùra [sec. XIV] **s. f.** ● (*lett.*) fusione

♦**fóndo** [lat. *fŭndu(m)*, di orig. indeur. ✱ av. 1257] **A** **s. m. 1** parte inferiore di qlco.: *il f. di un pozzo, di una botte, della valle; vuotare il bicchiere fino in f.; precipitare nel f. di uno strapiombo* | fondale: *il f. del mare, del fiume; f. sabbioso; il sottomarino si posò sul f.* | ***f. di bicchiere***, (*fig.*) brillante falso | ***valigia, baule a doppio f.***, con un'intercapedine nascosta tra il vero e il falso fondo | ***dar f.***, gettare l'ancora | ***dar f. a qlco.***, esaurirla | ***andare a f.***, affondare, naufragare; (*fig.*) fallire, rovinarsi | ***avere uno stomaco senza f.***, (*fig.*) essere insaziabile | (*mus.*) tavola inferiore della cassa armonica degli strumenti ad arco | ***registri di f.***, registri organistici in cui ogni tasto fa vibrare l'aria di una singola canna CONTR. cima, sommità **2** quantità di liquido che resta in un recipiente che ne era pieno: *ha lasciato solo il f. della bottiglia* | (*est.*) posatura, deposito: *il f. dell'aceto* | ***f. del caffè***, polvere che è già servita per la decozione di caffè | ***f. del vino***, deposito di tannino e precipitati vari nella parte inferiore di una bottiglia **3** (*cucina*) brodo concentrato di carne o pesce utilizzato spec. come ingrediente nella preparazione di salse | ***f. di cottura***, sugo che rimane dopo la cottura spec. di piatti di carne **4** (**spec. al pl.**) rimasuglio, residuo, avanzo: *fondi di bottega* | ***fondi di magazzino***, merce rimasta invenduta **5** parte più interna e nascosta di qlco.; (*fig.*) parte più intima: *languire nel f. di una prigione; liberati dal f. di qualche oscura torre* (G. BRUNO); *il f. dell'animo, della coscienza* | ***conoscere a f. una persona***, (*fig.*) conoscerne bene pregi e difetti | ***studiare a f.***, compiutamente | ***di f.***, essenziale, sostanziale: *un problema di f.* | †intrigo, imbroglio **6** parte situata al capo estremo rispetto a chi osserva: *in f. alla strada, al campo; il f. della scena* | ***andare fino in f.***, (*fig.*) esaurire un argomento, appurare completamente qlco., sviscerare un problema e sim.; concludere qlco. | in un quadro, la parte che corrisponde ai piani più lontani, lo sfondo; anche, la parte della superficie non occupata da immagini | ***f. d'oro***, usato in molti antichi dipinti su tavola, ottenuto mediante l'applicazione di un sottile strato di foglia d'oro | in araldica, campo: *il f. di uno stemma* | nei tessuti, il colore di base, sul quale si fa il disegno: *tessuto a fiori bianchi su f. blu* **7** parte finale di qlco.: *il f. della pagina* | ***essere al f. di qlco.***, (*fig.*) averla ultimata | ***f. schiena***, V. *fondoschiena* | ***toccare il f.***, (*fig.*) giungere al punto estremo, più negativo | ***raschiare il f. del barile***, (*fig.*) ricorrere alle ultime risorse per far fronte a una situazione molto negativa | ***da cima a f.***, dal principio alla fine | ***non avere né fine né f.***, essere immenso | ***in f., in f. in f.***, in conclusione, tutto sommato | †***in quel f.***, alla fin fine | ***linea di f.***, o (*ellitt.*) ***fondo***, nei campi da gioco di varie specialità, quella che delimita il fondo del campo: *la palla ha superato la linea di f.; rimessa dal f.* | ***f. campo***, V. *fondocampo* **8** strato | ***f. tinta***, V. *fondotinta* | ***f. stradale***, strato superficiale della strada: *f. stradale buono, dissestato, sconnesso* | ***f. d'abito***, sottoveste particolarmente leggera, adatta per abiti vaporosi e di stoffa molto sottile | (***a***) ***f. specchio***, detto di moneta da collezione sottoposta a una particolare lavorazione per cui il fondo è lucido e le parti in rilievo satinate **9** unità immobiliare: *f. rustico; f. urbano; f. intercluso* | (*per anton.*) appezzamento di terreno agrario: *'l'unità culturale', il 'f. indivisibile', sono fantocci libreschi* (L. EINAUDI) | ***f. chiuso***, recintato nei modi previsti dalla legge **10** insieme di denari o altri beni accantonati e destinati a un uso particolare prestabilito | ***f. di cassa***, ciò che rimane dopo aver provveduto alle spese | ***f. perduto***, somma messa in conto come perduta, senza diritto alla restituzione: *contributi a f. perduto* | ***f. salari***, nel bilancio di un'azienda, somma accantonata per i salari dei dipendenti | (**est., al pl.**) mezzi finanziari, denaro, soldi: *l'iniziativa è stata sospesa per mancanza di fondi* | ***fondi segreti***, somma stanziata nei bilanci dello Stato per servizi che non possono rendersi di pubblica ragione | ***fondi neri***, somme di denaro illegalmente destinate a fini diversi da quelli propri del titolare del fondo e quindi non figuranti nei bilanci | (*borsa*) ***f. comune d'investimento***, istituto di intermediazione finanziaria che ha la funzione di raccogliere capitali presso il pubblico dei risparmiatori mediante l'emissione di certificati, corrispondenti a quote, allo scopo di investirli sul mercato mobiliare: *f. comune azionario, obbligazionario, bilanciato* | (*est.*) il patrimonio costituito dai capitali così raccolti | ***f. chiuso***, fondo comune d'investimento il cui capitale è fisso ed è stato sottoscritto al momento della costituzione | ***f. sovrano***, fondo di proprietà di uno Stato e usato per investimenti strutturali, di politica finanziaria o strategica o a sostegno dell'economia | ***f. pensione***, fondo di investimento costituito dai contributi di lavoratori dipendenti e autonomi e dai datori di lavoro, finalizzato all'erogazione di trattamenti pensionistici complementari al sistema previdenziale pubblico | ***f. etico***, fondo comune di investimento il cui rendimento viene devoluto parzialmente a fini umanitari | ***F. Monetario Internazionale***, organizzazione cui partecipano quasi tutti gli Stati membri dell'O.N.U., che ha il compito di controllare il buon funzionamento del sistema monetario mondiale | (*borsa*) titolo | ***f. pubblico***, titolo rappresentativo del debito dello Stato o di altro ente pubblico **11** nell'atletica leggera, nel nuoto e nell'equitazione, prova su lunga distanza | ***possedere f., essere dotato di f.***, detto di atleta resistente agli sforzi prolungati | ***sci di f.***, (*ellitt.*) ***fondo***, specialità sportiva consistente nel percorrere con gli sci itinerari innevati pianeggianti o di modesto dislivello e di varia lunghezza **12** (*giornalismo*) articolo di fondo **B** **agg. 1** profondo: *fossa, valle, cassa fonda* | ***bicchiere f.***, alto | ***vaso f.***, più alto che largo | ***piatto f.***, scodella | †***pestilenza fonda***, nella sua piena intensità **2** (*est.*) folto, fitto, denso: *bosco f.; siepe, foresta fonda* | ***notte fonda***, la parte centrale della notte, quella più fitta e buia: *era già notte fonda quando ci incamminammo* **C** **avv.** ● (*raro*) profondamente: *zappare f.* ‖ **fondàccio**, **pegg.** (V.) | **fondicèllo**, **dim.** | **fondino**, **dim.** (V.)

fondocàmpo o **fóndo càmpo** [giustapposizione di *fondo* e *campo* ✱ 1985] **s. m. inv.** ● (*sport*) nei campi da gioco di diversi sport quali il calcio, il tennis, la pallavolo e sim., la fascia posta oltre la linea di fondo

fondoschièna [comp. di *fondo* e *schiena* ✱ 1980] **s. m. inv.** ● (*eufem.*, *anche scherz.*) deretano, sedere

fondotìnta [comp. di *fondo* e *tinta* ✱ 1985] **s. m. inv.** ● prodotto cosmetico, per lo più di consistenza cremosa o fluida, colorato secondo le sfumature della carnagione, usato per il trucco spec. del viso

fondovàlle [comp. di *fondo* e *valle* ✱ 1929] **s. m.** (**pl. inv.** o *fondivàlle*) ● parte più bassa di una valle sul cui fondo si trova la linea di impluvio

fondue /fr. fɔ̃'dy/ [vc. fr., f. di *fondu* 'fuso', part. pass. di *fondre* 'fondere' ✱ 1891] **s. f. inv.** ● vivanda preparata con formaggio fuso, in genere gruviera o emmental, vino bianco e spezie, tipica della Svizzera CFR. fonduta | ***f. bourguignonne***, piatto a base di cubetti di carne cruda, in genere filetto, tuffati nell'olio che bolle in uno speciale recipiente, e poi mangiati accompagnati da varie salse (comp. con *bourguignonne*, f. di *bourguignon* 'borgognone') | ***f. chinoise***, pentola o fonduta mongola (V. *mongolo*)

fondùra [da *fond(o)* con il suff. *-ura* ✱ av. 1304] **s. f.** ● (*lett.*) valle bassa, profonda; forra: *una f. ... nella quale non era mai sceso piede d'uomo* (I. NIEVO)

fondùta [piemontese *fondüa*, dal fr. *fondue*, f. di *fondu* 'fuso' ✱ 1854] **s. f.** ● crema di formaggio, tipica del Piemonte e della Valle d'Aosta, ottenuta cuocendo a bagnomaria burro, tuorli d'uovo, fontina e il latte che è servito per ammorbidirla; viene servita calda con crostini o polenta, spesso con tartufo bianco

fonèma [fr. *phonème*, dal lat. *phonēma*, dal gr. *phṓnēma* 'voce', da *phōnḗ* 'voce, suono' ✱ 1910] **s. m.** (**pl.** *-i*) ● (*ling.*) unità minima distintiva di suono nell'ambito di una lingua particolare, che consente, da sola o in combinazione con altre, di formare dei significanti e di fare una distinzione tra essi

fonemàtica [1963] **s. f.** ● (*ling.*) fonologia

fonemàtico [1956] **agg.** (**pl. m.** *-ci*) ● (*ling.*) relativo a fonema o fonematica ‖ **fonematicaménte**, **avv.** secondo la fonematica

fonematizzazióne [1970] **s. f.** ● (*ling.*) formazione di una differenza fonematica

fonèmica [dall'ingl. *phonemics* ✱ 1963] **s. f.** ●

(*ling.*) fonematica

fonèmico [da *fonema*, sul modello dell'ingl. *phonemic* ✱ 1987] **agg.** (**pl. m.** *-ci*) ● (*ling.*) fonematico

fonendoscòpio [comp. di *fono-*, del gr. *éndon* 'dentro' e *-scopio* ✱ 1930] **s. m.** ● (*med.*) strumento per auscultazione, formato da una piccola cassa di risonanza che amplifica i suoni

fonèṣi [vc. dotta, gr. *phṓnēsis* 'suono', da *phōnêin* 'suonare, parlare', da *phōnḗ* 'suono' (V. *fonema*) ✱ 1899] **s. f. inv.** ● (*med.*) suono che si percepisce auscultando il polmone

fonètica [V. *fonetico* ✱ 1834] **s. f.** ● (*ling.*) studio dei suoni del linguaggio dal punto di vista fisico, indipendentemente dai sistemi linguistici d'appartenenza: *f. descrittiva, sperimentale* | ***f. storica***, studio dell'evoluzione storica dei suoni | ***f. sintattica***, fonosintassi

fonètico [fr. *phonétique*, dal gr. *phōnētikós*, da *phōnḗ* 'voce' ✱ 1834] **agg.** (**pl. m.** *-ci*) ● (*ling.*) attinente ai suoni di una lingua: *leggi fonetiche* | ***scrittura fonetica, alfabeto f.***, in cui ogni segno rappresenta un suono ‖ **foneticaménte**, **avv.** secondo la fonetica

fonetiṣmo [fr. *phonétisme*, da *phonétique* 'fonetica' ✱ 1941] **s. m.** ● (*ling.*) il complesso dei caratteri fonetici di una lingua

fonetìsta [comp. di *foneti(ca)* e *-ista* ✱ 1951] **s. m. e f.** (**pl. m.** *-i*) ● (*ling.*) studioso di fonetica

fonìa [accorc. di *(tele)fonia* ✱ 1915] **s. f.** ● (*tel.*) trasmissione di suoni (voce e musica), spec. in contrapposizione a quella di dati: *trasmissione in f. e dati*

-fonìa [dal gr. *-phōnía*, da *phōnḗ* 'suono', 'voce' (V. *fono-*)] **secondo elemento** ● in parole dotte composte, significa 'suono', 'voce': *cacofonia, diafonia, eufonia, sinfonia*

foniàtra [1963] **s. m. e f.** (**pl. m.** *-i*) ● medico specialista in foniatria

foniatrìa [comp. di *fono-* e *-iatria*, sul modello del fr. *phoniatrie* ✱ 1940] **s. f.** ● branca della medicina che si occupa delle malattie della voce e del linguaggio

foniàtrico [1956] **agg.** (**pl. m.** *-ci*) ● relativo alla foniatria

fònico [fr. *phonique*, dal gr. *phōnḗ* 'voce' ✱ av. 1764] **A** **agg.** (**pl. m.** *-ci*) ● attinente alla voce e alla pronuncia delle parole ‖ **fonicaménte**, **avv.** dal punto di vista fonico ‖ **fonicità**, **s. f. inv.** **B** **s. m.** (**f.** *-a*) ● tecnico addetto alla registrazione dei suoni nella ripresa cinematografica

-fònico **secondo elemento** ● forma aggettivi composti, gener. derivati da sostantivi in *-fono* (*telefonico, microfonico*) o in *-fonia* (*cacofonico, sinfonico*)

fòno [dal gr. *phōnḗ* 'suono' ✱ 1973] **s. m.** ● (*ling.*) ogni suono del linguaggio considerato nel suo aspetto fisico, indipendentemente dalla funzione distintiva **CFR.** fonema

fòno-, -fono /'fɔno, fono/ [gr. *phōno-* e *-phōnos*, da *phōnḗ* 'suono', 'voce', di etim. incerta] **primo e secondo elemento** ● in parole composte, significano 'voce', 'suono': *fonogenico, fonografo, fonologia, microfono, telefono* | in alcuni casi, e solo come secondo elemento, significano 'che parla', 'parlante' (una data lingua): *francofono, italofono*

fonoassorbènte [comp. di *fono-* e *assorbente* ✱ 1970] **agg.** ● che assorbe i suoni e i rumori

fonobàr [comp. di *fono(grafo)* e *bar* ✱ 1963] **s. m. inv.** ● mobile bar in cui è inserito un grammofono o un giradischi

fonocardiografìa [comp. di *fono-* e *cardiografia* ✱ 1953] **s. f.** ● (*med.*) registrazione grafica diretta dei rumori cardiaci

fonocardiògrafo [comp. di *fono-* e *cardiografo* ✱ sec. XX] **s. m.** ● (*med.*) strumento impiegato per eseguire una fonocardiografia

fonocardiogràmma [comp. di *fono-* e *cardiogramma* ✱ 1970] **s. m.** (**pl.** *-i*) ● (*med.*) tracciato dei rumori cardiaci visualizzato nella fonocardiografia

fonocassétta [comp. di *fono-* e *cassetta* ✱ 1970] **s. f.** ● musicassetta

fonofilmògrafo [comp. di *fono-*, *film* e *-grafo* ✱ 1962] **s. m.** ● apparecchio per registrare i suoni su nastro o pellicola

fonofobìa [comp. di *fono-* e *-fobia* ✱ 1970] **s. f.** ● (*psicol.*) paura morbosa dei suoni e dei rumori ‖ **fonofòbico**, **agg.** (**pl. m.** *-ci*); **anche s. m.** (**f.** *-a*) **nel sign. 2** **1** relativo a fonofobia **2** che (o chi) soffre di fonofobia

fonogenìa [comp. di *fono-* e *-genia* ✱ 1958] **s. f.** ● caratteristica delle voci o dei suoni fonogenici

fonogènico [da *fono-*, sul modello di *fotogenico* ✱ 1933] **agg.** (**pl. m.** *-ci*) ● di suono o voce che si presta a essere registrata fonograficamente | di persona dotata di tale voce

fonografìa [comp. di *fono-* e *-grafia* ✱ 1869] **s. f.** **1** tecnica di registrazione dei suoni **2** (*disus.*) riproduzione dei suoni mediante la scrittura

fonogràfico [1869] **agg.** (**pl. m.** *-ci*) **1** che concerne la fonografia **2** relativo al fonografo, eseguito con il fonografo **SIN.** grammofonico ‖ **fonograficaménte**, **avv.** mediante il fonografo

fonògrafo [comp. di *fono-* e *-grafo* ✱ 1874] **s. m.** **1** (*mus.*) dispositivo destinato alla riproduzione del suono inciso su dischi fonografici: *f. elettrico, stereofonico* | ***f. meccanico***, nel quale il disco era mantenuto in rotazione da un motore a molla, e il suono veniva diffuso da una tromba acustica **SIN.** grammofono **2** dispositivo usato un tempo per la registrazione e la riproduzione del suono, costituito da un cilindro metallico rotante rivestito di stagnola e da un bulino metallico che vi incideva un solco a spirale e riproduceva poi il suono ripercorrendo il solco inciso

fonogràmma [comp. di *fono-* e *-gramma* ✱ 1908] **s. m.** (**pl.** *-i*) **1** comunicazione scritta (gener. di uffici pubblici) inoltrata a mezzo telefono **2** (*ling.*) elemento grafico di una scrittura alfabetica **3** (*fis.*) registrazione di oscillazioni acustiche su materiali speciali

fonoiṣolànte [comp. di *fono-* e *isolante* ✱ 1970] **A** **agg.** ● che ha il potere di isolare acusticamente: *pannelli fonoisolanti* **B** **s. m.** ● isolante acustico

fònokit o **fonokìt** [da *fono-*, sul modello di *identikit* ✱ 1983] **s. m. inv.** ● sistema di identificazione di una persona attraverso il suono della sua voce

fonolìte [comp. di *fono-* e *-lite* ✱ 1819] **s. f.** ● roccia a struttura porfirica composta da sanidino e nefelina o leucite, di colore verdastro, divisibile in lastre dotate di una certa sonorità

fonologìa [comp. di *fono-* e *-logia* ✱ 1856] **s. f.** (**pl.** *-gìe*) ● (*ling.*) studio dei suoni di una lingua in quanto elementi distintivi all'interno del sistema **SIN.** fonematica

fonològico [1869] **agg.** (**pl. m.** *-ci*) ● (*ling.*) che concerne la fonologia | ***componente f.***, parte di una grammatica generativa che determina la forma fonetica delle frasi generate dalle regole sintattiche ‖ **fonologicaménte**, **avv.** secondo la fonologia

fonologìsta [1983] **s. m. e f.** (**pl. m.** *-i*) ● (*raro*) fonologo

fonologiẓẓazióne [ingl. *phonologization*, da *phonology* 'fonologia' ✱ 1987] **s. f.** ● (*ling.*) processo attraverso il quale un elemento fonico irrilevante diventa pertinente

fonòlogo [comp. di *fono-* e *-logo* ✱ 1925] **s. m.** (**f.** *-a*; **pl. m.** *-gi*) ● studioso di fonologia

fonometrìa [comp. di *fono-* e *-metria* ✱ 1869] **s. f.** **1** (*fis.*) parte della fisica che studia le fonti di suoni e rumori, ne misura l'intensità e ne indaga gli effetti e la tollerabilità **2** (*ling.*) studio statistico dei fonemi

fonòmetro [comp. di *fono-* e *-metro* ✱ 1829] **s. m.** ● (*fis.*) apparecchio per la misurazione oggettiva del livello di sensazione sonora

fonomimìa [dal gr. *phōnómimos* 'che imita la voce', comp. di *phōnḗ* 'voce' e *mîmos* 'imitatore' ✱ 1925] **s. f.** ● rappresentazione dei suoni della voce coi gesti nella comunicazione tra sordomuti

fonomontàggio [comp. di *fono-* e *montaggio* ✱ 1950] **s. m.** ● programma radiofonico composito, costituito da brani di registrazioni sonore di varia natura e provenienza

fonomorfològico [comp. di *fono(logico)* e *morfologico* ✱ 1957] **agg.** (**pl. m.** *-ci*) ● che riguarda contemporaneamente la fonologia e la morfologia

fonóne [comp. di *fon(o)-* e *-one*[3] ✱ 1963] **s. m.** ● (*fis.*) quanto di energia di un'onda elastica, utilizzato per es. nella descrizione delle vibrazioni di un reticolo cristallino

fonoregistratóre [comp. di *fono-* e *registratore* ✱ 1956] **s. m.** ● apparecchio per la fonoregistrazione

fonoregistrazióne [comp. di *fono-* e *registrazione* ✱ 1956] **s. f.** ● tecnica di registrazione di suoni e rumori

fonoriproduttóre [comp. di *fono-* e *riproduttore* ✱ 1956] **s. m.** ● qualsiasi apparecchio atto a riprodurre suoni | altoparlante

fonoriproduzióne [comp. di *fono-* e *riproduzione* ✱ 1987] **s. f.** ● riproduzione di suoni registrati su dischi, nastri e sim.

fonorivelatóre [comp. di *fono-* e *rivelatore* ✱ 1937] **s. m.** ● pick-up

fonoscòpio [comp. di *fono-* e *-scopio*, sul modello dell'ingl. *phonoscope* ✱ 1970] **s. m.** ● apparecchio per l'osservazione e la misurazione delle proprietà sonore degli strumenti musicali

fonosimbòlico [comp. di *fono-* e *simbolico* ✱ 1945] **agg.** (**pl. m.** *-ci*) ● (*ling.*) caratterizzato da fonosimbolismo | onomatopeico ‖ **fonosimbolicaménte**, **avv.**

fonosimboliṣmo [comp. di *fono-* e *simbolismo*[1] ✱ 1927] **s. m.** ● (*ling.*) evocazione onomatopeica di oggetti o significati tramite suoni o sequenze di suoni di una lingua

fonosìmbolo [comp. di *fono-* e *simbolo* ✱ 1987] **s. m.** ● voce, espressione fonosimbolica **SIN.** ideofono

fonosintàssi [comp. di *fono-* e *sintassi* ✱ 1987] **s. f. inv.** ● (*ling.*) parte della grammatica che si occupa di tutti i fenomeni fonetici che si producono nel contatto tra due parole in una frase **SIN.** fonetica sintattica

fonosintàttico [comp. di *fono-* e *sintattico* ✱ 1975] **agg.** (**pl. m.** *-ci*) ● (*ling.*) che riguarda insieme la fonetica e la sintassi: *l'elisione e il troncamento sono fenomeni fonosintattici* | ***raddoppiamento f.***, fenomeno per cui una consonante iniziale di parola, quando sia preceduta da determinate parole terminanti per vocale, si pronuncia come se fosse scritta doppia (per es. *a casa* /ak'kaza, -asa/)

fonostilìstica [comp. di *fono-* e *stilistica* ✱ 1987] **s. f.** ● (*ling.*) parte della fonologia che studia gli elementi fonici che hanno nel linguaggio umano una funzione non rappresentativa ma espressiva o emotiva, come l'uso artificioso della *r* moscia

fonotèca [comp. di *fono-* e *-teca* ✱ 1970] **s. f.** **1** raccolta di dischi musicali, di nastri magnetici e sim. di particolare interesse artistico, storico o culturale | edificio in cui si conserva questa raccolta | istituzione che cura la raccolta e la sistemazione di tali registrazioni sonore **2** (*cinema*) raccolta di musiche, voci e rumori registrati che vengono inseriti in un film durante il missaggio

fonotelemetrìa [comp. di *fono-* e *telemetria* ✱ 1956] **s. f.** ● telemetria che utilizza le onde sonore

fònotron o **fonotròn** [comp. di *fono-* ed *elet(t)rone* ✱ 1974] **s. m. inv.** ● dispositivo acustico per grossi autoveicoli spec. autosnodati, atto a facilitare al conducente la ricezione dei segnali degli autoveicoli che si accingono al sorpasso

fonovalìgia [comp. di *fono-* e *valigia* ✱ 1941] **s. f.** (**pl.** *-gie* o *-ge*) ● giradischi portatile munito di apparecchiatura amplificatrice e altoparlante, contenuto in apposita valigia

font /fɔnt, *ingl.* fɒnt/ [vc. ingl., dal fr. *fonte*, deriv. del v. fr. *fondre* 'fondere' i caratteri di stampa ✱ 1990] **s. m. inv.** ● (*tipogr.*) fonte nel sign. 3

fontàle [vc. dotta, lat. tardo *fontāle(m)*, da *fōns*, genit. *fŏntis* 'fonte' ✱ 1308] **agg. 1** †di fonte **2** (*lett.*, *fig.*) originario, originale ‖ †**fontalménte**, **avv.** originariamente

♦**fontàna** [lat. tardo *fontāna(m)* '(acqua) di fonte', da *fōns*, genit. *fŏntis* 'fonte' ✱ av. 1250] **s. f. 1** costruzione, spesso a carattere ornamentale, e talora di grande pregio artistico, destinata a raccogliere e distribuire l'acqua di una sorgente o di una condotta: *le fontane di Roma* **2** (*lett.*) fonte, sorgente: *tra chiare fontane e verdi prati* (F. Petrarca) **3** (*fig.*, *lett.*) origine di qlco.: *f. di vita, di beneficio, di scienza* **4** (*geol.*) *f. ardente*, emissione di gas naturale che si infiamma spontaneamente | *f. di lava*, getto di lava incandescente **5** (*cucina*) buco che si apre in un mucchio di farina, per versarvi gli ingredienti da impastare come latte, uova e sim. ‖ **fontanèlla**, **dim.** (V.) | **fontanìna**, **dim.** | **fontanìno**, **dim. m.** | **fontanóne**, **accr. m.**

fontanàzzo [da *fontana* ✱ 1940] **s. m.** ● sorgente che si forma per infiltrazione d'acqua sulla scarpata esterna di un argine

fontanèlla [av. 1300] **s. f. 1** dim. di *fontana* | piccola fontana a colonnina **2** (*anat.*) punto di riunione di più ossa della volta cranica, non ossificato nel neonato | *f. della gola*, piccolo incavo del collo, corrispondente all'estremità superiore dell'esofago

fontanière [da *fontana* ✱ 1399] **s. m.** (**f.** *-a*) **1** operaio addetto alla messa in opera e alla manutenzione delle fontane di una città, alla distribuzione delle acque degli acquedotti, all'innaffiamento stradale con le prese d'acqua | operaio che lavora ai tubi delle fontane **2** (*centr.*, *sett.*) idraulico

fontanìle [da *fontana* ✱ av. 1519] **s. m. 1** (*geol.*) risorgiva **2** vasca in muratura, caratteristica della campagna romana, impiegata spec. come abbeveratoio

♦**fónte** [lat. *fŏnte(m)*, di etim. incerta ✱ 1193] **A s. f.** e *lett.* **m. 1** sorgente: *f. limpida, ombrosa, cristallina*; *attingere acqua alla f.* | †fontana **2** (*fig.*) principio, origine, causa: *andare alla f. del problema*; *f. di guadagno*; *f. di guai* | ***ritenuta alla f.***, V. *ritenuta* | ***fonti energetiche, fonti di energia***, l'insieme delle risorse naturali utilizzabili per la produzione di energia | ***fonti energetiche alternative***, quelle il cui impiego è, o si ritiene, meno costoso, inquinante, rischioso di quello delle fonti energetiche tradizionali | ***fonti energetiche rinnovabili***, quelle derivanti da elementi non soggetti a esaurimento, quali il vento, il Sole, le maree **3** (*tipogr.*) nella composizione tipografica, il tipo di carattere contraddistinto da un particolare disegno e dallo stile **4** (*poet.*) †corso d'acqua, fiume **5** (*mar.*) boccaporto maggiore della nave **B s. f. 1** persona o organismo da cui si possono attingere informazioni: *ho appreso la notizia da una f. attendibile* **2** (**spec. al pl.**) documento originale che fornisce testimonianze ed elementi relativi a fatti storici, letterari e sim.: *le fonti della storia medievale* | ***fonti del diritto***, organi o provvedimenti idonei a introdurre una nuova norma di diritto in uno Stato in conformità al suo ordinamento | ***fonti scritte***, cronache, iscrizioni e sim. | ***fonti orali***, testimonianze dirette **3** (**spec. al pl.**) antecedente che influenza un artista o una sua opera: *le fonti del pessimismo leopardiano*; *le fonti dei Promessi Sposi* **C s. m.** ● ***f. battesimale, sacro f.***, vasca contenente l'acqua benedetta per il battesimo ‖ **fonticèlla**, **dim.**

SFUMATURE DI SIGNIFICATO

fonte - origine - radice

In senso letterale **fonte** indica una sorgente d'acqua; da qui, estensivamente, ciò che è la causa prima di un fenomeno. In questo significato equivale a **origine**, che tuttavia accentua rispetto a *fonte* la sfumatura di inizio, di primo apparire, di prima manifestazione. Con **radice** ci si riferisce ancora al principio, alle ragioni di un fenomeno, ma se ne sottolineano le ascendenze, le cause lontane.

SFUMATURE ➤ ***causa***

fontìna [piemontese *funtina*, di etim. incerta ✱ 1891] **s. f.** ● formaggio grasso, dolce, a pasta cotta e dura, di latte di vacca intero, della Valle d'Aosta

food /*ingl.* fuːd/ [vc. ingl., propr. 'cibo' ✱ 1985] **s. m. inv.** ● nella grande distribuzione, il settore alimentare **CFR.** non food

foodie /*ingl.* 'fuːdɪ/ [vc. ingl., 'buongustaio', da *food* 'cibo' ✱ 1997] **s. m. e f. inv.** (**pl. ingl.** *foodies*) ● chi è particolarmente interessato a tutto ciò che riguarda il cibo e la gastronomia (per es. le materie prime, le ricette, i ristoranti, le tendenze ecc.) **CFR.** gourmet

football /'futbol, *ingl.* 'fʊtˌbɔːl/ [vc. ingl., comp. di *foot* 'piede' e *ball* 'pallone' ✱ 1892] **s. m. inv.** ● il gioco del calcio | ***f. americano***, sport simile al rugby

footer /'futer, *ingl.* 'fʊtə(r)/ [vc. ingl., propr. '(testo a) piè di pagina' ✱ 1999] **s. m. inv.** ● nell'editoria elettronica, testo a piè di pagina | l'area di stampa a fondo pagina

footing /'futin(g), *ingl.* 'fʊtɪŋ/ [vc. ingl., che propr. significa 'il poggiare il piede (*foot*)'; in Francia ha assunto il sign. corrente anche in italiano ✱ 1936] **s. m. inv.** ● corsa di media intensità per allenare la resistenza generale | correntemente, jogging

footprint /*ingl.* 'fʊtˌprɪnt/ [vc. ingl., propr. 'impronta (*print*) di piede (*foot*)' ✱ 1992] **s. m. inv.** ● nella comunicazione satellitare, copertura

footvòlley /fut'vɔlli, *ingl.* 'fʊtˌvɒlɪ/ [vc. ingl., comp. di *foot* 'piede' e *volley* 'pallavolo' ✱ 1994] **s. m. inv.** ● (*sport*) gioco simile alla pallavolo, in cui la palla non può essere toccata con le mani e le braccia, che si pratica su un terreno di sabbia con due o quattro giocatori per squadra

†**fòra** ① ➤ †**fuora**

fòra ② ➤ **essere** ①

forabòsco [comp. di *fora(re)* e *bosco* ✱ 1560] **s. m.** (**pl.** *-schi*) **1** (*zool.*) scricciolo **2** (*fig.*) †intrigante, ficcanaso

foracchiàre [intens. di *forare* ✱ sec. XIV] **v. tr.** (*io foràcchio*) ● fare molti e piccoli fori

foracchiàto **part. pass.** di *foracchiare*; anche **agg.** ● pieno di piccoli fori: *una maglia tutta foracchiata*

foracchiatùra [da *foracchiare* ✱ 1869] **s. f.** ● il foracchiare | insieme di piccoli fori

foraggèro o **foraggièro** [av. 1926] **agg.** ● detto di pianta coltivata per foraggio

foraggiaménto [1834] **s. m.** ● il foraggiare

foraggiàre [fr. *fourrager*, da *fourrage* 'foraggio' ✱ 1602] **A v. tr.** (**pres.** *io foràggio*; **fut.** *io foraggerò*) **1** provvedere di foraggio: *f. i cavalli* **2** (*fig.*, *scherz.* o *spreg.*) sovvenzionare qlcu. o qlco.: *f. qlcu. nella campagna elettorale* **3** †saccheggiare **B v. intr.** ● (*lett.*) un tempo, andare per la campagna in cerca di foraggio e vettovaglie per l'esercito | (*est.*, *lett.*) procacciarsi il cibo

foraggiàta [1970] **s. f.** ● distribuzione di foraggio al bestiame

foraggière [1572] **s. m.** ● negli antichi eserciti, soldato addetto al foraggiamento dei cavalli e dei muli

foraggièro ➤ **foraggero**

foràggio [fr. *fourrage*, dall'ant. fr. *feurre* 'paglia', dal francone *fodar* 'nutrimento'. Cfr. *foriero*, *furiere* ✱ av. 1348] **s. m. 1** qualsiasi prodotto vegetale destinato all'alimentazione del bestiame **2** †viveri, vettovaglie

foramàcchie [comp. di *fora(re)* e il pl. di *macchia* ② ✱ 1881] **s. m. inv.** ● (*zool.*) scricciolo

foràme [vc. dotta, lat. *forāme(n)*, da *forāre*, di orig. indeur. ✱ av. 1292] **s. m. 1** †buco, apertura **2** (*anat.*) ***f. ovale***, apertura tra i due atrii nel cuore del feto, talvolta persistente anche nell'adulto | ***f. vertebrale***, apertura formata dal corpo di una vertebra col suo arco

Foraminìferi [comp. del lat. *forāmen*, genit. *forāminis* 'forame' e *-fer* '-fero' ✱ 1855] **s. m. pl.** (**sing.** *-o*) ● (*zool.*) ordine di Protozoi marini provvisti di un guscio calcareo, di forma varia e con uno o più fori per l'uscita degli pseudopodi; depositandosi sui fondi marini contribuiscono a formare i fanghi abissali (*Foraminifera*)

foràneo o (*lett.*) **foràno** [vc. dotta, lat. mediev. *forāneu(m)* 'che è fuori della città', da *fŏris* 'fuori' ✱ 1612] **agg. 1** (*lett.*) che è fuori della città: *castello f.* | ***vicario f.***, V. *vicario* **2** detto di costruzione attinente a un porto, ma situata fuori di esso: *molo f.*; *diga foranea*

foranéve [da *fora(re)* sul modello di *(buca)neve* ✱ 1865] **s. m. inv.** ● (*bot.*) bucaneve

foranìa [da *foraneo* ✱ 1965] **s. f.** ● carica e ufficio del vicario foraneo | (*est.*) distretto di una diocesi comprendente più parrocchie

foràno ➤ **foraneo**

forapàglie o **forapàglia** [comp. di *fora(re)* e il pl. di *paglia* ✱ 1831] **s. m. inv.** ● piccolo passeriforme europeo con dorso verde rossiccio macchiettato di nero che nidifica nelle depressioni del terreno in zone palustri (*Acrocephalus schoenobaenus*) **SIN.** forasiepe

forapiètre [comp. di *fora(re)* e il pl. di *pietra* ✱ 1561] **s. m. inv.** ● (*zool.*) dattero di mare

foràre [lat. *forāre*, di orig. indeur. ✱ av. 1292] **A v. tr.** (*io fóro* (o *-ò-*)) **1** bucare, traforare (*anche fig.*): *f. un legno, una parete, una roccia* | ***f. i biglietti***, fare il foro di controllo su biglietti ferroviari e sim. **2** ***f. una gomma, uno pneumatico***, subire accidentalmente la foratura di uno pneumatico (*anche assol.*): *ha forato sulla ghiaia* **3** †penetrare, insinuarsi **B foràrsi v. intr. pron.** ● bucarsi: *si è forata la gomma, la teglia*

forasàcco [comp. di *fora(re)* e *sacco* ✱ 1625] **s. m.** (**pl.** *-chi*) ● graminacea le cui spighette, fornite di peli rigidi, possono bucare le pareti di sacchi, vestiti e sim., oppure infiggersi sotto l'apparato boccale di animali al pascolo o penetrare nel condotto uditivo causando seri disturbi

forasièpe [comp. di *fora(re)* e *siepe* ✱ av. 1527] **s. m.** (**pl. inv.** o *-i*) **1** (*zool.*) forapaglie **2** (*fig.*) †omiciattolo | (*fig.*, *lett.*) ragazzino vivace, diavoletto

foràstico [vc. dotta, lat. *forăsticu(m)*, dall'avv. *fŏras* 'fuori' ✱ av. 1500] **agg.** (**pl. m.** *-ci*) ● (*lett.*

f

o *merid.*) poco socievole, scontroso: *carattere f.* SIN. rustico, selvatico

†**forastièro** ➤ **forestiero**

†**foràta** [sec. XIV] **s. f.** • piaga | foro, buco

foratèrra [comp. di *fora(re)* e *terra* ✱ av. 1320] **s. m. inv.** • utensile per far buchi nel terreno, spec. per seminarvi e piantarvi SIN. cavicchio, piantatoio

foràtico [da *foro*①✱ 1956] **s. m.** (**pl.** *-ci*) • apertura della tonnara, attraverso la quale i tonni penetrano nelle reti

foratìno [da *forato* ✱ 1959] **s. m. 1** (**spec. al pl.**) tipo di pasta simile ai bucatini **2** specie di mattone forato di piccole dimensioni

foràto **A** **part. pass.** di *forare*; **anche agg. 1** che presenta uno o più fori: *laterizio f.* **2** †*mento f.*, con la fossetta | †*avere il capo f.*, (*fig.*) essere privo di cervello **B** **s. m. 1** tipo di laterizio, quale mattone o tavella, attraversato nel senso della lunghezza da fori atti a diminuirne il peso e renderlo isolante **2** †buco ‖ **foratìno**, **dim.** (V.) | **foratóne**, **accr.**

foratóio [da *forare* ✱ 1612] **s. m.** (**pl.** *-ói*) • strumento per bucare, punteruolo

foratóre [1612] **s. m.**; **anche agg. 1** (**f.** *-trice*) chi (o che) fora **2** foratoio

foratùra [da *forare* ✱ sec. XIV] **s. f. 1** operazione del forare un legno, metallo e sim. SIN. perforazione, trapanatura | foro **2** incidente consistente nel forare: *la f. di uno pneumatico* | foro, bucatura

†**foravìa** ➤ **fuorivia**

•**fòrbice** o †**fòrbicia**, †**fòrfice**, †**fòrvice** [lat. parl. **fŏrbice(m)*, per il classico *fŏrfice(m)*, di orig. indeur. ✱ 1282] **s. f. 1** (**spec. al pl.**) strumento da taglio, costituito da due lame d'acciaio incrociate e imperniate nel mezzo, fornite a un'estremità di anelli in cui infilare le dita: *forbici del sarto, del parrucchiere, del valigiaio*; *forbici da potare, da ricamare* | ***forbici a ginocchio, ripiegate***, delle ricamatrici | ***le forbici della censura***, (*fig.*) l'intervento della censura | ***una lingua tagliente come le forbici***, (*fig.*) di persona che abitualmente dice male degli altri | ***andamento a f.***, o (*ellitt.*) ***forbice***, quello di due fenomeni, spec. economici, che divergono vistosamente l'uno rispetto all'altro nel loro andamento quantitativo: *la f. dei prezzi* (tra quelli all'ingrosso e quelli al minuto), *dei salari* (tra diverse categorie di lavoratori) | †***condurre qlcu. nelle forbici***, (*fig.*) metterlo in una situazione difficile **2** strumento chirurgico per tagliare: *f. retta, curva* **3** (*lett.*) grande e pesante cesoia **4** (**al pl.**, *pop.*) le chele dei granchi e degli scorpioni **5** nell'antica fortificazione, opera alta, posta davanti alla cortina e costituita da due corpi angolati aperti verso la campagna | ***fortificazione a f.***, i cui lati angolati costituiscono salienti e rientranti **6** (*mar.*) caviglia con due legni incastrati sulla murata ad angolo acuto per dare volta alle scotte delle travi e ai bracci dei pennoni maggiori **7** in ginnastica artistica, movimento pendolare al cavallo con maniglie ‖ **forbicétta**, **dim.** | **forbicìna**, **dim.** (V.) | **forbicióne**, **accr. m.**

forbiciàio [av. 1589] **s. m.** (**f.** *-aia*, **pl. m.** *-ai*) **1** (*raro*) artigiano che fa e vende forbici e coltelli **2** nell'industria siderurgica, operaio che taglia lastre metalliche e sim.

forbiciàta o †**forficiàta** [av. 1675] **s. f. 1** taglio netto fatto con le forbici e il segno che rimane **2** nello sport, sforbiciata

forbicìna① [sec. XV] **s. f. 1** dim. di *forbice* **2** piccola forbice spec. per manicure o ricamo

forbicìna② [dalla forma del ventre, che termina a guisa di *forbice* ✱ av. 1730] **s. f.** • insetto dei Dermatteri con corpo allungato e due robuste appendici addominali, rossiccio, comune sui fiori, sugli alberi e sotto le pietre (*Forficula auricularia*) SIN. forfecchia, forficula

forbìre [francone *forbian* 'pulire le armi' ✱ 1268] **A** **v. tr.** (*io forbìsco, tu forbìsci, poet. fòrbi*) **1** (*lett.*) nettare, pulire (*anche fig.*): *questi forbe la forma, quegli lavora sul fondo* (F. De Sanctis) | (*lett.*) lustrare **2** (*lett.*) asciugare, tergere **B** **forbìrsi** **v. tr. pron.** (**aus.** *essere*) **e rifl.** • (*lett.*) pulirsi: *Disse l'oste forbendosi la bocca col rovescio della manica* (G. Verga)

forbìta [1869] **s. f.** • (*raro*) atto del forbire, spec. rapido e frettoloso: *darsi una f. alla bocca*

✦**forbitézza** [av. 1729] **s. f.** • (*raro*) caratteristica di forbito (*spec. fig.*): *f. di lingua, di stile* SIN. nitidezza, eleganza, preziosità

SFUMATURE ➤ *nitore*

✦**forbìto** **part. pass.** di *forbire*; **anche agg. 1** (*lett.*) pulito **2** (*fig.*) elegante, curato: *discorso, modo di parlare f.* ‖ **forbitaménte**, **avv.** in modo forbito (*spec. fig.*)

forbitùra [1868] **s. f.** • (*raro*) pulitura di metalli e sim.

fórca [lat. *fŭrca(m)*, di etim. incerta ✱ sec. XIII] **s. f. 1** attrezzo per rimuovere foraggi, paglia, letame e sim., costituito da due o tre denti di ferro collegati a un manico di legno **2** patibolo per l'impiccagione formato da uno o due pali verticali uniti in cima da un altro palo trasversale da cui pende il capestro | (*est.*) la pena stessa: *condannare alla f.* | ***va' alla, sulla f.!***, va' in malora! | ***far la f. a qlcu.***, (*fig.*) danneggiarlo operando nascostamente | (*tosc.*) ***fare f.***, (*gerg.*) marinare la scuola | ***Forche Caudine***, località in cui gli antichi Romani, vinti dai Sanniti, subirono l'onta di passare sotto una specie di giogo; (*fig.*) passo, momento o situazione in cui si deve sottostare a una grave umiliazione **3** (*mar.*) attrezzo a forma di forca, come le bighe che si adoperano per disalberare **4** valico tra due monti **5** (*est.*) qualunque cosa abbia la forma di una forca **6** (*fam.*, *tosc.*) ragazzo impertinente **7** (*lett.*) punto in cui una strada si biforca ‖ **forcàccio**, **pegg. m.** (V.) | **forchétta**, **dim.** (V.) | **forchétto**, **dim. m.** | **forchìno**, **dim. m.** (V.) | **forcìna**, **dim.** (V.) | **forcìno**, **dim. m.** (V.) | **forcóne**, **accr. m.** (V.)

forcàccio [1834] **s. m. 1** pegg. di *forca* **2** (*mar.*) ciascuno dei madieri di poppa a forma di Y

forcaiòlo o (*lett.*) **forcaiuòlo** [da *forca* nel sign. 2, che i *forcaioli* adopererebbero contro i ribelli ✱ 1898] **agg. e s. m.** (**f.** *-a*) **1** che (o chi), nella lotta politica, osteggia qualsiasi innovazione facendosi fautore di violenti sistemi repressivi | (*est.*) conservatore, reazionario **2** (*tosc.*, *scherz.*) che (o chi) marina la scuola

forcàta [da *forca* ✱ 1313] **s. f. 1** quantità di fieno, paglia e sim. sollevata con un solo colpo di forca **2** colpo dato con la forca **3** †inforcatura del corpo umano ‖ **forcatèlla**, **dim.**

†**fòrce** o †**fòrci** [fr. *forces* 'forbici', dal lat. *fŏrfices* (V. *forbice*) ✱ 1321] **s. f. pl.** • forbici

force de frappe /*fr.* ˌfɔʀsdəˈfʀap/ [loc. fr., propr. 'forza d'urto' ✱ 1960] **loc. sost. f. inv.** (**pl. fr.** *forces de frappe*) **1** dotazione di armi nucleari di cui una nazione dispone al fine di dissuadere un possibile avversario da ogni forma di aggressione | potere deterrente esercitato dal possesso di armi nucleari **2** (*est.*) qualsiasi forza che costituisca un deterrente

forcèlla [lat. *furcĭlla(m)*, dim. di *fŭrcula*, dim. di *fŭrca* 'forca' ✱ av. 1320] **s. f. 1** organo meccanico di forma biforcuta, che può assumere funzioni svariatissime, gener. di sostegno: *f. per carrucole* | ***f. della bicicletta, della motocicletta***, parte del telaio in cui è inserito il mozzo della ruota **2** punto in cui il tronco o un ramo di un albero si biforca **3** lunga asta di ferro terminante a bidente, di cui si servono i forcellanti **4** (*mar.*) sorta di scalmo biforcuto che sostiene il remo senza necessità dello stroppo **5** (*tosc.*) forcina per capelli **6** stretta incisione in una linea di cresta montana **7** nel tiro di artiglieria, coppia di colpi in arrivo nel cui intervallo è compreso l'obiettivo **8** (*pop.*) osso del petto dei volatili | †inforcatura **9** (*mus.*) simbolo grafico per l'indicazione dinamica di crescendo o diminuendo ‖ **forcellétta**, **dim.** | **forcellìna**, **dim.**

forcellànte [1983] **s. m. e f.** • operaio che, nelle fornaci di vetro soffiato, introduce con la forcella nel forno di raffreddamento gli oggetti di vetro appena lavorati

•**forchétta** [av. 1400] **s. f. 1** dim. di *forca* **2** posata solitamente in metallo, formata da un manico e da più denti (o *rebbi*), con la quale si infilzano i cibi e li si porta alla bocca: *f. d'argento, di plastica*; *f. da dolce, da frutta* | ***colazione alla f.***, a base di piatti freddi, che non richiedono l'impiego del cucchiaio | ***una buona f.***, (*fig.*) un buon mangiatore | ***parlare in punta di f.***, (*fig.*) con affettazione **3** simbolo a forma di forchetta usato in guide turistiche per classificare, a seconda del loro numero, la qualità di un ristorante **4** (*mar.*) capra **5** l'osso del petto dei volatili SIN. forcella **6** (*anat.*) ***f. dello sterno***, biforcazione del margine superiore dello sterno | ***f. vulvare***, frenulo delle grandi labbra **7** (*veter.*) fettone **8** (*stat.*) l'intervallo fra il valore minimo e quello massimo fra i quali presumibilmente si colloca il valore di una variabile statistica SIN. forbice **9** nel gioco degli scacchi e della dama, mossa con la quale si attaccano simultaneamente due pezzi avversari ‖ **forchettìna**, **dim.** | **forchettóne**, **accr. m.** (V.)

forchettàta [1865] **s. f. 1** la quantità di cibo che si può prendere in una volta con la forchetta **2** colpo di forchetta ‖ **forchettatìna**, **dim.**

forchettièra [sec. XIV] **s. f.** • astuccio per forchette

forchétto [da *forchetta* ✱ sec. XV] **s. m.** • asta terminante con due rebbi usata in negozi e sim. per attaccare o staccare oggetti collocati in alto

forchettóne [av. 1673] **s. m. 1** accr. di *forchetta* **2** grande forchetta a due rebbi, spec. per tenere la carne che si vuol trinciare **3** (*fig.*, *spreg.*) chi trae un illecito profitto economico dalle cariche pubbliche

forchìno [1869] **s. m. 1** dim. di *forca* **2** forca a tre rebbi disposti a triangolo, per paglia, fieno, fascine

†**fòrci** ➤ †**force**

forcìna [1525] **s. f. 1** dim. di *forca* **2** piccolo oggetto di metallo, di tartaruga, osso e sim. ripiegato a U, che si appunta nei capelli in alcuni tipi di acconciatura **3** †forchetta da tavolo **4** forcella usata un tempo per appoggiare il moschetto ‖ **forcinèlla**, **dim.**

fòrcing /ˈfɔrsin(g), *ingl.* ˈfɔːsɪŋ/ [vc. ingl., forma nominale del v. *to force* 'forzare', dal fr. *forcer*, a sua volta dal lat. parl. **fortiāre*, da *fŏrtia*, nt. pl. di *fŏrtis* 'forte' ✱ 1936] **s. m. inv.** • nel linguaggio sportivo, insistente e pressante azione d'attacco

forcìno [av. 1646] **s. m. 1** dim. di *forca* **2** lunga stanga, munita a un'estremità di un ferro a forma di forca, usata per spingere i barchini di palude

fòrcipe [vc. dotta, lat. *fŏrcipe(m)*, comp. di *fŏrmus* 'caldo' e un deriv. di *căpere* 'prendere'; propr.: 'ciò che prende le cose calde' ✱ 1782] **s. m.** • (*med.*) strumento ostetrico a forma di grossa pinza, usato per estrarre rapidamente il nascituro in un parto difficile

fórcola [lat. *fŭrcula(m)*, dim. di *fŭrca* 'forca' ✻ av. 1488] **s. f. 1** piccola forca usata per lavori agricoli **2** (*mar.*) scalmo forcato di legno o di ferro, che serve a sostenere il ginocchio del remo **3** (**al pl.**) ganci naturali di legno per sostenere reti verticali e gabbie, nelle tese da uccelli **4** valico angusto in una catena montuosa

forconàta [1790] **s. f. 1** la quantità di roba che si può sollevare in una sola volta col forcone **2** colpo di forcone **3** nella scherma, colpo tecnicamente poco pregevole, che si vibra ritirando all'indietro il braccio armato

forcóne [av. 1306] **s. m. 1** accr. di *forca* **2** grossa forca con tre rebbi di ferro su un'asta di legno per ammucchiare e scaricare il letame **3** spuntone con ghiera e uncini usato anticamente dalle milizie terrestri per scalare muraglie

forcùto [da *forca* ✻ av. 1306] **agg.** • che ha forma di forca: *coda forcuta*

fordìsmo (ford-i-smo, for-di-smo) [1927] **s. m.** • metodo di divisione del lavoro, basato sul sistema della produzione a catena, introdotto nelle sue officine automobilistiche dall'industriale americano Henry Ford (1863-1947) **CFR.** toyotismo

†**fòre** ➤ **fuori**

forènse [vc. dotta, lat. *forēnse(m)*, da *fŏrum* 'foro②' ✻ sec. XIV] **agg.** • che concerne l'attività giudiziaria: *linguaggio f.*; *eloquenza f.*; *pratica f.*

forése (o -ṣ-) [lat. *forēnse(m)*, da *fŏrum* 'foro②', avvicinato a *fŏras* 'fuori', per etim. pop. ✻ 1266] **A s. m. e f. 1** †chi abita, vive in campagna | †forestiero **2** nel meridione d'Italia, bracciante agricolo impiegato in aziende di modeste dimensioni **B agg.** • (*lett.*) di campagna

†**foresètta** ➤ **forosetta**

◆**forèsta** [lat. tardo *forĕste(m)* (*sĭlvam*), dall'avv. *fŏris* 'fuori' ✻ 1266] **s. f.** • grande estensione di terreno coperta da alberi | ***f. vergine, equatoriale, pluviale***, foresta rigogliosissima costituita da più piani di vegetazione, caratteristica delle regioni equatoriali | ***f. a galleria***, simile alla foresta equatoriale, estesa lungo le rive dei fiumi nelle regioni subequatoriali | ***il richiamo della f.***, (*fig.*) quello esercitato dall'ambiente di primitiva formazione, su chi l'aveva un tempo abbandonato (dal titolo di un romanzo di J. London) | ***una f. di capelli***, (*fig.*) una massa molto folta **SIN.** selva

forestàle [da *foresta* ✻ 1815] **A agg.** • che concerne le foreste: *legge, amministrazione f.* | ***guardia f.***, guardaboschi | ***Corpo f. dello Stato***, ente organizzato con un sistema gerarchico di tipo militare, che provvede a proteggere e ampliare il patrimonio boschivo nazionale | ***scienze forestali***, insieme delle discipline relative alle foreste e ai boschi | ***dottore f.***, dottore in scienze forestali, abilitato all'esercizio della professione e iscritto all'albo professionale **B s. f.** • ***la F.***, il Corpo forestale dello Stato

forestazióne [da *foresta* ✻ sec. XX] **s. f.** • complesso delle operazioni volte a tutelare e ad accrescere il patrimonio forestale come valore naturale, sociale ed economico

foresterìa o †**forestierìa**, †**forestarìa** [da *forestiero* ✻ av. 1306] **s. f. 1** insieme di locali situati spec. in conventi, palazzi signorili, collegi e sim., destinati all'alloggio di forestieri e ospiti: *Chi sente lettoria, vada in forestaria* (IACOPONE) **2** appartamento che una società mette a disposizione del proprio personale temporaneamente inviato in una sede di lavoro diversa da quella abituale: *si affitta solo per uso f.* **3** †condizione di forestiero | †moltitudine di forestieri **4** †accoglienza riservata ai forestieri: *Bella f. che al cavalier voi fate!* (C. GOLDONI)

forestière ➤ **forestiero**

†**forestièri** ➤ **forestiero**

†**forestierìa** ➤ **foresteria**

forestierìsmo [1887] **s. m.** • forma linguistica presa da una lingua straniera **CFR.** calco, prestito

forestièro o (*lett.*) **forestière**, †**forastièro**, †**forestièri** [ant. fr. *forestier* 'straniero', dall'avv. lat. *fŏris* 'fuori' ✻ 1287] **agg. e s. m.** (**f.** *-a*) **1** che (o chi) proviene da un paese diverso da quello in cui attualmente si trova: *usanze forestiere*; *d'estate la città si riempie di forestieri*; *quella città ... restava in discrezione di forestieri con pericolo di sedizioni* (P. SARPI) **2** (*fam.*, *lett.*) ospite

forestierùme [1843] **s. m.** • (*spreg.*, *raro*) complesso di persone, parole, usanze forestiere

forèsto [V. *foresta* ✻ sec. XIII] **A agg. 1** (*ven.*) forestiero, estraneo (*anche fig.*) | (*tosc.*) campagnolo, rustico, rozzo **2** (*lett.*) remoto, selvaggio, disabitato **B s. m.** (**f.** *-a*) • (*ven.*) forestiero

forèver /fo'rever, *ingl.* fə'revə(r)/ [vc. ingl., propr. 'per (*for*) sempre (*ever*)' ✻ 1986] **avv.** • (*scherz.*) per sempre: *Juve f.!*

forfait① /*fr.* fɔʀ'fɛ/ [vc. fr., 'contratto a prezzo fisso', comp. di *fors* 'fuori' e *fait* 'fatto', perché *fatto fuori* della legge ✻ 1851] **s. m. inv.** • (*econ.*) cifra fissa globale prestabilita come pagamento di un bene o di una prestazione **CFR.** forfè

forfait② /*fr.* fɔʀ'fɛ/ o **forfeit** /for'feit, *ingl.* 'fɔːfɪt/ [fr., dall'ingl. *forfeit*, a sua volta dall'ant. fr. *forfait* 'misfatto'. V. *forfait*① ✻ 1905] **s. m. inv.** • mancata partecipazione o ritiro prima dell'inizio dello svolgimento della gara, di una squadra o di un concorrente da un incontro cui era iscritto: *vincere per f.* | ***dichiarare, dare f.***, abbandonare l'incontro; (*fig.*) rinunciare a un impegno, a un confronto, darsi per vinto **CFR.** forfè

forfaiting /*ingl.* 'fɔːˌfeitɪŋ/ [vc. ingl., da *forfait*① ✻ 1985] **s. m. inv.** • (*econ.*) sconto nel quale lo scontante si assume il rischio di insolvenza del debitore

†**forfàre** ➤ †**furfare**

forfè **s. m. inv.** • adattamento di *forfait*① e (2) (V.) ‖ **forfettino**, **dim.** | **forfettóne**, **accr.**

forfécchia [lat. *forfĭcula(m)*, dim. di *fŏrfex*, genit. *fŏrficis* 'forbice'. Cfr. *forbicina*② ✻ av. 1476] **s. f.** • (*zool.*) forbicina

forfeit ➤ **forfait**②

forfetàrio e deriv. ➤ **forfettario** e deriv.

forfettàrio o (*raro*) **forfetàrio** [fr. *forfaitaire*, da *forfait*① (V.) ✻ 1942] **agg.** • che è stato fissato a forfait: *prezzo f.* ‖ **forfettariaménte**, **avv.**

forfettiẓẓàre o **forfetiẓẓàre** [da *forfait*① ✻ 1942] **v. tr.** • determinare un prezzo a forfait ‖ **forfettiẓẓazióne**, **s. f.** (V.)

forfettiẓẓazióne o **forfetiẓẓazióne** [1984] **s. f.** • il forfettizzare | calcolo, conteggio forfettario

forfettóne [1995] **s. m.** • (*colloq.*) termine con cui si indica il regime fiscale semplificato per i contribuenti con ricavi inferiori a un minimo stabilito dalla legge

†**fòrfice** e deriv. ➤ **forbice** e deriv.

forfìcula [vc. dotta, lat. *forfĭcula(m)* 'forfecchia' ✻ 1499] **s. f.** • (*zool.*) forbicina②

fórfora [lat. *fŭrfure(m)* 'crusca, forfora', di etim. incerta ✻ av. 1320] **s. f.** • prodotto di desquamazione dello strato corneo del cuoio capelluto

foroàceo o **furfuràceo** [vc. dotta, lat. tardo *furfurāceu(m)* 'come crusca', da *fŭrfur*, genit. *fŭrfuris* 'crusca, forfora' ✻ 1834] **agg.** • (*bot.*) detto di pianta ricoperta di squamette

forforóso (o -ṣ-) [lat. *furfurōsu(m)*, da *fŭrfur*, genit. *fŭrfuris* 'crusca, forfora' ✻ 1855] **agg.** • pieno di forfora

◆**fòrgia** [fr. *forge*, dal lat. *fābrica(m)* 'fabbrica' ✻ av. 1347] **s. f.** (**pl.** *-ge*) **1** fucina del fabbro **2** (*milit.*) un tempo, piccola fucina da campo per la ferratura dei quadrupedi

forgiàbile [1929] **agg.** • che si può forgiare (*anche fig.*) ‖ **forgiabilità**, **s. f. inv.**

◆**forgiàre** [fr. *forger*, dal lat. *fabricāre* 'fabbricare' ✻ 1363] **v. tr.** (**pres.** *io fòrgio*; **fut.** *io forgerò*) **1** lavorare alla forgia **SIN.** fucinare **2** (*fig.*) plasmare: *f. il carattere di un ragazzo*

forgiatóre [1853] **s. m.** (**f.** *-trice*) **1** chi forgia metalli **2** (*fig.*) chi plasma, educa

forgiatrìce [1932] **s. f.** • pressa per dare forma al ferro reso malleabile dal calore **SIN.** fucinatrice

forgiatùra [1941] **s. f.** • operazione, lavoro del forgiare, mediante pressioni dinamiche o continue **SIN.** fucinatura

fòri ➤ **fuori**

-forìa [gr. *-phoría*, dal v. *phérein* 'portare', di orig. indeur.] **secondo elemento** • in parole composte dotte, significa 'il portare' o 'il portarsi': *euforia, lampadeforia*

-fòrico **secondo elemento** • forma aggettivi composti correlativi ai sostantivi in *-foria*: *euforico*

◆**forièro** o †**forière** [ant. fr. *fourrier* 'foraggiatore' che precedeva le truppe. V. *foraggio*. Cfr. *furiere* ✻ 1557] **A agg.** • che precede e annuncia: *nuvole foriere di tempesta*; *segni forieri di malattia* **B s. m.** • (*lett.*) chi precede un gruppo di persone: *compariscono i forieri della masnada* (A. MANZONI) | (*milit.*) †***f. di alloggiamento***, chi precedeva le unità nei luoghi di sosta per predisporne gli alloggiamenti

forint /*ungherese* 'forint/ [vc. ungherese, dall'it. *fiorino* ✻ 1956] **s. m. inv.** (**pl. ungherese** *forintok*) • unità monetaria dell'Ungheria

†**forivìa** ➤ **fuorivia**

forlivése (o -ṣ-) [av. 1348] **A agg.** • di Forlì **B s. m. e f.** • abitante o nativo di Forlì

form /fɔrm, *ingl.* fɔːm/ [vc. ingl., propr. 'formulario', dal lat. *fŏrma* attraverso il fr. ant. ✻ 1997] **s. m. inv.** • (*Internet*) modulo telematico nel quale si richiede all'utente di inserire i propri dati personali

◆**fórma** [lat. *fŏrma(m)*, dal gr. *morphḗ*, con metatesi ✻ av. 1257] **A s. f. 1** (*filos.*) struttura, modello o aspetto esteriore, in genere contrapposta a materia, sostanza o contenuto | in Platone, l'essenza delle cose, che trascende le apparenze fenomeniche; in Aristotele e nella scolastica, principio sostanziale di ogni essere, distinto ma inscindibile dalla sua materia; in Kant, la funzione del pensiero che ordina i dati della conoscenza; nello strutturalismo, la struttura in quanto modello esplicativo della realtà **2** figura o aspetto esteriore di qlco., determinato dalle linee che ne segnano il contorno o dalla particolare disposizione degli elementi che la compongono: *un solido di f. cilindrica, sferica, poliedrica, piramidale*; *un corpo di f. slanciata, rozza, inelegante*; *la f. degli occhi, del naso, della bocca* **CFR.** morfo-, -morfo, -forme | modo di presentarsi, di manifestarsi; tipo: *una rara f. di tumore*; *f. benigna, maligna* | ***f. morbosa***, aspetto particolare sotto cui si presenta una malattia | foggia: *uno strano abito a f. di mantello* | ***a, in f. di***, secondo una certa foggia, un certo aspetto | ***sotto f. di***, come (spec. nel linguaggio scientifico): *la morfina si usa in medicina sotto f. di cloridrato* | ***prender f.***, assumere un determinato aspetto; (*fig.*) concretarsi | *f. di danza*, figura | ***in tutte le forme***, in ogni modo | †***per f. che***, in modo tale che **3** (*est.*) apparenza, sembianza: *presentarsi in f. di pellegrino; apparire in f. di satiro, di ninfa* | apparizione: *i suoi incubi erano popolati di orribili forme* **4** (**spec. al pl.**) complessione del corpo umano: *forme delicate, slanciate, tozze* | (*est.*) parti rilevanti e tondeggianti del corpo femminile: *l'abito attillato faceva risaltare le sue forme* **5** (*lett.*) bellezza del corpo umano: *la bella Armida, di sua f. altera* (T. Tasso) **6** (*sport*) condizione fisica di un atleta o di un cavallo da corsa: *essere in f., in ottima f.; essere giù di f., fuori f., in cattiva f.* | (*fig.*) condizione psicofisica di una persona: *oggi non sono in f. e faccio errori su errori; non so cosa gli è successo, ma mi sembra un po' giù di f.* **7** modo di esprimersi; stile: *parlare in f. chiara e concisa; scrivere in f. oratoria, dialogica* **SIN.** stile **8** (*dir.*) documentazione richiesta dalla legge o dalle parti per la validità o l'efficacia di un atto o negozio giuridico: *vizio di f.* | ***f. di un processo***, serie degli atti da cui esso è costituito **9** esteriorità: *si preoccupa solo della f.* **CONTR.** sostanza **10** modo educato e corretto di comportarsi: *nel trattare con gli altri anche la f. ha il suo peso* | ***la debita f.***, la maniera conveniente | ***le dovute forme***, le maniere più adatte a una particolare circostanza | modalità: *ricevere qlcu. in f. privata, ufficiale; funerali in f. solenne* | (**spec. al pl.**) convenzioni sociali: *rispettare le forme* **11** (*gramm.*) conformazione morfologica di una parola: *f. attiva, passiva; f. maschile, femminile* | ***f. linguistica***, elemento esteriore del segno linguistico, aspetto nel quale si presenta una parola o un enunciato: *'amplo' è f. letteraria di 'ampio'* **12** (*mat.*) polinomio omogeneo | ***f. lineare, quadratica, cubica***, di 1°, 2°, 3° grado | ***f. bilineare, multilineare***, in due o più variabili, lineare in ciascuna di esse separatamente | ***f. binaria, ternaria***, in due, tre variabili | ***f. canonica***, rappresentazione di un ente in un sistema di coordinate che sia completamente individuato dall'ente stesso **13** (*miner.*) insieme di tutte le facce di un cristallo che devono coesistere per ragioni di simmetria e orientazione **14** in varie tecnologie e lavorazioni artigianali, oggetto o struttura che consente di modellare, lavorare e sim. i prodotti propri di ognuna di esse: *f. per calzature* | ***f. del sarto***, attrezzo di legno che serve a spianare il giro manica, il collo e i risvolti della giacca | ***f. del cappellaio***, modello in legno della fascia e del cocuzzolo del cappello | ***f. del muratore***, cassetta quadrilatera senza fondo, di larghezza pari allo spessore che si vuol dare al muro, che il muratore riempie via via col materiale da costruzione | ***f. del fornaciaio***, per modellare l'argilla secondo le figure dei vari materiali da costruzione | ***f. per dolci***, stampo spec. metallico, variamente sagomato, in cui si lascia solidificare un dolce | in metallurgia, complesso delle parti in sabbia, metallo, gesso o altro materiale, che costituisce una cavità per il getto del metallo fuso | nell'industria casearia, cerchio di legno rotondo e bucherellato in cui si versa il latte coagulato per fare il formaggio; anche, ogni formaggio così confezionato: *una f. di parmigiano* **15** struttura e ordinamento di uno Stato, di un ente e sim.: *f. repubblicana, monarchica, oligarchica, democratica; adottare una particolare f. amministrativa* | ***f. di governo***, tipo, secondo le caratteristiche strutturali **16** (*mus.*) ***f. binaria, bipartita***, struttura musicale in due sezioni, come nell'aria d'opera o in brani della suite | ***f. ternaria, tripartita***, struttura musicale in tre sezioni, come nel minuetto e nella forma sonata | ***f. sonata***, V. *sonata* **17** (*biol.*) termine senza precise implicazioni tassonomiche che indica una categoria sistematica di ordine intermedio (genere, specie, sottospecie) **18** (*psicol.*) Gestalt | ***psicologia della f.***, gestaltismo ‖ **formèlla**, **dim.** (V.) | **formétta**, **formettina**, **dim.** | **formìna**, **dim.** (V.) **B** in **funzione di agg. inv.** ● (posposto al sost.) nella loc. ***peso f.***, quello che un atleta raggiunge quando è all'apice della forma; (*est.*) il peso ideale di una persona

SFUMATURE DI SIGNIFICATO

forma - stampo - matrice

In accezione concreta, **forma** è un oggetto mediante il quale si modella una materia. Se la forma è un oggetto cavo all'interno del quale si versa un materiale liquido che poi, solidificandosi, prenderà la forma dell'oggetto stesso si ha **stampo**. Se invece la forma consiste in un blocchetto metallico su cui è incisa l'impronta di un segno grafico da cui si ricava per fusione un carattere in rilievo si chiama **matrice**.

formàbile [vc. dotta, lat. tardo *formābile(m)*, da *fōrma* 'forma' ✱ av. 1320] **agg.** ● che si può formare ‖ **formabilità**, **s. f. inv.**

formaggèlla [dim. di *formaggio* ✱ av. 1869] **s. f.** ● (*sett.*) formaggio tenero preparato con latte di vacca o di capra in piccole forme tonde

formaggèra ▸ **formaggiera**

formaggétta [dim. di *formaggio* ✱ 1903] **s. f. 1** (*sett.*) formaggella **2** pomo tondo e appiattito posto a ornamento dell'estremità dell'albero di una nave o dell'asta di una bandiera

formaggiàio [1585] **s. m.** (**f.** *-aia*, **pl. m.** *-ai*) ● chi fa o vende il formaggio

formaggièra o **formaggèra** [1925] **s. f.** ● recipiente di vetro, metallo e sim. usato per servire formaggio grattugiato in tavola

formaggìno [1925] **s. m. 1** dim. di *formaggio* **2** formaggio fuso pastorizzato, venduto soprattutto in piccole forme avvolte in fogli di alluminio

♦**formàggio** [fr. *fromage*, dal lat. parl. **formāticu(m)* '(cacio) messo in forma' ✱ sec. XIII] **s. m.** ● alimento che si ottiene facendo coagulare il latte con caglio: *f. dolce, molle, piccante* | ***f. grasso***, di latte intero | ***f. semigrasso***, di latte parzialmente scremato | ***f. magro***, di latte totalmente scremato | ***f. grattugiato***, per condimento | ***f. di fossa***, di pura pecora o misto, a pasta friabile di colore giallo ambrato, di sapore deciso; viene ottenuto avvolgendolo in sacchi di tela e mantenuto in totale assenza di aria per circa tre mesi in fosse scavate nella roccia e rivestite di paglia ‖ **formaggèlla**, **dim. f.** (V.) | **formaggétta**, **dim. f.** (V.) | **formaggétto**, **dim.** | **formaggìno**, **dim.** (V.)

NOMENCLATURA

formaggio = cacio

● *caratteristiche*: grasso (semigrasso) ⇔ magro, molle ⇔ duro (semiduro), fresco ⇔ stagionato, da tavola ⇔ da grattugiare; salato, duro, duro e piccante, cotto a maturazione lenta, piccante, grasso, fresco, fuso; di capra, di pecora, di bufala, di mucca; erborinato, a pasta cruda, semicotta, cotta, filata; forma, panetto, fetta, pezzo, scheggia, scaglia, crosta; fonduta;

● *formaggi italiani*: ricotta, mascherpa, mascarpone; mozzarella, provatura, treccia, bocconcino, marzolina; stracchino, squacquerone, manteca = burrino, murazzano, crescenza, fior di latte, quartirolo; raveggiolo, burrata, robiola; taleggio, gorgonzola, pannarone, fontina, bra, castelmagno, asiago, raschera, caprino, canestrato, toma, tomino, caciotta, marzolino, groviera, pecorino, provola, scamorza, caciocavallo, provolone, montasio; parmigiano reggiano, lodigiano, grana padano, provola, scamorza, caciocavallo, provolone, montasio; parmigiano reggiano, lodigiano, grana padano, nostrano, nostrale;

● *altri formaggi*: edam = olandese (Olanda); brie, camembert (Francia); emmental, gruviera, sbrinz (Svizzera); tofu (Cina).

formài de mut /*lomb.* for'mai de'mut/ [loc. bergamasca propr. 'formaggio di monte'] **loc. sost. m. inv.** ● formaggio a pasta semicotta, prodotto con latte di vacca intero, tipico dell'alta val Brembana

formaldèide [comp. di *form(ico)* e *aldeide* ✱ 1889] **s. f.** ● (*chim.*) gas di odore irritante ottenuto industrialmente per ossidazione catalitica dell'alcol metilico; si usa nella fabbricazione di materie plastiche, nella preparazione di sostanze coloranti e nella disinfezione di ambienti **SIN.** aldeide formica

formàle [vc. dotta, lat. *formāle(m)*, da *fōrma* 'forma' ✱ 1268] **agg. 1** di forma, attinente alla forma: *problema f.* | ***logica f.***, V. *logica* | che si limita alla forma: *gentilezza f.* **SIN.** esteriore | relativo agli aspetti stilistici di una produzione artistica: *i pregi formali di un film* **CONTR.** sostanziale **2** espresso nella debita forma, compiuto con l'osservanza di essa: *intervento, processo f.* | ***colloquio f.***, ufficiale **CONTR.** informale | (*est.*) chiaro, esplicito, solenne: *dichiarazioni, parole formali; promessa f.* **3** (*dir.*) ***negozio giuridico f.***, quello per la cui validità la legge o le parti richiedono una forma speciale ‖ **formalménte**, **avv. 1** da un punto di vista formale: *capisco le tue ragioni ma formalmente ha ragione lui* **2** in modo chiaro, esplicito, solenne: *promettere, dichiarare formalmente* **3** in modo formale ‖ **formalità**, **s. f. inv.** (V.)

formalìna [ingl. *formalin*, da *formaldehyde* 'formaldeide, aldeide formica' ✱ 1894] **s. f.** ● (*chim.*) soluzione acquosa di aldeide formica, astringente e disinfettante, usata anche per la conservazione di pezzi anatomici **SIN.** formolo

formalìsmo [fr. *formalisme*, da *formaliste* 'formalista' ✱ 1850] **s. m. 1** (*filos.*) qualsiasi dottrina che consideri la realtà sotto un aspetto puramente formale, indipendentemente dall'empiricità dei contenuti **2** dottrina estetica o teoria critica secondo la quale sono esclusivamente i valori formali a definire l'essenza di un'opera d'arte | in un'opera d'arte, prevalenza, anche eccessiva, dei valori formali su quelli del contenuto **3** esagerata osservanza delle formalità, delle forme esteriori: *il f. dei burocrati è esasperante*

formalìsta [fr. *formaliste*, dal lat. *formālis* 'formale' ✱ 1667] **A s. m. e f.** (**pl. m.** *-i*) **1** chi, in filosofia o in estetica, è fautore o seguace del formalismo **2** chi si preoccupa eccessivamente della forma esteriore, del tono ufficiale e sim. **B agg.** ● formalistico

formalìstico [av. 1904] **agg.** (**pl. m.** *-ci*) **1** relativo al formalismo o ai formalisti **2** caratterizzato da formalismo: *i confini formalistici del tristo ambiente giudiziario* (L. Pirandello) ‖ **formalisticaménte**, **avv.**

♦**formalità** [da *formale* ✱ sec. XV] **s. f. inv. 1** procedimento prescritto e consueto per compiere cerimonie e sim.: *sbrigare le f. del matrimonio; adempiere alle f. connesse con il proprio ufficio* | (*dir.*) forma speciale richiesta dalla legge: *osservare le f. di legge* | ***f. procedurali***, modi legali di procedere **SIN.** modalità **2** convenzioni sociali, forme esteriori: *sottostare alle f. accademiche* | ***per mera f.***, esclusivamente per rispetto alla forma esteriore | ***è una semplice f.***, un atto privo di ogni rilevanza sostanziale

formalizzàre [da *formale*; nel sign. B, calco sul fr. *se formaliser*, dal lat. *formālis* 'formale' ✱ 1585] **A v. tr. 1** rendere formale, ufficiale: *f. le proprie dimissioni* | (*dir.*) redigere nelle forme richieste dalla legge o dalle parti: *f. una transazione* **2** (*filos.*) ridurre un sistema di conoscenze o un processo reale in uno schema formale che lo rappresenti **B formalizzàrsi v. intr. pron.** ● mostrarsi rigido sull'osservanza di determinate forme o convenzioni sociali | risentirsi per la mancata osservanza di determinate convenzioni: *non è il caso di formalizzarsi per un leggero ritardo* ‖ **formalizzazióne**, s. f. (V.)

formalizzazióne [1965] **s. f. 1** il formalizzare: *la f. di un'istruttoria* **2** (*filos.*) il procedimento del formalizzare

♣fórma mèntis [loc. lat., propr. 'forma, struttura della mente' ✻ 1935] **loc. sost. f. inv.** (**pl. lat.** *formae mentis*) ● struttura mentale, modo di pensare tipico di un individuo

formànte **part. pres.** di *formare*; **anche agg. 1** nei sign. del v. **2** (*ling.*) ***lingue formanti***, lingue che danno una forma propria a ciascuna parola della frase

♦formàre [lat. *formāre*, da *fōrma* 'forma' ✻ 1224] **A v. tr.** (*io fórmo*) **1** modellare qlco. per farle assumere la forma voluta: *f. una figura con l'argilla; f. una statua in bronzo, in gesso* | (*est.*) fare, costituire: *gli invitati formarono un circolo attorno al padrone di casa* **2** (*fig.*) educare, plasmare, forgiare: *f. il cuore e la mente dei giovani; f. le nuove generazioni al rispetto sociale* **3** dare origine: *f. un partito, una famiglia* | costituire, comporre: *f. un ministero, un esercito; questi soli beni formano il mio patrimonio; l'appartamento è formato da quattro locali; la strada era formata di sassi puntuti* (A. BOITO) **4** ordinare o stendere nella debita forma: *f. un periodo, una proposizione; f. un disegno di legge, un atto processuale; adunare materie per f. un componimento* (D. BARTOLI) **5** creare: *f. parole, idee nuove* | ***f. il suono***, modularlo | anche nella forma pron. **formàrsi**, crearsi, farsi: *formarsi un proprio gusto; formarsi un'idea, un giudizio, un'opinione; mi sono formato un concetto di lui come di un uomo pio* (A. FOGAZZARO) **6** rappresentare: *f. il vanto, l'orgoglio, la consolazione della famiglia* **B formàrsi v. intr. pron. 1** prodursi: *nel muro si era formata una patina di muffa* **2** crescere, svilupparsi: *il bambino si forma nel seno materno; dal bocciolo si forma il fiore* | (*fig.*) educarsi, maturarsi, acquisire una formazione (+ *a*): *si è formato alla scuola di B. Croce*

SFUMATURE ➤ *educare*

formàrio [da *forma* ✻ 1983] **s. m.** ● (*ling.*) volume che raccoglie tutte le varianti di forma contenute in un'opera o in un gruppo di opere letterarie

fòrmat /ˈfɔrmat, *ingl.* ˈfɔːmæt/ [vc. ingl., propr. 'formato' ✻ 1987] **s. m. inv. 1** (*tipogr.*) definizione delle caratteristiche tipografiche (carattere, corpo, interlinea, tabulazioni ecc.) di un elemento di testo **2** (*tv*) schema di programma d'intrattenimento che una rete televisiva può acquistare da chi lo ha ideato per allestirne una propria versione

formatìvo [1308] **agg. 1** di formazione, relativo alla formazione: *progetto f.; itinerario f.* **2** che tende a formare: *scuola formativa* | ***insegnamento f.***, che tende alla formazione più che all'apprendimento di informazioni e notizie | ***credito f.***, V. *credito* | ***debito f.***, V. *debito*②

formàto **A** **part. pass.** di *formare*; **anche agg. 1** costituito (+ *da*, **raro o lett.** + *di*): *lega formata da acciaio e carbonio; un verso f. da coriambi; è un consiglio d'amministrazione f. da pochi membri; un gruppo f. di tre uomini a cavallo* (G. VERGA) **2** sviluppato | ***ben f.***, di belle forme, armonico **3** †testuale, preciso: *subito il savio re disse queste formate parole in sua lingua* (B. CELLINI) **B s. m. 1** forma e dimensione di un oggetto: *il f. di un foglio; un libro di f. tascabile, piccolo, comodo, maneggevole; fotografia f. cartolina* | ***f. imperiale***, V. *imperiale*① **2** (*fotogr.*) le dimensioni del fotogramma, nelle pellicole fotografiche: *f. 24 × 36 mm; f. 6 × 6 cm* | ***f. tessera***, detto delle fotografie di formato standard che vanno applicate sui documenti di riconoscimento | (*cinema*) la misura della larghezza delle pellicole cinematografiche: *f. 8, 16 mm* **3** (*inform.*) tipo di organizzazione dei dati all'interno di un file, gener. specifico per ciascun programma o applicazione

formatóre [vc. dotta, lat. *formatōre(m)*, da *formāre* 'formare' ✻ av. 1342] **A agg.** ● che forma **B s. m.** (**f.** *-trice*) **1** chi forma, crea: *l'Alfieri fu arditissimo e frequentissimo f. di parole* (G. LEOPARDI) | (*lett.*) educatore, maestro | (*lett.*) ***il F. dell'Universo***, il Creatore **2** esperto che cura la formazione professionale di un gruppo di lavoratori **3** chi fa il calco in gesso di una scultura | in varie tecnologie, addetto alle formature

formatrìce [vc. dotta, lat. tardo *formatrīce(m)*, da *formāre* 'formare' ✻ 1965] **s. f.** ● macchina che può compiere una o più operazioni necessarie per costituire una forma o per dare a qlco. la forma voluta: *f. meccanica; f. per burro*

formattàre [dall'ingl. *format*, propr. 'formato' ✻ 1988] **v. tr.** ● (*inform.*) predisporre un disco magnetico per la registrazione di dati e programmi

formattazióne [da *formattare* ✻ 1979] **s. f. 1** (*inform.*) organizzazione di un insieme di dati secondo un determinato formato per facilitarne il trattamento | processo di organizzazione di un testo secondo un certo formato, al fine di ottenere una copia stampabile **2** (*inform.*) operazione con cui si predispone un supporto dati in modo da poter memorizzare su di esso dei dati e in seguito reperirli

formatùra [vc. dotta, lat. *formatūra(m)*, da *formāre* 'formare' ✻ 1499] **s. f. 1** in ceramica, operazione del modellare la pasta argillosa **2** in metallurgia, complesso di operazioni necessarie a preparare le forme e a colare in esse il metallo fuso | ***f. delle lamiere***, complesso delle deformazioni plastiche che mutano la forma della lamiera senza asportare truciolo o effettuare taglio

♦formazióne [vc. dotta, lat. *formatiōne(m)*, da *formāre* 'formare' ✻ 1319] **s. f. 1** il formare, il formarsi: *la f. dei pianeti, della Terra, dei giacimenti carboniferi, dell'embrione; un'idea, un progetto ancora in f.; la f. del nuovo governo appare molto difficile* **SIN.** costituzione, creazione, nascita **CFR.** -poiesi | (*ling.*) ***f. delle parole***, l'insieme di processi morfosintattici che permettono la creazione di nuove unità da morfemi lessicali **2** (*fig.*) maturazione delle facoltà psichiche e intellettuali dovuta allo studio e all'esperienza: *le carenze affettive incidono nella f. dell'individuo; ha una buona f. scientifica; corso di f. in matematica* | ***romanzo di f.***, V. *romanzo*② | ***f. professionale***, V. *professionale* **3** (*milit.*) disposizione di più persone o mezzi costituenti un'unità organizzata: *avanzare in f. serrata* | (*est.*) reparto o complesso organizzato: *f. navale, aerea; avvistare una f. nemica* | (*sport*) schieramento di una squadra in campo: *f. offensiva, prudente* | (*est.*) elenco dei giocatori che costituiscono una squadra: *l'allenatore ha annunciato la f.* | la squadra stessa: *sconfiggere una forte f.* **4** (*geol.*) complesso di rocce distinto dalle adiacenti, sovrastanti e sottostanti per particolari caratteri | unità litostratigrafica fondamentale che si riconosce nel rilevamento geologico di una regione **5** (*anat.*) qualsiasi entità normale o patologica | (*bot.*) ***f. vegetale***, associazione naturale di piante dovuta al clima e alla natura del suolo

-fórme [lat. *-fōrme(m)*, da *fōrma*, spesso per rendere equivalenti composti gr. in *-morphos*] **secondo elemento** ● in aggettivi composti, significa 'di forma', 'che ha forma di' e sim.: *aeriforme, filiforme, fusiforme, multiforme*

formèlla [1340 ca.] **s. f. 1** dim. di *forma* **2** riquadro di varia forma in legno, marmo, bronzo o terracotta, spesso decorato con pitture o rilievi, usato a scopo ornamentale, per cornicioni, porte e sim. | mattonella di vario materiale, usata per pavimentazioni e sim. **3** mattonella di tritume vario usata un tempo come combustibile **4** (*zootec.*) aggregato di foraggio essiccato e compresso in forma di mattonella **5** buca aperta nel terreno per piantarvi alberi **6** (*zool.*) formazione ossea situata sulle parti laterali e anteriori del pastorale o della corona nel piede del cavallo

formellàto [1745] **agg.** ● suddiviso in formelle | ornato di formelle

formellatóre [1983] **s. m.** ● (*zootec.*) macchina che riduce il foraggio in formelle

†forménto ➤ **frumento**

formentóne ➤ **frumentone**

formeret /*fr.* fɔrməˈrɛ/ [vc. fr., da *forme* 'forma' ✻ 1956] **s. m. inv.** ● (*archit.*) nelle chiese romaniche e gotiche, ciascuno degli archi laterali, situati lungo le pareti delle navate per rinforzare le volte a crociera

formiàto [dall'acido *form(ico)* ✻ 1795] **s. m.** ● (*chim.*) sale o estere dell'acido formico

Fòrmica®① [marchio registrato, prob. deriv. di *formico*, per la sua composizione chimica ✻ 1963] **s. f.** ● tipo di laminato plastico di grande durezza, nella cui fabbricazione trovano impiego resine sintetiche ottenute da urea e fenolformaldeide; si usa come rivestimento e isolante elettrico

♦formica② [lat. *formīca(m)*, di orig. indeur. ✻ 1266] **s. f. 1** imenottero sociale dal corpo snello, con addome peduncolato, che vive in comunità costituite da varie categorie di individui: *f. maschio, femmina, feconda, alata* **CFR.** mirmeco- | ***f. rossa***, dei boschi (*Formica rufa*) | (*fig.*) ***andare a passo di f.***, camminare lentamente | ***avere il cervello di una f.***, (*fig.*) mostrare una scarsa apertura mentale | ***essere parsimonioso e attivo come una f.***, non sprecare mai nulla e lavorare intensamente **CFR.** cicala **2** (*veter.*) ***f. del piede***, correntemente, cancro del fettone **3** (**al pl.**, *sicil.*) gruppo di piccoli scogli ‖ **formichétta**, **dim.** | **formichìna**, **dim.** | **formichìno**, **dim. m.** | **formicóna**, **accr.** | **formicóne**, **accr. m.** (V.) | **formicùccia**, **formicùzza**, **dim.**

formicàio [da *formica*② ✻ 1304] **s. m.** (**pl.** *-ai*) **1** nido di formiche | ***stuzzicare il f.***, (*lett., fig.*) andare cercando guai molestando chi se ne sta tranquillo | (*est.*) moltitudine di formiche **2** (*fig.*) moltitudine di persone spec. in continuo movimento | luogo affollato **3** (*veter.*) onicomicosi

formicaleóne [vc. dotta, lat. tardo *formicoleōne(m)*, nom. *formicŏleon*, comp. di *formīca* 'formica②' e *lĕo*, genit. *leōnis* 'leone' ✻ 1654] **s. m.** (**pl.** *-i*) ● insetto dei Neurotteri simile a una libellula, le cui larve si annidano nella sabbia e catturano le formiche (*Myrmeleon formicarius*)

†formicaménto [da *formicare* ✻ av. 1580] **s. m.** ● formicolio

formicàre [vc. dotta, lat. *formicāre* 'prudere' ✻ av. 1367] **v. intr.** (*io formico, tu formichi*; **aus.** *avere*) ● (*lett.*) formicolare

formichière [detto così perché si ciba di *formiche* ✻ 1798] **s. m.** ● grosso mammifero sudamericano degli Sdentati, dal muso lungo e sottile, che si nutre di formiche catturate introducendo la lunga lingua vischiosa nell'interno dei formicai (*Myrmecophaga tridactyla*) **SIN.** mangiaformiche, mirmecofago

fòrmico [fr. *formique*, detto così perché l'acido fu trovato nelle *formiche* rosse ✻ 1795] **agg.** (**pl. m.** *-ci*) ● (*chim.*) detto di composti derivati dal metano: *aldeide formica* | ***acido f.***, acido organico monobasico, diffuso nel regno vegetale, liquido, corrosivo, di odore pungente, vescicante, usato in tintoria, in conceria e come disinfettante e germicida

formìcola [av. 1449] **s. f.** ● (*tosc.*) formica, nel sign. di *formica*② ‖ **formicolìna**, **dim.** | **formicolìno**, **dim. m.** | **formicolóne**, **accr. m.**

formicolàio [1729] **s. m.** (**pl.** *-ai*) ● (*pop., tosc.*) formicaio (*anche fig.*)

formicolaménto [sec. XIV] **s. m.** ● (*raro*) formicolio

formicolànte **part. pres.** di *formicolare*; anche **agg.** **1** brulicante **2** (*med.*) ***polso f.***, molto frequente e debole

formicolàre [da *formicola* ✱ av. 1367] **v. intr.** (*io formìcolo*; **aus.** *avere* **nei sign.** 1 e 2, *essere* **nel sign.** 3) **1** brulicare di persone o di insetti che si muovono confusamente e in modo frenetico: *la strada formicolava di gente* **2** (*fig., disus.*) essere fitto o pieno: *quello scritto formicola di errori* **3** essere intorpidito, dare una sensazione come di molte piccole punture: *il piede, la gamba formicola* **4** †rabbrividire

formicolìo [da *formicola* ✱ 1611] **s. m.** (**pl.** *-ii*) **1** brulichio: *c'era per le strade un gran f. di gente* **2** (*med.*) sensazione cutanea simile a quella prodotta dal contatto di formiche, propria di diverse forme di affezioni nervose o vascolari | correntemente, intorpidimento: *sentirsi un forte f. alla pelle*

formicolùme [da *formicola* col suff. *-ume* ✱ 1934] **s. m.** ● (*raro*) brulichio

formicóne [sec. XIV] **s. m.** **1** accr. di *formica* **2** nel gergo teatrale e cinematografico, operaio addetto al cambiamento e al trasporto degli elementi di scena

♦**formidàbile** [vc. dotta, lat. *formidābile(m)*, da *formidāre* 'temere', da *formīdo* 'timore', di etim. incerta ✱ 1481] **agg.** **1** (*lett.*) spaventoso, tremendo: *si scatenò improvvisamente una tempesta f.*; *col suon del formidabil corno / avea cacciato il populo infedele* (L. ARIOSTO) **2** (*est., spec. lett.*) di forza, intensità o gravità eccezionali, tali da incutere timore: *esercito, tempesta, accusa f.* **3** (*est.*) straordinario (spec. in senso positivo): *appetito, ingegno f.*; *quel complesso rock è f.!* ‖ **formidabilménte**, **avv.**

formidàto [vc. dotta, lat. *formidātu(m)*, part. pass. di *formidāre* 'temere'. V. *formidabile* ✱ 1516] **agg.** ● (*lett.*) temuto: *sonar per l'aria il f. nome* (L. ARIOSTO)

formilazióne [comp. di *formil(e)* e *-zione* ✱ 1956] **s. f.** ● (*chim.*) reazione chimica mediante la quale si introduce in una molecola organica il radicale formile

formìle [da (*acido*) *form(ico)* ✱ 1956] **s. m.** ● (*chim.*) residuo dell'acido formico, corrisponde all'acido formico a cui manca l'ossidrile

formìna **s. f.** **1** dim. di *forma* **2** piccolo calco che i bambini usano sulla spiaggia per creare forme di sabbia

fòrmio [dal gr. *phormós* 'stuoia di giunco', di orig. indeur. ✱ 1834] **s. m.** ● pianta tropicale delle Xantorreacee con foglie lunghe, coriacee e fiori gialli (*Phormium tenax*)

fòrmola e deriv. ➤ **formula** e deriv.

formòlo [da (*aldeide*) *form(ica)* ✱ 1917] **s. m.** ● (*chim.*) formalina

formosità (o **-ṣ-**) [vc. dotta, lat. *formositāte(m)*, da *formōsus* 'formoso' ✱ 1374] **s. f. inv.** **1** caratteristica di chi (o di ciò che) è formoso **2** (**al pl.**) parti formose del corpo spec. femminile

formóso (o **-ṣ-**) [lat. *formōsu(m)*, da *fōrma* 'bellezza'. V. *forma* ✱ av. 1306] **agg.** ● che ha forme piene, ben fatte e ben modellate: *braccia, gambe formose*; *era formosa e di piacevole aspetto molto* (G. BOCCACCIO) | ***donna formosa***, che accoppia la bellezza alla pienezza delle forme ‖ **formosétto**, **dim.** ‖ **formosità**, **s. f. inv.** (V.)

♦**fòrmula** o (*raro*) **fòrmola** [vc. dotta, lat. *fōrmula(m)*, dim. di *fōrma* 'forma' ✱ sec. XIV] **s. f.** **1** nel diritto romano, documento in cui il pretore riassumeva i termini della controversia da sottoporre al giudice privato **2** (*dir.*) espressione che deve ritualmente essere usata nel compimento di dati atti giudiziari, contratti e sim.: *f. di giuramento* | ***f. esecutiva***, espressione che, apposta a dati atti giudiziali o stragiudiziali, conferisce agli stessi efficacia di titolo esecutivo **3** (*est.*) frase rituale o consuetudinaria, che si pronuncia in modo preciso e invariato in determinate circostanze: *f. di commiato, di augurio*; *rispettare rigorosamente le formule* | ***formule vuote***, vane, prive di significato, non più valide **4** frase che sintetizza i principi e i motivi fondamentali di una dottrina, di un movimento politico, culturale e sim.: *la f. di Mazzini era: 'pensiero e azione'* **SIN.** motto **5** (*chim.*) rappresentazione scritta mediante simboli degli elementi costituenti una data sostanza | ***f. bruta, greggia***, rappresentazione scritta di una molecola mediante i simboli degli elementi che la costituiscono | ***f. di struttura, di costituzione***, rappresentazione scritta del modo con cui gli atomi degli elementi costitutivi della molecola sono uniti da legami di valenza | (*est.*) correntemente, insieme di ingredienti costituenti un dato composto: *la f. di un nuovo sapone* **SIN.** composizione **6** (*fig.*) insieme dei tratti distintivi di un organismo, un'attività e sim.: *costituire un governo, un giornale secondo formule nuove*; *una nuova f. di propaganda* **SIN.** sistema **7** (*mus.*) procedimento melodico, armonico o ritmico, reso costante dall'uso in un determinato stile **8** (*mat.*) espressione che permette di calcolare certe quantità, quando altre siano note | ***f. risolutiva***, espressione che dà la soluzione o le soluzioni di una equazione, di un sistema d'equazioni o di un problema **9** nell'automobilismo sportivo, suddivisione in categorie, secondo determinazioni di peso e cilindrata per piccole e grandi vetture: *auto di F. Uno* (o *F. 1*) | ***f. di gara***, particolare regolamento di una competizione ‖ **formulétta**, **dim.** | **formulìna**, **dim.**

formulàbile [1920] **agg.** ● che può essere formulato ‖ **formulabilità**, **s. f. inv.**

formulàre① [da *formula* ✱ 1844] **v. tr.** (*io fòrmulo*) ● esprimere con termini precisi e secondo la formula prescritta: *f. una proposta di legge*; *f. un giuramento* | (*est.*) dire, manifestare: *f. un desiderio, un augurio, un quesito, un voto*

formulàre② [1956] **agg.** ● costituito da formule | delineato, svolto con formule

formulàrio o †**formolàrio** [vc. dotta, lat. tardo *formulāriu(m)* (agg. che significava 'concernente le formule'), da *fōrmula* 'formula' ✱ av. 1519] **s. m.** **1** raccolta di formule: *f. giuridico, chimico, farmaceutico* **2** schema preparato per la futura redazione di un atto, al fine di disciplinare in modo uniforme dati rapporti giuridici: *contratti conclusi mediante la sottoscrizione di formulari* | modulo da compilare con dati e risposte varie: *la domanda deve essere corredata dal f. debitamente riempito*

formulazióne [av. 1827] **s. f.** ● il formulare: *f. di una domanda* | modo in cui qlco. è formulato: *la f. della legge non è chiara* | (*est.*) espressione, manifestazione: *f. di un desiderio*

fornàce [lat. *fornāce(m)*, dalla stessa radice di *fūrnus* 'forno' ✱ 1266] **s. f.** **1** opera in muratura per la cottura di calcari, argille, gesso e sim. usati nella preparazione di materiali da costruzione: *f. da gesso, da mattoni* | (*est.*) impianto industriale dotato di una o più fornaci **2** (*fig., iperb.*) luogo eccessivamente caldo: *la tua stanza è una f.* ‖ **fornacèlla**, **dim.** | **fornacétta**, **dim.** | **fornacìno**, **dim. m.**

fornaciàio o †**fornaciàro** [sec. XIII] **s. m.** (**f.** *-aia*, **pl. m.** *-ai*) **1** chi lavora in una fornace **2** proprietario o gestore di una fornace

fornaciàta [1550] **s. f.** ● quantità di calce, mattoni e sim. che si può mettere nella fornace in una volta sola

♦**fornàio** o (*centr., merid.*) **fornàro** [lat. tardo *furnāriu(m)*, da *fūrnus* 'forno' ✱ 1211] **s. m.** (**pl.** *-ai*) **1** (**f.** *-aia*) chi fa il pane o lo vende | proprietario o gestore di una panetteria **SIN.** panettiere **2** uccello dei Passeriformi rosso bruno, più chiaro sul ventre, così detto perché il suo nido, formato di terra indurita, assomiglia a un forno (*Furnarius rufus*) ‖ **fornarìno**, **dim.** | **fornarétto**, **dim.**

fornàro ➤ **fornaio**

fornàta [da *forno* ✱ 1606] **s. f.** ● (*lett.*) infornata

♦**fornèllo** [sec. XIII] **s. m.** **1** dim. di *forno* **2** in numerose lavorazioni spec. del passato, piccolo forno contenente il materiale combustibile: *f. dell'argentiere, dello stovigliaio, dello stagnaro* | (*est.*) parte della pipa dove si mette il tabacco | (*est.*) in ogni apparecchio di riscaldamento, parte in cui avviene la combustione: *il f. della caldaia* **3** (*per anton.*) apparecchio domestico, per cuocere cibi o per altri usi: *f. elettrico, a gas, a carbone, a petrolio*; *accendere, spegnere il f.*; *mettere la pentola sul f.* **4** pozzo di piccola sezione che mette in comunicazione un livello della miniera con quello sottostante: *f. di ventilazione, di accesso* | ***f. di gettito***, per scaricare al livello sottostante il minerale abbattuto **5** (*milit.*) cavità in cui si introduce la carica di un esplosivo ‖ **fornellétto**, **dim.** | **fornellìno**, **dim.** | **fornellóne**, **accr.**

fornìbile [da *fornire* ✱ 1956] **agg.** ● che può essere fornito ‖ **fornibilità**, **s. f. inv.**

fornicàre [vc. dotta, lat. tardo *fornicāre*, da *fōrnix*, genit. *fōrnicis* 'fornice', poiché, in Roma antica, nei fornici si trovavano i postriboli ✱ 1268] **v. intr.** (*io fòrnico, tu fòrnichi*; **aus.** *avere*) **1** avere rapporti sessuali adulterini o considerati peccaminosi: *mi sentii offeso ... come una fanciulla cui in pubblico fosse stato rimproverato di aver fornicato* (I. SVEVO) **2** (*fig., lett.*) colludere, trescare

fornicatóre [1268] **s. m.** (**f.** *-trice*); anche **agg.** ● (*lett.*) chi (o che) compie l'atto della fornicazione

fornicatòrio [sec. XIV] **agg.** (**pl. m.** *-i* o *raro -ii*) ● (*lett.*) che concerne la fornicazione

fornicazióne [vc. dotta, lat. tardo *fornicatiōne(m)*, da *fornicāre* 'fornicare' ✱ 1268] **s. f.** **1** (*lett.*) illecita relazione sessuale | adulterio **2** (*fig., lett.*) eresia | simonia | intrigo

fòrnice [vc. dotta, lat. *fōrnice(m)*, di orig. indeur. ✱ 1374] **s. m.** **1** (*archit.*) apertura per lo più praticabile e sormontata da arco: *l'arco di Tito è a un f., quello di Costantino a tre fornici* **2** (*anat.*) qualsiasi cavità sacciforme formata dal ripiegarsi di una membrana

SFUMATURE ➤ *arco*

forniménto [da *fornire* ✱ 1268] **s. m.** **1** (*lett.*) il fornire; fornitura | (*est.*) ciò che è fornito | †equipaggiamento | †masserizie, suppellettili **2** (**al pl.**) parti dell'arma da fuoco portatile che collegano la canna alla cassa | nelle armi bianche, tutti i pezzi metallici variamente conformati annessi all'impugnatura **3** †esecuzione, compimento

♦**fornìre** [fr. *fournir*, dal francone *frumjan 'eseguire' ✱ 1266] **A** **v. tr.** (*io fornisco, tu forni-*

sci) **1** provvedere, dotare del necessario (+ *di*): *f. gli sfollati di pane e generi di prima necessità*; *f. qlcu. di denaro, di abiti*; *f. l'esercito di mezzi e materiali*; *fornire di mobili il salotto* **SIN.** corredare, munire **2** dare, procurare (+ *a*): *f. cibo e coperte ai profughi*; *f. informazioni ai turisti bloccati all'aeroporto*; *imponendogli di f. ogni giorno quella data qualità di lavoro* (I. Svevo) | (*est.*) produrre, esibire: *f. una prova decisiva, un alibi di ferro* **3** †eseguire, adempiere: *f. l'ufficio, la guerra, l'impresa* **4** †compiere: *f. l'opera, il viaggio* | ***f. i propri giorni***, morire **B** **v. intr.** ● †cessare **C** **fornirsi** **v. rifl.** ● effettuare il rifornimento di tutto quanto è necessario a un dato fine (+ *di*): *si fornirono di tutto l'occorrente per l'esperimento, per la difesa* | acquistare abitualmente, essere cliente (+ *a*, + *da*, + *in*): *mi fornisco sempre ai grandi magazzini*; *fornirsi dagli ambulanti, nei migliori negozi*

fornito **part. pass.** di *fornire*; anche **agg.** **1** (*assol.*; + *di*) Provvisto di quanto serve: *un negozio fornitissimo*; *un centro f. di tutti i servizi essenziali* | ***ben f.***, di chi (o di ciò che) è abbondantemente dotato di qlco.: *una ragazza fornita di una notevole intelligenza*; *una biblioteca ben fornita* **2** (*lett.*) finito, terminato: *Oramai fornita è la tua parte* (G. Boccaccio) **3** †già formato, adulto

fornitóre [da *fornire* ✱ 1330] **s. m.** (**f.** *-trice*); anche **agg.** ● chi (o che) fornisce un'azienda, un negozio, un ufficio e sim. delle materie prime o genericamente di determinati prodotti: *sono i fornitori dell'esercito*; *dovremo cambiare la ditta fornitrice* | negoziante da cui ci si serve

fornitùra [fr. *fourniture*, da *fournir* 'fornire' ✱ 1459] **s. f.** **1** il fornire **SIN.** rifornimento | ciò che si fornisce: *una f. di benzina, di carbone* | (*dir.*) ***contratto di f.***, contratto di somministrazione **2** quantità di merci che si forniscono o che si prende l'impegno di fornire: *rinnovare, raddoppiare la f.*

♦**fórno** [lat. *fŭrnu(m)*, di orig. indeur. ✱ 1219] **s. m.** (**pl.** *fórni* **m.**, †*fórnora* **f.**) **1** costruzione in muratura a volta in cui si produce un'alta temperatura per cuocervi il pane o altri cibi, introdotti dalla bocca mediante la pala | (*est.*) nelle cucine a gas, elettriche e sim., scomparto chiuso da uno sportello che si usa per la cottura di arrosti, dolci e altre pietanze: *spegnere il f.*; *levare il dolce dal f.* | ***al f.***, cotto nel forno: *patate, lasagne, tacchino al f.* | ***f. a microonde***, V. *microonda* | (*fig.*) †***fare ai sassi per i forni***, far cose da pazzi | (*est.*) infornata **2** negozio del fornaio, panetteria: *andare al f.*; *aprire un f.* **3** apparecchio nel quale si somministra calore per mantenere un ambiente a temperatura notevolmente elevata, al fine di ottenere trasformazioni chimiche o fisiche | ***f. fusorio***, per la fusione dei metalli | ***alto f.***, V. *altoforno* | ***f. a riverbero***, in cui le pareti e la volta riflettono potentemente il calore | ***f. di ricottura, di raffreddamento***, nella lavorazione del vetro, quello dove gli oggetti lavorati vengono raffreddati gradualmente e fino alla temperatura ambiente | ***f. a induzione***, forno elettrico per produrre acciaio partendo dalla ghisa | ***f. crematorio***, V. *crematorio* **4** (*med.*) apparecchio per fisioterapia con il calore | ***fare i forni***, sottoporsi a una cura eseguita con tale apparecchio **5** (*fig.*, *iperb.*) luogo molto caldo: *la città d'estate è un f.* **6** (*fig.*, *scherz.*) bocca molto larga o molto aperta, spec. di chi sbadiglia: *chiudi quel f.!* **7** nel gergo teatrale, sala vuota o semivuota | ***fare f.***, tenere uno spettacolo in una sala quasi priva di pubblico || **fornèllo**, **dim.** (V.) | **fornétto**, **dim.** | **fornìno**, **dim.**

♦**fóro** ① (o *-ò-*) [da *forare* ✱ av. 1292] **s. m.** (**pl.** *fóri*, **m.**, †*fóra*, **f.**) **1** cavità cilindrica o conica o prismatica, ricavata in un solido | ***f. cieco***, se interessa solo una parte dello spessore | ***f. passante***, se attraversa completamente il solido | ***f. filettato***, se sulle sue pareti è stata ricavata una filettatura **2** correntemente, buco, apertura: *praticare un f. nel muro*; *il f. delle orecchie* | ferita provocata spec. da un'arma da fuoco; *il f. di uscita di un proiettile* | ***f. apicale***, di sfiato dell'aria, nel centro della calotta del paracadute **SIN.** orifizio | ***f. di risonanza***, apertura sulla tavola armonica di violini, chitarre e sim. **3** (*disus.*) traforo, galleria || **forellino**, **dim.** | **forétto**, **dim.**

♦**fòro** ② [vc. dotta, lat. *fŏru(m)*, originariamente 'recinto' e 'porta del recinto', dalla stessa radice indeur. da cui derivano anche *fŏres* 'porta' e *fŏris* 'fuori' ✱ av. 1374] **s. m.** **1** piazza monumentale dell'antica Roma, ricca di edifici pubblici e religiosi, in cui si svolgeva la vita civile della città: *f. romano*; *f. di Cesare, di Augusto, di Traiano* | ***f. boario***, un tempo, area in cui aveva luogo il mercato del bestiame | ***Foro Italico***, a Roma, complesso monumentale e modernamente attrezzato destinato a manifestazioni agonistiche **2** (*dir.*) sede in cui l'autorità giudiziaria esplica normalmente la propria funzione: *recarsi nel f.* | ***un principe, un luminare del f.***, un avvocato di grande fama | ***f. ecclesiastico***, ambito nel quale la Chiesa esplica il proprio potere giurisdizionale | ***f. esterno***, nel diritto canonico, il giudice ecclesiastico; il provvedimento emesso da tale giudice | ***f. interno***, nel diritto canonico, il giudice (cioè Dio o il confessore) che valuta l'aspetto interiore degli atti umani, i rapporti tra la coscienza e Dio; il giudizio di tale giudice | (*est.*, *lett.*) ***f. interiore***, la coscienza stessa **3** (*dir.*) l'autorità giudiziaria competente per territorio: *f. dell'esecuzione*; *declinare il f.* | ***f. fiscale, della pubblica amministrazione***, autorità giudiziaria competente a giudicare nelle cause in cui è parte lo Stato

fòro ③ ➤ **essere** ①

-foro [gr. *-phóros*, da *phérein* 'portare', di orig. indeur.] **secondo elemento** ● in parole dotte composte, significa 'che porta', 'che produce', 'che genera': *fosforo, semaforo, tedoforo, termoforo*

Foronidèi [comp. del lat. *Phorōnis*, soprannome del personaggio mitologico Io, figlia di *Foroneo*, e *-oidei* ✱ 1932] **s. m. pl.** (**sing.** *-èo*) ● (*zool.*) piccolo gruppo di animali che vivono in un tubo chitinoso da essi stessi prodotto e con apertura boccale circondata da tentacoli (*Phoronidea*)

foronomìa [comp. di un deriv. del gr. *phorêin* 'portare' (d'orig. indeur.) e *-nomia* ✱ 1834] **s. f.** ● branca dell'idraulica che studia la fuoriuscita di liquidi da aperture praticate sul fondo o nelle pareti di recipienti

forosétta (o *-ṣ-*) o †**foresétta** [da *forese* ✱ av. 1300] **s. f.** ● (*lett.*) contadinella, villanella: *Gli occhi di quella gentil foresetta hanno distretta sì la mente mia* (G. Cavalcanti) | (*scherz.*) ragazza di campagna bella e gentile: *non si curava di lei per badare ad altre forosette* (I. Nievo)

fórra (o *-ò-*) [prob. dal got. *fauhrs* 'spazio fra i solchi', di orig. indeur. ✱ 1255] **s. f.** **1** fossato ripido e scosceso prodotto dall'erosione delle acque **SIN.** burrone, orrido **2** †la vegetazione di una forra

SFUMATURE ➤ *canyon*

fors'ànche o **fórse ànche**, (*lett.*) **fors'ànco**, (*raro*) **forsànche**, (*raro*) **forsànco** [av. 1294] **loc. avv.** ● forse addirittura, perfino: *ne avrai sentito parlare o fors'anche lo conoscerai*

♦**fórse** [lat. *fŏrsit*, da *fŏrs sĭt* 'destino sia' ✱ 1250 ca.] **A** **avv.** **1** esprime dubbio, incertezza, probabilità o anche possibilità e speranza: *f. è stato più giusto così*; *f. ho fatto male a dirglielo*; *ti sembrerà f. strano ma le cose stanno così*; *f. sì, f. no*; *f. che sì, f. che no*; *all'ombra de' cipressi ... / ... è f. il sonno / della morte men duro?* (U. Foscolo); *un cantico / che f. non morrà* (A. Manzoni) | si usa, per attenuare un'affermazione troppo recisa o un giudizio che può non essere condiviso da tutti, con i sign. di 'se non erro', 'se non è troppo' e sim.: *è f. il più grande poeta moderno* | con valore iter. e rafforz.: *f. f. te la caverai*; *f. f. ce l'abbiamo fatta* | ***se f.***, (*lett.*) se mai, se per caso | †***non f.***, temendo che | ***f. anche***, V. *fors'anche* **2** circa (seguito da un numero): *saranno f. le cinque*; *avrà f. nove anni*; *era il detto Gualtieri del corpo bellissimo e d'età f. di quaranta anni* (G. Boccaccio) **3** con valore enfat. e intens., si usa nelle interrogative retoriche, anche accompagnato dalla negazione 'non', con i sign. di 'per caso', 'per avventura' e sim.: *avresti f. paura?*; *non siamo f. amici?*; *non è f. vero?*; *erano f. queste le mie raccomandazioni?* | V. anche *forse che* **B** **in funzione di s. m. inv.** ● dubbio, incertezza: *essere, stare, rimanere in f.*; *tenere, lasciare in f.*; *lasciare le cose in f.* | ***mettere in f.***, mettere in dubbio; rendere incerto, a rischio, in pericolo: *metteresti in f. la mia buona fede?*; *la nebbia mette in f. l'effettuazione della partita* | ***senza f.***, certamente | esitazione: *deciditi senza tanti f.*; *non riesco a capire tutti i suoi f.*

fórse che o (*lett.*) **forseché** [1266] **loc. avv.** ● forse, per caso (con valore enfat. e intens. si usa nelle interrogative retoriche): *Forseché il vostro sangue non è come il nostro ... vermiglio?* (G. Parini)

forsennatézza [sec. XIV] **s. f.** ● (*lett.*) follia, frenesia: *meraviglie incredibili dell'umana f.* (D. Bartoli)

forsennàto [part. pass. di un ant. *forsennare* 'uscire di senno', dal fr. ant. *forsener*, comp. di *fors* 'fuori' e *sen* 'senno' ✱ av. 1294] **agg. e s. m.** (**f.** *-a*) ● che (o chi) è fuori di senno, e si comporta quindi in modo violento e furioso: *sembrare, parere un f.*; *comportarsi, gridare come un f.*; *si morse le mani come un f.* (I. Svevo) || **forsennataménte**, **avv.**

SFUMATURE DI SIGNIFICATO

forsennato - dissennato - delirante

Chi è fuori di senno, e si comporta in modo violento e furioso si definisce **forsennato**. **Dissennato** è invece chi si comporta in modo irragionevole, incoerente e illogico, ma senza abbandonarsi a comportamenti aggressivi o violenti. **Delirante** definisce in senso proprio chi si trova in uno stato di grave alterazione mentale caratterizzato da allucinazioni visive e agitazione motoria; correntemente il termine si riferisce a chi è irragionevole, frenetico, esaltato.

forsìzia ➤ **forsythia**

forsterìte [chiamata così in onore del naturalista J. R. *Forster* (1729-1798) ✱ 1956] **s. f.** ● (*miner.*) silicato di magnesio, termine puro del gruppo dell'olivina

forsỳthia (for-sy-thia, for-syth-ia) /for'sittsja/ o **forsìzia** [dal n. del botanico scozzese W. *Forsyth* (1737-1804) ✱ 1892] **s. f.** ● (*bot.*) genere di piante delle Oleacee, cespugliose, con fiori di color giallo dorato, che comprende quattro specie originarie del Giappone, della Cina e dell'Albania, coltivate come piante ornamentali (*Forsythia*)

♦**fòrte** [lat. *fŏrte(m)*, di orig. indeur. ✱ av. 1226] **A** **agg.** (**superl.** *fortissimo* (V.)) **1** dotato di vigore fisico e resistenza: *un uomo f.*; *essere di costituzione sana e f.* | dotato di volontà e di energia morale: *animo, spirito, carattere f.*; *certi bravissimi giovani più volonterosi che forti* (B. Cellini) | ***governo f.***, energico e deciso; anche, autoritario | ***uomo f.***, V. *uomo* nel sign. II 3 | (*spec. scherz.*) ***sesso f.***, maschile | ***piatto f.***, il migliore di un pranzo; (*fig.*) l'elemento più interessante di qlco. | ***pezzo f.***, (*fig.*) quello in cui un artista riesce meglio | ***medicamento, farmaco f.***, drastico | ***punizione, rimprovero f.***, molto severo | ***essere un f. bevitore***, bere molto | ***essere un f. mangiatore***, mangiare molto | ***essere un f. camminatore***, capace di lunghe camminate | ***lettore f.***, V. *lettore* nel sign. A 1 | (*colloq.*) molto abile, bravo: *è f., quell'attore!* | (*fam.*) molto simpatico, estroso: *f. quel tuo cugino!* | ***essere f. in latino, in matematica, nella corsa, nel salto***, molto abile | ***essere f. a denari, a bastoni***, nel gioco, avere molte buone carte di quel colore o seme | ***man f.***, V. *manforte* | ***farsi f.***, farsi coraggio | ***farsi f. di un argomento, di una prova e sim.***, trarne motivo di sicurezza SIN. robusto CONTR. debole **2** robusto, ben piantato, detto del corpo umano o di sue parti: *essere f. di petto, di fianchi; ha un seno piuttosto f.* | ***taglie forti***, quelle, in genere superiori alla 48 nel sistema italiano, riservate a persone robuste, spec. donne **3** resistente all'usura, ai colpi e sim.: *scudo, lama, tessuto, cartone f.* | (*est.*) saldo, tenace (*anche fig.*): *legame, memoria f.* | ***colla f.***, che attacca molto bene | ***terra f.***, argillosa, che assorbe molta acqua | ***calce f.***, che fa presa robusta | ***colore f.***, che non schiarisce facilmente | ***cassa f.***, V. *cassaforte* SIN. solido **4** grande, notevole: *f. spesa, somma, capitale; essere dotati di un f. appetito* | (*est.*) serio, valido: *disporre di argomenti forti* | ***a più f. ragione***, tanto più CONTR. esiguo **5** intenso, veemente, potente (*anche fig.*): *vento, burrasca, terremoto f.; una f. passione* | dato con forza: *una f. spinta l'ha fatto cadere* | (*est.*) grave, insopportabile, doloroso: *un f. mal di testa; è stata un'esperienza troppo f. per lui* | ***parole forti***, molto severe, quasi offensive | ***maniere forti***, decise, brutali **6** di ciò che colpisce intensamente i sensi: *luce, colore, odore, sapore f.; forti grida provenivano dalla casa* | ***liquore f.***, molto alcolico | ***vino f.***, di alta gradazione alcolica; anche, vino che sa di acido, che è infortito **7** (*ling.*) detto di consonante che è pronunciata con maggiore tensione articolatoria rispetto alla corrispondente lene (per es. /p/ rispetto a /b/, /b/ rispetto a /v/) | (*gramm.*) di categoria grammaticale che nella flessione non ricorre all'aggiunta di suffissi **8** (*fig., lett.*) alto, fiero, nobile: *azioni, imprese, sentimenti forti* **9** (*lett.*) aspro, disagevole (*anche fig.*) | †***passo f.***, arduo | †***nodo f.***, difficile da disfare ‖ **fortemente**, avv. con forza; con tenacia: *sostenere fortemente qlco.*; con intensità: *si mostrò fortemente sorpreso* **B** avv. **1** con forza, gagliardamente: *tienti f.; prova a bussare f.* | con violenza: *piove f.; il vento soffia f.; f. spingava con ambo le piote* (DANTE *Inf.* XIX, 120) CONTR. piano **2** grandemente, molto, assai: *sospetto f. di lui; temo f. che sia così; è uno che mangia, beve e fuma f.* | in unione con un agg.: *è intelligente f.; questa parola parve f. contraria alla donna* (G. BOCCACCIO) | ***giocare, puntare f.***, grosse somme di denaro **3** ad alta voce: *parla più f.; Rinaldo ed Ulivier piangevon f.* (L. PULCI) | ***parlare f., dire qlco. f.***, (*fig.*) con chiarezza, senza reticenze CONTR. piano **4** velocemente: *Ed ecco due da la sinistra costa, / nudi e graffiati, fuggendo sì f., / che de la selva rompieno ogni rosta* (DANTE *Inf.* XIII, 115-117) | ***andare f.***, (*fig., colloq.*), avere successo CONTR. piano **5** †in modo difficile e oscuro **C** s. m. (anche f. nel sign. 1; inv. nel sign. 6) **1** chi è dotato di forza fisica e spec. morale: *esercitare il diritto del più f.; a egregie cose il f. animo accendono / l'urne de' forti* (U. FOSCOLO) CONTR. debole **2** (solo sing.) ciò che costituisce la parte più dura, resistente e sim. di qlco. | ***il f. dell'esercito***, nerbo **3** opera fortificata di limitata estensione, a guardia di un passo o di una località, o costituente elemento di una piazza, di un campo trincerato o di una regione fortificata | nelle colonie del Nord America, luogo fortificato dove si riunivano i coloni delle zone circostanti per difendersi dagli attacchi delle popolazioni indigene **4** (solo sing.) ciò in cui qlcu. è particolarmente abile, preparato e sim.: *le matematiche non sono il suo f.; la puntualità non è il suo f.* CONTR. debole **5** (solo sing.) sapore acre di sostanze fermentate: *prendere sapore di f.* **6** (*mus.*) indicazione dinamica che richiede un'intensità di suono superiore alla media SIMB. f

SFUMATURE DI SIGNIFICATO

forte - poderoso - energico

Forte è chi è dotato di vigore e resistenza, tanto in senso fisico quanto morale; in riferimento al corpo umano indica floridezza o robustezza. **Poderoso** è, in senso concreto, ciò che alla forza unisce una struttura possente, massiccia; figuratamente descrive qualcosa di vigoroso, intenso, potente. **Energico** non ha correlazione con la prestanza o la forza fisica, e si riferisce invece a una qualità del carattere, alla risolutezza nel decidere e nell'agire.

SFUMATURE ➤ ***aitante***

fortepiàno o **forte-piàno**, spec. nel sign. 2 [comp. di *forte* e *piano* (V. *pianoforte*) ✻ 1826] s. m. (pl. inv. o *fortepiàni* nel sign. 1, inv. nel sign. 2) **1** strumento musicale da cui deriva il pianoforte, con corde di budello animale e telaio in legno **2** (*mus.*) indicazione dinamica che richiede un'emissione di intensità forte immediatamente portata a un'intensità minore

fortéto [da *forte*, nel sign. A 9 ✻ 1777] s. m. ● (*lett.*) terreno duro e sassoso occupato da una bassa e fitta boscaglia

fortézza [da *forte* ✻ 1261 ca.] s. f. **1** (*lett.*) fermezza, forza morale: *dimostrare f. nelle avversità* | †forza fisica | (*raro*) robustezza, resistenza: *la f. di un tessuto* CONTR. debolezza **2** nella teologia cattolica, una delle quattro virtù cardinali e uno dei sette doni dello Spirito Santo CFR. giustizia, prudenza, temperanza **3** rinforzo, imbottitura | (*mar.*) rinforzo cucito alla vela nel punto in cui è soggetta al maggiore sforzo SIN. gherone **4** †sapore agro e piccante **5** fortificazione gener. a cinta continua di mura, con opere accessorie come torri, bastioni, argini, ecc.: *espugnare, prendere una f.* | ***arresti in f.***, massima punizione disciplinare per ufficiali | †***mettere a f.***, fortificare **6** (*aeron.*) ***f. volante***, velivolo quadrimotore da bombardamento statunitense Boeing B17, impiegato nella seconda Guerra mondiale (trad. dell'ingl. *Flying Fortress*) ‖ **fortezzina**, dim.

forticcio [da *forte* nel sign. C 5 ✻ sec. XV] **A** agg. (pl. m. *-ci*; pl. f. *-ce*) ● detto di cibo o bevanda che ha sapore agro e acido: *questa salsa è forticcia* **B** s. m. ● sapore agro e acido: *questa ricotta ha preso il f.*

fortièra [da *forte*. Cfr. *forteto* ✻ 1889] s. f. ● (*mar.*) fondo marino formato da scogli duri e taglienti, poco adatto all'ancoraggio | bassofondo o secca di pietra presso la riva

fortificàbile [av. 1617] agg. ● che si può fortificare

fortificànte part. pres. di *fortificare*; anche agg. ● che fortifica

fortificàre [vc. dotta, lat. tardo *fortificāre*, comp. di *fŏrtis* 'forte' e *făcere* 'fare' ✻ 1268] **A** v. tr. (*io fortìfico, tu fortìfichi*) **1** (*milit.*) munire di opere di fortificazione: *f. una città, una località, una regione* **2** render forte, rinvigorire: *esercizi per f. la memoria; un'esperienza dolorosa talvolta fortifica l'animo* | rendere più forte: *f. la fede nella democrazia* SIN. irrobustire CONTR. indebolire **B** **fortificàrsi** v. rifl. e intr. pron. **1** (*milit.*) ripararsi con opere di fortificazione o con lavori di difesa di qualunque genere **2** rafforzarsi, irrobustirsi, corroborarsi ‖ **fortificazióne**, s. f. (V.)

fortificatìvo [av. 1342] agg. ● (*raro*) che serve a fortificare, a corroborare

fortificatòrio [1869] agg. (pl. m. *-i* o *raro -ii*) ● attinente alle fortificazioni: *arte fortificatoria*

fortificazióne [vc. dotta, lat. tardo *fortificatiōne(m)*, da *fortificāre* 'fortificare' ✻ sec. XIV] s. f. **1** operazione del fortificare: *provvedere alla f. di una posizione* | (*fig.*) †rafforzamento | †***a f.***, a conferma: *a f. di questo non mi curerò di replicarvi alcuna cosa già detta* (N. MACHIAVELLI) **2** (*milit.*) opera o complesso di opere fortificate | luogo fortificato | ***f. romana, medievale***, cinta di mura alternate a torri quadrate o rotonde | ***f. moderna*** o ***bastionata***, costituita da cortine fiancheggiate da baluardi o bastioni pentagonali, in sostituzione delle antiche torri | (al pl.) complesso di opere fortificate che recingono una città o una zona determinata: *le fortificazioni di Verona*

fortìgno [da *forte* nel sign. C5 ✻ av. 1597] agg. e s. m. ● (*raro*) forticcio: *odore, sapore f.; prendere il f.*

fortilìzio [da *forte* nel sign. C3 ✻ 1546] s. m. ● piccola fortezza

fortìno [da *forte* nel sign. C3 ✻ 1624] s. m. ● forte di piccole dimensioni, tipico della fortificazione coloniale in quanto resistente al fuoco di armi portatili ma non a quello di artiglieria

fortiori, a ➤ **a fortiori**

fortìssimo [av. 1292] **A** agg. ● superl. di *forte* **B** s. m. ● (*mus.*) indicazione dinamica che richiede la massima intensità di suono SIMB. ff, fff o ffff

fortitùdine o †**fortitùdo** [vc. dotta, lat. *fortitūdine(m)*, da *fŏrtis* 'forte' ✻ 1261 ca.] s. f. ● (*lett.*) forza d'animo

fortóre [da *forte* nel sign. C5 ✻ 1535] s. m. **1** odore o sapore acre e penetrante: *f. dell'aceto, del pepe* **2** (spec. al pl.) acidità di stomaco

Fòrtran /ˈfɔrtran, *ingl.* ˈfɔːtræn/ [sigla ingl. di *For(mula) Tran(slator)* 'traduttore di formule' ✻ 1967] s. m. inv. ● (*inform.*) linguaggio per la programmazione dei calcolatori elettronici, destinato ad applicazioni tecnico-scientifiche

fortùito o (*raro*) **fortuìto** [vc. dotta, lat. *fortŭitu(m)*, da *fŏrs* 'sorte' ✻ 1268] agg. ● che si verifica per puro caso, indipendentemente dalla volontà di qlcu.: *avvenimento f.; una fortuita e passeggiera necessità* (C. BECCARIA) | †***di f.***, per caso SIN. accidentale, casuale CONTR. voluto ‖ **fortuitaménte**, avv. in modo fortuito, per caso

♦**fortùna** [lat. *fortūna(m)*, da *fŏrs* 'caso' ✻ av. 1249] s. f. **1** (anche con iniziale maiuscola) destino o sorte alterna, indipendente dalla volontà umana, identificata dagli antichi nell'omonima divinità (la *dea bendata*) distributrice a caso di gioia e dolori: *cecità, pazzia, volubilità della f.; la dea F.; i resti del tempio della F.; buona f.!; a virtute e f. Amor pon legge* (A. POLIZIANO) CFR. tyche | ***la ruota della f.***, le mutabili vicende umane | ***affidarsi alla f., ai capricci della f.***, al caso | ***con varia f.***, con alterne vicende **2** sorte favorevole, destino propizio: *è solo questione di f.; quell'individuo ha tutte le fortune, ha una f. sfacciata* | (*fig.*) ***figlio della f.***, persona molto fortunata | ***f. che..., per f...***, per buona sorte | ***un colpo di f.***, un successo insperato e improvviso | ***fare la f. di qlcu.***, riuscirgli di grande aiuto e giovamento | (*est.*) fama, notorietà: *la f. di Schopenhauer nel Novecento* | ***un'invenzione, un libro, una commedia che ha fatto f.***, che ha incontrato il favore del pubblico | ***tentare la f.***, esporsi a un rischio, spec. al gioco | ***aver f.***, essere fortunato, avere successo | ***non aver f.***, riuscire malamente in ciò che ci si prefigge | ***portar f.***, essere di buon augurio CONTR. disdetta, scalogna **3** averi, patrimonio, ricchezza: *sciupare, dissipare tutte le proprie fortune; ha ereditato una ingente f.* | ***fare f.***, diventare ricco | (*lett.*) condizione economica o sociale: *cadere, trovarsi in bassa f.* **4** (*lett.*) sorte o destino avverso, vicenda disgraziata: *Pensando... alla f. che ci perseguita* (U. FOSCOLO) | †pericolo **5** una delle figure nel gioco dei tarocchi **6** (*lett.*) tempesta, fortunale | (*mar.*) ***albero, pennone, timone di f.***, che si tiene di riserva per sostituire l'attrezzo perduto per fortunale o per avaria | (*est.*) ***mezzi di f.***, quelli improvvisati in situazioni di necessità **7** †rompicollo **8** †tumulto, turbolenza || (*iron.*) **fortunàccia**, **pegg.**

SFUMATURE DI SIGNIFICATO

fortuna - caso - destino

La **fortuna** è considerata un'entità sovrannaturale, anticamente raffigurata come una dea bendata, che governerebbe il mondo sottraendosi a qualsiasi prevedibilità. Ugualmente imprevedibile è l'azione del **caso**, concorso fortuito di circostanze e fattori che determina il corso delle cose indipendentemente dalla volontà e dalla responsabilità umana, e senza che ciò implichi, come in *fortuna*, dei riflessi positivi e negativi; il termine indica anche un avvenimento fortuito, completamente imprevisto. Anche il **destino** è una forza incontrollabile che determina gli eventi, ma il suo corso non è irrazionale né casuale, al contrario risponde a un disegno predeterminato ineluttabile.

SFUMATURE ➤ ***capitale***③, ➤ ***sorte***①

♦**fortunàle** [da *fortuna* ✱ av. 1294] **A** **agg.** **1** †casuale, fortuito **2** †burrascoso, tempestoso || †**fortunalménte**, **avv.** per caso, sorte **B** **s. m.** ● tempesta, bufera

SFUMATURE ➤ ***burrasca***

fortunatìssimo [av. 1565] **agg.** **1** superl. di *fortunato* **2** formula di cortesia nelle presentazioni: *'Mario Bianchi' 'F. (di conoscerla)!'*

♦**fortunàto** [sec. XIII] **A** **agg.** (**superl.** *fortunatissimo* (**V.**)) **1** favorito dalla sorte: *viviamo in un'epoca fortunata; f. lui!* | dovuto alla fortuna: *una fortunata coincidenza* | V. anche †*mal fortunato* **2** che riesce bene o che determina positivi sviluppi, conseguenze favorevoli e sim.: *spedizione, impresa fortunata; fu un colloquio f.* | che ha successo presso il pubblico: *un libro, un programma f.* SIN. fausto, felice CONTR. disgraziato **3** formula di cortesia usata nelle presentazioni: *f. di conoscerla!* **4** †tempestoso **5** †sfortunato, sventurato **B** **s. m.** (**f.** *-a*) ● persona fortunata | PROV. ***f. in amor non giochi a carte*** || **fortunataménte**, **avv.** per buona fortuna: *fortunatamente in quel momento dormivo*

fortunèllo [dal n. di un personaggio del *Corriere dei Piccoli* ✱ 1935] **s. m.** (**f.** *-a*) ● (*fam., scherz.*) chi è particolarmente favorito dalla fortuna

♦**fortunóso** (o *-ṣ-*) [da *fortuna* ✱ 1336 ca.] **agg.** **1** avventuroso: *atterraggio f.* | (*lett.*) doloroso, duro: *quasi presago / di f. evento* (T. TASSO) | ***casi fortunosi***, vicende numerose e non favorevoli **2** casuale, fortuito: *un gol f.* **3** †tempestoso, burrascoso || **fortunosaménte**, **avv.** **1** in modo fortunoso **2** †felicemente **3** †per caso

†**fortùra** [da *forte* agg. ✱ sec. XIII] **s. f.** **1** forza | (*fig.*) ardore **2** dolore, sventura

fòrum [vc. ingl., dal lat. *fŏrum* 'piazza' ✱ 1956] **s. m. inv.** (**pl. lat.** *fora*, **pl. ingl.** *forums*) **1** pubblica riunione indetta per discutere argomenti d'interesse sociale, culturale, politico e sim.: *un f. elettorale* | (*est.*) spazio che emittenti radio o siti Internet mettono a disposizione di chi vuole intervenire su un determinato argomento **2** edificio adibito a ospitare manifestazioni pubbliche, spec. sportive: *F. di Los Angeles, di Assago* SIN. palazzetto

forùncolo [vc. dotta, lat. *furŭnculu(m)*, dim. di *fūr* 'ladro'; in orig. si diceva del tralcio della vite che ruba il succo al pollone principale ✱ sec. XIV] **s. m.** ● (*med.*) infezione suppurativa del follicolo pilifero con intensa infiammazione e necrosi dei tessuti || **foruncolétto**, **dim.** | **foruncolìno**, **dim.** | **foruncolóne**, **accr.**

foruncolòṣi o **forunculòṣi** [comp. di *foruncolo* e *-osi* ✱ 1902] **s. f. inv.** ● (*med.*) affezione caratterizzata dalla comparsa di numerosi foruncoli con tendenza alla disseminazione regionale

foruncolóso (o *-ṣ-*) [1966] **A** **agg.** ● pieno di foruncoli **B** **s. m.** (**f.** *-a*) ● chi è affetto da foruncolosi

forviàre ➤ **fuorviare**

†**fòrvice** ➤ **forbice**

fòrward /ingl. 'fɔːwəd/ [accorc. della loc. ingl. *forward contract* 'contratto a termine' ✱ sec. XX] **s. m. inv.** ● (*econ.*) contratto di compravendita di valute, beni o strumenti finanziari a un prezzo stabilito all'atto della stipula, ma per consegna e liquidazione a certa data futura

♦**fòrza** [lat. tardo *fŏrtia*, nt. pl. di *fŏrtis* 'forte' ✱ av. 1250] **A** **s. f.** **1** vigore fisico, robustezza, resistenza: *f. fisica, muscolare, materiale; è un cibo sano che dà f.* | ***f. bruta***, non guidata dalla ragione | ***f. vitale***, vigoria | ***la f. di un tessuto***, la sua compattezza e resistenza | (*iron.*) ***bella f.!***, per commentare ciò che si ritiene fin troppo facile od ovvio CFR. dinamo- SIN. robustezza CONTR. debolezza **2** (**spec. al pl.**) vigoria naturale dell'uomo sano: *essere in forze; mancare, riprendere, esaurire le proprie forze* | ***f. lavoro***, capacità dell'uomo di lavorare e produrre; (*est.*) forze di lavoro (V. sign. 13) SIN. gagliardia, vigoria **3** (*fis.*) causa che perturba lo stato di quiete o di moto di un corpo | ***f. di inerzia***, V. *inerzia* | ***f. elettrica***, si esercita tra particelle dotate di carica elettrica, proporzionale direttamente al prodotto delle cariche e inversamente al quadrato della distanza | ***f. elettromagnetica***, si esercita su una particella carica o un magnete immersi in un campo elettromagnetico | ***f. nucleare debole***, responsabile del decadimento beta dei nuclei radioattivi | ***f. nucleare forte***, si esercita tra particelle dotate di carica di colore; è responsabile della stabilità del nucleo atomico | ***f. gravitazionale***, si esercita tra particelle dotate di massa; è direttamente proporzionale al prodotto delle masse e inversamente proporzionale al quadrato della distanza | ***f. di Higgs*** o ***quinta f.***, responsabile dell'interazione delle particelle con il campo di Higgs | ***f. magnetica***, campo magnetico | ***f. magnetomotrice***, ciò che determina il flusso magnetico in un circuito magnetico | ***f. coercitiva***, intensità del campo magnetico cui deve essere sottoposto un materiale ferromagnetico per la sua completa smagnetizzazione | ***f. elettromotrice***, tensione elettrica indotta in un circuito da campi magnetici variabili o da reazioni chimiche | ***f. motrice***, in una macchina, lo sforzo che serve a vincere la resistenza | (*mar.*) ***mezza, tutta f.***, andature corrispondenti all'impiego di metà o di tutta la potenza disponibile dell'apparato motore **4** (*chim.*) reagibilità, di acidi e di basi, determinata dal loro grado di dissociazione in soluzione **5** fermezza morale: *f. di volontà; f. d'animo; f. di carattere; è necessario farsi f.* | ***f. morale***, ascendente o autorità che si esercita su qlcu. | (*fig.*) ***di prima f.***, di primo ordine | (*est.*) virtù, facoltà, efficacia: *f. visiva, intellettuale, mentale; un farmaco dotato di grande f.* | ***la f. della parola***, il suo potere, o la sua efficacia persuasiva o dimostrativa | ***la f. della bellezza***, il suo fascino | validità, efficacia: *la f. di un'argomentazione* | autorità, potestà: *la f. del Senato, del Presidente della Repubblica* | ***f. contrattuale***, la capacità di far volgere a proprio vantaggio la conclusione di una trattativa o di una contrattazione, spec. sindacale **6** (*dir.*) obbligatorietà: *la f. della legge* | ***decreto che ha f. di legge***, che vincola come una disposizione legislativa | ***in f. di un decreto, un titolo e sim.***, dando esecuzione a un decreto, un titolo e sim. **7** impeto, intensità, potenza: *f. del vento, del fiume; opporsi alla f. degli elementi scatenati; il mare è f. 8* | ***le forze della natura***, gli agenti fisici SIN. furia, veemenza **8** una delle figure nel gioco dei tarocchi **9** violenza: *ricorrere all'uso della f.; sottostare, soggiacere, resistere, opporsi alla f.* | ***a f.***, ***per f.***, per violenta costrizione | ***per amore o per f.***, con le buone o con le cattive | ***di f.***, ***a viva f.***, con violenza | ***per f.***, necessariamente: *ha dovuto farlo per f.; per f. non risponde: è partito!* | †***seguire la f.***, assecondare la violenza | †***a f.***, ***a marcia f.***, a dispetto, a marcio dispetto | ***far f. a qlcu.***, forzarlo a fare qlco. | ***far f. su di sé***, dominarsi | ***a f. di***, indica l'insistente ripetizione di uno o più atti per ottenere un difficile scopo | ***a viva f.***, con violenza | ***prova di f.***, scontro duro, braccio di ferro tra due contendenti; dimostrazione, esibizione della propria forza: *prova di f. tra governo e sindacati; la maggioranza ha voluto dare una prova di f.* | PROV. ***contro la f. la ragion non vale*** | ***camicia di f.***, V. *camicia*, sign. 1 **10** necessità: *è f. credere, dire, riconoscere* | ***per f. di cose***, necessariamente, a causa delle circostanze: *siamo stati costretti a interrompere il viaggio per f. di cose* | †***non fa f.***, non importa **11** ***f. maggiore***, situazione di necessità a cui non ci si può sottrarre; (*dir.*) accadimento esterno e superiore al potere della volontà umana che determina necessariamente la persona a un'azione o ad un'omissione **12** gruppo, contingente di uomini armati | (**spec. al pl.**) il numero di soldati che sostengono un combattimento: *le forze del nemico; forze fresche* | ***Forze Armate***, il complesso di uomini e mezzi, militarmente organizzato e diviso nelle tre armi dell'esercito, della marina, dell'aviazione, destinato a difendere lo Stato | ***f. pubblica, forze dell'ordine***, l'insieme di vari corpi armati, come la Polizia di Stato e l'Arma dei Carabinieri, preposti al mantenimento dell'ordine pubblico | (*milit.*) il numero di militari necessario perché un reparto sia completo nel suo organico: *prendere, assumere, essere in f.* | ***la bassa f.***, i soldati e i graduati, in contrapposizione ai sottufficiali e agli ufficiali | (*est.*) il numero dei soldati presenti realmente nel reparto o dei marinai a bordo | (*est.*) ***f. navale***, qualunque gruppo particolare di navi, purché fornito di sua autonomia operativa | ***f. aerea***, il complesso di tutti gli aerei e dei mezzi tecnici in genere di cui dispone l'aviazione militare | ***f. d'urto***, contingente d'assalto destinato spec. a rompere il fronte nemico; force de frappe (V.) ; (*fig.*) capacità aggressiva, forza di impatto **13** (*est.*) insieme organizzato di persone che ha in comune motivi ispiratori e azione pratica: *una piccola, una grande f. politica; le forze sindacali; le forze dell'opposizione* | (*polit.*) ***F. Italia***, movimento politico fondato nel 1993 con l'intento di organizzare le forze moderate richiamandosi all'ideologia liberale e cattolica e confluito nel 2008 nel Popolo della Libertà CFR. azzurro, forzista | ***forze di lavoro, f. lavoro***, la popolazione attiva, l'insieme, cioè, degli occupati e degli individui in cerca di occupazione **14** (*mar.*) ***f. di vele***, l'insieme delle vele addizionali che le navi a vele quadre bordano con venti deboli per aumentare la velocità | ***f. del mare***, stato del mare: *mare f. otto* **15** (*tipogr.*) ***f. di corpo***, distanza fra la faccia anteriore e quella posteriore, longitudinale rispetto all'occhio, del fusto di un carattere o spazio **16** nel gergo giovanile, persona o fenomeno eccezionali: *che f.!*; *quel film è una f.* **B** in funzione di agg. inv. (pospostо a un sost.) • che costituisce l'elemento fondamentale, la spinta propulsiva di un progetto, un'iniziativa, un'organizzazione: *idea forza*; *idee forza* **C** in funzione di inter. • si usa come esortazione e incoraggiamento ad affrontare una prova che richiede impegno o sforzo fisico: *su, f.!*; *f. e coraggio!*; *f. Roma!*; *f. Lazio!*

forzàglia [da *forza* ✱ 1585] **s. f.** • pezzo di tela grezza con cui si confeziona la controfodera degli abiti, in sartoria

forzaménto [sec. XIV] **s. m. 1** (*lett.*) il forzare | (*lett.*) urto, spinta | (*lett.*) sopruso; stupro **2** (*mecc.*) esecuzione di un collegamento forzato

forzàndo [sec. XX] **s. m. inv.** • (*mus.*) sforzando

forzànte **A** part. pres. di *forzare*; anche **agg.** **1** (*lett.*) obbligante, vincolante **2** nel gioco del bridge, detto di dichiarazione sulla quale il compagno non può passare **B** **agg. e s. f.** • (*scient.*) detto di fattore che agisce dall'esterno su un processo, forzandone l'andamento: *f. eolica* | (*agric.*) sostanza chimica per la forzatura delle piante

♦**forzàre** [lat. parl. **fortiāre*, da *fŏrtia* 'forza' ✱ av. 1294] **A** **v. tr.** (*io fòrzo*) **1** obbligare o costringere a forza (+ *a*, anche seguito da inf.): *f. la natura*; *f. qlcu. a dire, a fare ciò che non vorrebbe*; *forzarono la ragazza al matrimonio* | (*fig.*) ***f. il senso di un discorso***, interpretarlo in modo tendenzioso, arbitrario | (*lett.*) violentare **2** assoggettare a uno sforzo: *f. la voce* | (*fig.*) ***f. la mano***, esagerare in qlco. | (*fig.*) ***f. i tempi***, accelerare l'attuazione di qlco. | ***f. una pianta***, concimarla abbondantemente o scaldarla in serra, così da anticiparne la fioritura | ***f. le vele***, spiegarne quanto più è possibile per aumentare la velocità | ***f. i remi***, arrancare | ***f. l'andatura***, accelerare **3** aprire qlco. ricorrendo alla forza: *f. una porta, una serratura* SIN. scassinare | rompere, sfondare, superare a forza: *f. un blocco* | (*fig.*) ***f. la consegna***, non obbedire agli ordini ricevuti **4** premere con forza, energia, decisione: *f. il tappo sulla bottiglia* **5** (*mus.*) indicazione agogica equivalente a sforzando **B** **v. intr.** (aus. *avere*) • essere troppo stretto, incastrarsi senza gioco (+ *su*): *la scarpa forza sul collo del piede*; *la trave forza sul palco* | ***la porta forza***, è dura da aprire, non scorre come dovrebbe **C** **forzàrsi** **v. rifl.** • sforzarsi (+ *a*, *lett.* + *di*): *forzarsi a seguire una dieta*; *Ieri lo colsi che davanti allo specchio si forzava di contorcersi* (I. SVEVO)
SFUMATURE ➤ ***costringere***

forzàto **A** part. pass. di *forzare*; anche **agg.** **1** nei sign. del v. **2** (*milit.*) ***marcia forzata***, più lunga e veloce del normale | ***a marce forzate***, V. *marcia*① | ***condotta, galleria forzata***, tubazione o galleria percorsa da liquido sotto pressione **3** indipendente dalla volontà di qlcu., dovuto a forza maggiore: *la nostra fu un'assenza forzata* SIN. involontario **4** eseguito o imposto con la forza secondo il disposto della legge: *espropriazione, esecuzione forzata* | ***lavori forzati***, un tempo o in ordinamenti giuridici stranieri, tipo di pena per cui il condannato durante lo stato di detenzione deve attendere a opere assai faticose **5** privo di naturalezza: *allegria forzata* | ***interpretazione forzata***, che eccede il vero significato di un testo o la sua natura || **forzataménte**, **avv. 1** per forza, per necessità, controvoglia: *forzatamente dovemmo separarci* **2** in modo forzato, non spontaneo, simulato: *con quella voce forzatamente umile* (A. MANZONI) **B** **s. m. 1** (f. *-a*) condannato ai lavori forzati **2** (f. *-a*) (*fig., iron.*) chi si costringe a una data attività: *i forzati delle vacanze, della dieta* **3** (*mus.*) sforzando

forzatóre [sec. XIV] **agg. e s. m.** (f. *-trice*) **1** (*lett.*) che (o chi) usa la violenza | (*lett.*) stupratore **2** (*disus.*) saltimbanco

forzatùra [1832] **s. f. 1** (*raro*) il forzare: *f. di una cassaforte, della voce* | (*fig.*) interpretazione o affermazione arbitraria, tendenziosa: *la sua versione dei fatti contiene numerose forzature* **2** (*agric.*) insieme di pratiche intese a ottenere produzioni vegetali fuori stagione | ***f. delle talee innestate***, per favorire l'emissione dei germogli e la formazione degli abbozzi radicali

forzière o †**forzièro** [fr. *forcier*, da *force* 'forza', perché deve essere chiuso a forza ✱ 1287] **s. m.** • tipo di cassa di media dimensione spesso rinforzata da bandelle di ferro e munita di complesse serrature, usata anticamente per conservare valori e documenti || **forzierétto**, **dim.** | **forzierino**, **dim.**

forzìsta [1994] **s. m. e f.**; anche **agg.** (pl. m. *-i*) • aderente al movimento politico Forza Italia SIN. azzurro

forzóso (o -ṣ-) [da *forza* ✱ av. 1294] **agg.** **1** imposto con la forza o d'autorità: *prestito f.* | ***corso f.***, obbligo imposto dallo Stato di accettare in pagamento biglietti di banca non convertibili in oro **2** †gagliardo, forte, robusto | ***vento f.***, impetuoso e violento **3** †valoroso || **forzosaménte**, **avv.**

forzùto [1525] **agg.** • che dispone di una grande forza fisica
SFUMATURE ➤ ***aitante***

foṣburìsta [da *Fosbury* ✱ 1968] **s. m. e f.** (pl. m. *-i*) • (*raro*) saltatore in alto specialista dello stile fosbury

Fòsbury /ˈfɔzburi, *ingl.* ˈfɒzb(ə)rɪ/ [dal n. dell'atleta americano D. *Fosbury*, che per primo lo adottò nel 1968 ✱ 1968] **s. m. inv.** • (*sport*) salto dorsale

†**foschézza** [1695] **s. f.** • caratteristica di ciò che è fosco

♦**foschìa** [da *fosco* ✱ 1883] **s. f. 1** (*meteor.*) sospensione nell'aria di goccioline d'acqua microscopiche, che riduce la visibilità orizzontale al di sotto di 1 - 10 km e conferisce all'atmosfera un aspetto grigiastro **2** offuscamento atmosferico, temporaneo e leggero, dovuto a fumo o altro
SFUMATURE ➤ ***nebbia***①

♣**fósco** o †**fùsco** [lat. *fŭscu(m)*, di orig. indeur. ✱ 1313] **agg.** (pl. m. *-schi*) **1** di colore scuro: *nubi fosche* | tenebroso, buio: *notte fosca* | nebbioso, offuscato: *cielo, tempo f.* | ***luce fosca***, che non lascia distinguere le cose **2** (*fig.*) torvo, cupo, tetro: *aspetto, sguardo f.* **3** (*fig.*) triste: *pensiero f.* | (*fig.*) ***avvenire f.***, incerto o temibile | ***dipingere a fosche tinte***, mettere in cattiva luce, accentuando gli aspetti negativi **4** (*lett.*) ombroso || **foscaménte**, **avv.** (*raro*) in modo fosco

foscoliàno [1810] **agg.** • del poeta U. Foscolo (1778-1827) | ispirato alle idee e allo stile del Foscolo

fosfatàṣi [da *fosfato* ✱ 1932] **s. f. inv.** • (*biol.*) enzima capace di scindere i legami con l'acido fosforico negli acidi nucleici con liberazione di energia

fosfatazióne [da *fosfato* ✱ 1947] **s. f.** • operazione consistente nel ricoprire una superficie metallica con un sottile strato protettivo di fosfato

fosfàtico [da *fosfato* ✱ 1817] **agg.** (pl. m. *-ci*) • relativo al fosforo | contenente fosforo o suoi composti: *concime fosfatico*

fosfatìde [da *fosfato* ✱ 1926] **s. m.** • (*chim.*) fosfolipide

fosfatiẓẓazióne [da *fosfato* ✱ 1952] **s. f.** • fosfatazione

fosfàto [fr. *phosphate*, da *phosphore* 'fosforo①' ✱ 1795] **s. m.** • sale dell'acido fosforico | ***f. di calcio***, usato per la produzione di perfosfati e superfosfati nell'industria dei fertilizzanti | ***fosfati alcalini***, usati in terapia come ricostituenti del sistema nervoso

fosfène [comp. del gr. *phôs* 'luce' (di etim. incerta), e un deriv. di *pháinesthai* 'apparire' (di orig. indeur.) ✱ 1888] **s. m.** • (*med.*) sensazione luminosa che insorge per compressione dei bulbi oculari, dovuta a stimolazione meccanica dei recettori retinici

fosfìna [da *fosforo*① ✱ 1869] **s. f.** • gas velenoso di odore sgradevole che brucia facilmente, costituito da fosforo e idrogeno, ottenuto per decomposizione dei fosfuri SIN. idrogeno fosforato

fosfìto [fr. *phosphite*, da *phosphore* 'fosforo①' ✱ 1795] **s. m.** • (*chim.*) sale dell'acido fosforoso

fosfoglicèride [comp. di *fosfo(ro)* e *gliceride* ✱ sec. XX] **s. m.** • (*chim.*) fosfolipide contenente glicerina

fosfolipìde [comp. di *fosfo(ro)*① e *lipide* ✱ 1956] **s. m.** • (*chim.*) ogni sostanza grassa contenente fosforo sotto forma di acido fosforico (sono tali le lecitine, le cefaline e le sfingomieline)

fosfoproteìna [comp. di *fosfo(ro)* e *proteina* ✱ 1932] **s. f.** • (*chim.*) proteina contenente fosforo sotto forma di fosfato, come la caseina del latte SIN. fosfoprotide

fosfoprotìde [comp. di *fosfo(ro)*① e *protide* ✱ 1956] **s. m.** • (*chim.*) fosfoproteina

fosforàre [1910] **v. tr.** (*io fòsforo*) • fornire di fosforo, arricchire con fosforo

fosforàto [da *fosforo*① ✱ 1869] **agg.** • che contiene fosforo | ***idrogeno f.***, fosfina

fosforeggiàre [1797] **v. intr.** (pres. *io fosforéggio*; fut. *io fosforeggerò*; aus. *avere*) • (*lett.*) essere fosforescente, luminoso | (*fig., lett.*) scintillare, risplendere: *fosforeggia il mare di Posillipo* (M. SERAO)

fosforemìa [comp. di *fosfor(o)*① ed *-emia* ✱ 1956] **s. f.** • (*med.*) quantità di fosforo presente nel sangue

fosfòreo [1921] **agg.** • di fosforo, fosforescente

fosforescènte [fr. *phosphorescent*, da *phosphore* 'fosforo①' ✱ 1817] **agg. 1** che presenta il fenomeno della fosforescenza **2** (*est.*) che emana una luce simile a quella delle sostanze fosforescenti: *gli occhi del gatto nel buio sono fosforescenti*

fosforescènza [fr. *phosphorescence*, da *phosphore* 'fosforo①' ✱ 1817] **s. f. 1** tipo di fotoluminescenza che si manifesta anche dopo che è cessata l'azione della luce sulla sostanza che presenta il fenomeno CFR. fluorescenza **2** (*lett.*) bagliore, luccichio, scintillio

fosfòrico [fr. *phosphorique*, da *phosphore* 'fosforo①' ✱ 1788] **agg.** (pl. m. *-ci*) • (*chim.*) detto di composto del fosforo pentavalente: *anidride fosforica* | ***acido f.***, tribasico, ottenuto per azione dell'acido solforico sui fosfati, usato per la produzione di concimi fosfatici e di additivi per mangimi sintetici | ***estere f.***, insetticida organico di sintesi

fosforilàre [da *fosforile*, a sua volta comp. di *fosforo*① e *-ile*② ✱ 1956] **v. tr.** (*io fosfòrilo*) • (*chim.*) introdurre in una molecola organica uno o più gruppi dell'acido fosforico

fosforilàṣi [comp. di *fosforil(are)* e *-asi* ✱ 1956] **s. f. inv.** ● (*chim.*) enzima che catalizza una reazione di fosforilazione

fosforilazióne [1956] **s. f. 1** (*chim.*) reazione biologica consistente nel fosforilare **2** reazione intermedia della fermentazione alcolica

fosforìle [comp. di *fosfori(co)* e *-ile*② ✱ 1956] **s. m.** ● (*chim.*) radicale trivalente dell'acido fosforico ottenibile da questo per sottrazione di tre gruppi ossidrilici

fosforìṣmo [da *fosforo*① ✱ 1940] **s. m.** ● avvelenamento cronico da fosforo o da sostanze contenenti fosforo

fosforìte [fr. *phosphorite*, da *phosphore* 'fosforo①' ✱ 1874] **s. f.** ● (*geol.*) roccia sedimentaria costituita da resti fosfatici di origine organica o da loro concrezioni, impiegata direttamente come concime o usata per la fabbricazione dei perfosfati

fòsforo① [fr. *phosphore*, dal gr. *phōsphóros* 'apportatore di luce', comp. di *phôs* 'luce' e *phérein* 'portare' ✱ av. 1730] **s. m. 1** elemento chimico diffuso sotto forma di sali nel mondo minerale, vegetale e animale **SIMB.** P **NUM. AT.** 15 **2** (*fig., fam.*) intelligenza, ingegno: *avere del f. nel cervello*

fosfòro② [comp. del gr. *phôs* 'luce' (V. *fosforo*①) e *-foro* ✱ 1956] **s. m.** ● sostanza luminescente che riveste interamente lo schermo dei tubi a raggi catodici

fosforóso (o **-ṣo**) [fr. *phosphoreux*, da *phosphore* 'fosforo①' ✱ 1798] **agg.** ● (*chim.*) detto di composto del fosforo trivalente: *anidride fosforosa* | *acido f.*, bibasico, ottenuto per lenta ossidazione del fosforo

fosfùro [fr. *phosphure*, da *phosphore* 'fosforo①' ✱ 1795] **s. m.** ● (*chim.*) sale non ossigenato del fosforo con un metallo: *f. di calcio* | *f. di zinco*, usato come derattizzante

foṣgène [fr. *phosgène*, comp. del gr. *phôs* 'luce' e del fr. *-gène* '-geno'; propr. 'generato dalla luce', perché fu scoperto da H. Davy (1778-1829), esponendo ai raggi del sole un miscuglio di ossido di carbonio e cloro ✱ 1835] **s. m.** ● ossicloruro di carbonio, tossico, gassoso, ottenuto da cloro e ossido di carbonio; si usa come aggressivo in guerra e come intermedio per la fabbricazione di coloranti, prodotti farmaceutici, solventi, materie plastiche

♦**fòssa** [lat. *fŏssa(m)*, da *fŏdere* 'scavare', di orig. indeur. ✱ 1282] **s. f.** (**pl.** *fòsse*, †*fòssora*) **1** scavo praticato nel terreno, di forma e dimensioni varie a seconda dell'uso che se ne deve fare: *f. da letame*; *f. di scolo dell'acqua* | (*lett.*) fosso, fossato, canale | *f. biologica*, impianto che si costruisce per eliminare le sostanze luride nei centri abitati sprovvisti di fognature | *f. settica*, serbatoio in cui si raccolgono le acque luride di un fabbricato depurate con un processo biochimico artificiale, così da permetterne l'immissione in corsi d'acqua superficiali | *f. di lavaggio, ingrassatura, riparazione*, in un'autofficina, fossa nella quale scendono i meccanici per intervenire sulla parte inferiore degli autoveicoli | *f. a fuoco*, nelle stazioni ferroviarie, zona in cui si raccolgono le ceneri dei focolari delle locomotive | *f. dell'orchestra*, buca dell'orchestra (V. *buca*) | *f. scenica*, ambiente sotto il palcoscenico che in genere ospita i meccanismi di scena | *f. dei leoni*, (*fig.*) situazione in cui si rischiano molti attacchi o critiche **SIN.** buca, scavo **2** (*lett.*) bolgia dell'Inferno dantesco **3** buca in cui si cala la bara nei cimiteri | (*est.*) tomba, sepoltura: *essere messo, calato nella f.* | *scavarsi la f. con le proprie mani*, (*fig.*) causare la propria rovina | *avere un piede nella f.*, (*fig.*) essere vicino a morire **4** (*geol.*) *f. tettonica*, depressione dovuta ad abbassamento di parte della crosta terrestre rispetto alle zone adiacenti | *fosse oceaniche*, lunghe e strette depressioni sul fondo delle quali si registrano le massime profondità degli oceani **5** (*anat.*) cavità: *f. cranica, nasale, orbitaria* | **CFR.** botrio-① ‖ **fosserèlla**, **dim.** | **fossétta**, **dim.** (V.) | †**fossicèlla**, **dim.**

fossàto [lat. tardo *fossātu(m)*, part. pass. di *fossāre*, frequentativo di *fŏdere* 'scavare'. V. *fossa* ✱ 1268] **s. m. 1** fosso di lunghezza e larghezza variabile, naturale o artificiale, spec. con acqua: *scavare un f.*; *un f. circondava il forte*; *attraversare il f. sul ponte levatoio* **2** (*lett.*) torrentello, ruscello ‖ **fossatèllo**, **dim.**

♦**fósse** [terza pers. sing. del congtv. pres. di *essere* ✱ av. 1532] **cong.** ● sia (introduce elementi di proposizione correlati tra loro, in un contesto in cui l'azione è espressa da un verbo al passato): *ma f. la bellezza, f. lo sgomento della giovinetta a rabbonirlo, riprese più umanamente* (I. Nievo) | sia per, vuoi per (sempre con l'azione espressa da un verbo al passato): *f. la noia, f. la stanchezza, fatto sta che si alzò e se ne andò subito*; *F. iustizia, o f. crudeltade, / né sesso riguardavano né etade* (L. Ariosto) | analogo valore ha la forma pl. *fossero*: *insegnava ad altre persone, fossero del volgo, o fossero cantori* (G. Leopardi)

fossétta [1534] **s. f. 1** dim. di *fossa* **2** piccola infossatura che si forma nelle guance o nel mento spec. ridendo **3** (*sport*) ognuno dei piccoli avvallamenti della superficie della pallina da golf ‖ **fossettina**, **dim.**

fòssi ➤ **essere**①

♦**fòssile** [vc. dotta, lat. *fŏssile(m)*, da *fŏssus*, part. pass. di *fŏdere* 'scavare'. V. *fossa* ✱ av. 1565] **A agg. 1** detto di resti di organismi animali o vegetali appartenenti a epoche remote e conservati nella crosta terrestre grazie a lenti processi di mineralizzazione: *reperti fossili*; *pianta f.*; *insetto f.*; *farina f.* | proprio di tali organismi: *impronta f.* **2** (*fig.*) detto di chi (o di ciò che) è antiquato, superato e sim.: *idee fossili* **B s. m. 1** organismo fossile: *un f. del carbonifero, del quaternario* | *f. guida*, fossile a grande distribuzione geografica e con periodo di comparsa breve o appartenente a serie filogenetiche a evoluzione veloce | *f. vivente*, specie attuale appartenente a serie filogenetiche in via di estinzione **CFR.** oritto- **2** (*fig.*) persona dalla mentalità antiquata, superata e sim. **3** (*ling.*) elemento che sopravvive nella lingua in forma cristallizzata **SIN.** relitto

fossilìfero [comp. di *fossile* e *-fero* ✱ 1956] **agg.** ● che racchiude fossili: *sedimento f.*

fossilizẓàre [fr. *fossiliser*, da *fossile* 'fossile' ✱ 1866] **A v. tr.** ● ridurre alla stato fossile (*anche fig.*): *ha fossilizzato le sue idee* **B fossilizẓàrsi v. intr. pron. 1** diventare fossile **2** (*fig.*) rimanere fermo a idee arretrate e antiquate: *fossilizzarsi nelle proprie opinioni* ‖ **fossilizẓazióne**, **s. f.**: *la fossilizzazione di un vegetale*; *la fossilizzazione di un sistema di regole*

♦**fòsso** [da *fossa* ✱ av. 1292] **s. m. 1** grande fossa naturale o artificiale per lo scolo dell'acqua: *f. d'irrigazione, di scolo* | *saltare il f.*, (*fig.*) decidere all'improvviso e bruscamente di fare qlco. dopo aver esitato a lungo **2** scavo artificiale intorno alla cinta di un'opera fortificata, tra la scarpa e la controscarpa, per maggiore ostacolo all'attaccante ‖ **fossétto**, **fossettìno**, **dim.** | **fossóne**, **accr.**

fossóre [vc. dotta, lat. *fossōre(m)*, da *fŏssus*, part. pass. di *fŏdere* 'scavare'. V. *fossa* ✱ av. 1912] **s. m.** ● (*lett.*) becchino

fossòrio [vc. dotta, dal lat. mediev. *fossōriu(m)*, deriv. di *fŏdere* 'scavare' ✱ 1956] **agg.** ● (*zool.*) atto a scavare: *arto, roditore f.*

fòsti ➤ **essere**①

fòt o **phot** /fɔt/ [dal gr. *phôs* 'luce' (V. *fosforo*①) ✱ 1956] **s. m. inv.** ● (*fis.*) unità di illuminamento equivalente a 10^4 lux, ossia a 10^4 lumen per m^2

fotinìàno [av. 1563] **s. m.** ● seguace di Fotino, eretico greco, che, nel IV sec., sostenne l'unicità della natura umana del Cristo

♦**fòto** [1931] **s. f. inv.** ● accorc. di *fotografia*, nel sign. 2 | *f. ricordo*, scattata in una ricorrenza, in un'occasione importante | *f. di gruppo*, istantanea che ritrae un gruppo omogeneo di persone; (*fig.*) visione d'insieme, testimonianza emblematica: *questo film è la f. di gruppo di una generazione* | *f. segnaletica*, che ritrae un ricercato dalla polizia | *f. tessera*, V. *fototessera* ‖ **fotìna**, **dim.**

fòto- [dal gr. *phōto-*, da *phôs*, genit. *phōtós* 'luce' (V. *fosforo*①)] **primo elemento** ● in parole composte della terminologia scientifica e tecnica, significa 'luce' o indica relazione con la luce: *fotoelettricità, fotofobia, fotografia, fotometria, fotosensibile, fotosintesi, fototerapia* | in alcuni casi è accorciamento di *fotografia* ed è usato con riferimento a immagine fotografica o a un procedimento fotografico: *fotogenico, fotogramma, fotolitografia, fotomontaggio, fotoromanzo, fototeca*

fotoallergìa [comp. di *foto-* e *allergia* ✱ 1956] **s. f.** (**pl.** *-gìe*) ● (*med.*) allergia alla luce del sole

fotoamatóre [comp. di *foto-* e *amatore* ✱ 1981] **s. m.** (**f.** *-trice*) ● fotografo dilettante

fotobatterìa [comp. di *foto-* e *batteria* ✱ 1985] **s. f.** ● batteria elettrica alimentata da cellule fotovoltaiche

fotobiologìa [comp. di *foto-* e *biologia* ✱ 1978] **s. f.** (**pl.** *-gìe*) ● (*biol.*) branca della biologia che tratta gli effetti della luce e di altre forme di energia radiante sugli organismi

fotoblòg [comp. di *foto-* e *blog* ✱ 2004] **s. m. inv.** ● (*Internet*) blog che contiene soprattutto fotografie

fotocalcografìa [comp. di *foto-* e *calcografia* ✱ 1932] **s. f.** ● procedimento fotomeccanico di riproduzione calcografica e rotocalcografica che si basa su un cliché ricavato con la fotoincisione

fotocalcògrafo [1956] **s. m.** (**f.** *-a*) ● fototecnico specializzato in fotocalcografia

fotocàmera [comp. di *foto-* e *camera*② ✱ 1964] **s. f.** ● macchina fotografica | sistema per la realizzazione di fotografie integrato in un dispositivo più complesso: *la f. dello smartphone*

fotocatàliṣi [comp. di *foto-* e *catalisi* ✱ 1956] **s. f. inv.** ● catalisi che si produce sotto l'azione della luce

fotocàtodo [comp. di *foto-* e *catodo* ✱ 1948] **s. m.** ● catodo sensibile alla luce, presente nei tubi da ripresa televisivi

fotocèllula [da *cellula foto(elettrica)* ✱ 1931] **s. f.** ● cellula fotoelettrica

fotoceràmica [comp. di *foto-* e *ceramica* ✱ 1892] **s. f.** ● tecnica per la riproduzione di immagini fotografiche su ceramica | riproduzione ottenuta con tale tecnica

fotocettóre ➤ **fotorecettore**

fotochemioterapìa [vc. dotta, comp. di *foto-* e *chemioterapia* ✱ 1987] **s. f.** ● (*farm.*) trattamento terapeutico mediante farmaci che si attivano con l'esposizione a raggi ultravioletti solari o artificiali

fotochìmica [comp. da *foto-* e *chimica* ✱ 1892] **s. f.** ● sezione della chimica-fisica che si occupa delle reazioni chimiche influenzate dalla luce

fotochìmico [1950] **agg.** (**pl. m.** *-ci*) ● relativo alla fotochimica: *studi, fenomeni fotochimici*

fotocinematogràfico [comp. di *foto-* e *cinematografico* ✱ sec. XX] **agg.** (**pl. m.** *-ci*) • che riguarda insieme la fotografia e la cinematografia

fotocòlor o (*disus.*) **fotocolóre** [comp. di *foto-* e *color(e)* ✱ 1960] **s. m. inv.** • fotografia a colori

fotocompórre [comp. di *foto-* e *comporre* ✱ 1983] **v. tr.** (**coniug. come** *porre*) • (*tipogr.*) comporre mediante sistemi di fotocomposizione

fotocompoṣitóre [da *fotocomposizione* ✱ 1966] **s. m.** (**f.** *-trice*) • chi è addetto alla fotocomposizione

fotocompoṣitrìce [comp. di *foto-* e *compositrice* ✱ 1965] **s. f.** • macchina per fotocomposizione

fotocompoṣizióne [comp. di *foto-* e *composizione* ✱ 1941] **s. f.** • procedimento elettronico di composizione per la stampa direttamente su materiale fotosensibile

fotoconduttivo [comp. di *foto-* e *conduttivo* ✱ 1956] **agg.** • (*fis.*) relativo a fotoconduttività | che presenta fotoconduttività: *corpo f.* ‖ **fotoconduttività**, **s. f. inv.** (*fis.*) proprietà delle sostanze che presentano fotoconduzione

fotoconduttóre [comp. di *foto-* e *conduttore* ✱ 1956] **s. m.** • (*fis.*) sostanza che aumenta la propria conducibilità per effetto di radiazioni elettromagnetiche

fotoconduzióne [1974] **s. f.** • (*fis.*) fenomeno per cui alcune sostanze aumentano la loro conduttività se esposte a una radiazione elettromagnetica quale la luce visibile

fotocòpia [fr. *photocopie*, comp. di *photo* 'foto' e *copie* 'copia' ✱ 1917] **A** **s. f.** **1** ogni immagine ricavata da un negativo mediante la stampa per contatto o per ingrandimento | riproduzione su carta sensibile di immagini o scritti mediante il procedimento fotografico | correntemente, sinonimo improprio di xerocopia **2** (*fig.*) ciò che è pressoché identico a qualcos'altro: *un governo che è la f. del precedente* **B** in **funzione di agg. inv.**: (*fig.*) *delitto f.*

fotocopiàre [da *fotocopia* ✱ 1943] **v. tr.** (*io fotocòpio*) • riprodurre in fotocopia: *f. documenti* | xerocopiare

fotocopiatóre [1983] **A** **s. m.**; **anche agg.** (**f.** *-trice*) • macchina per fotocopiare **B** **s. m.** (**f.** *-trice*) • chi fa fotocopie

fotocopiatrìce [1973] **s. f.** • macchina per fotocopiare

fotocopiatùra [1980] **s. f.** • procedimento del fotocopiare

fotocromàtico [comp. di *foto-* e *cromatico* ✱ 1981] **agg.** (**pl. m.** *-ci*) **1** (*ottica*) detto di materiale capace di variare la propria trasparenza in seguito a variazioni dell'intensità della luce incidente: *lenti fotocromatiche* **2** (*chim.*) ***reazione fotocromatica***, in cui avviene un cambiamento di colore

fotocromìa [comp. di *foto-* e *-cromia* ✱ 1917] **s. f.** • proprietà di alcune sostanze che cambiano colore se esposte a una radiazione luminosa di sufficiente intensità

fotocrònaca [comp. di *foto-* e *cronaca* ✱ 1935] **s. f.** • resoconto giornalistico basato prevalentemente su immagini fotografiche **SIN.** fotoreportage

fotocronìsta [1941] **s. m. e f.** (**pl. m.** *-i*) • chi realizza fotocronache **SIN.** fotoreporter

fotodegradàbile [comp. di *foto-* e *degradabile* ✱ 1983] **agg.** • detto di sostanza che può essere attaccata e distrutta dalla luce del sole: *plastica f.*

fotodegradazióne [comp. di *foto-* e *degradazione* ✱ 1987] **s. f.** • processo per cui un composto subisce un'alterazione della sua struttura per effetto di radiazioni luminose

fotodepilazióne [comp. di *foto-* e *depilazione* ✱ 2004] **s. f.** • tecnica di depilazione che, utilizzando un laser o altri strumenti, distrugge i bulbi piliferi mediante termolisi indotta dall'energia dei fotoni

fotodermatite [comp. di *foto-* e *dermatite* ✱ sec. XX] **s. f.** • (*med.*) dermatite indotta dalla luce

fotodermatòṣi [comp. di *foto-* e *dermatosi* ✱ 1956] **s. f. inv.** • (*med.*) qualsiasi affezione della cute provocata dalle radiazioni luminose

fotodinàmico [comp. di *foto-* e *dinamico* ✱ 1913] **agg.** (**pl. m.** *-ci*) • detto di stimolazione prodotta dalla luce sulle cellule: *effetto f.*

fotodìodo [comp. di *foto-* e *diodo* ✱ 1956] **s. m.** • (*elettron.*) diodo a semiconduttore la cui resistività varia al variare della luce che lo colpisce

fotodiṣintegrazióne [comp. di *foto-* e *disintegrazione* ✱ 1949] **s. f.** • (*fis.*) divisione di un nucleo atomico in due o più frammenti come risultato di un bombardamento di raggi gamma

fotoelasticità [comp. di *foto-* ed *elasticità* ✱ 1956] **s. f. inv.** • (*fis.*) fenomeno per il quale una sostanza elastica, sottoposta a sollecitazioni meccaniche, diviene temporaneamente birifrangente

fotoelàstico [1932] **agg.** (**pl. m.** *-ci*) • (*fis.*) relativo alla fotoelasticità (V.)

fotoelèttrica [da *foto* ed *elettric(o)* ✱ 1939] **s. f.** • (*elettr.*) potente faro alimentato da un gruppo elettrogeno, per lo più installato su automezzi, per illuminare piste di aeroporti o zone in cui si deve intervenire e operare in situazioni di emergenza: *le fotoelettriche dell'esercito illuminarono il luogo dell'incidente*

fotoelettricità [comp. di *foto-* ed *elettricità* ✱ 1909] **s. f. inv.** • fenomeno di emissione di elettroni da parte di certe sostanze sottoposte all'azione della luce

fotoelèttrico [fr. *photoélectrique*, comp. di *photo-* 'foto-' ed *électrique* 'elettrico' ✱ 1900] **agg.** (**pl. m.** *-ci*) **1** relativo alla fotoelettricità (V.) | ***cellula fotoelettrica***, apparecchio che trasforma le variazioni di intensità luminose in variazioni di intensità di corrente elettrica | ***effetto f.***, emissione di elettroni da parte di una sostanza colpita dalla luce **2** che produce luce mediante l'elettricità | ***stazione fotoelettrica***, V. *fotoelettrica*

fotoelettróne [comp. di *foto-* ed *elettrone* ✱ 1932] **s. m.** • (*fis.*) elettrone emesso da un metallo per effetto fotoelettrico

fotoelettrònica [comp. di *foto-* ed *elettronica* ✱ 1956] **s. f.** • parte dell'elettronica che studia le applicazioni della fotoelettricità

fotoelettrònico [1956] **agg.** (**pl. m.** *-ci*) • relativo alla fotoelettronica | ***effetto f.***, effetto fotoelettrico

fotoeliografìa [fr. *photohéliographie*, comp. di *photo-* 'foto-' ed *héliographie* 'eliografia' ✱ 1887] **s. f.** • procedimento per ricavare copie su carta eliografica da un originale opaco o trasparente

fotoeliògrafo [comp. di *foto-* ed *eliografo* ✱ 1917] **s. m.** • (*ottica*) telescopio rifrattore adatto a fotografare il disco solare

fotoemissióne [comp. di *foto-* ed *emissione* ✱ 1956] **s. f.** • (*fis.*) emissione di un elettrone per effetto fotoelettrico

fotofinish /foto'finiʃ/ [1963] **s. m. inv.** • adattamento di *photo finish* (V.)

fotofissióne [comp. di *foto-* e *fissione* ✱ 1956] **s. f.** • (*fis.*) fissione di un nucleo atomico provocata da un fotone di alta energia

fotofìt [1974] **s. m. inv.** • adattamento di *Photofit* (V.)

fotofobìa [fr. *photophobie*, comp. di *photo-* 'foto-' e *-phobie* '-fobia' ✱ 1820] **s. f.** • (*med.*) sensazione dolorosa prodotta dagli stimoli luminosi | (*psicol.*) avversione alla luce ‖ **fotofòbico**, **agg.** (**pl. m.** *-ci*); **anche s. m.** (**f.** *-a*) **nel sign. 2** **1** relativo a fotofobia **2** che (o chi) soffre di fotofobia ‖ **fotòfobo**, **s. m.** (**f.** *-a*) (*raro*) fotofobico nel sign. 2

fotoforèṣi [comp. di *foto-* e del gr. *phórēsis* 'trasporto', da *phorêin* 'portare qua e là' ✱ 1956] **s. f. inv.** • (*fis.*) creazione di un moto direzionale delle particelle di una soluzione colloidale per mezzo di fasci di luce

fotòforo [comp. di *foto-* e *-foro* ✱ 1956] **s. m.** **1** organo produttore di luce, più o meno complesso, presente in certi animali **2** lampada elettrica fissata su un casco metallico o applicata a una fascia metallica che gira attorno al capo, usata spec. da medici, minatori e sim.

fotogeneratóre [comp. di *foto-* e *generatore* ✱ 1987] **A** **agg.** (**f.** *-trice*) • (*elettr.*) che genera elettricità per effetto fotovoltaico **B** **s. m.** • cella solare

fotogèneṣi [comp. di *foto-* e *genesi* ✱ 1956] **s. f. inv.** • produzione di luce in organismi animali e vegetali

fotogenètico [1956] **agg.** (**pl. m.** *-ci*) • relativo alla fotogenesi

fotogenìa [fr. *photogénie*, da *photogène* 'fotogeno' ✱ 1928] **s. f.** **1** disegno ottenuto rendendo sensibile alla luce una speciale carta pigmentata **2** condizione di chi è fotogenico **SIN.** fotogenicità

fotogènico [fr. *photogénique*, da *photogénie* 'fotogenia' ✱ 1839] **agg.** (**pl. m.** *-ci*) **1** (*disus.*) sensibile alla luce **2** detto di soggetto dotato di caratteristiche che danno una buona resa in fotografia: *persona fotogenica*; *viso f.* ‖ **fotogenicaménte**, **avv.** ‖ **fotogenicità**, **s. f. inv.** fotogenia nel sign. 2

fotògeno [comp. di *foto-* e *-geno* ✱ 1869] **agg.** **1** che è dovuto all'azione della luce **2** che genera luce: *animale f.*

fotogeologìa [comp. di *foto-* e *geologia* ✱ 1956] **s. f.** (**pl.** *-gìe*) • (*geol.*) geofotogrammetria

fotogiornàle [comp. di *foto-* e *giornale* ✱ 1956] **s. m.** • pubblicazione quotidiana o periodica basata prevalentemente su immagini fotografiche

fotogiornaliṣmo [comp. di *foto-* e *giornalismo* ✱ 1979] **s. m.** • attività giornalistica realizzata prevalentemente attraverso le immagini

fotogiornalìsta [comp. di *foto-* e *giornalista* ✱ 1983] **s. m. e f.** (**pl. m.** *-i*) • chi esegue servizi giornalistici fotografici con o senza testi

♦**fotografàre** [da *fotografo* ✱ 1858] **v. tr.** (*io fotògrafo*) **1** riprodurre mediante la fotografia **2** (*est.*) riprodurre, descrivere, rappresentare qlco. con precisione e ricchezza di particolari: *nel suo articolo ha ben fotografato la situazione*

♦**fotografìa** [fr. *photographie*, comp. di *photo-* 'foto-' e *-graphie* '-grafia' ✱ 1840] **s. f.** **1** procedimento chimico-fisico oppure optoelettronico mediante il quale si ottengono immagini dovute alle variazioni prodotte dalla luce in determinati sistemi rivelatori **2** (*est.*) ciascuna delle immagini ottenute secondo tale procedimento: *f. istantanea*; *una bella f.*; *fare una f. a qlcu.*; *album di fotografie* | ***f. subacquea***, ripresa effettuata sott'acqua con speciali macchine fotografiche; l'immagine ottenuta con tale procedimento | ***arrivo, vittoria in f.***, in varie gare di corsa, ordine di classifica e assegnazione della vittoria ricorrendo alla fotografia, scattata sul traguardo, per l'incertezza dovuta all'arrivo ravvicinatissimo di due o più concorrenti **3** (*est.*) precisa e particolareggiata descrizione di qlco.

♦**fotogràfico** [fr. *photographique*, da *photographie* 'fotografia' ✱ 1839] **agg.** (**pl. m.** -*ci*) **1** che concerne la fotografia: *copia, mostra fotografica* | ***macchina fotografica***, per la ripresa di fotografie | ***contrasto f.***, rapporto fra le parti chiare e scure di una immagine **2** (*fig.*) che è l'esatta riproduzione di qlco.: *è la copia fotografica di suo fratello* | (*est.*) molto preciso: *una descrizione fotografica* | ***memoria fotografica***, che ricorda la collocazione spaziale di oggetti o elementi anche nei minimi particolari ‖ **fotograficaménte**, **avv.** **1** per mezzo della fotografia, dal punto di vista fotografico **2** (*fig.*) con precisione fotografica

fotògrafo [fr. *photographe*, comp. di *photo-* 'foto-' e *-graphe* '-grafo' ✱ 1855] **s. m.** (**f.** -*a*) ● chi esegue fotografie per scopo dilettantistico o professionale

fotogràmma [fr. *photogramme*, comp. di *photo-* 'foto-' e *-gramme* '-gramma' ✱ 1892] **s. m.** (**pl.** -*i*) ● singola immagine, negativa o positiva, di una pellicola fotografica o cinematografica

fotogrammetrìa [comp. di *fotogram(ma)* e *-metria* ✱ 1892] **s. f.** ● determinazione della dimensione di oggetti lontani mediante due diverse fotografie riprese con apparecchi posti agli estremi di una base la cui misura è nota: *f. aerea, terrestre*

fotogrammètrico [1912] **agg.** (**pl. m.** -*ci*) ● relativo a fotogrammetria

fotogrammetrìsta [1956] **s. m. e f.** (**pl. m.** -*i*) ● tecnico adibito alla fotogrammetria

fotoincisióne [comp. di *foto-* e *incisione* ✱ 1883] **s. f.** **1** procedimento di incisione basato sulla fotografia, con cui si ottengono i cliché per la stampa tipografica **2** (*est.*) ogni immagine ottenuta con tale procedimento

fotoincisóre [comp. di *foto-* e *incisore* ✱ 1956] **s. m.** (**f.** -*a*) ● tecnico addetto a una delle varie operazioni del ciclo di lavoro della fotoincisione

fotoionizzazióne [comp. di *foto-* e *ionizzazione* ✱ 1956] **s. f.** ● (*fis.*) ionizzazione di un gas provocata da radiazioni elettromagnetiche

fotokìt [1974] **s. m. inv.** ● Photofit

fotolaboratòrio [comp. di *foto-* e *laboratorio* ✱ 1983] **s. m.** ● laboratorio fotografico

fotolìbro [comp. di *foto-* e *libro* ✱ 1982] **s. m.** ● libro prevalentemente fotografico, che gener. tratta argomenti di attualità, inchieste e sim.

fotòlisi o **fotolìsi** [comp. di *foto-* e *-lisi* ✱ 1932] **s. f. inv.** ● decomposizione di un composto chimico per azione della luce

fotolìtico [1956] **agg.** (**pl. m.** -*ci*) ● relativo a fotolisi

fotolitìsta [comp. di *fotolit(o)*② col suff. *-ista* ✱ 1993] **s. m. e f.** (**pl. m.** -*i*) ● (*tipogr.*) tecnico addetto alla fotolitografia

fotòlito① [1956] **s. m.** ● sostanza decomponibile per fotolisi

fotolìto② [1941] **s. f. inv.** ● accorc. di *fotolitografia*

fotolitografìa [fr. *photolitographie*, comp. di *photo-* 'foto-' e *lithographie* 'litografia' ✱ 1865] **s. f.** **1** (*tipogr.*) procedimento di riproduzione fotomeccanica mediante il quale si ottiene una pellicola utilizzabile per la preparazione della lastra di stampa **2** (*est.*) insieme delle tecniche di trattamento dell'immagine nella produzione editoriale **SIN.** litofotografia

fotolitogràfico [1956] **agg.** (**pl. m.** -*ci*) ● relativo a fotolitografia | realizzato mediante fotolitografia: *riproduzione fotolitografica* ‖ **fotolitograficaménte**, **avv.** mediante fotolitografia

fotolitògrafo [1956] **s. m.** (**f.** -*a*) ● tecnico addetto alla fotolitografia

fotoluminescènza [comp. di *foto-* e *luminescenza* ✱ 1928] **s. f.** ● (*fis.*) fenomeno presentato da certe sostanze che, sottoposte a illuminazione, emettono luce propria diversa da quella che le ha colpite **CFR.** fluorescenza, fosforescenza

fotomeccànica [comp. di *foto-* e *meccanica* ✱ 1914] **s. f.** ● (*tipogr.*) procedimento di trasferimento delle immagini sulla lastra di stampa

fotomeccànico [1891] **agg.** (**pl. m.** -*ci*) ● relativo alla fotomeccanica ‖ **fotomeccanicaménte**, **avv.** mediante procedimento fotomeccanico

fotometrìa [fr. *photométrie*, comp. di *photo-* 'foto-' e *-métrie* '-metria' ✱ 1798] **s. f.** ● parte dell'ottica che riguarda la misurazione delle grandezze fisiche relative a radiazioni luminose | ***f. fotografica***, quella che si occupa della misurazione dell'intensità luminosa su superfici sensibili

fotomètrico [1865] **agg.** (**pl. m.** -*ci*) ● (*fis.*) relativo alla fotometria ‖ **fotometricaménte**, **avv.** da un punto di vista fotometrico

fotòmetro [fr. *photomètre*, comp. di *photo-* 'foto-' e *-mètre* '-metro' ✱ 1798] **s. m.** ● strumento visuale o a cellula fotoelettrica, che serve a misurare l'intensità di una sorgente luminosa o l'illuminamento di una superficie

fotomicrografìa [comp. di *foto-*, *micro-* e *-grafia* ✱ 1956] **s. f.** ● (*fotogr.*) immagine fotografica estremamente piccola di un oggetto grande, come per es. i microfilm | la tecnica impiegata per ottenerla

fotomitragliatrìce [comp. di *foto-* e *mitragliatrice* ✱ 1963] **s. f.** ● macchina cinematografica installata a bordo di aerei per esercitazioni di tiro simulato

fotomodèllo [comp. di *foto-* e *modello* ✱ 1967] **s. m.** (**f.** -*a*) ● chi posa per fotografie destinate a giornali di moda e sim.

fotomoltiplicatóre [comp. di *foto-* e *moltiplicatore* ✱ 1956] **s. m.** ● (*elettron.*) strumento in grado di trasformare deboli impulsi luminosi in corrente elettrica, amplificandoli

fotomontàggio [fr. *photomontage*, comp. di *photo-* 'foto-' e *montage* 'montaggio' ✱ 1933] **s. m.** ● composizione ottenuta con varie fotografie o loro parti affiancate o parzialmente sovrapposte

fotomosàico [comp. di *foto-* e *mosaico*, sull'es. dell'ingl. *photomosaic* ✱ 1956] **s. m.** (**pl.** -*ci*) ● immagine ottenuta accostando numerose piccole fotografie, usate come tessere di un mosaico tradizionale

fotóne [dal gr. *phôs*, genit. *phōtós* 'luce' col suff. *-one*③ ✱ 1930] **s. m.** ● (*fis.*) particella elementare di energia luminosa

fotònica [da *fotone*, analogo all'ingl. *photonics* ✱ 1985] **s. f.** ● (*fis.*) disciplina che studia i fenomeni connessi con l'emissione, la propagazione e l'assorbimento di fotoni | (*est.*) settore scientifico e tecnologico per la realizzazione di sistemi in cui l'informazione viene trasportata ed elaborata mediante fotoni

fotònico [da *foton(e)* col suff. *-ico*, sul modello dell'ingl. *photonic* ✱ 1956] **agg.** (**pl. m.** -*ci*) ● (*fis.*) relativo ai fotoni

fotonotìzia [comp. di *foto* e *notizia* ✱ 1991] **s. f.** ● (*giornalismo*) immagine fotografica che per la sua evidenza basta da sola a fornire una notizia, senza bisogno di spiegazione o commento

fotonucleàre [comp. di *foto-* e *nucleare* ✱ 1956] **agg.** ● (*fis.*) relativo all'interazione di un fotone con un nucleo: *reazione f.*

fotoperiodìsmo [comp. di *fotoperiod(o)* e del suff. *-ismo* ✱ 1956] **s. m.** ● (*biol.*) complesso dei fenomeni manifestati da piante e animali in relazione al fotoperiodo

fotoperìodo [comp. di *foto-* e *periodo* ✱ 1956] **s. m.** ● (*biol.*) lunghezza del periodo luminoso diurno, da cui dipendono vari processi fisiologici dei vegetali

fotopolimerizzazióne [1956] **s. f.** ● (*chim.*) polimerizzazione eseguita utilizzando radiazioni, gener. ultraviolette, per l'attivazione dei monomeri; usata in odontoiatria, nella verniciatura, e sim.

fotoràma [comp. di *fot(o)-* 'luce', sostituito a *pan(o)-* della prima parte di *panorama* ✱ 1956] **s. m.** (**pl.** -*i*) ● apparecchio usato alla fine del XIX sec. per proiettare immagini panoramiche circolari

fotorealìsmo [comp. di *foto-* e *realismo* ✱ 1944] **s. m.** ● caratteristica di un'immagine digitale che dà l'impressione di una foto reale

fotorealìstico [comp. di *foto-* e *realistico* ✱ 1996] **agg.** (**pl. m.** -*ci*) ● di fotorealismo, relativo a fotorealismo | che dà l'impressione di una fotografia reale: *immagine digitale fotorealistica*

fotoreazióne [comp. di *foto-* e *reazione* ✱ 1956] **s. f.** ● (*chim.*) reazione provocata o facilitata da radiazioni luminose

fotorecettóre o **fotocettóre** [comp. di *foto-* e *recettore* ✱ 1952] **A agg.** ● (*biol.*) detto di organo o di gruppo di cellule atto alla fotorecezione **B** anche **s. m.**: *fotorecettori si trovano nella retina*

fotorecezióne [comp. di *foto-* e *recezione* ✱ 1956] **s. f.** ● (*biol.*) processo di assorbimento dell'energia luminosa da parte di piante e animali e sua utilizzazione per le funzioni biologiche, come la fotosintesi e la visione

fotoreportàge /fotorepor'taʒ/ [comp. di *foto-* e *reportage* ✱ 1946] **s. m. inv.** ● servizio fotografico eseguito da un fotoreporter

fotorepòrter [comp. di *foto-* e *reporter* ✱ 1956] **s. m. e f. inv.** ● chi fotografa avvenimenti di attualità per giornali o agenzie d'informazione

fotoresistènza [comp. di *foto-* e *resistenza* ✱ 1956] **s. f.** ● (*elettron.*) dispositivo la cui resistenza diminuisce all'aumentare dell'intensità della radiazione elettromagnetica incidente

fotoriproduttóre [comp. di *foto-* e *riproduttore* ✱ 1970] **s. m.** ● apparecchio per la riproduzione di documenti che impiega procedimenti di tipo fotografico

fotoriproduzióne [comp. di *foto-* e *riproduzione* ✱ 1974] **s. f.** **1** processo fotografico per la riproduzione di scritti, disegni e sim. **2** copia fotografica ottenuta con tale processo

fotoritócco [comp. di *foto-* e *ritocco* ✱ 1994] **s. m.** (**pl.** -*chi*) ● (*inform.*) operazione del ritoccare le foto digitali utilizzando specifici software di grafica

fotoromànzo [comp. di *foto-* e *romanzo* ✱ 1949] **s. m.** ● romanzo narrato mediante sequenze di fotografie, corredate da fumetti o didascalie

fotosafàri [comp. di *foto-* e *safari* ✱ 1983] **s. m. inv.** ● safari fotografico

fotosegnalaménto [comp. di *foto-* e *segnalamento* ✱ 1993] **s. m.** ● (*burocr.*) schedatura mediante foto segnaletica e rilevazione delle impronte digitali **SIN.** fotosegnalazione

fotosegnalàre [comp. di *foto-* e *segnalare* ✱ 1982] **v. tr.** ● (*burocr.*) identificare mediante fotosegnalamento

fotosegnalazióne [comp. di *foto-* e *segnalazione* ✱ 1992] **s. f.** ● (*burocr.*) fotosegnalamento

fotosensìbile [comp. di *foto-* e *sensibile* ✱ 1956] **agg.** **1** che è sensibile chimicamente alla luce: *lastra f.* **2** (*biol.*) detto di organismo che reagisce agli stimoli luminosi|| **fotosensibilità**, s. f. inv.

fotosensibilizzazióne [da *fotosensibile* ✱ 1956] s. f. **1** processo che rende un organismo o una sostanza sensibile alla luce **2** (*med.*) iperreattività cutanea o corneale alle radiazioni luminose

fotoserigrafìa [comp. di *foto-* e *serigrafia* ✱ 1983] s. f. ● il complesso dei mezzi e dei sistemi con cui si ottengono, mediante procedimenti fotografici, le matrici destinate alle stampe serigrafiche

fotoservìzio [comp. di *foto-* e *servizio* ✱ 1959] s. m. ● servizio giornalistico costituito prevalentemente da immagini fotografiche SIN. fotoreportage

fotosfèra [fr. *photosphère*, comp. di *photo-* 'foto-' e *sphère* 'sfera' ✱ 1829] s. f. ● (*astron.*) superficie grossolanamente sferica in cui, andando dall'esterno verso l'interno, i gas che formano una stella da trasparenti divengono opachi: *f. solare*

fotosfèrico [1956] agg. (pl. m. *-ci*) ● relativo alla fotosfera

fotosìntesi [comp. di *foto-* e *sintesi* ✱ 1931] s. f. inv. **1** reazione chimica di sintesi favorita dalla luce | ***f. clorofilliana***, nelle piante verdi, il processo di formazione dei carboidrati da anidride carbonica e acqua con l'intervento della clorofilla e dell'energia luminosa SIN. funzione clorofilliana **2** cronaca riassuntiva di uno o più avvenimenti, costituita da una serie di fotografie opportunamente selezionate

fotosintètico [1932] agg. (pl. m. *-ci*) ● relativo alla fotosintesi

fotostàtico [comp. di *foto-* e *statico* ✱ 1950] agg. (pl. m. *-ci*) ● detto di sistema di riproduzione, a contatto dell'originale, su carta fotosensibile, usato spec. per documenti || **fotostaticaménte**, avv. mediante sistema di riproduzione fotostatica

fotosùb [comp. di *foto-* e *sub* ✱ 1983] s. m. e f. inv. ● fotografo subacqueo

fototàssi [comp. di *foto-* e del gr. *táxis* 'ordine, schiera' ✱ 1956] s. f. inv. ● (*biol.*) reazione del protoplasma cellulare alla luce | ***f. positiva***, se vi è attrazione verso la fonte luminosa | ***f. negativa***, se vi è allontanamento

fototassìa o **fototàssi** [1987] s. f. ● (*biol.*) fototattismo

fototattìsmo [da *fototassi* ✱ 1956] s. m. ● (*biol.*) tattismo determinato da uno stimolo luminoso SIN. fototassia

fototèca [comp. di *foto-* e *teca* ✱ 1939] s. f. ● ambiente, schedario o contenitore nel quale vengono custodite e catalogate le fotografie

fototècnico [comp. di *foto-* e *tecnico* ✱ 1917] s. m. (f. *-a*; pl. m. *-ci*) ● tecnico esperto nella riproduzione per mezzo di procedimenti fotochimici

fototelegrafìa [comp. di *foto-* e *telegrafia* ✱ 1917] s. f. ● trasmissione a distanza di immagini fotografiche per mezzo della corrente elettrica e solitamente mediante ponte radio

fototelegràfico [comp. di *foto-* e *telegrafico* ✱ 1937] agg. (pl. m. *-ci*) ● relativo alla fototelegrafia || **fototelegraficaménte**, avv. mediante fototelegrafia

fototeodolite [comp. di *foto-* e *teodolite* ✱ 1917] s. m. ● strumento topografico costituito da un teodolite accoppiato con una macchina fotografica

fototerapìa [fr. *photothérapie*, comp. di *photo-* 'foto-' e *thérapie* 'terapia' ✱ 1900] s. f. ● cura di alcuni disturbi, spec. di tipo psicologico, mediante sorgenti di luce artificiale | ***f. naturale***, elioterapia || **fototeràpico**, agg. (pl. m. *-ci*) relativo a fototerapia

fototèssera [comp. di *foto-* e *tessera* ✱ 1966] s. f. ● fotografia di formato standard per documenti di riconoscimento

fototipìa [fr. *phototypie*, comp. di *photo-* 'foto-' e *-typie* '-tipia' ✱ 1869] s. f. ● procedimento fotomeccanico nel quale, dalla negativa fotografica, si ricava la matrice su una lastra di cristallo sensibilizzata

fototipìsta [1956] s. m. e f. (pl. m. *-i*) ● chi esegue le matrici nel procedimento della fototipia

fototìpo [comp. di *foto-* e *tipo* ✱ 1990] s. m. ● (*biol.*) ognuna delle otto categorie, indicate in successione numerica, in cui può essere divisa la popolazione umana in base alla pigmentazione della pelle, dei capelli e alla reattività ai raggi solari | ***f. zero***, quello degli albini | ***f. sette***, quello dei neri

fototransistóre [comp. di *foto-* e *transistore* ✱ 1956] s. m. ● (*elettron.*) transistore in cui la corrente di collettore aumenta con l'intensità della luce incidente

fototraumatìsmo [comp. di *foto-* e *traumatismo* ✱ 1956] s. m. ● (*med.*) qualsiasi lesione corporea causata dall'azione delle radiazioni luminose, come per es. l'eritema solare

fototropìsmo [comp. di *foto-* e *tropismo* ✱ 1917] s. m. ● (*biol.*) movimento di un organismo vegetale o animale provocato da uno stimolo luminoso | ***f. positivo***, movimento verso la luce | ***f. negativo***, contro la luce SIN. eliotropismo

fototùbo [comp. di *foto-* e *tubo* ✱ 1956] s. m. ● (*fis.*) tubo elettronico in cui l'emissione di elettroni dal catodo è provocata dalla luce e da altre radiazioni elettromagnetiche

fotovoltàico [comp. di *foto-* e *voltaico* ✱ 1956] **A** agg. (pl. m. *-ci*) ● (*fis.*) capace di generare una forza elettromotrice in seguito ad assorbimento di luce o altre radiazioni elettromagnetiche | ***effetto f.***, generazione di una forza elettromotrice in un semiconduttore non omogeneo, o nella giunzione fra due semiconduttori o fra un semiconduttore e un metallo, in seguito all'assorbimento di luce o altre radiazioni elettromagnetiche **B** s. m. ● settore tecnologico della produzione di impianti fotovoltaici per trasformare l'energia solare in energia elettrica

fotozincografìa (o -z-) [comp. di *foto-* e *zincografia* ✱ 1892] s. f. ● procedimento di stampa che utilizza matrici in rilievo ottenute fotografando gli originali su lastre di zinco

fotozincogràfico (o -z-) [1956] agg. (pl. m. *-ci*) ● relativo a fotozincografia, ottenuto mediante fotozincografia || **fotozincograficaménte**, avv. con procedimento fotozincografico

fòtta [prob. deriv. di *fottere* ✱ 1882] s. f. **1** (*centr.*) collera, stizza **2** (*centr.*) malefatta, danno, errore **3** (*centr.*) pretesto, scusa

fóttere [lat. parl. **fŭttere*, per il classico *futŭere*, di etim. incerta ✱ sec. XIV] **A** v. tr. **1** (*volg.*) possedere sessualmente | (*est.*, *assol.*) avere rapporti sessuali | ***andare a farsi f.***, (*fig.*, *pop.*) guastarsi, rovinarsi: *I collegamenti, al solito, ... se ne vanno a farsi f.* (C.E. GADDA) | ***va' a farti f.!***, (*volg.*) va' in malora, al diavolo! **2** (*pop.*, *fig.*) ingannare, imbrogliare | (*pop.*, *fig.*) sopraffare, vincere | (*pop.*, *fig.*) rubare: *mi hanno fottuto il motorino!* **B** **fóttersi** v. tr. pron. (aus. *essere*) **1** (*pop.*, *fig.*) prendere, portare via (*con valore intens.*): *chi si è fottuto la mia penna?* | ***ti sei fottuto il cervello?***, sei impazzito? **2** (*pop.*) perdere per propria responsabilità, giocarsi: *in questo modo ti sei fottuto il viaggio a New York!* **C** **fóttersi** v. intr. pron. ● (*volg.*) infischiarsi | **fóttersene**, (*volg.*) infischiarsi di qlcu. o qlco.: *me ne fotto delle sue critiche* **D** **fóttersi** v. rifl. ● (*fig.*, *pop.*) danneggiarsi, rovinarsi: *a voler pretendere troppo, si è fottuto da solo!*

fòttio [da *fottere* ✱ av. 1936] s. m. (pl. *-ii*) ● (*pop.*) grande quantità: *un f. di gente, di soldi*

fottùto part. pass. di *fottere*; anche agg. **1** (*pop.*) perduto, finito, fritto: *Su col morale, Egisto! ... Se no sei f.!* (V. PRATOLINI) **2** (*pop.*, *volg.*) dannato, maledetto (anche come insulto): *una paura fottuta*; *per quel f. lavoro mi han pagato pochissimo*; *villan f.!*

foulard /fr. fu'lar/ [vc. fr. *foulard*, dal provenz. *foulat*, da *foular* 'follare' ✱ 1765] s. m. inv. **1** tessuto leggero di aspetto brillante e morbido al tatto, fabbricato con seta, cotone, fibre artificiali, usato per fazzoletti, fodere, abiti femminili, vestaglie, cravatte **2** fazzoletto da portare in testa o al collo || **foularino**, dim. (V.)

foularìno /fula'rino/ o **fularìno** [dim. di *foulard*, formato sull'adattamento it. ✱ 1959] s. m. ● piccolo foulard, da portarsi spec. al collo

foulé /fr. fu'le/ [vc. fr., propr. part. pass. di *fouler* 'premere, pigiare, follare' (stessa etim. dell'it. *follare*) ✱ 1983] s. m. inv. ● stoffa di lana pettinata o cardata, a tinta unita o a disegni, che presenta sul dritto un aspetto un po' peloso ottenuto mediante follatura

fou-rire /fr. fu'rir/ [vc. fr., propr. 'riso folle' ✱ 1963] s. m. inv. (pl. fr. *fous-rires*) ● riso irrefrenabile, ridarella

fourreau /fr. fu'ro/ [vc. fr., propr. 'fodero, guaina', poi 'veste affusolata', di orig. francone ✱ 1938] s. m. inv. (pl. fr. *fourreaux*) ● abito femminile aderente e diritto | sottoveste di seta che completa un abito trasparente

fòvea [vc. dotta, lat. *fovea* 'cavità' ✱ 1931] s. f. ● (*anat.*) piccola depressione, naturale o provocata artificialmente per compressione delle dita, sulla superficie di alcuni organi | (*per anton.*) depressione della retina, al centro della macula lutea, dove la visione dell'occhio raggiunge la maggiore acutezza

foxhound /foks'aund, *ingl.* 'fɒks,haʊnd/ [vc. ingl., comp. di *fox* 'volpe' e *hound* 'segugio' (vc. germ. d'orig. indeur.) ✱ 1956] s. m. inv. ● cane muscoloso, veloce e resistente, a pelo fitto e liscio, spec. usato nella caccia alla volpe

fox tèrrier /foks'terier, *ingl.* 'fɒks,teriə(r)/ [loc. ingl., comp. di *fox* 'volpe' e *terrier* (V.) ✱ 1905] loc. sost. m. inv. (pl. ingl. *fox terriers*) ● cane di piccola taglia, assai forte, veloce e resistente, a pelo liscio o ruvido, con muso dal profilo rettangolare, spec. usato nella caccia alla volpe

fox-tròt /foks'trɔt, *ingl.* 'fɒks,trɒt/ [vc. ingl., 'passo della volpe', comp. di *fox* 'volpe' e *trot* 'trotto' ✱ 1919] s. m. inv. ● ballo del genere ragtime, diffuso nel secondo decennio del sec. XX

foyer /fr. fwa'je/ [vc. fr., 'focolare', dal lat. tardo *focārĭu(m)*, da *fŏcus* 'fuoco' ✱ 1838] s. m. inv. ● vestibolo antistante la platea di una sala teatrale o cinematografica SIN. ridotto nel sign. B 1

foziàno [1834] s. m. (f. *-a*) ● seguace dell'eresia di Fozio e dello scisma che portò alla separazione della Chiesa greca da quella romana nell'858

fra' /fra/ prep. ● (*lett.*) forma tronca di *fra i*

♦**fra** ① /fra*/ o (*poet.*) †**infra** [lat. *īnfra* 'sotto', da *īnferus* (V. *inferiore*) ✱ av. 1250] prep. propria semplice. (Fondendosi con gli art. determ. dà origine alle prep. art. *poet.* e *lett.* m. sing. *fral*, *frallo*; m. pl. †*fragli*, †*fralli*, †*frai* (*tosc. fra'*); f. sing. †*fralla*; f. pl. †*fralle*. Ha gli stessi usi e sign. di *tra*, ma si preferisce l'una o l'altra forma soprattutto per evitare la cacofonia derivante spec. dall'incontro di gruppi di consonanti uguali). ● ha gli stessi sign. di 'tra' (V.): *fra due settimane*; *fra noi*; *fra sé*; *fra i piedi*; *mettere i bastoni fra le ruote*; *trovarsi fra l'incudine e il martello*; *trovarsi fra due fuochi*; *dormire fra due guanciali*; *essere fra la* *vita e la morte; pensare, dire qlco. fra sé e sé; sia detto fra noi; fra Trapani e Agrigento; fra tre anni; fra terra e cielo; l'amistà fra tiranni è malsicura* (V. MONTI); *la voce d'un cappon / fra tanti galli* (N. MACHIAVELLI) | ***fra tutto***, in mezzo a: *era tornato arzillo e gaio fra tutto quel parapiglia* (G. VERGA) | nelle loc. prep. ***fra lo, fra la, †fra li, fra gli, fra le***, o nelle prep. art. ***†frallo, fralla, fralli, fralle***: *fra lo strepito atroce dei carri* (G. D'ANNUNZIO); *fralli quali ve n'era assai; fralle altre cose* (G. VICO) (V. nota d'uso ACCENTO)

♦**fra**② /fra*/ o (*raro*) **fra'**, (*raro*) **frà** [da *fra(te)* ✻ av. 1306] **s. m. inv.** ● frate (davanti a nomi propri comincianti per consonante): *fra Tommaso, fra Cristoforo* (V. nota d'uso ELISIONE e TRONCAMENTO)

frac [fr., dall'ingl. *frock*, a sua volta dal fr. *froc* 'abito', vc. d'orig. francone ✻ 1766] **s. m. inv.** ● abito maschile da cerimonia nero e con giacca corta davanti fino alla vita e prolungata dietro in due falde lunghe e sottili **SIN.** marsina

fracassaménto o (*pop.*) **sfracassaménto** [av. 1463] **s. m.** ● (*raro*) il fracassare, il fracassarsi | rottura, frantumazione | †sfracellamento, frattura | †fracasso

fracassàre o (*pop.*) **sfracassàre** [prob. sovrapposizione del lat. *frăngere* a *quassāre* 'scuotere, squassare' ✻ av. 1306] **A v. tr.** ● fare a pezzi violentemente e con rumore: *f. il cristallo di una vetrina; piagar non puote Orlando, ... / ma fracassa ... e piastre e maglia* (M.M. BOIARDO) | ***f. le ossa a qlcu.***, picchiarlo con forza **B v. intr.** (aus. *avere*) ● †crollare in frantumi **C fracassàrsi v. tr. pron.** (aus. *essere*) ● rompersi, fratturarsi in una caduta, in un urto ecc.: *fracassarsi un braccio, le gambe; diceva Jeli ... come se si fosse fracassate le reni lui* (G. VERGA) **D fracassàrsi v. intr. pron.** ● rompersi, infrangersi, spezzarsi con violenza in modo irreparabile: *nell'urto, si sono fracassati tutti i vetri*

fracassatóre [av. 1694] **s. m.** (f. *-trice*); anche **agg.** ● (*raro*) chi (o che) fracassa

fracassatùra [1550] **s. f.** ● (*raro*) fracassamento: *f. di vetri, di stoviglie*

fracassìo [1464] **s. m.** (pl. *-ii*) ● (*raro*) fracasso continuato

♦**fracàsso** [da *fracassare* ✻ av. 1306] **s. m.** **1** gran rumore di cose che vanno in pezzi o si rompono: *l'albero si abbatté con f.; un f. di stoviglie rotte* | (*est.*) frastuono, rumore assordante: *smettetela di fare tutto questo f.!* **SIN.** chiasso, baccano | ***far f.***, (*fig.*) provocare molto interesse e commenti **SIN.** frastuono **2** †rovina, distruzione | †tumulto, scompiglio | ***†mandare a f.***, distruggere **3** (*fam.*) grande quantità di qlco.: *un f. di gente*
SFUMATURE ➤ **rumore**

fracassóne [1855] **s. m.** (f. *-a*) **1** (*fam., raro*) chi rompe spesso qlco. o provoca danni **2** (*colloq.*) chi fa molto rumore: *i residenti hanno protestato contro i fracassoni del sabato sera*

†**fracassóso** (o -*so*) [1669] **agg.** ● rumoroso, assordante || †**fracassosaménte**, **avv.**

fraccàta [da *fracco* ✻ 1868] **s. f.** ● (*colloq.*) grande quantità **SIN.** fracco

fràcco [vc. sett., dal lat. parl. **fragicāre*, intens. di *frăngere* 'frangere' ✻ 1741] **s. m.** (pl. *-chi*) ● (*colloq.*) grande quantità: *un f. di legnate, di botte, di bastonate*

fràcido ➤ **fradicio**

fracidùme ➤ **fradiciume**

fràcking /'frakin(g), *ingl.* 'frækɪŋ/ [vc. ingl., accorc. dell'ingl. *hydrofracking* (V.) ✻ 2011] **s. m. inv.** ● (*geol.*) hydrofracking

fracòsta [comp. di *fra*① e *costa*; calco sul fr. *entrecôte* 'braciola, pezzo di bue (tagliato fra due coste)' ✻ 1965] **s. f.** ● (*centr.*) bistecca, costata

♦**fràdicio** o (*lett., roman.*) **fràcido** [lat. *frăcidu(m)*, di etim. incerta ✻ 1304 ca.] **A agg.** (pl. m. *-ci*; pl. f. *-cie* o *-ce*) **1** andato a male: *uova fradice* **SIN.** marcio, mezzo **CONTR.** sano **2** (*fig., raro*) corrotto, depravato: *società fradicia* **3** molto bagnato: *abito f.* | (*intens.*) ***sudato, bagnato f.***, tutto sudato, bagnato | ***essere ubriaco f.***, essere completamente ubriaco | (*iperb., disus.*) ***innamorato f.***, molto innamorato **SIN.** inzuppato **CONTR.** asciutto **B s. m.** **1** parte guasta di qlco.: *il f. di un frutto* **2** (*fig.*) corruzione, disonestà: *trovare, nascondere il f.; scavare, rimestare nel f.* **3** fangosità del terreno

fradiciùme o (*lett., roman.*) **fracidùme** [av. 1311] **s. m.** **1** quantità di cose fradice: *questa verdura è un vero f.* **SIN.** marciume, putridume **2** umidità: *luogo pieno di f.* **3** (*fig.*) †corruzione

†**fràga** [lat. *frāga*, nt. pl. di *frāgum*, di orig. preindeur. ✻ sec. XIV] **s. f.** ● (*bot.*) fragola

fragàglia [da avvicinare al lat. *frăngere* 'spezzare' ✻ 1884] **s. f.** ● (*merid.*) pesci piccoli, di scarso pregio, per frittura

†**fragellàre** e deriv. ➤ **flagellare** e deriv.

♦**fràgile** [vc. dotta, lat. *frăgile(m)*, da *frăngere* 'frangere' ✻ av. 1292] **agg.** **1** che si rompe, si spezza facilmente: *vetro, legno f.* | ***pacco f.***, che contiene oggetti delicati **2** (*fig.*) debole, gracile, delicato (+ *di*): *costituzione fisica f.; f. di salute* **CONTR.** forte, robusto **3** (*fig.*) che cede facilmente ai vizi e alle tentazioni: *la carne umana è f.* | debole, instabile: *una persona dal carattere f.; è tanto f. la natura degli uomini* (F. GUICCIARDINI) **CONTR.** saldo **4** (*fig.*) di scarsa consistenza: *un'ipotesi, un argomento f.* | (*fig.*) di breve durata, tenue: *speranza, felicità f.* **SIN.** caduco || **fragilétto**, **dim.** | **fragilìno**, **dim.** || **fragilménte**, **avv.** (*fig.*) debolmente

fragilità o †**fragilitàde**, †**fragilitàte** [vc. dotta, lat. *fragilitāte(m)*, da *frăgilis* 'fragile' ✻ av. 1311] **s. f. inv.** ● condizione, caratteristica di chi (o di ciò che) è fragile (*anche fig.*): *la f. del vetro; la f. della memoria* | ***la f. umana***, la debolezza umana **SIN.** delicatezza, gracilità
SFUMATURE ➤ **debolezza**

fràglia o **fratàglia** [lat. parl. **fratālia*, da *frāter* 'fratello' ✻ 1283] **s. f.** ● nel Veneto, corporazione medievale di arti e mestieri

†**fragménto** ➤ **frammento**

fràgno [lat. *fărneu(m)*, da *fărnus* ('frassino'?): da avvicinare a *frăxinus* 'frassino' (?) ✻ 1932] **s. m.** ● quercia più piccola della rovere, con foglie simili a quelle del castagno ma più piccole (*Quercus macedonica*)

♦**fràgola** o (*pop., tosc.*) **fràvola** [lat. parl. **frăgula(m)*, dim. di *frāgum*. V. †*fraga* ✻ 1342] **A s. f.** ● erba delle Rosacee con stoloni sdraiati, foglie composte seghettate con peli lucenti e frutti rossi commestibili (*Fragaria vesca*) | il frutto di tale pianta **B in funzione di agg. inv.** (posposto a un sost.) **1** nelle loc. ***rosa f., rosso f.***, detto della tonalità del rosa e del rosso caratteristiche del frutto omonimo **2** (*bot.*) ***uva f.***, (*pop.*) uva americana || **fragolétta**, **dim.** | **fragolìna**, **dim.** | **fragolóna**, **accr.** | **fragolóne**, **accr. m.** (V.)

fragolàccia [1834] **s. f.** (pl. *-ce*) ● pianta del genere Potentilla simile alla fragola ma con frutto secco non mangereccio

fragolàia o (*pop., tosc.*) **fravolàia** [1759] **s. f.** ● terreno coltivato

fragolàio [av. 1787] **s. m.** (pl. *-ai*) **1** (f. *-aia*) (*raro*) venditore di fragole **2** (*lett.*) fragoleto

fragoléto [1550] **s. m.** ● terreno coltivato a fragole

fragolicoltùra [comp. di *fragola* e *coltura* ✻ 1975] **s. f.** ● coltivazione delle fragole

fragolìno [dal colore rosso, come quello di una *fragola* ✻ 1561] **s. m.** **1** pesce dei Teleostei dei fondi arenosi, rosso, con carni bianche e pregiate (*Pagellus erythrinus*) **2** (gener. con iniziale maiuscola) vino rosso vellutato, con il tipico aroma dell'uva fragola da cui è ricavato, prodotto (in modo non ufficiale) spec. nel Veneto e nel Friuli-Venezia Giulia

fragolóne [av. 1698] **s. m.** **1** accr. di *fragola* **2** varietà di fragola, spec. coltivata, dai grossi frutti carnosi

♣**fragóre**① [vc. dotta, lat. *fragōre(m)*, da *frăngere* 'spezzare' ✻ av. 1292] **s. m.** ● rumore forte e di particolare violenza: *f. del tuono, d'una cascata; il fragor cadenzato delle ruote* (L. PIRANDELLO) **SIN.** fracasso, frastuono
SFUMATURE ➤ ***frastuono***, ➤ ***rombo***①

†**fragóre**② [dal lat. *fragrāre* 'mandare odore', di orig. indeur. ✻ av. 1300] **s. m.** ● odore penetrante | tanfo

fragoróso (o -*ṣ*-) [lat. *fragōrōsu(m)*. V. †*fragoso* ✻ 1765] **agg.** ● che provoca forte rumore: *applausi fragorosi; urto f.* **SIN.** strepitoso || **fragorosaménte**, **avv.** in modo fragoroso: *ridere fragorosamente* || **fragorosità**, **s. f. inv.**

†**fragóso** (o -*ṣ*-) [vc. dotta, lat. *fragōsu(m)*, da *frăgor*, genit. *fragōris* 'fragore' ✻ av. 1544] **agg.** ● sonoro, rumoroso, rimbombante

♣**fragrànte** [vc. dotta, lat. *fragrānte(m)*, part. pres. di *fragrāre* 'mandare odore', di orig. indeur. ✻ 1342] **agg.** ● molto odoroso, profumato: *un amoroso nembo par che fiocchi / sopra lei fior fragranti* (L. DE' MEDICI) | (*fig., lett.*) delizioso, eccellente **CONTR.** puzzolente || **fragranteménte**, **avv.**

♣**fragrànza** o †**fragrànzia** [vc. dotta, lat. *fragrāntia(m)*, da *frāgrans*, genit. *fragrāntis* 'fragrante' ✻ sec. XIV] **s. f.** ● odore delicato, ma intenso: *f. di un'essenza, di una vivanda* **SIN.** aroma, profumo | (*fig., lett.*) delizia, eccellenza
SFUMATURE ➤ ***profumo***

fragràre [vc. dotta, lat. *fragrāre*. V. *fragrante* ✻ 1475] **v. intr.** (aus. *avere*) ● (*lett.*) profumare delicatamente

†**fràile** e deriv. ➤ **frale** e deriv.

fràina [lat. *farrāgine(m)*. V. *farragine* ✻ 1554] **s. f.** ● (*sett.*) grano saraceno | farina di tale grano

fraintèndere o (*tosc.*) **frantèndere** [comp. di *fra*① e *intendere* ✻ 1438] **v. tr.** (coniug. come *tendere*) ● intendere una cosa per un'altra o il contrario di ciò che è stato detto (*anche assol.*): *f. un ordine, un avvertimento; ti prego di non f.* **SIN.** equivocare

fraintendiménto [1901] **s. m.** ● il fraintendere | equivoco, malinteso

frainteso (o -*ṣ*-) o (*tosc.*) **frantéso** (o -*ṣ*-) **A part. pass.** di *fraintendere*; anche **agg.** ● nei sign. del v. | travisato, equivocato **B s. m.** ● (*raro, lett.*) fraintendimento

fràle o †**fràile** [ant. fr. *fraile*, dal lat. *frăgile(m)* 'fragile' ✻ 1287] **A agg.** ● (*lett.*) fragile, debole || †**fraleménte**, †**fralménte**, **avv.** **B s. m.** ● (*lett.*) il corpo umano, in contrapposizione all'anima immortale

fralézza o †**frailézza** [av. 1292] **s. f.** ● (*lett.*) condizione di ciò che è frale | fragilità

†**fràllo**, **fràlla**, **fràlli**, **fràlle** ➤ **fra**①

framboèṣia [fr. *framboise* 'lampone', per l'eruzione che provoca ✻ 1956] **s. f.** ● (*med.*) malattia tropicale contagiosa, caratterizzata da eruzioni nodulari color lampone

framboise /*fr.* frɑ̃'bwaz/ [vc. fr., propr. 'lampone' ✻ 1930] **s. f. inv.** ● liquore ottenuto dall'infusione di lamponi in alcol, cognac o brandy

frame /*ingl.* freɪm/ [vc. ingl., propr. 'telaio, cornice' ✻ 1983] **s. m. inv.** **1** singola immagine visualizzabile da un nastro videomagnetico, corrispondente al fotogramma cinematografico **2** (*inform.*) sequenza di informazioni

f

che, in genere, raggruppa due o più item

fràmea [lat. *frămea(m)*, di orig. germ. ✱ 1483] **s. f.** ● asta con ferro corto e acuto, usata dagli antichi Germani

†**framescolàre** ➤ †**frammescolare**

framéttere e deriv. ➤ **frammettere** e deriv.

framework /'frɛmwork, *ingl.* 'freɪm,wɜːk/ [vc. ingl., propr. 'intelaiatura' ✱ 2003] **s. m. inv.** ● in varie discipline, struttura, intelaiatura | quadro, contesto

framèzzo e deriv. ➤ **frammezzo** e deriv.

frammassóne [fr. *franc-maçon* 'libero muratore' ✱ av. 1744] **s. m.** (**f.** *-a*) ● massone

frammassonerìa [fr. *franc-maçonnerie*, da *franc-maçon* 'frammassone' ✱ 1774] **s. f.** ● massoneria

frammentàre [da *frammento* ✱ 1635] **A v. tr.** (*io framménto*) ● suddividere, ridurre in frammenti **SIN.** spezzettare **B frammentàrsi v. intr. pron. 1** suddividersi in frammenti **2** (*bot.*) riprodursi per frammentazione

frammentarietà [1910] **s. f. inv.** ● caratteristica di ciò che è frammentario | (*fig.*) caratteristica di ciò che è incompleto, discontinuo, disorganico: *la f. di un discorso, di un libro*

frammentàrio [1858] **agg. 1** che è costituito da frammenti: *codice, manoscritto f.* | (*est.*) incompleto: *testo f.* **2** (*miner.*) detto di roccia costituita da materiali detritici: *roccia frammentaria* **3** (*fig.*) mancante di unità e coordinazione tra le varie parti: *commedia frammentaria* **SIN.** disorganico ‖ **frammentariaménte**, **avv.**

frammentàto **part. pass.** di *frammentare*; anche **agg. 1** (*raro*) spezzettato in frammenti **2** (*fig.*) che manca di unità, di continuità, di organicità: *un racconto f.*

frammentazióne [1499] **s. f. 1** suddivisione in piccole parti | (*fig.*) condizione di ciò che è spezzettato, disorganico e sim.: *la f. del tessuto sociale* | ***f. del lavoro***, suddivisione di un processo lavorativo unitario in una serie di operazioni elementari **2** (*bot.*) riproduzione asessuata di talune piante che avviene per decomposizione del tallo e accrescimento dei singoli pezzi

frammentismo [da *frammentario* ✱ 1924] **s. m.** ● indirizzo letterario sviluppatosi nei primi anni del XX sec., che prediligeva brevi o brevissimi frammenti di prosa quale mezzo di espressione dello scrittore

framménto o †**fragménto** [vc. dotta, lat. *fragmĕntu(m)*, da *frăngere* 'frangere' ✱ av. 1313] **s. m. 1** ogni pezzo di un oggetto rotto: *i frammenti di un piatto, di una scatola* | ***frammenti di un vaso***, cocci | (*est.*) parte staccata: *un f. del fregio del Partenone* | (*fig.*, *raro*) piccola parte, quantità trascurabile: *frammenti di dignità* **2** brano più o meno ampio di un'opera letteraria antica non conservata per intero o incompiuta: *i frammenti dei lirici greci* | brano non unito e fuso con l'opera in cui compare ‖ **frammentino**, **dim.** | (*lett.*) **frammentùccio**, **frammentùzzo**, **dim.**

SFUMATURE DI SIGNIFICATO

frammento - scheggia - brandello - spicchio

Frammento è ogni pezzo, generalmente piccolo, di un oggetto rotto. Con **scheggia** si fa invece riferimento a un frammento irregolare, di solito appuntito o tagliente, che si stacca da una pietra, da un legno o da un vetro. Come i precedenti anche **brandello** identifica una piccola quantità, ma di tessuto, di stoffa strappata o lacerata da un indumento o da un altro oggetto a cui apparteneva. **Spicchio** invece definisce qualsiasi parte di un tutto che abbia approssimativamente la forma delle suddivisioni interne del frutto degli agrumi o del bulbo dell'aglio.

†**frammescolàre** o †**framescolàre** [comp. di *fra*① e *mescolare* ✱ 1650] **v. tr.** ● mescolare tra loro più cose confondendole **SIN.** frammischiare

framméssо o **framésso** **A part. pass.** di *frammettere*; anche **agg.** ● †interposto **B s. m. 1** †ciò che si frappone **2** †intermezzo di un'opera teatrale

framméttere o **framéttere** [comp. di *fra*① e *mettere* ✱ 1250 ca.] **A v. tr.** (coniug. come *mettere*) **1** (*lett.*) interporre, frapporre: *f. uno spazio fra due oggetti* **SIN.** frapporre **2** (*lett.*) frammischiare **B framméttersi v. rifl.** ● porsi in mezzo: *il mare si frammette tra le due sponde* | (*fig.*) immischiarsi, intromettersi: *frammettersi nelle faccende altrui*

frammezzàre o **framezzàre** [av. 1549] **v. tr.** (*io frammèzzo*) ● (*lett.*) mettere in mezzo | interrompere qlco. inserendo elementi diversi: *f. il discorso con battute di spirito*

frammèzzo o (*raro*) **framèzzo** [comp. di *fra*① e *mezzo*② ✱ av. 1529] **A avv.** ● (*lett.*) in mezzo: *mettersi, porsi f.*; *ebbe il vanto di cancellare dalla mia memoria tutti quegli anni vissuti f.* (I. NIEVO) **B nella loc. prep.** ***f. a*** ● (*lett.*) in mezzo a: *è f. ai libri, alle carte*; *me lo trovo sempre f. ai piedi a dar fastidio*

frammischiàre [comp. di *fra*① e *mischiare* ✱ av. 1529] **A v. tr.** (*io frammìschio*) ● mescolare insieme cose diverse: *f. ingiurie con lodi* | confondere più cose o persone fra loro **B frammischiàrsi v. rifl.** ● unirsi, mescolarsi: *mille piccoli … ruscelletti, i quali si frammischiano* (P. VERRI) | (*raro*, *fig.*) immischiarsi, intromettersi

frammìsto [comp. di *fra*① e *misto* ✱ 1763] **agg.** ● mischiato, mescolato: *neve frammista ad acqua*

♦**fràna** [lat. parl. **frăgina(m)*, da *frăngere* 'frangere' ✱ 1554] **s. f. 1** scivolamento o distacco di terreno o di roccia lungo un pendio | (*est.*) il materiale franato **2** (*fig.*) crollo, rovina, fallimento: *f. economica* | ***f. elettorale***, grossa perdita di voti da parte di un partito | (*colloq.*) persona che combina sempre guai, disastri e sim.: *la nuova segretaria è proprio una f.!*

franàbile [av. 1742] **agg.** ● che può franare

franaménto o (*raro*) **sfranaménto** [1858] **s. m.** ● il franare **SIN.** cedimento

franàre o (*raro*) **sfranàre** [da *frana* ✱ av. 1527] **v. intr.** (aus. *essere*) **1** distaccarsi e scivolare lungo un pendio, detto di terreno **2** (*est.*) rovinare fragorosamente: *la pila dei libri è franata* **SIN.** crollare, precipitare **3** (*fig.*) venire meno, sfumare: *ogni speranza è franata*

†**francaménto** [av. 1332] **s. m.** ● sicurezza | affrancamento

francàre [da *franco*② ✱ 1255] **v. tr.** (*io fràn-co, tu frànchi*) ● (*lett.*) affrancare | †liberare da un impedimento o un pericolo

francatùra [1740] **s. f.** ● (*burocr.*, *disus.*) affrancatura

francescanèsimo [1910] **s. m.** ● movimento religioso iniziato da S. Francesco d'Assisi: *gli ideali del f.* | (*est.*) spirito francescano, insieme degli ideali francescani di povertà e amore verso ogni creatura

francescàno [av. 1600] **A agg. 1** relativo a S. Francesco d'Assisi (1181/'82-1226) e ai suoi seguaci: *povertà, umiltà francescana*; *spirito f.*; *ideali francescani* **2** (*est.*) che si fonda sugli ideali propri del francescanesimo: *vita francescana* **3** appartenente alla regola di S. Francesco o a uno dei vari ordini che a essa si ispirano: *monaco f.*; *suora francescana*; *terziario f.* ‖ **francescanaménte**, **avv.** secondo la regola di S. Francesco d'Assisi; (*est.*) con spirito francescano: *vivere francescanamente* **B s. m.** (**f.** *-a*) ● religioso della regola di S. Francesco d'Assisi o appartenente a uno dei tanti ordini che si ispirano a essa: *convento di francescani*

SFUMATURE ➤ ***sobrio***

francésco [vc. dotta, lat. tardo *Francĭscu(m)* 'dei Franchi (*Frănci*)' ✱ 1261 ca.] **agg. e s. m.** (**pl. m.** *-schi*) ● (*lett.*) francese | †***alla francesca***, (*ellitt.*) alla maniera francese

francescóne [da *Francesco I* di Lorena (1708-1765) che la fece coniare ✱ 1832] **s. m.** ● antica moneta d'argento toscana di dieci paoli

♦**francése** (o *-ṣ-*) o †**franzése** [ant. fr. *franceis*, da *France* 'Francia' ✱ 1266] **A agg.** ● della Francia: *popolo f.*; *lingua, letteratura f.* | (*disus.*) ***mal f.***, sifilide | ***alla f.***, (*ellitt.*) alla maniera dei francesi: *cucinare alla f.* | ***nasino alla f.***, leggermente all'insù ‖ **franceseménte**, **avv.** alla francese **B s. m. e f.** ● abitante o nativo della Francia ‖ **francesìna**, **dim. f.** (V.) | **francesino**, **dim. m.** **C s. m.** solo **sing.** ● lingua del gruppo romanzo parlata in Francia, in parte del Belgio, della Svizzera e del Canada, e in vari altri Paesi

franceṣeggiàre o †**franzeṣeggiàre** [1766] **v. intr.** (**pres.** *io franceṣéggio*; **fut.** *io franceṣeggerò*; **aus.** *avere*) ● (*lett.*) imitare i francesi e i loro modi tipici: *f. nel vestire* | ***f. nello scrivere***, usare molti francesismi

franceṣerìa [av. 1765] **s. f.** ● (*spreg.*) vezzo d'imitare le cose francesi

franceṣìna [dim. f. di *francese* ✱ 1892] **s. f. 1** panino tondo con taglio nel mezzo **2** modello di calzatura femminile allacciata e con collo alto **3** nel rugby, placcaggio effettuato afferrando il piede dell'avversario

franceṣìṣmo [av. 1712] **s. m.** ● (*ling.*) parola o locuzione propria del francese entrata in un'altra lingua

franceṣìsta [1942] **s. m. e f.** (**pl. m.** *-i*) ● esperto di lingua, letteratura e cultura francese

franceṣìstica [comp. di *frances(e)* e di *-istico*, sostantivato al f. ✱ 1987] **s. f.** ● settore di studi che ha per oggetto la lingua, la letteratura e la cultura francese

franceṣizzàre [1766] **A v. tr.** ● rendere francese: *f. le proprie abitudini* **B franceṣizzàrsi v. intr. pron.** ● assumere maniere, atteggiamenti o espressioni tipiche della Francia o della lingua francese ‖ **franceṣizzazióne**, **s. f.**

franceṣùme [1869] **s. m.** ● (*disus.*, *spreg.*) franceseria | (*raro*, *spreg.*) insieme di francesi

†**francheggiàre** [da *franco*② ✱ 1321] **v. tr. 1** rendere sicuro di sé, incoraggiare **2** proteggere, sostenere | affrancare

franchézza [da *franco*② ✱ 1261 ca.] **s. f. 1** modo franco di parlare e comportarsi: *f. di linguaggio* | ***rispondere con f.***, con schiettezza, con sincerità **SIN.** lealtà **CONTR.** ipocrisia | (*lett.*) coraggio, ardimento, fierezza **2** (*lett.*, *spreg.*) spavalderia, sfrontatezza: *mentire con assoluta f.* **3** †libertà **4** †franchigia

franchìa [da *franco*② ✱ 1819] **s. f.** ● (*mar.*) condizione di sicurezza di una nave libera da ostacoli o impedimenti sottomarini o galleggianti a fior d'acqua

franchìgia [ant. fr. *franchise* 'franchezza' ✱ 1287] **s. f.** (**pl.** *-gie*, *raro -ge*) **1** †libertà sociale o politica **2** esenzione da imposte o dazi: *f. doganale*; *f. postale* **3** (*dir.*) nel contratto di assicurazione, assunzione di una percentuale del danno da parte dell'assicurato **4** (*mar.*) libera uscita per il personale imbarcato

franchisee /*ingl.* ˌfræntʃaɪ'ziː/ [1989] **s. m. e f. inv.** ● (*dir.*) chi usufruisce dei diritti concessigli in franchising

franchising /fran'tʃaizin(g), *ingl.*

'fræntʃaɪzɪŋ/ [vc. ingl., da *franchise* 'franchigia, privilegio' ✻ 1979] **s. m. inv.** ● (*dir.*) contratto mediante il quale un'azienda concede a una o più altre aziende, dietro il pagamento di un canone, il diritto di presentarsi sotto la sua ragione sociale, o usare il suo marchio per vendere prodotti e fornire servizi SIN. affiliazione commerciale

franchìṣmo [1963] **s. m.** ● regime dittatoriale di destra instaurato in Spagna, fra il 1939 e il 1975, dal generale Francisco Franco

franchisor /*ingl.* 'fræntʃaɪzə(r)/ [1989] **s. m. e f. inv.** ● (*dir.*) titolare dei diritti concessi in franchising

franchìsta [1938] **A agg.** (**pl. m.** *-i*) ● di Franco e del franchismo: *regime f.*; *dittatura f.* **B s. m. e f.** ● seguace, sostenitore di Franco e del franchismo

fràncico [fr. *francique*, dal lat. tardo *frăncus* 'franco①' ✻ 1843] **agg.** (**pl. m.** *-chi*) **1** (*lett.*) degli antichi Franchi: *lingua francica* **2** (*lett.*) francone

francìgeno [comp. di *franc(o)* e *-geno* ✻ 1743] **agg.** ● †franco, francese | ***via Francigena***, via percorsa nel Medioevo dai pellegrini che, valicate le Alpi in Val d'Aosta provenendo dalla Francia, attraversavano la valle padana, superavano gli Appennini per il valico della Cisa e raggiungevano Roma passando per Lucca e Siena

fràncio [da *Francia*, perché scoperto da una scienziata francese ✻ 1952] **s. m.** ● elemento chimico, metallo, alcalino, radioattivo, naturale SIMB. Fr NUM. AT. 87

†**francióso** (o *-ṣ-*) [ant. fr. *francois*. V. *francese* ✻ 1312] **A agg. e s. m.** (**f.** *-a*) ● francese (*lett., spec. scherz.*) **B s. m.** ● lingua francese ‖ †**franciosétto**, **dim.**

♦**frànco①** [lat. tardo *frăncu(m)*, dal francone *frank* 'libero' ✻ av. 1348] **A s. m.** (**f.** *-a*; **pl. m.** *-chi*) **1** ogni appartenente alle tribù germaniche stanziate nel Basso Reno che nel V sec. invasero il territorio dell'odierna Francia **2** (*lett.*) francese: *il re dei Franchi* (L. Ariosto) **3** †europeo, cristiano, nelle regioni del Mediterraneo orientale, spec. dopo le crociate **B agg. 1** degli antichi Franchi | ***scrittura franca***, carolina | ***lingua franca***, ramo di lingua germanica parlato dai Franchi nelle loro sedi germaniche e poi nella Gallia sino al sec. IX **2** (*lett.*) francese **3** ***alla franca***, all'europea, negli antichi scali del Levante | ***lingua franca***, mista di italiano, spagnolo e arabo, grammaticalmente semplificata, usata per molti secoli da europei, arabi e turchi nei commerci del Mediterraneo orientale; (*est.*) ogni lingua creola di europei e indigeni in America e Australia; (*est.*) ogni lingua con lessico misto e grammatica semplificata formatasi per consentire la comunicazione pratica fra gruppi linguistici diversi che abbiano frequenti occasioni di reciproco contatto

♦**frànco②** [fr. *franc* 'libero', deriv. da *franco①* ✻ 1261 ca.] **A agg.** (**pl. m.** *-chi*; **superl.** *franchissimo*) **1** †libero da servitù, da soggezione, da sottomissione: *stato f.* | (*lett., est.*) affrancato | †***fare f. qlcu.***, liberarlo **2** (*est.*) detto di chi è libero da impegni, obblighi, servizi e sim. | ***corpo f.***, corpo di soldati irregolari che anticamente si reclutavano per fare scorrerie in un Paese nemico | ***f. tiratore***, soldato irregolare che fa azioni di guerriglia nelle retrovie di eserciti che hanno invaso un territorio; (*est.*) il parlamentare che nel segreto dell'urna vota contro le decisioni del proprio partito | (*mar.*) ***guardia franca***, quella parte dell'equipaggio che è libera da ogni servizio | (*mar.*) ***fare f.***, mandare in libera uscita il personale che non è di servizio | (*mar.*) ***marinaio f.***, a bordo delle navi militari e mercantili, il marinaio libero da ogni servizio, al quale spetta il riposo o la libera uscita **3** che è esente dal pagamento di imposte, di spese di trasporto e sim.: *deposito f.*; *merce franca di dogana, di dazio* | ***porto f.***, in cui si possono introdurre merci senza pagare dogana | ***punto f.***, deposito di merci libero da imposta doganale | (*fig.*) ***farla franca***, uscire impunito da un'impresa illecita o riprovevole **4** sicuro di sé: *animo f.* | risoluto, spedito: *camminare con passo f.* | (*lett.*) ardito, coraggioso: *un piglio f. e battagliero*; *f. et esperto cavaliere in fatti d'armi* (D. Compagni) | (*lett.*) baldanzoso, audace | (*lett.*) sfrontato, sfacciato: *avere maniere troppo franche* **5** schietto, sincero, leale: *un ragazzo f.*; *voglio essere f. con te* | che rivela franchezza, lealtà: *linguaggio, discorso, atteggiamento f.* SIN. aperto, leale CONTR. falso, ipocrita **6** (*arald.*) detto del quarto o del cantone quando è posto alla destra del capo ‖ **francaménte**, **avv. 1** con franchezza e lealtà: *rispondere francamente* **2** in realtà, in verità: *francamente, non so cosa pensare di lui* **B avv.** ● in modo schietto e disinvolto: *rispondere, parlare f.*

frànco③ [fr. *franc*, dalla iscrizione *Francorum rex* 're dei Franchi', che era incisa sui primi pezzi coniati ✻ av. 1363] **s. m.** (**pl.** *-chi*) **1** antica moneta francese, coniata per la prima volta in oro, nel XIV sec. **2** unità monetaria di vari Paesi extraeuropei, della Svizzera e, fino all'introduzione dell'euro (2002), di Francia, Belgio e Lussemburgo SIMB. F **3** (*fam., disus.*) lira: *costa pochi franchi*

frànco- primo elemento ● in parole composte, fa riferimento alla Francia o ai Francesi: *francofilo*; *francofono*

francobollàre [da *francobollo* ✻ 1886] **v. tr.** (*io francobóllo*) **1** (*raro*) affrancare **2** nel gergo del calcio, marcare, controllare strettamente gli attaccanti avversari | (*est., fam.*) stare alle costole di qlcu.: *mi ha francobollato per tutta la mattina*

♦**francobóllo** [comp. di *franco②*, nel sign. 3 e *bollo* ✻ 1850] **A s. m. 1** piccolo rettangolo o quadrato di carta spesso filigranata, che ha su una faccia una vignetta con dicitura e sull'altra uno strato gommato, da applicare sulla corrispondenza postale: *f. commemorativo, celebrativo, pubblicitario*; *f. di posta ordinaria, posta aerea* **2** nel gergo cinematografico, fotogramma singolo o staccato di una pellicola cinematografica **B in funzione di agg. inv.** ● (posposto a un sost.) di dimensioni piccolissime o molto ridotte: *un libro f.* ‖ **francobollino**, **dim.**

francofilìa [comp. di *franco-* e *-filia* ✻ 1914] **s. f.** ● simpatia per i Francesi o per la Francia

francòfilo [comp. di *franco-* e *-filo* ✻ 1890] **agg. e s. m.** (**f.** *-a*) ● che (o chi) ha simpatia per i Francesi o la Francia

francofobìa [comp. di *franco-* e *-fobia* ✻ 1890] **s. f.** ● atteggiamento di forte avversione, di ostilità verso la Francia e tutto ciò che è francese ‖ **francofòbico**, **agg.** (**pl. m.** *-ci*) relativo a francofobia ‖ **francòfobo**, **agg. e s. m.** (**f.** *-a*) che (o chi) dimostra francofobia

francòfono [comp. di *franco-* e *-fono* ✻ 1965] **A agg. e s. m.** ● che (o chi) parla francese **B s. m.** (**f.** *-a*) ● abitante di uno Stato in cui il francese è lingua d'uso

francolìno [etim. incerta ✻ av. 1350] **s. m.** ● uccello dei Galliformi bruno scuro macchiettato di bianco, assai simile alla pernice (*Francolinus francolinus*) | ***f. di monte***, uccello dei Galliformi di colore bruno variegato con gola nera o bianca (*Tetrastes bonasia*) SIN. roncaso

fràncone [1917] **A agg.** ● (*stor.*) dei Franchi | (*stor.*) della Franconia, regione storica della Germania centro-meridionale **B s. m. e f.** ● (*stor.*) abitante o nativo della Franconia **C s. m. solo sing.** ● lingua appartenente al gruppo germanico occidentale, parlata in Franconia

franconormànno o **frànco-normànno** [1934] **A s. m. solo sing.** ● dialetto francese parlato nelle Isole Normanne **B anche agg.** (**pl. m.** *-i*): *dialetto f.*

francoprovenzàle [comp. di *franco-* e *provenzale* ✻ 1878] **A s. m. solo sing.** ● (*ling.*) gruppo dialettale romanzo comprendente le parlate a ridosso dell'arco alpino nel tratto che va dalla Val d'Aosta e la Valsoana alla Svizzera romanda; ha caratteristiche intermedie tra il francese e il provenzale **B anche agg.**: *parlate francoprovenzali*

francovèneto o **frànco-vèneto** [1932] **agg.** ● detto della letteratura cavalleresca che fiorì nei secc. XIII e XIV nell'area compresa tra la fascia subalpina e il basso Po e che, ispirandosi ai poemi francesi, si esprimeva in una lingua mista di francese e di dialetto veneto

✦**frangènte** **A part. pres.** di *frangere* ● (*poet.*) nei sign. del v. | †tempestoso **B s. m. 1** onda schiumosa che si frange su scogli più o meno alti o imbarcazioni | il punto stesso in cui l'onda si frange **2** (*fig.*) grave momento, situazione incerta e difficile: *che fare in quel f.?*; *trovarsi in brutti frangenti* | ***in simili frangenti***, in circostanze o situazioni analoghe

✦**fràngere** [lat. *frăngere*, di orig. indeur. ✻ av. 1250] **A v. tr.** (**pres.** *io fràngo, tu fràngi*; **pass. rem.** *io frànsi, tu frangésti*; **part. pass.** *frànto* o †*fràtto*) **1** (*lett.*) rompere, spezzare (*spec. fig.*): *f. la resistenza, il proposito di qlcu.* | ***f. le olive***, macinarle nel frantoio per farne uscire l'olio | (*poet.*) masticare **2** (*lett.*) dissodare | (*fig., lett.*) solcare: *f. il mare* **3** (*lett.*) trasgredire **B v. intr.** (**aus.** *essere*) ● †rompersi contro qlco. **C fràngersi v. intr. pron. 1** infrangersi contro scogli, navi o altro, detto delle onde **2** (*lett.*) spezzarsi, rompersi **3** (*fig.*) †interrompersi

frangétta [1545] **s. f. 1** dim. di *frangia* **2** nell'acconciatura spec. femminile o infantile, fila di capelli tagliati corti e ricadenti sulla fronte ‖ **frangettina**, **dim.**

fràngia [fr. *frange*, dal lat. *fimbria(m)* 'fimbria', con metatesi ✻ 1340] **s. f.** (**pl.** *-ge*) **1** guarnizione formata da fili o cordoncini variamente intrecciati applicata in fondo a una sciarpa, a una gonna, o a una coperta, un divano, una tenda e sim. **2** (*fig., lett.*) aggiunta per ornare un racconto o rendere più articolato un discorso: *riferire qlco. con molte frange* **3** frangetta **4** (*anat.*) fimbria **5** fascia costiera che contorna isole, penisole e sim.: *f. sabbiosa, corallina*; *una f. di scogli* **6** (*fig.*) settore o gruppo minoritario: *le frange dissidenti del partito*; *una f. estremista* **7** (*fis.*, **spec. al pl.**) ciascuna delle zone più o meno brillanti che compaiono in molti fenomeni di ottica ondulatoria ‖ **frangétta**, **dim.** (V.) | **frangióna**, **accr.** | **frangióne**, **accr. m.**

frangiàre [av. 1410] **v. tr.** (**pres.** *io fràngio*; **fut.** *io frangerò*) ● (*lett.*) ornare di frange

frangiàto **part. pass.** di *frangiare*; **anche agg.** ● ornato con una o più frange: *scialle f.*; *gonfalone, stendardo f.*

frangiatùra [av. 1712] **s. f.** ● il frangiare | insieme delle frange applicate a qlco.

frangibiàde [comp. di *frangere* e il pl. di *biada* ✻ 1956] **s. m. inv.** ● macchina per sminuzzare i semi di cereali e leguminose destinati al bestiame SIN. schiacciabiade

frangìbile [av. 1311] **agg.** ● che si può rompere, spezzare: *legno f.* | †friabile CONTR. infrangibile ‖ **frangibilità** o †**frangibilitàde**, †**frangibilitàte**, **s. f.**

frangifiàmma [comp. di *frang(ere)* e *fiamma* ✱ sec. XX] **s. m. inv.** ● reticella metallica che, sovrapposta a un fuoco usato per cucinare, attenua e diffonde in modo uniforme il calore della fiamma

frangiflùtti [comp. di *frangere* e il pl. di *flutto* ✱ 1883] **A** **s. m. inv.** ● scogliera, diga o altro sbarramento naturale o artificiale che si oppone alla violenza delle onde **B** **anche agg. inv.**: *diga f.*

frangilùce [comp. di *frangere* e *luce* ✱ 1956] **s. m. inv.** ● riparo naturale o artificiale per proteggere spec. alcuni tipi di colture da una luce solare troppo intensa

frangimàre [comp. di *frangere* e *mare* ✱ av. 1965] **agg. e s. m. inv.** ● (*raro*) frangiflutti

frangiménto [av. 1298] **s. m.** ● (*ling.*) fenomeno evolutivo, riscontrabile anche nei dialetti italiani, per cui da una vocale originaria si genera un dittongo (per es., nella toponomastica, *San Leucio*, per "San Lucio")

frangióndé [comp. di *frangere* e il pl. di *onda* ✱ 1874] **agg. e s. m. inv.** ● frangiflutti

frangipàni o **frangipàne** [dal n. del nobile romano M. *Frangipane* ✱ 1834] **s. m. inv.** ● albero ornamentale tropicale, con grandi fiori bianchi (*Plumeria alba*) o rosei (*Plumeria rubra*) dal profumo simile a quello del gelsomino

frangisóle [comp. di *frangere* e *sole* ✱ 1970] **s. m. inv.** ● insieme di liste parallele di legno, metallo o altro materiale, fisse od orientabili, che viene applicato alle aperture degli edifici per riparare gli ambienti interni dai raggi solari

frangitóre [da *frangere* ✱ 1935] **s. m.** ● macchina che sottopone le olive a una prima triturazione grossolana; macchina trituratrice

frangitùra [1865] **s. f.** ● lavoro del frangere le olive | epoca in cui tale lavoro si svolge

frangivalànghe [comp. di *frangere* e il pl. di *valanga* ✱ 1983] **A** **s. m. inv.** ● ognuno degli ostacoli (cumuli di terra, tripodi di cemento armato, e sim.) posti lungo la traiettoria di una valanga, allo scopo di dividerla e rallentarne la corsa **B** **anche agg. inv.**

frangivènto [comp. di *frangere* e *vento* ✱ 1933] **A** **s. m. inv.** ● riparo naturale o artificiale per proteggere le colture dal vento **B** **anche agg. inv.**

frangizòlle (o **-z-**) [comp. di *frangere* e il pl. di *zolla* ✱ 1937] **A** **s. m. inv.** ● attrezzo agricolo impiegato per sminuzzare e pareggiare il terreno prima della semina **B** **anche agg. inv.**: *erpice, rullo f.*

franglais /*fr.* frɑ̃'glɛ/ [vc. fr., comp. di *fran(çais)* 'francese' e *(an)glais* 'inglese' ✱ 1979] **s. m. inv.** ● la lingua francese in quanto contaminata da un eccesso di vocaboli ed espressioni inglesi e angloamericani penetrati spec. dopo la seconda Guerra mondiale

franglése (o **-ṣ-**) [comp. di *fran(cese)* e *(in)glese* ✱ 1987] **s. m.** ● adattamento di *franglais* (V.)

fràngola [da *frangere*, perché si spezza facilmente ✱ av. 1577] **s. f.** ● alberetto delle Ramnacee con foglie ellittiche, fiori piccoli giallo-verdastri e drupe nere a proprietà medicinali (*Rhamnus frangula*) **SIN.** alno nero

Frankfùrter /frank'furter, *ted.* 'fraŋk,fʊatʌ/ [vc. ted., propr. 'di Francoforte', agg. etnico di *Frankfurt* 'Francoforte' ✱ 1965] **s. m. inv. (pl. ted. inv.)** ● salsiccia affumicata, profumata con varie spezie, che si mangia bollita o arrostita e insaporita con senape

frànklin ① /'franklin, *ingl.* 'fræŋklɪn/ [da B. *Franklin* (1706-1790) che la inventò ✱ sec. XX] **agg. inv.** ● solo nella loc. ***stufa F.***, tipo di caminetto in cotto, con cassa staccata dalla parete e aperta anteriormente

frànklin ② /'franklin, *ingl.* 'fræŋklɪn/ [chiamata così in onore di B. *Franklin* ✱ 1956] **s. m. inv.** ● unità di misura di carica elettrica nel sistema CGS, pari a 0,336 · 10^{-9} coulomb **SIMB.** Fr

franóso (o **-ṣ-**) [da *frana* ✱ 1861] **agg.** ● che frana facilmente, che è soggetto a frane: *terreno f.*; *territorio f.* ‖ **franosità**, **s. f. inv.**

frànsi ➤ **frangere**

frantèndere e deriv. ➤ **fraintendere** e deriv.

frànto **part. pass.** di *frangere*; anche **agg.** ● (*lett.*) nei sign. del v. | spezzato (*anche fig.*): *il tuo cor f.* (G. D'ANNUNZIO)

frantoiàno [1869] **A** **s. m.** (**f.** *-a*) ● operaio addetto a un frantoio per la macinazione delle olive **B** **agg.** ● di frantoio, relativo a frantoio

frantóio [da *franto* ✱ av. 1347] **s. m.** (**pl.** *-ói*) ● macchina per la frantumazione o per la macinazione grossolana di vari materiali e prodotti: *f. d'olive*; *f. di pietre* | (*est.*) locale, edificio adibito alla frangitura: *olio di f.*

frantoìsta [1956] **s. m. e f.** (**pl. m.** *-i*) ● operaio addetto a un frantoio per pietre, minerali e sim.

frantumàre [da *franto* ✱ 1609] **A** **v. tr.** **1** ridurre qlco. in pezzi, in frammenti: *f. un vetro, una stoviglia* | (*est.*) abbattere, sbaragliare: *f. la resistenza nemica* **2** (*fig.*) infrangere: *f. le speranze di qlcu.* | ***f. un record, un primato***, (*fig.*, *gerg.*) migliorarlo di molto **B** **frantumàrsi** **v. intr. pron.** ● ridursi in frantumi: *cadendo, il vaso si frantumò* **SIN.** rompersi, spezzarsi

frantumatóre [da *frantumare* ✱ 1861] **agg. e s. m.** (**pl. f.** *-trice*) ● trituratore

frantumazióne [1910] **s. f.** ● il frantumare, il frantumarsi: *f. delle olive*; *fenomeni di f. delle rocce* **CFR.** -clastia

♣**frantùme** [da *franto* ✱ 1657] **s. m.** ● (**spec. al pl.**) piccolo frammento di qlco. che si è rotta: *ridurre qlco. in frantumi* | ***andare in frantumi***, rompersi in piccoli pezzi, detto spec. di vaso, statua, stoviglie e sim. **SIN.** pezzetto

†**franzése** e deriv. ➤ **francese** e deriv.

fràppa [ant. fr. *frape*, di etim. incerta ✱ 1427] **s. f.** **1** (*centr.*) frangia, balza per guarnire abiti, tendaggi, coperte e sim. | (*fig.*) †***fare frappe***, criticare aspramente **2** minuta e precisa rappresentazione del fogliame, spec. in un dipinto **3** (*cucina*, **spec. al pl.**) nome usato in Emilia per il cencio (V. *cencio* nel sign. 6) **4** (*fig.*) †ciancia, fandonia

frappàre [da *frappa* ✱ 1427] **A** **v. tr.** **1** (*centr.*) rifinire abiti, tende e sim. con frappe **2** riprodurre minutamente il fogliame, spec. in un dipinto **3** †ritagliare | †ferire **4** (*fig.*) †ingannare | inventare frottole: *e mentre frappava romanescamente, la meschina ... se lo beeva con gli sguardi* (P. ARETINO) **B** **v. intr.** ● †parlare a vanvera; vantarsi

frappè [dal fr. *frappé*, part. pass. di *frapper* 'battere', dal francone *hrappan*, col sign. particolare assunto in enologia di 'colpito dal gelo' e poi 'messo in ghiaccio' ✱ 1905] **A** **s. m. inv.** ● bibita o bevanda frullata, con aggiunta di ghiaccio tritato: *f. alla fragola, alla menta* **CFR.** frullato, centrifugato **B** **anche agg. inv.**: (*raro*) *latte f.*

frappóngo ➤ **frapporre**

†**frapponiménto** [da *frapporre* ✱ av. 1606] **s. m.** ● interposizione

♣**frappórre** [comp. di *fra*① e *porre* ✱ sec. XIV] **A** **v. tr.** (**coniug. come** *porre*) ● porre in mezzo (**spec.** *fig.*): *f. ostacoli, difficoltà, indugi* **SIN.** frammettere **B** **frappórsi** **v. rifl. e intr. pron.** ● mettersi in mezzo, intromettersi: *si frappose per evitare un litigio* | sopravvenire intralciando: *si è frapposto un nuovo ostacolo*

frappoṣizióne [da *frapporre* ✱ 1630] **s. f.** **1** il frapporre, il frapporsi | (*fig.*, *lett.*) intromissione **2** (*ling.*) interposizione di una consonante per evitare casi di iato

frappósto **part. pass.** di *frapporre*; anche **agg.** ● nei sign. del v.

Frappuccino® [comp. di *frap(pè)* e *(cap)puccino* ✱ 1988] **s. m.** ● frappè di latte e caffè con aggiunta di ghiaccio tritato, variamente guarnito

frasàle (o **-ṣ-**) [da *frase* secondo l'uso proprio dell'ingl. *phrasale* 'relativo al sintagma', non alla frase ✱ 1980] **agg.** ● (*ling.*) frastico | ***avverbio, locuzione f.***, che rappresenta il significato di un'intera frase (per es. *«Hai mangiato?» «Sì»*, dove l'avverbio *sì* equivale a *Ho mangiato*)

fraṣàrio [da *frase* ✱ 1722] **s. m.** **1** insieme di frasi e locuzioni abitualmente usate da una persona o da una particolare categoria di persone: *f. politico, burocratico, dei tribunali, degli avvocati*; *quell'uomo ha un f. molto singolare* **SIN.** gergo **2** raccolta di frasi di uno scrittore: *f. dantesco, virgiliano* | ***f. retorico***, frasi consuete di retori

fràsca [vc. di orig. preindeur. ✱ sec. XIII] **s. f.** **1** ramoscello con foglie: *lo stormire delle frasche* | ***saltare di palo in f.***, (*fig.*) passare da un argomento a un altro completamente diverso, in modo illogico e improvviso | ramoscello collocato all'insegna di osterie e taverne, spec. di campagna **SIN.** fronda **2** (*fig.*, *lett.*) persona, spec. donna, vana, volubile, capricciosa **SIN.** fraschetta **3** (*fig.*, *lett.*, **spec. al pl.**) vanità, sciocchezza, capriccio: *essere pieno di frasche* | ciancia, frottola ‖ **fraschétta**, **dim.** (V.) | **frascóne**, **accr. m.** (V.)

frascàme [av. 1424] **s. m.** ● quantità, insieme di frasche recise o spezzate | insieme di fronde: *il f. di un albero*

Frascàti [dal n. della città dei Colli Albani, luogo di produzione ✱ 1920] **s. m. inv.** ● vino bianco secco (talvolta nel tipo amabile), asciutto, armonico, prodotto nel Lazio da uve Malvasia, Trebbiano e altre

frascàto [da *frasca* ✱ 1340] **s. m.** **1** (*lett.*) riparo di frasche | †tettoia di frasche **2** (*lett.*) insieme di frasche **3** †macchia, cespuglio

frascheggiàre [da *frasca* ✱ 1353] **v. intr.** (**pres.** *io fraschéggio*; **fut.** *io frascheggerò*; **aus.** *avere*) **1** (*lett.*) stormire delle frasche mosse dal vento: *Madonna Dianora ... senti f. sotto una vite* (N. MACHIAVELLI) **2** (*lett.*) comportarsi in modo leggero e volubile, spec. riferito a donna **SIN.** civettare **3** †burlare | †raccontare frottole

frascheggìo [av. 1729] **s. m.** (**pl.** *-ii*) ● (*poet.*) continuo stormire di fronde

frascherìa [da *frasca* ✱ 1480 ca.] **s. f.** **1** (*lett.*) inezia, fantasticheria | (*lett.*) capriccio **2** (**al pl.**, *lett.*) fronzoli

fraschétta [1321] **s. f.** **1** dim. di *frasca* **2** (*fig.*, *lett.*) persona, spec. donna, fatua e leggera ‖ **fraschettìna**, **dim.**

frasconàia [sec. XV] **s. f.** **1** terreno folto di frasche | nel linguaggio dei cacciatori, boschetto, uccelliera **2** (*fig.*, *lett.*) serie di cose o di ornamenti senza ordine e gusto

frascóne [sec. XIV] **s. m.** **1** accr. di *frasca* **2** (**spec. al pl.**) ciascuna delle frasche per sostegno di fagioli e sim. | †***portare, seminare i frasconi***, trascinare le ali per terra, detto di polli, di animali da cortile; (*fig.*) reggersi a malapena, detto di persone **3** (*mar.*) grosso paranco che si tiene normalmente fissato alle sartie, pronto per le eventuali necessità **SIN.** candeletta

frascùme [da *frasca* ✱ 1869] **s. m.** **1** (*raro*) grande quantità di frasche **2** (*fig.*, *spreg.*, *disus.*) ornamento: *prosa ornata di troppi frascumi*

•**fraṣe** [vc. dotta, lat. *phrăsi(m)*, dal gr. *phrásis* 'espressione', da *phrázein* 'parlare', di etim. incerta ✱ 1554] **s. f. 1** (*ling.*) unità linguistica indipendente e di senso compiuto: *f. principale, secondaria; f. nominale; trovare il soggetto di una f.* **2** espressione: *non trovare la f. giusta per far comprendere qlco.; una f. breve, poco chiara, gentile; frasi di circostanza; f. idiomatica* | *f. fatta*, vuota, convenzionale | ***belle frasi!, sono solo frasi!***, chiacchiere, espressioni vuote | ***f. bisenso***, V. *bisenso* **3** (*mus.*) parte del discorso melodico intermedia tra motivo e periodo ‖ **fraṣàccia**, **pegg.** | **fraṣétta**, **fraṣettìna**, **dim.** | **fraṣìna**, **dim.** | **fraṣùccia**, **dim.**

fraṣeggiaménto [av. 1698] **s. m.** • (*lett.*) il fraseggiare

fraṣeggiàre [da *frase* ✱ 1651] **v. intr.** (**pres.** *io fraṣéggio*; **fut.** *io fraṣeggerò*; **aus.** *avere*) **1** (*raro*) comporre e usare le frasi in base a un dato criterio sintattico e stilistico: *f. con eleganza* **2** (*mus.*) nell'esecuzione, realizzare un corretto fraseggio

fraṣeggiatóre [av. 1704] **s. m.** (**f.** *-trice*) • chi fraseggia

fraṣéggio [av. 1883] **s. m.** • (*mus.*) nell'esecuzione, tecnica e modo di evidenziare l'andamento di ritmo, frasi, pause e relazioni interne di una composizione

fraṣeologìa o (*disus.*) **fraṣologìa** [fr. *phraséologie*, comp. del gr. *phrásis*, genit. *phráseōs* 'espressione' e del fr. *-logie* '-logia' ✱ 1813] **s. f.** (**pl.** *-gìe*) **1** insieme di frasi e locuzioni proprie di un determinato sistema linguistico o di una sua parte: *f. italiana; f. militare* | raccolta ragionata di tali frasi **2** costrutto della frase proprio di una lingua o di uno scrittore

fraṣeològico [1841] **agg.** (**pl. m.** *-ci*) • relativo alla fraseologia | ***verbo f.***, verbo che non esprime un significato proprio, ma in unione con un altro verbo indica la particolare modalità di svolgimento dell'azione espressa da quest'ultimo (per es. *sta nevicando*, un'azione che si svolge; *si mise a correre*, un'azione che inizia) **CFR.** aspettuale ‖ **fraṣeologicaménte**, **avv.** da un punto di vista fraseologico; in funzione fraseologica

fraṣologìa ➤ **fraseologia**

frassinèlla① [da *frassino* ✱ sec. XIV] **s. f.** • (*bot.*) dittamo **SIN.** frassinello, orniello

frassinèlla② [etim. incerta ✱ av. 1571] **s. f.** • pietra arenaria di grana sottile usata dagli orafi antichi per affilare arnesi e limare smalti

frassinèllo **s. m.** • (*bot.*) frassinella

frassinéto [da *frassino* ✱ sec. XIV] **s. m.** • bosco di frassini

fràssino [lat. *frăxinu(m)*, di etim. incerta ✱ 1282] **s. m. 1** albero delle Oleacee con foglie imparipennate, fiori poco appariscenti, frutto a samara (*Fraxinus excelsior*) | ***f. da manna***, orniello **2** legno dell'albero omonimo

†**frastagliàme** [1618] **s. m.** • insieme di cose frastagliate, minutaglie

frastagliaménto [sec. XIV] **s. m.** • il frastagliare | il punto in cui una cosa è frastagliata

frastagliàre [comp. di *fra*① e *stagliare* ✱ av. 1400] **A v. tr.** (*io frastàglio*) **1** tagliare qlco. in varie direzioni e in vari punti, spec. lungo i bordi: *f. un foglio, un abito* | (*est.*) interrompere in modo irregolare **2** †ingannare **3** †balbettare **B frastagliàrsi v. intr. pron.** • apparire in forme irregolari, frastagliate

frastagliàto **part. pass.** di *frastagliare*; anche **agg. 1** ornato di frastagli: *abito f.* **2** che ha un andamento irregolare | ***cime frastagliate***, di montagna, come seghettate | ***costa frastagliata***, con molte rientranze e sporgenze | ***terreno f.***, interrotto da fossi, siepi, canali e sim. ‖ **frastagliataménte**, **avv.** (*raro, fig.*) in modo disordinato e irregolare

frastagliatùra [1612] **s. f.** • il frastagliare | aspetto frastagliato | insieme di frastagli

frastàglio [da *frastagliare* ✱ 1354] **s. m. 1** accurato e paziente lavoro di intaglio a linee sporgenti, rientranti e sim. **2** (**spec. al pl.**) ornamento eccessivo e artificioso: *frastagli dello stile barocco*

fràstico [dal gr. *phrásis* 'frase, locuzione' ✱ 1979] **agg.** (**pl. m.** *-ci*) • (*ling.*) relativo alla frase **SIN.** frasale

frastòno ➤ **frastuono**

frastornaménto [1773] **s. m.** • il frastornare | condizione di chi è frastornato | (*raro*) ciò che disturba o impedisce

SFUMATURE DI SIGNIFICATO

frastornamento - annebbiamento - intontimento

Il **frastornamento** è uno stato di leggera confusione mentale indotto da qualcuno che parla troppo, da rumori molesti o anche da un eccesso di preoccupazioni o di pensieri. L'**annebbiamento** più che una confusione è un lieve ottenebramento mentale, cioè l'incapacità di percepire o valutare con chiarezza la realtà. **Intontimento** è la condizione di chi è o sembra stordito e istupidito, dunque definisce uno stato che è insieme di frastornamento e annebbiamento.

SFUMATURE ➤ ***stordimento***

frastornànte **part. pres.** di *frastornare*; anche **agg.** • che stordisce, che provoca confusione mentale: *un chiasso f.*

•**frastornàre** [comp. di *fra*① e *stornare* ✱ 1336 ca.] **v. tr.** (*io frastórno*) **1** †impedire, rendere nullo: *ed erasi il matrimonio per diversi accidenti più volte frastornato* (G. BOCCACCIO) | †far tornare indietro **2** (*raro, lett.*) disturbare, distrarre: *il padrone stava desinando, e non voleva esser frastornato* (A. MANZONI) **3** intontire, confondere, stordire: *tutte quelle chiacchiere mi hanno frastornato*

frastornàto **part. pass.** di *frastornare*; anche **agg. 1** nei sign. del v. **2** stordito, intontito, confuso: *mi trovai completamente f.* ‖ **frastornataménte**, **avv.**

frastornìo [av. 1704] **s. m.** (**pl.** *-ìi*) • (*tosc.*) ciò che distrae o disturba ripetutamente

frastórno [1921] **s. m.** • (*raro*) frastornamento

•**frastuòno** o (*pop.*) **frastòno** [comp. di *fra*① e *tuono* ✱ av. 1327] **s. m. 1** rumore assordante in cui si mescolano suoni di diversa intensità e natura: *f. di automobili, di gente che grida* **SIN.** baccano, fracasso, strepito **2** †impaccio, incomodo

SFUMATURE DI SIGNIFICATO

frastuono - fragore - strepito

Un rumore molto forte, assordante, fatto di voci e di suoni disordinati si definisce **frastuono. Fragore** è un rumore particolarmente forte, che si manifesta improvviso e violento. **Strepito** è invece un insieme confuso di rumori, voci, urla, versi.

fratacchióne [av. 1444] **s. m. 1** accr. di *frate* **2** frate di grossa corporatura (*anche spreg.*)

fratàglia [av. 1576] **s. f. 1** V. *fraglia* **2** (*raro, spreg.*) insieme di frati

†**fratàio** [da *frate*① ✱ av. 1444] **agg. e s. m.** (**f.** *-a*) • (*spreg.*) che (o chi) è amico di frati

†**fra tànto** ➤ **frattanto**

fratàzzo ➤ **frattazzo**

•**fràte**① o †**fràtre**, spec. nel sign. 2 [lat. *frătre(m)*, di orig. indeur. ✱ 1213] **s. m.** (**troncato in** *fra*, **raro** *frà*, **o** *fra'*, **davanti ai nomi propri; V. nota d'uso ELISIONE e TRONCAMENTO**) **1** religioso di un ordine monastico cattolico: *f. di San Francesco, di San Domenico* | ***f. predicatore***, domenicano | ***f. laico***, quello che non ha ricevuto gli ordini religiosi ed è addetto ai servizi del convento | ***frati gaudenti***, appartenenti a un ordine cavalleresco e conventuale fondato nel XIII sec. a Bologna con scopi pacificatori e protettivi, i quali potevano aver famiglia e vivere a casa propria | ***va' a farti f.!***, (*eufem.*) togliti di torno, va' al diavolo, va' in malora | ***star coi frati e zappar l'orto***, rimettersi alle decisioni degli altri **2** (†, *merid.*) fratello | †amico, persona cara: *Laudato si', mi' Signore, per f. vento* (FRANCESCO D'ASSISI) ‖ **fratacchióne**, **accr.** (V.) | **fratàccio**, **pegg.** | **fraticèllo**, **dim.** (V.) | **fraticìno**, **dim.** | **fratìno**, **dim.** (V.) | **fratóne**, **accr.** | **fratùccio**, **dim.**

fràte② [dalla forma simile a quella del cappuccio di un *frate* ✱ 1733] **s. m. 1** (*edil.*) embrice a forma di cappuccio per dar luce alle stanze a tetto **2** baco da seta non mandato al bosco, che fa sulla stuoia un bozzolo imperfetto **3** (*bot.*) *capo di f.*, dente di leone

fràte③ [dal colore chiaro come certe tonache di *frati* ✱ 1970] **s. m.** • zona di uno stampato mal inchiostrata o non inchiostrata affatto

fratellàme [av. 1735] **s. m.** • (*raro, spreg.*) insieme di fratelli e sorelle

•**fratellànza** [1308] **s. f. 1** la relazione naturale e civile che intercorre tra fratelli: *rapporti, doveri di f.* **2** (*est.*) reciproco sentimento di amicizia e affetto quasi fraterno: *la f. dei buoni; prove di f.* | ***f. universale***, pacifica comunanza di tutti gli uomini | ***f. d'armi***, legame che si stabilisce fra chi combatte sotto una stessa bandiera o per la medesima causa | (*antrop.*) ***f. del sangue***, atto simbolico compiuto scambiando sangue da piccole ferite del petto e del braccio che dà luogo, presso alcuni popoli, a istituzioni di mutuo soccorso **3** società laica di mutuo soccorso

SFUMATURE ➤ ***solidarietà***

fratellàstro [1856] **s. m.** • fratello che ha in comune con un altro o gli altri figli della stessa famiglia solo il padre o la madre

†**fratellévole** [1353] **agg.** • (*raro, lett.*) che si conviene tra fratelli: *con puro e f. animo* (G. BOCCACCIO) ‖ †**fratellevolménte**, **avv.** (*raro, lett.*) in modo fratellevole

•**fratèllo** [lat. parl. **fratĕllu(m)*, dim. di *frāter* 'fratello'. V. *frate*① ✱ 1211] **A s. m.** (**pl.** *fratèlli poet. fratèi*, †*fratègli*, †*frate'*) **1** ciascuna delle persone di sesso maschile nate dallo stesso padre e dalla stessa madre | (*dir.*) parente di sesso maschile in linea collaterale di secondo grado | ***f. germano***, nato dallo stesso padre e dalla stessa madre | ***f. consanguineo***, nato dallo stesso padre ma da madre diversa | ***f. uterino***, nato dalla stessa madre ma da padre diverso | ***f. adottivo***, che trae il suo legame di fratellanza da un atto d'adozione | (*disus.*) ***f. cugino***, cugino di primo grado | ***f. di latte***, allattato dalla stessa balia | ***sembrare fratelli, assomigliarsi come fratelli***, essere molto simili | ***amarsi come f. e sorella***, di amore casto | ***fratelli siamesi***, gemelli malformati uniti per parte del corpo | ***Grande f.***, con riferimento al romanzo *1984* dello scrittore inglese G. Orwell (1903-1950), potere occulto in grado di esercitare un controllo totale su persone, organismi produttivi, mezzi di comunicazione; (*est.*) programma televisivo del genere reality show, i cui protagonisti agiscono in un ambiente chiuso e sono costantemente seguiti dalle telecamere **2** (**al pl.**) i figli, solo maschi oppure sia maschi che femmine, di una stessa famiglia: *ha due fratelli e una sorella; sono tre fratelli: un maschio e due femmine* | **PROV.** ***fratelli coltelli***, tra fratelli ci sono spesso contrasti violenti **3** (*est.*) chi ha in comune con altri un vincolo religioso, politico, sociale, ideale e sim.: *essere fratelli in Cristo; i figli di una stessa patria sono fratelli; il*

a b c d e f g h i j k l m n o p q r s t u v w x y z

combattere per la stessa causa li ha resi fratelli | ***fratelli separati***, nel linguaggio dei cattolici, spec. dopo il Concilio Vaticano II, i cristiani che non seguono la confessione cattolica | compagno, amico stretto: *essere fratelli nella gioia, nella tristezza*; *f. di sventura, d'esilio* | ***f. d'arme***, commilitone | affiliato della stessa setta o società segreta: *i fratelli massoni* | ***Fratelli musulmani***, movimento integralista islamico fondato in Egitto nel 1928 | (*fig.*) ciò che è dotato della stessa natura: *l'orgoglio e la persecuzione sono fratelli* **4** frate laico, converso, spec. in alcuni ordini cattolici, che veste l'abito, senza aver pronunciato i voti o avendone pronunciato solo parte | confratello, iscritto a una congregazione, confraternita o compagnia religiosa | ***Fate bene fratelli***, ordine ospedaliero di S. Giovanni di Dio | ***Fratelli della Misericordia***, congregazione istituita per assistere i malati e i poveri, confortare i moribondi e fare le esequie | ***Fratelli Arvali***, in Roma antica, membri di un collegio sacerdotale istituito da Romolo per i riti relativi alla propiziazione della fertilità dei campi **B** **in funzione di agg.** ● (posposto a un sost. m.) che è della stessa opinione politica, che aderisce allo stesso movimento e sim.: *partiti fratelli* ‖ **fratellàccio**, **pegg.** | **fratellino**, **dim.** | **fratellóne**, **accr.** | (*lett.*) **fratellùccio**, **dim.**

†**fratèlmo** [comp. di *fratel(lo)* e dell'enclitico *-mo*, dal lat. *mĕu(m)* ✱ av. 1292] **s. m.** ● mio fratello

frateria [da *frate*① ✱ 1536] **s. f. 1** (*lett., anche spreg.*) insieme, comunità di frati | (*lett.*) condizione, comportamento di frate **2** (*lett.*) convento | (*lett.*) locale per alloggiare i frati

fratèrna [ellitt. per *fraterna compagnia* ✱ 1581] **s. f. 1** (*dir.*) istituto medievale per cui i componenti di una famiglia, dopo la morte del padre, continuavano sotto la direzione del fratello maggiore l'attività del defunto, lasciando il patrimonio indiviso e amministrandolo in comune **2** †nel Veneto, confraternita

†**fratèrnita** [lat. *fratĕrnitas*, nom. sing., da *fratĕrnus* 'fraterno' ✱ sec. XIV] **s. f.** ● confraternita

fraternità [lat. *fraternitāte(m)*, da *fratĕrnus* 'fraterno' ✱ 1268] **s. f. inv.** ● affetto fraterno, accordo profondo tra persone non legate da vincoli di parentela: *tra loro esiste un'intima f. d'intenti*; *la f. dei popoli* SIN. amicizia

fraternizzàre [fr. *fraterniser*, dal lat. *fratĕrnus* 'fraterno' ✱ 1663] **v. intr.** (**aus.** *avere*) **1** stringere rapporti d'amicizia, spec. con chi prima era ostile o nemico: *gli invasori fraternizzarono con le popolazioni indigene* | (*est.*) fare amicizia: *quel bambino fraternizza con tutti* **2** fare propri gli scopi, gli ideali di qlcu.: *i militari fraternizzarono con i ribelli civili* ‖ **fraternizzazióne**, **s. f.**

♦**fratèrno** [vc. dotta, lat. *fratĕrnu(m)*, da *frāter* 'fratello' ✱ av. 1333] **agg. 1** di fratello, di fratelli: *amore, affetto f.* **2** (*est.*) affettuoso, come di fratelli: *aiuto, vincolo, saluto f.* | ***amicizia, carità fraterna***, amore, solidarietà di persone legate da vincoli d'affetto ‖ **fraternaménte**, **avv.** in modo fraterno; con affetto fraterno

fratésco [da *frate*① ✱ sec. XIV] **agg.** (**pl. m.** *-schi*) ● dei frati, da frate (*spec. spreg.*): *saio f.*; *invidia, astuzia fratesca* ‖ **fratescaménte**, **avv.** nel modo proprio dei frati

fraticèllo [sec. XIII] **s. m. 1** dim. di *frate*① **2** piccolo uccello, simile al gabbiano, bianco con cappuccio nero sul capo, buon nuotatore e tuffatore, che si nutre di pesci (*Sterna albifrons*)

†**fratile** [av. 1502] **agg.** ● di frate, di frati

fratina① [da *frate*① ✱ 1892] **s. f. 1** tavolo lungo e stretto da refettorio di convento | (*est.*) qualsiasi tavolo rustico di forma spiccatamente rettangolare **2** sedia toscana del primo Seicento, caratterizzata da cartelle riccamente intagliate **3** particolare taglio dei capelli che imita quello di certi frati

fratina② [dal colore, simile a quello della tonaca di un *frate* ✱ 1983] **s. f.** ● (*zool.*) cutrettola

fratino① [1536] **A** **agg.** ● (*raro, lett.*) fratesco **B** **s. m. 1** dim. di *frate*① | fratina nel sign. 1 **2** frate giovane | ragazzo che si avvia a diventare frate

fratino② [V. *fratina*② ✱ 1829] **s. m.** ● uccelletto dell'ordine dei Caradriformi, comune in Italia sulle spiagge marine, di laghi e fiumi, che si muove camminando e correndo a gran velocità (*Charadrius alexandrinus*)

fratino③ [dalla forma simile a quella del cappuccio di un *frate* ✱ 1813] **s. m.** ● (*bot.*) nasturzio indiano

†**fràtre** ➤ **frate**①

fratrìa o **fràtria** [vc. dotta, gr. *phratría*, da *phrátēr* 'fratello', di orig. indeur. ✱ av. 1748] **s. f. 1** nell'antica Grecia, ciascuna delle tre parti in cui si divideva una tribù **2** nei gruppi sociali soggetti a esogamia, classe o sezione che esclude il matrimonio fra i suoi stessi membri

fratricìda [vc. dotta, lat. *fratricīda(m)*, comp. di *frāter*, genit. *frātris* 'fratello' e *-cida* '-cida' ✱ av. 1416] **A** **s. m. e f.** (**pl. m.** *-i*) ● uccisore del proprio fratello o della propria sorella | (*est.*) chi uccide qlcu. cui è legato da vincoli di fratellanza, comunanza d'idee e sim. **B** **agg.** ● di fratricida, di fratricidio: *atto f.* | ***guerra f.***, civile

fratricìdio [vc. dotta, lat. tardo *fratricīdiu(m)*, da *fratricīda* 'fratricida' ✱ sec. XIV] **s. m.** (**pl.** *-i* o *raro -ii*) ● uccisione del proprio fratello o della propria sorella | (*est.*) uccisione di persona cui si è legati da vincoli di sangue, amicizia e sim.

♣**fràtta** [etim. discussa: lat. *frācta* '(rami) rotti', part. pass. nt. pl. di *frăngere* (?) ✱ sec. XIV] **s. f. 1** luogo scosceso e impervio ricoperto da una macchia intricata di pruni e sterpi | ***andare, essere per le fratte***, (*fig., tosc.*) trovarsi in pessime condizioni economiche **2** (*centr.*) siepe, cespuglio: *sbuca il can dalla f., come il vento* (G. Pascoli) **3** †spaccatura

frattàglia [da *fratto* ✱ 1618] **s. f.** ● (**spec. al pl.**) interiora commestibili degli animali macellati | ***f. di pollo***, rigaglie

frattàle [vc. coniata dal matematico fr. B. Mandelbrot nel 1975, dal lat. *frāctus* 'spezzato', part. pass. di *frăngere* ✱ 1986] **A** **s. m.** ● (*mat.*) figura geometrica, dotata di simmetrie interne a qualsiasi scala la si ingrandisca, ottenuta come configurazione limite di una successione di curve spezzate; da ognuna si ottiene la successiva in base a una regola assegnata, per es. sostituendo a ogni lato una linea spezzata prefissata detta generatore **B** **anche agg.**: *oggetto f.*

♦**frattànto** o †**fra tànto** [comp. di *fra*① e *tanto* ✱ sec. XIV] **avv.** ● nel frattempo, nel medesimo tempo: *f. erano successe molte cose*; *cosa hai fatto f.?*

frattazzàre [1987] **v. tr.** ● (*edil.*) spianare, lisciare col frattazzo: *f. l'intonaco*

frattàzzo o **fratàzzo** [da *frettazzo* ✱ 1942] **s. m. 1** tavoletta rettangolare di legno, con maniglia, usata dal muratore per spianare la malta con cui si intonaca un muro SIN. spianatoio **2** (*sett.*) spazzolone di legno, munito di bastone, per pulire i pavimenti

♦**frattèmpo** [comp. di *fra*① e *tempo* ✱ av. 1529] **s. m.** ● solo nelle loc. avv. ***in questo, in quel f., nel f.***, in questo, in quel mentre, nel tempo intercorrente, frattanto, intanto: *in questo f. molte cose sono cambiate*; *nel f. approfitterò per visitare la città*

♣**fràtto** **part. pass.** di *frangere*; **anche agg. 1** (*lett.*) spezzato, rotto **2** (*mat.*) frazionario: *equazione fratta* | (*mat.*) diviso: *sei f. due* **3** (*mus.*) ***canto f.***, V. *canto*①

frattografìa [comp. di *fratt(ura)* e *-grafia* ✱ 1983] **s. f.** ● (*metall.*) tecnica per la determinazione delle cause di rottura di metalli mediante osservazione con strumenti ottici

frattùra [vc. dotta, lat. *fractūra(m)*, da *frāctus* 'fratto' ✱ sec. XIII] **s. f. 1** interruzione della continuità di un corpo a struttura solida | ***f. ossea***, rottura di un osso dovuta gener. a un trauma | ***f. semplice***, con formazione di due frammenti | ***f. comminuta***, con più di due frammenti | ***f. esposta***, comunicante con l'esterno attraverso una ferita della cute o della mucosa sovrastante | ***f. composta***, senza lacerazioni di cute o mucose e con i frammenti ossei perfettamente posizionati | ***f. scomposta***, in cui l'osso è interrotto in maniera completa, in modo tale che i frammenti ossei sono liberamente mobili **2** (*geol.*) spaccatura della crosta terrestre nella quale non si è avuto scorrimento reciproco tra le due parti **3** (*miner.*) in un cristallo, rottura che avviene secondo una superficie non piana CFR. sfaldatura **4** (*fig.*) contrasto, rottura: *una f. nella compagine governativa*; *f. diplomatica* **5** (*mecc.*) ***f. fragile***, rottura improvvisa di materiali, spec. metallici, che si verifica in seguito a brusche sollecitazioni, prolungate tensioni, variazioni di temperatura e sim. ‖ **frattùraccia**, **pegg.** | **fratturina**, **dim.**

fratturàre [da *frattura* ✱ 1798] **A** **v. tr.** ● (*raro*) produrre una frattura: *con una gomitata gli fratturò la mandibola* **B** **fratturàrsi** **v. tr. pron.** (**aus.** *essere*) ● prodursi una frattura: *fratturarsi un braccio, una gamba* **C** **fratturàrsi** **v. intr. pron.** (**aus.** *essere*) ● subire una frattura: *l'osso si è fratturato in tre punti*

fratturazióne [1915] **s. f.** ● (*geol.*) frattura di un blocco roccioso con distacco delle parti, sotto la spinta di forze tettoniche o per altre cause | ***f. idraulica***, hydrofracking

fraudatòrio [vc. dotta, lat. tardo *fraudatōriu(m)*, da *fraudātor*, genit. *fraudatōris* 'frodatore' ✱ 1869] **agg.** (**pl. m.** *-i* o *raro -ii*) ● che ha carattere di frode

†**fràude** e deriv. ➤ **frode** e deriv.

fraudolènto, (*lett.*) **frodolènto**, †**fraudolènte** [lat. *fraudulĕntu(m)*, da *frāus*, genit. *frāudis* 'frode' ✱ av. 1292] **agg. 1** (*lett.*) che opera con frode, che tende a commettere frode: *individuo f.* | ***consigliere f.***, consigliere di inganni **2** (*dir.*) che è caratterizzato da frode: *bancarotta, insolvenza fraudolenta* **3** di ciò che è fatto con frode, a scopo d'inganno e raggiro: *azione fraudolenta*; *diede il consiglio frodolento* (Dante) SIN. doloso, subdolo ‖ **fraudolenteménte**, **avv.** (*raro*) con frode

fraudolènza o (*raro*) **frodolènza**, †**fraudolènzia** [lat. *fraudulĕntia(m)*, da *fraudulĕntus* 'fraudolento' ✱ av. 1306] **s. f.** ● caratteristica di chi (o di ciò che) è fraudolento | inganno, truffa

†**fraudóso** (o -ṣ-) [sec. XIII] **agg.** ● ingannevole | fraudolento

Fräulein /ˈfrɔilain, *ted.* ˈfʀɔɪˌlaen/ [vc. ted., propr. 'signorina', dim. di *Frau* 'signora' ✱ 1905] **s. f. inv.** (**pl. ted. inv.**) ● governante, istitutrice di lingua tedesca

fràvola e deriv. ➤ **fragola** e deriv.

frazionàbile [1965] **agg.** ● che si può frazionare ‖ **frazionabilità**, **s. f. inv.**

frazionàle [da *frazione* ✱ 1840] **agg.** ● frazionario | ***moneta f.***, moneta divisionale

frazionaménto [1866] **s. m.** ● divisione in più parti: *f. di un'eredità*; *f. di un immobile*; *f. dei rischi di un'impresa*; *f. di un miscu-*

glio, di una soluzione | ***f. catastale***, divisione di particella catastale per passaggio di proprietà

frazionàre [da *frazione* ✱ 1798] **A** **v. tr.** (*io frazióno*) ● dividere in varie parti: *tutti gli averi del defunto furono frazionati fra gli eredi; f. un miscuglio, una soluzione, il petrolio greggio* **B** **frazionàrsi** **v. intr. pron.** ● dividersi (+ *in*): *il partito si frazionò in due correnti*

SFUMATURE DI SIGNIFICATO

frazionare - lottizzare

Si dice **frazionare** l'atto di dividere un insieme unitario in più parti. Se il riferimento consiste in una divisione in lotti è più specifico **lottizzare**, che viene usato estensivamente per indicare la spartizione delle cariche pubbliche tra gli esponenti delle varie forze politiche.

SFUMATURE ➤ ***smembrare***

frazionàrio [1799] **agg.** ● (*mat.*) di frazione **SIN.** frazionale

frazionàto **part. pass.** di *frazionare*; anche **agg.** **1** diviso in più parti **2** detto di francobollo ottenuto tagliando in due o più parti un esemplare intero per mancanza di francobolli di piccolo valore ‖ **frazionataménte**, **avv.** per frazionamenti; in più parti

♦**frazióne** [lat. tardo *fractiōne(m)* 'spezzatura', da *frāctus*, part. pass. di *frāngere* 'spezzare' ✱ av. 1328] **s. f.** **1** porzione, parte staccata di un tutto: *un quarto d'ora è una f. di ora; solo una piccola f. di persone riuscì nell'intervento* | (*sport*) nelle gare a staffetta, ciascuna delle parti uguali in cui è suddiviso il percorso, coperta in successione da un componente delle squadre | nel ciclismo, tappa | (*chim.*) ciascuna parte che si ottiene frazionando soluzioni o miscugli liquidi **2** (*mat.*) quoziente di due numeri interi | espressione matematica composta da una coppia di numeri interi, numeratore e denominatore; due coppie sono equivalenti se i prodotti del numeratore dell'una per il denominatore dell'altra sono uguali | espressione composta di due numeri, che indicano rispettivamente quanti e quali parti dell'unità si considerano | ***f. apparente***, il cui numeratore è multiplo del denominatore | ***f. continua***, frazione il cui denominatore è somma di un numero e di una frazione costruita allo stesso modo, e così via | ***f. decimale***, che ha per denominatore una potenza di 10 | ***f. propria*** (***impropria***), il cui numeratore è minore (maggiore) del denominatore. In testi di tipo discorsivo, le frazioni si possono scrivere in lettere: *ci vediamo tra un quarto d'ora; per tre quarti del film gli attori non parlano; solo un quinto dei partecipanti ha preso la parola; i due terzi dello stipendio se ne vanno per l'affitto; una mezza porzione di tagliatelle*. In usi di tipo matematico, tecnico o scientifico le frazioni si scrivono con i numeri arabi separati da una barretta diagonale, oppure separando i due numeri (detti *numeratore* e *denominatore*) con la linea di frazione. (V. nota d'uso NUMERI E NUMERALI) | (*chim.*) ***f. molare***, in una miscela di più sostanze, rapporto fra le moli di una sostanza e le moli totali **3** borgata di comune priva di uffici comunali **4** nella Messa, il rito dello spezzare l'ostia consacrata lasciandone cadere un pezzetto nel vino del calice ‖ **frazioncèlla**, **dim.** | **frazioncìna**, **dim.**

SFUMATURE ➤ ***parte***

frazionìșmo [1944] **s. m.** ● (*polit.*) tendenza a creare correnti o scissioni nell'ambito dei partiti

frazionìsta [1965] **A** **s. m. e f.** (**pl. m.** *-i*) **1** chi, all'interno di un partito, favorisce il sorgere di correnti o scissioni **2** (*sport*) nelle gare a staffetta, ciascuno dei componenti della squadra: *primo, ultimo f.* **B** **agg.** ● frazionistico

frazionìstico [1956] **agg.** (**pl. m.** *-ci*) ● di frazionismo: *tentativo f.* ‖ **frazionisticaménte**, **avv.**

freak /ingl. friːk/ [vc. ingl., all'orig. 'capriccio, ghiribizzo' (da avvicinare all'ingl. ant. *frician* 'ballare'), poi divenuto verbo nel sign. di 'subire un'esperienza emotiva intensa, eccitarsi (soprattutto con riferimento ai tossicomani)', quindi 'spostato' ✱ 1972] **s. m. e f. inv.** ● negli anni '70 del Novecento, chi esprimeva la sua contestazione verso la società adottando comportamenti e abiti stravaganti, vivendo alla giornata, spesso facendo uso di droghe leggere

freàtico [dal gr. *phréar*, genit. *phréatos* 'pozzo', di orig. indeur. ✱ 1905] **agg.** (**pl. m.** *-ci*) ● detto di falda acquifera che scorre attraverso terreni porosi permeabili, sopra strati di terreni impermeabili: *falda freatica* | relativo a una falda freatica: *livello f.*

freatologìa [comp. del gr. *phréar*, genit. *phréatos* 'pozzo' e *-logia* ✱ 1754] **s. f.** (**pl.** *-gie*) ● studio o trattato sulle acque dei pozzi o freatiche

freccétta [sec. XX] **s. f.** **1** dim. di *freccia* **2** segno grafico a forma di piccola freccia, gener. equivalente a 'Vedi' **3** piccola freccia che si scaglia a mano per gioco contro un bersaglio

♦**fréccia** o †**frézza** [fr. *flèche*, di orig. germ. ✱ 1314] **s. f.** (**pl.** *-ce*) **1** arma da getto, usata spec. fino all'avvento delle armi da fuoco, costituita da un'asticciola con punta acuta e cocca posteriore, da lanciare con arco o balestra, dotata talvolta di alette stabilizzatrici della traiettoria: *incoccare, scagliare la f.* | ***avere molte frecce al proprio arco***, (*fig.*) disporre di molti buoni argomenti, possibilità e sim. | ***correre come una f.***, (*fig.*) con grande velocità | nome dato a treni rapidi o espressi: *Freccia del Sud* **2** (*fig., lett.*) frecciata | (*disus.*) ***f. del Parto***, allusione maligna detta all'ultimo momento (V. *parto*②) **3** (*lett., fig.*) raggio, spiraglio: *una f. di sole* **4** (*est.*) elemento appuntito e allungato, più o meno simile a una freccia | (*autom.*) ***f. di direzione***, indicatore usato un tempo sugli autoveicoli, consistente in una barretta a luce rossa, fatta sporgere dal fianco della carrozzeria | (*per anton.*) indicatore a luce intermittente: *metti la f.!* | ***f. del campanile, di una torre e sim.***, guglia, cuspide | ***a f.***, che ha la forma di una freccia | ***ala a f.***, le cui semiali formano in pianta un angolo col vertice in avanti, adatto per velocità subsoniche e supersoniche **5** parte più sottile e appuntita di molti strumenti: *la f. dell'ago magnetico* **6** segno, pannello e sim. a forma di freccia usato per indicare la direzione: *f. indicatrice; secondo la f. bisogna voltare a destra* **7** (*archit.*) distanza verticale fra la chiave di volta e la corda di un arco **8** baghetta **9** (*milit.*) piccola opera esterna composta di due corpi ad angolo acuto col vertice verso la campagna **10** (*mar.*) controranda **11** (*aeron.*) ***Frecce Tricolori***, pattuglia acrobatica dell'Aeronautica Militare italiana **12** (gener. con iniziale maiuscola) denominazione di alcuni treni: *F. Rossa, F. del Sud* ‖ **freccétta**, **dim.** (V.) | **freccìna**, **dim.** | **frecciolìna**, **dim.** | **freccióna**, **accr.** | **freccióne**, **accr. m.**

frecciàre [da *freccia* ✱ av. 1573] **A** **v. tr.** (**pres.** *io fréccio*; **fut.** *io freccerò*) ● (*raro*) colpire con frecce | †rivolgere a qlcu. una richiesta di denaro con l'intenzione di non restituirlo **B** **v. intr.** (**aus.** *avere*) ● (*raro*) tirare frecce

frecciàta [av. 1304] **s. f.** **1** colpo di freccia: *una f. lo ridusse in fin di vita* **2** (*fig.*) motto pungente, allusione volutamente mordace e maligna: *la f. lanciatagli gli impedì qualsiasi replica* **3** (*sport*) nella scherma, flèche ‖ **frecciatìna**, **dim.** | **frecciatóna**, **accr.**

freddàre [lat. tardo *frigidāre*, da *frīgidum* 'freddo' ✱ 1340] **A** **v. tr.** (*io fréddo*) **1** far diventar freddo, spec. bevande o cibi caldi: *f. la minestra, il caffè bollente* | (*fig.*) ***f. l'entusiasmo***, affievolirlo, farlo sbollire **SIN.** raffreddare **2** ammazzare, uccidere, spec. all'improvviso e con un colpo solo: *freddò il leone a breve distanza* **B** **freddàrsi** **v. intr. pron.** ● diventare freddo: *il riso impiega molto tempo a freddarsi* | (*fig.*) affievolirsi | (*fig.*) ***non lasciare che qlco. si freddi***, metterla subito in atto

freddézza [da *freddo* ✱ av. 1327] **s. f.** **1** (*raro, lett.*) stato, condizione di ciò che è freddo: *la f. dell'acqua* **2** (*fig.*) dichiarata indifferenza, priva di ogni partecipazione e cordialità: *f. di carattere; accogliere con f.; nei loro rapporti c'è una certa f.* | (*fig.*) ***f. di stile***, mancanza di vivacità, colorito ed efficacia **CONTR.** calore, entusiasmo **3** (*fig.*) autocontrollo, capacità di dominare i propri nervi, sangue freddo: *con esemplare f. l'uomo riuscì a salvare il bambino*

freddìccio [av. 1584] **A** **agg.** (**pl. m.** *-ci*; **pl. f.** *-ce*) ● (*lett.*) alquanto freddo: *brodo f.* **B** **s. m.** ● (*lett.*) tempo piuttosto freddo: *ieri mattina si sentiva un certo f.* | (*lett.*) temperatura un po' fredda: *il f. delle lenzuola* (C. DOSSI)

♦**fréddo** [lat. *frigidu(m)*, da *frigēre* 'essere freddo', di orig. indeur. ✱ 1250 ca.] **A** **agg.** **1** che comunica una sensazione contraria a quella del caldo, a causa della temperatura inferiore a quella normale o ambientale: *tempo, vento f.; giornata, città fredda; f. come la neve, il ghiaccio, il marmo; bevendo quel f. liquore, / cangiosse tutto l'amoroso core* (M.M. BOIARDO) **CFR.** crio-, frigo- | ***sudore f.***, provocato da malattia o spavento | ***vivanda fredda***, preparata per essere mangiata fredda | ***piatti freddi***, a base di vivande che non richiedono cottura, come salame, formaggio o vivande cotte e servite fredde | ***buffet f.***, ***cena fredda***, a base di tali piatti | ***tavola fredda***, l'insieme dei piatti freddi, in un ristorante o a un ricevimento; (*est.*) locale che serve solo piatti freddi | ***guerra fredda***, V. *guerra* | ***la fredda spoglia***, (*lett.*) il cadavere | ***doccia fredda***, fatta con acqua fredda; (*fig.*) improvvisa e spiacevole delusione | ***animali a sangue f.***, eterotermi | ***corpo f.***, astro che non emette luce propria: *la luna è un corpo f.* | raffreddato: *la minestra è ormai fredda* **CONTR.** caldo **2** (*fig.*) che non si lascia trascinare dalle passioni: *animo, cuore, temperamento f.; natura fredda* | (*fig.*) indifferente, distaccato, privo di entusiasmo e cordialità: *discorso, uditorio f.; accoglienza, risposta fredda; mostrarsi f. verso qlcu.* | ***sangue f.***, (*fig.*) controllo dei propri nervi | ***testa fredda***, (*fig.*) che non si lascia vincere dalle passioni | ***a mente fredda***, (*fig.*) dopo che l'ira e lo sdegno sono sbolliti; lucidamente | ***la fredda ragione***, (*fig.*) ponderazione, prudenza | ***stile f.***, (*fig.*) piuttosto artefatto e privo di vivacità | ***toni, colori freddi***, (*fig.*) quelli che tendono al grigio, al verde, all'azzurro | (*mus.*) privo di colorito e d'espressione: *esecuzione impeccabile ma fredda* **CONTR.** appassionato, ardente **3** (*lett.*) frigido, impotente ‖ **freddaménte**, **avv.** **1** con freddezza **2** (*fig.*) con indifferenza: *rispondere, accogliere freddamente* **B** **s. m.** **1** mancanza di calore | ***a f.***, senza riscaldare (V. anche sign. 5) | ***lavorare il ferro a f.***, senza usare il fuoco, mediante i soli attrezzi | ***industria del f.***, comprendente la produzione di ghiaccio artificiale, di apparecchi e impianti frigoriferi, la conservazione di alimenti mediante il freddo, e sim. | ***catena del f.***, V. *catena* nel sign. 4 **2** sensazione prodotta dalla perdita o dalla mancanza di calore: *avere, sentire, pa-*

tire f. | (*fig.*) ***è un racconto che fa venir f.***, che fa paura, che sconcerta | ***non gli fa né caldo né f.***, (*fig.*) lo lascia del tutto indifferente CONTR. caldo **3** clima rigido, bassa temperatura: *ieri faceva f.*; *i rigori del f.*; *f. asciutto, umido*; *ripararsi dal f.* | ***i primi freddi***, quelli dell'inizio dell'inverno | ***f. cane, birbone***, temperatura bassissima | ***danni dal f.***, manifestazioni di diversa natura che colpiscono le piante per effetto delle basse temperature | stagione fredda, spec. invernale: *appena arriva il f. accendiamo il termosifone* **4** (*lett.*) disagio, mancanza di entusiasmo, e sim. | ***essere in f. con qlcu.***, avere rapporti privi di ogni cordialità **5** (*fig.*) nella loc. ***a f.***, con pacatezza e lucidità, senza emotività: *la sua decisione l'ha presa a f.*; all'inizio, senza aver tempo di riscaldare i muscoli: *subire un gol, essere colpito a f.*; con lucida e spietata determinazione: *uccidere qlcu. a f.* ‖ **freddàccio**, **pegg.** | **freddino**, **dim.** | **freddolino**, **dim.** | **freddùccio**, **dim.**

f

NOMENCLATURA

freddo

● *caratteristiche*: glaciale, polare, pungente, secco, umido, siberiano, penetrante, intenso, gelido, rigido, algido; fresco, refrigerante; rigore, gelo, algore, assideramento, congelamento, gelone; i primi freddi, giorni della merla, gelata, galaverna o calaverna o calabrosa; inverno, stagione fredda; rugiada, guazza, gelo notturno, brina (traslucida, vetrosa; brinata; brinare, sbrinare);
● *azioni*: fare freddo, un freddo cane, birbone, che pela, essere sotto zero, avere freddo, gelare, raggelare, congelarsi, agghiacciarsi, sentire il freddo, patire il freddo, intirizzire, infreddolirsi, rabbrividire, tremare, avere la pelle d'oca, diventare un pezzo di ghiaccio, battere i denti; raffreddare, refrigerare;
● *oggetti*: frigorifero, frigobar, freezer, congelatore, cella frigorifera; anticongelante, antigelo; surgelato.

freddolina [da *freddo*, perché fiorisce in inverno ✱ 1881] **s. f.** ● (*bot.*, *pop.*) colchico

freddolóso (o-ṣ-) [1685] **agg.** ● che soffre molto il freddo: *i vecchi e i bambini sono freddolosi* CONTR. caloroso ‖ **freddolosaménte**, **avv.** ‖ **freddolosità**, **s. f. inv.**

freddùra [da *freddo* ✱ 1250 ca.] **s. f. 1** spiritosaggine, consistente spec. in giochi di parole o doppi sensi SIN. facezia **2** †rigidezza del tempo | †sensazione di freddo: *sospinto dalla f. trottando si drizzò verso Castel Guglielmo* (G. Boccaccio) | †infreddatura **3** †cosa da nulla, sciocchezza **4** †trascurataggine, pigrizia ‖ **freddurina**, **dim.**

SFUMATURE ➤ *motto*

freddurista [1869] **s. m. e f.** (**pl. m.** *-i*) ● chi si compiace di usare spesso battute spiritose, freddure e sim.

-free /*ingl.* friː/ **secondo elemento** ● in parole composte o loc. di origine inglese, significa 'privo di', 'senza': *caffeine-free*; *duty free*

free climber /fri'klaimber, *ingl.* 'friː-ˌklaɪmə(r)/ [loc. ingl., propr. 'arrampicatore (*climber*, da *to climb* 'scalare') libero (*free*)' ✱ 1985] **loc. sost. m. e f. inv.** (**pl. ingl.** *free climbers*) ● chi pratica il free climbing

free climbing /fri'klaimbin(g), *ingl.* 'friː-ˌklaɪmɪŋ/ [loc. ingl., propr. 'arrampicata, scalata (*climbing*, da *to climb* 'scalare') libera (*free*)' ✱ 1985] **loc. sost. m. inv.** ● tipo di arrampicata in cui lo scalatore, munito di una corda di sicurezza in vita, sale aggrappandosi con le mani agli appigli naturali offerti dalla parete rocciosa, senza l'aiuto di piccozza, chiodi e martello

freegan /'frigan, *ingl.* 'friːgən/ [vc. ingl., comp. di *free* 'libero' e (*ve*)*gan* (V.) ✱ 2006] **s. m. e f. inv.**; **anche agg. inv.** ● chi (o che), in polemica con il consumismo e gli sprechi, si attiene a un'alimentazione basata sul recupero di eccedenze alimentari o di cibi prossimi alla scadenza in negozi, ristoranti, supermercati

free jazz /fri'dʒets, -dʒez, *ingl.* 'friːˌdʒæz/ [loc. ingl., comp. di *free* 'libero' e *jazz* ✱ 1975] **loc. sost. m. inv.** ● stile jazzistico nato negli anni '60 del Novecento, caratterizzato da una completa libertà dai vincoli della successione armonica e dal ritorno all'improvvisazione collettiva propria dei primordi del jazz

free-lance /*ingl.* 'friːˌlæns/ o **freelance**, **free lance** [vc. ingl., propr. 'soldato di ventura' (alla lettera 'lancia libera') ✱ 1962] **s. m. e f. inv.**; **anche agg. inv.** (**pl. ingl.** *free lances*) ● chi (o che), spec. nel campo della pubblicità, dello spettacolo, dell'editoria o della moda, presta la propria opera professionale a varie aziende senza contratti esclusivi con nessuna di esse: *fotografo, modella free-lance*

freemium /'frimium, *ingl.* 'friːmɪəm/ [vc. ingl., comp. di *free* 'gratuito' e (*pre*)*mium* 'premio' ✱ 2007] **A** **agg. inv.** ● (*inform.*) detto di versione gratuita di un prodotto o di un servizio in rete con funzioni limitate o uso a tempo, perché l'utente possa sperimentarlo prima dell'eventuale acquisto: *offerta f.*, V. anche *premium* **B** **anche s. m. inv.** (**pl. ingl.** *freemiums*): *provare un f.*

free press /*ingl.* 'friːˌpres/ [loc. ingl., comp. di *free* 'gratuito' e *press* 'stampa' ✱ 1993] **A** **loc. sost. f. inv.** ● pubblicazione di giornali distribuiti gratuitamente che si finanziano con la pubblicità | (*est.*) il giornale stesso **B** **anche in funzione di loc. agg. inv.** (**posposta a un sost.**): *stampa free press*

free rider /fri'raider, *ingl.* 'friːˌraɪdə(r)/ [loc. ingl., propr. 'chi viaggia (*rider*) gratis (*free*)' ✱ 1985] **loc. sost. m. e f. inv.** (**pl. ingl.** *free riders*) ● (*econ.*) chi beneficia di un bene pubblico senza corrispondere allo Stato o all'ente somministratore il proprio contributo sotto forma di imposta o altro tipo di versamento

free shòp /friʃ'ʃɔp, *ingl.* 'friːˌʃɒp/ [loc. ingl., comp. di *free* 'libero' e *shop* 'bottega' (entrambe d'orig. germ.) ✱ 1983] **loc. sost. m. inv.** (**pl. ingl.** *free shops*) ● accorc. di *duty free shop*

freestyle /fri'stail, *ingl.* 'friːˌstaɪl/ o **free-style** [vc. ingl., comp. di *free* 'libero' (V. *free shop*) e *style* 'stile' ✱ 1981] **A** **s. m. inv.** ● (*sport*) disciplina sciistica consistente in prove di salti acrobatici da appositi trampolini, in discese spettacolari su piste ripide e accidentate, in figure su base musicale eseguite su piste in lieve pendenza | nel nuoto, stile libero, crawl **B** **anche agg. inv.**: *gara f.*

freeware /'friwer, *ingl.* 'friːˌweə(r)/ [vc. ingl., comp. di *free* 'libero, liberamente' e della seconda parte di (*soft*)*ware* (V.) ✱ 1995] **s. m. inv.** ● (*inform.*) software distribuito gratuitamente CFR. shareware

freezer /'frizer, 'friddzer, *ingl.* 'friːzə(r)/ [vc. ingl., da *to freeze* 'congelare', vc. germ. di orig. indeur. ✱ 1957] **s. m. inv.** ● scomparto del frigorifero domestico in cui si produce la temperatura più bassa, gener. inferiore a −18° C, per la conservazione di alimenti surgelati e la produzione di ghiaccio | congelatore

fréga [da *fregare* ✱ av. 1502] **s. f. 1** †desiderio sessuale | ***andare in f.***, di animali, andare in calore | (*raro*, *lett.*) fregola, smania, frenesia **2** (*raro*) massaggio

fregàccio [av. 1756] **s. m. 1** pegg. di *frego* **2** frego di matita o penna tracciato in fretta e malamente: *compito pieno di fregacci* SIN. sgorbio

fregagióne [lat. tardo *fricatiōne(m)*, da *fricāre* 'fregare' ✱ av. 1313] **s. f. 1** frizione, massaggio: *fare una f. di spirito canforato* **2** (**spec. al pl.**) †lusinga, moina

fregaménto [av. 1320] **s. m.** ● strofinamento, sfregamento

♦**fregàre** [lat. *fricāre*, di etim. incerta ✱ 1282] **A** **v. tr.** (*io frégo, tu fréghi*) **1** strofinare qlco. spec. energicamente: *f. un recipiente di rame per lucidarlo* | (*est.*) massaggiare: *f. le gambe, le spalle con pomate* | (*volg.*) †possedere sessualmente **2** (*raro*) segnare o cancellare con un frego: *f. il muro* **3** (*colloq.*) ingannare, truffare, imbrogliare: *s'è lasciato f. come un novellino* | rubare: *mi hanno fregato l'orologio* | superare, vincere con mezzi più o meno leciti: *nella volata finale ha fregato il compagno di fuga* **B** **fregàrsi** **v. tr. pron.** (**aus.** *essere*) **1** strofinarsi | ***fregarsi le mani***, per riscaldarle; (*fig.*) per la soddisfazione: *Tornò fregandosi le mani: – … Farete un affarone!* (G. Verga) | ***fregarsi gli occhi***, per il sonno; (*fig.*) per essere ben certi di ciò che si vede | strusciare: *fregarsi gli abiti contro il muro* **2** (*pop.*) rubare (con valore intens.): *si sono fregati la tua macchina!* **C** **fregàrsi** **v. rifl.** ● (*lett.*) strusciare | (*fig.*, *lett.*) ***fregarsi a qlcu., con qlcu.***, circuirlo per interesse **D** **fregàrsi** **v. intr. pron. 1** (*pop.*) importare (+ *di*): *che ti frega?*; *non mi frega niente di lei!* **2** **fregàrsene**, (*pop.*) infischiarsene (+ *di*): *me ne frego di loro!*; *frégatene!* | ***chi se ne frega*** o (con grafia unita) ***chissenefrega***, (*pop.*) espressione arrogante per esprimere assoluta indifferenza: *e chi se ne frega delle sue critiche!*

fregaròla [da *fregare*, nel senso ittiologico di 'depositare le uova' ✱ 1917] **s. f.** ● (*zool.*) sanguinerola

fregaròlo ① **s. m.** ● fregarola

fregaròlo ② [da *fregar(e)* nel senso di 'imbrogliare' con suff. di natura dial. (per *-aiolo*) ✱ 1986] **agg.** ● (*centr.*) imbroglione, truffatore

fregàta ① [da *fregare* ✱ av. 1537] **s. f. 1** rapida strofinata per pulire, lucidare e sim.: *dare una f. ai mobili* **2** (*colloq.*) imbroglio, raggiro: *mi son preso una gran f.* ‖ **fregatina**, **dim.**

fregàta ② [etim. incerta ✱ 1353] **s. f.** ● nei secc. XVIII e XIX, nave a tre alberi a vele quadre, con due batterie sovrapposte di cannoni, che costituiva l'unità intermedia tra il vascello e la corvetta | nella marina moderna, nave militare, spec. con compiti di scorta, con dislocamento fra 1650 e 7800 tonnellate, dotata di armi antisommergibili e antiaeree | ***capitano di f.***, nella marina militare, grado corrispondente a quello di tenente colonnello; la persona rivestita di tale grado

fregàta ③ [da *fregata* ② con allusione alla velocità ✱ 1874] **s. f.** ● genere di Uccelli marini dei Pelecaniformi, dei mari intertropicali, volatori robustissimi e veloci con piedi palmati (*Fregata*)

fregàto **part. pass.** di *fregare*; **anche agg.** **1** nei sign. del v. | (*fig.*, *colloq.*) raggirato, danneggiato: *sei tu che rimani f.!* **2** (*mus.*) ***corda fregata***, suonata con l'archetto, come nel violino

fregatùra [lat. *fricatūra(m)*, da *fricāre* 'fregare' ✱ 1395] **s. f. 1** (*raro*) il fregare | (*est.*) il segno che resta sugli oggetti fregati: *un pavimento, un muro pieno di fregature* **2** (*colloq.*) danno, inganno, imbroglio, raggiro: *credeva che fosse un buon affare, ma è stata una tremenda f.*; *dare, prendere una f.* | ciò che delude essendo scadente, mediocre e sim.: *che f., quel concerto!*

fregiàre o †**freṣàre** ② [da *fregio* ✱ sec. XIII] **A** **v. tr.** (**pres.** *io frégio* o *frègio*; **fut.** *io fregerò*) **1** guarnire di fregi: *f. l'orlo di un abito* **2** (*fig.*) decorare, adornare, abbellire (+ *di*, **raro** + *con*): *f. il petto di decorazioni, la bandiera di medaglie, il proprio nome di gloriose imprese*; *un arco trionfale (…) fregiato con frasche verdi* (A. Manzoni) **B** **fregiàrsi** **v. rifl.** ● adornarsi, onorarsi, andar fiero di qlco. (*spec. fig.*) (+ *di*): *si fregia di numerosi riconoscimenti ufficiali; fregiarsi di bellezza, di virtù*

fregiatùra [1320] **s. f.** ● (*lett.*) guarnizione, ornamento, decorazione: *f. d'oro, d'argento*

♦**frégio** (o -è-) [lat. (*ŏpus*) *phrygiu(m)* 'lavoro frigio', perché originario della *Frigia* ✱ 1291] **s. m. 1** (*archit.*) fascia ornamentale ad andamento orizzontale, spec. parte della trabeazione compresa fra l'architrave e la cornice, decorata a rilievo con figure o con motivi geometrici o più o meno stilizzati **2** (*est.*) ogni decorazione spec. in rilievo, con andamento orizzontale, a forma di fascia: *il f. sulla poppa della nave, sul copricapo dell'ufficiale* **3** (*tipogr.*) carattere speciale il cui occhio è costituito da disegni ornamentali **4** (*lett., fig.*) ornamento, pregio: *le superbe fortune / del vile anco son fregi* (G. PARINI) **5** †sfregio | (*fig.*) †ingiuria, infamia || **fregétto**, **dim.**

SFUMATURE ➤ *finimento*

frégna o †**frigna** [etim. incerta ✱ sec. XIV] **s. f. 1** (*volg., centr.*) vulva **2** (*volg.*) stupidaggine, fandonia: *non raccontar fregne* **3** (*volg.*, spec. al pl.) fastidio, seccatura | ***aver le fregne***, essere preoccupato, di pessimo umore e sim. || **fregnàccia**, **pegg.** (V.)

fregnàccia [pegg. di *fregna* ✱ 1896] **s. f.** (pl. *-ce*) ● (*volg., centr.*) stupidaggine, sciocchezza | (*est.*) ciò che costituisce una noia, una perdita di tempo e sim.: *per queste fregnacce ho perso tutta la giornata*

fregnacciàro [da *fregnaccia* ✱ av. 1964] **s. m.** (f. *-a*) ● (*volg., centr.*) spacciatore di fandonie

frégno [da *fregna* ✱ 1959] **s. m.** ● (*pop., centr.*) persona o cosa di poca importanza o dall'aspetto inconsueto e strano || **fregnétto**, **dim.**

fregnóne [da *fregna* ✱ 1927] **s. m.** (f. *-a*) ● (*volg., centr.*) sciocco, minchione, babbeo

frégo [da *fregare* ✱ 1433] **s. m.** (pl. *-ghi*) ● segno o scarabocchio tracciato su qlco. con un oggetto che scrive o incide: *fare un f. sul muro, sul banco, sul quaderno* | ***tirare un f. sullo scritto***, cancellarlo | †***dare un f., di f., fare un f.***, eliminare, annullare | (*fig.*) ***un f.***, (*pop.*) moltissimo: *quel cantante mi piace un f.*; un sacco, un gran numero: *c'era un f. di gente* SIN. sgorbio || **fregàccio**, **pegg.** (V.) | **freghétto**, **dim.**

frégola [da *fregare*, perché i pesci al tempo di deporre le uova si fregano sui sassi ✱ av. 1367] **s. f. 1** stato di eccitazione che si verifica negli animali all'epoca della riproduzione SIN. calore, estro, frega | (*est., pop.*) bramosia sessuale negli esseri umani **2** (*fig., colloq.*) desiderio smanioso, frenesia: *gli ha preso la f. di fare il giornalista* | mania: *avere la f. della poesia, della politica*

fregolatóio [da *fregola* ✱ 1935] **s. m.** (pl. *-ói*) ● (*zootec.*) luogo dove i pesci vanno a deporre le uova: *f. naturale, artificiale*

Frégoli [dal n. del famoso trasformista L. *Fregoli* (1867-1936) ✱ 1984] **s. m. e f. inv.** ● chi cambia spesso atteggiamento od opinione, in modo opportunistico: *un f. della politica*

frégolo [V. *fregola* ✱ 1659] **s. m.** ● l'insieme delle uova dei pesci

Frèisa o (*raro*) **Frèsia**② [dalla località di *Freis*, in provincia di Alessandria ✱ 1884] **s. m. inv. o s. f.** ● vino rosso granata, delicato e piacevole, con leggera vena amabile, prodotto dal vitigno omonimo nelle zone di Chieri e di Asti e nelle Langhe

fremebóndo [vc. dotta, lat. *fremebŭndu(m)*, da *frĕmere* 'fremere' ✱ 1499] **agg.** ● (*lett.*) fremente per sentimenti violenti: *mi diedi tutto alla gioia barbara e fremebonda della disperazione* (G. LEOPARDI) || **fremebondaménte**, **avv.**

fremènte **part. pres.** di *fremere*; anche **agg.** ● che freme (+ *di*, *raro* + *per*): *essere f. di rabbia, d'ira, d'amore*

frèmere [lat. *frĕmere*, di orig. onomat. ✱ av. 1327] **A v. intr.** (pres. *io frèmo*; aus. *avere*; pass. rem. *io fremètti* o *freméi*) **1** essere oltremodo agitato da una forte emozione o da passione amorosa (+ *di*, + *per*, + *da*): *f. di sdegno; f. per l'impazienza, dall'impazienza; f. dalla voglia di fare qlco.; f. di desiderio; Ella fremeva nelle sue braccia* (A. FOGAZZARO) | ***f. dentro di sé***, contenere e non mostrare la propria agitazione SIN. bollire **2** (*lett.*) rumoreggiare o stormire cupamente: *non freme così 'l mar quando s'adira* (F. PETRARCA) **B v. tr.** ● (*lett.*) chiedere con ansia: *f. armi* | (*lett.*) manifestare a gran voce

†**fremìre** [lat. *frĕmere*, attraverso il provenz. *fremir* ✱ sec. XIII] **v. intr.** ● (*lett.*) fremere

frèmito [vc. dotta, lat. *frĕmitu(m)*, da *frĕmere* 'fremere' ✱ 1342] **s. m. 1** agitazione o brivido improvviso dovuto a forti emozioni o sentimenti: *un f. d'ira, di pietà* | (*est., raro*) rumore sordo e indistinto dovuto a tale agitazione: *nella sala corse un f. di ammirazione; fremiti di furor, mormorii d'ira* (T. TASSO) **2** (*med.*) sensazione palpatoria prodotta da fenomeni vibratori interni | ***f. cardiaco***, quando esiste un vizio valvolare | ***f. vocale tattile***, prodotto delle vibrazioni sonore della parola nella massa del polmone **3** (*lett.*) rumore insistente di ciò che è agitato: *il f. del mare*

frenàbile [1782] **agg.** ● che si può frenare

frenàggio [1942] **s. m. 1** insieme dei dispositivi e meccanismi di frenata **2** movimento o azione per fermare o rallentare qlco.: *f. a cristiania di uno sciatore* | (*milit.*) ***azione di f.***, effettuata in fase di ripiegamento per rallentare l'avanzata del nemico, ostacolandolo mediante combattimenti

frenaménto [1879] **s. m.** ● (*raro*) frenatura

frenànte **part. pres.** di *frenare*; anche **agg. 1** che frena: *funzione f.* **2** detto di dispositivo che serve a ridurre la velocità di una macchina o di un veicolo, fino eventualmente ad arrestarne il moto: *congegno, organo, impianto f.*

♦**frenàre** [lat. *frēnāre*, da *frēnum* 'freno' ✱ 1300 ca.] **A v. tr.** (*io fréno* o *frèno*) **1** sottoporre all'azione del freno ciò che è in movimento: *f. un motore, un veicolo* | tirare le redini a un cavallo: *fatto f. il corridor superbo* (A. POLIZIANO) | (*assol.*) mettere in funzione i freni di un veicolo: *ricorda di f. all'incrocio* **2** (*fig.*) contenere, moderare, arginare, vincere: *f. il pianto, le passioni, l'ira, l'orgoglio* | ***f. la lingua***, non dire parole troppo grosse, non far pettegolezzi | attenuare, diminuire: *f. le spinte inflazionistiche* | (*assol.*) ridimensionare qlco., fare marcia indietro rispetto a qlco.: *il segretario frena sulle polemiche; il Governo frena sulle nuove tasse* **B frenàrsi v. rifl. 1** (*raro*) diminuire la propria velocità **2** (*fig.*) dominarsi, contenersi, controllarsi: *non riuscire a frenarsi; cerca di frenarti quando parli con lui*

SFUMATURE ➤ *reprimere*

frenastenìa [comp. di *fren(o)-* e *astenia* ✱ 1892] **s. f.** ● (*med.*) ogni insufficienza originaria di sviluppo mentale

frenastènico [1893] **agg. e s. m.** (f. *-a*; pl. m. *-ci*) ● che (o chi) è affetto da frenastenia

frenastèrzo [comp. di *frena(re)* e *sterzo* ✱ 1956] **s. m.** ● (*mecc.*) dispositivo inserito nello sterzo di alcune motociclette per regolare la sterzata della ruota anteriore

frenàta [1920] **s. f.** ● il frenare | colpo di freni: *bloccò l'auto con un'improvvisa f.* | (*fig.*) brusco rallentamento: *f. dell'inflazione* || **frenatàccia**, **pegg.** | **frenatìna**, **dim.** | **frenatóna**, **accr.**

frenàto **part. pass.** di *frenare*; anche **agg. 1** nei sign. del v. **2** detto di veicolo tenuto fermo mediante il freno: *autobus f.* | ***detersivo a schiuma frenata***, detersivo per macchina lavatrice che produce schiuma in quantità inferiore alla norma

frenatóre [lat. *frenatōre(m)*, da *frenāre* 'frenare' ✱ 1602] **A s. m.** (f. *-trice*); anche **agg.** ● (*lett.*) chi (o che) frena **B s. m.** (f. *-trice*) **1** ferroviere addetto alla manovra dei freni a mano o automatica dei carri ferroviari **2** (*sport*) nel bob, il componente dell'equipaggio che aziona il freno

frenatùra [1930] **s. f. 1** il frenare **2** in un veicolo, macchina e sim., disposizione e funzionamento dei freni

frenellàre [1889] **v. tr.** ● (*mar.; disus.*) mettere il frenello al remo, al timone, all'argano

frenèllo [dim. di *freno* ✱ 1320] **s. m. 1** (*anat.*) frenulo **2** (*mar.*) in una timoneria meccanica, cavo metallico o catena che collega la ruota all'asse del timone **3** nastro ricamato od ornato di gemme che cingeva la fronte delle donne

♣**frenesìa** [lat. *phrenēsi(m)*, dal gr. *phrḗn*, genit. *phrenós* 'mente' (V. *freno-*) ✱ av. 1306] **s. f. 1** (*raro*) pazzia, esaltazione | grande furore **2** desiderio smanioso e irragionevole: *la f. del gioco e dei sistemi per vincere; una continua f. di divertimenti* SIN. brama | stato di eccitazione, di agitazione convulsa: *la f. del Capodanno* **3** (*poet., fig.*) pensiero fantastico, vaneggiamento: *i' son entrato in simil f.* (F. PETRARCA)

†**freneticaménto** ➤ **farneticamento**

freneticàre ➤ **farneticare**

♣**frenètico** [vc. dotta, lat. *phrenĕticu(m)*, dal gr. *phrḗn*, genit. *phrenós* 'mente' (V. *freno-*) ✱ 1308] **A agg.** (pl. m. *-ci*) **1** di chi è vittima della frenesia: *pazzo f.* | (*est.*) di ciò che rivela frenesia: *urlo f.* **2** (*fig.*) entusiastico, delirante: *applausi frenetici; un evviva f. alla libertà sancì ... questa sentenza* (I. NIEVO) **3** (*fig.*) molto movimentato, convulso, febbrile: *danza frenetica; lavoro f.* SIN. sfrenato || **freneticaménte**, **avv. B s. m.** ● †V. **farnetico**

-frenìa [secondo elemento di comp. dotti, tratto dal gr. *phrḗn*, genit. *phrenós* 'mente' (V. *freno-*)] **secondo elemento** ● in parole composte della terminologia medica, significa 'mente': *oligofrenia, schizofrenia*

freniàtra [comp. di *freno-* e del gr. *iatrós* 'medico' ✱ 1881] **s. m.** (pl. *-i*) ● (*disus.*) psichiatra

freniatrìa [1881] **s. f.** ● (*disus.*) psichiatria

freniàtrico [1892] **agg.** (pl. m. *-ci*) ● relativo alla freniatria

frènico [dal gr. *phrḗn*, genit. *phrenós* 'mente' ✱ 1681] **agg.** (pl. m. *-ci*) ● (*anat.*) relativo al diaframma: *nervo f.*

♦**fréno** (o -è-) [lat. *frēnu(m)*, da *frĕndere* 'stridere dei denti', di orig. indeur. ✱ sec. X] **s. m. 1** finimento al quale si attaccano le redini per guidare gli animali | morso | ***mordere il f.***, (*lett.*) ***rodere il f.***, (*fig.*) essere insofferente, impaziente | ***allentare, stringere il f.***, (*fig.*) lasciare maggiore, minore libertà | ***tenere a f.***, (*fig.*) controllare, dominare | (*fig.*) ***tenere a f. la lingua***, moderare il linguaggio | †***a f. abbandonato, sciolto***, (*fig.*) a briglia sciolta | ***senza f.***, (*fig.*) sfrenatamente, senza ritegno **2** (*mecc.*) meccanismo che si oppone al moto di un organo di una macchina o di un veicolo, con trasformazione in calore dell'energia cinetica assorbita | ***f. a ceppi***, in cui l'azione frenante è prodotta da ceppi che strisciano sul cerchio di una ruota o contro la periferia interna di un tamburo rotante | ***f. a disco***, il cui organo rotante è un disco sul quale si stringono blocchetti di materiale d'attrito | ***f. a mano, f. di stazionamento***, comandato da una leva, per mantenere bloccati gli autoveicoli | ***f. a ganasce, a tamburo***, a ceppi interni | ***f. a nastro***, costituito da un nastro che avvolge un tamburo per la quasi totalità della sua circonferenza | ***f. a pedale***, azionato da un pedale | ***f. idraulico, pneumatico***, comandato mediante olio, aria compressa | ***f. aerodinamico***, nei velivoli, parte mobile della superficie alare che, opportunamente inclinata, riduce la velocità | ***dare un colpo di f.***, rallentare improvvisamente la velocità di guida frenando; (*fig.*) imporre un rallentamento improvviso, spec. a una attività economica **3** (*anat.*) frenulo, filetto **4** (*fig.*) †comando, potere | (*fig.*) †norma regolatrice | ***allargare, sciogliere il f.***, (*lett.*) allentare le redini; (*fig.*) dare libero sfogo **5** (*fig.*) tutto ciò che serve a reprimere arbitri, eccessi e sim.: *il f. della legge, della coscienza; non c'è più f.!* | (**psicol.**) ***freni inibitori***, V. *inibitore* | ***porre un f. alle passioni, alla corruzione***, frenarle, contenerle **SIN.** argine ‖ **frenèllo**, **dim.** (V.) | **frenétto**, **dim.**

frèno- [dal gr. *phrḗn*, genit. *phrenós* 'mente', di orig. incerta] **primo elemento** • in parole composte della terminologia medica, significa 'mente': *freniatra, frenopatia* | in alcuni casi significa 'diaframma', o indica relazione col diaframma: *frenico*

frenocòmio [comp. di *freno-* e *-comio* ✻ 1881] **s. m.** • (*disus.*) manicomio

frenologìa [fr. *phrénologie*, comp. del gr. *phrḗn*, genit. *phrenós* 'mente' e *-logie* '-logia' ✻ 1828] **s. f.** (**pl.** *-gìe*) • teoria affermatasi nell'Ottocento e oggi superata, secondo cui le funzioni psichiche avrebbero una particolare localizzazione cerebrale

frenològico [fr. *phrénologique*, da *phrénologie* 'frenologia' ✻ 1836] **agg.** (**pl. m.** *-ci*) • relativo alla frenologia

frenòlogo [fr. *phrénologue*, da *phrénologie* 'frenologia' ✻ 1834] **s. m.** (**f.** *-a*; **pl. m.** *-gi*) • studioso di frenologia | (*disus.*) psichiatra

frenopatìa [comp. di *freno-* e *-patia* ✻ 1865] **s. f.** • (*med.*) qualsiasi malattia mentale ‖ **frenopàtico**, **agg.** (**pl. m.** *-ci*); **anche s. m.** (**f.** *-a*) **nel sign. 2** **1** relativo a frenopatia **2** che (o chi) soffre di frenopatia

frenospàṣmo [comp. di *freno-* e *spasmo* ✻ 1956] **s. m.** • (*med.*) contrazione spastica del diaframma

frenotomìa [comp. di *fren(u)o* e *-tomia* ✻ 1956] **s. f.** • (*chir.*) taglio di un frenulo

frènulo [dim. del lat. *frēnum* 'freno' ✻ 1834] **s. m.** • (*anat.*) piccola membrana che trattiene un organo: *f. linguale, prepuziale* **SIN.** filetto

Frèon® [marchio registrato della DuPont de Nemours ✻ 1939] **s. m. inv.** • (*chim.*) nome commerciale di composti gassosi costituiti di carbonio, cloro o bromo e fluoro, non tossici e non infiammabili; ritenuti dannosi per l'ozonosfera, tali composti sono in fase di progressiva eliminazione come fluidi frigoriferi e come propellenti per bombolette

frequentàbile [1869] **agg.** • che si può frequentare: *è una casa non f.* ‖ **frequentabilità**, **s. f. inv.**

♦**frequentàre** [vc. dotta, lat. *frequentāre*, da *frĕquens*, genit. *frequĕntis* 'frequente' ✻ sec. XIII] **A** **v. tr.** (*io frequènto*) **1** visitare assiduamente e abitualmente un luogo: *f. la chiesa, il teatro, il caffè, il circolo* | ***f. l'università, la scuola***, esservi iscritti ed andarvi regolarmente **2** vedere con assiduità determinate persone: *f. gli uomini politici, i letterati; frequentiamo poco quel tipo di gente* **SIN.** praticare **3** (*fig.*) leggere con assiduità: *f. i classici* | ***f. i sacramenti***, comunicarsi e confessarsi spesso | †usare con frequenza **B** **v. intr.** (**aus.** *avere*) • (*lett.*) andare spesso: *f. con amici poco raccomandabili; nelle case borghesi ove frequentava* (I. Svevo) **C** **frequentàrsi** **v. rifl. recipr.** • vedersi con assiduità: *si sono conosciuti in viaggio e hanno continuato a frequentarsi*

frequentatìvo [vc. dotta, lat. *frequentatīvu(m)*, da *frequentāre* 'frequentare' ✻ 1561] **agg.** • che esprime ripetizione | ***verbo f.***, che enuncia un'azione ripetuta (per es. *riandare* rispetto ad *andare*) **SIN.** iterativo

♦**frequentàto** **part. pass.** di *frequentare*; **anche agg.** • che ha molti frequentatori: *luogo molto f.*

frequentatóre [vc. dotta, lat. tardo *frequentatōre(m)*, da *frequentāre* 'frequentare' ✻ 1612] **s. m.** (**f.** *-trice*, *pop.*, *disus.* *-tóra*) **1** chi frequenta spesso determinati luoghi o locali pubblici: *un f. di mostre d'arte, di teatri, di cinema, di caffè* **2** (*raro*) chi si intrattiene spesso con una data categoria di persone: *un f. di politici*

frequentazióne [vc. dotta, lat. *frequentatiōne(m)*, da *frequentāre* 'frequentare' ✻ av. 1342] **s. f.** **1** (*raro*) il frequentare: *la f. di un ambiente; f. di cinema* | (*fig.*) lettura assidua: *f. di testi poetici* **2** (*ling.*) figura retorica che consiste nell'accumulare in un solo punto più cose dette sparsamente; per es. in: *Bene! Dunque riassumo ... La poesia, per ciò stesso che è poesia, senz'essere poesia morale, civile, patriottica, sociale, giova alla moralità, alla civiltà, alla patria, alla società* (G. Pascoli)

♦**frequènte** [vc. dotta, lat. *frequĕnte(m)*, part. pres. di *frĕquere*, di etim. incerta ✻ 1268] **agg.** **1** che si fa, si ripete o accade molte volte: *assenze, lettere, visite frequenti; esser bersaglio a sì frequenti mordacità* (G. Galilei) | ***polso f.***, con numero di pulsazioni al minuto superiore alla norma | ***di f.***, spesso **CONTR.** raro **2** (*lett.*) affollato, frequentato | copioso ‖ **frequenteménte**, **avv.** spesso; con assiduità

SFUMATURE DI SIGNIFICATO

frequente - usuale - costante

Si dice **frequente** ciò che si ripete, avviene molte volte e a distanza piuttosto breve di tempo. Con **usuale** si mette invece l'accento sul carattere consuetudinario del ripetersi di qualcosa. **Costante** è ciò che non subisce variazioni nel tempo, e dunque si presenta sempre con le stesse caratteristiche, anche se non si tratta di qualcosa di frequente o di usuale.

SFUMATURE ➤ ***abituale***

frequent flyer /*ingl.* 'fri:kwənt‚flaɪə(r)/ [loc. ingl., propr. 'chi vola (*flyer*) di frequente (*frequent*)' ✻ 1987] **loc. sost. m. e f. inv.** (**pl. ingl.** *frequent flyers*) • chi viaggia frequentemente in aereo: *sconti per frequent flyer*

♦**frequènza** [vc. dotta, lat. *frequĕntia(m)*, da *frĕquens*, genit. *frequĕntis* 'frequente' ✻ av. 1332] **s. f.** **1** la condizione di ciò che accade o si ripete molte volte: *la f. delle visite, degli infortuni, dei suicidi* **CONTR.** rarità **2** assiduità di qlcu. in un luogo o a qlco.: *f. alle riunioni, ai sacramenti; f. dei classici; f. degli studenti alle lezioni* | ***f. obbligatoria***, quella richiesta per certi corsi di insegnamento, spec. universitari **CONTR.** assenza **3** affollamento, concorso di persone: *la f. dei turisti è diminuita; scarsa f.* **4** (*fis.*) numero di volte in cui un fenomeno periodico si verifica nell'unità di tempo: *f. del polso; alta, media, bassa f.; la f. delle onde elettromagnetiche; modulazione di f.*; (**anche est.**) *sulla linea Milano-Bologna i treni hanno una f. oraria* | ***f. televisiva, radio, telefonica***, (*ellitt.*) ***frequenza***, quella su cui si inviano e si ricevono trasmissioni rispettivamente televisive, radio e telefoniche **5** (*stat.*) numero delle unità di classificazione in cui il carattere assume una determinata modalità e il cui valore cade in un certo intervallo

frequenziàle [1986] **agg.** • relativo alla frequenza, spec. nel linguaggio statistico: *calcolo f.*

frequenzìmetro o **frequenziòmetro** [comp. di *frequenza* e *-metro* ✻ 1924] **s. m.** • strumento misuratore della frequenza di una corrente elettrica alternata

frèṣa [fr. *fraise*, da *fraiser* 'pieghettare', dal francone *frisi* 'orlo' ✻ 1898] **s. f.** • (*tecnol.*) in varie tecnologie, utensile con superficie di rotazione dotata di taglienti multipli, usato sulla fresatrice

freṣàre① [fr. *fraiser*. V. *fresa* ✻ 1905] **v. tr.** (*io frèṣo*) • lavorare con la fresatrice

†**freṣàre**② ➤ **fregiare**

freṣatóre [1912] **s. m.** (**f.** *-trice*) • operaio addetto a una fresatrice

freṣatrìce [da *fresare*① ✻ 1898] **s. f.** • macchina utensile che lavora con moto di taglio rotatorio dato all'utensile e moto di avanzamento dato al pezzo: *f. orizzontale, verticale, speciale* | ***f. agricola***, dotata di utensili rotativi per la lavorazione superficiale del terreno

freṣatùra [1898] **s. f.** • (*tecnol.*) lavorazione eseguita con fresatrice

frescàccia [alterazione eufem. di *fregnaccia* ✻ 1904] **s. f.** (**pl.** *-ce*) • (*pop.*) fregnaccia

frescànte [da †*fresco*② ✻ av. 1696] **s. m. e f.** • (*lett.*) pittore di affreschi, specializzato nella tecnica dell'affresco

frescàre ➤ **affrescare**

frescheggiàre [da *fresco*① ✻ 1812] **v. intr.** (**pres.** *io freschéggio*; **fut.** *io frescheggerò*; **aus.** *avere*) • (*tosc.*) prendere il fresco

freschézza [da *fresco*① ✻ av. 1292] **s. f.** • caratteristica di ciò che è fresco: *f. del pesce, della frutta* | (*fig.*) floridezza: *f. della carnagione* | (*fig.*) vivacità, spontaneità: *voce dotata di f.; f. di stile, dei colori*

freschìsta [da †*fresco*② ✻ 1892] **s. m. e f.** (**pl. m.** *-i*) • pittore di affreschi

♦**frésco**① [francone *frisk* ✻ sec. XII] **A** **agg.** (**pl. m.** *-schi*) **1** di ciò che ha una temperatura leggermente (e spesso gradevolmente) fredda: *luogo, tempo f.; stanza, acqua fresca; un f. venticello* **CFR.** tiepido | (*mar.*) ***vento f.***, V. *vento* | ***fronte fresca***, di chi non ha febbre | ***star f.***, (*fig.*) trovarsi in difficoltà, nei guai e sim. (dall'uso scherz. dell'espressione *là dove i peccatori stanno freschi* (Dante *Inf.* XXXII, 117) riferita ai traditori dei parenti e della patria, condannati a stare conficcati nel Cocito, lago ghiacciato): *se ti vedevano, stavi f.!; la cima bisogna che l'occupiamo noi ..., se no stiamo freschi col colonnello!* (D. Buzzati); sbagliarsi di grosso: *se pensi a lui come un amico sincero, stai f.!* **2** di ciò che è stato fatto, preparato, colto e sim. da poco tempo: *pane, uovo, caffè f.; frutta fresca* | ***muro, intonaco f., vernice fresca***, ancora umidi | ***fiori freschi***, appena colti o non artificiali | ***latte f.***, munto da poco; latte pastorizzato, che si può conservare solo per alcuni giorni | ***carne fresca***, macellata da poco | ***pesce f.***, appena pescato | (*est.*) recente, nuovo: *notizia fresca; ricordo troppo f.* | ***di f.***, da poco tempo | ***essere f. di studi, di una malattia***, averli appena terminati, esserne appena uscito | ***sposi freschi***, novelli **CONTR.** stantio, vecchio **3** (*fig.*) giovane, rigoglioso, fiorente: *donna bella e fresca; corpo f. ed elastico* | ***essere f. come una rosa***, aver quasi la freschezza di un fiore | ***carni fresche***, sode | ***colorito f.***, sano e vivo | (*fig.*, *iter.*) ***fresco fresco***, detto di chi fa qlco. con ingenua improntitudine: *se n'è venuto f. f. a dire che ...* **4** (*fig.*) spontaneo, brioso, vivace: *risata fresca; stile f.* **5** (*fig.*) riposato, ristorato: *cavallo f.*; *mente fresca* **B** **s. m.** **1** temperatura fresca: *è, fa f.*; *sentire, godere il f.* | ***sedere al f.***, in luogo ombroso | ***mettere il vino, la birra, la frutta al f.***, in luogo refrigerato | ***col f.***, nelle ore fresche, del mattino o della sera: *partire col f.* | ***mettere, dormire al f.***, (**fig.**, **scherz.**) in prigione **CONTR.** caldo **2** settore merceologico che riguarda gli alimenti freschi, spec. frutta e verdura **3** frescolana || **freschétto**, **dim.** | **freschìno**, **dim.** | **frescòccio**, **dim.** | **frescolino**, **dim.** | **frescùccio**, **dim.**

†**frésco**② [detto così perché si dipinge su intonaco *fresco* ✱ sec. XV] **s. m.** ● affresco

frescolàna o **frésco di làna** [comp. di (tessuto) *fresco* e *lana* ✱ 1952] **s. m. inv.** ● tessuto di lana particolarmente leggero, ottenuto con filati molto ritorti, usato nella confezione di abiti estivi o da mezza stagione

frescóne [alterazione eufem. di *fregnone* ✱ 1904] **s. m.** (**f.** *-a*) ● (**pop.**) sciocco, stupido

♣**frescùra** [da *fresco*① ✱ av. 1257] **s. f.** ● aria o brezza piacevolmente fresca: *andare a prendere la f. della sera*; *venite alla f. / delli verdi arbuscelli* (A. POLIZIANO)

freṣèlla ➤ **frisella**

frèṣia① [chiamata così in onore del medico ted. F. H. Th. *Freese* ✱ 1923] **s. f.** ● genere di piante erbacee tuberose delle Iridacee con fiori campanulati di color rosso, giallo, arancione, lilla (*Freesia*)

Frèṣia② ➤ **Freisa**

♦**frétta** [da *frettare* ✱ 1266] **s. f.** **1** premura, urgenza: *ho f. di partire*; *avere f. di risolvere qlco.* | ***far f., mettere f. a qlcu.***, far sì che agisca sollecitamente | ***essere, andare di f.***, avere pochissimo tempo disponibile **2** rapidità: *lavorare con f.* | ***in f.***, rapidamente: *camminare, leggere in f.* | ***in f. e furia***, con grandissima fretta, in modo precipitoso | (**lett.**) ***a f.***, ***per f.***, in fretta, presto **CONTR.** calma

frettàre [lat. parl. **frictāre*, intens. di *fricāre* 'fregare' ✱ 1614] **v. tr.** (*io frétto*) ● pulire il fasciame o il ponte di una nave col frettazzo

frettàzza [1869] **s. f.** ● frettazzo

frettàzzo [da *frettare* ✱ 1772] **s. m.** ● scopa o robusta spazzola di setole rigide, usata per pulire i ponti e il fasciame delle navi

frettìssima [da *fretta* col suff. *-issima* dei superl. ✱ 1769] **s. f.** ● (**colloq.**) moltissima fretta: *ho fretta, anzi f.* | ***in f.***, molto rapidamente: *hai finito in f.!*

frettolóso (o **-ṣ-**) [da *fretta* ✱ av. 1313] **agg.** **1** che ha fretta, che fa le cose in fretta: *sei troppo f. nel mangiare* | **PROV.** ***la gatta frettolosa fece i gattini ciechi***, chi agisce troppo in fretta ottiene cattivi risultati **CONTR.** lento, tardo **2** che è fatto in fretta, con premura: *passo, cenno f.* | ***lavoro f.***, tirato via **SIN.** affrettato || **frettolosaménte**, **avv.** || **frettolosità**, **s. f. inv.**: *la frettolosità di una decisione*

†**frettóso** (o **-ṣ-**) [av. 1300] **agg.** ● frettoloso: *con tal studio e sì frettosa pressa / che parea fosse dietro seguitato* (G. BOCCACCIO)

freudiàno (freud-ia-no, freu-dia-no) /froi'djano/ [fr. *freudien* ✱ 1910] **A** **agg.** ● relativo a Sigmund Freud (1856-1939) o alle sue teorie psicoanalitiche **B** **s. m.** (**f.** *-a*) ● seguace delle teorie psicoanalitiche di Freud || **freudianaménte**, **avv.** da un punto di vista freudiano; secondo le teorie di Freud

freudìṣmo (freud-i-smo, freu-di-smo) /froi'dizmo/ [fr. *freudisme* ✱ 1925] **s. m.** ● dottrina di Freud e della sua scuola

†**frézza** ➤ **freccia**

♣**frìàbile** [vc. dotta, lat. *friābile(m)*, da *friāre* 'sminuzzare' ✱ 1499] **agg.** ● di tutto ciò che, per scarsa coesione, può ridursi in polvere, briciole, farina e sim.: *neve, roccia, pasta f.* **CONTR.** duro, solido || **friabilità**, **s. f. inv.**

friandise /fr. frijã'diz/ [vc. fr., da *friand* 'ghiotto' ✱ 1987] **s. f. inv.** ● nome generico di pasticcini e piccole confetture

friarièllo [vc. napol. deriv. di *frijere* 'friggere' ✱ 1931] **s. m.** ● (**napol.**, **spec. al pl.**) (**cucina**) broccoletto da cime di rapa, gener. fritto

fricandò [fr. *fricandeau*, di etim. incerta ✱ 1747] **s. m. inv.** ● brasato di carne di vitello lardellata e cotta in casseruola con verdure ed erbe aromatiche

fricassèa [fr. *fricassée*, part. pass. di *fricasser* 'cuocere in salsa', di etim. discussa: lat. parl. **frigicāre*, intens. di *frīgere* 'friggere' (?) ✱ av. 1548] **s. f.** **1** vivanda fatta di carne, verdura o altro, sminuzzata e cotta in stufato con salsa a base d'uovo e succo di limone: *f. di pollo*; *fegatini in f.* **2** (**fig.**, **lett.**) confusione, guazzabuglio | (**lett.**, **raro**) discorso o scritto disordinato

fricatìva [1951] **s. f.** ● (**ling.**) consonante costrittiva

fricatìvo [fr. *fricatif*, dal lat. *fricāre* 'fregare' ✱ 1887] **agg.** **1** che produce frizione, attrito **2** (**ling.**) detto di consonante costrittiva

†**fricazióne** [vc. dotta, lat. tardo *fricatiōne(m)*, da *fricāre* 'fregare' ✱ 1282] **s. f.** ● fregagione, attrito

fricchettóne [comp. dell'adattamento di *freak* (V.) e del doppio suffisso *-etto*, dim. e *-one*①, sul modello di *capellone* ✱ 1977] **s. m.** (**f.** *-a*) ● giovane dagli atteggiamenti stravaganti e anticonformistici: *Vengo fuori e ti vedo un sacco di gente: compagne, fricchettoni, indiani metropolitani, femministe* (D. FO)

frìccico [vc. dial., deriv. di *friccicare*, dal lat. **fricicāre* 'strofinare', iter. di *fricāre* 'fregare' ✱ 1997] **s. m.** (**pl.** *-chi*) **1** (**roman.**) briciolo, quantità minima **2** (**roman.**) brivido piacevole, fremito

frìco [vc. friulana, deriv. del v. lat. *frīgere* 'friggere' ✱ 1966] **s. m.** (**pl.** *-chi*) ● (**cucina**) piatto tipico della cucina friulana a base di formaggio montasio o latteria fritto o fuso, anche con aggiunta di patate o cipolle

fridericiàno ➤ **federiciano**

friendly /ingl. 'frɛndlɪ/ [vc. ingl., propr. 'amichevole', da *friend* 'amico' ✱ 1992] **agg. inv.** ● facile da usare, detto di prodotto o sistema, spec. informatico | amichevole, accogliente nei confronti di qlco. o qlcu. (anche come secondo elemento in una loc.): *bike f.*; *gay f.*

frigànea [dal gr. *phrýganon* 'legno secco, sarmento da bruciare', da *phrýgein* 'disseccare', per l'aspetto delle larve ✱ 1834] **s. f.** ● genere di Insetti dei Tricotteri, simili a piccole farfalle, le cui larve acquatiche si costruiscono un astuccio cilindrico da cui sporgono capo, torace e zampe, e sono usate come esca per la pesca (*Phryganea*)

frìggere [lat. *frīgere*, di orig. onomat. ✱ av. 1320] **A** **v. tr.** (**pres.** *io friggo, tu friggi*; **pass. rem.** *io frissi, tu friggésti*; **part. pass.** *fritto*) ● cuocere in padella o tegame con olio o grasso bollente: *f. il pesce, le uova, le patatine* | (**fig.**) ***mandare qlcu. a farsi f.***, mandarlo a quel paese | ***andare a farsi f.***, andare in malora **B** **v. intr.** (**aus.** *avere*) **1** bollire stridendo: *i grassi friggono* | (**est.**) stridere o sfrigolare, come di un metallo rovente a contatto con un liquido **2** (**fig.**) fremere, struggersi, rodersi (+ *di*, + *da*): *f. d'impazienza*; *f. dalla curiosità*; *Friggendo di rabbia si raddrizzò* (L. PIRANDELLO)

friggiménto [av. 1292] **s. m.** **1** (**raro**) il friggere | (**est.**, **lett.**) stridio, crepitio **2** (**fig.**) †tormento, struggimento

friggìo [av. 1712] **s. m.** (**pl.** *-ii*) ● (**tosc.**) rumore prodotto da ciò che frigge | stridio | (**fig.**, **lett.**) formicolio, fremito

friggitèllo [da *friggere* ✱ 2002] **s. m.** ● (**merid.**, **spec. al pl.**) (**cucina**) peperone verde affusolato, da friggere

friggitóre [1765] **s. m.** (**f.** *-trice*, **disus.** *-tora*) **1** chi frigge **2** chi vende cibi fritti

friggitorìa [1901] **s. f.** ● negozio dove si preparano e vendono cibi fritti

friggitrìce [1974] **s. f.** ● (**cucina**) apparecchio per friggere, costituito da un recipiente riscaldato a gas o elettricamente, contenente un cestello bucherellato che permette di estrarre dall'olio bollente gli alimenti fritti e scolarli

friggitùra [da *friggere*] **s. f.** ● operazione del friggere

frigidaire /fr. fʀiʒi'dɛʀ/ [n. commerciale; vc. fr., stessa etim. dell'it. *frigidario* ✱ 1935] **s. m. inv.** ● (**disus.**) frigorifero

frigidàrio [vc. dotta, lat. *frigidāriu(m)*, da *frīgidum* 'freddo' ✱ av. 1502] **s. m.** ● sala delle terme romane nel cui pavimento era collocato il bacino di rame, o piscina, per il bagno freddo

frigidézza [1340] **s. f.** **1** (**lett.**) freddo; frescura | †raffreddore **2** (**med.**) frigidità

frigidità o †**frigiditàde**, †**frigiditàte** [vc. dotta, lat. tardo *frigiditāte(m)*, da *frīgidum* 'freddo' ✱ 1282] **s. f. inv.** **1** †caratteristica di ciò che è freddo **2** (**med.**) mancanza di desiderio sessuale e di piacere durante il coito **3** (**fig.**, **lett.**) apatia di carattere

frìgido [vc. dotta, lat. *frīgidu(m)*, da *frigēre* 'aver freddo', V. *freddo* ✱ av. 1311] **A** **agg.** ● (**lett.**) freddo (**anche fig.**): *la dura stagion frigida e tarda* (L. DE' MEDICI) **B** **agg. e s. m.** (**f.** *-a*) ● (**med.**) che (o chi) è affetto da frigidità || **frigidaménte**, **avv.**

frìgio [vc. dotta, lat. *phrygiu(m)*, dal gr. *phrýgios* 'della Frigia' ✱ 1342] **A** **agg.** (**pl. f.** *-gie*) ● della Frigia, regione storica dell'Asia Minore, attualmente compresa nella Turchia | ***il Pastore f.***, Paride | ***la Madre frigia***, Cibele, che aveva il santuario in Frigia | ***Feste frigie***, in onore di Cibele | ***berretto f.***, quello rosso, appuntito, che si portava con la punta piegata in avanti, tipico degli antichi Frigi e assunto come simbolo di libertà, in Francia, durante la rivoluzione | (**mus.**) ***modo f.***, modo dell'antica musica greca **B** **s. m.** (**f.** *-gia*) ● abitante o nativo della Frigia

†**frìgna** ➤ **fregna**

♣**frignàre** [vc. onomat. ✱ av. 1850] **v. intr.** (**coniug. come** *segnare*; **aus.** *avere*) ● piagnucolare in modo continuo e noioso

frignìo [1887] **s. m.** (**pl.** *-ii*) ● piagnucolio insistente e continuato

frignóne [1887] **s. m.** (**f.** *-a*) ● chi frigna spesso **SIN.** piagnucolone

†**frìgo**① [vc. dotta, lat. *frīgus*, di orig. indeur. ✱ av. 1306] **s. m.** ● freddo

frìgo② [1942] **s. m.** (**pl. inv.** o *-ghi*) ● accorc. di *frigorifero*

frigo- [dal lat. *frīgus*, genit. *frīgŏris* 'freddo'] **primo elemento** ● in parole composte della terminologia scientifica e tecnica fa riferimento al freddo, alla bassa temperatura: *frigoconservazione*, *frigoterapia*

frigobàr [comp. di *frigo*② e *bar* ✱ 1971] **s. m. inv.** ● piccolo frigorifero usato per mantenere fresche le bevande, spec. nelle stanze d'albergo

frigocongelatóre [comp. di *frigo(rifero)* e *congelatore* ✱ 1989] **s. m.** ● apparecchio o impianto costituito da un frigorifero e da un congelatore

frigoconservazióne [comp. di *frigo-* e *conservazione* ✱ 1983] **s. f.** ● complesso dei procedimenti atti a conservare, mediante l'uso del freddo, derrate alimentari e vivande

frigomacèllo [comp. di *frigo-* e *macello* ✱

a b c d e f g h i j k l m n o p q r s t u v w x y z

1992] **s. m.** • struttura industriale per la macellazione degli animali, dotata di impianti refrigeranti per la conservazione delle carni

frigorìa [fr. *frigorie*, dal lat. *frīgus*, genit. *frīgŏris* 'freddo' ✶ 1930] **s. f.** • unità, usata nella tecnica degli impianti frigoriferi, per indicare la sottrazione di una quantità di calore equivalente alla kilocaloria

♦**frigorìfero** [fr. *frigorifère*, comp. del lat. *frīgus*, genit. *frīgŏris* 'freddo' e *-fère* 'che produce' ✶ 1795] **A** **agg.** • che è in grado di produrre un abbassamento di temperatura: *miscela frigorifera*; *impianto f.* | ***cella frigorifera***, in macellerie, mercati, porti, stazioni ferroviarie, locale o magazzino a bassa temperatura, per la conservazione di derrate deperibili | ***catena frigorifera***, V. *catena* nel sign. 4 **B** **s. m. 1** mobile o locale per la conservazione degli alimenti, dalle pareti isolate termicamente, nel cui interno si mantiene una temperatura inferiore a quella ambiente | (*fig.*) ***mettere, tenere qlco. in f.***, tenerla in sospeso per quando si presenterà l'occasione favorevole **2** (*fig.*, *gerg.*) nella pratica giornalistica, archivio biografico e fotografico delle personalità di cui si può avere occasione di occuparsi

†**frigorìfico** [comp. del lat. *frīgus*, genit. *frigŏris* 'freddo' e di *-ifico* ✶ av. 1499] **agg.** • che produce il freddo o una sensazione di freddo

frigorìgeno [comp. del lat. *frīgus*, genit. *frigŏris* 'freddo' e di *-geno* ✶ 1947] **agg.** • che genera freddo, che produce freddo artificiale

frigorìsta [1929] **s. m. e f.** (**pl. m.** *-i*) • operaio addetto al montaggio, alla manutenzione e sim. di un impianto frigorifero

frigoterapìa [comp. di *frigo-* e *terapia* ✶ 1895] **s. f.** • (*med.*) crioterapia

frimàio [fr. *frimaire*, da *frimas* 'nebbia' ✶ 1797] **s. m.** (**pl.** *-ai*) • terzo mese del calendario rivoluzionario francese, il cui inizio corrispondeva al 21 novembre e il termine al 20 dicembre

frìne [dal n. della famosa etèra greca ✶ 1689] **s. f.** • (*lett.*) cortigiana, etèra

fringe bènefit /ingl. frɪndʒ 'bɛnɪfɪt/ [loc. ingl., comp. di *fringe* 'frangia' (quindi 'marginale') e *benefit* 'vantaggio, beneficio' (che risale, attrav. il fr. ant., al lat. *bĕne făctum*, propr. 'fatto bene') ✶ 1981] **loc. sost. m. inv.** (**pl. ingl.** *fringe benefits*) • compenso corrisposto da un'azienda ai propri dipendenti in aggiunta alla normale retribuzione, spec. sotto forma di uso di automobili, assicurazioni, viaggi e sim. **SIN.** beneficio accessorio

Fringìllidi [vc. dotta, comp. del lat. *fringĭlla* 'fringuello', di etim. incerta, e *-idi* ✶ 1951] **s. m. pl.** (**sing.** *-e*) • (*zool.*) famiglia dei Passeriformi, comprendente Uccelli piccoli e medi, robusti, con bella voce e spesso addomesticabili, fra cui il canarino, il fringuello, il cardellino (*Fringillidae*)

fringuèllo [lat. tardo *fringuĭllu(m)*, di etim. incerta ✶ 1342] **s. m.** • uccello dei Passeriformi dalla voce melodiosa, con dorso bruno e petto rossiccio (*Fringilla coelebs*) | ***cantare come un f.***, (*fig.*) allegramente e con voce limpida || **fringuellétto**, **dim.** | **fringuellìno**, **dim.**

♣**frinìre** [lat. *fritinnīre*, di orig. onomat. ✶ av. 1556] **v. intr.** (*io frinìsco, tu frinìsci*; **aus.** *avere*) • detto della cicala, emettere il caratteristico verso

frinzèllo (o *-z-*) [dall'ant. fr. *frenge* 'frangia' ✶ 1869] **s. m.** • (*tosc.*) cucitura o rammendo fatto male | (*fig.*) brutta cicatrice

frinzellóso (o *-z-*) (o *-s-*) [da *frinzello* ✶ 1956] **agg.** • (*raro*) pieno, cosparso di frinzelli

frisàre [fr. *friser*, di etim. incerta ✶ 1747] **v. tr. 1** (*lett.*) strofinare, sfiorare | (*lett.*) arricciare i capelli **2** *f. una palla*, nel gioco del biliardo, sfiorarla lateralmente con la propria

frisàta [dal veneto *friso* 'fregio' ✶ 1942] **s. f.** • (*mar.*; *disus.*) capodibanda, orlo superiore dello scafo nelle imbarcazioni

Frisbee® /'frizbi, *ingl.* 'frɪsbi:/ [vc. ingl., n. dato da F. Morrison all'oggetto, che assomigliava al vassoio di cartone delle torte prodotte dalla pasticceria *Frisbie*, di cui ha alterato il n. per evitare controversie giudiziarie ✶ 1971] **s. m. inv.** • leggero disco di plastica che si lancia o ci si lancia in giochi singoli o a squadre | il gioco stesso

friscèllo [lat. parl. **froscĕllu(m)*, per il lat. tardo *floscĕllu(m)*, dim. di *flōs*, genit. *flōris* 'fiore' ✶ 1340 ca.] **s. m.** • polvere di farina che si alza durante la macinatura **SIN.** volanda, spolvero

frisé /fr. fʀi'ze/ [vc. fr., part. pass. di *friser* 'arricciare' ✶ 1905] **agg. inv.** • detto dei capelli che hanno subìto un particolare tipo di arricciatura tale da renderli quasi crespi

frisèlla o **fresèlla** [var. di *fresella*, che è dim. di *fresa* 'pane rosolato', dal lat. *frēsa(m)* 'tritata', part. pass. f. del v. *frĭndere* 'triturare, macinare, sminuzzare' ✶ 1931] **s. f.** • pane secco a forma di ciambella che, fatto rinvenire in acqua e condito con olio e sale, è usato in semplici preparazioni alimentari (spec. a base di pomodoro fresco) tipiche della cucina pugliese e campana

frìso [deriv. di *frisare* ✶ 1887] **s. m.** • leggero colpo di striscio | ***colpire una palla di f.***, nel gioco del biliardo, sfiorarla lateralmente con la propria

frisóna [1970] **s. f.** • vacca frisona

frisóne① [dalla *Frisia* (Olanda) ✶ av. 1367] **A** **agg.** • della Frisia, regione storico-geografica lungo le coste meridionali del Mare del Nord | ***cavallo f.***, cavallo robusto, da tiro leggero o da lavoro | ***vacca frisona***, mucca di origine olandese, diffusa in tutto il mondo, con mantello pezzato nero **B** **s. m. 1** (**f.** *-a*) abitante o nativo della Frisia **2** specie di panno pesante, in uso un tempo a Venezia **3** (*ellitt.*) cavallo frisone **C** **s. m. solo sing.** • lingua del gruppo germanico, parlata in Frisia

†**frisóne**② ➤ **frosone**

frìssi ➤ **friggere**

frisson /fr. fʀi'sɔ̃/ [vc. fr., propr. 'brivido' ✶ 1901] **s. m. inv.** • eccitazione, fremito: *il f. del proibito*

fritillària [dal lat. *fritĭllus* 'bossolo da giocare ai dadi', per la forma dei fiori ✶ av. 1725] **s. f.** • pianta erbacea bulbosa delle Liliacee con un ciuffo di fiori campanulati color arancio (*Fritillaria*)

frìtta [da *fritto* ✶ sec. XV] **s. f.** • massa vetrosa, ottenuta dalla fusione dei due componenti principali del vetro, la sabbia e la soda

frittàta [da *fritto* ✶ av. 1449] **s. f.** • pietanza a base di uova sbattute, spesso arricchita con verdure o altri ingredienti, cotta in padella con olio o burro, di forma tondeggiante: *f. con spinaci, piselli*; *f. di asparagi, di carciofi, di cipolle* | ***rivoltar la f.***, (*fig.*) capovolgere un discorso o una situazione a proprio vantaggio | ***fare la f., una f.***, (*est.*) far cadere o schiacciare le uova; (*est.*) rompere o schiacciare qlco. di fragile; (*fig.*) combinare un guaio || **frittatèlla**, **dim.** | **frittatìna**, **dim.** | **frittatóna**, **accr.** | **frittatóne**, **accr. m.**

frittèlla [da *fritto* ✶ 1364] **s. f. 1** preparazione che consiste in un impasto, dolce o salato, di un farinaceo e di un liquido, spec. acqua o latte, unito ad altri ingredienti e fritto in grasso **2** (*fig.*) macchia di unto sul vestito: *ha ... i vestiti pieni di frittelle e di strappi* (E. DE AMICIS) **3** (*fig.*) †persona leggera e pasticciona || **frittellétta**, **dim.** | **frittellìna**, **dim.** | **frittellóna**, **accr.** | **frittellóne**, **accr. m.**

frittellóne [1869] **s. m.** (**f.** *-a*) • (*raro*) chi è solito macchiarsi d'unto gli abiti

frittellóso (o *-s-*) [1875] **agg.** • (*raro*) pieno di macchie d'unto: *un vestito f.*

♦**frìtto** **A** **part. pass.** di *friggere*; anche **agg. 1** cotto in olio o grasso bollente: *patate fritte* | ***f. e rifritto***, (*fig.*) ripetuto sino alla noia, vecchio e vieto | (*fig.*) ***aria fritta***, ragionamento scontato, risaputo, chiacchiere vuote **2** (*fig.*) rovinato, perduto: *se ci scoprono siamo fritti*, o *bell'e fritti* **B** **s. m. 1** odore o sapore tipico dei cibi fritti: *l'aria di questa stanza sa di f.* **2** piatto a base di cibi fritti: *f. misto*; *f. di pesce*

frittùme [sec. XIV] **s. m.** • (*spreg.*) roba fritta | (*fig.*, *lett.*) tema o personaggio noto fino alla noia

frittùra [da *fritto* ✶ 1499] **s. f. 1** cottura in olio o grasso bollente **2** pietanza di cose fritte: *f. di pesce* | pesce da friggere, spec. triglie piccole, alici e calamari | ***f. bianca***, fritto di cervello o di animelle | (*fig.*) †***dare in f.***, essere rovinato || **fritturìna**, **dim.**

♦**friulàno** o (*ven.*) **furlàno** [dal nome *Friùl(i)* col suff. *-ano*① ✶ av. 1328] **A** **agg.** • del Friuli **B** **s. m.** (**f.** *-a*) • abitante o nativo del Friuli **C** **s. m. solo sing. 1** ogni dialetto ladino parlato in Friuli **2** (con iniziale maiuscola; *enol.*) dal 1° aprile 2007, denominazione del vino Tocai

frivoleggiàre [da *frivolo* ✶ 1869] **v. intr.** (**pres.** *io frivoléggio*; **fut.** *io frivoleggerò*; **aus.** *avere*) • dire o fare cose frivole

♣**frivolézza** [da *frivolo* ✶ 1539] **s. f.** • futile superficialità: *la f. dei loro discorsi è intollerabile* | (*est.*) discorso o comportamento frivolo: *perdersi in frivolezze* **SIN.** futilità, vacuità **CONTR.** gravità, serietà

♣**frìvolo** [vc. dotta, lat. *frīvolu(m)*, dalla stessa radice di *friāre* 'sminuzzare' ✶ av. 1328] **agg.** • futile, superficiale, vacuo: *discorsi, pretesti, divertimenti frivoli*; *letteratura ... ora satirica ora frivola, povera di sentimenti e di fantasia* (B. CROCE) | ***persona frivola***, che non ha pensieri o interessi seri **CONTR.** grave, serio || **frivolaménte**, (*lett.*) **frivolménte**, **avv.**

SFUMATURE DI SIGNIFICATO

frivolo - fatuo - superficiale

Chi dimostra scarsa serietà, interesse eccessivo per le cose futili si dice **frivolo**; se all'essere frivolo si aggiungono mancanza di profondità interiore e insieme vanità, è più pertinente **fatuo**. È invece **superficiale** una persona che agisce senza esaminare a fondo le ragioni e le conseguenze delle cose.

frizionàle [da *frizione* ✶ 1956] **agg. 1** (*fis.*) che riguarda l'attrito marginale che certi moti possono incontrare **2** detto della disoccupazione derivante da scarsa mobilità dei lavoratori da un luogo ad un altro, o da un'occupazione a un'altra

frizionàre [1910] **v. tr.** (*io frizióno*) • eseguire un massaggio, una frizione | anche in forma pron.: *frizionarsi il cuoio capelluto*

frizióne [vc. dotta, lat. *frictiōne(m)*, da *frīctus*, part. pass. di *fricāre* 'fregare' ✶ 1282] **s. f. 1** massaggio con sostanze medicamentose semiliquide per facilitarne la penetrazione attraverso la cute **SIN.** fregagione **2** attrito tra due corpi, per il movimento di uno in relazione all'altro | ***innesto, cono a f.***, (*ellitt.*) ***frizione***, negli autoveicoli, organo meccanico che permette di accoppiare e disaccoppiare dolcemente e progressivamente il motore dalle ruote, attraverso il cambio di velocità, sfruttando l'attrito per lo più fra dischi premuti insieme | (*est.*) negli autoveicoli, pedale con cui si manovra tale meccanismo: *schiacciare, rilasciare la f.* **3** (*fig.*) contrasto, dissenso: *è sorta tra loro qualche f.*

frizzànte (o *-zz-*) **A** **part. pres.** di *frizzare*;

anche **agg.** **1** che frizza **2** ***acqua f.***, gassata | ***vino f.***, che spumeggia per l'emissione di bollicine di anidride carbonica **CONTR.** fermo | (*est.*) pungente: *aria f.* | (*fig.*) arguto, mordace: *battuta f.* | (*fig.*) brillante, brioso: *un oratore f.* **B** **s. m.** ● effervescenza caratteristica delle bevande frizzanti: *questa gazzosa ha perso il f.* || **frizzantìno**, **dim.** (V.)

SFUMATURE ➤ ***vivace***

frizzantìno (o **-zz-**) [1869] **A** **agg.** **1** dim. di *frizzante* **2** leggermente frizzante: *un'aria frizzantina* **B** **s. m.** **1** leggera effervescenza di un vino o altra bevanda **2** vino frizzante

✦**frizzàre** (o **-zz-**) [lat. parl. *frictiāre*, intens. di *frigere* 'friggere' ✱ 1543] **v. intr.** (**aus.** *avere*) **1** bruciare o prudere vivamente a fior di pelle: *l'alcol frizza sulla ferita* **2** essere effervescente provocando al palato una piacevole sensazione di leggero solletico: *un vino che frizza e spuma* **3** (*fig.*) essere caustico e acuto: *risposta, motto che frizza* **SIN.** pungere **4** (*fig.*, *lett.*) essere vivace, brillante | (*fig.*, *lett.*) essere pungente **5** †friggere

frizzìo (o **-zz-**) [1757] **s. m.** (**pl.** *-ii*) ● (*tosc.*) un continuo e prolungato frizzare | (*lett.*) formicolio

✦**frìzzo** (o **-zz-**) [da *frizzare* ✱ 1726] **s. m.** ● battuta pungente, motto arguto: *f. sguaiato, garbato, mordace; non sopportare i frizzi e le allusioni* **SIN.** spiritosaggine || **frizzétto**, **dim.**

fröbelianò ➤ **froebeliano**

fròcio [vc. roman. di etim. incerta ✱ 1915] **s. m.**; anche **agg.** (**pl. f.** *-ce* o *-cie*) ● (*centr.*, *volg.*) omosessuale maschile || **frocétto**, **dim.** | **frocióne**, **accr.**

†**fròda** ➤ **frode**

frodàbile [1869] **agg.** ● che si può sottrarre con frode o truffa

frodàre o †**fraudàre** [lat. *fraudāre*, da *fraus*, genit. *fraudis* 'frode' ✱ 1268] **v. tr.** (*io fròdo*) **1** sottrarre con frode: *f. una somma di denaro a qlcu.* | †nascondere, dissimulare: *f. la verità* | (*fig.*) †***f. un suono, una lettera***, eliderli **2** privare con l'inganno qlcu. di qlco.: *f. il fisco, lo Stato, il dazio*; *frauda gli uomini di quello che debbe loro* (F. GUICCIARDINI) **SIN.** imbrogliare, truffare

frodatóre o †**fraudatóre** [lat. *fraudatō-re(m)*, da *fraudāre* 'frodare' ✱ sec. XIII] **s. m.** (**f.** *-trice*, *-tóra*) ● chi froda: *fu condannato in lire mille, siccome f. delle cose del Comune* (G. VILLANI)

fròde o (*poet.*) †**fràude**, †**fròda** [lat. *fraude(m)*, di etim. incerta ✱ 1219] **s. f.** **1** raggiro diretto a ingannare qlcu. sorprendendone la buona fede: *perpetrare una f. ai danni di qlcu.*; *ricchezza nè onore / con f. o con viltà / il secol venditore / mercar non mi vedrà* (G. PARINI) **SIN.** imbroglio, truffa **2** (*dir.*) reato di chi trae in inganno qlcu. per procurarsi un guadagno illecito | ***f. alimentare***, alterazione di un prodotto alimentare con ingredienti non conformi alla legge o alle indicazioni dell'etichetta | ***f. fiscale***, falsificazione di documenti fiscalmente rilevanti compiuta al fine di evadere le imposte | ***f. informatica***, compiuta con l'alterazione di sistemi o supporti informatici **3** (*dir.*) volontà di arrecare danno a qualcuno o di eludere una disposizione imperativa di legge | ***contratto in f. alla legge***, concluso dalle parti per eludere l'applicazione di una norma imperativa | ***rinuncia all'eredità in f. ai creditori***, fatta dall'erede per danneggiare i propri creditori

SFUMATURE DI SIGNIFICATO

frode - imbroglio - truffa

Un comportamento, un'azione che trae in inganno altri allo scopo di raggiungere un utile personale illecito si definisce **frode**. **Imbroglio** ha lo stesso significato, ma è termine d'uso più largo e si riferisce di fatto a qualsiasi comportamento scorretto e disonesto. **Truffa** è parola del linguaggio giuridico che identifica un delitto contro il patrimonio, consistente nell'indurre qualcuno in errore con vari artifici, per trarre un profitto illecito a suo danno; comunemente si usa come sinonimo di *imbroglio*.

SFUMATURE ➤ ***raggiro***

fròdo [da *frodare* ✱ 1193] **s. m. solo sing.** ● artificio o inganno per eludere il pagamento di dazi, imposte, tasse e sim.: *denunciare un f.* | ***merce di f.***, di contrabbando | ***cacciatore, pescatore di f.***, privo della necessaria licenza o che caccia o pesca in luogo e tempo proibiti o con metodi non consentiti

frodolènto ➤ **fraudolento**

frodolènza ➤ **fraudolenza**

froebeliàno (froe-bel-ia-no, froe-be-lia-no) /frebe'ljano, frø-/ o **fröbeliàno** /frøbe'ljano/ [av. 1904] **agg.** ● relativo a F. Froebel (1782-1852) e al suo metodo pedagogico | ***scuola a indirizzo f.***, per bambini in età prescolastica, fondata sul rispetto assoluto della personalità del fanciullo e sulla razionale utilizzazione a fini educativi di alcune attività fisiche dell'infanzia, come il gioco

frògia [lat. *fŏrfice(m)* (V. †*forfice*), passato dal sign. di 'nasiera' a quello di 'parte del muso dove la nasiera viene applicata' (?) ✱ 1525] **s. f.** (**pl.** *-gie* o *-ge*) **1** ciascuna delle ali laterali delle narici equine **2** (*scherz.*) narice umana, spec. se dilatata: *gonfiava le froge al pari di un mastino ringhioso* (G. VERGA)

†**frollaménto** [sec. XIV] **s. m.** ● frollatura

frollàre [da *frollo* ✱ av. 1597] **A** **v. tr.** (*io fròllo*) ● sottoporre a frollatura **B** **v. intr.** (**aus.** *essere*) ● subire un processo di frollatura **C** **frollàrsi** **v. intr. pron.** **1** diventare frollo: *certe carni si frollano più rapidamente di altre* **2** (*raro*, *fig.*, *lett.*) ammorbidirsi

frollatùra [1869] **s. f.** ● operazione che consiste nella stagionatura di carne, e in particolare di selvaggina, per un periodo più o meno lungo, in modo che i tessuti si inteneriscano e acquistino sapore | tempo occorrente alla effettuazione di tale operazione

frollìno [da *frollo* ✱ 1963] **s. m.** ● pasticcino o biscotto di pasta frolla, talvolta guarnito con canditi

✦**fròllo** [etim. incerta ✱ av. 1367] **agg.** **1** tenero, morbido, friabile | di carne sottoposta a frollatura | ***pasta frolla***, V. *pastafrolla* **2** (*fig.*, *disus.*) privo di energia **SIN.** fiacco, molle

frómbola o †**frómba** [sovrapposizione di *rombola* a *fionda* ✱ av. 1367] **s. f.** **1** (*lett.*) fionda: *ove arrivar non può saetta o fromba* (G. STAMPA) **2** †ciottolo, sasso: *frombole, cioè sassi di fiumi tondi* (G. VASARI) || **frombolétta**, **dim.**

frombolàre [da *frombola* ✱ av. 1470] **A** **v. intr.** (*io frómbolo*; **aus.** *avere*) ● †tirare con la frombola **B** **v. tr.** ● (*lett.*) scagliare con la frombola | (*fig.*, *lett.*) scagliare con forza

frombolatóre [da *frombolare* ✱ av. 1347] **s. m.** ● †fromboliere

frombolière [da *frombola* ✱ sec. XIV] **s. m.** **1** anticamente, soldato armato di fionda **2** nel gergo calcistico, giocatore abile nei tiri a rete

fromentìno [da *fromento*, var. di *frumento* ✱ 1956] **agg.** ● che ha color biondo dorato, detto del mantello di alcuni bovini

†**froménto** ➤ **frumento**

✦**frónda** ① [lat. *frŏnde(m)*, di etim. incerta ✱ av. 1257] **s. f.** (**pl.** *-e*, *lett.* *-i*) **1** ramoscello con foglie **SIN.** frasca **2** (**al pl.**) l'insieme delle foglie e dei rami di un albero: *si udiva lo stormire delle fronde*; *le tenere fronde al sol si spiegano* (L. DE' MEDICI); *Un soffio … agitò le frondi alte dei noci* (A. FOGAZZARO) | (*est.*, *lett.*) albero | (*est.*, *lett.*) bosco: *ratto ne va per quelle fronde* (L. ARIOSTO) **3** (*bot.*) lo sporofillo delle felci | l'alga quando assume aspetto fogliaceo **4** (*fig.*, **spec. al pl.**) ornamento eccessivo di un discorso, di uno scritto e sim. || (*raro*) **frondétta**, **dim.** | (*raro*) **frondicèlla**, **dim.**

✦**frónda** ② [fr. *fronde* 'fionda'; il n. deriva dalla frase di L. P. Bachaumont: 'il Parlamento faceva come i ragazzi che, giocando alla fionda, lanciavano sassi alle guardie che cercavano di impedirglielo' ✱ 1655] **s. f.** (**pl.** *-e*, *lett.* *-i*) **1** nella Francia del XVII sec., complesso d'agitazioni e ribellioni, e movimento di opposizione, durante la minore età di Luigi XIV, contro la reggente Anna d'Austria e il suo primo ministro il cardinale Mazzarino **2** (*est.*) corrente di opposizione all'interno di un partito politico e sim. | ***aria, vento di f.***, aria di rivolta, d'opposizione

†**frondàre** [da *fronda* ① ✱ sec. XV] **v. intr.** ● coprirsi di fronde **SIN.** frondeggiare

frondeggiànte **part. pres.** di *frondeggiare*; anche **agg.** ● (*lett.*) ricco di foglie

frondeggiàre [da *fronda* ① ✱ 1575] **v. intr.** (**pres.** *io frondéggio*; **fut.** *io frondeggerò*; **aus.** *avere*) ● (*lett.*) coprirsi di fronde: *in primavera i boschi frondeggiano*

frondìfero [vc. dotta, lat. *frondĭferu(m)*, comp. di *frōns*, genit. *frŏndis* 'fronda ①' e *-fer* '-fero' ✱ av. 1328] **agg.** ● (*lett.*) che produce molte fronde | †ricco di alberi frondosi

frondìsta [da *fronda* ② ✱ 1905] **s. m. e f.** (**pl. m.** *-i*) **1** (*stor.*) appartenente al movimento della Fronda **2** (*est.*) ribelle, oppositore, avversario

frondóso (o **-ṣ-**) [vc. dotta, lat. *frondōsu(m)*, da *frōns*, genit. *frŏndis* 'fronda ①' ✱ sec. XIV] **agg.** **1** ricco di fronde: *albero, ramo f.* | (*poet.*) di luogo folto di alberi: *trapassa il fiume e la frondosa valle* (T. TASSO) **2** (*bot.*) detto del tallo dei licheni quando possiede espansioni frastagliate **3** (*fig.*, *lett.*) detto di scritto o discorso sovraccarico di ornamenti || **frondosità**, **s. f. inv.**

†**frondùto** [1282] **agg.** ● fronzuto

front /front/ [da *front(e)* con riduzione a deciso monosillabo, come altri comandi militari ✱ 1942] **inter.** ● si usa come comando di esecuzione, a militari e ginnasti, dopo un comando di avvertimento perché si volgano verso la parte indicata: *fronte a destr!, f.!*; *fronte a sinistr!, f.!*; *dietro f.!*

frontàle [vc. dotta, lat. tardo *frontāle(m)* da *frōns*, genit. *frŏntis* 'fronte' ✱ 1354] **A** **agg.** **1** (*anat.*) relativo alla fronte | ***osso f.***, osso che chiude la parte anteriore del cranio **2** che sta, avviene o si presenta di fronte: *posizione f.* | ***scontro f.***, scontro tra due vetture che si urtano con le rispettive parti anteriori; (*fig.*) scontro diretto e molto duro di opinioni | ***attacco f.***, condotto direttamente contro la fronte dello schieramento nemico | (*scuola*) ***lezione, insegnamento f.***, la lezione tradizionale, fatta dalla cattedra, con l'insegnante di fronte agli studenti; si contrappone al laboratorio, all'esercitazione e sim. **3** (*ling.*) detto di vocale anteriore || **frontalménte**, **avv.** **1** di fronte **2** (*fig.*) in modo diretto, deciso || **frontalità**, **s. f. inv.** **B** **s. m.** **1** ornamento femminile d'oro arricchito con pietre preziose che si portava un tempo, fissato ad una catenina nascosta nei capelli, pendente sulla fronte **2** parte della testiera che passa sulla fronte sotto gli orecchi del cavallo **SIN.** frontino **3** piastra di ferro integrante la barda che difendeva la fronte del cavallo coperto di armatura **4** scontro frontale **5** facciata di un edificio | frontone: *grigio f. … in un disegno neoclassico* (C.E. GADDA) **6** mensola o piastra nel fondo del caminetto || **frontalino**, **dim.** (V.)

a b c d e f g h i j k l m n o p q r s t u v w x y z

frontalière [fr. *frontalier*, dal provenz. *frountalié* 'limitrofo'. V. *frontale* ✱ 1963] **s. m.** (**f.** *-a*) ● abitante di una zona di frontiera che al mattino passa il confine per andare a lavorare in uno Stato vicino e rientra la sera

frontalièro [da *frontaliere* ✱ 1963] **agg.** ● che abita in una zona di frontiera e passa ogni giorno il confine per recarsi al lavoro: *lavoratori frontalieri* | (*est.*) che abita nelle vicinanze di un confine di Stato: *popolazioni frontaliere*

frontalìno [1917] **s. m.** **1** dim. di *frontale* **2** parte verticale di uno scalino SIN. alzata | fascia verticale della struttura sporgente di un balcone, una pensilina, un cornicione e sim. **3** la parte anteriore di un'autoradio: *f. asportabile*

frontalità [da *frontale* ✱ 1960] **s. f. inv.** **1** condizione di ciò che si presenta in posizione frontale **2** tecnica del rilievo e della scultura a tutto tondo, propria dell'arte plastica antica, paleocristiana, medievale e bizantina, in base alla quale la figura umana viene rappresentata di pieno prospetto e in posa rigida

♦**frónte** [lat. *frŏnte(m)*, di etim. incerta ✱ 1266] **A** **s. f.** o †**m.** **1** parte della testa tra le sopracciglia e l'attaccatura dei capelli: *f. ampia, bassa, liscia, rugosa, corrugata; baciare qlcu. in f.; lo inanellato crin dell'aurea testa / scende in la f. umilmente superba* (A. POLIZIANO) | (*fig.*) ***guadagnarsi la vita col sudore della f.***, col proprio lavoro | (*est.*) testa, capo: *ornare la f. di lauro* | ***f. a destra, f. a sinistra***, e sim., comandi di avvertimento a militari e ginnasti; V. anche *destr* e *sinistr* | ***volger la f.***, (*lett.*) voltarsi; (*lett.*) avviarsi; †affrontare coraggiosamente; (*raro*) fuggire **2** (*est.*) l'aspetto del volto, in quanto espressione di sentimenti, pensieri e sim.: *f. lieta, ardita, serena, turbata, vergognosa* | ***gli si legge tutto in f.***, (*fig.*) non sa dissimulare nulla | ***a f. bassa***, per vergogna o sim. | ***a f. alta***, (*fig.*) con franchezza, sicurezza o alterigia | ***f. a f.***, (*lett.*) ***a f. a f.***, faccia a faccia | ***mostrare la f.***, il viso, senza tema di nulla | ***alzar la f.***, con ardimento SIN. faccia **3** presenza, confronto: *mettere, porre a f. due testimoni, due avversari* | ***a f. di***, a confronto di, come corrispettivo di | ***in f. a***, (*lett.*) dirimpetto a; sulla parte anteriore di: *lo pseudonimo che sta in f. a quel libro* (A. FOGAZZARO) | ***testo con traduzione a f.***, a lato, per consentire il confronto | ***nessuno può stargli a f.***, può essergli paragonato | V. anche *di fronte* **4** parte, parete anteriore o limite più avanzato di costruzioni, strutture e sim.: *la f. di un libro, di un edificio* | ***f. retro***, V. *retro* | ***f. del ghiacciaio***, parte terminale della lingua di un ghiacciaio | (*geol.*) limite più avanzato di una coltre di ricoprimento nella direzione del movimento | (*miniere*) parete sulla quale il minerale viene abbattuto, nelle miniere e cave: *f. a gradini; f. unica; lunga f.* **5** (*letter.*) nella metrica italiana, prima parte della stanza di canzone, costituita da più versi e divisibile in due parti uguali, o piedi | (*ling.*) principio delle parole || **fronticìna**, **dim.** **B** **s. m.** (†**anche f. nel sign. 1**) **1** linea lungo la quale le forze belligeranti contrapposte si fronteggiano o sono a contatto: *f. occidentale, orientale; andare al f.; cambiamento di f.; aprire un secondo f.* | ***cambiamento, rovesciamento di f.***, (*fig.*) in vari giochi di squadra, cambiamento della direzione dell'azione di gioco | ***sul f. di***, relativamente a un dato settore: *nuove misure sul f. dell'occupazione* | ***su due fronti***, (*fig.*) in due diversi settori: *operare, essere impegnato, combattere su due fronti* **2** (*fig.*) unione di più forze che si oppongono di comune accordo ad altre: *far f. comune contro gli invasori* | (*fig.*) ***far f. a qlcu., a qlco.***, tener testa o fronteggiare con maggiore o minore difficoltà | ***far f. a una spesa***, sostenerla | ***far f. a un impegno***, mantenerlo **3** coalizione, alleanza di partiti o movimenti politici in vista del raggiungimento di un fine comune: *f. popolare; f. di liberazione nazionale* **4** (*meteor.*) ***f. caldo***, aria calda che invade una zona della superficie terrestre in precedenza occupata da aria fredda, e scorrendo al di sopra dell'aria fredda dà origine a nubi stratificate e precipitazioni a carattere moderato e continuo | ***f. freddo***, aria fredda che invade una zona della superficie terrestre, in precedenza occupata da aria calda e, scendendo verso il suolo, solleva vigorosamente l'aria calda dando origine a nubi cumuliformi e precipitazioni a carattere temporalesco accompagnate da vento | ***f. polare***, superficie di discontinuità fra masse d'aria fredde di origine polare e calde di origine subtropicale, situata alle medie latitudini

fronteggiaménto [1835] **s. m.** ● il fronteggiare, l'affrontare: *il f. di una situazione difficile* | il fronteggiarsi; contrasto fra chi si fronteggia

fronteggiàre [da *fronte* ✱ 1313] **A** **v. tr.** (**pres.** *io frontéggio*; **fut.** *io fronteggerò*) **1** combattere, contrastare opponendo una valida resistenza (*anche fig.*): *f. il nemico, le avversità; f. una situazione difficile* **2** essere situato, stare di fronte a qlco.: *la mia casa fronteggia la piazza* **B** **fronteggiàrsi** **v. rifl. recipr.** ● affrontarsi: *i due avversari si fronteggiavano studiandosi*

front end /fron'tɛnd, *ingl.* 'frʌnt,ɛnd/ [loc. ingl., propr. 'parte finale (*end*) frontale (*front*)' ✱ 1995] **loc. sost. m. inv.** (**pl. ingl.** *front ends*) ● (*inform.*) in un'applicazione client/server, la parte del programma che viene eseguita dal client e che fornisce l'interfaccia utente CFR. back end

frontespìzio o **frontispìzio** [vc. dotta, lat. tardo *frontispĭciu(m)*, comp. di *frōns*, genit. *frŏntis* 'fronte' e *spĕcere* 'guardare' ✱ sec. XIII] **s. m.** **1** (*archit., disus.*) frontone **2** pagina all'inizio di un libro nella quale sono indicati l'autore, il titolo, le note tipografiche

frontièra [fr. *frontière*, da *front* 'fronte' ✱ sec. XIII] **s. f.** **1** linea di confine che delimita il territorio di uno Stato: *passare, chiudere la f.* **2** (*mat.*) ***f. di un insieme di punti di uno spazio topologico***, intersezione della chiusura dell'insieme e di quella del suo complementare **3** (*fig.*) linea che delimita o circoscrive qlco.: *le frontiere della scienza avanzano continuamente* | ***nuova f.***, nuovo obiettivo a cui tendere, nuovo traguardo | ***di f.***, (*fig.*) che è od opera in situazioni limite oppure molto avanzate: *strutture sociali di f.; artisti di f.* SIN. confine **4** †lato frontale | †prima schiera o fronte dell'esercito

Definizione d'autore

Quando ero un ragazzino – sono nato nel '39, a Trieste – la **frontiera**, vicinissima, divideva in due il mondo. Era la Cortina di Ferro, che vedevo quando andavo a passeggiare sul Carso; una **frontiera** invalicabile, dietro la quale c'era un mondo inaccessibile; il mondo di Stalin, l'Est, così spesso ignorato e disprezzato. Ma dietro quella **frontiera** c'era un mondo che conoscevo benissimo, perché aveva fatto parte dell'Italia sino alla fine della guerra. Dietro la **frontiera** c'era qualcosa insieme di straniero e di mio; capivo che facevo parte anche di quel mondo dietro di essa, che la letteratura è un viaggio fra il noto e l'ignoto e che si è sempre, in qualche modo, anche dall'altra parte.

Claudio Magris

†**frontièro** [fr. provenz. *frontier*, da *front* 'fronte' ✱ 1342] **agg.** ● baldanzoso, ardito: *lui seguitava f. e gagliardo* (G. BOCCACCIO)

frontìno [da *fronte* ✱ 1869] **s. m.** **1** tipo di parrucca usata spec. dagli attori teatrali per modificare l'attaccatura dei capelli **2** (*sport*) nel rugby, azione di difesa del giocatore che in un tentativo di placcaggio da parte di un avversario lo respinge colpendolo alla fronte con il palmo della mano aperta **3** frontale

frontìṣmo [da *fronte* e *-ismo* ✱ 1951] **s. m.** ● spec. negli anni successivi alla Seconda Guerra mondiale, tendenza a creare schieramenti politici di sinistra imperniati sul Partito comunista

frontispìzio ➤ **frontespizio**

frontìsta [da *fronte* ✱ av. 1835] **s. m. e f.** (**pl. m.** *-i*) **1** sostenitore, seguace di un fronte politico **2** (*dir.*) chi possiede un immobile situato lungo una strada o un corso d'acqua: *diritto del f. di aprire nuove luci*

fròntman /'frɔntmen, *ingl.* 'frʌnt,mæn/ [vc. ingl., propr. 'uomo (*man*) davanti (*front*)' ✱ 1987] **s. m. inv.** (**f. ingl.** *frontwoman*, **pl. m.** *frontmen*, **pl. f.** *frontwomen*) ● portavoce di un gruppo, spec. musicale: *Bono è il f. degli U2*

frontóne [da *fronte* ✱ av. 1475] **s. m.** **1** (*archit.*) coronamento triangolare della facciata di un edificio, spec. del tempio greco, con tetto a due spioventi, usato anche per porte, finestre, nicchie e sim., che assunse, dall'età romana in poi, forme diverse: *f. curvilineo, spezzato* **2** (*tipogr.*) capopagina

♦**frònẓolo** [lat. *frŏndeu(m)*, da *frōns*, genit. *frŏndis* 'fronda' ✱ 1625] **s. m.** ● (**spec. al pl.**) ornamento o (*fig.*) abbellimento inutile e spesso di cattivo gusto: *indossare un abito carico di fronzoli; scrivere con uno stile pieno di fronzoli* | ***senza fronzoli***, con semplicità, senza particolari superflui: *raccontami il fatto senza tanti fronzoli!* || **fronẓolétto**, **dim.** | **fronẓolino**, **dim.**

♦**fronẓùto** [da *fronda* ✱ sec. XIII] **agg.** ● ricco di fronde: *albero f.* | (*est., lett.*) folto di alberi, di vegetazione: *i prati sono tutti fronzuti, erbosi e fioriti* (A. CARO)

froṣóne o †**friṣóne**②, **fruṣóne** [lat. tardo *frisióne(m)* 'della Frisia' ✱ 1336] **s. m.** ● uccello passeriforme dei Fringillidi dal becco coriaceo e voluminoso e dal tronco tozzo, buon volatore, che predilige i boschi di montagna (*Coccothraustes coccothraustes*)

fròst, no ➤ **no frost**

♦**fròtta** [fr. *flotte*. V. *flotta* ✱ 1313] **s. f.** ● gruppo numeroso di persone o animali: *una f. di armati, di cavalli; le frotte delle vaghe api prorompono* (U. FOSCOLO) | ***in f., a frotte***, in gruppo, a gruppi

SFUMATURE ➤ ***moltitudine***

frottage /*fr.* frɔ'taʒ/ [vc. fr., propr. 'strofinamento', da *frotter* 'strofinare' ✱ 1966] **s. m. inv.** ● tecnica di disegno consistente nello sfregare una matita su un foglio di carta posto sopra una superficie ruvida o con lievi sporgenze

fròttola [da *frotta*, perché indicava affastellamento di composizioni diverse ✱ av. 1374] **s. f.** **1** composizione poetica italiana di origine popolare e giullaresca in voga nel XIV e XV sec., di vario metro, spesso di senso oscuro per la presenza d'indovinelli o proverbi **2** composizione polifonica profana, di origine popolaresca, diffusasi in Italia spec. nel sec. XV **3** bugia, fandonia, panzana: *spacciare, raccontare frottole* || **frottolétta**, **dim.**

SFUMATURE ➤ ***fandonia***

frottolóne [da *frottola* ✱ 1866] **s. m.** (**f.** *-a*) ● (*raro*) chi racconta frottole

frou frou ➤ **fru fru**

frucàndolo ➤ **fruciandolo**

†**frucàre** e deriv. ➤ **frugare** e deriv.

fruciàndolo o **frucàndolo** [da †*frucare* ✱ av. 1708] **s. m.** ● (*tosc.*) attizzatoio per forno

†**frùcte** ➤ **frutta**

fruènte **A** part. pres. di *fruire*; anche agg. ● nei sign. del v. **B** s. m. e f. ● (*burocr.*) chi fruisce di qlco. SIN. fruitore

fru fru /fru(f)'fru*/ o **frufrù**, **frou frou** /fr. fʀu'fʀu/ [vc. onomat. ✻ 1768] **A** loc. inter. **1** riproduce il leggero fruscio di vesti, stoffe, foglie, o lo scalpiccio di piedi e sim. **2** riproduce il rumore di un frullo d'ali **B** in funzione di loc. sost. m. inv. **1** il fruscio, lo scalpiccio, lo stropiccio, il frullio d'ali: *il fru fru delle gonne* **2** (*est.*) confusione, fermento: *il suo improvviso arrivo provocò un gran fru fru* **3** fronzolo, ninnolo: *sono di moda gli accessori con fru fru* **C** in funzione di loc. agg. inv. ● frivolo, civettuolo: *una ragazza fru fru; abito, acconciatura fru fru*

frugacchiàre [intens. di *frugare* ✻ sec. XV] v. intr. (*io frugàcchio*; aus. *avere*) ● andar frugando qua e là

✦**frugàle** [vc. dotta, lat. *frugāle(m)*, da *frūgi* 'sobrio', da *frūx*, genit. *frūgis* 'frutto' ✻ sec. XIV] agg. ● di chi è parco nel mangiare e nel bere: *uomo f.* | semplice, modesto: *vitto, pasto f.*; *gusti, abitudini frugali; sia frugal del ricco il pasto* (A. MANZONI) | ***vita f.***, parsimoniosa | ***virtù frugali***, di temperanza SIN. sobrio || **frugalménte**, avv. con frugalità || **frugalità**, s. f. inv. caratteristica di chi (o di ciò che) è frugale SIN. sobrietà, temperanza

SFUMATURE ➤ ***parsimonia***

frugaménto [1827] s. m. ● (*raro*) perquisizione

frugàre o †**frucàre** [lat. parl. **furicāre*, da *furāri* 'rubare', da *fūr*, genit. *fūris* 'ladro' ✻ 1313] **A** v. intr. (*io frùgo, tu frùghi*; aus. *avere*) ● cercare con attenzione, rovistando: *f. in un cassetto, nella valigia, tra le carte, dentro un cespuglio* **B** v. tr. **1** esaminare o perquisire con gran cura: *gli frugarono le tasche e tutti i bagagli* | (*fig., lett.*) scrutare, indagare: *perché mi fruga il tuo sguardo?* (U. SABA) **2** †stimolare | †tormentare **3** †irritare **C** **frugàrsi** v. rifl. e tr. pron. (aus. *essere*) ● esaminarsi con cura, cercando qlco. su di sé: *è mezz'ora che si fruga da ogni parte, e non trova niente; frugarsi le tasche*

SFUMATURE ➤ ***scrutare***

frugàta o †**frucàta** [av. 1597] s. f. ● il frugare, spec. in fretta e superficialmente || **frugatina**, dim.

frugatóio [av. 1400] s. m. (pl. *-ói*) ● pertica con un disco di cuoio in cima, con la quale i pescatori scandagliano l'acqua per spingere i pesci dentro la rete

frugìfero [vc. dotta, lat. *frugĭferu(m)*, comp. di *frūx*, genit. *frūgis* 'frutto, messi' e *-fer* '-fero' ✻ sec. XIV] agg. ● (*lett.*) che produce messi, frutti

frugìvoro [comp. del lat. *frūx*, genit *frūgis* 'frutto, messi' e *-voro*, ricavato da *carnivoro* ✻ 1743] agg. ● che mangia biada o frutti

frugnolàre [da *frugnolo* ✻ 1611] v. intr. (*io frugnòlo, frùgnolo*; aus. *avere*) **1** (*tosc.*) andare a caccia col frugnolo **2** (*est.*) †mettere la lanterna vicino al viso di qlcu. per riconoscerlo

frugnolatóre [1611] s. m. (f. *-trice*) ● (*tosc.*) chi va a caccia col frugnolo

frugnòlo o (*lett.*) **frugnuòlo** [lat. parl. **furnĕolu(m)*, dim. di *fūrnus* 'forno' ✻ 1478] s. m. **1** (*tosc.*) fiaccola a riverbero per abbagliare di notte gli uccelli e catturarli **2** (*tosc.*) †***andare a f.***, andar attorno di notte in cerca di avventure amorose

frugolàre [intens. di *frugare* ✻ av. 1525] v. intr. (*io frùgolo*; aus. *avere*) **1** (*lett.*) frugacchiare, rovistare; (*fig.*) curiosare **2** (*raro*) grufolare per terra, come fa il maiale

✦**frùgolo** [da *frugolare* ✻ 1440] s. m. (f. *-a*) ● bambino molto vivace che non sta mai fermo || **frugolétto**, dim. | **frugolìno**, dim.

frugóne o †**frucóne** [da *frugare* ✻ 1481] s. m. **1** (f. *-a*) (*raro*) chi ha l'abitudine di frugare **2** †bastone appuntito per frugare **3** †colpo dato di punta; pugno

†**frùi** [vc. dotta, lat. *frŭi*. V. *fruire* ✻ 1321] s. m. solo sing. ● (*poet.*) godimento: *la bella image che nel dolce f. / liete facevan l'anime conserte* (DANTE *Par.* XIX, 2-3)

fruìbile [da *fruire* ✻ sec. XVI] agg. ● detto di ciò di cui si può fruire, di cui ci si può avvalere || **fruibilità**, s. f. inv.: *la fruibilità di un'enciclopedia, di un museo*

fruìre [lat. parl. **fruīre*, per il classico *frŭi*, dalla stessa radice di *frūx* 'frutto, messi' ✻ av. 1294] **A** v. intr. (*io fruisco*, †*frùo*, *tu fruisci*; aus. *avere*) ● usare di qlco. traendone utilità e giovamento (+ *di*): *f. di una rendita, di un beneficio, della pensione* | ***f. di una produzione artistica***, esserne il destinatario **B** v. tr. ● (*lett.*) godere: *f. la pace; non potere f. il piacere* (LEONARDO)

fruit /ingl. fruːt/ [vc. ingl., 'frutto', accorc. del marchio di fabbrica *Fruit of the Loom®* 'frutto del telaio' ✻ 1990] s. f. inv. ● maglietta di cotone unisex a girocollo e con le maniche corte

fruitìvo [da *fruire* ✻ 1817] agg. ● (*lett.*) che concerne la fruizione: *atto f.*

fruitóre [da *fruire* ✻ 1962] s. m. (f. *-trice*) ● chi fruisce di qlco., in genere traendone vantaggi: *i fruitori di un'agevolazione economica* | chi è destinatario di una produzione artistica, letteraria e sim.: *i fruitori della cultura* | consumatore | utente

fruizióne [vc. dotta, lat. tardo *fruitiōne(m)*, da *frŭi* 'fruire' ✻ av. 1342] s. f. ● il fruire | godimento, uso | godimento di una produzione culturale, artistica e sim.: *la f. della musica, della pittura*

frullàna [da *furlana* 'friulana', perché usata nel Friuli ✻ 1803] s. f. ● falce fienaia

frullàre [vc. onomat. ✻ av. 1367] **A** v. tr. ● agitare una sostanza semiliquida col frullino o col frullatore: *f. le uova* **B** v. intr. (aus. *avere* nei sign. 1 e 2, *essere* nel sign. 3) **1** alzarsi in volo, facendo rumore con le ali: *le quaglie frullano* | (*est.*) agitarsi con rumore: *le vele, le corde frullano per il, al vento* **2** girare o ruotare velocemente su sé stesso: *la trottola, l'aspo, l'arcolaio frullano* **3** (*fig.*) agitarsi nella mente: *cosa gli frulla per il capo?*

frullàto **A** part. pass. di *frullare*; anche agg. ● sbattuto col frullino o col frullatore **B** s. m. **1** bevanda ottenuta sbattendo nel frullatore frutta, verdura e sim., gener. con l'aggiunta di latte o panna CFR. frappè, centrifugato **2** (*mus.*) detto di effetto sonoro degli strumenti a fiato, con carattere grottesco o raffinato

frullatóre [1959] s. m. ● elettrodomestico che serve a preparare cibi o bevande frullate, sbattute e sim.

frullìno [da *frullare* ✻ 1798] s. m. **1** utensile o elettrodomestico da cucina per sbattere uova, panna, salse e sim. **2** (*fig., lett.*) persona (spec. bambino) che è sempre in movimento **3** uccello dei Caradriformi simile al beccaccino che vive nel più fitto della vegetazione palustre (*Limnocryptes minimus*)

frullìo [1887] s. m. (pl. *-ii*) ● un frullare continuato: *il f. della trottola; un f. d'ali*

frùllo [V. *frullare* ✻ 1353] s. m. **1** battito e rumore delle ali di un uccello che si alza in volo: *frulli d'uccelli, stormir di cipressi* (G. PASCOLI) | ***prendere il f.***, il volo | ***tirare a f.***, sparare all'uccello mentre si alza in volo **2** (*lett.*) schiocco delle dita | (*fig.*) †***un f.***, nulla: *non vale, non importa un f.*

frullóne [da *frullare* ✻ av. 1601] s. m. **1** cassone di legno in cui un tempo si separava la farina dalla crusca facendo girare con una manovella il burattello: *Sacchi, frulloni, crusca, farina, pasta, tutto sottosopra* (A. MANZONI) SIN. buratto **2** †girella per la ruota dell'arrotino **3** un tempo, calesse scoperto su quattro ruote, con due sedili

frumentàceo [vc. dotta, lat. tardo *frumentāceu(m)*, da *frumĕntum* 'frumento' ✻ 1619] agg. ● (*raro*) che produce frumento

†**frumentàre** [vc. dotta, lat. *frumentāri*, da *frumĕntum* 'frumento' ✻ sec. XIV] v. intr. ● raccogliere viveri per l'esercito

frumentàrio [vc. dotta, lat. *frumentāriu(m)*, da *frumĕntum* 'frumento' ✻ 1521] **A** agg. (pl. m. *-i* o raro *-ii*) **1** di frumento, relativo al frumento: *commercio, mercato f.* | ***monte f.***, nell'Italia meridionale, sino alla caduta dei Borboni, istituto assistenziale che anticipava gratuitamente ai contadini il frumento necessario per la semina | ***foro f.***, mercato del frumento e gener. delle granaglie | ***nave frumentaria***, nell'antica marina romana, quella adibita al trasporto del frumento per il vettovagliamento dell'esercito **2** †che produce frumento: *terra frumentaria* **B** s. m. ● nell'esercito romano, addetto ai servizi da vettovagliamento

†**frumentazióne** [vc. dotta, lat. *frumentatiōne(m)*, da *frumentāri* 'frumentare' ✻ 1600] s. m. **1** raccolta di frumento **2** elargizione di frumento fatta dagli imperatori o da tribuni romani alla plebe

fruménto o †**froménto**, †**forménto** [lat. *frumĕntu(m)*, da *frŭi* 'fruire, godere di' ✻ av. 1292] s. m. ● (*bot.*) grano | ***f. bianco***, di scorza grossa | ***f. grosso***, frumentone SIN. tritico || **frumentóne**, accr. (V.)

frumentóne o **formentóne** nel sign. 2 [av. 1566] s. m. **1** accr. di *frumento* **2** (*sett.*) mais

frumìna [comp. *frum(ento)* e *-ina* ✻ 1978] s. f. ● amido di frumento usato nella preparazione dei dolci per renderli più soffici, o come addensante nella preparazione di creme e budini

†**frùmmia** [germ. *frummjan* ✻ sec. XIV] s. f. ● eccitazione, subbuglio, fermento

frusciànte part. pres. di *frusciare*; anche agg. ● nei sign. del v. | (*fig., lett.*) che sussurra: *voce f.*

frusciàre [vc. onomat. ✻ av. 1632] **A** v. intr. (pres. *io frùscio*; fut. *io fruscerò*; aus. *avere*) ● produrre fruscio: *un tessuto che fruscia; la serpe fruscia tra le foglie; Il vento frusciava nei giardini e negli orti* (F. TOZZI) **B** v. tr. ● (*lett.*) strofinare | (*fig.*) †importunare, molestare

♦**fruscìo** [da *frusciare* col suff. *-io*① ✻ av. 1704] s. m. (pl. *-ii*) **1** rumore sommesso prodotto da vesti che strisciano, da foglie o carte che si muovono, da acqua che scorre e sim.: *si udiva solo il f. dei loro abiti* (L. PIRANDELLO) SIN. stropiccio **2** (*elettron.*) disturbo nelle registrazioni su nastro: ***riduzione del f. mediante Dolby***

frùsco ➤ **fruscolo**②

frùscolo① [lat. tardo *frūstulu(m)* 'pezzetto', con sovrapposizione di *bruscolo* ✻ 1340 ca.] s. m. ● (*raro*) ramoscello secco

frùscolo② o **frùsco** [dal lat. parl. **ferŭsculu(m)*, dim. di *fēru(m)* nel senso di 'selvatico' ✻ 1925] s. m. **1** (*merid.*) nel folclore dell'Italia meridionale, folletto (spesso identificato in un animale selvatico) con facoltà soprannaturali **2** (f. *-a*) (*est.*) persona diabolica || **frusculicchio**, dim.

frusinàte [vc. dotta, lat. *Frusināte(m)*, da *Frusĭno*, genit. *Frusinōnis* 'Frosinone' ✻ 1834] **A** agg. ● di Frosinone **B** s. m. e f. ● abitante o nativo di Frosinone

frusóne ➤ **frosone**

frùsta [da *frustare*① ✻ sec. XIV] s. f. **1** lunga

striscia di cuoio o corda intrecciata, fissata all'estremità di un bastone, con cui si incitano gli animali da tiro o, spec. un tempo, si punivano gli uomini percuotendoli: *un cavallo bizzoso che ha bisogno di f.*; *s'era messo al trotto ... con gran strepito di f. e di sonagli* (G. VERGA) | ***mettere alla f.***, (*fig.*) costringere al massimo sforzo | ***maneggiare, agitare la f.***, (*fig.*) censurare, criticare CFR. mastigo- SIN. sferza **2** (*fig.*) rigida disciplina, severa punizione: *quel fannullone ha bisogno della f.* **3** utensile da cucina costituito da fili metallici ripiegati e fermati al manico, usato per far montare la panna, l'albume delle uova e sim. **4** (*med.*) ***colpo di f.***, V. *colpo* **5** (*mus.*) strumento a percussione, costituito da due tavolette di legno con cerniera, usato in orchestra spec. nella musica del Novecento **6** (*centr.*) sottile filoncino di pane || **frustina**, dim. | **frustino**, dim. m. (V.) | **frustóne**, accr. m.

†**frustàgno** ➤ **fustagno**

frustàio [da *frusta* ✱ 1869] **s. m.** (**f.** *-aia*, **pl. m.** *-ai*) ● chi fabbrica o vende fruste

†**frustapénne** [comp. di *frustare*②, e il pl. di *penna* ✱ av. 1680] **s. m. e f. inv.** ● (*spreg.*) scrittore da poco

†**frustapennèlli** [comp. di *frustare*②, e il pl. di *pennello* ✱ av. 1625] **s. m. e f. inv.** ● (*spreg.*) pittore di poco valore

frustàre① [lat. tardo *fustāre* 'bastonare', da *fūstis* 'bastone', di etim. incerta ✱ av. 1288] **v. tr. 1** battere o percuotere con la frusta: *f. un animale riottoso* | punire con la pena della frusta: *frustarono il condannato prima dell'esecuzione* | ***f. a sangue***, fino a far uscire il sangue | (*fig.*) †***pagare il boia che ci frusta***, fare il proprio danno SIN. sferzare **2** (*fig., lett.*) censurare o criticare aspramente: *farsi f. da tutti*

frustàre② [da *frusto*② ✱ 1588] **v. tr. 1** (*sett.*) consumare, logorare: *f. i propri abiti* **2** †devastare, danneggiare

frustàta [sec. XIII] **s. f. 1** colpo di frusta: *mise i cavalli al galoppo con molte frustate* | (*est.*) stimolo energico: *queste vitamine danno una f. di energia* **2** (*fig.*) giudizio pungente, critica violenta || **frustatina**, dim.

frustatóre [1313] **s. m.** (**f.** *-trice*); anche **agg.** ● (*raro*) chi (o che) frusta (*anche fig.*)

†**frustatùra** [1483] **s. f.** ● il frustare, il venire frustato | fustigazione

frustìno [1781] **s. m. 1** dim. di *frusta* **2** bacchetta flessibile ricoperta di sottili strisce di pelle usata per incitare il cavallo SIN. scudiscio | spago che si attacca alla codetta della frusta SIN. sferzino **3** (*fig., tosc.*) zerbinotto, damerino

frùsto① [da *frust(at)o*, part. pass. di *frustare*② ✱ 1524] **agg. 1** consumato, logoro, liso: *portava un mantello tutto f.* | (*lett.*) esausto: *sono le forze vostre ora sì fruste* (L. ARIOSTO) | malconcio: *aveva un aspetto tutto f.* **2** (*fig.*) logorato dall'uso e ormai privo di originalità: *argomento f.* SIN. abusato, vieto CONTR. inedito, nuovo

frùsto② [vc. dotta, lat. *frūstu(m)*, di etim. incerta ✱ 1321] **s. m.** (**pl.** *-i*, †*frùste*, **f.**) ● pezzetto | (*lett.*) ***a f. a f.***, pezzo per pezzo; †tozzo per tozzo | ***f. di pane***, boccone, tozzo

†**frùsto**③ [da *frustare*① ✱ sec. XIV] **s. m.** ● frusta, sferza, staffile

frùstolo o **frùstulo** [vc. dotta, lat. tardo *frūstulu(m)*, dim. di *frūstum* 'frusto②' ✱ 1592] **s. m. 1** pezzetto, particella **2** frammento, dettaglio di un componimento letterario **3** (*bot.*) formazione silicea delle Diatomee i cui depositi fossili formano la diatomite **4** (*med.*) piccolo frammento di tessuto su cui si effettuano esami istologici

†**frùstra** [vc. dotta, lat. *frūstra*, da avvicinare a *frāus* 'frode' ✱ av. 1311] **avv.** ● invano, inutilmente

frustràneo [da *frustra* ✱ av. 1568] **agg.** ● (*lett.*) vano, inutile

frustrànte part. pres. di *frustrare*; anche **agg.** ● che provoca frustrazione: *condizioni di vita frustranti* || **frustranteménte**, avv. (*raro*) in modo frustrante

✦**frustràre** [vc. dotta, lat. *frūstrāre*, da *frūstra* 'invano'. V. †*frustra* ✱ av. 1420] **v. tr. 1** rendere vano: *f. i disegni, i piani*; *f. gli impeti degli eserciti* (F. GUICCIARDINI) | deludere, ingannare: *f. le speranze, i desideri* **2** (*psicol.*) determinare l'insorgere di una frustrazione

frustràto **A** part. pass. di *frustrare*; anche **agg.** ● nei sign. del v. **B** **s. m.** (**f.** *-a*) ● (*psicol.*) chi è in uno stato di frustrazione

frustratòrio [vc. dotta, lat. tardo *frustrātōriu(m)*, da *frustrātus* 'frustrato' ✱ av. 1468] **agg.** (**pl. m.** *-i* o *raro -ii*) ● (*lett.*) inutile, vano | †fallace

frustrazióne [da *frustrare* ✱ 1832] **s. f. 1** il frustrare **2** (*psicol.*) evento esterno o situazione interna che ostacola o impedisce il raggiungimento di una meta e induce, come reazione, aggressività o regressione | correntemente, stato di depressione causato dalla mancata soddisfazione di un bisogno o desiderio

frùstulo ➤ **frustolo**

frutescènte [vc. dotta, lat. *fructescĕnte(m)*, part. pres. del v. *fru(c)tēscere*, da *frūtex* 'frutice' ✱ 1865] **agg.** ● (*bot.*) fruticoso

frùtice [vc. dotta, lat. *frūtice(m)*, di etim. incerta ✱ 1485 ca.] **s. m.** ● (*bot.*) arbusto

fruticéto [vc. dotta, lat. *fruticētu(m)*, da *frūtex*, genit. *frūticis* 'frutice' ✱ 1869] **s. m.** ● (*bot.*) macchia, boscaglia

fruticóso (o -ş-) [vc. dotta, lat. *fruticōsu(m)*, da *frūtex*, genit. *frūticis* 'frutice' ✱ 1563] **agg.** ● (*bot.*) di vegetale con tronco breve e rami vicini al suolo SIN. frutescente

✦**frùtta** [lat. tardo *frūcta(m)*, per il classico *frūctu(m)*, da *frūi* 'fruire, godere' ✱ av. 1257] **s. f.** (**pl.** *frùtta* o **lett.** *frùtte*, †*frùttora*, †*frùcte*) **1** l'insieme dei frutti commestibili di varie piante arboree (per es. le mele, le pere o le noci) o erbacee (per es. le fragole o i cocomeri), di sapore gradevole, quasi sempre dolce, e di alto potere nutritivo: *f. acerba, matura*; *f. fresca, di stagione*; *raccogliere la f.*; *f. secca, sciroppata*; *marmellata, conserva di f.*; *succhi di f.* | ***f. rossa***, fragole, ciliegie, prugne, ecc. | ***f. secca***, noci, nocciole, mandorle, ecc. | ***f. non trattata***, senza anticrittogamici CFR. verdura **2** (*est.*) l'insieme dei frutti serviti o mangiati generalmente alla conclusione di un pasto: *formaggio e f.*; *f. cotta*; *macedonia di f.* | ***essere alla f.***, al termine del pranzo; (*fig.*) alla fine delle proprie risorse o energie | (*tosc.*) frutto: *io non mangerò mai una f., che non sia sbucciata* (C. COLLODI) **3** (**spec. al pl.**) †percossa || (*raro*) **frutterèlla**, dim.

NOMENCLATURA

frutta, frutto

● *caratteristiche*: vizza = avvizzita, moscia, ammaccata, macolata, pesta, mézza, strafatta = passata, fradicia = marcia, guasta, bacata, ammaccata, ammosciata, sfarinata; selezionata = scelta; saporita, fragrante, sugosa, farinosa, stopposa; di stagione = stagionale, autunnale, estiva, primaticcia, fresca ⇔ secca, fatta = matura ⇔ acerba = verde, dura ⇔ molle = tenera, aspra = allappante ⇔ dolce = zuccherina; primaticcia = precoce ⇔ tardiva; sciroppata; serbevole, fallace, profumata, esotica, mangereccia, agra ⇔ dolce; marmellata (di agrumi), conserva = confettura di frutta;

● *varietà di frutta*: pera (kaiser, William, spadona), bergamotta, sorba, mela (abbondanza, annurca, renetta, golden delicious, stark delicious, delizia), mela cotogna, lazzeruolo, agrumi (arancia, clementina, mandarancio, limone, mandarino, pompelmo, mapo, cedro), mandorla, pesca, pesca noce, albicocca, ciliegia, corbezzola, amarena, susina (prugna, mirabella), nespola, pistacchio, corniola, ficodindia, ribes, uva, uva spina, melagrana, fragola, fico, cocomero = anguria, melone, carruba, cachi, castagna, noce, nocciola, mandorla, pinolo, arachide;

● *frutta selvatica*: mirtillo, lampone, mora, fragolina di bosco, ribes;

● *frutta esotica*: dattero, banana, ananas, cocco, nespola del Giappone, avocado, kiwi = actinidia, mango, papaia, anacardio.

fruttàio [lat. *fructuāriu(m)*, da *frūctus* 'frutto' ✱ 1607] **s. m.** (**pl.** *-ai*) ● (*disus.*) locale dove si conserva la frutta

fruttaiòlo o (*lett.*) **fruttaiuòlo** [da *frutta* ✱ sec. XV] **s. m.** (**f.** *-a*) ● (*tosc.*) fruttivendolo

fruttàre [da *frutta* ✱ 1287] **A** **v. intr.** (**aus.** *avere*) ● (*raro*) fruttificare: *le piante per il freddo hanno fruttato poco* **B** **v. tr. 1** produrre: *un campo che frutta molto grano*; *l'allevamento ci ha fruttato lana, latte e formaggio in quantità* | (*est.*) procurare un reddito, un utile economico: *il capitale così investito frutterà un dieci per cento* SIN. rendere **2** (*fig.*) procurare, causare qlco. di positivo: *il suo comportamento gli ha fruttato la stima di tutti* **3** †mettere a frutto una terra e sim.

fruttariàno [comp. di *frutt(a)* e della parte finale di *(veget)ariano* sul modello dell'ingl. *fruitarian* ✱ 1917] **A** **s. m.** (**f.** *-a*); anche **agg.** ● vegetariano che si nutre solo dei prodotti della terra che non danneggiano la pianta (escludendo perciò foglie, fiori, radici, semi) o, in alcune forme estreme, di sola frutta **B** **agg.** ● costituito unicamente da frutta: *dieta, alimentazione fruttariana*

fruttàto① **A** part. pass. di *fruttare* ● nei sign. del v. **B** **s. m.** ● complesso dei frutti prodotti da un albero, da un terreno e sim. | (*est.*) rendita, interesse, guadagno

†**fruttàto**② [da *frutto* ✱ av. 1571] **agg.** ● piantato ad alberi da frutto: *terreno f.*

fruttàto③ [da *frutta* ✱ 1970] **agg. 1** detto di profumo simile a quello della frutta matura in genere, o di qualche frutto in particolare | detto di vino o di olio che ha tale profumo **2** (*arald.*) detto di albero rappresentato con frutti in colore evidente

frutterìa [da *frutta* ✱ av. 1748] **s. f. 1** †deposito di frutta **2** negozio di frutta e verdura

fruttescènza [deriv. del lat. tardo *fructēscens*, genit. *fructescĕntis*, part. pres. di *fructēscere* 'cominciare a mettere frutto' ✱ av. 1921] **s. f.** ● (*bot.*) infruttescenza

fruttéto [lat. tardo *fructētu(m)*, da *frūctus* 'frutto' ✱ 1770] **s. m.** ● appezzamento di terreno più o meno esteso, coltivato ad alberi da frutta: *f. specializzato, industriale, familiare*

fruttìcolo [1955] **agg.** ● che riguarda le piante da frutto o le frutta

frutticoltóre o **frutticultóre** [1881] **s. m.** (**f.** *-trice*) ● coltivatore di alberi da frutta

frutticoltùra o **frutticultùra** [comp. di *frutto* e *-coltura* ✱ 1874] **s. f. 1** parte della scienza agraria che studia i metodi della coltivazione degli alberi da frutto **2** coltivazione degli alberi da frutto

frutticultóre ➤ **frutticoltore**

frutticultùra ➤ **frutticoltura**

fruttidòro [fr. *fructidor*, comp. del lat. *frūctus* 'frutto' e del gr. *dôron* 'dono' ✱ 1796] **s. m.** ● dodicesimo mese del calendario rivoluzionario francese, il cui inizio corrispondeva al 18 agosto e il termine al 16 settembre

fruttièra [da *frutto* ✱ 1598] **s. f.** ● grande piatto o vassoio, a forma di ciotola o paniere, talvolta sostenuto da un piede, usato per portare la frutta in tavola: *f. di cristallo, di maiolica, d'argento*

fruttìfero [vc. dotta, lat. *fructĭferu(m)*, comp. di *frūctus* 'frutto' e *-fer* '-fero' ✱ 1308] **agg. 1** che fa frutto: *albero f.* | (*est.*, *lett.*) fertile: *regione, paese f.*; *in un piano f. e abbondante* (L. Ariosto) | (*raro, est.*) fecondo: *animali fruttiferi* **CONTR.** sterile **2** (*est.*) che rende: *capitale, investimento f.* **SIN.** redditizio **3** (*fig.*, *lett.*) efficace, proficuo: *sermone, esempio f.*

fruttificàre [vc. dotta, lat. *fructificāre*, comp. di *frūctus* 'frutto' e *-ficāre* '-ficare' ✱ av. 1294] **v. intr.** (*io fruttìfico, tu fruttìfichi*; **aus.** *avere*) ● dare o produrre frutti (*anche fig.*): *una pianta che fruttifica molto, poco* ‖ **fruttificazióne**, **s. f.** il fruttificare; formazione dei frutti

†**fruttìfico** [da *fruttificare* ✱ sec. XIV] **agg.** ● fruttifero | (*fig.*) fruttuoso

fruttìno [da *frutto*] **s. m. 1** porzione di marmellata di frutta, solida, confezionata in cubetto o piccolo panetto **2** porzione di succo di frutta confezionato in bottiglietta **3** caramella al gusto di frutta | gelatina di frutta

fruttivéndolo [comp. di *frutta* e *-vendolo*, ricavato da *vendere* ✱ 1780] **s. m.** (**f.** *-a*) ● venditore di frutta e ortaggi | (*est.*) negozio in cui si vendono frutta e ortaggi

fruttìvoro [comp. di *frutto* e *-voro*, ricavato da *carnivoro* ✱ av. 1730] **agg.** ● (*raro*) detto di animale che si ciba di frutta

♦**frùtto** [lat. *frūctu(m)*. V. *frutta* ✱ 1224 ca.] **s. m. 1** prodotto della terra: *una regione ricca, povera di frutti* **2** (*bot.*) organo delle Angiosperme derivato dall'ovario e contenente gli ovuli trasformati in semi: *f. apireno, carnoso, composto, deiscente, indeiscente, secco* **CFR.** carpo-, -carpo | ***falso f.***, che ha origine dalla trasformazione di altre parti del fiore oltre all'ovario | (*bot.*) ***f. della passione***, granadiglia | correntemente, prodotto commestibile di alcune piante arboree o erbacee: *la polpa, il nocciolo del f.*; *cogliere un f.* | ***frutti di bosco***, lamponi, mirtilli, ribes e more | ***f. proibito***, il pomo che, secondo la narrazione biblica, Adamo non doveva mangiare; (*fig.*) ogni cosa vietata e perciò più desiderabile | ***f. di stagione***, (*fig.*, *lett.*) cosa appropriata a un dato periodo | ***cogliere il f. quand'è maturo***, (*fig.*) cogliere un'occasione al momento giusto | (*est.*) figlio, prole: *il f. del ventre tuo* | ***f. dell'amore***, figlio; (*disus.*) figlio illegittimo | ***frutti di mare***, insieme di molluschi marini commestibili, di ricci di mare e di certi tipi di gamberi che vengono spesso serviti assieme sia crudi che cotti | **PROV.** ***dal f. si conosce l'albero*** **3** prodotto di una attività umana: *i frutti dell'allevamento, della caccia, della pesca*; *vivere dei frutti del proprio lavoro* | profitto, vantaggio: *cominciai a trarre f. dalle mie fatiche* (B. Cellini) **4** (*fig.*) effetto o conseguenza positiva o negativa: *il f. dell'educazione, dell'insegnamento, della pigrizia, della discordia, della viltà* | ***senza f.***, (*fig.*) senza risultato | (*fig.*) ***con poco f.***, con scarsi risultati | ***a che f.?***, a che pro? **5** utile o vantaggio economico: *attività, azienda che non dà frutti* | ***mettere qlco. a f.***, utilizzarla in modo proficuo (*spec. fig.*): *mettere a f. l'esperienza accumulata* | (*est.*) interesse: *dare, prendere denari a f.* **SIN.** profitto, rendita **6** (*dir.*, **spec. al pl.**) qualsiasi bene che deriva da altri beni: *divisione dei frutti naturali o civili della dote in caso di scioglimento del matrimonio* ‖ **frutticèllo**, **dim.** | **frutticìno**, **dim.** | **fruttìno**, **dim.**

fruttòṣio [comp. di *frutt(a)* e *-osio* ✱ 1895] **s. m.** ● (*chim.*) zucchero levogiro contenuto in molti frutti e nel miele, usato come conservante per gli alimenti e in terapia nell'acidosi diabetica; insieme al glucosio costituisce la molecola del disaccaride saccarosio **SIN.** levulosio

fruttoṣùria o **fruttoṣurìa** [comp. di *fruttos(io)* e *-uria* ✱ 1956] **s. f.** ● (*med.*) in molte forme diabetiche, eliminazione di fruttosio con le urine

fruttuóso (o -ṣ-) [vc. dotta, lat. *fructuōsu(m)*, da *frūctus* 'frutto' ✱ av. 1292] **agg. 1** che fornisce o produce frutti abbondanti: *annata fruttuosa* | copioso, abbondante **CONTR.** sterile **2** (*fig.*) profittevole, redditizio: *impresa, opera fruttuosa* | utile, proficuo: *dibattito f.*; *trattative fruttuose* **3** che dà guadagno economico: *lavoro, investimento f.* ‖ **fruttuosaménte**, **avv.** con profitto, utilità ‖ **fruttuosità**, **s. f. inv. 1** (*raro*) copiosità, fertilità **2** (*fig.*) capacità di produrre effetti positivi, utili **SIN.** proficuità

ftalàto [1874] **s. m.** ● (*chim.*) sale o estere dell'acido ftalico

ftaleìna [dall'(*anidride*) *ftal(ica)* ✱ 1892] **s. f.** ● (*chim.*) sostanza organica ottenuta per condensazione di anidride ftalica, o suoi derivati, con fenoli, spesso dotata di proprietà coloranti

ftàlico [da (*na*)*ftalico* ✱ 1874] **agg.** (**pl. m.** *-ci*) ● (*chim.*) detto di composto formato da un gruppo benzenico e da due carbossili, o di composto da questi derivato | ***acido f.***, acido organico, bibasico, ottenuto per ossidazione della naftalina, impiegato per la preparazione di coloranti organici sintetici, di farmaceutici, di profumi

ftàlo- [tratto dal n. dell'acido (*na*)*ftalico*] **primo elemento** (*ftal-* **davanti a vocale**) ● in chimica, indica relazione con l'acido ftalico: *ftalato, ftaleina*

ftanìte [etim. incerta ✱ 1819] **s. f.** ● (*geol.*) varietà di diaspro contenente argilla

ftirìaṣi [vc. dotta, lat. *phthirĭasi(m)*, dal gr. *phtheiríasis*, da *phthéir*, genit. *phtheirós* 'pidocchio', da *phthéirein* 'distruggere', di orig. indeur. ✱ av. 1564] **s. f. inv.** ● (*med.*) infestazione contagiosa del pube da parte delle femmine adulte della piattola **SIN.** pediculosi inguinale

fu /fu*/ [percepito come terza pers. sing. del pass. rem. di *essere*, ma prob. dal fr. *feu* 'defunto', dal lat. parl. *fatūtu(m)*, 'che ha compiuto il proprio fato' ✱ av. 1512] **in funzione di agg. m. e f. solo sing.** ● defunto, morto (davanti ai nomi propri di pers.): *il fu Renato B.* | (*burocr.*) ***Rossi Mario fu Giuseppe***, figlio del defunto Giuseppe

Fucàcee [comp. di *fuc(o)*① e *-acee* ✱ 1874] **s. f. pl.** (**sing.** *-a*) ● (*bot.*) famiglia di alghe brune il cui tallo presenta talvolta vesciche ripiene d'aria atte al galleggiamento (*Fucaceae*)

fucàto [vc. dotta, lat. *fucātu(m)*, part. pass. di *fucāre* 'tingere di rosso', da *fūcus* 'fuco②' ✱ av. 1472] **agg. 1** (*lett.*) imbellettato con fuco **2** †falso, finto **3** (*lett.*, *fig.*) affettato, artificioso

fùchsia ➤ **fucsia**

fuchsite /fuk'site/ [ted. *Fuchsite*, chiamata così in onore di J. N. Fuchs (1774-1856) ✱ 1956] **s. f.** ● (*miner.*) varietà contenente cromo di muscovite di colore verde smeraldo

fuciàcca ➤ **fusciacca**

fuciàcco ➤ **fusciacco**

fucilàre [da *fucile* ✱ 1792] **v. tr.** (*io fucìlo*) ● mettere a morte mediante fucilazione

fucilàta [1744] **s. f. 1** colpo o sparo di fucile: *colpire qlcu. con una f.*; *sentire una f.* **2** nel gergo calcistico, tiro forte e improvviso contro la porta avversaria

fucilatóre [1866] **s. m.** (**f.** *-trice*) ● (*raro*) chi fucila

fucilazióne [1797] **s. f.** ● esecuzione di condanna a morte mediante scarica di fucile, prevista dal codice penale militare di guerra per reati gravissimi | ***f. nel*** (***al***) ***petto***, se il reato non è disonorante | ***f. nella*** (***alla***) ***schiena***, se il reato è infamante

♦**fucìle** o †**fòcile**① [da (*archibugio a*) *focile* 'archibugio ad acciarino' ✱ 1313] **s. m. 1** arma da fuoco portatile di piccolo calibro a canna lunga d'acciaio: *f. da caccia, da guerra, a ripetizione, automatico, mitragliatore* | ***f. a pompa***, quello a ripetizione con caricamento manuale ottenuto con un solo rapido movimento | ***f. subacqueo***, arma subacquea a molla, a elastico, ad aria compressa o a gas, usata per lanciare piccole fiocine **2** (*est.*) soldato armato di fucile: *un esercito forte di molte migliaia di fucili* | (*est.*) tiratore: *essere un cattivo, un buon f.* **3** †acciarino | ***f. dello schioppo, della pistola***, acciarino applicato al focone delle antiche armi da fuoco, capace di provocare l'accensione della carica all'istante voluto ‖ **fucilàccio**, **pegg.** | **fucilétto**, **dim.** | **fucilìno**, **dim.** | **fucilóne**, **accr.**

fucilerìa [1862] **s. f. 1** rumore di numerosi e continui colpi di fucile | ***fuoco di f.***, azione contemporanea e continuata di gran numero di fucili **2** reparto di soldati armati di fucile

fucilièra [1869] **s. f. 1** rastrelliera per fucili **2** (*disus.*) feritoia da dove sparare con il fucile

fucilière [1655] **s. m.** (**f.** *-a*) ● soldato armato di fucile

fucìna [lat. *officīna(m)* 'officina' ✱ av. 1306] **s. f. 1** focolare su cui i fabbri arroventano il ferro per batterlo all'incudine | fornello fusorio di metalli come ferro, argento e sim. | †***F. infernale***, l'Inferno | ***f. di Vulcano***, quella in cui, secondo la mitologia greco-romana, il dio Efesto o Vulcano, sotto l'Etna, forgiava le armi degli dei **2** impianto o reparto di fucinatura **3** (*fig.*) luogo, epoca, ambiente in cui si ordisce, si prepara qlco. di negativo oppure si formano menti, caratteri, personalità: *quella compagnia è una f. di misfatti*; *il Quattrocento fu una f. d'ingegni e di opere d'arte* ‖ **fucinétta**, **dim.**

fucinàre [da *fucina* ✱ 1869] **v. tr. 1** (*raro*, *lett.*) forgiare, produrre **2** (*fig.*, *lett.*) ideare, creare: *la mente mia ... lavora a f. immagini* (A. Savinio)

fucinatóre [1952] **s. m.** (**f.** *-trice*) ● operaio addetto alla fucinatura

fucinatrìce [1896] **s. f.** ● pressa per dare forma al ferro reso malleabile dal calore

fucinatùra [1924] **s. f.** ● lavorazione a caldo di metalli

fùco① [lat. *fūcu(m)*, dal gr. *phŷkos* 'alga', di orig. semitica ✱ av. 1508] **s. m.** (**pl.** *-chi*) **1** genere di alghe delle Fucacee con tallo laminare, appiattito e ramificato, che può presentare o no vesciche ripiene d'aria (*Fucus*) **2** †belletto che si ricavava un tempo dall'omonima alga di color rosso porpora | (*fig.*) †finzione, affettazione

fùco② [vc. dotta, lat. *fūcu(m)*, di orig. indeur. ✱ av. 1320] **s. m.** (**pl.** *-chi*) ● maschio dell'ape, tozzo, privo di aculeo, che si distingue dalla femmina per gli occhi più grandi **SIN.** pecchione

fùcsia o **fùchsia** /'fuksia/ [chiamata così in onore del botanico bavarese L. *Fuchs* ✱ 1813] **A s. f.** ● genere di piante dicotiledoni cespugliose delle Onagracee con bellissimi fiori penduli, gener. di colore rosa violaceo, bianco, viola variamente combinati fra loro (*Fuchsia*) **B in funzione di agg. inv.** ● (posposto a un sost.) detto del colore rosa violaceo proprio del fiore omonimo

fucsìna [dal ted. *Fuchs* 'volpe', trad. del fr. *Renard*, cognome di un industriale di Lione per il quale lavorava lo scopritore del prodotto ✱ 1869] **s. f.** ● (*chim.*) sostanza colorante rossa del gruppo del trifenilmetano, ottenuta per ossidazione di un miscuglio di anilina e toluidina, usata per tingere lana e seta **SIN.** rosanilina

fueg̀ino o **fuegiàno** [da *Fuegia*, n. sp. della *Terra del Fuoco* ✱ 1892] **A** **agg.** ● della Terra del Fuoco **B** **s. m.** (**f.** *-a*) ● abitante o nativo della Terra del Fuoco

fuèro /ˈfwɛro, *sp.* ˈfwero/ [vc. sp., dal lat. *fŏru(m)* 'foro' ✱ 1874] **s. m. inv.** (**pl. sp.** *fueros*) ● (*dir.*) ognuno degli statuti autonomi e privilegiati di origine medievale di cui, per tradizione, godettero alcune province spagnole fra cui le tre basche

fuètto [fr. *fouet*, dal fr. ant. *fou* 'faggio' (dal lat. *fāgu(m)* 'faggio'): il sign. orig. doveva essere quello di 'piccolo faggio', poi di 'bacchetta di faggio (per frustare)' e quindi di 'frustino' ✱ 1937] **s. m.** **1** frustino usato nelle corse al trotto e al galoppo **2** (*mar.*; *disus.*) cimetta sottile

fùffa o **fòffa** [vc. dial. sett., dalla base onomat. *fuff-*, *foff-* ✱ 1992] **s. f.** **1** (*milan.*) merce scadente, ciarpame | (*fig.*) discorso vuoto, inutile **2** (*sett.*) inganno, imbroglio

fuffìgno [vc. onomat. ✱ 1869] **s. m.** ● ingarbugliamento dei fili di un tessuto o di una matassa

♦**fùga** o †**fùgga** [vc. dotta, lat. *fŭga(m)*, da *fŭgere* 'fuggire' ✱ av. 1292] **s. f.** **1** rapido allontanamento da un luogo o da una situazione, per paura o per sottrarsi a un danno, un pericolo e sim.: *f. generale, precipitosa*; *salvarsi con la f.*; *del nemico la f. o la vittoria* (T. Campanella) | evasione: *i detenuti tentarono la f.* | ***la f. in Egitto***, di Giuseppe, Maria e Gesù, per sottrarsi alla persecuzione di Erode | ***darsi alla f., andare, volgere in f.***, fuggire | ***porre, mettere in f.***, far fuggire | ***pigliare la f.***, fuggire | ***di f.***, frettolosamente, di sfuggita | (*fig.*) ***f. dalla realtà***, evasione fittizia da una situazione concreta, allo scopo di sottrarsi a responsabilità e sim. | esodo, abbandono in massa: *la f. dalle grandi città* **2** (*est.*) fuoriuscita: *f. di gas*; *f. d'acqua* | ***f. di capitali***, trasferimento di capitali monetari da uno Stato a un altro che dia vantaggi fiscali o finanziari o prometta una maggiore stabilità | ***f. di notizie***, il trapelare di notizie riservate, segrete e sim. da determinati ambienti | (*fig.*) ***f. dei cervelli***, fenomeno per cui scienziati e sim. lasciano sistematicamente i loro Paesi e si trasferiscono in altri per le migliori possibilità loro offerte | ***f. in avanti***, (*fig.*) comportamento di chi, invece di misurarsi con una situazione concreta e con difficoltà immediata, si propone obiettivi lontani di difficile o impossibile realizzazione **3** (*est.*) progressivo allontanamento di un oggetto da un determinato punto di riferimento: *velocità di f.* **4** serie di elementi architettonici o di ambienti, uguali fra loro e disposti uno di seguito all'altro a distanza regolare, in modo da suggerire un effetto prospettico di movimento: *una f. di colonne, di archi, di saloni* | ***f. di specchi***, illusione ottica determinata da due specchi che si riflettono uno nell'altro **5** nel ciclismo su strada, azione di uno o più corridori che si staccano dal gruppo: *tentare una f.*; *essere, andare in f.* | ***squadra in f.***, quella che, prima in classifica, stacca sensibilmente le altre **6** (*mus.*) forma musicale contrappuntistica in cui le voci, in numero variabile, intervengono l'una dopo l'altra secondo una precisa struttura: *f. a due, tre, quattro voci* | ***f. rovesciata***, controfuga **7** nelle pavimentazioni, spazio tra una piastrella, una lastra e sim. e l'altra ‖ **fughétta**, **dim.** | **fugóna**, **accr.** | **fugóne**, **accr. m.**

✱**fugàce** [vc. dotta, lat. *fugāce(m)*, da *fŭgere* 'fuggire' ✱ 1342] **agg.** **1** †che fugge **2** che è fuggevole, transitorio, di breve durata: *la bellezza è un bene f.*; *i fugaci beni del mondo*; *avanzano / ore fugaci e meste* (G. Parini) **CONTR.** durevole **3** (*bot.*) caduco ‖ **fugaceménte**, **avv.** in modo fuggevole

SFUMATURE DI SIGNIFICATO

fugace - effimero - caduco

Fugace è ciò che è di breve durata, che passa rapidamente; il termine, di uso letterario, definisce solitamente la natura di beni transitori, come la giovinezza o la felicità. **Effimero** esprime anch'esso un'idea di durata breve, ma è connotato negativamente e descrive cose il cui pregio scade proprio per il loro carattere passeggero. **Caduco**, legato etimologicamente a *cadere*, per cui abbiamo *foglie caduche* o *denti caduchi*, aggiunge ai termini precedenti una sfumatura di fragilità, di inconsistenza.

SFUMATURE ➤ ***breve***, ➤ ***provvisorio***

✱**fugacità** [vc. dotta, lat. tardo *fugacitāte(m)*, da *fŭgax*, genit. *fugācis* 'fugace' ✱ 1565] **s. f. inv.** ● caratteristica di ciò che è fugace: *la f. della vita, dei beni mondani* **SIN.** caducità, provvisorietà

fugàpi [comp. di *-fuga(re)* e il pl. di *ape* ✱ 1956] **s. m. inv.** ● (*zootec.*) apiscampo

fugàre [vc. dotta, lat. *fugāre*, da *fŭga* 'fuga' ✱ 1282] **A** **v. tr.** (*io fùgo, tu fùghi*) **1** (*lett.*) mettere in fuga, far fuggire: *f. gli avversari* | (*fig.*) allontanare, rimuovere: *f. l'ozio, il sonno, la tentazione* **SIN.** cacciare **2** (*est.*) far sparire, disperdere: *il vento ha fugato le nubi* **SIN.** dileguare | (*fig.*) eliminare, dissipare: *f. i sospetti*; *f. i dubbi* **B** **v. intr.** (**aus.** *avere*) ● (*mus.*) comporre una fuga **C** **fugàrsi** **v. intr. pron.** ● †fuggire: *vertù così per nimica si fuga / da tutti come biscia* (Dante *Purg.* XIV, 37, 38)

fugàto **A** **part. pass.** di *fugare*; anche **agg.** ● nei sign. del v. **B** **s. m.** ● (*mus.*) parte, in forma di fuga, di una composizione

fugatóre [vc. dotta, lat. tardo *fugatōre(m)*, da *fugāre* 'fugare' ✱ 1336 ca.] **s. m.** (**f.** *-trice*); anche **agg.** **1** †chi (o che) scaccia o mette in fuga | (*fig.*, *lett.*) chi (o che) allontana **2** (*idraul.*) canale, che convoglia le acque di rifiuto di un comprensorio irriguo, portandole a scaricare in un recipiente naturale

†**fùgga** ➤ **fuga**

fuggènte o †**fuggiènte** **A** **part. pres.** di *fuggire*; anche **agg.** ● (*lett.*) che fugge: *cogliere l'attimo f.* **B** **s. m. e f.** ● (*lett.*, *raro*) fuggitivo

✱**fuggévole** [av. 1333] **agg.** ● di breve durata: *attimo, istante f.* | rapido, breve, fugace: *sguardo f.* ‖ **fuggevolménte**, **avv.**

fuggevolézza [1854] **s. f.** ● (*raro*) fugacità: *la f. della vita*

fuggiàsco [da *fuggire* col suff. *-asco* ✱ sec. XIV] **agg. e s. m.** (**f.** *-a*; **pl. m.** *-schi*) ● che (o chi) fugge per sottrarsi a pericoli, ricerche, persecuzioni e sim.: *militari fuggiaschi*; *un gruppo di fuggiaschi* | ***andar f.***, fuggire | (*est.*, *lett.*) esule: *Dante f. sostò in molte corti italiane* **SIN.** profugo ‖ †**fuggiascaménte**, **avv.**

†**fuggiènte** ➤ **fuggente**

fuggifùggi o **fùggi fùggi** [imperat. di *fuggire*, raddoppiato ✱ 1898] **s. m. inv.** ● fuga disordinata e precipitosa di più persone, veicoli e sim.: *lo scoppio provocò un f. generale*

†**fuggiménto** [1268] **s. m.** ● fuga | corrente dell'acqua | (*fig.*) rinuncia, rifiuto

♦**fuggìre** o †**fugìre** [lat. tardo *fugīre*, per il classico *fŭgere*, di orig. indeur. ✱ av. 1250] **A** **v. intr.** (*io fùggo, tu fùggi*; **aus.** *essere*) **1** allontanarsi da un luogo o da una situazione con la maggior rapidità possibile, per paura o per sottrarsi a un danno, un pericolo e sim.: *f. dalla città in fiamme*; *f. dalle mani dei nemici* | evadere: *fuggire dalla prigione* (o *di prigione*), *dal campo di concentramento* | andarsene via: *f. di casa* (o *da casa*) | ***f. dinanzi alla tempesta***, nel linguaggio marinaro, correre nella stessa direzione del vento, con poche vele e basse | (*est.*) tenersi lontano da qlcu. o da qlco.: *f. dalle tentazioni, dalle cattive amicizie* **SIN.** scappare | ***mordi e fuggi***, V. *mordere* | ***fuggi fuggi***, V. *fuggifuggi* **2** rifugiarsi: *gli esuli fuggirono a Londra, in Svizzera*; *f. sui monti, nei boschi, dentro il forte*; *non saper dove f.* | (*fig.*) ***f. in sé stesso***, rinchiudersi in sé | (*colloq.*) andarsene in gran fretta **3** nel ciclismo su strada, realizzare o tentare una fuga **4** scorrere rapidamente (*anche fig.*): *gli anni fuggono*; *il paesaggio fugge dinnanzi agli occhi del viaggiatore* **5** (*fig.*) venir meno: *la forza, la vita, la gloria fugge*; *via fugge / con gli anni insieme la bellezza* (A. Poliziano) | dileguarsi: *la nebbia, le tenebre fuggono* **B** **v. tr.** **1** schivare, eludere (*anche fig.*): *f. le tentazioni, gli affanni*; *f. la compagnia dei malvagi*; *una scuola che insegna a f. i pericoli, per non soccombere alle cadute* (C. Goldoni) | evitare: *f. le spiagge affollate* **2** †trafugare, occultare **3** †rifiutarsi, ricusare **4** †fugare **C** **fuggìrsi** **v. intr. pron.** **1** (*lett.*) fuggire: *Quando ella si fuggì dal padiglione* (L. Ariosto) **2** ***fuggirsene***, fuggire via, scappare (con valore intens.): *e il Papa se ne fuggì a Genova* (N. Machiavelli)

SFUMATURE DI SIGNIFICATO

fuggire - svignarsela

L'allontanarsi da un posto con la maggiore rapidità possibile per sottrarsi a un danno, un pericolo o solo un fastidio si dice **fuggire. Svignarsela** ha lo stesso significato ma appartiene al registro familiare e suggerisce un andarsene furtivamente, alla chetichella, più per togliersi da un impiccio che per evitare conseguenze seriamente spiacevoli.

SFUMATURE ➤ ***scappare***

†**fuggìta** o †**fugìta** [av. 1292] **s. f.** ● fuga, spec. di esercito | ***alla f.***, di sfuggita, sommariamente

fuggitìvo o †**fugitìvo** [lat. *fugitīvu(m)*, da *fŭgere* 'fuggire' ✱ av. 1292] **A** **agg.** **1** che si allontana fuggendo, che è fuggito: *lepre, nave fuggitiva*; *schiavo f.*; *seguir le fere fugitive in caccia* (A. Poliziano) **2** (*lett.*, *fig.*) che sfugge: *negli occhi tuoi ridenti e fuggitivi* (G. Leopardi) **3** (*raro*, *fig.*) fugace, fuggevole: *attimo, pensiero f.* **4** †da doversi fuggire, evitare ‖ **fuggitivaménte**, **avv.** **B** **s. m.** (**f.** *-a*) **1** fuggiasco: *inseguire i fuggitivi* | disertore, transfuga, evaso: *riprendere i fuggitivi* **2** nel ciclismo su strada, corridore in fuga

fuggitóre [lat. *fugitōre(m)*, da *fŭgere* 'fuggire' ✱ av. 1332] **s. m.** (**f.** *-trice*); anche **agg.** ● (*lett.*) chi (o che) fugge

†**fugìre** e deriv. ➤ **fuggire** e deriv.

-fugo [lat. *-fugu(m)*, ora col senso di *fugāre* 'mettere in fuga', ora di *fŭgere* 'fuggire'] **secondo elemento** **1** in alcune parole composte, significa 'che mette in fuga': *callifugo, febbrifugo, vermifugo* **2** in alcune parole composte significa 'che fugge da': *centrifugo* **CONTR.** -peto

Führer /ˈfyrer, *ted.* ˈfyːʀʌ/ [ted., da *führen* 'guidare'; calco sull'it. *duce* ✱ 1935] **s. m. inv.** (**pl. ted. inv.**) ● titolo dato in Germania al dittatore A. Hitler (1885-1945)

fùi ➤ **essere**①

†**fuìna** [ant. fr. *fouine*, da *fou* 'faggio', sul quale è solita vivere ✱ sec. XV] **s. f.** ● faina

fùio [lat. parl. **fūriu(m)*, da *fūr*, genit. *fūris* 'ladro' ✱ 1313] **A** **s. m.** (**f.** *fuia*, **pl. m.** *fui*); anche **agg.** ● †ladro: *non è ladron, né io anima fuia* (Dante *Inf.* XII, 90) **B** **agg.** ● (*lett.*) nascosto, occulto

fuitìna [vc. calabrese e siciliana, dal v. *fuìri* 'fuggire, scappare' ✱ 1985] **s. f.** ● (*merid.*) espediente, consistente in una fuga da casa e in una breve convivenza, messo in atto da due fidanzati spec. minorenni, per convincere i genitori ad accettare il matrimonio

fularìno ➤ **foularino**

fùlcro [vc. dotta, lat. *fŭlcru(m)*, da *fulcīre* 'sostenere'. V. *folcire* ✱ av. 1505] **s. m. 1** (*mecc.*) punto di appoggio della leva **2** (*fig.*) punto centrale di una teoria, questione, discussione e sim. SIN. perno **3** (*bot.*) organo con cui alcune piante si attaccano a un sostegno

fulgènte part. pres. di *fulgere*; anche agg. ● (*lett.*) che rifulge

fùlgere [vc. dotta, lat. *fŭlgere* e *fulgēre*, dalla stessa radice di *fŭlgur* 'folgore' ✱ 1321] **v. intr.** (**pres.** *io fùlgo, tu fùlgi*; **pass. rem.** *io fùlsi, tu fulgésti*; **difett. del part. pass. e dei tempi composti**) ● (*lett.*) rifulgere, risplendere: *la luna in mezzo alle minori stelle / chiara fulgea nel ciel quieto e sereno* (L. DE' MEDICI)

fulgidézza [av. 1328] **s. f.** ● (*raro*) caratteristica di fulgido

fulgidità o †**fulgiditàde**, †**fulgiditàte** [sec. XIV] **s. f. inv.** ● (*lett.*) fulgidezza

♣**fùlgido** [lat. *fŭlgidu(m)*, da *fulgēre* 'fulgere' ✱ 1321] **agg.** ● che splende di viva e grande luce: *gemma, stella fulgida* | (*fig.*) ***ingegno f.***, acuto e penetrante | (*fig.*) luminoso: *f. esempio* SIN. brillante ‖ **fulgidaménte**, **avv.**

†**fulgoràre** [da *fulgore*] **v. tr.** ● rendere fulgido

♣**fulgóre** o †**folgóre**② [lat. *fulgōre(m)*, da *fulgēre* 'fulgere' ✱ 1321] **s. m.** ● splendore vivo e intenso (*anche fig.*)

Fulgòridi [vc. dotta, comp. di *fulgore*, perché erano ritenuti luminescenti, e *-idi* ✱ 1932] **s. m. pl.** (**sing.** *-e*) ● (*zool.*) famiglia di Insetti degli Omotteri dai colori appariscenti che vivono sui vegetali nutrendosi di linfa, frequenti spec. nei climi caldi e umidi (*Fulgoridae*)

fulguràle [vc. dotta, lat. *fulgurāle(m)*, da *fŭlgur*, genit. *fŭlguris* 'folgore' ✱ 1756] **agg.** ● attinente alle folgori | ***libri fulgurali***, presso gli Etruschi e i Romani, libri che trattavano la divinazione a mezzo delle folgori e i relativi riti di placazione

fulguratòrio [1892] **agg.** (**pl. m.** *-i* o *raro -ii*) ● ***arte fulguratoria***, tecnica con cui gli aruspici etruschi e romani predicevano il futuro osservando i fulmini e purificavano i luoghi da essi colpiti

†**fùlgure** ➤ **folgore**①

fulìggine o (*tosc.*) **filìggine** [lat. *fulīgine(m)*, di orig. indeur. ✱ av. 1292] **s. f. 1** deposito nerastro che aderisce spec. ai camini e alle caldaie, costituito da particelle carboniose che si formano nella combustione incompleta delle sostanze bruciate | ***nero come la f.***, nerissimo **2** (*bot.*) golpe

fuligginóso (o **-ṣ-**) [lat. tardo *fuliginōsu(m)*, da *fulīgo*, genit. *fulīginis* 'fuliggine' ✱ av. 1484] **agg.** ● coperto di fuliggine: *parete fuligginosa*

full /ingl. fʊl/ [vc. ingl., propr. 'completo', di orig. indeur. ✱ 1948] **s. m. inv.** ● nel gioco del poker, combinazione di carte costituita da un tris più una coppia

full còntact /ful'kɔntakt, *ingl.* 'fʊl,kɒntækt/ [loc. ingl., propr. 'contatto (*contact*) totale (*full*)' ✱ 1984] **loc. sost. m. inv.** ● (*sport*) disciplina nata negli Stati Uniti, derivata dal karate, nella quale i due avversari si affrontano sul ring, scambiandosi colpi di braccia e di gambe, ma solo sopra la cintura

fullerène [dal n. di R. B. *Fuller* (1895-1983), l'architetto americano che creò la cupola geodetica, alla quale la forma della molecola assomiglia, col suff. *-ene* ✱ 1992] **s. m.** ● (*chim.*) molecola costituita da sessanta o più atomi di carbonio con una struttura a sferoide cavo; addizionata di particolari elementi chimici ha ottime proprietà di superconduttività

full immèrsion /fulim'merʃon, *ingl.* 'fʊlɪ,mɜːʃən/ [loc. ingl., propr. 'immersione completa' ✱ 1986] **loc. sost. f. inv.** (**pl. ingl.** *full immersions*) **1** metodo di apprendimento di una lingua straniera, basato su uno studio intenso e continuo per un periodo di tempo limitato **2** (*est.*) svolgimento di un'attività con tutte le proprie energie

fullóne ➤ **follone**

full òptional /fu'lɔpʃonal, *ingl.* fʊl-'ɒpʃən(ə)l/ [loc. formata dalle parole ingl. *full* 'pieno' e *optional* 'facoltativo' ✱ 1986] **loc. agg. inv.** ● (posposto a un sost.) completo di ogni accessorio opzionale: *un fuoristrada full optional*

full tèxt /ful'tɛkst, *ingl.* 'fʊl,tɛkst/ [loc. ingl., comp. di *full* 'completo, pieno' e *text* 'testo' ✱ 1992] **loc. agg. inv.** ● (*inform.*) detto di ricerca in grado di rintracciare una stringa di caratteri all'interno di un file di testo

full-time /ful'taim, *ingl.* 'fʊl,taɪm/ [ingl., propr. 'tempo pieno', comp. di *full* 'pieno' (vc. germ. di orig. indeur.) e *time* 'tempo' (vc. germ. di orig. indeur.) ✱ 1963] **A agg. inv. e avv.** ● detto di lavoro che occupa l'intera giornata lavorativa: *lavoro, occupazione full time*; *lavorare, occuparsi* (*a*) *full-time* **B s. m. inv.** ● il lavoro stesso: *scegliere, accettare il full-time*

fulmicotóne [fr. *fulmicoton* 'cotone fulminante', comp. del lat. *fŭlmen*, genit. *fŭlminis* 'fulmine', e del fr. *coton* 'cotone' ✱ 1846] **s. m.** ● sostanza esplosiva ottenuta per nitrazione spinta del cotone SIN. cotone fulminante | (*fig.*) ***un tiro, un pugno al f.***, violentissimo

fulminànte A part. pres. di *fulminare*; anche agg. **1** che fulmina | (*fig.*) che lascia attoniti, annichiliti: *un'occhiata f.* **2** (*fig.*) di malattia che ha decorso rapido, letale: *meningite f.* **3** che scoppia all'istante con violenza: *proiettile f.*; *polvere f.* **B s. m. 1** (*tosc.*) fiammifero di legno **2** innesco

fulminàre [vc. dotta, lat. *fulmināre*, da *fŭlmen*, genit. *fŭlminis* 'fulmine' ✱ av. 1328] **A v. tr.** (*io fùlmino*) **1** colpire, abbattere col fulmine: *Dio lo fulmini!* | (*fig.*) ***f. qlcu. con uno sguardo, con un'occhiata***, farlo tacere di colpo SIN. folgorare **2** (*est.*) abbattere con una scarica elettrica o un'arma, spec. da fuoco: *la corrente ad alta tensione lo fulminò sul colpo*; *f. l'avversario a rivoltellate* **3** (*lett.*, *fig.*) scagliare con violenza: *f. una maledizione contro qlcu.* | (*assol.*) nel linguaggio calcistico: ***f. il portiere***, realizzare un gol, con un tiro improvviso e violento **B v. intr. impers.** (**aus.** *essere* o *avere*) ● cader fulmini: *tuonò e fulminò tutta la notte* **C v. intr.** ● (*fig.*) †muoversi con impeto e rapidità: *s'avean le lance fatte dar con fretta / e venian fulminando alla vendetta* (L. ARIOSTO) **D fulminàrsi v. intr. pron.** ● (*colloq.*) fondersi, per eccesso di corrente elettrica: *la lampadina si è fulminata*

fulminàto① part. pass. di *fulminare*; anche agg. **1** colpito da un fulmine o da una scarica elettrica | abbattuto a morte **2** (*fig.*) annichilito

fulminàto② [deriv. di *fulmin(ico)* col suff. *-ato*② ✱ 1853] **s. m.** ● (*chim.*) sale dell'acido fulminico | ***f. di mercurio***, sostanza esplosiva impiegata per inneschi

fulminatóre [vc. dotta, lat. tardo *fulminatōre(m)*, da *fulmināre* 'fulminare' ✱ 1499] **s. m.** (**f.** *-trice*); anche agg. ● (*lett.*) chi (o che) fulmina (*anche fig.*): *Giove f.*; *f. degli eretici*

fulminazióne [vc. dotta, lat. *fulminatiōne(m)*, da *fulmināre* 'fulminare' ✱ av. 1328] **s. f. 1** (*raro*, *lett.*) il fulminare | (*raro*) caduta del fulmine **2** †condanna ecclesiastica, severa censura **3** (*med.*) folgorazione: *morte per f.*

♦**fùlmine** [vc. dotta, lat. *fŭlmine*, abl. di *fŭlmen*, da *fulgēre* 'fulgere' ✱ av. 1292] **s. m. 1** violenta scarica elettrica tra una nube temporalesca e la terra o tra nube e nube, accompagnata da un bagliore (*lampo*) e da un suono secco o sordo e prolungato (*tuono*) | ***f. globulare***, fenomeno luminoso, la cui reale esistenza è oggetto di discussione, per cui si renderebbero visibili nell'atmosfera sfere di luce ferme o in movimento | ***f. a ciel sereno***, (*fig.*) avvenimento improvviso e spiacevole | ***colpo di f.***, (*fig.*) innamoramento a prima vista | (*lett.*) ***tuoni e fulmini!***, ***fulmini e saette!***, escl. che esprimono stupore, meraviglia, disappunto e sim. SIN. folgore **2** (*fig.*) persona o cosa molto rapida, impetuosa o minacciosa: *sei stato un f.!* | ***un f. di guerra***, generale rapido ed efficace nelle azioni; (*fig.*) persona molto rapida nel decidere e nell'agire: *quel tuo amico non è proprio un f. di guerra!* | (*fig.*) reazione molto aspra, critica violenta: *si è attirato i fulmini dei superiori* | (*raro*) ***i fulmini del Vaticano***, scomuniche o minacce papali

fulmineità [1915] **s. f. inv.** ● (*raro*) caratteristica di chi (o di ciò che) è fulmineo

♣**fulmìneo** [vc. dotta, lat. *fulmĭneu(m)*, da *fŭlmen*, genit. *fŭlminis* 'fulmine' ✱ 1516] **agg. 1** †di fulmine | (*est.*, *lett.*) micidiale: *la fulminea spada in cerchio gira* (T. TASSO) **2** (*fig.*) rapidissimo, repentino: *ottenere un f. successo*; *una decisione fulminea* **3** (*lett.*) folgorante: *sguardo f.* ‖ **fulmineaménte**, **avv.** in modo fulmineo, rapido

fulmìnico [da *fulmine* ✱ 1869] **agg.** (**pl. m.** *-ci*) ● (*chim.*) detto di acido isomero dell'acido cianico molto instabile, in cui si ammette l'esistenza di carbonio bivalente

†**fulminìo** [sec. XIII] **s. m.** ● frequente cadere di fulmini | (*est.*) sfolgorio

fulminóso (o **-ṣ-**) [av. 1638] **agg.** ● (*poet.*) fulmineo: *fulminose spade* (G. CARDUCCI)

fùlvido [vc. dotta, lat. tardo *fŭlvidu(m)*, sovrapposizione di *fŭlgidus* 'fulgido' a *fŭlvus* 'fulvo' ✱ 1321] **agg. 1** †fulgido **2** (*poet.*) fulvo

fùlvo [vc. dotta, lat. *fŭlvu(m)*, di orig. indeur. ✱ 1342] **agg.** ● giallo rossiccio: *la fulva criniera del leone*

fumàbile [av. 1890] **agg.** ● (*raro*) che si può fumare: *tabacco f.*

fumàcchio [da *fumo* ✱ 1612] **s. m. 1** (*tosc.*) pezzetto di legno non bene carbonizzato che bruciando manda ancora fumo **2** fumo di cose che bruciano con lentezza e senza fiamma: *qualche maceria e qualche f.* (G. PASCOLI) **3** (*tosc.*) fumigazione **4** (*geol.*) soffione

fumàggine [da *fumo*, perché forma delle macchie scure ✱ 1929] **s. f.** ● (*bot.*) malattia provocata sulle parti aeree di varie piante da Funghi ascomiceti SIN. nero

fumaiòlo o (*lett.*) **fumaiuòlo** [lat. tardo *fumarĭolu(m)*, da *fumārium* 'cella affumicata dove si asciugava la legna da ardere', poi 'tubo per cui esce il fumo dal tetto', da *fūmus* 'fumo' ✱ av. 1348] **s. m. 1** parte sporgente del camino, spec. di navi e locomotive a vapore, o di impianti industriali **2** (*tosc.*) fumacchio, fumarola

fumàna [da *fumo* ✱ av. 1328] **s. f. 1** (*sett.*) nube di fumo | (*lett.*) nebbia non fitta **2** †esalazione di vapori **3** †fumata fatta per segnalazione

fumànte part. pres. di *fumare*; anche agg. ● che fuma, che emana fumo o vapori | caldo, appena fatto: *caffè f.* | (*fig.*, *lett.*) turbato, eccitato

fumantìno [da *fumante* nel senso di 'eccitato' ✱ 1942] **agg.** ● (*roman.*) irritabile, che si inalbera facilmente: *un carattere f.*; *un tipo f.* SIN. (*tosc.*) fumino

♦**fumàre** [lat. *fumāre*, da *fūmus* 'fumo' ✱ 1282] **A v. intr.** (**aus.** *avere*) ● mandar fumo: *il camino, il tizzone, il vulcano, l'incenso fuma* | (*est.*) esalare vapore: *la minestra, il caffè fumano* **B v. tr. 1** aspirare ed espirare il fumo del tabacco o di altre sostanze: *f. sigari, sigarette, oppio*; *f. la pipa* | (*assol.*) avere l'abitudine di fumare tabacco o altre sostanze | ***f. come un turco***, molto | ***gli fuma la testa***, ***il cervello***, (*fig.*) è molto stanco; è confuso; †è irascibile, precipitoso **2** (*lett.*) emettere fumo o vapore: *vedea ... / fumar le pire igneo vapor* (U. Foscolo) **C** **fumàrsi** **v. tr. pron.** (**aus.** *essere*) **1** fumare (con valore intens.): *fumarsi una sigaretta*; *si fumava la pipa seduto sul divano* | (*fig.*, *raro*) **fumàrsela** (con il pron. *la* indeterm.), andarsene non curandosi di qlco. **2** (*fig.*) sperperare, mandare in fumo: *in pochi anni si sarebbe fumati a uno a uno tutti i suoi biglietti di banca* (L. Pirandello)

fumària [da *fumo*, perché ha il sapore di fuliggine ✱ 1550] **s. f.** ● pianta erbacea delle Papaveracee, con piccoli fiori rosei o bianchi riuniti in grappoli e frutto a noce (*Fumaria officinalis*)

fumàrico [da *fumaria* ✱ 1869] **agg.** (**pl. m.** *-ci*) ● (*chim.*) detto di acido isomero dell'acido maleico, che in natura si trova in alcuni Funghi, nella fumaria e in altre piante, usato in varie sintesi organiche

fumàrio [1805] **agg.** ● del fumo, per il fumo: *canna fumaria*

fumaròla [V. *fumaiolo* ✱ av. 1597] **s. f.** ● (*geol.*) emissione rapida e violenta di gas vulcanici e vapori surriscaldati da un condotto vulcanico o da una colata di lava

fumaròlico [sec. XX] **agg.** (**pl. m.** *-ci*) ● (*geol.*) relativo a fumarola

fumàta [1588] **s. f.** **1** emissione di fumo, naturale o artificiale: *la f. di un vulcano*; *una f. di segnalazione* | ***f. bianca, nera***, durante il conclave per l'elezione del Papa, per annunciare l'esito positivo o negativo delle votazioni; (*est.*) esito positivo o negativo di un'elezione, una nomina e sim. | ***fare la f.***, accendere paglia o altro materiale, nei campi, per impedire i danni delle brinate alle colture **2** atto del fumare tabacco e sim.: *farsi una f.* ‖ **fumatina**, **dim.**

fumàto **part. pass.** di *fumare*; anche **agg.** **1** nei sign. del v. | (*gerg.*) che è sotto l'effetto di droghe che si assumono fumando: *è f. di hashish* **CFR.** spinellato **2** †affumicato

fumatóre [da *fumare* ✱ 1839] **s. m.** (**f.** *-trice*, **pop.**, **disus.** *-tóra*) ● chi fuma tabacco: *f. accanito, irriducibile*; *scompartimento per fumatori* **CFR.** non fumatore

fumé /fr. fy'me/ [vc. fr., propr. part. pass. di *fumer* 'fumare' ✱ 1938] **agg. inv.** ● di color fumo, grigio sporco | di color grigio brunastro, simile a quello del fumo: *tessuto f.*; *calze f.*

fumèa [ant. fr. *fumée* 'fumata' ✱ 1623] **s. f.** ● (*lett.*) esalazione di fumo o vapori: *La f. a mezz'aria / del meriggio ottobrino / stempra le poche voci* (M. Luzi)

fumeggiàre [da *fumo* ✱ 1550] **A** **v. intr.** (**pres.** *io fuméggio*; **fut.** *io fumeggerò*; **aus.** *avere*) ● †mandare fumo **B** **v. tr.** ● (*lett.*) sfumare: *un modo di fumeggiar le figure* (G. Vasari)

fuménto ➤ **fomento**

fumerìa [fr. *fumerie*, da *fumer* 'fumare' ✱ 1939] **s. f.** ● locale riservato a fumatori, spec. d'oppio

fumetterìa [da *fumett(o)*[2] con il suff. *-eria* ✱ 1966] **s. f.** ● libreria specializzata nella vendita di pubblicazioni a fumetti

fumettìsta [1963] **s. m. e f.** (**pl. m.** *-i*) **1** chi scrive storie a fumetti **2** (*spreg.*) scrittore da poco, banale, superficiale e sim.

fumettìstica [da *fumettistico* ✱ 1963] **s. f.** ● insieme della produzione di fumetti

fumettìstico [1953] **agg.** (**pl. m.** *-ci*) **1** relativo ai fumetti **2** (*spreg.*) che è banale, convenzionale, troppo sfruttato, che cerca facili effetti e sim.: *personaggio f.*; *vicenda fumettistica* ‖ **fumettisticaménte**, **avv.**

fumétto[1] [detto così perché, versato nell'acqua, produce una colorazione opalescente che ricorda il *fumo* ✱ 1870] **s. m.** ● liquore a base di anice

♦**fumétto**[2] [dim. di *fumo*, perché le parole sono racchiuse in nuvolette di fumo ✱ 1942] **s. m.** **1** piccolo disegno gener. a forma di nuvoletta che pare uscire dalla bocca dei personaggi di vignette o di racconti illustrati e ne racchiude le battute | (**spec. al pl.**) racconto realizzato mediante disegni e brevi testi e dialoghi gener. racchiusi in tali nuvolette | (*est.*) pubblicazione che contiene questi racconti **2** (*spreg.*) opera narrativa, teatrale o cinematografica di contenuto per lo più banale e superficiale ‖ **fumettàccio**, **pegg.** | **fumettino**, **dim.** | **fumettóne**, **accr.**

fumétto[3] [per il colore piuttosto opaco assunto dal liquido ✱ 1990] **s. m.** ● (*cucina*) brodo di pesce concentrato

fumettóso (o *-ṣ-*) [da *fumett(o)* col suff. *-oso*[3] ✱ 1979] **agg.** ● che è tipico dei fumetti, che richiama il linguaggio dei fumetti: *grafica fumettosa*

fùmido [vc. dotta, lat. *fūmidu(m)*, da *fūmus* 'fumo' ✱ sec. XIV] **agg.** ● (*lett.*) che emette fumo: *le stanze purgate dai morbi / con f. solfo* (G. D'Annunzio) | pieno di fumo

fumigàre [vc. dotta, lat. *fumigāre*, da *fūmus* 'fumo' ✱ sec. XIV] **A** **v. intr.** (*io fùmigo, tu fùmighi*; **aus.** *avere*) **1** mandare un po' di fumo o vapore: *la legna umida fumiga* **2** (*lett.*) velarsi, offuscarsi **B** **v. tr.** **1** †sottoporre a fumigazione **2** †affumicare **3** (*lett.*) esalare

fumigatóre [1965] **s. m.** ● apparecchiatura per introdurre nel terreno sostanze antiparassitarie volatili

fumigatòrio [da *fumigare* ✱ 1821] **agg.** (**pl. m.** *-i* o *raro -ii*) ● che è usato per fare fumigazioni: *sostanza fumigatoria*

fumigazióne [vc. dotta, lat. tardo *fumigatiōne(m)*, da *fumigāre* 'fumigare' ✱ av. 1320] **s. f.** ● esposizione a fumi o vapori di varia natura | (*agric.*) produzione di fumi nei campi a scopo antiparassitario | nell'industria alimentare, affumicatura

fumìno [da *fumo* ✱ 1906] **agg.** ● (*tosc.*) permaloso, irritabile **SIN.** (*roman.*) fumantino

fumìṣmo [da *fumista* nel sign. 2 ✱ 1938] **s. m.** ● fumisteria

fumìsta [fr. *fumiste*, da *fumée* 'fumo'; nel sign. 2 con particolare riguardo a un operaio fumista, protagonista di un vaudeville in cui si distingueva per scherzi e facezie ✱ 1830] **s. m. e f.** (**pl. m.** *-i*) **1** operaio che cura la manutenzione e si occupa della riparazione di caloriferi, stufe, camini | (*est.*) fabbricante di stufe, caminetti, ecc. **2** (*fig.*, *lett.*) burlone, buontempone | chi ama sbalordire o confondere con trovate, invenzioni, eccentricità e sim.

fumisterìa [fr. *fumisterie*, da *fumiste* 'fumista' nel sign. 2 ✱ 1915] **s. f.** **1** (*lett.*) gusto di giocare scherzi, di sbalordire e sim. **2** (**spec. al pl.**) scritto o discorso fumoso, di scarso contenuto

fumìstico [da *fumista* nel sign. 2 ✱ 1958] **agg.** (**pl. m.** *-ci*) ● (*raro*, *lett.*) detto di stile, scritto, discorso e sim. che fa ricorso a trovate e invenzioni d'effetto per destare interesse o sbalordire

fumìvoro [fr. *fumivore*, comp. del lat. *fūmus* 'fumo' e *-vore*, ricavato da *carnivore* 'carnivoro' ✱ 1863] **agg.** ● detto di apparecchiatura usata per assorbire il fumo

fùmmo ➤ **essere**[1]

♦**fùmo** o (*pop.*) †**fùmmo** [lat. *fūmu(m)*, di orig. indeur. ✱ 1282] **A** **s. m.** **1** complesso dei prodotti gassosi di una combustione che trascinano in sospensione particelle solide, quali ceneri, carbone incombusto o solo parzialmente combusto, e sim.: *f. denso, nero, soffocante*; *il f. dell'incendio*; *segnali di f.* | ***far f.***, emanarlo, detto di cosa che brucia | ***sapere di f.***, detto spec. di cibo, avere uno sgradevole sapore di fumo | (*fig.*) ***vedere qlcu. come il f. negli occhi***, detestarlo | ***andare, convertirsi in f.***, (*fig.*) svanire, fallire e sim.: *i suoi progetti sono andati in f.* | (*fig.*) ***mandare in f.***, mandare a vuoto **2** (*per anton.*) il fumo del tabacco di sigarette, sigari e pipe: *scusi, le dà fastidio il f.?* | ***f. passivo***, quello proveniente da sigarette fumate da altri, di cui si subiscono gli effetti nocivi | (*est.*) il fumare tabacco: *malattie provocate dal f.*; *articoli per, da f.* | (*est.*) hascisc: *cercare, procurarsi del f.* **3** (*est.*) vapore, esalazione: *il f. della pentola, del cibo bollente* **4** (*fig.*) vana apparenza: *le sue promesse sono f.* | ***vendere f.***, ingannare gli altri con apparenze o promesse vane | **PROV.** ***molto f. e poco arrosto***, detto di chi (o di ciò che) è di molta apparenza e di poca sostanza **5** (*fig.*) boria, vanità, superbia: *un uomo pieno di f.* **6** (*tecnol.*) ***fumo solido***, aerogel **7** (**al pl.**) esaltazione, offuscamento della mente causato da abuso di bevande alcoliche, da passioni intense e violente e sim.: *i fumi dell'ira, della gelosia*; *essere in preda ai fumi dell'alcol*; *i fumi della sbornia stanno passando* ‖ **fumàccio**, **pegg.** | **fumétto**, **dim.** (V.) | **fumìno**, **dim.** **B** in funzione di **agg. inv.** (**posposto a un sost.**) ● nelle loc. ***grigio f.***, ***nero f.***, particolari tonalità del grigio e del nero | (*color*) ***f. di Londra***, colore grigio molto scuro

SFUMATURE DI SIGNIFICATO

fumo - vapore - smog

Il **fumo** è il complesso dei prodotti gassosi di una combustione che trascinano in sospensione particelle solide, come ceneri, carbone incombusto e simili. In senso più generale, *fumo* si usa come sinonimo di **vapore**, termine che definisce una sostanza gassosa che si sviluppa da un liquido per evaporazione o ebollizione, o da un solido per sublimazione. Lo **smog** è invece un insieme di nebbia, fumo e residui sottili di combustione che inquina in modo persistente l'atmosfera, specie nei grandi centri industriali.

fumògeno [comp. di *fumo* e *-geno* ✱ 1941] **A** **agg.** ● di sostanza o miscela chimica atta a produrre fumo o nebbia, spec. usata in guerra a scopo di mascheramento: *candelotto f.* | che è formato da fumo: *cortina fumogena* **B** **s. m.** ● sostanza o apparecchiatura per produrre fumo a scopo di occultamento

fumoir /fr. fy'mwaʀ/ [vc. fr., 'luogo dove si fuma', da *fumer* 'fumare' ✱ 1884] **s. m. inv.** ● sala per fumatori

fumoserìa (o *-ṣ-*) [da *fumoso* ✱ 1985] **s. f.** ● (*fig.*) caratteristica di chi (o di ciò che) è fumoso, oscuro, contorto | (*fig.*) scritto o discorso poco chiaro e poco comprensibile: *le fumoserie dei politici*

fumosità (o *-ṣ-*) o †**fumositàde**, †**fumositàte** [da *fumoso* ✱ av. 1292] **s. f. inv.** **1** (*raro*) caratteristica di ciò che è fumoso: *la f. di un bar* **2** (*fig.*) caratteristica di ciò che è oscuro, vago e sim. **3** †esalazione fumosa | fumo rado

♦**fumóso** (o *-ṣ-*) [vc. dotta, lat. *fumōsu(m)*, da *fūmus* 'fumo' ✱ av. 1328] **agg.** **1** che fa fumo | (*est.*) che è pieno di fumo: *stanza fumosa* **2** (*raro*, *lett.*) di vino generoso, inebriante **3** (*fig.*) oscuro, arzigogolato, contorto: *enigma f.*; *stile f.* | (*fig.*) incerto, impreciso, inconsistente: *proposte fumose*; *progetti fumosi* **4** (*fig.*, *lett.*) borioso, superbo: *carattere f.* ‖ **fumosaménte**, **avv.** in modo oscuro, contorto, poco comprensibile ‖ **fumosità**, **s. f. inv.** (V.)

fùmus bòni iùris [loc. lat., propr. 'fumo di buon diritto', comp. di *fūmus* 'fumo, sentore, indizio', *bŏni* e *iūris* (V. *giure*) ✻ 1865] **loc. sost. m. inv.** (**pl. lat.** *fumi boni iuris*) ● (*dir.*) espressione con cui si indica il probabile buon fondamento giuridico di una pretesa

fùmus persecutiònis /*lat.* 'fumus persekut'tsjɔnis/ [loc. lat., propr. 'fumo di persecuzione', comp. di *fūmus* 'fumo, sentore, indizio' e *persecutiōnis* (V. *persecuzione*) ✻ 1974] **loc. sost. m. inv.** (**pl. lat.** *fumi persecutionis*) ● (*dir.*) espressione con cui si indica la possibile esistenza di una volontà persecutoria da parte di un organismo inquirente

funàio [da *fune* ✻ sec. XIV] **s. m.** (**f.** *-aia*, **pl. m.** *-ai*) ● un tempo, fabbricante o venditore di funi

funaiòlo o †**funaiuòlo** [sec. XIV] **s. m.** (**f.** *-a*) ● (*lett.*) funaio

†**funàle** [vc. dotta, lat. *funāle*, da *fūnis* 'fune', perché è costituita da una fune incerata ✻ av. 1472] **s. m.** ● torcia a vento di corda intrisa di pece

funambolésco [av. 1898] **agg.** (**pl. m.** *-schi*) ● funambolico ‖ **funambolescaménte**, **avv.**

funambòlico [1933] **agg.** (**pl. m.** *-ci*) **1** (*raro*) di funambolo **2** (*fig.*) detto di chi (o di ciò che) rivela funambolismo: *capacità, doti funamboliche* ‖ **funambolicaménte**, **avv.**

funambolìsmo [da *funambolo* ✻ 1881] **s. m.** **1** arte dei funamboli **2** (*fig.*) abilità nel destreggiarsi fra opposte tendenze, opinioni e sim., senza mai compromettersi troppo, spec. in relazione all'attività politica **SIN.** acrobatismo

funàmbolo o **funàmbulo** [vc. dotta, lat. tardo *funămbulu(m)* 'che cammina sulla corda', comp. di *fūnis* 'fune' e *ambulāre* 'camminare' ✻ sec. XIV] **s. m.** (**f.** *-a*) **1** equilibrista che esercita il suo mestiere sulla corda o su un filo di metallo **2** (*fig.*) chi, nella vita sociale o politica, dà prova di funambolismo

funàme [da *fune* ✻ av. 1374] **s. m.** ● (*raro*) assortimento di funi di varie specie

funàta [1287] **s. f.** **1** †colpo dato con una fune **2** †quantità di cose riunite: *una f. di panni ad asciugare* **3** (*lett.*) tratto di fune

†**fùnda** [vc. dotta, lat. *fŭnda(m)*, vc. tecnica importata, ma di etim. incerta ✻ 1513] **s. f.** ● fionda

†**fùndere** ➤ **fondere**

fund raising /fan(d)'reizin(g), *ingl.* 'fʌnd-ˌreɪzɪŋ/ [loc. ingl., propr. 'raccolta (*raising*) di fondi (*fund* al sing.)' ✻ 1985] **loc. sost. m. inv.** ● raccolta di fondi da parte di organizzazioni non profit

fùne [lat. *fūne(m)*, di etim. incerta ✻ 1266] **s. f.** **1** organo flessibile, costituito da più fili vegetali o metallici attorcigliati, riuniti fra loro in modi diversi: *f. a trefoli*; *f. di canapa, d'acciaio*; *il capo della f.* | ***f. portante***, quella ferma su cui si muovono vetture o vagoncini nelle funicolari aeree | ***f. di guardia***, quella tesa come schermo fra le cime dei piloni delle linee elettriche, al fine di evitare che i fulmini si scarichino sui conduttori | ***tiro alla f.***, gara tra due squadre o gruppi di persone che cercano di prevalere una sull'altra tirando dalle estremità una lunga corda **SIN.** corda **2** attrezzo ginnico per gli esercizi di arrampicata, consistente in una grossa corda sospesa al palco di salita **3** †tormento e pena della corda (V. *corda*, sign. 7) | †sferza, frusta ‖ **funicèlla**, **dim.** | †**funicèllo**, **dim. m.**

fùnebre o (*poet.*) **funèbre** [vc. dotta, lat. *fūnebre(m)*, da *fūnus*, genit. *fūneris* 'funerale'. V. *funesto* ✻ 1351] **agg.** **1** relativo ai morti: *cerimonie, onoranze funebri*; *rito f.* | ***ufficio f.***, cerimonia religiosa in suffragio del morto | ***orazione, elogio f.***, pronunciato per ricordare e onorare un defunto | ***marcia f.***, componimento musicale che accompagna un funerale solenne **2** (*fig.*) triste, funereo, tetro: *aria f.* ‖ **funebreménte**, **avv.**

♦**funeràle** [lat. tardo *funerāle(m)* 'funebre', agg. di *fūnus*, genit. *fūneris* 'funerale'. V. *funesto* ✻ 1340] **A s. m.** ● cerimonia civile o religiosa per rendere a un defunto gli estremi onori: *andare a un f.*; *domani ci sarà il f.* | anche al pl., spec. per sottolineare una particolare solennità (prob. per ellissi da *riti funerali*): *funerali a spese del Comune*; *funerali di Stato* | ***faccia, viso da f.***, (*fig.*) espressione tristissima | (*fig.*) ***essere un f.***, di chi (o di ciò che) è totalmente privo di allegria: *quell'individuo è proprio un f.*; *la festa fu un f.* **B agg.** ● (*lett.*) funereo, funerario: *carme f.* ‖ **funeralóne**, **accr.** ‖ †**funeralménte**, **avv.**

funeràre [vc. dotta, lat. *funerāre*, da *fūnus*, genit. *fūneris* 'funerale'. V. *funesto* ✻ 1829] **v. tr.** ● (*disus.*) rendere gli onori funebri a un morto

funeràrio [vc. dotta, lat. tardo *funerāriu(m)*, da *funerāre* 'funerare' ✻ av. 1574] **agg.** ● concernente la morte, le esequie: *iscrizione, decorazione funeraria* | (*est.*, *lett.*) funebre, lugubre: *squallore f.* | ***urna funeraria***, cineraria

fùnere [vc. dotta, lat. *fūnere*, abl. di *fūnus*, genit. *fūneris* 'funerale, morte' (V. *funesto*) ✻ 1894] **s. m.** ● (*lett.*) uccisione, strage: *e dal f. nefando / egli solo ritornò* (G. Carducci)

funèreo [vc. dotta, lat. *funĕreu(m)*, da *fūnus*, genit. *fūneris* 'funerale'. V. *funesto* ✻ av. 1374] **agg.** **1** (*lett.*) di morte: *letto f.* **2** (*est.*) mesto, triste, lugubre: *sguardo, aspetto f.* ‖ **funereaménte**, **avv.** (*raro*) in modo funereo

funestàre [vc. dotta, lat. *funestāre*, da *funĕstus* 'funesto' ✻ av. 1525] **A v. tr.** (*io funèsto*) ● affliggere con lutti, sciagure, danni e sim.: *in quegli anni il Paese fu funestato da gravi attentati*; *ti si vieta … funestar di stragi / le contrade latine* (V. Monti) **B funestàrsi v. intr. pron.** ● †andare in rovina

♣**funèsto** [vc. dotta, lat. *funĕstu(m)*, da *fūnus*, genit. *fūneris* 'funerale, morte, rovina' di etim. incerta ✻ 1342] **agg.** **1** che reca morte, lutto: *annuncio f.*; *discordia, passione funesta*; *le conseguenze funeste di un errore* | (*lett.*) doloroso, triste, amaro: *più funeste assai / son le sventure mie* (P. Metastasio) **2** (*est.*) infausto, infelice: *un periodo, un giorno f.* **SIN.** deleterio **3** †funebre ‖ **funestaménte**, **avv.**

SFUMATURE ➤ ***doloroso***, ➤ ***nefasto***

fungàia [da *fungo* ✻ av. 1712] **s. f.** **1** luogo dove crescono o si coltivano funghi **2** (*spreg.*, *fig.*) quantità di cose o persone della stessa specie: *una f. di grattacieli*

fungàio [av. 1712] **s. m.** (**pl.** *-ai*) ● fungaia

♣**fùngere** [vc. dotta, lat. *fŭngi*, di orig. indeur. ✻ av. 1300] **A v. intr.** (**pres.** *io fùngo, tu fùngi*; **pass. rem.** *io fùnsi, tu fungésti*; **part. pass.** *raro fùnto*; **aus.** *avere*) ● agire come sostituto di qlcu., esercitarne le funzioni facendone le veci (+ *da*): *f. da presidente, da segretario* | funzionare, servire in sostituzione di qlco.: *quel palo funge da traguardo* **B v. tr.** ● †esercitare, eseguire | †fare: *f. le veci di qlcu.*

funghéto [da *fungo* ✻ 1834] **s. m.** ● fungaia

funghétto [av. 1676] **s. m.** **1** dim. di *fungo*: *funghetti sott'aceto* **2** nella loc. agg. inv. ***al f.***, detto di pietanza cucinata a pezzetti, con olio, aglio, prezzemolo: *melanzane al f.* **3** piccola torta simile a un cappello di fungo, con semi di anice, specialità marchigiana ‖ **funghettìno**, **dim.**

Fùnghi [1892] **s. m. pl.** (**sing.** *-go*) ● (*bot.*) divisione di tallofite prive di clorofilla, eterotrofe, la cui parte vegetativa è tipicamente costituita da miceli | ***f. imperfetti***, deuteromiceti

funghìcolo [1874] **agg.** ● relativo alla coltivazione dei funghi

funghicoltóre o **funghicultóre**, **fungicoltóre** [comp. di *fungo* e *-coltore* ✻ 1956] **s. m.** (**f.** *-trice*) ● chi si dedica alla coltivazione dei funghi commestibili

funghicoltùra o **funghicultùra**, **fungicoltùra** [comp. di *fungo* e *coltura* ✻ 1942] **s. f.** ● coltivazione dei funghi commestibili e tecnica relativa

funghicultóre ➤ **funghicoltore**

funghicultùra ➤ **funghicoltura**

funghìre [da *fungo* ✻ 1865] **v. intr.** (*io funghìsco, tu funghìsci*; **aus.** *avere*) ● (*tosc.*) ammuffire (*anche fig.*): *f. lì, stare lì ad aspettare, in quell'orrenda solitudine* (L. Pirandello)

fungìbile [da *fungere* ✻ 1869] **agg.** **1** (*dir.*) detto di bene che si può sostituire con altro dello stesso genere (per es. il denaro o l'olio) **2** (*est.*) intercambiabile, sostituibile ‖ **fungibilità**, **s. f. inv.**

fungicìda [comp. di *fungo* e *-cida* ✻ 1912] **A s. m.** (**pl.** *-i*) ● sostanza chimica capace di inibire o prevenire lo sviluppo dei funghi **B** anche **agg.**: *sostanza f.*

fungicoltóre ➤ **funghicoltore**

fungicoltùra ➤ **funghicoltura**

fungifórme [comp. di *fungo* e *-forme* ✻ av. 1755] **agg.** ● (*raro*) che ha forma di fungo

fungìno [1952] **agg.** ● di fungo | che ha le proprietà dei funghi

♦**fùngo** [vc. dotta, lat. *fŭngu(m)*, di orig. preindeur. ✻ 1310] **s. m.** (**pl.** *-ghi*) **1** (*bot.*) vegetale privo di clorofille, di forma e dimensioni varie, saprofita, parassita o simbionte | (*per anton.*) corpo fruttifero di varie specie, di forma varia, spec. a cappello: *f. edule, velenoso*; *il gambo, il cappello di un f.*; *risotto coi funghi*; *andare a, per, funghi* | ***a f.***, a forma di fungo | (*fig.*) ***spuntare, nascere, venire su come i funghi***, rapidamente e in grande quantità | †***far nascere un f.***, (*fig.*) cercare un pretesto **CFR.** mico- **2** (*est.*) oggetto, struttura e sim. a forma di fungo | ***stufa a fungo***, o (*ellitt.*) ***fungo***, per il riscaldamento elettrico o a gas di tavolini all'aperto in bar o ristoranti | ***f. della rotaia***, la parte superiore che sostiene e guida la ruota del veicolo ferroviario | ***f. dell'annaffiatoio***, la capocchia bucherellata | ***f. atomico***, nube dalla caratteristica forma, che si produce a seguito di un'esplosione atomica | ***f. del ghiacciaio***, massa di ghiaccio emergente in un ghiacciaio perché una roccia soprastante ne ha impedito la fusione **3** ogni specie microscopica responsabile di varie patologie nell'uomo, negli animali e nelle piante | (*est.*) l'affezione stessa **CFR.** micosi ‖ **fungàccio**, **pegg.** | **funghétto**, **dim.** (V.)

fungosità (o *-ṣ-*) [da *fungoso* ✻ 1640] **s. f. inv.** **1** aspetto, consistenza di fungo; spugnosità **2** (*med.*) escrescenza d'aspetto carneo che si forma nei vari tessuti in determinate malattie

fungóso (o *-ṣ-*) [vc. dotta, lat. *fungōsu(m)*, da *fŭngus* 'fungo' ✻ av. 1320] **agg.** **1** simile a fungo per la consistenza, l'odore e sim. | ***legname f.***, ammuffito per umidità **2** (*med.*) relativo a fungosità ‖ **fungosità**, **s. f. inv.** (V.)

funicolàre① [da *funicolo* ✻ 1766] **agg.** **1** che è simile a una fune | che avviene o si muove mediante funi | ***poligono f.***, metodo grafico che permette di determinare la retta d'azione della risultante di un sistema di forze complanari, applicate a un corpo rigido **2** (*med.*, *bot.*) del funicolo

funicolàre② [fr. *funiculaire*, abbr. di *chemin de fer funiculaire* 'ferrovia funicolare', dal lat. *funīculus*, dim. di *fūnis* 'fune' ✻ 1861] **s. f.** ● impianto di trasporto con sistema di trazione a fune, costituito da vagoni che corrono su un binario fisso al suolo | *f. aerea*, funivia, teleferica

funicolìte [comp. di *funicolo* e *-ite*® ✱ 1970] **s. f.** ● (*med.*) infiammazione del funicolo

funìcolo [vc. dotta, lat. *funĭculu(m)*, dim. di *fūnis* 'fune' ✱ 1585] **s. m. 1** elemento di cui si compone una fune, cordicella, trefolo **2** (*anat.*) struttura anatomica sottile e allungata | *f. ombelicale*, che congiunge il feto alla placenta | *f. spermatico*, cordone del canale inguinale contenente il dotto deferente e i vasi testicolari **3** (*bot.*) sottile cordone che collega l'ovulo alla placenta nel pistillo del fiore **4** (*zool.*) nelle antenne genicolate degli Insetti, l'insieme degli articoli compresi fra lo scapo e l'apice

funivìa [comp. di *fune* e *via*, sul modello di *ferrovia* ✱ 1930] **s. f.** ● teleferica destinata al solo trasporto delle persone, in cui le cabine sono sospese a un carrello che corre su una fune portante ed è azionato da una fune traente

funiviàrio [1938] **agg.** ● relativo a funivia, alle funivie

funk /fank, *ingl.* fʌŋk/ [V. *funky* ✱ 1986] **s. m. inv.** ● musica funky

funky /'fanki, *ingl.* 'fʌŋkɪ/ [vc. dello slang americano, propr. 'maleodorante', da *funk* nel senso di 'forte odore', anche 'fumo di tabacco' ✱ 1975] **A s. m. inv.** ● stile jazzistico sorto negli Stati Uniti negli anni '50 del Novecento, che, in contrapposizione alle raffinatezze formali del jazz bianco, si richiama alla tradizione del blues, puntando su sonorità e accentuazioni ritmiche marcate **B anche agg. inv.**: *musica, stile f.*

fùnsi ➤ **fungere**

fùnto **part. pass.** di *fungere* ● (*raro*) nei sign. del v.

funtóre [dall'ingl. *functor*, deriv. di *funct(ion)* 'funzione' con il suff. di *(fact)or* 'fattore' ✱ 1963] **s. m.** ● (*mat.*) nella teoria delle categorie, trasformazione che porta da una categoria a un'altra

funzionàle [da *funzione* ✱ 1895] **A agg. 1** relativo alle funzioni esercitate da una persona, da un organismo, da un congegno e sim.: *la società ha grossi problemi funzionali* | *linguistica f.*, studio delle funzioni esplicate dagli elementi di una data lingua **2** che adempie alle funzioni per cui è stato costruito: *mobili, vetture, elettrodomestici funzionali* **SIN.** efficiente, razionale | *essere f. a*, servire a | (*est.*) pratico, facile da usare: *un apriscatole molto f.* | *architettura f.*, che segue il funzionalismo **3** (*med.*) che riguarda le funzioni di un organo e non la sua struttura: *disturbi funzionali dell'intestino* **4** (*mat.*) relativo alle funzioni | *equazione f.*, nella quale l'incognita è una funzione **5** (*ling.*) detto di elemento linguistico che ha funzione di collegamento, come le congiunzioni e le preposizioni ‖ **funzionalménte**, **avv. 1** in modo funzionale **2** da un punto di vista funzionale ‖ **funzionalità**, **s. f. inv. 1** caratteristica di ciò che è funzionale, efficiente **2** (*med.*) attitudine di un organo a funzionare: *prova di funzionalità* **B s. m.** ● (*mat.*) funzione che ha per argomento una funzione

funzionalìṣmo [1933] **s. m. 1** tendenza dell'architettura otto-novecentesca, impegnata a sperimentare una nuova estetica delle forme e dei materiali sulla base delle esigenze pratiche poste dalla civiltà industriale **2** tendenza a dare particolare risalto all'aspetto funzionale di un problema, un oggetto e sim. **3** (*psicol.*) scuola psicologica americana che definisce i fenomeni mentali come processi o attività, cioè funzioni, e non come contenuti mentali accessibili all'introspezione **4** (*antrop.*) prospettiva teorica e metodologica che tende a considerare i sistemi sociali come composti da elementi o istituzioni correlati **5** (*ling.*) indirizzo della linguistica che ha per oggetto di studio le diverse funzioni della lingua

funzionalìsta [1938] **s. m. e f.; anche agg.** (**pl. m.** *-i*) ● seguace del funzionalismo

funzionalìstico [1941] **agg.** (**pl. m.** *-ci*) ● relativo al funzionalismo o ai funzionalisti

funzionaliẓẓàre [da *funzionale* ✱ 1987] **v. tr.** ● rendere funzionale o migliorare la funzionalità di qlco.: *f. un procedimento tecnico, un iter burocratico* ‖ **funzionaliẓẓazióne**, **s. f.**

♦**funzionaménto** [1892] **s. m.** ● adempimento delle funzioni connesse alla propria natura: *il f. di un motore* | modalità di tale adempimento: *il buon, il cattivo f. del fegato*

SFUMATURE DI SIGNIFICATO

funzionamento - funzione
Si definisce **funzionamento** il modo in cui un organo, un organismo o un meccanismo svolgono l'azione alla quale sono destinati, producendo un effetto, un risultato pratico. **Funzione** è invece l'obiettivo del funzionamento, cioè il compito, il lavoro, l'attività al quale tale meccanismo, organo, organismo è destinato.

funzionànte **part. pres.** di *funzionare*; **anche agg.** ● che funziona: *un congegno perfettamente f.*

♦**funzionàre** [fr. *fonctionner*, da *fonction* 'funzione' ✱ 1796] **v. intr.** (*io funzióno*; **aus.** *avere*) **1** adempiere le funzioni connesse alla propria natura, struttura e sim.: *il cuore funziona bene, male*; *il personale funziona a dovere*; *l'aspirapolvere non funziona* | (*fig.*) *sono ancora troppe le cose che non funzionano*, che non vanno bene | (*fig.*) avere efficacia, sortire effetto: *con me, i suoi piagnistei non funzionano*; *è un metodo che comincia a f.*; *l'idea funziona!* **2** (*raro*) fungere: *uno stanzino che funzionava da sala stampa*

funzionàrio [fr. *fonctionnaire*, da *fonction* 'funzione' ✱ 1793] **s. m.** (**f.** *-ia*) ● dipendente di un ente pubblico o di un'azienda con mansioni direttive, organizzative o di rappresentanza: *f. pubblico*

♦**funzióne** [vc. dotta, lat. *functiōne(m)*, da *fūnctus*, part. pass. di *fūngi* 'fungere' ✱ av. 1584] **s. f. 1** attività determinata da mansioni specifiche connesse a una carica, a un ufficio e sim.: *nella vita sociale tutti hanno una propria f.* | *f. aziendale*, insieme di operazioni che si riferiscono alla gestione aziendale e hanno caratteristiche similari | (*est.*) la carica o l'ufficio stesso: *fu investito della f. di presidente, di primo segretario, di magistrato* | *fare la f. di qlcu.*, farne le veci | *il facente f.*, colui che fa le veci di qlcu., ne ricopre la carica, ne assolve le mansioni e sim. | (*scuola*) *f. obiettivo*, incarico di gestione e organizzazione delle attività previste dal piano di offerta formativa svolto da un docente | (*dir.*) potere oggetto di un dovere giuridico relativamente alla sua esplicazione: *f. legislativa, giurisdizionale, amministrativa* **2** attività esplicata da un organo o da un insieme di organi negli animali e nei vegetali: *f. del muscolo, del cervello, del rene, del cuore, dell'occhio*; *f. della digestione, della nutrizione, della respirazione*; *i giudizi e i concetti sono funzioni dell'intelletto* | *f. naturale*, per la conservazione della specie | *f. vitale*, indispensabile alla conservazione della vita | *f. clorofilliana*, fotosintesi | attività e compito specifico di congegni e sim.: *la f. di un motore, di un cuscinetto a sfera* | *mettere, essere in f.*, accendere, avviare; funzionare, essere attivo: *mettere in f. una calcolatrice*; *la segreteria telefonica non è in f.* **3** (*mat.*) espressione matematica che indica come varia una grandezza in relazione al variare di un'altra o di più altre | applicazione, spec. riferita agli insiemi numerici | (*fis.*) *f. d'onda*, funzione dei parametri di un sistema fisico che determina lo stato e l'evoluzione nel tempo del sistema stesso: *f. d'onda di una particella* **4** (*ling.*) ruolo che un'unità linguistica svolge nella struttura grammaticale dell'enunciato: *le funzioni del soggetto, del predicato, dei complementi*; *verbo usato in f. di sostantivo* **5** (*fig.*) ruolo, valore, compito, finalità: *sono attività che hanno una precisa f. sociale, politica e culturale* **6** nella loc. prep. *in f. di*, per, allo scopo di, in vista di: *misure adottate in f. dello sviluppo produttivo*; in relazione a, in dipendenza da: *analizzare i problemi in f. dell'elaborazione elettronica*; *studio dell'attività biologica in f. del tempo*; come, nel ruolo di: *è intervenuto in f. di consulente* | *vivere in f. di qlcu. o qlco.*, per qlcu. o qlco., o in stretta dipendenza da qlcu. o qlco. **7** rito religioso: *le funzioni domenicali, pasquali, natalizie* | (*est.*) cerimonia: *assistere a un'importante f.* **8** †esecuzione capitale

SFUMATURE DI SIGNIFICATO

funzione - attività - carica
Il complesso delle responsabilità e dei compiti a cui è tenuta una persona in relazione alla qualifica che riveste o all'incarico che gli è stato assegnato si definisce **funzione**. Con il termine **attività** si designa invece l'insieme di operazioni, comportamenti e decisioni che vengono a costituire il contenuto di una specifica funzione. Sempre all'interno di quest'area di significati, **carica** è l'incarico, il grado e la posizione assunti da una persona all'interno di un'organizzazione.
SFUMATURE ➤ *cerimonia*, ➤ *funzionamento*

†**fuocàto** ➤ **focato**

fuochìsta o (*lett.*) **fochìsta** [da *fuoco* ✱ 1759] **s. m. e f.** (**pl. m.** *-i*) **1** chi alimenta il fuoco di una caldaia spec. a vapore **2** (*pop.*, *merid.*) chi fabbrica o vende fuochi artificiali, o li fa esplodere durante le feste paesane

♦**fuòco** o (*lett.*, *centr.*) **fòco** [lat. *fŏcu(m)* 'focolare', di etim. incerta ✱ 1224 ca.] **A s. m.** (**pl.** *fuòchi*, **m.**, †*fòcora*, **f.**) **1** complesso degli effetti calorici e luminosi prodotti dalla combustione: *f. di legna, di carbone, di segatura*; *un f. allegro, vivace, scoppiettante*; *accendere, attizzare, soffocare il f.* **CFR.** piro- | *f. lento*, non troppo intenso: *cuocere la carne a f. lento* | *f. vivo*, intenso: *arrostire qlco. a f. vivo* | *prender f.*, accendersi; (*fig.*) lasciarsi prendere dallo sdegno, dall'ira e sim. | *andare a f.*, bruciare | *dar f. a qlco.*, incendiarla | *f. di paglia*, (*fig.*) sentimento, passione molto intensa ma non duratura | *a f.*, mediante il fuoco: *lavorare il metallo a f.*; *dorare a f.* | *bollare a f. qlcu.*, (*fig.*) coprirlo d'infamia | *prova del f.*, V. *prova* nel sign. 2 | *mettere la mano sul f.*, V. *mano* nel sign. 1 | *buttarsi nel f. per qlcu.*, (*fig.*) essere disposto a qualsiasi sacrificio per lui | *di f.*, (*fig.*) infiammato, acceso, ardente per qualche emozione o passione molto viva: *parole, occhi, sguardo di f.* | *color di f.*, rosso acceso | *parole di f.*, terribili e minacciose | *fare f. e fiamme*, (*fig.*) strepitare; (*est.*) tentare con ogni mezzo di ottenere qlco. | *farsi, diventare di f.*, arrossire violentemente | *scherzare col f.*, (*fig.*) affrontare con troppa leggerezza un pericolo | *dare f. alle polveri*, (*fig.*) dare inizio alle ostilità | *il f. cova sotto la cenere*, (*fig.*) di rivolta, sdegno, ira e sim. che può divampare all'improvviso | *f. fatuo*, fiammella che appare di notte spec. nei cimiteri, dovuta alla accensione spontanea, a contatto dell'aria, della fosfina prodotta dalla decomposizione di spoglie organiche; (*fig.*) ciò che è effimero, che si esaurisce presto | *f. di S. Elmo*, fenomeno connesso con l'elettricità atmosferica, per il quale, di notte, si scorgono bagliori alle estremità degli alberi delle navi durante la navigazione | (*lett.*) ***f. eterno***, le fiamme dell'Inferno, l'Inferno stesso | (*est.*) incendio: *un f. immane devastò la città* | ***Vigili del f.***, pompieri | ***al f.!***, escl. di soccorso in caso d'incendio | (*colloq.*) accendino, fiammifero: *hai del f.?* | ***mettere a ferro e (a) f.***, saccheggiare e incendiare città, regioni e sim. | (*est., lett.*) rogo: *gli eretici furono condannati al f.* **2** ***fuochi artificiali, d'artificio, del Bengala***, (*per anton.*) ***fuochi***, i razzi e gli altri prodotti pirotecnici, fatti esplodere e lanciati in cielo con vari effetti di colore e rumore, spec. in occasione di feste popolari e sim. **3** sparo, serie di spari: *un nutrito f. di fucileria*; *f. continuo, incrociato, radente*; *sospendere, cessare, riaprire il f.* | ***fare f.***, sparare | ***aprire il f.***, cominciare a sparare, dare inizio al combattimento | ***cessate il f.***, V. *cessare* nel sign. B | ***arma da f.***, che utilizza la forza propellente di un esplosivo per il lancio di proiettili | ***bocca da f.***, pezzo d'artiglieria | ***f. incrociato***, quello prodotto da armi che sparano in direzione reciproca obliqua; (*fig.*) serie di critiche e attacchi provenienti da più parti: *il Governo sotto il f. incrociato di maggioranza e opposizione* | ***f. amico***, nel linguaggio giornalistico, i colpi di arma da fuoco o le bombe che nel corso di un'operazione di guerra colpiscono per errore i soldati del proprio esercito o gli alleati; (*fig.*) dura polemica nei confronti di chi fa parte del proprio schieramento spec. politico | ***battesimo del f.***, prima partecipazione a un combattimento | ***linea del f.***, da dove si spara sul nemico | ***sotto il f.***, sotto l'azione di armi da fuoco: *essere, cadere sotto il f. nemico* | ***tenere sotto il f.***, tenere sotto tiro | ***essere, trovarsi tra due fuochi***, (*fig.*) tra due avversari, tra due difficoltà | ***f. greco***, antica miscela incendiaria a base di salnitro, capace di bruciare anche sull'acqua, lanciata contro le navi nemiche **4** qualsiasi impianto che, in una casa, accolga ciò che brucia per riscaldare, cucinare e sim. | (*per anton., disus.*) il focolare: *stare, raccogliersi intorno al f.* | ***mettere qlco. sul f.***, a cuocere | ***mettere troppa carne al f.***, (*fig.*) iniziare o trattare troppe cose contemporaneamente | (*stor., elvet.*) nucleo familiare **5** (*mar.*, **spec. al pl.**) forno delle caldaie: *accendere, alimentare, spegnere i fuochi* **6** (*fig.*) calore o fervore molto intenso: *essere bruciati dal f. della febbre*; *il sacro f. della fede* | (*est.*) sentimento o passione ardente: *un uomo tutto f.* | ***mettere l'esca accanto al f.***, dare occasione a una passione | ***soffiare sul f.***, fomentare discordie, inimicizie, passioni e sim. | ***versare benzina sul f.***, (*fig.*) alimentare l'ira, lo sdegno | ***versare acqua sul f.***, attenuare, placare una situazione di tensione, una polemica e sim. | (*est.*) vivacità, impeto, estro: *avere il f. addosso, nel sangue*; *un quadro, una poesia piena di f.* | ***il sacro f.***, (*fig., scherz.*) l'estro poetico **SIN.** ardore **7** (*mus.*) ***con f.***, indicazione espressiva che richiede esecuzione intensa e appassionata, spesso usata come specificazione di altre: *presto con f.* **8** (*raro*) sapore forte di aceto: *questo vino ha il f.* **9** ***f. sacro, f. di Sant'Antonio***, (*pop.*) herpes zoster **10** (*fig., lett.*) fulmine, folgore: *cade da le nubi aereo foco* (T. TASSO) **11** (*fig., lett.*) splendore | astro risplendente **12** (*fis.*) punto sull'asse ottico di un sistema di superfici riflettenti o rifrangenti, nel quale si intersecano i raggi propagantisi parallelamente all'asse ottico principale | ***a f. fisso***, detto di obiettivo o apparecchio fotografico per i quali non occorre regolare la distanza per avere a fuoco l'immagine | ***mettere a f.***, regolare l'obiettivo di un apparecchio da ripresa fotografica, e sim., in modo da ottenere un'immagine nitida; (*fig.*) precisare bene i termini di una questione, un problema e sim. per facilitarne l'esame: *mettere a f. una situazione* **13** (*mat.*) ***fuochi di una ellisse***, coppia di punti tali che la somma delle loro distanze da un punto qualsiasi dell'ellisse risulta costante | ***fuochi di una iperbole***, coppia di punti tali che la differenza delle loro distanze da un punto qualsiasi dell'iperbole risulta costante **14** (*astrol.*) ***elemento f.***, o (*ellitt.*) ***fuoco***, trigono a cui appartengono i segni dell'Ariete, del Leone e del Sagittario, nella suddivisione dei pianeti secondo l'elemento che vi domina **B** **in funzione di inter.** **1** si usa come comando di sparare: *f.!*; *f. a volontà!* **2** in vari giochi, si usa per indicare a chi cerca che è vicino all'oggetto o alla persona nascosti **CFR.** acqua || **fuocherèllo**, **fuocherellino**, **dim.** | **fuochétto**, **dim.** | **fuochìno**, **dim.** | **fuocóne**, **accr.**

†**fuocóso** ➤ **focoso**

†**fuòra** o (*pop.*) †**fòra**① [lat. *fŏras*, forma di acc. di un tema **fora*, di orig. indeur. ✻ 1282] **A** **prep.** ● (*poet.*) fuori: *innamorata se ne va piangendo / fora di questa vita* (DANTE) **B** **anche avv.**

†**fuoravìa** ➤ **fuorivia**

♦**fuorché** o **fuor che**, (*raro*) **fuòri che** /'fwori ke*/ [comp. di *fuori* e *che*② ✻ 1319] **A** **cong.** ● tranne che, eccetto che (introduce una prop. eccettuativa implicita, con il v. all'inf., o più raramente esplicita, con il v. al congtv.): *farò qualsiasi cosa, f. umiliarmi*; *chiedimi tutto f. di giurare il falso*; *tutto avrei pensato, fuorché proprio lui mi mentisse* **B** **prep.** ● eccetto, tranne (spec. correl. con 'tutto', 'tutti', 'ogni', 'nessuno' e sim.): *erano tutti presenti f. tuo fratello*; *nessuno ha fatto obiezioni f. lui*

fuordòpera [comp. di *fuor(i)* e *d'opera*, sul modello del fr. *hors-d'oeuvre* 'fuori dell'opera (muraria)', passato dall'edilizia alla letteratura ✻ 1821] **s. m. inv.** ● (*lett.*) parte, elemento non integrante di un'opera letteraria o artistica

♦**fuòri** o (*pop.*) **fòri**, †**fuòre**, †**fòre** [lat. *fŏris*, forma di abl. di un tema **fora*, di orig. indeur. ✻ 1219] **A** **avv.** (troncato in *fuor*, *poet.* *for*) **1** all'esterno, nella parte esterna (con v. di stato e di moto): *guardare f.*; *aspettare f.*; *spingere f.* **CFR.** ecto-, eso-② | ***andare, uscire f.***, traboccare, detto spec. di liquido | ***buttare, dare, mandare f.***, (*fam.*) rimettere, vomitare | ***lasciare f. qlco., qlcu.***, (*fig.*) ometterlo, escluderlo | ***restare, rimanere f.***, (*fig.*) essere escluso da un gruppo, da un elenco e sim. | ***venire, saltare f.***, (*fig.*) venire alla luce, detto di ciò che non si trovava o che non si sapeva | ***venire, venirsene f. con qlco.***, (*colloq.*) dire, dichiarare qlco. in modo inaspettato, sorprendente o inopportuno: *se n'è venuto f. con una proposta bislacca* | (*gerg.*) ***mettere, buttare, sputare f. un'idea, una notizia e sim.***, esporla, diffonderla | (*fam.*) ***mettere, cacciare f. del denaro***, sborsarlo | (*assol.*) ***dare, buttare f.***, germogliare, sbocciare | (*gerg.*) ***fare f. qlcu.***, (*fig.*) eliminarlo, ucciderlo | ***fare f. qlco.***, (*fig.*) danneggiarla in modo da renderla inservibile | ***fare f. una bottiglia, un dolce*** e sim., (*fig.*) consumarli | (*fig.*) ***essere tagliato f.***, non aver parte in qlco., essere escluso da un gruppo di persone, da un ambiente e sim. | (*fig.*) ***chiamarsi f.***, V. *chiamare*, sign. C | (*fig.*) ***essere f. (di testa)***, sragionare | (*pleonast., fam.*) ***dare f. da (di) matto***, dare manifestazioni di squilibrio | anche nella loc. agg. inv. ***di f.***: *avere gli occhi di f.*, sbarrati per la meraviglia, per la paura, per l'ira e sim. **CONTR.** dentro **2** rafforzato da altri avv. di luogo o accompagnato da prep.: *guarda là, lì f.*; *aspetto qua f.* | ***da, di f.***, dalla parte esterna: *passate da f.* | ***al di f.***, all'esterno | ***in f.***, verso la parte esterna: *è piegata in f.*; *pende in f.* | ***avere gli occhi in f.***, sporgenti **3** (*colloq.*) fuori di casa: *cenare, pranzare f.*; *stare f. tutto il giorno*; *uscì f. smaniando e parlando da sola come avesse la febbre* (G. VERGA) | ***essere f.***, (*gerg.*) essere uscito di prigione | (*est.*) in altra località, città, regione, Stato, diversi rispetto a quelli in cui ci si trova: *aspettiamo ospiti da f.*; *il direttore starà f. una settimana* | ***gente di f.***, forestieri | ***a Milano e f.***, e provincia | ***in Italia e f.***, e all'estero: *un prodotto che si smercia in Italia e f.* **4** (*fig.*) esteriormente, all'apparenza: *dentro si rode per l'invidia, ma f. non trapela nulla*; *f. sembra una persona perbene* | anche nella loc. avv. ***di f.*** **CONTR.** dentro **5** si usa in espressioni imperative per intimare a qlcu. di andarsene da un luogo o di estrarre, consegnare, mostrare, esibire qlco.: *f.!*; *f. i soldi!*; *f. le prove!*; *f. le vostre ragioni!* | ***f. l'autore!***, esclamazione con cui il pubblico chiede alla ribalta l'autore del dramma | ***f. i barbari!***, (*scherz.*) via gli intrusi!, con riferimento al famoso motto di papa Giulio II per ricacciare nel 1512 i Francesi dall'Italia | ***f. uno!, f. due!***, e sim., sui sommergibili, ordine di lanciare i siluri secondo la successione stabilita; (*est., scherz.*) numerando o elencando una serie di persone, cose, problemi che si vanno via via escludendo **B** **prep.** **1** lontano da, nella parte esterna di, spec. nelle loc. prep. ***f. di, f. da*** (indica distanza o esclusione da un luogo o da un punto determinato dello spazio): *abitare f. città*; *essere f. di casa*; *recarsi f. sede*; *questo non è ammesso f. d'Italia*; *f. di qui!*; *vattene f. dai piedi!*; *uscito fuor del pelago a la riva* (DANTE *Inf.* I, 23); (*fig.*) *tenersi f. dai guai*; *tirarsi f. dai pasticci*; *essere, tenersi f. vista* | ***fuor di dubbio***, indubbio: *mi pareva ormai fuor di dubbio che per me era finita* (E. MORANTE) | ***essere f. tiro***, (*est.*) non raggiungibile | ***essere f. del seminato***, (*fig.*) non essere in argomento | ***f. strada***, V. *fuoristrada* | ***essere f. strada***, (*fig.*) su una falsa traccia | ***essere f. dai gangheri***, arrabbiarsi, perdere la pazienza | ***f. mano***, V. *fuorimano* | ***f. campo***, V. *fuoricampo* | ***f. sacco***, V. *fuorisacco* | ***f. terra***, detto di ogni piano di un edificio al di sopra del livello del suolo: *a tre piani f. terra*, al secondo piano **2** (*fig.*) indica esclusione rispetto a una situazione, a una circostanza, a una regola e sim.: *vivere, essere, mettersi f. della legge*; *un prodotto f. commercio*; *essere tagliato f. dall'ambiente*; *essere, sentirsi f. posto*; *vivere f. dal proprio tempo* | extra: *mangiare qlco. f. pasto*; *lavorare f. orario* | ***essere f. dall'inverno***, averlo già trascorso | ***essere f. pericolo***, avere superato la crisi | ***essere f. di sé, f. di mente***, sragionare, dare segni di squilibrio | ***essere f. fase***, (*fig.*) in uno stato di malessere fisico o psichico | ***essere, andare f. tempo***, nella musica, nella danza e nello sport, non seguirlo | ***osservazione, discorso, comportamento f. luogo***, inadatto, inopportuno, non pertinente | ***f. uso***, inservibile | ***frutto f. stagione***, non di stagione | ***f. serie***, V. *fuoriserie* | ***f. classe***, V. *fuoriclasse* | ***f. concorso***, detto di opera (o persona) che è presente nell'ambito di un concorso pur non partecipando alla competizione: *un film f. concorso alla Mostra del cinema* | ***f. testo***, di tavole, disegni, illustrazioni e sim. che si stampano su fogli non numerati in sequenza con le pagine del testo | ***f. corso***, V. *fuoricorso* | ***f. ruolo***, non compreso nel novero di quanti hanno pieno titolo | ***f. programma***, non previsto: *fare una spesa f. programma* (V. anche *fuoriprogramma*) | ***arrivare f. tempo massimo***, in vari sport, arrivare dopo il limite di tempo ritenuto sufficiente per condurre a termine la gara **3** nella loc. prep. ***al di f. di***, fuori da: *preferisco restare al di f. della mischia*; oltre a; eccetto, tranne, all'infuori di | V. anche *difuori* | (*raro*) nelle loc. prep. ***f. di, f. che***, eccetto, tranne: *fuor di lei null'altro omai talenta* (A. Poliziano) | anche nella loc. **†*in f. che***: *maestro alcun non si truova, che Dio in f., che ogni cosa faccia bene e compiutamente* (G. Boccaccio) **C** **in funzione di s. m. solo sing.** ● la parte, il lato esterno di qlco. | anche nella loc. ***il di f.***: *il di f. di una cosa; guardare dal di f.; considerare solo il di f. di qlco.* | V. anche *difuori*

fuoribordismo [da *fuoribordo* ✱ 1950] **s. m.** ● sport che si pratica con i fuoribordo

fuoribórdo [comp. di *fuori* e *bordo*; calco sul fr. *hors-borde* ✱ 1889] **A** **s. m. inv. 1** imbarcazione da turismo o da competizione, il cui scafo è corredato di un motore a scoppio collocato al di fuori dello scafo stesso: *gare per f.* | (*est.*) motore di tale imbarcazione: *un f. di media potenza* **2** superficie esterna della parte emersa di uno scafo **B** **anche agg.**: *motore f.*

fuoribórsa [comp. di *fuori* e *borsa*② ✱ 1956] **s. m. inv.** ● attività borsistica svolta sul mercato non ufficiale dai commissionari di borsa

fuoribùsta [comp. di *fuori* e *busta* ✱ 1971] **A** **s. m. inv.** ● emolumento che non rientra nella busta paga, e di conseguenza è sottratto alle leggi contributive ed erariali **B** **anche agg.**: *premio f.*

fuoricàmpo o **fuòri càmpo** [comp. di *fuori* e *campo* ✱ 1970] **agg. inv.; anche s. m. inv. 1** in cinematografia, di voce o suono proveniente da una fonte che resta al di fuori della scena inquadrata **2** (*sport*) nel baseball, detto del tiro del battitore che supera i confini del campo di gioco

fuoricàsta [comp. di *fuori* e *casta* ✱ 1963] **s. m. e f. inv.; anche agg.** ● in India, chi (o che) non fa parte di nessuna casta

fuòri che ➤ **fuorché**

fuoriclàsse [comp. di *fuori* e *classe* ✱ 1911] **s. m. e f. inv.; anche agg.** ● chi (o che) possiede doti e abilità eccezionali, nettamente superiori rispetto a quelle di altri che praticano la sua stessa attività spec. sportiva: *un f. del ciclismo internazionale; corridore, cavallo f.* **SIN.** asso

fuòri combattiménto [comp. di *fuori* e *combattimento* ✱ 1939] **A** **loc. avv.; anche loc. agg. inv.** ● con almeno un ginocchio che tocca terra, in riferimento a un pugile che, atterrato dall'avversario, non è riuscito ad alzarsi entro dieci secondi: *finire fuori combattimento; pugile fuori combattimento* | ***mettere qlcu. o qlco. fuori combattimento***, (*fig.*) mettere qlcu. nell'impossibilità di nuocere, di reagire o di riprendersi; rendere qlco. inservibile **B** **in funzione di s. m. inv.** ● nel pugilato, situazione di un pugile atterrato per oltre dieci secondi | ***fuori combattimento tecnico***, situazione del pugile che non è più in grado di difendersi validamente dai colpi dell'avversario, per ferita o altro

fuoricórso o **fuòri córso** [comp. di *fuori* e *corso* ✱ 1934] **A** **agg. inv. 1** detto di francobolli, monete o banconote che non hanno più corso legale **2** di studente universitario che non ha ultimato gli studi negli anni previsti dal piano di studi: *studente f.* **B** **s. m. e f. inv.** ● studente fuoricorso

fuorigiòco o **fuòri giòco** [comp. di *fuori* e *gioco*; calco sul fr. *hors-jeu* ✱ 1905] **A** **s. m. inv.** ● in vari giochi di palla a squadre e spec. nel calcio, posizione irregolare di un giocatore in azione di attacco: *annullare un gol per f.; trovarsi in f.; l'arbitro ha fischiato il f.* **B** **raro anche avv.**: *un attaccante f.*

fuorilégge [comp. di *fuori* e *legge*; calco sul fr. *hors-la-loi*, a sua volta calco sull'ingl. *out-law* ✱ 1929] **A** **s. m. e f. inv.** ● chi agisce contro la legge | bandito, brigante **B** **anche agg. inv.**: *discarica f.*

fuorimàno o **fuòri màno** [1887] **A** **avv.** ● in un luogo lontano, isolato o comunque difficile da raggiungere: *abitare f.* **B** **anche agg. inv.**: *un albergo f.*

fuorimisùra o **fuòri misùra** o **fuormisùra** [comp. di *fuori* e *misura* ✱ 1342] **A** **agg. inv.** ● che ha misure e dimensioni troppo grandi o troppo piccole: *abito f.* | ***tiro f.***, troppo corto o troppo lungo | (*fig.*) esagerato: *una reazione f.* **B** **avv.** ● in modo esagerato, eccessivo: *mangiare, bere, fumare f.*

fuorimòda o **fuòri mòda** [comp. di *fuori* e *moda* ✱ 1984] **agg. inv.** ● che non risponde più al gusto, al costume o alla mentalità del momento: *abito f.; idee f.*

fuoriónda ➤ **onda** nel sign. 6

fuoripàgina [comp. di *fuori* e *pagina* ✱ 1970] **s. m. inv.** ● pezzo pubblicato in una pagina del giornale diversa dalla consueta

fuoripàsto o **fuòri pàsto** [comp. di *fuori* e *pasto* ✱ 1985] **A** **avv.** ● lontano dai pasti principali: *medicina da assumere f.* **B** **s. m. inv.** ● spuntino, piccola merenda

fuoripìsta o **fuòri pìsta** [comp. di *fuori* e *pista* ✱ 1982] **A** **s. m. inv.** ● (*sport*) sci praticato su percorsi liberi, al di fuori delle piste **B** **anche agg. inv. e avv.**: *discese f.; sciare f.*

fuoripòrta o **fuòri pòrta** [comp. di *fuori* e *porta* ✱ 1818] **A** **avv.** ● oltre le porte, le mura di una città | (*est.*) nei dintorni di una città: *fare una gita f.* **B** **anche agg. inv.**: *una trattoria f.*

fuoriprogràmma o **fuòri progràmma** [comp. di *fuori* e *programma* ✱ 1960] **s. m. inv.** ● numero non previsto dal programma stabilito: *mandare in onda un f.*

fuoriquòta [comp. di *fuori* e *quota* ✱ 1985] **s. m. e f. inv.** ● (*sport*) atleta ammesso in una squadra, in deroga a una limitazione, quale l'età o altro

fuorisàcco o **fuòri sàcco** [comp. di *fuori* e *sacco* ✱ av. 1930] **A** **s. m. inv.** ● plico che non viene messo nei normali sacchi della posta affinché il destinatario possa subito prelevarlo all'arrivo **B** **anche agg. inv.**: *corrispondenza f.*

fuoriscàlmo o **fuòri scàlmo** [comp. di *fuori* e *scalmo* ✱ 1956] **s. m. inv.** ● nel canottaggio, tipo di imbarcazione veloce da regata con scalmi sporgenti dal bordo

fuorisède (o **-é-**) o **fuòri sède** (o **-é-**) [1977] **agg. inv.; anche s. m. e f. inv.** ● che (o chi) studia o lavora in località diverse da quella di residenza

fuorisèrie o **fuòri sèrie** [comp. di *fuori* e *serie* ✱ 1938] **A** **agg. inv. 1** detto di prodotto industriale non fabbricato in serie e spec. di carrozzeria di automobile più lussuosa o comunque diversa da quelle di serie **2** (*fig., colloq.*) eccezionale, straordinario: *uno studente f.; uno spettacolo f.* **B** **s. f. inv.** ● automobile di carrozzeria diversa da quella di serie o comunque più lussuosa: *comprarsi la f.* **C** **s. m. e f. inv.** ● (*fig., colloq.*) chi è eccezionalmente noto o si impone per particolari doti: *un f. della musica leggera*

fuoristràda [comp. di *fuori* e *strada* ✱ 1959] **A** **s. m. inv.; anche s. f. nel sign. 1** **1** autoveicolo o motoveicolo con speciali caratteristiche tecniche di robustezza, capacità di aderenza al suolo e facile maneggevolezza impiegato fuori delle normali carreggiate stradali **2** sport automobilistico e motociclistico lungo percorsi accidentati in ambiente naturale **B** **anche agg. inv.**: *moto f.; vetture f.*

fuoristradista [1977] **s. m. e f. (pl. m. *-i*)** ● pilota di auto o moto fuoristrada

fuoritùtto [comp. di *fuori* e *tutto* ✱ 1937] **avv. e agg. inv.** ● (*mar.*) relativo alla massima lunghezza di una nave, misurata tra i punti estremi delle strutture della prua e della poppa

fuoriuscìre o **fuoruscìre** [comp. di *fuori* e *uscire* ✱ 1363] **v. intr.** (coniug. come *uscire*; aus. *essere*) ● uscire fuori da qlco.: *il mosto fuoriesce dal tino* **SIN.** sgorgare, traboccare

fuoriuscìta o **fuoruscìta** [1942] **s. f.** ● il fuoriuscire: *la f. di linfa dai rami spezzati* | perdita, fuga: *f. di gas*

fuoriuscitìsmo o **fuoruscitìsmo** [1932] **s. m.** ● opposizione politica svolta all'estero dai fuoriusciti di un Paese contro il governo o le istituzioni dello stesso

fuoriuscìto o **fuoruscìto** **A** **part. pass.** di *fuoriuscire*; anche **agg.** ● nei sign. del v. **B** **s. m.** (**f.** *-a*) ● chi è costretto a riparare all'estero per motivi politici: *i fuoriusciti napoletani del 1799; i fuoriusciti antifascisti* **SIN.** esule, rifugiato **CFR.** profugo

fuorivìa o **†fuòri vìa**, **†foravìa**, **†forivìa**, **†fuoravìa** [comp. di *fuori* e *via* ✱ av. 1557] **avv.** ● (*roman., ven.*) lontano, fuori mano: *abitare f.* | (*est., lett.*) in un Paese straniero

fuormisùra ➤ **fuorimisura**

fuoruscìre e deriv. ➤ **fuoriuscire** e deriv.

fuorviànte **part. pres.** di *fuorviare*; anche **agg.** ● (*fig.*) che mette fuori strada, che svia: *un'ipotesi f.*

fuorviàre o (*lett., raro*) **forviàre** [da *fuor(i)via* ✱ sec. XIV] **A** **v. intr.** (*io fuorvìo*; aus. *avere*) ● (*raro*) uscire dalla buona strada (*spec. fig.*) **B** **v. tr. 1** (*raro*) condurre fuori strada **2** (*fig.*) allontanare dalla retta via: *le cattive compagnie lo hanno fuorviato* **SIN.** traviare **3** (*fig.*) mettere su una falsa strada, consentire l'equivoco: *le tue parole mi hanno completamente fuorviata* **CFR.** sviare

furàce [vc. dotta, lat. *furāce(m)*, da *furāri* 'rubare', da *fūr*, genit. *fūris* 'ladro' ✱ 1499] **agg.** ● (*lett.*) dedito al furto

†furacuòri [comp. di *fura(re)* e il pl. di *cuore* ✱ av. 1578] **agg.** ● rubacuori

furàno [dal lat. *fŭrfur* 'crusca' (V. *forfora*) e *-ano*②; poiché il composto un tempo si otteneva per azione dell'acido solforico sulla crusca ✱ 1917] **s. m.** ● (*chim.*) composto organico eterociclico, usato sotto forma di derivato idrogenato come solvente industriale e come materia prima di sintesi

†furàre [vc. dotta, lat. *furāri*, da *fūr*, genit. *fūris* 'ladro'. V. *†furo*① ✱ 1268] **A** **v. tr. 1** rubare, togliere, sottrarre (*anche fig.*): *morte fura / prima i migliori e lascia stare i rei* (F. Petrarca) | ***f. le mosse***, prevenire **2** nascondere, celare **3** copiare, simulare **B** **†furàrsi** **v. rifl.** ● allontanarsi, appartarsi | (*fig.*) sottrarsi | ***furarsi da un luogo***, partirsene di nascosto

furbacchióne [1840] **s. m.** (**f.** *-a*) **1** accr. di *furbo* **2** persona molto furba, che la sa lunga **SIN.** volpone

furbàstro [da *furbo* ✱ 1949] **agg. e s. m.** (**f.** *-a*) ● che (o chi) tenta di fare il furbo, spesso senza successo

furbàta [da *furbo* ✱ 1985] **s. f.** ● (*colloq.*) azione che rivela furbizia

furberìa [fr. *fourberie*, da *fourbe*. V. *furbo* ✱ av. 1562] **s. f. 1** furbizia **2** †burla

furbésco [1560] **agg.** (**pl. m.** *-schi*) ● da furbo: *tiro, sorriso f.* | ***lingua furbesca***, gergo della malavita || **furbescaménte**, **avv.**

furbétto [1589] **A** **agg. 1** dim. di *furbo* **2** che è furbo e malizioso: *una mossa furbetta* **B** **s. m.** (**f.** *-a*) **1** chi rivela furbizia, malizia **2** chi si comporta in modo spregiudicato o disonesto facendo il furbo (*spec. spreg.*): *i soliti furbetti che saltano le code agli sportelli* || **furbettìno**, **dim.**

furbìzia [1853] **s. f. 1** caratteristica di furbo: *la sua f. è proverbiale* **SIN.** astuzia, furberia, scaltrezza **CONTR.** ingenuità **2** azione da furbo: *riuscì a cavarsela con una piccola f.*

♦**fùrbo** [etim. discussa: fr. *fourbe*, gerg. 'ladro', da *fourbir* 'nettare (le tasche)' (?) ✱ 1481] **A** **agg.** ● di chi sa mettere in pratica accorgimenti astuti e abili, in grado di procurargli vantaggi e utilità: *è un commerciante molto f.* | di ciò che denota furbizia: *una furba trovata; finiva col fare quel sorriso f.* (G. VERGA) **CONTR.** ingenuo || **furbaménte**, **avv.** da furbo **B** **s. m.** (**f.** *-a*) ● persona furba | ***f. matricolato, di tre cotte***, persona estremamente furba | ***fare il f.***, dimostrare ambiguità, giocare d'astuzia | ***farsi f.***, scaltrirsi, imparare a fare il proprio interesse **SIN.** astuto, scaltro **CONTR.** ingenuo || **furbacchióne**, **accr.** (V.) | **furbacchiòtto**, **alter.** | **furbàccio**, **pegg.** | **furbétto**, **dim.** (V.) | **furbino**, **dim.** | **furbóne**, **accr.** (V.)

SFUMATURE DI SIGNIFICATO

furbo - astuto - smaliziato

Si definisce **furbo** chi è dotato di un'intelligenza pratica che gli consente di volgere con scaltrezza ogni situazione a proprio vantaggio. **Astuto** ha lo stesso significato, ma l'astuzia rispetto alla furbizia indica un agire più ragionato che istintivo, talora in modo non onesto. **Smaliziato** è invece chi ha una grande conoscenza della vita, che si traduce in capacità di agire con abilità e senso pratico.

furbóne [1654] **agg. e s. m.** (**f.** *-a*) **1** accr. di *furbo* **2** che (o chi) è molto abile e furbo (*anche spreg.*)

†**furcìfero** [vc. dotta, lat. *furcĭferu(m)* 'che porta la forca', comp. di *fŭrca* 'forca' e *-fer* '-fero' ✱ 1481] **agg.** ● briccone, furfante

†**fùre** ➤ †**furo**①

furènte [vc. dotta, lat. *furĕnte(m)*, part. pres. di *fŭrere* 'infuriare' ✱ 1340] **agg.** **1** furioso, furibondo, infuriato: *essere f. d'ira, di rabbia; siamo furenti contro i responsabili del guaio* | che esprime o manifesta furore: *parole furenti; un'occhiata f.* **2** (*lett.*) forsennato, esagitato || **furenteménte**, **avv.**

fureria [da *furiere* ✱ 1887] **s. f.** ● (*milit.*) ufficio di contabilità e amministrazione di un reparto, spec. di una compagnia

furétto [da †*furo* 'ladro', per la tendenza a rubare gli oggetti che lo attirano ✱ av. 1320] **s. m.** **1** carnivoro dei Mustelidi, varietà domestica della puzzola, addestrato per stanare i conigli selvatici o tenuto in casa come animale da compagnia (*Mustela furo*) **2** pelliccia dell'animale omonimo, bianco-giallognola, di scarso valore **3** (*fig.*) persona sempre attiva, in movimento | ***da f., di f.***, vivace, astuto, malizioso e sim.: *viso da f.; un entusiasmo che gli brillava negli occhi di f.* (E. MONTALE)

furfantàggine [av. 1803] **s. f.** ● (*raro*) furfanteria

furfantàglia [1869] **s. f.** ● (*raro, spreg.*) insieme, accozzaglia di furfanti

♦**furfànte** [part. pres. di †*furfare* ✱ av. 1449] **A** **s. m. e f.** (**f.** †*-a*) **1** persona capace di azioni malvagie e disoneste **SIN.** canaglia, farabutto, malfattore | (*fam., scherz.*) birbante, briccone **2** †straccione, pezzente **B** **agg.** ● †furfantesco | †rozzo || **furfantàccio**, **pegg.** | **furfantèllo**, **dim.** | **furfantóne**, **accr.**

furfanteggiàre [av. 1803] **v. intr.** (**pres.** *io furfantéggio*; **fut.** *io furfanteggerò*; **aus.** *avere*) ● (*raro*) comportarsi da furfante

furfanterìa [av. 1535] **s. f.** **1** disonestà, ribalderia: *comportarsi con f.* **2** azione disonesta, criminosa: *fu condannato per tutte le sue furfanterie*

furfantésco [1534] **agg.** (**pl. m.** *-schi*) ● di furfante, da furfante: *un discorso f.* **SIN.** canagliesco || **furfantescaménte**, **avv.** in modo tipico da furfante

†**furfantina** [av. 1665] **s. f.** ● beffa o scherno accompagnati da fischi o sim. | ***battere, fare la f.***, (*fig.*) battere i denti per il freddo; essere in gran miseria

furfantino [av. 1565] **agg.** ● di furfante | ***lingua furfantina***, gergo dei malviventi

†**furfàre** o †**forfàre** [fr. *forfaire* 'fare fuori (della legge)', comp. di *fore* 'fuori' e *faire* 'fare' ✱ sec. XIII] **v. tr.** ● ingannare, danneggiare | rubare

furfuràceo ➤ **forforaceo**

furfurìlico [comp. di *furfuril(e)*, da *furfur(olo)* con sostituzione di suff., e *-ico* ✱ 1956] **agg.** (**pl. m.** *-ci*) ● (*chim.*) detto di sostanza derivata dal furfurolo

furfuròlo [ingl. *furfurol*, comp. del lat. *fŭrfure(m)* 'crusca' e del suff. *-ol* '-olo②' ✱ 1869] **s. m.** ● (*chim.*) nome tradizionale dell'aldeide ottenuta dalla distillazione di diversi materiali vegetali, dotata di un caratteristico odore di erba secca

furgonàto [da *furgone* ✱ 1983] **A** **agg.** ● detto di automezzo costruito o adattato per essere usato come furgone **B** **anche s. m.**

furgoncino [1905] **s. m.** **1** dim. di *furgone* **2** veicolo commerciale di piccole dimensioni, con cassa aperta o chiusa

♦**furgóne** [fr. *fourgon*, di etim. incerta ✱ 1799] **s. m.** ● autoveicolo coperto, per il trasporto di merci | ***f. cellulare***, V. *cellulare* || **furgoncino**, **dim.** (V.)

furgonista [1965] **s. m. e f.** (**pl. m.** *-i*) ● conducente di furgone

♦**fùria** [vc. dotta, lat. *fūria(m)*, da *fŭrere* 'infuriare', di orig. indeur. ✱ av. 1292] **s. f.** **1** stato di agitazione collerica, per lo più di breve durata: *lasciamogli sbollire la f.; montare in f.; andare su tutte le furie* **SIN.** furore **2** impeto violento: *la f. della guerra, della passione, della disperazione, della discordia; la f. del vento e della pioggia ha causato danni enormi* | ***a f. di popolo***, (*lett.*) a furor di popolo | ***a f. di***, a forza di (indica ripetizione): *a f. di chiedere, di insistere, di fare* | ***a f. di spintoni***, con spinte continue; (*fig.*) con raccomandazioni e aiuti ininterrotti **3** (con iniziale maiuscola) ciascuna delle tre divinità infernali che nella mitologia romana personificavano la vendetta, l'ira e il rimorso **CFR.** Erinni | (*fig.*) persona sconvolta dall'ira: *mi aggredì come una f.* | chi aizza la discordia, il furore e sim.: *quella f. è riuscita a distruggere tre famiglie* **4** (*fig., fam.*) grande fretta: *aveva f. di andarsene* | ***in fretta e f.***, in gran fretta, molto velocemente | ***lavorare di f.***, in fretta e senza ponderazione **SIN.** precipitazione || **furiétta**, **dim.**

furiàno [lat. *foritānu(m)* 'vento che soffia di fuori (*fŏris*)', con sovrapposizione di *furia*, per il suo impeto ✱ av. 1536] **s. m.** ● (*disus.*) in Adriatico, il vento tra Mezzogiorno e Libeccio

furiàre [vc. dotta, lat. *furiāre*, da *fŭria* 'furia' ✱ sec. XIII] **v. intr.** (*io fùrio*; **aus.** *avere*) ● (*lett.*) infuriare: *mai non furiò sì tigre o orso* (L. PULCI)

furiàta [1683] **s. f.** ● (*raro, lett.*) impeto violento: *f. di vento* | sfuriata

furibóndo [vc. dotta, lat. *furibŭndu(m)*, da *fŭrere* 'infuriare' (V. *furente*) ✱ av. 1333] **agg.** ● agitato da furia o collera: *era f. per l'accaduto* | estremamente impetuoso: *assalto f.* | (*scherz.*) ***appetito f.***, molto forte || **furibondaménte**, **avv.** (*raro*) in modo furibondo

furière [fr. ant. *fourrier* 'foraggiatore'. V. *foraggio*. Cfr. *foriero* ✱ av. 1565] **s. m.** ● (*milit.*) sottufficiale addetto alla contabilità di un reparto: *sergente f., maresciallo f.*

♦**furióso** (o **-ṣ-**) [vc. dotta, lat. *furiōsu(m)*, da *fŭria* 'furia' ✱ 1268] **A** **agg.** **1** preso da furore, da ira o furia: *è f. con* (o *contro di*) *noi; è f. per la sconfitta, per avere ricevuto un'ammonizione; la tua reazione l'ha reso f.* **SIN.** furibondo, furente | molto forte, intenso: *smania, gelosia, brama furiosa* | (*lett.*) pazzo **2** violentemente agitato, molto impetuoso: *mare, vento f.; battaglia furiosa* **3** che esprime o manifesta furia, furore: *gesti furiosi* | (*raro*) impaziente, precipitoso: *non correte furiosi alle cose, non le precipitate* (F. GUICCIARDINI) || **furiosétto**, **dim.** || **furiosaménte**, **avv.** in modo furioso, con furia: *combattere furiosamente; studiare furiosamente; con grande intensità: pioveva furiosamente; il campanello si mise a squillare furiosamente* (G. D'ANNUNZIO) || **furiosità**, **s. f. inv.** (*raro*) violenta collera, furia **B** **s. m.** (**f.** *-a*) ● alienato, agitato: *reparto furiosi*

furlàna [f. sost. di *furlano* ✱ 1720] **s. f.** ● antica danza friulana, di carattere gaio e origine contadinesca | musica che l'accompagna

furlàno ➤ **friulano**

†**fùro**① o †**fùre** [lat. *fūre(m)* 'ladro', da avvicinare al gr. *phṓr* ✱ 1261 ca.] **A** **s. m.** ● ladro che ruba di soppiatto con inganno e destrezza: *venite ..., ché vi farem trovare il fure* (G. BRUNO) **B** **agg.** ● che ruba allo sguardo, che nasconde | rapace

fùro② /'furo, *giapp.* fɯ.ɾɔ/ o **ofùro** /o'furo, *giapp.* ɔ.fɯ.ɾɔ/ [vc. giapp., propr. 'bagno rituale' ✱ 1986] **s. m. inv.** ● in Giappone, vasca per il rito del bagno serale, anche collettivo | il bagno in tale vasca

fùrono ➤ **essere**①

♦**furóre** [vc. dotta, lat. *furōre(m)*, da *fŭrere* 'infuriare'. V. *furia* ✱ av. 1250] **s. m.** **1** veemente agitazione o turbamento, dovuti per lo più all'ira: *accendere qlcu. di f.; un f. momentaneo; placare il f. di qlcu.* | (*fig.*) ***essere cieco di f.***, avere perduto totalmente il controllo delle proprie reazioni | ***a furor di popolo***, su richiesta del popolo gener. manifestata in forme veementi | (*raro*) pazzia **2** impeto, violenza, veemenza: *il f. delle acque distrusse il villaggio; amare, desiderare con f.; scaricarono essi Longobardi il loro f. sopra le città* (L.A. MURATORI) | ***f. giovanile***, ardore della gioventù | (*est., lett.*) brama ardente, frenesia: *conosciamo i suoi inconfessabili furori* **3** (*lett.*) stato di esaltazione mentale, per ispirazione profetica, estro creativo e sim.: *il f. della Sibilla; il sacro f. dei poeti* | ***f. bacchico***, esaltazione orgiastica delle baccanti | ***f. della declamazione***, enfasi **4** (*fig.*) ammirazione totale | ***far f.***, si dice di ciò che gode di straordinario successo, di consenso entusiastico e sim.

SFUMATURE ➤ ***fanatismo***, ➤ ***ira***

furoreggiàre [da *furore* ✱ 1858] **v. intr.** (**pres.** *io furoréggio*; **fut.** *io furoreggerò*; **aus.** *avere*) ● far furore, destare grande ammirazione: *quella cantante furoreggia fra i giovanissimi* | ottenere un grande successo, andare per la maggiore: *quest'anno hanno furoreggiato le infradito*

furòshiki /furɔʃ'ʃiki, *giapp.* fɯ.ɾɔ.ɕi.ki/ [vc. giapp., comp. di *furo* 'bagno' e *shiku* 'stendere, ricoprire', perché originariamente usato per avvolgere gli indumenti mentre si faceva il bagno ✱ 1904] **s. m. inv.** ● pezzo quadrato di stoffa decorata usato per avvolgere o trasportare oggetti

♦**furtìvo** [vc. dotta, lat. *furtīvu(m)*, da *fūrtum* 'furto' ✱ av. 1294] **agg.** **1** proveniente da furto: *merce furtiva* **2** di ciò che si fa segretamente e con circospezione: *sguardo, cenno, sorriso f.; una lacrima furtiva; la mano con passi furtivi uscì dalla tasca* (I. CALVINO) **CONTR.** palese **3** (*lett.*) rapido, fuggevole: *un f. raggio di sole* || **furtivaménte**, **avv.** **1** in modo furtivo e circospetto: *entrare furtivamente in un luogo* **2** †a tradimento || **furtività**, **s. f. inv.**

fùrto [lat. *fūrtu(m)*, part. pass. di un v. **fŭrere* 'rubare', da *fūr*, genit. *fūris* 'ladro' ✱ 1261 ca.] **s. m.** **1** (*dir.*) reato consistente nell'impossessarsi di cosa mobile altrui sottraendola a chi la detiene per trarne profitto per sé o altri: *f. con scasso; accusare qlcu. di f.* **2** ciò che è stato rubato: *un f. di grande valore* **3** †inganno, frode | †*amoroso f.*, amore furtivo | †*f. di mente*, distrazione | *di f.*, (*lett.*) di nascosto; di sorpresa; con l'inganno ‖ **furtarèllo**, **furterèllo**, **dim.**

fùsa (o -ṣ-) o †**fùse** [prob. da una forma f. pl. arcaica di *fuso*② ✱ av. 1449] **s. f. pl.** ● nella loc. ***fare le f.***, detto del gatto che emette un caratteristico suono sordo e vibrante in segno di soddisfazione; (*fig.*) manifestare il proprio compiacimento ricevendo tenerezze amorose | nella loc. ***fare le f. torte***, (*lett.*) tradire il marito o l'amante

fusàggine (o -ṣ-) [lat. parl. **fusāgine(m)*, da *fūsus* 'fuso①', perché era la pianta col cui legno si facevano i fusi ✱ av. 1320] **s. f.** ● (*bot.*) berretta da prete

f

fusàglia (o -ṣ-) [etim. incerta ✱ 1942] **s. f.** ● (*roman.*, **spec. al pl.**) seme del lupino bagnato e salato

fusàio (o -ṣ-) [da *fuso*② ✱ sec. XIV] **s. m.** (**f.** *-aia*, **pl. m.** *-ai*) ● fabbricante o venditore di fusi per la filatura

fusaiòla (o -ṣ-) o **fusaiuòla** (o -ṣ-), **fusaròla** (o -ṣ-), **fuseruòla** (o -ṣ-) [da *fuso*② ✱ 1550] **s. f.** **1** ornato architettonico classico, a motivi fusiformi o tondeggianti, usato anche in ebanisteria per modanature a profilo semicircolare **2** fusaiolo

fusaiòlo (o -ṣ-) o †**fusaiuòlo**, **fusaròlo** (o -ṣ-) [da *fuso*② ✱ 1362] **s. m.** ● piccolo disco pesante che, nella filatura a mano, si infila alla base del fuso per renderne regolare la rotazione

fusaròla ➤ **fusaiola**

fusàta (o -ṣ-) [1803] **s. f.** ● quantità di filo avvolta attorno al fuso: *una f. di lana*

fusàto (o -ṣ-) [1612] **agg.** **1** fatto a forma di fuso: *colonna, balaustra fusata* **2** (*arald.*) detto di scudo coperto da fusi posti verticalmente e a smalti alternati

fuscellìno [1353] **s. m.** **1** dim. di *fuscello* | ***cercare col f.***, (*fig.*, *tosc.*, *lett.*) cercare con grande cura; andare in cerca di noie e sim. **2** (*tosc.*, **spec. al pl.**) ciascuna delle aste tracciate dai bambini che imparano a scrivere

fuscèllo [lat. parl. **fusticĕllu(m)*, dim. di *fūstis* 'bastone'. V. *fusto* ✱ 1353] **s. m.** ● sottile ramoscello di legno secco: *f. da ardere* | ***essere magro come un f.***, magrissimo | (*fig.*) ***notare il f. nell'occhio altrui e non vedere la trave nel proprio***, ignorare i propri difetti ‖ **fuscellètto**, **dim.** | **fuscellìno**, **dim.** (V.)

fusciàcca o (*pop.*) **fuciàcca** [da *fusciacco* ✱ 1723] **s. f.** ● lunga sciarpa gener. di seta, annodata alla vita e con lembi frangiati e ricadenti

fusciàcco o (*pop.*) **fuciàcco** [persiano *fišak* 'ombrellino' ✱ av. 1563] **s. m.** (**pl.** *-chi*) ● drappo ricamato in oro o argento che ricade dietro al crocifisso portato in processione

fusciàrra [arabo *faššār* 'vantatore' ✱ av. 1696] **s. f.** ● (*raro*, *lett.*) giovane scapestrato e insolente

fùscina [vc. dotta, lat. *fŭscina(m)*. V. *fiocina* ✱ 1499] **s. f.** ● (*archeol.*) tridente per la pesca o per la lotta dei gladiatori

†**fùsco** ➤ **fosco**

†**fùse** ➤ **fusa**

fuseaux /fr. fy'zo/ [vc. fr., propr. 'fusi' ✱ 1985] **s. m. pl.** ● pantaloni di linea affusolata, spesso in tessuto elastico **CFR.** fusò, pantacalza, leggings, pantacollant

fusellàto (o -ṣ-) [da *fusello* ✱ av. 1787] **agg.** ● affusolato

fusellatùra (o -ṣ-) [av. 1764] **s. f.** ● restringimento a forma di fuso: *la f. di un candelabro*

fusèllo (o -ṣ-) [1561] **s. m.** **1** dim. di *fuso*② **2** ciascuno dei piccoli fusi sul quale si avvolge il filo per la lavorazione del merletto | ***merletto a fuselli***, lavorato al tombolo usando questi strumenti **3** (*tipogr.*) filetto con un piccolo fregio centrale, usato per staccare due notizie diverse in un giornale ‖ **fusellìno**, **dim.**

fuṣelòl o **fuṣelòlo** [dal ted. *Fuselöl* 'olio (*Öl*) di un pessimo liquore (*Fusel*, di provenienza gergale e di orig. sconosciuta)' ✱ 1874] **s. m. inv.** ● (*chim.*) sottoprodotto di coda della distillazione dell'alcol etilico ottenuto dalla fermentazione di materiali vegetali, costituito da alcoli di più elevato peso molecolare

fuseruòla ➤ **fusaiola**

†**fusétto** (o -ṣ-) [da *fuso*②, per la forma ✱ 1561] **s. m.** ● pugnale | specie di stiletto usato dagli antichi bombardieri, che aveva incisa su una faccia della lama la scala graduata dei calibri delle artiglierie

fùṣi ➤ **fondere**

fuṣìbile [fr. *fusible*, da *fuser* 'fondere', dal lat. *fūsus*, part. pass. di *fūndere* 'fondere' ✱ av. 1328] **A** **agg.** ● che fonde: *metallo f. solo ad alta temperatura* | che si può fondere facilmente: *una lega f.* **B** **s. m.** ● (*elettr.*) dispositivo di protezione contro le sovracorrenti in un circuito elettrico, formato da fili o piastrine metalliche che fondono per il riscaldamento provocato da un aumento di corrente, interrompendo il circuito

fuṣibilità [fr. *fusibilité*, da *fusible* 'fusibile' ✱ 1786] **s. f. inv.** ● attitudine a fondere più o meno rapidamente

fusièra (o -ṣ-) [da *fuso*② ✱ 1854] **s. f.** **1** serie di fusi montati sui filatoi **2** parte del telaio da tessitura in cui si tengono i fusi

fusifórme (o -ṣ-) [fr. *fusiforme*, comp. del lat. *fūsus* 'fuso②' e del fr. *-forme* '-forme' ✱ 1813] **agg.** ● che ha forma di fuso

fusìllo (o -ṣ-) [vc. merid., propr. dim. di *fuso*②, per la forma ✱ 1931] **s. m.** ● (**spec. al pl.**) pasta di media pezzatura, di forma elicoidale ‖ **fusillòtto**, **alter.**

fusion /ingl. 'fju:ʒən/ [vc. ingl., propr. 'fusione' ✱ 1983] **A** **s. f. inv.** ● contaminazione di generi musicali, spec. di jazz e rock | (*est.*) contaminazione, mescolanza: *la f., tendenza vincente nella moda* **B** **agg. inv.** ● caratterizzato dalla mescolanza di generi, stili, tradizioni di diversa provenienza: *musica f.; cucina f.; arredamento f.*

fuṣionàle [dall'ingl. *fusional*, agg. di *fusion* 'fusione' ✱ 1972] **agg.** ● (*psicol.*) caratterizzato da fusionalità: *coppia f.* ‖ **fuṣionalità**, **s. f. inv.** (*psicol.*) condizione del soggetto che si percepisce indistinto dall'altro in un rapporto intenso, rassicurante, come nella coppia madre-neonato, nell'innamoramento, nell'adesione incondizionata a una fede, un'ideologia ecc.

fuṣióne [vc. dotta, lat. *fusiōne(m)*, da *fūsus*, part. pass. di *fūndere* 'fondere' ✱ av. 1328] **s. f.** **1** (*fis.*) passaggio di un corpo dallo stato solido allo stato liquido per effetto del calore: *f. dei metalli; punto di f.; calore di f.* **2** (*fis.*) ***f. nucleare***, formazione di un nucleo atomico dall'unione di più nuclei di massa inferiore; in particolare, formazione di un nucleo di elio da nuclei di idrogeno o di suoi isotopi, con liberazione di una grande quantità di energia | ***f. fredda***, fenomeno fisico ipotetico, oggetto di intense ricerche, consistente in una fusione nucleare che richiede energie e temperature molto minori di quelle normalmente necessarie **3** (*est.*) operazione intesa a ottenere opere d'arte, pezzi metallici e sim., versando i metalli fusi nelle apposite forme: *la f. di una statua; pezzi ottenuti per f.; la f. di una moneta* | ***f. in conchiglia***, tecnica del gettare metallo fuso in forme apribili di metallo o altra materia per riproduzione in serie di oggetti **4** (*dir.*) concentrazione tra più organizzazioni che si esegue mediante la costituzione di un nuovo organismo sociale o l'incorporazione, in uno solo, degli organismi preesistenti | ***f. di Stati***, unione di due o più Stati, che dà luogo alla formazione di uno Stato solo | ***f. di partiti***, confluenza in un nuovo partito politico, di due o più partiti **5** (*ling.*) processo per il quale due elementi in contatto si combinano in modo tale da non poter essere direttamente analizzati **6** (*fig.*) assimilazione, unione: *la f. delle varie regioni d'Italia; la f. dei popoli europei* **CONTR.** separazione **7** (*fig.*) accordo, intesa, armonia: *f. di colori, di animi, di suoni* | ***cucina di f.***, in un ristorante, tipo di cucina che propone piatti e specialità tipiche di tradizioni gastronomiche diverse (per es. italiana, spagnola, cinese, eritrea, brasiliana ecc.) **8** (*biol.*) ***f. cellulare***, unione di cellule con caratteristiche genetiche differenti

fuṣionìṣmo [fr. *fusionnisme*, da *fusion* 'fusione' ✱ av. 1872] **s. m.** ● tendenza favorevole alla fusione, spec. di Stati, oppure di partiti politici

fuṣionìsta [fr. *fusionniste*, da *fusion* 'fusione' ✱ 1849] **A** **s. m. e f.** (**pl. m.** *-i*) ● fautore del fusionismo **B** **agg.** ● relativo al fusionismo: *politica f.* | favorevole al fusionismo

fuṣionìstico [1948] **agg.** (**pl. m.** *-ci*) ● relativo al fusionismo o ai fusionisti: *tendenze fusionistiche*

fusò [av. 1990] **s. m. pl.** ● adattamento di *fuseaux* (V.)

fùṣo① **A** **part. pass.** di *fondere*; **anche agg.** **1** liquefatto: *burro f.; ferro f.* | ***formaggio f.***, V. *formaggio* **2** (*colloq.*) spossato, privo di ogni energia | (*gerg.*) detto di chi è fuori di sé per aver assunto sostanze stupefacenti **B** **s. m.** ● il prodotto della fusione

fùso② (o -ṣ-) [lat. *fūsu(m)*, di etim. incerta ✱ 1313] **s. m.** (**pl.** *fùsi*, **m.**, **lett.** *fùsa* **o** †*fùse*, **f.**, **nel sign. 1**) **1** nella filatura a mano, strumento di legno assottigliato alle estremità e panciuto nel mezzo che, fatto ruotare su sé stesso, provoca la torsione del filo e compie l'avvolgimento della gugliata | nella filatura meccanica, organo cilindrico a forma di asta appuntita che, dotato di movimento rotatorio rapido, torce e avvolge il filo | ***essere diritto come un f.***, ben eretto sulla persona | (*fig.*) ***andare diritto come un f.***, senza deviare | ***a f.***, a forma di fuso | (*est.*) fusata: *ha consumato un f. di filo* **2** (*lett.*) lavoro del filare, spec. a mano: *attendere al f.* **3** (*est.*) organo, elemento o struttura simile per forma a un fuso | in ebanisteria, elemento di forma allungata e affusolata agli estremi, usato spec. in spalliere e ringhierine | in aeronautica, uno dei settori o spicchi che costituiscono la calotta di un paracadute, l'involucro di un aerostato e sim. | nei veicoli ferroviari, perno dell'asse sul quale è applicato il carico trasmesso dalla boccola | negli autoveicoli, organo su cui è montata la ruota e che si articola all'estremità dell'assale: *f. a snodo* | ***f. del tornio***, ciascuna delle due parti coniche sulle quali gira il pezzo da tornire | ***f. dell'ancora***, parte centrale dell'ancora | ***f. del carro***, estremità affusolata dell'assale, su cui si inserisce il mozzo della ruota | ***f. di pollo***, taglio di carne di pollo comprendente la parte inferiore della coscia | ***f. acromatico***, in biologia, differenziazione del citoplasma evidente durante la cariocinesi, formata da fibrille che partono dai due centrioli situati ai poli opposti della cellula **4** (*mat.*) porzione di superficie sferica, delimitata da due semicerchi massimi aventi gli stessi estremi **5** (*geogr.*) ***f. orario***, ciascuna delle 24 suddivisioni longitudinali del globo terrestre per ognuna delle quali è stabilita l'ora convenzionale che corrisponde all'ora locale del meridiano centrale del fuso **6** (*arald.*) figura romboidale **7** (*giornalismo*) filetto tipografico di separazione che segna la fine di un articolo e l'inizio del successivo in una stessa colonna di giornale ‖ **fusèllo**, **dim.** (V.)

fuṣolièra [dal venez. *fisolera* 'imbarcazione per la caccia del *fisolo* (colimbo)', con sovrapposizione di *fuso*② ✱ 1433] **s. f.** **1** (*aeron.*) parte di un velivolo, per lo più allungata nel senso del moto, che sostiene la velatura principale e gli organi di stabilità e governo e in cui è situato tutto o parte del carico **2** †imbarcazione stretta e veloce di poco pescaggio

fùsolo (o **-ṣ-**) [da *fuso*② ✱ sec. XIV] **s. m.** **1** palo conficcato sul fondo del mare, usato per la mitilicoltura **2** (*disus.*) parte inferiore della gamba

†**fuṣóre** [vc. dotta, lat. tardo *fusōre(m)*, da *fūsus*, part. pass. di *fŭndere* 'fondere' ✱ 1499] **s. m.** ● fonditore

fuṣòrio [vc. dotta, lat. tardo *fusōriu(m)*, da *fūsus*, part. pass. di *fŭndere* 'fondere' ✱ 1499] **agg.** (**pl. m.** *-i* o *raro -ii*) ● relativo alla fusione di metalli: *forno f.*; *arte fusoria*

fùsta [lat. *fūste(m)* 'bastone'; nel sign. 1, cfr. lo sp. *fusta* ✱ av. 1304] **s. f.** **1** piccola galea medievale veloce e sottile, con 18 o 20 remi per fianco, un solo albero e un polaccone a prua, armata con due o tre pezzi d'artiglieria **2** †fiaccola, torcia **3** †fune

fustàgno o †**frustàgno** [etim. incerta; forse dal lat. *fūstis* 'legno', perché sarebbe una stoffa di origine vegetale ✱ 1269] **s. m.** ● tessuto spesso e resistente per lo più di cotone, con una faccia vellutata e l'altra liscia o spigata

fustàia [da *fusto* nel sign. 1 ✱ 1865] **s. f.** ● bosco di alberi d'alto fusto

fustàme [1956] **s. m.** ● insieme di botti, barili e sim.

fustanèlla [gr. moderno *phoustanélla*, dim. di *phoustáni* 'fustagno' ✱ 1869] **s. f.** ● sottana bianca pieghettata che scende fino al ginocchio, tipica di costumi e uniformi albanesi e greci

fustèlla [da *fusto* ✱ 1926] **s. f.** **1** forma di filetti d'acciaio riproducenti una determinata sagoma con cui si incide e taglia carta, cartoncino, e sim. | tubo con bordo tagliente usato per prelevare campioni di terreno o di roccia tenera **2** talloncino staccabile dalle scatole di medicinali, su cui è stampato il prezzo, trattenuto dal farmacista per ottenere il rimborso dal servizio sanitario

fustellàre [da *fustella* ✱ 1931] **v. tr.** (*io fustèllo*) ● sagomare mediante una fustella

fustellàto **A** **part. pass.** di *fustellare*; anche **agg.** ● nei sign. del v. **B** **s. m.** ● oggetto tagliato o piegato con fustella

fustellatrìce [1926] **s. f.** ● macchina usata nell'industria cartotecnica per fustellare

fustellatùra [1970] **s. f.** ● operazione del fustellare

fustìbalo [vc. dotta, lat. tardo *fustĭbalu(m)*, comp. del lat. *fūstis* 'bastone' e del gr. *bállein* 'scagliare' ✱ 1520] **s. m.** ● (*archeol.*) specie di fionda, mazzafrusto

fustigàre [vc. dotta, lat. tardo *fustigāre*, da *fūstis* 'bastone', sul modello di *castigāre* ✱ sec. XIV] **v. tr.** (*io fùstigo* o *fustigo*, *tu fùstighi* o *fustighi*) **1** battere con verga o frusta: *f. a sangue un prigioniero* **2** (*fig.*) deplorare o criticare con estrema severità qlco. o qlcu.: *f. i costumi corrotti del proprio tempo* **SIN.** censurare

fustigatóre [da *fustigare* ✱ 1584] **s. m.** (**f.** *-trice*); anche **agg.** ● chi (o che) fustiga (*spec. fig.*): *un f. dei costumi corrotti* **SIN.** censore

fustigazióne [fr. *fustigation*, da *fustiger* 'fustigare' ✱ av. 1511] **s. f.** ● atto del fustigare | pena della frusta | (*fig.*) aspra censura

fustìno [1865] **s. m.** **1** dim. di *fusto* **2** recipiente di cartone cilindrico o a forma di parallelepipedo, contenente sostanze in polvere, spec. detersivi

♦**fùsto** [lat. *fūste(m)* 'bastone', di etim. incerta ✱ 1305] **s. m.** **1** (*bot.*) organo assile delle piante superiori che si sviluppa in direzione opposta alla radice e porta le foglie: *f. acquatico, aereo, strisciante*; *piante, alberi d'alto f.* **SIN.** caule | *f.* ***primario***, ***secondario***, il fusto della pianta, formato dalla zona corticale e dalla stele, prima o dopo le modificazioni dovute all'attività del tessuto detto cambio | *f.* ***sotterraneo***, bulbo, rizoma, tubero **2** (*est.*) busto umano: *un f. eretto e possente* **3** (**f.** *-a*, *raro*) (*colloq.*) giovane dal fisico aitante, attraente: *è un bel f.*; *che f.!* **4** (*est.*) parte allungata di qlco.: *il f. del candeliere* | *f.* ***del camino***, parte che esce all'aperto | *f.* ***della stadera***, braccio | *f.* ***della chiave***, cannello | *f.* ***del remo***, manico | *f.* ***dell'argano***, manovella | *f.* ***dell'ancora***, fuso | (*archit.*) parte essenziale della colonna compresa fra la base e il capitello **5** (*est.*) parte che costituisce il sostegno o l'ossatura di qlco. | *f.* ***della sella***, intelaiatura | *f.* ***del tavolo***, piede | *f.* ***del divano, della seggiola***, la loro struttura in legno | *f.* ***di un carattere tipografico***, il parallelepipedo di lega tipografica, legno o plastica, che sostiene l'occhio di un carattere **6** recipiente cilindrico di grande capacità un tempo di legno e oggi realizzato con materiali vari, per spedizione e magazzinaggio di prodotti liquidi, granulari, pastosi e in polvere: *un f. di benzina, di olio, di olive* | *f.* ***di rovere***, botte in cui si fa maturare un vino **7** (*lett.*) †affusto ‖ **fustàccio**, **fustacchióne**, **accr.** nel sign. 3 | **fusticìno**, **dim.** | **fustìno**, **dim.** (V.) | **fustóne**, **accr.**

fùta [arabo *fūṭa* 'tovaglia, grembiule' ✱ av. 1292] **s. f.** ● larga veste sciolta con ampio scollo e larghe maniche, di cotone bianco o colorata indossata da alcuni popoli africani

♣**fùtile** [fr. *futile*, dal lat. *fūtile(m)* 'che versa facilmente', poi 'vano', di orig. indeur. ✱ 1440] **agg.** ● frivolo, inutile, vano, inconsistente: *argomento, ragione, motivo f.* **CONTR.** importante ‖ **futilménte**, **avv.** in modo futile, con frivolezza

♣**futilità** [fr. *futilité*, dal lat. *futilitāte(m)*, da *fūtilis* 'futile' ✱ 1763] **s. f. inv.** ● caratteristica di ciò che è futile: *la f. di un discorso* | cosa futile: *perdere tempo in f.* **SIN.** inutilità, vacuità, vanità

futón /fu'ton, *giapp.* fɯ.ton/ [vc. giapp. ✱ 1986] **s. m. inv.** ● grossa trapunta che si può stendere sul pavimento o su un basso supporto rigido e usare come materasso

futsal /'futsal, *sp.* 'futθal/ [dalla loc. sp. *fútbol de salón*, propr. 'calcio in salotto' ✱ 2003] **s. m. inv.** ● calcio a cinque

futures /'fjutʃurs, *ingl.* 'fju:tʃəz/ [vc. ingl. propr. 'futuri' ✱ 1985] **s. m. pl.** ● (*econ.*) contratti standardizzati, negoziati in Borsa, che prevedono la consegna futura di determinate quantità di un bene o valore mobiliare a una data stabilita e al prezzo concordato all'atto della stipula | ***commodity*** *f.*, quelli su merci

futurìbile [da *futuro* col suff. proprio di altre voci dello stesso ambito terminologico ✱ 1869] **A** **agg.** ● che può essere, accadere in futuro: *idee futuribili* ‖ **futuribilità**, **s. f. inv.** **B** **s. m.** (**inv. nel sign. 1; anche f. nel sign. 2**) **1** ciò che può essere, accadere in futuro **2** (*raro*) futurologo

futuriṣmo [da *futuro*, perché i seguaci del movimento erano contro il passato; con questo significato, il termine fu creato nel 1909 da F.T. Marinetti (1876-1944), fondatore del movimento ✱ 1909] **s. m.** ● movimento artistico e letterario sorto e affermatosi in Italia agli inizi del XX sec., che sosteneva un'arte e una cultura non più legate tradizionalmente al passato, ma proiettate verso il futuro in adesione al dinamismo della vita moderna; in musica si caratterizzò per l'idea di introdurre accanto al suono il rumore, creando per ciò appositi strumenti **CFR.** intonarumori

futurìsta [1909] **A** **s. m. e f.** (**pl. m.** *-i*) ● seguace del futurismo **B** anche **agg.**: *pittore, quadro f.*; *scultura f.*

futurìstico [1914] **agg.** (**pl. m.** *-ci*) ● (*raro*) relativo al futurismo e ai futuristi | avveniristico

♦**futùro** [vc. dotta, lat. *futūru(m)*, part. fut. del v. *ĕsse* 'essere', di orig. indeur. ✱ 1261 ca.] **A** **agg.** **1** che deve ancora avvenire, verificarsi e sim.: *il tempo f.*; *le cose future*; *gli avvenimenti futuri*; *una speranza di beni futuri* | ***vita futura***, nel cristianesimo, quella dell'anima dopo la morte del corpo **CONTR.** passato **2** (gener. preposto al sost.) di persona, che in un tempo avvenire ricoprirà un determinato ruolo: *la futura sposa*; *il f. marito, suocero, deputato*; *il f. Papa fosse tenuto in termine d'un anno convocar il concilio* (P. Sarpi) ‖ **futuraménte**, **avv.** †in futuro, per l'avvenire **B** **s. m.** **1** il tempo che verrà, ciò che accadrà: *prevedere il f.*; *ignorare tutto sul proprio f.* | (*fig.*) ***il f. è sulle ginocchia di Giove***, solo Dio può sapere ciò che accadrà | ***senza f.***, (*fig.*) che non ha prospettive positive **CONTR.** passato **2** (*gramm.*) tempo della coniugazione verbale che colloca l'enunciato in un momento successivo all'istante presente, oppure indica ipotesi, probabilità e sim. (per es.: *sarà uscito*; *saranno le undici*) | *f.* ***semplice***, formato da una radice verbale e da affissi verbali esprimenti il tempo futuro (per es., *verrò*) | *f.* ***anteriore***, formato dall'ausiliare avere, o essere, e da un participio passato (per es., *verrò appena avrò finito*) | *f.* ***attenuativo***, usato per attenuare un'affermazione; per es.: *le dirò di più*; *Ma ammetterà ch'io non potevo sapere* (L. Pirandello) **3** (*raro*, **al pl.**) i posteri **4** †nascituro

Definizione d'autore

Il **futuro** è quella cosa che mentre lo pensi arriva, ma poi non c'è più perché è diventato presente, che però a sua volta non dura niente e diventa subito passato. Un bel pasticcio questa storia della "freccia del tempo", che va in un senso solo e non si ferma mai. Agostino diceva che il tempo è un'*estensione dell'anima*. Seguiamo la sua ricetta: il **futuro** è quello che immaginiamo. E immaginare il **futuro**, soprattutto per uno scienziato, vuol dire immaginare cosa resta da scoprire. Per fortuna, quasi tutto: il **futuro** delle scoperte è immenso ma a portata di mano. Quello che resta da scoprire oggi è ciò che domani cambierà la nostra vita.

Giovanni F. Bignami

futurologìa [comp. di *futuro* e *-logia* ✱ 1970] **s. f.** (**pl.** *-gìe*) ● studio dei possibili eventi del futuro, secondo una prospettiva spec. ecologica, biologica, sociologica

futurològico [1950] **agg.** (**pl. m.** *-ci*) ● relativo alla futurologia

futuròlogo [comp. di *futuro* e *-logo* ✱ 1967] **s. m.** (**f.** *-a*; **pl. m.** *-gi*) ● chi si occupa di futurologia

fuzzy lògic /*ingl.* 'fʌzi 'lɒdʒɪk/ [loc. ingl., propr. 'logica (*logic*) incoerente (*fuzzy*)' ✱ 1987] **loc. sost. f. inv.** ● (*inform.*) logica fuzzy (V. *logica* nel sign. 1)

g, G

g

I suoni rappresentati in italiano dalla lettera *G* sono principalmente due: 'duro' o velare e 'dolce' o postalveopalatale. La *G* dura, consonante occlusiva velare sonora /g/, è scritta semplicemente *g* davanti alle vocali *a, o, u* e davanti a consonante (es. *ragàzzo* /ra'gatstso/, *bragòzzo* /bra'gɔtstso/, *agùzzo* /a'gutstso/, *glòssa* /'glɔssa/, *gròssa* /'grɔssa/); è scritta invece *gh* davanti alle vocali *e* e *i* (es. *ghétta* /'getta/, *ghìsa* /'giza/). Può essere, secondo i casi, semplice (es. *ségo* /'sego/, *leghiàte* /le'gjate/, *agrìcolo* /a'grikolo/, *mi gàrba* /mi'garba/; *spìngo* /s'piŋgo/, *gàrba* /'garba/, *non gàrba* /noŋ'garba/) oppure geminata (es. *lèggo* /'lɛggo/, *mùgghiano* /'muggjano/, *aggràvio* /ag'gravjo/, *perché gàrba* /perkeg'garba/). La *G* dolce, consonante semiocclusiva, o affricata, postalveopalatale sonora /dʒ/, è scritta semplicemente *g* davanti alle vocali *e* e *i* (es. *gètto* /'dʒɛtto/, *giro* /'dʒiro/); è scritta invece *gi*, con *i* muta, davanti alle altre vocali (es. *giàllo* /'dʒallo/, *giórno* /'dʒorno/, *giùnto* /'dʒunto/) ed eccezionalmente anche davanti a *e* (es. *Filangièri* /filan'dʒɛri/, *igiène* /i'dʒɛne/); non è mai seguita da consonante. Può essere, secondo i casi, semplice (es. *agèndo* /a'dʒɛndo/, *sànta Giovànna* /santadʒo'vanna/; *scorgèndo* /skor'dʒɛndo/, *Giovànna* /dʒo'vanna/, *suòr Giovànna* /swɔrdʒo'vanna/) oppure geminata (es. *fuggèndo* /fudʒ'dʒɛndo/, *macché Giovànna* /makkedʒdʒo'vanna/). La lettera *G* fa poi parte dei digrammi *gl* e *gn*, per i quali V. rispettivamente la lettera *L* e la lettera *N*.

g, (*maiusc.*) **G** [1516] **s. f. o m. inv.** ● settima lettera dell'alfabeto italiano (nome per esteso *gi*): *g minuscola*; *G maiuscolo* | nella compitazione spec. telefonica it. *g come Genova*; in quella internazionale *g come golf* | (con iniziale maiuscola; abbr. dell'ingl. *Group* 'Gruppo') premesso a un numero, segnala un gruppo di paesi: *riunione del G8, del G20*

gabardìna [1938] **s. f.** ● adattamento di *gabardine* (V.)

gabardine /gabar'din, *evit.* -'dɛn, *fr.* gabaʀ'din/ [vc. fr., dallo sp. *gabardina*, prob. deriv. da *gabán* 'gabbano' con sovrapposizione di *tabardina*, dim. di *tabardo* 'tabarro' ✱ 1918] **s. f. inv.** (**anche m. nel sign. 2**) **1** tessuto di lana o di cotone lavorato a sottile diagonale o a minuta spina di pesce **2** (*est.*) soprabito o impermeabile di gabardine

gabàrra [fr. *gabare*, dal lat. *cārabus* 'granchio', poi 'piccola imbarcazione', dal gr. *kárabos*, di etim. incerta ✱ 1783] **s. f.** ● (*disus.*) barca da carico a fondo piatto

†**gabbacompàgno** [comp. di *gabba(re)* e *compagno* ✱ 1698] **s. m. inv.** ● chi inganna i propri amici | (*est.*) imbroglione

gabbacristiàni [comp. di *gabba(re)* e il pl. di *cristiano* ✱ 1869] **s. m. e f. inv.** ● (*disus.*) chi inganna il prossimo

†**gabbadèo** [comp. di *gabba(re)* e *deo* ✱ 1426 ca.] **s. m.** ● imbroglione | uomo falso, ipocrita

†**gabbaménto** [av. 1400] **s. m.** ● (*raro*) il gabbare | inganno, beffa: *non è questa una mancanza di fede, ma uno g. di Dio* (F. Sacchetti)

gabbaminchióni [comp. di *gabba(re)* e il pl. di *minchione* ✱ 1849] **s. m. e f. inv.** ● (*disus.*) chi si fa gioco degli sciocchi: *mettiscandali, g., annaspabrighe* (G. Giusti)

gabbamóndo [comp. di *gabba(re)* e *mondo* ✱ 1633] **s. m. e f. inv.; anche agg. inv.** ● (*raro*) imbroglione, truffatore

gabbàna [arabo *qabā'* 'soprabito maschile', di orig. persiana ✱ av. 1400] **s. f. 1** specie di ampio mantello con maniche e, spesso, con cappuccio e fodera di pelliccia, usato spec. nel passato | (*fig.*) *voltare g.*, cambiare opinione con leggerezza e rapidità **2** veste da lavoro usata spec. da contadini e operai ‖ **gabbanèlla**, **dim.** (V.)

gabbanèlla [1498] **s. f. 1** dim. di *gabbana* **2** camice bianco senza collo usato da medici e infermieri **3** (*disus.*) corta veste da camera

gabbàno [av. 1400] **s. m.** ● (*lett.*) gabbana ‖ **gabbanìno**, **dim.** | **gabbanóne**, **accr.**

♣**gabbàre** [ant. fr. *gaber*, da *gab* 'gabbo' ✱ av. 1250] **A v. tr.** ● ingannare, beffare: *g. gli amici, gli avversari, il prossimo* **B v. intr.** ● †agire per burla, per scherzo **C gabbàrsi v. intr. pron.** ● prendersi gioco, farsi beffe: *perché vi gabbate della sua timidezza?*; *né certo ancor de' suoi futuri pianti / solea gabbarsi degli afflitti amanti* (A. Poliziano)

gabbatóre [av. 1294] **agg. e s. m.** (**f.** *-trice*) ● ingannatore, imbroglione | †burlone

gabbèo [da *gabbia* con sovrapposizione d'altra parola in *-eo* (?) ✱ 1834] **s. m.** ● nelle saline, tavola per l'asciugatura del sale

gàbber /'gabber, *neerl.* 'ɣabər/ [vc. neerl., propr. 'amico' ✱ 1996] **A s. m. inv.** ● genere musicale analogo alla tecno **B anche agg.**: *musica g.* **C s. m. e f. inv.; anche agg.** ● appartenente a gruppi giovanili che vestono con ricercatezza e portano acconciature con capelli in parte rasati

♦**gàbbia** o (*poet.*) †**càiba**, (*sett.*) †**gàbia** [lat. *căvea(m)*, prob. prestito di orig. incerta ✱ 1182] **s. f. 1** contenitore formato da un telaio e da sottili sbarre o fili di ferro, usato per rinchiudervi animali, spec. uccelli: *g. di canarini* | *uccello di g.*, adatto a viverci rinchiuso **2** (*est.*) recinto con sbarre, di varie dimensioni, per grossi animali: *la g. delle scimmie, dei leoni*; *belva in g.* | (*fig.*) *g. di matti*, ambiente in cui regnano continui litigi, disordine e confusione oppure un'incontrollata allegria (*spec. scherz.*): *g. de' matti è il mondo* (T. Campanella) | (*fig.*) *sentirsi in g.*, in una condizione priva di libertà | (*fig.*) *g. dorata*, V. *dorato* | (*fig.*) ideologia, schema e sim. chiuso, rigido: *gabbie mentali* | (*fig.*) *g. salariale*, sistema di determinazione dei salari che, fino alla fine degli anni '60, teneva conto del costo della vita nelle diverse aree del territorio nazionale **3** recinto nelle aule dei Tribunali e delle Corti d'Assise in cui sono chiusi gli imputati durante il processo | recinto entro il quale si effettuano i lanci nelle gare di lancio del martello, così da proteggere gli spettatori | nel Medioevo, strumento di pena gener. sollevato da terra, in cui venivano esposti e talora lasciati morire i colpevoli di determinati reati: *dal primo finestrone ... pendeva una g., e dentrovi un prete* (G. Carducci) **4** (*fig.*, *colloq.*) prigione: *mettere in g.*; *chiudere in g.* | **PROV.** *meglio uccel di bosco che uccel di g.*, V. *uccello* **SIN.** carcere, galera **5** vano delimitato da muro o rete metallica, entro il quale scorre un ascensore o un montacarichi | specie di cabina a una o più piattaforme, utilizzata per il trasporto di operai, vagoncini e sim. negli impianti di estrazione **6** intelaiatura di forma simile a una gabbia usata come contenitore rigido, riparo e sim.: *g. da imballaggio* | in un cuscinetto a rotolamento, protezione delle sfere | (*edil.*) *g. metallica*, l'armatura d'acciaio di una trave o struttura di calcestruzzo | (*edil.*) *g. della scala*, l'insieme delle strutture portanti esterne di questa | (*anat.*) *g. toracica*, cavità formata dalle coste, dalla colonna vertebrale e dalle parti molli che rivestono tali ossa **7** (*edit.*) nella composizione tipografica, riquadro che delimita l'ingombro del testo di ogni pagina determinando i margini **8** †specie di torretta sporgente dall'alto delle mura delle antiche fortezze a scopo di osservazione o di difesa **9** nei concorsi ippici, ostacolo costituito da due ostacoli dritti distanziati | *doppia g.*, quella con tre ostacoli dritti **10** (*elettr.*) *g. elettrostatica, g. di Faraday*, spazio cavo circondato da lamiera o da rete metallica, all'interno della quale non si trasmettono le azioni elettriche prodotte da cariche o conduttori esterni **11** (*mar.*) ciascuna delle vele quadre bordate sopra le vele quadre maggiori di ciascun albero | (*per anton.*) la seconda vela quadra dell'albero di maestra | *albero di g.*, nei velieri, il secondo tronco dell'albero di maestra **12** †specie di lettiga ‖ **gabbiétta**, **dim.** (V.) | **gabbiòla**, **dim.** (V.) | **gabbióna**, **accr.** | **gabbióne**, **accr. m.** (V.) | **gabbiòtto**, **dim. m.** (V.) | **gabbiùccia**, **gabbiùzza**, **dim.**

gabbiàio [1618] **s. m.** (**f.** *-aia*, **pl. m.** *-ai*) ● (*raro*) costruttore o venditore di gabbie per uccelli

gabbianèllo [dim. di *gabbiano* ✱ 1856] **s. m.** ● uccello acquatico dei Lariformi a becco compresso e lunghe ali, più piccolo del gabbiano (*Larus minutus*)

♦**gabbiàno** [dal lat. *gāvia(m)*, vc. espressiva ✱ 1669] **s. m.** ● uccello acquatico marino o lacustre, con grosso becco ricurvo, ali grandi, piedi palmati, piumaggio bianco col dorso e le ali grigi (*Larus ridibundus*) ‖ **gabbianèllo**, **dim.** (V.)

gabbiàta [av. 1400] **s. f.** ● (*lett.*) quantità di animali contenuti in una gabbia

gabbière [da *gabbia* nel sign. 11 ✱ 1314] **s. m.**

• marinaio scelto ed esperto destinato alle manovre alte sugli alberi e sui pennoni dei velieri

gabbiétta [av. 1446] **s. f. 1** dim. di *gabbia* **2** cassetta formata da assicelle di legno, usata per trasportare spec. frutta **3** intreccio di filo di ferro che assicura i tappi alle bottiglie di spumante ‖ **gabbiettina**, **dim.**

gàbbio [da *gabbia* ✶ 1959] **s. m.** • (*roman.*) carcere

gabbiòla [av. 1320] **s. f. 1** dim. di *gabbia* **2** (*mar.*) l'unica vela quadra dell'albero di trinchetto di alcune navi a vele latine, per la navigazione col vento nei quartieri poppieri ‖ **gabbiolina**, **dim.**

gabbionàta [av. 1562] **s. f.** • opera di difesa idraulica o di fortificazione militare eseguita con gabbioni

gabbióne [av. 1543] **s. m. 1** accr. di *gabbia* **2** grosso cesto di rete metallica, riempito di pietrame, per difesa di argini di corsi d'acqua **3** (*milit.*) specie di grossa cesta riempita di terra, usata per costruire o rivestire parapetti, trinceramenti e sim.

gabbiòtto [av. 1735] **s. m. 1** dim. di *gabbia* | cabina, abitacolo **2** guardiola del portiere

+**gàbbo** [ant. fr. *gab*, dall'ant. nordico *gabb*, di etim. incerta ✶ 1294] **s. m.** • (*lett.*) burla, beffa, scherzo | ***pigliare a g.***, (*lett.*) prendere alla leggera | †***farsi g. di qlcu.*** o ***di qlco.***, burlarsene

gàbbrico [da *gabbro* ✶ 1970] **agg.** (**pl. m.** *-ci*) • di gabbro, relativo al gabbro

gàbbro [lat. parl. *gābru(m)*, per *glăbru(m)* 'liscio, pelato, privo di vegetazione' ✶ 1701] **s. m. 1** (*geol.*) roccia eruttiva intrusiva costituita da plagioclasio e augite, generalmente a grana grossa **2** terreno sterile, di color verde scuro, ricco di magnesio

gabèlla [arabo *qabāla* 'tributo', originariamente pagato per aggiudicarsi un terreno, da una radice con sign. di 'ricevere' ✶ 1289] **s. f. 1** (*stor.*) imposta, spec. dazio: *g. di fabbricazione, di consumo*; *riscuotere la g.* | ***fare lo sciocco per non pagare g.***, (*fig.*) fingersi tonto per evitare noie e fastidi **2** moneta d'argento bolognese del XVI sec. **3** (*lett.*) luogo dove si pagavano le imposte, il dazio: *recarsi alla g.*; *ispettore di g.*

gabellàre [da *gabella* ✶ av. 1363] **v. tr.** (*io gabèllo*) **1** †sottoporre a gabella, a dazio **2** (*lett.*, *raro*) riconoscere per vero, approvare: *le tue fandonie non le gabello* **3** far credere ciò che non è, spacciare: *g. qlcu. per santo*; *g. per verità la frode*

gabellière [av. 1348] **s. m.** • chi anticamente era addetto alla riscossione delle gabelle

gabellìno [av. 1462] **s. m. 1** (*lett.*) guardia daziaria **2** †piccola costruzione alle porte della città dove era situato l'ufficio della gabella

gabellòtto [da *gabella* ✶ 1352] **s. m. 1** moneta d'argento coniata da Giulio II a Bologna nel XVI sec. **2** (*lett.*) doganiere, gabelliere **3** in Sicilia, affittuario di un latifondo del quale cura la conduzione, spec. mediante coloni

†**gàbia** ➤ **gabbia**

gabìna ➤ **cabina**

gabinétto [fr. *gabinet*, *cabinet*, dim. di *cabine* 'cabina', di etim. incerta ✶ 1582] **s. m. 1** in palazzi signorili del passato o in residenze di importanti personaggi, stanza destinata a studio, spogliatoio e sim., oppure riservata ai ricevimenti e ai colloqui privati **2** locale in cui un professionista esplica il suo lavoro: *g. medico*; *g. oculistico*; *g. odontoiatrico*; *g. fotografico* **3** settore degli edifici scolastici adibito alla raccolta di apparecchi e materiali per le ricerche scientifiche: *g. di fisica, di chimica, di scienze naturali* | ***g. di lettura***, sala di lettura di libri e riviste riservata ai membri di una determinata associazione | in un museo, sala in cui si conservano collezioni di particolare pregio: *g. delle gemme, delle medaglie, numismatico* **4** stanza di un edificio riservata a impianti igienici: *andare al g.*; *g. di decenza* **SIN.** cesso, latrina, water closet **5** apparecchio sanitario destinato all'eliminazione dei rifiuti organici umani mediante sistemi ad acqua | ***g. all'inglese***, quello costituito da un vaso di ceramica su cui ci si siede | ***g. alla turca***, quello costituito da un vaso di ceramica inserito nel pavimento, su cui ci si accoscia **6** †consiglio privato del sovrano: *politica di g.* | †***ordine di g.***, che proviene direttamente dal sovrano **7** ufficio particolare di un ministro | stanza dove esso risiede **8** (*polit.*) ministero | l'insieme dei ministri che rappresentano il potere esecutivo, amministrativo: *formare un nuovo g.* | ***il g. Cavour, Crispi***, dal nome del presidente dei ministri | ***g. ombra***, (*raro*) ***fantasma***, V. *ombra*, sign. B1

gàbola [var. dial. di *cabala* ✶ 1961] **s. f.** • (*sett.*) piccolo imbroglio, raggiro

gabonése (o *-ṣ-*) [1965] **A agg.** • del Gabon **B s. m. e f.** • abitante o nativo del Gabon

gaddésco [1983] **agg.** (**pl. m.** *-schi*) • (*raro*) gaddiano

gaddiàno [1963] **agg.** • relativo allo scrittore C. E. Gadda (1893-1973), al suo stile e alle sue opere: *la critica gaddiana*

gàdget /ˈgadʒet, *ingl.* ˈgædʒɪt/ [vc. ingl., di etim. incerta ✶ 1963] **s. m. inv.** • piccolo oggetto o accessorio curioso, originale, spiritoso, ma non necessariamente utile | oggetto accluso a un prodotto per fini promozionali

gadgettìstica /gadʒetˈtistika/ [da *gadget* ✶ 1989] **s. f.** • insieme, assortimento di gadget | settore commerciale che si occupa dell'ideazione, della produzione e della vendita di gadget

Gadifórmi [comp. del gr. *gádos* 'nasello' (di etim. incerta) e del pl. di *-forme* ✶ 1965] **s. m. pl.** (**sing.** *-e*) • (*zool.*) ordine di Pesci ossei, prevalentemente marini, con pinne a raggi molli (*Gadiformes*)

gaditàno [vc. dotta, lat. *Gaditānu(m)*, da *Gades*, genit. *Gadium* 'Cadice' ✶ av. 1406] **agg.** • (*lett.*) di Cadice, città della Spagna meridionale

gadolìnio [da *gadolinite*, il minerale nel quale è stato scoperto ✶ 1932] **s. m.** (**pl.** *-i* o *raro -ii*) • elemento chimico, metallo, del gruppo delle terre rare **SIMB.** Gd **NUM. AT.** 64

gadolinìte [vc. dotta, dal n. del suo scopritore, il chimico e fisico finlandese J. *Gadolin* (1760-1852), con *-ite*② ✶ 1817] **s. f.** • (*miner.*) silicato di ittrio, ferro e berillio in cristalli di colore nero

gaèlico [ingl. *Gaelic*, da *Gael* 'celta di Scozia o Irlanda', in gaelico *Gāidheal* ✶ 1843] **A agg.** (**pl. m.** *-ci*) • relativo alle popolazioni della Scozia e dell'Irlanda **B s. m. solo sing.** • lingua del gruppo celtico, parlata dalle popolazioni gaeliche

†**gaétto** o †**gaiétto**② [lat. parl. *gălliu(m)* 'dal colore delle penne di un *gallo*' ✶ 1313] **agg.** • variopinto, chiazzato

gaettóne [da *gaita* 'guardia' ✶ 1889] **s. m.** • (*mar.*) sulle navi, spec. militari, ciascun turno di guardia della durata di due ore che si fa in mare dalle 16 alle 20: *primo g.*, *secondo g.*

gàffa① [1905] **s. f.** • adattamento di *gaffe* (V.)

gàffa② [ant. provenz. *gaf*, di etim. incerta ✶ 1813] **s. f. 1** (*mar.*) asta di legno o metallo munita a un'estremità di un puntale e di un gancio per accostare o scostare le imbarcazioni dai moli, per agguantare un cavo e sim. **SIN.** alighiero, mezzomarinaro **2** (*pesca*) raffio

gaffe /*fr.* gaf/ [fr., da *gaffe* 'gancio' (V. *gaffa*②), per passaggio considerato proprio del linguaggio volg. ✶ 1905] **s. f. inv.** • atto, comportamento, frase e sim. incauti e maldestri, non adatti né al momento né alle circostanze: *fare una g.*; *una g. imperdonabile* **CFR.** gaffa①, topica

gaffeur /*fr.* gaˈfœʀ/ [fr., da *gaffe* (V.) ✶ 1906] **s. m. inv.** (**f. fr.** *gaffeuse*) • chi fa spesso delle gaffe

gag /gag, gɛg, *ingl.* gæg/ [vc. ingl., propr. 'chiudere la bocca a qualcuno (con la battuta inattesa)', dal v. medio ingl. *gaggen* 'soffocare', di orig. imitativa ✶ 1928] **s. f. o** (*raro*) **m. inv.** • battuta comica | trovata comica, spunto animatore di uno spettacolo teatrale, televisivo o cinematografico

gagà [fr. *gaga* 'rimbambito', di orig. onomat.: riprodurrebbe l'incomprensibile borbottio dello sciocco o del bambino ✶ 1932] **s. m. inv.** • bellimbusto fatuo e fanfarone che ama l'eleganza e la raffinatezza ‖ **gagarèlla**, **dim. f.** | **gagarèllo**, **dim.**

gagàte [vc. dotta, lat. *gagāte(m)*, dal gr. *gagátēs* (sottinteso *líthos*) '(pietra) proveniente dalla città licia di *Gágas*' ✶ av. 1327] **s. f.** • (*miner.*) varietà di lignite adoperata per fare bottoni

gagé /*zingarico* gaˈdʒe*/ [vc. zingarica, propr. 'coloro che non sono zingari' ✶ 1994] **s. m. pl.** (**m. sing.** *gagiò*, **f. sing.** *gagì*, **f. pl.** *gagià*) • nome con cui gli zingari indicano coloro che non appartengono al loro popolo

gaggìa [vc. dotta, presa dai riflessi pop. del gr. *akakía* 'acacia' (V.) ✶ 1759] **s. f.** (**pl.** *-gie*) **1** (*bot.*) piccolo albero delle Mimosacee, con molti fiori gialli, piccoli e molto profumati, riuniti in capolini, foglie pennate spinose, originario dell'America tropicale e coltivato nelle regioni mediterranee per ricavarne un'essenza (*Acacia farnesiana*): *Le gaggie della mia fanciullezza* (A. BERTOLUCCI) **SIN.** acacia romana, cassia romana | ***g. arborea***, albizzia **2** robinia

†**gàggio**① [fr. *gage*, dal francone **waddi* 'pegno' ✶ 1263] **s. m. 1** pegno, garanzia, caparra | ***prestare a g.***, a usura | (*est.*) ostaggio, statico **2** paga data ai militari che volontariamente si arruolavano negli antichi eserciti | (*est.*) stipendio: *dugento migliaia di fiorini d'oro, che davano al Duca per suo g.* (G. VILLANI) | (*fig.*) ricompensa, premio

gàggio② [da *gagiò*, sing. di *gagé* (V.) ✶ 1955] **s. m.** (**f.** *-gia*; **pl. f.** *-ge*) • (*gerg.*) persona semplice e sprovveduta: *quando il g. ha già perso parecchio, il compare rigioca* (P.P. PASOLINI)

gagliàrda [da *gagliardo* ✶ av. 1508] **s. f.** • danza rinascimentale italiana e francese, saltata, in tempo ternario

gagliardétto [da *gagliardo*, che ha avuto anche il sign. di 'bandiera principale della nave' ✶ av. 1470] **s. m. 1** banderuola triangolare che le galee mettevano sulla testa degli alberi: *g. a doppia coda, con due punte* **2** piccola bandiera usata come insegna da associazioni politiche, sportive e sim.

SFUMATURE DI SIGNIFICATO

gagliardetto - drappella - labaro

Il **gagliardetto** è una banderuola triangolare che una volta le navi a remi o a vela mettevano alla testa degli alberi; oggi si usa soprattutto in riferimento a bandierine utilizzate come segni o simboli da associazioni politiche o sportive. La **drappella** è un piccolo drappo rettangolare ricamato con lo stemma del reggimento e appeso alla tromba come decorazione. Il **labaro** era il vessillo degli imperatori romani; oggi indica l'insegna di associazioni combattentistiche o ex combattentistiche.

a b c d e f g h i j k l m n o p q r s t u v w x y z

†**gagliardézza** [1266] **s. f.** ● gagliardia: *gli artefici danno ... vivacità e g. alle figure loro* (G. VASARI)

♣**gagliardìa** [av. 1348] **s. f. 1** forza, vigoria fisica e morale: *g. dell'animo, d'ingegno, di stile* | bravura, valore **2** (*lett.*) prodezza: *e poi fece tutte quelle sue gagliardie che egli dice* (G. BOCCACCIO)

♣**gagliàrdo** [ant. provenz. *galhart*, di etim. incerta ✱ 1287] **A agg. 1** robusto, vigoroso: *braccia gagliarde; un uomo di complessione gagliarda; cotal viveasi il giovene g.; / né pensando al suo fato* (A. POLIZIANO) | ***pianta gagliarda***, che cresce bene | ***fuoco g.***, vivo | ***vento g.***, impetuoso | ***vino g.***, generoso | ***rimedio g.***, drastico | (*fig.*) forte e vivace: *immaginazione, ingegno, spirito g.* | resistente: *ponte g.* | (*roman.*) degno di ammirazione | †***alla gagliarda***, gagliardamente **2** prode, valoroso: *erano tutti soldati gagliardi; l'esercito mostrò di essere g.* ‖ **gagliardaménte**, avv. in modo gagliardo; valorosamente: *combattere gagliardamente*; in modo valido, efficace: *operare gagliardamente*; †strettamente: *imparentato gagliardamente* **B avv.** ● †gagliardamente

SFUMATURE ➤ *aitante*

gagliègo ➤ **gallego**

gaglioffàggine [av. 1566] **s. f.** ● (*lett.*) azione o espressione da gaglioffo | scempiaggine, ribalderia

gaglifferìa [1395] **s. f. 1** (*lett.*) gaglioffaggine **2** (*lett.*) bricconata **3** †condizione miserabile

♣**gagliòffo** [da *gagliardo* incrociatosi con *goffo* ✱ av. 1342] **agg. e s. m.** (**f.** *-a*) **1** †pezzente, mendicante **2** cialtrone, buono a nulla: *io non voglio fare la vita del g.* (R. BACCHELLI) **3** (*lett.*) manigoldo, furfante ‖ **gaglioffàccio**, **pegg.** | **gaglioffóne**, **accr.** ‖ **gaglioffaménte**, avv.

†**gàgno** [lat. *gāneu(m)* 'taverna, bettola', di etim. incerta ✱ 1481] **s. m. 1** covo, nascondiglio: *e però, bestia, ritorna nel g.* (L. PULCI) **2** intrigo: *essere nel g.* **3** (*scherz.*) ventre

†**gagnolaménto** [av. 1698] **s. m.** ● il gagnolare | mugolio, piagnucolio

gagnolàre [vc. onomat. ✱ sec. XIV] **v. intr.** (*io gàgnolo; aus. avere*) ● lamentarsi, mugolare, piangere del cane e della volpe | (*est., lett.*) dolersi, rammaricarsi

gagnolìo [sec. XIV] **s. m.** (**pl.** *-ii*) ● (*raro*) mugolio, uggiolio

gaiétto① [1875] **agg. 1** dim. di *gaio* **2** (*lett.*) festoso, lieto

†**gaiétto**② ➤ **†gaetto**

♣**gaiézza** [da *gaio* ✱ sec. XIII] **s. f.** ● caratteristica di ciò che è gaio | stato d'animo di chi è gaio e sereno: *la g. è una caratteristica della sua indole* SIN. gioia, letizia

♦**gàio** [etim. discussa: ant. provenz. *gai* 'gazza' (dal lat. *gāius, gāia*), vale a dire 'vivace come una gazza' (?) ✱ av. 1250] **agg.** (**pl. m.** *gai*) **1** allegro, vivace, festoso: *è proprio una gaia compagnia; ha un aspetto g.; i miei pensieri reconditi e gai* (U. SABA) | ***colore g.***, chiaro e vivace | ameno, ridente: *un g. paesino di montagna* SIN. gioioso **2** (*lett.*) leggiadro | (*lett.*) ***gaia scienza***, studio amorevole del poetare, nella poesia provenzale del sec. XIV **3** (*tosc., fig.*) abbondante, ricco: *casa gaia* | ***gente gaia a promesse***, che promette allegramente e non mantiene **4** (*lett.*) impetuoso, gagliardo: *vento g.* ‖ **gaiétto**, **dim.** (V.) ‖ **gaiaménte**, avv.

gal [dal n. di G. *Gal(ilei)* ✱ 1942] **s. m. inv.** ● (*fis.*) unità di accelerazione nel sistema CGS, corrispondente a 1 cm/s^2 SIMB. Gal

♣**gàla**① [sp. *gala*, dall'ant. fr. *gale*, da *galer* 'divertirsi', di etim. incerta ✱ 1495] **A s. f.** ● eleganza, sfarzo | ***pranzo di g.***, in cui si osserva un preciso cerimoniale | ***serata di g.***, per rappresentazioni teatrali o cinematografiche di particolare interesse mondano | ***corso di g.***, passeggio molto elegante che si usava un tempo, spec. per Carnevale | ***far g.***, far festa, stare in allegria | ***stare, mettersi in g.***, indossare abiti sfarzosi SIN. fasto, pompa **B s. m. solo sing.** ● (*mar.*) ***g. di bandiere***, ornamento di bandiere di ogni taglio e colore tra gli alberi e le cime dei pennoni, da poppa a prua SIN. pavesata | ***piccolo g.***, quando sono disposte le sole bandiere nazionali in cima d'albero e la gran bandiera a poppa | ***gran g.***, per l'aggiunta di tutte le bandiere di segnale

gàla② [retroformazione da *galone*, di provenienza fr. (*galon*, deriv. di *galonner* 'ornare la testa con una benda'), e di orig. sconosciuta ✱ sec. XIII] **s. f. 1** volantino di tessuto increspato | fiocco | (*est.*) ornamento **2** (*raro*) cravatta a farfalla

gàla③ o **galà** [fr. *gala*, dall'ant. fr. *gale*. V. *gala*① ✱ 1943] **s. m. inv.** ● ricevimento, festa solenne ed elegante, spesso di carattere ufficiale: *gran g. di corte; il galà di San Silvestro*

galabìa [arabo *ğallābiyya*, forma popolare di *gilbāh* ✱ 1910] **s. f.** ● tunica ampia portata dagli Arabi

galagóne [da una lingua africana ✱ 1874] **s. m.** ● proscimmia africana grande come uno scoiattolo, con grandi orecchie che tiene accartocciate nel sonno (*Galago galago*)

galalite [comp. del gr. *gála* 'latte' e *líthos* 'pietra' con sovrapposizione di *-ite*② ✱ 1932] **s. f.** ● sostanza di consistenza cornea, ottenuta dalla caseina, usata per la fabbricazione di bottoni, pettini, scatole e sim.

galàno [sp. *galán* nel senso di 'elegante', dal fr. *galant* 'galante' ✱ 1567] **s. m. 1** vistoso fiocco fatto con più nastri annodati **2** (*cucina*, **spec. al pl.**) nome usato nel Veneto per il cencio (V. *cencio* nel sign. 6)

♣**galànte** [ant. fr. *galant* 'vivace', da *galer* 'divertirsi', di etim. incerta ✱ av. 1475] **A agg. 1** che ha o esprime modi gentili e complimentosi, spec. nei riguardi delle donne: *giovane, vecchio signore g.; assumere un tono g.* **2** amoroso: *versi, lettere galanti; maniere galanti; avventure, imprese galanti* | ***segretario g.***, V. *segretario* **3** (*lett.*) bello, grazioso, gradevole: *tono, vestito g.* **4** (*mus.*) ***stile g.***, stile del XVIII sec., all'inizio solo clavicembalistico, caratterizzato da leggerezza, ornamentazioni, armonia non contrappuntistica **5** (*lett.*) probo, onesto ‖ **galantìno**, **dim.** | **galantóne**, **accr.** ‖ **galanteménte**, avv. **B avv.** ● †galantemente **C s. m. e** (*raro*) **f. 1** persona galante: *gli piace fare il g. con le signore* **2** (*ligure, piemontese* o *lett.*) †innamorato, amante

galanteggiàre [1726] **v. intr. e** (*raro*) **tr.** (**pres.** *io galantéggio*; **fut.** *io galanteggerò*; **aus.** *avere*) ● (*lett.*) fare il galante con qlcu.: *g. con una dama; andava sui campi di tennis a g. le ereditiere dei dintorni* (A. SAVINIO)

♣**galanterìa** [fr. *galanterie*, da *galant* 'galante' ✱ 1497] **s. f. 1** atteggiamento gentile e complimentoso, spec. nei riguardi delle donne: *ama comportarsi con estrema g.* | (*est.*) atto, frase galante: *è pieno di galanterie per le signore* **2** (*lett.*) ornamento, oggetto di gusto squisito: *un ricchissimo adornamento d'oro, pieno di fogliamenti e ... galanterie* (B. CELLINI) | oggetto di lusso: *gli ha regalato una g.* | (*est.*) cibo squisito e ben preparato

SFUMATURE ➤ *cortesia*

galantìna [fr. *galantine*, dal lat. mediev. *galatina* 'salsa', attestato a Ragusa in Dalmazia ✱ 1790] **s. f.** ● preparazione di cucina a base di carne bianca, insaporita con aromi, tartufi e sim., da servirsi fredda, ricoperta di gelatina

†**galantominerìa** [1734] **s. f.** ● galantomismo

galantomìsmo [1797] **s. m.** ● caratteristica o comportamento di chi è galantuomo

♦**galantuòmo** o (*pop.*) **galantòmo** [comp. di *galante*, nel senso ant. di 'onesto', e *uomo* ✱ av. 1535] **A s. m.** (**pl.** *galantuòmini*) ● persona onesta e dabbene: *è un vero g.; si è comportato da g.; tra galantuomini ci s'intende; si diede a conoscere per quel g. che era* (C. GOLDONI) | ***parola di g.***, che impegna l'onore, la lealtà | (*est., merid.*) gentiluomo, benestante | escl. usata, spec. in passato, per rivolgersi a persona di cui non si conosce il nome: *ehi voi, g.!; scappa, scappa, g.!* (A. MANZONI) **B agg.** ● che è onesto, probo | ***il tempo è g.***, fa giustizia | ***il re g.***, appellativo di Vittorio Emanuele II

†**galàppio** ➤ **calappio**

♦**galàssia** [vc. dotta, lat. tardo *galăxia(m)*, dal gr. *galaxías* (sottinteso *kýklos*) '(il ciclo, la Via) Lattea', da *gála*, genit. *gálaktos*, perché si credeva che la Via Lattea fosse stata originata dal latte di Giunone ✱ 1282] **s. f. 1** (*astron.*) sistema costituito da centinaia di miliardi di stelle e da materia cosmica diffusa negli spazi interstellari, isolato da altri sistemi simili, di forme diverse: *g. ellittica, spirale, irregolare* | ***g. locale***, quella cui appartiene il sistema solare, di una parte della quale la Via Lattea è la proiezione sulla sfera celeste | ***fuga delle galassie***, fondamento di teorie dell'universo in espansione **2** (*fig.*) insieme di persone o elementi dotati di caratteristiche analoghe e specifiche: *la g. dei circoli giovanili* | insieme di persone famose

gàlata [vc. dotta, lat. *Galăta(m)*, dal gr. *Galátai* ✱ 1483] **s. m. e f.; anche agg.** (**pl. m.** *-i*) ● appartenente a un'antica popolazione celtica emigrata nel III sec. a.C. in Asia Minore, nella regione poi denominata Galazia | ***Lettera ai Galati***, una delle quattro 'epistole maggiori' di San Paolo

galatèa [vc. dotta, lat. *Galatēa(m)*, dal gr. *Galáteia* 'lattea (spuma dell'onda)' (da *gála* 'latte') ✱ 1834] **s. f.** ● genere di Crostacei marini con torace grande e addome ridotto e ripiegato (*Galathea*)

galatèo [dal titolo dell'omonimo trattato di Giovanni della Casa, calco sul nome latineggiante del dedicatario Galeazzo (*Galateus*) Florimonte ✱ 1558] **s. m.** ● complesso delle regole relativo alla buona creanza, alla buona educazione: *conoscere il g.; comportarsi secondo le norme del g.*

galattagògo [vc. dotta, comp. di *galatt(o)-* e del gr. *agōgós* 'conduttore' ✱ 1841] **A s. m.** (**pl.** *-ghi*) ● farmaco che provoca o accresce la secrezione lattea SIN. galattogeno **B anche agg.**: *farmaco g.*

♣**galàttico** [vc. dotta, lat. tardo *galăcticu(m)*, dal gr. *galaktikós* 'pertinente al latte (*gála*, genit. *gálaktos*)' ✱ sec. XIX] **agg.** (**pl. m.** *-ci*) ● (*astron.*) attinente alla galassia cui appartiene il sistema solare: *piano g.* | (*fig., scherz.*) grandioso, eccezionale: *si è fatto un appartamento g.* CFR. megagalattico

galàtto- [dal gr. *gála*, genit. *gálaktos* 'latte'] **primo elemento** ● in parole composte della terminologia scientifica, significa 'latte' o fa riferimento a caratteri simili a quelli del latte: *galattogeno, galattosio*

galattòfago [vc. dotta, gr. *galaktophágos* 'che si nutre (dal v. *phágein* 'mangiare') di latte (*gála*, genit. *gálaktos*)' ✱ av. 1686] **agg. e s. m.** (**pl. m.** *-gi*) ● che (o chi) si nutre prevalentemente di latte

galattòforo [vc. dotta, gr. *galaktophóros* 'che produce (dal v. *phérein* 'portare') latte (*gála*, genit. *gálaktos*)' ✱ 1820] **A agg.** ● (*anat.*) detto di ogni organo escretore della ghiandola mammaria: *dotto, condotto g.* **B s. m.** ● tiralatte

galattògeno [vc. dotta, comp. di *galatto-* e *-geno* ✻ 1956] **s. m.; anche agg.** ● galattagogo

galattòmetro [vc. dotta, comp. di *galatto-* e *-metro* ✻ 1834] **s. m.** ● particolare densimetro per determinare il contenuto in grassi del latte

galattopoièṣi [comp. di *galatto-* e *-poiesi* ✻ 1834] **s. f. inv.** ● (*biol.*) produzione di latte da parte della ghiandola mammaria

galattorrèa [comp. di *galatto-* e *-rea* ✻ 1834] **s. f.** ● (*med.*) abbondante secrezione lattea durante l'allattamento | secrezione lattea persistente oltre il puerperio

galattòṣio [vc. dotta, comp. di *galatt(o)-* e la seconda parte di *(latt)osio* ✻ 1889] **s. m.** ● (*chim.*) esosio che si ottiene dall'idrolisi del lattosio e che si riscontra anche, come polisaccaride, in certe specie di legno

galavèrna [1432] **s. f.** ● (*meteor.*) sottile strato di ghiaccio che si forma su oggetti esposti al freddo intenso; è costituita da granuli provenienti da rapido congelamento di piccolissime gocce d'acqua sopraffuse | brinata molto intensa

gàlbano [vc. dotta, lat. *gălbanu(m)*, dal gr. *chalbánē*, di orig. semitica ✻ sec. XIV] **s. m. 1** albero delle Apiacee di grandi dimensioni, dal cui fusto si estrae una gommoresina (*Ferula galbanifera*) **2** sostanza che si ricava da tale pianta

†**gàlbeo** [vc. dotta, lat. *gălbeu(m)*, prob. prestito straniero ✻ sec. XIV] **s. m.** ● bracciale | benda

gàlbula [vc. dotta, lat. *gălbula(m)*, da *gălbus* 'verde pallido, giallo' (di etim. incerta), per il suo colore ✻ 1834] **s. f.** ● piccolo uccello dei Piciformi con coda lunga e appuntita e piume di lucentezza metallica (*Galbula ruficauda*)

gàlbulo [vc. dotta, lat. *gălbulu(m)* 'bacca, coccola' di etim. incerta ✻ 1932] **s. m.** ● (*bot.*) cono con squame concresciute e carnose, tipico del cipresso e di altre Conifere **SIN.** coccola

gàlea① [vc. dotta, lat. *gălea(m)*, dal gr. *galéē* 'donnola', perché originariamente ricoperta di una pelle di quell'animale, che trasmetteva al combattente il suo valore e il suo amore per il sangue ✻ sec. XIV] **s. f.** ● elmo di pelle degli antichi Romani

galèa② o **galèra** [etim. discussa: gr. tardo *galéa* dal n. di un animale (donnola, motella o pescecane) per somiglianza di fattezze (?) ✻ sec. XIII] **s. f.** ● nave a remi e a vela, tipica del Mediterraneo, usata fino al sec. XVIII

galeàto [vc. dotta, lat. *galeātu(m)*, da *galeāre* 'armare d'elmo (*gălea*)' ✻ 1483] **agg.** ● (*lett.*) che porta la gàlea

galeàzza [da *galea*②, con suff. di marchio venez. ✻ 1427] **s. f.** ● nave da guerra del XVI sec., di origine veneziana, più grande e robusta della galea, con tre alberi fissi e armati con vele quadre e latine, e 30 remi per lato

†**galeffàre** ➤ †**caleffare**

galèga [vc. dotta, comp. del gr. *gála* 'latte' e *aîx*, genit. *aigós* 'capra' ✻ sec. XIV] **s. f.** ● erba delle Leguminose con piccoli fiori azzurri a grappolo e foglie paripennate, da cui si ricava una sostanza galattagoga (*Galega officinalis*)

galèna [vc. dotta, lat. *galēna(m)*, di orig. straniera ✻ 1562] **s. f. 1** (*miner.*) solfuro di piombo in cristalli cubici od ottaedrici, o in masse metalliche compatte **2** (*radio*) piccolo radioricevitore, senza alimentazione, che utilizzava cristalli di galena, diffuso prima dell'avvento dei moderni diodi a semiconduttore a giunzione

galènico [av. 1698] **A agg.** (**pl. m.** *-ci*) ● relativo al celebre medico greco Galeno (129-200 ca.) | ***arte galenica***, medicina | ***preparato, medicamento g.***, farmaco ottenuto dalla trasformazione di droghe naturali in preparati atti a essere somministrati all'ammalato; (*est.*) medicamento preparato direttamente dal farmacista **B s. m.** ● medicamento preparato direttamente dal farmacista

galenìṣmo [1834] **s. m.** ● dottrina medica di Galeno

galenìsta [1632] **s. m. e f.** (**pl. m.** *-i*) ● seguace della dottrina di Galeno

galèo [gr. *galeós* 'squalo', da *galéē* 'donnola' (per il suo aspetto e perché animale da preda), d'orig. incerta ✻ 1561] **s. m.** ● (*zool.*) canesca

galeóne [da *galea*② ✻ sec. XIII] **s. m.** ● nave militare e da trasporto del XVI e XVII sec., a due ponti con castello e cassero molto elevati, tre o quattro alberi, con vele quadre e di taglio, armata con cannoni

galeopitèco [vc. dotta, lat. scient. *galeopithēcu(m)*, comp. del gr. *galéē* 'donnola' e *píthēkos* 'scimmia' ✻ 1825] **s. m.** (**pl.** *-chi* o *-ci*) ● mammifero dermottero asiatico, delle dimensioni di un gatto, dotato di una membrana alare che unisce collo, arti e coda e che serve come paracadute nei balzi fra gli alberi (*Galeopithecus volans*)

†**galeòto** ➤ **galeotto**①

galeòtta [da *galea*②, con suff. dim. ✻ 1346] **s. f.** ● galea sottile da guerra a vela e a remo, con un solo albero latino, usata nel Mediterraneo nei secc. XVII e XVIII | ***g. da bombe***, grossa nave per lanciare bombe, con albero maestro a vele quadre **SIN.** bombarda, bombardiera

galeòtto① o †**galeòto** [da *galea*② ✻ av. 1311] **A s. m. 1** rematore di galea | forzato condannato a remare nelle galee **2** (**f.** *-a*; *est.*) carcerato, spec. se condannato a lunghe pene detentive **3** †nocchiero **B s. m.** (**f.** *-a*); **anche agg.** ● (*fig.*) briccone, furfante: *non lasciatevi raggirare da quel g.*

galeòtto② [ant. fr. *Galehaut*, n. di un personaggio dei romanzi di cavalleria reso noto da Dante, i cui interpreti deformarono in senso pegg. l'intendimento del poeta ✻ 1313] **agg. e s. m.** (**f.** *-a*) ● che (o chi) favorisce i rapporti spec. amorosi tra due persone **SIN.** mezzano, ruffiano

♦**galèra** [var. di *galea*② con oscuro inserimento di *-r-* ✻ av. 1433] **s. f. 1** V. *galea*② **2** pena dei lavori forzati **3** prigione, carcere: *andare in g.*; *scontare venti anni di g.* | ***avanzo di g., pezzo da g.***, persona degna della galera, delinquente | ***faccia da g., ceffo da g.***, di persona dall'aspetto poco raccomandabile **4** (*fig.*) luogo e situazione in cui si soffre, si vive male e nel quale si è obbligati a rimanere: *questa casa è diventata una g.* **5** pesante spazzolone per la lucidatura a mano dei pavimenti: *La signora Dirce, muovendo la g. per terra avanti e indietro, trova da ridire* (I. CALVINO)

galèro [vc. dotta, lat. *galēru(m)*, da *gălea* 'galea①', secondo una oscura deriv. ✻ 1483] **s. m. 1** cappello cardinalizio di panno rosso che indica la dignità del grado | ***imposizione del g.***, atto solenne con cui il Papa nomina i cardinali **2** copricapo a forma di cupola, generalmente di cuoio, usato dagli antichi Romani

galeropìa [vc. dotta, tratta dal gr. *galerōpós* 'dallo sguardo (*ṓpē*) sereno (*galerós*)' ✻ 1834] **s. f.** ● (*med.*) eccezionale chiarezza e luminosità di visione dovuta a un difetto dell'apparato visivo

galerucèlla [vc. dotta, comp. del lat. *găle(a)* 'elmo' e *(e)rūca* 'bruco': per la forma (?) ✻ 1887] **s. f.** ● (*zool.*) coleottero dei Crisomelidi assai prolifico, le cui larve divorano le foglie dell'olmo (*Galerucella luteola*)

galèstro o **calèstro** [da una base mediterr. *gala* (*cala*) 'sasso' ✻ sec. XV] **s. m. 1** terreno argilloso non omogeneo, definito con nomi diversi a seconda che prevalga il calcare, l'arenaria o la silice **2** (gener. con iniziale maiuscola) vino bianco secco, a bassa gradazione alcolica, prodotto in Toscana con uve Trebbiano e altre uve bianche

galestróso (o **-ṣo**) [1857] **agg.** ● detto di terreno costituito di galestro

galileiàno [1745] **A agg.** ● relativo allo scienziato Galileo Galilei (1564-1642) o alle sue teorie **B s. m.** (**f.** *-a*) ● chi segue o si ispira alle teorie scientifiche di Galileo Galilei

galilèo [vc. dotta, lat. *Galilāeu(m)*, dal n. della regione *Galilāea*, gr. *Galilaía*, dall'ebr. *Haggālīl*, propr. 'distretto' ✻ 1336 ca.] **A agg.** ● della Galilea, regione della Palestina **B s. m.** (**f.** *-a*) **1** abitante o nativo della Galilea | ***il G.***, (*per anton.*) Gesù Cristo **2** (**spec. al pl.**) cristiano

galịòtto [da *galia*, var. di *galea*②, secondo il venez. *galioto*: per la forma sottile (?) ✻ 1917] **s. m.** ● pesce osseo molto esile, con coda allungata, privo di pinne ventrali, ospite abituale dell'intestino delle oloturie (*Carapus acus*)

galiziàno [1869] **A agg.** ● della Galizia **B s. m.** (**f.** *-a*) ● abitante o nativo della Galizia

gàlla [lat. *gălla(m)*, di orig. sconosciuta ✻ 1319] **s. f. 1** (*bot.*) cecidio | ***noci di g.***, galle da cui si ricavano sostanze usate per tintura e inchiostri | ***g. moscata***, noce moscata **2** †ghianda **3** (*lett.*, *fig.*) persona, cosa leggerissima | ***a g.***, sul pelo dell'acqua | ***stare a g.***, galleggiare | ***tenersi a g.***, (*fig.*) fare quanto basta per tener fronte agli impegni | ***venire a g.***, (*fig.*) scoprirsi, manifestarsi | ***tornare a g.***, (*fig.*) riapparire | ***rimanere a g.***, (*fig.*) riuscire a salvarsi da tutte le situazioni critiche **4** †pillola **5** (*veter.*) molletta ‖ **gallòzza**, **dim.** (V.) | **gallòzzola**, **dim.** (V.)

†**gallàre**① [da *galla* ✻ 1319] **v. intr. 1** galleggiare **2** (*fig.*) insuperbire: *Di che l'animo vostro in alto galla ...?* (DANTE *Purg.* X, 127)

gallàre② [da *gallo*① ✻ 1596] **A v. tr.** ● fecondare le uova, detto del gallo **B v. intr.** (**aus.** *avere*) **1** essere fecondato, detto delle uova **2** †saltellare come un gallo, esultare: *torna a Morgante e d'allegrezza galla* (L. PULCI)

†**gallàto**① **part. pass.** di *gallare*①; **anche agg.** ● nei sign. del v.

gallàto② **part. pass.** di *gallare*②; **anche agg.** ● nei sign. del v.

gallàto③ [da *gallico*② ✻ 1834] **s. m.** ● (*chim.*) sale dell'acido gallico

gallatùra [da *gallare*② ✻ 1619] **s. f.** ● fecondazione delle uova da parte del gallo

galleggiabilità [1917] **s. f. inv.** ● capacità di un corpo di galleggiare in un liquido | (*mar.*) ***riserva di g.***, V. *riserva*

galleggiaménto [av. 1642] **s. m. 1** il galleggiare **2** (*mar.*) stato della nave immersa con la carena nell'acqua ed emersa col resto | ***linea di g.***, linea che indica il livello dell'acqua sulla carena separando la parte immersa da quella emersa

galleggiànte **A part. pres.** di *galleggiare*; **anche agg.** ● che galleggia: *boa g.* | ***ponte g.***, ponte di barche **B s. m. 1** ogni oggetto che ha la proprietà di galleggiare: *il mare era pieno di galleggianti* | barcone senza propulsione generalmente usato per trasporto o deposito in porti, canali e sim. **2** (*mar.*, **spec. al pl.**) gavitello, sughero, barile vuoto, boa e sim. posti per segnalare un'ancora sommersa, una rete, uno scoglio e sim. **3** accessorio per la pesca in materiale leggero, di forma varia, che viene applicato alla lenza e alle reti per diversi scopi: *g. sostenitore*, *g. segnalatore* (*del pesce che abbocca*) **4** in varie tecnologie, globo di metallo o di plastica vuoto che galleggia su un liquido contenuto in un recipiente e che mediante organi meccanici regola l'afflusso del liquido nel recipiente stesso **5** corpo stagno per sostenere e stabilizzare in galleggiamento idrovolanti o aerei ed elicotteri destinati a posarsi e partire in velocità sull'acqua ‖ **galleggiantino**, **dim.**

♦**galleggiàre** [da *galla* ✱sec. XIV] **v. intr.** (**pres.** *io galléggio*; **fut.** *io galleggerò*; **aus.** *avere*) **1** essere parzialmente immerso in un fluido (+ *su*): *il sughero, l'olio, il ghiaccio galleggiano sull'acqua*; *quella cosa maggiormente galleggia sopra l'acqua, che è di minor peso dell'acqua* (LEONARDO) **2** (*est.*) stare sospeso nell'aria senza salire né scendere (+ *in*): *l'aerostato galleggiava nel cielo* | (*fig.*) rimanere sospeso, in una condizione incerta

gallègo o (*raro*) **gagliègo** [portog. *galego*, dal lat. *Gallāecus* 'della Galizia (*Gallāecia*)' ✱av. 1533] **A** **agg.** (**pl. m.** *-ghi*) ● della Galizia, regione della Penisola Iberica **B** **s. m. solo sing.** ● varietà dialettale della lingua portoghese, usata anche nella letteratura del sec. XIII

♦**gallerìa** [fr. *galerie*, dal lat. mediev. attestato anche in Italia, *galilāea* 'atrio della chiesa', d'uso conventuale, dal n. della regione palestinese con un passaggio semantico non chiaro ✱1550] **s. f.** **1** passaggio scavato attraverso una montagna o altri ostacoli difficilmente superabili da strade o ferrovie | ***g. subalvea***, che passa sotto l'alveo di un fiume **SIN.** traforo | passaggio sotterraneo nelle miniere **2** (*milit.*) nelle opere di fortificazione, passaggio coperto o sotterraneo, comunicante o meno con l'esterno, destinato a vari scopi e particolarmente usato nella guerra d'assedio | scavo sotterraneo di largo impiego nella guerra di montagna per ricoveri, osservatori, postazioni di artiglieria, lavori di mina **3** ampio passaggio destinato al traffico pedonale, ricavato all'interno di vasti complessi edilizi o mediante opportuna copertura di un tratto di strada: *la G. di Milano* **4** (*archit.*) ambulacro, corridoio **5** in varie tecnologie, condotto | ***g. aerodinamica, del vento***, impianto per produrre correnti d'aria cui esporre velivoli, veicoli o atleti in assetto di gara, allo scopo di determinarne le proprietà aerodinamiche | (*mar.*) ***g. dell'asse dell'elica***, condotto tubolare stagno munito di portelli per verifica e pulizia **6** sala o complesso di sale comunicanti dove sono esposti quadri o altre opere d'arte: *la G. del Louvre*; *G. d'arte moderna*; *direttore, custode, conservatore della G.* | (*est.*) ambiente per l'esposizione e la vendita di quadri o altre opere d'arte **7** nelle sale teatrali di struttura tradizionale, ordine di posti al disopra dei palchi | nelle sale cinematografiche di struttura tradizionale, ordine di posti a balconata sovrastanti la platea **8** (*est.*) pubblicazione contenente una rassegna di personaggi famosi | (*fig.*) serie, sequenza di personaggi famosi | raccolta di immagini o video in un sito Internet o in un dispositivo elettronico (calco sull'ingl. *gallery*) ‖ **gallerietta**, **dim.**

gallerìsta [1943] **s. m. e f.** (**pl. m.** *-i*) ● chi gestisce una galleria d'arte

gallésco [da *gallo*② ✱1632] **agg.** (**pl. m.** *-schi*) ● (*lett.*, *spreg.*) di uso, di maniera francese

gallése (o **-ṣ-**) [1765] **A** **agg.** ● del Galles, regione della Gran Bretagna: *lingua g.* **B** **s. m. e f.** ● abitante o nativo del Galles **C** **s. m. solo sing.** ● lingua del gruppo celtico, parlata nel Galles

gallétta ① [dim. di *galla*, per la forma ✱1585] **s. f.** **1** (*sett.*) bozzolo **2** (*veter.*) molletta

gallétta ② [fr. *galette*, da *galet* 'piccolo ciottolo (ant. fr. *gal*, di etim. incerta)' ✱1771] **s. f.** **1** (*mar.*) formaggetta **2** biscotto di pasta di pane a forma schiacciata, che si conserva molto a lungo, in dotazione spec. un tempo in marina e alle forze armate | biscotto salato a base di cereali: *g. di mais, di riso* ‖ **gallettina**, **dim.**

gallettàme [da *galletta*① ✱av. 1794] **s. m.** ● cascame di seta costituito dalla fibra ricavata da bozzoli sfarfallati

gallettificio [comp. di *galletta*② e *-ficio* ✱1956] **s. m.** ● stabilimento per la produzione delle gallette, solitamente di conduzione militare

gallétto [av. 1313] **s. m.** **1** dim. di *gallo*① **2** giovane gallo | ***g. di roccia***, passeriforme grande come un piccione che, se maschio, ha un gran ciuffo a ventaglio sul capo, tipico dell'America meridionale (*Rupicola rupicola*) | ***g. di bosco***, beccofrusone | ***g. di marzo, marzaiolo, di maggio***, upupa | ***g. di primo canto***, (*lett.*) galletto giovane, dalle carni tenere **3** (*fig.*) ragazzo, giovane intemperante e vivace | chi corteggia le donne con disinvolta ostentazione: *fare il g.* **4** (*mecc.*) dado munito di due alette per poterlo avvitare a mano sulla vite **5** (*centr.*) gallinaccio② ‖ **gallettino**, **dim.**

galliàmbico [gr. *galliambikón* (*métron*) 'verso usato nel culto di Cibele' (V. *galliambo*) ✱av. 1698] **agg.** (**pl. m.** *-ci*) ● nella loc. ***verso g.***, galliambo

galliàmbo [vc. dotta, lat. *galliămbu(m)*, dal gr. *gallíambos*, comp. di *gáll(os)* 'galla, sacerdote di Cibele' e *íambos* 'giambo' ✱1728] **s. m.** ● verso greco e latino formato da quattro ionici a minore, l'ultimo dei quali è catalettico

gallicanìṣmo o **gallicanéṣimo** [da *gallicano* ✱1843] **s. m.** ● tendenza dottrinale e politica della Chiesa di Francia che, spec. nel XVIII sec., affermava la sua libertà e indipendenza organizzativa dalla sede romana

gallicàno [vc. dotta, lat. *Gallicānu(m)* 'della provincia della *Gallia*' ✱av. 1532] **A** **agg.** ● relativo alla Chiesa di Francia, al gallicanismo: *Chiesa gallicana*; *rito g.* **B** **s. m.** (**f.** *-a*) ● difensore della libertà della Chiesa di Francia

gallicìnio [vc. dotta, lat. *gallicĭniu(m)*, originariamente 'canto (da *cănere* 'cantare') del gallo (*găllus*)' ✱1499] **s. m.** (**pl.** *-i* o *raro* *-ii*) ● (*lett.*) parte della notte in cui canta il gallo | ***primo g.***, dopo la mezzanotte

gallicìṣmo [fr. *gallicisme*, deriv. del lat. *găllicus* 'gallico' nel senso più recente di 'francese' ✱av. 1798] **s. m.** ● parola o locuzione propria del celtico entrata in un'altra lingua | francesismo

gallicizzàre [av. 1847] **A** **v. intr.** (**aus.** *avere*) **1** imitare usanze, costumi e abitudini francesi **2** adoperare francesismi: *un autore che gallicizza spesso* **B** **v. tr.** ● (*raro*) francesizzare ‖ **gallicizzazióne**, **s. f.**

gàllico ① [vc. dotta, lat. *Găllicu(m)*, da *Găllus* 'gallo, celta' ✱av. 1328] **A** **agg.** (**pl. m.** *-ci*) ● degli antichi Galli, della Gallia: *guerre galliche*; *civiltà gallica* | (*est.*) della Francia **B** **s. m. solo sing.** ● lingua del gruppo celtico, parlata dagli antichi Galli

gàllico ② [da *galla* ✱av. 1829] **agg.** (**pl. m.** *-ci*) ● (*chim.*) di composto, e di alcuni suoi derivati, estratto da noci di galla | ***acido g.***, ossiacido monobasico, usato in fotografia, in medicina e nella preparazione di sostanze coloranti

†**gallicùme** [comp. di *gallico*① e *-ume* ✱av. 1803] **s. m.** ● (*spreg.*) eccessiva imitazione di modi francesi

Gallifórmi [vc. dotta, comp. di *gallo*① e il pl. di *-forme* ✱1956] **s. m. pl.** (**sing.** *-e*) ● (*zool.*) ordine di Uccelli di media grandezza con ali brevi e volo pesante, zampe forti, becco robusto e incurvato che vivono per lo più sul terreno e presentano frequente dimorfismo sessuale (*Galliformes*) **SIN.** Gallinacei

gallìgeno [comp. di *galla* e *-geno* ✱1956] **A** **s. m.** ● organismo che produce galle **B** **anche agg.**: *insetto g.*

galligiàmbo [adattamento del latinismo *galliambo*, secondo la corrispondenza tra *iambo* e *giambo* ✱1869] **s. m.** ● galliambo

♦**gallìna** [lat. *gallīna(m)*, f. sost. dell'agg. di *găllus* 'gallo①', come *regina* da *rēx* 're' ✱1260] **s. f.** **1** femmina adulta del gallo, più piccola del maschio, con livrea a colori meno vivaci e coda più breve: *g. da uova, da carne* | (*fig.*) ***la g. dalle uova d'oro***, fonte sicura e facile di guadagno cospicuo e ripetuto | **PROV.** ***g. vecchia fa buon brodo***, una cosa o una persona vecchia ha spesso maggior pregio; ***meglio un uovo oggi che una g. domani***, meglio un piccolo guadagno oggi che uno maggiore ma incerto domani; ***g. che canta ha fatto l'uovo***, chi per primo parla di qlco. dimostra di essere colpevole **CFR.** crocchiare, crocchiolare, cantare, schiamazzare **2** denominazione comune di alcune specie d'uccelli | ***g. faraona, di Faraone, di Numidia***, uccello dei Galliformi, grande come un pollo con testa e parte del collo nudi, piumaggio a macchie bianche e grigie, allevato per la carne (*Numida meleagris*) | ***g. prataiola***, uccello dei Galliformi, grande come un pollo, che vive, anche in Italia, nelle pianure erbose un po' aride (*Otis tetrax*) | ***g. della Madonna***, (*pop.*, *centr.*) rondine | ***latte di g.***, frullato d'uova, latte e zucchero; (*fig.*) cibo prelibato e difficile a trovarsi | ***avere un cervello di g.***, (*fam.*) ***essere una g.***, di persona poco intelligente | (*fig.*) ***zampe di g.***, scrittura inintelligibile; piccole rughe attorno agli occhi | (*fig.*) ***andare a letto con le galline***, molto presto, di prima sera | ***sentirsi venire la pelle di g.***, rabbrividire | (*fig.*, *tosc.*) ***andare a g.***, andare in rovina, morire ‖ **gallinàccia**, **pegg.** (V.) | **gallinèlla**, **dim.** (V.) | **gallinétta**, **dim.** | **gallinóna**, **accr.** | **gallinóne**, **accr. m.**

gallinàccia [av. 1400] **s. f.** (**pl.** *-ce*) **1** pegg. di *gallina* **2** (*pop.*) beccaccia

gallinàccio ① [lat. *gallināceu(m)*, da *gallīna* 'gallina' ✱1612] **A** **agg.** (**pl. m.** *-ci*; **pl. f.** *-ce*) ● †di gallina **B** **s. m.** ● (*pop.*) tacchino

gallinàccio ② [da *gallinaccio*①, per l'aspetto del cappello simile alla cresta di un 'tacchino' ✱1798] **s. m.** ● fungo commestibile delle Agaricacee di colore giallo aranciato, cappello pianeggiante o imbutiforme, lamelle intrecciate (*Cantharellus cibarius*) **SIN.** cantarello, finferlo, galletto, gallinella

Gallinàcei [vc. dotta, lat. *gallināceu(m)*, da *gallīna* 'gallina' ✱1824] **s. m. pl.** (**sing.** *-o*) ● (*zool.*) Galliformi

gallinàio [av. 1656] **s. m.** (**pl.** *-ai*) ● (*raro*) pollaio

gallinàme [1869] **s. m.** ● (*raro*) quantità di galline

gallinèlla [1282] **s. f.** **1** dim. di *gallina* **2** (*bot.*) valerianella **3** gallinaccio② **4** (*zool.*) ***g. d'acqua***, uccello palustre di media taglia dei Ralliformi, con dita molto lunghe e una placca cornea rossa sulla fronte (*Gallinula chloropus*) **SIN.** sciabica | ***g. del Signore***, coccinella | ***g. palustre***, schiribilla **5** (*zool.*) pesce cappone

gallinèlle [da *gallina* per il suo valore commestibile ✱1970] **s. f. pl.** ● (*bot.*) dolcetta

gàllio [vc. dotta, tratta dall'ant. n. lat. della Francia (*Găllia*) non senza riferimento al n. dello scopritore P.-É. *Lecoq* (1838-1912), propr. 'il (*le*) gallo (*coq*)' ✱1879] **s. m.** (**pl.** *-i* o *raro* *-ii*) ● elemento chimico, metallo bianco-azzurro, fusibile a temperatura ambiente, associato in minime quantità ai minerali di altri metalli, usato per transistor e come liquido termometrico in termometri ad alta temperatura **SIMB.** Ga **NUM. AT.** 31

gallìşmo [da *gallo*① in senso figurato ✱1946] **s. m.** ●atteggiamento molto disinvolto e quasi aggressivo di chi si crede un grande conquistatore di donne

♦**gàllo**① [lat. *găllu(m)*, prob. vc. espressiva ✱ sec. X] **A** **s. m.** ●uccello domestico dei Galliformi di media taglia, con cresta rossa e carnosa, bargigli pure rossi, coda lunga e falcata e piumaggio spesso vivacemente colorato (*Gallus gallus*) **CFR.** cantare, chicchiriare | ***g. cedrone***, grosso galliforme selvatico delle regioni montuose, dal piumaggio nerastro, commestibile (*Tetrao urogallus*) **SIN.** urogallo | ***g. delle praterie***, tetraone | ***al canto del g.***, prima di giorno | ***fare il g.***, (*fig.*) insuperbirsi o fare il galante con le donne | ***essere il g. della Checca***, (*lett.*) di uomo che ha molti successi galanti | ***vispo come un g.***, di persona vivace e intraprendente, spec. con le donne | ***g. dei campanili***, insegna metallica girevole che indica la direzione del vento ‖ **gallàccio**, **pegg.** | **gallétto**, **dim.** (V.) | **gallóne**, **accr.** **B** in funzione di **agg. inv.** ●(posposto al sost.) nella loc. ***peso g.***, nel pugilato, categoria di peso compresa tra quelle dei pesi mosca e dei pesi supergallo **C** **s. m. inv.** ● nel pugilato, atleta appartenente alla categoria dei pesi gallo

♦**gàllo**② [vc. dotta, lat. *Găllu(m)*, di etim. incerta ✱av. 1348] **A** **agg.** **1** della Gallia **2** (*raro, lett.*) francese **B** **s. m.** (**f.** *-a*) **1** abitante o nativo della Gallia: *Cesare sconfisse i Galli* | ***g. bracato***, della Gallia narbonese | ***g. chiomato***, della Gallia superiore | ***g. togato***, della Gallia cisalpina **2** nell'antica Roma, sacerdote addetto al culto della dea Cibele **3** (*raro, lett.*) francese

†**gàllo**③ [da *gallare*① ✱sec. XIV] **s. m.** ●gioia, allegria | superbia

gallòccia [adattamento del venez. *galozza*, di etim. incerta ✱av. 1800] **s. f.** (**pl.** *-ce*) ●(*mar.*) pezzo di metallo o legno a forma di T largo e schiacciato, fissato alle murate, agli alberi o sui ponti di una nave per dar volta alle cime | ***gallocce da remo***, alle quali si attaccavano le mani dei rematori, tre o quattro per remo

gallofilìa [comp. di *gallo*② e *-filia* ✱1965] **s. f.** ●simpatia per i francesi e per tutto ciò che è francese **SIN.** francofilia

gallòfilo [comp. di *gallo*② e *-filo* ✱1912] **agg. e s. m.** (**f.** *-a*) ●simpatizzante per i francesi, per la loro storia, i loro usi, le loro abitudini **SIN.** francofilo

gallofobìa [comp. di *gallo*② e *-fobia* ✱1883] **s. f.** ●francofobia ‖ **gallofòbico**, **agg.** (**pl. m.** *-ci*) francofobico ‖ **gallòfobo**, **agg. e s. m.** (**f.** *-a*) francofobo

gallo-itàlico [propr. 'proprio delle popolazioni celtiche (*Galli*) stanziate nell'*Italia* settentrionale' ✱1831] **agg.** (**pl. m.** *gallo-itàlici*) ● (*ling.*) detto dei dialetti dell'area settentrionale (piemontesi, lombardi, emiliano-romagnoli) che hanno subito l'influenza del sostrato celtico

gallòmane [av. 1853] **s. m. e f.** ●chi ammira esageratamente i francesi e tutto ciò che è francese

gallomanìa [fr. *gallomanie*, comp. di *gallo-* 'gallo②' e *-manie* '-mania' ✱1775] **s. f.** ●ammirazione e imitazione eccessiva di tutto ciò che è francese

gallonàre [1698] **v. tr.** (*io gallóno*) ●decorare con galloni

gallonàto **A** **part. pass.** di *gallonare*; anche **agg.** **1** ornato di galloni: *i domestici nelle smaglianti livree gallonate* (A. PALAZZESCHI) **2** (*zool.*) ***farfalla gallonata***, neustria **B** **s. m.** ●chi porta i galloni **SIN.** graduato

gallóne① [fr. *galon*, da *galonner* 'ornare di nastri', di etim. incerta ✱1655] **s. m.** **1** striscia di varia altezza e materiale, intessuta a motivi, usata per guarnizioni: *g. d'oro, di seta* **2** distintivo di grado, di tessuto vario, applicato sul copricapo e sull'uniforme militare ‖ **galloncìno**, **dim.**

gallóne② [ingl. *gallon*, dall'ant. fr. *galon* 'tipo di misura', di etim. incerta ✱1798] **s. m.** ●unità di misura dei volumi dei liquidi, corrispondente a 4,546 litri in Inghilterra e a 3,785 litri negli Stati Uniti **SIMB.** gal

gallonèa ➤ **vallonea**

gallòria [da *gallo*③ sul tipo di *baldoria*, *sparatoria* e sim. ✱1353] **s. f.** ●(*lett.*) allegria rumorosa, baldoria: *faceva g. … per una settimana* (I. NIEVO)

galloromànzo [comp. di *gallo*② e *romanzo*① ✱1932] **A** **s. m. solo sing.** ●(*ling.*) gruppo linguistico romanzo diffuso nel territorio dell'antica Gallia, costituito principalmente dal francese, dal franco-provenzale e dal provenzale **B** **agg.** ●relativo a tale gruppo linguistico: *dialetti galloromanzi*; *fenomeni fonetici galloromanzi*

gallotànnico [comp. di *galla* e *tannico* ✱ 1892] **agg.** (**pl. m.** *-ci*) ●(*chim.*) ***acido g.***, tannino

gallòzza [av. 1364] **s. f.** ●(*raro*) gallozzola | ghianda

gallòzzola [da *galla* ✱av. 1375] **s. f.** **1** piccola galla **2** vescichetta che si forma sulla pelle **3** bolla che si forma sulla superficie di un liquido ‖ **gallozzolétta**, **dim.** | **gallozzolìna**, **dim.**

†**gallùme** [da *gallo*② e *-ume* ✱1799] **s. m.** ● gallicume

gallurése (o **-ş-**) [1932] **A** **agg.** ● della Gallura, regione della Sardegna **B** **s. m. e f.** ●abitante o nativo della Gallura

galoche /fr. ga'lɔʃ/ [vc. fr., di provenienza sett. e di orig. gallica (**gallos*) ✱sec. XIX] **s. f. inv.** ●caloscia

galop /fr. ga'lo/ [vc. fr., propr. 'galoppo', da *galoper* 'galoppare' ✱1905] **s. m. inv.** ● danza molto vivace di origine germanica, in voga in Francia nell'Ottocento

galoppànte **part. pres.** di *galoppare*; anche **agg.** **1** nei sign. del v. **2** (*fig.*) detto di fenomeno negativo che si evolve rapidamente e senza controllo: *tisi g.*; *inflazione g.*

♦**galoppàre** [fr. *galoper*, dal francone **wala* ('bene') *hlaupan* ('saltare') ✱sec. XIV] **v. intr.** (*io galòppo*; aus. *avere*) **1** andare di galoppo: *il cavallo galoppa*; *un cavaliere galoppava velocemente* | ***g. sul tappeto***, quando il cavallo alza pochissimo le gambe **2** (*fig.*) correre affannosamente, darsi da fare: *ho galoppato tutto il giorno fra casa e ufficio* | (*fig.*) ***g. con la fantasia***, correre troppo con la fantasia **3** (*fig.*) evolversi o crescere molto rapidamente: *il carovita continua a g.*

galoppàta [1798] **s. f.** **1** corsa o tratto di corsa di un cavallo al galoppo **2** (*est.*) rapida corsa, spec. in una competizione sportiva: *giunse al traguardo dopo una g. solitaria* **3** (*fig.*) faticata, sfacchinata: *quel viaggio è stato una vera g.* ‖ **galoppatìna**, **dim.**

galoppatóio [1913] **s. m.** (**pl.** *-ói*) ●pista dove i cavalli si addestrano o si allenano andando di galoppo

galoppatóre [1828] **s. m.** (**f.** *-trice*) **1** cavallo addestrato per gareggiare nelle corse al galoppo **2** cavaliere abile e resistente nell'andare a cavallo di galoppo

galoppìno [fr. *galopin*, da *galoper* 'galoppare', originariamente n. propr. di messi nelle canzoni di gesta ✱1702] **s. m.** **1** (**f.** *-a*) chi corre dappertutto per sbrigare commissioni o faccende altrui (*anche spreg.*) | ***g. elettorale***, chi si dà da fare per procacciare voti per un partito o un candidato **2** (*ippica*) cavallo che, negli allenamenti, galoppa al fianco dei cavalli trottatori per stimolarli **3** (*mecc.*) rullo di guida per modificare la direzione di una cinghia di trasmissione e regolarne la tensione | manicotto scorrevole su un albero fra due posizioni per accoppiarlo all'uno o all'altro ingranaggio di un cambio di velocità

♦**galòppo** [fr. *galop*, da *galoper* 'galoppare' ✱ 1313] **s. m.** ●andatura naturale del cavallo, in cui le zampe anteriori si sollevano per prime a un'altezza superiore delle posteriori e nella quale la durata del periodo di sospensione è più lunga del periodo di appoggio: *corse al g.* | ***al g.***, ***di g.***, (*fig.*) velocemente, di gran fretta

galòşa [etim. incerta ✱1925] **s. f.** ●berretto a calotta alta e floscia, con risvolto, caratteristico dei contadini romagnoli fino ai primi anni del Novecento

galòscia o **calòscia** [fr. *galoche*, di etim. incerta ✱1771] **s. f.** (**pl.** *-sce*) ●(**spec. al pl.**) calzatura impermeabile indossata sopra la scarpa per proteggerla spec. dall'acqua

†**galùppo** [da **galuppare*, var. di *galoppare* (?) ✱ av. 1470] **s. m.** **1** addetto ai lavori di fatica al seguito di truppe **2** ribaldo, canaglia

galvànico [av. 1828] **agg.** (**pl. m.** *-ci*) ●relativo a Galvani e al galvanismo | ***bagno g.***, in cui si immergono i metalli per galvanizzarli

galvanìşmo [1796] **s. m.** ●parte dell'elettrologia che studia i fenomeni relativi all'elettricità di contatto e alle pile

galvanìsta [1970] **s. m. e f.** (**pl. m.** *-i*) ● galvanotipista

galvanizzaménto [1869] **s. m.** ●galvanizzazione

galvanizzàre [fr. *galvaniser*, dal n. di L. *Galvani* ✱1834] **A** **v. tr.** **1** rivestire di un sottile strato di metallo mediante elettrolisi **2** (*med.*) stimolare mediante l'applicazione di corrente elettrica **3** (*fig.*) eccitare, comunicando slancio ed entusiasmo: *le sue parole lo galvanizzarono* **SIN.** elettrizzare **B** **galvanizzàrsi** **v. intr. pron.** ● entusiasmarsi, eccitarsi ‖ **galvanizzazióne**, **s. f.**

galvanizzàto **part. pass.** di *galvanizzare*; anche **agg.** ● nei sign. del v. | (*fig.*) carico di entusiasmo, di energia: *sentirsi g. dal successo*

galvàno- [dal n. dello scienziato bolognese L. *Galvani* (1737-1798)] **primo elemento** ●in parole composte della terminologia scientifica e tecnica, indica relazione con la corrente elettrica (in origine con la corrente prodotta da pila voltaica): *galvanocromia*, *galvanometro*, *galvanoplastica*, *galvanotipia*

galvanocàustica [comp. di *galvano-* e *caustica* ✱1874] **s. f.** ● (*med.*) cauterizzazione mediante corrente galvanica

galvanocautèrio [comp. di *galvano-* e *cauterio* ✱sec. XX] **s. m.** ●(*med.*) strumento per la galvanocaustica

galvanocromìa [comp. di *galvano-* e *cromia* ✱1909] **s. f.** ● colorazione dei metalli con procedimento elettrochimico

galvanomagnètico [comp. di *galvano-* e *magnetico* ✱1874] **agg.** (**pl. m.** *-ci*) ●(*fis.*) relativo agli effetti che avvengono all'interno di un conduttore percorso da corrente in presenza di un campo magnetico

galvanomagnetìşmo [composto di *galvano-* e *magnetismo* ✱1874] **s. m.** ● termomagnetismo

galvanomètrico [da *galvanometro* ✱1869] **agg.** (**pl. m.** *-ci*) ●relativo al galvanometro: *sensibilità galvanometrica*

galvanòmetro [comp. di *galvano-* e *-metro* ✱1828] **s. m.** ●strumento usato spec. per misurare correnti molto piccole fino a 10^{-12} ampere

galvanoplàstica [comp. di *galvano-* e *-plastica* ✱1841] **s. f.** ●operazione di rivestimento di un oggetto qualsiasi con un metallo me-

diante elettrolisi di un sale di quest'ultimo
galvanoplàstico [comp. di *galvano-* e *plastico* ✱ 1869] **agg.** (**pl. m.** *-ci*) ● relativo alla galvanoplastica
galvanoscòpio [comp. di *galvano-* e *-scopio* ✱ 1840] **s. m.** ● dispositivo che rivela il passaggio di una corrente elettrica, ma senza misurarne l'intensità
galvanostegìa [comp. di *galvano-* e un deriv. del gr. *stégein* 'coprire' ✱ 1892] **s. f.** (**pl.** *-gìe*) ● deposizione per elettrolisi su oggetti metallici di un sottile strato di altro metallo, a scopo di decorazione o di protezione
galvanostegìsta [1956] **s. m. e f.** (**pl. m.** *-i*) ● tecnico esperto in galvanostegia
galvanotècnica [comp. di *galvano-* e *tecnica* ✱ 1892] **s. f.** ● tecnica delle applicazioni dei fenomeni galvanici
galvanoterapìa [comp. di *galvano-* e *terapia* ✱ 1874] **s. f.** ● terapia medica con corrente galvanica
galvanotipìa [comp. di *galvano-* e *-tipia* ✱ 1839] **s. f.** ● procedimento di copiatura di una matrice rilievografica per immersione di un'impronta della stessa in bagno galvanico | (*est.*) la nuova matrice così ottenuta
galvanotipìsta [da *galvanotipia* ✱ 1936] **s. m. e f.** (**pl. m.** *-i*) ● tecnico esperto in galvanotipia
galvanotropìṣmo [comp. di *galvano-* e *tropismo* ✱ 1895] **s. m.** ● (*biol.*) particolare tipo di tropismo il cui fattore di orientamento è rappresentato da un campo elettrico **SIN.** elettrotropismo
♦**gàmba** [lat. *gămba(m)* 'gamba di quadrupede', dal gr. *kampḗ* 'curva, articolazione' (di orig. indeur.), secondo una tarda pronuncia ✱ sec. X] **s. f.** **1** (*anat.*) parte dell'arto inferiore dal ginocchio al piede | correntemente, l'arto inferiore: *accavallare, distendere, sgranchirsi le gambe*; *a ogni guizzo di pupilla ne vedeva le gambe non ricche ma armoniose* (I. Calvino) | ***a mezza g.***, al polpaccio | ***gambe da fantino***, arcuate | ***gioco di gambe***, nel pugilato, abilità di spostarsi con misura e ritmo sul quadrato in modo da offrire un bersaglio mobile all'avversario e da trovare meglio spazi e tempi per colpire | ***viola da g.***, V. *viola*② | (*fig.*) ***sentire le gambe fare giacomo giacomo***, sentirsi mancare per stanchezza, debolezza o paura | ***prendere qlco. sotto g.***, prenderla alla leggera | ***prendere qlcu. sotto g.***, sottovalutarlo | ***fare il passo secondo la g.***, sapersi comportare in modo adeguato alle proprie possibilità e capacità | ***essere in g.***, (*colloq.*) ***in gambissima***, essere in buona forma fisica; (*fig.*) essere persona capace, avere iniziativa, svolgere bene il proprio lavoro e sim. | ***rimettersi in g.***, guarire da una malattia | ***darsela a gambe***, fuggire precipitosamente | ***gambe!***, scappiamo! | ***gambe in spalla!***, escl. che incita a intraprendere una camminata impegnativa | ***distendere, stirare le gambe***, morire | ***scappare, andarsene a gambe levate***, in gran fretta | ***andare a gambe all'aria***, cadere; (*fig.*) fallire | ***mettersi la via tra le gambe***, mettersi in cammino | ***camminare di buona g.***, lesto, in fretta | ***avere qlco. nelle gambe***, (*fig.*) essere in grado di reggere, di sostenere qlco.: *non ho ancora i novanta minuti nelle gambe* | ***camminare con le proprie gambe***, (*fig.*) essere autonomo, capace di decidere | ***tagliare le gambe a qlcu.***, V. *tagliare*① nel sign. A 3 | ***andarsene con la coda fra le gambe***, (*fig.*) mortificato, avvilito | ***a quattro gambe***, carponi | (*est.*) parte dei calzoni che ricopre ciascuna gamba **2** ciascuno degli arti su cui l'animale si regge e cammina: *cani e cavalli hanno quattro gambe* | (*fig.*) ***raddrizzare le gambe ai cani***, pretendere cose impossibili **3** (*est.*) parte della calza e dei calzoni lunghi in cui si infila la gamba **4** (*est.*) oggetto, struttura o parte di essi, con funzioni di sostegno, supporto e sim.: *le gambe del tavolo, della sedia* | (*aeron.*) struttura che collega all'aereo ruote, pattini, galleggianti e sim. | ***g. elastica***, con organi di sospensione, spec. di smorzamento **5** (*est.*) asta, linea verticale: *la g. di una nota musicale*; *la lettera n ha due gambe* ‖ **gambàccia**, **pegg.** | **gambétta**, **dim.** (V.) | **gambìna**, **dim.** | **gambóna**, **accr.** | **gambóne**, **accr. m.** | **gambòtta**, **alter.** | **gambùccia**, **dim.**
gambacórta [da interpretare (che ha la) *gamba corta* ✱ 1869] **s. m. e f. inv.** ● (*scherz.*) persona che ha le gambe corte | zoppo
gambàle [da *gamba* ✱ 1526] **s. m.** **1** parte dello stivale che fascia la gamba **2** nelle antiche armature, protezione metallica a difesa delle gambe | rivestimento di cuoio a protezione della gamba, dalla caviglia al ginocchio, usato un tempo dalle truppe dei reparti a cavallo **3** apparecchio di protesi per gli amputati della gamba **4** forma in legno per stivali, usata dai calzolai **5** †stelo, gambo | †tronco dell'albero ‖ **gambalétto**, **dim.** (V.) | **gambalìno**, **dim.**
gambalèsta o **gàmba lèsta** [da interpretare (che ha la) *gamba lesta* ✱ 1952] **s. m. e f. inv.** ● (*scherz.*) chi è lesto di gambe
gambalétto [av. 1959] **s. m.** **1** dim. di *gambale* **2** parte rigida che protegge spec. le caviglie, nello scarpone da sci e nelle calzature a collo alto in genere **3** (*med.*, *pop.*) fasciatura gessata per gamba, in ortopedia **4** (*est.*) calza corta
gambalùnga [(che ha la) *gamba lunga* ✱ 1965] **s. m. e f. inv.** ● (*scherz.*) persona alta e dinoccolata nel camminare
†**gàmbaro** ➤ **gambero**
gambàta [av. 1535] **s. f.** ● colpo dato con una gamba | passo lungo: *con quattro gambate lo raggiunse* (L. Pirandello) | (*tosc.*) sgambetto (*anche fig.*)
gambécchio [da *gamba* ✱ 1834] **s. m.** ● piccolo uccello dei Caradriformi, che vive sulle spiagge (*Calidris minuta*)
gamberàna [da *gambero* ✱ 1937] **s. f.** ● rete rettangolare usata per la pesca dei gamberi
gamberétto [av. 1742] **s. m.** **1** dim. di *gambero* **2** (*zool.*) denominazione comune di vari generi di Crostacei dei Decapodi di piccole dimensioni, per lo più marini
gàmbero o †**gàmbaro** [lat. *gămbaru(m)*, var. di *cămmaru(m)*, per sovrapposizione di *gămba*, dal gr. *kámmaros*, connesso con simili vc. nordiche ✱ sec. XIII] **s. m.** (**f.** *scherz.* *-éssa*) ● crostaceo dei Decapodi per lo più marino con corpo allungato, addome terminante a ventaglio e potenti chele all'estremità del primo paio di zampe (*Homarus vulgaris*) | ***g. di fiume***, astaco | ***rosso come un g.***, di chi ha il viso rosso per un'emozione o vergogna | ***fare come i gamberi***, camminare all'indietro; (*fig.*) non fare alcun progresso, regredire ‖ **gamberèllo**, **dim.** | **gamberétto**, **dim.** (V.) | **gamberóne**, **accr.** (V.)
gamberóne [1745] **s. m.** ● accr. di *gambero* | grosso gambero di mare
gambétta [dim. di *gamba* ✱ av. 1529] **s. f.** **1** (*zool.*) combattente **2** pianta di ulivo da mettere a dimora ‖ **gambettìna**, **dim.**
†**gambettàre** [da *gambetta* ✱ 1320] **v. intr.** ● sgambettare
gambétto [da *gamba* ✱ sec. XIV] **s. m.** **1** sgambetto | ***dare, fare il g.***, (*lett.*) sgambettarlo; (*fig.*) togliergli il posto **2** mossa del gioco degli scacchi consistente nel sacrificio di un pedone, per ottenere una migliore possibilità di attacco **3** †(*mar.*) Ghirlanda **4** ognuna delle parti della tomaia che fasciano e proteggono il collo del piede
gambièra [da *gamba* per adattamento del corrispondente ant. fr. *jambière* ✱ sec. XIII] **s. f.** **1** armatura della gamba sotto il ginocchio, di piastra metallica o di cuoio **SIN.** schiniere **2** elemento dell'equipaggiamento del portiere di hockey, a protezione delle gambe **3** fascia di tessuto o di tela usata per avvolgere le gambe dei cavalli
gambìno [adattamento di vc. bolognese (*al gambén*), che ha riscontri in Italia meridionale, di etim. incerta ✱ 1965] **s. m.** **1** parte posteriore della tomaia che ricopre il tarso e il metatarso **2** fosso regolatore dell'acqua della risaia
gambìsta [da (*viola da*) *gamba* ✱ 1956] **s. m. e f.** (**pl. m.** *-i*) ● (*mus.*) suonatore di viola da gamba
gambiẓẓàre [da *gamba* ✱ 1978] **v. tr.** ● ferire alle gambe con colpi d'arma da fuoco, spec. in attentati di terrorismo politico ‖ **gambiẓẓazióne**, **s. f.**
♦**gàmbo** [da *gamba* ✱ 1336 ca.] **s. m.** **1** fusto sottile che, nelle piante erbacee, sostiene foglie, fiori e frutti | ***g. del fiore***, stelo | ***g. di un frutto***, picciolo | ***g. di un fungo***, la parte del corpo fruttifero che sostiene il cappello **2** (*fig.*) parte, spec. lunga e sottile, di un oggetto, che serve a fermarlo o a reggerlo: *il g. del calice* | ***g. dell'amo***, parte dell'amo da pesca alla quale viene legato il finale della lenza **3** (*mecc.*) ***g. di valvola***, stelo cilindrico della valvola nei motori a scoppio | ***g. della punta elicoidale***, parte attiva, dotata di taglienti, della punta elicoidale per trapani ‖ **gambétto**, **dim.** | **gambìno**, **dim.** | **gambóne**, **accr.** (V.) | **gambùccio**, **dim.** (V.)
gambóne [av. 1380] **s. m.** **1** accr. di *gambo* **2** †orgoglio, baldanza
gambùccio [1918] **s. m.** **1** dim. di *gambo* **2** parte terminale del prosciutto, vicina all'osso, particolarmente dolce e saporita
gambùṣia [dallo sp. di Cuba *gambusino* 'pesciolino', di orig. cariba ✱ 1930] **s. f.** ● genere di piccoli Pesci dei Pecilidi introdotti negli stagni di molte parti del mondo come mezzo di lotta antimalarica (*Gambusia*)
gambùto [da *gamba* ✱ av. 1449] **agg.** ● (*lett.*) che ha gambe lunghe
game /*ingl.* geɪm/ [ingl., vc. di diffusione germ. ✱ 1935] **s. m. inv.** ● nel tennis, gioco | ***g. ball***, la palla che decide il risultato di un game
gamèlio [gr. *gamḗlios*, da *gamêin* 'sposarsi', di etim. incerta ✱ 1834] **s. m.** ● piatto di ceramica decorato con simboli di amore e fedeltà, tipico dell'Italia centrale, che il fidanzato regalava alla promessa sposa
gamèlla [sp. *gamella*, *camella*, dal lat. *camēlla*, deriv. da *camē(l)lus* 'cammello', prob. per la forma curva, che ricordava la gobba dell'animale ✱ 1798] **s. f.** **1** gavetta **2** (*mar.*) insieme delle stoviglie e delle posaterie per la mensa di bordo ‖ **gamellìna**, **dim.** | **gamellìno**, **dim. m.**
gametàngio [comp. di *gamet(e)* e *-angio* ✱ 1952] **s. m.** ● (*bot.*) organo dove vengono prodotti i gameti
gametangiogamìa [comp. di *gametangio* e *-gamia* ✱ 1956] **s. f.** ● (*bot.*) fusione di due gametangi
gamète [vc. dotta, gr. *gamétēs* 'coniuge', da *gamêin* 'unirsi in matrimonio (*gámos*)', di etim. incerta ✱ 1932] **s. m.** ● (*biol.*) ciascuna delle cellule sessuali maschili o femminili che negli animali e nelle piante sono coinvolte nella fecondazione
gametocìsti [comp. di *gamet(e)* e *cisti* ✱ 1970] **s. f. inv.** ● (*bot.*) gametangio vescicolare di Funghi e alghe, delimitato dalla parete della cellula che, dividendosi, ha originato i gameti

gametòfito [comp. di *gamete* e del gr. *phytón* 'pianta' ✱ 1956] **s. m.** ● organismo vegetale aploide, che si sviluppa da una spora ed è in grado di produrre i gameti

gametogamìa [comp. di *gamete* e *-gamia* ✱ 1965] **s. f.** ● (*biol.*) gamia

gametogènesi [comp. di *gamete* e *genesi* ✱ 1956] **s. f. inv.** ● (*biol.*) formazione dei gameti nelle piante e negli animali

gamìa [vc. dotta, dal gr. *gamêin* 'sposarsi', di orig. sconosciuta ✱ 1932] **s. f.** ● (*biol.*) riproduzione per mezzo di gameti

-gamìa [dal gr. *-gamía*, da *gamêin* 'sposarsi' (V. *gamia*)] **secondo elemento 1** in parole composte dotte, significa 'nozze', 'matrimonio': *monogamia, poligamia* **2** in parole composte della terminologia scientifica, spec. biologica, significa 'riproduzione sessuale': *gametogamia*

gàmico [da *gamia* ✱ 1932] **agg.** (**pl. m.** *-ci*) ● (*biol.*) relativo a gamia

gàmma ① [lat. tardo *gămma(m)*, dal gr. *gámma*, da una vc. semitica che indica il 'cammello' ✱ 1561] **A s. f. o m. inv. 1** nome della terza lettera dell'alfabeto greco **2** unità di misura della massa, pari a 10^{-9} kg **3** ***g. fotografico***, rapporto fra l'intensità di una radiazione luminosa che colpisce una superficie sensibile e la reazione fotochimica della superficie stessa **B in funzione di agg. inv.** ● (*fis.*) nella loc. ***raggi g.***, radiazioni elettromagnetiche ad alta frequenza che si generano nel nucleo atomico di elementi radioattivi

gàmma ② [da *gamma*①, equivalente nella notazione musicale gr. a 'sol' ✱ 1598] **s. f. 1** (*mus.*) nell'antico sistema musicale, il sol sentito come nota fondamentale della scala **2** (*mus.*) scala | (*est.*) estensione di una voce o di uno strumento **3** (*est.*) successione graduata di colori: *la g. dei rossi* **4** (*fig.*) serie, gradazione di elementi: *la g. infinita dei sentimenti umani* | (*fig.*) serie completa: *la g. dei dizionari Zanichelli* **5** (*comm.*) ***quarta g.***, sistema di preparazione e vendita in buste della verdura fresca lavata e tagliata; *quarta* fa riferimento ad altre modalità di vendita della verdura | (*est.*) prodotto alimentare fresco confezionato per un consumo a breve termine

gammacìsmo [da *gamma*①, sul modello di *lambdacismo* ✱ 1917] **s. m.** ● difficoltà di pronunciare rettamente la *g* e la *k*

gammaglobulìna [comp. di *gamma*① e *globulina* ✱ 1970] **s. f. 1** (*biol.*) ogni proteina globulare del plasma sanguigno a prevalente funzione immunitaria **2** (*farm.*) preparato a base di anticorpi per uso terapeutico o preventivo: *g. anti-tetano* **SIN.** immunoglobulina

gammagrafìa [comp. di *gamma*① e *-grafia* ✱ 1970] **s. f.** ● radiografia di un organo o di un oggetto effettuata con raggi gamma allo scopo di evidenziarne le caratteristiche strutturali; usata in medicina e nella tecnica del restauro

gammaterapìa [comp. di *gamma*① e *terapia* ✱ 1956] **s. f.** ● (*med.*) impiego a scopo terapeutico delle radiazioni gamma

gammàto [vc. dotta, lat. *gammātu(m)* 'a forma di *gămma*' 'gamma①' ✱ 1834] **agg.** ● uncinato, a forma di gamma maiuscolo | ***croce gammata***, croce uncinata, svastica

gammaùt [comp. di *gamma*②, equivalente nella notazione musicale gr. a 'sol', poi a 'scala musicale', e *ut* 'do'; nel sign. 2, con un passaggio semantico non chiaro ✱ 1679] **s. m. inv. 1** (*mus.*) antico nome della prima nota della scala musicale composto da Guido d'Arezzo unendo al nome della scala, o gamma, quello del do, o ut **2** (*chir.*) bisturi ricurvo

gammùrra ➤ **gamurra**

gàmo-, -gamo [dal gr. *gámos* 'matrimonio'] **primo e secondo elemento 1** in parole composte dotte significa 'nozze', 'matrimonio': *monogamo, poligamo* **2** in parole composte della terminologia scientifica, spec. biologica, significa 'riproduttore sessuale': *gamopetalo, gamotepalo*

gamopètalo [comp. di *gamo-* e *petalo* ✱ 1829] **agg.** ● detto di fiore con corolla a petali saldati **SIN.** monopetalo, simpetalo

gamosèpalo [comp. di *gamo-* e *sepalo* ✱ 1865] **agg.** ● detto di fiore con calice a sepali congiunti **SIN.** sinsepalo, monofillo

gamotèpalo [comp. di *gamo-* e *tepalo* ✱ 1956] **agg.** ● detto di fiore con tepali saldati

gamùrra o **gammùrra**, **camùrra**, **camórra**①, **camòra** [arabo *ḫumūr*, pl. di *ḫimār* 'velo femminile', dalla radice *ḫàmara* 'coprire' ✱ sec. XIII] **s. f.** ● antica veste da donna | tessuto con cui si confezionava tale veste

ganàscia [lat. tardo *ganāthu(m)*, dal gr. *gnáthos* 'mascella', di orig. indeur. ✱ sec. XIII] **s. f.** (**pl.** *-sce*) **1** nell'uomo, la guancia e la mascella considerate come un tutto unico | ***mangiare a due, a quattro ganasce***, con grande avidità; (*fig.*) †speculare, fare grossi guadagni **2** (*veter.*) porzione molare del corpo della mandibola | ***carico di ganasce***, di equino che presenta l'osso mascellare inferiore molto sviluppato **3** (*mecc.*) ciascuno degli elementi di morsa, tenaglia e sim. che servono a bloccare un organo in movimento o un pezzo da lavorare **4** nel freno, elemento mobile che sviluppa l'azione frenante sull'organo rotante **5** piastra di acciaio che serve per il collegamento delle testate di due rotaie **6** (*autom.*) bloccaruota | (*fig.*) ***ganasce fiscali***, fermo amministrativo ‖ **ganascétta**, **dim.** | **ganascìna**, **dim.** | **ganascìno**, **dim. m.** (V.) | **ganasciòne**, **accr. m.** (V.)

ganascìno [av. 1802] **s. m.** ● dim. di *ganascia* | ***prendere per il g.***, stringere la guancia di qlcu. fra l'indice e il pollice

ganasciòne [1657] **s. m. 1** accr. di *ganascia* **2** (*raro*) sganascione, ceffone

gàncio [sp. *gancho*, di etim. incerta; nel sign. 3, trad. dell'ingl. *hook* ✱ av. 1470] **s. m. 1** uncino di metallo, più o meno grande, usato per afferrare, appendere, collegare vari oggetti: *mettere un g. al muro, alla porta; sospendere il prosciutto a un g.* | ***g. di trazione***, appendice terminale dell'asta di trazione a forma di uncino, inserita tra veicolo e veicolo ferroviario, atta a ricevere il tenditore | ***g. di traino***, quello interposto fra un veicolo trainante e il rimorchio | ***g. di sospensione***, al quale viene assicurato il carico da sollevare | ***g. di sollevamento***, impiegato nella sonda di perforazione **2** negli antichi procedimenti di follatura, uncino alla ripiegatura dell'asse su cui girava la stoffa nella gualchiera **3** nel pugilato, colpo portato a mezza distanza col braccio piegato ad angolo retto e gomito alzato **SIN.** crochet, cross①, hook **4** (*tel.*) parte dell'apparecchio telefonico su cui appoggia il microtelefono e che aziona i contatti di collegamento alla linea **SIN.** forcella di commutazione **5** (*fam., fig.*) persona scaltra e priva di scrupoli **6** (*lett., fig.*) appiglio, pretesto **7** †preda, bottino ‖ **gancétto**, **dim.** | **gancettìno**, **dim.** | **gancìno**, **dim.**

gànda [vc. delle zone alpine di orig. preromana ✱ 1956] **s. f. 1** (*sett.*) accumulo di pietre, massi, blocchi staccatisi da pareti rocciose **2** ciascuno dei solchi che si formano sulle superfici calcaree per l'azione dissolvente delle acque piovane

gandhìsmo /gan'dizmo/ [1935] **s. m.** ● insieme delle concezioni ideologiche dell'uomo politico indiano Mohandas K. Gandhi (1869-1948), basate sul principio della non violenza e sulla pratica della resistenza passiva e della disobbedienza civile come forme di lotta politica | movimento politico e sociale ispirato alle concezioni di Gandhi

gandùra [arabo *qandūra* 'specie di camicia (di colore, per cui è esclusa la deriv. dal lat. *căndidus* 'bianco')' ✱ 1910] **s. f.** ● veste orientale ampia, senza maniche e di tessuto leggero

ganellìno [etim. incerta ✱ av. 1638] **s. m.** ● antico gioco a carte simile ai tarocchi

gang /gan(g), gɛn(g), *ingl.* gæŋ/ [ingl. *gang*, dal v. ant. ingl. *gangan* 'andare (assieme)', di orig. indeur. ✱ 1932] **s. f. inv. 1** gruppo organizzato di malviventi **2** (*scherz.*) combriccola, conventicola: *una g. di amici, di mattacchioni* **CFR.** ganga

gànga ① o (*gerg.*) **ghènga**, (*gerg.*) **ghèga** [1912] **s. f.** ● adattamento di *gang* (V.) | (*ven.*) squadra di lavoratori

gànga ② [ted. *Gang* 'cammino' col passaggio dal senso di 'andamento, andatura' (da *gehen* 'andare') a quello di filone minerario ✱ av. 1729] **s. f. 1** l'insieme dei minerali associati ai minerali utili in un giacimento, generati dallo stesso processo genetico **2** (*zool.*) sostanza di aspetto gelatinoso, in grado di assorbire acqua, che riveste le uova di vari gruppi di animali, tra i quali gli Anfibi

gàngama [forma f. di *gangamo* ✱ 1834] **s. f.** ● rete per le ostriche larga di bocca e stretta di fondo

gàngamo o **gàngano** [gr. *gángamon*: collegato con *génto* 'prende, coglie', di orig. indeur. (?) ✱ 1834] **s. m.** ● (*mar., disus.*) angamo

gàngava [var. di *gangama* ✱ 1937] **s. f.** ● rete per la pesca delle spugne, a forma trapezoidale

gangètico [vc. dotta, lat. tardo *gangĕticu(m)*, dal gr. *gangētikós*, deriv. di *Gángēs* 'Gange' ✱ 1506] **agg.** (**pl. m.** *-ci*) ● relativo al fiume Gange

gangherèlla [dim. f. di *ganghero* ✱ 1855] **s. f.** ● nelle allacciature di abiti, piccolo occhiello di filo o di metallo in cui si infila un gancetto a uncino

gànghero [lat. parl. **cănchalu(m)*, dal gr. tardo **kánchalos* 'anello della porta': da *kanchalôn* 'ridere ad alta voce' e quindi 'spalancare (la bocca)' (?) ✱ 1312] **s. m. 1** elemento di una cerniera, munito di perno che aggancia e rende girevole un'imposta di porta o di finestra, uno sportello d'armadio, un coperchio di cassa e sim. | ***essere fuori dai gangheri, uscire dai gangheri***, (*fig.*) arrabbiarsi, perdere la pazienza **2** gancetto metallico per affibbiare vesti o parti di esse ‖ **gangherèlla**, **dim. f.** (V.) | **gangherèllo**, **dim.** | **gangherìno**, **dim.**

gangliàre (o **-glià-**) [1869] **agg.** ● (*anat.*) relativo ai gangli | ***catena g.***, successione di gangli connessi da nervi

gangliförme [comp. di *gangli(o)* e *-forme* ✱ sec. XVIII] **agg.** ● (*anat.*) che ha forma di ganglio

gànglio [vc. dotta, lat. tardo *gănglio(n)*, dal gr. *gánglion* 'tumore', propr. 'qualcosa di ravvolto a palla, di conglobato', di etim. incerta ✱ 1775] **s. m. 1** (*anat.*) nodo di vasi linfatici o di cellule nervose | ***g. linfatico***, linfonodo | ***g. nervoso***, ammasso di cellule nervose al di fuori del sistema nervoso centrale | (*med.*) ***g. tendineo***, formazione cistica in prossimità di articolazioni, a contenuto gelatinoso, dovuta a estroflessione delle guaine tendinee **2** (*fig.*) centro di importanza vitale: *quell'aeroporto è un g. del traffico internazionale* | (*fig.*) punto nevralgico: *i gangli del sistema economico*

gangliolìtico [comp. di *ganglio* e *-litico*② ✱ 1993] **agg.** (**pl. m.** *-ci*) **1** (*farm.*) detto di agente capace di distruggere selettivamente le cellule gangliari **2** (*farm.*) detto di agente capace di ridurre la trasmissione degli impulsi nervosi a livello dei gangli simpatici: *farmaco g.* **SIN.** ganglioplegico

gangliòma (o **-gliò-**) [comp. di *ganglio* e *-oma* ✱1892] **s. m.** (**pl.** *-i*) ● (*med.*) tumore gangliare

gangliοplègico [comp. di *ganglio* e *-plegico* ✱1956] **A agg.** (**pl. m.** *-ci*) ● (*farm.*) ganglioplitico **B s. m.** ● farmaco gangliolitico

gangliόside [comp. di *ganglio* e *(glico)side* ✱1987] **s. m.** ● (*chim.*) composto appartenente a una classe di glicolipidi complessi, abbondanti nelle membrane delle cellule nervose e impiegati nella terapia di malattie nervose degenerative

ganglìte [da *gangl(io)* col suff. di malattia infiammatoria *-ite* ✱1874] **s. f.** ● infiammazione gangliare

gàngola [alterazione pop. di *ghiandola* ✱1361] **s. f.** ● (*tosc., disus.*) ghiandola

gangrèna o **cancrèna** nel sign. 1 [vc. dotta, lat. *gangr(a)ēna(m)*, dal gr. *gángraina*, formazione espressiva con suff. f. a sfumatura pegg. ✱1598] **s. f. 1** (*med.*) necrosi massiva di un organo o tessuto causata spec. da scarso o assente apporto ematico e associata a putrefazione **2** (*bot.*) alterazione di bulbi, tuberi, radici e sim., provocata da microrganismi **SIN.** marciume **3** V. *cancrena*

gangrenàre o **cancrenàre** **v. tr.** (*io gangrèno*) ● (*med.*) ridurre in gangrena

gangrenóso (o **-ṣ-**) o **cancrenóso** (o **-ṣ-**) [1725] **agg.** ● (*med.*) affetto da gangrena

gàngster /ˈgangster, ˈgɛ-, *ingl.* ˈgæŋstə(r)/ [da *gang* col suff., spesso spregiativo, di occupazione *-ster* '-astro' ✱1932] **s. m. e f. inv.** ● appartenente a una gang | (*est.*) bandito, malfattore | (*est.*) persona priva di scrupoli, che tende a realizzare i propri scopi impiegando qualunque mezzo

gangsterìṣmo /gangsteˈrizmo, gɛ-/ [1940] **s. m.** ● atto o comportamento proprio dei gangster

gangsterìstico /gangsteˈristiko, gɛ-/ [1955] **agg.** (**pl. m.** *-ci*) ● relativo a gangster o a gangsterismo | da gangster **SIN.** criminale

♣**ganimède** [vc. dotta, lat. *ganymēde(m)*, dal gr. *Ganymḗdēs*, comp. di incerta interpretazione, nome del giovinetto che, secondo la leggenda classica, fu rapito sull'Olimpo da Zeus a causa della sua bellezza e reso coppiere degli dei ✱1524] **s. m.** ● giovane galante bello e ricercato | ***fare il g.***, fare il galante **SIN.** bellimbusto, vagheggino

†**gannìre** [vc. dotta, lat. *gannīre*, vc. espressiva ✱av. 1419] **v. intr.** ● mugolare dei cani e delle volpi

Ganòidi [vc. dotta, comp. del gr. *gános* 'splendore' e di un deriv. da *éidos* 'forma' ✱1864] **s. m. pl.** (**sing.** *-e*) ● nella vecchia classificazione zoologica, ordine comprendente Pesci con caratteri primitivi e scheletro in parte osseo e in parte cartilagineo come, per es., gli storioni (*Ganoidei*)

gànẓo [etim. incerta ✱1790] **A s. m.** (**f.** *-a*) **1** (*spreg.*) amante: *donne con marito o con g. o vedove* (E. VITTORINI) | †***fare il g.***, il galante **2** (*pop.*) persona scaltra, astuta ‖ (*tosc.*) **ganẓerìno**, **dim.** | **ganẓétto**, **dim.** **B agg.** ● (*pop.*) simpatico, in gamba

gap /gap, *ingl.* gæp/ [vc. ingl., dall'ant. norvegese *gap* 'crepaccio', 'abisso', deriv. di *gapa*, da una base indeur. di sola area germ. ✱1966] **s. m. inv. 1** scarto, divario: *gap tecnologico* **2** (*inform.*) interblocco

gappìsta [da *GAP*, sigla di *Gruppo di Azione Patriottica* ✱1943] **s. m. e f.** (**pl. m.** *-i*) ● durante la Resistenza, partigiano appartenente ai Gruppi di azione patriottica, cui competeva l'esecuzione di attentati e sabotaggi spec. nelle città

♦**gàra** [arabo *ġāra* 'scorreria' ✱1312] **s. f. 1** competizione tra due o più concorrenti o squadre impegnati a superarsi vicendevolmente: *g. ciclistica, motociclistica, di corsa*; *iscriversi a una g.*; *g. accesa, entusiasmante* | ***g. aperta***, quando il pronostico è incerto | ***fare a g.***, impegnarsi per riuscire meglio degli altri | ***entrare, mettersi in g.***, parteciparvi | (*est.*) confronto, competizione: *g. letteraria*; *g. di solidarietà* **2** concorso mediante il quale chi fa l'offerta economicamente più conveniente ottiene in esclusiva l'incarico di compiere date opere, forniture e sim. **3** †disputa, dissidio | †***prendere in g. qlco.***, ostinarsi a contrastarla ‖ **garétta**, **dim.**

SFUMATURE DI SIGNIFICATO

gara - competizione - gioco - giochi

Gara e **competizione** sono termini di significato affine che indicano un confronto diretto tra due o più persone o gruppi di persone. *Gara* prevale in ambito sportivo, mentre *competizione* è più propria di contesti politici, economici o sociali. **Gioco** è termine più generale, che identifica da un lato i diversi tipi di attività sportiva (gioco del calcio, gioco del tennis), dall'altro attività puramente ludiche; il plurale **giochi** si riferisce a una manifestazione sportiva costituita da una serie di gare.

†**garabàttola** ➤ **carabattola**

♦**garage** /*fr.* gaˈraʒ/ [fr. *garage*, da *garer* 'porre al riparo', dal francone **warôn* 'aver cura di qualcosa' ✱1905] **s. m. inv. 1** rimessa per autoveicoli **SIN.** autorimessa **2** negli anni '80 del Novecento, musica rock suonata da complessi che provavano i loro pezzi nel garage di casa; poi il genere prese toni più forti e aggressivi, anticipando l'avvento del grunge

♦**garagìsta** [1926] **s. m. e f.** (**pl. m.** *-i*) ● chi gestisce un'autorimessa o vi lavora

†**garagollàre** ➤ **caracollare**

gàramond [sec. XVII] **s. m. inv.** ● carattere tipografico di stile classico disegnato dall'incisore francese Claude Garamond (XVI sec.), ancor oggi molto usato

garànte [fr. *g(u)arant*, dal got. **werjan*, **wajrian* 'difendere, proteggere' ✱1664] **A agg.** ● che garantisce | ***rendersi g., farsi g., di qlco., per qlcu.***, assicurare l'adempimento di un impegno **B s. m. e f. 1** chi garantisce **2** (*dir.*) colui che è chiamato in giudizio da una parte per difenderla nello stesso o tenerla indenne in caso di soccombenza | colui che garantisce la corretta applicazione di una legge o la corretta gestione di una testata giornalistica

†**garantìa** ➤ **garanzia**

♦**garantìre** o (*raro*) **garentìre** [fr. *garantir*, da *g(u)arant* 'garante' ✱1664] **A v. tr.** (*io garantìsco, tu garantìsci*) **1** (*dir.*) assicurare l'esatto adempimento della prestazione da parte del debitore o il completo e indisturbato godimento di un bene venduto o ceduto: *g. un debito mediante fideiussione*; *la banca ha garantito il prestito con un'ipoteca sull'immobile* | (*est.*) dare assicurazioni per conto di qualcuno: *posso garantire io per lui; Chi garantisce per voi?* (G. VERGA) | comunemente, assicurare al compratore il perfetto funzionamento di un oggetto venduto con l'impegno di sostituirlo o ripararlo gratuitamente entro un determinato periodo di tempo (+ *per*): *g. un orologio, un elettrodomestico per due anni* **2** (*est.*) assicurare, rendere certo (+ *di* **seguito da inf.**, + *che*): *vi garantiamo di non superare il prezzo concordato; ti garantisco che la notizia è degna di fiducia* **3** tutelare, proteggere (+ *da*): *una legge che garantisce il rispetto dei diritti di tutti i cittadini; g. gli stipendi dall'inflazione* **B garantìrsi v. tr. pron.** (**aus.** *essere*) ● procurarsi, assicurarsi un vantaggio, un beneficio: *garantirsi adeguati finanziamenti; garantirsi l'immunità; l'impiegato … lo consigliò di garantirsi il cambio della giornata* (I. SVEVO) **C garantìrsi v. intr. pron.** ● assicurarsi nei confronti di un possibile danno (+ *contro*): *garantirsi contro il furto* | (*est.*) tutelarsi (+ *da*, + *contro*): *vorrei garantirmi da* (o *contro*) *spiacevoli sorprese*

garantìṣmo [da *garantire* ✱1969] **s. m.** ● principio dello Stato di diritto consistente nell'esistenza di una serie di garanzie costituzionali in grado di tutelare determinati diritti, spec. civili e di libertà, dei cittadini, e di limitare, nello stesso tempo, eventuali possibili arbitrii da parte del potere pubblico nei confronti dei cittadini stessi

garantìsta [1970] **A s. m. e f.** (**pl. m.** *-i*) ● seguace, sostenitore del garantismo **B agg.** ● relativo a garantismo; caratterizzato da garantismo: *istanze garantiste*

garantìstico [1983] **agg.** (**pl. m.** *-ci*) ● (*raro*) garantista ‖ **garantisticaménte**, **avv.**

garantìto **A part. pass.** di *garantire*; anche **agg. 1** nei sign. del v. | che dà garanzie certe rispetto a determinate caratteristiche o requisiti (+ *contro*, + *da*): *un capo d'abbigliamento g. contro l'acqua; titoli garantiti dal rischio cambio* | (*est.*) sicuro, certo: *il successo dello spettacolo è g.*; (*colloq.*, **anche ellitt.**) *g. che anche stavolta arriverà in ritardo!* **2** (*est.*) tutelato, protetto: *si tratta di un diritto g. dalla legge* | tutelato da una serie di misure di sicurezza sociale: *un settore di lavoratori tra i più garantiti* **B s. m.** (**f.** *-a*) **1** (*dir.*) chi è garantito: *il fideiussore può opporre contro il mediatore tutte le eccezioni che spettano al g.* | colui che, in una causa, chiama un terzo perché lo difenda e lo tenga indenne in caso di soccombenza **2** chi è tutelato da una serie di misure di sicurezza sociale: *contraddizioni all'interno del lavoro dipendente fra più e meno garantiti* **CONTR.** non garantito

garànza [fr. *garance*, dal francone **wratja*, di prob. orig. lat. (*brăttea*) ✱1765] **s. f. 1** (*bot.*) robbia **2** (*raro*) colore rosso fornito da tale pianta

♦**garanzìa** o (*raro*) **garenzìa**, †**garantìa**, †**garentìa** [fr. *garantie*, da *garant* 'garante' ✱1650] **s. f. 1** assicurazione idonea a garantire: *prestare g.*; *esigere una g.* | ***g. di buon funzionamento***, (*ellitt.*) ***garanzia***, certificato con cui il venditore assicura al compratore le perfette condizioni di un oggetto e si impegna alla sua sostituzione o riparazione gratuita per un determinato periodo di tempo; durata del certificato stesso | ***lettera di g.***, nei contratti di trasporto o noleggio marittimo, clausola con cui i ricevitori del carico si obbligano a sopportare in parte i danni prodottisi in caso di avaria comune | ***garanzie costituzionali***, complesso degli istituti previsti dalla Costituzione a tutela di determinati diritti dei cittadini | (*dir.*) ***avviso, informazione di g.***, V. *informazione* | ***g. per evizione***, obbligo di chi trasferisce un diritto reale di garantire il ricevente dall'eventuale rivendica di terzi **2** (*fig.*) promessa certa di un esito positivo: *l'affare ha tutte le garanzie di riuscita*

garanzìna [comp. di *garanz(a)* e *-ina* ✱1869] **s. f.** ● (*chim.*) sostanza colorante ottenuta trattando con acido solforico la garanza

garbàre [da *garbo*[1] ✱av. 1472] **A v. intr.** (**aus.** *essere*) ● riuscire gradito, andare a genio (+ *a*, + *che* **seguito da congtv.**): *è un vino che garba molto ai commensali; il tuo comportamento non è garbato a nessuno; non mi garba che tu esca da sola a quest'ora* | ***g. poco***, riuscire sgradito: *il suo atteggiamento mi garba poco* **SIN.** piacere **B v. tr.** ● (*mar.*; *disus.*) disegnare il garbo di uno scafo

garbatézza [1668] **s. f.** ● caratteristica di chi (o di ciò che) è garbato: *fui ricevuta con molta g.* | (*raro*) atto gentile, favore: *fammi la* *g. di andartene* **SIN.** cortesia, gentilezza, grazia

•garbàto **part. pass.** di *garbare*; anche **agg.** ● che ha garbo, gentilezza, cortesia: *un giovane g.* | che esprime garbo, cortesia: *modi garbati*; *un garbato rifiuto*; *una risposta poco garbata* | fine, gradevole: *una commedia garbata* ‖ **garbatino**, **dim.** ‖ **garbataménte**, **avv.** in modo garbato, gentile: *rispondere garbatamente*

garbìno [arabo *ġarbī* 'occidentale', da *garb* 'garbo, occidente' ✱sec. XIII] **s. m.** ● sulle coste adriatiche, denominazione del libeccio

•gàrbo ① [etim. discussa: forse dall'arabo *qālib* 'forma, stampo, modello'. Cfr. *calibro* ✱av. 1537] **s. m.** **1** modo educato e cortese di agire, parlare, trattare con gli altri e sim.: *persona piena di g.*; *aveva confidato con g. alla sposa il perché di quelle risate* (L. Pirandello) | (*lett.*) ***persona senza g.***, sguaiata, sgraziata | (*lett.*) ***uomo, donna di g.***, di modi signorili **2** modo aggraziato, fine, piacevole di fare qlco.: *recita con molto g.*; *suonare, cantare con g.* | (*lett.*) ***a g.***, a modo: *un lavoro eseguito a g.* | (*lett.*, *tosc.*) atto, gesto: *fece un g. di diniego* **3** bella forma, linea aggraziata: *g. di un mobile, di un disegno*; *fare prendere il g. a un abito* | linea curva, sinuosità di alcune opere d'arte: *non è possibile veder la varietà de' garbi di que' vasi* (G. Vasari) **4** (*mar.*) curvatura dello scafo **5** †gusto piacevole e amabile di un vino ‖ **garbétto**, **dim.** | **garbino**, **dim.**

SFUMATURE ▸ *grazia*

gàrbo ② [arabo *ġarb* 'occidente', propr. 'luogo remoto', dalla radice *ġàrab* 'andar via', con riferimento ai Paesi arabi occidentali da cui proviene ✱1309] **s. m.** ● tipo di tessuto di lana in uso nel Medioevo

gàrbo ③ [etim. incerta ✱1602] **s. m.** ● (*mar.*) antico mercantile del Levante, di media grandezza

†garbugliàre [dall'ant. *bugliare* con la sovrapposizione di altro v. di valore espressivo, partente da *gar(g)-* ✱av. 1589] **v. tr.** ● ingarbugliare

•garbùglio [deriv. di *garbugliare* ✱av. 1470] **s. m.** **1** intreccio complicato o disordinato (*anche fig.*): *un g. di nastri e di veli*; *un g. di idee, di pensieri* | (*fig.*) **†*g. di venti***, tempesta **SIN.** groviglio **2** (*fig.*) confusione, disordine: *suscitare, creare garbugli*; *mette in disputa et in g. di nuovo le cose d'Italia* (N. Machiavelli) | (*lett.*) intrigo, imbroglio: *Qualche g. / Si troverà* (L. Da Ponte) | (*est.*) †agitazione, sedizione

garcìnia [dal n. del botanico fr. L. *Garcin* ✱1865] **s. f.** ● genere di piante delle Guttifere; alcune specie contengono nella corteccia una sostanza lattiginosa che fornisce la gommagutta (*Garcinia*)

garçonne /*fr.* gaʀ'sɔn/ [f. di *garçon* 'ragazzo', prob. dal francone **wrakkjo* 'vagabondo' ✱1923] **s. f.** ● nella loc. ***capelli alla g.***, alla maschietta, molto corti e a nuca rasata

garçonnière /*fr.* garsɔ'njɛʀ/ [da *garçon* nel senso di 'celibe' (V. *garçonne*) ✱1905] **s. f. inv.** **1** (*disus.*) piccolo appartamento da scapolo **2** correntemente, appartamento per incontri amorosi

garden cènter /garden'senter, *ingl.* 'gɑːd(ə)n,sɛntə(r)/ [loc. ingl., propr. 'centro (*center*) per il giardino (*garden*)' ✱1991] **loc. sost. m. inv.** (**pl. ingl.** *garden centers*) ● vivaio organizzato per la vendita diretta di piante, articoli da giardinaggio, arredi per terrazze e giardini

gardenése (o -ṣ-) [1956] **A** **agg.** ● della Val Gardena **B** **s. m. e f.** ● abitante o nativo della Val Gardena o del comune di Ortisei

gardènia o **cardènia** [dal n. del botanico scozzese A. *Garden* (1728-1791) ✱1813] **s. f.** ● arbusto delle Rubiacee con foglie sempreverdi e grandi fiori solitari, bianchi, profumati (*Gardenia*) | fiore di tale arbusto

garden-pàrty /gardem'parti, *ingl.* 'gɑːd(ə)n,pɑːtɪ/ [vc. ingl., propr. 'trattenimento (*party*, di orig. fr.) in giardino (*garden*, di provenienza e diffusione germ., anche se legato a una base indeur.)' ✱1885] **s. m. inv.** (**pl. ingl.** *garden-parties*) ● festa o trattenimento che si svolge all'aperto

gardeṣàno [da *Garda* col suff. *-esano*, forma dial. di *-igiano* ✱1932] **agg.** ● relativo al lago di Garda e al territorio circostante

gareggiaménto [1551] **s. m.** ● (*lett.*) gara, competizione, contesa

gareggiàre [da *gara* ✱sec. XIV] **A** **v. intr.** (**pres.** *io garéggio*; **fut.** *io gareggerò*; **aus.** *avere*) ● fare a gara, cercare di riuscire superiore a qlcu.: *g. in astuzia* | competere: *nessuno può g. con lui in generosità* | (*assol.*) prendere parte a una competizione: *oggi gareggiano i migliori atleti* **B** **gareggiàrsi** **v. rifl. recipr.** ● †lottare, azzuffarsi

†gareggiatóre [1438] **agg. e s. m.** ● che (o chi) gareggia

garènna [fr. *garenne*, di etim. incerta ✱1655] **s. f.** ● recinto per l'allevamento allo stato semilibero dei conigli selvatici

†garentìa ▸ **garanzia**

garentìre ▸ **garantire**

garenzìa ▸ **garanzia**

garétta ▸ **garitta**

garétto ▸ **garretto**

garfagnìno [1321] **A** **agg.** ● della Garfagnana **B** **s. m.** (**f.** *-a*) ● abitante o nativo della Garfagnana

†gargagliàre [di orig. onomat. ✱sec. XIV] **v. intr.** **1** urlare, strepitare **2** farfugliare

†gargalòzzo ▸ **gargarozzo**

gargàme [etim. discussa: da un v. onomat. 'fare il rumore d'acqua che scorre in un tubo' (?) ✱1638] **s. m.** ● (*edil.*, *idraul.*) guida in rilievo che forma la superficie di appoggio e scorrimento del pannello di un serramento o di una paratoia

garganèlla [deriv. dim. del tosc. *gargana* 'gola' di orig. onomat. ✱1733] **s. f.** ● (*raro*) gozzo, gola | spec. nella loc. ***bere a g.***, bere tenendo in alto il recipiente, senza accostarlo alle labbra, e lasciando cadere il liquido direttamente in bocca; (*est.*) bere molto, spec. vino e altre bevande alcoliche

garganèllo [dalla base imitativa del verso *garg-* ✱1869] **s. m.** **1** (*pop.*) nome di vari Uccelli acquatici degli Anseriformi come lo smergo maggiore e la marzaiola **2** (**spec. al pl.**) pasta alimentare all'uovo simile alle penne rigate, ottenuta avvolgendo dei piccoli quadrati di sfoglia su un bastoncino e passandoli su un apposito pettine a fili metallici

gargànico [av. 1837] **agg.** (**pl. m.** *-ci*) ● del Gargano: *penisola garganica*

†gargantìglia [sp. *gargantilla*, deriv. da *garganta* 'gola' ✱1556] **s. f.** ● collana di pietre preziose, perle, coralli

gargantuésco [dal n. di un personaggio di Rabelais, alludente alla 'gola' o al 'gozzo' con la confluenza di due serie di voci in dipendenza del lat. tardo *gŭrga* ('gorga' e 'mangione') e della base onomat. *garg-* ✱1898] **agg.** (**pl. m.** *-schi*) ● (*lett.*) detto di ciò che ha proporzioni gigantesche: *pranzo g.* | insaziabile: *fame gargantuesca*

gargarìṣmo o **†gargherìṣmo** [vc. dotta, lat. tardo *gargarĭsmu(m)*, dal gr. *gargarismós*, da *gargarízein* 'gargarizzare' ✱sec. XIV] **s. m.** **1** soluzione medicamentosa per la cura delle affezioni del cavo orale **SIN.** collutorio | sciacquo consistente nel far gorgogliare tale medicamento nel retrobocca e nella gola **2** (*raro*, *spreg.*) gorgheggio mal eseguito

gargariẓẓàre (*pop.*) **ṣgargariẓẓàre** [vc. dotta, lat. tardo *gargarizāre*, dal gr. *gargarízein*, con reduplicazione onomat. ✱sec. XIV] **v. intr.** (**aus.** *avere*) **1** fare i gargarismi **2** (*raro*, *spreg.*) gorgheggiare malamente

gargaròzzo o **†gargalòzzo** [dalla base onomat. *garg-* ✱av. 1342] **s. m.** ● (*pop.*) gola, gozzo: *prendere per il g.*

†gargherìṣmo ▸ **gargarismo**

†gàrgo [da un agg. germ. in *-ig* tratto da **karō* 'cura, preoccupazione' ✱av. 1676] **agg.** (**pl. m.** *-ghi*) ● malizioso, furbo, astuto

gargoilìṣmo [dall'ingl. *gargoylism*, da *gargoyle* 'mascherone', dall'ant. fr. *gargoule* 'gola' ✱1970] **s. m.** ● (*med.*) malformazione ereditaria caratterizzata da nanismo disarmonico, testa grossa e volto con lineamenti grossolani e grotteschi

gargòlla [lat. mediev. *gargōlla(m)* ✱1336] **s. f.** ● doccione, nel sign. 1 **CFR.** gargouille

gargòtta [fr. *gargote*, da *gargoter* 'mangiare rumorosamente', di orig. onomat. ✱1864] **s. f.** ● (*lett.*) osteria di campagna, taverna, bettola

gargouille /*fr.* gaʀ'guj/ [vc. fr., ant. fr. *gargoule*, comp. di *goule* 'gola' con la radice onomat. *garg-* e sovrapposizione di *gargouiller* 'brontolare' ✱1914] **s. f. inv.** ● doccione, nel sign. 1: *g. gotica, neogotica* **CFR.** gargolla

gargùglia [1939] **s. f.** ● adattamento di *gargouille* (V.)

garibaldiàno [dal n. di G. *Garibald(i)* col suff. *-iano* ✱1851] **agg.** ● (*raro*) relativo a Garibaldi: *studi garibaldiani*

garibaldìno [dal n. di G. *Garibaldi* (1807-1882) col suff. *-ino* ✱1859] **A** **agg.** **1** relativo a Garibaldi: *battaglie garibaldine* | ispirato alla figura e all'opera di Garibaldi: *associazioni garibaldine* **2** (*fig.*) animoso, impetuoso: *spirito g.* | ***alla garibaldina***, (*ellitt.*) con impeto, con slancio talora avventato **B** **s. m.** (**f.** *-a*) **1** appartenente a ciascuno dei corpi militari volontari, organizzati in vari tempi e luoghi da Garibaldi: *i garibaldini di Bezzecca, di Calatafimi* | (*est.*) appartenente a corpi militari ispirati alla figura e all'idea di Garibaldi: *i garibaldini delle Argonne* **2** (*est.*) appartenente a corpi militari o raggruppamenti partigiani antifascisti, gener. di ispirazione e organizzazione comunista, denominati 'Garibaldi': *sfilarono … i garibaldini col fazzoletto rosso* (B. Fenoglio)

†garìbo ▸ **†caribo** ②

gariga o **garrìga** [fr. *garrigue*, vc. di orig. preindeur. ✱1956] **s. f.** ● tipo di boscaglia mediterranea formata di arbusti e suffrutici sempreverdi molto bassi, e di abbondanti piante erbacee

garìglio ▸ **gheriglio**

garìtta o **garétta** [fr. *guérite*, da *garir*, var. di *garer* 'mettere al riparo' forse attrav. lo sp. *garita* ✱1588] **s. f.** **1** casotto di legno o in muratura per riparo della sentinella all'ingresso delle caserme o di altri edifici o luoghi militari | nelle antiche fortificazioni, elemento sporgente, di legno o muratura, che ospitava una sentinella **2** (*ferr.*) ricovero del guardabarriere, del manovratore ecc. | ***g. del carro ferroviario***, cabina destinata al frenatore per la sorveglianza dei carri e l'azionamento del freno a mano **3** (*mar.*) centina di faggio messa in alto per formare la volta della camera di poppa sul ponte delle galee, che poi si copriva di incerata

gàrnett /'garnet, *ingl.* 'gɑːnɪt/ [vc. ingl., dal n. (*Garnett*) dell'inventore (?) ✱1956] **s. m. inv.** ● garnettatrice

garnettàre [da *garnett* ✱1963] **v. tr.** (*io garnétto*) ● eseguire la garnettatura

garnettatrìce [da *garnettare* ✱1970] **s. f.** ● macchina costituita da tamburi ruotanti, muniti di denti, per sfilacciare stracci o altri cascami di fibre tessili

garnettatùra [1956] **s. f.** ● operazione tessile che si fa con la garnettatrice

garni /fr. gaʀ'ni/ [vc. fr. accorc. di *hôtel garni* propr. 'albergo (V. *hotel*) guarnito (nel senso di 'ammobiliato')' ✻ 1905] **A** **s. m. inv.** ● albergo che fornisce l'alloggio e la prima colazione, senza servizio di ristorante **B** **anche agg. inv.**: *hotel g.* SIN. meublé

garofanàia [da *garofano* ✻ 1865] **s. f.** ● pianta erbacea perenne delle Rosacee con foglie grandi, piccoli fiori gialli, rizoma che, se schiacciato, profuma di garofano (*Geum urbanum*)

garofanàto [sec. XIII] **agg.** ● che profuma di garofano, che contiene essenza di garofano

garòfano o **gheròfano** [lat. *caryophillu(m)*, dal gr. *karyóphyllon*, di orig. orient., interpretata come comp. di *káryon* '(frutto con) involucro' e *phýllon* 'foglia' ✻ 1250 ca.] **s. m. 1** pianta erbacea delle Cariofillacee frequentemente coltivata, con fiori doppi, di vario colore, profumati e foglie sottili e allungate (*Dianthus caryophyllus*) | ***g. di Maone***, violaciocca | ***g. indiano*** o ***minore***, tagete | ***g. selvatico***, cariofillacea erbacea comune nei prati e nei boschi (*Dianthus carthusianorum*) | ***chiodi, bottoni, teste di g.***, boccioli fiorali di una pianta delle Mirtacee (*Eugenia caryophyllata*) essiccati con il calice e usati come spezie | (*polit., fig.*) ***il Partito del G.***, (*per anton.*) fino al 1994, il Partito socialista italiano, che aveva tale fiore come simbolo (sostituito poi da una rosa) **2** (*zool., pop.*) ***g. di mare***, attinia SIN. anemone di mare, giglio di mare ‖ **garofanino**, **dim.**

†**garoṣèllo** ➤ **carosello**

†**garóso** (o -ṣ-) [da *gara* ✻ av. 1562] **agg. 1** litigioso: *il loro contrapporsi agli altri non è per semplice comparazione, ma per garosa e inflessibile ripugnanza* (D. BARTOLI) **2** di ciò che è pieno di contrasti, fatto con animosità

garrése (o -ṣ-) [vc. di orig. celt., da una base **garra* 'parte della gamba', come in *garretto* (V.) ✻ 1585] **s. m.** ● (*veter.*) regione compresa tra il collo e il dorso dei quadrupedi, che ha per base scheletrica le apofisi spinose delle vertebre dorsali comprese fra la seconda e la settima-ottava: *dal g. si misura l'altezza del cavallo* | ***mal del g.***, complesso di lesioni traumatiche che interessano i tessuti profondi della regione

garrétto o **garétto** [vc. di orig. celt., propr. dim. di **garra* (V. *garrese*) ✻ av. 1320] **s. m. 1** (*veter.*) regione degli arti posteriori dei Bovini e degli Equini, che ha per base anatomica le ossa del tarso | ***corda del g.***, tendine d'Achille **2** (*pop.*) nell'uomo, parte posteriore della caviglia | (*fig.*) ***avere garretti d'acciaio***, di chi è veloce e resistente nella corsa

garriga ➤ **gariga**

†**garriménto** [sec. XIV] **s. m. 1** strepito molesto **2** rimprovero

✱**garrìre** [lat. *garrīre*, di orig. onomat. ✻ av. 1294] **A** **v. intr.** (*io garrìsco*, †*gàrro*, *tu garrìsci*, †*gàrri*; aus. *avere*) **1** emettere un verso aspro e stridulo, detto di alcuni uccelli, spec. le rondini **2** (*lett.*) sventolare, di bandiere, drappi e sim. **3** (*lett.*) ciarlare molestamente | gridare con voce aspra | (*est.*) litigare: *bestemmiavano, e tu benedicevi Dio; garrivano, e tu componevi le loro liti* (S. PELLICO) **B** **v. tr.** ● †rimproverare: *pur che mia coscienza non mi garra* (DANTE *Inf.* XV, 92)

✱**garrìto** [vc. dotta, lat. tardo *garrītu(m)* 'cicalamento', propr. part. pass. di *garrīre* 'garrire' ✻ av. 1375] **s. m. 1** verso stridulo tipico di alcuni uccelli: *lo stridor fu lieve qual g. di rondine* (G. D'ANNUNZIO) **2** (*lett.*) sventolio di bandiere o sim. **3** (*lett.*) rimprovero | (*lett.*) ciancia

†**garritóre** [1261 ca.] **agg. e s. m.** (**f.** *-trice*) ● che garrisce | che (o chi) è litigioso, polemico | che (o chi) è ciarliero, pettegolo

garròccio [prob. var. dial. di *scaloccio*, da *scala* nel senso di 'guida' ✻ sec. XX] **s. m.** ● (*mar.*) ciascuno degli elementi di metallo o materiale plastico fissati all'inferitura di una vela che, scorrendo sullo strallo o in una canaletta, permettono di issarla e ammainarla

garròta o **garròtta** [sp. *garrote*, di etim. sconosciuta ✻ 1864] **s. f.** ● strumento per eseguire una condanna a morte consistente in un anello di ferro, fermato a un palo o un asse verticale, che, progressivamente ristretto mediante viti, determina la morte per strangolamento

garrotaménto o **garrottaménto** [da *garrotare* ✻ sec. XX] **s. m.** ● strangolamento eseguito mediante la garrota, come forma di esecuzione capitale

garrotàre o **garrottàre** [da *garrota* ✻ sec. XX] **v. tr.** (*io garròto*) ● strangolare mediante la garrota | (*est.*) strangolare premendo sul collo un qualunque strumento od oggetto rigido, come tubo, spranga, coltello e sim.

†**garrulànte** [vc. dotta, lat. tardo *garrulănte(m)*, part. pres. di *garrulāre*, da *gărrulus* 'garrulo' ✻ 1427] **agg.** ● loquace, garrulo

garrulità o †**garrulitàde**, †**garrulitàte** [vc. dotta, lat. tardo *garrulitāte(m)*, da *garrulāre* (V. †*garrulante*) ✻ av. 1406] **s. f. inv. 1** (*lett.*) loquacità **2** †maldicenza abituale, petulanza

✱**gàrrulo** [vc. dotta, lat. *gărrulu(m)*, da *garrīre* 'garrire' ✻ av. 1311] **A** **agg. 1** (*lett.*) che garrisce: *i garruli uccelli*; *la garrula bandiera* **2** (*lett.*) loquace, petulante **3** (*est., lett.*) festoso, rumoroso: *ai garruli trastulli / erano intenti ... / ... i due fanciulli* (G. PASCOLI) ‖ **garrulaménte**, **avv.** **B** **s. m.** ● uccello dei Passeriformi con ciuffo bianco sul capo, mediocre volatore, che popola le boscaglie dell'Asia meridionale ed è allevato in voliera (*Garrulus leucolophus*) | (*region.*) beccofrusone

gàrẓa ① [etim. discussa: sp. *garza*, di prob. orig. preromana (?) ✻ 1450 ca.] **s. f.** ● (*zool., sett.*) airone ‖ **garẓétta**, **dim.**

gàrẓa ② [etim. discussa: da *garzare* (?) ✻ av. 1704] **s. f. 1** tessuto rado e leggero di cotone usato per medicazioni: *compresse di g.*; *g. idrofila, sterilizzata* **2** tessuto leggero di cotone, seta, lino ecc., usato come ornamento o protezione ‖ **garẓina**, **dim.**

garẓàia [da *garza* ① ✻ 1855] **s. f.** ● luogo alberato dove gli aironi covano in colonie

garẓàre [da *garzo* ✻ av. 1621] **v. tr.** ● (*tess.*) sottoporre i tessuti a garzatura

garẓàto **A** **part. pass.** di *garzare*; **anche agg.** ● nel sign. del v. **B** **s. m.** ● tessuto reso morbido e peloso mediante garzatura

garẓatóre [sec. XII] **s. m.** (**f.** *-trice*) ● operaio tessile che esegue l'operazione della garzatura

garẓatrìce [1922] **s. f.** ● (*tess.*) macchina per garzare

garẓatùra [1798] **s. f.** ● (*tess.*) operazione di finitura dei tessuti, effettuata con apposite macchine che ne sollevano la peluria per ottenere una maggiore morbidezza

garẓèlla [da *garzo* ✻ 1853] **s. f.** ● attrezzo di legno con più file di garzi, usato un tempo dai lanaioli per garzare i tessuti

garẓerìa [sec. XII] **s. f.** ● locale dove un tempo si garzavano i tessuti

garẓétta [da *garza* ① ✻ sec. XIV] **s. f.** ● piccolo airone bianco che si distingue per avere zampe e becco neri e due lunghe penne che pendono posteriormente al capo (*Egretta garzetta*)

gàrẓo [lat. parl. **cărdeum* per il class. *cărduu(m)* 'cardo' ✻ 1485] **s. m.** ● (*tess.*) cima di cardo dei lanaioli, con squame uncinate, impiegata un tempo per la garzatura della lana | ***dare il g.***, garzare

garẓonàto [1869] **s. m. 1** (*raro*) tirocinio del garzone | la durata di tale tirocinio **2** (*est.*) periodo di apprendistato in un'arte o un'attività

garẓóne [fr. *garçon*, dal francone **wrakkjo* 'vagabondo' ✻ 1258] **s. m. 1** (**f.** *-a*) in una bottega, lavoratore subordinato, spec. giovane, addetto alle attività più semplici: *il g. del fornaio, del fruttivendolo* | (*est.*) apprendista: *il g. del fabbro, del meccanico* | aiutante nei lavori agricoli: *condurrebbe seco quel g. ortolano* (A. FOGAZZARO) **2** (**f.** *-a*) (*lett.*) giovinetto di età inferiore ai quindici anni: *garzon bellissimo, a cui con gli anni / crescon le grazie* (G. PARINI) **3** †giovane scapolo **4** (*lett., raro*) scudiero ‖ **garẓonàccio**, **pegg.** | **garẓoncèllo**, **dim.** | **garẓoncìno**, **dim.** | (*lett.*) **garẓonétto**, **dim.**

SFUMATURE DI SIGNIFICATO

garzone - lavorante - commesso

Garzone è in genere un giovane che svolge i lavori più semplici in un'attività di tipo artigianale; **lavorante** è invece un dipendente che esegue attività manuali più specializzate nello stesso ambito. **Commesso** è chi lavora in un negozio.

†**garẓoneggiàre** [av. 1729] **v. intr.** ● essere adolescente

†**garẓonévole** [av. 1347] **agg.** ● fanciullesco

†**garẓonìle** [1612] **agg.** ● puerile

garẓuòlo [lat. parl. **cardiŏlu(m)*, dim. del gr. *kardía* 'cuore'; nel sign. 2, da *garzo* ✻ 1612] **s. m. 1** (*sett.*) parte centrale, tenera di ortaggi a cesto come il cavolo o la lattuga **2** †canapa lavorata, pronta per la filatura

♦**gas** o (*disus.*) **gaẓ**, (*tosc.*) **gàsse** [vc. dotta, creata dal chimico olandese J. B. Van Helmont (1577-1644), dal lat. *chăos* 'caos', pronunciato quasi *ga(o)s* ✻ 1683] **s. m. inv. 1** sostanza in uno stato fisico tale da non avere una forma determinata e che si espande indefinitamente in modo da riempire tutto il volume a sua disposizione CFR. pneumato- **2** nel linguaggio scientifico, aeriforme al disopra della temperatura critica | correntemente, aeriforme | ***gas naturale***, miscela gassosa contenente in prevalenza metano ed etano, presente in natura in giacimenti sotterranei dai quali si estrae per trivellazione | ***gas nobili, gas rari***, quelli, presenti nell'aria, che costituiscono il gruppo zero del sistema periodico degli elementi, usati nella preparazione delle lampade a incandescenza | ***gas tonante***, miscela d'idrogeno e ossigeno o aria che, se innescata, si combina con reazione esplosiva | ***gas illuminante, gas di città***, gas combustibile prodotto dalla distillazione secca del litantrace, per uso prevalentemente domestico | ***gas metano***, V. *metano* | ***gas esilarante***, usato in passato come anestetico generale nella pratica chirurgica SIN. protossido di azoto | ***gas asfissiante***, composto chimico di varia natura, irritante o velenoso, impiegato in guerra | ***gas lacrimogeno***, V. *lacrimogeno* | ***gas nervino***, V. *nervino* | ***gas inerte***, che presenta difficoltà a reagire chimicamente | ***gas serra***, insieme di anidride carbonica, ozono e altri gas, i quali, presenti in eccesso nell'atmosfera, provocano l'effetto serra | ***gas di sintesi***, miscela di ossido di carbonio e idrogeno usata nell'industria per la sintesi del metanolo, dell'ammoniaca | ***gas liquido, gas liquefatto***, idrocarburo leggero (butano o propano) immagazzinato in recipienti sotto pressione usato come combustibile e come carburante | ***gas delle paludi***, metano | ***gas delle miniere***, grisou | ***gas ammoniacato***, (*raro*) ammoniaca | ***camera a gas***, vano in cui introdurre gas venefici, usato per l'eliminazione nei campi di sterminio nazisti dei prigionieri e, in certi Stati americani, dei condannati a morte | (**al pl.**) ***gas di scarico***, quelli che fuoriescono dal tubo di scappamento degli autoveicoli **3** correntemente, metano o gas illuminante per usi domestici: *accendere, spegnere il gas*; *pagare la bolletta del gas*; *fuga di gas*; *la canna del gas* | (*fig.*) ***essere alla canna del gas***, V. *canna* nel sign. 4 | ***a gas***, che utilizza il gas: *cucina, forno, scaldabagno a gas* | (*est.*, *fam.*) fornello: *mettere la pentola sul gas* **4** correntemente, la miscela d'aria e benzina finemente polverizzata che alimenta i motori a scoppio | ***dare gas***, accelerare il motore dell'aeroplano, dell'automobile, della motocicletta e sim. | ***andare a tutto gas***, andare in automobile, in motocicletta, ecc. alla massima velocità | (*fig.*) ***studiare, lavorare a tutto gas***, con il massimo impegno

gaṣàre [da *gas* ✱ 1963] **A** **v. tr.** **1** gassare **2** (*fig.*, *colloq.*) eccitare, rendere euforico **B** **gaṣàrsi** **v. rifl.** ● (*fig.*, *colloq.*) esaltarsi, eccitarsi, montarsi la testa: *guardalo come si è gasato per così poco!*

gaṣàto **A** **part. pass.** di *gasare*; anche **agg.** ● gassato **B** **agg. e s. m.** (**f.** *-a*) ● (*fig.*, *colloq.*) che (o chi) si è esaltato o montato la testa

gaṣbetòn [comp. di *gas* e *beton* ✱ 1956] **s. m. inv.** ● (*edil.*) materiale da costruzione leggero, con spiccate caratteristiche di isolamento termico e acustico, realizzato iniettando sostanze schiumogene nella malta di cemento prima della solidificazione

gàsco [var. di *casco* ✱ 1798] **s. m.** (**pl.** *-schi*) ● (*mar.*; *disus.*) ornamento all'estremità del tagliamare

gascromatografìa [comp. di *gas*, del gr. *chrôma*, genit. *chrṓmatos* 'colore' e *-grafia* ✱ 1964] **s. f.** ● metodo fisico per la separazione selettiva dei componenti di una miscela, basato sulla ripartizione di sostanze fra una fase liquida fissa e una fase gassosa mobile

gascromatògrafo [da *gascromatografia* ✱ 1987] **s. m.** ● apparecchio per la gascromatografia

gascromatogràmma [comp. di *gas*, del gr. *chrôma*, genit. *chrṓmatos* 'colore' e *-gamma* ✱ 1987] **s. m.** (**pl.** *-i*) ● registrazione dei risultati di una gascromatografia

gaṣdinàmica [comp. di *gas* e *dinamica* sul modello di *aerodinamica* ✱ 1956] **s. f.** ● (*fis.*) aerodinamica dei fluidi compressibili

gaṣdótto [comp. di *gas* e della seconda parte, deriv. dal lat. *dŭctus* 'condotto, conduttura', di vc. simili, come *(acque)dotto, (oleo)dotto*, ecc. ✱ 1940] **s. m.** ● conduttura per il trasporto di gas naturali o artificiali

gaṣièra [da *gas* con il suff. *-iera* ✱ 1983] **s. f.** ● nave particolarmente attrezzata per il trasporto di gas liquefatto

gaṣièro [da *gas* con il suff. *-iero* ✱ 1933] **agg.** ● di gas; relativo alla produzione o al trasporto del gas: *terminal g.*; *flotta gasiera*

gaṣificàre e deriv. ➤ **gassificare** e deriv.

gaṣìndio o **gaṣìndo** [lat. mediev. *gasindium* 'seguito', di orig. longob. ✱ av. 1750] **s. m.** ● (*stor.*) nel Medioevo, vassallo di re longobardo

gaṣìsta o **gassìsta** [1901] **s. m. e f.** (**pl. m.** *-i*) **1** operaio installatore e riparatore degli impianti per la distribuzione del gas | l'addetto alla lettura dei contatori: *Quela tosa lí la sposerà un g.* (N. GINZBURG) **2** nell'industria siderurgica, fonditore addetto al funzionamento e alla sorveglianza di un gasogeno

gaṣògeno o **gassògeno** [comp. di *gas* e *-geno*, sul tipo del fr. *gazogène* ✱ 1892] **s. m.** ● apparecchio per la trasformazione di un combustibile solido in gassoso mediante ossidazione regolata e incompleta

gaṣolìna o (*raro*) **gaẓolìna** [da *gasolio* ✱ 1940] **s. f.** ● prodotto ottenuto dalla distillazione parziale degli oli leggeri ottenuti dal petrolio

gaṣòlio [adattamento dell'ingl. *gasoil*, comp. di *gas* e *oil* 'petrolio' ✱ 1942] **s. m.** ● frazione intermedia tra il petrolio da illuminazione e gli oli pesanti, ottenuto per distillazione del petrolio greggio; è usato come carburante per motori Diesel e per riscaldamento domestico **SIN.** nafta

gaṣometrìa o **gassometrìa** o **gaẓometrìa** [comp. di *gas* e *-metria* ✱ 1834] **s. f.** ● insieme dei sistemi usati per l'esame qualitativo e quantitativo delle miscele gassose

gaṣòmetro o **gassòmetro** o **gaẓòmetro** [comp. di *gas* e *-metro*, come il fr. *gazomètre* ✱ 1798] **s. m.** ● recipiente chiuso, di grande capacità, con coperchio mobile, destinato a raccogliere, conservare e distribuire il gas combustibile nei tubi di conduttura

gaṣósa ➤ **gazzosa**

gaṣóso ➤ **gassoso**

gasp /gasp, *ingl.* gæsp/ [vc. onomat. suggerita dal v. ingl. *to gasp* 'boccheggiare', 'restare senza fiato' ✱ av. 1963] **inter.** ● nel linguaggio dei fumetti, voce che riproduce un sussulto causato da sorpresa o paura

gàssa o †**gàẓẓa**② [sp. *gaza* ✱ 1798] **s. f.** ● (*mar.*) anello chiuso realizzato con l'estremità di un cavo | ***g. impiombata***, chiusa con un'impiombatura | ***g. d'amante***, anello di cavo ottenuto con un nodo che non scorre, ma è facilmente scioglibile anche se sottoposto a una notevole trazione; (*est.*) il nodo stesso

gassàre o **gaṣàre** nel sign. 1 [da *gas* ✱ 1949] **v. tr.** **1** rendere effervescente un liquido sciogliendovi un gas **2** sottoporre all'azione di gas tossici, asfissianti

gassàto o **gaṣàto** **part. pass.** di *gassare*; anche **agg.** ● che contiene gas | ***acqua, bibita gassata***, contenente anidride carbonica che la rende frizzante

gàsse ➤ **gas**

gassificàre o **gaṣificàre** [1835] **v. tr.** (*io gassìfico, tu gassìfichi*) **1** trasformare un solido o un liquido in un gas **2** gassare ‖ **gassificazióne**, **s. f.** (V.)

gassificatóre [1913] **s. m.** ● impianto che, bruciando particolari tipi di rifiuti, produce gas da destinare a centrali termoelettriche per la produzione di energia

gassificazióne o **gaṣificazióne** [av. 1799] **s. f.** **1** operazione del gassificare **2** (*tecnol.*) produzione di gas mediante un gassificatore

gassìsta ➤ **gasista**

gassògeno ➤ **gasogeno**

gassometrìa ➤ **gasometria**

gassòmetro ➤ **gasometro**

gassósa ➤ **gazzosa**

gassóso (o *-ṣo*) o **gaṣóso** (o *-ṣo*), **gaẓóso** (o *-ṣ-*) [da *gas* ✱ 1787] **agg.** **1** detto di composto allo stato aeriforme **2** di gas: *miasmi gassosi*

gastàldo ➤ **castaldo**

gàstero- ➤ **gastro-**

Gasteromicèti o **Gastromicèti** [comp. di *gastero-* e del gr. *mýkēs*, genit. *mýkētos* 'fungo' ✱ 1834] **s. m. pl.** (**sing.** *-e*) ● (*bot.*) ordine di funghi dei Basidiomiceti il cui corpo fruttifero è globoso nel giovane e formato da una parte interna contenente le spore e da un involucro esterno (*Gastromycetales*)

Gasteròpodi o **Gastròpodi** [comp. di *gastero-* e del gr. *pôus*, genit. *podós* 'piede' ✱ 1820] **s. m. pl.** (**sing.** *-e*) ● (*zool.*) classe di Molluschi provvisti di conchiglia dorsale, capo distinto con occhi portati da tentacoli e uno sviluppato piede carnoso che serve per la locomozione (*Gastropoda*)

Gasterosteifórmi [comp. di *gastero-*, del gr. *ostéon* 'osso' e del pl. di *-forme* ✱ 1970] **s. m. pl.** (**sing.** *-e*) ● (*zool.*) ordine di Pesci ossei con un raggio spinoso nelle pinne pettorali (*Gasterosteiformes*)

gastigamàtti ➤ **castigamatti**

gastigàre e deriv. ➤ **castigare** e deriv.

gastràle [da *gastro-* ✱ 1931] **agg.** ● (*zool.*) relativo all'apparato digerente di animali inferiori | ***cavità g.***, nei Celenterati e nelle Spugne

gastralgìa [comp. di *gastr(o)-* e *algia* ✱ 1829] **s. f.** (**pl.** *-gìe*) ● (*med.*) dolore che proviene dallo stomaco

gastrectaṣìa [comp. di *gastr(o)-* ed *ectasia* ✱ 1892] **s. f.** ● (*med.*) dilatazione dello stomaco

gastrectomìa [comp. di *gastr(o)-* ed *ectomia* ✱ 1892] **s. f.** ● (*chir.*) asportazione dello stomaco: *g. parziale, totale*

gàstrico [da *gastro-* ✱ av. 1673] **agg.** (**pl. m.** *-ci*) ● dello stomaco: *ulcera gastrica* | ***succo g.***, liquido secreto dalle ghiandole gastriche | ***lavanda gastrica***, lavaggio dello stomaco fatto mediante sonda

gastrìna [fr. *gastrine*, dal gr. *gastḗr*, genit. *gastrós* 'stomaco' (V. *gastro-*) ✱ 1956] **s. f.** ● (*biol.*) ormone elaborato dalla mucosa del piloro, che stimola la secrezione gastrica di acido cloridrico

gastrìte [comp. di *gastr(o)-* e *-ite*① ✱ 1835] **s. f.** ● (*med.*) infiammazione della parete gastrica: *g. acuta, cronica*

gàstro [dal gr. *gastḗr*, genit. *gastrós* 'stomaco' ✱ 1970] **s. m.** ● (*zool.*) porzione terminale tondeggiante dell'addome peduncolato tipico di alcuni Insetti

gàstro- o **gàstero-** [dal gr. *gastḗr*, genit. *gastrós* 'stomaco', prob. di orig. indeur.] **primo elemento** ● in parole composte della terminologia scientifica, spec. medica, significa 'stomaco', 'ventre': *gastronomia, gastroenterite, gasteropodi*

gastrocèle [comp. di *gastro-* e del gr. *kḗlē* 'tumore' ✱ 1834] **s. m.** ● (*med.*) ernia dello stomaco

gastrocnèmio [vc. dotta, tratta dal gr. *gastroknḗmē*, comp. di *gastḗr*, genit. *gastrós* 'stomaco' e *knḗmē* 'gamba' ✱ 1681] **s. m.** ● (*anat.*) muscolo posteriore della gamba, a due ventri

gastrodigiunostomìa [comp. di *gastro-*, *digiuno*② e *-stomia* ✱ 1956] **s. f.** ● (*chir.*) creazione chirurgica di un abboccamento tra stomaco e digiuno

gastroduodenàle [comp. di *gastro-* e *duodenale* ✱ 1834] **agg.** ● (*med.*) relativo allo stomaco e al duodeno

gastroduodenìte [comp. di *gastro-* e *duodenite* ✱ 1834] **s. f.** ● (*med.*) infiammazione acuta o cronica delle mucose gastrica e duodenale

gastroentèrico [comp. di *gastro-* ed *enterico* ✱ 1869] **agg.** (**pl. m.** *-ci*) ● (*med.*) relativo allo stomaco e all'intestino

gastroenterite [comp. di *gastro-* ed *enterite* ✱ 1829] **s. f.** ● (*med.*) infiammazione dello stomaco e dell'intestino

gastroenterocolìte [comp. di *gastro-*, *entero-* e *colite* ✱ 1834] **s. f.** ● (*med.*) infiammazione dello stomaco, dell'intestino tenue e del colon

gastroenterologìa [comp. di *gastro-*, *entero-* e *-logia* ✱ 1956] **s. f.** (**pl.** *-gìe*) ● branca della medicina che si occupa della struttura, della funzione, della patologia dello stomaco e dell'intestino | (*est.*) reparto ospedaliero per pazienti che necessitano di cure per tali patologie

gastroenteròlogo [comp. di *gastro-*, *entero-* e *-logo* ✱1987] **s. m.** (**f.** *-a*; **pl. m.** *-gi*) ● medico specialista di gastroenterologia

gastroenterostomìa [comp. di *gastro-*, *entero-* e *-stomia* ✱1894] **s. f.** ● (*chir.*) creazione di una anastomosi fra stomaco e intestino tenue

gastroepàtico [comp. di *gastro-* ed *epatico* ✱1829] **agg.** (**pl. m.** *-ci*) ● (*med.*) che concerne lo stomaco e il fegato

gastroepatìte [comp. di *gastro-* ed *epatite* ✱1829] **s. f.** ● (*med.*) infiammazione dello stomaco e del fegato

gastroeṣofagìte [comp. di *gastro-*, *esofag(o)* e del suff. *-ite*① ✱1834] **s. f.** ● (*med.*) infiammazione delle mucose dello stomaco e dell'esofago

gastrọintestinàle [comp. di *gastro-* e *intestinale* ✱1829] **agg.** ● (*med.*) relativo a stomaco e intestino

g

gastrologìa [comp. di *gastro-* e *-logia* ✱1979] **s. f.** (**pl.** *-gìe*) ● branca della medicina che si occupa della struttura, della funzione, della patologia dello stomaco

Gastromicèti ➤ **Gasteromiceti**

gastronàuta [comp. di *gastro-* e *-nauta*, con assonanza con *astronauta* ✱1976] **s. m. e f.** (**pl. m.** *-i*) **1** chi viaggia alla ricerca di ristoranti, enoteche, prodotti tipici e sim. **2** ***Gastronauta***®, nome commerciale di vari prodotti e servizi editoriali connessi con il turismo gastronomico

gastronomìa [vc. dotta, gr. *gastronomía*, comp. di *gastḗr*, genit. *gastrós* 'stomaco', e un deriv. di *nómo* 'legge, norma' ✱av. 1796] **s. f.** **1** insieme delle regole, delle consuetudini e delle usanze che costituiscono l'arte della buona cucina **2** negozio dove si vendono specialità alimentari

gastronòmico [da *gastronomia* ✱1838] **agg.** (**pl. m.** *-ci*) ● di gastronomia, relativo a gastronomia: *trattato g.*; *specialità gastronomiche* ‖ **gastronomicaménte**, **avv.** per quanto concerne la gastronomia

gastrònomo [da *gastronomia* ✱1832] **s. m.** (**f.** *-a*) ● esperto di gastronomia, intenditore della buona cucina | buongustaio, amante della buona tavola

gastropatìa [comp. di *gastro-* e *-patia* ✱1834] **s. f.** ● (*med.*) qualsiasi affezione gastrica ‖ **gastropàtico**, **agg.** (**pl. m.** *-ci*); **anche s. m.** (**f.** *-a*) **nel sign. 2** **1** relativo a gastropatia **2** che (o chi) soffre di gastropatia

gastroplàstica [comp. di *gastro-* e *-plastica* ✱1970] **s. f.** ● (*chir.*) qualsiasi intervento di chirurgia plastica sullo stomaco

Gastròpodi ➤ **Gasteropodi**

gastroprotezióne [comp. di *gastro-* e *protezione* ✱1993] **s. f.** ● (*med.*) effetto protettivo esercitato da alcune sostanze sulla mucosa gastrica

gastroptòṣi [comp. di *gastro-* e *ptosi* ✱1914] **s. f. inv.** ● (*med.*) dislocazione dello stomaco più bassa rispetto alla posizione normale per cedimento dei legamenti

gastroresezióne [comp. di *gastro-* e *resezione* ✱1987] **s. f.** ● asportazione chirurgica di una parte dello stomaco

gastrorragìa [comp. di *gastro-* e *-ragia* ✱1834] **s. f.** (**pl.** *-gìe*) ● (*med.*) emorragia gastrica

gastrorrèa [comp. di *gastro-* e *-rea* ✱1874] **s. f.** ● (*med.*) eccessiva secrezione di succhi gastrici o di muco da parte della mucosa gastrica

gastroscopìa [comp. di *gastro-* e *-scopia* ✱1828] **s. f.** ● (*med.*) esame ottico diretto della cavità gastrica mediante gastroscopio

gastroscòpio [comp. di *gastro-* e *-scopio* ✱1892] **s. m.** ● (*med.*) strumento ottico tubulare, rigido o flessibile, per l'esame diretto della parete gastrica

gastròṣi [comp. di *gastro-* e *-osi* ✱1829] **s. f. inv.** ● (*med.*) affezione non infiammatoria dello stomaco

gastrospàṣmo [comp. di *gastro-* e *spasmo* ✱1874] **s. m.** ● (*med.*) spasmo delle pareti dello stomaco

gastrostenòṣi [comp. di *gastro-* e *stenosi* ✱1834] **s. f. inv.** ● (*med.*) restringimento del lume gastrico

gastrostomìa [comp. di *gastro-* e *-stomia* ✱1892] **s. f.** ● (*chir.*) procedura chirurgica con cui si crea una comunicazione diretta dello stomaco con l'esterno per eseguire un drenaggio o favorire, in casi particolari, l'alimentazione

gastrotomìa [comp. di *gastro-* e *-tomia* ✱1798] **s. f.** ● (*chir.*) incisione dello stomaco

gastroẓòide [comp. di *gastro-* e un deriv. di *-zoo* ✱1970] **s. m.** ● (*zool.*) in alcune specie di polipi, individuo destinato alla funzione nutritizia al servizio di tutta la colonia

gàstrula [vc. dotta, lat. scient. *găstrula(m)* 'piccola (*-ŭla*) coppa (*găstra*: dal gr. *gástra*)' ✱1892] **s. f.** ● (*biol.*) uno degli stadi iniziali di sviluppo dell'embrione, successivo alla blastula

gastrulazióne [1932] **s. f.** ● (*biol.*) processo di formazione della gastrula

gate /*ingl.* geɪt/ [vc. ingl., propr. 'porta, cancello' ✱1992] **s. m. inv.** ● in un aeroporto, uscita per l'imbarco dei passeggeri su un aereo

-gate /*ingl.* geɪt/ [tratto da *Watergate*, complesso residenziale di Washington da cui prese nome lo scandalo che costrinse R. Nixon alle dimissioni da presidente degli Stati Uniti (1974)] **secondo elemento** ● in parole composte del linguaggio giornalistico, indica uno scandalo in cui siano stati coinvolti personaggi importanti, spec. dell'ambiente politico: *Irangate*, *sexgate*

gâteau /*fr.* ga'to/ [vc. fr., francone **wastil* 'focaccia', da *wahs* 'cera' (?) ✱1766] **s. m. inv.** (**pl. fr.** *gâteaux*) ● torta, dolce o salata, spec. farcita **CFR.** gatò

gateway /*ingl.* 'geɪt,weɪ/ [vc. ingl., propr. 'entrata, ingresso', 'passaggio (*way*) attraverso una porta (*gate*)' ✱1995] **s. m. inv.** ● (*inform.*) elaboratore elettronico impiegato come interfaccia e convertitore di protocolli tra due o più reti di trasmissione dati

gatò [av. 1938] **s. m. inv.** ● adattamento di *gâteau* (V.)

gàtta ① [da *gatto* ✱1282] **s. f.** ● femmina del gatto | ***g. ci cova!***, c'è sotto un inganno | ***prendere una brutta g. da pelare***, intraprendere un'impresa difficile e noiosa da cui possono venire solo fastidi | †***g. cieca***, mosca cieca | ***g. morta***, V. gattamorta | **PROV.** ***tanto va la g. al lardo che ci lascia lo zampino***, a forza di commettere delle malefatte si rimane presi in trappola ‖ **gattàccia**, **pegg.** | **gattina**, **dim.** (V.) | **gattóna**, **accr.** | **gattùccia**, **dim.**

gàtta ② [fr. *gatte*, dal provenz. *gata*, di orig. lat. (**găbita* per *găbata* 'scodella') ✱1834] **s. f.** ● (*mar.*) dispositivo di chiusura delle cubie per impedire all'acqua di mare, che può entrare da esse, di scorrere sul ponte della nave

gattabùia [etim. discussa: da *gattaiola* con sovrapposizione di *buio* (?) ✱av. 1850] **s. f.** ● (*pop.*, *scherz.*) prigione, galera: *andare*, *finire*, *stare in g.*

gattàia [perché erba che attira i *gatti* ✱1869] **s. f.** ● erba delle Labiate abbastanza comune, con fiori azzurri in verticilli radi e proprietà medicamentose (*Nepeta cataria*) **SIN.** nepeta

gattàio [1711] **s. m.** (**f.** *-aia*, **pl. m.** *-ai*) ● (*raro*, *tosc.*) insieme di gatti

gattaiòla o (*lett.*) **gattaiuòla** [da *gatto* ✱av. 1400] **s. f.** **1** buco che si fa nella parte inferiore delle porte per farvi passare un gatto **2** (*fig.*) †tripiego, scappatoia

gattamòrta o **gàtta mòrta** [comp. di *gatta*① e *morta* ✱av. 1492] **s. f.** (**pl.** *gattemòrte*) ● persona insincera, che nasconde il suo vero carattere dietro un contegno fin troppo ingenuo e tranquillo: *era ... una g.: di fuori in un modo e dentro in un altro* (A. MORAVIA) | ***fare la g.***, agire con intenzioni nascoste

gattàro [da *gatt(o)* con il suff. *-aro* ✱1986] **s. m.** (**f.** *-a*) ● persona che si prende cura di gatti randagi

gatteggiaménto [1817] **s. m.** **1** tipica luminosità degli occhi dei felini **2** (*miner.*) effetto ottico di riflessione interna lungo particolari direzioni per cui alcune gemme mostrano luminosità oscillante, come gli occhi del gatto; è provocato dalla presenza di minute inclusioni orientate secondo direzioni particolari

gatteggiànte [1761] **agg.** ● (*miner.*) che presenta gatteggiamento

gatteggiàre [dalla luminosità degli occhi del *gatto* ✱1798] **v. intr.** (**pres.** *io gattéggio*; **fut.** *io gatteggerò*; **aus.** *avere*) ● presentare particolari effetti di luce con iridescenze simili a quelle degli occhi di un gatto, detto spec. di pietra preziosa

gattèllo [etim. discussa: dal *gatto*, che raffigurava (?) ✱av. 1537] **s. m.** ● (*edil.*) mensola, sostegno

gattésco [da *gatto* ✱1520 ca.] **A** **agg.** (**pl. m.** *-schi*) ● di gatto: *furberia gattesca* | (*est.*) felino, sornione ‖ **gattescaménte**, **avv.** **B** **s. m.** ● nella loc. †***andare in g.***, fare l'amore, come i gatti in primavera

gàttice [da *gatto*, perché gli amenti lunghi e pelosi somigliano a una coda di gatto ✱1340 ca.] **s. m.** ● (*bot.*) pioppo bianco

gattìle [da *gatt(o)* con la terminazione di *(can)ile* ✱1984] **s. m.** ● luogo dove si custodiscono o allevano gatti

gattìna **s. f.** **1** dim. di *gatta* **2** (*fig.*) donna che fa moine, che ha modi affettuosi: *fare la g.*

Gattinàra [dal n. del luogo di provenienza, di etim. incerta ✱1851] **s. m. inv.** ● vino rosso granato, dal sapore vellutato e dal profumo intenso, della zona di Gattinara nel Vercellese, prodotto con l'uva del vitigno Nebbiolo (localmente detto Spanna), talvolta con piccole aggiunte di Bonarda

gattìno [1730] **s. m.** **1** dim. di *gatto* **2** (*bot.*, *pop.*) amento (la cui forma ricorda una coda di gatto)

♦**gàtto** o †**càtto**② [lat. tardo *cắttu(m)*, di etim. incerta ✱1211] **A** **s. m.** **1** (**f.** *-a* (V.)) mammifero domestico dell'ordine dei Carnivori, con corpo flessuoso, capo tondeggiante, occhi fosforescenti e unghie retrattili, con un gran numero di razze (*Felis catus*): *La gatta ... annusava l'ora col suo nasino bruno* (E. MORANTE) **CFR.** miagolare, gnaulare, soffiare, ronfare, ustolare, fusa | **PROV.** ***quando non c'è il g. i topi ballano***, in assenza di controlli tutti ne approfittano per fare i loro comodi | ***g. delle selve***, gattopardo africano | ***g. marmorato***, grosso felide di aspetto simile al gatto che vive nell'Asia meridionale e insulare e ha pelame bruno-grigio macchiettato e abitudini strettamente notturne (*Felis marmorata*) | ***g. selvatico***, felide selvatico probabile progenitore del gatto domestico | ***essere come cane e g.***, essere sempre pronti a litigare | ***essere in quattro gatti***, in pochissimi | (*fig.*) ***g. a nove code***, staffile con nove strisce di cuoio, usato un tempo per punizioni corporali **2** nel Medioevo, macchina da assedio simile all'ariete, ma sempre munita di una tettoia **3** (*mar.*) coffa di galea | ***buco del*** *g.*, V. *buco*① | ***ormeggio a barba di g.***, V. *ormeggio* **4** berta, battipalo **5** ***g. delle nevi***, veicolo munito di larghi cingoli per battere le piste da sci e per la locomozione su terreni coperti di neve **6** ***g. selvatico***, piattaforma poggiata sul fondo marino, per trivellazioni petrolifere **7** ***g. selvaggio***, (*fig.*) sciopero selvaggio **B** **in funzione di agg. inv.** ● (posposto al sost.) nella loc. ***pesce g.*** (V.) ‖ **gattàccio**, **pegg.** | **gattino**, **dim.** (V.) | **gattóne**, **accr.** (V.) | **gattùccio**, **dim.** (V.)

gattò [adattamento merid. del fr. *gâteau* (V.) ✱ 1931] **s. m. inv.** **1** piatto tipico della cucina meridionale a base di patate schiacciate, uova, salumi tritati e formaggi **2** croccante preparato con mandorle, zucchero e succo di limone; tipico della Sardegna

gattòfilo [comp. di *gatto* e *-filo* ✱ 1900] **agg. e s. m.** (**f.** *-a*) ● (*scherz.*) che (o chi) ama i gatti

gattomammóne [propr. 'scimmia (arabo *maymūn*) - gatto (per le movenze)' ✱ av. 1331] **s. m.** (**pl.** *gattimammóni*) ● mostro immaginario delle fiabe spesso evocato per spaventare i bambini

gattonaménto [1900] **s. m.** ● movimento del gattonare, spec. in riferimento ai bambini

gattonàre [da *gatto* con influsso del modo *andar gattoni* ✱ 1598] **v. intr.** (*io gattóno*; **aus.** *avere*) **1** strisciare sul terreno per avvicinarsi alla preda senza farsi scorgere, detto di mammiferi predatori o di cacciatori **2** (*est.*) muoversi carponi o strisciando sul pavimento, detto di bambini che ancora non hanno iniziato a camminare

gattóne ① ▸ **gattoni** ①

gattóne ② [1483] **s. m.** (**f.** *-a*) **1** accr. di *gatto* **2** (*fig.*, *lett.*) persona astuta | †traditore **3** ornamento a forma di foglia ricurva che nell'architettura gotica adorna frontoni, pinnacoli, ghimberghe ecc., richiamando la sagoma di un gatto rampante

✤**gattóni** ① o (*lett.*) **gattóne** ① [da *gatto* col suff. iter. avv. *-oni* ✱ sec. XV] **avv.** ● nella posizione di chi procede quatto quatto, appoggiandosi sulle mani e sui piedi: *camminare, avanzare g.* | con valore rafforz. nella loc: ***gatton g.***

gattóni ② [dall'ant. veneto *galtoni*, da *galta* 'gota', con sovrapposizione di *gatto* ✱ sec. XIV] **s. m. pl.** ● (*pop.*) parotite: *avere i g.*

gattopardésco [1958] **agg.** (**pl. m.** *-schi*) ● tipico del gattopardismo

gattopardìsmo [dal titolo del romanzo *Il Gattopardo* (1958) di G. Tomasi di Lampedusa (1896-1957) ✱ 1962] **s. m.** ● atteggiamento di chi in apparenza appoggia le innovazioni ma in realtà non vuole cambiare nulla di sostanziale e mira solo a conservare i propri privilegi

gattopàrdo [comp. di *gatto* e *pardo*, in quanto nell'uso pop. si riteneva nato dall'unione fra questi due animali ✱ av. 1646] **s. m.** **1** correntemente, felino dalle forme eleganti e simile al gatto domestico, ma di dimensioni molto maggiori | ***g. africano***, servalo | ***g. americano***, ozelot **2** gattuccio stellato **3** (**f.** *-a*) (*fig.*) chi dà prova di gattopardismo

gattùccio ① [da *gatto* per la livrea chiazzata ✱ av. 1698] **s. m.** ● squalo di modeste dimensioni, comune lungo le coste dei mari italiani, caratteristico per la pelle macchiettata (*Schylliorhinus canicula*) | ***g. stellato***, simile al precedente ma con pelle a macchie più grandi e più rade (*Schylliorhinus stellaris*) **SIN.** gattopardo

gattùccio ② [dim. di *gatto*, attrav. un passaggio semantico poco chiaro ✱ 1681] **s. m.** ● sega con lama sottile a sciabola e manico tondo, per fare tagli curvi

gauche /fr. goʃ/ [vc. fr., propr. 'sinistra' ✱ 1984] **s. f. inv.** ● (*polit.*) area di consenso alle posizioni progressiste in campo politico e sociale

gauchésco /gau'tʃesko/ [vc. sp., da *gaucho* ✱ 1956] **agg.** (**pl. m.** *-schi*) ● relativo ai gauchos: *letteratura, poesia gauchesca*

gauchisme /fr. go'ʃism/ [vc. fr., deriv. di *gauche* 'sinistra', da *gauchir* 'deformarsi, deviare', vc. d'orig. francone ✱ 1972] **s. m. inv.** ● (*polit.*) il complesso dei movimenti extraparlamentari di sinistra, e delle loro ideologie

gauchìṣmo /goʃ'ʃizmo/ [1973] **s. m.** ● adattamento di *gauchisme* (V.) **CFR.** goscismo

gauchìsta /goʃ'ʃista/ [1973] **s. m. e f.; anche agg.** (**pl. m.** *-i*) ● adattamento di *gauchiste* (V.) **CFR.** goscista

gauchiste /fr. go'ʃist/ [vc. fr., deriv. di *gauche* 'sinistra' (V. *gauchisme*) ✱ 1972] **s. m. e f. inv.; anche agg.** ● appartenente politicamente alla sinistra extraparlamentare: *movimento, organizzazione g.*

gaucho /sp. °'gautʃo/ [etim. discussa: dalla vc. quicha *wáča* 'povero, indigente' (?) ✱ 1872] **s. m. inv.** (**pl. sp.** *gauchos*) ● mandriano delle pampas argentine e uruguaiane, caratteristico per il cappello a larghe tese e per il poncho

✤**gaudènte** [vc. dotta, lat. *gaudĕnte(m)*, part. pres. di *gaudēre* 'godere' ✱ av. 1237] **A** **agg.** ● (*raro*, *lett.*) che gode di qlco. | felice, lieto | ***frate g.***, V. *frate*① ‖ **gaudentemènte**, **avv.** da gaudente **B** **s. m. e f.** ● chi ama vivere fra gli agi e i piaceri: *conduce una vita da g.* **SIN.** festaiolo, godereccio, bon vivant

†**gaudére** ▸ **godere**

†**gaudiménto** ▸ **godimento**

✤**gàudio** [vc. dotta, lat. *gāudiu(m)*, da *gaudēre* 'godere' ✱ 1268] **s. m.** ● (*lett.*) gioia intensa: *il g. della virtù, della coscienza; g. della vita religiosa* | (*lett.*) contentezza, piacere | ciò che è oggetto di gaudio | **PROV.** ***mal comune, mezzo g.***, V. *male*②

gaudióso (o **-ṣ-**) [da *gaudio* ✱ av. 1294] **agg.** ● (*lett.*) pieno di gaudio | (*relig.*) ***Misteri gaudiosi***, i primi cinque del Rosario, in cui si considerano le gioie della Madonna ‖ **gaudiosaménte**, **avv.** con gaudio

gaufre /fr. gofʀ/ [vc. fr., di etim. discussa: prob. dal neerl. *wafel* (V. *waffle*) ✱ 1942] **s. f. inv.** **1** cialda cotta tra due stampi che le imprimono un disegno simile a cellette di favo **SIN.** waffle **2** impronta ornamentale su cuoio o stoffa, spec. nelle rilegature in pelle

gaufré /fr. go'fʀe/ [vc. fr., propr. part. pass. di *gaufrer* 'goffrare' (V.) ✱ sec. XX] **agg. inv.** ● goffrato **CFR.** goffrè

Gauleiter /ted. 'gaolaetʌ/ [comp. ted. di *Gau* 'regione, distretto' e *Leiter* 'capo, comandante' ✱ 1956] **s. m. inv.** (**pl. ted. inv.**) ● (*stor.*) nella Germania hitleriana, governatore di una provincia

gaullìsta /gol'lista/ [var. di *gollista* con diretto richiamo all'ortografia fr. (da *De Gaulle*) ✱ 1950] **s. m. e f.; anche agg.** (**pl. m.** *-i*) ● gollista

gaulthèria /gaul'tɛrja/ [dal n. del botanico canadese cui è dedicata: J.F. *Gaulthier* ✱ 1834] **s. f.** ● arbusto con foglie dentate e coriacee, dalle quali si estrae un olio usato come antireumatico perché contenente salicilato di metile (*Gaultheria procumbens*)

gàuss /'gaus, *ted.* 'gaos/ [dal n. del fisico e matematico ted. K. F. *Gauß* (1777-1855) ✱ 1937] **s. m. inv.** ● unità di induzione magnetica nel sistema CGS elettromagnetico, pari a 10^{-4} tesla **SIMB.** Gs

gaussiàno [1956] **agg.** ● relativo a Gauss: *sistema g.* | (*mat.*) ***curva gaussiana***, curva piana esponenziale dalla forma a campana che rappresenta una distribuzione gaussiana | ***distribuzione gaussiana***, funzione matematica che rappresenta la distribuzione degli errori di misura di una grandezza in funzione della loro entità

†**gavàgno** ▸ **cavagno**

gavàina [lat. parl. **gabalīna(m)*, dim. di *găbalus* 'forca', di orig. celt. (?) ✱ 1798] **s. f.** ● grossa tenaglia da fabbro

†**gavàzza** [di etim. incerta, V. *gavazzare* ✱ av. 1312] **s. f.** ● strepito, baccano | gozzoviglia: *con gran festa e g.* (G. VILLANI)

gavazzaménto [av. 1698] **s. m.** ● (*lett.*) il gavazzare | gozzoviglia

gavazzàre [originariamente 'ingrossare il gozzo (*gavazza*), ridendo e schiamazzando' ✱ av. 1422] **v. intr.** (**aus.** *avere*) ● (*lett.*) fare baldoria (*anche fig.*): *la superbia con lei salta e gavazza* (L. ARIOSTO)

gavazzatóre [sec. XIII] **agg. e s. m.** (**f.** *-trice*) ● (*lett.*) che (o chi) gavazza, fa baldoria

†**gavàzzo** [sec. XIV] **s. m.** ● festa, strepito allegro

gavétta ① [lat. *găbata(m)* 'scodella' con mutazione, diversamente interpretata, di accento e suff. ✱ av. 1347] **s. f.** ● recipiente di alluminio con coperchio munito di manico e costituente altro recipiente, per il rancio del soldato al campo | ***venire dalla g.***, di ufficiali che, iniziata la carriera come soldati semplici, ne hanno percorso tutti i gradi; (*est.*) di persona che ha raggiunto il successo partendo dal niente | (*fig.*) periodo di duro apprendistato in ruoli da subordinato: *ha fatto anni di g.* ‖ **gavettìno**, **dim. m.** (V.) | **gavettóne**, **accr. m.** (V.)

gavétta ② [da un precedente **sgavetta*, dim. di *sgabello* nel senso di 'aspo (per fare la matassa)' ✱ av. 1442] **s. f.** **1** matassina di corde di fune sottile **2** †filo d'oro che si trae dalla prima filiera | filo sottile di ferro usato dall'orafo per legare i pezzi nelle saldature

gavettìno [1965] **s. m.** **1** dim. di *gavetta*① **2** piccolo recipiente con manico, usato dai soldati per bere

gavettóne [1598] **s. m.** **1** accr. di *gavetta*① **2** grosso recipiente per la distribuzione del vitto alla truppa **3** scherzo in uso fra i soldati, consistente nel lancio di un grosso recipiente o sacco pieno d'acqua addosso a un commilitone spec. durante il riposo in branda **4** (*mar.*) gaettone

gaviàle [fr. *gavial*, dall'ingl. *gavial*, dall'indostano *ghariyāl* ✱ 1802] **s. m.** ● rettile dei Loricati simile al coccodrillo ma con muso stretto e lungo, che vive nelle acque interne dell'India (*Gavialis gangeticus*)

Gavifórmi [vc. dotta, comp. del lat. *gāvia* 'gabbiano' (V.) e del pl. di *-forme* ✱ 1987] **s. m. pl.** (**sing.** *-e*) ● (*zool.*) ordine di Uccelli ben adattati alla vita acquatica e abili tuffatori, comprendente 5 specie comunemente definite strolaghe o colimbi (*Gaviiformes*)

gavigliàno [etim. incerta ✱ 1956] **s. m.** ● nel fioretto e nella spada italiana, sbarretta di ferro, che fa parte dell'impugnatura dell'arma, di lunghezza uguale al diametro della coccia e perpendicolare all'asse della lama

†**gavignàre** [da †*gavigne* ✱ 1552] **v. tr.** ● afferrare sotto le ascelle

†**gavìgne** [etim. discussa: deriv. da *căvus* 'cavo' (?) ✱ 1344] **s. f. pl.** ● cavo delle ascelle

†**gavillàre** e deriv. ▸ **cavillare** e deriv.

gavìna [dim. del lat. *gāvia* 'gabbiano' (V.), come il catalano *gavina* ✱ 1483] **s. f.** ● uccello acquatico dei Caradriformi simile al gabbiano reale ma più piccolo, che in Italia è solo di passo (*Larus canus*)

gavitèllo [etim. incerta ✱ 1614] **s. m.** ● (*mar.*) piccola boa, spec. usata per segnalare la presenza sott'acqua di qlco. cui è collegato, come una rete, un corpomorto o un'ancora | ***g. annegato, orbo***, quando è sott'acqua

gavòcciolo [da *gaba* 'gozzo', allargato con doppio suff. ✱ av. 1348] **s. m.** ● (*tosc.*) bubbone | †peste bubbonica

gavóne o **govóne** [etim. discussa: deriv. dal lat. *căvus* 'cavo' (?) ✱ 1561] **s. m.** ● (*mar.*) spazio vuoto tra l'interno dello scafo e una paratia, destinato ad accogliere provviste o materiali vari | nella costruzione navale, parte sotto la linea di galleggiamento dei compartimenti stagni all'estremità dello scafo: *g. di prua, di poppa*

gavòtta ① [etim. discussa: da **gaba* 'gozzo' (?) ✱ av. 1646] **s. f.** ● pesce osseo degli Scorpeniformi, simile al pesce cappone, che vive sui fondali vicino alle coste (*Trigla oscura*)

gavòtta ② [fr. *gavotte*, dall'ant. provenz. *gavoto* 'danza propria degli alpigiani', detti *gavots* a causa del loro gozzo (*gava*) ✱ 1598] **s. f.** ● danza francese, lenta e aggraziata, in due tempi, diffusa nei secc. XVII e XVIII e utilizzata nella suite strumentale

g

gay /*ingl.* geɪ/ [ingl., propr. 'gaio' ✱ 1959] **s. m. e f. inv. (pl. ingl. *gays*); anche agg. (superl. *gayssimo*)** ● omosessuale spec. maschile | ***gay pride***, l'orgoglio di essere omosessuale; (*est.*) manifestazione organizzata per attestare pubblicamente la propria omosessualità

gaylèṣbico /geiˈlɛzbiko/ [comp. di *gay* e *lesbico* ✱ 1994] **agg. (pl. m. *-ci*)** ● relativo alla omosessualità sia maschile che femminile: *cinema g.*; *associazioni gaylesbiche*

gaytùdine /geiˈtudine/ [comp. di *gay* e *-(i)tudine* ✱ 1985] **s. f.** ● condizione di chi è gay

gaẓ ➤ **gas**

gaẓàre [da *gaz*, var. di *gas* ✱ 1956] **v. tr.** ● (*tess.*) sottoporre un filato a gazatura

gaẓatùra [1924] **s. f.** ● (*tess.*) procedimento con cui si toglie la peluria a un filato per renderlo più lucente, effettuato, un tempo, facendolo passare rapidamente su una fiamma a gas

gaẓèbo /gadˈdzɛbo, *ingl.* gəˈziːbəʊ/ [vc. ingl., dalla sovrapposizione del v. (*to*) *gaz(e)* 'guardare fissamente' col lat. *(vid)ebo* 'vedrò' (?) ✱ 1963] **s. m. (pl. inv. o *-i* o ingl. *gazebos*)** ● chiosco da giardino | in luoghi pubblici, chiosco o struttura mobile per propaganda o partecipazione politica

†gaẓèlla ➤ **gazzella**

gaẓofilàcio [vc. dotta, lat. tardo *gazophy̆lacĭu(m)*, dal gr. *gazophylákion*, comp. di *gáza* 'tesoro' e *phylákion* 'custodia' ✱ sec. XIV] **s. m.** ● nel Nuovo Testamento, il luogo in cui, nel Tempio di Gerusalemme, si conservavano il tesoro e le offerte fatte a Dio

gaẓolìna ➤ **gasolina**

gaẓometrìa ➤ **gasometria**

gaẓòmetro ➤ **gasometro**

gaẓósa ➤ **gazzosa**

gaẓóso ➤ **gassoso**

gazpàcho /gasˈpatʃo, *sp.* °gaθˈpatʃo/ [vc. sp. di etim. incerta ✱ 1969] **s. m. inv. (pl. sp. *gazpachos*)** ● minestra fredda a base di peperoni, pomodori e cetrioli, tipica della cucina spagnola

gàẓẓa ① [lat. tardo *gāia(m)*, di etim. incerta ✱ sec. XIII] **s. f. 1** uccello dei Passeriformi dal piumaggio bianco, grigio e nero a riflessi verdi o violetti, che usa impossessarsi degli oggetti luccicanti (*Pica pica*) **2** (*fig., lett.*) persona ciarliera

†gàẓẓa ② ➤ **gassa**

gaẓẓàrra [arabo parl. *ġazāra* 'loquacità', dal v. *ġázura* 'abbondare' e quindi 'parlare molto' ✱ av. 1363] **s. f. 1** chiasso fastidioso, confusione: *fare g.*; *smettetela con questa g.!*; *g. elettorale* **2** (*lett.*) allegro trambusto: *era giorno di g. Si spillava la miglior botte* (I. NIEVO) **3** †strepito di giubilo, con spari di armi da fuoco, fuochi artificiali, squilli di campane, ecc.: *giunse l'ammiraglio … menando gran g. e trionfo* (G. VILLANI)

gaẓẓèlla o **†gaẓèlla** [arabo *ġazāla*, attraverso una lingua iberica ✱ sec. XIV] **s. f. 1** antilope africana dalle forme agili ed eleganti (*Gazella*): *essere veloce, agile come una g.* | ***occhi di g.***, grandi e malinconici **2** (*fig., gerg.*) la vettura più veloce in dotazione ai carabinieri

gàẓẓera [da *gazza* ① con sovrapposizione di *passero* ✱ 1427] **s. f.** ● (*raro, lett.*) gazza

†gaẓẓerìno [av. 1729] **agg.** ● di colore simile all'occhio della gazza **SIN.** turchiniccio

†gaẓẓeròtto [da *gazzera* ✱ av. 1494] **s. m. (f. *-a*) 1** giovane gazza **2** (*fig.*) chiacchierone | sciocco, sempliciotto

gaẓẓétta ① [etim. incerta ✱ 1585] **s. f.** ● moneta di mistura del valore di due soldi coniata a Venezia dal sec. XVI

gaẓẓétta ② [da *gazzetta* ①, ch'era il prezzo di una copia ✱ 1555] **s. f.** ● un tempo, giornale, quotidiano | nome di alcuni giornali o periodici: *G. dello Sport*; *G. del Mezzogiorno*; *La G. letteraria* | ***Gazzetta Ufficiale***, giornale edito a cura dell'autorità governativa per la pubblicazione delle leggi, dei decreti o delle disposizioni emanate dai più alti organi costituzionali e amministrativi dello Stato | ***andare per le gazzette***, (*fig., disus.*) essere l'oggetto della curiosità e dei pettegolezzi altrui | (*fig., disus.*) persona pettegola ‖ **gaẓẓettàccia**, **pegg.** | **gaẓẓettìno**, **dim. m.** (V.)

gaẓẓettànte [1618] **s. m. e f. 1** †giornalista; gazzettiere **2** (*raro, lett.*) chiacchierone

gaẓẓettière [1598] **s. m. (f. *-a*)** ● (*disus.*) giornalista, redattore | (*spreg.*) giornalista di poco valore: *gazzettieri che mercanteggiano… opinioni* (G. MAZZINI)

gaẓẓettìno [av. 1698] **s. m. 1** dim. di *gazzetta* **2** parte del giornale in cui si pubblicano notizie particolari: *g. regionale, teatrale, commerciale* | (*est.*) notiziario: *g. radiofonico* **3** (*fig., disus.*) persona curiosa e pettegola

gaẓẓettìstico [1965] **agg. (pl. m. *-ci*)** ● (*raro*) da gazzetta | (*spreg.*) ***critica gazzettistica***, poco seria

†gàẓẓo ① [da *gazza* ① ✱ 1585] **agg.** ● di colore glauco

gàẓẓo ② [etim. incerta ✱ 1956] **s. m.** ● berretto del doge genovese

gaẓẓósa (o **-ṣ-**) o **gaẓósa** (o **-ṣ-**), **gassósa** (o **-ṣa**), (*raro*) **gaṣósa** (o **-ṣa**) [f. sost. di *gassoso* ✱ 1868] **s. f.** ● bibita analcolica preparata con acqua, zucchero e anidride carbonica e aromatizzata spec. con essenza di limone

gaẓẓuòlo [da *gazzo* ① col suff. agg. *-(u)olo* ✱ av. 1597] **agg.** ● (*zool.*) detto dell'occhio del cavallo la cui iride, difettando di pigmento, prende una colorazione azzurrognola chiara

†ge ● V. **gi**

geàstro [comp. del gr. *gê* 'terra' e *astḗr* 'stella' per la sua forma di 'stella (terrestre)' ✱ 1834] **s. m.** ● genere di Funghi dei Gasteromiceti di forma globosa nell'individuo giovane, con involucro esterno aperto, in lamine petaliformi, a stella, nell'adulto (*Geaster*)

gèbel [arabo *ǧábal* 'montagna' ✱ 1942] **s. m. inv.** ● elevazione rocciosa, montagna, altopiano

†gecchìre [provenz. *jequir* 'piegare, umiliare', dal francone **jahhian* ✱ sec. XIII] **v. tr.** ● abbattere, umiliare

gèco [ingl. *gecko*, dal malese *gēkoq*, vc. onomat. del grido dell'animale ✱ 1839] **s. m. (pl. *-chi*)** ● piccolo e innocuo rettile degli Squamati simile alla lucertola ma con corpo tozzo, pelle a squame verrucose, dita a spatola munite inferiormente di lamelle adesive (*Tarentola mauritanica*)

gedanése (o **-ṣ-**) [vc. dotta, da *Gedanum*, ant. n. di Danzica ✱ 1983] **A agg.** ● (*lett.*) di Danzica **B s. m. e f.** ● abitante o nativo di Danzica

geek /*ingl.* giːk/ [vc. amer. 'appassionato, fanatico (di qlco.)' ✱ 1996] **s. m. e f. inv.** ● (*gerg.*) chi è un patito di Internet, computer e nuove tecnologie **CFR.** nerd

Geènna o **Gehènna** [vc. dotta, lat. eccl. *ge(h)ĕnna(m)*, dal gr. *Géenna*, dall'ebr. *gē Hinnōm* 'la valle di Ennom' ✱ sec. XIV] **s. f. 1** valle presso Gerusalemme dove si adorava con riti cruenti e sacrifici umani il dio Moloch; in seguito, luogo di raccolta di rifiuti **2** nella Bibbia, Inferno e luogo di espiazione eterna a mezzo del fuoco

SFUMATURE ➤ ***inferno*** ②

Geiger /ˈgaiger, *ted.* ˈgaegʌ/ [dal n. di H. *Geiger* che lo inventò insieme a W. Müller nel 1928 ✱ 1966] **s. m. inv.** ● (*ellitt.*) ***contatore di Geiger e Müller***, apparecchio che rivela le particelle emesse durante una reazione nucleare, e la presenza di raggi cosmici

gèisha /ˈgɛiʃʃa, *giapp.* gɛːˌçaˈ/ o **ghèiscia** [vc. giapp., propr. 'danzatrice', comp. di *sha* 'persona' e *gei* 'd'arte, artistico' ✱ 1905] **s. f. (pl. *-e*; giapp. inv.) 1** giovane donna giapponese istruita nella danza, nella musica e nella rituale cerimonia del tè, che interviene a rallegrare conviti | ***maniche alla g.***, maniche a kimono **2** (*est.*) donna molto disponibile a relazioni amorose

geitonogamìa [comp. del gr. *géitōn*, genit. *géitŏnos* 'vicino' e un deriv. di *gámos* 'matrimonio' ✱ 1956] **s. f.** ● (*bot.*) impollinazione che avviene col polline di un fiore vicino della medesima pianta

gel /dʒɛl/ o **gèlo** ② nel sign. 1 [dalle prime lettere dell'ingl. *gel(atin)* ✱ 1956] **s. m. inv. 1** (*chim.*) gelatina formatasi per coagulazione di un colloide mediante aggiunta di speciali sostanze oppure per raffreddamento | ***gel reversibile, irreversibile***, a seconda che la variazione prodotta per riscaldamento possa o no effettuarsi nel senso inverso per raffreddamento **2** sostanza gelatiniforme usata come prodotto medicamentoso o cosmetico | ***gel per capelli***, usato per fissarli e renderli lucenti

gelàda [da una lingua indigena ✱ 1952] **s. m. inv.** ● grossa scimmia cinocefala di colore bruno che vive in branchi numerosi e ha una lunga coda con ciuffo di peli all'estremità (*Theropithecus gelada*)

gelaménto o **†gielaménto** [sec. XIV] **s. m.** ● (*raro*) il gelare

♦**gelàre** o **†gielàre** [lat. *gelāre*, da *gĕlu(s)* 'gelo' ① ✱ av. 1292] **A v. tr.** (*io gèlo*) ● agghiacciare, congelare: *era un freddo che gelava le mani e i piedi* | (*fig.*) annichilire, impietrire: *le sue parole gelarono gli ascoltatori* **B v. intr. impers.** (aus. *essere* o *avere*) ● far freddo fino a produrre il gelo: *qui gela tutto l'inverno* **C v. intr.** (aus. *essere*) e **gelàrsi v. intr. pron. 1** diventare freddissimo, di ghiaccio, congelarsi (*anche fig.* o *iperb.*) (+ *di*, + *da*, + *per*): *il lago è gelato*; *l'acqua gela a 0 °C*; *mi si è gelato il sangue nelle vene*; *g. di* (o *dal*) *freddo*; *g. di* (o *per la*) *paura*; *qui dentro si gela*; *di dolor, di stupor, di meraviglia / tremò, gelò* (G.B. MARINO); *sentendosi g. dallo spavento* (C. COLLODI) **2** del latte, quagliarsi, rapprendersi

gelàṣimo [gr. *gelásimos* 'ridicolo' (per l'aspetto), da *gelân* 'ridere', di ambito gr.-armeno ✱ 1874] **s. m.** ● granchio marino, che, se maschio, ha una chela vistosamente sviluppata e l'altra ridotta (*Uca pugilator*)

gelàta [sec. XIII] **s. f. 1** diminuzione della

temperatura ad un valore uguale o inferiore a zero gradi: *d'inverno le gelate sono frequenti; le gelate danneggiano le campagne* | (*est.*) gelo, ghiaccio **2** †regione coperta di ghiaccio

gelatàio [da *gelato* * 1893] **s. m.** (**f.** *-aia*, **pl. m.** *-ai*) ● chi fa o vende gelati

gelaterìa [1939] **s. f.** ● negozio in cui si fanno o si vendono gelati

gelatièra [1926] **s. f.** ● macchina per fare i gelati

gelatière [1901] **s. m.** (**f.** *-a*) ● gelataio

gelatièro [1992] **agg.** ● che concerne la produzione e la commercializzazione del gelato: *industria gelatiera*

gelatìna [da *gelare* * sec. XIII] **s. f. 1** brodo di carne o di pesce solidificato mediante raffreddamento o aggiunta di sostanze collose | ***g. di frutta***, confettura che si ottiene facendo bollire la frutta con lo zucchero, filtrando il succo e lasciando che si rapprenda **CFR.** marmellata | ***g. reale***, pappa reale **2** miscela di proteine solubili ad alto peso molecolare, che si estrae, mediante ebollizione prolungata, da ossa, pelle, cartilagini animali; si usa nell'industria alimentare, cartaria, fotografica, tessile e farmaceutica | ***g. esplosiva***, miscela gelatinosa di nitrocellulosa e nitroglicerina ad azione esplosiva **3** (*bot.*) ***g. di terra***, alga azzurra unicellulare che vive in colonie a forma di masse gelatinose verde-azzurre od olivacee sulla terra molto umida dei boschi e dei prati (*Nostor commune*) **SIN.** spuma di primavera **4** (*med.*) terreno colturale per germi a base di proteine **5** (*teatro*) lastra colorata, sottile e trasparente usata per filtrare in varie tinte la luce dei riflettori **6** (*lett.*) †ghiaccio

gelatinàre [1875] **v. tr. 1** ricoprire, cospargere di gelatina **2** (*raro*) gelatinizzare

gelatinifórme [comp. di *gelatina* e *-forme* * 1869] **agg.** ● che ha consistenza e forma gelatinose

gelatinizzànte A **part. pres.** di *gelatinizzare*; anche **agg.** ● nel sign. del v. **B s. m.** ● preparato in grado di ridurre allo stato di gel sostanze solide o liquide

gelatinizzàre [da *gelatina* * 1865] **A v. tr.** ● ridurre allo stato di gelatina **B gelatinizzàrsi v. intr. pron.** ● diventare gelatinoso || **gelatinizzazióne**, **s. f.**

gelatinóso (o *-ṣ-*) [av. 1698] **agg. 1** che ha la consistenza o l'apparenza della gelatina: *un blocco di materia gelatinosa* | (*med.*) ***capsule gelatinose***, medicamenti somministrati sotto forma di involucri di gelatina **2** (*est.*) molliccio, flaccido **3** (*fig.*) incerto, ambiguo || **gelatinosità**, **s. f. inv.**

♦**gelàto** o †**gielàto A** **part. pass.** di *gelare*; anche **agg. 1** ghiacciato: *lago g.* | (*iperb.*) molto freddo: *piedi gelati* | ***freddo g.***, freddissimo | ***cono g.***, cialda conica riempita di gelato | (*est.*) detto di vivanda che si doveva servire calda e che si è lasciata troppo raffreddare: *caffè, brodo g.* **2** (*fig.*) irrigidito per stupore, timore e sim.: *rimasi g. dallo spavento* **B s. m. 1** dolce a base di succhi di frutta, latte, zucchero e altri ingredienti, solidificato per congelamento: *g. di crema, di fragola; g. al limone, al cioccolato; una coppa di g.* | ***g. da passeggio***, quello munito di un bastoncino o posto in un cono, che si può mangiare camminando **2** (*gerg.*) tipo di radiomicrofono usato in studi televisivi, dibattiti e sim. (così chiamato per la forma simile a quella di un cono gelato) || **gelatino**, **dim.** | **gelatóne**, **accr.**

gelazióne [da *gel*, sul modello dell'ingl. *gelation* * 1970] **s. f.** ● (*chim.*) formazione di un gel mediante processi chimici o fisici

gèldra [stessa etim. di *gilda* * av. 1587] **s. f. 1** (*lett.*) insieme numeroso di persone | (*lett.*, *spreg.*) accozzaglia, gentaglia **2** (*lett.*, *est.*) gruppo, insieme di animali

gelicìdio [vc. dotta, lat. *gelicīdiu(m)*, comp. di *gĕlu* 'gelo①' e *-cidium*, da *cădere*, come in *stillicidio* * av. 1320] **s. m.** (**pl.** *-i* o *raro -ii*) **1** (*meteor.*) fenomeno per cui uno strato di ghiaccio, sottile e vetroso, si forma immediatamente su superfici a temperatura inferiore a zero gradi colpite da pioggia **2** (*mar.*; *disus.*) danneggiamento subito dalle fibre del legname delle attrezzature a causa del gelo

gelidézza [av. 1566] **s. f.** ● (*raro*, *lett.*) caratteristica di ciò che è gelido (*spec. fig.*): *g. di modi*

♦**gèlido** o †**gièlido** [vc. dotta, lat. *gĕlidu(m)*, da *gĕlu(s)* 'gelo①' * av. 1321] **agg. 1** freddo come gelo: *aria, acqua gelida; aveva la fronte gelida; rimiro / l'ombra del padre squallida affacciarsi / a quei gelidi marmi* (V. Alfieri) **2** (*fig.*) totalmente privo di cordialità, affetto e sim.: *fare una gelida accoglienza* **SIN.** glaciale || **gelidétto**, **dim.** | **gelidino**, **dim.** || **gelidaménte**, **avv.** in modo gelido: *ci accolsero e ci trattarono gelidamente*

gelificànte A **part. pres.** di *gelificare*; anche **agg.** ● nei sign. del v. **B s. m.** ● sostanza capace di trasformare un colloide in gel

gelificàre [da *gel* e *-ficare* * 1956] **A v. tr.** (*io gelìfico, tu gelìfichi*) ● trasformare un colloide in gel **B v. intr.** (**aus.** *essere*) e **gelificàrsi v. intr. pron.** ● precipitare o coagularsi in gel, detto di un colloide || **gelificazióne**, **s. f.**

gelignìte [ingl. *gelignite*, di etim. incerta: forse da *gel(atine)* 'gelatina' e dal lat. *ĭgnis* 'fuoco' col suff. *-ite*② * 1957] **s. f.** ● esplosivo a base di nitroglicerina

gelìvo [da *gelo*① * 1941] **agg.** ● soggetto a disgregarsi per l'azione del gelo e disgelo: *roccia geliva*

gellàba [arabo *ǧallāba*, alterazione di *ǧallābiyya* * 1892] **s. f.** ● ampia e lunga veste, tipica degli arabi dell'Algeria e del Marocco, con maniche e cappuccio, in lana o cotone

♦**gèlo** ① o †**gièlo** [lat. *gĕlu*, di orig. indeur. * av. 1292] **s. m. 1** temperatura pari o inferiore a zero gradi: *il g. di gennaio; giorni di g.* | (*est.*) inverno: *quando giungerà il g.* | (*est.*) freddo pungente: *Quali i fioretti, dal notturno g. / chinati e chiusi* (Dante *Inf.* II, 127-128) **2** ghiaccio: *il campo era ricoperto di g.* | (*fig.*) ***farsi, mostrarsi di g.***, comportarsi in modo del tutto privo di cordialità | brinata, gelata: *il g. di certe albe invernali* **3** (*fig.*) impressione di freddo provocata da dolore, sbigottimento, paura: *sentì il g. penetrargli nelle ossa; il g. della morte* | (*fig.*) ostilità, freddezza: *la sua battuta provocò un gran g. tra i commensali* **4** †glassa di zucchero con cui si ricoprivano i dolci | (*lett.*) gelatina | (*lett.*) bevanda ghiacciata

gèlo ② ➤ **gel** nel sign. 1

gelóne ① [da *gelo*, che lo cagiona * 1822] **s. m.** ● (*med.*) processo infiammatorio spec. delle dita di mani e piedi e dei lobuli degli orecchi, per azione del freddo; si presenta come tumefazione arrossata e calda, dolente e pruriginosa **SIN.** pernione

gelóne ② [da *gelone*①, per l'aspetto e per il colore (bianco livido) (?) * av. 1527] **s. m.** ● fungo delle Agaricacee che cresce sui tronchi degli alberi, mangereccio da giovane (*Pleurotus ostreatus*) **SIN.** orecchietta, orecchione, pleuroto

♦**gelosìa** ① [da *geloso* * av. 1250] **s. f. 1** stato d'animo proprio di chi dubita dell'amore, della fedeltà e sim. della persona amata, o teme che essa ami un'altra persona (+ *per*, + *di*): *era tormentato dalla g.; è pazzo di g. per lei; Lo confesso. Ho g. di colui* (C. Goldoni); *Una folle, amara g. per il giovine dottore* (I. Svevo) **2** risentimento che si prova verso chi riceve vantaggi o affettuosità che si vorrebbero soltanto per sé (+ *per*): *prova g. per il fratellino* | invidia, rivalità: *g. di mestiere, di potere; i suoi successi destarono la g. di tutti* **3** zelo, cura scrupolosa: *custodire qlco. con g.; ho tenuto quest'Opera presso di me con grandissima g.* (C. Goldoni) **4** (*lett.*) sospetto, apprensione

SFUMATURE ➤ ***invidia***

gelosìa ② [da *gelosia*①, per la quale si difesero, con le persiane, le donne dagli indiscreti sguardi altrui * 1536] **s. f.** ● persiana o sportello di persiana con stecche di legno

♦**gelóso** (o *-ṣ-*) [lat. *zelōsu(m)*, da *zēlus* 'zelo' * av. 1250] **agg. 1** che sente o manifesta gelosia in amore (+ *di*): *marito g.; è g. della moglie; Sarebbe ridicolo da parte mia di essere gelosa della mia migliore amica!* (I. Svevo); *guardare con occhi gelosi* **2** che prova risentimento, invidia o rivalità (+ *di*): *è g. della sorellina; è sospettoso e g. di tutti i suoi colleghi* **3** che difende con zelo ciò che gli è caro (+ *di*): *essere g. dell'onore, della dignità; è gelosa della sua indipendenza* | che custodisce con cura scrupolosa: *è molto g. dei suoi libri* **4** (*raro*) che dà apprensioni e timori: *segreto g.* | †fragile **5** (*lett.*) timoroso, sospettoso || **gelosétto**, **dim.** | **gelosóne**, **accr.** || **gelosaménte**, **avv.** con zelo, con cura, con scrupolo: *protegge gelosamente la sua vita privata; custodire gelosamente un segreto*

gelotologìa [vc. dotta, comp. del gr. *gélōs*, genit. *gélōtos*, 'riso, risata' e *-logia* * 1999] **s. f.** (**pl.** *-gie*) ● (*med.*) disciplina che studia le potenzialità terapeutiche del buon umore e del riso, con applicazioni soprattutto in pediatria

gèlsa [da *gelso* * 1319] **s. f.** ● (*lett.*) frutto del gelso

gelsèmio [da *gelsomino* con adattamento ai modelli del lat. scient. * 1892] **s. m. 1** genere di piante rampicanti delle Loganiacee con fiori gialli e rizoma ricco di vari alcaloidi (*Gelsemium*) **2** droga contenente alcaloidi tossici e allucinanti tratti dal rizoma della pianta omonima, usata in terapia come antinevralgico

gelséto [da *gelso* * 1831] **s. m.** ● terreno piantato a gelsi

gelsibachicoltùra [comp. di *gelso*, *baco*① e *coltura* * 1941] **s. f.** ● allevamento del baco da seta abbinato alla coltivazione del gelso

gelsicoltóre o **gelsicultóre** [comp. di *gelso* e *coltore* 'coltivatore', var. di *cultore* * 1875] **s. m.** (**f.** *-trice*) ● chi pratica la gelsicoltura

gelsicoltùra o **gelsicultùra** [comp. di *gelso* e *coltura* * 1870] **s. f.** ● coltivazione dei gelsi

gelsicultóre ➤ **gelsicoltore**

gelsicultùra ➤ **gelsicoltura**

gèlso [lat. *cĕlsa(m)* 'alta', sottinteso *mōru(m)* 'pianta del gelso', in contrapposizione alla più bassa mora di rovo * 1319] **s. m.** ● pianta arborea delle Moracee, con foglie cuoriformi o lobate di cui si nutrono i bachi da seta, e frutti composti bianchi, simili a more (*Morus alba*) **SIN.** moro bianco | ***g. nero***, pianta arborea delle Moracee simile al gelso ma con sincarpi neri, grossi e commestibili (*Morus nigra*) **SIN.** moro nero

gelsomìno [persiano *yāsamīn*, di orig. iranica con sovrapposizione di *gelso* * sec. XIII] **s. m.** ● arbusto sarmentoso delle Oleacee dai fiori stellati bianchi o gialli e molto profumati (*Jasminum*) | ***g. di Spagna***, catalogno

gemebóndo [vc. dotta, lat. *gemebŭndu(m)*, deriv. di *gĕmere* 'gemere' * 1499] **agg. 1** (*lett.*) che geme e si lamenta | (*lett.*) piagnucoloso **2** †che è causa di affanni

gemellàggio [da *gemello*, come il corrispondente fr. *jumelage* ✱1963] **s. m.** • associazione fra due comuni di diversi Stati, volta a favorire le relazioni commerciali e culturali

gemellànza [1956] **s. f.** • rapporto di consanguineità esistente tra gemelli

gemellàre ① [vc. dotta, lat. **gemellāre(m)*, da *gemĕllus* 'gemello' ✱1954] **agg.** • di gemelli: *gravidanza g.*; *parto g.* CFR. plurigemellare ‖ **gemellarità**, **s. f. inv.** (*biol.*) fenomeno del concepimento e della nascita di gemelli; ***gemellarità vera***, nascita di due fratelli da un solo oocita fecondato

gemellàre ② [da *gemello* ✱1970] **A v. tr.** (*io gemèllo*) • unire mediante gemellaggio: *g. due città*; *g. una città con un'altra* **B gemellàrsi v. intr. pron. e rifl. recipr.** • unirsi in gemellaggio

gemellarità ▸ **gemellare** ①

gemellàto **part. pass.** di *gemellare* ②; anche **agg.** • unito in gemellaggio

g

Gemèlli [pl. di *gemello* ✱1321] **A s. m. pl.** **1** (*astron.*) costellazione dello zodiaco che si trova fra quella del Toro e quella del Cancro **2** (*astrol.*) terzo segno dello zodiaco, compreso fra sessanta e novanta gradi dell'anello zodiacale, che domina il periodo compreso fra il 22 maggio e il 21 giugno **B s. m. e f. inv.** • persona nata sotto il segno dei Gemelli

gemellìpara [vc. dotta, lat. *gemellĭpara(m)*, comp. di *gemĕllus* e *-para*, da *părere* 'partorire' ✱ av. 1729] **A s. f.** • donna o femmina di animale che ha partorito gemelli **B anche agg. solo f.**: *donna g.*

♦**gemèllo** [vc. dotta, lat. *gemĕllu(m)*, dim. di *gĕminus* 'gemino' ✱av. 1292] **A agg.** **1** nato dallo stesso parto, spec. detto di persona: *fratelli gemelli* **2** di cose molto simili o affini, che possono costituire o costituiscono una coppia: *due tragedie gemelle* | ***anime gemelle***, che sentono alla stessa maniera e sono attratte l'una verso l'altra | ***letti gemelli***, che possono accoppiarsi e formano un letto per due | (*anat.*) ***muscolo g.***, ciascuno dei due muscoli della gamba che formano la prominenza del polpaccio **B s. m.** **1** (**f.** *-a*) (*biol.*) ciascuno degli individui nati contemporaneamente nelle specie di Mammiferi in cui di norma si ha un solo figlio per volta | ***gemelli monozigotici, monocoriali***, derivati da un solo uovo fecondato, dotati di patrimonio ereditario identico e forniti degli stessi annessi embrionali e fetali | ***gemelli dizigotici, bicoriali***, derivati da due uova diverse fecondate contemporaneamente, dotati di patrimonio ereditario diverso e forniti di annessi embrionali e fetali distinti | (*est.*) ***somigliarsi come gemelli***, moltissimo **2** (**spec. al pl.**) ciascuna coppia di bottoni usata per allacciare i polsini della camicia ‖ **gemellino**, **dim.**

gemellologìa [comp. di *gemello* e *-logia* ✱ 1956] **s. f.** (**pl.** *-gìe*) • branca della biologia e della medicina che studia i problemi relativi alla gemellarità

♣**gèmere** [vc. dotta, lat. *gĕmere*, di etim. incerta ✱1313] **A v. intr.** (**pass. rem.** *io gemètti* o *geméi, tu geménsti*; **part. pass.** *gemùto*; **aus.** *avere* **nei sign. 1, 2, 3 e 4,** *essere* **o** *avere* **nel sign. 5)** **1** lamentarsi sommessamente: *si sentiva distintamente il ferito g.* | emettere grida soffocate, mugolii: *g. di voluttà* | (*fig.*, *lett.*) soffrire in silenzio: *l'universo tutto quanto insieme / … or sotto il falso geme* (T. CAMPANELLA) **2** produrre cigolii, scricchiolii: *il palco gemeva sotto il peso eccessivo* | ***fare g. i torchi***, (*disus.*, *spec. iron.*) stampare **3** rumoreggiare con monotonia: *nella notte si udiva distintamente g. il mare* **4** emettere un verso lamentoso, detto del colombo e della tortora **5** gocciolare, stillare, trasudare: *la ferita ha gemuto a lungo*; *il vino è gemuto dalla botte* | (*fig.*) filtrare: *la luce geme da uno spiraglio* **B v. tr.** • emettere: *la ferita gemeva sangue* | (*poet.*) lamentare: *gemendo / il fior dei tuoi gentili anni caduto* (U. FOSCOLO)

gemicàre [lat. parl. **gemicāre*, da *gĕmere* 'gemere' ✱av. 1422] **v. intr.** (*io gèmico, tu gèmichi*; **aus.** *essere* o *avere*) • (*raro, lett.*) gocciolare, stillare

geminàle [dal lat. *gĕminus* 'gemino' ✱1993] **agg.** • (*chim.*) detto di isomero di posizione di un idrocarburo che contiene due sostituenti legati allo stesso atomo di carbonio

geminàre [vc. dotta, lat. *gemināre*, da *gĕminus* 'gemino' ✱av. 1327] **A v. tr.** (*io gèmino*) • render doppio, raddoppiare **B geminàrsi v. intr. pron.** • raddoppiarsi

geminàto **part. pass.** di *geminare*; anche **agg.** **1** doppio, raddoppiato **2** (*ling.*) detto di segno grafico che si ripeta immediatamente | detto di consonante o vocale che ha maggiore intensità e durata della corrispondente semplice SIN. doppio, lungo CONTR. breve, semplice **3** (*archeol.*) ***lettere geminate***, saldate in modo da formare un solo segno o segnate per indicare un'abbreviazione nelle iscrizioni **4** (*bot.*) detto di parte di un vegetale che nasce insieme a un altro su un sostegno comune **5** (*miner.*) ***cristalli geminati***, gruppo di due o più cristalli della stessa specie che si formano assieme e sono uniti per contatto o per compenetrazione

geminatùra [sec. XIX] **s. f.** • (*raro*) geminazione

geminazióne [vc. dotta, lat. *geminatiōne(m)*, da *geminātus* 'geminato' ✱1468] **s. f.** **1** il geminare, il geminarsi | (*miner.*) formazione di cristalli geminati **2** (*ling.*) ripetizione immediata di un suono: *g. di una consonante* | epanalessi

gèmino [vc. dotta, lat. *gĕminu(m)*, di non chiara orig. indeur. ✱av. 1374] **agg.** • (*lett.*) duplice: *da le quali ambe posizioni seguita gemina confusione* (G. BRUNO)

gemitìo o **gemizìo**, spec. nel sign. 3 [da *gemito* con suff. iter. ✱sec. XV] **s. m.** (**pl.** *-ii*) **1** (*lett.*) il continuo e lento gocciolare di umidità da muri, grotte e sim.: *il g. d'una cannella* (G. D'ANNUNZIO) SIN. stillicidio | il luogo in cui l'acqua, l'umidità e sim. gocciolano o trasudano **2** (*med.*) trasudamento di umori, di liquidi organici

♣**gèmito** [vc. dotta, lat. *gĕmitu(m)*, dal part. pass. di *gĕmere* 'gemere' ✱1313] **s. m.** • lamento, grido sommesso di dolore: *i gemiti degli agonizzanti* | grido soffocato, mugolio: *gemiti di piacere* | (*fig.*, *lett.*) suono cupo, lamentoso: *il g. del vento le penetrava sin nelle ossa* (G. VERGA)

gemizìo ▸ **gemitio**

♦**gèmma** [vc. dotta, lat. *gĕmma(m)*, di orig. indeur. ✱av. 1250] **s. f.** **1** (*bot.*) insieme costituito da un apice vegetativo e dagli abbozzi fogliari o fiorali da esso formati che, nello stato di dormienza, può essere ricoperto da brattee | ***g. ascellare***, situata all'ascella della foglia | ***g. apicale, terminale***, situata all'apice di un ramo **2** (*biol.*) nella gemmazione, abbozzo di un nuovo individuo **3** (*miner.*) pietra preziosa di gran pregio per colore, luminosità, durezza, trasparenza e in genere per tutte le proprietà che esaltino l'aspetto visuale, che viene ulteriormente valorizzato da un taglio particolare ottenuto artificialmente SIN. pietra preziosa **4** (*fig.*, *lett.*) stella, astro: *le gemme del firmamento* | (*est.*) tutto ciò che splende per bellezza, pregio artistico, preziosità ecc.: *le gemme della nostra letteratura* | persona colma di virtù, qualità e sim.: *una g. del nostro firmamento letterario* ‖ **gemmétta**, **dim.** | **gemmina**, **dim.**

gemmànte [av. 1608] **agg.** • (*lett.*) che ha lucentezza di gemma | adorno di gemme

gemmàre [vc. dotta, lat. *gemmāre*, da *gĕmma* 'gemma' ✱av. 1320] **A v. intr.** (*io gèmmo*; **aus.** *avere*) • mettere le gemme: *gemmava il fico, biancheggiava il pruno* (G. PASCOLI) **B v. tr.** • (*lett.*) ornare di gemme

gemmàrio [vc. dotta, lat. tardo *gemmāriu(m)*, da *gĕmma* 'gemma' ✱1471] **agg.** **1** (*bot.*) delle gemme **2** (*miner.*) relativo alle pietre preziose | ***arte gemmaria***, oreficeria | ***artefice g.***, intagliatore di gemme

gemmàto **part. pass.** di *gemmare*; anche **agg.** • ornato di gemme

gemmazióne [1869] **s. f.** **1** (*bot.*) emissione, fuoriuscita di gemme sulle piante **2** (*biol.*) processo di riproduzione asessuata proprio di organismi inferiori, durante il quale su un individuo si formano protuberanze che si accrescono e poi si staccano per formare nuovi individui

gèmmeo [vc. dotta, lat. *gĕmmeu(m)*, agg. di *gĕmma* 'gemma' ✱1798] **agg.** • (*lett.*) di gemma | splendente come una gemma

gemmìfero [vc. dotta, lat. *gemmĭferu(m)*, comp. di *gĕmma* e *-fer* '-fero' ✱1585] **agg.** • (*raro*) che produce o porta gemme: *terreno g.*

gemmìparo [comp. di *gemma* e del lat. *-paro*, da *părere* 'partorire' ✱1844] **agg.** • che si riproduce per mezzo di gemme

gemmoderivàto [comp. di *gemm(a)* e *derivato* ✱1989] **s. m.** • (*farm.*) preparato in glicerina di gemme o altri tessuti vegetali in via di sviluppo, usato nella gemmoterapia

gemmologìa [comp. di *gemma* e *-logia* ✱ 1956] **s. f.** (**pl.** *-gìe*) • disciplina che si occupa delle pietre preziose

gemmològico [1979] **agg.** (**pl. m.** *-ci*) • che riguarda la gemmologia: *analisi gemmologiche*

gemmòlogo [1991] **s. m.** (**f.** *-a*; **pl. m.** *-gi*) • esperto, studioso di gemmologia

gemmóso (o **-ṣ-**) [vc. dotta, lat. tardo *gemmōsu(m)*, da *gĕmma* 'gemma' ✱1634] **agg.** • ricco di gemme

gemmoterapìa [comp. di *gemm(a)* e *terapia* ✱1985] **s. f.** • (*farm.*) ramo della fitoterapia che impiega gemmoderivati

gèmmula [vc. dotta, lat. *gĕmmula(m)*, dim. di *gĕmma* 'gemma' ✱av. 1910] **s. f.** • (*biol.*, *raro*) oosfera

gemmulàrio [da *gemmula* ✱1892] **s. m.** • l'ovario delle piante

gemònie [vc. dotta, lat. *Gemōniae* (*scālae*), da un n. gentilizio etrusco accostato per etim. pop. a *gĕmere* 'gemere' ✱av. 1375] **s. f. pl.** **1** nell'antica Roma, scalinata sul pendio del Campidoglio dove venivano trascinati i cadaveri dei giustiziati per essere gettati nel Tevere **2** (*lett.*, *fig.*) luogo d'infamia | pena infamante

†**gèna** [vc. dotta, lat. *gĕna(m)*, usata più spesso al pl., da una radice indeur. col sign. fondamentale di 'masticare' ✱1321] **s. f.** • (*lett.*) guancia: *Diffuso era per li occhi e per le gene / di benigna letizia* (DANTE *Par.* XXXI, 61-62)

genàrca [gr. *genárchēs*, comp. di *génos* 'razza, stirpe' e *archós* 'capo' ✱1813] **s. m.** (**pl.** *-chi*) • (*disus.*) capostipite, progenitore

genàre [fr. *gêner*, da *gêne* 'fastidio', ant. 'tortura', a sua volta dall'ant. *gehir* 'confessare', vc. d'orig. francone ✱1813] **v. tr.** (*io gèno*) • (*raro, piemontese*) mettere in imbarazzo, mettere a disagio: *anche in compagnia mi genava trovarmi con lui* (B. FENOGLIO)

gènco /ˈdʒɛnko, *ingl.* ˈdʒɛnkəʊ/ [sigla ingl. di *gen(eration) co(mpany)* 'azienda per la produzione di elettricità' ✱2000] **s. f. inv.** (**pl. ingl.** *gencos*) • impresa che gestisce impianti per la produzione di energia elettrica

gendàrme o (*pop.*) †**giandàrme** [fr. *gen-*

darme, da *gens d'arme* 'gente d'arma' ✱1525] **s. m. 1** anticamente, soldato di cavalleria pesante | in alcuni Stati esteri, soldato di gendarmeria addetto alla tutela dell'ordine pubblico | (*disus.*) carabiniere, guardia | ***faccia da g.***, burbera **2** (*fig.*) donna alta, dai modi bruschi e autoritari **3** nel linguaggio alpinistico, torrione roccioso su una cresta

gendarmerìa [fr. *gendarmerie*, da *gendarme* ✱1702] **s. f.** ● corpo di soldati con funzioni di polizia: *la g. francese* | (*est.*) caserma dei gendarmi

gendarmésco [1875] **agg.** (**pl. m.** *-schi*) ● (*spreg.*) da gendarme: *tono dogmatico, inquisitorio, g.* (G. CARDUCCI) || **gendarmescaménte**, **avv.**

gènder /*ingl.* 'dʒɛndə(r)/ [vc. ingl., propr. 'genere, sesso' ✱1971] **s. m. inv.** ● genere, nel sign. 7

♦**gène** [vc. dotta, dal ted. *Gen*, dal gr. *génesis* 'generazione' ✱1932] **s. m.** ● (*biol.*) particella dei cromosomi portatrice dei caratteri ereditari | ***struttura fine del g.***, struttura caratterizzata da elevata regolarità, alla quale è legata l'informazione genetica

Definizione d'autore

L'informazione genetica, che consiste principalmente nelle istruzioni per costruire le varie proteine del corpo, è portata dal DNA e si articola su un certo numero di unità elementari dette geni. Il **gene** corrisponde a quel tratto di DNA che porta l'informazione per costruire una determinata proteina utilizzando un opportuno codice detto codice genetico. Quando ho cominciato a occuparmene, il **gene** era un tratto continuo di DNA. Poi si è visto che negli animali superiori questo tratto era interrotto da sequenze di DNA non direttamente utilizzate. All'interno di alcune di queste, subito a monte e subito a valle del **gene** stesso, si trovano sequenze che regolano il dove, il quanto e il quando della costruzione della corrispondente proteina. Oggi le cose sono molto più complesse e coinvolgono anche la sintesi di piccoli RNA regolatori detti microRNA, ma la definizione di **gene** resta la stessa.

Edoardo Boncinelli

genealogìa [vc. dotta, lat. tardo *genealŏgia(m)*, dal gr. *genealogía*, comp. di *geneá* 'nascita' e *-logía* '-logia' ✱1426 ca.] **s. f.** (**pl.** *-gìe*) **1** disciplina che accerta e studia i rapporti di parentela, di affinità o di attinenza che intercorrono fra le diverse persone di una o più famiglie **2** (*est.*) serie dei componenti di una famiglia, dal capostipite agli ultimi discendenti: *la g. dei Savoia, dei Borboni* | origine di una popolazione: *la g. degli Etruschi* | discendenza di animali di razza: *la g. di un purosangue*

genealògico [vc. dotta, gr. *genealogikós*, da *genealogía* 'genealogia' ✱1662] **agg.** (**pl. m.** *-ci*) ● relativo alla genealogia, alla discendenza: *indagini genealogiche*; *albero g.* | ***tavole genealogiche***, prospetti grafici dell'intera discendenza da uno stesso ceppo || **genealogicaménte**, **avv.** secondo la genealogia

genealogìsta [av. 1686] **s. m. e f.** (**pl. m.** *-i*) ● studioso, esperto di genealogia

genepì o **genipì** [fr. *génépi* o *génipi*, di orig. savoiarda e di etim. incerta ✱1833] **s. m. inv. 1** pianta erbacea delle Composite di alta montagna, con foglie frastagliate e fiorellini verdi (*Artemisia*) **2** liquore ottenuto dalla distillazione della pianta omonima e di altre erbe aromatiche alpine

generàbile [vc. dotta, lat. *generābile(m)*, da *gĕnus*, genit. *gĕneris* 'genere' ✱av. 1328] **agg.** ● (*raro*) che si può generare | che si genera facilmente || **generabilità**, **s. f. inv.**

generàla [1744] **s. f.** ● generalessa

generalàto [da *generale*② ✱sec. XIV] **s. m.** ● carica, ufficio e sede del generale spec. di un ordine o di una congregazione religiosa cattolica | durata di tale carica

♦**generàle**① [vc. dotta, lat. *generāle(m)* 'che si riferisce al genere (*gĕnus*, genit. *gĕneris*)', opposto poi, secondo il modello gr., a *speciāle(m)* 'speciale' ✱1261 ca.] **A agg. 1** che concerne tutti gli elementi che formano un genere, una categoria, un insieme: *teoria g.*; *principi generali* CONTR. particolare, speciale | ***indice g.***, degli argomenti, degli autori, e sim., trattati o citati in un'opera | ***benessere, malessere g.***, che interessa tutto l'organismo | ***assemblea g.***, di tutti gli aventi diritto | ***Procura g.***, V. *procura* | ***norma g.***, che ha efficacia in tutto il territorio dello Stato | ***linguistica g.***, studio dei fatti e delle leggi comuni a lingue diverse **2** che è comune a tutti o alla maggioranza: *opinione, approvazione, consenso, soddisfazione, malcontento g.*; *questioni di interesse g.* | ***a g. richiesta***, di spettacolo o parte di esso replicato per comune desiderio del pubblico **3** che coordina e dirige l'intera attività di un'organizzazione: *comando, direzione g.* | che ricopre il grado più alto, detto di persona: *segretario, direttore g.* | ***Procuratore g. della Repubblica***, Pubblico Ministero che esercita la propria funzione in Corte d'appello o in Corte di Cassazione | ***ufficiali generali***, di grado superiore a quello di colonnello | ***quartier g.***, organismo che esplica mansioni logistiche e amministrative miranti al comando di una grande unità; sede dello stesso | ***affari generali***, in un'amministrazione, quelli relativi al suo funzionamento e al personale che vi presta servizio | ***Capitolo g.***, cui intervengono tutti i frati di uno stesso ordine | ***ministro, superiore g.***, regolare che è capo di un ordine o di una congregazione religiosa cattolica **4** generico, vago: *una proposta troppo g.* | astratto: *teoria, tesi g.* | ***in g.***, in modo generico: *parlavo in g.*; nella maggioranza dei casi: *in g., gli studenti di questa scuola sono ben preparati*; generalmente, di solito: *in g. ceniamo in casa* | ***stare, mantenersi sulle generali***, (*ellitt.*) affrontare un argomento genericamente e senza scendere nei particolari || **generalménte**, †**generaleménte**, **avv. 1** (*raro*) in modo generale: *affrontare un argomento generalmente* **2** d'ordinario, solitamente: *generalmente vado a scuola a piedi* **3** dai più: *generalmente si ritiene che questa sia una lettura educativa* || **generalità**, **s. f. inv.** (V.) **B s. m. 1** (*raro*) la generalità **2** punto di vista o aspetto generale di qlco.: *attenersi al g.* CONTR. particolare **C s. f.** ● (*lett.*) adunata dei soldati | (*lett.*) ***battere, suonare la g.***, chiamare alle armi tutti i soldati di un reparto mediante un apposito segnale di tromba o di tamburo

SFUMATURE ➤ *universale*

♦**generàle**② [sost. dell'agg. *generale* apposto a *capitano* ✱av. 1380] **s. m.** (**f.** *-éssa*) **1** massima categoria della gerarchia militare, successiva a quella degli ufficiali superiori | massimo grado raggiungibile da un ufficiale dell'esercito, dell'aeronautica o dell'Arma dei Carabinieri, corrispondente a quello di ammiraglio della marina militare | la persona che ha tale grado | *G. di brigata, di divisione, di Corpo d'armata*, rispettivamente primo, secondo e terzo grado della gerarchia degli ufficiali generali dell'esercito e dei Carabinieri | ***g. Inverno***, V. *inverno* **2** (*mar.*) †ammiraglio **3** (*relig.*) ministro o superiore generale di un ordine o di una congregazione religiosa cattolica || **generalóne**, **accr.**

generalésco [1956] **agg.** (**pl. m.** *-schi*) ● (*iron.*) da generale: *il suo atteggiamento g. appariva ridicolo* || **generalescaménte**, **avv.**

generaléssa [1801] **s. f. 1** (*scherz.*) moglie di un generale **2** (*relig.*) superiora di un ordine o di una congregazione di suore cattoliche **3** (*fig.*) donna di carattere imperativo e autoritario

generalìssimo [da *generale*② col suff. *-issimo* dei superl. ✱av. 1332] **s. m.** ● un tempo, comandante supremo di un esercito

generalìsta [dall'agg. *generale*, in contrapposizione a *speciale* ✱1988] **A agg.** (**pl. m.** *-i*) ● detto di rete o canale televisivo che, per la varietà della programmazione, può soddisfare le esigenze di ogni segmento di pubblico CFR. tematico | (*est.*) che si occupa di più settori, che tratta vari argomenti: *informazione g.*; *portale g.* **B s. m. e f.** ● (*zool.*) predatore caratterizzato da un regime alimentare variato CONTR. specialista

generalità [vc. dotta, lat. tardo *generalitā-te(m)*, da *generālis* 'generale①' ✱1336 ca.] **s. f. inv. 1** caratteristica, condizione di ciò che è generale: *la g. di un principio, di una tesi, di una legge* **2** (*raro*) concetto generico, esposto in modo superficiale: *è un'opera piena di g.* **3** la maggioranza, il maggior numero: *la g. dei bambini non crede più alle favole*; *nella g. dei casi l'uso del vocabolo è improprio* | †***in g.***, di solito **4** †regola generale **5** (**al pl.**) complesso di dati quali nome, cognome, paternità, data di nascita e sim. necessarie per determinare l'identità di una persona: *chiedere, dare, declinare le g.*

generalìzio [1658] **agg. 1** (*raro*) relativo a un generale **2** (*relig.*) relativo a generale o di ordine religioso cattolico: *casa generalizia*

generalizzàbile [av. 1799] **agg.** ● che può essere generalizzato || **generalizzabilità**, **s. f. inv.**

generalizzàre [fr. *généraliser*, da *général* 'generale①' ✱1666] **A v. tr. 1** rendere comune, diffondere: *g. un'usanza* | ***g. una formula***, darle ampiezza e applicazione superiore SIN. estendere **2** attribuire un valore generale: *g. una conclusione, un giudizio* | (*assol.*) risalire dai casi particolari a un'affermazione generale: *avere, mostrare attitudine a g.* **3** (*burocr.*) registrare le generalità di qlcu.: *g. un fermato* **B generalizzàrsi v. intr. pron.** ● diventare generale, esteso, comune: *certe cattive usanze che … minacciano di generalizzarsi* (P. ARTUSI) || **generalizzazióne**, **s. f.**

generalizzàto **part. pass.** di *generalizzare*; anche **agg. 1** nei sign. del v. **2** diffuso, esteso: *un uso, un giudizio ormai g.*

gèneral mànager /'dʒɛneral 'manadʒer, *ingl.* ˌdʒɛnərəl'mænɪdʒə(r)/ [loc. ingl., propr. 'direttore generale' ✱1953] **loc. sost. m. e f. inv.** (**pl. ingl.** *general managers*) ● dirigente che ha la responsabilità completa e diretta di un'impresa o di un suo settore

generàre [vc. dotta, lat. *generāre*, da *gĕnus*, genit. *gĕneris*, 'genere' ✱1065] **A v. tr.** (*io gènero*) **1** far nascere, dare la vita a un essere della medesima specie: *g. un figlio* | (*est.*) produrre, far nascere: *la terra, la natura genera ogni specie di piante*; *la nostra patria ha generato molti uomini illustri* | produrre: *g. elettricità, energia* **2** (*fig.*) far sorgere, cagionare: *g. affetti, passioni, desideri, invidia*; *ibridismi inetti a g. verità* (B. CROCE) SIN. causare **B generàrsi v. intr. pron.** ● prodursi, formarsi: *la muffa si genera dalla prolungata umidità*

generativìsmo [comp. di *generativ(o)* e *-ismo* ✱1984] **s. m.** ● (*ling.*) teoria della grammatica generativa

generativìsta [1971] **A s. m. e f.** (**pl. m.** *-i*) ● seguace o studioso del generativismo **B agg.** ● relativo al generativismo

generatìvo [vc. dotta, lat. tardo *generatī-vu(m)*, da *generātus* 'generato' ✱1308] **agg.**

a b c d e f **g** h i j k l m n o p q r s t u v w x y z

1 che genera, che è idoneo a generare: *virtù, forza, potenza generativa* | che serve a produrre: *cause generative* | (*bot.*) ***nucleo g.***, nel granello di polline, la parte in rapporto con la riproduzione sessuale **2** (*ling.*) ***grammatica generativa***, teoria che considera la grammatica come un insieme di regole esplicite atte a descrivere come grammaticali non solo le frasi di una lingua empiricamente accertate, ma anche tutte le frasi potenzialmente possibili della lingua stessa || **generativaménte**, **avv.** dal punto di vista generativo

generatóre [vc. dotta, lat. *generatōre(m)*, da *generātus* 'generato' ✱ 1308] **A** **agg.** (**f.** *-trice*) ● che genera, produce: *organo, principio g.*; *mente generatrice di idee* | (*mat.*) ***frazione generatrice***, di un numero periodico, è quella che ha valore uguale a quello del numero **CFR.** -foro, -geno, -paro **B** **s. m.** **1** (**f.** *-trice*) (*raro*) chi genera, produce **2** apparecchio trasformatore di energia o dispositivo nel quale avviene una trasformazione fisica o chimica: *g. elettrico, idraulico* | ***g. a corrente continua***, dinamo | ***g. di vapore***, caldaia a vapore | ***g. sincrono***, alternatore | ***g. campione***, generatore di segnali a elevata precisione, usato nella tecnica delle misure elettroniche

generatrice [1940] **s. f.** ● (*mat.*) ciascuna delle rette di una superficie rigata | frazione generatrice

generazionàle [da *generazione* nel sign. 3 ✱ 1963] **agg.** ● relativo a una generazione: *comportamento g.* | relativo a due o più generazioni, spec. considerate in contrapposizione tra loro: *conflitti generazionali* || **generazionalménte**, **avv.**

♦**generazióne** [vc. dotta, lat. *generatiōne(m)*, da *generātus* 'generato' ✱ 1261 ca.] **s. f.** **1** procreazione di un individuo della stessa specie: *g. di figli* **CFR.** gono-, -gonia | nella teologia cattolica e ortodossa, la relazione (o 'processione') tra Figlio e Padre nella Trinità **2** complesso degli appartenenti a una famiglia che si trovano a un medesimo grado di discendenza dal capostipite comune: *i miei fratelli e io apparteniamo alla stessa g.* | ***prima, seconda g.***, i figli, i nipoti: *immigrati di seconda g.* | ***fino alla settima g.***, (*fig.*) fino ai più lontani discendenti **3** periodo di tempo, mediamente 25 anni, che separa due generazioni successive | l'insieme di quelli che hanno circa la stessa età: *il nonno, il padre, il figlio appartengono a tre diverse generazioni*; *la g. futura, lontana* | ***la nuova g.***, i giovani rispetto a coloro che non sono più tali | tutti coloro, anche di età diverse, che vivono nel periodo di tempo di cui si parla: *i suoi atteggiamenti furono imitati da un'intera g.* | (*est.*) ciascuna delle fasi successive che segnano una fondamentale innovazione migliorativa nelle caratteristiche costruttive di macchine, dispositivi e sim.: *calcolatori della terza g.*; *una nuova g. di missili* **4** razza: *g. di serpenti, di asini* | complesso degli animali nati in uno stesso anno, che gli allevatori distinguono con varie denominazioni **5** produzione, formazione: *g. di energia, di calore*; *g. del suono* | †genere, tipo

♦**gènere** [vc. dotta, lat. *gĕnus*, genit. *gĕneris*, dal v. *gĭgnere* 'generare', di orig. indeur. ✱ av. 1257] **s. m.** **1** (*filos.*) classe di oggetti che hanno le stesse proprietà essenziali, mentre differiscono per altre non essenziali | nella filosofia aristotelica, classe immediatamente superiore alla specie **SIN.** categoria **2** gruppo sistematico usato nella classificazione degli organismi vegetali o animali e comprendente specie affini: *animali, piante dello stesso g., di generi diversi* **3** (*est.*) insieme di persone, o cose che hanno caratteristiche fondamentali comuni: *ha tutti i mobili dello stesso g.* | ***il g. umano***, l'umanità, l'insieme degli uomini e delle donne | ***in g.***, in generale: *in g. è puntuale* | (*dir.*) ***obbligazione di g.***, V. *obbligazione* **4** modo, tipo, sorta: *questo g. di vita mi ha stancato*; *un comportamento del g.* (o *di questo g.*) *non è accettabile*; *non amo questo g. di pettegolezzi*; *un altro g. di offensioni fattegli con aver pubblicato leggi ... contro la libertà ecclesiastica* (P. SARPI) | ***non è il mio g.***, non è di mio gusto | ***nel suo g.***, nell'ambito, nella categoria di appartenenza: *nel suo g., è un bel film* | (*letter.*, *mus.*) ciascuna delle forme di espressione, o categorie di opere, definite da un insieme determinato di caratteri di forma o di contenuto: *g. epico*; *g. drammatico*; *g. epistolare*; *g. vocale*; *g. strumentale*; *il romanzo è il g. in prosa derivato in parte dall'epica* | ***pittura, racconto di g.***, che rappresenta scene di vita quotidiana **5** mercanzia, merce: *generi d'importazione, di lusso, di monopolio* | ***generi diversi***, merci di vario tipo **6** (*gramm.*) categoria grammaticale fondata sulla distinzione tra maschile, femminile e, in alcune lingue, neutro: *g. maschile, femminile, neutro* **7** appartenenza all'uno o all'altro sesso, spec. con riferimento al contesto culturale o professionale dell'individuo: *discriminazioni di g.* **8** (*mus.*) maniera di dividere il tetracordo nella musica greca antica || **generìno**, **dim.**

SFUMATURE ➤ ***categoria***

genericìṣmo [1956] **s. m.** ● genericità

genèrico [da *genere* ✱ 1560 ca.] **A** **agg.** (**pl. m.** *-ci*) **1** che concerne il genere: *caratteri generici* **CONTR.** individuale, specifico **2** (*est.*) indeterminato, vago, impreciso: *accusa, risposta generica*; *parole generiche* | ***prova generica***, nel diritto processuale penale previgente, prova pertinente all'accertamento della commissione di un reato **3** di persona che nell'ambito della propria professione non svolge attività specialistiche: *medico g.* **4** ***farmaco g.***, V. *farmaco* || **genericaménte**, **avv.** || **genericità**, **s. f. inv.** indeterminatezza **B** **s. m.** **1** (**solo sing.**) ciò che è vago, impreciso, indeterminato: *questi discorsi cadono sempre nel g.* **2** (**f.** *-a*) attore teatrale secondario, con parti non di carattere | attore cinematografico di importanza appena superiore alla comparsa **3** farmaco generico

♦**gènero** [vc. dotta, lat. *gĕneru(m)*, legato alla famiglia indeur. di *gĭgnere* 'nascere' con un sign. generico di 'parente' ✱ 1235] **s. m.** ● il marito della figlia considerato rispetto ai genitori di lei **CFR.** nuora, suocero

generóne [accr. scherz. di *genere* (?) ✱ 1911] **s. m.** ● negli ultimi decenni del XIX sec., a Roma, settore della borghesia di recente formazione che ostentava la propria ricchezza in gara con l'aristocrazia

♦**generosità** (o **-ṣ-**) [vc. dotta, lat. *generositāte(m)*, da *generōsus* 'nobile, generoso' ✱ av. 1320] **s. f. inv.** **1** magnanimità, elevatezza e nobiltà di sentimenti: *atto di g.*; *comportarsi, agire con g.* **2** liberalità, munificenza: *ricompensare qlcu. con g.* | (*est.*) fertilità: *g. di una pianta, di un terreno* | ***la g. del vino***, intensità di sapore, aroma e gradazione alcolica | ***la g. di un atleta***, l'impegno totale e senza riserve di tutte le proprie capacità in una gara

Definizione d'autore

È il piacere di condividere con gli altri qualcosa che ti appartiene: un'emozione, un gesto, una passione, un oggetto. L'atleta di alto livello è un privilegiato, perché ha la possibilità di essere protagonista in prima persona di eventi sportivi ai quali pochi possono sperare di partecipare. Ed è questa sua unicità, che gli permette di compiere gesti e imprese non comuni, a rendere l'atleta un essere speciale nel quale ciascuno può identificarsi per proiettare i propri sogni e talvolta la voglia di riscatto. Per questo l'atleta è chiamato al dovere della **generosità** verso i propri compagni e chi lo sostiene: per rendere virtuoso un contesto emotivo fatto di aspettative, ambizioni e tanta passione.

Cesare Prandelli

♦**generóso** (o **-ṣ-**) [vc. dotta, lat. *generōsu(m)* 'di stirpe (*gĕnus*, genit. *gĕneris*)', sottinteso 'buona' ✱ av. 1292] **A** **agg.** **1** che mostra altruismo, grandezza d'animo, alti sentimenti: *animo, carattere g.*; *i suoi impulsi sono sempre generosi* **SIN.** magnanimo, nobile **2** di chi è liberale, prodigo nel dare: *è g. con chiunque si trovi in difficoltà* **SIN.** munifico | di ciò che è abbondante, ricco: *mancia, porzione, offerta generosa* | ***terra generosa***, fertile | ***vino g.***, gagliardo, ricco di sapore e di alcol **3** (*fig.*) ampio, abbondante: *scollatura generosa*; *fianchi generosi* **4** di atleta che gareggia con tenace impegno **5** (*lett.*) nobile per nascita e per sentimenti: *da antichissima e generosa prosapia disceso* (I. SANNAZARO) | di buona razza: *armento, destriero g.* || **generosaménte**, **avv.** **1** in modo generoso, con prodigalità, con larghezza **2** con disinteresse, con altruismo: *anch'io partecipai generosamente alle illusioni comuni* (I. NIEVO) || **generosità**, **s. f. inv.** (V.) **B** **s. m.** (**f.** *-a*) ● chi ha nobiltà e grandezza d'animo: *a' generosi / giusta di glorie dispensiera è morte* (U. FOSCOLO) **SIN.** magnanimo

SFUMATURE DI SIGNIFICATO

generoso - liberale - caritatevole - altruista - prodigo

Chi dona con larghezza o presta gratuitamente la sua opera a vantaggio di altri è **generoso. Liberale** contiene una sfumatura di magnanimità, di generosità anche morale. Il termine **caritatevole** aggiunge alla volontà di dare una disposizione amorevole, che viene incontro allo stato di necessità di chi riceve. **Altruista** è colui che nel dare mette l'interesse altrui innanzi al proprio. **Prodigo** è sinonimo più elevato di *generoso*, ma può anche definire chi spende senza misura.

SFUMATURE ➤ ***altruista***, ➤ ***magnanimo***, ➤ ***premuroso***

gèneṣi [vc. dotta, lat. *gĕnesi(m)*, dal gr. *génesis* 'nascita', da *génos* 'stirpe, discendenza', di orig. indeur. ✱ 1313] **s. f. inv.** (**anche m. nel sign. 3**) **1** origine, nascita: *g. dell'uomo, della lingua, del diritto* | ***g. del mondo, delle cose***, sistema cosmogonico **2** formazione e sviluppo di qlco.: *la g. di un'opera d'arte, del diritto, di una teoria scientifica* **3** ***Genesi***, nella Bibbia, primo libro del Pentateuco, in cui si narra la creazione del mondo e dell'uomo

genètica [ingl. *genetics*, da *genetic* 'genetico' ✱ 1914] **s. f.** ● branca della biologia che studia la generazione degli organismi e la trasmissione dei caratteri ereditari

genètico [gr. *genetikós* 'relativo alla nascita (*génesis*)' ✱ 1861] **agg.** (**pl. m.** *-ci*) **1** relativo alla genetica: *codice g.* | ***ingegneria genetica***, insieme delle tecniche per la produzione di nuovi geni e la modificazione del corredo cromosomico di un organismo mediante sostituzione o aggiunta di nuovo materiale genetico **2** trasmesso ereditariamente, ereditario: *malattia genetica* | ***fonetica genetica***, studio della formazione dei suoni linguistici **3** genico || **geneticaménte**, **avv.** per quanto riguarda la genetica

genetista [per *geneti(ci)sta*, da *genetico* ✱ 1932] **s. m. e f.** (**pl. m.** *-i*) ● studioso di genetica

♣**genetlìaco** [vc. dotta, lat. *genethlĭacu(m)*, dal gr. *genethliakós*, da *genéthlios* 'della nascita' ✱ av. 1472] **A** **agg.** (**pl. m.** *-ci*) ● (*lett.*) attinente alla nascita di qlcu. | ***giorno g.***, compleanno | ***componimento g.***, scritto per festeggiare una nascita | ***arte, astrologia genetliaca***, divinazione dei pronostici ricavati dagli astri corrispondenti al giorno di nascita di una persona | †originario, nativo **B** **s. m.** ● anniversario della nascita, giorno della nascita, detto spec. di personaggi illustri **SIN.** compleanno

genètta [sp. *jineta*, collegato con l'arabo *ğarnáyṭ*, ma l'uno e l'altro di prob. orig. africana ✱ 1892] **s. f.** ● genere di carnivori dei Viverridi, ottimi cacciatori, con corpo allungato e agilissimo (*Genetta*)

géngero ➤ **gengiovo**

†gengìa ➤ **gengiva**

géngiovo o **géngero** [var. di *zenzero* ✱ 1353] **s. m.** ● zenzero aromatico con sapore simile al pepe

gengiskhànide /dʒendʒisˈkanide, -gis-/ [1983] **agg.** ● relativo a Gengis Khan (1155 o 1167-1227), fondatore dell'antico impero mongolo: *impero, dinastia g.*

gengìva o **†gingìva**, **†gengìa** [vc. dotta, lat. *gingīva(m)*, di etim. incerta ✱ 1282] **s. f.** ● (*anat.*) parte della mucosa boccale che riveste le arcate dentarie e circonda i colletti dei denti

gengivàle [1886] **agg.** ● della gengiva

gengivàrio [1865] **s. m.** ● medicamento per la cura delle affezioni della gengiva

gengivìte [comp. di *gengiva* e *-ite*① ✱ 1900] **s. f.** ● infiammazione delle gengive

genìa [dal gr. *geneá* 'stirpe' ✱ av. 1400] **s. f.** **1** (*spreg.*) insieme, gruppo di gente disonesta, spregevole e sim.: *una g. di bricconi, di politicanti* **2** (*lett.*) discendenza, razza: *trista, brutta g.* ‖ **geniàccia**, **pegg.**

-genìa secondo elemento ● in parole composte corrispondenti generalmente ad aggettivi in *-geno*, ha lo stesso significato di 'genesi': *endogenia, patogenia*

geniàccio [pegg. di *genio*① ✱ av. 1712] **s. m.** ● ingegno acuto ma indisciplinato | (*est.*) persona dotata di tale ingegno

genialàta [da *geniale* ✱ 1988] **s. f.** ● (*fam.*, *scherz.*) trovata geniale

geniàle [vc. dotta, lat. *geniāle(m)*, da *gĕnius* 'genio' ✱ 1499] **agg.** **1** di chi (o di ciò che) mostra una particolare felicità d'ingegno: *scrittore, artista, opera, trovata g.* **2** (*lett.*) congeniale: *occupazioni, studi geniali* | (*lett.*) piacevole, simpatico: *convito g.*; *erano molto svagati finché non capitasse a concentrarli in sé il visetto g. della Clara* (I. NIEVO) **3** †relativo al Genio inteso come divinità che presiede alla generazione: *divinità geniali* | ***letto g.***, letto matrimoniale ‖ **genialóne**, **accr.** | **genialòtto**, **alter.** ‖ **genialménte**, **avv.** ‖ **genialità**, **s. f. inv.** (V.)

genialità [vc. dotta, lat. tardo *genialitāte(m)*, da *geniālis* 'geniale' ✱ av. 1704] **s. f. inv.** **1** caratteristica di chi (o di ciò che) è geniale: *la g. di uno scrittore, di una trovata* **SIN.** ingegnosità **2** (*raro, lett.*) amabilità, piacevolezza, simpatia

SFUMATURE ➤ *ingegno*

genialòide [comp. di *genial(e)* e *-oide* ✱ 1908] **s. m. e f.** ● persona dotata d'ingegno vivace ma disordinato e bizzarro

genicìdio ➤ **genocidio**

gènico [da *gene*; cfr. l'ingl. *genic* ✱ 1956] **agg.** (**pl. m.** *-ci*) ● (*biol.*) relativo a gene **SIN.** genetico | ***terapia genica***, V. *terapia* ‖ **genicaménte**, **avv.** dal punto di vista genico

-gènico secondo elemento **1** in aggettivi composti, derivati o no da nomi in *-geno*, significa 'che dà origine', 'che produce' o 'che ha origine da', 'che è prodotto da': *patogenico* **2** in aggettivi composti formati come *eugenico* significa 'che è adatto a essere riprodotto': *fonogenico, fotogenico, telegenico*

genicolàto [vc. dotta, lat. *geniculātu(m)*, da *genĭculum* 'genicolo' ✱ av. 1590] **agg.** **1** (*zool.*) piegato a ginocchio o a gomito: *antenne genicolate* **2** (*anat.*) detto di ognuno dei due nuclei pari del talamo, l'uno mediale rispetto all'altro, che proiettano a specifiche aree della corteccia informazioni acustiche e, rispettivamente, ottiche **3** (*bot.*) detto di asse che presenta nodi distinti o che cambia bruscamente direzione

genìcolo [vc. dotta, lat. *genĭculu(m)*, originariamente 'piccolo ginocchio (*gĕnu*)' ✱ 1759] **s. m.** ● (*bot.*) nodosità a ginocchio del fusto o delle radici di molte piante

genièno [deriv. del gr. *géneion* 'mento' ✱ 1834] **agg.** ● (*anat.*) mentoniero

genière [da *genio*② ✱ 1938] **s. m.** ● soldato del genio

geniétto [av. 1793] **s. m.** **1** dim. di *genio*① **2** (*raro*) piccola figura di genio alato e ignudo, amorino **3** (*est.*) giovane di ingegno singolare

♦**gènio**① [vc. dotta, lat. *gĕniu(m)*, dapprima n. di una divinità *generatrice* (dal v. *gĭgnere* 'nascere', di orig. indeur.), poi 'divinità tutelare di ogni persona', da cui i sign. di 'inclinazione naturale' e 'ingegno' ✱ av. 1327] **s. m.** (**pl.** *geni* o *raro genii*) **1** (anche con l'iniziale maiuscola) nella mitologia greco-romana e in molte religioni superiori e primitive, spirito o divinità tutelare della vita individuale, di luoghi, popoli e regioni **2** entità astratta cui si attribuisce la facoltà di presiedere agli eventi della vita umana o di ispirarne le decisioni: *g. buono, cattivo, del male, del bene*; *il g. della guerra, della discordia, della carità* | ***essere il buono*** o ***il cattivo g. di qlcu.***, consigliarlo in bene o in male | ***g. della musica, della poesia***, spirito che si crede presiedere a queste arti | personaggio fantastico che obbedisce a comandi magici: *il g. della lampada* **3** talento, spiccata tendenza naturale per qlco.: *g. speculativo, pratico*; *avere il g. dell'arte, degli affari* | ***colpo, lampo di g.***, intuizione, trovata geniale | il talento inventivo o creativo nelle sue manifestazioni più alte: *il g. di Virgilio, di Dante, di Galileo* | (*est.*) persona che possiede questo talento (*anche iperb.*): *Leonardo è un g. universale*; *sei un vero g., amico mio!* | (*iron.*) ***g. incompreso***, chi ha un'altissima stima di sé stesso, non condivisa da altri **4** (*raro*) peculiarità, caratteristica saliente: *il g. di una lingua, di una nazione* **5** simpatia, piacere, gusto: *è una persona di nostro g.* | ***andare a g.***, garbare | (*lett.*) ***di g.*** con piacere, di buon grado ‖ **geniàccio**, **pegg.** (V.) | **geniétto**, **dim.** (V.)

gènio② [fr. *génie*, per influsso di *ingénieur*, come 'costruttore di ingegni (*engins*), di macchine belliche' ✱ 1768] **s. m.** (**pl.** *geni* o *raro genii*) ● (gener. con iniziale maiuscola) organismo civile o militare costituito da tecnici cui è affidato il compito della progettazione, costruzione e riparazione di lavori di interesse pubblico o militare: *progetto approvato dal G. civile*; *G. militare, navale*; *l'Arma del g.*

gènio- [dal gr. *géneion* 'mento', da *génys* 'mascella', di orig. indeur.] **primo elemento** ● in parole composte della terminologia scientifica, spec. medica, significa 'mento, mandibola': *genioglosso, geniospasmo*

genioglòsso [comp. di *genio-* e del gr. *glôssa* 'lingua' (V. *glossa* nel sign. 4) ✱ av. 1758] **agg.** ● (*anat.*) ***muscolo g.***, il più grande dei muscoli della lingua

genioioidèo [comp. di *genio-* e *ioideo* ✱ 1798] **agg.** ● (*anat.*) riferito al mento e all'osso ioide: *muscolo g.*

geniospàsmo [comp. di *genio-* e *spasmo* ✱ 1894] **s. m.** ● (*med.*) blocco serrato della mandibola per contrattura dei muscoli masticatori

genipì ➤ **genepì**

genisteìna [da *genista* ✱ 1996] **s. f.** ● (*med.*) sostanza con proprietà antitumorali presente nella soia, utile anche nella cura di osteoporosi, malattie cardiovascolari e menopausa

genitàle [vc. dotta, lat. *genitāle(m)*, da *gĕnitus*, part. pass. di *gĭgnere* 'nascere', di orig. indeur. ✱ av. 1327] **A** **agg.** **1** che ha rapporto con la generazione | ***divinità genitali***, nella mitologia romana, gli dei che presiedevano alla nascita **2** (*anat.*) destinato alla riproduzione: *organo, apparato g.* **3** (*psicoan.*) ***fase g.***, fase conclusiva dello sviluppo psicosessuale, coincidente con la pubertà, nella quale gli organi genitali assumono il primato sulle altre zone corporee come fonte di piacere ‖ **genitalità**, **s. f. inv.** attitudine alla procreazione, capacità di generare **SIN.** fecondità **B** **genitàli** **s. m. pl.** ● (*anat.*) gli organi maschili e femminili destinati alla riproduzione

genitìvo [vc. dotta, lat. (*casum*) *genitīvu(m)*, che traduce il gr. *genikḗ* (*ptôsis*) '(caso) del genere-stirpe (*génos*)' inteso come '(caso) generante' ✱ av. 1328] **A** **s. m.** ● (*ling.*) caso della declinazione indoeuropea che indica l'appartenenza a una categoria | ***g. oggettivo***, che, nella frase corrispondente, ha il ruolo di un complemento oggetto (per es. 'l'amore *della patria*' - 'amare *la patria*') | ***g. soggettivo***, che, nella frase corrispondente, ha il ruolo di un soggetto (per es. 'l'arrivo *del treno*' - '*il treno* arriva') | ***g. possessivo*** (o ***g. sassone***), costrutto tipico della lingua inglese, in cui il nome del possessore, seguito da una *s* (se singolare) preceduta da apostrofo, viene anteposto al nome della cosa posseduta (per es.: *my mother's house*, la casa di mia madre) **B** **anche agg.**: *caso g.*

†gènito [vc. dotta, lat. *gĕnitu(m)*, part. pass. di *gĭgnere* 'generare', di orig. indeur. ✱ 1342] **A** **agg.** ● (*lett.*) generato, nato **B** **s. m.** (**f.** *-a*, *raro*) ● (*lett.*) figlio

♦**genitóre** [vc. dotta, lat. *genitōre(m)*, da *gĕnitus* 'genito' ✱ 1065] **s. m.** (**f.** *-trice*) **1** chi genera o ha generato | (*per anton.*, *lett.*) Dio creatore: *da questa polve al trono / del Genitor salì* (A. MANZONI) **2** †progenitore **3** (*lett.*, *burocr.* o *scherz.*) il padre o la madre | (**al pl.**) il padre e la madre rispetto al figlio: *figlio di genitori illustri*

genitoriàle [1980] **agg.** ● di genitore, relativo ai genitori: *funzioni, responsabilità genitoriali* **CFR.** parentale ‖ **genitorialità**, **s. f. inv.** condizione di chi è genitore

genitourinàrio [comp. di *genit(ale)* e *urinario* ✱ 1834] **agg.** ● (*anat.*) relativo all'apparato genitale e a quello urinario

genitrìce [vc. dotta, lat. *genitrīce(m)*, per il meno raro *genetrīce(m)*, f. di *gĕnitor*, genit. *genitōris* 'genitore' ✱ 1065] **A** **agg. solo f.** ● (*lett.*) che genera o ha generato: *la terra g.* | ***dee genitrici***, quelle che, nella mitologia greco-romana, presiedevano alla generazione e alla fecondità **B** **s. f.** ● (*lett.* o *scherz.*) madre

genitùra [vc. dotta, lat. *genitūra(m)*, da *gĕnitus* 'genito' ✱ av. 1306] **s. f.** **1** (*lett.*) il generare | generazione **2** †nascita **3** †creatura | (*lett.*) prole

♣**gènius lòci** [loc. lat., propr. 'genio del luogo' ✱ 1917] **loc. sost. m. inv.** (**pl. lat.** *genii loci*, o *genii locorum*) ● per gli antichi Romani, nume tutelare, protettore di un luogo | (*est.*) promotore e animatore di iniziative che valorizzano un luogo | (*est.*) lo spirito, il carattere di un luogo

♦**gennàio** [lat. *Januāriu(m)*, sottinteso *mēnse(m)*, '(il mese) di Giano (*Jānus*)' ✱ 1285] **s. m.** (**pl.** *-ai*) ● primo mese dell'anno nel calendario gregoriano, di 31 giorni

gènnaker /*ingl.* ˈdʒɛnəkə(r)/ [vc. ingl., da *spinnaker* con sostituzione di *spin-* con *Gen(oa)* ✱ 1990] **s. m. inv.** ● (*mar.*) leggera vela di prua,

a b c d e f **g** h i j k l m n o p q r s t u v w x y z

asimmetrica e non inferita, di taglio intermedio tra il genoa e lo spinnaker, per andature al lasco

-geno [secondo termine di comp. gr. (*-genḗs*, di orig. indeur., col senso di 'nascere', 'generare', 'produrre') e, sull'es. di questi, lat. (*-gĕna(m)* con i deriv. agg. in *-gĕnu(m)*)] **secondo elemento** ● in parole composte dotte o della terminologia scientifica e tecnica, indica origine, nascita o significa 'che genera', 'che produce' oppure 'che è prodotto': *allogeno, elettrogeno, endogeno, indigeno, lacrimogeno, ossigeno, patogeno*

gènoa /ˈdʒɛnoa, *ingl.* ˈdʒɛnəʊʌ/ [ingl., da *Genoa* 'Genova', quindi propr. 'vela di Genova' ✻ 1960] **s. m. inv.** ● (*mar.*) vela di prua inferita, simile a un grande fiocco, caratterizzata dalla posizione della bugna di scotta a livello della coperta e molto arretrata

g

genoàno [1949] **agg. e s. m.** (**f.** *-a*) ● che (o chi) gioca nella squadra di calcio del Genoa o ne è sostenitore

genocìda [1986] **A s. m. e f.** (**pl. m.** *-i*) ● chi ha commesso un genocidio **B** anche **agg.**: *stato g.*; *violenza g.*

genocìdio o (*raro*) **genicìdio** [ingl. *genocide*, comp. del gr. *génos* 'stirpe' e del lat. *-cīdium* di *(homi)cīdium* 'omicidio', da *caedere* 'tagliare, colpire (a morte)' ✻ 1950] **s. m.** (**pl.** *-i* o *raro -ii*) ● distruzione metodica di un gruppo nazionale, etnico, razziale o religioso

genogràmma [comp. del gr. *génos* 'stirpe' e *-gramma* ✻ 1980] **s. m.** ● in psicoterapia, albero genealogico del paziente, al quale egli aggiunge le informazioni che ritiene utili a descrivere i soggetti che vi compaiono, così da fornire al terapeuta elementi di conoscenza sui suoi rapporti familiari

genòma [da *gene* col suff. *-oma* ✻ 1963] **s. m.** (**pl.** *-i*) ● (*biol.*) complesso delle informazioni genetiche presenti in un organismo unicellulare o pluricellulare

genòmica [da *genoma* ✻ 1998] **s. f.** ● (*biol.*) ramo della genetica molecolare che studia il genoma

genòmico [1987] **agg.** (**pl. m.** *-ci*) ● (*biol.*) relativo a genoma | ***analisi genomica***, analisi del genoma allo scopo di rintracciare difetti, marcatori ecc.

genotìpico [1956] **agg.** (**pl. m.** *-ci*) ● (*biol.*) relativo a genotipo

genotìpo o **genòtipo** [ingl. *genotype*, comp. di 'gen(e)' e *type* 'tipo' ✻ 1940] **s. m.** ● (*biol.*) complesso dei caratteri genetici di un individuo, cioè di quelli che esso è capace di trasmettere ai suoi discendenti

genotòssico [comp. di *gen(e)* e *tossico*① ✻ sec. XX] **agg.** (**pl. m.** *-ci*) ● detto di agente capace di danneggiare il DNA ‖ **genotossicità**, **s. f. inv.**

♦**genovése** (o **-ṣ-**) [1261 ca.] **A agg.** ● di Genova: *usi genovesi*; *porto g.* | ***alla g.***, (*ellitt.*) alla maniera dei genovesi **B s. m. e f.** ● abitante o nativo di Genova

genovìna [dal n. della città di conio, *Genova* ✻av. 1714] **s. f.** ● moneta d'oro coniata a Genova nel sec. XVIII

genovìno [da *Genova* ✻av. 1348] **s. m.** ● (*numism.*) moneta d'oro coniata a Genova intorno alla metà del sec. XIII

gentàglia [sec. XIV] **s. f.** ● (*spreg.*) gente spregevole e volgare

gentàme [sec. XIV] **s. m.** ● (*lett.*) moltitudine di persone da poco: *questo g. ch'ora t'ha in dominio* (G. CARDUCCI)

gentamicina [vc. formata sul modello di *streptomicina*; non chiara la prima parte del composto ✻ 1993] **s. f.** ● (*farm.*) ciascuno degli antibiotici naturali amminoglicosidici prodotti da batteri del genere *Micromonospora* che presenta attività battericida in particolare sugli stafilococchi e sui batteri gram-negativi

♦**gènte**① [lat. *gĕnte(m)*, originariamente 'gruppo che si richiamava, in linea maschile, a un comune progenitore' (da *gĕnitus* 'genito'), poi 'famiglia, discendenza' ✻av. 1250] **s. f.** **1** presso gli antichi Greci e Romani, gruppi di famiglie appartenenti allo stesso ceppo: *la g. Giulia, Fabia, Cornelia* | (*est.*) la famiglia stessa: *nascere da g. patrizia, illustre, buona, povera* **2** (*lett.*) popolo, nazione: *la g. etrusca, le genti italiche*; *Enea venne in Italia e fondò la g. romana in Alba* (G. VICO) | (*lett.*) ***umana g.***, genere umano, uomini: *State contenti, umana g., al quia* (DANTE *Purg.* III, 37) | ***tutte le genti***, il genere umano, l'intera umanità | ***la g. futura***, i posteri | popolazione: *g. di città, di campagna* | (*est.*) paese abitato: *vivere lontano dalla g.* **3** le persone in genere, gli altri: *le chiacchiere della g.*; *ma che cosa dirà la g. a vedermi metter fuori tanti denari (...)?* (R. BACCHELLI) | insieme di persone adunate: *chiesa, teatro, piazza piena di g.*; *c'è molta, troppa, poca g.* | genere, categoria di persone: *trattare con g. onesta, disonesta, sincera* | quantità limitata di persone, anche una sola: *abbiamo g. a cena*; *attento, c'è g.!* | ***g. di teatro***, attori e sim. | ***g. di toga***, magistrati, avvocati e sim. | ***g. di chiesa***, clero e devoti | ***g. del mare, g. dell'aria***, insieme delle persone addette alla navigazione marittima o aerea | ***buona g.***, ***brava g.***, (*disus.*) appellativo cortese analogo a buon uomo, brav'uomo, e sim. **4** †esercito, truppa | ***g. d'arme***, soldati | †***far g.***, raccogliere milizie | (*lett.*) equipaggio di una nave **5** (al **pl.**, *lett.*) i gentili, i pagani | ***l'Apostolo delle genti***, (*per anton.*) S. Paolo ‖ **gentàccia**, **pegg.** | (*lett.*, *spreg.*) **gentétta**, **dim.** | (*lett.*, *spreg.*) **gentùccia**, **dim.** | (*lett.*, *spreg.*) **gentùcola**, **dim.**

†**gènte**② o †**giènte** [ant. provenz. *gent*, dal lat. *gĕn(i)tus* '(ben)nato' ✻av. 1250] **agg.** ● (*lett.*) gentile, nobile, spec. riferito a donna amata

gentése (o **-ṣ-**) [da *gent(e)*① col suff. *-ese*② ✻ 1993] **s. m.** ● tipo di linguaggio semplice e immediato considerato, rispetto a quello tradizionale della politica, più accessibile alla gente comune, e usato per lo più a fini demagogici

gentildònna [comp. di *gentile*① e *donna*, fatto sull'es. di *gentiluomo* ✻sec. XIII] **s. f.** ● signora di alto rango | donna di nobili sentimenti

†**gentildonnàio** [av. 1675] **s. m.** ● (*scherz.*) corteggiatore di dame d'alto lignaggio

♦**gentile**① [vc. dotta, lat. *gentīle(m)* 'della stessa (buona) schiatta (*gēns*, genit. *gĕntis* 'gente')' ✻ sec. XII] **agg.** (**superl.** *gentilissimo* (**V.**)) **1** di chi ha maniere garbate e affabili nei rapporti con gli altri: *una persona g. con tutti* | ***G. signore, signora, signorina***, formalità di cortesia nell'intestazione delle lettere | di tutto ciò che mostra garbo e cortesia: *accoglienza, risposta, offerta, invito, pensiero g.* **SIN.** cortese, garbato **2** dotato di grazia fisica, di aspetto gradevole e delicato: *volto, figura g.*; *lineamenti gentili* | ***il gentil sesso***, (*disus.* o *scherz.*) le donne | blando, tenero, delicato: *colore, aroma, tocco g.* | (*lett.*) che si lavora con facilità: *terreno, legno g.* | †delicato, squisito: *frutto, vino g.* **3** (*lett.*) di sentimenti elevati: *animo g.* **4** (*lett.*) di nobile origine: *latin sangue g. / sgombra da te queste dannose some* (F. PETRARCA) **5** (*est.*, *lett.*) colto, raffinato | ***l'idioma, il parlar g.***, la lingua italiana: *idioma gentil sognante e puro* (V. ALFIERI) ‖ (*lett.*) **gentilétto**, **dim.** | **gentilìno**, **dim.** | **gentilóne**, **accr.** | **gentilòtto**, **alter.** (**V.**) ‖ **gentilménte**, **avv.**

SFUMATURE ➤ *cortese*

gentile② [vc. dotta, lat. *gentīle(m)*, da *gēns*, genit. *gĕntis* 'gente' nel senso di 'straniero' (opposto al *pŏpulus Romānus* 'popolo di Roma'), usato nel lat. cristiano a tradurre il gr. *éthnos* 'stirpe, nazione' e anche 'pagano', come l'ebr. *gôy* 'il cristiano (opposto all'ebreo)' ✻av. 1292] **s. m. e f.** **1** nella terminologia del Nuovo Testamento e della letteratura cristiana antica, chi non credeva nel vero Dio, detto in particolare di persone di cultura greco-romana **2** presso gli Ebrei, persona di religione non israelita **CFR.** goi

gentilésco① [da *gentile*① ✻av. 1328] **agg.** (**pl. m.** *-schi*) ● (*lett.*) nobile, signorile, gentilizio: *i cancelli d'un giardino g.* (G. D'ANNUNZIO) | (*est.*, *lett.*) cordiale, gentile, amabile, leggiadro

†**gentilésco**② [da *gentile*② ✻1744] **agg.** (**pl. m.** *-schi*) ● dei pagani: *tutto ciò ch'abbiamo delle antichità gentilesche* (G. VICO)

†**gentiléṣimo** [av. 1635] **s. m.** ● religione pagana, dei popoli non cristiani e non ebrei | nella terminologia ecclesiastica, il complesso delle civiltà che precedono o ignorano Cristo

♦**gentilézza** [da *gentile*① ✻av. 1250] **s. f.** **1** caratteristica di chi (o di ciò che) è gentile: *g. d'animo, di parole, di pensieri* **SIN.** cortesia, garbo, grazia **2** atto, espressione, comportamento gentile: *usare, dire, fare gentilezze a qlcu.* | ***fare la g. di***, il favore di (*anche iron.*) | ***per g.***, per favore **SIN.** cortesia **3** †nobiltà di nascita

gentiliàno [1919] **A agg.** ● del filosofo italiano G. Gentile (1875-1944) e della sua filosofia **B s. m.** (**f.** *-a*) ● seguace di Gentile

†**gentilìre** [av. 1306] **v. tr.** ● ingentilire

gentilìssimo **agg.** **1** superl. di *gentile*① **2** formula introduttiva di cortesia, spec. nelle intestazioni epistolari: *g. signore*

†**gentilità** [vc. dotta, lat. *gentilitāte(m)*, propr. 'parentela di una stessa *gente*' ✻sec. XIII] **s. f.** **1** nobiltà di nascita **2** gentilesimo

gentilìzio [vc. dotta, lat. *gentilīciu(m)* 'di una stessa *gente*' ✻1374] **agg.** **1** di famiglia nobile: *stemma, motto g.* | ***cappella gentilizia***, di famiglia **2** relativo alla stirpe | (*lett.*) ereditario, avito

gentilòmo ➤ **gentiluomo**

†**gentilòtto** [alter. di *gentile*① ✻av. 1327] **s. m.** ● signorotto: *certi gentilotti che ci ha dattorno* (G. BOCCACCIO)

gentiluòmo o (*pop.*) **gentilòmo** [fr. *gentilhomme*, comp. di *gentil* 'gentile①' e *homme* 'uomo', ravvivato di recente dall'equivalente ingl. *gentleman* ✻av. 1292] **s. m.** (**pl.** *gentiluòmini*) **1** uomo di nobile origine **SIN.** nobiluomo **2** (*est.*) chi si comporta in modo signorile e leale: *è un vero g.* **3** †nobile veneziano **4** titolo di nobili che esplicano certe funzioni a corte: *g. della regina, del re, di corte*

gentiṣico [da *gentisina* ✻1970] **agg.** (**pl. m.** *-ci*) ● (*chim.*) detto di acido organico incolore, cristallino, dotato di proprietà medicinali

gentiṣina [da *genziana* ✻1892] **s. f.** ● sostanza colorante gialla che si estrae dalle radici di genziana

gèntleman /ˈdʒɛntlemen, *ingl.* ˈdʒɛnt(ə)lmən/ [comp. di *gentle* nel senso di 'bennato' (dall'ant. fr. *gentil*) e *man* 'uomo', di orig. indeur. ✻1788] **s. m. inv.** (**pl. ingl.** *gentlemen*) **1** in passato, cittadino inglese appartenente al ceto intermedio tra l'alta nobiltà e la borghesia **2** (*est.*) chi ha modi e comportamento corretti e signorili **3** nell'equitazione o nell'automobilismo, cavaliere o guidatore non professionista

gèntleman driver /ˈdʒɛntlemen ˈdraiver, *ingl.* ˈdʒɛnt(ə)lmən ˈdraɪvə(r)/ [ingl., comp. di *gentleman* e *driver*, da *drive* 'guidare', di area germ. ✻1917] **loc. sost. m. inv.** (**pl. ingl.** *gentlemen drivers*) ● corridore automobilistico non professionista

gèntleman rider /ˈdʒɛntlemen ˈraider, *ingl.* ˈdʒɛnt(ə)lmən ˈraɪdə(r)/ [ingl., comp. di *gentleman* e *rider* 'cavaliere', da *to ride* 'cavalcare', di area germ. ✱1892] **loc. sost. m. inv. (pl. ingl.** *gentlemen riders*) ● cavaliere non professionista

gèntlemen's agreement /ˈdʒɛntlemenz aˈgrimənt, *ingl.* ˈdʒɛnt(ə)lmənz əˈgriːmənt/ [ingl., propr. 'accordo (*agreement*, dal v. *to agree* 'essere d'accordo, concordare', dal fr. *à gré*) di ('*s*, suff. genitivale possessivo) gentiluomini (*gentlemen*, comp. di *gentle* 'gentile' e *men*, pl. di *man* 'uomo')' ✱1942] **loc. sost. m. inv. (pl. ingl.** *gentlemen's agreements*) ● semplice accordo o condizione verbale che non dà luogo a veri e propri obblighi giuridici, ma crea soltanto un vincolo morale tra le parti | accordo internazionale concluso in forma semplificata

gentrificazióne [ingl. *gentrification*, da *to gentrify* 'rendere signorile', da *gentry* 'piccola nobiltà' ✱1982] **s. f.** ● trasformazione di un quartiere prevalentemente popolare in quartiere residenziale di pregio

†**gènue** [vc. dotta, lat. eccl. *gĕnua*, sottinteso *flĕctere* '(piegare) i ginocchi' inteso come f. sing. ✱sec. XIV] **s. f. pl.** ● genuflessioni | (*fig.*) complimenti cerimoniosi

♦**genuflessióne** [da *genuflettersi* ✱sec. XIV] **s. f.** ● atto del genuflettersi ‖ **genuflessioncèlla**, dim.

genuflèsso **part. pass.** di *genuflettersi*; anche **agg.** ● inginocchiato

genuflessòrio [1673] **s. m.** ● (*lett.*) inginocchiatoio

genuflèttersi [vc. dotta, lat. eccl. *genuflĕctere*, comp. di *gĕnu* 'ginocchio' e *flĕctere* 'flettere, piegare' ✱av. 1562] **v. intr. pron. (coniug. come** *flettere*) ● piegare il ginocchio in atto di devozione, sottomissione, riverenza **SIN.** inginocchiarsi

♦**genuinità** [1806] **s. f. inv.** ● caratteristica di chi (o di ciò che) è genuini **SIN.** autenticità, naturalezza, schiettezza

♦**genuìno** [vc. dotta, lat. *genuīnu(m)*, da *gĕnu* 'ginocchio', perché il padre riconosceva come suo il neonato, sollevandolo da terra e posandolo sulle sue ginocchia ✱1499] **agg.** **1** non sofisticato, non contraffatto: *vino g.*; *merce genuina*; *prodotti genuini* **SIN.** naturale **2** schietto, spontaneo: *una ragazza genuina*; *aveva un riso g.* | vero, riuscito: *la chiara circoscrizione del D'Annunzio artisticamente g.* (B. CROCE) **3** senza alterazioni | autentico: *testo g.*; *testimonianza genuina* ‖ **genuinaménte**, avv.

SFUMATURE ➤ *autentico*, ➤ *sincero*

genziàna [vc. dotta, lat. *gentiāna(m)*: secondo i Latini, dal n. del suo inventore, il re illirico *Gentius* (?) ✱sec. XIV] **s. f.** **1** genere di piante erbacee delle Genzianacee, comprendente varie specie con foglie opposte, semplici e fiori solitari o in infiorescenze con corolla a campana allargata (*Gentiana*) | *g. maggiore*, con fiori gialli disposti in verticilli sopra un paio di foglie (*Gentiana lutea*) **2** radice di tale pianta, contenente numerosi glucosidi amari, usata in medicina come tonico e digestivo, e in liquoreria

Genzianàcee [vc. dotta, comp. di *genziana* e *-acee* ✱1869] **s. f. pl. (sing. -a)** ● (*bot.*) famiglia di piante erbacee delle Dicotiledoni comprendente numerose specie impiegate nell'industria farmaceutica e in quella dei liquori per i principi amari che contengono (*Gentianaceae*)

genzianèlla [da *genziana* ✱1833] **s. f.** ● pianta erbacea delle Genzianacee, comune nei pascoli alpini, acaule, con fiore solitario azzurro (*Gentiana acaulis*)

gèo- [vc. dotta, dal gr. *geō-*, da *gê* 'terra', di etim. incerta] **primo elemento** ● in parole composte dotte o della terminologia scientifica, significa 'terra', 'globo terrestre', 'superficie terrestre': *geofisica*, *geografia*, *geologia* | in alcuni casi è accorciamento di *geografia* e significa 'considerato dal punto di vista geografico': *geolinguistica*, *geopolitica*

-gèo [vc. dotta, dal gr. *-geios*, da *gê* 'terra', di etim. incerta] **secondo elemento** ● in parole composte della terminologia scientifica che indicano posizione o movimento, significa 'terra', 'globo terrestre', 'superficie terrestre': *ipogeo*, *perigeo*

geobiologìa [comp. di *geo-* e *biologia* ✱1892] **s. f. (pl. -gìe)** ● (*biol.*) disciplina che ha per oggetto lo studio degli organismi che vivono sulle terre emerse

geobotànica [comp. di *geo-* e *botanica* ✱1956] **s. f.** ● (*bot.*) studio della distribuzione e aggregazione delle piante negli ecosistemi

geocarpìa [comp. di *geo-* e del gr. *karpós* 'frutto', di orig. indeur. ✱1956] **s. f.** ● (*bot.*) maturazione sotterranea dei frutti, come nell'arachide

geocàrpo [comp. di *geo-* e *-carpo* ✱1956] **agg.** ● (*bot.*) detto di frutto che matura sottoterra

geocèntrico [comp. di *geo-* e *-centrico* ✱av. 1739] **agg. (pl. m. -ci)** ● che ha il suo centro nella Terra: *orbita geocentrica* | che considera la Terra al centro dell'universo: *sistema g.* (quello tolemaico) **CFR.** eliocentrico

geocentrìsmo [comp. di *geo-* e *centrismo* ✱1932] **s. m.** ● il sistema tolemaico, in quanto supponeva la Terra al centro dell'universo

geochìmica [comp. di *geo-* e *chimica* ✱1932] **s. f.** ● studio della composizione chimica della crosta terrestre e dei processi chimico-fisici che hanno prodotto l'attuale distribuzione e concentrazione degli elementi nelle rocce e nei minerali

geocodìfica [comp. di *geo-* e *codifica*, calco sull'ingl. *geocoding* ✱2001] **s. f.** ● (*inform.*) attribuzione delle coordinate geografiche a un indirizzo in modo da poterlo localizzare su una mappa **SIN.** georeferenziazione

geocronologìa [comp. di *geo-* e *cronologia* ✱1963] **s. f. (pl. -gìe)** ● (*geol.*) disciplina che studia le suddivisioni temporali dell'evoluzione della Terra e i metodi di datazione dei reperti **SIN.** cronologia geologica

geòde [vc. dotta, lat. *geōde(m)*, dal gr. *geṓdēs*, agg. di *gê* 'terra' ✱1563] **s. m.** **1** (*miner.*) aggregato di cristalli che rivestono la superficie interna di una cavità rotondeggiante **2** la cavità stessa

geodesìa [gr. *geōdaisía*, propr. 'divisione (dal v. *dáiesthai*) dalla terra (*gê*)' ✱av. 1762] **s. f.** ● scienza che studia la forma della Terra e le sue dimensioni

geodèta [gr. *geōdáites* 'sovrintendente alla divisione (dal v. *dáiesthai*) della terra (*gê*)' ✱1892] **s. m. e f. (pl. m. -i)** ● studioso di geodesia

geodètica [da *geodeta* ✱1892] **s. f.** ● (*mat.*) su una superficie, linea di lunghezza minima oppure massima che ha per estremi due punti dati, e che, su una sfera, è rappresentata da un arco di cerchio massimo

geodètico [agg. dal gr. *geōdáitēs* 'geodeta, studioso di geodesia' ✱1780] **agg. (pl. m. -ci)** ● relativo alla geodesia | (*geogr.*) *rete geodetica*, insieme di punti, opportunamente scelti sulla superficie terrestre, collegati tra loro a due a due da un arco di geodetica, costituenti una rete di triangoli sferici, nella quale si possono determinare le coordinate geografiche dei vertici

geodìmetro [ingl. *Geodimeter*, marchio di fabbrica comp. di *geo-* 'geo-' e *-meter* '-metro' ✱1970] **s. m.** ● apparecchio per la misurazione diretta delle distanze geodetiche

geodinàmica [comp. di *geo-* e *dinamica* ✱1887] **s. f.** ● disciplina che studia la natura e le funzioni degli agenti trasformatori della superficie terrestre

geodinàmico [da *geodinamica* ✱1892] **agg. (pl. m. -ci)** ● relativo alla geodinamica

geoeconomìa [comp. di *geo-* ed *economia* ✱1941] **s. f.** ● (*econ.*) disciplina che studia l'economia di un'area, di un Paese, di un settore in relazione ai fattori geografici che la condizionano: *la g. dei paesi del Mediterraneo*

geoeconòmico [1938] **agg. (pl. m. -ci)** ● relativo alla geoeconomia: *atlante g.*

geofagìa [comp. di *geo-* e *-fagia* ✱1917] **s. f. (pl. -gìe)** ● (*med.*) perversione del senso della fame con stimolo a ingerire terra o argilla

geofàuna [comp. di *geo-* e *fauna* ✱1970] **s. f.** ● fauna che popola le terre emerse

geofìsica [comp. di *geo-* e *fisica* ✱1908] **s. f.** ● scienza che studia la Terra dal punto di vista fisico

geofìsico [1945] **A agg. (pl. m. -ci)** ● relativo alla geofisica **B s. m. (f. -a)** ● studioso di geofisica

geoflòra [comp. di *geo-* e *flora* ✱1970] **s. f.** ● flora che popola le terre emerse

geòfono [comp. di *geo-* e *-fono* ✱sec. XX] **s. m.** **1** apparecchio atto a segnalare un'onda sonora che si propaga nel sottosuolo **2** sismografo, gener. elettrico, usato per registrare le onde sismiche di prospezione

geofotogrammetrìa [comp. di *geo-* e *fotogrammetria* ✱1970] **s. f.** ● (*geol.*) studio della geologia di una regione e raccolta di dati geologici per mezzo dell'osservazione stereoscopica di foto aeree

geoglaciologìa [comp. di *geo-* e *glaciologia* ✱1983] **s. f. (pl. -gìe)** ● disciplina che studia i ghiacciai presenti sulla Terra

geognosìa [comp. di *geo-* e di un deriv. del gr. *gnôsis* 'conoscenza' ✱1817] **s. f.** ● (*disus.*) studio dei terreni e delle rocce

geogonìa [comp. di *geo-* e di un deriv. del gr. *gonḗ* 'atto di generazione' ✱1828] **s. f.** ● teoria sull'origine e la formazione della Terra

♦**geografìa** [vc. dotta, lat. *geogrăphia(m)*, dal gr. *geōgraphía*, comp. di *gê* 'terra' e di un deriv. del v. *gráphein* 'scrivere' ✱1500] **s. f.** **1** scienza che studia e descrive la Terra nelle sue caratteristiche di insieme e nella sua articolazione in regioni e paesaggi variamente differenziati | *g. astronomica*, che studia la Terra nei suoi rapporti col sistema solare | *g. fisica*, che studia la configurazione della superficie terrestre in rapporto con i fenomeni fisici dell'atmosfera, dell'idrosfera e della litosfera | *g. politica*, che studia le unità politico-territoriali nei loro elementi e organi fisici e nella loro distribuzione sulla superficie terrestre | *g. economica*, che studia i fenomeni economici in quanto si presentano distribuiti sulla superficie terrestre e in relazione con l'ambiente | *g. sociale*, disciplina ausiliaria della sociologia che analizza le attività dei gruppi sociali in quanto si manifestano attraverso fenomeni legati a un determinato territorio | *g. linguistica*, studio della distribuzione spaziale dei fenomeni linguistici | *g. storica*, geostoria **2** (*fig.*) distribuzione di un fenomeno in un territorio: *la g. del disagio giovanile*

♦**geogràfico** [vc. dotta, lat. tardo *geogrăphicu(m)*, dal gr. *geōgraphikós* 'pertinente alla geografia (*geōgraphía*)' ✱1585] **agg. (pl. m. -ci)** ● di geografia, relativo alla geografia: *studi geografici* | *carta geografica*, rappresentazione piana, ridotta, simbolica e approssimata di una parte o di tutta la superficie terrestre ‖ **geograficaménte**, avv. dal punto di vista della geografia

geògrafo [vc. dotta, lat. tardo *geōgraphu(m)*,

dal gr. *geōgráphos*, comp. di *gê* 'terra' e di un deriv. da *gráphein* 'scrivere' * av. 1504] **s. m.** (**f.** *-a*) ● studioso di geografia

geòide [ted. *Geoid*, dal gr. *geoeidês* 'della forma (*êidos*) della terra (*gê*)' * 1922] **s. m.** ● figura solida, rappresentante la Terra, la cui superficie è in ogni punto perpendicolare alla direzione della gravità

geolinguìstica [comp. di *geo-* e *linguistica* * 1940] **s. f.** ● geografia linguistica

geolocalizzàre [comp. di *geo-* e *localizzare* * 1997] **v. tr.** ● (*inform.*) identificare la posizione geografica di un oggetto (per es. un telefono, un computer, una macchina fotografica) mediante il rilevamento di segnali delle reti cellulari o di satelliti del sistema GPS ‖ **geolocalizzazióne**, **s. f.**

geologìa [comp. di *geo-* e *-logia* * 1603] **s. f.** (**pl.** *-gìe*) ● scienza che studia la storia della Terra, la composizione della crosta terrestre, i processi di formazione delle rocce, i movimenti e le deformazioni che le rocce e la crosta terrestre subiscono | ***g. applicata***, ramo della geologia che studia i terreni e le rocce per le costruzioni che vi si fondano e lo sfruttamento idrico e minerario

geològico [1792] **agg.** (**pl. m.** *-ci*) ● di geologia, relativo alla geologia | ***carta geologica***, che rappresenta con tratteggi o colori le formazioni geologiche affioranti e con simboli altri caratteri geologici ‖ **geologicaménte**, **avv.** dal punto di vista geologico

geòlogo [comp. di *geo-* e *-logo* * 1819] **s. m.** (**f.** *-a*; **pl. m.** *-gi*) ● studioso di geologia

geolunàre [comp. di *geo-* e *lunare* * 1970] **agg.** **1** (*geofis.*) detto di tutto ciò che si riferisce ai rapporti tra Terra e Luna **2** detto di fenomeno geologico terrestre presente anche sulla Luna

geomagnètico [comp. di *geo-* e *magnetico* * 1956] **agg.** (**pl. m.** *-ci*) ● relativo al magnetismo terrestre

geomagnetìsmo [comp. di *geo-* e *magnetismo* * 1956] **s. m.** ● magnetismo terrestre

geomànte [vc. dotta, lat. tardo *geomănte(m)*, dal gr. *geômantis*, comp. di *gê* 'terra' e *mántis* 'indovino' * 1319] **s. m. e f.** ● chi praticava la geomanzia

geomàntico [da *geomanzia* * av. 1729] **agg.** (**pl. m.** *-ci*) ● relativo a geomanzia o a geomante

geomanzìa [vc. dotta, lat. tardo *geomăntia(m)*, dal gr. *geōmantéia*, comp. di *gê* 'terra' e *mantéia* 'divinazione' * av. 1311] **s. f.** ● tecnica divinatoria di molte religioni antiche e primitive, consistente nel ricavare pronostici da segni tracciati sulla terra o da posizioni di luoghi rispetto agli astri e alle direzioni spaziali

geomàtica [comp. di *geo-* e *(infor)matica*, analogo all'ingl. *geomatics* * 2001] **s. f.** ● tecnologia del rilevamento e del trattamento dei dati ambientali (cartografia, topografia, fotogrammetria, geodesia ecc.) con l'impiego di sistemi informatici e di calcolo

geomedicìna [comp. di *geo-* e *medicina* * 1956] **s. f.** ● studio delle condizioni fisiche di una regione in rapporto alla salute

geòmetra o (*poet.*) **geomètra** [vc. dotta, lat. *geōmetra(m)*, dal gr. *geōmétrēs*, comp. di *gê* 'terra' e un deriv. di *métrein* 'misurare' * 1313] **s. m. e f.** (**pl. m.** *-i*) **1** professionista che effettua rilevazioni diverse ai fini della determinazione dei caratteri topografici di una zona, progetta e dirige lavori di costruzioni civili di modesta entità **2** studioso di geometria

geometrìa [gr. *geōmetría*, comp. di *gê* 'terra' e un deriv. del v. *métrein* 'misurare' * 1261 ca.] **s. f.** **1** ramo della matematica che si occupa delle figure di uno spazio: *La … g., tratta delle misure e delle proporzioni* (B. LATINI) | ***g. algebrica***, parte della geometria che studia gli enti rappresentabili con metodi algebrici | ***g. analitica***, metodo di studio della geometria consistente nell'applicare l'algebra e l'analisi | ***g. affine, euclidea, proiettiva***, quella che studia le proprietà invarianti rispettivamente per affinità, movimenti, omografie | ***g. non euclidea***, nella quale per un punto non passano rette parallele a una retta data, o ne passa più di una | ***g. descrittiva***, studio delle rappresentazioni di figure spaziali sul piano **2** (*fig.*) struttura razionale: *la g. della Divina Commedia* | organizzazione dello spazio armoniosa e regolare: *la g. dei campi coltivati*

geomètrico [vc. dotta, lat. tardo *geomĕtricu(m)*, dal gr. *geōmetrikós* 'pertinente alla geometria (*geōmetría*)' * 1282] **agg.** (**pl. m.** *-ci*) **1** della geometria, relativo alla geometria: *figure geometriche*; *proporzione geometrica* | ***disegni geometrici***, basati sulla riproduzione di figure piane e solide | ***stile g.***, basato su disegni geometrici | media geometrica, V. *media*①, sign. 1 | ***progressione geometrica***, V. *progressione*, sign. 2 **2** (*fig.*) logico, rigoroso, razionale e sim.: *ragionamento g.* | (*fig.*) stringato essenziale: *stile g.* ‖ **geometricaménte**, **avv.** **1** mediante la geometria; sotto l'aspetto geometrico **2** (*fig.*) in modo logico, esatto ‖ **geometricità**, **s. f. inv.** caratteristica o proprietà di ciò che è geometrico

Geomètridi [da *geometra*, per i loro movimenti a compasso, e *-idi* * sec. XIX] **s. m. pl.** (**sing.** *-e*) ● (*zool.*) famiglia di farfalle notturne (*Geometridae*)

geometrizzàre [1561] **A** **v. tr.** ● rendere geometrico: *g. un disegno* **B** **v. intr.** (**aus.** *avere*) ● †ragionare con esattezza geometrica ‖ **geometrizzazióne**, **s. f.** il geometrizzare; forma geometrica

geòmide [comp. di *geo-*, del gr. *mŷs*, genit. *myós* 'topo' e del suff. di famiglia zoologica *-idi*: 'topo di terra' per la sua attività escavatoria * 1874] **s. m.** ● genere di piccoli Roditori americani con corpo tozzo, lunga coda, provvisti di tasche alle guance, che scavano nel terreno e rodono le radici di alberi (*Geomys*)

geomineràrio [comp. di *geo-* e *minerario* * 1956] **agg.** ● relativo a studi geologici sui giacimenti minerari: *carte geominerarie*

geomorfologìa [comp. di *geo-* e *morfologia* * 1903] **s. f.** (**pl.** *-gìe*) ● disciplina che ha come oggetto lo studio della forma della superficie terrestre e delle forze che la modificano

geomorfològico [comp. di *geo-* e *morfologico* * 1970] **agg.** (**pl. m.** *-ci*) ● relativo alla geomorfologia

geonemìa [comp. di *geo-* e di un deriv. del v. gr. *némein* 'abitare' * 1956] **s. f.** ● (*biol.*) ramo della biogeografia che tratta specificamente gli areali dei gruppi animali e vegetali

geopedologìa [vc. dotta, comp. di *geo-* e *pedologia* * 1953] **s. f.** (**pl.** *-gìe*) ● disciplina che studia i terreni in rapporto con l'agricoltura e con la geologia

geopolìtica [comp. di *geo-* e *politica* * 1933] **s. f.** ● disciplina che studia le basi e le ragioni geografiche dei problemi politici ed economici

geopolìtico [av. 1937] **agg.** (**pl. m.** *-ci*) ● di geopolitica, relativo alla geopolitica

georàdar [comp. di *geo-* e *radar* * 1986] **s. m. inv.** ● (*geol.*) sistema di esplorazione del sottosuolo a piccole profondità, basato sulla riflessione di onde elettromagnetiche ad alta frequenza, noto internazionalmente con la sigla GPR (*Ground Penetrating Radar*)

georeferenziazióne [comp. di *geo-* e un deriv. di *referenziare* * 1987] **s. f.** ● (*inform.*) geocodifica

georgette /*fr.* ʒeɔʀ'ʒɛt/ [vc. fr., riduzione di *crêpe Georgette*, dal n. della sarta *Georgette* de la Plante * 1970] **s. f. inv.** ● accorc. di *crêpe georgette*

georgiàno① o **giorgiàno** [sec. XIV] **A** **agg.** **1** della Georgia, Stato dell'Asia occidentale | dell'omonimo Stato degli Stati Uniti **2** (*geol.*) relativo al Georgiano **B** **s. m.** **1** (**f.** *-a*) abitante o nativo della Georgia **2** (*geol.*; gener. con iniziale maiuscola) la prima delle tre epoche in cui si divide il Cambriano **C** **s. m. solo sing.** ● lingua della famiglia caucasica parlata nello stato asiatico della Georgia

georgiàno② o **giorgiàno** [ingl. *Georgian* 'relativo a Giorgio (*George*)' * 1956] **agg.** ● relativo all'epoca in cui in Inghilterra regnarono, uno dopo l'altro, dal 1714 al 1830, Giorgio I, II, III e IV di Hannover | ***mobile g.***, genericamente, mobile inglese del Settecento dai caratteri non spiccati

✦**geòrgico** [vc. dotta, lat. *geōrgicu(m)*, dal gr. *geōrgikós* 'dell'agricoltore (*geōrgós*, comp. di *gê* 'terra' e di un deriv. da *érgon* 'lavoro')' * 1759] **agg.** (**pl. m.** *-ci*) ● (*lett.*) relativo alla vita e alla coltivazione dei campi | ***poema g.***, poema didascalico sulla coltivazione dei campi **SIN.** agreste

georgòfilo [comp. di *georg(ic)o* e *-filo* * 1765] **agg. e s. m.** (**f.** *-a*) ● (*lett.*) che (o chi) ama l'agricoltura e ne promuove lo studio e lo sviluppo

geoscòpio [comp. di *geo-* e *-scopio* * 1956] **s. m.** ● dispositivo ottico montato su aeroplani per consentire all'equipaggio la visione del terreno sottostante

geosfèra [comp. di *geo-* e *sfera* * 1970] **s. f.** ● sfera terrestre

geosinclinàle [comp. di *geo-* e *sinclinale* * 1928] **s. f.** ● (*geol.*) fascia mobile della crosta terrestre, bacino subsidente da cui si sviluppa, per corrugamento e deformazione delle rocce, una catena montuosa

geosinònimo [comp. di *geo-* e *sinonimo* * 1973] **s. m.** ● (*ling.*) vocabolo che ha lo stesso significato di un altro, ma è usato in un'area geografica diversa all'interno della stessa lingua (per es. *anguria* e *cocomero*)

geosintètico [comp. di *geo-* e *sintetico* * 1988] **A** **agg.** (**pl. m.** *-ci*) ● detto di materiale di sintesi ottenuto dalla combinazione di fibre polimeriche e fibre naturali, che trova applicazione in ingegneria civile per rinforzo e drenaggio di terreni, impermeabilizzazioni ecc. **B** **s. m.** ● prodotto geosintetico

geosolàre [vc. dotta, comp. di *geo-* e *solare*① * 1956] **agg.** ● (*geofis.*) detto di tutto ciò che si riferisce ai rapporti tra Terra e Sole

geostàtica [comp. di *geo-* e *statica* * 1834] **s. f.** ● parte della fisica che tratta dell'equilibrio dei solidi

geostazionàrio [comp. di *geo-* e *stazionario* * 1974] **agg.** ● detto di satellite artificiale, usato spec. per ritrasmettere programmi televisivi, che ruota intorno alla Terra da Ovest a Est nello stesso senso di rotazione di questa, con velocità tale da rimanere fisso su un determinato punto dell'equatore a un'altitudine di circa 36 000 km, compiendo un giro in 24 ore in sincronismo con la rotazione della Terra

geostereoplàstica [comp. di *geo-*, *stereo-* e *-plastica* * 1892] **s. f.** ● rappresentazione in rilievo di parti della superficie terrestre

geostòria [comp. di *geo-* e *storia* * 1939] **s. f.** ● disciplina che studia l'evoluzione delle caratteristiche di un territorio in relazione alla storia delle popolazioni che lo hanno abitato **SIN.** geografia storica

geostòrico [1873] **agg.** (**pl. m.** *-ci*) ● relativo alla geostoria

geotag /dʒeo'tag, *ingl.* 'dʒiːəʊˌtæg/ [vc. ingl.,

comp. di *geo-* 'geo-' e *tag* ✱ 2005] **s. m. inv.** ● (*inform.*) informazione contenente le coordinate geografiche di un luogo, aggiunta a una fotografia, un video, un sms ecc.

geotassìa o **geotàssi** [comp. di *geo-* e un deriv. del gr. *táxis* 'ordinamento', dal v. *tássein* (*táttein* in attico), di etim. incerta ✱ 1970] **s. f.** ● (*biol.*) geotattismo

geotattìsmo [da *geotassia* ✱ 1956] **s. m.** ● (*biol.*) tattismo in risposta a stimoli meccanici legati alla forza di gravità **SIN.** geotassia

geotècnica [comp. di *geo-* e *tecnica* ✱ 1956] **s. f.** ● insieme delle questioni tecniche riguardanti il suolo e il sottosuolo

geotècnico [1913] **A agg.** (**pl. m.** *-ci*) ● relativo alla geotecnica **B s. m.** (**f.** *-a*) ● studioso, esperto di geotecnica

geotecnologìe [comp. di *geo-* e il pl. di *tecnologia*, analogo all'ingl. *geotechnology* ✱ 1989] **s. f. pl.** (**sing.** *raro -ia*) ● l'insieme delle tecnologie che impiegano sistemi informatici, telematici e di telerilevamento nella ricerca geologica e nelle sue applicazioni

geotermàle [comp. di *geo-* e *termale* ✱ 1956] **agg.** ● detto di acqua sotterranea la cui temperatura, superiore alla media, sia dovuta al calore degli strati profondi del terreno

geotermìa [comp. di *geo-* e *-termia* ✱ 1970] **s. f.** ● misura del calore terrestre | parte della geofisica che studia il calore interno della Terra e le modalità di sfruttamento dei vapori e dei liquidi caldi che vengono prodotti interagendo con i fluidi meteorici penetrati in profondità

geotèrmico [da *geotermica* ✱ 1892] **agg.** (**pl. m.** *-ci*) ● relativo alla temperatura del suolo e del sottosuolo | ***gradiente g.***, aumento di temperatura che si verifica con l'aumento di profondità nella crosta terrestre

geotermometrìa [vc. dotta, comp. di *geo-* e *termometria* ✱ 1987] **s. f.** ● (*miner.*) determinazione della temperatura di formazione di una roccia tramite i minerali in essa contenuti

geotèssile [comp. di *geo-* e *tessile* ✱ 1986] **agg. e s. m.** ● detto di prodotto dell'industria tessile che per proprietà fisiche, meccaniche e idrauliche si impiega in opere di ingegneria civile a contatto col terreno per migliorarne le caratteristiche

geotettònica [comp. di *geo-* e *tettonica* ✱ 1892] **s. f.** ● (*geol.*) tettonica

geotritóne [comp. di *geo-* e *tritone*② ✱ 1892] **s. m.** ● genere di piccole salamandre brunicce, spesso cavernicole, diffuse anche in Italia (*Hydromantes*)

geotròpico [da *geotropismo* ✱ 1932] **agg.** (**pl. m.** *-ci*) ● relativo a geotropismo | che presenta geotropismo

geotropìsmo [comp. di *geo-* e *tropismo* ✱ 1892] **s. m.** ● tropismo dovuto all'influenza della forza di gravità su foglie, radici e fusti | ***g. positivo***, proprio delle radici | ***g. negativo***, proprio del fusto

geotrùpe [comp. di *geo-* e un deriv. del gr. *trypân* 'forare' per la loro abitudine di scavare gallerie nella terra ✱ 1834] **s. m.** ● (*zool.*) scarabeo stercorario

geragogìa [vc. dotta, comp. di *ger(o)-* 'vecchio' e del v. gr. *ágein* 'condurre, guidare' ✱ 1990] **s. f.** (**pl.** *-gìe*) ● (*med.*) branca della gerontologia che suggerisce linee di condotta per un buon invecchiamento

Geraniàcee [vc. dotta, comp. di *geranio* e *-acee* ✱ 1829] **s. f. pl.** (**sing.** *-a*) ● (*bot.*) famiglia di piante erbacee o suffruticose con fusto nodoso, foglie palmate, fiori dai colori vivaci e frutti con lungo becco, coltivate a scopo ornamentale (*Geraniaceae*)

gerànio o **girànio** [vc. dotta, lat. *gerănio(n)*, dal gr. *geránion*, propr. '(becco) di gru (*géranos*)', per la forma del frutto ✱ 1563] **s. m.** ● genere di piante erbacee o arbustive delle Geraniacee, cui appartengono varie specie spontanee in Italia e in altri Paesi a clima temperato, con foglie palminervie e fiori variamente colorati (*Geranium*) | denominazione comune di ibridi e varietà di pelargoni largamente coltivati per ornamento | ***essenza di g.***, olio volatile impiegato in profumeria e nell'industria farmaceutica

geraniòlo [comp. di *gerani(o)* e *-olo*① ✱ 1889] **s. m.** ● (*chim.*) alcol insaturo responsabile dell'odore caratteristico dell'olio essenziale di geranio, impiegato in profumeria

geranomanzìa [comp. del gr. *géranos* 'gru' (d'orig. indeur.) e del suff. it. *-manzia* ✱ 1983] **s. f.** ● predizione del futuro basata sull'interpretazione del volo delle gru

geràrca o †**ieràrca** [adattamento del gr. eccl. *hierárchēs* 'capo (*archós*) delle sacre funzioni (*hierá*)' ✱ 1612] **s. m.** (**pl.** *-chi*) **1** chi riveste un grado piuttosto elevato in una gerarchia spec. ecclesiastica | ***primo, sommo g.***, il Papa **2** durante il fascismo, chi occupava le massime cariche del partito **3** (anche **f.**) (*fig., spreg.*) persona autoritaria, dispotica

gerarcàto [1869] **s. m.** ● dignità e carica di gerarca, spec. ecclesiastico | periodo di tempo durante il quale il gerarca resta in carica

gerarchésco [1952] **agg.** (**pl. m.** *-schi*) ● (*spreg.*) da gerarca: *cipiglio g.*

gerarchìa o †**ierarchìa** [adattamento del gr. eccl. *hierarchía*, da *hierárchēs* 'gerarca' ✱ av. 1328] **s. f. 1** rapporto reciproco di supremazia e subordinazione: *g. tra dirigenti, impiegati e operai; g. tra organi militari* | (*fig.*) scala, gradazione: *g. di valori* **2** (**spec. al pl.**) l'insieme delle persone che ricoprono i gradi più alti in organismi politici, militari o ecclesiastici: *le più alte gerarchie militari* **3** ciascuno dei tre gruppi di ordini in cui sono suddivisi gli angeli, secondo la teologia cattolica **4** †astruseria

geràrchico o †**ieràrchico** [adattamento del gr. eccl. *hierarchikós* 'proprio del gerarca (*hierárchēs*)' ✱ sec. XIV] **agg.** (**pl. m.** *-ci*) ● relativo a gerarchia; che si basa su una gerarchia: *ordinamento g.* | ***inoltrare una pratica per via gerarchica***, farla passare da uffici di grado inferiore a uffici di grado superiore, fino a giungere a quello competente | ***ricorso g.***, reclamo contro un provvedimento amministrativo rivolto all'autorità superiore a quella che ha emanato l'atto stesso || **gerarchicaménte**, **avv.** in modo gerarchico, secondo un ordine gerarchico; da un punto di vista gerarchico

gerarchizzàre [1914] **v. tr.** ● organizzare secondo i principi propri di una gerarchia || **gerarchizzazióne**, **s. f.**

gèrba [etim. discussa: lat. *acĕrba(m)* nel senso di 'tagliente al tatto' (?) ✱ 1831] **s. f.** ● (*bot., pop.*) giunco

gerbèra [dal n. del naturalista ted. T. *Gerber* (sec. XVIII) ✱ 1834] **s. f.** ● pianta erbacea perenne delle Composite con foglie radicali inferiormente lanose, grandi fiori solitari con colore variabile dall'arancione al rosso scarlatto (*Gerbera jamesonii*)

gèrbido [prob. da *gerbo*② ✱ 1913] **A agg.** ● (*piemontese*) incolto, brullo **B s. m.** ● (*piemontese*) terreno incolto **SIN.** baraggia, magredo

gerbìllo [vc. sp., dim. di *gerbo*①, da *jerbū* o *yarbū'*, n. arabo del roditore ✱ 1874] **s. m.** ● (*zool.*) nome comune di ogni rappresentante di una sottofamiglia di Roditori dei Muridi comprendente numerosi generi ad ampia diffusione in Africa e Asia | ***g. della Mongolia***, lungo 20-25 cm con unghie robuste e nere (*Meriones unguiculatus*) | ***g. pigmeo***, lungo 13-17 cm (*Gerbillus henley*)

gèrbo① [etim. incerta ✱ 1869] **s. m.** ● (*tosc.*) moina, smorfia

gèrbo② [etim. incerta ✱ sec. XX] **s. m.** ● (*sett.*) terreno incolto, brullo

gerbòa [ingl. *jerboa*, a sua volta dall'arabo *yarbū'* o *ǧarbū'* ✱ 1961] **s. m. inv.** ● piccolo roditore dell'Africa settentrionale, con zampe posteriori molto lunghe che gli permettono di procedere a salti (*Jaculus orientalis*)

gerbóne [da *erbone* con sovrapposizione di *gerba* ✱ 1869] **s. m.** ● (*bot.*) trifoglio

geremìade [fr. *jérémiade*, da *Jérémie* 'Geremia', lat. eccl. *Jeremīa(m)*, dal gr. *Jerĕmías*, in ebr. *Yermeyâh(ū)*, che nella seconda parte racchiude il n. di 'Dio' (ebr. *Jahveh*), ma oscuro nella prima, nome del profeta biblico autore delle *Lamentazioni* ✱ 1850] **s. f.** ● lunga e noiosa sequela di lamentele e piagnistei

geremiàta [av. 1827] **s. f.** ● (*tosc.*) geremiade

gerènte [vc. dotta, lat. *gerĕnte(m)*, part. pres. di *gĕrere* 'portare (su di sé)', di etim. incerta ✱ 1839] **s. m. e f.** (**pl. m.** *-i*) ● chi amministra o gestisce affari o società per conto terzi | ***g. di un giornale***, un tempo, direttore responsabile

gerènza [da *gerente* ✱ 1684] **s. f.** ● gestione, amministrazione | ufficio di gerente

♦**gergàle** [1825] **agg.** ● del gergo, che è proprio del gergo: *modo, linguaggio g.* || **gergalménte**, **avv.** || **gergalità**, **s. f. inv.** carattere gergale di un'espressione, di uno stile, ecc.; uso di termini gergali

gergalìsmo [comp. di *gergal(e)* e *-ismo* ✱ 1952] **s. m.** ● (*ling.*) voce o locuzione gergale | tendenza a usare voci o locuzioni di origine gergale

gergalìsta [da *gergale* ✱ 1942] **s. m. e f.** (**pl. m.** *-i*) ● studioso di gerghi

gergànte [1956] **s. m. e f.** ● (*raro*) chi fa parte della comunità che parla in gergo

♦**gèrgo** o (*lett.*) **gergóne** [etim. discussa: fr. *jargon*, orig. 'cinguettio degli uccelli', quindi 'linguaggio incomprensibile' (?) ✱ av. 1400] **s. m.** (**pl.** *-ghi*) **1** (*ling.*) linguaggio convenzionale utilizzato da una comunità generalmente marginale che, in determinate condizioni, avverte il bisogno di non essere capita dai non iniziati o di distinguersi dagli altri: *g. della malavita* **2** (*est.*) particolare linguaggio comune a una determinata categoria di persone: *g. studentesco, militare* **3** (*est.*) linguaggio oscuro e allusivo: *parlare in g.* || **gergàccio**, **pegg.**

SFUMATURE DI SIGNIFICATO

gergo - parlata

Il termine **gergo** indica una lingua criptica, convenzionale, utilizzata da una comunità o da un gruppo sociale per non farsi capire o distinguersi dagli altri; in altra accezione indica un particolare linguaggio comune a una determinata categoria di persone. **Parlata** può essere utilizzato come equivalente di *gergo*, anche se in senso proprio designa un particolare modo di parlare, caratteristico quanto ad accento, forma e terminologia, cioè un particolare modo di usare una lingua o un dialetto.

gergóne ➤ **gergo**

geriàtra [comp. di *ger(o-)*① e *-iatra* ✱ 1970] **s. m. e f.** (**pl. m.** *-i*) ● medico specialista in geriatria

geriatrìa [comp. di *ger(o-)*① e *-iatria* ✱ 1950] **s. f.** ● (*med.*) branca della gerontologia che si occupa della diagnosi, della cura e della prevenzione delle alterazioni fisiche e mentali e delle malattie connesse con la senescenza | (*est.*) reparto ospedaliero per pazienti che necessitano di cure per tali malattie

geriàtrico [1954] **agg.** (**pl. m.** *-ci*) ● di geriatria, relativo alla geriatria

gèrla o †**gèrna** [lat. parl. **gĕrula(m)*, da *gĕru-*

lu(m) 'che serve per portare (*gĕrere*)' ✱av. 1537] **s. f.** ● cesta di forma troncoconica adattabile mediante cinghie o corde alle spalle del portatore, realizzata con fibre vegetali intrecciate, di uso tradizionale nei paesi di montagna ‖ **gerlétta**, **dim.** | **gerlétto**, **dim. m.** | **gerlìno**, **dim. m.**

gèrlo [V. *gherlino* ✱1869] **s. m.** ● (*mar.*) ogni cordicella che serve per serrare le vele quando siano state imbrogliate, spec. il cavetto che serra le vele latine

†**gèrma** [arabo *ğarm* 'barca da carico' ✱av. 1405] **s. f.** ● nave mercantile, di forma allargata, a quattro vele, anticamente usata nel Mediterraneo

germanèṣimo [av. 1883] **s. m.** ● elemento culturale germanico | (*ling.*, *raro*) germanismo

g

germànico [vc. dotta, lat. *Germānicu(m)*, da *Germānus* 'germano②' ✱av. 1367] **A agg.** (**pl. m.** *-ci*) **1** degli antichi Germani: *tradizione, leggende germaniche* **2** della Germania (detto spec. di cose): *foresta germanica* | (*ling.*) relativo a un gruppo di lingue della famiglia indoeuropea parlata in origine dagli antichi germani | ***lingue germaniche***, gruppo al quale oggi appartengono le lingue parlate nel nordeuropa come l'inglese, il tedesco, il danese, il norvegese e lo svedese | (*elvet.*) della Repubblica di Germania, proveniente dalla Repubblica di Germania (in contrapposizione a 'tedesco', con cui talora si intende 'svizzero tedesco'): *un turista g.* ‖ **germanicità**, **s. f. inv.** **B s. m. solo sing.** ● (*ling.*) lingua ricostruita che è all'origine di tutte le lingue germaniche attestate

germànio [ted. *Germanium*, da *Germania*, n. lat. della patria dello scopritore ✱1930] **s. m.** (**pl.** *-i* o *raro -ii*) ● elemento chimico, metallo assai raro, bianco-grigiastro, fragile, impiegato in elettronica per le sue caratteristiche di semiconduttore **SIMB.** Ge **NUM. AT.** 32

germanìṣmo o **germanèṣimo** [1798] **s. m.** **1** (*ling.*) parola o locuzione propria di una lingua germanica entrata in un'altra lingua **2** usanza o sim. tipica della Germania

germanìsta [1940] **s. m. e f.** (**pl. m.** *-i*) ● studioso della lingua, della letteratura e della cultura germanica

germanìstica [1941] **s. f.** ● studio delle lingue, della letteratura, della cultura e della civiltà dei popoli di lingua tedesca

germaniẓẓàre [1858] **A v. tr.** ● rendere germanico **B v. intr.** (**aus.** *avere*) ● imitare gli usi, i modi germanici ‖ **germaniẓẓazióne**, **s. f.**

germàno① [vc. dotta, lat. *germānu(m)*, per **germinānu(m)* 'che è della (stessa) razza' (V. *germe*) ✱av. 1321] **A agg.** ● nato dagli stessi genitori: *fratello g.* **B s. m.** (**f.** *-a*) ● (*lett.*) chi è nato dagli stessi genitori: *la mia germana / vuol colà favellarti* (P. METASTASIO) | (*lett.*, *fig.*) ciò che ha la stessa natura: *german di giovinezza, amore* (G. LEOPARDI)

germàno② [vc. dotta, lat. *Germānu(m)*, di prob. orig. celt. ✱av. 1472] **A s. m.** (**f.** *-a*) ● ogni appartenente alle numerose popolazioni di origine indoeuropea stanziate fin da tempi antichissimi nella Scandinavia meridionale, nelle altre regioni poste intorno al Mar Baltico occidentale fino alla Vistola e sulle coste orientali del Mare del Nord, che progressivamente si estesero in tutti i territori dell'Europa con successive migrazioni **B agg.** ● (*lett.*) germanico

germàno③ [prob. dal n. di S. *Germano*, alla cui data (21 febbraio) l'uccello usa ripassare le Alpi ✱sec. XIV] **s. m.** ● (*zool.*) denominazione comune di varie specie di Uccelli, spec. fra gli Anseriformi | ***g. reale***, anatra di grande statura, tipica spec. dei luoghi lagunari e paludosi, da cui derivano parecchie varietà di anatra domestica (*Anas platyrhynchos*) | ***g. nero***, folaga

germàno- primo elemento ● in parole composte, fa riferimento alla Germania o ai suoi abitanti: *germanofilo, germanofobo*

germanofilìa [comp. di *germano-* e *-filia* ✱1878] **s. f.** ● ammirazione, simpatia per i tedeschi e per la Germania

germanòfilo [comp. di *germano-* e *-filo* ✱1878] **agg. e s. m.** (**f.** *-a*) ● ammiratore o seguace della Germania o della sua civiltà

germanofobìa [comp. di *germano-* e *-fobia* ✱1915] **s. f.** ● atteggiamento di forte avversione, di ostilità verso la Germania e tutto ciò che è tedesco ‖ **germanofòbico**, **agg.** (**pl. m.** *-ci*) relativo a germanofobia ‖ **germanòfobo**, **agg. e s. m.** (**f.** *-a*) che (o chi) dimostra germanofobia

germanòfono [comp. di *germano-* e *-fono* ✱1984] **agg. e s. m.** (**f.** *-a*) ● che (o chi) parla la lingua tedesca **SIN.** tedescofono

gèrme o †**gèrmine** [vc. dotta, lat. *gĕrme(n)*, da **gĕnmen*, della stessa radice di *gĭgnere* 'nascere, generare', di orig. indeur. ✱av. 1374] **s. m.** **1** (*biol.*) embrione nei primi stadi di sviluppo | ***in g.***, (*fig.*) di ciò che è ancora agli inizi | ***g. di malattia, g. patogeno***, batterio, virus **CFR.** blasto-, -blasto **2** (*veter.*) ***g. di fava***, macchia nerastra dovuta a depositi di tartaro nel fondo del cornetto dentario esterno **3** (*lett.*) germoglio: *siccome il sol che schiude / dal pigro g. il fior* (A. MANZONI) **4** (*fig.*) causa prima, origine, radice: *g. di civiltà; il g. del male* **5** †figlio, rampollo | ***l'umano g.***, gli uomini **6** (*biol.*) nei Metazoi, insieme delle cellule germinali, cioè la linea degli elementi che si propagano nel tempo di generazione in generazione, in contrapposizione a quelli caduchi del soma **7** (*miner.*) minuta porzione di solido che si forma o viene introdotta in una soluzione o in un materiale fuso affinché si inneschi il processo di accrescimento di un cristallo

germicìda [comp. di *germe* e *-cida* ✱1884] **A s. m.** (**pl.** *-i*) ● sostanza capace di distruggere i germi e in particolare i batteri patogeni **B** anche **agg.**: *liquido g.*

germìle [da *germi(nale)*② con la terminazione di *(apr)ile* ✱1802] **s. m.** ● germinale②

germinàbile [vc. dotta, lat. tardo *germinābile(m)*, da *germināre* 'germinare' ✱1869] **agg.** ● che può germinare, detto del seme ‖ **germinabilità**, **s. f. inv.**

germinàle① [dal lat. *gĕrmen*, genit. *gĕrminis* 'germe' ✱1869] **agg.** **1** di germe, relativo a germe: *fase g.*; *cellule germinali* **2** (*fig.*) che è appena abbozzato, a uno stadio iniziale: *sentimento g.* ‖ **germinalità**, **s. f. inv.**

germinàle② [fr. *germinal* 'mese del germogliare (ant. fr. *germiner*)' ✱1799] **s. m.** ● settimo mese del calendario rivoluzionario francese, il cui inizio corrispondeva al 21 marzo e il termine al 19 aprile **SIN.** germile

†**germinaménto** [av. 1519] **s. m.** ● germinazione | germoglio

germinàre [vc. dotta, lat. *germināre*, da *gĕrmen*, genit. *gĕrminis* 'germe' ✱1321] **A v. intr.** (*io gèrmino*; **aus.** *essere* o *avere*) **1** germogliare: *il seme germina* **2** (*fig.*) trarre origine, motivo, spunto: *i motivi di dissenso sono germinati da incidenti insignificanti* **B v. tr.** ● (*lett.*) generare, produrre (*anche fig.*): *la terra lieta germinava fiori* (M.M. BOIARDO)

germinatìvo [av. 1320] **agg.** ● atto a germinare o a far germinare: *potere g.*

germinatóio [1956] **s. m.** (**pl.** *-ói*) ● apparecchio di forma e materiali diversi per determinare la germinabilità dei semi e, in determinate condizioni ambientali, produrre la germinazione

germinazióne [vc. dotta, lat. *germinatiō-ne(m)*, da *germinātus* 'germinato' ✱av. 1535] **s. f.** ● il germinare | (*lett.*) germoglio

†**gèrmine** ➤ **germe**

germoglìàbile [av. 1704] **agg.** ● che può germogliare

germogliaménto [av. 1320] **s. m.** ● (*raro*) germogliazione | †gorgoglio

germogliàre [lat. parl. **germiniāre*, parallelo del class. *germināre* 'germinare' ✱1308] **A v. intr.** (*io germóglio* (o *-ò-*); **aus.** *essere* o *avere*) **1** svilupparsi in pianta, detto del seme: *il grano germoglia* **SIN.** germinare **2** emettere germogli, getti: *i rami, gli alberi germogliano* | svilupparsi, detto di germogli **3** (*fig.*) avere origine, svilupparsi: *nell'ozio l'amor sempre germoglia* (T. TASSO) **B v. tr.** ● (*raro*) produrre, far germogliare

germogliazióne [av. 1597] **s. f.** ● (*raro*) il germogliare

✱**germóglio** (o *-ò-*) [da *germogliare* ✱av. 1292] **s. m.** **1** la piantina all'inizio del suo sviluppo **2** l'insieme delle parti vegetali che si sviluppano dalle gemme **SIN.** gettata, getto **3** (*fig.*, *lett.*) abbozzo, prima manifestazione di qlco.: *germogli di desiderio* **4** †figlio, rampollo ‖ **germogliétto**, **dim.** | **germoglìno**, **dim.**

†**gèrna** ➤ **gerla**

géro-① [dal gr. *gérōn*, genit. *gérontos* 'vecchio', di orig. indeur.] **primo elemento** (*ger-*, **davanti a vocale**) ● in parole composte dotte o della terminologia scientifica, significa 'vecchio, vecchiaia': *geriatra*

géro-② ➤ **iero-**

-gero [dal lat. *-gĕr*, *-gĕrus*, che serviva a formare agg. d'agente col sign. di base 'che porta', spec. su di sé, dal v. *gĕrere* 'portare, condurre'] **secondo elemento** ● in parole composte, significa 'che porta': *armigero, crocigero, lanigero*

gerocòmio [per *gero(nto)comio*, con sostituzione del nom. gr. *gérōn* alla forma obliqua *gérontos* ✱1723] **s. m.** ● (*disus.*) gerontocomio

gerocrazìa e deriv. ➤ **ierocrazia** e deriv.

gerofànte e deriv. ➤ **ierofante** e deriv.

geroglìfico o †**ieroglìfico** [vc. dotta, adattamento del lat. tardo *hieroglȳphicu(m)*, dal gr. *hieroglyphikós* 'pertinente alle sacre (da *hierós*) incisioni (dal v. *glýphein* 'incidere, scolpire')' ✱1538] **A agg.** (**pl. m.** *-ci*) ● (*ling.*) detto dei disegni convenzionali e stilizzati della antica scrittura egiziana e della scrittura stessa ‖ **geroglificaménte**, **avv.** (*raro*) in forma geroglifica **B s. m.** **1** (*ling.*) l'unità fondamentale del sistema ideogrammatico degli antichi Egizi **2** (*fig.*) scrittura o testo difficile da decifrare: *non riesco a capire i tuoi geroglifici* | (*fig.*) ghirigoro

gerolamìno [dal n. del presunto fondatore, S. *Gerolamo* (347 ca.-420) ✱1834] **s. m.** (**f.** *-a*) ● religioso dell'ordine monastico, sorto fra i secc. XIV e XV in Spagna e in Italia

geronimiàno o **gerolimiàno** [dal n. lat. (*Hierōnymus*) di S. Girolamo ✱1869] **agg.** ● relativo a San Girolamo e alle sue opere

gerónte [gr. *gérōn*, genit. *gérontos*, propr. 'vecchio, anziano', di orig. indeur. ✱1796] **s. m.** ● ogni membro del senato dell'antica Sparta, nel quale si entrava a sessant'anni e si era eletti a vita

gerónto- [dal gr. *gérōn*, genit. *gérontos* 'vecchio, anziano', di orig. indeur.] **primo elemento** ● in parole composte dotte o della terminologia scientifica, significa 'vecchio' o indica relazione con anziani: *gerontologia*

gerontocòmio [vc. dotta, lat. tardo *gerontocomīu(m)*, dal gr. *gerontokomêion*, comp. di *gérōn*, genit. *gérontos* 'vecchio' e un deriv. di *komêin* 'prender cura' ✱av. 1603] **s. m.** ● luogo di ricovero per anziani

gerontòcrate [comp. di *geronto-* e *-crate* ✱1990] **s. m. e f.** ● persona anziana, o troppo

anziana, che detiene un potere politico (*spec. iron.*)
gerontocràtico [1952] **agg.** (**pl. m.** *-ci*) ● relativo alla gerontocrazia o ai gerontocrati: *governo g.*
gerontocrazìa [comp. di *geronto-* e *-crazia* ✱1869] **s. f.** ● (*raro*) governo degli anziani | detenzione del potere da parte di dirigenti molto anziani (*spec. iron*)
gerontofilìa [comp. di *geronto-* e *-filia* ✱1956] **s. f.** ● attrazione sessuale per le persone anziane
gerontoiatrìa [comp. di *geronto-* e *-iatria* ✱1952] **s. f.** ● (*med.*) geriatria
gerontologìa [comp. di *geronto-* e *-logia* ✱1950] **s. f.** (**pl.** *-gìe*) ● branca della medicina che studia l'invecchiamento sotto il profilo biologico, sociologico e psicologico, oltre che patologico CFR. geriatria
gerontològico [1958] **agg.** (**pl. m.** *-ci*) ● relativo alla gerontologia
gerontòlogo [comp. di *geronto-* e *-logo* ✱1955] **s. m.** (**f.** *-a*; **pl. m.** *-gi*) ● specialista in gerontologia
gerosolimitàno o †**ierosolimitàno** [vc. dotta, adattamento del lat. eccl. *Hierosolymitānu(m)*, da *Hierosŏlyma* 'Gerosolima' ✱1540] **A agg. 1** di Gerusalemme **2** relativo ai cavalieri di S. Giovanni di Gerusalemme, oggi di Malta **B s. m.** (**f.** *-a*) **1** abitante o nativo di Gerusalemme **2** cavaliere dell'ordine ospitaliero di S. Giovanni di Gerusalemme, oggi di Malta
†**gèrsa** [var. dial. di *cerussa* ✱av. 1494] **s. f.** ● tipo di cipria molto bianca, usata un tempo per il trucco del viso
gerùndio [vc. dotta, lat. tardo *gerŭndiu(m)*, da *gerŭndu(m)*, forma arcaica parallela di *gerĕndu(m)*, da *gĕrere* 'portare (su di sé)', sul modello di *particĭpium* 'participio' e col senso proprio di 'modo di portarsi' ✱1450 ca.] **s. m.** ● (*gramm.*) modo infinitivo del verbo che presenta, in forma invariabile, l'idea verbale, in funzione di complemento di circostanza con valore causale, concessivo, condizionale, modale o temporale (V. le voci): *g. presente* (per es. *andando, mangiando*), *g. passato* (per es. *essendo andato, avendo mangiato*) | anche in costruzioni assolute: *partiremo domani, tempo permettendo*; *essendo Anna stanca, rientrammo a casa*
gerundìvo [vc. dotta, lat. tardo *gerundīvu(m) mŏdu(m)*, da *gerŭndus* (V. *gerundio*) ✱1552] **A s. m.** ● (*gramm.*) forma aggettivale passiva del verbo latino, che esprime necessità (per es. *legendus* 'che deve essere letto') o imminenza (per es. *adoptandus* 'che verrà adottato, che si appresta a essere adottato') SIN. participio futuro passivo **B anche agg.**: *modo g.*
gerusìa [vc. dotta, lat. *gerŭsia(m)*, dal gr. *gerousía*, forma attica di *gerontía* 'consiglio degli anziani (*gérontes*)' ✱1834] **s. f.** ● assemblea dei geronti, senato dell'antica Sparta
gesolreùt [dall'antico n. della nota *sol* indicata con la lettera alfabetica *G* (*ge*) e fatta seguire, secondo l'ant. sistema di aggiungere le sillabe dell'esacordo, dal n. delle tre note *sol, re* e *ut* (= *do*) ✱1825] **s. m. inv.** ● (*mus.*) denominazione della nota sol, settima, nell'antica solmisazione
gessàia [1841] **s. f.** ● cava di gesso
gessàio [1779] **s. m.** (**f.** *-aia*, **pl. m.** *-ai*) **1** artigiano che plasma con gesso vasi, statuine e sim. **2** venditore di gesso da presa
gessaiòlo o (*lett.*) **gessaiuòlo** [1834] **s. m.** (**f.** *-a*) **1** fabbricante o venditore di gesso da presa **2** operaio di una gessaia
gessàre [lat. *gypsāre*, da *gўpsum* 'gesso' ✱1542] **v. tr.** (*io gèsso*) **1** (*raro*) ingessare **2** spargere gesso su terreni alcalini e salsi per correggerli SIN. ammendare **3** sottoporre il mosto in fermentazione a opportuni trattamenti col gesso, per chiarificarlo
gessàto [1612] **A agg. 1** impregnato di gesso: *bende gessate* **2** detto di stoffa scura con sottilissime righe bianche, e di abito confezionato con tale stoffa: *un doppiopetto g.* **B s. m.** ● abito confezionato con stoffa gessata: *molti uomini erano in g.*
gessatùra [1887] **s. f. 1** (*raro*) ingessatura **2** trattamento, con gesso, di un terreno o del mosto
gessétto [1855] **s. m. 1** dim. di *gesso* **2** bastoncino di gesso, bianco o colorato, usato per scrivere o disegnare sulla lavagna o su altra superficie **3** piastrina di steatite usata dai sarti per segnare sulle stoffe linee di taglio, di cucitura e sim.
gessificàre [1956] **A v. tr.** (*io gessìfico, tu gessìfichi*) ● trasformare una sostanza in gesso **B gessificàrsi v. intr. pron.** ● trasformarsi in gesso ‖ **gessificazióne**, **s. f.** trasformazione di una sostanza in gesso, mediante procedimento chimico o per sostituzione
♦**gèsso** [lat. *gўpsu(m)*, dal gr. *gýpsos*, prob. di orig. semitica ✱sec. XIII] **A s. m. 1** (*miner.*) solfato di calcio idrato, in cristalli incolori prismatici o tabulari frequentemente geminati, oppure in masse granulari grigie o bianche, spesso giallastre per impurità, oppure in masse traslucide bianche o verdognole **2** polvere ottenuta per macinazione del minerale omonimo, usata in varie lavorazioni | impasto di tale polvere, per statue, stucchi e sim. **3** statua, bassorilievo e sim. fatto in gesso | ***di g.***, (*fig.*) attonito, impietrito: *lasciare qlcu. di g.*; *restare, rimanere di g.* **4** pezzo di gesso per scrivere spec. sulla lavagna | bastoncino di polvere di gesso pressata che i giocatori di biliardo passano sulla punta della stecca, per evitare che scivoli sulla palla | ***calma e g.***, V. *calma* **5** ingessatura: *tenere il g.*; *togliere il g.* **B in funzione di agg. inv.** ● (posposto al sost.) nella loc. ***bianco g.***, detto di una particolare tonalità di bianco, simile al colore della polvere di gesso ‖ **gessétto**, **dim.** (V.) | **gessino**, **dim.**
gessóso (o **-so**) [1552] **agg. 1** di gesso **2** ricco di gesso: *terreno g.* **3** che è simile al gesso, per colore, consistenza e sim.
gèsta [vc. dotta, lat. *gĕsta*, pl. di *gĕstum* 'gesto', come l'analogo *ācta* lo è di *āctum* ✱1275] **s. f.** (**pl. inv.** o *lett.* *-e*) **1** †stirpe, famiglia | (*est.*) esercito, schiera: *Carlo Magno perdé la santa g.* (DANTE *Inf.* XXXI, 17) **2** (*lett.*) spedizione, impresa **3** (**al pl.**) imprese insigni, memorabili: *le g. dei Romani, di Napoleone, degli antenati* | ***canzoni di g.***, poemi epico-cavallereschi medievali | (*iron.*) azioni poco lodevoli: *mi hanno narrato le tue g.*
gestàccio [pegg. di *gesto* ✱1856] **s. m.** ● gesto sgarbato, volgare e sim.: *disse la Landina con un g. di scherno* (I. NIEVO)
Gestalt /ted. gəˈʃtalt/ [vc. tedesca, 'forma', da *Gestalt(theorie)* 'Teoria della forma' ✱1956] **s. f. inv.** ● (*psicol.*) forma individualmente determinata, totalità organizzata | ***psicologia, teoria della G.***, gestaltismo
gestàltico /gesˈtaltiko/ [dal ted. *Gestalt* (V.) col suff. *-ico* ✱1962] **agg.** (**pl. m.** *-ci*) ● (*psicol.*) relativo alla Gestalt o al gestaltismo
gestaltìsmo /gestalˈtizmo/ [dal ted. *Gestalt* (V.) col suff. *-ismo* ✱1965] **s. m.** ● (*psicol.*) corrente di pensiero, nata in Germania nel secondo decennio del Novecento, che rifiuta di isolare i fenomeni psichici gli uni dagli altri, per studiarli e spiegarli, ma li considera come totalità organizzate e indissociabili nel loro insieme
gestaltìsta /gestalˈtista/ [1957] **s. m. e f.** (**pl. m.** *-i*) ● seguace del gestaltismo
gestànte [vc. dotta, lat. *gestānte(m)*, part. pres. di *gestāre*, parallelo più intensivo di *gĕrere* 'portare' ✱1894] **s. f.** ● donna incinta
Gestàpo /gesˈtapo, ted. geˈʃtapo/ [sigla del ted. *Ge(heime) Sta(ats)po(lizei)* 'polizia di stato segreta' ✱1933] **s. f. inv.** ● nella Germania nazista, polizia segreta di stato
gestatòrio [vc. dotta, lat. *gestatōriu(m)*, da *gestātus*, part. pass. di *gestāre* (V. *gestante*) ✱1499] **agg.** (**pl. m.** *-i* o *raro* *-ii*) ● detto della sedia sulla quale era portato il Papa nelle funzioni solenni: *sedia gestatoria*
gestazióne [vc. dotta, lat. *gestatiōne(m)*, da *gestātus*, part. pass. di *gestāre* (V. *gestante*) ✱av. 1758] **s. f. 1** †passeggiata a cavallo, in carrozza, in portantina **2** gravidanza **3** (*fig.*) preparazione di qlco. | ***essere in g.***, in preparazione, in lavorazione
gestìbile [da *gestire* ✱1983] **agg.** ● che può essere gestito: *un'impresa facilmente g.* ‖ **gestibilità**, **s. f. inv.**
gesticolaménto [av. 1647] **s. m.** ● il gesticolare
gesticolàre [vc. dotta, lat. *gesticulāri*, da *gestīre* 'gestire①', che aveva già assunto il diverso senso di 'ardere dal desiderio' ✱1598] **v. intr.** (*io gesticolo*; **aus.** *avere*) ● fare gesti, spec. con eccitazione: *gesticola molto quando è arrabbiato*
gesticolatóre [vc. dotta, lat. tardo *gesticulatōre(m)*, da *gesticulātus*, part. pass. di *gesticulāri* 'gesticolare' ✱1585] **agg. e s. m.** (**f.** *-trice*) ● che (o chi) gesticola per abitudine
gesticolazióne [vc. dotta, lat. *gesticulatiōne(m)*, da *gesticulātus*, part. pass. di *gesticulāri* 'gesticolare' ✱av. 1406] **s. f.** ● gesticolamento
gesticolìo [1910] **s. m.** (**pl.** *-ii*) ● un gesticolare continuo
gestionàle [1960] **agg.** ● relativo a una gestione aziendale: *controllo g.* ‖ **gestionalità**, **s. f. inv.** carattere gestionale; modalità di gestione
gestióne [fr. *gestion*, dal lat. *gestiōne(m)*, da *gĕrere* 'portare, amministrare' ✱1802] **s. f. 1** complesso delle operazioni amministrative e produttive necessarie al funzionamento di un'azienda e al conseguimento dei risultati economici che le sono propri: *cambiamento di g.*; *dare in g. un negozio* | (*est.*) conduzione, direzione: *la g. di una trattativa* **2** periodo durante il quale si gestisce qlco.: *consuntivo di g.* **3** (*dir.*) ***g. d'affari***, spontaneo e consapevole compimento di attività giuridica o materiale per conto e nell'interesse di altri senza averne il potere
gestìre ① [vc. dotta, lat. *gestīre*, da *gĕstu(m)* 'gesto', propr. 'fare dei *gesti* (violenti) per l'emozione' ✱av. 1527] **v. intr.** (*io gestisco, tu gestisci*; **aus.** *avere*) ● accompagnare le parole con gesti, spec. enfatici: *non mi piacciono le persone che gestiscono troppo*
gestìre ② [da *gestione* ✱1877] **A v. tr.** (*io gestìsco, tu gestisci*) **1** curare, amministrare un'impresa, un'attività economica e sim., per conto d'altri **2** svolgere nel proprio interesse un'attività economica, utilizzando beni di proprietà altrui, a determinate condizioni: *g. un ristorante, un cinema* **3** (*est.*) condurre, portare avanti un'iniziativa, un'attività e sim.: *g. una trattativa sindacale*; *g. un archivio* | (*fig.*) curare con oculatezza: *g. il proprio tempo, le proprie forze*; *g. la propria immagine* **B gestìrsi v. rifl.** ● organizzare razionalmente la propria vita: *è un ragazzo intelligente ma incapace di gestirsi*
♦**gèsto** [vc. dotta, lat. *gĕstu(m)*, part. pass. di *gĕrere* nel senso di '(com)portarsi', 'compiere' ✱av. 1249] **s. m. 1** movimento o atteggiamento del corpo, spec. delle braccia, delle mani, del capo, che accompagna, rendendola più espressiva, la parola o esprime un moto immedia-

to, uno stato d'animo, un pensiero e sim.: *g. brusco, improvviso*; *g. di rabbia, di dolore, di comando*; *parlare, esprimersi a gesti*; *imitare i gesti di qlcu.* | ***fare il g. di fare qlco.***, accennare a fare qlco.: *fece il g. di alzarsi* | ***g. dell'ombrello***, V. *ombrello* **2** (*est.*) azione: *il suo è stato un nobile g.*; *un g. disinteressato* | ***bel g.***, azione o iniziativa ammirevole, ma talora ostentata per ottenere l'ammirazione altrui | ***non fare un g.***, non muoversi; (*fig.*) non fare nulla per aiutare qlcu. **3** posa, aspetto: *g. teatrale, declamatorio, oratorio* | cenno: *g. di approvazione, di consenso* **4** (spec. al pl., *lett.*) impresa valorosa, ragguardevole: *per le virtudi e meriti de gli gesti eroici s'ha meritato il cielo* (G. Bruno) CFR. gesta || **gestàccio**, pegg. (V.)

SFUMATURE DI SIGNIFICATO

gesto - cenno - mossa

Gesto è perlopiù un movimento del capo, del braccio o della mano attraverso il quale si esprime una volontà, un'intenzione, uno stato d'animo. Un segno fatto con un piccolo movimento delle mani, della testa o solo degli occhi, in genere senza parole, si definisce invece **cenno**. **Mossa** è un gesto compiuto senza voler comunicare una particolare intenzione: *fare una mossa brusca*.

gestóre [vc. dotta, lat. tardo *gestōre(m)*, originariamente 'portatore', da *gĕstus*, part. pass. di *gĕrere* 'portare' ✻ 1834] **s. m.** (**f.** *-trice*, *pop.*, *disus.* *-tóra*) ● chi gestisce: *il g. di un'impresa* | chi ha intrapreso una gestione d'affari

gestòsi [da *gest(azione)* e *-osi* ✻ 1954] **s. f. inv.** ● (*med.*) malattia che si manifesta nella donna a causa della gravidanza e che regredisce dopo il parto

gèstro [da *gesto* con sovrapposizione d'altra parola ✻ 1534] **s. m.** (**pl.** *-i*, †**f.** *-a*) ● (*pop.*, *tosc.*) atto lezioso, smorfioso | †***andare in gestra***, esibirsi, pavoneggiarsi

gestuàle [da *gesto* ✻ 1963] **agg. 1** del gesto, relativo ai gesti | che si basa sul gesto: *comunicazione g.*; *linguaggio g.* **2** detto di pittura non figurativa, tipica degli anni '50 del Novecento, che si affida all'essenzialità e purezza del gesto, tradotta sulla tela in essenzialità e purezza del segno || **gestualménte**, **avv.** per mezzo di gesti || **gestualità**, **s. f. inv.** natura, carattere gestuale; il complesso dei gesti di una persona intesi come mezzo espressivo e di comunicazione: *quell'attore è dotato di una gestualità eccezionale*

Gesù [vc. dotta, lat. eccl. *Jēsu(m)*, dal gr. *Jēsôus*, in ebr. *Yēshūa'*, forma abbr. di *Yĕhōshūa*, propr. 'Dio è salvezza', '(Dio) Salvatore' ✻ sec. XII] **A** **s. m. inv. 1** nel cristianesimo, il Cristo, seconda persona della Trinità: *implorare qlco. nel nome di G.* | ***Compagnia di G.***, ordine dei Gesuiti | ***sembrare un G. morto***, essere pallido e smagrito | ***Piazza del G.***, V. *piazza* **2** immagine di Gesù: *un G. dipinto, scolpito*; *un G. Bambino, un G. Crocifisso* **B** **in funzione di inter. 1** si usa come invocazione: *oh G.!*; *buon G.!*; *G. mio, aiutateci!*; *G. e Maria!* **2** esprime impazienza, stupore, contrarietà, spavento, collera, gioia e, in generale, ogni forte emozione: *G.!, come ti trovo cambiata!*; *Gesù, Gesù che spavento!*

gesuàto [(povero di) *Gesù* ✻ av. 1484] **s. m.** ● appartenente a una confraternita laica fondata nel XIV sec. dal beato Giovanni Colombini (1304-1367), trasformatasi in ordine religioso nel 1606 e soppressa da Clemente IX nel 1668

gesuìta [(della Compagnia) di *Gesù* ✻ 1583] **s. m.** (anche **f.** nel sign. 2; **pl. m.** *-i*); anche **agg. 1** religioso dell'ordine istituito da S. Ignazio di Loyola (1491-1556), detto anche della Compagnia di Gesù **2** (*spreg.*) persona ipocrita e scaltra: *parole, contegno, risposta da g.*; *s'io fossi più g. sarei più galantuomo e parrei dotto critico* (G. Carducci) (V. nota d'uso STEREOTIPO)

gesuitésco [1851] **agg.** (**pl. m.** *-schi*) ● (*spreg.*) gesuitico: *modi, atteggiamenti gesuiteschi*

gesuìtico [1609] **agg.** (**pl. m.** *-ci*) **1** dei gesuiti: *compagnia gesuitica*; *ordine g.* | ***stile g.***, barocco, nelle arti figurative e in letteratura **2** (*spreg.*) da persona ipocrita e scaltra: *maniere, massime gesuitiche* SIN. gesuitesco || **gesuiticaménte**, **avv.**

gesuitìsmo [1668] **s. m. 1** sistema morale e norma di vita dei Gesuiti, spec. come esempio di governo **2** (*spreg.*) subdola ipocrisia

Gesù Marìa ▸ **Gesummaria**

Gesù mìo ▸ **Gesummio**

Gesummarìa o **Gesù Marìa** /dʒezummaˈria/ [dai vocativi *Gesù* (e) *Maria* ✻ 1627] **inter.** ● (*pop.*, *enfat.*) esprime grande meraviglia, stupore, impazienza, dolore, spavento e sim.

Gesummìo o **Gesù mìo** /dʒezumˈmio/ [dal vocativo *Gesù mio!* ✻ 1813] **inter.** ● (*pop.*) esprime meraviglia, stupore, impazienza, dolore, spavento e sim.

gètico [vc. dotta, lat. *Gĕticu(m)*, da *Gĕtae*, a sua volta dal gr. *Gétai* 'Geti', antica popolazione tracia della bassa valle del Danubio ✻ av. 1478] **agg.** (**pl. m.** *-ci*) ● dell'antica popolazione dei Geti

gèto [ant. fr. *giet*, da *geter* 'gettare (il falco dietro la preda)', dal lat. *iactāre* (V. *gettare*) ✻ sec. XIII] **s. m.** ● pastoia o legaccio di cuoio che si metteva un tempo alle zampe dei falconi, usato oggi per civette e falchetti da richiamo

gettacàrte [comp. di *getta(re)* e il pl. di *carta* ✻ 1963] **s. m. inv.** ● cestino per la carta straccia

gettaióne o **gittaióne** [dal lat. tardo *gĭttus* 'nigella' (di orig. sconosciuta, forse punica), accostato paretimologicamente a *gettare* ✻ av. 1320] **s. m.** ● (*bot.*) agrostemma, mazzettone

gettaménto o (*poet.*) †**gittaménto** [lat. *eiectamĕntu(m)*, da *eiectāre* 'gettare' ✻ av. 1348] **s. m. 1** (*raro*) il gettare **2** †rifiuto

♦**gettàre** o (*poet.*) †**gittàre** [lat. parl. **iectāre* (frequentativo di *iăcere*), per il class. *iactāre*, secondo la modificazione fonetica subita dai comp. ✻ av. 1250] **A** **v. tr.** (*io gètto*) **1** lanciare un oggetto lontano da sé con gesti o movimenti energici: *g. sassi, pietre contro qlco.*; *g. qlco. dalla finestra, dall'alto*; *g. bombe* | anche nella forma pron. **gettàrsi**, gettare su di sé, indossare rapidamente: *gettarsi il mantello sulle spalle*; *Marina si gettò addietro lo scialle* (A. Fogazzaro) | far cadere: *g. qlcu. per terra* | ***g. l'ancora***, affondare l'ancora perché faccia presa | ***g. la rete***, lasciarla a mare per la pesca | ***g. le armi***, (*fig.*) arrendersi | ***g. a terra***, abbattere; (*fig.*) rovinare economicamente o moralmente | ***g. lo scudo***, fuggire | ***g., gettarsi qlco. dietro le spalle***, buttarla via; (*fig.*) dimenticare, superare: *si gettò dietro le spalle le vecchie timidezze* | (*fig.*) ***g. il cuore, l'anima oltre l'ostacolo***, avere il coraggio di rischiare, superando una preclusione, un impedimento | (*fig.*) ***g. qlco. alle ortiche***, abbandonare, smettere qlco.; sprecare qlco. | ***g. la tonaca alle ortiche***, (*fig.*) spretarsi | ***g. fiori, semi***, spargerli | ***g. i dadi***, giocare a dadi | ***g. a mare***, (*fig.*) sbarazzarsi di qlco. | ***g. la spugna***, nel pugilato, lanciare sul quadrato un asciugamano, un tempo una vera spugna, in segno di resa, facendo in tal modo cessare il combattimento; (*fig.*) riconoscere il proprio insuccesso, arrendersi | ***g. in faccia***, (*fig.*) rinfacciare: *g. in faccia a qlcu. il suo passato, i suoi errori* | ***g. l'onta, la vergogna, la colpa addosso a qlcu.***, riversarla su di lui | ***g. polvere negli occhi a qlcu.***, (*fig.*) ingannarlo, illuderlo | (*fig.*) ***g. il denaro***, spenderlo male e in modo eccessivo | ***g. all'aria una stanza***, metterla sottosopra | (*fig.*) ***g. qlcu. nella miseria, nella disperazione***, renderlo povero, disperato | ***g. luce su qlco.***, chiarirla, renderla comprensibile | ***g. una luce sinistra, sospetta su qlcu. o qlco.***, renderla sospetta o ambigua | ***g. uno sguardo su qlco.***, guardarla di sfuggita | buttare via: *g. delle vecchie scarpe* | ***g. via***, (*lett.*) ***g. lungi***, liberarsi di cosa inutile o nociva (anche *fig.*): *l'umanità non cammina se non gittando lungi da sé tutto ciò che è inutile* (F. De Sanctis) | ***g. via***, (*fig.*) sprecare: *ha gettato via una buona occasione* | ***usa e getta***, detto di ciò che si usa una sola volta e poi si butta via: *guanti, siringa usa e getta* SIN. buttare, lanciare **2** emettere: *la fontana getta acqua*; *g. sangue dalla bocca* | ***g. le radici***, farle penetrare nella terra, mettere radici; (*fig.*) restare fisso in un posto | (*fig.*) ***g. grida, urli***, gridare con forza **3** versare nello stampo metallo liquefatto, gesso o cera, perché assumano la forma voluta **4** riempire casseforme o scavi con calcestruzzo: *g. le fondamenta di un edificio* | costruire, detto di opera che supera una distanza senza toccare il suolo: *g. un ponte* **5** (*fig.*) porre i principi, le basi di qlco.: *g. le fondamenta, le basi di un'arte, di una scienza* **6** (*fig.*) rendere, fruttare: *le imposte gettano ogni anno cifre considerevoli allo Stato* **B** **v. intr.** (**aus.** *avere*) **1** versare, sgorgare **2** germogliare **C** **gettàrsi** **v. rifl. 1** scagliarsi con forza, avventarsi, precipitarsi: *gettarsi contro qlcu. con impeto, con rabbia*; *l'avvoltoio si gettò sulla preda*; *gettarsi nel fiume, dalla finestra* | ***gettarsi in un'impresa, nella mischia***, (*fig.*) partecipare a qlco. attivamente **2** buttarsi, lasciarsi cadere | ***gettarsi ai piedi, alle ginocchia di qlcu.***, inginocchiarsi; (*fig.*) umiliarsi | ***gettarsi al collo di qlcu.***, abbracciarlo con trasporto, impeto | ***gettarsi tra le braccia di qlcu.***, abbracciarlo con impeto; (*fig.*) affidarsi completamente a qlcu. | ***gettarsi sul letto, a dormire***, coricarsi **3** confluire (+ *in*): *l'Adda si getta nel Po* | sboccare: *l'Adige si getta nel Mare Adriatico*

gettàta o †**gittàta** [adattamento del fr. *jetée* 'azione di gettare (*jeter*)' ✻ av. 1292] **s. f. 1** il gettare | colata: *g. di bronzo, di cemento* **2** diga, spec. di riparo ai porti **3** germoglio **4** V. *gittata*

gettàto o (*poet.*) †**gittàto** **part. pass.** di *gettare*; anche **agg. 1** nei sign. del v. | ***maglia gettata***, filo che, nei lavori a maglia, viene passato sul ferro e lavorato come nuova maglia nel ferro successivo **2** (*mus.*) balzato **3** (*fig.*) sprecato: *fatica gettata*; *fiato g.* | (*fig.*) ***g. lì***, di ciò che è detto o fatto alla buona: *discorso g. lì con noncuranza*

gettatóre o (*poet.*) †**gittatóre** [1319] **s. m.** (**f.** *-trice*) **1** chi getta: *quanto un buon gittator trarria con mano* (Dante *Purg.* III, 69) **2** chi versa nelle forme metallo liquefatto, cera, gesso per lavori di getto: *per istruzione degli scultori e gettatori di statue* (B. Cellini) **3** †prodigo scialacquatore

gètter /ingl. ˈgetə(r)/ [vc. ingl., da *to get* 'ottenere' ✻ 1956] **s. m. inv.** ● sostanza che viene introdotta in un tubo elettronico per assorbire i gas residui e aumentare così il grado di vuoto

gèttito [da *gettare* sul tipo di *battito*, *tremito*, e sim. ✻ 1614] **s. m. 1** (*raro*) getto, lancio | †germoglio **2** (*mar.*) ciò che si getta a mare, per alleggerire il natante **3** resa, introito: *g. delle tasse, delle lotterie nazionali* **4** †zampillo, spurgo

gètto① o (*poet.*) †**gitto** [da *gettare* ✻ 1313] **s. m. 1** atto del gettare: *il g. dei coriandoli, dei confetti* | ***armi da g.***, da lancio | ***g. del peso***, specialità sportiva in cui l'atleta lancia una sfera metallica liscia SIN. lancio **2** fuoriuscita di un liquido, di un gas: *g. di sangue, di idrogeno* | ***g. d'acqua di una fontana***, zampillo | ***a g. continuo***, senza interruzione (**anche** *fig.*): *i suoi dischi escono a g. continuo* | ***di g.***, (*fig.*) con slancio e immediatezza, senza ripensamenti: *un racconto scritto di g.* **3** il versare nello stampo metallo liquefatto | ***g. in conchiglia***, in forme di ferro che producono un forte raffreddamento della superficie fusa | ***g. in staffa***, in cui l'impronta è ottenuta nell'argilla umida, calcata in due telaietti di bronzo o legno | pezzo ottenuto con tale operazione **4** (*edil.*) gettata di calcestruzzo che forma un elemento strutturale continuo in vista **5** germoglio di una pianta: *il g. del pesco, del pero* **6** (*mecc.*) vite attraversata da un piccolo foro calibrato, che serve a immettere in quantità dosata la benzina nell'aria che attraversa il carburatore **SIN.** gicleur, polverizzatore, spruzzatore **7** †tassazione

gètto② [adattamento dell'ingl. *jet* '(avio)getto' ✱ 1956] **s. m. 1** (*aeron.*) flusso molto veloce, artificiale o anche naturale: *corrente a g.* **2** accorc. di *aviogetto*

gettonàre [1950] **v. tr.** (*io gettóno*) **1** (*disus.*) chiamare qlcu. al telefono, spec. da un apparecchio a gettone **2** far suonare una canzone in un jukebox **3** (*est., colloq.*) essere oggetto di molte richieste: *quest'anno sono state molto gettonate le Maldive*

gettonàto **part. pass.** di *gettonare*; **anche agg. 1** nei sign. del v. | detto di canzone o di cantante che è molto ascoltato nei jukebox **2** (*est., colloq.*) che è molto richiesto, che ha molti estimatori o ammiratori: *un libro molto g.*; *la ragazza più gettonata della festa*

♦**gettóne** [fr. *jeton*, dal v. *jeter*, propr. 'gettare', nel senso di 'calcolare': perciò, 'pezzo di metallo, avorio, ecc. usato prima per calcolare, poi per puntare al gioco' ✱ 1598] **s. m. 1** disco di metallo o altro materiale, liscio o coniato, usato come contrassegno o per il funzionamento di macchine automatiche: *apparecchio a g.*; *g. telefonico* | ***g. di presenza***, retribuzione pagata ai membri di una commissione in base alla loro partecipazione alle sedute di questa **2** disco di metallo, osso o plastica, di valore convenzionale, che nel gioco si usa al posto della moneta **3** (*disus.*) caramella incartata gettata dai balconi in occasione del Carnevale

gettonièra [1965] **s. f. 1** distributore automatico di gettoni **2** in un apparecchio a gettone, il dispositivo in cui si inserisce il gettone

gettopropulsióne [comp. di *getto*② e *propulsione* ✱ 1965] **s. f.** ● (*aeron.*) propulsione a getto

gettosostentazióne [comp. di *getto*② e *sostentazione* ✱ 1956] **s. f.** ● (*aeron.*) sostentazione dovuta principalmente alla reazione di getti

GeV /dʒɛv/ [1956] **s. m. inv.** ● unità di misura di energia pari a 10^9 elettronvolt

geyser /'gaizer, *ingl.* 'gaɪzə(r), 'giː-/ [islandese *Geysir*, in orig. n. proprio di una regione termale, col sign. letterale di 'eruttore', da *geysa* 'zampillare, scaturire', di area nord. ✱ 1864] **s. m. inv.** ● manifestazione di vulcanismo rappresentata da emissione violenta e intermittente di getti più o meno imponenti d'acqua calda mineralizzata

geyserìte /gaize'rite/ [dai *geyser*, dove si forma, con *-ite*② ✱ 1874] **s. f.** ● (*miner.*) varietà impura di opale che si deposita in prossimità dei geyser

ghanése (o **-ṣ-**) [dal n. dello stato, *Ghana* ✱ 1987] **A agg.** ● del Ghana **B s. m. e f.** ● abitante o nativo del Ghana

ghébbio [da *(in)ghebbiare* ✱ 1869] **s. m.** ● (*tosc.*) gozzo degli uccelli

ghebì [dall'amarico *gĕbbi* ✱ av. 1889] **s. m. inv.** ● tipo di abitazione dei ceti benestanti etiopici, circondata da palizzata | residenza dell'imperatore etiopico

ghèga ➤ **ganga**①

ghègo [albanese *gégë* 'albanese del nord' ✱ 1892] **A agg.** (**pl. m.** *-ghi*) ● detto di gruppo linguistico costituito dai dialetti albanesi settentrionali **CFR.** tosco③ | ***popolazioni gheghe***, quelle che parlano tali dialetti **B s. m. solo sing.** ● gruppo dei dialetti gheghi

ghèiscia ➤ **geisha**

ghènga ➤ **ganga**①

ghepàrdo [fr. *guépard*, precedentemente *gapard*, dall'it. *gattopardo* ✱ 1874] **s. m.** ● mammifero dei Felidi con pelame raso, chiaro con macchie nere, diffuso in Africa e in Asia, ottimo cacciatore e corridore velocissimo, facilmente addomesticabile (*Acinonyx jubatus*)

ghéppio [lat. parl. *(ae)gȳpiu(m)*, dal gr. *aigypíos* 'avvoltoio', di orig. incerta ✱ 1336 ca.] **s. m.** ● uccello dei Falconiformi di colore fulvo o cenerino a macchie, che si nutre di insetti e di piccoli Vertebrati come topi, lucertole e rane (*Falco tinnunculus*) **SIN.** falchetto, falcone

gherìglio o **garìglio** [lat. parl. **carīliu(m)*, da *cărуon* (neutro), che è il gr. *káryon* 'noce' ✱ av. 1574] **s. m.** ● parte della noce morbida e commestibile

gherlìno [fr. *guerlin*, *grélin*, di etim. discussa: da *grêle* 'sottile', dal lat. *grăcilis* 'snello' (?) ✱ 1865] **s. m.** ● (*mar.*) cavo spec. di acciaio, usato per forti carichi, costituito da più funi metalliche avvolte a spirale

gherminèlla [etim. incerta; forse da *ghermire* ✱ sec. XIII] **s. f. 1** (*tosc.*) anticamente, gioco di destrezza consistente nel far apparire e scomparire una cordicella dentro una bacchetta cava che si teneva tra le due mani **2** (*fig.*) astuzia per ingannare abilmente | marachella, birichinata: *le gherminelle dei bambini*

♣**ghermìre** [longob. *krimmjan* 'afferrare' ✱ 1313] **A v. tr.** (*io ghermìsco, tu ghermìsci*) **1** afferrare con gli artigli: *l'aquila ghermì la sua preda* **SIN.** abbrancare **2** (*fig.*) prendere all'improvviso e violentemente: *la morte lo ha ghermito ai suoi cari* **B ghermìrsi v. rifl. recipr.** ● †azzuffarsi

gheròfano ➤ **garofano**

gheronàto [1940] **s. m.** ● (*arald.*) scudo diviso in otto gheroni uguali

gheróne [longob. **gairo* 'punta (del giavellotto)' (?) ✱ 1287] **s. m. 1** (*arald.*) parte triangolare limitata da due linee che si intersecano al centro dello scudo **2** sezione triangolare di tessuto inserito in un capo di abbigliamento con la punta in alto per allargarlo **3** †rinforzo applicato alle vele nei punti soggetti a logorio **SIN.** fortezza **4** †lembo, pezzo

ghétta [fr. *guêtre*: dal francone **wrist* 'collo del piede' (?) ✱ 1780] **s. f. 1** (**spec. al pl.**) gambaletto di tessuto che, nell'abbigliamento maschile dell'Ottocento, si calzava sulla scarpa e veniva fissato con un laccio che passava nell'incavo fra la suola e il tacco **2** gambaletto di tessuto impermeabile fissato alla scarpa con un passante sotto la suola, usato da sciatori o alpinisti per impedire che neve o pioggia entrino negli scarponi **3** (**al pl.**) pantaloncini lunghi e aderenti di maglia o spugna che coprono anche i piedi, per bambini non ancora in grado di camminare || **ghettìna**, **dim.** | **ghettóne**, **accr. m.**

ghettizzànte **part. pres.** di *ghettizzare*; **anche agg.** ● che emargina, che isola

ghettizzàre [da *ghetto* ✱ 1975] **A v. tr.** ● (*raro*) chiudere in un ghetto | (*fig.*) costringere all'isolamento sociale, politico, culturale e sim. **B ghettizzàrsi v. rifl.** ● (*fig.*) isolarsi, emarginarsi || **ghettizzazióne**, **s. f.**: *la ghettizzazione delle minoranze linguistiche*

ghétto [dal n. dell'isoletta venez., dove, nel Cinquecento, vennero relegati gli Ebrei, così chiamata perché ivi era una fonderia (dial. *ghèto* 'getto') ✱ 1516] **A s. m. 1** rione dove, in alcune città, erano costretti ad abitare gli Ebrei: *Erano relegati nella parte più fetida della città, che chiamossi g.* (C. CATTANEO) | (*est.*) quartiere cittadino, squallido e povero, in cui si raggruppano, più o meno coattivamente, le minoranze, socialmente escluse, di una comunità: *ghetti neri* **2** (*fig.*) condizione di isolamento o di emarginazione sociale a cui soggiace una minoranza di persone **3** (*disus., fig.*) confusione, baccano **B anche in funzione di agg. inv.** (**posposto a un sost.**): *quartiere g.*; *scuola g.*

ghézzo [gr. *aigýptios* 'egizi(an)o' ✱ av. 1294] **agg.** ● (*raro*) di colore scuro, nericcio, detto anticamente dei Mori di Barberia, in seguito dei corvi, dell'uva matura e di alcuni funghi

ghìa [sp. *guia* 'guida', da *guiar* 'guidare' ✱ 1869] **s. f.** ● (*mar.*) sistema di sollevamento costituito da un cavo passante per un bozzello semplice o per due bozzelli, uno fisso l'altro mobile

†**ghiaccésco** [sec. XIV] **agg.** ● di ghiaccio, che ha le caratteristiche del ghiaccio

ghiàccia [V. *ghiaccio*① ✱ 1266] **s. f.** (**pl.** *-ce*) **1** †ghiaccio: *da mezzo 'l petto uscia fuor de la g.* (DANTE *Inf.* XXXIV, 29) **2** in pasticceria, glassa

ghiacciàia o (*tosc.*) **diacciàia** [1681] **s. f. 1** luogo spec. sotterraneo dove un tempo si conservava il ghiaccio | mobile con pareti isolate, contenente blocchi di ghiaccio, usato un tempo per conservare le vivande **2** (*disus.*) frigorifero **3** (*est.*) luogo chiuso particolarmente freddo: *questo salotto è una g.*

♦**ghiacciàio** [av. 1836] **s. m.** (**pl.** *-ai*) ● massa di ghiaccio permanente che si forma nelle regioni montane e polari per la compattazione e la ricristallizzazione della neve, se le condizioni climatiche ne permettono la conservazione per molti anni consecutivi | ***fronte del g.***, parte terminale della lingua di ablazione nella quale si apre la porta del ghiacciaio | ***porta, bocca del g.***, apertura nella fronte del ghiacciaio dalla quale esce il torrente glaciale formato dalle acque di fusione | ***g. continentale***, grande estensione di ghiaccio che ricopre vaste zone continentali nelle regioni polari | ***g. pirenaico*** o ***di circo***, annidato in una conca circondata da alte pareti rocciose | ***g. vallivo***, che occupa una valle formando una lunga lingua

NOMENCLATURA

ghiacciaio

● *tipi di ghiacciaio*: sospeso = di parete, vallivo, pedemontano, pirenaico = di circo, di canalone, di altopiano, di pendio, di calotta, di sbocco, di diffluenza, di confluenza, inlandsis, di primo ordine = vallivo, di secondo ordine = vedretta, rigenerato, sospeso; banchisa, ice-field, pack, iceberg;

● *parti di un ghiacciaio*: fronte, lingua, bocca o porta del ghiacciaio, nevato, nevi perpetue = perenni, crepaccio, seracco, seraccata, mulino o pozzo glaciale, bacino ablatore = dissipatore, bacino collettore = di alimentazione, detriti (di falda, alluvionali); blocco, fungo glaciale, sabbia, polvere, pietrisco; morena (laterale, mediana, frontale, di fondo, superficiale, interna, in movimento, galleggiante, deposta); anfiteatro morenico, cerchia morenica, limo glaciale, soglia glaciale, detriti, ciottoli striati, massi erratici, rocce montonate, nicchia glaciale, marmitta glaciale, circo glaciale;

● *fenomeni*: innevamento, gelo, disgelo, fusione, glaciazione, ablazione, esarazione, erosione, abrasione, smerigliamento, disgregazione, frantumazione, trasporto, deposito, disfacimento meteorico, fessura, frattura, degradazione; frana, smottamento, valanga, slavina.

ghiacciaménto [1983] **s. m.** ● deposito di ghiaccio, per sublimazione o solidificazione, su un oggetto esposto al vento

ghiacciàre o (*tosc.*) **diacciàre** [lat. *glaciāre*, da *glăcies* (V. *ghiaccio*①) ✱1282] **A** **v. tr.** (**pres.** *io ghiàccio*; **fut.** *io ghiaccerò*) ● far divenire ghiaccio: *la bassa temperatura ha ghiacciato il canale* | (*fig.*) paralizzare: *la paura … lo tratteneva e gli ghiacciava l'ardore* (G. D'Annunzio) **B** **v. intr. impers.** (**aus.** *essere* o *avere*) ● (*raro*) gelare **C** **v. intr.** (**aus.** *essere*) e **ghiacciàrsi** **v. intr. pron.** ● diventare ghiaccio: *il fiume ghiacciò durante la notte* | ***l'acqua si è ghiacciata***, si è congelata

g

ghiacciàta [1892] **s. f.** ● (*disus.*) bibita a base di sciroppo e ghiaccio tritato **SIN.** granita

♦**ghiacciàto** o (*tosc.*) **diacciàto** **part. pass.** di *ghiacciare*; anche **agg.** **1** diventato di ghiaccio: *lago g.* **2** coperto di ghiaccio: *strada ghiacciata* | (*est.*) estremamente freddo: *vento g.* **3** (*fig., lett.*) insensibile, indifferente: *cuore g.*

ghiacciatóre [1930] **s. m.** (**f.** *-trice*) ● nell'alpinismo, chi si arrampica su cascate ghiacciate

ghiacciatùra o (*tosc.*) **diacciatùra** [1869] **s. f.** **1** (*raro*) il ghiacciare | gelo **2** (*miner.*) difetto di una gemma, in particolare del brillante, costituito da incrinature o sfaldature che, per un effetto di rifrazione della luce, sono visibili sulla superficie come linee bianche

♦**ghiàccio**① o (*tosc.*) **diàccio**① [lat. parl. **glăci(am)* per il class. *glăcie(m)*, di formazione poco chiara, ma certamente imparentata con la famiglia di *gelo* ✱av. 1250] **s. m.** **1** forma solida cristallina dell'acqua **CFR.** crio- | ***campo di g.***, grande estensione di ghiaccio nei mari polari | ***banco di g.***, grande massa di ghiaccio poco rilevata sulla superficie dell'acqua | ***g. di baia***, ghiaccio che, spec. in autunno, si forma in una baia riparata dal vento in seguito al congelamento delle acque | (*fig.*) ***rompere il g.***, superare un periodo di freddezza o di silenzio, iniziare una conversazione dopo un imbarazzo iniziale e sim. | (*fig.*) ***essere di g.***, essere insensibile | (*fig.*) ***rimanere di g.***, rimanere allibito, attonito | (*fig.*) ***cuore di g.***, che non si lascia commuovere | (*fig.*) ***mani di g.***, molto fredde **2** ***g. secco***, anidride carbonica solida, usata per la refrigerazione a temperature molto basse **SIN.** neve carbonica

ghiàccio② [da *ghiacci(at)o* ✱sec. XIII] **agg.** (**pl. f.** *-ce*) ● freddo come il ghiaccio, gelido: *avere le mani ghiacce* | (*fig.*) paralizzato, pietrificato: *Era già alla finestra, ghiaccia di spavento* (V. Pratolini)

ghiacciòlo o (*lett.*) **ghiacciuòlo**, (*tosc.*) **diacciòlo**, (*tosc.*) **diacciuòlo** [da *ghiaccio*① ✱sec. XIV] **A** **s. m.** **1** colonnina di ghiaccio che si forma negli stillicidi di fontane, grondaie e sim. **2** tipo di sorbetto solido da passeggio ottenuto facendo congelare in piccole forme acqua aromatizzata con sciroppi alla menta, alla frutta e sim. **3** difetto di pietre preziose, in particolare dei brillanti, rappresentato da un segno bianco simile a una incrinatura **4** †piccola bigoncia per levare il ghiaccio dalle ghiacciaie **B** **agg.** **1** (*raro*) che si rompe con facilità come il ghiaccio, detto spec. di rami, alberi, frutta | ***pera, patata ghiacciola***, con polpa friabile e poco saporita, come congelata **2** (*tosc., pop.*) nella loc. ***dente g.***, che non tollera il freddo

†**ghiàdo**① [lat. parl. *glădu(m)* per *glădiu(m)* 'spada', di prob. orig. celt. ✱1287] **s. m.** ● arma bianca da punta | ***morto a g.***, ucciso con un colpo d'arma bianca: *preghiamo Iddio che vi dea tanti malanni che voi siate morto a g.* (G. Boccaccio)

ghiàdo② [da *ghiado*① nello stesso impiego metaforico della loc. *freddo pungente* ✱av. 1380] **s. m.** ● (*tosc., lett.*) ghiaccio

ghiàia o (*lett., sett.*) **ghiàra**, (*sett.*) †**giàra**② [lat. *glārea(m)*, di etim. incerta ✱av. 1328] **s. f.** **1** materiale costituito da detriti di rocce trasportate dai fiumi e formato di ciottoli di piccole dimensioni **2** materiale costituito da sassi spezzati e tritati, usato per le massicciate delle strade, di viali, di giardini ‖ **ghiaiétta**, **dim.** | **ghiaiétto**, **dim. m.** (V.) | **ghiaìna**, **dim.** | **ghiaìno**, **dim. m.** (V.) | (*lett.*) **ghiaiòla**, **dim.** | (*raro*) **ghiaiùzza**, **dim.**

ghiaiàta [av. 1600] **s. f.** ● ghiaia sparsa per assodare un terreno fangoso

ghiaiàto [av. 1903] **agg.** ● pavimentato con, cosparso di, ghiaia: *spiazzo g.* | mescolato con ghiaia: *asfalto g.*

ghiaiéto o (*sett.*) **ghiaréto** [av. 1519] **s. m.** ● terreno pieno di ghiaia, deposito di ghiaia | greto di fiume o torrente

ghiaiétto [1963] **s. m.** **1** dim. di *ghiaia* **2** insieme di frammenti di sassi, di dimensioni che vanno dai 10 ai 25 mm, di impiego analogo alla ghiaia **SIN.** pinocchino

ghiaìno [av. 1936] **s. m.** **1** dim. di *ghiaia* **2** insieme di frammenti di sassi di dimensioni che vanno da 1 a 10 mm, di impiego analogo alla ghiaia

ghiaióne [da *ghiai(a)* e *-one*① ✱av. 1519] **s. m.** ● ammasso di frammenti rocciosi accumulatisi nel tempo alla base di pareti rocciose e canaloni

ghiaióso (o **-ṣ-**) [da *ghiaia*, come il corrispondente lat. *glareōsus*, da *glārea* ✱av. 1320] **agg.** ● abbondante di ghiaia: *terreno, greto g.*

♦**ghiànda** [lat. *glānde(m)*, di orig. indeur., con terminazione it. ✱av. 1294] **s. f.** **1** frutto secco indeiscente rivestito alla base di un involucro a forma di scodella detto cupola **2** (*est.*) oggetto che per la forma è simile a una ghianda | vasetto per conservare sostanze profumate | pallina di legno rivestita di passamaneria per guarnizione di frange da abbigliamento o da arredamento **3** †proiettile di piombo usato dai frombolieri romani **4** †glande ‖ **ghiandìna**, **dim.** | **ghiandùccia**, **ghiandùzza**, **dim.**

ghiandàia [lat. *glandāria(m)* 'da, di ghiande (*glāndes*)', nutrimento di questo uccello ✱sec. XIII] **s. f.** ● uccelletto passeriforme dei Corvidi assai comune e grazioso con ciuffo erettile sul capo e remiganti striate di nero e azzurro (*Garrulus glandarius*)

ghiandàtico [da *ghianda* ✱av. 1750] **s. m.** (**pl.** *-ci*) ● (*stor.*) escatico

ghiandìfero [comp. di *ghianda* e *-fero*, come il lat. *glāndifer* ✱1342] **agg.** ● (*lett.*) che produce, porta ghiande: *terreno g.*; *albero g.*

ghiàndola o **glàndula**, (*raro*) **glàndola** [vc. dotta, parziale adattamento del lat. *glāndula(m)*, un deriv. (dim.) di *glānde(m)* 'ghianda' per la sua forma ✱1499] **s. f.** ● (*anat.*) organo che elabora determinate sostanze a varia attività prelevando gli elementi del sangue **CFR.** adeno- | ***g. a secrezione esterna, g. esocrina***, che riversa i suoi secreti attraverso condotti in cavità preformate del corpo | ***g. a secrezione interna, g. endocrina***, che riversa i secreti direttamente nel circolo sanguigno ‖ **ghiandolétta**, **dim.** | **ghiandolìna**, **dim.**

ghiandolàre o **glandulàre**, (*raro*) **glandolàre** [1750] **agg.** ● (*anat.*) di ghiandola, relativo a una ghiandola o alle ghiandole

ghiandóne [da *ghianda*, per l'aspetto ovoidale dei suoi cristalli ✱1943] **s. m.** ● (*geol.*) roccia eruttiva intrusiva, considerata una varietà di granito con grossi cristalli di ortoclasio

ghiàra ➤ **ghiaia**

†**ghiarabaldàna** [etim. incerta ✱av. 1565] **s. f.** ● (*raro*) cosa di nessun valore

ghiaréto ➤ **ghiaieto**

†**ghiàvolo** ➤ **diavolo**

†**ghiazzerìno** [arabo *ġazā'irī* 'proprio di Algeri (*al-ġazā'ir*)' ✱av. 1332] **s. m.** ● cotta di maglia di ferro, indossata sotto l'armatura

ghibellinìṣmo [1843] **s. m.** **1** ideologia ghibellina **2** (*est.*) ogni corrente spirituale e politica che difenda una concezione laica dello Stato

ghibellìno [ted. mediev. *Wībelingen*, dal n. del castello di *Wībeling* (oggi *Waiblinen*) in Franconia, antica regione attualmente compresa nel Baden-Württemberg ✱1266] **A** **s. m.** (**f.** *-a*) **1** nel Medioevo, in Germania, sostenitore della casa degli Hohenstaufen contro quella di Baviera, all'epoca della lotta per il titolo imperiale **2** nell'Italia dei secc. XIII e XIV, sostenitore degli interessi imperiali contro il papato **CFR.** guelfo **B** **agg.** ● dei ghibellini, del ghibellinismo | (*archit.*) ***merlo g.***, a coda di rondine

ghìbli [arabo libico *ġébli* '(vento) del sud (da *ġébla* 'sud')' ✱1912] **s. m. inv.** ● (*meteor.*) vento caldo e secco, spesso impetuoso, che proviene dal deserto e soffia sull'Africa settentrionale, spec. in Libia, giungendo in Italia come vento di scirocco caldo e afoso, umidificato dal Mediterraneo

ghièra① o †**vièra** [lat. *vĭria(m)* 'braccialetto', dall'usuale pl. *vĭria(s)*, nom. *vĭriae*, di orig. celtico-iberica ✱sec. XIV] **s. f.** **1** anello spec. metallico applicato per rinforzo all'estremità di alcuni oggetti: *g. d'argento, oro, avorio*; *g. del bastone, dell'ombrello* | nella sciabola, elemento in metallo situato nella parte terminale del manico vicino alla coccia | nel fucile, cerchio metallico che unisce la canna alla cassa **2** (*mecc.*) anello filettato internamente che si avvita su alberi o altro per fissare a questi altri elementi **3** (*archit.*) arco con estradosso a risalto di spessore uniforme in tutto il suo giro | archivolto

†**ghièra**② [lat. *vĕru* (nt.) 'spiedo', 'giavellotto', di orig. indeur., con sovrapposizione di *ghiera*① ✱sec. XIV] **s. f.** ● dardo affusolato munito di uncini laterali

ghieràto [da *ghiera*① ✱1584] **agg.** ● provvisto di ghiera

†**ghièu** [etim. incerta ✱1566] **A** **inter.** ● (*raro*) esprime scherno (*spec. iter.*) **B** **s. m.** ● (*raro*) nulla, niente

†**ghièva** ➤ **gleba**

ghìglia [fr. *aiguille* 'ago', dal lat. *acūcula(m)*, dim. di *ăcu(m)* 'ago' ✱1892] **s. f.** **1** (**spec. al pl.**) cordone di vario tessuto, con puntale all'estremità, a ornamento di antiche uniformi **2** (**spec. al pl.**) lungo cordone con nappa per chiudere il colletto di mantelli maschili e femminili

ghigliottìna o †**guigliottìna** [fr. *guillotine*, dal n. del medico J.-I. *Guillotin*, che nel 1789 ne propose l'uso all'Assemblea Nazionale Francese ✱1793] **s. f.** ● macchina per decapitare, in uso in alcuni Paesi per eseguire le condanne a morte | (*est.*) ***sportello, finestrino a g.***, che si chiudono tirandoli giù dall'alto

ghigliottinàre [fr. *guillotiner*, da *guillotine* 'ghigliottina' ✱1793] **v. tr.** ● giustiziare, decapitare con la ghigliottina

ghìgna① [da *ghignare* ✱1848] **s. f.** ● (*fam.*) volto arcigno, sinistro ‖ **ghignàccia**, **pegg.**

ghìgna② **s. f.** ● adattamento di *guigne* (V.)

ghignàre o (*raro*) **ṣghignàre** [etim. discussa: ant. fr. *guignier* 'far cenno con l'occhio', dal francone **wingjan* 'accennare' (?) ✱1287] **v. intr.** (**coniug.** come *segnare*; **aus.** *avere*) ● ridere con malizia o cattiveria

ghignàta [1287] **s. f.** ● il ghignare | risata beffarda

ghignazzàre [da *ghignare*, con un suff. iter. intens. ✱1825] **v. intr.** (aus. *avere*) ● (*raro*) sghignazzare

ghìgno [da *ghignare* ✱sec. XIII] **s. m. 1** riso beffardo e maligno **2** (*raro*, *lett.*) sorriso malizioso **3** (*est.*) faccia beffarda ‖ **ghignàccio**, **pegg.** | **ghignétto**, **dim.** | **ghignùzzo**, **dim.**

ghignóso (o **-ṣ-**) [da *ghigna*① ✱1312] **agg.** ● (*pop.*, *sett.*) permaloso, antipatico: *bambino g.* ‖ **ghignosaménte**, **avv.**

ghimbàrda [fr. *guimbarde* (anche n. di una 'danza'), con l'idea di 'muoversi, saltellare' che ha il v. di provenienza, l'ant. provenz. *guimar*, prob. dal francone **wiman* ✱sec. XIX] **s. f.** ● piccola pialla usata dal falegname per rifinire gli incavi fatti nel legno

ghimbèrga [fr. *guimberge*, dal medio alto ted. *wintberg* 'luogo protetto dal vento' ✱1866] **s. f.** ● nell'architettura gotica, frontone triangolare molto slanciato, a coronamento di portali o finestre

ghìnda [sp. *guinda*, da *guindar* 'ghindare' ✱1889] **s. f. 1** (*mar.*) canapo per ghindare **2** (*mar.*, **al pl.**) parapetti volanti o travetti verticali a un ponte

ghindàre [sp. *guindar*, dal fr. *guinder*, dall'ant. nordico *vinda* 'svolgere' e 'alzare' ✱1556] **v. tr.** ● (*mar.*) tirar su, con un cavo, gli alberi di gabbia e di velaccio lungo la faccia prodiera degli alberi maggiori per metterli dritti a posto | drizzare, issare: *g. la bandiera*

ghindàzzo [fr. *guindas*, dall'ant. nordico *vindáss*, propr. 'palo (*áss*) per tirare (*vinda*)' ✱1869] **s. m.** ● (*mar.*) paranco usato per ghindare

ghinèa① [ingl. *guinea*, perché coniata la prima volta (1663) con l'oro proveniente dalla regione africana della *Guinea* ✱1684] **s. f.** ● moneta inglese del valore di 21 scellini, coniata fino agli inizi del XIX sec.

ghinèa② [fr. *guinée*, perché destinata agli scambi con la Guinea (*Guinée*) ✱1923] **s. f.** ● tessuto di cotone grossolano per lenzuola, camicie, e sim.

ghìngheri [prob. da *agghindare* ✱1863] **vc.** ● (*colloq.*) solo nella loc. avv. e nella loc. agg. inv. ***in g.***, con abiti e acconciature eleganti, ricercati: *mettersi, andare in g.*; *è uscita tutta in g.*

ghiòmo [lat. *glŏmu(m)*, di etim. incerta ✱1321] **s. m.** ● (*tosc.*) gomitolo

ghiòtta [scherz. da *ghiotto* ✱av. 1548] **s. f.** ● tegame bislungo che si mette sotto lo spiedo mentre gira l'arrosto per raccogliere il grasso che cola **SIN.** leccarda

ghiotterìa [av. 1729] **s. f.** ● voracità | ghiottoneria

†**ghiottézza** [sec. XIV] **s. f.** ● vivanda gustosa, appetitosa

♦**ghiòtto** [lat. *glŭttu(m)*, da *guttur* 'gola' ✱1287] **agg. 1** che ama in modo particolare determinati cibi o bevande: *essere g. di dolci, di funghi*; *i bambini sono ghiotti di aranciata* **SIN.** goloso **2** (*fig.*) avido, bramoso, desideroso: *g. di denaro, di vendetta* | (*fig.*) appassionato, curioso: *g. di novità, di libri rari* **3** di cibo che solletica l'appetito: *un contorno g.*; *pietanze ghiotte* **SIN.** appetitoso, gustoso **4** (*fig.*) che suscita particolare curiosità, vivo interesse: *un libro g.*; *una notizia ghiotta* **SIN.** eccitante, stuzzicante **5** †malvagio, mascalzone | (*lett.*) scaltro, furbo ‖ **ghiotterèllo**, **dim.** ‖ **ghiottaménte**, **avv. 1** con ghiottoneria **2** (*fig.*) avidamente

ghiottóne [lat. *gluttōne(m)*, da *guttur* 'gola'; nel sign. 2, calco sul fr. *glouton* ✱sec. XIII] **A s. m. 1** (**f.** *-a*) persona molto ghiotta e ingorda **SIN.** goloso **2** mammifero carnivoro dei Mustelidi dal corpo massiccio, voracissimo, che vive nelle regioni più settentrionali dell'Europa, dell'Asia e dell'America (*Gulo gulo*) **SIN.** gulo **3** (*lett.*) furfante, canaglia **B** anche **agg.** nei sign. 1 e 3: *Il figliuolo suo mal avvezzo e g.* (G. CARDUCCI) ‖ **ghiottonàccio**, **pegg.** | **ghiottoncèllo**, **dim.**

ghiottonerìa [1536] **s. f. 1** ingordigia di chi è ghiotto: *la sua g. è proverbiale* **SIN.** golosità **2** cibo ghiotto, appetitoso: *amare le ghiottonerie* **SIN.** golosità **3** (*fig.*) cosa ricercata, che suscita molto interesse: *una g. per gli appassionati di cinema*

ghiottùme [1869] **s. m.** ● (*raro*) quantità di cibi da ghiotti

†**ghiòva** o †**chiòva** [lat. *glēba(m)*, con sovrapposizione di altra vc. (*glŏbus*) 'mucchio' (?) ✱av. 1292] **s. f.** ● gleba, zolla, piota

ghiòzzo① (o **-zz-**) o †**chiòzzo** (o **-zz-**) [etim. incerta ✱av. 1480] **s. m. 1** pesce dei Perciformi di modeste dimensioni, comunissimo sia nelle acque marine che in quelle salmastre o dolci (*Gobius*) **2** (*fig.*, *lett.*) uomo stupido

†**ghiózzo**② [da *ghiozza*, a sua volta dal lat. parl. **glŭttia* per *gŭttia* 'goccia' (?) ✱1553] **s. m. 1** goccia, goccio **2** (*fig.*) un nulla, una cosa minima

ghìrba [arabo *qirba* 'otre', nella var. libica *ġerba* ✱1894] **s. f. 1** sacco impermeabile per trasportare acqua, usato in Africa settentrionale e in Arabia | contenitore in plastica per acqua usato dai campeggiatori **2** (*gerg.*) la vita, la pelle: *lasciarci la ghirba* | ***portare a casa la g.***, tornare sano e salvo dalla guerra

ghirerìa [da *gyros* ✱1996] **s. f.** ● trattoria con cucina greca che serve il gyros

ghiribizzàre (o **-zz-**) [da *ghiribizzo* ✱av. 1449] **v. tr.** e **intr.** (aus. *avere*) ● (*lett.*) fantasticare, arzigogolare: *andava ghiribizzando intorno alle cose della natura* (G. VASARI)

♦**ghiribìzzo** (o **-zz-**) [etim. incerta ✱av. 1449] **s. m. 1** idea bizzarra, capriccio improvviso: *gli è venuto, gli è saltato il g. di recitare*; *la vergogna vi perpetuerà dove vi trascina il g.* (P. ARETINO) **2** (*lett.*) opera originale e bizzarra: *Se vi piacque mai alcuno mio g.* (N. MACHIAVELLI) **3** (*lett.*) oggetto o elemento bizzarro

SFUMATURE ▸ *capriccio*

ghiribizzóso (o **-zz-**) (o **-ṣ-**) [1548] **agg.** ● (*lett.*) bizzarro, capriccioso, stravagante ‖ **ghiribizzosaménte**, **avv.** (*raro*) in modo ghiribizzoso

ghirigògolo [1869] **s. m.** ● ghirigoro

♦**ghirigòro** [etim. discussa: formazione allitterativa (?) ✱1525] **s. m. 1** intreccio bizzarro di linee, di segni: *tracciare un g. su un foglio bianco* | (*est.*) giravolta, andirivieni | ***camminare a g.***, a zig-zag **2** decorazione artistica a linee intrecciate capricciosamente

ghirlànda o (*pop.*) **grillànda** [etim. incerta ✱av. 1276] **s. f. 1** corona di fiori, fronde, erbe intrecciati, o anche di materiale prezioso, che si pone sul capo per ornamento: *una g. di rose*; *le tien sospesa / sopra l'umide trezze una g. / d'oro e di gemme orïentali accesa* (A. POLIZIANO) | ***g. nuziale***, di fiori d'arancio **SIN.** serto **2** (*fig.*, *lett.*) insieme di cose o persone disposte in circolo, a corona: *lampadine azzurre in g.* (L. PIRANDELLO) | (*est.*) serie di poesie strutturate come un insieme omogeneo: *una g. di sonetti* **3** ciascuno degli elementi all'estremità dello scafo disposti come collegamento tra le strutture di dritta e di sinistra **SIN.** gambetto ‖ **ghirlandèlla**, **dim.** | **ghirlandétta**, **dim.** | **ghirlandìna**, **dim.** | (*lett.*) **ghirlandùccia**, **ghirlandùzza**, **dim.**

SFUMATURE ▸ *corona*

ghirlandàio [sec. XIX] **s. m.** (**f.** *-aia*, **pl. m.** *-ai*) ● (*raro*) chi fa o vende ghirlande

ghirlandàre [1481] **v. tr.** ● (*poet.*) inghirlandare (*anche fig.*): *le azzurre Oceanine ... d'inni e di compianti / mi ghirlandarono il crine* (G. CARDUCCI)

♦**ghìro** [lat. parl. **glīru(m)*, per il class. *glīre(m)*, di etim. incerta ✱av. 1320] **s. m.** ● piccolo mammifero dei Roditori che d'inverno cade in letargo, provvisto di folta pelliccia grigia e lunga coda (*Glis glis*) | ***dormire come un g.***, profondamente e a lungo ‖ **ghirétto**, **dim.**

ghirónda o **girónda** [etim. discussa: dal *girare* (della sua ruota) con intrusione di vc. onomat. (?) ✱1685] **s. f.** ● (*mus.*) strumento a corde, oggi in disuso, il cui suono è prodotto con un disco azionato da una manovella **SIN.** viola da orbi

ghìṣa① [dal fr. *guise*, var. di *gueuse*, di orig. ted. ✱1819] **s. f.** ● prodotto siderurgico consistente in una lega di ferro contenente buone dosi di carbonio insieme ad altri elementi aggiunti per particolari scopi o entrati in lega come impurezze | ***g. bianca***, ottenuta per rapido raffreddamento, dura e fragile, non lavorabile | ***g. grigia***, ottenuta per lento raffreddamento, impiegata nella fabbricazione di svariati oggetti

ghìṣa② [detto così dal color ghisa del cappello della prima uniforme ✱1954] **s. m. inv.** ● (*pop.*, *milan.*) vigile urbano

ghost-writer /gost'raiter, *ingl.* 'gəʊst-ˌraɪtə(r)/ [vc. ingl., comp. di *ghost* 'fantasma' (di orig. germ.) e *writer* 'scrittore' (da *to write* 'scrivere', di orig. germ.) ✱1963] **s. m.** e **f. inv.** ● chi scrive libri, articoli e sim. per conto di un'altra persona, che poi li firma assumendosene così la paternità e il merito **SIN.** negro nel sign. B 2

gi /dʒi*/ o †**ge** /dʒe*/ [1737] **s. m.** o **f. inv.** ● nome della lettera *g*

♦**già** /dʒa*/ [lat. *iăm*, della serie degli avv. in *-am*, tipica del lat. ✱1250 ca.] **avv. 1** indica che un'azione o un fatto si sta compiendo, o si è ormai compiuto in un passato più o meno prossimo: *quando arrivò, trovò tutto già preparato*; *è già tutto stabilito*; *è accaduto già da molto tempo*; *se ne sono già andati*; *il tuo amico è già qui che ti aspetta*; *sono già pronto*; *Era già l'ora che volge il disio / ai navicanti* (DANTE *Purg.* VIII, 1-2) | anche riferito a un avvenimento che si prevede nel futuro: *fra qualche anno sarà già un uomo arrivato*; *fra poco sarò già di ritorno per il pranzo* | con valore intens. in espressioni ellittiche: *già fatto*; *già partito*; *già finito*; *già chiuso*; *già detto* **2** in prop. interr. ed escl. esprime meraviglia, gioia o rimpianto per qlco. che stia accadendo, stia per accadere o sia accaduto: *sei già di ritorno?*; *vuoi già andartene?*; *peccato sia già finito!*; *già qui! hai fatto prestissimo!* | V. anche *di già* **3** ormai: *è già troppo tardi per incominciare*; *è già quasi un'ora che sono qui*; *è passato già tanto tempo che non posso ricordarmene* | (*iter.*) con valore rafforz. per indicare l'imminenza di qlco.: *e già già tremano / mitre e corone* (G. CARDUCCI) **4** fin da ora: *già me lo sento che capiterà qualcosa*; *posso già immaginare la fine* | fin da quel tempo, fin dai tempi passati: *già da bambino aveva passione per la musica*; *questi problemi c'erano già ai tempi dell'antica Roma* | fino da: *già dal suo modo di fare si capisce che è in colpa* **5** prima d'ora: *mi sembra di averlo già sentito dire*; *ma noi non ci siamo già incontrati?*; *credo di averla già vista da qualche parte* | precedentemente: *il già nominato promotore*; *il già citato autore* | per l'addietro, in passato (con valore indet.): *in Siena, siccome io intesi, già furon due giovani* (G. BOCCACCIO) **6** ex (davanti a un sost. e con ellissi di un v. per indicare una denominazione, una carica, una funzione superata): *via*

Roma già via Toledo; il ministro degli Esteri, già ministro delle Finanze | (*disus.*) fu (premesso al nome proprio di persona morta): *questo è il figlio del già signor Rossi* **7** (*assol.*) esprime conferma, riconoscimento di un fatto o di una situazione (*anche iter.*): *'oggi è proprio freddo' 'già'; già già, è vero!; già! è proprio come dici tu* | V. anche *eh già* **8** (*assol.*) esprime ironia, dubbio, irritazione e sim.: *già, tu sei il solito sapiente!; già, e chi dice questo?; già, dovevo aspettarmelo; già! dovevo averlo capito da molto tempo!* **9** (*pleonast.*) con valore rafforz.: *è già tanto se troviamo un biglietto; non è già questo che intendo!; m'odia e fugge, / per invidia non già* (G. Leopardi) | (*pleonast.*) in espressioni correl.: *ti vorrei qui non già come aiutante, ma come amico; non già che ti creda un bugiardo, ma desidero una spiegazione* **10** nella loc. cong. ***già che***, V. *giacché* | ricorre nella formazione di avv. e cong.: *giacché; †giafosseché; †giafossecosaché; giammai; †giassiaciocché; †giassiacosaché* e sim.

♦giàcca [fr. ant. *jaque*, già fatto derivare da *Jacques*, propr. 'Giacomo', ma anche il 'contadino' che portava questo tipo di indumento ✻ 1853] **s. f.** ● indumento che copre la parte superiore del corpo e costituisce un capo essenziale dell'abbigliamento maschile, o del tailleur femminile | ***g. a vento*** o (con grafia unita; *raro*) ***giaccavento***, in tessuto impermeabile spesso trapuntato, con o senza cappuccio, usata spec. da alpinisti e sciatori | ***tirare per la g.***, V. *tirare* nel sign. A 3 || **giacchétto**, **dim. m.** (V.) | **giacchina**, **dim.** | **giacchino**, **dim. m.** | **giaccóna**, **accr.** | **giaccóne**, **accr. m.** (V.)

♣giacché o **già che** /dʒak'ke*, dʒa kke*/ [comp. di *già* e *che*② ✻ av. 1342] **cong.** ● poiché (introduce una prop. causale con il v. all'indic.): *g. non siete d'accordo, deciderò io* | visto che, dal momento che (con valore di constatazione): *già che sei qui, aiutami a spostare il divano*

giacchétta [fr. *jaquette*, dim. di *jaque* 'giacca' ✻ 1487] **s. f.** ● giacca corta e leggera | (*sport*) ***g. nera***, (*est.*) arbitro di una partita di calcio || **giacchettina**, **dim.**

giacchétto [1536] **s. m. 1** dim. di *giacca* **2** giacca corta e attillata, spec. da donna || **giacchettino**, **dim.** | **giacchettóne**, **accr.**

giacchiàre [da *giacchio* ✻ 1855] **v. tr.** (*io giàcchio*) ● pescare col giacchio (*anche assol.*)

giacchiàta [av. 1729] **s. f.** ● gettata di giacchio | retata: *fare una g.*

giàcchio [lat. *iăculu(m)*, propr. 'oggetto da gettare' (*iăcere*, di orig. indeur.) ✻ av. 1320] **s. m.** ● rete da pesca rotonda, di varie misure, piombata al perimetro e inguainata con una cordicella, che viene lanciata in acqua in modo che ricada aperta a ombrello e, giunta sul fondo, si chiuda tirando la corda e rinserrando i pesci **SIN.** rezzaglio, sparviero②

giàccio ➤ **giacere**

giaccóne [1933] **s. m. 1** accr. di *giacca* **2** giacca pesante, lunga e ampia: *un g. di pelle*

giacènte o **†iacènte** **part. pres.** di *giacere*; **anche agg. 1** nei sign. del v. **2** ***processo g.***, sospeso | ***eredità g.***, provvisoriamente amministrata da un curatore quando l'erede non si trova nel possesso dei beni ereditari e non ha accettato

giacènza [1797] **s. f. 1** condizione di ciò che giace, resta inattivo: *g. di un capitale* **2** (**spec. al pl.**) complesso di materiali, beni o denaro che si trovano, in un dato momento, nei depositi o nelle casse di un'azienda | (*raro*) rimanenza | tempo, periodo in cui una cosa resta giacente: *una lunga g.*

♦giacére o (*tosc.*) **diacére**, **†iacére**, (*evit.*) **giàcere** [lat. *iacēre* 'essere steso, abbattuto' (opposto a *stāre*), da *iăcere* 'buttare (giù)', di orig. indeur. ✻ 1250 ca.] **A** **v. intr.** (**pres.** *io giàccio, tu giàci, egli giàce, noi giacciàmo*, (*evit.*) *giaciàmo, voi giacéte, essi giàcciono*; **pass. rem.** *io giàcqui, †giacètti, tu giacésti*; **congtv. pres.** *io giàccia*, **ecc.**, *noi giacciàmo*, (*evit.*) *giaciàmo, voi giacciàte*, (*evit.*) *giaciàte, essi giàcciano*; **part. pass.** *giaciùto*; **aus.** *essere, raro avere*) **1** stare disteso: *g. a letto, sul letto, nel letto; g. a terra, sul fianco, supino, bocconi; mettersi a g.; g. ammalato* | rimanere esanime al suolo: *stramazzò a terra e giacque immobile* | ***qui giace***, qui è sepolto, nelle iscrizioni funerarie | (*lett.*) fare all'amore con qlcu.: *Più d'un le piace; / con tutti giace* (V. Alfieri) **2** (*spec. lett.*) essere situato, posto: *il paese giace in una valle* | ***†come giace nel testo***, come è scritto nel testo **3** (*mat.*) appartenere a (+ *su*): *la retta giace su un piano* **4** stare inerte, inattivo: *il capitale giace inutilizzato; g. nell'ozio, nel vizio; mi pare da credere sia l'uomo nato, certo non per marcire giacendo, ma per stare faccendo* (L.B. Alberti) | ***la domanda, la pratica giace negli uffici***, non ha corso **5** (*fig., lett.*) rimanere abbattuto senza capacità di riprendersi: *con vece assidua / cadde risorse e giacque* (A. Manzoni) | essere depresso, avvilito **6** †avere una lieve pendenza **B** **v. intr.** (**aus.** *essere, raro avere*) e **giacérsi** **v. intr. pron.** ● (*lett.*) avere rapporti sessuali con qlcu.: *amo una donna con cui mai non giacqui, / né mai mi giacerò* (U. Saba) **C** **giacérsi** **v. intr. pron.** ● †stare disteso (con valore intens.): *uno ne ferio, sì che in sull'erba morendo si giacque* (G. Boccaccio) | dormire | fare all'amore con qlcu.: *celebrò le nozze e con lei si giacque più mesi lieto* (G. Boccaccio)

già che ➤ **giacché**

♣giaciglio [lat. parl. **iacīliu(m)*, da **iacīle*, deriv. di *iacēre* 'giacere' ✻ av. 1364] **s. m.** ● misero lettuccio o mucchio di stracci o paglia sul quale dormire o giacere | cuccia, tana: *il g. del cane*

giaciménto [sec. XIV] **s. m. 1** concentrazione di minerali utili nella crosta terrestre, tale da essere sfruttata economicamente: *g. aurifero* **2** (*fig.*) bene, ricchezza, risorsa da salvaguardare e valorizzare | ***g. culturale***, bene culturale come, per es., un museo, una biblioteca, un archivio, uno scavo archeologico | ***g. ambientale***, luogo di particolare interesse naturalistico o paesaggistico **3** il modo di giacere, di stare sdraiato | †posizione **4** †rapporto sessuale **5** (fig.) †sconforto: *io spero di sollevarmi un dì … dal g. nel quale ora sono* (P. Bembo)

Giacintàcee [comp. di *giacint(o)* e *-acee* ✻ 2010] **s. f. pl.** (**sing.** *-a*) ● (*bot.*) famiglia di piante delle Monocotiledoni provviste di bulbi, con foglie disposte in rosette basali e con infiorescenze portate all'estremità di uno scapo privo di foglie, distribuite dalle regioni tropicali a quelle temperate (*Hyacinthaceae*)

giacintino [vc. dotta, lat. *hyacĭnthinu(m)*, dal gr. *hyakínthinos* 'di giacinto (*hyákinthos*)' ✻ sec. XIV] **agg.** ● detto di colore rossastro tipico del giacinto selvatico

giacinto [vc. dotta, lat. *hyăcinthu(m)*, dal gr. *hyákinthos*, di orig. straniera non chiarita ✻ av. 1327] **s. m. 1** pianta erbacea delle Giacintacee con fiori a grappolo odorosi, di vario colore, coltivata con molte varietà e ornamentale (*Hyacinthus orientalis*) **2** (*miner.*) varietà di zircone usata come gemma, in cristalli di un bel colore rosso

giacitùra [da *giacere* ✻ 1353] **s. f. 1** modo di giacere, di stare coricati: *la g. dell'ammalato; una g. scomoda* **2** (*mat.*) insieme delle direzioni delle rette parallele a un piano: *g. di un piano* **3** disposizione spaziale di un corpo geologico | ***g. di uno strato***, orientamento dello strato rispetto ai punti cardinali e al piano orizzontale **4** (*raro*) posizione, positura | (*lett.*) rapporto sessuale **5** collocazione delle parole nella frase **6** (*mar., disus.*) posizione di una nave

giaciùto **part. pass.** di *giacere* ● nei sign. del v.

giàco [fr. *jaque*, di etim. discussa (V. *giacca*) ✻ av. 1400] **s. m.** (**pl.** *-chi*) ● cotta di maglia d'acciaio, usata in passato per difendere il torace

giacobinìsmo [fr. *jacobinisme*, da *jacobin* 'giacobino' ✻ 1793] **s. m. 1** ideologia dei Giacobini **2** (*est.*) atteggiamento politico caratterizzato da un intransigente radicalismo

giacobino [fr. *jacobin* 'appartenente al Club des *Jacobins*', fondato nel Convento dei domenicani (*Jacobins*) di S. Giacomo (lat. *Iacōbus*) ✻ 1793] **A** **s. m.** (**f.** *-a*) **1** appartenente al Club politico dei Giacobini che ebbe vita a Parigi durante la Rivoluzione francese fra il 1789 e il 1794 | sostenitore del movimento politico ispirato all'ideologia giacobina **2** chi, in Europa, sosteneva le idee e la politica dei giacobini francesi **3** (*est.*) chi sostiene idee radicali, intransigenti **B** **agg.** ● dei giacobini | (*est.*) da giacobino, tipico dei giacobini: *una morale giacobina* || **giacobinaménte**, **avv.**

giacobita [dall'ingl. *jacobite*, dal tardo lat. *Jacōbus* 'Giacomo' ✻ 1585] **s. m. e f.; anche agg.** (**pl. m.** *-i*) **1** (*relig.*) seguace della Chiesa monofisita di Siria fondata da Giacobbe Baradeo nel sec. VI **2** (*stor.*) sostenitore del re d'Inghilterra Giacomo II Stuart, deposto nel 1688

giàcomo [prob. d'orig. onomat. (*ciac*) ✻ 1633] **s. m. solo sing.** ● (*scherz.*) solo nella loc. ***fare g. g.***, tremare, mancare, per stanchezza, debolezza o paura, detto delle gambe o delle ginocchia

giaconétta [ingl. *jaconet*, dall'urdu *jagannāthī* 'di Cuttack', la città di provenienza ✻ 1839] **s. f.** ● tessuto leggerissimo di cotone, quasi trasparente, molto apprettato e rigido

giàcqui ➤ **giacere**

♣giaculatòria o **†iaculatòria** [adattamento del lat. cristiano *prĕces iaculatōriae* 'preghiere che si lanciano (da *iaculāri*, intens. di *iăcere* 'lanciare', di orig. indeur.)', sottinteso verso Dio ✻ av. 1603] **s. f. 1** orazione breve che si ripete spesso più volte ed è fornita di indulgenze | formula breve, tratta da salmi o da altri testi sacri, che, nella liturgia cattolica, serve a concludere una preghiera **2** (*fig., scherz.*) monotona ripetizione di parole o discorsi uguali | (*fig.*) discorso lamentoso e insistente **3** (*per antifrasi*) imprecazione, bestemmia

giàda [fr. *jade*, per *ejade*, dallo sp. *piedra de la ijada*, propr. 'pietra del fianco', perché ritenuta efficace contro i dolori dovuti ai calcoli renali (mal di pietra) ✻ 1770] **A** **s. f.** ● (*geol.*) roccia composta in prevalenza di giadeite in aggregati compatti, usata fin dalla preistoria come pietra dura per intagliarvi armi, utensili e ornamenti | ***g. imperiale***, varietà chiazzata verde brillante, usata nell'oreficeria cinese tradizionale per i regnanti come gemma intagliata **B** **in funzione di agg. inv.** ● (posposto al sost.) nella loc. ***verde g.***, detto di colore verde mela pallido

giadeìte [da *giada* ✻ sec. XX] **s. f.** ● (*miner.*) pirosseno di alluminio e sodio, tipico di ambiente metamorfico di altissima pressione, costituente principale della giada

giafètico ➤ **iafetico**

giafètide ➤ **iafetide**

†giafosseché /dʒa(f)fosse'ke*/ o **†già fósse che** [comp. di *già*, *fosse* e *che*② ✻ sec. XIV] **cong.** ● giafossecosaché

†giafossecosaché /dʒa(f)fossekosa'ke*/ (o **-oṣa-**) o **†già fósse còsa che** [comp. di *già*, *fosse*, *cosa* e *che*② ✱ sec. XIV] **cong. 1** poiché **2** benché

giaggiòlo o (*lett.*) **giaggiuòlo** [lat. *gladiŏlu(m)* 'piccola (*-ŏlu(m)*) spada (*glădiu(m)*)', perché le sue foglie somigliano a una spada ✱ sec. XIV] **s. m.** ● pianta erbacea delle Iridacee con foglie a sciabola e grandi fiori blu-violacei, coltivata in molte varietà ornamentali (*Iris germanica*)

giaguàro o **†iaguàro** [fr. *jaguar*, dal tupi-guaranì *yaguará* ✱ 1772] **s. m.** ● mammifero dei Felidi dell'America tropicale con pelame fulvo a macchie ocellate, ferocissimo (*Panthera onca*) | (*fig.*) ***amico del g.***, chi, invece di appoggiare un amico, sembra parteggiare per i suoi avversari

giaiétto [fr. *jaiet*, dal lat. *gagātes* 'gagate' (V.) ✱ 1798] **s. m. 1** (*miner.*) varietà compatta di lignite bituminosa di colore nero lucente, usata per bottoni, ornamenti e, in passato, per gioielli da lutto **SIN.** giavazzo, jais **2** perla di vetro nera e lucente prodotta dalla omonima varietà di lignite, ma normalmente imitata con vetro nero

giàina o **jàina** /'dʒaina/ [av. 1916] **s. m. e f.** (**pl. m.** *-i*) ● seguace del giainismo

giainìṣmo o **jainìṣmo** /dʒai'nizmo/ [ingl. *jainism*, da *jain* 'aderente alla setta', in indostano *jaina*, dall'ant. indiano *jainah* 'di Budda (*jinah* 'eroe, santo')' ✱ 1917] **s. m.** ● religione indiana sorta nel VI sec. a.C. nell'ambito dei movimenti ascetici contro il Brahmanesimo, che predica la reincarnazione dell'anima, la redenzione del mondo in epoche successive e la non violenza nei riguardi di tutte le creature

gialàppa o (*pop.*) **scialàppa**, (*pop.*) **†scialàppa** [sp. *jalapa* (*xalapa*), riduzione di (*raíz de*) *Jalapa* 'radice raccolta per la prima volta presso la città messicana di Jalapa' ✱ 1695] **s. f.** ● pianta erbacea messicana delle Convolvulacee, con lunghi fusti sottili e fiori carnicini, le cui radici contengono una sostanza impiegata come purgante (*Ipomea purga*) **SIN.** ipomea

giàlda [ant. fr. dial. *jaude*, var. di *gelde* 'gilda', dal francone **gilda* 'riunione di festa' ✱ 1324 ca.] **s. f.** ● lancia con asta molto lunga usata nel Medioevo

†gialdonière [da *gialda* ✱ 1324 ca.] **s. m.** ● balestriere a cavallo dell'antica milizia italiana armato di gialda

giallàstro [1598] **agg.** ● tendente al giallo, ma smorto, senza luce | ***viso g.***, dall'aspetto malsano

gialleggiàre [av. 1519] **v. intr.** (**pres.** *io gialléggio*; **fut.** *io gialleggerò*; **aus.** *avere*) ● (*raro*) tendere al giallo

giallétto [1340 ca.] **s. m. 1** dim. di *giallo* **2** schiacciata di farina di grano turco con uvetta

giallézza [sec. XIV] **s. f.** ● (*raro*) caratteristica di ciò che è giallo

giallìccio [av. 1406] **agg.** (**pl. m.** *-ci*; **pl. f.** *-ce*) ● di colore chiaro tendente al giallo pallido, smorto

giallìgno [av. 1537] **agg.** ● (*lett.*) gialliccio

giallìsta [1942] **s. m. e f.** (**pl. m.** *-i*) ● chi scrive romanzi gialli

giallìstica [da *giallo*, sul modello di *saggistica* ✱ 1983] **s. f.** ● genere letterario che comprende i romanzi gialli

♦**giàllo** [ant. fr. *jalne*, dal lat. *gălbinus*, deriv. dal suo sin. *gălbus* 'verdiccio, verde pallido', di etim. incerta ✱ 1250] **A agg. 1** di colore fra l'arancìato e il verde: *fiore, frutto g.*; *g. in qualche pozzanghera si specchia / qualche fanale* (U. SABA) **CFR.** xanto- | ***farina gialla***, di granturco | ***cera gialla***, cera vergine | ***terra gialla***, ocra | ***bandiera gialla***, sulle navi, segnale della presenza di malattie infettive a bordo | ***Pagine Gialle®***, V. *pagina* | (*fig.*) ***sindacati gialli***, quelli costituiti nel XIX sec. in Francia e in Germania in opposizione a quelli rossi socialisti e contrari allo sciopero; (*est.*, *spreg.*) quelli promossi o finanziati dai datori di lavoro per difendere i loro interessi anziché quelli delle classi lavoratrici **2** (*est.*) pallido, cereo, per malattia, paura o sim.: *essere g. dalla rabbia*; *essere g. come un limone*; *diventare g. di paura*; *il viso g. di un malato* **3** (*med.*) ***febbre gialla***, infezione virale trasmessa da zanzare caratterizzata soprattutto da ittero **4** detto di romanzo, dramma o film poliziesco **5** appartenente all'Est Asiatico e spec. al Giappone: *auto gialla* | ***razza gialla***, nel linguaggio comune, mongolide | ***pericolo g.***, per le popolazioni occidentali, quello potenzialmente rappresentato, all'inizio del XX sec., dalla Cina e del Giappone **B s. m. 1** colore giallo: *il g. si accorda bene con il verde* | ***g. paglierino***, chiaro, simile al colore della paglia | ***g. canarino***, chiaro | ***g. dorato, g. oro***, caldo, vivo | ***g. ambrato***, sfumato nel bruno, come il colore dell'ambra | il colore giallo come segnale luminoso di avvertimento, spec. nei semafori: *fermarsi al g.*; *passare col g.* **2** parte gialla di qlco. | ***il g. dell'uovo***, il tuorlo | ***il g. della rosa***, il polline **3** (*chim.*) sostanza gialla | ***g. di cadmio***, solfuro di cadmio usato come colorante | ***g. cromo***, cromato di piombo usato come colorante | ***g. di Siena, g. orientale***, specie di marmo a fondo giallo **4** romanzo, dramma o film poliziesco: *abbiamo visto al cinema un interessante g.* | (*est.*) caso poliziesco, particolarmente complesso e di difficile soluzione | (*est.*) vicenda, situazione misteriosa: *il g. delle bobine scomparse* **5** (**f.** *-a*) nel linguaggio comune, individuo appartenente alle popolazioni mongolidi dell'Estremo Oriente **6** (*sport*, *ellitt.*) cartellino giallo, V. *cartellino* ‖ **giallàccio**, **pegg.** | **giallétto**, **dim.** (V.) | **giallìno**, **dim.** | **giallolìno**, **dim.** | **giallóne**, **accr.** | **giallùccio**, **dim.**

gialloblù [comp. di *giallo* e *blu* ✱ 1984] **agg.**; **anche s. m. e f. inv.** ● che (o chi) gioca in una squadra la cui maglia è di color giallo e blu, nel calcio spec. il Verona o il Modena, o ne è sostenitore

giallógnolo (o **-ò-**) [sec. XVI] **agg.** ● di colore giallo sbiadito

giallóna [1956] **s. f.** ● pesca giallona (V. *giallone*)

giallóne [1913] **A s. m. 1** (**f.** *-a*) (*raro*) persona dal colorito giallastro **2** baco da seta nell'ultimo stadio dell'età larvale, colpito da giallume **3** (*zool.*) rigogolo **B agg.** ● nella loc. ***pesca giallona***, qualità di pesca duracina con polpa di colore giallo intenso

giallóre [sec. XIII] **s. m. 1** (*raro*) colorito giallo: *simile al g. del croco* (G. D'ANNUNZIO) | materia gialla **2** itterizia

gialloròṣa [comp. di *giallo* e *rosa* ✱ 1958] **agg. inv.** ● di commedia, film e sim. di argomento poliziesco, con un intreccio amoroso a lieto fine

giallorósso [comp. di *giallo* e *rosso*, i colori della squadra ✱ 1950] **agg. e s. m.** (**f.** *-a*; **pl.** *-i*) ● che (o chi) gioca nella squadra di calcio della Roma o del Catanzaro o ne è sostenitore

♦**giallùme** [av. 1406] **s. m. 1** giallo sporco o troppo intenso | materia gialla | macchia gialla, spec. della pelle **2** malattia delle piante, provocata da virus, caratterizzata da clorosi della lamina fogliare: *g. della barbabietola* | malattia del baco da seta che diventa grosso, lucido e giallo **SIN.** invacchimento

giallùria [1855] **s. f.** ● (*raro*) polline delle rose

†già mài ➤ **giammai**

giamaicàno [1965] **A agg.** ● della Giamaica **B s. m.** (**f.** *-a*) ● abitante o nativo della Giamaica

†giambeggiàre [da *giambo* ✱ 1481] **v. tr.** ● rimproverare, canzonare

giambèlego [adattamento del lat. tardo *iambēlegu(m)*, comp. di *ĭambus* 'giambo' e *elegēum* '(metro) elegiaco', perché inverso (giambico e dattilico) dell'elegiambo (dattilico e giambico) ✱ 1869] **s. m.** (**pl.** *-ghi* o *-gi*) ● verso latino formato da un dimetro giambico e da un comma di pentametro

giambèrga [sp. (*casaca*) *chamberga*, usata dalle truppe fr. del generale *Schomberg* ✱ 1841] **s. f.** ● (*merid.*) finanziera, redingote

giàmbico o **†iàmbico** [adattamento del lat. tardo *iămbicu(m)*, dal gr. *iambikós* 'relativo al giambo (*íambos*)' ✱ 1554] **agg.** (**pl. m.** *-ci*) **1** costituito da giambi: *metro, verso g.* | ***strofa giambica***, nella poesia italiana, strofa formata, in genere, da quattro o cinque endecasillabi sdruccioli **2** (*fig.*, *lett.*) di tono satirico e canzonatorio

giàmbo① o **†iàmbo** [adattamento del lat. *ĭambu(m)*, dal gr. *íambos*, di orig. pregreca ✱ av. 1472] **s. m. 1** (*ling.*) piede metrico della poesia greca e latina formato da una sillaba breve e da una lunga | componimento poetico di carattere satirico in metro giambico **2** (*fig.*) †scherno, beffa | ***volere il g. di qlcu.***, beffarlo

giàmbo② [dal n. hindi *jambū* ✱ av. 1588] **s. m.** ● (*bot.*) melarosa

giambonétto [fr. *jambonnette*, dim. di *jambon*, 'prosciutto, †coscia' ✱ 1892] **s. m.** ● coscia di pollo o di tacchino disossata e variamente farcita

Giamburràsca o **Gianburràsca** [comp. di *Gian(ni)* e *burrasca*, n. del protagonista di un libro per ragazzi, *Il giornalino di Gian Burrasca* (1907), dello scrittore L. Bertelli (1858-1920), noto con lo pseudonimo di Vamba ✱ 1955] **s. m. e f. inv.** ● ragazzo vivacissimo, monello **SIN.** discolo

giammài o **†già mài** /dʒam'mai/ [da *mai* rafforz. con *già* ✱ av. 1257] **avv. 1** (*lett.*, *intens.*) mai, in nessun tempo: *sta come torre ferma, che non crolla / già mai la cima per soffiar di venti* (DANTE *Purg.* V, 14-15); *fatto ghiotto del suo dolce aspetto / g. gli occhi da li occhi levar puolle* (A. POLIZIANO) | (*enfat.*, *scherz.*) in risposte o affermazioni: *g. mi lascerò convincere!*; *non sarà g. possibile!*; *g.!*; *non fia g.!* **2** (*lett.*) †talvolta: *quanto per Amor già mai soffersi* (F. PETRARCA) **3** †ormai

Gianburràsca ➤ **Giamburrasca**

gianchétto ➤ **bianchetto**

†giandàrme ➤ **gendarme**

gianduia [comp. del piemontese *Gi(o)an* 'Giovanni' (con la) *duja* 'boccale', la cui figura appariva anche sull'involto dei cioccolatini ✱ av. 1866] **s. m. inv. 1** (con iniziale maiuscola) maschera del teatro popolare piemontese | persona mascherata da Gianduia **2** tipo particolare di cioccolata di pasta molle alla nocciola, specialità torinese

giandųiòtto [perché simile al cappello della maschera piemontese *Gianduia* ✱ 1887] **s. m.** ● cioccolatino di gianduia

gianèllo [per il suo colore giallastro (genovese *giano*, in provenz. *jaune*, dal lat. *gălbinus* '(color) verde pallido') ✱ 1983] **s. m.** ● (*pop.*, *sett.*) rana pescatrice

giannétta① [sp. (*lanza*) *jineta*, in uso presso la tribù berbera degli *Zeneti* ✱ 1481] **s. f. 1** corta lancia, usata nei secc. XIV e XV dalla cavalleria leggera e più tardi anche dagli ufficiali della fanteria spagnola **2** (*disus.*) bastone da passeggio di canna d'India

giannétta② ['vento': vc. d'orig. gergale, di etim. incerta: o dal n. proprio *Gianni* o più prob. deformazione di *gennaio*, in quanto mese freddo ✱

1959] **s. f.** ● (*roman.*) vento gelido, tramontana

giannétta ③ ['filatoio': dal n. personale f. ingl. *Jenny*, usato in ingl. per indicare diverse macchine ✱ 1956] **s. f.** ● tipo di filatoio per il cotone

†**giannétto** ➤ **ginnetto**

giannìzzero o †**iannìzzero** [vc. turca, *yeniçeri*, comp. di *yeni* 'nuovo, giovane' e *çeri* 'soldato, truppa' ✱ av. 1470] **s. m.** **1** soldato turco di fanteria appartenente a una milizia che accoglieva nell'Impero ottomano i giovani cristiani fatti musulmani ed educati come guardie del corpo dei sultani | soldato mercenario di un corpo scelto **2** (*fig., spreg.*) sostenitore o difensore fanatico di un personaggio importante: *è sempre circondato dai suoi giannizzeri* | attivista fanatico: *i giannizzeri del partito*

giàno o †**iàno** [adattamento del lat. *Iānu(m)*, di etim. incerta, nome di una divinità latina raffigurata bifronte che presiedeva alle porte, alle vie e all'agricoltura ✱ av. 1416] **s. m.** **1** nella loc. *G. bifronte*, (*fig.*) persona falsa, doppia **2** (*archit.*) arco quadrifronte romano | passaggio fra portici

†**gianseniàno** [da *Giansenio*, adattamento di (Cornelis) *Jansen* (1585-1638) ✱ 1785] **agg.** ● giansenistico

giansenìṣmo [fr. *jansenisme* ✱ 1666] **s. m.** **1** dottrina morale e teologica risalente al vescovo Cornelis Jansen (Giansenio) d'Ypres, professata dai religiosi di Port-Royal in Francia nel XVII sec., estesa poi in molti Paesi d'Europa e condannata dalla Chiesa cattolica per la sua eccessiva rigidezza e per la sua opposizione alla morale ufficiale dei Gesuiti **2** (*fig., lett.*) rigida intransigenza morale

giansenìsta [fr. *janseniste*, da *jansenisme* 'giansenismo' ✱ 1665] **A** **s. m. e f.** (**pl. m.** *-i*) ● seguace del giansenismo **B** **agg.** ● giansenistico

giansenìstico [av. 1795] **agg.** (**pl. m.** *-ci*) ● relativo al giansenismo | (*fig.*) che si distingue per la sua intransigenza morale | ***spirito g.***, ispirazione tragica e austera dell'esperienza religiosa cristiana ‖ **giansenisticaménte**, **avv.**

gianuàrio o †**ianuàrio** [adattamento del lat. *Ianuāriu(m)* 'pertinente a Giano (*Iānus*)' ✱ 1869] **agg.** ● (*disus.*) di gennaio: *calende gianuarie*

giapètico ➤ **iafetico**

giapètide ➤ **iafetide**

†**giapponésco** [1610] **agg.** (**pl. m.** *-schi*) ● (*raro*) giapponese

♦**giapponése** (o -ṣ-) [1589] **A** **agg.** ● del Giappone: *un vaso, un ventaglio g.* | ***lotta g.***, judo CFR. yamatologia, nippo- **B** **s. m. e f.** ● abitante o nativo del Giappone | ***l'ultimo g.***, (*fig. scherz.*) ostinato difensore di posizioni ideologiche superate, teorie non più attuali e sim. (con riferimento ai soldati giapponesi trovati nella giungla ancora pronti a combattere dopo molti anni dalla fine della seconda Guerra mondiale) ‖ **giapponesìno**, **dim.** **C** **s. m. solo sing.** ● lingua parlata in Giappone

giapponeserìa (o -ṣ-) [1886] **s. f.** ● (**spec. al pl.**) oggetto, suppellettile di origine o imitazione giapponese

giapponesìṣmo (o -eṣi-) [1894] **s. m.** ● (*ling.*) parola o locuzione propria del giapponese entrata in un'altra lingua

giapponìṣmo [1879] **s. m.** ● tendenza a ispirarsi a soggetti e modelli dell'arte giapponese, presente soprattutto nell'impressionismo e nel postimpressionismo: *il g. di Manet, di Van Gogh*

giàra ① o **giàrra** [sp. *jarra*, dall'arabo *ǧàrra* 'brocca' ✱ av. 1405] **s. f.** **1** grosso recipiente, generalmente di terracotta, per conservare acqua, vino, olio o anche granaglie secche, talvolta usato anche come grande vaso da giardino | vaso di cristallo o maiolica con due anse e senza piede **2** antica misura da olio, ottava parte del cantaro **3** (*mar.*) †vaso di bandone a bordo per custodire la polvere asciutta

giàra ② [lat. *glārea(m)*, V. *ghiaia*] **s. f.** **1** †ghiaia **2** in Sardegna, denominazione di tavolato basaltico dai versanti molto ripidi: *la g. di Gesturi*

giàrda [arabo *ǧarad*, trasmesso attraverso la terminologia veterinaria degli arabi di Sicilia ✱ av. 1320] **s. f.** **1** (*veter.*) neoformazione ossea prodotta da traumi ripetuti e localizzata sulla faccia laterale del garretto di Equini e Bovini **2** †burla, beffa: *e duolsi assai che gli ha fatto la g.* (L. PULCI) **3** †bugia

giàrdia [dal n. del biologo fr. A. *Giard* (1846-1908) ✱ 1956] **s. f.** ● (*biol.*) genere di Protozoi flagellati parassiti nell'intestino di molti Vertebrati fra cui l'uomo | ***G. lamblia***, è causa della giardiasi

giardìaṣi [da *giardia* col suff. *-iasi* ✱ 1956] **s. f. inv.** ● (*med.*) malattia parassitaria del tratto superiore dell'intestino tenue dell'uomo causata dal protozoo flagellato *Giardia lamblia* e caratterizzata da diarrea, steatorrea, lesioni intestinali

giardinàggio [fr. *jardinage*, da *jardin* 'giardino' ✱ 1794] **s. m.** ● arte e tecnica relative all'impianto e alla coltivazione dei giardini

Giardinétta® [marchio registrato ✱ 1950] **s. f.** ● automobile per il trasporto di persone e merci, munita di sportello posteriore e talvolta con parte della carrozzeria di legno CFR. Giardiniera nel sign. 5, station wagon

giardinétto [1353] **s. m.** **1** dim. di *giardino* | (**spec. al pl.**) nei centri urbani, area verde spesso attrezzata con panchine e giochi per bambini: *portare il nipotino ai giardinetti* **2** (*mar.*) ciascuno dei fianchi della estremità poppiera dello scafo, anticamente muniti di una balconata spesso adorna di piante | ***vento al g.***, quello che soffia da 135° a 160° rispetto all'asse longitudinale dello scafo **3** piatto di frutta assortita | pietanza di salumi assortiti | gelato di sapori e colori vari **4** (*econ.*) suddivisione delle proprietà azionarie in piccole quantità di diverse società in modo da frazionare i rischi

giardinièra [fr. *jardinière*, da *jardin* 'giardino' ✱ 1607] **A** **s. f.** **1** donna addetta alla cura di un giardino | moglie del giardiniere **2** mobile atto a contenere piante ornamentali da appartamento **3** contorno o antipasto di varie verdure tagliuzzate e conservate sotto aceto **4** grande carrozza con sedili laterali, in voga ai primi del Novecento | carro da trasporto, usato in passato da giardinieri e ortolani | un tempo, vettura ferroviaria o tramviaria aperta ai lati e dotata di piattaforme a balcone **5** ***Giardiniera***®, automobile per il trasporto di persone e merci munita di sportello posteriore CFR. Giardinetta, station wagon **6** †collana di diamanti e perle **B** **in funzione di agg. solo f.** ● (posposto al sost.) nella loc. (*disus.*) ***maestra g.***, insegnante nei giardini d'infanzia

♦**giardinière** [fr. *jardinier*, da *jardin* 'giardino' ✱ 1268] **s. m.** (**f.** *-a*) ● addetto alla coltivazione e cura dei giardini

♦**giardìno** [fr. *jardin*, dim. dell'ant. fr. *jart*, dal francone **gardo* 'luogo chiuso' ✱ 1287] **A** **s. m.** **1** terreno con colture erbacee e arboree di tipo ornamentale | ***g. classico, all'italiana***, con aiuole geometriche | ***g. all'inglese***, con boschetti, prati, specchi d'acqua, piccole alture | ***g. alpino***, formato con piante di montagna | ***g. pensile***, costruito su una terrazza | ***g. galleggiante***, che si coltiva sulle navi | ***g. giapponese***, composizione di piante nane, spec. esotiche, in vasi, con ghiaia, vialetti e sim., che riproduce un giardino in miniatura | ***g. botanico***, orto botanico | ***g. d'inverno***, salone con piante e pareti a vetro, in alberghi e ville di lusso | ***g. pubblico***, con grandi alberi, piante ornamentali, viali, fontane, statue, costruito in un centro abitato e a cui i cittadini accedono liberamente | ***g. zoologico***, parco con animali esotici o rari in cattività | †paradiso | †paradiso terrestre **2** ***g. d'infanzia***, (*disus.*) scuola dell'infanzia **3** (*fig.*) luogo fertile, ridente **4** (*eufem.*) †latrina **B** **in funzione di agg. inv.** ● (posposto al sost.) nella loc. ***città g.***, quartiere residenziale di villette sparse tra il verde ‖ **giardinétto**, **dim.** (V.) | **giardinùccio**, **dim.**

NOMENCLATURA

giardino

● *caratteristiche*: curato ⇔ mal tenuto; ridente, fiorito, verdeggiante, lussureggiante;

● *tipi di giardino*: pubblico, zoologico, parco, villa, villa comunale, giardinetto, orto = verziere, viridario; botanico = orto botanico; verde, fiorito, boscoso, prativo; all'inglese, all'italiana = classico, alla francese, alpino, pensile, galleggiante, giapponese, d'inverno; centrale ⇔ periferico, prato, prateria, pascolo; naturale ⇔ coltivato, artificiale, permanente = stabile = poliennale ⇔ alterno = annuo;

● *azioni*: vangare, appratire = formare un prato, disfare, rompere, infittire, svecchiare, ringiovanire, inghiaiare, piotare, potare, trapiantare, margottare, letamare, coltivare, seminare, irrigare, annaffiare = innaffiare, bagnare; mettere a prato, mettere a dimora; avere il pollice verde;

● *persone*: giardiniere, floricoltore, orticoltore, custode, architetto, paesaggista;

● *oggetti*: tosatrice = tosaerba, tagliabordi, tagliasiepe = tosasiepi, tagliazolle, decespugliatore, forbici, cesoie, roncola = potatoio, roncolo, falce, falcetto, coltello da innesto, seghetto, vanga, zappa, zappetta, badile, rastrello carriola; annaffiatoio, tubo irroratore.

giàrra ➤ **giara** ①

giarrettièra [fr. *jarretière*, da *jarret* 'garretto' (V.) ✱ av. 1749] **s. f.** ● elastico che ferma la calza da donna alla coscia | in busti o reggicalze femminili, ciascuno dei quattro nastri elastici cui vengono fissate le calze | spec. un tempo, nastro elastico allacciato sotto il ginocchio, per sostenere i calzini da uomo al polpaccio | ***Ordine della G.***, supremo ordine cavalleresco inglese, istituito, secondo una leggenda, da Edoardo III nel XIV sec., così detto dalla sua insegna, che è una giarrettiera di velluto azzurro

giassài [comp. di *già* e *sai* (da *sapere* ①) ✱ 1996] **inter.** ● si usa spec. nel gergo giovanile col significato di 'sai bene come stanno le cose', 'non occorre aggiungere altro': *la mia casa è a tua disposizione, se passi da Roma, g.*

†**giattànte** ➤ **iattante**

giaùrro [turco *gâvur*, dall'arabo *kāfir* 'infedele, chi non è musulmano' ✱ av. 1787] **s. m.** (**f.** *-a*) ● (*spreg.*) nome con cui i Turchi ottomani designavano i non musulmani, spec. i cristiani

giàva ① [etim. incerta ✱ 1516] **s. f.** ● (*mar.*) magazzino nelle galee del XVII sec. | cameretta di prua | dispensa | piccola stanza oscura della stiva | serbatoio dell'acqua potabile | passerella di nave

giàva ② [dal n. dell'isola di *Giava* (di orig. indiana) ✱ 1960] **s. f.** ● ballo in gran voga dopo la prima Guerra mondiale

giavanése (o -ṣ-) [1851] **A** **agg.** ● dell'isola di Giava: *danze giavanesi* **B** **s. m. e f.** ● abitante o nativo di Giava **C** **s. m. solo sing.** ● lingua parlata nell'isola di Giava

giavàzzo [sp. *azabache*, dall'arabo *sabağ*, vc. di orig. persiana ✱ 1667] **A** **s. m.** ● (*miner.*) giaietto **B** **agg.** ● detto di mantello equino morello che presenta riflessi brillanti

giavellottìsta [1942] **s. m. e f.** (**pl. m.** *-i*) ● atleta che pratica lo sport del lancio del giavellotto

giavellòtto [fr. *javelot*, prob. dal celt. *gabalos* 'forca, tridente' ✱sec. XIII] **s. m.** **1** arma da lancio, costituita da un'asta alla cui estremità è inserita una punta in metallo **2** attrezzo sportivo simile all'arma omonima | ***lancio*** (*o* ***tiro***) ***del g.***, gara di atletica leggera che consiste nello scagliare l'attrezzo il più lontano possibile | (*est.*) la specialità stessa

giavóne [accr. di *giava*, forma sett., dal lat. *clāva(m)* 'mazza', che aveva anche, specie al dim. (*clāvula*), il sign. di 'piantone, pollone' ✱1869] **s. m.** **1** erba delle Graminacee affine al panìco (*Setaria viridis*) **SIN.** panicastrella **2** seme della pianta omonima, comunemente presente nel riso

giazz /dʒaz, dʒats*/ (o **-zz**) **s. m. inv.** ● adattamento di *jazz* (V.)

giazzìsta [1970] **s. m. e f.** (**pl. m.** *-i*) ● (*raro*) adattamento di *jazzista* (V.)

giazzìstico [1970] **agg.** (**pl. m.** *-ci*) ● adattamento di *jazzistico* (V.)

†**gìbba** [vc. dotta, lat. *gĭbba(m)*, dalla forma f. dell'agg. *gĭbbus* 'gibbo' ✱1290] **s. f.** ● gibbo

gibberellìna [ingl. *gibberellin*, dal n. del fungo *Gibberella fujikuroi* (da cui si ricava), a sua volta dal lat. *gĭbber* 'gobba' (d'etim. incerta) ✱1987] **s. f.** ● (*bot.*) ormone appartenente a una classe di regolatori della crescita che stimolano l'allungamento del fusto senza inibire la crescita delle radici

gìbbo [vc. dotta, lat. *gĭbbu(m)*, di orig. espressiva ✱1321] **s. m.** **1** (*med.*) deformazione della colonna vertebrale con accentuata curvatura posteriore **SIN.** gibbosità, gobba **2** (*lett.*) collina, altura

gibbóne [fr. *gibbon*, da una lingua indigena non determinata ✱1772] **s. m.** ● scimmia antropomorfa di medie dimensioni, arboricola e agilissima, con lunghissime braccia (*Hylobates*)

gibbosità (o **-ṣ-**) o †**gibbositàde**, †**gibbositàte** [1282] **s. f. inv.** **1** (*raro*) caratteristica di chi (o di ciò che) è gibboso | ***le g. della terra***, le protuberanze **2** (*med.*) gibbo

gibbóso (o **-ṣ-**) [vc. dotta, lat. tardo *gibbōsu(m)*, da *gĭbbus* 'gibbo' ✱1342] **agg.** ● gobbo, curvo: *dorso g.*; *naso g.* | ondulato, irregolare, detto di terreno: *mi si scoperse il picciolo spazio della gibbosa terra* (G. BOCCACCIO) ‖ **gibbosaménte**, **avv.** ‖ **gibbosità**, **s. f. inv.** (V.)

gibbùto [av. 1573] **agg.** ● (*raro, lett.*) gibboso

gibèrna [fr. *giberne*, dal lat. tardo *zabĕrna(m)* 'sacca, tasca' ✱1798] **s. f.** ● astuccio a tasca di cuoio o tela, portato alla cintura o alla bandoliera per custodirvi le cartucce o i caricatori del fucile

†**gibétto** ➤ †**giubbetto**②

gibigiàna o **gibigiànna** [vc. lomb., forse n. comp., nella seconda parte del quale si può riconoscere un *gianna* 'strega' ✱1857] **s. f.** ● (*lomb.*) balenio di luce riflesso da un corpo lucido e trasparente

gibollàre [etim. incerta ✱1972] **v. tr.** (*io gibóllo*) ● (*lomb.*) ammaccare: *nel parcheggiare ho gibollato la macchina*

gìbus [dal n. dell'inventore ✱1846] **s. m. inv.** ● cappello cilindrico di seta, dotato di un sistema di molle per cui si può appiattire, che accompagnava un tempo l'abito da sera maschile

gìcaro ➤ **gigaro**

gìchero ➤ **gigaro**

gicleur /*fr.* ʒi'klœʀ/ [vc. fr., da *gicler* 'far zampillare', di etim. incerta ✱1933] **s. m. inv.** ● nel carburatore, getto① **SIN.** spruzzatore

gìddap [vc. ingl., alterazione dell'imperativo *get up*, propr. 'va su, avanti' ✱1970] **inter.** ● si usa come incitamento, da parte del conduttore o del fantino, a un cavallo da corsa

giellìsta [dalla sigla *GL* dell'organizzazione ✱1938] **A** **agg.** (**pl. m.** *-i*) ● (*stor.*) relativo o appartenente a Giustizia e Libertà, organizzazione politica antifascista fondata nel 1929 **B** **s. m. e f.** ● aderente a tale organizzazione

†**gièlo** e deriv. ➤ **gelo**① e deriv.

†**giènte** ➤ †**gente**②

†**gièṣia** e deriv. ➤ **chiesa** e deriv.

giftshòp /gift'ʃɔp, *ingl.* 'gɪftˌʃɒp/ [vc. ingl. comp. di *gift* 'regalo' e *shop* 'negozio', entrambi di orig. germ. ✱1997] **s. m. inv.** ● all'interno di un museo, di un teatro ecc., negozio dove si vendono libri, poster, cartoline e souvenir

gìga① [ant. provenz. *giga*, dall'ant. alto ted. *giga*, di orig. onomat. ✱sec. XIII] **s. f.** ● (*mus.*) antico strumento a corde, primo tipo del violino e della viola

gìga② [dall'ingl. *jig*, deriv. dal fr. *giguer* 'suonare con la *giga* (*gigue*)' ✱av. 1650] **s. f.** ● antica danza dal ritmo vivace diffusa nei secc. XVII e XVIII che costituiva il tempo finale della suite strumentale

gìga③ [1997] **s. m. inv.** ● (*colloq.*) accorc. di *gigabyte*: *una chiavetta da due g.*

giga- [dal gr. *gígas* 'gigante', di etim. incerta] **primo elemento** **1** anteposto a un'unità di misura, ne moltiplica il valore per un miliardo (cioè per 10^9): *gigawatt, gigahertz* **SIMB.** G **2** (*inform.*) anteposto a un'unità di misura, ne moltiplica il valore per 1024^3: *gigabyte* **SIMB.** G

gigabyte /dʒiga'bait/ [comp. di *giga-* e *byte*] **s. m. inv.** ● (*inform.*) unità di misura della quantità di informazione corrispondente a 1 073 741 824 (cioè a 2^{30}) byte **SIMB.** GB

gigaelettronvòlt [comp. di *giga-* ed *elettronvolt*] **s. m. inv.** ● unità di energia equivalente a 10^9 elettronvolt **SIMB.** GeV

gigahèrtz /dʒiga'ɛrts/ [comp. di *giga-* e *hertz* ✱1949] **s. m. inv.** ● (*fis.*) unità di misura di frequenza equivalente a un miliardo di hertz **SIMB.** GHz

♦**gigànte** [vc. dotta, lat. *gigănte(m)*, a sua volta prestito dotto dal n. proprio gr. *Gígas* (genit. *Gígantos*) di etim. incerta ✱sec. XIII] **A** **s. m.** (**f.** *-éssa*, anche *scherz.*) **1** nella mitologia greco-romana, ciascuno dei figli della Terra, di smisurata statura, che lottarono contro Giove | nella Bibbia, uomo di antiche generazioni vissuto prima del diluvio **2** (*est.*) persona di statura notevolmente al di sopra della media | ***fare passi da g.***, (*fig.*) progredire molto rapidamente: *la tecnica ha fatto passi da g.* **SIN.** colosso **3** (*fig.*) persona che eccelle per capacità, forza, virtù, ingegno e sim.: *Dante è un g. della poesia* | (*fig.*) ***g. nel deserto***, costruzione, impianto e sim. di grande imponenza, ma inutile o inutilizzato in un determinato contesto | ***guerra di giganti***, (*fig.*) combattuta da avversari di grande potenza e valore **B** **agg.** **1** di grandi dimensioni: *una pianta g.* | ***stella g.***, la cui dimensione è una decina di volte maggiore di quella del Sole | ***stella g. rossa***, tipo di stella gigante caratterizzata da un'emissione con massimo nella regione spettrale del rosso **2** (*sport*) ***slalom g.***, (*ellitt.*) ***gigante***, V. *slalom* ‖ **gigantàccio**, **pegg.** | **gigantóne**, **accr.**

giganteggiàre [av. 1673] **v. intr.** (**pres.** *io gigantéggio*; **fut.** *io giganteggerò*; **aus.** *avere*) ● innalzarsi come gigante tra cose di altezza comune: *un edificio che giganteggia su, fra tutti gli altri* | (*fig.*) primeggiare, eccellere: *è uno scrittore che giganteggia fra i contemporanei*

†**gigantèo** [vc. dotta, lat. *Gigantēu(m)*, dal gr. *Gigánteios*, agg. di *Gígas* 'gigante' ✱sec. XIV] **agg.** **1** dei giganti **2** gigantesco: *il corpo suo di gigantea statura* (L. ARIOSTO)

♦**gigantésco** [sec. XIV] **agg.** (**pl. m.** *-schi*) ● da gigante: *proporzioni fisiche gigantesche* | (*fig.*) immane, eccezionale: *ambizione gigantesca* **SIN.** enorme, smisurato ‖ **gigantescaménte**, **avv.**

SFUMATURE ➤ ***imponente***

gigantìṣmo [1874] **s. m.** **1** (*med.*) anomalia dell'accrescimento scheletrico con sviluppo della statura superiore alla norma ma proporzionata **2** (*fig.*) tendenza all'ideazione e alla realizzazione di progetti straordinari o colossali

gigantìsta [da *gigante* nel sign. 4 ✱1987] **s. m. e f.** (**pl. m.** *-i*) ● nello sci, chi è specialista dello slalom gigante

gigànto- [gr. *giganto-*, da *gígas*, genit. *gígantos* 'gigante'] **primo elemento** ● in parole composte dotte o della terminologia scientifica, significa 'gigante' (*gigantomachia*) o indica dimensioni molto grandi (*gigantografia*)

gigantografìa [comp. di *giganto-* e della seconda parte di *(foto)grafia* ✱1970] **s. f.** ● tecnica usata per realizzare fotografie di grandi dimensioni | fotografia così realizzata

gigantogràfico [1965] **agg.** (**pl. m.** *-ci*) ● relativo a gigantografia: *ingrandimento g.*

gigantomachìa [comp. di *giganto-* e del gr. *máchē* 'battaglia' ✱1499] **s. f.** ● nella mitologia greca, battaglia dei giganti contro gli dei

gìgaro o **gìcaro**, **gìchero** [lat. tardo *gīgaru(m)*, di orig. gallica (?) ✱av. 1320] **s. m.** ● pianta erbacea velenosa delle Aracee con foglie saettiformi e infiorescenza a clava violetta avvolta da una spata (*Arum maculatum*) **SIN.** aro | ***g. italico***, specie più grande dello stesso genere e come questo velenoso con clava gialliccia (*Arum italicum*) **SIN.** pan di serpe, piede vitellino

gìgawatt /'dʒigavat/ [comp. di *giga-* e *watt* ✱1964] **s. m. inv.** ● (*fis.*) unità di misura di potenza equivalente a un miliardo di watt **SIMB.** GW

gigionàta [1946] **s. f.** ● atteggiamento, comportamento, discorso da gigione

gigióne [dal n. di un personaggio dell'attore E. Ferravilla (1846-1915), accr. di *Gigi* (Luigi) ✱1905] **s. m.** (**f.** *-a*) **1** attore che per smania di primeggiare carica enfaticamente la recitazione **2** (*est.*) chi, per soddisfare la propria vanità, è solito porre in grande rilievo ogni sua azione o parola volendo imporsi all'attenzione e destare l'ammirazione degli altri

gigioneggiàre [1963] **v. intr.** (**pres.** *io gigionéggio*; **fut.** *io gigioneggerò*; **aus.** *avere*) ● comportarsi da gigione

gigionerìa [1928] **s. f.** ● caratteristica di chi è un gigione | comportamento, discorso o modi da gigione **SIN.** gigionismo

gigionésco [1945] **agg.** (**pl. m.** *-schi*) ● tipico del gigione: *recitazione, enfasi gigionesca* ‖ **gigionescaménte**, **avv.**

gigionìṣmo [1923] **s. m.** ● gigioneria

Gigliàcee [1834] **s. f. pl.** (**sing.** *-a*) ● (*bot.*) Liliacee

gigliàceo [adattamento del lat. tardo *liliāceu(m)* 'di giglio (*līlium*)' ✱av. 1730] **agg.** ● di giglio | detto di colore, odore e sim., che ricorda quello del giglio: *candore g.*; *aroma g.*

gigliàto [da *giglio* ✱sec. XIII] **A** **agg.** **1** ornato di gigli | che porta l'impronta del giglio: *fiorino g.* **2** (*arald.*) detto di un campo o di una pezza cosparsi di gigli, come pure di una pezza o di una figura con le estremità a forma di giglio | ***croce gigliata***, con i bracci terminanti a forma di giglio **3** detto di giocatore o sostenitore della squadra di calcio della Fiorentina **B** **s. m.** **1** moneta d'argento, coniata a Napoli da Carlo II d'Angiò con il tipo della croce ornata di gigli sul rovescio, imitata da molte zecche del Mediterraneo orientale **2** (**f.** -*a*) chi gioca nella squadra di calcio della Fiorentina

♦**gìglio** [lat. *līliu(m)*, di orig. mediterr. ✱ sec. XII] **s. m. 1** pianta erbacea delle Liliacee con bei fiori bianchi odorosi a grappolo e foglie lanceolate (*Lilium candidum*) | ***g. gentile, g. selvatico***, con fiori rosa punteggiati di porpora, comune nei boschi (*Lilium martagon*) **SIN.** martagone | ***g. giallo***, acoro | ***g. rosso***, con fiori di colore rosso aranciato, cresce nei boschi montani (*Lilium bulbiferum*) | ***g. d'acqua***, ninfea bianca | ***g. caprino***, pan di cuculo | ***g. delle convalli***, mughetto | ***g. fiorentino***, pianta erbacea delle Iridacee, simile al giaggiolo ma con fiori bianchi (*Iris florentina*) | ***g. persiano***, erba delle Liliacee originaria dell'Asia sud-occidentale e coltivata a scopo ornamentale (*Fritillaria imperialis*) | ***g. marino***, pancrazio marino **2** (*zool.*) ***g. di mare***, garofano di mare **3** (*fig.*) chi (o ciò che) eccelle per purezza e candore **4** (*arald.*) fiore frequente nelle figurazioni araldiche | ***g. naturale***, riprodotto dal vero | ***g. di Francia***, più o meno simile a una punta di alabarda **SIN.** fiordaliso | ***g. di Firenze***, appena dischiuso e ornato di bottoni o boccioli | ***la città del G.***, (*per anton.*) Firenze **5** riproduzione stilizzata del giglio, impressa su monete o altro ‖ **gigliétto**, **dim.** | †**gigliòzzo**, **dim.** | **gigliùccio**, **dim.** (V.)

giglióne [da *girone*①, con raccostamento a *giglio* ✱ 1855] **s. m.** ● (*mar.*; *disus.*) impugnatura del remo

gigliùccio [1956] **s. m. 1** dim. di *giglio* **2** lavoro ornamentale ad ago per cui, sfilati alcuni fili paralleli di un tessuto, si uniscono i fili perpendicolari in gruppetti a forma di X

gigolette /fr. ʒigɔ'lɛt/ [vc. fr., f. di *gigolo* ✱ 1905] **s. f. inv.** ● (*gerg.*) ragazza della malavita | ragazza da strada

gigolò o **gigolo** /fr. ʒigɔ'lo/ [fr. *gigolo*, da *gigue* 'gamba' (il senso primo è quello di 'ballerino'), uso metaforico dell'ant. fr. *gigue* 'giga①' ✱ 1935] **s. m. inv.** (**pl. fr.** *gigolos*) ● giovane mantenuto da una donna più anziana di lui | giovane elegante di bell'aspetto, ma di dubbia onestà

†**gigòtto** [fr. *gigot*: dall'ant. fr. *gigue* 'giga①' per la forma (?) ✱ av. 1567] **s. m.** ● cosciotto di agnello o capretto

gihàd ➤ **jihad**

gila [1932] **s. m. inv.** ● (*zool.*) nome comune di un rettile dal morso velenoso del genere eloderma (*Heloderma suspectum*) simile a un lucertolone, che vive nel Sud degli Stati Uniti

gìlbert /'gilbert, *ingl.* 'gɪlbət/ [dal n. dello scienziato ingl. W. *Gilbert* (1544-1603), studioso dei fenomeni magnetici ✱ 1956] **s. m. inv.** ● unità di misura della forza magnetomotrice nel sistema CGS.e.m., pari a (10/4 π) amperspire **SIMB.** Gb

gilda [provenz. *gelda*, dal francone **gilda* 'assemblea festosa' con sovrapposizione di *squadra* ✱ 1846] **s. f.** ● (*stor.*) nell'Europa settentrionale, in epoca medievale, caratteristica associazione di mercanti o artigiani, prima con finalità di mutua difesa, assistenza religiosa e sim., poi con funzioni analoghe a quelle delle corporazioni

gilè [av. 1798] **s. m. inv.** ● adattamento di *gilet* (V.) ‖ **gilerìno**, **dim.** (V.) | **gilettìno**, **dim.**

gilerìno o **gileìno** [dim. di *gilè*] **s. m.** ● piccolo gilè, spec. da donna: *un g. di velluto, di pelle*

gilet /dʒi'lɛ, *fr.* ʒi'lɛ/ [vc. fr., dallo sp. *chaleco*, di orig. araba (*ǧalīka* 'casacca dei galeotti' dal turco *yelék*) ✱ 1786] **s. m. inv.** ● corpetto aderente, senza maniche e abbottonato davanti, da portarsi sotto la giacca, tipico dell'abbigliamento maschile **SIN.** panciotto **CFR.** gilè

gill /*ingl.* dʒɪl/ [vc. ingl., dall'ant. fr. *gelle* 'vaso per liquidi', dal lat. tardo *gĭllo*, di etim. incerta ✱ 1892] **s. m. inv.** ● misura di capacità inglese e nord-americana, pari a un quarto di pinta

Gillètte® /*ingl.* dʒɪ'lɛt/ [dal n. di K. C. *Gillette* (1855-1932), industriale statunitense che ne fu l'inventore ✱ 1915] **A s. m. inv.** ● rasoio di sicurezza, tale cioè da rendere improbabile il tagliarsi **B s. f. inv.** ● lametta a due tagli per l'omonimo rasoio **C anche agg. inv.**: *lama G.*; *rasoio G.*

gimcàna ➤ **gimkana**

gimcanìsta ➤ **gimkanista**

gimkàna o **gimcàna**, **gincàna** [dall'anglo-indiano *gymkhana*, comp. dell'ingl. colloquiale *gym* (abbr. di *gymnastics* 'ginnastica') e dell'indù *khana* 'campo da gioco' (dal persiano *khāneh* 'casa') ✱ 1900] **s. f. 1** gara podistica, automobilistica o motociclistica che impegna i partecipanti a superare abilmente ostacoli artificiosi o ad affrontare prove inconsuete **2** (*est.*) percorso tortuoso, difficoltoso: *fare la g. nel traffico* | (*fig.*) serie di ostacoli, di difficoltà

gimkanìsta o **gimcanìsta**, **gincanìsta** [1970] **s. m. e f.** (**pl. m.** *-i*) ● chi partecipa a gare di gimkana

†**gimnàstico** e deriv. ➤ **ginnastico** e deriv.

gimno- o **ginno-** [dal gr. *gymnós* 'nudo', di orig. indeur.] **primo elemento** ● in parole composte dotte e della terminologia scientifica, significa 'nudo': *gimnocarpo*

gimnocàrpo o **ginnocàrpo** [comp. di *gimno-* e del gr. *karpós* 'frutto' ✱ 1834] **agg.** ● (*bot.*) detto del corpo fruttifero di Funghi degli Ascomiceti e dei Basidiomiceti con l'imenio non protetto da ife sterili fin dalla sua formazione

gimnosofìsta o **ginnosofìsta** [vc. dotta, lat. *gymnosophīsta(s)*, dal gr. *gymnosophistái*, propr. 'filosofi (*sophistái*) nudi (*gymnói*)' ✱ 1441] **s. m.** (**pl.** *-i*) ● secondo gli antichi filosofi greci, sapiente indiano che viveva nudo nei boschi praticando l'ascesi | fachiro

Gimnospèrme o **Ginnospèrme** [dal gr. *gymnóspermos* 'che ha il seme (*spérma*) nudo (*gymnós*)' ✱ 1833] **s. f. pl.** (**sing.** *-a*) ● (*bot.*) divisione di piante delle Fanerogame con ovuli nudi, cioè non racchiusi in un ovario (*Gymnospermae* o *Pinophyta*) **CONTR.** Angiosperme

gimnòto o **ginnòto** [vc. dotta, lat. scient. *gymnōtu(m)*, forma aplologica di **gymnonōtu(m)*, comp. delle due voci gr. *gymnós* 'nudo' (V. *gimno-*), e *nôtos* 'dorso': questo pesce è infatti privo di pinna dorsale ✱ 1787] **s. m. 1** pesce osseo dei Cipriniformi dal corpo anguilliforme e dalla pelle nuda fornito di un organo capace di lanciare scariche elettriche molto intense (*Electrophorus electricus*) **SIN.** anguilla elettrica **2** (*mar.*) mina subacquea usata un tempo, la cui esplosione avveniva elettricamente

gin [abbr. di *geneva*, dal neerl. *genever*, di orig. lat. (da *iunĭperus* 'ginepro') ✱ 1823] **s. m. inv.** ● acquavite di grano, avena, orzo, aromatizzata con bacche di ginepro

ginàndro [gr. *gýnandros*, comp. di *gynḗ* 'donna' e *anḗr*, genit. *andrós* 'uomo', entrambi di orig. indeur. ✱ av. 1852] **agg.** ● (*biol.*) che riguarda i caratteri sessuali maschili e femminili insieme

ginandromorfìsmo [comp. di *gino-*, *andro-* e *-morfismo* ✱ 1970] **s. m.** ● (*biol.*) condizione per cui un organismo presenta un mosaico di caratteri sessuali maschili e femminili

ginandromòrfo [1956] **s. m.; anche agg.** ● (*biol.*) chi (o che) presenta ginandromorfismo

gincàna ➤ **gimkana**

gincanìsta ➤ **gimkanista**

ginecèo [lat. *gynaecēu(m)*, dal gr. *gynaikêion*, propr. 'appartenente alla donna (*gynḗ*, genit. *gynaikós*)' ✱ av. 1300] **s. m. 1** parte interna della casa greca riservata alle donne **2** (*scherz.*) luogo dove si trovano assieme molte donne: *Il fragore conviviale dell'autorevole g.* (I. Calvino) **3** (*bot.*) insieme dei pistilli di un fiore

gìneco- [dal gr. *gynḗ*, genit. *gynaikós* 'donna', di orig. indeur.] **primo elemento** ● in parole composte della terminologia scientifica, significa 'donna': *ginecofobia, ginecologia* **CFR.** andro-, antropo-

ginecocrazìa [gr. *gynaikokratía*, composto di *gynḗ*, genit. *gynaikós* 'donna' e *-kratía* '-crazia' ✱ 1834] **s. f.** ● presunto stadio della società primitiva caratterizzato dal predominio sociale e politico della donna

ginecofobìa [comp. di *gineco-* e *-fobia* ✱ 1956] **s. f.** ● (*psicol.*) paura ossessiva delle donne ‖ **ginecofòbico**, **agg.** (**pl. m.** *-ci*); **anche s. m.** (**f.** *-a*) nel sign. 2 **1** relativo a ginecofobia **2** ginecofobo ‖ **ginecòfobo**, **agg. e s. m.** (**f.** *-a*) che (o chi) soffre di ginecofobia

ginecologìa [comp. di *gineco-* e *-logia* ✱ 1828] **s. f.** (**pl.** *-gìe*) ● parte della medicina che studia e cura le malattie dell'apparato genitale femminile | (*est.*) reparto ospedaliero per pazienti che necessitano di cure per tali malattie

ginecològico [1933] **agg.** (**pl. m.** *-ci*) ● di ginecologia, relativo alla ginecologia ‖ **ginecologicaménte**, **avv.** dal punto di vista ginecologico

ginecòlogo [comp. di *gineco-* e *-logo* ✱ 1905] **s. m.** (**f.** *-a*; **pl. m.** *-gi*) ● medico specializzato in ginecologia

ginecomanìa [gr. *gynaikomanía*, comp. di *gynḗ*, genit. *gynaikós* 'donna' e *manía* 'mania' ✱ 1834] **s. f.** ● (*psicol.*) attrazione patologica verso la donna

ginecomastìa [dal gr. *gynaikómastos* 'che ha il petto (*mastós*), come di donna (*gynḗ*, genit. *gynaikós*)' ✱ 1912] **s. f.** ● (*med.*) sviluppo esagerato della mammella nell'uomo

♣**ginepràio** [1535 ca.] **s. m.** (**pl.** *-ai*) **1** luogo folto di ginepri **2** (*fig.*) situazione imbrogliata e complicata: *cacciarsi in un g.* **SIN.** imbroglio, intrico

ginepréto [1546] **s. m.** ● (*disus.*) ginepraio

ginépro (o **-è-**) [lat. parl. **ienĭperu(m)*, per *iunĭperu(m)*, di etim. incerta ✱ av. 1342] **s. m.** ● arbusto delle Conifere con foglie appuntite e frutti simili a bacche nero-blu usati in culinaria, farmacia e liquoreria (*Juniperus communis*) | ***g. rosso***, con frutti rossi e due nette strie bianche sotto le foglie, vive nella regione mediterranea e si usa per estrarne un olio usato in farmacia (*Juniperus oxycedrus*) | ***g. coccolone***, tipico delle regioni costiere, con frutti grandi come ciliegie, bruno-rossicci (*Juniperus macrocarpa*)

ginèrio [vc. dotta, comp. del gr. *gynē* 'donna' e *érion* 'lana' per l'aspetto delle infiorescenze femminili ✱ 1972] **s. m.** ● erba perenne delle Graminacee con grandi cespi basali di foglie lineari e infiorescenze argentee a pannocchia, originaria delle pampas, coltivata per ornamento (*Cortaderia argentea*) **SIN.** cortaderia | erba perenne delle Graminacee di grandi dimensioni con infiorescenze femminili piumose, originaria dell'America tropicale, coltivata per ornamento (*Gynerium saccharoides*)

ginèstra [lat. tardo *genĕsta(m)*, class. *genĭsta(m)*, di orig. sconosciuta, con l'immissione della terminazione *-stra* ✱ 1266] **s. f. 1** arbusto delle Leguminose con fiori gialli odorosi a grappoli e foglie ridotte (*Spartium junceum*) | ***g. dei carbonai, da scope***, arbusto delle Leguminose molto comune nei terreni silicei con fiori giallo-oro isolati o a coppie e dai cui semi si estrae la sparteina (*Cytisus scoparius*) | ***g. spinosa***, ginestrone **2** fibra tessile estratta per macerazione della pianta omonima, usata per cordami, sacchi, tessuti grossolani

ginestrèlla [av. 1590] **s. f.** ● arbusto delle Leguminose di altezza variabile, privo di spine (*Genista tinctoria*)

ginestréto [1353] **s. m.** ● luogo in cui crescono molte ginestre

ginestrìno [1779] **s. m.** **1** leguminosa da prato adatta per terreni collinari e siccitosi (*Lotus corniculatus*) **2** tessuto di fibra di ginestra

ginestróne [1834] **s. m.** ● arbusto delle Leguminose con rami molto spinosi e foglie pungenti **SIN.** ginestra spinosa (*Ulex europaeus*)

ginétto ➤ **ginnetto**

ginevrìno [1641] **A** **agg.** ● relativo a Ginevra, città della Svizzera **B** **s. m.** (**f.** *-a*) ● abitante o nativo di Ginevra

gin fizz /dʒin'fits, *ingl.* ˌdʒɪn'fɪz/ [loc. ingl., comp. di *gin* e della base imitativa *fizz*, che indica effervescenza (propr. 'fischiare') ✱ 1963] **loc. sost. m. inv.** ● bibita composta di gin, succo di limone e sciroppo di zucchero, agitata nello shaker con ghiaccio, servita e completata con seltz

gìnger /*ingl.* 'dʒɪndʒə(r)/ [ingl. *ginger* 'zenzero' ✱ 1902] **s. m. inv.** ● bibita analcolica preparata con acqua, zucchero, acido citrico, anidride carbonica e aromatizzata con estratti vegetali ‖ **gingerìno**, **dim.**

†**gìnghia** ➤ **cinghia**

gingillàre [da *gingillo* ✱ 1798] **A** **v. tr.** ● (*tosc.*, *lett.*) prendere in giro, raggirare **B** **v. intr.** (**aus.** *avere*) ● (*tosc.*, *lett.*) indugiare in occupazioni inutili **C** **gingillàrsi** **v. intr. pron.** **1** trastullarsi, giocherellare **2** (*fig.*) perdere il tempo in cose inutili: ***invece di studiare sta sempre a gingillarsi*** **SIN.** baloccarsi, oziare

gingillìno [1846] **s. m.** (**f.** *-a*) **1** dim. di *gingillo* **2** (*fig.*) donna minuta e graziosa **3** (*fig.*) persona che si gingilla e tralascia il proprio dovere

♣**gingìllo** [di orig. imitativa, come altre affini reduplicazioni ✱ av. 1712] **s. m.** **1** qualsiasi oggetto o cosa d'aspetto grazioso ma di valore irrisorio e di scarsa utilità: *una mensoletta, dove luccicano certi gingilli di porcellana* (L. PIRANDELLO) | ninnolo, ciondolo **2** (*fig.*, *lett.*) faccenda complicata | †inganno ‖ **gingillétto**, **dim.** | **gingillìno**, **dim.** (V.) | **gingillóne**, **accr.** (V.) | **gingillùccio**, **dim.**

gingillóne [1886] **s. m.** (**f.** *-a*) **1** accr. di *gingillo* **2** (*fig.*) chi perde il proprio tempo gingillandosi in sciocchezze **SIN.** bighellone

†**gingìva** ➤ **gengiva**

gìnglimo [gr. *gínglymos* 'cardine, giuntura' (d'orig. sconosciuta) ✱ 1792] **s. m.** ● (*anat.*) tipo di articolazione mobile che ha funzione di cardine fra due ossa

-ginìa [dal gr. *-gynía*, da *gynḗ* 'donna'] **secondo elemento** ● in parole composte dotte o della terminologia scientifica, forma sostantivi astratti corrispondenti ai termini in *-gino*: *euginia, misoginia; monoginia, tetraginia*

gìnkgo /'dʒinko/ [giapp. *gin-icho*, comp. di *gin* 'argenteo' e *ichō* 'albero di ginkgo': quindi, propr. 'albero di ginkgo del colore dell'argento' ✱ 1815] **s. m. inv.** ● pianta di alto fusto delle Ginkgoacee con foglie a ventaglio e frutto a drupa, coltivata come pianta ornamentale (*Ginkgo biloba*)

Ginkgoàcee /dʒingo'atʃee/ [comp. di *ginkgo* e *-acee* ✱ sec. XX] **s. f. pl.** (**sing.** *-a*) ● (*bot.*) famiglia di piante delle Gimnosperme comprendente molte specie estinte e un'unica specie vivente, il ginkgo (*Ginkgoaceae*)

Ginkgoàte /dʒingo'ate/ [da *ginkgo* ✱ sec. XX] **s. f. pl.** (**sing** *-a*) ● (*bot.*) classe delle Gimnosperme comprendente la sola famiglia delle Ginkgoacee (*Ginkgoatae*)

ginnàre [adattamento dell'ingl. *to gin*, da (*cotton-*) *gin* 'macchina (*gin*, per *engin*, dall'ant. fr. *engin*, dal lat. *ingĕnium* 'congegno') per il cotone (*cotton*)' ✱ 1917] **v. tr.** ● (*tess.*) sgranare, detto del cotone, separandone i semi dalle fibre

ginnasiàle [1818] **A** **agg.** ● del ginnasio: *esame, licenza g.* **B** **s. m. e f.** ● allievo di un ginnasio

ginnasiàrca [vc. dotta, lat. tardo *gymnasiăr-cha(m)*, var. di *gymnasiărchu(m)* 'ginnasiarco' ✱ sec. XIV] **s. m.** (**pl.** *-chi*) ● nel mondo greco e romano, chi amministrava un ginnasio

ginnàsio [vc. dotta, lat. *gymnăsiu(m)*, dal gr. *gymnásion*, originariamente 'scuola di ginnastica, dove si svolgevano esercizi da nudi (*gymnói*)' ✱ sec. XIV] **s. m.** **1** luogo in cui la gioventù greca si esercitava nella ginnastica, ed era istruita nella musica, nella filosofia e nelle lettere **2** biennio che collega la scuola secondaria col liceo classico e costituisce la fase iniziale di questo: *quarta, quinta g.* **3** edificio in cui ha sede tale scuola: *Liceo-ginnasio 'Dante Alighieri'*

ginnàsta [gr. *gymnastḗs*, da *gymnázein* 'far ginnastica da nudo (*gymnós*)' ✱ 1598] **s. m. e f.** (**pl. m.** *-i*) **1** atleta che pratica la ginnastica artistica o ritmica **2** nel mondo greco e romano, maestro del ginnasio

ginnastèrio [gr. *gymnastḗrion*, sin. di *gymnásion* 'ginnasio' ✱ 1834] **s. m.** ● (*archeol.*) luogo per le esercitazioni ginniche

♦**ginnàstica** o †**gimnàstica** [da *ginnastico* ✱ 1551] **s. f.** **1** attività motoria, organizzata in esercizi generali e specifici, finalizzata al miglioramento della efficienza fisica: *g. educativa, medica, da camera* | ***g. artistica***, disciplina sportiva praticata ai grandi attrezzi, a corpo libero e al volteggio | ***g. ritmica***, disciplina sportiva solo femminile, praticata con piccoli attrezzi e con accompagnamento musicale | ***g. correttiva, riabilitativa***, che corregge imperfezioni fisiche o serve a far riprendere all'apparato osteo-muscolare la sua normale funzione | ***g. dolce***, V. *dolce* nel sign. A 11 **2** (*fig.*) esercitazione di tipo intellettuale: *g. della mente, mentale*

ginnàstico o †**gimnàstico** [vc. dotta, lat. *gymnăsticu(m)*, dal gr. *gymnastikós* 'pertinente agli esercizi ginnici', dal v. *gymnazein* 'esercitarsi nudi (*gymnói*)' ✱ 1551] **agg.** (**pl. m.** *-ci*) ● (*disus.*) ginnico

ginnatrìce [1956] **s. f.** ● macchina tessile per la ginnatura del cotone

ginnatùra [da *ginnare* ✱ 1924] **s. f.** ● operazione tessile consistente nella sgranatura o sgranellatura del cotone

ginnétto o **ginétto**, †**giannétto** [sp. (*caballo*) *jinete*, originario della tribù dei berberi *Zeneti* ✱ av. 1470] **s. m.** ● cavallo di razza spagnola, agile e snello | (*est.*, *lett.*) cavallo da corsa

gìnnico [vc. dotta, lat. *gўmnicu(m)*, dal gr. *gymnikós*, da *gymnázein* 'esercitarsi a corpo nudo (*gymnós*)' ✱ sec. XIV] **agg.** (**pl. m.** *-ci*) ● di ginnastica, relativo alla ginnastica: *attrezzo, saggio g.*; *gara ginnica*

ginno- ➤ **gimno-**

ginnocàrpo ➤ **gimnocarpo**

ginnosofista ➤ **gimnosofista**

Ginnospèrme ➤ **Gimnosperme**

ginnòto ➤ **gimnoto**

gino-, -gino [dal gr. *gynḗ* 'donna'] **primo e secondo elemento** ● in parole composte dotte o della terminologia scientifica, significa 'donna', 'femminile': *ginoide, androgino, misogino* | in parole composte della terminologia botanica, fa riferimento all'ovario delle piante: *epigino, ipogino*

ginocchiàta [sec. XV] **s. f.** ● colpo dato con un ginocchio | contusione per colpo preso battendo il ginocchio

ginocchiàto [lat. *geniculātu(m)*, da *genĭculum*, dim. di *gĕnu* 'ginocchio' ✱ sec. XIV] **agg.** **1** †inginocchiato **2** (*bot.*) detto di fusto che di tratto in tratto si piega ad angolo

ginocchièllo [dim. di *ginocchio* ✱ 1612] **s. m.** **1** fascia di cuoio o di altro materiale usata per proteggere il ginocchio del cavallo nelle cadute **2** (*milit.*) altezza dell'asse di una bocca da fuoco, o di un'arma sistemata su treppiede, rispetto al suolo **3** nelle armature antiche, ginocchietto **4** parte della gamba del maiale macellato che va dal ginocchio allo stinco **5** deformazione, rigonfiamento che si forma nei pantaloni all'altezza del ginocchio **6** †ginocchio | †ginocchiera, ginocchietto **7** pezzo di legno o metallo con snodatura ad angolo

ginocchièra [1924] **s. f.** **1** fascia elastica o sim. che si applica al ginocchio per protezione, cura, difesa e sim. **2** rinforzo interno al ginocchio dei calzoni **3** nelle armature antiche, ginocchietto

ginocchiétto [av. 1449] **s. m.** **1** dim. di *ginocchio* **2** armatura difensiva del ginocchio di piastra di ferro convessa, unita a snodo con le altre parti del gambale **3** (*bot.*) dittamo

♦**ginòcchio** [lat. *genŭculu(m)*, per *genĭculu(m)*, per sovrapposizione di *genū* 'ginocchio', di cui è dim. ✱ 1268] **s. m.** (**pl.** *ginòcchi*, **m.**, *ginòcchia* **o** †*ginòcchie*, **f.**, **spec. con valore collettivo**) **1** (*anat.*) regione dell'arto inferiore in cui la gamba si articola con la coscia | ***g. varo***, affetto da varismo | ***g. valgo***, affetto da valgismo | ***in g.***, ginocchioni; (*fig.*) in atteggiamento di umile sottomissione; (*fig.*) detto di chi è vinto, a terra e sim. | ***sentirsi piegare le ginocchia***, sentirsi mancare per debolezza, paura e sim. | ***mettersi in g.***, (*fig.*) prostrarsi davanti a qlcu. per ottenere qlco. | ***mettere in g. qlcu.***, (*fig.*) vincerlo | ***far venire il latte alle ginocchia***, (*fig.*) annoiare, infastidire **2** parte dei pantaloni che copre il ginocchio **3** parte centrale del remo **4** pezzo di legno o metallo snodato, pieghevole come un ginocchio | ***a g.***, snodato ‖ **ginocchiétto**, **dim.** (V.) | **ginocchìno**, **dim.** | **ginocchióne**, **accr.**

ginocchióni o (*raro*) **ginocchióne** [1261 ca.] **avv.** ● in ginocchio, con le ginocchia a terra: *pregare, stare, mettersi, cadere g.*; *levarsi di g.* | anche nella loc. avv. ***in g.***

ginogènesi [comp. di *gino-*, tratto dal gr. *gynḗ* 'donna' e di *genesi* ✱ 1956] **s. f. inv.** ● (*biol.*) particolare partenogenesi in cui la cellula uovo si segmenta in seguito alla penetrazione di uno spermatozoo della stessa specie o di specie diversa, senza che si verifichi la fusione tra i nuclei

ginòide [comp. di *gino-* e *-oide* ✱ 1956] **agg.** ● (*med.*) che presenta caratteri di tipo femminile | ***obesità g.***, quella nella quale l'accumulo di tessuto adiposo prevale nella parte inferiore del corpo

ginolatrìa [comp. di *gino-* e *-latria* ✱ 1983] **s. f.** ● (*raro*) culto della donna e (*est.*) di tutto ciò che è femminile

ginsèng [cinese *gên-scên* '(pianta) con la radice (*scên*) a forma d'uomo (*gên*)' ✱ av. 1698] **s. m. inv.** ● pianta delle Araliacee con fiori gialli e radice tuberosa alla quale si attribuiscono molte virtù terapeutiche (*Panax ginseng*) | essenza ricavata dalle radici di tale pianta, cui si attribuiscono proprietà ricostituenti e stimolanti; si usa in erboristeria e in liquoreria

ginserìa [1984] **s. f.** ● adattamento di *jeanseria* (V.)

g

gin tònic /dʒin'tɔnik, *ingl.* ˌdʒɪn'tɒnɪk/ [loc. ingl., comp. di *gin* e *tonic* 'tonico' ✱ 1992] **loc. sost. m. inv.** ● bibita a base di gin e acqua tonica

†**giò'** /dʒɔ/ [sec. XIII] **s. f.** ● (*raro, poet.*) troncamento di 'gioia'

gioacchinìṣmo [1983] **s. m.** ● gioachimismo

gioachimìṣmo [1956] **s. m.** ● movimento cristiano spiritualista e profetico del sec. XII che derivò dalla predicazione e dalle opere di Gioacchino da Fiore

gioachimìta [dal n. dell'abate Gioacchino (in lat. *Ioachīm*, gr. *Iōakím*, dall'ebr. *Yôhâqîm*, n. teoforico da *Yahveh* 'Dio (d'Israele)') da Fiore (1145-1202) ✱ 1834] **A agg.** (**pl. m.** *-i*) ● di Gioacchino da Fiore **B s. m.** ● religioso del convento fondato da Gioacchino da Fiore | seguace del movimento millenarista e profetico del gioachimismo

Giòbbe [dal n. di *Giobbe*, patriarca biblico, dal lat. *Iōb*, in gr. *Iṓb*, dall'ebr. *Iyyṓbh*, di etim. discussa: dalla radice *'ayab* 'osteggiare' (?) ✱ 1553] **s. m. inv.** ● (*raro*) uomo paziente nelle disgrazie, disposto ad accettare ogni male come segno della divina volontà

giobertiàno [av. 1850] **A agg.** ● relativo al filosofo V. Gioberti (1801-1852) **B s. m.** ● seguace delle teorie filosofiche e politiche di V. Gioberti

giocàbile [1970] **agg.** ● che può essere giocato | nel calcio, detto del pallone che può essere proficuamente manovrato e rilanciato: *palla g.*; *pallone g.* ‖ **giocabilità**, **s. f. inv.**

♦**giocàre** o (*lett.*) **giuocàre**, †**giucàre** [lat. parl. **iocāre*, per *iocāri*, da *iŏcus* 'gioco' ✱ 1266] **A v. intr.** (*io giòco* o *raro giuòco, tu giòchi* o *raro giuòchi*; in tutta la coniug. la *o* può dittongare in *uo* se tonica; aus. *avere*) **1** dedicarsi ad attività piacevoli per divertimento o per sviluppare determinate qualità fisiche e intellettuali (+ *a*, + *con*): *ai bambini piace g.*; *g. a palla, a bocce, a rimpiattino, a mosca cieca, ai ladri, alle carte*; *il nuovo sole ci trova al tavolino giocando* (C. GOLDONI); *g. con il pongo, con la creta* | ***g. con le parole***, fare allusioni | ***g. con il fuoco***, (*fig.*) toccare o affrontare questioni delicate e molto pericolose | ***a che gioco giochiamo?***, escl. di risentimento, impazienza e sim. rivolta a chi si ritiene stia attuando un inganno | (*fig.*) ***g. sul sicuro, sul velluto***, fare qlco. con la certezza di ben riuscire | (*est.*) spassarsi, divertirsi: *gioca con lui come il gatto con il topo* | (*fig.*) ***g. con la propria salute***, metterla a rischio | ***g. a fare qlco.***, (*fig.*) atteggiarsi: *gioca a fare l'eterno bambino*; *non è il caso di g. a far gli eroi* **2** (*fig.*) approfittarsi (+ *su*): *sta giocando sulla tua inesperienza* **3** scommettere, puntare denaro affidandosi alla sorte (+ *a*): *g. ai cavalli, al lotto, al totocalcio*; *smetti di g. o ti rovinerai* | ***g. forte***, con forti somme | ***g. a carte scoperte***, (*fig.*) dichiarando apertamente le proprie intenzioni | ***g. in Borsa***, speculare sull'acquisto e sulla vendita di titoli **4** (*fig.*) esercitare le proprie qualità fisiche e intellettuali (+ *di*): *g. di scherma, di sciabola* | (*lett.*) ***g. di mano***, rubare | ***g. d'astuzia***, mettere in opera la furberia per affrontare e risolvere le difficoltà | †***g. di schiena***, strisciare | ***g. di gomito***, farsi largo (*anche fig.*) **5** praticare un gioco sportivo, anche come professionista (+ *a*, + *da*): *g. al pallone, a tennis*; *ha giocato otto anni nel Bologna*; *il tennista oggi gioca male*; *g. da (o come) difensore* | disputare un incontro sportivo: *g. in Nazionale*; *domenica il Milan giocherà a Torino* | ***g. in casa, fuori casa***, sul proprio campo o in trasferta; (*fig.*) in un ambiente favorevole o sfavorevole **6** (*raro*) muoversi liberamente, detto di parte o elemento meccanico inserito in un altro, di snodo, articolazione e sim. **7** (*fig.*) aver gioco, agire: *in situazioni del genere gioca la fortuna*; *ha fatto g. la sua esperienza* **8** (*fig.*) riflettersi, scorrere, risaltare in modo particolare: *il sole gioca sull'acqua*; *la luce gioca coi colori* **B v. tr. 1** mettere in tavola o impegnare in un gioco: *g. l'asso di briscola, una buona carta*; *g. il 15 sulla ruota di Napoli* | ***g. una carta***, (*fig.*) usare un espediente tenuto in serbo | ***g. tutte le carte***, (*fig.*) mettere in opera tutti i mezzi di cui si dispone | (*fig.*) ***g. un brutto tiro a qlcu.***, fare un brutto scherzo **2** sostenere, affrontare una competizione di gioco o sport contendendone ad altri la vittoria: *g. una partita a carte*; *il Catanzaro ha giocato un buon incontro* SIN. disputare nel sign. B3 | (*fig.*) ***tutto si gioca su qlco.***, frase con cui si vuole sottolineare l'aspetto decisivo di una questione: *tutto si gioca sull'efficienza e la rapidità dell'intervento* **3** (*fig.*) burlare, ingannare, truffare: *ci ha giocato come ha voluto* **4** (*lett.*) suonare, recitare, declamare: *Il popolo si divertiva ... a g., come si diceva, spettacoli in forma ironico-grottesca* (D. Fo) **C giocàrsi v. tr. pron.** (aus. *essere*) **1** scommettere al gioco: *giocarsi una bottiglia, un pranzo, cinquanta euro* | (*fig.*) ***giocarsi l'osso del collo, l'anima***, rischiare tutto, di chi gioca con accanimento | (*fig.*) ***mi giocherei la camicia***, sono pronto a scommettere qualunque cosa | (*est.*) perdere al gioco: *giocarsi una proprietà, tutte le proprie sostanze* | (*fig.*) ***giocarsi qlcu.***, usarlo a proprio vantaggio: *Egli le andò incontro con l'aria di giocarsela, e lei allora si giocò lui!* (L. PIRANDELLO) | **giocàrsela** (con il pron. *la* indeterm.), (*fig.*) giocare le proprie carte, far valere le proprie possibilità **2** (*fig.*) mettere a repentaglio: *giocarsi l'esistenza*; *si sta giocando il posto con le sue pazzie* SIN. rischiare | perdere per colpa propria o per errore: *in questo modo, si è giocata la promozione* SIN. (*pop.*) fottersi

giocàta o (*lett.*) **giuocàta** [av. 1712] **s. f. 1** durata e modo del giocare | azione di gioco | partita di gioco: *fare una lunga g. a carte* **2** posta o scommessa del gioco: *una bella g.*; *una g. forte* **3** combinazione di numeri o di risultati su cui si punta una determinata somma spec. al lotto, al totocalcio e sim. | polizza del gioco del lotto ‖ **giocatina**, **dim.** | **giocatóna**, **accr.**

♦**giocatóre** o (*lett.*) **giuocatóre** [sec. XIII] **s. m.** (**f.** *-trice*, *pop., disus. -tóra*) **1** chi pratica un gioco per divertimento: *è un abile g.* *ma troppo accanito*; *sono buoni giocatori di scacchi, di briscola* | ***g. di bussolotti***, V. *bussolotto* | (*est.*) chi ha il vizio del gioco: *attento a non diventare un g.* | chi è molto abile nel gioco delle carte: *non posso vincere con te, perché sei un g.* **2** chi pratica giochi sportivi, per diletto o come professione: *g. di basket, di calcio, di pallavolo* **3** (*fig., raro*) persona astuta, senza scrupoli ‖ **giocatoràccio**, **pegg.** | **giocatorino**, **dim.** | (*spreg.*) **giocatorùccio**, **dim.**

giocattolàio [av. 1886] **s. m.** (**f.** *-aia*, **pl. m.** *-ai*) ● chi fa o vende giocattoli

♦**giocàttolo** [da *gioco* con suffissazione prob. dial. ✱ 1846] **A s. m. 1** oggetto che serve a divertire i bambini: *avere molti giocattoli* SIN. balocco **2** (*fig.*) chi si lascia ingenuamente dirigere e manovrare da altri: *non è altro che un g. nelle loro mani* **B in funzione di agg. inv.** ● (posposto a un sost.) che è finto, che si usa soltanto per gioco: *arma, pistola g.* ‖ **giocattolétto**, **dim.** | **giocattolino**, **dim.**

SFUMATURE DI SIGNIFICATO

giocattolo - gioco - balocco - trastullo

I termini **giocattolo** e **gioco** possono essere usati indifferentemente per indicare un oggetto con cui si gioca; **balocco** e **trastullo** sono oggi utilizzati soprattutto in senso figurato per indicare un'attività con cui si passa il tempo, ci si svaga.

giocherellàre [iter. di *giocare* ✱ 1843] **v. intr.** (*io giocherèllo*; aus. *avere*) **1** trastullarsi, anche distrattamente: *studiava giocherellando con la matita* | distrarsi con cose di poco conto **2** nel calcio, indugiare nell'azione con la palla al piede **3** divertirsi di tanto in tanto a giocare: *g. a carte, a pallone*

giocherellóne [1946] **s. m.** (**f.** *-a*) ● chi ama giocherellare: *quel gatto è proprio un g.* | (*est.*) persona di carattere allegro che ama il divertimento

giocherìa [comp. di *gioch(i)* e del suff. *-eria* ✱ 1986] **s. f.** ● negozio specializzato nella vendita di giocattoli e di giochi

giochétto o (*lett.*) **giuochétto** [av. 1566] **s. m. 1** dim. di *gioco* **2** gioco di poco impegno e di breve durata | (*est.*) cosa fatta per gioco | (*fig.*) lavoro semplice e facile: *per noi questo è un g.* **3** scherzo | ***g. di parole***, (*disus.*) doppio senso | inganno, tiro: *è un g. che non ci aspettavamo* ‖ **giochettino**, **dim.**

†**giochévole** o †**giuochévole**, †**giuchévole** [1336 ca.] **agg.** ● faceto | allettante | attraente ‖ †**giochevolménte**, **avv.** per gioco; in modo giochevole

giochicchiàre [da *gioco* col suff. *-icchiare* ✱ 1869] **v. intr.** (*io giochicchio*; aus. *avere*) ● giocare con poco impegno e saltuariamente

♦**giòco** o (*lett.*) **giuòco**, †**iòco** [lat. *iŏcu(m)*, di etim. incerta ✱ av. 1250] **s. m.** (**pl.** *-chi*) **1** ogni attività compiuta da bambini o adulti per svago, divertimento o sviluppo di qualità fisiche e intellettuali: *giochi al chiuso, all'aperto, di società*; *g. educativo, dannoso, pericoloso*; *giochi di destrezza, di abilità*; *pensa più al g. che allo studio*; *deh non ti tornano in mente i dolci giochi de la nostra puerizia?* (I. SANNAZARO) | ***giochi d'equilibrio***, di funambolo o di altro giocoliere, che tiene sé oppure oggetti in difficile equilibrio; (*fig.*) equilibrismo | ***g. da ragazzi***, (*fig.*) cosa molto facile: *salire sul tetto è un g. da ragazzi* | ***g. al massacro***, (*fig.*) attacco rivolto a screditare e demolire gli avversari CFR. jeu de massacre | (*est.*) oggetto idoneo a divertire, giocattolo: *un bellissimo g.*; *stanza piena di giochi* | PROV. **ogni bel g. dura poco**; ***il g. non vale la candela***, V. *candela* **2** attività agonistica, competizione sportiva: *g. del calcio, della pallacanestro, del tennis*; *campo di g.* | modo, tecnica, tattica particolare impiegata nello svolgimento di una competizione: *g. individuale, di squadra*; *g. di testa* CFR. non gioco | ***g. di copertura***, difensivo | ***g. ficcante***, penetrante, incisivo | ***g. di sponda***, nel biliardo, tiro che sfrutta il rimbalzo sulla sponda; (*fig.*) coordinamento con altri nel condurre una data iniziativa | frazione, fase temporale in una competizione: *a metà g.* | nel tennis, ciascuna delle frazioni che costituiscono il set: *il punteggio del set è stato di 6 giochi a 4* **3** (al pl.) manifestazione sportiva comprendente una serie di gare: *giochi olimpici*; *giochi del Mediterraneo* **4** gara tra più persone o gruppi di persone, che si svolge secondo regole prestabilite, e il cui esito è connesso con l'abilità dei partecipanti o con la loro fortuna: *il g. del poker, della briscola*; *giochi di carte*; *g. del lotto*; *casa da g.*; *perdere, vincere al g.*; *essere fortunato, sfortunato al g.*; *essere divorato dalla passione del g.* | ***g. d'azzardo***, qualsiasi gioco in cui una vincita o una perdita di denaro sia determinata in larga misura dal caso | ***giochi proibiti***, i giochi d'azzardo nei locali pubblici; nel linguaggio giornalistico, divertimenti erotici | ***g. delle tre carte***, gioco d'azzardo che si fa con tre carte; (*fig.*) imbroglio, raggiro | ***giochi da tavolo***, quelli nel corso dei quali i giocatori lanciano dadi, muovono pedine o altri contrassegni su un tabellone, una scacchiera o un tavoliere secondo regole prestabilite: *la dama e il backgammon sono giochi da tavolo* | ***g. rapido***, nel gioco degli scacchi, quello in cui a ciascun giocatore è concesso un tempo massimo complessivo di riflessione di 60 minuti | ***g. di simulazione***, quello basato su regole che riproducono situazioni della vita reale | ***g. di ruolo***, in cui i giocatori fingono di essere i personaggi di una storia, spec. avventurosa o di ambientazione fantastica; (*psicol.*) attività consistente nella creazione di una situazione immaginaria ispirata alla vita quotidiana o professionale in cui i partecipanti devono assumere un ruolo determinato e adottare strategie per la soluzione dei problemi posti | (*mat.*) ***teoria dei giochi***, teoria matematica che studia le strategie ottimali nei giochi competitivi fra due o più persone | ***g. di Borsa***, insieme delle operazioni relative all'acquisto e alla vendita dei titoli quotati in borsa, in quanto caratterizzato dall'incertezza e dal rischio | ***mettere in g.***, rischiare: *mettere in g. la propria reputazione* | ***fare il g. di qlcu.***, (*fig.*) servire le sue finalità | ***fare il doppio g.***, (*fig.*) barcamenarsi tra due avversari per opportunismo; tenere il piede in due staffe | (*est.*) il complesso delle regole di un gioco: *il g. lo conosco bene* | ***conoscere il g.***, (*fig.*) essere esperto, sapere come vanno le cose in un determinato ambiente | ***stare al g.***, (*fig.*) accettare una situazione, una finzione, uno scherzo e sim. **5** giocata, puntata, posta: *raddoppiare il g.* **6** passione smodata per il gioco spec. d'azzardo, vizio di giocare: *perdere tutto col g.; è il g. che lo ha rovinato* **7** serie di carte di cui dispone un giocatore impegnato in una partita: *avere in mano un ottimo g.* | ***non avere g.***, avere carte pessime | ***avere buon g.***, (*fig.*) buona possibilità di riuscire in qlco.: *ha avuto buon g. nel* (o *a*) *dire che lui l'aveva previsto* | ***fare g. a qlcu.***, (*fig.*) giovare, convenire: *una polemica che fa g. alla controparte* | ***fare buon viso a cattivo g.***, (*fig.*) accettare con rassegnazione la mala sorte | ***scoprire il proprio g.***, (*fig.*) rivelare le proprie intenzioni | ***capire, scoprire il g. di qlcu.***, rendersi conto delle sue intenzioni recondite | ***il g. è fatto***, (*fig.*) la cosa è terminata, l'obiettivo è raggiunto: *a questo punto basta schiacciare il pulsante, e il g. è fatto!* | ***i giochi sono fatti***, (*fig.*) tutto è stato deciso, definito (calco sul fr. *les jeux sont faits*, frase detta dal croupier della roulette quando non sono più ammesse nuove puntate): *la tua proposta è interessante ma ormai i giochi sono fatti* **8** (*est.*) insieme di carte, pezzi o altro necessari per un gioco: *giochi da tavolo; il mio g. degli scacchi è in avorio* | (*est.*) corredo completo di oggetti della stessa specie: *g. di vele, di tende, di bandiere per segnali; un g. di scacchi* **9** (*fig.*) finzione: *g. scenico* | operazione, attività simulata **10** attività o faccenda intricata e rischiosa: *il vostro è un g. pericoloso* | ***un brutto g.***, un grave rischio o danno | ***alla fine del g.***, da ultimo, in ultimo | ***entrare in g.***, intervenire in qlco.: *a questo punto entrò in g. la sua sete di vendetta* | ***essere in g.***, essere a rischio, in discussione: *è in g. la sua dignità* | (*fig.*) ***g. di potere***, manovra nascosta relativa a poteri politici, economici ecc. | (*fig.*, spec. al pl.) ***g. di guerra***, guerra simulata SIN. war game; (*est.*) manovra o attività militare | (*est.*) inganno, insidia **11** (*fig.*) scherzo, beffa | ***per g.***, scherzosamente | ***farsi, prendersi g. di qlcu.***, burlarsene | ***mettere, prendere qlcu. in g.***, (*lett.*) schernirlo | zimbello: *essere il g. di qlcu.* **12** (*mecc.*) in un accoppiamento meccanico mobile, spazio residuo tra le due superfici di accoppiamento | (*est.*) anormale allargamento della sede di un organo fisso | (*est.*) movimento consentito da tale spazio o allargamento: *il g. di un ingranaggio, di una vite* **13** (*fig.*) azione: *il g. delle forze della natura* | ***il g. della fortuna***, vicende, mutamenti che paiono derivare da capricci della sorte | ***il g. delle parti***, il ruolo che ognuno sostiene in una situazione | combinazione di effetti, in fenomeni fisici: *giochi di luce, d'acqua* | ***g. di parole***, bisticcio, freddura, doppio senso **14** †diletto, gioia ‖ **giocàccio**, **pegg.** | **giocherèllo**, **dim.** | **giochétto**, **dim.** (V.) | **giochino**, **dim.** | **giocolìno**, **dim.** (V.)

Definizione d'autore

Il **gioco** è un altro mondo, ma fa parte di questo. Ha un tempo suo, uno spazio suo, un senso suo e soltanto suo. Il **gioco** è frivolo, ma un bambino non è mai tanto serio come quando gioca. Il **gioco** non ha funzioni, fuori dal **gioco** medesimo, ma non c'è stata civiltà in cui non si sia giocato. Il **gioco** è libero, ma le sue sono le uniche regole davvero assolute. Il **gioco** è definibile solo come la giusta distanza fra due rotelle, il vuoto minimo che è necessario perché si ingranino. Pare un dettaglio trascurabile ma, tra i pochi che non hanno trascurato il **gioco**, Roger Caillois ha scritto che successo, o forse disgrazia, dell'uomo è *l'aver introdotto un po' di* **gioco** *nell'immenso ingranaggio*. Il **gioco**, insomma, non è uno scherzo.

Stefano Bartezzaghi

SFUMATURE DI SIGNIFICATO

gioco - divertimento - passatempo - esercizio

Gioco è sinonimo di **divertimento** se definisce un'attività puramente ludica e di **passatempo** se identifica un'occupazione svolta al solo scopo di trascorrere il tempo o ingannare un'attesa; se ci si riferisce invece a un'attività compiuta per acquisire o allenare competenze fisiche o intellettuali si preferisce il termine **esercizio**.

SFUMATURE ➤ ***gara***, ➤ ***giocattolo***

NOMENCLATURA

giochi

● *caratteristiche*: passatempo, ricreazione, svago, divertimento, diporto, distrazione; beffa, burla, celia; giocosità; gioco di luce, d'acqua, di parole; infantile, di società, di carte, di azzardo, da tavola, di pazienza, di prestigio, di enigmistica, di artificio = pirotecnico; atletico, ginnico, sportivo; rituale, scenico, coreografico, folcloristico; pericoloso; individuale ⇔ collettivo, pubblico ⇔ privato, consentito ⇔ vietato, tranquillo ⇔ movimentato; giocatore, avversario, perdente ⇔ vincente; pegno, penitenza, berlina, premio;

● *giochi infantili* = per ragazzi: quattro cantoni, nascondino = rimpiattino = nascondarella, mosca cieca, guardie e ladri, girotondo, barriera; salto della corda, scivolarella, scaricalasino, cavallina; giostra, altalena; bolle di sapone; palla avvelenata, palla prigioniera, palla a mano; piastrella, battaglia navale; della mattonella, dell'ambasciatore, della settimana, belle statuine;

● *giochi di società*: caccia al tesoro, pentolaccia, proverbio muto, quadro vivente, sciarada muta, mano calda, ombra cinese, parole a doppio senso, passa l'anello, oracolo, degli omonimi, del perché, del tribunale, della verità, passaparola, tombola, quadri viventi;

● *giochi d'azzardo*: roulette: cassa, chef de partie, croupier (rastrello del croupier); tavolo della roulette: ruota (cerchio, pallina, sporgenza d'arresto, piatto girevole, barra a croce), pool, fiche = gettone, quadro delle puntate (zero, passe, pair = numero pari, impair = numero dispari, manque, noir = nero, rouge = rosso, dozzina); colonna, en plein, carré, trasversale; rien ne va plus; dadi (bussolotto, punto del dado); giochi di carte: baccarà = macao, chemin de fer, poker (parlare, passare, rilanciare, vedere, morto, buio, cip, servito, coppia, doppia coppia, tris, full, scala, poker, scala reale), zecchinetta, sette e mezzo, trente et quarante, blackjack, sabot, tre carte; vincita, perdita, lucro, posta = scommessa, mossa, puntata; casa da gioco = casinò, sala da gioco = bisca; banchiere, biscazziere, socio, baro, slot machine;

● *giochi da tavolo*: dama (mangiare, muovere, sdamare, soffiare, andare a dama; tavoliere, pedina bianca, nera); filetto = gioco del mulinello = della tela (mulino chiuso = tela, mulinello doppio = tela doppia); domino (tessera, doppio sei); tennis da tavola = ping-pong (racchetta = paletta, rete da tavolo, pallina in celluloide = da ping-pong); Monopoli, Risiko!, Cluedo, Paroliamo, Tabù, Pictionary, Trivial Pursuit;

● *giochi di pazienza*: puzzle, cubo magico, solitario;

● *giochi di prestigio*: atto magico, magia bianca, magia nera (apparizione, sparizione, rievocazione); destrezza, comunicativa, alterazione, passaggio, lettura del pensiero; sussidio meccanico = apparecchio magico; prestigiatore = prestidigitatore = illusionista = giocoliere, ipnotizzatore, impostore = ciarlatano;

● *giochi di enigmistica*: indovinello, sciarada, anagramma, logogrifo, bisenso, polisenso, incastro, crittogramma, rebus, monoverbo, quadrato magico, cambio, parole incrociate, bifronte, falso accrescitivo, falso diminutivo;

● *altri giochi*: giochi matematici; telequiz; videogiochi, flipper, calcetto = calcio-balilla, minigolf, giostra, gioco dell'oca, tiro a segno, corsa nei sacchi, gimkana, bocce, palio, quintana, corsa dei ceri; lotteria, lotto, totocalcio, totip, totogol, gratta e vinci, enalotto, superenalotto, tombola; nazionale, pubblica, di beneficenza; autorizzata ⇔ non autorizzata = clandestina, riffa.

giocofòrza o (*lett.*) **giòco fòrza**, (*lett.*) **giuocofòrza** [comp. di *gioco* e *forza*, nel senso che il gioco ha forzato, costretto a fare in un determinato modo ✱av. 1565] **A** **s. m.** ● solo nella loc. ***essere g.***, essere necessario, inevitabile: *fu g. rassegnarsi* **B** **avv.** ● (*lett.*) necessariamente, per forza: *dovette g. andarsene* | anche nelle loc. ***a g.***, ***per g.***, ***di g.***

giocolàre① o (*lett.*) **giuocolàre** [lat. parl. **ioculāre*, da *iŏculus*, dim. di *iŏcus* 'gioco' ✱sec. XIV] **v. intr.** (*io giòcolo*; aus. *avere*) **1** (*lett.*) fare giochi di prestigio o di equilibrio **2** (*lett.*) giocherellare, trastullarsi

giocolàre② o †**giocolàro**, †**giocolàro** [lat. *ioculāre(m)* 'che fa volentieri degli scherzi' (*iŏcula*, dim. pl. di *iŏcus* 'gioco')' ✱1266] **s. m.** ● (*lett.*) giullare, giocoliere: *egli era buffone e giocularo* (M.M. BOIARDO)

giocolatóre o †**giuocolatóre** [lat. *ioculatōre(m)* 'buffone', da *iocŭlāri* 'far scherzi (*iŏcula*, dim. pl. di *iŏcus* 'gioco')' ✱1282] **s. m.** (**f.** *-trice*) ● (*raro*) chi fa giochi di equilibrio o di abilità SIN. giocoliere

giocolerìa [da *giocoliere* ✱sec. XIV] **s. f.** ● arte del giocoliere | †buffoneria

giocolière [ant. fr. *joculer*, dal lat. *ioculāris* 'giocolare②' ✱1554] **s. m.** (**f.** *-a*) **1** chi esegue giochi di destrezza e di abilità nei pubblici spettacoli **2** (*est.*) chi esplica la propria attività facendo mostra di virtuosismo | giocatore di calcio che mostra particolare destrezza nel controllare il pallone

†**giocolìno** o †**giuocolìno** [dim. vezz. di *gioco* ✱sec. XIV] **s. m.** **1** piccolo gioco | giocattolo | (*fig.*) ***g. di parole***, gioco di parole **2** (*fig.*) scherzo, burla **3** chiavistello

giocòlogo [comp. di *gioco-* e *-logo* ✱1981] **s. m.** (**f.** *-a*; **pl. m.** *-gi*) ● ludologo

giocondàre [lat. tardo *iucundāre*, da *iucŭndus* 'giocondo' ✱av. 1294] **A** **v. tr.** (*io giocóndo*) ● (*lett.*) rallegrare, dilettare **B** **v. intr.** † e **giocondàrsi** **v. intr. pron.** ● (*lett.*) allietarsi, rallegrarsi

giocondità o †**giocondità̀de**, †**giocondità̀te** [lat. *iucunditāte(m)*, da *iucŭndus* 'giocondo' ✱av. 1294] **s. f. inv.** **1** gioia serena e spensierata: *conserva ancora intatta la sua g.* SIN.

allegria, gioiosità **2** (*lett.*) diletto, piacevolezza: *la g. della vita campestre, del canto, della musica*

♦**giocóndo** [lat. *iocŭndu(m)* per *iucŭndu(m)*, che è deriv. del v. *iuvāre*, attratto poi nella famiglia di *iŏcu(m)* 'gioco' ✱ av. 1250] **agg. 1** lieto, gioioso: *una gioconda compagnia*; *g. tumulto il cor m'assale* (G. PARINI) | che mostra gioia, allegrezza: *animo, aspetto g.* **2** (*lett.*) che rallegra o rende felici: *Angelica in quel mezzo ad una fonte / giunta era, ombrosa e di g. sito* (L. ARIOSTO) **3** (*fam.*) credulone, ingenuo, sciocco ‖ **giocondaménte**, **avv.** con giocondità; scherzosamente

♦**giocóso** (o -ṣ-) [lat. *iocōsu(m)*, da *iŏcus* 'gioco' ✱ 1333] **agg. 1** che ama gli scherzi, l'allegria | faceto, scherzoso: *carattere, temperamento g.* **2** che diverte o vuole divertire: *versi giocosi* | ***poesia giocosa***, burlesca, scherzosa | ***opera giocosa***, opera buffa ‖ **giocosaménte**, **avv.** ‖ **giocosità**, **s. f. inv.** caratteristica di chi (o di ciò che) è giocoso: *con la loro giocosità velata di pudore* (G. TOMASI DI LAMPEDUSA)

giocotèca [comp. di *gioco* e *-teca* ✱ 1983] **s. f.** ● in un complesso scolastico o di abitazione, area riservata ai giochi dei bambini e a questo scopo adeguatamente attrezzata **CFR.** ludoteca

†**gioculàro** ➤ **giocolare**②

giogàia① [lat. *iugāria(m)*, f. di *iugāriu(m)* 'che attiene al giogo (*iŭgum*)' ✱ av. 1555] **s. f.** ● (*geogr.*) serie di gioghi montuosi | passo o sella poco depressa

giogàia② [lat. parl. **iug(ul)ăria(m)* 'relativa alla gola (*iŭgulum*)' (?) ✱ av. 1320] **s. f. 1** (*zool.*) piega della pelle che, nei ruminanti, si estende dalla gola fino al petto **SIN.** bargia, pagliolaia, soggiogo **2** (*zool.*, *est.*) piega della pelle, nel collo di vari altri animali **3** (*est.*, *scherz.*, *lett.*) †pappagorgia

giogàtico [da (*bestie al*) *giogo* ✱ 1409] **s. m.** (**pl.** *-ci*) ● un tempo, locazione di bovini | corrispettivo dovuto per la stessa

giogatùra [1956] **s. f.** ● giogatico

♦**giógo** (o -ò-) o †**iùgo** [lat. *iŭgu(m)*, di orig. indeur. ✱ 1268] **s. m.** (**pl.** *-ghi*) **1** attrezzo di legno sagomato, costituito da uno o più pezzi, applicato al collo dei bovini per sottoporli in coppia al lavoro: *attaccare i buoi al g.* | (*lett.*) coppia di buoi aggiogati **2** (*fig.*) rapporto o condizione di dipendenza, soggezione, servitù: *imporre, scuotere il g.*; *gemere sotto il g.*; *negli anni teneri il g. dell'autorità è salutevole* (L.A. MURATORI) | (*lett.*) ***g. maritale***, matrimonio, vincolo coniugale **3** anticamente, specie di forca costituita da un'asta orizzontale sostenuta da altre due piantate nel terreno, sotto la quale venivano fatti passare i nemici vinti, per umiliazione | ***passare sotto il g.***, (*fig.*) subire una grave umiliazione **4** (*mar.*) ciascuna delle due travi maestre poste l'una a prua, l'altra a poppa di una galea, che formavano i due lati minori del telaio rettangolare per sostegno di tutto il posticcio | †secondo ordine di remi nelle poliremi **5** asta da cui pendono i piatti della bilancia **6** (*mus.*) pezzo di legno che congiunge i due bracci di strumenti a corde come lira e cetra e in cui sono confitti i bischeri per le corde **7** (*geogr.*) sommità lunga e tondeggiante di un monte | valico

♦**giòia**① [fr. *joie*, da *gāudia*, nt. pl. di *gāudium* 'gaudio', considerato f. ✱ av. 1250] **s. f.** (**raro troncato in** †*gio'*) **1** stato d'animo di intenso godimento e contentezza: *esultare per la g.*; *non stare in sé dalla g.*; *piangere lacrime di g.*; *g. di vivere* | ***essere pazzo di g.***, essere oltremodo felice | ***darsi alla pazza g.***, a grandi divertimenti | †***menare g.***, mostrarsi molto lieto | (*est.*) soddisfazione: *questa è l'unica g. che ho avuto nella vita*; *le gioie del matrimonio* | (*per antifrasi*) amarezza, dolore: *bella g. mi dai!*; *che g.!* **SIN.** felicità, letizia **CONTR.** dolore **2** chi (o ciò che) procura piacere e felicità: *tu sei la nostra unica g.*

♦**giòia**② [fr. *joie*, estratto da *joel* 'gioiello' ✱ av. 1250] **s. f. 1** pietra preziosa, gioiello: *astuccio, scrigno delle gioie*; *né ad altra g. che al diamante si permetta ciò fare* (B. CELLINI) **2** (*fig.*) persona molto amata, tenuta in gran pregio (anche come appellativo affettuoso, talora iron.): *sei la mia g.*; *vieni qui, g. della nonna!*; *dimmi, g.!*; *e no, g., sei tu che sbagli!* **3** rinforzo anulare della canna delle antiche bocche da fuoco a guisa di cornice o capitello ‖ **gioiétta**, **dim.**

giòia③ [dal n. del presunto inventore, Flavio *Gioia* ✱ 1889] **s. f.** ● (*disus.*) bussola ordinaria

†**gioiàrsi** [da *gioia*① ✱ 1321] **v. intr. pron.** ● gioire, rallegrarsi

†**gioiellàre** [da *gioiello* ✱ av. 1557] **v. tr.** ● ornare di gioielli | (*fig.*) ingioiellare

gioielleria [1561] **s. f. 1** arte del lavorare pietre e metalli preziosi per farne oggetti d'ornamento **2** negozio di gioielli | laboratorio del gioielliere **3** insieme di oggetti preziosi

gioiellière [sec. XIV] **s. m.** (**f.** *-a*) ● artigiano o artista che confeziona gioielli | chi commercia in gioielli

♦**gioièllo** [fr. ant. *jo(i)el*, poi *joyau*, dal lat. parl. **iocāle* 'proprio del gioco (*iŏcum*)', accostato a *joie* 'gioia①' ✱ 1289] **s. m. 1** ornamento di metallo lavorato e ornato di pietre dure o preziose | oggetto di valore, anche senza pietre preziose **2** (*fig.*) persona cara, di grandi doti, da tenere in gran pregio: *hai un figlio che è un g.* | oggetto di lavorazione perfetta, opere d'arte di particolare finezza e bellezza: *un g. di poesia*; *il suo televisore è un vero g.* | (*fig.*) ***g. di famiglia***, bene, proprietà o sim. di particolare pregio ‖ **gioiellétto**, **dim.** | **gioiellìno**, **dim.** | **gioiellóne**, **accr.**

gioióso (o -ṣ-) [ant. fr. *joieus*, dal lat. parl. *gaudiōsus*, da *gāudium* 'gaudio' ✱ av. 1249] **agg.** ● pieno di gioia, che esprime o prova gioia: *animo, accoglienza, parole gioiose*; *quando già nel ciel parean le stelle, / tutto g. a sua magion tornava* (A. POLIZIANO) | che procura gioia, felicità: *evento, notizia gioiosa* **SIN.** lieto, festoso ‖ **gioiosaménte**, **avv.** con gioia ‖ **gioiosità**, **s. f. inv.** caratteristica di chi (o di ciò che) è gioioso; (*est.*) allegria, giocondità

gioìre [ant. fr. *joïr*, dal lat. parl. **gaudīre*, forma parallela di *gaudēre* 'godere' ✱ av. 1250] **A v. intr.** (*io gioìsco, tu gioìsci*; **difett. del part. pres.; aus.** *avere*) ● essere pieno di gioia per qlco. (**+** *di*, **+** *per*, **anche seguiti da inf.**): *tra miserie e dolor chi può g.?* (G.B. MARINO); *gioiva di incontrare tanti amici*; *g. della vittoria, per la riconquistata libertà* | esultare: *g. per la sconfitta dell'avversario* **B v. tr.** ● (*lett.*) godere, possedere qlco.

SFUMATURE DI SIGNIFICATO

gioire - esultare - gongolare

Gioire è essere pieno di gioia per qualcosa, rallegrarsi profondamente di un avvenimento. Il gioire non implica necessariamente una manifestazione esteriore del sentimento, la quale è invece necessariamente connessa al significato di **esultare**, verbo che suggerisce un'espressione intensa e rumorosa della gioia provata. **Gongolare** è invece manifestare in modo più pacato, ma comunque visibile, un sentimento di intima soddisfazione.

giòlito [dall'espressione marinaresca catalana *en jòlit*: dal fr. *joli* 'allegro, contento', attrav. il provenz. *jòli* (?) ✱ 1558] **s. m.** ● (*lett.*) intenso godimento, diletto | †***stare in g.***, ondeggiare dolcemente con mare calmo e poco vento, detto di imbarcazione; (*est.*) starsene in pace, in riposo

giolittiàno [1893] **A agg.** ● dello statista Giovanni Giolitti (1842-1928), relativo alla sua politica e ai suoi metodi di governo **B s. m.** (**f.** *-a*) ● fautore, sostenitore della politica di Giolitti

giolittìsmo [1896] **s. m.** ● metodo politico dello statista Giovanni Giolitti | (*spreg.*) politica fondata sul trasformismo e sul clientelismo

†**giònta** ➤ **giunta**①

giordàno [1342] **A agg.** ● della Giordania **B s. m.** (**f.** *-a*) ● abitante o nativo della Giordania

giordanóne o **jordanóne** /dʒorda'none/ [1963] **s. m.** ● (*biol.*) unità secondaria di suddivisione delle specie zoologiche o botaniche secondo il criterio di Alexis Jordan (1814-1897), botanico francese **SIN.** specie elementare

giorgiàno ➤ **georgiano**① e **georgiano**②

giorgìna [dal n. del botanico russo I. I. *Georgi* (1729-1802) ✱ 1815] **s. f.** ● (*bot.*) varietà coltivata di dalia

giorgionésco [1869] **agg.** (**pl. m.** *-schi*) ● relativo al pittore Giorgione (1477 ca.-1510) | della scuola del Giorgione

giornalàio [av. 1890] **s. m.** (**f.** *-aia*, **pl. m.** *-ai*) ● chi vende giornali e riviste

♦**giornàle** [da *giorno*, come il corrispondente agg. lat. *diŭrnus* da *dĭes* ✱ 1363] **A agg.** ● †giornaliero, diurno, quotidiano ‖ **giornalménte**, **avv.** quotidianamente **B s. m. 1** foglio stampato che si pubblica quotidianamente per la diffusione di notizie varie, politiche, economiche, di attualità e sim.: *g. della sera, del mattino*; *g. indipendente, della maggioranza, dell'opposizione*; *direzione, redazione, amministrazione del g.* | ***g. murale***, manifesto o foglio affisso al muro, dal contenuto spec. politico o sindacale **2** (*est.*) pubblicazione periodica, settimanale, quindicinale e sim.: *g. illustrato, di moda, umoristico* | rassegna, rivista: *g. storico, letterario, di filosofia, di diritto* | titolo di pubblicazioni specifiche: *il g. degli economisti* **3** luogo in cui ha sede la redazione e l'amministrazione di un quotidiano: *se hai bisogno di me cercami al g.* **4** diario o registro in cui si annotano in ordine cronologico i fatti salienti di un viaggio, una spedizione e sim., o una serie di operazioni e avvenimenti di interesse pubblico o privato: *scrivere le memorie sul proprio g.*; *tenere il g. di viaggio* | ***g. nautico, di navigazione, di bordo***, nel quale si annota l'andamento della navigazione | ***g. di chiesuola***, nella marina militare, quello regolamentare su cui l'ufficiale in comando di guardia annota quanto è avvenuto durante il suo turno | ***libro g.***, registro o serie di schede su cui sono indicate giorno per giorno le operazioni relative all'esercizio di una impresa | ***g. mastro***, V. *giornalmastro* **5** ***g. radio***, notiziario trasmesso nel corso della giornata, da stazioni radio, a ore fisse: *le ultime notizie del g. radio* ‖ **giornalàccio**, **pegg.** | **giornalétto**, **dim.** (V.) | **giornalìno**, **dim.** (V.) | **giornalóne**, **accr.** | **giornalùccio**, **dim.** | (*spreg.*) **giornalùcolo**, **dim.**

NOMENCLATURA

giornale

● *caratteristiche*: indipendente ⇔ di partito, accreditato ⇔ screditato, imparziale ⇔ fazioso = settario; edizione (del mattino, della sera, straordinaria), redazione, tiratura; abbonamento, supplemento, arretrato; stampa, mass media; agenzia d'informazione, di stampa; chiosco, edicola; messaggeria, emeroteca, pubblicità, raccolta pubblicitaria;

● *tipi di giornale*: bollettino, gazzetta, foglio, corriere, organo, organo d'informazione, rivista, tabloid; quotidiano, settimanale, quindicinale, mensile, periodico; del mattino, del pomeriggio,

della sera; politico, religioso, finanziario, letterario, sportivo, umoristico, satirico, scandalistico; illustrato, a rotocalco, a fumetti; murale, radiofonico, televisivo = telegiornale, cinematografico = cinegiornale; di viaggio, di bordo, di classe; informato, serio, venduto;
● *parti del giornale*: testata (corriere, gazzetta, eco), manchette, occhiello, titolo, sottotitolo, sommario, bozzone, foliazione, tiratura, cappello, colonna, articolo (di apertura, di fondo, di spalla, di taglio, di comunicato, di colore, di elzeviro, di corsivo; asterisco, finestrina, stelloncino, trafiletto), illustrazione, pubblicità, inserzione, necrologio; cronaca (nera, mondana, parlamentare), servizio = reportage, fotocronaca = fotoreportage, inchiesta, intervista, corrispondenza, rubrica, inserzione, annuncio, bollettino, notiziario, resoconto, pastone, lettera aperta, critica, polemica, commento, recensione, nota, corsivo, commento redazionale, spigolature; colpo giornalistico = scoop, flash d'agenzia, esclusiva, primizia; inserto, supplemento;
● *persone*: editore, giornalista, direttore amministrativo, direttore responsabile, redattore, caporedattore, corpo redazionale, cronista, capocronista, caposervizio, inviato speciale, reporter, fotoreporter = paparazzo, corrispondente, editorialista, columnist, collaboratore, pubblicista, articolista, fondista, corsivista, polemista, critico, intervistatore; giornalaio = edicolista, strillone; albo dei giornalisti, ordine dei giornalisti; federazione della stampa; garante per l'editoria.

giornalése (o **-ṣ-**) [da *giornale* col suff. *-ese*②, sul modello dell'anglo-amer. *journalese* ✱ 1977] **s. m.** ● (*iron.* o *spreg.*) stile e linguaggio, spesso astrusi o enfatici, tipici della comunicazione giornalistica

giornalétto [1798] **s. m.** **1** dim. di *giornale* **2** giornale a fumetti per ragazzi

giornalièro [av. 1603] **A** **agg.** **1** di ogni giorno: *rapporto, spesa giornaliera* **SIN.** quotidiano | che si effettua ogni giorno: *volo g.* | che dura un giorno: *biglietto g.*; *skipass g.* **2** (*raro*) che varia o muta ogni giorno: *umore g.* **B** **s. m.** **1** biglietto valido per un'intera giornata **2** (**f.** *-a*) lavoratore retribuito a giornata: *Interrogate il povero g. Napoletano o Lombardo* (G. MAZZINI) | bracciante

♦**giornalìno** [1869] **s. m.** **1** dim. di *giornale* **2** giornaletto illustrato o fumetto per ragazzi

giornalìṣmo [1783] **s. m.** **1** insieme delle attività connesse con l'elaborazione, il commento e la pubblicazione di notizie attraverso la stampa | professione di giornalista **2** insieme dei giornalisti e dei giornali, spec. di un determinato paese o zona: *il g. locale*; *un esponente del g. internazionale*

♦**giornalìsta** [1669] **s. m. e f.** (**pl. m.** *-i*) ● chi scrive per i giornali o ne cura la redazione e impaginazione o è redattore di un'agenzia giornalistica d'informazione | ***g. professionista***, chi è iscritto all'ordine dei giornalisti e non esercita altra attività retribuita | ***g. pubblicista***, chi è iscritto all'ordine dei giornalisti ma non esercita l'attività giornalistica in forma esclusiva

giornalìstico [av. 1803] **agg.** (**pl. m.** *-ci*) **1** relativo ai giornalisti: *linguaggio, stile g.* **2** relativo ai giornali e al giornalismo ‖ **giornalisticaménte**, **avv.** da un punto di vista giornalistico; con stile giornalistico

giornalmàstro o **giornàle màstro** [da *giornal(e)* e *mastro* ✱ 1970] **s. m.** ● libro che riunisce i due caratteristici strumenti della contabilità, il giornale e il mastro

giornànte [da *giorno* ✱ 1793] **A** **s. m. e f.** ● (*disus.*) lavorante a giornata **B** **s. m.** ● confratello della Compagnia della Misericordia, in Firenze che provvede, per turno giornaliero, alle opere di assistenza e di carità

♦**giornàta**① [da *giorno* ✱ av. 1249] **s. f.** **1** periodo di tempo compreso tra l'alba e il tramonto, considerato rispetto alle condizioni in cui trascorre, al modo di trascorrerlo e agli avvenimenti che in esso si verificano: *g. umida, sciroccosa, fredda, afosa*; *g. triste, allegra, festiva, lavorativa*; *le giornate si allungano, si accorciano*; *consumai il resto della g. passeggiando* (C. GOLDONI) | ***g. nera***, in cui tutto va o si presenta negativamente | (*colloq.*) ***g. no***, in cui non si è in forma oppure tutto va storto | ***g. lavorativa***, il complesso delle ore di lavoro di una persona in un giorno | ***di g.***, del giorno stesso: *uova fresche di g.*; detto del militare incaricato, per turno giornaliero, di svolgere determinati servizi di caserma per il proprio reparto: *caporale, sergente di g.* | ***alla g.***, giorno per giorno | ***vivere, lavorare alla g.***, senza fare affidamento sul domani, senza pensare al futuro | ***lavorare a g.***, con un rapporto di lavoro non stabile e continuativo, ma occasionale e momentaneo | ***andare a giornate***, essere incostante nell'umore, nel rendimento e sim. | ***in g.***, entro oggi | (*est.*, *lett.*) tempo, vita: *compire la propria g.*; *la breve g. dell'uomo* **2** guadagno, paga di un giorno di lavoro: *riscuotere, guadagnarsi, perdere la g.* **3** tragitto che si può percorrere nello spazio di un giorno: *mi trovo a una g. di treno da Bombay* | †***marciare a grandi giornate***, velocemente **4** giorno dedicato alla celebrazione di un evento storico, alla diffusione di un'iniziativa di interesse nazionale e sim.: *la g. mondiale contro il fumo*; *la g. della gioventù* **5** giorno caratterizzato da fatti o avvenimenti di grande rilievo, spec. storico: *le cinque giornate di Milano*; *le quattro giornate di Napoli* **6** ciascuno dei giorni e le relative serie di accoppiamenti fissati per lo svolgimento degli incontri dei campionati di calcio e sim.: *prima g. del girone di andata*; *ultima g. del campionato* **7** antica unità di misura di superficie piemontese, in generale pari a 3810 m^2 ‖ **giornatàccia**, **pegg.** (V.) | **giornatìna**, **dim.** | **giornatóna**, **accr.**

giornàta② [da *giorno*, secondo l'impiego fatto dai Francesi di *journée* 'ciò che di notevole avviene in una *giornata*' ✱ av. 1446] **s. f.** ● (*lett.*) battaglia, fatto d'arme: *venire a g.*; *fare g.*; *g. campale*

giornatàccia [pegg. di *giornata* ✱ 1875] **s. f.** (**pl.** *-ce*) **1** giornata di forte maltempo: *una g. fredda e ventosa* **2** giornata negativa, faticosa, pesante: *dopo una g. di rudi fatiche* (L. PIRANDELLO)

giornèa [ant. fr. *journée* 'viaggio (di un giorno)', dal lat. *diŭrnu(m)* 'giorno'; poi, casacca (da viaggio) ✱ av. 1400] **s. f.** **1** nei secc. XIV e XV, sopravveste militare poi adottata dai civili **2** †toga del giudice | ***indossare, mettersi, allacciarsi la g.***, (*fig.*) prendere tono autorevole, atteggiarsi a giudici **3** †camiciotto da lavoro dei marinai **4** †giornata

giornèllo [etim. incerta ✱ 1868] **s. m.** **1** vassoio a tre sponde per la calce, usato dal muratore **2** congegno per la pesca fluviale costituito da pale rotanti che hanno all'estremità delle reti a cucchiaio

giornìno [propr. dim. di *giorno* ✱ 1963] **s. m.** ● (*centr.*) punto a giorno | orlo a giorno

♦**giórno** o †**iórno** [lat. parl. *diŭrnu(m)*, dall'agg. *diŭrnus* 'relativo al giorno', da *dĭes* 'giorno' sul tipo di *noctŭrnus* da *nŏx* 'notte' ✱ 1171] **s. m.** **1** spazio di tempo di ventiquattro ore che intercorre tra una mezzanotte e quella successiva: *che g. è oggi?*; *una settimana consiste di sette giorni, un anno di trecentosessantacinque*; *g. feriale, festivo, triste, lieto*; *g. della partenza, degli esami*; *lavorare tutto il g.* | **PROV.** ***il buon g. si vede dal mattino***, un buon inizio preannuncia gli sviluppi positivi di una situazione | ***g. utile***, V. *utile*, sign. A 1 | ***giorni banca***, due o più giorni, aggiunti al tempo effettivo di anticipato pagamento, nello sconto di effetti | ***al g., il g., ogni g.***, per ogni giorno, quotidianamente | (*lett.*) ***tutto g.*** o ***tuttogiorno***, continuamente, sempre, senza interruzione: *tuttogiorno desidero la vostra amabile ed affettuosa compagnia* (G. LEOPARDI) | ***di g. in g.***, ***g. dopo g.***, ogni giorno, un giorno dopo l'altro: *migliora di g. in g.*; *lo aspetto di g. in g.*; *la sua popolarità si accresce g. dopo g.* | ***g. per g.***, alla giornata, senza programmi per il domani | ***un g.***, una volta, un tempo imprecisato | ***l'altro g.***, poco tempo fa | ***un g. o l'altro***, prima o poi: *un g. o l'altro, glielo devo dire* | ***da un g. all'altro***, improvvisamente | ***mettersi, tenersi a g. di qlco.***, tenersi al corrente | ***uomo del g.***, di cui più si parla | ***fatti del g.***, avvenimenti recentissimi | ***a giorni***, tra pochi giorni: *partirò a giorni*; qualche giorno sì e qualche altro no: *questo fastidioso mal di testa ce l'ho a giorni* | ***giorni or sono***, poco tempo fa | ***di tutti i giorni***, ordinario, usuale: *non è cosa di tutti i giorni andare alla Scala* | ***dare gli otto giorni***, licenziare, o licenziarsi, con otto giorni di preavviso | ***g. solare***, la durata di una rotazione terrestre riferita al Sole, variabile nel corso dell'anno | ***g. solare medio***, quello di 24 ore esatte, definito come media annua del giorno solare | ***g. siderale***, il tempo impiegato dalla Terra a compiere un giro di rotazione calcolato sull'intervallo di due passaggi consecutivi di una stella su un meridiano | (*est.*) periodo indeterminato della durata di ventiquattro ore: *l'escursione dura due giorni*; *bisogna lasciarlo in frigorifero almeno tre giorni* | ***sei giorni***, V. *seigiorni* | giornata, spec. in relazione alla situazione atmosferica: *g. piovoso, assolato*; *si preparano giorni di tempesta* | anche nei **PROV.** ***Roma non fu fatta in un g.*** (o ***il mondo non fu fatto in un g.***), ogni impresa richiede tempo **2** periodo durante il quale il sole resta sopra l'orizzonte: *sul far del g.*; *il g. e la notte si alternano*; *i giorni si allungano*; *a g. pieno, fatto* | ***fare di notte g.***, trascorrere la notte in lavori o in divertimenti | ***g. e notte***, continuamente, senza sosta: *studiare, lavorare g. e notte* | ***illuminare a g.***, con particolare intensità | ***chiaro come la luce del g.***, (*fig.*) evidente | ***alla luce del g.***, (*fig.*) in modo palese | ***ci corre quanto dal g. alla notte***, (*fig.*) di cose molto diverse fra di loro | (*poet.*) la luce che il Sole diffonde sulla Terra: *dagli occhi de' mortali un negro velo / rapisce il g. e il sole* (T. TASSO) **3** periodo indeterminato di tempo | ***il suo successo è durato un g.***, è stato breve | ***al g. d'oggi***, oggigiorno | ***ai giorni nostri***, nel nostro tempo | ***finire i propri giorni***, morire | ***il g. estremo***, quello della morte | ***il g. finale***, quello del Giudizio | ***il gran g.***, una giornata particolarmente attesa | ***il g. più lungo***, (*fig.*) quello di eccezionale gravità, denso di avvenimenti pericolosi, rischiosi e sim., che esigono da qlcu. decisioni di estrema importanza **4** festa, solennità, ricorrenza: *il g. della mamma, di S. Valentino* | ***g. dell'espiazione***, solennità ebraica nella quale i fedeli, dopo aver osservato le astensioni, fanno la confessione generale dei loro peccati **5** nella loc. ***a g.***, detto di ogni struttura o parte di struttura realizzata, spec. quando sia connessa ad altre, in maniera tale da rimanere pressoché visibile per intero in ogni sua parte: *scala a g.* | ***legare, montare a g.***, in oreficeria, detto di pietra preziosa incastonata su leggeri fili d'oro o di platino | ***montatura a g.***, negli occhiali, quella in cui le lenti sono sostenute soltanto da una piccola staffa metallica, mediante una vite | ***punto a g.***, quello usato spec. per rifinire ottenuto sfilando alcuni fili della trama del tessuto e riunendo a mazzetti quelli ottenuti dalla sfilatura, così da creare vuoti alterni nell'orlo | ***orlo a g.***, quello eseguito col punto a giorno, spec. nella biancheria | (*miniere*) ***escavazione a g.***, a cielo aperto

♦**giòstra** [ant. fr. *joste*, da *joster* 'giostrare', con sovrapposizione dei n. in *-stra* ✻av. 1294] **s. f.** **1** in epoca medievale e rinascimentale, duello fra cavalieri che cercavano di sbalzarsi l'un l'altro di sella a colpi di lancia; (*est.*) torneo | oggi, rievocazione storica in costume di antiche e famose giostre medievali o rinascimentali: *g. del saracino, della quintana* **2** †scontro di poca importanza | (*lett.*) gara, cimento: *la vita è una g.* (G. CARDUCCI) | (*lett.*) ***g. amorosa***, rapporto sessuale **3** componimento in ottonari cantato nelle antiche giostre **4** gioco popolare consistente nel cercare di colpire un bersaglio passandovi sotto di corsa: *g. del gallo, dell'anello, del buratto* **5** piattaforma con animali di legno, barche, vetture ecc., che gira in senso circolare a suon di musica, per divertimento dei bambini che vi stanno sopra | (*est.*, **al pl.**) parco di divertimenti, luna park | ***fare la g.***, (*fig.*) girare continuamente attorno **6** (*fig.*) il susseguirsi vertiginoso di fatti, eventi e sim.: *una g. di notizie, di idee* **7** †palestra per esercizi militari **8** (*fig.*) †inganno, beffa ‖ **giostrina**, **dim.**

giostràio [1983] **s. m.** (**f.** *-aia*, **pl. m.** *-ai*) • addetto al funzionamento di una giostra per bambini

giostrànte **A** **part. pres.** di *giostrare* • nei sign. del v. **B** **s. m. e f.** • giostratore

giostràre [ant. fr. *joster*, originariamente 'riunir(si)', dal lat. parl. **iuxtāre* 'essere appresso (*iŭxta*)' ✻av. 1294] **A** **v. intr.** (*io giòstro*; **aus.** *avere*) **1** prender parte a una giostra: *acciò che egli l'amor di lei acquistar potesse, giostrava, armeggiava, faceva feste* (G. BOCCACCIO) **2** †gironzolare **3** (*lett.*) contrastare: *ma con questo pensier un altro giostra* (F. PETRARCA) | †***g. col diavolo in agonia***, (*fig.*) morire disperato **4** (*fig.*) destreggiarsi con abilità: *g. tra le difficoltà* | anche nella forma pron. (con valore intens.) **giostràrsela** (con il pron. *la* indeterm.), cavarsela bene in una situazione difficile **5** †avere un rapporto sessuale **B** **v. tr.** **1** †ingannare, raggirare **2** †colpire, ferire **3** (*fig.*) sfruttare a proprio vantaggio **C** **giostràrsi** **v. intr. pron.** • destreggiarsi abilmente

giostratóre [sec. XIII] **s. m.** **1** cavaliere che partecipava a una giostra: *era stato ... ne' suoi dì e g. e schermitore* (F. SACCHETTI) **2** (*raro, tosc.*) chi gareggia in un concorso, in una disputa, ecc. | (*fig.*) chi si destreggia in qlco.

giottésco [av. 1793] **agg.** (**pl. m.** *-schi*) • relativo al pittore Giotto (1267 ca.-1337) e alla sua scuola: *stile g.*; *viso, colore g.*; *figura giottesca*

giovaménto [lat. tardo *iuvamĕntu(m)*, da *iuvāre* 'giovare' ✻1282] **s. m.** • utilità, vantaggio: *sentire, recare, dare, trarre g.*; *essere di g. a qlcu.*

giovanàglia [av. 1292] **s. f.** • (*lett.*, *spreg.*) moltitudine di giovani: *solevi attutare l'acerba volontà della g. romana* (G. BOCCACCIO)

♦**gióvane** o (*lett.*) **gióvine** [lat. parl. **iŏvene(m)* per *iŭvene(m)*, di orig. indeur. ✻1261 ca.] **A** **agg.** **1** di persona che è tra l'adolescenza e la maturità o (*est.*) che non è vecchia: *un gruppo di giovani donne*; *una coppia di giovani sposi* | (*est.*) che ha o conserva i caratteri della giovinezza: *animo, aspetto, cuore g.* | ***essere g. di mente, di spirito***, avere sentimenti freschi, giovanili **CONTR.** vecchio **2** più giovane, quando si vogliano distinguere due personaggi dello stesso nome e di diversa età: *Plinio il g.*; *Michelangelo Buonarroti il g.* **3** di ciò che è nato o sorto da poco: *cavallo, pecora g.*; *vite, vigna g.*; *ulivi giovani* | di recente costituzione: *Stato g.*; *il g. cinema africano* | (*est.*) recente, non invecchiato: *formaggio, vino g.* | ***legname g.***, di pianta giovane **4** spec. nel linguaggio pubblicitario, detto di ciò che è caratteristico dei giovani o diretto ai giovani o di ciò a cui si vuole dare una connotazione allegra, disinvolta, pratica e sim.: *musica, moda g.* | anche con funzione avverbiale: *bere, vestire g.* **5** (*fig.*) inesperto: *sei ancora troppo g. per decidere*; *è g. del mestiere* ‖ †**giovaneménte**, **avv.** giovanilmente **B** **s. m. e f.** **1** persona di giovane età: *è un g. molto promettente* | ***da g.***, in gioventù **2** chi aiuta un negoziante, un artigiano o un professionista nello svolgimento del suo lavoro: *g. di bottega, di studio* **3** allievo, scolaro: *un liceo di duecento giovani* ‖ **giovanàccio**, **pegg.** | (*lett.*) **giovanìno**, **dim.** | (*lett.*) **giovanóne**, **accr.** | **giovincèllo**, **dim.** (V.) | **giovinétto**, **giovanétto**, **dim.** (V.)

giovanétto ➤ **giovinetto**

†**giovanézza** ➤ **giovinezza**

giovanìle o (*lett.*) **giovenìle** [lat. *iuvenīle(m)*, da *iŭvenis* 'giovane', sul tipo di *puerīle(m)*, da *pŭer* 'fanciullo' ✻av. 1294] **agg.** **1** relativo ai giovani: *disoccupazione g.*; *politiche giovanili* | che è tipico della giovinezza, dei giovani: *bollori, entusiasmi, errori giovanili*; *e intanto vola / il caro tempo giovanil* (G. LEOPARDI) **2** di chi (o di ciò che) appare giovane d'aspetto o di spirito: *la sua pelle conserva una freschezza g.*; *è un tipo dal carattere g.* | che è adatto ai giovani o che ringiovanisce: *abito g.* ‖ **giovanilménte**, †**giovanileménte**, **avv.** da giovane

giovanilése (o **-ṣ-**) [da *giovanil(e)* col suff. *-ese*[2] ✻1984] **A** **s. m.** • linguaggio, gergo tipico dei giovani **B** **agg.** • (*raro*) relativo a tale linguaggio

giovanilìṣmo [1978] **s. m.** • comportamento di chi, non più giovane, vuole a ogni costo continuare a sembrar tale, spec. adottando tutti quei segni esteriori che sono ritenuti caratteristici dei giovani

giovanilìsta [1980] **A** **s. m. e f.** (**pl. m.** *-i*) • chi nei modi, nell'abbigliamento o nel linguaggio dimostra giovanilismo **B** **agg.** • giovanilistico

giovanilìstico [1979] **agg.** (**pl. m.** *-ci*) • caratterizzato da giovanilismo

giovannèo [1908] **agg.** **1** relativo alle dottrine del Vangelo di San Giovanni **2** relativo al papato di Giovanni XXIII (1881-1963) e alla riforma in questo iniziata | ***spirito g.***, il nuovo spirito di carità e di tolleranza universale che ha distinto il pontificato di Giovanni XXIII

giovannìṣmo [1970] **s. m.** • teologia e dottrina derivata dall'interpretazione del Vangelo di San Giovanni | tendenza a dar prevalenza, nell'esperienza religiosa cristiana, alle dottrine derivate dal Vangelo di San Giovanni

giovannìta [1869] **s. m. e f.** (**pl. m.** *-i*) • seguace di una setta cristiana dell'Asia Minore, che pratica il battesimo in nome di San Giovanni Battista

giovanòtto o (*lett.*) **giovinòtto** [da *giovane* col suff. accr. espressivo *-otto* ✻1427] **s. m.** **1** (**f.** *scherz.* *-a*) uomo giovane, nel pieno delle sue forze | (*scherz.*) appellativo rivolto anche a un bambino: *ehi, g., vuoi stare un po' zitto?* **2** (*fam.*) scapolo **3** nella marina mercantile, marinaio minore di 18 anni, con meno di 24 mesi di navigazione | mozzo ‖ **giovanottàccio**, **pegg.** | **giovanottèllo**, **giovinottèllo**, **dim.** | **giovanottino**, **dim.** | **giovanottóne**, **accr.**

♣**giovàre** [lat. *iuvāre*, di etim. incerta ✻av. 1257] **A** **v. intr.** (*io gióvo*; **aus.** *avere* o *essere*) **1** essere utile, vantaggioso (+ *a*): *g. alla famiglia, alla società, alla causa comune*; *l'aria di montagna giova alla salute*; *a chi giova questo comportamento?*; *molti sono che, vedendo le blandizie non giovargli, si voltano alle minaccie* (B. CASTIGLIONE) **CFR.** cui prodest **2** (*lett.*) dilettare, piacere **B** **v. intr. impers.** (**aus.** *essere* o *avere*) • essere utile, vantaggioso, opportuno (+ *a*; **seguito da una prop. soggettiva con il v. all'inf.**): *a che giova essere onesti?*; *non giova lamentarsi*; *nei problemi storici ... giova abbandonare il metodo causalistico e deterministico* (B. CROCE) **C** **v. tr.** • (*lett.*) aiutare, favorire: *g. la società, la famiglia, gli amici* **D** **giovàrsi** **v. intr. pron.** • servirsi, valersi di qlcu. o di qlco. (+ *di*): *giovarsi delle fatiche altrui*; *giovarsi di un argomento, di un esempio* | **giovàrsene**, ricavare un vantaggio da qlco.: *e perché non prendere seriamente tutta la faccenda e giovarsene?* (A. MORAVIA) | (*tosc.*) ***se te ne giovi***, se non ti fa schifo

Giòve [lat. *Iŏve(m)*, acc. di *Iŭp(piter)*, comp. di orig. indeur. di *Iov-* 'cielo luminoso, dio' e *-piter* 'capo (di famiglia), padre' ✻1308] **s. m.** **1** nella mitologia greco-romana, la suprema divinità: *il sommo, il massimo, l'eterno G.*; *i fulmini di G.* | ***G. pluvio***, in quanto mandava la pioggia; (*fig.*, *scherz.*) tempo piovoso **2** (*colloq.*) nella loc. inter. ***per Giove***, esprime meraviglia, stupore, contrarietà, ira o anche entusiasmo o energica affermazione **3** (*astron.*) quinto pianeta del sistema solare, in ordine di distanza dal Sole, dal quale dista in media 779 milioni di kilometri, la cui massa è circa 318 volte quella della Terra, del quale si conoscono 16 satelliti | (*astrol.*) pianeta che domina i segni zodiacali del Sagittario e dei Pesci **4** (*pop.*) giovedì

♦**giovedì** [lat. *Iŏvis dĭes*, propr. 'il giorno (*dĭes*) di Giove (*Iŏvis*)' ✻1253] **s. m. inv.** • quarto giorno della settimana civile, quinto della liturgica | ***G. santo***, il giovedì della Settimana santa, dedicato alla commemorazione della cena degli apostoli | ***G. grasso***, l'ultimo giovedì di Carnevale | ***g. nero***, (*per anton.*) giovedì 24 ottobre 1929, in cui si ebbe, alla Borsa di New York, il tracollo delle quotazioni azionarie che segnò l'inizio della crisi economica dei primi anni '30 del Novecento

giovenalésco [1789] **agg.** (**pl. m.** *-schi*) • (*letter.*) relativo al poeta satirico latino D. G. Giovenale (60 ca.-140 ca.)

giovènca (o **-é-**) [lat. *iuvĕnca(m)*, propr. 'animale giovane', della stessa famiglia di *iŭvenis* 'giovane' ✻av. 1333] **s. f.** • vacca giovane

giovènco (o **-é-**) [lat. *iuvĕncu(m)*. V. *giovenca* ✻av. 1333] **s. m.** (**f.** *-a* (V.); **pl. m.** *-chi*) • bue giovane che ha appena passato l'anno

giovenìle ➤ **giovanile**

♦**gioventù** o †**gioventùde**, †**gioventùte** [lat. *iuventūte(m)*, da *iŭvenis* 'giovane' ✻av. 1294] **s. f. inv.** **1** età della vita umana che si estende dalla fine dell'adolescenza alle soglie della maturità: *sogni di g.*; *erano nel fiore della g.*; *la bella g. giamai non torna, / né il tempo perso giamai riede indietro* (L. DE' MEDICI) | ***colpe, errori di g.***, intemperanze proprie dei giovani **2** i giovani considerati complessivamente: *g. studiosa, indisciplinata, rammollita*; *libri, spettacoli, divertimenti per la g.*

gioveréccio [da *giovare* col suff. agg. *-eccio* ✻av. 1803] **agg.** (**pl. f.** *-ce*) • (*tosc.*, *lett.*) di aspetto fresco e piacente: *donna gioverecia*; *avere un viso g.* **SIN.** piacevole, gradevole

giovésco [da *Giove* ✻av. 1803] **agg.** (**pl. m.** *-schi*) • (*lett.*) che affetta disprezzo e noncuranza

giovévole [1351] **agg.** • che reca giovamento: *cura, medicina g.* ‖ **giovevolménte**, **avv.** con giovamento

†**giovevolézza** [1546] **s. f.** • utilità

♣**gioviàle** [lat. tardo *ioviāle(m)* 'di, da Giove (*Iŏ-*

vis)', il pianeta che, secondo le antiche credenze astrologiche, porta benefici influssi ✱1321] **agg.** **1** abitualmente cordiale e sereno: *temperamento g., maniere, accoglienze gioviali* **2** †del dio Giove | †del pianeta Giove: *Io vidi in quella giovial facella* (DANTE *Par.* XVIII, 70) || **giovialóne**, **accr.** (V.) || **giovialménte**, **avv.** con giovialità || **giovialità**, **s. f. inv.** abituale cordialità e serenità di carattere; comportamento gioviale: *ci accolsero con giovialità*

giovialóne [av. 1698] **s. m.** (**f.** *-a*) **1** accr. di *gioviale* **2** persona allegra e amabile

gioviàno [da *Giove* (V.) ✱1952] **A agg.** ● del pianeta Giove **B s. m.** (**f.** *-a*) ● ipotetico abitante del pianeta Giove, in opere letterarie e cinematografiche di fantascienza

giovinàstro [comp. di *giovine* e *-astro* ✱av. 1480] **s. m.** (**f.** *-a*) ● giovane scapestrato, turbolento, dal comportamento riprovevole

giovincèllo [lat. parl. *iuvencĕllu(m)*, dim. di *iŭvenis* 'giovine' ✱1310] **s. m.** (**f.** *-a*) **1** dim. di *giovane*: *c'era perfino una banda di giovincelli trasteverini* (P.P. PASOLINI) **2** (*iron.*) giovane inesperto e saccente

gióvine ➤ **giovane**

giovinétto o **giovanétto** [1308] **A agg. e s. m.** (**f.** *-a*) **1** dim. di *giovane* **2** (*disus.* o *lett.*) che (o chi) è nella prima gioventù: *sposa giovinetta; letterature, romanzi per giovinette* **B agg.** ● (*lett.*) appena sorto, iniziato, sbocciato e sim.: *tempo g.; il g. anno; i rami santi / fiorian d'un lauro giovenetto e schietto* (F. PETRARCA) || **giovinettino**, **dim.**

giovinézza o (*poet.*) †**giovanézza** [1287] **s. f.** ● età di chi è giovane: *il vigore, gli entusiasmi della g.; essere nel fiore della g.* | **seconda g.**, periodo dell'età matura in cui rifioriscono energie ed entusiasmi; (*est.*) periodo di rinnovata vitalità: *un gruppo musicale che sta vivendo una seconda g.* | condizione, stato di ciò che è giovane: *la g. di un popolo, dell'anima, della pianta, del vino* | (*est.*) tutto ciò che è tipico della gioventù: *godersi la g.; agli anni miei / anche negaro i fati / la g.* (G. LEOPARDI)

Definizione d'autore

Un tempo, la **giovinezza** era l'età di passaggio alla vita adulta. Si concludeva con la fine degli studi, l'ingresso nel mercato del lavoro, il matrimonio... In alcuni periodi, i giovani si sono imposti come "generazione": protagonisti del cambiamento. Osservati con attenzione, per anticipare il futuro. Oggi non è più così. I giovani sono sempre di meno, studiano sempre più a lungo, il lavoro, per loro, è scarso e precario. Si sposano di meno e più tardi. E fanno sempre meno figli. Peraltro, molti giovani se ne vanno all'estero. E non tornano, perché l'Italia è un Paese che invecchia, dove si finge di essere per sempre giovani. Così la **giovinezza** se ne va altrove, perché è senza futuro. E ci lascia prigionieri di un eterno presente.

Ilvo Diamanti

giovinòtto ➤ **giovanotto**

gip ① [1950] **s. f. inv.** ● adattamento di *Jeep* (V.) || **gippóne**, **accr. m.** (V.)

gip ② [sigla di *g(iudice per le) i(ndagini) p(reliminari)* ✱1989] **s. m. e f. inv.** ● (*dir.*) giudice per le indagini preliminari

gipèto o **gipaèto** [comp. del gr. *gýps*, genit. *gypós* 'avvoltoio' e *aetós* 'aquila' ✱av. 1871] **s. m.** ● (*zool.*) avvoltoio degli agnelli

gippóne [accr. di *gip* ✱1947] **s. m.** ● grosso autoveicolo, originariamente di dotazione militare, adatto spec. ai terreni accidentati | (*est.*, *fam.*) suv

gipsìcolo [comp. di *gipso-* e *-colo* ✱1956] **agg.** ● (*bot.*) detto di pianta che predilige i terreni gessosi

gipso- [dal gr. *gýpsos* 'gesso'] **primo elemento** ● in parole dotte o della terminologia scientifica, significa 'gesso': *gipsicolo, gipsoteca*

gipsòfilo [comp. di *gipso-* e *-filo* ✱1956] **agg.** ● (*bot.*) gipsicolo

gipsotèca [comp. di *gipso-* e *-teca* ✱1885] **s. f.** ● raccolta di gessi, raccolta di statue e bassorilievi in gesso, ricavati con calchi su originali in bronzo, marmo, terracotta e sim. | (*est.*) il luogo dove viene conservata tale raccolta

gipsy /ingl. 'dʒɪpsi/ [vc. ingl. 'zingaro', prob. da *egyptian* 'egiziano, levantino' ✱1881] **agg. inv.** ● relativo agli zingari: *musica g.; danza g.* | che si rifà allo stile dell'abbigliamento delle zingare: *moda g.*

gìra [da *girare* ✱1970] **s. f.** ● rete a semicerchio della tonnara, che si chiude appena entrati i tonni

girabacchìno o **girabecchìno** [fr. *vilebrequin*, di orig. medio-neerlandese (*wimmelkijn*, dim. di *wimmel* 'specie di trivella'), con sovrapposizione di *girare* e *becco* ✱1918] **s. m.** **1** tipo di trapano a mano **2** attrezzo usato per stringere o allentare bulloni

giràbile [1499] **agg.** ● che si può girare: *è una cambiale g.*

giracàpo [comp. di *gira(re)* il *capo* ✱av. 1604] **s. m. inv.** **1** (*tosc.*) vertigine, capogiro | (*fig.*) molestia, fastidio | †capriccio **2** (*bot.*) narciso

giradìschi [comp. di *gira(re)* e il pl. di *disco* ✱1950] **s. m. inv.** ● apparecchio che riproduce i suoni registrati su un disco fonografico; è costituito da un piatto rotante e da un braccio di lettura con una puntina che scorre nel solco del disco

giradìto [comp. di *gira(re)* (intorno al) *dito* ✱1869] **s. m.** ● (*med.*) patereccio

♦**giràffa** [arabo *zarāfa*, arabo parl. *zerāfa*, di prob. orig. africana ✱1282] **s. f.** **1** mammifero ruminante africano di colore giallastro con macchie irregolari bruno-rosse, con collo lunghissimo, estremità anteriori più lunghe delle posteriori, tronco breve e inclinato indietro, due o tre protuberanze ossee semplici e corte sulla fronte, lingua lunghissima e protrattile che serve come organo di presa (*Giraffa camelopardalis*) | **collo da g.**, (*fig.*) molto lungo | ***camminare a passi da g.***, (*fig.*) lunghi e irregolari **SIN.** camelopardo **2** carrello mobile munito di un lungo braccio regolabile che sostiene il microfono, usato per registrazioni sonore radiofoniche, televisive e cinematografiche **3** (*fig.*) persona molto alta con collo e gambe molto lunghe || **giraffìna**, **dim.** | **giraffóne**, **accr.**

girafilière [comp. di *gira(re)* e il pl. di *filiera* ✱1970] **s. m. inv.** ● attrezzo da officina per far ruotare manualmente una filiera e filettare esternamente tubi, bulloni e sim.

giràle [da *giro* ✱sec. XIX] **s. m.** ● motivo ornamentale composto da una foglia d'acanto, di vite o altro in forma di voluta e con al centro, di solito, un fiore

giramàschio [comp. di *gira(re)* e *maschio* ③ ✱1956] **s. m. inv.** ● attrezzo da officina per fare ruotare manualmente un maschio e filettare fori, tubi e sim.

giraménto [1336 ca.] **s. m.** ● (*raro*) movimento rotatorio | ***g. di testa***, vertigine, capogiro | (*fam.*, *eufem.*) ***g. di scatole***, (*volg.*) ***di palle, di coglioni***, irritazione, fastidio

giramóndo [comp. di *gira(re)* il *mondo* ✱1500] **s. m. e f. inv.** **1** chi gira per il mondo alla ventura **2** (*fam.*) chi viaggia molto

SFUMATURE ➤ *vagabondo*

giranàstri [comp. di *girare* e il pl. di *nastro* ✱1987] **s. m. inv.** ● mangianastri

♦**giràndola** [da *girandolare* ✱1508] **s. f.** **1** ruota di legno su cui sono applicati razzi e castagnole, che gira quando questi vengono accesi **2** banderuola metallica alla sommità di edifici per indicare la direzione del vento **3** giocattolo di carta o celluloide, solitamente a forma di rosetta, che gira per effetto del vento **4** giochi d'acqua in parchi di grandi ville, che per il moto e la forma assomigliano a spettacoli pirotecnici **5** candelabro circolare a più luci in legno o metallo e cristalli apparso nella seconda metà del XVII sec. **6** (*fig.*) persona volubile che cambia continuamente parere **SIN.** banderuola **7** †intrigo, raggiro | (*lett.*) arzigogolo **8** †giravolta: *fare una g.* **9** (*fig.*) il susseguirsi vertiginoso di fatti, eventi e sim.: *una g. di idee, notizie* || **girandolétta**, **dim.** | **girandolìna**, **dim.** | **girandolìno**, **dim. m.** | **girandolóne**, **accr. m.** (V.)

girandolàre o **girondolàre** [da *girare* con sovrapposizione del suff. iter. di *andare* ① ✱1542] **v. intr.** (*io giràndolo*; aus. *avere*) **1** (*lett.*) andare in giro qua e là senza una meta **SIN.** bighellonare, girellare **2** (*fig.*) †fantasticare

girandolóne [1759] **s. m.** (**f.** *-a*) **1** accr. di *girandola* **2** chi ama bighellonare **SIN.** bighellone, girellone

girandolóni [comp. di *girandol(are)* e il suff. iter. avv. *-oni* ✱1869] **avv.** ● gironzolando qua e là senza meta: *andare g.*

girànio ➤ **geranio**

girànte **A part. pres.** di *girare*; anche **agg.** ● nei sign. del v. **B s. m. e f.** ● (*dir.*) chi effettua o ha effettuato la girata di un titolo di credito: *la girata deve essere sottoscritta dal g.* **C s. f.** ● (*mecc.*) in turbine, pompe e compressori a palette, il rotore munito di palette che viene messo in rotazione dal fluido o che, azionato da un motore, mette in moto il fluido

♦**giràre** [vc. dotta, lat. *gyrāre*, da *gȳrus* 'giro' ✱av. 1250] **A v. tr.** **1** far ruotare un oggetto su sé stesso: *g. la ruota, la manovella, la chiave nella toppa* | (*est.*) volgere da una parte o tutt'intorno: *g. gli occhi, lo sguardo, il capo* | (*poet.*) condurre: *ove tu vuoi mi gira* (T. TASSO) | anche nella forma pron. (con valore intens.) **giràrsi**: *rispose il cerbero ... girandosi la moneta fra le mani* (G. VERGA) | ***girarsi i pollici***, farli girare uno attorno all'altro tenendo le mani incrociate; (*fig.*) passare il tempo senza far nulla **2** percorrere in giro: *la strada gira l'isola* | voltare: *gira l'angolo e vedrai la libreria* | (*est.*) visitare un luogo percorrendolo in ogni sua parte: *g. il paese, la casa, il mondo* **3** trasferire qlco. a qlcu. (*anche fig.*): *ti giro la domanda* | ***g. il pallone in porta***, nel calcio, tirare al volo in rete, su traversone | ***g. un conto***, stornarlo, passare una partita o un saldo da un conto a un altro | (*colloq.*) inoltrare: *ti giro questa mail* | (*dir.*) trasferire mediante girata: *g. un titolo di credito* **4** (*cinema*) azionare la manovella della macchina da presa | (*est.*) riprendere: *g. una scena in esterni* | ***si gira!***, avvertimento o comando di dare inizio a una ripresa **5** (*fig.*, *colloq.*) presentare sotto un altro aspetto, un'altra forma (*anche assol.*): *g. la frase* | ***gira, gira***, (*fig.*) dopo tutto, alla fin fine | ***gira e rigira***, (*fig.*) per quanto si faccia e si dica | ***g. il discorso***, (*fig.*) portarlo su un altro argomento | ***girala come vuoi***, da qualunque punto di vista si affronti il problema: *girala come vuoi, ho sempre ragione io* **6** (*milit.*) †aggirare | (*fig.*, *lett.*) evitare, scansare **B v. intr.** **1** (aus. *avere* o *essere*) compiere un movimento di rotazione su sé stesso o attorno a un punto determinato: *la Terra gira attorno al Sole; la trottola, l'arcolaio, il frullino girano; compare Meno si diede a g. intorno alla bestia* (G. VERGA) | ***g. in tondo***, descrivere un cerchio col proprio movimento | ***g. sull'ancora***, detto di imbarcazione trattenuta da una sola ancora che, per effetto del vento o delle maree, si muove intorno a questa | (*fig.*) ***la testa mi gira***, ho le vertigini, il capogiro | ***far g. la testa***, far venire il capogiro; (*fig.*) frastornare; (*fig.*) far innamorare | ***far g. le scatole***, (*fig., pop.*) infastidire, far perdere la pazienza | (*fig.*) ***g. intorno a una frase***, esitare a dirla | ***g. al largo***, non accostarsi; (*fig.*) andar cauto | ***g. a vuoto***, V. *vuoto* nel sign. B 7 **SIN.** ruotare **2** (aus. *avere*) (*est.*) muoversi, camminare, passeggiare: *è da questa mattina che giro* **3** (aus. *avere* o *essere*) circolare: *su questa strada si gira malissimo*; *il sangue gira nelle arterie e nelle vene* **4** (aus. *avere* o *essere*) voltare: *gira a destra per non uscire di strada*; *il viottolo gira a sinistra* **5** (aus. *avere* o *essere*) correre in giro, cingendo o circondando qlco.: *il fiume gira per pochi kilometri*; *la balaustra gira attorno alla sala* | †estendersi in cerchio: *Vedi nostra città quant'ella gira* (DANTE *Par.* XXX, 130) **6** (aus. *avere* o *essere*) (*fig.*) passare di mano in mano: *il denaro gira* | ***far g. il denaro***, investirlo, spenderlo | (*fig.*) diffondersi: *le notizie, le chiacchiere girano* | (*tipogr.*) spostarsi, proseguire alla colonna successiva, detto del testo di un articolo giornalistico o di un libro **7** (aus. *essere*) (*fig.*) mulinare, turbinare: *mille idee mi girano per la testa* | (*fig.*) ***secondo come gira***, secondo l'umore, il capriccio del momento | (*colloq.*) ***cosa ti gira?***, cosa ti salta in mente? **8** (aus. *avere* o *essere*) (*tosc.*) guastarsi, alterarsi: *quel vino incomincia a g.* **C** **giràrsi** **v. rifl.** ● volgersi: *mi girai d'improvviso e lo vidi* | muoversi, agitarsi cambiando posizione: *si girava e rigirava nel letto senza riuscire a prendere sonno* **SIN.** voltarsi

girarròsto [comp. di *gira(re)* *(l'a)rrosto* ✱ av. 1712] **s. m.** ● (*cucina*) dispositivo che fa girare lo spiedo sul fuoco o nel forno per arrostire uniformemente la carne

girasóle [comp. di *gira(re)*, verso il *sole*, come il sin. dotto *eliotropio* ✱ av. 1333] **s. m.** ● pianta annua delle Composite caratterizzata da grandi capolini a fiori periferici gialli dai cui semi si estrae un olio commestibile (*Helianthus annuus*) **SIN.** clizia, elianto, eliotropio, mirasole

giràta [av. 1529] **s. f.** **1** il girare: *dare una g. di chiave, di fune* **2** (*raro*) giro, passeggiata: *fare una g. in bicicletta* **3** (*dir.*) trasferimento di un titolo di credito all'ordine scritto sul documento stesso e sottoscritto dal girante | ***g. in bianco***, quella che non contiene l'indicazione del giratario | ***g. in garanzia, in pegno***, quella che trasferisce l'esercizio dei diritti incorporati nel titolo, ma non la disponibilità dello stesso mediante successiva girata | ***g. in pieno, g. piena***, quella in cui è indicata la persona del giratario | ***g. per incasso, per procura***, per cui il giratario è solo legittimato a esigere il credito del girante in rappresentanza dello stesso **4** distribuzione delle carte ai giocatori **5** nel calcio, deviazione al volo del pallone verso la porta avversaria: *g. di testa, di collo pieno (del piede)* **6** (*fam.*) sgridata, aspro rimprovero ‖ **giratina**, **dim.**

giratàrio [da *girata* in applicazione commerciale ✱ 1673] **s. m.** (**f.** *-ia*) ● (*dir.*) soggetto nei cui confronti è o è stata effettuata la girata di un titolo di credito

giràto **A** **part. pass.** di *girare*; anche **agg.** ● nei sign. del v. **B** **s. m.** ● (*enol.*) malattia batterica dei vini poco alcolici, che li rende torbidi e di sgradevole sapore **SIN.** sobbollimento

giratóre [1843] **s. m.** ● (*fis.*) dispositivo usato nella tecnica delle microonde che causa il rovesciamento della polarità di un segnale che viene trasmesso in una direzione

giratòrio [av. 1779] **agg.** (**pl. m.** *-i* o *raro -ii*) ● detto di moto attorno a un punto | ***senso g.***, percorso obbligatorio seguito dai veicoli per es. attorno all'aiuola centrale di una piazza | ***coppa giratoria***, calotta nel centro di un incrocio, spesso luminosa, che i veicoli devono aggirare

giratùbi [comp. imperat. di *girare* e il pl. di *tubo* ✱ 1956] **s. m. inv.** ● attrezzo di varia forma per avvitare o svitare un tubo in una giunzione

giraųtensìli [comp. di *gira(re)* e il pl. di *utensile* ✱ 1956] **s. m. inv.** ● attrezzo costituito da un mozzo centrale e da due braccia uguali, per far ruotare gli utensili

giravìte [comp. di *gira(re)* e *vite* ✱ sec. XIX] **s. m.** (**pl. inv.** o *-i*) ● cacciavite

giravòlta [comp. di *gira(re)* e *volta(ta)* ✱ av. 1328] **s. f.** **1** movimento repentino ottenuto ruotando il corpo intorno al proprio asse: *i bambini amano fare le giravolte* **SIN.** capriola, piroetta | (*est.*) mezzo giro fatto su sé stesso: *fece una g. e s'allontanò* (G. VERGA) | (*lett.*) camminata | †viaggio **2** tortuosità di strade, fiumi e sim.: *strade piene di giravolte*; *dopo quella casa il torrente fa una serie di giravolte* **3** (*fig.*) improvviso mutamento di opinione dovuto a volubilità di carattere

giravoltàre [1612] **v. intr.** (*io giravòlto*; aus. *avere*) **1** compiere una o più giravolte, girare su sé stesso **2** (*raro*) girovagare, vagabondare **3** (*fig.*) cambiare idea, opinione

†**girazióne** [1294] **s. f.** ● giramento, giro

gìre [lat. *īre* 'andare', di orig. indeur., con la *g-* di *giamo*, da *eāmus* 'andiamo' ✱ sec. XII] **v. intr.** (**difett. usato solo nella prima e seconda pers. pl. del pres. indic.** *noi giàmo, voi gìte*; **nella prima e seconda pers. sing. e nella terza sing. e pl. dell'imperf. indic.** *io gìvo, tu gìvi, egli gìva* o *gìa, essi gìvano*; **nella seconda pers. sing. e pl., nella prima pl. e nella terza sing. e pl. del pass. rem.** *tu gìsti, egli gì, noi gìmmo, voi gìste, essi gìrono*; **in tutte le pers. del fut.** *io girò*; **in tutte le pers. dell'imperf. congtv.** *io gìssi*; **in tutte le pers. del condiz. pres.** *io girèi*; **nel part. pass.** *gìto* **e in tutti i tempi composti; aus.** *essere*) ● (*lett.*) andare | ***girsene***, andarsene: *girsen vid'io, senza curar tempesta, / una nave superba in mezzo al mare* (G. PARINI)

girèlla [da *girare* 'andare tutt'attorno'; nel sign. B, deriv. di *Girella*, personaggio di una poesia di G. Giusti (1809-1850) ✱ av. 1348] **A** **s. f.** **1** carrucola **2** giocattolo per ragazzi, consistente in una rotella di legno scanalata intorno alla quale si avvolge uno spago che, sfilato con forza, la fa girare sul terreno **SIN.** ruzzola **3** (**al pl.**) insieme di due pezzi di legno con scanalature entro cui sono fissate le stecche dell'arcolaio **4** (*est., raro*) qualsiasi cosa che abbia la forma di un disco: *una g. di cacio* | (*tosc., fig.*) ***dare nelle girelle***, non avere la testa a posto **5** (*pesca*) piccolo elemento metallico con cui si congiungono parti di lenza per evitare torsioni del filo **B** **s. m. inv.** ● (*fig.*) persona volubile che cambia spesso di opinione **SIN.** banderuola, voltagabbana **CFR.** girellismo ‖ **girellétta**, **dim.** | **girellina**, **dim.**

girellàre [da *girare* 'andare in giro' ✱ 1598] **v. intr.** (*io girèllo*; aus. *avere*) ● girare qua e là oziosamente e senza meta: *è un fannullone e non fa altro che g.* **SIN.** bighellonare, gironzolare

girellìo [1869] **s. m.** (**pl.** *-ii*) ● il girellare frequente e continuato

girellịsmo [da *girella* nel sign. B ✱ 1858] **s. m.** ● (*lett.*) incoerenza, volubilità, incostanza

girèllo [da *girare* intorno ✱ sec. XIV] **s. m.** **1** oggetto a forma di piccolo cerchio **2** sostegno di forma circolare, più largo in basso, montato su rotelle, nel quale si mette il bambino che sta imparando a camminare **3** taglio di carne costituito dalla parte posteriore della coscia del bue o del vitello macellati, particolarmente indicato per cotolette e vitello tonnato **4** la parte carnosa del carciofo su cui sono inserite le brattee | asse a forma di disco del bulbo della cipolla **5** dischetto di cuoio all'apice della stecca da biliardo **6** †armilla, braccialetto ‖ **girellìno**, **dim.**

girellonàre [1855] **v. intr.** (*io girellóno*; aus. *avere*) ● (*raro, lett.*) gironzolare

girellóne [av. 1802] **s. m.** (**f.** *-a*) **1** girandolone, bighellone **2** (*fig.*) †persona volubile

girellóni [1880] **avv.** ● in giro: *se ne andava g. sul corso* (G. VERGA)

girétto [av. 1803] **s. m.** **1** dim. di *giro* **2** passeggiatina: *fare un g.* ‖ **girettino**, **dim.**

girévole [1516] **agg.** **1** che può girare: *poltrona, piattaforma g.* **2** (*fig., lett.*) volubile, irritante: *g. ... e arrogante nel congedare* (I. NIEVO)

girgentino [da *Girgenti*, n. mediev. (*Grigentum, Gergentum*) di *Agrigento* ✱ sec. XIX] **agg. e s. m.** (**f.** *-a*) ● (*disus.*) agrigentino

girifàlco o **girfàlco** [fr. ant. *gerfalc*, dall'ant. alto ted. *gîr* 'avvoltoio, falco' ✱ 1282] **s. m.** (**pl.** *-chi*) ● nome comune di un voluminoso falco dalla livrea elegante, con penne del dorso grigio-brune fasciate in bianco, caratterizzato da una vasta diffusione (*Falco rusticolus*): *ed è un nibbio, e par uno girfalco* (C. ANGIOLIERI)

girigògolo [da *giro* con sovrapposizione di *ghirigoro* ✱ 1661] **s. m.** ● (*lett.*) tratto di penna pieno di capricciose volute: *una scrittura, un disegno pieno di girigogoli* **SIN.** ghirigoro | (*lett.*) arabesco | (*fig., lett.*) arzigogolo involuto e incomprensibile

girìno ① [vc. dotta, lat. *gyrīnu(m)*, dal gr. *gyrînos*, per l'abitudine di *girare* rapidamente ✱ av. 1498] **s. m.** ● (*zool.*) forma larvale degli Anfibi anuri che respira per branchie e ha corpo globoso con lunga coda laminare | ***g. striato, nuotatore***, piccolo insetto dei Coleotteri dal corpo ovale con elitre scure che nuota alla superficie dell'acqua (*Gyrinus substriatus*)

girìno ② [da *giro* nel sign. 6 ✱ 1952] **s. m.** ● (*pop.*) corridore ciclista partecipante al Giro d'Italia

girìo [da *girare* col suff. *-io*① ✱ sec. XIX] **s. m.** (**pl.** *-ii*) ● un girare frequente e prolungato

girl /gerl, *ingl.* gɜːl/ [ingl., propr. 'ragazza' di orig. germ., ma di etim. incerta ✱ 1906] **s. f. inv.** **1** ragazza del corpo scenico di ballo, in spettacoli di rivista e varietà **2** nella loc. ***bad girl***, ragazza poco raccomandabile, ragazzaccia; ragazza anticonformista, che assume pose da cattiva (comp. con *bad* (V.)) | ***it g.***, nel linguaggio giornalistico, giovane donna di grande fascino ed eleganza, spesso presente negli eventi mondani (comp. con *it* (V.))

girlfriend /gerl'frɛnd, *ingl.* 'gɜːl,frɛnd/ [vc. ingl., comp. di *girl* 'ragazza' e *friend* 'amico, amica' ✱ 1953] **s. f. inv.** ● amica che un ragazzo frequenta con affettuosa assiduità

gìrlo [prob. lat. **gȳrulu(m)*, dim. di *gȳrus* 'giro' ✱ 1585] **s. m.** ● dado con perno, a quattro o più facce, che si fa ruotare come una trottola e che reca impresse sulle facce dei numeri oppure le lettere T, P, N, A, iniziali delle parole latine *totum* ('tutto'), *pone* ('paga'), *nihil* ('nulla'), *accipe* ('incassa')

♦**giro** [lat. *gȳru(m)*, dal gr. *gŷros* 'cerchio', di orig. indeur. ✱ av. 1292] **A** **s. m.** **1** cerchia, perimetro: *il g. delle mura*; *le fortificazioni hanno un g. di dieci miglia* **CFR.** ciclo-, -ciclo | ***g. di perle***, collana di perle montate su uno stesso filo | ***prendere in g.***, (*fig.*) canzonare | ***g. di parole***, (*fig.*) perifrasi | ***in g.***, di qua e di là, in disordine: *lasciare in g. le proprie cose* | †**di g. in g.**, man mano: *di g. in g. scoprendo più vere le sue posizioni e vera la sua dottrina* (G. GALILEI) | in vari sport, lunghezza del percorso di un velodromo, di un circuito e sim.: *distaccare, battere di un g. l'avversario*; *g. di pista* | **a pieni giri**, spec. in gare automobilistiche e motociclistiche su circuito, detto di concorrente non doppiato | **g. d'onore**, quello che il vincitore di una gara compie attorno alla pista o al circuito | **disco a 78, 45** o **33 giri**, disco in vinile che gira alla velocità di 78, 45 o 33 giri al minuto **2** apertura degli abiti dove si attaccano le maniche: *una camicia larga, stretta di g.* | **g. di collo**, V. *girocollo* | **g. del cappello**, la sua circonferenza interna **3** rotazione compiuta attorno al proprio asse o movimento attorno a qlco.: *i giri della Terra, dei pianeti*; *un g. di manovella*; *il g. degli occhi, dello sguardo*; *i giri del motore*; *dare un doppio g. di chiave*; *un g. di pista*; *fare un g. di ballo* | **g. di valzer**, V. *valzer* | **a pieni giri**, detto di motore che funziona a pieno regime; (*fig.*) al massimo delle possibilità | **fuori giri**, di motore che supera il regime massimo stabilito | **g. di vite**, (*fig.*) intervento restrittivo, inasprimento di una sanzione | **essere su, giù di giri**, (*fig.*) essere eccitato o demoralizzato (con riferimento al numero di giri di un motore a scoppio) | **g. d'orizzonte**, in topografia, misurazione, con teodolite o con tacheometro, da un punto di stazione, degli azimut relativi ai vari segnali; (*fig.*) visione rapida e generale di una situazione, di un problema e sim. | **g. di boa**, V. *boa*② | in ginnastica, danza e sim., movimento di rotazione sull'asse longitudinale che si può eseguire in volo o in appoggio su un piede: *mezzo g.*; *un quarto, un ottavo di g.* | **g. della morte**, cerchio della morte | **g. tondo**, V. *girotondo* **4** percorso, viaggio per scopi determinati: *il g. del medico per le visite*; *un g. d'ispezione tra le filiali*; *il g. del mondo in 80 giorni*; *il g. di un commesso viaggiatore*; *fare un g. turistico sui laghi, per la Sicilia* | **g. artistico**, corso di rappresentazioni di una compagnia teatrale in vari paesi **5** (*est.*) il camminare, il muoversi senza precise ragioni: *andare in g.*; *fare un g. in città* | **è sempre in g.**, a spasso, fuori casa SIN. camminata, passeggiata **6** gara ciclistica, automobilistica, aviatoria e sim., in una sola prova o a tappe, in genere con ritorno al luogo di partenza: *g. d'Italia, di Francia, di Lombardia*; *g. podistico della città* | (*per anton.*) **il Giro**, il giro d'Italia **7** circolazione di chiacchiere, di notizie, anche stampate: *vi sono molte voci tendenziose in g. sul tuo conto* | **mettere in g.**, divulgare, diffondere **8** circolazione di merci, di denaro | **g. d'affari**, la quantità di prodotto venduto espresso in moneta | **partita di g.**, registrazione contabile di una somma incassata e successivamente versata o viceversa | **g. di cassa**, registrazione di cassa | **a (stretto) g. di posta**, mediante il primo invio postale utile **9** (*fig.*) periodo di tempo: *il lavoro sarà pronto nel g. di un anno* | turno, vicenda | **è il vostro g.**, tocca a voi | nel gioco delle carte, un certo numero di partite disputate a seconda del numero dei giocatori o di altro vario criterio: *un ultimo g., e poi ce ne andiamo a dormire* | **fare un g. di telefonate**, una serie di telefonate **10** (*fig.*) ambiente, cerchia di persone: *un g. di amici*; *entrare, essere in un brutto g.*; *un g. di gente allegra* | **essere nel g.**, conoscere bene, disporre di appoggi e sim. | **essere fuori dal g., dai giri**, non frequentare le persone che svolgono una data attività: *un intellettuale fuori dai giri accademici* **B** in funzione di agg. inv. ● (posposto al sost.) nella loc. **angolo g.**, angolo di 360° ‖ **girétto**, dim. (V.) | **giróne**, accr. (V.)

giro-, -giro [da *giro*] primo e secondo elemento ● in parole composte dotte e della terminologia scientifica e tecnica significa 'rotazione', 'circolarità', 'trasferimento': *girobussola, giroscopio, girocollo, giroconto*; *aerogiro, sinistrogiro, postagiro*

girobùssola [comp. di *giro(scopio)* e *bussola* ✱ 1930] **s. f.** ● bussola giroscopica

girocòllo [da intendersi *giro* (*di*) *collo* ✱ 1958] **A s. m. inv. 1** la circonferenza del collo di un indumento **2** maglione con scollatura rotonda, aderente alla base del collo **3** collana aderente alla base del collo **B agg. inv.** ● detto di indumento o collana a girocollo

girocónto [da interpretarsi *giro* (*di*) *conto* ✱ 1892] **s. m.** ● spostamento, a opera di una banca, di una somma di denaro da un conto a un altro, in esecuzione dell'ordine ricevuto dal primo correntista

girodirezionàle [comp. di *giro(scopio)* e *direzionale* ✱ 1956] **s. m.** ● (*aeron.*) direzionale giroscopico

girolètto [etim. incerta ✱ 1983] **s. m.** ● mobile costituito dal letto con i comodini e la testiera incorporati

giromagnètico [comp. di *giro-* e *magnetico* ✱ 1932] **agg.** (**pl. m.** *-ci*) ● (*fis.*) relativo al giromagnetismo: *effetto g.*

giromagnetìsmo [comp. di *giro-* e *magnetismo* ✱ 1987] **s. m.** ● (*fis.*) parte del magnetismo che studia le connessioni tra momento angolare e momento magnetico

giromànica [da intendersi *giro* (*di*) *manica* ✱ sec. XX] **s. m. inv.** ● parte di un indumento che circonda l'ascella, e a cui può essere o meno attaccata la manica

†**giromètta** [dalla canzone pop. piemontese 'La bella *Girometta*' (accorc. di Girolametta) ✱ sec. XVI] **s. f.** ● donna che veste e parla con affettazione

girónda ➤ **ghironda**

girondìno [fr. *girondin*, dal n. del dipartimento fr. della *Gironda*, così detta per l'omonimo fiume che la bagna, parallelo di *Garonne*, di etim. incerta ✱ 1834] **A s. m.** (**f.** *-a*) ● membro o sostenitore del movimento politico di tendenza moderata, costituitosi durante la Rivoluzione francese, così chiamato perché i suoi capi erano in gran parte deputati del dipartimento della Gironda **B anche agg.**: *il periodo g. della Convenzione*

girondolàre ➤ **girandolare**

giróne① [1313] **s. m. 1** †accr. di *giro* | †curva, ansa **2** (*lett.*) cerchio, giro, nell''Inferno' e nel 'Purgatorio' della 'Divina Commedia' | (*iperb.*) **g. infernale, g. dantesco**, luogo di grandi patimenti, di confusione e sim.: *quel carcere era un vero g. infernale* **3** (*sport*) raggruppamento di squadre o di atleti per la disputa di un campionato o di un torneo | **g. di andata**, nel calcio e sim., il primo dei due gruppi di partite di campionato, in cui le squadre si incontrano tutte fra loro una prima volta | **g. di ritorno**, il secondo gruppo di partite di campionato in cui le squadre s'incontrano tutte una seconda volta invertendo la sede | **g. all'italiana**, in cui ogni squadra o atleta incontra tutte le altre squadre o atleti | (*raro*) **g. ascendente**, quello di andata **4** (*mar.*; *disus.*) impugnatura del remo **5** †cinta di una fortezza, di una città fortificata **6** †mulinello

giróne② ➤ **gironi**

giróni o (*raro*) **giróne**② [comp. di *girare* e il suff. iter. avv. *-oni* ✱ av. 1588] **avv.** ● (*tosc.*, *lett.*) in giro, a zonzo: *andare g. tutto il giorno* | anche nella loc. avv. **a g.**

gironzàre [da *girare* ✱ av. 1698] **v. intr.** (*io girónzo*; **aus.** *avere*) ● (*lett.*) gironzolare | (*lett.*) fare la corte, ronzare

◆**gironzolàre** (o *-z-*) [da *girare* ✱ 1858] **v. intr.** (*io girónzolo*; **aus.** *avere*) ● girellare: *non fa altro che g. dalla mattina alla sera*; *g. per la città* | girare frequentemente intorno a una persona o una cosa con aria sospetta: *è parecchio che quel tipo gironzola qui intorno*

giropilòta [comp. di *giro(scopio)* e *pilota* ✱ 1937] **s. m.** (**pl.** *-i*) ● pilota automatico che funziona a mezzo di giroscopi

giroscòpico [da *giroscopio* ✱ 1926] **agg.** (**pl. m.** *-ci*) ● relativo al giroscopio

giroscòpio [comp. di *giro* e *-scopio*, sul modello del fr. *gyroscope* ✱ 1869] **s. m.** ● solido che gira rapidamente attorno a un asse principale che rimane stabile durante la rotazione

girostabilizzatóre [comp. di *giro(scopio)* e *stabilizzatore* ✱ 1937] **s. m.** ● dispositivo giroscopico installato su grandi navi per eliminare o attenuare i movimenti di rollio

giròstato [comp. di *giro-* e *-stato* ✱ 1927] **s. m.** ● (*mecc.*) solido posto in rapida rotazione rispetto al proprio asse, rispetto al quale tutta la sua massa è perfettamente equilibrata, in modo che l'asse conservi invariata la sua direzione nello spazio

girotondìno [da *girotondo* in senso polit. ✱ 2002] **A s. m.** (**f.** *-a*) ● (*polit.*) chi partecipa a un girotondo | esponente o sostenitore del movimento dei girotondi **B anche agg.**: *popolo g.*; *movimento g.*

◆**girotóndo** [da interpretarsi *giro* (*in*) *tondo* ✱ 1869] **s. m. 1** gioco infantile nel quale i bambini si prendono per mano formando un circolo e girano al ritmo di una filastrocca | (*est.*, *lett.*) veloce giro **2** (*polit.*) manifestazione di protesta civile durante la quale i partecipanti si prendono per mano circondando, con l'intento simbolico di proteggerlo, un luogo rappresentativo dell'ordinamento democratico | (*est.*) **i girotondi**, insieme dei movimenti che condividono le motivazioni di tali proteste civili: *il popolo dei girotondi*

giròtta [adattamento del fr. *girouette*, dall'ant. normanno *wirewite*, in ant. nordico *vedhrviti*, comp. di *vedhr* 'vento' e *viti* 'segnale', con sovrapposizione di *girer* 'girare' ✱ 1855] **s. f.** ● lamina metallica girevole, banderuola o sim. poste su campanili, comignoli, pennoni ecc. per indicare la direzione del vento

✦**girovagàre** [da *girovago* ✱ av. 1686] **v. intr.** (*io giròvago, tu giròvaghi*; **aus.** *avere*) ● andare a zonzo | bighellonare

✦**giròvago** [lat. tardo *gyrŏvagu(m)* 'uso a vagare (*vagāre*) in giro (*gȳrus*)', secondo un modello di composizione imitato dal gr. ✱ sec. XIV] **agg. e s. m.** (**f.** *-a*; **pl. m.** *-ghi*) ● che (o chi) va in giro sostando in qualche luogo solo temporaneamente: *la città era piena di girovaghi*; *mercante g.* | **suonatore g.**, che va di paese in paese sostando sulle piazze a dare spettacolo SIN. ambulante | **mestiere g.**, V. *mestiere*

girovìta [da *giro* (*di*) *vita* ✱ 1992] **s. m. inv.** ● circonferenza della vita di una persona o di un indumento

◆**gita** [f. sost. di *gito*, part. pass. di *gire* ✱ av. 1306] **s. f. 1** escursione, breve viaggio di svago: *g. al mare*; *g. turistica*; *g. scolastica*; *una g. a piedi in montagna* **2** (*tosc.*) giro di garzone o fornitore presso i clienti **3** †nel gioco degli scacchi, mossa **4** †andata CONTR. ritorno ‖ **gitàccia**, **pegg.** | **gitarèlla**, **giterèlla**, **dim.**

gitàna [sp. *gitana* 'danza dei Gitani' ✱ 1844] **s. f.** ● (*mus.*) aria di una danza spagnola a tre tempi, di movimento moderato

gitàno [sp. *gitano*, dal lat. parl. **(Ae)gyptānu(m)* 'proveniente dall'Egitto (*Āegyptus*)' ✱ 1846] **A s. m.** (**f.** *-a*) ● zingaro spagnolo o di origine nordafricana **B agg.** ● relativo a tali zingari: *danze gitane*

gitànte [da *gita* ✻ 1892] **s. m. e f.** ● partecipante a una gita: *i gitanti visitarono il centro storico della città*

gittaióne ➤ **gettaione**

†**gittàre** e deriv. ➤ **gettare** e deriv.

gittàta [1342] **s. f. 1** distanza coperta dal lancio di un proiettile: *arma a lunga g.* **2** †V. *gettata*

gìttern /ˈgitern, *ingl.* ˈgɪtɜːn/ [vc. ingl. propr. 'cetra, chitarra' ✻ sec. XX] **s. m. inv.** ● (*mus.*) strumento medievale, diffuso in Francia e in Inghilterra, a corde suonate col plettro; uno dei probabili antenati della chitarra moderna

♦**giù** /dʒu*/ o †**giùso**, †**giùe** [da un precedente *giu(so)*, dal lat. tardo *iūsum*, per il class. *deōrsum* 'giù', con sovrapposizione di *sūsum* 'su' ✻ 1266] **A avv. 1** a basso, in basso, verso il basso (con v. di stato e di moto): *scendi subito giù*; *venite giù*; *non guardare giù*; *l'un si levò e l'altro cadde giuso* (DANTE *Inf.* XXV, 121) **CFR.** cata- **CONTR.** su | con valore pleonast. e rafforz. seguito da un compl. di luogo: *è andato adesso giù in giardino*; *venite a giocare giù in cortile* | ***andare su e giù***, salire e scendere o andare avanti e indietro | ***andare giù***, (*fig.*) deperire | ***giù di moda***, in disuso | ***non mi va giù, non mi va né su né giù***, non riesco a inghiottire; (*fig.*) non riesco a tollerare | ***buttare giù***, demolire: *buttare giù un muro*; (*fig.*) far cadere: *hanno buttato giù il governo già due volte*; (*fig.*) fiaccare nel fisico o nel morale: *la malattia, la triste notizia, l'ha buttato giù* | (*fam.*) ***buttare giù la pasta***, metterla a cuocere | ***buttare giù un boccone***, (*fig.*) mangiare qlco. in fretta | (*fig.*) ***buttare giù un'idea, due righe, un ritratto***, abbozzare alla buona e in fretta uno scritto, un ritratto | ***buttarsi giù***, sdraiarsi, coricarsi; (*fig.*) sminuirsi; avvilirsi | ***essere giù***, (*fig.*) essere in cattive condizioni di salute o di spirito | (*fig.*) ***giù di corda***, stanco, debilitato, depresso, nel fisico, nella volontà, nell'umore | ***mandare giù***, inghiottire; (*fig.*) credere; sopportare | ***mandare giù il rospo***, (*fig.*) tollerare un sopruso | ***mettere giù***, posare, deporre: *metti giù il cappello e il soprabito* | ***tirare giù qlco.***, (*fig.*) fare qlco. in fretta e malamente | ***tirare giù, tirare giù i Santi del Cielo***, (*fig.*) imprecare, dire parolacce: *ne tira giù di quelle!* | ***venire giù***, (*est.*) crollare: *non mi muovo nemmeno se viene giù il mondo* | ***viene giù un'acqua!***, piove a dirotto | ***dare giù***, (*raro, fig.*) picchiare **2** (*iter.*) ***giù giù***, indica un movimento continuato o prolungato, spec. lento, di discesa oppure (*fig.*) un movimento progressivo nel tempo: *si calava giù giù lungo la facciata della casa con una fune*; *prenderò in esame l'argomento dalle trattazioni più antiche giù giù fino alle più recenti* **3** (*assol.*) con ellissi del v. in escl. di esortazione, comando, sdegno, e sim.: *giù da quella sedia!*; *giù il cappello!*; *giù le mani!*; *giù le mani, screanzato!*; *giù le mani dal banco!* | ***giù la maschera!***, (*fig.*) basta con le finzioni! | (*e*) ***giù*** (***con***), (con valore rafforz.) per indicare qlco. spec. di sfavorevole che si abbatte in gran quantità o bruscamente (*anche fig.*): *gli saltarono addosso, e giù pugni e schiaffi*; *e giù acqua!*; *e giù con le critiche!*; *E giù una filza di male parole* (L. PIRANDELLO) **4** nella loc. avv. ***in giù***, verso il basso: *prova a guardare in giù*; *dalla testa in giù è tutto sporco*; *è caduto a testa in giù* | (*fig.*) ***dal numero 20 in giù, dai settant'anni in giù***, e sim., decrescendo dal numero venti, dai settant'anni, e sim. | V. anche *ingiù* **5** nelle loc. avv. ***da, di giù***, dal basso: *l'ho sentito fin da giù*; *il rumore viene di giù* | ***da, di giù in su***, dal basso all'alto | ***di qua, di là, di su, di giù***, da ogni parte **6** nella loc. avv. ***giù di lì***, pressappoco: *saremo in venti o giù di lì*; *viene da Alessandria o giù di lì* | ***su per giù***, V. *suppergiù* **B** nella **loc. prep.** ***giù per*** ● lungo: *porta i capelli giù per le spalle*; *se ne veniva giù per il sentiero* | ***su e giù per***, avanti e indietro per: *camminare su e giù per la strada, per la stanza* e sim.

giùba e deriv. ➤ **giubba**② e deriv.

giùbba① o (*centr.*) †**giùppa** [arabo *ǧubba* 'lunga veste maschile' ✻ 1284] **s. f. 1** (*tosc.*) giacca da uomo: *mettersi, levarsi la g.* | giacca militare: *la g. di un'uniforme* **2** (*tosc.*) abito da cerimonia, marsina **3** casacca dei fantini, coi colori della scuderia | casacca dei pagliacci **4** lunga sottoveste con maniche, maschile e femminile, nell'abbigliamento medievale: *vestito d'una ricca g. di zendado* (G. BOCCACCIO) | nell'armatura antica, cotta di cuoio cordovano, di piastra di ferro e imbottita | sopravveste maschile in tessuto prezioso, lunga sino alla vita, fornita di maniche rigonfie e arricchita di ricami e arricciature, tipica delle classi ricche sino al XVIII sec. || **giubbàccia**, **pegg.** | **giubbétta**, **giubbettìna**, **dim.** | **giubbétto**, **dim. m.** (V.) | **giubbìna**, **dim.** | **giubbìno**, **dim. m.** | **giubbóne**, **accr. m.** (V.) | **giubbòtto**, **dim. m.** (V.)

giùbba② o (*lett.*) **giùba**, †**iùba** [adattamento del lat. *iŭba(m)*, di etim. incerta ✻ av. 1566] **s. f.** ● (*lett.*) criniera, spec. del leone e del cavallo

giubbàto o (*lett.*) **giubàto**, †**iubàto** [adattamento del lat. *iubātu(m)*, da *iŭba* 'giubba②' ✻ av. 1686] **agg.** ● (*lett.*) fornito di criniera

giubbétto① [1312] **s. m. 1** dim. di *giubba*① **2** nell'abbigliamento antico, farsetto | giacca corta e attillata, spesso senza maniche, usata spec. nell'abbigliamento femminile o infantile e in costumi regionali **3** (*sport*) nella divisa dello schermidore, giacchetto imbottito, corto e abbottonato su un fianco | ***g. elettrico***, quello indossato dallo schermidore di fioretto e di sciabola sopra il normale giubbetto che segnala automaticamente i colpi finiti a segno **4** ***g. antiproiettile, corazzato***; ***g. di salvataggio***, V. *giubbotto* || **giubbettìno**, **dim.**

†**giubbétto**② o †**gibétto** [fr. *gibet*, di etim. incerta ✻ 1313] **s. m.** ● patibolo dei condannati all'impiccagione

†**giubbilàre** e deriv. ➤ **giubilare**① e deriv.

†**giubbonàio** o †**giubbonàro** [sec. XIV] **s. m.** ● chi confezionava giubboni

giubbóne o (*centr.*) †**giuppóne** [av. 1380] **s. m. 1** accr. di *giubba*① | giacca da lavoro | (*tosc.*) finanziera **2** giaccone pesante, spec. quello in pelle usato dai motociclisti || **giubboncèllo**, **dim.** | **giubboncìno**, **dim.**

giubbòtto [1957] **s. m. 1** dim. di *giubba*① **2** corta giacca sportiva, in pelle o tessuto, chiusa da bottoni o cerniera lampo **3** ***g. di salvataggio, g. salvagente***, corpetto in tela o plastica, ripieno di sughero o materiale espanso, destinato a tenere a galla chi cade in acqua **4** ***g. antiproiettile, corazzato***, corpetto che protegge il busto da colpi d'arma da fuoco, costituito da lamine di titanio racchiuse in un tessuto di nylon o di Kevlar, usato spec. dagli appartenenti alle forze di polizia || **giubbottìno**, **dim.**

giubilànte **part. pres.** di *giubilare*①; anche **agg.** ● pieno di giubilo, di gioia: *una folla g.* **SIN.** esultante

♣**giubilàre**① o (*pop.*) †**giubbilàre**, †**iubilàre** [lat. *iubilāre* 'gettar grida', poi 'gridare di gioia', di orig. imitativa (= fare *iù, iù*) ✻ av. 1342] **A v. intr.** (*io giùbilo*; **aus.** *avere*) ● provare, manifestare giubilo: *g. d'allegrezza*; *cantare e g.*; *l'udì Armonia / e giubilando l'etere commosse* (U. FOSCOLO) **SIN.** esultare **B v. tr.** ● collocare un impiegato a riposo o in pensione, dopo lungo servizio | (*est.*) in un ambiente di lavoro, esonerare qlcu., talora assegnandogli incarichi di maggiore prestigio formale

giubilàre② [da *giubileo* ✻ 1919] **agg.** ● relativo al giubileo: *anno, indulgenza g.*

giubilàto **part. pass.** di *giubilare*①; anche **agg. 1** detto di impiegato collocato a riposo **2** (*est.*) detto di persona esonerata da un ufficio (*anche iron.*)

giubilazióne o (*pop.*) †**giubbilazióne**, †**iubilazióne** [lat. tardo *iubilatiōne(m)*, da *iubilātus* 'giubilato' ✻ av. 1328] **s. f. 1** (*raro, lett.*) il provare e manifestare giubilo **SIN.** esultanza **2** collocazione a riposo di un impiegato con pensione **3** attestazione ufficiale, ma non valida ai fini della carriera, dei meriti di qlcu.

giubilèo o (*pop.*) †**giubbilèo**, †**iubilèo** [adattamento del lat. cristiano *iubilāeu(m)*, sottinteso *ānnu(m)* 'anno', dal gr. *iōbēlāios* (con sovrapposizione di *iubilāre*), agg. di *iṓbēlos* 'giubileo', dall'ebr. *yōbhēl* 'il (corno di) ariete', col quale si annunciava la solennità religiosa celebrata ogni cinquantesimo anno ✻ 1312] **s. m. 1** presso gli antichi Ebrei, epoca in cui, a conclusione di un periodo di 50 anni, si rimettevano i debiti, si liberavano le persone da servitù e si restituivano i beni agli antichi proprietari **2** nella Chiesa cattolica, periodo, che generalmente ricorre ogni 25 anni e ha durata annuale, in cui il Pontefice concede l'indulgenza plenaria ai fedeli che si rechino pellegrini a Roma o che compiano opere meritorie equivalenti: *l'anno del g.* | ***G. straordinario***, indetto in circostanze straordinarie per la Chiesa o le nazioni o all'inizio di un pontificato **3** (*est.*) cinquantenario: *g. di matrimonio* | festa commemorativa al compimento del cinquantesimo anno di un'attività

♣**giùbilo** o (*pop.*) †**giùbbilo** [lat. *iūbilu(m)*, da *iubilāre*, come *sībilu(m)* 'sibilo' da *sibilāre* 'sibilare' ✻ av. 1306] **s. m.** ● sentimento di gioia intensa manifestato con parole, atti festosi: *grido, canti di g.*

†**giucàre** e deriv. ➤ **giocare** e deriv.

giuccherìa [1862] **s. f.** ● (*tosc.*) balordaggine

giùcco [arabo *ǧuḥā*, fig. pop. di 'sciocco' ✻ av. 1400] **agg. e s. m.** (**f.** *-a*; **pl. m.** *-chi*) ● (*tosc.*) sciocco, balordo || (*lett.*) **giuccherèllo**, **dim.**

giùda [lat. eccl. *Iūda(m)*, in gr. *Iúda*, dall'ebr. *Yĕhūdhāh*, propr. 'lodato', nome di Giuda Iscariota traditore di Gesù Cristo ✻ sec. XIII] **s. m. inv. 1** traditore: *è un vero g.*; *ci sono dei g. tra noi* | ***bacio, parole di G.***, ipocrita manifestazione di affetto e di amicizia prima di un tradimento o dopo aver tradito **2** (*bot.*) ***albero di G.***, siliquastro

giudaésimo ➤ **giudaismo**

giudàico o †**iudàico** [lat. eccl. *Iudāicu(m)*, dal gr. *Ioudaikós*, da *Ioudâios* 'Giudeo' ✻ av. 1328] **agg.** (**pl. m.** *-ci*) ● relativo al giudaismo o ai giudei | ***legge, fede giudaica***, religione degli Ebrei dopo l'esilio | ***stirpe giudaica***, gli Israeliti, gli Ebrei

giudaìsmo o (*raro*) **giudaésimo** [lat. eccl. *Iudaīsmu(m)*, dal gr. *Ioudaïsmós*, da *Ioudâios* 'Giudeo' ✻ av. 1342] **s. m.** ● religione degli Ebrei spec. con riferimento a quella posteriore alla cattività babilonese e alla restaurazione del tempio di Gerusalemme, e, come tale, distinta dall'ebraismo

giudaiẓẓàre [adattamento del lat. cristiano *iudaizāre*, dal gr. *ioudaḯzein* 'vivere od operare alla maniera dei Giudei (*Ioudâioi*)' ✻ av. 1396] **A v. tr.** ● ebraizzare **B v. intr.** (**aus.** *avere*) ● seguire o accettare i riti giudaici || **giudaiẓẓazióne**, **s. f.**

giudècca [lat. *Iudāica(m)* 'quartiere riservato ai Giudei (*Iudāei*)' con sovrapposizione del suff. *-ecca* ✻ 1527] **s. f.** ● in alcune città italiane, quartiere o ghetto in cui abitavano gli Ebrei

giudèo o (*roman.*) **giudìo**, †**iudèo** [lat. *Iudǣu(m)*, dal gr. *Ioudâios*, dall'aramaico *Yĕhūdhāy(ā)* 'della tribù di Giuda' ✻ 1250 ca.] **A** s. m. (f. *-a*) **1** abitante o nativo del regno di Giudea | (*est.*) israelita, ebreo **2** (*spreg.*) usuraio | traditore (V. nota d'uso STEREOTIPO) **3** (*ling.*) ***g. romanesco***, gergo un tempo parlato a Roma nel ghetto ebraico | ***g.-spagnolo***, ladino **B** agg. • dei Giudei | ***carciofi alla giudia***, mondati e spuntati, fritti in abbondante olio e lievemente schiacciati per divaricarne le foglie; piatto tipico della cucina romana di origine ebraica

giudeocristiàno [comp. di *giudeo* e *cristiano* ✻ 1956] **A** agg. • relativo ad alcune comunità cristiane primitive, i cui componenti sostenevano la necessità di osservare le norme del giudaismo **B** s. m. (f. *-a*) • nel cristianesimo primitivo, cristiano che continuava a osservare la legge mosaica

giudicàbile [lat. tardo *iudicābile(m)*, da *iudicāre* 'giudicare' ✻ av. 1848] **A** agg. **1** che si può giudicare **2** (*dir.*) che potrà o dovrà essere oggetto di pronuncia giurisdizionale: *controversia g.*; *reo g. dal Tribunale* ‖ **giudicabilità**, s. f. inv. **B** s. m. e f. • (*dir.*) imputato

giudicànte part. pres. di *giudicare*; anche agg. • che giudica, che ha facoltà di giudicare: *collegio, commissione g.*

♦**giudicàre** o †**iudicàre** [lat. *iudicāre*, da *iūdex*, genit. *iūdicis* 'giudice' ✻ av. 1257] **A** v. tr. (*io giùdico, tu giùdichi*) **1** valutare qlco. o qlcu. a seconda delle qualità, dei meriti e sim.: *solo i … critici giudicano l'artista* (F. DE SANCTIS); *g. la capacità di un tecnico, di un dirigente*; *g. qlcu. idoneo, inadatto, abile, inabile* **2** (*dir.*) decidere con sentenza i fatti o imputazioni di cui si tratta in giudizio: *g. la lite, la causa*; *la Corte d'Assise lo ha giudicato colpevole* | †condannare **3** stimare, ritenere (+ *di* seguito da inf., + *che* seguito da congtv.): *erano concordi nel giudicarlo maturo per quell'incarico*; *giudico opportuno rivolgersi a un medico*; *vidi una, che tra le belle bellissima giudicai* (I. SANNAZARO); *giudicando di avere bisogno degli aiuti di ciascuno* (N. MACHIAVELLI); *giudico che sia bene il ritornare alla legge usata* (G. BOCCACCIO) SIN. reputare **4** †sovrastare, dominare, spec. di cosa più alta rispetto a quelle circostanti **5** †aggiudicare, assegnare | lasciare in eredità **B** v. intr. (aus. *avere*) **1** esprimere giudizi intorno a qlcu. o a qlco. (+ *di*, + *su*): *saremo noi a g. delle nostre forze, delle vostre capacità, del suo operato*; *g. su una questione*; *non possiamo g. su di ciò colle idee nostre* (G. VERGA); *E si dà a quel secolo … non a noi di g. se quel secolo usasse una bella lingua* (G. LEOPARDI) **2** esercitare la facoltà del giudizio: *essere in età di g.*; *g. obiettivamente, bene, male, secondo i propri pregiudizi, liberamente*; *discernere g. consigliare sono atti umani* (LEONARDO) **C** **giudicàrsi** v. rifl. • ritenersi: *si giudica superiore agli altri*

SFUMATURE DI SIGNIFICATO

giudicare - considerare - ponderare

Giudicare è in senso generale l'atto di valutare qualcuno o qualcosa in ragione dei suoi meriti o del suo valore; in ambito giuridico è l'emettere una sentenza dopo un iter processuale. **Considerare** ha rispetto al precedente un valore più generico e attenuato, descrivendo l'azione mentale del tener conto di tutti gli aspetti di una cosa al fine di trarne delle conclusioni. In **ponderare** la considerazione attenta diventa quasi un pesare il pro e il contro di ciascun aspetto.

giudicatìvo [lat. tardo *iudicatīvu(m)*, da *iudicātus* 'giudicato' ✻ 1294] agg. **1** †relativo all'amministrazione della giustizia **2** relativo al giudizio **3** †deliberativo: *voto g.*

giudicàto ① o †**iudicàto** **A** part. pass. di *giudicare*; anche agg. • nei sign. del v. **B** s. m. • (*dir.*) cosa giudicata: *l'autorità del g.* | ***decisione passata in g.***, contro cui non sono più esperibili o sono già stati esperiti i mezzi ordinari di impugnazione | ***tenore del g.***, contenuto del provvedimento giurisdizionale

giudicàto ② [da *giudice*, nome dell'ufficiale munito di autorità sovrana ✻ sec. XIII] s. m. • ciascuna delle quattro suddivisioni antiche della Sardegna medievale: *il g. di Gallura*

giudicatóre o †**iudicatóre** [sec. XIII] agg. e s. m. (f. *-trice*, pop. †*-tóra*) • (*raro*) che (o chi) giudica: *commissione giudicatrice* | ***G. dei vivi e dei morti***, Dio

giudicatòrio [lat. tardo *iudicatōriu(m)*, da *iudicātus* 'giudicato' ✻ av. 1328] agg. (pl. m. *-i* o raro *-ii*) • (*raro*) che riguarda il giudicare

giudicatùra [vc. dotta, lat. mediev. *iudicatūra(m)*, da *iudicāre* 'giudicare' ✻ 1584] s. f. **1** †ufficio, funzione di giudice | luogo in cui si amministra la giustizia **2** (*stor.*) nel Medioevo, divisione amministrativa e giudiziaria della Sardegna

♦**giùdice** o †**iùdice** [lat. *iūdice(m)*, originariamente 'colui che pronuncia (*dīcit*) la formula religiosa di giustizia, detta *iūs*, genit. *iūris*' ✻ 1238] s. m. e f. (f. anche †*giudicéssa* (V.); V. anche nota d'uso FEMMINILE) **1** chi giudica persone e cose: *farsi g. di qlco.*; *erigersi a g. di qlcu.* | ***essere buon g., cattivo g.***, giudicare bene, male | ***lasciar g. qlcu.***, addossargli l'onere del giudizio | chi è incaricato di esprimere un giudizio: *la commissione è composta di sette giudici* | ***g. d'arrivo***, nelle corse sportive, chi controlla e stabilisce ufficialmente l'ordine d'arrivo dei concorrenti | ***g. di gara***, chi è incaricato di vigilare sul regolare svolgimento di una competizione sportiva | ***g. di sedia***, nel tennis, chi arbitra un incontro | ***g. di linea***, nel tennis, chi controlla la validità di ciascun tiro | (*milit.*) ***g. di campo***, ufficiale che, nelle esercitazioni militari a partiti contrapposti, svolge attività arbitrale **2** (*dir.*) pubblico ufficiale investito della funzione di giudicare in un giudizio attuando nel caso concreto la norma generale del diritto | ***g. togato***, magistrato appartenente all'ordine giudiziario in contrapposizione a giudice onorario o a giudice popolare | ***g. laico, popolare***, cittadino, estratto a sorte, che fa parte della giuria, in un processo penale di competenza della Corte d'Assise SIN. giurato | ***g. istruttore***, V. *istruttore* | ***g. di pace***, magistrato onorario con particolari limiti di competenza individuati per materia e per valore | ***g. di legittimità***, che valuta solo la corretta applicazione delle norme di legge al caso in esame | ***g. per le indagini preliminari***, cui è affidata la fase antecedente al dibattimento; in sigla GIP | ***g. dell'udienza preliminare***, giudice davanti al quale si tiene l'udienza preliminare; in sigla GUP | ***g. costituzionale***, membro della Corte Costituzionale | ***g. dell'esecuzione***, che dirige o coordina il processo di esecuzione della sentenza civile o penale e risolve gli incidenti sorti nel corso dello stesso | ***g. onorario aggregato***, giudice onorario cui è attribuito il compito di definire i procedimenti civili pendenti alla data del 30 aprile 1995; in sigla GOA **3** (*dir.*) organo giudiziario di un dato grado della giurisdizione | ***g. unico di primo grado***, (*ellitt.*) ***g. unico***, ufficio competente per i giudizi di primo grado | ***g. di secondo grado***, ufficio competente per i giudizi di appello | ***g. di terzo grado***, la Corte di Cassazione | ***g. costituzionale***, la Corte Costituzionale | ***g. di merito***, qualifica riservata nel processo civile e penale agli organi giudiziari di primo e di secondo grado in quanto competenti a conoscere di questioni sia di fatto sia di diritto, o agli organi di giustizia amministrativa competenti a valutare l'opportunità di date valutazioni discrezionali dell'amministrazione **4** (al pl.) presso gli Ebrei antichi, i magistrati che governarono il popolo ebraico dalla morte di Giosuè a quella di Sansone | ***Libro dei Giudici***, libro storico dell'Antico Testamento **5** (*stor.*) nella Sardegna medievale, chi governava un giudicato **6** †dottore in legge

giudicéssa o (*raro*) **giudichéssa** [av. 1587] s. f. **1** (*raro*) donna che esercita la funzione di giudice **2** (*disus.*) moglie del giudice **3** (*stor.*) governatrice di un giudicato nella Sardegna medievale

†**giudìcio** e deriv. ➤ **giudizio** e deriv.

giudìo ➤ **giudeo**

giudiziàle o †**giudiciàle**, †**iudiciàle** [lat. *iudiciāle(m)* 'relativo al giudizio (*iudīcium*)' ✻ 1261 ca.] agg. • (*dir.*) che concerne i giudici, i giudizi: *ordine, potere g.*; *atti giudiziali* | ***errore g.***, in cui è incorsa l'autorità giudiziaria nello svolgimento della propria funzione | ***esperimento g.***, riproduzione di un fatto disposta nel processo penale, per accertare se esso sia o possa essere avvenuto in un dato modo SIN. giudiziario ‖ **giudizialménte**, avv. per via di giudizio: *comporre giudizialmente una sentenza*

giudiziàrio [lat. *iudiciāriu(m)* 'relativo al giudizio (*iudīcium*)' ✻ av. 1328] **A** agg. **1** (*dir.*) che concerne i giudizi, i giudici, la giustizia: *ufficiale g.*; *atti giudiziari*; *potere g.*; *sfera giudiziaria* | ***ordine g.***, complesso degli organi disciplinati da apposito ordinamento, esplicanti normalmente funzioni giurisdizionali | ***ordinamento g.***, legge disciplinante l'organizzazione e il funzionamento dell'ordine giudiziario | ***giorni giudiziari***, quelli destinati alla trattazione delle cause | ***termine g.***, la cui fissazione o modificazione spetta al giudice | ***sequestro g.***, misura cautelare ordinata dall'autorità giudiziaria nel corso di una controversia al fine di provvedere alla custodia di beni di cui è discussa la proprietà o il possesso o da cui potranno desumersi elementi di prova | ***cronaca giudiziaria***, sui quotidiani, quella relativa ai processi in corso **2** (*letter.*) ***genere g.***, tipo di eloquenza forense in uso spec. nella Roma antica, basato su studiate strutture retoriche ‖ **giudiziariaménte**, avv. **B** s. m. • (*raro*) giudice

♦**giudìzio** o †**giudìcio**, †**iudìcio** [lat. *iudīciu(m)* 'deliberazione del giudice (*iūdex*, genit. *iūdicis*)' ✻ 1065] s. m. **1** facoltà propria della mente umana di valutare, confrontare, distinguere persone o cose: *è una persona di g. finissimo*; *raggiungere l'età del g.*; *l'ingegno … e il g. non sanno ben oprare senza l'aiuto della memoria* (L.A. MURATORI) | senno, prudenza, buonsenso: *siete proprio senza g.*; *ci vuol g.!* | ***mettere g.***, ravvedersi | ***denti del g.***, i molari più interni, che sono gli ultimi a spuntare **2** (*filos.*) operazione mentale mediante la quale si mette in relazione un soggetto con un predicato: *g. analitico, sintetico, critico, estetico* **3** opinione, parere: *a g. dei competenti, il nostro progetto è il migliore*; *g. favorevole, sfavorevole, imparziale* | apprezzamento, valutazione personale: *non si cura del g. della gente* | valutazione, parere ufficiale: *gli insegnanti hanno verbalizzato i loro giudizi* | ***g. comune***, senso comune | ***a suo, mio g.***, secondo il parere suo, mio | ***stare, rimettersi al g. di qlcu.***, all'avviso di qlcu. | ***farsi un g.***, formarsi un'opinione, un'idea | †risoluzione **4** (*dir.*) processo: *g. civile, penale* | ***g. di primo, di secondo grado***, fase del processo in cui un organo giudiziario statuisce per la prima volta o in base ad appello su una controversia o un'imputazione | ***g. di terzo grado***, fase processuale che si svolge dinnanzi alla Corte di Cassazione | ***g. direttissimo***, procedimento penale speciale, esperibile nei confronti di chi è stato sorpreso in flagranza o in quasi flagranza di un reato | ***g. immediato***, tipo di giudizio con rito semplificato esperibile quando la prova a carico dell'imputato appare evidente | ***g. abbreviato***, tipo di giudizio che, su richiesta dell'imputato, comporta la definizione del processo all'udienza preliminare | ***g. di equità***, procedimento nel quale il giudice deve decidere secondo il suo personale apprezzamento di giustizia | ***g. di valore***, quello che ha per oggetto questioni di fatto | ***g. di fatto***, che ha a oggetto l'accertamento della sussistenza del diritto vantato | ***g. di merito***, decisione conseguente all'accertamento nel corso del dibattimento dei fatti oggetto del giudizio e alle questioni di diritto da essi implicati | ***g. di legittimità***, che ha a oggetto la corretta applicazione delle norme di diritto al caso in esame **5** (*est.*) decisione, sentenza: *ci rimettiamo al vostro g.*; *per g. unanime fu riconosciuto il migliore* | ***g. di Dio***, ordalia | ***g. finale***, in varie religioni e credenze, sentenza della divinità sulla sorte dell'uomo dopo la morte | ***g. universale*** o ***g. finale***, nel credo cristiano, momento in cui, alla fine del mondo, avvenuta la resurrezione dei morti, Cristo pronuncerà solennemente la sentenza per tutti gli uomini, che saranno eletti in Paradiso o dannati all'Inferno | †condanna, castigo: *giusto giudicio da le stelle caggia / sovra 'l tuo sangue* (DANTE *Par.* VI, 100-101) **6** (*per anton.*) giudizio universale: *il giorno del g.*; *le trombe del g.* | ***andare al giorno del g.***, (*fig.*) non finire mai **7** †giustizia || **giudiziàccio**, **pegg.**

SFUMATURE DI SIGNIFICATO

giudizio - discernimento - criterio - sensatezza
Giudizio nel suo significato più generale è la facoltà propria della mente umana di valutare, confrontare, distinguere. **Discernimento** ha significato analogo, ma l'atto del valutare, del giudicare viene messo in relazione soprattutto con la capacità di distinguere, di saper scegliere. **Criterio**, che può essere impiegato anche come sinonimo di *discernimento*, indica anzitutto la norma, il fondamento in base a cui si giudica, si valuta. **Sensatezza** è genericamente la qualità di chi agisce con buon senso, con giudizio.
SFUMATURE ➤ ***buonsenso***, ➤ ***reputazione***, ➤ ***saggezza***

giudizióso (o -ṣ-) o †**giudicióso** [av. 1472] **agg.** ● che mostra accortezza, prudenza, riflessività: *è una persona giudiziosa*; *è stata una risposta giudiziosa* **SIN.** assennato, prudente, riflessivo || **giudiziosaménte**, **avv.** in modo giudizioso; con prudenza || **giudiziosità**, **s. f. inv.** assennatezza, prudenza

giudò [1956] **s. m. inv.** ● adattamento di *judo* (V.)

giudoìsta e deriv. ➤ **judoista** e deriv.

giudòka [1993] **s. m. e f. inv.** ● adattamento di *judoka* (V.)

†**giùe** ➤ **giù**

†**giuggiàre** [ant. provenz. *jutjar*, dal lat. *iudicāre* 'giudicare' ✱ av. 1294] **v. tr.** ● giudicare: *cheggio a lui che tutto giuggia* (DANTE *Purg.* XX, 48)

giùggiola [dal lat. *zīziphu(m)*, dal gr. *zízyphon*, di etim. incerta, attraverso le forme parl. *zīzupu(m)* e *zūzipu(m)* e sovrapposizione del suff. *-ŭla(m)* '-ola' ✱ av. 1288] **s. f. 1** frutto del giuggiolo | (*fig.*) ***andare in brodo di giuggiole***, gongolare di gioia **2** pasticca fatta di giuggiole, zucchero e gomma arabica, usata un tempo contro la tosse **3** (*fig., lett.*) cosa da nulla (*anche iron.*): *Svestirmi! ... con quella g. di tempesta che abbiamo alle spalle!* (I. NIEVO) || **giuggiolétta**, **dim.** | **giuggiolìna**, **dim.** | **giuggiolóna**, **accr.** | **giuggiolóne**, **accr. m.** (V.)

giuggiolàio [1952] **s. m.** (**f.** *-aia*, **pl. m.** *-ai*) ● venditore di giuggiole

giuggiolèna [dall'arabo *ǧulǧulān* ✱ 1549] **s. f.** ● (*bot., merid.*) sesamo

giuggiolìno [sp. *ajonjolí*, dall'arabo granadino *ǧulǧulín* 'giuggiolena' ✱ 1539] **agg.** ● (*raro*) del colore della giuggiola, tra il giallo e il rosso

giùggiolo [dal lat. *zīzyphu(m)*, dal gr. *zízyphon*, di etim. incerta, con sovrapposizione di *giuggiola* ✱ sec. XIV] **s. m.** ● alberetto delle Ramnacee spesso coltivato e pregiato per il legno duro e per i frutti a drupa commestibili (*Zizyphus vulgaris*)

giuggiolóne [av. 1565] **s. m.** (**f.** *-a*) **1** accr. di *giuggiola* **2** (*fig.*) persona bonaria, ingenua, sempliciotta

†**giùgnere** ➤ **giungere**

♦**giùgno** [lat. *Iūniu(m)*, sottinteso *mēnse(m)*, '(mese) di Giunone (*Iūno*, genit. *Iunōnis*, di etim. incerta)', la dea alla quale era dedicato ✱ 1211] **s. m.** ● sesto mese dell'anno nel calendario gregoriano, di 30 giorni

giùgnolo [da *giugno* ✱ av. 1469] **agg.** ● (*raro*) di frutti che giungono a maturazione nel mese di giugno

giùgolo ➤ **giugulo**

giugulàre① o **iugulàre**① [lat. *iugulāre(m)*, sottinteso *vēna(m)*, da *iūgulum* 'gola', cfr. *iūgum* 'giogo' ✱ av. 1712] **agg.** ● (*anat.*) relativo al giugulo | ***vena g.***, che si dirige verso il giugulo, raccogliendo il sangue che viene dalla testa

giugulàre② e deriv. ➤ **iugulare**② e deriv.

giugulazióne [vc. dotta, lat. *iugulatiōne(m)*, dal v. *iugulāre* 'giugulare' ✱ 1970] **s. f.** ● metodo di macellazione che consiste nella recisione netta delle vene giugulari, in modo che l'animale muoia rapidamente dissanguato

giùgulo o **giùgolo** [vc. dotta, lat. *iūgulu(m)*, dim. di *iūgum* 'clavicola, collo' ✱ 1931] **s. m. 1** (*anat.*) fossetta compresa tra l'estremità superiore dello sterno e i tendini di inserzione dei muscoli sternocleidomastoidei **2** nei Bovini e negli Equini, ciascuna delle fossette laterali alla base della testa

†**giulèb** ➤ **giulebbe**

giulebbàre [da *giulebbe* ✱ av. 1698] **A** **v. tr.** (*io giulèbbo*) **1** (*tosc.*) cuocere in sciroppo di zucchero | (*est.*) indolcire **2** (*fig., lett.*) adulare, complimentare **B** **giulebbàrsi** **v. tr. pron.** (**aus.** *essere*) ● (*raro*) sopportare qlcu. o qlco. che non è gradito: *ci volete tanto rassegnati / da giulebbarci in casa il forestiero* (G. GIUSTI) **SIN.** sciropparsi, sorbirsi

giulebbàto **part. pass.** di *giulebbare*; anche **agg.** ● detto di frutta cotta nello sciroppo **SIN.** sciroppato

♣**giulèbbe** o †**giulèb**, †**giulèbbo** [arabo *ǧulāb*, volg. *ǧulēb*, dal persiano *gulāb* 'acqua (*ab*) di rosa (*gul*)' ✱ av. 1313] **s. m. 1** sciroppo denso di zucchero condito con aromi, sughi di frutta, infusione di fiori **2** (*raro, fig.*) cosa troppo dolce | persona sdolcinata **3** (*raro, fig.*) sollucchero: *essere nel g.* | (*fig., lett.*) leziosaggine, sdolcinatezza

giulécca [arabo algerino *ǧalīka*, dal turco *yelék* 'corpetto, panciotto' ✱ av. 1704] **s. f.** ● farsetto di panno un tempo portato da schiavi e galeotti

giuliàna **s. f.** ● adattamento di *julienne* (V.)

♦**giuliàno**① [1922] **A** **agg.** ● della Venezia Giulia **B** **s. m.** (**f.** *-a*) ● abitante o nativo della Venezia Giulia

giuliàno② [lat. *Iuliānu(m)* 'proprio di Giulio (*Iūlius*)' ✱ av. 1580] **agg.** ● di C. Giulio Cesare (100 (102/101)-44 a.C.) | ***calendario g.***, riformato da Giulio Cesare, che stabiliva la durata dell'anno in 365 giorni, con un anno bisestile ogni quattro anni **CFR.** gregoriano

giùlio [1510] **s. m.** ● (*numism.*) moneta d'argento fatta coniare da papa Giulio II (1443-1513) nel XVI secolo

♣**giulìvo** [ant. fr. *jolif* 'lieto', di etim. discussa: dall'ant. nordico *jōl* 'festa d'estate' (?) ✱ av. 1294] **agg.** ● che si mostra lieto e contento: *avere un aspetto g.* | ***oca giuliva***, donna frivola, gaia e un po' sciocca **SIN.** festoso, gaio || **giulivaménte**, **avv.**

giullaràta [1955] **s. f. 1** genere teatrale, caratterizzato da monologhi ricchi di spunti comici e satirici, che richiama quello degli antichi giullari | opera appartenente a tale genere **2** (*est.*) atto, discorso, comportamento da giullare, da burlone

giullàre o †**giullàro** [ant. provenz. *joglar* 'buffone', dal lat. *ioculāris* 'giocolare' ✱ sec. XII] **A** **s. m.** (**f.** *-éssa*) **1** nel tardo Medioevo, giocoliere e cantastorie che si esibiva per il pubblico delle corti e delle piazze | ***i giullari di Dio***, autori di laudi religiose **SIN.** menestrello **2** (*spreg.*) buffone, saltimbanco | persona priva di dignità **B** **agg.** ● †buffonesco || **giullarìno**, **dim.**

giullarésco [av. 1311] **agg.** (**pl. m.** *-schi*) ● dei giullari, da giullare (*anche spreg.*): *arte giullaresca* || **giullarescaménte**, **avv.**

†**giullàro** ➤ **giullare**

giullerìa [1304] **s. f. 1** mestiere del giullare **2** corporazione dei giullari **3** (*fig.*) †buffoneria **4** (*fig.*) †baldoria

giumèlla [lat. mediev. *iumĕlla(m)*, corrispondente al class. *gemĕlla(m)*, sottinteso *mănu(m)*, 'mano gemella', con intrusione di *giu(nta)* ✱ sec. XIII] **s. f.** ● (*tosc.*) quanto è contenuto nel cavo delle due mani tenute insieme: *una g. di farina, di sale* | ***fare g. delle palme, delle mani***, riunirle fino a formare una cavità: *bevono facendo g. delle palme* (G. CARDUCCI)

giuménta [sec. XIV] **s. f.** ● cavalla da sella | cavalla, asina o mula da soma o da tiro | †***correre le giumente***, (*fig.*) correre la cavallina

giuménto [lat. *iumĕntu(m)*, prima 'attacco (di cavalli, muli)', della stessa radice indeur. di *iŭngere* 'giungere' e *iŭgum* 'giogo', poi lo stesso 'animale da tiro' ✱ av. 1292] **s. m.** (**f.** *-a* (V.); **pl.** *giuménti*, **m.**, **lett.** *giuménta*, **f. spec. con sign. collettivo**) ● bestia da soma

giumèrro [ant. provenz. *jumerle*, dal lat. *chimăera(m)*, dal gr. *chímaira*, propr. 'giovane capra', propr. 'di un inverno (*cheimérios*, agg. di *chêime*, di orig. indeur.)' ✱ av. 1789] **s. m.** ● nei bestiari medievali, animale fiabesco che si diceva nato dall'incrocio di un toro con una giumenta

giùnca [malese *djong*, noto ai viaggiatori portoghesi che ne trasmisero la var. m. *junco* ✱ av. 1525] **s. f.** ● imbarcazione di origine cinese spesso a fondo piatto, a due o più alberi, con vele formate da stuoie di canne parallele

Giuncàcee [comp. di *giunco* e *-acee* ✱ 1869] **s. f. pl.** (**sing.** *-a*) ● (*bot.*) famiglia di piante monocotiledoni a cui appartiene il giunco (*Iuncaceae*)

giuncàceo [1940] **agg.** ● di giunco | fatto di giunchi

giuncàia [1607] **s. f.** ● luogo folto di giunchi

giuncàre [1612] **v. tr.** (*io giùnco, tu giùnchi*) ● (*lett.*) coprire, spargere di fiori o fronde, di giunchi o di altre piante: *giuncava le vie fior di ginestra* (G. PASCOLI)

giuncàta [dai *giunchi*, fra i quali si pone il latte rappreso ✱ 1353] **s. f.** ● latte coagulato senza sale, che si usa lasciare scolare tra giunchi o foglie di felci

giunchéto [1539] **s. m.** ● giuncaia

giunchìglia [sp. *junquillo*, dim. di *junco* 'giunco' per lo stelo nudo e flessibile ✱ av. 1597] **s. f.** ● pianta erbacea delle Amarillidacee con grandi fiori gialli simili a narcisi e foglie basali lanceolate (*Narcissus jonquilla*)

giùnco [lat. *iūncu(m)*, di etim. incerta * sec. XIII] **s. m.** (**pl.** *-chi*) **1** pianta erbacea delle Giuncacee che cresce nei luoghi acquitrinosi con foglie cilindriche e infiorescenza verdastra (*Juncus*) | ***g. del Nilo***, papiro | ***g. fiorito***, con foglie lineari e fiori rosa in ombrella (*Butomus umbellatus*) | ***g. marino***, sparto | (*fig.*) ***come un g.***, agile, flessuoso; magro, slanciato: *una ragazza … sottile come un g.* (A. Moravia) **2** (*est.*) il fusto di tale pianta, essiccato e gener. opportunamente trattato, che si impiega nella fabbricazione di vari oggetti intrecciati **3** (*sport*) attrezzo di giunco usato in alcuni esercizi di ginnastica femminile, ormai in disuso **4** (*mar.*; *disus.*) cima per drizzare pennoni e vele minori ‖ **giunchétto**, **dim.**

♦**giùngere** o †**giùgnere** [lat. *iŭngere*, della stessa famiglia di *iŭgum* 'giogo', passato più tardi anche al sign. di 'arrivare (a unire)' * av. 1250] **A** **v. intr.** (**pres.** *io giùngo, tu giùngi*; **pass. rem.** *io giùnsi, tu giungésti*; **part. pass.** *giùnto*; **aus.** *essere*) **1** arrivare (+ *a*, + *in*, + *da*): *giunse la notte*; *g. al traguardo, alla meta*; *mi è giunta all'orecchio una voce*; *g. in paese, in città*; *tardava a g. da Firenze* (I. Nievo); *gli parve mill'anni di g. dal Papa per ridirgli tutte queste cose* (B. Cellini) | ***g. in porto***, (*fig.*) di impresa, iniziativa e sim., essere condotta felicemente a termine | ***g. nuovo***, di notizia, fatto e sim., risultare inaspettato, sorprendente **2** osare, spingersi sino a (+ *a* **seguito da inf.**): *g. a dire, a fare* **3** (*fig.*) †avvenire, accadere **B** **v. tr.** **1** congiungere, unire: *g. le mani in preghiera* | †*g. i buoi*, aggiogarli **2** †aggiungere: *giunge al vecchio timor nuovi sospetti* (T. Tasso) | †soggiungere **3** (*tosc.*) cogliere | (*lett.*) raggiungere | †ferire, colpire; (*fig.*) impressionare, turbare **4** †sorprendere, ingannare **C** **giùngersi** **v. intr. pron.** ● (*lett.*) congiungersi

♦**giùngla** o (*raro*) **jùngla** /ˈdʒungla/, (*disus.*) **iùngla** [ingl. *jungle*, dall'indostano *jaṅgal* 'luogo deserto, foresta', in sanscrito *jāṅgalaḥ*, di etim. incerta * 1829] **s. f.** **1** formazione vegetale costituita da un fitto intrico di alberi, arbusti, liane e alte erbe, caratteristica di alcune regioni monsoniche **2** (*fig.*) luogo o ambiente infido e insidioso in cui è necessario lottare duramente contro ostacoli di ogni genere: *il commercio è una g.* | ***g. d'asfalto***, (*fig.*) la grande città metropolitana, considerata luogo dominato dalla violenza e dalla sopraffazione (dall'omonimo film (1950) di J. Huston) | ***g. retributiva, g. dei redditi***, la disparità, talvolta assai vistosa, che, a parità di posizione e qualifica professionale, si riscontra nel trattamento economico dei lavoratori dipendenti dello Stato, degli enti locali, delle industrie | ***legge della g.***, quella che si impone con la forza

giunóne [lat. *Iunōne(m)* 'Giunone', di etim. incerta, nome della moglie di Giove, nella mitologia greco-romana * 1869] **s. f.** ● donna alta e formosa | (*raro*) donna gelosa e superba

giunònico [da *Giunone* per le opulente raffigurazioni classiche della dea * 1340] **agg.** (**pl. m.** *-ci*) ● di Giunone: *attributi giunonici* | (*est.*) di donna che ha forme prosperose e armoniche: *bellezza giunonica*

giunònio [lat. *Iunōniu(m)* 'di Giunone (*Iūno*, genit. *Iunōnis*)' * av. 1638] **agg.** ● (*lett.*) di Giunone | (*lett.*) giunonico

giùnsi ➤ **giungere**

♦**giùnta**① o †**giònta** [f. sost. di *giunto*, part. pass. di *giungere* * av. 1250] **s. f.** **1** aggiunta: *fare una g. alla tovaglia, alla tavola, all'abito*; *fare una g. a un discorso* | (*est.*) il punto in cui le due parti si uniscono: *rinforzare la g.* **2** (*letter.*) nota aggiunta, nuovo contributo di osservazioni e note **3** piccola quantità di merce aggiunta a quella acquistata come sovrappiù: *ho chiesto al macellaio un osso per il brodo come g.* | (*fig.*) ***per g.***, oltre a ciò, per di più **4** †arrivo | ***a prima g.***, †***nella prima g.***, (*lett.*) appena giunto, subito: *m'assise ne la prima g.* (Dante *Inf.* XXIV, 45); a prima vista: *a prima g. il medico disperò* (A. Fogazzaro) **5** †giuntura ‖ **giuntarèlla**, **giunterèlla**, **dim.** | **giuntina**, **dim.**

♦**giùnta**② [sp. *junta*, da *juntar* 'giungere assieme, riunire' * 1654] **s. f.** **1** organo collegiale preposto, sotto la direzione del sindaco o di un presidente, a funzioni decisionali e di amministrazione diretta: *g. comunale, g. provinciale, g. regionale* **2** (*est.*) commissione: *g. consultiva* | nel Parlamento italiano, commissione di parlamentari addetta a compiti particolari di accertamento, convalida e sim. ma non legislativi: *g. delle elezioni* **3** nell'ordinamento scolastico italiano, organo collegiale ristretto con funzioni esecutive e gestionali nell'ambito di ogni scuola: *g. di circolo, g. di istituto* **4** (*polit.*) organo collettivo, di governo dittatoriale che si instaura solitamente dopo un golpe militare, spec. nei Paesi dell'America Latina

giuntàre① [da *giunto*, part. pass. di *giungere*, nel sign. B1 * sec. XIII] **v. tr.** ● attaccare cucendo: *fece g. due tasche alla giacca* | aggiuntare

†**giuntàre**② [da *giunto*, part. pass. di *giungere*, nel sign. B3 * av. 1484] **v. tr.** ● ingannare, truffare: *Un di quelli che fa sacrificio giuntando una puttana* (P. Aretino)

giuntatóre① [da *giuntare*① * 1869] **s. m.** (**f.** *-trice*, **pop., disus.** *-tóra*) ● chi ha il compito di effettuare le giunte, in diversi mestieri

†**giuntatóre**② [da *giuntare*② * sec. XV] **s. m.** (**f.** *-trice*) ● imbroglione, truffatore: *cerco un ghiottone, un perfido, / un baro, un giuntator, un ladro* (L. Ariosto)

giuntatrìce [da *giuntare*① * 1965] **s. f.** **1** (*cinema*) macchina con la quale si fissano l'uno all'altro i pezzi della pellicola durante il montaggio **2** macchina impiegata nell'industria del legno per unire pezzi in lavorazione

giuntatùra [1983] **s. f.** ● operazione dell'unire l'uno all'altro i vari pezzi di una struttura

giunterìa [1524] **s. f.** ● (*lett.*) inganno, imbroglio: *una g. solenne di menarvi a zonzo per un intero capitolo della mia vita* (I. Nievo)

giuntino [dal n. del tipografo fiorentino F. *Giunti* o *Giunta* (1450-1517) * 1872] **agg.** ● detto di edizione a stampa composta da una dinastia di tipografi-editori operanti tra il XV e il XVII sec.

giuntista [1956] **s. m. e f.** (**pl. m.** *-i*) ● operaio che collega strutture d'acciaio, saldandole e imbullonandole | operaio che esegue la giunzione di cavi elettrici e cura la manutenzione di impianti di telecomunicazione

giùnto **A** **part. pass.** di *giungere*; anche **agg.** ● nei sign. del v. | congiunto: *pregare a mani giunte* ‖ †**giuntaménte**, **avv.** congiuntamente, insieme **B** **s. m.** **1** (*mecc.*) organo di accoppiamento permanente di due elementi di una costruzione o di una macchina adatto alla trasmissione di sforzi: *g. elastico, cardanico* | ***g. di dilatazione***, intervallo lasciato tra due parti di una costruzione per compensare gli spostamenti dovuti a effetti tecnici, di ritiro, assestamenti di fondazioni **2** (*geol.*) ***g. di stratificazione***, superficie di separazione fra due strati rocciosi

giuntóia [1869] **s. f.** ● fune attaccata alla parte interna del giogo per tenerlo fermo sul collo dei buoi

giuntùra [lat. *iunctūra(m)*, da *iŭnctus* 'giunto' * 1313] **s. f.** **1** punto in cui un pezzo è attaccato a un altro **SIN.** commessura, commettitura **2** (*ling.*) punto di contatto fra unità disposte sintatticamente **3** (*anat.*) articolazione

giunzionàle [1993] **agg.** ● di giunzione, che serve da collegamento: *linea, cavo g.*

giunzióne [lat. *iunctiōne(m)*, da *iŭnctus* 'giunto' * sec. XIV] **s. f.** **1** (*raro, lett.*) congiunzione, collegamento **2** giunto | ***g. a bicchiere***, usata nei tubi, nella quale il diametro di uno dei due tubi viene allargato all'estremità per accogliere l'inizio dell'altro **3** (*elettr.*) nei semiconduttori, regione di transizione fra regioni di proprietà elettriche differenti

giuòco e deriv. ➤ **gioco** e deriv.

†**giùppa** e deriv. ➤ **giubba**① e deriv.

giurabbàcco [comp. di *giuro a Bacco* * 1753] **inter.** ● (*disus.*) esprime meraviglia, stupore, irritazione, impazienza, risentimento o energica affermazione: *g.!, mi vendicherò!* **SIN.** giuraddio

giuràbile [1869] **agg.** ● (*raro*) che si può giurare

†**giuracchiàre** [da *giur(are)* con suff. attenuativo * 1546] **v. tr. e intr.** ● giurare spesso e con leggerezza

giuraddìo [comp. di *giuro a Dio* * av. 1562] **A** **inter.** ● (*disus.*) esprime meraviglia, stupore, stizza, irritazione, impazienza, risentimento o energica affermazione: *g.! mi vendicherò!* **SIN.** (*eufem.*) giurabbacco **B** **in funzione di s. m.** (**pl.** *-ii*) ● imprecazione: *si sfogava con molti giuraddii*

giuraménto o †**iuraménto** [lat. tardo *iuramĕntu(m)*, da *iurāre* 'giurare', sul tipo di *sacramĕntum* 'sacramento' * sec. XIII] **s. m.** **1** atto del giurare | dichiarazione solenne espressa da chi giura | impegno solenne assunto da chi giura: *osservare, violare, sciogliere il g.*; *mancare al g.*; *prestare g.*; *osservare, rispettare, rompere, tradire, violare un g.*; *io non chiedo / giuramenti da te* (P. Metastasio) | ***far g.***, giurare | ***g. militare***, espresso da una precisa formula, prestato solennemente da chiunque entri a far parte delle Forze armate | ***essere sotto g.***, vincolati da un giuramento | †***rendere il g.***, fare ciò che si è giurato **2** (*dir.*) mezzo di prova consistente nella dichiarazione che una parte rende in giudizio della verità di determinati fatti su cui si discute: *g. decisorio, suppletorio*

♦**giuràre** o †**iuràre** [lat. *iurāre*, originariamente 'pronunciare la formula rituale, detta *iūs*, genit. *iūris*', di cui è il denominale * 1219] **A** **v. tr.** **1** affermare o promettere qlco. solennemente, invocando a testimone e garante la divinità o ciò che più si ama o si ha caro (+ *su*, + *di* **seguito da inf.**, + *che*): *g. il falso, il vero*; *g. odio, amore, vendetta*; *g. qlco. davanti a Dio*; *g. qlco. sulla croce, sul proprio onore*; *g. di dire la verità*; *giurano che non è vero*; *nell'antiche repubbliche i nobili giuravano d'esser eterni nemici della plebe* (G. Vico) | **giuràrla** (con il pron. *la* indeterm.), (*colloq.*) fare proposito di vendicarsi (+ *a*): *lui l'ha tradita e lei gliel'ha giurata* | †***g. l'ufficio***, di pubblici ufficiali, assumere una carica **2** (*est.*) dare, sostenere per certo (+ *che*, + *di* **seguito da inf.**): *ti giuro che le cose sono andate così*; *giuro di aver fatto tutto il possibile per aiutarlo* | ***giurerei, potrei g.***, sono quasi sicuro: *giurerei che si è dimenticato dell'appuntamento* **3** †promettere in matrimonio **B** **v. intr.** (**aus.** *avere*) **1** prestare giuramento (+ *su*): *g. davanti al Parlamento, all'Assemblea costituente*; *g. sulla Costituzione, sul Vangelo* | ***g. nelle mani di qlcu.***, dinanzi a chi è autorizzato a ricevere il giuramento **2** (*est.*) essere assolutamente certo di qlco. (+ *su*): *non posso g. sulla sua sincerità* **3** **giuràrci**, essere sicuro di qlco.: *puoi giurarci!*; *ci puoi giurare!* | ***non ci giurerei***, non ne sono davvero certo: *penso che verrà,* *ma non ci giurerei; non ci giurerei, ma sembrava proprio lui* **4** †congiurare **C** **giuràrsi** **v. tr. pron.** (**aus.** *essere*) ● (con valore recipr.) promettersi mediante giuramento: *giurarsi eterno amore; e molte cose similmente si giurano* (G. BOCCACCIO) **D** **giuràrsi** **v. rifl.** ● (*raro*) dichiararsi mediante giuramento: *giurarsi difensore dei poveri*

giuràssico [fr. *jurassique* 'delle montagne del Giura (*Jura*)', sul tipo di *triassico* ✱1853] **A** **s. m.** ● (*geol.*; gener. con iniziale maiuscola) secondo periodo dell'era mesozoica **B** **agg.** (**pl. m.** *-ci*) **1** del periodo giurassico **2** (*fig., gerg.*) vecchio, antiquato, del tutto superato

giuràto o †**iuràto** **A** **part. pass.** di *giurare*; anche **agg.** **1** nei sign. del v. **2** ***nemico g.***, irriducibile, implacabile | ***testimonianza, dichiarazione giurata***, rafforzata da giuramento ‖ **giurataménte**, **avv.** (*raro*) con giuramento **B** **s. m.** (**f.** *-a*) **1** (*dir.*) membro di una giuria nel sign. 1 **SIN.** giudice popolare **2** membro di una giuria nel sign. 2 **3** †congiurato

†**giuratóre** [lat. *iuratōre(m)*, da *iurātus* 'giurato' ✱sec. XIV] **s. m.** (**f.** *-trice*) **1** chi pronuncia giuramento **2** chi giura con leggerezza e per abitudine

giuratòrio [lat. tardo *iuratōriu(m)*, da *iurātus* 'giurato' ✱av. 1396] **agg.** (**pl. m.** *-i* o *raro -ii*) ● (*raro*) fatto con giuramento: *cauzione giuratoria*

giùre o **iùre** [lat. *iūs*, genit. *iūris* 'il diritto', ma originariamente 'la formula religiosa che ha forza di legge', di orig. indeur. ✱1321] **s. m.** ● (*lett.*) diritto: *scienza del g.*

giureconsùlto o **iureconsùlto** [lat. *iureconsŭltu(m)*, comp. di *iūs*, genit. *iūris* 'giure' e *consŭltus* 'perito' ✱1516] **s. m.** ● cultore di diritto **SIN.** giurista

giurése (o **-ṣ-**) [parallelo di *giurassico*, dal n. delle montagne del *Giura* ✱1890] **s. m.**; anche **agg.** ● (*geol.*) Giurassico

giurì [fr. *jury*, dall'ingl. *jury*, a sua volta dall'ant. fr. *juree*, f. del part. pass. di *jurer* 'giurare' ✱1802] **s. m. inv.** **1** ***g. d'onore***, collegio di cittadini chiamati a giudicare su questioni cavalleresche o comunque in materia di onore **2** (*dir.*) ***g. di autodisciplina pubblicitaria***, organo giudicante di natura privatistica con competenza in materia di regolamentazione della pubblicità dal punto di vista della correttezza etica e professionale

giurìa [fr. *jury*, adattato ai sost. in *-ia* ✱1877] **s. f.** **1** (*dir.*) nel processo penale anglosassone, e un tempo nelle corti d'assise italiane, organo giudicante costituito dai giurati | (*impropr.*) l'insieme dei giudici popolari e dei magistrati che costituiscono la Corte d'Assise **2** gruppo di persone che valutano e premiano i partecipanti a gare, concorsi e sim.: *la g. ha assegnato la coppa a quel fantino*

giurìdico [lat. *iurĭdicu(m)*, comp. di *iūs*, genit. *iūris* 'diritto' e di *dīcere* 'dire' ✱sec. XIV] **agg.** (**pl. m.** *-ci*) ● relativo al diritto: *argomentazione giuridica; persona, personalità giuridica; oggetto g. del reato* | ***questione giuridica***, relativa all'applicazione del diritto | ***norma giuridica***, regola stabilita da una fonte di diritto | ***effetto g.***, conseguenza derivante per legge dall'esistenza di un dato fatto giuridico | ***soggetto g.***, persona fisica o giuridica titolare di diritti o di doveri ‖ **giuridicaménte**, **avv.** secondo il diritto ‖ **giuridicità**, **s. f. inv.** conformità al diritto, alle leggi: *la giuridicità di un provvedimento*

†**giuridizióne** ▸ **giurisdizione**

giurìn giurétta o **giurìn giurèlla**, **giurìn giurèllo** [da *giurare* ✱1976] **loc. inter.**; anche **loc. sost. m. inv.** ● (*sett.*) formula infantile che equivale a 'giuro' | ***fare giurin giuretta***, pronunciare questa formula; giurare

giuriṣdizionàle [sec. XIV] **agg.** ● relativo alla giurisdizione: *tutela g.; provvedimento g.* | ***funzione g.***, quella esercitata dallo Stato al fine di garantire il vigore pratico del diritto | ***ambito g.***, territorio o settore nel quale un ente pubblico esplica le sue funzioni ‖ **giuriṣdizionalità**, **s. f. inv.**

giuriṣdizionalìṣmo [da *giurisdizionale* e *-ismo* ✱1952] **s. m.** ● dottrina politica affermatasi nel XVIII secolo tendente a subordinare la vita istituzionale della Chiesa allo Stato

giuriṣdizionalìsta [1878] **s. m. e f.** (**pl. m.** *-i*) ● fautore del giurisdizionalismo

giuriṣdizionalìstico [av. 1952] **agg.** (**pl. m.** *-ci*) ● relativo al giurisdizionalismo o ai giurisdizionalisti

giuriṣdizionaliẓẓàre [1987] **v. tr.** ● assoggettare a giurisdizione ‖ **giuriṣdizionaliẓẓazióne**, **s. f.**

giuriṣdizióne o †**giuridizióne** [lat. *iurisdictiōne(m)* 'manifestazione (*dĭctio*, genit. *dictiōnis*) del diritto (*iūs*, genit. *iūris*)' ✱1308] **s. f.** **1** (*dir.*) funzione di amministrare la giustizia assicurando l'attuazione della legge nei casi concreti: *g. civile, penale, amministrativa* | ***gradi di g.***, prima istanza, appello, ultima istanza | ***conflitto di g.***, contrasto di attribuzioni tra giurisdizione ordinaria e giurisdizione amministrativa **2** competenza, pertinenza, sfera d'azione: *ciò è al di fuori della mia g.; materia di propria g.; trascendere, oltrepassare la g.*

giurisperìto [lat. *iūris perītu(m)*, parallelo di *iureperītu(m)*, comp. di *iūs*, genit. *iūris* 'diritto, giure' e *perītus* 'esperto' ✱av. 1580] **s. m.** (**f.** *-a*) ● (*lett.*) giurista, giureconsulto

†**giurisprudènte** [1725] **s. m. e f.** ● giurisperito

giurisprudènza [lat. tardo *iurisprudēntia(m)*, comp. di *prudēntia* nel senso di 'scienza, conoscenza' e *iūris*, genit. di *iūs* 'diritto' ✱1608] **s. f.** **1** scienza del diritto: *dottore, laureato in g.; facoltà di G.* **2** complesso delle decisioni emesse dagli organi giurisdizionali: *la g. completa della Corte di Cassazione* **3** (*est.*) complesso degli organi giurisdizionali: *la g. italiana*

giurisprudenziàle [1900] **agg.** ● relativo alla giurisprudenza: *un precedente g.* | ***decisione g.***, provvedimento con cui un organo giudiziario attua la propria funzione giurisdizionale

giurìsta [vc. dotta, da *giure* ✱1314] **A** **s. m. e f.** (**pl. m.** *-i*) ● chi studia la scienza del diritto o esercita una professione a essa attinente **B** **agg.** ● †giuridico

†**giurìstico** [av. 1685] **agg.** ● di giurista

†**giurizióne** [1363] **s. f.** ● giurisdizione

†**giùrma** ▸ **ciurma**①

giùro [da *giurare* ✱av. 1311] **s. m.** ● (*lett.*) giuramento: *l'obbrobrio d'un g. tradito* (A. MANZONI) | (*est.*) serio proposito: *far g.*

giuscibernètica [comp. di *gius-* (dal lat. *iūs* 'diritto') e *cibernetica* ✱1969] **s. f.** ● scienza che studia il razionale ordinamento enciclopedico dei vocaboli attinenti al diritto mediante l'utilizzo di elaboratori elettronici

†**giuṣdicènte** [vc. dotta, comp. del lat. *iūs* 'diritto' e *dīcens*, genit. *dicēntis*, part. pres. di *dīcere* 'dire' ✱1551] **s. m. e f.** ● giudice

giuṣeppiniṣmo o **giuṣeppìṣmo** [1928] **s. m.** ● giurisdizionalismo attuato da Giuseppe II d'Asburgo nel XVIII sec.

giuseppìno [da *Giuseppe*, n. del santo titolare ✱1869] **s. m.** (**f.** *-a*) ● appartenente a una delle congregazioni religiose, maschili e femminili, intitolate a San Giuseppe

giuṣlavorìsta [comp. del lat. *iūs* 'diritto②' e *lavoro*, sul modello di *civilista, penalista* e sim. ✱1984] **s. m. e f.** (**pl. m.** *-i*) ● giurista esperto in diritto del lavoro

giuṣnaturalìṣmo [adattamento della loc. lat. *iūs naturāle* 'diritto naturale' con *-ismo* ✱1919] **s. m.** ● dottrina filosofico-giuridica riconducibile a U. Grozio (1583-1645), che distingue un diritto originario naturale, intrinseco a ogni uomo, e un diritto positivo voluto dagli uomini e regolato dalle leggi per meglio disciplinare la convivenza umana

giuṣnaturalìsta [1954] **s. m. e f.** (**pl. m.** *-i*) ● seguace del giusnaturalismo

†**giùso** ▸ **giù**

giuspatronàto [lat. mediev. *iūs patronātus* 'diritto (*iūs*, nt.) di patronato' ✱av. 1606] **s. m.** ● istituto giuridico di diritto canonico, consistente in una somma di privilegi e di oneri che, per concessione della Chiesa, competono ai fondatori di chiese, di cappelle e di benefici, e ai loro eredi

giusquìamo [lat. *iusquiămu(m), hyoscyămu(m)*, in gr. *hyoskýamos*, lett. 'fava (*kýamos*) di porco (*hŷs*, genit. *hyós*)', perché si riteneva che i maiali potessero mangiarla senza pericolo, benché velenosa ✱1282] **s. m.** ● pianta erbacea annuale o biennale delle Solanacee con fusto peloso, vischioso, fiori gialli venati di viola, dai cui semi si estraggono alcaloidi (*Hyoscyamus niger*) | ***g. bianco***, con fiori gialli a fondo verde (*Hyoscyamus albus*)

giuṣromanista [comp. di *gius-* (dal lat. *iūs* 'diritto') e *romano* ✱1985] **s. m. e f.** (**pl. m.** *-i*) ● studioso di diritto romano

giùsta o †**giùsto**② [lat. *iŭxta*, che, per il senso primitivo di 'tanto vicino da poter essere toccato', si allaccia alla famiglia di *iŭngere* 'giungere' ✱av. 1292] **prep.** **1** (*burocr.*) conforme, secondo: *g. il decreto; g. la sentenza; g. gli accordi stabiliti* | anche nella loc. prep. ***g. a***: *facendo a lui, giusto al potere, onore* (G. BOCCACCIO) **2** †presso, vicino

giustacuòre [fr. *justaucorps*, propr. 'giusta (*just*) al (*au*) corpo (*corps*)' per la sua attillatezza, ma intesa l'ultima parte come *-cuore* ✱1668] **s. m.** ● corpetto del costume maschile, molto aderente, con o senza maniche, abbottonato davanti, lungo sino al ginocchio, usato spec. nel XVII e XVIII secolo

giustappórre [fr. *juxtaposer*, comp. di *juxta-* 'giusta (nel sign. 2)' e *poser* 'porre' ✱1943] **v. tr.** (**coniug.** come *porre*) ● porre accanto senza unire o fondere insieme (*anche fig.*): *g. due tinte, due concetti* **SIN.** accostare

giustappoṣizióne [fr. *juxtaposition*, comp. di *juxta-* 'giusta (nel sign. 2)' e *position* 'posizione' ✱av. 1855] **s. f.** **1** il giustapporre, il venire giustapposto **2** (*ling.*) accostamento di due o più termini da cui risulta un composto improprio

giustappósto **part. pass.** di *giustapporre*; anche **agg.** ● nei sign. del v.

giustappùnto o (*raro*) **giust'appùnto** [av. 1861] **avv.** ● proprio, per l'appunto: *stavo pensando g. a te* | come risposta energicamente affermativa (*anche iron.*): *'Era questo che volevi?' 'G.!'*

giustézza [da *giusto*① ✱1585] **s. f.** **1** carattere di ciò che è esatto, preciso, appropriato: *la g. del peso, della mira, di un'idea* **2** (*tipogr.*) lunghezza di una linea di composizione espressa in unità tipografiche

giustìfica [accorc. di *giustificazione* ✱1827] **s. f.** ● (*gerg.*) giustificazione scolastica: *il libretto delle giustifiche* | (*disus.*) giustificazione, scusante

giustificàbile [av. 1562] **agg.** ● che si può giustificare: *assenza g.* ‖ **giustificabilménte**, **avv.** (*raro*) in modo giustificabile ‖ **giustificabilità**, **s. f. inv.**

giustificànte **part. pres.** di *giustificare*; anche **agg.** **1** nei sign. del v. **2** ***Grazia g.***, quella che, per i soli meriti del Cristo, cancella il peccato

♦**giustificàre** [lat. tardo *iustificāre*, propr. 'rendere (da *făcere* 'fare') giusto (*iūstus*)' ✻av. 1327] **A** **v. tr.** (*io giustìfico, tu giustìfichi*) **1** rendere giusto o legittimo: *un avvenimento così eccezionale giustifica questo provvedimento* SIN. legittimare **2** spiegare in modo accettabile ciò che appare illegittimo o riprovevole: *g. un'assenza, un ritardo*; *g. una reazione* | ***g. una spesa***, documentarne la necessità | motivare, argomentare: *g. un giudizio, una congettura* **3** ritenere qlcu. privo di responsabilità o di colpa: *non lo si può g.: è stato un autentico villano!* | ritenere qlco. valido, regolare: *il tribunale ha giustificato il nostro operato* SIN. scagionare, discolpare **4** (*relig.*) perdonare, restituire alla Grazia per i meriti del Cristo **5** (*tipogr.*) portare alla giustezza desiderata una o più linee di testo mediante un opportuno aumento o diminuzione dello spazio tra le parole o i caratteri **B** **giustificàrsi** **v. rifl.** ● dare ragione del proprio operato (+ *di*, + *per*): *si è giustificato con il preside*; *ti devi giustificare per il* (o *del*) *ritardo*; *giustificarsi per il* (o *del*) *comportamento adottato*; *si giustificava del consiglio che aveva dato* (A. FOGAZZARO) | scusarsi, discolparsi: *non importa che ti giustifichi per il* (o *del*) *ritardo* **C** **giustificàrsi** **v. intr. pron.** ● diventare accettabile, ammissibile: *il suo errore si giustifica con le circostanze* ‖ **giustificazióne**, **s. f.** (V.)

giustificatézza [1883] **s. f.** ● spec. nel linguaggio giuridico, caratteristica di ciò che è giustificato, legittimo: *g. di un licenziamento*

giustificatìvo [1647] **A** **agg.** ● che serve a giustificare: *documento g.* **B** **s. m.** ● documento giustificativo | ***g. di pubblicità***, copia di pubblicazione inviata all'inserzionista, per consentirgli il controllo dell'avvenuta iscrizione

giustificàto **part. pass.** di *giustificare*; **anche agg.** ● nei sign. del v. | motivato: *ritardo g.* | legittimo, fondato: *perplessità giustificata*; *un'assenza per giustificati motivi* ‖ **giustificataménte**, **avv.** con fondati motivi

giustificatóre [lat. tardo *iustificatōre(m)*, da *iustificātus* 'giustificato' ✻av. 1342] **s. m.** (**f.** *-trice*); **anche agg.** ● (*raro*) chi (o che) giustifica

giustificatòrio [av. 1566] **agg.** (**pl. m.** *-i* o *raro -ii*) ● di giustificazione | che fornisce una giustificazione

giustificazióne [lat. tardo *iustificatiōne(m)*, da *iustificātus* 'giustificato' ✻av. 1328] **s. f.** **1** il giustificare, il giustificarsi | argomentazione a favore di una data opinione o di un dato fatto: *gli darei uno schiaffo, senz'addurre alcuna g.* (I. SVEVO) **2** prova addotta a discolpa | documento che contiene tale prova: *presentare la g.* **3** (*tipogr.*) l'operazione del giustificare

SFUMATURE ➤ *scusa*

giustificazionìsmo [da *giustificazione* ✻ 1983] **s. m.** ● tendenza a cercare e ad addurre giustificazioni a eventi, comportamenti e sim. che presentano aspetti negativi

giustificazionìsta [1969] **s. m. e f.**; **anche agg.** (**pl. m.** *-i*) ● chi (o che) si ispira a giustificazionismo o è caratterizzato da giustificazionismo

giustiniàna [dal n. del letterato veneziano L. *Giustinian* (1388-1446), considerato l'iniziatore del genere ✻1525] **s. f.** ● componimento poetico del XV sec. in forma di canzonetta d'argomento amoroso, scritto in veneziano italianizzato, destinato a essere accompagnato dalla musica

giustinianèo [1741] **agg.** ● relativo a Giustiniano I, imperatore d'Oriente (482-565): *codice g.*

♦**giustìzia** o †**iustìzia** [lat. *iustĭtia(m)*, da *iūstus* 'giusto' ✻1261 ca.] **s. f.** **1** virtù, principio etico per il quale si giudica rettamente e si riconosce e si dà a ciascuno ciò che gli è dovuto: *operare secondo g.*; *richieste fondate sulla g.*; *in tutti i tempi alberga la g.* (T. CAMPANELLA) | ***g. distributiva***, quella che assegna a ciascuno proporzionalmente ai suoi meriti | ***g. sociale***, quella che attua l'uguaglianza sostanziale dei diritti e dei doveri di tutti i membri di una determinata società, spec. con l'equa distribuzione dei beni economici | (*est.*) conformità a tale principio etico: *la g. di questa decisione è esemplare* SIN. equità, imparzialità **2** nella teologia cattolica, una delle quattro virtù cardinali e uno degli attributi di Dio CFR. fortezza, prudenza, temperanza **3** il potere, la facoltà di realizzare il diritto mediante l'applicazione della legge: *amministrare la g.*; *la g. segue il suo corso*; *intralciare il corso della g.* | ***governare con g.***, secondo diritto **4** autorità giudiziaria, magistratura: *Corte di g.*; *consegnare, assicurare qlcu. alla g.*; *g. civile, penale* | ***palazzo di g.***, l'edificio sede degli uffici giudiziari | ***Ministero della G.***, ministero che cura la pubblicazione e l'archiviazione delle leggi, l'organizzazione e il funzionamento dei servizi relativi alla giustizia, ed esplica altre funzioni | (*est.*) gli organi della polizia che eseguono le decisioni della magistratura: *arriva la g.*; *essere ricercato dalla g.* **5** atto col quale la giustizia si realizza: *chiedere, ottenere, negare g.* | ***far g. da sé, farsi g.***, punire direttamente qlcu. senza attendere che lo faccia l'autorità competente | ***fare, rendere g.***, riconoscere i diritti di qlcu.; (*fig.*) riconoscere il merito, le qualità di qlcu. | (*lett.*) ***far g. al merito***, riconoscerlo | ***g. divina***, la potenza suprema di Dio, imperscrutabile e immancabile, che giudica, premia e punisce | (*est.*) pena o punizione inflitta, e relativa esecuzione: *g. è fatta* **6** una delle figure nel gioco dei tarocchi

giustiziàle [av. 1444] **agg.** ● relativo alle norme, al potere e all'organizzazione della giustizia

giustizialìsmo [sp. *justicialismo*, da *justicia* 'giustizia' ✻1952] **s. m.** **1** ideologia e prassi politica di Juan D. Perón (1875-1994), presidente dell'Argentina negli anni 1946-55 e 1973-74, e del movimento politico da lui fondato, caratterizzate da un forte nazionalismo e populismo **2** spec. nel linguaggio giornalistico, tendenza ad attribuire alla magistratura finalità di carattere politico | tendenza ad assumere in campo giudiziario posizioni improntate a colpevolismo

giustizialìsta [1952] **A** **agg.** (**pl. m.** *-i*) ● relativo al giustizialismo; caratterizzato da giustizialismo **B** **s. m. e f.** ● fautore, sostenitore del giustizialismo

giustiziàre o †**iustiziàre** [da *giustizia* ✻av. 1292] **A** **v. tr.** (*io giustìzio*) **1** punire eseguendo una condanna a morte: *fu giustiziato all'alba* **2** (*iperb.*) †ridurre qlcu. o qlco. in pessimo stato **B** **giustiziàrsi** **v. intr. pron.** ● †avviarsi ad affrontare la pena capitale

giustiziàto **A** **part. pass.** di *giustiziare*; **anche agg.** **1** nei sign. del v. **2** †condannato a morte **B** **s. m.** (**f.** *-a*) ● chi ha subìto l'esecuzione capitale

giustizière o †**giustizièro** [ant. fr. *justicier* 'ufficiale esecutore delle sentenze della giustizia (*justice*)' ✻1287] **A** **s. m.** (**f.** *-a*, *raro*) **1** esecutore di condanne capitali SIN. boia, carnefice **2** chi pretende di farsi giustizia da sé, di vendicare torti fatti a sé o ad altri **3** (*stor.*) alto magistrato; governatore di una provincia | †giudice **B** **agg.** ● (*lett.*) che giudica, che punisce

♦**giùsto** ① o †**iùsto** [lat. *iūstu(m)* 'conforme al diritto (*iūs*: V. *giure*)' ✻av. 1250] **A** **agg.** **1** che è conforme a giustizia, a equità: *pena, sentenza, critica giusta*; *g. premio*; *fare parti giuste*; *via giusta* | legittimo, fondato (+ *che* seguito da congtv.): *una richiesta giusta*; *è g. che lui dia la sua versione dei fatti* | che giudica e agisce con giustizia: *giudice, esaminatore, tribunale, uomo g.*; *umano sei, non g.* (G. PARINI) | ***siamo giusti!***, esortazione a giudicare senza passione SIN. equo, imparziale **2** vero: *osservazione giusta*; *quello che hai detto è g.* | ***dirle giuste, a dirla giusta***, parlare, parlando con sincerità | ***ridurre una storia alle giuste proporzioni***, riportarla nei limiti del vero **3** adeguato, appropriato, conveniente: *interpretazione giusta*; *età giusta per fare qlco.*; *g. rilievo*; *arrivi al momento g.*; *un g. pentimento*; *lo scrittore ha trovato lo stile g. per i suoi racconti* | ***statura, corporatura giusta***, normale **4** esatto, preciso: *misura, bilancia giusta*; *peso, prezzo g.*; *conto, calcolo g.*; *ora giusta* | ***colpo g.***, che prende nel segno | che non eccede né è in difetto: *giusta cottura*; *pietanza giusta di sale* CFR. orto- **5** (*mus.*) detto degli intervalli di quarta, quinta e ottava che non hanno alterazione di maggiore o minore SIN. perfetto CONTR. imperfetto ‖ **giustaménte**, **avv.** **1** con giustizia, in modo equo: *decidere giustamente* **2** a buon diritto, a ragione: *giustamente, s'è risentito* **3** esattamente: *rispondere giustamente* **B** **avv.** **1** esattamente, con precisione: *rispondere g.* | ***mirare, colpire g.***, (*fig.*) nel segno | ***stare g.***, calzare bene, andare perfettamente, detto di abiti o altri oggetti d'abbigliamento **2** proprio, per l'appunto: *ho g. bisogno di te*; *g. te cercavo*; *è arrivato g. adesso*; *volevo g. dirti una cosa* | (*iter.*) ***g. g.***, (*colloq.*) appena: *quella cifra ti basterà g. g. per il biglietto del treno* | come risposta energicamente affermativa (*anche iron.*): *'Non è ora di pulire qui?' 'g.!'*; *'Lo chiedo a Giovanni?' 'Sì, g. a lui!'* | appena, soltanto: *ho g. finito di lavorare*; *vado un attimo da lui, g. per salutarlo* | ***giust'appunto***, V. *giustappunto* **3** circa, quasi: *saranno g. le otto*; *penso che abbia g. vent'anni* **C** **s. m.** **1** (**f.** *-a*) chi pensa e vive in modo retto | (*fig.*) ***dormire il sonno del g.***, placidamente e profondamente | (*relig., fig.*) ***dormire il sonno dei giusti, del g.***, godere del riposo eterno nella pace del Signore, detto di chi è morto dopo avere rettamente vissuto SIN. onesto, probo **2** ciò che è dovuto secondo giustizia: *chiedere, esigere, dare il g.*

SFUMATURE DI SIGNIFICATO

giusto - onesto - morale

Giusto è chi si comporta e giudica con imparzialità riconoscendo i diritti, i meriti e le colpe di ognuno e, riferito a cose, ciò che è conforme a criteri di equità e giustizia. Equità, giustizia e correttezza nei rapporti con gli altri rientrano anche nella definizione di **onesto**, che tuttavia aggiunge una sfumatura relativa all'osservanza delle leggi. **Morale** è parola che riassume in sé il significato sia di *giusto* sia di *onesto*, e definisce in senso generale tutto ciò che si conforma al complesso di norme e principi di comportamento generalmente accettati da un gruppo sociale.

SFUMATURE ➤ *leale*

†**giùsto** ② ➤ **giusta**

glabèlla [vc. dotta, lat. *glabĕllu(m)*, deriv. di *glăbru(m)* 'glabro, liscio', perché l'osso frontale è posto nell'area glabra fre le due sopracciglia ✻av. 1625] **s. f.** ● (*anat.*) prominenza dell'osso frontale che congiunge le due arcate delle orbite e rappresenta un punto di riferimento della craniometria

glabellàre [sec. XX] **agg.** ● (*anat.*) relativo alla glabella | (*med.*) ***riflesso g.***, nel morbo di Parkinson, battito incontrollato delle palpebre in risposta a lievi e ripetute percussioni nella regione della glabella

♦**glàbro** [vc. dotta, lat. *glăbru(m)*, con corrispondenza germ. ✱ 1499] **agg.** ● senza peli: *foglia glabra* | imberbe: *gota glabra* | rasato: *viso g.* | (*est.*) liscio

glacé /*fr.* glaˈse/ [vc. fr., part. pass. di *glacer* 'ghiacciare', da *glace* 'ghiaccio' ✱ 1866] **agg. inv.** **1** detto di ciò che è molto lucido, brillante, di aspetto simile al ghiaccio: *guanti, borsetta di capretto g.* **2** candito, glassato: *marron glacé*

glaciàle [vc. dotta, lat. *glaciāle(m)*, agg. di *glăcies* (V. *ghiaccio*①), tendente a sostituire *gĕlidus* 'gelido', che andava affievolendo il sign. originario ✱ av. 1492] **agg.** **1** di ghiaccio, gelato: *clima g.* | (*geol.*) ***Periodo g.***, intervallo di tempo della storia della Terra in cui avvenne una forte espansione dei ghiacciai **2** (*est.*) molto freddo: *vento g.*; *temperatura g.* **3** simile al ghiaccio | (*chim.*) ***acido acetico g.***, acido acetico allo stato anidro, poiché cristallizza facilmente in una massa vetrosa simile a ghiaccio **4** (*fig.*) insensibile e indifferente al massimo grado: *uomo g.* | che dimostra grande freddezza, ostilità: *accoglienza, silenzio g.* ‖ **glacialménte**, **avv.** (*fig.*) con molta freddezza ‖ **glacialità**, **s. f. inv.** (*raro*) caratteristica di glaciale; (*fig.*) estrema freddezza o durezza: *glacialità di carattere*

glacialìşmo [da *glaciale* ✱ 1956] **s. m.** ● (*geol.*) teoria dello sviluppo e ritiro dei ghiacciai e studio delle loro azioni | complesso di fenomeni riguardanti la glaciazione e le azioni dei ghiacciai

glaciazióne [dal lat. *glaciātu(m)*, part. pass. di *glaciāre* 'ghiacciare' ✱ 1912] **s. f.** ● (*geol.*) espansione delle calotte glaciali terrestri | periodo glaciale

glaciologìa [comp. del lat. *glăcies* 'ghiaccio①' e *-logia* ✱ 1917] **s. f.** (**pl.** *-gìe*) ● branca della geofisica che si occupa dei fenomeni della glaciazione e spec. dei ghiacciai

glaciòlogo [1930] **s. m.** (**f.** *-a*; **pl. m.** *-gi*) ● studioso di glaciologia

gladiatóre [vc. dotta, lat. *gladiatōre(m)*, da *glădius* 'gladio', come *vindemiātor* 'vendemmiatore' da *vindēmia* 'vendemmia' ✱ sec. XIV] **s. m.** **1** nella Roma antica, schiavo o volontario, mantenuto a spese dello Stato o di privati, che combatteva in duelli nel circo, per pubblico spettacolo | ***gesto da g.***, (*fig.*) posa fiera **2** (**f.** *-trice*) (*est.*) chi si batte con grande grinta e determinazione, spec. in ambito sportivo: *i difensori sono stati i soliti gladiatori* **3** nel linguaggio giornalistico, appartenente all'organizzazione Gladio

gladiatòrio [vc. dotta, lat. *gladiatōriu(m)*, da *gladiātor* 'gladiatore' ✱ sec. XIV] **agg.** (**pl. m.** *-i* o *raro -ii*) **1** di gladiatore, dei gladiatori | da gladiatore **2** (*est.*) fiero, aggressivo: *atteggiamento g.*

glàdio [vc. dotta, lat. *glădiu(m)*, di prob. orig. celt. ✱ av. 1328] **A** **s. m.** ● spada corta a doppio taglio con lama larga, robusta e appuntita, tipica dei legionari romani **B** **s. f. inv.** ● (con iniziale maiuscola) organizzazione segreta paramilitare, collegata alla Nato, attiva in Italia a partire dal 1950 ca., con compiti di difesa antisovietica e anticomunista

gladìolo o (*raro*) **gladiòlo** [vc. dotta, lat. *gladĭolu(m)*, propr. 'piccola spada (*glădius* 'gladio')', per allusione alle sue foglie taglienti ✱ 1499] **s. m.** ● pianta delle Iridacee con fiori disposti a spiga, coltivata in varietà ornamentali di diversi colori (*Gladiolus segetum*)

glagolìtico [dall'ant. slavo *glagolŭ* 'parola', di orig. indeur. ✱ 1869] **agg.** (**pl. m.** *-ci*) ● (*ling.*) di antico alfabeto usato nella letteratura paleoslava e in particolare nei testi liturgici delle diocesi slave cattoliche sulla costa orientale dell'Adriatico

glam /*ingl.* glæm/ [1990] **A** **s. m. inv.** ● accorc. di *glamour* **B** **nella loc. agg. inv.** ***glam rock***, genere musicale in voga nella prima metà degli anni Settanta del Novecento soprattutto in Nord Europa, che associava melodie accattivanti a una accentuata teatralità degli esecutori

glamour /ˈglɛmur, *ingl.* ˈglæmə(r)/ [dallo scozzese *glamoir* 'incantesimo' per l'ingl. *grammar*, propr. 'grammatica', passaggio che si spiega con lo stretto legame che si riteneva esistesse tra erudizione e arti magiche ✱ 1953] **A** **s. m. inv.** ● fascino intenso, irresistibile, spec. femminile **B** **agg. inv.** ● seducente, sensuale: *un vestitino g.* ‖ **glam**, **accorc.** (V.)

glànde [vc. dotta, lat. *glănde(m)* 'ghianda', di orig. indeur. ✱ 1583] **s. m.** ● (*anat.*) parte terminale del pene CFR. balano-

glàndola e deriv. ➤ **ghiandola** e deriv.

glàndula e deriv. ➤ **ghiandola** e deriv.

glàsnost /ˈglaznost, *russo* ˈgɫɰasnʌstj/ [vc. russa, propr. 'comunicazione, informazione', da *glas* 'voce'; il termine è tradotto comunemente con 'trasparenza', forse per l'assonanza con l'ingl. *glass*, il fr. *glace*, il ted. *Glas* 'vetro' ✱ 1986] **s. f. inv.** ● libertà di espressione e di informazione, come presupposto indispensabile per rendere trasparenti i rapporti politico-sociali; costituisce uno dei punti fondamentali della riforma avviata dallo statista sovietico M. S. Gorbaciov negli anni 1985-1991 SIN. trasparenza

glàssa [adattamento del fr. *glace*, propr. 'ghiaccio', della stessa orig. dell'it. *ghiaccia* ✱ av. 1800] **s. f.** ● sciroppo di zucchero con chiara d'uovo o altro, usato dai pasticceri per decorare torte, rivestire pasticcini e sim. SIN. ghiaccia

glassàre [fr. *glacer* 'ghiacciare' da *glace* 'ghiaccio' ✱ av. 1800] **v. tr.** ● ricoprire dolci con glassa o cioccolato fuso | cospargere la carne di gelatina

glassarmònica o **glassharmònica** [dall'ingl. *glass harmonica*, comp. di *glass* 'vetro' e *harmonica* 'armonica' ✱ 1993] **s. f.** ● (*mus.*) strumento della tradizione popolare tirolese, costituito da una serie di coppe di cristallo di grandezza progressiva, sulle quali il suonatore sfrega le dita inumidite producendo i suoni: *le composizioni di Mozart per g.*

glassàto **part. pass.** di *glassare*; **anche agg.** **1** nei sign. del v. **2** ricoperto di uno strato lucido: *guanti glassati* SIN. glacé

glassatùra [1968] **s. f.** ● il glassare | strato di glassa

glauberìte [dal n. del medico e chimico ted. J. R. *Glauber* (1604-1668) e *-ite*② ✱ 1869] **s. f.** ● (*miner.*) solfato sodico calcico in cristalli tabulari o prismatici, comune nei depositi salini

♦**glàuco** [vc. dotta, lat. *glāucu(m)*, dal gr. *glaukós*: per fraintendimento della prima parte dell'epiteto di Atena, *glaukôpis*, propr. 'dagli occhi di civetta (*glâux*, genit. *glaukós*)' (?) ✱ 1340] **agg.** (**pl. m.** *-chi*) ● (*lett.*) di colore azzurro chiaro tra il verde e il celeste: *glauche selve d'ulivi* (G. Carducci)

glaucòfane o **glaucofàne** [ted. *Glaukophan*, comp. di *glauko* 'glauco' e *-phan*, dal gr. *pháinein* 'mostrare, apparire' ✱ 1892] **s. m.** ● (*miner.*) anfibolo di magnesio, alluminio e sodio, in cristalli aciculari raggiati di colore azzurro, presente nelle rocce metamorfiche

glaucòma [vc. dotta, lat. *glaucōma* (nom. nt.), dal gr. *gláukōma*, da *glaukós* 'l'azzurro (assunto dall'occhio irrigidito)' ✱ 1547] **s. m.** (**pl.** *-i*) ● (*med.*) malattia caratterizzata da incremento della pressione intraoculare, che può portare al danneggiamento della struttura e della funzione dell'occhio

glaucòmio [comp. del gr. *glaukós* 'cilestrino' e *mŷs*, genit. *myós* 'topo' ✱ 1956] **s. m.** ● mammifero roditore americano frugivoro, notturno, fornito di patagio con cui plana (*Glaucomys*)

glauconìte [vc. dotta, comp. di *glauco* col suff. *-ite*② ✱ 1917] **s. f.** ● (*miner.*) silicato idrato con struttura a strati, contenente alluminio, ferro e potassio, in minuti cristalli lamellari di colore verde-azzurro, frequente in sabbie d'origine marina

glaucòpide [gr. *glaukôpis*, genit. *glaukṓpidos* 'con l'occhio (*ṓps*, genit. *opós*) di civetta (*glâux*, genit. *glaukós*)' ✱ 1589] **agg.** ● (*lett.*) che ha gli occhi cerulei | ***la G.***, epiteto omerico di Pallade di Atena: *la g. Minerva* (V. Monti)

glèba o †**ghièva** [vc. dotta, lat. *glēba(m)*, di orig. indeur. ✱ av. 1292] **s. f.** **1** (*lett.*) zolla di terra: *giovenchi invitti / a franger glebe* (G. Carducci) | ***servitù della g.***, nel diritto feudale, istituto per cui i contadini, privi di diritti politici e civili, erano legati di padre in figlio a un terreno senza poterlo abbandonare **2** (*bot.*) parte interna dei funghi Gasteromiceti, contenente le spore

†**glebóso** (o -ṣ-) [vc. dotta, lat. *glebōsu(m)*, da *glēba* 'gleba' ✱ 1550] **agg.** ● pieno, ricco di zolle fertili: *dalla glebosa Tarne era venuto / Festo* (V. Monti)

gledìssia o **gledìccia** [dal lat. scient. *Gleditschia triacanthos*, dal n. del botanico ted. J. G. *Gleditsch* (1714-1786) ✱ 1813] **s. f.** ● (*bot.*) spino di Giuda, triacanto

glène o **glèna** [vc. dotta, gr. *glḗnē* 'pupilla', poi 'incavo delle ossa', di etim. incerta ✱ 1820] **s. f.** ● (*anat.*) cavità articolare ovoidale

glenoidàle [1834] **agg.** ● (*anat.*) glenoideo

glenòide [da *glene* ✱ 1834] **A** **agg.** ● (*anat.*) che ha forma di glene **B** **s. f.** ● (*anat.*) superficie articolare concava che accoglie un condilo

glenoidèo [1834] **agg.** ● (*anat.*) riferito a un glenoide SIN. glenoidale | ***fossa glenoidea***, superficie articolare con cui l'omero si connette alla cintura toracica

gleucòmetro [comp. del gr. *glêukos* 'mosto' e *-metro* ✱ 1834] **s. m.** ● strumento per misurare in modo approssimativo il grado zuccherino dei mosti d'uva SIN. mostimetro, glucometro

♦**gli**① /*ʎi/ o †**li**① [lat. *(ĭl)li* 'quelli', nom. pl. di *ĭlle* 'quello, egli', comp. di una particella iniziale e di un antico dimostr., l'uno e l'altro di etim. incerta ✱ av. 1294] **art. determ. m. pl.** **Si usa davanti a parole m. pl. che cominciano per vocale,** *gn, ps, s impura, x* **e** *z* **e a** *dei* (**pl. di** *dio*)**; per l'uso davanti a parole che cominciano per** *pn*, **V.** *lo*; **talora si apostrofa** (*spec. lett.*) **davanti a parole che cominciano per** *i*: *gli automobilisti*; *gli errori*; *gli orsi*; *gli uomini*; *gli gnomi*; *gli psicologi*; *gli scoiattoli*; *gli xenofobi*; *gli zaini*; *gl'individui* | **fondendosi con le prep. proprie semplici dà origine alle prep. art. m. pl.** *agli, cogli, dagli, degli, negli, sugli*, **lett.** *pegli* ● forma pl. di 'lo' (V. nota d'uso ELISIONE e TRONCAMENTO)

♦**gli**② /*ʎi/ o (*poet.*) †**i**③ /i/, †**li**② /li/ [lat. *(ĭl)li* 'a quello', dativo sing. di *ĭlle* 'quello, egli' (V. *gli*①) ✱ av. 1290] **A** **pron. pers. atono m. di terza pers. sing.** (**formando gruppo con altri pron. atoni si premette a** *si* **e a** *se ne*: *gli si dice la verità?*; *gli se n'è formato un altro*. **Seguito dai pron. atoni** *la, le, li, lo* **e dalla particella** *ne*, **assume le forme** *gliela, gliele, glieli, glielo, gliene*) ● a lui, a esso (come compl. di termine, enclitico e proclitico): *gli ho detto di fare in fretta*; *devo parlargli subito*; *mi sdebiterò mandandogli in dono un libro*; *vagli incontro e fagli festa* **B** **pron. pers. atono f. di terza pers. sing.** ● (*pop.*, *fam.*; *evit.*) a lei, a essa (come compl. di termine, enclitico e proclitico): *gli parlerò con fermezza non appena la vedrò*; *quando vedi tua sorella, non dirgli niente.* ATTENZIONE! Va rispettata la distinzione fra *gli*, maschile, e *le*, femminile: *gli* (= a lui) *ho promesso di venire*; *le* (= a lei) *ho affida-*

to un incarico. **C** **pron. pers. atono m. e f. di terza pers. pl.** ● (*colloq.*) a essi, a esse, a loro (come compl. di termine, enclitico e proclitico): *chi si cura di costoro a Milano? Chi gli darebbe retta* (A. MANZONI). L'uso di *gli* come pronome personale di terza persona plurale è sempre più comune e accettato, soprattutto nella lingua parlata. Meno comune è il termine *loro*: *ho incontrato Mario e Anna e ho consegnato loro i biglietti* suona certamente più formale che *gli ho consegnato*. Si usi quindi *loro* solo in determinati contesti specialmente nella lingua scritta. (V. nota d'uso ELISIONE e TRONCAMENTO)

gli ③ ➤ **egli**

†**gli** ④ ➤ **li** ①

glìa [gr. *glía* 'colla', di orig. espressiva ✱ 1933] **s. f.** ● (*anat.*) nevroglia

gliadìna [da *glia* ✱ 1834] **s. f.** ● sostanza gelatinosa che, con la glutenina, costituisce il principale componente del glutine di frumento

gliàle o **gliàre** [1956] **agg.** ● (*anat.*) relativo a glia

glicemìa [comp. del gr. *glykýs* 'dolce' e un deriv. di *hâima* 'sangue' col suff. di astratti *-ía* ② ✱ 1918] **s. f.** ● (*med.*) quantità di glucosio presente nel sangue

glicèmico [1933] **agg.** (**pl. m.** *-ci*) ● di glicemia: *tasso g.*

gliceràto [comp. di *glicer(ina)* e *-ato* ② ✱ 1869] **s. m.** ● alcolato ottenuto per sostituzione con metalli, degli atomi di idrogeno degli ossidrili della glicerina | ogni etere della glicerina con alcoli

glicèrico [1869] **agg.** (**pl. m.** *-ci*) ● di ossiacido monobasico ottenuto per ossidazione della glicerina

glicèride [da *glicer(ina)*, con sostituzione del suff. ✱ 1911] **s. m.** ● estere della glicerina con acidi grassi | ***g. semplice***, quando i gruppi alcolici vengono esterificati da un solo tipo di acido grasso | ***g. misto***, quando i gruppi alcolici vengono esterificati da differenti acidi grassi

glicerìna [fr. *glycérine*, tratto dal gr. *glykerós* 'dolce', col suff. *-ine* '-ina' ✱ 1829] **s. f.** ● alcol alifatico trivalente ottenuto dalla saponificazione dei grassi, prodotto anche per sintesi dal propilene, usato nell'industria chimica, in preparati farmaceutici e cosmetici come emolliente e diluente

glicero- [dal gr. *glykerós* 'dolce', var. di *glykýs* 'dolce' (d'orig. sconosciuta)] **primo elemento** ● in parole composte della terminologia chimica indica relazione con la glicerina: *glicerofosfato*

glicerofosfàto [comp. di *glicero-* e *fosfato* ✱ 1901] **s. m.** ● sale dell'acido glicerofosforico, usato in terapia come ricostituente: *g. di calcio*

glicerofosfòrico [comp. di *glicero-* e *fosforico* ✱ 1959] **agg.** (**pl. m.** *-ci*) ● detto di acido bibasico ottenuto per condensazione di una molecola di glicerina con una di acido fosforico

glicerolàto [da *glicerolo* ✱ 1917] **s. m.** ● (*chim., farm.*) farmaco per uso esterno a base di glicerina

gliceròlo [comp. di *glicero-* e di *-olo* ① ✱ sec. XIX] **s. m.** ● (*chim.*) glicerina

glicìde o **glucìde** [vc. dotta, da *glic(erina)* col suff. *-ide* ✱ 1869] **s. m.** ● (*chim.*) ogni composto a funzione mista, alcolica-aldeidica o alcolica-chetonica, formato da carbonio, idrogeno e ossigeno: *gli zuccheri, la cellulosa, l'amido sono glicidi* SIN. carboidrato

glicìdico o **glucìdico** [1970] **agg.** (**pl. m.** *-ci*) ● (*chim.*) relativo a glicide

glicìna [comp. del gr. *glykýs* 'dolce' e *-ina* ✱ sec. XIX] **s. f.** ● (*chim.*) glicocolla

glìcine [dal gr. *glykýs* 'dolce' (V. *glico-*), per il sapore del tubero di questa pianta ✱ 1815] **s. m.** o *sett.* **f.** ● arbusto rampicante delle Leguminose con fiori azzurro-violacei in grappoli penduli (*Wistaria sinensis*)

glicirrìza [vc. dotta, lat. *glycyrrīza(m)*, dal gr. *glykýrriza* 'radice (*ríza*) dolce (*glykýs*)' ✱ 1550] **s. f.** ● (*lett.*) liquirizia

glico- [dal gr. *glykýs* 'dolce', di etim. incerta] **primo elemento** ● in parole composte della terminologia scientifica, significa 'dolce': *glicocolla, glicogenesi*

glicocòlla [comp. di *glico-* e *colla* ② ✱ 1869] **s. f.** ● (*chim.*) capostipite degli amminoacidi, costituente della fibroina e di altre sostanze proteiche da cui è ottenuta per idrolisi; è efficace nella cura di atrofie muscolari, nei casi di fragilità capillare e per ottenere un migliore rendimento cardiaco SIN. glicina

glicocorticòide o **glucocorticòide** [comp. di *glico-* e *corticoide* ✱ 1970] **s. m.** ● (*biol.*) glicocorticosteroide

glicocorticosteròide o **glucocorticosteròide** [comp. di *glico-, cortico-* e *steroide* ✱ 1997] **s. m.** ● (*biol.*) ogni corticosteroide che stimola la trasformazione degli aminoacidi in glucosio e inibisce la glicolisi (per es. il cortisolo, il corticosterone e il cortisone)

glicogènesi [comp. di *glico-* e *genesi* ✱ sec. XX] **s. f. inv.** ● (*med.*) produzione di glucosio nell'organismo, spec. nel fegato

glicògeno [comp. di *glico-* e *-geno* ✱ 1889] **s. m.** ● (*biol.*) polisaccaride ramificato di riserva degli organismi animali, formato dall'unione di molte molecole di glucosio | ***g. vegetale***, reperibile nel mondo vegetale, spec. nelle alghe e nei Funghi

glicogenòsi [comp. di *glicogen(o)* e del suff. *-osi* ✱ 1950] **s. f. inv.** ● (*med.*) malattia da accumulo del glicogeno che provoca disordini metabolici a carico di fegato, miocardio, reni, muscolo scheletrico ecc.

glìcol o **glìcole** [ingl. *glycol*, comp. di *glyc(erine)* 'glicerina' e *(alcoh)ol* 'alcol' ✱ 1869] **s. m. inv.** ● (*chim.*) alcol alifatico bivalente | ***g. etilenico***, usato come antigelo per radiatori d'auto

glicòlico o **glucòlico** [da *glicol* ✱ 1869] **agg.** (**pl. m.** *-ci*) ● detto di ossiacido monobasico, ottenuto per blanda ossidazione del glicol etilenico o per riduzione elettrolitica dell'acido ossalico, impiegato nella stampa dei tessuti

glicolipìde [comp. di *glico-* e *lipide* ✱ 1956] **s. m.** ● (*biol.*) composto organico la cui molecola è costituita da una porzione glicidica (idrofila) e da una porzione lipidica (idrofoba)

glicòlisi [comp. di *glico-* e del gr. *lýsis* 'soluzione' ✱ sec. XX] **s. f. inv.** ● (*biol.*) processo metabolico consistente nella demolizione del glucosio con liberazione di modeste quantità di energia; in assenza di ossigeno è nota anche come fermentazione

glicometrìa [comp. di *glico-* e *-metria* ✱ sec. XX] **s. f.** ● misura degli zuccheri nei liquidi organici

gliconèo o **glicònio** [gr. *glykṓneios*, dal n. del poeta gr. cui è attribuita l'invenzione, *Glýkōn*, genit. *Glýkōnos*, da *glykýs* 'dolce' ✱ 1586] **s. m.** ● verso greco e latino di otto sillabe, di cui comunemente le prime tre variabili, le ultime fisse

glicoprotèico [1993] **agg.** (**pl. m.** *-ci*) ● (*biol.*) relativo a glicoproteina

glicoprotèide o **glucoprotèide** [comp. di *glico-* e *proteide* ✱ 1917] **s. m.** ● (*biol.*) glicoproteina

glicoproteìna [comp. di *glico-* e *proteina* ✱ 1986] **s. f.** ● (*biol.*) proteina coniugata con glicidi SIN. glicoproteide

glicorrachìa [comp. di *glico-, rachi-* e del suff. *-ía* ② ✱ 1956] **s. f.** ● (*med.*) presenza di glucosio nel liquido cerebrospinale

glicosamminoglicàno [comp. di *glicos(io), ammin(a)* e *glicano* (a sua volta dal gr. *glykýs* 'dolce') ✱ 1993] **s. m.** ● (*chim.*) mucopolisaccaride

glicoside ➤ **glucoside**

glicòsio ➤ **glucosio**

glicòso ➤ **glucosio**

glicosùria o **glicosurìa** [comp. di *glicosio* e di un deriv. del gr. *ôuron* 'urina' ✱ 1881] **s. f.** ● (*med.*) presenza di glucosio nelle urine

glièla /*'ʎela/ o (*lett.*) **glie la** **forma pronominale** ● è composta dal pron. pers. *gli* (come compl. di termine con i sign. di *a lui, a lei,* (*colloq.*) *a loro*) e dal pron. pers. f. sing. *la* (come compl. oggetto): *vuole giocare un po' con la palla: dagliela; g. comperi la bicicletta?*

gliéle /*'ʎele/ o (*lett.*) **glie le** **forma pronominale** ● è composta dal pron. pers. *gli* (come compl. di termine con i sign. di *a lui, a lei,* (*colloq.*) *a loro*) e dal pron. pers. f. pl. *le* (come compl. oggetto): *le hai prese in prestito, ma ora devi restituirgliele; g. hai promesse!*

glièli /*'ʎeli/ o (*lett.*) **glie li** **forma pronominale** ● è composta dal pron. pers. *gli* (come compl. di termine con i sign. di *a lui, a lei,* (*colloq.*) *a loro*) e dal pron. pers. m. pl. *li* (come compl. oggetto): *g. manderò appena possibile; restituiscoglieli subito*

♦**glièlo** /*'ʎelo/ o (*lett.*) **glie lo**, (*lett.*) **le lo**, †**lel** /lel/ **forma pronominale** ● è composta dal pron. pers. *gli* (come compl. di termine con i sign. di *a lui, a lei,* (*colloq.*) *a loro*) e dal pron. pers. m. sing. *lo* (come compl. oggetto): *devo andarci poiché gliel'ho promesso; gli è assai dubbio se il bel officiale non le lo avrebbe fatto dimenticare* (I. NIEVO) | anche enclitico nelle forme *-glielo, -gliela,* ecc.: *ricordaglielo* ('ricordalo a lui, a lei, ecc.')

gliène /*'ʎene/ o (*lett.*) **glie ne** **forma pronominale** ● è composta dal pron. pers. *gli* (come compl. di termine con i sign. di *a lui, a lei,* (*colloq.*) *a loro*) e dalla particella pronominale *ne* (come compl. di specificazione o come compl. partitivo con i sign. di *di lui, di esso, di lei, di essa, di loro, di essi, di esse, di ciò*): *g. ho dette di tutti i colori* | anche enclitico nella forma *-gliene*: *prova a parlargliene* ('parlarne a lui, a lei, ecc.')

glìfo [fr. *glyphe*, dal gr. *glyphḗ* '(in)taglio', da *glýphein* '(in)tagliare', di orig. indeur. ✱ 1681] **s. m.** **1** (*archit.*) scanalatura verticale ornamentale del triglifo **2** (*ferr.*) guida per corsoio mobile | ***distribuzione a g.***, nelle motrici a vapore alternative, quella caratterizzata dalla possibilità di variare durante la marcia il grado di introduzione del vapore e ottenere inoltre l'inversione del moto **3** segno di base di antichi sistemi di scrittura consistente in un'immagine associata a un fonema **4** (*est.*) nei testi esoterici, segno grafico che indica emblemi astrologici, concetti alchemici o lettere di alfabeti segreti **5** (*est.*) nel linguaggio giornalistico, simbolo: *il g. dell'euro*

glioblastòma [comp. di *gli(a)* e *blastoma* ✱ 1940] **s. m.** (**pl.** *-i*) ● (*med.*) tumore di origine gliale; è il più frequente fra i tumori intracranici

gliòma [comp. di *gli(a)* e *-oma* ✱ 1874] **s. m.** (**pl.** *-i*) ● (*med.*) tumore della glia

gliòmmero /*'ʎɔmmero/ [lat. *glŏmus*, genit. *glŏmeris* 'gomitolo', di etim. incerta ✱ av. 1389] **s. m. Si usa con gli art.** *lo, uno, gli* **1** componimento poetico giocoso in dialetto napoletano, destinato alla recitazione, di argomento diverso, in uso nei secc. XV e XVI **2** †gomitolo **3** (*fig.*) †intrigo, imbroglio

gliossàle [comp. di *gli(col), oss(idato)* e del

suff. *-ale*② ✱ 1869] **s. f.** ● (*chim.*) aldeide alifatica in forma di cristalli finissimi di colore giallo; impiegata a livello industriale spec. come colorante o, in soluzione acquosa, come agente conservante

gliptica ➤ **glittica**

gliptico ➤ **glittico**

glipto- ➤ **glitto-**

gliptodónte [comp. del gr. *glyptós* 'inciso' (V. *glitto-*) e *odṓn*, genit. *odóntos* 'dente' ✱ 1956] **s. m.** ● mammifero appartenente all'ordine degli Sdentati, erbivoro, provvisto di corazza esterna rigida, corpo tozzo e arti corti, tipico dei primi tempi dell'era quaternaria (*Glyptodon clavipes*)

gliptogèneṣi [comp. di *glipto-* e *genesi* ✱ 1956] **s. f. inv.** ● (*geol.*) insieme dei fenomeni chimico-fisici di degradazione delle rocce

gliptografìa ➤ **glittografia**

gliptògrafo ➤ **glittografo**

gliptotèca ➤ **glittoteca**

glissàndo [dal fr. *glisser* 'scivolare', dall'ant. fr. *glier*, di orig. germ. (**glîdan*), con sovrapposizione di *glacer*, dal lat. *glaciāre*, l'uno e l'altro con l'ant. sign. di 'scivolare' ✱ 1940] **s. m. inv.** ● (*mus.*) effetto che consiste in un veloce scivolamento sui suoni di una scala, previsto in molti strumenti quali il pianoforte, l'organo, l'arpa, la tromba | nella tecnica degli strumenti ad arco, effetto speciale provocato dal dito che scivola sulla corda

glissàre [fr. *glisser* (V. *glissando*) ✱ sec. XVIII] **v. intr.** (aus. *avere*) **1** sorvolare su un argomento parlando, evitare di approfondirlo (+ *su*): *ha glissato sull'accaduto; invece di rispondermi, glissò* **2** (*mus.*) indicazione agogica equivalente a glissando

glissàto [da *glissare* ✱ 1956] **s. m. inv.** ● (*mus.*) glissando

glitter /*ingl.* 'glɪtə(r)/ [vc. ingl., propr. 'scintillio' ✱ 1988] **A s. m. inv. 1** luccichio, scintillio **2** nei cosmetici, componente che produce riflessi iridescenti: *ombretto col g.* **B** anche in funzione di agg. inv. (posposto a un sost.): *effetto g.*

glitteràto [da *glitter* (V.) ✱ 1989] **A agg.** ● che presenta effetti di lucchichio: *disegno g.*; *lo sfondo g. di un blog* | detto di capo d'abbigliamento ricoperto da lustrini: *jeans glitterati* **B agg.; anche s. m.** (f. *-a*) ● che (o chi) indossa tali capi di abbigliamento o (*est.*) veste in modo appariscente, chiassoso

glìttica o **glìptica** [da (*arte*) *glittica* ✱ av. 1798] **s. f.** ● arte di intagliare e incidere le pietre dure e preziose

glìttico o **glìptico** [vc. dotta, gr. tardo *glyptikós*, da *glyptós* 'inciso' (V. *glitto-*) ✱ 1869] **A agg.** (pl. m. *-ci*) ● della glittica **B s. m.** ● intagliatore di pietre dure e preziose

glìtto- o **glìpto-** [dal gr. *glyptós* 'inciso', agg. del v. *glýphein* '(in)tagliare', di orig. indeur.] **primo elemento** ● in parole composte dotte e della terminologia scientifica, significa 'intaglio, incisione': *glittografia, glittoteca*

glittografìa o **gliptografìa** [comp. di *glitto-* e *-grafia* ✱ av. 1798] **s. f.** ● studio, descrizione delle pietre dure incise

glittògrafo o **gliptògrafo** [comp. di *glitto-* e *-grafo* ✱ av. 1798] **s. m.** (f. *-a*) ● studioso, esperto di glittografia

glittotèca o **gliptotèca** [comp. di *glitto-* e del gr. *thḗkē* 'custodia' ✱ 1867] **s. f.** ● collezione di pietre dure incise | luogo in cui tali pietre sono raccolte

glòbal /'glɔbal, *ingl.* 'gləubəl/ [vc. ingl., propr. 'globale' ✱ 1993] **agg. inv.** ● relativo alla globalizzazione CFR. glocal

globàle [fr. *global*, da *globe* 'globo' ✱ 1900] **agg. 1** complessivo, totale: *spesa, imposta g.* | ***metodo g.***, in pedagogia, metodo didattico, usato specialmente per l'apprendimento della lettura e della scrittura, secondo cui l'allievo percepisce in maniera unitaria senza avere distinte capacità di analisi e sintesi **2** che interessa e riguarda tutto il globo terrestre: *politica g.*; *sistema di comunicazione g.* SIN. planetario, mondiale | ***mercato g.***, mercato non limitato da confini nazionali o regionali | (*sociol.*) ***villaggio g.***, V. *villaggio* | ***riscaldamento g.***, V. *riscaldamento* **3** (*mat.*) relativo all'intero spazio ‖ **globalménte**, avv. ‖ **globalità**, s. f. inv. (V.)

SFUMATURE ➤ ***universale***

globalìṣmo [1963] **s. m. 1** (*psicol.*) globalizzazione, metodo globale **2** globalizzazione economica, culturale ecc.

globalità [1948] **s. f. inv.** ● complesso degli elementi che costituiscono un tutto | ***nella sua g.***, nella sua interezza SIN. totalità

globaliẓẓàre [1986] **A v. tr.** ● mettere in atto un processo di globalizzazione: *g. i mercati; g. una rete di informazione* **B globaliẓẓàrsi v. intr. pron.** ● assumere una dimensione globale: *l'economia tende a globalizzarsi* ‖ **globaliẓẓazióne**, s. f. (V.)

globaliẓẓazióne [fr. *globalisation* per l'acquisto 'globale' (*global*) della realtà da parte del fanciullo ✱ 1956] **s. f. 1** (*psicol.*) processo conoscitivo proprio dell'età infantile tendente a cogliere innanzitutto l'insieme di un oggetto e a differenziare solo successivamente gli elementi che lo compongono **2** tendenza di fenomeni economici, culturali e di costume ad assumere una dimensione mondiale, superando i confini nazionali o regionali

glòbal warming /'glɔbal 'wɔrmin(g), *ingl.* ˌgləub(ə)l'wɔːmɪŋ/ [loc. ingl., comp. di *global* 'globale' e *warming* 'riscaldamento' ✱ 2001] **loc. sost. m. inv.** ● (*ecologia*) riscaldamento globale

globe-tròtter /glob'trɔtter, *ingl.* 'gləubˌtrɒtə(r)/ [vc. ingl., propr. 'colui che gira (*trotter*, dal v. (*to*) *trot*, deriv. dall'ant. fr. *troter*, propr. 'andare al trotto') il mondo (*globe* 'globo')' ✱ 1905] **s. m. e f. inv.** (pl. ingl. *globe-trotters*) ● chi viaggia per il mondo, spec. con mezzi di fortuna, e anche a piedi

globicèfalo [comp. di *globo* e *cefalo*, per la forma tondeggiante della testa ✱ 1874] **s. m.** ● cetaceo dei Delfinidi dal capo molto grande, nero con una macchia bianca cuoriforme sulla parte inferiore del collo, che vive in branchi nei mari boreali (*Globicephala melaena*)

globifórme [comp. di *globo* e *-forme* ✱ 1956] **agg.** ● (*raro*) che ha forma di globo

globigerìna [comp. del lat. *glŏbus* 'corpo rotondo' e un deriv. di *gĕrere* 'portare', con il suff. *-ina* ✱ 1899] **s. f.** ● genere di Protozoi foraminiferi i cui gusci calcarei formano spessi sedimenti sui fondi oceanici (*Globigerina*)

globìna [vc. dotta, tratta da (*emo*)*globina* ✱ 1956] **s. f.** ● (*biol.*) costituente proteico dell'emoglobina

glóbish /'globiʃ, *ingl.* 'gləubɪʃ/ [vc. ingl., fusione di *glob(al)* 'globale' e *(engl)ish* 'inglese' ✱ 2005] **s. m. inv.** ● (*ling.*) lingua inglese ridotta a circa 1500 parole, usata come strumento di comunicazione universale

♦**glòbo** [vc. dotta, lat. *glŏbu(m)*, di etim. incerta ✱ av. 1292] **s. m. 1** qualunque corpo a forma di sfera: *le biglie sono piccoli globi* | ***g. del lume***, palla di vetro o cristallo per difendere la fiamma dal vento o, se opaco, per attenuare e distribuire la luce | ***g. oculare***, bulbo oculare | ***g. celeste***, sfera sulla cui superficie è rappresentato il cielo stellato | ***g. terrestre, terracqueo***, la Terra: *tutto il g. terrestre* (G. BRUNO) **2** (*per anton.*) la Terra: *fare un giro attorno al g.* | †mappamondo ‖ **globétto**, **globettìno**, dim. | **globicìno**, dim.

globòide [comp. di *globo* e un deriv. del gr. *eîdos* 'forma' ✱ 1956] **s. m.** ● corpo che ha forma simile a un globo

globóso (o **-ṣ-**) [vc. dotta, lat. *globōsu(m)*, da *glŏbus* 'globo' ✱ 1499] **agg.** ● che ha forma di globo: *figura globosa* SIN. sferico ‖ **globosità** o †**globositàde**, †**globositàte**, s. f. inv. sfericità; †sporgenza, irregolarità

globulàre [da *globulo* ✱ 1788] **agg. 1** che ha forma di globo: *struttura g.* | ***ammasso g.***, ammasso stellare a forma globosa; cluster **2** (*med.*) relativo ai globuli rossi del sangue | ***valore g.***, quantità media di emoglobina contenuta in un globulo rosso ‖ **globularità**, s. f. inv.

globulària [dal lat. *glŏbulus* 'globulo', per la forma dei suoi capolini ✱ 1834] **s. f.** ● pianta erbacea delle Globulariacee comune sulle rocce con fiori a corolla azzurra in infiorescenza (*Globularia vulgaris*)

Globulariàcee [vc. dotta, comp. di *globularia* e *-acee* ✱ 1892] **s. f. pl.** (sing. *-a*) ● (*bot.*) famiglia di piante erbacee simili alle Labiate con frutto ad achenio (*Globulariaceae*)

globulìna [comp. del lat. *glŏbulus* 'pallina, globulo' e *-ina* ✱ 1869] **s. f.** ● (*biol.*) proteina presente nel latte, nell'albume d'uovo e, in grande quantità, nel plasma sanguigno dove è associata a processi difensivi e immunitari

glòbulo [vc. dotta, lat. *glŏbulu(m)* 'piccola sfera (*glŏbus* 'globo')' ✱ 1499] **s. m. 1** (*lett.*) piccolo globo, sferetta **2** (*biol.*) elemento corpuscolato del sangue | ***g. rosso***, contenente emoglobina, destinato al trasporto dell'ossigeno e dell'anidride carbonica SIN. emazia, eritrocita | ***g. bianco***, che ha funzione fagocitaria e di difesa dell'organismo SIN. leucocita ‖ **globulétto**, dim. | **globulìno**, dim.

globulóso (o **-ṣ-**) [av. 1519] **agg.** ● che ha forma di globulo

glócal /'glokal, *ingl.* 'gləukəl/ [vc. ingl. comp. di *glo(bal)* e *(lo)cal* ✱ 1991] **agg. inv.** ● relativo al glocalismo: *convegno g.* CFR. global

glocalìṣmo [contrazione di *glo(balismo)* e *(lo)calismo* ✱ 1999] **s. m.** ● tendenza politica ed economica che si propone di conciliare le esigenze locali con i processi di globalizzazione CFR. glocalizzazione

glocaliẓẓazióne [da *glocal*, sul modello dell'ingl. *glocalization* ✱ 1994] **s. f.** ● produzione di beni e servizi concepita su scala globale ma personalizzata per adattarsi ai mercati e alle situazioni locali CFR. glocalismo

Glockenspiel /*ted.* 'glɔkənˌʃpiːl/ [vc. ted. comp. di *Glocke* 'campana' e *Spiel* 'suono' ✱ 1985] **s. m. inv.** (pl. ted. *Glockenspiele*) ● campanello①, nel sign. 3

glo glo ➤ **glu glu**

gloglottàre o **gluguttàre** [onomat. da *glo glo* ✱ av. 1924] **v. intr.** (*io gloglòtto*; aus. *avere*) ● fare glu glu: *il tacchino e la faraona gloglottano* | (*est.*) gorgogliare: *l'acqua gloglottava scorrendo*

gloglottìo [1942] **s. m.** (pl. *-ii*) ● verso dell'animale che gloglotta | gorgoglio: *il g. del ruscello*

glòmere [vc. dotta, lat. *glŏmeris*, genit. di *glŏmus* 'gomitolo', di etim. incerta ✱ 1863] **s. m.** ● raggruppamento di api operaie nell'alveare durante i mesi invernali allo scopo di mantenere alta (fino a 34 °C) la temperatura

glomerulàre [da *glomerulo* ✱ 1987] **agg. 1** (*anat.*) detto di struttura o di organo conformato come un minuto gomitolo o contenente minuti gomitoli: *strato g. della corteccia surrenale* **2** (*anat.*) riferito al glomerulo del nefrone

glomèrulo [dim. del lat. *glŏmus*, genit. *glŏmeris* 'gomitolo', per la forma ✱ 1906] **s. m. 1** (*bot.*) infiorescenza globulare costituita da numerosi fiori inseriti l'uno accanto all'altro e quasi privi di peduncolo **2** (*anat.*) nel rene, ognuno dei minuti gomitoli costituiti da capillari arteriosi, localizzati nei corpuscoli del Malpighi

glomerulonefrìte [comp. di *glomerulo* e *nefrite* ✱1934] **s. f.** ● (*med.*) affezione renale di natura infiammatoria che colpisce i glomeruli alterandone le capacità di filtrazione

glòmico [1979] **agg.** (**pl. m.** *-ci*) ● (*anat.*) relativo a glomo | (*med.*) ***tumore g.***, tumore cutaneo benigno derivato da un glomo costituito da arterie e vene

glòmo [vc. dotta, lat. *glŏmus* (nt.) 'gomitolo', equivalente a *glŏbus* e, come questo, di etim. incerta ✱1598] **s. m.** **1** (*anat.*) voluminoso gomitolo di capillari sanguigni, per lo più arteriosi | ***g. carotideo***, formazione della dimensione di un chicco di riso posta alla biforcazione delle arterie carotidi, che regola la pressione sanguigna **2** (*veter.*) ciascuno dei due rilievi ovulari presenti nella pelle del tallone dei cavalli, al di sopra del fettone

♦**glòria** ① [vc. dotta, lat. *glōria(m)*, di etim. incerta ✱sec. XII] **s. f.** **1** grandissima fama, rinomanza e onore che si ottiene per capacità, opere o meriti eccezionali: *vera, falsa, effimera, eterna g.*; *essere avido di g.*; *aspirare, pervenire alla g.*; *ciascun segnor gentil e valoroso / la g. cerca* (M.M. Boiardo) | ***coprirsi di g.***, acquistarne molta | (*scherz.*) ***lavorare per la g.***, senza retribuzione | ***oscurare la g. di qlcu.***, conseguirne di più, per azioni analoghe | onore militare: *la g. della bandiera, del reggimento* **SIN.** celebrità **2** vanto, orgoglio | ***vecchia g.***, personaggio, spec. del mondo sportivo o dello spettacolo, un tempo famoso | (*est.*) chi (o ciò che) è fonte di gloria e di vanto: *Virgilio è una g. dei latini*; *Urbino ... g. de Italiani* (P. Aretino) | impresa o fatto glorioso: *chi trattiene le mie glorie è mio nemico* (P. Metastasio) **3** condizione dei beati nel Paradiso, secondo la teologia cattolica: *g. di Dio, dei santi, del Paradiso* | ***salire alla g.***, al Paradiso | ***che Dio l'abbia in g.***, escl. di riverenza nei confronti di un defunto (*anche iron.*) | ***a g. di Dio***, a celebrazione della sua grandezza | (*fig.*, *lett.*) ***andare in g.***, tripudiare | opera di pittura o scultura raffigurante la maestà divina o la beatitudine celeste **4** tessuto di seta e cotone per ombrelli e soprabiti **5** (*lett.*) splendore, fulgore **6** (*meteor.*) fenomeno ottico, osservabile in montagna o da un aereo, che consiste nella proiezione ingrandita dell'ombra dell'osservatore, circondata da un alone iridescente, su una distesa di nubi più basse ‖ **glorietta**, **dim.** | (*lett.*, *spreg.*) **gloriòla**, **dim.** | **gloriùccia**, **gloriùzza**, **dim.**

SFUMATURE DI SIGNIFICATO

gloria - fama - notorietà

La rinomanza e l'onore universali acquisiti per meriti eccezionali costituiscono la **gloria**. **Fama** è invece una rinomanza, anche molto larga, acquistata però con azioni che possono essere oltre che meritevoli anche condannabili: dunque esistono una buona e una cattiva fama. Una fama limitata a un ambiente ristretto, o di breve durata, o acquisita per meriti di scarsa rilevanza, si dice **notorietà**.

Glòria ② [vc. dotta, lat. *glōria* (nom.), che ricorre in salmi (prima parola del versetto finale), preghiere e inni liturgici (dell'annuncio della nascita di Gesù nel Vangelo) ✱sec. XIV] **s. m. inv.** **1** canto o preghiera di glorificazione di Dio e dei Santi **2** parte della Messa in cui si recita il Gloria | **PROV.** ***tutti i salmi finiscono in g.***, V. *salmo* | composizione musicale, gener. per voci e orchestra, ispirata a tale inno: *i due G. di Vivaldi*

gloriàre [vc. dotta, lat. *gloriāri*, da *glōria* 'gloria①' ✱1268] **A** **v. tr.** (*io glòrio*) ● (*lett.*) esaltare, magnificare **B** **v. intr.** † e **gloriàrsi** **v. intr. pron.** **1** compiacersi e gioire di un merito, di una conquista e sim.: *gloriarsi della propria scaltrezza, di un premio*; *gloriarsi nella sofferenza* **SIN.** lodarsi, vantarsi **2** (*lett.*) godere della beatitudine del Paradiso

gloriette /fr. glɔˈʀjɛt/ [vc. fr., *gloriette*, dim. di *gloire* 'gloria①', originariamente 'cabina di un battello', prob. perché arricchita di un qualche ornamento ✱1917] **s. f. inv.** ● padiglione ornato di piante rampicanti

glorificàre [vc. dotta, lat. tardo *glorificāre*, comp. di *glōri(a)* 'gloria①' e *-ficāre* '-ficare' ✱sec. XII] **A** **v. tr.** (*io glorìfico, tu glorìfichi*) **1** esaltare con lode, rendere glorioso: *g. un'impresa eroica, un martire* | ***g. la nazione***, renderla illustre, coprirla di onore | ***g. Dio***, celebrare la gloria di Dio **SIN.** celebrare, onorare **2** innalzare alla gloria del Paradiso: *Dio glorifica i buoni* **B** **glorificàrsi** **v. rifl.** e **intr. pron.** ● (*lett.*) gloriarsi ‖ **glorificazióne**, **s. f.** (V.)

glorificatìvo [av. 1328] **agg.** ● che glorifica, che mira a glorificare

glorificatóre [1304] **s. m.** (**f.** *-trice*); **anche agg.** ● chi (o che) glorifica

glorificazióne [vc. dotta, lat. tardo *glorificatiōne(m)*, da *glorificātus* 'glorificato' ✱av. 1328] **s. f.** **1** il glorificare: *assistere alla g. di qlcu.*; *la g. di un poeta* **2** il venire glorificati in cielo: *la g. dei beati*

glorióso (o **-ṣ-**) [vc. dotta, lat. *gloriōsu(m)*, da *glōria* 'gloria①' ✱1233] **agg.** **1** illustre per gloria: *un antenato g.*; *imprese, gesta gloriose*; *la gloriosa bandiera*; *gli anni gloriosi del Risorgimento* | ***un'epopea di gloriosa memoria***, di cui si venera il ricordo **2** che dà gloria: *un atto g.* | ***essere g. di qlcu. o qlco.***, esserne molto fiero | (*iron.*) ***g. e trionfante***, di chi ostenta soddisfazione per azione meschina **3** che ha gloria in cielo: *le anime gloriose dei beati* | ***Misteri gloriosi***, gli ultimi cinque del Rosario dedicati alle glorie della Vergine **4** †tronfio, millantatore ‖ **gloriosétto**, **dim.** ‖ **gloriosaménte**, **avv.** ‖ **gloriosità**, **s. f. inv.** (*raro*) caratteristica di ciò che è glorioso; (*lett.*) vanagloria: *prendendo ... per tal quale gloriosità, un fare militare* (R. Bacchelli)

†**glòṣa** (o **-s-**) e deriv. ➤ **glossa** e deriv.

gloss /glɔs, *ingl.* glɒs/ [vc. ingl., propr. 'lucentezza' ✱1989] **s. m. inv.** ● lucidalabbra

♦**glòssa** o †**glòṣa**, †**glòtta** [vc. dotta, lat. tardo *glōssa(m)*, dal gr. *glôssa* 'parola rara', propr. 'puntuta' (da *glōchís* 'punta', di etim. incerta), o 'lingua' come organo anatomico ✱av. 1328] **s. f.** **1** presso gli antichi Greci, espressione oscura o difficile di un testo da esplicare | (*est.*) parola o locuzione non usuale **2** annotazione marginale o interlineare a testi biblici, letterari, o giuridici, tipica dell'esegesi medievale: *glosse a margine* **SIN.** chiosa, postilla | (*per anton.*) nota esplicativa apposta ai testi giuridici della compilazione giustinianea dai giuristi della scuola di Bologna | (*est.*) raccolta delle annotazioni di un glossatore **3** (*est.*) nota esplicativa in genere, commento **4** (*anat.*) †lingua

SFUMATURE ➤ ***interpretazione***

glossàre o †**gloṣàre** [da *glossa* ✱sec. XIV] **v. tr.** (*io glòsso*) **1** fornire di glosse **2** annotare | (*est.*) commentare

glossàrio [vc. dotta, lat. tardo *glossāriu(m)*, da *glōssa* 'glossa' ✱1664] **s. m.** **1** raccolta in ordine alfabetico di voci non usuali o appartenenti a specifici settori scientifici, tecnici, ecc., corredate di spiegazione **2** (*inform.*) elenco di parole, espressioni o frasi ricorrenti che, scrivendo al computer, è possibile inserire nel testo con un comando ‖ **glossarietto**, **dim.**

glossatóre [vc. dotta, lat. mediev. *glossatō-re(m)*, da *glōssa* 'glossa' ✱1471] **s. m.** (**f.** *-trice*) ● autore di glosse, nel Medioevo, spec. su testi giuridici

glossèma [vc. dotta, lat. *glossēma*, dal gr. *glṓssēma*, da *glôssa* 'glossa' ✱1720] **s. m.** (**pl.** *-i*) **1** voce o espressione oscura o non usuale | nota esplicativa di tale voce **2** (*ling.*) unità linguistica minima, cioè non ulteriormente scomponibile, dotata di significato

glossemàtica [ingl. *glossematics*, da *glosseme* 'glossema' ✱1963] **s. f.** ● teoria linguistica, diffusa dal linguista danese L. Hjelmslev (1899-1965) e dalla sua scuola, in base alla quale ogni sistema linguistico è basato sulle relazioni tra un numero finito di unità invarianti fondamentali, i glossemi

glossemàtico [1869] **agg.** (**pl. m.** *-ci*) ● (*ling.*) relativo ai glossemi

glòssico [da *glossa* nel sign. 4 ✱1681] **agg.** (**pl. m.** *-ci*) ● (*anat.*) linguale

glossina [da *glossa* per il rostro somigliante a una 'lingua' ✱1914] **s. f.** ● insetto dell'ordine dei Ditteri molto diffuso nell'Africa equatoriale, al cui genere appartiene la mosca tse-tse trasmettitrice di tripanosomi (*Glossina*)

glossìte [comp. di *glossa* nel sign. 4 e *-ite*① ✱1853] **s. f.** ● (*med.*) infiammazione della lingua

glòsso-, -glòsso [dal gr. *glôssa* 'lingua', in composizione *glôsso-*] **primo e secondo elemento** ● in parole composte della terminologia scientifica, significa 'lingua' (come organo anatomico) o 'linguaggio': *ipoglosso*; *glossolalia* **CFR.** glotto-, -glotto

glossodinìa [comp. di *gloss(a)* nel sign. 4 e *-odinia* ✱1956] **s. f.** ● (*med.*) affezione cronica dolorosa della lingua senza alterazioni anatomiche

glossofaringèo o (*raro*) **glossofaringeo** [comp. di *glossa* nel sign. 4 e *faringeo* ✱1820] **agg.** ● (*anat.*) relativo alla lingua e alla faringe

glossografìa [da *glossografo* ✱1834] **s. f.** ● studio delle glosse

glossogràfico [1834] **agg.** (**pl. m.** *-ci*) ● relativo alla glossografia

glossògrafo [gr. *glōssográphos*, comp. di *glôssa* 'glossa' e *-gráphos* '-grafo' ✱av. 1729] **s. m.** ● nel mondo classico e medievale, compilatore di glosse

glossolalìa [comp. di *glosso-* e *-lalia* ✱1892] **s. f.** **1** articolazione di parole senza senso, tipica del linguaggio infantile, ma riscontrabile anche in alcuni casi di schizofrenia nell'adulto **2** (*relig.*) il parlare in una lingua sconosciuta, che sarebbe segno di un'esperienza mistica

glossomanìa [comp. di *glosso-* e *-mania* ✱1983] **s. f.** ● delirio verbale di alcuni malati maniaci, caratterizzato da giochi verbali privi di sistematicità

glossoplegìa [comp. di *glossa* nel sign. 4 e un deriv. del gr. *plēgḗ* 'colpo, percossa' ✱1789] **s. f.** (**pl.** *-gìe*) ● (*med.*) paralisi dei muscoli linguali, associata a disturbi della fonazione e della deglutizione

glòtta [dal gr. *glôtta*, var. attica di *glôssa* (V. *glossa*) ✱1834] **s. f.** **1** V. *glossa* nel sign. 4 **2** (*anat.*) glottide

glottàle [1970] **agg.** ● (*ling.*) linguale

glottidàle [sec. XX] **agg.** ● (*ling.*) laringeo

glòttide [gr. *glōttis*, genit. *glōttídos*, da *glôtta*, var. attica di *glôssa* 'glossa' nel sign. 4 ✱1757] **s. f.** ● (*anat.*) spazio compreso tra le corde vocali

glòtto-, -glòtto [dal gr. *glôtta* (attico per *glôssa*) 'lingua', 'linguaggio'] **primo e secondo elemento** ● in parole composte della terminologia scientifica, significa 'lingua, linguaggio': *glottologia, glottologo*; *alloglotto* **CFR.** glosso-, -glosso

glottocronologìa [comp. di *glotto-* e *cronologia* ✱ 1969] **s. f.** (**pl.** *-gìe*) ● (*ling.*) metodo di indagine usato per stabilire l'epoca in cui due o più lingue imparentate si sono separate da una lingua originaria comune

glottodidàttica [comp. di *glotto-* e *didattica* ✱ 1969] **s. f.** ● insegnamento scientifico delle lingue straniere, che utilizza i contributi della moderna ricerca linguistica e dell'antropologia sociale

glottologìa [comp. di *glotto-* e *-logia* ✱ 1867] **s. f.** (**pl.** *-gìe*) ● studio scientifico, prevalentemente storico, dei sistemi linguistici: *g. indoeuropea* **SIN.** linguistica

glottològico [1873] **agg.** (**pl. m.** *-ci*) ● relativo alla glottologia

glottòlogo [1873] **s. m.** (**f.** *-a*; **pl. m.** *-gi*) ● studioso di glottologia

glottònimo [comp. di *glott(o)-* e *-onimo* ✱ 1981] **s. m.** ● (*ling.*) nome di una lingua o di un dialetto (per es. *latino*, *francese*, *calabrese*) **CFR.** etnonimo

glottotècnica [comp. di *glotto-* e *tecnica* ✱ 1942] **s. f.** ● (*ling.*) disciplina che studia la formazione dei neologismi secondo determinati principi linguistici

gloxìnia [dal n. del botanico ted. B. P. *Gloxin* (sec. XVIII) ✱ 1874] **s. f.** ● pianta erbacea delle Tubiflorali con fusto e foglie pubescenti e bellissimi fiori a corolla imbutiforme di colore variabile dal bianco al rosso scarlatto (*Gloxinia speciosa*)

glucìde ➤ **glicide**

glucìdico ➤ **glicidico**

glucìna [comp. del gr. *glykýs* 'dolce', e *-ina* ✱ 1819] **s. f.** ● sostanza organica di color bruno pallido, surrogato della saccarina

glucocorticòide ➤ **glicocorticoide**

glucocorticosteròide ➤ **glicocorticosteroide**

glucòlico ➤ **glicolico**

glucomannàno [1992] **s. m.** ● (*chim.*) polisaccaride gelificante formato da glucosio e mannosio impiegato come coadiuvante nelle diete dimagranti

glucòmetro [comp. del gr. *gleûkos* 'mosto', e *-metro* ✱ 1940] **s. m. 1** (*enol.*) gleucometro, mostimetro **2** apparecchio per la misura del tasso di glucosio nel sangue, impiegato in particolare per controllare la terapia dietetica o insulinica nei pazienti diabetici

gluconeogènesi [comp. di *gluco(sio)*, *neo-* e *genesi*, propr. 'neoformazione di glucosio' ✱ 1994] **s. f. inv.** ● (*chim.*) processo metabolico di sintesi del glucosio a partire dai prodotti ultimi della glicolisi

glucoprotèide ➤ **glicoproteide**

glucoṣammìna o **glucoṣamìna** [comp. di *glucos(io)* e *ammina* ✱ 1886] **s. f.** ● (*chim.*) amminozucchero presente in polisaccaridi costituenti di chitine, glicoproteine, glicolipidi, nell'acido ialuronico e nell'eparina

glucoṣìde o **glicoṣìde** [da *glucosio* col suff. *-ide* ✱ 1869] **s. m.** ● sostanza organica complessa di origine vegetale o artificiale nella cui struttura è contenuto uno zucchero, per lo più glucosio, separabile per idrolisi

glucòṣio o **glucòṣo**, **glicòṣio**, **glicòṣo** [fr. *glucose*, dal gr. *gleûkos* 'mosto' con sovrapposizione di *glykýs* 'dolce' e il suff. *-ose* '-osio' ✱ 1869] **s. m.** ● zucchero semplice presente in molti frutti, ottenuto industrialmente per idrolisi di amidi e sim., usato nell'industria dolciaria, in farmacia e in medicina

glucurònico [da *glucosio* ✱ 1993] **agg.** (**pl. m.** *-ci*) ● (*chim.*) detto di un acido organico derivato dall'ossidazione del glucosio, prodotto nel fegato dove viene utilizzato come disintossicante di sostanze di origine sia endogena che esogena

glu glu /glu(g)'glu*/ o **glo glo** /glɔ(g)'glɔ*/ [vc. onomat. ✱ 1869] **A loc. inter. 1** riproduce il rumore di un liquido che esce a intermittenza dal collo di una bottiglia o di un recipiente con stretta imboccatura **2** riproduce il rumore che si genera in gola bevendo a garganella **3** riproduce il verso del tacchino e della gallina faraona **B in funzione di loc. sost. m. inv.** ● gloglottio: *il glu glu di una vasca da bagno che si vuota*

gluglut tàre ➤ **gloglottare**

glùma [vc. dotta, lat. *glūma(m)*, da *glūbere* 'togliere la scorza' ✱ 1765] **s. f.** ● (*bot.*) ciascuna delle brattee che racchiudono la spighetta delle Graminacee

glumètta o **glumèlla** [da *gluma* ✱ 1865] **s. f.** ● (*bot.*) ciascuna delle brattee interne alle glume, che alla loro ascella portano un fiore e sono spesso munite di reste

Glumiflòre [comp. di *gluma* e del lat. *flōs*, genit. *flōris* 'fiore' ✱ 1956] **s. f. pl.** (**sing.** *-a*) ● (*bot.*, *disus.*) Ciperali

gluóne [ingl. *gluon*, da *glue* 'colla', dal fr. *glu* 'colla, vischio', che è il lat. tardo *glūte(m)* (stessa etim. di *glūten* 'glutine') ✱ 1979] **s. m.** ● (*fis.*) ipotetica particella subnucleare che si ritiene responsabile delle interazioni forti fra quark

gluṣfèra [vc. dotta, comp. di *glu(one)* e *sfera* ✱ 1998] **s. f.** ● (*fis.*) particella costituita da gluoni

glutammàto [1956] **s. m.** ● sale dell'acido glutammico | ***g. di sodio***, usato per accentuare gli aromi di prodotti alimentari

glutàmmico [ingl. *glutamic* 'glutine (lat. *glūten*) amidico (*amic*)' ✱ 1906] **agg.** (**pl. m.** *-ci*) ● (*chim.*) detto di composto derivabile dal glutine | ***acido g.***, acido bicarbossilico omologo superiore dell'acido aspartico, presente in tutte le proteine, utilizzato come ricostituente e tonificante del sistema nervoso

glutammìna [da (acido) *glutamm(ico)* e *-ina* ✱ 1917] **s. f.** ● (*chim.*) amminoacido presente nelle proteine; è l'ammide dell'acido glutammico

glutenìna [comp. del lat. *glūten*, genit. *glūtinis* 'glutine' e *-ina* ✱ 1956] **s. f.** ● proteina contenuta nel mais e nel frumento, che, insieme con la gliadina, costituisce il principale componente del glutine di frumento

glùteo [originariamente agg. del gr. *gloutós* 'natica', di orig. indeur. ✱ 1681] **A s. m.** ● (*anat.*) muscolo della natica: *grande*, *piccolo*, *medio g.* | ***i glutei***, le natiche **B anche agg.**: *regione glutea*

glutinàre [vc. dotta, lat. *glutināre*, da *glūten* 'glutine' ✱ 1563] **v. tr.** (*io glùtino*) **1** arricchire di glutine, spec. una pasta alimentare **2** †rimarginare (una ferita)

glutinàto part. pass. di *glutinare*; anche **agg.** ● arricchito di glutine: *pasta glutinata*

glùtine [vc. dotta, lat. *glūtinis*, genit. di *glūten*, di orig. indeur. ✱ sec. XIV] **s. m. 1** complesso di sostanze proteiche contenuto nelle cariossidi dei cereali e nei semi di alcune leguminose, impiegato nella preparazione di paste glutinate, nell'industria per l'apprettatura della carta e dei tessuti **2** †sostanza vischiosa, collosa **3** (*fig.*, *lett.*) vincolo

glutinóso (o **-ṣ-**) [vc. dotta, lat. tardo *glutinōsu(m)*, da *glūten* 'glutine' ✱ sec. XIV] **agg. 1** che ha l'aspetto di glutine, che contiene glutine **2** †colloso, appiccicoso **3** (*fig.*, *lett.*) fastidioso, molesto ‖ **glutinosità**, **s. f. inv.** caratteristica o aspetto di ciò che è glutinoso

†**gnàcchera** ➤ **nacchera**

†**gnàffe** o †**gnaffé** [etim. incerta ✱ 1353] **inter.** ● (*pop.*) in fede mia (rafforza o dà enfasi a una risposta): *gnaffé, disse ser Ciappelletto, messer sì* (G. BOCCACCIO)

gnàgnera [etim. discussa: dal verso del gatto (*gnao*), secondo il presunto sign. originario di 'lamento noioso (per malessere o capriccio)' (?) ✱ av. 1712] **s. f. 1** †voglia, capriccio **2** (*sett.*) intonazione di voce lagnosa, cantilenante

gnàis ➤ **gneiss**

gnam [vc. onomat. ✱ 1868] **inter.** ● riproduce, spec. nella forma ripetuta *g. g.*, il rumore di chi mangia con golosità

gnào o **gnàu** [vc. onomat. ✱ av. 1389] **inter.** ● riproduce il miagolio del gatto

gnàto-, -gnàto [dal gr. *gnáthos* 'mascella'] **primo e secondo elemento** ● in parole composte della terminologia scientifica, significa 'mascella, mandibola, guancia': *gnatodinia*, *gnatostomi*; *agnati*, *chetognati*

gnatodinìa [comp. di *gnato-* e *-(o)dinia* ✱ 1956] **s. f.** ● (*med.*) dolore alla mandibola o alla mascella

gnatologìa [vc. dotta, comp. di *gnato-* e *-logia* ✱ 1979] **s. f.** (**pl.** *-gìe*) ● (*med.*) branca della medicina che studia la morfologia, i movimenti e le forze che regolano l'apparato masticatorio

gnatoplàstica [comp. di *gnato-* e *-plastica* ✱ 1956] **s. f.** ● (*chir.*) intervento di chirurgia plastica sulla mascella o sulla mandibola

gnatopòdio [comp. di *gnato-* e di *-podio* ✱ 1956] **s. m.** (**pl.** *-i* o *raro -ii*) ● (*zool.*) nei Crostacei e nei Chilopodi, ognuna delle appendici anteriori del tronco, di supporto funzionale all'apparato boccale

Gnatòstomi [comp. di *gnato-* e *-stoma* ✱ 1956] **s. m. pl.** (**sing.** *-o*) ● nella tassonomia animale, tutti i Vertebrati provvisti di mascella e di mandibola reciprocamente articolate e di organi olfattori pari, che si contrappongono agli Agnati (*Gnathostomata*)

♦**gnaulàre** [vc. onomat. (= fare *gnao*) ✱ av. 1698] **v. intr.** (*io gnàulo*; **aus.** *avere*) ● miagolare | (*est.*) lamentarsi fastidiosamente: *La maestra deve far la mamma con loro ... se no poi gnaulano e strillano* (E. DE AMICIS)

gnaulàta [1840] **s. f.** ● miagolata | (*est.*) lungo lamento

gnaulìo [1734] **s. m.** (**pl.** *-ii*) ● miagolio | (*est.*) piagnucolio

gnàulo [1855] **s. m.** ● verso del gatto | miagolio

gnaulóne [1956] **s. m.** (**f.** *-a*) ● (*raro*, *fig.*) chi si lamenta spesso

gne /*ɲɛ/ [vc. onomat. ✱ av. 1992] **A inter. 1** riproduce il rumore di una porta o di una finestra che cigolano **2** riproduce il pianto di un neonato (*spec. iter.*) **B s. m. inv.** ● ciascuno di tali rumori | ***fare lo gne gne***, parlare in modo lezioso

gnèiss (o **gn-**) o **gnèis** (o **gn-**), **gnàis** (o **gn-**) [fr. *gneiss*, dal ted. *Gneis* 'scintilla', di orig. indeur., per la sua lucentezza (?) ✱ 1796] **s. m. inv.** ● (*geol.*) roccia metamorfica a grana grossa e a frattura grossolana costituita essenzialmente da quarzo, feldspati e miche

Gnetàli [dal lat. *gnētum*, n. di una pianta, che è forse un errore di lettura per *cnēcum*, dal gr. *knēkos* (forse d'orig. indeur.) ✱ sec. XX] **s. f. pl.** (**sing.** *-e*) ● (*bot.*) ordine delle Gimnosperme comprendente pochi generi, ma importante dal punto di vista della filogenesi perché punto di passaggio fra Gimnosperme e Angiosperme (*Gnetales*)

gnòcca [da *gnocco* ✱ 1976] **s. f. 1** (*volg.*) vulva **2** (*est.*, *volg.*) donna molto vistosa e attraente ‖ **gnoccolóna**, **accr.** | **gnoccóna**, **accr.**

♦**gnòcco** o †**ignòcco** [parallelo veneto di *nocca*, di orig. longob. ✱ av. 1492] **A s. m.** (**pl.** *-chi*) **1** (**spec. al pl.**) ognuno dei pezzetti tondeggianti di un impasto di farina e patate, lessati e conditi spec. con burro o sugo di pomodoro | ***gnocchi alla romana***, sorta di dischetti fatti con un impasto di semolino, latte e burro, conditi con burro e gratinati al forno | ***g. fritto***, focaccia fritta, specialità emiliana SIN. crescente **2** (*fam.*) prominenza, bernoccolo: *cadendo si è fatto uno g. in fronte* | grumo: *farina piena di gnocchi* **B** **s. m.** (**f.** *-a*); **anche agg.** ● (*fig.*) persona sciocca, tonta ‖ **gnocchétto**, **dim.** | **gnoccolóne**, **accr.** | **gnoccóne**, **accr.**

gnòme [vc. dotta, lat. tardo *gnōme(m)*, dal gr. *gnṓmē*, da *gignṓskein* 'conoscere', di orig. indeur. ✱ 1552] **s. f.** ● (*lett.*) sentenza, motto, proverbio

♦**gnòmico** [vc. dotta, lat. tardo *gnōmicu(m)*, dal gr. *gnōmikós* 'pertinente alla *gnome* (*gnṓmē*)' ✱ 1843] **A** **agg.** (**pl. m.** *-ci*) **1** detto di forma verbale (per es. l'aoristo greco) usata in sentenze e motti **2** contenente precetti morali: *poesia gnomica* **B** **s. m.** (**pl.** *-ci*) ● autore di poesie gnomiche, spec. nell'antica letteratura greca

♦**gnòmo** [vc. dotta, lat. umanistico *gnōmum*, tratto prob. dal gr. *gnṓmē* 'intelligenza' (V. *gnome*) ✱ av. 1739] **s. m.** ● nelle mitologie nordiche e nelle tradizioni popolari, spiritello benevolo e sapiente, dall'aspetto di nano barbuto, che conosce il futuro, opera miracoli e custodisce i tesori delle miniere e del mondo sotterraneo | (*fig.*) ***gli gnomi di Zurigo***, nel linguaggio giornalistico-economico, i banchieri svizzeri che operano nel mercato internazionale dell'oro e dei cambi ‖ **gnométto**, **dim.**

gnomologìa [gr. *gnōmología*, comp. di *gnṓmē* 'gnome' e *-logía* '-logia' ✱ 1675] **s. f.** (**pl.** *-gìe*) ● genere di eloquenza sentenziosa | (*raro*) raccolta di sentenze

gnomóne [vc. dotta, lat. tardo *gnomōne(m)*, dal gr. *gnṓmōn* 'giudice, indicatore', propr. 'che ha conoscenza (*gnṓmē*)' ✱ 1561] **s. m.** ● asta o stilo la cui ombra indica l'ora nelle meridiane

gnomònica [vc. dotta, lat. tardo *gnomōnica(m)*, sottinteso *ărte(m)*, dal gr. *gnōmonikḗ* (*téchnē*) '(arte di costruire) degli gnomoni' ✱ 1556] **s. f.** ● tecnica di fabbricazione degli orologi solari

gnor no ➤ **signornò**

gnornò ➤ **signornò**

†**gnòro** [per *(i)gnoro*, da *ignorare*, con riferimento al sin. *ignorante* ✱ av. 1571] **agg.** ● ignorante: *quella benigna / stella, che alzato m'ha dal vulgo g.* (B. CELLINI)

gnòrri [var. espressiva di *(i)gnoro* con la *-i* propria dei cognomi ✱ av. 1698] **s. m. e f. inv.** ● (*colloq.*) solo nella loc. ***fare lo, la g.***, fingere di non capire o di ignorare qlco.: *non fare lo g.*

gnor sì ➤ **signorsì**

gnorsì ➤ **signorsì**

gnoseologìa (o **gno-**) [comp. del gr. *gnôsis*, genit. *gnóseōs* 'conoscenza, gnosi' e *-logia* ✱ 1903] **s. f.** (**pl.** *-gìe*) ● parte della filosofia che si occupa del problema della conoscenza | teoria della conoscenza

gnoseològico (o **gno-**) [1903] **agg.** (**pl. m.** *-ci*) ● relativo alla gnoseologia

gnòsi (o **gnò-**) [gr. *gnôsis* 'conoscenza', da *gignṓskein* 'conoscere', di orig. indeur. ✱ 1851] **s. f. inv.** ● (*filos.*) conoscenza perfetta, superiore e salvifica del divino, propria degli gnostici | gnosticismo

-gnosìa [dal gr. *gnôsis* 'ricerca, conoscenza', dal v. di orig. indeur. *gignṓskein* 'conoscere'] **secondo elemento** ● in parole composte di origine dotta, significa 'conoscenza': *farmacognosia*

gnòstica [vc. dotta, lat. tardo *gnōstice(m)*, dal gr. *gnōstikḗ* (sottinteso *epistḗmē*) '(la scienza) conoscitiva', da *gnōstikós* 'gnostico' ✱ 1865] **s. f.** ● parte della medicina che mira a conoscere la natura delle malattie

gnosticìsmo [da *gnostico* ✱ 1844] **s. m.** ● complesso di dottrine filosofico-religiose diffusesi nel Vicino Oriente nel II e III sec., che contaminavano elementi del pensiero ellenistico con princìpi del Cristianesimo; si caratterizza per la tendenza a porre un netto dualismo tra Dio e il mondo e a limitare la salvezza spirituale ai pochi eletti destinatari del dono divino della gnosi

gnòstico [vc. dotta, lat. tardo *gnōsticu(m)*, dal gr. *gnōstikós*, da *gnōstós* 'conosciuto' (V. *gnome*) ✱ 1481] **A** **agg.** (**pl. m.** *-ci*) ● relativo alla gnosi o allo gnosticismo **B** **s. m.** (**f.** *-a*) ● chi segue o si ispira all'indirizzo filosofico religioso dello gnosticismo

gnu /*ɲu*/ [fr. *gnou*, da una vc. ottentotta, oppure dal grido caratteristico dell'animale ✱ 1802] **s. m. inv.** ● grande antilope africana dal corpo simile a quello di un cavallo e dalle robuste corna arcuate verso l'alto (*Connochaetes gnu*)

gnùcca [da *nuca* con sovrapposizione di *zucca* ✱ av. 1700] **s. f.** **1** (*pop.*) nuca, zucca **2** (*est.*, *lett.*) cervello, ingegno

gnùcco [da *gnucca* 'nuca, zucca' ✱ 1964] **A** **agg.** (**pl. m.** *-chi*) ● (*sett.*) detto di cibo un po' duro, difficile da masticare: *pane g.* **B** **s. m.** (**f.** *-a*); **anche agg.** ● (*sett.*) persona ottusa, tarda a capire

†**gnùdo** [da *ignudo*, per aferesi di *i-* ✱ sec. XIII] **agg.** ● (*tosc.*) nudo

go /*gɔ*/ [vc. cinese ✱ 1892] **s. m. inv.** ● antichissimo gioco giapponese di strategia, di origine cinese, che si fa disponendo le proprie pedine su un tavoliere cercando di conquistare più territorio dell'avversario

GOA [sigla di *G(iudice) O(norario) A(ggregato)* ✱ sec. XX] **s. m. e f. inv.** ● (*dir.*) giudice onorario aggregato

goal /gol, *ingl.* gəʊl/ [vc. ingl., propr. 'meta', dal medio ingl. *gol* 'limite, confine', di etim. incerta ✱ 1897] **s. m. inv.** ● gol

gòbba [f. di *gobbo*① ✱ 1563] **s. f.** **1** gibbo | ***spianare la g. a qlcu.***, bastonarlo **2** (*est.*) prominenza, rigonfiamento, curvatura: *la g. del naso*; *la g. della lima*; *una strada, un terreno pieno di gobbe* | (*pop.*) parte convessa della Luna durante il primo e l'ultimo quarto ‖ **gobbàccia**, **pegg.** | **gobbétta**, **gobbettìna**, **dim.** | **gobbìna**, **dim.** | **gobbóne**, **accr. m.**

†**gòbbia** [lat. tardo *gŭbia(m)*, di orig. celtica ✱ sec. XV] **s. f.** ● sgorbia

gobbìsta [da *gobbo*② ✱ 1983] **s. m. e f.** (**pl. m.** *-i*) ● (*cinema*, *tv*) operatore tecnico che, in uno studio cinematografico o televisivo, è addetto alla manovra di un gobbo

♦**gòbbo**① [lat. parl. **gŭbbu(m)*, parallelo di *gĭbbu(m)*, che voleva rendere il gr. *kyphós* 'curvato in avanti' ✱ av. 1350] **A** **agg.** **1** che ha la gobba, detto spec. di persona: *un vecchio g.* | (*est.*) che ha o sta con le spalle curve: *andare, stare g.*; *diventare g. a tavolino* **2** curvo, convesso: *schiena gobba*; *naso g.* | (*scherz.*) ***colpo g.***, mossa astuta e traditrice; mossa fortunata, scaltra **B** **s. m.** **1** (**f.** *-a*) persona che ha la gobba **2** protuberanza, gobba, rigonfiamento: *un g. al piede*; *il vestito qui fa un g.* | (*raro*) ***spezzare il g. a qlcu.***, bastonarlo forte | (*fig.*, *fam.*) ***avere qlcu., qlco. sul g.***, doversene occupare, doverne sostenere il peso | ***togliersi qlcu., qlco. dal g.***, (*fig.*, *fam.*) liberarsene **3** (**spec. al pl.**) germoglio delle piante di carciofo o delle foglie di cardo curvato e coperto con terra o paglia perché imbianchi; (*est.*, *centr.*) il cardo ‖ **gobbàccio**, **pegg.** | **gobbétto**, **gobbettìno**, **dim.** | †**gobbìccio**, **dim.** | **gobbìno**, **dim.** | **gobbóne**, **accr.** | **gobbùccio**, **gobbùzzo**, **dim.**

gòbbo② [adattamento dell'ingl. d'America *gobo*, di orig. sconosciuta ✱ 1942] **s. m.** **1** (*cinema*) telaio di legno nero che ripara lateralmente dalla luce dei proiettori durante le riprese di un film **2** (*cinema*, *tv*) cartellone, schermo e sim., su cui sono scritte le battute da dire durante le riprese di un film o una trasmissione televisiva, collocato in modo da non essere inquadrato dalla macchina da presa o dalla telecamera

gobbóni o (*raro*) **gobbóne** [da *gobbo*① ✱ 1951] **avv.** ● (*raro*) con le spalle incurvate come chi è gobbo: *camminare, stare g.*

gobelin /*fr.* gɔ'blɛ̃/ [vc. fr., dal n. della famiglia dei *Gobelins*, celebri tintori ✱ 1892] **A** **s. m. inv.** **1** tessuto ad arazzo intrecciato a mano, di alto pregio **2** (*raro*) arazzo **B** **in funzione di agg. inv.** (**posposto al sost.**) ● nella loc. ***punto g.***, punto di ricamo eseguito con fili di lana, seta o cotone su canovaccio e usato come fondo nella tappezzeria

gobióne [vc. dotta, lat. *gobiōne(m)*, dal gr. *kōbiós*, di prob. orig. mediterr. ✱ sec. XV] **s. m.** ● pesce osseo dei Cipriniformi con due barbigli sul labbro superiore, frequente in piccoli branchi nelle acque interne (*Gobio gobio*) SIN. ghiozzo di fiume

♦**góccia** [da *gocciare* ✱ 1282] **s. f.** (**pl.** *-ce*) **1** particella di liquido di forma tondeggiante che si separa da una massa: *una g. d'acqua, di pioggia*; *dalla ferita escono gocce di sangue* | ***somigliarsi come due gocce d'acqua***, essere perfettamente simili | ***la g. che fa traboccare il vaso***, di fatto o avvenimento che sia la causa ultima del prodursi di un effetto intollerabile | ***la g. scava la pietra***, (*fig.*) la costanza e la perseveranza in un'azione producono grandi risultati | (*a*) ***g. a g.***, a poco a poco | ***una g. dopo l'altra***, lentamente, con costanza | ***fino all'ultima g.***, fino in fondo | ***fichi con la g.***, il cui umore zuccherino si raccoglie sul fondo e ne trapela sotto forma di goccia semisolida **2** goccia di pioggia: *già cadono le prime gocce*; *non è un temporale, sono solo due gocce* **3** piccola quantità di un liquido: *dagli una g. di vino* SIN. goccio **4** ornamento pendente in lampadari, orecchini e sim. tagliato e lavorato a forma di goccia **5** (*archit.*) nell'ordine dorico, ciascuno degli elementi decorativi di forma conica, cilindrica o piramidale, applicati sotto l'epistilio in corrispondenza dei triglifi o sotto i mutuli **6** (*miner.*) ***g. d'acqua***, varietà di topazio limpido e incolore usata come gemma **7** (*meteor.*) ***g. fredda***, bolla d'aria fredda artica isolatasi dalla bassa pressione d'origine e stazionaria in quota, che genera forti rovesci di pioggia e temporali **8** ***g. d'oro***, varietà coltivata di susino con frutto grosso e polpa gialla, dolce, succosa ‖ **goccétta**, **goccettìna**, **dim.** | **goccìna**, **dim.** | **gócciola**, **dim.** (V.)

†**gocciaménto** [av. 1729] **s. m.** ● stillicidio

gocciàre [lat. parl. **guttiāre*, parallelo di *guttāre*, da *gŭtta* 'goccia', di orig. espressiva ✱ 1313] **v. tr. e intr.** (**pres.** *io góccio*; **fut.** *io goccerò*; **aus. intr.** *avere* **riferito al recipiente**, *essere* **riferito al liquido**) ● (*raro*) gocciolare

góccio [1553] **s. m.** ● piccola quantità di un liquido, di una bevanda: *aggiungi alla salsa un g. d'olio*; *vorrei ancora un g. di vino* SIN. gocciolo ‖ **goccétto**, **goccettìno**, **dim.** | **goccìno**, **dim.**

gócciola [av. 1292] **s. f.** **1** dim. di *goccia* **2** ornamento che pende a forma di goccia in gioielli, lampadari di cristallo e sim. **3** †colpo apoplettico: *di mal di g. cascò morto* (G. VASARI) ‖ **gocciolétta**, **dim.** | **gocciolìna**, **dim.**

gocciolaménto [sec. XIV] **s. m.** ● il gocciolare | gocciolìo

gocciolàre [da *gocciola* ✱ 1336 ca.] **A** **v. tr.** (*io gócciolo*) ● lasciar cadere a gocciole: *la tettoia gocciola acqua piovana* **B** **v. intr.** (**aus.** *essere* **nel sign. 1**, *avere* **nel sign. 2**) **1** uscire a gocciole: *il vino gocciolava dalle botti* SIN. stillare **2** emettere, lasciar uscire un liquido a gocciole: *il rubinetto gocciola* | grondare: *Una contadina, il cui volto gocciola di sudore* (F. TOZZI)

gocciolatóio [av. 1502] **s. m.** (**pl.** *-ói*) **1** (*archit.*) parte della cornice dei fabbricati consistente in una larga fascia con molto aggetto, con incavatura nella parte inferiore, che ha lo scopo di impedire che l'acqua scorra sulla parete inferiore **2** (*raro*) utensile di varie forme sul quale si mette a gocciolare qlco.

gocciolatùra [1806] **s. f.** ● il gocciolare | segno o macchia lasciata da gocciole cadute

✽**gocciolìo** [sec. XIV] **s. m.** (**pl.** *-ii*) ● gocciolamento continuo

gócciolo [da *gocciola* ✽1313] **s. m.** ● esigua quantità di un liquido: *un g. di acqua* | sorsetto: *bere un g.* **SIN.** goccio ‖ **gocciolino**, **dim.** | **gocciolóne**, **accr.** (V.)

gocciolóne [1353] **s. m.** **1** accr. di *gocciolo* **2** grossa goccia di pioggia, spec. temporalesca **3** (**f.** *-a*) (*tosc.*, *lett.*) persona a cui gocciola spesso il naso; (*fig.*) ingenuo, sciocco

godè [1940] **s. m. inv.** ● adattamento di *godet* (V.)

godènte **part. pres.** di *godere*; **anche agg.** **1** nei sign. del v. **2** (*lett.*) gaudente: *Frati godenti fummo, e bolognesi* (DANTE *Inf.* XXIII, 103)

♦**godére** o †**gaudére** [lat. *gaudēre*, di orig. indeur. ✽av. 1237] **A** **v. intr.** (**pres.** *io gòdo*; **pass. rem.** *io godètti* o *godéi*, *tu godésti*; **fut.** *io godrò*, †*goderò*; **condiz. pres.** *io godrèi*, †*goderèi*; **aus.** *avere*) **1** essere profondamente felice (+ *a*, + *di*, + *in*, **anche seguiti da inf.**; + *per*): *Argo è il solo che sappia veramente g. e ridere* (I. SVEVO); *godo al pensiero di rivedere un vecchio amico*; *godo a vedere tanta generosità, di vedervi in buona salute, nel sentirvi vicini*; *g. della ricchezza, per la buona parola di qlcu.* | (*est.*) gioire, compiacersi, rallegrarsi: *g. dell'affetto, dell'amicizia, della compagnia di qlcu.*; *g. del male altrui, della discordia* **2** beneficiare di qlco. di gradito o di utile (+ *di*): *g. di alcuni giorni di ferie*; *è una città che gode di un magnifico panorama*; *gode di buona salute* | ***g. dei favori del pronostico***, V. *pronostico* | usufruire, essere titolare: *g. di un diritto, di una rendita* **3** provare piacere coi sensi (+ *a* **seguito da inf.**): *g. a stare a letto, a mangiar bene* | (*assol.*) provare l'orgasmo sessuale | (*est.*) gozzovigliare: *non pensa che a g.* **B** **v. tr.** **1** adoperare o possedere per il proprio utile o godimento: *g. un bene, le ricchezze*; *g. i frutti del proprio lavoro, una cospicua rendita*; *g. una buona salute, una bella vista, la popolarità, le gioie della famiglia* | ***g. una buona reputazione, un buon nome***, essere stimato | ***g. poco credito***, (*fig.*) avere cattiva fama | ***g. i diritti civili***, esserne titolare **2** gustare, assaporare: *g. un po' di tranquillità, di pace, il fresco, il sole*; *g. un solo / minuto di vita* (G. UNGARETTI) **C** **godérsi** **v. tr. pron.** (**aus.** *essere*) ● trarre grande piacere e soddisfazione da qlco. (con valore intens.): *godersi un concerto*; *godersi il fresco*; *ha sgobbato ma ora si gode i frutti del suo lavoro* | **godérsela**, spassarsela, divertirsi: *finché ho avuto denari, me la sono goduta* (C. GOLDONI)

goderéccio [1441] **agg.** (**pl. f.** *-ce*) ● che dà piacere, che fa godere | che è dedito ai piaceri, ai godimenti: *gente allegra e godereccia*

godet /fr. gɔ'dɛ/ [vc. fr., propr. 'tipo di veste femminile svasata', che ricordava il vaso chiamato *godet*, dal medio neerlandese *kodde* 'ceppo, cilindro di legno', di orig. indeur. ✽1899] **s. m. inv.** ● svasatura della gonna realizzata tagliando la stoffa di sbieco **CFR.** godè

godévole [da *godere* ✽av. 1311] **agg.** ● (*lett.*) piacevole | (*lett.*) godereccio | †che procura piacere o utilità: *vita g.*; *g. fatica* (D. BARTOLI)

godèzia [dal n. del botanico svizzero Ch.-H. *Godet* (sec. XIX) ✽1956] **s. f.** ● genere di piante erbacee ornamentali delle Onagracee con fiori dai vivaci colori raccolti in infiorescenze (*Godetia*)

godìbile [1607] **agg.** ● che si può godere: *frutto g.* | piacevole: *spettacolo g.* | (*lett.*) ***persona g.***, gaia, allegra ‖ **godibilità**, **s. f. inv.**: *un romanzo di grande godibilità*

godiménto o †**gaudiménto** [da *godere* ✽av. 1292] **s. m.** **1** felicità profonda e completa: *g. dello spirito*; *provo un vivo g. nell'ascoltare quella musica* **SIN.** diletto, gioia, piacere **2** fonte di piacere, diletto: *La luna è g. di poche persone* (A. PALAZZESCHI) **3** (*dir.*) facoltà del titolare di un diritto di esercitare lo stesso traendone tutte le possibili lecite utilità | ***diritto reale di g.***, diritto reale su cosa altrui che limita il potere del proprietario di godere della stessa

godìo [1855] **s. m.** (**pl.** *-ii*) ● (*lett.*, *tosc.*) godimento, piacere continuo

goditóre [av. 1328] **agg. e s. m.** (**f.** *-trice*) ● (*lett.*) che (o chi) gode

godronàre [da *godrone* ✽1983] **v. tr.** (*io godròno*) ● (*tecnol.*, *mecc.*) zigrinare mediante il godrone, con riferimento a pezzi metallici cilindrici

godronatùra [1937] **s. f.** ● (*tecnol.*, *mecc.*) operazione del godronare

godróne [fr. *godron*, all'orig. 'ornamento in forma ovale, allungata', propr. dim. di *godet* 'ornamento dei bordi del vasellame d'argento', d'orig. olandese ✽sec. XX] **s. m.** ● (*tecnol.*, *mecc.*) utensile costituito da uno o più rulli girevoli con una serie di rilievi per zigrinare al tornio

godùria [da *godere*, secondo il modello di *belluria*, *incuria*, *lussuria*, *penuria* e sim. ✽1942] **s. f.** ● (*colloq.*) godimento

godurióso (o **-ṣ-**) [comp. di *godur(ia)* e del suff. *-oso*③ ✽1985] **agg.** ● (*fam.*, *scherz.*) che ama i godimenti, i piaceri sensuali | molto piacevole, voluttuoso

godùto **part. pass.** di *godere*; **anche agg.** ● nei sign. del v.

goethiàno (goeth-ia-no, goe-thia-no) /ge'tjano/ [1889] **agg.** ● dello scrittore tedesco J. W. Goethe (1749-1832), relativo alle sue opere e alla sua poetica

✽**goffàggine** [da *goffo* con suff. spreg. ✽1532] **s. f.** **1** caratteristica di chi (o di ciò che) è goffo: *lo guardò con voglia di ridere per tanta g. sguaiata* (R. BACCHELLI) **SIN.** grossolanità, impaccio **2** azione o discorso goffo

gofferìa [av. 1543] **s. f.** ● (*lett.*) goffaggine

goffétto [1905] **s. m.** **1** dim. di *goffo* **2** gioco a carte simile alla primiera

✽**gòffo** [etim. incerta ✽av. 1449] **A** **agg.** **1** detto di chi si muove o si comporta in modo impacciato, maldestro e sim.: *ragazzo timido e g.* | †***rimanere g.***, attonito e beffato | (*lett.*) sciocco, inetto: *insomma, tu sei g. insieme e tristo* (T. TASSO) **2** sgraziato, inelegante: *maniere goffe*; *andatura goffa*; *abito g.* ‖ **goffaménte**, **avv.** **B** **avv.** ● (*raro*) goffamente: *vestire g.* **C** **s. m.** ● (*tosc.*) primiera | †combinazione delle quattro carte dello stesso seme al gioco di primiera ‖ †**gofferèllo**, **dim.** | **goffétto**, **dim.** (V.)

SFUMATURE ➤ *sgraziato*

goffràggio [fr. *gaufrage*, da *gaufrer* 'goffrare' ✽1933] **s. m.** ● goffratura

goffràre [fr. *gaufrer*, denominale di *gaufre* 'dolce preparato su piastre divise in cellule', in orig. 'favo di miele' (dal francone **Wāfla*) ✽1933] **v. tr.** (*io gòffro*) ● realizzare in rilievo mediante pressione l'impronta di un disegno su carta, alluminio, tessuto, gomma, cuoio, materia plastica

goffràto **A** **part. pass.** di *goffrare*; **anche agg.** ● nei sign. del v. **B** **s. m.** ● tessuto con superficie simile al picchè, ma ottenuta mediante compressione a caldo anziché per effetto di tensione diversa dei fili

goffratrìce [1933] **s. f.** ● macchina per goffrare

goffratùra [fr. *gaufrure*, da *gaufrer* 'goffrare' ✽1933] **s. f.** ● operazione del goffrare | disegno in rilievo

goffrè **agg. inv.** ● adattamento di *gaufré* (V.)

gógna [da un precedente *gonghia* (dal lat. parl. **coniŭngula* 'cinghia del giogo'), con sovrapposizione di *vergogna* ✽sec. XIV] **s. f.** **1** collare di ferro che si stringeva attorno alla gola dei condannati alla berlina **2** (*est.*) berlina | ***mettere qlcu. alla g.***, (*fig.*) esporlo alla derisione e allo scherno pubblico | ***g. mediatica***, pubblico discredito di un personaggio noto o di un comune cittadino mediante la divulgazione tramite mezzi di comunicazione di massa di notizie riservate a lui relative **3** (*fig.*) †vergogna, scherno **4** (*poet.*, *fig.*) vincolo: *preso nelle amorose crudel gogne* (A. POLIZIANO)

gogo ➤ **à gogo**

goi /ebr. gɔi/ [vc. ebr. *gō(w)y*, orig. 'popolo', poi 'straniero, non ebreo' ✽av. 1589] **A** **s. m. e f. inv.** (**f. ebr.** *gōyiah*; **pl. m.** *gōyim*; **pl. f.** *gōyiot*) ● nome con cui gli Ebrei chiamano coloro che non appartengono al loro popolo: *quello ... era sparito, persuaso d'avere risparmiato all'onorato Ezechiele la visita d'un 'goi' malintenzionato* (R. BACCHELLI) **CFR.** gentile② **B** **anche agg. inv.**

go-kàrt /go'kart, *ingl.* 'gəʊˌkɑːt/ [vc. ingl., propr. 'veicolo (*cart*, di area germ.) per andare (*go*)' ✽1962] **s. m. inv.** (**pl. ingl.** *go-karts*) ● piccolo autoveicolo monoposto, munito soltanto del telaio e dei meccanismi essenziali alla marcia, usato per svago e in gare sportive

♦**gol** /gɔl/ [adattamento it. dell'ingl. *goal* ✽1936] **s. m. inv.** ● punto conseguito da una squadra di calcio e sim. quando uno dei suoi componenti invia il pallone dentro la porta avversaria **SIN.** rete | ***gol della bandiera***, l'unico realizzato da squadra che perde con un pesante punteggio | ***gol fantasma***, (*gerg.*) gol convalidato dall'arbitro ma in realtà inesistente | ***quasi gol***, (*gerg.*) nel calcio, gol mancato di pochissimo ‖ **gollàccio**, **pegg.** | **golléto**, **gollettìno**, **dim.**

♦**góla** [lat. *gŭla(m)*, di orig. indeur. ✽1266] **s. f.** **1** (*anat.*) apertura posteriore della cavità orale che mette in comunicazione questa con la laringe e la faringe, attraverso la quale passa il cibo e dove hanno sede le corde vocali: *infiammazione, mal di g.* | ***avere un nodo alla g.***, (*fig.*) essere sul punto di piangere per commozione | ***rimanere in g.***, (*fig.*) detto di cose invano desiderate **2** con riferimento alle funzioni nutritive, dà origine a varie loc. | ***col boccone in g.***, appena mangiato | ***essere, restare a g. asciutta***, non aver mangiato né bevuto; (*fig.*) essere privo di qlco. che si desidera molto | ***mentire per la g.***, sfacciatamente **3** con riferimento alla funzione vocale, dà origine a varie loc. | ***gridare a piena g.***, con forza | ***ricacciare in g. le parole, le offese a qlcu.***, ribatterle con forza | (*fig.*) ***g. profonda***, nel gergo giornalistico, chi rivela notizie riservate; informatore, spia **4** (*est.*) parte anteriore del collo | ***prendere per la g.***, (*fig.*) costringere qlcu. a fare qlco. controvoglia, approfittando della sua debolezza | ***avere l'acqua alla g.***, (*fig.*) essere in una grave difficoltà | ***mettere il coltello alla g. di qlcu.***, (*fig.*) costringerlo a fare qlco. con la forza **5** nella teologia cattolica, uno dei sette vizi capitali, consistente nello smodato desiderio di alimenti: *la g., il sonno e l'oziose piume / hanno del mondo ogni virtù sbandita* (F. PETRARCA) **CFR.** accidia, avarizia, invidia, ira, lussuria, superbia | (*est.*) golosità | (*fig.*) ***prendere per la g.***, indurre qlcu. a qlco. approfittando della sua golosità | (*fig.*) ***fare g.***, suscitare forte desiderio, bramosia e sim.: *una carica che gli fa g.* | **PROV.** ***ne uccide più la g. che la spada***, l'ingordigia ha effetti molto dannosi **6** (*fig.*) stretta apertura, passaggio angusto: *la g. del camino, della fornace* | ***la g. di un burrone, di un fossato e sim.***, la parte più stretta e profonda | ***la g. di un vaso, di un recipiente***, la parte più stretta, subito sotto la bocca | (*milit.*) apertura per la quale si accede a un bastione, a un ridotto o a simili opere dell'antica fortificazione | ***fronte di g.***, nella moderna organizzazione difensiva del terreno, parte del caposaldo opposta a quella che sbarra la direzione d'attacco del nemico **7** (*geogr.*) stretto passaggio tra due monti **8** in varie tecnologie, scanalatura, incavo: *la g. di una carrucola, della puleggia* | (*mar.*) forcella posta all'estremità di un'antenna per consentirne l'articolazione all'albero **9** (*archit.*) modanatura classica la cui sezione ha profilo formato da due archi di cerchio raccordati in modo da formare una S ‖ **golàccia**, pegg. | **golétta**①, dim. (V.)

SFUMATURE ➤ **canyon**

gólden /'golden, *ingl.* 'gəuld(ə)n/ [vc. ingl. 'd'oro, dorato', da *gold* 'oro' ✱1948] **agg. inv.** ● d'oro, in alcune loc. (sempre davanti a un sost.) | nella loc. sost. inv. ***Golden delicious***, (loc. m.) varietà coltivata di melo dal frutto di colore giallo e dal sapore delicato; (loc. f.) il frutto di tale albero (comp. con *delicious* (V.)) | nella loc. sost. m. inv. ***golden gol***, (*sport*) in alcuni tornei di calcio e di altri sport, il primo gol, segnato nel corso dei due tempi supplementari, che decide l'incontro terminato in parità nei tempi regolamentari **CFR.** silver gol | nella loc. sost. m. inv. ***Golden retriever***, (*zool.*) cane dotato di una folta pelliccia di colore biondo dorato, adatto all'addestramento per l'indole docile e per l'intelligenza vivace (comp. con *retriever* dal v. *to retrieve* 'recuperare, ritrovare') | nella loc. sost. f. inv. ***golden rule***, regola aurea (V. *regola* nel sign. 2) | nella loc. sost. f. inv. ***golden share***, (*econ.*) quota azionaria che conferisce a un azionista di minoranza il diritto di veto su certe decisioni relative all'impresa (comp. con *share* 'quota') | ***g. boy***, V. *boy*

goldoniàno [1765] **agg.** ● relativo al commediografo Carlo Goldoni (1707-1793) e al suo stile | dell'epoca e della società rappresentata nelle commedie di Goldoni

goleàda /gole'ada, *sp.* °gole'aða/ [vc. sp., da *golear* 'segnare reti', da *gol* 'gol' ✱1970] **s. f.** (**pl.** *goleade* **o sp.** *goleadas*) ● (*sport, gerg.*) grande numero di gol realizzati in una partita di calcio, spec. da una sola delle due squadre: *fare una g.* **CFR.** goleata

goleadòr /golea'dɔr, *sp.* °golea'ðɔr/ [vc. sp., da *gol*, sul modello di *toreador* (V.) ✱1945] **s. m. inv.** (**pl. sp.** *goleadores*) ● nel calcio, giocatore, spec. attaccante, che segna molti gol **SIN.** cannoniere nel sign. 2

goleàta [1993] **s. f.** ● adattamento di *goleada* (V.)

gòlem [dal nome attribuito, nella leggenda giudaica, all'essere creato magicamente dai Cabalisti ✱1931] **s. m. inv.** ● creatura senza spirito, automa

golèna [etim. discussa: da *gola* (dell'argine) (?) ✱av. 1710] **s. f.** ● terreno compreso tra il letto e l'argine di un fiume, invaso dalle acque in periodi di piena

golenàle [1956] **agg.** ● di golena: *argine g.*

golerìa [1869] **s. f.** ● (*lett.*) ghiottoneria

golétta① [av. 1529] **s. f.** **1** dim. di *gola* **2** (*tosc.*) striscia di tessuto bianco o piccolo colletto fissato al giro del collo | striscia di tela finissima smerlata e ricamata, che le donne portavano al collo | †colletto dell'abito dei preti **3** nelle antiche armature, gorgiera **4** †collana, monile **5** taglio di carne bovina, tratto dalla parte anteriore del collo ‖ **golettina**, dim.

golétta② [fr. *goélette*, da *goéland*, con mutato suff., propr. 'gabbiano', di orig. bretone ✱1793] **s. f.** ● imbarcazione a vela a due alberi, con albero maestro di uguale altezza o più basso del trinchetto **SIN.** schooner | ***g. a palo***, con tre alberi a vele auriche | ***g. a gabbiola***, con una vela quadra armata sul trinchetto

golf① /*ingl.* gɔlf/ [ingl. *golf*, dal neerl. *kolf* 'bastone' ✱1825] **s. m. inv.** ● gioco consistente nell'inviare una pallina, con il minor numero di colpi effettuati con un'apposita mazza, in una serie di buche predisposte lungo un percorso su un prato | ***urban g.***, lo stesso gioco praticato in spazi urbani aperti con l'obiettivo di inviare una pallina da tennis in cavità prestabilite lungo un percorso

golf② /*ingl.* gɒlf/ [ingl. *golf(-coat)* '(giacca da) golf' ✱1915] **s. m. inv.** ● indumento di maglia di lana o altro filato, chiuso o abbottonato sul davanti, con maniche lunghe ‖ **golfétto**, **golfettino**, dim. | **golfino**, dim. | **golfóne**, accr.

golfàre [gr. *gomphárion*, dim. di *gómphos* 'cavicchio', di orig. indeur. ✱1889] **s. m.** ● (*mar.*) anello metallico solidamente fissato sul ponte di una nave **SIN.** spina

golfìsta [1955] **s. m. e f.** (**pl. m.** *-i*) ● chi pratica il gioco del golf

golfìstico [1956] **agg.** (**pl. m.** *-ci*) ● relativo al gioco del golf: *club g.* ‖ **golfisticaménte**, **avv.** (*raro*) dal punto di vista del gioco del golf: *una nazione golfisticamente progredita*

♦**gólfo**① [gr. tardo *kólphos* per il class. *kólpos*, con mutamento di difficile spiegazione ✱1321] **s. m.** **1** (*geogr.*) seno di mare con larga apertura e seni minori, baie, anse, cale: *g. di Genova, di Napoli* | ***Corrente del Golfo***, (*per anton.*) ampia e potente corrente marina che parte dal Golfo del Messico e attraverso l'Oceano Atlantico settentrionale arriva alle coste nord-europee portandovi acque calde d'origine equatoriale | (*mar.*) ***a g. lanciato***, per linea retta, da un capo all'altro di un golfo, da una punta all'altra della costa **2** (*mus.*) ***g. mistico***, nella sala di un teatro, spazio riservato ai suonatori dell'orchestra, situato a un livello inferiore a quello della platea ‖ **golfétto**, dim.

†**gólfo**② [da *gonfio* con sovrapposizione di *bolso* (?) ✱av. 1388] **agg.** **1** abbondante: *pasto g.* **2** sazio | fiero

goliardàta [comp. di *goliard(o)* e del suff. *-ata* ✱1985] **s. f.** ● azione che riflette lo spirito libero e gaudente della goliardia | (*est.*) scherzo, burla, bravata

goliardìa [1947] **s. f.** **1** insieme dei goliardi **2** tradizione goliardica | spensieratezza e spirito da goliardi

♦**goliàrdico** [1905] **agg.** (**pl. m.** *-ci*) ● dei goliardi, della goliardia: *canto g.* | ***berretto g.***, cappello degli studenti universitari, con la tesa anteriore appuntita e variamente colorato a seconda della facoltà che rappresenta | (*est.*) spensierato; talvolta, irresponsabile o licenzioso ‖ **goliardicaménte**, **avv.** in modo tipico da goliardo

goliàrdo [ant. fr. *gouliard*, da *Golia*, il personaggio biblico che nel Medioevo rappresentava il diavolo protettore dei dissoluti clerici vaganti, i quali chiamavano sé stessi della famiglia di Golia (*familia Goliae*), con sovrapposizione di *goule* 'gola' nel senso di 'ingordigia' ✱sec. XIV] **s. m.** **1** nel Medioevo, studente ecclesiastico che, trasferitosi nei centri cittadini per compiere gli studi universitari, progressivamente si laicizzava finendo per condurre una vita irregolare e gaudente | (**f.** *-a*) in epoca moderna, studente universitario, con riferimento alla vita libera e spensierata che si ritiene caratteristica del periodo degli studi | studente universitario, membro di un ordine goliardico **2** (*est.*, *raro*) cappello goliardico

gollìsmo [dal n. del generale Ch. De *Gaulle* (1890-1970), con adattamento dovuto all'acquisizione orale ✱1948] **s. m.** ● tendenza politica che si ispira alle idee del generale francese Charles De Gaulle, improntata cioè al nazionalismo e a un forte accentramento di poteri nelle mani del capo dello Stato

gollìsta [1942] **A** **agg.** (**pl. m.** *-i*) ● relativo a De Gaulle e ai suoi sostenitori: *politica g.*; *partito g.* **B** **s. m. e f.** ● fautore del gollismo

gollónzo [da *gol* col suff. *-onzo*, abbr. di *-onzolo* ✱1992] **s. m.** ● (*scherz.*) nel linguaggio del giornalismo sportivo, gol fortunoso

goloserìa (o **-ṣ-**) [1933] **s. f.** ● golosità

golosità (o **-ṣ-**) o †**golositàde**, †**golositàte** [da *goloso* ✱1268] **s. f. inv.** **1** caratteristica di chi è goloso: *una g. proverbiale* **SIN.** ghiottoneria **2** cosa ghiotta: *piatto pieno di g.* | (*fig.*) ciò che suscita vivo desiderio e curiosità: *questa notizia è una vera g.* **SIN.** ghiottoneria

♦**golóso** (o **-ṣ-**) [lat. *gulōsu(m)*, da *gŭla* 'gola' ✱1300 ca.] **A** **agg.** **1** che ha il vizio della gola | ghiotto (+ *di*): *g. di dolciumi, di cibi piccanti* **2** (*fig.*) avido, voglioso: *g. di pettegolezzi* | (*fig.*) che manifesta bramosia, desiderio: *occhi golosi* **3** (*fig.*) appetitoso: *cibo g.* | (*fig.*) che suscita grande interesse: *una notizia golosa* ‖ **golosaménte**, **avv.** con golosità ‖ **golosità**, **s. f. inv.** (V.) **B** **s. m.** (**f.** *-a*) ● persona golosa ‖ **golosàccio**, pegg. | **golosétto**, dim. | **golosino**, dim. | **golosóne**, accr.

†**gólpe**① ➤ **volpe**①

gólpe② o **vólpe**② [da *golpe*①: per l'aspetto della spiga, simile a una coda di volpe (?) ✱av. 1749] **s. f.** ● (*bot.*) carbone, nel sign. A4

golpe③ /*sp.* °'golpe/ [vc. sp., propr. 'colpo', sottinteso *de Estado* 'di Stato' ✱1960] **s. m. inv.** (**pl. sp.** *golpes*) ● colpo di Stato, spec. quando sia attuato dagli alti ufficiali delle forze armate in un paese dell'America Latina | (*polit.*) ***g. bianco***, sovvertimento degli assetti costituzionali attuato senza l'uso della forza da parte delle forze di governo

†**golpeggiàre** ➤ **volpeggiare**

golpìsmo [da *golpe*③ ✱1978] **s. m.** ● tendenza ad attuare o favorire un golpe

golpìsta [da *golpe*③ ✱1966] **s. m. e f.** (**pl. m.** *-i*) ● autore o fautore di un golpe

golpìstico [1983] **agg.** (**pl. m.** *-ci*) ● relativo a un golpe: *tentativi golpistici*

†**golpóne** ➤ **volpone**

gomarìsmo [dal n. del teologo fiammingo F. *Gomar* (1563-1641) con il suff. *-ismo* ✱1970] **s. m.** ● (*relig.*) dottrina teologica sviluppatasi nell'ambito del calvinismo olandese che sostiene una interpretazione rigida della predestinazione

gomàsio [dal giapp. *goma* 'sesamo' ✱sec. XX] **s. m. inv.** ● condimento a base di semi di sesamo tostati e sale marino macinati

†**gómbito** e deriv. ➤ **gomito** e deriv.

gómbo [attraverso il fr., dal bantu *ki-ngombo* ✱1834] **s. m. inv.** ● (*bot.*) nome popolare di una specie di ibisco delle regioni tropicali e subtropicali dell'Africa, del Medio Oriente e del Sud degli Stati Uniti (*Hibiscus esculentus*) | frutto immaturo di tale pianta simile a una piccola zucchina appuntita, cucinato soprattutto in umido

gòmena (o **-ó-**) o (*raro*) **gómona**, (*evit.*) **goména** [etim. incerta ✱1445] **s. f.** ● (*mar.*) grosso canapo formato da tre corde intrecciate, usato per ormeggio o rimorchio | un tempo, misura di lunghezza, pari a un decimo del miglio marino

†gomicèllo [lat. parl. **glomiscĕllu(m)*, dim. di *glŏmu(m)* 'ghiomo, gomitolo' ✱ av. 1294] **s. m.** ● gomitolo

†gomìre ➤ **vomire**

gomitàre [da *gomito* ✱ 1943] **A** **v. tr.** (*io gòmito*) ● (*raro*) urtare con i gomiti, spingere a gomitate **B** **v. intr.** (aus. *avere*) ● dare gomitate

gomitàta o †**gombitàta** [da *gomito* ✱ 1525] **s. f.** ● colpo di gomito: *dare, ricevere una g.* | ***fare a gomitate***, farsi largo a fatica tra la folla; (*fig.*) cercare di superare gli altri con ogni mezzo, di andare avanti ad ogni costo

gomitièra [1959] **s. f.** ● nella scherma di sciabola e nell'hockey su ghiaccio, parte dell'equipaggiamento in cuoio o tela imbottita, fissato al gomito per proteggerlo da eventuali colpi

g

gómito o †**gómbito**, †**góvito** [lat. *cŭbitu(m)*, di etim. incerta ✱ 1310] **s. m.** (**pl.** *-i*, **m.**, *lett.* †*gomita*, **f.**) **1** (*anat.*) regione dell'arto superiore in cui il braccio si articola con l'avambraccio: *stare con i gomiti sulla tavola; dolore di g.* | (*fig.*) ***lavorare g. a g. con qlcu.***, a stretto contatto | ***g. del golfista***, processo infiammatorio dell'epicondilo mediale dell'omero conseguente ad eccessivo uso o stiramento dei muscoli flessori del polso e delle dita che vi trovano inserzione, frequente nei giocatori di golf | ***g. del tennista***, processo infiammatorio dell'epicondilo laterale dell'omero conseguente ad eccessivo uso o stiramento dei muscoli estensori del polso e delle dita che vi trovano inserzione, frequente nei giocatori di tennis | ***farsi avanti a forza di gomiti***, dando gomitate; (*fig.*) cercare di ottenere qlco. a tutti i costi | (*fig.*) ***alzare il g.***, bere in modo eccessivo | ***darsi di g.***, urtare leggermente qlcu. nel braccio per sottolineare con malizia una circostanza o richiamare la sua attenzione su fatti o persone | (*fig.*) ***olio di g.***, energico impegno in un lavoro manuale | (*fig., sett.*) ***baciarsi il g.***, ***i gomiti***, considerarsi molto fortunato, toccare il cielo con un dito **2** (*est.*) parte della manica che copre il gomito: *il vestito ha i gomiti molto sciupati* **3** (*est.*) elemento, dispositivo, raccordo e sim., di struttura angolata, simile a un gomito: *il g. di un tubo* | curva, ansa: *il g. di un sentiero, di una strada; Presto si giunse a un g. del fiume* (A. FOGAZZARO) | ***fare un g.***, piegarsi ad angolo | ***a g.***, fortemente angolato: *curva a g.; albero a g.* | ***g. di mare***, canale marino, braccio di mare ‖ †**gomitèllo**, **dim.**

♦**gomìtolo** [dim. di †*ghiomo* (con sovrapposizione di *gomito* (?)) ✱ sec. XIII] **s. m.** **1** piccola sfera formata da filo o spago avvolto ordinatamente su sé stesso: *g. di lana, di cotone; fare, disfare un g.* | ***capo del g.***, estremità del filo | (*est.*) viluppo approssimativamente rotondo di qlco.: *fare un g. con i propri abiti* | (*lett.*) ***far g. di sé***, raggomitolarsi **2** (*lett.*) viluppo, groviglio (*anche fig.*) ‖ **gomitolétto**, **dim.** | **gomitolìno**, **dim.** | **gomitolóne**, **accr.**

♦**gómma** [lat. **gŭmma(m)*, per *gŭmmi* o *cŭmmi*, dal gr. *kómmi*, di orig. egiziana ✱ sec. XIII] **s. f.** **1** liquido denso e vischioso, generato dalla metamorfosi di alcuni tessuti di certe piante, che fuoriesce da incisioni, e indurisce a contatto con l'aria: *g. arabica, adragante* | ***g. della seta***, sericina | ***g. lacca***, V. *gommalacca* | ***g. gutta***, V. *gommagutta* | ***g. americana***, chewing-gum | ***g. naturale, elastica***, caucciù | ***g. sintetica***, ottenuta per polimerizzazioni di monomeri, di diversa composizione chimica ma di caratteristiche fisiche simili a quelle della gomma naturale **2** pezzetto di gomma per cancellare (+ *da*): *g. da inchiostro, da matita* | ***g. pane***, molto morbida **3** pneumatico di un veicolo: *le gomme dell'automobile, della bicicletta* | ***g. a terra***, pneumatico sgonfio | ***g. rigenerata***, rifusa e riplasmata | ***g. termica***, pneumatico invernale | ***vincere di una g.***, nel linguaggio ciclistico, imporsi di pochissimo in una volata | ***trasporto su g.***, quello effettuato con camion e autotreni sulla rete stradale (distinto da quello per ferrovia) **4** (*med.*) formazione patologica nodosa, a evoluzione erosiva, di origine infettiva: *g. luetica, tubercolare, lebbrosa* ‖ **gommina**, **dim.** (V.) | **gommìno**, **dim. m.** (V.)

gommage /fr. gɔ'maʒ/ [vc. fr., deriv. del v. *gomm(er)* 'cancellare o attenuare le impurità della pelle' con il suff. *-age* ✱ 1992] **s. m. inv.** ● trattamento cosmetico mediante apposite creme per una pulizia approfondita della pelle spec. del viso CFR. peeling | la crema stessa

gommagùtta o **gómma gùtta** [fr. *gommegutte*, propr. 'goccia (dal lat. *gŭtta*) di gomma (*gomme*)' ✱ 1677] **s. f.** ● gommoresina di alcune garcinie, usata come colorante e, scarsamente, in medicina

gommàio [1920] **s. m.** (**f.** *-aia*, **pl. m.** *-ai*) ● (*tosc.*) gommista

gommalàcca o **gómma làcca** [per *gomma lacca*, perché 'lacca estratta per incisione al modo stesso della *gomma*' ✱ 1721] **s. f.** (**pl.** *gommalàcche*) ● resina ottenuta su certi alberi asiatici dalla secrezione di alcuni insetti; usata per vernici, ceralacca, mastici, come isolante elettrico, nella concia del cuoio, nella preparazione di tessuti chimicamente resistenti

gommapiùma [da intendersi *gomma* (leggera come una) *piuma* ✱ 1950] **s. f.** (**pl.** *gommepiùme*) ● prodotto di sintesi spugnoso, a pori finissimi, leggero, elastico e resistente, usato per materassi, cuscini, rivestimenti protettivi e sim.

gommàre [da *gomma* ✱ av. 1519] **v. tr.** (*io gómmo*) **1** spalmare di gomma: *g. la carta, un tessuto* **2** munire di pneumatici: *g. un'auto*

gommarèṣina ➤ **gommoresina**

gommaspùgna [comp. di *gomma* e *spugna* ✱ sec. XX] **s. f.** ● gommapiuma

gommàto **part. pass.** di *gommare*; anche **agg.** **1** spalmato di gomma | ***tessuto g.***, indurito, irrigidito o impermeabilizzato con appretti a base di gomma o resina **2** fornito di pneumatici: *ruota gommata*

gommatùra [1956] **s. f.** **1** operazione del gommare: *g. di un tessuto, della carta* **2** complesso di gomme di cui è fornito un autoveicolo: *g. nuova, vecchia*

gommìfero [comp. di *gomma* e *-fero* ✱ av. 1597] **agg.** ● che produce gomma

gommifìcio [1963] **s. m.** ● stabilimento in cui si lavora la gomma

gommìna [1942] **s. f.** **1** dim. di *gomma* **2** piccola gomma per cancellare **3** *Gommina*®, sostanza gelatinosa che si mette sui capelli per irrigidirli e fissarne la pettinatura

gommìno [dim. di *gomma* ✱ 1963] **s. m.** **1** piccola gomma **2** oggetto di gomma di piccole dimensioni, spec. per la chiusura ermetica di bottiglie contenenti medicinali, profumi e sim.

gommìsta [1956] **s. m. e f.** (**pl. m.** *-i*) ● chi vende, ripara o monta pneumatici

gommonàuta [comp. di *gommo(ne)* e *-nauta* ✱ 1979] **s. m. e f.** (**pl. m.** *-i*) ● chi possiede o guida un gommone

gommóne [1964] **s. m.** ● battello pneumatico ‖ **gommoncìno**, **dim.**

gommorèṣina (o **-é-**), **gommarèṣina** (o **-é-**) [comp. di *gomma* e *resina* ✱ 1754] **s. f.** ● miscuglio di gomma, resine e talvolta oli essenziali, prodotto dall'essudazione di diverse piante, impiegato spec. nelle preparazioni farmaceutiche e in profumeria

gommòṣi [comp. di *gomm(a)* e *-osi* ✱ 1884] **s. f. inv.** ● (*bot.*) disgregazione dei tessuti vegetali con formazione di sostanze mucillaginose dovuta all'azione di Funghi o di batteri: *g. della barbabietola, dell'ulivo*

gommóso (o **-ṣ-**) [1499] **agg.** **1** che contiene gomma **2** (*est.*) simile alla gomma: *sostanza gommosa* ‖ **gommosità**, **s. f. inv.** proprietà o condizione di ciò che è gommoso

gómona ➤ **gomena**

gònade [vc. dotta, dal gr. *gonḗ, gónos* 'generazione, riproduzione', dal v. *gignésthai* 'generare', di orig. indeur., con l'aggiunta di un elemento *-ade* tratto dall'equivalente lat. *gónas*, pl. *gónades* ✱ 1933] **s. f.** ● (*anat.*) ghiandola della riproduzione sessuale, che produce gli elementi germinali maschili o femminili

gonadectomìa [comp. di *gonad(e)* e un deriv. del gr. *ektomḗ* 'taglio', da *ektémnein* 'tagliar (*témnein*) via (*ek-*)' ✱ 1956] **s. f.** ● (*med.*) castrazione

gonadectomiẓẓàre [1983] **v. tr.** ● (*med.*) castrare

gonàdico [da *gonade* ✱ 1986] **agg.** (**pl. m.** *-ci*) ● (*anat.*) riferito alle gonadi

gonadotropìna [comp. di *gonad(e)*, *tropo-* e *-ina* ✱ 1952] **s. f.** ● (*med.*) ormone che promuove lo sviluppo delle ghiandole sessuali

gonadòtropo [comp. di *gonad(e)* e *-tropo* ✱ 1956] **agg.** ● detto di ormone prodotto spec. dal lobo anteriore dell'ipofisi, che presiede alle funzioni delle gonadi

gonalgìa [comp. del gr. *góny* 'ginocchio', di orig. indeur., e *-algia* ✱ 1834] **s. f.** (**pl.** *-gìe*) ● (*med.*) dolore al ginocchio

gonartrìte [comp. del gr. *góny* 'ginocchio', di orig. indeur., e *artrite* ✱ 1898] **s. f.** ● (*med.*) artrite del ginocchio

góndola [etim. discussa: gr. *kondoûra* '(nave dalla) coda (*ourá*) corta (*kontḗ*)' con sovrapposizione di *dondola(re)* (?) ✱ 1314] **s. f.** **1** barca lunga, piatta, sottile, con scafo asimmetrico, tipica della laguna veneta, da trasporto e spec. da diporto per la circolazione nei canali, ornata di un pettine a prua e talvolta di felze al centro **2** (*aeron.*) membratura di un aereo ben carenata per alloggiare un qualche dispositivo **3** nei supermercati, scaffalatura lunga e bassa per l'esposizione della merce ‖ **gondolétta**, **dim.** | **gondolìna**, **dim.**

gondolièra [1930] **s. f.** ● (*mus.*) composizione molto simile alla barcarola, ispirata all'ambiente veneziano

gondolière o (*raro*) **gondolièro** [1584] **s. m.** (**f.** *-a*) ● rematore della gondola

gonfalóne o †**confalóne** [fr. ant. *gonfalon*, per dissimilazione da *gonfanon*, in francone **gundfano* 'bandiera (*fano*) di guerra (*gund*)' ✱ 1213] **s. m.** **1** bandiera delle antiche milizie **2** (*est.*) insegna degli antichi comuni, o di determinate magistrature o corporazioni cittadine | vessillo di associazioni, enti, società, confraternite | standardo degli attuali comuni, province e regioni italiane

SFUMATURE DI SIGNIFICATO

gonfalone - labaro - orifiamma

Lo stendardo degli antichi comuni, il vessillo militare o l'insegna di una corporazione cittadina o compagnia religiosa si chiama **gonfalone**. Il **labaro** era il vessillo degli imperatori romani; oggi indica l'insegna di associazioni combattentistiche o ex combattentistiche e, in senso figurato, il simbolo di una fede comune a più persone. L'**orifiamma** è invece un gonfalone di seta rossa terminante a due o tre punte, cosparso di stelle e fiamme d'oro che anticamente era l'insegna dei re di Francia.

SFUMATURE ➤ ***vessillo***

gonfalonieràto [1525] **s. m.** ● titolo, ufficio e dignità di gonfaloniere | durata di tale carica

gonfalonière o †**gonfalonièro**, †**gonfalonièri**, †**confalonière** [ant. fr. *gonfalonier*, da *gonfanon* 'gonfalone' ✱ 1268] **s. m. 1** chi porta il gonfalone SIN. alfiere, vessillifero **2** magistrato dei comuni medievali, dapprima con specifiche funzioni e, in seguito, capo del governo civile: *g. di giustizia*; *gran g.* **3** (**f.** *-a*) (*est.*, *lett.*) capitano, capo | (*lett.*) rappresentante

gonfiàbile [1929] **agg.** ● che si può gonfiare: *canotto g.*

gonfiàggine [sec. XIV] **s. f. 1** boria, alterigia **2** †gonfiore

gonfiàggio [da *gonfi(o)* con il suff. negativo *-aggine* ✱ sec. XX] **s. m. 1** operazione del gonfiare | il risultato di tale operazione **2** (*fig.*, *raro*) aumento artificioso, maggiorazione: *il g. di un prezzo*

gonfiagòte [comp. di *gonfia(re)* e il pl. di *gota* ✱ av. 1729] **s. m. e f. inv.** ● (*disus.*) persona boriosa

gonfiaménto [av. 1348] **s. m. 1** il gonfiare, il gonfiarsi **2** (*fig.*) adulazione **3** (*raro*) gonfiezza, gonfiore | (*fig.*) †superbia, presunzione

gonfianùvoli o (*raro*, *tosc.*) **gonfianùgoli** [comp. di *gonfia(re)* e il pl. di *nuvolo* ✱ 1618] **s. m. e f. inv.** ● (*disus.*) spaccone, gradasso, fanfarone

♦**gonfiàre** [lat. *conflāre* 'riunire assieme (*cŭm*) col soffiare (*flāre*, di prob. orig. espressiva)', poi sin. di *inflāre* 'soffiare (*flāre*) dentro (*ĭn*)' ✱ 1313] **A v. tr.** (*io gónfio*) **1** dilatare con fiato, gas o aria una cavità dalle pareti elastiche: *g. un pallone, le gomme di una bicicletta* | ***g. il vetro***, soffiarlo | ***g. le guance***, con l'aria dei polmoni, chiudendo la bocca | ***g. le vele***, detto del vento che, soffiandovi sopra, le distende e rende convesse | †suonare: *g. la tromba* **2** (*est.*) aumentare il volume di qlco.: *il cibo eccessivo gonfia lo stomaco* **3** (*fig.*) far apparire qlcu. o qlco. più importante di quello che è | ***g. una persona***, accrescerne i meriti | ***g. una notizia***, esagerarne la portata **B v. intr.** (**aus.** *essere*) ● (*lett.*, *fig.*) provare rabbia, stizza o turbamento **C v. intr.** (**aus.** *essere*) e **gonfiàrsi v. intr. pron. 1** diventare gonfio aumentando di volume (+ *di*): *i fiumi gonfiano con le piogge troppo abbondanti*; *le nuvole si gonfiano di pioggia*; *con l'umidità il legno si gonfia*; *mi si è gonfiata una mano* | riempirsi, accrescersi: *i suoi occhi si gonfiarono di lacrime*; *molte città continuano a gonfiarsi di miserabili bidonvilles* **2** (*fig.*) insuperbire, inorgoglire: *si gonfia quando gli fanno complimenti*; *Si gonfia dal contento* (C. GOLDONI)

gonfiàto **part. pass.** di *gonfiare*; anche **agg. 1** nei sign. del v. | (*fig.*) esagerato, montato: *una notizia gonfiata* **2** ***pallone g.***, (*fig.*) persona che si vanta e gode di considerazione molto superiore al suo valore ‖ **gonfiataménte**, **avv.**

gonfiatóio [sec. XV] **s. m.** (**pl.** *-ói*) ● strumento per gonfiare gomme, palloni e sim.

gonfiatóre [av. 1557] **agg. e s. m.** (**f.** *-trice*) ● (*raro*) che (o chi) gonfia

gonfiatùra [1563] **s. f. 1** operazione del gonfiare **2** (*fig.*) esagerazione, montatura: *la g. di un fatto di cronaca* **3** (*fig.*) adulazione | †boria

gonfiétto [av. 1601] **s. m. 1** dim. di *gonfio* | †piccolo rigonfiamento **2** (*tosc.*) gonfiatoio

gonfiézza [1536] **s. f. 1** condizione o stato di ciò che è gonfio | ***g. di un torrente***, ingrossamento | (*fig.*, *lett.*) ***g. di stile***, ampollosità **2** (*fig.*) †boriosità, alterigia

♦**gónfio** [per *gonfi(at)o* ✱ 1350] **A agg. 1** gonfiato (+ *di*, *raro* + *da*): *occhi gonfi di* (o *raro dal*) *sonno*; *viso g. di pianto* | ***fiume, torrente g.***, ingrossato dalla piena: *il fiume g. e feroce tra le rive gelate* (R. BACCHELLI) | ***stomaco g.***, appesantito dal cibo | ***vena gonfia***, dilatata | ***andare a gonfie vele***, (*fig.*) procedere nel migliore dei modi **2** (*fig.*) pieno, traboccante (+ *di*, *raro* + *da*): *individuo g. di superbia*; *animo g. di orgoglio*; *parole gonfie d'ira*; *si sentiva il cuore g. dal disprezzo* (G. VERGA) **3** (*fig.*, *lett.*) ampolloso, ridondante: *stile g.*; *frasi gonfie* **4** (*fig.*) borioso, vanitoso, tronfio **5** (*pop.*) gravido: *donna gonfia* ‖ **gonfiaménte**, **avv.** **B s. m. 1** gonfiezza, rigonfiamento: *l'abito gli faceva un g. sulla spalla* **2** (*raro*) gonfiore: *avere un g. nella nuca* ‖ **gonfiétto**, **gonfiettìno**, **dim.** (V.) | **gonfióne**, **accr.** (V.)

gonfióne [1869] **s. m.** (**f.** *-a*) **1** accr. di *gonfio* **2** (*spreg.*) persona grassa, flaccida **3** (*fig.*) persona boriosa o irascibile

gonfióre [1734] **s. m. 1** tumefazione **2** malattia di alcuni formaggi a pasta dura dovuta a fermentazioni anomale

gonfrèna [vc. dotta, lat. *gromphāena(m)*, dal gr. *grómphaina*, propr. 'pianta da maiali' (*gromphás* 'scrofa', di orig. espressiva) ✱ 1834] **s. f.** ● pianta erbacea ornamentale delle Amarantacee con infiorescenze a capolino rosso-violacee (*Gomphrena*)

gong /gɔng, *ingl.* gɔŋ/ [malese *gugg*: di orig. imitativa (?) ✱ 1823] **s. m. inv.** ● strumento a percussione originario dell'Asia orientale, formato da una piastra metallica rotonda, leggermente concava, che viene messa in vibrazione battendovi con un mazzuolo

gongolaménto [1869] **s. m.** ● il gongolare

gongolànte **part. pres.** di *gongolare*; anche **agg.** ● che manifesta grande soddisfazione e contentezza: *è tutto g.*

✱**gongolàre** [vc. onomat. ✱ 1353] **v. intr.** (*io góngolo*; **aus.** *avere*) ● manifestare visibilmente un sentimento intimo di soddisfazione, di contentezza (+ *di*, + *per*): *g. di gioia*; *gongolano per la vittoria*; *Santo … gongolava, guardando i capelli rossi della sposa* (G. VERGA)

SFUMATURE ➤ *gioire*

gongorìsmo [sp. *gongorismo* ✱ 1909] **s. m.** ● stile letterario barocco e prezioso, proprio del poeta spagnolo Luis de Argote y Góngora (1561-1627)

gongorìsta [av. 1869] **s. m. e f.**; anche **agg.** (**pl. m.** *-i*) ● seguace del gongorismo

góngro ➤ **grongo**

-gonìa [gr. *-gonía*, in astratti corrispondenti ai s. in *-gónos*, dalla radice indeur. *g'n* 'generare'] **secondo elemento** ● in parole composte dotte della terminologia scientifica, significa 'generazione', 'origine': *cosmogonia, sporogonia, teogonia*

gonìdio [dal gr. *gonḗ* 'nato, generato', da *gignésthai* 'generare', di orig. indeur. ✱ sec. XIX] **s. m.** ● (*bot.*) cellula verde che si trova isolata nel tallo dei licheni, costituita da un'alga unicellulare che, in simbiosi con un fungo, costituisce appunto il lichene ed esplica la funzione clorofilliana

gònio- [gr. *gōnía* 'angolo' (in rapporto con *góny* 'ginocchio', di orig. e diffusione indeur.)] **primo elemento** ● in parole composte della terminologia scientifica e tecnica, significa 'angolo': *goniografo, goniometro*

-gònio [gr. *gónos* 'generazione'] **secondo elemento 1** in parole composte della terminologia biologica, indica cellule germinali maschili o femminili: *oogonio* **2** in parole composte della terminologia botanica, indica un organo che dà origine a cellule riproduttive: *archegonio, sporogonio*

goniògrafo [comp. di *gonio-* e *-grafo* ✱ 1933] **s. m.** ● strumento destinato a tracciare direttamente gli angoli

goniometrìa [comp. di *gonio-* e *-metria* ✱ 1820] **s. f.** ● misurazione degli angoli

goniomètrico [da *goniometria* ✱ 1869] **agg.** (**pl. m.** *-ci*) ● relativo alla goniometria

goniòmetro [comp. di *gonio-* e *-metro* ✱ 1828] **s. m.** ● strumento per misurare gli angoli

♦**gónna** (o *-ò-*) [lat. tardo *gŭnna(m)* 'pelle, pelliccia', di orig. straniera (gallico) ✱ 1321] **s. f. 1** indumento femminile che copre la parte del corpo dalla vita in giù, di foggia e lunghezza variabili a seconda della moda: *g. a pieghe, svasata, diritta* | ***g. pantalone***, V. *pantalone*① **2** †pelle d'animale **3** †tunica dell'occhio **4** †sopravveste maschile | †veste, abito **5** (*autom.*, spec. al pl.) protezione montata lateralmente e posteriormente alle ruote di un camion per evitare, in caso di pioggia, la formazione di una scia d'acqua ‖ **gonnèlla**, **dim.** (V.)

gonnèlla [1182] **s. f. 1** dim. di *gonna* | (*lett.*) sottoveste | †sopravveste maschile | †veste, abito **2** gonna, sottana | ***stare attaccato alla g. della mamma***, (*fig.*) starle sempre vicino e obbedirle in tutto | (*fig.*, *iron.*) ***in g.***, per attribuire genere grammaticale femminile a professioni prevalentemente maschili: *è una donna molto energica, un vero sergente in g.* **3** (*est.*) donna: *qui comandano le gonnelle* | ***rincorrere le gonnelle***, essere un donnaiolo ‖ **gonnellìna**, **dim.** | **gonnellìno**, **dim. m.** (V.) | **gonnellóna**, **accr.** | **gonnellóne**, **accr. m.** | (*lett.*) **gonnellùccia**, **dim.**

gonnellìno [av. 1446] **s. m. 1** dim. di *gonnella* | gonna piccola, corta (spec. di pattinatrici, tenniste e sim.) **2** vestito lungo portato un tempo dai bambini molto piccoli **3** gonna corta maschile tipica del costume tradizionale scozzese SIN. kilt

gòno- [gr. *gónos* 'seme' (V. *-gonia*)] **primo elemento** ● in parole composte della terminologia scientifica, spec. biologica, significa 'seme', o indica relazione con l'atto generativo: *gonocito*

-gono [gr. *-gōnos*, corrispondente nei comp. a *gōnía* (V. *gonio-*)] **secondo elemento** ● in parole composte della terminologia matematica, significa 'angolo': *pentagono, poligono*

gonocìto o **gonocita** [comp. di *gono-* e *-cito* ✱ 1956] **s. m.** ● (*biol.*) cellula germinativa, da cui trae origine la cellula sessuale

gonocòccico [1970] **agg.** (**pl. m.** *-ci*) ● (*biol.*) relativo a gonococco

gonocòcco [comp. di *gono(rrea)* e *cocco* ✱ 1885] **s. m.** (**pl.** *-chi*) ● (*med.*) batterio di forma ovale, agente specifico della gonorrea

gonocorìsmo [comp. di *gono-* e del gr. *chōrismós* 'separazione' ✱ 1892] **s. m.** ● (*biol.*) condizione che definisce una categoria sistematica nella quale i sessi sono separati

gonorrèa [vc. dotta, lat. tardo *gonorr(h)oea(m)*, dal gr. *gonórroia*, comp. di *gónos* 'seme' e *róia* 'flusso' ✱ 1561] **s. f.** ● (*med.*) blenorragia

gonorròico [vc. dotta, lat. tardo *gonorr(h)ŏicu(m)*, dal gr. *gonorroïkós* 'relativo alla gonorrea (*gonórroia*)' ✱ 1834] **A agg.** (**pl. m.** *-ci*) ● relativo a gonorrea **B agg. e s. m.** ● che (o chi) è affetto da gonorrea

gonzaghésco [1554] **agg.** (**pl. m.** *-schi*) ● relativo alla famiglia dei marchesi Gonzaga di Mantova: *signoria gonzaghesca*

✱**gónzo** [etim. discussa: lat. *verecŭndiu(m)* 'verecondo, vergognoso' con caduta della prima parte *vere-* (?) ✱ 1536] **agg. e s. m.** (**f.** *-a*) ● che (o chi) è credulone e facile da ingannare: *quel ragazzo è un g.*; *gabbare i gonzi è facile* SIN.

sciocco, sempliciotto

goodbye /gud'bai, gub'bai, *ingl.* ˌgʊd'baɪ/ [vc. ingl., dalla loc. *God be with you* 'Dio sia con voi' ✱ 1886] **inter.; anche s. m. inv.** ● addio, arrivederci

goodwill /*ingl.* ˌgʊd'wɪl/ [vc. ingl., propr. 'buona volontà, benevolenza' ✱ 1985] **s. m. inv.** ● (*econ.*) avviamento

googlàre /gu'glare/ [da *Google®*; cfr. *googling* ✱ 2004] **v. tr.** (*io googlo* /'guglo/) ● (*colloq.*) fare ricerche in Internet usando il motore Google

googling /'guglin(g), *ingl.* 'guːglɪŋ/ [vc. ingl., dal n. del motore di ricerca *Google®* (a sua volta da *googol*, n. ingl. del numero 10^{100}) ✱ 2005] **s. m. inv.** ● attività di ricerca in Internet utilizzando il motore Google

GoPro® /*ingl.* gəʊ 'prəʊ/ [vc. ingl., propr. 'diventa (*go*, imper. di *to go*) professionale (*pro*, accorc. di *professional*)' ✱ 2010] **s. f. inv.** ● videocamera digitale impermeabile e resistente, di dimensioni molto ridotte fissata su una persona, un animale, un veicolo o un oggetto in movimento (per es. un drone)

gòra [etim. discussa: da una radice mediterr. **gaura* (?) ✱ 1281] **s. f. 1** fossato o canale che serve spec. a portare l'acqua da un fiume a un mulino | canale murato in cui si conserva l'acqua SIN. bottaccio | (*raro*) pozzanghera **2** (*lett.*) ***morta g.***, stagno, palude; (*fig.*) situazione stagnante, oppressiva: *Mentre noi corravam la morta g.* (DANTE *Inf.* VIII, 31); *forzati a rimaner tre giorni nella morta g. della trincea* (G. D'ANNUNZIO) **3** traccia che resta su una stoffa male smacchiata | (*est.*) traccia di sudicio sul viso lasciata da sudore o lacrime | macchia ‖ **gorèllo**, **dim. m.**

górbia [lat. tardo *gŭlbia(m)* per *gŭbia(m)* 'sgorbia', di orig. celt. ✱ sec. XIV] **s. f. 1** puntale metallico che si applica all'estremità inferiore di bastoni, lance o aste di bandiera per conficcarle in terra **2** scalpello a taglio semicircolare per intagliare e tornire SIN. sgorbia

gordiàno [dal mitico re frigio *Gordio*, in lat. *Gŏrdiu(m)*, dal gr. *Górdios* e della città da lui fondata ✱ 1499] **agg.** ● nella loc. ***nodo g.***, quello inestricabile che, secondo la leggenda, Alessandro Magno tagliò con un colpo di spada; (*fig.*) questione, problema e sim., estremamente difficile e complesso

gòrdio [dal nodo di *Gordio* (V. *gordiano*), per il suo inviluppo ✱ 1834] **s. m.** ● verme acquatico dei Nematomorfi, sottile e filamentoso, di colore bruno (*Gordium aquaticus*)

Gòre-Tex® [dal nome di B. *Gore* che nel 1969 utilizzò in campo tessile un metodo inventato dal padre W. L. Gore (1912-1986) per isolare i cavi elettrici ✱ 1986] **s. m. inv.** ● membrana a base di politetrafluoroetilene (PTFE) espanso dotata di elevate caratteristiche di impermeabilità all'acqua e permeabilità al vapore acqueo, utilizzata in diversi settori quali quello tessile, industriale, elettronico e medicale

†**górga** [lat. tardo *gŭrga(m)*, forma pop. di *gŭrges* 'gorgo' ✱ av. 1375] **s. f.** ● canna della gola SIN. strozza

gorgàta [da *gorga* ✱ av. 1853] **s. f.** ● (*lett.*, *raro*) quantità di liquido che si può ingerire a gola aperta SIN. sorsata

gorgheggiaménto [1635] **s. m.** ● il gorgheggiare | gorgheggìo

gorgheggiàre [da †*gorga* ✱ av. 1562] **A v. intr.** (**pres.** *io gorghéggio*; **fut.** *io gorgheggerò*; aus. *avere*) ● cantare eseguendo gorgheggi: *l'usignolo, il canarino gorgheggia*; *la cantante gorgheggiava* **B v. tr.** ● cantare gorgheggiando: *g. una canzone*

gorgheggiatóre [1618] **agg. e s. m.** (f. *-trice*) ● che (o chi) gorgheggia

✦**gorghéggio**① [av. 1704] **s. m.** ● (*mus.*) fioritura vocale virtuosistica consistente in rapidissime scale o arpeggi

✦**gorgheggìo**② [1869] **s. m.** (**pl.** *-ii*) ● gorgheggiare continuo, insistente

gòrgia [fr. *gorge*, della stessa orig. di †*gorga* (V.) ✱ sec. XIII] **s. f.** (**pl.** *-ge*) **1** (*lett.*) gola **2** parlata gutturale | ***g. toscana***, l'aspirazione del *c* duro e d'altre consonanti caratteristica di gran parte delle parlate toscane **3** (*lett.*) gorgheggio, trillo

gorgièra [ant. fr. *gorgière*, da *gorge* 'gorgia, gola' ✱ 1287] **s. f. 1** nelle antiche armature, parte posta a protezione della gola | parte inferiore della maschera che serve a proteggere il collo dello schermidore **2** collare di tela finissima adorna di pizzi e di ricami in uso nel XVII sec. | nell'abbigliamento femminile medievale, striscia di tela che fasciava il collo e il mento **3** †gola, collo | (*lett.*) pappagorgia ‖ **gorgierétta**, **dim.** | **gorgierìna**, **dim.**

górgo [lat. parl. **gŭrgu(m)* per *gŭrges* (V. †*gorga*), di orig. onomat. ✱ 1313] **s. m.** (**pl.** *-ghi*) **1** punto in cui il letto di un corso d'acqua, abbassandosi, forma cavità di piccole dimensioni | (*est.*) vortice, mulinello d'acqua: *cadere in un g.* **2** (*fig.*) abisso morale che travolge: *non buttiamo già in un g. senza fondo / le nostre vite randagie* (E. MONTALE) | (*fig.*, *lett.*) ***gettarsi nel g. dei vizi***, abbandonarsi a una vita dissoluta **3** (*lett.*) fiume | †cascata ‖ **gorghétto**, **dim.**

SFUMATURE DI SIGNIFICATO

gorgo - mulinello - vortice

Gorgo è, in senso proprio, il punto in cui il letto di un corso d'acqua si abbassa a formare una piccola pozza; per uno slittamento di significato dalla causa all'effetto, il termine è usato più abitualmente per definire il veloce movimento rotatorio che l'acqua forma in quel punto e poi, per estensione, qualsiasi moto rotatorio di una massa liquida. Per rappresentare questo fenomeno la parola più corrente è tuttavia **mulinello**. Se il movimento rotatorio riguarda una massa d'aria, si parla invece di **vortice**.

gorgogliaménto [sec. XIV] **s. m.** ● (*raro*) il gorgogliare

gorgogliàre [lat. parl. **gurguliāre*, denominale di *gurgŭlio* 'esofago', vc. espressiva a raddoppiamento intens. ✱ 1313] **v. intr.** (*io gorgóglio* (o *-ò-*); aus. *avere*) **1** emettere un rumore simile a quello di un liquido che esce da un recipiente o da una stretta apertura, o dell'acqua che passa fra i sassi: *la fontana gorgogliava*; *il rivo strozzato che gorgoglia* (E. MONTALE) | (*est.*) fare uscire la voce tenendo un liquido in gola (per es. facendo i gargarismi) **2** brontolare, detto dell'intestino **3** (*chim.*) di gas quando viene fatto passare in un liquido e lo attraversa in forma di bollicine

gorgogliatóre [1970] **s. m.** ● (*tecnol.*) valvola che consente al gas prodotto da un processo di fermentazione di fuoriuscire da un contenitore, senza permettere all'aria esterna di entrarvi

✦**gorgóglio**① (o **-ò-**) [da *gorgogliare* ✱ 1547] **s. m.** ● rumore che produce un liquido gorgogliando

✦**gorgoglìo**② [1717] **s. m.** (**pl.** *-ii*) ● il gorgogliare continuato

gorgoglióne [lat. *gurguliōne(m)*, var. di *curculiōne(m)*, vc. espressiva con raddoppiamento intens. ✱ sec. XIV] **s. m.** ● (*zool.*) afide | curculionide

gorgóne o †**gorgóna** [vc. dotta, lat. *Gŏrgona*, dal gr. *Gorgóna*, accr. tratto da *Gorgónes*, pl. di *Gorgṓ* '(mostro dallo) sguardo terribile (*gorgós*, di etim. incerta)' ✱ 1313] **s. f. 1** nella mitologia greco-romana, ciascuna delle tre mostruose figlie di Forco, dalla testa orrenda, monocole e con potere di pietrificare chi le guardava **2** (*fig.*, *lett.*) donna orrenda o dall'aspetto estremamente sciatto e malcurato

gorgòneo o **gorgonèo** [vc. dotta, lat. *Gorgŏneu(m)*, dal gr. *Gorgónios*, 'della Medusa (*Gŏrgo*, genit. *Gŏrgonis*)' ✱ 1340] **agg. 1** (*lett.*) delle Gorgoni **2** (*lett.*, *fig.*) spaventoso, orrendo

gorgònia [vc. dotta, lat. *Gorgŏnia(m)*, dal gr. *Gorgóneion* '(nato dal sangue) della *Gorgona*' ✱ av. 1498] **s. f.** ● celenterato degli Antozoi che forma colonie cespugliose, vivacemente colorate, con scheletro assiale calcareo o corneo, sui fondi dei mari caldi (*Gorgonia media*)

gorgonzòla [dal n. della città lombarda un tempo di maggior produzione, *Gorgonzola*, dal lat. **Corcondiŏla(m)*, deriv. dal n. della dea *Concŏrdia* o dal personale *Concŏrdius* ✱ 1875] **s. m. inv.** ● formaggio di origine lombarda, preparato con latte intero, di pasta molle e burrosa, profumo intenso, gusto molto forte e piccante, con venature verdastre dovute alle muffe di stagionatura | ***g. bianco***, pannarone

†**gorgózza** [lat. parl. **gurgŭtia(m)*, di orig. onomat. ✱ 1585] **s. f.** ● gola, gozzo

gorgozzùle [da †*gorgozza* ✱ sec. XIV] **s. m.** ● (*lett.*, *scherz.*) canna della gola: *era lunghissimo e magro, con uno smisurato g.* (F. SACCHETTI) | (*est.*) gola

gorìlla [dal gr. *Goríllai* (nom. pl.) 'esseri selvaggi femminili', dalla radice senegalese *gor*, *kor*, *gur* 'uomo' (?); nel sign. 3, calco sul fr. *gorille* ✱ 1864] **s. m. e f. inv. 1** scimmia antropomorfa africana, alta più di un uomo e con pelo bruno-nerastro (*Gorilla gorilla*) **2** (*fig.*) persona grande e grossa, di modi rozzi e volgari **3** (*fig.*) persona robusta, addetta alla protezione di un personaggio pubblico

gorillésco [sec. XX] **agg.** (**pl. m.** *-schi*) ● di gorilla, da gorilla | (*fig.*, *spreg.*) rozzo, grossolano: *modi, lineamenti gorilleschi*

gorizìano [1856] **A agg.** ● di Gorizia **B s. m.** (f. *-a*) ● abitante o nativo di Gorizia

goscìsmo **s. m.** ● adattamento di *gauchisme* (V.)

goscìsta **s. m. e f.; anche agg.** (**pl. m.** *-i*) ● adattamento di *gauchiste* (V.)

gòspel /'gɔspel, *ingl.* 'gɒsp(ə)l/ [abbr. dell'ingl. *gospel song*, propr. 'canto biblico', comp. di *gospel* 'vangelo' (alla lettera 'buon annunzio', comp. di *good* 'buono' e *spell* 'formula') e *song* 'canto' (vc. germ. d'orig. indeur.) ✱ 1975] **s. m. inv.** ● canto corale popolare di ispirazione biblica, sviluppatosi tra i neri americani delle grandi città a partire dal sec. XVIII, parallelamente al genere spiritual; è basato su una formula di 'chiamata e risposta' ed è considerato una forma preparatoria del jazz CFR. spiritual

gòssip /'gɔssip, *ingl.* 'gɒsɪp/ [vc. ingl., propr. 'chiacchiera' ✱ 1890] **s. m. inv.** ● (*colloq.*) pettegolezzo, chiacchiera relativa spec. a personaggi del mondo dello spettacolo, dello sport, della politica

gossippàro o **gossipàro** [da *gossip* con il suff. *-aro* ✱ 2000] **A s. m.** (f. *-a*) ● nel gergo giornalistico, chi raccoglie e diffonde pettegolezzi su personaggi noti **B anche agg.**: *stampa gossippara*

gòta [lat. parl. **gāuta(m)*, di orig. gallica ✱ 1287] **s. f. 1** (*lett.*, *tosc.*) guancia: *le gote bianche paion di cristallo* (L. DE' MEDICI) | †***in gote***, con un'aria di gravità **2** (*lett.*, *fig.*) †lato ‖ **gotìna**, **dim.** | **gotóna**, **accr.** | (*lett.*) **gotùzza**, **dim.**

†**gotàta** [1304] **s. f.** ● (*raro*) colpo dato con la mano sulla guancia; schiaffo, ceffone: *Orlando gli menava una g. / che in sul viso la man riman segnata* (L. PULCI)

gotàzza ▸ **gottazza**

Gotha /*ted.* 'goːta/ [dal n. della città ted. di *Gotha*, dove si pubblicò dal 1763 al 1944 un celebre annuario genealogico di case regnanti e famiglie aristocratiche ✻1906] **s. m. inv.** ● cerchia ristretta di persone che, in un determinato settore di attività, si distinguono per qualità superiori: *il G. del ciclismo europeo*

gòthic /'gɔtik, *ingl.* 'gɒθɪk/ [vc. ingl. 'gotico' ✻1993] **s. m. inv.** ● denominazione di varie tendenze della musica rock le cui atmosfere si ispirano all'immaginario gotico

goticheggiànte [da *gotico* ✻1973] **agg.** ● che si ispira allo stile e alle forme gotiche: *cattedrale g.* | (*est.*) caratterizzato da atmosfere cupe, misteriose: *film, racconto g.*

gòtico [vc. dotta, lat. *Gōthicu(m)* 'proprio dei Goti (*Gōthi*)' ✻1506] **A agg.** (**pl. m.** *-ci*) **1** dei Goti: *lingua gotica* | ***scrittura gotica***, in uso in tutta l'Europa occidentale dal sec. XII al XV e in Germania fino alla Seconda Guerra mondiale, caratterizzata dalla spezzatura delle curve, dall'angolosità del tratteggio, dalla riduzione al minimo delle aste ascendenti e discendenti, dalla fusione dei tratti complementari | ***Linea gotica***, linea difensiva predisposta dalle truppe tedesche in Italia nel 1944-45 lungo la dorsale appenninica, tra la Versilia e Rimini **2** (*est., lett.*) astruso, barbarico: *io solo … mi serbavo alieno da tali gotiche credenze* (I. Nievo) **3** detto di ogni prodotto riconducibile nelle sue linee generali alle correnti artistiche sviluppatesi in Europa dal XII agli inizi del XVI sec., e di ogni artista che ad esse si adeguò: *architettura, pittura, scultura gotica; architetto, pittore g.* | ***arco g.***, a sesto acuto | ***g. fiammeggiante***, V. *fiammeggiante* | ***romanzo g.***, quello nato in Inghilterra nella seconda metà del XVIII sec. che racconta vicende misteriose o macabre, ambientate in un cupo Medioevo | (*est.*) che è caratterizzato da un'atmosfera cupa, misteriosa: *racconto g., film g.* ‖ **goticità**, **s. f. inv.** **B s. m. solo sing.** **1** lingua antica del gruppo germanico, parlata dai Goti **2** nella storia dell'arte, periodo che si svolge in Europa dal XII al XVI sec. e che presenta caratteri di estrema varietà nella scultura, nella pittura e nelle arti minori, e, soprattutto nell'architettura, si distingue per la tendenza all'elevazione verticale, con colonne sottili, archi a sesto acuto e volte a crociera: *g. fiammeggiante, fiorito, ornato, internazionale* **3** forma particolare, ora abbandonata, assunta dai caratteri dell'alfabeto latino nell'Europa centro-settentrionale | (*fig.*) scrittura o linguaggio incomprensibile: *ma questo è g.!*

goticùme [comp. di *gotico* e *-ume* ✻1869] **s. m.** ● (*spreg.*) maniera gotica

gòto [vc. dotta, lat. *Gōthu(m)*, di etim. discussa: dalla radice *geut-* 'spandere, diffondere' (in got. *giutan*)? ✻av. 1332] **A s. m.** (**f.** *-a*) ● chi apparteneva a un'antica popolazione germanica originariamente stanziata nel territorio corrispondente all'odierna Svezia meridionale | ***Goti orientali***, quelli che migrando dalle sedi originarie si fissarono nell'Europa sud-orientale e, successivamente, in parte occuparono le regioni illiriche, in parte l'Italia e poi la Gallia **SIN.** Ostrogoti | ***Goti occidentali***, ramo della popolazione gotica che muovendosi dalle sedi originarie seguì in un primo momento lo stesso percorso degli Ostrogoti, poi si stabilì in Gallia, infine in Spagna **SIN.** Visigoti **B agg.** ● (*raro*) gotico

gótta (o *-ò-*) [lat. *gŭtta(m)* 'goccia' (di orig. espressiva), perché nella medicina mediev. si credeva causata da una 'goccia' umorale ✻1268] **s. f.** **1** malattia dovuta ad abnorme deposito di acido urico nei tessuti, particolarmente in quelli articolari **2** †goccia | († o *lomb.*) nulla (con valore avverbiale in frasi negative): *non mi comprese 'na g.* (C. Dossi)

†**gottàre** [da *gotto* ✻sec. XVII] **v. tr.** ● aggottare

gottàzza o **gotàzza** [da *gotto*, per la forma ✻sec. XIV] **s. f.** ● (*mar.*) sassola ‖ **gottazzìna**, **dim.**

gòtto [lat. *gŭttu(m)*, di orig. incerta, con sovrapposizione d'altra vc. con *o* ✻av. 1389] **s. m.** ● (*ven.*) tazza o bicchiere, spec. con manico, e senza piede | (*est.*) il contenuto di un gotto: *bere un g. di vino, di birra*

gottóso (o *-ṣ-*) [da *gotta* ✻1320] **A agg.** ● della gotta **B agg. e s. m.** (**f.** *-a*) ● che (o chi) è affetto da gotta

gouache /*fr.* gwaʃ/ [vc. fr., dall'it. *guazzo* ✻1987] **s. f. inv.** **1** pittura a guazzo **2** tipo di colore diluibile in acqua, di composizione simile all'acquerello

gouda /'guda, *neerl.* 'xaudʌ/ [vc. neerl., da *Gouda*, la città olandese da cui orig. proveniva ✻sec. XX] **s. m. inv.** ● formaggio olandese, prodotto in diverse varietà e forme, gener. rivestito di cera rossa o gialla

gourde /*fr.* 'gurd/ [vc. fr., orig. *piastre gourde* 'moneta d'argento sp.', di etim. discussa: sp. *gorda* 'grossa' (dal lat. *gŭrdus* 'ottuso')? ✻1892] **s. f. inv.** ● unità monetaria di Haiti

gourmand /*fr.* gur'mã/ [vc. fr. di orig. discussa ✻1905] **A s. m. e f. inv.** (**f. fr.** *gourmande*; **pl. m.** *gourmands*; **pl. f.** *gourmandes*) ● chi ama mangiare bene e in abbondanza, buongustaio **CFR.** gourmet **B agg. inv.** ● relativo ai buongustai | relativo alla buona cucina; raffinato: *menu g.*

gourmandise /*fr.* gurmã'diz/ [vc. fr., da *gourmand* 'ghiottone' ✻1888] **s. f. inv.** ● ghiottoneria, leccornia, cibo raffinato

gourmet /*fr.* gur'mɛ/ [vc. fr., 'buongustaio', dall'ingl. ant. *grom* 'ragazzo, valletto' ✻1905] **s. m. e f. inv.** ● intenditore di cibi e di vini, raffinato buongustaio **CFR.** gourmand

governàbile [adattamento del lat. *gubernābile(m)*, da *gubernāre* 'governare' ✻1824] **agg.** ● che si può governare | che si governa con facilità ‖ **governabilità**, **s. f. inv.** (V.)

governabilità [1979] **s. f. inv.** ● caratteristica di ciò che è governabile | possibilità di governare un Paese in modo stabile e durevole

†**governadóre** ▸ **governatore**

governàle [ant. provenz. *governal*, dal lat. *gubernāculu(m)* 'che serve a governare (*gubernāre*) la nave' ✻sec. XIII] **s. m.** **1** (*lett.*) timone **2** †precettore, educatore **3** (*aeron.*) impennaggio di bomba aerea, missile e sim. **SIN.** stabilizzatore **4** (**al pl.**) complesso dei piani mobili o fissi per il governo di un aereo, missile, siluro e sim.

†**governaménto** [1268] **s. m.** **1** il governare, dirigere | governo **2** educazione **3** governo di una nave | timone

gòvernance /'gɔvernans, *ingl.* 'gʌvənəns/ [latinismo ingl., propr. 'governo, amministrazione' ✻1988] **s. f. inv.** ● governo, amministrazione, spec. se implica il concorso di più enti o soggetti: *la g. del territorio*

governànte ① **A part. pres.** di *governare*; anche **agg.** ● nei sign. del v. **B s. m. e f.** ● (**spec. al pl.**) chi ricopre cariche governative

governànte ② [fr. *gouvernante*, da *gouverner* 'governare' ✻1643] **s. f.** ● donna stipendiata che si occupa dei bambini o provvede al buon andamento della casa: *scegliere una g. tedesca, francese, inglese; una vecchia signora con la sua g.*

♦**governàre** o †**gubernàre** [lat. *gubernāre*, propr. 'reggere il timone (*gubernāculum*)', dal gr. *kybernêin*, vc. isolata di etim. incerta ✻1224 ca.] **A v. tr.** (*io govèrno*) **1** guidare, condurre (*anche fig.*): *g. il cocchio; molti credono che la provvidenza governi le azioni degli uomini; lasciarsi g. dai vizi, dalle passioni, dai cattivi consiglieri* | (*mar.*) dirigere una nave o un'imbarcazione usando il timone | (*aeron.*) pilotare, manovrare, mantenere in equilibrio un aereo **2** amministrare esercitando il potere esecutivo (*anche assol.*): *g. uno Stato, una nazione; g. bene, male, con giustizia, dispoticamente; il Pontefice governa la Chiesa; il re regna ma non governa; g. saggiamente* | (*est.*) amministrare con i massimi poteri: *g. una banca, una società* | ***g. un esercito***, comandarlo | (*lett.*) regolare: *né da te, dolce amico, udrò più il verso / e la mesta armonia che lo governa* (U. Foscolo) **SIN.** reggere **3** aver cura di qlcu. o qlco.: *g. un bambino* | provvedere all'alimentazione di animali domestici: *g. i polli, i cavalli, i buoi* | ***g. il grano***, liberarlo dalle erbacce | ***g. un terreno***, concimarlo | ***g. il fuoco***, alimentarlo | ***g. la casa***, curarne il buon funzionamento | †cucinare **4** (*tosc.*) accudire alle varie fasi della vinificazione: *g. il vino* **B v. intr.** (**aus.** *avere*) ● (*mar.*) detto di imbarcazione, rispondere ai comandi, mantenere la rotta **C governàrsi v. rifl.** **1** reggersi in un dato modo, con un dato tipo di governo **2** comportarsi, regolarsi: *è … securissima cosa, nel modo del vivere e nel conversare, governarsi sempre con una certa onesta mediocrità* (B. Castiglione)

governatìvo o †**gubernatìvo** [lat. *gubernatīvu(m)*, da *gubernātus* 'governato' ✻av. 1617] **agg.** **1** del governo: *decreto g.* | che sostiene il governo: *stampa governativa* | (*disus.*) dello Stato: *istituto, impiegato g.* **2** (*lett.*) che governa, che regola

governatóra [av. 1729] **s. f.** **1** (*raro*) donna che governa **2** (*disus.*) padrona

governatoràto [1581] **s. m.** **1** titolo, ufficio e dignità di governatore | durata di tale ufficio: *dieci anni di g.* **2** circondario sottoposto alla giurisdizione di governatore

♦**governatóre** o †**governadóre** [lat. *gubernatōre(m)*, da *gubernātus* 'governato' ✻av. 1311] **s. m.** (**f.** *-trice*, † o *pop.* *-tóra*) **1** (*lett.*) chi governa: *O sommi governatori de' cieli* (G. Boccaccio) **2** alto funzionario di Stato che rappresenta il governo centrale in dipartimenti, regioni e sim.: *g. civile, militare* | capo dell'esecutivo di ciascuno degli Stati che formano gli Stati Uniti: *il G. della Florida* | nel linguaggio giornalistico, il presidente di una Regione italiana **3** sovraintendente generale di un istituto finanziario o un'amministrazione dello Stato e sim.: *g. della Banca d'Italia* **4** (*lett.*) precettore: *era il g. del principe ereditario* | †maggiordomo **5** †timoniere

governatoriàle [1938] **agg.** ● relativo a governatore o governatorato

governatùra [1869] **s. f.** ● operazione, lavoro, pratica del governare gli animali, i terreni o il vino

governicchio [da *governo* col suff. *-icchio* ✻1983] **s. m.** **1** dim. di *governo* **2** (*spreg.*) governo debole, poco efficiente, destinato a durare breve tempo

governìme [da *governare*, nel senso di 'accudire al bestiame' ✻1803] **s. m.** ● (*tosc., disus.*) mangime

governìssimo [da *governo* col suff. *-issimo* del superl. ✻1989] **s. m.** ● nel linguaggio giornalistico, governo comprendente tutte le principali forze politiche rappresentate in Parlamento

♦**govèrno** [lat. *gubĕrnu(m)*, prob. da *gubernāre* 'governare' ✻sec. XIII] **s. m.** **1** il governare | direzione, guida, comando: *avere, prendere il g. della nave, di un aereo; assumere il g. di un paese* | (*dir.*) ***g. societario***, insieme delle regole di controllo e di guida di una società per azioni | (*aeron.*) ***superfici di g.***, parti dell'aeroplano, come timoni e alettoni, che, azionate dal pilota, impartiscono al velivolo un movimento di rotazione intorno a uno dei suoi assi variandone l'assetto e la traiettoria | †timone: *io sono stato legno sanza vela e sanza g.* (DANTE) **2** (spesso scritto con iniziale maiuscola) organo statale complesso che determina l'indirizzo politico dello Stato nei rapporti interni e internazionali | ***g. balneare, d'affari, ponte, tecnico***, governo privo di un progetto politico a lungo termine, costituito solitamente per il disbrigo delle questioni correnti | ***g. fantoccio***, V. *fantoccio* | ***g. fantasma***, V. *fantasma* | ***g. ombra***, V. *ombra*, sign. B 1 | ***g. misto***, composto da rappresentanti di vari partiti politici | ***g. di coalizione***, basato sull'alleanza di due o più partiti **3** forma di organizzazione politica di uno Stato: *g. monarchico, assoluto, repubblicano, democratico, oligarchico, costituzionale* **CFR.** -archia **4** cura diligente, assidua attenzione con cui si amministra, si dirige o si alleva qlcu. o qlco.: *il g. di una casa; il g. del gregge, dei polli* **CFR.** -nomia | ***attendere al g. dei figli***, alla loro educazione e sostentamento | (*est.*) assistenza, servizio | (*enol.*) pratica, un tempo molto diffusa in Toscana, consistente nell'aggiungere al vino nuovo una piccola quantità di mosto ricavato da uve semi-appassite, così da provocare una nuova fermentazione e ottenere un vino più morbido e fragrante | †trattamento, modo di trattare | ***†fare aspro g.***, scempio, strazio | ***mal g.***, V. *malgoverno*① **5** †regola, norma: *per mio g.* **6** (*inform.*) capacità di interpretare istruzioni e di operare sulla base di esse, o di eseguire le operazioni necessarie quando intervengono determinate condizioni | ***unità di g.***, parte dell'hardware di un elaboratore che, al ricevere un'istruzione completa, la interpreta e avvia le operazioni richieste ‖ **governàccio**, **pegg.** | (*spreg.*) **governétto**, **dim.** | (*spreg.*) **governicchio**, **dim.** (V.) | **governino**, **dim.** | **governóne**, **accr.** | (*spreg.*) **governùccio**, **dim.** | (*spreg.*) **governùcolo**, **dim.**

govóne ➤ **gavone**

gozzaniàno [1930] **agg.** ● relativo al poeta Guido Gozzano (1883-1916), al suo stile, alle sue opere

gózzo① [etim. discussa: m. di *(gor)gozza* (?) ✻ av. 1300] **s. m. 1** (*pop.*) negli uccelli, ingluvie **2** (*est., fam.*) stomaco: *è felice solo quando ha il g. pieno* | ***riempirsi il g.***, mangiare troppo e avidamente | (*fam.*) gola: *Cerbero vostro (...) / ne porta ancor pelato il mento e 'l g.* (DANTE *Inf.* IX, 98-99) | ***avere qlco. nel g., sul g.***, non mandar giù un'offesa o, in genere, una cosa sgradevole **3** (*med.*) aumento di volume della ghiandola tiroide | ***g. endemico, g. diffuso***, malattia tipica degli abitanti di certe regioni montagnose

gózzo② [etim. incerta ✻ 1774] **s. m.** ● scafo tradizionale di piccole dimensioni, di forme diverse adatte al tipo di mare della zona (la Liguria) dove viene costruito, con propulsione a remi o a motore, talvolta anche con vela latina ‖ **gozzétto**, **dim.**

✦**gozzovìglia** (o -zz-) [da *gozzovigliare* ✻ 1353] **s. f.** ● baldoria di persone che bevono e mangiano smodatamente e chiassosamente: *ha dissipato in gozzoviglie un ingente patrimonio; si rappattumò con lui, e più volte insieme fecer poi g.* (G. BOCCACCIO)

✦**gozzovigliàre** (o -zz-) [etim. discussa: da *gozzo*①, con *-iv-* immesso in **gozzigliare* (?) ✻ 1598] **v. intr.** (*io gozzoviglio; aus. avere*) ● far baldoria, stravizi **SIN.** bagordare, bisbocciare

†**gozzovigliàta** (o -zz-) [1585] **s. f.** ● gozzoviglia

gozzovigliatóre [1905] **s. m.** (**f.** *-trice*) ● (*raro*) chi gozzoviglia, chi ama gozzovigliare

gozzùto [da *gozzo*① ✻ av. 1375] **agg.** ● che ha il gozzo: *ebbe veduto per la sala e in terreno certi contadini gozzuti* (F. SACCHETTI)

GPS /dʒippi'ɛsse/ [sigla ingl. di *G(lobal) P(ositioning) S(ystem)* 'sistema di posizionamento globale' ✻ 1987] **A s. m. inv.** ● sistema di posizionamento a copertura mondiale basato sul rilevamento contemporaneo dei segnali emessi da 4 o 5 satelliti, usato spec. nella navigazione marittima e aerea **B anche agg.**: *navigatore GPS*

Gràal o **Gral** [da una vc. del fr. ant., dal lat. mediev. *gradāle(m)* 'recipiente, vaso' ✻ 1827] **s. m. inv.** ● secondo leggende medievali, coppa che Gesù usò nell'ultima cena e fu poi utilizzata da Giuseppe d'Arimatea per conservare il sangue di Gesù crocifisso; custodito in un luogo misterioso in Bretagna, poteva essere rintracciato solo da uomini puri che avrebbero conquistato con esso la felicità terrena e celeste **CFR.** gradale② | anche nella loc. *Santo Graal*

gràbber /'grabber, *ingl.* 'græbə(r)/ [vc. ingl., da *to grabb* 'afferrare' ✻ 1993] **s. m. inv.** ● (*inform.*) dispositivo per l'acquisizione digitale di immagini televisive

gràcchia [lat. *grăcula(m)*, di orig. onomat. (dal *gr* della sua voce) ✻ av. 1484] **s. f. 1** femmina del gracchio | (*tosc.*) cornacchia **2** (*fig.*) †chiacchierone, ciarlone

gracchiaménto [av. 1472] **s. m.** ● il gracchiare | gracchìo

gracchiànte **part. pres.** di *gracchiare*; **anche agg.** ● nei sign. del v. | (*est.*) aspro, sgradevole, stridulo: *voce g.; suono g.*

✦**gracchiàre** [da *gracchio*② ✻ av. 1348] **v. intr.** (*io gràcchio; aus. avere*) **1** emettere il caratteristico verso roco, detto di alcuni uccelli: *le si era levato davanti uno stormo di corvi, gracchiando* (L. PIRANDELLO) | gracidare: *le ranocchie gracchiano* | (*raro*) frinire: *la cicala gracchia* **2** (*fig.*) ciarlare o brontolare fastidiosamente: *smettila di g.!* | ***g. al vento***, parlare a vanvera | emettere rumori stridenti: *quella vecchia radio gracchia*

gracchiàta [av. 1749] **s. f.** ● atto del gracchiare

gracchiatóre [av. 1604] **s. m.** (**f.** *-trice*); **anche agg.** ● (*lett.*) chi (o che) gracchia (*anche fig.*)

✦**gràcchio**① [da *gracchiare* ✻ av. 1449] **s. m.** ● verso emesso da corvi, cornacchie e sim.

gràcchio② [lat. *grăculu(m)*, di orig. onomat. (da *gr-*, che riproduce il suo verso abituale) ✻ av. 1512] **s. m.** ● grosso uccello montano dei Passeracei, nero con riflessi verdi, becco giallo arancio e zampe rosse (*Pyrrhocorax graculus*) **CFR.** crocidare, gracchiare | ***g. corallino***, simile al gracchio comune ma con il becco rosso (*Pyrrhocorax pyrrhocorax*) | ***g. bronzato***, dell'America settentrionale, nero con occhio chiaro (*Quisqualus quiscula*)

✦**gracchìo**③ [1917] **s. m.** (**pl.** *-ii*) ● il gracchiare frequente e prolungato

gracidaménto [1869] **s. m.** ● il gracidare | gracidìo

✦**gracidàre** [lat. tardo *gracitāre*, onomat. del gridare dell'oca ✻ 1313] **v. intr.** (*io gràcido; aus. avere*) **1** emettere il verso caratteristico, detto delle rane | (*raro*) chiocciare | (*raro*) gracchiare **2** (*fig.*) parlare in modo noioso, con voce lamentosa e stridula

gracidatóre [sec. XIV] **s. m.** (**f.** *-trice*); **anche agg.** ● chi (o che) gracida (*anche fig.*)

✦**gracidìo** [1869] **s. m.** (**pl.** *-ii*) ● il gracidare prolungato e continuo

gracilària [dal lat. *grăcilis* 'gracile, sottile' ✻ 1917] **s. f. 1** genere di alghe rosse dalle cui pareti cellulari si ricava l'agar-agar (*Gracilaria*) **2** genere di Lepidotteri una cui specie, allo stato larvale, è parassita del fogliame di salici e pioppi (*Gracilaria*)

✦**gràcile** [vc. dotta, lat. *grăcile(m)*, prob. da un v. **gracēre*, di etim. incerta ✻ 1336 ca.] **agg. 1** di sottile e delicata struttura fisica: *un ragazzo g.* | debole: *salute, fibra, organismo g.* | ***fiori gracili***, non resistenti, che periscono subito **SIN.** fragile **2** (*fig.*) privo di forza, di vigore: *ingegno, volontà g.* | esile, inconsistente: *il film si basa su una storia g.* ‖ **gracilétto**, **dim.** | **gracilino**, **dim.** ‖ **gracilménte**, **avv.**

✦**gracilità** o †**gracilitàde**, †**gracilitàte** [vc. dotta, lat. *gracilitāte(m)*, da *grăcilis* 'gracile', sul modello dell'equivalente gr. *ischnótēs*, da *ischnós* ✻ 1442] **s. f. inv.** ● condizione, caratteristica di chi (o di ciò che) è gracile: *un fisico di sorprendente g.; g. dell'ingegno* **SIN.** debolezza, fragilità

SFUMATURE ➤ ***debolezza***

gracìmolo [av. 1729] **s. m.** ● (*tosc.*) racimolo

gràcola o **gràcula** [adattamento del lat. *grăcula* 'gracchia' ✻ 1874] **s. f.** ● uccello dei Passeracei dell'Asia orientale di colore nero a riflessi viola-verdi con caruncole gialle sotto gli occhi, capace, se addomesticato, di ripetere parole e frasi (*Gracula religiosa*) **SIN.** mainate

†**gràda**① ➤ **grata**

†**gràda**② [Cfr. *grado*② ✻ sec. XIV] **s. f.** ● gradino, gradinata | (*fig.*) grado, dignità

gradàle① [vc. dotta, lat. tardo *gradāle(m)*, da *grădus* 'passo' (V. *grado*②) ✻ 1869] **agg.** ● (*disus.*) che va a grado a grado

gradàle② [etim. discussa: da *gradāle(m)* 'vaso', secondo un passaggio semantico poco chiaro (?) ✻ av. 1449] **s. m.** ● coppa, vaso, recipiente, spec. quello conosciuto come Santo Graal (V. *Graal*)

†**gradàre** [vc. dotta, lat. *grădi* 'muovere il passo (*grădus* 'grado②')', collocato nella coniug. in *-are* ✻ sec. XIV] **A v. tr.** ● graduare: *gradar la longitudine* (G. GALILEI) **B v. intr.** ● (*lett.*) digradare | (*fig.*) procedere con prudenza

gradassàta [1858] **s. f.** ● millanteria da gradasso **SIN.** smargiassata | (*lett.*) bravata

✦**gradàsso** [dal n. di *Gradasso*, rinomato guerriero saraceno nei poemi cavallereschi ✻ 1585] **s. m.** (**f.** *-a*) ● fanfarone, millantatore, smargiasso | ***fare il g.***, minacciare qlcu. ostentando un coraggio che non si ha | †sgherro

gradàto **part. pass.** di †*gradare*; **anche agg.** ● nei sign. del v. | (*lett.*) graduale ‖ **gradataménte**, **avv.** per gradi, poco alla volta: *l'economia migliora gradatamente; diminuire, crescere gradatamente*

gradazióne [vc. dotta, lat. *gradatiōne(m)*, propr. 'gradino' (da *grădus* 'grado②') poi usata in retorica a tradurre il corrispondente gr. *klîmax* ✻ av. 1574] **s. f. 1** serie di gradi intermedi tra due elementi: *porre vari oggetti in g. dal più grande al più piccolo* | passaggio graduale: *passare dagli esercizi più facili ai più difficili con g. della difficoltà* | ***g. dei colori***, differenza cromatica graduale | ***g. vocalica***, apofonia | (*mus.*) disposizione graduata delle parti di una composizione: *g. di una sinfonia* | (*geol.*) successione regolare di granuli a diametro crescente o decrescente dalla base al tetto di uno strato di roccia sedimentaria **2** (*ling.*) figura retorica per la quale si esprime un'idea con più frasi o parole di intensità gradatamente crescente o decrescente | ***g. ascendente***, climax | ***g. discendente***, anticlimax **3** ***g. alcolica***, percentuale in volume di alcol contenuta nei vini e nei liquori **4** (*fotogr.*) attitudine di un'emulsione a rendere più o meno i contrasti

gràder /'grader, 'greider, *ingl.* 'greɪdə(r)/ [vc. ingl., 'macchina livellatrice' ✻ 1983] **s. m. inv.** ● macchina per il movimento terra, fornita di lama orientabile, adibita al livellamento dei terreni spec. nei lavori stradali **SIN.** livellatrice stradale

graderista /grade'rista, grei-/ [1983] **s. m. e f. (pl. m. -i)** ● manovratore di grader

♦**gradévole** [lat. parl. **gratibile(m)*, da *grātu(m)* 'grado①' ✱ 1342] **agg.** ● che possiede tutti i requisiti per riuscire gradito: *soggiorno, compagnia g.*; *effetto g.*; *far cosa g.* **SIN.** piacevole | **poco g.**, alquanto sgradevole ‖ **gradevolménte**, **avv.** in modo gradevole; piacevolmente: *rimase gradevolmente sorpreso*

gradevolézza [1869] **s. f.** ● caratteristica di chi (o di ciò che) è gradevole **SIN.** amabilità, piacevolezza

gradiènte [fr. *gradient*, dal lat. *gradiĕnte(m)*, part. pres. di *grădi* '†gradare' ✱ 1892] **s. m.** ● (*mat.*) variazione di una grandezza rispetto a una direzione | vettore che ha per componenti le derivate di una grandezza scalare rispetto alle coordinate | ***g. termico***, rapporto fra la differenza di temperatura in due punti dell'atmosfera posti sulla stessa verticale e la loro distanza | ***g. barometrico*** o ***barico***, rapporto fra la differenza di pressione di due isobare e la loro distanza | ***g. geotermico***, rapporto fra la differenza di temperatura e la distanza di due punti posti sulla stessa verticale all'interno della crosta terrestre | ***g. di potenziale***, differenza di potenziale per unità di lunghezza, calcolata nella direzione in cui tale differenza risulta massima

gradiménto [da *gradire* ✱ 1638] **s. m.** ● senso di compiacimento provocato da persone o cose che risultano gradite: *mostrare il proprio g.* | ***essere, riuscire di g.***, essere gradito, piacere: *sta cercando una sistemazione di suo g.* | (*est.*) accoglimento favorevole: *la tua proposta incontrerà il loro g.* | ***g. di un diplomatico***, la sua accettazione da parte dello Stato ospite | ***vendita con g.***, quando il compratore si riserva di approvare la qualità della merce | ***indice di g.***, valutazione statistica percentuale del favore del pubblico per uno spettacolo radiofonico o televisivo

gradìna [da *grado*② ✱ 1550] **s. f.** ● tipo di scalpello a più denti usato in scultura per lavorare il marmo o la pietra | segno lasciato da tale scalpello e che si leva via con la lima storta

gradinaménto [1956] **s. m.** ● nell'alpinismo, operazione del gradinare **SIN.** scalinatura

gradinàre① [da *gradina* ✱ 1550] **v. tr.** ● lavorare, rifinire con la gradina

gradinàre② [da *gradino* ✱ 1956] **v. tr.** ● nell'alpinismo, tagliare gradini nel ghiaccio usando la piccozza **SIN.** scalinare

gradinàta [da *gradino* col suff. collettivo di *scalinata* ✱ 1630] **s. f.** **1** ordine di gradini spec. molto ampi **SIN.** scalinata **2** negli anfiteatri e negli stadi, ordine di posti, costituiti da alti gradini spec. in pietra su cui siedono gli spettatori **CFR.** tribuna | (*est.*) il pubblico che assiste a uno spettacolo, a una partita e sim. da tali posti: *tutta la g. era in piedi e applaudiva*

gradinatùra [1550] **s. f.** ● lavoro del gradinare, nel sign. di *gradinare*① | segno lasciato dalla gradina

♦**gradìno** [dim. di *grado*② ✱ 1630] **s. m.** **1** ciascuno dei ripiani scavati o costruiti per superare un dislivello: *un g. di pietra, di roccia*; *un viottolo a gradini*; *i gradini dell'autobus* | (*fig.*) ciascun grado intermedio di una scala di valori, di un ordine ecc.: *salire i gradini della finanza* | ***essere al primo g.***, (*fig.*) agli inizi di qlco. **SIN.** scalino **2** nell'alpinismo, intaccatura praticata con la piccozza su neve dura o ghiaccio, per procedere su pendii ripidi: *tagliare gradini* **3** (*mar.*) dislivello nel fondo della carena di uno scafo veloce o di un idroplano per facilitare la planata **4** (*miner.*) dislocazione rettilinea interna o al bordo di un cristallo, dovuta a interruzione della crescita o a spostamento degli atomi

♦**gradìre** [da *grado*① ✱ 1250 ca.] **A** **v. tr.** (*io gradìsco, tu gradìsci*) **1** accogliere di buon grado, ricevere con piacere: *g. un dono, una visita, una proposta*; *g. un dolce, una bevanda, un invito a pranzo* | ***gradite, vogliate g.*** e sim., espressione di cortesia usata per fare accettare cibi, bevande e sim. | ***accettiamo tanto per g.***, per mostrare di apprezzare l'offerta | (*est.*) desiderare (**qlco.**; **+ inf.**; **+** *che* **seguito da congtv.**): *gradirei un po' di vino*; *molte piante gradiscono il terreno umido*; *gradirei sapere chi vi autorizza a parlare*; *non gradisce che lo si interrompa* **2** †ricompensare | †allietare, soddisfare **B** **v. intr.** (**aus.** *essere*) ● (*lett.*) essere, riuscire, gradito | andare a genio: *Il rimirare il cielo più non mi gradiva* (G. Boccaccio) **SIN.** garbare, piacere

gradìto **part. pass.** di *gradire*; anche **agg.** ● bene accetto: *un dono g.*; *una gradita sorpresa* | ***poco g., non g.***, sgradito: *un visitatore poco g.*

gràdo① o †**gràto**② [parallelo sett. di *grato* ✱ 1312] **s. m.** **1** (*lett.*) piacere, compiacenza, benevolenza | ***di buon g.***, volentieri: *accettare di buon g.*; *fare qlcu. di buon g.* | (*lett.*) ***mal g.***, V. *malgrado* | (*lett.*) ***a g.***, a suo, a mio piacimento | †***ci è a g.***, gradito | †***di proprio g.***, spontaneamente | †***per mio g.***, per mio piacere | †***venire in g.***, riuscire gradito **2** †gratitudine, riconoscenza: *a lui rimaneva il g. della liberazione e a loro la ingiuria della cattura* (N. Machiavelli) | †***saper, aver g.***, ***sapere il buon g.***, serbare riconoscenza | (*lett.*) ***render g.***, ringraziare | †***avere in g.***, ritenere caro | †***a g.***, gratuitamente, spontaneamente

♦**gràdo**② [lat. *grădu(m)* 'scalino', di orig. indeur. ✱ 1261 ca.] **s. m.** (**pl.** *-i*, †*gràdora*, **f.**) **1** (*lett.*) scalino, gradino: *vidi una porta, e tre gradi di sotto / per gire ad essa* (Dante *Purg.* IX, 76-77) | (*lett.*) scala, gradinata | †predella dell'altare | (*sport*) in ginnastica, ciascuno dei pioli che compongono la spalliera **2** qualsiasi punto intermedio attraverso cui si passa per procedere da uno stato a un altro, da una posizione a un'altra e sim.: *crescere, aumentare di g.*; *diminuire di g.*; *andare per gradi*; *g. di cultura*; *un alto g. di perfezionamento* | ***a g. a g.***, ***a gradi, per gradi***, poco per volta, lentamente e sim. | ***al massimo, al più alto g., in sommo g.***, (*fig.*) moltissimo: *essere dotto in sommo g.* | (*dir.*) ***gradi del giudizio***, i successivi giudizi, da parte di diverse autorità giudiziarie, di una stessa causa: *giudizio di primo, secondo, terzo g.* | (*raro*) gradazione, sfumatura **3** (*gramm.*) variazione che assume un aggettivo o un avverbio per connotare particolari funzioni all'interno di un contesto: *g. positivo*; *g. comparativo*; *g. superlativo* | ***di g. superlativo***, (*fig.*) eccellente | ***g. di subordinazione***, rapporto di dipendenza di una proposizione subordinata dalla principale o da un'altra subordinata: *subordinata di primo, secondo, terzo g.* **4** in una graduatoria di valori, il posto che ognuno di essi occupa rispetto agli altri: *scuola di primo, di secondo g.*; *ustioni di terzo g.*; *stabilire il g. di parentela, di nobiltà* | (*ellitt.*) grado di parentela: *cugino di secondo g.* | ***interrogatorio di terzo g.***, (*ellitt.*) ***terzo g.***, interrogatorio poliziesco condotto con metodi molto duri; (*fig.*) serie incalzante di domande: *ha sottoposto il marito ad un terzo g.* | (*ling.*) ***g. apofonico***, ognuno dei differenti aspetti di una data serie apofonica | nell'alpinismo e nel canoismo, ciascuna delle misure di difficoltà stabilite nella relativa scala, con una valutazione globale della difficoltà tecnica dei passaggi, della loro continuità, dell'esposizione e sim. | ***sesto g.***, V. *sesto*① | (*mus.*) nome che si dà in genere ai singoli suoni della scala diatonica **5** (*fig.*) posizione di una persona in seno a una gerarchia, un'amministrazione e sim.: *essere promosso di g.*; *essere al g. più alto della carriera* | ***distintivo di g.***, (*ellitt.*) ***grado***, gallone, ricamo, stelletta e sim., applicato sul berretto, sulla spallina o sulla manica dell'uniforme, specifico per ogni livello della gerarchia militare | (*est.*) ***gli alti gradi***, le massime autorità militari **6** (*mat.*) ***g. di un monomio***, somma degli esponenti con cui compaiono le variabili | ***g. di un polinomio***, massimo dei gradi dei vari monomi | ***g. di una equazione algebrica***, grado del polinomio che, uguagliato a zero, dà l'equazione **7** unità di misura degli angoli | correntemente, grado sessagesimale **SIMB.** ° | ***g. centesimale***, quattrocentesima parte dell'angolo giro **SIMB.** gon oppure ^{g} | ***g. sessagesimale***, trecentosessantesima parte dell'angolo giro | (*fig.*) ***a 360 gradi***, a tutto campo, in tutte le direzioni: *le indagini continuano a 360 gradi* | (*geogr.*) ***g. di latitudine***, 1/360 di meridiano | (*geogr.*) ***g. di longitudine***, 1/360 della circonferenza equatoriale **8** unità di misura enologica | ***g. alcolico***, unità di misura del contenuto di alcol delle soluzioni alcoliche corrispondente a 1 cm^3 di alcol puro contenuto in 100 cm^3 di soluzione alla temperatura di riferimento di 15 °C **9** misura in diottrie della potenza di una lente da occhiali **10** unità di misura della temperatura | ***g. centigrado, g. Celsius***, (*ellitt.*) ***grado***, proprio della scala centigrada del termometro Celsius (V. *Celsius*) **SIMB.** °C | ***g. Fahrenheit***, V. *Fahrenheit* | ***g. Kelvin***, V. *kelvin* | ***g. Réaumur***, V. *Réaumur* **11** unità di misura della durezza dell'acqua | ***g. di durezza idrotimetrico***, tenore di sali di calcio e magnesio, in genere espresso in grammi di carbonato di calcio, per cento litri d'acqua **12** valore o rapporto, indicativo o di riferimento di grandezze o enti | ***g. igrometrico***, valore percentuale del vapor dell'acqua contenuto nell'aria riferito al valore di saturazione | ***g. di dissociazione***, rapporto fra il numero di molecole dissociate e il numero di quelle presenti prima della dissociazione in una soluzione o in un gas | (*fis.*) ***g. di libertà***, in un sistema meccanico, il numero di parametri indipendenti necessari per individuarne la posizione **13** livello sociale, rango: *passaggio di g.*; *salire, scendere di g.*; *conservare gelosamente i privilegi del proprio g.* | (*est.*) ceto sociale: *g. di nobiltà* | †***tenere g.***, stare contegnoso; avere una posizione importante **14** condizione, stato: *mettere qlcu. in g. di agire* | ***essere in g.***, avere la possibilità, la capacità (**+** *di* **seguito da inf.**): *non sono in g. di decidere*; *non è ancora in g. di uscire* **15** †passo: *deh ferma un poco il g.* (G. Boccaccio) ‖ **gradìno**, **dim.** (V.) | **gradóne**, **accr.** (V.)

SFUMATURE ➤ *carica*

-grado [dall'uso agg. del lat. *grădu(m)*, da *grădi* 'camminare'] **secondo elemento** ● in parole composte, per lo più scientifiche, significa 'che cammina' (in un dato modo, specificato dal primo elemento compositivo): *plantigrado, tardigrado*

gradonaménto [1970] **s. m.** ● sistemazione di terreni declivi con creazione di ripiani o gradoni **SIN.** banchinamento, terrazzamento

gradonàta [da *gradone* ✱ 1987] **s. f.** ● scalinata costituita da ampi gradini in pendenza

gradóne [accr. di *grado*② nel senso di '(striscia di) terreno piano (come un *gradino*)' ✱ av. 1306] **s. m.** **1** striscia di terreno orizzontale tipica del gradonamento **SIN.** ripiano, terrazzo **2** ciascuno dei ripiani di una tribuna di uno stadio, di un anfiteatro o di un circo, più

a b c d e f g h i j k l m n o p q r s t u v w x y z

grandi dei gradini normali, che servono come posti a sedere per il pubblico | (*archit.*) ciascuno dei tre ripiani che costituiscono lo stilobate del tempio greco, nei quali venivano intagliati i gradini di accesso al tempio **3** in alcuni comparti del pubblico impiego, categoria retributiva in cui si suddividono le qualifiche professionali

graduàbile [1585] **agg.** ● che si può graduare ‖ **graduabilità**, **s. f. inv.**

graduàle [ampliamento agg., poi sost., col suff. *-ale*① del lat. *grădu(m)* 'grado②' ✽sec. XIV] **A agg. 1** che si fa o si verifica per gradi: *insegnamento g.* | ***estinzione g. di un debito***, un tanto per volta **2** (*ling.*) ***opposizione g.***, i cui fonemi sono caratterizzati da diversi gradi della stessa particolarità ‖ **gradualménte**, **avv.** di grado in grado; in modo graduale: *procedere gradualmente* ‖ **gradualità**, **s. f. inv.** caratteristica di ciò che è graduale: *gradualità dell'insegnamento, di una riforma* **B s. m. 1** nella Messa, il gruppo di versetti che si cantano o recitano dopo l'Epistola **2** il libro che raccoglie i graduali dell'anno liturgico

g

gradualìsmo [1921] **s. m.** ● tendenza ad avanzare, ad agire per gradi, spec. nel campo politico e sociale: *il g. di certe riforme*

gradualìsta [1922] **A s. m. e f.; anche agg.** (**pl. m.** *-i*) ● chi (o che) procede per gradi | sostenitore del gradualismo **B agg.** ● relativo a gradualismo o ai gradualisti; caratterizzato da gradualismo

gradualìstico [1963] **agg.** (**pl. m.** *-ci*) ● relativo a gradualista o a gradualismo

graduàre [dal lat. *grădu(m)* 'grado②, gradino' ✽sec. XIV] **v. tr.** (*io gràduo, noi graduiàmo*) **1** dividere in gradi: *g. un termometro, un barometro* **2** ordinare per gradi: *g. le difficoltà* | ***g. l'insegnamento***, in rapporto alle capacità dell'allievo | ***g. i premi***, secondo i meriti | (*est.*) stabilire una graduatoria fra più persone seguendo particolari criteri: *g. gli aspiranti a un incarico, i partecipanti a una prova* **3** conferire un grado militare **4** (*mat.*) eseguire una graduazione

graduàto A part. pass. di *graduare*; **anche agg. 1** diviso in gradi: *scala graduata* **2** ordinato per gradi: *esercizi graduati* **B s. m.** (**f.** *-a*) ● nelle Forze armate, chi ha un grado | ***g. di truppa***, militare di grado inferiore a quello di sergente o a quello di vicebrigadiere dei Carabinieri

graduatòria [f. sost. di *graduatorio* ✽1741] **s. f.** ● elenco di persone, ordinato secondo il merito, l'anzianità ecc.: *g. di aspiranti a un impiego; g. dei supplenti annuali* | (*est.*) ordine di successione dei concorrenti a una gara, un concorso e sim. secondo i punti di merito ottenuti da ciascuno di essi: *essere primo, secondo in g.* | ***g. a esaurimento***, graduatoria chiusa, nella quale nessun elemento nuovo si può inserire

graduatòrio [da *graduare* ✽1777] **agg.** (**pl. m.** *-i* o *raro -ii*) ● relativo a una graduazione

graduazióne [av. 1535] **s. f. 1** ordinamento, regolazione per gradi: *g. delle difficoltà in un esercizio* **2** indicazione dei gradi in uno strumento di misura: *la g. del termometro* **3** (*mat.*) applicazione di una curva o sim. in un insieme di numeri | operazione consistente nel segnare dei numeri in corrispondenza di alcuni punti di una curva

grafèma [dal gr. *gráphein* 'scrivere' col suff. produttivo nella terminologia linguistica contemporanea, *-ema* ✽1956] **s. m.** (**pl.** *-i*) ● (*ling.*) la più piccola unità distintiva di un sistema grafico

grafemàtica [1970] **s. f.** ● (*ling.*) studio dei grafemi **SIN.** grafemica

grafemàtico [1978] **agg.** (**pl. m.** *-ci*) ● (*ling.*) relativo a grafema

grafèmica [da *grafema* sul modello dell'ingl. *graphemics* ✽1970] **s. f.** ● (*ling.*) grafematica

grafène [comp. di *graf(ite)* con il suff. *ene*, adattamento dell'ingl. *graphene* ✽2006] **s. m.** ● (*tecnol.*) materiale sperimentale ottenuto dalla grafite e costituito da una membrana di carbonio dello spessore di un atomo, con possibili applicazioni nell'ambito di informatica, farmacologia e altri settori nanotecnologici

gràffa o (*raro*) **gràppa**① nei sign. 1 e 3 [longob. **krapfo* 'uncino', corrispondente al got. *krappa* (V. *grappa*①) ✽av. 1348] **A s. f. 1** piccola lamina metallica, curvata a forma di U, usata per l'unione stabile di due parti di un imballaggio o altro **2** segno grafico { che unisce più righe | (*mat.*) segno grafico di apertura { che, correlato al corrispondente segno di chiusura }, funge da parentesi inclusiva delle parentesi quadre e tonde nelle espressioni numeriche o letterali **3** †artiglio, unghia **B** anche **agg. f.** solo nella loc. ***parentesi g.*** ‖ **graffétta**, **dim.** (V.)

graffàre [1956] **v. tr.** ● riunire o chiudere con una graffa

graffatrice [da *graffare* ✽1956] **s. f. 1** aggraffatrice **2** (*fam.*) cucitrice nel sign. B 3

graffatùra [1956] **s. f.** ● cucitura delle cinghie piatte di trasmissione mediante graffe | riunione dei bordi delle lamiere con ripetute piegature

graffétta [1956] **s. f. 1** dim. di *graffa* **2** piastrina metallica a forma di semicerchio usata per fissare piccoli cavi a un muro **3** punto metallico | (*med.*) elemento di metallo che viene posto a chiusura di una ferita **4** piccolo fermaglio di metallo per tenere uniti fogli di carta

graffettatrìce [da *graffetta* ✽1974] **s. f.** ● piccolo attrezzo usato per unire con graffette fogli e sim. **SIN.** cucitrice, pinzatrice, spillatrice, (*fam.*) graffatrice

†**graffiaménto** [1555] **s. m.** ● il graffiare | graffio

graffiànte **part. pres.** di *graffiare*; **anche agg. 1** che graffia **2** (*fig.*) che colpisce, che lascia il segno: *satira g.; una g. presa in giro dell'accaduto* **SIN.** pungente, sarcastico, tagliente

♦**graffiàre** [lat. parl. **graphiāre*, denominale di *grăphiu(m)*, attest. col senso di 'stilo per incidere la cera delle tavolette da scrivere' (dal gr. *graphíon*), forse con influsso di *graffa* ✽av. 1294] **A v. tr.** (*io gràffio*) **1** lacerare la pelle con le unghie o strumenti appuntiti: *g. il viso, una mano* | (*est.*) scalfire, intaccare superficialmente un oggetto: *g. il muro con un coltello* **2** (*fig.*) offendere, ferire con parole (*spec. assol.*): *è sempre capace di g. con le sue battute* **3** (*pop., raro*) rubare: *riuscì a g. dal cassetto una forte somma* **B graffiàrsi v. rifl.** ● ferirsi con graffi: *si graffiò in un impeto di rabbia* **C graffiàrsi v. rifl. recipr.** ● lacerarsi l'un l'altro con graffi: *durante il litigio si graffiarono con violenza* **D graffiàrsi v. intr. pron.** ● riportare dei graffi, delle scalfitture: *la borsa si è tutta graffiata*

graffiàta [sec. XIV] **s. f.** ● atto del graffiare | graffio ‖ **graffiatina**, **dim.**

graffiatóre [av. 1686] **agg. e s. m.** (**f.** *-trice*) ● (*raro*) chi (o che) graffia (*anche fig.*)

graffiatùra [av. 1304] **s. f. 1** segno sulla pelle lasciato da un graffio: *avere il corpo pieno di graffiature* | ferita leggera e superficiale: *la caduta si risolse con qualche g.* **2** incisione fatta su una superficie: *sul tavolo erano rimaste molte graffiature*

graffiétto [1681] **s. m. 1** dim. di *graffio* **2** strumento di acciaio tagliente usato da falegnami e argentieri per far solchi e incisioni di lieve profondità sui materiali di loro lavorazione | (*mecc., raro*) truschino

graffignàre ▸ **sgraffignare**

♦**gràffio**① [da *graffiare* ✽1313] **s. m.** ● lacerazione lieve della pelle prodotta dalle unghie o strumenti appuntiti | (*est.*) scalfittura, incisione: *la macchina nuova ha già un g. sulla portiera* ‖ **graffiétto**, **graffiettìno**, **dim.** (V.)

†**gràffio**② [longob. **krapfo* 'uncino' con sovrapposizione di *raffio* ✽av. 1533] **s. m.** ● strumento di ferro a più branche per uncinare: *corse lo spirto all'acque, onde tirollo / Caron nel legno suo col g. adunco* (L. Ariosto)

graffìre [estratto da *graffito*, inteso in funzione di part. pass. ✽1906] **v. tr.** (*io graffisco, tu graffisci*) **1** (*lett.*) incidere: *rozza sentenza che il fante graffì con la punta della baionetta nel muro* (G. D'Annunzio) **2** eseguire un graffito

graffitàre [1992] **A v. tr.** ● coprire con graffiti: *g. la facciata di una casa* **B v. intr.** (aus. *avere*) ● eseguire un graffito: *g. sui muri*

graffitàro [da *graffit(o)* con il suff. region. *-aro* ✽1987] **s. m.** (**f.** *-a*) ● graffitista nei sign. 1 e 2

graffitìsmo [1983] **s. m. 1** arte di realizzare graffiti **2** movimento artistico nato in America negli anni '80 del Novecento, con il nome *graffiti-art*, i cui aderenti si esprimevano con pitture murali realizzate con bombolette spray, ispirandosi ai graffiti spontanei apparsi sui muri delle grandi città **SIN.** aerosol art, spray art

graffitìsta [1972] **s. m. e f.** (**pl. m.** *-i*) **1** autore di graffiti **2** appartenente al movimento artistico del graffitismo **3** operaio edile specializzato nelle decorazioni a graffito

graffito [da *grafio* col raddoppiamento presente in *graffio, graffiare*; nel sign. 3 per calco sull'ingl. *graffito* 'graffito', dal titolo del film "American Graffiti" ✽1550] **A s. m. 1** disegno o scrittura incisi con una punta dura su laterizio, intonaco, pietra, cera, metallo e sim. | tecnica decorativa che consiste nell'incidere con una punta una superficie dura per fare apparire uno strato sottostante di colore diverso: *disegno a g.* **2** disegno o scrittura murale eseguiti con vernice spray **3** (*fig.*, **spec. al pl.**) rievocazione nostalgica di modi di vita, atteggiamenti di costume e sim. di un recente passato: *i graffiti degli anni Sessanta* **B agg. 1** inciso, scolpito: *ceramica graffita* **2** †graffiato

grafìa [fr. *graphie*, da un deriv. del gr. *graphḗ* 'scrittura' ✽1864] **s. f.** ● modo di rappresentare le parole nella scrittura: *g. erronea, antiquata, equivoca, illeggibile* | la scrittura stessa

-grafìa [dal gr. *-graphía*, da *gráphein* 'scrivere, tracciare dei segni', di orig. indeur.] **secondo elemento** ● in parole composte, significa 'scrittura', 'disegno', 'descrizione', 'studio', 'scritto': *crittografia, fotografia, radiografia, geografia, monografia, tipografia*

gràfica [f. sost. di *grafico*, sul modello del ted. *Graphik* ✽1820] **s. f. 1** arte e tecnica di rappresentazione visiva su una superficie (pagina, schermo, manifesto, ecc.), in genere combinando testo, immagini e colori | l'impostazione tipografica di una pubblicazione **2** insieme delle arti grafiche e della loro produzione | complesso delle opere grafiche di un artista, un movimento, un'epoca **3** (*inform.*) ***g. computerizzata***, computer grafica

gràfico [vc. dotta, lat. *grăphicu(m)*, dal gr. *graphikós* 'relativo alla scrittura (*graphḗ*)' ✽av. 1600] **A agg.** (**pl. m.** *-ci*) **1** relativo alla grafia, alla scrittura: *la forma grafica di una parola* | ***varianti grafiche***, differenti modi di scrivere una stessa parola **2** che si esprime mediante un disegno: *rappresentazione* *grafica* | ***arti grafiche***, della stampa, incisione, litografia, fototipia e sim. | ***segni grafici***, disegni o linee particolari che in un testo servono di contrassegno per certe parole, o gruppi, o categorie di parole **3** (*mat.*) di rappresentazioni e metodi basati sul tracciamento di figure | ***calcolo g.***, eseguito prevalentemente con mezzi grafici **4** (*inform.*) relativo all'elaborazione di immagini su computer: *interfaccia, risoluzione, scheda grafica* **5** (*lett.*) espressivo, pittoresco ‖ **graficaménte** avv. **1** per quanto concerne la grafia: *le due parole hanno suono identico ma sono graficamente diverse* **2** per mezzo di un disegno, un diagramma ecc.: *rappresentare graficamente il decorso di una malattia* **B** s. m. **1** rappresentazione grafica di un fenomeno: *il g. della produzione industriale* | (*stat.*) ***g. a torta***, areogramma | ***g. a barre***, metodo di rappresentazione grafica dell'andamento di un fenomeno con barre verticali che esprimono a seconda della loro altezza il valore della variabile dipendente CFR. -gramma **2** (*mat.*) rappresentazione geometrica di un ente, di un sistema, di un fenomeno | ***g. di una funzione di una variabile***, curva luogo dei punti la cui ordinata è il valore preso dalla funzione allorché la variabile assume il valore dell'ascissa **3** (f. *-a*) chi, nel settore dell'editoria, si occupa dell'impaginazione di testi e illustrazioni **4** (spec. al pl.) chi lavora nell'industria grafica: *il contratto di lavoro dei grafici*

-gràfico secondo elemento ● forma aggettivi derivati dai sostantivi in *-grafia* e *-grafo*: *biografico, monografico*

gràfio [vc. dotta, lat. *grăphiu(m)*, dal gr. *graphéion* 'stilo per scrivere (*gráphein*)' ✱1834] **s. m.** ● (*disus.*) stilo di ferro o bronzo per scrivere su tavolette cerate

grafiṣmo [da *graf(ico)* ✱1965] **s. m.** **1** in un'opera d'arte, la prevalenza del disegno sugli altri elementi compositivi **2** il modo personale con cui un artista realizza il disegno

grafitàggio [1974] **s. m.** ● operazione del grafitare, nel sign. 1

grafitàre [da *grafite* ✱1963] **v. tr.** **1** trattare con grafite, spec. gli organi di trasmissione di un autoveicolo per renderne più sciolto il movimento **2** (*elettr.*) stendere un sottile strato di grafite su un oggetto per renderne conduttrice di elettricità la superficie

grafitazióne [1930] **s. f.** **1** (*elettr.*) operazione del grafitare, nel sign. 2 **2** (*geol.*) trasformazione in grafite del carbonio contenuto nel carbon fossile

grafite [ted. *Graphit*, dal gr. *gráphein* 'scrivere', perché minerale usato per matite da scrivere, col suff. *-ite*② ✱1817] **s. f.** ● carbonio esagonale in masserelle lamellari molto tenere, untuose al tatto, di colore grigio scuro, usate in numerose lavorazioni industriali

grafitiẓẓàre [da *grafite* ✱1956] **v. tr.** ● trasformare materiali carboniosi in grafite

gràfo [dall'ingl. *graph* 'diagramma, grafico' ✱1969] **s. m.** ● (*mat.*) ente matematico costituito da un insieme discreto di punti (vertici o nodi) e dai segmenti che li connettono tutti o in parte (lati o spigoli); si usa per risolvere problemi logici, topologici e di calcolo combinatorio

gràfo- [dal gr. *gráphein* 'scrivere', propr. 'scalfire', di orig. indeur.] **primo elemento** ● in parole composte, significa 'scrivere', 'scrittura': *grafologia, grafomania*

-grafo [gr. *-graphos* in un grande numero di comp. di senso attivo ('che scrive') o passivo ('che è scritto'), da *graphḗ* 'scrittura', di orig. indeur.] **secondo elemento** ● in parole composte in correlazione coi termini in *-grafia*, indica persona che scrive, narra, disegna e sim.: *biografo, commediografo, scenografo*; o strumento, apparecchiatura di registrazione, scrittura, o analoghe funzioni: *cronografo, sismografo* | in alcuni aggettivi spesso sostantivati, ha valore passivo e significa 'che è scritto': *autografo, olografo* CFR. -metro, -scopio

grafologia [fr. *graphologie*, comp. di *grapho-* 'grafo-' e *-logie* '-logia' ✱1878] **s. f.** (pl. *-gìe*) ● studio che, tramite l'esame della grafia di una persona, cerca d'individuarne determinate caratteristiche psicologiche e morali

grafològico [1930] **agg.** (pl. m. *-ci*) ● relativo alla grafologia: *esame g.* ‖ **grafologicaménte** avv. per quanto riguarda la grafologia

grafòlogo [av. 1910] **s. m.** (f. *-a*; pl. m. *-gi*) ● studioso, esperto di grafologia

grafòmane [da *grafo-* e *mania* ✱1772] **s. m. e f.** ● affetto da grafomania | (*est., anche scherz.*) chi scrive molto e con scarsi risultati

grafomanìa [comp. di *grafo-* e *mania* ✱av. 1810] **s. f.** ● (*psicol.*) desiderio ossessivo di scrivere | (*est., anche scherz.*) mania di scrivere

grafomanzìa [comp. di *grafo-* e del gr. *mantéia* 'arte di indovinare' ✱1956] **s. f.** ● tecnica divinatoria che presume di ricavare la conoscenza del futuro di una persona attraverso l'esame della sua scrittura

grafòmetro [fr. *graphomètre*, comp. di *grapho-* 'grafo-' e *-mètre* '-metro' ✱1834] **s. m.** ● antico strumento topografico per misurare angoli orizzontali, formato da due regoli per traguardare gli oggetti e un cerchio graduato; utilizzato un tempo in agrimensura e in marina

graforrèa [comp. di *grafo-* e *-rea* ✱1970] **s. f.** ● (*psicol.*) bisogno irresistibile di scrivere in ogni occasione e su qualsiasi argomento

grafospàṣmo [comp. di *grafo-* e *spasmo* ✱1908] **s. m.** ● (*med.*) crampo dei muscoli dell'avambraccio e della mano che insorge appena si tenta di scrivere SIN. crampo degli scrivani, mogigrafia

♦**gragnuòla** o (*raro*) **gragnòla** [lat. parl. **grandeŏla(m)*, dim. di *grăndine(m)* 'grandine' ✱av. 1292] **s. f.** **1** (*meteor.*) precipitazione di grani sferoidali di neve granulosa rivestita da un involucro di ghiaccio semitrasparente con diametro da due a cinque millimetri | (*raro, centr.*) grandine, grandinata **2** (*fig.*) serie ininterrotta e rapida, sequela: *non sapeva più come difendersi da quella g. di colpi*; *una g. di baci*

gragnuolàre o †**gragnolàre** [1612] **v. intr. impers.** (*gragnuòla*; aus. *essere* o *avere*) ● (*lett.*) grandinare: *Sabato piovve: a Milano gragnuola* (G. CARDUCCI)

Gral ➤ **Graal**

gramàglia [sp. *gramalla* 'lunga veste dei magistrati', dal catalano *gramalla*, di etim. incerta, con sovrapposizione di *gramo* nel sign. it. ✱1505] **s. f.** **1** (*raro*; spec. al pl.) drappo funebre usato per addobbare catafalchi e chiese (*anche fig.*): *I carri fermi … sembrano feretri fasciati di gramaglie* (G. D'ANNUNZIO) **2** (*lett.*) abito da lutto | ***essere in gramaglie***, in lutto | (*fig., lett.*) ombra o rivestimento scuro | (*fig., lett.*) dolore, tristezza: *ho una g. nel cuore* (L. CAPUANA)

†**gramàre** [da *gramo* ✱av. 1374] **v. tr.** ● addolorare, rattristare: *una umil donna grama un dolce amico* (F. PETRARCA)

†**gramàtica** e deriv. ➤ **grammatica** e deriv.

†**gramézza** [ant. fr. *gramece*, da *graim* 'gramo', dal francone *gram* 'triste, afflitto' ✱av. 1294] **s. f.** ● stato di infelicità, di afflizione

gramicidina [vc. dotta, comp. di *gram*(-positivo) e *-cid(a)* col suff. *-ina* ✱1947] **s. f.** ● (*farm.*) antibiotico polipeptidico per uso topico impiegato spec. nel trattamento delle infezioni batteriche cutanee

gramìgna [lat. *gramĭnea(m)* '(piena) d'erba (*grāmen*, genit. *grāminis*, di orig. indeur.)' ✱1319] **s. f.** **1** erba perenne delle Graminacee che produce gravi danni alle colture (*Cynodon dactylon*) SIN. malerba | ***g. dei prati***, erba perenne delle Graminacee comunissima nei prati naturali, che costituisce un ottimo foraggio (*Poa pratensis*) | ***g. dei medici***, erba infestante delle Graminacee il cui rizoma contiene sostanze mucillaginose ed è usato per decotti emollienti (*Agropyrum repens*) | ***g. bianca***, erba delle Graminacee assai diffusa nei prati (*Trisetum subspicatum*) | ***attaccarsi come la g.***, essere molesto, fastidioso | ***crescere come la g.***, diffondersi con rapidità **2** tipo di pasta per minestre, generalmente fresca, simile a corti spaghetti arricciati

Graminàcee [vc. dotta, comp. del lat. *grāmen*, genit. *grāminis* 'erba', di orig. indeur., e *-acee* ✱1809] **s. f. pl.** (sing. *-a*) ● (*bot.*) famiglia di piante erbacee delle Monocotiledoni con fusti quasi sempre cavi, fiori molto piccoli, racchiusi da glume, riuniti in spighette e queste in spighe o pannocchie, con frutti a cariosside (*Graminaceae*) SIN. Poacee

graminàceo [1865] **agg.** ● relativo alle Graminacee

gràmma ➤ **grammo**

-gràmma [dal gr. *-gramma*, da *gráphein* 'scrivere'] **secondo elemento** ● in parole composte, ha il significato di 'dispaccio', 'comunicazione' (*fonogramma, telegramma*) o di 'grafico' (*cardiogramma*)

grammaèstro ➤ **gran maestro**

♦**grammàtica** o †**gramàtica** [vc. dotta, lat. *grammătica(m)*, sottinteso *ărte(m)*, trascrizione del gr. *grammatikḗ* (*téchnē*) '(arte) delle lettere (*grámmata*, da *gráphein* 'scrivere')' ✱1261 ca.] **s. f.** **1** (*ling.*) l'insieme e la descrizione sistematica delle regole riguardanti gli elementi costitutivi di una lingua, e cioè suoni, forme, parole, sintagmi | ***g. descrittiva*** (o ***sincronica***), quella che descrive le strutture grammaticali di una lingua | ***g. storica*** (o ***diacronica***), quella che ne descrive gli sviluppi nel tempo | ***g. normativa, prescrittiva***, quella che formula le regole da rispettare nel parlare e nello scrivere | ***g. generativa***, teoria linguistica che considera la grammatica come un insieme finito di regole che generano un'infinità di frasi ben formate e le loro relative descrizioni strutturali **2** il libro che tratta di questa disciplina: *g. italiana, greca, francese*; *g. per le scuole* **3** correttezza nell'uso della propria lingua: *la sua g. è molto approssimativa* **4** (*est.*) l'insieme di regole, di norme, di concetti alla base di una scienza, un'arte, un pensiero e sim.: *g. della musica, della comunicazione* **5** †il latino in quanto contrapposto al volgare ‖ **grammatichétta** dim. | **grammatichìna** dim. | **grammaticùccia** dim.

grammaticàle [vc. dotta, lat. tardo *grammaticāle(m)* 'relativo alla *grammatica*' ✱sec. XIII] **agg.** ● che riguarda la grammatica | conforme alle regole della grammatica | ***analisi g.***, quella che identifica la funzione grammaticale delle parole che compongono la proposizione ‖ **grammaticalménte** avv. dal punto di vista grammaticale ‖ **grammaticalità** s. f. inv. (*ling.*) rispondenza della frase di una data lingua alle regole grammaticali della lingua stessa; ***giudizio di grammaticalità***, emesso dal parlante e basato su un sistema di regole generali interiorizzate durante l'apprendimento della lingua

grammaticaliẓẓàre [da *grammaticale* ✱1983] **A** v. tr. ● (*ling.*) attribuire a un elemento lessicale funzione di elemento grammaticale CFR. lessicalizzare **B** **grammaticalizzàrsi** **v. intr. pron.** ● (*ling.*) assumere funzione grammaticale (per es. *stante*, part. pres. di *stare*, che ha assunto anche la funzione di preposizione) ‖ **grammaticalizzazióne**, **s. f.**

grammaticherìa [av. 1729] **s. f.** ● (*spreg.*) esagerata minuzia grammaticale: *le sue grammaticherie annoierebbero chiunque*

grammàtico o †**gramàtico** [vc. dotta, lat. *grammătĭcu(m)*, dal gr. *grammatikós* 'appartenente alle lettere (*grámmata*, da *gráphein* 'scrivere')' ✱ av. 1294] **A** **s. m.** (**f.** *-a*; **pl. m.** *-ci*) **1** studioso di grammatica **2** (*est.*, *spreg.*) letterato o critico pedante **3** †letterato erudito ‖ (*lett.*, *spreg.*) **grammaticùccio**, **grammaticùzzo**, **dim.** **B** **agg.** **1** †grammaticale **2** †ben vestito, elegante **3** †illustre ‖ **grammaticaménte**, **avv.** **1** (*raro*) da grammatico **2** secondo la grammatica, grammaticalmente

g

†**grammatisìa** o †**gramatisìa** [av. 1294] **s. f.** ● pedantesca istruzione letteraria

grammatìsta [vc. dotta, lat. *grammatĭsta(m)*, dal gr. *grammatistḗs*, propr. 'maestro che insegna le lettere dell'alfabeto (*grámmata*)' ✱ 1584] **s. m. e f.** (**pl. m.** *-i*) **1** nell'antica Grecia, maestro che insegnava a leggere e scrivere **2** (*lett.*) maestro di grammatica

†**grammatìstica** [av. 1729] **s. f.** ● insegnamento della grammatica elementare

grammatologìa [comp. del gr. *grámmata* 'lettere (dell'alfabeto)' e *-logia* ✱ 1869] **s. f.** (**pl.** *-gìe*) ● studio della rappresentazione grafica dei fatti linguistici

grammatològico [1869] **agg.** (**pl. m.** *-ci*) ● che riguarda la grammatologia ‖ **grammatologicaménte**, **avv.**

grammatùra [1942] **s. f.** ● il peso in grammi di una carta, stoffa e sim., calcolato per m²: *la g. della normale carta per giornali è di grammi 60*

grammelot /*pseudo-fr.* gram'lo*/ [vc. pseudo-fr.; cfr. il fr. *grommeler* 'mormorare' ✱ 1977] **s. m. inv.** ● (*teatro*) emissione di suoni simili, nel ritmo e nell'intonazione, a espressioni di una lingua, senza la pronuncia di parole reali, che caratterizza la recitazione comica o farsesca di alcuni attori: *Il g. piú antico è senz'altro quello dello Zanni* (D. Fo)

♦**gràmmo** o (*raro*) **gràmma** [fr. *gramme*, dal lat. *grămma* 'piccolo peso', dal gr. *grámma*, propr. 'lettera alfabetica', da *gráphein* 'scrivere', passato nella terminologia medica a indicare una 'piccolissima quantità' ✱ 1796] **s. m.** **1** (*fis.*) unità di misura di massa nel sistema CGS definita come 1/1000 della massa del kilogrammo campione SIMB. g | ***g. massa***, in passato usato per grammo | ***g. forza***, unità di forza pari a 1/1000 del kilogrammo forza | ***g. atomo***, V. *grammo-atomo* | ***g. molecola***, V. *grammo-molecola* **2** (*fig.*) quantità minima: *vi fu nelle sue parole un g. di sincerità* (A. Fogazzaro)

gràmmo- [da *grammo* in uso agg.] **primo elemento** ● in parole della terminologia scientifica, indica, espresso in grammi, il peso del secondo elemento della parola composta: *grammo-molecola*

-gràmmo **secondo elemento** ● in metrologia, indica multipli o sottomultipli del grammo: *decagrammo, centigrammo*

gràmmo-àtomo o **grammoàtomo** [comp. di *grammo-* e *atomo* ✱ 1930] **s. m.** (**pl.** *gràmmi-àtomo*, *grammoàtomi*) ● (*chim.*) quantità in grammi di un elemento che corrisponde al peso atomico dell'elemento stesso

grammo-equivalènte o **grammoequivalènte** [sul modello dell'ingl. *gram equivalent* ✱ 1956] **s. m.** (**pl.** *gràmmi-equivalènte*, *grammoequivalènti*) ● (*chim.*) quantità in grammi di un composto o di un elemento pari all'equivalente chimico del composto o dell'elemento

grammofònico [1928] **agg.** (**pl. m.** *-ci*) ● relativo al grammofono: *disco g.* SIN. fonografico nel sign. 2

grammòfono [ted. *Grammophon*, comp. di *Grammo* (dal gr. *grámma* 'segno') e *-phon* '-fono', propr. 'scrittura del suono' ✱ 1908] **s. m.** ● apparecchio usato spec. un tempo per la riproduzione dei suoni incisi su dischi fonografici SIN. fonografo meccanico

grammo-ióne o **grammoióne** [vc. dotta, comp. dei due elementi *grammo* e *ione* ✱ 1956] **s. m.** (**pl.** *grammi-ióne*, *grammoióni*) ● (*chim.*) quantità in grammi di uno ione pari al peso molecolare dello ione stesso

gràmmo-molècola o **grammomolècola** [comp. di *grammo-* e *molecola* ✱ 1917] **s. f.** (**pl.** *gràmmi-molècola*, *grammomolècole*) ● (*chim.*) quantità in grammi di una sostanza che corrisponde al peso molecolare della sostanza stessa

gràm-negativo [dal n. del medico danese H. Ch. J. *Gram*, con *negativo* ✱ 1970] **agg.** ● (*biol.*) detto di un tipo di batterio che, sottoposto a una particolare tecnica batteriologica basata sul trattamento con un colorante basico, reagisce non trattenendo il colorante stesso

gràmo [prob. di orig. germ.: **gram* 'affanno, cordoglio' ✱ sec. XIII] **agg.** **1** povero e doloroso: *vita grama* | misero, meschino: *tempi grami*; *M'accori, dolente rinverdire, / odore dell'infanzia / che grama gioia accolse* (S. Quasimodo) **2** scarso, debole: *alla luce di un g. fanale* (I. Svevo) **3** (*lett.*) infelice, dolente: *molte genti fé già viver grame* (Dante *Inf.* I, 51) | †dispiaciuto

gràmola [etim. discussa: di orig. imitativa (?) ✱ av. 1406] **s. f.** **1** utensile con cui i pastai battevano la pasta per renderla soda: *g. a stanga, a molazza, a coltelli* | nei pastifici, macchina per amalgamare e rassodare l'impasto **2** macchina per separare le fibre tessili della canapa e del lino dalle legnose SIN. maciulla **3** apparecchiatura del frantoio che estrae l'olio dalla pasta di frangitura delle olive

gramolàre [etim. discussa: da *gramola* (?) ✱ av. 1328] **v. tr.** (*io gràmolo*) **1** lavorare la pasta con la gramola: *gramolava un po' di pasta su una tavola bassa* (G. Deledda) **2** maciullare il lino o la canapa con la gramola **3** estrarre l'olio dalla pasta di frangitura delle olive con la gramola

gramolàta o **gremolàda** nel sign. 2 [da *gramolare*, nel senso di 'rompere', 'frantumare' (?) ✱ 1791] **s. f.** **1** granita **2** (*lomb.*) condimento per ossobuco alla milanese, a base di aglio e prezzemolo tritati e scorza di limone

gramolàto [da *gramolare* ✱ 1918] **s. m.** ● neve granulare, formata da fiocchi addensati, che costituisce i nevai

gramolatrìce [da *gramolare* ✱ 1956] **s. f.** ● gramola

gramolatùra [av. 1826] **s. f.** ● operazione del gramolare

gramolìsta [1956] **s. m. e f.** (**pl. m.** *-i*) ● operaio addetto alla gramolatura della pasta

gràm-positìvo [dal n. del medico danese H. Ch. J. *Gram*, con *positivo* ✱ 1970] **agg.** ● (*biol.*) detto di un tipo di batterio che, sottoposto a una particolare tecnica batteriologica basata sul trattamento con un colorante basico, reagisce trattenendo stabilmente il colorante stesso

gramsciàno [1963] **agg.** ● relativo al pensatore e politico A. Gramsci (1891-1937)

gràna ① [lat. *grāna* (nt.), pl. di *grānu(m)* 'grano' ✱ av. 1465] **s. f.** **1** particella separata, granello di una determinata sostanza **2** (*fotogr.*) granulosità **3** struttura, costituzione interna di un corpo come appare se rotto o tagliato: *g. minuta, grossa, ruvida* | ***di g. grossa***, (*fig.*) grossolano, rozzo | (*est.*) scabrosità della superficie di un corpo, naturale o provocata **4** piccola quantità di oro fuso rimasto nel crogiuolo | ***incastonatura a g.***, tecnica del fermare le pietre preziose per mezzo di palline addossate al bordo della pietra **5** (*conceria*) in una pelle conciata, il disegno tipico che compare sul fiore, dovuto alla forma e alla disposizione delle papille dei peli eliminati con le operazioni di concia **6** (*fig.*, *colloq.*) seccatura, fastidio: *per quel fatto ha avuto delle grane* | ***essere pieno di grane***, essere nei guai | ***piantare grane***, provocarle **7** (*miner.*) dimensione media dei singoli minerali costitutivi di una roccia

gràna ② [da *grana* ① secondo un passaggio semantico incerto ✱ av. 1257] **s. f.** ● (*lett.*) colore carminio: *un abito tinto in g.* | chermes, cocciniglia: *Viso de neve colorato in g.* (G. Guinizzelli)

gràna ③ [etim. incerta ✱ 1952] **s. f. solo sing.** ● (*pop.*) denaro: *Andarono … a farsi un litro con la g. del Picchio* (P.P. Pasolini) | ***essere pieni di g.***, molto ricchi | ***scucire la g.***, sborsare una certa somma

gràna ④ [sta per l'espressivo, di orig. dial. lombarda, (*formaggio di*) *grana*, per la granulosità ✱ 1851] **s. m. inv.** ● formaggio semigrasso a pasta dura, cotto, delle zone tipiche dell'Emilia e della Lombardia, così chiamato per i minutissimi grumi del coagulo: *g. padano* CFR. parmigiano

granadìglia [sp. *granadilla*, dim. di *granada* 'melograno' ✱ 1623] **s. f.** ● (*bot.*) arbusto rampicante delle Passifloracee, originario del Brasile, coltivato per ornamento e per i frutti commestibili (*Passiflora edulis*) SIN. maracujá | il frutto di tale pianta, simile per aspetto e sapore alla melagrana SIN. frutto della passione, maracujá

granagliàre [av. 1571] **v. tr.** (*io granàglio*) ● ridurre l'oro e l'argento in granaglie

granàglie [da *grano* col suff. collettivo *-aglia* ✱ av. 1388] **s. f. pl.** (**sing.** †*-a*) **1** semi di cereali per alimentazione umana e animale **2** piccolissime palline d'oro e d'argento usate per lavori di oreficeria

granàio o †**granàro** [lat. *granārĭu(m)*, da *grānum* 'grano' ✱ 1312] **s. m.** (**pl.** *-ai*) **1** locale o edificio destinato al deposito di grano | (*est.*) solaio della casa colonica, adibito a magazzino **2** (*fig.*) regione o Paese a forte produzione granaria: *l'Egitto fu il g. dell'Impero romano*

granaiòlo o †**granaiuòlo** [sec. XIV] **A** **agg.** ● di alcuni uccelli che si nutrono di solo grano SIN. granivoro **B** **s. m.** ● †venditore di grano al minuto

†**granàre** [da *grano* ✱ av. 1294] **v. tr. e intr.** ● granire

granàrio [av. 1311] **agg.** ● relativo al grano: *commercio g.*

†**granàro** ➤ **granaio**

granàta ① [per la pannocchia *granata* della pianta (la saggina), dalla quale si ricava ✱ 1364] **s. f.** ● (*tosc.*) scopa formata da mazzetti di saggina essiccati e legati all'estremità di un bastone ‖ **granatina**, **dim.** | **granatino**, **dim. m.**

granàta ② [da (*mela*)*granata*, alla quale originariamente assomigliava ✱ 1612] **s. f.** **1** originariamente, palla di ferro vuota all'interno che, riempita di polvere e munita di un accenditore cui si dava fuoco all'atto dell'impiego, veniva lanciata a mano e scoppiava giungendo al segno | proiettile d'artiglieria cilindrico-ogivale, contenente una carica di scoppio che esplode urtando contro il terreno **2** ordigno esplosivo da lanciare a mano o mediante fucile

granàta③ [da *(mela)granata*, in lat. tardo *(mālum) granātum* 'mela *(mālum)* con molti gra-n(ell)i *(grāni)*' ✻ av. 1294] **A** **s. f.** **1** frutto del melograno **2** pietra preziosa di colore rosso cupo **SIN.** granato **B** **s. m. inv.** ● chi gioca nella squadra di calcio del Torino **C** **in funzione di agg. inv.** ● (posposto a un sost.) detto di un colore rosso scuro simile a quello dei semi del melograno: *un tappeto g.* | detto di giocatore o sostenitore della squadra di calcio del Torino

granatière [adattamento del fr. *grenadier*, da *grenade* 'granata②' ✻ 1670] **s. m.** **1** soldato scelto che nei reggimenti di fanteria del XVII e XVIII sec. aveva il compito di portare e lanciare granate contro il nemico, precedendo i reparti avanzati | negli eserciti moderni, soldato di un corpo scelto di fanteria, di statura superiore alla media **2** (*fig.*, *scherz.*) persona alta e robusta

granatìglio [sp. *granadillo*: perché legno di color rosso granato *(granado)* (?) ✻ av. 1646] **s. m.** ● legno durissimo di color rosso granato, per impiallacciature, intarsi, strumenti musicali

granatìna [propr. bibita con sciroppo di *(mela) granata* ✻ 1905] **s. f.** ● sciroppo di melagrane | bibita a base di tale sciroppo, o di altro sciroppo, con ghiaccio tritato

granatìno① [da *granato* 'relativo al grano' ✻ av. 1638] **s. m.** ● (*raro*) mercante di grano

granatìno② [adattamento dello sp. *granadillo* 'granatiglio' ✻ av. 1597] **s. m.** ● granatiglio

granàto① [lat. *granātu(m)* 'che ha molti grani', da *grānum* 'grano' (specie sottintendendo *mālum* 'mela') ✻ av. 1347] **A** **agg.** **1** che ha molti grani: *melo g.* | ridotto in granelli **2** che ha granelli rossi come grana: *mela granata* | (*est.*) di colore rosso scuro | ***vino g.***, rosso rubino **B** **s. m.** **1** (*bot.*) melograno **2** (*miner.*) pietra semi-preziosa di colore variabile, gener. rosso cupo, usata per anelli e collane | ***i granati***, famiglia di silicati dalla formula variabile, in bei cristalli di colore rosso, verde, giallo, nero, usati talora come pietre semi-preziose

†**granàto**② [da *grano* ✻ av. 1294] **agg.** **1** che ha messo i grani: *grano g.* **2** (*fig.*) robusto, forte: *legname g.*

†**granbèstia** o **gran bèstia** [comp. di *gran(de)* e *bestia* ✻ sec. XIV] **s. f.** ● (*zool.*) alce

grancancellière o **gran cancellière** [comp. di *gran(de)* e *cancelliere* ✻ av. 1573] **s. m.** ● titolo di antico magistrato o dignitario di corte

grancàssa [comp. di *gran(de)* e *cassa* col sign. dello sp. ('tamburo') ✻ 1841] **s. f.** ● il tamburo di dimensioni maggiori nell'orchestra | ***battere la g.***, (*fig.*) fare una propaganda chiassosa per sé o per altri

grancèvola o **granseòla**, **grancévola**, **granceòla** [venez. *granséola*, di etim. discussa: comp. di *granso* 'granc(h)io' e *séola* 'cipolla', per la forma (?) ✻ 1563] **s. f.** ● crostaceo decapode marino con dorso spinoso e chele piccole, ricercato per le sue carni (*Maja squinado*)

♦**granché** o **gran che** [av. 1704] **A** **pron. indef. m. inv.** ● ciò che possiede caratteristiche eccezionali (solo in frasi negative): *il film non è stato un g.* | ***non ne sappiamo un g.***, non ne sappiamo molto **B** **avv.** ● molto (solo in frasi negative): *questo film non è poi g.*; *non mi è piaciuto g.*

granchiésco [av. 1571] **agg.** (**pl. m.** *-schi*) ● (*raro*) caratteristico del granchio ‖ **granchiescaménte**, **avv.** in modo granchiesco

♦**grànchio** [lat. *căncru(m)*, di orig. ed estensione indeur., attrav. tarde modificazioni formali *(crancus, crancrus)* ✻ sec. XIII] **s. m.** **1** (*zool.*) ogni crostaceo appartenente ai Decapodi Brachiuri | ***g. comune***, con corazza trapezoidale, liscia, olivastra, chele ben sviluppate e zampe con apici a punta (*Carcinides maenas*) | ***g. di fiume***, vivente nelle acque dolci di alcune regioni d'Italia (*Potamon fluviatile*) **2** (*fig.*) errore, abbaglio: *prendere un g.* **3** attrezzo da falegname, che serve da morsa, con testa corta e munito di denti che si conficcano nel pezzo da lavorare | la biforcatura della penna del martello da falegname, con la quale si estraggono i chiodi **4** (*pop.*, *raro*) crampo **5** (*astron.*) ***Granchio***, †Cancro③ **6** (*med.*) †cancro② ‖ **granchiétto**, **dim.** | **granchiolino**, **dim.** | **granchióne**, **accr.**

grància e deriv. ➤ **grangia** e deriv.

grancipòrro [venez. *gransipòro*, comp. di *granso* 'granc(h)io' e del gr. *págouros* 'granchio dall'estremità *(ourá)* rigida, dura *(págos)*' ✻ av. 1535] **s. m.** **1** (*zool.*) nome comune di una specie di Crostacei dei Decapodi, originario delle coste del Mare del Nord, molto ricercato per le sue carni (*Cancer pagurus*) **2** (*fig.*, *disus.*) errore, svista

grancollàre [comp. di *gran(de)* e *collare* ✻ 1869] **s. m.** ● altissimo grado di alcuni ordini cavallereschi | chi è investito di tale grado

grancordóne [comp. di *gran(de)* e *cordone* ✻ 1869] **s. m.** ● grancollare

Gran Cróce o **Grancróce** [comp. di *gran(de)* e *croce* ✻ 1590] **A** **s. f.** ● il più alto grado della maggior parte degli ordini cavallereschi e grado supremo nell'Ordine al merito della Repubblica italiana | ***Cavaliere di Gran Croce***, decorato con il più alto grado di un ordine cavalleresco o dell'Ordine al merito **B** **s. m. e f. inv.** ● chi è insignito di tale grado

grandangolàre [comp. di *grande* e *angolo*, con suff. agg. ✻ 1956] **A** **s. m.** ● obiettivo fotografico o cinematografico di focale più corta di quella dell'obiettivo normale e perciò con un più ampio angolo di campo **B** **anche agg.**: *obiettivo g.*

grandàngolo [comp. di *grand(e)* e *angolo* ✻ 1973] **s. m.** ● grandangolare

grand commis /*fr.* ˌgʀɑ̃kɔ'mi/ [loc. fr., propr. 'grande commesso' ✻ 1985] **loc. sost. m. inv.** (**pl. fr.** *grands commis*) ● altissimo funzionario di un'amministrazione pubblica

♦**grànde** [lat. *grănde(m)*, di etim. incerta ✻ sec. XII] **A** **agg.** Si può troncare in *gran* davanti a parole sia maschili che femminili che cominciano per consonante: *gran giocatore, gran capo, gran cantante, gran donna*. Davanti a *s impura, z, x, gn, ps* e *pn* di regola non c'è troncamento: *grande spavento, grande psichiatra*; tuttavia nell'uso è frequente anche la forma tronca: *gran scalatore, gran stima*. La forma tronca è normale anche al plurale: *gran sospiri*. Davanti a nomi sia maschili che femminili che cominciano per vocale, *grande* si può elidere in *grand'*: *grand'uomo, grand'attrice*; prevale oggi nell'uso la forma senza elisione: *grande artista, grande avvocato*. Il comparativo di maggioranza è *più grande* o *maggiore*; il superlativo è *grandissimo* o *massimo*. (V. nota d'uso ELISIONE e TRONCAMENTO) **1** superiore alla misura ordinaria per dimensioni, quantità, intensità, forza, difficoltà, durata e sim.: *sala, strada, teatro g.*; *costruire un g. palazzo*; *fare grandi viaggi*; *passavano grandi periodi dell'anno in montagna*; *al popol tutto / favola fui gran tempo* (F. PETRARCA); *ci fu un gran concorso di gente*; *avere un g. giro d'affari*; *si fece un gran parlare su cose di poco conto*; *avere una g. superbia*; *avere una g. sete, fame, febbre*; *sono ostacoli molto grandi per noi*; *le grandi difficoltà ci scoraggiano* | ***g. magazzino***, V. *magazzino* | ***andare di gran passo***, (*fig.*) senza risparmio di energie e speditamente | ***famiglia g.***, numerosa | che ha determinate dimensioni: *un povero maggese g. quanto un fazzoletto* (G. VERGA) **CFR.** macro-, maxi-, mega-, megalo-, giganto- **CONTR.** piccolo **2** di persona che eccelle sugli altri per meriti, qualità, fama e sim.: *onorare un g. poeta, filosofo, scrittore*; *è stato il pittore più g. del suo tempo*; *il figliuolo, g. d'ingegno e d'animo* (F. GUICCIARDINI) | preposto a un nome proprio: *il g. Galilei*; *il g. Bach*; *il g. Augusto* | (con iniziale maiuscola) posposto al nome di sovrani particolarmente illustri e potenti: *Alessandro il Grande*; *Pietro il Grande* | di persona superiore al livello medio per ricchezze, condizioni sociali e sim.: *sono i grandi personaggi della vecchia società*; *è una gran dama* | preposto a titoli di dignità: *gran ciambellano*; *gran cancelliere*; *gran maestro*; *g. ammiraglio* | (*colloq.*) bravissimo: *g.!*; *sei stato g.!* **3** alto, robusto: *è diventato g.*; *è un uomo g. e grosso*; *persona g. di statura*; *è un albero dal fusto g.* **4** importante, rilevante: *oggi è festa g.*; *congresso, adunanza g.*; *le grandi invenzioni e scoperte dell'era moderna* | ***il g. giorno***, quello di un avvenimento rilevante | ***Consiglio G. e Generale***, V. *consiglio* nel sign. 5 | ***Gran Consiglio***, V. *consiglio* nel sign. 5 | ***Gran Premio***, V. *premio* | ***G. Oriente***, supremo consiglio della massoneria in ciascuno Stato | ***gran cosa***, ciò che possiede eccezionali caratteristiche (spec. in frasi negative): *questo gioiello non è poi gran cosa* | ***gran che***, V. *granché* **5** con funzione rafforzativa seguito da un sostantivo o da un aggettivo sostantivato: *un grand'uomo*; *un gran bugiardo*; *è un gran lavoratore* | (*med.*) ***g. male***, accesso convulsivo generalizzato nell'epilessia **6** anteposto a un aggettivo, gli conferisce valore superlativo: *un gran bel quadro*; *una gran brava persona*; *una gran bella cosa* ‖ **grandeménte**, **avv.** molto, assai: *apprezzare grandemente gli sforzi di qlcu.* **B** **s. m. e f.** **1** persona adulta: *la camera dei grandi*; *si comportano come i grandi*; *l'ingresso è consentito solo ai grandi* | ***da g.***, in età adulta: *cosa farai da g.?* **2** chi eccelle per potenza, ricchezza, qualità, fama e sim.: *i grandi della terra*; *attenersi all'esempio dei grandi*; *un g. della musica* **3** titolo spettante ai maggiori vassalli della Corona spagnola: *g. di Spagna* **4** (**solo sing.**) grandezza, magnificenza: *ammirare il g. nell'arte* | ***riprodurre in g.***, ingrandire | ***fare le cose in g.***, senza economia | ***alla g.***, con grande ricchezza di mezzi; (*est.*) in modo straordinario, brillante: *vincere alla g.* ‖ **grandàccio**, **pegg.** | **grandétto**, **grandettino**, **dim.** | **grandicèllo**, **dim.** | **grandino**, **dim.** | **grandóne**, **accr.** | **grandòtto**, **alter.**

SFUMATURE DI SIGNIFICATO

grande - ampio - grosso - voluminoso

Grande è il termine più generico per indicare ciò che ha dimensioni superiori all'ordinario. Più specificamente, **ampio** si riferisce a ciò che ha una grande superficie; **grosso** a ciò che ha una mole notevole o un notevole spessore; **voluminoso** è ciò che occupa molto spazio.

SFUMATURE ➤ ***personaggio***

grandeggiàre [av. 1313] **v. intr.** (**pres.** *io grandéggio*; **fut.** *io grandeggerò*; **aus.** *avere*) **1** essere, apparire grande | spiccare per grandezza: *l'edificio grandeggiava al centro della piazza* | (*fig.*) eccellere, distinguersi per meriti, qualità ecc.: *è un uomo che grandeggia ovunque*; *l'orgoglio de' popoli colti... grandeggia colla virtù* (P. VERRI) **2** (*lett.*) ostentare boria | vivere nel lusso, ostentare ricchezze: *sono persone cui piace g.*

grandeur /*fr.* gʀɑ̃'dœʀ/ [vc. fr., propr. 'grandezza' ✻ 1917] **s. f. inv.** **1** grandiosità, grandezza della Francia, spec. con riferimento alla politica di esaltazione del ruolo della

a b c d e f **g** h i j k l m n o p q r s t u v w x y z

Francia nel mondo propugnata dal generale Ch. De Gaulle negli anni 1950-60 **2** (*est.*) senso di superiorità, mania di grandezza

♦**grandézza** [da *grande* ✱av. 1250] **s. f.** **1** complesso delle dimensioni di un corpo | insieme delle sue misure: *la g. di un edificio, di un fiume, di un albero*; *la g. di una statua* | ***riproduzione in g. naturale***, nelle dimensioni che l'oggetto ha in realtà **2** (*scient.*) quantità che si può confrontare e sommare con altre della stessa specie | ***grandezze omogenee***, della stessa specie | ***g. stellare***, magnitudine | ***stella di prima g.***, che ha maggiore luminosità; (*fig.*) chi eccelle nella sua attività ed è molto famoso | ***g. di un'eclisse***, il rapporto tra la superficie occultata e l'area totale del disco dell'astro eclissato **3** condizione, caratteristica di ciò che è grande: *la g. della piazza era impressionante*; *essere spaventati dalla g. dell'impresa*; *essere sopraffatti dalla g. degli avvenimenti* **4** potenza, prestigio, eccellenza: *l'antica g. di Roma* | ***la g. di Dio***, la sua infinita potenza e misericordia: *le virtù, gli arcani e le grandezze / di Dio* (T. CAMPANELLA) | †***Vostra G.***, titolo d'onore | ***g. d'animo***, magnanimità **5** ostentazione di potere, di fasti, di lusso: *manie di g.*; *tutte le sue grandezze non gli impediscono di aver bisogno di noi*

grandezzàta [1855] **s. f.** ● (*lett.*) ostentazione di lusso, di grandezza

grand-guignol /fr. ˌgʀɑ̃giˈɲɔl/ [vc. fr., comp. di *grand* 'grande' e *Guignol*, n. di una marionetta lionese (un setaiolo?) ✱1918] **s. m. inv.** ● rappresentazione teatrale in cui predominano scene terrificanti

grandguignolésco /grangiɲɲoˈlesko/ o **granguignolésco**, **granghignolésco** [1916] **agg.** (**pl. m.** *-schi*) ● orribile, terrificante, truculento

grandiflòra [comp. del lat. *grăndis* 'grande' e di un deriv. di *flōs*, genit. *flōris* 'fiore' ✱1813] **agg. solo f.** ● detto di pianta a fiori grandi

grandìgia [da *grande* ✱av. 1292] **s. f.** (**pl.** *-gie* o *-ge*) **1** (*lett.*) vanagloria, vanità **2** †potenza, gloria, fama | (*lett.*) magnificenza

grandìglia [sp. *grandilla*, da *grande* 'grande' ✱av. 1462] **s. f.** ● collare alto e pieghettato portato dalle donne spec. nel sec. XVII

grandiglióne [1869] **s. m.** (**f.** *-a*) ● (*fam., tosc.*) ragazzo grande e grosso ma ancora infantile: *si lanciò d'un salto su quel g.* (E. DE AMICIS)

grandiloquènte [da *grandiloquo*, sul tipo di *magniloquente* ✱1784] **agg.** ● (*lett.*) magniloquente

grandiloquènza [da *grandiloquente*, sul tipo di *magniloquenza* ✱1708] **s. f.** ● (*lett.*) magniloquenza

†**grandìloquo** [vc. dotta, lat. *grandĭloquu(m)*, comp. di *grăndis* 'grande' e *-loquus* (V. *ventriloquo*) ✱1506] **agg.** ● magniloquente

grandinàre [lat. *grandināre*, da *grăndo*, genit. *grăndinis* 'grandine' ✱1353] **A** **v. intr. impers.** (*gràndina*; **aus.** *essere* o *avere*) ● cadere, venire giù, detto della grandine: *ha grandinato tutto il giorno*; *era grandinato su tutta la regione* **B** **v. intr.** (**aus.** *essere*) ● (*fig.*) cadere violentemente e in abbondanza come la grandine: *bombe e proiettili grandinavano tutt'intorno*; *dopo tanti incidenti le multe grandineranno* **C** **v. tr.** ● †scagliare con forza e in abbondanza: *i difensori a grandinar le pietre / da l'alte mura ... incominciaro* (T. TASSO)

grandinàta [f. sost. di *grandinato*, part. pass. di *grandinare* ✱av. 1779] **s. f.** **1** il grandinare | scroscio di grandine: *la g. di ieri è stata breve ma violenta* | (*fig.*) scarica, gragnuola: *una g. di pugni, di insulti* **2** la grandine caduta

♦**gràndine** [lat. *grăndine(m)*, nom. *grăndo*, di etim. incerta ✱1282] **s. f.** **1** (*meteor.*) precipitazione violenta di chicchi sferoidali di ghiaccio, con diametro superiore ai cinque millimetri, o di pezzi irregolari di ghiaccio durante forti temporali | (*est.*) l'insieme dei chicchi o dei pezzi irregolari di ghiaccio caduti durante tale precipitazione | ***g. secca***, senza pioggia **2** (*fig.*) scarica fitta e violenta: *una g. di ingiurie, di improperi, di pugni, di calci, di sassi, di frecce* **3** pastina da minestra simile ai chicchi di grandine || **grandinìna**, **dim.** nel sign. 3

grandinìfugo [comp. di *grandine* e *-fugo* ✱1900] **agg.** (**pl. m.** *-ghi*) ● di mezzo o protezione contro la grandine

grandinìgeno [comp. di *grandin(e)* e *-geno* ✱1983] **agg.** ● che produce la caduta della grandine: *nubi grandinigene*

grandinìo [1934] **s. m.** (**pl.** *-ii*) ● un grandinare violento e insistente

grandinóso (o *-ṣ-*) [vc. dotta, lat. *grandinōsu(m)* 'carico di grandine, soggetto a grandine', da *grăndo*, genit. *grăndinis* 'grandine' ✱1499] **agg.** ● misto a grandine: *pioggia grandinosa*

grandiosità (o *-ṣ-*) o †**grandiositàde**, †**grandiositàte** [1696] **s. f. inv.** **1** caratteristica di ciò che è grandioso, imponente: *g. di uno spettacolo* | importanza, ampiezza: *g. di progetti* | perfezione, alta qualità: *g. di stile* **2** manifestazione di ostentata grandezza: *le sue g. mi infastidiscono*

grandióso (o *-ṣ-*) [da *grande*, come *glorioso* da *gloria*, e sim. ✱1540] **agg.** **1** di ciò che desta impressione per le sue proporzioni, la sua ricchezza e sim.: *un monumento, un edificio, uno spettacolo g.*; *preparativi grandiosi* | eccezionale, straordinario: *g. successo* **2** (*lett.*) di persona generosa, munifica || **grandiosaménte**, **avv.** || **grandiosità**, **s. f. inv.** (V.)

†**grandisonànte** [da †*grandisono* ✱av. 1642] **agg.** ● altisonante

†**grandìsono** [vc. dotta, lat. tardo *grandĭsonu(m)*, comp. di *grăndis* 'grande' e *sŏnus* 'suono' ✱av. 1642] **agg.** ● grandisonante

Grand Marnier® /fr. gʀɑ̃maʀˈnje/ [n. propr. fr., 'il grande (*grand*) Marnier', n. del produttore ✱sec. XX] **loc. sost. m. inv.** ● liquore francese ottenuto dal distillato di bucce d'arancia amara fermentate con aggiunta di cognac e invecchiato

grand prix /fr. ˌgʀɑ̃ˈpʀi/ [loc. fr., propr. 'gran premio' ✱1892] **loc. sost. m. inv.** (**pl. fr.** *grands prix*) ● (*sport*) Gran Premio (V. *premio*)

Grand Tour /fr. gʀɑ̃ˈtuʀ/ [loc. fr., propr. 'grande (*grand*) giro (*tour*)' ✱1813] **loc. sost. m. inv.** (**pl. fr.** *Grand Tours*) ● lungo viaggio in Europa e in particolare in Italia, tappa fondamentale dell'educazione culturale di intellettuali e benestanti nei secoli XVII, XVIII e XIX | (*est.*) lungo viaggio culturalmente significativo

grandùca [comp. di *gran(de)* e *duca* ✱1306] **s. m.** (**f.** *-chéssa* (V.); **pl. m.** *-chi*) **1** sovrano di un granducato: *il g. di Toscana*; *il g. di Lussemburgo* **2** persona insignita del grado di nobiltà inferiore a quello di re e superiore a quello di duca: *g. di Cracovia* **3** principe della casa imperiale russa || **granduchìno**, **dim.** (V.)

granducàle [1587] **agg.** ● del granduca, del granducato

granducàto [da *granduca* ✱av. 1557] **s. m.** ● titolo e dignità del granduca | durata del governo di un granduca | stato retto da un granduca

granduchéssa [comp. di *gran(de)* e *duchessa* ✱1584] **s. f.** **1** sovrana di un granducato: *la g. di Toscana*; *la g. di Cracovia* **2** moglie o figlia di granduca

granduchìno [1869] **s. m.** **1** dim. di *granduca* **2** figlio, spec. giovane, di un granduca

granduffiçiàle o **grand'ufficiàle** [comp. di *grand(e)* e *ufficiale*² ✱1819] **s. m.** ● in vari ordini cavallereschi, grado superiore a quello di commendatore | la persona insignita di tale grado

gràndula [etim. incerta ✱av. 1871] **s. f.** ● genere di Uccelli dei Columbiformi di media grandezza, con ali molto lunghe e zampe piumate (*Pterocles*)

granèlla [1282] **s. f.** **1** insieme dei chicchi di grano o di altri cereali, separati dalla paglia dopo la trebbiatura **2** pezzetti di cioccolato, amaretti, meringa o frammenti di mandorle, nocciole e sim. usati in pasticceria **3** †V. *granello*

granellàre [da *granello* ✱av. 1675] **v. tr.** (*io granèllo*) **1** ridurre in granelli **2** cospargere torte e sim. di mandorle tritate o granella di nocciole, cioccolato, zucchero ecc.

granèllo [dim. di *grano* ✱1308] **s. m.** (**pl.** *-i*, †*-a*, **f.**) **1** chicco di grano o di altri cereali | seme di alcuni frutti: *i granelli delle pere* | ***g. d'uva***, (*fam.*) acino **2** (*est.*) qualsiasi oggetto tondeggiante di piccole dimensioni: *g. di sabbia, d'incenso*; *tante volte ... quant'ha Grosseto granella di sale* (C. ANGIOLIERI) **3** (**al pl.**) testicoli di pollo, vitello, agnello: *una frittura di granelli* **4** (*fig.*) quantità minima, briciolo, particella di qlco.: *c'è un g. di pazzia anche nei più savi* || **granellétto**, **dim.** | **granellìno**, **dim.** | **granellóne**, **accr.** | (*lett.*) **granellùccio**, **granellùzzo**, **dim.**

granellóso (o *-ṣ-*) [1340 ca.] **agg.** ● pieno di granelli | ruvido, scabro: *superficie granellosa* || **granellosità**, **s. f. inv.** caratteristica o consistenza di ciò che è granelloso

†**grànfa** ➤ **granfia**

granfàtto o **gran fàtto** [da dividere *gran(de) fatto* ✱av. 1292] **avv.** ● (*lett.*) per lungo tempo: *Il gioco non tirava innanzi gran fatto* (I. NIEVO) | †molto | †***gran fatto fia***, sarebbe strano

grànfia o †**grànfa** [longob. *krampf* 'uncino', da un agg. germ. **krampa-* 'curvo, storto', di orig. indeur. ✱1499] **s. f.** **1** (*lett.*) zampa munita di artigli: *le granfie del gatto, dell'aquila, del leone* | ***cadere nelle granfie di qlcu.***, (*fig.*) in suo potere **SIN.** grinfia **2** †arpione, uncino

†**granfiàre** [da *granfia* ✱1499] **v. tr.** ● prendere con le granfie

granfiàta [1869] **s. f.** **1** colpo d'artiglio e segno che ne resta: *il leone colpì con una g. la sua preda* **2** (*lett., fig.*) offesa, dura critica, stilettata

granghignolésco ➤ **grandguignolesco**

gràngia o **grància** [ant. fr. *granche* 'luogo di deposito del grano' e poi 'fattoria (specie di monastero)', dal lat. parl. **grānica* 'granaio', da *grānum* 'grano' ✱1308] **s. f.** (**pl.** *-ge*) **1** (*stor.*) nel Medioevo, podere annesso a un'abbazia benedettina **2** tipo di costruzione rurale di struttura simile a un capannone: *nella solitudine della campagna senza g. li tentava le anime* (C.E. GADDA) **3** (*sett.*) pascolo per l'alpeggio del bestiame, e relative costruzioni rurali

grangière o **grancière** [1375] **s. m.** ● (*stor.*) fattore di una grangia benedettina

granguàrdia [comp. di *gran(de)* e *guardia* ✱1512] **s. f.** ● anticamente, distaccamento di truppe con compiti di vedetta e di prima difesa dal nemico del grosso dell'esercito

granguignolésco ➤ **grandguignolesco**

granìcolo [da *grano* col suff. di orig. dotta di *(agr)icolo* ✱1956] **agg.** ● attinente alla coltivazione e produzione del grano

granicoltùra [1897] **s. f.** ● coltivazione

del grano

granìfero [comp. di *grano* e *-fero* ✻ 1499] **agg.** ● che produce molto grano: *zona granifera; terreno g.*

granigióne [1803] **s. f.** ● (*tosc.*) il granire dei cereali: *le spighe sono arrivate alla g.*

granìglia [da *grano* col suff. collettivo *-iglia* ✻ 1925] **s. f.** ● tritume di pietra che, impastato con cemento, dà una pietra artificiale, di basso costo, usata spec. per piastrelle

granìre ① [da *grano* ✻ sec. XIII] **A v. intr.** (*io granìsco, tu granìsci*; aus. *essere*) ● fare i chicchi, i granelli, detto del grano o di altri cereali: *a maggio la biada è già granita* **B v. tr. 1** ridurre in grani **2** rendere scabro e ruvido, detto di superficie metallica **3** (*mus.*) nell'esecuzione di un passaggio musicale, fare udire le note ben distinte le une dalle altre

granìre ② [da *grana* ② ✻ sec. XV] **v. tr.** (*io granìsco, tu granìsci*) ● in tintoria, dare la grana

granìta [da *granire* ①, per il ghiaccio ridotto in *grani* ✻ 1858] **s. f. 1** gelato granuloso ottenuto per cristallizzazione di succhi di arancia o limone e sim. o di caffè **2** correntemente, bibita di sciroppo e ghiaccio finemente tritato **SIN.** ghiacciata

✦**granìtico** [da *granito* ② ✻ 1817] **agg.** (**pl. m.** *-ci*) **1** che ha la natura o la composizione del granito **2** (*fig.*) saldo, incrollabile: *carattere g.; compattezza granitica* ‖ **graniticità**, **s. f. inv.**

granìto ① **part. pass.** di *granire* ①; anche **agg. 1** nei sign. del v. | che ha messo i grani, detto di cereale **2** (*fig.*, *lett.*) sodo, robusto | ***donna granita***, ben formata

granìto ② [dal part. pass. di *granire* ①, per la sua struttura granulare ✻ av. 1502] **s. m.** ● roccia eruttiva costituita prevalentemente da quarzo, ortoclasio e biotite e talvolta anche da muscovite, plagioclasi e orneblenda, di colore variabile a seconda della composizione | (*fig.*) simbolo di resistenza, saldezza, tenacia e sim.: *volontà di g.*

granitóio [da *granire* ① ✻ 1865] **s. m.** (**pl.** *-ói*) ● tipo di cesello con la cima piana coperta di tanti puntini vicinissimi per fare graniture

granitóre [1834] **s. m.** (**f.** *-trice*, *raro*) ● incisore addetto ai lavori di granitura

granitùra [da *granire* ① ✻ 1748] **s. f. 1** operazione del ridurre in grani **2** operazione del granire una lastra metallica o di vetro con polvere di pomice o di smeriglio **3** (*tipogr.*) trattamento della superficie della pietra litografica e della lastra offset volto ad aumentarne la ricettività all'acqua **4** (*bot.*) il granire dei cereali

granìvoro [comp. di *gran(o)* e *-voro* ✻ 1824] **agg.** ● che si nutre di grano o di altri cereali

gran maèstro o (*lett.*) **grammaèstro** [av. 1313] **loc. sost. m.** (**pl.** *gran maèstri* o *lett. grammaèstri*) **1** alto dignitario di corte: *gran maestro di Francia; gran maestro delle cerimonie* **2** massimo grado gerarchico nella massoneria, in alcuni ordini cavallereschi e nell'artiglieria del XVI e del XVII sec. **3** (*lett.*) personaggio molto autorevole e influente

†**granmercé** /grammer'tʃe*/ o †**gran mercé** [comp. di *gran(de)* e *mercé*, sul modello del fr. *grand merci* ✻ 1353] **inter.** ● molte grazie: *il proposto tutto lieto disse: Madonna, gran mercé* (G. Boccaccio)

♦**gràno** [lat. *grānu(m)*, di orig. indeur. ✻ sec. XII] **s. m.** (**pl.** *-i*, **m.**, †*gràna*, **f.**, †*grànora*, **f.**) **1** pianta annua delle Graminacee, presente in varie specie coltivate, alta fino a 1 m, con fusto molto rigido perché ricco di sostanze minerali, foglie poco numerose e spiga a forma quadrangolare con cariossidi molto fitte (*Triticum*) **SIN.** frumento | (*est.*) la cariosside di tale pianta, dalla quale, per macinazione, si ricava la farina usata nell'alimentazione | ***g. duro***, destinato alla preparazione di paste alimentari | ***g. tenero***, destinato alla panificazione | ***germe di g.***, nell'uso alimentare e nella fitoterapia, l'embrione del frumento, ricco di sostanze di riserva e vitamine **2** denominazione di altre piante delle Graminacee | ***g. saraceno***, pianta annua erbacea delle Poligonacee, con fusto eretto e rossastro, frutto ad achenio, dai cui semi si ricava una farina (*Fagopyrum esculentum*) | ***g. turco***, V. *granoturco* **3** chicco, granello: *g. di pepe, d'incenso, di miglio, di pera* **4** ciascuna delle pallottoline che compongono una corona del rosario, una collana, e sim. **5** (*fig.*) minima parte di qlco.: *non hanno un g. di buon senso; un g. di pazzia* **6** misura di peso per farmaci da usare in dosi minime | unità di peso usata per pietre preziose, equivalente a un quarto di carato o a un ventesimo di grammo **SIMB.** gr **7** moneta di rame napoletana coniata per la prima volta da Ferdinando II d'Aragona | nel sistema monetario del sovrano Ordine di Malta, moneta il cui valore era pari alla ventesima parte di un tarì **8** (*mecc.*) bullone filettato di piccole dimensioni, senza testa e terminante a punta, usato per bloccare **9** (*pop.*) quattrini ‖ **granèllo**, **dim.** (V.) | **granétto**, **dim.** | **granìno**, **dim.** | **granóne**, **accr.** (V.)

granóne [1799] **s. m. 1** accr. di *grano* **2** (*merid.*) granoturco, mais

granóso ① (o *-ṣ-*) [da *grana* ③ ✻ 1957] **agg.** ● (*pop.*) ricco

granóso ② (o *-ṣ-*) [vc. dotta, lat. *granōsu(m)*, da *grānu(m)* 'grano' ✻ sec. XIV] **agg. 1** (*raro*) granuloso: *aspetto g.; superficie granosa* **2** (*lett.*) abbondante, fecondo di grano: *campo g.; granosi paschi* (U. Foscolo) ‖ **granosità**, **s. f. inv.** (*raro*) granulosità

♦**granotùrco** o **grantùrco**, (*lett.*) **gran tùrco**, (*lett.*) **gràno tùrco** [comp. di *gran(o)* e di *turco* nel senso di 'esotico, forestiero' ✻ 1565] **s. m.** (**pl.** *-chi*) **1** pianta delle Graminacee con fusto robusto, infiorescenze maschili in pannocchia terminale e femminili in spighe all'ascella delle foglie avviluppate da brattee, i cui frutti gialli sono commestibili e utili come foraggio (*Zea mays*) **SIN.** frumentone, granone, mais **2** la cariosside di tale pianta, dalla quale, per macinazione, si ottiene una farina usata nell'alimentazione, spec. per fare la polenta: *farina di g.; pane di g.*

granseòla ➤ **grancevola**

grantùrco ➤ **granoturco**

granturìṣmo o **gràn turìṣmo** [comp. di *gran(de)* e *turismo* ✻ 1970] **A agg. inv.** ● detto di automobile o motocicletta con caratteristiche sportive **B anche s. f. inv.**: *una g. rossa*

granulàre ① [da *granulo* ✻ 1798] **v. tr.** (*io grànulo*) ● ridurre in granuli

granulàre ② [da *granulo* ✻ 1798] **agg.** ● costituito da grani o granelli | (*miner.*) ***struttura g.***, quella di una roccia i cui minerali essenziali sono caratterizzati da cristalli di dimensioni quasi uguali ‖ **granularità**, **s. f. inv. 1** (*fotogr.*) nelle emulsioni fotografiche, grandezza dei granuli dell'argento metallico annerito; misura di tale grandezza **2** (*fig.*) livello di dettaglio con cui si analizza un fenomeno, si descrive una funzionalità, si registrano dati (calco sull'ingl. *granularity*)

granulàto **part. pass.** di *granulare* ①; anche **agg. 1** ridotto in granuli **2** ruvido, scabroso

granulatóre [1965] **s. m. 1** (**f.** *-trice*) frantoista **2** (**f.** *-trice*) in varie tecnologie, chi è addetto alla granulazione **3** macchina per la triturazione della roccia con cui si ottiene una ghiaia di pezzatura uniforme, per costruzioni, strade e sim. **4** macchina che agglomera in granelli sostanze pulverulente prima inumidite

granulazióne [1834] **s. f. 1** operazione mediante la quale si riduce in grani o in granelli qlco. **2** (*biol.*) particolare condizione di una cellula (es. granulocita) o di un tessuto caratterizzati dalla presenza di numerosi granuli | ***tessuto di g.***, tessuto di riparazione in una ferita o attorno a un corpo estraneo, ricco di capillari che gli danno un aspetto granulare **3** ***g. solare***, aspetto della fotosfera del Sole, simile a una moltitudine di piccoli granelli

grànulo [vc. dotta, lat. *grānulu(m)*, dim. di *grānum* 'grano' ✻ 1901] **s. m. 1** granello **2** preparazione farmaceutica, in forma di piccola pillola, contenente dosi minime di medicamenti **3** (*bot.*) ***g. pollinico***, piccolissimo granulo prodotto dalle piante fanerogame e disperso in vari modi, contenente i gameti maschili e una o pochissime cellule sterili

granulocìta o **granulocìto** [comp. di *granulo* e *-cita* ✻ 1970] **s. m.** (**pl.** *-i*) ● (*biol.*) qualsiasi cellula che possiede granulazioni citoplasmatiche; in particolare cellula ematica di tipo leucocitario, ameboide, ad attività fagocitaria, con nucleo lobato colorabile: *g. neutrofilo, g. basofilo, g. eosinofilo*

granulòma [da *granulo* e *-oma* ✻ 1881] **s. m.** (**pl.** *-i*) ● (*med.*) formazione nodulare, di natura infiammatoria, costituita da tessuto di granulazione

granulomatòṣi [comp. di *granuloma* e del suff. *-osi* ✻ 1938] **s. f. inv.** ● (*med.*) condizione caratterizzata dalla presenza di molteplici granulomi

granulomatóso (o *-ṣ-*) [da *granuloma* ✻ 1956] **agg.** ● relativo a granuloma | che ha le caratteristiche del granuloma: *tessuto g.*

granulometrìa [1956] **s. f. 1** misurazione delle dimensioni e determinazione della forma dei granuli che formano una miscela incoerente **2** distribuzione delle dimensioni dei granuli che formano una miscela incoerente, espressa mediante le percentuali di granuli di determinate dimensioni

granulomètrico [1956] **agg.** (**pl. m.** *-ci*) ● relativo alla granulometria | ***esame g.***, operazione di analisi della distribuzione delle dimensioni in un insieme di granuli, e risultato di tale operazione

granulosità (o *-ṣ-*) [1926] **s. f. inv. 1** caratteristica di ciò che è granuloso **2** (*fotogr.*) caratteristico aspetto dell'immagine fotografica, spec. della stampa, prodotto dalla percezione visiva dei granuli d'argento annerito dovuti alla granularità dell'emulsione **SIN.** grana ①

granulóso (o *-ṣ-*) [av. 1779] **agg.** ● che presenta, contiene granuli ‖ **granulosità**, **s. f. inv.** (V.)

gràphic design /ingl. 'græfɪk dɪ'zaɪn/ [loc. ingl., comp. di *graphic* 'grafico' e *design* 'disegno, progetto' ✻ 1983] **loc. sost. m. inv.** ● attività di progettazione e realizzazione grafica, spec. nella pubblicità e nell'editoria

gràphic nòvel /'grafik 'nɔvel, *ingl.* ˌgræfɪk'nɒv(ə)l/ [loc. ingl., propr. 'romanzo (*novel*) grafico (*graphic*)' ✻ 1990] **loc. sost. f. o m. inv.** (**pl.** **ingl.** *graphic novels*) ● romanzo in forma di fumetto pubblicato nella veste di un libro normale

gràppa ① [got. **krappa* 'uncino' ✻ 1528] **s. f. 1** pezzo di ferro, di svariate forme, per collegare fra loro conci in lavori di muratura, parti di costruzione, legnami, e sim. **SIN.** zanca | †***fare alla g.***, (*fig.*) disputarsi qlco., fare a gara **2** V. *graffa* nei sign. 1 e 3 ‖ **grappétta**, **dim.** (V.) | **grappino**, **dim. m.** (V.)

gràppa ② [lombardo *grapa* (dal francone *raspôn* (V. *raspo*), con sovrapposizione di *grappolo*)

a b c d e f g h i j k l m n o p q r s t u v w x y z

'raspo d'uva', dal quale è ricavata ✱ 1876] **s. f.** • acquavite ad alta gradazione alcolica, ottenuta per distillazione delle vinacce ‖ **grappino**, **dim. m.** (V.)

†**grappàre** [da *grappa*① ✱ av. 1294] **A** **v. tr.** • afferrare **B** **v. intr.** e †**grappàrsi** **v. intr. pron.** • aggrapparsi

grappétta [1956] **s. f.** **1** dim. di *grappa*① **2** (**spec. al pl.**) ferro a più punte che gli alpinisti fissano al tacco degli scarponi per poter camminare sul terreno gelato

grappìno① [dim. di *grappa*① ✱ av. 1798] **s. m.** **1** ancora a 4 marre fisse, senza ceppo e con fusto allungato | ferro per aggrappare | (*mar.*) ***g. di arrembaggio***, per afferrare il sartiame delle navi nemiche durante l'arrembaggio | ***g. da cima***, da gettare dall'alto con catene | strumento con dentiera di ferro per raspare sul fondo del mare | ancoretta a 4 marre e senza ceppo, da battelli **2** amo per la pesca a due o più punte

g

grappìno② [dim. di *grappa*② ✱ 1905] **s. m.** • bicchierino di grappa

†**gràppo** [da *grappare* ✱ av. 1380] **s. m.** • grappolo

♦**gràppolo** [dim. di *grappo* ✱ sec. XIV] **s. m.** **1** infiorescenza o infruttescenza formata da fiori o frutti peduncolati sopra un asse centrale allungato **CFR.** botrio-②, stafilo- **SIN.** racemo **2** (*fig.*) insieme di persone, animali, cose accalcate, raggruppate: *un g. di api*; *un g. umano* | †persona sciocca, balorda o burlona ‖ **grappolétto**, **dim.** | **grappolìno**, **dim.** | **grappolóne**, **accr.** | **grappolùccio**, **dim.**

graptòliti [comp. del gr. *graptós* 'inciso, scolpito' (dal v. *gráphein*) e *líthos* 'pietra' ✱ 1933] **s. m. pl.** (**sing.** *-e*) • invertebrati coloniali fossili che popolavano i mari dell'era paleozoica

grascèlla ➤ **grassella**

grascéta [da *grascia* ✱ 1803] **s. f.** • (*tosc.*) terreno grasso e ricco di erba

gràscia [lat. parl. **crăssia* (agg. sost. nt. pl.), da **crăssium* per il class. *crăssu(m)* 'grasso' ✱ av. 1348] **s. f.** (**pl.** *-sce*) **1** †grasso, sugna, spec. di maiale o bue | (*est.*) materia untuosa | (*lett.*) obesità | ***andare alla g.***, andare perduto, sfumare (un affare o sim.) **2** (*stor.*, **spec. al pl.**) in epoca medievale, ogni sorta di vettovaglie, spec. cereali e granaglie | tributo feudale consistente in generi alimentari | dazio, imposta sull'introduzione in città di generi alimentari **3** in epoca medievale, magistratura preposta agli approvvigionamenti di viveri, nelle città, che sovrintendeva anche ai prezzi, ai pesi e alle misure **4** (*lett.*) abbondanza, ricchezza **5** †guadagno, profitto

grascióla ➤ **grassella**

gràser [sigla tratta da *g(amma) ra(y) (la)ser* 'laser a raggi gamma' ✱ 1983] **s. m. inv.** • particolare tipo di laser che emette un flusso di raggi gamma così intenso da folgorare a distanza un essere vivente, oppure da innescare una bomba a neutroni

gràspo [germ. **raspōn* 'raccogliere alla rinfusa, mettere insieme', con prob. influsso di *gra(ppolo)* ✱ av. 1320] **s. m.** **1** raspo **2** (*ven.*) grappolo

grassàggio [da *(in)grassaggio* ✱ 1955] **s. m.** • (*mecc.*) lubrificazione mediante grasso di varie parti di un veicolo, spec. di quelle articolate o snodate

✱**grassatóre** [vc. dotta, lat. *grassatōre(m)*, da *grassātus*, part. pass. di *grassāri*, intens. durativo di *grădi* 'avanzare, procedere' con una sfumatura pegg. ✱ 1673] **s. m.** (**f.** *-trice*) • chi effettua rapine a mano armata | brigante | (*est.*) furfante, ladrone

✱**grassazióne** [vc. dotta, lat. *grassatiōne(m)*, da *grassātus* (V. *grassatore*) ✱ 1673] **s. f.** • rapina a mano armata | (*est.*) attività ladresca

grassèlla o **grascèlla**, **grascióla** [etim. incerta ✱ av. 1548] **s. f.** • (*zool.*) regione dell'arto posteriore di Bovini ed Equini, corrispondente alla parte anteriore dell'articolazione della rotula

grassèllo① [dim. di *grasso* ✱ av. 1698] **s. m.** • pezzetto di grasso contenuto nella carne macellata, cruda o cotta: *g. di salame*

grassèllo② [dim. di *grasso*, per la somiglianza con i pezzettini di *grasso* ✱ sec. XV] **s. m.** • calce spenta trattata con acqua, usata in mescolanza con sabbia per preparare una malta impiegata nelle costruzioni

grassétto [dim. di *grasso* ✱ 1905] **agg. e s. m.** • (*tipogr.*) neretto ‖ **grassettìno**, **dim.**

grassézza [av. 1311] **s. f.** **1** caratteristica di persona o animale grasso: *la g. gli impedisce i movimenti* **SIN.** adiposità, pinguedine **CONTR.** magrezza **2** fertilità del terreno **3** (*lett.*) abbondanza, opulenza, ricchezza: *vivere, nuotare nella g.*; *rifidatosi nella fortezza del sito e nella g. della terra, si provvedeva alla difesa* (N. MACHIAVELLI) **4** †untuosità, densità, viscosità di un liquido

♦**gràsso** [lat. *grăssu(m)*, var. tarda di *crăssu(m)*, di etim. incerta, per sovrapposizione di *grŏssu(m)* 'grosso' ✱ 1261 ca.] **A** **agg.** **1** che presenta abbondante sviluppo del tessuto adiposo: *è una donna molto grassa*; *avere il viso, il collo g.*; *in mezzo a due donne camminava un uomo g. e tarchiato* (I. SVEVO) **SIN.** obeso, pingue **CONTR.** magro | (*est.*) ***piante grasse***, con foglie e fusti carnosi, ingrossati per la presenza di tessuti acquiferi, adatte a climi aridi **2** che contiene molti grassi: *carne grassa*; *formaggio g.*; *pesci grassi*; *cibi grassi* | ***cucina grassa***, in cui si fa molto uso di grassi, eccedendo nei condimenti **CONTR.** magro **3** (*chim.*) detto di sostanza simile per aspetto o proprietà ai grassi | ***olio g.***, non volatile | ***serie grassa***, alifatica | ***acido g.***, acido monocarbossilico saturo **4** ricco di sostanze organiche: *terreno g.* | ***calce grassa***, ottenuta da calcari puri | ***calcestruzzo g.***, con alta dose di cemento | ***carbone g.***, particolarmente ricco di sostanze volatili | ***argilla grassa***, ricca di minerali argillosi e colloidi, molto plastica | in enologia, di vino piacevolmente untuoso e di corpo, che riempie bene la bocca; di vino affetto dalla malattia del grassume **5** abbondante, lauto, ricco: *fare grassi guadagni* | opulento: *la grassa Bologna* | ***popolo g.***, nell'antico comune di Firenze, gli appartenenti alle arti maggiori | ***annata grassa***, per l'abbondante raccolto | ***vacche grasse***, V. *vacca* nel sign. 1 | ***grasse risate***, sfrenate, di gusto | (*colloq.*) ***a farla grassa***, a dir molto | ***settimana grassa***, l'ultima settimana di Carnevale | ***Martedì grasso***, l'ultimo martedì di Carnevale, che precede il mercoledì delle Ceneri **6** utile, vantaggioso: *ricevere grasse proposte* **7** untuoso, oleoso, viscoso: *olio g., pelle grassa, capelli grassi* **8** (*fig.*) sboccato, licenzioso, grossolano: *discorsi grassi*; *dov'è, in questa novella, la grassa sensualità e lascivia ...?* (B. CROCE) ‖ **grassaménte**, **avv.** **1** (*raro*) con abbondanza: *guadagnare grassamente* **2** (*lett.*, *raro*) grossolanamente **B** **s. m.** **1** tessuto adiposo dell'uomo o degli animali: *g. di montone, di maiale, di oca*; *il g. del prosciutto* **CFR.** lipo-, steato- | ***è (tutto) g. che cola***, (*fig.*, *colloq.*) è tanto di guadagnato, in riferimento a qlco. che è indice di abbondanza (dall'immagine del grasso che cola durante la cottura allo spiedo) **2** sostanza untuosa, oleosa, viscosa: *togliere le macchie di g. dalla giacca, dai pantaloni* **3** (*chim.*) estere di un acido grasso con la glicerina, sostanza solida a temperatura ambientale in cui predominano i gliceridi derivati da acidi a più di dieci atomi di carbonio | ***g. animale***, caratterizzato dalla presenza di colesterolo | ***g. vegetale***, caratterizzato dalla presenza di fitosterolo | ***g. idrogenato***, sostanza solida ottenuta per idrogenazione di grassi liquidi non saturi, di largo impiego come grasso alimentare **CFR.** oleo- **4** ***g. di montone***, qualità rara e pregiata di giada **5** (**f.** *-a*) persona grassa ‖ **grassàccio**, **pegg.** | **grassèllo**, **dim.** (V.) | **grassétto**, **dim.** (V.) | **grassòccio**, **alter.** (V.) | **grassóne**, **accr.** (V.) | **grassottèllo**, **dim.** | **grassòtto**, **alter.**

grassòccio [alter. di *grasso* ✱ 1473] **agg.** (**pl. f.** *-ce*) **1** piuttosto grasso, un po' grasso: *un bambino g.* **2** (*fig.*, *raro*) grossolano, volgare, licenzioso: *discorsi grassocci*

grassóne [accr. di *grasso* ✱ 1585] **s. m.** (**f.** *-a*) • persona esageratamente grassa

grassùme [da *grasso* e *-ume* ✱ av. 1311] **s. m.** **1** eccesso di materia grassa e densa **2** oleosità del vino alterato **SIN.** filante **3** (*raro*) concime animale

gràsta [lat. tardo *găstra(m)* 'vaso panciuto', dal gr. *gástra*, da *gastḗr* 'ventre' per la forma ✱ 1353] **s. f.** • (*merid.*) vaso di terracotta in cui si coltivano fiori e piante: *innaffiava le graste di basilico e di garofani sui pei terrazzini* (L. CAPUANA)

gràta o †**gràda**① [lat. *crāte(m)* 'graticcio', di etim. incerta ✱ 1353] **s. f.** • chiusura di finestre o altri vani costituita da elementi di metallo o di legno incrociati, che lascia passare aria e luce: *la g. della prigione, del confessionale* ‖ **gratèlla**, **dim.** (V.) | **graticèlla**, **dim.** | **gratìna**, **dim.**

gratèlla [1391] **s. f.** **1** dim. di *grata* **2** graticola da cucina: *cuocere la carne, il pesce sulla g.* | piccola griglia su cui fare raffreddare i dolci appena sfornati ‖ **gratellìna**, **dim.**

gratìccia [V. *graticcio* ✱ sec. XIV] **s. f.** (**pl.** *-ce*) **1** †nassa | †graticcio **2** grata che costituisce il soffitto del palcoscenico e alla quale si appendono luci o elementi scenici

graticciàre [da *graticcio* ✱ 1834] **v. tr.** (**pres.** *io graticcio*; **fut.** *io graticcerò*) • ingraticciare

graticciàta [1681] **s. f.** • insieme di graticci posti uno di seguito all'altro per chiudere, proteggere, riparare qlco.

graticciàto **A** **part. pass.** di *graticciare*; **anche agg.** • nei sign. del v. **B** **s. m.** • superficie costituita da più graticci per seccare o conservare la frutta

gratìccio o †**cratìccio** [lat. *cratīciu(m)*, in orig. agg. di *crāte(m)* 'graticcio' (V. *grata*) ✱ 1288] **s. m.** **1** elemento di vimini o di canne variamente intrecciati o incrociati, usato per proteggere, chiudere, sostenere qlco. **2** stuoia intessuta di vimini o di canne per seccare frutta o allevare bachi da seta

gratìcola o †**cratìcola** [lat. *cratīcula(m)*, dim. di *crātis* 'graticcio' (V. *grata*) ✱ av. 1311] **s. f.** **1** utensile di cucina costituito da una serie di sbarrette metalliche parallele o incrociate, su un telaietto e sim., o da una lastra metallica scanalata, per arrostire vivande **SIN.** gratella, griglia **2** piccola grata o inferriata **3** (*stor.*) strumento per il supplizio del rogo a fuoco lento, costituito da un telaio di ferro su cui si legava il condannato | (*fig.*) ***mettere, tenere qlcu. sulla g.***, sottoporlo costantemente a critiche roventi **4** reticolato di fili tesi su un telaio che si sovrappone a un quadro, a un disegno e sim. per riprodurlo nelle dimensioni desiderate ‖ **graticolétta**, **dim.** | **graticolìna**, **dim.**

graticolàre [da *graticola* ✱ sec. XVI] **v. tr.** (*io gratìcolo*) **1** riprodurre un quadro, un disegno e sim. con la graticola **2** (*raro*) chiudere con una grata

graticolàto **A** **part. pass.** di *graticolare*; **anche agg.** **1** chiuso con una grata **2** munito di grata: *chiusura graticolata* **B** **s. m.** **1** chiusura fatta con sbarre di metallo, legno e sim. variamente incrociate **2** struttura costituita di legname opportunamente sistemato per sostenere piante, pergolati e sim. **3** (*mar.*) struttura formata da elementi lunghi e traversi messi come piattaforma dello scalo in un cantiere

gratìfica [da *gratificare* ✱ 1945] **s. f.** ● compenso straordinario che il datore di lavoro corrisponde al lavoratore dipendente in aggiunta alla retribuzione ordinaria, per riconoscimento di meriti, per incentivo o in particolari occasioni: *dare, riscuotere la g.*

gratificànte **part. pres.** di *gratificare*; anche **agg.** ● che procura intima soddisfazione, appagamento: *un lavoro, un'attività g.*

♣**gratificàre** [vc. dotta, lat. *gratificāri*, comp. di *grātus* 'grato①' e *-ficāri* '-ficare' ✱ av. 1327] **A** **v. tr.** (*io gratìfico, tu gratìfichi*) **1** concedere un compenso straordinario oltre il normale stipendio: *g. i dipendenti* | ***g. qlcu. di ingiurie, di titoli***, (*iron., fig.*) affibbiarglieli **2** dare intima soddisfazione, compiacimento, appagamento e sim.: *il successo del suo primo film l'ha molto gratificato* **B** **v. intr.** (aus. *avere*) ● †compiacere, fare cosa grata **C** **gratificàrsi** **v. tr. pron.** (aus. *essere*) e **rifl.** ● (*lett.*) rendersi amico, ingraziarsi: *avevano presa occasione di volerlo spogliare per gratificarsi i guelfi di Italia* (N. MACHIAVELLI); *non sapere gratificarsi a' suoi* (L.B. ALBERTI) || **gratificazióne**, **s. f.** (V.)

gratificàto **part. pass.** di *gratificare*; anche **agg.** ● nei sign. del v. | appagato, compiaciuto, soddisfatto di sé: *sentirsi g. dal proprio lavoro* **CONTR.** frustrato

gratificazióne [vc. dotta, lat. *gratificatiōne(m)*, dal part. pass. di *gratificāri* 'gratificare' ✱ 1374] **s. f.** **1** (*raro*) gratifica **2** sensazione di appagamento, di soddisfazione per sé e per la propria attività

gratìle [etim. incerta ✱ 1607] **s. m.** ● (*mar.*) cavetto cucito internamente all'inferitura della vela, per assicurare lo scorrimento e la tenuta nelle canalette di alberi e stralli cavi | cavetto di rinforzo fissato ai bordi delle vele

gratin /fr. gʀa'tɛ̃/ [vc. fr., da *gratter* 'grattare', perché la crosta deve essere *grattata* via ✱ 1766] **s. m. inv.** ● crosta | ***al g.***, sistema di cottura al forno di pasta, verdura o altre vivande ricoperte di besciamella, formaggio e pane grattugiato, in modo da formare una sottile crosta dorata: *maccheroni al g.*; *pomodori al g.*

gratinàre [da *gratin* ✱ 1545] **v. tr.** ● cuocere al gratin

gratinàto **part. pass.** di *gratinare*; anche **agg.** ● cotto al gratin: *cozze gratinate*

♦**gràtis** [contrazione di *grātiis*, abl. pl. di *grātia* 'grazia', con valore avv. ('graziosamente') ✱ av. 1306] **A** **avv.** ● gratuitamente: *lavorano g.*; *lo hanno curato g.*; *vado al cinema g.* | (*scherz.*) con valore rafforz. nella loc.: ***g. et amore Dei, g. et amore***, gratuitamente e per amore di Dio In quanto avverbio, *gratis* significa già da solo 'gratuitamente'; pertanto la forma di uso popolare *a gratis*, usata per analogia con *a pagamento*, è scorretta **B** in funzione di **agg. inv.** ● (*colloq.*) gratuito: *ho avuto un biglietto g. per la partita*

gratitùdine [vc. dotta, lat. tardo *gratitūdine(m)*, da *grātus* 'grato①' ✱ av. 1348] **s. f.** **1** sentimento di affetto e di riconoscenza per un bene ricevuto: *serbare, nutrire g.*; *debito, dovere, vincolo di g.*; *esprimere g. al Presidente*; *prova un sentimento di g. per* (o *verso*) *chi lo ha aiutato*; *Se non altro per g. al dottor Giannottini* (I. SVEVO); *Egli ebbe un movimento di tenera g. per sua moglie* (A. FOGAZZARO) **2** †l'essere gradito

♦**gràto**① [lat. *grātu(m)*, di orig. indeur. con prob. valore religioso ✱ 1266] **agg.** **1** che prova o manifesta gratitudine, riconoscenza (+ *a*, + *di*, + *per*, **anche seguiti da inf.**): *gli uomini comunemente non sono grati* (F. GUICCIARDINI); *essere grati ai propri maestri*; *ti sono g. di questo, per l'informazione*; *vi siamo grati di averci aiutati in un momento difficile, per averci insegnato molto* **SIN.** obbligato, riconoscente **2** conforme ai propri gusti | accetto, gradito, piacevole (+ *a*): *ospite, dono, soggiorno g.*; *sono venuto unicamente per fare una cosa grata a lei* (L. PIRANDELLO) || **grataménte**, **avv.** con animo grato

†**gràto**② ▸ **grado**①

†**grattacàcio** o †**grattacàcia** [comp. di *gratta(re)* e *cacio* ✱ av. 1422] **s. f.** ● (*centr.*) grattugia

grattacàpo [comp. di *gratta(re)* e *capo*, in riferimento alla loc. *grattarsi il capo* ✱ av. 1530] **s. m.** (**pl.** *grattacàpi*) ● fastidio, preoccupazione: *avere molti grattacapi*; *dare continui grattacapi a qlcu.* **SIN.** cruccio, noia

SFUMATURE ▸ ***seccatura***

grattachécca [da *grattare* (*il ghiaccio*); non chiaro il secondo elemento ✱ 1923] **s. f.** ● (*roman.*) granita, ghiacciata

grattacièlo [comp. di *gratta(re)* e *cielo*, come trad. dell'ingl. *skyscraper*, da (*to*) *scrape* 'grattare, raschiare', e *sky* 'cielo' ✱ 1908] **s. m.** (**pl.** *grattacièli*) ● edificio altissimo a molti piani

gràtta e vìnci [loc. imperat. formata dai due v. *grattare* e *vincere* ✱ 1990] **loc. sost. m. inv.** ● lotteria istantanea con premi a quota fissa vinti da chi, grattando la vernice che copre una serie di simboli stampati sul biglietto, trova una delle combinazioni vincenti | (*est.*) il biglietto di tale lotteria

grattage /fr. gʀa'taʒ/ [vc. fr., da *gratter* 'grattare' ✱ 1972] **s. m. inv.** ● tecnica di pittura che consiste nello spalmare su tela, carta o cartone uno strato di colore, che una volta secco o asciutto viene raschiato lasciando a vista il colore originario del supporto, secondo il disegno che per contrasto si vuole realizzare

grattaménto [sec. XIV] **s. m.** ● (*raro*) il grattare, il grattarsi

grattapùgia [ant. provenz. *grataboyssa* 'gratta (da *gratar*) e pulisci (da *bouissar*)', da *bois* 'strumento di legno' ✱ av. 1492] **s. f.** (**pl.** *-gie*) ● mazzetto di sottili fili di vetro o di ottone legati insieme, usato per la pulitura di superfici

♦**grattàre** [germ. **krattōn*, forse attrav. il provenz. *gratar* ✱ sec. XIII] **A** **v. tr.** **1** sfregare la pelle con le unghie per far cessare il prurito: *g. la schiena a un bambino* | ***g. la pancia a qlcu.***, (*fig., disus.*) indurlo a cantare, a parlare o sim. **2** (*est.*) raschiare, graffiare: *g. un mobile con la carta vetrata*; *g. la vernice con un raschietto* | ***g. il pane, il formaggio***, (*fam.*) grattugiarlo | ***g. uno strumento***, (*scherz.*) suonarlo male: *col violino che sapeva g. così alla matta* (I. NIEVO) | ***gratta gratta***, (*fig.*) a ben vedere, indagando a fondo: *Gratta gratta anche in Lei c'è il consorte* (G. CARDUCCI) **3** (*fig., pop.*) rubare: *grattavano tutto ciò che era a portata di mano* **B** **v. intr.** (aus. *avere*) **1** stridere in modo sgradevole **2** (*pop.*) ingranare male la marcia di un autoveicolo, provocando lo stridente sfregamento degli ingranaggi del cambio **C** **grattàrsi** **v. tr. pron.** (aus. *essere*) e **rifl.** ● sfregarsi la pelle per fare cessare il prurito: *grattarsi il naso, il collo, le braccia, le mani* | ***grattarsi il capo, la testa***, in segno di imbarazzo, preoccupazione e sim. | ***grattarsi la pancia***, (*assol.*) ***grattarsi***, (*fig., fam.*) starsene in ozio, non far niente | (*fig., fam.*) doversi accontentare o rassegnare: *se gli va bene è così, se no si gratta*

grattàta [1565] **s. f.** **1** atto del grattare o del grattarsi **2** nel gergo degli automobilisti e sim., rumore secco e stridente, provocato da un uso improprio del cambio di velocità || **grattatìna**, **dim.**

†**grattatìccio** [1525] **s. m.** ● grattatura | (*fig.*) molestia, minaccia

grattàto **part. pass.** di *grattare*; anche **agg.** **1** nei sign. del v. **2** grattugiato | ***pan g.***, V. *pangrattato*

grattatóre [av. 1686] **s. m.** (**f.** *-trice*) ● chi gratta

grattatùra [av. 1449] **s. f.** **1** il grattare **2** segno che resta sulla superficie grattata

grattìno [da *gratta(re)*, per l'uso ✱ 1869] **s. m.** **1** strumento a lama triangolare usato dagli incisori per levare il riccio che il bulino lascia allo staccarsi del truciolo **2** raschietto a piccola lama comunemente ovale per cancellare uno scritto **3** (*fam.*) grattatina, spec. in segno di affetto **4** (*gerg.*) biglietto del parcheggio, da esporre nell'autovettura (da '*gratta* e sosta', denominazione gerg. del biglietto del parcheggio, nel quale si devono indicare le caselle con i dati orari)

grattùgia [ant. provenz. *gratusa*, da *gratar* 'grattare' ✱ av. 1388] **s. f.** (**pl.** *-gie*) ● utensile da cucina, in lamiera bucata e gener. curva, scabra dal lato superiore per gli orli alzati dei buchi, su cui si grattano formaggio, pane secco e sim. | analogo utensile di vetro o plastica per ridurre in poltiglia la frutta || **grattugiétta**, **dim.** | **grattugìna**, **dim.** | **grattugìno**, **dim. m.**

grattugiaformàggio [comp. di *grattugia(re)* e di *formaggio* ✱ 1983] **s. m. inv.** ● elettrodomestico per grattugiare il formaggio, spec. parmigiano-reggiano e grana

grattugiàre [da *grattugia* ✱ 1353] **v. tr.** (**pres.** *io grattùgio*; **fut.** *io grattugerò*) ● sminuzzare qlco. passandola su e giù per la grattugia: *g. il pane secco, il formaggio, la noce moscata*

grattugiàto [av. 1347] **A** **part. pass.** di *grattugiare*; anche **agg.** ● nei sign. del v. **B** **s. m.** ● formaggio grattugiato, spec. grana, usato come condimento o in varie preparazioni gastronomiche

gratuìre [inf. tratto da *gratuito*, con richiamo, però, al sign. originario ✱ av. 1519] **A** **v. tr.** (*io gratuìsco, tu gratuìsci*) ● †ricompensare, gratificare **B** †**gratuìrsi** **v. tr. pron.** (aus. *essere*) ● (*lett., raro*) propiziarsi, ingraziarsi qlcu.: *desiderando ... di gratuirsi molto quel cardinale* (G. VASARI) **C** †**gratuìrsi** **v. rifl.** ● rendersi gradito a qlcu.

gratuità [da *gratuito* ✱ 1598] **s. f. inv.** ● caratteristica di ciò che è gratuito: *la g. dell'insegnamento, dei servizi pubblici*; *g. di un'ipotesi, di un'osservazione*

♦**gratùito** o (*raro, lett.*) **gratuìto** [vc. dotta, lat. *gratuītu(m)*, da *grātus* 'grato①' ✱ 1321] **A** **agg.** **1** che si fa, si dà o si riceve senza alcun compenso: *posto, ingresso g.*; *le scuole sono gratuite*; *assistenza gratuita* | (*dir.*) ***g. patrocinio***, istituto giuridico che consente ai non abbienti di usufruire dell'assistenza legale | ***prestito g.***, senza la richiesta dell'interesse **2** nella teologia cattolica, detto di bene o aiuto che è dato da Dio per grazia e senza meriti della creatura: *dono g.* **3** (*fig.*) che è privo di fondamento, arbitrario, ingiustificato, discutibile: *affermazioni, critiche, insinuazioni gratuite*; *offesa, ingiuria del tutto gratuita* || **gratuitaménte**, **avv.** senza compenso: *lavorare gratuitamente*; (*fig.*) senza motivo, ragione, prove: *provocare, affermare, accusare gratuitamente* **B** in funzione di **avv.** ● †gratuitamente

gratulàre [vc. dotta, lat. *gratulāri* 'render grazie (*grātiae*)', prob. attrav. un agg. **grātulus* ✱ 1321] **v. intr.** (*io gràtulo*; aus. *avere*) e **gratulàrsi** **v. intr. pron.** ● (*lett.*) congratularsi: *da indi abbraccia il servo, gratulando / per la novella, tosto ch'el si tace* (DANTE *Par.* XXIV, 149-150)

a b c d e f g h i j k l m n o p q r s t u v w x y z

gratulatòrio [vc. dotta, lat. tardo *gratulatōriu(m)*, dal part. pass. di *gratulāri* 'gratulare' ✱ av. 1547] **agg.** (**pl. m.** *-i* o *raro -ii*) ● (*lett.*) di congratulazione: *lettere gratulatorie*

†**gratulazióne** [vc. dotta, lat. *gratulatiōne(m)*, dal part. pass. di *gratulāri* 'gratulare' ✱ sec. XIV] **s. f.** ● congratulazione | gioia, esultanza

gràva [prob. vc. di orig. preindeur. ✱ 1834] **s. f.** **1** nel Veneto e in Friuli, vasta pianura ghiaiosa su cui non cresce vegetazione **2** in Puglia, inghiottitoio, voragine tipica dei calcari permeabili

gravàbile [vc. dotta, lat. tardo *gravābile(m)*, da *gravāre* 'gravare' ✱ sec. XIV] **agg.** **1** (*raro*) che può essere gravato di imposta o di ipoteca: *beni, redditi gravabili* **2** †gravoso

gravàme [vc. dotta, lat. tardo *gravāme(n)*, da *gravāre* 'gravare' ✱ av. 1348] **s. m.** **1** peso, carico (*spec. fig.*): *g. di lavoro* **2** imposta che grava su beni, rendite e sim.: *g. fiscale* **3** (*dir.*) impugnazione | contenuto di un atto di impugnazione

†**gravaménto** [1338 ca.] **s. m.** **1** il gravare | peso, gravezza **2** (*fig.*) angheria, soperchieria **3** tassa, imposta

gravàre [vc. dotta, lat. *gravāre*, da *grăvis* 'grave' ✱ 1250 ca.] **A** **v. tr.** **1** appesantire, caricare di un peso (+ *di*): *g. le spalle di un peso eccessivo*; *L'uva matura gravava le belle vigne* (G. D'Annunzio) | (*fig.*) opprimere, affliggere, angustiare: *un rimorso ancora grava la mia coscienza*; *g. qlcu. di lavoro, di responsabilità* | sovraccaricare, oberare: *g. il bilancio di spese eccessive* | (**lett.**) ***g. la mano***, esagerare, eccedere **2** caricare di tributi, tasse e sim. (+ *di*): *g. il popolo di imposte, di gabelle* **3** †pignorare: *g. un bene del debitore* **4** †aggravare **B** **v. intr.** (**aus.** *essere*) **1** premere fortemente (+ *su*): *il peso della volta gravava per intero su di un muro* | (*fig.*) pesare: *su di lei grava una responsabilità, il peso della famiglia* | (*fig.*) costituire un gravame: *su quella casa grava un'ipoteca* **2** (*fig.*, *lett.*) rincrescere, recare dispiacere: *men grava e morde / il mal che n'addolora / del tedio che n'affoga* (G. Leopardi) **C** **gravàrsi** **v. rifl.** ● sottoporsi a un peso | (*fig.*) farsi carico (+ *di*): *gravarsi di responsabilità* **D** **gravàrsi** **v. intr. pron.** ● (*lett.*) lagnarsi, lamentarsi | †aggravarsi

gravàto **part. pass.** di *gravare*; anche **agg.** **1** che è sottoposto a un peso | (*fig.*) oppresso, afflitto: *coscienza gravata di colpe* **2** detto di ciò su cui esiste una tassa, un'imposta e sim.: *edificio g. da ipoteca*; *merci non gravate da dazio*

♦**gràve** [vc. dotta, lat. *grăve(m)*, di orig. indeur. ✱ av. 1250] **A** **agg.** **1** (*fis.*) che subisce gli effetti della forza di gravità: *corpo g.* **2** (*est.*) pesante, faticoso (+ *di*, + *per*): *carico, fardello g.*; *una g. soma* | greve: *sentirsi la testa g. per il raffreddore*; *avere le palpebre gravi di sonno* CONTR. leggero **3** (*lett.*) carico, onusto: *e terre e mari avete, sì g. d'armi, a gran periglio scorso?* (V. Colonna) | ***essere g. d'anni, d'età***, essere vecchio **4** †pieno | †gravida, con riferimento a donna **5** (*mus.*) detto di suono di bassa frequenza, contrapposto ad acuto: *nota g.* | indicazione dinamica equivalente all'adagio, con tono serio e solenne | ***corda g.***, che produce suoni gravi **6** (*ling.*) ***accento g.***, V. *accento* (V. nota d'uso ACCENTO) **7** (*fig.*) che è duro o difficile da affrontare o sopportare (+ *da* seguito da **inf.**): *sacrificio, disturbo, disagio g.*; *abbiamo un problema g. da risolvere*; *ma la tua festa / ch'anco tardi a venir non ti sia g.* (G. Leopardi) | (*lett.*) ***non vi sia g.***, non vi dispiaccia | (*raro*) spiacevole, sgradevole: *odore, sapore g.* **8** (*fig.*) intenso, grande: *morbo, furore, sdegno g.*; *è stato un danno molto g.*; *abbiamo subito gravi perdite* CONTR. lieve **9** (*fig.*) che è caratterizzato da cause, svolgimento o conseguenze sfavorevoli, dannose, pericolose e sim.: *malattia, colpo, accusa, mancanza g.*; *indizi, sintomi gravi*; *essere in g. pericolo*; *commettere un peccato g.*; *macchiarsi di un g. delitto* | ***malato g.***, la cui guarigione è dubbia | preoccupante, pericoloso (+ *che* seguito da **congtv.**): *la situazione è g.*; *è g. che avvengano fatti simili* | ***caso g.***, particolarmente complesso e difficile | ***parole gravi***, severe, preoccupate, aspre e sim. | ***g. decisione***, ardua, difficile **10** (*fig.*) autorevole, serio, ponderato: *atteggiamento, contegno, atto, pensiero g.* | contegnoso, sostenuto: *portamento g.*; *voce g.* | ***stile g.***, elevato, solenne CONTR. frivolo **11** (*lett.*, *fig.*) arduo, difficile da capire **12** (*lett.*, *fig.*) profondo, impegnativo: *gravi studi* **13** (*fig.*) lento, tardo: *movimenti gravi*; *membra gravi* | (*lett.*) pigro, neghittoso: *anima g.* || **gravemènte**, **avv.** **1** in modo grave: *è gravemente ammalato*; *la vettura è gravemente danneggiata* **2** in modo serio, solenne: *le sciorinò gravemente certe sue sentenze intorno al modo di viaggiare* (I. Nievo) **3** †a fatica **B** **s. m.** **1** corpo soggetto alla forza di gravità: *i gravi discendenti è dubbio se si muovono di moto retto* (G. Galilei) **2** (**solo sing.**) cosa, fatto grave: *il g. è che non si tratta della prima volta* **3** (**solo sing.**, *lett.*) contegno grave | ***stare sul g.***, darsi importanza || (*lett.*) **gravàccio**, **pegg.** | (*lett.*) **gravaccióne**, **accr.** | **gravétto**, **dim.** | **gravùccio**, **dim.**

graveolènte [vc. dotta, lat. *graveolĕnte(m)*, comp. di *grăvis* 'grave' e del part. pres. di *olēre* 'odorare' ✱ 1793] **agg.** ● (*lett.*) che emana uno sgradevole odore

graveolènza [1714] **s. f.** ● (*lett.*) caratteristica di ciò che è graveolente SIN. puzzo

gravézza [1261 ca.] **s. f.** **1** (*lett.*) peso, pesantezza (*anche fig.*): *la g. di un cibo*; *pensieri di indicibile g.* **2** (*fig.*, *lett.*) travaglio, afflizione, noia | (*lett.*) senso di pesantezza, di stanchezza **3** (*lett.*) solennità, austerità **4** †imposizione, tributo: *i sudditi italiani … ebbero a pagare un terzo delle gravezze dell'imperio* (C. Cattaneo) **5** (*lett.*) difficoltà **6** (*lett.*) gravità: *Nella g. … del suo stato* (E. Morante) | (*lett.*) malattia: *Mi piace che siate fuor di g.* (P. Bembo)

gràvi- [da *gravitazione*] **primo elemento** ● in parole composte della terminologia scientifica, significa 'gravitazionale', 'relativo alla gravità' e sim.: *gravimetria, gravimetro*

†**gravicémbalo** (o †*-è-*) [var. di *clavicembalo* per sovrapposizione di *grave*, richiamato dalla 'gravità' del suono ✱ sec. XV] **s. m.** ● clavicembalo

gravidànza [da *gravido* ✱ sec. XIV] **s. f.** ● (*fisiol.*) periodo necessario allo sviluppo completo del feto, dal concepimento al parto SIN. gestazione

†**gravidàre** [vc. dotta, lat. *gravidāre*, da *grăvidus* 'gravido' ✱ av. 1349] **A** **v. tr.** ● rendere gravida **B** **v. intr.** ● ingravidare

†**gravidézza** [sec. XIII] **s. f.** ● gravidanza

gravìdico [1892] **agg.** (**pl. m.** *-ci*) ● di gravidanza, relativo a gravidanza

gravidìṣmo [1952] **s. m.** ● (*med.*) insieme dei sintomi che accompagnano la gravidanza

♦**gràvido** [vc. dotta, lat. *grăvidu(m)*, deriv. di *grăvis* 'grave, pesante', attrav. un v. **gravēre* 'essere grave, pesante' ✱ 1268] **agg.** **1** detto della femmina dei Mammiferi, e spec. della donna, che è in stato di gravidanza: *è gravida di cinque mesi* **2** (*est.*) pieno, carico (*anche fig.*) (+ *di*): *nubi gravide di tempesta*; *certi uomini tronfi, gravidi di boria* (L. Pirandello); *l'avvenimento è g. di significati*

gravimetrìa [comp. di *gravi-* e *-metria* ✱ 1933] **s. f.** **1** parte della geofisica che misura le forze di gravità **2** (*chim.*) complesso dei metodi dell'analisi gravimetrica

gravimètrico [1907] **agg.** (**pl. m.** *-ci*) ● (*chim.*) relativo alla gravimetria | ***analisi gravimetrica***, determinazione per via chimica della quantità di un elemento contenuto in una sostanza, mediante pesata del prodotto finale del procedimento

gravìmetro [comp. di *gravi-* e *-metro* ✱ 1834] **s. m.** **1** strumento per misurare lievi variazioni dell'accelerazione di gravità **2** areometro

gravìna ① [etim. discussa: var. di *caravina* per **cavarina*, da *(s)cavare* (?) ✱ av. 1566] **s. f.** ● attrezzo per terreni pietrosi, con lama a forma di zappa da una parte e con grosso dente o piccone dall'altra

gravìna ② [da *grava*, di orig. mediterranea ✱ 1917] **s. f.** ● lungo e tortuoso crepaccio frequente in terreni calcarei

gravióne ➤ **gravitone**

gravisonànte [comp. di *grave*, nel sign. 5 e *sonante* ✱ av. 1729] **agg.** ● (*poet.*) che rumoreggia in modo notevole: *il g. oceano*

gravità o †**gravitàde**, †**gravitàte** [vc. dotta, lat. *gravitāte(m)*, cfr. *gravitas* ✱ sec. XIII] **s. f. inv.** **1** (*fis.*) forza che attira i corpi verso il centro della Terra: *legge, forza di g.* CFR. bari- **2** caratteristica di ciò che è grave, serio, preoccupante: *g. di un'accusa, di una malattia*; *erano notizie di estrema g.* **3** (*mus.*) qualità del suono basso, in rapporto alla grossezza delle corde o delle canne, alla lunghezza del diametro, alla massa del corpo sonoro **4** (*lett.*) sostenutezza, elevatezza di stile **5** decoro, severità, austerità: *g. dei costumi, del portamento*; *di solito si comportava con molta g.* | (*lett.*) prudenza, assennatezza: *dove è la insolenza, la cecità … non è cognizione di virtù … non g. di misurare quello che convenga* (F. Guicciardini) CONTR. leggerezza

gravitàre [trad. dell'ingl. *(to) gravitate*, dal part. pass. del v. deriv. dal lat. *grăvitas* 'gravità' ✱ 1632] **v. intr.** (*io gràvito*; **aus.** *essere* o *avere*) **1** muoversi verso un punto o girare attorno a esso secondo la legge di gravitazione universale | orbitare **2** (*fig.*) muoversi nella sfera di influenza di qlco. o qlcu. (+ *in*, + *su*): *spesso gli Stati più deboli gravitano intorno a quelli più forti*; *una moneta che gravita nell'orbita del dollaro*; *molte città dell'hinterland gravitano sulla capitale* **3** (*lett.*) premere col proprio peso: *il portico gravita su esili colonne*

gràvitas [vc. lat., da *grāvis* 'pesante' ✱ 1920] **s. f. inv.** (**pl. lat.** *gravitates*) ● dignità, serietà, compostezza: *comportarsi con riserbo e con la necessaria g.*; *g. stilistica*

†**gravitàte** ➤ **gravità**

gravitazionàle [1933] **agg.** ● (*fis.*) relativo alla gravitazione

gravitazióne [ingl. *gravitation*, da *(to) gravitate* 'gravitare' ✱ 1731] **s. f.** ● (*fis.*) attrazione fra due o più corpi | ***legge di g. universale***, per la quale due corpi si attraggono con forza direttamente proporzionale al prodotto delle loro masse e inversamente proporzionale al quadrato della loro distanza

gravitìno [da *gravitone* con sostituzione del suff. *-one*③ con *-ino* di valore opposto ✱ 1992] **s. m.** ● (*fis.*) secondo la teoria della supersimmetria, particella elementare partner del gravitone

gravitóne o **gravióne** [comp. di *gravit(à)* e *-one*③ ✱ 1956] **s. m.** ● (*fis.*) quanto del campo gravitazionale

gravosità (o *-ṣ-*) [av. 1729] **s. f. inv.** **1** †pesantezza **2** (*fig.*) caratteristica di ciò che è gravoso: *la g. di un lavoro, di un impegno*

gravóso (o -ṣ-) [1250 ca.] **agg. 1** †che grava col proprio peso **2** (*fig.*) faticoso, oneroso, pesante: *lavoro, incarico, ufficio g.*; *vuol portare fino all'ultimo quella sua croce, che gli è stata sempre tanto gravosa!* (L. PIRANDELLO) **3** †detto di persona molesta, insopportabile || **gravosaménte**, avv. || **gravosità**, s. f. inv. (V.)

gray /grei/ [dal n. del fisico inglese L. H. *Gray* (1905-1965) ✱ 1986] **s. m. inv.** ● (*fis.*) unità di misura della dose assorbita nel Sistema Internazionale, definita come la dose assorbita di qualsiasi radiazione ionizzante che cede 1 joule di energia al kilogrammo di materia attraversata SIMB. Gy

♦**gràzia** [lat. *grātia(m)*, da *grātus* 'grato①' ✱ 1250] **s. f. 1** insieme di qualità come finezza, semplicità, delicatezza, armonia e sim. presenti in qlcu. o qlco. e che suscitano un'impressione gradevole: *muoversi con g.*; *la g. di un gesto, di un sorriso*; *Tutti la singular g. del volto ... laudavan* (L. ARIOSTO) | leggiadria: *ha una g. che innamora* | (*fig.*) gradevolezza di profumi, di odori, di sapori e sim.: *è un profumo di rara g.* | (al pl.) atteggiamento femminile amabile e seducente: *affascinò tutti con le sue grazie* | (*spec. lett.*) ***concedere le proprie grazie***, concedersi a un rapporto amoroso **2** garbo, gentilezza nei rapporti con gli altri: *salutare, accogliere con g.*; *offrire, ricevere con g.* | ***con vostra buona g.***, con il vostro permesso | ***di g.***, per piacere | ***in g. di***, per merito di, in virtù di | (*lett.*) ***senza garbo né g.***, in modo rozzo, grossolano **3** ***le tre Grazie***, nella mitologia greca e romana, le tre dee, Aglaia, Eufrosine e Talia, che presiedevano all'amabilità, alla giocondità e alla bellezza muliebre **4** ***Vostra G.***, titolo dato dagli Inglesi ai loro regnanti | ***Cavaliere di g.***, persona ammessa a titolo onorifico in certi ordini cavallereschi, benché sprovvista della prescritta appartenenza alla nobiltà **5** (*lett.*) amicizia, benevolenza | ***acquistare, godere la g. di qlcu.***, goderne i favori | ***essere nelle grazie di qlcu.***, essere benvoluto | ***avere nelle grazie qlcu.***, essere ben disposto nei suoi confronti | †popolarità: *quegli che per ricchezze o per parentado hanno più g.* (N. MACHIAVELLI) **6** nella teologia cattolica, aiuto che Dio concede alla creatura per guidarla nella salvezza, che si consegue anche attraverso i meriti delle opere: *g. abituale, attuale* | nella teologia protestante, complesso dei doni gratuiti che, derivando dalla sola incarnazione e morte di Gesù e non necessitando della cooperazione delle opere, portano alla salvezza individuale | redenzione dal peccato originale | ***anno di g.***, (*disus.* o *scherz.*) anno dell'era volgare (perché solo con la nascita e la redenzione di Cristo l'uomo ha riacquistato la grazia divina) **7** concessione straordinaria fatta con disinteressata e magnanime generosità; nel cattolicesimo, ciò che è concesso per meriti, per preghiera, per puro dono di Dio: *concedere una g. speciale, particolare*; *accordare una g.*; *implorare, ottenere una g.*; *dare, fare g. della vita*; *fatemi questa g.* | ***essere fuori dalla g. di Dio***, (*fig.*) essere furibondo | ***per g. di Dio***, (*colloq.*) per fortuna | ***stato di g.***, (*fig.*) eccellente condizione psichica o fisica | ***g. di Dio***, (*fam.*) cibo, nutrimento e sim.: *quanta g. di Dio!* | ***per g. ricevuta***, formula con la quale si accompagnano gli ex-voto | ***a titolo di g.***, senza obbligo | ***fare g. a qlcu. di qlco.***, dispensarlo da un obbligo, sollevarlo da una responsabilità | ***colpo di g.***, V. *colpo*, sign. 1 | ***troppa g.*** (***Sant'Antonio***)!, di ciò che è concesso con troppa abbondanza | (*dir.*) provvedimento mediante il quale il Capo dello Stato condona, in tutto o in parte, o commuta la pena principale inflitta a una persona con sentenza irrevocabile CFR. amnistia, indulto | (*dir.*) ***termine di g., periodo di g.***, proroga **8** gratitudine, riconoscenza | ***rendere g., rendere grazie, a qlcu.***, ringraziarlo, manifestargli la propria riconoscenza **9** (*tipogr.*, spec. al pl.) nei caratteri tipografici di certi stili, sottile tratto terminale delle lettere **10** (al pl.) †favore || **graziétta**, **graziéttina**, dim. | **graziùccia**, dim.

SFUMATURE DI SIGNIFICATO

grazia - delicatezza - garbo

L'insieme di bellezza, armonia, eleganza, e gentilezza in una persona si definisce **grazia**. **Delicatezza** è un tratto del carattere, fatto di premure e attenzione verso gli altri, di sensibilità; in parte coincide con **garbo**, inteso come amabilità e cortesia nei rapporti con gli altri, che tuttavia è una caratteristica più esteriore che dell'interiorità di una persona.

grazia - amnistia - indulto - sanatoria - condono

Le parole di questa serie fanno riferimento al linguaggio del diritto, indicando tutte la remissione di una sanzione punitiva. **Grazia** è il provvedimento mediante il quale il capo dello Stato condona in tutto o in parte la pena principale inflitta a una persona con sentenza irrevocabile. La grazia è una misura individuale, mentre l'**amnistia** è un provvedimento generale approvato dal parlamento, attraverso il quale si dichiarano estinti determinati reati già commessi, con rinuncia all'applicazione della pena. Con l'**indulto** viene condonata una parte o l'intera pena inflitta per alcune tipologie di reati, ma a differenza dell'amnistia, non è prevista l'estinzione del reato. La **sanatoria** è invece un provvedimento di natura amministrativa con il quale l'autorità competente sana, cioè rende regolare, un atto giuridico che altrimenti sarebbe invalido. Termine confuso spesso con *sanatoria* è **condono**, che definisce invece o lo sconto di pena che è conseguente all'indulto, oppure il provvedimento legislativo col quale si consente di sanare, pagando una somma di denaro, determinati illeciti o irregolarità.

graziàbile [av. 1705] **agg.** ● (*raro*) che si può graziare

graziaddìo o **graziadio** [comp. di *grazi(e)*, *a* e *Dio* ✱ 1816] **inter.** ● per fortuna, grazie al Cielo (con intonazione che può esprimere soddisfazione, sollievo, compiacimento): *g. ne è uscito sano e salvo!*

graziàre [da *grazia* ✱ sec. XIV] **v. tr.** (*io gràzio*) **1** liberare qlcu. dalla conseguenza di una condanna col provvedimento di grazia: *furono graziati tutti i condannati politici*; *era stato graziato per buona condotta* | (*est.*) salvare, risparmiare **2** (*lett.*) gratificare: *g. qlcu. di un saluto, di un sorriso* **3** †esaudire

graziàto **A** **part. pass.** di *graziare*; anche **agg. 1** nei sign. del v. **2** †aggraziato **B** **s. m.** (**f. -a**) ● chi ha ottenuto una grazia

♦**gràzie** [pl. di *grazia* ✱ 1801] **A** **inter. 1** esprime ringraziamento, gratitudine, riconoscenza: *tante g.!*; *mille g.*; *molte g.*; *g. mille!*; *g. infinite*; *g. di cuore*; *g. di tutto*; *g. per la vostra cortesia*; *g. di avermi risposto*; *g. di essere venuto* | si usa come risposta di cortese assenso o rifiuto per qlco. che viene offerto: *'posso offrirle un caffè?' 'g.'*; *'g. sì o g. no?'*; *'Una sigaretta?' 'g., ma non fumo'* **2** (*iron.*) si usa come risposta a una domanda o a un'osservazione ovvia: *'quello di Carlo è il regalo più bello' 'g.!, lui è ricchissimo!'* | con valore rafforz., talora iron.: *g. tante!* | con valore iron. (*pop.*): *è stato assunto? g. al cavolo, era raccomandato!* **3** nella loc. prep. ***g. a***, per merito di, con l'aiuto di: *sono riuscito g. al vostro appoggio*; *tutto è andato bene g. a te* | ***g. a Dio, g. al Cielo***, espressioni di soddisfazione e di compiacimento per ciò che si ha o per l'esito positivo di qlco.: *g. al Cielo sei arrivato!* | V. anche *graziaddio* **B** **s. m. inv.** ● ringraziamento: *un g. di tutto cuore*; *per ora, un semplice g.*

graziòla [da *grazia*, per le sue qualità terapeutiche ✱ 1550] **s. f.** ● erba delle Scrofulariacee delle zone acquitrinose euroasiatiche con azione purgativa ed emetica (*Gratiola officinalis*) SIN. tossicaria

graziosìssimo (o -oṣi-) [sec. XX] **agg. 1** superl. di *grazioso* **2** appellativo dato ai sovrani inglesi

♦**grazióso** (o -ṣ-) [vc. dotta, lat. *gratiōsu(m)*, da *grātia* 'grazia' ✱ av. 1250] **A** **agg.** (**superl.** *graziosissimo* (V.)) **1** che piace per la grazia, la delicatezza, e sim. che lo caratterizzano: *aspetto, viso, sorriso g.*; *quadro g.*; *immagine graziosa* | piacevole, gradevole, carino: *un film, un aneddoto g.* | †amato, diletto, stimato: *la nobile Teano ... / graziosa al marito* (U. FOSCOLO) **2** che è fatto con grazia: *un g. inchino* SIN. amabile **3** (*lett.*) appellativo onorifico: *la vostra graziosa sovrana* **4** (*lett.*) generoso, benigno: *è g. ... il vostro padrone* (C. GOLDONI) **5** (*lett.*) cortese: *O animal g. e benigno* (DANTE *Inf.* V, 88) **6** (*lett.*) che è concesso per benevolenza, per grazia sovrana: *c'è stato di mezzo quel decreto g.* (A. MANZONI) | ***prestito g.***, gratuito || **graziosaménte**, avv. **1** con grazia **2** (*lett.*) con cortesia, con benevolenza: *da loro graziosamente fu ricevuto* (L. DE MEDICI) **3** (*lett.*) con generosità || **graziosità** o †**graziositàde**, †**graziositàte**, s. f. inv. caratteristica di ciò che è grazioso; atto cortese, gentile **B** **s. m.** (**f. -a**) ● persona che ostenta una grazia affettata | ***fare il g.***, (*lett.*) comportarsi con galanteria | ***fare la graziosa***, (*lett.*) comportarsi con civetteria || **graziosétto**, dim. | **graziosino**, dim.

grèca [f. sost. di *greco* ✱ 1869] **s. f. 1** linea ininterrotta che, piegandosi ad angolo retto, forma un motivo geometrico ornamentale **2** sopravveste femminile aperta sul davanti, usata spec. in passato, con maniche larghe e corte, comunemente orlata di ricami geometrici **3** distintivo di grado dei generali in uso fino al secondo conflitto mondiale, ora rimasto solo sulle maniche della giubba nell'uniforme da sera

grecàggio [da *grecare* ✱ 1956] **s. m.** ● in legatoria, operazione del grecare SIN. tracciatura

grecalàta [1889] **s. f.** ● lo spirare del grecale | (*est.*) mareggiata provocata dal grecale

grecàle [vc. dotta, lat. tardo *Graecāle(m)* 'relativo alla Grecia (*Grāecia*)', la regione di provenienza ✱ 1584] **A** **s. m.** ● forte vento da nord-est, che nella stagione fredda spira sul Mediterraneo centrale od orientale | la direzione stessa in cui spira SIN. greco **B** anche **agg.**: *vento g.*

grecànico [vc. dotta, lat. *Graecānicu(m)*, da *Grāecus*, sul tipo di *Tuscānicus* 'Etrusco' ✱ 1546] **agg.** (**pl. m.** *-ci*) **1** connesso all'antica Grecia per origine o imitazione, spec. con riferimento ai Greci immigrati o abitanti nella Magna Grecia e in Sicilia: *arte grecanica*; *toga grecanica* **2** (*ling.*) detto di ogni dialetto greco parlato fuori della Grecia, e della popolazione che lo parla: *canzoniere g. salentino*

grecàre [fr. *grecquer*, da *grecque* 'greca', in specifico senso tecnico ✱ 1956] **v. tr.** (*io grèco, tu grèchi*) ● in legatoria, praticare nel dorso di un volume i solchi per gli spaghi

grecàstro [av. 1694] **agg. e s. m.** (**f.** *-a*) ● (*lett.*, *spreg.*) giudeo nato in Grecia

grecàto [da *greca* ✱ 1983] **agg.** ● di elemento per costruzioni che ha la forma di una greca: *lamiera grecata*

grècchia ➤ **crecchia**

†**grecésco** ➤ †**grechesco**

a b c d e f g h i j k l m n o p q r s t u v w x y z

grecheggiàre [1578] **v. intr.** (**pres.** *io grechéggio*; **fut.** *io grecheggerò*; **aus.** *avere*) **1** imitare i Greci, nella lingua, nelle arti, nel costume **2** †inclinare verso la direzione del grecale, cioè verso nord-est, detto della lancetta della bussola

grecherìa [1765] **s. f.** **1** †origine greca **2** (*lett.*, *spreg.*) grecismo

†**grechésco** o †**grecésco** [av. 1294] **agg.** ● greco | grecanico | ***alla grechesca***, all'uso greco

Grechétto [dim. di *greco*, come 'vino (orig.) di Grecia' ✱ av. 1698] **s. m.** ● vitigno diffuso spec. in Umbria, che produce un'uva di color giallo chiaro, ed entra nella produzione di diversi vini, tra cui l'Orvieto e il Vinsanto | vino bianco secco profumato, con una sfumatura di dolce, ottenuto dall'uva prodotta dal vitigno omonimo: *G. di Todi*

g

†**grechiẓẓàre** ➤ **grecizzare**

grecile o **gricile** [vc. roman. d'etim. incerta ✱ 1923] **s. m.** ● (*centr.*) ventriglio di pollo

greciṣmo [av. 1600] **s. m.** ● parola o locuzione propria del greco, entrata in un'altra lingua

grecìsta [av. 1712] **s. m. e f.** (**pl. m.** *-i*) ● studioso della lingua e della letteratura greca antica

grecità [vc. dotta, lat. tardo *graecitāte(m)*, da *Grāecus* 'greco' ✱ 1798] **s. f. inv.** **1** caratteristica di ciò che è greco: *la g. di una locuzione* **2** la civiltà greca nel suo complesso letterario, artistico e storico | tutta la nazione greca

greciẓẓànte **part. pres.** di *grecizzare*; anche **agg.** ● che imita i Greci, che si ispira alla cultura greca

greciẓẓàre o †**grechiẓẓàre** [vc. dotta, lat. tardo *graecizāre*, parallelo del più ant. e frequente *graecissāre*, da *Grāecus* 'greco' ✱ av. 1527] **A v. tr.** ● ridurre in forma greca: *il Forteguerri grecizzò il suo nome in Carteromaco* | conformare al modello greco, per quanto attiene la lingua, i costumi ecc.: *g. l'Oriente* **B v. intr.** (**aus.** *avere*) ● imitare i Greci nella lingua, nell'arte, nei costumi ‖ **greciẓẓazióne**, **s. f.**

♦**grèco** [lat. *Grāecu(m)*, dal gr. *Graikós*, designazione pop., proveniente forse dall'Illiria, degli antichi *Héllēnes* ✱ 1261 ca.] **A agg.** (**pl. m.** *-ci*, †*-chi*) ● della Grecia, antica e moderna: *civiltà, arte greca*; *città greche* | ***naso g.***, diritto, che forma una linea continua con quella della fronte | ***profilo g.***, di proporzioni classicamente perfette | ***croce greca***, semplice, con i bracci uguali | ***rito g.***, quello dei cattolici greci rimasti fedeli alla Chiesa di Roma malgrado lo scisma d'Oriente | ***fuoco g.***, V. *fuoco* nel sign. A 3 | ***alla greca***, (*ellitt.*) secondo l'uso greco ‖ **grecaménte**, **avv.** **1** in modo greco; (*est.*) elegantemente **2** in lingua greca ‖ **grechétto**, **dim.** (V.) | **grechìno**, **dim.** | **grecùccio**, **dim.** **B s. m.** **1** (**f.** *-a*) abitante o nativo della Grecia **2** grecale **3** (gener. con iniziale maiuscola) vitigno coltivato in Calabria e in Campania, che dà un'uva bianca di colore grigio ambrato | il vino bianco, secco o da dessert, che se ne ricava: *G. di Bianco*; *G. di Tufo* **C s. m. solo sing.** ● lingua della famiglia indoeuropea, parlata in Grecia: *g. antico*; *g. moderno* | ***parlare g.***, ***in g.***, (*fig.*) in modo incomprensibile

grèco- primo elemento ● in parole composte, fa riferimento alla Grecia o ai Greci: *greco-ortodosso*, *greco-romano*

grecòfono [comp. di *greco* e *-fono* ✱ 1983] **agg. e s. m.** (**f.** *-a*) ● che (o chi) parla la lingua greca

†**grècolo** ➤ **greculo**

grèco-ortodòsso [av. 1835] **agg. e s. m.** (**f.** *-a*) ● appartenente alla Chiesa cristiana greca, in quanto ritenuta dai suoi fedeli depositaria dell'autentica fede dei primi grandi concili ecumenici

grecoromanìsta [deriv. di (*lotta*) *greco-romana* ✱ 1972] **s. m.** (**pl.** *-i*) ● atleta specialista nella lotta greco-romana

grèco-romàno [av. 1793] **agg.** ● relativo agli antichi Greci e Romani | ***lotta greco-romana***, specialità della lotta nella quale i colpi vengono effettuati solo con le braccia

grèculo o †**grècolo** [vc. dotta, lat. *Grāeculu(m)*, dim., a senso spreg. e ironico di *Grāecus* 'greco' ✱ av. 1597] **agg.**; anche **s. m.** ● (*lett.*, *spreg.*) nell'antica Roma, detto di ciascuno di quei filosofi e letterati depositari di una troppo pedante forma di sapere

green /*ingl.* griːn/ [vc. ingl., propr. 'verde', poi 'prato' (in particolare *golf green* 'campo da golf') ✱ 1972] **s. m. inv.** ● (*sport*) in un campo da golf, area ben rasata dove è sistemata ciascuna buca del percorso | (*est.*) campo da golf

green ecònomy /grin e'kɔnomi, *ingl.* ˌgriːnɪ'kɒnəmɪ/ [loc. ingl., propr. 'economia (*economy*) verde (*green*)' nel sign. A 8 ✱ 1987] **loc. sost. f. inv.** ● economia verde (V. *economia* nel sign. 3)

green keeper /grin'kiper, *ingl.* 'griːŋˌkiːpə(r)/ [loc. ingl. comp. di *green* (V.) e di *keeper* 'custode' (da (*to*) *keep* 'tenere', d'orig. sconosciuta) ✱ 1993] **loc. sost. m. e f. inv.** (**pl. ingl.** *green keepers*) ● (*sport*) addetto alla manutenzione di un campo da golf

greenshoe /grin'ʃu, *ingl.* 'griːnˌʃuː/ [vc. ingl., propr. 'scarpa (*shoe*) verde (*green*)' di oscura motivazione ✱ 1994] **s. f. inv.** (**pl. ingl.** *greenshoes*) ● (*econ.*) nelle offerte pubbliche di vendita, quantitativo di azioni che l'emittente si riserva di mettere sul mercato per incrementare la quantità offerta

greenway /grin'wei, *ingl.* 'griːnˌweɪ/ [vc. ingl. comp. di *green* 'verde' e *way* 'strada' ✱ 1999] **s. f. inv.** ● percorso di particolare interesse naturalistico o paesaggistico

gregàle [vc. dotta, lat. *gregāle(m)*, propr. 'che appartiene al gregge (*grĕx*, genit. *grĕgis*)', quindi 'comune, volgare' ✱ 1557] **agg.** ● (*raro*) del gregge | che sta, si riunisce in un gregge: *cervi gregali* | ***istinto g.***, che induce alcune specie animali a raggrupparsi in greggi

gregàrio [vc. dotta, lat. *gregāriu(m)* 'che appartiene, relativo al gregge (*grĕx*, genit. *grĕgis*)' ✱ av. 1347] **A s. m.** **1** (*lett.*) soldato semplice **2** (**f.** *-ia*) (*est.*) membro di un partito o di altra organizzazione, con funzioni di esecutore subalterno **3** (**f.** *-ia*) componente di una squadra ciclistica che ha il compito di aiutare il caposquadra **B agg.** **1** da gregario: *imitazione gregaria* | privo di iniziativa, subalterno: *svolgere un ruolo g.* **2** detto di animali che vivono in branchi, stormi e simili aggregazioni

gregariṣmo [1950] **s. m.** **1** tendenza ad accettare un ruolo passivo e di completa dipendenza da altri **2** tendenza di taluni animali a vivere in branchi, stormi e sim.

♦**grégge** (o *-è-*) [vc. dotta, lat. *grĕge(m)*, di orig. indeur. ✱ sec. XIII] **s. m.** o (*lett.*) **f.** (**pl. f.** *gréggi* (o *-è-*) o **lett.** *grégge*, **lett.** *gréggie*; **pl. m.** *raro gréggi* (o *-è-*)) **1** gruppo di pecore o capre adunate sotto la custodia di un pastore: *guidare, pascere il g.* | (*lett.*) ***g. lanuto***, pecore | (*lett.*) ***g. barbato***, capre | †***il g. marino***, l'insieme degli animali marini | (*lett.*) branco di animali in genere: *g. di cavalli, porci, polli* | (*est.*) †ovile **2** (*fig.*) moltitudine di persone: *un g. di schiavi*; *fui servo e fui tra g. / d'ancelle* (T. Tasso) | ***il g. cristiano, del Signore***, i fedeli | ***g. dei fedeli, di Cristo***, popolo dei cristiani retti da Cristo buon pastore; insieme dei fedeli in rapporto al loro capo ecclesiastico **3** (*fig.*, *spreg.*) moltitudine di persone passive, prive di autonomia | ***uscire dal g.***, distinguersi dalla massa ‖ (*lett.*) **greggiòla**, **greggiuòla**, **dim. f.**

SFUMATURE ➤ ***branco***

†**gréggia** [sec. XIII] **s. f.** ● (*lett.*) gregge

♣**gréggio** [etim. discussa: lat. parl. *grĕgiu(m) 'che è proprio del gregge (*grĕx*, genit. *grĕgis*), comune' (?) ✱ av. 1600] **A agg.** (**pl. f.** *-ge*) ● di ciò che è allo stato naturale, che non ha subìto puliture o lavorazioni: *diamante, metallo g.*; *pietra greggia* **SIN.** grezzo | ***cuoio g.***, non conciato | ***petrolio g.***, non raffinato | ***tela greggia***, non imbiancata né ammorbidita | ***riso g.***, non mondato | ***lavoro g.***, non ancora perfezionato | ***materia greggia***, non elaborata | ***seta greggia***, come esce dalle filande, col suo colore naturale **B s. m.** ● petrolio greggio

SFUMATURE DI SIGNIFICATO

greggio - grezzo

Ciò che è così come si trova in natura, che non ha subito puliture o lavorazioni si definisce **greggio**; il termine è usato specificamente in riferimento al petrolio ancora non sottoposto a raffinazione. **Grezzo** è una variante di *greggio*, ma al significato letterale aggiunge, se riferito a persona, quello figurato di rozzo, incolto, ignorante.

grégna [lat. *grĕmia*, nt. pl. di *grĕmium* 'ciò che si prende in una bracciata', di orig. indeur. ✱ 1499] **s. f.** ● bica di covoni di cereali

gregoriàno [vc. dotta, lat. tardo *Gregoriānu(m)* 'pertinente a Gregorio (*Gregōriu(m)*, dal gr. *Grēgórios*, da *grḗgoros* 'sveglio', deriv. dal v. di orig. indeur. *egéirein* 'vegliare')' ✱ 1475] **agg.** ● relativo a personalità storiche, spec. pontefici, di nome Gregorio | ***canto g.***, forma di canto, monodico e senza accompagnamento strumentale, della liturgia latina codificata in un vasto repertorio eterogeneo che una leggenda attribuisce a Gregorio I Magno (535 ca.-604) | ***riforma gregoriana***, l'insieme delle innovazioni decise da Gregorio VII (1020 ca.-1085) per il risanamento della Chiesa e del clero | ***calendario g.***, quello attualmente in uso, entrato in vigore il 4 ottobre 1582 con la riforma di Gregorio XIII; rispetto al calendario giuliano, eliminò dal novero degli anni bisestili quelli divisibili per 100, tranne quelli divisibili per 400 | ***codice g.***, compilazione delle costituzioni, dall'imperatore Adriano in poi, fatta nel III sec. dal giurista Gregorio (o Gregoriano), che servì alla successiva compilazione di Giustiniano

gre gre /gre'grɛ*/ [vc. onomat. ✱ 1900] **A loc. inter.** ● riproduce il gracidare delle rane e delle raganelle **B** in funzione di **loc. sost. m. inv.** ● il gracidare: *nei campi / c'è un breve gre gre di ranelle* (G. Pascoli)

grembialàta ➤ **grembiulata**

grembiàle ➤ **grembiule**

grembiàta [1305 ca.] **s. f.** ● (*raro*) quanta roba può essere tenuta in grembo ‖ **grembiatèlla**, **dim.**

grèmbio [sec. XIV] **s. m.** **1** V. *grembo* **2** (*tosc.*) grembiule

grembiulàta o **grembialàta** [sec. XIV] **s. f.** ● quanto può essere contenuto in un grembiule

♦**grembiùle** o (*lett.*) **grembiàle** [da *grembio* ✱ 1353] **s. m.** **1** indumento, con o senza pettorina, che ricopre la parte anteriore del corpo e si indossa sopra agli abiti per proteggerli **2** sopravveste indossata dai bambini, da addetti a certi lavori, da commesse e sim. **3** protezione, copertura di macchine utensili **4** (*sport*, *disus.*) nel kayak, fascia di plastica o sim. stretta intorno ai fianchi del rematore e al pozzetto, che impedisce l'entrata dell'acqua nell'imbarcazione **5** (*mar.*) lato inferiore libero di una vela ‖ **grembiulàccio**, **pegg.** | **grembiulétto**, **dim.** | **grembiulìno**, **dim.** | **grembiulóne**, **accr.**

♣**grèmbo** (o *-é-*), (*tosc.*) **grèmbio** [lat. *grē-*

miu(m) 'bracciata (di legna, erbe, o altro)', di orig. indeur., con sovrapposizione d'altra vc. con *-mb-* (*lembo*) ✱ av. 1292] **s. m. 1** l'incavo che si forma fra le ginocchia e il seno, quando una persona, spec. una donna, è seduta: *il bambino dorme col capo in g. alla madre* | (*fig.*) †***a g. aperto***, spontaneamente, generosamente | (*est.*) †grembiule, grembiulata: *levossi in piè con di fior pieno un g.* (A. POLIZIANO) **2** (*est.*) ventre materno: *portare un figlio in g.* **3** (*mar.*; *disus.*) parte più piena e marcata della vela gonfia dal vento **4** (*fig.*) la parte più intima e nascosta di qlco.: *la terra accoglie le sementi nel suo g.* | ***in g. a qlco., nel g. di qlco.***, dentro | (*fig.*) ***morire nel g. della S. Chiesa***, in grazia di Dio | (*fig.*) ***in g. a Dio***, nella Chiesa | (*fig.*) ***buttarsi, mettersi in g. a qlcu.***, affidarglisi completamente **5** (*fig.*, *lett.*) insenatura, avvallamento | ***il fiume fa g.***, si allarga | ***il monte fa g.***, si avvalla | (*lett.*) letto di lago

†**grèmio** [sec. XIV] **s. m.** ● (*lett.*) grembo

✱**gremìre** [etim. discussa: longob. **krammian* 'riempire' (?) ✱ 1598] **A v. tr.** (*io gremìsco, tu gremìsci*) ● riempire fittamente | affollare un luogo: *una moltitudine di giovani gremiva la piazza* **B gremìrsi v. intr. pron.** ● diventare pieno, affollato (+ *di*): *l'aula si gremì di studenti*

gremìto **part. pass.** di *gremire*; anche **agg.** ● affollato, pieno zeppo (+ *di*): *stadio g.*; *una piazza gremita di manifestanti*

grèmlin /*ingl.* 'gremlɪn/ [vc. ingl., propr. 'folletto', 'spiritello maligno' ✱ 1985] **s. m. inv.** ● mostriciattolo

gremolàda ➤ **gramolata**

grèppia [francone **krippja*, che ha un parallelo longob. **kruppja*, egualmente attestati nei dial. dell'Italia sett. e centr. ✱ 1481] **s. f. 1** nelle stalle, rastrelliera soprastante la mangiatoia, dove si mette il fieno | (*est.*) mangiatoia **2** (*fig.*, *scherz.*) impiego, spec. pubblico, fonte di guadagni considerati facili e sicuri | ***essere devoto alla g.***, lavorare soltanto per lo stipendio

gréppo [da una radice **krepp-*, **grepp-* 'luogo scosceso', di ampia diffusione ✱ 1313] **s. m. 1** (*lett.*) fianco dirupato e ripido di un'altura: *io me n'andai … / il traditor cercando per quei greppi* (L. ARIOSTO) | (*lett.*) ciglio rialzato di una strada | (*lett.*) argine di un corso d'acqua | (*lett.*, *fig.*) ***fare g.***, sporgere le labbra come fanno i bambini quando cominciano a piangere: *Scoraggiata, cominciò a far g. in silenzio* (G. VERGA) **2** (*fig.*, *lett.*) bolgia infernale: *Qui li trovai … / … quando piovvi in questo g.* (DANTE *Inf.* XXX, 94-95) **3** †tugurio

gres /grɛs/ [fr. *grès*, dal francone **griot* 'ghiaia, sabbia' ✱ 1819] **s. m. inv.** ● tipo di ceramica colorata e a pasta compatta che cuoce ad alta temperatura, costituita da un impasto di argilla; è caratterizzato da grande durezza e resistenza agli agenti corrosivi e suscettibile di svariati impieghi spec. nell'industria chimica e nell'edilizia

gréto [riduzione di *ghiareto* 'terreno coperto di ghiaia (*ghiara*)', con influenza di *grava* ✱ sec. XIII] **s. m.** ● parte del letto del fiume che rimane scoperta dall'acqua: *sul g. pascolano svogliatamente i buoi, rari, infangati sino al petto* (G. VERGA) | (*lett.*) terreno ghiaioso

grétola [dim. del lat. *clētru(m)*, per *clātru(m)*, pl. *clātra*, 'graticciato', dal gr. dial. *klâithron*, da *kléis* 'strumento per chiudere', di orig. indeur. (?) ✱ av. 1449] **s. f. 1** ciascuna delle asticelle o dei fili di ferro che formano una gabbia | (*tosc.*) stecca di persiana **2** †scheggia **3** (*fig.*, *tosc.*) cavillo, sotterfugio, pretesto

gretóso (o **-ṣ-**) [da *greto* ✱ 1550] **agg.** ● (*lett.*) ghiaioso

gretterìa [av. 1704] **s. f.** ● (*lett.*) grettezza | comportamento, atto da persona gretta **SIN.** meschinità, tirchieria

grettézza [1551] **s. f. 1** eccessiva parsimonia, tirchieria **2** (*fig.*) meschinità d'animo, piccineria

grétto [dall'it. merid. *crettu* (V. *cretto*) che, oltre al sign. principale di 'crepato' detto del terreno 'arido, sterile', ha anche quello deriv. di 'magro, gracile' ✱ av. 1543] **A agg. 1** di chi è eccessivamente parsimonioso nello spendere **SIN.** tirchio **2** (*fig.*) meschino, dalla mentalità angusta, limitata: *idee grette*; *educazione gretta*; *animo g.* || **grettaménte**, **avv.** **B s. m. 1** (**f.** *-a*) persona gretta **2** (*lett.*) grettezza

✱**grève** o †**griève** [lat. parl. **grĕve(m)*, var. di *grăve(m)* 'pesante' per sovrapposizione con il suo opposto *lĕve(m)* 'lieve' ✱ av. 1257] **agg. 1** pesante: *g. come piombo* | ***aria g.***, afosa, opprimente **2** (*fig.*, *lett.*) doloroso, penoso: *non ti paia grieve fare quello di che tu sarai lodata* (L.B. ALBERTI) **3** (*fig.*) volgare, grossolano: *una battuta g.* || **greveménte**, **avv.**

greyhound /'greˈjaund, *ingl.* 'greɪˌhaund/ [vc. ingl., 'levriere', propr. 'cane (*hound*) grigio (*grey*)' ✱ 1913] **s. m. inv. 1** levriero inglese a pelo raso **2** negli Stati Uniti, autobus che collega le città principali

✱**grézẓo** [variante di *greggio* ✱ av. 1557] **A agg. 1** greggio, non lavorato: *seta grezza*; *materiale g.*; *legno g.* **2** (*fig.*) non ancora formato, non ancora educato: *ingegno g.*; *mente grezza* | ***persona grezza***, grossolana, rozza **B s. m. 1** (*miner.*) materiale utile così come viene estratto dalla miniera e prima che subisca qualsiasi trattamento **2** (*miner.*) pietra preziosa o semi-preziosa al naturale, prima della lavorazione che la trasforma in gemma

SFUMATURE ➤ ***greggio***

gribàna [fr. *gribane*, dal medio neerlandese *kribben* 'raschiare', con passaggio semantico incerto ✱ 1869] **s. f.** ● piccola nave fiamminga a fondo piatto, senza chiglia, con due alberi, usata spec. per la navigazione lungo le coste e i fiumi

grìccio ① [da *riccio* per sovrapposizione di altra vc. con *gr-* ✱ av. 1712] **A agg.** (**pl. m.** *-ci*; **pl. f.** *-ce*) **1** †arricciato, increspato **2** (*region.*) tirchio **B s. m.** (**f.** *-a*) ● (*region.*) persona tirchia

†**grìccio** ② [vc. espressiva ✱ av. 1386] **s. m.** ● capriccio, ghiribizzo

grìcia [da *gricio*, var. roman. di *grigio* ✱ 1987] **s. f.** (**pl.** *-cie* o *-ce*) ● (*roman.*) condimento all'amatriciana senza il pomodoro: *spaghetti alla g.*

gricile ➤ **grecile**

grìco [otrantino *grico* 'greco' da una ricostruita vc. gr. **grêkos*, *grîkos* ✱ 1952] **A agg.** (**pl. m.** *-ci*) ● detto di lingua neogreca che si parla in Terra d'Otranto e in altre località dell'Italia meridionale | che è detto o scritto in tale lingua: *canzone grica* **B s. m. solo sing.** ● lingua grica

grìda [da *gridare*, col genere dei n. collettivi ✱ 1344] **s. f.** **Il plurale di *grida* è regolare: *le gride*; invece *le grida* è il plurale di *grido* (spec. in riferimento a quelle umane). Perciò dire *le grida* parlando di 'bandi', 'editti' e sim. è un errore** **1** (*stor.*) bando, editto, decreto che era annunziato dal banditore: *le gride delle autorità* **2** †voce pubblica, fama **3** †sgridata, rimprovero

gridacchiàre [sec. XVII] **v. intr.** (*io gridàcchio*; **aus.** *avere*) ● gridare poco e spesso, spec. per brontolare, per protestare

♦**gridàre** [lat. parl. **critāre* per il tardo *quir(r)itāre* 'grugnire', di orig. onomat. ✱ av. 1257] **A v. intr.** (**aus.** *avere*) **1** emettere con forza un suono alto di voce per ira e sim. o per richiamare l'attenzione degli altri: *g. a gran voce, a squarciagola, a più non posso, con quanto fiato si ha in gola* | ***g. contro, verso qlcu.***, inveire | (*est.*) parlare a voce troppo alta: *non c'è bisogno di g. così!* | protestare, lamentarsi: *gridino quanto vogliono, io ormai ho deciso* | ***g. allo scandalo***, protestare con veemenza contro ciò che si ritiene scandaloso | ***g. al miracolo***, V. *miracolo* **SIN.** sbraitare, urlare **2** emettere il proprio verso caratteristico, detto degli animali **3** (*raro*) litigare **B v. tr. 1** dire, proferire con alte grida: *scappando mi gridò qlco. che non capii*; *g. evviva, abbasso, al fuoco, aiuto* | ***g. vittoria***, (*fig.*) esultare pensando di avere già vinto | ***g. vendetta***, V. *vendetta* nel sign. 2 **2** annunciare qlco. ad alta voce: *g. un bando* | ***g. qlco. ai quattro venti***, farlo sapere a tutti | †bandire: *g. un torneo* | (*est.*, *poet.*) render famoso, celebrare il valore: *La fama che la vostra casa onora, / grida i segnori e grida la contrada* (DANTE *Purg.* VIII, 124-125) **3** (*raro*, *lett.*) acclamare: *g. qlcu. imperatore, capo* **4** †declamare, predicare **5** (*fam.*) riprendere, sgridare: *il padre ha gridato il bambino*

SFUMATURE DI SIGNIFICATO

gridare - urlare - sbraitare

Gridare è il termine più generico per indicare l'azione di emettere con forza la voce, per ira o per richiamare l'attenzione altrui. **Urlare** è invece alzare la voce come conseguenza dell'accalorarsi in rimproveri, discussioni, polemiche; si riferisce anche ad animali come lupi o cani. Nello **sbraitare** all'urlare per effetto della collera e del risentimento si unisce anche sguaiataggine, volgarità.

SFUMATURE ➤ ***inveire***, ➤ ***schiamazzare***

gridàrio [1842] **s. m.** ● (*stor.*) raccolta di gride: *ecco il linguaggio che nei gridari milanesi si usava* (L. EINAUDI)

gridàta [sec. XIV] **s. f. 1** (*raro*) grido **2** rimprovero, sgridata

gridàto **part. pass.** di *gridare*; anche **agg.** ● nei sign. del v. | (*fig.*) eccessivo, sopra le righe

gridatóre [1261 ca.] **A agg. e s. m.** (**f.** *-trice*) ● (*raro*) che (o chi) grida **B s. m.** ● †banditore

grid computing /grid kom'pjutin(g), *ingl.* ˌgrɪdkəm'pjuːtɪŋ/ [loc. ingl., propr. 'utilizzazione di computer (*computing*) collegati in rete (*grid*)' ✱ 2002] **loc. sost. m. inv.** ● (*inform.*) condivisione di un gran numero di server collegati in rete attraverso Internet, i quali lavorano come se fossero un unico computer

gridellìno o **griṣellìno** [fr. *gris-de-lin*, propr. '(del colore) grigio (*gris*) del (*de*) lino (*lin*)' ✱ 1668] **A s. m.** ● delicato colore viola pallido, di una tonalità intermedia fra il grigio e il rosa **B agg.** ● di ciò che è di tale colore: *fiore travidi g.* (G. D'ANNUNZIO)

gridìo [av. 1587] **s. m.** (**pl.** *-ii*) ● un gridare frequente e di molte voci insieme: *successe un g., un fuggi fuggi per tutta la stradicciuola* (G. VERGA)

♦**grìdo** [da *gridare* ✱ 1266] **s. m.** (**pl.** *grìda*, **f. spec. quelle umane**, *grìdi*, **m. spec. quelli degli animali**) **ATTENZIONE!** ***Le gride* è il plurale di *grida* (V.): usarlo in riferimento a *grido* è un errore** **1** suono alto di voce emesso con forza: *le grida dei bambini che giocano*; *il g. del venditore ambulante, del banditore*; *un g. di dolore, di morte* | †***a grida di popolo***, a furor di popolo | ***g. di guerra***, con cui i soldati accompagnano ed esaltano lo slancio nell'assalto e nella carica | (*banca*) ***contrattazione alle grida***, metodo di quotazione e scambio di titoli in Borsa, ora sostituito dagli strumenti telematici | ***recinto delle grida***, luogo dove si svolgevano tali contrattazioni | (*lett.*) fragore, rombo, squillo e sim. | (*est.*) strepito, tumulto **SIN.** urlo **2** (*fig.*) invocazione: *il g. dei popoli oppressi* **3** (*fig.*) †notizia generica, voce: *tutto è fondato in su romori, in su* *gridi* (F. GUICCIARDINI) | (*lett.*) fama, rinomanza | ***di g.***, famoso: *un architetto di g.*; *i matematici di maggior g. di diversi paesi* (G. GALILEI) | (*fig.*) ***l'ultimo g. della moda***, l'ultima novità | †***di g. in g.***, di bocca in bocca | (**al pl.**) †dicerie, opinioni comuni **4** verso di animale: *il g. degli uccelli notturni, degli sciacalli*; *i gridi dei falchi* **5** (**al pl.**) violenti rimproveri: *tacque e ascoltò le grida paterne* || **gridolino**, **dim.**

†**griève** ➤ **greve**

♣**grifàgno** [ant. provenz. *grifanh*, dal ted. *grīfan* 'afferrare' ✱ av. 1292] **agg. 1** (*lett.*) detto di uccello da rapina, con becco adunco e artigli | (*est.*) tipico degli uccelli rapaci: *naso, profilo g.* **2** (*lett.*, *fig.*) fiero e minaccioso: *facendo lampeggiare ora il bianco, ora il nero di due occhi grifagni* (A. MANZONI)

†**grifàre** [longob. *grīfan* 'prendere, ghermire' ✱ 1353] **v. tr. 1** immergere il grugno nel trogolo **2** (*fig.*) mangiare con avidità animalesca

grìffa [dal longob. *grīfan* 'acchiappare' ✱ sec. XIV] **s. f. 1** gancio metallico per trattenere o trascinare qlco. | nelle macchine da presa e nei proiettori cinematografici, dente che trascina la pellicola, agganciandola dai fori laterali **2** gancio che fissa il pattino a rotelle alla scarpa **3** (**spec. al pl.**) grappetta **4** †artiglio, granfia

griffàre [da *griffe* ✱ 1985] **v. tr.** ● dare, apporre la propria griffe a un prodotto

griffàto **part. pass.** di *griffare*; **anche agg. 1** detto di capo d'abbigliamento o di altro oggetto firmato da uno stilista **2** (*est.*) detto di chi abitualmente indossa abiti e usa accessori d'abbigliamento firmati da uno stilista: *una donna tutta griffata*

griffe /*fr.* gʀif/ [vc. fr., propr. 'artiglio' ✱ 1983] **s. f. inv. 1** firma, marchio, etichetta con cui uno stilista o un fabbricante contraddistingue un prodotto | (*est.*) chi firma il prodotto: *una g. della moda maschile* **2** corona di punte metalliche che tengono legata una pietra preziosa

SFUMATURE ➤ *marchio*

griffóne o **grifóne** [fr. *griffon*, propr. 'grifone' ✱ 1882] **s. m.** ● denominazione corrente che accomuna tre varietà di cani da caccia simili allo spinone, indipendentemente dalle loro diverse caratteristiche morfologiche

grìfo① [lat. tardo *grȳpu(m)* 'nasone' (dal gr. *grypós* 'che ha il naso ricurvo') incrociato con *grifare* (V. *grifo*③) ✱ 1266] **s. m. 1** (*lett.*) grugno **2** (*spreg.*, *spec. lett.*) viso umano | ***volgere il g.***, (*fig.*) dimostrare disprezzo, disgusto e sim.

†**grìfo**② o **grìpo** [gr. *grîphos*, originariamente 'nassa', poi 'barca da pesca con le nasse', di etim. incerta ✱ 1728] **s. m.** ● rete da pesca a sacco, usata specialmente dai pescatori chioggiotti

grìfo③ [vc. dotta, lat. *grīphu(m)*, tarda e volg. latinizzazione del gr. *grýps*, genit. *grypós*, 'curvo' ✱ av. 1327] **s. m.** ● (*zool.*) grifone

grifóne [accr. di *grifo*③ ✱ 1266] **s. m. 1** grande rapace diurno dei Falconiformi, con piumaggio cinerino e capo coperto di piumino bianco (*Gyps fulvus*) **2** (*zool.*) V. *griffone* **3** mostro alato mitologico usato talvolta come elemento decorativo di mobili rinascimentali, barocchi e neoclassici

grifòṣi [vc. dotta, tratta dal gr. *grypós* 'adunco' ✱ 1820] **s. f. inv.** ● (*med.*) alterato accrescimento dell'unghia per cui questa si incurva a uncino sul polpastrello

grigerógnolo (o **-ò-**) [av. 1786] **agg.** ● (*raro*) di colore che tende al grigio

grìgia [f. sost. di *grigio* ✱ 1993] **s. f.** (**pl.** *-gie* o *-ge*) ● (*gerg.*) brutta figura: *fare una g.*; *che g. all'esame!*

grigiàstro [fr. *grisâtre*, da *gris* 'grigio' col suff. di attenuazione di colore *-âtre* '-astro' ✱ 1772] **agg.** ● di un grigio non bello

grigiazzùrro [1901] **A agg.** ● che è di colore grigio tendente all'azzurro: *occhi grigiazzurri* **B s. m.** ● colore grigiazzurro

♦**grìgio** [ant. provenz. *gris*, dal francone *grīs*, di area germ. ✱ 1287] **A agg.** (**pl. f.** *-gie* o *-ge*) **1** di colore intermedio fra il bianco e il nero: *l'aria è grigia di pioggia* (U. SABA) | ***g. azzurro, perla, piombo***, varie sfumature di grigio | ***g. topo***, tonalità intermedia di grigio spento | ***g. ferro***, tonalità di grigio molto scuro | ***g. verde***, V. *grigioverde* | nuvoloso, nebbioso: *cielo g.*; *giornata grigia* | ***capelli grigi***, di chi comincia a incanutire | (*anat.*) ***materia, sostanza grigia***, parte del tessuto nervoso di aspetto grigiastro, formata dai pirenofori delle cellule nervose, che costituisce la corteccia cerebrale e cerebellare e la parte interna del midollo spinale; (*fig.*) intelligenza: *non avere materia grigia* **2** (*fig.*) scialbo, noioso, monotono: *una vita grigia* | mediocre, poco brillante, poco interessante: *un uomo g.* **3** (*fig.*) triste, malinconico: *momento g.*; *umore g.* **4** indefinito, ambiguo, poco chiaro: *l'omicidio è maturato in una zona grigia ai margini della legalità* | che opera nell'ombra: *eminenza grigia* (V. *eminenza*) **5** ***letteratura grigia***, V. *letteratura* || **grigétto**, **dim.** | **grigiolino**, **dim.** || **grigiaménte**, **avv.** mediocremente, scialbamente: *un'atmosfera grigiamente provinciale* **B s. m. 1** il colore grigio: *un abito di un brutto g.*; *vestire in g.*, *di g.* **2** tipo di mantello equino costituito da un insieme di peli neri e bianchi

grigióne① [dal colore della livrea ✱ 1930] **s. m.** ● nome comune di un genere di Mammiferi dei Mustelidi a livrea grigia, con due sole specie | ***g. maggiore***, lungo 45-77 cm (*Grison vittata*) | ***g. minore***, lungo 40-45 cm (*Grison cuja*)

grigióne② ➤ **grigionese**

grigionéṣe (o **-ṣ-**) o (*stor.*) **grigióne**② [romancio *grischùn* di origine prelatina ✱ 1540] **A s. m. e f.** ● abitante o nativo del cantone della Svizzera orientale dei Grigioni **B anche agg.**: *banca g.*; *dominazione grigiona in Valtellina*

♣**grigióre** [da *grigio* col suff. di qualità ✱ 1917] **s. m. 1** caratteristica di ciò che è grigio: *il g. del cielo autunnale* **2** (*fig.*) monotonia, tristezza: *il g. di una giornata solitaria* | (*fig.*) mediocrità: *un festival all'insegna del g.*

grigiovérde o **grigio-vérde** [comp. di *grigio* e *verde* ✱ 1897] **A agg.** (**pl.** *grigiovérdi* o **inv.**, **disus.** *grigivérdi*) ● che ha colore grigio sfumato di verde **B s. m.** ● colore dell'uniforme dell'esercito italiano, usato fino all'ultima guerra mondiale | (*est.*) la divisa stessa: *vestire il g.* | ***essere, vestire in g.***, indossare la divisa militare **SIN.** verdegrigio

♣**grigiùme** [da *grigi(o)* con il suff. *-ume* ✱ 1912] **s. m.** ● grigiore diffuso: *il g. del cielo autunnale* | (*fig.*) mediocrità, squallore, monotonia

grìglia [fr. *grille*, dal lat. *cratīcula(m)* 'graticola' ✱ av. 1798] **s. f. 1** graticola: *carne, pesce alla g.* | in vari apparati termici, parte del focolare che sostiene il combustibile solido e permette il passaggio dell'aria per la combustione e lo scarico delle ceneri **2** inferriata, grata | persiana **3** telaio a barre trasversali o longitudinali o di lamiera perforata **4** (*fis.*) elettrodo che, col catodo e la placca, compone il triodo, con funzione di controllo | ***g. schermo***, uno degli elettrodi di un pentodo **5** foglio opportunamente traforato o reticolato per la lettura o la scrittura di testi cifrati | in tecniche di controllo, spec. statistico, tabella opportunamente predisposta, gener. a doppia entrata, che consente di evidenziare le variazioni di un fenomeno: *la g. dei risultati* | (*est.*) schema di interpretazione di un testo letterario **6** (*est.*, *autom.*) ordine secondo il quale sono schierate le vetture alla partenza di una corsa automobilistica, stabilito in base ai tempi ottenuti durante le prove

grigliàre [da *griglia*, sul modello del fr. *griller* ✱ 1966] **v. tr.** (*io grìglio*) ● cuocere, arrostire sulla griglia

grigliàta [da *griglia* ✱ 1980] **s. f.** ● piatto di carne, pesce o verdure cotti sulla griglia: *una g. mista*

grigliàto① [da *griglia* ✱ 1874] **s. m. 1** pannello, riparo e sim. fatti a griglia **2** (*mar.*) portello dei boccaporti, fatto a griglia allo scopo di permettere il passaggio dell'aria

grigliàto② **part. pass.** di *grigliare*; **anche agg.** ● cotto sulla griglia: *scampi grigliati*

grigliatùra [da *grigliare* in senso tecnico ✱ 1972] **s. f.** ● (*miniere*) operazione consistente nel separare con griglie i pezzi più grossi di un minerale da quelli più piccoli

Grignolìno [vc. piemontese, *grignulìn*, dim. di *grignola* 'vinacciolo' (dal lat. parl. **granĭola(m)* 'granello'), per l'abbondanza dei vinaccioli negli acini ✱ 1875] **s. m.** ● vino rosso secco, leggermente amarognolo, prodotto nell'Astigiano e nel Monferrato dal vitigno omonimo

grill /*ingl.* grɪl/ [forma ridotta di *grillroom* ✱ 1905] **s. m. inv. 1** graticola, griglia: *arrostire la carne sul g.* | nei forni domestici, resistenza elettrica che riscalda o cuoce dall'alto i cibi: *forno a microonde dotato di g.* **2** (*est.*) cibo, spec. carne, arrostito sul grill: *un g. misto con patate* **3** accorc. di *grillroom*: *cenare in un g.*; *il g. di un albergo*

grillàia [luogo da *grilli* ✱ 1552] **s. f.** ● (*lett.*) luogo in cui si trovano solo grilli | (*lett.*) piccolo podere che rende poco; terreno sterile

grillànda ➤ **ghirlanda**

grillàre [lat. tardo *grillāre* 'stridere del grillo (da *grĭllus*)' ✱ sec. XIV] **v. intr.** (**aus.** *avere*) **1** †riferito al grillo, emettere il suo tipico cri-cri **2** (*tosc.*) gorgogliare bollendo o fermentando: *l'olio grilla nella padella*; *un vino molto giovine, che grilla e gorgoglia e ribolle* (A. MANZONI) **3** (*tosc.*) sobbalzare | (*tosc.*, *fig.*) far capricci, avere grilli e sim. **4** †guizzare

grillàstro [da *grillo* ✱ 1892] **s. m.** ● (*zool.*) genere di Insetti degli Ortotteri diffuso in Europa, in Etiopia e in Asia (*Decticus*)

grillettàre [ampliamento con infisso iter. di *grillare* ✱ 1855] **A v. intr.** (*io grillétto*; **aus.** *avere*) ● stridere, strepitare, sfrigolare: *la salsiccia messa sul fuoco grilletta* **B v. tr.** ● friggere nell'olio

grillétto [1771] **s. m. 1** dim. di *grillo* **2** levetta che nelle armi da fuoco portatili trasmette la pressione del dito allo scatto provocando lo sparo | ***avere il g. facile***, (*colloq.*) ricorrere con facilità all'uso delle armi **3** (*mus.*) punta della linguella dello scacciapensieri, con in cima una piccola ripiegatura che si percuote col dito per cavarne il suono **4** (*volg.*) clitoride || **grillettìno**, **dim.**

Grìllidi [lat. scient. *Gryllidae*. Cfr. *grillo* ✱ 1879] **s. m. pl.** (**sing.** *-e*) ● (*zool.*) famiglia di Insetti degli Ortotteri ampiamente diffusa, caratterizzata da ali variamente sviluppate, da una testa voluminosa e da un apparato in grado di emettere suoni striduli; comprende alcuni generi, tra i quali il noto *Gryllus* (*Gryllidae*)

grillìno [dal n. del comico e politico genovese B. Grillo (1948-), fondatore del Movimento 5 Stelle ✱ 2006] **agg. e s. m.** (**f.** *-a*) ● nel linguaggio giornalistico, relativo o appartenente al Movimento 5 Stelle **CFR.** pentastellato

♦**grìllo** [lat. *grĭllu(m)*, di orig. onomat. ✱ av. 1294] **s. m. 1** nome comune degli Ortotteri dei Grillidi, noti per il colore nero, le zampe posteriori atte al salto e il caratteristico suono stridulo prodotto dagli esemplari maschi (*Gryllus campestris*) **CFR.** stridere | ***g. canterino***, ***g. campestre***, grillo | ***mangiare come un g.***, poco o niente | ***andare a sentir cantare i grilli***, (*fig.*) morire | ***indovinala g.!***, quando non si riesce a spiegare qlco. e non si sa cosa accadrà | (*fig.*) ***g. parlante***, chi ama fare il saccente, il moralizzatore (dal personaggio del *Pinocchio* di C. Collodi) **2** (*fig.*) capriccio, ghiribizzo: *gli è saltato il g. di collezionare cartoline* | ***avere dei grilli per la testa***, essere pieno di fantasie e di idee strane **3** (*tosc.*) nel linguaggio del gioco delle bocce, il pallino **4** elemento metallico di collegamento a forma di U con due fori alle estremità attraverso cui passa un perno a vite o a baionetta || **grillétto**, **dim.** (V.) | **grillino**, **dim.** | (*lett.*) **grillolino**, **dim.** | **grillóne**, **accr.** | **grillùccio**, **dim.**

Grilloblattoidèi [comp. di *grillo* e *blattoidei* ✱ 1956] **s. m. pl.** (**sing.** *-èo*) ● (*zool.*) ordine di Insetti atteri con lunghe antenne filiformi e apparato masticatore (*Grilloblattoidea*)

grillotàlpa [comp. di *grillo*, per l'aspetto, e *talpa*, per l'abilità escavatoria ✱ av. 1698] **s. m. o f.** (**pl. f.** *grillotàlpe; raro grillitàlpa*, **m.**) ● insetto degli Ortotteri di colore bruno con forti zampe scavatrici, voracissimo e molto dannoso alle coltivazioni (*Gryllotalpa gryllotalpa*) **SIN.** rufola, zuccaiola

grillòtti [fr. *grillots*, originariamente 'sonagli' (dal medio alto ted. *grillen* 'gridare'), poi 'pendenti (come sonagli)' ✱ 1855] **s. m. pl.** (**sing.** *-o*) ● fili intrecciati, d'oro, argento o seta, per spalline di ufficiali o frange di parati

grillroom /ˈgril'rum, *ingl.* ˈgrɪlˌruːm/ [vc. ingl., propr. 'stanza (*room*, di ampia area germ.) da griglia (*grill*, m. tratto da *grille* 'graticola', di orig. fr.)' ✱ 1905] **s. m. inv.** ● locale dove si cucinano cibi alla griglia | rosticceria

grimaldèllo [da *Grimaldo*, n. di un inventore o perfezionatore dello strumento ✱ av. 1338] **s. m.** **1** strumento di ferro variamente uncinato che serve per aprire serrature senza la chiave **2** (*fig.*) accorgimento che consente di risolvere qlco., smascherare qlcu., o sim.

†**grìmo** [germ. *grim 'impetuoso, iracondo', di area germ. ✱ 1534] **A** **s. m.** ● padre | vecchio **B** **agg.** ● vecchio | grinzoso: *la grima vecchiaccia* (C. Dossi)

grimpeur /fr. grɛ̃'pœʀ/ [vc. fr., propr. 'arrampicatore', da *grimper*, di etim. incerta ✱ 1942] **s. m. inv.** (**f.** fr. *grimpeuse*) ● nel ciclismo, scalatore

grind /*ingl.* graɪnd/ [vc. ingl., propr. 'stridore' ✱ 1995] **s. m. inv.** ● (*mus.*) sottogenere dell'heavy metal dalle sonorità stridenti, i cui brani, eseguiti a velocità molto accelerata, non superano in genere i 30 secondi

grindcòre /grain'kɔr, *ingl.* 'graɪn(d),kɔː(r)/ [vc. ingl., propr. 'centro, nucleo (*core*) dello stridore (*grind*)' ✱ 1990] **s. m. inv.** ● (*mus.*) grind estremo, caratterizzato da brani brevissimi eseguiti a velocità caotica, senza alcun accenno di melodia o armonia

grinder /'grainder, *ingl.* 'graɪndə(r)/ [vc. ingl., propr. 'macinatore', dal v. *to grind* 'macinare' ✱ 1992] **s. m. e f. inv.** ● (*mar.*) membro dell'equipaggio addetto alla manovra del coffee grinder sulle grandi barche a vela da regata

grìnfia o (*pop.*, *raro*) **ṣgrìnfia** [longob. *grīfan* 'afferrare, ghermire' ✱ 1623] **s. f.** ● artiglio, granfia: *il gatto aveva un topo tra le grinfie* | (*fig.*) ***finire, cadere nelle grinfie di qlcu.***, in suo potere: *cadere nelle grinfie di un usuraio*

grìngo /'gringo, *sp.* °'griŋgo/ [var. ant. di *griego*, propr. 'greco', usato come 'straniero', oltre che come 'lingua incomprensibile' ✱ 1887] **s. m.** (**f.** sp. *-a*, **pl. m.** *-os*, **pl. f.** *-as*) ● (*spreg.*) per gli abitanti dell'America latina, forestiero di madrelingua non spagnola, spec. inglese o nordamericano

✱**grìnta** [got. *grimmitha, che si fa deriv. da un agg. *grimus 'irato, tremendo' (V. †*grimo*) ✱ av. 1850] **s. f.** **1** (*lett.* o *raro*) faccia truce e arcigna: *ha una g. che spaventa* | ***a g. dura***, con severità **2** (*est.*) volontà combattiva, determinazione, risolutezza: *ha avuto molta g. nell'affrontare quel problema*; *un atleta di g.*; *agire con g.* || **grintàccia**, **pegg.**

grintóso (o *-ṣ-*) [1546] **agg.** ● combattivo, aggressivo: *attaccante g.*; *un manager g.* | (*est.*) potente, sportivo: *macchina grintosa, motore g.* || **grintosaménte**, **avv.** con grinta

✱**grìnza** [da *grinzare*, dal longob. *grimmizōn 'corrugare la fronte (perché adirato: V. †*grimo*)' ✱ av. 1484] **s. f.** ● piega, ruga della pelle: *un viso pieno di grinze* | (*fig.*, *tosc.*) ***levarsi le grinze dal corpo***, riempirsi di cibo | (*est.*) increspatura di tessuti e sim.: *un abito macchiato e pieno di grinze* | ***non fa una g.***, di abito che calza a pennello; (*fig.*) di ragionamento, discorso e sim. che non ha difetti o lacune || **grinzétta**, **grinzettìna**, **dim.** | **grinzolìna**, **dim.**

grìnzo [1364] **agg.** ● (*lett.*) grinzoso: *pelle grinza; vecchio, abito g.*

✱**grinzóso** (o *-ṣ-*) [av. 1471] **agg.** ● che ha o fa grinze: *un vecchio dalla pelle grinzosa* | ***vestito g.***, pieno di pieghe **SIN.** rugoso || **grinzosétto**, **dim.** || **grinzosità**, **s. f. inv.** caratteristica di ciò che è grinzoso; (*est.*) insieme di grinze: *togliere le grinzosità da un abito*

grinzùme [av. 1850] **s. m.** ● (*raro*, *spreg.*) insieme di grinze o di rughe

grinzùto [1570] **agg.** ● (*lett.*) grinzoso

griòtta ➤ **agriotta**

grip /*ingl.* grɪp/ [vc. ingl., dal v. *to grip* 'afferrare', di provenienza germ. ✱ 1991] **s. m. inv.** **1** (*autom.*) aderenza dello pneumatico al terreno **2** impugnatura di un attrezzo sportivo, come il bastone da golf, la racchetta da tennis e sim.

grìpo ➤ †**grifo**②

grippàggio [fr. *grippage*, da *gripper* 'grippare' ✱ 1941] **s. m.** ● blocco di un organo meccanico contro un altro per dilatazione dovuta a surriscaldamento

grippàre [fr. *gripper*, dal francone *grīpan 'afferrare' ✱ 1939] **A** **v. tr.** ● provocare il blocco del motore per mancanza di lubrificazione e quindi surriscaldamento: *g. il motore*; (*anche assol.*) *Luigi ha grippato* **B** **v. intr.** (**aus.** *avere*) e **grippàrsi** **v. intr. pron.** ● di un organo meccanico, bloccarsi contro un altro a contatto del quale scorre o ruota, per dilatazione dovuta a surriscaldamento

grippe /fr. grip/ [vc. fr., forse da *gripper* 'afferrare', perché malattia che prende all'improvviso ✱ 1788] **s. f. inv.** ● influenza

grìppia [etim. incerta ✱ 1607] **s. f.** ● (*mar.*) cima legata da un lato al diamante dell'ancora e dall'altro a un galleggiante o a bordo, che aiuta il recupero dell'ancora stessa

grippiàle [ampliamento di *grippia* ✱ 1819] **s. m.** ● (*mar.*) galleggiante legato alla grippia che indica il punto in cui l'ancora è sommersa

griṣàglia [1913] **s. f.** **1** adattamento di *grisaille*, nel sign. 2 (V.) **2** abito maschile confezionato con tessuto di grisaille

grisaille /fr. gri'zaj/ [vc. fr., da *gris* '(di colore) grigio' ✱ 1886] **s. f. inv.** **1** tecnica decorativa pittorica a svariate tonalità di grigio usata in ceramica, negli smalti e nella mobilia, spec. di stile neoclassico | dipinto eseguito con tale tecnica **2** correntemente, qualsiasi tessuto, spec. di lana di filati grigi, o bianchi e neri con effetto di grigio

†**griṣantèmo** ➤ **crisantemo**

griṣatóio [adattamento del fr. *grésoir*, da *gréser*, dal neerl. *gruizen* 'macinare' ✱ 1550] **s. m.** (**pl.** *-ói*) ● arnese di ferro con cui i vetrai rodono il margine della lastra di vetro già incisa dal diamante **SIN.** topo

grisbi /fr. gʀiz'bi/ [vc. fr., comp. di una prima parte che risale a *gris(et)* 'nome di una moneta di colore scuro (*gris* 'grigio')' e di una seconda parte di orig. ignota ✱ 1963] **s. m. inv.** ● (*gerg.*) refurtiva, malloppo

griṣèlla [genovese *grixelle* 'graticole', dal lat. *craticĭllae, dim. di *crătis* (V. *grata*), per la forma reticolata ✱ 1798] **s. f.** ● (*mar.*, **spec. al pl.**) ciascuna delle traversine, in cavo, legno o metallo, montate sulle sartie a formare dei gradini per salire sugli alberi

griṣellìno ➤ **gridellino**

†**griṣètta** [fr. *grisette*, dapprima 'vestito di stoffa grigia (*gris*)', poi 'giovane vestita di grisette' ✱ 1789] **s. f.** ● stoffa o abito di colore grigio

grisette /fr. gʀi'zɛt/ [vc. fr., da *gris* 'grigio' con il suff. dim. *-ette* ✱ 1813] **s. f. inv.** ● nell'Ottocento, sartina o giovane operaia

†**griṣòstomo** ➤ **crisostomo**

grisou /fr. gʀi'zu/ [vc. fr., *grisou*, dal dial. (vallone) (*feu*) *grisou* '(fuoco) greco' ✱ 1874] **s. m. inv.** ● miscuglio esplosivo di gas metano e aria, che si sviluppa nelle miniere di carbone, zolfo, salgemma ecc. **CFR.** grisù

grissinerìa [1956] **s. f.** ● grissinificio

grissinifìcio [1963] **s. m.** ● fabbrica di grissini

grissìno [piemontese *grissín*, var. di *ghersín* 'filo di pane', dim. di *ghersa* 'fila (di oggetti)', di etim. incerta ✱ 1858] **s. m.** ● bastoncello friabile di pane croccante

griṣù [av. 1936] **s. m. inv.** ● adattamento di *grisou* (V.)

griṣùmetro [comp. di *grisù* e *-metro* ✱ 1970] **s. m.** ● apparecchio, per lo più portatile, con cui i minatori controllano l'eventuale presenza di grisou nei cantieri di miniera

griṣutóso (o *-ṣo*) [1972] **agg.** ● di miniera in cui si riscontra sviluppo di grisù

grivna /*ucraino* 'grivna/ [vc. russa, in orig. 'collana, anello, monile' ✱ 1991] **s. f.** (**pl.** *grìvne* o **ucraino** *grivny*) ● unità monetaria dell'Ucraina, divisa in 100 copechi; ha sostituito il karbovanez

grìzzly /*ingl.* 'grɪzlɪ/ [vc. ingl., propr. 'grigi(astr)o', da *grizzle* 'grigio', deriv. dal fr. *grisel*, dim. di *gris* 'grigio', con richiamo a *grisly* 'orribile, spaventoso' ✱ 1875] **s. m. inv.** (**pl. ingl.** *grizzlies*) ● grande orso americano dei Carnivori Ursidi, la più grossa fra tutte le specie dell'ordine, molto feroce, attualmente esistente solo nei parchi nazionali (*Ursus horribilis*)

grò /grɔ*/ [1868] **s. m. inv.** ● adattamento di *gros* (V.)

groenlandése (o *-ṣ-*) [1751] **A** **agg.** ● della Groenlandia **B** **s. m. e f.** ● abitante o nativo della Groenlandia

grog /grɔg, *ingl.* grɒg/ [dal soprannome dell'ammiraglio ingl. E. Vernon (*Old Grog* 'Vecchio Grog', perché vestito di *grog(ram)* 'grò'), che aveva ordinato la distribuzione ai marinai di rum annacquato ✱ 1828] **s. m. inv.** ● punch a base di rum o cognac in acqua bollente zuccherata, con scorza di limone

gròggy /'grɔggi, *ingl.* 'grɒgɪ/ [propr. 'ubriaco, ebbro', agg. di *grog* ✱ 1927] **agg. inv.** ● detto del pugile che, stordito dai colpi dell'avversario, non è più in grado di reagire | (*est.*) detto di persona molto provata, molto stanca

grogiolàre ➤ **crogiolare**

grogrè **s. m. inv.** ● adattamento di *gros-grain* (V.)

gròla [lat. *grăulu(m)*, var. di *grăculu(m)* (attestato anche al f.; V. *gracchia*) ✱ 1909] **s. f.** ● (*sett.*) denominazione di vari uccelli della famiglia dei Corvidi, come il corvo e la cornacchia

gròlla [vc. valdostana (*gròla*), di etim. incerta ✱ 1963] **s. f.** ● caratteristica coppa in legno della Valle d'Aosta

†**grollàre** ➤ **crollare**

gròma [vc. dotta, lat. *grōma(m)*, prestito pop. dissimilato dal gr. *gnōma*, per *gnṓmōn* 'gnomone' ✱ 1834] **s. f.** ● strumento simile a un goniometro a traguardo, usato anticamente dai Romani per misurare e scompartire superfici agrarie e accampamenti militari

gromàtico [da *groma* ✱ 1956] **agg.** (**pl. m.** *-ci*) ● relativo all'agrimensura

grómma [etim. discussa: lat. parl. **grūmma(m)* per **grūma(m)*, collettivo di *grūmu(m)* 'grumo', cioè 'complesso di grumi' (?) ✱ 1321] **s. f.** **1** incrostazione prodotta dal vino nelle botti **SIN.** gruma, tartaro② **2** (*est.*) incrostazione che si forma per il lungo uso nel caminetto delle pipe | incrostazione nelle tubazioni dell'acqua

grommàre [da *gromma* ✱ 1313] **A** **v. tr.** (*io grómmo*) ● ingrommare **B** **v. intr.** (**aus.** *essere*) e **grommàrsi** **v. intr. pron.** ● incrostarsi di gromma

grommàto **part. pass.** di *grommare*; anche **agg.** ● incrostato di gromma o di altra sostanza vischiosa: *pipe ... grommate e gorgoglianti* (R. BACCHELLI)

†**grómmo** [av. 1685] **s. m.** ● grumo, coagulo

grommóso (o **-ṣ-**) [1336 ca.] **agg.** ● pieno di gromma | (*lett.*) sporco, appiccicoso

grónchio [etim. discussa: da *granchio* con sovrapposizione di altra vc. (?) ✱ 1869] **agg.** ● (*lett.*) rattrappito, detto spec. delle mani intirizzite dal freddo

grónda [lat. parl. *grŭnda(m)*, di etim. incerta ✱ sec. XIII] **s. f.** **1** orlo del tetto che sporge in fuori, per evitare la caduta della pioggia lungo il muro **2** ognuno degli embrici collocati a copertura della gronda **3** (*est.*) tutto ciò che per forma o inclinazione sia simile a una gronda | ***cappello a g.***, con tesa larga e inclinata | †rami estremi degli alberi che si protendono sui campi altrui **4** (**spec. al pl.**) ciascuno dei covoni esterni della bica inclinati per facilitare lo scolo dell'acqua piovana **5** parte posteriore dell'elmo che proteggeva la nuca **6** (*tosc.*) margine di un lago o palude **7** (*fig.*, *lett.*) ciglio, sopracciglio | (*fig.*) †cipiglio

grondàia [da *gronda* ✱ av. 1449] **s. f.** **1** canale, a sezione semicircolare o sagomato, sospeso con ferri a collo d'oca ai correntini del tetto, per raccoglier l'acqua piovana e portarla ai pluviali | (*est.*) gronda **2** lo spazio nel quale scorre l'acqua, tra due filari di embrici

grondànte **part. pres.** di *grondare*; anche **agg.** ● che gronda (+ *di*; *lett.* **senza prep.**): *spada g. di sangue* | intriso, zuppo: *era g. di sudore*; *i cucinieri ... grondanti sudore* (C. CATTANEO)

grondàre [da *gronda* ✱ av. 1250] **A** **v. intr.** (*io gróndo*; **aus.** *essere* **nel sign. 1**, *avere* **nel sign. 2**) **1** cadere dell'acqua dalla grondaia | (*est.*) colare abbondantemente: *la pioggia grondava dai rami* **2** essere intrisi e colare, di sudore, sangue e sim. (+ *di*): *g. di lacrime, di sangue, di pioggia*; *ecco l'acciaro, / che gronda ancor del suo sangue fumante* (V. ALFIERI) **B** **v. tr.** ● lasciar colare in notevole quantità: *il viso dell'uomo grondava sudore*

grondatùra [1869] **s. f.** ● (*raro*) il grondare | il liquido che gronda

grondóne [1890] **s. m.** ● doccione di terracotta o lamiera che si applica alla gronda

grondongrondóni o **grondón grondóni** [da *grondare* 'cadere giù' col suff. avv. *-oni* ✱ 1869] **avv.** ● (*raro*, *tosc.*) camminando curvo, lentamente e a fatica: *andare, avanzare g.*

gróngo o **góngro**, **cóngro** [lat. *grŏngu(m)*, dal gr. *góngros*, che gli antichi accostavano al v. *grân* 'divorare', forse per etim. pop. ✱ 1483] **s. m.** (**pl.** *-ghi*) ● pesce osseo degli Anguilliformi con corpo subcilindrico a pelle nuda, molto aggressivo (*Conger conger*)

groom /*ingl.* gru:m/ [vc. ingl., di etim. incerta ✱ 1828] **s. m. inv.** **1** garzone di stalla, stalliere **2** giovane servitore in livrea, in case signorili o in alberghi

grooming /ˈgrumin(g), *ingl.* ˈgru:mɪŋ/ [vc. ingl., da *to groom* 'fare la pulizia del corpo'; nel sign. 2, dalla loc. *(child) grooming* 'adescamento di un bambino' ✱ 1951] **s. m. inv.** **1** in etologia, attività di pulizia che uccelli e mammiferi effettuano sul proprio piumaggio e sulla propria pelliccia, che assume un significato sociale tra individui del gruppo di appartenenza **2** adescamento di minori in Internet

gròppa [germ. **kruppa* 'massa rotonda', forse attrav. il provenz. *cropa* ✱ 1282] **s. f.** **1** regione dei quadrupedi compresa tra i lombi, i fianchi, le cosce, la coda e le natiche **2** (*fam.*, *scherz.*) le spalle, la schiena | ***avere molti anni sulla g.***, essere di età avanzata | †***non portare in g. qlco.***, (*fig.*) non tollerarla | ***rimanere sulla g.***, (*fig.*) riferito a qlco. di cui non ci si riesce a disfare **3** nella ginnastica, ciascuna delle due parti, a destra e a sinistra delle maniglie, nel cavallo con maniglie **4** (*raro*) vetta montana di forma arrotondata ‖ **groppóne**, **accr. m.** (V.)

groppàta ➤ **sgroppata**

groppièra [1337] **s. f.** **1** striscia di cuoio lungo la groppa, attaccata con una fibbia alla sella e che gira intorno alla coda **2** nel Medioevo, gualdrappa, coperta per la groppa del cavallo

gróppo (o **-ò-**) [germ. **kruppa* (V. *groppa*) ✱ av. 1294] **s. m.** **1** viluppo intricato, nodo ingarbugliato | ***far g.***, di filo e sim. che si ingarbuglia | (*fig.*) ***avere, sentire un g. alla gola***, avere la gola chiusa spec. per intensa commozione | ***fare il g.***, (*fig.*, *lett.*) indurirsi, consolidarsi | (*tosc.*) nodo del legname e sim. **2** (*fig.*, *lett.*) dubbio, difficoltà **3** perturbazione meteorologica con improvvisa variazione e intenso aumento del vento, accompagnato da precipitazioni | ***vento di g.***, vento forte turbinoso che cambia improvvisamente, ma per pochi minuti, direzione e intensità ed è accompagnato da pioggia, grandine e temporale **4** †V. *gruppo*

gropponàta [1872] **s. f.** **1** (*raro*) colpo dato con la schiena cadendo **2** (*raro*) sgroppata nel sign. 1

groppóne [1313] **s. m.** **1** accr. di *groppa* **2** (*fam.*, *scherz.*) il dorso, le spalle | ***avere tanti anni sul g.***, essere in età avanzata | ***piegare il g.***, sgobbare, adattarsi a un lavoro penoso e umiliante

gros /*fr.* gʀo/ [1905] **s. m. inv.** ● accorc. di *gros-grain* **CFR.** grò

Gròschen /ˈgrɔʃʃən, *ted.* ˈgʀɔʃn/ [vc. ted., di provenienza dial., dal ceco *groš*, in lat. mediev. *(denāriu(m)) grŏssum* 'grosso' moneta ✱ 1892] **s. m. inv.** (**pl. ted. inv.**) ● (*numism.*) antica moneta d'argento tedesca del XV sec. | fino all'introduzione dell'euro (2002), moneta corrispondente a un centesimo dello scellino austriaco

gros-grain /*fr.* ˌgroˈgʀɛ̃/ [vc. fr., propr. 'a grana (*grain*) grossa (*gros*)' ✱ 1549] **s. m. inv.** **1** tessuto pesante di seta e lana lavorato a sottilissime coste **2** nastro rigido, a coste verticali, adatto a sostenere dall'interno cinture e sim. **CFR.** grogrè

gròssa① [sottinteso *dormita*, perché è la più lunga ✱ 1561] **s. f.** ● terza dormita dei bachi da seta | (*fig.*) ***dormire della g.***, profondamente

gròssa② [fr. *la grosse*, sottinteso *douzaine*, 'la (dozzina) grossa' ✱ 1582] **s. f.** ● unità di misura corrispondente a dodici dozzine, usata spec. nel commercio delle ferramenta e delle uova

†**grossàggine** [av. 1475] **s. f.** ● goffaggine | ignoranza

grossagràna [trad. del fr. *gros-grain*, propr. 'a grossa (*gros*) grana (*grain*)' ✱ sec. XIV] **s. m. inv.** ● gros-grain

grosserìa [fr. *grosserie*, da *gros* 'grosso, grossolano, non minuto' ✱ av. 1528] **s. f.** **1** †balordaggine, scempiaggine: *bella g. udì' dir io da un Bresciano* (B. CASTIGLIONE) **2** lavorazione in oro e argento di oggetti di grossa mole come vasellame, figure e sim. | (*est.*) gli oggetti stessi

grossetàno [av. 1405] **A** **agg.** ● di Grosseto **B** **s. m.** (**f.** *-a*) ● abitante o nativo di Grosseto

grossézza [1282] **s. f.** **1** dimensione di qlco. spec. riguardo al volume o allo spessore: *valutare la g. di un oggetto*; *una vipera di notevole g.* **2** dimensione superiore al normale: *g. del fegato, della milza* | (*fig.*, *lett.*) rozzezza, ottusità, grossolanità **3** †gravidanza

grossier /*fr.* gʀoˈsje/ [vc. fr., da *gros* 'grosso' ✱ 1819] **agg. inv.** (**f. fr.** *grossière*; **pl. m.** *grossiers*; **pl. f.** *grossières*) ● grossolano, rozzo

†**grossière** [fr. (*marchand*) *grossier*, da (vendre en) *gros* '(vendere) all'ingrosso' ✱ 1476] **A** **agg.** ● grossolano, ignorante **B** **s. m.** ● venditore all'ingrosso

grossìsta [1869] **s. m. e f.** (**pl. m.** *-i*) ● chi esercita il commercio all'ingrosso

♦**gròsso** [lat. *grŏssu(m)*, vc. pop. con prob. var. e paralleli in altre lingue indeur. ✱ 1261 ca.] **A** **agg.** **1** che supera la misura ordinaria per massa, per volume: *stabile, fabbricato g.*; *è più g. di un ippopotamo*; *era la nave più grossa della flotta*; *è un cocomero molto g.* | ***fiume, lago, mare g.***, gonfio per la piena, per la tempesta, per la marea **CFR.** macro-, maxi-, mega- **2** (*est.*) di notevole entità, rilevanza, consistenza: *dirige un g. complesso industriale*; *possedere un g. appezzamento di terreno*; *mettere insieme una grossa fortuna*; *viviamo in un g. paese*; *abitare in una grossa città* | ***artiglieria grossa***, di grande calibro | ***caccia grossa***, quella data agli animali selvaggi di notevoli dimensioni | **PROV.** ***il pesce g. mangia il piccolo*** **SIN.** grande **CONTR.** piccolo **3** di notevole spessore, diametro e sim.: *filo, spago g.*; *libro, cartone g.*; *colonna grossa* | ***sale g.***, di grana non fine | (*anat.*) ***intestino g.***, crasso | ***dito g.***, pollice, alluce | ***pasta grossa***, maccheroni, lasagne, cannelloni e sim. **4** denso: *vino g.* | ***aria grossa***, pesante | ***acqua grossa***, torbida, melmosa | ***tempo g.***, che si prepara al brutto | ***fiato g.***, affannoso **5** robusto: *un uomo grande e g.*; *un cane, un cavallo g.*; *è un g. omaccione*; *essere, diventare g.* | ***donna grossa***, (*pop.*) incinta **6** numeroso, fitto: *famiglia, schiera grossa*; *le genti di Nicolò ... trovavano i nemici grossi* (N. MACHIAVELLI) | ricco: *attendere una grossa eredità* **7** importante, ragguardevole e sim.: *si tratta di un g. esponente della cultura*; *è un g. affare*; *è uno dei più grossi successi cinematografici* | ***pezzo g.***, persona importante, autorevole **8** grave, difficile da sopportarsi: *fare una grossa fatica*; *incontrare grosse difficoltà*; *correre grossi rischi*; *commettere un g. errore*; *è un guaio troppo g.* | ***dire, pronunciare parole grosse***, offensive, minacciose | ***dirle grosse***, dire bugie, panzane: *questa poi è grossa!* | ***farla grossa***, commettere uno sproposito **9** (*fig.*, *lett.*) privo di finezza, raffinatezza e sim.: *gente grossa*; *contadino, villano g.* | ***g. di mente, d'ingegno***, ottuso | ***essere g. d'udito***, essere un po' sordo | ***g. modo***, V. grosso-

modo ‖ **grossaménte**, avv. (*raro*) in modo sommario e approssimativo; in modo grossolano **B** in funzione di avv. **1** (*raro*) in modo grosso | marcatamente, con tratto pesante: *una penna che scrive g.* | (*raro, fig.*) ***bere g.***, essere creduloni | (*raro*) ***a un di g.***, pressappoco, grossolanamente | (*raro*) ***in g.***, in generale **2** ***di g.***, in grande misura, in modo rilevante: *sbagliare di g.* | (*fig.*) ***sparare g.***, esagerare **C** s. m. **1** parte più grossa: *il g. della gamba, della coscia* **2** parte più numerosa: *il g. del pubblico non è ancora entrato* | (*milit.*) aliquota principale delle forze di una unità: *il g. della fanteria* | nel ciclismo, tutto il gruppo: *segue il g. a tre minuti* **3** persona importante, spec. nella loc. ***fare il grande e il g.***, darsi delle arie **4** moneta d'argento di valore diverso secondo i luoghi, coniata per la prima volta a Venezia nel XIII sec., poi in tutti gli altri Stati italiani ed europei **5** peso di 10 grammi, usato un tempo a Milano dai tabaccai per il tabacco da fiuto ‖ (*lett.*) **grosserèllo**, dim. | **grossétto**, **grossettino**, dim. | (*lett.*) **grossicèllo**, dim. | **grossino**, dim. | **grossòtto**, alter.

SFUMATURE ➤ *grande*

grossolanità [1612] s. f. inv. **1** caratteristica, condizione di chi (o di ciò che) è grossolano SIN. rozzezza **2** atto, gesto, espressione da persona grossolana

♦**grossolàno** [da *grosso* nel sign. A9 con doppio suff. (*-olo-* e *-ano*①) ✱ sec. XIV] agg. **1** detto di cosa rozza, ordinaria, non rifinita: *lavoro g.*; *stoffa grossolana* **2** (*fig.*) privo di grazia e di finezza, volgare: *uomo dai modi grossolani*; *lineamenti grossolani*; *le idee più grossolane e più trite dell'antico empirismo* (F. DE SANCTIS) | ***parole grossolane***, volgari | ***errore g.***, enorme, madornale | ***scherzo g.***, di pessimo gusto ‖ **grossolanaménte**, avv.

SFUMATURE ➤ *rozzo*

♦**grossomòdo** o **gròsso mòdo** [loc. lat. mediev., propr. 'in maniera (*mŏdo*, abl. di *mŏdus* 'modo, maniera') grossa, generica (*grŏsso*, abl. di *grŏssus*)' ✱ 1657] avv. ● all'incirca, più o meno, pressappoco

grossulària [dal fr. ant. *groselle*, fr. moderno *groseille* 'ribes', per la forma tonda dei granuli ✱ 1869] s. f. ● (*miner.*) granato di calcio e alluminio, bianco se puro, più spesso giallo, arancio o verde; se limpide, le varietà colorate sono usate come gemme

grossùme [da *grosso* col suff. *-ume* ✱ sec. XIV] s. m. **1** (*raro*) parte più densa o pesante di qlco., spec. di un liquido **2** †cosa alquanto grossa | insieme di cose grosse

†**grossùra** [av. 1306] s. f. ● grossezza | superbia

♦**gròtta** [lat. parl. *crŭpta(m)*, per *crȳpta(m)*, dal gr. *krýptē* (sottinteso *kamára*) '(stanza a) volta, coperta, sotterranea', da *krýptein* 'nascondere' ✱ sec. XIII] s. f. **1** cavità naturale più lunga che ampia, di solito in rocce calcaree, dovuta prevalentemente all'azione chimica delle acque: *esplorare le grotte dei trogloditi*; *una g. sotterranea*; *Platone ... dice dopo i ... diluvi ... aver gli uomini abitato nelle grotte sui monti* (G. VICO) CFR. caverna, speleo- **2** (*sett.*) locale sotterraneo usato come cantina; (*est.*) osteria | †abitazione sotterranea **3** (*raro*) nel gioco del biliardo e delle bocce, sponda **4** †dirupo, burrone | †balzo, greppo, rupe | (*est.*) argine alto di terra **5** †rifugio, riparo ‖ **grottàccia**, pegg. | **grotticèlla**, dim. | **grotticina**, dim. | **grottino**, dim. m. (V.) | (*lett.*) **gròttola**, dim. | **grottóne**, accr. m.

grottaióne [etim. incerta ✱ 1874] s. m. ● (*zool.*) gruccione

grotteggiàre [da *grotta* nel sign. 3 ✱ 1869] v. intr. (pres. *io grottéggio*; fut. *io grotteggerò*; aus. *avere*) ● nel gioco del biliardo, colpire la palla in modo che rasenti la sponda

grottésca [dalle curiose figurazioni (scoperte alla fine del Quattrocento) delle *grotte*, com'erano pop. chiamati i resti della *Domus Aurea*, in Roma ✱ 1550] s. f. ● (spec. al pl.) decorazione fantastica con mascheroni, meduse, pesci alati, foglie, armi, e sim. | ***a grottesche*** o (*raro*) ***a g.***, caratterizzato da tali figurazioni o motivi: *decorazione, ornamento a grottesche*; (*fig.*) †bizzarro, stravagante: *discorsi a grottesche*

♣**grottésco** [da *grottesca*, in quanto pittura bizzarra ✱ 1538] **A** agg. (pl. m. *-schi*) ● di ciò che è ridicolo per stranezza, bizzarria, deformità o goffaggine: *abbigliamento g.*; *figura grottesca* | (*est.*) paradossale, assurdo: *una situazione grottesca* ‖ **grottescaménte**, avv. **B** s. m. **1** ciò che è grottesco | particolare effetto di comicità che deriva da ciò che è bizzarro, strano e sim.: *recitazione con toni di g.*; *situazione che ha del g.* **2** genere teatrale sorto in Italia nel primo dopoguerra, basato sulla deformazione delle situazioni, in bilico fra dramma e ironia **3** (*tipogr.*, spec. al pl.) tipo di ornato capriccioso con foglie, fiori, frutti e sim.

SFUMATURE DI SIGNIFICATO

grottesco - mostruoso

Ciò che è talmente bizzarro, irregolare e lontano dalla normalità da risultare ridicolo si dice **grottesco**. **Mostruoso** è invece ciò la cui irregolarità si traduce in una bruttezza estrema, tale da generare ripugnanza; il termine può riferirsi tanto all'aspetto fisico, quanto alla sfera morale.

grottino [av. 1936] s. m. **1** dim. di *grotta* **2** (*centr., sett.*) osteria

gròtto [da *grotta* ✱ av. 1406] s. m. **1** †balzo, dirupo **2** (*centr., sett.*) cantina | osteria

†**grottóso** (o -ṣ-) [av. 1375] agg. ● aggrottato: *le grottose ciglia* (G. BOCCACCIO)

groupage /fr. gʀuˈpaʒ/ [vc. fr., da *grouper* 'raggruppare', da *groupe* 'gruppo', a sua volta dall'it. *groppo* ✱ 1942] s. m. inv. ● pratica degli spedizionieri di raggruppare vari piccoli colli, in relazione ai quali viene emessa una polizza di carico collettiva

groupie /ingl. ˈgruːpɪ/ [vc. ingl., da *(rock) group* 'gruppo, complesso (rock)' ✱ 1985] s. f. e (*raro*) m. inv. ● chi dimostra fanatica ammirazione per cantanti, attori o personaggi famosi: *una g. dei R.E.M.* CFR. fan

groupware /ˈgrupˌwɛr, *ingl.* ˈgruːpˌwɛə/ [vc. ingl., comp. di *group* '(lavoro di) gruppo' e *-ware*, che sta per *(soft)ware* ✱ 1989] s. m. inv. ● (*inform.*) insieme di programmi integrati per la gestione del lavoro d'ufficio che consente a più utenti di lavorare contemporaneamente sugli stessi dati

gròver /ˈgrover, *ingl.* ˈgrəʊvə(r)/ [dal n. del suo inventore inglese (?) ✱ 1993] s. f. inv. ● (*mecc.*) accorc. di *rondella grover* (V. *rondella*)

grovièra ➤ **gruviera**

♣**gròviglio** [da *roviglia*, n. di pianta, dal lat. *ervĭlia(m)* 'cicerchia', pianta che s'aggroviglia, con influenza dell'iniziale e, nel genere, di *groppo* ✱ sec. XV] s. m. ● garbuglio di fili | (*est.*) intrico disordinato e confuso di cose varie (*anche fig.*): *un g. di rottami, di idee*; *giravano al largo i grovigli dell'alighe / e tronchi d'alberi alla deriva* (E. MONTALE)

growl /ingl. graʊl/ [vc. ingl., da *to growl* 'ringhiare, brontolare' ✱ 1956] s. m. inv. ● (*mus.*) nel jazz, effetto provocato da colpi di lingua o sordina contro il padiglione di trombe e tromboni

grrr /grr/ [vc. onomat. ✱ sec. XX] inter. **1** riproduce il ringhio di una belva o di un animale domestico **2** esprime collera repressa

♦**gru** /gru*/ o †**grùa**, †**grùe** [vc. dotta, lat. *grūe(m)*, di orig. espressiva e di ambito indeur. ✱ av. 1292] s. f. o †m. inv. **1** grosso uccello dei Ralliformi con lunghe zampe e collo e becco lunghi, che vive nelle zone ricche d'acqua (*Grus grus*) **2** macchina per sollevare pesi, provvista di un braccio girevole lungo, con una carrucola munita di cavo o catene cui si aggancia il peso | V. anche *carrogrù* **3** carrello mobile da ripresa cinematografica, talvolta di proporzioni gigantesche, con un grosso braccio mobile all'estremità del quale è collocata la cinepresa con sedili per il regista e l'operatore **4** antica macchina da guerra che, collocata sulle mura di una città assediata, calava delle grosse tenaglie sulle macchine d'assedio nemiche per danneggiarle o distruggerle ‖ **gruétta**, dim.

grùccia o (*sett.*) †**crùccia** [etim. discussa: longob. **krukkja* 'bastone a punta uncinata' (?) ✱ av. 1311] s. f. (pl. *-ce*) **1** stampella | (*fig., lett.*) ***idea che si regge sulle grucce***, molto debole **2** oggetto o strumento a forma di gruccia per usi diversi, spec. per appendere abiti | sostegno su cui si posano gli uccelli da richiamo | (*fig.*) †***tenere qlcu. sulla g.***, prenderlo in giro; tenerlo nell'incertezza **3** †protesi di legno per gli arti inferiori **4** (*agric.*) strumento che serviva per piantare barbatelle o talee di viti ‖ **gruccétta**, **gruccettina**, dim.

grucciόne [etim. discussa: dalle *grucce*, cui assomigliano le penne caudali (?) ✱ 1831] s. m. ● uccello dei Coraciformi con lungo becco curvo e piumaggio a vivaci colori, ghiotto di api (*Merops apiaster*) SIN. grottaione

†**grùe** ➤ **gru**

†**grufàre** [etim. discussa: dal lat. parl. **grūphu(m)*, parallelo di *grȳphu(m)* 'grifo (del maiale)' (?) ✱ 1483] **A** v. tr. ● arraffare, sottrarre **B** v. intr. ● grufolare

grufolàre o †**rufolàre**, †**ruffolàre** [iter. di †*grufare* ✱ 1381] **A** v. intr. (*io grùfolo*; aus. *avere*) **1** frugare col muso emettendo grugniti: *il maiale grufola nel trogolo* **2** (*fig., spreg.*) mangiare con grande avidità e in modo rumoroso | (*fig.*) rovistare: *g. nei cassetti di qlcu.* **B** v. intr. (aus. *avere*) e **grufolàrsi** v. rifl. ● (*lett.*) avvoltolarsi nel sudiciume (*anche fig.*): *grufolarsi nel letamaio, negli scandali*

grugàre [dall'onomat. *gru* (*gru*) ✱ 1869] v. intr. (*io grùgo, tu grùghi*; aus. *avere*) ● (*raro*) tubare: *i piccioni grugano*

grugnàre [1483] v. intr. (coniug. come *segnare*; aus. *avere*) ● grugnire

♣**grugnìre** [lat. *grunnīre*, con sovrapposizione del parallelo parl. **grunniāre*, l'uno e l'altro di orig. onomat. ✱ 1353] **A** v. intr. (*io grugnìsco, tu grugnìsci, noi grugniàmo*, non corretto *grugnàmo, voi grugnite*; congtv. pres. *io grugnìsca, noi grugniàmo, voi grugniàte*; aus. *avere*) **1** emettere grugniti: *il maiale, il cinghiale grugnisce* **2** (*fig.*) parlare in modo sgradevole o sconveniente **B** v. tr. ● borbottare, dire qlco. in modo poco chiaro: *grugnì un saluto e si allontanò*

♣**grugnìto** [dal part. pass. di *grugnire* ✱ 1532] s. m. **1** verso caratteristico del maiale e del cinghiale **2** (*fig.*) incomprensibile borbottio: *li trattava ... con brevi parole o grugniti di approvazione* (A. MORAVIA)

♣**grùgno** [lat. tardo *grŭniu(m)*, prob. da **grunīre* per *grunnīre* 'grugnire', di orig. onomat. ✱ 1340 ca.] s. m. **1** estremità del muso del maiale, del cinghiale e (*raro*) di altri animali **2** (*spreg.*) faccia, volto | ***rompere il g. a qlcu.***, picchiarlo | ***dirgliela, contargliela sul g.***, sulla faccia **3** (*fig., fam.*) broncio, espressione corrucciata | ***tenere il g.***, essere arrabbiato con qlcu. | ***fare il g.***, mostrare stizza, ira e sim. ‖ **grugnàccio**, pegg. | **grugnétto**, dim.

grugnóne [1869] s. m. **1** (f. *-a*) chi sta sempre imbronciato SIN. musone **2** (*tosc.*)

riccio vuoto della castagna

Gruifórmi [comp. del lat. *grūs*, genit. *grūis* 'gru' e del pl. di *-forme* ✱ 1933] **s. m. pl.** (**sing.** *-e*) ● (*zool.*) Ralliformi

gruìsta [da *gru* ✱ 1950] **s. m. e f.** (**pl. m.** *-i*) ● addetto alla manovra e alla manutenzione di una gru meccanica

♦**grullàggine** [1869] **s. f. 1** caratteristica, condizione di chi è grullo **SIN.** balordaggine, stupidità **2** cosa da grullo **SIN.** grulleria

♦**grullerìa** [1856] **s. f. 1** (*raro*) grullaggine **2** parola, azione da grullo: *non dire, non fare grullerie* **SIN.** balordaggine, stupidità

♦**grùllo** [etim. incerta ✱ av. 1449] **agg. e s. m.** (**f.** *-a*) **1** che (o chi) è stupido, ingenuo e credulone **SIN.** balordo, sciocco **2** (*tosc.*) lento, stordito: *quanto sei g. oggi!* ‖ **grullàccio**, **pegg.** | **grullerèllo**, **dim.**

grùma [lat. parl. **grūma(m)*, forma collettiva di *grūmu(m)* 'grumo' (V. *gromma*) ✱ 1584] **s. f.** ● gromma, tartaro | incrostazione del fornello della pipa in seguito all'uso

Grumèllo [dal n. della località di produzione, dim. del lat. *grūmus* 'grumo' nel senso di 'altura' ✱ 1905] **s. m.** ● vino rosso, dal profumo vinoso e dal sapore asciutto, vellutato, prodotto in Valtellina dal vitigno Chiavennasca (denominazione locale del Nebbiolo)

grumeréccio [etim. incerta ✱ 1803] **A s. m.** ● fieno tardivo più corto e più tenero del maggese **B** anche **agg.** (**pl. f.** *-ce*): *fieno g.*

♦**grùmo** [vc. dotta, lat. *grūmu(m)*, propr. 'monticello di terra', di etim. incerta ✱ av. 1389] **s. m. 1** piccola quantità di liquido rappreso, spec. sangue **SIN.** coagulo **2** (*est.*) pallottola che si forma negli impasti male amalgamati, in minestre cremose, in passati di verdura e sim.: *i grumi della polenta* **3** †bocciolo del fiore ‖ **grumétto**, **grumettino**, **dim.** | **grumìno**, **dim.**

grùmolo [vc. dotta, lat. *grūmulu(m)*, dim. di *grūmu(m)*, passato dal sign. di 'zolla' a quello di 'garzuolo' ✱ av. 1597] **s. m.** ● gruppo delle foglie centrali del cespo di una pianta, più tenere delle altre | ***g. del cocomero***, parte più interna, cuore

grumolóso (o **-ṣ-**) [da *grumolo* ✱ av. 1729] **agg.** ● di pianta che forma grumolo | di cosa solida a forma di grumolo

grumóso① (o **-ṣ-**) [da *gruma* ✱ 1550] **agg.** ● grommoso | ***pipa grumosa***, incrostata

♦**grumóso**② (o **-ṣ-**) [da *grumo* ✱ av. 1698] **agg.** ● formato da grumi | pieno di grumi: *polenta grumosa*

grunge /grandʒ, *ingl.* grʌndʒ/ [vc. dell'ingl. d'America, di arbitraria formazione, propr. 'sgangherato, stropicciato', con riferimento al modo di vestire che in orig. identificava gli appartenenti al movimento ✱ 1992] **A s. m. e f. inv. 1** negli anni 1980-90, appartenente a un movimento alternativo, di origine americana, favorevole alla non violenza e all'ecologismo | (*est.*) chi si veste in modo trascurato, con accostamenti insoliti di colori e di capi d'abbigliamento **2** (*mus.*) genere musicale nato negli Stati Uniti alla fine degli anni '80 del Novecento, che incrocia il rock con influenze punk **B** anche **agg. inv.**: *movimento, moda, musica g.*

grunt /grunt, *ingl.* grʌnt/ [1983] **inter.** ● esprime forte disappunto, ira repressa e sim.

grup ▸ **crup**

gruppàle [1956] **agg.** ● (*psicol.*) relativo al gruppo

grùppe ▸ **crup**

gruppettàro [da *gruppetto*, qui nel sign. di 'gruppuscolo', col suff. *-aro* di *benzinaro* e sim. ✱ 1969] **s. m.** (**f.** *-a*) ● (*gerg.*) chi fa parte di un gruppuscolo | aderente a un movimento della sinistra extraparlamentare

gruppétto [1535 ca.] **s. m. 1** dim. di *gruppo* **2** (*mus.*) abbellimento consistente in una figurazione di quattro note in cui la nota essenziale si alterna con le adiacenti superiore e inferiore ‖ **gruppettìno**, **dim.**

gruppìsta [da *gruppo* ✱ 1980] **s. m. e f.** (**pl. m.** *-i*) ● (*gerg.*) chi fa da intermediario fra imprenditore e lavoratore a domicilio

♦**grùppo** o †**gróppo** nel sign. 1 [lat. tardo *crŭppa(m)* 'grosso cavo', che riproduce un germ. *kruppa* ✱ 1480 ca.] **s. m. 1** insieme di cose o di persone distinte l'una dall'altra ma riunite così da formare un tutto: *un g. di case, di alberi, di oggetti da esporre*; *un g. di amici in festa, di turisti, di ballerini che danzano* | rappresentazione figurativa di un insieme di persone o cose: *il g. marmoreo al centro della Fontana di Trevi* | ***g. fotografico***, ritratto di più persone riunite | ***foto di g.***, V. *foto* | ***g. fonetico***, complesso di due o più suoni | ***g. montuoso***, insieme di montagne vicine | (*milit.*) ***g. tattico***, complesso di forze di una o più armi, corrispondente a un battaglione: *g. tattico di fanteria*; *g. tattico corazzato* | (*aeron.*) unità organica comprendente più squadriglie **2** (*tecnol.*) insieme di elementi che svolgono una determinata funzione | (*elettr.*) ***g. motore generatore***, insieme di un motore e di un generatore elettrico accoppiato direttamente | (*elettr.*) ***g. di continuità***, alimentatore ausiliario, collegato a un impianto elettrico, che si inserisce automaticamente al momento di un'interruzione dell'erogazione della corrente di rete | nella bicicletta, cambio **3** nel ciclismo, la maggior parte dei corridori o un buon numero d'essi che procedono insieme: *staccare il g.*; *riprendere il g.*; *g. di testa*; *arrivo in g.* **4** insieme di persone unite fra loro da vincoli naturali, da rapporti di interesse, da scopi o idee comuni e sim.: *g. familiare*; *l'associazione si è divisa in vari gruppi*; *costituire un g. letterario d'avanguardia*; *un nuovo g. musicale*; *lavoro di g.* | ***fare g.***, (*colloq.*) costituire un gruppo coeso, agire esaltando lo spirito di gruppo: *l'importanza di fare g. nello sport, nel lavoro* | ***g. di pressione, di interesse***, che esercita una pressione politica sul governo e sul Parlamento in difesa sia di interessi economici che di valori ideali | ***g. di potere***, legato dal comune interesse di mantenere ed esercitare l'autorità di cui è investito | ***g. parlamentare***, insieme di membri del Parlamento, uniti da più stretti legami di idee che perseguono un particolare programma politico | ***g. primario***, in sociologia, quello che ha grande importanza nella formazione della personalità, come la famiglia, gli amici, il vicinato e sim. | ***g. secondario***, in sociologia, quello che svolge un ruolo secondario nella formazione della personalità | ***g. di acquisto***, associazione tra dettaglianti formata al fine di realizzare acquisti in comune presso i fornitori per ottenere condizioni economiche più vantaggiose; (*est.*) insieme di persone organizzate per acquistare collettivamente beni a prezzi inferiori | ***g. di discussione***, insieme di persone interessate a un particolare argomento che dialogano tramite reti telematiche, spec. Internet **CFR.** newsgroup **5** insieme di società collegate fra loro da partecipazioni azionarie comuni o facenti parte delle partecipazioni della stessa società capogruppo: *g. economico, finanziario* **6** ogni suddivisione di ordinamenti o classificazioni fondata su un determinato criterio | ***g. chimico***, insieme di elementi o di composti con analoghe proprietà e caratteristiche comuni | ***g. sanguigno***, che riunisce tipi di sangue in base alla reazione di agglutinazione dei globuli rossi | ***g. di simmetria***, in mineralogia, quello che comprende sistemi di cristallizzazione che hanno in comune una stessa proprietà | ***g. cristallino***, in mineralogia una delle tre divisioni maggiori dei cristalli in base all'uguaglianza o meno dei parametri | ***g. linguistico***, raggruppamento di lingue appartenenti a una famiglia linguistica: *il g. linguistico baltoslavo* **7** (*mat.*) struttura algebrica individuata da una legge di composizione ovunque definita, associativa, tale che esista un elemento neutro valido per tutti gli elementi, ed ogni elemento ammetta un inverso | insieme dotato della struttura di gruppo **8** (*geol.*) unità stratigrafica più generale, che comprende i terreni formati durante un'era **9** (*chim.*) ***g. funzionale***, parte di una molecola organica che ricorre con struttura identica e stesse proprietà funzionali in diversi composti **10** (*mus.*) complesso di più appoggiature legate tra loro **11** (*psicol.*) ***analisi, (psico)terapia di g.***, metodo di cura dei disturbi mentali in cui più pazienti vengono trattati da uno o più psicoterapeuti con particolari tecniche di gruppo | ***dinamica di g.***, nella teoria di K. Lewin (1890-1947), l'insieme di forze, equilibri e bisogni che determinano i comportamenti e l'evoluzione dei gruppi **12** (*lett.*) sacchetto, involto contenente monete ‖ **gruppétto**, **dim.** (V.) | **gruppóne**, **accr.**

gruppuscolarìṣmo [da *gruppuscolo* ✱ 1982] **s. m.** ● (*polit.*) tendenza a organizzarsi o a frazionarsi in gruppuscoli

gruppùscolo [fr. *groupuscule* 'gruppetto', propr. dim. di *group* 'gruppo', con la terminazione di vc. come *(corp)uscule*, *(min)uscule* e sim. ✱ 1968] **s. m.** ● formazione politica spec. extraparlamentare di ridotta consistenza numerica

gruvièra o **grovièra** [adattamento del fr. *gruyère*, dal n. della regione svizzera di produzione *Gruyère*, propr. 'luogo frequentato da *gru*' ✱ 1887] **s. m. inv. o s. f.** ● formaggio a pasta dura cotta, simile all'emmental ma con buchi più piccoli e preparato con latte parzialmente scremato, usato anche per la preparazione della fondue | (*impropr.*) emmental

gruyère /*fr.* gʀy'jɛʀ/ [vc. fr., V. *gruviera* ✱ 1895] **s. m. inv.** ● gruviera

†**grùzzo** [dal longob. **gruzzi* 'cruschello, cosa tritata' o 'mucchio di roba inservibile' ✱ av. 1367] **s. m.** ● mucchio | gruzzolo

♦**grùzzolo** [dim. di †*gruzzo* ✱ av. 1400] **s. m. 1** quantità di denaro spec. accumulato poco alla volta: *avere messo da parte un bel g.* **2** †gruppo ‖ **gruzzolétto**, **dim.**

gua' /gwa, gwa*/ [per *gua(ta)*, imperativo di *guatare* 'guardare' ✱ 1618] **inter.** ● (*tosc.*) esprime meraviglia, sorpresa, impazienza, noncuranza, rassegnazione e sim.: *gua' chi si rivede!*; *gua', ci sei anche tu?!*

guacamole /*sp.* gwaka'mole/ [vc. sp., dall'azteco *āhuacamōlli*, propr. 'salsa di avocado' ✱ 1972] **s. m. inv.** ● salsa messicana a base di avocado, lime, cipolle, pomodori e spezie

guàcco [vc. onomat. ✱ 1902] **s. m.** (**pl.** *-chi*) ● (*zool.*) tarabusino

guàco [sp. *guaco*, presa prob. da una lingua indigena dell'America Centr. ✱ 1598] **s. m.** (**pl.** *-chi*) ● pianta erbacea tropicale delle Composite dotata di proprietà medicamentose

guàda① [longob. **wada*, propr. 'intrecciata', dalla radice germ. **vedh* 'tessere' ✱ av. 1523] **s. f.** ● rete da pesca quadrata di circa due metri per lato ‖ **guadìno**, **dim. m.** (V.)

guàda② [germ. **walda* (rappresentato nella var. *gualda* e in altre analoghe forme dial. e romanze) con influsso di *guado*②, altra, ma diversa, pianta tintoria ✱ 1813] **A s. f.** ● (*bot.*) luteola, guaderella **B** anche **agg. solo f.**: *erba g.*

guadàbile [da *guadare* ✱ 1582] **agg.** ● che si può guadare

guadagnàbile [av. 1348] **agg. 1** (*raro*) che

si può guadagnare **2** †idoneo a produrre guadagni

♦**guadagnàre** [francone *waidhanjan 'portare al pascolo (*waidha)', traendone profitto ✱ 1250 ca.] **A** **v. tr.** (coniug. come *segnare*) **1** trarre da un lavoro o da un'attività un compenso o un profitto: *g. uno stipendio scarso, buono, notevole*; *g. una percentuale su ogni vendita* | (*est.*) procurarsi utilità, vantaggi (*anche fig.*): *c'è tutto da g. e nulla da perdere* **2** riuscire a ottenere, a conquistare (*anche fig.*): *g. una promozione, il favore del popolo, l'amicizia di qlcu.*; *cose acerbissime e piene di malinconie, che ... sarebbe meglio perdere che ... g.* (L.B. ALBERTI) | ***g. qlcu. alla propria causa***, farselo amico e alleato | ***g. terreno***, occuparlo (detto di un esercito); (*est.*) aumentare il proprio vantaggio sugli inseguitori; (*fig.*) affermarsi sempre di più: *è un'idea che guadagna terreno* | ***g. tempo***, ottenere una dilazione | nel linguaggio sportivo, conquistare un certo vantaggio sugli avversari: *g. due punti, tre minuti* | ***g. la testa***, in una gara di corsa, passare in prima posizione **3** (*fig.*) raggiungere, spec. con difficoltà: *g. il mare aperto, il porto, la soglia di casa* | ***g. il vento, al vento***, navigare di bolina fino a raggiungere un punto sopravvento rispetto a quello di partenza | ***g. il sopravvento***, portarsi sopravvento rispetto a un'altra imbarcazione **4** (*est.*) meritare: *g. un premio* **SIN.** conquistare, ottenere **5** vincere: *g. una scommessa*; *g. una bella somma al gioco* **B** **v. intr.** (aus. *avere*) **1** fare migliore figura, apparire meglio: *g. molto con la barba*; *un quadro che guadagnerebbe in una luce migliore* | ottenere migliori risultati (+ *in*): *nella nuova interpretazione, il personaggio ha guadagnato in simpatia, in credibilità* **2** **guadagnàrci**, trarre un vantaggio economico da qlco.; (*est.*) trarre un beneficio, un vantaggio da qlco.: *se lo vendi subito, ci guadagni*; *che ci guadagni agendo in questo modo?* | (*fig.*) giovarsi, migliorare: *con quel vestito elegante, ci guadagna*; *ogni religione ci guadagna assai a tenersi lontana dalla politica* (I. NIEVO) **CONTR.** perderci, rimetterci **C** **guadagnàrsi** **v. tr. pron.** (aus. *essere*) ● procurarsi, meritarsi, ottenere: *s'è guadagnato una ricompensa*; *lui che se le era ben guadagnate, quelle medaglie* (L. PIRANDELLO) | ***guadagnarsi il pane col sudore della fronte***, ottenere di che vivere con molta fatica | ***guadagnarsi la vita, il pane***, industriarsi per campare | ***guadagnarsi*** (o ***guadagnare***) ***l'animo di qlcu.***, ottenerne la completa fiducia

guadagnàta [av. 1587] **s. f.** **1** †guadagno **2** in antichi giochi a palla, il limite toccando il quale si aveva partita vinta | †***passar la g.***, (*fig.*) eccedere i limiti, passare sopra la convenienza

guadagnàto **A** **part. pass.** di *guadagnare*; **anche agg.** ● nei sign. del v. **B** **s. m.** ● guadagno: *conservare il g.*; *quel poco che ricaveremo, è tutto di g.* | ***tanto di g.!***, tanto meglio

guadagnatóre [1268] **s. m.** (f. *-trice*) ● (*raro*) chi guadagna parecchio

♦**guadàgno** [da *guadagnare* ✱ 1274] **s. m.** **1** il guadagnare: *pensa solo al g.* | ciò che si ottiene come compenso o come utile da un lavoro o da un'attività: *g. lecito, turpe, lauto, pingue*; *misero g.*; *g. netto, lordo* | vincita al gioco **2** (*fig.*) vantaggio, utilità: *è questo il tuo g.?*; *sperare g. de' disordini d'altri* (F. GUICCIARDINI) | ***è più lo scapito che il g.***, son più gli svantaggi che i vantaggi | ***bel g.!***, (*iron.*) bel vantaggio! **SIN.** tornaconto **3** (*elettron.*) fattore di amplificazione in un circuito o sistema elettronico (calco sull'ingl. *gain*): *antenna ad alto g.* **4** †preda, bottino || **guadagnétto**, **dim.** | **guadagnóne**, **accr.** | **guadagnùccio**, (*lett.*) **guadagnùzzo**, **dim.**

SFUMATURE DI SIGNIFICATO
guadagno - profitto - lucro
Ciò che si ricava in denaro o altri beni da un'attività, un lavoro si dice generalmente **guadagno**. **Profitto** è da un lato, in senso più generale, qualsiasi guadagno materiale ma anche intellettuale e morale si tragga da un'attività; dall'altro è specificamente la remunerazione che l'imprenditore ottiene dall'attività d'impresa, costituita dalla differenza fra le entrate e i costi totali. Il **lucro** consiste in un vantaggio economico che di solito non deriva da una prestazione lavorativa, ma da un'altra attività, per esempio una speculazione; per questo esprime perlopiù una sfumatura spregiativa.

guadagnucchiàre [1869] **v. tr.** (*io guadagnùcchio*) ● guadagnare poco e a fatica

guadàre [lat. tardo *vadāre*, da *vădum* 'guado①', col *gua-* di *guado* ✱ av. 1292] **v. tr.** ● passare a guado: *g. un fiume a piedi, a cavallo*
SFUMATURE ➤ ***attraversare***

guaderèlla [dim. di *guada②* ✱ 1798] **s. f.** ● pianta erbacea delle Resedacee con fusto cavo, fiori gialli in racemi e frutto a capsula, usata in tintoria (*Reseda luteola*) **SIN.** guada, luteola, reseda dei tintori

guadìno [dim. di *guada①* ✱ 1936] **s. m.** ● retino di forma conica, munito di manico fisso o telescopico, che serve al recupero del pesce preso con l'amo

♣**guàdo①** [lat. *vădu(m)* 'guado', collegato con *vădere* 'andare', di orig. indeur., con sovrapposizione del francone *wadh 'luogo poco profondo' ✱ av. 1292] **s. m.** **1** il guadare: *tentare il g. di un fiume* | ***passare a g.***, guadare **2** in un corso d'acqua, zona poco profonda che può essere attraversata a piedi, a cavallo o con veicoli vari: *i buoi che passavano il g. lentamente, col muso nell'acqua scura* (G. VERGA) | ***essere a metà del g.***, (*fig.*) essere nel momento più difficile di una situazione di passaggio, di transizione **3** (*fig.*) †passaggio **4** †bassofondo

guàdo② [longob. *waid(a) 'erba tintoria', di orig. indeur. ✱ 1274] **s. m.** **1** pianta erbacea delle Crocifere con piccoli fiori gialli e foglie che, macerate, si usavano in tintoria (*Isatis tinctoria*) **2** colorante turchino estratto dall'omonima pianta | ***dare il g.***, tingere col guado, in turchino

guadóso (o **-ṣ-**) [lat. *vadōsu(m)*, da *vădum* 'guado①' ✱ av. 1311] **agg.** ● guadabile

guaglióne o (*napol.*) **guaglió** [etim. discussa: lat. *ganeōne(m)* 'frequentatore di taverne (*gānea*e, vc. pop. di etim. incerta)' (?) ✱ 1857] **s. m.** (f. *-a*) ● (*merid.*) ragazzo

†**guagnèle** [dal lat. *(E)vangēlia* 'i Vangeli' con sostituzione d'influsso germ. di *gua-* a *va-* ✱ 1287] **s. f. pl.** **1** (*raro*) vangeli | ***giurare alle sante Dio g.***, per i santi Vangeli di Dio **2** nella loc. inter. ***alle g.!***, per i Vangeli: *alle g. ... dico il vero* (G. BOCCACCIO)

♦**guài** [francone *wai, di orig. onomat. ✱ 1224 ca.] **inter.** **1** si usa in escl. per esprimere minaccia o per indicare qlco. che potrebbe avere conseguenze spiacevoli (+ *a*): *g. a te se continui ancora!*; *g. a voi!*; *g. ai vinti!*; *stai zitto, se no, g.!*; *g. a me se si venisse a sapere!*; *g. quando manca il rispetto per i vecchi!*; *G. se potesse vedere sé stesso, come sarà un giorno* (D. BUZZATI) | †***g. a me!***, ahimè! **2** esprime, in forma gener. più attenuata del caso precedente, il pericolo del compiere una data azione (+ *a* **seguito da inf.**): *g. a lasciarlo fare!*; *g. a lasciarlo solo: ne fa di tutti i colori!*

guaiàco [sp. *guayaco, guayacán*, da una l. indigena ✱ 1499] **s. m.** (pl. *-chi*) ● genere di alberi tropicali delle Zigofillacee con foglie coriacee, fiori di vario colore e legno durissimo e resinoso (*Guajacum*)

guaiacòlo [da *guaiaco* col suff. *-olo①* ✱ 1902] **s. m.** ● sostanza organica, principale componente del creosoto dal quale è ricavabile per distillazione, prodotto anche per sintesi; è usato, sotto forma di sali, come prosciugante e disinfettante delle vie respiratorie

guaiàva [dallo sp. *guayaba*, vc. caraibica ✱ av. 1557] **s. f.** ● (*bot.*) alberello delle Mirtacee, originario dell'America tropicale e coltivato nelle regioni calde (*Psidium guayava*) | il frutto di tale pianta **SIN.** guava

guàime [fr. ant. *gaïm*, di orig. germ. ✱ sec. XIV] **s. m.** ● erba tenera che rinasce nei prati dopo la falciatura

guàina o, etim. più corretto ma meno diffuso, **guaìna** [ant. provenz. *(gu)aïna*, dal lat. *vagīna* con sostituzione d'influsso germ. di *g(u)a-* a *va-* ✱ 1268] **s. f.** **1** fodero in materiali vari, destinato a contenere spade, pugnali o altri arnesi da taglio | ***rimettere la spada nella g.***, (*fig.*) †cessare dal compiere atti ostili | (*est.*) astuccio, custodia di vari oggetti: *la g. della vela, della bandiera* **2** (*anat.*) qualsiasi sottile membrana di rivestimento **3** indumento intimo femminile di tessuto elastico per modellare il corpo **4** orlatura in cui si passa un nastro o un cordoncino per raccogliere in dimensione più ridotta un tessuto **5** (*bot.*) ***g. fogliare***, parte inferiore delle foglie che abbraccia il fusto inserendosi al nodo || **guainétta**, **dim.**

guainànte [1865] **agg.** ● (*bot.*) detto di foglia che abbraccia il fusto a mo' di guaina

♦**guàio** [sostantivazione del presunto pl. *guai* (V.) ✱ av. 1292] **s. m.** (pl. *-ai*) **1** situazione difficile e spiacevole: *passare un g.*; *trovarsi in un brutto g.* | disgrazia, malanno: *sono in un mare di guai*; *Ai guai ci si fa il callo* (G. VERGA) | ***andare in cerca di guai***, (*fig.*) procurarseli da sé | V. anche *guai* **2** impiccio, inconveniente, contrattempo: *che g., ho perso la chiave!*; *il g. è che è troppo caro* | danno: *hai combinato un grosso g.!* **3** (**spec. al pl.**) †lamento alto e acuto: *Quivi sospiri, pianti e alti guai / risonavan per l'aere sanza stelle* (DANTE *Inf.* III, 22-23)

guaiolàre [da *guaire*, sul tipo iter. di *miagolare, gnaulare*, e sim. ✱ av. 1406] **v. intr.** (*io guàiolo*; aus. *avere*) ● (*lett.*) emettere guaiti leggeri e sommessi | (*est., lett.*) lamentarsi, piagnucolare

♣**guaìre** [da *guai*, come escl. di dolore ✱ 1282] **v. intr.** (*io guaìsco, tu guaìsci*; aus. *avere*) **1** emettere guaiti, abbaiare lamentosamente: *il cane guaiva per il dolore* **2** (*fig., spreg.*) lamentarsi | (*est.*) parlare o cantare con toni lamentosi e striduli **3** †vagire

†**guàita** [ant. fr. *guaite*, dal francone *wahta 'guardia, sentinella' ✱ 1158] **s. f.** **1** guardia: *vegliate, o guaite, intorno al re prigioniero* (G. PASCOLI) **2** (*est.*) luogo di guardia

♣**guaìto** [dal part. pass. di *guaire* ✱ 1867] **s. m.** ● abbaio lamentoso, di dolore | (*est., lett.*) lamento | (*spreg.*) canto sgraziato

guaiùle o **guayùle** [sp. *guayule*, dalla vc. indigena messicana *cuauh-uli*, propr. 'albero che produce gomma' ✱ 1979] **s. m.** ● (*bot.*) suffrutice delle Composite spontaneo e coltivato nelle regioni meridionali degli Stati Uniti, dai cui rami si ricava una gomma elastica poco pregiata (*Parthenium argentatum*)

guàlca [av. 1644] **s. f.** **1** (*raro*) operazione del gualcare **SIN.** follatura **2** †gualchiera

gualcàre [francone *walkan 'rotolare, muovere di qua e di là', di orig. indeur. ✱ 1305] **v. tr.** (*io guàlco, tu guàlchi*) ● (*raro*) follare con la gualchiera

gualcatóre [1972] **s. m.** ● (*raro*) follatore

†**gualchièra** [da *gualcare* ✱ 1265] **s. f.** ● follone tessile ad acqua, i cui magli battevano la stoffa, trattata con acqua, sapone, argilla,

a b c d e f g h i j k l m n o p q r s t u v w x y z

per conferirle la consistenza del feltro

gualchieràio [1305] **s. m.** (**f.** *-aia*, **pl. m.** *-ai*) **1** (*raro*) follatore **2** †proprietario di una gualchiera

gualcìbile [da *gualcire* ✱ 1953] **agg.** ● che può gualcirsi ‖ **gualcibilità**, **s. f. inv.**

♣**gualcìre** [longob. **walkjan*, parallelo del francone **walk(j)an* 'gualcare' ✱ 1536] **v. tr.** (*io gualcìsco, tu gualcìsci*) e **gualcìrsi v. intr. pron.** ● (*raro*) sgualcire, sgualcirsi

♣**gualcito** **part. pass.** di *gualcire*; anche **agg.** **1** (*raro*) sgualcito **2** (*lett.*) appassito, avvizzito: *È l'alba: si chiudono i petali / un poco gualciti* (G. Pascoli)

guàlda [var. di *guada*② ✱ 1869] **s. f.** ● (*bot.*) guaderella

†**gualdàna** [etim. discussa: da †*gualdo* 'bosco', vale a dire 'imboscata' (?) ✱ av. 1292] **s. f.** ● scorreria e razzia di cavalieri in territorio nemico

†**guàldo** [longob. **wald*, di area germ. ✱ av. 1348] **s. m.** ● bosco | oggi come nome proprio di luogo: *G. Tadino*; *G. Cattaneo*

gualdràppa [da *guardanappa*, con influenza di *drappo* e dissimilazione di *-ardr-* in *-aldr-* ✱ 1533] **s. f.** ● drappo attaccato alla sella che copre la groppa del cavallo per riparo e spec. per ornamento: *una g. di velluto, ricamata*

gualdrappàto [av. 1907] **agg.** ● (*raro*) che porta la gualdrappa

†**guàle** ➤ **uguale**

†**gualèrcio** o †**gualèrchio** [comp. di *gua(tare)* e *lercio* ✱ 1268] **agg.** **1** guercio | storpio **2** lercio, sporco

†**gualìvo** [da *(e)guale* ✱ av. 1389] **agg.** ● uguale, uniforme

guanàco [sp. *guanaco*, dal n. indigeno *wanáku* ✱ 1546] **s. m.** (**pl.** *-chi*) **1** lama non addomesticabile delle Ande dal mantello giallo rossiccio (*Lama guanicoe*) **2** fibra tessile ricavata dalla pelliccia dell'animale omonimo

♦**guància** [longob. **wankja*, con il sign. primitivo di '(parte) curva', di orig. indeur. ✱ av. 1292] **s. f.** (**pl.** *-ce*) **1** parte laterale della faccia, tra lo zigomo e il mento: *avere le guance rosse, rosee, lacrimose* **CFR.** gnato-, -gnato | ***porgere l'altra g.***, (*fig.*) sopportare le offese senza reagire, in conformità all'insegnamento evangelico | (*est., lett.*) faccia, volto | (*est.*) †bocca **2** parte carnosa della testa di bestia macellata, che si vende con le frattaglie **3** (*raro*) faccia o lato di un oggetto, costruzione e sim.: *la g. dell'argine* | ***g. del fucile***, la parte larga del calcio del fucile, su cui si appoggia la guancia ‖ **guancétta**, **dim.** | **guancìna**, **dim.** | **guancióna**, **accr.** | **guancióne**, **accr. m.** (V.) | **guanciòtta**, **accr.**

guancialàio [av. 1573] **s. m.** (**f.** *-aia*, **pl. m.** *-ai*) ● (*disus.*) cuscinaio

†**guancialàta** [1618] **s. f.** ● cuscinata

guanciàle [dalla *guancia*, che vi si appoggia ✱ 1287] **s. m.** **1** cuscino rettangolare imbottito di lana, piuma o altri materiali, su cui si appoggia la testa quando ci si corica: *cambiare la federa al g.*; *Fillide secura dorme / stesa su candidi molli guanciali* (G. Parini) | ***dormire fra due guanciali***, (*fig.*) non avere preoccupazioni **2** parte dell'elmo che difende la guancia **3** (*centr.*) lardo della guancia del maiale ‖ **guancialétto**, **dim.** (V.) | **guancialìno**, **dim.** (V.) | **guancialóne**, **accr.**

guancialétto [av. 1375] **s. m.** **1** dim. di *guanciale* **2** imbottitura del vestito per correggere qualche difetto di chi lo indossa **3** cuscinetto imbevuto d'inchiostro per timbri e sim.

guancialìno [av. 1498] **s. m.** **1** dim. di *guanciale* **2** cuscinetto | ***g. da cucire, da spilli***, imbottito, per appuntarvi aghi o spilli **3** (*disus.*) gioco infantile nel quale due o più giocatori tendono le braccia e intrecciano le mani per formare un seggiolino

guanciàta [sec. XIII] **s. f.** ● (*tosc.*) schiaffo ‖ **guanciatèlla**, **dim.** | **guanciatìna**, **dim.**

guàncio [sp. *guanche*, prob. di orig. berbera: *u aexex* 'figlio giovane' ✱ 1993] **A s. m.** (**f.** *-cia*; **pl. f.** *-ce*) ● ogni appartenente a un'antica popolazione autoctona delle Canarie, estintasi in seguito alla conquista spagnola (sec. XV) **B agg.** ● dei Guanci **C s. m. solo sing.** ● lingua degli antichi Guanci

guancióne [1585] **s. m.** **1** accr. di *guancia* **2** †schiaffo, ceffone

guanidìna [da *guanina*, dalla quale si forma ✱ 1869] **s. f.** ● composto organico azotato, di cui si usano alcuni derivati in terapia come disinfettanti intestinali, antimalarici e protettivi contro la fragilità vasale

guanièra [1892] **s. f.** ● deposito di guano

guanìna [da *guano*, dal quale si estrae ✱ 1869] **s. f.** ● (*chim.*) base azotata purinica presente negli acidi nucleici; nel DNA si appaia specificamente con la citosina

guàno [sp. *guano*, da una vc. indigena *wánu* 'sterco' ✱ 1843] **s. m.** ● deposito di escrementi di uccelli acquatici lungo le coste e in alcune isole del Perù e del Cile, contenente azoto, fosforo e potassio e utilizzato come concime

guantàio [1561] **s. m.** (**f.** *-aia*, **pl. m.** *-ai*) ● chi fabbrica o vende guanti

guantàto [1840] **agg.** ● inguantato: *con le due mani guantate sul volante* (A. Moravia)

guanterìa [1844] **s. f.** ● fabbrica di guanti | (*raro*) negozio di guanti

guantièra [dai *guanti*, che vi si riponevano o posavano ✱ 1618] **s. f.** **1** scatola elegante per tenere i guanti **2** vassoio per dolci, sorbetti, e sim. ‖ **guantierétta**, **dim.**

♦**guànto** [ant. fr. *guant*, dal francone **want* ✱ 1265] **s. m.** **1** accessorio dell'abbigliamento maschile e femminile che riveste e protegge la mano: *guanti di pelle, di filo, di seta, di lana*; *guanti imbottiti*; *guanti a rete*; *infilare, mettersi, calzarsi, togliersi i guanti* | ***guanti lunghi***, che coprono in parte o interamente il braccio | ***mezzi guanti***, che lasciano scoperte le dita | ***guanti di gomma***, guanti impermeabili usati per motivi igienici da medici e infermieri o in generale per proteggere le mani da sostanze nocive | ***guanti di ferro***, parte delle antiche armature che copriva la mano | ***calzare come un g.***, adattarsi perfettamente | ***pugno di ferro nel g. di velluto***, (*fig.*) azione ferma e decisa ma in forme cortesi, diplomatiche | ***in guanti gialli***, (*fig.*) in abito da cerimonia | ***ladro in guanti gialli***, ladro in abito e con tratti da gentiluomo | ***mandare, gettare il g.***, un tempo, sfidare a duello; (*fig.*) proporre una sfida, una competizione | ***raccogliere il g.***, un tempo, accettare il duello; (*fig.*) accettare la sfida | ***trattare qlcu. coi guanti***, (*fig.*) con molti riguardi | ***prova del g.*** (***di paraffina***), V. *paraffina* | †***dare nel g.***, capitare in mano altrui; imbattersi in qlcu. | †***mangiarsi i guanti***, struggersi di passione amorosa **2** nel gioco del bracciale, bracciale **3** (*est., gerg.*) preservativo ‖ **guantàccio**, **pegg.** | **guantìno**, **dim.** | **guantóne**, **accr.** (V.)

guantóne [1598] **s. m.** **1** accr. di *guanto* **2** guanto di cuoio imbottito, usato dai pugili | ***incrociare i guantoni***, disputare un incontro di pugilato | ***appendere i guantoni al chiodo***, (*fig.*) abbandonare lo sport attivo, ritirarsi dall'attività pugilistica

guapperìa [1841] **s. f.** ● insieme di guappi | azione da guappo

guàppo [lat. *văppa(m)* 'uomo corrotto', da cui alcune forme dial.; la var. con *gua-* (per influenza del got. *hwapjan*) è propria del fr. ant. ✱ 1841] **A s. m.** ● (*napol.*) camorrista | (*est.*) persona violenta e senza scrupoli: *comportarsi, agire da g.* **SIN.** bullo, teppista **B agg.** **1** sfrontato, arrogante: *maniere guappe* **2** di eleganza pacchiana, volgare

guàr [vc. ingl. di orig. indiana ✱ 1983] **s. m. inv.** ● polvere inodora bianco-giallastra ottenuta dai semi di una pianta delle Leguminose, usata come additivo alimentare

guaràcha /gwa'ratʃa, *sp.* °gwa'ratʃa/ [vc. indigena (?) ✱ 1965] **s. f. inv.** (**pl. sp.** *guarachas*) ● ballo d'origine cubana simile alla rumba ma di ritmo più lento

guaràna [sp. *guaraná*, dal n. tupi dell'arbusto (*waraná, guaraná*) ✱ 1874] **s. f.** ● liana brasiliana delle Sapindacee da cui si ricava la droga omonima, ricca di caffeina (*Paullinia cupana*)

guaranì [sp. *guaraní*, dal n. del popolo (*Guaranís*); così chiamato perché discendente di *Guaraní*, propr. 'il guerriero' (?) ✱ 1789] **A agg. inv.** ● appartenente o relativo a una popolazione indigena del Paraguay **B s. m. inv.** (**anche f. inv. nel sign. 1**) **1** chi appartiene alla popolazione guaranì **2** unità monetaria del Paraguay **C s. m. solo sing.** ● lingua indigena dell'America meridionale

guarantìre ➤ **guarentire**

†**guàrda** ➤ **guardia**

guàrda- o **guàrdia-** [tratto da *guardare*] **primo elemento** ● in parole composte, indica persone addette alla custodia, alla sorveglianza di qlco. o qlcu., oppure oggetti con funzione protettiva: *guardamacchine, guardapetto* | in alcuni composti presenta la variante *guardia-*, per influenza del sost. f. *guardia*: *guardalinee* o *guardialinee*

guardabarrière [comp. di *guarda-* e il pl. di *barriera* ✱ 1906] **s. m. e f. inv.** ● agente addetto alla custodia dei passaggi a livello

guardàbile [da *guardare* ✱ 1873] **agg.** ● che si può guardare | gradevole, piacevole a guardarsi (talora con una connotazione limitativa): *una commedia (appena) g.* ‖ **guardabilità**, **s. f. inv.**

guardabòschi [comp. di *guarda-* e il pl. di *bosco*, sul tipo dell'equivalente fr. *garde-bois* ✱ 1771] **s. m. e f. inv.** ● addetto alla sorveglianza dei boschi per proteggerli da furti di legname e danneggiamenti d'ogni genere

guardabuòi [comp. di *guarda-*, nel senso del fr. *garder* ('custodire') e il pl. di *bue*, che libera dai parassiti, come il fr. *gardeboeufs* ✱ 1917] **s. m. inv.** ● uccello dei Ciconiformi molto simile alla garzetta (*Bubalculus ibis*)

guardacàccia o **guardiacàccia** [comp. di *guarda-* e *caccia*, come il fr. *garde-chasse* ✱ 1862] **s. m. e f. inv.** ● guardia giurata incaricata di far rispettare leggi e regolamenti sulla caccia | guardia di una riserva di caccia privata

guardacànapo [comp. di *guarda-* e *canapo* ✱ sec. XIX] **s. m.** ● (*mar.*; *raro*) anello di metallo per difendere dall'attrito un canapo e renderne facile lo scorrere | ***g. dello stralло***, a ferro di cavallo o ad anello, al quale s'impiomba il piede dello stralло per poterlo tesare

guardacàṣo ➤ **caso**

guardacatèna [comp. di *guarda-* e *catena* ✱ 1868] **s. m. inv.** ● fermacorda dell'orologio

guardacàvo [comp. di *guarda-* e *cavo* ✱ 1892] **s. m.** (**pl.** *-i*) ● (*mar., raro*) fasciatura per difendere una cima dall'attrito

guardacénere [comp. di *guarda-* e *cenere* ✱ 1561] **s. m. inv.** ● lamina metallica che impedisce alla cenere di fuoriuscire dal camino **CFR.** parafuoco

guardacòrpo [comp. di *guarda-* e *corpo*, come il corrispondente fr. *garde-corps* ✱ 1889] **s. m. inv.** ● (*mar.*) corda tesa tra due sostegni in coperta, per tenervisi quando la nave è instabile per moto ondoso

guardacòste o **guardiacòste** [comp. di *guarda-* e il pl. di *costa*, sul modello del fr. *garde-côte*, sottinteso *vaisseau* 'vascello' ✱ 1655] **s. m. inv.** **1** (*mar.*) nave in servizio di vigilanza costiera **2** corpo militare addetto alla sorveglianza della costa | soldato di tale corpo

guardadìghe [comp. di *guarda-* e il pl. di *diga* ✱ 1956] **s. m. e f. inv.** ● addetto alla sorveglianza delle installazioni di una diga

guardafìli o **guardiafìli** [comp. di *guarda-* e il pl. di *filo* ✱ 1923] **s. m. e f. inv.** ● operaio addetto al controllo e alla manutenzione delle linee elettriche, telegrafiche o telefoniche

guardaforzàti [comp. di *guarda-* e il pl. di *forzato* ✱ 1889] **s. m. inv.** ● (*disus.*) guardia che, un tempo, sorvegliava i condannati nei bagni penali, nelle darsene, negli arsenali

guardafuòco [comp. di *guarda-* e *fuoco* ✱ 1869] **s. m.** (**pl.** *-chi*) ● (*mar.*; *disus.*) riparo di tavole poste intorno a un'imbarcazione durante le operazioni di calafataggio per proteggerla dalla fiamma

guardainfànte ➤ **guardinfante**

guardalàto [comp. di *guarda-* e *lato*, nel senso di 'fianco (dell'imbarcazione)' ✱ 1815] **s. m.** ● (*mar.*; *raro*) parabordo

guardalìnee o **guardialìnee** nel sign. 2 [comp. di *guarda-* e il pl. di *linea* ✱ 1903] **s. m. e f. inv.** **1** cantoniere ferroviario con compito di vigilanza di un tratto di linea per accertare l'idoneità del binario ai fini della circolazione dei treni **2** nel calcio, assistente arbitrale (V. *assistente*) **SIN.** segnalinee

guardamàcchine o **guardiamàcchine** [comp. di *guarda-* e il pl. di *macchina* ✱ 1966] **s. m. e f. inv.** ● addetto alla sorveglianza di un parcheggio per autovetture

guardamàno [comp. di *guarda-* e *mano* ✱ 1834] **s. m. inv.** **1** parte dell'impugnatura della spada o della sciabola, tra la crociera e il pomo, a protezione della mano che la impugna | nel fucile, ponticello meccanico che ripara il grilletto **2** manopola da lavoro, a protezione della mano **3** (*mar.*, *raro*) corrimano che veniva teso in coperta durante le tempeste

†**guardaménto** [1268] **s. m.** **1** il guardare | sguardo: *amore si nutrica co' dolci guardamenti* (G. Boccaccio) **2** (*fig.*) riguardo, considerazione **3** (*est.*) custodia, cura

guardamèrci [comp. di *guarda-* e il pl. di *merce* ✱ 1972] **s. m. e f. inv.** ● (*disus.*) personale addetto alla vigilanza sui magazzini merci nonché all'assistenza alle operazioni di carico e scarico dai treni

guardanìdio o **guardanìdo** [comp. di *guarda-* e *nidio*, variante di *nido* ✱ 1612] **s. m.** (**pl.** *-i* o *raro -ii*) ● endice, nidiandolo

guardapàlma [comp. di *guarda-* e *palma* ✱ 1956] **s. m. inv.** ● (*mar.*) manopola di cuoio, con palma metallica, usata dai velai per spingere l'ago da vele

guardapàrco [comp. di *guarda-* e *parco* ✱ 1970] **s. m. e f. inv.** ● guardia di un parco nazionale: *i g. del Gran Paradiso*

guardapésca o **guardiapésca** [comp. di *guarda-* e *pesca*, come il fr. *garde-pêche* ✱ 1965] **s. m. e f. inv.** ● guardia giurata incaricata di far rispettare leggi e regolamenti sulla pesca spec. fluviale | guardia di una riserva di pesca privata

guardapètto [comp. di *guarda-* e *petto* ✱ 1834] **s. m.** ● pezzo di legno talvolta armato di ferro che si mette a protezione del petto quando si adopera il trapano

guardapìnna [comp. di *guarda-* e *pinna* ✱ av. 1729] **s. m. inv.** ● granchiolino dei Pinnoteridi che vive nella conchiglia di Molluschi bivalvi e spec. della pinna (*Pinnotheres pinnotheres*) **SIN.** pinnotero

guardapòrta [comp. di *guarda-* e *porta*, sul modello del fr. *garde-porte* ✱ 1858] **s. m. e f. inv.** ● (*merid.*) portiere, portinaio

guardapòrto [comp. di *guarda-* e *porto* ✱ av. 1729] **s. m.** **1** †incaricato della sorveglianza di un porto **2** imbarcazione situata all'ingresso di un porto, che alloggia il personale addetto alla sorveglianza

guardaportóne [comp. di *guarda-* e *portone* ✱ 1725] **s. m. e f. inv.** ● portiere in livrea di palazzi signorili, di grandi teatri e di pubblici edifici in genere

♦**guardàre** [francone *wardōn 'stare in guardia (*warda*)' ✱ 1219] **A** **v. tr.** **1** rivolgere lo sguardo verso qlcu. o qlco: *g. attentamente, distrattamente, fisso*; *g. di traverso, storto, in cagnesco*; *g. la gente che passa*; *g. la televisione*; *g. un film*; *guardo / il passaggio quieto / delle nuvole sulla luna* (G. Ungaretti) | ***g. di buon occhio, di malocchio***, con benevolenza, con malevolenza | ***g. con la coda dell'occhio***, sbirciare | ***g. qlcu. in faccia***, affrontarlo senza timore | considerare con interesse: *g. una donna*; *nessuno lo guarda* | ***non lo guardo neppure***, non mi curo di lui | (*est.*) considerare, valutare (+ *che*): *guarda che l'appuntamento era alle sette*; *guarda che una simile fortuna forse non ti capiterà due volte* (L. Pirandello) | ***guarda!, ma guarda!, guarda un po'!, guarda guarda!, guarda tu*** o (*colloq.*) ***guarda te!***, escl. di meraviglia o disappunto | ***guarda caso!*** o (con grafia unita) ***guardacaso***, V. *caso* | ***guarda che roba!***, escl. di sorpresa o sdegno | ***stare a g.***, assistere passivamente agli avvenimenti **2** esaminare, osservare attentamente: *g. una mostra, un quadro, una statua* | ***g. troppo per il sottile***, prendere in considerazione ogni minimo particolare, farsi eccessivi scrupoli **3** custodire qlco., averne cura: *g. la casa, il podere* | controllare, tenere d'occhio: *guarda il bambino mentre sono via* | (*raro*) preservare, tener lontano dai pericoli: *g. qlcu. dai pericoli* | ***Dio me ne guardi!***, detto di qlcu. o di qlco. che si vuole evitare | fare la guardia: *g. il ponte, la porta d'accesso, la vigna* | ***g. a vista qlcu.***, non perderlo d'occhio | (*lett.*) proteggere: *non aspettò di entrare in quella città con lo esercito suo che lo guardasse* (N. Machiavelli) **4** †osservare, rispettare: *g. i comandamenti di Dio*; *g. le feste* | seguire: *g. le orme di qlcu.* **5** †assistere, vegliare: *g. il morto, l'ammalato* | (*lett.*) ***g. il letto***, stare a letto per indisposizione **B** **v. intr.** (**aus.** *avere*) **1** badare, fare attenzione (+ *a*, + *di* **seguito da inf.**): *g. ai fatti propri*; *guarda a quello che fai!*; *guarda di non farlo più* | ***non g. a spese***, non fare economia | ***non g. in faccia (a) nessuno***, (*fig.*) agire con imparzialità; non farsi intimorire | anche in forma pron., nella loc. ***guardarsi intorno, in giro***: osservare con attenzione (**anche** *fig.*): *s'è guardata attorno smarrita* (L. Pirandello); *non è facile trovare un lavoro, tu comincia a guardarti intorno* **2** procurare, fare in modo di (+ *di* **seguito da inf.**, + *che* **seguito da congtv.**): *guarda di studiare, di farti amare dagli altri*; *Guarda che non sia / sentito da nessun ciò che m'hai detto* (G. Boccaccio) **3** rivolgersi con la mente, far riferimento (+ *a*): *ho sempre guardato a lui come a un amico*; *molti nel mondo guardano alla moda italiana* | ***g. avanti***, (*fig.*) pensare solo al futuro, tralasciando gli eventi ormai trascorsi **4** riferito a edifici, stanze, finestre e sim., essere rivolto, avere la vista verso una data direzione (+ *a*, + *su*): *la casa guarda a levante*; *le finestre guardano sulla piazza*; *il terrazzo guarda verso la valle* **C** **guardàrsi** **v. tr. pron.** **1** guardare, osservare (con valore intens.): *guardarsi un film alla tv*; *si voltò a guardarsi la manina con gli occhi pieni di lagrime* (L. Pirandello) **2** curare, tutelare: *Don Venerando l'era sempre attorno ... per guardarsi i suoi interessi* (G. Verga) | ***guardarsi le spalle***, o (come verbo intr. pron.) ***alle spalle***, (*fig.*) stare in guardia contro eventuali insidie o pericoli **D** **guardàrsi** **v. rifl.** **1** osservare il proprio corpo (+ *a*, + *in*): *guardarsi allo* (o *nello*) *specchio* **2** astenersi (+ *da*, *lett.* + *di*, **anche seguiti da inf.**): *guardati dal ripetere simili calunnie*; *Guardati di seguirmi* (P. Metastasio) | preservarsi, difendersi: *guardarsi dalle cattive amicizie*; *guardati dalle lusinghe degli adulatori* | **PROV.** ***dagli amici mi guardi Dio, dai nemici mi guardo io***, è più difficile difendersi dai falsi amici che dai nemici dichiarati | diffidare, stare in guardia: *guardati da quell'individuo: è pericoloso!* **3** **guardàrsene**, stare in guardia da qlcu. o qlco.: *non ti fidare di lui: guardatene!*; *Ma la felicità, guardatene!* (L. Pirandello) | astenersi da qlco., evitare fermamente di fare qlco.: *partire con lui? me ne guardo bene!* **E** **guardàrsi** **v. rifl. recipr.** ● scambiarsi gli sguardi, osservarsi l'un l'altro (+ *in*): *si guardavano e si studiavano reciprocamente*; *si guardano teneramente negli occhi* | ***non guardarsi più***, (*fig.*) aver rotto ogni rapporto di amicizia

SFUMATURE ➤ *vedere*①

guardaréni (o **-è-**) [comp. di *guarda-* e (*le*) *reni* ✱ 1707] **s. m. inv.** ● nelle antiche armature, parte della falda posteriore fatta di lamiere snodate a protezione delle reni

guardaròba [fr. *garde-robe*, comp. di *garde* 'guarda' e *robe* 'veste', poi i 'vestiti' stessi, ivi custoditi ✱ sec. XIII] **s. m. o** *disus.* **f. nei sign. 1 e 3** (**pl.** *guardaròba*, †*guardaròbi* **m.**, *guardaròbe* **f.**) **1** armadio per la biancheria e il vestiario | stanza in cui si tengono riposti vestiti e biancheria | in teatri e locali pubblici in genere, luogo in cui si depositano cappotti, borse, ombrelli, e sim. **2** complesso di abiti e altri generi d'abbigliamento di cui una persona dispone: *ha un g. molto elegante* **3** †guardarobiere

guardarobière [da *guardaroba* ✱ 1598] **s. m.** (**f.** *-a*) **1** in case signorili o alberghi, persona che ha cura degli abiti e della biancheria **2** chi, in un pubblico locale, è addetto al guardaroba

guardasàla [comp. di *guarda-* e *sala*①, adattamento del fr. *garde-salle* ✱ 1885] **s. m. e f. inv.** ● sorvegliante di una sala, per es. di un museo | ferroviere addetto alla sorveglianza delle sale d'aspetto nelle stazioni

guardascàmbi [comp. di *guarda-* e il pl. di *scambio* ✱ av. 1944] **s. m. e f. inv.** ● nelle ferrovie, addetto al controllo degli scambi

guardasigìlli [comp. di *guarda-* e il pl. di *sigillo* ✱ 1617] **A** **s. m. e f. inv.** ● in passato, alto funzionario di corte che aveva il compito di custodire e apporre i sigilli del sovrano; attualmente, il ministro della Giustizia in quanto controfirma i decreti muniti del sigillo dello Stato **B** **anche agg. inv.**: *Ministro g.*

guardaspàlle [comp. di *guarda-* e il pl. di *spalla* ✱ av. 1631] **s. m. inv.** (**anche f. nel sign. 1**) **1** chi è addetto alla protezione di una persona importante **2** (*mar.*) cavo tesato tra gli amantigli a protezione dei marinai che lavorano alle vele

guardastìva [comp. di *guarda-* e *stiva* ✱ 1834] **s. m. e f. inv.** ● (*mar.*; *disus.*) nelle navi, chi ha cura della stiva e delle cose in essa contenute, come gomene, ormeggi, bagagli e sim.

guardàta [1660] **s. f.** ● sguardo, spec. rapido e superficiale: *non ha studiato la lezione, le ha dato solo una g.* | sguardo intenso che talora esprime un rimprovero ‖ **guardatàccia**, **pegg.** | **guardatìna**, **dim.**

guardatèsta [comp. di *guarda-*, nel senso fr.

di 'salvare', e *testa* ✱ 1872] **s. m. inv.** ● (*mar.*; *disus.*) rete di grosse corde che si tendeva sul cassero delle navi al fine di preservare il personale di bordo dalla caduta di oggetti gravi dalle coffe

guardatóre [av. 1292] **s. m.** (**f.** *-trice*) **1** (*raro*) chi guarda **2** †custode, guardiano: *Elpino di capre, Logisto di ... pecore g.* (I. SANNAZARO)

guardatràma [comp. di *guarda-* 'salvaguardare' e *trama* ✱ 1965] **s. m. inv.** ● (*tess.*) dispositivo che blocca il telaio automatico allorché si rompe un filo della trama

guardatùra [1266] **s. f. 1** (*lett.*) modo di guardare: *g. losca, accigliata, buona* | (*lett.*) sguardo: *con una cotal g. amorevole* (G. LEOPARDI) **2** †custodia, guardia **3** †osservazione del cielo, delle stelle

guardavivànde [comp. di *guarda-* e il pl. di *vivanda* ✱ 1798] **s. m. inv.** ● (*disus.*) copripiatti

♦**guàrdia** o †**guàrda** [got. *wardja*, dal v. germ. *warōn* 'prestare attenzione' ✱ 1266] **A s. f. 1** attività del custodire, del vigilare e sim.: *fare la g.*; *essere di g.*; *montare la g., montare di g.*; *fare buona, cattiva g.*; *cane da g.*; *rimanere a g. di qlco.* | †***prendere, prendersi g.***, aver cura | ***g. medica, ostetrica***, servizio medico od ostetrico continuativo per prestazioni d'urgenza | ***medico di g.***, medico che effettua turni di sorveglianza in un ospedale **2** nucleo di soldati per il servizio di vigilanza armata a edifici, impianti, stabilimenti militari o civili: *la g. di una caserma* | ***corpo di g.***, insieme di soldati che partecipano allo stesso turno di vigilanza | ***posto, corpo di g.***, edificio o locale dove alloggiano i soldati del corpo di guardia | ***cambio della g.***, rotazione di personale nel servizio di vigilanza; (*fig.*) avvicendamento di persone spec. al vertice di una gerarchia | ***g. d'onore***, reparto militare che rende omaggio a grandi personalità e presidia monumenti ed edifici pubblici insigni **3** soldato in servizio di guardia, sentinella: *la g. di una polveriera* **4** corpo armato, militare o paramilitare, con compiti di custodia, protezione o vigilanza | ***G. di Finanza***, corpo militare dello Stato addetto al servizio di vigilanza doganale e alla prevenzione, ricerca, denuncia delle evasioni e violazioni finanziarie | ***g. nazionale, civica***, nell'Ottocento, corpo armato di cittadini che difendeva le pubbliche libertà e l'indipendenza nazionale | ***g. campestre***, corpo speciale di agenti addetti alla sorveglianza dei campi coltivati | ***g. forestale***, antica denominazione dell'attuale Corpo Forestale dello Stato, con compiti di difesa del patrimonio boschivo nazionale | ***G. svizzera***, corpo di soldati pontifici scelti tra i cantoni svizzeri ai quali fin dal XVI sec. è affidata la protezione del Pontefice | ***g.*** (***del corpo***), nucleo di truppe speciali che hanno la funzione di proteggere l'incolumità di capi di Stato o di alte personalità: *g. imperiale*; *g. a cavallo*; *reggimenti della g.* (V. anche sign. 6) | (*fig.*) ***la vecchia g.***, i primi, più fedeli e convinti seguaci di un partito, un movimento letterario e sim. (dalla loc. fr. 'vieille garde', denominazione della Guardia imperiale creata da Napoleone nel 1804) | ***guardie rosse***, in Russia, soldati dell'esercito rivoluzionario comunista durante la rivoluzione del 1917 e negli anni immediatamente successivi; in Italia, membri dei sindacati e delle leghe operaie durante il periodo dell'occupazione delle fabbriche e degli scioperi fra il 1919 e il 1921; in Cina, giovani, spec. studenti, raggruppati in movimento per sostenere la rivoluzione culturale del 1966 **5** ciascuno degli appartenenti a tali corpi: *g. svizzera* | ***g. di finanza***, finanziere **6** (*gener.*) chi svolge azione di vigilanza | ***g. di pubblica sicurezza***, nel soppresso ordinamento di polizia, grado sostituito dalla nuova qualifica di agente | ***g. notturna***, chi è addetto alla sorveglianza della proprietà privata nelle ore notturne | ***g. carceraria***, agente di polizia penitenziaria (V. *agente*) | ***g. di città***, antica denominazione del vigile urbano | (*fam., per anton.*) agente di polizia, vigile urbano | ***g. del corpo***, chi scorta un personaggio importante per proteggerne l'incolumità **SIN.** (*colloq.*) gorilla | ***g. giurata***, che non fa parte dei corpi di polizia ed è alle dipendenze di privati **SIN.** (*colloq.*) sceriffo, vigilante | ***guardie e ladri***, gioco infantile in cui i partecipanti scelti per sorteggio come guardie devono inseguire e catturare quelli scelti come ladri, secondo le regole del gioco stesso | †***g. morta***, spaventapasseri **7** (*mar.*) il complesso dei servizi tecnici e dei compiti di sorveglianza disimpegnati a bordo di una nave per governarla durante la navigazione e in porto: *marinai di g., ufficiale di g.*; *turni di g.* | ciascuna delle due parti in cui si divide alternativamente l'equipaggio nell'eseguire i servizi a bordo della nave **8** nella scherma e nel pugilato, posizione assunta per la difesa: *g. alta, g. bassa* | ***g. stretta, chiusa***, tale da non offrire punti vulnerabili | ***mettersi, stare in g.***, assumere una posizione difensiva (*anche fig.*) | ***mettere qlcu. in g. contro qlco.***, avvertirlo di un pericolo imminente, metterlo sull'avviso | ***abbassare la g.***, abbandonare la posizione di difesa; (*fig.*) allentare la vigilanza | ***in g.!***, comando dato ai duellanti o ai pugili perché assumano posizione difensiva, usato anche come avvertimento **9** parte della spada che va dalla coccia al pomo, esclusa la lama **10** (*tess.*) nel telaio automatico, dispositivo che mantiene la spola nella giusta posizione **11** parte inferiore del morso del cavallo che porta la campanella **12** (*idraul.*) ***livello, segnale di g.***, (*ellitt.*) ***guardia***, limite graduato posto sull'argine di un fiume che indica il livello cui l'acqua può giungere senza pericoli di tracimazione: *il fiume ha raggiunto, ha superato la g., il livello di g.*; (*fig.*) limite massimo di tolleranza, livello pericoloso: *il tasso di disoccupazione ha superato il livello di g.* **13** foglio bianco tra la copertina e il frontespizio di un libro **14** (*sport*) nella pallacanestro, giocatore che in attacco gioca all'esterno **15** †prigione **16** †riparo, difesa **B s. m. inv.** ● (*tosc.*) accorc. di *guardiacaccia* e *guardiaboschi*

guàrdia- ➤ **guarda-**

guardiacàccia ➤ **guardacaccia**

guardiacòste ➤ **guardacoste**

guardiafili ➤ **guardafili**

guardialinee ➤ **guardalinee**

guardiamàcchine ➤ **guardamacchine**

guardiamarìna [sp. *guardia marina*, comp. di *guardia* e il f. dell'agg. *marino*, come il fr. *garde-marine* ✱ 1684] **s. m. inv.** ● primo grado degli ufficiali subalterni della marina militare, equivalente a quello di sottotenente nell'esercito

guardianàggio [da *guardiano* ✱ 1972] **s. m.** ● (*raro*) servizio di sorveglianza di un guardiano: *attività di g. di una nave*

guardianàto [av. 1562] **s. m. 1** nei conventi, ufficio e carica del padre guardiano **2** †ufficio di vicedomino

guardianìa [1673] **s. f. 1** (*raro*) ufficio di guardiano | ufficio e giurisdizione del padre guardiano **SIN.** guardianato **2** servizio di custodia o di sorveglianza spec. in cantieri, porti, impianti industriali e sim.

♦**guardiàno** [got. *wardjan*, acc. di *wardja* 'guardia' ✱ 1268] **s. m. 1** (**f.** *-a*) chi ha l'incarico di custodire, vigilare, curare qlco. o qlcu.: *g. dei campi, della villa, di bestie, di porci* | ***g. notturno***, che vigila durante la notte **SIN.** custode, sentinella **2** priore o padre superiore di convento di monaci, soprattutto di francescani | †vicedomino **3** (*raro*) guardia carceraria **4** ***g. dei coccodrilli***, uccelletto africano dei Caradriformi, con elegante piumaggio nero, grigio e bianco (*Pluvianus aegyptius*) || †**guardianèllo**, dim.

guardiapésca ➤ **guardapesca**

guardìna [dim. di (posto di) *guardia* ✱ 1905] **s. f.** ● (*disus.*) camera di sicurezza (V. *camera*① nel sign. 4) | (*est., colloq.*) prigione: *finire in g.*

guardinfànte o **guardainfànte** [sp. *guardainfante*, comp. di *guard(ar)* 'guardare, proteggere' e *infante*, in quanto in origine serviva a proteggere dagli urti le donne incinte ✱ 1651] **s. m.** ● cerchio di ferro o vimini che si portava un tempo per tenere scostata dal corpo la gonna

♦**guardìngo** [da *guardare* col suff. di orig. germ. *-ingo* (da *-ing*) ✱ sec. XIII] **agg.** (**pl. m.** *-ghi*) **1** di chi procede cauto e circospetto preoccupandosi di non essere sorpreso o colto in fallo: *andare, avanzare g.*; *agire in modo g.* **2** †diligente nella custodia || **guardingaménte**, **avv.** (*raro*) in modo guardingo

guardiòla [da *guardia* ✱ av. 1442] **s. f. 1** piccolo locale riservato al portiere situato all'ingresso di edifici pubblici e privati **2** nelle antiche fortificazioni, piccola opera a torretta sporgente dall'alto delle mura, specie nei salienti, per le sentinelle destinate a vigilare sull'esterno

guàrdo [da *guardare* ✱ sec. XIII] **s. m.** ● (*poet.*) sguardo: *pur se tace la bocca il g. prega* (G.B. MARINO)

guàrdolo [da *guardare* col sign. di 'salva(guarda)re (la scarpa)' (?) ✱ 1561] **s. m.** ● striscia di pelle o cuoio che viene cucita intorno allo spigolo esterno e interno della calzatura su cui viene cucita la suola di una scarpa

guardóne [da *guard(are)* e *-one*① ✱ 1964] **s. m.** (**f.** *-a*) ● (*pop.*) chi per morbosa curiosità spia le nudità o gli atti sessuali altrui **SIN.** voyeur

guardonìsmo [da *guardone* ✱ 1973] **s. m.** ● (*pop.*) morbosa curiosità di chi spia le nudità e gli atti sessuali altrui **CFR.** voyeurismo

guardrail /gard'reil, *ingl.* 'gɑːd,reɪl/ [vc. ingl., propr. 'sbarra (*rail*) dall'ant. fr. *reille*, dal lat. *rĕgula* ('regola') per proteggere (*to guard*, dall'ant. fr. *guarder* 'guardare' in senso specifico)' ✱ 1961] **s. m. inv.** ● robusta barriera di lamiera o di elementi in cemento posta ai margini delle strade per impedirne l'uscita dei veicoli in caso di sbandamento

guarentìgia [da *guarentire* ✱ av. 1348] **s. f.** (**pl.** *-gie* o *-ge*) ● garanzia assicurata dalla legge | ***guarentigie costituzionali***, garanzie statuite dalla Costituzione a favore della libertà dei cittadini | ***legge delle guarentigie***, quella con cui, nel 1871, lo Stato italiano intese garantire l'immunità personale, l'indipendenza politica e altre prerogative al Papa, dopo la presa di Roma

guarentìre o **guarantìre** [ant. fr. *guarantir*, da *guarant* 'garante' ✱ 1287] **A v. tr.** (*io guarentisco, tu guarentìsci*) ● (*lett.*) garantire **B guarentìrsi v. intr. pron.** ● (*lett.*) garantirsi

guàri [ant. fr. *guaires*, dal francone **waigaro* 'molto' ✱ 1266] **A avv.** ● (*lett.*) molto (spec. in espressioni negative): *non stette là con essi g.* (DANTE *Inf.* VIII, 113) | ***or non è g.***, non è molto tempo | ***non andò g.***, non passò molto tempo **B agg. indef. inv.** ● (*lett.*) molto, assai: *dopo non g. spazio passò della presente vita* (G. BOCCACCIO)

guarìbile [av. 1712] **agg.** ● che può guarire: *con le opportune cure, quella malattia è g. in pochi giorni* || **guaribilità**, **s. f. inv.**: *le percentuali di guaribilità di un tumore*

guarigióne o †**guerigióne** [ant. fr. *guarisun*, da *guarir*, della stessa orig. di 'guarire' ✱ 1287] **s. f. 1** il ristabilirsi in salute: *g. perfetta, miracolosa; tutto quell'affanno e quel dolore preludiarono alla g.* (I. SVEVO) | ***essere in via di g.***, essere quasi completamente guarito **2** il restituire la salute: *la fama di molti miracoli e guarigioni* (L.A. MURATORI)

†**guariménto** o †**gueriménto** [sec. XIV] **s. m.** ● guarigione

♦**guarire** o †**guerire** [germ. *warjan 'mettere riparo, tenere lontano' e anche 'difendere' ✱ 1250 ca.] **A v. tr.** (*io guarisco, tu guarisci*) **1** risanare, rimettere in salute: *g. qlcu. dalla scarlattina* | †***g. un liquido***, purificarlo | far passare una malattia: *una terapia per g. la polmonite* | PROV. ***il tempo guarisce tutti i mali***, V. *tempo* **2** (*fig.*) liberare qlcu. da un vizio e sim.: *g. qlcu. dalla pigrizia, dalla caparbietà* **B v. intr.** (aus. *essere*) **1** rimettersi in salute (+ *da*): *è guarito dalla polmonite per le cure tempestive* **2** (*fig.*) liberarsi da un vizio e sim. (+ *da*): *è guarito dal vizio del gioco, del fumo* **3** esaurirsi, passare: *l'infiammazione guarirà in un mese*

guaritóre [1363] **s. m.** (**f.** *-trice*) **1** (*raro*) chi opera una guarigione **2** chi pretende di avere la capacità di guarire varie malattie valendosi di mezzi empirici, o non scientificamente riconosciuti

guarnàcca o **guarnàccia** [ant. provenz. *guarnacha*, dal lat. *gaunăca(m)*, dal gr. *kaunákēs* 'specie di pelliccia persiana', di orig. assira ✱ 1287] **s. f. 1** sopravveste medievale spesso con fodera di pelliccia e cappuccio indossata spec. dagli uomini per ripararsi dal freddo e dalla pioggia | (*est.*) †sopravveste **2** grossa e lunga veste da fatica per contadini

guarnèllo [da *guarnacca* con sovrapposizione di *gonnello* (?) ✱ av. 1300] **s. m. 1** †tessuto di filo greggio e cotone, usato per fodera **2** sottana o sottoveste senza maniche e molto scollata, usata in passato dalle contadine di alcune regioni italiane

guarnigióne o †**guernigióne** [ant. fr. *garnison*, da *garnir* 'guarnire' ✱ 1287] **s. f. 1** corpo di truppa a guardia di una fortezza, di una piazzaforte, di una città, in pace o in guerra **2** il luogo dove ha sede la guarnigione | †difesa, presidio **3** complesso degli archibugieri o moschettieri che fiancheggiavano il battaglione di picche nei secc. XVI e XVII **4** †corredo, equipaggiamento

guarniménto o †**guerniménto** [sec. XII] **s. m. 1** (*raro*) il guarnire **2** (*lett.*) guarnizione: *adorno è il ricco g. / di pietre e perle* (M.M. BOIARDO) **3** (*mar.*; *raro*) insieme degli accessori che si usano per assicurare gli alberi, sostenere e manovrare i pennoni, spiegare e serrare le vele **4** †armamento | †guarnigione **5** †schiera di armati

guarnire o †**guernire** [germ. *warnjan 'avvertire (un pericolo o una minaccia)', quindi 'provvedere (alla difesa)' ✱ 1261 ca.] **v. tr.** (*io guarnisco, tu guarnisci*) **1** munire, corredare di tutto quanto è necessario (+ *di*): *g. l'esercito di armi e munizioni; g. una città di mura* | ***g. una nave***, dotarla dell'attrezzatura **2** ornare (+ *di*): *g. un cappello di piume* | (*assol.*) essere di ornamento: *sono accessori che guarniscono molto* **3** (*cucina*) inserire in un piatto alcuni elementi di contorno, anche per ottenere un effetto estetico (+ *di*, + *con*): *g. il pandoro di zucchero a velo; g. il brasato con carote al burro*

guarnito o †**guernito** **part. pass.** di *guarnire*; anche **agg. 1** nei sign. del v. (+ *di*, + *con*): *un luogo ben g.; calze di seta guarnite di trine; un cappellone di paglia, g. di nastri di velluto nero* (G. VERGA); *una torta guarnita con (o di) panna montata* | ***essere ben g.***, ben provvisto di denaro **2** ***cavallo g.***, fornito di tutti i finimenti

guarnitóre [av. 1347] **agg. e s. m.** (**f.** *-trice*) ● che (o chi) guarnisce | rifinitore | decoratore

guarnitùra o †**guernitùra** [1566] **s. f. 1** (*raro*) il guarnire **2** (*lett.*) guarnizione, ornamento **3** rivestimento di tavole o altro materiale disposto sulle pareti delle gallerie di miniera, tra l'armatura e la roccia **4** (*mar.*; *disus.*) tutto il cordame che si adopera nei velieri per assicurare gli alberi e per il gioco dei pennoni e delle vele **5** parte della bicicletta costituita dall'insieme di pedivelle e anteriori

guarnizióne o †**guernizióne** [1533] **s. f. 1** tutto ciò che serve a guarnire: *un abito con una g. di trine; una tenda con una g. di fregi d'oro* **2** decorazione o contorno di una pietanza: *una torta con una g. di frutta; un arrosto con g. di patate* **3** elemento di varia forma, per lo più sottile, di gomma, cuoio, fibra, amianto, piombo, rame o altro, per assicurare la tenuta di un recipiente, di un condotto e sim. | (*mecc.*) ***g. della testata***, interposta fra la testata e il blocco cilindri dei motori a combustione interna

SFUMATURE ➤ ***finimento***

guasconàta [fr. *gasconnade*, da *gascon* 'guascone', etnico popolarmente preso per 'spaccone' ✱ 1673] **s. f.** ● gesto da guascone | millanteria

guascóne [fr. *gascon*, dal lat. *Vascŏne(m)*, nom. *Văsco*, attrav. un adattamento germ. **Wasco* ✱ sec. XIII] **A agg.** ● della Guascogna **B s. m.** (**f.** *-a*) **1** abitante o nativo della Guascogna **2** (*fig.*) fanfarone, smargiasso

†**guastàda** [lat. parl. **gastrāta(m)*, da *gastra(m)* per *grasta(m)* 'grasta', con sovrapposizione d'altra vc. ✱ sec. XIII] **s. f.** ● caraffa: *gli venne nella finestra veduta questa g. d'acqua* (G. BOCCACCIO)

guastafèste [comp. di *guasta(re)* e il pl. di *festa* ✱ 1618] **s. m. e f. inv. 1** chi guasta l'atmosfera allegra di un ambiente tenendo un comportamento fuori luogo | (*est.*) persona noiosa, scontrosa, importuna **2** (*fig.*) chi (o ciò che) sconvolge un programma o un'iniziativa, ostacola un progetto e sim.: *sei il solito g.; la pioggia ha fatto un po' da g.*

†**guastalàrte** [comp. di *guasta(re)* e *l'arte* ✱ 1552] **s. m. e f. inv.** ● guastamestieri

†**guastaménto** [av. 1292] **s. m. 1** il guastare | deterioramento, rottura **2** (*raro*, *lett.*) devastazione **3** (*fig.*) corruzione

guastamestièri [comp. di *guasta(re)* e il pl. di *mestiere* ✱ av. 1613] **s. m. e f. inv. 1** (*lett.*) chi esercita male una qualsiasi attività | chi intralcia l'operato altrui **2** (*lett.*) chi in commercio danneggia i concorrenti SIN. imbroglione

♦**guastàre** [lat. *vastāre*, da *văstu(m)* nel senso di 'spopolato, devastato', di orig. indeur., con sovrapposizione della sillaba iniziale del germ. **wōstjan*' ✱ 1260] **A v. tr.** (**part. pass.** *guastàto*) **1** ridurre in cattivo stato, mandare in rovina: *la grandine ha guastato il raccolto* | ***g. l'arte, il mestiere***, (*lett.*) esercitarli molto male | rendere inservibile: *g. il meccanismo di un orologio, una serratura, il registratore* | far andare a male: *il caldo eccessivo guasta la carne; l'eccessiva maturazione ha guastato la frutta* | (*est.*) privare un cibo del proprio sapore caratteristico: *aggiungendo pepe hanno guastato la salsa* | alterare, danneggiare: *g. la salute, lo stomaco, l'appetito* | ***non guasta***, non nuoce: *un po' di autoironia non guasta!; è simpatico, ed è anche ricco, il che non guasta* | ***g. il sangue***, intossicarlo | rendere brutto: *le cicatrici guastano il suo viso* SIN. sciupare | anche nella forma pron. (con valore intens.) **guastàrsi**, rovinarsi: *guastarsi l'esistenza, la salute* | ***guastarsi il sangue, il fegato, la bile*** e sim., (*fig.*) irritarsi, tormentarsi, turbarsi gravemente **2** (*fig.*) turbare: *g. la conversazione con interventi inopportuni; la mia passione … andò al segno di guastarmi la quiete* (V. ALFIERI) | ***g. l'amicizia***, porvi termine | ***g. i sogni a qlcu.***, turbare la felicità di qlcu. | (*est.*) sconvolgere, scombussolare: *g. i progetti di qlcu.; la pioggia ha guastato la cerimonia* **3** (*fig.*) corrompere, pervertire: *g. l'animo, il cuore di qlcu.; è stato guastato dalle cattive compagnie; la mitologia guasta il sentimento della natura* (F. DE SANCTIS) **4** †disfare, scucire un abito per riutilizzarlo **5** †devastare, saccheggiare: *g. una città, un territorio* | demolire, distruggere: *g. un castello col ferro e col fuoco* | (*est.*) †***g. un patrimonio***, dissiparlo **6** †mutilare, amputare | †giustiziare, torturare **7** (*assol.*) riuscire sgradito e dannoso: *in simili casi una parola gentile non guasta mai; un po' di peperoncino non guasta; un temporale, dopo tanto caldo, non guasta certo!* **B guastàrsi** **v. intr. pron. 1** rompersi, non funzionare più: *l'orologio si è guastato* | andare a male, diventare fradicio: *con questo caldo la frutta si guasta* **2** (*fig.*) cambiare in peggio, corrompersi: *era una brava ragazza ma ora si è guastata* **3** (*fig.*) volgere al brutto, detto spec. del tempo: *temo che il tempo si guasti* **C guastàrsi** **v. rifl. recipr.** ● rompere l'amicizia, l'accordo: *da grandi amici che erano, ora si sono guastati*

SFUMATURE DI SIGNIFICATO

guastare - sciupare - logorare - deteriorare

Guastare è termine piuttosto generale per descrivere l'azione di ridurre in cattivo stato qualcosa, in modo da danneggiarne l'aspetto o il funzionamento. Meno incisivo è **sciupare**, che spesso si riferisce all'aspetto esteriore. **Logorare** si distingue perché suggerisce un'azione ripetuta o protratta nel tempo che progressivamente danneggia. **Deteriorare** indica invece uno scadimento delle condizioni generali, una perdita di valore o di pregio nel caso di beni, un'avaria nel caso di prodotti commestibili.

SFUMATURE ➤ ***rovinare***, ➤ ***viziare***

guastatóre [av. 1292] **agg. e s. m.** (**f.** *-trice, pop., disus. -tóra*) **1** (*raro*) che (o chi) guasta **2** (*milit.*) fante o geniere specializzato nell'attaccare, danneggiare o distruggere opere fortificate, in azioni di sabotaggio e nell'approntamento di campi minati | (*fig.*) sabotatore di una trattativa, di un accordo e sim. **3** (*lett.*) devastatore: *guastatori e predon, tutti tormenta / lo giron primo* (DANTE *Inf.* XI, 38-39) **4** †dissipatore, scialacquatore

guastatùra [sec. XIV] **s. f.** ● (*raro*) il guastare | guasto

♦**guàsto** ① [per *guast(at)o* ✱ av. 1292] **agg. 1** che è stato o si è alterato, danneggiato: *orologio, frigorifero g.* | di cibo andato a male: *pere, uova guaste* | (*pop.*) ***stomaco g.***, malato, rovinato | ***dente g.***, cariato **2** (*fig.*) corrotto, depravato: *gioventù guasta* **3** (*lett.*) devastato | (*lett.*) cadente, in rovina: *muro g.* **4** †innamorato cotto: *un garzonastro, già g. d'una sorella sua, se l'aveva tolta per moglie* (P. ARETINO)

♦**guàsto** ② [da *guastare* ✱ 1260] **s. m. 1** rottura, danno: *mancò la luce per un g. all'impianto elettrico* SIN. avaria **2** (*fig.*) corruzione: *in questa società c'è del g.* SIN. depravazione, vizio **3** (*fig.*) discordia, dissapore: *c'è del g. tra noi* **4** †devastazione, saccheggio | †***menare a g. e a morte***, mettere a ferro e a fuoco

guatàre [dall'ant. *gua(i)tare*, da *guaita* 'guardia, sentinella', dal francone **wahta* ✱ 1266] **A v. tr. 1** (*lett.*) guardare a lungo e insistentemente in modo minaccioso o mostrando stupore, interesse, disprezzo o paura: *come quei che con lena affannata / … / si volge a*

a b c d e f g h i j k l m n o p q r s t u v w x y z

l'acqua perigliosa e guata (DANTE *Inf.* I, 22-24) **2** †badare, considerare **3** (*poet.*) vedere: *e cavalcando poi meglio la guata / molto esser bella* (L. ARIOSTO) **B** **guatàrsi v. rifl. recipr.** • (*lett.*) guardarsi fisso con meraviglia o timore

†**guatatùra** [sec. XIII] **s. f.** • sguardo intenso, espressivo: *una g. strana e torta* (L. PULCI)

guatemalése (o -ṣ-) [da *Guatemal(a)* col suff. *-ese*① ✱ av. 1799] **agg. e s. m. e f.** • (*raro*) guatemalteco

guatemaltèco [sp. *guatemalteco*, comp. del n. del paese (*Guatemala*) col suff. etnico *-eco*, di provenienza azteca ✱ 1955] **A** **agg.** (**pl. m.** *-chi*) • del Guatemala **B** **s. m.** (**f.** *-a*) • abitante o nativo del Guatemala

†**guàto**, †**guàtio** [da *guatare* ✱ sec. XIII] **s. m.** **1** agguato, insidia | ***stare a g.***, in agguato | (*est.*) gente appostata | (*est.*) luogo dell'agguato **2** guatatura, sguardo

guàttero ➤ **sguattero**

guattìre [sovrapp. di *squittire* a *guaire* ✱ 1723] **v. intr.** (*io guattìsco, tu guattìsci*; **aus.** *avere*) • (*lett.*) abbaiare, detto dei cani da caccia che inseguono la selvaggina | (*est., lett.*) emettere un verso acuto e stridulo, detto di altri animali

guàtto ➤ **quatto**

guàva [1992] **s. f.** • (*bot.*) guaiava

guayùle ➤ **guaiule**

✦**guàzza** [lat. parl. **aquācea(m)* o **aquātia(m)*, agg. sost. di *ăqua*, che sottintende '(luogo) acquoso' ✱ av. 1484] **s. f.** **1** rugiada che bagna come pioggia il terreno e le piante: *bagnarsi nella g.*; *campi di stoppie biancastre e luccicanti dalla g.* (A. MANZONI) **2** (*tosc.*) †denaro

guazzabùglio [comp. di deriv. dei v. *guazzare* e *(gar)bugliare* ✱ av. 1449] **s. m.** **1** miscuglio confuso di cose diverse (*anche fig.*): *g. di ingredienti, di colori, di idee*; *questo g. del cuore umano* (A. MANZONI) **2** (*disus.*) acqua mescolata a neve

SFUMATURE DI SIGNIFICATO

guazzabuglio - farragine - accozzaglia

Guazzabuglio e **farragine** descrivono entrambe un miscuglio di cose eterogenee, ammassate in maniera confusa, disordinata, ma *farragine* è termine di uso più elevato. **Accozzaglia** ha lo stesso significato, ma suggerisce l'idea di un insieme di cose che cozzano fra loro, contrastano, non stanno bene insieme.

†**guazzaménto** [1678] **s. m.** • il guazzae | guado

guazzàre [da *guazzo* ✱ av. 1444] **A** **v. intr.** (**aus.** *avere*) • (*raro*) sguazzare: *g. nell'acqua*; *il vino guazza nelle botti* **B** **v. tr.** **1** (*tosc.*) passare a guado: *g. l'acqua, un fiume* | (*tosc.*) ***g. un cavallo***, farlo entrare in un corso d'acqua perché si rinfreschi **2** (*fig.*) †scialacquare

guazzàta [1869] **s. f.** • (*raro*) formazione di guazza | la guazza depositatasi

guazzatóio [sec. XIV] **s. m.** (**pl.** *-ói*) **1** (*tosc.*) pozza d'acqua, dove si conducono ad abbeverare gli animali **2** †vasca per lavare la lana

guazzétto [1314] **s. m.** **1** dim. di *guazzo* **2** preparazione in umido con pomodoro: *baccalà in g.*; *rane in g.*; *cuocere in g.* | (*fig.*) †***andare in g.***, andare in solluchero ‖ **guazzettino**, **dim.**

guàzzo [dal senso originale di *guazza* ✱ 1313] **A** **s. m.** **1** notevole quantità di liquido, spec. acqua, sparso per terra: *la strada è piena di g. e fango*; *ha rovesciato il catino e ha fatto un gran g.* | ***un g. di sangue***, una pozza | ***essere in un g. di sudore***, grondare **2** †inondazione **3** (*tosc.*) guado: *passare un fiume a g.* **4** (*tosc.*) liquore in cui si conservano ciliegie, pesche, e sim. in vaso | ***ciliegie, pesche in g.***, sotto spirito **5** tecnica di pittura, usata spec. in scenografie, per cartelloni e sim., in cui i colori vengono impastati con gomma arabica e acqua | opera dipinta con tale tecnica **CFR.** gouache **B** **agg.** • (*lett.*) fradicio | †guasto, andato a male: *uova guazze* ‖ **guazzétto**, **dim.** (V.)

guazzóso (o -ṣ-) [1336 ca.] **agg.** **1** bagnato di guazza **2** (*raro*) paludoso, fangoso: *terreno g.* | (*lett.*) fradicio | †umido, piovoso: *tempo g.*

gubàna [n. sloveno del dolce ✱ 1931] **s. f.** • (*cucina*) tipico dolce friulano di pasta sfoglia con un ripieno di uvetta, pinoli e canditi, aromatizzato con acquavite

gùbbia [lat. *cōpula(m)* 'coppia' (V.) ✱ av. 1828] **s. f.** • (*sett.*) insieme di due o tre cavalli o muli attaccati a un barroccio | (*roman.*) pariglia

†**gubernàre** ➤ **governare**

†**gùcchia** ➤ †**agucchia**

†**gucchiùme** ➤ **cocchiume**

†**guèffa**① [da **gueffo* 'altana', prob. dal longob. **waīfa* ✱ sec. XIV] **s. f.** **1** gabbia | (*fig.*) prigione: *mille gueffe / ho meritato già per questo* (L. PULCI) **2** muro, bastione

†**guèffa**② (o -é-) [longob. **wīffa* 'piccolo involto, matassa', di orig. indeur. ✱ 1313] **s. f.** • matassa

guelfìṣmo [1851] **s. m.** • ideologia guelfa

guèlfo [dal capostipite della casa di Baviera *Welf* (propr. 'piccolo del cane o di un animale selvatico') di orig. indeur., come il n. comune della stessa radice *Wolf* 'lupo' ✱ 1261 ca.] **A** **s. m.** (**f.** *-a* **nei sign. 1, 2 e 3**) **1** nel Medioevo, sostenitore della casa di Baviera contro gli Hohenstaufen, all'epoca della lotta per il titolo imperiale **2** nell'Italia dei secc. XIII e XIV, sostenitore del papato contro gli interessi del partito favorevole all'imperatore **CFR.** ghibellino **3** neoguelfo **4** moneta d'argento coniata a Firenze nel XIV secolo **B** **agg.** • dei guelfi: *partito g.*; *parte guelfa* | ***merlo g.***, a forma di parallelepipedo

guêpière /fr. gɛ'pjɛʀ/ [vc. fr., da *guêpe* 'vespa' (dal lat. *vĕspa* con sovrapposizione di altre vc. germ. con *gue-* da *we-*) attraverso il paragone *taille de guêpe* 'vita, vitino da vespa' ✱ 1953] **s. f. inv.** • aderente guaina femminile usata per assottigliare la vita e modellare i fianchi

†**guercézza** [sec. XIV] **s. f.** • strabismo

guèrcio [etim. discussa: got. *thwaírhs* 'storto', 'collerico' (?) ✱ 1306] **A** **agg.** (**pl. m.** *-ci*; **pl. f.** *-ce*) **1** strabico: *occhi, sguardo g.* | (*est.*) privo di un occhio **2** (*fig.*) †che non sa discernere, distinguere **B** **s. m.** (**f.** *-a*) • chi, per difetto fisico, è affetto da strabismo o ha la vista comunque difettosa ‖ **guercino**, **dim.**

guerèẓa [amarico *gu(i)rēza* 'scimmia dalla coda bianca' ✱ 1874] **s. f.** • scimmia dei Cercopitecidi, africana, dalla pelliccia nera molto ricercata, con maschera bianca e lunghi peli bianchi sul dorso (*Colobus polykomos*) **SIN.** colobo abissino

guéridon /fr. geri'dɔ̃/ [vc. fr., dal n. proprio del personaggio isolato e immobile in un balletto, vagamente raffigurato in questo tipo di mobile, che aveva anche una posizione isolata nell'arredamento ✱ 1892] **s. m. inv.** **1** tavolino da salotto, di solito rotondo, retto da un treppiede o da una figura scolpita **2** (*cucina*) spec. in un ristorante, tavolino o carrello di servizio

†**guerìre** e deriv. ➤ **guarire** e deriv.

†**guernìre** e deriv. ➤ **guarnire** e deriv.

✦**guèrra** [germ. *werra* 'mischia', da collegarsi con l'ant. alto-ted. *(fir-)wĕrran* 'avviluppare' ✱ 1250 ca.] **s. f.** **1** situazione di conflitto armato tra due o più Stati: *g. aerea, navale, terrestre*; *g. atomica, batteriologica, chimica, nucleare*; *g. lunga, breve, aspra, feroce*; *g. offensiva, difensiva*; *vincere, perdere la g.*; *danni di g.*; *invalidi, mutilati, prigionieri di g.*; *tempo di g.*; *stato di g.* | ***g. partigiana***, condotta da formazioni partigiane | ***g. intestina***, di classi sociali o partiti all'interno di una stessa nazione | ***g. civile***, combattuta tra opposte fazioni all'interno di uno Stato | ***dichiarare, intimare,*** †***indire, bandire la g.***, darne avviso al nemico, dichiarandone ufficialmente i motivi | †***pubblicare, scoprire la g.***, dichiararla | ***muovere g. a, contro qlcu.***, essere i primi a farla | ***entrare in g. contro qlcu.***, intraprenderla | ***g. totale***, condotta con tutti i mezzi e senza risparmiare le popolazioni civili | ***g. lampo***, condotta con grande rapidità per raggiungere un risolutivo successo | ***g. di logoramento***, che tende a esaurire il nemico | ***g. di posizione, di trincea***, in cui gli eserciti sono attestati su due linee fortificate che si fronteggiano | ***leggi di g.***, promulgate durante la guerra per cause da essa determinate | ***teatro di g.***, zona geografica nella quale si svolge la guerra | ***criminale di g.***, militare autore di efferatezze, spec. contro i civili, durante un conflitto | ***zona di g.***, dove si svolgono le operazioni belliche | ***bandiera di g.***, quella dei reggimenti e delle navi della marina militare | ***tribunale di g.***, per giudicare dei reati militari in tempo di guerra | †***stare in su la g.***, combatterla | ***essere in assetto, sul piede di g.***, essere pronti a dare inizio alle ostilità | ***uomo di g.***, soldato | ***canti di g.***, che celebrano imprese militari | ***grido di g.***, che incita al combattimento | ***partito della g.***, che la favorisce | ***g. coloniale***, per la conquista di colonie | ***g. di indipendenza, di liberazione***, contro l'oppressore | ***g. mondiale***, cui partecipano le maggiori potenze del mondo | ***Grande G.***, la prima Guerra mondiale | ***g. santa***, per la riconquista dei luoghi sacri o fatta in nome di una religione | ***g. di successione***, per una successione al trono | (*est.*) assalto, combattimento | ***guerre stellari***, nel linguaggio giornalistico, denominazione di un progetto statunitense relativo a un sistema di difesa e controllo spaziale antimissile, chiamato anche *scudo stellare* | ***g. biologica***, basata sull'impiego di microrganismi patogeni (batteri, virus) **2** contrasto fra Stati, condotto non con le armi ma con altri mezzi di pressione, economici, politici e sim. | ***g. doganale, di tariffe***, attuata in campo economico per danneggiare un Paese elevando i dazi o instaurando divieti | ***g. economica***, per ridurre o neutralizzare il potenziale economico di un Paese nemico, mantenendo o accrescendo il proprio | ***g. psicologica***, impiego coordinato della propaganda per deprimere il morale del nemico | ***g. fredda***, tensione politica tra Stati o blocchi di Stati, senza il ricorso alle armi; (*per anton.*) lo stato di forte tensione fra USA e URSS nei decenni successivi alla seconda Guerra mondiale | ***g. dei nervi***, combattuta con la diffusione di notizie allarmistiche; (*est.*) conflitto, contesa in cui prevale l'aspetto psicologico, della tenuta nervosa **3** (*fig.*) stato di discordia esistente fra due o più persone: *mettersi in g. con qlcu.*; *aizzare la g.* | ***g. domestica***, fra parenti | ***g. a coltello***, aspra, feroce | ***g. a colpi di spillo***, caratterizzata da continui dispetti e malignità | ***g. tra poveri, g. dei*** (*o* ***di***) ***poveri***, contrasto fra persone o gruppi comunque deboli, subalterni **SIN.** dissidio, lotta **4** (*fig.*) lotta accanita: *dichiarare g. alla malavita, alla corruzione, agli sprechi, alla droga* **5** (*poet.*) travaglio, fatica: *e io sol uno / m'apparecchiava a sostener la g. / sì del cammino e sì de la pietate* (DANTE *Inf.* II, 3-5) ‖ **guerricciòla**, **guerricciuòla**, **dim.**

Definizione d'autore

La **guerra** è una malattia contagiosa della mente. Impedisce di risolvere i conflitti attraverso la parola. Colpisce i governanti e quanti li sostengono tra la popolazione, oppure i capi di fazioni ideologiche o religiose. Quando scoppia una **guerra**, governanti e capi si riconoscono immediatamente: pur avendola provocata, si tengono ben lontani dai combattimenti, vivono protetti nelle loro residenze e non si fanno mancare nulla. Le conseguenze si estendono agli individui sani e gli esiti sono mortali. La **guerra** non è riconosciuta da nessun sistema sanitario nazionale. I governanti che ne sono afflitti non vengono quindi isolati. Sono invece accolti ai più alti livelli istituzionali, dove diffondono il contagio. Quando la **guerra** aggredisce una popolazione sana, la sua reazione si chiama difesa. A volte, la difesa è anche la principale giustificazione per diffondere nuove guerre. E si ricomincia daccapo.

Fabrizio Gatti

guerrafondàio [dalla loc. *guerra (a) fondo* ✱1896] **agg. e s. m.** (**f.** *-aia*, **pl. m.** *-ai*) ● (*spreg.*) che (o chi) è sostenitore a oltranza della guerra **CONTR.** pacifista

guerraiòlo [1909] **s. m.** (**f.** *-a*); anche **agg.** ● (*disus.*, *spreg.*) guerrafondaio

guerreggiànte **A** **part. pres.** di *guerreggiare* ● nei sign. del v. **B** **s. m. e f.** ● chi fa la guerra

guerreggiàre [1287] **A** **v. intr.** (**pres.** *io guerréggio*; **fut.** *io guerreggerò*; **aus.** *avere*) ● fare la guerra: *g. con, contro qlcu.* o *qlco.* | (*lett.*) rivaleggiare **B** **v. tr.** ● (*lett.*) combattere: *g. il nemico* | (*fig.*) trattare ostilmente **C** **guerreggiàrsi** **v. rifl. recipr.** ● combattersi, farsi guerra

guerreggiàto **part. pass.** di *guerreggiare*; anche **agg.** **1** nei sign. del v. | (*lett.*) che è luogo di combattimenti: *navigando laggiù pel g. fiume* (G. D'Annunzio) **2** ***guerra guerreggiata***, guerra vera, effettivamente combattuta: *Morire così ... era la guerra guerreggiata* (G. Stuparich)

guerreggiatóre [sec. XIV] **s. m.** (**f.** *-trice*); anche **agg.** ● (*lett.*) chi (o che) fa la guerra | chi (o che) ama guerreggiare

†**guerrèro** ▸ **guerriero**

guerrésco [av. 1348] **agg.** (**pl. m.** *-schi*) ● di guerra, relativo alla guerra: *armi guerresche* | incline alla guerra: *era un uomo dall'animo g.* ‖ **guerrescaménte**, **avv.**

♦**guerrièro** o †**guerrière**, †**guerrèro** [ant. fr. *guerrier*, da *guerre* 'guerra' ✱1282] **A** **s. m.** (**f.** *-a*) ● uomo o donna d'arme, spec. dell'antichità o della leggenda: *guerrieri del Medioevo* **B** **agg.** **1** bellicoso: *animo, principe g.* | uso alla guerra, valente nella guerra: *popolo, gioventù guerriera* **2** (*est.*) combattivo, fiero: *quella modestia un po' guerriera delle contadine* (A. Manzoni) **3** †avversario, ostile

guerrìglia [sp. *guerrilla*, propr. dim. di *guerra* ✱1573] **s. f.** ● forma di lotta condotta da formazioni irregolari di armati che combattono un esercito regolare | ***g. urbana***, attuata in una città da piccoli gruppi mediante azioni di violenza o di vandalismo

guerriglièro [sp. *guerrillero*, da *guerrilla* 'guerriglia' ✱1839] **s. m.** (**f.** *-a*) ● combattente civile o militare che svolge la guerriglia inquadrato in apposite formazioni

guerrìlla gàrdening /ge'riʎʎa 'gardenin(g)/, *ingl.* gə,rɪlə'gɑːdənɪŋ/ [loc. ingl., propr. 'giardinaggio (*gardening*) guerrigliero (*guerrilla*)' sul modello di *guerrilla marketing* (V.) ✱2000] **loc. sost. m. inv.** ● forma di protesta attuata da gruppi ambientalisti, consistente nel coltivare senza autorizzazione terreni urbani in abbandono, trasformandoli in giardini

guerrìlla màrketing /gwer'riʎʎa 'marketin(g)/, *ingl.* gə,rɪlə'mɑːkɪtɪŋ/ [loc. ingl., coniata dall'amer. J. C. Levinson nel 1984, propr. 'marketing guerrigliero' ✱1999] **loc. sost. m. inv.** ● strategia commerciale con tecniche di comunicazione creativa, in modo da ottenere grande visibilità con costo contenuto

guest book /'gest 'buk/, *ingl.* 'gɛstbʊk/ [loc. ingl., propr. 'libro (*book*) per l'ospite (*guest*)' ✱1997] **s. m. inv.** **1** libro dove gli ospiti, i clienti ecc. possono lasciare una firma o un commento: *il guest book di un hotel* **2** (*Internet*) spazio di un sito dove i visitatori possono scrivere note o commenti

guest house /gest'aus/, *ingl.* 'gɛst,haʊs/ [loc. ingl. comp. di *guest* 'ospite' e *house* 'casa' ✱1983] **loc. sost. f. inv.** (**pl. ingl.** *guest houses*) ● locanda, piccolo albergo

guest stàr /ges'star/, *ingl.* 'gɛs(t),stɑː(r)/ [loc. ingl., comp. di *guest* 'ospite' e *star* (V.) ✱1966] **loc. sost. f. inv.** (**pl. ingl.** *guest stars*) ● attore famoso che partecipa a un film senza interpretare una parte di primo piano o interviene in una trasmissione televisiva in qualità di ospite d'onore | attore molto noto che compare soltanto in un episodio o in pochissimi episodi di una serie di telefilm o di sceneggiati

guevarìsmo /geva'rizmo/ [1980] **s. m.** ● insieme delle concezioni politiche e dei metodi di lotta armata del guerrigliero rivoluzionario sudamericano Ernesto Guevara (1928-1967), detto el Che

gufàggine [da *gufo*, nel sign. 2 ✱1841] **s. f.** ● tendenza di una persona a vivere isolata **SIN.** misantropia

gufàre [da *gufo* ✱av. 1480] **A** **v. intr.** (**aus.** *avere*) **1** emettere il proprio grido caratteristico, detto del gufo **2** imitare il verso del gufo | (*est.*) soffiare, sbuffare **3** (*colloq.*) portare sfortuna, augurarsi il male altrui (V. *gufo* nel sign. 1) **B** **v. tr.** ● †beffare qlcu. soffiando nel pugno della mano | beffeggiare: *a te per toccare il cielo, / quando un po' mi gufi o gabbi* (L. de' Medici) **C** **gufàrsi** **v. rifl.** ● †starsene coperto, nascosto, spec. nel letto

gufàta [da *gufare* nel sign. A 3 ✱1985] **s. f.** ● (*colloq.*) augurio di sfortuna, auspicio di insuccesso

guffìno [da *GUF*, sigla dei *G(ruppi) U(niversitari) F(ascisti)* ✱1942] **agg. e s. m.** (**f.** *-a*) ● durante il fascismo, aderente a un GUF

♦**gùfo** [lat. *būfo* (nom.), di fondamento onomat., con sostituzione della consonante iniziale per diversa imitazione del grido dell'uccello ✱sec. XIII] **s. m.** **1** correntemente, rapace notturno degli Strigiformi con capo grande, occhi frontali, becco breve e adunco, piume morbide e due ciuffi di penne erettili sul capo (*Bubo*) **CFR.** bubolare, gufare | ***g. reale***, di aspetto imponente con occhi molto grandi (*Bubo bubo*) | ***g. comune***, piccolo, comune in Europa e in Asia (*Asio otus*) | ***g. selvatico***, allocco **2** (*fig.*) persona poco socievole | (*fig.*) persona che fa previsioni nefaste o che porta sfortuna (il gufo è considerato tradizionalmente un uccello del malaugurio) | (*fig.*) ***fare il g.***, annunciare disgrazie ‖ **gufàccio**, **pegg.** | **gufétto**, **dim.**

gùglia [per *(a)guglia*②, che ant. aveva il senso di *ago* ✱1306] **s. f.** **1** elemento terminale di una costruzione a forma conica o piramidale con angolo al vertice molto acuto posta spec. a scopo ornamentale in coperture di chiese, in campanili, torri e cupole **2** snella formazione rocciosa dalla punta aguzza e i fianchi dirupati

gugliàta [deriv. dell'ant. *aguglia* 'ago', dal provenz. ant. *agulha*, che rappresenta il lat. parl. **acūcula(m)* 'piccolo (*-ŭla*) ago (*ăcus*)' ✱av. 1304] **s. f.** ● pezzo di filo che si infila nell'ago per cucire | quantità di lana che la filatrice a mano trae dalla rocca prima di raccoglierla sul fuso ‖ **gugliatìna**, **dim.**

guglielmìno [1929] **agg.** ● che riguarda Gugliemo II, imperatore di Germania e re di Prussia dal 1888 al 1918, e la sua epoca

♦**guida** [da *guidare* ✱1313] **A** **s. f.** **1** azione del guidare (*anche fig.*): *essere alla g. di un'organizzazione; studiare sotto la g. di eccellenti maestri* | azione del guidare un veicolo: *la g. dell'automobile, di un motoscafo* | ***prendere lezioni di g.***, imparare a condurre un automezzo | ***posto di g.***, il posto occupato dal guidatore di un autoveicolo, davanti al quale si trovano gli strumenti di controllo del funzionamento e i comandi per la manovra | ***cabina di g.***, in cui prende posto il macchinista di treni e autotreni | modo di guidare un veicolo: *g. tranquilla, nervosa, sportiva, sicura* **2** ciò che guida o ha funzione di guidare (*anche fig.*): *le stelle e la bussola sono la g. dei naviganti; il nostro esempio sia la vostra g.* **3** insieme di strumenti, apparecchiature e sim. che permettono di guidare un autoveicolo: *g. a destra; g. a sinistra; g. interna, esterna* | (*raro, est.*) guidatore, conducente **4** libro che si propone di insegnare i primi elementi di un'arte o di una tecnica (+ *a*): *g. alla pittura, allo studio delle scienze, al disegno industriale* | opera a stampa per il turista, contenente la descrizione sistematica delle strade e delle caratteristiche di regioni, città e sim.: *g. della Francia, dell'Italia, della Toscana, di Roma, di Parigi* | ***g. del Touring Club, Michelin, Lonely Planet***, così chiamate dal nome degli editori | ***g. telefonica***, elenco telefonico **5** chi, precedendo o accompagnando altri, mostra o insegna loro la via da seguire: *fare da g. a qlcu.; prendere qlcu. per g.; avere una g. esperta, abile, coraggiosa* | (*est.*) chi per mestiere illustra ai turisti le caratteristiche di una città, di un museo e sim.: *g. autorizzata* **SIN.** cicerone | ***g. alpina***, che accompagna gli escursionisti in scalate di una certa difficoltà | ***g. naturalistica***, che accompagna in ambienti naturali chi è interessato alle caratteristiche geologiche, faunistiche e botaniche di un territorio **6** (*fig.*) chi con il proprio esempio o il proprio ascendente mostra ad altri la strada da percorrere: *è stato per molti anni la g. del suo popolo; il popolo riconosceva in lui la sua g.* **SIN.** maestro **7** ragazza appartenente a un'associazione femminile analoga a quella maschile dei boy scout **CFR.** scout **8** in varie tecnologie, oggetto o struttura atti a mantenere qlco. nella sua sede, a facilitarne lo scorrimento o il funzionamento, e sim. | ***g. di una vetrina, di un'imposta***, verga di ferro scanalato su cui si fanno scorrere vetrine, imposte | ***g. del cassetto***, striscia di legno che aggancia il cassetto nell'apposita scanalatura, permettendone lo scorrimento | (*mar.*) ***g. d'inferitura***, fighiera | ***g. per l'innesto***, in agricoltura, strumento per ottenere tagli della stessa inclinazione **9** (*elettr.*) ***g. d'onda***, tubo metallico, gener. di sezione circolare o rettangolare, che convoglia la propagazione di onde elettromagnetiche lungo un percorso ben definito **10** tappeto lungo e stretto, disteso su scale, in corridoi, stanze e sim.: *camminare sulla g.; distendere una g. di velluto rosso* **11** (**al pl.**) briglie, redini **12** (*milit.*, **spec. al pl.**) nelle antiche milizie italiane, sergente a capo di un drappello o di un battaglione | un tempo, scorta armata; battistrada, staffetta **B** **in funzione di agg. inv.** (**posposto a un sost.**) **1** che costituisce una sicura indicazione per il ricercatore, lo studioso e sim.: *fossile g.* | ***livello g., orizzonte g.***, strato o livello di roccia con caratteri litologici e paleontologici facilmente distinguibili,

a b c d e f **g** h i j k l m n o p q r s t u v w x y z

che perciò indica con precisione la posizione stratigrafica dei sedimenti in cui si trova **2** che indica la via da seguire, che detta o impone norme o principi ideologici cui altri devono uniformarsi: *Stato g.*; *partito g.* | ***linea g.***, V. *linea*

SFUMATURE DI SIGNIFICATO

guida - Baedeker® - vademecum

Guida è un libro che si propone di insegnare i primi elementi di un'arte o di una tecnica; con questa parola si indicano anche quelle opere a stampa per turisti che descrivono sistematicamente strade, musei, monumenti o altre caratteristiche di regioni, città e simili. In questa particolare accezione *guida* è sinonimo di **Baedeker®**, nome di alcune rinomatissime guide turistiche che prendono nome dal libraio tedesco K. Baedeker (1801-1859), che per primo le pubblicò. **Vademecum** è invece un manualetto tascabile (il nome deriva dalla frase latina *vade mecum* 'vieni sempre con me'), concepito per una consultazione agile e frequente, in cui sono esposte le notizie più importanti su un dato argomento, materia, disciplina, o le indicazioni d'uso più utili allo svolgimento di una particolare professione o arte.

SFUMATURE ➤ ***manuale***②

g

guidàbile [1579] **agg.** ● che si può guidare ‖ **guidabilità**, **s. f. inv.** facilità di guida di un autoveicolo

guidafilo o **guidafili** [comp. di *guida(re)* e *filo* sul tipo del corrispondente fr. *guide-fil* ✱ 1924] **s. m. (pl. inv. o -*i*)** ● dispositivo dei telai meccanici per avviare i fili sugli aspi

guidàggio [1948] **s. m.** ● (*miniere*) insieme dei dispositivi che impediscono alle gabbie di estrazione di oscillare lateralmente nei pozzi di miniera

guidaiòlo o (*lett.*) **guidaiuòlo** [sec. XIV] **A s. m. (f. -*a*)** ● (*tosc.*) bestia del branco che guida le altre precedendole | (*scherz.*) †chi fa la guida **B agg.** ● (*tosc.*) che fa da guida: *pecora, vacca guidaiola*

guidalésco [longob. *widarrist 'garrese' col suff. sovrapposto *-esco* ✱ sec. XIV] **s. m. (pl. -*schi*)** **1** escoriazione o piaga prodotta spec. dall'attrito dei finimenti o del basto sul garrese di animali da tiro **2** (*scherz.*) sbucciatura della pelle umana **3** (*fig.*, *lett.*) incomodo, male fisico o morale **4** †garrese

guidàna [da *guida* ✱ 1972] **s. f.** ● (*tess.*) prova di saggio del titolo della seta | portata di 80 fili di seta

†**guidapòpolo** [comp. di *guida(re)* e *popolo* ✱ av. 1729] **s. m.** ● demagogo

♦**guidàre** [germ. *wītan 'indirizzare', prob. attrav. il got. *widan* ✱ av. 1257] **A v. tr. 1** precedere o accompagnare qlcu. fungendo da guida: *g. un gruppo di turisti, un cieco, il bestiame* | orientare: *le stelle e la bussola guidano i marinai* | nel linguaggio sportivo, essere in testa: *g. il gruppo, la classifica* **2** condurre un animale o un veicolo regolandone i movimenti o agendo sui comandi: *g. i cavalli, l'automobile, l'aeroplano* | ***g. la schiera, la truppa***, comandarle | (*assol.*) condurre un automezzo: *ho imparato a g.* **3** (*fig.*) dirigere, educare con l'esempio o fungendo da consigliere e maestro: *g. i giovani sulla via dell'onestà*; *g. al bene* | indirizzare verso una meta precisa: *g. un popolo verso il benessere, verso la maturità civile e politica* **4** (*mus.*) ***g. il tempo***, determinarlo, fissarlo **5** amministrare: *g. una città, una provincia, uno Stato, un'azienda* | ***g. un'impresa***, condurla a buon fine | †***g. la vita***, viverla in un certo modo **B guidàrsi v. rifl.** ● (*raro*) regolarsi, condursi

SFUMATURE ➤ ***indirizzare***

guidasilùri [comp. di *guida(re)* e il pl. di *siluro* ✱ 1937] **s. m. inv.** ● (*mar.*) apparato direzionale automatico di un siluro

guidàto **part. pass.** di *guidare*; anche **agg.** **1** nei sign. del v. **2** che si svolge sotto la guida di qlcu. o secondo uno schema prestabilito: *visita guidata*; *esercizi didattici guidati* | ***missile g.***, V. *missile*

guidatóre [1282] **A agg.** ● che guida: *mano, stella, bussola guidatrice* **B s. m. (f. -*trice*)** **1** conducente di un veicolo, spec. di un autoveicolo: *g. di un carro, dell'automobile*; *un g. abile e sicuro* | ***g. della domenica***, V. *domenica* | nel bob, componente dell'equipaggio che siede davanti e controlla la corsa del mezzo | nella corsa al trotto, chi guida il sulky **2** (*fig.*, *lett.*) chi indirizza o consiglia gli altri | †comandante, condottiero **3** †amministratore

guideline /gaid'lain, *ingl.* 'gaɪd,laɪn/ [vc. ingl., propr. 'linea (*line*) di guida (*guide*)' ✱ 1982] **s. f. inv. (pl. ingl. *guidelines*)** ● (**spec. al pl.**) linea guida, direttiva generale

†**guiderdonàre** [da *guiderdone* ✱ av. 1292] **v. tr.** ● ricompensare, rimunerare

guiderdóne [francone *widharlōn 'ricompensa, dono' (comp. di *widhar* 'contro' e *lōn* 'mercede') ✱ 1211] **s. m. 1** (*lett.*) ricompensa, rimunerazione: *preceda a i servigi il g.* (T. TASSO) | anche iron.: *per tutta ricompensa ricevette un g. di improperi* **2** †interesse, frutto del capitale

guidóne① [ant. provenz. *guidon*, da *guide* '(che) guida' ✱ av. 1565] **s. m. 1** †guida, guidatore, duce **2** ***g. del mare***, raccolta di leggi e disposizioni marittime in uso in Francia nel XVI sec. **3** (*mar.*) bandiera triangolare da segnali o insegna di comando per ufficiali superiori **4** piccolo stendardo colorato che i sergenti d'ala dell'antico esercito italiano portavano per indicare l'allineamento ai soldati inquadrati | (*lett.*) gonfalone, bandiera **5** (**al pl.**) soldati raccolti sotto un guidone

†**guidóne**② [etim. discussa: della stessa orig. di *guitto* con sovrapposizione di un n. abbastanza frequente, come *Guido(ne)* (?) ✱ 1545] **s. m.** ● furfante | vagabondo

guidoslìtta [comp. di *guida(re)* e *slitta*, sul modello dell'ingl. *bob-sleigh* ✱ 1934] **s. f.** ● (*raro*) bob

guidrigìldo [vc. germ., longob. *widregild 'ricompensa' (comp. di *widre* 'contro' e *gild* 'mercede, denaro') ✱ av. 1876] **s. m.** ● nell'antico diritto germanico, somma che l'uccisore doveva pagare, a titolo di risarcimento, alla famiglia dell'ucciso

†**guìggia** [ant. fr. *guige*, dal francone *withthja 'nastro per legare lo scudo al collo del cavaliere' ✱ sec. XIV] **s. f. (pl. -*ge*)** **1** imbracciatura in cuoio dello scudo **2** (**spec. al pl.**) ciascuna delle strisce di cuoio per allacciare i sandali

†**guigliottìna** ➤ **ghigliottina**

guigne /*fr.* giɲ/ [vc. fr., da *guigner*, propr. 'far segno con l'occhio', poi 'guardare di traverso', dal francone *wingjan '(ac)cennare' ✱ 1905] **s. f. inv.** ● sfortuna al gioco CFR. ghigna②

guinàre [portog. *guiñar* 'straorzare' ✱ 1889] **v. intr. (aus. *avere*)** ● (*mar.*; *disus.*) guizzare

guinàta [1934] **s. f.** ● (*mar.*; *disus.*) guizzata

guìndolo [medio alto ted. *winde*, da *winden* 'avvolgere', di orig. indeur. ✱ sec. XIV] **s. m.** ● (*lett.*) arcolaio, specie quello orizzontale del setaiolo, per avvolgervi il filo tratto dai bozzoli

guineàno [1973] **A agg.** ● della Guinea **B s. m. (f. -*a*)** ● abitante o nativo della Guinea

Guinness® /'gines, *ingl.* 'gɪnɪs/ [vc. ingl., da *The Guinness Book of Records*, opera edita dalla Guinness Publishing Limited e contenente i primati conseguiti nei più svariati campi di attività ✱ 1985] **s. m. inv.** ● raccolta di primati ottenuti spec. in gare sportive o in prove particolari e bizzarre

guinzaglìare [da *guinzaglio* ✱ av. 1907] **v. tr.** (*io guinzàglio*) ● (*raro*) legare al guinzaglio

♦**guinzàglio** o †**guinzàle**, †**vinzàglio** [medio alto ted. *wintseil* 'fune per legare un levriero' ✱ sec. XIII] **s. m.** ● laccio di cuoio o catenella di metallo che si usa per tenere legati cani o, raramente, altri animali: *tenere il cane al g.* | ***tenere al g. qlcu.***, (*fig.*) tenerlo sotto controllo | ***lasciarsi portare al g.***, (*fig.*) sottomettersi passivamente | †***stare in g.***, (*fig.*) avere pazienza | (*est.*, *raro*) danda ‖ **guinzagliétto**, **dim.**

guipure /*fr.* gi'pyʀ/ [vc. fr., da *guiper* 'rivestire di seta', dal francone *wīpan 'cingere, avvolgere intorno' ✱ 1892] **s. f. inv.** ● antico merletto a fuselli o ad ago eseguito con refe e filo ritorto di seta, d'oro o d'argento

♣**guìsa** [germ. *wīsa 'modo, maniera' ✱ av. 1250] **s. f. 1** (*lett.*) modo, maniera: *in questa o quella g.*; *in molte, poche, tante guise*; *in g. niuna / ei non m'abbia, che morta* (V. ALFIERI) | ***in g. che***, ***di g. che***, in modo che | ***in tal g.***, in tal modo | ***di questa g.***, in questo modo | ***a g. di***, a modo di | †***a sua g.***, secondo la sua volontà; a suo capriccio **2** (*lett.*) uso, foggia, moda: *alla g. francese*

guittàggine [1899] **s. f.** ● (*spreg.*) caratteristica di chi è guitto | mediocrità, meschinità

†**guitterìa** [av. 1650] **s. f.** ● meschinità, sordidezza | spilorceria

guìtto [etim. discussa: ant. fr. *guiton*, caso obliquo di *guit*, dal francone *wiht 'essere, creatura' (?) ✱ 1566] **A agg.** ● che vive in modo misero, sordido | (*tosc.*) gretto, meschino: *animo g.* **B s. m. (f. -*a*)** **1** persona meschina, che vive sordidamente: *sei un g.*; *vivere da g.* **2** attore scarsamente preparato e di bassa categoria, generalmente nomade | (*spreg.*) attore da strapazzo

guizzànte **part. pres.** di *guizzare*; anche **agg.** ● nei sign. del v.

guizzàre o (*pop.*) **sguizzàre** [etim. discussa: vc. onomat. (?) ✱ av. 1306] **A v. intr. (aus. *essere*, *raro avere* nei sign. 1 e 2, *avere* nel sign. 3)** **1** muoversi rapidamente, a scatti: *i pesci, i serpenti, le fiamme guizzano* **2** (*fig.*) fuggire, liberarsi abilmente: *g. dalle mani dei nemici* | balzare di scatto: *è guizzato dal letto* **3** (*mar.*; *disus.*) oscillare orizzontalmente a destra e a sinistra con la prua, per il vento, le correnti e sim., detto di nave **B v. tr. 1** †vibrare con forza: *g. la spada, il dardo* **2** (*mar.*; *disus.*) brattare

guizzàta [av. 1375] **s. f. 1** (*lett.*, *raro*) guizzo **2** (*mar.*; *disus.*) oscillazione orizzontale di una nave a destra e a sinistra con la prua

guìzzo① [da *guizzare* ✱ 1313] **s. m. 1** movimento rapido e brusco: *g. argenteo della trota / controcorrente* (E. MONTALE) | ***dare un g.***, guizzare **2** (*fig.*) manifestazione improvvisa di stati d'animo, sentimenti, qualità: *un g. di gioia, di commozione* **3** †oscillazione, vibrazione

†**guìzzo**② ➤ **vizzo**

gùlag /'gulag, *russo* gu'ɫak/ [dal russo *GULag*, abbr. di *G(lavnoe) U(pravlenie ispravitel'no-trudovych) Lag(erei)* 'amministrazione generale dei campi di lavoro correzionale' ✱ 1968] **s. m. inv. (pl. russo *gulaghi*)** **1** campo di lavoro forzato nell'Unione Sovietica **2** (*est.*) sistema od organizzazione politica, statuale e sim. chiusa, coatta, repressiva

gùlasch /*ted.* 'gʊlaʃ, 'gu:-/ [ungherese *gulyás* (sottinteso *hus*) '(carne) del mandriano (da *gulya* 'mandria di bovini')' attraverso il ted. ✱ 1892] **s. m. inv. (pl. ted. *Gulasche*)** ● spezzatino di manzo, lardo, cipolle e paprica, piatto tipico della cucina ungherese: *zuppa di g.*

gùlo [dal lat. tardo *gŭlo*, nom., 'ghiottone', da avvicinare a *gŭla* 'gola' ✱ 1561] **s. m.** ● (*zool.*)

ghiottone

gulp /gulp, *ingl.* gʌlp/ [vc. ingl., di orig. onomat. dal v. *to gulp* 'ingoiare, deglutire' ✱ 1930] **inter.** ● riproduce il rumore che si fa deglutendo a vuoto per sorpresa, paura e sim.

Gunìte® [marchio registrato ✱ 1956] **s. f.** ● intonaco formato da un impasto di cemento e sabbia, che viene applicato sulla superficie da ricoprire mediante apposita spruzzatrice ad aria compressa

GUP [sigla di *G(iudice dell') U(dienza) P(reliminare)* ✱ 1989] **s. m. e f. inv.** ● (*dir.*) giudice dell'udienza preliminare

†**gùrge** o (*poet.*) †**gùrgite** [vc. dotta, lat. *gŭrgite(m)*, nom. *gŭrges*, vc. espressiva col sign. originario di 'inghiottire' ✱ 1321] **s. m.** ● gorgo, vortice: *riprofondavan sé nel miro gurge* (DANTE *Par.* XXX, 68)

gùrgle /'gurgle, *ingl.* 'gɜ:g(ə)l/ [vc. ingl., di orig. onomat., propr. 'gorgoglio' ✱ 1998] **A inter.** ● riproduce, spec. nel linguaggio dei fumetti, il rumore di un liquido che scorre o bolle lentamente **B s. m. inv.** ● il rumore stesso

gùrkha /'gurka/ o **gùrka** [1922] **s. m. e f.** (**pl. inv.** o *gùrkhas*) **1** appartenente a una popolazione asiatica di stirpe indoaria, insediatasi nel sec. XVIII nel Nepal, dove ancora oggi costituisce il gruppo etnico e linguistico principale **2** mercenario nepalese che presta servizio nell'esercito britannico

gùru [indostano *gurū* 'maestro, prete', dall'ant. indiano *gurúh*, propr. 'grave', di orig. indeur.; per recente allargamento semantico nella moda occid. anche il tipo di 'veste' indossato ✱ 1796] **s. m. inv.** (**anche f. inv. nel sign. 2**) **1** in India, maestro spirituale o capo religioso **2** (*est.*) capo carismatico di un movimento o di un gruppo di persone **3** abito a casacca, lungo fin quasi alle ginocchia, con maniche lunghe e accollato

guscétto [1869] **s. m. 1** dim. di *guscio* **2** seta che rimane dopo la dipanatura dei bozzoli, usata per confezionare nastri e cordoncini ‖ **guscettìno**, **dim.**

♦**gùscio** [etim. discussa: gr. *kýstion*, dim. di *kýstis* 'vescica' di orig. indeur. (?) ✱ av. 1311] **s. m.** (**pl.** *gusci*, **m.**, †*guscia*, **f.**) **1** rivestimento esterno di certi frutti e delle uova di certi uccelli e rettili: *il g. delle noci, delle mandorle, delle castagne* | ***g. dell'uva, dei piselli, dei limoni***, buccia | ***g. dei chicchi di grano***, pula | †***g. dell'anima***, il corpo | ***g. di noce***, (*fig.*) casa minuscola; barchetta | ***a g. d'uovo***, detto di porcellane sottilissime, d'origine cinese | ***al g.***, à la coque: *uova al g.* | conchiglia dei Molluschi | ***chiudersi, vivere nel proprio g.***, (*fig.*) vivere ritirati | ***uscire dal g.***, (*fig.*) uscire dal proprio ambiente, aprirsi a nuove esperienze | (*est.*) involucro di protezione per piccoli oggetti: *il g. del telecomando* **2** (*est., tosc.*) sacco di traliccio, contenente lana o crine per materassi o guanciali **3** (*est.*) in varie tecnologie, tipo di struttura, in cui gli sforzi sono sopportati dal materiale di rivestimento: *g. resistente*; *struttura a g.* **4** carcassa, ossatura: *il g. di una carrozza, di una nave* **5** (*archit.*) cavetto | ***modanatura a g.***, a profilo concavo **6** †piatto della bilancia ‖ **guscétto**, **dim.** (V.) | **gusciolìno**, **dim.** | **guscióne**, **accr.**

gùșla ➤ **guzla**

gustàbile [vc. dotta, lat. tardo *gustābile(m)*, da *gŭstus* 'gusto' ✱ 1499] **agg.** ● che si può gustare ‖ **gustabilità**, **s. f. inv.**

♦**gustàre** [lat. *gustāre*, da *gŭstus* 'gusto' ✱ av. 1294] **A v. tr. 1** distinguere il sapore di qlco. mediante il senso del gusto: *il raffreddore impedisce di g. qualsiasi cosa* | mangiare o bere cibi o bevande in piccola quantità per sentirne il sapore: *gustate questo vino e questo dolce, sono ottimi*; *né raro vidi chi né pur g. / puote alcun cibo* (L.B. ALBERTI) **2** assaporare con piacere cibi o bevande gradite al palato: *g. un gelato, un bel pranzo, un bel piatto*; *per g. meglio i cibi è necessario assaporarli lentamente* **3** (*fig.*) godere spiritualmente, apprezzare: *g. la dolcezza, il piacere di un tramonto sul mare*; *g. gli scritti dei buoni autori* **4** †intendere bene, approfondire **B v. intr.** (**aus.** *essere*, *raro avere*) **1** piacere, garbare, riuscir gradito: *il loro comportamento non mi gusta*; *vi gusterebbe un bibita ghiacciata?* **2** †godere di qlco.: *Colui che 'n questo mondo / ... gustò di quella pace* (DANTE *Par.* XXXI, 110-111) **C gustàrsi v. tr. pron.** (**aus.** *essere*) ● gustare, assaporare, godere qlco. (con valore intens.): *gustarsi una buona pizza*; *gustarsi un brano di musica*

gustatìvo [av. 1406] **agg.** ● che concerne il senso del gusto: *facoltà gustativa* | ***organi gustativi***, che trasmettono la sensazione del sapore | ***papille gustative***, particolari formazioni anatomiche della lingua atte a percepire i sapori

gustatóre [vc. dotta, lat. tardo *gustatōre(m)*, da *gustātus* 'gustato' ✱ 1336 ca.] **s. m.** (**f.** *-trice*) ● chi gusta da intenditore

gustatòrio [vc. dotta, lat. *gustatōriu(m)*, da *gustātus* 'gustato' ✱ 1678] **agg.** (**pl. m.** *-i* o *raro -ii*) ● relativo alla funzione del gusto

†**gustévole** [av. 1535] **agg.** ● saporito: *cibo g.* | (*fig.*) piacevole: *compagnia, discorso, libro g.* ‖ †**gustevolménte**, **avv.** con gusto

♦**gùsto** [lat. *gŭstu(m)*, di orig. indeur. ✱ 1282] **s. m. 1** senso che permette di avvertire il sapore dei cibi attraverso le papille gustative **2** sensazione dovuta al sapore di cibi, bevande e sim.: *g. fine, delicato, grossolano*; *medicina di gradevole g.* | ***fare il g. a qlco.***, abituarcisi | (*est.*) sapore: *questo gelato è al g. di fragola*; *è un cibo privo di g.*; *è un vino dal g. inconfondibile* | (*est.*) sensazione piacevole che si prova nell'assaporare cibi o bevande gradite: *mangiare di g.*; *è di mio g.* **3** piacere, soddisfazione: *ridere di g.*; *ci siamo tolti il g. di esprimere liberamente il nostro parere*; *ho g. a sapere che non sono il solo a sopportarli*; *avrei un g. matto se la vostra impresa fallisse*; *non c'è g. a parlare con te*; *che g. ci trovi a stuzzicarlo?*; (*iron.*) *sai che bel g., viaggiare tutta la notte!* | ***prendere g. a qlco.***, incominciare a provarci piacere **4** inclinazione, voglia: *mi è venuto il g. del gioco*; *hanno il g. della pesca, della caccia* **5** modo soggettivo di sentire, apprezzare, giudicare le cose: *sui gusti non si discute*; *è questione di gusti*; *sanno fare solo scherzi di pessimo g.* | **PROV.** ***tutti i gusti son gusti*** **6** attitudine a discernere pregi e difetti di un'opera d'arte | sensibilità per ciò che è bello: *formarsi, educare il g.*; *avere il g. della musica, della pittura, della poesia*; *avere un g. fine, grossolano*; *scrivere, esprimersi con g.* | ***essere di buon g.***, apprezzare le cose belle e goderne | eleganza, distinzione: *vestiva con semplicità, ma con g.*; *il loro appartamento era arredato con g. fine e signorile* **7** complesso delle tendenze estetiche che caratterizzano il modo di giudicare e di esprimersi di un'epoca, di una scuola, di un autore: *è un'opera di g. barocco, neoclassico, romantico*; *gli impressionisti hanno il g. del colore*; *ha il g. della prosa d'arte, del frammento lirico* | stile: *è il g. di Parigi, di Vienna* ‖ **gustàccio**, **pegg.** | **gustìno**, **dim.**

SFUMATURE ➤ ***eleganza***

NOMENCLATURA

gusto (cfr. bocca, sapore)
● *caratteristiche*: raffinato = fine ⇔ grossolano, acuto ⇔ ottuso, delicato ⇔ rozzo; salato ⇔ dolce ⇔ amaro, acido, umami;
● *azioni*: assaggiare = saggiare = provare, assaporare = pregustare, gustare = degustare ⇔ disgustare, nauseare = stomacare; avere, esercitare, perdere, riacquistare, formare, educare, raffinare il gusto;
● *organo del gusto*: lingua, papille gustative;
● *difetti del gusto*: ipergeusia ⇔ ipogeusia; parageusia, cacofagia; ageusia.

♦**gustóso** (o **-șo**) [1584] **agg. 1** gradevole al gusto: *liquore, cibo g.* **SIN.** saporito **2** piacevole, divertente: *lettura gustosa*; *compagnia gustosa*; *libro, racconto g.* **SIN.** ameno ‖ **gustosaménte**, **avv.** in modo gustoso; di gusto: *ridere gustosamente* ‖ **gustosità**, **s. f. inv. 1** caratteristica di ciò che è gustoso **2** (**est.**, **spec. al pl.**) cosa gustosa, golosità: *assaggiare le gustosità locali*

guttapèrca [comp. delle due voci malesi *jĕtah* 'gomma' e *pĕrcáh* 'nome dell'albero', attrav. l'ingl. *gutta-percha* ✱ 1858] **s. f.** ● sostanza flessibile e plastica contenuta nel latice di alcune Sapotacee, usata spec. come isolante elettrico, in odontotecnica, in galvanoplastica e in chirurgia

guttazióne [vc. dotta, ted. *Guttation*, dal lat. *gŭtta* 'goccia', *guttāre* 'gocciolare' ✱ 1906] **s. f.** ● (*bot.*) uscita di acqua dagli stomi dei vegetali **SIN.** traspirazione

Guttìfere [comp. del lat. *gŭtta* 'goccia' e *-fer* '-fero' ✱ 1869] **s. f. pl.** (**sing.** *-a*) ● (*bot.*) famiglia di piante delle Dicotiledoni per lo più legnose, che forniscono latici gommosi e pregevole legno da costruzione (*Guttiferae*) **SIN.** Ipericacee

gùtto [vc. dotta, lat. *gŭttu(m)* 'gotto', d'incerta etim. ✱ av. 1539] **s. m.** ● (*archeol.*) piccolo vaso di argilla o altri materiali, con collo lungo e stretto, usato nell'antichità per distribuire profumi e oli ai convitati

gutturàle [vc. dotta, deriv. del lat. *gŭttur*, genit. *gŭtturis* 'gola', vc. espressiva ✱ 1643] **A agg. 1** (*ling.*, *disus.*) velare **2** correntemente, di gola, rauco, aspro: *voce g.*; *grida gutturali* ‖ **gutturalménte**, **avv.** ‖ **gutturalità**, **s. f. inv.** **B s. f.** ● (*ling.*) suono gutturale

gutturalìșmo [av. 1733] **s. m.** ● difetto per cui si pronunciano i suoni in gola

gutturalizzazióne [1972] **s. f.** ● (*ling.*) velarizzazione

Guttùrnio [etim. sconosciuta ✱ 1941] **s. m.** ● vino di color rosso granato, un tempo frizzante e amabile, oggi per lo più tranquillo e secco, prodotto nella zona dei colli piacentini con uve Barbera e Bonarda

gùzla /'guzla/ o **gùșla** [serbo *gusla*, vc. di orig. e area slava (slavo *gudu*, *gusti* 'suonare la cetra') ✱ av. 1803] **s. f.** ● specie di violino a una sola corda, tipico dei popoli serbi e croati

gyros /'giros, *gr. moderno* 'jiros/ [gr. moderno *gyros*, propr. 'giro' ✱ 1993] **s. m. inv.** (**pl. gr. moderno** *gyroi*) ● piatto tipico della cucina greca simile al kebab ma a base di carne di maiale | grosso spiedo verticale usato nella preparazione di tale piatto

a b c d e f g h i j k l m n o p q r s t u v w x y z

h, H

La lettera *H* non ha in italiano un valore fonetico proprio; pertanto le parole con un 'h' iniziale hanno come articolo quello richiesto dalla lettera seguente: *l'hashtag, un happening, un'habanera, gli habitat*. I suoi usi principali sono i tre seguenti: come segno distintivo della pronuncia 'dura' della *C* o della *G* nei gruppi *che, chi, ghe, ghi* (comprese le forme raddoppiate *cche, cchi, gghe, gghi*); come lettera muta, per residuo etimologico, in quattro voci del verbo *avere* (*ho* /ɔ*/, *hài* /ai/, *ha* /a*/, *hànno* /ˈanno/) e anche in alcuni nomi di luogo e cognomi (es. *Thiène* /ˈtjɛne/, *Dehò* /deˈɔ*/); e come elemento caratteristico di parecchie esclamazioni, dove pure è di solito muta (es. *bah* /ba/, *ohibò* /oiˈbɔ*/). In forestierismi non adattati, spec. voci inglesi, la lettera *H* può avere valore consonantico, rappresentando l'approssimante laringale /h/, e può pure far parte di svariati digrammi e trigrammi (es. *ch* /*fr.* ʃ, *ingl.* tʃ/, *sh* /*ingl.* ʃ/, *sch* /*ted.* ʃ/).

h, (*maiusc.*) **H** [1516] **s. f. o m. inv.** ● ottava lettera dell'alfabeto italiano (nome per esteso *àcca*): *h minuscola, H maiuscolo* | nella compitazione spec. telefonica it. e internazionale *h come hotel* | ***vitamina H***, V. *vitamina*

ha ① /ha/ [vc. espressiva ✱ sec. XVI] **inter.** ● esprime sarcasmo e risentimento: *ha! credevi di farmela?* | spec. se ripetuta, riproduce una risata: *ha, ha, questa è bella!*

ha ② ➤ **avere**①

habanèra /abaˈnɛra, *sp.* aβaˈnera/ [vc. sp., '(ballo) dell'Avana (*Habana*)' ✱ 1905] **s. f.** (**pl.** *habanere* **o sp.** *habaneras*) ● canzone e danza spagnola di origine cubana **CFR.** abanera

hàbeas còrpus /*lat.* ˈabeas ˈkɔrpus/ [lat., propr. 'che tu abbia (*hăbeas*) la tua persona (*cŏrpus*)', sottinteso 'libera' ✱ 1892] **loc. sost. m. inv.** ● (*dir.*) in Inghilterra e nell'America del Nord, mandato di comparizione dell'arrestato di fronte al magistrato che decide della legalità dell'arresto | (*est.*) l'insieme delle libertà personali garantite al cittadino dalle leggi costituzionali

habillé /*fr.* abiˈje/ [vc. fr., part. pass. di *habiller* 'abbigliare, vestire' ✱ 1938] **agg. inv.** (**f. fr.** *habillée*; **pl. m.** *habillés*; **pl. f.** *habillées*) ● elegante, raffinato

hàbitat /*lat.* ˈabitat/ [vc. lat., propr. 'egli abita', dal v. *habitāre* 'abitare' ✱ 1933] **s. m. inv.** **1** (*biol.*) complesso dei fattori fisici e chimici che caratterizzano l'area e il tipo di ambiente in cui vive una data specie di animale o di pianta **2** (*fig.*) ambiente particolarmente congeniale ai propri gusti, alle proprie aspirazioni e sim. **3** (*urbanistica*) spazio attrezzato per l'insediamento umano

habitué /*fr.* abiˈtɥe/ [vc. fr., propr. 'abituato', dal v. *habituer* 'abituare' ✱ 1883] **s. m. e f. inv.** (**f. fr.** *habituée*; **pl. m.** *habitués*, **pl. f.** *habituées*) ● frequentatore abituale, cliente assiduo

♣**hàbitus** /*lat.* ˈabitus/ [vc. lat., propr. 'abito' ✱ 1929] **s. m. inv.** (**pl. lat. inv.**) **1** (*biol.*) insieme dei caratteri che determinano l'aspetto caratteristico di un vegetale o di un animale **2** (*med.*) costituzione esterna del corpo espressiva di determinati stati morbosi **3** (*est.*) comportamento, carattere abituali | ***h. mentale***, mentalità, modo di ragionare

hac /hak/ [vc. onomat. ✱ av. 1587] **inter.** ● riproduce il suono di un colpo di tosse

hàcek /ˈatʃek, *ceco* ˈhaːtʃɛk/ o **hàtchek** /ˈatʃek, *ceco* ˈhaːtʃɛk/ [vc. ceca, dim. del germanismo *hak* 'uncino' ✱ sec. XX] **s. m. inv.** ● (*ling.*) segno grafico a forma di accento circonflesso rovesciato (ˇ) che nelle lingue slave con alfabeto latino, in quelle baltiche e in altre minori viene posto sopra alcuni segni consonantici, soprattutto per rappresentare il corrispondente suono palatale **SIN.** pipa①, pipetta①, caron

haché /*fr.* aˈʃe/ [vc. fr., propr. 'tritata', dal v. *hacher* ✱ 1993] **agg. inv.** ● (*cucina*) detto di carne cotta e finemente tritata, impiegata, insieme con varie salse, spec. come farcia o guarnizione

haciènda /aˈsjɛnda, *sp.* aˈθjenda, aˈsje-/ [vc. sp., lat. *faciĕnda*, propr. 'faccende', nt. pl. del gerundivo (*faciĕndus*) di *făcere* 'fare, operare' (in sp. *hacer*) ✱ 1887] **s. f.** (**pl. sp.** *haciendas*) ● grande fattoria tipica dell'America meridionale: *visitare la h., una h.* (o *l'h., un'h.*)

hàckathon /ˈakaton, *ingl.* ˈhækəθɒn/ [vc. ingl.; per incrocio di *hack(er)*, a sottolineare l'abilità dei partecipanti, e *(mar)athon* 'maratona' ✱ 2012] **s. m. inv.** ● (*inform.*) riunione di uno o più giorni di un gruppo di professionisti (programmatori, disegnatori web, manager, ecc.) per collaborare intensivamente alla realizzazione di un software, in genere di valore sociale

hàcker /ˈaker, *ingl.* ˈhækə(r)/ [vc. ingl., da *to hack* 'fare a pezzi, rompere' ✱ 1986] **A s. m. e f. inv.** ● chi attraverso la rete Internet è in grado di superare i sistemi di protezione per accedere ai dati contenuti nella memoria di un altro computer | (*est.*) pirata informatico (V. *pirata*) **SIN.** cracker **B** in funzione di **agg. inv.** ● relativo agli hacker

hackeràggio /akeˈraddʒo/ [da *hacker* ✱ 1990] **s. m.** ● attività dell'hacker, di hacker | (*est.*) pirateria informatica

hacktivist /ˈaktivist, *ingl.* ˈhæktɪvɪst/ [vc. ingl., comp. di *hack(er)* e *(ac)tivist* 'attivista' ✱ 2001] **A s. m. e f. inv.** ● (*Internet*) hacker che agisce per scopi politici **B agg. inv.** ● relativo a tali hacker: *attività h.*

hadìth /aˈdit, *arabo* ħaˈdiːθ/ [vc. araba, *hadīth* 'rapporto, novità, tradizione', dal v. *hadatha* 'essere nuovo' ✱ 1933] **s. m. inv.** (**pl. arabo** *ahadith*) ● nella tradizione islamica, narrazione relativa ad azioni o detti di Maometto che ha valore normativo | la raccolta di tali narrazioni

hàfnio ➤ **afnio**

Hag ® /ag/ [sigla ted. del n. della ditta produttrice, la (*Coffee*) *H(andels) A(ktien)g(esellschaft)* 'Società per Azioni per il commercio del caffè' ✱ 1956] **A s. m. inv.** ● nome commerciale di un caffè decaffeinato **B anche agg.**

†**hài** ① /ai/ [vc. espressiva ✱ av. 1375] **inter.** ● esprime dolore, meraviglia, gioia, commozione

hài ② ➤ **avere**①

hàik /aik, *arabo* ħɑ(ː)ɪk/ [arabo *ḥā'ik*, dal verbo *ḥāka* 'tessere' ✱ 1910] **s. m. inv.** (**pl. arabo** *haikàt*) ● drappo che copre l'intera persona, caratteristico dell'abbigliamento berbero maschile e femminile

hàikai ➤ **haiku**

hàiku /ˈaiku, *giapp.* hai.kɯ/ o **hàikai** /ˈaikai, *giapp.* hai.kai/ [vc. giapp. giunta attrav. l'ingl. ✱ 1923] **s. m. inv.** ● breve poesia giapponese, composta di 17 sillabe ripartite in tre gruppi di 5, 7 e 5, che ha per argomento spec. la contemplazione individuale della natura

hairstylist /erˈstailist, *ingl.* ˈhɛəˌstaɪlɪst/ [vc. ingl., propr. 'stilista (*stylist*) di capelli (*hair*)' ✱ 1986] **s. m. e f. inv.** ● barbiere, parrucchiere che crea acconciature secondo i dettami dell'ultima moda

haitiàno /aiˈtjano/ [1819] **A agg.** ● di Haiti, Stato dell'America centrale **B s. m.** (**f.** *-a*) ● abitante o nativo di Haiti **C s. m. solo sing.** ● lingua creola parlata ad Haiti, derivata dal francese con influenze delle lingue dell'Africa occidentale

haka /ˈaka, *ingl.* ˈhɑːkə/ [vc. maori ✱ 1911] **s. f. inv.** ● danza rituale maori, eseguita in gruppo con accompagnamento di grida o canti

halàl /aˈlal, *arabo* ħæˈlæl/ [dall'arabo *ḥalāl*, propr. 'legalmente permesso' ✱ 1992] **agg. inv.** ● detto di cibo o bevanda preparati secondo le modalità prescritte della legge islamica: *carni h.* | (*est.*) relativo alla modalità di preparazione di tale cibo o bevanda: *macelleria h.*

haléř /*ceco* ˈɦalɛːr̝/ [vc. ceca; V. *Heller* ✱ 1956] **s. m. inv.** ● (*econ.*) heller

half-dùplex /alfˈdupleks, *ingl.* ˌhæːf-ˈdjuːplɛks/ [vc. ingl., propr. '*duplex* usato a metà (*half*)' ✱ 1993] **s. m. inv.** ● (*elettron.*) in una trasmissione seriale, collegamento effettuato con un solo canale e che permette, alternativamente, l'invio di informazioni nei due sensi

half pipe /alfˈpaip, *ingl.* ˈhɑːfˌpaɪp/ [loc. ingl. propr. 'mezzo' (*half*) 'tubo' (*pipe*) ✱ 1992] **loc. sost. m. inv.** (**pl. ingl.** *half pipes*) ● pista da skateboard, pattini in linea o, se innevata, snowboard, a forma di U, su cui gli atleti eseguono evoluzioni e acrobazie | (*est.*) disciplina sportiva praticata su tali piste

hàlibut /ˈalibut, *ingl.* ˈhælɪbət/ [vc. ingl., in ingl. *halybutte* 'pesce piatto (*butte*), che si mangia in giorno festivo (*haly*, oggi *holy*)', comp. di due elementi di area germ. ✱ 1956] **s. m. inv.** ● (*zool.*) ippoglosso

halite ➤ **alite**①

hall ① /ɔl, ol, *ingl.* hɔːl/ [vc. ingl., di orig.

indeur. ✱ 1749] **s. f. inv.** ● ampia sala d'ingresso e soggiorno in alberghi, ritrovi, case signorili: *ti aspetto nella h.*

Hall ② /ɔl, *ingl.* hɔːl/ [vc. ingl., prob. da un n. proprio ✱ 1997] **agg. inv.; anche s. f. inv.** ● (*mar.*) tipo di ancora utilizzato dalle navi con una robusta marra incernierata al diamante e due tozze patte

hallalì /*fr.* ala'li/ o **allalì** [da una base onomat. *hall-* ✱ 1887] **inter.** ● nelle antiche battute di caccia, grido d'incitamento

hallo /e(l)'lo, a(l)'lo, *ingl.* hə'ləʊ/ o **hello** /e(l)-'lo*, *ingl.* hə'ləʊ, hɛ'-/ [vc. ingl., da un precedente *hollo*, dall'inter. *holla*, di orig. discussa: dal fr. *holà* (?) ✱ 1940] **inter.** ● si usa per richiamare l'attenzione di qlcu., o, nelle comunicazioni telefoniche, in luogo del più usato 'pronto'

Halloween /alo'win, *ingl.* ˌhæləʊ'iːn/ [vc. ingl., *Hallow-e'en*, riduzione di *All-Hallow-Even* 'vigilia di Ognissanti' ✱ 1984] **s. m. inv.** ● la notte fra il 31 ottobre e il 1° novembre, dedicata, spec. negli Stati Uniti, a scherzi e travestimenti a tema macabro e a piccoli cortei di bambini che vanno di casa in casa con zucche svuotate e illuminate all'interno chiedendo in regalo dolci con la formula '*Trick or treat?*' ('dolcetto o scherzetto?'); secondo un'antica credenza celtica, quella notte comparivano fantasmi, folletti e streghe

†**hàlo** ➤ **alone**①

hamàda /a'mada, *arabo* ħa'mæːda/ o **hammàda** /am'mada/ [arabo *hamāda*, giuntoci attrav. il fr. o l'ingl. ✱ 1892] **s. m. inv.** (**pl. arabo** *hamadàt*) ● tipo di deserto roccioso, consistente di un basamento di roccia nuda e corrosa dal vento, e reso accidentato da relitti d'erosione

hambùrger /am'burger, *ingl.* 'hæmˌbɜːgə(r)/ [vc. ingl., abbr. di *hamburger steak*, propr. 'bistecca (*steak*, di orig. nordica) di Amburgo (*hamburger*, agg. etnico di *Hamburg*)' ✱ 1963] **s. m. inv.** ● medaglione di carne bovina o suina, tritata e variamente speziata, cotto in padella o ai ferri, servito spec. dentro un panino tondo di pasta soffice | (*est.*, *colloq.*) il panino stesso: *ci facciamo un h.?*

hamburgherìa /amburge'ria/ [1986] **s. f.** ● locale dove si vendono e si consumano hamburger

hammàda ➤ **hamada**

hammàm /am'mam/ [arabo *ḥammām* 'bagno turco' ✱ 1990] **s. m. inv.** (**pl. arabo** *hammamàt*) ● luogo dove si possono fare bagni turchi, massaggi, cure fisiche: *gli h. di Istanbul*

hàmmerless /'amerles, *ingl.* 'hæmələs/ [vc. ingl., propr. 'senza (*less*, in orig. agg. col senso di 'libero da') cane (*hammer*, propr. 'martello', di orig. indeur.)', perché nascosto ✱ 1903] **s. m. inv.** ● fucile da caccia a cani interni

hàmster /'amster, *ingl.* 'hæmstə(r)/ [vc. di area germ. e orig. slava (slavo ecclesiastico *chomĕstorŭ*, dall'iranico *hamaēstar-* 'che si getta (*maēth-*) a derubare (*ham-*)') ✱ 1824] **s. m. inv.** ● (*zool.*) criceto | pelliccia di tale animale

han /an/ [vc. espressiva ✱ 1956] **inter.** ● esprime in forma interr. dubbio o richiesta di conferma: *non è vero, han?*

handball /'ɛndbol, 'an-, *ingl.* 'hændˌbɔːl/ [vc. ingl., comp. di *hand* 'mano' e *ball* 'palla' ✱ 1985] **s. m. inv.** ● (*sport*) pallamano

handbike /end'baik, *ingl.* 'hændˌbaɪk/ [vc. ingl., propr. 'bici (*bike*) a mano (*hand*)' ✱ 1997] **s. f. inv.** ● bicicletta a tre ruote per disabili, dalla seduta molto bassa, che si spinge a forza di braccia | attività sportiva praticata da atleti disabili su tale bicicletta, anche come specialità paralimpica

handicap /'ɛndikap, 'an-, *ingl.* 'hændɪˌkæp/ [vc. ingl., originariamente 'gioco, nel quale la posta era tenuta con la mano (*hand*) in (*in*) un berretto (*cap*)' ✱ 1891] **A** **s. m. inv.** **1** (*sport*) competizione in cui, per equiparare le possibilità di vittoria, si assegna uno svantaggio al concorrente ritenuto superiore o un vantaggio a quello ritenuto inferiore mediante aumenti di punteggio, di peso, di colpi, abbuoni di distanza e sim. **CFR.** andicap **2** il vantaggio o lo svantaggio assegnato in tale competizione **3** (*fig.*) condizione di svantaggio, d'inferiorità nei confronti degli altri: *la mancanza di un diploma è per lui un grave h.* **4** (*med.*) incapacità di provvedere da sé, interamente o parzialmente, alle normali necessità della vita individuale e sociale, determinata da una deficienza, congenita o acquisita, fisica o psichica, e da una conseguente incapacità a livello della persona, che comporta conseguenze individuali, familiari e sociali | ***portatore di h.***, handicappato **SIN.** invalidità, minorazione **B** **in funzione di agg. inv.** nel sign. 1: *corsa h.*

SFUMATURE ➤ ***minorazione***

handicappàre /ɛndikap'pare, an-/ o **andicappàre** [1908] **v. tr.** **1** (*sport*, *raro*) gravare di un handicap **2** (*fig.*) mettere in una situazione d'inferiorità, di svantaggio, rispetto agli altri: *il suo carattere incostante lo handicappa*

handicappàto /ɛndikap'pato, an-/ o **andicappàto** **A** **part. pass.** di *handicappare*; **anche agg.** ● nei sign. del v. **B** **s. m.** (**f.** *-a*) ● (*med.*) persona affetta da handicap **CFR.** disabile | ***inserimento degli handicappati***, la loro immissione nella scuola, in enti o in aziende, spec. con progetti di integrazione

handicàpper /ɛndi'kapper, an-, *ingl.* 'hændɪˌkæpə(r)/ [vc. ingl., da *handicap* col suff. di agente *-er* (da *hand* 'mano', d'area germ. e orig. incerta) ✱ 1892] **s. m. inv.** ● (*sport*, *raro*) periziatore

handling /'ɛndlin(g), *ingl.* 'hændlɪŋ/ [vc. ingl., propr. 'trattamento', dal v. *to handle* 'maneggiare' nel senso specifico di 'trattare, occuparsi' ✱ 1983] **s. m. inv.** **1** complesso dei servizi di assistenza a terra, agli aerei e ai passeggeri, durante la sosta negli aeroporti **2** (*org. az.*) in un magazzino, l'insieme delle operazioni manuali di prelievo e predisposizione all'imballo delle merci in vista della spedizione

handout /end'aut, *ingl.* 'hændaʊt/ [vc. ingl., deriv. dal v. *to hand out* 'distribuire' ✱ 1997] **s. m. inv.** ● breve testo stampato | opuscolo, volantino

hangar /'angar, *fr.* ɑ̃'gaʀ/ [vc. fr. 'tettoia', 'capannone'; etim. discussa: francone **haimgard* 'recinto (*gard*) intorno alla casa (*haim*)' (?) ✱ 1908] **s. m. inv.** ● aviorimessa

hangout /en'gaut, *ingl.* 'hæŋˌaʊt/ [vc. ingl., propr. 'ritrovo abituale' ✱ 2011] **s. m. inv.** ● (*inform.*) luogo di incontro virtuale di più persone per dialogare faccia a faccia per mezzo di computer, smartphone, tablet ecc.

hànno ➤ **avere**①

Hannukkah ➤ **Hanukkah**

hansenìano (han-se-nia-no, han-sen-ia-no) /anse'njano/ [dal n. del medico norvegese G. H. *Hansen* (1841-1912), che scoprì l'agente patogeno della lebbra ✱ 1963] **A** **agg.** ● (*med.*) relativo alla lebbra **B** **s. m.** (**f.** *-a*) ● (*med.*) malato di lebbra

Hanukkah /*ebr.* xanu'ka/ o **Hannukkah** /*ebr.* xanuk'ka/ o **Hanukkà** [vc. ebr., *ḥanukkāh*, propr. 'consacrazione' ✱ 1961] **s. f. inv.** (**pl. ebr. inv.**) ● festa religiosa ebraica, nota anche come Festa delle Luci, che cade in novembre o dicembre, caratterizzata dall'accensione rituale e progressiva delle candele della menorah; celebra la riedificazione del Tempio a opera dei Maccabei e la riconquista della libertà

hàpax legòmenon /*gr.* 'hapaks le'gɔmenon/, (*evit.*) **àpax legòmenon** [loc. gr., propr. 'detto (*legómenon*, part. pass. nt. di *légein* 'dire') una sola volta (*hápax*, comp. di *ha-* 'uno' e della stessa radice del v. *pēgnýnai* 'fissare')' ✱ 1892] **loc. sost. m. inv.** (**pl. gr.** *hàpax legòmena*) ● (*ling.*) parola o forma di cui è attestato un solo esempio all'interno del sistema di una lingua o di un'opera letteraria ‖ **hàpax**, **accorc.**

happening /'ɛppenin(g), 'ap-, *ingl.* 'hæp(ə)nɪŋ/ [vc. ingl., propr. 'avvenimento', dal v. *to happen* 'accadere, avvenire', da *hap* 'sorte, fortuna' con qualche riscontro anche al di fuori dell'area germ. ✱ 1964] **s. m. inv.** ● genere di spettacolo fondato sull'improvvisazione dell'azione teatrale a cui il pubblico è spesso chiamato a partecipare | (*est.*) festa, ritrovo e sim. aperti all'improvvisazione e all'iniziativa dei partecipanti

happy /'ɛppi, *ingl.* 'hæpɪ/ [vc. ingl., in ant. *hap*, dal norreno *happe* 'buona sorte' ✱ 1940] **agg. inv.** ● felice, contento | ***h. end***, felice conclusione di un film, di un romanzo, di una vicenda e sim. (loc. pseudo-inglese; in ingl. *happy ending*) **SIN.** lieto fine | ***h. hour***, fascia oraria nella quale alcuni locali pubblici (spec. bar, pub, ristoranti) praticano sconti; (*est.*, *colloq.*) aperitivo e serie di stuzzichini consumati in tale fascia oraria: *cenare nell'h. hour*; *andiamo a farci un h. hour* **CFR.** apericena | ***h. few***, i pochi fortunati, gli eletti, i privilegiati (*spec. iron.*): *come al solito, gli inviti erano per gli h. few*

harakìri /kara'kiri, *giapp.* ha.ra.ki.ɾi/ o, meno corretto, **karakìri** [vc. giapp., propr. 'tagliare (*kiri*) il ventre (*hara*)' ✱ 1889] **s. m. inv.** ● suicidio compiuto squarciandosi il ventre con una spada, tipico dei samurai giapponesi | (*fig.*) azione che arreca grave danno a chi la compie **CFR.** carachiri

hard /ard, *ingl.* hɑːd/ [vc. ingl., propr. 'duro, rigido', di orig. indeur. ✱ 1980] **A** **agg. inv.** **1** detto di ciò che ha toni forti, decisi, duri; che è aspro e crudo, spec. in contrapposizione a *soft*: *atteggiamento, musica h.* | ***energia h.***, energia dura (V. *duro* nel sign. A 9) **2** accorc. di *hardcore*: *un film h.* **B** **s. m. inv.** ● accorc. di *hard discount*

hard-bòiled /ard'bɔiled, *ingl.* 'hɑːdˌbɔɪld/ [vc. ingl., propr. 'bollito (*boiled*, part. pass. di *to boil*) (fino a diventare) sodo, duro (*hard*)', e fig. 'indurito dall'esperienza, realistico' ✱ 1962] **s. m. inv.** ● genere narrativo statunitense, che tratta temi polizieschi con toni crudamente realistici e violenti

hard bòp /ard'bɔp, *ingl.* 'hɑːdˌbɒp/ [loc. ingl., da *be-bop*, con sostituzione di *hard* 'duro' a *be* ✱ 1975] **loc. sost. m. inv.** ● stile jazzistico statunitense nato negli anni 1955-60 all'interno del recupero del be-bop, rispetto al quale presenta accentuazioni ritmiche più marcate e sonorità più accese

hard còpy /ard'kɔpi, *ingl.* 'hɑːdˌkɒpɪ/ o **hardcopy** [loc. ingl., comp. di *hard* 'duro, rigido' e *copy* 'copia' ✱ 1985] **loc. sost. f. inv.** (**pl. ingl.** *hard copies*) ● (*inform.*) rappresentazione permanente di un'immagine visualizzata sullo schermo di un computer, che viene generata da un dispositivo di stampa ed è direttamente prelevabile dall'utente

hardcòre /ard'kɔr, *ingl.* 'hɑːdˌkɔː(r)/ [vc. ingl., comp. di *hard* (V.) e *core* 'centro, nucleo' (vc. di orig. incerta): la vc. significò dapprima 'il militante più attivo, fedele fino alla morte, di un gruppo, un'organizzazione, un movimento' ✱ 1975] **A** **agg. inv.** ● detto di spettacolo, pubblicazione o locale in cui le scene erotiche vengono presentate con assoluto realismo; a luci rosse **SIN.** pornografico **B** **agg. e s. f. inv.** ● (*mus.*) di genere, detto anche *h. punk*, sviluppatosi negli USA all'inizio degli anni '80 del Novecento come derivazione del punk-rock, ma con suoni ancora più sporchi e aggressivi

hardcòver /ard'kɔver, *ingl.* 'hɑːd,kʌvə(r)/ [vc. ingl., comp. di *hard* 'duro, rigido' e *cover* 'copertina' ✱ 1983] **s. m. inv.** ● libro con copertina rigida

hard discount /ardis'kaunt, *ingl.* 'hɑːd-,dɪskaʊnt/ [loc. ingl. comp. di *hard* 'forte' e *discount* 'sconto' ellitt. per *'hard discount store'* ✱ 1993] **loc. sost. m. inv.** ● supermercato che vende prodotti di largo consumo di marche poco note a prezzi competitivi, grazie alla rapida rotazione delle scorte, alla riduzione del personale e ai risparmi sui costi pubblicitari **CFR.** discount

hard dìsk /ar'disk, *ingl.* 'hɑːd,dɪsk/ [loc. ingl., comp. di *hard* 'duro, rigido' e *disk* 'disco' ✱ 1985] **loc. sost. m. inv. (pl. ingl.** *hard disks***)** ● (*inform.*) disco rigido

hard ròck /ard'rɔk, *ingl.* 'hɑːd,rɒk/ [loc. ingl., comp. di *hard* 'duro' e *rock* (V.) ✱ 1975] **loc. sost. m. inv.** ● genere di musica rock affermatosi negli anni 1965-75, caratterizzato da una sonorità molto aggressiva, esasperata mediante accorgimenti elettronici

hardtòp o **hard top** /ard'tɔp, *ingl.* 'hɑːd-,tɒp/ [vc. ingl., propr. 'tetto, parte superiore (*top*, di vasta area, ma di orig. incerta) rigido (*hard* (V.))' ✱ 1963] **s. m. inv.** ● (*autom.*) tetto di metallo o di plastica di cui è munito un autoveicolo o che può essere applicato su un autoveicolo, spec. fuoristrada, in sostituzione della capote di tela

♦**hardware** /'ardwer, *ingl.* 'hɑːd,weə(r)/ [vc. ingl., propr. 'oggetti (*ware*, di area germ.) di metallo (*hard* (V.))', nella speciale applicazione di 'componenti fisici di un apparato' ✱ 1969] **s. m. inv. 1** (*inform.*) l'insieme delle unità fisiche che compongono un sistema di elaborazione dati, cioè le apparecchiature considerate in antitesi ai programmi, e quindi al software **2** (*est.*) l'insieme delle macchine e degli strumenti necessari per una determinata attività

Hare Krìshna /are'kriʃna, ha-, *sanscrito* 'ɦʌre 'krʂnʌ/ [adattamento, sul modello della grafia ingl., della vc. sanscrita *Hare*, evocante la potenza devozionale di Dio, e della vc. sanscrita *Krishna* 'l'Infinitamente Affascinante', ambedue ricorrenti in un mantra vedico che significa quindi 'O Dio infinitamente affascinante, o potenza di Dio, Ti prego di impegnarmi a servirTi con devozione' ✱ 1983] **loc. sost. m. e f. inv.** ● (*relig.*) aderente all'Associazione Internazionale per la Coscienza di Krishna, comunità spirituale, di origine indiana e di cultura vedica, che raggruppa i devoti di Krishna, una delle incarnazioni del dio Visnù da essi considerato come il sommo e unico Dio

hàrem /'arem, a'rɛm/ o **àrem**, **arèm**, (*raro*) **arèmme** [dal turco *harem*, a sua volta dall'arabo *ḥarīm* 'luogo inviolabile, sacro' ✱ av. 1764] **s. m. inv. 1** parte dell'abitazione musulmana riservata esclusivamente alle donne e ai bambini | (*est.*) l'insieme delle donne dell'harem **2** (*est.*, *scherz.*) l'insieme di più donne con cui un uomo ha contemporaneamente relazioni amorose

harmònium ➤ **armonium**

hascemìta ➤ **hashimita**

hascimìta ➤ **hashimita**

hashimìta /aʃʃi'mita/ o **hascimìta** /aʃʃi-'mita/, **hascemìta** /aʃʃe'mita/ [da *Hāshim* ibn 'Abd Manāf', bisnonno di Maometto ✱ 1956] **A agg. (pl. m.** *-i***)** ● detto di un'antica dinastia di sceriffi arabi della Mecca, oggi regnante in Giordania **B s. m. e f.** ● membro di tale dinastia

hashìsh /aʃ'ʃiʃ*, *ingl.* 'hæʃɪʃ/ o **hascìsc**, **haschisch** /*ted.* 'haʃɪʃ, ha'ʃiːʃ/, **ascìsc** [arabo *ḥašīš* (collettivo) 'erbe', dalla radice di *ḥašša* 'tagliare' ✱ 1850] **s. m. inv.** ● stupefacente ottenuto estraendo le resine contenute nei germogli della *Cannabis indica* dopo averli opportunamente essiccati **CFR.** marijuana

hashtag /aʃ'tag, *ingl.* ,hæʃ'tæg/ [vc. ingl., comp. di *hash*, nome del simbolo #, e *tag* 'etichetta, marcatore' ✱ 2009] **s. m. inv.** ● (*Internet*) parola o frase preceduta dal simbolo #, utilizzabile come chiave di ricerca in Twitter o in altri siti per reperire i testi che trattano l'argomento contrassegnato

hasìdico e deriv. ➤ **cassidico** e deriv.

hàssio /'assjo/ [da *Hessen* 'Assia', nome della regione tedesca dove opera un istituto di ricerca in cui è stato isolato nel 1984] **s. m.** ● elemento chimico transuranico artificiale **SIMB.** Hs **NUM. AT.** 108

Hastellòy® /astel'lɔi/ [marchio registrato ✱ 1983] **s. m. inv.** ● gruppo di leghe a base principalmente di nichel e molibdeno, particolarmente resistenti alle alte temperature e agli agenti corrosivi

hàtchek ➤ **hacek**

hatha-yòga /ata'jɔga, *sanscrito* 'ɦaːthʌ 'joːgʌ/ [vc. sanscrita, propr. 'yoga (V.) basato sull'esercizio fisico (*hata*)' ✱ 1993] **s. m. inv.** ● forma di yoga che tende a raggiungere lo stato mistico attraverso il superamento delle sensazioni corporee, realizzato con la pratica di opportuni esercizi fisici e respiratori

Hausmusik /*ted.* 'hausmu,ziːk/ [vc. ted., propr. 'musica (*Musik*) domestica, da casa (*Haus*)' ✱ 1996] **s. f. inv. (pl. ted.** *Hausmusiken***)** ● (*mus.*) nei Paesi tedeschi, pratica musicale domestica, esercitata attivamente in contrapposizione alla musica di consumo

haute /*fr.* ot/ [vc. fr., propr. 'alta', sottinteso 'società', sul modello del fr. *haute société* ✱ 1858] **s. f. inv.** ● il complesso delle persone ricche e influenti o prestigiose, appartenenti ai ceti socialmente più elevati | alta società (*spec. iron.*): *le signore della haute* (o, più raro, *dell'haute*) *milanese*

haute couture /*fr.* ,otku'tyʀ/ [loc. fr., propr. 'alta (*haute*, f. di *haut*, dal lat. *ăltus* con *h-* dell'agg. germ. dello stesso sign.) moda (*couture*, propr. 'cucitura', dal lat. parl. **co(u)sutūra* 'costura')' ✱ 1953] **loc. sost. f.** ● alta moda: *un maestro della haute couture* (o, più raro, *dell'haute couture*) | lavoro e ambiente delle sartorie di lusso

haute cuisine /*fr.* ,otkɥi'zin/ [loc. fr., propr. 'alta cucina' ✱ 1992] **loc. sost. f. inv.** ● arte del cucinare pietanze raffinate, di difficile preparazione: *una star della haute cuisine* (o, più raro, *dell'haute cuisine*) *internazionale*

†**hàvvi** o †**àvvi** [comp. di *ha*, terza pers. sing. di *avere*①, e di *vi*① nel sign. C ✱ av. 1292] **vc.** ● c'è, ci sono (anche impers.): *e havvi letti che vi parrebber più belli che quello del doge di Vinegia* (G. Boccaccio)

hawaiàno /ava'jano, awa-/ [1917] **A agg.** ● delle isole Hawaii | ***chitarra hawaiana***, ukulele **B s. m. (f.** *-a***)** ● abitante o nativo delle isole Hawaii

hàzard /'addzard, *ingl.* 'hæzəd/ [vc. ingl., propr. 'azzardo' nel senso specifico di 'pericolo' ✱ 1988] **s. m. inv.** ● (*autom.*) blinker

he /ɛː, eː/ [vc. espressiva ✱ 1891] **inter.** ● esprime rassegnazione o dubbio in un sign. analogo a *perché no*, *non dico di no*: *he! sarà così!*

head-hunter /ed'anter, *ingl.* 'hɛd,hʌntə(r)/ [vc. ingl., propr. 'cacciatore (*hunter*) di teste (al sing. *head*)' ✱ 1896] **s. m. e f. inv.** ● (*org. az.*) cacciatore di teste (V. *cacciatore* nel sign. 1)

headline /ed'lain, *ingl.* 'hɛd,laɪn/ [vc. ingl., propr. 'linea (*line*) di testa (*head*)' ✱ 1972] **s. m. inv. 1** titolo, intestazione di un annuncio pubblicitario, che sintetizza il tema della campagna pubblicitaria ed è scritto in modo da attirare l'attenzione del pubblico: *l'importanza della h.* (o, più raro, *dell'h.*) *nei siti Internet* **2** testata o titolo di giornale

hearing /*ingl.* 'hɪərɪŋ/ [vc. ingl., da *to hear* 'udire, sentire, ricevere notizie' (vc. di orig. germ.) ✱ 1973] **s. m. inv.** ● indagine conoscitiva

heavy mètal /evi'mɛtal, *ingl.* 'hɛvɪ,mɛt(ə)l/ [loc. ingl., propr. 'metallo (*metal*) pesante (*heavy*)' ✱ 1983] **loc. sost. m. inv.** ● genere di musica rock affermatosi negli anni 1975-85, derivato dall'hard rock, caratterizzato da sonorità violente e da ritmi veloci e ossessivi

hedge fund /edʒ'fand, *ingl.* 'hɛdʒ,fʌnd/ [loc. ingl. comp. di 'fondo (*fund*) di protezione (*hedge*)' ✱ 1993] **loc. sost. m. inv. (pl. ingl.** *hedge funds***)** ● (*econ.*) fondo comune che ricerca rendimenti elevati tramite investimenti speculativi ad alto rischio

hegelianìṣmo /egelja'nizmo/ o **hegelianéṣimo** /egelja'nezimo/ [1850] **s. m.** ● (*filos.*) hegelismo

hegeliàno /ege'ljano/ [1843] **A agg.** ● relativo a Georg W. F. Hegel (1770-1831) o al suo sistema filosofico ‖ **hegelianaménte**, **avv.** secondo il pensiero di Hegel **B s. m. (f.** *-a***)** ● chi segue o si ispira alla filosofia di Hegel

hegelìṣmo /ege'lizmo/ [1851] **s. m.** ● complesso delle dottrine filosofiche di Hegel e di altri pensatori che a lui si sono ispirati

hei /ei/ [vc. espressiva ✱ av. 1406] **inter.** ● si usa per attirare l'attenzione o per esprimere meraviglia o stupore (*anche iron.*): *hei! tu!*, *hei! ce l'ho fatta!*

Heimat /'aimat, *ted.* 'haemaːt/ [vc. ted., propr. 'patria', da *Heim* 'casa' ✱ 1985] **s. f. inv.** ● nella cultura tedesca, patria, intesa come paese, terra, casa natale o come luogo delle proprie radici

Helànca® /e'lanka/ [marchio registrato ✱ 1970] **s. m. inv.** ● fibra sintetica di fili di nylon elasticizzati

Helicobàcter /eliko'bakter/ [vc. ingl., propr. 'batterio (*bacter*) a spirale (*helical*)' ✱ 1989] **s. m. inv.** ● genere di batteri, cui appartiene la specie *Helicobacter pilori*, in grado di localizzarsi nella mucosa gastrica e duodenale dell'uomo, dove spesso causa la comparsa di ulcera

helisky /*fr.* elis'ki/ [1983] **s. m. inv.** ● eliskì

Hèller /'ɛller, *ted.* 'hɛlʌ/ [vc. ted., da un precedente medio alto ted. *Haller* (sottinteso *pfennig*) '(moneta) di *Hall*' (località sveva di coniazione) ✱ 1892] **s. m. inv. (pl. ted. inv.)** ● moneta d'argento medievale tedesca | moneta cecoslovacca (oggi della Repubblica Ceca e, fino al 2008, della Slovacchia) del valore di 1/100 di corona **SIN.** haléř

hello ➤ **hallo**

help /ɛlp, *ingl.* hɛlp/ [vc. ingl., propr. 'aiuto, soccorso' ✱ 1988] **s. m. inv.** ● (*inform.*) in un programma applicativo, funzione che offre all'utente informazioni e istruzioni operative sul funzionamento del programma stesso

hem /ɛm/ [vc. espressiva ✱ av. 1525] **inter.** ● serve per richiamare l'attenzione, per interrompere un discorso, per esprimere titubanza, incertezza, avvertimento, velata minaccia, ecc.: *hem, penso di doverti una spiegazione*; (spesso ripetuta) *hem, hem, scusa se ti interrompo*

hènna /'ɛnna/ o **ènna** [arabo *ḥinnā'*, n. di una pianta usata per tingere di rosso le stoffe ✱ 1548] **s. f.** ● (*bot.*) henné

henné /*fr.* e'ne/ [av. 1557] **s. m. inv.** ● (*bot.*) alberetto spinoso delle Borraginacee dalle cui foglie si ricava una materia colorante rossa usata come tintura per capelli, tessuti, legni (*Lawsonia alba*) | (*est.*) tintura di henné **SIN.** henna

hennin /*fr.* e'nɛ̃/ [vc. fr., dal neerl. *henninck* 'gallo', di cui richiama l'aspetto ✱ 1851] **s. m. inv.** ● copricapo femminile costituito da uno o due alti coni con veli fluttuanti, in uso spec.

nei secc. XIV-XV

hènry /*ingl.* 'hɛnrı/ [dal n. del fisico amer. J. *Henry* (1797-1878) ✻ 1905] **s. m. inv.** ● (*elettr.*) unità di induttanza elettrica, corrispondente a quella di un circuito nel quale si produce l'impulso di tensione di un voltsecondo quando la corrente in esso varia di un ampere **SIMB.** H

hentài /en'tai, *giapp.* hɛn.tai/ [vc. giapp., propr. 'trasgressione' ✻ 1995] **A** **s. m. inv.** ● cartone animato, videogioco o fumetto giapponese di contenuto pornografico **B** **agg. inv.** ● pornografico

hèrpes /*lat.* 'ɛrpes/ [vc. dotta, lat. *hĕrpete(m)*, dal gr. *hérpēs*, dal v. *hérpein* 'strisciare', perché malattia che striscia e si diffonde sulla pelle ✻ 1493] **s. m. inv.** (**pl. lat.** *herpetes*) ● (*med.*) una delle numerose affezioni cutanee, di origine virale, caratterizzata dalla formazione di grappoli di vescicole acquose su una base infiammatoria **SIN.** erpete | ***h. semplice***, uno dei più comuni tipi di herpes, localizzato spec. ai bordi delle labbra, delle narici, nei genitali | ***h. zoster***, tipo di herpes caratterizzato da vescicole che danno una dolorosa sensazione di bruciore cutaneo, lungo il decorso dei nervi **SIN.** fuoco di Sant'Antonio | ***h. virus***, virus responsabile di tutte le malattie erpetiche

hertz /ɛrts, *ted.* hɛʌts/ [dal n. del fisico ted. H. R. *Hertz* (1857-1894) ✻ 1937] **s. m. inv.** ● (*fis.*) unità di frequenza, corrispondente a un ciclo al secondo **SIMB.** Hz

hertziàno /er'tsjano/ o **erziàno** [1905] **agg.** ● del fisico H. R. Hertz | ***onde hertziane***, onde elettromagnetiche di lunghezza superiore a 300 micron

hesitation /ezi'teʃʃon, *ingl.* ˌhɛzı'teıʃən/ [vc. ingl., propr. 'esitazione', da *to hesitate* 'esitare', di orig. lat. ✻ 1923] **s. f. inv.** ● valzer all'inglese

hevèa /e'vɛa/ [da una lingua degli indigeni di Esmeraldas (Ecuador): *hyévé* ✻ 1931] **s. f.** ● genere di piante sudamericane delle Euforbiacee coltivate nei paesi intertropicali (*Hevea*) | ***H. brasiliensis***, i cui tronchi incisi lasciano sgorgare il latice da cui si ottiene il caucciù **SIN.** albero della gomma

hezbollàh /ezbol'la*, *arabo* ħizbuɫ'ɫaː, *persiano* hezbol'lɒː/ [dal persiano ant. *ḥezbollah*, in arabo *ḥizbullāh*, 'partito (*ḥezb*, *ḥizb*) di Dio (*Allāh*)' ✻ 1985] **A** **s. m. inv.** ● denominazione di alcuni movimenti islamisti radicali sciiti di ispirazione iraniana, spec. di un movimento attivo nel Libano, dotato di milizie armate **B** **s. m. e f. inv.** ● appartenente a uno di tali movimenti

hi /iː/ [vc. espressiva nel sign. 1; onomat. nel sign. 2 ✻ 1353] **inter.** **1** esprime sorpresa, noncuranza, incredulità, apprezzamento ironico: *... hi, meccere: ecco onesto uomo* (G. Boccaccio) **2** riproduce, ripetuta due o più volte, il suono molto acuto di un riso, di uno sghignazzo o di un pianto

✦**hic et nùnc** /*lat.* ik et'nunk/ [loc. lat., propr. 'qui (*hīc*) e ora (*nŭnc*)' ✻ 1905] **A** **loc. avv.** ● qui e adesso, subito, immediatamente **B** **loc. sost. m. inv.** ● un fenomeno o un processo considerati nel momento stesso in cui si verificano: *l'hic et nunc di una seduta psicoanalitica*

hickory /'ikori, *ingl.* 'hıkərı/ [vc. ingl., abbr. di *poka-hickory*, dall'algonchino della Virginia *pawcohiccora* 'preparato di noci tritate' ✻ 1901] **s. m. inv.** (**pl. ingl.** *hickories*) ● genere di alberi delle Iuglandacee originari del Canada, da cui si ricava un legno duro e compatto | (*est.*) il legno di tale albero, un tempo molto usato per fabbricare sci

hidàlgo /i'dalgo, *sp.* i'ðalɣo/ [sp., propr. 'figlio (*hijo*) di (*d'*) qualcuno (*algo*, che può anche essere inteso come 'ricchezza, beni di fortuna')' ✻ 1506] **s. m.** (**pl. sp.** *hidalgos*) ● membro della piccola nobiltà spagnola **CFR.** idalgo

hi-fi /ai'fai, *ingl.* 'haı,faı/ [abbr. dell'ingl. *high fidelity* 'alta fedeltà' ✻ 1953] **A** **s. f. inv.** ● alta fedeltà (V. *fedeltà* nel sign. 3) **B** **agg. inv.** ● che riproduce il suono con la tecnica dell'alta fedeltà: *impianto hi-fi* **C** **s. m. inv.** ● impianto stereo ad alta fedeltà: *acquistare un nuovo hi-fi*

high /*ingl.* haı/ [vc. ingl. di orig. germ., propr. 'alto' ✻ 1832] **agg. inv.** ● alto, in varie loc. | ***h. fidelity***, alta fedeltà (V. *fedeltà* nel sign. 3); hi-fi | ***h. life***, alta società, gran mondo | ***h. school***, nei Paesi di lingua inglese, scuola secondaria superiore | ***h. society***, alta società (V. *società* nel sign. 7) | ***h. tech***, detto di architettura o di design che attribuisce grande importanza alla componente tecnologica: *mobile high tech*; stile architettonico o di design con tale caratteristica: *l'high tech scandinavo* **CFR.** low

highball /ai'bɔl, *ingl.* 'haı,bɔːl/ [vc. dell'ingl. d'America, che all'orig. indicava una specie di poker, comp. di *high* 'alto' (V. *high*) e *ball* 'palla' (perché giocato con delle palle) ✻ 1953] **s. m. inv.** **1** long drink allungato con bibite gasate **2** (*est.*) caratteristico bicchiere molto capiente in cui si servono bevande di questo tipo

highlight /ai'lait, *ingl.* 'haı,laıt/ [vc. ingl., propr. 'il punto più luminoso' ✻ 1985] **s. m. inv.** ● elemento rilevante, momento saliente | (**al pl.**) sintesi televisiva delle fasi principali di una gara

hi ho /iː'ɔː/ [vc. onomat. ✻ 1970] **loc. inter.** ● riproduce il raglio dell'asino

hijàb /i'ʒab, *arabo* ħi'ʒaːb/ [vc. araba, *hijāb* 'cortina, velo', dal v. *hajaba* 'coprire' ✻ 1992] **s. m. inv.** ● velo tradizionale delle donne islamiche che viene fermato sotto il mento e copre la testa, i capelli e il collo: *indossare l'h.* (raro *lo h.*)

SFUMATURE ➤ ***velo***

hijacking /ai'dʒɛkin(g), *ingl.* 'haı,dʒækıŋ/ [vc. ingl., propr. 'dirottamento', dal v. *to hijack* 'trafficare illegalmente', 'depredare', 'dirottare' ✻ 1970] **s. m. inv.** ● dirottamento o sequestro illegale di un mezzo di trasporto, spec. di un aereo

hikikomori /ikiko'mɔri, *giapp.* hi.ki.kɔ.mɔ.ri/ [vc. giapp., propr. 'stare in disparte' ✻ 2001] **s. m. e f. inv.** ● tendenza di un adolescente a isolarsi dal mondo reale e a rinchiudersi nella propria stanza per vivere al computer una vita virtuale fatta di videogiochi, chat, messaggini e sim.

himalayàno /imala'jano/ o **imalaiàno** **agg.** ● relativo all'Himalaya: *massiccio h.* | ***alpinismo h., alpinismo in stile h.***, quello che, per particolari condizioni come accesso lungo e difficile, enormi dislivelli, quote assai elevate, utilizza tecniche collaudate in Himalaya, come portatori, campi intermedi, attrezzatura con corde fisse di lunghi tratti di parete

hìndi /*hindi* 'indi/ [persiano *hindī*, propr. 'indiano', da *Hind* 'India' col suff. agg. *-ī* ✻ 1892] **A** **agg. inv.** ● detto della lingua nazionale dell'Unione Indiana, fondata su una famiglia di dialetti parlati nell'area centrale della pianura dei fiumi Indo e Gange **B** **s. m. solo sing.** ● lingua hindi

hindustàni /indus'tani/ [urdu e persiano *hindūstānī*, da *Hindūstān* 'Indostan' ✻ 1917] **A** **s. m. solo sing.** ● varietà linguistica del gruppo neo-indiano **B** **anche agg. inv.**: *lingua h.*

hìnterland /'interland, *ted.* 'hıntʌ,lant/ [vc. ted. comp. di *hinter* 'dietro', di area germ., e *Land* 'paese, terra', di orig. indeur. ✻ 1890] **s. m. inv.** (**pl. ted.** *Hinterländer*) **1** nel diritto internazionale dell'Ottocento, il territorio interno di una regione costiera, spec. africana, occupato da una potenza coloniale europea, sul quale questa poteva avanzare pretese di sovranità ad esclusione di ogni altra **2** (*geogr.*) area circostante un grande porto marittimo, fluviale o lacuale a cui fornisce merci di esportazione e da cui riceve quelle di importazione **3** (*urbanistica*) fascia di territorio circostante un grande centro urbano, di cui subisce l'influenza sociale ed economica

hip /ip, *ingl.* hıp/ [vc. ingl., di orig. onomat. ✻ 1914] **inter.** ● solo nella loc. inter. ***hip hip hip, urrà***, si usa come escl. di plauso e di esultanza collettiva (qlcu., specificando a chi deve andare l'applauso, lancia il triplice grido a cui tutti rispondono 'urrà'): *'per il vincitore: hip hip hip urrà!'*

hip-hòp /ip'ɔp, *ingl.* 'hıp,hɒp/ [probabile reduplicazione di *to hop* 'saltare' con alternazione vocalica ✻ 1983] **s. m. inv.** ● movimento nato negli Stati Uniti negli anni 1970-80 spec. tra i giovani neri, che persegue una politica di non violenza attraverso la pratica di nuove forme d'arte, come i graffiti, la musica rap e la break dance

hìppy /*ingl.* 'hıpı/ o **hippie** /'ippi, *ingl.* 'hıpı/ [dall'ingl. d'America *hippy*, dapprima nello slang, formato da *hip* 'alla moda, aggiornato' col suff. *-y* ✻ 1967] **A** **s. m. e f. inv.** (**pl. ingl.** *hippies*) ● appartenente a un movimento, sorto negli anni 1965-70, di contestazione non violenta verso la società dei consumi, che proponeva modelli di vita alternativi, ideali di pace e di libertà e che si manifestava anche attraverso espressioni esteriori, come i capelli lunghi negli uomini e i vestiti variopinti **B** **anche agg. inv.**: *giovane h.*; *movimento h.*

hìpster /'ipster, *ingl.* hıpstə(r)/ [vc. ingl., da *hip* 'aggiornato, d'avanguardia' ✻ 1959] **s. m. e f. inv.; anche agg. inv.** **1** negli Usa degli anni '40 e '50 del Novecento, appassionato di jazz, ostentatamente indifferente alla politica e alla carriera, curioso delle novità della moda più informale **2** chi (o che), in base a una cultura individualistica e insofferente delle regole, si rifà alla moda vintage della seconda metà del Novecento, in particolare ai suoi aspetti considerati più trasandati e anticonformisti

hit /*ingl.* hıt/ [vc. ingl., propr. 'colpo', poi 'colpo messo a segno', 'cosa azzeccata, indovinata' (d'orig. germ.) ✻ 1970] **s. m. inv.** (**anche f. inv. nel sign. 1**) **1** nell'industria discografica, canzone che fa registrare un grande successo di vendite | (*est.*) grande successo: *un romanzo che è stato subito un hit* **2** (*inform.*) risultato di una ricerca, documento trovato

hitleriàno (hit-ler-ia-no, hit-le-ria-no) /itle'rjano/ [1933] **A** **agg.** ● relativo al dittatore tedesco Adolf Hitler (1889-1945) e ai suoi seguaci **B** **s. m.** (**f.** *-a*) ● seguace di Hitler | nazista

hitlerìṣmo (hit-ler-i-smo, hit-le-ri-smo) /itle'rizmo/ [1933] **s. m.** ● sistema politico di Hitler e dei suoi seguaci | nazionalsocialismo, nazismo

hit-parade /itpa'reid, *ingl.* 'hıtpə,reıd/ [vc. ingl., propr. 'sfilata, parata di cose di successo', comp. di *hit* (V.) e *parade* 'parata, sfilata' ✻ 1958] **s. f. inv.** (**pl. ingl.** *hit-parades*) ● classifica delle canzoni di maggior successo in un dato periodo di tempo | (*est.*) classifica di spettacoli, pubblicazioni, personaggi, prodotti e sim. di maggior successo o rilievo: *la hit-parade* (o, più raro, *l'hit-parade*) *dei libri più venduti*; *la hit-parade dei contribuenti più ricchi*

hittita ➤ **ittita**

HIV /akkaiv'vu*/ [sigla dell'ingl. *Human Immuno-deficiency Virus* 'virus dell'immunodeficienza umana' ✻ 1985] **s. m. inv.** ● (*biol.*) virus dell'immunodeficienza umana, il retrovirus agente causale dell'AIDS

a b c d e f g **h** i j k l m n o p q r s t u v w x y z

hm /m:/ [vc. espressiva ✻ 1881] **inter.** **1** esprime assenso: *hm, andiamo pure*; *hm, facciamo pure come vuoi tu* **2** esprime perplessità dubbio: *hm, il tuo discorso non mi convince*

hmm • V. **mm**

ho ➤ **avere**①

hobbesiàno /obbe'zjano/ (o **-ṣ-**) [1764] **agg.** • che riguarda il filosofo inglese T. Hobbes (1588-1679) e il suo pensiero

hobbìsta /ob'bista/ [da *hobby* ✻ 1966] **s. m. e f. (pl. m. *-i*)** • chi si dedica con continuità a un hobby, spec. di tipo manuale

hobbìstica /ob'bistika/ [1983] **s. f.** • settore produttivo specializzato in articoli da hobby

hobbìstico /ob'bistiko/ [1966] **agg. (pl. m. *-ci*)** • relativo a hobby

♦**hòbby** /'ɔbbi, *ingl.* 'hɒbɪ/ [vc. ingl., abbr. di *hobbyhorse* 'cavallo (*horse*, di orig. e area germ.), cavalluccio (*hobby*, di etim. incerta)', in orig. 'cavallo della giostra' o usato come giocattolo ✻ 1952] **s. m. inv. (pl. ingl. *hobbies*)** • svago, passatempo preferito | occupazione a cui ci si dedica nel tempo libero, come dilettanti: *avere un h.*; *fare qlco. per h.*; *ha l'h. del giardinaggio, della falegnameria*

hóbo /'obo, *ingl.* 'həʊ,bəʊ/ [vc. dell'ingl. d'America, prob. dal richiamo *ho, boy!* dei distributori della posta dai treni diretti nell'Ottocento verso nord-ovest ✻ 1953] **s. m. e f. inv. (pl. ingl. *hoboes, hobos*)** • vagabondo e disoccupato (spec. con riferimento agli Stati Uniti durante gli anni che seguirono la depressione economica del 1929)

hoc, ad ➤ **ad hoc**

hockeìsta /oke'ista/ [1942] **s. m. e f. (pl. m. *-i*)** • giocatore di hockey

hockeìstico /oke'istiko/ [1956] **agg. (pl. m. *-ci*)** • relativo al gioco dell'hockey

hòckey /'ɔkei, *ingl.* 'hɒkɪ/ [etim. incerta ✻ 1927] **s. m. inv.** • gioco a squadre, con regole simili a quelle del calcio, che si svolge su un terreno erboso, su piste di ghiaccio o di cemento, e in cui i giocatori sono provvisti di uno speciale bastone ricurvo per colpire il disco o la palla e inviarla nella porta avversaria: *h. su prato, su ghiaccio, su pista*

†**hoi** /ɔi, oi/ [vc. espressiva ✻ av. 1250] **inter.** • esprime dolore, tristezza, disappunto

hólding /'oldin(g), *ingl.* 'həʊldɪŋ/ [vc. ingl. (più estesamente *holding company*), propr. part. pres. di *to hold* 'stringere, tenere' (di area germ., influenzato, nei sign., dal corrispondente lat. *tenēre* e fr. *tenir*) e, quindi 'controllare' ✻ 1931] **s. f. inv.** • società finanziaria che detiene la maggioranza azionaria di un gruppo di imprese, controllandone le attività: *la h.* (o, più raro, *l'h.*) *ha sede in Lussemburgo*

hollywoodiàno (hol-ly-wood-ia-no, hol-ly--woo-dia-no) /ollivu'djano/ [1935] **agg.** • di Hollywood, centro dell'industria cinematografica americana | (*est.*) sfarzoso, spettacoloso, privo di sobrietà e misura, secondo il gusto considerato tipico degli ambienti di Hollywood

hòlmio ➤ **olmio**

hólter /'olter, *ingl.* 'həʊltə(r)/ [dal n. di N. J. *Holter* che la ideò nel 1961 ✻ 1985] **s. m. o f. inv.** • (*med.*) tecnica di registrazione elettrocardiografica continua mediante apparecchio portatile | (*est.*) l'apparecchio stesso

hóme /om, *ingl.* həʊm/ [vc. ingl., propr. 'casa' ✻ 1989] **A** **s. m. inv.** • (*inform.*) tasto, contrassegnato da una freccia rivolta in alto a sinistra, che determina in genere lo spostamento del cursore all'inizio della riga corrente **B** **in alcune loc. (sempre davanti a un sost.)** | nella loc. sost. f. inv. ***home base***, (*sport*) nel baseball, casa base (V. *casa* nel sign. III 1) | nella loc. sost. m. inv. ***home computer***, personal computer per uso domestico | nella loc. sost. f. inv. ***home page***, (*Internet*) pagina di presentazione di un sito, da cui si può accedere ad altre pagine: *guarda nella home page* (o, più raro, *nell'home page*); pagina iniziale del programma di navigazione (o browser) (comp. con *page* 'pagina') | nelle loc. sost. m. inv. ***home theatre***, ***home cinema***, sistema audio e video per la riproduzione domestica di filmati su grande schermo | nella loc. sost. m. inv. ***home video***, il settore della produzione e commercializzazione di videocassette e DVD per uso domestico; anche, prodotto video di uso domestico | nella loc. sost. m. inv. ***h. banking***, V. *banking*

hómeless /'omles, *ingl.* 'həʊmlɪs/ [vc. ingl., propr. 'senza (*-less*) casa (*home*)' ✻ 1987] **s. m. e f. inv.; anche agg.** • chi (o che) non ha casa e vive per strada

homeschooling /om'skulin(g), *ingl.* 'həʊm,skuːlɪŋ/ [comp. di *home* 'casa' e *schooling* 'istruzione scolastica' ✻ 1993] **s. m. inv.** • istruzione parentale (V. *istruzione*)

hominem, ad ➤ **ad hominem**

hóming /'omin(g), *ingl.* 'həʊmɪŋ/ [vc. ingl., da *home* 'casa' (d'orig. germ.) ✻ 1983] **s. m. inv.** **1** (*aeron., milit.*) guida automatica di un missile, un siluro e sim. verso un bersaglio fisso o mobile, mediante informazioni ricevute direttamente dal bersaglio stesso **2** (*zool.*) capacità posseduta da talune specie di animali, gener. uccelli o pesci, di ritornare o di tendere a ritornare in un luogo noto, da cui si siano o siano state allontanate, orientandosi verso di esso da qualsiasi direzione

hòmo① /*lat.* 'ɔmo/ [vc. lat., di orig. indeur. (V. *uomo*) ✻ 1224 ca.] **s. m. inv. (pl. lat. *homines*)** • uomo, essere umano, in varie loc. | ***h. faber***, l'essere umano in quanto artefice, ideatore, trasformatore della realtà circostante per adeguarla alle sue necessità | ***h. novus***, nell'antica Roma, chi per primo nella propria famiglia giungeva ad alte cariche pubbliche; (*est.*) chi arriva a un'alta carica senza percorrere i gradini intermedi; chi raggiunge una posizione di prestigio pur avendo origini sociali modeste | ***h. oeconomicus***, per gli economisti, l'individuo concepito astrattamente come avulso dall'ambiente sociale e mosso solo dallo stimolo di soddisfare i suoi bisogni materiali

Hòmo② /*lat.* 'ɔmo/ [vc. lat., V. *homo*① ✻ 1895] **s. m. solo sing.** • genere della famiglia degli Ominidi | ***H. habilis***, specie di Ominidi vissuti da due milioni a un milione di anni fa circa, capaci di fabbricare utensili | ***H. sapiens***, secondo la classificazione di Linneo, specie dei Primati comprendente tutte le razze umane

homùnculus /*lat.* o'munkulus/ [lat. *homŭnculu(m)*, dim. di *hŏmo*, genit. *hŏminis* 'uomo' ✻ 1869] **s. m. inv. (pl. lat. *homunculi*)** **1** secondo gli antichi alchimisti, essere dotato di poteri straordinari o soprannaturali, che si presumeva di ottenere per alchimia **2** (*fisiol.*) rappresentazione schematica proporzionale delle funzioni motorie o sensitive relative a varie regioni della corteccia cerebrale umana

hondurégno /ondu'reɲɲo, -ɛɲɲo/ o **ondurégno** [1983] **A** **agg.** • dell'Honduras, Stato dell'America centrale **B** **agg. e s. m. (f. *-a*)** • abitante o nativo dell'Honduras

hóning /*ingl.* 'həʊnɪŋ/ [vc. ingl., da *hone* 'cote, lapidello' ✻ 1983] **s. m. inv.** • (*tecnol.*) finitura superficiale di un pezzo ottenuta mediante il moto rotativo e alternativo di pietre abrasive spinte da molle contro il pezzo e migliore di quella ottenibile usualmente con la rettifica **SIN.** lisciatura

honky-tònky /onki'tonki, *ingl.* 'hɒŋkɪ,tɒŋkɪ/ o **hònky-tònk** [vc. ingl., di orig. incerta ✻ 1970] **s. m. inv.** • nei primi decenni del '900, locale malfamato degli Stati Uniti spec. del Sud, riservato ai sottoproletari neri | la musica, spec. per pianoforte, che si suonava in tale locale

honorem, ad ➤ **ad honorem**

honòris càusa /*lat.* o'nɔris 'kauza/ [loc. lat., propr. 'per causa (*cāusa*) di onore (*honōris*)' ✻ 1790] **loc. agg. inv. e avv.** • detto di laurea conferita per meriti eccezionali **SIN.** ad honorem

hook /*ingl.* hʊk/ [vc. ingl., propr. 'uncino', di estesa area germ. ✻ 1935] **s. m. inv.** • (*sport*) nel pugilato, gancio, crochet, cross①

hooligan /'uligan, *ingl.* 'huːlɪgən/ [vc. ingl. di etim. non accertata, anche se si dice dal n. di una turbolenta famiglia irlandese, vissuta a Londra verso la fine dell'Ottocento ✻ 1963] **s. m. e f. inv.** **1** chi fa parte di una banda di teppisti **2** (*est.*) tifoso facinoroso e violento **CFR.** uligano

hop /ɔp, *ingl.* hɒp/ [vc. ingl., di orig. onomat. dal v. *to hop* 'saltare, saltellare' ✻ 1866] **inter.** • voce che incita al salto o ne sottolinea l'esecuzione **CFR.** op là

hòpi /'ɔpi/ [n. indigeno, propr. 'buono, pacifico' ✻ 1892] **s. m. e f. inv.; anche agg. inv.** • popolazione amerindia dell'Arizona, appartenente al più ampio gruppo dei pueblo

hoplà ➤ **op là**

hóras, ad ➤ **ad horas**

hòrror /'ɔrror, *ingl.* 'hɒrə(r)/ [vc. ingl., propr. 'orrore' ✻ 1977] **A** **s. m. inv.** • genere letterario o cinematografico il cui contenuto è prevalentemente costituito da immagini, scene e situazioni che provochino violente sensazioni di paura, raccapriccio, ripugnanza **B** **anche agg. inv.**: *film h.*

♣**hòrror vàcui** /*lat.* 'orror 'vakui/ [loc. lat., propr. 'paura (*hŏrror*) del vuoto (*văcui*)' ✻ 1931] **loc. sost. m. inv.** **1** terrore dello spazio vuoto, disadorno o troppo silenzioso **2** nel linguaggio della critica d'arte, tendenza al decorativismo | (*est.*) tendenza a riempire gli spazi con un eccesso di decorazioni, ornamenti, oggetti: *quel salotto è un monumento all'horror vacui*

hors-d'oeuvre /or'dɛvr, *fr.* ˌɔʀ'dœvʀ/ [vc. fr., propr. 'fuori (*hors*) di (*d'*, per *de*) opera (*oeuvre*)', tre parole di orig. lat., dapprima riferite a costruzioni erette fuori dalla costruzione principale, quindi 'parte accessoria' ✻ 1766] **s. m. inv. (pl. fr. inv.)** • antipasto

horsepower /ors'pawer, *ingl.* 'hɔːs,paʊə(r)/ [vc. ingl., 'cavallo vapore', propr. 'potenza, forza (*power*) di un cavallo (*horse*)' ✻ 1917] **s. m. inv. (pl. ingl. inv.)** • (*ing.*) unità di misura della potenza nei sistemi anglosassoni, pari a 745,7 watt **SIMB.** hp

hors ligne /*fr.* ˌɔʀ'liɲ/ [fr., propr. 'fuori (*hors*, dal lat. *fŏras*, con mutamento di *f-* in *h-* prob. in posizione intervoc., come in *defŏras* 'di fuori') linea (dal lat. *līnea*)' ✻ av. 1848] **loc. agg. inv.** • (*lett.*) fuori dell'ordinario, eccezionale: *avvenimento hors ligne*

♣**hòrtus conclùsus** /*lat.* 'ɔrtus kon'klusus/ [loc. lat. di orig. biblica, propr. 'giardino serrato' ✻ 1893] **loc. sost. m. inv. (pl. lat. *hòrti conclùsi*)** **1** giardino fiorito chiuso da un recinto nel quale, spec. nell'iconografia medievale, veniva rappresentata la Madonna **2** (*est., fig.*) spazio protetto, luogo appartato | (*fig.*) il nucleo più intimo dell'ispirazione e della riflessione di un artista o di una corrente artistica: *l'aristocratico hortus conclusus del manierismo*

hòspice /'ɔspis, *ingl.* 'hɒspɪs/ [vc. ingl., propr. 'ospizio, ricovero' ✻ 1989] **s. m. inv.** • istituto per il ricovero di malati terminali, dove si pratica spec. la terapia del dolore, caratterizzato da una struttura aperta alla presenza dei familiari

host /ost, *ingl.* həʊst/ [1995] **s. m. inv.** ● accorc. di *host computer*

hostarìa /osta'ria/ [var. antica di *osteria* (V.), ripresa per ricercatezza nel linguaggio pubblicitario e commerciale odierno ✱ 1842] **s. f.** ● trattoria con una certa pretesa di eleganza

host computer /ost kom'pjuter, *ingl.* həʊst kəm'pjuːtə(r)/ [loc. ingl., comp. di *computer* 'computer' e *host* 'ospite' ✱ 1994] **loc. sost. m. inv.** ● (*inform.*) elaboratore che mette a disposizione le proprie risorse ad altri elaboratori collegati in rete

hóstess /'ostes, *ingl.* 'həʊstɪs/ [ant. fr. *hostesse*, da *hoste* 'ospite' (V.) ✱ 1948] **s. f. inv.** (**pl. ingl.** *hostesses*) **1** assistente di volo a bordo degli aerei di linea: *chiedi alla h.* (o *all'h.*) **2** (*est.*) accompagnatrice, guida turistica | addetta al ricevimento e all'assistenza di chi partecipa a congressi e sim.

hòsting /'ɔstin(g), *ingl.* 'həʊstɪŋ/ [vc. ingl., dal v. *to host* 'ospitare' ✱ 1996] **s. m. inv.** ● servizio fornito da un provider che consiste nell'ospitare nei propri computer un sito Internet CFR. housing

hot dòg /ɔt'dɔg, *ingl.* 'hɒt,dɒg/ [loc. ingl. (slang amer.), propr. 'cane (*dog*, d'incerta orig.) caldo (*hot*, di orig. indeur.)', ironica allusione pop. ✱ 1950] **loc. sost. m. inv.** (**pl. ingl.** *hot dogs*) **1** panino di forma allungata farcito con würstel caldo e senape o ketchup **2** (*sport*) nello sci, specialità del free style

♦**hotèl** /o'tɛl/ o **hôtel** /*fr.* o'tɛl, ɔ-/ [ant. fr. *hostel*, dal lat. tardo *hospitāle(m)* 'ospitale' (da *hŏspes*, genit. *hŏspitis* 'ospite') ✱ 1813] **s. m. inv.** ● albergo: *ho prenotato l'h.*; *le caratteristiche dell'h.*

hôtellerie /*fr.* ɔtɛl'ʀi/ [vc. fr., da *hôtel* (V.) ✱ 1982] **s. f. inv.** ● industria alberghiera

hot jazz /ot'dʒɛts, *ingl.* 'hɒt,dʒæz/ [loc. ingl., propr. 'jazz (V.) caldo (*hot*, di orig. indeur.)' ✱ 1940] **loc. sost. m. inv.** ● stile di jazz caratterizzato da una particolare intensità espressiva e da una accentuata tensione ritmica

hot line /ot'lain, *ingl.* 'hɒt,laɪn/ [loc. ingl., comp. di *hot* 'caldo' e *line* 'linea (telefonica)' ✱ 1986] **loc. sost. f. inv.** (**pl. ingl.** *hot lines*) **1** linea telefonica per comunicazioni di emergenza o di particolare importanza politica o sociale: *è attiva una hot line* (raro *un'hot line*) *per i clienti* **2** linea telefonica che offre, a pagamento, un servizio di scambio di messaggi erotici

hot money /ot'mani, *ingl.* 'hɒt,mʌnɪ/ [loc. ingl., propr. 'moneta calda', 'denaro scottante' ✱ 1956] **loc. sost. m. inv.** **1** (*econ.*) capitali a breve termine che vengono spostati da un Paese all'altro alla ricerca dei tassi d'interesse più proficui o di una maggiore stabilità monetaria | capitali di investitori che vengono spostati da un investimento all'altro al variare dei tassi di rendimento **2** moneta che va rapidamente svalutandosi a causa dell'alto tasso di inflazione e che si cerca di sostituire al più presto con altra valuta o con beni che danno maggiore garanzia di stabilità

hot pants /ɔt'pants, *ingl.* 'hɒt,pænts/ [loc. dell'ingl. d'America, comp. di *hot* 'caldo' (d'orig. germ.), prob. con riferimento al desiderio sessuale che suscitano, e *pants* 'calzoni' (da *pantaloons* 'calzoni lunghi, pantaloni') ✱ 1971] **loc. sost. m. pl.** ● pantaloncini femminili molto corti e aderenti

hot ròdding /ɔt'rɔdin(g), *ingl.* 'hɒt,rɒdɪŋ/ [loc. dell'ingl. d'America, da *hot rod* 'automobile con motore maggiorato' ✱ 1993] **loc. sost. m. inv.** ● (*sport*) competizione motoristica diffusa spec. negli Stati Uniti, basata su prove di pura accelerazione tra dragster o motociclette appositamente elaborate

hot spot /ɔt'spɔt, *ingl.* 'hɒt,spɒt/ [loc. ingl., propr. 'punto (*spot*) caldo (*hot*)' ✱ 1997] **loc. sost. m. inv.** (**pl. ingl.** *hot spots*) **1** (*Internet*) zona in cui è possibile la connessione in modalità Wi-Fi **2** (*inform.*) pixel dello schermo del computer su cui è puntato il cursore del mouse

hot stóne /ot'ston, *ingl.* 'hɒt,stəʊn/ [loc. ingl., propr. 'pietra (*stone*) calda (*hot*)' ✱ 1999] **loc. agg. inv.; anche loc. sost. m. inv.** ● detto di massaggio praticato con particolari tipi di pietre sia riscaldate (per es. pietre laviche, basaltiche) che fredde (per es. pietre di quarzo, di marmo o provenienti dal letto di fiumi)

house /aus, *ingl.* haʊs/ [vc. ingl., propr. 'casa' (di orig. indeur.) ✱ 1991] **A** **s. f. inv.** **1** accorc. di *house music* **2** casa, abitazione o anche casa commerciale, azienda, in alcune loc. | nella loc. sost. f. inv. ***house boat***, imbarcazione costituita da un pontone galleggiante su cui appoggia una struttura attrezzata per abitazione, anche abituale o prolungata, spec. su fiumi e laghi (comp. con *boat* 'imbarcazione') | nella loc. sost. f. inv. ***house music***, (*mus.*) genere musicale da discoteca che combina elementi spec. di tradizione afro-americana con la musica elettronica (in questo caso *house* è tratto da *Warehouse* ('Magazzino'), n. di un locale di Chicago dove veniva suonata questa musica) | nella loc. sost. m. inv. ***house organ***, giornale aziendale (comp. con *organ* 'giornale') | V. anche *acid house*, *clearing house*, *guest house*, *in house*, *software house*, *stock house* **B** **agg. inv.** ● relativo alla house music: *concerti house*

house, in ➤ **in house**

housing /'auzin(g), *ingl.* 'haʊzɪŋ/ [vc. ingl., propr. 'alloggio, alloggiamento' ✱ 1996] **s. m. inv.** **1** servizio che permette al proprietario di un sito web di installare un host computer che lo contiene presso la sede di un provider che ne cura il collegamento a Internet CFR. hosting **2** ***h. sociale***, programma di costruzione o ristrutturazione di alloggi di carattere popolare da destinare a persone con basso reddito

hòvercraft /'ɔverkraft, *ingl.* 'hɒvə,krɑːft/ [vc. ingl., propr. 'natante (*craft*, propr. 'potenza', di area germ., usata nell'espressione *a vessel of small craft* 'natante di piccola potenza') che si libra (dal v. *to hover*, di etim. incerta)' ✱ 1959] **s. m. inv.** ● veicolo che, leggermente sollevato dalla superficie del terreno o dell'acqua da potenti getti d'aria, viene mosso da eliche e timoni aerei o getti d'aria direzionali

hub /*ingl.* hʌb/ [vc. ingl., propr. 'mozzo della ruota' e in senso figurato 'punto centrale' ✱ 1990] **s. m. inv.; anche agg. inv.** **1** (*inform.*) dispositivo che in una rete funge da nodo di smistamento dei dati **2** (*aeron.*) aeroporto scelto da una compagnia aerea come scalo di collegamento da e per destinazioni secondarie **3** (*mar.*) porto principale che fa da centro di smistamento del traffico merci da e per altri porti

huc /uk/ [vc. onomat. ✱ 1983] **inter.** ● riproduce il suono di un colpo di tosse

hùco /'uko/ [etim. incerta ✱ 1917] **s. m.** (**pl.** *-chi* **o inv.**) ● pesce simile alla trota, originario del Danubio e introdotto nel Reno (*Hucho hucho*) SIN. salmone del Danubio

†**hùi** /ui/ [vc. espressiva ✱ 1319] **inter.** ● esprime rammarico, dolore, meraviglia

hùla /'ula/ o **hula hula** [vc. hawaiana (raro nella reduplicazione *hulahula*, che vuol dire piuttosto 'sala da ballo') ✱ 1933] **s. f. inv.** ● danza polinesiana in cui uomini e donne ballano ornati di fiori

Hula-Hoop® /ula'op, -'up, *ingl.* 'huːlə,huːp/ [vc. ingl. comp. del n. della danza polinesiana *hula* (V.) e di *hoop* 'cerchio' ✱ 1958] **s. m. inv.** ● cerchio grande e sottile che viene fatto ruotare attorno alla vita muovendo ritmicamente i fianchi

huligàno ➤ **uligano**

hully-gully /alli'galli, *ingl.* 'hʌlɪ,gʌlɪ/ [vc. ingl. di orig. caribica (?) ✱ 1965] **s. m. inv.** ● ballo originario del Sud degli Stati Uniti, in voga spec. negli anni 1960-70, caratterizzato da figure eseguite contemporaneamente dai ballerini

hum /uːm, *ingl.* hʌm/ [vc. espressiva nel sign. 1; onomat. nel sign. 2 ✱ 1856] **inter.** **1** esprime perplessità, dubbio, sospetto: *hum, non ci vedo chiaro in questa faccenda* **2** riproduce, ripetuta due o più volte, il suono di un colpo di tosse o di raschiamento di gola

humage /*fr.* y'maʒ/ [vc. fr., propr. 'aspirazione', dal v. onomat. *humer* 'sorbire un liquido, aspirandolo' ✱ 1993] **s. m. inv.** ● (*med.*) tecnica per curare le disfunzioni dell'apparato respiratorio, consistente nel far inalare al paziente del gas sulfureo

human relations /'jumanre'leʃʃons, *ingl.* 'hjuːmən rɪ'leɪʃənz/ [loc. ingl., propr. 'relazione (*relation*) umana (*human*)', comp. di due latinismi, passati attraverso il fr. ✱ 1961] **loc. sost. f. pl.** ● teoria e tecnica di organizzazione aziendale che rivaluta l'elemento umano nel lavoro come fattore produttivo e tende a migliorare i rapporti tra imprenditore e lavoratore

hùmico ➤ **umico**

hummus o **hommos** /um'mus, *arabo* ħum-'mʊs/ [dall'arabo colloquiale *ḥummuṣ* 'ceci' ✱ 1990] **s. m. inv.** (**pl. arabo inv.**) ● (*cucina*) crema di ceci con aglio, succo di limone, olio d'oliva, semi di sesamo e altre spezie, specialità della cucina araba

humour /'jumor, *ingl.* 'hjuːmə(r)/ [ant. fr. *(h)umor*, dal lat. *(h)umōre(m)* (V. *umore*) ✱ 1766] **s. m. inv.** ● senso dell'umorismo: *avere h.*; *mancare di h.*; *lo h.* (o, più raro, *l'h.*) SIN. sense of humour

♦**hùmus** /*lat.* 'umus/ o (*raro*) **ùmus** [lat., propr. 'suolo, terra', di orig. indeur. ✱ 1798] **s. m. o, più corretto ma raro, f. inv.** **1** insieme di sostanze organiche del terreno, decomposte o in via di decomposizione **2** (*fig.*) complesso di elementi spirituali, culturali, sociali e sim. da cui qlco. trae origine e si sviluppa CFR. umo②

hunter /'anter, *ingl.* 'hʌntə(r)/ [vc. ingl., propr. 'cacciatore', dal v. *to hunt*, di orig. germ. ✱ 1905] **s. m. inv.** ● razza equina irlandese di tipo mesomorfo particolarmente usata per la caccia al galoppo

hurling /'erlin(g), *ingl.* 'hɜːlɪŋ/ [vc. ingl., da *to hurl* 'scagliare, lanciare violentemente' ✱ 1989] **s. m. inv.** ● (*sport*) gioco tradizionale irlandese, simile all'hockey su prato

huroniàno o **uroniàno** [ingl. *huronian*, dal n. del Lago *Huron*, nel Nord America ✱ 1940] **agg.** ● (*geol.*) detto di un periodo dell'era arcaica

hurrà ➤ **urrà**

hurràh ➤ **urrà**

husky /'aski, *ingl.* 'hʌskɪ/ [vc. ingl., propr. 'eschimese', prob. da *Esky*, abbr. di *Eskimo* ✱ 1973] **s. m. inv.** (**pl. ingl.** *huskies*) **1** cane da slitta grande e robusto, tipico dei Paesi nordici **2** ®Nome commerciale di un giaccone trapuntato

hussìta ➤ **ussita**

hussitìșmo ➤ **ussitismo**

hùtu /'utu, *ingl.* 'huː,tuː/ [n. indigeno ✱ 1956] **s. m. e f. inv.; anche agg.** ● (*antrop.*) popolazione bantu stanziata nella regione dei grandi laghi africani, nel Burundi, Ruanda, Uganda

hỳbris /*gr.* 'hybris/ [vc. dotta, gr. *hýbris* 'violenza, oltraggio', di orig. oscura ✱ 1947] **s. f. inv.** (**pl. gr.** *hybreis*) ● nella cultura dell'antica

Grecia, la tracotanza dell'uomo che, credendosi potente e invincibile, giunge a sfidare gli dei infrangendo le loro leggi: *una tesi sulla h.* (o, più raro, *sull'h.*)

hydrobòb /idro'bɔb, *ingl.* 'haɪdrəʊ,bɒb/ [vc. ingl., propr. 'bob d'acqua' ✻ 1993] **s. m. inv.** ● (*raro*) hydrospeed

hydrofining /idro'fainin(g), *ingl.* 'haɪdrəʊ,faɪnɪŋ/ [vc. ingl., comp. di *hydro(genation)* 'idrogenazione' e *fining* 'raffinazione', dal v. *to fine* 'raffinare', da *fine* 'puro, bello', di orig. romanza ✻ 1983] **s. m. inv.** ● (*chim.*) idrogenazione di benzina per aumentarne il numero d'ottano

hydrofòrming /idro'fɔrmin(g), *ingl.* 'haɪdrəʊ,fɔːmɪŋ/ [vc. ingl., comp. di *hydro(genation)* 'idrogenazione' e *(re)forming* 'rif(orm)are, trasformare' ✻ 1983] **s. m. inv.** ● (*chim.*) raffinazione delle benzine, con incremento del contenuto in idrocarburi aromatici e conseguente aumento del numero d'ottano

hydrofràcking /idro'frakin(g), *ingl.* 'haɪdrəʊ,frækɪŋ/ [vc. ingl., comp. di *hydro-* 'idro-' e *frac(tur)ing*, dal v. *to fracture* 'fratturare, rompere' ✻ 2011] **s. m. inv.** ● (*geol.*) tecnica di immissione di acqua ad alta pressione in uno strato roccioso che racchiude un giacimento di gas o petrolio, al fine di provocare una frattura che ne faciliti l'estrazione

hydrospeed /idro'spid, *ingl.* 'haɪdrəʊ,spiːd/ [vc. ingl., propr. 'velocità (*speed*) sull'acqua (*hydro-*)' ✻ 1994] **s. m. inv.** ● (*sport*) attrezzo in materiale plastico, simile a un bob, usato per discendere impetuosi torrenti | (*est.*) lo sport praticato con tale mezzo **SIN.** hydrobob

hydrospinning /idro'spinnin(g), *ingl.* 'haɪdrəʊ,spɪnɪŋ/ [vc. ingl., comp. di *hydro-* 'idro-' e *spinning* ✻ 2000] **s. m. inv.** ● aquabike, nel sign. A 1

hyphenation /aifə'neʃʃon, *ingl.* 'haɪf(ə),neɪʃən/ [vc. ingl., dal v. *to hyphenate*, deriv. di *hyphen* 'segno diacritico di composti, trattino', dal gr. *hýphein* 'insieme', con il suff. verb. *-ate* ✻ 1997] **s. f. inv.** ● (*inform.*) nei programmi di trattamento testi, la divisione in sillabe delle parole

hỳsteron pròteron /'isteron 'prɔteron, *gr.* 'hysteron 'prɔteron/ [vc. dotta, tardo lat., che trascrive il gr. *hýsteron próteron*, propr. 'l'ultimo (è posto per) primo', due elementi di orig. indeur. ✻ 1950] **loc. sost. m. inv. solo sing.** ● (*ling.*) figura retorica che consiste nell'invertire la sequenza logico-temporale di due o più azioni, ponendo prima quella che dovrebbe stare dopo; per es. l'inversione tra 'tratto' e 'messo' in: *tu non avresti in tanto tratto e messo / nel foco il dito* (DANTE *Par.* XXII, 109-110)

h

i, I

La lettera *I* ha in italiano tre valori fondamentali: quello di vocale, quello d'approssimante, o semiconsonante, e quello di semplice segno diacritico. La vocale rappresentata dalla lettera *I* è la più chiusa delle vocali anteriori o palatali /i/, che può essere accentata (es. *vìno* /ˈvino/, *vìtto* /ˈvitto/) oppure non-accentata (es. *tòri* /ˈtɔri/, *tirò* /tiˈrɔ*/). Quando la vocale è accentata, la lettera può portare un accento scritto, che è obbligatorio per le vocali accentate finali di determinati monosillabi e di tutte le parole polisillabe (es. *sì* /si*/ affermazione, *capì* /kaˈpi*/), raro e facoltativo negli altri casi (es. *balìa* /baˈlia/, volendo distinguere da *bàlia* /ˈbalja/). L'accento scritto più frequente è grave, ma andrebbe evitato per rispettare la fonetica, mettendolo quindi acuto (sull'*í* e sull'*ú*, oltre che sull'*é* e sull'*ó* di timbro chiuso). La lettera *I* può anche portare un accento circonflesso, quando si trovi in fine di parola dopo consonante e abbia valore di vocale non-accentata, derivata da vera o supposta contrazione di due *i* (es. *prèmi*, *prèmi'* o *prèmî* /ˈprɛmi/ o anche *prèmii* /ˈprɛmii/). L'uso di *-î*, di *-i'* e di *-ii* è in decadenza di fronte al generalizzarsi delle forme con *-i* semplice. Il secondo suono rappresentato dalla lettera *I* è quello dell'approssimante, o semiconsonante, anteriore o palatale /j/, che si può avere solo davanti a vocale diversa da *i* (es. *ièri* /ˈjɛri/, *fiàcco* /ˈfjakko/, *bùio* /ˈbujo/, *càrie* /ˈkarje/, *più* /pju*/), giacché un'*i* seguita da una consonante o da un'altra *i* non può essere se non vocale. Nelle stesse posizioni in cui prevale il valore consonantico, si possono avere casi di *i* vocalica in determinate parole (es. *bïènne* /biˈɛnne/, *carrïòla* /karriˈɔla/, di contro a *bièco* /ˈbjɛko/, *corriàmo* /korˈrjamo/) oppure in varianti poetiche latineggianti di parole di formazione dotta (es. *occașïóne* /okkaˈzjone/, *plenilùnio* /pleniˈlunjo/, alterati per ragioni metriche in /okkaziˈone/, /pleniˈlunio/). Il terzo valore della lettera *I* è quello di segno distintivo della pronuncia 'dolce' di *C, G, GL, SC*, nei gruppi *cia, cio, ciu, gia, gio, giu* (comprese le forme raddoppiate *ccia, ccio, cciu, ggia, ggio, ggiu*), *glia, glie, glio, gliu, scia, scio, sciu* (es. *lància* /ˈlantʃa/, *fràngia* /ˈfrandʒa/, *pàglia* /ˈpaʎʎa/, *Péscia* /ˈpeʃʃa/). Come lettera muta, inserita per ragioni etimologiche o analogiche l'*I* compare eccezionalmente anche nei gruppi *cie, gie* (comprese le forme raddoppiate *ccie, ggie*), *scie, gnia* (es. *sòcie* /ˈsɔtʃe/, *Ruggièri* /rudʒˈdʒɛri/, *sciènza* /*ˈʃɛntsa/, *disegniàmo* /diseɲˈɲamo/). Anche qui, si possono avere casi di *i* vocale in determinate parole (es. *sciatóre* /*ʃiaˈtore/, *bugiùccia* /budʒiˈutʃtʃa/, di contro a *sciacquàre* /*ʃakˈkware/, *bugiàrdo* /buˈdʒardo/) oppure in varianti poetiche latineggianti di parole di formazione dotta (es. *règio* /ˈrɛdʒo/, *religióne* /reliˈdʒone/, alterati per ragioni metriche in /ˈrɛdʒio/, /relidʒiˈone/). In tutti i modi, nella pronuncia tipo, un'*i* preceduta da *c, g, gl, gn, sc* non ha nessun valore fonico. La *i* può fungere anche da vocale prostetica: spec. in passato, si usava metterla, per motivi eufonici, davanti a parola iniziante per *s* seguita da consonante (per es. *Ispagna, istrada; per iscritto*).

i①, (*maiusc.*) **I** /i*/ [av. 1292] **s. f. o m. inv.** ● nona lettera dell'alfabeto italiano: *i minuscola, I maiuscolo* | nella compitazione spec. telefonica it. *i come Imola*; in quella internazionale *i come India* | ***i lunga, i lungo***, la lettera *j* | ***i greca, i greco***, la lettera *y* | ***mettere i puntini sulle i***, V. *puntino*

♦**i**② /i/ o †**e'**② /e/ [lat. *(ill)ī*. V. *il* ✱ 1321] **art. determ. m. pl.** (si usa davanti a parole m. pl. che cominciano per consonante che non sia *gn, ps, x, s impura, z*: *i bambini*; *i cavalli*; *i dadi*; *i fiori*; *i genitori*; *i santi*; si usa anche davanti a parole che cominciano per *j* con valore consonantico: *i jumbo, i jeans*; per l'uso davanti a parole che cominciano per *pn*, V. *il*. Fondendosi con le prep. proprie semplici, dà origine alle prep. art. m. pl. *ai, coi, dai, dei, nei, sui, lett. pei*) ● forma pl. di 'il'

†**i**③ ➤ **gli**②

†**i**④ ➤ **li**① nel sign. B

†**i**⑤ /i/ **avv.** ● (*poet.*) forma tronca di *ivi*

i' /i/ **pron. pers. m. e f. di prima pers. sing.** ● (*poet.* o *pop.*, *tosc.*) forma tronca di *io*: *Talora i' mi sostava* (G. Leopardi)

-ia① [Cfr. seguente] **suff.** ● forma sostantivi astratti per lo più di origine latina o tratti da aggettivi: *audacia, astuzia*

-ìa② [allargamento d'uso dell'originario suff. gr., adottato anche in lat., *-ía*, solitamente impiegato per la formazione di astratti di genere f.] **suff.** **1** forma sostantivi in maggioranza astratti di origine greca o latina o tratti generalmente da aggettivi (*allegria, astrologia, baronia, borghesia, cortesia, filosofia, follia, gelosia, geometria, leggiadria, magia, malattia, pazzia, signoria, tirannia*) **2** forma nomi di locali tratti da sostantivi in *-tore* (*esattoria, ricevitoria, trattoria*) e di regioni geografiche (*Albania, Bulgaria*)

iaboràndi ➤ **jaborandi**

iacèa [vc. di orig. sconosciuta ✱ sec. XIV] **s. f.** ● pianta erbacea perenne delle Composite, con foglie alterne, fiori bianchi o porpora in capolini solitari e frutto ad achenio (*Centaurea iacea*) SIN. stoppione

†**iacére** e deriv. ➤ **giacere** e deriv.

iacobsite ➤ **jacobsite**

†**iàcolo** ➤ †**iaculo**

iaculatóre [vc. dotta, lat. *iaculatōre(m)*, da *iaculātus*, part. pass. di *iaculāri*, da *iăculu(m)* 'iacolo' ✱ sec. XIV] **s. m.** ● negli antichi eserciti, lanciatore di dardi o giavellotto

†**iaculatòria** ➤ **giaculatoria**

†**iàculo** o †**iàcolo** [vc. dotta, lat. *iăculu(m)*, da *iăcere* 'lanciare, gettare', di orig. indeur. ✱ 1313] **s. m.** **1** (*zool.*) saettone **2** dardo, freccia, giavellotto

iafètico o **giafètico**, **giapètico** [1843] **agg.** (**pl. m.** *-ci*) **1** relativo a Iafet, patriarca biblico la cui discendenza, secondo la Bibbia, popolò l'Europa e l'Asia | ***razza iafetica***, antica denominazione delle popolazioni caucasiche ed europee **2** (*ling.*, *raro*) secondo la teoria del linguista russo Marr, detto di ciascuna delle lingue caucasiche

iafètide o **giafètide**, **giapètide** [1819] **s. m. e f.** ● discendente del patriarca biblico Iafet

†**iaguàro** ➤ **giaguaro**

-iàle ➤ **-ale**①

ialinizzazióne [da *ialino* ✱ 1987] **s. f.** ● (*med.*) processo che porta una struttura anatomica a conseguire un aspetto ialino

ialìno [vc. dotta, lat. tardo *hyălinu(m)*, dal gr. *hyálinos*, agg. di *hýalos* 'vetro' (V. *ialo-*) ✱ 1539] **agg.** **1** (*lett.*) che ha l'aspetto e la trasparenza del vetro: *pietra ialina* **2** (*miner.*) detto di minerale limpido, trasparente e incolore | ***quarzo i.***, cristallo di rocca **3** in petrografia, vetroso | ***vulcanite ialina***, contenente un'alta percentuale di vetro **4** (*biol.*) trasparente, caratterizzato da aspetto e consistenza vitrei; detto di strutture e di organi che presentano tale carattere o di processi che lo determinano | (*med.*) ***degenerazione ialina***, trasformazione patologica dei tessuti, che acquistano aspetto vetroso

ialinòsi [comp. di *ialin(o)* e del suff. *-osi* ✱ 1987] **s. f. inv.** ● (*med.*) degenerazione ialina

ialìte [ted. *Hyalit*, comp. di *ial(o)-* e *-ite*② ✱ 1819] **s. f.** **1** (*miner.*) varietà incolore di opale **2** varietà di vetro a imitazione del marmo

iàlo- [dal gr. *hýalos* 'vetro, cristallo', di etim. incerta] **primo elemento** ● in parole composte della terminologia scientifica, significa 'vetro' o indica relazione con il vetro: *ialografia, ialoplasma*

ialografìa [vc. dotta, comp. di *ialo-* e *-grafia* ✱ 1841] **s. f.** **1** arte di incidere il vetro, usando acido fluoridrico **2** tecnica di stampa che utilizza tali incisioni su vetro | (*est.*) la stampa così ottenuta

ialòide [comp. di *ial(o)-* e *-oide* ✱ 1819] **agg.** ● (*biol.*) detto di struttura o di tessuto relativamente trasparente e con consistenza simile a quella del vetro

ialòmero [comp. di *ialo-* e *-mero* ✱ 1956] **s. m.** ● (*biol.*) regione trasparente e scarsamente colorabile di una piastrina

ialòmma [comp. del gr. *hýalos* 'vetro' (V. *ialo-*), e *ómma* 'occhio' (da una radice indeur. che significa 'vedere') ✱ 1983] **s. f.** ● (*zool.*) genere di zecche parassite di dromedari, buoi, cavalli e asini, cui possono trasmettere pericolose malattie (*Hyalomma*)

ialoplàsma [vc. dotta, comp. di *ialo-* e *plasma* ✱ 1917] **s. m.** (**pl.** *-i*) ● (*biol.*) parte del citoplasma che al microscopio ottico appare indifferenziata

ialosòma [comp. di *ialo-* e *-soma* ✱ 1983] **s. m.** (**pl.** *-i*) ● (*biol.*) formazione cellulare di aspetto amorfo e omogeneo

Ialospònge o **Ialospòngie** [comp. di *ialo-* e del pl. di *spongia*, perché il loro scheletro appare poroso ✱ 1933] **s. f. pl.** (**sing.** *-gia*) ● (*zool.*) Esattinellidi

ialotipìa [comp. di *ialo-* e *-tipia* ✱ 1895] **s. f.**

• tecnica di stampa che utilizza lastre di zinco sulle quali sono riportate incisioni fatte su lastre di vetro col sistema della ialografia

ialurgìa [vc. dotta, comp. di *ial(o)-* e *-urgia* ✻ 1887] **s. f. (pl. *-gìe*)** • arte di fabbricare e lavorare il vetro

ialurònico [comp. di *ial(o)-* e *(acido) (gluc)uronico* ✻ 1956] **agg. (pl. m. *-ci*)** • (*chim.*) detto di acido organico a elevato peso molecolare costituente la sostanza fondamentale del tessuto connettivo, presente anche nell'umor vitreo dell'occhio, nel liquido sinoviale e nella cute **CFR.** ialuronidasi

ialuronidàṣi [comp. di *ialuroni(co)* e *-asi* ✻ 1956] **s. f. inv.** • (*chim.*) enzima idrolitico prodotto da numerose specie batteriche, in grado di scindere le molecole di acido ialuronico, presente anche negli spermatozoi, di cui facilita la penetrazione nella cellula uovo

iamatologìa e deriv. ➤ **yamatologia** e deriv.

†**iàmbo** e deriv. ➤ **giambo**① e deriv.

†**iannizzero** ➤ **giannizzero**

†**iàno** ➤ **giano**

-iàno [ampliamento del suff. *-ano*① sulla scia degli agg. derivati da s. in *-io*, *-ia*] **suff.** • forma aggettivi, talora sostantivati, derivati generalmente da nomi propri: *cristiano, danubiano, foscoliano, pirandelliano, vesuviano*

†**ianuàrio** ➤ **gianuario**

iàrda [1790] **s. f.** • adattamento di *yard* (V.)

iarovizẓàre o **jarovizẓàre** [comp. del russo *jarovizacija* (deriv. da *jarovoj* 'primavera', vc. di orig. rurale) e *-are* ✻ 1935] **v. tr.** • (*bot.*, *raro*) vernalizzare ‖ **iarovizẓazióne** o **jarovizẓazióne**, **s. f.**

-ìaṣi [gr. *-íasis*, tratto da v. in *-iáō*, che esprimono spesso infermità fisiche o mentali] **suff.** • nella terminologia medica, indica malattia dovuta a parassita: *amebiasi, ossiuriasi*

iatagàn ➤ **yatagan**

iatàle [da *iat(o)* col suff. agg. *-ale*① ✻ 1987] **agg.** • (*anat.*) riferito a iato | ***ernia i.***, protrusione di parte dello stomaco nella cavità toracica attraverso lo iato esofageo

✦**iàto** (o **ià-**) [vc. dotta, lat. *hiātu(m)*, da *hiāre* 'aprirsi, avere aperture', di orig. indeur. ✻ av. 1292] **s. m. Si usa con gli art.** *lo, uno, gli*; **raro o lett. con l'art.** *lo* **eliso (***l'iato***); raro o lett. con** *il, un, i* **1** (*anat.*) apertura | ***i. esofageo***, apertura del diaframma attraverso cui l'esofago passa dal torace nell'addome **2** (*fig.*) interruzione nell'ambito di una continuità temporale o spaziale: *uno i. tra due periodi storici* **3** (*ling.*) incontro di due vocali pronunciate separatamente (per es. *folli-a*; *cre-are*) (V. nota d'uso SILLABA)

-ìatra [dal gr. *iatrós* 'medico', dal v. *iásthai* 'guarire', di etim. incerta] **secondo elemento** • in parole composte della terminologia medica, significa 'medico', 'che cura': *odontoiatra, pediatra*

-iatrìa [dal n. gr. del trattamento medico *iatréia*, da *iatrós* 'medico' (V. *-iatra*)] **secondo elemento** • in parole composte della terminologia medica, significa 'cura': *odontoiatria, pediatria, psichiatria*

-iàtrico **secondo elemento** • forma aggettivi corrispondenti ai sostantivi in *-iatra*, *-iatria*: *odontoiatrico, pediatrico, psichiatrico*

iàtro- [dal gr. *iatrós* 'medico' (V. *-iatra*)] **primo elemento** • in parole composte della terminologia medica, indica relazione con la medicina: *iatrogeno*

iatrògeno [comp. di *iatro-* e *-geno* ✻ 1973] **agg.** • (*med.*) detto di effetto nocivo o di fenomeno morboso conseguente alla pratica medica o all'eccessiva somministrazione di farmaci: *malattia iatrogena*

iattànte o †**giattànte** [dal lat. *iactānte(m)*, part. pres. di *iactāre* (V. *iattanza*) ✻ 1602] **agg.** • (*raro*) che manifesta iattanza; millantatore, tracotante: *vecchio, ... divenne i. e presuntuoso* (R. BACCHELLI)

✦**iattànza** [vc. dotta, lat. tardo *iactāntia(m)*, da *iactāre* 'vantarsi' ✻ 1308] **s. f.** • ostentato vanto di sé, dei propri meriti, capacità e sim. **SIN.** arroganza, millanteria, tracotanza

SFUMATURE ➤ ***superbia***

iattazióne [vc. dotta, lat. *iactatiōne(m)*, da *iactātus*, part. pass. di *iactāre* 'vantarsi' ✻ av. 1342] **s. f. 1** †vanteria, iattanza **2** (*psicol.*) disturbo tipico degli stati ansiosi, consistente nel gesticolare disordinatamente e senza scopo

iattùra [vc. dotta, lat. *iactūra(m)*, da *iăctu(m)* 'getto' (spec. di merci dalla nave in pericolo), da *iăcere*, di orig. indeur. ✻ 1321] **s. f.** • danno, disgrazia, rovina

ibèrico [vc. dotta, lat. *Hibēricu(m)*, dal gr. *Ibērikós* 'relativo all'*Iberia*' ✻ av. 1556] **agg. (pl. m. *-ci*) 1** relativo a un'antica popolazione preindoeuropea, stanziatasi in parte nei territori dell'attuale Spagna e Portogallo: *città iberiche* | ***Penisola iberica***, comprendente Spagna e Portogallo **2** (*est.*) spagnolo e portoghese: *tradizioni iberiche*; *Stati iberici*; *lingue iberiche* | (*est.*) spagnolo: *folclore i.*

iberìṣmo [da *iberico* ✻ 1983] **s. m.** • parola o locuzione propria delle lingue iberiche entrata in un'altra lingua

iberìsta [1972] **s. m. e f. (pl. m. *-i*)** • studioso delle lingue, della letteratura, della civiltà dei popoli iberici

ibernaménto [1956] **s. m.** • ibernazione

ibernànte **part. pres.** di *ibernare*; **anche agg. 1** nei sign. del v. **2** (*bot.*) detto di gemma che si forma in primavera e si sviluppa solo nella primavera successiva | detto di organo qualsiasi, quale una spora, che persiste durante l'inverno grazie alle protezioni di cui è provvisto

ibernàre [vc. dotta, lat. *hibernāre* 'svernare', da *hibērnus* 'inverno', di orig. indeur. ✻ av. 1939] **A v. intr.** (*io ibèrno*; **aus.** *avere*) • (*zool.*) svernare in uno stato di vita latente, al riparo dalle condizioni ambientali sfavorevoli **B v. tr. 1** (*med.*) sottoporre a ibernazione **2** (*fig.*) bloccare una situazione o un progetto

ibernazióne [vc. dotta, lat. tardo *hibernatiōne(m)*, da *hibernātus*, part. pass. di *hibernāre*, da *hibērnus* 'inverno', di orig. indeur. ✻ 1824] **s. f. 1** (*biol.*) fenomeno per cui certi animali, quando la temperatura scende sotto il limite compatibile con le attività vitali, cadono in uno stato di torpore o di sonno **2** (*med.*) abbassamento artificiale della temperatura corporea durante particolari interventi chirurgici per diminuire le attività organiche **SIN.** ipotermia **3** (*tecnol.*) esposizione dell'argilla estratta agli agenti atmosferici per migliorarne le caratteristiche, spec. quando è destinata alla produzione di laterizi e ceramiche

ibèrnia [dal n. lat. dell'Irlanda, *Hibĕrnia(m)* (?) ✻ 1983] **s. f.** • lepidottero con femmine prive di ali che in autunno depongono le uova sui rami degli alberi, così che le larve in primavera rodono foglie e fiori (*Hibernia defoliaria*)

ibèro [da *iberico* ✻ av. 1367] **A agg. e s. m. (f. *-a*)** • appartenente agli Iberi, antiche popolazioni della Spagna **B agg.** • (*lett.*) relativo alla penisola iberica

ibèro- **primo elemento** • in parole composte, fa riferimento alla penisola iberica e ai suoi abitanti: *ibero-americano*

ibèro-americàno [comp. di *ibero-* e *americano* ✻ 1988] **agg.** • che riguarda i Paesi americani nei quali si parla una lingua iberica (spagnolo o portoghese)

iberoromànẓo [comp. di *ibero-* e *romanzo*① ✻ 1956] **A s. m. solo sing.** • (*ling.*) gruppo linguistico romanzo diffuso nella penisola iberica, costituito principalmente dallo spagnolo, dal portoghese e dal catalano **B agg.** • relativo a tale gruppo linguistico: *dialetti iberoromanzi*; *fenomeni fonetici iberoromanzi*

ìbi ➤ **ibis**

†**ìbice** [vc. dotta, lat. *ībice(m)*, vc. alpina di etim. incerta ✻ 1476] **s. m.** • (*zool.*) stambecco

✦**ibìdem** [vc. dotta, lat. *ibīdem* 'nello stesso luogo', comp. di *ībi* 'qui' e *-dem* rafforz. ✻ 1827] **avv.** • nell'identica opera o nell'identico passo di un'opera, detto con riferimento a un'antecedente citazione bibliografica che si ha occasione di ripetere nel corso di un testo

-ìbile [lat. *ībile(m)* con funzione aggettivale] **suff.** • forma aggettivi, sia di senso attivo che passivo, di origine latina o tratti da verbi in *-ere* e *-ire*, che esprimono possibilità od opportunità: *deperibile, estinguibile, fattibile, indicibile, punibile, sensibile*

ìbis o **ìbi** [vc. dotta, lat. *ībi(m)*, dal gr. *îbis*, di orig. egiziana (*hīb*) ✻ av. 1292] **s. m. inv.** • uccello dei Ciconiformi con lungo becco sottile e ricurvo | ***i. sacro***, africano, con testa e collo nudi e neri e piumaggio bianchissimo con penne remiganti sfrangiate e nerastre (*Threskiornis aethiopicus*) | ***i. rosso***, americano, con piumaggio rosso vivo (*Guara guara*)

ibìsco [vc. dotta, lat. *hibĭscu(m)*, di orig. celtica (?) ✻ av. 1484] **s. m. (pl. *-schi*) 1** genere di Malvacee tropicali con molte specie, alcune coltivate per ornamento, altre per ricavare fibre tessili e per uso alimentare (*Hibiscus*) **CFR.** abelmosco, carcadè **2** fibra tessile ricavata da tali piante

iblèo [vc. dotta, lat. *hyblāeu(m)*, dal gr. *Hyblâios* 'proprio (della città) di *Ibla*' ✻ av. 1543] **agg.** • di Ibla, antica città siciliana famosa per l'abbondanza dei fiori e delle api che se ne nutrivano: *api iblee*; *miele i.*

†**ibòrnio** [var. di *eburneo*, dal lat. *ebărneu(m)* per *ebŭrneu(m)* 'di avorio' ✻ 1313] **agg.** • (*poet.*) bianco, pallido, eburneo

ibridàre [da *ibrido* ✻ 1884] **v. tr.** (*io ìbrido*) • fecondare pianta o animale con altra di razza o varietà diversa

ibridatóre [1942] **s. m. (f. *-trice*)** • chi compie ibridazioni su animali o piante

ibridazióne [da *ibridare* ✻ 1874] **s. f.** • incrocio tra razze o varietà diverse

ibridìṣmo [1839] **s. m. 1** condizione di ciò che è ibrido **2** l'insieme dei fenomeni che si riferiscono alla produzione degli ibridi **3** (*fig.*) commistione non omogenea di elementi differenti: *l'i. di una corrente filosofica*

ibridiẓẓàre [da *ibrido* ✻ 1972] **A v. tr. 1** (*chim.*) sottoporre a ibridizzazione **2** (*est.*) trasformare un modello di autoveicolo alimentato a benzina o a gasolio in auto ibrida | (*fig.*) rendere ibrido: *i. una cultura* **B ibridiẓẓàrsi v. intr. pron. 1** (*chim.*) subire un processo di ibridizzazione (V.) **2** (*fig.*) diventare ibrido

ibridiẓẓazióne [da *ibrido* ✻ 1972] **s. f. 1** (*chim.*) trasformazione delle proprietà geometriche ed energetiche di un insieme di orbitali atomici all'atto della combinazione con altri atomi **2** (*fig.*) l'ibridizzare, l'ibridizzarsi

ìbrido [vc. dotta, lat. *hĭbrida(m)*, di etim. incerta ✻ 1342] **A agg. 1** (*biol.*) ottenuto per ibridazione: *pianta ibrida*; *fiore, animale i.* **2** (*fig.*) che deriva dall'unione di elementi eterogenei (anche con connotazione negativa): *linguaggio i.*; *ibrida alleanza politica* **3** (*inform.*) ***calcolatore i.***, qualsiasi sistema misto di elaborazione dati, in cui sono combinati tra loro organi di calcolo sia analogici che digitali **4** (*econ.*) ***titolo i.***, obbligazione che ha in parte le caratteristiche di un titolo azionario **5** ***veicolo i.***, dotato di due sistemi di propulsione alternabili, in genere elettrico e termico ‖ **ibridaménte**, **avv.** **B** **s. m.** **1** (*biol.*) animale o vegetale generato dall'incrocio di individui di specie diversa o della stessa specie ma di razza o varietà differente | ***i. d'innesto***, ramo sviluppatosi sul callo cicatriziale dell'innesto, che presenta caratteri diversi sia dall'innesto sia dalla marza **SIN.** chimera **2** (*fig.*) commistione, mescolanza, incrocio (spec. con connotazione negativa): *uno strano i. di superficialità e di ingegno* **3** (*ling.*) parola composta di elementi originari di diverse lingue (per es., in italiano, *cronoman*)

ibridologìa [comp. di *ibrido* e *-logia* ✱ 1972] **s. f.** (**pl.** *-gìe*) ● (*biol.*) ramo della biologia che studia gli ibridi

ibridòma [comp. di *ibrid(o)* e *-oma* ✱ 1981] **s. m.** (**pl.** *-i*) ● (*biol.*) elemento cellulare risultante dalla fusione in laboratorio di cellule appartenenti a linee diverse

ibseniàno (ib-sen-ia-no, ib-se-nia-no) [1903] **agg.** ● relativo al drammaturgo norvegese Henrik Ibsen (1828-1906) e alla sua opera

ibuprofène [abbr. di (*acido*) *IsoButilFenil-Propionico*, calco sull'ingl. *ibuprofen* ✱ 1976] **s. m.** ● (*farm.*) farmaco antinfiammatorio non steroideo con azione analgesica e antipiretica

-icàre [adozione dall'uso lat. (di oscura partenza) di trarre da nomi nuovi verbi o di dare ad altri già esistenti una sfumatura intensiva] **suff.** ● forma verbi per lo più di origine latina, che indicano attività o manifestazione, talvolta con valore diminutivo o frequentativo: *nevicare, morsicare, pizzicare, biascicare, incespicare, zoppicare*; *stuzzicare, spilluzzicare*

icàrio [vc. dotta, lat. *Icăriu(m)*, dal gr. *Ikários* 'di Icaro', personaggio della mitologia greca, figlio di Dedalo, che fuggì dal labirinto di Creta, volando con ali attaccate con la cera, ma, avvicinatosi troppo al Sole, la cera si sciolse ed egli cadde in mare ✱ av. 1537] **agg.** ● (*lett.*) relativo a Icaro: *mare i.* | (*lett.*) relativo al volo

icàstica [vc. dotta, gr. *eikastikḗ* (sottinteso *téchnē*) '(arte) rappresentativa', da *eikázein* 'rappresentare', di orig. indeur. ✱ 1869] **s. f.** ● (*lett.*) arte di rappresentare il reale con immagini

♦**icàstico** [V. *icastica* ✱ 1586] **agg.** (**pl. m.** *-ci*) ● (*lett.*) che ritrae la realtà per mezzo di immagini con evidenza rappresentativa | (*est.*) molto efficace, incisivo: *stile, discorso i.* ‖ **icasticaménte**, **avv.** ‖ **icasticità**, **s. f. inv.** incisività, realismo

-icchiàre **suff.** ● in verbi alterati derivati da altri verbi, ha valore attenuativo, frequentativo o peggiorativo: *canticchiare, mordicchiare, lavoricchiare*

-ìcchio **suff.** ● forma sostantivi alterati, con valore diminutivo o spregiativo: *cannolicchio, avvocaticchio, governicchio*

-ìccio [lat. *-īciu(m)*, orig. applicato ai part. per trarne i corrispondenti agg., ma poi esteso anche a radici nominali] **suff.** ● in aggiunta ad aggettivi o più raramente a sostantivi, esprime attenuazione, approssimazione, somiglianza, talora con valore peggiorativo: *avanzaticcio, bruciaticcio, imparaticcio, malaticcio, massiccio, molliccio, terriccio, umidiccio, bianchiccio, gialliccio, nericcio, rossiccio*

-icciòlo o (*raro, lett.*) **-icciuòlo** [doppio suffisso, *-iccio*, che già in parecchi agg. aveva assunto un valore attenuativo, e *-olo*③ dim.] **suff.** ● forma sostantivi alterati con valore diminutivo, vezzeggiativo o spregiativo: *muricciolo, libricciolo, letticciuolo, stradicciuola, vesticciola, omicciolo, donnicciola*

iceberg /'aizberg, *ingl.* 'aɪsbɜːg/ [vc. neerl. *ijsberg*, propr. 'monte (*berg*, da una base indeur. col senso di 'alto') di ghiaccio (*ijs*, di area germ.)' ✱ 1873] **s. m. inv.** ● grande massa di ghiaccio galleggiante | ***la punta dell'i.***, la parte emergente, pari a 1/9 dell'intera massa glaciale; (*fig.*) la parte conosciuta di fenomeni, avvenimenti e sim., spec. di segno negativo, che ne lascia intuire una ben maggiore portata

ice climbing /ais'klaimbin(g), *ingl.* 'aɪs-ˌklaɪmɪŋ/ [loc. ingl., propr. 'scalata, arrampicata (*climbing*) su ghiaccio (*ice*)' ✱ 1995] **loc. sost. m. inv.** ● sport alpinistico consistente nell'arrampicarsi su cascate di ghiaccio

ice-field /'aisfiːld, *ingl.* 'aɪsˌfiːld/ [vc. ingl., propr. 'campo (*field*, da una base indeur. col senso di 'piano, piatto') di ghiaccio (*ice*, di area germ.)' ✱ 1873] **s. m. inv.** ● campo di ghiaccio

-icèllo [accumulo di due suff. lat., *-ic(o)-* e *-ĕllu(m)* '-ello'] **suff.** ● conferisce a sostantivi e aggettivi valore diminutivo: *campicello, fiumicello, praticello, monticello, venticello, grandicello*

I Ching /i'tʃing, *cinese* iːtʃɪŋ/ [vc. cinese, propr. 'Libro dei mutamenti' ✱ 1949] **loc. sost. m. inv.** ● antico testo cinese di divinazione, considerato da Confucio libro di saggezza; è basato su 64 esagrammi, gruppi di sei linee intere o spezzate che si combinano tra loro

Ìci [sigla di *I(mposta) C(omunale sugli) I(mmobili)* ✱ 1990] **s. f. inv.** ● tributo locale, istituito nel 1992, che colpiva la proprietà di immobili (fabbricati e terreni) ubicati nel territorio di un comune; nel 2012 è stata sostituita dall'IMU

-iciàttolo [coagulazione di diversi suff.: *-ici-(no)*, *-atto*, suff. parallelo a *-etto* dim., e *-olo*③, tutti con valore dim., e piuttosto neg.] **suff.** ● conferisce a sostantivi valore diminutivo con connotazione peggiorativa: *fiumiciattolo, libriciattolo, mostriciattolo, omiciattolo*

-icìno [da *-icello* per la corrispondenza nel valore dim. di *-ello* e *-ino*] **suff.** **1** forma sostantivi alterati con valore diminutivo o vezzeggiativo: *cuoricino, festicina, fiumicino, lumicino* **2** forma un ristretto numero di aggettivi denominali: *carnicino*

icnèumone, (*evit.*) **icneumóne** [vc. dotta, lat. *ichnĕumone(m)*, dal gr. *ichneúmōn* 'icneumone', da *ichneúein* 'seguire la traccia' (*íchnos*, di etim. incerta), sottinteso dei coccodrilli, di cui cerca le uova ✱ 1481] **s. m.** ● piccolo carnivoro africano, affine alla mangusta, astuto, prudente, che aggredisce piccoli animali e spec. i serpenti (*Herpestes ichneumon*) | ***i. indiano***, mungo

Icneumònidi [comp. di *icneumone* e *-idi* ✱ 1834] **s. m. pl.** (**sing.** *-e*) ● (*zool.*) famiglia di Imenotteri con lunghe antenne sottili, zampe slanciate che depongono le uova nel corpo di larve o pupe di altri insetti (*Ichneumonidae*)

icnografìa [vc. dotta, lat. tardo *ichnogrăphia(m)*, dal gr. *ichnographía*, comp. di *íchnos* 'traccia, pianta' e *-graphía* '-grafia' ✱ av. 1502] **s. f.** ● proiezione orizzontale | pianta di un edificio

icnogràfico [1754] **agg.** (**pl. m.** *-ci*) ● relativo a icnografia

icnologìa [comp. del gr. *íchnos* 'traccia' e *-logia*, secondo l'ingl. *ichnology* ✱ 1972] **s. f.** (**pl.** *-gìe*) ● ramo della paleontologia che studia le impronte dei fossili

-ico [lat. *-ĭcu(m)*, di orig. indeur., inizialmente usato nella terminologia politico-amministrativa] **suff.** **1** ha valore derivativo in numerosi aggettivi, talora sostantivati di origine latina o tratti da sostantivi, che indicano maniera, appartenenza: *accademico, autentico, bellico, chimerico, civico, comico, sferico, simpatico, storico, balcanico* **2** in chimica organica, indica numerosi composti di varia natura: *acido acetico, etere etilico, aldeide formica, alcol benzilico* | in chimica inorganica, indica quei composti di un elemento in cui questo compare con la, o le, valenze superiori: *ferrico, clorico, perclorico*

♦**icóna** (o *-ò-*) [vc. dotta, lat. tardo *icŏna(m)*, dal gr. *eikṓn*, acc. *eikóna* 'immagine', dall'inf. perfetto *eikénai* 'essere simile, apparire', di etim. incerta ✱ av. 1500] **s. f.** **1** effigie di santo dipinta spec. su tavola, tipica dell'arte religiosa russa e bizantina | (*est.*, *lett.*) immagine sacra dipinta o scolpita **2** in semiologia, segno che è in un rapporto di somiglianza con la realtà che rappresenta, della quale evoca alcune caratteristiche (per es. un segnale stradale o un ideogramma) **3** (*fig.*) personaggio o fenomeno emblematico di un'epoca storica, una corrente di pensiero, un genere artistico e sim.: *la Vespa, i. del dopoguerra*; *Marilyn Monroe, i. della seduzione* **4** (*inform.*) rappresentazione grafica di un programma o di un file che possono essere attivati mediante puntamento con il cursore ‖ **iconcìna**, **dim.** | **iconétta**, **dim.** | **iconìna**, **dim.**

icònico [vc. dotta, lat. *icŏnicu(m)*, dal gr. *eikonikós*, da *eikṓn* 'immagine' ✱ 1651] **agg.** (**pl. m.** *-ci*) ● relativo all'immagine, che si fonda sull'immagine: *linguaggio i.* **SIN.** figurativo **CONTR.** aniconico | ***memoria iconica***, V. *memoria* | (*ling.*) detto di un segno linguistico che ha un rapporto di somiglianza con la realtà denotata ‖ **iconicaménte**, **avv.** per mezzo di icone, di immagini ‖ **iconicità**, **s. f. inv.** caratteristica di ciò che è iconico; il complesso dei segni esteriori espressivi di una data realtà

iconìsmo [da *icon(a)* con il suff. *-ismo* ✱ av. 1852] **s. m.** ● tendenza a ricorrere a immagini per esprimere concetti, rappresentare la realtà, inviare un messaggio e sim.

icòno- [dal gr. *eikṓn* 'immagine' (V. *icona*)] **primo elemento** ● in parole composte dotte o della terminologia scientifica e tecnica, significa 'immagine', 'immagine sacra', 'ritratto': *iconologia, iconoscopio, iconoteca*

iconoclàsta o (*raro*) **iconoclàste** [gr. *eikonoklástēs*, comp. di *eikṓn* 'immagine' e di un deriv. dal v. gr. *kláein* 'rompere' ✱ av. 1694] **A** **s. m. e f.** (**pl. m.** *-i*) **1** (*stor.*) nell'VIII sec. d.C., seguace dell'iconoclastia | (*est.*, *lett.*) distruttore di immagini sacre, di idoli ecc. **2** (*fig.*) chi conduce una violenta polemica nei confronti di idee, valori e convenzioni proprie di una determinata società **B** **agg.** ● relativo all'iconoclastia o agli iconoclasti | iconoclastico: *furia i.*; *furore i.*

iconoclastìa [da *iconoclasta* ✱ 1833] **s. f.** **1** dottrina e movimento contro il culto delle immagini sorti nella Chiesa orientale nel sec. VIII **2** (*fig.*) violenta polemica nei confronti di una determinata società

iconoclàstico [1869] **agg.** (**pl. m.** *-ci*) ● da iconoclasta (*anche fig.*): *eresia iconoclastica* | ***furia iconoclastica***, atteggiamento caratterizzato da una critica violenta e distruttiva ‖ **iconoclasticaménte**, **avv.**

iconodulìa [comp. di *icono-* e del gr. *doulía* 'servitù' ✱ 1972] **s. f.** ● (*relig.*) culto esagerato o superstizioso delle immagini sacre

iconografìa [vc. dotta, lat. tardo *iconogrăphia(m)*, dal gr. *eikonographía*, comp. di *eikṓn* 'immagine' e *-graphía* '-grafia' ✱ 1585] **s. f.** **1** parte dell'iconologia che si occupa dell'elencazione sistematica delle raffigurazioni relative ad un soggetto **2** complesso delle immagini visive attinenti a discipline, argomenti o personaggi particolari: *i. dantesca*; *l'i. garibaldina, risorgimentale*; *l'i. ufficiale del regime* **3** il complesso delle illustrazioni di un libro

iconogràfico [1713] **agg.** (**pl. m.** *-ci*) ● relativo all'iconografia ‖ **iconograficaménte**, **avv.** dal punto di vista dell'iconografia

iconògrafo [gr. *eikonográphos*, comp. di *ei-*

kŏn 'immagine' e *-grăphos* '-grafo' ✱ 1869] **s. m. (f. *-a*)** **1** studioso di iconografia **2** autore di opere iconografiche **3** tecnico editoriale addetto alla scelta delle illustrazioni di un libro o di una pubblicazione in genere

iconolàtra [comp. di *icono-* e di un deriv. del gr. *latréus* 'servo, schiavo' ✱ 1835] **A** **s. m. e f. (pl. m. *-i*)** ● adoratore di icone o immagini sacre **B** **agg.** ● relativo all'iconolatria o agli iconolatri

iconolatrìa [comp. di *icono-* e del gr. *latréia* 'schiavitù, servitù' ✱ 1839] **s. f.** ● adorazione superstiziosa delle immagini sacre

iconologìa [gr. *eikonología* 'linguaggio figurato', comp. di *eikṓn* 'immagine' e *-logía* '-logia' ✱ av. 1686] **s. f. (pl. *-gìe*)** **1** studio e interpretazione di simboli, figure allegoriche, emblemi e sim. **2** nella moderna critica d'arte, metodo interpretativo dell'opera figurativa che ricerca, attraverso l'analisi degli elementi formali, il significato culturale del sistema di simboli proposto dall'artista

iconològico [av. 1798] **agg. (pl. m. *-ci*)** ● relativo alla iconologia ‖ **iconologicaménte**, **avv.**

iconologìsta [av. 1686] **s. m. e f. (pl. m. *-i*)** ● studioso di iconologia

iconoscòpio [comp. di *icono-* e *-scopio* ✱ 1939] **s. m.** ● tubo elettronico posto dietro l'obiettivo della telecamera, che trasforma l'immagine luminosa ricevuta attraverso l'obiettivo stesso in una serie di segnali elettrici

iconostàṣi o **iconòstaṣi** [dal gr. moderno *eikonóstasis*, comp. di *eikṓn* 'icona' e *stásis* 'azione di porre', da *histánai* 'collocare' ✱ 1874] **s. f. inv.** ● nelle chiese bizantine e russe, tramezzo di divisione fra celebranti e fedeli, variamente ornato con icone e statue

iconotèca [comp. di *icono-* e *-teca* ✱ 1963] **s. f.** ● raccolta di icone | luogo in cui tale raccolta è collocata

icóre [gr. *ichṓr* 'sangue degli dei, siero', di etim. discussa: di orig. straniera (?) ✱ 1583] **s. m.** **1** (*mitologia*) sangue degli dei **2** (*med.*) †pus

icoṣaèdrico [1681] **agg. (pl. m. *-ci*)** ● (*mat.*) di icosaedro | che ha forma di icosaedro

icoṣaèdro [vc. dotta, lat. tardo *icosăhedru(m)*, dal gr. *eikosáedros*, comp. di *éikosi* 'venti' e un deriv. di *hédra* 'sedile' ✱ av. 1617] **s. m.** ● (*mat.*) poliedro con venti facce | *i. regolare*, le cui facce sono triangoli regolari uguali

icoṣàgono [vc. dotta, gr. *eikoságōnos*, comp. di *éixosi* 'venti' e di *-gōnos* 'angolo' ✱ 1834] **s. m.** ● (*mat.*) poligono dotato di 20 lati

icoṣidodecaèdro [comp. del gr. *éikosi* 'venti' (d'orig. indeur.) e *dodecaedro* ✱ 1956] **s. m.** ● (*mat.*) poliedro costituito da dodici pentagoni regolari e venti triangoli equilateri

icoṣitetraèdro [comp. del gr. *éikosi* 'venti' (V. *icosidodecaedro*) e *tetraedro* ✱ 1972] **s. m.** ● (*mat.*) poliedro a ventiquattro facce, che possono essere o tutte quadrilateri non parallelogrammi o tutte pentagoni non regolari

ics [1879] **s. f. o m. inv.** ● nome della lettera *x*

ictiosàuro ➤ **ittiosauro**

ictiòṣi ➤ **ittiosi**

ìctu òculi [loc. lat., propr. 'in un colpo, battito (*ĭctu*) d'occhio (*ŏculi*)' ✱ 1981] **loc. avv.** ● chiaramente, a colpo d'occhio: *un errore che appare ictu oculi*

ìctus [vc. dotta, lat. *ĭctu(m)* 'colpo', deriv. del v. *īcere* 'colpire, percuotere', di etim. incerta ✱ 1905] **s. m. inv. (pl. lat. inv.)** **1** (*ling.*) in metrica, percussione del piede o della mano per segnare il tempo forte del piede o del metro | accento metrico **2** (*mus.*) tempo forte di una battuta **3** (*med.*) qualsiasi manifestazione morbosa che si manifesta in modo improvviso: *i. cardiaco, i. epilettico* | (*per anton.*) *i. cerebrale*, accidente cerebrovascolare acuto, spesso caratterizzato da perdita di coscienza SIN. apoplessia, colpo apoplettico

Id [vc. dotta, lat. *ĭd*, propr. 'esso, questo', di orig. indeur. ✱ 1983] **s. m. inv.** ● (*psicol.*) nella psicoanalisi, Es

idàlgo [1607] **s. m. (pl. *-ghi*)** ● adattamento di *hidalgo* (V.)

idàlio [vc. dotta, lat. *Idăliu(m)*, dal gr. *Idálion* 'Idalio, promontorio e città di Cipro': di orig. pregreca (?) ✱ 1506] **agg.** ● (*lett.*) di Idalio, monte e antica città di Cipro, sacri a Venere: *Venere idalia*

idantoìna [ted. *Hydantoin*, comp. di *hyd(ro-)* 'idro-' e *(All)antoin* 'allantoina' ✱ 1869] **s. f.** ● (*farm.*) composto eterociclico di origine vegetale i cui derivati sono usati come farmaci antiepilettici

idàtide [gr. *hydatís*, genit. *hydatídos*, da *hýdōr* 'acqua' ✱ 1684] **s. f.** **1** (*med.*) stadio moltiplicativo dell'echinococco, nell'ospite intermedio **2** (*anat.*) qualsiasi formazione cistica

idatidèo [1901] **agg.** ● (*med.*) relativo all'idatide | *cisti idatidea*, cisti di echinococco

idàtodo [comp. del gr. *hýdōr*, genit. *hýdatos* 'acqua' (di orig. indeur.) e *hodós* 'strada' (V. *odeporico*) ✱ 1956] **s. m.** ● (*bot.*) apparato escretore esistente in talune foglie e destinato all'eliminazione di acqua sotto forma di goccioline

†**iddèa** ➤ **dea**

†**iddeità** ➤ **deità**

†**Iddèo** ➤ **Dio**①

†**iddìa** ➤ **dea**

Iddìo ➤ **Dio**①

-ide [fr. *-ide*, dalla seconda parte di *(ox)ide*, ritenuta suff.] **suff.** ● in chimica, indica numerosi composti di diversa natura: *ammide, glucoside*

♦**idèa** [lat. *ĭdea(m)*, dal gr. *idéa*, da *idêin* 'vedere', di orig. indeur. ✱ sec. XIII] **s. f.** **1** (*filos.*) entità mentale che costituisce il contenuto del pensiero | nella filosofia di Platone, essenza intelligibile, archetipo immutabile ed eterno delle cose sensibili **2** (*psicol.*) contenuto mentale | *i. fissa, coatta*, idea, generalmente infondata, che viene mantenuta nonostante l'evidenza contraria; (*est.*) pensiero ricorrente, ossessivo **3** correntemente, qualunque rappresentazione della mente, ogni entità mentale; concetto, nozione: *avere l'i. di tempo, di spazio; avere le idee sconnesse, ordinate; avere un'i. chiara e distinta di qlco.; avere un'i. e non saperla esprimere; i. espressa in immagine, tradotta in parole* **4** pensiero astratto, spec. in quanto contrapposto ai dati della realtà: *solo l'i. di quella crudeltà ci faceva rabbrividire; le idee non ci interessano poiché sono i fatti che contano; sono idee che vi fanno perdere di vista la realtà; incominciavo ad avere la terribile i. che morisse* (A. FOGAZZARO) | *neanche per i.*, nemmeno a pensarci, assolutamente no | *associazione di idee*, collegamento fra concetti per somiglianza o affinità **5** motivo di fondo, contenuto razionale, culturale o fantastico, che caratterizza un'opera, uno scritto e sim.: *l'i. guida di un film; non sono riuscito ad afferrare l'i. centrale del suo discorso; libro, opera povera di idee* **6** ideologia, ideale, credo, dottrina, spec. di movimenti politici, religiosi, culturali e sim.: *l'i. della non-violenza; l'i. cristiana, socialista, liberale; un'i. rivoluzionaria, utopistica; l'i. che è in me non muore; molti si sacrificarono per l'i.; dare la propria vita per un'i.* **7** conoscenza elementare, approssimativa, sommaria: *avere di qlco. un'i. vaga, generale, imprecisa* | *farsi un'i. di qlco., di qlcu.*, cercare di conoscere, di sapere | *non averne i., la più pallida i., la minima i.*, non saperne assolutamente nulla | impressione: *ho i. che ne sentiremo riparlare; mi dà l'i. che ci sia sotto qualcosa* **8** convincimento, opinione, giudizio: *ho solo qualche i. sull'argomento; sei libero di esprimere le tue idee; questa è un'i. del tutto personale; evidentemente è un uomo d'idee conservatrici; condivido le vostre idee; è una persona completamente priva di idee* | *avere idee larghe, ristrette*, essere di vedute larghe, ristrette | *essere dell'i. che*, ritenere che: *sono dell'i. che sia meglio accettare* | *essere dell'i., della stessa i.*, essere d'accordo: *Se… sei dell'i., rispondi a volta di corriere* (C. PAVESE) **9** intenzione, inclinazione, proposito, progetto: *vagheggiare un'i.; accarezzare un'i.; avere l'i. di scrivere un libro, di fondare un partito* | *mezza i.*, intenzione o progetto ancora indeterminati: *ho una mezza i. di andare a Stoccolma* **10** trovata, invenzione, iniziativa: *avere un'i. luminosa, balorda, sciocca, inutile; un'i. geniale; bella i., la vostra* | (*iron.*) pensata: *che i.!* | ispirazione: *captare, concretizzare un'i.; non è un'i. molto originale; artista povero d'idee* **11** capriccio, ghiribizzo: *è stata un'i. vostra; non è possibile dare retta a tutte le tue strane idee* **12** apparenza, impressione esteriore: *dare l'i. del bianco, del nero; non mi dà l'i. di una persona seria* | *un'i. di*, (*fam.*) un poco: *è tutta verde con un'i. di rosso; aggiungi solo un'i. di pepe* | (*raro*) tratti generali del volto, lineamenti, fattezze: *ha qualche i. del padre* **13** (*raro*) abbozzo, schema ‖ **ideàccia**, **pegg.** | **ideìna**, **dim.** | **ideóna**, **accr.** | **ideùccia**, **ideùzza**, **dim.**

SFUMATURE DI SIGNIFICATO

idea - nozione - concetto

L'**idea** è una qualsiasi rappresentazione della mente o contenuto del pensiero. **Nozione** identifica, in modo più specifico, una cognizione formatasi con l'esperienza, la riflessione o lo studio. Nell'uso corrente, **concetto** è usato indifferentemente in luogo di *idea* e *nozione*, ma è propriamente termine del linguaggio filosofico che definisce l'idea che la mente si è formata su qualcosa isolandone le caratteristiche essenziali: *concetto di libertà, di democrazia*.

ideàbile [1869] **agg.** ● che si può ideare, pensare, immaginare

♦**ideàle** [vc. dotta, lat. tardo *ideāle(m)*, da *ĭdea* 'idea' ✱ 1321] **A** **agg.** **1** che concerne l'idea | che non ha esistenza se non nella fantasia o nell'immaginazione: *mondo i.; luoghi, personaggi ideali* CONTR. reale **2** che corrisponde a un modello di perfezione indipendentemente dalla realtà: *governo, stato, società i.; forma, bellezza i.* | *perfezione i.*, assoluta | (*est., fis.*) *gas i.*, gas perfetto **3** che appaga ogni sogno, esigenza, aspirazione e sim. (+ *per*): *lavoro i.; situazione i.; marito, donna i.; clima i. per la salute; la giornata è i. per una gita* SIN. perfetto ‖ **idealménte**, **avv.** sul piano delle idee; astrattamente, teoricamente: *quella cameretta diviene idealmente tutto il suo mondo* (L. PIRANDELLO) ‖ **idealità**, **s. f. inv.** (V.) **B** **s. m.** **1** ciò che esiste solo nel pensiero CONTR. reale **2** modello di assoluta perfezione, in cui l'uomo crede e al quale tende per realizzarlo, conquistarlo e sim.: *avere un i. di vita; cercare di realizzare un i.; i. politico, religioso, sociale; i. di bellezza, di virtù; lottare, combattere, morire per un i. di giustizia, di libertà* **3** aspirazione di natura morale, spec. in contrapposizione agli interessi materiali: *i. nobile, alto; uomo privo di ideali; società senza ideali* | finalità o scopo pratico: *il suo i. è la tranquillità, la vita comoda* **4** la cosa migliore, la situazione ottimale: *l'i. sarebbe che tutti fossero presenti; una scuola così organizzata sarebbe l'i.* SIN. ottimo, massimo

SFUMATURE ➤ ***irreale***

idealeggiàre [1869] **A** **v. intr.** (**pres.** *io idealéggio*; **fut.** *io idealeggerò*; **aus.** *avere*) ● (*lett.*) seguire un ideale | mostrare, con una certa ostentazione, di seguire un ideale **B** **v. tr.** ● (*lett.*) idealizzare

idealìsmo [da *ideale* ✱ 1818] **s. m.** **1** ogni dottrina filosofica che risolve la realtà in idea, intesa o come sua forma assoluta o come contenuto soggettivo della coscienza: *l'i. platonico, kantiano* | corrente filosofica tedesca della prima metà del XIX secolo secondo la quale tutta la realtà si spiega come processo di autocoscienza di uno spirito assoluto trascendente **2** modo di pensare, di vivere, di agire proprio di chi crede in un ideale e tende a realizzarlo, conquistarlo e sim. CONTR. materialismo **3** mancanza di concretezza, di senso della realtà e sim.: *peccare di eccessivo i.* CONTR. realismo

idealìsta [av. 1754] **A** **s. m. e f.** (**pl. m.** *-i*) **1** (*filos.*) chi segue o si ispira all'idealismo **2** chi crede in un ideale e tende alla sua realizzazione, conquista e sim. **3** chi pensa e agisce secondo schemi astratti ed è privo di concretezza, di senso della realtà e sim. SIN. sognatore CONTR. realista **B** **anche agg.**: *un filosofo i.*

idealìstico [1869] **agg.** (**pl. m.** *-ci*) **1** (*filos.*) dell'idealismo, relativo all'idealismo CONTR. realistico **2** da idealista | caratterizzato da idealismo o da astrattezza || **idealisticaménte**, **avv.** **1** in modo idealistico **2** secondo i principi dell'idealismo

SFUMATURE ➤ *immaginario*

idealità [1843] **s. f. inv.** **1** caratteristica, condizione di ciò che è ideale **2** sentimento nobile ed elevato: *un uomo privo di i.*

idealizzàbile [1970] **agg.** ● che si può idealizzare

idealizzàre [1819] **v. tr.** ● trasfigurare col pensiero la realtà rivestendola coi caratteri propri dell'ideale: *i. una donna, l'amore* || **idealizzazióne**, **s. f.** (V.)

idealizzàto **part. pass.** di *idealizzare*; **anche agg.** ● rappresentato o concepito secondo un modello ideale

idealizzazióne [av. 1872] **s. f.** ● l'idealizzare | rappresentazione di qlcu. o qlco. secondo un modello ideale

idealtìpico [1984] **agg.** (**pl. m.** *-ci*) ● relativo a un idealtipo: *modello, schema i.* | che costituisce un idealtipo: *personaggio i.*

idealtìpo [comp. di *ideal(e)* e *tipo* ✱ 1894] **s. m.** ● in sociologia, in filosofia e nella critica storica e letteraria, tipo ideale, che presenta caratteristiche comuni a diversi esemplari CFR. archetipo

ideàre [da *idea* ✱ sec. XIII] **v. tr.** (**pres.** *io idèo*; **fut.** *io ideerò*) **1** concepire con la mente qlco. da realizzare: *i. un poema, un'opera, una poesia*; *i. uno scherzo, uno stratagemma* | inventare: *i. un congegno* SIN. immaginare **2** proporsi qlco., stabilire, progettare: *i. un viaggio*

ideativo [1917] **agg.** ● che concerne l'ideazione SIN. ideatorio

ideatóre [1877] **s. m.** (**f.** *-trice*) ● chi ha ideato o inventato qlco.

ideatòrio [1972] **agg.** ● (*raro*) ideativo

ideazióne [1673] **s. f.** **1** l'ideare: *i. di un congegno, di un progetto, di un'impresa* **2** (*psicol.*) funzione del pensiero che ne esprime la capacità di concatenazione e coordinazione

♦**ìdem** [lat., propr. 'la stessa cosa (di prima)', di incerta composizione ✱ 1798] **A** **pron. dimostr. inv.** ● stesso, medesimo, spesso abbreviato in *id.*, usato per evitare le ripetizioni di nomi, indicazioni, citazioni e sim. in tavole, tabelle, bibliografie o altro **B** **in funzione di avv.** ● (*colloq.*) ugualmente, parimenti, allo stesso modo: *i. come sopra*; *lui è alto, il figlio i.*; (*scherz.*) *i. con patate*

idèntico [vc. dotta, lat. mediev. *idĕnticu(m)*, da *īdem*; sull'es. di *identità* (V.) ✱ 1639] **agg.** (**pl. m.** *-ci*) ● completamente uguale (+ *a*): *è i. all'originale*; *situazioni identiche* | *è i.*, non c'è differenza CFR. tauto- CONTR. differente, diverso | con valore rafforz.: *sono le stesse identiche raccomandazioni che ho sentito poco fa* || **identicaménte**, **avv.** in modo completamente uguale || **identicità**, **s. f. inv.**

identificàbile [1902] **agg.** ● che si può identificare || **identificabilità**, **s. f. inv.**

identificàre [da *identic(o)* ✱ 1585] **A** **v. tr.** (*io identìfico, tu identìfichi*) **1** considerare identico: *i. due concetti, due teorie* CONTR. differenziare, diversificare **2** riconoscere, scoprire, accertare l'identità di qlcu.: *i. un ladro, un assassino, un cadavere* | individuare, determinare: *i. i motivi di un avvenimento* **B** **identificàrsi** **v. rifl.** ● sentirsi identico ad un'altra persona | immedesimarsi (+ *in*, + *con*): *molti ragazzi si identificano in quel cantante*; *riesce a identificarsi perfettamente con il personaggio che interpreta* **C** **identificàrsi** **v. intr. pron.** ● essere identico: *le due posizioni si identificano nella sostanza* SIN. coincidere CONTR. differenziarsi || **identificazióne**, **s. f.** (V.)

identificativo [1985] **A** **agg.** ● che serve a identificare: *codice i.* **B** **s. m.** **1** ciò che serve per identificare in modo univoco qlcu. o qlco. **2** (*inform.*) carattere o gruppo di caratteri che identifica un utente e gli permette di essere riconosciuto da un sistema informatico

identificatóre [av. 1952] **A** **agg.** (**f.** *-trice*) ● che identifica **B** **s. m.** **1** (**f.** *-trice*) chi identifica **2** ciò che serve per identificare **3** (*inform.*) carattere o gruppo di caratteri usati per identificare o designare un dato elementare ed eventualmente per indicare certe sue proprietà | in un linguaggio di programmazione, qualsiasi unità lessicale che denomini un oggetto del linguaggio

identificazióne [1850] **s. f.** **1** l'identificare, l'identificarsi: *l'i. di due concetti* | accertamento dell'identità di qlcu.: *l'i. di un cadavere* **2** immedesimazione | (*psicoan.*) processo psicologico per il quale un soggetto si considera uguale a un altro, assumendo totalmente o parzialmente l'identità di un'altra persona o trasferendo una parte della propria identità in un'altra persona

identikit /identi'kit, *ingl.* aɪ'dentɪˌkɪt/ [vc. ingl. 'apparecchiatura (*kit*, di provenienza neerl. ed etim. incerta) per l'identificazione (*identification*, abbr. *identi-*)' ✱ 1963] **s. m. inv.** **1** sistema di identificazione criminale che consente di ricostruire i tratti somatici di un volto sovrapponendo disegni o diapositive rispondenti ai dati somatici forniti dai testimoni o dalla vittima | l'immagine così ricostruita **2** (*fig.*) il complesso dei requisiti necessari a delineare l'immagine ideale dell'esponente tipico di una data categoria di persone: *tracciare l'i. del perfetto cittadino*

♦**identità** [vc. dotta, lat. tardo *identitāte(m)*, da *īdem* '(proprio quello) stesso' ✱ 1385] **s. f. inv.** **1** uguaglianza, corrispondenza assoluta: *i. di vedute, di princìpi, di significati* | (*filos.*) ***principio di i.***, principio logico in base al quale ogni concetto risulta essere identico a sé stesso SIN. coincidenza CONTR. differenza, diversità **2** insieme di caratteristiche che rendono qlcu. quello che è, distinguendolo da tutti gli altri: *riconoscere, provare l'i. di qlcu.*; *tessera d'i.* | ***carta d'i.***, documento di riconoscimento rilasciato dal municipio | carattere specifico, distintivo, di qlco.: *l'i. di un insieme di atomi*; *l'i. culturale di un popolo* **3** (*psicol.*) consapevolezza di sé in quanto individuo stabile nel tempo e differenziato dagli altri: *formazione dell'i.* | ***crisi d'i.***, conflitto tipico dell'adolescenza e di fasi critiche della vita in cui prevalgono confusione e incertezza | (*est.*) l'insieme delle caratteristiche fondamentali di una collettività: *l'i. storica e culturale di una nazione*; *l'i. religiosa di un popolo* **4** (*mat.*) uguaglianza contenente delle variabili, verificata per ogni valore attribuibile a queste | biiezione che fa corrispondere ad ogni elemento del dominio sé stesso | applicazione identica

Definizione d'autore
L'**identità** è la colla della molteplicità. Colla trasparente. Basta uno sguardo per accorgersi che negli occhi del singolo, dietro l'etichetta del nome e del cognome, c'è una folla molto varia di spettri. «Io sono io» è una semplificazione, utilissima per tenere in ordine noi stessi ma, come ogni possibile **identità** dentro cui ci ingabbiamo o siamo a forza ingabbiati (sessuale, religiosa, nazionale, politica, sociale), è limitativa, ci impoverisce. Separarsi da «io sono io» almeno per un po', uscire da quel recinto specialmente nelle attività di invenzione o reinvenzione del mondo, apre uno spazio sterminato dove niente e nessuno resta identico e poi identico e poi ancora e sempre identico.
Elena Ferrante

identitàrio [da *identit(à)* con il suff. *-ario* ✱ 1991] **agg.** ● di identità, relativo all'identità, spec. nel sign. 3: *crisi identitaria*

idèo [vc. dotta, lat. *Idǣu(m)*, dal gr. *Idâios* 'del monte *Ida*' ✱ av. 1420] **agg.** ● (*lett.*) del monte Ida: *campi idei*

idèo- [da *idea*] **primo elemento** ● in parole composte della terminologia scientifica e filosofica, significa 'idea', 'relativo all'idea': *ideocrazia, ideografia, ideogramma*

ideocrazìa [comp. di *ideo-* e *-crazia* ✱ 1950] **s. f.** ● forma di governo fondata sull'imposizione di una determinata ideologia

ideòfono [comp. di *ideo-* e *-fono* ✱ 1973] **s. m.** ● (*ling.*) onomatopea che riproduce approssimativamente un suono o una sensazione (per es. *splash, clic, zac*) SIN. fonosimbolo

ideografìa [comp. di *ideo-* e *-grafia* ✱ 1869] **s. f.** ● sistema di scrittura mediante ideogrammi

ideogràfico [1833] **agg.** (**pl. m.** *-ci*) ● detto di scrittura i cui segni rappresentano direttamente il significato || **ideograficaménte**, **avv.** mediante la scrittura ideografica

ideogràmma [comp. di *ideo-* e *-gramma* ✱ 1895] **s. m.** (**pl.** *-i*) **1** (*ling.*) simbolo grafico che non corrisponde a un suono, come nell'alfabeto, ma a un oggetto o a un concetto: *gli ideogrammi della scrittura cinese, dei geroglifici egiziani* **2** rappresentazione grafica di dati statistici mediante figure di grandezza diversa

ideogrammàtico [1983] **agg.** (**pl. m.** *-ci*) ● (*ling.*) detto di sistema linguistico basato su ideogrammi

ideologìa [comp. di *ideo-* e *-logia*, sul modello del fr. *idéologie* ✱ 1818] **s. f.** (**pl.** *-gie*) **1** l'insieme dei principi e delle idee che sono proprie di un'epoca, un gruppo sociale, un movimento, un autore: *i. rinascimentale, cattolica, liberale*; *l'i. manzoniana*; *secondo Marx l'i. è riflesso e giustificazione dei rapporti sociali esistenti* **2** corrente filosofica francese della prima metà del XIX secolo, continuatrice del sensismo illuministico

SFUMATURE ➤ *teoria*

ideològico [1819] **agg.** (**pl. m.** *-ci*) **1** di ideologia, relativo a ideologia o a ideologie: *posizione ideologica*; *contrasti ideologici* **2** (*est.*) caratterizzato da preconcetti, da

a b c d e f g h i j k l m n o p q r s t u v w x y z

pregiudizi (*anche spreg.*): *il suo è un rifiuto i.* **3** relativo alla corrente filosofica dell'ideologia ‖ **ideologicaménte**, avv. **1** in modo ideologico **2** per quanto riguarda l'ideologia

ideologìsmo [1846] **s. m. 1** tendenza di chi considera la realtà in chiave esclusivamente ideologica **2** il sistema filosofico dell'ideologia

ideologìsta [av. 1827] **s. m. e f.** (**pl. m.** -*i*) ● (*raro, lett.*) ideologo

ideologizzàre [1961] **v. tr.** ● nel linguaggio politico, sindacale e sim., impostare i problemi in chiave esclusivamente ideologica | ricondurre a uno schema ideologico: *i. un fenomeno sociale* ‖ **ideologizzazióne**, **s. f.**

ideologizzàto **part. pass.** di *ideologizzare*; **anche agg.** ● permeato di ideologia

ideòlogo [1832] **s. m.** (**f.** -*a*; **pl. m.** -*gi*) **1** chi elabora e teorizza un'ideologia: *l'i. di un movimento, di un partito* **2** seguace della corrente filosofica dell'ideologia

***id èst** /*lat.* i'dɛst/ o **idèst** [loc. lat., propr. 'ciò è' * av. 1472] **loc. cong.** ● (*lett.*) cioè (anche abbr. *i.e.*)

ìdi [vc. dotta, lat. *īdus* (nom. pl.), di etim. incerta, con adattamento alla più comune desinenza pl. it. * sec. XIV] **s. f. o m. pl.** ● nel calendario romano, quindicesimo giorno dei mesi di marzo, maggio, luglio, ottobre e tredicesimo degli altri

-idi [gr. -*ís*, genit. -*ídos*, suff. propr. patronimico] **suff. m. pl.** (**sing.** -*ide*) ● nella sistematica zoologica, indica una famiglia: *Bovidi, Canidi*

***idillìaco** [1869] **agg.** (**pl. m.** -*ci*) **1** relativo all'idillio: *componimento i.* | (*est.*) pastorale, agreste: *paesaggio i.* **2** (*fig.*) tranquillo, quieto | caratterizzato dalla serenità, spesso ingenua o illusoria, vagheggiata negli idilli: *visione idilliaca; concezione idilliaca dell'esistenza* ‖ **idilliacaménte**, **avv.** (*raro*) in modo idilliaco

idìllico [1867] **agg.** (**pl. m.** -*ci*) ● idilliaco ‖ **idillicaménte**, **avv.**

♦**idìllio** [vc. dotta, lat. *idy̆lliu(m)*, dal gr. *eidýllion* 'poemetto', dim. di *éidos* 'ampio componimento', da *idéin* 'vedere', di orig. indeur. * 1588] **s. m. 1** componimento poetico solitamente di carattere pastorale e campestre **2** (*fig.*) vita tranquilla e felice, esente da preoccupazioni e dolori **3** (*fig.*) amore delicato, avvolto in un'atmosfera sognante e intrisa di sentimentalismo: *tessere, filare un i.* | (*est.*) accordo, intesa: *è già finito l'i. tra governo e sindacati*

ìdio- [dal gr. *ídios* 'proprio, particolare', di etim. incerta] **primo elemento** ● in parole composte della terminologia colta o scientifica, significa 'proprio, particolare': *idioblasto, idiocultura, idioelettrico*

-ìdio [gr. -*ídion*, ampliamento del suff. dim. -*ion*, tratto da vc. che avevano -*id*- come proprio elemento costitutivo] **suff.** ● nella biologia animale e vegetale e nella sistematica zoologica e botanica, ha valore diminutivo: *anteridio*

idioblàsto [comp. di *idio*- e del gr. *blastós* 'germoglio' * 1884] **s. m. 1** (*bot.*) cellula vegetale che si trasforma per esercitare funzioni meccaniche nei canali aeriferi **2** (*miner.*) cristallo di roccia metamorfica dotato di forma più o meno perfetta e distinta

idiocromàtico [comp. di *idio*- e *cromatico* * 1917] **agg.** (**pl. m.** -*ci*) ● (*miner.*) detto di un solido che mantiene sempre il proprio colore

idiocultùra [comp. di *idio*- e *cultura* * 1983] **s. f.** ● cultura propria di una minoranza di persone: *l'i. degli zingari*

idioelèttrico [comp. di *idio*- ed *elettrico* * 1816] **agg.** (**pl. m.** -*ci*) ● (*elettr.*) detto di corpo che ha elettricità propria o è elettrizzabile per strofinio

idiòfono [comp. di *idio*- e -*fono* * 1956] **A agg.** ● detto di strumento musicale, quale la campana, nel quale il corpo vibrante è lo stesso corpo dello strumento CFR. aerofono, cordofono **B anche s. m.**

idioglossìa [comp. di *idio*- e un deriv. del gr. *glôssa* 'lingua' (V. *glossa*) * 1972] **s. f.** ● (*med.*) emissione di suoni inarticolati e privi di senso

idiogràfico [comp. di *idio*- e -*grafico* * 1907] **agg.** (**pl. m.** -*ci*) ● detto di studio o ricerca che hanno per oggetto casi particolari o singoli, in contrapposizione allo studio o alla ricerca di leggi e teorie generali che regolino una intera classe di casi

idiolètto [ingl. *idiolect*, da *idio*- sul modello di *dialect* 'dialetto' * 1966] **s. m.** ● (*ling.*) l'insieme degli usi di una lingua caratteristico di un dato individuo CFR. socioletto, regioletto

***idiòma** [vc. dotta, lat. tardo *idiōma* (nt.), dal gr. *idíōma* 'peculiarità', 'carattere particolare' (*ídios*) * 1321] **s. m.** (**pl.** -*i*) **1** lingua propria di una comunità: *l'i. italiano, inglese* | dialetto: *gli idiomi della vallata alpina* **2** (*poet.*) linguaggio: *sì dolce i. / le diedi, e un cantar tanto soave* (F. PETRARCA)

idiomàtica [da *idioma* * 1961] **s. f.** ● (*ling.*) fraseologia: *l'i. dell'italiano* | settore della lessicologia che studia la fraseologia di una lingua

idiomàtico [gr. *idiōmatikós* 'relativo all'*idioma* (*idíōma*)' * 1675] **agg.** (**pl. m.** -*ci*) ● che è proprio di un idioma | ***frasi idiomatiche***, modi di dire tipici di una data lingua ‖ **idiomaticaménte**, **avv.** ‖ **idiomaticità**, **s. f. inv.**

idiomatìsmo [1887] **s. m.** ● (*ling., raro*) idiotismo

idiomòrfo [gr. *idiómorphos*, comp. di *ídios* 'proprio' e di un deriv. da *morphḗ* 'forma' * av. 1730] **agg.** ● (*miner.*) cristallo di roccia eruttiva che ha forma sua propria CONTR. allotriomorfo

idiopatìa [comp. di *idio*- e -*patia* * 1798] **s. f.** ● malattia di origine sconosciuta e che non può essere correlata con altro processo morboso ‖ **idiopàtico**, **agg.** (**pl. m.** -*ci*) che non deriva da altre malattie o che ha un'origine sconosciuta: *cefalea idiopatica*

***idiosincrasìa** [gr. *idiosynkrasía* 'speciale mescolanza di umori e temperamento risultante da essa', comp. di *ídios* 'proprio' e *sýnkrasis* 'mescolanza', a sua volta connesso con *kerannýnai* 'mescolare', di orig. indeur. * av. 1730] **s. f. 1** (*med.*) particolare sensibilità di alcuni individui a determinate sostanze medicamentose o alimentari SIN. intolleranza **2** (*fig.*) forte avversione per qlco. o per qlcu.: *ha una vera i. per la matematica* SIN. incompatibilità, ripugnanza

idiosincràtico [1912] **agg.** (**pl. m.** -*ci*) ● di idiosincrasia | caratterizzato da idiosincrasia

♦**idiòta** [vc. dotta, lat. *idiōta(m)* 'ignorante', dal gr. *idiṓtēs*, passato dal sign. primitivo di 'particolare, privato (da *ídios* 'proprio, personale')' a quello di 'popolare, plebeo' e poi 'ignorante' * av. 1306] **A s. m. e f.** (**pl. m.** -*i*) **1** (*med.*) chi è affetto da idiozia **2** (*est.*) persona stupida, deficiente: *comportamento da i.*; *parlare, agire come un i.* SIN. beota, ebete **3** †persona rozza e incolta **B agg. 1** (*med.*) che è affetto da idiozia **2** (*est.*) stupido, insensato, balordo: *espressione i.*; *discorso i.* ‖ **idiotaménte**, **avv.** (*raro*) in modo idiota

idiotàggine [sec. XIV] **s. f.** ● (*lett.*) idiozia

idiotìpo [comp. di *idio*- e -*tipo*, sul modello dell'ingl. *idiotype* * 1995] **s. m. 1** (*biol.*) il genotipo proprio di un individuo **2** (*biol.*) l'insieme dei determinanti antigenici presenti su una molecola di immunoglobulina

idiotìsmo ① [da *idiota* * av. 1769] **s. m.** ● (*med.*) idiozia

idiotìsmo ② [vc. dotta, lat. *idiotīsmu(m)*, dal gr. *idiōtismós*, da *idiōtízein* 'pronunciare in modo particolare', da *ídios* 'proprio' * 1573] **s. m.** ● (*ling.*) costruzione linguistica propria di una data lingua o dialetto, che non possiede alcun corrispondente in un'altra lingua o dialetto: *i. francese, inglese*; *idiotismi romaneschi, milanesi*

idiozìa [fr. *idiotie*, da *idiot* 'idiota', sul modello del gr. *idiōtéia* 'vita privata', 'stoltezza', da *idiṓtēs* 'individuo, ignorante' (V. *idiota*) * 1841] **s. f. 1** (*med.*) grave ritardo dello sviluppo mentale **2** (*est.*) stupidità, imbecillità | azione o discorso da idiota

Idnàcee [comp. del gr. *hýdnon* 'tubero', di etim. incerta, e del suff. di famiglia botanica -*acee* * 1956] **s. f. pl.** (**sing.** -*a*) ● (*bot.*) famiglia di Funghi a lamina o con cappello, che portano aculei o verruche rivestiti dall'imenio (*Hidnaceae*)

ìdo [vc. della lingua ido, propr. 'discendente (dall'esperanto)' * 1917] **A s. m. solo sing.** ● (*ling.*) lingua artificiale derivata dall'esperanto e costruita come mezzo di comunicazione nei rapporti internazionali **B anche agg. inv.**: *lingua ido*

idolàtra [vc. dotta, lat. tardo *ido(lŏ)latra(m)*, dal gr. *eidōlátrēs*, comp. di *éidōlon* 'figura, idolo' e di un deriv. da *latréuein* 'servire, rendere omaggio' * av. 1300] **A s. m. e f.** (**pl. m.** -*i*) **1** adoratore di idoli **2** chi dimostra un'ammirazione eccessiva o un amore fanatico per qlcu. o qlco.: *i. della donna amata, della ricchezza* **B agg. 1** che adora gli idoli: *popolo i.* **2** (*fig.*) che dimostra un'ammirazione fanatica per qlcu. o qlco.: *persone idolatre del dio denaro* **3** idolatrico: *culto, ammirazione i.*

idolatràre [da *idolatra* * 1354] **A v. tr. 1** adorare idoli **2** (*fig.*) amare incondizionatamente: *i. la propria madre* | ammirare con fanatismo: *i. i potenti*; *i. un campione, una diva* **B v. intr.** (**aus.** *avere*) ● †adorare gli idoli

***idolatrìa** [vc. dotta, lat. tardo *ido(lo)latrīa(m)*, dal gr. *eidōlolatría* (V. *idolatra*) * av. 1292] **s. f. 1** in varie religioni, culto fondato sull'adorazione degli idoli | (*est.*) paganesimo: *cadere, vivere in i.* **2** (*fig.*) ammirazione spinta all'eccesso: *i. del pubblico per un famoso attore* | amore sviscerato: *fu preso da una vera i. per quella donna*

SFUMATURE DI SIGNIFICATO

idolatria - feticismo - fanatismo

L'adorazione di immagini o oggetti ritenuti divini si definisce **idolatria**; in senso figurato il termine esprime un'ammirazione incondizionata, talvolta sproporzionata, fuori luogo. Stesso significato ha **feticismo**, che aggiunge all'amore incondizionato e alla fede assoluta una sfumatura di desiderio insopprimibile, di ossessività. Un entusiasmo esagerato, sproporzionato, che assume le forme di una mania si definisce **fanatismo**.

SFUMATURE ➤ ***adorazione***

idolàtrico [vc. dotta, lat. tardo *ido(lo)lātricu(m)*, da *ido(lo)latrīa* 'idolatria' * av. 1557] **agg.** (**pl. m.** -*ci*) **1** da idolatra: *venerazione, ammirazione idolatrica* **2** che riguarda l'idolatria

idoleggiaménto [1869] **s. m.** ● (*raro*) l'idoleggiare

idoleggiàre [sec. XIII] **A v. tr.** (**pres.** *io idoléggio*; **fut.** *io idoleggerò*) **1** esaltare nella propria immaginazione qlcu. o qlco. quasi come fosse un idolo SIN. feticizzare **2** (*lett.*) rappresentare con immagini o simboli un concetto astratto **B v. intr.** (**aus.** *avere*) ● †adorare gli idoli

♦**ìdolo** [vc. dotta, lat. *idōlu(m)* (tardo *īdolu(m)* col senso attuale), dal gr. *éidōlon* 'figura, simulacro', da êidos 'forma, aspetto' ✱ sec. XII] **s. m.** (**pl.** -*i*, † **f.** -*a*; **pl. lat.** *idòla*) **1** simulacro, immagine o statua di divinità adorati o venerati come sede reale della divinità medesima: *il culto degli idoli; abbattere, rovesciare, spezzare gli idoli* **2** (*fig.*) persona o cosa molto amata per la quale si professa una specie di culto: *è l'i. della folla; il denaro è il suo i.* **3** (*filos.*) nella filosofia di F. Bacon (1561-1626), falsa nozione, pregiudizio (spec. nella forma del pl. lat. *idòla*) **4** †rappresentazione, immagine, figura ‖ **idolétto**, **dim.**

idoneatìvo [da *idoneo* ✱ 1980] **agg.** • (*burocr.*) di idoneità: *giudizio i.* | che riconosce l'idoneità a una professione o a una carriera: *concorso i.*

idoneità o †**idoneitàde**, †**idoneitàte** [vc. dotta, lat. tardo *idoneitāte(m)*, da *idōneus* 'idoneo' ✱ sec. XIV] **s. f. inv.** • condizione di chi (o di ciò che) è idoneo a o per qlco. (+ *a*, **anche seguito da inf.**): *i. alla guida di autoveicoli, all'insegnamento; i test cercheranno di accertare la sua i. a svolgere quel compito* | ***esami di i.***, che servono per accertarla **SIN.** attitudine, capacità

♦**idòneo** o †**idònio** [vc. dotta, lat. *idōneu(m)*, di etim. incerta ✱ av. 1292] **agg.** **1** che ha le qualità o i requisiti necessari per qlco. (+ *a*, **anche seguito da inf.**): *essere i. all'insegnamento, al servizio militare; è persona idonea a ricoprire quella carica* **SIN.** atto **2** adatto, appropriato, adeguato (+ *per*, + *a*, **anche seguiti da inf.**): *è il luogo i. per una vacanza, per rilassarsi; è uno strumento i. al conseguimento dell'obiettivo, a raggiungere lo scopo* ‖ **idoneaménte**, **avv.**

ìdra [vc. dotta, lat. *hȳdra(m)*, dal gr. *hýdra* 'serpente d'acqua (*hýdōr*)', di orig. indeur. ✱ 1313] **s. f.** **1** nell'antica mitologia greco-romana, mostruoso serpente con molte teste che, tagliate, rinascevano: *l'i. di Lerna* **2** (*lett., fig.*) calamità, male o degenerazione a cui non si riesce a rimediare: *l'i. della discordia civile* (G.B. MARINO) **3** piccolo celenterato di acqua dolce con lunghi tentacoli, che si riproduce normalmente per gemmazione e ha un grandissimo potere di rigenerazione (*Hydra vulgaris*) **4** moneta d'argento di Ercole I, coniata nel XV sec. dalla zecca di Ferrara con la raffigurazione dell'idra a sette teste sul rovescio **5** (*bot.*) varietà di cipero

idràcido [comp. di *idr(o)-* e *acido* ✱ 1820] **s. m.** • acido inorganico che non contiene ossigeno, come l'acido cloridrico, cianidrico e sim.

idragògo [comp. di *idr(o)-* e del gr. *agōgós* 'conduttore' ✱ 1684] **agg.** (**pl. m.** -*ghi*) • (*farm.*) detto di farmaco che favorisce l'eliminazione dell'acqua

idralcòlico [comp. di *idr(o)-* e *alcolico* ✱ 1983] **agg.** (**pl. m.** -*ci*) • composto di acqua e alcol: *soluzione idralcolica*

idràmnio [comp. di *idr(o)-* e (acido) *amnio(tico)* ✱ 1874] **s. m.** • (*med.*) aumento anormale del liquido amniotico

idrangèa [comp. di *idro-* e del gr. *angêion* 'vaso' (di orig. sconosciuta) ✱ 1798] **s. f.** • genere di piante delle Sassifragacee, tipiche delle zone temperate, cui appartiene l'ortensia (*Hydrangea*)

idrànte [ingl. *hydrant*, comp. del gr. *hýdōr* 'acqua' e del suff. di orig. lat. *-ant* '-ante' ✱ 1895] **s. m.** **1** apparecchio installato su una tubazione d'acqua, che permette l'attacco di una lancia per l'estinzione d'incendi, annaffiamento di strade e sim. | tubo usato per lanciare getti d'acqua **2** autobotte con impianto autonomo di presa, deposito o getto d'acqua

†**idrargìrio** [vc. dotta, lat. *hydrārgyru(m)*, dal gr. *hydrárgyros* 'argento (*árgyros*) acqueo (da *hýdōr* 'acqua')' ✱ 1563] **s. m.** • mercurio

idrargirìsmo [comp. di *idrargir(io)* e *-ismo* ✱ 1900] **s. m.** • (*med.*) intossicazione cronica da mercurio, caratterizzata principalmente da nevriti e fenomeni psichici **SIN.** mercurialismo, idrargirosi

idrargiròsi [1752] **s. f. inv.** • (*med.*) idrargirismo

idràrtro [comp. di *idr(o)-* e del gr. *árthron* 'articolazione' ✱ 1820] **s. m.** • (*med.*) raccolta sierosa nella cavità articolare **SIN.** idrartrosi

idrartròsi [1834] **s. f. inv.** • (*med.*) idrartro

idràste [dal gr. *hydrástina* 'canapa silvestre', prob. prestito da una lingua straniera ✱ 1834] **s. f.** • piccola pianta erbacea delle Berberidacee, dal cui rizoma si estrae l'idrastina (*Hydrastis canadensis*)

idrastìna [comp. di *idrast(e)* e *-ina* ✱ 1874] **s. f.** • alcaloide estratto dai rizomi dell'idraste, che si presenta in cristalli incolori dotati di azione vasocostrittrice

idratàbile [1869] **agg.** • (*chim.*) che può essere idratato

idratànte **A** **part. pres.** di *idratare*; **anche agg.** **1** nei sign. del v. **2** detto di prodotto cosmetico che ha lo scopo di ristabilire il giusto grado di umidità della cute o di un tessuto cutaneo: *crema i.; cura i.* **B** **s. m.** • prodotto idratante

idratàre [da *idrato* ✱ 1869] **A** **v. tr.** **1** (*chim.*) fare adsorbire o assorbire acqua, fare imbevere d'acqua | addizionare molecole d'acqua a una sostanza | trasformare un composto anidro nel corrispondente composto idrato **2** riportare al giusto grado di umidità: *i. la pelle* **B** **idratàrsi** **v. intr. pron. e rifl.** • assorbire acqua; acquisire il giusto grado di umidità: *bere per idratarsi*

idratàsi [vc. dotta, comp. di *idrat(are)* e del suff. *-asi* ✱ 1957] **s. f. inv.** • (*biol.*) enzima che catalizza una reazione di addizione di una molecola di acqua a un substrato

idratazióne [1869] **s. f.** • l'idratare, il venire idratato | assorbimento di acqua **CONTR.** disidratazione | (*chim.*) reazione dalla quale si formano idrati e idrossidi | (*chim., tecnol.*) ***i. del cemento***, l'insieme delle reazioni che avvengono nel cemento dopo l'impasto fra i composti che lo costituiscono e l'acqua

idràto [fr. *hydrate*, dal gr. *hýdōr* 'acqua' col suff. *-ate* '-ato[2]' ✱ 1820] **A** **agg.** (*chim.*) **1** detto di sostanza contenente una o più molecole d'acqua **CONTR.** anidro **2** detto di ossido che si è idratato trasformandosi in idrossido: *calce idrata* **B** **s. m.** (*chim.*) **1** idrossido **2** il solvato quando il solvente è l'acqua **3** ***i. di carbonio***, glucide

idràulica [da *idraulico* ✱ av. 1710] **s. f.** • scienza e tecnica che si occupa dei liquidi, spec. dell'acqua, in quiete o in moto

idraulicità [dall'agg. *idraulico* ✱ 1869] **s. f. inv.** • (*edil.*) proprietà di alcuni leganti di fare presa a contatto con l'acqua

♦**idràulico** [vc. dotta, lat. *hydrāulicu(m)*, dal gr. *hydraulikós*, da *hýdraulos*, comp. di *hýdōr* 'acqua' e *aulós* 'tubo, canna' ✱ 1336 ca.] **A** **agg.** (**pl. m.** -*ci*) **1** relativo all'idraulica: *fenomeno i.* | che si occupa di idraulica: *tecnico, ingegnere i.* **2** che consente lo scorrimento, la distribuzione e sim. delle acque: *impianto i.* | ***colonna idraulica***, per rifornire d'acqua il tender delle locomotive **3** ***calce idraulica***, materiale da costruzione capace di indurirsi e far presa sott'acqua **4** che utilizza l'acqua o altri liquidi per funzionare e sim.: *torchio i.; freno i.* ‖ **idraulicaménte**, **avv.** per mezzo dell'acqua ‖ **idraulicità**, **s. f. inv.** (V.) **B** **s. m.** (**f.** -*a*) • tecnico addetto alla messa in opera, manutenzione e riparazione delle condutture d'acqua per gli impianti igienici e di approvvigionamento degli edifici

idrazìde [comp. di *idrazi(na)* e *(amm)ide* ✱ 1957] **s. f.** • (*chim.*) derivato ammidico dell'idrazina di interesse medico e industriale

idrazìna [comp. di *idr(ogeno)*, *az(oto)* e *-ina* ✱ 1905] **s. f.** • composto organico costituito da due atomi di azoto e quattro d'idrogeno, usato nell'industria chimica e per propellenti in missilistica

idrazóne [ted. *Hydrazon*, comp. di *Hydraz(in)* 'idrazina' e del suff. *-on* '-one'[2] ✱ 1917] **s. m.** • (*chim.*) composto organico derivato dall'idrazina per reazione con aldeidi o chetoni

idremìa o **idroemìa** [comp. di *idr(o)-* ed *-emia* ✱ 1874] **s. f.** • (*med.*) aumento del contenuto idrico del sangue con diluizione dei suoi componenti

ìdria [vc. dotta, lat. *hȳdria(m)*, dal gr. *hydría* 'brocca, boccale d'acqua (*hýdōr*)' ✱ av. 1342] **s. f.** • (*archeol.*) vaso per acqua di produzione greca, a due anse orizzontali ed una verticale

ìdrico [dal gr. *hýdōr* 'acqua' ✱ 1869] **agg.** (**pl. m.** -*ci*) • di acqua: *riserva idrica* | ***dieta idrica***, dieta liquida a base di acqua

-ìdrico [comp. di *-idr-* (da *idrogeno*) e del suff. *-ico*] **suff.** • in chimica, indica gli idracidi: *bromidrico, fluoridrico*

idro-, -idro [dal gr. *hýdōr* 'acqua', di orig. indeur.] **primo e secondo elemento** (**davanti a vocale,** *idr-*) **1** in parole composte dotte o della terminologia scientifica, significa 'acqua': *idrografia, idrostatico; anidro* **2** nella terminologia chimica, primo elemento che indica presenza di idrogeno: *idrocarburo*

idroalcòlico o **idroalcoòlico** [comp. di *idro-* e *alcolico* ✱ 1965] **agg.** (**pl. m.** -*ci*) • che è composto di acqua e alcol

idròbio [comp. di *idro-* e *-bio* ✱ 1957] **s. m.** **1** (*biol.*) insieme di organismi animali e vegetali che popolano le acque **2** (*zool.*) genere di Insetti dei Coleotteri abitatori della vegetazione immersa in acque stagnanti (*Hydrobius*)

idrobiologìa [comp. di *idro-* e *biologia* ✱ 1909] **s. f.** (**pl.** -*gìe*) • branca della biologia che studia gli esseri viventi nell'ambiente acquatico

idrobiològico [1957] **agg.** (**pl. m.** -*ci*) • relativo all'idrobiologia

idrobiòlogo [comp. di *idro-* e *biologo* ✱ 1957] **s. m.** (**f.** -*a*; **pl. m.** -*gi*) • studioso di idrobiologia

idrobròmico [comp. di *idro(geno)* e dell'agg. di *bromo*, secondo il tipo fr. *hydrobromique* ✱ 1869] **agg.** (**pl. m.** -*ci*) • (*chim., raro*) bromidrico

idrocarbùrico [1956] **agg.** (**pl. m.** -*ci*) • (*chim.*) relativo agli idrocarburi: *catena idrocarburica* | ***gruppo i.***, ciò che resta di un idrocarburo a cui è stato sottratto un atomo d'idrogeno | ***resine idrocarburiche***, resine ottenute per polimerizzazione di idrocarburi aromatici e usate per la preparazione di vernici, adesivi e mescole di gomma **SIN.** resine idrocarboniche

idrocarbùro [comp. di *idro(geno)* e *carburo* ✱ 1847] **s. m.** • (*chim.*) composto organico contenente solo carbonio e idrogeno; costituente fondamentale del petrolio e dei gas naturali si può presentare allo stato gassoso, liquido o solido | ***idrocarburi alifatici, aciclici***, quelli in cui gli atomi di carbonio sono disposti a catena aperta | ***idrocarburi saturi, paraffinici***, idrocarburi alifatici in cui gli atomi di carbonio presentano legami semplici | ***idrocarburi insaturi***, idrocarburi alifatici in cui gli atomi di carbonio presentano doppi o tripli legami | ***idrocarburi aliciclici, naftenici***, quelli in cui gli atomi di carbonio presentano una struttura ciclica | ***idrocarburi aromatici***, quelli costituiti da uno o più anelli benzenici

Idrocaritàcee [dal gr. *hydrocharḗs* 'che gioisce (dal v. *cháirein*, di orig. indeur.) nell'acqua (*hýdōr*)' e *-acee* ✱ 1917] **s. f. pl. (sing. *-a*)** • (*bot.*) famiglia di Monocotiledoni acquatiche sommerse o natanti con fiori maschili e femminili separati (*Hydrocharitaceae*)

idrocefalìa [da *idrocefalo* ✱ 1899] **s. f.** • (*med.*) alterazione morbosa caratterizzata da idrocefalo

idrocefàlico [1880] **A agg. (pl. m. *-ci*)** • (*med.*) relativo a idrocefalo **B s. m. (f. *-a*)**; anche **agg.** • (*med.*) chi (o che) è affetto da idrocefalo

idrocèfalo [gr. *hydroképhalos*, comp. di *hýdōr* 'acqua' e *kephalḗ* 'cervello, testa' ✱ av. 1698] **s. m.** • (*med.*) aumento del liquido cefalorachidiano nei ventricoli cerebrali e negli spazi subaracnoidei

idrocèle [comp. di *idro-* e *-cele* ✱ 1583] **s. m.** • (*med.*) accumulo di liquido nella tunica vaginale del testicolo

idroceràmica [comp. di *idro-* e *ceramica* ✱ 1957] **s. f.** • ceramica a pasta porosa, non vetrinata, usata spec. per produrre vasi atti a mantenere fresca l'acqua contenuta in essi grazie all'evaporazione attraverso la loro superficie

idrochinóne [comp. di *idro-* e *chinone* ✱ 1869] **s. m.** • (*chim.*) fenolo bivalente ottenuto industrialmente per riduzione del relativo chinone, usato spec. in fotografia come sviluppatore

idrocoltùra [comp. di *idro-* e *coltura* nel senso di 'coltivazione' ✱ 1963] **s. f.** • (*bot.*) coltivazione di piante mediante immersione delle radici in acqua SIN. enidrocoltura

Idrocoràlli [comp. di *idro-* e il pl. di *corallo* ✱ 1917] **s. m. pl. (sing. *-o*)** • (*zool.*) classe di Idrozoi marini coloniali, polimorfi, con scheletro calcareo (*Hydrocorallinae*)

idrocorìa [comp. di *idro-* e un deriv. dal gr. *chōrêin* 'spostarsi, diffondersi' ✱ 1957] **s. f.** • (*bot.*) dispersione dei semi operata dall'acqua

idrocòro [comp. di *idro-* e di un deriv. di *chōrêin* 'allontanarsi da un luogo (*chóros*)', 'separarsi' ✱ 1932] **agg.** • detto di pianta che affida all'acqua i semi o i frutti per la disseminazione

idrocortiṣóne [comp. di *idro-* e *cortisone* ✱ 1957] **s. m.** • (*chim.*) derivato del cortisone dotato di azione antinfiammatoria SIN. cortisolo

idrodegradazióne [comp. di *idro-* e *degradazione* ✱ 1983] **s. f.** • processo di degradazione chimica che ha luogo a opera dell'acqua

idrodinàmica [comp. di *idro-* e *dinamica* ✱ av. 1764] **s. f.** • parte dell'idraulica che studia il moto dei liquidi

idrodinàmico [1775] **agg. (pl. m. *-ci*)** **1** relativo all'idrodinamica **2** detto di ciò che ha forma tale da incontrare scarsa resistenza al moto nell'acqua ‖ **idrodinamicità**, **s. f. inv.**

idroelèttrico [comp. di *idro-* ed *elettrico* ✱ 1905] **agg. (pl. m. *-ci*)** • relativo alla trasformazione dell'energia cinetica dell'acqua in energia elettrica: *bacino, impianto i.*; *centrale idroelettrica* ‖ **idroelettricità**, **s. f. inv.** energia elettrica prodotta mediante l'utilizzo dell'energia cinetica dell'acqua

idroemìa ▸ **idremia**

idroestrattóre [comp. di *idro-* e un deriv. di *estrarre* 'portar via, asportare' ✱ 1941] **s. m.** • (*tecnol.*) dispositivo, funzionante per centrifugazione, compressione o aspirazione, destinato a eliminare l'acqua da tessuti e sim.

Idròfidi [comp. di *idro-* e del gr. *óphis* 'serpente' ✱ 1957] **s. m. pl. (sing. *-e*)** • (*zool.*) famiglia di Rettili acquatici marini velenosi ma non aggressivi che vivono nell'Oceano Pacifico e nell'Oceano Indiano (*Hydrophiidae*)

idrofilìa [comp. di *idro-* e *-filia* ✱ 1943] **s. f.** **1** (*bot.*) impollinazione di piante acquatiche per mezzo dell'acqua SIN. idrogamia **2** (*chim.*) proprietà di assorbire e trattenere acqua

idròfilo [comp. di *idro-* e *-filo* ✱ 1820] **A agg.** **1** (*chim.*) detto di sostanza o corpo che tende ad adsorbire o assorbire acqua, a imbibirsi d'acqua: *cotone i.* **2** (*chim.*) detto di colloide liofilo nel caso in cui il solvente sia l'acqua **3** (*chim.*) detto di gruppo atomico che costituisce un dipolo elettrico e che tende quindi a legarsi ai dipoli elettrici dell'acqua **4** (*bot.*) detto di pianta amante dei luoghi umidi o che affida il polline all'acqua | ***impollinazione idrofila***, idrofilia CONTR. idrofobo **B s. m.** • (*zool.*) *i. piceo*, coleottero a corpo ovale, appuntito, nero, che vive fra la vegetazione di acque stagnanti trattenendo l'aria fra i peli (*Hydrophilus piceus*)

idrofinitùra [comp. di *idro-* e *finitura* ✱ 1972] **s. f.** • (*metall.*) trattamento per rendere satinata una superficie metallica, proiettandovi sotto pressione un liquido carico di polveri abrasive

idròfita [comp. di *idro-* e *-fita* ✱ 1829] **s. f.** • pianta che vive nell'acqua

idrofobìa [vc. dotta, lat. *hydrophŏbia(m)*, dal gr. *hydrophobía*, comp. del gr. *hýdōr* 'acqua' e di un deriv. da *phóbos* 'paura' ✱ 1494] **s. f.** **1** (*chim.*) idrorepellenza **2** (*med.*) rabbia | manifestazione clinica di tale malattia, caratterizzata da spasmo della glottide e paralisi dei muscoli della deglutizione; è scatenata dalla vista o dal rumore dell'acqua | (*psicol.*) avversione patologica e immotivata per l'acqua **3** (*fig.*) furiosa avversione per qlcu. o qlco. ‖ **idrofòbico**, **agg. (pl. m. *-ci*)** relativo all'idrofobia; ***spasmo idrofobico***, spasmo faringeo doloroso nel malato di rabbia, che insorge nel tentativo o al pensiero di bere ‖ **idròfobo**, **agg. e s. m.** (V.)

idròfobo [vc. dotta, lat. tardo *hydrŏphobu(m)*, dal gr. *hydrophóbos* 'che ha paura (*phóbos*) dell'acqua (*hýdōr*)' ✱ av. 1730] **agg.; anche s. m. (f. *-a*)** nel sign. 4 **1** (*chim.*) detto di sostanza o corpo che presenta idrorepellenza, e cioè su cui l'acqua non aderisce ma si raccoglie in gocce **2** (*chim.*) detto di colloide liofobo quando il mezzo disperdente sia l'acqua **3** (*chim.*) detto di gruppo atomico o di molecola che, essendo privi di polarità elettrica, non tendono a legarsi ai dipoli elettrici dell'acqua SIN. idrorepellente **4** (*med.*) che (o chi) è affetto da idrofobia **5** (*fig., fam.*) furioso, rabbioso: *sembrare, diventare i.*

idrofònico [1965] **agg. (pl. m. *-ci*)** • (*mar.*) relativo all'idrofono: *boa idrofonica*

idrofonìsta [1937] **s. m. e f. (pl. m. *-i*)** • (*mar.*) addetto all'impiego dell'idrofono

idròfono [comp. di *idro-* e *(tele)fono* ✱ 1937] **s. m.** • apparecchio per la ricezione di suoni, rumori e segnali subacquei, che serve a scoprire a distanza la presenza e la direzione di navi e sommergibili

idròforo [gr. *hydrophóros* 'che porta (dal v. *phérein*) acqua (*hýdōr*)' ✱ 1855] **agg.** • che porta acqua | ***macchina idrofora***, usata per il trasporto di acqua in zone paludose

idroftàlmo [comp. di *idro-* e del gr. *ophthalmós* 'occhio' ✱ 1820] **s. m.** • (*med.*) aumento del volume dei liquidi nel globo oculare SIN. buftalmo

idròfugo [comp. di *idro-* e *-fugo* ✱ 1869] **A agg. (pl. m. *-ghi*)** • impermeabile: *tessuto i.* SIN. idrorepellente | detto di materiale che costituisce un mezzo isolante rispetto all'umidità **B anche s. m.**

idrògama [comp. di *idro-* e del f. di *-gamo* ✱ 1994] **agg. solo f.** • (*bot.*) detto di impollinazione in cui il trasporto del polline è opera dell'acqua

idrogamìa [comp. di *idro-* e *-gamia* ✱ 1957] **s. f.** • (*bot.*) idrofilia

idrogenàre [da *idrogeno* ✱ 1869] **v. tr.** (*io idrògeno*) • introdurre in una molecola organica atomi di idrogeno

idrogenàṣi [comp. di *idrogen(o)* e *-asi* ✱ 1956] **s. f. inv.** • (*chim.*) enzima batterico capace di produrre idrogeno molecolare dalla fermentazione di materiale organico

idrogenàto [da *idrogenare* ✱ 1869] **agg.** • detto di sostanza, spec. organica, che è stata sottoposta a idrogenazione

idrogenazióne [1829] **s. f.** • operazione dell'idrogenare

idrogenióne [1957] **s. m.** • (*chim.*) ione di idrogeno

idrògeno o **idrògene** [comp. del gr. *hýdōr* 'acqua' e *-geno* ✱ 1795] **s. m.** • elemento chimico noto anche nei suoi isotopi deuterio e trizio, incolore, inodore, infiammabile, riducente per eccellenza, ottenuto industrialmente per elettrolisi dell'acqua; materia prima di molti processi industriali, è il più leggero dei gas SIMB. H NUM. AT. 1 | ***i. arsenicale***, arsina | ***perossido di i.***, acqua ossigenata | ***i. solforato***, acido solfidrico | ***i. fosforato***, fosfina | ***i. pesante***, deuterio

idrogenodótto [comp. di *idrogeno-* e *-dotto* ✱ 2000] **s. m.** • gasdotto per il trasporto di idrogeno

idrogeologìa [comp. di *idro-* e *geologia* ✱ 1978] **s. f. (pl. *-gìe*)** • (*geol.*) studio delle acque superficiali e sotterranee, in quanto costituenti dei terreni e agenti esogeni di fenomeni geologici

idrogeològico [1972] **agg. (pl. m. *-ci*)** **1** relativo alla idrogeologia: *studi idrogeologici* **2** che concerne il rapporto tra le acque e le condizioni del terreno: *dissesto, equilibrio i.*

idrogeotèrmico [comp. di *idro-* e *geotermico* ✱ 1994] **agg. (pl. m. *-ci*)** • che proviene dallo sfruttamento del calore e delle acque della Terra: *energia idrogeotermica*

idrogètto [comp. di *idro-* che sostituisce *avio-* in *aviogetto* ✱ 1970] **s. m.** • (*mar.*) propulsore per imbarcazioni in cui la spinta è ottenuta mediante un getto d'acqua aspirata attraverso una bocca di presa e una condotta di adduzione, accelerata mediante una pompa ed espulsa a poppa attraverso un ugello orientabile

idrografìa [comp. di *idro-* e *-grafia* ✱ av. 1555] **s. f.** **1** (*geogr.*) disciplina che studia mari, fiumi, laghi e sim. della Terra | ***i. di una regione***, descrizione di tutte le sue acque **2** (*est.*) rappresentazione cartografica delle acque di una regione

idrogràfico [1771] **agg. (pl. m. *-ci*)** • relativo all'idrografia: *studi idrografici*; *rilevamento i.*; *sistema i.* | ***bacino i.***, V. *bacino*, sign. 4 ‖ **idrograficaménte**, **avv.** dal punto di vista dell'idrografia

idrògrafo [comp. di *idro-* e *-grafo* ✱ 1614] **s. m. (f. *-a*)** • studioso di idrografia

idroguìda [comp. di *idro-* e *guida* ✱ 1983] **s. f.** • (*autom., tecnol.*) servosterzo in cui il martinetto idraulico fa parte della scatola di guida, insieme alla valvola di comando

idrolàbile [1957] **agg.** • (*med.*) tendente a subire variazioni quantitative dei liquidi organici ‖ **idrolabilità**, **s. f. inv.** (V.)

idrolabilità [comp. di *idro-* e *labilità* ✱ 1957] **s. f. inv.** • (*med.*) tendenza di un organismo a disidratarsi

idrolàṣi [comp. di *idrol(isi)* e *-asi* ✱ 1957] **s. f. inv.** • (*chim.*) qualsiasi enzima che catalizza le reazioni idrolitiche

idrolàto [comp. di *idro-* e *(distil)lato* ✱ 1869] **s. m.** • (*chim.*) soluzione contenente i principi attivi di alcune piante, ottenuta distillando in acqua le parti della pianta (radici, rizoma, corteccia) contenenti il principio stesso

idròlisi [comp. di *idro-* e del gr. *lýsis* 'soluzione' ✻ 1907] **s. f. inv.** ● (*chim.*) scissione di una sostanza per effetto dell'acqua | ***i. acida***, effettuata con l'aiuto di un acido | ***i. alcalina***, effettuata con l'aiuto di un alcali | ***i. enzimatica***, effettuata con l'aiuto di enzimi

idrolìtico [1933] **agg.** (**pl. m.** *-ci*) ● relativo all'idrolisi ‖ **idroliticaménte**, **avv.** mediante idrolisi

idròlito [comp. di *idro-* e del gr. *lytós* 'solubile' ✻ 1869] **s. m.** ● soluzione acquosa di sostanze medicamentose

idrolizzàre [1956] **v. tr.** ● (*chim.*) operare un'idrolisi

idròlo [da *idro-* ✻ 1957] **s. m.** ● (*chim.*) molecola d'acqua, spec. del vapore acqueo, di formula H_2O

idrologìa [comp. di *idro-* e *-logia* ✻ 1748] **s. f.** (**pl.** *-gìe*) ● studio della natura e delle proprietà chimiche e fisiche delle acque continentali, sia di superficie che sotterranee | ***i. medica***, studio delle malattie che si curano mediante le acque termali | ***i. agraria***, studio del comportamento dell'acqua nel terreno | ***i. vegetale***, studio dei fenomeni che regolano i rapporti tra acqua e piante

idrològico [1779] **agg.** (**pl. m.** *-ci*) ● che riguarda l'idrologia

idròlogo [1835] **s. m.** (**f.** *-a*; **pl. m.** *-gi*) ● studioso di idrologia

idròma ➤ **igroma**

idromànte [vc. dotta, lat. tardo *hydromănte(m)*, dal gr. *hydrómantis* 'indovino (*mántis*) per mezzo dell'acqua (*hýdōr*)' ✻ av. 1327] **s. m. e f.** ● cultore di idromanzia

idromanzìa [vc. dotta, lat. *hydromantīa(m)*, comp. del gr. *hýdōr* 'acqua' e *mantéia* 'arte divinatoria' ✻ av. 1328] **s. f.** ● antica tecnica divinatoria consistente nel trarre presagi dai movimenti dell'acqua versata in calici o in bacini o lasciata scorrere sul suolo

idromassàggio [comp. di *idro-* e *massaggio* ✻ 1983] **s. m.** ● (*med.*) massaggio eseguito con getti di acqua calda e aerata, allo scopo di rilassare i muscoli e stimolare la circolazione

idromeccànica [comp. di *idro-* e *meccanica* ✻ 1970] **s. f.** ● (*fis.*) meccanica dei liquidi

idromedùsa [gr. *hydromédousa*, comp. di *hýdōr* 'acqua' e *médousa* 'medusa' ✻ 1887] **s. f.** ● ogni medusa appartenente alla classe degli Idrozoi **SIN.** medusa craspedota

idromèle [vc. dotta, lat. *hydrŏmeli* (nt.), dal gr. tardo *hydrómeli* 'bevanda di acqua (*hýdōr*) e miele (*méli*)' ✻ 1340 ca.] **s. m.** ● bevanda alcolica ottenuta dalla fermentazione di miele diluito con acqua

idrometallurgìa [comp. di *idro-* e *metallurgia* ✻ 1972] **s. f.** (**pl.** *-gìe*) ● (*metall.*) estrazione per via elettrolitica di metalli previa solubilizzazione dei loro minerali

idrometèora [comp. di *idro-* e *meteora* nel senso generico di 'fenomeno atmosferico' ✻ 1915] **s. f.** ● meteora costituita da particelle di acqua liquida o solida che cadono o sono in sospensione o vengono sollevate dal vento, come nebbia, foschia, pioggia, grandine, neve, nevischio e sim.

idròmetra [comp. di *idro-* e dello stesso deriv. da *metrêin* 'misurare', che si trova in *geometra* ✻ 1754] **s. f.**, *raro* **m.** (**pl. f.** *-e*, **m.** *-i*) ● (*zool.*) emittero abilissimo nel camminare sulla superficie dell'acqua grazie al corpo sottile ed alle lunghissime zampe (*Hydrometra stagnorum*)

idrometrìa [comp. di *idro-* e *-metria* ✻ 1660 ca.] **s. f.** ● parte dell'idraulica che si occupa degli apparecchi e dei procedimenti per misurazioni di livello o di pressione o di velocità o di portata

idromètrico [av. 1710] **agg.** (**pl. m.** *-ci*) ● relativo all'idrometria

idròmetro [comp. di *idro-* e *-metro* ✻ 1748] **s. m.** ● scala metrica che segna il livello delle acque nei porti, nei canali, nei fiumi

idròmide [comp. di *idro-* e di un deriv. dal gr. *mŷs* 'topo' ✻ 1874] **s. m.** ● roditore australiano simile al ratto delle chiaviche ma con zampe posteriori palmate, caratteristico delle zone d'acqua, carnivoro predatore notturno (*Hydromys chrysogaster*)

idromodèllo [comp. di *idro-* e *modello* ✻ 1946] **s. m.** ● (*idraul.*) modello in scala di bacini naturali, impianti, opere o dispositivi idraulici

idronefròsi [comp. di *idro-* e *nefrosi* ✻ 1874] **s. f. inv.** ● (*med.*) dilatazione della pelvi e dei calici renali come risultato di ostruzione dell'uretere

idronimìa [da *idronimo* ✻ 1994] **s. f.** ● (*ling.*) studio dei nomi di corsi d'acqua o di laghi

idrònimo [comp. di *idr(o)-* e *-onimo*, sul modello dell'ingl. *hydronimy* ✻ 1957] **s. m.** ● (*ling.*) nome di corso d'acqua o di lago

idronomìa [comp. di *idro-* e *-nomia* ✻ 1983] **s. f.** ● disciplina che studia i vari sistemi di rimboschimento e di difesa delle acque montane

ìdrope o **idròpe** [vc. dotta, lat. *hydrōpe(m)*, dal gr. *hýdrōps* 'che ha l'aspetto (*ôps*) di umore (*hýdōr*)' ✻ 1583] **s. m.** ● (*med.*) raccolta di liquido trasudatizio nei tessuti interstiziali, nelle cavità sierose o in organi cavi

idropericàrdio [comp. di *idro-* e *pericardio* ✻ 1834] **s. m.** ● (*med.*) raccolta di liquido trasudatizio nella cavità pericardica

idroperitonèo [vc. dotta, comp. di *idro-* e *peritoneo* ✻ 1995] **s. m.** ● (*med.*) ascite

idroperòssido [comp. di *idro-* e *perossido* ✻ 1972] **s. m.** ● (*chim.*) composto molto reattivo contenente un legame tra ossigeno e ossigeno e uno tra ossigeno e idrogeno

idropessìa [comp. di *idro-* e *-pessia* ✻ 1972] **s. f.** ● (*med.*) incameramento di acqua da parte dei tessuti organici

idròpico [vc. dotta, lat. *hydrōpicu(m)*, dal gr. *hydropikós*, da *hýdrōps* 'idrope' ✻ av. 1292] **A agg.** (**pl. m.** *-ci*) ● relativo a idropisia **B agg. e s. m.** (**f.** *-a*) ● malato di idropisia

idropìnico [comp. di *idro-* e di un deriv. dal gr. *pínein* 'bere' ✻ 1925] **agg.** (**pl. m.** *-ci*) ● (*med.*) detto di cura consistente nel bere acque minerali: *cure termali e idropiniche*

idropinoterapìa [comp. di *idro-*, di un deriv. dal v. gr. *pínein* 'bere' e di *terapia* ✻ 1963] **s. f.** ● (*med.*) cura con acque minerali

idropisìa [dal gr. *hýdrōps* 'idrope' (V.) ✻ av. 1306] **s. f. 1** (*med.*) raccolta patologica di liquido nella cute, nelle cavità sierose o in organi cavi **2** (*bot.*, *est.*) malattia delle piante caratterizzata da eccessiva presenza di umori

idropittùra [comp. di *idro-* e *pittura* ✻ 1970] **s. f.** ● tipo di vernice che si diluisce con acqua, usata per tinteggiare intonaci, infissi, mobili e sim.

idroplàno [comp. di *idro-*, che sostituisce *aero-* di *(aero)plano* ✻ 1907] **s. m.**; **anche agg.** ● (*mar.*) natante con particolare carena o alette laterali tali da permettere allo scafo di sollevarsi riducendo l'immersione e, quindi, la resistenza al moto

idropneumàtico [comp. di *idro-* e *pneumatico* ✻ av. 1861] **agg.** (**pl. m.** *-ci*) **1** (*mecc.*) detto di meccanismi, dispositivi e sim. mossi dall'interazione di mezzi liquidi e gassosi **2** (*chim.*) ***bagno i.***, dispositivo che è usato per raccogliere un gas prodotto da una reazione chimica e in cui la tenuta del gas è assicurata da un liquido non reagente con il gas da raccogliere **3** (*milit.*) ***freno i.***, sistema di frenatura delle artiglierie, spec. navali, il quale assorbe l'energia di rinculo facendo fluire dell'olio attraverso orifizi e riporta il cannone in posizione di sparo mediante gas compressi

idropneumotoràce [comp. di *idro-* e *pneumotorace* ✻ 1972] **s. m.** ● (*med.*) raccolta di trasudato e aria nella cavità pleurica

idropònica [comp. di *idro-* e del gr. *(geo)ponikós* 'relativo alla coltivazione della terra' ✻ 1950] **s. f.** ● procedimento per la coltivazione delle piante che consiste nel tenere immerse le radici in soluzioni acquose di sali nutritizi

idropònico [1949] **agg.** (**pl. m.** *-ci*) ● che concerne l'idroponica

idropòrto [comp. di *idro(volante)* e *(aero)porto* ✻ 1940] **s. m.** ● idroscalo

idropotàbile [comp. di *idro-* e *potabile* ✻ 1956] **agg.** ● relativo all'acqua potabile: *approvvigionamento, rischio i.* ‖ **idropotabilità**, **s. f. inv.**

idropulitrìce [comp. di *idro-* e *pulitrice* ✻ 1976] **s. f.** ● elettroutensile che genera un getto d'acqua ad alta pressione per pulire qualsiasi tipo di superficie

idropulsóre [comp. di *idro-* e dell'ingl. *pulser*, da *to pulse* 'pulsare' ✻ 1988] **s. m.** ● apparecchio per l'igiene dentale che spruzza una serie di piccoli getti d'acqua

idroreattóre [comp. di *idro(volante)* e *reattore* ✻ 1970] **s. m.** ● (*mar.*) idrogetto

idrorepellènte [comp. di *idro-* e del part. pres. di *repellere* nel senso etim. di 'respingere' ✻ 1949] **A agg. 1** detto di tessuti o materiali vari trattati in modo da diventare impermeabili all'acqua **2** (*chim.*) detto di gruppo atomico, di natura idrocarburica, che è privo di affinità verso l'acqua e che è presente in numerosi composti di impiego pratico quali i tensioattivi e gli impermeabilizzanti **B** anche **s. m.**

idrorepellènza [comp. di *idro-* e *repellenza* ✻ 1963] **s. f.** ● (*chim.*) proprietà dei corpi e delle sostanze che presentano scarsa affinità con l'acqua

idroricognitóre [comp. di *idro(volante)* e *ricognitore* ✻ 1957] **s. m.** ● idrovolante da ricognizione

idrorrèa [comp. di *idro-* e *-rea* ✻ 1824] **s. f.** ● (*med.*) secrezione sierosa incolore prodotta dalla mucosa delle cavità nasali o della vagina, soprattutto in gravidanza: *i. gravidica*

idrosadenìte [da *idro-* e *adenite* ✻ 1889] **s. f.** ● (*med.*) infiammazione delle ghiandole sudoripare apocrine, spec. di quelle ascellari

idrosalìno [comp. di *idro-* e *salino* ✻ 1987] **agg.** ● che riguarda l'acqua presente nell'organismo umano e i sali minerali in essa contenuti: *ricambio, equilibrio i.*

idrosanitàrio [comp. di *idro-* e *sanitario* ✻ 1983] **agg.** ● (*edil.*) detto di impianto destinato alla pulizia personale e allo smaltimento di ogni tipo di materie di rifiuto organico, comprendente lavabi, lavandini, latrine, bidè, docce e sim.

idroscàfo [comp. di *idro-* e *scafo* ✻ 1957] **s. m.** ● nave con propulsione a reazione d'acqua

idroscàla [comp. di *idro-* e *scala* ✻ 1983] **s. f.** ● (*agric.*) piattaforma mobile, a comando idraulico, usata per operazioni di potatura, raccolta della frutta e sim.

idroscàlo [comp. di *idro(volante)* e *(aero)scalo* ✻ 1926] **s. m.** ● aeroscalo per idrovolanti

idroscì [comp. di *idro-* e *sci* ✻ 1935] **s. m. inv.** ● sci nautico

idrosciatóre [comp. di *idro-* e *sciatore* ✻ 1957] **s. m.** (**f.** *-trice*) ● chi pratica lo sci nautico

idrosciìstico [1970] **agg. (pl. m.** *-ci***)** • relativo all'idroscì: *gara idrosciistica*

idroscivolànte [comp. di *idro-* e *scivolante* ✶ 1929] **s. m.** • imbarcazione con propulsione a elica aerea, il cui scafo ha carena pianeggiante con uno o più gradini trasversali

idroscòpio [comp. di *idro-* e *-scopio* ✶ 1940] **s. m.** • specie di cannocchiale per esplorare il fondo del mare

idroservostèrzo [comp. di *idro-* e *servosterzo* ✶ 1983] **s. m.** • (*autom., tecnol.*) servosterzo in cui il martinetto idraulico è distinto dalla scatola di guida ma la valvola di comando fa parte di esso

idrosfèra [comp. di *idro-* e della seconda parte di comp., come *(atmo)sfera, (strato)sfera* ✶ 1869] **s. f.** • (*geogr.*) complesso delle acque giacenti e in movimento sulla superficie terrestre

idròṣi [gr. *hídrōsis* 'traspirazione', deriv. di *hidrṓs* 'sudore' ✶ 1828] **s. f. inv.** • (*med.*) il processo fisiologico della sudorazione e le sue anomalie

-idròṣi secondo elemento • in parole composte della terminologia medica significa 'sudore': *iperidrosi, anidrosi*

idrosilurànte [comp. di *idro(volante)* e *silurante* (da *silurare* 'lanciare siluri') ✶ 1942] **s. m.** • idrovolante silurante

idrosoccórso [comp. di *idro(volante)* e *soccorso* ✶ 1972] **s. m.** **1** soccorso, aiuto prestato da idrovolanti **2** idrovolante appositamente attrezzato per azioni di soccorso

idrosòl [comp. di *idro-* e *sol*② ✶ 1917] **s. m. inv.** • (*chim.*) colloide preparato per dispersione di una sostanza in acqua

idrosolfàto [comp. di *idro(geno)* e *solfato* ✶ 1835] **s. m.** • composto chimico risultante dall'unione di una base organica con l'acido solforico

idrosolfìto [comp. di *idro(geno)* e *solfito* ✶ 1957] **s. m.** • sale dell'acido idrosolforoso, preparabile per elettrolisi del corrispondente solfito, con proprietà riducenti **SIN.** iposolfito

idrosolfòrico [comp. di *idro(geno)* e *solforico* ✶ 1834] **agg. (pl. m.** *-ci***)** • (*chim.*) ***acido i.***, acido solfidrico

idrosolforóso (o *-ṣo*) [comp. di *idro(geno)* e *solforoso* ✶ 1970] **agg.** • detto di ossiacido dello zolfo, di formula $H_2S_2O_4$, conosciuto solo sotto forma di sale (idrosolfito) **SIN.** iposolforoso

idrosolùbile [comp. di *idro-* e *solubile* ✶ 1937] **agg.** • detto di sostanza solubile in acqua

idrossiàcido [comp. di *idrossi(do)* e *acido* ✶ 1987] **s. m.** • (*chim.*) nella chimica organica, ossiacido

idròssido [comp. di *idro(geno)* e *ossido* ✶ 1873] **s. m.** • composto inorganico contenente uno o più gruppi ossidrilici | ***i. di magnesio***, ottenuto per precipitazione con alcali caustici dalle soluzioni di sali di magnesio, usato spec. in medicina come antiacido e lassativo | ***i. di potassio***, potassa caustica | ***i. di sodio***, soda caustica | ***i. di ammonio***, base debole che si forma quando l'ammoniaca gassosa si scioglie nell'acqua e che esiste solo in soluzione

idrossìle [1957] **s. m.** • (*chim., raro*) ossidrile

idrostàtica [comp. di *idro-* e *statica* ✶ av. 1685] **s. f.** • (*idraul.*) parte dell'idromeccanica che studia l'equilibrio dei liquidi in genere

idrostàtico [dal gr. *hydrostátēs*, comp. di *hýdōr* 'acqua' e *statikós*, dal v. *histánai* 'rendere fermo, stabile' ✶ 1697] **agg. (pl. m.** *-ci***)** • relativo all'idrostatica e ai fenomeni che le sono propri | (*autom., tecnol.*) ***guida idrostatica***, guida servoassistita in cui gli organi di comando e le ruote sterzanti non sono collegate da organi meccanici | (*fis.*) ***bilancia idrostatica***, bilancia di Archimede

idrotassìa o **idrotàssi** [1987] **s. f.** • (*biol.*) idrotattismo

idrotattìṣmo [1987] **s. m.** • (*biol.*) tattismo in risposta a stimoli determinati dalla presenza di acqua **SIN.** idrotassia

idroterapìa [comp. di *idro-* e *terapia* ✶ 1841] **s. f.** • (*med.*) impiego dell'acqua naturale, medicata o termale a fini terapeutici per applicazione esterna o immersione ‖ **idroteràpico**, **agg. (pl. m.** *-ci***)** relativo all'idroterapia ‖ **idroterapèutico**, **agg. (pl. m.** *-ci***)** idroterapico

idrotermàle [comp. di *idro-* e *termale* ✶ 1907] **agg. 1** relativo alle acque termali: *sorgente i.* **2** (*geol.*) detto dell'ultima fase del consolidamento magmatico, in cui cristallizzano i minerali abbandonati da acque termali provenienti dal plutone, dentro filoni e fratture delle rocce

idrotimetrìa [comp. del gr. *hydrótēs* 'umidità, umore (*hýdōr*)' e *-metria* ✶ 1869] **s. f.** • (*chim.*) determinazione della durezza delle acque mediante precipitazione dei sali di calcio e magnesio con soluzione saponosa titolata

idrotimètrico [1869] **agg. (pl. m.** *-ci***)** • (*chim.*) relativo all'idrotimetria

idrotìmetro [comp. del gr. *hydrótēs* 'umidità' e *-metro* ✶ 1869] **s. m.** • (*chim.*) strumento per misure idrotimetriche, consistente in una provetta graduata nella quale si versa l'acqua in esame e poi, a goccia a goccia, la soluzione saponosa titolata

idrotoràce [comp. di *idro-* e *torace* ✶ 1833] **s. m.** • (*med.*) accumulo di liquido trasudatizio nella cavità pleurica

idrotropìṣmo [comp. di *idro-* e *tropismo* ✶ 1917] **s. m.** • (*biol.*) reazione degli organismi allo stimolo scatenato dalla presenza dell'acqua

idrovìa [comp. di *idro-* e *via*, sul modello di *ferrovia* ✶ 1941] **s. f.** • via di comunicazione costituita da corsi d'acqua navigabili

idroviàrio [da *idrovia* ✶ 1942] **agg.** • relativo a idrovia: *rete idroviaria* | che avviene tramite idrovia: *trasporto i.*

idrovolànte [comp. di *idro-* e *volante* (da *volare*) ✶ 1917] **s. m.** • aeroplano dotato di strutture galleggianti, in grado di decollare e posarsi in velocità su superfici d'acqua

idròvora [f. sost. di *idrovoro* ✶ 1926] **s. f.** • qualunque pompa per il sollevamento dell'acqua, spec. in opere di bonifica, casi di alluvione e sim.

idròvoro [comp. di *idro-* e *-voro*, seconda parte di vari comp., dal lat. *vorāre* 'divorare, inghiottire' ✶ 1869] **agg.** • che è idoneo a sollevare acqua, a scopo di prosciugamento, spec. in opere di bonifica: *impianto i.*; *pompa idrovora* | ***terreno i.***, che assorbe acqua

idroẓincìte (o *-z-*) [da *idro-* e *zinco* ✶ 1917] **s. f.** • (*miner.*) carbonato basico di zinco, comune nella zona d'alterazione dei giacimenti di solfuri

Idroẓòi [comp. di *idro-* e del pl. di *zô(i)on* 'animale' ✶ 1917] **s. m. pl. (sing.** *-ẓòo***)** • (*zool.*) classe di Celenterati molto semplici con forme di medusa o di polipo, spesso raggruppati in colonia (*Hydrozoa*)

idruntìno [dal n. lat., di orig. gr., della città: *Hydruntu(m)* ✶ 1853] **A agg.** • di Otranto **B s. m. (f.** *-a***)** • abitante o nativo di Otranto

idrùro [comp. di *idro(geno)* e *-uro*① ✶ 1795] **s. m.** • composto dell'idrogeno con metalli alcalini, alcalino-terrosi e delle terre rare, ora preparato per sintesi sotto pressione dagli elementi, usato nell'industria come riducente

ièlla [vc. dial., di etim. incerta ✶ 1927] **s. f.** • (*colloq.*) disdetta, sfortuna: *avere, portare i.*

iellàto [1962] **agg.** • (*colloq.*) sfortunato

iemàle [vc. dotta, lat. *hiemāle(m)*, da *hiems* 'inverno', di orig. indeur. ✶ av. 1328] **agg. 1** (*lett.*) invernale: *immune / dal sole e dai venti iemali* (G. D'ANNUNZIO) | †***sito i.***, esposto a settentrione **2** (*bot.*) detto di pianta sempreverde

iemaliẓẓàre [da *iemale* ✶ 1963] **v. tr.** • (*agric.*) vernalizzare ‖ **iemaliẓẓazióne**, **s. f.**

ièna [vc. dotta, lat. *hyāena(m)*, dal gr. *hýaina*, propr. 'scrofa' (f. di *hýs* 'porco', di orig. indeur.), per la somiglianza delle setole ✶ av. 1292] **s. f. 1** mammifero dei Carnivori con testa massiccia, tronco più sviluppato anteriormente, odore sgradevolissimo (*Hyaena hyaena*) **CFR.** ululare **2** (*fig.*) persona efferatamente crudele e abietta

-ièra [corrispondente f. del suff. *-iere* (V.)] **suff.** • forma sostantivi, derivati in genere da altri nomi, che indicano attività professionali e sim.: *cameriera, carriera, giardiniera, infermiera* | forma sostantivi, in stretta relazione con un sostantivo di base, che indicano oggetti, spec. contenitori: *fruttiera, pattumiera, ombrelliera, zuppiera* | in alcuni casi, conferisce al sostantivo un valore collettivo: *dentiera, scogliera, sonagliera*

†**ieràrca** e deriv. ➤ **gerarca** e deriv.

✦**ieràtico** [vc. dotta, lat. *hierātĭcu(m)*, dal gr. *hieratikós* 'sacerdotale', da *hierós* 'sacro', di orig. indeur. ✶ 1499] **A agg. (pl. m.** *-ci***) 1** sacerdotale, sacro | ***scrittura ieratica***, quella usata dai sacerdoti nell'antico Egitto **2** (*fig.*) grave e solenne: *atteggiamento, gesto i.* ‖ **ieraticaménte**, **avv.** ‖ **ieraticità**, **s. f. inv.** aspetto sacrale, solenne **B s. m.** • scrittura ieratica

-ière [fr. *-ier* (dal lat. *-ārius* '-a(r)io')] **suff.** • forma sostantivi, derivati in genere da altri nomi, che indicano attività professionali e sim.: *barbiere, banchiere, bersagliere, cameriere, cannoniere, corriere, doganiere, giardiniere, gioielliere, infermiere, pasticciere, portiere, usciere* | forma anche sostantivi denominali indicanti oggetti: *braciere, candeliere*

✦**ièri** [lat. *hĕri*, di orig. indeur. ✶ av. 1250] **A avv.** • nel giorno che precede immediatamente l'oggi: *i. ero in casa*; *i. mattina ero in ufficio*; *i. notte è piovuto* | ***l'altro i.***, ***l'altroieri***, ***i. l'altro***, (*lett.* o *raro*) ***ier l'altro***, (*lett.*) ***ierlaltro***, nel giorno precedente a ieri; (*est.*) in un recente passato (V. anche *avant'ieri, altrieri*) | ***i. mattina***, (*lett.* o *raro*) ***iermattina***, nella mattinata di ieri | ***i. sera***, (*lett.*) ***iersera***, (*lett.*) ***ier sera***, †***iersera***, nella serata di ieri | ***i. notte***, (*lett.*) ***ier notte***, †***iernotte***, nella nottata di ieri | ***i. a otto***, una settimana fa, partendo da ieri | ***da i. a oggi***, nello spazio di tempo delle ultime ventiquattro ore; (*fig.*) in un tempo brevissimo | ***nato i.***, (*fig.*) di persona senza esperienza, ingenua e poco maliziosa **B s. m. inv.** Si usa con gli art. *lo* (per lo più eliso: *l'ieri*), *uno* (*raro un*), *gli* **1** il giorno precedente a quello del quale si parla: *non la vedo da i.*; *fino a i. lavorava qui* **2** (*est.*) un'epoca indeterminata del passato, più o meno vicina nel tempo: *il mondo di i.*; *le generazioni di i.*; *confrontare l'i. con l'oggi*; *uno i. ancora molto vicino*

ierlàltro ➤ **ieri**

iermattìna ➤ **ieri**

†**iernòtte** ➤ **ieri**

ièro- o **gèro-**② [dal gr. *hierós* 'sacro, sacerdotale', di etim. incerta] **primo elemento** • in parole composte dotte, significa 'sacro', 'sacerdotale': *ierocrazia, ierofante*

-ièro [forma parallela di *-iere*, accostata alla serie più frequente dei m. in *-o*] **suff.** • forma aggettivi denominali che indicano relazione col sostantivo di base: *battagliero, costiero, mattiniero, manifatturiero, veritiero*

ierocràtico o **gerocràtico** [av. 1937] **agg.** (**pl. m.** *-ci*) ● relativo a ierocrazia ‖ **ierocraticaménte**, **avv.**

ierocrazìa o **gerocrazìa** [comp. di *iero-* e *-crazia* ✻1843] **s. f.** ● dominio politico della classe sacerdotale

ierodulìa [gr. *hierodoul(e)ía*, da *hieródoulos* 'ierodulo' ✻1619] **s. f.** ● schiavitù sacra in uso presso le antiche religioni semitiche e diffusasi anche in Grecia, consistente nella consacrazione alla divinità di uomini e donne addetti ai servizi del culto e all'esercizio della prostituzione sacra

ierodùlo [gr. *hieródoulos*, comp. di *hierós* 'sacro' e *dôulos* 'schiavo' ✻1957] **s. m.** (**f.** *-a*) ● schiavo addetto a pratiche di ierodulia

ierofanìa [dal gr. *hierós* 'sacro' (prob. d'orig. indeur.), sul modello di *teofania* ✻1957] **s. f.** ● manifestazione del sacro in una realtà profana

ierofànte o **gerofànte** [vc. dotta, lat. tardo *hierophănthe(m)*, dal gr. *hierophántēs* 'colui che mostra (dal v. *pháinein* 'far vedere') le cose sacre (*hierá*)' ✻av. 1597] **s. m.** ● nella liturgia degli antichi Greci, sommo sacerdote, spec. nei misteri di Eleusi

ierofàntide [gr. *hierophántis*, genit. *hierophántidos*, f. di *hierophántēs* 'ierofante' ✻1869] **s. f.** ● (*stor.*) sacerdotessa greca o egizia

ierogamìa [comp. di *iero-* e *-gamia* ✻av. 1828] **s. f.** ● rito religioso che evoca le nozze tra due divinità o tra una divinità e un essere umano

†**ieroglìfico** ▸ **geroglifico**

ierologìa [dal gr. *hierología*, comp. di *hierós* 'sacro' e *-logía* ✻av. 1852] **s. f.** (**pl.** *-gìe*) ● (*relig.*) scienza del sacro

ieromànte [gr. *hierómantis*, comp. di *hierós* 'sacro' e *mántis* 'indovino' ✻1869] **s. m. e f.** ● nell'antica Grecia, chi praticava la ieromanzia

ieromanzìa [da *ieromante* ✻1869] **s. f.** ● forma di divinazione che consiste nel trarre presagi dall'osservazione dei visceri dell'animale sacrificato

ieromìrto [gr. *hierómyrtos*, propr. 'mirto (*mýrtos*) sacro (*hierós*)' ✻1869] **s. m.** ● (*disus.*) agrifoglio, pungitopo

ieroscopìa [comp. del gr. *hierós* 'sacro' e di un deriv. da *skopêin* 'osservare' ✻1869] **s. f.** ● (*raro, lett.*) ieromanzia

†**ierosolimitàno** ▸ **gerosolimitano**

iersèra ▸ **ieri**

iettàre [risoluzione napol. del lat. *eiectāre* 'gettare' (V.) ✻av. 1596] **v. tr.** (*io iètto*) ● (*merid.*) gettare l'influsso malefico su qlcu.

iettàto **part. pass.** di *iettare*; anche **agg.** **1** che è colpito da una iettatura **2** (*fig.*) che è perseguitato dalla cattiva sorte e da continue disgrazie **SIN.** scalognato, sfortunato

iettatóre [propr. 'gettatore (V. *iettare*)', sottinteso 'del malocchio' ✻1788] **s. m.** (**f.** *-trice*) ● persona cui viene attribuita la facoltà di esercitare influssi malefici **SIN.** menagramo

iettatòrio [1887] **agg.** (**pl. m.** *-i* o *raro -ii*) ● da iettatore: *sguardo i.*

iettatùra [propr. 'gettatura (V. *iettare*)', sottinteso 'di malocchio' ✻1787] **s. f.** **1** influsso malefico che si ritiene possa venire esercitato anche involontariamente da talune persone o cose **SIN.** malocchio **2** (*est.*) sfortuna, disdetta: *quel poveretto sembra avere la i. addosso*

ìfa [gr. *hyphḗ* 'tessuto', di orig. indeur. ✻1813] **s. f.** ● (*bot.*) ciascuno dei filamenti, costituiti da una o più cellule cilindriche disposte una in capo all'altra, che formano il corpo vegetativo dei funghi o parte del tallo dei licheni

-ìfico [dal lat. *-ficere*, parallelo atono di *făcere*, con la vocale tematica unitiva *-i-*] **suff.** ● forma aggettivi che indicano modo di essere o capacità di fare, creare, produrre: *magnifico, pacifico, prolifico*

Ifomicèti [comp. del gr. *hýphos* 'tessuto', di orig. indeur., e *mýkētes*, pl. di *mýkēs* 'fungo', di orig. indeur. ✻1917] **s. m. pl.** (**sing.** *-e*) ● (*bot.*) Moniliali

-igiàno [accumulo di colorito sett. di due suff. lat.: *-ēnsis* '-ese' e *-ānus* '-ano', entrambi usati nella formazione di etnici, funzione orig. e tuttora più frequente di questo doppio suff.] **suff.** ● in aggettivi e sostantivi indica appartenenza a una entità geografica, cittadinanza (*lodigiano, marchigiano, parmigiano*), oppure stato, condizione, categoria professionale (*artigiano, cortigiano, partigiano*)

♦**igiène** [gr. *hygieinḗ*, sottinteso *téchnē* '(arte) salutare', da *hygíeia* 'salute' ✻1820] **s. f.** (**pl.** *raro -i*) **1** branca della medicina che mira a mantenere lo stato di salute dell'individuo e della collettività spec. prevenendo l'insorgere e il diffondersi delle malattie | ***i. mentale***, relativa a tutti quegli aspetti della vita individuale e sociale che concorrono a mantenere, sviluppare la salute psichica, a prevenire le malattie mentali e ad attenuarne i danni | ***i. zootecnica***, insieme di norme per mantenere gli animali in buona salute, in condizioni ottimali di produttività e per prevenire l'insorgere e il diffondersi delle malattie, spec. epidemiche, negli allevamenti **2** (*est.*) il complesso delle norme riguardanti la pulizia e la cura della persona, degli ambienti e sim.: *curare, trascurare l'i.*; *l'i. del corpo*; *prodotti per l'i. della bocca*

igiènico [1829] **agg.** (**pl. m.** *-ci*) **1** relativo all'igiene: *condizioni, precauzioni igieniche*; *assorbente i.* **2** che è conforme a quanto l'igiene prescrive: *cibo i.*; *abitazione igienica* | (*edil.*) ***impianti igienici***, destinati alla pulizia personale e allo smaltimento di ogni tipo di materie di rifiuto organico, comprendenti lavabi, lavandini, latrine, bidè, docce e sim. | (*est.*) salubre, salutare: *clima i.* **3** (*fig., fam.*) opportuno, conveniente, consigliabile: *oggi non è i. cercare di parlargli* ‖ **igienicaménte**, **avv.** **1** in modo igienico **2** dal punto di vista dell'igiene ‖ **igienicità**, **s. f. inv.**

igiènico-sanitàrio [1984] **agg.** ● che riguarda l'igiene e la sanità | ***impianti igienico-sanitari***, impianti igienici (V. *igienico*)

igienìsta [1857] **s. m. e f.** (**pl. m.** *-i*) **1** (*med.*) chi si dedica allo studio sistematico dell'igiene e delle norme ad essa relative, promuovendone la divulgazione **2** chi osserva le norme igieniche con eccessiva scrupolosità **3** (*med.*) collaboratore tecnico dello studio dentistico che si occupa dell'igiene orale

igienizzànte **part. pres.** di *igienizzare*; anche **agg. e s. m.** ● detto di prodotto usato per assicurare l'igiene di persone o ambienti: *gel i.*; *un i. specifico per i sanitari*

igienizzàre [1986] **v. tr.** ● rendere sicuro dal punto di vista igienico: *toilette igienizzata automaticamente* ‖ **igienizzazióne**, **s. f.**: *l'igienizzazione dei cassonetti*

iglò **s. m. inv.** ● adattamento di *igloo* (V.)

igloo /iˈglu*, *ingl.* ˈɪgluː/ [vc. ingl., dall'eschimese *iglu* 'casa' ✻1942] **s. m. inv.** (**pl. ingl.** *igloos*) ● abitazione eschimese: *i. di pelle, di legno, di pietre* | abitazione invernale eschimese, costruita a cupola con blocchi di neve pressata

iglù **s. m. inv.** ● adattamento di *igloo* (V.)

ignàme [sp. *(i)ñame*, da una lingua ant. francone: di orig. onomat. (?) ✻av. 1557] **s. m.** ● pianta erbacea tropicale a fusto volubile con radici a tubero contenenti amido (*Dioscorea batatas*)

♦**ignàro** [vc. dotta, lat. *ignāru(m)*, comp. di *in-* ③ e *gnārus* 'che sa', della famiglia di *(g)nōscere* 'conoscere', di orig. indeur. ✻1282] **agg.** **1** che non conosce (+ *di*, + *che*): *essere i. degli avvenimenti*; *i. che così facendo danneggiava sé stesso*; *da un artefice i. che la sua opera dovesse tanto sopravvivere* (L. PIRANDELLO) **SIN.** inconsapevole | ***non i.***, informato, consapevole **2** (*lett.*) ignorante (+ *di*): *i. delle lettere, dell'arte*; *io mi son presupposto di parlare con artefici non in tutto ignari* (B. CELLINI) **3** †rozzo, volgare ‖ **ignaraménte**, **avv.**

✦**ignàvia** [vc. dotta, lat. *ignāvia(m)*, da *ignāvus* 'ignavo' ✻av. 1292] **s. f.** ● inerzia morale, accidia | (*est.*) pigrizia, indolenza

✦**ignàvo** [vc. dotta, lat. *ignāvu(m)*, da *in-* neg. e *(g)nāvus* 'diligente, attivo' ✻1440] **agg.**; anche **s. m.** (**f.** *-a*) nel sign. 1 **1** che (o chi) è privo di forza morale, è inerte di fronte alle scelte da compiere: *O popolo d'Italia, vecchio / titano i.* (G. CARDUCCI) | vile, codardo | (*est.*) indolente, pigro **2** (*lett.*) che esprime ignavia: *un silenzio i.* | (*lett.*) che invita alla pigrizia, all'ozio: *te l'i. tepor lusinga e molce* (G. PARINI) **3** (*lett., raro*) immobile: *ghiaccio i.* ‖ **ignavaménte**, **avv.**

ignaziàno [1789] **agg.** ● relativo a S. Ignazio di Loyola (1491-1556) e alla Compagnia di Gesù da lui fondata

†**ìgne** [vc. dotta, lat. *ĭgne(m)*, di orig. indeur. ✻1319] **s. m.** ● (*lett.*) fuoco: *come li vide ... / venir con vento e con nube e con i.* (DANTE *Purg.* XIX, 101-102)

✦**ìgneo** [vc. dotta, lat. *ĭgneu(m)*, da *ĭgnis* 'igne, fuoco' ✻1282] **agg.** **1** (*lett.*) di fuoco **2** (*fig., lett.*) impetuoso, fervido

ignìfero [vc. dotta, lat. *ignĭferu(m)*, comp. di *ĭgni(s)* 'igne, fuoco' e *-fer* '-fero', secondo un modello gr. ✻av. 1714] **agg.** **1** (*lett.*) che porta fuoco **2** †acceso, infuocato

ignifugàre [da *ignifugo* ✻1942] **v. tr.** (*io ignìfugo, tu ignìfughi*) ● sottoporre a ignifugazione: *i. il legno, un tessuto*

ignifugazióne [1942] **s. f.** ● trattamento con speciali sostanze al quale si sottopone un materiale, spec. il legno e i suoi derivati, allo scopo di renderlo resistente al fuoco

ignìfugo [vc. dotta, comp. del lat. *ĭgnis* 'igne, fuoco' e *-fugo* ✻1942] **agg.** (**pl. m.** *-ghi*) ● detto di sostanza non infiammabile usata per impedire o limitare la combustione di materiali facilmente combustibili | (*est.*) fabbricato con sostanze ignifughe: *tuta ignifuga*

ignimbrìte [vc. dotta, comp. del lat. *ĭgnis* 'fuoco' e *ĭmber*, genit. *ĭmbris* 'pioggia dirotta' ✻1957] **s. f.** ● (*geol.*) roccia vulcanica di aspetto tufaceo prodotta dal consolidamento di una nube ardente

ignipuntùra [vc. dotta, comp. del lat. *ĭgnis* 'fuoco' e *puntura* ✻1880] **s. f.** ● (*med.*) moxibustione

ignìto [vc. dotta, lat. *ignītu(m)*, da *ĭgnis* 'igne, fuoco' ✻av. 1306] **agg.** ● (*lett.*) infuocato, ardente: *d'igniti strali / ferreo turcasso agli omeri sospeso* (V. MONTI) | (*fig., lett.*) fervido, impetuoso

ignitróne o **ignitron** [comp. del lat. *ĭgnis* 'fuoco' e della seconda parte di *(elet)trone*, d'uso frequente nella terminologia elettrica e chimica ✻1957] **s. m.** ● tubo elettronico di potenza, formato da un catodo di mercurio, da un anodo e da un particolare dispositivo per l'innesco, impiegato come raddrizzatore, convertitore di frequenza, e sim.

ignìvomo [vc. dotta, lat. tardo *ignĭvomu(m)*, comp. di *ĭgnis* 'fuoco' e del tema di *vŏmere* 'vomitare' ✻1584] **agg.** ● (*lett.*) che vomita fuoco, detto spec. di vulcani | (*fig., lett.*) acuto, fervido

ignizióne [ingl. *ignition*, dal lat. tardo *ignīre* (*ignītus* al part. pass.), da *ĭgnis* 'igne, fuoco' ✻

1609] **s. f. 1** (*antrop.*) combustione totale o parziale della salma **2** (*chim.*) accensione | ***temperatura di i.***, temperatura di accensione

-igno [lat. *-ĭneu(m)* e *-ĭgnu(m)*, dalla radice *gen-*, che in *gignere* 'nascere, procedere' dimostra il suo proprio sign. 'che genera, produce'] **suff.** ● forma aggettivi denominali o derivati da altri aggettivi che esprimono attenuazione, approssimazione, somiglianza, talora con valore peggiorativo: *asprigno, dolcigno, ferrigno, rossigno, sanguigno, olivigno*

✦**ignòbile** [vc. dotta, lat. *ignōbile(m)*, comp. di *in-*③ e *(g)nobile(m)* 'nobile', ma propr. 'sconosciuto (senza *nōmen* 'nome')' ✱ av. 1311] **A agg. 1** che denota meschinità d'animo o volgarità: *gente, figura, linguaggio i.*; *una brutale e ignobil fede* (G. Bruno) **2** (*lett.*) plebeo, che non ha un'origine nobile || **ignobilménte**, **avv. B s. m. e f.** ● (*raro, lett.*) chi non è di nobile origine: *molti ignobili ... hanno con la virtù loro illustrato la posterità* (B. Castiglione)

ignobiltà [vc. dotta, lat. *ignobilitāte(m)*, da *ignōbilis* 'ignobile' ✱ 1308] **s. f. inv. 1** volgarità, meschinità **2** (*raro, lett.*) bassa condizione sociale

†**ignòcco** ➤ **gnocco**

✦**ignomìnia** [vc. dotta, lat. *ignomĭnia(m)*, comp. di *in-*③ e *(g)nōmen* 'nome' ✱ av. 1342] **s. f. 1** disonore e disprezzo generale in cui cade chi ha commesso un'azione vergognosa: *coprirsi d'i.*; *cadere nell'i.*; *la fama d'un gentilom ... se una volta ... si denigra per codardia ... sempre resta vituperosa al mondo e piena d'i.* (B. Castiglione) **SIN.** infamia, obbrobrio **2** chi (o ciò che) è causa di disonore **3** (*fig., scherz.*) ciò che è contrario all'estetica e al buon gusto: *quella statua è una vera i.*

SFUMATURE ➤ *vergogna*

✦**ignominióso** (o **-ṣ-**) [vc. dotta, lat. tardo *ignominiōsu(m)*, da *ignomĭnia* 'ignominia' ✱ 1361] **agg. 1** che causa disonore e vergogna: *atto, comportamento i.*; *ignominiosa e perpetua servitù* (F. Guicciardini) **SIN.** infamante, obbrobrioso **2** (*raro*) disonorato, infame || **ignominiosaménte**, **avv.** (*raro*) in modo ignominioso

ignoràbile [vc. dotta, lat. *ignorābile(m)*, da *ignorāre* 'ignorare' ✱ 1585] **agg.** ● che si può ignorare

ignorantàggine [1612] **s. f. 1** condizione di ignoranza abituale: *la sua i. lo distingue sempre* **2** (*raro*) azione o discorso da ignorante

ignorànte A part. pres. di *ignorare*; anche **agg. 1** che non sa, che non conosce (+ *di*, + *in*): *i. di musica*; *sono del tutto i. in matematica, in fatto di lingue straniere, in materia di archeologia* **SIN.** inesperto, profano **2** che conosce male quello che per la sua attività o professione dovrebbe sapere: *è un medico i.* **SIN.** incompetente **3** privo di istruzione: *il volgo i.*; *è uno studente molto i.* **SIN.** illetterato, incolto **CONTR.** sapiente **4** chi manca di educazione | zotico, maleducato, villano: *sei proprio il più i. di tutti!* || **ignoranteménte**, **avv.** da ignorante **B s. m. e f. 1** chi è privo di istruzione **CONTR.** sapiente **2** chi manca dei principi della buona educazione || **ignorantàccio**, **pegg.** | **ignorantèllo**, **dim.** | **ignorantóne**, **accr.** | (*colloq.*) **ignorantòtto**, **alter.** | **ignorantùccio**, **dim.**

ignorànza o †**ignorànzia** [vc. dotta, lat. *ignorāntia(m)*, da *ignorāre* 'ignorare' ✱ 1268] **s. f. 1** condizione di chi non sa, non conosce, non ha avuto notizia di determinati fatti, avvenimenti e sim. (+ *di*, + *in*): *la legge non ammette i.*; *cullarsi, bearsi nell'i.*; *la maraviglia è figliuola dell'i.* (G. Vico); *i. del diritto, delle belle arti*; *ammetto la mia i. in materia* | **PROV.** ***la superbia è figlia dell'i.*** **2** mancanza di istruzione: *i. crassa, supina*; *vivere nell'i.* | ***i. colpevole***, l'ignorare cose che si dovrebbero sapere **CONTR.** sapienza **3** maleducazione: *comportarsi con grande i.* | rozzezza, zoticaggine

✦**ignoràre** [vc. dotta, lat. *ignorāre*, da *ignārus* 'ignaro' ✱ av. 1328] **A v. tr.** (*io ignòro*) **1** non conoscere, non sapere (**qlco.**; + *di* **seguito da inf.**, + *che* **seguito da congtv.**): *i. la storia, la geografia*; *i. le cause, gli effetti di un avvenimento*; *ignoro dove sia andato*; *ignorava di essere incinta*; *ignoravo che si fosse sposata* | ***i. le gioie, i dolori***, non averli mai provati **2** fingere di non conoscere, di non sapere: *i. una persona*; *i. i problemi di qlcu.* | non dare importanza, sottovalutare, trascurare: *ha ignorato i miei consigli* **B ignoràrsi v. rifl. recipr.** ● fingere di non conoscersi

ignoràto part. pass. di *ignorare*; anche **agg. 1** nei sign. del v. **2** sconosciuto: *le ragioni del suo gesto sono tuttora ignorate* | che non ha, o non ha avuto, la considerazione e l'apprezzamento che avrebbe meritato: *artista i.*

†**ignòscere** [vc. dotta, lat. *ignōscere*, di incerta composizione ✱ av. 1342] **v. tr.** ● perdonare, scusare, condonare

✦**ignòto** [vc. dotta, lat. *ignōtu(m)*, comp. di *in-*③ e *(g)nōtu(m)* 'noto', part. pass. di *(g)nōscere* 'conoscere', di orig. indeur. ✱ 1321] **A agg.** ● non conosciuto (+ *a*): *paese i.*; *regione ignota*; *un autore i. a molti lettori*; *Ignote a noi / Furon sempre quest'armi* (P. Metastasio) | mai conosciuto o visto prima: *un sentimento i.*; *ignoti vezzi sfuggono / dai manti e dal negletto / velo* (U. Foscolo) **SIN.** ignorato, oscuro **CONTR.** noto || **ignotaménte**, **avv.** (*raro*) in modo ignoto **B s. m. 1** tutto ciò di cui non si sa nulla: *andare verso l'i.*; *temere l'i.* **CONTR.** conosciuto, noto **2** (**f.** *-a*) persona ignota: *i soliti ignoti*

ignudàre [1612] **A v. tr.** ● (*lett.*) spogliare (*anche fig.*): *l'inverno ignuda gli alberi* **B ignudàrsi v. rifl.** ● (*lett.*) spogliarsi

ignùdo [da *nudo* rafforz. con pref. di orig. non chiarita ✱ 1266] **A agg. 1** (*lett.*) parzialmente o totalmente privo di abiti | †***i. nato***, completamente nudo: *fece spogliare ignuda nata comar Gemmata* (G. Boccaccio) | ***coi piedi, le piante ignude***, scalzo | †***ferro, spada ignuda***, sguainata | (*fig.*) ***terra ignuda***, brulla, spoglia, priva di vegetazione | (*est.*) di animale privo di piume o peli **2** (*fig.*) privo: *i. di virtù, di cognizioni* **3** †indifeso, scoperto **4** (*lett., tosc.*) palese, manifesto || **ignudaménte**, **avv.** nudamente, sinceramente **B s. m.** (**f.** *-a*) ● (*lett.*) persona nuda

†**ignùno** ➤ **niuno**

igrìna [comp. di *igr(o)-* e *-ina* ✱ 1874] **s. f.** ● alcaloide che si isola dalle foglie della coca

igro- [dal gr. *hygrós* 'umido'] **primo elemento** ● in parole composte della terminologia scientifica, significa 'acquosità', 'umidità': *igrofita, igrometro, igroscopio*

igròfilo [comp. di *igro-* e *-filo* ✱ sec. XIX] **A agg.** ● detto di organismo animale o vegetale che predilige climi umidi **B s. m.** (**f.** *-a*) ● organismo animale o vegetale igrofilo

igròfito [comp. di *igro-* e *-fito* ✱ sec. XIX] **A agg.** ● detto di organismo vegetale che vive in ambienti umidi **B s. m.** (**f.** *-a*) ● organismo vegetale igrofito

igrògrafo [comp. di *igro-* e *-grafo* ✱ 1957] **s. m.** ● (*meteor.*) strumento che registra l'andamento dell'umidità atmosferica relativa

igrogràmma [comp. di *igro(grafo)* e *(dia)gramma* ✱ 1994] **s. m.** (**pl.** *-i*) ● (*meteor.*) diagramma tracciato da un igrografo

igròma o **idròma** [vc. dotta, comp. di *igr(o)-* e *-oma* ✱ 1834] **s. m.** (**pl.** *-i*) ● (*med.*) infiammazione cronica di una borsa sierosa

igrometrìa [comp. di *igro-* e *-metria* ✱ 1816] **s. f.** ● ramo della meteorologia che effettua la misurazione dell'umidità assoluta o relativa dell'aria

igromètrico [av. 1811] **agg.** (**pl. m.** *-ci*) ● relativo all'igrometria

igròmetro [comp. di *igro-* e *-metro* ✱ 1681] **s. m.** ● (*meteor.*) apparecchio che determina con vari sistemi l'umidità relativa | ***i. a capello***, che misura l'umidità relativa mediante la variazione di lunghezza di un capello

igroscopìa [comp. di *igro-* e *-scopia* ✱ 1828] **s. f.** ● osservazione dell'umidità atmosferica

igroscòpico [da *igroscopia* ✱ av. 1860] **agg.** (**pl. m.** *-ci*) ● detto di sostanza o corpo capace di assorbire l'umidità dell'aria | ***movimenti igroscopici***, movimenti di curvatura di organi vegetali provocati dal rigonfiamento di materiali igroscopici cellulari || **igroscopicità**, **s. f. inv.** proprietà di una sostanza o di un corpo igroscopici

igroscòpio [comp. di *igro-* e *-scopio* ✱ 1681] **s. m.** ● strumento che, basandosi sulla variazione di colore di alcune sostanze al variare dell'umidità, indica approssimativamente l'umidità ambientale

igròstato [comp. di *igro-* e *-stato* ✱ 1957] **s. m.** ● strumento che regola automaticamente l'umidità dell'aria di un ambiente

†**iguàle** e deriv. ➤ **uguale** e deriv.

iguàna [sp. *iguana*, dalla vc. indigena delle Antille *iwana* ✱ 1600] **s. f.** ● grosso rettile arboricolo dei Sauri che vive nell'America centro-meridionale, verdastro, con lunga coda e cresta sul dorso (*Iguana iguana*)

iguanodónte [comp. di *iguana* e della seconda parte di *(masto)donte* ✱ 1839] **s. m.** ● dinosauro erbivoro presente nei periodi cretaceo e giurassico, eretto sulle zampe posteriori (*Iguanodon*)

iguvìno [vc. dotta, lat. *Iguvīnu(m)* 'di Gubbio (*Igūvium*, n. umbro dell'antica città)' ✱ av. 1757] **agg.** ● di Gubbio **SIN.** eugubino

ih① /iː/ [1582] **inter. 1** esprime stupore, raccapriccio, disgusto, stizza e sim.: *ih quante storie!*; *ih che schifo!* **2** esprime canzonatura scherzosa, disprezzo ironico, ostentazione di noncuranza e sim. (**spec. iter.**): *ih, ih, ci sei cascato!* | riproduce il suono stridulo di una risata ironica o di un frignare insistente

ih② /iː/ [av. 1930] **inter.** ● si usa come voce d'incitamento alle bestie da soma, spec. al cavallo: *ih! va!*

ikebàna /ike'bana, *giapp.* i.kɛ.ba.na/ [giapp., propr. 'fiore (*hana*) che prende vita (*ike*) posto in acqua' ✱ 1963] **s. m. inv.** ● arte giapponese di disporre elementi vegetali su vari supporti con finalità a un tempo estetiche e simboliche | composizione ottenuta disponendo tali elementi vegetali

✦**il** o †**'l** /l/ [lat. *il(lum)* 'quello', comp. di due elementi di etim. incerta ✱ 1211] **A art. determ. m. sing.** (si usa davanti a parole m. sing. che cominciano per consonante che non sia *gn, ps, x, s impura, z* o che non costituisca un gruppo consonantico raro come *cn-, ct-, ft-, mn-, pt-*: *il bue, il plettro, il fiore, il whisky*; davanti a parole che cominciano per *pn*, l'uso colto prevede l'art. *lo*, l'uso comune sempre più spesso l'art. *il*: *lo pneumatico, il pneumatico*; usato un tempo anche davanti a *i, y, j* seguite da vocale, ma oggi l'uso prevalente è quello di *lo*, tranne davanti a parole che cominciano per *j* con valore consonantico: *il jumbo, il jet* | (*poet.*) con aferesi dopo parole che finiscono per vocale: *Galeotto fu 'l libro e chi lo scrisse* (Dante *Inf.* V, 137) | fondendosi con le prep. proprie semplici, dà origine alle prep. art. m. sing. *al, col, dal, del, nel, pel, sul* (V. anche *lo*)) **1** indica e determina una cosa o una persona distinta da ogni altra della stessa specie o comunque nota all'interlocutore: *prendi il treno delle quindici e trenta; passami il piatto; finalmente ho incontrato il maestro* | (*lomb.* o *burocr.*) davanti a nome proprio di persona o a cognome: *alla festa c'erano anche il Carlo, il Giuseppe; mi chiami il Rossi* | (*lett.*, *anche scherz.*) davanti a un nome proprio di persona in un'espressione vocativa: *Mala cosa nascer povero, il mio caro Renzo* (A. MANZONI) | si può premettere al cognome di personaggi celebri: *il Mazzini; il Manzoni; il Foscolo; il Petrarca* | si premette sempre a un nome proprio o cognome preceduto da un titolo, che non sia però 'san', 'don', 'mastro', 'fra', 'ser': *il dottor Bianchi; il conte Rossi* | si premette a 'più' nel superlativo relativo: *è il più bravo ragazzo che conosca* **2** indica e determina una specie, una categoria, un tipo: *il bambino va educato; il carbone è un minerale* | indica l'astratto o il generico: *quel ragazzo non distingue il bene dal male; odio il ballo; ha una grande passione per il teatro* **3** questo, quello (con valore dimostr.): *ci vediamo entro il fine settimana; fra tutti i libri, spero di avere scelto il giusto* | davanti a un aggettivo che costituisce una qualifica (*anche iron.*): *Napoleone il grande; Plinio il giovane; sentitelo il coraggioso!* **4** ogni, ciascuno (con valore distributivo): *riceve il giovedì; gli costa quasi cinquecento euro il mese; costa due euro il kilo* **5** nel, durante il (con valore temp.): *vengo il pomeriggio; l'ho visto il giorno seguente; partirò il mese prossimo; gli ho scritto il due maggio* **B** **pron. dimostr. e pers. m. di terza pers. sing.** ● (*poet.*) †lo, ciò (come compl. oggetto, riferito a persona o a cosa): *natura il fece, e poi roppe la stampa* (L. ARIOSTO); *Io sentia d'ogne parte trarre guai, / e non vedea persona che 'l facesse* (DANTE *Inf.* XIII, 22-23)

ìla [vc. dotta, gr. *hýlē* 'selva' (dove solitamente vive), di etim. incerta ✱ 1820] **s. f.** ● (*zool.*) raganella

✱**ìlare**①, (*evit.*) **ilàre** [vc. dotta, lat. *hĭlare(m)*, dal gr. *hilarós*, da *hiláskesthai* 'placare, allietare', di orig. indeur., con allineamento alla desinenza dell'opposto *trīste(m)* ✱ 1485 ca.] **agg.** ● che è di buonumore: *la notizia lo rese i.* | che esprime contentezza: *volto i.* SIN. allegro, lieto CONTR. mesto

ilàre② [da *ilo* ✱ 1957] **agg. 1** (*anat.*) riferito all'ilo di un organo | ***vaso i.***, arteria o vena che penetra in un organo o esce da questo transitando attraverso il suo ilo **2** (*bot.*) relativo all'ilo del seme

✱**ilarità** o †**ilaritàde**, †**ilaritàte** [vc. dotta, lat. *hilaritāte(m)*, dal gr. *hilarótēs* 'ilarità, letizia', da *hilarós* (V. *ilare*①) ✱ av. 1293] **s. f. inv. 1** stato d'animo di chi è di buonumore | allegria, contentezza **2** risata, spec. di più persone: *la chiassosa i. del pubblico* | ***destare l'i. generale***, far ridere tutti i presenti SIN. allegria CONTR. mestizia

ilarodìa [gr. *hilarōidía*, comp. di *hilarós* 'giocondo' e di un deriv. da *ōidḗ* 'canto' ✱ av. 1821] **s. f.** ● presso gli antichi Greci, azione scenica popolare di carattere contenuto e dignitoso CFR. magodia

ìlatro [etim. discussa: di orig. mediterr. (?) ✱ 1547] **s. m.** ● (*bot.*) fillirea

ilcinése (o -ṣ-) [1860] **A** **agg.** ● di Montalcino, in provincia di Siena **B** **s. m. e f.** ● abitante o nativo di Montalcino

ìle① [gr. *ílē*, da *eilêin* 'stringere assieme', di orig. indeur. ✱ 1957] **s. f.** ● presso gli antichi Greci, squadrone di cavalleria

ìle② [vc. dotta, lat. tardo *hȳle(m)*, dal gr. *hýlē*, originariamente 'selva, bosco' (di etim. incerta), poi 'materia' ✱ sec. XIV] **s. f. solo sing.** ● (*filos.*) caos

-ile① [lat. *-ĭle(m)*, originariamente impiegato per formazione di agg. verb. con l'idea di 'capacità, qualità, attitudine', poi talvolta, come in it., sost.] **suff.** ● forma aggettivi, talora sostantivati, di origine latina o derivati da sostantivi o verbi: *civile, febbrile, gentile, giovanile, sedile* | forma anche sostantivi che indicano luogo di ricovero o custodia, spec.di animali: *porcile, canile, gattile, fienile*

-ile② [fr. *-yle*, dal gr. *hýlē* 'materia, sostanza', di orig. incerta, usato la prima volta nel comp. *benzoyle* 'benzoile'] **suff.** ● in chimica organica, indica i radicali idrocarburici monovalenti (*metile, benzile*) o i radicali acidi (*acetile*)

ileàle [da *ileo* ✱ 1957] **agg.** ● (*anat.*) nel sistema digerente, riferito all'ileo

ileìte [comp. di *ile(o)* e *-ite*① ✱ 1874] **s. f.** ● (*med.*) infiammazione dell'intestino ileo | ***i. terminale***, particolare forma di infiammazione dell'ultimo tratto dell'ileo

ilemorfìṣmo o **ilomorfìṣmo** [vc. dotta, comp. del gr. *hýlē* 'materia' (*hýlo-* in composizione) e di *morphḗ* 'forma' col suff. *-ismo* ✱ 1957] **s. m.** ● (*filos.*) nella filosofia aristotelica e scolastica, teoria secondo cui ogni sostanza è costituita di materia e di forma

ìleo [vc. dotta, lat. *īleu(m)*, dal gr. *ileós* 'volvolo', da *eilêin* 'torcere' ✱ 1493] **s. m. 1** (*anat.*) porzione di intestino tenue compresa tra il digiuno ed il cieco **2** (*anat., zool.*) osso pari dorsale della cintura pelvica CFR. ischio, pube SIN. ilio **3** (*med.*) stato patologico caratterizzato dall'arresto della progressione del contenuto intestinale

ileocecàle [comp. di *ileo* e di un deriv. da *c(i)eco* ✱ 1833] **agg.** ● pertinente all'ileo ed all'intestino cieco | ***valvola i.***, che regola il passaggio del contenuto intestinale dall'ileo nel cieco

ileostomìa [comp. di *ileo* e *-stomia* ✱ 1957] **s. f.** ● (*chir.*) intervento chirurgico con cui si ottiene un ano artificiale mediante abboccamento dell'ultima ansa dell'ileo alla cute della parete addominale

ilìaco① [vc. dotta, lat. *Iliăcu(m)*, dal gr. *Iliakós* 'proprio di *Ilio*' ✱ 1807] **agg.** (**pl. m.** *-ci*) ● (*lett.*) dell'antica Troia o Ilio

ilìaco② [vc. dotta, lat. tardo *iliăcu(m)*, agg. di *īlia* (pl.) 'ilio' ✱ 1681] **agg.** (**pl. m.** *-ci*) ● (*anat.*) dell'ileo: *ala, arteria, iliaca*

ilìade [vc. dotta, lat. *Ilĭade(m)*, dal gr. *Iliás* genit. *Iliádos*, sottinteso *póiēsis* '(poema che tratta) di Ilio' ✱ 1554] **s. f.** ● (*raro, lett.*) lunga serie di guai, vicissitudini e sim.: *in questa sola parola sa leggere un'intera i. di mali* (D. BARTOLI)

ìlice [vc. dotta, lat. *īlice(m)*, di etim. incerta ✱ 1340] **s. f.** ● (*bot.*) leccio

ìlio [vc. dotta, lat. *īliu(m)*, tratto dal più frequente pl. *īlia*, di etim. incerta ✱ sec. XIV] **s. m.** (**pl.** *ìli* o *ìlii*) ● (*anat.*) ileo nel sign. 2

†**illacciàre** [comp. di *in-*① e *laccio* ✱ av. 1342] **v. tr. 1** prendere al laccio **2** (*fig.*) irretire, raggirare

illacrimàbile [vc. dotta, lat. *illacrimābile(m)*, comp. di *in-*③ e *lacrimābile(m)* 'lagrimevole' ✱ 1525] **agg. 1** (*lett.*) insensibile, che non si commuove **2** che non è degno di compianto

illacrimàto [vc. dotta, lat. *illacrimātu(m)*, comp. di *in-*③ e *lacrimātus* '(com)pianto' ✱ 1803] **agg.** ● (*lett.*) privo di compianto, di lacrime

†**illaidìre** [comp. di *in-*① e *laido* ✱ 1639] **v. tr.** ● macchiare, deturpare

illanguidiménto [av. 1712] **s. m.** ● l'illanguidire, l'illanguidirsi: *l'i. di qlcu., dello stomaco, della mente* | languore

✱**illanguidìre** [comp. di *in-*① e *languido* ✱ 1630] **A** **v. tr.** (*io illanguidìsco, tu illanguidìsci*) ● rendere languido, debole, fiacco: *il lungo digiuno lo illanguidì; i. la mente, l'attenzione* **B** **v. intr.** (aus. *essere*) e **illanguidìrsi** **v. intr. pron.** ● diventare languido | diventare debole, fiacco: *illanguidirsi per gli stenti*

illanguidìto **part. pass.** di *illanguidire*; anche **agg.** ● nei sign. del v. | languido, trasognato: *sguardo i.* | (*fig.*) indebolito, attenuato, che ha perduto forza e vigore: *speranza illanguidita; la mano … illanguidita dall'ozio* (G. GOZZANO)

†**illaqueàre** [vc. dotta, lat. *illaqueāre*, comp. di *in-*① e *laqueāre*, da *lăqueus* 'laccio', di etim. incerta ✱ av. 1342] **A** **v. tr.** (**difett. usato solo all'inf. pres. e al part. pass.**) ● prendere al laccio | (*fig.*) irretire, raggirare **B** †**illaqueàrsi** **v. rifl.** ● confondersi nel parlare

†**illascivìre** [comp. di *in-*① e *lascivire* ✱ 1611] **v. intr.** ● diventare lascivo

illatìvo [vc. dotta, lat. *illatīvu(m)*, da *illātus* 'illato' ✱ 1374] **agg. 1** che inferisce, conclude | ***congiunzione illativa***, conclusiva (per es. *dunque, pertanto, quindi*) **2** che indica moto reale o figurato verso un luogo o all'interno di un luogo, oppure dall'alto verso il basso: *complemento i.* | ***"in-" i.***, prefisso che significa 'dentro' (per es. in *inoculare, inumare*) ‖ **illativaménte**, **avv.**

†**illàto** [vc. dotta, lat. *illātu(m)* 'portato', part. pass. di *inferre*, comp. di *in-*① e *fĕrre* 'portare', di orig. indeur. ✱ 1499] **agg.** ● inferto

illatóre [vc. dotta, lat. tardo *illatōre(m)*, da *illātus* 'portato' (V. †*illato*) ✱ 1855] **s. m.** (**f.** *-trice*) ● (*disus.*) chi arreca: *i. d'offese*

illaudàbile [vc. dotta, lat. *illaudābile(m)*, da *illaudātus* 'illaudato' ✱ sec. XIV] **agg.** ● (*lett.*) indegno di lode

illaudàto [vc. dotta, lat. *illaudātu(m)*, comp. di *in-*③ e *laudātu(m)* 'lodato', come l'equivalente gr. *atímētos* ✱ 1525] **agg.** ● (*lett.*) senza lode

✱**illazióne** [vc. dotta, lat. *illatiōne(m)*, da *illātus* 'portato dentro', part. pass. di *inferre* 'inferire' (V. †*illato*) ✱ 1363] **s. f. 1** deduzione di una conclusione da una o più premesse: *ricorrere alle illazioni* | la conclusione dedotta: *la sua i. resta nulla* (G. GALILEI) **2** supposizione arbitraria, priva di fondamento: *le sue sono soltanto illazioni*

†**illècebra** [vc. dotta, lat. *illĕcebra(m)*, da *inlĭcium* 'esca, seduzione', dal v. *inlĭcere* 'attirare (*-lĭcere*, da *lăcere*) in (*in-*) trappola' ✱ av. 1342] **s. f.** ● (**spec. al pl.**) allettamento, lusinga: *in compagnia di queste illecebre qualche costume virtuoso* (B. CASTIGLIONE)

illeceità ➤ **illiceità**

illécito o †**illìcito** [comp. di *in-*③ e *lecito*, come il lat. *illĭcitus* ✱ 1308] **A** **agg.** ● contrario alle norme giuridiche, morali o religiose: *commercio i.; amori, mezzi illeciti* ‖ **illecitaménte**, **avv.** **B** **s. m.** ● (*dir.*) atto compiuto in violazione di una norma giuridica: *i. civile; i. internazionale* | ***i. penale***, reato | ***i. amministrativo***, punito con l'irrogazione di una sanzione amministrativa

✱**illegàle** [comp. di *in-*③ e *legale* ✱ 1688] **agg.** ● che è contrario alla legge: *procedimento, arresto, deliberazione i.* | ***processo i.***, che non era legislativamente esperibile nel caso concreto o che si è svolto con formalità non ammesse dalla legge ‖ **illegalménte**, **avv.** ‖ **illegalità**, **s. f. inv.** (V.)

SFUMATURE DI SIGNIFICATO

illegale - clandestino - nero - sommerso

Ciò che viene compiuto contravvenendo alla legge si dice genericamente **illegale. Clandestino** è invece ciò che, proprio perché illegale o comunque non conforme a divieti o a norme di comportamento codificate, viene compiuto in segreto; il termine si riferisce oggi soprattutto ad attività legate al gioco d'azzardo, alle scommesse, ai combattimenti fra animali e sim.; in riferimento a persone, definisce chi soggiorna in un paese straniero senza averne il permesso. In quest'area di significati, **nero** si usa per indicare attività finanziarie o lavorative svolte in completa inosservanza della regolamentazione fiscale e previdenziale. Se riferito in particolare al lavoro, *nero* coincide con **sommerso**, che si usa per designare quelle attività economiche che sfuggono a ogni rilevamento e dunque eludono completamente i meccanismi di tassazione.

illegalișmo [comp. di *in-*③ e *legalismo* ✱ 1924] **s. m.** ● (*raro*) illegalità | prassi politica o serie di comportamenti non conformi alle leggi e alla Costituzione di uno Stato

♦**illegalità** [1689] **s. f. inv. 1** caratteristica di ciò che è illegale: *l'i. di un atto* **2** atto illegale: *commettere delle i.* | situazione illegale: *vivere nell'i.*

illeggiadrìre [comp. di *in-*① e *leggiadro* ✱ av. 1604] **A v. tr.** (*io illeggiadrìsco, tu illeggiadrìsci*) ● rendere bello e aggraziato SIN. ornare **B v. intr.** (aus. *essere*) e **illeggiadrìrsi v. intr. pron.** ● diventare leggiadro, aggraziato

illeggìbile [comp. di *in-*③ e *leggibile* ✱ 1817] **agg.** ● impossibile o difficile a leggersi: *firma i.* | (*est.*) che non si riesce a leggere perché tortuoso, mediocre e sim.: *un testo pieno di illeggibili banalità* SIN. incomprensibile, indecifrabile || **illeggibilménte**, avv. || **illeggibilità**, s. f. inv.

♦**illegittimità** [1605] **s. f. inv.** ● condizione di illegittimo: *l'i. di un atto, di un figlio* | ***i. costituzionale***, non conformità alla Costituzione delle leggi ordinarie o degli atti aventi forza di legge: *la i. costituzionale è dichiarata dalla Corte Costituzionale*

♦**illegìttimo** [vc. dotta, lat. tardo *illegĭtimu(m)*, comp. di *in-*③ e *legĭtimus* 'legittimo' ✱ av. 1342] **A agg. 1** che è contrario o non conforme alla legge, che non è legalmente valido: *atto i.*; *governo, potere i.* | ***figlio i.***, V. *figlio* **2** contrario a ciò che è giusto, onesto e sim.: *pretesa illegittima* **3** non giustificato, privo di fondamento: *supposizioni, conclusioni illegittime* || **illegittimaménte**, avv. in modo non legittimo **B s. m.** (f. *-a*) ● figlio illegittimo

illeonìto [comp. di *in-*① e un deriv. agg. di *leone* ✱ 1917] **agg.** ● (*arald.*) detto del leopardo rampante, cioè in una positura propria del leone

illeopardìto [comp. di *in-*① e un deriv. agg. di *leopardo* ✱ 1957] **agg.** ● (*arald.*) detto del leone passante con la testa in maestà, cioè in una positura propria del leopardo

illèpido [vc. dotta, lat. *illĕpidu(m)*, comp. di *in-*③ e *lĕpidus* 'lepido' ✱ 1585] **agg.** ● (*raro, lett.*) sgraziato, goffo

♦**illéșo** [vc. dotta, lat. *illāesu(m)*, comp. di *in-*③ e del part. pass. di *lāedere*, di etim. incerta ✱ 1342] **agg.** ● di chi (o di ciò che) non subisce danni, offese o lesioni: *uscire i. da un incidente*; *rimanere i. in un grave incidente* SIN. indenne, incolume, intatto

SFUMATURE ➤ ***salvo***

illetteràto o †**illitteràto** [vc. dotta, lat. *illitterātu(m)*, comp. di *in-*③ e *litterātus* 'letterato' ✱ 1308] **agg. e s. m.** (f. *-a*) **1** analfabeta | (*est.*) che (o chi) ha ricevuto un'istruzione molto scarsa **2** †che (o chi) non intendeva e non usava il latino || **illetterataménte**, avv.

✦**illibatézza** [av. 1729] **s. f.** ● (*lett.*) condizione di illibato: *l'i. della sua vita, dei suoi costumi* | verginità SIN. integrità, purezza

✦**illibàto** [vc. dotta, lat. *illibātu(m)*, comp. di *in-*③ e del part. pass. di *libāre* 'toccare, sfiorare, assaggiare' ✱ av. 1306] **agg.** ● (*spec. lett.*) integro e puro, senza macchia: *cuore, onore i.*; *costumi illibati* | ***donna illibata***, vergine || **illibataménte**, avv. (*raro*) in modo illibato

illiberàle [vc. dotta, lat. *illiberāle(m)*, comp. di *in-*③ e *liberālis* 'liberale' ✱ av. 1328] **agg. 1** che è contrario ai principi liberali: *legge, atteggiamento i.* | oppressivo, autoritario: *regime i.* **2** (*lett.*) privo di generosità: *comportamento meschino e i.* **3** †umile, plebeo | †vile, spregevole | ***arti illiberali***, (*lett.*) i mestieri manuali || **illiberalménte**, avv. **1** in modo illiberale **2** †senza liberalità || **illiberalità**, s. f. inv. (V.)

illiberalità [vc. dotta, lat. *illiberalitāte(m)*, comp. di *in-*③ e *liberālitas*, genit. *liberalitātis* 'liberalità' ✱ sec. XIV] **s. f. inv.** ● condizione, caratteristica di chi (o di ciò che) è illiberale: *l'i. di una disposizione, di un atto*

illibertà [comp. di *in-*③ e *libertà* ✱ 1939] **s. f. inv.** ● (*lett.*) mancanza di libertà | atteggiamento, principio contrario alla libertà: *quello che la coscienza morale riprova e respinge ... non è mai libertà, ma sempre i.* (B. CROCE)

illiceità o (*raro*) **illeceità** [comp. di *in-*③ e *liceità* ✱ av. 1855] **s. f. inv.** ● caratteristica di ciò che è illecito | ***i. penale***, contrasto di un fatto, che perciò si qualifica reato, con un precetto del diritto penale

illicenziàbile [comp. di *in-*③ e *licenziabile* ✱ 1950] **agg.** ● che non può essere licenziato da un posto di lavoro || **illicenziabilità**, s. f. inv.

†**illìcito** ➤ **illecito**

ìllico et immediàte [loc. lat. propr. 'subito (*īllico*) e immediatamente (*immediāte*)' ✱ 1762] **loc. avv.** ● sul posto e subito; sottolinea, spec. in modo scherzoso, la pronta esecuzione di un'azione

illimitatézza [1869] **s. f.** ● mancanza di limiti: *l'i. di un territorio, di un potere*

♦**illimitàto** [vc. dotta, lat. tardo *illimitātu(m)*, comp. di *in-*③ e *limitātus* 'limitato' ✱ 1619] **agg. 1** privo di limiti, infinito: *l'universo è i.*; *un continente che si credeva i.*; *contemplo / l'i. silenzio* (G. UNGARETTI) | ***congedo i.***, ai militari che hanno compiuto il servizio di leva e possono essere richiamati **2** senza riserve: *fiducia, autorità illimitata* SIN. assoluto, immenso || **illimitataménte**, avv. senza limitazioni o riserve

illimpidìre [comp. di *in-*① e *limpido* ✱ 1894] **A v. tr.** (*io illimpidìsco, tu illimpidìsci*) ● (*raro*) rendere limpido (*anche fig.*) **B v. intr.** (aus. *essere*) e **illimpidìrsi v. intr. pron.** ● diventare limpido, chiaro, nitido (*anche fig.*)

illiquidìre [comp. di *in-*① e *liquido* ✱ sec. XIII] **v. intr.** (*io illiquidisco, tu illiquidìsci*; aus. *essere*) e **illiquidirsi v. intr. pron. 1** (*raro*) liquefarsi: *con l'aumento della temperatura il ghiaccio illiquidì* **2** (*fig., lett.*) venire meno, struggersi

illiquidità [comp. di *in-*③ e *liquidità* ✱ 1673] **s. f. inv.** ● (*econ.*) mancanza o carenza di denaro liquido e impossibilità di procurarselo mediante la vendita di beni mobili o immobili

illìquido [comp. di *in-*③ e *liquido* ✱ 1673] **agg.** ● (*econ.*) che non è liquido, che non è in contanti | che è difficilmente trasformabile in liquidità: *titolo di credito i.* | che è caratterizzato da mancanza di liquidità: *mercato i.* | (*est.*) detto di bene il cui valore monetario non è facilmente determinabile

illìrico [av. 1320] **agg.** (pl. m. *-ci*) ● dell'Illiria, antica regione balcanica compresa fra i confini d'Italia e la Macedonia

†**illitteràto** ➤ **illetterato**

illividiménto [1773] **s. m.** ● l'illividire

illividìre [comp. di *in-*① e *livido* ✱ 1623] **A v. tr.** (*io illividisco, tu illividisci*) **1** rendere livido: *il gelo gli illividiva le mani* **2** coprire di lividure: *gli illividirono il volto con percosse* **B v. intr.** (aus. *essere*) e **illividirsi v. intr. pron.** ● diventare livido: *i. per il freddo*; *gli si è illividito un occhio*

illocutìvo [ingl. *illocutive*, deriv. di *illocution*, comp. di *in-* 'in-①' e *locution* 'locuzione' ✱ 1983] **agg.** ● (*ling.*) detto di ogni enunciato che realizza l'azione in esso citata (per es. l'enunciato *ti ordino di uscire* realizza l'azione di ordinare) SIN. illocutorio

illocutòrio [ingl. *illocutionary*, da *illocution*, comp. di *in-* 'in-①' e *locution* 'locuzione' ✱ sec. XX] **agg.** (pl. m. *-i* o *raro -ii*) ● (*ling.*) illocutivo

illodàbile [comp. di *in-*③ e *lodabile*, come il lat. *illaudābilis* ✱ av. 1729] **agg.** ● (*raro, lett.*) che è indegno di lode

✦**illogicità** [1863] **s. f. inv. 1** caratteristica di illogico: *l'i. di un'affermazione, di un comportamento* **2** atto o ragionamento illogico SIN. assurdità

✦**illògico** [comp. di *in-*③ e *logico* ✱ 1833] **agg.** (pl. m. *-ci*) ● che è contrario alla logica, alla ragione: *insistere su argomentazioni illogiche* || **illogicaménte**, avv. || **illogicità**, s. f. inv. (V.)

SFUMATURE ➤ ***assurdo***

illo tempore, in ➤ **in illo tempore**

♦**illùdere** [vc. dotta, lat. *illūdere*, comp. di *in-*② e *lūdere* 'scherzare', da *lūdus* 'gioco, scherzo', di orig. etrusca (?) ✱ av. 1422] **A v. tr.** (pass. rem. *io illùși, tu illudésti*; part. pass. *illùșo*) ● ingannare qlcu. facendo credere ciò che non è o suscitando vane speranze: *la illuse dicendo che sarebbe ritornato* SIN. lusingare **B illùdersi v. rifl.** ● ingannarsi con vane speranze e sim. (+ *di* seguito da inf., + *che*): *si illusero di poter ritentare l'impresa*; *non bisogna illudersi che l'emergenza sia finita*; *non illuderti che sarà facile convincerli!*; *Non può più illudersi che, la mattina dopo, ... si scrollerà d'addosso il ricordo di quei momenti* (I. SVEVO) | ***non c'è da illudersi, non è il caso di illudersi***, non è il caso di nutrire speranze infondate

illuminàbile [vc. dotta, lat. tardo *illuminābile(m)*, da *illumināre* ✱ av. 1328] **agg.** ● (*raro*) che si può illuminare

illuminaménto [av. 1292] **s. m. 1** l'illuminare | (*raro*) lume, luce **2** (*fis.*) rapporto fra il flusso luminoso, o il flusso di una radiazione elettromagnetica non luminosa, ricevuto da una superficie e l'area della superficie stessa

illuminànte part. pres. di *illuminare*; anche **agg.** ● che illumina: *gas i.* | (*fig.*) che illumina la mente, che fa capire: *una spiegazione i.*; *parole illuminanti* SIN. chiarificatore

♦**illuminàre** [vc. dotta, lat. *illumināre*, comp. di *in-*② e *lūmen*, genit. *lūminis* 'lume, luce' ✱ sec. XII] **A v. tr.** (*io illùmino*) **1** rendere chiaro o luminoso diffondendo luce: *il Sole illumina la Terra*; *il lampadario illuminava l'atrio*; *un fuoco che la illumina con molti riverberi* (G. VASARI) | ***i. a giorno***, con una luce così intensa e forte da eguagliare quella del sole | (*raro*) accendere la luce per rischiarare un ambiente: *i. un sotterraneo* CONTR. oscurare **2** (*fig.*) donare un'espressione radiosa, ravvivando: *il sorriso illumina lo sguardo*; *un presagio di felicità le illuminò il volto* **3** (*fig.*) liberare la mente dall'ignoranza facendo comprendere la verità: *quanto disse bastò a illuminarmi*; *una parola che potesse ... i. un'anima sviata* (A. BOITO) | informare, rendere edotto: *non ne so nulla: illuminami tu* CONTR. ottenebrare **4** (*lett.*) ridare miracolosamente la vista a un cieco: *venne su la terra ad i. i ciechi* (A. MANZONI) **B illuminàrsi v. intr. pron. 1** diventare luminoso (+ *di*): *la stanza s'illuminò di colpo*; *le colline si illuminavano dei primi raggi del sole* CONTR. oscurarsi **2** (*fig.*) acquistare un'espressione radiosa, raggiante (+ *di*): *illuminarsi di contentezza*; *M'illumino d'immenso* (G. UNGARETTI)

illuminatìvo [av. 1342] **agg.** ● (*raro*) che ha il potere di illuminare

♦**illuminàto** **A** part. pass. di *illuminare*; anche agg. **1** nei sign. del v. **2** (*fig.*) rischiarato dalla luce dell'intelligenza, della sapienza: *menti illuminate* | (*est.*) consapevole, lungimirante, privo di pregiudizi: *uomini illuminati* | ***secolo i.***, (*per anton.*) il Settecento, secolo dell'illuminismo | ***sovrano i.***, promotore di un programma di riforme sociali, spec. nel XVIII sec. CONTR. ottenebrato **B** s. m. ● seguace di una setta mistica sorta in Spagna nel XVI sec. | seguace di una delle sette illuministiche e massoniche sorte in Baviera e in Olanda nel XVIII sec.

illuminatóre [vc. dotta, lat. tardo *illuminatōre(m)*, da *illumĭnātus*, part. pass. di *illumĭnāre* 'illuminare' ✱ av. 1328] **A** agg. (f. *-trice*) ● che illumina **B** s. m. **1** (*raro*) chi illumina **2** †miniaturista **3** (*elettr.*) dispositivo del microscopio ottico che serve per illuminare il campo di osservazione | ***i. per teatro***, proiettore per luci sceniche e speciali effetti luminosi **4** (*tv*) in un'antenna parabolica, dispositivo per la ricezione dei segnali installato nel fuoco della parabola

illuminazióne [vc. dotta, lat. tardo *illuminatiōne(m)*, da *illumĭnātu(m)*, part. pass. di *illumĭnāre* 'illuminare' ✱ av. 1328] s. f. **1** l'illuminare: *i. di una piazza, di una città, del porto* CONTR. oscuramento **2** il complesso degli apparecchi e dei mezzi usati per illuminare artificialmente: *i. a gas, a petrolio, elettrica, diretta, indiretta* | luminaria allestita per una festa pubblica: *l'i. in onore del santo protettore del paese* **3** (*relig.*) improvvisa apertura dell'intelletto alla conoscenza del vero per opera della Grazia **4** (*fig.*) lo schiudersi improvviso della mente alla verità o alla concezione di un'idea: *l'ultima sua poesia è nata da un'i. improvvisa* SIN. folgorazione, intuizione **5** (*tess.*) processo di stampa dei tessuti di cotone, con cui si fanno corrosioni, applicando contemporaneamente dei coloranti nelle zone corrose **6** (*fis.*) illuminamento

illuminèllo [da *illuminare* ✱ 1870] s. m. ● (*lett.*) luminello, nel sign. di *luminello*①

illuminìṣmo [da *illumin(are)*, con *-ismo*; calco sul ted. *Aufklärung* 'chiarimento', 'rischiaramento' ✱ 1907] s. m. ● movimento filosofico-culturale sviluppatosi in Europa nel corso del XVIII sec., che si proponeva di combattere l'ignoranza, il pregiudizio e la superstizione mediante la diffusione di una conoscenza razionale della realtà

illuminìsta [da *illumin(ismo)* con *-ista* ✱ 1919] **A** s. m. e f. (pl. m. *-i*) ● chi segue o si ispira alle dottrine dell'illuminismo **B** agg. ● illuministico

illuminìstico [1921] agg. (pl. m. *-ci*) ● relativo all'illuminismo: *pensiero, movimento i.* ‖ **illuministicaménte**, avv. secondo le teorie dell'illuminismo

illuminòmetro [comp. di *illuminare* e *-metro* ✱ 1941] s. m. ● dispositivo per la misurazione diretta dell'illuminamento di una superficie

illuminotècnica [comp. di *illuminare* e *tecnica* ✱ 1942] s. f. ● tecnica degli impianti di illuminazione | tecnica dell'illuminazione della scena nelle forme di spettacolo contemporaneo, spec. per ottenere effetti suggestivi o estetici

illuminotècnico [1984] **A** agg. (pl. m. *-ci*) ● che riguarda l'illuminotecnica **B** s. m. (f. *raro -a*) ● esperto di illuminotecnica

illùne [vc. dotta, lat. *illūne(m)*, comp. di *in-*③ e *lūna*, sul modello del corrispondente gr. *asélēnos* ✱ 1894] agg. ● (*lett.*) non rischiarato dalla luna: *navigando nell'alta notte i. / noi vedremo rilucere la riva* (G. D'Annunzio)

♦**illuṣióne** [vc. dotta, lat. *illusiōne(m)*, da *illūdere* 'illudere' ✱ av. 1342] s. f. **1** percezione errata della realtà da parte dei sensi: *la rappresentazione plastica di quell'affresco crea l'i. del movimento* | ***illusioni ottiche***, errori di interpretazione delle sensazioni visive, che intervengono nel giudicare grandezze e forme in determinate condizioni **2** immagine della realtà che si basa soltanto sui propri sogni e desideri; vana speranza: *distruggere, dissipare, perdere le illusioni*; *del decreto della riforma si diceva esser una pura e mera i.* (P. Sarpi) | ***pia i.***, speranza vana CFR. (*ingl.*) wishful thinking | ***farsi (delle) illusioni***, sperare invano CONTR. delusione, disinganno **3** †derisione, dileggio

SFUMATURE ➤ ***sogno***

illuṣionìṣmo [fr. *illusionnisme*, da *illusion* 'illusione' ✱ 1902] s. m. **1** arte ed esercizio di abilità, consistenti nel far apparire come reali illusioni ottiche e sensorie in genere **2** percezione di realtà apparente realizzata attraverso diverse tecniche (uso della prospettiva o sim.): *l'i. di un pittore*

illuṣionìsta [fr. *illusioniste*, da *illusion* 'illusione' ✱ 1901] s. m. e f. (pl. m. *-i*) ● chi si esibisce in spettacoli di illusionismo SIN. prestigiatore

illuṣionìstico [av. 1952] agg. (pl. m. *-ci*) ● dell'illusionismo ‖ **illuṣionisticaménte**, avv.

illuṣìvo [da *illuso* ✱ 1634] agg. ● (*lett.*) che illude, che mira o tende a illudere SIN. illusorio ‖ **illuṣivaménte**, avv.

♦**illùṣo** **A** part. pass. di *illudere*; anche agg. ● nei sign. del v. **B** s. m. (f. *-a*) ● chi coltiva delle illusioni: *non è altro che un povero i.*

illuṣóre [vc. dotta, lat. tardo *illusōre(m)*, da *illūsus*, part. pass. di *illūdere* 'illudere' ✱ av. 1342] s. m. (f. *illuditrice*) **1** (*raro, lett.*) chi illude e inganna gli altri **2** †chi disprezza, deride

♣**illuṣorietà** [da *illusorio* ✱ 1910] s. f. inv. ● caratteristica, condizione di ciò che è illusorio

♣**illuṣòrio** [vc. dotta, lat. tardo *illusōriu(m)*, da *illūsus*, part. pass. di *illūdere* 'illudere' ✱ 1508] agg. (pl. m. *-i* o *raro -ii*) **1** che illude: *speranze, promesse illusorie* SIN. ingannevole **2** che è frutto di un'illusione: *felicità illusoria* SIN. fallace, falso | ***non i.***, certo, reale ‖ **illuṣoriaménte**, avv.

SFUMATURE ➤ ***immaginario***

♦**illustràre** [vc. dotta, lat. *illustrāre*, comp. di *in-*② e *lustrāre*, da **lūstrum* nel senso e della stessa orig. di *lūmen* 'luce' ✱ 1308] **A** v. tr. **1** corredare un testo di figure, disegni, fotografie e sim. **2** (*est.*) chiarire con commenti, spiegazioni o esempi: *i. una poesia*; *ci illustrò gli scopi della sua ricerca*; *raccolse ed illustrò le antichità siciliane* (L. Settembrini) SIN. spiegare **3** (*raro*) rendere illustre; onorare, glorificare | ***i. il proprio nome***, con grandi opere e imprese **4** †lustrare: *i. un brillante* | †illuminare: *un non so che di luminoso appare, / che … / la notte illustra* (T. Tasso) **B** **illustràrsi** v. intr. pron. ● (*raro, lett.*) diventare illustre e famoso | (*lett.*) acquisire lustro, prestigio

illustratìvo [1851] agg. ● che serve a illustrare e a chiarire: *disegni illustrativi*; *tavole, note illustrative*

illustràto part. pass. di *illustrare*; anche agg. ● corredato di figure, fotografie e sim: *giornale i.*; *cartolina illustrata*

illustratóre [vc. dotta, lat. tardo *illustratōre(m)*, da *illustrātus*, part. pass. di *illustrāre* 'illustrare' ✱ 1483] s. m. (f. *-trice*) **1** chi illustra un testo **2** (*raro, lett.*) chi commenta un'opera letteraria o artistica

♦**illustrazióne** [vc. dotta, lat. *illustratiōne(m)*, da *illustrātus*, part. pass. di *illustrāre* 'illustrare' ✱ 1579] s. f. **1** l'illustrare | (*fig.*) spiegazione, commento: *l'i. di quell'oscuro passo è dovuta a un eminente filologo* **2** figura, disegno, stampa, fotografia che viene inserita in un testo o in un periodico, a scopo ornamentale o esplicativo: *un libro ricco di illustrazioni* **3** (*lett.*) fama, onore | (*lett.*) persona celebre (*anche scherz.*)

♦**illùstre** o (*pop.*) **lùstre** [vc. dotta, lat. *illūstre(m)* 'luminoso', da **lūstrum* (V. *illustrare*) ✱ 1261 ca.] agg. (superl. *illustrissimo* (V.)) **1** che gode grande e meritata fama per qualità o per opere notevoli: *medico, scienziato, cittadino i.*; *tutti … eran … nemici e collegati per rovina di quell'i. città* (L.A. Muratori) | ***i. sconosciuto***, (*scherz.*) persona priva di notorietà | nobile, aristocratico: *famiglia i.*; *illustri natali* | titolo, appellativo di onore, di rispetto: *i. signor duca*; *illustri spettatori* (P. Aretino) | ***i. signore***, spec. in passato, intestazione complimentosa di indirizzi o lettere SIN. celebre, chiaro, insigne CONTR. oscuro **2** †luminoso ‖ †**illustreménte**, avv.

SFUMATURE ➤ ***famoso***

illustrìssimo [1590] agg. **1** superl. di *illustre*: *città illustrissima* **2** chiarissimo, eccellentissimo, come titolo onorifico o formula di cortesia: *Vostra Signoria Illustrissima*; *i. presidente* (anche abbr. in *ill.mo*) | (*colloq.*) oggi anche scherz.: *i., è un po' che non ci si vede!*

illutazióne [dal v. lat. *illutāre*, comp. di *in-*② e *lutāre* 'sporcare di fango (*lŭtu(m)*, di orig. indeur.)' ✱ 1834] s. f. ● (*disus.*) applicazione di fanghi a scopo curativo

illuviàle [da *illuvio* ✱ 1972] agg. ● (*geol.*) relativo a illuvio

illuviàre [da *illuvie* ✱ av. 1827] v. tr. (*io illùvio*) ● (*lett.*) inondare, allagare

illuviazióne [da *illuvio* ✱ 1983] s. f. ● (*geol.*) l'insieme dei processi che determinano la precipitazione o la flocculazione delle sostanze nell'illuvio

illùvie [vc. dotta, lat. *illŭvie(m)*, da *illŭere* (?), comp. di *in-*① e *lăvere* 'bagnare', parallelo di *lavāre* ✱ 1499] s. f. inv. **1** (*lett.*) sporcizia, sudiciume **2** (*lett.*) inondazione, allagamento | (*est.*) grande afflusso di persone

illùvio [vc. dotta, lat. scient. *illuvium*. V. *illuvie* ✱ 1972] s. m. ● (*geol.*) orizzonte del suolo in cui tendono a precipitare o flocculare le sostanze provenienti dal soprastante orizzonte eluviale

illuvióne [vc. dotta, lat. tardo *illuviōne(m)*, da *illŭvies* 'illuvie' ✱ 1513] s. f. ● (*lett.*) inondazione, alluvione

ilmenìte [dal n. dei Monti *Il'men'* negli Urali ✱ 1874] s. f. ● (*miner.*) ossido di ferro e titanio in cristalli tabulari di color nero ferro

ìlo [vc. dotta, lat. *hīlu(m)*, vc. espressiva di etim. incerta ✱ 1798] s. m. **1** (*bot.*) area intorno alla cicatrice che indica il punto di attacco del seme al funicolo **2** (*anat.*) orificio attraverso cui vasi, nervi ed altre formazioni penetrano in un organo: *ilo epatico, polmonare*

Ilobàtidi [vc. dotta, da *ilobate*, dal gr. *hylobátēs* 'che frequenta (dal v. *baínein*) i boschi (*hýlē*)', con la terminazione propria delle famiglie zoologiche ✱ 1957] s. m. pl. (sing. *-e*) ● (*zool.*) famiglia di Mammiferi dei Primati alla quale appartengono i gibboni

ilomorfiṣmo ➤ **ilemorfismo**

Ìlor /'ilor/ [sigla di *I(mposta) LO(cale sui) R(edditi)* ✱ sec. XX] s. f. inv. ● tributo diretto, ormai soppresso, riscosso dallo Stato e inizialmente destinato a finanziare gli enti locali, che colpiva il possesso di un reddito di impresa o di capitale

ilòta [gr. *héilōs*, genit. *héilōtos* 'ilota, schiavo spartano', di etim. incerta ✱ 1551] s. m. e f. (pl. m. *-i*) **1** (*stor.*) schiavo spartano **2** (*fig., lett.*) persona soggetta a dura servitù morale o materiale

ilòto [1844] s. m. ● (*raro, lett.*) ilota

iloẓoìṣmo [comp. del gr. *hýlē*, genericamente

'materia', e un deriv. da *zōḗ* 'vita' ✻ 1820] **s. m.** • concezione filosofica che ritiene la materia animata da un principio vivente: *l'i. stoico*

ilozoìsta [1933] **s. m. e f. (pl. m. -*i*)** • chi segue o si ispira all'ilozoismo

ilozoìstico [1898] **agg. (pl. m. -*ci*)** • relativo all'ilozoismo

†**imàge** [fr. *image*, dall'ant. fr. *imagene* 'immagine' ✻ 1287] **s. f.** • (*poet.*) immagine

image maker /ˌimədʒ'me(i)ker, *ingl.* 'ɪmɪdʒˌmeɪkə(r)/ [loc. ingl., comp. di *image* 'immagine' e *maker* 'creatore, artefice' (di orig. germ.) ✻ 1980] **loc. sost. m. e f. inv. (pl. ingl.** *image makers*) • chi crea o cura l'immagine di un personaggio, di un'azienda o di un prodotto

imàgine e deriv. ➤ **immagine** e deriv.

imaginìfico ➤ **immaginifico**

imaginìsmo [dal russo *imažinism*, deriv. dal lat. *imāgine(m)* ✻ 1936] **s. m.** • movimento poetico russo, attivo tra il 1919 e il 1924, che privilegiava l'immagine e la forma poetica rispetto ai contenuti; tra i suoi esponenti il poeta Sergej A. Esenin (1895-1925)

imagìsmo [ingl. *imagism*, da *imagist* 'imagista' ✻ 1950] **s. m.** • movimento poetico inglese e americano dei primi decenni del Novecento, che si basava sulla concezione per cui l'immagine non è un ornamento, bensì la sostanza stessa della poesia

imagìsta [ingl. *imagist*, deriv. di *image* 'immagine' ✻ 1960] **s. m. e f. (pl. m. -*i*)** • seguace dell'imagismo

imàgo o **immàgo** [lat. *imāgo* ✻ sec. XIII] **s. f. inv. 1** (*poet.*) immagine: *e quell'i. ancora / sospirar mi farà* (G. LEOPARDI) **2** (*zool.*) ultimo stadio nella metamorfosi di alcuni Insetti **3** (*psicoan.*) nella teoria di Jung, immagine costruita dall'inconscio che orienta la percezione della realtà corrispondente

imalaiàno ➤ **himalayano**

imàm o **imàn** [arabo *imām* 'capo', da *amma* 'egli precede, marcia in testa' ✻ 1562] **s. m. inv. 1** presso i musulmani sciiti, ciascuno dei discendenti diretti di Alì, genero di Maometto, riconosciuti come legittimi sovrani e capi spirituali per diritto divino, in numero di 7 o 12 a seconda delle sette **2** fedele musulmano che dirige la preghiera nella moschea **3** nel mondo islamico, chi eccelle per particolare erudizione e cultura in qualche campo delle lettere o delle scienze **CFR.** imano

imamìta [da *imam* ✻ 1917] **s. m. e f.; anche agg. (pl. m. -*i*)** • appartenente a un ramo dei musulmani sciiti che riconosce la serie dei dodici imam

imàn ➤ **imam**

imanàto [1869] **s. m.** • titolo, ufficio e dignità di imam, nel sign. 1 | durata di tale carica

imàno [1562] **s. m.** • adattamento di *imam* (V.)

imàtio o **imàtion** [fr. *himátion* 'sopravveste, mantello' (dim. fam. di *hêima*, dal v. *hennýnai* 'vestir(si)', di orig. indeur.) ✻ 1903] **s. m. (pl. *imàti*)** • nell'antica Grecia, veste di lana portata da uomini e donne

imbacàre [comp. di *in-*① e *bacare* ✻ 1625] **A v. tr.** (*io imbàco, tu imbàchi*) • (*disus.*, *tosc.*) riempire di bachi **B v. intr. (aus. *essere*)** • (*raro*) bacarsi

imbacatùra [av. 1811] **s. f.** • (*disus.*, *tosc.*) bacatura

imbachìre [comp. di *in-*① e del denominale di *baco* ✻ 1799] **v. intr.** (*io imbachìsco, tu imbachìsci*; aus. *essere*) • (*disus.*) bacarsi

✦**imbacuccàre** [comp. di *in-*① e *bacucco*② ✻ av. 1549] **A v. tr.** (*io imbacùcco, tu imbacùcchi*) • coprire la testa e il corpo avvolgendoli in abiti pesanti o voluminosi: *i. qlcu. in una pelliccia, in un mantello* **SIN.** infagottare **B imbacuccàrsi v. rifl.** • coprirsi bene con abiti pesanti: *imbacuccarsi in uno scialle*; *s'imbacuccava ben bene nel ferraiuolo* (I. NIEVO)

imbacuccàto part. pass. di *imbacuccare*; **anche agg.** • avvolto in abiti pesanti: *si presentò tutto i.*

†**imbagasciàre** [comp. di *in-*① e *bagascia* ✻ 1765] **v. tr.** • (*fig.*) corrompere

imbalconàto [comp. di *in-*① e di un deriv. da *balco* 'violacciocca', di etim. incerta, con sovrapposizione dell'omonimo *balco(ne)* ✻ 1343] **agg.** • (*raro*) di un rosa vivace, tra il rosso e il bianco

imbaldanzìre [comp. di *in-*① e *baldanza* ✻ av. 1367] **A v. tr.** (*io imbaldanzìsco, tu imbaldanzìsci*) • rendere baldanzoso: *il successo lo ha imbaldanzito* **B v. intr.** (aus. *essere*) e **imbaldanzìrsi v. intr. pron.** • prendere baldanza, diventare baldanzoso: *i. per le lodi ricevute*; *i. per il favore popolare* **CONTR.** avvilirsi

imballàggio [fr. *emballage*, da *emballer* 'imballare' ✻ 1798] **s. m. 1** operazione dell'imballare cotone, lana o sim. **2** tecnica e operazione di sistemare le merci in appositi contenitori per la spedizione, il magazzinaggio e la vendita | la spesa di tale operazione: *merce esente da tasse di trasporto e i.* | cassa, pacco o altro materiale usati per imballare: *i. a perdere, a rendere*; *i. di conservazione* | ***i. di presentazione***, destinato a conferire un aspetto esteticamente gradevole a merci di largo consumo esposte al pubblico

imballàre① [fr. *emballer*, comp. di *en-* 'dentro' e *balle* 'balla' ✻ 1534] **v. tr. 1** confezionare in balle: *i. la lana, il cotone* **2** sistemare le merci in contenitori adatti per il trasporto, il magazzinaggio e la vendita: *i. libri, vetri, porcellane*

SFUMATURE ➤ ***involgere***

imballàre② [fr. *emballer*, dal sign. di 'portar via (rapidamente)', derivato dal senso mercantile di *balle* 'balla, collo (di mercanzia)' ✻ 1918] **A v. tr.** • (*autom.*) nella loc. ***i. il motore***, portarlo a un numero di giri superiore a quello corrispondente alla sua potenza massima **B imballàrsi v. intr. pron. 1** (*autom.*) salire a un numero eccessivo di giri, detto di motore **2** (*sport, gerg.*) riferito a un atleta, perdere agilità e scioltezza nei movimenti

imballàto① **part. pass.** di *imballare*①; **anche agg.** • nel sign. del v.

imballàto② **part. pass.** di *imballare*②; **anche agg. 1** nel sign. del v. **2** (*sport, gerg.*) detto di atleta che non è più agile nei movimenti | (*est., fam.*) fuori fase, in tilt

imballatóre [da *imballare*① ✻ 1598] **s. m. (f. -*trice*)** • addetto all'imballaggio delle merci

imballatrìce [da *imballare*① ✻ 1970] **s. f. 1** macchina che esegue l'imballaggio delle merci **2** macchina per comprimere e legare in balle di forma regolare fieno o paglia **SIN.** pressaforaggi

imballatùra① [da *imballare*① ✻ 1869] **s. f.** • (*raro*) imballaggio

imballatùra② [da *imballare*② ✻ 1957] **s. f.** • l'imballarsi di un motore | (*sport*) crisi, cotta di un atleta

imbàllo [da *imballare*① ✻ 1940] **s. m. 1** imballaggio **2** tessuto per imballare: *i. di iuta*

imbalordìre [comp. di *in-*① e *balordo* ✻ 1483] **A v. tr.** (*io imbalordìsco, tu imbalordìsci*) • (*lett.*) stordire, confondere **B v. intr.** (aus. *essere*) e **imbalordìrsi v. intr. pron.** • (*lett.*) istupidirsi, intontirsi

imbalsamàre [comp. di *in-*① e *balsamo* ✻ av. 1328] **v. tr.** (*io imbàlsamo*) **1** preparare con sostanze speciali il cadavere di una persona o di un animale per sottrarlo ai naturali processi di decomposizione **2** (*est.*) impagliare un animale morto per conservarlo **3** †rendere duraturo, conservare indenne nel tempo **4** (*fig.*) irrigidire spec. una dottrina o un'ideologia in uno schema fisso e ripetitivo, ormai privato di vitalità o funzionalità: *il rischio è che, morto lui, il suo pensiero venga imbalsamato*; *sbarazzarsi dell'eroismo vivente … imbalsamandolo in frasi storiche* (G. D'ANNUNZIO) **SIN.** mummificare **5** †profumare con odori balsamici **6** (*lett., fig.*) allietare: *ogni sorso del vino … m'imbalsamava … di voluttà* (U. FOSCOLO) | confortare **7** (*lett.*) pervadere di aromi, di profumi: *il profumo delle rose imbalsamava l'aria*

imbalsamàto part. pass. di *imbalsamare*; **anche agg.** • nei sign. del v. | sclerotizzato, fossilizzato

imbalsamatóre [1841] **s. m. (f. -*trice*)** • chi è addetto all'imbalsamazione

imbalsamatòrio [1876] **agg. (pl. m. -*i*) 1** relativo all'imbalsamazione: *tecniche, arti imbalsamatorie* **2** (*fig., raro*) che tende a fossilizzare, a conservare rigidamente

imbalsamatùra [av. 1869] **s. f.** • (*disus.*) imbalsamazione

imbalsamazióne [av. 1758] **s. f. 1** operazione dell'imbalsamare: *l'i. dei cadaveri* **2** tassidermia

imbambagiàre [comp. di *in-*① e *bambagia* ✻ 1855] **v. tr. (pres.** *io imbambàgio*; **fut.** *io imbambagerò*) • (*lett., raro*) avvolgere nella bambagia | (*raro, fig.*) imbiancare, detto di nevicata | †foderare con bambagia

imbambinìre [comp. di *in-*① e *bambino* ✻ 1869] **v. intr.** (*io imbambinìsco, tu imbambinìsci*; aus. *essere*) • (*raro*) rimbambinire

✦**imbambolàre** [comp. di *in-*① e *bambola* ✻ sec. XIII] **A v. intr.** (*io imbàmbolo*; aus. *essere*) **1** †inumidirsi di lacrime, detto degli occhi **2** (*raro, lett.*) assumere un'espressione smarrita **B imbambolàrsi v. intr. pron.** • rimanere assorto, incantarsi: *imbambolarsi a guardare una vetrina*

imbambolàto part. pass. di *imbambolare*; **anche agg. 1** †inumidito, lustro: *occhi imbambolati* **2** che è come assorto, incantato: *rimase i. a guardare* | che mostra un'espressione fissa e attonita: *sguardo i.*

imbandieraménto [av. 1910] **s. m.** • l'imbandierare | (*raro*) ornamento di bandiere

imbandieràre [comp. di *in-*① e *bandiera* ✻ av. 1557] **A v. tr.** (*io imbandièro*) • ornare di bandiere: *i. la città a festa, in segno di lutto* | ***i. la nave***, pavesarla **B imbandieràrsi v. intr. pron.** • ornarsi di bandiere: *la città si era imbandierata a festa*

imbandieràto part. pass. di *imbandierare*; **anche agg.** • ornato di bandiere

imbandigióne o †**bandigióne** [sett., da *bandire* ✻ av. 1292] **s. f.** • (*lett., raro*) l'imbandire | (*est.*) il complesso delle vivande imbandite: *una squisita i.*

imbandìre [da *bandire* 'convocare con bando (a banchetto)' con *in-*① ✻ av. 1548] **v. tr.** (*io imbandìsco, tu imbandìsci*) • preparare e disporre i cibi sulla mensa con una certa sontuosità: *i. un pranzo succulento* | (*est., lett.*) propinare

imbandìto part. pass. di *imbandire*; **anche agg.** • preparato sontuosamente: *tavola imbandita* | (*lett.*) ostentato: *col seno i. sotto gli occhi di tutti* (L. PIRANDELLO)

imbanditóre [av. 1548] **s. m. (f. -*trice*)**; **anche agg.** • chi (o che) imbandisce

imbàndo [dalla loc. (mollare) *in bando* 'in (ab)bando(no)' ✻ 1889] **s. m.** • (*mar.*) parte di una cima che durante una manovra viene allentata e resta libera | ***mollare l'i.***, allentare, lasciar libera una cima | ***recuperare l'i.***, tesare la parte allentata di una cima

†**imbarazzaménto** [av. 1527] **s. m.** • imbarazzo

imbarazzànte **part. pres.** di *imbarazzare*; **anche agg.** • che mette in imbarazzo, a disagio: *una domanda, una situazione i.*

♦**imbarazzàre** [sp. *embarazar* 'impedire', dal portog. *embaraçar*, da *baraça* 'laccio', di etim. incerta ✱av. 1557] **A** **v. tr.** **1** rendere difficile impacciando: *i. i movimenti* | ingombrare: *troppi mobili imbarazzano la stanza* | ***i. lo stomaco***, appesantirlo mangiando cose indigeste **SIN.** intralciare **2** (*fig.*) mettere qlcu. in una situazione di disagio, confusione e sim.: *le sue domande lo hanno imbarazzato* **B** **imbarazzàrsi** **v. intr. pron.** **1** essere preso da imbarazzo: *davanti a estranei s'imbarazza subito* **SIN.** confondersi **2** (*tosc.*) impicciarsi: *non imbarazzarti di codeste cose*

SFUMATURE DI SIGNIFICATO
imbarazzare - confondere - sconcertare
Imbarazzare si dice di chi o di ciò che mette una persona in una situazione di disagio psicologico perché fa riferimento ad argomenti che gli sono sgraditi. **Confondere** è mettere in uno stato di confusione, cioè procurare un turbamento, un'agitazione che fa perdere la lucidità. **Sconcertare** definisce l'indurre in una persona uno stato di turbamento ancora più profondo, che crea disorientamento e incapacità di reagire.

imbarazzàto **part. pass.** di *imbarazzare*; **anche agg.** **1** †ingombro | †impacciato | ***stomaco i.***, appesantito **2** (*fig.*) che è in una situazione di disagio, di confusione: *davanti a quella personalità si sentiva i.* ‖ **imbarazzataménte**, **avv.**

♦**imbaràzzo** [da *imbarazzare* ✱av. 1535] **s. m.** **1** impaccio, ingombro: *tanti bagagli mi sono di i.* | ***i. di stomaco***, pesantezza causata da cibo non digerito **SIN.** difficoltà, impedimento **2** stato di disagio, confusione, turbamento e sim., causato da vergogna, soggezione, incertezza sul da farsi ecc.: *essere, trovarsi, mettere in i.*; *l'i. che diceva di provare davanti a tutti gli uomini* (L. PIRANDELLO) **SIN.** impaccio | ***non avere che l'i. della scelta***, poter scegliere fra più possibilità tutte favorevoli

†**imbarbarescàre** [comp. di *in-*① e *barbaresco* ✱av. 1562] **v. tr.** • imbarbarire

imbarbariménto [1724] **s. m.** • progressiva decadenza verso una condizione di barbarie, ignoranza e sim.: *i. dei costumi, della lingua* **SIN.** decadimento, degrado **CONTR.** incivilimento, progresso

imbarbarìre [da *barbaro* con *in-*① ✱av. 1604] **A** **v. tr.** (*io imbarbarìsco, tu imbarbarìsci*) • ridurre a uno stato di barbarie, rozzezza, ignoranza e sim.: *i. una nazione* | ***i. una lingua***, introdurvi barbarismi, forestierismi **CONTR.** incivilire **B** **v. intr.** (**aus.** *essere*) e **imbarbarìrsi** **v. intr. pron.** **1** diventare barbaro: *nel Medioevo i Romani imbarbarirono* **2** (*fig.*) decadere dal punto di vista civile, sociale, intellettuale **SIN.** guastarsi, regredire

imbarbogìre [da *barbogio* con *in-*① ✱av. 1563] **v. intr.** (*io imbarbogìsco, tu imbarbogìsci*; **aus.** *essere*) • (*lett., raro*) rimbambire per l'età

imbarcadèro [fr. *embarcadère*, dallo sp. *embarcadero*, da *embarcar* 'imbarcare' ✱1858] **s. m.** • molo per imbarcare e sbarcare passeggeri e merci

imbarcaménto [av. 1566] **s. m.** **1** deformazione di tavole di legno fresco durante l'essiccamento **2** imbarco

imbarcàre [da *barca*② con *in-*① ✱av. 1276] **A** **v. tr.** (*io imbàrco, tu imbàrchi*) **1** (*mar.*) caricare o prendere a bordo di una nave o di un'imbarcazione in genere cose, persone o animali: *i. le merci, i rifornimenti*; *i. truppe, passeggeri* **2** (*est.*) caricare o far salire animali, persone o cose su un qualunque mezzo di trasporto diverso da una nave: *i. i soldati sui camion, su un aereo*; *hanno imbarcato tutto su un autotreno* **3** (*mar.*) ***i. acqua***, (*anche assol.*) detto di imbarcazione, ricevere in coperta, o lasciar penetrare sotto coperta, l'acqua del mare, a causa di una tempesta o di una falla **4** (*fig.*) coinvolgere qlcu. in una situazione difficile, pericolosa o troppo impegnativa **5** †far innamorare **B** **imbarcàrsi** **v. rifl.** **1** salire a bordo di una nave o di un aereo come passeggero o componente l'equipaggio: *imbarcarsi su una motonave*; *imbarcarsi per l'Africa*; *imbarcarsi come mozzo* **2** (*est., scherz.*) salire su un veicolo: *imbarcarsi su una vecchia automobile* **3** (*fig.*) intraprendere un'attività rischiosa, difficile e sim.: *s'è imbarcato in una strana faccenda*; *ti stai imbarcando in una brutta avventura* **SIN.** impegnarsi **4** (*aeron.*) eseguire un'imbarcata **C** **imbarcàrsi** **v. intr. pron.** **1** (*colloq.*) innamorarsi **2** †entrare in collera **3** incurvarsi, arcuarsi, detto di assi di legno e sim.

imbarcàta [1929] **s. f.** **1** (*aeron.*) evoluzione aerea, volontaria o no, che prevede dopo una prolungata picchiata il passaggio alla condizione di volo rovescio **2** (*fam.*) cotta, innamoramento: *prendersi un'i. per qlcu.* **3** (*fig., colloq.*) gran numero di persone; gran quantità

imbarcatóio [adattamento dello sp. *embarcador*, da *embarcar* 'imbarcare' ✱av. 1800] **s. m.** (**pl.** *-ói*) • imbarcadero, spec. a moli mobili o ponti allungati

imbarcatóre [av. 1535] **s. m.** (**f.** *-trice*); **anche agg.** • chi (o che) imbarca

imbarcatùra [da *imbarcare*, nel sign. C3 ✱1869] **s. f.** • (*raro*) incurvamento: *i. del legno*

imbarcazióne [sp. *embarcación*, da *embarcar* 'imbarcare' ✱sec. XIV] **s. f.** **1** struttura galleggiante in grado di spostarsi sull'acqua con mezzi propri, di dimensioni piccole o medie, azionata a vela, a motore o a remi | ***i. da diporto***, secondo la normativa ufficiale, quella con lunghezza fuori tutto inferiore a 24 metri e superiore a 7,5 metri se a motore o a 10 metri se a vela **2** †imbarco

SFUMATURE DI SIGNIFICATO
imbarcazione - natante - barca
Qualsiasi struttura galleggiante di piccole o medie dimensioni, azionata a remi, a vela o a motore, utilizzata sia come mezzo di lavoro sia per attività di diporto si dice **imbarcazione**. **Natante** è parola meno diffusa, che designa un'imbarcazione generalmente di piccole o medie dimensioni e in grado di percorrere tratte limitate. **Barca** è fra questi il termine di gran lunga più comune, generalmente utilizzato in riferimento a imbarcazioni del tipo più diverso.
SFUMATURE ➤ ***nave***

imbàrco [sp. *embarco*, da *embarcar* 'imbarcare' ✱1602] **s. m.** (**pl.** *-chi*) **1** l'imbarcare, l'imbarcarsi: *assistere, accompagnare all'i.*; *l'i. delle truppe* | †imbarcazione **2** il salire a bordo come membro dell'equipaggio | permanenza in tale servizio: *un i. di un anno* | il relativo contratto: *ottenere l'i. per New York* **3** luogo da cui ci si imbarca: *l'i. è a Napoli* **4** †impresa, faccenda **5** †innamoramento

imbardàre① [comp. di *in-*① e *bardare* ✱1266] **A** **v. tr.** **1** (*raro*) bardare **2** (*fig.*) †lusingare **B** **v. intr.** e **imbardàrsi** **v. intr. pron.** • †innamorarsi

imbardàre② [fr. *embarder*, dal provenz. *embardar* 'coprire di fango (*bart*)' ✱1929] **v. intr.** (**aus.** *avere*) e **imbardàrsi** **v. intr. pron.** • (*aeron.*) eseguire un'imbardata

imbardàta [da *imbardare*② ✱1929] **s. f.** • (*mar., aeron.*) rotazione di un aereo o di una nave intorno al proprio asse verticale: *i. a sinistra, a destra* **CFR.** beccheggio, rollio

imbarilàre [comp. di *in-*① e *barile* ✱1869] **v. tr.** • mettere in barile: *i. le aringhe*

imbaşaménto [1464] **s. m.** **1** base, zoccolo di un edificio o altro: *i. di pietra, di bronzo* **2** (*geol.*) strato roccioso su cui poggiano le rocce superficiali **3** (*ing.*) strato di pietrame che viene gettato sul fondale marino e successivamente spianato per costituire il piano di posa di elementi prefabbricati di opere marittime

imbaşàre [comp. di *in-*① e *basare*, da *base* ✱1706] **A** **v. tr.** • (*raro, lett.*) mettere sopra una base **B** **v. intr.** (**aus.** *essere*) e **imbaşàrsi** **v. intr. pron.** • (*raro, lett.*) stare appoggiato su una base

imbasciàta e deriv. ➤ **ambasciata** e deriv.

imbastardiménto [av. 1589] **s. m.** • l'imbastardire, l'imbastardirsi | (*fig.*) degenerazione, corruzione

imbastardìre [comp. di *in-*① e *bastardo* ✱av. 1320] **A** **v. tr.** (*io imbastardìsco, tu imbastardìsci*) **1** rendere bastardo: *i. una stirpe* **2** (*fig.*) alterare, guastare, corrompere | ***i. una lingua***, introdurvi parole e costrutti stranieri **B** **v. intr.** (**aus.** *essere*) e **imbastardìrsi** **v. intr. pron.** **1** perdere i caratteri della propria specie o natura, diventare bastardo **2** (*fig.*) corrompersi, tralignare, degenerare: *col tempo molte tradizioni si imbastardiscono*

imbastardìto **part. pass.** di *imbastardire*; **anche agg.** • nei sign. del v.: *una specie imbastardita*; *una lingua imbastardita*

†**imbastàre** [comp. di *in-*① e *basto* ✱av. 1540] **v. tr.** • mettere il basto a una bestia da soma: *i. un asino*

†**imbastiménto** [av. 1597] **s. m.** • l'imbastire

imbastìre [comp. di *in-*① e *bastire* ✱1372] **v. tr.** (*io imbastìsco, tu imbastìsci*) **1** unire a punti lunghi due lembi di tessuto, prima della cucitura definitiva a mano o a macchina **2** (*fig.*) tracciare, delineare per sommi capi, abbozzare: *i. un dramma, lo schema di un'opera, un piano d'azione* | organizzare, preparare: *i. una burla, uno scherzo ai danni di qlcu.* | porre in atto, cominciare: *raccomandò che non si mettessero a i. un litigio* (F. TOZZI) | improvvisare, inventare lì per lì: *i. una scusa, una giustificazione* **3** (*tess.*) ridurre in falde il pelo per feltro da cappelli, avvolgendolo intorno al tamburo di una macchina imbastitrice **4** (*tecnol.*) eseguire l'imbastitura di una costruzione metallica **5** †imbandire vivande

imbastìto **part. pass.** di *imbastire*; **anche agg.** **1** nei sign. del v. **2** nel gergo sportivo, detto di atleta colpito da una imbastitura o cotta

imbastitóre [1881] **s. m.** (**f.** *-trice*) • (*tecnol.*) addetto all'imbastitura

imbastitrìce [1940] **s. f.** • (*tess.*) nell'industria della confezione, macchina cucitrice che esegue l'imbastitura | nella fabbricazione dei cappelli, macchina che esegue l'imbastitura

imbastitùra [av. 1665] **s. f.** **1** lavoro dell'imbastire | cucitura provvisoria a punti lunghi **2** (*raro, fig.*) schema, traccia, abbozzo: *i. di un romanzo* **3** (*sport, raro*) cotta① nel sign. 6 **4** (*tecnol.*) montaggio provvisorio di una costruzione metallica, allo scopo di determinare i riferimenti o eseguire i fori o le saldature destinati al collegamento definitivo

†**imbàsto** ➤ **basto**

imbàttersi [comp. di *in-*① e *battere* ✱av.

1327] **v. intr. pron. 1** incontrare per caso (*anche fig.*) (+ *in*): *i. in un vecchio amico*; *i. in un ostacolo insuperabile* **2** avere a che fare con qlcu. o trovarsi di fronte a qlco.: *i. in un insegnante molto severo*; *trema del male, e t'imbatti nel peggio* (U. Foscolo) | (*assol.*) ***i. bene, male***, capitare bene, male

imbattìbile [adattamento del fr. *imbattable*, comp. di *in-*③ e di un deriv. da *battre* 'battere, vincere' ✻ 1892] **agg.** ● detto di chi (o di ciò che) non si riesce a battere: *concorrente i.*; *campione i.*; *squadra i.* | ***prezzi imbattibili***, vantaggiosissimi **SIN.** insuperabile, invincibile || **imbattibilità**, **s. f. inv.** (V.)

imbattibilità [1962] **s. f. inv.** ● caratteristica di chi è imbattibile | (*est.*) condizione di una squadra, un atleta e sim. che, in assoluto o relativamente a un dato periodo di tempo, non hanno subìto sconfitte

imbàtto [da *imbattersi* ✻ 1559] **s. m. 1** †incontro casuale **2** (*aeron. milit.*) impatto **3** (*mar.*) ***vento d'i.***, che spira dal mare verso le spiagge

imbattùto [comp. di *in-*③ e *battuto* ✻ 1959] **agg.** ● che non è mai stato sconfitto: *pugile i.*; *la squadra ha terminato il campionato imbattuta* | ***terreno, campo i.***, quello di una squadra che non è mai stata sconfitta in casa nel corso di un campionato

imbaulàre [comp. di *in-*① e *baule* ✻ av. 1756] **v. tr.** (*io imbaùlo*) ● (*disus.*) mettere in un baule o più bauli: *i. i libri*

imbavagliaménto [da *imbavagliare* ✻ sec. XIV] **s. m.** ● l'imbavagliare, il venire imbavagliato (*spec. fig.*): *i. della stampa, della televisione*

✦**imbavagliàre** [comp. di *in-*① e *bavaglio* ✻ av. 1370] **v. tr.** (*io imbavàglio*) **1** mettere un bavaglio sulla bocca di qlcu. per impedirgli di parlare o gridare: *i ladri imbavagliarono la vittima* **2** (*fig.*) impedire a qlcu. di esprimersi liberamente: *i. gli intellettuali*; *i. la stampa*

imbavagliàto **part. pass.** di *imbavagliare*; **anche agg.** ● nei sign. del v.

imbavàre [comp. di *in-*① e *bava* ✻ 1505 ca.] **v. tr. 1** (*lett.*) imbrattare di bava **2** (*tipogr.*) in legatoria, incollare una segnatura o una tavola in un libro

✦**imbeccàre** [comp. di *in-*① e *becco* ✻ av. 1292] **v. tr.** (*io imbécco, tu imbécchi*) **1** nutrire volatili che non sono in grado di farlo da soli, introducendo il cibo nel loro becco: *i. i pulcini* **2** (*fig.*) dare l'imbeccata: *i. un attore*; *i. i testimoni* | (*est., raro*) istruire qlcu. perché ripeta macchinalmente qlco.: *i. uno studente* **SIN.** suggerire

✦**imbeccàta** [da *imbeccare* ✻ av. 1342] **s. f. 1** quantità di cibo messo in bocca a un uccello in una volta: *i. grossa, piccola* **2** (*fig.*) nel gergo teatrale, suggerimento di una battuta: *l'attore aspetta l'i.* | (*est.*) suggerimento dato a qlcu. perché parli o si comporti nel modo voluto: *i testimoni parleranno dopo aver ricevuto l'i.*; *il piccolo aspetta l'i. dalla madre* **3** †infreddatura

imbeccatóio [da *imbeccare* ✻ av. 1597] **s. m.** (**pl.** *-ói*) ● recipiente in cui si mette il becchime in gabbie, pollai e sim.

imbecheràre [etim. discussa: comp. di *in-*① e una variante (per sovrapposizione di *bicchiere*) di *pecchero* (?) ✻ av. 1543] **v. tr.** (*io imbéchero*) ● (*pop., tosc.*) subornare o raggirare qlcu. con lusinghe

imbecillàggine [1869] **s. f.** ● (*raro*) imbecillità

imbecìlle [vc. dotta, lat. *imbecĭlle(m)*, propr. 'debole, senza forza': da *in-* neg. e *băculum* 'bastone' (?) ✻ 1308] **A** **agg. 1** (*psicol.*) affetto da imbecillità **2** (*est., spreg.*) detto di persona che si rivela poco intelligente **SIN.** scemo, stupido **3** †debole || **imbecilleménte**, **avv.** (*raro*) da imbecille **B** **s. m. e f. 1** (*psicol.*) chi è affetto da imbecillità **2** (*est., spreg.*) persona che si comporta scioccamente o commette stupidaggini: *passare da i., per un i.*; *fare la figura dell'i.* || **imbecillóne**, **accr.** | **imbecillòtto**, **alter.**

imbecillìre [da *imbecille* ✻ 1441] **v. tr. e intr.** (*io imbecillìsco, tu imbecillìsci*; **aus. intr.** *essere*) ● (*raro*) rimbecillire

imbecillìșmo [1867] **s. m.** ● (*psicol.*) imbecillità | (*spreg.*) stupidità

imbecillità [vc. dotta, lat. *imbecillitāte(m)*, da *imbecĭllis* 'imbecille' ✻ 1438] **s. f. inv. 1** (*psicol.*) insufficienza congenita dello sviluppo psichico, meno grave dell'idiozia **2** (*est., spreg.*) stoltezza, stupidità: *l'i. delle cose umane* (P. Sarpi) | azione, discorso da imbecille: *fare, dire una grossa i.* **SIN.** scemenza **3** †debolezza

✦**imbèlle** [vc. dotta, lat. *imbĕlle(m)* 'inetto (in- neg.) alla guerra (*bĕllum*)' ✻ 1497] **agg. 1** (*lett.*) disadatto alla guerra: *nazione, popolo i.* **2** (*est.*) pavido, vile, fiacco: *animo, vita i.*

imbellettaménto [1580] **s. m.** ● (*raro*) imbellettatura

✦**imbellettàre** [comp. di *in-*① e *belletto* ✻ 1493] **A** **v. tr.** (*io imbellétto*) **1** coprire, ornare di belletto: *i. il viso, le guance* **2** (*fig.*) ornare con artifici: *i. un'opera letteraria* **B** **imbellettàrsi** **v. rifl. e tr. pron.** (aus. *essere*) **1** mettersi il belletto, coprirsi di belletto: *è pena della vita imbellettarsi la faccia* (T. Campanella) **2** (*raro, fig.*) adornarsi artificiosamente

imbellettàto **part. pass.** di *imbellettare*; **anche agg.** ● ornato di belletto

imbellettatùra [1869] **s. f. 1** (*raro*) l'imbellettare e l'imbellettarsi | belletto **2** (*fig., spreg.*) orpello, ornamento artificioso

imbellìre [comp. di *in-*① e *bello* ✻ av. 1292] **A** **v. tr.** (*io imbellìsco, tu imbellìsci*) ● far bello o più bello, abbellire: *i. il viso*; *è un'acconciatura che ti imbellisce* **CONTR.** imbruttire **B** **v. intr.** (aus. *essere*) e **imbellìrsi** **v. intr. pron.** ● diventare più bello: *i. di giorno in giorno*; *con l'adolescenza si è imbellita* **C** **imbellìrsi** **v. rifl.** ● †abbellirsi

†**imbelvàre** [comp. di *in-*① e *belva* ✻ 1608] **A** **v. tr.** ● rendere simile a belva | rendere furioso **B** †**imbelvàrsi** **v. intr. pron.** ● inferocirsi

imbelvìto [da *belv(a)* con il pref. *in-*① e il suff. *-ito*② ✻ 1939] **agg.** ● infuriato, furibondo, furioso

†**imbendàre** [comp. di *in-*① e *bendare* ✻ sec. XIV] **v. tr.** ● cingere con bende

✦**imbèrbe** [vc. dotta, lat. *imbĕrbe(m)*, comp. di *in-*③ e *bărba* 'barba①' ✻ 1426 ca.] **agg. 1** che non ha ancora la barba: *viso i.*; *giovinetto i.* | (*fig., scherz.*) inesperto, ingenuo, immaturo **2** (*lett.*) sbarbato, raso **3** (*bot.*) detto di pianta o di sua parte priva di peli

imberciàre [comp. di *in-*① e di *berciare, berzare, dall'ant. fr. *berser* 'bersagliare' (dal francone *birson 'cacciare, andare a caccia') ✻ av. 1311] **v. tr.** (**pres.** *io imbèrcio*; **fut.** *io imbercerò*) ● (*pop., tosc.*) colpire, centrare un bersaglio | (*fig.*) indovinare: *non imberciarne una*

imberrettàre [comp. di *in-*① e *berretta* ✻ av. 1400] **A** **v. tr.** (*io imberrétto*) ● (*raro*) mettere il berretto **B** **imberrettàrsi** **v. rifl.** ● mettersi il berretto

imberrettàto **part. pass.** di *imberrettare*; **anche agg.** ● nel sign. del v.

†**imbertescàre** [comp. di *in-*① e *bertesca* ✻ 1362] **v. tr. 1** fortificare con bertesche **2** (*fig.*) raggirare

†**imbertonàre** [comp. di *in-*① e *bertone*, nel senso ant. di 'amante' ✻ 1536] **A** **v. tr.** ● fare innamorare | incantare, affascinare: *l'anima e 'l cor m'imbertona* (P. Aretino) **B** †**imbertonàrsi** **v. intr. pron.** ● invaghirsi, innamorarsi

†**imbertonìrsi** [comp. di *in-*① e *bertone* nel sign. 2 ✻ av. 1613] **v. intr. pron.** ● innamorarsi

imbestialìre [comp. di *in-*① e *bestiale* ✻ 1481] **A** **v. tr.** (*io imbestialìsco, tu imbestialìsci*) **1** (*lett.*) abbrutire **2** rendere furioso, fare andare in bestia: *le sue parole lo imbestialirono* **B** **v. intr.** (aus. *essere*) e **imbestialìrsi** **v. intr. pron. 1** (*lett.*) abbrutirsi **2** andare in bestia, arrabbiarsi all'eccesso **SIN.** infuriarsi

imbestialìto **part. pass.** di *imbestialire*; **anche agg. 1** (*lett.*) abbrutito **2** fuori di sé dall'ira, dalla rabbia

imbestiàre [comp. di *in-*① e *bestia* ✻ 1319] **A** **v. tr.** (*io imbéstio*) ● (*lett.*) ridurre come una bestia **B** **v. intr.** (aus. *essere*) e **imbestiàrsi** **v. intr. pron. 1** (*lett.*) trasformarsi in bestia **2** (*fig., lett.*) abbrutirsi, degradarsi: *il popolo … s'imbestia nella più stupida, nella più corrotta ignoranza* (G. Carducci) **3** (*fig.*) †inferocirsi, adirarsi

imbestiàto [da *imbestiare*] **part. pass.** di *imbestiare*; **anche agg.** ● nei sign. del v. | (*fig., lett.*) furibondo

imbeșuìto [vc. milan. d'orig. sconosciuta ✻ 1967] **agg.** ● (*lomb.*) istupidito

†**imbeveràre** [comp. di *in-*① e *(ab)beverare* ✻ sec. XV] **A** **v. tr.** ● imbevere **B** †**imbeveràrsi** **v. intr. pron.** ● imbeversi

imbévere o †**imbìbere** [dal lat. *imbĭbere* 'assorbire' ✻ sec. XV] **A** **v. tr.** (**coniug. come** *bere*) **1** bagnare, inzuppare, impregnare: *i. un biscotto nel latte* **2** (*raro*) assorbire: *i muri porosi imbevono l'umidità* **B** **imbéversi** **v. intr. pron. 1** lasciarsi penetrare da un liquido: *imbeversi di acqua, di umidità* **SIN.** impregnarsi, inzupparsi **2** (*fig.*) assimilare qlco. in profondità: *imbeversi di idee, dottrine, concetti*

SFUMATURE ➤ ***bagnare***

imbevìbile [comp. di *in-*③ e *bevibile* ✻ av. 1928] **agg.** ● che non si può bere, che è di sapore talmente sgradevole da non potersi bere: *questo vino è i.* || **imbevibilità**, **s. f. inv.**

imbeviménto [av. 1673] **s. m.** ● (*raro, lett.*) l'imbevere, l'imbeversi

imbevùto **part. pass.** di *imbevere*; **anche agg.** ● impregnato: *un panno i. d'acqua* | (*fig.*) pieno, permeato: *i. di pregiudizi*

imbiaccàre [comp. di *in-*① e *biacca* ✻ av. 1446] **A** **v. tr.** (*io imbiàcco, tu imbiàcchi*) **1** coprire, tingere di biacca **2** (*fig., lett.*) imbellettare **B** **imbiaccàrsi** **v. rifl. 1** tingersi di biacca **2** (*fig., lett.*) truccarsi il viso in modo troppo vistoso

†**imbiadàre** [comp. di *in-*① e *biada* ✻ 1680] **v. tr.** ● seminare di biada | alimentare con biada

imbiancaménto [av. 1364] **s. m.** ● l'imbiancare, l'imbiancarsi

imbiancàre [comp. di *in-*① e *bianco* ✻ av. 1292] **A** **v. tr.** (*io imbiànco, tu imbiànchi*) **1** far diventare bianco, coprire di bianco: *la neve ha imbiancato le cime* | ***i. le pareti***, darvi il bianco di calce | (*est.*) rischiarare, illuminare: *l'alba imbiancava l'orizzonte* **2** (*raro*) lavare, candeggiare **3** (*fig., tosc.*) †respingere, bocciare qlco.: *i. una legge, un voto* **4** (*pop.*) †subornare, ingannare **B** **v. intr.** (aus. *essere*) e **imbiancàrsi** **v. intr. pron. 1** diventare bianco: *gli alberi si erano imbiancati per la neve* | incanutire: *cominciò a i.* **2** (*fig.*) impallidire: *i. improvvisamente in volto* **SIN.** sbiancare | (*est.*) diventare chiaro o più chiaro: *il cielo imbiancò a poco a poco*; *l'orizzonte si imbiancava* **SIN.** scolorire

imbiancàto **part. pass.** di *imbiancare*; **anche agg. 1** nei sign. del v. **2** ***sepolcro i.***, (*fig.*) persona ipocrita, falsa (secondo quanto Gesù nel Vangelo dice agli scribi e ai farisei, paragonandoli a sepolcri imbiancati che, belli all'aspetto esteriore, internamente sono pieni di ogni marciume)

imbiancatóre [da *imbiancare* ✱av. 1494] **s. m. (f. *-trice*, *pop.*, *disus.* *-tora*)** **1** operaio addetto al candeggio dei tessuti **2** (*raro*) imbianchino

imbiancatrìce [1957] **s. f.** ● macchina per imbiancare il riso, liberandolo dalla pula

imbiancatùra [1550] **s. f.** **1** operazione dell'imbiancare, spec. la biancheria **2** tinteggiatura di una parete, solitamente in bianco di calce | (*est.*) coloritura dei muri esterni o interni di un edificio

imbianchiménto [av. 1829] **s. m.** **1** l'imbianchire **2** processo di decolorazione di un prodotto industriale **3** pratica agricola eseguita per rendere bianche le parti commestibili di certi ortaggi, rincalzandoli o ricoprendoli con terra, carta, paglia o altro materiale: *i. di cardi, sedani, finocchi*

imbianchìno [da *imbiancare* (i muri) ✱1817] **s. m. (f. *-a*)** **1** chi per mestiere imbianca o tinteggia i muri **2** (*spreg.*) cattivo pittore

imbianchìre [comp. di *in-*① e *bianco* ✱av. 1468] **A v. tr.** (*io imbianchìsco, tu imbianchìsci*) **1** rendere bianco: *appresta / ad imbianchir le guance* (G. Parini) **2** scolorire, decolorare: *i. una tela* | schiarire carne o verdura, scottandola in acqua bollente e raffreddandola poi di colpo **B v. intr.** (aus. *essere*) ● diventare bianco | incanutire

imbibènte **A part. pres.** di *imbibire*; anche **agg.** ● nei sign. del v. **B s. m.** ● soluzione usata in tintoria e in fotografia per favorire l'imbibizione

†**imbìbere** ➤ **imbevere**

imbibìre [vc. dotta, lat. *imbĭbĕre* 'imbevere', con cambio di coniugazione ✱1499] **A v. tr.** (*io imbibìsco, tu imbibìsci*) ● (*fis.*) rendere possibile l'assorbimento di un liquido da parte di un corpo solido **B imbibìrsi v. intr. pron.** ● (*lett.*) imbeversi

imbibìto **part. pass.** di *imbibire*; anche **agg.** ● nei sign. del v.

imbibizióne [av. 1694] **s. f.** **1** (*lett.*) l'imbibirsi **2** (*fis.*) assorbimento di un liquido da parte di un solido senza conseguente reazione chimica

imbiellàggio [fr. *embiellage*, da *bielle* 'biella' ✱1957] **s. m.** **1** montaggio e messa a punto delle bielle **2** nei motori stellari o a più file di cilindri, accoppiamento di più bielle al bottone di manovella della biella madre

imbietolìre [comp. di *in-*① e *bietola*, nel senso fig. di 'dappoco, senza vigore' ✱1643] **v. intr.** (*io imbietolìsco, tu imbietolìsci*; aus. *essere*) ● (*lett.*) intenerirsi, illanguidirsi | (*lett.*) provare soddisfazione

imbiettàre [comp. di *in-*① e *bietta* ✱1612] **v. tr.** (*io imbiétto*) ● fermare con biette

†**imbigiàre** [comp. di *in-*① e *bigio* ✱1605] **v. intr.** e †**imbigiàrsi** **v. intr. pron.** ● diventare grigio

imbiondàre [comp. di *in-*① e *biondo* ✱av. 1568] **A v. tr.** (*io imbióndo*) **1** (*lett.*) fare diventare biondo: *il sole imbionda sì la viva lana / che quasi dalla sabbia non divaria* (G. D'Annunzio) **2** (*lett.*) †fare biondeggiare le messi **B v. intr.** (aus. *essere*) e **imbiondàrsi** **v. intr. pron.** ● (*raro, lett.*) imbiondire

imbiondìre [comp. di *in-*① e *biondo* ✱1320] **A v. tr.** (*io imbiondìsco, tu imbiondìsci*) ● rendere biondo: *l'acqua ossigenata imbiondisce i capelli* **B v. intr.** (aus. *essere*) e **imbiondìrsi** **v. intr. pron.** ● diventare biondo: *con la salsedine i capelli imbiondiscono*; *il grano si imbiondisce al sole*

imbirbonìre [comp. di *in-*① e *birbone* ✱av. 1850] **A v. intr.** (*io imbirbonìsco, tu imbirbonìsci*; aus. *essere*) ● diventare birbone **SIN.** incanaglirsi **B v. tr.** ● (*raro*) fare diventare birbone

†**imbiṣacciàre** [comp. di *in-*① e *bisaccia* ✱1555] **v. tr.** ● mettere in una bisaccia | (*fig.*) abbindolare

imbitumàre [comp. di *in-*① e *bitume* ✱sec. XIII] **v. tr.** (coniug. come *bitumare*) ● (*disus.*) bitumare

imbiutàre [comp. di *in-*① e *biuta* ✱1340 ca.] **v. tr.** ● spalmare o riempire di biuta o di altro materiale untuoso

imbiẓẓarriménto [sec. XIV] **s. m.** ● (*raro*) l'imbizzarrirsi | bizzarria

imbiẓẓarrìre [comp. di *in-*① e *bizzarro* ✱av. 1348] **A v. tr.** (*io imbiẓẓarrìsco, tu imbiẓẓarrìsci*) **1** (*raro*) rendere irrequieto, irritabile **2** †rendere allegro **B v. intr.** (aus. *essere*) e **imbiẓẓarrìrsi** **v. intr. pron.** **1** diventare irrequieto, bizzarro, detto spec. di cavalli **2** (*fig.*) irritarsi o agitarsi eccessivamente, detto di persona

imbiẓẓarrìto **part. pass.** di *imbizzarrire*; anche **agg.** ● nei sign. del v.

imbiẓẓìre [comp. di *in-*① e *bizza* ✱1716 ca.] **v. intr.** (*io imbiẓẓìsco, tu imbiẓẓìsci*; aus. *essere*) **1** (*tosc.*) stizzirsi, adirarsi: *i rimproveri lo fanno i.* **2** diventare irrequieto, detto spec. di cavalli **SIN.** imbizzarrire

imboccaménto [av. 1557] **s. m.** ● (*raro*) l'imboccare: *i. di un bambino* | †imbocco

imboccàre [lat. parl. **imbuccāre* 'porre in (*in-*) bocca (*bŭcca*)' ✱av. 1363] **A v. tr.** (*io imbócco, tu imbócchi*) **1** mettere il cibo in bocca a qlcu. che non è in grado di farlo da solo: *i. un bambino, un ammalato* **2** (*fig.*, *lett.*) imbeccare, istruire: *che non s'avesse a dire che v'hanno imboccata* (A. Manzoni) **3** adattare alla bocca uno strumento a fiato per suonarlo: *i. il sassofono* **4** entrare in un luogo da percorrere: *i. il porto, la valle*; *i. una strada, un sentiero* | ***i. una strada pericolosa***, (*fig.*) mettersi in una situazione difficile **5** †tenere in bocca: *i. cibo* | (*fig.*) ricevere, apprendere **6** †incominciare **B v. intr.** (raro nei tempi composti; aus. *avere*) e †**imboccàrsi** **v. intr. pron.** **1** (*raro*) sboccare: *la strada imbocca in una piazza* **2** entrare, adattarsi bene: *il turacciolo imbocca nella bottiglia* | incastrarsi, ingranare perfettamente, detto di organi meccanici **3** †sfociare

imboccàto **part. pass.** di *imboccare*; anche **agg.** **1** nei sign. del v. **2** (*mar.*; *disus.*) detto del cavo di una carrucola bloccato nel movimento dall'accidentale incunearsi nella carrucola stessa di un altro cavo

imboccatùra [1612] **s. f.** **1** apertura da cui si entra, si passa in qualche luogo: *l'i. di un canale, di una strada, del porto, di una valle* **2** apertura di un oggetto o di un congegno, in cui si inserisce, si incastra qlco.: *l'i. della damigiana, di un tubo* **3** parte di uno strumento a fiato a cui il suonatore adatta la bocca per suonare: *l'i. del sassofono* | (*est.*) maniera di adattare le labbra a uno strumento a fiato: *buona, cattiva i.*; *ha perso l'i. per poco esercizio* **4** la parte del morso che si mette in bocca al cavallo

imbòcco [da *imboccare* ✱av. 1739] **s. m. (pl. *-chi*)** ● imboccatura, entrata: *l'i. di una galleria*

imboiaccàre [comp. di *in-*① e *boiacca* ✱1987] **v. tr.** (*io imboiàcco, tu imboiàcchi*) ● (*edil.*) cospargere di boiacca

†**imbolàre** ➤ **involare**①

imbolsiménto [sec. XIV] **s. m.** ● (*raro*) l'imbolsire

✣**imbolsìre** [comp. di *in-*① e *bolso* ✱av. 1320] **v. intr.** (*io imbolsìsco, tu imbolsìsci*; aus. *essere*) e **imbolsìrsi** **v. intr. pron.** **1** diventare bolso | detto di persona, appesantirsi, gonfiarsi: *Era piuttosto imbolsita che ingrassata* (I. Svevo) **2** (*fig.*) infiacchirsi

imbonàre [comp. di *in-*① e *b(u)ono* ✱1813] **v. tr.** (*io imbòno*) ● (*mar.*; *disus.*) portare a misura esatta qualunque elemento dello scafo, durante la costruzione, togliendone il superfluo

imboniménto [da *imbonire* ✱1611] **s. m.** **1** discorso che fa l'imbonitore per convincere il pubblico ad acquistare **2** (*est.*) descrizione elogiativa che esagera i pregi di qlco.

✣**imbonìre** [comp. di *in-*① e *b(u)ono* ✱1640] **v. tr.** (*io imbonìsco, tu imbonìsci*) **1** cercare di convincere qlcu. esaltando i pregi di una merce o di uno spettacolo: *i. il pubblico, gli spettatori* **2** (*est.*) cercare di persuadere qlcu. a fare qlco. **3** ingraziarsi, accattivarsi qlcu.

imbonitóre [av. 1905] **s. m. (f. *-trice*)** ● chi imbonisce

imbonitòrio [1992] **agg.** ● (*spreg.*) da imbonitore: *discorso i.* | (*est.*) enfatico, altisonante

imbòno [da *imbonare* ✱1889] **s. m.** ● (*mar.*) quanto eccede, e va tolto, quanto manca, e va aggiunto, per rendere a misura un pezzo di costruzione nelle navi in legno

†**imborgàrsi** [comp. di *in-*① e *borgo* ✱1321] **v. intr. pron.** ● riempirsi di castelli, di borghi, di città: *quel corno d'Ausonia che s'imborga / di Bari e di Gaeta e di Catona* (Dante *Par.* VIII, 61-62)

imborghesiménto (o *-ṣ-*) [1944] **s. m.** ● l'imborghesire, l'imborghesirsi

imborghesìre (o *-ṣ-*) [comp. di *in-*① e *borghese* ✱1882] **A v. tr.** (*io imborghesìsco, tu imborghesìsci*) ● rendere borghese: *i. i propri gusti, le proprie abitudini* **B v. intr.** (aus. *essere*) e **imborghesìrsi** **v. intr. pron.** ● acquistare modi, gusti e consuetudini di vita borghese (*spesso spreg.*): *i. intellettualmente*

imborghesìto (o *-ṣ-*) **part. pass.** di *imborghesire*; anche **agg.** **1** nei sign. del v. **2** (*est.*, *spreg.*) che ha perduto gli interessi, gli stimoli, le motivazioni ideali che determinavano un precedente comportamento: *un intellettuale i.*

imborsàre [comp. di *in-*① e *borsa* ✱1313] **v. tr.** (*io imbórso*) **1** (*raro*, *lett.*) mettere nella borsa: *i. il denaro* | †inserire in una borsa o in un'urna dei nomi da estrarre a sorte **2** (*lett.*) accogliere, possedere **3** †ritenere

imborsatùra [av. 1558] **s. f.** ● (*raro*) l'imborsare

imboscaménto [av. 1304] **s. m.** **1** l'imboscare, l'imboscarsi **2** periodo della quinta muta del baco da seta allorché si porta sulle ramaglie per tesservi il bozzolo

imboscàre [comp. di- *in-*① e *bosco*; nel rifl. adattamento del fr. *s'embusquer* 'inoltrarsi in mezzo (*en-*) al bosco (ant. fr. *busche*)' ✱1320] **A v. tr.** (*io imbòsco, tu imbòschi*) **1** (*raro*) nascondere animali o persone in un bosco | (*fig.*) nascondere: *i. un libro, una pratica* | (*fig.*) accaparrarsi qlco., farne incetta **2** (*est.*) spec. in tempo di guerra, nascondere qlcu. per sottrarlo al servizio militare **3** imboschire **4** (*raro*) costruire lo scheletro di una nave in legno sullo scalo **B imboscàrsi** **v. rifl.** **1** inoltrarsi in un bosco, nascondendosi: *le fiere s'imboscano* | (*est.*) appartarsi, nascondersi spec. per tendere un agguato a qlcu. **2** (*est.*) spec. in tempo di guerra, sottrarsi al servizio militare | sottrarsi a compiti, impegni, responsabilità particolarmente gravosi o pericolosi: *imboscarsi in un ufficio* **3** andare al bosco, detto dei bachi da seta **C imboscàrsi** **v. intr. pron.** **1** diventare folto come un bosco | detto di un albero, produrre in modo disordinato rami e foglie **2** †imbrogliarsi

imboscàta [da *imboscare* ✱ 1544] **s. f. 1** agguato teso al nemico dove e quando meno se lo aspetta: *fare, tendere una i.; cadere in una i.* | (*est.*) †il luogo dell'agguato | †gruppo che tende agguati **2** (*fig.*) insidia, tranello

imboscàto **A** **part. pass.** di *imboscare*; anche **agg.** ● nei sign. del v. | (*lett.*) coperto di folta vegetazione, di boschi: *quella gola nella valle fra una nera costa imboscata* (A. Fogazzaro) **B** **s. m.** (**f.** *-a*) ● chi, spec. in tempo di guerra, si nasconde per sottrarsi al servizio militare | (*est.*) chi si sottrae a impegni e responsabilità gravosi

imboscatóre [1918] **s. m.** (**f.** *-trice*) ● (*raro*) chi aiuta i soldati a imboscarsi | (*raro*) accaparratore

imboschiménto [1779] **s. m.** ● l'imboschire | rimboschimento

imboschìre [comp. di *in-*① e *bosco* ✱ av. 1459] **A** **v. tr.** (*io imboschisco, tu imboschisci*) ● (*raro*) rimboschire **B** **v. intr.** (**aus.** *essere*) e **imboschìrsi** **v. intr. pron. 1** coprirsi di folta vegetazione **2** †inselvatichire | (*fig.*) diventare rozzo

†**imbossolàre** e deriv. ➤ **imbussolare** e deriv.

imbottaménto [comp. parasintetico di *botte*, col pref. *in-*① ✱ 1983] **s. m.** ● (*ing.*, *raro*) sifonamento

imbottàre [comp. di *in-*① e *botte* ✱ 1353] **A** **v. tr.** (*io imbótto*) ● mettere in una botte: *i. il vino, il tabacco* | (*fig.*; *disus.*) ***i. nebbia***, stare senza fare nulla | (*fig.*) †***essere da i.***, non avere più dubbi su qlco. **B** **v. intr.** (**aus.** *avere*) ● †bere eccessivamente

imbottàto **A** **part. pass.** di *imbottare*; anche **agg.** ● nei sign. del v. **B** **s. m.** ● antica imposta di fabbricazione sul vino

imbottatóio [1477] **s. m.** (**pl.** *-ói*) ● (*tosc.*) imbottavino

imbottatóre [1477] **s. m.** (**f.** *-trice*) ● chi imbotta vino o altri liquidi | addetto all'imbottatura delle foglie di tabacco da trasportare alla manifattura

imbottatùra [1625] **s. f.** ● (*raro*) operazione dell'imbottare | (*raro*) periodo in cui si imbotta il vino

imbottavìno [comp. di *imbotta(re)* e *vino* ✱ 1834] **s. m. inv.** ● grosso imbuto per imbottare il vino SIN. pevera

imbótte [da *botte* d'impiego architettonico ✱ 1681] **s. f.** ● (*archit.*) superficie concava di un arco o di una volta SIN. intradosso

imbottigliaménto [1887] **s. m. 1** operazione dell'imbottigliare: *l'i. del vino* **2** (*fig.*) situazione in cui si è chiusi, accerchiati, senza una via d'uscita: *il reparto tentò di sfuggire all'i.* | (*fig.*) ingorgo, congestione: *l'i. del traffico cittadino nelle ore di punta*

imbottigliàre [adattamento del fr. *embouteiller*, comp. di *en-* 'in, dentro' e da *bouteille* 'bottiglia' ✱ 1789] **A** **v. tr.** (*io imbottìglio*) **1** mettere in bottiglia: *i. il vino, un liquore, l'acqua minerale* **2** (**est.**, **milit.**) costringere unità o reparti nemici in un luogo chiuso o con uscite obbligate, mediante il controllo di queste o un completo accerchiamento: *i. la flotta in un porto, l'esercito in una sacca* | (*est.*) privare qlcu. o qlco. di ogni possibilità di movimento, manovra, reazione e sim.: *i. l'avversario; le auto erano imbottigliate al casello d'uscita* **B** **imbottigliàrsi** **v. intr. pron.** ● rimanere bloccato in un luogo stretto senza potersi muovere, detto spec. di veicoli

imbottigliàto **part. pass.** di *imbottigliare*; anche **agg.** ● nei sign. del v.

imbottigliatóre [1956] **s. m. 1** (**f.** *-trice*) chi imbottiglia vino o liquori per mestiere **2** apparecchio per riempire le bottiglie

imbottigliatrìce [1940] **s. f.** ● macchina per imbottigliare liquidi

imbottinàre [comp. di *in-*① e *bottino*② ✱ 1887] **v. tr.** ● concimare con il letame liquido del pozzo nero

imbottìre [sp. *embutir*, ant. *embotir* 'riempire come un otre (*boto*)' ✱ 1481] **A** **v. tr.** (*io imbottisco, tu imbottisci*) **1** riempire di lana, crine, gommapiuma o altro materiale adatto, vari oggetti o indumenti, per renderli più soffici o più caldi, per ottenere particolari effetti estetici ecc. (+ *di*, + *con*): *i. un divano, una poltrona, un materasso; i. di piume una giacca a vento; i. la spalla del cappotto; i. un rivestimento con materiale isolante* | (*est.*) ***i. un panino***, tagliarlo a metà e metterci carne, salume, formaggio e sim. | †***i. il giubberello***, (*fig.*) bastonare **2** (*fig.*) riempire, colmare, rimpinzare (+ *di*): *i. il cervello, la mente di qlcu. di chiacchiere; gli hanno imbottito la testa di idee sbagliate* **B** **imbottìrsi** **v. rifl. 1** indossare molti indumenti o indumenti molto caldi **2** (*fig.*) riempirsi in modo eccessivo (+ *di*): *si è imbottito di dolci, di medicine*

imbottìta [da *imbottito* ✱ 1869] **s. f.** ● coperta da letto riempita di lana, piume e sim.

imbottìto **A** **part. pass.** di *imbottire*; anche **agg.** ● nei sign. del v. (+ *di*, + *con*): *un pagliericcio i. di foglie secche; cuscino i. con polistirolo* | (*fig.*) riempito, pieno (+ *di*): *panino i.; ha la testa imbottita di idee strane; traversa la via imbottita di nebbia* (A. Savinio) **B** **s. m.** ● (*raro*) imbottitura | parte imbottita di mobili o altro

imbottitùra [1598] **s. f. 1** operazione dell'imbottire: *finire l'i. di un divano* **2** materiale soffice o elastico, di varia natura, impiegato per imbottire **3** nell'industria tessile, trama inserita nei tessuti doppi

imbozzacchìre [comp. di *in-*① e *bozzacchio* ✱ 1612] **v. intr.** (*io imbozzacchisco, tu imbozzacchisci*; **aus.** *essere*) ● intristire, crescere stentato, detto di piante e animali | guastarsi sull'albero ad opera di un fungo, detto della susina

imbozzàre [comp. di *in-*① e *bozza* ✱ 1813] **v. tr.** (*io imbòzzo*) ● (*mar.*) mettere una bozza a un cavo o a una catena

imbozzatùra [1869] **s. f.** ● qualsiasi ormeggio usato per imbozzare

imbozzimàre [comp. di *in-*① e *bozzima* ✱ 1308] **A** **v. tr.** (*io imbòzzimo*) **1** trattare i filati con la bozzima **2** (*est.*) †spalmare o insudiciare qlco. con una sostanza appiccicosa **B** **imbozzimàrsi** **v. rifl.** ● †imbrattarsi | (*scherz.*) †imbellettarsi

imbozzimatóre [1834] **s. m.** (**f.** *-trice*) ● operaio tessile addetto all'imbozzimatura

imbozzimatrìce [1922] **s. f.** ● macchina che compie l'imbozzimatura

imbozzimatùra [1834] **s. f.** ● operazione dell'imbozzimare

imbozzolàre [comp. di *in-*① e *bozzolo* ✱ 1834] **v. tr.** (*io imbòzzolo*) e **imbozzolàrsi** **v. rifl.** ● tessere il bozzolo, chiudersi nel bozzolo, detto dei bachi

imbràca o **imbràga** [da *braca* ✱ 1743] **s. f. 1** parte del finimento dei cavalli da tiro costituita da una lunga striscia di cuoio che pende sotto la groppiera intorno alle cosce, e serve per trattenere il carro in discesa | ***buttarsi sull'i.***, del cavallo che per stanchezza vi si appoggia rinculando e rifiutando il tiro **2** catena metallica o sostegno di corde per sollevare e spostare oggetti pesanti **3** †fasciatura per neonati **4** cintura di sicurezza del muratore che si cala lungo i muri della fabbrica, in un pozzo e sim.

imbracàre o **imbragàre** [da *imbraca* ✱ 1584] **v. tr.** (*io imbràco, tu imbràchi*) **1** cingere con corde o catene un oggetto pesante che deve essere sollevato e trasportato: *i. un sacco, una botte* | ***i. un cannone***, fermarlo perché non rinculi **2** (*disus.*) mettere la fasciatura a un neonato

imbracatóre o **imbragatóre** [1957] **s. m.** (**f.** *-trice*) **1** manovale addetto all'imbracatura **2** nell'industria siderurgica, operaio laminatore che aggancia e sgancia i profilati caldi dalle gru nelle varie fasi di lavorazione

imbracatùra o **imbragatùra** [1589] **s. f.** ● operazione dell'imbracare | sistema di funi con le quali si imbraca qlco. | cintura spesso munita di bretelle e cosciali a cui gli alpinisti fissano la corda che li lega in cordata e gli attrezzi per l'arrampicata

imbracciàre [comp. di *in-*① e *braccia* ✱ sec. XIII] **v. tr.** (**pres.** *io imbràccio*; **fut.** *io imbraccerò*) ● mettere, infilare qlco. al braccio: *i. lo scudo* | ***i. il fucile***, appoggiarlo alla spalla, metterlo in posizione di tiro

imbracciatùra [av. 1527] **s. f. 1** l'imbracciare | modalità dell'imbracciare **2** parte, congegno, striscia di cuoio, ecc. che serve per imbracciare qlco.: *l'i. dello scudo*

imbrachettàre o **imbraghettàre** [comp. di *in-*① e *brachetta* ✱ 1863] **v. tr.** (*io imbrachétto*) ● (*edit.*) in legatoria, unire un inserto, spec. tavola fuori testo, a una segnatura, mediante una striscia di carta incollata metà sull'inserto e metà a cavallo della segnatura

imbrachettatùra o **imbraghettatùra** [1983] **s. f.** ● (*edit.*) l'operazione e il modo dell'imbrachettare

imbragàre e deriv. ➤ **imbracare** e deriv.

imbraghettàre e deriv. ➤ **imbrachettare** e deriv.

imbràgo [etim. incerta ✱ 1937] **s. m.** (**pl.** *-ghi*) ● (*dir.*) locazione di una nave: *concludere un contratto di i.*

imbranatàggine [da *imbranat(o)* con il suff. *-aggine* ✱ 1991] **s. f.** ● (*fam.*) caratteristica di chi è imbranato SIN. goffaggine

imbranàto [dial. sett. **imbranà* 'imbrigliato', 'preso dalla briglia (*brana*, dal lat. parl. **rĕtina* con sovrapposizione di *briglia*)' (?) ✱ 1945] **agg.** e **s. m.** (**f.** *-a*) ● che (o chi) appare goffo, tonto, balordo nell'agire o nell'esprimersi, spec. per un impaccio momentaneo

imbrancàre [comp. di *in-*① e *branco* ✱ av. 1722] **A** **v. tr.** (*io imbrànco, tu imbrànchi*) **1** mettere nel branco, riunire in branco: *i. le pecore* **2** (*est.*) mettere insieme, in gruppo cose o persone **B** **imbrancàrsi** **v. rifl.** ● (*spreg.* o *scherz.*) mettersi in branco, in gruppo: *imbrancarsi in cattive compagnie* SIN. intrupparsi

imbrandìre [comp. di *in-*① e *brandire* ✱ 1552] **v. tr.** (*io imbrandisco, tu imbrandisci*) ● (*lett.*, *raro*) brandire

imbrascatùra [vc. dial. lombarda (*imbrascadura*): da *brasca* 'bragia spenta' per l'aspetto dei grumi bruciati nell'interno della forma (?) ✱ 1917] **s. f.** ● alterazione del formaggio grana che si manifesta con macchie o annerimento della pasta

imbrattacàrte [comp. di *imbratta(re)* e il pl. di *carta* ✱ 1563] **s. m. e f. inv.** ● (*spreg.*) scrittore di poco valore

imbrattafògli [comp. di *imbratta(re)* e il pl. di *foglio* ✱ 1550] **s. m. e f. inv.** ● (*spreg.*) imbrattacarte

imbrattaménto [av. 1539] **s. m.** ● (*raro*) l'imbrattare: *quel poco d'i. che fa il bronzo all'oro* (B. Cellini) | macchia, sporcizia

imbrattamùri [comp. di *imbratta(re)* e il pl. di *muro* ✱ 1869] **s. m. e f. inv. 1** chi imbratta i muri degli edifici cittadini con scritte, disegni ecc.: *nuovi provvedimenti del Comune contro gli i.* **2** (*spreg.*) decoratore o pittore di affreschi senza nessuna abilità

imbrattàre [etim. discussa: genovese *bratta*

'fango', di orig. mediterr., con *in-*① (?) ✱ 1342] **A** **v. tr.** ● insudiciare con liquidi o materie appiccicose (+ *di*): *il fango, la vernice, l'inchiostro imbrattano le mani, gli abiti*; *i. la camicia di sugo, la tuta di grasso* | ***i. tele, muri, fogli, carte***, (*fig.*, *spreg.*) essere un cattivo pittore, decoratore o scrittore | (*est.*) sporcare (*anche assol.*): *i. una stanza*; *questo sangue, ch'io spargo, / non imbratta, anzi lava* (L. DE' MEDICI) **B** anche **imbrattàrsi v. tr. pron.** (aus. *essere*): *aveva a schifo poi di ... imbrattarsi le mani in cucina* (G. VERGA) | ***imbrattarsi le mani di sangue***, (*fig.*) macchiarsi di un delitto **C** **imbrattàrsi v. rifl.** ● insudiciarsi, sporcarsi (+ *di*): *imbrattarsi di fango camminando*

SFUMATURE ➤ *macchiare*

†**imbrattarèllo** [da *imbrattare* ✱ 1427] **s. m.** ● frode, piccolo imbroglio

†**imbrattascène** [comp. di *imbratta(re)* e il pl. di *scena* ✱ av. 1745] **s. m. e f. inv.** ● (*spreg.*) cattivo attore o autore teatrale

imbrattatéle [comp. di *imbratta(re)* e il pl. di *tela* ✱ 1868] **s. m. e f. inv.** ● (*spreg.*) pittore di scarsa abilità

imbrattatóre [av. 1571] **s. m.** (**f.** *-trice*) ● chi imbratta

imbrattatùra [av. 1400] **s. f.** ● (*raro*) l'imbrattare | ciò che imbratta

imbràtto [da *imbrattare* ✱ av. 1400] **s. m.** **1** (*raro*) imbrattamento **2** (*spreg.*) scritto o dipinto di nessun pregio: *che i. è questo che tu m'hai dipinto?* (F. SACCHETTI) **3** cibo che si dà al maiale nel trogolo | (*est.*, *spreg.*) vivanda mal preparata e poco appetitosa **4** †ingombro, ostacolo **5** †inganno

imbrecciàre [comp. di *in-*① e *breccia*① ✱ av. 1798] **v. tr.** (**pres.** *io imbréccio*; **fut.** *io imbreccerò*) ● pavimentare una strada con breccia

imbrecciàta [1855] **s. f.** ● strato di breccia che si stende su di una strada sterrata

imbrecciatùra [1869] **s. f.** ● stesura di uno strato di breccia o ghiaia sulla massicciata stradale prima di asfaltare

imbrèntano (o **-é-**) [etim. incerta ✱ av. 1580] **s. m.** ● arbusto delle Cistacee che abbonda in molte zone della macchia mediterranea (*Cistus monspeliensis*)

†**imbreviàre** [comp. di *in-*① e *breve* ✱ av. 1312] **v. tr.** **1** abbreviare, detto spec. di scrittura **2** (*est.*) protocollare

imbreviatùra [da *imbreviare*, secondo l'uso notarile ant. ✱ 1309] **s. f.** ● in epoca medievale, minuta notarile trascritta nel protocollo e contenente soltanto gli elementi essenziali di un negozio giuridico | registro di cancelleria, protocollo

imbriacàre [da *imbriaco* ✱ sec. XIV] **v. tr.** (*io imbriàco, tu imbriàchi*) e **imbriacàrsi v. rifl.** ● (*centr.*, *merid.*) ubriacare, ubriacarsi (*anche fig.*)

imbriacatùra [av. 1536] **s. f.** **1** (*centr.*, *merid.*) ubriacatura | (*fig.*) ebbrezza **2** (*fig.*) †esaltazione

imbriàco o (*ven.*, *lomb.*) **imbriàgo** [var. di *(u)briaco* con accostamento alla più ricca serie di n. in *imb-* ✱ av. 1327] **agg. e s. m.** (**f.** *-a*; **pl. m.** *-chi*) ● (*centr.*, *merid.*) ubriaco

imbricàre ➤ **embricare**

imbricàto ➤ **embricato**

imbricconìre [comp. di *in-*① e *briccone* ✱ 1612] **A** **v. tr.** (*io imbricconìsco, tu imbricconìsci*) ● (*raro*) rendere briccone **B** **v. intr.** (aus. *essere*) e **imbricconìrsi v. intr. pron.** ● diventare briccone

†**ìmbrice** e deriv. ➤ **embrice** e deriv.

imbrìfero [vc. dotta, lat. *imbrĭferu(m)*, comp. di *ĭmber* 'pioggia' e *-ferum* '-fero' ✱ av. 1484] **agg.** ● (*geogr.*) che apporta pioggia, che raccoglie pioggia | ***bacino i.***, zona che raccoglie le acque piovane che alimentano un fiume o un torrente

imbrigàre [comp. di *in-*① e *brigare* ✱ 1266] **A** **v. tr.** **1** †imbrogliare **2** (*lett.*, *raro*) assillare **3** intralciare, ostacolare **B** †**imbrigàrsi v. intr. pron.** **1** brigare **2** impicciarsi

imbrigliaménto [av. 1598] **s. m.** ● l'imbrigliare (*anche fig.*)

imbrigliàre [comp. di *in-*① e *briglia* ✱ 1427] **A** **v. tr.** (*io imbrìglio*) **1** mettere le briglie: *i. un cavallo* **2** (*est.*) tenere a freno (*anche fig.*): *i. il nemico*; *i. la fantasia, le passioni* **3** rinforzare, sostenere o comprimere con briglie: *i. il bompresso, le sartie*; *i. un edificio pericolante, un terreno franoso* | ***i. un corso d'acqua***, costruire briglie, opere destinate a trattenere terreni franosi e a regolare il deflusso delle acque torrenziali **B** **imbrigliàrsi v. intr. pron.** ● avvolgersi nelle redini, detto delle gambe del cavallo

imbrigliatùra [sec. XIV] **s. f.** **1** (*raro*) imbrigliamento **2** (*mar.*) manovra di paranchi stesi da lato a lato sulle sartie verso la cima di albero maggiore, per avvicinarle e dar maggior tensione

imbrillantinàre [comp. di *in-*① e *brillantina* ✱ 1950] **v. tr.** e **imbrillantinàrsi v. rifl.** ● ungere, ungersi i capelli di brillantina

imbroccàre① [comp. di *in-*① e *brocca*, nel senso di 'segno' ✱ 1532] **A** **v. tr.** (*io imbròcco, tu imbròcchi*) **1** colpire nel segno | (*est.*) indovinare, azzeccare: *l'ha imbroccata giusta*; *non ne imbrocca una* | (*raro*) incontrare chi si cercava: *i. una persona importante* **2** †contrariare, avversare **B** **v. intr.** (aus. *avere*) **1** mettere i germogli, detto di ulivo | (*est.*) mettere le gemme, detto di pianta da frutto **2** nel linguaggio dei cacciatori, posarsi sui rami degli alberi, detto di uccelli **C** **imbroccàrsi v. intr. pron.** ● †fissarsi su qlco., detto dello sguardo

imbroccàre② [comp. di *in-*① e *brocco* 'chiodo' ✱ 1309] **v. tr.** (*io imbròcco, tu imbròcchi*) ● inchiodare con brocche | ***i. la tomaia***, appuntarla con le brocche sulla forma per poi lavorarla

imbrocchìrsi [da *brocco* con il prefisso *in-*① ✱ 1985] **v. intr. pron.** (*io mi imbrocchìsco, tu ti imbrocchìsci*) ● (*colloq.*) diventare brocco, incapace, ottenere prestazioni sempre più scadenti, detto spec. di atleta

imbrodàre [comp. di *in-*① e *brodo* ✱ sec. XIV] **v. tr.** (*io imbròdo*) e **imbrodàrsi v. rifl.** ● (*raro*) sbrodolare, sbrodolarsi | **PROV.** ***chi si loda s'imbroda***, chi si loda di continuo fa il proprio danno

imbrodolàre [comp. di *in-*① e *brodo* ✱ 1374] **A** **v. tr.** (*io imbròdolo*) ● (*lett.*, *raro*) sbrodolare | (*est.*) insudiciare **B** **imbrodolàrsi v. rifl.** **1** (*lett.*) sbrodolarsi | (*est.*) macchiarsi, sporcarsi **2** (*raro*, *lett.*) invischiarsi in qlco. di disonorevole

imbrodolatùra [av. 1672] **s. f.** **1** (*lett.*) sbrodolamento **2** sostanza che imbratta

♦**imbrogliàre** [comp. di *in-*① e *brogliare* ✱ 1531] **A** **v. tr.** (*io imbròglio*) **1** mescolare disordinatamente più cose modificandone la primitiva regolare disposizione: *i. le carte, i fili* | ***i. la matassa***, (*fig.*) creare volutamente disordine e confusione in una faccenda **SIN.** ingarbugliare **2** (*mar.*) chiudere le vele, a mezzo degli imbrogli, per sottrarle all'azione del vento **3** (*fig.*) creare ostacoli o difficoltà in qlco.: *i. un affare, una faccenda* | (*raro*) ingombrare: *tanti mobili imbrogliano l'ingresso* **SIN.** intralciare **4** (*fig.*) dare a intendere cose non vere a qlcu. | (*est.*) ingannare qlcu. per il proprio interesse o vantaggio: *i. un concorrente in affari*; *i. i clienti nel peso, nella qualità della merce* **SIN.** frodare, raggirare, truffare **B** **imbrogliàrsi v. intr. pron.** **1** mescolarsi, sovrapporsi, intrecciarsi disordinatamente: *i fili della matassa si sono imbrogliati* **SIN.** ingarbugliarsi **2** sbagliarsi, smarrirsi, fare confusione e sim.: *imbrogliarsi nelle moltiplicazioni, nelle questioni burocratiche*; *imbrogliarsi nel parlare, nel raccontare qlco.* **3** (*fig.*) complicarsi: *la faccenda si è molto imbrogliata* | ***il tempo si sta imbrogliando***, si sta guastando **4** (*raro*) invischiarsi, impegolarsi: *imbrogliarsi in un affare losco*

SFUMATURE DI SIGNIFICATO

imbrogliare - ingannare - truffare

Imbrogliare definisce l'azione di chi fa credere a qualcuno cose non vere allo scopo di ricavarne un vantaggio personale. **Ingannare** ha significato affine ma – parola di registro leggermente più elevato – suggerisce l'idea di una mistificazione più ampia e articolata che può tradursi in un danno morale o psicologico, oltre che materiale. Si ricorre invece al termine **truffare** se il danno arrecato, di natura economica, è indotto con artifici o raggiri.

imbrogliàta [1965] **s. f.** ● atto da imbroglione | grave inganno

imbrogliàto **part. pass.** di *imbrogliare*; anche **agg.** ● complicato, confuso ‖ **imbrogliataménte**, **avv.** (*raro*) in modo confuso

♦**imbròglio** [da *imbrogliare* ✱ av. 1311] **s. m.** **1** viluppo, groviglio: *i. di fili metallici* | (*fig.*, *raro*) complicazione, intralcio: *quell'i. ci ha fatto perdere del tempo* **2** (*fig.*) situazione confusa o difficile: *essere, cadere, cacciarsi in un i.* | †***a pazzo i.***, alla peggio **SIN.** pasticcio **3** (*fig.*) truffa, frode, raggiro, inganno: *tutta la faccenda è un i.*; *se non costa niente, è certamente un i.* (I. SILONE) **4** (*mar.*) ciascuna delle cime che, manovrate dalla coperta, servono a chiudere rapidamente le vele per sottrarle all'azione del vento ‖ **imbrogliàccio**, **pegg.** | **imbrogliétto**, **dim.** | **imbrogliùccio**, **dim.**

SFUMATURE ➤ *frode*, ➤ *pastetta*

imbroglióne [1585] **s. m.** (**f.** *-a*); anche **agg.** ● chi (o che) abitualmente imbroglia gli altri: *vivere, agire da i.*; *commerciante, negoziante i.* **SIN.** impostore, truffatore **CONTR.** galantuomo ‖ **imbroglioncèllo**, **dim.**

imbroncàre [etim. incerta ✱ 1865] **v. tr.** (*io imbrónco, tu imbrónchi*) ● (*mar.*; *disus.*) inclinare trasversalmente i pennoni dei velieri, in modo che formino un angolo acuto con l'albero

♣**imbronciàrsi** [comp. di *in-*① e *broncio* ✱ av. 1573] **v. intr. pron.** (**pres.** *io mi imbróncio*; **fut.** *io mi imbroncerò*) e (*raro*, *lett.*) **imbronciàre v. intr.** (aus. *essere*) ● assumere l'espressione infastidita e contrariata di chi fa il broncio: *imbronciarsi per ogni piccola contrarietà*; *è un ragazzo che si imbroncia di rado* | (*fig.*) ***il cielo si è imbronciato***, si è rannuvolato, si è fatto scuro **SIN.** corrucciarsi

♣**imbronciàto** **part. pass.** di *imbronciarsi*; anche **agg.** ● infastidito, corrucciato | che denota corruccio, malumore ecc.: *viso i.*; *bocca imbronciata* | (*fig.*) ***tempo, cielo i.***, nuvoloso

imbroncìre [1755] **v. intr.** (*io imbroncìsco, tu imbroncìsci*; aus. *essere*) e **imbroncìrsi v. intr. pron.** ● (*raro*, *tosc.*) imbronciarsi

imbrunàre [comp. di *in-*① e *bruno* ✱ 1319] **A** **v. tr.** ● (*lett.*) far diventare bruno **B** **v. intr.** (aus. *essere*) e **imbrunàrsi v. intr. pron.** ● (*lett.*) diventare bruno: *come l'aria intorno a noi se imbruna, / così dentro se anera il pensier mio* (M.M. BOIARDO) | (*est.*) †annerire, detto dell'uva che matura

imbruniménto [da *imbrunire*① ✱ 1952] **s. m.** ● (*bot.*) alterazione di parti aeree delle piante che assumono un colore bruno, spesso per effetto di parassiti

♣**imbrunìre**① [comp. di *in-*① e *bruno* ✱ av. 1292] **A** **v. tr.** (*io imbrunìsco, tu imbrunìsci*) **1** (*raro*) rendere bruno **2** †brunire un metal-

a b c d e f g h i j k l m n o p q r s t u v w x y z

lo **B** **v. intr. impers.** (aus. *essere*) • farsi sera: *comincia appena a i.*; *stava sull'uscio ... ad aspettare che imbrunisse* (G. Verga) **SIN.** annottare **C** **v. intr.** (aus. *essere* o *avere*) • diventare scuro, bruno: *essendo l'aria assai imbrunita* (G. Galilei); *Nella fosca giornata, che già fra poco avrebbe imbrunito* (R. Bacchelli) **D** **imbrunirsi** **v. intr. pron.** **1** (*raro*) abbronzarsi, scurirsi **2** (*fig., lett.*) corrucciarsi, incupirsi

♦**imbrunìre②** [da *imbrunire①* ✻ 1625] **s. m. solo sing.** • l'ora del giorno che segue immediatamente il tramonto | **all'i.**, (*lett.*) **sull'i.**, verso sera

†**imbruschìre** [comp. di *in-①* e *brusco* ✻ 1683] **v. intr.** • inasprirsi (*spec. fig.*)

imbrutìre [comp. di *in-①* e *bruto* ✻ av. 1315] **v. intr.** (*io imbrutisco, tu imbrutìsci*; aus. *essere*) e **imbrutìrsi** **v. intr. pron.** • (*lett.*) abbrutirsi | †imbestiarsi

†**imbruttàre** [comp. di *in-①* e *brutto* ✻ av. 1347] **v. tr.** e †**imbruttàrsi** **v. rifl.** • insozzare, insozzarsi (*anche fig.*)

imbruttiménto [1869] **s. m.** • l'imbruttire

imbruttìre [comp. di *in-①* e *brutto* ✻ av. 1380] **A** **v. tr.** (*io imbruttìsco, tu imbruttìsci*) • rendere brutto: *decorazioni che imbruttiscono una stanza*; *cappello che imbruttisce chi lo porta* **CONTR.** imbellire **B** **v. intr.** (aus. *essere*) e **imbruttìrsi** **v. intr. pron.** • diventare brutto: *ultimamente è assai imbruttita*; *con l'adolescenza si è imbruttita*

imbubbolàre [comp. di *in-①* e *bubbola* ✻ av. 1698] **A** **v. tr.** (*io imbùbbolo*) • (*pop., tosc.*) ingannare con bubbole **B** **imbubbolàrsi** **v. intr. pron.** • (*pop., tosc.*) infischiarsi: *imbubbolarsi di qlcu., di qlco.*

imbucàre [comp. di *in-①* e *buca* ✻ 1325 ca.] **A** **v. tr.** (*io imbùco, tu imbùchi*) **1** mettere nella buca della posta (*anche assol.*): *i. una lettera, un plico*; *ho dimenticato di i.* **SIN.** impostare **2** infilare qlco. in un buco per nasconderla | (*fam.*) riporre qlco. in un luogo in cui sia difficile trovarla: *i. gli occhiali nei posti più impensati* **B** **imbucàrsi** **v. rifl.** **1** infilarsi in una buca, rintanarsi, detto di animale **2** (*est.*) nascondersi, appartarsi: *vorrei sapere dove si sono imbucati i tuoi amici* | entrare di soppiatto, intrufolarsi

imbucàto **A** **part. pass.** di *imbucare*; anche **agg.** **1** nei sign. del v. | rinchiuso, nascosto **2** (*gerg.*) detto di chi va ad una festa senza essere stato invitato | detto di chi occupa un posto di lavoro per favoritismo **B** anche **s. m.** (**f.** *-a*) nel sign. 2

imbudellàre [comp. di *in-①* e *budella* ✻ av. 1584] **v. tr.** (*io imbudèllo*) • insaccare carne tritata per farne salumi

imbufalìre [comp. di *in-①* e *bufalo* ✻ 1789] **v. intr.** (*io imbufalìsco, tu imbufalìsci*; aus. *essere*) e **imbufalìrsi** **v. intr. pron.** • (*fam.*) arrabbiarsi, adirarsi violentemente **SIN.** imbestialire

imbufalìto **part. pass.** di *imbufalire*; anche **agg.** • nel sign. del v.

imbuggeràrsi [comp. di *in-①* e *buggerare* ✻ av. 1802] **v. intr. pron.** (*io mi imbùggero*) • (*fam., disus.*) infischiarsi

imbuìre① [comp. di *in-①* e *bue*, in senso figurato ✻ 1834] **v. intr.** (*io imbuìsco, tu imbuìsci*; aus. *essere*) • (*raro, lett.*) diventare ignorante, stupido

†**imbuìre②** [vc. dotta, lat. *imbŭere* 'impregnare', di etim. incerta, con passaggio ad altra coniug. ✻ 1576] **v. tr.** e †**imbuìrsi** **v. intr. pron.** • imbevere, imbeversi (*anche fig.*)

imbullettàre [comp. di *in-①* e *bulletta* ✻ av. 1449] **v. tr.** (*io imbullétto*) • fissare o guarnire con bullette

imbullettatùra [1917] **s. f.** • operazione dell'imbullettare | le bullette applicate a una scarpa e sim.

imbullonàre [comp. di *in-①* e *bullone* ✻ 1954] **v. tr.** (*io imbullóno*) • fissare, collegare mediante bulloni

†**imburchiàre** [comp. di *in-①* e *burchio* ✻ 1539] **v. tr.** **1** imbarcare | (*fig.*) aiutare qlcu. con suggerimenti **2** copiare, riprendere scritti, composizioni e sim. di altri

imburràre [comp. di *in-①* e *burro* ✻ 1863] **v. tr.** **1** spalmare di burro: *i. il pane*; *i. una teglia* | condire con burro: *i. le fettuccine* **2** (*fig., fam., tosc.*) adulare

imburràto **part. pass.** di *imburrare*; anche **agg.** • spalmato di burro

imbuscheràrsi [comp. di *in-①* e *buscherare* ✻ 1853] **v. intr. pron.** (*io mi imbùschero*) • (*fam., disus.*) infischiarsi

imbusecchiàre [comp. di *in-①* e *busecchia* ✻ av. 1698] **v. tr.** (*io imbuşécchio*) • (*tosc.*) mettere in budelli carne tritata per farne salumi | (*raro, est.*) rimpinzare di cibo

imbussolaménto [1972] **s. m.** • (*raro*) l'imbussolare

imbussolàre o †**imbossolàre** [comp. di *in-①* e *bussolo*, nel senso di 'urna' ✻ 1447] **v. tr.** (*io imbùssolo*) • introdurre in un bossolo, in un'urna e sim. biglietti, numeri, schede o altro: *i. i nominativi da estrarre a sorte*; *i. le schede elettorali*

imbussolazióne o †**imbossolazióne** [av. 1540] **s. f.** • l'imbussolare

imbustaménto [1927] **s. m.** • operazione dell'imbustare: *i. della corrispondenza*

imbustàre [comp. di *in-①* e *busta* ✻ 1885] **v. tr.** • mettere in una busta

imbustàto [comp. di *in-①* e *busto* ✻ av. 1798] **agg.** • che è stretto in o da un busto particolarmente rigido: *corpo i.*; *donna imbustata*

imbustatrìce [da *imbustare* ✻ 1970] **s. f.** • macchina per imbustare la corrispondenza o per confezionare oggetti di piccole dimensioni in buste spec. di cellofan

imbustinatrìce [1983] **s. f.** • (*tecnol.*) macchina automatica destinata al dosaggio e alla successiva chiusura di polveri o granulati, per es. dello zucchero, in bustine di carta e sim.

†**imbùsto** [da *busto* ✻ av. 1348] **s. m.** • busto

imbutifórme [comp. di *imbuto* e *-forme* ✻ av. 1730] **agg.** • che ha forma conica, simile a quella dell'imbuto

imbutìre [fr. *emboutir* 'tirare a capo (*bout*)' ✻ 1957] **v. tr.** (*io imbutisco, tu imbutìsci*) • lavorare, foggiare mediante imbutitura

imbutitóre [1957] **s. m.** (**f.** *-trice*) • (*tecnol.*) operaio addetto all'imbutitura delle lamiere

imbutitrìce [1957] **s. f.** • pressa che esegue l'imbutitura

imbutitùra [da *imbutire* ✻ 1927] **s. f.** • (*tecnol.*) lavorazione di deformazione plastica a freddo con la quale si passa dalla lamiera piana al corpo cavo di forma, schiacciando la lamiera contro una matrice mediante un punzone | la deformazione così ottenuta

imbùto o †**embùto** [vc. dotta, lat. **imbūtu(m)*, dal part. pass. di *imbŭere* 'imbevere, (ri)empire', di etim. incerta ✻ av. 1320] **s. m.** • utensile a forma di cono rovesciato e terminante in un cannello cavo, per travasare un liquido in bottiglia, fiasco e sim. | **a i.**, che ricorda la forma di un imbuto: *rete, vaso, nuvola, valle a i.* ‖ **imbutìno**, **dim.** | **imbutóne**, **accr.**

imbuzzàre [comp. di *in-①* e *buzzo①* ✻ 1869] **v. tr.** e **imbuzzàrsi** **v. intr. pron.** • (*fam., tosc.*) rimpinzare, rimpinzarsi

imbuzzìrsi [comp. di *in-①* e *buzzo③* ✻ av. 1698] **v. intr. pron.** (*io mi imbuzzisco, tu ti imbuzzìsci*; aus. *essere*) • (*pop., tosc.*) mettere il broncio

imenàico [vc. dotta, lat. tardo *Hymenāicu(m)* 'pertinente al canto imeneo (*Hymeneius*)' ✻ 1869] **agg.** (**pl. m.** *-ci*) • (*lett.*) relativo alle nozze | **dimetro i.**, nella metrica greca e latina, verso usato nei carmi nuziali

imène① [vc. dotta, lat. tardo *hȳmene(m)*, dal gr. *hymḗn* 'membrana, pellicola', di orig. indeur. ✻ av. 1730] **s. m.** • (*anat.*) membrana che nella donna vergine chiude parzialmente l'imbocco della vagina

imène② [vc. dotta, lat. *hȳmene(m)*, dal n. del dio dei matrimoni, *Imene* ✻ 1761] **s. m.** • (*fig., lett.*) nozze

imenèo [vc. dotta, lat. *Hymenāeu(m)* 'Imene, dio delle nozze', dal gr. *hyménaios* 'concernente le nozze, o Imene (*Hymḗn*)' ✻ 1342] **A** **s. m.** **1** (**spec. al pl.**, *lett.*) nozze, matrimonio: *simulando esserne acceso, spera / celebrarne i legittimi imenei* (L. Ariosto) **2** nell'antica Grecia, canto nuziale **B** **agg.** • (*raro, lett.*) nuziale: *canto i.*

imènio [gr. *hyménion*, dim. di *hymḗn* 'imene' ✻ 1813] **s. m.** • nei Funghi, insieme delle cellule che portano e contengono le spore

Imenomicèti [comp. di *imenio* e del gr. *mýkēs*, genit. *mýkētos* 'fungo' ✻ 1874] **s. m. pl.** (**sing.** *-e*) • (*bot.*) ordine di Funghi dei Basidiomiceti caratterizzati dall'imenio esposto all'esterno (*Hymenomycetes*)

imenoplàstica [comp. di *imen(e)①* e *-plastica* ✻ 1972] **s. f.** • (*chir.*) intervento di chirurgia plastica sull'imene

Imenòtteri [gr. *hymenópteros* 'con l'ala (*pterós*) a membrana (*hymḗn*)' ✻ 1798] **s. m. pl.** (**sing.** *-o*) • (*zool.*) ordine di Insetti a metamorfosi completa, che comprende numerose specie sociali con accentuato polimorfismo, con apparato boccale atto a mordere o a lambire, quattro ali e ovopositore a volte trasformato in pungiglione (*Hymenoptera*)

imidazòlo [vc. dotta, comp. di *imid(e)*, forma alterata di *amido*, di *azo(to)* e *-olo①* ✻ 1957] **s. m.** • (*chim.*) composto eterociclico azotato a cinque atomi, presente come costituente di numerose molecole biologiche

imitàbile [vc. dotta, lat. *imitābile(m)*, da *imitāre* 'imitare' ✻ 1481] **agg.** • che si può imitare: *esempio i.*; *stile facilmente i.* | (*lett.*) che è degno di essere imitato: *un'azione i.* **SIN.** ripetibile, riproducibile ‖ **imitabilità**, **s. f. inv.**

♦**imitàre** [vc. dotta, lat. *imitāri* (†*-e*) 'imitare', frequentativo di un v. **imāre* (donde anche *imāgo*, genit. *imāginis* 'immagine'), di etim. incerta ✻ 1268] **v. tr.** (*io ìmito, raro imìto*) **1** adeguare la propria personalità o il proprio comportamento a un determinato modello: *i. il proprio padre*; *i. l'esempio, le azioni di qlcu.* **SIN.** seguire **2** riprodurre con la maggiore approssimazione possibile: *i. un modello letterario, artistico*; *io credo ... esser la poesia l'arte di imitare o di dipingere in versi le cose* (G. Parini) **SIN.** copiare **3** simulare: *il pappagallo imita la voce dell'uomo* | contraffare: *i. la firma di qlcu.* | riprodurre, spec. per farne una caricatura, la voce, i gesti, l'aspetto ecc. di qlcu.: *un comico molto bravo nell'i. gli uomini politici* **4** possedere l'apparenza di qlco.: *questo vetro lavorato imita l'alabastro*

SFUMATURE DI SIGNIFICATO

imitare - emulare - copiare

L'azione di adeguare il proprio modo di essere o di agire a quello di qualcun altro si dice **imitare**. Se lo sforzo di imitazione comporta la volontà di uguagliare o superare qualcuno in azioni o capacità lodevoli, si dice in modo più pertinente **emulare**. **Copiare** ha lo stesso significato di *imitare*, ma introduce una sfumatura peggiorativa, suggerendo che colui che imita abbia scarsa personalità, manchi di originalità.

imitatìvo [vc. dotta, lat. tardo *imitatīvu(m)*, da *imitātus* 'imitato' ✻ 1395] **agg. 1** che imita | (*ling.*) onomatopeico: *'belare' e 'trillo' sono voci imitative* **2** di imitazione: *capacità, doti imitative*

imitatóre [vc. dotta, lat. *imitatōre(m)*, da *imitātus* 'imitato' ✻ 1342] **A s. m.** (f. *-trice*) **1** chi imita: *gli imitatori del Boccaccio* | attore che imita personaggi noti oppure voci o rumori **2** (*raro*) seguace **B agg.** ● (*raro*) che imita qlcu. o qlco.: *ingegno i.*; *animale i.*

imitatòrio [vc. dotta, lat. tardo *imitatōriu(m)*, da *imitātus* 'imitato' ✻ 1574] **agg.** (pl. m. *-i* o *raro -ii*) ● (*raro*) imitativo

imitazióne [vc. dotta, lat. *imitatiōne(m)*, da *imitātus* 'imitato' ✻ av. 1311] **s. f. 1** l'imitare un determinato modello: *istinto di i.* | ***gioiello d'i.***, che imita più o meno fedelmente un gioiello autentico **2** ciò che si ottiene imitando: *una cattiva i. del velluto* | pietra falsa ottenuta con vetro colorato da ossidi metallici | ***d'i.***, detto di prodotto che imita altri analoghi ma più pregiati: *spille d'i.* | prodotto contraffatto: *diffidate delle imitazioni* | (*lett.*) rifacimento di un'opera con varianti: *un'i. dell'Orlando Innamorato* **3** riproduzione della voce, dei gesti, dell'aspetto di qlcu., come esibizione caricaturale o numero di varietà: *fare un'i.*; *un attore molto bravo nelle imitazioni* **4** (*mus.*) nella polifonia, procedimento compositivo per cui una parte o voce riproduce più o meno esattamente un frammento o una frase di un'altra parte o voce | ***i. all'ottava***, con intervallo di ottava fra le parti | ***i. per moto retrogrado***, se la frase è ripetuta all'inverso, dall'ultima nota alla prima | ***i. all'unisono***, nello stesso grado

†**immacchiàrsi** [comp. di *in-*① e *macchia*② ✻ 1532] **v. intr. pron.** ● entrare in una folta macchia | (*est.*) nascondersi

immacolàto o †**immaculàto** [vc. dotta, lat. *immaculātu(m)*, comp. di *in-*③ e *maculātus* 'macchiato' ✻ av. 1243] **agg. 1** che è privo di macchie o difetti: *neve immacolata* | che ha colore bianco, candido: *biancheria immacolata* **2** (*fig.*) che è immune da peccati o da colpe | ***vita immacolata***, assolutamente onesta SIN. incontaminato, puro **3** (*relig.*) ***Immacolata Concezione***, dogma cattolico secondo il quale la Madonna fu concepita esente dal peccato originale | (*per anton.*) ***l'Immacolata***, titolo di Maria Vergine concepita senza peccato originale; titolo di chiesa a lei dedicata; il giorno dell'8 dicembre in cui ne ricorre la festa ‖ **immacolataménte**, **avv.** (*raro*) in modo immacolato

SFUMATURE ➤ *pulito*

immagazzinàbile [1970] **agg.** ● che può essere immagazzinato

immagazzinàggio [da *immagazzinare* ✻ av. 1907] **s. m.** ● immagazzinamento

immagazzinaménto [1892] **s. m.** ● operazione dell'immagazzinare

immagazzinàre [comp. di *in-*① e *magazzino* ✻ 1831] **v. tr. 1** mettere in magazzino: *i. il grano* **2** (*fig.*) accumulare, accogliere in modo disordinato: *i. energia, idee* **3** (*inform.*) introdurre o conservare informazioni in un apposito dispositivo

immaginàbile o (*lett.*) **imaginàbile** [vc. dotta, lat. tardo *imaginābile(m)*, da *imaginăre* 'immaginare' ✻ av. 1332] **A agg. 1** che si può immaginare: *gli hanno praticato tutte le cure possibili e immaginabili*; *fare tutti gli sforzi immaginabili* SIN. concepibile, pensabile **2** (*est.*) che si può credere, ammettere: *non è i. che abbia reagito così violentemente* ‖ **immaginabilménte**, **avv.** in modo immaginabile ‖ **immaginabilità**, **s. f. inv. B s. m.** ● (*raro*) tutto ciò che si può immaginare: *ha fatto il possibile e l'i. per salvarli*

†**immaginaménto** o †**imaginaménto** [sec. XIII] **s. m.** ● l'immaginare | immaginazione, illusione

immaginànte o (*lett.*) **imaginànte** part. pres. di *immaginare*; anche **agg.** ● (*lett.*) incline a immaginare

♦**immaginàre**① o (*lett.*) **imaginàre** [vc. dotta, lat. *imagināri*, e più tardo *imagināre*, da *imāgo*, di etim. incerta ✻ av. 1294] **A v. tr.** (*io immàgino*) **1** rappresentarsi con la mente (+ *di* seguito da inf., + *che* seguito da congtv.): *i. un cerchio perfetto, un albero enorme* | concepire con la fantasia: *immaginate per un momento di essere in vacanza*; *immagina che i tuoi desideri diventino realtà*; *è il più grande dolore che si possa i.* **2** ideare, inventare, escogitare con la mente: *i. una macchina, un poema*; *i. nuovi sistemi di lavoro* **3** credere, pensare, supporre, presumere (+ *che*, + *di* seguito da inf.): *immagino che tu non abbia agito così*; *immagino che ti abbia avvertito del suo arrivo*; *immagino che andrete a cena fuori*; *non avrei immaginato di raggiungere un così grande successo*; *immaginai che fuor che tu altr'esser non potea* (G. Boccaccio) | intuire: *appena lo vidi, immaginai subito cosa pensava* **B immaginàrsi v. tr. pron.** (aus. *essere*) **1** rappresentarsi con la mente (con valore intens.): *immaginati una montagna innevata* | figurarsi: *provate ad immaginarvi la nostra gioia*; *immaginatevi se nel villaggio ... ci furono dei batticuori* (I. Nievo) | (*assol.*) ***s'immagini!***, sì, senz'altro (come risposta di cortesia a una domanda): *'Posso entrare?'*, *'S'immagini!'* **2** credere, supporre (+ *che* seguito da congtv., + *di* seguito da inf.): *non mi sarei immaginato che fossero così cattivi*; *mi immagino che debba partire anche tu*; *non si immaginava neppure di poter perdere quell'incontro* | illudersi: *s'immagina di poter riuscire in tutto* | ***me lo immaginavo***, me l'aspettavo, lo prevedevo

immaginàre② o †**imaginàre** [da *immaginare*① ✻ 1282] **s. m.** ● (*lett.*) immaginazione, pensiero, idea

immaginàrio o (*lett.*) **imaginàrio** [vc. dotta, lat. *imaginăriu(m)*, da *imāgo*, genit. *imāginis* 'immagine' ✻ av. 1332] **A agg.** (pl. m. *-i* o *lett. -ii*) **1** dell'immaginazione, che è effetto dell'immaginazione: *essere i.*; *persona, figura immaginaria*; *vivere in un mondo i.*; *timori immaginari*; *malattia immaginaria*; *lo riscuotevano lampi o campanelli immaginarii nel pieno della notte* (E. Morante) | fittizio: *bisogni immaginari* SIN. apparente, illusorio **2** (*mat.*) detto di numero complesso il cui quadrato è costituito da un numero reale negativo ‖ **immaginariaménte**, **avv. B s. m.** ● (*antrop.*, *psicol.*) insieme delle rappresentazioni del mondo, delle fantasie e dei modelli di comportamento tipici di un individuo, di un gruppo o della collettività: *i. femminile, collettivo* | (*psicoan.*) nella teoria di J. Lacan (1901-1981), una delle tre dimensioni del campo psicoanalitico, insieme con il reale e il simbolico

SFUMATURE DI SIGNIFICATO

immaginario - fantastico - illusorio - idealistico
Ciò che nasce dall'immaginazione e solo nell'immaginazione esiste si definisce **immaginario**. Similmente, **fantastico** è ciò che è prodotto dalla fantasia, e dunque non risponde necessariamente alla logica e alle regole della realtà. **Illusorio** è invece ciò che è frutto di un illusione, cioè di una sensazione che non corrisponde alla realtà oggettiva; per estensione sia *immaginario* sia *fantastico* sia *illusorio* designano ciò che è irreale, privo di fondamento. **Idealistico** identifica come i precedenti ciò che è lontano dalla realtà, ma ne mette in evidenza l'assenza di concretezza e la rispondenza a schemi teorici astratti.

SFUMATURE ➤ *irreale*

immaginatìva o (*lett.*) **imaginatìva** [da *immaginativo* ✻ 1308] **s. f.** ● facoltà, capacità di immaginare: *avere molta, poca i.*; *Governiamo l'i., e staremo bene quasi dappertutto* (S. Pellico) SIN. fantasia, inventiva

immaginatìvo o (*lett.*) **imaginatìvo** [da *immaginare*① ✻ av. 1328] **agg. 1** che concerne l'immaginazione: *facoltà, virtù, potenza immaginativa* **2** che è provvisto di immaginazione: *è uno scrittore troppo i.*; *ha una mente immaginativa* SIN. fantastico ‖ **immaginativaménte**, **avv.** in fantasia

immaginatóre o (*lett.*) **imaginatóre** [1566] **agg. e s. m.** (f. *-trice*) ● (*raro, lett.*) che (o chi) immagina

♦**immaginazióne** o (*lett.*) **imaginazióne** [vc. dotta, lat. *imaginatiōne(m)*, da *imaginātus*, part. pass. di *imagināre* 'immaginare' ✻ 1268] **s. f. 1** facoltà di immaginare, di elaborare liberamente e con fantasia i dati dell'esperienza sensibile e i pensieri: *avere un'i. ricca, feconda, calda, inesauribile*; *eccitare l'i.*; *la freschezza, la vivacità dell'i.*; *il fondamento dell'i. è la conoscenza che abbiamo di molte cose* (F. De Sanctis) | la mente in quanto ha la facoltà di immaginare: *tutte queste idee sono effetto della sua i.*; *quest'idea stramba esiste solo nella tua i.* | ***neanche per i.***, neanche per sogno **2** atto dell'immaginare: *essere occupato nell'i.*; *l'i. è il suo forte* **3** ciò che viene immaginato: *è una semplice i.*; *si tratta di una vostra i.* SIN. invenzione

Definizione d'autore
Immaginazione è la forza di evocare e far essere ciò che non è esperienza dei sensi nel momento presente. È estensione della durata dell'attimo. È racconto che prolunga o moltiplica le possibilità dell'io. Può provocare infelicità e paura, perché consente di prefigurare il futuro tutto, sia l'evitabile (incidenti, perdite, catastrofi) che l'inevitabile (la vecchiaia, il lutto, la morte). Può provocare gioia e sollievo perché consente di sfuggire al peso del futuro, creando mondi paralleli che alleggeriscono il peso del tempo.
Lidia Ravera

♦**immàgine** o (*lett.*) **imàgine** [vc. dotta, lat. *imāgine(m)*, di etim. incerta ✻ 1250 ca.] **A s. f. I** in senso concreto **1** forma esteriore di un corpo percepita coi sensi, spec. con la vista: *i. ingrandita, rimpicciolita*; *riflettere, rispecchiare, riprodurre un'i.*; *l'immagin d'una cervia altera e bella* (A. Poliziano) CFR. icono- **2** (*fis.*) in un sistema ottico, riproduzione reale o apparente di un oggetto secondo le leggi dell'ottica geometrica | ***i. reale***, formata dalla convergenza dei raggi | ***i. virtuale***, formata dalla convergenza dei prolungamenti dei raggi | ***i. elettronica***, immagine di un oggetto ottenuta con i mezzi dell'ottica elettronica | ***i. latente***, immagine invisibile di un soggetto che si forma in uno strato di emulsione fotografica e che è resa visibile dal processo di sviluppo **3** rappresentazione grafica o plastica di un oggetto reale: *dal suo pennello escono immagini perfette*; *i. digitale*; *i. votiva*; *le sacre immagini*; *il culto delle immagini* | ***immagini degli antenati***, maschere funebri degli antenati, in cera o materia preziosa, che i Romani custodivano gelosamente e veneravano | ***diritto all'i., di i.***, diritto di una persona a impedire la pubblicazione della propria immagine SIN. figura **4** (*est.*) riproduzione esatta o estremamente simile di qlcu. o qlco.: *quel bambino è l'i. vivente di suo nonno*; *l'uomo fu creato a i. e somiglianza di Dio* | (*est.*) rappresentazione o espressione concreta di un'idea astratta: *un'i. di vita, di potenza*; *immagini di gioia*; *immagini di giovinezza* | (*est.*) modo di presentarsi, idea che si

a b c d e f g h i j k l m n o p q r s t u v w x y z

dà di sé agli altri: *l'i. di un'azienda; un attore che cura la propria i.* | ***ritorno d'i.***, aumento del prestigio, della considerazione di cui gode un'azienda, o una persona, in seguito a iniziative, campagne pubblicitarie e sim. **5** figura che evoca una specifica realtà: *è l'i. della salute, del dolore, della disperazione* | rappresentazione simbolica: *il sonno è l'i. della morte; quella sozza imagine di froda* (DANTE *Inf.* XVII, 7) | figura retorica che rappresenta un oggetto con espressioni vive ed efficaci **SIN.** ipotiposi **6** (*mat.*) rappresentazione | ***i. di un elemento del dominio in una applicazione***, l'elemento che l'applicazione associa all'elemento dato | ***i. di un sottoinsieme del dominio in un'applicazione***, insieme i cui elementi sono le immagini del suddetto sottoinsieme **7** (*zool.*) imago nel sign. 2 **II** in senso astratto **1** rappresentazione mentale rievocata dalla memoria: *serbare viva l'i. dei propri genitori; le scolorite immagini di un lontano passato; evocare, cancellare, scacciare un'i.* **2** prodotto della fantasia, dell'immaginazione: *immagini illusorie; le incoerenti immagini del sogno; mille immagini popolavano la sua mente* **SIN.** visione **3** (*lett.*) forza immaginativa: *si vede l'imagin del vostro ingegno* (T. TASSO) **B** in funzione di agg. inv. ● (posposto a un sost.) che rappresenta pubblicamente un'azienda, un'istituzione, un'iniziativa e sim.: *la ragazza i. di Telethon* || **immaginétta**, dim. (V.) | **immaginìna**, dim.

Definizione d'autore
L'**immagine**, come vuole la sua etimologia da un verbo latino *imare* all'origine anche di *imitare*, è per definizione un'imitazione. Se il pensiero è platonico, è l'imitazione di un'idea preesistente e come tale solo un simulacro, a tal punto che la sua riproduzione artistica diventa riproduzione di riproduzione, e come tale irrealtà totale secondo Plotino. Per gli Aristotelici l'**immagine** diventa rappresentazione sensoriale della realtà percepita. Per gli empiristi moderni è la rappresentazione concreta della sperimentazione. Per i surrealisti, o gli psicanalisti, è il risultato dei meccanismi alambiccati del cosciente e del subcosciente. Per l'uomo contemporaneo è parte costitutiva dell'infinito caleidoscopio visivo e supporto necessario dei media.
Philippe Daverio

immaginétta [av. 1375] **s. f. 1** dim. di *immagine* **2** piccola immagine di carattere sacro **SIN.** santino

immaginìfero [vc. dotta, lat. *imaginĭferu(m)*, comp. di *imāgo*, genit. *imāginis*, e *-ferum* '-fero': 'portatore d'immagini' ✱ 1585] **s. m.** ● portainsegne dell'esercito romano

immaginìfico o (*lett.*) **imaginìfico** [comp. del lat. *imāgine(m)* 'immagin(e)' e *-ifico* ✱ 1728] **agg.** (**pl. m.** *-ci*) ● ricco di immagini, che abbonda di immagini: *stile i.* | (*lett.*) detto di poeta o scrittore dotato d'immaginazione feconda, inesauribile | ***l'Immaginifico***, (*per anton.*) Gabriele D'Annunzio || **immaginificità**, **s. f. inv.**

immaginìsmo [1927] **s. m.** ● tendenza a usare molte, o troppe, metafore nello scrivere o nel parlare

immaginóso (o **-ṣ-**) o (*lett.*) **imaginóso** (o **-ṣ-**) [vc. dotta, lat. *imaginōsu(m)*, da *imāgo*, genit. *imāginis* 'immagine' ✱ 1516] **agg. 1** che è dotato di fervida immaginazione: *scrittore i.; è un ingegno i.* **SIN.** fantasioso **2** che abbonda di immagini: *stile, linguaggio i.; poesia, narrazione immaginosa; una trattazione immaginosa di concetti e di contrasti concettuali* (B. CROCE) || **immaginosaménte**, **avv.** || **immaginosità**, **s. f. inv.** caratteristica di ciò che (o, raro, di chi) è immaginoso: *La gran ... immaginosità ... e varietà degl'ingegni degli scrittori nostri* (G. LEOPARDI)

immàgo ➤ **imago**

immalinconìre o (*lett.*) **immelanconìre** [comp. di *in-*① e *malinconia* ✱ sec. XIII] **A v. tr.** (*io immalinconisco, tu immalinconisci*) ● fare diventare malinconico: *alcuni ricordi m'immalinconiscono* **B v. intr.** (aus. *essere*) e **immalinconìrsi v. intr. pron.** ● diventare malinconico: *è un ragazzo che s'immalinconisce facilmente*

immalizzìre [comp. di *in-*① e *malizia* ✱ 1869] **A v. tr.** (*io immalizzìsco, tu immalizzìsci*) ● (*raro, lett.*) rendere malizioso **B v. intr.** (aus. *essere*) ● (*raro, lett.*) diventare malizioso

✦**immancàbile** [comp. di *in-*③ e *mancabile*, come il corrispondente fr. *immanquable* ✱ 1672] **agg. 1** che non può mancare: *l'i. cenone di fine d'anno* **2** che accadrà in modo certo, sicuro: *l'i. vittoria* **SIN.** indubbio, inevitabile || **immancabilménte**, **avv.** sicuramente, senza dubbio: *sarò immancabilmente presente alla tua festa di laurea*; sempre, senza eccezioni: *Emilio mi telefona immancabilmente mentre faccio la doccia* || **immancabilità**, **s. f. inv.**

immanchévole [comp. di *in-*③ e *manchevole* ✱ 1823] **agg.** ● (*lett.*) immancabile

immàne [vc. dotta, lat. *immāne(m)*, comp. di *in-*③ e dell'arcaico *mānus* 'buono', di etim. incerta ✱ av. 1472] **agg. 1** (*lett.*) di smisurate proporzioni: *i monti immani coperti di ghiaccio* (G. D'ANNUNZIO) **2** terribile, spaventoso, enormemente grave: *disastro i.*

immaneggiàbile [comp. di *in-*③ e *maneggiabile* ✱ 1669] **agg.** ● (*raro*) che non si può maneggiare | †indocile

immanènte [vc. dotta, lat. tardo *immanĕnte(m)*, part. pres. di *immanēre* 'rimanere', comp. di *in-*① e *manēre* 'restare' ✱ 1584] **agg. 1** (*filos.*) di ciò che fa parte della sostanza di una cosa e che non sussiste fuori di essa **CONTR.** trascendente **2** che è insito, inerente a qlco.: *principio, proprietà i.* || **immanenteménte**, **avv.**

immanentìṣmo [da *immanente* ✱ 1908] **s. m. 1** dottrina filosofica che rifiuta ogni principio di trascendenza **2** indirizzo cattolico modernistico che fonda la verità religiosa sulle aspirazioni ed esigenze dell'anima umana e dell'esperienza individuale

immanentìsta [1922] **s. m. e f.** (**pl. m.** *-i*) ● chi segue o si ispira all'immanentismo

immanentìstico [1908] **agg.** (**pl. m.** *-ci*) ● (*filos.*) relativo all'immanentismo | caratterizzato dall'immanentismo || **immanentisticaménte**, **avv.**

immanènza [1843] **s. f.** ● caratteristica di ciò che è immanente **CONTR.** trascendenza

immanère [vc. dotta, lat. *immanēre*, comp. di *in-*② e *manēre* 'restare', 'rimanere' (V.) ✱ 1936] **v. intr.** (**difett. usato solo all'inf. pres. e nelle terze pers. sing. e pl. del pres. e imperf. indic.** *immàne, immàngono, immanéva, immanévano*) ● (*lett.*) essere insito, inerente a qlco.

immangiàbile [comp. di *in-*③ e *mangiabile* ✱ 1889] **agg.** ● che non si può mangiare, perché andato a male o disgustoso || **immangiabilità**, **s. f. inv.**

immanicàto [comp. di *in-*① e *manico* ✱ av. 1566] **agg.** ● (*raro*) che è fornito di manico o di impugnatura: *coltello i.* | (*fig., raro*) ammanigliato

†**immanifèsto** [vc. dotta, lat. tardo *immanifĕstu(m)*, comp. di *in-*③ e *manifĕstus* 'manifesto①' ✱ sec. XIV] **agg.** ● non manifesto | oscuro, dubbioso

immanità [vc. dotta, lat. tardo *immanitāte(m)*, da *immānis* 'immane' ✱ 1440] **s. f. inv. 1** enormità che fa paura, che lascia sgomenti: *l'i. del disastro* **2** (*lett.*) crudeltà, ferocia: *l'i. dei tormenti; la fiera i. di Federigo Barbarossa* (F. GUICCIARDINI) | (*lett.*) atto malvagio, inumano

immantinènte o †**immantenènte** [vc. dotta, lat. *in mānu tenĕnte*, propr. 'in mano (*in mānu*) tenendo (*tenĕnte*)', attraverso il fr. *maintenant* ✱ 1261 ca.] **avv.** ● (*lett.*) subito, senza indugio, nel momento stesso: *confessare, obbedire i.; eseguire i. un ordine; se n'avvide i.*

immarcescìbile [vc. dotta, lat. eccl. *immarcescĭbile(m)*, comp. di *in-*③ e *marcescĭbilis*, da *marcēre* 'essere avvizzito', di orig. indeur. ✱ 1584] **agg. 1** (*lett.*) che non può marcire **2** (*lett., fig.*) inalterabile, imperituro: *gloria i.* | (*scherz.*) che è sempre sulla breccia: *un politico i.* **SIN.** inossidabile || **immarcescibilménte**, **avv.** (*raro*) durevolmente || **immarcescibilità**, **s. f. inv.**

†**immarcìre** [comp. di *in-*② e *marcire* ✱ av. 1342] **v. intr.** ● marcire, imputridire

†**immascheraménto** [av. 1742] **s. m.** ● mascheramento

immascheràre [comp. di *in-*① e *maschera* ✱ av. 1511] **v. tr.** (*io immàschero*) e **immascheràrsi v. rifl.** ● (*raro, lett.*) mascherare, mascherarsi (*anche fig.*)

†**immascheratùra** [1679] **s. f.** ● mascheratura

immaterìale [vc. dotta, lat. tardo *immateriāle(m)*, comp. di *in-*③ e *materiālis* 'materiale' ✱ sec. XIV] **agg. 1** non materiale | (*dir.*) ***bene i.***, bene incorporale **2** (*est.*) incorporeo, spirituale, delicato || **immaterialménte**, **avv. 1** in modo immateriale **2** (*est.*) spiritualmente || **immaterialità**, **s. f. inv. 1** condizione di ciò che è immateriale: *la luce... potente per la sua non so se io debbo dire sottilità, ... immaterialità* (G. GALILEI) **2** (*est.*) incorporeità, spiritualità

immaterialìṣmo [da *immateriale* ✱ 1847] **s. m.** ● nella filosofia di George Berkeley (1685-1753), dottrina secondo la quale ogni realtà corporea esiste solo in quanto può essere percepita

immaterialìsta [1834] **s. m. e f.** (**pl. m.** *-i*) ● chi segue o si ispira all'immaterialismo

immaterialìstico [1834] **agg.** (**pl. m.** *-ci*) ● (*filos.*) relativo all'immaterialismo

immatricolàre [comp. di *in-*① e *matricola* ✱ 1853] **A v. tr.** (*io immatricolo*) ● iscrivere in un registro pubblico per la prima volta, assegnando alle persone e agli oggetti elencati un numero di matricola: *i. un'auto, uno studente* **B immatricolàrsi v. rifl.** ● farsi registrare nella matricola, detto spec. di studenti che vengono iscritti al primo anno di università **SFUMATURE** ➤ *registrare*

immatricolazióne [1885] **s. f.** ● iscrizione in un registro pubblico: *l'i. di un veicolo* | prima iscrizione di uno studente all'università: *tassa, tessera d'i.*

†**immatrimoniàrsi** [comp. di *in-*① e *matrimonio* ✱ av. 1556] **v. rifl. e rifl. recipr.** ● unirsi in matrimonio

✦**immaturità** [vc. dotta, lat. *immaturitāte(m)*, comp. di *in-*③ e *matūritas* 'maturità' ✱ 1598] **s. f. inv. 1** caratteristica di ciò che è immaturo | (*fig.*) insufficiente grado di sviluppo della cultura e delle doti intellettuali di un popolo o un individuo: *i. politica, sociale; l'i. di un candidato* | inesperienza, inadeguatezza spec. nello svolgimento di un'attività **2** (*med.*) stato di debolezza congenita del bambino che non raggiunge i 2,500 kg di peso alla nascita

✦**immatùro** [vc. dotta, lat. *immatūru(m)*, comp. di *in-*③ e *matūrus* 'maturo' ✱ 1442] **agg.**; anche **s. m. nei sign. 2 e 3 1** non arrivato ancora a maturazione: *frutto i.* | (*fig.*) ***età immatura***, l'adolescenza o la prima giovinezza **SIN.** acerbo **2** (*med.*) detto di neonato che presenta immaturità **3** (*fig.*) detto di persona che non ha raggiunto un completo sviluppo fisico e spec. intellettuale o della personalità: *ragazza immatura*; *studente i.* | inesperto, inadatto a qlco.: *è ancora i. per il matrimonio* | acerbo, che non ha raggiunto la piena maturità artistica: *un pianista ancora i.* **4** precoce, prematuro: *nascita, morte immatura* | non ancora opportuno: *un provvedimento i.* ‖ **immaturaménte**, **avv.** **1** prima del tempo giusto o stabilito **2** con precocità

†**immeccànico** [comp. di *in-*③ e *meccanico* ✱ 1747] **agg.** ● che non dipende da caratteristiche meccaniche

immedeṣimàre [comp. di *in-*① e *medesimo* ✱ 1659] **A v. tr.** (*io immedéṣimo*) ● considerare come una medesima cosa di due o più cose distinte: *i. due idee in un solo concetto* **SIN.** fondere, unire **B immedeṣimàrsi v. rifl.** ● partecipare intimamente a una situazione come fosse propria; identificarsi nello stato d'animo di qlcu.: *recitare immedesimandosi nella propria parte*; *le persone di poca immaginazione … non s'immedesimano in verun modo collo scrittore* (G. LEOPARDI) | ***immedesimarsi nel dolore di qlcu.***, sentirlo profondamente come proprio

immedeṣimazióne [comp. di *in-*① e †*medesimare* ✱ 1747] **s. f.** ● l'immedesimare, l'immedesimarsi **SIN.** identificazione

immediatézza [1819 ca.] **s. f.** **1** caratteristica di ciò che è immediato **SIN.** prontezza **2** (*fig.*) spontanea evidenza espressiva: *Esiste un'arte che nasce col calore e l'i. del documento* (E. MONTALE)

♦**immediàto** [vc. dotta, lat. tardo *immediātu(m)*, comp. di *in-*③ e *mediātus* 'mediato' ✱ 1294] **A agg.** **1** che è in diretta relazione con qlcu. o qlco., senza interposizioni: *contatto i.*; *nelle immediate vicinanze*; *si propose anch'egli di … restituire alla poesia l'immediata verità e semplicità di natura* (F. DE SANCTIS) | ***superiore i.***, quello che, in una scala gerarchica, viene subito al di sopra **CONTR.** indiretto **2** che avviene subito dopo, senza intervalli temporali: *intervento, pagamento i.* | ***conoscenza immediata***, quella che coglie intuitivamente un'idea o una rappresentazione **SIN.** pronto **3** (*fig.*) non meditato, istintivo: *la sua reazione immediata fu negativa* | (*fig.*) che colpisce in modo diretto per la sua spontaneità: *uno stile vivace e i.* **4** (*bot.*) detto dell'inserzione di un organo vegetale direttamente sull'asse ‖ **immediataménte**, **avv.** **1** senza nessuna frapposizione o interruzione: *nella lista vieni immediatamente dopo di me* **2** senza ritardo o indugio: *vieni immediatamente qui!* **B s. m. solo sing.** ● nella loc. ***nell'i., per l'i.***, nel futuro più prossimo, per il momento: *nell'i. non ho intenzione di trasferirmi* **C in funzione di avv.** ● †immediatamente

immedicàbile [vc. dotta, lat. *immedicābile(m)*, comp. di *in-*③ e *medicābilis* 'medicabile' ✱ av. 1543] **agg.** ● (*lett.*) che non si può medicare: *ferita i.* | (*fig.*) ***peccato i.***, tanto grave che non può essere perdonato: *quando i peccati sono immedicabili, … son puniti con eterni tormenti* (T. TASSO) ‖ **immedicabilménte**, **avv.** (*raro*) senza rimedio

immeditàto [vc. dotta, lat. tardo *immeditātu(m)*, comp. di *in-*③ e *meditātus* 'meditato' ✱ 1618] **agg.** ● (*raro*) non ponderato abbastanza: *discorso i.*; *azione immeditata* ‖ **immeditataménte**, **avv.** (*raro*) senza considerazione

immegliàre [comp. di *in-*① e *meglio*, nel senso di 'migliore' ✱ 1321] **A v. tr.** (*io immèglio*) ● (*lett.*) rendere migliore **B immegliàrsi v. intr. pron.** ● †divenire migliore: *chinandomi a l'onda / che si deriva perché vi s'immegli* (DANTE *Par.* XXX, 86-87)

immelanconìre ▸ **immalinconire**

†**immelàre** [comp. di *in-*① e *m(i)ele* ✱ av. 1470] **v. tr.** ● spargere di miele

immelensìre [comp. di *in-*① e *melenso* ✱ 1849] **A v. tr.** (*io immelensìsco, tu immelensìsci*) ● (*raro, lett.*) fare diventare melenso **B v. intr.** (aus. *essere*) ● diventare melenso

immelmàre [comp. di *in-*① e *melma* ✱ av. 1367] **A v. tr.** (*io immélmo*) ● (*tosc., lett.*) imbrattare di melma **B immelmàrsi v. rifl.** ● (*tosc., lett.*) sporcarsi di fango **C immelmàrsi v. intr. pron.** ● (*tosc., lett.*) diventare fanghiglia | (*fig.*) impelagarsi, impantanarsi

immemoràbile [vc. dotta, lat. *immemorābile(m)*, comp. di *in-*③ e *memorābilis* 'memorabile' ✱ 1598] **agg.** ● che non si può ricordare, tanto è antico e lontano nel tempo: *avvenimento i.* | ***epoca i.***, remota | ***da tempo i.***, da tempo remotissimo ‖ †**immemorabilménte**, **avv.** in epoca molto remota

♣**immèmore** [vc. dotta, lat. *immĕmore(m)*, comp. di *in-*③ e *mĕmor* 'mèmore' ✱ 1499] **agg.** **1** che ha perduto o mostra di non aver memoria di qlco.: *i. dell'antica amicizia, dei benefici ricevuti* **SIN.** dimentico **2** (*poet.*) privo di coscienza, di vita: *stette la spoglia i., / orba di tanto spiro* (A. MANZONI)

immemoriàle [fr. *immémorial*, da un lat. mediev. *immemoriālis*, da *ĭmmemor*, genit. *immĕmoris* 'immemore' ✱ 1644] **agg.** ● (*raro*) immemorabile

immensità [vc. dotta, lat. *immensitāte(m)*, da *immēnsus* 'immenso' ✱ av. 1306] **s. f. inv.** **1** caratteristica di ciò che è immenso: *l'i. dello spazio, dell'oceano* **2** grande moltitudine: *un'i. di gente, di affari*

♦**immènso** [vc. dotta, lat. *immēnsu(m)*, comp. di *in-*③ e *mēnsus*, part. pass. di *metīri* 'misurare', di orig. indeur. ✱ 1319] **A agg.** **1** (*lett.*) che si estende senza limiti nello spazio o nel tempo, tanto da non potersi misurare: *Noi argomentiamo su gli eventi di pochi secoli: che sono eglino nell'i. spazio del tempo?* (U. FOSCOLO) **SIN.** illimitato, sconfinato, sterminato **2** (*iperb.*) enorme: *folla, sala, ricchezza immense* | (*fig.*) molto intenso: *odio, dolore i.*; *un i. / desiderio di festa / traeva gli uomini* (G. D'ANNUNZIO) | †***in i.***, immensamente **SIN.** enorme, profondo ‖ **immensaménte**, **avv.** **1** smisuratamente, infinitamente **2** enormemente, assai: *distanza immensamente maggiore* **B s. m.** ● (*lett.*) immensità degli spazi

immensuràbile [vc. dotta, lat. tardo *immensurābile(m)*, comp. di *in-*③ e di un deriv. di *mensurāre* 'misurare' ✱ 1308] **agg.** **1** (*lett.*) che non si può misurare, perché troppo grande o troppo piccolo: *lo punto per la sua indivisibilitade è i.* (DANTE) **2** (*lett., fig.*) molto intenso e profondo, illimitato: *amore i.*; *tristezza i.* ‖ **immensurabilménte**, **avv.** (*raro*) in modo immensurabile: *immensurabilmente piccolo, grande* ‖ **immensurabilità**, **s. f. inv.**

immensuràto [vc. dotta, lat. tardo *immensurātu(m)*, comp. di *in-*③ e *mensurātus*, part. pass. di *mensurāre* 'misurare' ✱ av. 1679] **agg.** ● (*lett.*) immenso, infinito

♦**immèrgere** [vc. dotta, lat. *immĕrgere*, comp. di *in-*① e *mĕrgere* 'immergere', di orig. indeur. ✱ av. 1375] **A v. tr.** (**pres.** *io immèrgo, tu immèrgi*; **pass. rem.** *io immèrsi, tu immergésti*; **part. pass.** *immèrso*) **1** mettere qlco. in un liquido (+ *in*): *i. un solido nell'acqua* **SIN.** tuffare **2** fare penetrare, cacciare dentro (+ *in*): *i. la spada, il pugnale nel corpo* | (*fig.*) far cadere, sprofondare: *la disgrazia l'ha immerso in una profonda crisi*; *il blackout immerse il quartiere nel buio* **SIN.** affondare, ficcare **B immèrgersi v. rifl.** **1** entrare in un liquido (+ *in*, + *tra*): *si immerse nelle acque del torrente, nei flutti* | (*est.*) penetrare in un luogo: *immergersi in una foresta*; *immergersi tra le gole e le valli alpine* | addentrarsi, inoltrarsi: *immergersi nella* (o *tra la*) *folla, nelle tenebre* | ***immergersi nel sonno, nel riposo***, abbandonarsi completamente al sonno, al riposo **2** discendere sotto la superficie marina (+ *in*): *il sommergibile si immerse*; *il sommozzatore si immerse nelle acque gelide del Baltico* **3** (*fig.*) dedicarsi totalmente a qlco. (+ *in*): *immergersi nello studio, nella meditazione, nel lavoro*; *immergersi nelle pagine di un romanzo*

immergìbile [av. 1628] **agg.** ● (*raro*) che si può immergere

immeritàto [comp. di *in-*③ e *meritato* ✱ 1438] **agg.** ● non meritato: *premio i.* | ingiusto: *biasimo, castigo i.* ‖ **immeritataménte**, **avv.** **1** senza merito: *essere lodati immeritatamente* **2** senza colpa

♣**immeritévole** [comp. di *in-*③ e *meritevole* ✱ 1427] **agg.** ● non meritevole: *i. di indulgenza* **SIN.** indegno ‖ **immeritevolménte**, **avv.** **1** senza nessun merito **2** senza colpa

†**immèrito** [vc. dotta, lat. *immĕritu(m)*, comp. di *in-*③ e *mĕritus*, part. pass. di *merēre* 'meritare', di orig. indeur. ✱ av. 1243] **A agg.** ● indegno **B avv.** ● †senza motivo, a caso ‖ **immeritaménte**, **avv.** (*lett.*) in modo ingiusto; †indegnamente

immersióne [vc. dotta, lat. tardo *immersiōne(m)*, comp. di *in-*① e *mērsio*, genit. *mersiōnis*, da *mĕrgere* 'immergere' ✱ 1499] **s. f.** **1** l'immergere, l'immergersi | discesa sotto la superficie dell'acqua: *studiare l'i. di un sommergibile*; *l'i. di un pescatore subacqueo* **CONTR.** emersione | ***Battesimo per i.***, quello in cui il capo del battezzando viene immerso direttamente nell'acqua | ***linea d'i.***, segnata dal livello dell'acqua sulla carena della nave | ***navigare in i.***, detto spec. di sommergibile che si muove sotto il livello dell'acqua | ***i. totale***, immersione completamente al di sotto della superficie dell'acqua (*anche fig.*; V. sign. 2) **2** (*fig.*) l'addentrarsi, l'immergersi in qlco.: *i. in una natura incontaminata* | ***i. totale***, (*fig.*) impegno intenso e continuo in una data attività o completo abbandono a un'esperienza (calco sull'ingl. *full immersion* (V.)): *i. totale per imparare l'inglese*; *una serata di i. totale nella musica rinascimentale* **3** direzione verso la quale pende uno strato di roccia **4** (*astron.*) la sparizione di un astro all'inizio di una eclissi od occultazione **5** (*raro*) bagno | ***gara di i.***, prova di resistenza sott'acqua, sia di durata che di profondità **6** (*mar.*) profondità di un corpo parzialmente immerso dalla linea di galleggiamento alla sua estremità inferiore

immersìvo [da *immersione* ✱ 1788] **agg.** **1** relativo a immersione, che si ottiene mediante immersione **2** (*fig.*) relativo a immersione nel sign. 2: *esperienze immersive* | (*fig.*) detto di ciò che coinvolge visivamente e pare trasportare in una determinata realtà: *video i.*; *mappa immersiva*

immèrso **part. pass.** di *immergere*; anche **agg.** **1** nei sign. del v.: *piedi immersi nell'acqua* **2** (*fig.*) coperto, avvolto: *paesino i. nel buio* | (*fig.*) assorbito, intento: *i. nel lavoro, nello studio*

immeschinìre [comp. di *in-*① e *meschino* ✱ 1889] **A v. tr.** (*io immeschinìsco, tu immeschinìsci*) ● rendere meschino **SIN.** immiserire, svilire **B v. intr.** (aus. *essere*) e **immeschinìrsi v. intr. pron.** ● diventare meschino **SIN.** immiserirsi, svilirsi

immésso **part. pass.** di *immettere*; anche **agg.** ● nei sign. del v.

imméttere [adattamento del lat. *immĭttere*, comp. di *in-*① e *mĭttere* 'mettere' ✱ 1340 ca.] **A v. tr.** (**coniug. come** *mettere*) ● mettere dentro, fare entrare (+ *in*): *i. gente nella sala delle riunioni* | ***i. aria, ossigeno nei polmoni***, inspirare aria, ossigeno SIN. introdurre **B** **v. intr.** (aus. *avere*) (+ *in*) ● condurre, portare a (+ *in*): *il corridoio immette nell'atrio dell'albergo* **C** **immèttersi v. intr. pron.** ● introdursi, confluire **D** **imméttersi v. rifl.** ● entrare (+ *in*): *a quel punto ti immetti nell'autostrada*

†**immiàrsi** o †**inmiàrsi** /immi'arsi/ [da *in me* ✻ 1321] **v. intr. pron.** ● immedesimarsi in me con l'intelletto: *Già non attendere' io tua dimanda, / s'io m'intuassi, come tu t'inmii* (DANTE *Par.* IX, 80-81)

immigrànte **part. pres.** di *immigrare*; anche **agg. e s. m. e f.** ● che (o chi) Chi immigra, spec. per trovare lavoro

immigràre [vc. dotta, lat. *immigrāre*, comp. di *in-*① e *migrāre* 'trasferirsi', di orig. indeur. ✻ 1869] **v. intr.** (aus. *essere*) ● entrare in un paese straniero o in un'altra regione della propria nazione per stabilirvisi: *i. temporaneamente, definitivamente*; *i. per lavoro*

immigràto **part. pass.** di *immigrare*; anche **agg. e s. m.** (f. *-a*) ● che (o chi) si è stabilito in un paese straniero o in un'altra regione della propria nazione | (*fig.*) ***i. digitale***, V. *digitale*③

immigratòrio [da *immigrare* sul modello di *emigratorio* ✻ 1935] **agg.** (pl. m. *-i* o *raro -ii*) ● relativo all'immigrazione o agli immigrati: *movimento i.*

immigrazióne [fr. *immigration*, da *immigrer* 'immigrare' ✻ 1851] **s. f.** ● l'immigrare, spec. considerato come fenomeno sociale: *la loro i. fu causata da motivi economici*; *l'i. dai Paesi del Terzo mondo* | ***i. interna***, quella che avviene, spec. a scopo di lavoro, all'interno di una stessa nazione | il complesso degli individui immigrati: *l'i. è diminuita*

immillàre o †**inmillàre** /immil'lare/ [comp. di *in-*① e *mille* ✻ 1321] **A** **v. tr.** ● (*lett.*) moltiplicare a migliaia (*anche fig.*): *il gran lampadario ... immilla nel quarzo le buone cose di pessimo gusto* (G. GOZZANO) **B** **immillàrsi v. intr. pron.** ● (*lett.*) moltiplicarsi a migliaia: *eran tante, che 'l numero loro / più che 'l doppiar de li scacchi s'inmilla* (DANTE *Par.* XXVIII, 92-93)

imminchionìre [comp. di *in-*① e *minchione* ✻ 1856] **v. intr.** (*io imminchionìsco, tu imminchionìsci*; aus. *essere*) e **imminchionìrsi v. intr. pron.** ● (*raro*) rimminchionire

✦**imminènte** [vc. dotta, lat. *imminĕnte(m)*, part. pres. di *imminēre* 'essere sospeso al di sopra', comp. di *in* 'sopra' e di *minēre*, da *mĭnae* (pl.) 'creste sporgenti dei muri, merli', di etim. incerta ✻ av. 1363] **agg.** **1** (*lett.*) che sporge, sovrasta: *c'incamminammo sopra un'altura i. alla città* (P. VERRI) **2** (*fig.*) che accadrà in un prossimo futuro: *pericolo, guerra, pubblicazione i.* SIN. prossimo, vicino CONTR. remoto

SFUMATURE ➤ *vicino*

✦**imminènza** [vc. dotta, lat. tardo *imminĕntia(m)*, da *ìmminens*, genit. *imminĕntis*, 'imminente' ✻ av. 1667] **s. f.** ● vicinanza, prossimità di un avvenimento: *l'i. di un conflitto*

✦**immischiàre** [comp. di *in-*① e *mischiare* ✻ 1605] **A** **v. tr.** (*io immìschio*) ● coinvolgere indebitamente qlcu. in un'attività, in una faccenda e sim. per lo più negativa: *lo immischiarono in un losco affare* **B** **immischiàrsi v. intr. pron.** ● intromettersi in modo inopportuno in faccende estranee (+ *in*): *era necessario che non si immischiassero*; *si immischiava spesso in faccende che non la riguardavano*; *di solito gli uomini non s'immischiano in ... liti di donne* (G. VERGA) SIN. impicciarsi

immiscìbile [comp. di *in-*③ e *miscibile* ✻ 1957] **agg.** ● (*chim.*) detto di due o più sostanze liquide incapaci di formare miscele omogenee ‖ **immiscibilità**, **s. f. inv.**

immişericordióso (o **-şo**) [comp. di *in-*③ e *misericordioso* ✻ av. 1565] **agg.** ● (*raro, lett.*) che non ha misericordia

immişeriménto [1839] **s. m.** ● l'immiserire, l'immiserirsi | (*fig.*) svilimento

immişerìre [comp. di *in-*① e *misero* ✻ 1810] **A** **v. tr.** (*io immişerìsco, tu immişerìsci*) ● fare diventare misero: *la crisi economica immiserì il popolo* SIN. impoverire | (*fig.*) svilire: *i. una polemica* | (*fig., lett.*) privare di vigore e utilità: *il gelo immiserisce le piante* **B** **v. intr.** (aus. *essere*) e **immişerìrsi v. intr. pron.** ● diventare misero: *i. nella vecchiaia* | (*fig.*) svilirsi: *immiserirsi spiritualmente*

immìşi ➤ **immettere**

immissàrio [vc. dotta, lat. *immissāriu(m)*, comp. di *in-*① e un deriv. di *mĭttere* 'mettere' ✻ 1697] **s. m.** ● corso d'acqua che alimenta, sfociandovi, un lago o un bacino CONTR. emissario

immissióne [vc. dotta, lat. *immissiōne(m)*, comp. di *in-*① e *mĭssio*, genit. *missiōnis*, dal part. pass. (*mĭssus*) di *mĭttere* 'mettere' ✻ 1612] **s. f.** **1** l'immettere, l'immettersi SIN. introduzione, afflusso **2** (*dir.*) ***i. sul fondo altrui***, qualunque propagazione di fumo, rumore, scuotimento e sim. proveniente da un fondo vicino **3** (*mecc.*) nei motori a combustione interna, aspirazione della miscela

immistióne [comp. di *in-*① e *mistione* ✻ av. 1342] **s. f.** **1** (*lett.*) il mescolare | mescolanza **2** (*fig., lett.*) arbitraria ingerenza in qlco.: *la sua i. fu più dannosa che altro*

immìsto① [vc. dotta, lat. tardo *immĭxtu(m)*, comp. di *in-*③ e *mĭxtus* 'misto' ✻ av. 1420] **agg.** ● (*lett.*) non mescolato con altre materie SIN. puro

immìsto② [vc. dotta, lat. *immĭxtu(m)*, part. pass. di *immiscēre* 'frammischiare', comp. di *in-*② e *miscēre* 'mescolare' ✻ 1749] **agg.** ● (*lett.*) mescolato con altre materie | confuso con altre persone

immişuràbile [comp. di *in-*③ e *misurabile*, come il lat. tardo *immensurābilis* 'immensurabile' ✻ av. 1321] **agg.** ● (*raro, lett.*) che non si può misurare: *un'area i.* ‖ †**immişurabilménte**, **avv.** ‖ **immişurabilità**, **s. f. inv.**

immìte [vc. dotta, lat. *immīte(m)*, comp. di *in-*③ e *mītis* 'dolce, mite' ✻ av. 1470] **agg.** ● (*lett.*) feroce, crudele

immitigàbile [vc. dotta, lat. tardo *immitigābile(m)*, comp. di *in-*③ e di un deriv. da *mitigāre* ✻ av. 1712] **agg.** ● (*raro, lett.*) che non si può mitigare

✦**immòbile** [vc. dotta, lat. *immōbile(m)*, comp. di *in-*③ e *mōbilis* 'mobile' ✻ 1308] **A** **agg.** ● che non si muove o non si può muovere: *la Terra per i tolemaici rimaneva i. al centro dell'universo*; *la realtà ... non è i. ma vivente* (B. CROCE) | ***bene i.***, che non può essere spostato da un luogo all'altro senza che ne resti alterata la struttura o la destinazione (es. case, terreni e sim.) SIN. fermo, fisso ‖ **immobilménte**, †**immobileménte**, **avv.** **1** senza che si possa muovere o possa essere mosso **2** †immutabilmente ‖ **immobilità**, **s. f. inv.** (V.) **B** **s. m.** ● bene immobile

immobiliàre [fr. *immobilier*, comp. di *in-*③ e *mobilier* '(bene) mobile' ✻ av. 1835] **A** **agg.** ● che riguarda beni immobili: *pignoramento i.* | ***unità i. urbana***, nel catasto edilizio, ciascuna parte di immobile atta a produrre una propria rendita catastale | ***società i.***, che ha come oggetto sociale l'investimento di capitale nella costruzione di beni immobili e la loro gestione | ***patrimonio i.***, costituito da beni immobili | (*banca*) ***credito i.***, credito relativo a investimenti immobiliari **B** **s. f.** ● società immobiliare

immobiliarista [1983] **s. m. e f.** (pl. m. *-i*) ● operatore economico nel settore immobiliare

immobilişmo [da *immobile* ✻ 1850] **s. m.** ● politica che evita i problemi lasciandoli insoluti | (*est.*) tendenza a conservare le cose come stanno SIN. misoneismo

immobilìsta [1983] **s. m. e f.** (pl. m. *-i*) ● fautore, sostenitore dell'immobilismo

immobilìstico [1965] **agg.** (pl. m. *-ci*) ● ispirato ad immobilismo ‖ **immobilisticaménte**, **avv.**

immobilità o †**immobilitàde**, †**immobilitàte** [vc. dotta, lat. *immobilitāte(m)*, da *immōbilis* 'immobile' ✻ av. 1328] **s. f. inv.** **1** condizione, caratteristica di ciò che è immobile: *i medici lo costringono all'i.* SIN. fissità **2** (*fig.*) situazione priva di sviluppi: *i. politica*

†**immobilitàre** [da *immobilità* ✻ av. 1639] **A** **v. tr.** ● immobilizzare **B** †**immobilitàrsi v. intr. pron.** ● immobilizzarsi

†**immobilitàte** ➤ **immobilità**

immobilizzàre [fr. *immobiliser*, da *immobile* ✻ 1853] **A** **v. tr.** **1** rendere immobile, costringere a stare immobile: *quella caduta lo immobilizzò a letto per molto tempo* | ***i. un arto***, con una fasciatura, un'ingessatura o altro **2** investire in beni immobili: *i. i propri capitali* **B** **immobilizzàrsi v. intr. pron.** ● bloccarsi, arrestarsi ‖ **immobilizzazióne**, **s. f.** (V.)

immobilizzàto **part. pass.** di *immobilizzare*; anche **agg.** ● che non è in grado di muoversi: *ha un braccio i.*

immobilizzatóre [da *immobilizzare* ✻ 1995] **s. m.** ● (*autom.*) antifurto elettronico che impedisce la messa in moto di un autoveicolo; si basa su un codice numerico memorizzato nella chiave di avviamento oppure nel telecomando di apertura delle porte

immobilizzazióne [fr. *immobilisation*, da *immobiliser* 'immobilizzare' ✻ 1847] **s. f.** **1** l'immobilizzare, il venire immobilizzato **2** (*econ.*) componente del capitale destinato a restare durevolmente nell'azienda come strumento di produzione

immobilìzzo [da *immobilizzare* ✻ 1963] **s. m.** ● immobilizzazione, spec. nel sign. 2

†**immoderànza** [vc. dotta, lat. *immoderăntia(m)*, comp. di *in-*③ e un deriv. di *moderāri* 'moderare' ✻ 1563] **s. f.** ● incontinenza

immoderatézza [comp. di *in-*③ e *moderatezza* ✻ 1641] **s. f.** ● (*lett.*) mancanza di moderazione | (*raro*) eccesso

immoderàto [vc. dotta, lat. *immoderātu(m)*, comp. di *in-*③ e *moderātus* 'moderato' ✻ av. 1328] **agg.** **1** (*lett.*) di persona che non ha moderazione, misura: *i. nel mangiare, nel parlare* **2** (*lett.*) che oltrepassa la misura: *desiderio, affetto i.*; *arse / d'ira e di rabbia immoderata, immensa* (T. TASSO) SIN. eccessivo ‖ **immoderataménte**, **avv.** senza moderazione

immodèstia [vc. dotta, lat. *immodĕstia(m)*, comp. di *in-*③ e *modĕstia* 'modestia' ✻ 1441] **s. f.** **1** mancanza di modestia SIN. presunzione, vanità CONTR. umiltà **2** (*lett.*) mancanza di pudore SIN. inverecondia | (*lett.*) comportamento immodesto, licenzioso

immodèsto [vc. dotta, lat. *immodĕstu(m)*, comp. di *in-*③ e *modĕstus* 'modesto' ✻ 1440] **agg.** **1** privo di modestia: *un individuo i.* | che rivela una esagerata stima di sé: *discorso, comportamento i.* CONTR. umile **2** (*lett.*) che non ha pudore | (*lett.*) impudico ‖ **immodestaménte**, **avv.**

immodificàbile [comp. di *in-*③ e *modificabile* ✻ av. 1855] **agg.** ● che non si può modificare, che non può essere cambiato: *una situazione i.* ‖ **immodificabilménte**, **avv.** ‖ **immodificabilità**, **s. f. inv.**

immodificàto [comp. di *in-*③ e *modificato* ✻ av. 1910] **agg.** ● non modificato, invariato

immolàre [vc. dotta, lat. *immolāre*, comp. di *in* 'sopra' e *mŏla*, la 'farina di farro con sale', che si spargeva sopra la vittima ✱av. 1367] **A** **v. tr.** (*io immòlo*) **1** nel rito degli antichi Greci e Romani, spargere sulla vittima sacrificale il farro macinato e il sale **2** sacrificare (*anche fig.*) (+ *a*): *i. una giovenca, i. dei prigionieri alla divinità; alla più vera ambizion d'un inumano padre, vidi i. il sangue mio* (V. ALFIERI) **B** **immolàrsi v. rifl.** ● sacrificarsi, offrirsi come vittima (+ *a*, + *per*): *immolarsi per la redenzione degli uomini; immolarsi alla patria combattendo*

†**immolatóre** [vc. dotta, lat. *immolatōre(m)*, da *immolātus*, part. pass. di *immolāre* ✱av. 1694] **s. m.** (**f.** *-trice*); **anche agg.** ● (*raro*) chi (o che) immola

immolazióne [vc. dotta, lat. *immolatiōne(m)*, da *immolātus*, part. pass. di *immolāre* 'immolare' ✱sec. XIV] **s. f.** **1** (*lett.*) sacrificio **2** sacrificio dell'ostia nella Messa

immollàre [comp. di *in-*① e *mollo* ✱av. 1292] **A** **v. tr.** (*io immòllo*) **1** (*raro*) bagnare, immergendo in acqua o in un altro liquido | (*raro*) mettere in mollo: *i. il cuoio* **2** †ammollire **B** **immollàrsi v. intr. pron.** ● (*lett.*) infradiciarsi

immondézza [1582] **s. f.** **1** (*lett.*) caratteristica di ciò che è immondo | (*fig.*, *lett.*) turpitudine, immoralità: *l'i. di un vizio, della coscienza* **2** (*raro*) immondizia

immondezzàio [1846] **s. m.** (**pl.** *-ai*) **1** luogo di raccolta delle immondizie **2** (*raro*, *fig.*) ambiente corrotto

♦**immondìzia** [vc. dotta, lat. *immundĭtia(m)*, comp. di *in-*③ e *mundĭtia*, da *mŭndus* 'mondo①' ✱1306] **s. f.** **1** sporcizia, spazzatura, rifiuti: *il deposito delle immondizie* **2** nel linguaggio biblico, condizione di impurità, di contaminazione: *i. della puerpera* **3** (*fig.*, *lett.*) disonestà **4** (*fig.*) †lussuria, libidine

> **SFUMATURE DI SIGNIFICATO**
> ***immondizia - spazzatura - pattume***
> Con **immondizia** si definisce tutto quanto nella vita quotidiana di una casa viene raccolto come rifiuto, oppure quanto di sporco si lascia nelle strade o si deposita illecitamente in luoghi all'aperto. **Spazzatura** è sinonimo di immondizia, ma si riferisce in maniera più limitata alla sporcizia che si raccoglie in casa o nelle strade spazzando. Una variante oggi piuttosto rara di *immondizia* e *spazzatura* è **pattume**, originariamente parola di uso toscano. Tutti questi termini sono usati figuratamente per indicare ciò che è moralmente sporco, sudicio, repellente.

♣**immóndo** [vc. dotta, lat. *immŭndu(m)*, comp. di *in-*③ e *mŭndus* 'mondo①' ✱1306] **agg.** **1** (*lett.*) sudicio, sozzo, repellente: *luogo, individuo i.* **SIN.** lordo **2** in molte religioni, impuro, contaminato, escluso dal contatto con il sacro | ***animali immondi***, quelli che, in base alla legge levitica, gli Ebrei non possono consumare | ***spiriti immondi***, i demoni **3** (*fig.*) impuro, turpe: *vizio i.* | depravato, perverso, corrotto: *animo i.* ‖ **immondaménte avv.** (*raro*) in modo immondo

♦**immoràle** [fr. *immoral*, comp. di *in-*③ e *moral* 'morale' ✱1726] **A** **agg.** **1** che offende la morale: *discorso, libro, spettacolo i.* **SIN.** licenzioso **2** che agisce in modo contrario alle norme morali: *individuo i.* **SIN.** corrotto, depravato, turpe ‖ **immoralménte avv.** ‖ **immoralità s. f. inv.** **B** **s. m. e f.** ● persona immorale

SFUMATURE ➤ ***disonesto***

immoralìsmo [fr. *immoralisme*, da *immoral* 'immorale' ✱1843] **s. m.** **1** rifiuto di ogni norma morale | (*filos.*) dottrina etica di Friedrich Nietzsche (1844-1900) che opera un radicale rovesciamento dei valori correnti in nome del diritto delle energie vitali dell'individuo a esplicarsi **2** (*raro*) immoralità

immoralìsta [fr. *immoraliste*, da *immoral* 'immorale' ✱1907] **s. m. e f.** (**pl. m.** *-i*) ● chi professa l'immoralismo

immoralìstico [1903] **agg.** (**pl. m.** *-ci*) ● relativo all'immoralismo o agli immoralisti

immoralità [fr. *immoralité*, da *immoral* 'immorale' ✱1793] **s. f. inv.** **1** mancanza di senso morale, di moralità: *l'i. di una persona, di una dottrina* **2** azione immorale: *condannare le i.*

SFUMATURE ➤ ***impudicizia***

†**immorbidìre** [comp. di *in-*① e del denominale di *morbido* ✱av. 1292] **A** **v. tr.** ● ammorbidire **B** **v. intr. e** †**immorbidirsi v. intr. pron.** ● ammorbidirsi

immorsàre① [comp. di *in-*① e *morsa* ✱1834] **v. tr.** (*io immòrso*) ● incastrare, calettare | collegare due murature mediante immorsature

immorsàre② [comp. di *in-*① e *morso* ✱av. 1580] **v. tr.** (*io immòrso*) ● (*lett.*) mettere il morso al cavallo

immorsatùra [da *immorsare*① ✱av. 1570] **s. f.** **1** calettatura, incastro **2** insieme delle sporgenze e rientranze di un muro, lasciate per un futuro collegamento con altra struttura muraria

immortalàre [da *immortale* ✱1541] **A** **v. tr.** ● rendere eterna la memoria di qlcu. o di qlco.: *immortalò il suo genio nel grande poema* **SIN.** perpetuare | (*colloq.*) raffigurare; fotografare: *l'attore è stato immortalato con la sua nuova amica* **B** **immortalàrsi v. intr. pron.** ● diventare immortale per fama: *immortalarsi con le proprie opere*

immortàle [vc. dotta, lat. *immortāle(m)*, comp. di *in-*③ e *mortālis* 'mortale' ✱1261 ca.] **A** **agg.** **1** non soggetto a morte: *essere i.*; *l'anima i.* | ***mondo i.***, (*eufem.*) l'oltretomba | ***bene i.***, (*eufem.*) il Paradiso **SIN.** eterno **2** perenne: *riconoscenza, odio i.*; *ciò che in poesia vive d'una vita i., è la forma, qualunque si sia l'idea* (F. DE SANCTIS) | di fama imperitura: *artista i.* **CONTR.** caduco, effimero ‖ **immortalménte avv.** (*raro*) perpetuamente ‖ **immortalità s. f. inv.** (V.) **B** **s. m. e f.** ● (*raro*) divinità pagana: *gli immortali dell'Olimpo*

immortalità [vc. dotta, lat. *immortalitāte(m)*, deriv. di *immortālis* ✱1268] **s. f. inv.** **1** condizione di ciò che è immortale: *l'i. dell'anima* **SIN.** eternità **2** fama imperitura: *un'opera degna dell'i.*

immotivàto [comp. di *in-*③ e *motivato* ✱1798] **agg.** ● senza motivo: *il tuo rifiuto è i.* ‖ **immotivataménte avv.**

immotivazióne [1949] **s. f.** ● (*raro*) mancanza di motivazione: *l'imperfezione o l'i. dell'enunciato* (B. CROCE)

immòto [vc. dotta, lat. *immōtu(m)*, comp. di *in-*③ e *mōtus*, part. pass. di *movēre* 'muovere' ✱1321] **agg.** ● (*lett.*) fermo, immobile: *rimanere i.*; *immote, asciutte, le pupille figge / nel duro suol* (V. ALFIERI)

†**immucidìre** [comp. di *in-*① e *mucido* ✱av. 1597] **v. intr.** ● ammuffire

♦**immùne** [vc. dotta, lat. *immūne(m)* 'non soggetto (*in-*) a obbligo (*mūnus*)', da una radice indeur. col senso di '(s)cambio' ✱av. 1306] **agg.** **1** che non è soggetto a un obbligo (+ *da*): *i. dalle imposte, da un pagamento* **2** (*est.*) esente, libero (+ *da*): *non è i. da difetti, da colpe* **3** (*med.*) caratterizzato da immunità

SFUMATURE ➤ ***salvo***

♦**immunità** [fr. *immunité*, dal lat. *immunitāte(m)*, da *immūnis* 'immune' ✱av. 1348] **s. f. inv.** **1** condizione libera da obbligo (+ *da*): *i. da imposte, dal servizio militare* **SIN.** esenzione **2** (*dir.*) speciale condizione di favore relativamente a eventuali procedimenti penali, assicurata a persone che adempiono funzioni e ricoprono uffici di particolare importanza: *i. parlamentare, diplomatica, ecclesiastica* **3** (*biol.*) stato di resistenza specifica di un organismo nei confronti di un determinato antigene, acquisito attraverso una risposta umorale (anticorpi) o cellulare | ***i. attiva***, se acquisita con l'infezione o con la vaccinazione | ***i. passiva***, se ottenuta per somministrazione di sieri o per la presenza di anticorpi materni

immunitàrio [1928] **agg.** ● (*biol.*) relativo all'immunità | ***reazione immunitaria***, reazione antigene-anticorpo | ***risposta immunitaria***, risposta difensiva dell'organismo nei confronti di antigeni tendente a bloccarne l'effetto nocivo mediante la produzione di anticorpi | ***sistema i.***, l'insieme dei meccanismi difensivi che proteggono il corpo dagli invasori esogeni (antigeni) o da proprie componenti alterate o anormali

immunizzànte part. pres. di *immunizzare*; **anche agg.** ● che serve a immunizzare: *vaccino i.*

immunizzàre [fr. *immuniser* 'dar l'immunità (*immunité*)' ✱1900] **A** **v. tr.** **1** (*med.*) provocare immunità a un organismo (+ *da*; + *contro*) **2** (*fig.*) salvaguardare, preservare **B** **immunizzàrsi v. rifl.** ● rendersi immune da malattie e sostanze tossiche (+ *da*; + *contro*) | (*fig.*) salvaguardarsi, preservarsi ‖ **immunizzazióne s. f.** (V.)

immunizzazióne [1893] **s. f.** ● (*med.*) risposta immunitaria ad antigeni di individui della stessa specie ma geneticamente diversi

immùno- [da *immun(ità)*] **primo elemento** ● in parole composte della terminologia medica, fa riferimento allo stato di immunità dell'organismo: *immunologia, immunoterapia*

immunochìmica [vc. dotta, comp. di *immuno-* e *chimica* ✱1972] **s. f.** ● (*chim.*) studio dei processi biochimici alla base dei fenomeni immunitari

immunocitochìmica [comp. di *immuno-* e *citochimica* ✱1972] **s. f.** ● (*biol.*) tecnica della microscopia che consente di individuare nelle cellule particolari sostanze, utilizzando la specificità del legame tra antigene e anticorpo

immunocompetènte [1987] **agg.**; **anche s. m. e f.** ● (*biol.*) che (o chi) ha una risposta immunitaria ottimale: *cellula, individuo i.*

immunocompetènza [comp. di *immuno-* e *competenza* ✱1987] **s. f.** ● (*biol.*) condizione della persona che ha un sistema immunitario perfettamente funzionale

immunocomplèsso [comp. di *immuno-* e *complesso*② ✱1987] **s. m.** ● (*biol.*) complesso che si forma da una reazione antigene-anticorpo

immunocomprométsso [comp. di *immuno-* e *compromesso* ✱1982] **agg.**; **anche s. m. e f.** ● (*med.*) che (o chi) ha una risposta immunitaria attenuata in seguito a vari eventi come somministrazione di farmaci immunosoppressori, irradiazione, malnutrizione o particolari processi patologici

immunodeficiènza [comp. di *immuno-* e *deficienza* ✱1980] **s. f.** ● (*med.*) insufficienza immunitaria caratterizzata da un minor stato di difesa dell'organismo verso le infezioni: *sindrome da i. acquisita*

immunodepressióne [comp. di *immuno-* e *depressione* ✱1985] **s. f.** ● riduzione delle risposte immunitarie di un individuo in conseguenza di trattamento farmacologico, di infezione o radiazioni

immunodeprèsso [comp. di *immuno-* e *depresso* ✱1985] **agg. e s. m.** (**f.** *-a*) ● che (o chi) manifesta riduzione delle difese immunitarie

immunodepressóre [vc. dotta, comp. di

immuno- e *depressore* ✱ 1992] **s. m.; anche agg. m. (difett. del f.)** ● agente chimico o fisico che riduce le difese immunitarie dell'individuo **CFR.** immunosoppressore

immunodiffuṣióne [vc. dotta, comp. di *immuno-* e *diffusione* ✱ 1987] **s. f.** ● (*chim.*) procedimento analitico usato in sierologia, basato sulla diffusione in agar o in altro supporto poroso di un antigene e degli anticorpi specifici

immunoelettroforèṣi [comp. di *immuno-* ed *elettroforesi* ✱ 1987] **s. f. inv.** ● (*chim.*) tecnica di analisi che sfrutta la reazione di precipitazione antigene-anticorpo per il riconoscimento delle componenti proteiche di un campione (per es. del siero) separate mediante elettroforesi

immunoematologìa [comp. di *immuno-* ed *ematologia* ✱ 1963] **s. f. (pl. -***gìe***)** ● (*med.*) ramo della medicina che studia i meccanismi immunitari, sia umorali che cellulari, connessi alla patogenesi, alla diagnosi e al trattamento di malattie del sangue e dei tessuti immunopoietici

immunoenẓimàtico [comp. di *immuno-* ed *enzimatico* ✱ 1989] **agg. (pl. m. -***ci***)** ● (*chim.*) inerente alle tecniche analitiche basate sulla reazione antigene-anticorpo e sull'impiego di enzimi per la rivelazione della reazione

immunofluorescènza [comp. di *immuno-* e *fluorescenza* ✱ 1983] **s. f.** ● (*med.*) tecnica di indagine immunologica che utilizza sostanze fluorescenti, impiegata nella diagnosi di alcune malattie infettive

immunògeno [vc. dotta, comp. di *immuno-* e *-geno* ✱ 1990] **agg.** ● (*biol.*) detto di qualsiasi agente, gener. proteico, capace di stimolare una risposta immunitaria

immunoglobulìna [comp. di *immuno-* e *globulina* ✱ 1980] **s. f.** **1** (*biol.*) gammaglobulina del plasma sanguigno o delle secrezioni a prevalente funzione anticorpale **2** (*farm.*) gammaglobulina nel sign. 2

immunọistochìmica [comp. di *immuno-* e *istochimica* ✱ 1986] **s. f.** ● (*biol.*) tecnica della microscopia ottica, mediante la quale è possibile riconoscere nei tessuti particolari sostanze, grazie alla specificità del legame tra antigene e anticorpo

immunologìa [comp. di *immune* e *-logia* ✱ 1921] **s. f. (pl. -***gìe***)** ● (*biol.*) studio dei fenomeni inerenti all'immunità

immunològico [1931] **agg. (pl. m. -***ci***)** ● concernente l'immunologia ‖ **immunologicaménte**, **avv.** sotto l'aspetto immunologico

immunòlogo [1956] **s. m. (f. -***a***; pl. m. -***gi***)** ● medico specialista in immunologia

immunomodulatóre [vc. dotta, comp. di *immuno-* e *modulatore* ✱ 1987] **s. m.; anche agg. (f. -***trice***)** ● (*farm.*) immunoregolatore

immunopatologìa [comp. di *immuno-* e *patologia* ✱ 1987] **s. f. (pl. -***gìe***)** ● (*med.*) ramo dell'immunologia che studia le patologie del sistema immunitario o a esso connesse, quali le allergie, le malattie autoimmunitarie e le immunodeficienze

immunopoièṣi [comp. di *immuno-* e *-poiesi* ✱ 1987] **s. f. inv.** ● (*biol.*) processo di produzione degli anticorpi da parte delle cellule immunocompetenti

immunopoiètico [1994] **agg. (pl. m. -***ci***)** ● (*biol.*) relativo a immunopoiesi: *organo i., tessuto i.*

immunoprecipitazióne [vc. dotta, comp. di *immuno-* e *precipitazione* ✱ 1995] **s. f.** ● (*chim.*) reazione tra un antigene e un anticorpo con formazione di un complesso insolubile

immunoprofilàssi [comp. di *immuno-* e *profilassi* ✱ 1954] **s. f. inv.** ● (*med.*) prevenzione di una malattia infettiva mediante immunizzazione passiva (siero) o attiva (vaccino)

immunoreazióne [1961] **s. f.** ● (*biol.*) reazione antigene-anticorpo

immunoregolatóre [vc. dotta, comp. di *immuno-* e *regolatore* ✱ 1987] **s. m.; anche agg. (f. -***trice***)** ● farmaco in grado di regolare la risposta immunitaria **SIN.** immunomodulatore

immunosièro o **immunsièro** [comp. di *immun(e)* e *siero* ✱ 1918] **s. m.** ● (*med.*) siero immunizzato

immunosoppressióne [comp. di *immuno-* e *soppressione* ✱ 1990] **s. f.** ● abolizione parziale o totale delle risposte immunitarie di un individuo indotta da farmaci o infezioni

immunosoppressìvo [1985] **agg.** ● di farmaco o altro agente che causa immunosoppressione

immunosopprèsso [1994] **agg. e s. m. (f. -***a***)** ● che (o chi) manifesta abolizione parziale o totale delle difese immunitarie

immunosoppressóre [comp. di *immuno-* e *soppressore* ✱ 1985] **A** **s. m. (f. *immunosopprimitrìce*)** ● farmaco o altro agente in grado di sopprimere le difese immunitarie dell'individuo, che viene impiegato nelle malattie autoimmuni o nel trapianto; può esporre a maggior rischio di malattie infettive e tumori **B** **anche agg. m.**: *farmaco i.* **CFR.** immunodepressore

immunostimolànte [vc. dotta, comp. di *immuno-* e *stimolante* ✱ 1990] **agg.; anche s. m.** ● (*chim.*) detto di sostanza che stimola le risposte immunitarie verso qualsiasi antigene

immunoterapìa [comp. di *immuno* e *terapia* ✱ 1936] **s. f.** ● (*med.*) cura delle malattie infettive mediante anticorpi specifici

immunotollerànza [vc. dotta, comp. di *immuno-* e *tolleranza* ✱ 1987] **s. f.** ● (*med.*) tolleranza del sistema immunitario verso un determinato antigene

immunotossìna [vc. dotta, comp. di *immuno-* e *tossina* ✱ 1987] **s. f.** ● (*chim.*) complesso molecolare costituito da un anticorpo unito a una tossina, capace di riconoscere specificamente determinate cellule bersaglio, in particolare cellule neoplastiche, distruggendole

immunsièro ➤ **immunosiero**

immuraménto [av. 1797] **s. m.** ● (*raro*) immurazione | †il murare

immuràre [comp. di *in-*① e *muro* ✱ av. 1816] **v. tr.** ● sottoporre al supplizio dell'immurazione | †murare

immurazióne [da *immurare* ✱ 1972] **s. f.** ● antico supplizio consistente nel murare vivo il condannato in uno spazio ristretto, sino a provocarne la morte | antica forma di penitenza volontaria di religiosi, consistente nella reclusione perpetua in una cella, con la porta murata e soltanto una piccola apertura per il rifornimento dei viveri

immuṣìre [comp. di *in-*① e *muso* ✱ 1869] **v. intr.** (*io immuṣìsco, tu immuṣìsci*; aus. *essere*) ● (*raro, lett.*) immusonirsi

immuṣonìrsi [comp. di *in-*① e *musone* ✱ 1870] **v. intr. pron.** (*io mi immuṣonìsco, tu ti immuṣonìsci*) ● (*fam.*) imbronciarsi, mettere, fare il muso

immuṣonìto **part. pass.** di *immusonirsi*; **anche agg.** ● imbronciato

immutàbile [vc. dotta, lat. *immutābile(m)*, comp. di *in-*③ e *mutābilis* 'mutabile' ✱ av. 1328] **agg.** **1** che non muta: *propizio et immutabil vento* (L. Ariosto) | che non si può cambiare, modificare: *proposito, decreto i.* **SIN.** costante, fisso, stabile **2** (*raro*) perpetuo, eterno: *Dio i.* ‖ **immutabilménte**, †**immutabileménte**, **avv.** ‖ **immutabilità**, **s. f. inv.** (V.)

immutabilità [vc. dotta, lat. *immutabilitāte(m)*, comp. di *in-*③ e *mutabĭlitas* 'mutabilità' ✱ av. 1364] **s. f. inv.** ● condizione di ciò che è immutabile: *l'i. di una decisione* **SIN.** costanza, invariabilità, inalterabilità, stabilità

SFUMATURE DI SIGNIFICATO
immutabilità - fissità - stabilità
Immutabilità è la qualità delle cose o delle persone che non cambiano, il che può avere a seconda dei casi una connotazione positiva o negativa. A **fissità** si associa invece un concetto di inalterabilità negativa, che è propria di ciò o di chi non si evolve. Al contrario, **stabilità** promette una continuità che dà sicurezza, escludendo rischi e incertezze.

immutàre [vc. dotta, lat. tardo *immutāre*, comp. di *in-*③ e *mutāre* 'mutare' ✱ av. 1328] **v. tr.** ● (*raro, lett.*) mutare, modificare

immutàto [vc. dotta, lat. *immutātu(m)*, part. pass. di *immutāre* 'immutare' ✱ sec. XIV] **agg.** ● che non ha subìto cambiamenti o alterazioni: *l'orario dei treni è i.*; *fisionomia immutata*; *con i. affetto*

†**immutazióne** [vc. dotta, lat. *immutatiōne(m)*, da *immutātus*, part. pass. di *immutāre* 'immutare' ✱ av. 1328] **s. f.** ● cambiamento, modificazione

ìmo [vc. dotta, lat. *īmu(m)*, di etim. incerta ✱ 1313] **A** **agg.** **1** (*lett.*) che si trova nel punto, nella posizione e sim. più bassa, più interna o più profonda: *un tremor gelido / per l'ossa ime gli corse* (G. Carducci) | †fondo, profondo: *lasciate valli ime e palustri* (T. Tasso) **2** (*fig.*) †di infima condizione **B** **s. m.** **1** (*lett.*) il punto più basso, più interno o più profondo di qlco.: *dall'imo del mio giovin cuore* (G. D'Annunzio) | ***ad imo***, in fondo **CONTR.** sommità **2** (*fig., lett.*) grado infimo

imoscàpo [comp. del lat. *īmus* 'imo, inferiore' e *scāpus* 'scapo, tallo' ✱ av. 1555] **s. m.** ● (*archit.*) diametro inferiore di una colonna

impaccàggio [1964] **s. m.** ● operazione dell'impaccare

impaccaménto [da *impaccare* col sign. del corrispondente ingl. *packing*, da *to pack* 'premere, stipare', in vari sensi tecnici ✱ 1970] **s. m.** ● (*inform.*) densità di registrazione dei dati su un nastro magnetico

impaccàre [comp. di *in-*① e *pacco* ✱ 1640] **v. tr.** (*io impàcco, tu impàcchi*) ● avvolgere qlco. facendo un pacco: *i. i libri* | mettere in un pacco: *i. la merce*

impaccatóre [1957] **s. m. (f. -***trice***)** ● operaio che confeziona pacchi

impaccatrìce [da *impacca(re)* col suff. *-trice* ✱ 1957] **s. f.** ● (*tecnol.*) macchina automatica o semiautomatica che confeziona pacchi di determinati prodotti

impaccatùra [1957] **s. f.** ● operazione dell'impaccare

impacchettaménto [1972] **s. m.** ● operazione dell'impacchettare **SIN.** impacchettatura

impacchettàre [comp. di *in-*① e *pacchetto* ✱ 1561] **v. tr.** (*io impacchétto*) **1** involtare qlco. formando un pacchetto: *i. della frutta* | mettere in un pacchetto **2** (*est., colloq.*) ammanettare, imprigionare
SFUMATURE ➤ ***involgere***

impacchettatóre [1957] **s. m. (f. -***trice***)** ● chi impacchetta merci o materiali vari

impacchettatrìce [1980] **s. f.** ● (*tecnol.*) macchina automatica o semiautomatica che confeziona pacchetti di determinati prodotti

impacchettatùra [1994] **s. f.** ● impacchettamento

†**impacciaménto** [av. 1292] **s. m.** ● impaccio

impacciàre [ant. provenz. *empachar*, dall'ant. fr. *empeechier*, dal lat. tardo *impedicāre* 'intralciare', da *pĕdica* 'laccio, trappola (tesa al *piede*: *pēs*, genit. *pĕdis*)' ✻ 1266] **A** **v. tr.** (**pres.** *io impàccio*; **fut.** *io impaccerò*) **1** intralciare, ostacolare l'azione o il movimento: *quelle valigie lo impacciano (nei movimenti), gli impacciano i movimenti* **2** (*fig.*) dare imbarazzo, disagio: *la sua presenza mi impaccia* | (*lett.*) contrastare **3** †sequestrare **B** **impacciàrsi** **v. intr. pron.** **1** (*lett.*) impigliarsi, restare impedito nei movimenti | (*fig.*) sentirsi a disagio **2** (*raro*) impicciarsi | (*lett.*) ***impacciarsi con qlcu.***, essere in rapporto con lui: *chi s'impaccia con voi, corre pericolo di pentirsi d'averlo fatto* (C. GOLDONI) | (*lett.*) occuparsi, preoccuparsi di qlco.

impacciàto **part. pass.** di *impacciare*; **anche agg.** **1** impedito nei movimenti **2** (*fig.*) imbarazzato, confuso, esitante: *atteggiamento, discorso i.* | (*est.*) goffo: *un'andatura impacciata* || **impacciataménte**, **avv.**
SFUMATURE ➤ ***timido***

impàccio [da *impacciare* ✻ 1353] **s. m.** **1** condizione di chi è impacciato: *non sapeva nascondere il proprio i.* **SIN.** imbarazzo **CONTR.** disinvoltura **2** ostacolo, impedimento, intralcio: *spostati, che lì sei di i.*; *La malattia si è un i. del corpo* (G. LEOPARDI) **3** (*est.*) situazione che procura noia, fastidio o imbarazzo: *trovarsi in, uscire da un, i.*; *trarsi d'i.* **4** nella moda femminile del passato, entrave

impacciόso (o **-ṣ-**) [av. 1665] **agg.** ● (*tosc.*) impiccione

†**impacciucàre** [comp. di *in-*① e del dial. *pacciucco* 'intruglio', di orig. espressiva ✻ av. 1566] **v. tr.** ● imbrattare, insudiciare

impàcco [da *impaccare* ✻ 1876] **s. m.** (**pl.** *-chi*) ● applicazione di garze o panni intrisi di acqua calda o fredda o di sostanze medicamentose su parti del corpo

ìmpact fàctor /ˈimpakt ˈfaktor, *ingl.* ˈɪmpækt,fæktə(r)/ [loc. ingl., propr. 'fattore (*factor*) di impatto (*impact*)' ✻ 1994] **loc. sost. m. inv.** ● fattore di impatto (V. *impatto*①)

impadellàre [comp. di *in-*① e *padella* ✻ av. 1944] **v. tr.** (*io impadèllo*) ● (*raro*) mettere in padella

impadronìrsi [comp. di *in-*① e *padrone* ✻ av. 1463] **v. intr. pron.** (*io mi impadronìsco, tu ti impadronìsci*) **1** impossessarsi, appropriarsi di qlco., spesso con la violenza o l'inganno (+ *di*): *i nemici s'impadronirono di tutte le città vicine* | (*fig.*) prendere possesso di qlcu. (detto di un sentimento): *una grande tenerezza s'impadronì di lui* (L. PIRANDELLO) **2** (*fig.*) arrivare a conoscere a fondo un argomento, una disciplina (+ *di*): *s'impadronì in pochi mesi della lingua francese*

SFUMATURE DI SIGNIFICATO
impadronirsi - appropriarsi - usurpare
Impadronirsi è impossessarsi di una cosa sottraendola al legittimo proprietario. Suo sinonimo è **appropriarsi**, alla lettera "fare proprio", che a differenza di *impadronirsi* si riferisce non solo a beni materiali ma anche a ciò di cui altri ha la proprietà morale, come sono parole, scritti ecc. **Usurpare** sottolinea con maggior forza la violenza dell'atto con cui ci si impadronisce illegittimamente di qualcosa e si riferisce per lo più all'appropriarsi di un titolo o di un ufficio spettante ad altri.

impaeṣàrsi [comp. di *in-*① e *paese* ✻ 1869] **v. intr. pron.** (*io mi impaéṣo*) ● (*lett.*) ambientarsi nel paese dove ci si è stabiliti

✦**impagàbile** [comp. di *in-*③ e *pagabile*, sul tipo del corrispondente fr. *impayable* ✻ 1640] **agg.** ● che vale molto più di quanto possa pagarsi: *un collaboratore i.* | (*est.*) straordinario, impareggiabile: *uno spettacolo i.* || **impagabilménte**, **avv.**

impaginàre [comp. di *in-*① e *pagina* ✻ 1798] **v. tr.** (*io impàgino*) ● (*edit.*) progettare l'aspetto e la struttura delle pagine di una pubblicazione | in tipografia, disporre le colonne di testo e le eventuali immagini nella pagina | (*fig.*) strutturare, organizzare opportunamente le varie parti di uno spettacolo, di un programma televisivo, di un testo letterario e sim.

impaginàto **A** **part. pass.** di *impaginare*; **anche agg.** ● nei sign. del v. **B** **s. m.** ● (*edit.*) bozza tipografica disposta in forma di pagina

impaginatóre [1869] **s. m.** (**f.** *-trice*); **anche agg.** ● (*edit.*) chi (o che) impagina

impaginatùra [1742] **s. f.** ● (*lett.*) impaginazione

impaginazióne [1895] **s. f.** ● (*edit.*) l'impaginare

impagliàre [comp. di *in-*① e *paglia* ✻ 1640] **v. tr.** (*io impàglio*) **1** coprire, rivestire o imbottire di paglia o sim. qlco.: *i. i fiaschi, le seggiole* | imballare con paglia oggetti fragili per renderne agevole e sicuro il trasporto: *i. cristalli, piatti, specchi* **2** riempire di paglia pelli conciate di animali morti per conservarne la forma e l'aspetto: *i. un uccello esotico* **SIN.** imbalsamare

impagliàta① [da *paglia* ✻ 1970] **s. f.** **1** mangime per bestiame, con paglia e fieno triturati **2** rivestimento di paglia in capanne e sim., per riparo dal freddo

impagliàta② [da *impagliato*, per la tradizione di coprire con la paglia le fessure della stanza dove giaceva la puerpera, perché i venti non le apportassero danno ✻ av. 1556] **s. f.** **1** †puerpera **2** (*merid.*) servizio di ceramica che veniva offerto alla puerpera **3** (*centr.*) piccolo rinfresco alla buona, in occasione di un parto

impagliatìno [1855] **s. m.** ● (*tosc.*) piano impagliato delle seggiole

impagliàto **part. pass.** di *impagliare*; **anche agg.** **1** nei sign. del v. **2** †mescolato con paglia **3** †biondiccio

impagliatóre [1869] **s. m.** (**f.** *-trice*) **1** chi ricopre o riveste oggetti con paglia: *i. di fiaschi, di seggiole* **2** imbalsamatore di animali

impagliatùra [1862] **s. f.** ● operazione del rivestire o imbottire qlcu. di paglia | il rivestimento stesso | (*est.*) la trama secondo cui si impagliano le seggiole: *i. a scacchi*

impàirment tèst /imˈpairment tɛst, *ingl.* ɪmˈpɛəmənt,tɛst/ ➤ **test**

impàla [vc. indigena (*-mpala*), dal protobantu *mpala* ✻ 1932] **s. m. inv.** ● agile ed elegante antilope africana con zampe sottilissime, i cui maschi hanno grandi corna a lira (*Aepyceros melampos*) **SIN.** melampo

impalaménto [da *impalare* ✻ 1869] **s. m.** ● (*raro*) l'impalare, come forma di antico supplizio

impalancàto [comp. di *in-*① e *palanca* ✻ 1869] **s. m.** ● chiusura fatta con pali, assi e sim.

impalàre [comp. di *in-*① e *palo* ✻ 1483] **A** **v. tr.** **1** provocare la morte di qlcu. infilzandolo su un palo aguzzo, secondo una forma di antico supplizio **2** mettere pali e fili a sostegno di piante arboree o erbacee: *i. le viti, i pomodori* **B** **impalàrsi** **v. intr. pron.** ● stare fermo e dritto come un palo: *impalarsi sull'attenti, in attesa di ordini*

impalàto **part. pass.** di *impalare*; **anche agg.** **1** nei sign. del v. **2** che sta fermo e dritto come un palo: *dammi una mano, invece di rimanere lì i.!*

impalatùra [av. 1735] **s. f.** **1** (*raro*) impalamento **2** lavoro del mettere in opera pali di sostegno: *i. delle viti*

impalcaménto [1681] **s. m.** ● (*raro*) l'impalcare | impalcatura

impalcàre [comp. di *in-*① e *palco* ✻ 1482] **v. tr.** (*io impàlco, tu impàlchi*) **1** costruire con assi e travi il palco di una stanza **2** (*agric.*) regolare la crescita e la forma di un albero mediante la potatura

impalcàto [dal part. pass. di *impalcare* ✻ av. 1685] **s. m.** ● (*edil.*) insieme dei legnami che formano l'ossatura di un pavimento | insieme delle travi principali, disposte secondo la direzione della luce da superare, e delle travi secondarie disposte trasversalmente alle prime, che costituiscono il sostegno orizzontale del piano stradale di un ponte

impalcatùra [da *impalcare* ✻ 1550] **s. f.** **1** struttura provvisoria di cantiere in pali o tubi, per sostenere gli operai e i materiali **SIN.** ponteggio | struttura stabile a sostegno di un'altra non resistente **2** appostamento elevato per sparare a uccelli o a grossa selvaggina da pelo: *i. per colombacci* **3** punto dove i rami si inseriscono sul tronco e disposizione degli stessi secondo i diversi sistemi di allevamento **SIN.** inforcatura **4** (*fig.*) struttura fondamentale su cui si reggono organismi, istituzioni e sim.: *l'i. della nostra società, di uno Stato monarchico* **SIN.** base

impallàre [comp. di *in-*① e *palla* ✻ 1863] **A** **v. tr.** ● (*sport*) nel biliardo, far terminare le biglie in posizione tale che tra esse risultino frapposti i birilli o il pallino, così da costringere l'avversario a eseguire un tiro di sponda **B** **impallàrsi** **v. rifl.** ● (*fig.*) trovarsi in difficoltà

impallatùra [1957] **s. f.** ● (*sport*) situazione di chi impalla, rimane impallato **SIN.** copertura

✦**impallidìre** [comp. di *in-*① e *pallido* ✻ av. 1342] **A** **v. intr.** (*io impallidìsco, tu impallidìsci*; **aus.** *essere*, **lett.**, **raro** *avere*) **1** diventare pallido: *i. per l'emozione, per la paura, dalla paura, per un malore*; *i. di rabbia, d'invidia*; *impallidì dall'indignazione* **SIN.** sbiancare **2** (*fig.*) turbarsi profondamente, sbigottire (+ *a*, **anche seguito da inf.**): *tutti impallidirono al resoconto di tante atrocità; c'è da impallidire a sentire queste notizie* | ***cosa da far i. le stelle***, strana, straordinaria **3** diventare meno luminoso, colorato, lucido e sim.: *all'alba le stelle impallidiscono* **SIN.** scolorare | (*fig.*) sbiadire, indebolirsi: *col tempo i ricordi impallidirono* **4** (*fig.*) essere superato per importanza, gravità, fama e sim.: *tutte le esecuzioni precedenti impallidiscono davanti a quella del grande pianista*; *i. al confronto, al paragone* **SIN.** attenuarsi **B** **v. tr.** ● (*raro*) rendere pallido, smorto

impallinaménto [1957] **s. m.** **1** l'impallinare **2** (*bot.*) acinellatura

impallinàre [comp. di *in-*① e *pallino* ✻ 1713] **v. tr.** **1** colpire qlcu. o qlco., anche per errore, sparando cartucce a pallini **2** (*fig.*) nel linguaggio politico, provocare l'imprevista sconfitta di qlcu. mediante critiche improvvise, votazioni a sorpresa e sim.

impallinàta [da *impallinare* ✻ 1906] **s. f.** ● l'impallinare | scarica di pallini da cui si viene colpiti: *prendersi un'i.* **SIN.** impallinatura

impallinatùra [av. 1920] **s. f.** ● impallinata

impalmàre① [comp. di *in-*① e *palma*①, stretta in atto di accordo ✻ av. 1292] **A** **v. tr.** **1** (*lett.*) impegnare una giovane donna con promessa di matrimonio | (*est.*) sposare una donna **2** (*lett.*) promettere o dare in sposa | †***i. la morte***, (*fig.*) votarsi alla morte **3** †impugnare, prendere | †stringere la mano **B** **impalmàrsi** **v. rifl. recipr.** ● †stringersi l'un l'altro la mano, come segno di solenne promessa: *tutti s'accordarono, e alla mensa s'impalmarono, e giurarono insieme* (F. SACCHETTI) **C** **impalmàrsi** **v. intr. pron.** ● (*raro*) andare sposa, detto della donna: *s'è impalmata di recente*

impalmàre② [sp. *empal(o)mar* 'unire con la

fune chiamata *paloma* (di etim. incerta)' ∗ 1937] **v. tr. 1** legare con giri di spago la cima di una fune o di un cavo, perché non si sfilacci **2** (*mecc.*) congiungere cavi metallici spec. di funivie o teleferiche mediante intreccio dei trefoli

impalmatùra [da *impalmare*② ∗ 1937] **s. f. 1** (*mar.*) legare con un cordino l'estremità di una fune per impedire che i trefoli si sfreccino **2** connessione delle estremità di due cavi metallici eseguita intrecciandone i trefoli

♦**impalpàbile** [comp. di *in-*③ e *palpabile* ∗ 1385] **agg.** • che sfugge alla percezione del tatto: *l'aria è i.*; *in poesia il generale sta come anima ... invisibile e i.* (F. DE SANCTIS) | (*fig.*) vago, indistinto: *sensazione i.*; *avvenimenti sfuggenti, impalpabili* (I. CALVINO) | ***polvere, velo i.***, estremamente fine e sottile ‖ **impalpabilménte**, **avv.** ‖ **impalpabilità**, **s. f. inv.**: *l'impalpabilità del talco*; *l'impalpabilità di un mistero*

impaludaménto [1754] **s. m.** • l'impaludarsi

impaludàre [comp. di *in-*① e *palude* ∗ 1313] **A v. tr.** • ridurre a palude: *i. una pianura* **B v. intr.** (aus. *essere*) e **impaludàrsi v. intr. pron. 1** diventare palude, trasformarsi in palude: *sul fiume impaludato in magre stagnazioni plumbee* (D. CAMPANA) **2** (*fig.*) bloccarsi, impantanarsi: *il discorso s'impaludò in un silenzio* (C. PAVESE)

impaludàto① **part. pass.** di *impaludare*; anche **agg.** • nei sign. del v. | (*fig.*) impelagato, invischiato

impaludàto② [comp. di *in-*① e *paludato* ∗ 1909] **agg.** • vestito con abiti sontuosi: *era tutta impaludata di broccato*; *essere i. in un ricco vestito*

†**impaludìre** [av. 1783] **v. intr.** e †**impaludìrsi v. intr. pron.** • impaludare, impaludarsi

impanàre① [comp. di *in-*① e *pane*① ∗ 1829] **v. tr.** • passare nel pangrattato prima di friggere: *i. le cotolette*

impanàre② [comp. di *in-*① e *pane*② ∗ 1899] **v. tr.** • fare l'impanatura di una vite, filettarla

impanàto **part. pass.** di *impanare*①; anche **agg.** • nel sign. del v.: *braciola, crocchetta impanata*

impanatùra① [da *impanare*① ∗ 1957] **s. f.** • l'impanare

impanatùra② [da *impanare*② ∗ 1803] **s. f.** • filettatura

impancàre [comp. di *in-*① e *panca* ∗ 1470] **A v. tr.** (*io impànco, tu impànchi*) • †disporre su una panca **B v. intr.** † e **impancàrsi v. intr. pron. 1** †mettersi a sedere su una panca o sedersi a tavola **2** (*fig.*) assumere presuntuosi atteggiamenti da giudice, critico e sim. (+ *a*): *impancarsi a maestro di vita e di morale*

impaniàre [comp. di *in-*① e *pania* ∗ sec. XIII] **A v. tr.** (*io impànio*) **1** rivestire di pania o vischio bacchette o rametti di legno, per catturare uccelli | catturare uccelli con la pania **2** (*fig.*, *lett.*) inguaiare, ingannare **B impaniàrsi v. intr. pron. 1** rimanere preso alla pania, detto di uccello **2** (*fig.*) inguaiarsi: *impaniarsi in una lite, in un affare sballato* **SIN.** invischiarsi

impaniàto **part. pass.** di *impaniare*; anche **agg.** • nei sign. del v.

impaniatóre [1728] **s. m.** (**f.** *-trice*); anche **agg.** • chi (o che) impania

impaniatùra [1724] **s. f.** • l'impaniare | rivestimento di pania o vischio su bacchette e sim., per catturare uccelli

impanicàrsi [comp. di *in-*① e *panico*① ∗ 1976] **v. intr. pron.** (*io mi impànico, tu ti impànichi*) • (*colloq.*) essere o cadere in preda a una crisi di panico

impannàre [comp. di *in-*① e *panno* ∗ 1504] **v. tr. 1** †tessere panni **2** un tempo, mettere l'impannata a una finestra

impannàta [da *impannare* ∗ av. 1519] **s. f.** • riparo di tela, panno o carta posto un tempo alla finestra per difesa dal freddo | (*est.*) infisso con vetri

impantanàre [comp. di *in-*① e *pantano* ∗ sec. XIII] **A v. tr.** • rendere pantanoso, ridurre a pantano: *i. una stanza, un campo* **B impantanàrsi v. intr. pron. 1** sprofondare in un pantano, nel fango: *ci siamo impantanati con la macchina alle porte della città* **2** (*fig.*) invischiarsi in qlco., in modo da non sapere come uscirne: *si è impantanato in un mare di debiti* **SIN.** impegolarsi, ingolfarsi | (*fig.*) bloccarsi, arenarsi: *la trattativa s'è impantanata* **3** (*raro*) ridursi a un pantano

impaperàrsi [comp. di *in-*① e *papera*, in senso figurato ∗ 1894] **v. intr. pron.** (*io mi impàpero*) • prendere delle papere, incagliarsi nel parlare e spec. nel recitare: *durante la rappresentazione si è impaperato due volte*

impapocchiàre [napol. *'mpapucchià*, da *papocchia* 'pappa molle', poi 'imbroglio, pasticcio' (cfr. *pappa*), con passaggio semantico analogo a quello di *pastetta* ∗ 1841] **v. tr.** (*io impapòcchio*) **1** (*merid.*) abbindolare, gabbare, darla a bere **2** (*merid.*) eseguire in modo maldestro o pasticciato

impappinàre [comp. di *in-*① e *pappina*, in senso figurato ∗ 1863] **A v. tr.** • (*raro*) far confondere qlcu. nel parlare, nel rispondere **B impappinàrsi v. intr. pron.** • imbrogliarsi, confondersi nel parlare: *era tanta la paura che ci siamo impappinati entrambi*

SFUMATURE DI SIGNIFICATO
impappinarsi - ingarbugliarsi
Impappinarsi significa imbrogliarsi, confondersi nel parlare, nel rispondere, nel recitare fino a restare muto. **Ingarbugliarsi** vuol dire far confusione, intricarsi nel parlare ma più dal punto di vista logico che da quello dell'articolazione delle parole.
SFUMATURE ➤ ***balbettare***

impappolàre [comp. di *in-*① e *pappola*, forma dim. di *pappa* ∗ av. 1859] **v. tr.** (*io impàppolo*) **1** (*raro*) impiastrare, imbrattare **2** (*fig.*, *tosc.*) ingannare mentendo

imparàbile [comp. di *in-*③ e *parabile* ∗ 1912] **agg.** • (*sport*) detto di tiro che non può essere parato ‖ **imparabilménte**, **avv.**

imparacchiàre [da *imparare* ∗ av. 1606] **v. tr.** (*io imparàcchio*) • imparare poco e male

imparadişàre [comp. di *in-*① e *paradiso* ∗ 1321] **A v. tr.** • (*lett.*) colmare di sublime felicità, rendere beato come in Paradiso | (*est.*) estasiare **B imparadişàrsi v. intr. pron.** • (*lett.*) estasiarsi, bearsi

imparagonàbile [comp. di *in-*③ e *paragonabile* ∗ av. 1694] **agg.** • che non ammette paragoni **SIN.** impareggiabile, incomparabile ‖ **imparagonabilménte**, **avv.** ‖ **imparagonabilità**, **s. f. inv.**

♦**imparàre** [lat. parl. **imparāre* 'prendere (*parāre*) in (*in-*) possesso, acquistare' ∗ av. 1257] **v. tr. 1** acquisire una serie di conoscenze mediante lo studio, l'esercizio, l'osservazione (+ *a* **seguito da inf.**): *i. la storia, la grammatica*; *i. l'educazione, le buone maniere*; *i. a leggere, a scrivere*; *i. come si fa qlco.*; *è necessario i. a difendersi da soli* | **PROV.** ***imparа l'arte e mettila da parte***, V. *arte* | (*est.*) di animali, apprendere qlco. mediante l'addestramento o la ripetizione abitudinaria degli atti: *il cavallo ha imparato la strada di casa* **2** apprendere qlco. per mezzo dell'esperienza (+ *a* **seguito da inf.**, + *che*): *i. a vivere, a comportarsi bene*; *i. a rispettare le regole*; *da lei impara il dolce andar soave* (A. POLIZIANO); *ho imparato a mie spese che talvolta è meglio tacere*; *col suon de le parole / ne le quali io imparai che cosa è amore* (F. PETRARCA) | **PROV.** ***sbagliando s'impara*** | ***così impari!***, che ti serva di lezione (espressione che commenta una punizione inflitta a qlcu. o le conseguenze di un errore): *ti sta bene, così impari!* **3** (*colloq.*) venire a sapere: *ho imparato per caso che domani partirete* **4** (*centr.*, *merid.*) insegnare: *mbè te lo imparo, come no* (P.P. PASOLINI)

imparatìccio [comp. di *imparato*, part. pass. di *imparare*, e *-iccio* ∗ av. 1712] **A agg.** (**pl. m.** *-ci*; **pl. f.** *-ce*) • (*raro*) imparato male, a stento: *nozioni imparaticce* **B s. m. 1** lavoro portato a termine da un principiante in fase di addestramento **2** complesso di nozioni apprese in modo frettoloso e superficiale

imparàto **part. pass.** di *imparare*; anche **agg. 1** nei sign. del v. | acquisito, appreso: *una poesia imparata a memoria* **2** (*merid.*) detto di chi sa, è esperto: *nessuno nasce i.*

imparchettatùra [dall'ant. fr. *emparquier*, da *parquet* 'intelaiatura' ∗ 1965] **s. f.** • sistema di rinforzi, costituiti da elementi spec. di legno, applicati sul retro dei dipinti su tavola per preservarli da deformazioni

♦**impareggiàbile** [comp. di *in-*③ e *pareggiabile* ∗ av. 1553] **agg.** • che non ha pari: *simpatia, bellezza i.* | (*est.*) unico, prezioso, insostituibile: *amico i.*; *consiglio i.*; *l'integrale dei fuggenti attimi è l'ora: l'ora i.* (C.E. GADDA) **SIN.** incomparabile, ineguagliabile ‖ **impareggiabilménte**, **avv.** ‖ **impareggiabilità**, **s. f. inv.**

imparentàre [comp. di *in-*① e *parente* ∗ 1287] **A v. tr.** (*io imparènto*) • (*raro*) far diventare parente, spec. con matrimonio **B imparentàrsi v. intr. pron.** • diventare parente, spec. per mezzo del matrimonio (+ *con*, *raro* + *a*): *si è imparentata con una buona e ricca famiglia*; *vogliono farmi imparentare con loro ... per l'appoggio del parentado* (G. VERGA)

ìmpari o †**impàri** [vc. dotta, lat. *ĭmpare(m)*, comp. di *in-*③ e *pār*, genit. *păris*, di etim. incerta ∗ sec. XIII] **agg. inv.** La forma (di uso arcaico) 'impàri', con *-à-*, non è corretta nell'uso attuale **1** non pari, non uguale | (*est.*) inferiore per forza, valore, qualità e sim.: *l'esercito nemico attaccò con forze i.* | inadeguato: *una gestione i. alla gravità del caso* | †ineguagliabile **2** (*mat.*) dispari: *numeri i.* **3** (*anat.*) detto di formazione o di organo che è presente in una sola metà laterale del corpo, quale il fegato, o in posizione mediana, il naso ‖ †**impariménte**, **avv.** disugualmente

imparidigitàto [comp. di *impari* 'dispari' e *digitato* ∗ 1940] **agg.** • detto di animale in cui le dita sono in numero dispari

imparipennàto [comp. di *impari* 'dispari' e *pennato* ∗ 1813] **agg.** • detto di foglia pennata con foglioline in numero dispari

imparisìllabo [comp. di *impari* 'dispari' e *sillaba* ∗ av. 1810] **A agg.** • che è costituito da sillabe in numero dispari: *verso i.* | nella grammatica latina, detto di aggettivo e sostantivo in cui il numero delle sillabe varia dal nominativo agli altri casi **B** anche **s. m.**: *la declinazione degli imparisillabi*

imparità [vc. dotta, lat. tardo *imparitāte(m)*, da *ĭmpar* 'impari' ∗ 1320] **s. f. inv.** • (*raro*, *lett.*) disuguaglianza, disparità | inferiorità

†**imparnassìre** [comp. di *in-*① e *Parnasso* ∗ av. 1704] **A v. intr.** • (*lett.*) salire sul Parnaso, monte della Grecia sacro a Febo e alle Muse | (*fig.*) diventare poeta **B** †**imparnassìrsi v. intr. pron.** • (*lett.*) farsi poeta

imparruccàre [comp. di *in-*① e *parrucca* ∗ 1869] **A v. tr.** (*io imparrùcco, tu imparrùcchi*) **1** coprire con una parrucca **2** (*fig.*) coprire di bianco: *la neve imparruccava i colli* *circostanti* **B** **imparruccàrsi** v. rifl. • mettersi la parrucca

imparruccàto part. pass. di *imparruccare*; anche agg. **1** che porta la parrucca **2** (*fig.*) antiquato, retorico: *stile, linguaggio i.*

†**impartìbile** [vc. dotta, lat. tardo *impartĭbile(m)*, comp. di *in-*③ e *partĭbilis* (da *pārs*, genit. *pārtis* 'parte') 'divisibile' ✱ av. 1535] agg. • che non si può dividere: *questo insieme ... immobile, i.* (G. Bruno)

impartìre [vc. dotta, lat. tardo *impartīre*, per *impertīre* 'fare parte di, dare una parte di', comp. di *in-*② e *partīre*, da *pārs*, genit. *pārtis* 'parte' ✱ 1320 ca.] v. tr. (*io impartìsco* o *raro impàrto, tu impartìsci* o *raro impàrti*) • dare, distribuire, assegnare: *i. l'insegnamento, gli ordini, la benedizione* | ***i. una lezione a qlcu.***, rivolgergli un duro rimprovero; batterlo clamorosamente in una competizione; malmenarlo | (*lett.*) concedere: *i. grazie, dispense*

imparucchiàre [da *imparare* ✱ 1869] v. tr. (*io imparùcchio*) • (*raro, lett.*) imparacchiare

imparziàle [comp. di *in-*③ e *parziale* ✱ 1672] agg. **1** detto di chi opera o giudica in modo obiettivo ed equanime, senza favorire nessuna delle parti: *giudice, critico, storico i.* SIN. giusto, equo, spassionato **2** (*est.*) che mostra equità di giudizio: *considerazioni imparziali* || **imparzialménte**, avv. || **imparzialità**, s. f. inv. caratteristica di chi (o di ciò che) è imparziale: *giudicare con imparzialità; l'imparzialità di una decisione* SIN. equità, giustizia

SFUMATURE ➤ *obiettivo*

impasse /fr. ɛ̃'pas/ [vc. fr., comp. di *in-*③ e di un deriv. da *passer* 'passare' ✱ av. 1873] s. f. inv. **1** situazione senza via d'uscita, vicolo cieco, grave difficoltà: *trovarsi in un'i.; superare un'i.* **2** nel bridge, giocata basata sull'aspettativa che una carta sia in mano al difensore che gioca per primo piuttosto che all'altro

♣**impassìbile** [vc. dotta, lat. tardo *impassĭbile(m)*, comp. di *in-*③ e di un deriv. da *pāssus*, part. pass. di *pāti* 'soffrire (di orig. indeur.?)' ✱ av. 1311] agg. **1** †che è insensibile al dolore fisico | †invulnerabile, immortale **2** (*est.*) che non si lascia vincere da nessuna emozione, che non mostra alcun turbamento: *rimase i. di fronte alla tragedia; viso i.; occhiata i.; eccovi un'anima / deserta / uno specchio i. / del mondo* (G. Ungaretti) SIN. imperturbabile, inalterabile || **impassibilménte**, avv. || **impassibilità**, s. f. inv. imperturbabilità

impassìre [comp. di *in-*① e *passo*② ✱ av. 1577] v. intr. (*io impassìsco, tu impassìsci*; aus. *essere*) • (*lett.*) appassire, seccarsi: *sente impassir la scorza* (G. Pascoli)

impastàbile [av. 1704] agg. • (*raro*) che si può impastare

impastaménto [av. 1704] s. m. **1** nel pastificio, operazione dell'impastare | impasto **2** (*tipogr.*) difetto di stampa consistente in una mancanza di nitidezza **3** (*elettr.*) guasto che ha luogo in un microfono a carbone quando i granuli, per assorbimento di umidità, aderiscono fra loro perdendo ogni mobilità **4** (*med.*) nella massoterapia, manovra eseguita sui tessuti con movimenti simili a quelli compiuti nell'impastare il pane

♦**impastàre** [comp. di *in-*① e *pasta* ✱ 1431 ca.] **A** v. tr. **1** amalgamare a mano o a macchina una o più sostanze fino a formare una pasta omogenea: *i. il pane, la creta, la terra* | ***i. i colori***, mescolarli e diluirli sulla tavolozza **2** (*raro*) coprire di colla | (*est.*) incollare | (*raro*) coprire la lingua o la bocca di una patina sgradevole: *la cattiva digestione mi ha impastato la lingua* **3** (*fig., lett.*) fondere in un tutto armonico **B** **impastàrsi** v. intr. pron. **1** mescolarsi in un impasto **2** (*fig.*) risultare poco nitido, spec. per eccesso d'inchiostro, detto di testo a stampa o di riproduzione di immagini

SFUMATURE DI SIGNIFICATO

impastare - manipolare

Mescolare una o più sostanze, riducendole a un impasto uniforme si dice **impastare**. Se l'azione viene svolta con le mani, e non con attrezzi meccanici, si può usare anche **manipolare**.

impastàto part. pass. di *impastare*; anche agg. **1** nei sign. del v. **2** (*fig., lett.*) coperto o imbrattato di pasta: *mani impastate* | (*est.*) ricoperto, imbrattato di un materiale pastoso: *abiti impastati di fango, di terra* | ***sentirsi la lingua impastata***, sentirla patinosa **3** (*tipogr.*) ***stampa impastata***, quella che presenta il difetto dell'impastamento **4** (*fig.*) pervaso, permeato: *uomo i. di egoismo; animo i. di pregiudizi, di malignità* | ***essere i. di sonno***, essere un dormiglione; avere molto sonno | ***occhi impastati di sonno***, che si chiudono per il sonno

impastatóre [av. 1704] s. m. (f. *-trice*) • chi impasta il pane o altre sostanze

impastatrice [1906] s. f. • in varie lavorazioni industriali, macchina per impastare: *i. per farina; i. per malta e calcestruzzo*

impastatùra [av. 1667] s. f. • operazione dell'impastare | impasto

impasticcàrsi [comp. parasintetico di *pasticca*, col pref. *in-*① ✱ 1967] v. rifl. (*io mi impasticco, tu ti impastìcchi*) • (*gerg.*) fare uso di sostanze stupefacenti | (*est.*) fare largo uso di farmaci in pastiglie

impasticcàto part. pass. di *impasticcarsi*; anche agg. e s. m. (f. *-a*) • (*gerg.*) che (o chi) fa uso di sostanze stupefacenti SIN. drogato

impasticciàre [comp. di *in-*① e *pasticcio* ✱ 1625] **A** v. tr. (pres. *io impastìccio*; fut. *io impasticcerò*) **1** manipolare varie sostanze per farne un pasticcio **2** (*fig.*) lavorare male, in modo frettoloso e disordinato: *i. un dramma, un discorso* | imbrogliare, scombinare: *i. una faccenda* | raffazzonare, abborracciare: *le sofisticherie che s'impasticciano per passar l'ora* (I. Nievo) **3** (*raro*) insudiciare, impiastrare **B** **impasticciàrsi** v. rifl. **1** insudiciarsi, imbrattarsi **2** (*fig.*) impegolarsi, confondersi

impàsto① [da *impastare* ✱ 1821] s. m. **1** operazione dell'impastare **2** amalgama di una o più sostanze, variamente manipolate, per usi diversi: *un i. di calce e sabbia* **3** (*fig.*) miscuglio, mescolanza, combinazione: *quel romanzo è un brutto i. di stili diversi* **4** insieme dei colori di un quadro **5** (*raro, fig.*) fusione di suoni, di voci: *i colori e i timbri degli impasti orchestrali* (E. Montale)

†**impàsto**② [vc. dotta, lat. *impāstu(m)* 'non sazio, non pasciuto', comp. di *in-*③ e *pāstus*, part. pass. di *pāscere* 'nutrire', di orig. indeur. ✱ av. 1533] agg. • (*lett.*) digiuno: *i. leone in stalla piena, / che lunga fame abbia smagrito e asciutto / uccide, scanna, mangia* (L. Ariosto)

impastocchiàre [comp. di *in-*① e *pastocchia* ✱ av. 1576] v. tr. (*io impastòcchio*) **1** (*lett.*) addurre pretesti, raccontare bugie allo scopo di ingannare gli altri o di togliersi d'impaccio | ***i. qlcu.***, raggirarlo **2** (*raro*) impiastricciare

impastoiàre [comp. di *in-*① e *pastoia* ✱ av. 1311] v. tr. (*io impastóio*) **1** legare con le pastoie: *i. un cavallo* **2** impedire i movimenti di qlcu. | (*fig.*) impacciare, intralciare: *i pregiudizi gli impastoiano la mente* | (*fig.*) ostacolare, frenare: *i. le attività produttive* SIN. inceppare

impastranàre [comp. di *in-*① e *pastrano* ✱ 1767] v. tr. e **impastranàrsi** v. rifl. • (*disus.*) avvolgere o avvolgersi strettamente nel pastrano

impataccàre [comp. di *in-*① e *patacca* ✱ av. 1767] **A** v. tr. (*io impatàcco, tu impatàcchi*) • (*fam.*) insudiciare con grosse macchie: *i. la tovaglia* **B** **impataccàrsi** v. rifl. e tr. pron. (aus. *essere*) • insudiciarsi, macchiarsi: *s'è tutto impataccato mangiando; impataccarsi la cravatta*

impattàre① [comp. di *in-*① e *patta* ✱ 1524] v. tr. e intr. (aus. *avere*) • terminare alla pari, senza vincere né perdere: *i. una partita; la squadra ha impattato con gli avversari* | (*lett.*) ***impattarla con qlcu.***, (*fig.*) riuscire a uguagliarlo in qlco.

impattàre② [comp. di *in-*① e *patto*, nel senso di 'pattume' ✱ 1803] v. intr. • (*disus.*) stendere la lettiera per le bestie

impattàre③ [denominale di *impatto* ✱ 1966] v. intr. (aus. *avere*) **1** urtare, scontrarsi **2** (*fig.*) avere un impatto, un effetto

impàtto① [adattamento dell'ingl. *impact*, dal lat. *impāctus*, part. pass. di *impìngere* 'spingere (*pàngere*) contro (*in-*)' ✱ 1950] s. m. **1** (*fis.*) urto **2** (*aeron. milit.*) urto di un corpo in movimento, come bomba, missile, proiettile, aeromobile e sim., contro una superficie | punto in cui tale urto si verifica, spec. quello in cui un proiettile incontra il bersaglio | ***angolo di i.***, formato dalla traiettoria con la superficie del bersaglio nel punto di impatto **3** (*est.*) urto, scontro, collisione | (*fig.*) brusca presa di contatto: *l'i. con la nuova classe, con i nuovi insegnanti* **4** (*fig.*) influsso, effetto: *l'i. di una civiltà su un'altra; l'i. di una promozione pubblicitaria; l'i. emotivo di una notizia* | ***i. ambientale***, complesso di modificazioni o alterazioni dell'ambiente naturale in conseguenza di nuove costruzioni, opere pubbliche, insediamenti industriali | ***a i. zero***, detto di attività che non produce effetti negativi sull'ambiente | ***fattore di i.***, V. *fattore* nel sign. 7

impàtto② [da *impattare*② ✱ 1823] s. m. • (*disus.*) giaciglio per il bestiame

impauràre [1282] **A** v. tr. (*io impaùro*) • (*lett.*) impaurire **B** v. intr. (aus. *essere*) e **impauràrsi** v. intr. pron. • (*lett.*) impaurirsi

♦**impaurìre** [comp. di *in-*① e *paura* ✱ 1261 ca.] **A** v. tr. (*io impaurìsco, tu impaurìsci*) • riempire di paura: *i. qlcu. con grida, minacce; il buio lo impaurisce* SIN. allarmare, spaventare **B** v. intr. (aus. *essere*) e **impaurìrsi** v. intr. pron. • spaventarsi: *il bambino si è impaurito per il forte rumore*

impavesàre [comp. di *in-*① e *pavese* ✱ 1470] v. tr. (*io impavéso*) **1** (*mar.*) munire una nave dell'impavesata **2** innalzare il pavese su un nave

impavesàta [f. sost. del part. pass. di *impavesare* ✱ 1614] s. f. • (*mar.*) alto parapetto del ponte di coperta, per il riparo delle persone | nelle antiche navi militari, cassone in cui si riponevano le brande dell'equipaggio SIN. bastingaggio

♣**impàvido** [vc. dotta, lat. *impăvidu(m)*, comp. di *in-*③ e *păvidus* 'pavido' ✱ 1499] agg. • che non ha paura, che mostra grande coraggio: *cuore i.; soldato, lottatore i.; affrontò i. il nemico* SIN. ardito, coraggioso || **impavidaménte**, avv. senza paura

SFUMATURE ➤ *ardito*

impazientàre [da *impaziente*① ✱ av. 1685] v. tr. (*io impaziènto*) e **impazientàrsi** v. intr. pron. • (*lett.*) impazientire, impazientirsi

♦**impaziènte**① [vc. dotta, lat. *impatiĕnte(m)*, nom. *impătiens*, comp. di *in-*③ e *pătiens* 'paziente' ✱ av. 1332] agg. **1** (*lett.*) insofferente, intollerante: *tanto era del dolore i.* (N. Machiavelli) **2** che manca di pazienza e s'incollerisce facilmente: *essere i. coi figli* | che denota impazienza: *gesto, sguardo i.* SIN. nervoso

3 che desidera fortemente fare qlco. e non riesce a sopportare l'attesa (+ *di* **seguito da inf.**): *i ragazzi erano impazienti di rivedere i genitori* **SIN.** ansioso ‖ **impazientemènte**, **avv.** in modo impaziente; senza pazienza

impazïènte② [da *impaziente*①, perché i suoi frutti si aprono di scatto non appena toccati ✱ 1834] **s. f.** ● (*bot.*) noli-me-tangere

impazientìre [da *impaziente*① ✱ 1440] **A v. tr.** (*io impazientìsco, tu impazientìsci*) ● (*raro, lett.*) rendere impaziente: *l'attesa l'ha impazientito* **SIN.** spazientire **B v. intr.** (**aus.** *essere*) e **impazientirsi v. intr. pron.** ● (*lett.*) diventare impaziente **SIN.** innervosirsi, inquietarsi, spazientirsi

impazïènza [vc. dotta, lat. *impatiĕntia(m)*, comp. di *in-*③ e *patiĕntia* 'pazienza' ✱ av. 1332] **s. f. 1** (*lett.*) intolleranza, insofferenza: *un uomo … che si uccide per l'i. del dolore* (F. De Sanctis) **2** mancanza di pazienza: *mostrare, dare segni di i.*; *frenare l'i.* | desiderio ansioso di fare qlco.: *l'i. di raggiungere l'amata*; *nei versi di costui sentite … la tristezza dell'esilio, l'i. del riscatto* (F. De Sanctis) | (**spec. al pl.**) atto, gesto o espressione che rivela fastidio, insofferenza e sim.: *soffrire delle impazienze di sua madre* (A. Fogazzaro)

impazzàre [comp. di *in-*① e *pazzo* ✱ 1287] **A v. intr.** (**aus.** *essere* **nei sign. 1 e 3,** *essere* **o** *avere* **nel sign. 2**) **1** (*lett.*) impazzire: *la donna sentiva sì fatto dolore, che quasi n'era per i.* (G. Boccaccio) **2** fare allegramente chiasso, confusione e sim.: *la folla impazza nelle strade* **3** (*cucina*) impazzire **B v. tr.** ● †rendere pazzo

impazzàta [da *impazzare* ✱ 1525] **s. f. 1** (*lett.*) pazzia, colpo di testa **2** nella loc. avv. ***all'i.***, precipitosamente, furiosamente: *correre all'i.*; *menare colpi, sparare all'i.*

impazziménto [1869] **s. m. 1** (*raro*) il diventare pazzo | (*fig.*) grave e incontrollabile disfunzione: *i. del clima, del mercato, della politica* **2** ciò che costituisce motivo di affanno, preoccupazione e sim.: *che i. questo lavoro!*

♦**impazzìre** [comp. di *in-*① e *pazzo* ✱ av. 1306] **A v. intr.** (*io impazzìsco, tu impazzìsci*; **aus.** *essere*) **1** diventare pazzo, uscir di senno (+ *per*, + *da*): *per il dolore impazzì*; *le due bestie parevano impazzite dal terrore* (L. Pirandello) **SIN.** ammattire **CONTR.** rinsavire **2** (*est.*) essere travolto da una passione (+ *di*, + *da*): *i. d'amore*; *i. di desiderio*; *i. dalla gioia, dalla voglia di rivedere qlcu.* | stravedere, entusiasmarsi (+ *per*): *i. per un attore*; *quella cantante mi fa i.* | essere fuori di sé, soffrire moltissimo (+ *da*): *i. dal dolore*; *ho un mal di denti da i.* | ***i. per qlco., dietro a qlco.***, desiderarla moltissimo **3** (*fig., iperb.*) perdere la testa in attività particolarmente difficili o complicate (+ *per*, + *a* **seguiti da inf.**): *questa traduzione mi fa i.*; *sono impazzito per risolvere il problema*; *sono impazzita a trovare un parcheggio* **4** perdere le normali capacità di funzionamento, detto di strumenti o apparecchiature spec. di informazione e controllo, quando forniscono dati e indicazioni errate | ***la bussola è impazzita***, non segna più il Nord | (*est.*) diventare caotico e inestricabile, detto del traffico stradale **5** (*cucina*) raggrumarsi durante la preparazione, detto di salse e creme **B v. tr.** ● †rendere pazzo

impazzìto **part. pass.** di *impazzire*; **anche agg. 1** che è diventato pazzo o ha perso la testa (**anche iperb.** e *fig.*): *i. dal dolore, di gioia, d'amore* **2** che non è possibile controllare, regolare, disciplinare: *traffico i.* | (*fig.*) ***scheggia impazzita***, V. *scheggia* **3** (*cucina*) raggrumato, privo di omogeneità: *maionese impazzita*

impeachment /im'pitʃment, *ingl.* ɪm'piːtʃmənt/ [vc. ingl., da *to impeach* 'mettere sotto accusa', dal fr. ant. *empechier*, che continua il lat. tardo *impedicāre* 'impastoiare', comp. parasintetico di *pĕdica* 'pastoia, lacciuolo', deriv. di *pēs*, genit. *pĕdis* 'piede' ✱ 1974] **s. m. inv.** ● negli Stati Uniti, incriminazione di un ufficiale civile, compreso il presidente, che si sia reso colpevole di tradimento, corruzione o crimini | (*est.*) nel linguaggio giornalistico, messa in stato d'accusa del Presidente della Repubblica italiana

impeccàbile [vc. dotta, lat. tardo *impeccàbile(m)*, comp. di *in-*③ e un deriv. da *peccāre* 'inciampare, fare un passo falso', di etim. incerta ✱ av. 1342] **agg. 1** (*raro*) nella teologia cattolica, che non può peccare, non soggetto a peccare **2** (*fig.*) irreprensibile, inappuntabile: *comportamento i.* | che non ha difetti: *vestito i.*; *regia teatrale i.* | ***forma i.***, corretta, raffinata ‖ **impeccabilménte**, **avv.** in maniera impeccabile ‖ **impeccabilità**, **s. f. inv.** (V.)

impeccabilità [1674] **s. f. inv. 1** caratteristica, condizione di chi (o di ciò che) è impeccabile **2** (*raro*) impossibilità di peccare

impecettàre [comp. di *in-*① e *pecetta* ✱ 1869] **v. tr.** (*io impecétto*) **1** (*pop.*) applicare pecette, cerotti **2** (*est., centr.*) insudiciare con materia attaccaticcia | (*raro*) impomatare

†**impeciaménto** [av. 1589] **s. m.** ● impeciatura

impeciàre [comp. di *in-*① e *pece* ✱ 1306] **A v. tr.** (**pres.** *io impécio*; **fut.** *io impecerò*) ● spalmare di pece | imbrattare di pece o di altra sostanza simile | †chiudere, turare con pece o sim. **B impeciàrsi v. tr. pron.** (**aus.** *essere*) ● sporcarsi di pece o di altra sostanza simile: *impeciarsi le mani* | †***impeciarsi gli orecchi***, (*fig.*) fingere di non sentire: *poi volle che io facessi el sordo e bisognava io m'impeciassi gli orecchi* (N. Machiavelli) **C impeciàrsi v. intr. pron.** ● (*lett., fig.*) restare invischiato in qlco. di spiacevole: *impeciarsi in un imbroglio*

impeciatùra [1562] **s. f.** ● l'impeciare

impecorìre [comp. di *in-*① e *pecora*, in senso figurato ✱ 1584] **A v. intr.** (*io impecorìsco, tu impecorìsci*; **aus.** *essere*) ● (*lett.*) diventare docile come una pecora: *le prime difficoltà lo fecero presto i.* **B v. tr.** ● (*lett.*) rendere docile e vile

impedantìre [comp. di *in-*① e *pedante* ✱ av. 1848] **A v. tr.** (*io impedantìsco, tu impedantìsci*) ● (*lett.*) rendere pedante **B v. intr.** (**aus.** *essere*) ● (*lett.*) diventare pedante

impedènza [ingl. *impedance*, dato *impede* 'impedire, ostruire', di orig. lat. (*impedīre*) ✱ 1905] **s. f. 1** (*elettr.*) in un circuito a corrente alternata, rapporto, espresso in un numero complesso, fra il valore della tensione e l'intensità di corrente **2** (*fis.*) ***i. generalizzata***, o (*ellitt.*) ***impedenza***, rapporto fra una grandezza fisica e un'altra proporzionale alla prima: *i. acustica, i. idraulica*

impedenzometrìa [comp. di *impedenz(a)* e *-metria* ✱ 1984] **s. f. 1** (*fis.*) insieme delle tecniche impiegate per la misura dell'impedenza elettrica **2** (*med.*) tecnica diagnostica, usata in audiometria, che permette di misurare la resistenza alla trasmissione delle vibrazioni sonore

impedìbile [av. 1729] **agg.** ● (*raro*) che si può impedire

†**impedicàre** [vc. dotta, lat. tardo *impedicāre* 'afferrare', comp. di *in-*① e di un deriv. da *pĕdica* 'trabocchetto', da *pēs*, genit. *pĕdis*, di orig. indeur. ✱ sec. XIII] **v. tr. 1** impastoiare, impedire | ***i. le lettere***, intercettarle **2** distrarre, distogliere

impedïènte **part. pres.** di *impedire*; **anche agg.** ● (*dir.*) ***impedimento i.***, V. *impedimento*

†**impedimentàre** [av. 1306] **v. tr.** ● impedire, arrestare

impediménto [vc. dotta, lat. *impedimĕntu(m)*, da *impedīre* 'impedire' ✱ 1261 ca.] **s. m.** (**pl.** *-i*, *lett.* *-a*, **f. nel sign. 5**) **1** l'impedire, il venire impedito | impossibilità di svolgere le proprie funzioni: *i. del Presidente della Repubblica* **2** ostacolo, difficoltà, intralcio: *un i. imprevedibile*; *frapporre, rimuovere, superare ogni i.*; *essere d'i.* **3** (*med.*) minorazione fisica che riduce o annulla le funzioni di un organo, di un arto e sim. | (*est.*) malattia, disturbo **4** (*dir.*) ogni condizione o circostanza che, nel diritto canonico, rende secondo i casi nullo, imperfetto, irregolare un atto, come il matrimonio, l'ordinazione sacerdotale, l'entrata in un ordine religioso | ***i. impediente***, impedimento al matrimonio che ne rende illecita la celebrazione ma non ne comporta la nullità | ***i. dirimente***, impedimento al matrimonio che ne comporta illiceità e nullità **5** (*lett.*, **al pl.**) carriaggi, bagagli, salmerie al seguito di un esercito in marcia

SFUMATURE ➤ ***disturbo***

♦**impedìre** [vc. dotta, lat. *impedīre*, comp. di *in* 'fra' e di un deriv. da *pēs*, genit. *pĕdis*, di orig. indeur. ✱ 1261 ca.] **v. tr.** (*io impedìsco, tu impedìsci*) **1** rendere impossibile qlco. a qlcu. (+ *di* **seguito da inf.**, + *che* **seguito da congtv.**): *gli impedirono di parlare liberamente*; *voi mi vorreste i. che io amassi Mirandolina?* (C. Goldoni); *la stanchezza dello svenimento la impediva dal rizzarsi* (I. Nievo) **SIN.** vietare | evitare qlco. di dannoso (+ *che* **seguito da congtv.**): *i vigili del fuoco sono riusciti a i. che l'incendio si estendesse* **2** intralciare, precludere, ostruire: *una frana impedì il traffico per alcuni giorni* | ***i. la bocca di un porto***, chiuderla **3** rendere difficoltoso: *quel busto gli impedisce i movimenti* **SIN.** impacciare, intralciare **4** (*raro*) debilitare, inabilitare: *la malattia gli ha impedito le braccia*

SFUMATURE DI SIGNIFICATO

impedire - proibire - prevenire

Impedire è rendere impossibile a qualcuno il compimento di un'azione, o evitare che qualcosa si verifichi. Se per ottenere tali obiettivi si ricorre a divieti e imposizioni esercitati con autorità, il termine giusto è **proibire**. Se l'impegno a evitare che qualcosa avvenga o si manifesti è attuato in anticipo, attraverso misure adeguate, è più pertinente **prevenire**.

impeditìvo [av. 1459] **agg.** ● che impedisce: *vincolo i.* | che è causa di impedimento: *lesioni impeditive*

impedìto **part. pass.** di *impedire*; **anche agg. 1** nei sign. del v. | ingombro (**anche** *fig.*): *per l'aver l'animo i. d'altro pensiero* (G. Boccaccio) **2** (*colloq.*) maldestro, incapace, imbranato **3** minorato, invalido ‖ **impeditaménte**, **avv.** (*raro*) in modo impedito

†**impeditóre** [vc. dotta, lat. tardo *impeditō̆re(m)*, da *impedītus* 'impedito' ✱ sec. XIV] **s. m.** (**f.** *-trice*); **anche agg.** ● chi (o che) impedisce

♦**impegnàre** [comp. di *in-*① e *pegno* ✱ sec. XIII] **A v. tr.** (*io impégno*; **coniug. come** *segnare*) **1** dare in pegno qlco.: *i. i gioielli, una somma di denaro, un immobile* | (*fig.*) vincolare moralmente: *i. il proprio onore* **2** vincolare qlcu. con promesse e sim.: *i. una ragazza promettendole il matrimonio* **3** riservare qlco. per sé o per altri: *i. una camera d'albergo* | ***i. un ballo***, scambiare con qlcu. la promessa di ballarlo **4** tenere occupato in un'attività: *la rimozione della frana ha impegnato numerosi operai*; *il corso lo ha impegnato per oltre due mesi* **5** (*milit.*) obbligare il nemico a combattere, attaccandolo | fare entrare in combattimento proprie unità | ***i. il combattimento***, iniziarlo | nel linguaggio sportivo, costringere l'avversario al massimo sforzo: *i. la difesa avversaria, il*

portiere, i compagni di fuga **6** (*mar.*) impigliare, intrigare **B** **v. intr.** (aus. *essere*) ● †scommettere **C** **impegnàrsi** **v. rifl.** **1** assumere l'impegno di portare qlco. a buon fine (+ *a* **seguito da inf.**, + *per*): *si impegnò a terminare gli studi entro l'anno; si è impegnata per una giusta causa* | obbligarsi, vincolarsi (+ *con*): *mi sono impegnato con la ditta fino al prossimo autunno* **2** mettersi in un'impresa con impegno, energia e decisione (+ *a* **seguito da inf.**, + *in*): *si impegnarono a sconfiggere il nemico; impegnarsi a fondo; impegnarsi nella lotta; impegnarsi nel lavoro, nello studio* **3** (*raro*) indebitarsi | †contrarre un pegno **4** (*mecc.*) detto di perno, nottolino, chiavistello ecc., inserirsi **5** detto di cavo o catena, ingranare
SFUMATURE ➤ *indurre*

impegnativa [f. sost. di *impegnativo* ✻ 1983] **s. f.** ● nel sistema sanitario pubblico, autorizzazione a un ricovero ospedaliero o a prestazioni varie, rilasciata da un ente mutualistico: *chiedere, ottenere, rilasciare l'i.*

impegnativo [av. 1712] **agg.** **1** che richiede applicazione e impegno: *lavoro i.* **2** che comporta l'assunzione di un obbligo: *promessa impegnativa* | ***regalo i.***, costoso, importante **3** elegante, formale: *abito i.*; *cena impegnativa* || **impegnativaménte** **avv.**

♦**impegnàto** **part. pass.** di *impegnare*; anche **agg.** **1** nei sign. del v. | prenotato, riservato | detto di chi ha degli impegni, è occupato (+ *a* **seguito da inf.**, + *con*, + *in*): *vediamoci domani, oggi sono i.*; *è molto i. a studiare, con gli allenamenti, nella preparazione delle gare* **2** detto di intellettuale o movimento culturale che prende posizione sui problemi politici e sociali del momento | detto di opera in cui vengono dibattuti tali problemi: *un romanzo i.* **3** ***Paesi non impegnati***, non allineati

♦**impégno** [da *impegnare*; nel sign. 4, sul modello del fr. *engagement* ✻ 1640] **s. m.** **1** obbligo, obbligazione, promessa: *assumere, contrarre un i.* | ***senza i.***, senza un obbligo preciso | (*per anton.*) obbligazione cambiaria: *soddisfare gli impegni* **2** compito, incombenza: *avere molti impegni; liberarsi da un i.* | (*raro*) appuntamento: *mancare a un i.* **3** impiego assiduo e zelante delle proprie forze e capacità nel fare qlco.: *lavorare, studiare con i.* **SIN.** diligenza, fervore, zelo **4** attivo interessamento ai problemi sociali e politici da parte della persona di cultura: *l'i. degli scrittori nel secondo dopoguerra* **5** (*fisiol.*) fase del parto in cui il feto scende dall'utero alla vagina e alla vulva dilatate per venire alla luce || **impegnétto**, **dim.** | **impegnùccio**, **dim.**

SFUMATURE DI SIGNIFICATO

impegno - diligenza - coscienziosità

Si definisce **impegno** l'impiego assiduo delle proprie forze e capacità nell'espletamento di un compito. Con **diligenza** si mette in evidenza soprattutto la cura attenta nell'impegno che si assolve. La **coscienziosità** introduce nell'operare il riferimento al dovere morale di assolvere al meglio il proprio compito.

impegno - assiduità - operosità

Impegno è l'impiego delle proprie forze nell'espletamento di un compito. **Assiduità** esprime lo stesso concetto, ma pone l'accento sulla costanza e la continuità dell'azione. In **operosità** si sottolinea invece la laboriosità, la buona volontà dell'operare, che risulta da un insieme di impegno e assiduità.

impegolàre [comp. di *in-*① e *pegola* 'pece' ✻ av. 1328] **A** **v. tr.** (*io impégolo*) ● (*lett.*) spalmare, impiastrare di pece o sim. **B** **impegolàrsi** **v. rifl.** ● cacciarsi, rimanere invischiato in situazioni spiacevoli o rischiose: *impegolarsi in una brutta faccenda* **SIN.** impantanarsi, impaniarsi, invischiarsi

impelagàrsi [comp. di *in*① e *pelago* ✻ av. 1574] **v. rifl.** (*io mi impèlago, tu ti impèlaghi*) ● finire in un mare di guai, cacciarsi in situazioni spiacevoli: *si è impelagato nei debiti* **SIN.** impegolarsi, infognarsi, ingolfarsi

impelàre [comp. di *in-*① e *pelo* ✻ 1319] **A** **v. tr.** (*io impélo*) **1** (*raro*) coprire di peli: *il cane ha impelato tutta la casa* **2** †mettere la barba **B** **impelàrsi** **v. intr. pron.** ● (*lett.*) coprirsi di peli

impellènte **part. pres.** di †*impellere*; anche **agg.** ● (*fig.*) che spinge e stimola ad agire: *ragione, motivo i.* | ***necessità i.***, urgente, pressante; (*eufem.*) bisogno fisiologico

impellènza [av. 1904] **s. f.** ● necessità impellente **SIN.** urgenza

†**impèllere** [vc. dotta, lat. *impĕllere* 'spingere', comp. di *in* e *pĕllere*, di orig. indeur. ✻ 1321] **v. tr.** ● (*lett.*) spingere con forza: *nel ciel velocissimo m'impulse* (DANTE *Par.* XVII, 29) | incitare, stimolare

impellicciàre① [comp. di *in-*① e *pelliccia* ✻ av. 1556] **A** **v. tr.** (**pres.** *io impelliccio*; **fut.** *io impelliccerò*) ● coprire, rivestire di pelliccia | (*raro*) foderare di pelliccia **B** **impellicciàrsi** **v. rifl.** ● (*spec. scherz.*) indossare una pelliccia

impellicciàre② [comp. di *in-*① e *piallaccio* con sovrapposizione di *pelliccia* ✻ 1863] **v. tr.** (**pres.** *io impelliccio*; **fut.** *io impelliccerò*) ● impiallacciare

impellicciàto① **part. pass.** di *impellicciare*①; anche **agg.** **1** nei sign. del v. **2** vestito, abbigliato con una pelliccia: *una donna tutta impellicciata*

impellicciàto② **part. pass.** di *impellicciare*②; anche **agg.** ● impiallacciato

impellicciatùra① [1869] **s. f.** ● (*raro*) l'impellicciare①

impellicciatùra② [sec. XX] **s. f.** ● impiallacciatura

impendènte [dal part. pres. di *impendere* ✻ av. 1372] **agg.** **1** (*raro*) imminente, incombente: *un male i.* **2** †interrotto, irrisolto

impèndere [vc. dotta, lat. *impĕndere* 'pendere in', comp. di *in* 'sopra' e *pĕndere* ✻ 1261 ca.] **A** **v. tr.** (**pres.** *io impèndo*; **pass. rem.** *io impési, tu impendésti*; **part. pass.** *impéso*) **1** †impiccare, appendere: *con le mie mani impender per la gola* (L. ARIOSTO) **2** †spendere **B** **v. intr.** (aus. *essere*) ● (*raro*) sovrastare, incombere: *colline sulle quali la notte impendeva come un sudario* (B. FENOGLIO) **C** †**impèndersi** **v. rifl.** ● impiccarsi

♦**impenetràbile** [vc. dotta, lat. tardo *impenetrābile(m)*, comp. di *in-* neg. e *penetrābilis* 'penetrabile' ✻ 1483] **agg.** **1** (*fis.*) dotato di impenetrabilità **2** che non può essere penetrato (+ *a*): *quel terreno è i. all'acqua* | (*fig.*) insensibile, refrattario: *i. alla pietà; sono del tutto inabile e i. all'odio* (G. LEOPARDI) | di luogo attraverso il quale non si può passare: *muraglia, bosco i.* **SIN.** inaccessibile **3** (*fig.*) detto di ciò che non si può intendere o spiegare: *discorso, segreto i.* | ***persona i.***, che non lascia indovinare i suoi pensieri | ***viso i., espressione i.***, che non lascia trasparire pensieri e sentimenti **SIN.** incomprensibile, indecifrabile, oscuro **4** (*est.*) †invulnerabile: *corpo, eroe i.* || **impenetrabilménte** **avv.** || **impenetrabilità** **s. f. inv.** (V.)
SFUMATURE ➤ *ermetico*①

impenetrabilità [1632] **s. f. inv.** **1** (*fis.*) proprietà generale dei corpi per cui lo spazio occupato da un solido non può essere nello stesso tempo occupato da un altro **2** caratteristica di ciò che (o di chi) è impenetrabile

impenetràto [comp. di *in-*③ e *penetrato* ✻ av. 1644] **agg.** ● (*raro, lett.*) non penetrato

♦**impenitènte** [vc. dotta, lat. eccl. *impaenitĕnte(m)*, nom. *impāenitens*, comp. di *in-*③ e *pāenitens* 'penitente' ✻ av. 1498] **agg.** **1** che non è disposto a pentirsi: *peccatore i.* **2** (*est.*) che persiste nelle sue idee e nei suoi propositi: *scapolo i.* | (*scherz.*) incorreggibile, ostinato, incallito: *bevitore i.*

impenitènza [vc. dotta, lat. eccl. *impaenitĕntia(m)*, comp. di *in-*③ e *paenitĕntia* 'penitenza' ✻ av. 1342] **s. f.** ● (*raro*) condizione di chi è impenitente

†**impenitùdine** [comp. di *in-*③ e del lat. *paenitūdo*, genit. *paenitūdinis* 'pentimento', da *paenitēre* 'pentir(si)' ✻ av. 1342] **s. f.** ● impenitenza

impennacchiàre [comp. di *in-*① e *pennacchio* ✻ 1536] **A** **v. tr.** (*io impennàcchio*) ● guarnire, ornare di pennacchi: *i. il cappello* **B** **impennacchiàrsi** **v. rifl.** ● ornarsi il capo di penne, frange e sim. | (*est., scherz.*) vestirsi in modo ridicolo, carico di ornamenti: *ogni volta che esce si impennacchia*

impennàggio [da *impennare*① ✻ 1919] **s. m.** ● (*aeron.*) complesso dei piani fissi e mobili, generalmente disposti in coda a un aeromobile a scopo di stabilità e governo: *i. orizzontale, verticale* | ***i. della freccia***, l'insieme delle alette poste al fondo per stabilizzarne la traiettoria

impennàre① [comp. di *in-*① e *penna* ✻ 1287] **A** **v. tr.** (*io impénno*) **1** dotare, rivestire di penne | †***i. le ali***, renderle idonee al volo | (*fig.*) †***i. il piede***, mettere le ali ai piedi, correre velocemente | (*fig., poet.*) ***i. le ali a qlcu.***, renderlo capace di elevarsi spiritualmente **2** †cospargere di penne **3** †prendere la penna per scrivere | (*est.*) scrivere, descrivere **4** (*raro*) dotare di impennaggio: *i. una freccia, un missile, una bomba* **B** **impennàrsi** **v. intr. pron.** ● †coprirsi di penne | (*fig., lett.*) elevarsi spiritualmente

impennàre② [adattamento per sovrapposizione di *penna*, dello sp. *empinar*, da *pino* 'alzato, puntato verso l'alto', prob. dal n. dell'albero, come *inalberare* ✻ av. 1543] **A** **v. tr.** (*io impénno*) ● (*aeron.*) cabrare un aereo bruscamente oppure fino ad alti angoli di assetto e di traiettorie: *il pilota impenna l'aereo* **B** **impennàrsi** **v. intr. pron.** **1** detto di quadrupede e spec. di cavallo, sollevarsi sugli arti posteriori | detto di aereo, eseguire un'impennata **2** (*fig.*) inalberarsi, risentirsi: *impennarsi per futili motivi* **3** (*fig.*) salire bruscamente e in modo considerevole: *data la scarsità del raccolto, i prezzi si impennarono*

†**impennàta**① [da *penna* ✻ av. 1527] **s. f.** ● quantità di inchiostro che può contenere una penna | (*est.*) breve scritto

impennàta② [da *impennare*② ✻ 1696] **s. f.** **1** movimento con cui l'animale, spec. il cavallo, si solleva sugli arti posteriori **2** (*aeron.*) cabrata brusca per cui la posizione dell'aereo si inclina da orizzontale a pressoché verticale colla fusoliera rivolta in alto **3** (*est., mar.*) brusco movimento di una nave o di un'imbarcazione in genere, che si inclina fortemente con la prua rivolta verso l'alto | (*est.*) manovra consistente nell'alzare la ruota anteriore di una bicicletta o motocicletta, continuando a procedere solo su quella posteriore **4** (*fig.*) reazione: *i. d'orgoglio* | collera improvvisa: *carattere facile alle impennate* **5** (*fig.*) brusco e notevole rialzo di un valore economico: *l'i. dei prezzi, l'i. del dollaro*

impennatùra [da *impennare*① ✻ av. 1572] **s. f.** **1** (*raro*) l'insieme delle penne di un volatile **2** penne poste all'estremità posteriore della freccia per equilibrarla nella traiettoria

Impènni (o **-é-**) [dal lat. *pĕnna* con *in-* neg., sul modello di *implūmis* 'implume' ✻ 1917] **s. m. pl.** (**sing.** *-e*) ● (*zool.*) ordine di Uccelli marini inetti al volo, con stazione eretta, zampe palmate, ali simili a palette atte al nuoto, cui appartengono i pinguini (*Impennes*) SIN. Sfenisciformi

♣**impensàbile** [comp. di *in-*③ e *pensabile* ✱ av. 1565] **agg. 1** (*lett.*) che non si può pensare perché supera le capacità della ragione umana SIN. incomprensibile, inconcepibile **2** che non si può nemmeno immaginare: *è i. che riesca a farcela* SIN. assurdo, incredibile || **impensabilménte**, **avv.** || **impensabilità**, **s. f. inv.**

impensàto [comp. di *in-*③ e *pensato* ✱ 1476] **agg.** ● imprevisto, inaspettato: *una fortuna impensata* | (*est.*) improvviso | che non è stato ancora preso in considerazione: *nuove possibilità ancora impensate* | ***all'impensata***, (*lett.*) improvvisamente, inaspettatamente; (*lett.*) senza riflettere; †all'insaputa di qlcu. || **impensataménte**, **avv. 1** inaspettatamente **2** senza averci pensato

impensierìre [comp. di *in-*① e *pensiero* ✱ 1395] **A v. tr.** (*io impensierìsco, tu impensierìsci*) ● mettere in pensiero, preoccupare: *la situazione attuale impensierisce molti cittadini; il vostro lungo silenzio ci impensierisce* SIN. inquietare **B impensierirsi v. intr. pron.** ● turbarsi, preoccuparsi, inquietarsi

impensierìto **part. pass.** di *impensierire*; **anche agg.** ● preoccupato, turbato

†**impensióne** [dal lat. tardo *impēnsu(m)*, part. pass. di *impĕndere* 'impendere' ✱ av. 1565] **s. f.** ● impiccagione

impepàre [comp. di *in-*① e *pepe* ✱ av. 1342] **v. tr.** (*io impépo*) ● condire con pepe | rendere piccante (*anche fig.*): *i. un cibo; i. un discorso con arguzie*

impepàta [da *impepare* ✱ 1993] **s. f.** ● piatto della cucina napoletana, preparato con cozze cucinate in tegame con un po' di acqua di mare e condite con molto pepe o peperoncino

†**imperadóre** ➤ **imperatore**

†**imperadrice** ➤ **imperatrice**

imperànte **part. pres.** di *imperare*; **anche agg.** ● che impera | (*fig.*) dominante: *la corruzione i.*

imperàre [vc. dotta, lat. *imperāre*, comp. di *in* 'verso (uno scopo)' e *parāre* 'fare i preparativi', secondo il senso originario del v. ✱ 1266] **v. intr.** (*io impèro*; **aus.** *avere*) **1** (*raro*) essere investito dell'autorità imperiale ed esercitarla: *Augusto imperò a lungo* | †governare, reggere **2** esercitare la propria supremazia: *Roma imperò sui popoli del Mediterraneo; i. sui mari* | dominare: *qui impera la legge; a quel tempo imperava l'anarchia* | (*lett.*) comandare **3** (*fig.*) predominare, prevalere: *una moda che impera da tempo; un'attività culturale in cui impera la superficialità*

imperativàle [1957] **agg.** ● detto di elemento linguistico che contiene un imperativo: *composto i.* (per es. *prendinota*)

imperativìsmo [comp. di *imperativ(o)* e *-ismo* ✱ 1972] **s. m.** ● corrente di pensiero della filosofia del diritto secondo la quale le norme giuridiche si distinguono dalle altre norme di condotta per il loro carattere coercitivo

imperatìvo [vc. dotta, lat. tardo *imperatīvu(m)*, da *imperātus* 'imperato' ✱ av. 1328] **A agg. 1** che contiene o esprime un comando: *un discorso i.; modo i. del verbo* | (*dir.*) ***norme imperative***, che impongono un preciso inderogabile obbligo positivo o negativo **2** (*est.*) imperioso, autoritario, severo: *tono i.* || **imperativaménte**, **avv.** || **imperatività**, **s. f. inv.** (*dir.*) inderogabilità delle norme giuridiche; contenuto impositivo di determinate disposizioni legislative **B s. m. 1** (*gramm.*) modo finito del verbo che esprime un comando, un'esortazione o una preghiera (per es. *corri!, alzatevi!, fallo per tua madre!*) | ***i. negativo***, preceduto dall'avverbio 'non'; nel caso della seconda pers. sing. si ricorre all'infinito presente: *non fermatevi!; non muovetevi!; non andare!; non ti muovere!; non mi dire!* (V. *infinito iussivo*, in *infinito*, sign. C 2) **2** in filosofia morale, formula che esprime un comando, una norma che l'individuo impone a sé stesso | nella filosofia di Kant: ***i. ipotetico***, comando condizionato al raggiungimento di un determinato fine; ***i. categorico***, comando assoluto e incondizionato che la ragion pratica dà a sé stessa **3** (*dir.*) imperatività

♦**imperatóre** o (*poet.*) †**imperadóre**, †**emperadóre** [vc. dotta, lat. *imperatōre(m)*, da *imperātus* 'imperato' ✱ 1248] **A s. m.** (**f.** *-trice*, **V.**) **1** nell'antica Roma, titolo di chi era investito di una suprema autorità di comando | appellativo con cui venivano acclamati sul campo i generali vittoriosi | capo dell'Impero romano **2** sovrano di un impero: *l'i. della Cina, del Giappone* **3** una delle figure nel gioco dei tarocchi **B in funzione di agg. inv.** ● (posposto al sost.) nella loc. ***pesce i.***, luvaro

SFUMATURE ➤ ***sovrano***

imperatòrio [vc. dotta, lat. *imperatōriu(m)*, da *imperātus* 'imperato' ✱ 1438] **agg.** (**pl. m.** *-i* o *raro -ii*) ● (*lett.*) relativo a un imperatore | (*est., lett.*) imperativo | (*fig., lett.*) maestoso, regale

imperatrìce o †**imperadrìce** [lat. *imperatrīce(m)*, parallelo f. di *imperatōre(m)* 'imperatore' ✱ av. 1282] **s. f. 1** sovrana di un impero **2** moglie di un imperatore **3** una delle figure nel gioco dei tarocchi

impercepìbile [comp. di *in-*③ e *percepibile* ✱ 1869] **agg.** ● (*raro*) che non può essere individuato, conosciuto CFR. impercettibile || **impercepibilménte**, **avv.**

♣**impercettìbile** [comp. di *in-*③ e *percettibile* ✱ av. 1581] **agg. 1** che non può essere percepito dai sensi: *suono i.; alzò le spalle con un movimento quasi i.* (I. SVEVO) SIN. inafferrabile **2** (*est.*) minimo: *differenza, mutamento i.* || **impercettibilménte**, **avv.** || **impercettibilità**, **s. f. inv.**

†**imperché** [comp. di *in-*② e *perché* ✱ sec. XIII] **A cong.** ● (*raro*) perché **B in funzione di s. m.** ● ragione, motivo, causa: *lo 'mperché non sanno* (DANTE *Purg.* III, 84)

†**imperciò** [comp. di *in-*② e *perciò* ✱ av. 1243] **cong.** ● perciò

†**imperciocché** [comp. di *imperciò* e *che*② ✱ sec. XIII] **cong. 1** per il fatto che, in quanto **2** affinché | purché

impercorrìbile [comp. di *in-*③ e *percorribile* ✱ 1957] **agg.** ● che non si può percorrere | (*fig.*) che non può essere perseguito: *alternativa, ipotesi i.* || **impercorribilità**, **s. f. inv.**

imperdìbile [comp. di *in-*③ e *perdibile* ✱ 1546] **agg.** ● che non si può o non si deve perdere, trascurare: *un film i.* || **imperdibilità**, **s. f. inv.**

imperdonàbile [comp. di *in-*③ e *perdonabile* ✱ 1546] **agg.** ● che non si può perdonare, che non merita perdono: *errore, colpa i.; distrazione, leggerezza i.* SIN. ingiustificabile CONTR. scusabile || **imperdonabilménte**, **avv.** senza possibilità di perdono || **imperdonabilità**, **s. f. inv.**

imperfettìbile [comp. di *in-*③ e *perfettibile* ✱ 1849] **agg.** ● (*raro*) non perfettibile || **imperfettibilità**, **s. f. inv.**

imperfettìvo [da *imperfetto* ✱ 1869] **agg.** ● (*ling.*) detto dell'aspetto verbale di un'azione vista nel suo svolgimento (per es. *stavo leggendo, leggevo*, rispetto a *lessi*)

imperfètto [vc. dotta, lat. *imperfĕctu(m)*, comp. di *in-*③ e *perfĕctus* 'perfetto', part. pass. di *perfĭcere* 'portare a termine' ✱ 1282] **A agg. 1** non ancora finito, completato: *un'opera imperfetta; sviluppo ancora i.* | (*gramm.*) ***tempo i.***, tempo della coniugazione del verbo che, nel modo indicativo, esprime un'azione continuata, abituale o ripetuta nel passato (per es.: *in quel periodo studiavo molto; a Parigi prendevo il métro*); nel modo congiuntivo, esprime contemporaneità in dipendenza da un tempo passato (*pensai che fosse stanco*) o da un condizionale (*verrei, se potessi*) oppure, in proposizioni indipendenti, esprime desiderio, augurio e sim. (*fosse già domani!*) **2** difettoso, manchevole, carente in qualche parte: *meccanismo i.; imperfetta esecuzione musicale; conati imperfetti della verità filosofica* (B. CROCE) **3** (*mus.*) detto degli intervalli di terza e sesta che possono essere maggiori o minori, in contrapposizione all'intervallo giusto o perfetto | ***consonanza imperfetta***, detto di accordo di terza, o sesta, minore | ***cadenza imperfetta***, in armonia, detto quando l'accordo risolutivo di tonica si presenta in posizione di rivolto || **imperfettaménte**, **avv.** in maniera imperfetta **B s. m.** ● (*gramm.*) tempo imperfetto del verbo: *i. indicativo, congiuntivo* | ***i. descrittivo***, imperfetto indicativo usato in una descrizione; per es.: *il sole su la finestra illuminava una gran tela di ragno* (G. D'ANNUNZIO) | ***i. narrativo***, imperfetto indicativo mediante il quale quasi si fissa nel tempo un evento, una situazione; per es.: *nell'anno 1821 nasceva a Mosca F. Dostoevskij* | ***i. ludico***, frequente nelle finzioni infantili, equivale a un presente (per es.: *allora, io ero il re, e tu la regina*) | ***i. attenuativo***, con funzioni di cortesia, equivale a un condizionale (*volevo due etti di pancetta*) | l'imperfetto indicativo può fungere da futuro nel passato, sostituendo cioè il condizionale passato; per es.: *Carolina morì alla fine dell'estate. In autunno, la seguiva* (= l'avrebbe seguita) *nella tomba il marito, e nella seguente primavera, li raggiungeva* (= li avrebbe raggiunti) *il loro unico figlio* | nell'uso colloquiale, non consigliabile nella lingua scritta, l'imperfetto indicativo sostituisce il congiuntivo o il condizionale nei periodi ipotetici; per es.: *se me lo dicevi, sarei venuto; se me lo dicevi, venivo; Se lo sapevo, andavo allo stabilimento* (A. MORAVIA) | nell'uso centrale e meridionale, il congiuntivo imperfetto sostituisce il congiuntivo presente, anche in funzione esortativa: (*digli*) *che stesse tranquillo!; si facesse gli affari suoi!*

imperfezióne [vc. dotta, lat. tardo *imperfectiōne(m)*, da *imperfĕctus* 'imperfetto' ✱ 1308] **s. f. 1** caratteristica, condizione di ciò che è imperfetto: *lavoro di assoluta i.* **2** difetto, manchevolezza, deficienza: *una i. della vista; gemma con qualche i.; astraendo tutte le imperfezioni della materia* (G. GALILEI)

SFUMATURE ➤ ***difetto***

imperforàbile [comp. di *in-*③ e *perforabile* ✱ av. 1909] **agg.** ● detto di ciò che non può essere perforato || **imperforabilità**, **s. f. inv.**

imperforàto [comp. di *in-*③ e *perforato* ✱ 1684] **A agg.** ● non perforato **B s. m.** ● (*zool.*) protozoo foraminifero il cui guscio calcareo presenta una sola apertura

imperforazióne [da *imperforato* ✱ 1834] **s. f.** ● (*anat.*) occlusione congenita di qualche canale o apertura: *i. anale, esofagea*

impergolàre [comp. di *in-*① e *pergola* ✱ sec. XIII] **v. tr.** (*io impèrgolo*) ● tendere i tralci sull'intelaiatura del pergolato | (*lett.*) ornare con un pergolato

impergolàto **part. pass.** di *impergolare*; **anche agg.** ● nei sign. del v. | (*lett.*) ornato da un pergolato: *con le due scale esterne … a congiungersi nel verone i.* (G. CARDUCCI)

imperiàle① [vc. dotta, lat. tardo *imperiā-le(m)*, da *imperāre* 'comandare' * 1211] **A** **agg.** **1** relativo all'imperatore, all'impero: *digni-tà, residenza i.*; *il dominio i.* | (**stor.**) relativo al periodo dell'Impero romano: *Fori impe-riali* **2** (**est.**, **lett.**) maestoso, grandioso **3** (**zool.**) ***luccio i.***, sfirena | ***pesce i.***, luvaro **4** ***formato i.*** (o, come sost., ***l'i.***), formato di carta da stampa di grandi dimensioni (in ge-nere cm 60 × 80) ‖ **imperialino**, **dim.** nel sign. 4 (cm 53 × 70) ‖ **imperialménte**, **avv.** (*raro*) in modo imperiale **B** **s. m.** **1** denaro d'argento coniato da Federico Barbarossa a Milano e poi da molte zecche dell'Italia set-tentrionale **2** (**spec. al pl.**) fautore del Sacro Romano Impero o di un Impero in genere | (**al pl.**) milizie del Sacro Romano Impero

imperiàle② [fr. *impériale*, perché posto in al-to * 1790] **s. m.** • parte superiore del tetto di torpedoni e diligenze, attrezzata in modo da contenere bagagli e, nelle diligenze di un tempo o in alcuni autobus, anche dei passeg-geri

†**imperialésco** [1524] **agg.** • altezzoso

imperialìsmo [ingl. *imperialism*, da *imperial* 'pertinente all'impero (*empire*, ma anche, latina-mente, *imperius*)' * 1878] **s. m.** • tendenza di uno Stato a espandere i propri domini e a esercitare la propria egemonia su altre na-zioni spec. per assicurare sbocchi commer-ciali alla propria produzione

imperialìsta [ingl. *imperialist*, da *imperial* 'pertinente all'impero (*empire*, ma anche, latina-mente, *imperius*)' * 1869] **A** **s. m. e f.** (**pl. m.** *-i*) **1** sostenitore dell'impero **2** fautore della po-litica e delle idee dell'imperialismo **B** **agg.** • imperialistico

imperialìstico [1903] **agg.** (**pl. m.** *-ci*) • dell'imperialismo: *politica imperialistica* ‖ **imperialisticaménte**, **avv.**

imperialrègio o **imperiàl règio** [da divi-dere *imperial(e)* (e) *regio*, secondo il modulo ted. *kaiserlich-königlich* * 1876] **agg.** (**pl. f.** *-gie*) • nell'impero austroungarico e nelle province a esso soggette, detto degli organi del gover-no e dell'amministrazione civile e militare

†**impericolosìre** (o **-ṣ-**) [da *pericol(os)o* * sec. XIV] **A** **v. tr.** • mettere in pericolo **B** **v. intr.** • correre pericolo

imperiése (o **-ṣ-**) [1938] **A** **agg.** • di Impe-ria **B** **s. m. e f.** • abitante o nativo di Imperia

impèrio ➤ **impero** spec. nel sign. A5

♦**imperióso** (o **-ṣ-**) [vc. dotta, lat. *imperiō-su(m)*, da *impĕrium* 'imperio' * 1364] **agg.** **1** al-tezzoso e deciso nel comandare: *un capo i.* **2** perentorio, che esprime autorità: *tono, at-teggiamento i.* **3** (**fig.**) che costringe irresi-stibilmente a fare qlco.: *bisogni imperiosi* **SIN.** impellente ‖ **imperiosaménte**, **avv.** ‖ **imperiosità**, **s. f. inv.** caratteristica di chi (o di ciò che) è imperioso: *l'imperiosità di uno sguardo*; (*raro*) atto imperioso

imperìto [vc. dotta, lat. *imperītu(m)*, comp. di *in-*③ e *perītus* 'perito' * av. 1342] **agg.** • (**lett.**) che non ha pratica, abilità ed esperienza: *avendo ... condotti pochi fanti utili, ma mol-ta turba imbelle ed imperita* (F. GUICCIARDINI) **SIN.** inetto | †rozzo, incolto ‖ **imperitamén-te**, **avv.** (*raro*) senza perizia

♦**imperitùro** [vc. dotta, comp. di *in-*③ e *peritū-rus*, part. fut. di *perīre* 'morire' * av. 1852] **agg.** • che non può perire: *gloria imperitura* **SIN.** eterno, perenne ‖ **imperituraménte**, **avv.**

♦**imperìzia** [vc. dotta, lat. *imperītia(m)*, comp. di *in-*③ e *perītia* 'perizia' * 1480] **s. f.** **1** man-canza di abilità, esperienza, pratica e sim. in un'attività, un mestiere, una professione **2** (**dir.**) insufficiente preparazione o inettitu-dine che può generare responsabilità a tito-lo di colpa

imperlàre [comp. di *in-*① e *perla* * av. 1367] **A** **v. tr.** (*io impèrlo*) **1** (*raro*, **lett.**) adornare con perle: *i. un abito da sera* **2** (**fig.**) cospar-gere di gocce simili a perle: *la rugiada im-perla le foglie*; *il sudore imperla la fronte* **B** **imperlàrsi** **v. intr. pron.** • coprirsi di goc-cioline simili a perle: *imperlarsi di rugiada, di sudore*

imperlatùra [1947] **s. f.** • sottile strato di piccole gocce: *una leggera i. di sudore sulla fronte*

impermaliménto [1869] **s. m.** • (*raro*) l'impermalire, l'impermalirsi

impermalìre [comp. di *in-*① e dell'espressio-ne (*avere*) *per male* * 1824] **A** **v. tr.** (*io imper-malìsco, tu impermalìsci*) • far risentire, of-fendere, irritare: *la tua risposta l'ha imper-malito* **SIN.** impermalosire **B** **impermalìrsi** **v. intr. pron.** • aversela a male, indispettirsi, offendersi, risentirsi (+ *per*): *impermalirsi per ogni critica* **SIN.** impermalosirsi

impermalosìre (o **-ṣ-**) [da *permaloso* con il pref. *in-*① * 1863] **A** **v. tr.** (*io impermalosìsco, tu impermalosìsci*) • indispettire **SIN.** imper-malire, stizzire **B** **impermalosìrsi** **v. intr. pron.** • indispettirsi, aversene a male **SIN.** im-permalirsi, stizzirsi

impermanènte [comp. di *in-*③ e *permanen-te* * 1844] **agg.** • che non è permanente; provvisorio

impermanènza [comp. di *in-*③ e *permanen-za* * 1834] **s. f.** • mancata permanenza; provvisorietà

♦**impermeàbile** [fr. *imperméable*, dal lat. tar-do *impermeābile(m)* 'che non può essere attraver-sato', comp. di *in-*③ e *permeābilis*, da *permeāre* * av. 1647] **A** **agg.** **1** che non lascia passare fluidi o radiazioni (+ *a*): *un materiale i. ai raggi X* | che non lascia passare liquidi e spec. l'acqua: *terreno i.*; *tessuto i.* | ***orologio i.***, la cui cassa, munita di accorgimenti par-ticolari, protegge il meccanismo da ogni in-filtrazione d'acqua **2** (**fig.**) refrattario, in-sensibile (+ *a*): *un uomo politico i. alle criti-che, alle polemiche*; *un sistema politico i. al nuovo* ‖ **impermeabilménte**, **avv.** ‖ **imper-meabilità**, **s. f. inv.** **B** **s. m.** • indumento in tessuto di fibra vegetale, animale o artificia-le, reso impenetrabile all'acqua, che si in-dossa sull'abito per difendersi dalla pioggia

impermeabilizzànte **A** **part. pres.** di *impermeabilizzare*; anche **agg.** • nel sign. del v. **B** **s. m.** • sostanza o materiale usato per impermeabilizzare

impermeabilizzàre [1924] **v. tr.** • ren-dere impermeabile ‖ **impermeabilizzazió-ne**, **s. f.**

impermeabilizzàto **part. pass.** di *imper-meabilizzare*; anche **agg.** • nel sign. del v.: *tessuto, soffitto i.*

impermutàbile [vc. dotta, lat. tardo *imper-mutābile(m)*, comp. di *in-*③ e *permutābilis* 'permu-tabile' * 1353] **agg.** • (*raro*, **lett.**) immutabile | †irrevocabile ‖ **impermutabilménte**, **avv.** ‖ †**impermutabilità**, **s. f. inv.**

impermutàto [vc. dotta, lat. tardo *impermu-tātu(m)*, comp. di *in-*③ e *permutātus* 'permutato' * 1857] **agg.** • (*raro*, **lett.**) immutato

imperniàre o (*raro*) **impernàre** [comp. di *in-*① e *perno* * 1395] **A** **v. tr.** (*io impèrnio*) **1** fissare, fermare o collegare qlco. su un perno o più perni | adattare qlco. su un per-no **2** (**fig.**) basare (+ *su*): *i. uno spettacolo su una scenografia d'avanguardia* **B** **im-perniàrsi** **v. intr. pron.** **1** (*raro*, **lett.**) fissarsi su un perno: *Come se tutt'intorno l'universo s'imperniasse in quel lampione rotto* (L. PI-RANDELLO) **2** (**fig.**) basarsi, fondarsi (+ *su*): *una tesi che si impernia su pochi concetti*

imperniatùra [1550] **s. f.** • l'imperniare | insieme dei pezzi che imperniano qlco.

♦**impèro** o (**lett.** o *raro*) **impèrio**, spec. nel sign. 5 [lat. *impĕriu(m)*, da *imperāre* 'comandare' * 1268] **A** **s. m.** **1** forma di governo monar-chico con a capo un imperatore: *le lotte tra il papato e l'i.* | (**per anton.**) ***Primo I., Secon-do I.***, quello rispettivamente di Napoleone I e Napoleone III **2** stato, Paese che ha per so-vrano un imperatore: *l'i. d'Austria*; *l'i. del Giappone* | ***Imperi Centrali***, quelli di Germa-nia e d'Austria, al centro dell'Europa, sino al 1918 **3** l'insieme dei Paesi sottoposti ad un'unica autorità: *conquistare, fondare un i.*; *la caduta dell'I. romano d'occidente*; *il Sacro Romano I.*; *l'i. napoleonico*; *l'i. au-stroungarico*; *l'i. britannico*; *il crollo degli imperi coloniali* | (**fig.**) dominio: *i. economi-co, finanziario* **4** nazione, società politica che esercita la sua autorità ed egemonia su popoli conquistati: *l'i. hitleriano è stato effi-mero* **5** (**lett.**) potere, comando, autorità (**an-che fig.**): *l'i. della ragione, della volontà su-gli istinti*; *tre lustri già della tua casta vita / servito hai di Diana il duro i.* (L. DE' MEDICI) | ***d'imperio***, detto di ciò che viene stabilito in modo vincolante da un'autorità: *il Ministero ha deciso d'imperio la chiusura dell'impian-to* | (**econ.**) ***prezzi d'imperio***, stabiliti dall'au-torità statale in contrapposizione a quelli formatisi per libera legge di mercato **6** sfe-ra, ambito di espansione o supremazia este-sa e profonda, spec. nel settore economico: *l'i. industriale della FIAT* **B** **in funzione di agg. inv.** • (posposto a un sost.) detto di stile ornamentale neoclassico fiorito nel XIX sec., ispirato a suppellettili, ornati e linee greche, romane, etrusche ed egiziane: *stile i.*; *mobi-li i.* | ***abito i.***, a vita alta, e di linea morbida e drappeggiata

†**imperò** [comp. di *in-*② e *però* * sec. XIII] **cong.** **1** perciò (con valore conclusivo) **2** pe-rò (con valore avversativo)

†**imperocché** o †**imperò che** /imperok'ke*, impe'rɔ kke*/ [comp. di *imperò e che*② * sec. XIII] **cong.** • poiché, giacché

imperscrutàbile [vc. dotta, lat. tardo *im-perscrutābile(m)*, comp. di *in-*③ e di un deriv. da *perscrutāri* 'perscrutare' * av. 1342] **agg.** • che non si può indagare, comprendere, conosce-re: *ragioni imperscrutabili*; *un effetto so-prannaturale, e perciò miracoloso e i. da-gl'intelletti umani* (G. GALILEI) **SIN.** impene-trabile, oscuro ‖ **imperscrutabilménte**, **avv.** senza possibilità di indagine ‖ **imper-scrutabilità**, **s. f. inv.**

impersonàle [vc. dotta, lat. tardo *imperso-nāle(m)*, comp. di *in-*③ e *personālis* 'personale' * 1450 ca.] **A** **agg.** **1** (**gramm.**) che è privo di un soggetto determinato: *verbo i.* (per es. *gran-dinare*); *costruzione i. di un verbo* (per es. *si racconta, si dice, si pensa*) | ***modi imperso-nali***, modi del verbo che non comportano una flessione che indica la persona, e cioè l'infinito, il participio e il gerundio **2** che non si riferisce a nessuna persona determinata: *una critica i.* | ***mantenersi i. nei giudizi***, astenersi dai riferimenti personali cercando di essere obiettivo **3** privo di originalità, di carattere: *uno stile i.* **SIN.** comune, piatto ‖ **impersonalménte**, **avv.** **1** senza riferimen-to a una determinata persona: *parlare, criti-care impersonalmente* **2** in modo poco ori-ginale: *scrivere impersonalmente* **3** (**gramm.**) in forma impersonale: *verbo usato impersonalmente* **CONTR.** personalmen-te ‖ **impersonalità**, **s. f. inv.** caratteristica di ciò che è impersonale: *impersonalità di una critica, di un giudizio, dello stile* **B** **s. m.** • (**gramm.**) verbo impersonale

SFUMATURE DI SIGNIFICATO

impersonale - piatto
Ciò che manca di originalità, di personalità si de-finisce **impersonale**; **piatto** aggiunge a questo significato una sfumatura di monotonia, di bana-lità.
SFUMATURE ➤ ***oggettivo***

impersonalìșmo [da *impersonale* * 1916] **s. m.** • concezione filosofica che nega o svaluta l'individualità della persona umana **CONTR.** personalismo

impersonàre [comp. di *in-*① e *persona* * 1843] **A** **v. tr.** (*io impersóno*) **1** dare concreta personalità a una qualità o a un concetto astratto: *la Sapìa di Dante impersona l'invidia* **2** interpretare una parte, detto di attori: *i. Otello* **B** **impersonàrsi** **v. rifl.** • immedesimarsi di un attore nella propria parte **C** **impersonàrsi** **v. intr. pron.** • incarnarsi: *in lei si impersona l'avarizia*

impersonificàre [da *personificare* col pref. *in-*① * 1847] **A** **v. tr.** (*io impersonìfico, tu impersonìfichi*) • personificare, impersonare: *nel film la bambina impersonifica la bontà* **B** **impersonificàrsi** **v. rifl. e intr. pron.** • impersonarsi ‖ **impersonificazióne**, **s. f.** personificazione

impersuadìbile [comp. di *in-*③ e di un deriv. da *persuadere*, da *impersuaso* * 1594] **agg.** • (*raro*) che non si lascia persuadere

†**impersuașìbile** [1599] **agg.** • impersuadibile

impersuașìvo [comp. di *in-*③ e *persuasivo* * av. 1852] **agg.** • (*raro, lett.*) non persuasivo: *i tentativi ... riuscivano impersuasivi e miserabili, tanto che si finì col tacerne* (B. CROCE)

impersuàșo [comp. di *in-*③ e *persuaso* * 1827] **agg.** • (*raro, lett.*) incredulo, incerto, dubbioso

✦**impertèrrito** [vc. dotta, lat. *impertĕrritu(m)*, comp. di *in-*③ e *pertĕrritus*, part. pass. di *perterrēre*, intens. di *terrēre* 'atterrire' * 1499] **agg.** **1** (*lett.*) che non si spaventa: *Vorrei essere i., ma ho paura* (G. STUPARICH) **2** che non si lascia turbare: *nonostante i fischi, continuò i. a cantare* **SIN.** impassibile, imperturbabile ‖ **imperterritaménte**, **avv.**

✦**impertinènte** [vc. dotta, lat. *impertinĕnte(m)*, nom. *impĕrtinens*, comp. di *in-* neg. e *pĕrtinens*, part. pres. di *pertinēre*, 'pertinente' * av. 1342] **A** **agg.** **1** di persona poco riguardosa, sfacciata e sim.: *un giovane i.* | di atto o discorso insolente e irrispettoso: *comportamento, frase i.* **2** (*lett.*) che non è pertinente: *un'osservazione i.* | †inopportuno, inadatto: *Non si potea pensare / luogo più ... i.* (F. GUICCIARDINI) ‖ **impertinenteménte**, **avv.** **1** in modo insolente e sfacciato: *rispondere impertinentemente* **2** †importunamente **B** **s. m. e f.** • persona sfacciata e insolente ‖ **impertinentàccio**, **pegg.** | **impertinentèllo**, **dim.**

impertinènza [av. 1566] **s. f.** **1** caratteristica di chi (o di ciò che) è impertinente: *la sua i. gli procurerà qualche guaio* **SIN.** sfacciataggine **2** atto, discorso sconveniente, irrispettoso: *fare, dire impertinenze* **SIN.** insolenza

✦**imperturbàbile** [vc. dotta, lat. tardo *imperturbābile(m)*, comp. di *in-*③ e di un deriv. da *perturbāre* * 1268] **agg.** **1** di persona che non si turba o non perde la calma: *un tipo i.* | impassibile, imperterrito: *continuò i. a parlare* **2** di ciò che non può essere turbato: *calma, serenità i.* ‖ **imperturbabilménte**, **avv.** ‖ **imperturbabilità**, **s. f. inv.** (V.)

✦**imperturbabilità** [av. 1667] **s. f. inv.** • condizione di chi è imperturbabile **SIN.** impassibilità | (*raro, lett.*) immutabilità

imperturbàto [vc. dotta, lat. *imperturbātu(m)*, comp. di *in-*③ e *perturbātus*, part. pass. di *perturbāre* 'perturbare' * sec. XIV] **agg.** • che non è stato turbato da alcunché: *Quell'antica volontà, pronta, ... imperturbata* (A. MANZONI) | imperturbabile **SIN.** calmo, sereno, tranquillo

†**imperturbazióne** [vc. dotta, lat. tardo *imperturbatiōne(m)*, da *imperturbātus* 'imperturbato' * av. 1729] **s. f.** • tranquillità, serenità

imperversaménto [av. 1704] **s. m.** • (*lett., raro*) l'imperversare

✦**imperversàre** [comp. di *in-*① e *perverso* * 1353] **v. intr.** (*io impervèrso*; aus. *avere*) **1** agire con violenza, infierire contro qlcu. o qlco.: *il feroce brigante che imperversa nei dintorni* (I. CALVINO) | †dare in smanie, strepitare **2** infuriare, manifestarsi con veemenza, detto di elementi naturali, malattie, catastrofi e sim.: *la tempesta imperversò distruggendo il raccolto; imperversava nella regione una epidemia di colera* **3** (*scherz.*) diffondersi senza freno e misura, detto di mode, costumi e sim.: *imperversano le scarpe a punta*

impervietà [1951] **s. f. inv.** • caratteristica di ciò che è impervio

impèrvio [vc. dotta, lat. *impĕrviu(m)*, comp. di *in-*③ e *pĕrvius* 'accessibile, praticabile', da *pĕr* 'attraverso' e *vĭa* 'strada' * 1499] **agg.** **1** di luogo difficilmente raggiungibile o transitabile: *una strada impervia* **SIN.** impraticabile, malagevole | (*mar.*) ***reti impervie***, quelle usate per ostruire i porti e proteggere dai siluri le navi alla fonda, durante le operazioni belliche **2** (*med.*) detto di organo cavo parzialmente o totalmente occluso **3** (*ottica*) opaco

impestàre [comp. di *in-*① e *peste* * av. 1525] **v. tr.** (*io impèsto*) • appestare | (*est.*) infettare | (*est.*) inquinare | (*fig.*) corrompere

impetecchìto [comp. di *in-*① e un deriv. di *petecchia* * av. 1742] **agg.** • (*tosc.*) coperto di petecchie | (*fig.*) sordido

impetìgine o **impetìggine**, **empetìgine** [vc. dotta, lat. *impetīgine(m)*, nom. *impetīgo*, comp. di *in* e *petīgo* 'specie di erpete o di eruzione cutanea', di etim. incerta * av. 1320] **s. f.** • (*med.*) infezione contagiosa della pelle caratterizzata da pustole giallastre che si disseccano in croste

impetiginóso (o **-ș-**) [vc. dotta, lat. tardo *impetiginōsu(m)*, comp. di *in-* (rafforz.?) e *petiginōsus* 'pieno di eruzioni', da *petīgo* (V. *impetigine*) * av. 1557] **agg.** • relativo all'impetigine | affetto da impetigine

✦**ìmpeto** [vc. dotta, lat. *ĭmpetu(m)*, di formazione incerta * 1261 ca.] **s. m.** **1** moto violento, forza travolgente: *l'i. della corrente*; *la nave lotta contro l'i. delle onde* | ***fare i. contro qlco.***, premere | assalto veemente: *l'i. degli attaccanti travolse ogni difesa*; *resistere all'i. del nemico* | ***fare i. contro qlcu.***, attaccarlo con forza **2** (*fig.*) impulso improvviso dell'animo, trasporto: *un i. d'odio, d'amore*; *in un i. d'ira si gettò su di lui* | ***i. oratorio***, foga, concitazione del discorso | ***d'i.***, †***a i.***, di slancio, d'impulso | foga, slancio

impetràbile [vc. dotta, lat. *impetrābile(m)*, comp. di *in-*① e *patrābilis*, da *patrāre* (V. *impetrare*①) * 1499] **agg.** • (*lett., raro*) che si può ottenere (detto di favore, grazia e sim.)

✦**impetràre**① [vc. dotta, lat. *impetrāre*, comp. di *in-*① e *patrāre*, originariamente 'compiere un atto in qualità di padre (*pāter*)', poi gener. 'condurre a termine' e 'ottenere' * 1268] **v. tr.** (*io impètro*) **1** (*lett.*) ottenere con preghiere: *i. una grazia, un favore*; *se di vecchiezza / la detestata soglia / evitar non impetro* (G. LEOPARDI) **2** domandare supplicando: *impetriamo la loro considerazione*

impetràre② ➤ **impietrare**

impetratóre [vc. dotta, lat. tardo *impetratōre(m)*, da *impetrātus*, part. pass. di *impetrāre* 'impetrare①' * sec. XIV] **s. m.** (**f.** *-trice*); **anche agg.** • (*raro, lett.*) chi (o che) impetra, supplica

†**impetratòrio** [av. 1694] **agg.** • che mira a ottenere

impetrazióne [vc. dotta, lat. *impetratiōne(m)*, comp. di *in* e *patrātio* 'conclusione', da *patrātus*, part. pass. di *patrāre* (V. *impetrare*①) * av. 1348] **s. f.** **1** (*lett.*) concessione **2** (*lett.*) supplica, preghiera

†**impetrìre** ➤ **impietrire**

†**impètro** [da *impetrare*① * av. 1494] **s. m.** • preghiera

impettìrsi [comp. di *in-*① e *petto* * av. 1842] **v. intr. pron.** (*io mi impettìsco, tu ti impettìsci*) • (*raro*) sporgere il petto in fuori, tenendo il busto rigido, talora in segno di boria, tracotanza e sim.

✦**impettìto** [comp. di *in-*① e *petto* * sec. XVII] **agg.** • detto di persona che sta eretta e col petto in fuori, talora in segno di orgoglio o di superbia: *un vecchio signore dignitoso e i.*; *camminava tutta impettita*

impetuosità (o **-ș-**) [sec. XIV] **s. f. inv.** **1** caratteristica di ciò che è impetuoso **SIN.** irruenza, violenza **2** (*fig.*) focosità, impulsività

✦**impetuóso** (o **-ș-**) [vc. dotta, lat. tardo *impetuōsu(m)*, da *ĭmpetus* 'impeto' * 1313] **agg.** **1** che si manifesta con impeto, forza, violenza: *vento, corrente impetuosi* | che agisce con impeto: *la gente ... impetuosa e ratta / allor quanto più puote affretta i passi* (T. TASSO) | furioso, veemente: *assalto i.* **2** detto di persona che agisce in modo impulsivo, precipitoso, focoso: *un ragazzo i.* | che manifesta irruenza: *carattere, temperamento i.* **SIN.** ardente, irruente **CONTR.** flemmatico **3** detto di azione, discorso e sim., pieni di foga, di impeto: *gesto i.*; *requisitoria impetuosa* ‖ **impetuosaménte**, **avv.** con impeto ‖ **impetuosità**, **s. f. inv.** (V.)

†**impiacevolìre** [comp. di *in-*① e *piacevole* * 1499] **A** **v. tr.** **1** incivilire **2** rendere piacevole | (*fig.*) blandire **B** **v. intr. e** †**impiacevolìrsi** **v. intr. pron.** • mostrarsi compiacente o arrendevole

impiagaménto [av. 1587] **s. m.** • (*raro*) piagatura

impiagàre [comp. di *in-*① e *piaga* * av. 1328] **A** **v. tr.** (*io impiàgo, tu impiàghi*) **1** (*lett.*) coprire di piaghe: *la ferita gli ha impiagato una gamba* **2** (*lett.*) ferire (*anche fig.*) **B** **impiagàrsi** **v. intr. pron.** • (*lett.*) coprirsi di piaghe | fare piaga

impiagatùra [av. 1556] **s. f.** **1** (*raro*) impiagamento **2** (*raro*) piaga

impiallacciàre [comp. di *in-*① e *piallaccio* * 1350] **v. tr.** (**pres.** *io impiallàccio*; **fut.** *io impiallaccerò*) **1** rivestire con fogli sottili di legno pregiato: *i. un mobile in mogano* **2** (*est.*) rivestire con sottili lastre di marmo pilastri di pietra o di cotto, facciate di edifici e sim.

impiallacciàto **part. pass.** di *impiallacciare*; **anche agg.** • nei sign. del v.

impiallacciatóre [1869] **s. m.** (**f.** *-trice*) • falegname addetto all'impiallacciatura

impiallacciatùra [1574] **s. f.** • rivestimento di mobili o sim. con sottili fogli di legno pregiato e talvolta con squame di tartaruga **SIN.** impellicciatura | materiale usato in tale tecnica decorativa

impianellàre [comp. di *in-*① e *pianella* nel sign. 2 * 1612] **v. tr.** (*io impianèllo*) • coprire di pianelle un pavimento o un tetto

impianellàto **A** **part. pass.** di *impianellare*; **anche agg.** • nei sign. del v. **B** **s. m.** • rivestimento o pavimento di pianelle

impiantaménto [av. 1673] **s. m.** **1** †installazione | (*fig., lett.*) insediamento: *L'i. degli Aragonesi in Napoli* (G. CARDUCCI) **2** †rafforzamento

impiantàre [comp. di *in-*① e *piantare*, come il lat. tardo *implantāre* * 1508] **A** **v. tr.** **1** sistemare opportunamente i pezzi e i congegni di una macchina o altra struttura allo scopo di costruirla: *i. un motore elettrico* | mettere in opera, installare: *i. una caldaia* **2** (*est.*) avviare, fondare, istituire: *i. un'azienda com-*

merciale, una scuola | ***i. una discussione, un dibattito***, fissarne le linee principali **3** (*tosc.*) mettere a dimora piante arboree, fare una piantagione **4** (*chir.*) inserire nell'organismo strutture gener. artificiali ben tollerate, allo scopo di mantenere o ripristinare la funzione di tessuti, organi o parti di essi alterati **B** **impiantàrsi v. intr. pron.** ● stabilirsi, insediarsi in un luogo

impiantìre [comp. di *in-*① e *pianta* ✱ 1803] **v. tr.** (*io impiantìsco, tu impiantìsci*) **1** (*raro*) dotare di impiantito **2** †imboschire

impiantìsta [da *impianto* ✱ 1957] **A s. m. e f.** (**pl. m.** *-i*) ● tecnico specializzato in impiantistica **B anche agg.**: *disegnatore, ingegnere, tecnico i.*

impiantìstica [1971] **s. f.** ● (*tecnol.*) progettazione, costruzione ed esercizio degli impianti industriali

impiantìstico [1973] **agg.** (**pl. m.** *-ci*) ● relativo agli impianti o all'impiantistica

impiantìto [dal part. pass. di *impiantire* ✱ 1838] **s. m.** ● pavimento di legno, mattoni, marmo e sim. su un letto di malta

♦**impiànto** [da *impiantare* ✱ 1698] **s. m.** **1** operazione dell'impiantare, fase iniziale dell'organizzazione di un'attività: *l'i. di una fabbrica* | ***spese di i.***, quelle che si sostengono per iniziare un'attività industriale, commerciale o sim. **2** complesso di attrezzature necessarie per qlco.: *i. di riscaldamento*; *i. frigorifero, telefonico*; *impianti igienici, sanitari, idrosanitari* | ***i. elettrico***, complesso di opere atte alla generazione, al trasporto e all'utilizzazione dell'energia elettrica | ***i. sportivo***, stadio o complesso di campi di gioco e sim. con le opportune attrezzature per la pratica di attività sportive **3** (*org. az.*) complesso costruttivo fisso installato nella fabbrica, che costituisce il mezzo tecnico per le lavorazioni industriali secondo il processo produttivo: *i. produttivo*; *spese per macchinari e impianti* **4** (*fig.*) struttura, impostazione, organizzazione: *un'opera priva di i. scientifico* **5** (*biol.*) annidamento dell'uovo fecondato | trapianto, spec. per scopi sperimentali **6** (*med.*) sostituzione di un organo o di una sua parte con una struttura artificiale | in odontoiatria, protesi fissa inserita tramite implantologia **7** (*mar.*) installazione di cannoni di grosso calibro

impiantologìa ➤ **implantologia**

impiastraménto [av. 1692] **s. m.** ● (*raro*) l'impiastrare, l'impiastrarsi | imbrattamento | (*fig.*) †guazzabuglio

impiastràre o (*raro*) **empiastràre** [lat. tardo *emplastrāre*, da *emplāstrum* 'impiastro' ✱ sec. XIV] **A v. tr.** **1** spalmare di materia untuosa o attaccaticcia (+ *di*, + *con*): *i. una carta di catrame*; *i. di pece, di bitume* **2** (*est.*) insudiciare, imbrattare (+ *di*): *i. il soprabito di fango* | (*scherz.*) dipingere male: *i. tele* **B anche impiastràrsi v. tr. pron.** (aus. *essere*) (con valore intens.) (+ *di*): *impiastrarsi le mani di gelato* | (*spreg.*) ***impiastrarsi il viso***, imbellettarsi **C** **impiastràrsi v. rifl.** ● ungersi con sostanze oleose o attaccaticce (+ *di*): *impiastrarsi di marmellata* **D** **impiastràrsi v. rifl. recipr.** ● (*fig.*) †accordarsi: *io credo che la ragione perché Inghilterra si impiastrasse con Francia, fosse per vendicarsi contro a Spagna* (N. MACHIAVELLI)

impiastratóre [av. 1571] **s. m.** (**f.** *-trice*) ● chi impiastra | (*spreg.*) cattivo pittore

impiastricciaménto [av. 1568] **s. m.** ● (*raro*) l'impiastricciare | imbrattamento | (*fig., lett.*) dipinto mediocre

impiastricciàre [da *impiastrare* ✱ av. 1528] **v. tr.** (**pres.** *io impiastrìccio*; **fut.** *io impiastriccerò*) ● (*spreg.*) impiastrare, imbrattare qua e là | anche in forma pron. (con valore intens.): *impiastricciarsi la faccia*

impiàstro o **empiàstro** [lat. *emplāstru(m)*, dal gr. *émplastron*, da *emplásein*, comp. di *en-* 'dentro' e *plássein* 'modellare' ✱ av. 1292] **s. m.** **1** (*med.*) mistura medicamentosa simile a una pasta che viene distribuita sulla parte malata e si ammorbidisce al calore corporeo aderendo alla cute sottostante **2** (*lett., fig.*) rimedio, spec. inutile **3** (*fig., fam.*) persona seccante e noiosa | persona di salute cagionevole **4** (*raro, fig.*) lavoro fatto male **5** †opera di magia ‖ **impiastrìno, dim.**

†**impiattàre**① [da *piatto* (agg.), col pref. *in-*① ✱ 1676] **A v. tr.** ● nascondere **B** **impiattàrsi v. rifl.** ● nascondersi

impiattàre② [da *piatto* (sost.), col pref. *in-*① ✱ 1976] **v. tr.** ● disporre con cura una vivanda nel piatto

impiccàbile [av. 1827] **agg.** ● (*lett., raro*) che merita di essere impiccato

impiccagióne [av. 1698] **s. f.** ● esecuzione capitale in cui il condannato viene impiccato

impiccaménto [1879] **s. m.** **1** (*raro*) l'impiccare, l'impiccarsi **2** (*fig., raro*) vincolo, costrizione gravosa

impiccàre [comp. di *in-*① e *picca* ✱ 1287] **A v. tr.** (*io impìcco, tu impìcchi*) **1** uccidere qlcu. appendendolo con un laccio intorno al collo: *i. qlcu. a un albero, a una trave* | †***i. nella croce***, crocifiggere | ***neanche se mi impiccano***, (*iperb., fam.*) per nessuna ragione al mondo: *non lo farò, neanche se mi impiccano* **2** (*raro, est.*) appendere, collocare qlco. molto in alto: *i. un quadro* **3** (*fig., raro*) assoggettare a un vincolo gravoso **B** **impiccàrsi v. rifl.** **1** uccidersi appendendosi con un laccio intorno al collo: *impiccarsi alle sbarre della finestra* | ***impiccati!, che s'impicchi!***, va, che vada, al diavolo | †***a impiccarla bene***, a dir molto **2** (*fig., raro*) assumere un vincolo gravoso

impiccàto **A part. pass.** di *impiccare*; **anche agg.** **1** nei sign. del v. **2** (*fig.*) rigido come un impiccato: *sentirsi i. in un abito troppo stretto* | (*fig.*) assillato, pressato, messo in difficoltà: *i. dai tempi, dalle scadenze* **B s. m.** (**f.** *-a*) **1** chi ha ricevuto la morte con l'impiccagione: *l'i. penzolava dalla forca* | **PROV.** ***non nominare la corda in casa dell'i.***, conviene evitare ogni argomento scottante per chi ascolta **2** †delinquente

†**impiccatóio** [1546] **A agg.** ● meritevole di impiccagione | (*est.*) bieco **B s. m.** ● delinquente

impiccatóre [av. 1342] **s. m.; anche agg.** (**f.** *-trice, raro*) ● (*raro*) chi (o che) impicca | chi (o che) condanna o manda molte persone all'impiccagione

impiccatùra [av. 1311] **s. f.** ● (*raro, lett.*) impiccagione

impicciàre [ant. fr. *empeechier*, dal lat. *impedicāre* 'impedire, perché preso coi piedi in trappola' (*pĕdica*, da *pes*, genit. *pĕdis* 'piede') ✱ sec. XIII] **A v. tr.** (**pres.** *io impìccio*; **fut.** *io impiccerò*) ● impacciare, intralciare, ostacolare (*anche assol.*): *i vestiti stretti impicciano i movimenti*; *potrebbe anche dare una mano, ... in vece di venir tra' piedi a piangere e a i.* (A. MANZONI) | ingombrare: *i. la strada, il passaggio* **B** **impicciàrsi v. intr. pron.** ● immischiarsi, intromettersi (+ *di*, *raro* + *in*): *impicciarsi degli affari altrui*; *di che t'impicci?*; *Io non m'impiccio nei fatti altrui* (G. DELEDDA)

†**impicciatìvo** [av. 1712] **agg.** ● che crea difficoltà

impicciàto **part. pass.** di *impicciare*; **anche agg.** **1** nei sign. del v. **2** (*raro*) detto di persona che si trova negli impicci | (*lett.*) impacciato, imbarazzato | occupato in varie faccende, oberato da diversi impegni: *oggi sono molto i.* **3** (*fam.*) intricato, difficile da sbrogliare: *è un affare alquanto i.*

impiccinìre [comp. di *in-*① e *piccino* ✱ av. 1597] **A v. tr.** (*io impiccinìsco, tu impiccinìsci*) ● (*lett., raro*) rimpicciolire | (*fig.*) rendere misero, meschino: *i. un ideale* **B v. intr.** (aus. *essere*) e **impiccinìrsi v. intr. pron.** ● (*lett., raro*) rimpicciolire | (*fig.*) diventare meschino, ottuso

impìccio [da *impicciare* ✱ av. 1565] **s. m.** **1** ingombro, intralcio, ostacolo: *essere d'i.* | (*est.*) briga, seccatura, fastidio: *procurare impicci* | (*raro*) imbarazzo: *cavarsi d'i.* **2** affare imbrogliato: *essere negli impicci*; *cavare, togliere qlcu. dagli impicci* **SIN.** guaio ‖ **impiccétto, dim.**

impicciolìre [comp. di *in-*① e *picciolo*① ✱ 1336 ca.] **v. tr., intr.** (*io impicciolisco, tu impicciolisci*; aus. intr. *essere*) e **impicciolirsi v. intr. pron.** ● (*raro, lett.*) rimpicciolire, rimpicciolirsi

impiccióne [da *impicciare* ✱ 1817] **s. m.** (**f.** *-a*) ● chi s'impiccia abitualmente delle faccende altrui **SIN.** ficcanaso ‖ **impiccionàccio, pegg.**

†**impiccoliménto** [1684] **s. m.** ● diminuzione | (*fig.*) svilimento

impiccolìre [comp. di *in-*① e *piccolo* ✱ 1612] **A v. tr.** (*io impiccolisco, tu impiccolìsci*) ● far diventare o far sembrare più piccolo: *i. l'immagine* **CONTR.** ingrandire **B v. intr.** (aus. *essere*) e **impiccolìrsi v. intr. pron.** ● diventare, apparire piccolo o più piccolo: *le cose si impiccoliscono allontanandosi* **CONTR.** ingrandirsi

impidocchiàre [comp. di *in-*① e *pidocchio* ✱ sec. XIV] **A v. tr.** (*io impidòcchio*) ● riempire di pidocchi | attaccare i pidocchi a qlcu. **B** **impidocchiàrsi v. intr. pron.** ● riempirsi di pidocchi

impidocchìre [comp. di *in-*① e *pidocchio* ✱ av. 1597] **v. intr.** (*io impidocchìsco, tu impidocchìsci*; aus. *essere*) e **impidocchirsi v. intr. pron.** **1** (*lett., raro*) coprirsi di pidocchi **2** (*fig.*) †cadere nella miseria e nello squallore morale

impiegàbile [1589] **agg.** ● che si può impiegare: *somma, denaro i.* ‖ **impiegabilità, s. f. inv.**

♦**impiegàre** [lat. *implicāre* 'avvolgere, vincolare', comp. di *in-*① e *plicāre* 'piegare, ripiegare', intens. di *plĕctere*, di orig. indeur. ✱ 1287] **A v. tr.** (*io impiègo, tu impièghi*) **1** adoperare, usare, utilizzare qlco. per uno scopo (+ *in*, + *a*, + *per*, **anche seguiti da inf.**): *i. ogni diligenza nell'eseguire i propri compiti*; *i. tutte le energie nel gioco*; *i. il tempo libero a leggere* | spendere, investire: *i. il denaro in cose futili*; *i. i risparmi in titoli di Stato* | far passare un determinato tempo nel fare qlco.: *l'autobus impiega venti minuti per arrivare in centro* | **impiegàrci**, metterci: *ci impiegherai solo un quarto d'ora* **2** assumere qlcu. per un lavoro temporaneo o fisso: *i. due giardinieri per potare gli alberi*; *l'hanno impiegato in banca* **B** **impiegàrsi v. rifl.** **1** ottenere un impiego: *mi sono impiegato alle poste, in banca* **2** (*lett., raro*) adoperarsi: *impiegarsi ... in aiuto del prossimo* (A. MANZONI)

impiegatìzio [1922] **agg.** ● degli impiegati, relativo agli impiegati: *rapporto i.*; *classe impiegatizia* | (*spreg.*) da impiegato: *mentalità impiegatizia*

impiegatizzazióne [da *impiegato* ✱ 1971] **s. f.** ● trasformazione di una libera professione in un lavoro impiegatizio

♦**impiegàto** **A part. pass.** di *impiegare*; **anche agg.** ● nei sign. del v. | utilizzato **B s. m.** (**f.** *-a*) ● dipendente addetto a lavori non manuali in uffici pubblici o privati | ***i. di concetto***, con mansioni di collaborazione intellettuale amministrativa o tecnica | ***i. d'ordi-***

ne, con mansioni di collaborazione, eccettuata ogni prestazione semplicemente manuale | *i. pubblico*, impiegato dello Stato o di altro ente pubblico ‖ **impiegatino**, **dim.** | (*spreg.*) **impiegatùccio** (V.), **impiegatùzzo**, **dim.** | (*spreg.*) **impiegatùcolo**, **dim.**

impiegatùccio [dim. di *impiegato* ✻ av. 1858] **s. m.** (**f.** *-cia*; **pl. f.** *-ce*) ● (*spreg.*) impiegato di basso livello: *non avrebbe dato giammai il suo assenso al matrimonio della figliuola con un i.* (I. Svevo)

impiegatùme [da *impiegato* col suff. spreg. *-ume* ✻ 1851] **s. m.** ● (*disus.*, *spreg.*) complesso di impiegati

♦**impiègo** [da *impiegare* ✻ 1581] **s. m.** (**pl.** *-ghi*) **1** uso, utilizzazione di qlco.: *fare un i. razionale del tempo*; *un i. redditizio del denaro* **2** occupazione, posto di lavoro stabile in un ufficio: *i. fisso, incerto*; *i. pubblico, privato*; *aveva perduto un i. discreto procuratogli con somma fatica* (I. Svevo) | *pieno i.*, situazione di mercato in cui l'offerta di lavoro è pari o inferiore alla richiesta di lavoro con conseguente eliminazione della disoccupazione | *pubblico i.*, il settore del lavoro negli uffici pubblici; l'insieme dei lavoratori di tale settore **3** (*dir.*) rapporto di dipendenza di un impiegato dal datore di lavoro: *legislazione sull'i. privato, pubblico* ‖ **impiegùccio**, **dim.**

SFUMATURE ➤ *occupazione*

impiegùccio [dim. di *impiego* ✻ 1803] **s. m.** ● (*spreg.*) impiego modesto: *Con lo scarso provento del suo i. di computista* (L. Pirandello)

impietosìre (o -ṣ-) [comp. di *in-*① e *pietoso* ✻ av. 1553] **A** **v. tr.** (*io impietosìsco, tu impietosìsci*) ● muovere a pietà: *i. il cuore di qlcu.*; *disgrazie che impietosirebbero chiunque* **SIN.** commuovere **B** **impietosìrsi** **v. intr. pron.** ● sentire pietà: *impietosirsi al racconto di casi tristi* **SIN.** commuoversi

impietóso (o -ṣ-) [comp. di *in-*③ e *pietoso* ✻ av. 1422] **agg.** **1** che non ha pietà: *giudice i.* | crudele, disumano, spietato | (*est.*) poco comprensivo, brusco **2** che rivela mancanza di pietà o (*est.*) mancanza di comprensione: *critica impietosa* **3** (*fig.*) che evita ogni abbellimento: *una impietosa descrizione della situazione economica* | (*fig.*) implacabile, inesorabile. *caldo i.* ‖ **impietosaménte**, **avv.** senza pietà

SFUMATURE ➤ *disumano*

†**impietraménto** [1686] **s. m.** ● impietrimento

impietràre o (*lett.*) **impetràre**② [1313] **A** **v. tr.** (*io impiètro*) ● trasformare in pietra, pietrificare (*anche fig.*): *ond'ogni corpo impetro* (G.B. Marino) **B** **v. intr.** (**aus.** *essere*) e **impietràrsi** **v. intr. pron.** ● diventare pietra, impietrire (*anche fig.*): *Io non piangea, sì dentro impetrai* (Dante *Inf.* XXXIII, 49)

impietriménto [av. 1730] **s. m.** ● pietrificazione | (*fig.*, *lett.*) inaridimento spirituale

impietrìre o †**impetrire** [comp. di *in-*① e *pietra* ✻ av. 1597] **A** **v. tr.** (*io impietrìsco, tu impietrìsci*) **1** trasformare in pietra: *la Gorgone impietriva chi la guardava* **2** (*fig.*) far diventare duro e insensibile: *la disgrazia improvvisa l'ha impietrito* | (*est.*) rendere immobile, attonito **B** **v. intr.** (**aus.** *essere*) e **impietrìrsi** **v. intr. pron.** **1** diventare pietra **2** (*fig.*) diventare duro e insensibile: *il cuore gli si impietrì* | (*est.*) restare immobile, attonito (per stupore, spavento e sim.): *impietrì per la paura*; *sembrava impietrito*

impietrìto **part. pass.** di *impietrire*; anche **agg.** **1** diventato di pietra o duro come pietra: *vanghe piantate in mucchi impietriti di calcina* (A. Moravia) **2** (*fig.*) reso insensibile o incapace di emozioni e sentimenti: *anima impietrita dal dolore* | bloccato, immobilizzato, inerte: *restò un momento quasi i. dall'ira* (I. Calvino)

impigliàre [propr. '*pigliare* dentro (*in-*)' ✻ 1261 ca.] **A** **v. tr.** (*io impìglio*) **1** trattenere impedendo i movimenti: *i rovi le impigliarono le vesti*; *i. un pesce nella rete* | (*fig.*, *lett.*) vincolare | (*fig.*, *raro*) circuire **2** †invadere, occupare **3** †imprendere, iniziare **B** **impigliàrsi** **v. intr. pron.** ● rimanere preso, avviluppato: *impigliarsi negli ingranaggi di una macchina* | (*fig.*, *lett.*) rimanere coinvolto in qlco.

impignoràbile [comp. di *in-*③ e *pignorabile* ✻ 1899] **agg.** ● (*dir.*) che non può essere sottoposto a pignoramento: *bene i.* ‖ **impignorabilità**, **s. f. inv.**

impigrìre [comp. di *in-*① e *pigro* ✻ av. 1332] **A** **v. tr.** (*io impigrìsco, tu impigrìsci*) ● rendere pigro e torpido: *l'ozio impigrisce la mente ed il corpo* **SIN.** impoltronire **B** **v. intr.** (**aus.** *essere*) e **impigrìrsi** **v. intr. pron.** ● diventare pigro: *i cani da caccia impigriscono senza esercizio*; *si è impigrito per la noia* **SIN.** impoltronirsi

†**impìgro** [vc. dotta, lat. *ĭmpigru(m)*, nom. *ĭmpiger*, comp. di *in-*③ e *pĭger* 'pigro' ✻ 1499] **agg.** ● sollecito, diligente, operoso

impilàbile [da *impilare* ✻ 1993] **agg.** ● che si può impilare: *sedie impilabili* ‖ **impilabilità**, **s. f. inv.**

impilàggio [da *impilare*, sul modello del corrispondente fr. *empilage* (da *empiler*) ✻ 1957] **s. m.** **1** l'impilare **2** pila di oggetti

impilaménto [1992] **s. m.** ● impilaggio

♦**impilàre** [comp. di *in-*① e *pila*① ✻ 1957] **v. tr.** ● porre ordinatamente vari oggetti uno sopra l'altro in modo da formare una pila: *i. imballaggi, pellami*

impillaccheràre [comp. di *in-*① e *pillacchera* ✻ 1854] **A** **v. tr.** (*io impillàcchero*) ● (*tosc.*) imbrattare con schizzi di fango: *ho impillaccherato il vestito* **B** **impillaccheràrsi** **v. rifl.** ● infangarsi

impillolàto [comp. di *in-*① e *pillol(a)*, col suff. *-ato*① ✻ 1923] **agg.** **1** (*colloq.*) detto di chi si è riempito di pillole: *i. di psicofarmaci, di antibiotici* | (*colloq.*) di donna che ha preso la pillola anticoncezionale | (*gerg.*) impasticcato **2** (*raro*) di ciò che è confezionato in pillole: *chinino i.*

†**impìngere** [vc. dotta, lat. *impĭngere*, comp. di *in-*① e *păngere* 'piantare', da cui 'stabilire solidamente, concludere', di orig. indeur. ✻ 1282] **A** **v. tr.** ● spingere avanti, contro | (*est.*) caricare, assalire | (*fig.*) indurre **B** †**impìngersi** **v. intr. pron.** ● spingersi contro | opporsi

impinguaménto [sec. XVII] **s. m.** ● l'impinguare, l'impinguarsi

impinguàre [vc. dotta, lat. tardo *impinguāre*, comp. di *in-*① e *pĭnguis* 'grasso, pingue' ✻ 1321] **A** **v. tr.** (*io impìnguo, noi impinguiàmo*) **1** (*raro*) rendere pingue, grasso **2** (*fig.*) arricchire: *i. le tasche di qlcu.*; *i. le casse di una ditta* | (*fig.*) *i. un racconto, una descrizione*, abbondare nelle spiegazioni e nei richiami **B** **v. intr.** (**aus.** *essere*) e **impinguàrsi** **v. intr. pron.** **1** ingrassare: *Dall'ultima visita era impinguata ancora* (S. Aleramo) | (*est.*) arricchirsi **2** (*fig.*) †arricchirsi spiritualmente: *u' ben s'impingua se non si vaneggia* (Dante *Par.* X, 96) | †compiacersi, godere

†**impinguatóre** [av. 1729] **s. m.** (**f.** *-trice*); anche **agg.** ● chi (o che) impingua

†**impinguazióne** [vc. dotta, lat. tardo *impinguatiōne(m)*, da *impinguātus* 'impinguato' ✻ 1673] **s. f.** ● ingrassamento

impinguiménto [1970] **s. m.** ● impinguamento

impinguìre [comp. di *in-*① e *pingue* ✻ 1598] **v. intr.** (*io impinguìsco, tu impinguìsci*; **aus.** *essere*) e **impinguìrsi** **v. intr. pron.** ● diventare grasso

impinzàre [lat. parl. **impinctiāre* per *impĭngere* 'spingere (*păngere*) dentro (*in-*)' ✻ 1554] **A** **v. tr.** ● (*lett.*) rimpinzare (*anche fig.*) **B** **impinzàrsi** **v. rifl.** ● (*lett.*) rimpinzarsi

†**impio** e deriv. ➤ **empio**① e deriv.

impiombàre [dal lat. tardo *implumbāre* 'saldare con piombo', comp. di *in-*① e *plumbāre*, da *plŭmbum* 'piombo' ✻ 1427] **A** **v. tr.** (*io impiómbo*) **1** fermare o saldare con piombo: *i. un anello nel muro*; *i. un tubo* | rivestire di piombo: *i. un tetto* **2** munire di sigillo di piombo o di piombini la chiusura di pacchi, casse e sim.: *i. un baule, un carro ferroviario* **3** (*mar.*) congiungere mediante impiombatura **4** in odontoiatria, piombare **SIN.** incordonare **B** **impiombàrsi** **v. intr. pron.** ● (*lett.*) appesantirsi | (*lett.*) diventare plumbeo

impiombàto **part. pass.** di *impiombare*; anche **agg.** ● nei sign. del v.

impiombatùra [1715] **s. f.** **1** operazione dell'impiombare: *l'i. di un pacco*; *l'i. di un dente* | il piombo per impiombare **2** (*agric.*) virosi della vite **3** (*mar.*) collegamento permanente, realizzato mediante intreccio dei trefoli, tra le estremità di due cime o cavi metallici o tra un'estremità e la cima o il cavo stesso così da formare un anello

impiotaménto [1957] **s. m.** ● lavoro dell'impiotare

impiotàre [comp. di *in-*① e *piota* ✻ 1957] **v. tr.** (*io impiòto*) ● ricoprire un terreno, spec. giardini e aiuole, con zolle erbose

impipàrsi [comp. di *in-*① e *pipare* 'fumare la *pipa*', in senso figurato ✻ 1842] **v. intr. pron.** ● (*fam.*) infischiarsi | **impipàrsene**, (*fam.*) non curarsi di qlcu. o di qlco.: *me ne impipo di quello che possono dire*

impippiàre [comp. di *in-*① e *pippio*, nel senso di 'becco', come *imbeccare* ✻ av. 1698] **A** **v. tr.** (*io impìppio*) **1** (*raro, tosc.*) imbeccare uccelli, polli e sim. **2** (*raro, tosc.*) ingozzare **B** **impippiàrsi** **v. intr. pron.** ● (*raro, tosc.*) rimpinzarsi

†**impìreo** ➤ **empireo**

†**impìrio** ➤ **empireo**

impitonìre [dal *pitone* ipnotizzato dall'incantatore di serpenti ✻ 1989] **v. tr.** (*io impitonìsco, tu impitonìsci*) ● (*gerg.*) incantare, ammaliare

impiumàre [comp. di *in-*① e *piuma* ✻ av. 1556] **A** **v. tr.** **1** fornire o coprire di piume: *i. il nido*; *i. le ali* | ornare di piume: *i. l'elmo, il cimiero* **2** (*tess.*) *i. lana, seta, pelli*, secondo un antico procedimento, immergerle in un primo bagno colorante leggerissimo **B** **impiumàrsi** **v. intr. pron.** ● mettere le penne: *gli uccellini cominciano a impiumarsi*

impiumatùra [1869] **s. f.** ● (*tess.*) procedimento e spesa dell'impiumare

impiùmo [da *impiumare*, nel sign. A 2 ✻ sec. XIX] **s. m.** ● primo fondo di colore un tempo dato a tessuti da tingere

implacàbile [vc. dotta, lat. *implacābile(m)*, comp. di *in-*③ e *placābilis*, da *placāre* ✻ av. 1342] **agg.** **1** che non si può placare: *nemico, odio i.* | che non dà tregua: *sole, tempesta i.* **SIN.** inesorabile, ostinato **2** (*est.*) duro, inflessibile: *giudice i.* | severo, spietato: *critica i.* ‖ **implacabilménte**, **avv.** in modo implacabile; inesorabilmente ‖ **implacabilità**, **s. f. inv.**: *l'implacabilità di un nemico, del torrido clima estivo*

SFUMATURE ➤ *vendicativo*

implacàto [vc. dotta, lat. *implacātu(m)*, comp. di *in-*③ e *placātus*, part. pass. di *placāre* 'placare' ✻ 1810] **agg.** ● (*raro, lett.*) che non è placato: *l'implacata Erinni* (V. Monti) | (*lett.*) insaziato, inestinguibile: *con … implacata* *ambizione* (G. Carducci)

implantazióne [ingl. *implantation*, da *to implant* 'piantare, fissare, impiantare' ✱ 1983] **s. f.** ● (*fis.*) ***i. di ioni***, introduzione di impurezze nelle regioni prossime alla superficie di un cristallo per mezzo di un fascio di atomi

implantologìa o **impiantologìa** [dal lat. tardo *implantāre* 'impiantare' col suff. *-logia* ✱ 1966] **s. f.** (**pl.** *-gìe*) **1** (*chir.*) innesto di ciocche di capelli sulla cute, come rimedio contro la calvizie **2** (*chir.*) ***i. orale, i. endossea***, in odontoiatria, tecnica che permette di sostituire i denti mancanti con una protesi fissa, mediante l'inserimento di supporti metallici nelle ossa mascellari e mandibolari

implantòlogo [1983] **s. m.** (**f.** *-a*; **pl. m.** *-gi*) ● odontoiatra specializzato in implantologia

implauṣìbile [comp. di *in-*③ e *plausibile* ✱ 1869] **agg.** ● non plausibile, non accettabile | poco plausibile ‖ **implauṣibilménte**, **avv.** ‖ **implauṣibilità**, **s. f. inv.**

implementàre [ingl. *to implement*, dal lat. *implēre* 'riempire, adempiere' ✱ 1983] **v. tr.** (*io impleménto*) ● rendere operante, attivo, passando dalla fase di progetto alla realizzazione, detto spec. di impianti, sistemi, programmi informatici

implementazióne [1983] **s. f.** ● l'implementare, il venire implementato | realizzazione

implicànza [da *implicare* ✱ 1617] **s. f.** **1** †contraddizione **2** implicazione

implicàre [vc. dotta, lat. *implicāre* 'avvolgere', comp. di *in-*① e *plicāre* 'piegare' ✱ av. 1328] **A v. tr.** (*io ìmplico*, *poet.* *implìco*, *tu ìmplichi*, *poet.* *implìchi*) **1** comprendere in sé; sottintendere, presupporre, comportare come conseguenza (+ *di* **seguito da inf.**, + *che* **seguito da congtv.**): *l'amicizia implica stima e fiducia reciproche; la discussione implica di rinunciare a i preconcetti; la trattativa implica che esistano dei margini di confronto* **2** coinvolgere, rendere qlcu. partecipe o corresponsabile in una situazione negativa o rischiosa, anche suo malgrado: *lo hanno implicato in una lite, in uno scandalo, in un delitto* **3** (*raro*, *lett.*) avvolgere, inviluppare | †circondare: *il mare implica le terre* **B implicàrsi v. intr. pron.** ● invischiarsi in una situazione spesso spiacevole o complicata: *implicarsi in uno scandalo*

implicàto **part. pass.** di *implicare*; **anche agg.** **1** nei sign. del v. | coinvolto: *è rimasto i. in una truffa* **2** (*ling.*) detto di vocale in sillaba chiusa | detto di sillaba, che termina per consonante

implicatóre [av. 1406] **s. m.** (**f.** *-trice*); **anche agg.** ● (*raro*, *lett.*) chi (o che) implica, avvolge

implicazióne [vc. dotta, lat. *implicatiōne(m)*, da *implicātus* 'implicato' ✱ av. 1328] **s. f.** **1** l'implicare | conseguenza: *un gesto dalle gravi implicazioni* | (*est.*) rapporto, connessione: *le implicazioni politiche, sociali di un avvenimento; le implicazioni storiche, filosofiche, politiche di un romanzo* **2** in logica, relazione formale intercorrente tra l'antecedente e il conseguente di una proposizione in base alla quale è possibile stabilire che se è vero l'antecedente allora è vero anche il conseguente **3** †intrico, viluppo | (*fig.*) †difficoltà, impiccio

implicitézza [1869] **s. f.** ● condizione di ciò che è implicito

implìcito [vc. dotta, lat. *implĭcitu(m)*, altro part. pass. di *implicāre* 'implicare' ✱ av. 1373] **agg.** **1** di ciò che non è stato espresso, ma è sottinteso e contenuto nei fatti: *biasimo, rifiuto i.* **CONTR.** esplicito **2** (*gramm.*) ***proposizioni implicite***, quelle che hanno per predicato una forma indefinita del verbo **3** (*mat.*) rappresentato non direttamente, ma attraverso relazioni opportune **4** †nascosto, occulto ‖ **implicitaménte**, **avv.**

implòdere [da *esplodere*, con cambio di pref. ✱ 1983] **v. intr.** (**coniug. come** *esplodere*; **aus.** *essere*) **1** rompersi in seguito a implosione: *l'apparecchio è imploso* | (*fig.*) crollare improvvisamente, collassare: *un governo che rischia di i.* **2** (*psicol.*) operare un'implosione

imploràbile [vc. dotta, lat. *implorābile(m)*, da *implorāre* 'implorare' ✱ 1745] **agg.** ● (*raro*) che si può implorare

imploràntе **part. pres.** di *implorare*; **anche agg.** ● che rivela, esprime implorazione: *occhi imploranti; voce i.*

imploràre [vc. dotta, lat. *implorāre*, comp. di *in-*① e *plorāre* 'lamentarsi', di etim. incerta ✱ av. 1368] **v. tr.** (*io implòro*) ● domandare, chiedere con preghiera: *i. la grazia, clemenza* | (*est.*) supplicare (+ *di* **seguito da inf.**, + *che*): *i. Dio per avere una grazia; li implorò di smetterla; implorava che il suo bambino* (...) *non provasse il sentimento dell'amore* (L. Capuana)

SFUMATURE ➤ ***invocare***

imploratóre [av. 1646] **s. m.** (**f.** *-trice*); **anche agg.** ● (*raro*) chi (o che) implora: *un i. di grazie; sguardo i.*

implorazióne [vc. dotta, lat. *imploratiōne(m)*, da *implorātus* 'implorato' ✱ 1585] **s. f.** ● (*raro*) l'implorare | la preghiera o la supplica con cui si implora qlcu.

imploṣióne [comp. sul modello di *esplosione* con sostituzione di pref. a sign. opposto ✱ 1932] **s. f.** **1** (*fis.*) rottura subitanea di un recipiente sotto vuoto che cede alla pressione esterna, con proiezione dei frammenti verso l'interno | (*fig.*) cedimento, tracollo improvviso: *i. economica, politica* **SIN.** collasso **2** (*ling.*) movimento di chiusura del canale vocale nell'articolazione delle occlusive | prima fase della pronuncia di una consonante occlusiva **3** (*psicol.*) atteggiamento di chi si chiude in sé stesso, senza badare agli altri, trascurandoli e non comunicando con essi

imploṣiva [f. sost. di *implosivo* ✱ 1972] **s. f.** ● (*ling.*) consonante implosiva

imploṣivo [comp. sul modello di *esplosivo*, con sostituzione di pref. a sign. opposto ✱ 1957] **agg.** ● (*ling.*) articolato con implosione: *suono i.* | ***consonante implosiva***, quella che si trova dopo la vocale o il nucleo sillabico, e che corrisponde quindi alla fase di tensione decrescente della sillaba; anche, quella la cui articolazione è limitata alla prima fase di pronuncia

✢**implùme** [vc. dotta, lat. *implūme(n)*, comp. di *in-*③ e di un deriv. da *plūma* 'piuma' ✱ 1766] **agg.** ● che non ha le piume o le penne | ***uccelli implumi***, che non hanno messo ancora le piume | (*fig.*, *lett.*) imberbe

implùvio [vc. dotta, lat. *implŭviu(m)*, da *implŭere* 'piovere (*plŭere*) dentro (*in-*)' ✱ 1874] **s. m.** **1** (*archeol.*) nell'atrio della casa signorile romana, bacino rettangolare nel quale si raccoglieva l'acqua piovana defluita dal compluvio **2** (*geogr.*) ***linea di i.***, in una valle, quella che riunisce i punti più bassi di ogni profilo trasversale di essa

impoètico [comp. di *in-*③ e *poetico* ✱ 1821] **agg.** (**pl. m.** *-ci*) **1** (*lett.*) che non è poetico: *verso i.* | che non rispetta i canoni della versificazione: *rima impoetica* **2** (*est.*) prosaico, privo delle caratteristiche tipiche della poesia: *nella più impoetica lingua del mondo, qual è la francese* (G. Leopardi) ‖ **impoeticaménte**, **avv.** ‖ **impoeticità**, **s. f. inv.**

†**impolàrsi** [comp. di *in* '(fermo) nel' e *polo* ✱ 1321] **v. intr. pron.** ● imperniarsi su due poli: *non è in loco e non s'impola* (Dante *Par.* XXII, 67)

impolìtico [comp. di *in-*③ e *politico* ✱ 1793] **agg.** (**pl. m.** *-ci*) **1** contrario a una politica abile e opportuna: *discorso, provvedimento i.* **2** (*est.*) imprudente, inopportuno, incauto, malaccorto: *mossa impolitica* ‖ **impoliticaménte**, **avv.** in modo non politico; con scarsa accortezza ‖ **impoliticità**, **s. f. inv.**

†**impolìto** [vc. dotta, lat. *impolītu(m)*, comp. di *in-*③ e *polītus*, part. pass. di *polīre* 'pulire, levigare', di etim. incerta ✱ 1499] **agg.** ● grezzo | (*fig.*) rozzo, imperfetto ‖ †**impolitaménte**, **avv.** rozzamente, imperfettamente

impollinàre [comp. di *in-*① e *polline* ✱ 1940] **v. tr.** (*io impòllino*) ● (*bot.*) fecondare il fiore con il polline

impollinatóre [1957] **agg.**; **anche s. m.** (**f.** *-trice*) ● (*zool.*) detto di insetto o sim. che provoca l'impollinazione

impollinazióne [1874] **s. f.** ● (*bot.*) trasporto del polline sullo stigma o sull'ovulo nudo di un fiore | ***i. diretta***, autogamia | ***i. indiretta, incrociata***, allogamia

†**impollùto** [vc. dotta, lat. *impollūtu(m)*, part. pass. di *impollŭere*, comp. di *in-*③ e *pollŭere* 'sporcare', connesso con *lŭtum* 'fango', di orig. indeur. ✱ 1499] **agg.** ● non macchiato | (*est.*) illibato

impolpàre [comp. di *in-*① e *polpa* ✱ 1659] **A v. tr.** (*io impólpo*) ● (*lett.*, *raro*) rimpolpare (*anche fig.*) **B impolpàrsi v. intr. pron.** ● (*lett.*, *raro*) ingrassare

impoltronìre [comp. di *in-*① e *poltrone* ✱ av. 1363] **A v. tr.** (*io impoltronìsco, tu impoltronìsci*) ● rendere pigro: *l'inattività impoltronisce l'uomo* **SIN.** impigrire **B v. intr.** (**aus.** *essere*) e **impoltronìrsi v. intr. pron.** ● diventare pigro: *impoltronire col passare degli anni; con la vita sedentaria s'impoltronisce* **SIN.** impigrirsi

impolveràre [comp. di *in-*① e *polvere* ✱ av. 1320] **A v. tr.** (*io impólvero*) **1** coprire, sporcare di polvere: *questa strada mi ha impolverato le scarpe* | †***i. uno scritto***, cospargerlo di polverino assorbente **2** (*agric.*) trattare le viti con polvere di zolfo per difenderle dall'oidio **B impolveràrsi v. intr. pron.** ● coprirsi, sporcarsi di polvere: *quel vestito si è tutto impolverato* **C impolveràrsi v. rifl.** ● (*scherz.*) incipriarsi

impolveràto **part. pass.** di *impolverare*; **anche agg.** ● coperto di polvere: *mobile i.*

impolveratrìce [da *impolverare* ✱ 1959] **s. f.** ● (*agric.*) macchina per distribuire prodotti antiparassitari in polvere: *i. a soffietto, a zaino, a trazione* **SIN.** solforatrice

impomatàre [comp. di *in-*① e *pomata* ✱ 1855] **A v. tr.** ● ungere con pomata: *i. la pelle* **B impomatàrsi v. tr. pron.** (**aus.** *essere*) e **rifl.** ● cospargersi i capelli di brillantina: *impomatarsi i capelli; si è tutto impomatato*

impomatàto **part. pass.** di *impomatare*; **anche agg.** **1** unto con pomata **2** (*scherz.* o *spreg.*) di persona eccessivamente curata: *uscire tutto lisciato e i.*

impomiciàre [comp. di *in-*① e *pomice* ✱ 1342] **v. tr.** (**pres.** *io impómicio*; **fut.** *io impomicerò*) ● strofinare, pulire con pomice

imponderàbile [comp. di *in-*③ e *ponderabile* ✱ 1818] **A agg.** **1** che ha un peso tanto piccolo da non poter essere registrato dalle comuni bilance: *fluidi imponderabili* **2** (*fig.*) che non si può valutare o prevedere: *causa, motivo i.; esito i.* ‖ **imponderabilménte**, **avv.** ‖ **imponderabilità**, **s. f. inv.** (V.) **B s. m.** ● ciò che non si può determinare o prevedere: *temere l'i.* **SIN.** imprevedibile

imponderabilità [1855] **s. f. inv.** **1** carattere di ciò che è imponderabile **SIN.** imprevedibilità **2** (*fis.*) assenza di peso dovuta all'assenza di forza di gravità

imponderàto [comp. di *in-*③ e *ponderato* ✱ 1869] **agg.** **1** (*raro*) che non è stato pesato

2 (*fig.*) che non è stato bene meditato

imponènte part. pres. di *imporre*; anche agg. **1** enorme, grandioso, solenne: *teatro i.*; *corteo i.* | molto ingente: *somma i.* **2** che incute rispetto, soggezione: *personaggio i.* ‖ **imponenteménte**, avv.

SFUMATURE DI SIGNIFICATO

imponente - gigantesco - monumentale
Imponente è ciò che suscita ammirazione e quasi soggezione per il suo aspetto maestoso, per la grandiosità. **Gigantesco** è invece ciò che ha dimensioni fuori dall'ordinario, colossali. **Monumentale** è ciò che unisce alle grandi dimensioni la grandiosità, l'imponenza, la solennità di un monumento.
SFUMATURE ➤ ***robusto***

imponènza [da *imponente* ✻ 1530] s. f. **1** enormità, solennità grandiosa: *l'i. di un edificio*; *l'i. di una manifestazione* **2** gravità, austerità, detto di persona: *un vecchio di grande i.*

†**impónere** [vc. dotta, lat. *impōnere*, comp. di *in-*① e *pōnere* 'porre' ✻ 1268] v. tr. e †**impónersi** v. rifl. e intr. pron. ● imporre, imporsi

impóngo ➤ **imporre**

imponìbile [da *imponere* ✻ 1798] **A** agg. **1** che può essere imposto **2** che può essere gravato d'imposta: *reddito i.*; *La cavata netta, o rendita i. o parte dominicale* (L. EINAUDI) ‖ **imponibilità**, s. f. inv. (V.) **B** s. m. ● ciò che è soggetto a imposta: *accertare il valore dell'i.* | ***i. di mano d'opera***, negli anni fra il 1947 e il 1958, obbligo imposto dalla legge ai datori di lavoro agricolo di assumere un dato numero di lavoratori proporzionale alle dimensioni dell'impresa

imponibilità [av. 1861] s. f. inv. **1** caratteristica di ciò che è imponibile **2** entità dell'imponibile di un contribuente

impopolàre [comp. di *in-*③ e *popolare*② ✻ 1787] agg. ● che non gode del gradimento dell'opinione pubblica: *tassa, legge i.* | (*est.*) non molto gradito in un dato ambiente: *un insegnante piuttosto i.* | (*est., raro*) non conosciuto o diffuso: *opera i.* ‖ **impopolarménte**, avv. ‖ **impopolarità**, s. f. inv. caratteristica di chi (o di ciò che) è impopolare: *l'impopolarità di un ministro, di un provvedimento*

impoppàre [comp. di *in-*① e *poppa*② ✻ 1869] **A** v. tr. (*io impóppo*) ● appoppare **B** v. intr. (aus. *avere*) e **impoppàrsi** v. intr. pron. ● pendere dalla parte di poppa, appopparsi

impoppàta [comp. di *in-*① e *poppa*② ✻ 1937] s. f. ● (*mar.*) accelerazione che un'imbarcazione a vela subisce grazie a un aumento del vento da poppa | rotta percorsa con il vento in poppa

imporcàre [comp. di *in-*① e *porca* ✻ sec. XV] v. tr. (*io impòrco, tu impòrchi*) ● (*agric.*) lavorare il terreno a porche

imporporàre [comp. di *in-*① e *porpora* ✻ av. 1575] **A** v. tr. (*io impórporo*) ● tingere di porpora o del colore della porpora: *i. una stoffa* | (*est.*) colorare di rosso: *il tramonto imporpora il cielo* SIN. arrossare **B** **imporporàrsi** v. intr. pron. ● diventare rosso come la porpora SIN. arrossarsi | (*est.*) arrossire: *vedi come al sapore della lode / le s'imporpora il viso* (U. SABA)

imporràre [ant. fr. *empourrir*, comp. di *en-* illativo e *pourrir*, dal lat. *putrē(sce)re* 'putrefare' ✻ av. 1604] v. intr. (*io impòrro*; aus. *essere*) ● cominciare a marcire, ad ammuffire, detto spec. di alberi o legnami: *il legno all'aperto imporra*

♦**impórre** [var. assimilata di *impon(e)re* ✻ 1219] **A** v. tr. (coniug. come *porre*) **1** (*lett.*) porre sopra: *i. una corona in testa* | ***i. un nome, un soprannome a qlcu.***, dargli, mettergli un nome, un soprannome | †***i. la tela***, ordirla per tesserla **2** fare osservare, fare rispettare qlco. (+ *a*): *i. condizioni, patti*; *i. una legge, una tassa*; *i. la propria volontà ai presenti* | ***i. il silenzio***, far tacere per forza **3** comandare, ingiungere, intimare (+ *di* seguito da inf.; + *che* seguito da congtv.): *i. a qlcu. di ubbidire, di giurare*; *la legge impone che l'impianto sia controllato annualmente* | anche nella forma pron. **impórsi**, ingiungere a sé stesso: *mi sono imposto il silenzio*; *si è imposto di tacere sull'argomento*; *la penitenza ch'egli si è imposta* (I. NIEVO) **4** esigere, richiedere di necessità (+ *di* seguito da inf., + *che* seguito da congtv.): *la situazione impone una scelta rapida*; *il momento difficile impone di partire immediatamente*; *le circostanze impongono che si agisca subito* **5** (*relig.*) ***i. la mano, le mani, sul capo***, per benedire, per consacrare | ***i. il galero***, investire i cardinali della loro dignità **6** †attribuire, imputare: *i. una colpa, un merito* **B** **impórsi** v. rifl. ● farsi valere con la propria autorità sugli altri (+ *su*): *è una persona che sa imporsi*; *imporsi sugli altri, sui propri avversari* | (*est.*) affermarsi, avere successo: *una moda che si è imposta da poco* | ***imporsi all'attenzione generale***, suscitare grande interesse | (*sport*) vincere: *si è imposto prima del limite* **C** **impórsi** v. intr. pron. ● diventare necessario: *questioni, problemi che s'impongono per la loro urgenza*; *si impone una pausa di riflessione*
SFUMATURE ➤ ***ordinare***

imporrìre [V. *imporrare* ✻ 1869] v. intr. (*io imporrìsco, tu imporrìsci*; aus. *essere*) ● (*lett.*) marcire (*anche fig.*)

ìmport /'import, *ingl.* 'ɪmpɔːt/ [vc. ingl., da *to import* 'importare' ✻ 1983] s. m. inv. ● (*econ., comm.*) importazione

importàbile① [vc. dotta, lat. tardo *importābile(m)*, da *importāre* 'importare' ✻ av. 1375] agg. **1** che si può importare: *merce i.* **2** †intollerabile, insopportabile: *fierissima e i. passion d'amore* (G. BOCCACCIO) ‖ **importabilità**, s. f. inv.

importàbile② [comp. di *in-*③ e *portabile* ✻ av. 1320] agg. ● che non si può portare, che non si può indossare: *questo vestito è veramente i.*

♦**importànte** [part. pres. di *importare* ✻ 1484] **A** agg. **1** che ha grande interesse e rilevanza (+ inf., + *che* seguito da congtv.): *questione, affare i.*; *è l'avvenimento più i. dell'anno*; *sono fatti poco importanti*; *il sonno è molto i. per l'organismo*; *è i. che tutti capiscano il messaggio*; *è i. raccogliere tutte le informazioni* **2** caratterizzato da un certo prestigio e da una certa eleganza: *serata, occasione, pranzo i.*; *è un abito troppo i. per stasera* **3** (*raro*) che si nota, fa spicco: *naso i.* **4** detto di persona, che possiede autorevolezza e prestigio: *un funzionario, un uomo d'affari i.* ‖ †**importanteménte**, avv. in modo importante **B** s. m. ● ciò che è essenziale: *l'i. è aver buona salute*

SFUMATURE DI SIGNIFICATO

importante - considerevole - ragguardevole
Importante è ciò che ha un peso, un interesse, un'importanza considerevoli: è termine generale che può essere applicato a tutto ciò che si ritiene degno di nota; riferito a persona indica potere, prestigio, autorevolezza. **Considerevole** descrive ciò che è rilevante, degno di considerazione per quantità o importanza; non si usa in riferimento a persone. **Ragguardevole** si usa invece solo in riferimento a persone considerate degne di particolare rispetto e considerazione per censo o meriti acquisiti, o anche a somme di denaro.

♦**importànza** [av. 1405] s. f. **1** carattere di ciò che è importante: *notizie della massima i.* SIN. interesse, rilievo **2** valore, credito, peso, considerazione: *dare i. a qlcu. o qlco.* | ***darsi i.***, ostentare una falsa autorevolezza e gravità | †la parte essenziale o di maggior valore: *l'i. del detto calice eran le tre figure d'oro* (B. CELLINI) **3** †importo di una somma

♦**importàre** [vc. dotta, lat. *importāre*, comp. di *in-*① e *portāre*, anche con trapasso analogo ad *apportare* (sottinteso interesse) ✻ 1268] **A** v. tr. (*io impòrto*) **1** far entrare nel proprio Paese merci provenienti da un Paese straniero: *l'Italia importa carbone, petrolio, caffè* | (*fig.*) ***i. nuove idee, mode***, introdurle in un ambiente, in una cultura **2** (*raro*) richiedere, comportare: *lavoro che importa forti spese* **3** (*raro*) richiedere come spesa | †assommare: *La paga importa 3 mila ducati* (F. GUICCIARDINI) **4** (*lett.*) significare | †simboleggiare **B** v. intr. (aus. *essere*) **1** premere, interessare, stare a cuore (+ *a*): *la tua salute importa a tutti* **2** †valere **C** v. intr., spec. impers. (aus. *essere*) **1** interessare: *cosa importa?*; *che mi importa?*; *che me ne importa?*; *che t'importa il saperlo?*; *a te che te ne importa?*; *non me ne importa più niente di lui*; *non mi importa di non rivederlo più*; *non me ne importa nulla, un accidente, un fico secco* | (*pop.*) ***chi se ne importa?***, sono del tutto indifferente | avere importanza: *che importa?*; *Non importa che sia nato e cresciuto fra le legna* (E. DE AMICIS) **2** essere necessario, occorrere (+ *che* seguito da congtv.): *devo venire anch'io o non importa?*; *importa che tutti ne siano consapevoli*; *non importa che tu resti ancora qui*

importatóre [1757] agg. e s. m. (f. *-trice*) ● che (o chi) introduce merci in un Paese: *società importatrice*; *gli importatori di materie prime*

♦**importazióne** [av. 1547] s. f. ● l'introduzione di merci da Paesi stranieri: *prodotti d'i.* CONTR. esportazione | (spec. al pl.) il complesso dei prodotti importati: *aumentare, ridurre le importazioni* | (*fig.*) introduzione in un ambiente, in una cultura: *i. di nuove idee, di una nuova moda*

ìmport-èxport /'import 'ɛksport, *ingl.* 'ɪmpɔːt 'ɛkspɔːt/ [vc. ingl., comp. di *import* 'importazione' ed *export* 'esportazione' ✻ 1962] **A** s. m. inv. ● (*econ., comm.*) attività di importazione e di esportazione di prodotti **B** agg. inv. ● che si occupa di importazioni ed esportazioni: *ditta import-export*

impòrto [da *importare* ✻ 1812] s. m. **1** ammontare complessivo: *l'i. di una spesa, della parcella* | costo, prezzo: *non conoscere l'i. di qlco.* **2** (*est.*) somma di denaro: *investire un grosso i.*

importunàre [da *importuno* ✻ av. 1481] v. tr. ● recare fastidio o molestia: *i. qlcu. con domande noiose*; *i. una donna per strada* SIN. disturbare, infastidire, seccare

importunità [vc. dotta, lat. *importunitāte(m)*, in opposizione a *opportunitāte(m)*, da *importūnus* 'importuno' ✻ av. 1342] s. f. inv. ● caratteristica di ciò che è importuno | (*lett.*) comportamento o discorso inopportuno, fastidioso SIN. insistenza, molestia

♦**importùno** [vc. dotta, lat. *importūnu(m)*, 'che non (*in-*) è opportuno *(op)portūnu(m)*' ✻ sec. XIII] **A** agg. **1** che reca molestia per il comportamento insistente e indiscreto: *essere, riuscire i.* | fastidioso, seccante, detto di cosa: *pioggia, nebbia importuna* **2** intempestivo, inopportuno: *visitatore i.* | †***morte importuna***, precoce **3** †infausto: *Meste strigi et importune nottole* (I. SANNAZARO) ‖ **importunaménte**, avv. in modo importuno, fastidioso **B** s. m. (f. *-a*) ● chi importuna, infastidisce gli altri SIN. seccatore

importuóso (o *-ṣ-*) [vc. dotta, lat. *importuōsu(m)*, comp. di *in-*③ e *portuōsus*, da *pŏrtus*, di orig. indeur. ✻ sec. XIV] agg. ● (*raro*) privo di porti: *riviera importuosa* | non adatto ad avere porti: *litorale i.*

impósi ➤ **imporre**

impositìvo [da *impōsitus*, part. pass. di *impōnere* 'imporre' ✱ 1983] **agg. 1** relativo all'imposizione fiscale: *autonomia impositiva* **2** che contiene un'imposizione

†**impositóre** [vc. dotta, lat. *impositōre(m)*, da *impōsitus*, part. pass. di *impōnere* 'imponere' ✱ av. 1694] **s. m.** ● chi impone

imposizióne [vc. dotta, lat. *impositiōne(m)*, da *impōsitus*, part. pass. di *impōnere* 'imponere' ✱ av. 1328] **s. f. 1** l'imporre (*anche fig.*): *procedere all'i. di nuove tasse*; *l'i. di un nome*; *l'i. della propria volontà su qlcu.* | ***i. delle mani***, consacrazione che fa il vescovo ponendo le mani sulla testa del fedele, per benedire o per conferire gli ordini | ***i. del nome***, rito con il quale, in molte religioni, si attribuisce il nome al neonato **2** comando, ordine, ingiunzione: *non tollerare imposizioni* **3** (*generic.*) tassa, imposta, tributo: *elevare nuove imposizioni a carico dei cittadini* **4** (*raro*) soperchieria, prepotenza: *ottenere qlco. con una i.*

SFUMATURE DI SIGNIFICATO

imposizione - prepotenza - sopraffazione

Un comando, un ordine, un'ingiunzione a fare o non fare qualcosa si definisce **imposizione**, termine che implica una certa costrizione, una forzatura della volontà di chi lo subisce. Un'imposizione attuata con forza e arroganza, nel totale disinteresse per i desideri e i bisogni dell'altro, si definisce **prepotenza**. Incisività ancora maggiore ha **sopraffazione**, che descrive l'atto di dominare con soprusi, prepotenze e violenze chi è più debole o non è in grado di difendersi.

SFUMATURE ➤ ***angheria***, ➤ ***intimazione***, ➤ ***prevaricazione***

impossessaménto [1904] **s. m.** ● l'impossessarsi: *l'i. illecito dei beni di qlcu.*

impossessàrsi [comp. di *in-*① e *possesso* ✱ av. 1500] **v. intr. pron.** (*io mi impossèsso*) ● appropriarsi e prendere possesso di qlco. o di qlcu.: *i. di un terreno abbandonato*; *i. di una posizione nemica*; *i. degli ostaggi* | (*fig.*) acquistare piena conoscenza di qlco.: *i. di una lingua*

♦**impossìbile** [vc. dotta, lat. tardo *impossĭbile(m)*, comp. di *in-*③ e *possĭbilis*, da *pŏsse* 'potere' ✱ av. 1294] **A agg. 1** che non è o non sembra possibile (+ *a*, + *da* **seguiti da inf.**): *un'impresa i.*; *cosa i. a dirsi, a farsi*; *questo dubbio è i. a solvere* (DANTE); *un programma i. da realizzare*; *volendo fare un romanzo … moderno, e ignoto e i. da farsi o da concepirsi agli antichi* (G. LEOPARDI) **SIN.** inattuabile, irrealizzabile | assurdo, inammissibile: *non fare ipotesi impossibili* | ***non è i.***, non è da escludere | ***pare i.***, è strano, ma è proprio così: *pare i., ma è sempre in ritardo!* **2** (*est., colloq.*) così sgradevole da risultare insopportabile: *cibo i.*; *carattere, traffico i.* | ***arriva sempre a ore impossibili***, inopportune **3** (*dir.*) ***reato i.***, quando per l'inidoneità dell'azione o per l'inesistenza dell'oggetto di essa è impossibile l'evento dannoso o pericoloso | ***condizione i.***, quando è certo che l'evento dedotto non si avvererà **4** (*mat.*) ***equazione i.***, priva di soluzioni ‖ **impossibilménte**, **avv.** (*raro*) in modo impossibile ‖ **impossibilità**, **s. f. inv.** (V.) **B s. m.** ● ciò che non è realizzabile | ***tentare, fare l'i.***, impegnarsi a fondo senza lasciare niente di intentato

impossibilità [vc. dotta, lat. tardo *impossibilitāte(m)*, comp. di *in-*③ e *possibĭlitas* (V. *possibile*) ✱ 1308] **s. f. inv.** ● condizione di ciò che è impossibile: *riconoscere l'i. di un'azione* | (*est.*) incapacità di fare qlco.: *i. materiale di alzarsi*; *trovarsi nell'i. di fare fronte ai debiti*

impossibilitàre [da *impossibilità* ✱ av. 1653] **v. tr.** (*io impossibilito*) **1** rendere impossibile qlco.: *la ferita gli impossibilitava il movimento* **SIN.** impedire **2** mettere qlcu. nell'impossibilità di fare qlco.: *i. qlcu. a parlare*

impossibilitàto **part. pass.** di *impossibilitare*; anche **agg.** ● che non ha la possibilità di fare qlco. (+ *a* **seguito da inf.**): *sono i. a uscire*; (*assol.*) *i. a venire, vi prego di scusarmi*

impossidènte [comp di *in-*③ e *possidente* ✱ 1859] **s. m. e f.; anche agg.** ● (*dir.*) chi (o che) è privo di beni, di proprietà

impossidènza [da *impossidente* ✱ 1836] **s. f.** ● (*dir.*) condizione di chi è privo di beni, di proprietà

♦**impòsta**① (o **-ó-**) [vc. dotta, lat. *impŏsita(m)*, originariamente agg. f., dal part. pass. di *impōnere* 'porre sopra' ✱ av. 1292] **s. f. 1** †ingiunzione, comando **2** (*dir.*) parte di ricchezza che ciascuno deve allo Stato o ad altro ente pubblico in ragione della propria capacità contributiva e il cui gettito, contrariamente a quello della tassa, è destinato a soddisfare esigenze proprie della collettività nel suo insieme: *i. diretta, indiretta*; *i. reale, personale*; *i. proporzionale, progressiva*; *i. sul valore aggiunto* | ***tasso d'i.***, misura unitaria di imposta fissata dalla legge

SFUMATURE ➤ ***tassa***

impòsta② (o **-ó-**) [f. sost. di *imposto*, part. pass. di *imporre*] **s. f. 1** ciascuno di due sportelli girevoli su cardini che servono a chiudere porte o finestre: *i. di legno*; *i. scolpita*; *aprire, chiudere le imposte* | ***i. di finestra***, scuro, scuretto **2** (*archit.*) elemento sporgente dallo stipite o dal pilastro dal quale si inizia l'arco | ***piano di i.***, superficie di contatto tra una struttura spingente, arco o volta, e il relativo piedritto ‖ **impostóne**, **accr. m.**

impostàre① [comp. di *in-*① e *posto* ✱ 1550] **A v. tr.** (*io impòsto*) **1** sistemare le basi, le fondamenta, le strutture di una qualunque costruzione: *i. una volta, delle arcate, le mura di un edificio* **2** (*est.*) porre le basi o le premesse per avviare una certa attività: *i. una organizzazione di vendita a domicilio*; *i. un servizio di assistenza automobilistica* | ***i. la voce***, intonarla e sostenerla | ***i. un'operazione matematica***, disporre cifre e segni per eseguirla | ***i. un giornale***, stabilirne a grandi linee l'indirizzo e le caratteristiche | (*fig.*) ***i. un problema, una questione***, stabilire premesse e dati per risolverli **3** (*inform.*) formare, battendo i relativi tasti, sulla tastiera numerica di una macchina da calcolo il numero che dovrà essere operato dalla macchina stessa **B impostàrsi** **v. intr. pron. 1** atteggiare il proprio corpo nel modo più funzionale per svolgere un lavoro o compiere uno sforzo: *impostarsi per saltare, per sollevare un peso* **2** (*lett.*) appostarsi

impostàre② [comp. di *in-*① e *posta* ✱ 1804] **v. tr.** (*io impòsto*) ● introdurre nella buca delle lettere la corrispondenza perché venga recapitata **SIN.** imbucare

impostàto **part. pass.** di *impostare*①; anche **agg. 1** nei sign. del v. | che ha una data impostazione (*spec. fig.*): *una discussione male impostata* | che ha ricevuto una preparazione tecnica: *atleta i.*; *voce impostata* **2** (*disus.*) appostato **3** (*lett.*) impettito: *bell'uomo, militarmente i.* (L. PIRANDELLO)

impostatùra [da *impostare*① ✱ 1681] **s. f. 1** (*raro*) l'impostare: *l'i. di una volta* **2** (*lett.*) positura della persona

impostazióne① [da *impostare*① ✱ 1839] **s. f. 1** l'impostare: *l'i. di un arco* **2** (*est.*) determinazione delle premesse o delle basi per svolgere un'attività, risolvere qlco. e sim.: *la corretta i. del problema è stata difficile* | modo di essere impostato, organizzato: *l'i. di un dizionario* **SIN.** impianto **3** (*ling.*) catastasi

impostazióne② [da *impostare*② ✱ 1848] **s. f.** ● atto dell'imbucare lettere: *cassetta per l'i.*; *l'ora dell'i.*

impósto **part. pass.** di *imporre*; anche **agg.** ● nei sign. del v. | ingiunto: *una pace imposta*

impostóre [vc. dotta, lat. tardo *impostōre(m)*, da *impōsitus*, part. pass. di *impōnere*, nel senso di 'gabbare, ingannare' ✱ av. 1342] **s. m.** (**f.** *-tóra*) ● chi abitualmente racconta menzogne o falsifica la verità dei fatti: *chi ha messo in giro certe calunnie è un i.* | (*est.*) chi sostiene o difende teorie o dottrine false, approfittando della buona fede altrui: *è un i. che sostiene di saper curare certe malattie* **SIN.** bugiardo, ciarlatano, imbroglione ‖ **impostoràccio**, **pegg.**

SFUMATURE ➤ ***simulatore***

impostùra [vc. dotta, lat. tardo *impostūra(m)*, da *impōsitus*, part. pass. di *impōnere* col senso di 'dar da intendere, gabbare' ✱ 1584] **s. f. 1** consuetudine alla menzogna e all'inganno: *vivere nell'i.* **2** menzogna, raggiro, inganno: *raccontare imposture*; *Le due grandi imposture del nostro tempo: l'architettura e la sociologia* (L. SCIASCIA)

SFUMATURE ➤ ***menzogna***

imposturàre [da *impostura* ✱ 1744] **v. tr.** ● (*lett., raro*) ingannare servendosi d'imposture (*anche assol.*)

impotènte [vc. dotta, lat. *impotĕnte(m)*, comp. di *in-*③ e *potĕnte(m)*, nom. *pŏtens*, part. pres. di *pŏsse* 'potere' ✱ 1312] **A agg.** ● che non ha la capacità, la forza, i mezzi per fare qlco. (+ *a* **seguito da inf.**): *i. a resistere agli attacchi del nemico*; *i. a dominare la folla*; *i. a risolvere un problema* | inefficace: *una terapia rivelatasi i.* | ***odio, ira i.***, che non ha possibilità di sfogarsi ‖ **impotenteménte**, **avv.** senza potenza **B agg. e s. m.** ● (*med.*) che (o chi) è affetto da impotenza sessuale

impotènza [vc. dotta, lat. *impotĕntia(m)*, comp. di *in-*③ e *potĕntia*, da *pŏsse* 'potere' ✱ av. 1332] **s. f. 1** condizione in cui si trova chi è impotente: *l'i. dell'uomo davanti alla morte* | ***ridurre qlcu. all'i.***, metterlo nell'impossibilità di fare qlco., di nuocere, di intervenire e sim. **SIN.** debolezza **2** (*med.*) incapacità di un organo, di un apparato o di un individuo a espletare una determinata funzione | ***i. sessuale***, (*ellitt.*) ***impotenza***, incapacità di un individuo adulto a compiere il coito per mancata o insufficiente erezione o a fecondare l'oocita per difetti degli spermatozoi

impoveriménto [av. 1499] **s. m.** ● l'impoverire, l'impoverirsi (*anche fig.*): *l'i. di un terreno, di un fiume*; *l'i. del patrimonio artistico di una nazione*

impoverìre [comp. di *in-*① e *povero* ✱ av. 1257] **A v. tr.** (*io impoverisco, tu impoverisci*) ● rendere povero: *i. un patrimonio con investimenti sbagliati* | ***i. un terreno***, sfruttarlo con coltivazioni irrazionali | ***i. un corso d'acqua***, fare derivare canali o altro diminuendone la portata | (*fig.*) indebolire **CONTR.** arricchire **B v. intr.** (aus. *essere*) e **impoverìrsi** **v. intr. pron.** ● diventare povero: *chi vive al disopra dei propri mezzi impoverisce*; *si è impoverito con speculazioni sbagliate* | (*fig.*) diventare più povero; indebolirsi, infiacchirsi: *impoverirsi intellettualmente* **CONTR.** arricchirsi

impraticàbile [comp. di *in-*③ e *praticabile* ✱ av. 1503] **agg. 1** difficile, inadatto al transito; che non si può percorrere: *una montagna i.*; *il mare Oceano … fino ab antico si credé essere i. a navigare* (D. BARTOLI); *luogo, strada i.* | (*sport*) ***terreno, campo i.***, su cui non si può gareggiare **2** (*fig.*) inattuabile, irrealizzabile: *ipotesi, progetto i.* | (*fig., raro*) ***rimedio, cura i.***, che non è conveniente o possibile usare | (*fig., raro*) ***persona i.***, intrattabile, che ha un pessimo carattere ‖ **impraticabilità**, **s. f. inv.**: *impraticabilità del campo*; *l'impraticabilità di una proposta poli-*

tica

impratichìre [comp. di *in-*① e *pratico* ✱ 1561] **A** **v. tr.** (*io impratichisco, tu impratichìsci*) ● rendere pratico o abile in un'attività: *i. qlcu. nell'uso delle armi* **B** **impratichìrsi** **v. intr. pron.** ● diventare pratico, esperto: *impratichirsi in un lavoro, a tradurre, a cavalcare; impratichirsi di un luogo*

imprecàre [vc. dotta, lat. *imprecāri*, comp. di *in* 'contro' e *precāri* 'pregare' ✱ av. 1342] **A** **v. intr.** (*io imprèco, tu imprèchi*; **aus.** *avere*) ● inveire, lanciare insulti: *i. contro i calunniatori; i. contro le malattie* **B** **v. tr.** ● (*lett.*) augurare qlco. di male a qlcu.: *Non sta bene che tu imprechi la donna della quale mangerai il pane* (G. DELEDDA)

imprecatìvo [1612] **agg.** ● che costituisce o contiene una imprecazione: *discorso, tono i.*

imprecatóre [1693] **agg. e s. m.** (**f.** *-trice*) ● (*raro, lett.*) che (o chi) impreca | che (o chi) lancia imprecazioni per abitudine

imprecatòrio [1869] **agg.** (**pl. m.** *-i* o *raro -ii*) ● (*lett.*) imprecativo

imprecazióne [vc. dotta, lat. *imprecatiōne(m)*, da *imprecātus* 'imprecato' ✱ 1554] **s. f.** ● l'imprecare: *astenersi dall'i.* | parola, frase con cui si impreca: *lanciare imprecazioni contro tutti* **SIN.** maledizione

imprecişàbile [comp. di *in-*③ e *precisabile* ✱ 1930] **agg.** ● che non si può precisare: *causa i.* ‖ **imprecişabilménte**, **avv.**

imprecişàto [comp. di *in-*③ e *precisato* ✱ 1936] **agg.** ● non precisato: *particolare i.* | che non si può conoscere o determinare con esattezza e precisione: *a un'ora imprecisata della notte; una circostanza imprecisata*

imprecişióne [comp. di *in-*③ e *precisione* ✱ 1869] **s. f.** **1** mancanza o scarsezza di precisione: *lavoro, disegno eseguito con i.* **CONTR.** accuratezza, fedeltà **2** inesattezza, indeterminatezza, approssimazione: *i. di linguaggio; riferire qlco. con i.*

imprecìşo [comp. di *in-*③ e *preciso* ✱ av. 1852] **agg.** **1** che manca di precisione, di accuratezza: *essere i. nell'eseguire gli ordini* **2** indeterminato, inesatto, non appropriato: *definizione imprecisa* | approssimato: *calcolo i.* ‖ **imprecişaménte**, **avv.**

impregiudicàto [comp. di *in-*③ e *pregiudicato* ✱ 1869] **agg.** **1** (*dir.*) detto di questione giuridica relativamente alla quale non è stata ancora emessa alcuna pronuncia giurisdizionale | (*raro*) detto di persona a carico della quale mai si sono avute in passato accuse o condanne penali **2** (*est.*) che è ancora aperto a diverse soluzioni: *malgrado le numerose polemiche, la questione resta impregiudicata; preferisce lasciare la cosa impregiudicata?* (D. BUZZATI)

impregnaménto [av. 1304] **s. m.** ● (*raro*) l'impregnare, l'impregnarsi | (*raro*) gravidanza | †fecondazione

impregnànte **A** **part. pres.** di *impregnare*; anche **agg.** ● nei sign. del v. **B** **agg. e s. m.** ● detto di vernice che protegge il legno dagli agenti atmosferici

impregnàre [vc. dotta, lat. tardo *impraegnāre*, comp. di *in-*② e *praegnāre*, da *praēgnis* 'pregno' ✱ 1313] **A** **v. tr.** (*io imprégno*; **coniug. come** *segnare*) **1** imbevere, intridere (+ *di*): *i. il cotone idrofilo di alcol, la spugna d'acqua* **2** (*est.*) saturare (+ *di*): *i. l'aria di esalazioni* | (*fig.*) riempire: *i. la mente di pregiudizi* **3** fecondare o ingravidare la femmina, detto spec. di animali **B** **impregnàrsi** **v. intr. pron.** **1** imbeversi, intridersi (*anche fig.*) (+ *di*): *la terra si è impregnata di acqua piovana; la religione ... s'impregna di umanismo e di naturalismo* (F. DE SANCTIS) **2** diventare gravida, detto spec. di femmina di animali: *la mucca si è impregnata*

impregnàto **part. pass.** di *impregnare*; anche **agg.** **1** imbevuto, intriso, inzuppato (+ *di*): *terreno i. di pioggia; Egli dal mare tornava tutto i. di sali* (G. D'ANNUNZIO) **2** pieno, saturo (*anche fig.*) (+ *di*): *locale i. di fumo; la rinascita delle dottrine intellettualistiche impregnate di materialismo* (L. PIRANDELLO)

impregnazióne [av. 1328] **s. f.** **1** †gravidanza **2** trattamento impiegato per rendere più resistenti materiali quali il legno o la carta

impremeditàto [vc. dotta, lat. tardo *impraemeditātu(m)*, comp. di *in-*③ e *praemeditātus*, part. pass. di *praemeditāri* 'premeditare' ✱ 1468] **agg.** **1** (*raro*) non premeditato: *delitto i.* **2** (*raro*) improvviso ‖ †**impremeditataménte**, **avv.**

impremeditazióne [comp. di *in-*③ e *premeditazione* ✱ 1869] **s. f.** ● (*raro*) mancanza di premeditazione

†**imprendènza** [da *imprendere* ✱ av. 1776] **s. f.** ● intraprendenza

imprèndere [lat. parl. **imprehĕndere*, comp. di *in-*② e *prehĕndere* 'prendere' ✱ 1261 ca.] **v. tr.** (**coniug. come** *prendere*) **1** (*lett.*) intraprendere, incominciare: *i. una spedizione, una ricerca; i. a costruire una casa* **2** †apprendere, imparare (*anche assol.*): *ad imprender filosofia il mandò ad Atene* (G. BOCCACCIO) **3** †rimproverare

imprendìbile [comp. di *in-*③ e *prendibile* ✱ av. 1817] **agg.** ● che non si può prendere | ***posizione i.***, inespugnabile ‖ **imprendibilménte**, **avv.** ‖ **imprendibilità**, **s. f. inv.**

†**imprendiménto** [da *imprendere* ✱ sec. XIV] **s. m.** **1** l'imprendere | impresa **2** apprendimento

♦**imprenditóre** [da *imprendere* ✱ av. 1348] **s. m.** (**f.** *-trice*; **V. nota d'uso FEMMINILE**) **1** †iniziatore, promotore **2** chi esercita professionalmente un'attività economica organizzata al fine della produzione e dello scambio di beni o di servizi: *piccolo i.; i. agricolo, commerciale, industriale*

imprenditorìa [1984] **s. f.** **1** categoria degli imprenditori, classe imprenditoriale: *i. torinese; i. privata, locale* **2** attività degli imprenditori

imprenditoriàle [1953] **agg.** ● di imprenditore, relativo a imprenditore o a imprenditoria: *mentalità i.* | ***classe i.***, il complesso degli imprenditori di un determinato Paese o di una data zona ‖ **imprenditorialménte**, **avv.** **1** nel modo tipico degli imprenditori **2** da un punto di vista imprenditoriale ‖ **imprenditorialità**, **s. f. inv.** **1** il complesso delle capacità e delle caratteristiche proprie degli imprenditori **2** (*est.*) l'insieme degli imprenditori di una determinata zona: *l'imprenditorialità italiana*

†**imprènta** [ant. fr. *empreinte*, dal part. pass. di *empreindre* 'imprimere' ✱ 1321] **s. f.** ● impronta, figura

†**imprentàre** [da *imprenta* ✱ 1321] **A** **v. tr.** **1** imprimere **2** (*fig.*) improntare di sé: *la divina bontà, che 'l mondo imprenta* (DANTE *Par.* VII, 109) **B** †**imprentàrsi** **v. intr. pron.** ● (*lett.*) fissarsi, imprimersi | (*fig.*) improntarsi

impreparàto [vc. dotta, lat. tardo *impraeparātu(m)*, comp. di *in-*③ e *praeparātus*, part. pass. di *praeparāre* 'preparare' ✱ 1520] **agg.** ● che non è preparato a qlco. (+ *a*, **anche seguito da inf.**): *andare i. agli esami; nazione impreparata alla guerra; si è dimostrato i. a gestire gli imprevisti*

impreparazióne [da *impreparato* ✱ 1907] **s. f.** ● mancanza di preparazione

♦**imprésa** ① (o *-ş-*) [f. sost. del part. pass. di *imprendere* ✱ 1261 ca.] **s. f.** **1** ciò che si comincia e si ha intenzione di condurre a termine: *Oh com'è grande la mia i. in questa canzone* (DANTE) **2** attività, iniziativa di una certa difficoltà ed importanza, ma che si presenta spesso di esito dubbio: *accingersi, mettersi in un'i.; abbandonare l'i.; i. eroica, rischiosa* | ***i. militare***, spedizione di guerra | ***le grandi imprese***, le gesta eroiche | ***è un'i.!***, è molto difficile, troppo rischioso!; *è un'i. senza speranza rivestire un uomo di parole* (P. LEVI) | **PROV.** ***è più la spesa che l'i.***, V. *spesa* **3** (*econ.*) organismo che coordina prestazioni di lavoro e strumenti adeguati, per il conseguimento di finalità economiche | ***i. commerciale***, per la vendita di uno o più beni | ***i. industriale***, per la produzione di beni in un certo settore | ***i. marginale***, che lavora con margini d'utile assai ristretti **4** †commissione, incarico ‖ **impresétta**, **dim.** | **impresìna**, **dim.** | **impresóna**, **accr.** | **impresùccia**, **dim.**

imprésa ② (o *-ş-*) [sp. *empresa*, da *emprender* 'imprendere (un proposito, cui allude la figura o il motto)' ✱ av. 1529] **s. f.** **1** segno, come un fazzoletto, una catenella e sim., che una dama dell'età medievale donava al cavaliere perché si impegnasse a difenderne l'onore e a comportarsi con valore | (*est.*) †monile, ornamento **2** (*arald.*) figura o frase esplicita o cifrata, che esprime allegoricamente e sinteticamente una massima o una sentenza

impresàrio (o *-ş-*) [da *impresa*① ✱ 1714] **s. m.** (**f.** *-ia*) **1** chi dirige o gestisce un'impresa | imprenditore | ***i. di pompe funebri***, chi gestisce una ditta di onoranze funebri **2** (*est.*) chi si occupa dell'organizzazione spec. di uno spettacolo, concerto e sim.: *i. teatrale*

imprescindìbile [comp. di *in-*③ e *prescindibile* ✱ 1766] **agg.** ● da cui non si può prescindere e che non si può perciò trascurare: *il mangiare è una necessità i.* **SIN.** inderogabile, necessario, doveroso ‖ **imprescindibilménte**, **avv.** in maniera imprescindibile ‖ **imprescindibilità**, **s. f. inv.**

impresciuttìre ➤ **improsciuttire**

imprescrittìbile [comp. di *in-*③ e *prescrittibile* ✱ 1644] **agg.** ● non soggetto a prescrizione: *diritto i.* | (*est.*) incontestabile, assoluto: *in caso d'i. necessità* (A. SAVINIO) ‖ **imprescrittibilménte**, **avv.** senza prescrizione ‖ **imprescrittibilità**, **s. f. inv.**

imprescrìtto [comp. di *in-*③ e *prescritto* ✱ 1869] **agg.** ● (*raro*) non prescritto

impreşentàbile [comp. di *in-*③ e *presentabile* ✱ 1911] **A** **agg.** ● di ciò che non può essere presentato: *ricorso i.* | di chi si trova in una situazione tale da non poter apparire in pubblico: *con questi capelli oggi sono i.* **B** **agg. e s. m. e f.** ● che (o chi) non può essere presentato o proposto in quanto ritenuto politicamente o moralmente indegno: *un candidato i.* ‖ **impreşentabilménte**, **avv.** ‖ **impreşentabilità**, **s. f. inv.**

impresenziàto [comp. di *in-*③ e del part. pass. di *presenziare* ✱ 1952] **agg.** ● (*burocr.*) che non prevede la presenza continuativa di personale o è chiuso al pubblico: *stazione ferroviaria impresenziata; sportello i.*

impréso (o *-ş-*) **part. pass.** di *imprendere* ● nei sign. del v.

impressionàbile [1844] **agg.** ● che s'impressiona facilmente: *temperamento, fantasia i.* **SIN.** emotivo ‖ **impressionabilità**, **s. f. inv.**

impressionànte **part. pres.** di *impressionare*; anche **agg.** ● che impressiona fortemente: *una scena i.* | (*iperb.*) eccezionale, straordinario: *ha una memoria i.* ‖ **impressionanteménte**, **avv.**

♦**impressionàre** [da *impressione* ✱ av. 1328] **A** **v. tr.** (*io impressióno*) **1** provocare impressione su qlcu., colpendo la sua fantasia o turbandolo profondamente: *l'annuncio ha impressionato l'opinione pubblica*; *i. qlcu. col racconto delle proprie disgrazie* SIN. scuotere, toccare **2** fare una buona o cattiva impressione: *il testimone ha favorevolmente impressionato la corte*; *quel ragazzo mi ha bene, male, impressionato* **3** (*fotogr.*) far agire la luce sulle sostanze che costituiscono l'emulsione sensibile **B** **impressionàrsi** **v. intr. pron. 1** spaventarsi: *si impressiona facilmente durante i temporali* | turbarsi: *impressionarsi alla vista di un incidente stradale, per certe immagini* **2** subire l'azione della luce, detto di pellicola fotografica

SFUMATURE DI SIGNIFICATO

impressionare - toccare - scuotere - fare impressione

L'agire sullo spirito o sulla fantasia di qualcuno, provocando turbamento o stupore, si definisce **impressionare**. Se la reazione emotiva suscitata è di commozione, pietà o ravvedimento si parla piuttosto di **toccare**. Mentre se l'emozione provocata è molto viva e stimola una reazione nel soggetto si dice **scuotere**. **Fare impressione** si riferisce a un effetto molto più generico sull'emotività dell'interlocutore, che può andare dalla sorpresa, all'approvazione, alla repulsione.

SFUMATURE ➤ ***commuovere***, ➤ ***sbalordire***

impressionàto **part. pass.** di *impressionare*; anche **agg.** ● nei sign. del v. | ***sono rimasto bene, male, favorevolmente, sfavorevolmente i.***, ho subito impressione positiva o negativa da qlcu. o qlco.

♦**impressióne** [vc. dotta, lat. *impressiōne(m)*, comp. di *in* 'sopra' e *prĕssio*, genit. *pressiōnis*, da *prĕssus*, part. pass. di *prĕmere* ✻ 1282] **s. f. 1** l'imprimere | (*est.*) impronta, segno: *i. del sigillo*; *i. del dito sulla creta, sulla cera* **2** (*edit.*) stampa, edizione, ristampa: *quinta i.*; *i. nitida, difettosa* | indicazione del nome del tipografo, del luogo e dell'anno di stampa **3** (*fig.*) sensazione fisica provocata da agenti esterni: *i. di freddo, di caldo* **4** (*fig.*) effetto psichico o emotivo provocato da un aspetto della realtà: *i. di meraviglia, di terrore*; *i. violenta, debole* | turbamento: *l'incidente ha provocato grande i. negli astanti*; *la vista del sangue mi fa i.*; *l'i. fu terribile* (A. FOGAZZARO) | ***fare buona, cattiva i.***, suscitare opinione positiva, negativa | ***prima i.***, l'insieme delle sensazioni immediate che si provano di fronte a qlcu. o qlco: *la mia prima i. è che sia un tecnico esperto*; *la prima i. che fa Costantinopoli è lo spavento* (E. DE AMICIS) | (*assol.*) ***fare i.***, meravigliare, colpire **5** giudizio dato d'istinto, opinione soggettiva: *ho l'i. che avremo delle brutte sorprese*; *non sempre conta la prima i.* **6** (*raro, biol.*) imprinting **7** †influsso malefico, infezione **8** (*milit.*) †assalto, carica **9** †perturbazione ‖ **impressioncèlla**, **dim.**

SFUMATURE DI SIGNIFICATO

impressione - sensazione

Una sensazione fisica o una reazione psichica provocata da uno stimolo esterno si dice **impressione**; correntemente il termine indica una reazione psicologica immediata che determina un primo giudizio non sostenuto da elementi razionali, oppure un'opinione soggettiva formata sulla base di impulsi indefiniti. **Sensazione** è in senso proprio uno stato di coscienza determinato da uno stimolo materiale, organico (caldo, freddo, fame); correntemente il termine è usato, come *impressione*, per indicare qualsiasi stato fisico-psichico.

SFUMATURE ➤ ***feeling***

impressionìsmo [fr. *impressionnisme*, da *impressionniste* 'impressionista' ✻ 1883] **s. m.** ● movimento affermatosi nelle arti figurative della seconda metà del XIX sec. come ricerca del vero mediante la trascrizione sintetica delle impressioni, ottenuta con varie tecniche: *l'i. di Manet, di Renoir* | (*est.*) tendenza alla rappresentazione coloristica ed evocativa dell'immediata suggestione della realtà, anche in musica e in letteratura: *l'i. di Debussy*

impressionìsta [fr. *impressioniste*, dal titolo di uno scritto (*Exposition des impressionistes*) del critico L. Leroy, illustrativo di una mostra, dove C. Monet (1840-1926) aveva esposto il suo quadro *Impression, Soleil levant* ✻ 1883] **A** **s. m. e f.** (**pl. m.** *-i*) ● esponente, seguace dell'impressionismo **B** **agg.** ● impressionistico

impressionìstico [1893] **agg.** (**pl. m.** *-ci*) ● che concerne l'impressionismo e gli impressionisti ‖ **impressionisticaménte**, **avv.**

impressìvo [dal lat. *imprĕssum* (V. *impresso*), nel sign. 2, calco sul fr. *impressif* e sull'ingl. *impressive* 'che impressiona' ✻ 1427] **agg. 1** †capace di trasmettere impressioni o imprimere un movimento **2** (*lett.*) capace di impressionare, di commuovere ‖ **impressivaménte**, **avv.**

imprèsso **part. pass.** di *imprimere*; anche **agg.** ● nei sign. del v.: *un'orma impressa sulla sabbia* | (*fig.*) fissato: *il suo ricordo è rimasto i. nel mio cuore*

impressóre [dal part. pass. di *imprimere* ✻ 1481] **s. m.** (**difett. del f.**) ● (*disus.*) stampatore, tipografo

imprestàre [da *imprestito* ✻ 1377] **v. tr.** (*io imprèsto*) ● (*colloq.*) prestare, dare in prestito

imprèstito [comp. di *in* e *prestito* ✻ 1475] **s. m.** ● (*pop.*) prestito | prestito linguistico o stilistico

impreterìbile [da *preterire*, col pref. *in-*③ ✻ 1737] **agg.** ● (*raro* o *lett.*) che non si può omettere o tralasciare: *obbligo i.* ‖ **impreteribilménte**, **avv.** senza possibilità di omissione

imprevedìbile [comp. di *in-*③ e *prevedibile* ✻ 1804] **agg.** ● che non si può prevedere: *caso, evento i.* | detto di chi tiene un comportamento mutevole che è difficile da prevedere: *un uomo i.* ‖ **imprevedibilménte**, **avv.** ‖ **imprevedibilità**, **s. f. inv.**

imprevedùto [comp. di *in-*③ e *preveduto*, coesistente con *previsto* ✻ sec. XIV] **agg.** ● (*spec. lett.*) imprevisto ‖ **imprevedutaménte**, **avv.**

imprevidènte [comp. di *in-*③ e *previdente*, sul modello del fr. *imprévoyant* ✻ 1819] **agg.** ● che manca di previdenza e si lascia cogliere di sorpresa dagli avvenimenti ‖ **imprevidenteménte**, **avv.** senza previdenza

imprevidènza [comp. di *in-*③ e *previdenza*, sul modello del fr. *imprévoyance* ✻ 1841] **s. f.** ● mancanza di previdenza e di riflessione | sconsideratezza, avventatezza

imprevìsto [comp. di *in-*③ e *previsto* ✻ 1520] **A** **agg.** ● non previsto, non immaginato: *una conclusione imprevista* SIN. inaspettato, inatteso **B** **s. m.** ● evento non prevedibile: *arriverò domani salvo imprevisti*

impreziosire (o **-ṣ-**) [comp. di *in-*① e *prezioso* ✻ av. 1705] **A** **v. tr.** (*io impreziosisco, tu impreziosisci*) ● rendere prezioso (+ *di*, + *con*): *i. un diadema di gemme*; *i. una sala con tappeti pregiati* | (*fig.*) ornare, arricchire: *i. una tovaglia di ricami*; *i. una relazione con con citazioni letterarie* **B** **impreziosirsi** **v. intr. pron.** ● acquistare pregio | (*scherz.*) fare il prezioso

imprigionaménto [1612] **s. m.** ● l'imprigionare, il venire imprigionato SIN. carcerazione

♦**imprigionàre** [comp. di *in-*① e *prigione* ✻ 1312] **v. tr.** (*io imprigióno*) **1** mettere o far mettere in prigione: *i. una banda di rapinatori* | fare prigioniero | (*est.*) rinchiudere: *i. un uccellino in gabbia* SIN. incarcerare **2** (*fig.*) obbligare a stare in un luogo da cui è difficile uscire: *il ghiaccio imprigionò gli scalatori sulla montagna* | bloccare nei movimenti: *le macerie gli imprigionavano le gambe*

†**imprigionatóre** [sec. XIV] **agg. e s. m.** (**f.** *-trice*) ● che (o chi) imprigiona (*anche fig.*)

†**imprìma** [comp. di *in-*① e *prima* ✻ av. 1250] **avv.** ● prima di tutto, dapprima (*spec. iter.*): *tu le dirai i. i. che le voglio le mille moggia di quel buon bene* (G. BOCCACCIO) | per la prima volta | ***all'i.***, da principio

imprimàtur [vc. lat., propr. 'si stampi, venga impresso', congtv. pres. pass. di *imprĭmere* 'imprimere, stampare' ✻ 1819] **s. m. inv.** ● formula della licenza di stampare o pubblicare un libro sottoposto all'autorità del censore ecclesiastico | (*est.*) approvazione di uno scritto: *l'articolo ha ottenuto l'i. della redazione*

imprimé /*fr.* ɛ̃pRi'me/ [vc. fr., propr. 'stampato', part. pass. di *imprimer* 'imprimere, stampare' ✻ 1936] **A** **s. m. inv.** ● stoffa di seta o cotone stampata a colori **B** **anche agg. inv.**: *stoffa i.*

♦**imprìmere** [vc. dotta, lat. *imprĭmere*, comp. di *in* 'sopra, dentro' e *prĕmere* ✻ 1287] **A** **v. tr.** (**pass. rem.** *io imprèssi, tu imprimésti*; **part. pass.** *imprèsso*) **1** premere in modo da lasciare un segno, una traccia, un marchio (*anche fig.*) (+ *in*, + *su*): *i. il marchio, il suggello*; *i. le impronte nella* (o *sulla*) *sabbia*; *i. orme nella terra bagnata*; *i. la propria personalità in un'opera* | dare con passione (un bacio): *Su la man che m'innamora / Freddi baci imprimerò* (P. METASTASIO) **2** fissare in modo indelebile (+ *in*): *i. un ricordo nella mente* | anche in forma pron.: *non gli aveva impedito d'imprimersi nella memoria ogni singolo particolare* (I. SVEVO) **3** (*raro*) riprodurre per mezzo della stampa: *i. una bella xilografia sulla copertina del libro* **4** trasmettere, comunicare (*anche fig.*) (+ *a*): *i. moto a un corpo*; *motore che imprime una velocità di 80 km all'ora*; *i. un forte impulso all'economia* **B** **imprìmersi** **v. intr. pron.** ● fissarsi in modo indelebile (*spec. fig.*) (+ *in*, + *su*): *le vostre parole si impressero nella sua memoria*; *la scrittura violetta le s'imprimeva su la pelle* (G. D'ANNUNZIO)

imprimìbile [1869] **agg.** ● (*raro*) che si può imprimere

imprimitùra [da *imprimere* ✻ av. 1519] **s. f.** ● apposita preparazione stesa dai pittori su tavole, tele e sim. per renderle idonee a ricevere i colori facilitandone la scorrevolezza e l'inalterabilità: *i. a gesso e colla*; *i. a olio*

imprinting /im'printin(g), *ingl.* ɪm'prɪntɪŋ/ [ingl., propr. 'impressione, stampa', da *to imprint* 'stampare, imprimere' (dal fr. ant. *empreinte* 'impronta'). La vc. è stata coniata dall'etologo K. Lorenz, come calco sul ted. *Prägung* 'azione dell'imprimere (*prägen*)' ✻ 1961] **s. m. inv.** ● (*biol.*) forma rapida e limitata di apprendimento, che si verifica durante un periodo precoce della vita, mediante cui i piccoli di certe specie apprendono, tramite il contatto con i genitori o con altri individui della specie, il complesso dei comportamenti caratteristici della propria specie

improbàbile [vc. dotta, lat. *improbābile(m)* 'degno di essere disapprovato o rigettato', comp. di *in-*③ e *probābilis*, da *probāre* 'approvare' ✻ 1499] **agg. 1** che potrà accadere molto difficilmente: *la sua venuta è i.* | ***non è i.***, può accadere **2** poco credibile, inattendibile: *sono tesi del tutto improbabili* SIN. dubbio, incerto CONTR. probabile ‖ **improbabilménte**, **avv.** (*raro*) senza probabilità ‖ **improbabilità**, **s. f. inv.** (V.)

improbabilità [1598] **s. f. inv.** ● caratteristica di ciò che è improbabile | cosa improbabile: *lasciando mill'altre i. che vi sono, due* *sole esperienze vi arreco in contrario* (G. GALILEI) **SIN.** incertezza

†**improbàre** [vc. dotta, lat. *improbāre*, comp. di *in-*③ e *probāre* 'approvare, trovare buono', da *prŏbus* 'probo, buono' ✱ av. 1332] **v. tr.** ● disapprovare

improbità [vc. dotta, lat. *improbitāte(m)*, comp. di *in-*③ e *prŏbitas*, da *prŏbus* 'probo' ✱ av. 1332] **s. f. inv.** ● (*lett.*) malvagità, disonestà: *i. di vita*

ìmprobo [vc. dotta, lat. *īmprobu(m)*, comp. di *in-*③ e *prŏbus* 'probo' ✱ av. 1332] **agg. 1** (*lett.*) malvagio, tristo, disonesto: *costumi, uomini improbi* **2** eccessivo, duro, ingrato: *lavoro, fatica improba*

improcedìbile [comp. di *in-*③ e di un deriv. di *procedere* nel sign. giuridico ✱ 1798] **agg.** ● (*dir.*) di giudizio ammissibile ed efficacemente proposto, che per un accidente processuale sopravvenuto non può più avere corso ulteriore ‖ **improcedibilità**, **s. f. inv.**

improcrastinàbile [comp. di *in-*③ e *procrastinabile* ✱ 1884] **agg.** ● che non si può procrastinare, rimandare ad altra data ‖ **improcrastinabilménte**, **avv.** ‖ **improcrastinabilità**, **s. f. inv.**

improducìbile [comp. di *in-*③ e *producibile* ✱ 1965] **agg. 1** che non si può produrre **2** che non si può presentare, esibire

improduttivo [comp. di *in-*③ e *produttivo*, sul modello del fr. *improductif* ✱ 1797] **agg.** ● che non produce o non dà un utile (*anche fig.*): *investimento, capitale i.*; *terreno i.* | (*fig.*) sterile: *ingegno i.* **SIN.** infruttifero ‖ **improduttivaménte**, **avv.** ‖ **improduttività**, **s. f. inv.**

improferìbile [comp. di *in-*③ e *proferibile* ✱ 1892] **agg.** ● (*lett.*) che non si può o non è opportuno pronunciare: *parole, frasi improferibili*

†**impromèssa** [comp. di *in-*① e *promessa* ✱ av. 1292] **s. f.** ● promessa: *tanti lacciuol, tante impromesse false* (F. PETRARCA)

†**improméttere** [comp. di *in-*① e *promettere* ✱ sec. XIII] **v. tr.** ● promettere

impromptu /fr. ɛ̃pʀɔ̃p'ty/ [vc. fr., propr. 'improvviso, improvvisazione', dalla loc. lat. *in prōmptu* 'sottomano' ✱ 1884] **s. m. inv.** (**pl. fr.** *impromptus*) ● (*mus.*) improvviso nel sign. B

imprónta① [da *improntare*① ✱ 1554] **s. f. 1** segno, traccia che rimane su una superficie su cui si sia esercitata una pressione: *lasciare un'i.*; *cancellare un'i.*; *l'i. della testa sul cuscino* | ***i. digitale***, segni lasciati dai polpastrelli delle dita, che costituiscono un mezzo di identificazione personale | ***i. ecologica***, indicatore che sulla base delle abitudini di vita stabilisce approssimativamente la quantità di territorio che, senza danneggiare l'ambiente, è necessaria a fornire a un individuo o a una collettività le risorse che utilizza e ad assorbirne i rifiuti **2** modello, calco: *l'i. di una scultura*; *prendere l'i. dell'arcata dentaria per una protesi* **3** (*numism.*) immagine impressa nel conio dal maschio | prova di conio delle medaglie e delle monete | stemma in ceralacca ottenuto da un anello a sigillo **4** (*fig.*) marchio, segno caratteristico: *la Gioconda reca l'i. del genio di Leonardo*; *l'i. della miseria, del vizio* **SIN.** orma **5** (*raro, biol.*) imprinting

SFUMATURE DI SIGNIFICATO

impronta - orma - traccia

Impronta è il termine più generico per indicare il segno che resta su una superficie in seguito a una pressione; può essere usato anche in senso figurato per indicare una caratteristica, un tono o un'espressione peculiare. **Orma** è il segno lasciato sul terreno dai passi dell'uomo o anche da animali; in usi letterari è impiegato figuratamente per indicare un qualsiasi segno o impronta. Con **traccia** il significato di impronta o di orma si considera soprattutto in relazione al soggetto (uomo, animale o anche cosa) che li ha lasciati.

imprónta② [da *impronto*② ✱ 1968] **s. f.** ● solo nella loc. avv. ***all'i.***, a prima vista: *tradurre all'i. dal francese*

†**improntaménto** [da *improntare*① ✱ 1612] **s. m.** ● l'improntare | marchiatura

improntàre① [var. di *imprentare* per sovrapposizione di *pronto* ✱ av. 1348] **A v. tr.** (*io imprónto*) **1** (*raro*) segnare con impronta (+ *in*): *i. il sigillo nella cera* **SIN.** imprimere **2** (*numism.*) imprimere nel conio, col maschio di acciaio temperato, la femmina | fare la prova di conio delle medaglie e delle monete **3** (*fig.*) dare un tono o un'espressione particolare (+ *a*): *i. il volto a dolore*; *i. il discorso a una certa severità* **4** (*mus.*) leggere ed eseguire, senza preparazione, un brano **B improntàrsi v. intr. pron.** ● (*fig.*) assumere un tono o un atteggiamento (+ *a*): *il volto le s'improntò a commozione*

†**improntàre**② [comp. di *in-*① e *pronto* ✱ 1319] **v. tr.** ● preparare, approntare

†**improntàre**③ [fr. *emprunter*, dal lat. tardo *promutuāri*, comp. di *prō* 'in cambio' e *mutuāri* 'prendere a prestito' (V. *mutuare*) ✱ 1260] **v. tr.** ● prestare | prendere a prestito

improntàto **part. pass.** di *improntare*①; anche **agg. 1** (*lett.*) segnato con un'impronta: *e però la loro moneta è improntata del suo nome* (G. VILLANI) | (*est.*) segnato, caratterizzato (+ *da*, + *di*): *tele improntate da un vibrante cromatismo*; *immagine improntata di dolcezza*; *mani improntate di vizio* (G. D'ANNUNZIO) **2** (*fig.*) ispirato, modellato (+ *a*): *modo di comportarsi i. a distinzione*; *rapporti improntati a una certa cordialità*; *il mio accento fu i. a tale sincerità* (I. SVEVO)

✦**improntitùdine** [da *impronto*① sul modello di *beatitudine* (da *beato*), di *ingratitudine* (da *grato*), *rettitudine* (da *retto*) e sim. ✱ sec. XIII] **s. f.** ● insistenza indiscreta | sfacciataggine: *è di un'i. incredibile*

SFUMATURE ➤ ***petulanza***

imprónto① [per *impront(at)o* ✱ 1261 ca.] **agg.** ● (*lett.*) insistente e indiscreto nel chiedere | †sfacciato, impertinente ‖ **improntàccio**, **pegg.** ‖ **improntaménte**, **avv.** con improntitudine

imprónto② [vc. dotta, lat. *īn* 'in' *prōmptu* 'pronto', sottinteso *ĕsse* 'essere' o *habēre* 'avere' ✱ 1782] **s. m.** ● solo nella loc. avv. ***all'i.***, (*raro*) all'impronta (V. *impronta*②)

impronunciàbile o **impronunziàbile** [comp. di *in-*③ e *pronunciabile* ✱ av. 1651] **agg.** ● che non si può o non si deve pronunciare: *per gli Ebrei il nome di Dio era i.* | che è molto difficile da pronunciare: *ha un nome i.* ‖ **impronunciabilità**, **s. f. inv.**

†**improperàre** [vc. dotta, lat. *improperāre* 'rimproverare', termine pop., di etim. incerta ✱ sec. XIV] **v. tr. 1** rimproverare **2** insultare

impropèrio [vc. dotta, lat. *impropĕriu(m)* 'rimprovero', da *improperāre* 'improperare' ✱ 1308] **s. m.** (**pl.** *-i* o **lett.** *-ii*, **raro, lett.** *impropèria*, **f.**) **1** ingiuria grave, insulto: *caricare d'improperi*; *avevano dimenticato tutti gli improperi che si erano detti* (G. VERGA) **2** (**al pl.**) antifone e responsori che, prima della riforma liturgica del Concilio Vaticano II, si cantavano il venerdì santo e contenevano i presunti rimproveri di Gesù agli Ebrei

†**impròpio** ➤ **improprio**

improponìbile [comp. di *in-*③ e di un deriv. di *proporre* nel sign. giuridico ✱ 1764] **agg. 1** (*dir.*) detto di giudizio che non può essere instaurato, o atto processuale che non può essere ammesso a produrre effetti perché privo dei requisiti legislativamente richiesti: *appello i.*; *azione i.* **2** che non è possibile od opportuno proporre: *soluzione i.* ‖ **improponibilità**, **s. f. inv.**: *l'improponibilità di un atto processuale*

improprietà [vc. dotta, lat. tardo *improprietāte(m)*, comp. di *in-*③ e *propriĕtas* 'proprietà, particolarità, qualità di una cosa', da *prŏprius* 'proprio' ✱ 1550] **s. f. inv. 1** mancanza di proprietà e precisione nell'esprimersi: *parlare, scrivere con i.* **2** locuzione, vocabolo improprio: *discorso pieno di i.* **3** incongruenza

impròprio o (*pop.*) †**impròpio** [vc. dotta, lat. *imprŏpriu(m)*, comp. di *in-*③ e *prŏprius* 'proprio, particolare' ✱ av. 1373] **A agg. 1** non proprio o non appropriato | ***parole, locuzioni improprie***, imprecise, inappropriate | ***preposizione impropria***, V. *preposizione* | ***arma impropria***, V. *arma* | (*est.*) sconveniente, inopportuno: *linguaggio, tono i.*; *abbigliamento i.* **2** (*mat.*) ***frazione impropria***, in cui il numeratore è maggiore del denominatore ‖ **impropriaménte**, **avv.** in modo improprio; senza proprietà di lingua: *parlare impropriamente* **B** in funzione di **avv.** ● (*disus.*) in modo improprio

improrogàbile [comp. di *in-*③ e *prorogabile* ✱ 1799] **agg.** ● che non si può differire: *termine i. per presentare le domande* **CONTR.** dilazionabile ‖ **improrogabilménte**, **avv.** in modo improrogabile: *arriverò improrogabilmente domani*; senza proroga: *la consegna è fra dieci giorni improrogabilmente* ‖ **improrogabilità**, **s. f. inv.**

improsciuttìre o (*pop.*, *tosc.*) **impresciuttìre** [comp. di *in-*① e *prosciutto*, in senso figurato ✱ 1869] **v. intr.** (*io improsciuttìsco, tu improsciuttìsci*; **aus.** *essere*) ● (*fam.*, *raro*) diventare asciutto e magro, detto di persona: *andò a battere con forza negli stinchi impresciuttiti del povero Geppetto* (C. COLLODI)

improtestàto [comp. di *in-*③ e *protestato* ✱ 1966] **agg. e s. m.** (**f.** *-a*) ● che (o chi) non ha subìto un protesto cambiario

†**improvedènza** ➤ **improvvidenza**

†**impròvido** ➤ **improvvido**

†**improvvedùto** [comp. di *in-*③ e *provveduto* ✱ av. 1311] **agg. 1** sconsiderato **2** imprevisto ‖ †**improvvedutaménte**, **avv. 1** senza avvedutezza **2** alla sprovvista

improvvidènza o †**improvedènza** [vc. dotta, lat. *improvidĕntia(m)*, comp. di *in-*③ e *providĕntia* 'previdenza', da *providēre* (V. *provvedere*) ✱ av. 1292] **s. f.** ● (*lett.*) imprevidenza, sconsideratezza

✦**impròvvido** o †**impròvido** [vc. dotta, lat. *imprōvidu(m)*, comp. di *in-*③, e *prōvidus* 'previdente', da *providēre* (V. *provvido*) ✱ 1300 ca.] **agg. 1** (*lett.*) imprevidente, ignaro: *improvida / d'un avvenir fallace* (A. MANZONI) **2** (*est.*) incauto, poco accorto: *un giovane i.* **3** inopportuno, sconsiderato: *consiglio i.* ‖ **improvvidaménte**, **avv.**

†**improvvisaménto** [av. 1597] **s. m.** ● improvvisazione

improvvisàre [da *improvviso* ✱ 1547] **A v. tr. 1** tenere un discorso, comporre versi o musica per immediata ispirazione, senza preparazione: *i. stornelli, canzoni* | anche assol.: *quel compositore preferisce i.* **2** allestire, combinare, preparare in fretta, all'ultimo momento: *i. una cena, una festa* **B improvvisàrsi v. rifl.** ● assumersi un ruolo, una funzione insolita, senza preparazione specifica: *improvvisarsi presentatore, cameriere, cuoco*

improvvisàta [f. sost. di *improvvisato* ✱ 1789] **s. f.** ● (*colloq.*) avvenimento per lo più piacevole che giunge inatteso: *la lettera … l'ho pigliata per una i. della Fulvietta* (U. FOSCOLO) | ***fare un'i.***, fare una visita a qlcu. senza preavviso

improvvisatìvo [1911] **agg.** ● di improvvisazione, che ha carattere di improvvisazione: *capacità improvvisativa; variazioni improvvisative*

improvvişàto **part. pass.** di *improvvisare*; anche **agg.** ● nei sign. del v. | (*est.*) fatto alla meno peggio, abborracciato: *allestire un pranzo i.* | detto di chi svolge un'attività per lui insolita, senza preparazione specifica: *un oratore i.*

improvvişatóre [1722] **s. m.** (**f.** *-trice*) **1** chi è abile nell'improvvisare | poeta estemporaneo **2** chi fa qlco. senza una pratica specifica, talora con faciloneria

improvvişazióne [1858] **s. f.** **1** l'improvvisare | ciò che si improvvisa | (*spreg.*) fretta, faciloneria: *un lavoro frutto di i.* **2** nella musica colta e popolare, invenzione ed esecuzione estemporanea di un pezzo, libera esecuzione di un pezzo non scritto, esecuzione e variazione di un pezzo scritto

♦**improvvìso** [vc. dotta, lat. *improvīsu(m)*, comp. di *in-*③ e *provīsus* 'previsto', da *providēre* (V. *provvedere*) ✶ 1336 ca.] **A** **agg.** **1** che avviene o si manifesta d'un tratto, del tutto inatteso: *ritorno i.*; *fuga, disgrazia, notizia improvvisa*; *un'idea improvvisa / mi strinse il cuore* (U. SABA) **SIN.** impensato, imprevisto, inaspettato **2** (*est.*) subitaneo, repentino, brusco: *ira, simpatia improvvisa*; *i. cambiamento d'umore* | ***all'i., d'i.***, improvvisamente, d'un tratto, in modo inaspettato: *partire all'i.*; *è accaduto all'i.* **3** (*lett.*) improvvisato, estemporaneo: *canto i.*; *musica improvvisa* || **improvvişaménte**, **avv.** in modo imprevedibile e inaspettato: *assalire qlcu. improvvisamente*; *arrivare improvvisamente* **B** **s. m.** ● (*mus.*) composizione, spec. pianistica, di forma varia e libera, con carattere di improvvisazione, diffusa nel periodo romantico: *gli improvvisi di Chopin* **C** **avv.** ● (*lett.*) †improvvisamente | †immediatamente | †estemporaneamente

†**improvvìsto** [comp. di *in-*③ e *provvisto*, nel duplice senso di 'fornito' e 'preparato' ✶ av. 1494] **agg.** ● sprovveduto, impreparato: *assaltare lo inimico i.* (N. MACHIAVELLI) | ***all'improvvista, all'i.***, alla sprovvista || †**improvvistaménte**, **avv.** disavvedutamente

impruàre [comp. di *in-*① e *prua* ✶ 1869] **A** **v. tr.** (*io imprùo, noi impruiàmo*) ● (*disus.*) fare inclinare eccessivamente la prua di una nave **B** **impruàrsi** **v. intr. pron.** ● (*lett.*) inclinarsi eccessivamente di prua

imprudènte [vc. dotta, lat. *imprudĕnte(m)*, comp. di *in-*③ e *prudĕnte(m)*, nom. *prūdens* 'prudente, che prevede', per *provĭdens* (V. *provvedere*) ✶ 1377] **A** **agg.** **1** detto di chi manca di prudenza perché non considera i rischi e i pericoli connessi alle sue azioni: *ragazzo, corridore i.* **SIN.** sventato, temerario **CONTR.** cauto, riflessivo **2** detto di ciò che rivela imprudenza: *parola, consiglio i.* **SIN.** avventato, azzardato, incauto || **imprudenteménte**, **avv.** con imprudenza: *agire imprudentemente*; senza cautela: *parlare imprudentemente* **B** **s. m. e f.** ● persona imprudente

imprudènza [vc. dotta, lat. *imprudĕntia(m)*, comp. di *in-*③ e *prudĕntia*, per *providĕntia* (V. *provvidenza*) ✶ 1268] **s. f.** **1** mancanza di prudenza: *è un'i. guidare l'automobile avendo sonno* **SIN.** leggerezza, sconsideratezza **2** atto inconsiderato e rischioso: *commettere un'i.*

imprunàre [comp. di *in-*① illativo e *pruno* ✶ sec. XIII] **v. tr.** **1** (*lett.*) chiudere, cintare con pruni o rami spinosi (un passaggio, un campo ecc.) **2** (*fig.*) †ostacolare

impubblicàbile [comp. di *in-*③ e *pubblicabile* ✶ 1934] **agg.** ● che non si può pubblicare, che non ha i requisiti per la pubblicazione: *un articolo, un saggio i.*

impùbere o (*lett.*) **impùbe** [vc. dotta, lat. *impūbere(m)*, comp. di *in-*③ e dell'agg. *pūbes*, genit. *pūberis* 'adulto' (V. *pube*) ✶ 1388] **agg. e s. m. e f.** ● che (o chi) non è ancora nella pubertà: *giovane i.*

♦**impudènte** [vc. dotta, lat. *impudĕnte(m)*, comp. di *in-*③ e *pudĕnte(m)*, nom. *pŭdens*, part. pres. del lat. *pudēre* 'vergognarsi', di etim. incerta ✶ av. 1342] **agg. e s. m. e f.** ● che (o chi) non sente pudore o ritegno: *sei un i.!* | che denota impudenza: *domanda, menzogna i.* **SIN.** sfacciato, sfrontato || **impudenteménte**, **avv.**

impudènza [vc. dotta, lat. *impudĕntia(m)*, comp. di *in-*③ e del lat. tardo *pudĕntia*, da *pudēre* 'vergognarsi', di etim. incerta ✶ sec. XIV] **s. f.** ● mancanza di pudore | sfacciataggine, sfrontatezza: *ha l'i. di un vero ciarlatano*

impudicìzia [vc. dotta, lat. *impudicĭtia(m)*, comp. di *in-*③ e *pudicĭtia*, connesso con *pudēre*, di etim. incerta ✶ sec. XIV] **s. f.** **1** mancanza di pudore: *l'i. del loro comportamento era insopportabile* **2** (**spec. al pl.**) parola, gesto, atto impudichi

SFUMATURE DI SIGNIFICATO

impudicizia - immoralità - indecenza

Impudicizia è la caratteristica di chi manca completamente di pudore e si comporta con grande licenziosità, senza tenere in alcun conto la morale comune. Significato più ampio ha **immoralità**, che descrive comportamenti e sistemi di valori contrari alla morale non solo sessuale. Allo stesso modo **indecenza**, che oltre a identificare la completa mancanza di pudore, descrive l'assenza di decoro, di pulizia, di ordine.

♦**impudico** [vc. dotta, lat. *impudīcu(m)*, comp. di *in-*③ e *pudīcus* 'pudico', da *pudēre* 'vergognarsi', di etim. incerta ✶ av. 1342] **agg.** (**pl. m.** *-chi*, †*-ci*; **superl.** *impudicissimo*) ● che manca del senso del pudore o denota tale mancanza: *uomo i.*; *donna impudica*; *sguardo, discorso i.* **SIN.** inverecondo, lascivo || **impudicaménte**, **avv.** || **impudicità**, **s. f. inv.**

impugnàbile① [da *impugnare*① ✶ 1869] **agg.** ● che può essere impugnato: *un'arma facilmente i.* || **impugnabilità**①, **s. f.**

impugnàbile② [da *impugnare*② ✶ 1673] **agg.** **1** (*dir.*) che si può contestare **2** †irremovibile || **impugnabilità**②, **s. f.**: *l'impugnabilità di una sentenza, di un testamento*

impugnàre① [lat. parl. **impugnāre*, comp. di *in-*① e *pŭgnus* 'pugno' ✶ sec. XIV] **A** **v. tr.** (**coniug. come** *segnare*) ● stringere in pugno: *i. la spada, il pugnale* | ***i. le armi***, prepararsi a combattere **SIN.** afferrare **B** **v. intr.** ● †formare il pugno, detto della mano

impugnàre② [vc. dotta, lat. *impugnāre*, comp. di *in-*① e *pugnāre* 'combattere' ✶ av. 1292] **v. tr.** (**coniug. come** *segnare*) **1** contestare con valide ragioni un'accusa, un parere: *i. un'opinione, una teoria* **2** (*dir.*) chiedere al giudice designato dalla legge il riesame totale o parziale di un processo, o la riforma totale o parziale di un provvedimento giurisdizionale: *i. una sentenza* | (*est.*) addurre in giudizio l'invalidità o un motivo di rescissione o di risoluzione di un atto: *i. un contratto*; *i. un testamento* **3** †combattere, assalire (*anche assol.*): *forse a lui vien che dispiaccia / ch'altri impugni la fé de' suoi parenti* (T. TASSO) **4** †tentare

impugnatìva [1891] **s. f.** ● (*dir.*) istanza con cui si propone un mezzo di impugnazione: *redigere una i.*

impugnatìvo [da *impugnare*② ✶ 1673] **agg.** ● (*dir.*) relativo all'impugnazione, che è diretto a impugnare: *azione impugnativa*

impugnatóre [vc. dotta, lat. *impugnatō-re(m)*, da *impugnātus* 'impugnato' ✶ av. 1363] **s. m.** (**f.** *-trice*) ● (*raro*) chi impugna | (*lett.*) oppositore

impugnatùra [da *impugnare*① ✶ av. 1557] **s. f.** **1** il modo di stringere in pugno: *ha una i. salda* | l'atto dell'impugnare: *esercitarsi nell'i. di un attrezzo ginnico* **2** parte di un oggetto che si stringe nella mano per poterlo usare: *l'i. della frusta*; *i. del coltello*

impugnazióne [vc. dotta, lat. *impugnatiō-ne(m)*, da *impugnātus* 'impugnato' ✶ av. 1342] **s. f.** ● (*dir.*) l'impugnare: *l'i. di una sentenza*

impulciàre [comp. di *in-*① e *pulce* ✶ 1869] **A** **v. tr.** (**pres.** *io impùlcio*; **fut.** *io impulcerò*) ● riempire di pulci **B** **impulciàrsi** **v. intr. pron.** ● riempirsi di pulci

†**impulìto** [comp. di *in-*③ e *pulito*, come il lat. *impolītus* e il fr. *impoli* ✶ av. 1565] **agg.** **1** sporco, trasandato **2** (*fig.*) rozzo, scortese

impulsàre [vc. dotta, lat. tardo *impulsāre*, frequentativo di *impĕllere* 'spingere (*pĕllere*) dentro (*in-*)'; calco sull'ingl. *to pulse* nel sign. 2 ✶ 1282] **v. tr.** **1** †sospingere | †percuotere | (*fig.*) †incitare, sollecitare **2** (*elettron., tecnol.*) far funzionare a impulsi un apparecchio o un dispositivo

impulsatóre [1957] **s. m.** ● (*elettron.*) apparecchio o circuito generatore di impulsi elettrici

impulsióne [vc. dotta, lat. *impulsiōne(m)*, comp. di *in* 'contro' e *pulsiōne(m)*, nom. *pŭlsio* 'colpo', da *pŭlsus*, part. pass. di *pĕllere*, di orig. indeur. ✶ 1308] **s. f.** **1** (*mecc.*) azione di una forza che spinge, urtandolo, un corpo **2** (*lett.*) urto, raffica di vento | (*lett., fig.*) impulso

impulsìvo [da *impulso*① ✶ sec. XIV] **A** **agg.** **1** (*fis.*) relativo a un impulso | relativo a un sistema sul quale le forze agiscono per brevissimi intervalli di tempo imprimendo sensibili variazioni di velocità senza che nel frattempo muti in modo significativo la configurazione del sistema: *moto i.* **2** detto di chi agisce o parla seguendo i propri impulsi, senza riflettere su ciò che fa, senza dominarsi: *persona impulsiva* | proprio di una persona impulsiva: *carattere, temperamento i.* | che rivela impulsività: *gesto, atto i.* **CONTR.** riflessivo || **impulsivaménte**, **avv.** con impulsività || **impulsività**, **s. f. inv.** caratteristica di ciò che è impulsivo: *l'impulsività di un gesto*; *impulsività di carattere*; tendenza a compiere atti impulsivi: *frenare, dominare l'impulsività* **B** **s. m.** (**f.** *-a*) ● chi è dotato di carattere impulsivo

SFUMATURE ➤ *istintivo*

impùlso① [vc. dotta, lat. *impŭlsu(m)*, comp. di *in* 'contro' e *pŭlsus* 'colpo', da *pŭlsus*, part. pass. di *pĕllere*, di orig. indeur. ✶ sec. XIV] **s. m.** **1** spinta, forza esercitata nel trasferire il moto da un corpo a un altro: *la locomotiva ha dato un i. violento ai vagoni* **2** (*fis.*) ***i. elementare di una forza***, grandezza fisica espressa dal prodotto della forza agente su un corpo per il tempo durante il quale la forza ha agito | ***i. elettrico***, tensione o corrente che esiste in un circuito durante un intervallo di tempo di durata finita ma brevissima o infinitesima **3** (*fig.*) stimolo, spinta, incremento: *dare i. all'industria, ai commerci* | (*dir.*) ***i. processuale***, compimento delle attività necessarie perché sorga o abbia svolgimento un processo **4** (*fig.*) moto istintivo che spinge una persona ad atti anche irriflessivi: *sentì l'i. di picchiare*; *abbandonarsi ai propri impulsi*; *reagire d'i.* | (*est.*) tendenza, disposizione naturale: *è mosso da un costante i. a fare il bene* **5** (*fisiol.*) ***i. nervoso***, insieme di fenomeni chimici e fisici che interessano tratti successivi di un cilindrasse o di un dendrite nel corso della trasmissione nervosa

SFUMATURE ➤ *movente*

†**impùlso**② **part. pass.** di †*impellere*; anche **agg.** ● (*raro*) nei sign. del v.

impùne [vc. dotta, lat. *impūne(m)*, comp. di *in-*③ e un deriv. di *pŏena* 'pena' ✶ 1499] **A** **agg.**

• (*lett.*) non punito ‖ **impuneménte**, **avv.** **1** senza subire punizioni **2** senza danno: *attraversare impunemente il fuoco* **B** **avv.** • †impunemente: *sbagliare i.*

impunìbile [comp. di *in-*③ e *punibile* * av. 1729] **agg.** • (*dir.*) detto di persona a carico della quale, in presenza di date circostanze, non può essere emessa una condanna penale | ***reato i.***, commesso da persona non assoggettabile a condanna penale ‖ **impunibilità**, **s. f. inv.**

impunità [vc. dotta, lat. *impunitāte(m)*, da *impūnis* 'impune' * 1353] **s. f. inv.** • condizione di chi è esente da pena: *godere l'i.*; *garantire l'i.*

impunìto [vc. dotta, lat. *impunītu(m)*, comp. di *in-*③ e *punītus*, part. pass. di *punīre* 'punire' * 1312] **A** **agg.** • che non è stato punito: *delitto, malfattore i.* ‖ †**impunitaménte**, **avv.** impunemente **B** **s. m.** (**f.** *-a*); **anche agg.** • (*centr.*) sfacciato, sfrontato, birbante: *atteggiamento da i.*

impuntaménto [da *impuntar(si)*, in senso tecnico * av. 1712] **s. m.** • (*mecc.*) nel taglio dei metalli con le macchine utensili, difetto che consiste nello strisciamento del dorso dell'utensile sulla superficie lavorata, con conseguente surriscaldamento e danneggiamento dell'utensile stesso **SIN.** tallonamento

impuntàre [comp. di *in-*① e *punta* * 1516] **A** **v. intr.** (**aus.** *avere*) **1** (*raro*) inciampare: *i. ad ogni passo* **2** (*raro, fig.*) incespicare nel parlare: *i. per balbuzie, emozione, imbarazzo* **B** **impuntàrsi** **v. intr. pron.** **1** rifiutarsi di andare avanti puntando i piedi a terra per non essere trascinato, detto di bambini o animali **2** (*fig.*) ostinarsi con puntiglio (+ *in*, + *su*, + *a* **seguito da inf.**): *impuntarsi in un'idea, su un pregiudizio; si è impuntato a dire di no* **3** (*raro*) balbettare o bloccarsi nel parlare

impuntatùra [1849] **s. f.** **1** l'impuntarsi | (*raro*) interruzione di chi si blocca nel parlare **2** (*fig.*) puntigliosa ostinazione

impuntigliàrsi [comp. di *in-*① e *puntiglio* * 1869] **v. intr. pron.** (*io mi impuntìglio*) • (*raro*) ostinarsi in un puntiglio | ingegnarsi in qlco. con puntiglio

impuntìre [comp. di *in-*① e *punto* * 1750] **v. tr.** (*io impuntìsco, tu impuntìsci*) **1** fermare con punti fitti un tessuto o altro materiale, mettendolo doppio o applicandolo su altro tessuto o materiale di sostegno: *i. il bavero, i risvolti; i. la doppia suola* **2** trapuntare: *i. un materasso, un'imbottita*

impuntitùra [1798] **s. f.** • operazione dell'impuntire

impuntùra [per *impunt(it)ura*, da *impuntire* (come *impuntatura*, da *impuntare*), per sovrapposizione di *puntura* * 1605] **s. f.** **1** cucitura a punti vistosi e uguali sia sul diritto che sul rovescio del tessuto, usata per guarnire, rifinire o impuntire **2** (*mar.*; *disus.*) ciascuno degli angoli per cui una vela è fissata a un pennone o un'antenna

impunturàre [1957] **v. tr.** • cucire mediante impunture

impunturàto **part. pass.** di *impunturare*; **anche agg.** • nel sign. del v.

impupàrsi [da *pupa* * 1923] **v. rifl.** • (*zool.*) rinchiudersi nel pupario, detto di larva di Insetti che resta all'interno del suo ultimo involucro trasformandosi in pupa

impurézza [vc. dotta, lat. *impurītia(m)*, comp. di *in-*③ e un deriv. di *pūrus* 'puro' * 1869] **s. f.** **1** impurità **2** (*miner.*) atomo estraneo alla formula chimica ideale di un minerale che, inserendosi in una qualsiasi posizione del reticolo cristallino di questi, ne modifica le proprietà | difetto di una pietra preziosa, costituito da inclusioni, ghiacciature e sim., che ne diminuiscono il valore **SIN.** impurità

impurità [vc. dotta, lat. *impuritāte(m)*, comp. di *in-*③ e *pūritas* 'purezza', da *pūrus* 'puro' * 1308] **s. f. inv.** **1** condizione di ciò che non è puro: *l'i. dell'aria, dell'acqua; l'i. di una lingua* **2** ciò che rende impuro qlco.: *liberare un liquido dalle impurità* | difetto della pietra preziosa costituito da inclusioni, ghiacciature e sim., che ne diminuiscono il valore **3** (*fig.*) mancanza di purezza morale o spirituale: *i. di costumi* | atto impuro

•**impùro** [vc. dotta, lat. *impūru(m)*, comp. di *in-*③ e *pūrus* 'puro' * av. 1342] **A** **agg.** **1** che non è puro in quanto contiene elementi eterogenei o è mescolato ad altra sostanza: *pietra preziosa impura; acqua impura; rame, ferro i.* | ***lingua impura***, ricca di parole, locuzioni e sim. provenienti da una lingua diversa; lingua piena di errori | ***vocabolo i., locuzione impura***, che provengono da altre lingue **2** ***s impura***, la lettera *s* quando è seguita da una consonante (per es. la *s* di *stile*) **3** che offende la purezza, la castità: *costumi, pensieri, desideri impuri* **SIN.** immondo, immorale ‖ **impuraménte**, **avv.** **B** **s. m.** • (*raro*) stato di ciò che non è puro: *corpi semplicissimi per natura … esenti dal corruttibile e dall'i.* (D. Bartoli)

imputàbile [da *imputare* * 1673] **A** **s. m. e f.**; **anche agg.** • (*dir.*) chi (o che) ha la capacità d'intendere e di volere e pertanto può essere punito per un fatto previsto dalla legge come reato o può rispondere delle conseguenze prodotte dall'illecito civile commesso: *soggetto ritenuto non i. perché minorenne* **B** **agg.** **1** che è o si può ritenere responsabile di qlco. (+ *di*): *siamo senz'altro imputabili di leggerezza; siete imputabili del guasto* **2** che si può imputare a qlcu. o a qlco. (+ *a*): *errore i. a distrazione; la svista è i. a noi* **SIN.** attribuibile ‖ **imputabilità**, **s. f. inv.** (V.)

imputabilità [av. 1835] **s. f. inv.** **1** caratteristica di ciò che è imputabile **2** (*dir.*) condizione personale di chi è imputabile

imputàre [vc. dotta, lat. *imputāre*, comp. di *in-*① e *putāre*, dal senso primitivo di 'ripulire (da *pūtus*, parallelo arcaico di *pūrus*) gli alberi', a quello di 'ripulire, assestare i conti' ed infine a 'mettere in conto, attribuire, giudicare' * av. 1292] **v. tr.** (*io ìmputo, raro impùto*) **1** (*dir.*) promuovere l'azione penale contro qlcu. | (*est.*) contestare un'imputazione (+ *di*): *i. qlcu. di omicidio* **2** (*est., lett.*) accusare, incolpare (+ *di*): *i. qlcu. del fallimento di un'impresa* **3** ascrivere, attribuire a titolo di colpa (+ *a*): *i. la disgrazia al guidatore; i. l'incidente a colpa, a leggerezza* **SIN.** addebitare **4** assegnare a un determinato conto | ***i. un costo a un esercizio***, considerare quel costo come componente di reddito di quell'esercizio **5** †ascrivere a merito

imputàto **A** **part. pass.** di *imputare* • nei sign. del v. **B** **s. m.** (**f.** *-a*) • (*dir.*) persona nei cui confronti è esercitata l'azione penale e pertanto è instaurato e svolto il processo penale: *colloqui del difensore con l'i. detenuto* **SIN.** accusato

imputazióne [vc. dotta, lat. tardo *imputatiōne(m)*, da *imputātus* 'imputato' * av. 1348] **s. f.** **1** l'imputare | ***i. della spesa***, in contabilità, assegnazione e ripartizione della spesa fra i diversi conti **2** (*dir.*) attribuzione a una persona della qualità di autore di un reato al fine di ottenerne la condanna: *rispondere dell'i. di omicidio; capo d'i.* **3** attribuzione di somme di denaro o del valore di dati beni a un dato patrimonio al fine di estinguere un debito

†**imputrefàtto** [comp. di *in-*③ e *putrefatto* * 1628] **agg.** • che non si è putrefatto

imputrescìbile [comp. di *in-*③ e *putrescibile* * 1869] **agg.** • (*raro, lett.*) che non imputridisce ‖ **imputrescibilità**, **s. f. inv.**

†**imputrìbile** [vc. dotta, lat. eccl. *imputrĭbile(m)*, comp. di *in-*③ e *putrĭbilis*, da *putrēre* (V. *putrido*) * sec. XIV] **agg.** • imputrescibile

imputridiménto [1869] **s. m.** • l'imputridire | decomposizione chimica e biologica delle materie organiche, con sviluppo di gas dall'odore nauseabondo e di sostanze tossiche

imputridìre [comp. di *in-*① e *putrido* * 1310] **A** **v. intr.** (*io imputridìsco, tu imputridìsci*; **aus.** *essere*) • diventare putrido: *il pesce imputridisce facilmente* | (*fig., lett.*) degenerare, imbarbarire **SIN.** corrompersi, guastarsi, marcire **B** **v. tr.** • rendere putrido | (*fig., lett.*) corrompere

imputridìto **part. pass.** di *imputridire*; **anche agg.** • putrefatto, putrido (**anche fig.**)

imputtanìre [da *puttana* * 1526] **A** **v. tr.** (*io imputtanìsco, tu imputtanìsci*) • (*lett.*) corrompere, guastare moralmente: *le guerre, le pesti, le carestie ed i tempi … hanno imputtanito tutta l'Italia* (P. Aretino) **B** **v. intr.** (**aus.** *essere*) e **imputtanìrsi** **v. intr. pron.** **1** diventare moralmente corrotto | guastarsi, deteriorarsi **2** (*disus.*) accompagnarsi a una prostituta

impuzzàre [comp. di *in-*③ e del denominale di *puzza* * sec. XIV] **v. intr.** (**aus.** *essere*) • (*disus., tosc.*) diventare puzzolente

impuzzìre [comp. di *in-*① e *puzzo* * av. 1364] **v. intr.** (*io impuzzìsco, tu impuzzìsci*; **aus.** *essere*) • puzzare | (*fig.*) marcire

impuzzolentìre [comp. di *in-*① e *puzzolente* * 1940] **v. tr.** (*io impuzzolentìsco, tu impuzzolentìsci*) • far diventare puzzolente | riempire di puzzo, di fetore: *il tiglio imputridì nei maceri che impuzzolentiscono il paese* (R. Bacchelli)

impuzzolìre [comp. di *in-*① e *puzzo* * av. 1320] **A** **v. intr.** (*io impuzzolìsco, tu impuzzolìsci*; **aus.** *essere*) • (*raro, lett.*) prendere un cattivo odore **B** **v. tr.** • (*raro, lett.*) rendere puzzolente

•**in**① o †**en**① /en/ [lat. *ĭn*, pref. e prep., di orig. indeur. * sec. XII] **prep. propria semplice.** (**Fondendosi con gli art. determ. dà origine alle prep. art. m. sing.** *nel, nello*; **m. pl.** *nei, negli*; **f. sing.** *nella*; **f. pl.** *nelle*). **I** stabilisce diverse relazioni dando luogo a molti complementi **1** compl. di stato in luogo (**anche fig.**): *oggi resto in casa; troviamoci in piazza; comprerò una casa in montagna; il gatto dorme in grembo al padrone; abbiamo fiducia in quel ragazzo; sta in voi decidere; se fossi in te, accetterei* | (**lett.**) davanti a nomi di città: *ho trovato gente savia in Milano* (A. Manzoni) | dentro: *non tenere le mani in tasca; lo porto nel cuore; l'amore diventò in lui rabbia, odio, furore* (I. Nievo) **2** compl. di moto a luogo (**anche fig.**): *l'hanno mandato in esilio; vanno in America; la nave sta entrando in porto; vai subito in casa; l'hanno gettato in mare; versami un po' di vino nel bicchiere; si è buttato in un'impresa disperata; l'ho mandato in malora; non metterti in testa certe idee* | contro: *ho inciampato in una radice; ho sbattuto in un ostacolo; ha urtato in uno spigolo* | indica anche il luogo, il punto, la condizione verso cui si compie un movimento, un passaggio, uno spostamento (spec. in correl. con la prep. 'di'): *vado di strada in strada, di città in città; andiamo di male in peggio!; gli affari vanno di bene in meglio* **3** compl. di moto attraverso luogo (**anche fig.**): *lo inseguirono nella pianura; il corteo passa nella via principale; tanti ricordi mi passano nella mente* **4** compl. di tempo determinato: *questo avvenne nel primo secolo a.C.; sono nato nel 1941; verrò in autunno* | †nelle date: *in dì quindici di set-*

tembre **5** compl. di tempo continuato (esprime durata e limite di tempo): *in gioventù è stata una grande ballerina; in un mese ho fatto grandi progressi; mi spiccio in un attimo, in quattro e quattr'otto, in un baleno* | in correl. con la prep. 'di': *lo aspettiamo di giorno in giorno* **6** compl. di modo o maniera: *camminate in punta di piedi; lavora in silenzio; disponetevi in cerchio; scrivi in corsivo; non guardarmi in cagnesco; sono in forse; resta pure in pantofole e in maniche di camicia; era vestito in grigio; è ancora in fasce; carne in umido; riso in bianco; dividere in quattro; farsi in quattro* | si prepone al cognome del marito per indicare lo stato coniugale di una donna: *Maria Bianchi in Rossi* **7** compl. di mezzo o strumento: *viaggerò in aeroplano; pago in contanti; te lo dico in poche parole; sa abbozzare un ritratto in pochi tratti* **8** compl. di limitazione: *sei bravo in matematica?; è un esperto in storia orientale; è commerciante in vini; sono studenti in legge* **9** compl. di materia: *vendono calchi in gesso e sculture in bronzo; è un'edizione rilegata in cuoio con fregi in oro* **10** compl. di scopo o fine: *ti mando un libro in dono; spendono molto in pranzi e feste; vorrei avere questo volume in visione; danno una festa in onore della figlia; parleremo in tuo favore* **11** compl. di causa: *si tormenta nel dubbio e nel rimorso; gioisco nel ricordo di quel momento* **12** compl. di stima: *tenere qlcu. in grande, poco conto; lo ha in grande considerazione* **13** compl. distributivo: *di dieci in dieci* **II** ricorre con diverso valore e funzione in molte espressioni **1** con valore determinativo, indica una quantità: *si presentarono in venti; erano in quattro; accorsero in folla, in gran numero* **2** con valore affermativo: *in fede mia; in verità; in coscienza* | esprimendo supplica, preghiera e sim.: *in nome del cielo; in nome di Dio* **3** con valore temporale, seguito da un v. al modo infinito, equivale ad un gerundio: *nel dire così; nel fare ciò; nell'udire la notizia* | (**pleonast.**) †premesso ad un gerundio: *però pur va, e in andando ascolta* (DANTE *Purg.* V, 45) **4** (**lett.**, **pleonast.**) con valore rafforz. davanti a 'su': *in sulla fine del secolo; in sul principio del discorso; in sul far del giorno; Vero è che 'n su la proda mi trovai* (DANTE *Inf.* IV, 7) **5** con valore pleonast.: *partita di calcio in notturna; scalata in artificiale, in invernale* **6** (**lett.**) †con valore di 'fra' indica relazione, reciprocità e sim.: *in noi è perfetta armonia* **III** ricorre nella formazione di molte loc. **1** loc. prep.: *in compagnia di; in cima a; in seguito a; in quanto a; in fondo a; in relazione a; in virtù di* e sim. **2** loc. avv.: *in qua; in là; in su; in giù; in sopra; in sotto; in dentro; in fuori; in alto; in basso; in avanti; in fondo; in apparenza; in concreto; in astratto; in breve; in fretta e furia; di quando in quando; di volta in volta* e sim. **3** loc. cong.: *nel tempo che; nell'istante che; in quanto che; nel caso che; nella maniera che* e sim.

in ② /ingl. ɪn/ [ingl. *in* 'dentro' ✱ 1965] **A** **avv.** ● nella loc. ***essere in***, fare parte dell'ambiente che conta e che decide le mode, spec. nell'ambito culturale e mondano: *per essere in ci si deve vestire in un certo modo* CONTR. out **B** **anche agg. inv.**: *la gente in; frequenta un giro molto in* CONTR. out

in- ① [dalla prep. lat. *in*, di orig. indeur., che già in lat. indicava, premessa ai v., un movimento verso un luogo o stato] **pref.** (**si ha assimilazione quando la composizione avviene con parole che iniziano con** *l-*, *m-*, *r-*; **la** *-n* **diventa** *-m-* **davanti a** *b-* **e** *p-*; **subisce talvolta il raddoppiamento** (*-nn-*) **davanti a parole che iniziano con vocale; tende a ridursi a** *-i-* **davanti a** *s* **seguita da consonante**) ● è usato con valore derivativo in verbi, di origine latina o di formazione posteriore, tratti da aggettivi o da sostantivi (*tenero - intenerire; fiamma - infiammare, lume - illuminare, raggio - irraggiare, buca - imbucare, pacco - impaccare, amore - innamorare*), nei quali indica spesso un cambiamento di stato; oppure tratti da altri verbi (*indurre, infondere, immettere, istruire*), nei quali la derivazione generalmente è già avvenuta in latino e il pref. mantiene per lo più il significato di 'dentro' della prep. lat. *in*; significato che si ritrova anche in taluni derivati da sostantivi: *incarcerare, insaccare* CFR. illativo

in- ② [ampliamento del lat. parl. del valore di *in-*①] **pref.** ● con valore rafforz. spec. nella formazione di congiunzioni antiche: *incontrario, imperò, imperciò, impertanto* (con passaggio di *-n-* a *-m-*)

in- ③ [lat. *in-* (dalla stessa radice indeur. presente nella neg. *nĕ*), talvolta usato per rendere l'alfa neg. dei Greci] **pref.** (**si ha assimilazione quando la composizione avviene con parole che iniziano con** *l-*, *m-*, *r-*; **la** *-n-* **diventa** *-m-* **davanti a** *b-* **e** *p-*) ● presente in numerose parole di origine latina o di formazione posteriore, ha valore negativo ed è per lo più premesso ad aggettivi o sostantivi: *inabile, inabilità; infedele, infedeltà; illegittimo, illogico, immorale, irregolare, imbelle, impotente*

-ina [lat. *-īna(m)* con valore di appartenenza, f. inizialmente applicato agli agg. in *-īnu(m)*, poi sostantivato; quando ha sign. collettivo è ripreso dal corrispondente fr. *-aine*] **suff.** **1** forma nomi di ambienti e locali in genere: *cucina, officina, vetrina* **2** forma sostantivi femminili tratti da temi maschili: *gallina, regina* **3** forma nomi numerali con valore collettivo: *decina, quindicina, ventina, quarantina, sessantina, cinquina, dozzina* **4** ha valore derivativo in nomi tratti da sostantivi: *abetina, collina* **5** ha valore alterativo in nomi femminili diminutivi o vezzeggiativi: *bruciatina, camerina, cosina, donnina, fermatina, occhiatina, parolina, signorina, stiratina, vecchina, vocina* **6** in chimica, indica spec. ammine e sostanze di natura basica: *adrenalina, morfina, cocaina*

inabbordàbile [comp. di *in-*③ e *abbordabile*, secondo il modello del fr. *inabordable* ✱ 1914] **agg.** ● di persona che non è facile avvicinare

inàbile [vc. dotta, lat. *inhăbile(m)*, comp. di *in-* neg. e *hăbilis* 'che sa tenere (*habēre*) bene' ✱ 1320] **agg.** **1** che non ha le qualità richieste per eseguire un dato compito (+ *a*): *i. al lavoro, alle fatiche* | ***è stato dichiarato i. al servizio militare***, riformato per malattia o difetto fisico SIN. inadatto, incapace **2** (*assol.*) (*raro*) maldestro, poco accorto: *la sua è una mossa i.* ‖ **inabilità**, **s. f. inv.** (V.)

inabilità [1486] **s. f. inv.** ● condizione di chi non ha le capacità o i requisiti richiesti per l'esecuzione di un dato compito: *i. temporanea, permanente* SIN. incapacità

inabilitàndo [1963] **s. m.** (**f.** *-a*) ● (*dir.*) colui nei cui confronti è in corso un procedimento per inabilitazione

inabilitànte **part. pres.** di *inabilitare*; anche **agg.** ● che comporta inabilità: *un difetto organico i.*

inabilitàre [comp. di *in-*③ e *abilitare* ✱ 1673] **A** **v. tr.** (*io inabìlito*) **1** rendere inabile (+ *a*): *i gravi difetti fisici lo inabilitano al lavoro* **2** (*dir.*) limitare, a opera dell'autorità giudiziaria, la capacità di agire di qlcu. **B** **inabilitàrsi** **v. rifl.** ● (*raro*) rendersi volontariamente inabile: *inabilitarsi al servizio militare*

inabilitàto **A** **part. pass.** di *inabilitare*; anche **agg.** ● nei sign. del v. **B** **s. m.** (**f.** *-a*) ● (*dir.*) colui che per legge o per provvedimento del giudice è stato dichiarato limitatamente capace d'agire così da non potere compiere atti eccedenti l'ordinaria amministrazione del proprio patrimonio

inabilitazióne [1673] **s. f.** ● (*dir.*) l'inabilitare | condizione di chi è inabilitato

inabissaménto [av. 1712] **s. m.** ● l'inabissare, l'inabissarsi SIN. affondamento, sprofondamento

inabissàre [comp. di *in-*① e *abisso* ✱ av. 1306] **A** **v. tr.** ● sprofondare in un abisso, sommergere (*anche fig.*): *la tempesta stava per i. la nave* **B** **inabissàrsi** **v. intr. pron.** ● andare a fondo in un abisso: *il natante colpito si inabissò in poche ore* | (*fig.*, *raro*) precipitare: *anima che si dibatte inabissandosi nel nulla* (G. D'ANNUNZIO) | (*fig.*, *lett.*) immergersi in qlco.: *inabissarsi nello studio*

inabitàbile [vc. dotta, lat. *inhabitābile(m)*, comp. di *in-*③ e *habitābilis*, da *habitāre* 'abitare' ✱ av. 1328] **agg.** ● di luogo o ambiente in cui l'uomo non può vivere: *gran parte delle terre emerse sono inabitabili* | (*est.*) estremamente scomodo, pericoloso o antigienico da abitare: *casa i.* ‖ **inabitabilità**, **s. f. inv.** (V.)

inabitabilità [1906] **s. f. inv.** ● caratteristica di un luogo inabitabile | mancanza delle condizioni o dei requisiti di abitabilità

inabitàto [comp. di *in-*③ e *abitato* ✱ 1342] **agg.** ● (*lett.*) privo di abitanti SIN. disabitato

inabituàto [comp. di *in-*③ e *abituato* ✱ 1874] **agg.** ● che non è abituato (+ *a*, **anche seguito da inf.**): *i più, inabituati a capire, non capivano nulla* (C. DOSSI) CFR. disabituato

inabrogàbile [comp. di *in-*③ e *abrogabile* ✱ 1957] **agg.** ● che non può essere abrogato

in abstràcto [1869] **loc. avv.** ● in astratto, astrattamente, spec. nell'uso giuridico

inaccessìbile [vc. dotta, lat. *inaccessĭbile(m)*, (comp. di *in-*③ e *accessĭbilis*, da *accēdere* 'avvicinarsi') ✱ av. 1364] **agg.** **1** che è molto difficile o impossibile da raggiungere o (*lett.*) da percorrere: *il rifugio era situato a un'altezza quasi i.; montagna i.; tentando inaccessibil vie* (T. TASSO) | (*fig.*) ***spesa i.***, impossibile per le disponibilità finanziarie di qlcu. **2** (*fig.*) di persona difficile da avvicinare: *quel ministro è i.* | ***essere i. alle lusinghe, alle preghiere***, e sim., non lasciarsi commuovere o impietosire da niente | di cosa difficile o impossibile da capire: *un mistero i.; le nozioni matematiche per me sono inaccessibili* ‖ **inaccessibilménte**, **avv.** ‖ **inaccessibilità**, **s. f. inv.**

inaccèsso [vc. dotta, lat. *inaccĕssu(m)*, comp. di *in-*③ e *accēssus*, part. pass. di *accēdere* 'avvicinarsi' ✱ av. 1530] **agg.** ● (*lett.*) di luogo a cui nessuno ha mai potuto avvicinarsi | inaccessibile | (*fig.*, *lett.*) impenetrabile

inaccettàbile [comp. di *in-*③ e *accettabile* ✱ 1749] **agg.** ● che non può essere accolto: *proposta, modifica i.* | che non si può accettare, tollerare (+ *per*, + *che* **seguito da congtv.**): *usare un tono i.; un comportamento i. per noi; una proposta i. per la maggioranza dei cittadini; è i. che quest'argomento venga trattato in modo demagogico* | (*est.*) incredibile, inverosimile: *resoconto i.* ‖ **inaccettabilménte**, **avv.** ‖ **inaccettabilità**, **s. f. inv.**

inaccordàbile [comp. di *in-*③ e *accordabile* ✱ av. 1683] **agg.** **1** che non si può concedere: *un favore i.* **2** di strumento che non può essere accordato

inaccòrto [comp. di *in-*③ e *accorto* ✱ 1532] **agg.** ● (*lett.*) che è privo di avvedutezza SIN. incanto, malaccorto

inaccostàbile [comp. di *in-*③ e *accostabile* ✱ 1640] **agg.** ● (*raro*) inavvicinabile (*spec. fig.*)

inaccuratèzza [comp. di *in-*③ e *accuratezza* ✱ av. 1798] **s. f.** **1** (*lett.*) mancanza di accuratezza | trascuratezza: *gli errori nel tuo lavoro sono dovuti soprattutto a i.* **2** imprecisione, inesattezza (calco sull'ingl. *inaccuracy*)

inaccuràto [comp. di *in-*③ e *accurato* ✱ av. 1798] **agg. 1** (*lett.*) non accurato, poco accurato **2** inesatto, impreciso (calco sull'ingl. *inaccurate*)

inaccuşàbile [vc. dotta, lat. *inaccusābile(m)*, comp. di *in-*③ e *accusābilis* 'accusabile', da *accusāre* 'accusare' ✱ av. 1494] **agg.** ● (*raro*) che non si può accusare

inacerbàre [1538] **v. tr.** (*io inacèrbo*) e **inacerbàrsi v. intr. pron.** ● (*lett.*) inacerbire, inacerbirsi

inacerbìre [vc. dotta, lat. tardo *inacerbāre*, comp. di *in-*① e *acerbāre*, da *acĕrbus* 'aspro, acerbo' ✱ 1312] **A v. tr.** (*io inacerbìsco, tu inacerbìsci*) ● rendere più acerbo, più doloroso: *i. una piaga, un dispiacere* | portare all'esasperazione: *i. gli animi, gli uomini, una lite* **SIN.** esacerbare, inasprire **B v. intr.** (**aus.** *essere*) e **inacerbìrsi v. intr. pron.** ● inasprirsi, esacerbarsi: *alimentato dai continui ricordi, il suo dolore s'inacerbì*

†**inacetàre** [av. 1535] **v. tr.** e †**inacetàrsi v. rifl.** ● bagnare o bagnarsi con aceto

inacetìre [comp. di *in-*① e *aceto* ✱ av. 1320] **A v. intr.** (*io inacetìsco, tu inacetìsci*; **aus.** *essere*) ● diventare aceto, farsi aspro come l'aceto: *col caldo il vino inacetisce* **B v. tr.** ● rendere il vino acido, con sapore d'aceto: *l'aria inacetisce il vino*

inacidiménto [1869] **s. m.** ● l'inacidire

inacidìre [comp. di *in-*① e *acido* ✱ av. 1597] **A v. tr.** (*io inacidìsco, tu inacidìsci*) **1** (*chim.*, *raro*) acidificare **2** rendere acido | (*fig.*) rendere astioso, duro: *le continue delusioni hanno inacidito il suo animo* **SIN.** inasprire **B v. intr.** (**aus.** *essere*) e **inacidìrsi v. intr. pron. 1** diventare acido, prendere un sapore acido: *d'estate i cibi inacidiscono facilmente* **2** (*fig.*) diventare aspro e scostante: *il suo carattere si è molto inacidito*

inacidìto part. pass. di *inacidire*; anche **agg.** ● diventato acido: *vino i.* | (*fig.*) diventato astioso, stizzoso: *una vecchia inacidita*

†**inacquàre** ➤ **annacquare**

inacutìre [comp. di *in-*① e *acuto* ✱ 1621] **A v. tr.** (*io inacutìsco, tu inacutìsci*) ● (*raro*) rendere più acuto (*anche fig.*) | ***i. il tono***, passare da una nota bassa a una acuta **B inacutìrsi v. intr. pron.** ● (*raro*) diventare più acuto (*spec. fig.*)

inadattàbile [comp. di *in-*③ e *adattabile* ✱ av. 1712] **agg.** ● che non si può adattare: *è una costruzione i. a usi scolastici* | di chi è incapace di adattarsi: *sono i. al vostro ambiente* ‖ **inadattabilità**, **s. f. inv.** (V.)

inadattabilità [av. 1712] **s. f. inv. 1** caratteristica, condizione di chi (o di ciò che) è inadattabile **2** †incapacità, insufficienza

inadàtto [comp. di *in-*③ e *adatto* ✱ 1858] **agg. 1** che non è adatto a qlco. (+ *a*): *mezzi inadatti allo scopo*; *abito i. a una cerimonia* **2** che non ha disposizione, inclinazione a qlco. (+ *a*): *essere i. allo studio* **3** inopportuno, fuor di luogo, sconveniente: *rivolgersi a qlcu. con parole inadatte*

inadeguatézza [1913] **s. f.** ● caratteristica di chi (o di ciò che) è inadeguato
SFUMATURE ➤ ***insufficienza***

inadeguàto [comp. di *in-*③ e *adeguato* ✱ av. 1553] **agg.** ● di ciò che è inidoneo o insufficiente rispetto a qlco.: *mezzi inadeguati*; *capacità, preparazione inadeguata* | detto di persona, inadatto, che non è all'altezza (+ *a*): *essere i. a un lavoro* ‖ **inadeguataménte**, **avv.**
SFUMATURE ➤ ***scarso***

inadempìbile [comp. di *in-*③ e *adempibile* ✱ av. 1712] **agg.** ● (*raro*) che è difficile o impossibile da adempiere: *incarico i.*

inadempiènte [comp. di *in-*③ e *adempiente*, part. pres. di *adempiere* ✱ 1917] **agg.** e **s. m.** e **f.** ● (*dir.*) che (o chi) non adempie a un dovere, a un impegno o non esegue una prestazione a cui era obbligato (+ *a*): *i. all'ordine di espulsione*

inadempiènza [da *inadempiente* ✱ 1877] **s. f.** ● mancata attuazione di qlco. da parte di chi vi si era impegnato **SIN.** inosservanza

SFUMATURE DI SIGNIFICATO
inadempienza - inosservanza - disobbedienza
Chi non fa qualcosa a cui sarebbe stato tenuto per dovere o per un obbligo preso commette un'**inadempienza**. **Inosservanza** fa riferimento, prima che a un impegno non mantenuto, al mancato rispetto di una legge, di una norma. **Disobbedienza** condivide con *inosservanza* l'aspetto della trasgressione a un ordine o a una regola, ma suggerisce in aggiunta una sfumatura di indocilità o di ribellione.

inadempiménto [comp. di *in-*③ e *adempimento* ✱ 1723] **s. m.** ● mancato adempimento: *i. di un obbligo, di una promessa* | (*dir.*) mancata esecuzione della prestazione da parte del debitore: *risolvere un contratto per i.*

inadempìto [av. 1828] **agg.** ● (*lett.*, *raro*) inadempiuto

inadempiùto [comp. di *in-*③ e *adempiuto* ✱ av. 1861] **agg.** ● che non ha avuto adempimento: *fatto, obbligo i.*

inadoperàbile o (*lett.*) **inadopràbile** [comp. di *in-*③ e *adoperabile* ✱ 1869] **agg.** ● (*raro*) inutilizzabile

inafferràbile [comp. di *in-*③ e *afferrabile* ✱ 1822] **A agg. 1** (*raro*) che non si può prendere: *l'acqua è i.* | di persona che non si riesce a catturare: *la leggenda della i. Primula Rossa* **2** (*est.*) indistinto: *parole inafferrabili* **3** (*fig.*) che è difficile o impossibile da capire: *l'amore vero è … un mistero grande e i.* (G. Deledda) **SIN.** incomprensibile, oscuro | (*fig.*, *lett.*) vago, indefinibile: *una bellezza i.* (A. Moravia) ‖ **inafferrabilménte**, **avv.** ‖ **inafferrabilità**, **s. f. inv. B s. m. solo sing.** ● (*fig.*) ciò che non può essere capito

inaffiàre e deriv. ➤ **annaffiare** e deriv.

inaffidàbile [comp. di *in-*③ e *affidabile* ✱ 1980] **agg.** ● detto di persona di cui non ci si può fidare o di ciò che non dà garanzie di buon funzionamento ‖ **inaffidabilità**, **s. f. inv.**

inaffondàbile [comp. di *in-*③ e *affonda(re)* con il suff. *-abile* ✱ 1972] **agg. 1** che non può essere affondato: *una nave i.* **2** (*fig.*, *scherz.*) detto di personaggio politico, di alto funzionario e sim. che, nonostante traversie e vicissitudini, riesce a conservare nel tempo il suo incarico ‖ **inaffondabilità**, **s. f. inv.**

inaggregàbile [comp. di *in-*③ e *aggregabile* ✱ 1869] **agg.** ● (*raro*) che non si può aggregare

†**inagguagliàbile** [comp. di *in-*③ e *agguagliabile* ✱ av. 1803] **agg.** ● ineguagliabile

inagìbile [comp. di *in-*③ e *agibile* ✱ 1980] **agg. 1** detto di luogo pubblico, attrezzatura sportiva e sim. che manca temporaneamente dei requisiti richiesti dalla legge per poter ospitare la manifestazione a cui è destinato: *a causa dell'incendio il teatro è i.* **2** (*est.*) impraticabile, intransitabile | inutilizzabile ‖ **inagibilità**, **s. f. inv.**

inagrestìre [comp. di *in-*① e *agresto*② ✱ av. 1347] **v. intr.** (*io inagrestìsco, tu inagrestìsci*; **aus.** *essere*) **1** non giungere a maturazione, detto dell'uva **2** diventare agro come l'uva acerba

inagrìre [comp. di *in-*① e *agro*① ✱ av. 1320] **A v. tr.** (*io inagrìsco, tu inagrìsci*) ● (*raro*) rendere agro **B v. intr.** (**aus.** *essere*) ● (*raro*) diventare agro

inalànte A part. pres. di *inalare*; anche **agg. 1** che si usa per inalazione: *farmaco i.* **2** basato su inalazioni: *terapia i.* **B s. m.** ● prodotto farmaceutico che si assume per inalazione

inalàre [vc. dotta, lat. *inhalāre*, comp. di *in* 'dentro' e *halāre* 'soffiare', di etim. incerta (V. *alito*) ✱ 1940] **v. tr.** ● inspirare: *i. gas venefici* | (*med.*) assorbire un medicamento per inalazione

inalatóre [1886] **s. m.** ● apparecchio per inalazioni | (*aeron.*) ***i. di ossigeno***, impianto che fornisce al pilota di un aeromobile, in volo ad alta quota, ossigeno a pressione opportuna

inalatòrio [1937] **A agg.** (**pl. m.** *-i* o *raro -ii*) ● di inalazione **B s. m.** ● locale per inalazioni

inalazióne [vc. dotta, lat. tardo *inhalatiōne(m)*, da *inhalāre* 'inalare' ✱ 1875] **s. f.** ● l'inalare, l'inspirare | (*med.*) tecnica con cui si introducono a scopo di cura nelle vie respiratorie sostanze gassose, volatili o liquide vaporizzate o soluzioni di sostanze solide

inalbàre [vc. dotta, lat. *inalbāre*, comp. di *in-*① e *albāre*, da *ălbus* 'bianco', di orig. indeur. ✱ av. 1311] **A v. tr.** ● (*lett.*) imbiancare | (*lett.*) schiarire: *vien poi l'aurora e l'aura fresca inalba* (F. Petrarca) **B v. intr.** (**aus.** *essere*) e **inalbàrsi v. intr. pron. 1** (*raro*, *lett.*) diventare bianco **2** (*raro*, *lett.*) diventare torbido e di colore bianchiccio

inalberaménto [1834] **s. m.** ● l'inalberare, l'inalberarsi

inalberàre [comp. di *in-*① e *albero* ✱ av. 1400] **A v. tr.** (*io inàlbero*) **1** alzare una bandiera, elevare un'insegna sull'albero di una nave, su un'antenna, un'asta, un'altura e sim.: *la nave inalberò la bandiera in segno di resa*; *sull'edificio più alto della città fu inalberato il vessillo tricolore* | ***i. un'insegna, un vessillo, una bandiera***, (*fig.*, *lett.*) farsi promotore di una iniziativa o di un'idea, un partito ecc. | †***i. i remi***, levarli ritti sul banco in segno di saluto o per accingersi a vogare | †***i. le vele***, collocarle sull'albero di una nave | †***i. una nave***, dotarla dell'alberatura necessaria **2** †brandire un'arma **3** †far adirare qlcu. **B inalberàrsi v. intr. pron. 1** impennarsi: *è un cavallo che s'inalbera facilmente* **2** (*fig.*) adirarsi, irritarsi: *non gli si può parlare che subito s'inalbera* **3** (*raro*) insuperbirsi **4** †salire su un albero **5** †imboscarsi **6** †riempirsi di alberi

inalberàta [da *inalberare* ✱ 1920] **s. f.** ● impennata

in àlbis [loc. lat., propr. 'in (*ĭn*) bianchi (dall'agg. *ălbus*, di orig. indeur.)', sottinteso vestiti (*vĕstibus*, abl. pl. di *vĕstis* 'veste')] **loc. agg. inv.** ● detto della prima domenica dopo la Pasqua | detto della settimana che precede tale domenica

inalidìre [comp. di *in-*① e *alido* ✱ av. 1580] **A v. tr.** (*io inalidìsco, tu inalidìsci*) ● (*tosc.*) disseccare, asciugare: *i. un terreno, una pianta, il legname, i panni fradici* **B v. intr.** (**aus.** *essere*) e **inalidìrsi v. intr. pron.** ● (*tosc.*) diventare asciutto

inalienàbile [comp. di *in-*③ e *alienabile* ✱ 1679] **agg. 1** (*dir.*) che non può essere trasferito ad altri: *bene i.*; *diritto i.* **2** (*est.*) che non può essere abolito: *il diritto i. alla libertà* **SIN.** insopprimibile, irrinunciabile **3** (*lett.*, *fig.*) intrinseco ‖ **inalienabilménte**, **avv.** ‖ **inalienabilità**, **s. f. inv.**: *inalienabilità dei beni demaniali, dei beni dotali*

inalteràbile [comp. di *in-*③ e *alterabile* ✱ 1561] **agg.** ● che non è soggetto ad alterazioni o mutamenti (*anche fig.*): *colore, tinta, forma i.*; *affetto, amicizia i.*; *si soffrono tormentosissime pene con i. pazienza* (G. Vico) | (*fig.*, *raro*) imperturbabile ‖ **inalterabilménte**, **avv.** in modo inalterabile, senza cambiamenti ‖ **inalterabilità**, **s. f. inv.** (V.)

inalterabilità [1631] **s. f. inv.** ● caratteristica di ciò che è inalterabile: *la necessità dell'i. del cielo* (G. Galilei) **SIN.** immutabilità

inalteràto [comp. di *in-*③ e *alterato* ✱ 1632] **agg.** ● che non ha subìto alcuna alterazione: *situazione inalterata* | (*est.*) costante: *seguire qlcu. con interesse i.* **SIN.** immutato ‖ **inalterataménte**, **avv.**

✦**in alto lòco** [loc. lat., propr. 'in (*ĭn*) alto (*ăltu(m)*) luogo (*lŏcu(m)*)' ✱ av. 1294] **loc. avv.** ● (*fig.*) tra le persone più importanti: *avere amicizie in alto loco* | (*fig.*) da parte di chi ricopre incarichi elevati: *decisioni prese in alto loco*

inalveaménto [av. 1783] **s. m.** ● inalveazione

inalveàre [comp. di *in-*① e *alveo* ✱ 1499] **A** **v. tr.** (**pres.** *io inàlveo*; **fut.** *io inalveerò*) ● immettere in un alveo: *i. un fiume, le acque di un lago* **SIN.** incanalare **B** **inalveàrsi** **v. intr. pron.** ● (*raro*) entrare o scorrere in un alveo

inalveazióne [av. 1710] **s. f.** ● insieme di opere per inalveare un corso d'acqua **SIN.** inalveamento

inalveolàre [comp. di *in-*① e di *alveolo* ✱ sec. XX] **v. intr.** (*io inalvèolo*; **aus.** *essere*) e **inalveolàrsi** **v. intr. pron.** ● (*anat.*) impiantarsi, crescere negli alveoli, detto dei denti

inalzàre e deriv. ➤ **innalzare** e deriv.

inamàbile [vc. dotta, lat. *inamābile(m)*, comp. di *in-*③ e *amābilis* 'amabile', da *amāre* 'amare' ✱ 1563] **agg.** ● che risulta spiacevole, sgradevole ‖ **inamabilménte**, **avv.** ‖ **inamabilità**, **s. f. inv.**: *ella ... si sdegna agevolmente della inamabilità del marito* (S. Pellico)

inamarìre [comp. di *in-*① e *amaro* ✱ av. 1306] **A** **v. tr.** (*io inamarisco, tu inamarisci*) **1** †rendere amaro | (*fig.*, *lett.*) amareggiare: *tu le sue liete / dolcezze inamaristi* (T. Tasso) **2** (*raro*) affliggere **B** **inamarìrsi** **v. intr. pron.** ● †diventare amaro | (*fig.*, *lett.*) amareggiarsi, affliggersi

inàmbu [dal tupi *inambú* 'pernice' ✱ 1967] **s. m. inv.** ● uccello sudamericano, gregario, simile a una grossa faraona (*Rhynchotus rufescens*)

inamèno [vc. dotta, lat. *inamōenu(m)*, comp. di *in-*③ e *amōenus* 'ameno', di etim. incerta ✱ sec. XIV] **agg.** ● (*lett.*) triste e desolato: *paese, luogo i.* | (*raro*) poco piacevole

inamidàre [comp. di *in-*① e *amido* ✱ 1640] **v. tr.** (*io inàmido*) **1** bagnare un tessuto con una salda d'amido affinché acquisti una speciale durezza alla stiratura: *i. una camicia, un colletto, un paio di polsi* **2** (*chim.*) imbevere con soluzione bollita di amido la carta da filtro da usare come indicatore per lo iodio

inamidàto **part. pass.** di *inamidare*; anche **agg.** **1** nei sign. del v. **2** (*fig.*, *scherz.*) che è rigido e pieno di sussiego: *camminava impettito, i.* | (*fig.*, *lett.*) accademico, formale: *stile i.*

inamidatùra [av. 1742] **s. f.** ● operazione dell'inamidare

inammaccàbile [comp. di *in-*③ e *ammaccabile* ✱ 1942] **agg.** ● che non conserva le tracce di ammaccature e sim.: *tessuto, velluto i.*

inammissìbile [vc. dotta, lat. *inamissĭbile(m)*, comp. di *in-*③ e *admissĭbilis* 'ammissibile', da *admĭttere* (V. *ammettere*) ✱ 1662] **agg.** **1** che non si può accogliere, ammettere: *progetto, condizioni inammissibili* | improponibile: *appello i.*; *domanda giudiziale i.* | (*dir.*) *prova i.*, che non può essere raccolta o utilizzata nel processo **2** che non si può accettare, tollerare: *contegno i.*; *è i. che si esprima in quel modo!* ‖ **inammissibilménte**, **avv.** ‖ **inammissibilità**, **s. f. inv.**

inamovìbile [comp. di *in-*③ e *amovibile* ✱ av. 1750] **agg.** **1** (*raro*) fisso, immobile | (*fig.*, *lett.*) irremovibile: *una volontà ... immutabile, i.* (A. Palazzeschi) **2** (*dir.*) che non può essere rimosso o trasferito arbitrariamente dall'ufficio o carica che ricopre: *i magistrati sono inamovibili* | (*est.*) che non vuole lasciare la posizione che occupa: *una terribile generazione di vecchi ... inamovibili* (U. Saba) ‖ **inamovibilità**, **s. f. inv.**: *inamovibilità dei magistrati*

✦**inàne** [vc. dotta, lat. *ināne(m)*, comp. di *in-*③ e un secondo termine di etim. incerta ✱ av. 1328] **agg.** ● che è vano e inutile: *i. fu il tuo vanto, o folle* (V. Monti)

inanellaménto [av. 1862] **s. m.** ● (*zootec.*) applicazione di un anello alla zampa degli uccelli per controllarne gli spostamenti migratori

✦**inanellàre** o †**innanellàre** [comp. di *in-*① e *anello* ✱ 1319] **A** **v. tr.** (*io inanèllo*) **1** arricciare a forma di anello: *i. la chioma* | anche in forma pron. (con valore intens.): *inanellarsi i capelli* **2** †infilare qlco. in un anello: *i. il chiavistello* **3** †dare l'anello nuziale alla sposa: *Siena mi fé, disfecemi Maremma / salsi colui che 'nnanellata pria / disposando m'avea con la sua gemma* (Dante *Purg.* V, 134-136) **4** (*fig.*) dire, raccontare uno dopo l'altro: *i. aneddoti, frottole* | raccogliere, collezionare in serie: *i. successi, trofei* | *i. giri di pista*, farne uno dopo l'altro **5** munire gli uccelli migratori di un anello di alluminio alla zampa, per studiarne gli spostamenti **B** **inanellàrsi** **v. intr. pron.** **1** (*raro*) prendere la forma di un anello | arricciarsi **2** (*fig.*, *lett.*) concatenarsi

✦**inanellàto** **part. pass.** di *inanellare*; anche **agg.** **1** nei sign. del v. **2** adorno di anelli: *tese verso di lui la mano inanellata*

inanimàre [comp. di *in-*① e *anima* ✱ sec. XIII] **A** **v. tr.** (*io inànimo*) ● (*lett.*) animare, incoraggiare: *collo sguardo ella m'inanimava a ricordarmi di quanto le aveva promesso* (I. Nievo) **B** **inanimàrsi** **v. intr. pron.** **1** (*lett.*, *fig.*) rincuorarsi **2** †sdegnarsi

†**inanimàto**① **part. pass.** di *inanimare*; anche **agg.** ● nei sign. del v.

inanimàto② [vc. dotta, lat. tardo *inanimātu(m)*, comp. di *in-*③ e *animātus* 'animato' ✱ 1294] **agg.** **1** che non ha vita: *i minerali sono inanimati* **2** privo di sensi, che non dà segno di vita: *cadde a terra i.* **SIN.** esanime

inànime [vc. dotta, lat. *inănime(m)*, comp. di *in-*③ e un deriv. di *ănima* 'anima' ✱ av. 1500] **agg.** **1** †privo di anima **2** (*lett.*) esanime | (*lett.*) esangue

inanimìre [comp. di *in-*① e *animo* ✱ av. 1380] **A** **v. tr.** (*io inanimisco, tu inanimisci*) **1** (*lett.*) confortare, incoraggiare **2** †incitare, spronare: *la quale... gl'inanimirà tutti ad imitare un buon esempio* (G. Baretti) **B** **v. intr.** (**aus.** *essere*) e **inanimìrsi** **v. intr. pron.** **1** (*lett.*) prendere coraggio, ardire **2** †irritarsi, adirarsi

✦**inanità** [vc. dotta, lat. *inanitāte(m)*, da *inānis* 'inane' ✱ av. 1712] **s. f. inv.** ● inutilità, inefficacia: *I bianchi muri avrebbero seguitato a cuocere nella loro i. calda* (C.E. Gadda)

inanizióne [vc. dotta, lat. tardo *inanitiōne(m)*, da *inanītus*, part. pass. di *inanīre* 'rendere vuoto' ✱ 1583] **s. f.** **1** (*med.*) esaurimento, indebolimento fisico causato da insufficienza o mancanza di alimentazione **2** (*fig.*, *lett.*) inerzia, torpore

inanònimo [comp. di *in-*③ e *anonimo* ✱ 1931] **A** **agg.** ● (*burocr.*) non anonimo **B** **s. m.** ● (**spec. al pl.**) negli avvisi pubblicitari, chi rende note le proprie generalità: *rispondesi solo inanonimi*

†**inànte** ➤ †**innante**

†**inànti** ➤ †**innante**

in àntis [loc. lat. da completarsi *in antis esse*, detto di templi che avevano sul (*in*) davanti dei pilastri (*antae*, abl. pl. *antis*, di orig. indeur.)] **loc. agg. inv.** ● detto di tempio greco con portico limitato anteriormente da due colonne e da due pilastri posti al termine dei muri laterali

†**inànzi** ➤ **innanzi**

inappagàbile [comp. di *in-*③ e *appagabile* ✱ av. 1694] **agg.** ● difficile o impossibile da appagare, soddisfare: *brama, desiderio i.* **SIN.** insaziabile | (*raro*) incontentabile

inappagaménto [comp. di *in-*③ e *appagamento* ✱ 1903] **s. m.** ● stato d'animo di chi non è appagato, soddisfatto: *sentiva in sé un profondo i.* **SIN.** insoddisfazione

inappagàto [comp. di *in-*③ e *appagato* ✱ 1891] **agg.** ● detto di ciò che non viene appagato, soddisfatto: *bisogno, desiderio i.* | detto di chi è insoddisfatto e deluso: *sentirsi i.*

inappannàbile [comp. di *in-*③ e *appannabile* ✱ av. 1704] **agg.** **1** che non si appanna: *vetro, specchio i.* **2** (*fig.*) †che non si può offuscare: *merito i.*

inappellàbile [comp. di *in-*③ e *appellabile* ✱ av. 1588] **agg.** **1** (*dir.*) che non può essere impugnato in sede di appello: *sentenza i.*; *giudizio i.* **2** (*est.*) che non si può rivedere, rimettere in discussione e sim.: *decisione i.* ‖ **inappellabilménte**, **avv.** ‖ **inappellabilità**, **s. f. inv.**

inappetènte [comp. di *in-*③ e *appetente* ✱ 1618] **agg.** ● che soffre d'inappetenza, che è privo di appetito **SIN.** disappetente

✦**inappetènza** [comp. di *in-*③ e *appetenza* ✱ 1583] **s. f.** ● mancanza o perdita dell'appetito o del desiderio di alimentarsi

inapplicàbile [comp. di *in-*③ e *applicabile* ✱ av. 1739] **agg.** ● che non si può mettere in atto, in pratica: *pena, decisione, rimedio i.* ‖ **inapplicabilménte**, **avv.** ‖ **inapplicabilità**, **s. f. inv.**

inapplicàto [comp. di *in-*③ e *applicato* ✱ 1869] **agg.** ● che non è stato applicato, che non ha trovato applicazione: *metodi, sistemi inapplicati*; *norme rimaste inapplicate*

inapprendìbile [comp. di *in-*③ e *apprendibile* ✱ 1803] **agg.** ● (*raro*, *lett.*) che è impossibile da apprendere: *lingua i.*

inapprensìbile [vc. dotta, lat. tardo *inapprehensĭbile(m)*, comp. di *in-*③ e *apprehensĭbilis* 'apprendibile', da *apprehĕndere* 'apprendere' ✱ av. 1642] **agg.** ● (*lett.*) incomprensibile ‖ **inapprensibilità**, **s. f. inv.**

inapprezzàbile [comp. di *in-*③ e *apprezzabile* ✱ 1712] **agg.** **1** che ha un valore così grande che non può essere apprezzato giustamente: *amico, dono i.*; *Ecco una burla da cui trarremo dei vantaggi inapprezzabili* (E. Salgari) **SIN.** impagabile, inestimabile **2** di nessun valore: *danno i.* **SIN.** trascurabile ‖ **inapprezzabilménte**, **avv.**

inapprezzàto [comp. di *in-*③ e *apprezzato* ✱ 1890] **agg.** ● che non è apprezzato: *virtù, doti inapprezzate*

inapprodàbile [comp. di *in-*③ e *approdabile* ✱ 1957] **agg.** ● (*mar.*) di luogo che non si presta all'approdo

inappropriàto [comp. di *in-*③ e *appropriato* ✱ 1963] **agg.** ● che non è appropriato; che è inadatto, inadeguato (+ *a*): *un comportamento, un abbigliamento i. alla situazione* | improprio: *usare un termine i. in una traduzione*

✦**inappuntàbile** [comp. di *in-*③ e *appuntabile* ✱ 1750] **agg.** **1** incensurabile, irreprensibile, detto di persona: *impiegato i.* **2** privo di difetti, tale da non offrire appiglio a critiche o censure, detto di cosa: *lavoro, servizio i.*; *è un ragionamento i.* **SIN.** impeccabile, ineccepibile | (*est.*) perfettamente adatto al momento, all'occasione: *vestito i.* ‖ **inappuntabilménte**, **avv.** ‖ **inappuntabilità**, **s.**

f. inv.

inappuràbile [comp. di *in-*③ e *appurabile* ✱ av. 1712] **agg.** ● che non si può appurare, accertare: *circostanza i.* CONTR. verificabile

inaràbile [comp. di *in-*③ e *arabile* ✱ av. 1704] **agg.** ● (*raro*) che non si può arare: *terreno, campo i.*

inaràto [vc. dotta, lat. *inarātu(m)*, comp. di *in-*③ e *arātus*, part. pass. di *arāre* 'arare' ✱ 1594] **agg.** ● (*lett.*) che non è arato

inarcaménto [av. 1730] **s. m.** ● l'inarcare, l'inarcarsi | (*mar.*) *i. di chiglia*, deformazione che uno scafo assume sulla cresta di un'onda quando, per eccessivo carico a prua e a poppa, la parte centrale risulta più alta delle estremità

inarcàre [comp. di *in-*① e *arco* ✱ av. 1367] **A** **v. tr.** (*io inàrco, tu inàrchi*) ● curvare a forma d'arco | *i. le sopracciglia*, alzarle in atto di meraviglia | *i. la schiena*, piegarla per sostenere sforzi, pesi e sim. **B** **inarcàrsi** **v. intr. pron.** ● diventare curvo come un arco: *le assi del pavimento si sono inarcate per l'umidità*

inarcatùra [da *inarcare* ✱ av. 1681] **s. f.** ● (*ling.*) in metrica, enjambement

†**inardìre** [comp. di *in-*① e *ardire*①, come l'ant. fr. *enhardir* ✱ sec. XIII] **A** **v. tr.** ● incoraggiare, rinfrancare **B** †**inardirsi** **v. intr. pron.** ● prendere coraggio

inargentàre o †**inarientàre** [vc. dotta, lat. *inargentāre*, comp. di *in-*① e *argentāre*, da *argĕntum* 'argento' ✱ 1358] **A** **v. tr.** (*io inargènto*) **1** argentare **2** (*fig.*) rendere argenteo, illuminare di splendore argenteo: *la luna inargenta il mare* **B** **inargentàrsi** **v. intr. pron.** ● acquistare riflessi d'argento: *i suoi capelli già si inargentano*

inargentàto o †**inarientàto** **part. pass.** di *inargentare*; anche **agg.** ● nei sign. del v.

†**inargentatóre** [1585] **s. m.** ● argentatore

†**inargentatùra** [av. 1755] **s. f.** ● argentatura

inaridiménto [1862] **s. m.** ● l'inaridire, l'inaridirsi | (*fig.*) impoverimento, isterilimento

✦**inaridìre** [comp. di *in-*① e *arido* ✱ av. 1311] **A** **v. tr.** (*io inaridìsco, tu inaridìsci*) **1** rendere secco e sterile: *il gelo inaridisce i raccolti* **2** (*fig.*) impoverire o svuotare di sentimenti, energia, vigore e sim.: *il dolore l'ha inaridito*; *i. la mente, il cuore di qlcu.* **B** **v. intr.** (aus. *essere*) e **inaridìrsi** **v. intr. pron.** ● diventare arido: *la sorgente è inaridita* | (*fig.*) isterilirsi: *in poco tempo il suo ingegno s'inaridì* SIN. seccarsi

inariditо **part. pass.** di *inaridire*; anche **agg.** ● nei sign. del v.

†**inarientàre** e deriv. ➤ **inargentare** e deriv.

inarmònico [comp. di *in-*③ e *armonico* ✱ 1769] **agg.** (**pl. m.** *-ci*) ● (*lett.*) privo di armonia | (*lett., raro*) che non ha orecchio musicale: *una persona che passava ... per inarmonica* (G. LEOPARDI) ‖ **inarmonicaménte**, **avv.** (*raro*) in modo inarmonico

inarniaménto [comp. parasintetico di *arnia*, col pref. *in-*① ✱ sec. XX] **s. m.** ● (*zootec.*) introduzione di uno sciame di api naturale o artificiale in un'arnia, allo scopo di popolarla

†**inarràre** o †**innarràre** [comp. di *in-*① e *arra* ✱ av. 1276] **v. tr.** **1** accaparrarsi qlco.: *i fornai ... inarravano il grano* (G. VILLANI) | (*fig.*) assicurarsi **2** (*fig., poet.*) impegnare una lotta e sim.: *col cielo e co le stelle e co la luna / un'angosciosa e dura notte innarro* (F. PETRARCA)

†**inarrendévole** [comp. di *in-*③ e *arrendevole* ✱ av. 1704] **agg.** ● che non si arrende facilmente

†**inarrendevolézza** [av. 1704] **s. f.** ● caratteristica di chi (o di ciò che) è inarrendevole

inarrestàbile [comp. di *in-*③ e *arrestabile* ✱ 1600] **agg.** ● che non si può arrestare, fermare: *il corso i. degli eventi umani* | che non cessa, che continua: *pianto i.* ‖ **inarrestabilménte**, **avv.** CONTR. arrestabile ‖ **inarrestabilità**, **s. f. inv.**

✦**inarrivàbile** [comp. di *in-*③ e *arrivabile* ✱ 1632] **agg.** **1** che non si può raggiungere: *altezza, montagna i.* **2** (*fig.*) impareggiabile, inimitabile, ineguagliabile: *persona di talento e ingegno inarrivabili* ‖ **inarrivabilménte**, **avv.** ‖ **inarrivabilità**, **s. f. inv.**

†**inarsicciàre** [comp. di *in-*① e *arsicciare* ✱ 1342] **v. tr.** ● (*lett.*) bruciacchiare, bruciare

†**inarsicciàto** **A** **part. pass.** di *inarsicciare*; anche **agg.** ● nei sign. del v. **B** **s. m.** ● segno di bruciatura

inarticolàto [vc. dotta, lat. tardo *inarticulātu(m)*, comp. di *in-* neg. e *articulātus*, part. pass. di *articulāre* 'articolare' ✱ av. 1565] **agg.** ● privo di articolazioni, connessioni: *non parla, emette solo suoni inarticolati* ‖ **inarticolataménte**, **avv.**

in artìculo mòrtis [loc. lat., propr. 'in punto di morte', dove *artĭculu(m)* ha il sign. di 'momento decisivo' ✱ av. 1850] **loc. avv.** ● nel momento della morte: *assolvere, assoluzione in articulo mortis*

inascoltàbile [da *ascoltare*, col pref. *in-*③ ✱ 1627] **agg.** ● che non si può ascoltare: *un disco i.* | che non merita di essere ascoltato: *un'esecuzione i.* ‖ **inascoltabilità**, **s. f. inv.**

inascoltàto [comp. di *in-*③ e *ascoltato* ✱ 1640] **agg.** ● non ascoltato, non esaudito: *avvertimento, consiglio i.*; *desiderio rimasto i.*

inasinìre (o -ṣ-) [comp. di *in-*① e *asino* ✱ sec. XV] **A** **v. tr.** (*io inasinìsco, tu inasinìsci*) ● †trasformare in asino **B** **v. intr.** (aus. *essere*) e **inasinìrsi** **v. intr. pron.** ● diventare asino, ignorante: *il ragazzo si inasiniva sempre più*

†**inaspàre** ➤ **innaspare**

†**inasperàre** ➤ †**inasprare**

inaspettatézza [1744] **s. f.** ● (*raro*) caratteristica di ciò che giunge inaspettato

inaspettàto [comp. di *in-*③ e *aspettato*, part. pass. di *aspettare* ✱ 1520] **agg.** ● che non è atteso, che non è previsto: *arrivo, guadagno, premio i.*; *giunsero inaspettati a farci visita* SIN. imprevisto, inatteso ‖ **inaspettataménte**, **avv.** in modo inaspettato, all'improvviso

†**inaspràre** o †**inasperàre** [av. 1348] **A** **v. tr.** **1** rendere ruvido, ispido **2** inasprire **B** **v. intr.** e †**inaspràrsi** **v. intr. pron.** **1** diventare ruvido, scabro **2** inasprirsi: *S'incrudelisce e inaspra la battaglia* (L. ARIOSTO)

inaspriménto [av. 1642] **s. m.** **1** l'inasprire, l'inasprirsi | aggravamento: *i. di una situazione* | irrigidimento, esasperazione **2** (*fig.*) intensificazione, aumento: *i. delle tasse*

inasprìre o †**innasprìre**, †**inasperìre** [comp. di *in-*① e *aspro* ✱ 1300 ca.] **A** **v. tr.** (*io inasprìsco, tu inasprìsci*) **1** †rendere ruvido al tatto **2** rendere più aspro, più doloroso o duro: *i. la disciplina, la prigionia, il dolore, lo sdegno, l'ira* | esasperare, esacerbare: *la gelosia ha inasprito il suo carattere* | irritare: *trattandolo così male lo inaspriscono inutilmente* | *i. le tasse*, aumentarle **B** **v. intr.** (aus. *essere*) e **inasprìrsi** **v. intr. pron.** ● diventare più aspro (*anche fig.*): *il sapore dell'aceto si è inasprito*; *il suo animo si inasprisce a causa dei molti dolori* | aumentare d'intensità: *quell'inverno il freddo si inasprì*; *il vento si è inasprito*

SFUMATURE ➤ ***esacerbare***

inassimilàbile [comp. di *in-*③ e *assimilabile* ✱ 1902] **agg.** ● che non si può assimilare

inastàre o **innastàre** [comp. di *in-*① e *asta* ✱ av. 1476] **v. tr.** ● collocare qlco. all'estremità di un'asta: *i. una bandiera* | *i. la baionetta*, sulla canna del fucile

inastàto o **innastàto** **part. pass.** di *inastare*; anche **agg.** **1** nel sign. del v. **2** (*fig., lett.*) dritto, eretto, rigido

inattaccàbile [comp. di *in-*③ e *attaccabile* ✱ 1699] **agg.** **1** che non si può attaccare: *porto, fortezza i.* | che non si lascia corrodere (+ *da*): *sostanza i. dagli acidi* **2** (*fig.*) che non si può mettere in discussione o sminuire: *gode di una posizione i. in seno al congresso*; *la sua fama è i.* | *persona i.*, integra, incensurabile, irreprensibile ‖ **inattaccabilità**, **s. f. inv.**

inattendìbile [comp. di *in-*③ e *attendibile* ✱ 1798] **agg.** ● che non è attendibile, che non si può prendere seriamente in considerazione: *voce, notizia i.*; *fonte, testimone i.* SIN. incredibile, inaffidabile, inverosimile ‖ **inattendibilménte**, **avv.** ‖ **inattendibilità**, **s. f. inv.**

inattènto [comp. di *in-*③ e *attento* ✱ 1869] **agg.** ● (*raro*) che non è attento

inattenzióne [comp. di *in-*③ e *attenzione* ✱ 1834] **s. f.** ● (*raro*) mancanza di attenzione

inattéso (o -ṣ-) [comp. di *in-*③ e *atteso* ✱ 1793] **agg.** ● inaspettato, impensato, imprevisto: *arrivo i.*; *la notizia giunse inattesa* ‖ **inattesaménte**, **avv.**

inattingìbile [comp. di *in-*③ e *attingibile* ✱ 1869] **agg.** **1** (*raro*) che non si può attingere: *acque inattingibili* **2** (*fig.*) irraggiungibile: *l'anelito del Machiavelli va verso un'i. società di uomini buoni e puri* (B. CROCE) ‖ **inattingibilità**, **s. f. inv.**

inattìnico [comp. di *in-*③ e *attinico* ✱ 1940] **agg.** (**pl. m.** *-ci*) ● (*fis.*) che è incapace di agire sulle sostanze che costituiscono una emulsione sensibile: *colore i.*; *luce inattinica*

inattitùdine [comp. di *in-*③ e *attitudine* ✱ av. 1555] **s. f.** ● mancanza di attitudine, disposizione, capacità: *mostrare i. al lavoro manuale*

inattivàre [comp. di *in-*③ e *attivare* ✱ 1783] **v. tr.** ● rendere inattivo: *i. un catalizzatore* | disattivare: *i. un esplosivo*

inattivazióne [1932] **s. f.** **1** l'inattivare **2** (*biol.*) distruzione dell'attività di una sostanza o della capacità infettante di un virus

inattività [comp. di *in-*③ e *attività* ✱ av. 1758] **s. f. inv.** ● condizione di chi (o di ciò che) è inattivo: *l'incidente lo costrinse a un lungo periodo di i.*; *la fase di i. di un vulcano*

SFUMATURE ➤ ***inerzia***

inattivo [comp. di *in-*③ e *attivo* ✱ av. 1764] **agg.** **1** che non agisce: *persona inattiva* | *starsene i.*, inoperoso SIN. inerte **2** che non è in attività, in eruzione: *vulcano i.* | (*chim.*) che non reagisce più, che è privo di attività: *catalizzatore i.* ‖ **inattività**, **s. f. inv.** (V.)

inàtto [comp. di *in-*③ e dell'agg. *atto* 'adatto' ✱ av. 1535] **agg.** **1** †incapace **2** (*lett.*) inappropriato, disadatto

inattuàbile [comp. di *in-*③ e *attuabile* ✱ av. 1857] **agg.** ● che non si può mettere in atto, di impossibile esecuzione: *proposta, progetto i.* SIN. irrealizzabile ‖ **inattuabilità**, **s. f. inv.**

inattuàle [comp. di *in-*③ e *attuale* ✱ 1932] **agg.** ● che non è adeguato alle esigenze del momento: *argomentazione i.* ‖ **inattualità**, **s. f. inv.** condizione di ciò che è inattuale

inaudìbile [av. 1558] **agg.** ● (*raro*) che non si può udire

inaudìta àltera pàrte [loc. lat., propr. 'non sentita l'altra parte'] **loc. avv.** ● (*dir.*) senza previa convocazione della controparte davanti al giudice: *provvedimento concesso inaudita altera parte*

✦**inaudìto** o (*raro*) **inudìto** [vc. dotta, lat. *inaudītu(m)*, comp. di *in-*③ e *audītus*, part. pass. di *audīre* 'udire, ascoltare', di etim. incerta ✱ 1261 ca.] **agg. 1** (*lett.*) che non si è mai udito: *esempio unico e fino allora i.* (G. LEOPARDI) **2** (*est.*) straordinario, incredibile, inconcepibile: *lo trattò con crudeltà inaudita* | *è i.!*, escl. che denota grande stupore e forte biasimo ‖ **inauditaménte**, **avv.**

inauguràle [1754] **agg.** ● relativo a inaugurazione, che serve a inaugurare: *discorso, festa, seduta i.* | ***dissertazione i.***, prolusione

inauguràre [vc. dotta, lat. *inaugurāre*, comp. di *in-*① e *augurāre* 'prendere gli auspici dal volo degli uccelli', da *ăugur*, da *augēre* 'far crescere', di orig. indeur. ✱ 1810] **v. tr.** (*io inàuguro*) **1** (*stor.*) compiere il rito dell'inaugurazione **2** iniziare, rinnovare o mettere in esercizio con solennità: *i. l'anno accademico, un teatro, una nuova autostrada* | ***i. una mostra, un'esposizione***, aprirla al pubblico | ***i. un tempio, una chiesa***, consacrarla | ***i. una statua, un monumento***, scoprirli con cerimonia solenne | (*fig., scherz.*) ***i. un cappello, un ombrello***, usarli per la prima volta | ***i. il regno, il governo***, fare i primi atti ad esso relativi **3** (*fig.*) avviare, dare inizio a qlco.: *quel trattato inaugurò un lungo periodo di pace*

inaugurativo [1869] **agg.** ● (*raro*) inaugurale

inauguràto① **part. pass.** di *inaugurare*; **anche agg.** ● nei sign. del v.

inauguràto② [comp. di *in-*③ e *augurato* (in senso favorevole) ✱ 1619] **agg.** ● (*raro, lett.*) malaugurato

inauguratóre [1852] **agg. e s. m.** (**f.** *-trice*) ● (*lett.*) che (o chi) inaugura (*anche fig.*)

inaugurazióne [vc. dotta, lat. tardo *inaugurātiōne(m)*, da *inaugurātus* 'inaugurato' ✱ 1819] **s. f. 1** (*stor.*) nell'antica Roma, rito che consisteva nel consacrare agli dei una persona, una cosa, un luogo o un tempio, dopo aver tratto l'augurio secondo le tecniche divinatorie **2** l'inaugurare | cerimonia dell'inaugurare: *i. solenne di un tempio, di una linea ferroviaria, del monumento ai caduti*

†**inauràre** [vc. dotta, lat. *inaurāre*, comp. di *in-*① e *āurum* 'oro' ✱ av. 1367] **A v. tr.** ● dorare **B** †**inauràrsi v. intr. pron.** ● (*poet.*) prendere il colore e la lucentezza dell'oro

†**inauràto part. pass.** di *inaurare*; **anche agg.** ● nei sign. del v.

†**inauratóre** [sec. XIV] **agg. e s. m.** (**f.** *-trice*) ● doratore

inauspicàto [vc. dotta, lat. *inauspicātu(m)* 'senza auspici', comp. di *in-*③ e *auspicātus*, part. pass. di *auspicāri* (V. *auspicare*) ✱ av. 1808] **agg.** ● (*lett.*) che comincia sotto cattivi auspici | (*lett.*) sventurato ‖ **inauspicataménte**, **avv.**

inautèntico [comp. di *in-*③ e *autentico* ✱ 1964] **agg.** (**pl. m.** *-ci*) ● che non è autentico, che è privo di spontaneità | (*filos.*) nell'esistenzialismo, detto di vita in cui manca la consapevolezza della propria autentica condizione ‖ **inautenticità**, **s. f. inv.**

inavvedutézza [comp. di *in-*③ e *avvedutezza* ✱ av. 1639] **s. f.** ● mancanza di sagacia, d'accortezza | azione inavveduta, malaccorta **SIN.** sbadataggine

inavvedùto [comp. di *in-*③ e *avveduto* ✱ av. 1589] **agg.** ● che manca di accortezza: *lettore, gesto i.*; *decisione inavveduta* **SIN.** sbadato ‖ **inavvedutaménte**, **avv.** senza accortezza; sbadatamente

SFUMATURE ➤ ***sbadato***

inavvertènza [comp. di *in-*③ e *avvertenza*, nel senso di 'avvedimento, cautela' ✱ 1395] **s. f.** ● mancanza di avvedutezza e di attenzione: *l'incendio avvenne per i. del padrone di casa* | azione incauta, sbadata: *commettere un'i.* **SIN.** distrazione, sbadataggine

inavvertìbile [comp. di *in-*③ e *avvertibile* ✱ 1819] **agg.** ● che non si può percepire, spec. di suono

inavvertìto [comp. di *in-*③ e *avvertito* ✱ 1528] **agg. 1** che non è stato visto, considerato: *un pericolo i. li sovrastava* | ***passare i.***, sfuggire all'attenzione **2** †sconsiderato ‖ **inavvertitaménte**, **avv.** senza volere, per mancanza di attenzione: *lo urtarono inavvertitamente*

inavvicinàbile [comp. di *in-*③ e *avvicinabile* ✱ 1920] **agg.** ● di persona con cui è difficile o impossibile prendere contatto: *oggi il direttore è i.* | di ciò che non è alla portata di tutti: *il caviale è un cibo i.* ‖ **inavvicinabilità**, **s. f. inv.**

inazióne [comp. di *in-*③ e *azione* ✱ 1710] **s. f. 1** assenza di azione, di attività: *il nostro esercito fu costretto a un lungo periodo di i.* **SIN.** inattività, ozio **2** (*med.*) riduzione delle forze vitali in genere

inazzurràre [comp. di *in-*① e *azzurro* ✱ av. 1817] **A v. tr.** ● (*lett.*) tingere d'azzurro: *l'erbe novelle / che inazzurravano l'ombre / de' … colonnati* (G. D'ANNUNZIO) **B** **inazzurràrsi v. intr. pron.** ● (*lett.*) colorarsi lievemente d'azzurro: *le cime dei monti s'inazzurravano all'orizzonte*

inbound /*ingl.* 'ɪn,baʊnd/ [vc. ingl., propr. 'diretto (*bound*) all'interno (*in-*)' ✱ 1999] **agg. inv.**; **anche s. m. inv.** ● detto del servizio informazioni fornito, su chiamata degli utenti, dal call center di un ente o di un'azienda **CFR.** outbound

inbreeding /im'bridin(g)/, *ingl.* 'ɪnbri:dɪŋ/ [vc. ingl., propr. 'riproduzione (dal v. *to inbreed*) fra consanguinei' ✱ 1940] **s. m. inv.** ● (*biol.*) inincrocio

ìnca o (*raro*) **ìnka** [vc. sp., dal quechua *inka* 're, principe, maschio di sangue reale' ✱ 1813] **A s. m. e f. inv.** (**pl. sp.** *incas*) **1** nel Perù precolombiano, titolo onorifico attribuito al sovrano dell'impero omonimo **2** (**spec. al pl.**) suddito del detto impero | (**al pl.**) la casta dominante da cui proveniva il sovrano **B agg. inv.** ● incaico

†**incacàre** [comp. di *in-*① e *ca(c)ca* ✱ sec. XIII] **v. tr.** ● (*volg.*) imbrattare di sterco

incacchiàrsi [comp. di *in-*① e *cacchio*① ✱ 1964] **v. intr. pron.** (*io mi incàcchio*) ● (*eufem.*) adirarsi, arrabbiarsi **SIN.** incavolarsi **CFR.** incazzarsi

incaciàre [comp. di *in-*① e *cacio* ✱ av. 1449] **v. tr.** ● (*centr.*) cospargere di formaggio grattugiato: *ravioli incaciati*

incadaveriménto [1887] **s. m.** ● l'incadaverire

incadaverìre [comp. di *in-*① e *cadavere* ✱ 1673] **v. intr.** (*io incadaverìsco, tu incadaverìsci*; aus. *essere*) **1** †diventare cadavere, putrefarsi **2** (*lett.*) assumere un aspetto cadaverico **3** (*fig., lett.*) corrompersi, decadere: *una società che incadaverisce a poco a poco*

incagliaménto [1736] **s. m.** ● l'incagliare, l'incagliarsi (*anche fig.*)

incagliàre [sp. *encallar*, dal catalano *encallar* 'porsi in' (*en-*) un passo stretto (*call*, dal lat. *căllis* 'calle, sentiero') ✱ 1483] **A v. tr.** (*io incàglio*) ● (*raro*) ostacolare, intralciare: *i. il commercio* **B v. intr.** (*raro*, nel sign. 1; aus. *essere*) e **incagliàrsi v. intr. pron. 1** (*mar.*) andare in secco, fermarsi per impedimento **2** arrestarsi, bloccarsi per ostacoli o difficoltà improvvise (*anche fig.*): *il traffico si è incagliato; le trattative per quell'affare si incagliarono* **SIN.** arenarsi | ***incagliarsi nel parlare***, incepparsi, balbettare

incàglio [da *incagliare* ✱ av. 1698] **s. m. 1** l'incagliarsi (*anche fig.*) **2** (*fig.*) ostacolo, intoppo: *i. in un commercio, in un pagamento, nello svolgimento di una trattativa*

†**incagnàrsi** [comp. di *in-*① e *cagna* ✱ av. 1536] **v. intr. pron.** ● arrabbiarsi, stizzirsi

incagnìre [av. 1328] **v. intr.** (*io incagnisco, tu incagnisci*; coniug. come *grugnire*; aus. *essere*) e **incagnìrsi v. intr. pron.** ● (*raro, lett.*) incagnarsi

incàico [da *Inca*, vc. di orig. quechua col sign. letterale di 'nobile, principe' ✱ 1950] **agg.** (**pl. m.** *-ci*) ● degli Incas: *impero i.*

†**incalappiàre** [comp. di *in-*① e *calappio* ✱ av. 1523] **A v. tr.** ● accalappiare | (*fig.*) raggirare **B** †**incalappiàrsi v. intr. pron.** ● (*fig.*) cacciarsi in un imbroglio e sim. | (*fig.*) farsi abbindolare

incalciatùra [da *calcio*② ✱ 1887] **s. f.** ● forma del calcio del fucile

incalcinàre [comp. di *in-*① e *calcina* ✱ sec. XV] **A v. tr.** ● ricoprire qlco. di calcina: *i. un muro* | ***i. le viti, i tronchi degli alberi***, cospargerli con latte di calce per distruggere muschi e licheni **B incalcinàrsi v. intr. pron.** ● sporcarsi con la calcina

incalcinatùra [1681] **s. f.** ● operazione dell'incalcinare | strato di calcina che ricopre qlco.

incalcolàbile [comp. di *in-*③ e *calcolabile* ✱ 1516] **agg.** ● difficile o impossibile da calcolare: *spesa, valore i.* | (*est.*) enorme, immenso, inestimabile: *vantaggio i.* ‖ **incalcolabilménte**, **avv.** ‖ **incalcolabilità**, **s. f. inv.**

incaliginàre [1612] **A v. tr.** (*io incalìgino*) ● (*lett., raro*) coprire di caligine | (*fig.*) offuscare **B v. intr.** ● †offuscarsi

†**incaliginìre** [comp. di *in-*① e *caligine* ✱ sec. XIV] **v. intr.** ● coprirsi o riempirsi di caligine

incalliménto [av. 1698] **s. m. 1** (*raro*) l'incallire, l'incallirsi **2** †callosità | (*fig., lett.*) ostinazione

incallìre [comp. di *in-*① e *callo* ✱ av. 1519] **A v. tr.** (*io incallìsco, tu incallìsci*) **1** rendere calloso: *i. le mani* **2** (*fig.*) rendere duro, insensibile, inesorabile: *il dolore gli ha incallito il cuore* **B v. intr.** (aus. *essere*) e **incallìrsi v. intr. pron. 1** diventare calloso, fare il callo: *le zampe di alcuni animali incalliscono facilmente; incallisce al vomere la mano* (G. PARINI) **2** (*fig.*) assuefarsi a un'abitudine dannosa, a una condizione negativa (+ *in*): *incallirsi nel vizio, negli ozi*

✦**incallìto part. pass.** di *incallire*; **anche agg. 1** nei sign. del v. **2** (*fig.*) accanito e impenitente: *peccatore i.*; *fumatore, bevitore i.*; *criminale i.* ‖ **incallitaménte**, **avv.**

incaloriménto [da *incalorire* ✱ 1765] **s. m.** ● (*pop., raro*) riscaldo, infiammazione

incalorìre [comp. di *in-*① e *calore* ✱ 1641] **A v. tr.** (*io incalorìsco, tu incalorìsci*) **1** (*raro*) riscaldare, infiammare **2** (*fig.*) accalorare: *il suo intervento servì ad i. la discussione* **B incalorìrsi v. intr. pron. 1** (*raro*) riscaldarsi **2** (*fig., lett.*) infervorarsi, accalorarsi: *nel ragionar con lei s'incaloriva* (I. NIEVO) **SIN.** infiammarsi

incalvìre [comp. di *in-*① e *calvo* ✱ sec. XIV] **v. intr.** (*io incalvìsco, tu incalvìsci*; aus. *essere*) **1** (*raro*) diventare calvo **2** (*fig.*) †diventare spoglio, detto di monte

incalzaménto [sec. XIV] **s. m.** ● (*raro*) l'incalzare | †caccia, inseguimento

incalzàndo [1983] **s. m. inv.** ● (*mus.*) accelerando

incalzànte part. pres. di *incalzare*; **anche agg. 1** che incalza | che preme, che urge: *un pericolo i.* **2** ripetuto, insistente: *domande incalzanti* | ***ritmo i.***, crescente, senza soste ‖ **incalzanteménte**, **avv.**

✦**incalzàre** [lat. parl. **incalciāre* 'stare alle (*in-*) calcagna (*călces*, f. pl., di prob. orig. etrusca)' ✱ av. 1250] **A v. tr. 1** inseguire senza dare tre-

gua: *l'esercito vittorioso incalzava il nemico in fuga* | (*fig.*) sollecitare qlcu. in modo pressante e insistente: *i. qlcu. con domande* **2** (*fig.*) premere da vicino, farsi urgente, sollecitare (*spec. assol.*): *la necessità, il pericolo incalza* | ***il tempo incalza***, trascorre velocemente e costringe a fare rapidamente qlco.: *Fuggi! Il tempo incalza!* (I. Svevo) | susseguirsi con rapidità: *gli avvenimenti incalzavano* **3** (*mus.*) accelerare **4** (*lett.*) incitare, stimolare **5** †calcare, stivare **B** **incalzàrsi** v. rifl. recipr. • (*raro*) succedersi l'uno l'altro, con rapidità
SFUMATURE ➤ *spingere*①

†**incàlzo** [da *incalzare* ✱ sec. XIV] s. m. • incalzamento

incamatìto [comp. di *in*① e un deriv. di *camato* (V. *scamato*) ✱ 1566] agg. • (*raro*) impettito | †eretto, irrigidito

incameràbile [da *incamerare* ✱ 1869] agg. • che si può incamerare

✣**in càmera caritàtis** [loc. lat., propr. 'nella camera della carità', cioè con procedura segreta e ispirata a comprensione] loc. avv. • in modo amichevole, riservato, confidenziale: *leggi a lui ... questa lettera, benché scritta in fretta ed in camera caritatis* (U. Foscolo)

incameraménto [1647] s. m. • l'incamerare

incameràre [comp. di *in-*① e *camera* (spec. quella *del tesoro*) ✱ av. 1405] v. tr. (*io incàmero*) **1** assumere definitivamente nel proprio patrimonio, con provvedimento unilaterale, detto spec. dello Stato e dei suoi organi finanziari: *lo Stato ha incamerato i loro beni* | (*est.*) appropriarsi, impossessarsi di qlco. **2** nelle antiche armi da fuoco, restringere la camera o modellarla in modo da darle un diametro inferiore a quello dell'anima, per esercitare una più forte pressione sulla palla **3** †incarcerare

†**incamerellàto** [comp. di *in-*① e *camerella*, dim. di *camera* ✱ 1374] agg. • diviso in piccoli vani

incamiciàre [comp. di *in-*① e *camicia* ✱ av. 1552] v. tr. (pres. *io incamìcio*; fut. *io incamicerò*) **1** in varie tecnologie, rivestire con una camicia: *i. i cilindri di un motore a scoppio*; *i. una caldaia* **2** rivestire qlco. con uno strato di calce, intonaco o altro materiale: *i. un muro, le pareti inferiori del pozzo* | ***i. le vele***, mettere la fodera **3** (*milit.*) rivestire di muraglia un terrapieno per contenerlo e rafforzarlo

incamiciatùra [1630] s. f. **1** operazione dell'incamiciare | strato di materiale o fodera che riveste l'oggetto incamiciato: *la porta ha un'i. di vernice* **2** (*milit.*) rivestimento in metallo speciale dei proiettili delle armi portatili moderne **3** †rivestimento di un terrapieno, di un argine e sim.

†**incamminaménto** [1612] s. m. • l'incamminare, l'incamminarsi | avvio

♦**incamminàre** [comp. di *in-*① e *cammino* ✱ av. 1389] **A** v. tr. **1** (*raro*) avviare: *spero di aver incamminato bene l'affare* **2** (*fig.*) indirizzare, instradare, guidare: *i. una persona in un'arte, in una professione* **B** **incamminàrsi** v. intr. pron. **1** mettersi in cammino: *si incamminarono lentamente sulla* (o *lungo la*) *strada polverosa*; *incamminarsi verso il rifugio* **2** (*fig.*) avviarsi: *incamminarsi sulla via del pentimento*; *si sta incamminando alla, verso la rovina*; *un gran borgo al giorno d'oggi, e che s'incammina a diventar città* (A. Manzoni)

†**incampanàto** [comp. di *in-*① e *campana* ✱ 1604] agg. • che ha forma conica, svasata, detto della camera di una bocca da fuoco

incamuffàre [comp. di *in-*① e *camuffare* ✱ av. 1556] v. tr. • (*raro, lett.*) camuffare

incanagliàrsi [comp. di *in-*① e *canaglia* ✱ 1869] v. intr. pron. (*io mi incanàglio*) • (*raro, lett.*) diventare canaglia | (*est.*) involgarirsi

incanagliménto [1907] s. m. • l'incanaglire, l'incanaglirsi | (*est.*) degenerazione, degradazione: *l'i. del dibattito politico*

incanaglìre [comp. di *in-*① e *canaglia* ✱ 1869] **A** v. tr. (*io incanaglìsco, tu incanaglìsci*) • (*raro*) far diventare canaglia | (*raro*) screditare, avvilire **B** v. intr. (aus. *essere*) e **incanaglìrsi** v. intr. pron. • diventare canaglia, confondersi con la canaglia | (*est.*) degradarsi, svilirsi

incanaglìto part. pass. di *incanaglire*; anche agg. **1** nei sign. del v. **2** fortemente incollerito, incattivito

incanalaménto [1761] s. m. • l'incanalare

incanalàre [comp. di *in-*① e *canale* ✱ 1728] **A** v. tr. **1** raccogliere acqua in un canale: *da tempo si parla di i. le acque piovane* | (*est.*) obbligare qlco. a scorrere su un tracciato fisso: *i. il traffico* **2** convogliare, dirigere: *i. una colonna di prigionieri, la folla dei dimostranti verso qlco.* | (*fig.*) indirizzare, avviare: *i. le proprie energie verso un obiettivo* **B** **incanalàrsi** v. intr. pron. **1** raccogliersi in un canale **2** (*est.*) muoversi in una certa direzione: *la folla si incanalò verso l'uscita di sicurezza*

incanalàto part. pass. di *incanalare*; anche agg. **1** nei sign. del v. **2** (*geol.*) ***acque incanalate***, le acque superficiali che scorrono in un alveo

incanalatùra [1869] s. f. **1** operazione dell'incanalare **2** canale in cui le acque scorrono

incancellàbile [comp. di *in-*③ e *cancellabile* ✱ av. 1673] agg. • che non si può cancellare: *un segno i.* | (*fig.*) che non si può fugare, dissipare: *un ricordo i.* SIN. indelebile ‖ **incancellabilménte**, avv. ‖ **incancellabilità**, s. f. inv.

incancellàto [sec. XV] agg. • (*raro*) che non è stato cancellato (*spec. fig.*)

†**incancherìre** [comp. di *in-*① e *canchero* ✱ av. 1548] **A** v. tr. **1** rendere cancerosa, inguaribile, una malattia e sim. **2** (*fig.*) inasprire | irritare **B** v. intr. (aus. *essere*) e †**incancherìrsi** v. intr. pron. • incancrenire (*anche fig.*)

incancrenìre [comp. di *in-*① e *cancrena* ✱ 1691] v. intr. (*io incancrenìsco, tu incancrenìsci*; aus. *essere*) e **incancrenìrsi** v. intr. pron. **1** (*med.*) andare in cancrena **2** (*fig.*) diventare sempre più grave, radicato, irrimediabile: *lasciar i. la situazione*

✣**incandescènte** [vc. dotta, lat. *incandescĕnte(m)*, part. pres. di *incandēscere* 'diventar bianco, incandescente', comp. di *in-*② e *candēscere*, incoativo di *candēre* 'bruciare', di orig. indeur. ✱ 1499] agg. **1** detto di corpo o sostanza riscaldata fino all'incandescenza: *metallo i.* **2** (*fig.*) acceso, molto accalorato: *polemiche incandescenti* | (*fig.*) carico di tensione, arroventato: *la situazione si fa sempre più i.*

incandescènza [da *incandescente* ✱ 1788] s. f. • emissione di luce da una sostanza, causata dalla sua alta temperatura

†**incandìre** [lat. parl. **incandēre*, comp. di *in-*② e *candēre* 'bruciare, ardere', di orig. indeur., con mutamento di coniug. ✱ av. 1640] v. tr. • fare risplendere di luce candida: *il sole incandisce la luna*

incannàggio [1869] s. m. • incannatura

incannàre [comp. di *in-*① e *canna* ✱ av. 1449] v. tr. **1** (*tess.*) svolgere filo da una matassa o da una spola e avvolgerlo su un rocchetto o su una rocca o su bobina | ***i. la botte***, mettervi la cannella **2** †allacciare, avvolgere **3** †ingollare, trangugiare

incannàta [1869] s. f. **1** la quantità di filato che può stare sulla bobina o sul rocchetto **2** complesso di due reti da pesca, una verticale che serve a circondare uno specchio d'acqua, l'altra fatta a tramaglio con canne intrecciate, che rimane distesa orizzontalmente all'esterno **3** parete di canne per delimitare colture, campi, pollai, aie **4** (*fig.*) †raggiro, imbroglio

incannatóio [1798] s. m. (pl. *-ói*) • (*tess.*) macchina che compie l'operazione di incannatura

incannatóre [1714] s. m. (f. *-trice*, *pop., disus.* *-tóra*) • operaio che incanna il filato

incannatùra [av. 1808] s. f. • (*tess.*) operazione dell'incannare

incannellàre [comp. di *in-*① e *cannello* ✱ 1887] v. tr. (*io incannèllo*) • far entrare in un cannello | fornire di cannella, riferito a botte di vino

incannicciàta [da *canniccio* 'tessuto di cannucce' ✱ av. 1652] s. f. **1** (*raro*) incannucciata **2** chiusa di fiumi o canali, fatta con cannicci, per prendere pesci

incannicciatùra [da *incannicciata* ✱ 1688] s. f. • stuoia di canne intonacata, posta sotto un soffitto per nasconderne le travi

incannucciàre [comp. di *in-*① e *cannuccia* ✱ sec. XV] v. tr. (pres. *io incannùccio*; fut. *io incannuccerò*) **1** chiudere o coprire con cannucce **2** sostenere con cannucce una pianta perché cresca diritta **3** (*med.*) †fasciare con l'incannucciata

incannucciàta [av. 1652] s. f. **1** struttura di canne intrecciate, usata per sostegno, recinzione, riparo e sim.: *il convolvolo s'arrampica sull'i.* **2** (*med.*) †fasciatura con assicelle e stecche, usata un tempo in caso di frattura **3** incannata nel sign. 2

incannucciatùra [1692] s. f. **1** operazione dell'incannucciare | struttura di cannucce **2** sistema di fabbricazione con canne intrecciate del sedile o della spalliera di un mobile

†**incantadiàvoli** [comp. di *incanta(re)*① e il pl. di *diavolo* ✱ 1550] s. m. e f. inv. • stregone, mago

†**incantadóre** ➤ **incantatore**

incantagióne o **incantazióne** [vc. dotta, lat. tardo *incantatiōne(m)*, da *incantātus* 'incantato' ✱ av. 1328] s. f. • (*lett.*) fattura, incantesimo: *io farò stanotte insieme con Buffalmacco la 'ncantagione sopra le galle* (G. Boccaccio)

incantaménto [vc. dotta, lat. tardo *incantamĕntu(m)*, comp. di *in-*① e *cantamĕntu(m)*, da *cantāre* (V. *incantare*①) ✱ 1287] s. m. **1** †incanto, magia **2** (*fig.*) l'incantare, l'incantarsi | condizione di chi è come incantato, estasiato oppure imbambolato
SFUMATURE ➤ *incantesimo*

✣**incantàre**① [vc. dotta, lat. *incantāre*, comp. di *in-*① e *cantāre* nel senso originario di 'recitare formule magiche', frequentativo di *cănere* 'cantare', di orig. indeur. ✱ av. 1257] **A** v. tr. **1** soggiogare per mezzo di incantesimi o arti magiche: *un mago ... che aveva fama d'i. i vènti* (G. D'Annunzio) **2** (*fig.*) affascinare, ammaliare: *la fatica degli accademici si riduce ... ad incantar per un'ora le pazienti orecchie degli ascoltatori* (L.A. Muratori) | ***i. i serpenti***, affascinarli con la musica **3** (*fig.*) soggiogare, rapire, estasiare per meraviglia, diletto e sim. (spec. assol.): *musica, poesia, grazia, maniere che incantano* | avvincere, sedurre con particolari qualità o con lusinghe: *ormai quella donna l'ha incantato*; *non farti i. dalle sue promesse*; *no, caro, non m'incanti!* **B** **incantàrsi** v. intr. pron. **1** restare trasognato, estatico: *incantarsi per lo stupore, la meraviglia*; *incantarsi a guardare qlcu. o qlco.* | rimanere immobile, come intontito: *spesso s'incanta mentre studia* **2** arrestarsi, fermarsi: *il meccanismo è difettoso perché spesso s'incanta*

†**incantàre**② [da *incanto*② ✱ av. 1361] **v. tr.** ● mettere all'asta, all'incanto

♦**incantàto** **part. pass.** di *incantare*①; **anche agg.** **1** dotato di proprietà magiche: *anello i.*, fatato, magico | ***castello i.***, sorto per forza di magia **2** (*fig.*) incantevole, suggestivo, quasi magico: *paesaggio i.* **3** assorto, rapito, trasognato: *restammo incantati ad ascoltare la celebre violinista; rimasi i. dai versi del poeta* | imbambolato: *su, dai una mano, non restare lì i.!*

incantatóre o †**incantadóre** [vc. dotta, lat. tardo *incantatōre(m)*, da *incantātus* 'incantato' ✱ av. 1292] **A** **agg.** (**f.** *-trice*) ● affascinante, incantevole, seducente: *sorriso, modo, sguardo i.* **B** **s. m.** (**f.** *-trice*) **1** chi opera incantesimi | ***i. di serpenti***, chi li addomestica con la musica **2** (*fig.*) chi affascina, conquista, seduce: *aveva gran fama d'incantatrice* (G. D'ANNUNZIO)

incantazióne ➤ **incantagione**

incanteṣimàto [da *incantesimo* ✱ 1983] **agg.** ● (*raro*) che ha subìto un incantesimo

♦**incantéṣimo** o (*poet.*) **incantèṣmo** [da *incantare*① ✱ av. 1348] **s. m.** **1** atto di magia con cui si incanta qlcu.: *credere agli incantesimi* | (*fig.*) fascino, suggestione: *l'i. di una notte stellata; quell'armonia seduttrice ch'è il fisico i. della poesia* (P. METASTASIO) | ***rompere l'i.***, interrompere un momento o uno stato d'animo piacevole **SIN.** incanto, sortilegio **2** forza che ammalia, incanta, seduce (**anche** *fig.*): *liberarsi da un i.; il potente i. della musica* | (*fig.*, **spec. al pl.**) mezzo, artificio di seduzione: *gli incantesimi di un dongiovanni da strapazzo*

SFUMATURE DI SIGNIFICATO
incantesimo - incantamento - malia
L'operazione di recitare formule o compiere atti di magia per soggiogare una persona e privarla della sua volontà si dice **incantesimo**. **Incantamento** aveva un tempo lo stesso significato, ma oggi è usato per indicare lo stato di chi resta rapito, estasiato. **Malia**, che in senso proprio descrive una pratica magica, oggi indica l'incanto, il fascino che emana da una persona, un paesaggio, uno spettacolo ecc.

♣**incantévole** [1612] **agg.** ● che incanta, che suscita piacere, ammirazione: *luogo, soggiorno, grazia i.; una ragazza i.* ‖ **incantevolménte**, **avv.** (*raro*) in modo incantevole

♣**incànto**① [da *incantare*①; per calco sull'ingl. *charm*, nel sign. 3 ✱ av. 1306] **s. m.** **1** incantesimo, magia: *compiere, fare un i.* | ***rompere l'i.***, annullarne gli effetti; (*fig.*) interrompere un momento o uno stato d'animo piacevole | ***come d'i., come per i.***, tutto a un tratto, quasi per opera magica | ***sorto per i.***, (*fig.*) in modo rapido e imprevedibile | ***d'i.***, a meraviglia: *qui si sta d'i.* **2** (*fig.*) sommo piacere: *l'i. della musica* | cosa o persona deliziosa: *quella fanciulla è un i.; la sua casa è un i.* | situazione, atmosfera incantata, fascino: *l'i. di una notte primaverile* **3** (*fis.*) charm
SFUMATURE ➤ *estasi*, ➤ *malia*

incànto② [ant. provenz. *encant*, dal lat. mediev. *inquāntum*, comp. di *ĭn* 'in' e *quāntum* 'quanto', nella domanda: *ĭn quāntum?* 'a quanto (si vende)?' ✱ av. 1292] **s. m.** ● (*dir.*) procedura prevista per la stipulazione dei contratti dello Stato, costituita da una gara tra più concorrenti in cui risulterà aggiudicatario chi offre condizioni più favorevoli per lo Stato | ***vendita all'i.***, vendita al migliore offerente, fatta secondo formalità disciplinate dalla legge, costituente una fase del processo di esecuzione

incantonàre [da *cantone* ✱ 1734] **A** **v. tr.** (*io incantóno*) ● spingere qlcu. in un angolo | (*fig.*) costringere in uno spazio ristretto, limitato **B** **incantonàrsi** **v. intr. pron.** ● (*raro*) rincantucciarsi, nascondersi

incantucciàrsi [comp. di *in-*① e *cantuccio* ✱ av. 1642] **v. intr. pron.** (**pres.** *io mi incantùccio*; **fut.** *io mi incantuccerò*) ● (*lett.*) rincantucciarsi | (*lett.*, *fig.*) essere situato come in un cantuccio

incanutiménto [sec. XIV] **s. m.** ● l'incanutire

incanutìre o †**canutìre** [comp. di *in-*① e *canuto* ✱ sec. XIV] **A** **v. intr.** (*io incanutìsco, tu incanutìsci*; **aus.** *essere*) ● diventare canuto: *i. per gli anni* | (*poet.*, *fig.*) imbiancare: *incanutisce la nevosa bruma* (G.B. MARINO) **B** **v. tr.** ● rendere, far diventare canuto: *quello spavento lo ha incanutito*

♦**incapàce** [vc. dotta, lat. tardo *incapāce(m)*, comp. di *in-*③ e *căpax*, genit. *capācis*, da *căpere* 'prendere', di orig. indeur ✱ 1483] **A** **agg.** **1** che non sa, non è capace di fare qlco. (+ *di*, *lett.* + *a*, **anche seguiti da inf.**): *persona i. di un gesto di pietà; un giovane i. di mentire; è i. di organizzarsi; si rende i. a poterle più sperimentare* (G. LEOPARDI) | che non sa svolgere bene la propria attività: *un tecnico assolutamente i.* **SIN.** disadatto, inabile **2** (*dir.*) che non è in grado di attendere alla cura dei propri interessi **B** **s. m. e f.** **1** individuo inetto, inabile **2** (*dir.*) chi non è in grado di attendere alla cura dei propri interessi: *circonvenzione di i.*

♦**incapacità** [vc. dotta, lat. tardo *incapacitāte(m)*, da *ĭncapax*, genit. *incapācis* 'incapace' ✱ 1525] **s. f. inv.** **1** mancanza di attitudine, capacità o idoneità (+ *di*, + *a* **seguiti da inf.**; + *in*): *confessare la propria i.; i. di mentire; i. a rappresentare adeguatamente la realtà; dimostrare i. nella gestione dell'azienda* **SIN.** inabilità **2** (*dir.*) mancanza di capacità (+ *di*): *i. d'agire; i. giuridica; i. processuale* | ***i. naturale***, mancanza della capacità d'intendere e di volere **3** (*med.*) inadeguatezza o insufficienza fisica o mentale **4** (*mar.*; *raro*) angustia di spazio: *i. della stiva*

†**incapaménto** [da *incapare* 'mettersi (ostinatamente) in capo' ✱ av. 1704] **s. m.** ● ostinazione

incapannàre [comp. di *in-*① e *capanna* ✱ 1869] **v. tr.** ● (*raro*) mettere in una capanna: *i. il fieno*

incapannatùra [1869] **s. f.** ● lavoro dell'incapannare

incaparbìre [comp. di *in-*① e *caparbio* ✱ 1441] **v. intr.** (*io incaparbìsco, tu incaparbìsci*; **aus.** *essere*) e **incaparbìrsi** **v. intr. pron.** ● (*lett.*) intestardirsi, ostinarsi

incapàrsi [comp. di *in-*① e *capo* ✱ av. 1558] **v. intr. pron.** ● (*tosc.*, *lett.*) ostinarsi, incaponirsi

incapatùra [comp. parasintetico di *capo* ✱ 1940] **s. f.** ● misura della circonferenza interna di cappelli, berretti e sim.

incapestràre [vc. dotta, lat. tardo *incapistrāre* 'incapestrare, irretire', comp. di *in-*① e *capistrāre*, da *capĭstrum* 'capestro', di etim. incerta ✱ av. 1320] **A** **v. tr.** (*io incapèstro* o *incapéstro*) ● legare con il capestro un animale | (*fig.*, *lett.*) avvincere **B** **incapestràrsi** **v. intr. pron.** **1** (*raro*) impigliarsi con le zampe nel capestro **2** (*fig.*, *lett.*) impegolarsi in qlco.

incapestratùra [da *incapestrare* ✱ sec. XVI] **s. f.** ● (*zootec.*) lesione lacero-contusa che si produce sulla faccia posteriore delle regioni inferiori degli arti quando l'animale rimane impigliato in una corda, nel capestro o in una redine

incapiènte [comp. di *in-*③ e *capiente* ✱ 1972] **A** **agg.** **1** (*burocr.*) detto di somma insufficiente a coprire una determinata passività **2** detto di contribuente che ha un reddito così basso da non dover presentare denuncia dei redditi o che, pur presentandola, deve un'imposta troppo bassa per sfruttare a pieno il beneficio delle detrazioni **B** **s. m. e f.** ● contribuente incapiente

incapiènza [comp. di *in-*③ e *capienza* ✱ 1917] **s. f.** ● (*dir.*, *burocr.*) caratteristica di ciò che è incapiente

incapocchiàre [comp. di *in-*① e *capocchia* ✱ av. 1862] **A** **v. tr.** (*io incapòcchio*) ● munire di capocchia: *i. spilli, fiammiferi* **B** **incapocchiàrsi** **v. intr. pron.** ● (*fam.*) intestardirsi, incaponirsi

incapocchiatrìce [comp. di *in-*① e di un deriv. di *capocchia* ✱ 1972] **s. f.** ● nella fabbricazione dei fiammiferi, macchina che prepara la capocchia applicando la miscela infiammabile all'estremità dei bastoncini di legno

†**incapocchìre** [comp. di *in-*① e *capocchia* ✱ av. 1566] **A** **v. intr.** ● mettere la capocchia, detto spec. della rapa **B** †**incapocchìrsi** **v. intr. pron.** ● (*fig.*) ostinarsi, intestardirsi

incaponiménto [da *incaponirsi* ✱ 1869] **s. m.** ● caparbietà, ostinazione

incaponìrsi [comp. di *in-*① e *capone*① ✱ 1612] **v. intr. pron.** (*io mi incaponìsco, tu ti incaponìsci*) ● ostinarsi, incaparbirsi (+ *in*, + *su*; + *a* o + *in* **seguiti da inf.**): *i. in una richiesta, su un idea; i. a dire, a volere qlco.; si era incaponito nel negare l'evidenza*

incaponìto **part. pass.** di *incaponirsi*; **anche agg.** ● ostinato

incappàre [comp. di *in-*① e *cappa*① ✱ sec. XIII] **A** **v. tr.** **1** (*raro*) coprire con una cappa **2** †acchiappare, prendere **B** **v. intr.** (**aus.** *essere*) ● incorrere o imbattersi in qlco. o qlcu. pericoloso, insidioso e sim. (+ *in*): *i viaggiatori incapparono nei briganti; i. in una difficoltà, in un agguato; credendosi la morte fuggire, in essa incapparono* (G. BOCCACCIO) **C** **incappàrsi** **v. rifl. recipr.** ● †urtarsi o ferirsi l'un l'altro

incappellàggio [da *incappellare* ✱ 1839] **s. m.** ● (*mar.*) collare metallico o di cima che cinge l'estremità di un albero, alberetto o pennone, a cui si fissano le manovre dormienti

incappellàre [comp. di *in-*① e *cappello* ✱ 1321] **A** **v. tr.** (*io incappèllo*) **1** †coprire il capo di qlcu. con un cappello | †fare qlcu. cardinale **2** (*mar.*) sistemare un incappellaggio all'estremità di un albero, asta o antenna **SIN.** incoccare | infilare una gassa su una bitta e sim. **B** **incappellàrsi** **v. intr. pron.** **1** †diventare cardinale **2** (*fig.*, *fam.*) impermalirsi, stizzirsi, offendersi **C** **incappellàrsi** **v. rifl. e intr. pron.** ● †coprirsi con un cappello | †inghirlandarsi: *questa di verde gemma s'incappella* (A. POLIZIANO)

incappellàta [da *cappello* in senso figurato ✱ 1937] **s. f.** ● (*mar.*) violento colpo di mare sulla prua di un natante, che passa la murata e si infrange in coperta

incappellatùra [av. 1861] **s. f.** ● (*mar.*) incappellaggio

incappiàre [comp. di *in-*① e *cappio* ✱ av. 1500] **v. tr.** (*io incàppio*) ● serrare, stringere con un cappio

incappottàre [comp. di *in-*① e *cappotto* ✱ av. 1803] **A** **v. tr.** (*io incappòtto*) ● avvolgere bene in un cappotto **B** **incappottàrsi** **v. rifl.** ● intabarrarsi, imbacuccarsi

incappucciaménto [1585] **s. m.** **1** (*raro*) l'incappucciare, l'incappucciarsi **2** (*agric.*) isolamento con sacchetti di carta delle infiorescenze di piante per impedirne la fecondazione con polline estraneo **3** (*agric.*) batteriosi del trifoglio pratense, raramente di altre piante, che si manifesta in modo più evidente sulle foglie

incappucciàre [comp. di *in-*① e *cappuccio* * av. 1400] **A** **v. tr.** (**pres.** *io incappùccio*; **fut.** *io incappuccerò*) • coprire col cappuccio | (*fig.*) ammantare di neve la sommità di un monte e sim.: *l'inverno ha incappucciato di neve le colline* **B** **incappucciàrsi** **v. rifl.** **1** coprirsi con un cappuccio: *mi sono incappucciato perché ho freddo* | (*fig.*) ammantarsi **2** detto di un cavallo, portare l'apice della testa verso la base del collo e non sentire più il morso **3** †farsi frate

incappucciàto **A** **part. pass.** di *incappucciare*; **anche agg.** • che ha la testa coperta dal cappuccio | (*fig.*) che ha la cima coperta di nubi o neve **B** **s. m.** (**f.** *-a*) • chi indossa un'uniforme o un abito dotati di cappuccio | ***gli incappucciati***, (*per anton.*) gli affiliati al Ku Klux Klan

incaprettaménto [da *incaprettare* * 1983] **s. m.** • uccisione mediante autostrangolamento praticata spec. dalla mafia per punire chi non ha rispettato le sue leggi

incaprettàre [comp. di *in-*① e *capretto*, con riferimento al modo in cui vengono legati i capretti quando sono portati al macello * 1984] **v. tr.** (*io incaprétto*) • sottoporre a incaprettamento

incaprettàto **A** **part. pass.** di *incaprettare*; **anche agg.** • nel sign. del v. **B** **s. m.** (**f.** *-a*) • chi ha subìto l'incaprettamento

incapricciàrsi [comp. di *in-*① e *capriccio* * 1569] **v. intr. pron.** (**pres.** *io mi incaprìccio*; **fut.** *io mi incapriccerò*) • invaghirsi di qlco. o qlcu.: *i. di un gioiello, di una donna*

incapriccìrsi [1612] **v. intr. pron.** (*io mi incapriccìsco, tu ti incapriccìsci*) • (*lett.*) incapricciarsi

incapsulaménto [1957] **s. m.** • operazione dell'incapsulare

incapsulàre [comp. di *in-*① e *capsula* * 1915] **v. tr.** (*io incàpsulo*) **1** rivestire con una capsula: *i. una medicina*; *i. un dente* **2** chiudere un recipiente con una capsula: *i. una bottiglia*

incapsulatóre [1917] **s. m.** (**f.** *-trice*) • (*tecnol.*) addetto alla chiusura a mano o a macchina mediante capsule di bottiglie, barattoli e sim.

†**incaràre** [comp. di *in-*① e *caro* * av. 1306] **A** **v. tr.** • vendere a maggior prezzo **B** **v. intr.** e †**incaràrsi** **v. intr. pron.** • rincarare

incarbonchìre [comp. di *in-*① e *carbonchio* * 1767] **v. intr.** (*io incarbonchìsco, tu incarbonchìsci*; **aus.** *essere*) e **incarbonchìrsi** **v. intr. pron.** • (*agric.*) detto del grano, ammalarsi di carbonchio

incarboniménto [1865] **s. m.** • l'incarbonire

incarbonìre [comp. di *in-*① e *carbone* * 1623] **A** **v. tr.** (*io incarbonìsco, tu incarbonìsci*) • (*lett.*) carbonizzare **B** **v. intr.** (**aus.** *essere*) e **incarbonìrsi** **v. intr. pron.** • (*lett.*) carbonizzarsi

†**incarcàre** e deriv. ➤ **incaricare** e deriv.

incarceraménto [sec. XIV] **s. m.** **1** (*raro*) carcerazione **2** (*med.*) ***i. dell'ernia***, stato di irriducibilità per aderenza del viscere al sacco erniario, senza strozzamento | ***i. della placenta***, ritenzione di essa nella cavità dell'utero

incarceràre [vc. dotta, lat. tardo *incarcerāre* 'porre in (*in-*) carcere (*cărcer*, genit. *cărceris*)' * 1308] **v. tr.** (*io incàrcero*) **1** rinchiudere in carcere: *lo incarcerarono subito dopo il processo* **SIN.** imprigionare **2** (*fig.*) rinchiudere, segregare **3** (*fig.*) †reprimere, frenare: *lei con affanno incarcera la mente* (L. Ariosto)

incarcerazióne [av. 1328] **s. f.** • (*raro*) carcerazione

incardinàre [comp. di *in-*① e *cardine* * av. 1852] **A** **v. tr.** (*io incàrdino*) **1** mettere sui cardini: *i. una porta* **2** (*fig.*) fondare, basare sopra un principio che faccia da cardine: *i. una teoria su dati scientifici* **3** ascrivere un ecclesiastico a una diocesi **B** **incardinàrsi** **v. intr. pron.** • imperniarsi e reggersi su un certo ordine di principi teorici: *la sua cultura si incardina sulla filosofia classica tedesca*

incardinazióne [av. 1748] **s. f.** **1** (*raro*) l'incardinare | il punto in cui qlco. si incardina **2** nel diritto canonico, obbligatoria ascrizione e appartenenza di ogni ecclesiastico secolare a una determinata diocesi

incaricàre o (*poet.*) †**incarcàre** [comp. di *in-*① e *caricare* * 1287] **A** **v. tr.** (*io incàrico, tu incàrichi*) **1** investire qlcu. di un incarico, di una incombenza, missione e sim. (+ *di*, **anche seguito da inf.**): *furono incaricati della vendita dell'immobile*; *l'hanno incaricato di seguire tutte le pratiche d'ufficio* **SIN.** deputare, delegare **2** †gravare di un peso | (*fig.*) †vincolare **3** †incolpare **4** †offendere, insultare **B** **incaricàrsi** **v. intr. pron.** • assumersi l'incarico, l'incombenza (+ *di*, **anche seguito da inf.**): *incaricarsi del coordinamento di un progetto*; *si incaricarono di finire i lavori prima dell'autunno* | (*merid.*) ***non incaricarsene***, non darsene pensiero

incaricàto o (*poet.*) †**incarcàto** **A** **part. pass.** di *incaricare*; **anche agg.** **1** che è investito di un incarico **2** ***professore i.***, docente cui è stato attribuito un incarico temporaneo di insegnamento per una disciplina non ricoperta da docenti di ruolo **B** **s. m.** (**f.** *-a*) **1** persona cui è affidato un incarico: *un i. del municipio, della banca* **2** professore incaricato | docente universitario incaricato **3** ***i. d'affari***, agente diplomatico di rango inferiore a cui è affidato l'incarico, temporaneo o stabile, di dirigere una rappresentanza diplomatica il cui titolare legittimo, ambasciatore o ministro plenipotenziario, è assente o non è stato nominato

incàrico o (*lett.*, *poet.*) **incàrco** [da *incaricare* * 1266] **s. m.** (**pl.** *-chi*) **1** commissione importante, ufficio temporaneo e speciale, compito, missione (+ *di*, **anche seguito da inf.**): *prendere, assumere, ricevere, eseguire un i.*; *i. grave, grato, onorevole, sgradito*; *i. di consulente, di preside, di amministratore delegato* | ***cattedra data per i.***, senza concorso e senza nomina di titolare | incombenza: *ho ricevuto l'i. di portarvi i suoi saluti* | (*per anton.*, *polit.*) compito di formare il nuovo governo (o, nel caso di *incarico esplorativo*, di accertare se ne esistono le condizioni): *il Presidente della Repubblica ha affidato l'i. all'on. Mario Rossi* **2** posto di professore o docente non di ruolo: *ottenere un i. annuale* **3** †carico, peso | (*fig.*) †affanno **4** (*fig.*) †danno, offesa grave | (*fig.*) †affanno d'amore

SFUMATURE DI SIGNIFICATO

incarico - incombenza - ufficio

L'**incarico** è un compito, un ufficio in genere non permanente che comporta l'espletamento di un'attività per conto della persona o l'ente che l'ha attribuito. **Incombenza** è parola di uso più elevato e sottolinea l'importanza, la responsabilità del compito assegnato. **Ufficio**, parola che ha anche altri significati, in questo contesto fa riferimento a una funzione permanente, considerata come complesso di mansioni anche indipendentemente dal soggetto che è chiamato a svolgerla.

incaritatévole o †**incaritévole** [comp. di *in-*③ e *caritatevole* * sec. XIV] **agg.** • impietoso, ingeneroso

incarnàre [vc. dotta, lat. tardo *incarnāre*, comp. di *in-* illativo e di un deriv. da *cāro*, genit. *cărnis* 'carne', di orig. indeur. * av. 1257] **A** **v. tr.** **1** dare corpo e figura, rappresentare concretamente e con efficacia: *i. un concetto, un'idea, un'immagine, un tipo*; *uno scrittore che incarna nelle sue opere gli ideali di libertà* **2** †conficcare nella carne **3** †colorire con il colore roseo della carne umana **B** **incarnàrsi** **v. intr. pron.** **1** assumere figura umana | (*est.*) concretarsi: *l'idea s'incarna nell'interpretazione dell'artista* **2** detto del figlio di Dio, Gesù, che assume carne umana in Maria Vergine **3** (*lett.*) attaccarsi, unirsi fortemente | (*lett.*) conficcarsi nella carne | (*fig.*) †penetrare nell'animo **4** incarnirsi

incarnatìvo [sec. XIV] **A** **agg.** • che ha colore roseo come l'incarnato della persona in salute **B** **s. m.** • colore roseo

incarnàto① **A** **part. pass.** di *incarnare*; **anche agg.** • nei sign. del v. | ***unghia incarnata***, incarnita **B** **s. m.** (**f.** *-a*) • †consanguineo

incarnàto② [dal colore della *carne* * 1300] **A** **agg.** • di colore rosa carne: *una rosa incarnata* | ***sangue i.***, rosso vivo **B** **s. m.** • colore roseo: *l'i. delle guance*; *dalle gote di un i. così vivo che la bianca pelle pareva macchiata* (L. Capuana)

incarnazióne [vc. dotta, lat. tardo *incarnatiōne(m)*, da *incarnātus* 'incarnato' * av. 1292] **s. f.** **1** in molte religioni, forma umana che assumono le divinità, a scopo salvifico | ***Incarnazione***, mistero fondamentale del Cristianesimo, per cui la seconda persona della Trinità, Gesù Cristo, assume natura umana per operare il riscatto del genere umano dal peccato originale | ***anni dell'Incarnazione***, computo del tempo che inizia dall'Annunciazione fatta a Maria Vergine, a cominciare dal 25 marzo **2** (*fig.*) espressione concreta, personificazione di concetti, idee e sim.: *quell'uomo è l'i. della malvagità*

incarnieràre [comp. di *in-*① e *carniere* * 1970] **v. tr.** (*io incarnièro*) • (*raro*) mettere, porre nel carniere, detto spec. di selvaggina

incarnìre [comp. di *in-*① e *carne* * 1589] **A** **v. tr.** (*io incarnìsco, tu incarnìsci*) • †conficcare nella carne, spec. gli artigli **B** **v. intr.** (**aus.** *essere*) e **incarnìrsi** **v. intr. pron.** • crescere dentro la carne: *le unghie spesso incarniscono, si incarniscono*

incarnìto **part. pass.** di *incarnire*; **anche agg.** • nei sign. del v.: *un'unghia incarnita*

incarogniménto [1898] **s. m.** • l'incarognire, l'incarognirsi; (*fig.*) incaponimento, ostinazione | (*fig.*) aggravamento, deterioramento: *l'i. di una situazione*

incarognìre [comp. di *in-*① e *carogna* * av. 1742] **v. intr.** (*io incarognìsco, tu incarognìsci*; **coniug. come** *grugnire*; **aus.** *essere*) e **incarognìrsi** **v. intr. pron.** **1** diventare una carogna, un mascalzone | diventare vecchio e inutile: *quel vecchio cavallo ormai si è incarognito* | (*raro*) diventare fiacco, ozioso, incapace: *s'è incarognito nella miseria* **2** (*fig.*) ostinarsi, intestardirsi **3** (*fig.*) guastarsi, deteriorarsi: *rapporti politici che si incarogniscono* | (*raro*) diventare cronico, detto di malattia

incarognìto **part. pass.** di *incarognire*; **anche agg.** **1** nei sign. del v. **2** (*fig.*) incattivito, seccato

incarrucolàre [comp. di *in-*① e *carrucola* * 1612] **A** **v. tr.** (*io incarrùcolo*) • mettere la fune nella scanalatura della carrucola **B** **incarrucolàrsi** **v. intr. pron.** • incastrarsi nella cassa della carrucola, detto della fune

incartaménto [da *incartare*, con valore collettivo * 1399] **s. m.** **1** insieme di carte e documenti relativi a una pratica d'ufficio: *gli incartamenti per il rilascio del passaporto* **2** prima fase di essiccazione delle paste alimentari, in cui si elimina l'acqua esterna

incartapecorìre [comp. di *in-*① e *cartape-*

cora ✱ 1869] **v. intr.** (*io incartapecorìsco, tu incartapecorìsci*; aus. *essere*) e **incartapecorìrsi v. intr. pron. 1** diventare secco e giallo come cartapecora: *il suo viso si è incartapecorito* **2** (*fig.*) inaridirsi

incartapecorito **part. pass.** di *incartapecorire*; anche **agg.** ● diventato come cartapecora | (*est.*) che ha la pelle secca e gialla: *un vecchio i.* | (*fig.*) inaridito: *cervello i.*

incartàre [comp. di *in-*① e *carta* ✱ av. 1389] **A v. tr. 1** avvolgere qlco. nella carta: *i. un pacco* **2** †scrivere, raccontare **3** (*lett.*, *fig.*) †azzeccare, cogliere sul segno **B incartàrsi v. intr. pron. 1** nel gioco del bridge, rimanere con delle carte che non possono più essere utilizzate per andare in mano al compagno **2** (*fig.*) confondersi, smarrirsi nel fare qlco.

SFUMATURE ➤ *involgere*

incartàta [1768] **s. f. 1** l'incartare alla meglio **2** †impannata di carta alla finestra ‖ **incartatìna**, **dim.**

incartàto **part. pass.** di *incartare*; anche **agg. 1** nei sign. del v. **2** (*fig.*) confuso, imbrogliato, senza via d'uscita: *una situazione incartata*

incartatóre [1957] **s. m.** (**f.** *-trice*) ● operaio o commesso che incarta gli oggetti prodotti o venduti

incartatrìce [1964] **s. f.** ● macchina che esegue l'incarto

incàrto [da *incartare* ✱ 1869] **s. m. 1** operazione dell'incartare | involucro di carta che avvolge un qualsiasi prodotto: *l'i. dei biscotti, della cioccolata* **2** (*burocr.*) incartamento **3** (*tess.*) indurimento dei tessuti per eccesso di salda **4** (*zootec.*) consistenza come di carta ben collosa che hanno i bozzoli dei bachi da seta

incartocciàre [comp. di *in-*① e *cartoccio* ✱ 1598] **A v. tr.** (**pres.** *io incartòccio*; **fut.** *io incartoccerò*) **1** mettere in un cartoccio: *i. le castagne* **2** (*lett.*) accartocciare **B incartocciàrsi v. intr. pron.** ● (*lett.*) accartocciarsi

incartonàre [comp. di *in-*① e *cartone* ✱ 1868] **v. tr.** (*io incartóno*) **1** imballare in cartoni **2** (*tess.*) interporre cartoni lisci tra le falde di tessuto da sottoporre alla pressatura **3** in legatoria, eseguire l'incartonatura

incartonatrìce [1972] **s. f.** ● (*tess.*) macchina che esegue l'incartonatura dei tessuti

incartonatùra [1933] **s. f. 1** (*tess.*) operazione dell'incartonare un tessuto **2** in legatoria, applicazione dei cartoni della coperta al libro da legare, assicurandoli con le cordicelle usate per la cucitura

incascolìto [comp. parasintetico di *cascolo* ✱ 1869] **agg.** ● (*agric.*) che non è maturato bene, stentato, detto dell'uva

incasellaménto [1926] **s. m.** ● l'incasellare

incasellàre (o **-ş-**) [comp. di *in-*① e *casella* ✱ 1887] **v. tr.** (*io incasèllo*) **1** mettere nella casella, disporre in casellario: *i. i numeri, la posta* **2** (*fig.*) riunire ordinatamente: *i. con metodo le proprie cognizioni* | (*est.*) classificare in uno schema definito

incasellatóre [da *incasellare* ✱ 1957] **s. m.** (**f.** *-trice*) ● impiegato postale addetto a smistare la corrispondenza nel casellario

incasermàre (o **-ş-**) [comp. di *in-*① e *caserma* ✱ 1869] **v. tr.** (*io incasèrmo*) ● (*raro*, *lett.*) accasermare

incasinaménto (o **-ş-**) [1988] **s. m.** ● (*raro*) l'incasinare, l'incasinarsi | confusione, scompiglio

incasinàre (o **-ş-**) [comp. di *in-*① e *casino* nel sign. 6 ✱ 1980] **A v. tr.** ● (*colloq.*) creare confusione, disordine, scompiglio, intralcio e sim.: *hai incasinato la mia scrivania; questo fatto m'incasina tutta la giornata* **B incasinàrsi v. intr. pron.** ● (*colloq.*) mettersi in una situazione confusa, intricata e sim.

incasinàto (o **-ş-**) **part. pass.** di *incasinare*; anche **agg.** ● (*colloq.*) pieno di confusione, di disordine: *un pomeriggio i.* | riferito a persona, che si trova in una situazione intricata, in mezzo a una serie di impegni che si accavallano, e sim.: *oggi sono molto incasinata*

incassàbile [da *incassare* ✱ 1987] **agg.** ● che si può incassare ‖ **incassabilità**, **s. f. inv.**

incassaménto [sec. XVI] **s. m. 1** (*raro*) sistemazione in casse **2** †cavità, infossamento

incassànte [1972] **agg.** ● (*geol.*) detto di roccia in cui viene iniettato un magma o che circonda un plutone

incassàre [comp. di *in-*① e *cassa*, anche in senso figurato ✱ 1495] **A v. tr. 1** collocare in casse: *i. libri, stoviglie* | (*est.*) sistemare in una cavità apposita: *i. la tubatura, un meccanismo* | incastonare: *i. una gemma, le pietre del mosaico* | ***i. un pezzo d'artiglieria***, metterlo sull'affusto | ***i. un fiume***, chiuderlo fra due argini | (*est.*, *ling.*) inserire: *i. una frase*, inserire una frase in un'altra **2** riscuotere, ricevere, introitare: *i. una somma, un acconto* CONTR. sborsare | (*est.*) registrare a proprio vantaggio: *il governo incassa il consenso dei sindacati* **3** nel pugilato, subire colpi dell'avversario senza diminuzione della capacità di lottare | ***i. tre reti***, nel calcio, subirle **4** (*fig.*) sopportare senza reagire attacchi, accuse, offese e sim.: *è stato costretto a i. un'offesa gravissima* **B v. intr.** (aus. *avere*) ● adattarsi perfettamente nell'incassatura **C incassàrsi v. intr. pron. 1** restringersi in basso tra due ripide alture: *il fiume, la strada, la valle si incassavano profondamente tra le rocce* **2** inserirsi in una cavità

incassàto **part. pass.** di *incassare*; anche **agg. 1** collocato in casse | sistemato nell'incassatura: *un armadio i.* | chiuso: *una valle stretta, incassata tra le montagne* | infossato: *con la testa incassata nelle spalle* (N. Ginzburg) **2** ricevuto in pagamento

incassatóre [1927] **s. m.** (**f.** *-trice*) **1** addetto all'incassatura di merci o prodotti industriali **2** pugile dotato di grande resistenza ai colpi dell'avversario **3** (*fig.*) chi sa sopportare senza scomporsi offese, ingiustizie ecc.: *è senza dubbio un ottimo i.*

incassatrìce [1972] **s. f.** ● (*tipogr.*) in legatoria, macchina che esegue l'incassatura

incassatùra [1550] **s. f. 1** operazione del collocare qlco. in casse o dell'inserirla in apposite cavità: *l'i. di una partita di merce, di un diamante* | (*est.*, *ling.*) inserimento di una frase in un'altra **2** cavità dove una cosa s'incassa: *hanno fatto nel muro un'i. per la libreria* | (*edil.*) solco o cavità eseguito in una muratura per inserirvi conduttori o apparecchi, quali interruttori e prese di un impianto elettrico **3** in legatoria, operazione, eseguita a mano o a macchina, mediante la quale un libro cucito viene unito alla coperta

incassettatrìce [1974] **s. f.** ● (*tecnol.*) macchina destinata a disporre bottiglie e sim. in cassette o in cestelli

incàsso [da *incassare* ✱ 1812] **s. m. 1** riscossione di una somma: *presentare un assegno per l'i.* | ***i. di effetti***, riscossione di effetti di proprietà di terzi per loro conto | (*est.*) la somma che si riscuote: *oggi abbiamo avuto un forte i.* **2** (*edil.*) incassatura | ***da i.***, detto di elemento atto a essere inserito in un'apposita cavità di una muratura o di una struttura preesistenti: *elettrodomestici da i.*; *lavello da i.*

incastellaménto [da *incastellare* ✱ 1405] **s. m. 1** †impalcatura **2** un tempo, complesso di fortificazioni poste a difesa di un territorio

†**incastellàre** [comp. di *in-*① e *castello* ✱ av. 1348] **A v. tr. 1** munire di castelli, fortificazioni e sim. **2** nell'antica marineria, fortificare la prua e la poppa con castelli **B** †**incastellàrsi v. intr. pron.** ● fortificarsi con castelli | accamparsi

incastellàto **part. pass.** di *incastellare*; anche **agg. 1** nei sign. del v. **2** †rinchiuso, assediato in un castello **3** (*veter.*) detto di piede di cavallo in cui l'unghia chiude eccessivamente il fettone determinandovi una costrizione dolorosa

incastellatùra [da *incastellare* ✱ 1527] **s. f. 1** aggregato di travi unite fra loro in una ossatura di sostegno **2** (*veter.*) difetto di piede incastellato

†**incastigàto** [comp. di *in-*③ e *castigato* ✱ 1550] **agg.** ● non punito, non castigato

incastonàre [comp. di *in-*① e *castone* ✱ 1612] **v. tr.** (*io incastóno*) **1** fermare nel castone, nelle griffe, le pietre preziose **2** (*fig.*) inserire, collocare in qlco.: *ha incastonato nel suo racconto molte raffinatezze linguistiche*

incastonàto **part. pass.** di *incastonare*; anche **agg. 1** fissato nel castone: *diamante i.* **2** (*fig.*) inserito con gusto e ricercatezza: *citazione incastonata nel discorso*

incastonatóre [1957] **s. m.** (**f.** *-trice*) ● artigiano che incastona pietre preziose

incastonatùra [sec. XIV] **s. f.** ● l'incastonare | modalità con cui una pietra preziosa è incastonata

incastraménto [av. 1673] **s. m.** ● (*raro*) l'incastrare

♦**incastràre** [lat. parl. **incastrāre*, propr. 'porre in (*in-*) un intaglio (da *castrāre* 'tagliare')' ✱ 1381] **A v. tr. 1** connettere due o più pezzi, introducendoli a forza uno dentro l'altro in modo da farli combaciare perfettamente: *se non incastri bene il supporto, il ripiano non resisterà al peso* | ***i. una gemma***, incastonarla **2** (*fig.*, *colloq.*) mettere qlcu. nei pasticci | mettere qlcu. in una situazione senza via d'uscita: *si è lasciato i. come un novellino* **B v. intr.** (aus. *avere*) ● adattarsi, ingranare perfettamente: *un ingranaggio che incastra bene* **C incastràrsi v. intr. pron.** ● inserirsi stabilmente in qlco. (*anche fig.*) (+ *in*): *il pezzo si è incastrato a dovere nella costruzione; il coro si incastra perfettamente nella tragedia* | ficcarsi in qlco. in modo da non poterne uscire (+ *in*, + *fra*): *la vite si è incastrata e non riesco a toglierla; il piede gli si è incastrato nel tombino, fra le sbarre* | (*fig.*) cacciarsi nei guai, impegnarsi (+ *con*): *non aveva mica intenzione … alla sua età di incastrarsi con una simile* (D. Buzzati)

incastràto **part. pass.** di *incastrare*; anche **agg.** ● nei sign. del v.: *è rimasto con un piede i. nel binario del tram*

incastratrìce [da *incastrare*, dal tipo di operazione impiegato ✱ 1957] **s. f.** ● (*miniere*) macchina usata per eseguire intagli verticali in rocce tenere così da facilitarne l'abbattimento

incastratùra [sec. XIV] **s. f.** ● l'incastrare | la cavità, l'intaglio in cui qlco. s'incastra

incàstro [da *incastrare* ✱ av. 1654] **s. m. 1** l'incastrare | apertura, cavità o intaglio per cui un pezzo può inserirsi perfettamente in un altro e rimanervi fissato **2** punto in cui due o più elementi si incastrano **3** inserzione di un brano o di righe in un pezzo di giornale già composto **4** gioco enigmistico consistente nell'incastrare una parola in un'altra, in modo da formarne una terza (per es. vaglia + EST = vESTaglia) CFR. intarsio **5** ***arrampicata a i.***, nell'alpinismo, moderna tecnica di arrampicata libera che utilizza l'incastro degli arti in fessure di varia larghezza **6** (*veter.*) strumento usato dal mani-

a b c d e f g h i j k l m n o p q r s t u v w x y z

scalco per ultimare e raffinare il pareggio della suola del piede **7** ***celata da i.***, nelle armature antiche, quella provvista alla base di scanalatura anulare che, incastrata e scorrevole sull'orlo superiore della goletta, consentiva all'uomo d'arme i movimenti laterali del capo

†**incatarràre** [comp. di *in-*① e *catarro* ✱ 1734] **v. intr.** ● diventare catarroso

incatenacciàre [comp. di *in-*① e *catenaccio* ✱ av. 1400] **v. tr.** (**pres.** *io incatenàccio*; **fut.** *io incatenaccerò*) ● (*raro*) chiudere mediante catenaccio

incatenaménto [av. 1535] **s. m.** **1** l'incatenare **2** (*fig.*) †concatenazione

incatenàre [comp. di *in-*① e *catena* ✱ av. 1294] **A** **v. tr.** (*io incaténo*) **1** legare con catene: *i. i prigionieri, i galeotti* | mettere alla catena: *i. il cane* | sbarrare qlco. per mezzo di catene: *i. l'entrata del porto, la foce del fiume, lo stretto* **2** annodare due o più fili e sim. insieme, come in una catena | ***i. le maglie***, sovrapporle l'una all'altra **3** (*fig.*) soggiogare, vincolare: *i. i cuori, il sentimento di qlcu.* | impedire, inceppare: *i. la libertà, il progresso* | (*fig.*, *lett.*) concatenare **B** **incatenàrsi** **v. rifl.** ● legarsi con catene a qlco.: *incatenarsi per protesta a un cancello* **C** **incatenàrsi** **v. rifl. recipr.** **1** congiungersi strettamente **2** (*lett.*, *fig.*) concatenarsi

incatenàto **part. pass.** di *incatenare*; anche **agg.** **1** nei sign. del v. | ***sparare a palle incatenate***, V. *palla*① nel sign. 4 **2** ***rima incatenata***, rima tipica delle terzine dantesche, in cui il primo verso rima col terzo, il secondo col quarto e col sesto, il quinto col settimo e il nono e così via

incatenatùra [da *incatenare* ✱ av. 1519] **s. f.** ● allacciamento o legamento fatto con catene, con fili metallici e sim. | †insieme di catene di rinforzo in un edificio

incatorzolìre [comp. di *in-*① e *catorzolo* ✱ av. 1597] **v. intr.** (*io incatorzolisco, tu incatorzolisci*; **aus.** *essere*) e **incatorzolìrsi** **v. intr. pron.** **1** detto di frutti, non giungere a maturità e indurire come catorzoli **SIN.** imbozzacchire **2** (*lett.*, *fig.*) ingalluzzirsi: *Alessandro s'incatorzoliva tutto per la contentezza* (I. NIEVO)

incatramàre [comp. di *in-*① e *catrame* ✱ 1612] **v. tr.** **1** ricoprire e spalmare qlco. di catrame: *i. la barca, il canapo, una strada* **2** sottoporre a catramatura una massicciata stradale

incatramàto **part. pass.** di *incatramare*; anche **agg.** ● spalmato, ricoperto di catrame

incatricchiàre [comp. parasintetico di *catricola*, var. tosc. di 'graticola' ✱ 1864] **v. tr.** (*io incatrìcchio, tu incatrìcchi*) **1** (*pop.*, *tosc.*) arruffare, spec. capelli | intrecciare, incrociare **2** (*tosc.*) cuocere sulla graticola

incattivàre [sec. XIV] **A** **v. tr.** ● †incattivire **B** **incattivàrsi** **v. intr. pron.** ● (*mar.*) impigliarsi, intricarsi (detto di una cima o di un altro cavo)

incattivìre [comp. di *in-*① e *cattivo* ✱ 1268] **A** **v. tr.** (*io incattivisco, tu incattivisci*) ● rendere cattivo: *maltrattandolo lo incattiviscono sempre più* | (*est.*) esasperare, irritare **B** **v. intr.** (**aus.** *essere*) e **incattivìrsi** **v. intr. pron.** ● diventare cattivo: *il nostro cane, se lo stuzzicano, s'incattivisce subito* | (*est.*) esasperarsi, irritarsi | (*raro*) guastarsi

incattivìto **part. pass.** di *incattivire*; anche **agg.** ● che è diventato cattivo | (*raro*) guasto

♦**incàuto** [vc. dotta, lat. *incāutu(m)*, comp. di *in-*③ e *cāutus* 'cauto', da *cavēre* 'guardarsi', di orig. indeur. ✱ 1336 ca.] **agg.** ● privo di cautela, avvedutezza, prudenza: *persona incauta*; *sei stato i. ad accettare* | che rivela mancanza di cautela: *atteggiamento i.*; *decisione incauta* | ***i. acquisto***, acquisto di cose sospettabili di provenire da reato, senza averne accertata la legittima provenienza **SIN.** malaccorto, sconsiderato ‖ **incautaménte**, **avv.**

incavalcàre [comp. di *in-*① e *cavalcare* ✱ av. 1552] **A** **v. tr.** (*io incavàlco, tu incavàlchi*) **1** (*raro*) accavallare **2** disporre una bocca da fuoco sul proprio affusto **B** **incavalcàrsi** **v. intr. pron.** ● (*raro*) accavallarsi

incavalcatùra [1612] **s. f.** ● (*raro*) l'incavalcare

incavallàre [comp. di *in-*① e *cavallo* ✱ 1612] **A** **v. tr.** ● (*raro*) accavallare | †dotare di cavalcatura **B** **incavallàrsi** **v. intr. pron.** ● †mettersi a cavallo | †fornirsi di cavalli

incavallatùra [da *incavallare* ✱ 1464] **s. f.** ● (*edil.*) capriata

incavàre [vc. dotta, lat. *incavāre*, comp. di *in-*① e *cavāre*, da *căvus* 'cavo', di orig. indeur. ✱ 1546] **A** **v. tr.** ● rendere cavo in parte o totalmente cavo: *i. un tronco, una pietra durissima* **B** **incavàrsi** **v. intr. pron.** ● diventare cavo o (*est.*) smunto: *vedeva il suo bel visino (...) incavarsi a vista d'occhio* (I. NIEVO)

incavàto **part. pass.** di *incavare*; anche **agg.** **1** che presenta una cavità **2** ***occhi incavati***, infossati | ***guance incavate***, smunte

incavatùra [av. 1557] **s. f.** ● l'incavare | (*est.*) la cavità che ne risulta

incavernàre [comp. di *in-*① e *caverna* ✱ 1441] **A** **v. tr.** (*io incavèrno*) **1** (*raro*) scavare formando caverne: *l'acqua incaverna le rocce* **2** †sistemare in caverne: *i. artiglierie* **3** (*lett.*) far diventare cavernoso (la voce) **B** **incavernàrsi** **v. intr. pron.** **1** (*lett.*) entrare in una caverna (*anche fig.*) **SIN.** rintanarsi **2** gettarsi e scorrere in luoghi sotterranei: *il ... rumore delle onde che s'incavernavano sotto la roccia* (M. SERAO) **3** (*lett.*) oscurarsi: *nel pomeriggio il cielo s'incavernò* (L. PIRANDELLO)

incavernàto **part. pass.** di *incavernare*; anche **agg.** **1** nei sign. del v. **2** (*lett.*) ***occhi incavernati***, profondamente infossati

incavezzàre [comp. di *in-*① e *cavezza* ✱ av. 1704] **v. tr.** (*io incavézzo*) ● munire di cavezza, legare con la cavezza: *i. un cavallo*

incavicchiàre [comp. di *in-*① e *cavicchio* ✱ av. 1416] **v. tr.** (*io incavìcchio*) ● assicurare con un cavicchio: *i. due travi*

incavigliàre [comp. di *in-*① e *caviglia* ✱ sec. XIII] **A** **v. tr.** (*io incaviglio*) ● attaccare a una caviglia o mediante una caviglia **B** **incavigliàrsi** **v. intr. pron.** ● †collegarsi

incavigliatrìce [1974] **s. f.** ● (*ferr.*) macchina usata per avvitare le caviglie destinate a fissare le rotaie alle traversine

incavigliatùra [1834] **s. f.** ● collegamento mediante una caviglia

incàvo o **incavo** [da *incavare* ✱ 1550] **s. m.** **1** cavità, incavatura: *fare un i.*; *l'i. di una pietra* | solco, scanalatura **2** vuoto nell'oro preparato per l'incastonatura della gemma | ***lavoro d'i.***, incisione in vuoto nelle pietre come figurazioni, suggelli e scritture

incavogràfico [comp. di *incavo* e *-grafico* ✱ 1983] **agg.** (**pl. m.** *-ci*) ● detto di procedimento di stampa in cui le parti incavate del cilindro, in cui si raccoglie l'inchiostro, costituiscono l'elemento stampante

incavolàrsi [comp. di *in-*① e *cavolo* nel sign. eufem. di *cazzo* ✱ 1959] **v. intr. pron.** (*io mi incàvolo*) ● (*eufem.*) adirarsi, arrabbiarsi **SIN.** incacchiarsi

incavolàto **part. pass.** di *incavolarsi*; anche **agg.** ● nel sign. del v.

incavolatùra [1970] **s. f.** ● (*eufem.*) arrabbiatura

incazzàrsi [comp. di *in-*① e *cazzo*, nel senso fig. di 'furia, ira' ✱ 1908] **v. intr. pron.** ● (*volg.*) adirarsi, arrabbiarsi

incazzàto **part. pass.** di *incazzarsi*; anche **agg.** ● (*volg.*) molto arrabbiato: *essere i.*; *essere i. nero*

incazzatùra [da *incazzarsi* ✱ 1961] **s. f.** ● (*volg.*) forte arrabbiatura

incazzóso (o -ṣ-) [da *incazzarsi* ✱ 1982] **agg.** ● (*volg.*) che si arrabbia con facilità: *un uomo, un tipo i.* ‖ **incazzosaménte**, **avv.**

incazzottàre [comp. di *in-*① e (piegatura a) *cazzotto* ✱ 1937] **v. tr.** (*io incazzòtto*) ● (*mar.*) piegare una bandiera fermandola con una sagola in modo da poterla spiegare di colpo

incèdere① [vc. dotta, lat. *incēdere*, comp. di *in* 'verso' e *cēdere* 'camminare', di etim. incerta ✱ 1499] **v. intr.** (**coniug.** come *cedere*; **aus.** *avere*) ● (*lett.*) camminare con solennità e gravità

SFUMATURE ➤ ***camminare***

incèdere② [da *incedere*① ✱ 1892] **s. m.** ● portamento maestoso e solenne: *camminava con l'i. di una dea*

incedìbile [comp. di *in-*③ e *cedibile* ✱ 1957] **agg.** ● che non può essere ceduto ‖ **incedibilità**, **s. f. inv.**

incelàre ➤ **incielare**

†**incelebràto** [vc. dotta, lat. tardo *incelebrātu(m)*, comp. di *in-*③ e *celebrātus*, part. pass. di *celebrāre*, da *cĕleber*, genit. *cĕlebris* 'celebre' ✱ av. 1707] **agg.** ● oscuro, ignoto

†**incèlebre** [vc. dotta, lat. tardo *incĕlebre(m)*, comp. di *in-*③ e *cĕleber*, genit. *cĕlebris* 'celebre', di etim. incerta ✱ 1504] **agg.** ● oscuro, ignoto: *questo mio dir non i.* (I. SANNAZARO)

incellofanàre o **incellophanàre** /intʃellofa'nare/ [comp. di *in-*① e *cellofan* ✱ 1976] **v. tr.** (*io incellòfano*) ● avvolgere nel cellofan, rivestire con un foglio di cellofan: *i. libri, riviste, prodotti alimentari*

incèndere [vc. dotta, lat. *incĕndere*, comp. di *in-*① e *căndere* 'far bruciare', di orig. indeur. ✱ av. 1250] **A** **v. tr.** (**pass. rem.** *io incési, tu incendésti*; **part. pass.** †*incéso*, †*incènso*) ● (*lett.*) incendiare, ardere, bruciare (*anche fig.*): *il sol ... / ... di tal luce in facia colorato, / che ne incendeva tutta la marina* (M.M. BOIARDO) **B** **v. intr.** (**aus.** *essere*) **1** (*lett.*) ardere, bruciare **2** (*lett.*) †affliggersi **C** **incèndersi** **v. intr. pron.** ● (*lett.*) incendiarsi, accendersi, infiammarsi (*anche fig.*)

†**incendiaménto** [1683] **s. m.** **1** incendio **2** (*fig.*) stimolo

incendiàre [da *incendio* ✱ 1680] **A** **v. tr.** (*io incèndio*) **1** dare alle fiamme, distruggere col fuoco: *i. una nave, un deposito di carburante, una casa* **SIN.** bruciare **2** (*fig.*) eccitare, entusiasmare, infiammare: *i. gli animi con parole veementi* **B** **incendiàrsi** **v. intr. pron.** ● prender fuoco: *la paglia si incendiò per autocombustione*

incendiàrio [vc. dotta, lat. *incendiāriu(m)*, da *incĕndere* 'incendere' ✱ av. 1292] **A** **agg.** **1** che incendia o è idoneo a suscitare un incendio: *armi incendiarie* | (*fig.*) che infervora, che infiamma gli animi: *scritti, discorsi, proclami incendiari* **2** (*fig.*) che accende passioni ardenti: *occhi incendiari*; *bellezza incendiaria*; *sguardo i.* **B** **s. m.** (**f.** *-ia*) ● chi volontariamente dà inizio a un incendio: *gli incendiari sono attivamente ricercati*

incendiatóre [1761] **agg. e s. m.** (**f.** *-trice*) ● (*raro*) che (o chi) incendia

♦**incèndio** [vc. dotta, lat. *incĕndiu(m)*, da *incĕndere* 'incendere' ✱ 1159] **s. m.** **1** fuoco di grandi proporzioni, che brucia e distrugge ogni cosa: *l'i. di un bosco, di un quartiere, di una casa*; *morire in un i.*; *domare, isolare, circoscrivere, spegnere l'i.* **2** (*fig.*) rovina, disastro, conflagrazione: *l'i. della guerra distrusse intere nazioni* **3** (*fig.*) commozione, entusiasmo o sentimento infuocato, travolgente: *è difficile spegnere gli incendi dell'o-*

dio e dell'amore

†**incenditìvo** [av. 1406] **agg.** ● incendiario

†**incenditóre** [av. 1306] **s. m.** (f. *-trice*); anche **agg. 1** chi (o che) incendia **2** chi (o che) brucia col cauterio

incendìvo [sec. XIV] **s. m. 1** elemento, per es. una miccia, usato per accendere fuochi d'artificio **2** innesco

inceneràre [comp. di *in-*① e *cenere* ✱ av. 1292] **A** **v. tr.** (*io incénero*) **1** (*raro*) coprire di cenere **2** †incenerire **B** **inceneràrsi** **v. intr. pron.** ● †ridursi in cenere

inceneriménto [av. 1683] **s. m.** ● l'incenerire | procedimento di combustione dei rifiuti urbani

incenerìre [comp. di *in-*① e *cenere* ✱ 1530] **A** **v. tr.** (*io incenerìsco, tu incenerìsci*) **1** ridurre in cenere: *il fulmine incenerì la quercia* | sottoporre a incenerimento **2** (*fig.*) annientare, distruggere: *lo incenerì con uno sguardo* **SIN.** fulminare **3** (*chim.*) bruciare una sostanza organica e quindi calcinarla finché rimanga solo l'eventuale residuo inorganico **B** **incenerìrsi** **v. intr. pron.** ● ridursi in cenere, diventare cenere

inceneritóre [1970] **s. m.** ● impianto che distrugge per combustione rifiuti e immondizie spec. nei grandi centri urbani

incensaménto [1554] **s. m. 1** l'incensare **2** (*fig.*) adulazione, lode esagerata

incensàre [da *incenso* ✱ av. 1350] **A** **v. tr.** (*io incènso*) **1** nelle cerimonie religiose, spargere il fumo dell'incenso su persone, immagini e simboli sacri: *i. l'altare, l'ara, il SS. Sacramento* **2** (*fig.*) adulare, lodare esageratamente: *i. qlcu. per interesse* **B** **incensàrsi** **v. rifl.** e **rifl. recipr.** ● adularsi, lodarsi esageratamente: *smettila di incensarti!*; *sono due ipocriti che si incensano continuamente*

incensària [da *incenso* per l'acutezza del suo odore ✱ 1813] **s. f.** ● (*bot.*) mentastro

incensàta [av. 1704] **s. f. 1** l'incensare **2** (*fig., raro*) lode eccessiva e adulatrice ‖ **incensatìna**, **dim.**

incensatóre [1566] **s. m.** (f. *-trice*) ● chi incensa (*spec. fig.*)

incensatòrio [1854] **agg.** (pl. m. *-i* o *raro -ii*) ● che ha l'intento di adulare: *una recensione, una biografia incensatoria* **SIN.** adulatorio

incensatùra [da *incensare* ✱ 1673] **s. f.** ● lode adulatrice

incensazióne [1680] **s. f.** ● atto liturgico dell'incensare

incensière [av. 1350] **s. m.** ● recipiente con coperchio traforato, in metallo e più raramente in ceramica, spesso artisticamente lavorato, nel quale si brucia l'incenso | turibolo

incènso ① [vc. dotta, lat. *incēnsu(m)*, sost. del part. pass. di *incèndere* 'incendere' ✱ sec. XIII] **s. m. 1** gommoresina raccolta da incisioni praticate su alberi delle Terebintali spontanei in Asia ed Africa, che si brucia spec. nelle cerimonie di molte religioni, fin dai tempi antichi **2** (*lett.*) aroma, profumo **3** (*fig., lett.*) adulazione | ***bruciare l'i.***, (*fig.*) lodare per adulare

†**incènso** ② **part. pass.** di *incendere*; anche **agg.** ● nei sign. del v.

†**incensomànna** [comp. di *incenso* e *manna*, secondo il modello del corrispondente gr. *libanománna* ✱ av. 1729] **s. m.** ● incenso prezioso

incensuràbile [comp. di *in-*③ e *censurabile* ✱ av. 1729] **agg.** ● immeritevole di critica o censura: *condotta, persona i.* **SIN.** irreprensibile ‖ **incensurabilménte**, **avv.** ‖ **incensurabilità**, **s. f. inv.**

incensuràto [comp. di *in-*③ e *censurato* ✱ 1890] **agg. 1** che non è mai stato sottoposto a critiche o censure **2** (*dir.*) che non ha mai subìto condanne penali

incentivànte **part. pres.** di *incentivare*; anche **agg.** ● detto di provvedimenti economici o legislativi che tendono a migliorare il rendimento di un dipendente pubblico o privato: *premio, fondo i.*

incentivàre [da *incentivo* ✱ 1963] **v. tr.** (*io incentìvo*) ● stimolare, promuovere, favorire mediante incentivi: *i. la produzione dell'acciaio*; *i. le vendite con premi* | (*est.*) spingere, incoraggiare (+ *a*): *i. i giovani alla lettura*

SFUMATURE ➤ ***incitare***

incentivazióne [1963] **s. f.** ● l'incentivare

incentìvo [vc. dotta, lat. *incentīvu(m)* 'incitamento', da *incĭnere* 'risuonare, echeggiare', comp. di *in-*② e *cănere* 'cantare' ✱ av. 1342] **A** **s. m. 1** stimolo, spinta, incitamento: *essere d'i. al peccato, alla passione*; *molti ... motivi ognun de' quali può essere agli animi nostri bastevole i. per le belle imprese* (L.A. MURATORI) | occasione, pretesto: *quel dolore gli ha dato l'i. per cominciare a bere* **2** misura o provvedimento rivolti a indirizzare l'attività o l'iniziativa di qlcu. in una direzione desiderata: *i. all'acquisto, agli investimenti* | ***i. fiscale***, agevolazione consistente nell'esenzione dal pagamento di determinati tributi o nella riduzione del loro ammontare | premio dato da un'azienda a propri dipendenti in relazione al raggiungimento di un obiettivo prefissato **B** **agg.** ● †che suscita | †stimolante

incentràre [comp. di *in-*① e *centro* ✱ av. 1306] **A** **v. tr.** (*io incèntro* (o *-é-*)) **1** (*raro*) porre o collocare nel centro **2** (*fig.*) imperniare, basare (+ *su*): *ha incentrato la sua relazione sull'attualità* **B** **incentràrsi** **v. intr. pron. 1** (*raro*) accentrarsi | †entrare nel centro **2** (*fig.*) imperniarsi: *sull'idillio dei protagonisti s'incentra tutta la commedia*

incèntro (o **-é-**) [comp. di *in-*① e *centro* ✱ 1937] **s. m.** ● (*mat.*) punto d'incontro delle tre bisettrici di un triangolo, dov'è il centro del cerchio inscritto al triangolo

inceppaménto [1765] **s. m. 1** l'inceppare, l'incepparsi **2** (*est.*) impedimento, ostacolo

inceppàre [comp. di *in-*① e *ceppo* ✱ 1420] **A** **v. tr.** (*io incéppo*) **1** †mettere in ceppi, imprigionare **2** impedire, ostacolare l'andamento, lo sviluppo di qlco.: *i. il commercio con dazi assurdi* | impacciare: *questo vestito mi inceppa i movimenti* **3** (*mar.*) mettere il ceppo all'ancora **B** **incepparsi** **v. intr. pron. 1** bloccarsi (*anche fig.*): *la mitragliatrice si è inceppata*; *incepparsi nel parlare* **2** †riunirsi in un sol blocco

SFUMATURE ➤ ***intralciare***

inceppàto **part. pass.** di *inceppare*; anche **agg. 1** nei sign. del v. **2** ***stile i.***, (*fig.*) non scorrevole | (*tosc.*) ***essere i.***, avere pesantezza di testa

inceppatùra [1860] **s. f. 1** (*raro*) inceppamento **2** (*tosc.*) pesantezza di testa

incéppo [da *inceppare* ✱ 1968] **s. m.** ● (*raro*) impedimento, intralcio, ostacolo: *speriamo che tutto proceda senza inceppi*

inceralaccàre [comp. di *in-*① e *ceralacca* ✱ 1880] **v. tr.** (*io inceralàcco, tu inceralàcchi*) ● (*raro*) ricoprire o chiudere con ceralacca

inceràre [vc. dotta, lat. tardo *incerāre*, comp. di *in-*② e *cerāre*, da *cēra* 'cera①', di etim. incerta ✱ av. 1484] **v. tr.** (*io incéro*) **1** spalmare, impregnare di cera: *i. lo spago, la stoffa* | ***i. il pavimento, un mobile***, lucidarlo con la cera **2** (*raro*) macchiare di cera

inceràta [vc. dotta, lat. *incerāta(m)* 'spalmata di cera', part. pass. di *incerāre* 'incerare' ✱ 1437] **s. f. 1** tela o tessuto impermeabilizzato: *tovaglia d'i.* **2** giaccone o lunga casacca, talora con pantaloni, in tessuto impermeabile, usata spec. da marinai e naviganti

inceratìno [av. 1803] **s. m.** ● striscia di tessuto o cuoio incerato

inceràto **A** **part. pass.** di *incerare*; anche **agg. 1** nei sign. del v. **2** †di colore giallognolo, imbiondito **3** †forte, resistente **B** **s. m.** ● incerata

inceratóio [1868] **s. m.** (pl. *-ói*) ● (*tess.*) bastone incerato per dar la cera all'ordito e abbassare la peluria

inceratùra [1535] **s. f. 1** operazione dell'incerare | strato di cera su una superficie **2** apprettatura di tessuti con sostanze cerose

incerchiàre [comp. di *in-*① e *cerchio* ✱ av. 1320] **A** **v. tr.** (*io incérchio*) **1** cingere con uno o più cerchi: *i. un tubo per renderlo più resistente* **2** †accerchiare, circondare **B** **incerchiàrsi** **v. intr. pron.** ● †prendere forma di cerchio

†**incerconiménto** [da *incerconire* ✱ 1470 ca.] **s. m.** ● malattia del vino **SIN.** girato

†**incerconìre** [comp. di *in-*① e *cercone* ✱ 1470 ca.] **v. intr.** ● guastarsi, detto del vino

incernieràre [comp. parasintetico di *cerniera* ✱ 1983] **v. tr.** (*io incerniéro*) ● (*tecnol.*) munire di cerniera | collegare mediante cerniere

incernieràto [da *incernierare* ✱ 1968] **agg.** ● munito di cerniera | collegato mediante cerniere

inceronàre [comp. di *in-*① e del denominale di *cerone* ✱ 1939] **A** **v. tr.** (*io inceróno*) ● (*teatro*) applicare il cerone, spec. al viso **B** **inceronàrsi** **v. tr. pron.** (aus. *essere*) e **rifl.** ● applicarsi il cerone

incerottàre [comp. di *in-*① e *cerotto* ✱ 1889] **A** **v. tr.** (*io inceròtto*) ● coprire con uno o più cerotti: *i. una ferita* | anche in forma pron. (con valore intens.): *incerottarsi un dito* **B** **incerottàrsi** **v. rifl.** ● medicarsi con uno o più cerotti

incerottàto **part. pass.** di *incerottare*; anche **agg. 1** nei sign. del v. **2** (*raro*) impomatato

incerottatùra [1988] **s. f. 1** l'incerottare, l'incerottarsi **2** insieme dei cerotti con cui si medica una ferita, una parte lesa

incertézza [av. 1364] **s. f. 1** caratteristica di ciò che è incerto: *l'i. di una notizia*; *l'i. di un risultato*; *l'i. del futuro* **2** esitazione, dubbio, perplessità: *avere delle incertezze sulla validità di un'azione*; *vivere, stare nell'i.*; *tenere qlcu. nell'i.*; *togliere qlcu. dall'i.* | ***i. di stile, di lingua***, parola o espressione che mancano di precisione e sicurezza | irresolutezza, indecisione: *avere un'i. sul da farsi*

†**incertitùdine** [av. 1342] **s. f.** ● incertezza

♦**incèrto** [vc. dotta, lat. *incĕrtu(m)*, comp. di *in-*③ e *cĕrtus* 'certo', di orig. indeur. ✱ 1268] **A** **agg. 1** privo di certezza, sicurezza e sim.: *indizio i.*; *data incerta* | (*fig.*) ***tempo i.***, variabile, instabile | (*est.*) non ben conosciuto, noto: *autore, periodo i.* | ***esito, avvenire i.***, che lascia in apprensione perché non prevedibile o sicuro | (*est.*) dubitabile: *animale di sesso i.* | ambiguo: *comportamento i.* | ***sguardo i.***, privo di franchezza | ***†all'incerta***, alla cieca, allo sbaraglio **2** malsicuro, instabile: *scrittura, guida incerta* | ***avanzare con passo i.***, esitante **SIN.** titubante **3** detto di chi è indeciso, dubbioso (+ *su*; + *se*): *rimanere, essere, mostrarsi i. sul da farsi*; *sono i. sulla risposta*; *sono i. se venire con voi o rimanere a casa*; *amendue incerti / di nostra via* (DANTE *Purg.* X, 19-20); *dimorò sospeso e i. di partire o di restare* (G. LEOPARdi) | (*lett.*) ignaro: *poi stanco mi riduco ... / alla mia stanza, e i. del domani* (U. Saba) **4** di ciò che è privo di un'esatta delimitazione, definizione o determinazione: *forma, immagine incerta; suono i.* | ***confini incerti***, non ben tracciati | ***luce incerta***, debole, fiacca, che non rischiara abbastanza | ***colori incerti***, sfumati **SIN.** impreciso, vago ‖ **incertaménte**, **avv.** in modo incerto, con incertezza **B** **s. m.** **1** ciò che non è certo, non è sicuro né prevedibile: *fondarsi sull'i.; lasciare il certo per l'i.* | ***gli incerti della vita, del mestiere***, gli eventuali danni o rischi **2** (*lett.*, spec. al **pl.**) guadagno che si aggiunge alla retribuzione fissa ‖ **incertùccio**, **dim.**

SFUMATURE DI SIGNIFICATO

incerto - indeciso - irresoluto

Incerto è chi o ciò che è privo di certezza, di sicurezza. Se è una persona a essere incerta e l'incertezza determina l'impossibilità di prendere una decisione, è più specifico **indeciso**. Quando più che nell'impossibilità si è nell'incapacità di decidere si usa **irresoluto**, termine che connota negativamente il soggetto, essendo tale condizione segno di debolezza di carattere.
SFUMATURE ➤ ***insicuro***, ➤ ***perplesso***

†**incéso** (o **-ṣ-**) **part. pass.** di *incendere*; anche **agg.** ● nei sign. del v.

✦**incespicàre** [comp. di *in-*① e *cespicare* ✱ 1312] **v. intr.** (*io incéspico, tu incéspichi*; **aus.** *avere*) **1** urtare col piede contro un ostacolo, inciampare: *i. in uno scalino, in una radice; attento a non i.* **2** (*fig.*) mancare di speditezza e sicurezza, spec. nel parlare: *i. nel leggere*
SFUMATURE ➤ ***balbettare***

incessàbile [vc. dotta, lat. tardo *incessābile(m)*, comp. di *in-*③ e un deriv. di *cessāre*, frequentativo di *cēdere*, di etim. incerta ✱ 1336 ca.] **agg.** **1** (*lett.*) che non può cessare: *l'i. fluire del tempo; curiosità i. e smisurata* (G. Leopardi) **SIN.** ininterrotto, perpetuo **2** †inesorabile ‖ **incessabilménte**, **avv.** ‖ **incessabilità**, **s. f. inv.**

incessànte [vc. dotta, lat. tardo *incessānte(m)*, comp. di *in-*③ e *cessāre* (V. *incessabile*) ✱ sec. XIV] **agg.** ● che non cessa: *pioggia i.* | che non dà requie: *cure, pensieri incessanti* ‖ **incessanteménte**, **avv.**
SFUMATURE ➤ ***continuo***

incèsso [vc. dotta, lat. *incēssu(m)*, da *incēdere*, comp. di *in-*② e *cēdere* 'camminare', di etim. incerta ✱ av. 1342] **s. m.** ● (*lett.*) modo di camminare, passo maestoso e solenne | (*lett.*) andatura di un animale

incestàre [comp. di *in-*① e *cesta* ✱ 1618] **v. tr.** (*io incésto*) ● mettere in cesti: *i. l'uva*

incèsto [vc. dotta, lat. *incēstu(m)*, dall'agg. *incēstu(m)*, comp. di *in-*③ e *cāstus* 'casto' ✱ av. 1292] **s. m.** **1** (*dir.*) reato commesso da chi ha rapporti sessuali con un discendente o un ascendente, o con un affine in linea retta, ovvero con una sorella o un fratello, in modo che ne derivi pubblico scandalo **2** correntemente, rapporto sessuale tra persone tra cui esiste uno stretto legame di sangue

incestuóso (o **-ṣo**) [vc. dotta, lat. tardo *incestuōsu(m)*, da *incēstus* 'incesto' ✱ 1374] **agg.** **1** che costituisce incesto: *relazione incestuosa; legame i.* **2** colpevole di incesto: *padre i.* **3** derivante da incesto: *figlio i.* ‖ **incestuosaménte**, **avv.** mediante incesto ‖ **incestuosità**, **s. f. inv.**

incètta [da *incettare* ✱ 1509] **s. f.** ● l'incettare: *fare i. di metalli preziosi* | (*fig.*) raccolta: *i. di voti* **SIN.** accaparramento | †guadagno | †***per i.***, a fine di lucro; di proposito

incettàre [vc. dotta, lat. *inceptāre*, non col senso del suo doppione fam. *incĭpere* 'imprendere', comp. di *in-*② e *căpere* 'prendere', di orig. indeur., ma di *acceptāre* 'accettare, ricevere', con sostituzione del pref. ✱ 1478] **v. tr.** (*io incètto*) **1** acquistare o procurarsi la maggior quantità possibile di una merce, spec. per venderla a prezzo di speculazione in condizione di monopolio o quasi: *i. il grano, l'oro* **SIN.** accaparrare **2** (*fig.*) procacciarsi, raccogliere: *i. voti, applausi*

incettatóre [sec. XV] **agg. e s. m.** (**f.** *-trice*) ● che (o chi) fa incetta **SIN.** accaparratore

†**inchèsta** ➤ **inchiesta**

inchiappettàre [comp. di *in-*① e *chiappa*① ✱ 1974] **v. tr.** (*io inchiappétto*) **1** (*volg.*) sodomizzare **2** (*fig.*, *volg.*) tamponare con l'automobile **3** (*fig.*, *volg.*) imbrogliare, raggirare

inchiavacciàre [comp. di *in-*① e *chiavaccio* ✱ 1869] **v. tr.** (**pres.** *io inchiavàccio*; **fut.** *io inchiavaccerò*) ● (*tosc.*) chiudere con un grosso chiavistello

inchiavardàre [comp. di *in-*① e *chiavarda* ✱ av. 1729] **v. tr.** ● (*raro*) chiudere con chiavarde

inchiavàre① [comp. di *in-*① e †*chiavare*① ✱ av. 1306] **v. tr.** **1** (*lett.*) chiudere con una chiave, chiudere a chiave | (*est.*) †imprigionare | (*fig.*) †ostacolare, bloccare: *Orgoglio et Ira il bel passo ond'io vegno / non chiuda, et non inchiave* (F. Petrarca) **2** (*est.*) †rinchiudere | (*fig.*) †impedire

†**inchiavàre**② [comp. di *in-*① e *chiavare*② ✱ 1476] **v. tr.** **1** inchiodare | (*est.*) configgere, ficcare: *e dentro al petto ... / il ferro gl'inchiavò con pena* (M.M. Boiardo) | (*fig.*) tormentare **2** (*est.*) serrare

†**inchiavellàre** [comp. di *in-*① e *chiavello* ✱ sec. XIII] **v. tr.** ● inchiodare

inchiavistellàre [comp. di *in-*① e *chiavistello* ✱ 1869] **v. tr.** (*io inchiavistèllo*) ● chiudere con il chiavistello

†**inchièdere** [lat. **inquaerere*, per *inquīrere*, per ritorno etim. a *quaerere* 'cercare', di etim. incerta ✱ 1319] **A** **v. tr.** ● chiedere, richiedere, domandare | (*est.*) investigare **B** **v. intr.** e †**inchièdersi** **v. intr. pron.** ● informarsi

✦**inchièsta** o †**inchèsta** [f. sost. del part. pass. di *inchiedere* ✱ av. 1328] **A** **s. f.** **1** (*dir.*) indagine disposta dall'autorità competente onde accertare un dato fatto o situazione e individuare gli eventuali responsabili: *commissione d'i.; ordinare un'i.* | ***i. giudiziaria***, istruzione nel processo penale **2** investigazione o ricerca giornalistica che si propone di appurare lo svolgimento di certi avvenimenti o lo stato di determinate situazioni: *svolgere, chiudere un'i.* **3** in sociologia, ricerca di informazioni relative a un certo fatto o comportamento **4** †richiesta **5** †ricerca: *Orlando entrò ne l'amorosa i.* (L. Ariosto) **B** anche in funzione di **agg. inv.**: *film, libro i.* ‖ **inchiestina**, **dim.** | **inchiestóna**, **accr.**
SFUMATURE ➤ ***esame***

†**inchièsto** **part. pass.** di †*inchiedere* ● (*raro*) nei sign. del v.

inchinaménto o †**inclinaménto** [av. 1578] **s. m.** **1** (*raro*, *lett.*) l'inchinare, l'inchinarsi | (*lett.*, *fig.*) inclinazione **2** V. †*inclinamento*

inchinàre o †**inclinàre** nel sign. B [lat. *inclīnāre*, comp. di *in* 'su' e *clīnāre* 'piegare', di orig. indeur. ✱ 1250 ca.] **A** **v. tr.** **1** chinare, volgere in basso | ***i. la fronte, la testa***, in segno di riverenza, pentimento, sottomissione: *ratto inchinai la fronte vergognosa* (F. Petrarca) **2** (*lett.*) riverire, ossequiare: *vidi lui inchinarla e porgerle la mano* (G. Giacosa) **3** †umiliare, sottomettere **4** †V. *inclinare* **B** **v. intr.** † e **inchinàrsi** **v. intr. pron.** **1** chinarsi, piegarsi (*anche fig.*): *quella altiera / a preghi né a pietate mai se inchina* (M.M. Boiardo) | far l'inchino a qlcu. o qlco. per riverenza: *inchinarsi davanti alla tomba di un martire, verso l'altare, ad una signora* | (*fig.*) rendere omaggio, riverire: *mi inchino alla sua bravura* **2** rassegnarsi, accondiscendere, cedere: *inchinarsi ai voleri divini* **3** V. *inclinare* **4** †cedere, ritirarsi **5** †tramontare | †terminare: *né punto ancor la pugna inchina* (T. Tasso)

inchinévole o **inclinévole** [da *inchinare* ✱ 1268] **agg.** **1** (*lett.*) propenso, incline: *i. all'amore ma lontano da ogni sconcezza* (G. Giusti) | (*lett.*) docile, sottomesso **2** †che è in declivio ‖ †**inchinevolménte**, **avv.** pieghevolmente

inchìno① [da *inchinare* ✱ av. 1328] **s. m.** **1** segno di riverenza che si compie piegando la persona o solo il capo (in alcuni casi, spec. un tempo, anche spostando leggermente all'indietro la gamba sinistra): *un piccolo, grande i.; fare un i.; salutare con un i.* **SIN.** riverenza **2** (*fig.*) atto di omaggio, di saluto

†**inchìno**② [da *inchinare* ✱ 1282] **agg.** **1** chino, piegato **2** (*fig.*) umile **3** (*fig.*) incline

inchiodaménto [1746] **s. m.** ● (*raro*) l'inchiodare

inchiodàre o †**inchiovàre** [comp. di *in-*① e *chiodo* ✱ av. 1306] **A** **v. tr.** (*io inchiòdo*) **1** fermare, unire mediante chiodi: *i. una cassa* | ***i. i pezzi di artiglieria***, renderli inservibili per il nemico, nelle antiche artiglierie piantando un chiodo nel focone, oggi asportando una parte essenziale dell'otturatore **2** bloccare, immobilizzare | (*fig.*) tener fermo, costringere all'immobilità: *è un lavoro che mi inchioda tutto il giorno a tavolino; la malattia l'ha inchiodato a letto* | (*fig.*) costringere qlcu. ad ammettere, ad assumersi qlco.: *i. qlcu. alle sue responsabilità* | (*colloq.*) arrestare bruscamente un veicolo frenando di colpo: *i. l'auto, la moto* | ***i. la nave***, arenarla nelle secche o tra i ghiacci **3** nel gioco degli scacchi, rendere impossibile il movimento di un pezzo avversario perché il suo spostamento lascerebbe sotto scacco il re o un pezzo di valore **4** (*fig.*, *fam.*) lasciare con crediti insoddisfatti: *hanno inchiodato parecchi negozianti, e sono scomparsi* **B** **inchiodàrsi** **v. rifl.** ● (*fig.*, *fam.*) indebitarsi: *s'è inchiodato per la malattia del figlio* **C** **inchiodàrsi** **v. intr. pron.** ● bloccarsi: *mi si è inchiodata la frizione*

inchiodàta [da *inchiodare* ✱ 1987] **s. f.** ● (*colloq.*) frenata brusca, decisa

inchiodàto **part. pass.** di *inchiodare*; anche **agg.** **1** nei sign. del v. | (*fig.*, *iperb.*) bloccato, immobile: *un film che ti tiene i. alla poltrona* **2** nel gioco degli scacchi, detto di pezzo che non può essere mosso perché altrimenti lascerebbe sotto scacco il re o un altro pezzo di valore

inchiodatóre [av. 1646] **s. m.** (**f.** *-trice*) ● chi inchioda

inchiodatrìce [da *inchiodare* ✱ 1972] **s. f.** ● macchina per inchiodare automaticamente tra loro pezzi in legno, casse e sim.

inchiodatùra o †**inchiovatùra** [av. 1543] **s. f.** **1** operazione dell'inchiodare | punto in cui si conficcano i chiodi **2** complesso di chiodi che tengono insieme, fermano o chiudono qlco.: *l'i. mi sembra insufficiente* **3** nel gioco degli scacchi, situazione in cui un pezzo è inchiodato

inchiostràre [da *inchiostro* ✱ 1598] **A** **v. tr.** (*io inchiòstro*) **1** macchiare, impregnare d'inchiostro | ***i. fogli***, scrivere | anche in forma pron. (con valore intens.): *inchiostrarsi la camicia* **2** (*tipogr.*) deporre un velo d'inchiostro sulla matrice **B** **inchiostràrsi** **v. intr. pron.** ● sporcarsi d'inchiostro

inchiostratóre [1937] **s. m.** **1** (**f.** *-trice*) (*tipogr.*) operaio addetto all'inchiostrazione **2** (*tipogr.*) rullo che stende l'inchiostro sulla composizione da stampa

inchiostratùra [da *inchiostrare* * 1957] **s. f.** ● inchiostrazione

inchiostrazióne [1937] **s. f.** ● (*tipogr.*) deposizione di un velo d'inchiostro sulla matrice **SIN.** inchiostratura

♦**inchiòstro** o †**incòstro** [lat. *encăustu(m)*, dal gr. *énkauston* 'encausto' (V.), sovrapposizione di una vc. con *-cl-* '-ch-' e della serie di parole in *-stro* * 1266] **s. m. 1** sostanza di composizione varia, nera o colorata, usata per scrivere e per stampare: *i. nero, rosso, verde, blu*; *i. lavabile, copiativo, indelebile* | ***i. di china***, impasto di nerofumo con gomma o gelatina profumato con muschio, essiccato in cilindretti e stemperato con acqua | ***i. da stampa***, in generale composto di oli o resine, cui si aggiunge nerofumo | ***i. simpatico***, di varia composizione, per tracciare segni che si rendono visibili solo con opportuni trattamenti | ***i. elettronico***, denominazione del sistema di visualizzazione di testo e immagini nei libri elettronici | ***nero come l'i.***, molto nero; (*fig.*) di pessimo umore | ***sprecar l'i.***, scrivere inutilmente | (*fig.*) ***versare fiumi d'i. su qlco.***, scrivere moltissimo su un dato argomento **2** (*zool.*) liquido nerastro che seppie, polpi e calamari spruzzano verso i loro inseguitori per intorbidare l'acqua e nascondersi **3** (*bot.*) ***mal dell'i.***, malattia fungina del castagno caratterizzata dalla presenza di macchie nere sotto la corteccia

†**inchiovàre** e deriv. ➤ **inchiodare** e deriv.

inchiùdere [lat. *inclūdere* 'chiuder (*clāudere*) dentro (*in-*), rinchiudere' * 1261 ca.] **A v. tr.** (**coniug. come** *chiudere*) ● †rinchiudere | (*lett.*) includere | (*lett.*) accludere **B inchiùdersi v. intr. pron.** ● †essere compreso

†**inchiùso** (o **-ṣ-**) **part. pass.** di *inchiudere*; **anche agg.** ● nei sign. del v.

inciampaménto [1855] **s. m.** ● (*raro*) l'inciampare | (*est.*) ostacolo

♦**inciampàre** [comp. di *in-*① e *ciampa*, var. di *zampa* * av. 1342] **v. intr.** (**aus.** *essere* o *avere*) **1** urtare col piede in un ostacolo mentre si cammina (+ *in*): *i. in un sasso* **SIN.** incespicare **2** (*fig.*) imbattersi all'improvviso in qlcu. che si sarebbe preferito non incontrare o in qlco. di spiacevole o di difficile risoluzione (+ *in*): *i. in un attaccabrighe, i. in una difficoltà, i. nel ridicolo* | ***i. nella legge, nel codice penale***, (*fig.*) commettere un reato, spec. inavvertitamente | †***i. nelle cialde, nei ragnateli***, (*fig.*) fare errori evitabili **SIN.** intoppare **3** (*fig.*) incespicare nel parlare o nello scrivere

inciampàta [1855] **s. f.** ● atto dell'inciampare: *dare un'i. e cadere*

inciampicàre [iter. di *inciampare* * av. 1698] **v. intr.** (*io inciàmpico, tu inciàmpichi*; **aus.** *avere*) ● camminare inciampando spesso | (*est., raro*) inciampare

inciampicóne [1882] **s. m. 1** urto, scossa molto violenta presa inciampando **2** (**f.** *-a*) persona che cammina in modo goffo e traballante

inciàmpo [da *inciampare* * av. 1367] **s. m. 1** ostacolo su cui è facile inciampare: *erbe, sassi che fanno i.* **2** (*fig.*) intoppo, difficoltà: *mettere inciampi alla realizzazione di un progetto* | impedimento, contrarietà, contrattempo: *essere d'i. a qlcu.*; *la pratica procede senza inciampi*; *superare tutti gli inciampi* ‖ **inciampóne**, accr.

inciccìare [comp. di *in-*① e *ciccia* * sec. XV] **v. tr.** (**pres.** *io inciccio*; **fut.** *io inciccerò*) **1** (*tosc.*) ferire, tagliare **2** (*fig., tosc.*) coinvolgere qlcu. in una accusa e sim. | (*lett., raro*) infinocchiare

incidentàle [da *incidente*① * 1555] **agg. 1** che avviene per caso: *fatto i.*; *disgrazia i.* **SIN.** accidentale, casuale, fortuito **2** accessorio, secondario: *questo è un argomento i. rispetto al problema in discussione* | (*dir.*) ***questione i.***, che sorge nel corso di un processo e deve essere risolta dal giudice con apposito provvedimento | (*gramm.*) ***proposizione i.***, proposizione inserita in un'altra, ma indipendente da essa; nello scritto è isolata mediante due virgole (per es.: *per questi motivi, come ti ho spiegato, non posso accettare*) oppure mediante due lineette o due parentesi ‖ **incidentalménte**, **avv. 1** (*raro*) per caso **2** per inciso, come digressione ‖ **incidentalità**, **s. f. inv. 1** caratteristica di ciò che è incidentale **2** frequenza con la quale si verificano gli incidenti, spec. stradali o ferroviari, in un determinato periodo di tempo o in un dato percorso

incidentàto [da *incidente*① * 1963] **agg.** ● (*burocr.*) che ha subìto o è stato coinvolto in un incidente, spec. stradale: *automobile incidentata*

♦**incidènte**① **A part. pres.** di *incidere*①; **anche agg. 1** nei sign. del v. | (*fis.*) ***raggio i.***, nei fenomeni di riflessione o rifrazione, il raggio che proviene dalla sorgente luminosa **2** (*mat.*) detto di due rette che hanno un punto comune **3** (*gramm., raro*) ***proposizione i.***, incidentale **4** (*dir.*) ***dolo i.***, quello che, nella conclusione di un negozio giuridico, induce ad accettare condizioni meno favorevoli ‖ **incidenteménte**, **avv.** (*lett.*) incidentalmente **B s. m. 1** evento negativo, disgrazia, infortunio: *è rimasto vittima di un i. d'auto*; *nell'i. aereo vi sono stati molti morti*; *i. sul lavoro* | (*fig.*) ***i. di percorso***, contrattempo casuale, fortuito, tale da non pregiudicare la riuscita o il compimento di un'azione **2** disputa marginale che si verifica nel corso di una discussione: *provocare un i. su questioni personali*; *chiudere l'i.* | ***i. diplomatico***, avvenimento o fatto che mette a rischio le buone relazioni tra due Paesi **3** (*dir.*) ***i. processuale***, questione incidentale | (*dir.*) ***i. probatorio***, attività istruttoria compiuta, nel corso di un procedimento penale, prima dell'apertura del dibattimento, per motivi previsti dalla legge

incidènte② **part. pres.** di *incidere*② ● nei sign. del v.

incidènza [vc. dotta, lat. tardo *incidĕntia(m)*, dal part. pres. di *incĭdere* (V. *incidente*①) * av. 1348] **s. f. 1** (*mat.*) influenza quantitativa di un fenomeno su un altro | ***angolo d'i.***, angolo formato dal raggio incidente con la normale alla superficie nel punto di incidenza **2** (*fig.*) l'influsso che qlco. determina su un fenomeno o una situazione: *la denutrizione ha una forte i. sulla mortalità infantile* | il peso, il gravame: *l'i. delle spese alimentari sul bilancio familiare* **3** (*lett.*) digressione: *fare un'i. in un discorso* | ***per i.***, in modo accessorio

♦**incìdere**① [vc. dotta, lat. *incĭdere* 'cadere (*cădere*) dentro o sopra (*in-*)' * 1931] **v. intr.** (**pass. rem.** *io incìṣi, tu incidésti*; **part. pass.** *incìṣo*; **aus.** *avere*) **1** gravare, pesare, influire (+ *su*, + *in*): *i. sulle spese*; *un'esperienza che ha dolorosamente inciso sul suo animo* | produrre effetti duraturi: *provvedimenti che incidono nella vita di tutti i giorni* **2** (*fis.*) giungere, pervenire (+ *su*): *il fascio di luce incide su uno specchio* **3** (*mat.*) passare per un medesimo punto

♦**incìdere**② [vc. dotta, lat. *incīdere* 'tagliare in, incidere, intagliare', comp. di *in-*① e *cāedere*, termine pop., prob. causativo di *cădere*, di etim. incerta * 1319] **v. tr.** (**pass. rem.** *io incìṣi, tu incidésti*; **part. pass.** *incìṣo*) **1** aprire con un taglio netto e sottile: *i. la corteccia di un albero* | †recidere, tagliare **2** (*med.*) praticare un taglio con il bisturi a scopo chirurgico: *i. un ascesso, la cute* **3** tagliare in incavo: *i. la pietra, il rame, il legno*; *i. su una lapide un'iscrizione* | ***i. il, su marmo***, scolpire | ***i. il, su legno***, intagliare | ***i. in, su una parete, sulla roccia***, graffire | (*fig.*) imprimere in modo indelebile: *i. qlco. nella memoria* **4** registrare, su appositi materiali e con particolari tecniche, suoni, voci e sim. in modo da poterli poi riprodurre: *i. una canzone, un disco* | (*est.*) eseguire brani musicali perché vengano riprodotti mediante dischi o nastri magnetici: *quel violinista ha inciso un ricco repertorio concertistico* **5** (*fig.*) intaccare, cominciare a consumare: *i. i risparmi, le provviste di riserva*

incielàre o **incelàre** [comp. di *in-*① e *cielo* * 1260] **A v. tr.** (*io incièlo*) ● (*lett.*) collocare in cielo, in Paradiso **B incielàrsi v. intr. pron.** ● (*lett.*) salire in cielo

incignàre [lat. tardo *encaeniāre* 'inaugurare', da *encāenia*, dal gr. *enkáinia* 'feste dell'inaugurazione', da *kainós* 'nuovo' * sec. XV] **v. tr.** (**coniug. come** *segnare*) ● (*tosc., merid.*) cominciare a usare qlco. di nuovo: *i. un vestito* | ***i. la botte, il fiasco***, cominciare a spillarne vino

†**incìgnere** ➤ †**incingere**

incìle [vc. dotta, lat. *incīle(m)* 'fossa da condurre acqua, rigagnolo', prob. deriv. di *incīdere* 'incidere②' * 1499] **s. m.** ● (*idraul.*) derivazione di un canale da altra corrente

incimurrire [comp. di *in-*① e *cimurro* * 1855] **v. intr.** (*io incimurrìsco, tu incimurrìsci*; **aus.** *essere*) ● (*raro*) ammalarsi di cimurro | (*scherz., disus.*) raffreddarsi

incincignàre [da *incignare* con sovrapposizione di *cencio* * 1869] **v. tr.** (**coniug. come** *segnare*) ● (*tosc.*) sgualcire, stropicciare

incineràre [comp. di *in-*① e *cenere* * av. 1455] **v. tr.** (*io incìnero*) **1** (*chim.*) ridurre in cenere sostanze organiche mediante combustione **2** cremare: *i. un cadavere*

incinerazióne [sec. XIV] **s. f. 1** (*chim.*) operazione dell'incinerare **2** pratica funeraria che consiste nel bruciare le spoglie dei defunti e, generalmente, nel conservarne le ceneri in urne dette cinerarie

†**incìngere** o †**incìgnere** [vc. dotta, lat. *incĭngere* 'cingere (*cĭngere*) intorno (*in-*)' * 1260] **A v. tr.** ● cingere, recingere **B v. intr.** e †**incìngersi v. intr. pron.** ● (*lett.*) diventare gravida: *Alma sdegnosa, / benedetta colei che 'n te s'incinse!* (DANTE *Inf.* VIII, 44-45)

†**incinghiàre** [av. 1602] **v. tr.** ● cinghiare

†**incinquàrsi** [comp. di *in-*① e *cinque* * 1321] **v. intr. pron.** ● ripetersi cinque volte

incìnta [vc. dotta, lat. *incincta(m)* 'cinta intorno', part. pass. di *incĭngere*, nel senso di 'gravida', adattamento paretimologico del lat. *inciĕnte(m)*, di prob. orig. gr. * av. 1306] **A agg. f.** (**m.** *scherz.* **-o**) ● di donna nel periodo della gravidanza: *essere i. di tre mesi* | ***rimanere i.***, essere fecondata | (*colloq.*) ***mettere i. una donna***, renderla gravida **B anche s. f.**: *Giuno, che i preghi delle incinte ascolta* (G. PARINI)

†**incìnto** **part. pass.** di †*incingere* ● (*raro*) nei sign. del v.

incipiènte [vc. dotta, lat. *incipiĕnte(m)*, part. pres. di *incĭpere* 'cominciare, imprendere', comp. di *in-*② e *căpere* 'prendere', di orig. indeur. * 1427] **agg.** ● che sta iniziando, che comincia a manifestarsi: *paralisi, calvizie i.*

incipiènza [1878] **s. f.** ● caratteristica di ciò che è incipiente

♦**incipit** [vc. lat., propr. 'incomincia (qui)', da *incĭpere*, formato come 'imprendere' * 1957] **s. m. inv. 1** voce verbale latina premessa al titolo di un'opera negli antichi manoscritti e stampati **2** primi versi di poesia, inizio di brano prosastico o sim. **CONTR.** explicit | prime note o battute iniziali di un brano musicale

incipitàrio [da *incipit*, con la desinenza di *rimario, ammario* e sim. * 1963] **A agg.** ● relativo a un incipit, basato su incipit | (*est.*) iniziale **B** **s. m.** ● raccolta di incipit di opere letterarie o di composizioni musicali

incipollìre [comp. di *in-*① e *cipolla*, per l'aspetto ✱ 1869] **v. intr.** (*io incipollìsco, tu incipollìsci*; aus. *essere*) ● rammollirsi e sfaldarsi come una cipolla per l'umidità, detto spec. di legname

incipriàre [comp. di *in-*① e *cipria* ✱ 1765] **A** **v. tr.** (*io inciprio*) ● spargere di cipria: *i. il viso, il collo, la parrucca* | anche in forma pron. (con valore intens.): *Ne profitta rapidamente per incipriarsi il naso* (G. D'ANNUNZIO) **B** **incipriàrsi** **v. rifl.** ● darsi la cipria

incipriàto **part. pass.** di *incipriare*; anche **agg.** ● cosparso di cipria

inciprignìre [vc. d'orig. sconosciuta ✱ 1516] **A** **v. tr.** (*io inciprignìsco, tu inciprignìsci*; coniug. come *grugnire*) ● (*lett.*) irritare: *i. una piaga* | (*fig.*) esasperare: *i. l'umore di qlcu.* **B** **v. intr.** (aus. *essere*) e **inciprignìrsi** **v. intr. pron.** ● (*lett.*) inasprirsi (*anche fig.*): *bisogna curare la piaga altrimenti inciprignisce; il suo carattere s'è inciprignito*

incìrca o **in circa** [comp. di *in-*② e *circa* ✱ 1459] **avv.** ● (*lett.*) circa, pressappoco: *ci vorranno due ore i.* | **all'i.**, pressappoco: *sarà all'i. mezzogiorno*

incirconcìso [vc. dotta, lat. tardo *incircumcīsu(m)*, comp. di *in-*③ e *circumcīsus* 'circonciso', part. pass. di *circumcīdere* 'circoncidere' ✱ sec. XIV] **agg.** ● non sottoposto al rito religioso della circoncisione, detto, spec. nel linguaggio neotestamentario, dei non Ebrei e (*est.*) dei non Cristiani

incircoscrittìbile [comp. di *in-*③ e *circoscrittibile* ✱ av. 1342] **agg.** ● nella teologia scolastica, che non può essere circoscritto in limiti di spazio

incircoscrìtto [vc. dotta, lat. tardo *incircumscrīptu(m)*, comp. di *in-*③ e *circumscrīptus* 'circoscritto' ✱ av. 1311] **agg.** ● (*raro*) che non è circoscritto, che non ha limiti **SIN.** illimitato, infinito

†**incischiàre** ➤ **cincischiare**

incìsi ➤ **incidere**①, **incidere**②

incisióne [vc. dotta, lat. *incisiōne(m)*, da *incīsus* 'inciso' ✱ av. 1455] **s. f.** **1** taglio netto e sottile praticato su una superficie: *gli alberi presentavano profonde incisioni sulla corteccia* **CFR.** glitto-, -tomìa **2** arte di disegnare in incavo in una lastra di rame o altro materiale per ricavarne delle riproduzioni a stampa: *i. a bulino, all'acquaforte, all'acquatinta* | (*est.*) riproduzione così ottenuta **3** decorazione di gioielli e scavi per smalti ottenuta con ciappole e bulino **4** registrazione del suono su supporti di varia natura, come un disco fonografico, un filo magnetico, un nastro magnetico, una pellicola cinematografica **5** (*ling.*) sincope, apocope

incisìvo [dal part. pass. di *incidere*② ✱ av. 1320] **A** **agg.** **1** che ha forza e capacità d'incidere, di tagliare | **dente i.**, ognuno dei quattro denti frontali, due da ciascun lato della linea mediana delle mascelle, con prevalente azione di taglio dei cibi **2** nel linguaggio fotografico, nitido: *immagine incisiva* **3** (*fig.*) di grande vivezza, precisione, espressività: *stile i.*; *parole incisive*; *scrittore i.* **SIN.** efficace, icastico | (*est.*) che produce effetti concreti e duraturi: *provvedimento i.* ‖ **incisivaménte**, **avv.** in modo incisivo, efficace ‖ **incisività**, **s. f. inv.** caratteristica di chi (o di ciò che) è incisivo; (*fig.*) efficacia **B** **s. m.** ● dente incisivo

incìso① **part. pass.** di *incidere*①; anche **agg.** **1** nei sign. del v. **2** **contribuente i.**, che sopporta definitivamente l'onere dell'imposta

incìso② **A** **part. pass.** di *incidere*②; anche **agg.** ● nei sign. del v. **B** **s. m.** **1** (*ling.*) frase o sintagma che si inserisce in un contesto restandone indipendente | **per i.**, incidentalmente: *per i. vi faccio notare che non ci rimane molto tempo* **2** (*mus.*) la più piccola unità melodico-ritmica di una frase musicale

incisóre [vc. dotta, lat. tardo *incisōre(m)*, da *incīsus* '(in)tagliato, inciso' ✱ 1585] **A** **agg.** ● (*raro*) che incide e taglia: *denti incisori* **B** **s. m.** (**f.** *-a*) ● chi esegue incisioni artistiche: *i. in legno, in rame* | chi fa lavori di incisione: *i. di metallo*

incisorìa [1943] **s. f.** ● laboratorio dell'incisore

incisòrio [1787] **agg.** (**pl. m.** *-i* o *raro -ii*) ● che riguarda l'incisione, che serve a incidere | **sala incisoria**, per dissezioni anatomiche

incistaménto [1940] **s. m.** ● (*med.*, *biol.*) l'incistarsi

incistàrsi [comp. di *in-*① e *cisti* ✱ 1950] **v. rifl.** **1** (*biol.*) avvolgersi in una cisti, detto di alcuni organismi animali e vegetali in certe fasi del ciclo vitale o per resistere a condizioni ambientali avverse **2** (*med.*) formarsi nei tessuti ed avvolgere un corpo estraneo o un processo infiammatorio, detto di un involucro fibroso

incistàto **part. pass.** di *incistare*; anche **agg.** **1** nei sign. del v. **2** (*fig.*) chiuso all'interno di qlco.: *un piccolo paese i. fra lo schieramento delle case* (D. BUZZATI) | (*fig.*) nascosto, non immediatamente percepibile: *problemi incistati nel tessuto sociale*

incisùra [vc. dotta, lat. tardo *incisūra(m)* 'incisione, taglio', da *incīdere* 'incidere②' ✱ 1499] **s. f.** **1** †incisione **2** (*anat.*) incavatura nelle linee di contorno di un organo

incitàbile [vc. dotta, lat. *incitābile(m)*, da *incitāre* 'incitare' ✱ 1834] **agg.** ● che si può incitare ‖ **incitabilità**, **s. f. inv.**

incitaménto [vc. dotta, lat. *incitamĕntu(m)*, da *incitāre* 'incitare' ✱ av. 1347] **s. m.** ● esortazione o stimolo a fare qlco.: *essere d'i. per i giovani*

incitàre [vc. dotta, lat. *incitāre*, comp. di *in* 'in, avanti' e *citāre*, frequentativo intens. di *cīere* 'chiamare', di orig. indeur. ✱ av. 1328] **v. tr.** (*io incito* o *lett., raro incìto*) ● indurre qlcu. con esortazioni e sim. a fare qlco. (+ *a*, anche seguito da inf.): *i. il popolo alla rivolta, i giovani allo studio; li incitava a non cedere* **SIN.** esortare, spingere, stimolare

> **SFUMATURE DI SIGNIFICATO**
>
> ***incitare - stimolare - incentivare***
>
> **Incitare** definisce l'azione di esortare, spingere, indurre qualcuno a fare qualcosa. **Stimolare** esprime lo stesso concetto ma, essendo derivato da *stimolo*, implica una sfumatura di significato che fa riferimento alla motivazione, allo sprone con cui si incoraggia all'azione. Questo aspetto è ancora più esplicito in **incentivare**, essendo l'incentivo una motivazione, per lo più economica, al fare.

†**incitatìvo** [av. 1406] **agg.** ● idoneo a incitare

incitatóre [vc. dotta, lat. tardo *incitatōre(m)*, da *incitātus* 'incitato' ✱ 1351] **agg. e s. m.** (**f.** *-trice*) ● che (o chi) incita: *discorsi incitatori; l'i. della sommossa è stato arrestato* **SIN.** stimolatore

incitazióne [vc. dotta, lat. *incitatiōne(m)*, da *incitātus* 'incitato' ✱ av. 1363] **s. f.** ● incitamento | istigazione: *i. all'odio, alla violenza, alla sovversione*

incitrullìre [comp. di *in-*① e *citrullo* ✱ 1869] **A** **v. tr.** (*io incitrullìsco, tu incitrullìsci*) ● (*raro*) rincitrullire, rimbecillire **B** **v. intr.** (aus. *essere*) e **incitrullìrsi** **v. intr. pron.** ● (*raro*) rincitrullirsi, rimbecillirsi

inciuccàre [comp. di *in-*① e *ciucca*, nel senso di 'sbornia' ✱ 1958] **A** **v. tr.** (*io inciùcco, tu inciùcchi*) ● (*pop.*) ubriacare **B** **inciuccàrsi** **v. intr. pron.** ● (*pop.*) prendere la sbornia

inciuchìre [comp. di *in-*① e *ciuco* ✱ 1869] **v. intr.** (*io inciuchìsco, tu inciuchìsci*; aus. *essere*) ● (*raro*) diventare ignorante, stupido

inciuciàre [da *inciucio* ✱ 1997] **v. intr.** (**pres.** *io inciùcio*; **fut.** *io inciucerò*; aus. *avere*) ● nel linguaggio giornalistico e politico, fare un accordo sottobanco, un pateracchio

inciùcio [napol. *'nciucio* 'pettegolezzo maligno', di orig. onomat. ✱ 1990] **s. m.** ● nel linguaggio giornalistico, accordo sottobanco, pateracchio

incivettìre [comp. di *in-*① e *civetta* in senso figurato ✱ av. 1566] **A** **v. tr.** (*io incivettìsco, tu incivettìsci*) **1** †far diventare civetta **2** (*lett.*, *fig.*) rendere frivolo **B** **v. intr.** (aus. *essere*) ● (*fig.*, *raro*) diventare frivolo

incivìle [vc. dotta, lat. *incivīle(m)*, comp. di *in-*③ e *civīlis* 'civile', da *cīvis* 'cittadino', di orig. indeur. ✱ sec. XIV] **A** **agg.** **1** che ha un basso livello di civiltà: *popolazioni incivili* | che non è conforme alla civiltà e alla giustizia: *leggi, costumi incivili* **SIN.** barbaro, selvaggio **2** contrario alle consuetudini sociali: *atto, comportamento i.* | (*est.*) grossolano, villano, rozzo, screanzato: *gesto e parole incivili* ‖ **incivilménte**, **avv.** **B** **s. m. e f.** ● chi ignora le più elementari norme dell'educazione e della buona creanza: *comportarsi da i.*; *questi sono modi da i.*

SFUMATURE ➤ ***maleducato***

incivilménto [1763] **s. m.** ● l'incivilire, l'incivilirsi: *Quei fatti... appartengono a un'epoca d'i. che non è la vostra* (G. MAZZINI)

incivilìre [comp. di *in-*① e *civile* ✱ 1548] **A** **v. tr.** (*io incivilìsco, tu incivilìsci*) ● rendere civile: *i. una tribù di barbari* | (*est.*) rendere più gentile, meno rozzo: *le nuove amicizie lo hanno incivilito*; *i. i costumi* **B** **incivilìrsi** **v. intr. pron.** ● diventare civile: *è un popolo che si è rapidamente incivilito* | (*est.*) diventare più gentile, meno rozzo: *i suoi modi si inciviliscono di giorno in giorno*

inciviltà [vc. dotta, lat. *incivilitāte(m)*, comp. di *in-*③ e *civīlitas*, genit. *civilitātis*, da *civīlis* 'civile' ✱ 1574] **s. f. inv.** ● condizione di chi (o di ciò che) è incivile: *l'i. di un popolo, di una legge, di un atto* | (*est.*) azione incivile: *deturpare i monumenti è un'i.*; *commettere un'i.*

inclassificàbile [comp. di *in-*③ e *classificabile* ✱ 1832] **agg.** **1** che non si può, non si riesce a classificare: *lavoro, spesa i.* **2** (*fig.*) pessimo, estremamente scorretto, scadente, tanto da non meritare nemmeno una classificazione: *comportamento, azione i.*; *compito in classe i.* ‖ **inclassificabilità**, **s. f. inv.**

✦**incleménte** [vc. dotta, lat. *inclemĕnte(m)*, comp. di *in-*③ e *clēmens*, genit. *clemĕntis* 'clemente' ✱ av. 1535] **agg.** **1** che è privo di clemenza e quindi inflessibile, inesorabile: *giudice, sentenza i.* | aspro, duro: *destino i.* **2** (*fig.*) caratterizzato da condizioni meteorologiche non favorevoli: *stagione i.*; *tempo i.* ‖ **inclementeménte**, **avv.**

incleménza [vc. dotta, lat. *inclemĕntia(m)*, comp. di *in-*③ e *clemĕntia* 'clemenza' ✱ sec. XIV] **s. f.** **1** crudeltà, durezza: *l'i. di un giudice, dei vincitori verso gli sconfitti* **CONTR.** mitezza **2** (*fig.*) asprezza, avversità: *l'opera di salvataggio fu ritardata a causa dell'i. del tempo*

inclinàbile [vc. dotta, lat. *inclinābile(m)*, comp. di *in* 'su' e un deriv. di *clināre* 'piegare' ✱ sec. XIII] **agg.** **1** che può essere inclinato: *specchio i.* **2** (*fig.*) †propenso, incline ‖ **inclinabilità**, **s. f. inv.**

†**inclinaménto** o †**inchinaménto** [vc. dotta, lat. *inclinamĕntu(m)*, comp. di *in* 'su' e un deriv. di *clināre* 'piegare', di orig. indeur. ✱ av. 1342] **s. m.** **1** inclinazione, pendenza **2** (*fig.*)

propensione
inclinàre o †**inchinàre** [vc. dotta, lat. *inclinăre*, comp. di *in* 'su' e *clinăre* 'piegare', di orig. indeur. ✱ 1261 ca.] **A** **v. tr.** **1** piegare qlco. obliquamente, dall'alto verso il basso: *i. un recipiente per versarne il contenuto* | †*i. le orecchie*, (*fig.*) fare attenzione CONTR. raddrizzare **2** (*fig.*, *lett.*) volgere, disporre: *i. l'animo al perdono* **B** **v. intr.** (aus. *avere*) **1** pendere, piegare (+ *a*): *il quadro inclina a destra; la nave inclina a sinistra* **2** (*fig.*) essere propenso (+ *a*, anche seguito da inf.): *inclino a credere che abbia ragione lui; i. alla pigrizia; Ma vostra moglie non inclina di star insieme* (C. GOLDONI) **C** **v. intr.** † e **inclinàrsi** **v. intr. pron.** ➤ **inchinare** nel sign. B
†**inclinatìvo** [vc. dotta, lat. *inclinatīvu(m)*, da *inclinăre* ✱ av. 1498] **agg.** ● idoneo a inclinare, a indurre | ***particella inclinativa***, enclitica
inclinàto **part. pass.** di *inclinare*; anche **agg.** **1** nei sign. del v. **2** obliquo, sbieco | ***piano i.***, superficie piana che forma con il piano dell'orizzonte un angolo minore di 90°, usato per facilitare il sollevamento di un corpo applicandogli una forza inferiore al suo peso **3** (*fig.*) incline, disposto, propenso: *animo i. al bene*
inclinazióne [vc. dotta, lat. *inclinatiōne(m)*, da *inclinătus* 'inclinato' ✱ av. 1328] **s. f.** **1** pendenza: *i. della strada, di una superficie piana* CFR. clino-, -clino **2** (*mat.*) ***i. di una retta, di un piano***, angolo formato con il piano orizzontale | ***i. di una curva*** o ***di una superficie in un punto***, inclinazione della retta o del piano tangente nel punto | (*fis.*) ***i. magnetica***, angolo che l'asse dell'ago calamitato fa con il piano dell'orizzonte di un punto sulla superficie terrestre | (*astron.*) ***i. dell'asse di rotazione***, angolo tra l'asse di rotazione di un pianeta e il piano della sua orbita | ***i. dell'orbita***, angolo tra il piano dell'orbita e uno di riferimento | nel tiro di artiglieria, l'angolo che la bocca da fuoco, puntata, forma con l'orizzonte del pezzo **3** (*fig.*) attitudine, disposizione, propensione (+ *a*, anche seguito da inf., + *per*): *i. al commercio, per il disegno, per la musica; i. al gioco, allo studio; i. a lasciarsi suggestionare* | (*est.*) moto di affetto, desiderio, interesse, verso qlcu. (+ *per*): *sentire, avere una profonda i. per qlcu.* **4** †declino, decadenza

SFUMATURE DI SIGNIFICATO
inclinazione - predilezione - debolezza
Una tendenza, una disposizione naturale verso un'attività, una disciplina si dice **inclinazione**; riferito a persone il termine identifica una simpatia, un atteggiamento favorevole e benevolente. **Predilezione** introduce una gerarchia, una preferenza, cioè il fatto di amare o apprezzare qualcosa o qualcuno più di qualcosa o qualcun altro. Se tale propensione, simpatia, preferenza ha per oggetto qualcosa a cui è difficile resistere, verso cui ci si sente portati aldilà della volontà si parla di **debolezza**.
SFUMATURE ➤ *favore*

✱**inclìne** [vc. dotta, lat. tardo *inclīne(m)*, comp. di *in* 'su' e di un deriv. da *clīnus 'china', da una radice indeur. col senso fondamentale di 'piegare, chinare' ✱ 1481] **agg.** **1** che ha inclinazione per qlco. (+ *a*, anche seguito da inf.): *i. alla generosità, alla magnanimità; persona i. a perdonare, a dare fiducia; genti sempre state inclini alle burle e ai detti mordaci* (R. BACCHELLI) | che è disposto, favorevole, propenso: *si sentì i. al perdono; è i. a rifiutare* **2** (*lett.*, *raro*) reclinato
inclinévole ➤ **inchinevole**
inclinòmetro [comp. di *inclin(azione)* e *-metro* ✱ 1893] **s. m.** ● strumento per misurare l'inclinazione trasversale di una nave o di un aereo SIN. sbandometro
✱**ìnclito** [vc. dotta, lat. *ĭnclitu(m)*, arcaico *ĭnclutu(m)*, comp. di *in-*② e di un deriv. da *clŭere* 'aver fama', di orig. indeur. ✱ 1321] **agg.** ● (*lett.*) illustre, famoso, glorioso: *ove dorme il furor d'inclite gesta* (U. FOSCOLO) | ***noto al colto (pubblico) e all'inclita (guarnigione)***, (*scherz.*) noto a tutti (V. *colto*①, sign. 2) || **inclitaménte**, **avv.**
inclùdere [vc. dotta, lat. *inclūdere*, comp. di *in-*① e *clāudere* 'chiudere' ✱ sec. XIII] **v. tr.** (**pass. rem.** *io inclùsi, tu includésti*; **part. pass.** *inclùso*) **1** chiudere dentro qlco.: *i. una lettera, un foglio in un plico* SIN. inserire, introdurre **2** comprendere o far entrare in un gruppo, in una totalità e sim.: *i. in una lista; l'hanno incluso fra i membri della giuria; il prezzo include il trasferimento all'aeroporto* CONTR. escludere **3** implicare, racchiudere: *il suffisso -accio include una connotazione negativa*
inclusióne [vc. dotta, lat. *inclusiōne(m)*, da *inclūsus* 'incluso' ✱ av. 1519] **s. f.** **1** l'includere, il venire incluso **2** corpo estraneo presente in un cristallo, metallo o lega **3** (*mat.*) relazione intercorrente fra due insiemi, allorché tutti gli elementi del primo fanno parte del secondo | relazione soddisfacente le proprietà formali dell'inclusione
†**inclusìva** [1653] **s. f.** ● parere favorevole, accoglimento
†**inclusìve** [av. 1536] **avv.** ● (*raro*) inclusivamente, con inclusione nel numero: *fino al decimo giorno i.*
inclùsive tour /in'klusiv tur, *ingl.* ɪŋ'klu:sɪv,tʊə(r)/ [loc. ingl., comp. di *inclusive* 'che comprende, che include' e *tour* 'giro' ✱ 1968] **loc. sost. m. inv.** (**pl. ingl.** *inclusive tours*) ● viaggio turistico organizzato da una compagnia di viaggi nel cui prezzo, oltre al trasferimento, sono inclusi alberghi, ristoranti, escursioni e sim.
inclusivìsmo [da *inclusivo* ✱ 1886] **s. m.** ● concezione o atteggiamento di chi tende a integrare opinioni e valori diversi all'interno dei propri: *i. religioso, etnico* CFR. esclusivismo
inclusìvo [av. 1458] **agg.** ● che comprende, include: *prezzo i. delle spese di trasporto* || **inclusivaménte**, **avv.** in modo inclusivo, con inclusione nel numero || **inclusività**, **s. f. inv.** capacità di includere, di accogliere, di non discriminare: *una didattica basata sull'inclusività*
inclùso **A** **part. pass.** di *includere*; anche **agg.** ● nei sign. del v. | accluso: *un assegno i. nella lettera* | (*fig.*) compreso: *servizio i. nel prezzo* **B** **s. m.** ● (*biol.*) ***i. citoplasmatico***, ognuno dei microscopici depositi di materiale, di riserva o di rifiuto, presenti nel citoplasma
incoagulàbile [comp. di *in-*③ e *coagulabile* ✱ 1915] **agg.** ● (*raro*) che non si coagula: *liquido i.* || **incoagulabilità**, **s. f. inv.**
incoàre [vc. dotta, lat. *incohāre* 'incominciare', di etim. incerta ✱ 1584] **v. tr.** (**difett. usato solo all'inf. pres., al part. pass.** *incoato* **e, raro, nei tempi composti**) ● (*dir.*) incominciare: *i. un processo, un lavoro*
incoatìvo [vc. dotta, lat. *incohatīvu(m)*, da *incohāre* 'incoare' ✱ 1561] **agg.** ● che esprime inizio | (*ling.*) ***verbo i.***, che indica l'inizio di un'azione (per es., in latino, il verbo *fructescere*, che significa 'cominciare a mettere frutti'; in italiano si rende con costrutti come 'stare per' e sim.) SIN. ingressivo
incoccàre [comp. di *in-*① e *cocca*③ ✱ 1483] **A** **v. tr.** (*io incòcco* o *incócco, tu incòcchi* o *incócchi*) **1** mettere la freccia con la cocca contro la corda dell'arco, per tenderlo **2** fermare il filo alla cocca del fuso **3** (*mar.*) incappellare **B** **incoccàrsi** **v. intr. pron.** ● †incepparsi nel parlare
incoccatùra [da *incoccare* ✱ 1889] **s. f.** ● (*mar.*) estremità che riceve l'anello o nodo o sim.
incocciàre [comp. di *in-*① e un deriv. del dial. *coccia* 'testa' ✱ 1602] **A** **v. tr.** (**pres.** *io incòccio*; **fut.** *io incoccerò*) **1** (*mar.*) infilare l'estremità di un cavo e sim. in un anello o sim. **2** (*centr.*, *merid.*) incontrare qlcu. o urtare qlco.: *i. un conoscente; i. uno spigolo* **B** **v. intr.** (**aus.** *essere*) **1** (*centr.*) imbattersi, capitare: *è incocciato male* **2** (*fam.*, *tosc.*) impermalirsi, stizzirsi **C** **incocciàrsi** **v. intr. pron.** ● (*centr.*, *merid.*) ostinarsi, incaponirsi
incocciatùra [da *incocciare* ✱ 1660] **s. f.** **1** (*centr.*, *merid.*) ostinazione caparbia, cocciutaggine, testardaggine **2** (*fam.*, *centr.*) risentimento, arrabbiatura
incodardìre [comp. di *in-*① e *codardo* ✱ av. 1704] **A** **v. tr.** (*io incodardìsco, tu incodardìsci*) ● (*lett.*) rendere codardo **B** **v. intr.** (**aus.** *essere*) ● (*lett.*) diventare codardo
incoercìbile [comp. di *in-*③ e *coercibile* ✱ 1816] **agg.** **1** (*fis.*) non comprimibile **2** che non si può costringere, coartare: *pensiero, coscienza i.* **3** che non si può impedire o reprimere: *vitalità, slancio i.* | ***vomito i.***, inarrestabile, tipico della gravidanza || **incoercibilménte**, **avv.** in modo incoercibile, inarrestabile || **incoercibilità**, **s. f. inv.**
incoerènte [vc. dotta, lat. *incohaerĕnte(m)*, da *in-*③ e *cohaērens*, genit. *cohaerĕntis*, part. pres. di *cohaerēre*, comp. di *cŭm* 'assieme' e *haerēre* 'aderire', di etim. incerta ✱ av. 1694] **agg.** **1** privo di compattezza e coesione, sciolto, non cementato: *terreno, materiali incoerenti* **2** (*fis.*) non coerente **3** (*fig.*) privo di nessi logici, sconnesso: *discorso i.* | contraddittorio, incostante, inconseguente (+ *con*): *condotta, individuo i.; proposta i. con le premesse* SIN. illogico, incongruente || **incoerenteménte**, **avv.** senza coerenza, in modo incoerente
SFUMATURE ➤ *assurdo*
incoerènza [1690] **s. f.** **1** mancanza di coesione e compattezza: *l'i. dei terreni sabbiosi* **2** (*fis.*) mancanza di coerenza **3** (*fig.*) mancanza di coerenza logica: *l'i. delle sue affermazioni è incredibile* | incostanza, inconseguenza: *l'i. di un comportamento* **4** affermazione, atto e sim. incoerente: *un ragionamento pieno di incoerenze* SIN. contraddizione, incongruenza
incògliere o (*poet.*) †**incòrre** [comp. di *in-*① e *cogliere* ✱ av. 1348] **A** **v. tr.** (**coniug. come** *cogliere*) ● (*lett.*) cogliere di sorpresa: *qui lo incolse disgrazia* **B** **v. intr.** (**aus.** *essere*) ● (*raro*) accadere, capitare, sopraggiungere: *mal gliene incolse*
incògnita [f. sost. di *incognito* ✱ av. 1754] **s. f.** **1** (*mat.*) quantità o elemento non noto, che compare in un'equazione o in un problema: *equazione a una, a più incognite* **2** evento, fatto o situazione non prevedibile: *la vita è piena d'incognite* | ***è un'i.***, si dice di persona che non si sa come possa reagire di fronte a determinate situazioni
incògnito [vc. dotta, lat. *incōgnitu(m)*, comp. di *in-* neg. e *cōgnitus* 'noto', part. pass. di *cognōscere* 'conoscere' ✱ 1319] **A** **agg.** **1** (*lett.*) che è del tutto sconosciuto: *cause incognite; per l'incognite contrade / fe' loro scorta e agevolò le strade* (L. ARIOSTO) | ***autore i.***, ignoto, anonimo **2** †ignorante, ignaro || **incognitaménte**, **avv.** **B** **s. m.** **1** condizione o stato di chi nasconde la propria reale identità: *viaggiare in i.; conservare l'i.* **2** ignoto: *temere l'i.*
†**incoiàre** ➤ †**incuoiare**
ìncola [vc. dotta, lat. *ĭncola(m)*, comp. di *ĭn-*① e *-cola(m)*, usato solo nei comp., da *cŏlere* 'abitare, coltivare', di orig. indeur. ✱ 1342] **s. m. e f.** (**pl. m.** *-i*) **1** (*stor.*) nel diritto romano, chi aveva domicilio presso una comunità di cui

non era originario **2** †abitante

incolàto [vc. dotta, lat. tardo *incolātu(m)*, da *ĭncola* 'incola' ✱ sec. XIV] **s. m. 1** (*stor.*) nel diritto romano, situazione giuridica dell'incola **2** †dimora

incollàggio [da *incollare*① ✱ 1957] **s. m.** ● in numerose lavorazioni industriali, operazione dell'incollare e relativa tecnica

incollaménto [1550] **s. m.** ● (*raro*) l'incollare, l'incollarsi

incollanàre [comp. di *in-*① e *collana* ✱ av. 1580] **A v. tr.** ● (*raro, lett.*) ornare di collana **B incollanàrsi v. intr. pron.** ● (*lett.*) ripetersi, susseguirsi: *per pochi / fili su cui s'impigli / il fiocco della vita e s'incollani / in ore e in anni* (E. Montale)

♦**incollàre**① [comp. di *in-*① e *colla*② ✱ av. 1320] **A v. tr.** (*io incòllo*) **1** far aderire mediante colla o materiali simili (+ *a*, + *su*): *i. tavole, manifesti*; *i. qlco. al muro, sulla carta* **2** ricoprire qlco. con uno strato di colla | ***i. la carta da stampa***, per impedire che si imbeva d'inchiostro | ***i. il feltro***, per fare i cappelli **3** (*inform.*) in un programma di elaborazione testi o di grafica, inserire nel documento un blocco di dati precedentemente copiato in un'apposita area di memoria (+ *in*): *i. un'immagine in un documento* **B incollàrsi v. intr. pron.** ● attaccarsi per mezzo della colla (+ *a*): *il francobollo non si è incollato bene*; *l'etichetta si è perfettamente incollata al pacco* | (*est.*) appiccicarsi, aderire strettamente: *le vesti bagnate le si incollavano al corpo* **C incollàrsi v. rifl.** ● (*fig.*) tenersi vicinissimo a qlcu. o qlco., spec. per paura, per cercare protezione e sim. (+ *a*): *il bambino si era incollato alla madre*; *incollarsi al muro durante il temporale*

incollàre② [comp. di *in-*① e *collo*① ✱ 1787] **v. tr.** (*io incòllo*) ● (*centr.*) caricare sulle spalle, mettere in collo un peso

incollàto **part. pass.** di *incollare*; anche **agg. 1** nei sign. del v. | attaccato, appiccicato **2** (*fig.*) che sta molto vicino a qlcu. o a qlco. come se non riuscisse a staccarsene: *sta sempre i. (davanti) al televisore*

incollatóre [da *incollare*① ✱ 1834] **s. m.** (**f.** *-trice*) ● operaio addetto a lavori di incollaggio

incollatrìce [1965] **s. f.** ● in varie tecnologie, macchina per incollare

incollatùra① [da *incollare*① ✱ av. 1537] **s. f. 1** operazione dell'incollare | punto o superficie incollata **2** operazione dell'industria tessile consistente nell'applicare all'ordito una colla, facilmente eliminabile col lavaggio, per aumentare la resistenza dei fili e diminuire l'attrito durante la tessitura

incollatùra② [da *incollare*② ✱ av. 1803] **s. f. 1** nei cavalli, punto d'attacco del collo alle spalle | nell'ippica, misura che comprende la lunghezza della testa e del collo di un cavallo, usata per indicare il distacco fra due animali all'arrivo di una gara: *vincere di una, di mezza i.* **2** (*mar.*; *disus.*) grossezza dei madieri nel mezzo e dove posano sulla chiglia

incollerìre [comp. di *in-*① e *collera* ✱ 1583] **v. intr.** (*io incollerìsco, tu incollerìsci*; **aus.** *essere*) e **incollerirsi v. intr. pron.** ● montare in collera: *incollerirsi senza un grave motivo* **SIN.** adirarsi, arrabbiarsi

incollerìto **part. pass.** di *incollerire*; anche **agg.** ● irato, arrabbiato

incollocàto [comp. di *in-*③ e *collocato* ✱ 1972] **A agg.** ● (*burocr.*) detto di lavoratore non avviato al lavoro dall'Ufficio di collocamento **B s. m.** (**f.** *-a*) ● lavoratore incollocato

incolmàbile [comp. di *in-*③ e *colmabile* ✱ 1909] **agg.** ● che non si può colmare, riempire e sim. (*spec. fig.*): *svantaggio i.*; *lasciare un vuoto i.* | ***distacco i.***, irrecuperabile ‖ **incolmabilménte**, **avv.** ‖ **incolmabilità**, **s. f. inv.**

incolonnaménto [1940] **s. m.** ● l'incolonnare, l'incolonnarsi

incolonnàre [comp. di *in-*① e *colonna* ✱ av. 1294] **A v. tr.** (*io incolónno* (o *-ò-*)) ● mettere in colonna: *i. le cifre, una composizione tipografica* | disporre e far procedere in colonna, spec. i soldati di un reparto o più reparti inquadrati: *i. i prigionieri, le reclute* **B incolonnàrsi v. intr. pron.** ● disporsi in colonna

incoloràre [comp. di *in-*① e *colore* ✱ av. 1367] **A v. tr.** (*io incolóro*) ● †colorare **B incoloràrsi v. intr. pron.** ● (*raro, lett.*) diventare colorito, prender colore

incolóre o (*raro*) **incolóro** [fr. *incolore*, dal lat. *incolōre(m)*, comp. di *in-*③ e *cŏlor*, genit. *colōris*, di orig. indeur. ✱ av. 1327] **agg. 1** privo di colore: *sostanza i.*; *l'acqua è i.* **2** (*fig.*) privo di interesse, vivacità, cambiamenti e sim.: *vita i.*; *giornate incolori* | ***viso i.***, insignificante | ***interpretazione i.***, mediocre, impersonale **SIN.** monotono, scialbo

SFUMATURE ➤ ***insignificante***

incolpàbile① [da *incolpare* ✱ av. 1292] **agg.** ● che si può incolpare: *testimone i. di falso* **SIN.** imputabile ‖ **incolpabilità**①, **s. f.** imputabilità

incolpàbile② [vc. dotta, lat. tardo *inculpābile(m)*, comp. di *in-*③ e *culpābilis* 'colpevole' ✱ sec. XIV] **agg.** ● (*lett.*) che è privo di colpa ‖ **incolpabilménte**, **avv.** senza colpa **SIN.** incolpevole, innocente ‖ **incolpabilità**②, **s. f.** innocenza

†**incolpaménto** [1261 ca.] **s. m.** ● l'incolpare | imputazione

incolpàre [vc. dotta, lat. tardo *inculpāre*, comp. di *in-*② e *culpāre*, da *cŭlpa* 'colpa' ✱ av. 1250] **A v. tr.** (*io incólpo*) ● ritenere qlcu. colpevole di qlco. e addossargliene le responsabilità (+ *di*, anche seguito da inf.): *i. qlcu. di un delitto, degli errori altrui, di aver copiato un compito*; *i. a ragione, a torto*; *non altrui incolpando che me stesso* (F. Petrarca) **SIN.** accusare **B v. intr.** (**aus.** *essere*) ● †aver colpa **C incolpàrsi v. rifl.** ● accusare sé stesso (+ *di*): *ci incolpammo della disgrazia* **D incolpàrsi v. rifl. recipr.** ● gettare l'uno addosso all'altro la colpa di qlco.: *da che li hanno presi, si incolpano a vicenda*

incolpàto① **part. pass.** di *incolpare*; anche **agg.** ● ritenuto colpevole, incriminato: *soldato i. di tradimento*

incolpàto② [dal lat. tardo *inculpātu(m)*, comp. di *in-*③ e *culpātum* 'accusato' ✱ 1571] **agg. 1** (*lett.*) innocente, incolpevole: *alle incolpate ceneri / nessuno insulterà* (A. Manzoni) **2** (*lett.*) integro, esemplare

incolpazióne [vc. dotta, lat. tardo *inculpatiōne(m)*, da *inculpātus* 'incolpato' ✱ sec. XIV] **s. f.** ● (*dir.*) attribuzione di colpa

incolpévole [comp. di *in-*③ e *colpevole*, come il corrispondente lat. tardo *inculpābilis* 'incolpabile②' ✱ av. 1543] **agg.** ● che è senza colpa **SIN.** innocente ‖ **incolpevolménte**, **avv.** (*raro*) in modo incolpevole

incolpevolézza [1939] **s. f.** ● mancanza di colpa

incòlse ➤ **incogliere**

incoltézza [da *incolto*① ✱ 1659] **s. f. 1** †condizione di ciò che non è coltivato: *i. del terreno* **2** (*fig., lett.*) rozzezza, ignoranza

incoltivàbile [comp. di *in-*③ e *coltivabile* ✱ av. 1498] **agg.** ● che non è coltivabile, che non può essere coltivato: *un terreno i.*

♦**incólto**① o (*lett.*) **incùlto** [vc. dotta, lat. *incŭltu(m)*, comp. di *in-*③ e *cŭltus*, part. pass. di *cŏlere* 'abitare, coltivare', di orig. indeur. ✱ sec. XIV] **A agg. 1** che non è coltivato: *terreno i.* **2** (*fig.*) sciatto, non curato: *barba incolta*; *capelli incolti* **SIN.** trascurato **3** (*fig.*) privo di istruzione o di cultura: *uomo i.* **SIN.** ignorante ‖ **incoltaménte**, **avv.** in modo incolto, senza cultura **B s. m.** ● terreno che è lasciato brullo, non soggetto a coltivazione

SFUMATURE ➤ ***rozzo***

incòlto② **part. pass.** di *incogliere*; anche **agg.** ● (*raro*) nei sign. del v.

incòlume [vc. dotta, lat. *incŏlume(m)*, comp. di *in-*② e **cŏlumis* col prob. senso di 'salvo' ✱ 1475] **agg.** ● illeso: *è uscito i. dall'incidente*; *solo due passeggeri sono rimasti incolumi* | intatto, indenne (anche *fig.*): *la casa uscì i. dal terremoto*; *mantenere i. il proprio onore*

incolumità [vc. dotta, lat. *incolumitātem*, da *incŏlumis* 'incolume' ✱ sec. XIV] **s. f. inv.** ● condizione di chi (o di ciò che) è incolume: *attentare all'i. di qlcu.*

incombènte **A part. pres.** di *incombere*; anche **agg.** ● che incombe | (*fig.*) imminente: *pericolo i.* **B s. m. 1** (*dir.*, spec. al pl.) attività che il giudice o le parti di un processo devono svolgere **2** †incombenza

incombènza [da *incombere* ✱ 1541] **s. f.** ● incarico, compito spec. di una certa importanza: *sbrigare un'i.*; *difficile, triste i.*; *non avevo alcun diritto di lamentarmi per questa i. che m'era affidata* (I. Nievo)

SFUMATURE ➤ ***incarico***

♣**incómbere** [vc. dotta, lat. *incŭmbere*, comp. di *in* 'sopra' e **cŭmbere* 'giacere', di etim. incerta ✱ av. 1494] **v. intr.** (**pres.** *io incómbo*; **pass. rem.** *io incombètti* o *incombéi, tu incombésti*; **difett.** del part. pass. e dei tempi composti) **1** essere soprastante, imminente (+ *su*): *Incombe già l'ombra della sera* (L. Pirandello); *l'uragano incombeva sulla regione* **2** spettare come ufficio, dovere e sim. (+ *a* qlcu., + *di* seguito da inf.): *gli incombeva un triste compito*; *a lui incombeva di fornire le prove della sua innocenza*; *su di noi incombe una grave responsabilità* | †***i. in qlco.***, tendere a uno scopo

incombustìbile [comp. di *in-*③ e *combustibile* ✱ av. 1537] **agg.** ● che non è soggetto a combustione: *sostanza i.* ‖ **incombustibilità**, **s. f. inv.**

incombùsto [comp. di *in-*③ e *combusto* ✱ av. 1514] **agg.** ● non combusto

incominciaménto [av. 1250] **s. m.** ● (*lett.*) inizio, principio

♦**incominciàre** [comp. di *in*① e *cominciare* ✱ av. 1249] **A v. tr.** (**pres.** *io incomìncio*; **fut.** *io incomincerò*) ● cominciare (+ *a* seguito da inf.): *incominciò il racconto*; *il Soldini disse che stava bene e incominciò il suo discorso* (A. Fogazzaro); *ha incominciato a lavorare* | (*lett., assol.*) cominciare a dire: *E un di loro incominciò: "Chiunque / tu se', così andando, volgi 'l viso ..."* (Dante *Purg.* III, 103-104) **CONTR.** finire, terminare **B v. intr.** (**aus.** *essere*) e †**incominciàrsi v. intr. pron.** ● avere inizio (+ *con*, + *da*): *lo spettacolo incomincia tardi*; *la sua carriera incominciò con un incarico di assistente*; *incominciamo dai problemi più semplici* **CONTR.** finire, terminare

†**incominciàta** [da *incominci(are)* con il suff. *-ata* ✱ 1261 ca.] **s. f.** ● inizio, principio | nella retorica medievale, esordio di un discorso, di un'orazione

incominciàto **part. pass.** di *incominciare*; anche **agg.** ● nei sign. del v. | cominciato, iniziato: *come se seguitasse un discorso i.* (G. Verga)

†**incomìncio** [da *incominciare* ✱ av. 1300] **s. m.** ● inizio, principio

♣**incommensuràbile** [vc. dotta, lat. tardo *incommensurābile(m)*, comp. di *in-*③ e *commensu-*

rābilis 'commensurabile' ✻ av. 1535] **agg.** **1** privo di un adeguato termine di paragone | (**est.**) che non è possibile misurare, calcolare e sim.: *una i. quantità di stelle* | (**iperb.**) immenso, straordinario, smisurato: *statua di i. bellezza e perfezione* **2** (**mat.**) non commensurabile: *grandezze incommensurabili* ‖ **incommensurabilménte**, **avv.** in modo incommensurabile; smisuratamente: *incommensurabilmente grande* ‖ **incommensurabilità**, **s. f. inv.** (V.)

incommensurabilità [av. 1642] **s. f. inv.** **1** (**dir.**) caratteristica di ciò che è incommensurabile **2** (**mat.**) impossibilità di trovare una grandezza che sia sottomultipla di entrambe le grandezze considerate

incommerciàbile [comp. di *in-*③ e *commerciabile* ✻ 1869] **agg.** ● (**dir.**) detto di bene che non può essere oggetto di operazioni commerciali: *bene demaniale i.* ‖ **incommerciabilità**, **s. f. inv.**

incommestìbile [comp. di *in-*③ e *commestibile* ✻ av. 1956] **agg.** ● che non è commestibile, che non si può mangiare: *funghi incommestibili* ‖ **incommestibilità**, **s. f. inv.**

†**incòmmodo** ➤ **incomodo**①

incommutàbile [vc. dotta, lat. *incommutābile(m)*, comp. di *in-*③ e *commutābilis* 'commutabile' ✻ 1336 ca.] **agg.** **1** (**lett.**) immutabile **2** che non si può commutare: *pena, voto i.* ‖ **incommutabilménte**, **avv.** senza mutamenti; in modo incommutabile

incommutabilità [vc. dotta, lat. *incommutabilitāte(m)*, da *incommutābilis* 'incommutabile' ✻ av. 1364] **s. f. inv.** ● (**raro**) impossibilità di essere commutato: *l'i. di una pena, di un bene* | (**lett.**) immutabilità

incomodàre [vc. dotta, lat. *incommodāre*, comp. di *in-*③ e *commodāre*, da *cŏmmodum* 'comodo' ✻ av. 1494] **A** **v. tr.** (*io incòmodo*) ● disturbare, importunare, infastidire: *i. qlcu. telefonandogli a ore insolite* | ***scusi se l'incomodo***, formula di scusa | ***incomodo?***, disturbo? **B** **incomodàrsi** **v. rifl.** ● prendersi incomodo, disturbo, spec. per usare una cortesia, fare un regalo e sim.: *perché vi siete incomodati?*; *s'è voluto incomodare a tastarmi il polso* (U. FOSCOLO) | ***non s'incomodi!***, formula di cortesia con cui si prega l'ospite di restar seduto, di non offrire nulla e sim.

incomodàto **part. pass.** di *incomodare*; anche **agg.** **1** nei sign. del v. **2** (**raro**) indisposto

incomodità [vc. dotta, lat. *incommoditāte(m)*, comp. di *in-*③ e *commŏditas* (V. *comodità*) ✻ sec. XIII] **s. f. inv.** **1** (**raro**) scomodità: *l'i. di una stanza d'albergo, di una poltrona* | (**lett.**) fastidio, molestia, contrarietà e sim. **2** (**raro**) indisposizione di salute

✻**incòmodo**① o †**incòmmodo** [vc. dotta, lat. *incŏmmodu(m)*, comp. di *in-*③ e *cŏmmodus* 'comodo' ✻ 1441] **agg.** ● che è causa di disagio, danno o molestia: *viaggio, letto i.*; *né sia chi stimi le ricchezze se non faticose e incommode a chi non sa bene usarle* (L.B. ALBERTI) | ***ora incomoda***, inopportuna | ***il terzo i.***, chi sopravviene quando e dove due persone vorrebbero star sole **SIN.** fastidioso, molesto ‖ **incomodaménte**, **avv.** in modo scomodo

incòmodo② [vc. dotta, lat. *incŏmmodu(m)*, comp. di *in-*③ e di *cŏmmodum* 'comodo' ✻ sec. XIV] **s. m.** **1** disagio, disturbo: *recare i. a qlcu.* | fastidio, imbarazzo, seccatura: *essere d'i. per qlcu.* | ***togliere, levare l'i.***, accomiatarsi | ***scusi l'i.***, scusi il disturbo **2** (**raro**) corrispettivo di servizio prestato: *quant'è il vostro i.?* **3** disturbo o indisposizione molesta ma non grave: *gli incomodi della vecchiaia* **SIN.** acciacco ‖ (**lett.**) **incomodùccio**, **dim.**

SFUMATURE DI SIGNIFICATO

incomodo - noia - molestia

Si dice **incomodo** ciò che procura fastidio perché mette in una situazione di scomodità. In **noia** il senso di fastidio viene associato alla mancanza di interesse, alla ripetitività della situazione. **Molestia** è più specifico perché comporta, oltre all'idea di disturbo, quella di danno.

SFUMATURE ➤ ***seccatura***

incomparàbile [vc. dotta, lat. *imcomparābile(m)*, comp. di *in-*③ e *comparābilis* 'comparabile' ✻ 1336 ca.] **agg.** ● che non si può comparare con niente o nessuno: *bontà, amico i.* | (**est.**) eccezionale, straordinario: *di somma e i. continenza* (L. ARIOSTO) **SIN.** impareggiabile, unico ‖ **incomparabilménte**, †**incomparabileménte**, **avv.** senza confronto; immensamente: *gli antichi furono incomparabilmente più virili di noi* (G. LEOPARDI) ‖ **incomparabilità**, **s. f. inv.**

incompatìbile [comp. di *in-*③ e *compatibile* ✻ 1509] **agg.** **1** che non può coesistere con altro (+ *con*): *violenza e bontà sono i due lati incompatibili della sua personalità*; *due farmaci tra loro incompatibili*; *pneumatici incompatibili con l'uso delle catene da neve* | ***caratteri incompatibili***, che non vanno d'accordo | ***cariche incompatibili***, che non possono essere contemporaneamente ricoperte da una stessa persona **2** (**raro**) intollerabile **3** (**mat.**) di sistema che non ammette soluzioni o di relazioni che non possono essere verificate simultaneamente ‖ **incompatibilménte**, **avv.** ‖ **incompatibilità**, **s. f. inv.** (V.)

incompatibilità [av. 1540] **s. f. inv.** **1** caratteristica di ciò che è incompatibile: *i. delle premesse con le conseguenze*; *i. di due colori*; *i. di carattere* | ***i. farmacologica***, antagonismo farmacologico che impedisce la somministrazione contemporanea di certi farmaci | ***i. di gruppo sanguigno***, impossibilità di mescolanza tra determinati gruppi sanguigni per agglutinazione dei globuli rossi | ***i. materno-fetale***, tra madre con fattore Rh-negativo e feto Rh-positivo **2** (**dir.**) condizione per cui due situazioni giuridiche sono tra loro incompatibili **3** (**bot.**) nelle Angiosperme, condizione per cui l'ovario inibisce lo sviluppo del tubo pollinico

SFUMATURE DI SIGNIFICATO

incompatibilità - inconciliabilità - antagonismo

Una diversità incolmabile, una effettiva impossibilità di trovare punti d'accordo con un'altra persona o di adattarsi a una situazione si definisce **incompatibilità**. Ancora più forte è **inconciliabilità**, che suggerisce l'assoluta impossibilità di trovare un compromesso. Diverso è **antagonismo**, che esprime l'idea di una contrapposizione tra due soggetti che mirano comunque a misurarsi e a confrontarsi.

incompàtto [comp. di *in-*③ e *compatto* ✻ 1869] **agg.** ● (**raro**) privo di compattezza (*anche fig.*) ‖ **incompattaménte**, **avv.**

incompenetràbile [comp. di *in-*③ e *compenetrabile* ✻ 1782] **agg.** ● (**fis.**) relativo all'incompenetrabilità, che presenta incompenetrabilità ‖ **incompenetrabilità**, **s. f. inv.** (V.)

incompenetrabilità [1951] **s. f. inv.** ● (**fis.**) proprietà di due sostanze solide di non dar luogo a compenetrazione

incompensàbile [comp. di *in-*③ e *compensabile* ✻ 1612] **agg.** ● (**raro**) che non è possibile compensare in modo appropriato: *eroismo i.*

incompetènte [comp. di *in-*③ e *competente* ✻ av. 1535] **A** **agg.** **1** che è privo di competenza e di preparazione rispetto a un argomento, una materia e sim.: *essere i. in fatto di musica, di astronomia* | ***dichiararsi i. in materia***, nel settore di cui si tratta | (**est.**) che manca di capacità nel proprio lavoro: *è un tecnico i.* **2** (**dir.**) che non ha competenza: *organo giudiziario i.*; *il giudice si è dichiarato i.* **3** (**med.**) di organo o apparato incapace di svolgere la propria funzione | ***collo uterino i.***, cervice uterina che non è in grado di mantenere il feto all'interno dell'utero e provoca aborto o parto prematuro ‖ **incompetenteménte**, **avv.** in modo incompetente, senza competenza **B** **s. m. e f.** ● chi manca di preparazione in una determinata disciplina, argomento e sim.: *sono un i. in medicina*; *quel geometra è un i.*

incompetènza [1337] **s. f.** **1** mancanza di competenza in un determinato settore: *è nota la sua i. in fatto di musica, di poesia, di sport* **2** (**dir.**) inidoneità di un organo giurisdizionale a statuire su una data lite o di un organo amministrativo a emanare un dato atto, per mancanza di competenza

incompiànto [comp. di *in-*③ e *compianto* ✻ 1813] **agg.** ● (**lett.**) nom compianto

incompiutézza [1897] **s. f.** ● caratteristica di ciò che è o resta incompiuto

incompiùto [comp. di *in-*③ e *compiuto* ✻ 1304] **agg.** ● non compiuto, non terminato, non completato: *poesia, sinfonia incompiuta* ‖ **incompiutaménte**, **avv.**

incompletézza [1907] **s. f.** ● caratteristica di ciò che non è completo | in logica matematica, proprietà di un sistema formale in cui non è possibile dimostrare tutte le proposizioni che sono vere nel suo modello

incomplèto [vc. dotta, lat. tardo *incomplētu(m)*, comp. di *in-* neg. e *complētus*, part. pass. di *complēre*, comp. di *cŭm* 'con' e *plēre* 'riempire', di orig. indeur. ✻ av. 1758] **agg.** ● che non è completo in tutte le sue parti: *testo i.*; *ponte i.*; *spesa incompleta* | (**zool.**) ***dentatura incompleta***, che manca di uno dei tre tipi di denti | ***metamorfosi incompleta***, tipica di alcuni insetti in cui manca lo stadio di pupa | (**bot.**) ***fiore i.***, che manca di calice o di corolla o di stami o di pistillo | ***stame i.***, che manca di filamento | in logica matematica, che ha la proprietà dell'incompletezza ‖ **incompletaménte**, **avv.**

incomportàbile [comp. di *in-*③ e *comportabile*, nel senso di 'tollerabile' ✻ av. 1348] **agg.** ● (**lett.**) insopportabile: *noia, insolenza i.*; *parole odiose ed incomportabili* (L.B. ALBERTI) ‖ **incomportabilménte**, **avv.** in modo intollerabile, sconveniente ‖ **incomportabilità**, **s. f. inv.** (**lett.**) insopportabilità

incompostézza [av. 1705] **s. f.** ● caratteristica di chi (o di ciò che) è incomposto

incompósto o †**incompòsito** [vc. dotta, lat. *incompŏsitu(m)*, comp. di *in-*③ e *compŏsitus* 'composto' ✻ 1374] **agg.** **1** di ciò che è confuso, disordinato, arruffato: *una massa incomposta di oggetti*; *capelli incomposti* | ***abito i.***, non decoroso né elegante **2** (**fig.**) privo di decoro, di compostezza: *risa incomposte*; *movimenti incomposti* | ***stile i.***, senza ordine o correttezza | indecente: *atti incomposti* **3** †non composto ‖ **incompostaménte**, **avv.**

incomprendìbile [comp. di *in-*③ e *comprendibile*, come il corrispondente lat. tardo *incomprehensĭbilis* 'incomprensibile' ✻ sec. XIV] **agg.** **1** (**raro**) che non può essere incluso in qlco. **2** †irrefrenabile | †inimmaginabile

incomprensìbile [vc. dotta, lat. tardo *incomprehensĭbile(m)*, comp. di *in-*③ e *comprehensĭbilis* 'comprensibile' ✻ av. 1292] **agg.** ● che non si riesce a intendere, a capire: *discorsi incomprensibili*; *mistero i.*; *è i. come un pilota esperto abbia fatto un simile errore*; *è i. che nessuno l'abbia avvertito* | ***uomo i.***, chiuso in sé o le cui azioni sono strane, inesplicabili | (**raro**) che non si riesce a sentire, distingue-

a b c d e f g h i j k l m n o p q r s t u v w x y z

re: *suoni incomprensibili* SIN. impenetrabile, oscuro || **incomprensibilménte**, **avv.** **1** in modo incomprensibile **2** stranamente, senza un motivo valido: *incomprensibilmente ha rifiutato il mio invito* || **incomprensibilità**, **s. f. inv.** (V.)

incomprensibilità [sec. XIV] **s. f. inv.** • carattere di ciò che è incomprensibile: *i. di un discorso* | ***l'i. di Dio***, impossibilità di comprendere Dio nella sua infinita grandezza

♦**incomprensióne** [comp. di *in-* ③ e *comprensione* ✱ 1572] **s. f.** **1** mancata comprensione: *sentimenti mutilati dall'i. della lingua e delle sue sfumature* (A. GRAMSCI) **2** mancanza di comprensione spec. dei sentimenti e delle esigenze altrui: *vicende di i. familiare* | episodio che manifesta tale mancanza di comprensione: *negli ultimi tempi tra loro è sorta qualche i.* SIN. screzio

†**incomprensivaménte** [av. 1306] **avv.** • incomprensibilmente

♦**incompréso** (o -ṣ-) [vc. dotta, lat. tardo *incomprehēnsu(m)*, comp. di *in-* ③ e *comprehēnsus* 'compreso' ✱ 1598] **A** **agg.** • di chi (o di ciò che) non è compreso, capito: *giovane, sacrificio, amore i.* | ***genio i.***, (*iron.*) chi presume altamente di sé, e ritiene che gli altri non lo stimino abbastanza **B** **s. m.** (**f.** *-a*) • persona che non viene compresa, apprezzata

incompressìbile [comp. di *in-* ③ e *compressibile* ✱ 1697] **agg.** • (*fis.*) che è caratterizzato da incompressibilità || **incompressibilità**, **s. f. inv.** (V.)

incompressibilità [comp. di *in-* ③ e *compressibilità* ✱ 1869] **s. f. inv.** • (*fis.*) proprietà dei corpi a volume costante che non variano il loro volume qualunque sia l'azione sollecitatrice

incomprimìbile [comp. di *in-* ③ e *comprimibile* ✱ 1915] **agg.** **1** (*raro*) che non può essere compresso, ridotto: *tempi di lavoro, costi incomprimibili* **2** (*fig.*) che non riesce a reprimere o frenare: *l'i. violenza di un sentimento* SIN. irrefrenabile || **incomprimibilménte**, **avv.** || **incomprimibilità**, **s. f. inv.**

incomputàbile [comp. di *in-* ③ e *computabile* ✱ 1858] **agg.** • che non si può computare: *differenze incomputabili* SIN. incalcolabile | che non merita di essere calcolato: *diminuzione i. di profitti* || **incomputabilménte**, **avv.** || **incomputabilità**, **s. f. inv.**

incomunicàbile [vc. dotta, lat. tardo *incommunicābile(m)*, comp. di *in-* ③ e *communicābilis* 'comunicabile' ✱ 1481] **agg.** **1** che non può essere comunicato, trasmesso ad altri: *titolo, notizia, sentimento i.* **2** †che non si può esportare || **incomunicabilménte**, **avv.** || **incomunicabilità**, **s. f. inv.** (V.)

incomunicabilità [1869] **s. f. inv.** **1** caratteristica di ciò che è incomunicabile **2** impossibilità di stabilire un rapporto umano con gli altri

inconcepìbile [comp. di *in-* ③ e *concepibile* ✱ 1573] **agg.** **1** di ciò che la mente umana non può concepire, immaginare, pensare: *'il nulla', come 'il finito', è i.* (C. DOSSI) SIN. impensabile, inimmaginabile **2** incredibile, inammissibile, irragionevole (+ *che* **seguito da congtv.**): *tanta presunzione, in un giovane alle prime armi, è i.*; *è i. che nessuno l'abbia avvisato* | assurdo: *una proposta i.* || **inconcepibilménte**, **avv.** || **inconcepibilità**, **s. f. inv.**

SFUMATURE ➤ *incredibile*

inconciliàbile [comp. di *in-* ③ e *conciliabile* ✱ av. 1782] **agg.** **1** (*lett.*) implacabile: *avversario i.* **2** che non può coesistere con altri: *punti di vista tra loro inconciliabili* SIN. incompatibile **3** che non può essere composto: *una disputa i.* || **inconciliabilménte**, **avv.** || **inconciliabilità**, **s. f. inv.**

SFUMATURE ➤ *incompatibilità*

inconciliàto [comp. di *in-* ③ e *conciliato* ✱ 1869] **agg.** • (*lett.*) che non è conciliato

†**inconcìnno** [vc. dotta, lat. *inconcĭnnu(m)* 'non in armonia, sconveniente, maldestro', comp. di *in-* ③ e *concĭnnus* 'concinno' ✱ 1499] **agg.** • (*lett.*) scomposto, sgradevole

inconcludènte [comp. di *in-* ③ e *concludente* ✱ 1611] **A** **agg.** • che non porta a nessuna conclusione: *discorsi, sforzi inconcludenti* SIN. vano | detto di chi non conclude nulla di utile SIN. irresoluto || **inconcludenteménte**, **avv.** **B** **s. m. e f.** • persona inconcludente

inconcludènza [1819] **s. f.** • caratteristica di chi (o di ciò che) è inconcludente | (*raro*) comportamento inconcludente

inconclùṣo [comp. di *in-* ③ e *concluso* ✱ 1618] **agg.** • (*raro*) privo di conclusione, compiutezza

inconcùsso [vc. dotta, lat. tardo *inconcŭssu(m)* 'non scosso, fermo', comp. di *in-* ③ e *concŭssus* 'concusso' ✱ 1499] **agg.** • (*lett.*) fermo, saldo, incrollabile (*spec. fig.*): *fede, onestà inconcussa; principi inconcussi*

incòndito [vc. dotta, lat. tardo *incŏnditu(m)* 'non riposto, disordinato, rozzo', comp. di *in-* ③ e *cŏnditus* 'còndito' ✱ 1504] **agg.** • (*lett.*) disordinato, privo di grazia: *stile i.*; *que' santi piè … fermaronsi / al suon della mia voce aspra e incondita* (I. SANNAZARO)

incondizionàto [comp. di *in-* ③ e *condizionato* ✱ 1819] **agg.** • che è privo di limitazioni restrittive e quindi pieno ed assoluto: *approvazione, adesione incondizionata; rifiuto i.* | ***resa incondizionata***, assoluta, senza patti preventivi, a discrezione del nemico || **incondizionataménte**, **avv.**

inconferènte [av. 1928] **agg.** • (*lett.*) non pertinente: *argomentazione i.*

inconfessàbile [comp. di *in-* ③ e *confessabile* ✱ 1887] **agg.** • che non si può confessare o rivelare senza provare vergogna: *pensiero i.* | (*est.*) turpe, vergognoso: *peccato i.* || **inconfessabilménte**, **avv.** || **inconfessabilità**, **s. f. inv.**

inconfessàto [comp. di *in-* ③ e *confessato* ✱ 1891] **agg.** • detto di ciò che non si è confessato a nessuno e che si è relegato nel fondo della propria coscienza, per timore, vergogna o altro: *proposito i.*; *desideri inconfessati*

inconfèsso [vc. dotta, lat. *inconfĕssu(m)*, comp. di *in-* ③ e *confĕssus* 'confess(at)o' ✱ 1553] **agg.** • (*raro*) che non ha confessato: *reo i.*

inconfondìbile [comp. di *in-* ③ e *confondibile* ✱ 1878] **agg.** • che non si può confondere o scambiare con altro per le sue stesse caratteristiche: *andatura, stile, voce i.* || **inconfondibilménte**, **avv.** || **inconfondibilità**, **s. f. inv.**

inconfortàbile [comp. di *in-* ③ e *confortabile* ✱ 1869] **agg.** • (*raro*) che non può ricevere conforto, consolazione: *angoscia, dolore i.*

inconfortévole [comp. di *in-* ③ e *confortevole* ✱ 1972] **agg.** • privo di comodità

♦**inconfutàbile** [comp. di *in-* ③ e *confutabile* ✱ 1869] **agg.** • che non è possibile confutare, contestare: *ragioni, argomenti, accuse inconfutabili* SIN. indiscutibile, inoppugnabile || **inconfutabilménte**, **avv.** || **inconfutabilità**, **s. f. inv.**

inconfutàto [comp. di *in-* ③ e *confutato* ✱ 1869] **agg.** • (*raro*) indiscusso

incongelàbile [vc. dotta, lat. tardo *incongelābile(m)*, comp. di *in-* ③ e un deriv. di *congelāre* 'congelare' ✱ 1598] **agg.** • che non si congela: *sostanza i.*

incongruènte [vc. dotta, lat. *incongruĕnte(m)*, comp. di *in-* ③ e *cŏngruens*, genit. *congruĕntis* 'congruente' ✱ 1632] **agg.** • che manca di congruenza, di coerenza logica: *parole incongruenti*; *risposta i.* SIN. contraddittorio || **incongruenteménte**, **avv.**

incongruènza [vc. dotta, lat. tardo *incongruĕntia(m)*, comp. di *in-* ③ e *congruĕntia* 'congruenza' ✱ 1632] **s. f.** • caratteristica di chi (o di ciò che) è incongruente: *l'i. di un'obiezione, di una persona; questo … è il principio delle incongruenze ch'io stimo essere tra la Luna e la Terra* (G. GALILEI) | (*est.*) ragionamento o comportamento privo di logica; contraddizione: *ha esposto una tesi piena di incongruenze*

incongruità [vc. dotta, lat. tardo *incongruitāte(m)*, della stessa orig. e sign. di *incongruĕntia(m)* 'incongruenza' ✱ 1584] **s. f. inv.** • caratteristica di ciò che è incongruo

♦**incòngruo** [vc. dotta, lat. tardo *incŏngruu(m)*, comp. di *in-* ③ e *cŏngruus* 'congruo' ✱ 1475] **agg.** • che non è proporzionato né adeguato: *ricompensa incongrua* | (*raro*) incoerente: *discorso i.* || **incongruaménte**, **avv.**

inconocchiàre [comp. di *in-* ① e *conocchia* ✱ 1342] **v. tr.** (*io inconòcchio*) • mettere sulla rocca una conocchia di lino, canapa o cotone da filare

inconoscìbile [vc. dotta, lat. *incognoscĭbile(m)*, comp. di *in-* ③ e *cognoscĭbilis* 'conoscibile', da *cognōscere* 'conoscere' ✱ av. 1595] **A** **agg.** **1** che non può essere conosciuto **2** (*filos.*) detto di ciò che è inaccessibile alle possibilità della conoscenza umana || **inconoscibilménte**, **avv.** || **inconoscibilità**, **s. f. inv.** **B** anche **s. m.** nel sign. 2

inconosciùto [comp. di *in-* ③ e *conosciuto* ✱ av. 1580] **agg.** • (*lett.*) incognito, sconosciuto: *lasciami omai por ne la terra il piede / e veder questi inconosciuti lidi* (T. TASSO)

♦**inconsapévole** [comp. di *in-* ③ e *consapevole* ✱ 1817] **agg.** **1** che non è a conoscenza o non si rende conto di qlco.: *i. del pericolo, del rischio* | ***i. di sé stesso***, che non ha coscienza di sé SIN. ignaro **2** (*lett.*) involontario: *ironia i.* | (*lett.*) naturale: *la pace i. della campagna* (L. PIRANDELLO) || **inconsapevolménte**, **avv.** in modo inconsapevole, senza sapere qlco.

inconsapevolézza [comp. di *in-* ③ e *consapevolezza* ✱ 1869] **s. f.** • condizione di chi è inconsapevole: *i. delle proprie condizioni fisiche; il Nilo / che mi ha visto / nascere e crescere / e ardere d'i.* (G. UNGARETTI)

incònscio [vc. dotta, lat. tardo *incŏnsciu(m)*, comp. di *in-* ③ e *cŏnscius* 'conscio' ✱ 1353] **A** **agg.** (**pl. m.** *-sci*; **pl. f.** *-sce* o **lett.** *-scie*) • che non è cosciente: *atto, comportamento i.* | (*lett.*) ignaro || **inconsciaménte**, **avv.** **B** **s. m.** • (*psicoan.*) insieme dei processi psichici che non hanno accesso alla coscienza | ***i. personale***, nella teoria di C. G. Jung, i contenuti dell'attività mentale un tempo consci, poi dimenticati o rimossi | ***i. collettivo***, nella teoria di C. G. Jung, i contenuti dell'attività mentale non derivanti dall'esperienza, ma ereditati dall'individuo

inconseguènte [vc. dotta, lat. tardo *inconsequĕnte(m)*, comp. di *in-* ③ e *cŏnsequens*, genit. *consequĕntis*, part. pres. di *cŏnsequi* 'conseguire' ✱ av. 1686] **agg.** • di ciò che è privo di legami o nessi logici con quanto precede: *deduzioni inconseguenti* | di chi è privo di coerenza: *persona i.* || **inconseguenteménte**, **avv.**

inconseguènza [vc. dotta, lat. *inconsequĕntia(m)*, comp. di *in-* ③ e *consequĕntia* 'conseguenza' ✱ av. 1604] **s. f.** • mancanza di conseguenza o coerenza: *l'i. di un ragionamento, di un individuo* | (*est.*) ciò che è inconseguente: *una vita, una teoria piena di inconseguenze*

inconsideràbile [comp. di *in-* ③ e *considerabile* ✱ av. 1330] **agg.** **1** che non merita considerazione: *obiezione, importanza, cifra i.* SIN. trascurabile **2** †che non si può pensare e intendere

inconsideratézza [av. 1642] **s. f.** ● caratteristica di chi (o di ciò che) è inconsiderato: *l'i. giovanile* | atto inconsiderato: *commettere delle inconsideratezze* **SIN.** inavvertenza

inconsideràto [vc. dotta, lat. *inconsiderātu(m)*, comp. di *in-*③ e *considerātus*, part. pass. di *considerāre* 'considerare' ✱ av. 1292] **agg. 1** di chi non riflette abbastanza sulle conseguenze dei propri atti e quindi agisce in modo imprudente e temerario: *giovane i.* **SIN.** inavveduto **2** di ciò che è avventato e imprudente: *risposte, parole inconsiderate* **SIN.** azzardato, incauto ‖ **inconsiderataménte**, **avv.** in modo inconsiderato, imprudente; a caso e senza riflettere

inconsiderazióne [vc. dotta, lat. tardo *inconsideratiōne(m)*, da *inconsiderātus* 'inconsiderato' ✱ 1363] **s. f.** ● (*raro*) mancanza di riflessione, prudenza e sim.

inconsistènte [comp. di *in-*③ e *consistente*, sul modello del fr. *inconsistant* ✱ 1632] **agg.** ● privo di consistenza, di solidità (*anche fig.*): *materiale i.*; *patrimonio i.* | (*fig.*) privo di validità, di fondamento: *una tesi i.*; *prove inconsistenti* ‖ **inconsistenteménte**, **avv.**

SFUMATURE DI SIGNIFICATO
inconsistente - insussistente - infondato
In senso figurato ciò che si rivela privo di logica, validità e realismo si definisce **inconsistente**; il termine si applica soprattutto ad argomenti, tesi, prove; in riferimento a persone indica invece una mancanza di reali doti caratteriali o intellettuali. **Insussistente** è ciò che logicamente non regge, non sta piedi, è dunque privo di qualsiasi efficacia argomentativa o addirittura falso. Ciò che manca di fondamento ed è perciò assolutamente falso si dice **infondato**.

inconsistènza [comp. di *in-*③ e *consistenza*, sul modello del fr. *inconsistance* ✱ 1572] **s. f.** ● caratteristica di ciò che è inconsistente (*anche fig.*): *l'i. di un'accusa*

inconsolàbile [vc. dotta, lat. *inconsolābile(m)*, comp. di *in-*③ e *consolābilis*, da *consolāri* 'consolare' ✱ 1481] **agg.** ● che non può essere consolato: *vedova i.* **SIN.** affranto | che non può essere alleviato: *dolore i.* ‖ **inconsolabilménte**, **avv.** ‖ **inconsolabilità**, **s. f. inv.**

inconsolàto [comp. di *in-*③ e *consolato* ✱ 1618] **agg.** ● (*raro*) sconsolato

inconsonànte [vc. dotta, lat. tardo *inconsonānte(m)*, comp. di *in-*③ e *cōnsonans*, genit. *consonāntis* ✱ av. 1590] **agg.** ● (*mus.*) discordante: *suono i.*

†**inconstànzia** ➤ **incostanza**

inconsuèto [vc. dotta, lat. tardo *inconsuētu(m)*, comp. di *in-*③ e *consuētus* 'consueto' ✱ 1475] **agg. 1** che è fuori del consueto: *fatto i.*; *cerimonia inconsueta* **SIN.** insolito, inusitato, strano **2** †ignoto: *nemici inconsueti* ‖ **inconsuetaménte**, **avv.**

✦**inconsùlto** [vc. dotta, lat. *inconsŭltu(m)*, comp. di *in-*③ e *consŭltus* 'consulto', part. pass. di *consŭlere* ✱ av. 1363] **agg.** ● che manca di prudenza e riflessione: *atto, moto, gesto i.* | (*est.*) temerario: *impresa inconsulta* ‖ **inconsultaménte**, **avv.** in modo sconsiderato o temerario

inconsumàbile [comp. di *in-*③ e *consumabile* ✱ 1321] **agg. 1** che non si può consumare **2** (*dir.*) di bene suscettibile di un godimento successivo e continuato **3** †interminabile ‖ **inconsumabilità**, **s. f. inv.**

inconsumàto [vc. dotta, lat. tardo *inconsummātu(m)*, comp. di *in-*③ e *consummātus*, part. pass. di *consummāre* 'consumare' ✱ av. 1588] **agg. 1** (*raro, lett.*) incompiuto, inespresso **2** †insoddisfatto

inconsùnto [vc. dotta, lat. *inconsūmptu(m)*, comp. di *in-*③ e *consūmptus*, part. pass. di *consūmere* (V. *consunto*) ✱ 1822] **agg.** ● (*lett.*) intatto, inesauribile

inconsùtile [vc. dotta, lat. eccl. *inconsūtile(m)*, comp. di *in-*③ e *consūtilis*, da *consuere*, comp. di *cŭm* 'insieme' e *sŭere* 'cucire', di orig. indeur. ✱ 1336 ca.] **agg.** ● (*lett.*) privo di cuciture | ***tunica i.***, la veste del Cristo, non cucita, simbolo dell'unità dei Cristiani e dell'umanità redenta

incontaminàbile [vc. dotta, lat. cristiano *incontaminābile(m)*, comp. di *in-*③ e *contaminābilis*, da *contamināre* 'contaminare' ✱ sec. XIV] **agg.** ● (*lett.*) che non si può o non si deve contaminare

†**incontaminatézza** [av. 1694] **s. f.** ● integrità, illibatezza

incontaminàto [vc. dotta, lat. *incontaminātu(m)*, comp. di *in-*③ e *contaminātus*, part. pass. di *contamināre* 'contaminare' ✱ sec. XIV] **agg.** ● intatto, puro: *nome i.*; *virtù, fama incontaminata* ‖ **incontaminataménte**, **avv.**

†**incontanènte** o †**incontinènte**②, †**incontenènte** [vc. dotta, lat. *incontinĕnti* (sottinteso *tĕmpore* 'tempo'), abl. dell'agg. *incōntinens*, genit. *incontinĕntis* 'che non trattiene, incontinente', comp. di *in-* neg. e *cōntinens*, part. pres. di *continēre* 'contenere' ✱ 1261 ca.] **A avv.** ● immediatamente, subito: *i. intesi e certo fui / che questa era la setta d'i cattivi* (DANTE *Inf.* III, 61-62) **B nella loc. cong.** ***i. che***, appena che

incontemplàbile [vc. dotta, lat. eccl. *incontemplābile(m)*, comp. di *in-* neg. e *contemplābilis* 'contemplabile', da *contemplāre* 'contemplare' ✱ sec. XIV] **agg.** ● (*lett.*) detto di ciò che lo sguardo non può contemplare a lungo

†**incontenènte** ➤ †**incontanente**

incontenìbile [comp. di *in-*③ e *contenibile* ✱ 1883] **agg.** ● che non si può limitare, frenare o trattenere: *l'avanzata i. degli invasori* | prorompente: *entusiasmo, felicità i.* ‖ **incontenibilménte**, **avv.** ‖ **incontenibilità**, **s. f. inv.**

incontentàbile [comp. di *in-*③ e un deriv. del v. *contentare* ✱ sec. XIV] **A agg.** ● che non si accontenta mai: *ragazza i.* | (*raro*) che non trova mai soddisfazione, appagamento: *avidità, desiderio i.* | molto esigente con gli altri e con sé stesso: *professore, artista i.* ‖ **incontentabilménte**, **avv.** ‖ **incontentabilità**, **s. f. inv.** (V.) **B s. m. e f.** ● persona incontentabile

incontentabilità [av. 1729] **s. f. inv.** ● caratteristica di chi non si contenta mai: *l'i. di una donna, di un cliente* | ricerca persistente della perfezione: *l'i. di quel pittore è proverbiale*

incontestàbile [comp. di *in-*③ e un deriv. del v. *contestare* ✱ 1683] **agg.** ● che non si può contestare: *verità i.*; *prove incontestabili* **SIN.** inconfutabile, inoppugnabile | (*est.*) evidente, sicuro: *tutto ciò che egli diceva, pareva avesse lo stesso valore i. della sua bellezza* (L. PIRANDELLO) ‖ **incontestabilménte**, **avv.** ‖ **incontestabilità**, **s. f. inv.**

incontestàto [1850] **agg.** ● che non è stato oggetto di contesa, discussione e sim.: *è un suo i. diritto*

incontinènte① [vc. dotta, lat. *incontinĕnte(m)*, comp. di *in-*③ e *cōntinens*, genit. *continĕntis*, part. pres. di *continēre* 'contenere' ✱ av. 1328] **A agg. 1** incapace di contenersi, frenarsi o imporsi un limite: *persona, lingua i.* **SIN.** intemperante **2** (*med.*) che è affetto da incontinenza ‖ **incontinenteménte**, **avv.** senza misura **B s. m. e f. 1** persona smodata, intemperante **2** (*med.*) chi è affetto da incontinenza

†**incontinènte**② ➤ †**incontanente**

incontinènza [vc. dotta, lat. *incontinĕntia(m)*, comp. di *in-*③ e *continĕntia*, da *continēre* 'contenere' ✱ 1313] **s. f. 1** intemperanza, smodatezza: *i. dei desideri, delle passioni* | ***peccati di i.***, gola, lussuria, avarizia e ira **2** (*med.*) incapacità totale o parziale di chiusura di uno sfintere, spec. anale o vescicale, dovuta a cause patologiche o a diminuzione del tono muscolare

†**incónto** (o **-ò-**) [vc. dotta, lat. *incōmptu(m)*, comp. di *in-*③ e *cōmptus*, part. pass. di *cōmere* '(ad)ornare' ✱ av. 1514] **agg.** ● (*lett.*) disadorno, inelegante

incóntra ➤ **incontro**②

✦**incontràre** [dal lat. tardo *incōntra*, comp. di *ĭn* e *cōntra* 'contro' ✱ sec. XII] **A v. tr.** (*io incóntro*) **1** trovare davanti a sé, per caso o deliberatamente: *i. un amico per strada, per le scale, alla stazione*; *dobbiamo incontrarlo domani, per affari* **2** avere di fronte, trovare qlco., imbattersi in qlco.: *i. pericoli, disagi, la morte* **3** (*fig.*) trovare, gener. in senso favorevole: *i. una buona moglie, la lode, la fortuna, il favore di qlcu.* | ***i. il genio, il gusto altrui***, corrispondervi | (*assol.*) ottenere approvazione, successo: *libro, attore, moda che incontra molto* **4** (*mat.*) detto di ente geometrico, intersecarne un altro in uno o più punti **5** (*sport*) disputare una partita, misurarsi con un avversario **6** (*mar., raro*) frenare il movimento di orzata o di poggiata cambiando vivamente la barra del timone, affinché la prua non cambi la direzione voluta **B v. intr.** (aus. *essere*; anche **impers.**, nel sign. 2) **1** corrispondere, stare sulla medesima direzione: *porte, finestre che incontrano* **2** †capitare, accadere (*anche impers.*) **C incontràrsi v. intr. pron.** ● trovarsi con qlcu. (+ *con*): *domani mi incontro con l'amministratore* | (*lett.*) imbattersi, incappare in qlcu. o qlco.: *incontrarsi in una persona onesta*; *Entra in un bosco, e ... s'incontra in una nuova meraviglia* (P. ARETINO) **D incontràrsi v. rifl. recipr. 1** vedersi con qlcu.: *incontriamoci domani al caffè* | (*est.*) fare conoscenza: *si incontrarono in vacanza* **2** affrontarsi: *le due squadre finaliste si incontrano domani per il titolo* **3** (*fig.*) essere d'accordo con qlcu. riguardo a idee, gusti e sim. (+ *in*): *incontrarsi nella scelta di qlco., nelle idee politiche* **SIN.** coincidere **4** confluire, unirsi: *due strade che si incontrano* **5** (*mat.*) di ente geometrico, intersecarsi con un altro in uno o più punti

incontràrio [comp. di *in-*② e *contrario* ✱ 1483] **avv. 1** †al contrario **2** (*colloq.*) nella loc. avv. ***all'i.***, al contrario, all'opposto, a rovescio, in modo diverso: *fa tutto all'i.*, *ogni cosa mi va all'i.*

incontrastàbile [comp. di *in-*③ e un deriv. di *contrastare* ✱ 1294] **agg.** ● che non si può contrastare o impedire: *avanzata, passo i.* | ***verità, ragione i.***, indiscutibile ‖ **incontrastabilménte**, **avv.** senza possibili contrasti ed opposizioni ‖ **incontrastabilità**, **s. f. inv.**

incontrastàto [comp. di *in-*③ e *contrasto* ✱ av. 1729] **agg.** ● privo di contrasti, opposizioni, difficoltà e sim.: *dominio i.*; *verità incontrastata* | ***vittoria incontrastata***, riportata da un atleta o da una squadra senza difficoltà

incontrista [da *incontro*① ✱ 1955] **s. m. e f.** (pl. m. *-i*) **1** (*sport*) nel pugilato, atleta abile nel portare colpi d'incontro **2** (*sport*) nel calcio, centrocampista con il compito di contrastare la manovra avversaria e rilanciare velocemente la propria **SIN.** mediano di interdizione

✦**incóntro**① [da *incontrare* ✱ 1530] **s. m. 1** circostanza dell'incontrare o dell'incontrarsi con qlcu.: *i. piacevole, sgradito, casuale, voluto, inopportuno, imprevisto*; *l'incontro con un amico, con i genitori*; *Mi raccontò del suo incontro con Ada* (I. SVEVO) | ***fare un brutto i.***, trovare dei malviventi sulla

a b c d e f g h i j k l m n o p q r s t u v w x y z

propria strada o una persona che non si desidera incontrare | riunione, convegno: *i. di ministri, di capi di Stato* | (*raro*) appuntamento: *mancare all'i.* **2** (*raro, est.*) ciò che si incontra | punto in cui due cose si incontrano | (*fig.*) ***cercare un punto d'i.***, un compromesso, un accordo **3** †accoglienza | (*raro*) favore, gradimento: *moda di grande, poco i.* **4** †scontro, battaglia | ***colpo d'i.***, nel pugilato, quello portato mentre l'avversario conduce un attacco | (*calcio*) ***mediano d'i.***, mediano d'interdizione **5** gara, competizione sportiva: *i. di calcio, di pugilato*; *i. internazionale*; *i. triangolare*; *disputare un i.* **6** (*lett., fig.*) occasione, caso: *i. fortunato, felice* | †accidente

♦**incóntro**② o (*lett.*) **in cóntro**, (*poet.*) **in-cóntra** [dal lat. parl. **incŏntra*, comp. di *in-*② e *cŏntra* 'contro' ✱sec. XIII] **A avv.** **1** (*raro, lett.*) di fronte, dirimpetto **2** (*raro, lett.*) al contrario, invece | †***all'i.***, al contrario; in cambio; dirimpetto **3** †contro | †davanti a sé **B nella loc. prep.** ***i. a*** **1** verso, in direzione di qlcu. o qlco. (con v. di moto): *gli andò i.*; *corrile i.*; *farsi i. a qlcu. per accoglierlo*; *andare i. alla brutta stagione*; *andare i. a brutte sorprese, a grossi guai, a forti spese*; *andare i. alla morte sorridendo* | ***andare, venire i. a qlcu.***, (*fig.*) concedergli un aiuto, materiale o morale, cercare di agevolarlo: *cerchi di venirmi i. nel prezzo* | ***andare, venire i. ai desideri di qlcu.***, (*fig.*) soddisfarli almeno in parte | (*lett.*) †con un pron. pers. enclitico: *essa incontrogli da tre gradi discese* (G. Boccaccio) **2** (*lett.*) contro (in senso ostile): *mi si fece i. minaccioso* | †***essere i. a qlcu.***, essergli contrario, avverso | †nei confronti di: *perché quel popolo è sì empio / incontr'a' miei in ciascuna sua legge?* (Dante *Inf.* X, 83-84) **3** (*lett.*) dirimpetto a

incontrollàbile [comp. di *in-*③ e *controllabile* ✱1891] **agg.** ● impossibile da controllarsi o verificarsi: *grido i.*; *dicerie incontrollabili* || **incontrollabilménte**, **avv.** || **incontrollabilità**, **s. f. inv.**

incontrollàto [comp. di *in-*③ e *controllato* ✱1921] **agg.** ● privo di controllo: *ira incontrollata* | non accertato: *voci incontrollate sparsero il panico* || **incontrollatamènte**, **avv.**
SFUMATURE ▸ *istintivo*

incontrovèrso [vc. dotta, lat. *incontrovĕrsu(m)*, errata lettura di *ĭn controvĕrsiis* o *sine controvĕrsiis* 'senza controversie' ✱1786] **agg.** ● che non si discute, che non è oggetto di obiezioni o critiche: *principi, diritti incontroversi*

incontrovertìbile [comp. di *in-*③ e *controvertibile* ✱av. 1704] **agg.** ● che è impossibile discutere o negare: *sentenza, principio i.* **SIN.** indiscutibile, inoppugnabile || **incontrovertibilménte**, **avv.** senza possibilità di controversia || **incontrovertibilità**, **s. f. inv.**

♦**inconveniènte** [vc. dotta, lat. *inconveniĕnte(m)*, comp. di *in-*③ e *convĕniens*, genit. *conveniĕntis*, part. pres. di *convenīre* 'convenire' ✱1282] **A agg.** ● †inutile | †inesatto, sbagliato | †disdicevole, sconveniente | †inopportuno || †**inconvenientemènte**, **avv.** inopportunamente **B s. m.** ● avvenimento o circostanza spiacevole, che ostacola, provoca danno, disturbo e sim.: *i. grave, serio, leggero*; *schivare, far nascere un i.* | (*est.*) svantaggio, elemento negativo: *la tua soluzione presenta un solo i.*

inconveniènza [vc. dotta, lat. tardo *inconveniĕntia(m)*, comp. di *in-*③ e *conveniĕntia*, da *convĕniens*, genit. *conveniĕntis* 'conveniente' ✱1282] **s. f.** ● inopportunità, sconvenienza | (*lett.*) ciò che è sconveniente, sbagliato, incongruo e sim.

inconvertìbile [vc. dotta, lat. tardo *inconvertĭbile(m)*, comp. di *in-*③ e *convertĭbilis*, da *convĕrtere* 'convertire' ✱1475] **agg.** **1** (*lett.*) immutabile | (*lett.*) di persona che non si può indurre al bene **SIN.** incorreggibile **2** (*econ.*) detto di una valuta che non può essere convertita in metallo prezioso né in altra valuta | detto di valori mobiliari che non possono essere convertiti in altri valori mobiliari || **inconvertibilità**, **s. f. inv.**

inconvincìbile [vc. dotta, lat. tardo *inconvincĭbile(m)*, comp. di *in-*③ e un deriv. di *convĭncere* 'convincere' ✱av. 1446] **agg.** **1** (*raro*) che non si può convincere **2** †invincibile

incoordinazióne [comp. di *in-*③ e *coordinazione* ✱1952] **s. f.** ● mancanza di coordinazione nei movimenti, nelle azioni e sim. | ***i. motoria***, mancanza di armonia nell'esecuzione dei movimenti muscolari

incoraggiaménto [sec. XIV] **s. m.** ● l'incoraggiare | incitamento: *parole d'i.* | ***premio d'i.***, in una competizione, quello assegnato ai non vincitori meritevoli di menzione

incoraggiànte **part. pres.** di *incoraggiare*; **anche agg.** ● che infonde coraggio, fiducia: *parole incoraggianti*; *prospettiva i.*

♦**incoraggiàre** [comp. di *in-*① e *coraggio* ✱sec. XIII] **A v. tr.** (**pres.** *io incoràggio*; **fut.** *io incoraggerò*) **1** incitare qlcu. infondendogli coraggio e dandogli fiducia (+ *a*, **anche seguito da inf.**): *i. un timoroso*; *i. le truppe all'assalto* | spronare, stimolare: *i. un giovane a continuare gli studi* | (*est.*) indurre a qlco. di negativo: *certi spettacoli incoraggiano i giovani alla violenza* **2** promuovere, secondare, favorire: *i. nuovi tentativi diplomatici* **B v. intr.** † e **incoraggiàrsi** **v. intr. pron.** ● †prendere coraggio **C incoraggiàrsi** **v. rifl. recipr.** ● farsi coraggio a vicenda: *facevano consulta, per incoraggiarsi l'un l'altro* (A. Manzoni)

SFUMATURE DI SIGNIFICATO

incoraggiare - rincuorare

Sia **incoraggiare** sia **rincuorare** sono composti con la parola *cuore*, che qui significa "coraggio", quindi entrambi equivalgono a "dare coraggio". Tuttavia in *incoraggiare* sembra essere maggiormente accentuata la sfumatura di indurre una reazione positiva nel soggetto perché si riprenda e agisca nuovamente.

incoraggiatóre [1831] **s. m.** (**f.** *-trice*); **anche agg.** ● (*raro*) chi (o che) incoraggia

incoràre ▸ **incuorare**

incordaménto [1635] **s. m.** ● (*raro*) incordatura

incordàre [comp. di *in-*① e *corda* ✱av. 1367] **A v. tr.** (*io incòrdo*) ● fornire di corde: *i. l'arco, il mandolino, la racchetta* | †legare con una o più corde **B incordàrsi** **v. intr. pron.** ● irrigidirsi: *mi si è incordato un muscolo*

incordatùra [sec. XIV] **s. f.** **1** l'incordare **2** (*mus.*) insieme delle corde di uno strumento musicale **3** (*est.*) insieme delle corde di una racchetta da tennis **4** (*med.*) difficoltà di flessione muscolare

incordonàre [comp. di *in-*① e *cordone* ✱1957] **v. tr.** (*io incordóno*) ● (*mar.*; *disus.*) impiombare

incordonàto **part. pass.** di *incordonare*; **anche agg.** ● nel sign. del v.

incornàre [comp. di *in-*① e *corna* ✱1506] **A v. tr.** (*io incòrno*) **1** colpire con le corna: *il toro incornò il torero* **2** (*raro*) afferrare e tenere per le corna un bovino **3** nel gergo calcistico, colpire il pallone di testa: *i. in rete* **4** (*fig., pop.*) tradire il proprio coniuge **5** (*scherz.*) †dileggiare **B incornàrsi** **v. intr. pron.** ● (*fig., pop.*) ostinarsi

incornàta [1968] **s. f.** **1** colpo dato dal toro con le corna **2** nel gergo calcistico, colpo di testa

incornatùra [da *incornare* nel sign. B ✱av. 1767] **s. f.** **1** (*raro, pop.*) ostinazione **2** (*raro*) cornatura

incorniciàre [comp. di *in-*① e *cornice* ✱1605] **v. tr.** (**pres.** *io incornìcio*; **fut.** *io incornicerò*) **1** mettere in cornice: *i. un quadro, una stampa* | ***da i.***, (*fig.*) memorabile, degno di apprezzamento: *un gol, un'azione da i.* | in tipografia, racchiudere con uno speciale filetto detto cornice **2** (*fig.*) contornare come una cornice: *i lunghi capelli le incorniciavano il viso*

incorniciàto **part. pass.** di *incorniciare*; **anche agg.** ● nei sign. del v.

incorniciatùra [av. 1686] **s. f.** **1** l'incorniciare: *provvedere all'i. di un dipinto* **2** cornice (*anche fig.*): *i. elegante*

incoronaménto [av. 1431] **s. m.** ● (*raro*) incoronazione

♣**incoronàre** [comp. di *in-*① e *corona* ✱1224 ca.] **v. tr.** (*io incoróno*) **1** cingere qlcu. solennemente di corona, investendolo della dignità regale o imperiale: *incoronarono il principe con gran fasto* | (*est.*) inghirlandare: *gli antichi usavano i. le vittime prima di sacrificarle*; *i. un poeta d'alloro* **2** (*fig.*) attribuire un merito, una dignità: *questa lirica basterebbe da sola a incoronarlo poeta* **3** (*fig.*) cingere come una corona: *le torri e le mura incoronano la città* | (*raro, scherz.*) ***i. il marito, la moglie***, tradirli **4** (*mus.*) mettere il punto coronato

incoronàta [1970] **s. f.** ● (*mus.*) punto coronato sopra una nota

incoronàto **part. pass.** di *incoronare*; **anche agg.** ● nei sign. del v.

incoronazióne [1509] **s. f.** ● cerimonia solenne nella quale un sovrano o un pontefice è investito della sua dignità mediante l'imposizione della corona o della tiara, simboli del potere

incorporàbile [vc. dotta, lat. tardo *incorporābile(m)*, comp. di *in-*① e un deriv. di *cŏrpus* 'corpo', di etim. incerta ✱av. 1320] **agg.** **1** che si può incorporare a o in qlco. **2** †incorporeo || **incorporabilità**, **s. f. inv.**

incorporàle [vc. dotta, lat. tardo *incorporāle(m)*, comp. di *in-*③ e *corporālis* 'corporale' ✱1261 ca.] **agg.** **1** (*raro*) incorporeo **2** (*dir.*) detto di ogni creazione dello spirito umano, che appartiene a titolo originario a chi l'ha prodotta: *beni incorporali*; *cosa i.* || †**incorporalménte**, **avv.** incorporeamente

incorporaménto [sec. XIV] **s. m.** ● (*raro*) l'incorporare, l'incorporarsi | incorporazione

incorporànte **part. pres.** di *incorporare*; **anche agg.** **1** che incorpora **2** (*ling.*) ***lingue incorporanti***, che uniscono strettamente gli elementi della frase in una espressione unica

incorporàre [vc. dotta, lat. tardo *incorporāre*, comp. di *in-*② e *corporāre* 'dare un corpo', da *cŏrpus*, di etim. incerta ✱av. 1292] **A v. tr.** (*io incòrporo*) **1** mescolare due o più elementi in modo da formare una sola massa, con caratteristiche proprie: *incorporando l'acqua col sale e la farina si ottiene una pasta*; *i. le uova e il burro nello zucchero* **2** (*est.*) immettere in una struttura o in un organismo più vasto: *i. una provincia in un regno, un piccolo comune in una grande città, le leggi vecchie nel nuovo codice* | annettere: *i. una società* **SIN.** includere **3** assorbire, ritenere: *la calce incorpora acqua* | (*fig.*) assimilare **4** (*milit.*) assumere a ruolo in un corpo o reparto le reclute assegnate **B incorporàrsi** **v. rifl. recipr.** ● unirsi in modo da formare un tutto omogeneo (*anche fig.*): *sostanze che si sono incorporate* **C incorporàrsi** **v. intr. pron.** ● †incarnarsi

SFUMATURE DI SIGNIFICATO

incorporare - amalgamare - annettere

Mescolare insieme due o più sostanze in modo da creare un'unica massa si dice **incorporare**; in altra accezione il verbo descrive l'azione di inserire un elemento in una struttura o in un organismo preesistente, avendo cura che il risultato finale sia di omogeneità e non di giustapposizione. Un'azione di fusione completa di più componenti in un insieme è descritta dal verbo **amalgamare**, che si usa di preferenza in riferimento a ingredienti alimentari o a colori. **Annettere** esprime invece l'idea di aggiungere un elemento accessorio a un tutto già strutturato, che alla fine non risulta modificato, ma solo ampliato.

incorporatóre [av. 1565] **agg. e s. m.** (**f.** *-trice*) ● che (o chi) incorpora

incorporazióne [vc. dotta, lat. *incorporatiōne(m)*, da *incorporātus* 'incorporato' ✱av. 1463] **s. f.** **1** l'incorporare, l'incorporarsi (*anche fig.*): *i. di una provincia* | *i. di società*, fusione attuata mediante assorbimento di una società da parte di un'altra | *i. tra Stati*, estinzione di uno Stato il cui popolo e il cui territorio, già sottoposti alla sua sovranità, passano sotto il dominio di uno o più Stati preesistenti **2** †incameramento, confisca

incorporeità [1614] **s. f. inv.** ● caratteristica, condizione di ciò che è incorporeo

incorpòreo [vc. dotta, lat. tardo *incorpŏreu(m)*, comp. di *in-* neg. e *corpŏreus* 'corporeo', da *cŏrpus*, di etim. incerta ✱1308] **agg.** ● che non ha corpo, che è privo di consistenza materiale ‖ **incorporeaménte**, **avv.** senza corpo

✦**in còrpore vili** [loc. lat., propr. 'su (*in*) un corpo (*cŏrpus*) senza importanza (*vīle(m)*)' ✱1984] **loc. avv.** ● a titolo di esperimento, come esperienza rischiosa per chi la subisce (con riferimento a esperimenti clinici eseguiti un tempo su animali, condannati a morte o persone di umile condizione)

incòrporo [da *incorporare* ✱1701] **s. m.** ● (*burocr.*) incameramento di beni, rendite e sim.

†**incòrre** ➤ **incogliere**

incorreggìbile [vc. dotta, lat. tardo *incorrigībile(m)*, comp. di *in-*③ e un deriv. di *corrigere* 'correggere' ✱av. 1342] **agg.** **1** che non si può correggere: *un compito i. per i troppi errori* | che non si può guarire: *difetto fisico i.* | che non si riesce a migliorare o emendare: *carattere i.* **2** incallito, irriducibile: *un giocatore i.* ‖ **incorreggibilménte**, **avv.** ‖ **incorreggibilità**, **s. f. inv.**

incórrere [vc. dotta, lat. *incŭrrere*, comp. di *in-*② e *cŭrrere* 'correre' ✱1312] **A** **v. intr.** (**coniug. come** *correre*; **aus.** *essere*) **1** andare a finire, venirsi a trovare in qlco. di spiacevole e spesso di imprevisto (+ *in*): *i. in un pericolo*, *nella censura*, *nella scomunica* **SIN.** incappare **2** †procedere rapidamente verso un determinato fine: *una certa passion languidetta, che promette poter facilmente i. e convertirsi in amore* (B. CASTIGLIONE) **3** †andare all'assalto **4** †accadere, capitare, avvenire **B** **v. tr.** ● †commettere: *i. un errore* | (*lett.*) subire: *i. il biasimo*

incorrettézza [comp. di *in-*③ e *correttezza* ✱1869] **s. f.** ● (*raro*) scorrettezza

incorrètto [vc. dotta, lat. *incorrēctu(m)*, comp. di *in-*③ e *corrēctus* 'corretto', part. pass. di *corrigere* 'correggere' ✱av. 1388] **agg.** **1** (*raro*, *lett.*) che non ha ricevuto le necessarie correzioni: *pagine incorrette* **2** †corrotto, impenitente **3** (*raro*) impreciso, scorretto ‖ **incorrettaménte**, **avv.**

†**incorrezióne** [av. 1455] **s. f.** ● imperfezione, imprecisione

†**incorrottìbile** e deriv. ➤ **incorruttibile** e deriv.

incorrótto [vc. dotta, lat. *incorrŭptu(m)*, comp. di *in-*③ e *corrŭptus*, part. pass. di *corrŭmpere* 'corrompere' ✱av. 1311] **agg.** **1** che non ha subìto putrefazione, alterazione: *corpo i.*; *salma incorrotta* **SIN.** intatto **2** (*fig.*) incontaminato: *gioventù, fede incorrotta* **SIN.** puro **3** (*fig.*) che non si è fatto corrompere: *giudice, magistrato i.* **SIN.** onesto ‖ **incorrottaménte**, **avv.** con purezza e integrità

incorruttìbile o †**incorrottìbile** [vc. dotta, lat. eccl. *incorruptĭbile(m)*, comp. di *in-*③ e *corruptĭbilis* 'corruttibile' ✱1308] **agg.**; **anche s. m. e f. nel sign. 2** **1** (*raro*) che non si deteriora, che non si decompone: *legno odoroso e i.* | (*lett.*) perenne: *di Libertà l'incorruttibil fiamma* (U. FOSCOLO) | (*lett.*) immortale: *anima i.* **SIN.** inalterabile **2** (*fig.*) che (o chi) non si lascia corrompere: *giudice i.*; *soltanto una terrazza … ci era vietata dall'i. custodia di Gregorio* (I. NIEVO) | *l'Incorruttibile*, (*per anton.*) Robespierre ‖ **incorruttibilménte**, **avv.** ‖ **incorruttibilità** o †**incorrottibilità**, **s. f. inv.**

SFUMATURE ➤ *probo*

incorsàre [vc. dotta, lat. *incursāre*, comp. di *in* 'contro' e *cursāre*, frequentativo di *cŭrrere* 'correre' ✱1868] **v. tr.** (*io incórso*) ● (*tess.*) far passare i fili di ordito nelle maglie dei licci

incorsatóio [da *incorsare* nel senso di '(s)correre dentro' ✱1834] **s. m.** (**pl.** *-ói*) ● pialla munita di due ferri, usata per il taglio degli incastri a tenone e a mortasa

incorsatóre [1957] **s. m.** (**f.** *-trice*) ● operaio tessile addetto all'incorsatura

incorsatùra [1834] **s. f.** ● (*tess.*) operazione dell'incorsare

incórso ① **part. pass.** di *incorrere* ● nei sign. del v.

†**incórso** ② [vc. dotta, lat. *incŭrsu(m)*, propr. part. pass. di *incŭrrere* 'correre (*cŭrrere*) sopra (*in-*)' il territorio nemico ✱sec. XIV] **s. m.** ● incursione

incortinàre [comp. di *in-*① e *cortina* ✱1353] **v. tr.** ● (*lett.*, *raro*) ornare di cortine: *i. le finestre, il letto*

✦**incosciènte** [comp. di *in-*③ e *cosciente* ✱1833] **A** **agg.** **1** privo di coscienza: *rimanere i. per uno svenimento* **2** di fenomeno non avvertito dalla coscienza: *impulso i.* **SIN.** inconscio **3** di chi agisce senza consapevolezza delle proprie azioni e delle loro conseguenze: *automobilista, ragazzo i.* **SIN.** irresponsabile ‖ **incoscienteménte**, **avv.** **1** in modo inconsapevole **2** in modo irresponsabile **B** **s. m. e f.** ● persona che agisce senza pensare a ciò che fa o alle conseguenze dei propri atti: *comportarsi, agire da i.* **SIN.** irresponsabile

✦**incosciènza** [vc. dotta, lat. tardo *inconsciĕntia(m)*, comp. di *in-*③ e *consciĕntia* 'coscienza' ✱1881] **s. f.** **1** assenza di coscienza, di lucidità mentale: *stato di i.* **2** mancanza di consapevolezza circa le proprie azioni: *la tua i. supera i limiti del sopportabile*; *nella beata i. dell'infanzia* (L. PIRANDELLO) **SIN.** irresponsabilità | (*est.*) atto o comportamento da incosciente

†**incospìcuo** [vc. dotta, lat. tardo *inconspĭcuu(m)*, comp. di *in-*③ e *conspĭcuus* 'cospicuo' ✱av. 1642] **agg.** ● poco appariscente: *astro i.*

incostànte [vc. dotta, lat. *inconstănte(m)*, comp. di *in-*③ e *cŏnstans*, genit. *constăntis* 'costante' ✱av. 1327] **A** **agg.** ● variabile, disuguale: *durata i.* | mutevole, instabile: *stagione, indole i.* | volubile: *un giovane i.* ‖ **incostanteménte**, **avv.** in modo incostante, mutevole **B** **s. m. e f.** ● persona volubile e leggera: *io, lascio un i.: / tu, perdi un cor sincero* (P. METASTASIO)

incostànza o †**inconstànzia** [vc. dotta, lat. *inconstăntia(m)*, comp. di *in-*③ e *constăntia* 'costanza' ✱av. 1348] **s. f.** ● instabilità, variabilità: *l'i. della stagione della fortuna*; *o incostanzia de le umane cose* (F. PETRARCA) | volubilità: *l'i. dei propositi di qlcu.*

incostituzionàle [comp. di *in-*③ e *costituzionale*, sul tipo del corrispondente fr. *inconstitutionnel* ✱1797] **agg.** ● detto di norma contraria a una specifica disposizione o a un principio della Costituzione ‖ **incostituzionalménte**, **avv.** ‖ **incostituzionalità**, **s. f. inv.** condizione di ciò che è incostituzionale: *incostituzionalità di una norma*

†**incòstro** ➤ **inchiostro**

incòtto **A** **part. pass.** di *incuocere*; **anche agg.** ● (*raro*) nei sign. del v. **B** **agg.**; **anche s. m.** ● detto di calcare non ben calcinato durante la cottura

incravattàre [comp. di *in-*① e *cravatta* ✱1858] **v. tr.** ● fornire qlcu. di cravatta

incravattàto **part. pass.** di *incravattare*; **anche agg.** **1** nel sign. del v. **2** (*scherz.*) di uomo vestito impeccabilmente, elegante in modo eccessivo: *apparve lustro e i. sulla soglia*

†**increànza** [comp. di *in-*③ e *creanza* ✱1638] **s. f.** ● mancanza di creanza, di educazione: *trattare qlcu. con i.*

increàto [vc. dotta, lat. tardo *increātu(m)*, comp. di *in-*③ e *creātus* 'creato①' ✱av. 1292] **agg.** ● (*lett.*) non creato, detto della natura divina

incrèbbe ➤ **increscere**

✦**incredìbile** [vc. dotta, lat. *incredĭbile(m)*, comp. di *in-*③ e *credĭbilis*, da *crēdere* 'credere' ✱av. 1294] **agg.** **1** difficile o impossibile a credersi (+ *che* **seguito da congtv.**): *storia i. ma vera*; *ricchezza, impresa, crudeltà i.*; *i. a dirsi*; *pare i. che sia andata a finire così* **SIN.** assurdo, inconcepibile **2** (*iperb.*) enorme, eccezionale: *una folla i.*; *una memoria i.* ‖ **incredibilménte**, **avv.** **1** in modo incredibile, sorprendente: *incredibilmente, non si era accorto di nulla*; *alberi incredibilmente vivi nell'ambiente dell'acqua salata e delle pietre* (I. SVEVO) **2** eccezionalmente, straordinariamente: *una donna incredibilmente bella*

SFUMATURE DI SIGNIFICATO

incredibile - inconcepibile

Incredibile è ciò che è difficile o impossibile credere perché strano, decisamente inusuale; in senso iperbolico indica ciò che straordinario, enorme. **Inconcepibile** è letteralmente ciò che non può essere compreso e accettato dalla mente umana.

incredibilità [vc. dotta, lat. tardo *incredibilitāte(m)*, comp. di *in-*③ e un deriv. di *credĭbilis* 'credibile' ✱av. 1451] **s. f. inv.** ● caratteristica di ciò che è incredibile: *i. di un racconto* **SIN.** inverosimiglianza

increditaménto [da *accreditamento*, con cambio di pref. ✱1840] **s. m.** ● (*disus.*) accreditamento

increditàre [da *accreditare*, con cambio di pref. ✱1840] **v. tr.** (*io incrédito*) ● (*disus.*) accreditare

incredulità [vc. dotta, lat. tardo *incredulitāte(m)*, comp. di *in-*③ e *credŭlitas* 'credulità' ✱sec. XIII] **s. f. inv.** **1** atteggiamento di chi non è propenso a credere: *ascoltava il racconto con grande i.* | scetticismo: *sorriso d'i.* **2** nella teologia cristiana, mancanza di fede religiosa **SIN.** miscredenza

incrèdulo [vc. dotta, lat. *incrēdulu(m)*, comp. di *in-*③ e *crēdulus* 'credulo' ✱av. 1328] **A** **agg.** **1** che non crede o stenta a credere: *spirito i. di* (*lett. in*) *tutto* | che esprime incredulità, scetticismo: *sguardo, sorriso i.* **2** di chi non ha fede religiosa: *gioventù incredula* **B** **s. m.** (**f.** *-a*) **1** (*lett.*) chi non ha religione o fede **SIN.** miscredente **2** in teologia, chi non ha la fede cristiana, nei riguardi dei credenti di altre religioni

incrementàle [da *incremento* ✱1931] **agg.** ● relativo a un incremento | (*mat.*) *rapporto* *i.*, rapporto fra l'incremento di una funzione e il corrispondente incremento della variabile

incrementàre [vc. dotta, lat. tardo *incrementāre*, da *incremĕntu(m)* 'incremento' * 1499] **v. tr.** (*io increménto*) ● aumentare, fare sviluppare: *i. l'attività industriale, la ricerca scientifica*

incrementatìvo [da *incrementat(o)* con il suff. *-ivo** 1985] **agg.** ● che provoca un incremento o uno sviluppo, spec. economico

incrementìvo [1957] **agg.** ● (*raro*) rivolto a incrementare

increménto [vc. dotta, lat. *incremĕntu(m)*, comp. di *in-*① e *cremĕntu(m)*, da *crēscere*, di orig. indeur. * av. 1498] **s. m. 1** accrescimento, aumento: *i. delle esportazioni, del mercato automobilistico; promuovere l'i. della produzione nazionale* | ***i. della popolazione***, in statistica, variazione in più della consistenza di un gruppo demografico **CONTR.** decremento **2** (*ling.*) accrescimento di una parola per mezzo di suffissi e desinenze **3** (*mat.*) differenza fra un valore generico e un valore fissato di una quantità variabile
SFUMATURE ➤ *aumento*

†**increpàre** [vc. dotta, lat. *increpāre*, comp. di *in* 'contro' e *crepāre* 'brontolare' * 1363] **v. tr.** ● sgridare, rimproverare aspramente

†**increpóre** [da *increpare* * av. 1348] **s. m.** ● stizza, dispetto

incréscere [vc. dotta, lat. *incrēscere*, comp. di *in* 'sopra, oltre' e *crēscere* 'aumentare' * sec. XII] **v. intr.** (**coniug. come** *crescere*; **aus.** *essere*) ● (*lett.*) rincrescere, dispiacere

increscévole [1261 ca.] **agg.** ● (*lett., raro*) increscioso | sgradevole ‖ **increscevolménte**, avv.

incresciόso (o -*ṣo*) [da *increscere* * 1505] **agg. 1** (*lett.*) che causa fastidio, disturbo: *Ebbi l'idea di troncar quella visita incresciosa* (G. Stuparich) **2** sgradevole, riprovevole, penoso: *argomento i.; situazione, faccenda incresciosa* ‖ **incresciosaménte**, avv.

> **SFUMATURE DI SIGNIFICATO**
> ***increscioso - antipatico - penoso***
> **Increscioso** è ciò che crea un vivo imbarazzo, o che determina rincrescimento, dolore. **Antipatico** è piuttosto qualcosa o qualcuno che risulta scortese, indelicato o sconveniente al punto di suscitare una reazione istintiva di antipatia o di avversione. **Penoso** è parola più forte delle precedenti; descrive ciò che arreca pena, sofferenza fisica o morale o anche un imbarazzo venato di disagio.
> **SFUMATURE** ➤ *spiacevole*

increspaménto [1598] **s. m.** ● l'increspare, l'incresparsi

increspàre [vc. dotta, lat. *incrispāre*, comp. di *in-*① e *crispāre*, da *crīspus* 'crespo' * 1287] **A v. tr.** (*io incréspo*) ● rendere crespo o leggermente ondulato: *i. i capelli, un tessuto; il vento increspa il mare* | ***i. la fronte***, corrugarla | ***i. la pelle***, renderla grinzosa | ***i. la bocca***, storcerla per disgusto **B incresparsi v. intr. pron.** ● diventare crespo o leggermente ondulato: *quando la frutta avvizzisce la buccia s'increspa; il lago s'increspava per la brezza* **SIN.** raggrinzare, corrugarsi

increspàto **part. pass.** di *increspare*; anche **agg.** ● che presenta crespe: *una stoffa increspata* | ***mare i.***, leggermente mosso

increspatóre [1940] **s. m. 1** (**f.** *-trice*) operaio addetto alla fabbricazione della carta increspata **2** accessorio della macchina da cucire per fare crespe

increspatùra [av. 1584] **s. f. 1** l'increspare **2** crespa, o insieme di crespe, spec. nei lavori di cucito: *una camicetta ornata d'increspature*

incretiniménto [1883] **s. m.** ● l'incretinire, l'incretinirsi

incretinìre [comp. di *in-*① e *cretino* * 1873] **A v. tr.** (*io incretinìsco, tu incretinìsci*) ● rendere cretino, incapace di connettere: *caldo, fatica, chiacchierio che incretinisce* **SIN.** rimbecillire, rincitrullire **B v. intr.** (**aus.** *essere*) e **incretinìrsi v. intr. pron.** ● rimbecillirsi, rincitrullirsi: *col troppo lavoro ci siamo incretiniti*

incretinìto **part. pass.** di *incretinire*; anche **agg.** ● nel sign. del v.

incrèto [vc. dotta, lat. *incrētu(m)*, part. pass. di *incĕrnere*, da *cĕrnere* 'passare al setaccio', con *in-* rafforz. * 1930] **s. m.** ● (*fisiol.*) prodotto elaborato dalle ghiandole a secrezione interna

incriccàrsi [da *cric*① * sec. XVI] **v. intr. pron.** (*io mi incricco, tu ti incricchi*) **1** †impuntarsi, ostinarsi **2** (*colloq.*) incepparsi, bloccarsi: *mi si è incriccata la schiena*

incriminàbile [1883] **agg.** ● che si può incriminare ‖ **incriminabilità**, **s. f. inv.**

incriminàre [comp. di *in-*① e †*criminare* * 1309] **v. tr.** (*io incrìmino*) ● (*dir.*) accusare qlcu., in giudizio, di un reato

incriminàto **part. pass.** di *incriminare*; anche **agg. 1** accusato in giudizio di un reato **2** che è servito per commettere un reato: *arma incriminata* **3** (*est., spec. scherz.*) che è oggetto di critica, censura o discussione: *sono queste le frasi incriminate*

incriminatóre [1958] **agg.** (**f.** *-trice*) ● che incrimina | (*dir.*) che comporta incriminazione: *norma incriminatrice*

incriminazióne [vc. dotta, lat. tardo *incriminatiōne(m)* 'mancanza di materia d'accusa', comp. di *in-*① e *criminātio*, da *criminātus*, part. pass. di *crimināre*, da *crīmen*, genit. *crīminis* 'delitto, crimine' * 1862] **s. f.** ● l'incriminare: *i. di un teste*

♦**incrinàre** [comp. di *in-*① e *crena* 'spaccatura, fessura', con sovrapposizione di *inclinare* * av. 1250] **A v. tr. 1** fendere un oggetto fragile con una crepa sottile ma profonda: *i. un vetro, uno specchio, una terracotta* **2** (*fig.*) intaccare, compromettere, guastare: *il loro comportamento sta incrinando i nostri rapporti* **B incrinàrsi v. intr. pron. 1** fendersi, aprirsi in fessure: *il muro si incrina per il gelo; odo schianti fievoli come di legno che si risenta, di vetro che s'incrini* (G. D'Annunzio) **2** (*fig.*) guastarsi: *la loro amicizia s'è irrimediabilmente incrinata*

incrinàto **part. pass.** di *incrinare*; anche **agg.** ● nei sign. del v.

incrinatùra [da *incrinare* * 1869] **s. f. 1** crepa sottile ma profonda in un oggetto | (*fig.*) alterazione della voce **2** (*fig.*) alterazione, indebolimento: *la sua onorabilità ha subìto qualche i.* | (*fig.*) screzio, dissenso che può comportare una crisi: *l'i. nella compagine governativa*

†**incristallàre** [comp. di *in-*① e *cristallo* * av. 1492] **A v. tr.** ● congelare | (*poet.*) rendere vitreo: *l'acqua corrente e querula incristalla / il ghiaccio* (L. de' Medici) **B** †**incristallàrsi v. intr. pron. 1** trasformarsi in cristallo **2** abbondare di cristallerie

incriticàbile [comp. di *in-*③ e *criticabile* * av. 1729] **agg.** ● (*raro*) che non si può criticare ‖ **incriticabilità**, **s. f. inv.**

incrociaménto [av. 1667] **s. m. 1** l'incrociare, l'incrociarsi | (*raro*) incrocio **2** (*tess.*) specie di graticolato che formano tra loro i fili della seta innaspata per le varie obliquità dei giri

♦**incrociàre** [comp. di *in-*① e *croce* * sec. XIV] **A v. tr.** (**pres.** *io incrócio*; **fut.** *io incrocerò*) **1** mettere una cosa di traverso a un'altra: *i. le mani, le gambe* | ***i. le braccia***, (*fig.*) astenersi dal lavoro per sciopero | ***i. le dita***, V. *dito* | ***i. le armi***, (*fig.*) combattere | ***i. il ferro, la spada con qlcu.***, battersi in duello | ***i. il fuoco***, disporre i pezzi o le armi in modo che le loro traiettorie si incrocino, aumentando l'efficacia del tiro **2** attraversare trasversalmente: *la ferrovia incrocia la carrozzabile* **3** incontrare un veicolo diretto in senso opposto: *abbiamo incrociato numerosi autotreni* **4** (*biol.*) accoppiare animali o vegetali appartenenti a specie diverse: *i. due razze di cani, due varietà di rose* **B v. intr.** (**aus.** *avere*) ● (*mar., aeron.*) navigare o volare in su e in giù nelle diverse direzioni mantenendosi in uno stesso tratto di mare o d'aria: *i. al largo; i. sull'obiettivo* **C incrociàrsi v. rifl. recipr. 1** attraversarsi o intersecarsi a croce: *in quel punto le strade si incrociano; due rette che si incrociano* | (*fig.*) incontrarsi (+ *con*): *quello sguardo scintillante che s'incrociava col suo* (G. Verga) | ***le battute si incrociano***, sono rapidamente scambiate tra diverse persone riunite in uno stesso luogo **2** incontrarsi andando in direzioni opposte: *ci siamo incrociati davanti alla stazione della metro; i due treni si incroceranno dopo il tunnel* **3** (*biol.*) accoppiarsi con un individuo di razza diversa: *piante, animali che si sono incrociati*
SFUMATURE ➤ *attraversare*

incrociàto **part. pass.** di *incrociare*; anche **agg. 1** nei sign. del v. | ***parole incrociate***, cruciverba **2** (*fig.*) che proviene da più parti: *essere oggetto di critiche incrociate* | ***fuoco i.***, V. *fuoco* nel sign. 3

incrociatóre [da *incrociare* nel sign. B, secondo il modello del corrispondente fr. *croiseur* (da *croix* 'croce') * 1797] **s. m.** ● nave da guerra molto veloce, molto armata e con protezione minore della corazzata | ***i. leggero***, con dislocamento inferiore alle 7000 tonnellate | ***i. da battaglia***, con dislocamento superiore alle 20 000 tonnellate | ***i. ausiliario***, nave mercantile armata con cannoni, con equipaggio militare

> **SFUMATURE DI SIGNIFICATO**
> ***incrociatore - corazzata***
> **Incrociatore** è una nave da guerra molto veloce e fornita di una grande quantità di armi. Una nave da guerra è anche la **corazzata**, che tuttavia si differenzia dall'incrociatore per il fatto di essere più lenta e di disporre di strutture di difesa più possenti.

incrociatùra [av. 1616] **s. f.** ● (*lett.*) l'incrociare, l'incrociarsi | incrocio

incrocicchiaménto [1566] **s. m.** ● (*lett.*) l'incrocicchiare, l'incrocicchiarsi | crocicchio | incrocio

incrocicchiàre [var. di *incrociare* per sovrapposizione di *crocicchio* * 1312] **A v. tr.** (*io incrocìcchio*) ● (*lett.*) incrociare, intersecare: *i. corde, fili di ferro* | ***i. le dita***, intrecciarle | ***i. le braccia***, tenerle conserte **B incrocicchiàrsi v. rifl. recipr. 1** (*lett.*) incrociarsi, intrecciarsi: *bisogni che sempre più s'incrocicchiavano tra di loro* (C. Beccaria) **2** †incontrarsi formando un crocevia

†**incrocicchiatùra** [av. 1566] **s. f.** ● incrocicchiamento | intersecazione

♦**incrócio** [da *incrociare* * 1900] **s. m. 1** l'incrociare, l'incrociarsi: *i. di pali, viottoli, travi, treni* | punto di intersezione, spec. di strade: *hanno messo un semaforo all'i.* **2** (*biol.*) accoppiamento di due animali o di due vegetali appartenenti a specie affini o a sottospecie della stessa specie | il prodotto di tale accoppiamento **3** (*fig.*) misto, mescolanza, via di mezzo: *un i. tra la farsa e la commedia* **4** (*ling.*) nascita di una forma nuova dalla contaminazione di due elementi: *'cipiglio' è il probabile i. di 'ciglio' e 'piglio'* **5** (*mus.*) nella polifonia, inversione della posizione originaria delle parti | negli strumenti a tastiera, inversione delle mani, per cui la parte acuta è eseguita dalla sinistra e la grave dalla destra

incrodàrsi [comp. di *in*① e *croda* ✻ 1934] **v. intr. pron.** (*io mi incròdo*) ● nell'alpinismo, venirsi a trovare in parete in una posizione tale da non poter più né salire né scendere SIN. arrocciarsi

†**incroiàre** ➤ †**incoiare**

incrollàbile [comp. di *in-*③ e un deriv. del v. *crollare* ✻ 1666] **agg. 1** (*raro*) che non può rovinare, cadere: *torre i.* SIN. resistente, stabile **2** (*fig.*) che non può essere scosso, smosso: *fede, convinzione i.* SIN. fermo, saldo, irremovibile ‖ **incrollabilménte**, **avv.** ‖ **incrollabilità**, **s. f. inv.**

incrostaménto [1564] **s. m.** ● l'incrostare, l'incrostarsi | (*est.*) concrezione

incrostàre [vc. dotta, lat. *incrustāre*, comp. di *in-* 'in-①' e *crŭsta* 'crosta' ✻ 1543] **A v. tr.** (*io incròsto*) **1** ricoprire come con una crosta: *la salsedine ha incrostato la chiglia del battello* | (*est.*) otturare o intasare condotti, tubature e sim. con incrostazioni: *il calcare e la ruggine hanno incrostato tutto l'impianto* **2** ornare con un rivestimento di materiali pregiati: *i. di madreperla uno scrigno* **B incrostàrsi v. intr. pron.** ● rivestirsi come di una crosta: *il ferro si incrosta di ruggine*

incrostàto **part. pass.** di *incrostare*; anche **agg.** ● nei sign. del v.: *un tubo i.*; *un diadema i. di perle*

incrostatùra [1550] **s. f.** ● incrostazione | (*fig., lett.*) aspetto superficiale: *scrollati … d'addosso ogni i. di concetti* (L. PIRANDELLO)

incrostazióne [vc. dotta, lat. tardo *incrustatiōne(m)*, da *incrustātus* 'incrostato' ✻ av. 1555] **s. f. 1** formazione di strato o depositi simili a crosta: *bisogna evitare l'i. delle condutture*; *i. calcarea, salina*; *i. di tartaro sui denti* | lo strato stesso: *eliminare le incrostazioni con un acido* **2** tecnica decorativa per incrostare monili, mobili e sim. | materiale pregiato usato per incrostare **3** applicazione di pizzi o altro su abiti e sim. **4** (*fig.*) elemento inutile o superato che offusca la vera natura di qlco.: *incrostazioni retoriche*

incrudeliménto [sec. XIV] **s. m.** ● (*raro*) l'incrudelire

incrudelìre [comp. di *in-*① e *crudele* ✻ 1268] **A v. tr.** (*io incrudelisco, tu incrudelisci*) **1** (*raro*) rendere crudele o più crudele **2** †indurire, incrudire: *i. un metallo, la pietra* **B v. intr.** (**aus.** *essere* **nel sign. 1**, *avere* **nel sign. 2**) **1** diventare crudele **2** infierire con grande crudeltà: *i. contro i prigionieri, sugli innocenti* | (*fig.*) †imperversare, infuriare: *la tempesta incrudelisce* **3** †irritarsi, inasprirsi: *la piaga incrudelisce sempre più* **C incrudelìrsi v. intr. pron. 1** †diventare crudele **2** (*raro, lett.*) esasperarsi, inasprirsi, esacerbarsi

incrudiménto [da *incrudire* ✻ 1866] **s. m.** ● proprietà dei metalli di assumere un comportamento quasi perfettamente elastico, quando siano stati precedentemente sollecitati sino al limite di elasticità

incrudìre [comp. di *in-*① e *crudo* ✻ 1354] **A v. tr.** (*io incrudisco, tu incrudisci*) **1** rendere crudo: *l'eccesso di calcare incrudisce l'acqua* | (*fig., lett.*) rendere aspro: *i. le violenze di parte, la pronuncia*; *una di quelle offese che il tempo invece di cancellare incrudisce* (L. SCIASCIA) **2** sottoporre a processo di incrudimento: *i. un metallo* **B v. intr.** (**aus.** *essere*) e **incrudìrsi v. intr. pron. 1** diventare aspro, rigido: *il tempo incrudisce* **2** (*tosc.*) rimanere duro, indurirsi, riferito a cibi, a causa di una cottura imperfetta **3** nella tecnologia dei materiali metallici, perdere di malleabilità e duttilità

incruènto [vc. dotta, lat. *incruĕntu(m)*, comp. di *in-* neg. e *cruĕntus* 'cruento' ✻ 1686] **agg.** ● che non comporta spargimento di sangue: *vittoria incruenta* ‖ **incruenteménte**, **avv.**

incrunàre [comp. di *in-*① e *cruna* ✻ av. 1380] **v. tr.** ● mettere il filo nella cruna dell'ago

incrunatùra [1899] **s. f.** ● traccia che la cruna dell'ago lascia nei tessuti perforandoli

incruscàre [comp. di *in-*① e *crusca* ✻ av. 1673] **A v. tr.** (*io incrùsco, tu incrùschi*) ● riempire di crusca | (*fig., lett.*) ***i. uno scritto***, usare parole e costrutti approvati dalla Crusca **B incruscàrsi v. intr. pron. 1** (*lett., scherz.*) diventare membro dell'Accademia della Crusca | seguire nello stile i dettami della Crusca **2** †perdersi in cose di poco conto

incubàre [vc. dotta, lat. *incubāre*, comp. di *in* 'sopra' e *cubāre* 'giacere' ✻ 1499] **v. tr.** (*io incùbo* o *ìncubo*) **1** mantenere in incubazione **2** fornire un servizio di assistenza fungendo da incubatore (V. *incubatore* nel sign. B)

incubatóre o **incubatóio** nel sign. A [da *incubare* ✻ av. 1910] **A s. m.** ● locale, edificio che ospita impianti per l'incubazione artificiale di uova **B s. m.; anche agg.** (**f.** *-trice*) ● detto di azienda che assiste altre aziende in fase di avvio o di sviluppo fornendo locali, impianti, servizi e consulenza

incubatrìce [vc. dotta, lat. tardo *incubatrīce(m)*, da *incubātus*, part. pass. di *incubāre* 'incubare' ✻ 1891] **s. f. 1** apparecchio che effettua l'incubazione artificiale di uova **2** piccolo ambiente chiuso, ricoperto di vetro o plastica, a temperatura e umidità costante, in cui i nati prematuri vengono curati durante i primi giorni di vita

incubazióne [vc. dotta, lat. *incubatiōne(m)*, da *incubātus*, part. pass. di *incubāre* 'incubare' ✻ av. 1660] **s. f. 1** negli animali ovipari, tempo necessario perché dall'uovo si sviluppi in particolari condizioni il nuovo individuo | negli uccelli, cova **2** (*med.*) periodo che intercorre tra il contatto con un agente infettivo e la comparsa dei sintomi della malattia **3** (*fig.*) periodo in cui un avvenimento importante si va preparando senza ancora manifestarsi: *la crisi costituzionale è da tempo in i.*

ìncube [da *incubo*, sul modello di *succubo* - *succube* ✻ 1963] **agg. e s. m. e f.** ● (*raro*) che (o chi) esercita su altri un forte potere di suggestione CONTR. succube

♦**ìncubo** [vc. dotta, lat. *ĭncubu(m)*, comp. di *in* 'sopra' e un deriv. da *cubāre* 'giacere', riferito allo spirito maligno che si credeva posarsi sul dormiente ✻ 1354] **s. m. 1** senso di affanno e di apprensione provocato da sogni che spaventano e angosciano; il sogno stesso: *incubi notturni*; *avere un i.* **2** (*fig.*) pensiero angoscioso che inquieta: *vivere sotto l'i. degli esami* | persona fastidiosa, quasi opprimente: *quello scocciatore è un vero i.!*

incùdine [vc. dotta, lat. tardo *incūdine(m)*, comp. di *in* 'sopra' e un deriv. da *cūdere* 'battere, pestare', di orig. indeur. ✻ av. 1306] **s. f. 1** attrezzo del fucinatore formato da un blocco in acciaio con due appendici laterali dette corni, sul quale si appoggia il pezzo metallico da battere con la mazza | (*fig.*) ***essere, trovarsi fra l'i. e il martello***, avere di fronte due alternative ugualmente sgradite o pericolose **2** (*anat.*) uno dei tre ossicini dell'orecchio medio ‖ **incudinétta**, **dim.**

inculàre [comp. di *in-*① e *culo* ✻ 1877] **v. tr. 1** (*volg.*) sodomizzare **2** (*fig., volg.*) raggirare, imbrogliare

inculàta [av. 1950] **s. f.** ● (*volg.*) atto di sodomia | (*fig., volg.*) raggiro, imbroglio, fregatura

♦**inculcàre** [vc. dotta, lat. *inculcāre*, comp. di *in-*① e *calcāre* 'calcare②' ✻ 1481] **v. tr.** (*io incùlco, tu incùlchi*) ● imprimere qlco. nella mente o nell'animo di qlcu. con la persuasione e l'insistenza: *i. il sentimento del dovere, del rispetto altrui* SIN. infondere | †***i. una preghiera, un'istanza***, ripeterla, rinnovarla

inculcatóre [vc. dotta, lat. *inculcatōre(m)*, da *inculcātus* 'inculcato' ✻ 1906] **agg. e s. m.** (**f.** *-trice*) ● (*raro*) che (o chi) inculca

†**inculcazióne** [vc. dotta, lat. tardo *inculcatiōne(m)*, da *inculcātus*, part. pass. di *inculcāre* 'inculcare' ✻ 1374] **s. f.** ● ripetizione di parole, frasi, lettere: *la moltitudine e inculcazion delle lettere* (T. TASSO)

incùlto ➤ **incolto**①

incultùra [comp. di *in-*③ e *cultura* ✻ 1620] **s. f.** ● mancanza di cultura

inculturazióne [da *acculturazione*, con cambio di pref. (*in-*①) ✻ 1983] **s. f.** ● (*sociol.*) processo mediante il quale l'individuo diventa membro della cultura o della società che lo circonda

incumbent /*ingl.* ɪn'kʌmbənt/ [vc. ingl., propr. 'titolare', 'tuttora in carica', dal lat. *incumbĕnte(m)*, nel senso 'che svolge un'attività' ✻ 2000] **A agg.; anche s. m. e f. inv.** ● che (o chi), tra due candidati a una carica pubblica, è il titolare uscente della stessa carica **B s. m. e f. inv.** ● (*econ.*) gestore di un servizio telefonico, elettrico e sim., ex monopolista, che continua ad avere una posizione dominante nel mercato liberalizzato

incunabolìsta [1957] **s. m. e f.** (**pl. m.** *-i*) ● studioso, esperto di incunaboli

incunàbolo o **incunàbulo** [vc. dotta, lat. *incunābula* (nt. pl.), propr. 'fasce', comp. di *in-* 'dentro' e *cunābula*, dim. di *cūnae* 'culla' ✻ 1832] **s. m. 1** libro stampato nel XV sec., quando l'arte della stampa era appena nata **2** (*fig., lett.*; **al pl.**) le prime testimonianze, le prime origini: *gli incunaboli della letteratura italiana*

incuneàre [comp. di *in-*① e *cuneo* ✻ av. 1730] **A v. tr.** (**pres.** *io incùneo*; **fut.** *io incuneerò*) ● conficcare e far penetrare qlco. saldamente e profondamente, come un cuneo (*anche fig.*): *i. il braccio della leva sotto il masso* **B incuneàrsi v. intr. pron.** ● penetrare o inserirsi profondamente in qlco. (*anche fig.*): *la lunga trave s'incunea nella parete*; *incunearsi nelle linee nemiche*; *un dubbio gli si incuneò nella mente*

incuòcere [vc. dotta, lat. *incŏquere*, comp. di *in-*① e *cŏquere* 'cuocere' ✻ av. 1342] **v. tr.** (**coniug. come** *cuocere*) **1** †cuocere, bruciare **2** (*lett., raro*) far gelare o far seccare un terreno, una pianta ecc.

†**incuoiàre** o †**incoiàre**, †**incroiàre** [comp. di *in-*① e *cuoio* ✻ sec. XIV] **A v. tr.** ● foderare di cuoio **B v. intr.** e †**incuoiàrsi** o †**incoiàrsi** **v. intr. pron.** ● diventare duro come il cuoio

incuoràre o **incoràre** [comp. di *in-*① e *cuore*, nel senso di 'animo, coraggio' ✻ av. 1257] **A v. tr.** (*io incuòro* o *incòro*; **coniug. come** *rincuorare*) ● (*lett.*) incoraggiare, confortare **B incuoràrsi v. rifl. 1** †rinfrancarsi **2** †addentrarsi

incupiménto [1825] **s. m.** ● (*raro*) l'incupire, l'incupirsi | †lo scurire

incupìre [comp. di *in-*① e *cupo* ✻ 1797] **A v. tr.** (*io incupisco, tu incupisci*) ● rendere cupo, scuro: *è meglio i. leggermente l'azzurro delle pareti* | (*fig.*) rendere triste, pensieroso: *quella notizia lo ha incupito* **B v. intr.** (**aus.** *essere*) e **incupìrsi v. intr. pron.** ● diventare cupo o più cupo (*anche fig.*): *il tempo si è incupito*; *il viso gli si incupì di sdegno*

incuràbile [vc. dotta, lat. tardo *incurābile(m)*, comp. di *in-*③ e *curābilis* 'curabile', da *cūra*, di etim. incerta ✻ av. 1328] **A agg. 1** impossibile da curare: *malattia, morbo i.* SIN. insanabile **2** (*fig.*) incorreggibile: *vizio, difetto i.* ‖ **incurabilménte**, **avv.** ‖ **incurabilità**, **s. f. inv.** **B s. m. e f.** ● chi è affetto da malattia incura-

a b c d e f g h i j k l m n o p q r s t u v w x y z

bile

incurànte [comp. di *in-*③ e del part. pres. di *curare* ✱ 1832] **agg.** • di chi non si preoccupa di ciò che lo riguarda personalmente (+ *di*): *persona i. della propria salute, delle critiche* | noncurante: *i. del pericolo* **SIN.** dimentico ‖ **incurantemènte**, **avv.**

SFUMATURE DI SIGNIFICATO

incurante - noncurante

Il termine **incurante** designa chi, per leggerezza o incuria, non si preoccupa di ciò che lo interessa o personalmente lo riguarda, e dunque trascura ciò di cui invece dovrebbe occuparsi. Anche **noncurante** si riferisce a chi non attribuisce importanza o interesse a qualcosa che meriterebbe attenzione ma, rispetto al termine precedente, suggerisce una sfumatura di indifferenza, di superiorità piuttosto che di incuria o trascuratezza.

incurànza [da *incurante* ✱ av. 1421] **s. f.** • disinteresse, noncuranza, negligenza

†**incuràto** [vc. dotta, lat. *incurātu(m)*, comp. di *in-*③ e *curātus*, part. pass. di *curāre* 'curare' ✱ av. 1527] **agg.** • privo di cure

♦**incùria** [vc. dotta, lat. *incūria(m)*, comp. di *in-*③ e un deriv. di *cūra* 'cura' ✱ 1395] **s. f.** • negligente trascuratezza: *i. nell'adempimento di un dovere* | sciatteria: *abiti che rivelano una grande i.*

incuriosìre (o -ṣ-) [comp. di *in-*① e *curioso* ✱ 1867] **A v. tr.** (*io incuriosìsco, tu incuriosìsci*) • far diventare curioso: *la vicenda incuriosì il vicinato* **B incuriosìrsi v. intr. pron.** • diventare curioso, desideroso di sapere: *ci incuriosimmo per* (o *di*) *quell'accenno misterioso ai fatti accaduti*

SFUMATURE ➤ ***interessare***

incuriosìto (o -ṣ-) **part. pass.** di *incuriosire*; anche **agg.** • preso da curiosità: *sono i.: raccontami tutto* | che rivela curiosità: *mi guardò con occhi incuriositi*

incurióso① (o -ṣ-) [comp. di *in-*③ e *curioso* ✱ av. 1647] **agg. 1** (*lett.*) che non ha o non dimostra curiosità **2** (*lett.*) che non desta curiosità | ***non i.***, piuttosto interessante: *una poesia non incuriosa* (G. CARDUCCI)

incurióso② (o -ṣ-) [vc. dotta, lat. *incuriōsu(m)*, da *incūria* 'negligenza' ✱ 1483] **agg.** • (*lett.*) caratterizzato da negligenza, incuria, apatia

incursióne [vc. dotta, lat. *incursiōne(m)*, comp. di *in-*① e un deriv. di *cŭrrere* 'correre' ✱ 1441] **s. f. 1** (*milit.*) improvviso attacco di uomini e mezzi armati in territorio nemico: *respinsero due incursioni notturne della cavalleria; le incursioni aeree erano precedute dal suono della sirena* | (*est.*) irruzione di ladri, e sim.: *i rapinatori hanno fatto un'i. in banca* | nel linguaggio sportivo, discesa, attacco degli avanti di una squadra sotto la porta avversaria: *pericolosa i.* **2** (*fig.*, *scherz.*) inaspettato sopraggiungere di molti ospiti: *abbiamo subito l'i. dei nostri parenti* **3** (*fig.*) breve esperienza professionale o artistica al di fuori del proprio campo: *un attore che ha fatto qualche i. nella regia* **4** †inondazione

SFUMATURE ➤ ***invasione***

incursóre [da *incursione*, con sovrapposizione di *cursore* ✱ 1683] **A agg.** (**f.** *-a*) • che compie un'incursione **B s. m.** (**f.** *-a*) • membro di speciali corpi delle forze armate regolari che viene sbarcato da mezzi navali od aerei in territorio nemico od occupato dal nemico, per compiervi atti di guerra non tradizionale | (*est.*) chi compie un'incursione

incurvàbile① [vc. dotta, lat. tardo *incurvābile(m)*, comp. di *in-*③ e *curvābilis*, da *curvāre* 'curvare' ✱ 1623] **agg.** • (*raro*) che non si può curvare

incurvàbile② [da *incurvare* ✱ 1957] **agg.** • che si può incurvare

incurvaménto [1550] **s. m.** • l'incurvare, l'incurvarsi | forma curva di ciò che è incurvato

incurvàre [vc. dotta, lat. *incurvāre*, comp. di *in-*② e *curvāre*, da *cŭrvus*, di orig. indeur. ✱ 1321] **A v. tr. 1** piegare rendendo curvo: *i. un'asta metallica; i. le spalle* | ***i. la schiena***, (*fig.*) sottomettersi servilmente **2** far abbassare: *ond'io levai li occhi a' monti / che li 'ncurvaron pria col troppo pondo* (DANTE *Par.* XXV, 38-39) **B incurvàrsi v. intr. pron.** • farsi curvo, diventare curvo: *il legno si incurva con l'umidità; incurvarsi per l'età avanzata*

incurvàto **part. pass.** di *incurvare*; anche **agg.** • nei sign. del v. | che ha una forma curva

incurvatùra [1499] **s. f.** • curvatura

†**incurvazióne** [vc. dotta, lat. tardo *incurvatiōne(m)*, da *incurvātus* 'incurvato' ✱ av. 1519] **s. f.** • curvatura

incurvìre [comp. di *in-*① e *curvo* ✱ 1869] **A v. tr.** (*io incurvìsco, tu incurvìsci*) • (*raro*, *lett.*) far diventare curva la persona: *gli anni e le fatiche lo hanno incurvito* **B v. intr.** (aus. *essere*) e **incurvìrsi v. intr. pron.** • (*raro*, *lett.*) diventare curvo nella persona

incùrvo [vc. dotta, lat. *incŭrvu(m)*, comp. di *in-*② e *cŭrvus* 'curvo' ✱ 1516] **agg.** • (*lett.*) curvo: *le man rapaci, e l'ugne incurve e torte* (L. ARIOSTO)

incùsso **part. pass.** di *incutere* • nei sign. del v.

incustodìto [vc. dotta, lat. *incustodītu(m)*, comp. di *in-*③ e *custodītus*, part. pass. di *custodīre* 'custodire' ✱ av. 1526] **agg.** • privo di custodia: *lasciare qlco. incustodita* | ***passaggio a livello i.***, privo di sbarre **SIN.** abbandonato, indifeso

incùtere [vc. dotta, lat. *incŭtere* 'picchiare, scagliare, incutere', comp. di *in* 'sopra' e un deriv. di *quătere* 'scuotere', di etim. incerta ✱ sec. XIV] **v. tr.** (**pass. rem.** *io incùssi, tu incutésti*; **part. pass.** *incùsso*) • infondere o suscitare, grazie a una posizione di superiorità o prestigio, un sentimento di paura, soggezione e sim.: *i. timore, spavento, rispetto a qlcu.*

♦**ìndaco** o †**ìndico** [lat. *Ĭndicu(m)* 'proprio dell'India' ✱ 1300] **A s. m.** (**pl.** *-chi*) **1** uno dei sette colori dell'iride tra l'azzurro e il violetto **2** materia colorante azzurra ottenuta per macerazione delle foglie di alcune indigofere o per sintesi chimica **B in funzione di agg. inv.** • (posposto a un sost.) che ha il colore azzurro cupo proprio dell'indaco: *cielo azzurro i.; vestito i.*

indaffaràto [dalla loc. (aver) *da fare* con *in-*① ✱ 1887] **agg.** • che ha molto da fare **SIN.** affaccendato ‖ **indaffaratamènte**, **avv.**

indagàbile [vc. dotta, lat. *indagābile(m)*, da *indagāre* 'indagare' ✱ 1690] **agg.** • che si può indagare, conoscere: *mistero i.* ‖ **indagabilità**, **s. f. inv.**

indagàre [vc. dotta, lat. *indagāre*, da *indāgo*, genit. *indāginis*, comp. del pref. *ind-*, rafforz. di *in-*① e della radice indeur. *ăg-* 'spingere', perché il sign. originario, proprio della lingua dei cacciatori, era 'spingere la selvaggina nei recinti di caccia' ✱ 1499] **A v. tr.** (*io indàgo, tu indàghi*) **1** ricercare con attenzione e diligenza: *i. il mistero, le cause, le origini remote, i motivi di qlco.* | (*lett.*) scrutare, esaminare, studiare: *mia madre ... indagava il mio sonno* (G. D'ANNUNZIO) **2** †cercare, scoprire, spec. a fiuto, la selvaggina **B v. intr.** (aus. *avere*) • compiere ricerche: *la commissione d'inchiesta indaga sulle cause del sinistro; i. intorno ai misteri della natura; la polizia indaga* **SIN.** investigare

indagàto **A part. pass.** di *indagare*; anche **agg.** • nei sign. del verbo **B s. m.** (**f.** *-a*) • persona sottoposta a indagini in merito a un reato | ***registro degli indagati***, rubrica nella quale il pubblico ministero iscrive il nome delle persone sottoposte a indagine

indagatóre [vc. dotta, lat. *indagatōre(m)*, da *indagātus* 'indagato' ✱ 1468] **agg. e s. m.** (**f.** *-trice*) • che (o chi) indaga, ricerca, scruta: *un attento i. dei fenomeni naturali; mi guardava con occhi indagatori*

indagazióne [vc. dotta, lat. *indagatiōne(m)*, da *indagātus* 'indagato' ✱ sec. XIV] **s. f.** • (*lett.*) indagine: *questa i. ha servito e serve più a essercitare gli ingegni che a trovare la verità* (F. GUICCIARDINI)

♦**indàgine** [vc. dotta, lat. *indāgine(m)*, da *indagāre* 'indagare' ✱ 1480] **s. f. 1** ricerca diligente, sistematica e approfondita: *compiere un'i. per scoprire le cause di un fenomeno* | studio, analisi: *i. storica, filosofica* | inchiesta: *l'i. poliziesca è fallita* **2** investigazione: *le indagini della polizia proseguono*

SFUMATURE ➤ ***esame***

indaginóso (o -ṣ-) [da *indagine* ✱ 1881] **agg.** • (*lett.*, *scient.*) che richiede un'indagine approfondita | difficile, complicato

indantrène [comp. di *ind(aco)* per il suo colore più tipico e *antr(ac)ene* ✱ 1952] **s. m.** • (*chim.*) classe di coloranti artificiali derivati dall'antrachinone e caratterizzati da ottima stabilità alla luce, agli agenti atmosferici e ai detergenti

indantrènico [1983] **agg.** (**pl. m.** *-ci*) • della classe dell'indantrene

indantróne [ingl. *indanthrone*, comp. di *ind(aco)* e *-anthrene* '-antrene', sul modello di *indantrene*, con sostituzione del suff. *-ene* col suff. *-one*② ✱ 1972] **s. m.** • (*chim.*) sostanza organica di colore azzurro, molto usata come colorante di grande stabilità

indàrno [etim. incerta ✱ 1268] **A avv.** • (*lett.*) invano, inutilmente: *tentare i.; lottare i.* **B In funzione di agg. inv.** • (*lett.*) inutile, vano: *essere i.; Italia mia, benché 'l parlar sia i.* (F. PETRARCA)

†**ìnde** ➤ **indi**

†**indebilìre** ➤ **indebolire**

indebitaménto [1524] **s. m.** • l'indebitarsi; debito | nella contabilità dello Stato, deficit

indebitàre [comp. di *in-*① e *debito* ✱ av. 1294] **A v. tr.** (*io indébito*) • caricare di debiti: *le spese eccessive lo hanno indebitato* **B indebitàrsi v. rifl.** • coprirsi di debiti: *indebitarsi con amici, banche, usurai; indebitarsi fino ai capelli, fino al collo*

indebitàto **part. pass.** di *indebitare*; anche **agg.** • gravato di debiti

indébito [vc. dotta, lat. *indēbitu(m)*, comp. di *in-*③ e *dēbitus* 'dovuto', part. pass. di *debēre* 'dovere' ✱ 1308] **A agg.** • che non è dovuto in quanto non si fonda su un obbligo regolarmente assunto: *pagamento, esazione indebita* | (*est.*) immeritato, ingiusto: *onori indebiti; accusa, condanna indebita* | illecito, abusivo: *appropriazione indebita* ‖ **indebitaménte**, **avv.** senza che sia dovuto: *esigere indebitamente un tasso*; in modo ingiusto, immeritato, illegittimo: *aggravare indebitamente un'accusa; appropriarsi indebitamente di qlco.* **B s. m.** • prestazione eseguita nell'erronea convinzione di doverla: *pagamento dell'i.*

indeboliménto [av. 1294] **s. m. 1** l'indebolire, l'indebolirsi: *i. della vista, dei muscoli; i. organico, psichico* **CONTR.** rafforzamento **2** (*ling.*) passaggio di un suono a un'articolazione meno distinta così da perdere alcuni suoi caratteri **3** (*fotogr.*) procedimento con cui viene ridotta la densità di una superficie sensibile sviluppata

indebolìre o (*poet.*) †**indebilìre** [comp. di

*in-*① e *debole* ✱ 1261 ca.] **A** **v. tr.** (*io indebolìsco, tu indebolìsci*) ● privare in tutto o in parte della forza, rendere debole o fiacco: *i. i nervi, la vista, i muscoli; i. la disciplina, l'autorità, l'esercito, il governo; i. una colonna, i pilastri di un portico* | ***i. la resistenza del nemico***, fiaccarla **SIN.** debilitare, svigorire **CONTR.** rafforzare **B** **v. intr.** (aus. *essere*) e **indebolìrsi** **v. intr. pron.** ● diventare debole: *indebolirsi per una malattia, per il digiuno; la vista gli si è indebolita* **SIN.** deperire, infiacchirsi **CONTR.** rafforzarsi

indebolito **part. pass.** di *indebolire*; anche **agg.** ● che è diventato debole

indecènte [vc. dotta, lat. *indecĕnte(m)*, comp. di *in-*③ e *dĕcens*, genit. *decĕntis* 'decente' ✱ 1374] **agg.** ● che è contrario, che non è conforme al pudore, alla morale: *discorso, abito i.* | che offende il decoro, in quanto disordinato, sporco e sim.: *la tua camera è i.; quelle tende sono indecenti, vanno lavate subito* | inaccettabile: *una paga i.* | ***prezzo i.***, eccessivo **SIN.** sconveniente ‖ **indecenteménte**, **avv.**

indecènza [vc. dotta, lat. *indecĕntia(m)*, comp. di *in-*③ e *decĕntia* 'decenza' ✱ 1589] **s. f.** ● mancanza di decenza o di decoro: *non s'era mai vista una simile i.!* (L. PIRANDELLO) | comportamento, discorso indecente: *commettere, dire delle indecenze* | cosa sconveniente: *questo film è un'i.* | cosa vergognosa, inaccettabile: *è un'i. far aspettare delle persone anziane all'aperto sotto la pioggia!; ma che i.!; è una vera i.!*
SFUMATURE ➤ ***impudicizia***

indecidìbile [comp. di *in-*③ e di *decidibile* ✱ 1957] **agg.** **1** che non può essere deciso, risolto **2** in un sistema logico, detto di proposizione di cui non è possibile dimostrare né la verità né la falsità **CONTR.** decidibile ‖ **indecidibilità**, **s. f. inv.**

indecifràbile [comp. di *in-*③ e *decifrabile* ✱ 1868] **agg.** ● che non si riesce a decifrare: *scrittura, messaggio i.* | (*fig.*) che non si riesce a capire, a intendere: *uomo i.* **SIN.** oscuro ‖ **indecifrabilménte**, **avv.** ‖ **indecifrabilità**, **s. f. inv.**

indecifràto [comp. di *in-*③ e *decifrato* ✱ 1869] **agg.** ● (*raro*) che non è stato decifrato

indecișióne [comp. di *in-*③ e *decisione* ✱ 1806] **s. f.** ● mancanza di decisione: *perenne, pericolosa i.; è stato vittima della propria i.* **SIN.** dubbio, incertezza, titubanza

indecișionìsmo [comp. di *in-*③ e *decisionismo* ✱ 1985] **s. m.** ● (*iron.*) incapacità di prendere decisioni, mancanza di risolutezza: *l'i. del governo* **CFR.** decisionismo

indecișo [comp. di *in-*③ e *deciso* ✱ av. 1516] **agg.** **1** di persona che non sa decidersi: *un uomo i. in tutte le sue azioni* **SIN.** irresoluto | incerto, perplesso, titubante: *sono i. sul da farsi* **2** che mostra incertezza, titubanza, dubbio: *atteggiamento i.* **3** (*fig.*) incerto, impreciso, sfumato: *tempo i.; colori tenui e indecisi; situazione indecisa* **4** di ciò che non ha ricevuto soluzione: *la questione è ancora indecisa*
SFUMATURE ➤ ***incerto***

indeclinàbile [vc. dotta, lat. *indeclīnābile(m)*, comp. di *in-*③ e *declīnābilis* 'declinabile' ✱ sec. XIV] **agg.** **1** (*gramm.*) detto di parola che non è soggetta a declinazione **2** (*lett.*) che non si può evitare o eludere: *dovere, necessità, obbligo i.* **3** †che non si piega ‖ **indeclinabilménte**, **avv.** ‖ **indeclinabilità**, **s. f. inv.**

indecomponìbile [comp. di *in-*③ e un deriv. di *decomporre* ✱ av. 1835] **agg.** **1** (*mat.*) che non si può scomporre **2** (*chim.*) che non si può decomporre ‖ **indecomponibilità**, **s. f. inv.**

indecompósto [comp. di *in-*③ e del part. pass. di *decomporre* ✱ 1822] **agg.** ● (*chim.*) che non ha subìto la decomposizione ed è rimasto inalterato

†**indecòro** [vc. dotta, lat. *indecōru(m)*, comp. di *in-*③ e *decōrus* 'decoro' ✱ 1549] **A** **agg.** ● disonorevole, indecente, sconveniente **B** **s. m.** ● (*fig.*) indecenza

indecoróso (o **-ṣ-**) [vc. dotta, lat. tardo *indecōrōsu(m)*, comp. di *in-*③ e *decōrōsus* 'decoroso' ✱ av. 1604] **agg.** ● contrario al decoro: *condotta indecorosa; una gazzarra indecorosa* **SIN.** indegno, sconveniente ‖ **indecorosaménte**, **avv.** ‖ **indecorosità**, **s. f. inv.** (*raro*) indecenza, indegnità

indeducìbile [comp. di *in-*③ e *deducibile* ✱ 1903] **agg.** ● che non può essere ricavato tramite deduzione: *conclusione i.* | che non si può dedurre: *imposta i.* **CONTR.** deducibile ‖ **indeducibilità**, **s. f. inv.**: *indeducibilità di una spesa*

♣**indefèsso** [vc. dotta, lat. *indefĕssu(m)*, comp. di *in-*③ e *defĕssus* 'defesso, stanco' ✱ av. 1381] **agg.** ● assiduo, instancabile: *lavoro, zelo, studio i.; un lavoratore i.* ‖ **indefessaménte**, **avv.** in modo assiduo e infaticabile: *lavorare indefessamente*

indefettìbile [comp. di *in-*③ e *defettibile* ✱ sec. XIV] **agg.** **1** che non può venir meno: *le indefettibili necessità della vita* **SIN.** immutabile, inestinguibile **2** (*lett.*) che non può cadere in difetto: *vita, perfezione i.* ‖ **indefettibilménte**, **avv.** (*raro*) in modo indefettibile ‖ **indefettibilità**, **s. f. inv.**

†**indeficiènte** [vc. dotta, lat. eccl. *indeficiĕnte(m)*, comp. di *in-*③ e *deficiens*, genit. *deficiĕntis* 'deficiente' ✱ av. 1342] **agg.** ● (*lett.*) che non viene mai meno, che è costante, duraturo, inesauribile: *amicizia, lealtà i.* ‖ †**indeficienteménte**, **avv.** in modo costante e inesausto

†**indeficiènza** [vc. dotta, lat. eccl. *indeficiĕntia(m)*, comp. di *in-*③ e *deficiĕntia* 'deficienza' ✱ av. 1694] **s. f.** ● perpetuità

indefinìbile [comp. di *in-*③ e *definibile* ✱ 1621] **agg.** ● che non si riesce a definire o interpretare con esattezza: *questione i.; uomo, carattere i.; sentimento, espressione, sorriso i.* ‖ **indefinibilménte**, **avv.** ‖ **indefinibilità**, **s. f. inv.**

indefinitézza [av. 1729] **s. f.** ● carattere di ciò che è indefinito **SIN.** indeterminatezza

indefinitìvo [comp. di *in-(3)* e *definitivo* ✱ 1850] **agg.** ● che può mutare o evolversi ‖ **indefinitivaménte**, **avv.** in modo non definitivo; continuativamente

indefinìto [vc. dotta, lat. tardo *indefinītu(m)*, comp. di *in-*③ e *definītus* 'definito' ✱ 1294] **A** **agg.** **1** indeterminato: *tempo, spazio i.; problema i.; grandezza indefinita; correre per la via, spinto da un'agitazione vaga, indefinita* (I. SVEVO) | (***gramm.***) ***modo i.***, che non ha determinazione di numero e persona (come l'infinito, il gerundio, il participio) | ***aggettivo, pronome i.***, che dà un'indicazione indeterminata o approssimativa (per es.: *alcuni, qualche; qualcuno, qualcosa*) **2** non risolto: *controversia, questione indefinita* ‖ **indefinitaménte**, **avv.** senza determinazione, limite o limitazioni di sorta **B** **s. m. solo sing.** ● ciò che è vago, impreciso, indeterminato

indeformàbile [comp. di *in-*③ e *deformabile* ✱ 1929] **agg.** ● che non si deforma: *tessuto ingualcibile e i.* ‖ **indeformabilménte**, **avv.** ‖ **indeformabilità**, **s. f. inv.**

†**indegnàre** e deriv. ➤ **indignare** e deriv.

♦**indegnità** o †**indignità** [vc. dotta, adattamento del lat. *indignitāte(m)*, comp. di *in-*③ e *dīgnitas*, genit. *dignitātis* 'dignità' ✱ av. 1342] **s. f. inv.** **1** condizione o stato di chi (o di ciò che) è indegno: *essere destituito, deposto per i.* **2** azione iniqua, turpe, odiosa e sim.: *è stata un'i. trattarlo in quel modo*

♦**indégno** o (*poet.*) †**indìgno** [vc. dotta, adattamento del lat. *indīgnu(m)*, comp. di *in-*③ e *dīgnus* 'degno' ✱ 1065] **A** **agg.** **1** che non è degno, che non merita qlco. o qlcu.: *essere i. della considerazione, della stima, dell'affetto degli altri; quell'uomo è i. di lei; i. di aspirare alla mano di mia cugina* (A. FOGAZZARO) | degenere: *figlio i.; è i. della famiglia da cui proviene* | (*assol.*) spregevole, turpe, abietto: *un i. individuo; è una persona veramente indegna* **2** detto di ciò che non si conviene, non si addice a qlcu. o qlco., in quanto riprovevole: *queste parole sono indegne di te; sono atti indegni di un popolo civile* | iniquo, vergognoso, che merita biasimo: *frasi, calunnie indegne; è un'accusa indegna!* **3** (*lett.*) non meritato, indebito: *felicità indegna* **4** †sprezzante, sdegnoso ‖ **indegnaménte**, **avv.** **1** senza merito: *la superiora, quale io sono indegnamente* (A. MANZONI); (*lett.*) ingiustamente: *avea fatto indegnamente / vergogna a un cavallier molto eccellente* (L. ARIOSTO) **2** in modo indegno, biasimevole: *governare indegnamente un paese* **B** **agg.**; anche **s. m.** (**f.** *-a*) ● (*dir.*) chi è escluso per legge da una successione o donazione, quando abbia commesso gravi atti contro la persona del defunto o del donante

indeiscènte [comp. di *in-*③ e *deiscente* ✱ 1869] **agg.** ● (*bot.*) detto di frutto che non si apre a maturità per lasciar uscire i semi **CONTR.** deiscente

indeiscènza [1940] **s. f.** ● (*bot.*) caratteristica dei frutti indeiscenti

♣**indelèbile** [vc. dotta, lat. *indelēbile(m)*, comp. di *in-*③ e *delēbilis* 'delebile' ✱ av. 1429] **agg.** **1** che non si può cancellare: *macchia, inchiostro i.* **2** (*fig.*) indimenticabile, perpetuo, perenne: *ricordo i.* ‖ **indelebilménte**, **avv.** ‖ **indelebilità**, **s. f. inv.**

SFUMATURE DI SIGNIFICATO
indelebile - indistruttibile - perenne
Indelebile è ciò che non può essere cancellato e che dunque, figuratamente, è destinato a durare nel tempo e soprattutto a essere ricordato a lungo, addirittura per sempre. Identico senso di permanenza, di stabilità esprime **indistruttibile**, che identifica letteralmente ciò che è così solido da resistere a ogni attacco, e in senso figurato ciò che non può essere cancellato, rimosso, annullato. Sia *indelebile* sia *indistruttibile* coincidono dunque con **perenne**, che identifica ciò che durerà per sempre.
SFUMATURE ➤ ***duraturo***, ➤ ***perpetuo***

indeliberàto [vc. dotta, lat. tardo *indeliberātu(m)*, comp. di *in-*③ e *deliberātus* 'deliberato' ✱ av. 1694] **agg.** ● (*raro*) che non è deliberato, definito | ***atto i.***, impulsivo, subitaneo ‖ **indeliberataménte**, **avv.** senza intenzione o proposito: *danneggiare qlcu. indeliberatamente*

indeliberazióne [comp. di *in-*③ e *deliberazione* ✱ av. 1694] **s. f.** ● (*raro*) mancanza di proposito determinato

indelicatézza [comp. di *in-*③ e *delicatezza*, attraverso il corrispondente fr. *indélicatesse* ✱ 1864] **s. f.** **1** caratteristica di chi (o di ciò che) è indelicato: *agire con i.* **2** (*est.*) atto indelicato: *guardare nelle carte altrui è un'i.* **SIN.** indiscrezione
SFUMATURE ➤ ***indiscrezione***

indelicàto [comp. di *in-*③ e *delicato*, attraverso il fr. *indélicat* ✱ 1823] **agg.** ● privo di discrezione, sensibilità e tatto: *comportamento, domanda indelicata* ‖ **indelicataménte**, **avv.** senza delicatezza

indemagliàbile [fr. *indémaillable*, comp. di *in-*③ e *démailler* 'smagliare' ✱ 1942] **agg.** ● che non si smaglia: *tessuto, calza i.* ‖ **indemagliabilità**, **s. f. inv.**

indemaniaménto [1869] s. m. ● (*raro*) indemaniazione

indemaniàre [comp. di *in-*① e *demanio* ✱ 1869] v. tr. (*io indemànio*) ● (*dir.*) immettere un bene nella categoria dei beni demaniali con la conseguente sottoposizione alla relativa disciplina

indemaniazióne [da *indemaniare* ✱ 1869] s. f. ● (*dir., raro*) trasferimento al demanio

indemoniàre [comp. di *in-*① e *demonio* ✱ av. 1305] **A** v. tr. (*io indemònio*) ● †rendere preda del demonio | (*fig., lett.*) corrompere, pervertire **B** v. intr. e **indemoniàrsi** v. intr. pron. (aus. *essere*) **1** †essere posseduto dal demonio **2** (*fig., raro*) diventare furibondo

indemoniàto **A** part. pass. di *indemoniare*; anche agg. **1** nei sign. del v. **2** (*scherz.*) vivacissimo: *è un ragazzino i.* **B** s. m. (f. *-a*) **1** chi è in preda a forze demoniache **2** (*fig.*) chi è molto inquieto e agitato | chi dimostra estrema vivacità

✦**indènne** [vc. dotta, lat. tardo *indĕmne(m)*, comp. di *in-*③ e un deriv. di *dămnum* 'danno①' ✱ av. 1380] agg. **1** che non ha subìto alcun danno: *sono uscito i. da quell'incidente* SIN. illeso, incolume | (*med.*) che non ha subìto lesioni, alterazioni **2** privo di agenti nocivi: *latte i.* **3** (*lett.*) puro **4** †innocuo

SFUMATURE ➤ *salvo*

✦**indennità** [vc. dotta, lat. tardo *indemnitāte(m)*, comp. di *in-*③ e un deriv. di *dămnum* 'danno①' ✱ sec. XIV] s. f. inv. **1** †salvezza, scampo **2** (*dir.*) attribuzione patrimoniale dovuta al prestatore di lavoro dal datore o da un Ente previdenziale, con funzione retributiva, di rimborso spese, assistenziale e sim.: *i. di trasferta, di contingenza, di licenziamento* | ***i. parlamentare***, retribuzione spettante ai deputati e ai senatori per l'esplicazione delle loro funzioni **3** (*dir.*) somma di denaro riconosciuta a chi ha subito un danno per ragioni di pubblico interesse: *i. di espropriazione* | prestazione in denaro dovuta a titolo di risarcimento per la lesione di un interesse o diritto altrui

SFUMATURE DI SIGNIFICATO

indennità - diaria

Indennità è parola del linguaggio giuridico che definisce il risarcimento in denaro di un danno, oppure il rimborso dovuto dal datore di lavoro al lavoratore a fronte di spese o disagi sostenuti. Più in particolare, la **diaria** consiste specificamente nel rimborso spese dovuto per ogni giorno di lavoro svolto fuori sede.

indennitàrio [da *indennit(à)* col suff. *-ario* ✱ 1980] agg. ● (*dir.*) che ha funzione di indennità o indennizzo: *pagamento a titolo i.*

indennizzàbile [1965] agg. ● che si può indennizzare | che merita di essere indennizzato SIN. risarcibile ‖ **indennizzabilità**, s. f. inv.

✦**indennizzàre** [fr. *indemniser*, da *indenne* 'indenne' ✱ 1629] v. tr. ● risarcire danni sofferti mediante indennizzo ‖ **indennizzazióne**, s. f.

✦**indennìzzo** [da *indennizzare* ✱ 1794] s. m. ● somma pagata a titolo di risarcimento di danni

indentàre [comp. di *in-*① e *dente* ✱ 1834] v. intr. (*io indènto*; aus. *avere*) **1** (*raro*) mettere i primi denti **2** entrare in presa, detto di ruote dentate, ingranaggi e sim.

indentazióne [comp. di *in-*① e *dente* ✱ 1957] s. f. ● (*geol.*) leggera rientranza in una costa, simile all'effetto prodotto dal morso dei denti in un oggetto: *le indentazioni della Bretagna*

indentràrsi [da *indentro* ✱ av. 1817] v. intr. pron. (*io mi indéntro*) ● (*lett., raro*) addentrarsi

indéntro o **in déntro**, (*pop.*) †**indrénto** [comp. di *in-*② e *dentro* ✱ av. 1320] **A** avv. ● all'interno: *spingilo i.*; *è troppo i.* | ***all'i.***, verso l'interno CONTR. infuori **B** in funzione di agg. inv. ● infossato, incavato: *ha occhi i.*

indeprecàbile [vc. dotta, lat. *indeprecābile(m)*, comp. di *in-*③ e *deprecābilis* 'deprecabile' ✱ 1869] agg. ● (*lett., raro*) ineluttabile, inevitabile: *rovina i.*

inderogàbile [comp. di *in-*③ e *derogabile* ✱ 1921] agg. ● detto di ciò a cui non si può derogare: *termine, scadenza, impegno i.*; *norma, disposizione i.* ‖ **inderogabilménte**, avv. senza possibilità di deroga ‖ **inderogabilità**, s. f. inv.

indescrivìbile [comp. di *in-*③ e *descrivibile* ✱ av. 1704] agg. ● difficile o impossibile a descriversi: *sensazione i.* | (*est.*) enorme, incredibile: *entusiasmo, confusione, disordine i.* SIN. indicibile, inenarrabile ‖ **indescrivibilménte**, avv. ‖ **indescrivibilità**, s. f. inv.

indesideràbile [comp. di *in-*③ e *desiderabile* ✱ 1931] **A** agg. ● non desiderabile: *relazioni, amicizie indesiderabili* | ***persona i.***, non gradita per motivi politici, penali e sim. ‖ **indesiderabilità**, s. f. inv. **B** s. m. e f. ● persona indesiderabile

SFUMATURE ➤ *sgradevole*

indesideràto [comp. di *in-*③ e *desiderato* ✱ 1957] agg. ● che non è gradito: *visita indesiderata* | che è contrario alle attese: *gli effetti indesiderati di una legge, di un farmaco* ‖ **indesiderataménte**, avv.

indessicàle [dall'ingl. *indexical* 'indicativo' da *index* 'che indica' ✱ 1977] agg. ● (*ling.*) detto di espressione interpretabile soltanto grazie al contesto nel quale è pronunciata CFR. deittico | ***funzione i.***, quella per la quale l'intonazione e altri tratti prosodici rivelano le caratteristiche (età, sesso, gruppo sociale, professione) di chi parla o scrive

†**indestinàre** [comp. parasintetico di *destino*, col pref. *in-*① ✱ av. 1547] v. tr. ● destinare

indeterminàbile [vc. dotta, lat. tardo *indeterminābile(m)*, comp. di *in-*③ e *determinābilis* 'determinabile' ✱ 1598] agg. ● che è impossibile determinare o precisare: *periodo i. di tempo* ‖ **indeterminabilménte**, avv. ‖ **indeterminabilità**, s. f. inv.

indeterminatézza [1819] s. f. **1** caratteristica di ciò che è indeterminato: *l'i. delle idee, delle espressioni* SIN. imprecisione **2** (*fig.*) mancanza di determinazione, di decisione, e sim.: *l'i. dei propositi di qlcu.* SIN. incertezza, irresolutezza

indeterminatìvo [1869] agg. ● che non determina | (*gramm.*) ***articolo i.***, che in italiano ha le forme *un, uno, una*, e dà al nome un'indicazione indefinita (per es. *un cane, una sedia*) CONTR. determinativo CFR. partitivo

indeterminàto [vc. dotta, lat. tardo *indeterminātu(m)*, comp. di *in-*③ e *determinātus* 'determinato' ✱ 1381] agg. **1** privo di determinazione o definizione: *spazio i.* | ***a tempo i.***, senza limiti precisi | astratto, vago, impreciso: *idee indeterminate* | irresoluto: *assumere una posizione indeterminata* **2** (*mat.*) detto di equazione con infinite soluzioni ‖ **indeterminataménte**, avv.

indeterminazióne [vc. dotta, lat. tardo *indeterminatiōne(m)*, da *indeterminātus* 'indeterminato' ✱ 1587] s. f. **1** imprecisione | (*fis.*) ***principio di i.***, principio fondamentale della meccanica quantistica, secondo il quale non è possibile misurare con precisione una grandezza osservabile senza rendere imprecisa la misura di altre grandezze osservabili **2** indecisione, irresolutezza: *i. di propositi*

indeterminìsmo [comp. di *in-*③ e *determinismo* ✱ 1840] s. m. ● (*filos.*) concezione che presuppone l'agire umano non condizionato da elementi esterni

indeterminìstico [1907] agg. (pl. m. *-ci*) ● (*filos.*) relativo all'indeterminismo

indetonànte [comp. di *in-*③ e del part. pres. di *detonare* ✱ 1957] agg. ● di carburante che, per aggiunta di antidetonante, sopporta alti valori del rapporto di compressione senza detonare

indetraìbile [comp. di *in-*③ e *detraibile* ✱ 1969] agg. ● che non è detraibile, che non può essere detratto: *spese indetraibili dalle imposte* CONTR. detraibile ‖ **indetraibilità**, s. f. inv.: *indetraibilità dell'Iva*

indettàre [lat. parl. **indictāre* 'indicare', comp. di *in* intens. e *dictāre* 'dettare' ✱ av. 1390] **A** v. tr. (*io indétto*) ● (*lett.*) istruire qlcu. su quello che deve dire o fare: *i. i testimoni*; *era sua madre Maruzza che la indettava, e la mandava apposta da quelle parti* (G. VERGA) **B** **indettàrsi** v. rifl. e rifl. recipr. ● †accordarsi in precedenza su come rispondere o comportarsi

indétto o †**inditto** part. pass. di *indire*; anche agg. ● deciso, proclamato: *lo sciopero i. per lunedì*

indeuropèo e deriv. ➤ **indoeuropeo** e deriv.

†**indevòto** [vc. dotta, lat. *indevōtu(m)*, comp. di *in-*③ e *devōtus* 'devoto' ✱ sec. XIV] agg. ● che è privo di devozione religiosa ‖ †**indevotaménte**, avv. senza devozione

†**indevozióne** [vc. dotta, lat. *indevotiōne(m)*, comp. di *in-*③ e *devōtio*, genit. *devotiōnis* 'devozione' ✱ sec. XIV] s. f. ● mancanza di devozione

✦**indi** o †**inde** [lat. *ĭnde*, di etim. incerta ✱ 1268] avv. **1** (*lett.*) dopo, di poi, quindi, in seguito (con valore temporale): *gli dissi ciò che dovevo, i. me ne andai*; *i. s'ascose* (DANTE *Inf.* X, 121) | ***i. a poco***, dopo poco | ***i. a un anno***, di lì a un anno | ***da i. in qua***, da allora in poi: *Da i. in qua mi fuor le serpi amiche* (DANTE *Inf.* XXV, 4) **2** (*poet.*) da lì, da quel luogo: *poder di partirs'i. a tutti tolle* (DANTE *Inf.* XXIII, 57) | ***da i. in qua, in là, in su, in giù***, da quel luogo in qua, in là, in su, in giù | †***per i.***, per quel luogo

indiàna [sottinteso *tela*, originariamente proveniente *dall'India* ✱ 1674] s. f. ● stoffa di cotone stampata a vivaci colori per abiti e tappezzerie

indianìsmo [1957] s. m. ● elemento linguistico, culturale e sim. proprio dell'India e della sua civiltà

indianìsta [av. 1869] s. m. e f. (pl. m. *-i*) ● studioso della cultura e della civiltà indiana

indianìstica [1935] s. f. ● disciplina che studia la lingua, la letteratura, le religioni, la filosofia e la storia dell'India nel periodo precedente alla penetrazione europea

indianìstico [1952] agg. (pl. m. *-ci*) ● relativo all'indianistica

✦**indiàno** [vc. dotta, lat. tardo *indiānu(m)*, da *Ĭndia* 'India' ✱ 1336 ca.] **A** agg. **1** dell'India: *lingue indiane*; *elefante i.*; *Oceano I.* **2** che concerne gli indigeni dell'America, spec. dell'America del Nord: *tribù indiane* | (*fig.*) ***camminare, avanzare in fila indiana***, disposti uno dietro l'altro **B** s. m. (f. *-a*) **1** abitante o nativo dell'India | (*fig.*) ***fare l'i.***, far finta di non sapere nulla **2** indigeno dell'America SIN. amerindio, pellerossa | ***Indiani delle praterie***, vasto raggruppamento di pellirosse che vivevano in una vastissima zona del centro del Canada e degli Stati Uniti ‖ **indianino**, dim.

indiàre [comp. di *in-*① e *Dio* ✱ 1321] **A** v. tr. (*io indio*) ● (*lett.*) innalzare a livello divino **B** **indiàrsi** v. intr. pron. ● (*lett.*) immedesimarsi in Dio: *D'i Serafin colui che più s'india* (DANTE *Par.* IV, 28)

indiavolaménto [1427] s. m. ● (*raro*) l'indiavolare, l'indiavolarsi | (*fig., raro*) scompiglio | †diavoleria

indiavolàre [comp. di *in-*① e *diavolo* ✱1427] **A** v. tr. (*io indiàvolo*) ● (*raro, lett.*) mettere qlcu. in agitazione, irritarlo **B** v. intr. (aus. *avere*) ● (*lett.*) avere il diavolo in corpo, essere in grande agitazione | ***far i. qlcu.***, farlo andare su tutte le furie **C** **indiavolàrsi** v. intr. pron. ● arrabbiarsi, infuriarsi: *s'indiavola per un nonnulla*

indiavolàto part. pass. di *indiavolare*; anche agg. **1** infuriato | molto vivace: *un ragazzino i.* **2** frenetico: *ritmo i.* | violento, eccessivo: *vento, caldo, rumore i.*; *baraonda indiavolata* ‖ **indiavolataménte**, avv.

indiavolìre [comp. di *in-*① e *diavolo* ✱1940] v. intr. (*io indiavolìsco, tu indiavolìsci*; aus. *essere*) e **indiavolìrsi** v. intr. pron. ● (*raro, lett.*) ostinarsi a compiere atti riprovevoli

indicàbile [vc. dotta, lat. tardo *indicābile(m)*, da *indicāre* 'indicare' ✱1745] agg. ● che si può indicare perché utile, opportuno e sim.: *rimedio i.* ‖ **indicabilità**, s. f. inv.

♦**indicàre** [vc. dotta, lat. *indicāre*, da *ĭndex*, genit. *ĭndicis* 'che mostra, che indica', da una radice indeur. col sign. di 'mostrare' ✱av. 1328] v. tr. (*io ìndico, tu ìndichi*) **1** mostrare qlco. a qlcu. puntando l'indice, con un cenno o a parole: *i. una vetrina, la direzione da seguire, un passante*; *i. la strada a qlcu.*; *mi indicò l'uscita* SIN. additare | ***i. la porta a qlcu.***, V. *porta* nel sign. A 1 | (*est.*) mostrare, segnalare, detto di strumenti e sim.: *la bussola indica il Nord*; *il faro indica il porto* | precisare: *sul biglietto da visita non è indicato l'indirizzo* **2** dire, suggerire, consigliare: *mi ha indicato un ottimo albergo*; *il medico mi ha indicato un nuovo farmaco* **3** denotare, rivelare, manifestare: *il suo silenzio indicava imbarazzo*; *la tua reazione indica che ti senti in colpa* | detto di un vocabolo, significare, esprimere, designare: *il prefisso 'a-' indica mancanza, assenza e sim*

indicatìvo [vc. dotta, lat. tardo *indicatīvu(m)*, da *indicāre* 'indicare' ✱1308] **A** agg. **1** (*raro*) che serve a indicare: *gesto i.* | (*gramm.*) ***aggettivo i.***, che esprime una determinazione specifica SIN. determinativo | ***modo i.***, modo finito del verbo che presenta obiettivamente l'idea verbale **2** che costituisce un chiaro segno di qlco.: *sintomo oltremodo i.* SIN. significativo **3** che fornisce un'indicazione sommaria, approssimativa: *prezzo i.*; *valutazione indicativa* ‖ **indicativaménte**, avv. orientativamente, approssimativamente **B** s. m. **1** (*gramm.*) modo indicativo: *coniugare un verbo all'i.*; *presente i., imperfetto i., futuro i.* **2** nei sistemi di trattamento automatico delle informazioni, elemento dell'informazione che permette di individuarla e classificarla **3** (*tel.*) codice che identifica un'area geografica nelle chiamate internazionali: *l'i. dell'Italia è 39* | ***i. interurbano***, un tempo, combinazione di cifre che precedevano il numero dell'utente nelle chiamate interurbane, ora inglobate nel numero stesso **4** †dito indice

indicàto part. pass. di *indicare*; anche agg. **1** nei sign. del v. | comunicato, specificato: *si incontrarono nel giorno i.* **2** (*est.*) appropriato, efficace: *rimedio i.* | idoneo, adatto: *è la persona più indicata per questo incarico*

indicatóre① [vc. dotta, lat. tardo *indicatōre(m)*, da *indicātus* 'indicato' ✱1526] **A** agg. (f. *-trice* (V.)) ● che indica, rivela qlco.: *strumento i.*; *freccia indicatrice* | ***cartello i.***, che, posto al margine della strada, contiene indicazioni, prescrizioni, avvertimenti o divieti relativi alla circolazione **B** s. m. **1** in varie tecnologie, indice, lancetta, barra, sagoma, filo e sim. per dare, generalmente a distanza, l'indicazione o la misura di qlco.: *i. di livello del carburante* | ***i. di direzione***, luce intermittente azionata da automobilisti o motociclisti per segnalare spostamenti o cambiamenti di direzione | cavalierino, targhetta **2** (*econ.*) indice rappresentativo dell'andamento di un particolare settore dell'economia, o della situazione economica in generale **3** titolo di prontuari, guide, pubblicazioni periodiche e sim.: *l'i. economico* **4** (*chim.*) sostanza che, col cambiamento di colore, indica lo stato acido o alcalino di una soluzione, identifica determinate sostanze o segna la fine di una reazione **5** (*chim.*) ***i. radioattivo***, tracciante radioattivo **6** (*ling.*) ***i. sintagmatico***, rappresentazione della struttura sintattica di una frase, data in forma di albero o di successione di parentesi

indicatóre② [da *indicare* ✱sec. XIX] s. m. ● uccello apivoro tropicale africano dei Piciformi, bruno, con coda lunga e corpo slanciato (*Indicator indicator*)

indicatrìce [agg. sostantivato dal f. di *indicatore* ✱1972] s. f. ● (*miner.*) superficie scelta a rappresentare le proprietà ottiche dei cristalli | ***i. uniassica***, ellissoide di rotazione, con un solo asse ottico | ***i. biassica***, ellissoide di avente tre semiassi diversi e a cui corrispondono due assi ottici

♦**indicazióne** [vc. dotta, lat. *indicatiōne(m)*, da *indicātus* 'indicato' ✱av. 1328] s. f. **1** atto dell'indicare | designazione **2** cenno, informazione, notizia: *chiedere un'i.*; *seguire un'i. falsa, precisa, inesatta*; *l'i. della strada, della pagina, della ditta* **3** (*med.*) prescrizione di rimedio appropriato | (*farm.*) ***fuori i.***, off-label

SFUMATURE ▸ *istruzione*

ìndice [vc. dotta, lat. *ĭndice(m)*, comp. di *in* 'verso' e una radice *-dex*, di orig. indeur., col senso di 'mostrare' ✱sec. XIV] **A** s. m. **1** secondo dito della mano tra il pollice e il medio: *stringere qlco. tra il pollice e l'i.* | ***puntare l'i. contro qlcu***, (*fig.*) accusarlo | ***mettere, porre l'i. sulle labbra***, far segno di tacere **2** negli strumenti di misurazione, lancetta o altro dispositivo che indica sul quadrante i valori della grandezza misurata: *i. di temperatura, velocità, sbandamento*; *l'i. è al massimo, al minimo* **3** (*fig.*) indizio, segno che rivela qlco.: *quel pallore è un i. di malattia*; *una simile risposta è i. di ignoranza* **4** elenco ordinato dei capitoli, o comunque delle varie parti, di un libro, che contiene il titolo di ciascuno e l'indicazione del corrispondente numero di pagina: *consultare, scorrere l'i.*; *cercare un brano nell'i.*; *i. generale*; *i. delle illustrazioni* | ***i. analitico***, elenco alfabetico degli argomenti trattati in un libro, spec. di carattere scientifico o didattico, ciascuno col numero della pagina in cui viene sviluppato | catalogo | ***I. dei libri proibiti***, elenco che, fino al Concilio Vaticano II, conteneva i titoli delle opere e i nomi degli autori condannati dalla Chiesa cattolica perché contrari alla fede o alla morale e la cui lettura era proibita ai fedeli se non per giustificati motivi | ***mettere all'i.***, (*fig.*) mettere al bando, proibire, vietare **5** (*mat.*) simbolo di cui viene munita una lettera per distinguere fra più valori che ad essa si possono assegnare | (*mus.*) ***i. acustico***, numero che veniva collocato sotto i nomi delle note per indicare l'esatta posizione di ciascuna nella scala generale dei suoni **6** (*scient.*) numero che esprime il rapporto fra due grandezze oppure fra due valori in tempi diversi della stessa grandezza: *i. di produzione*; *i. di sedimentazione* | (*econ.*) ***i. del costo della vita***, indice statistico dal quale risulta l'andamento dell'inflazione, calcolato sull'andamento dei prezzi al consumo | (*borsa*) ***i. di Borsa***, numero indice, basato sui prezzi dei titoli quotati in una borsa valori, con il quale si evidenziano le variazioni percentuali dell'andamento del mercato | (*radio, tv*) ***i. d'ascolto***, V. *ascolto* | (*radio, tv*) ***i. di gradimento***, V. *gradimento* | (*fis.*) ***i. di rifrazione***, V. *rifrazione* | (*farm.*) ***i. terapeutico***, rapporto fra l'efficacia terapeutica di un farmaco e la sua attività tossica | (*med.*) ***i. di Katz***, valore medio della velocità di sedimentazione dei globuli rossi | (*med.*) ***i. di Apgar***, indice di valutazione della vitalità di un neonato **B** agg. **1** che indica: *segno i.*; *dito i.* **2** ***numeri indici***, rapporti statistici che vengono istituiti tra le intensità o le frequenze di un fenomeno in tempi o luoghi diversi e un'intensità o frequenza che il fenomeno ha presentato ad una certa data o in un determinato luogo e che viene assunto come base di riferimento

indicìbile [comp. di *in-*③ e *dicibile* ✱av. 1342] agg. ● che non si può dire: *vizio i.* | (*est.*) immenso, straordinario: *tormento, gioia i.* SIN. inenarrabile ‖ **indicibilménte**, avv. in maniera indicibile; (*est.*) straordinariamente, infinitamente: *le stelle fisse, lontane indicibilmente più di Saturno* (G. GALILEI) ‖ **indicibilità**, s. f. inv.

†**indìcio** ▸ **indizio**

indicizzàbile [1983] agg. ● che si può indicizzare

indicizzàre [da *indice* nel sign. 6 ✱1963] v. tr. ● (*econ.*) collegare il valore di un bene o di una prestazione alle variazioni di un indice di riferimento, quale, per es., il tasso d'inflazione, il livello dei prezzi e sim.: *i. le obbligazioni, il prezzo del petrolio*; *i. i salari al costo della vita* ‖ **indicizzazióne**, s. f.

indicizzàto part. pass. di *indicizzare*; anche agg. ● nel sign. del v.: *mutuo i.*

ìndico [vc. dotta, lat. *ĭndicu(m)*, da *Ĭndia* 'India' ✱1319] **A** agg. (pl. m. *-ci*) ● (*lett.*) indiano **B** s. m. ● †V. **indaco**

indie /*ingl.* 'ɪndɪ/ [vc. ingl., accorc. di *independent* 'indipendente' ✱1997] agg. inv. **1** detto di musica di consumo non inquadrabile in tendenze note **2** detto di casa discografica estranea al circuito delle grandi etichette o di musicista che pubblica con una casa discografica di questo tipo

♦**in dièbus illis** [loc. lat., propr. 'in quei giorni', ricorrente espressione evangelica. V. *busillis* ✱1582] loc. avv. ● a quel tempo, in quei giorni lontani (*spec. scherz.*)

indietreggiaménto [1888] s. m. ● l'indietreggiare (*anche fig.*): *i progressi e gli indietreggiamenti della vita*

♦**indietreggiàre** [iter. di *indietro* ✱sec. XIV] v. intr. (pres. *io indietréggio*; fut. *io indietreggerò*; aus. *essere* o *avere*) ● tirarsi indietro: *i. davanti al nemico, al pericolo* | (*fig.*) ritirarsi: *i. di fronte alla difficoltà* SIN. arretrare, retrocedere

♦**indiètro** o †**indrièto**, †**indréto** [comp. di *in-*② e *dietro* ✱1261 ca.] **A** avv. (superl. *indietrissimo*) **1** alle spalle, nella direzione di ciò che è alle spalle: *il capoclasse faccia due passi i.*; *tenetevi i.*; *resta sempre i.*; *non voltarti i.*; *prova a guardare i.* | ***avanti e i.***, da un punto a un altro dello stesso luogo | ***questo orologio è, rimane i.***, ritarda | ***mettere i. l'orologio***, spostarne le lancette in senso antiorario | ***dare i. qlco.***, restituirla | ***domandare, volere i. qlco.***, chiederne, pretenderne la restituzione | ***rimandare i. un dono***, respingerlo, rifiutarlo | ***tirarsi i.***, (*fig.*) sottrarsi a impegni presi o a responsabilità assunte | ***lasciare i. qlco.***, ometterla | ***fare un passo i.***, (*fig.*) regredire; riprendere un punto precedente; ridimensionare i propri obiettivi | ***fare un passo avanti e uno i.***, (*fig.*) non progredire | ***fare un passo avanti e due i.***, (*fig.*) progredire in apparenza ma in realtà regredire (*spec. iron.*) | ***essere, rimanere i. col lavoro, nello studio*** e sim., essere lontani dal punto a cui si dovrebbe essere giunti | ***essere i.***, (*fig., fam.*) capire poco | ***punto i.***, punto di cucito realizzato facendo rientrare l'ago nel foro da cui era uscito nel punto precedente | (*mar.*) ***dare i.***, invertire il moto delle macchine per fermare la nave abbrivata o farla procedere con la poppa | ***fare macchina, marcia i.***, (*fig.*) rimangiarsi la parola, ritirarsi da un'impresa e sim. CONTR. avanti, innanzi **2** nella loc. avv. ***all'i.***, a ritroso: *camminare all'i.* | ***cadere all'i.***, sulla schiena | ***andare all'i.***, (*fig.*) regredire **B** **in funzione di inter.** ● si usa come comando o esortazione a una o più persone perché retrocedano: *i.! fate largo!* | (*mar.*) ***i. adagio, i. mezza, i. tutta***, ordini per l'andatura durante la manovra dell'andare indietro

indifendìbile [comp. di *in-*③ e *difendibile* ✱ av. 1451] **agg.** ● che non può essere difeso: *un caposaldo i.* | (*fig.*) insostenibile: *ragioni indifendibili* ‖ †**indifendibilménte**, **avv.** ‖ **indifendibilità**, **s. f. inv.**

indiféso (o -ṣ-) [vc. dotta, adattamento del lat. *indefēnsu(m)*, comp. di *in-*③ e *defēnsus* 'difeso' ✱ 1513] **agg.** **1** privo di difesa: *lasciare i. un punto del confine* SIN. incustodito, scoperto **2** (*fig.*) incapace di difendersi e quindi bisognoso di protezione: *un fanciullo, un vecchio i.* SIN. inerme **3** disarmato: *soldato i.*

♦**indifferènte** [vc. dotta, lat. *indifferĕnte(m)*, comp. di *in-*③ e *dĭfferens*, genit. *differĕntis* 'differente', come il corrispondente gr. *adiáphoros* ✱ av. 1342] **A** **agg.** **1** †imparziale, neutrale: *agli occhi di un i. esaminatore* (C. BECCARIA) **2** che non prova e non esprime particolari interessi o emozioni per qlcu. o qlco. (+ *a*): *la sua reazione mi lascia del tutto i.*; *un uomo i. a tutto ciò che accade*; *essere i. alla bellezza* SIN. insensibile **3** che non presenta interesse, non ha importanza, significato, valore e sim. (+ *a*): *problemi, questioni, domande indifferenti*; *è una persona i. a qualsiasi emozione*; *non sono affatto i. alle disavventure*; *quel ragazzo mi è del tutto i.* | ***è i.***, è uguale, non ha importanza: *partire o restare è i.*; *per me è i. che tu parta o resti* SIN. irrilevante | ***non i.***, notevole, rilevante: *una spesa non i.* **4** (*ling.*) ***sillaba i.***, ancipite **5** (*lett.*) uguale, identico ‖ **indifferenteménte**, **avv.** **1** ugualmente, senza differenza, allo stesso modo: *una palestra frequentata indifferentemente da maschi e femmine* **2** (*lett.*) con indifferenza: *Raccontava gli aneddoti della serata ... sorridendo indifferentemente* (G. VERGA) **B** **s. m. e f.** ● persona apatica e insensibile | ***fare l'i.***, ostentare noncuranza

indifferentiṣmo [da *indifferente* ✱ 1746] **s. m.** **1** (*filos.*) concezione che pone il raggiungimento della perfezione morale nell'indifferenza verso le cose **2** atteggiamento d'indifferenza, di disinteresse per i problemi religiosi, morali, politici ecc.

♦**indifferènza** [vc. dotta, lat. tardo *indifferĕntia(m)*, comp. di *in-*③ e *differĕntia* 'differenza' ✱ sec. XIV] **s. f.** **1** condizione o atteggiamento di chi è indifferente: *bene non seppi, fuori del prodigio / che schiude la divina Indifferenza* (E. MONTALE) | distacco, scarsa simpatia: *guardare qlcu. con i.* **2** †eguaglianza, somiglianza

indifferenziàbile [comp. di *in-*③ e *differenziabile* ✱ 1920] **agg.** ● (*raro*) che non può essere differenziato ‖ **indifferenziabilità**, **s. f. inv.**

indifferenziàto [comp. di *in-*③ e *differenziato* ✱ 1908] **agg.** ● che non si distingue da altri, che non presenta elementi caratteristici di distinzione ‖ **indifferenziataménte**, **avv.**

indifferìbile [comp. di *in-*③ e *differibile* ✱ av. 1694] **agg.** ● che non si può differire, che non ammette dilazione: *impegno i.* SIN. improrogabile ‖ **indifferibilménte**, **avv.** ‖ **indifferibilità**, **s. f. inv.**

indigenàto [av. 1799] **s. m.** ● (*disus.*) stato o condizione di indigeno

indìgeno [vc. dotta, lat. *indĭgenu(m)*, per *indĭgena(m)*, da **endo-gena*, comp. di *endo-* 'dentro' e *-gena*, dal v. *gīgnere* 'produrre, generare' ✱ 1499] **A** **agg.** ● che è originario del luogo: *flora, fauna, popolazione indigena*; *prodotti indigeni* | ***cavallo i.***, nell'ippica, cavallo nato nel Paese in cui corre e appartenente a una scuderia dello stesso **B** **s. m.** (**f.** *-a*) **1** aborigeno, nativo: *gli indigeni del Borneo* | (*est.*) selvaggio: *vivere fra gli indigeni* **2** cavallo indigeno: *gara riservata agli indigeni*

♦**indigènte** [vc. dotta, lat. *indigĕnte(m)*, part. pres. di *indigēre* '†indigere' ✱ 1320] **agg. e s. m. e f.** ● che (o chi) si trova in stato di assoluta povertà SIN. bisognoso
SFUMATURE ➤ ***povero***

indigènza [vc. dotta, lat. *indigĕntia(m)*, da *indigēre* '†indigere' ✱ 1320] **s. f.** ● povertà assoluta, mancanza dei mezzi per vivere: *vivere nell'i.*; *essere ridotto all'i.* | (*lett.*) mancanza, penuria

†**indìgere** [vc. dotta, lat. *indigēre*, comp. del pref. *ind-*, rafforz. di *in-*① e di *egēre* 'aver bisogno', di etim. incerta ✱ 1321] **v. intr.** ● aver bisogno di qlco.

indigerìbile [comp. di *in-*③ e *digeribile* ✱ sec. XVII] **agg.** **1** che non si può digerire: *cibo i.* **2** (*fig.*) insopportabile, noioso: *una persona i.*; *un discorso i.* ‖ **indigeribilità**, **s. f. inv.**
SFUMATURE ➤ ***insopportabile***

indigestióne [vc. dotta, lat. tardo *indigestiōne(m)*, comp. di *in-*③ e *digēstio*, genit. *digestiōnis* 'digestione' ✱ sec. XIV] **s. f.** ● alterata digestione alimentare | (*est.*) disturbo gastrico o enterico causato spec. da eccessiva ingestione di alimenti | ***fare un'i.***, (*colloq.*) mangiare troppo | (*fig.*) ***fare un'i. di film, di concerti, di romanzi***, averne visti, ascoltati, letti in eccesso

indigèsto [vc. dotta, lat. *indigēstu(m)* 'disordinato, non digerito', comp. di *in-*③ e *digēstus*, part. pass. di *digĕrere* 'digerire' ✱ av. 1320] **agg.** **1** difficile da digerire: *cibo i.* **2** (*fig.*) difficile da sopportare, tollerare e sim.: *persona, musica, lettura indigesta* SIN. molesto, pesante **3** (*fig., lett.*) confuso, caotico: *pensieri indigesti* ‖ **indigestaménte**, **avv.**

indìgete [vc. dotta, lat. *indĭgete(m)*, di etim. incerta ✱ sec. XIV] **A** **s. m.** ● (*lett.*) nel culto degli antichi Romani, ciascuno degli dei o degli eroi divinizzati venerati come protettori di determinati luoghi **B** **anche agg.**: *nume i.*

indignàre o †**indegnàre** [vc. dotta, lat. *indignāri*, comp. di *in-*③ e *dignāri*, da *dīgnus* 'degno' ✱ 1261 ca.] **A** **v. tr.** (**coniug. come** *segnare*) ● muovere a sdegno: *questo articolo ha indignato i lettori* **B** **v. intr.** † e **indignàrsi** **v. intr. pron.** ● sdegnarsi, risentirsi: *indignarsi per l'ingiustizia* | †infuriarsi, detto del vento
SFUMATURE ➤ ***irritare***

indignàto o †**indegnàto** **A** **part. pass.** di *indignare*; **anche agg.** ● pieno di indignazione: *essere i. contro qlcu. per qlco.* | che esprime indignazione: *una reazione indignata* ‖ **indignataménte**, **avv.** **B** **s. m.** (**f.** *-a*) ● (**spec. al pl.**) chi manifesta sdegno, indignazione, in particolare nei confronti del sistema politico, delle ingiustizie sociali ecc.

indignazióne o †**indegnazióne** [vc. dotta, lat. *indignatiōne(m)*, da *indignātus* 'indignato' ✱ 1268] **s. f.** ● vivo risentimento e sdegno nei confronti di ciò che si ritiene ingiusto, immorale, riprovevole: *muovere, suscitare la pubblica i.*; *sentiva un'indignazione santa, per la turpe persecuzione della quale era divenuta l'oggetto* (A. MANZONI)

†**indìgno** e deriv. ➤ **indegno** e deriv.

indigòfera [comp. di *indigo*, var. di *indaco*, e *-fero*, perché fornitrice della sostanza colorante ✱ 1815] **s. f.** ● pianta delle Leguminose di origine africana, con foglie pennate, fiori rosei o rossi, coltivata per l'estrazione dell'indaco (*Indigofera tinctoria*)

indigotìna [comp. di *indigo* (V. *indigofera*) e *-ina* col *-t-* eufonico intermesso ✱ 1869] **s. f.** ● principio colorante dell'indaco naturale | indaco di sintesi

†**indigròsso** o †**in di gròsso** [comp. di *in-*②, *di* e *grosso* ✱ av. 1565] **avv.** **1** approssimativamente, all'incirca **2** molto, di gran lunga

indilatàbile [comp. di *in-*③ e *dilatabile* ✱ 1869] **agg.** ● che non si dilata

indilatàto [comp. di *in-*③ e *dilatato* ✱ 1972] **agg.** ● (*raro*) che non si è dilatato

indilazionàbile [comp. di *in-*③ e *dilazionabile* ✱ 1858] **agg.** ● che non si può dilazionare o differire: *impegno, termine i.* SIN. improrogabile ‖ **indilazionabilménte**, **avv.** ‖ **indilazionabilità**, **s. f. inv.**

indiligènte [vc. dotta, lat. *indiligĕnte(m)*, comp. di *in-*③ e *dīligens*, genit. *diligĕntis* 'diligente' ✱ 1869] **agg.** ● (*lett., raro*) negligente

†**indiligènza** [vc. dotta, lat. *indiligĕntia(m)*, comp. di *in-*③ e *dilīgĕntia* 'diligenza' ✱ 1440] **s. f.** ● negligenza

♦**indimenticàbile** [comp. di *in-*③ e *dimenticabile* ✱ 1786] **agg.** ● che è impossibile dimenticare: *offesa, favore, episodio i.* | che ha lasciato un ricordo vivo, estremamente piacevole: *incontro, serata i.* SIN. incancellabile ‖ **indimenticabilménte**, **avv.** in maniera indimenticabile

indimenticàto [comp. di *in-*③ e *dimenticato* ✱ 1890] **agg.** ● che è ancora presente, vivo nella memoria

indimostràbile [vc. dotta, adattamento del lat. tardo *indemonstrābile(m)*, comp. di *in-*③ e *demonstrābilis* 'dimostrabile' ✱ 1631] **agg.** ● che non si può dimostrare: *verità i.* ‖ **indimostrabilménte**, **avv.** ‖ **indimostrabilità**, **s. f. inv.**

indimostràto [comp. di *in-*③ e *dimostrato* ✱ av. 1642] **agg.** ● che non si fonda su precise dimostrazioni: *ipotesi indimostrate*

ìndio① [vc. sp., propr. 'abitante delle *Indie* occidentali' ✱ 1572] **A** **s. m.** (**f.** *india*, **pl. m.** *indi* **o** *sp. indios*) ● nativo delle Americhe, dal Messico alla Terra del Fuoco: *un i. dell'Amazzonia* **B** **anche agg.**: *cultura, civiltà india*

ìndio② [dal colore *indaco* della sua linea nello spettro ✱ 1869] **s. m.** (**pl.** *-i* **o** *raro -ii*) ● elemento chimico, metallo di color argenteo, molle, accompagnato in natura a minerali sulfurei, usato spec. per elettrodeposizioni su materiali antifrizione e per leghe dentarie SIMB. In NUM. AT. 49

♦**indipendènte** [comp. di *in-*③ e *dipendente*, sul modello del corrispondente fr. *indépendant* ✱ 1585] **A** **agg.** **1** che è libero, che non è soggetto a vincoli di alcun genere (+ *da*): *uomo i.*; *rendersi economicamente i.*; *essere i. dai genitori*; *carattere, spirito i.* SIN. autonomo | detto di Stato, nazione e sim. non soggetti al dominio di altri Stati o nazioni: *repubblica i.* | (*est.*) non legato a partiti politici: *giornale, stampa i.* **2** che non deriva da altre cose, che non è determinato da altre cause (+ *da*): *i due fatti sono indipendenti tra loro*; *la malattia è i. dal trauma subito* **3** (*gramm.*) ***proposizione i.***, che non dipende da nessun'altra ‖ **indipendenteménte**, **avv.** **1** in modo indipendente, senza rapporto di dipendenza: *pensare, vivere indipendentemente* **2** all'infuori di, a prescindere da: *abbiamo vinto indipendentemente da ogni accordo* **B** **s. m. e f.** ● (*polit.*) chi, pur condividendo l'orientamento dei partiti di una determinata area, non è tuttavia iscritto a nessun partito: *pre-*

sentarsi come i. nelle liste di un partito; i. di sinistra

indipendentiṣmo [1955] **s. m.** ● atteggiamento politico volto all'indipendenza di uno Stato o di una regione

indipendentista [1802] **A s. m. e f.** (**pl. m.** *-i*) ● sostenitore dell'indipendentismo **B agg.** ● indipendentistico

indipendentistico [1965] **agg.** (**pl. m.** *-ci*) ● dell'indipendentismo, degli indipendentisti

♦**indipendènza** [comp. di *in-*③ e *dipendenza*, sul modello del fr. *indépendance* ✱1589] **s. f.** ● condizione di chi (o di ciò che) è indipendente: *i. politica, economica, ideologica; l'i. delle colonie dalla madrepatria; essere gelosi, orgogliosi della propria i.* | ***guerre d'i.***, quelle combattute nel Risorgimento dal Regno di Sardegna, e poi dal Regno d'Italia, contro l'Austria, per il raggiungimento dell'indipendenza nazionale

SFUMATURE DI SIGNIFICATO

indipendenza - autonomia

Si dice **indipendenza** la condizione di chi non dipende da altri o da altre cose, ed è libero da vincoli di ogni genere; il termine indica poi lo stato di quegli Stati o altre entità politico-territoriali che non sono soggetti al dominio di altre nazioni. In questa accezione *indipendenza* coincide dunque con **autonomia**, che nel suo primo significato identifica la capacità di governarsi con proprie leggi.

SFUMATURE ➤ ***autonomia***, ➤ ***libertà***

indire [vc. dotta, lat. *indīcere*, comp. di *in-*② e *dīcere* 'dire' ✱av. 1527] **v. tr.** (**imperat.** *indìci*; **coniug. come** *dire*) ● stabilire pubblicamente e d'autorità: *i. un referendum, le elezioni, un concorso* | ***i. la guerra***, dichiararla

indirètto [vc. dotta, lat. *indirēctu(m)*, comp. di *in-*③ e *dirēctus* 'diretto' ✱1308] **agg. 1** che non procede in modo diretto: *è preferibile agire per via indiretta; causa indiretta; utile i.* | ***offesa indiretta, rimprovero i.***, che colpisce di riflesso l'interessato | (*dir.*) ***elezioni indirette***, quelle a più gradi, in cui l'elettore non designa direttamente il proprio rappresentante ma un gruppo di persone che a loro volta, successivamente, eleggeranno il rappresentante | (*milit.*) ***tiro i.***, nelle artiglierie terrestri, quello effettuato contro un obiettivo non visibile | (*sport*) ***punizione indiretta, tiro i.***, nel calcio, punizione di seconda **2** (*gramm.*) ***complementi indiretti***, quelli che in italiano si uniscono al sostantivo o al verbo reggenti mediante una preposizione o una locuzione prepositiva (tranne pochi casi come: *ha lavorato tutto il giorno; la sera vado a letto presto; il biglietto costa sette euro; un palazzo alto trenta metri*) | ***discorso i.***, quello altrui che viene riferito per mezzo di una preposizione (in particolare 'che', 'di' o 'se') dipendente da verbi come 'dire', 'sostenere', 'esclamare', 'osservare', 'chiedere', 'rispondere', ecc. (per es.: *disse che non era d'accordo; sostenne di non saperne nulla; mi chiese se avevo ancora fame*) **3** (*econ.*) ***costo i.***, che deve essere imputato al complesso della gestione aziendale | (*econ.*) ***imposta indiretta***, che colpisce i trasferimenti di beni e i consumi ‖ **indirettaménte**, **avv.** in maniera indiretta

indirizzaménto [av. 1566] **s. m. 1** (*raro*) l'indirizzare | avviamento **2** (*inform.*) assegnazione o riferimento a una posizione di memoria

indirizzàre o †**indrizzàre** [lat. parl. **indirectiāre*, comp. di *in* 'verso' e *dirēctus* 'diritto' ✱1336] **A v. tr. 1** dirigere o volgere in una direzione: *i. il cammino, i passi verso il caffè* | (*fig.*) ***i. le mire***, appuntare il proprio desiderio su qlco. o qlcu. | (*est.*) mandare qlcu. o qlco. in un luogo o presso una persona determinata: *l'ho indirizzato dal mio dentista* **2** (*fig.*) instradare, avviare, guidare: *i. la gioventù agli studi, verso il bene; i. bene, male i propri affari, la propria attività* **3** (*fig.*) rivolgere: *i. il pensiero, la parola a qlcu.* **4** corredare dell'indirizzo: *i. un pacco* | spedire a un dato indirizzo: *la domanda va indirizzata all'ufficio del catasto* **B indirizzàrsi v. rifl. 1** dirigersi, incamminarsi: *indirizzarsi verso casa* **2** (*fig.*) rivolgersi a qlcu. per consiglio, assistenza, aiuto: *mi sono indirizzato a te nella speranza che tu possa aiutarmi*

SFUMATURE DI SIGNIFICATO

indirizzare - guidare - modellare

A **indirizzare**, inteso come pratica di insegnamento, è connessa l'idea di instradamento, cioè dell'avviare con consigli e aiuti a uno studio, un'arte, un'attività. **Guidare** esprime lo stesso concetto, ma implica l'idea più generica di un ammaestramento che può avvenire, oltre che con consigli, anche con l'esempio. **Modellare** fa riferimento a un insegnamento fondato su uno specifico modello, dunque più vincolante per colui che apprende.

indirizzàrio [1942] **s. m.** ● ordinato elenco di indirizzi | apposita rubrica per indirizzi

♦**indirìzzo** o †**indrìzzo** [da *indirizzare* ✱1476] **s. m. 1** l'insieme delle indicazioni relative al nome e al domicilio di una persona, necessarie per poterlo trovare e per inviargli la corrispondenza: *chiedere, dare l'i.; i. chiaro, illeggibile; lettera senza i.; i. del mittente, del destinatario* | ***sbagliare i.***, (*fig.*) rivolgersi alla persona sbagliata | ***i. di posta elettronica***, insieme di caratteri, gener. formato da una sequenza alfanumerica comprendente il carattere chiocciola (@), che identifica una casella di posta elettronica | ***all'i. di qlcu.***, (*fig.*) contro o verso qlcu.: *lanciare una sequela di improperi all'i. di qlcu.* | (*inform.*) indicazione per individuare la posizione in memoria di un dato **2** (*fig.*) criterio informatore e direttivo, condotta: *seguire un buon i. di studi; l'attuale i. politico* | tendenza, orientamento: *i. filosofico, letterario; i più recenti indirizzi della moda; gittare critica e poesia in un falso i.* (F. De Sanctis) **3** discorso o messaggio a carattere ufficiale rivolto a personalità politiche, civili o religiose per esprimere omaggio, felicitazioni, adesioni e sim.: *un i. di saluto* **4** †avviamento | impostazione **5** †dedica, intitolazione

SFUMATURE ➤ ***recapito***

indiscernìbile [comp. di *in-*③ e *discernibile* ✱av. 1519] **agg.** ● che non si può percepire, notare: *differenza i. all'occhio, al tatto* | (*lett.*) che non si può separare, distinguere ‖ †**indiscernibilménte**, **avv.** ‖ **indiscernibilità**, **s. f. inv.**

indisciplìna [vc. dotta, lat. tardo *indisciplīna(m)* 'mancanza di educazione, d'istruzione', comp. di *in-*③ e *disciplīna* 'disciplina' ✱av. 1803] **s. f.** ● mancanza di disciplina

SFUMATURE DI SIGNIFICATO

indisciplina - ammutinamento - insubordinazione

Indisciplina è l'inosservanza delle norme che regolano i comportamenti individuali e collettivi, o anche la disubbidienza a un ordine impartito da un'autorità; in ambito militare può dar luogo a un vero e proprio reato in quanto mette a rischio la sicurezza collettiva. **Ammutinamento** è il rifiuto esplicito di ubbidire a un ordine superiore da parte di un gruppo di militari, dell'equipaggio di una nave o anche di carcerati. **Insubordinazione** è in senso generico l'atto che viola i doveri propri della dipendenza gerarchica; in ambito militare è il reato commesso da chi usa violenza, minaccia o insulta un superiore in gerarchia.

SFUMATURE ➤ ***protesta***

indisciplinàbile [comp. di *in-*③ e un deriv. di *disciplinare* ✱1554] **agg.** ● che non si riesce a disciplinare: *traffico caotico e i.* | indocile, riottoso: *carattere, soldato i.* ‖ **indisciplinabilménte**, **avv.** (*raro*) in modo indisciplinabile

indisciplinatézza [1869] **s. f.** ● mancanza di disciplina | (*est.*) atto indisciplinato

indisciplinàto [vc. dotta, lat. tardo *indisciplīnātu(m)*, comp. di *in-*③ e *disciplīnātus* 'disciplinato' ✱1268] **agg. 1** che non obbedisce a una disciplina: *soldato i.* **SIN.** insubordinato **2** che non sa o non vuole imporsi una disciplina (*anche fig.*): *ragazzo i.; ingegno i.* **SIN.** indocile, ribelle **3** disordinato, confuso, caotico: *nelle ore di punta il traffico diventa i.* ‖ **indisciplinataménte**, **avv.**

indiscretézza [1574] **s. f. 1** (*raro*) indiscrezione | atto indiscreto **2** (*lett.*) mancanza di discernimento, di giudizio

indiscréto [vc. dotta, lat. tardo *indiscrētu(m)* 'inseparato, indistinto, indifferenziato', comp. di *in-*③ e *discrētus* 'discreto' ✱1261 ca.] **agg. 1** che è privo di tatto, di riguardo, di discrezione: *sei stato i. a chiedere tanti particolari* | ***una persona indiscreta***, troppo curiosa | ***se non sono i., non vorrei essere i.***, formula di cortesia che si premette a domande di carattere delicato **2** di ciò che è sconveniente e importuno: *un'occhiata indiscreta; parlare al riparo da orecchie indiscrete; curiosità, domanda indiscreta* **SIN.** indelicato **3** (*lett.*) intemperante, immoderato | †irragionevole, stolto: *giudizio i.* ‖ **indiscretaménte**, **avv.** senza discrezione

indiscrezióne [vc. dotta, lat. tardo *indiscretiōne(m)*, da *indiscrētus* 'indiscreto' ✱1308] **s. f. 1** caratteristica di chi (o di ciò che) è indiscreto: *peccare di i.; la sua i. non ha limite* **SIN.** indelicatezza | (*est.*) curiosità sfacciata e insistente | atto o comportamento indiscreto: *commettere una grave, un'imperdonabile i.* **2** rivelazione di notizia riservata: *il giornalista ha raccolto alcune indiscrezioni; la notizia si basa su indiscrezioni circolate in tribunale*

SFUMATURE DI SIGNIFICATO

indiscrezione - indelicatezza - curiosità

Indiscrezione è il comportamento di chi è privo di misura, di tatto, di riguardo nei confronti degli altri ed è incapace di tenere riservate informazioni che riguardano altre persone. **Indelicatezza** ha lo stesso significato ma sottolinea con maggiore forza la mancanza di sensibilità, di rispetto verso il sentire degli altri. **Curiosità** mette invece l'accento sulla natura di chi è animato da un bisogno irrefrenabile di conoscere i fatti altrui, di mettere il naso in faccende che non lo riguardano; il termine ha però anche un'accezione positiva, e descrive la natura di chi è animato da una volontà di sapere e conoscere.

SFUMATURE ➤ ***invadenza***, ➤ ***voce***

♦**indiscriminàto** [comp. di *in-*③ e *discriminato* ✱1867] **agg.** ● che è privo di oculatezza, che è posto in essere senza distinzioni di sorta: *violenza, repressione indiscriminata; aiuto i.; agire in modo i.* ‖ **indiscriminataménte**, **avv.**

indiscùsso [vc. dotta, lat. tardo *indiscŭssu(m)*, comp. di *in-*③ e *discŭssus* 'discusso' ✱1374] **agg. 1** che non è stato dibattuto: *questione ancora indiscussa* **2** riconosciuto da tutti: *autorità, superiorità indiscussa*

indiscutìbile [comp. di *in-*③ e un deriv. di *discutere* ✱1866] **agg.** ● che non si può mettere in discussione perché è chiaro, sicuro ed evidente: *verità, teoria i.; ha una competenza i. in questo campo* ‖ **indiscutibilménte**, **avv.** in modo indiscutibile, senza alcun dubbio ‖ **indiscutibilità**, **s. f. inv.**

†**indiṣiàre** [comp. parasintetico di *disio*, col pref. *in-*① ✱av. 1547] **v. tr.** ● rendere desideroso

♦**indispensàbile** [comp. di *in-*③ e un deriv. di *dispensare* ✱ av. 1498] **A** **agg.** ● di chi (o di ciò che) è assolutamente necessario (+ *a*, + *per*, anche seguito da inf.): *consenso, presenza, intervento i.*; *l'acqua è i. a qualsiasi forma di vita*; *una lettura i. per chiunque*; *un testo i. per comprendere l'autore*; *ognuno è utile, nessuno è i.* | essenziale, fondamentale (+ inf., + *che* seguito da congtv.): *per evitare il traffico è i. partire di buonora*; *è i. che tu sia puntuale* | ***tempo i.***, quello che occorre per fare qlco. ‖ **indispensabilménte**, avv. necessariamente ‖ **indispensabilità**, s. f. inv. **B** s. m. ● ciò che è assolutamente necessario: *vi chiedo solo l'i. per vivere*; *portare con sé lo stretto i.* | l'essenziale

indispettìre [comp. di *in-*① e *dispetto* ✱ av. 1808] **A** v. tr. (*io indispettisco, tu indispettisci*) ● stizzire, irritare: *il tuo modo di fare lo ha indispettito* **B** v. intr. (*raro*; aus. *essere*) e **indispettìrsi** v. intr. pron. ● adirarsi, stizzirsi, irritarsi

indispettìto part. pass. di *indispettire*; anche agg. ● irritato, stizzito

♦**indisponènte** part. pres. di *indisporre*; anche agg. ● che indispone, che irrita: *un atteggiamento i.* ‖ **indisponenteménte**, avv.

indisponìbile [comp. di *in-*③ e *disponibile* ✱ 1957] **A** agg. **1** che non è libero, che non può essere utilizzato, usato, occupato e sim.: *materiale, veicolo i.*; *la stanza per il momento è i.* | (*dir.*) ***bene, diritto, credito i.***, di cui il titolare non può disporre mediante atti giuridici | (*dir.*) ***quota i.***, parte dell'asse ereditario riservata dalla legge ai legittimari e di cui il testatore non può liberamente disporre **2** che non è disposto a fare qlco. (+ *a*, anche seguito da inf.; + *per*): *siamo indisponibili a (o per) un accordo*; *sono i. a trattare con loro* ‖ **indisponibilità**, s. f. inv. **B** s. f. ● (*dir.*) quota indisponibile SIN. legittima

indispórre [comp. di *in-*③ e *disporre* col senso del fr. *indisposer* ✱ av. 1561] v. tr. (coniug. come *porre*) ● rendere maldisposto, irritare, indispettire (anche *assol.*): *metodi, sistemi che mi indispongono*; *ha un modo di fare che indispone*

indisposizióne [da *indisposto*② ✱ sec. XIII] s. f. **1** lieve infermità: *essere impedito da una leggera i.* SIN. malore **2** †avversione nei confronti di qlcu. **3** †disordine | †inopportunità **4** †incapacità ‖ **indisposizioncèlla**, dim.

SFUMATURE DI SIGNIFICATO
indisposizione - malore - disturbo
Una lieve sensazione di malessere, una malattia non grave e di breve durata si dice **indisposizione**. Se l'indisposizione si manifesta in modo del tutto improvviso, e determina anche una temporanea perdita di coscienza si ha un **malore**. Un'alterazione occasionale della funzionalità dell'organismo o di una sua parte si dice anche **disturbo**; il termine può indicare fenomeni di gravità diversa e, nel caso si riferisca a problemi psichici, un'alterazione stabile dei normali processi mentali.
SFUMATURE ➤ *acciacco*, ➤ *malanno*, ➤ *male*②

†**indispósto**① [vc. dotta, lat. tardo *indispŏsitu(m)* 'disordinato, impreparato', comp. di *in-*③ e *dispŏsitus* 'disposto' ✱ av. 1306] agg. **1** maldisposto **2** inetto, disadatto

indispósto② part. pass. di *indisporre*; anche agg. ● colpito da indisposizione, da un leggero malanno: *essere, sentirsi i.*; *non può venire alla riunione perché è i.*

indisputàbile [vc. dotta, lat. tardo *indisputābile(m)*, comp. di *in-* neg. e *disputābilis* 'disputabile' ✱ av. 1712] agg. ● (*lett.*) che non è soggetto a disputa: *punto, principio i.* SIN. indiscutibile ‖ **indisputabilménte**, avv. senza disputa

indisputàto [comp. di *in-*③ e *disputato* ✱ 1869] agg. ● (*lett.*) indiscusso

indissociàbile [comp. di *in-*③ e *dissociabile* ✱ 1584] agg. ● che non si può scindere, separare: *immagini, concetti indissociabili* ‖ **indissociabilità**, s. f. inv.

indissolùbile [vc. dotta, lat. *indissolūbile(m)*, comp. di *in-* neg. e *dissolūbilis* 'dissolubile' ✱ av. 1332] agg. ● di ciò che non può essere sciolto (*spec. fig.*): *nodo, catena, amicizia i.*; *la fè che una bell'alma cinga / del suo tenace indissolubil nodo* (L. ARIOSTO) SIN. inscindibile ‖ **indissolubilménte**, avv. ‖ **indissolubilità**, s. f. inv.: *l'i. del matrimonio religioso*

indistinguìbile [comp. di *in-*③ e *distinguibile* ✱ av. 1704] agg. ● che non si può distinguere, discernere, percepire: *differenza i. di colori* | indistinto ‖ **indistinguibilménte**, avv. ‖ **indistinguibilità**, s. f. inv.

♣**indistìnto** [vc. dotta, lat. *indistĭnctu(m)*, comp. di *in-*③ e *distĭnctus* 'distinto' ✱ 1308] **A** agg. **1** di ciò che è o appare privo di elementi differenziatori: *una massa indistinta si profilava all'orizzonte*; *quella bellezza indistinta della somma bontà* (B. CASTIGLIONE) **2** (*est.*) vago, confuso, indeterminato: *suoni, colori indistinti* ‖ **indistintaménte**, avv. **1** senza fare distinzioni: *trattare tutti indistintamente* **2** in modo confuso: *vedere indistintamente* **B** anche s. m.: *Sparirono nell'i. della sera senz'ombre* (C. ALVARO)

†**indistinzióne** [comp. di *in-*③ e *distinzione* ✱ av. 1406] s. f. **1** mancanza di netta distinzione | confusione, mescolanza **2** mancanza di discernimento

indistruttìbile [comp. di *in-*③ e *distruttibile* ✱ 1766] agg. ● che non può essere distrutto (anche *fig.*): *un nuovo materiale i.*; *fede, speranza i.* | (*iperb.*) molto resistente, solidissimo: *tegame, tessuto i.* ‖ **indistruttibilménte**, avv. ‖ **indistruttibilità**, s. f. inv.
SFUMATURE ➤ *indelebile*

indisturbàto [comp. di *in-*③ e *disturbato* ✱ 1876] agg. ● senza disagi, incomodi e sim.: *lasciatemi i. mentre lavoro* | senza avere fastidi o difficoltà: *i ladri sono fuggiti indisturbati*

†**inditto** ➤ **indetto**

indìvia o **endìvia** [etim. discussa: gr. *entýbi(on)*, di orig. incerta, secondo la pronuncia mediev. *endivi* (?) ✱ av. 1320] s. f. ● pianta erbacea delle Composite, glabra, di cui si mangiano le foglie giovani, a rosetta, che possono essere molto frastagliate o a lamina espansa (*Cichorium endivia*): *i. riccia*; *i. scarola*

individuàbile [1964] agg. ● che si può individuare: *un errore facilmente, difficilmente i.* ‖ **individuabilità**, s. f. inv.

♦**individuàle** [1363] agg. **1** relativo all'individuo, alla persona singola: *qualità, libertà, interesse i.* | ***gara, sport i.***, non a squadre ma condotta da singoli atleti | ***gioco, azione i.***, in alcuni sport di squadre, quelli condotti senza la collaborazione dei compagni | ***marchio i.***, che contraddistingue i prodotti di una sola impresa **2** personale: *commento i.*; *scelta i.*; *lavoro i.* ‖ **individualménte**, avv. in modo individuale, singolarmente, individuo per individuo ‖ **individualità**, s. f. inv. (V.)

individualìsmo [1843] s. m. **1** (*filos.*) dottrina che riconosce all'individuo valore autonomo, non riducibile all'ordine naturale o a quello politico e morale della società di cui fa parte **2** tendenza a considerare prevalenti i diritti, i fini, le iniziative e le azioni dell'individuo su quelli collettivi e dello Stato **3** egoismo, eccessiva o esclusiva considerazione di sé: *peccare di i.*

individualìsta [1881] **A** s. m. e f. (pl. m. *-i*) **1** chi segue o si ispira alle teorie politiche e morali dell'individualismo **2** persona che tende a dare assoluta prevalenza alle proprie esigenze rispetto a quelle della società, gruppo o squadra: *è sempre stato un i.* **3** (*sport*) chi partecipa a una gara a titolo individuale **B** agg. ● dell'individualismo | tipico degli individualisti

individualìstico [1892] agg. (pl. m. *-ci*) ● dell'individualismo | tipico degli individualisti ‖ **individualisticaménte**, avv.

individualità [1673] s. f. inv. **1** carattere o condizione di ciò che è singolo **2** complesso di caratteristiche e condizioni proprie di un singolo individuo, che lo rendono diverso dagli altri: *avere una spiccata i.* | personalità, originalità: *riesce a imporre a tutti la sua eccezionale i.* **3** personaggio che si distingue tra gli altri per importanza, autorità, capacità e sim.: *una delle più brillanti i. nel campo della fisica atomica* **4** †caso singolo, dettaglio

individualizzàre [fr. *individualiser*, da *individual* 'proprio di un individuo' ✱ 1844] v. tr. **1** (*lett.*) individuare, specificare **2** (*assol.*) considerare individualmente: *quando si ricercano delle responsabilità è necessario i.* CONTR. generalizzare **3** adattare alle esigenze del singolo individuo, personalizzare: *i. l'insegnamento* ‖ **individualizzazióne**, s. f. (V.)

individualizzazióne [1877] s. f. **1** l'individualizzare **2** adattamento di qlco. alle esigenze e necessità individuali

♦**individuàre** [da *individuo* ✱ 1308] **A** v. tr. (*io individuo, noi individuiàmo*) **1** determinare con precisione e sicurezza: *hanno individuato la posizione del relitto, l'epicentro del terremoto* SIN. distinguere **2** scoprire, identificare: *i responsabili della rapina non sono stati ancora individuati* **3** attribuire a qlco. o qlcu. caratteristiche ed elementi suoi propri: *l'autore individua perfettamente il carattere del protagonista* **B** **individuàrsi** v. intr. pron. ● prendere o acquisire un carattere determinato e distinto: *lo stile di uno scrittore spesso s'individua col passare del tempo*

individuazióne [av. 1535] s. f. ● l'individuare, il venire individuato | ***principio di i.***, nella filosofia scolastica, ciò che conferisce a un essere la sua specifica individualità

♦**indivìduo** [vc. dotta, lat. *indivĭduu(m)*, comp. di *in-*③ e *divĭduus* 'divisibile', da *divĭdere* 'dividere' ✱ av. 1348] **A** agg. ● †indiviso o indivisibile | (*lett.*) individuabile, singolo ‖ †**individuaménte**, avv. individualmente, ad uno ad uno **B** s. m. **1** (*biol.*) organismo animale o vegetale, unicellulare o pluricellulare, che non può essere suddiviso senza che vadano perduti i suoi caratteri strutturali e funzionali: *ogni specie animale comprende un numero enorme di individui* | (*miner.*) ***i. cristallino***, porzione di sostanza cristallina chimicamente e fisicamente omogenea ma priva di forma definita | (*chim.*) ***i. chimico***, un elemento o un composto, e cioè una specie chimica omogenea che ha composizione definita e costante **2** persona singola, spec. considerata rispetto alla società umana: *non guardare agli individui, ma agli interessi della collettività* | (*est.*, *spreg.*) persona sconosciuta, figuro: *c'è fuori un i. che vuole parlarti* **3** (*stat.*) unità statistica **4** †caso particolare **5** (*lett.*) il fisico, il corpo | †***in i.***, singolarmente, a uno a uno

†**indivinàre** e deriv. ➤ **indovinare** e deriv.

indivisìbile [vc. dotta, lat. tardo *indivisĭbile(m)*, comp. di *in-*③ e *divisĭbilis* 'divisibile' ✱ 1308] agg. **1** che non si può dividere, scindere in parti più piccole: *l'atomo era considerato i.* | (*dir.*) ***cosa i.***, che non può essere divisa in più parti senza alterarne la destinazione economica, o senza ledere gli interessi della produzione nazionale | ***obbligazione i.***, la cui prestazione ha per oggetto cosa o fatto non suscettibile di divisione per sua natura o volontà delle parti **2** (*mat.*) che non si può dividere esattamente, cioè che non ha resto nullo **3** che non può essere separato da qlcu. o qlco.: *amici indivisibili*; *effetto i. dalla causa* || **indivișibilménte**, avv. || **indivișibilità**, s. f. inv.

indivìso [vc. dotta, lat. *indivīsu(m)*, comp. di *in-*③ e *divīsus* 'diviso' ✻ av. 1342] **agg.** **1** che non è o non è stato diviso: *capitale, patrimonio i.* **2** (*bot.*) di foglia intera, senza incisioni **3** †indivisibile || †**indivișaménte**, avv.

indiziàre [da *indizio* ✻ av. 1712] **v. tr.** (*io indìzio*) ● indicare qlcu. come sospetto o colpevole in base a indizi sfavorevoli: *i. di reato*

indiziàrio [av. 1799] **agg.** ● che può valere come indizio: *testimonianza indiziaria* | ***processo i.***, che si fonda solo su indizi, in mancanza di prove

indiziàto **A** **part. pass.** di *indiziare*; anche **agg.** ● nel sign. del v. **B** **s. m.** (**f.** *-a*) ● (*dir.*) chi, nella fase processuale della preistruzione, è sospettato della commissione di un reato: *ricercare prove contro l'i.*

✦**indìzio** o †**indìcio** [vc. dotta, lat. *indĭciu(m)*, da *ĭndex*, genit. *ĭndicis* 'indice' ✻ sec. XII] **s. m.** **1** segno o situazione per mezzo dei quali è possibile ricostruire un fatto già accaduto o prevederne uno con fondatezza: *l'irrequietezza degli animali è un i. di cattivo tempo* **SIN.** sintomo **2** (*dir.*) fatto certo da cui il giudice del processo penale può argomentare la prova della sussistenza o meno di altro fatto rilevante per l'accertamento della verità: *valutare gli indizi*; *esistono gravi indizi contro di lui* **3** †segnale, traccia **4** (*lett.*) indicazione, informazione **5** †accusa
SFUMATURE ➤ ***avvisaglia***

indizionàle [1957] **agg.** ● relativo a un'indizione | ***cifra i.***, numero ordinale che indica ognuno dei quindici anni compresi in una indizione

indizióne [vc. dotta, lat. *indictiōne(m)* 'dichiarazione', da *indĭctus*, part. pass. di *indīcere*, comp. di *in* 'a' e *dīcere* 'dire' ✻ 1294] **s. f.** **1** l'indire: *l'i. del Concilio* **SIN.** convocazione **2** ciclo di quindici anni il cui riferimento è parte essenziale della datazione di gran parte dei documenti medievali **3** †imposta

†**ìndo** [vc. dotta, lat. *Ĭndu(m)*, dal gr. *Indós* 'indiano' ✻ 1319] **agg. e s. m.** ● indiano

ìndo- primo elemento ● in parole composte, significa 'indiano' o 'relativo all'India': *indocinese*; *indoeuropeo*

indoàrio [comp. di *indo-* e *ario* ✻ 1972] **A** **agg.** ● (*ling.*) detto delle lingue indoeuropee parlate nell'India **B** **s. m.** (**f.** *-ia*); anche **agg.** ● appartenente alle popolazioni dell'India che parlano lingue indoeuropee

✦**indòcile** [vc. dotta, lat. *indŏcile(m)*, comp. di *in-*③ e *dŏcilis* 'docile' ✻ av. 1556] **agg.** ● che non è docile: *cavallo i.* | che è refrattario a ogni disciplina, che non si lascia facilmente guidare: *ragazzo i.* **SIN.** ribelle || **indocilménte**, avv. (*raro*) senza docilità

indocilìre [comp. di *in-*① e *docile* ✻ 1610] **A** **v. tr.** (*io indocilisco, tu indocilisci*) ● rendere docile **B** **v. intr.** (**aus.** *essere*) e **indocilìrsi** **v. intr. pron.** ● diventare docile

indocilità [vc. dotta, lat. tardo *indocilitāte(m)*, comp. di *in-*③ e *docĭlitas*, genit. *docilitātis* 'docilità' ✻ 1585] **s. f. inv.** ● caratteristica di chi (o di ciò che) è indocile

indocinése (o *-ș-*) [comp. di *indo-* e *cinese*, secondo il tipo formativo di *indoeuropeo* ✻ 1929] **A** **agg.** ● dell'Indocina: *lingua i.* **B** **s. m. e f.** ● abitante o nativo dell'Indocina, penisola dell'Asia sud-orientale **C** **s. m. solo sing.** ● gruppo linguistico cui appartiene la maggior parte delle lingue dell'Asia sud-orientale

indoeuropeìsta o **indeuropeìsta** [1957] **s. m. e f.** (**pl. m.** *-i*) ● chi studia la linguistica indoeuropea

indoeuropeìstica o **indeuropeìstica** [1950] **s. f.** ● scienza glottologica relativa alle lingue indoeuropee

indoeuropèo o **indeuropèo** [comp. di *indo-* ed *europeo* ✻ 1854] **A** **agg.** **1** detto di una famiglia di lingue europee e asiatiche che presentano caratteri di stretta somiglianza fonetica, morfologica e lessicale: *lingue indoeuropee* **2** detto di ogni individuo o popolazione parlante una di tali lingue: *popoli indoeuropei* **B** **s. m. solo sing.** ● famiglia di lingue europee e asiatiche geneticamente affini | la supposta lingua archetipa di tale famiglia linguistica **C** **s. m.** (**f.** *-a*) ● ogni individuo di lingua indoeuropea

indogangètico [comp. di *indo-* e *gangetico* ✻ 1972] **agg.** (**pl. m.** *-ci*) ● relativo alla pianura indiana attraversata dai fiumi Indo e Gange

indoirànico [comp. di *indo-* e *iranico* ✻ 1930] **agg.** (**pl. m.** *-ci*) ● relativo alle antiche popolazioni arie dell'India e dell'Iran: *lingue indoiraniche*; *cultura indoiranica*

indolciménto [1935] **s. m.** ● l'indolcire

†**indolcinìre** [av. 1313] **v. tr.** ● indolcire

indolcìre [comp. di *in-*① e *dolce* ✻ av. 1292] **A** **v. tr.** (*io indolcisco, tu indolcisci*) **1** (*lett.*) addolcire **2** nella tecnica alimentare, privare le olive o i lupini destinati al consumo delle sostanze astringenti, mediante opportuno trattamento chimico **3** (*lett., fig.*) mitigare, attenuare | (*fig.*) †rendere benevolo: *i. qlcu. con promesse* **4** (*fig.*) †rendere pieghevole e malleabile un metallo: *i. l'acciaio col fuoco* **B** **v. intr.** (**aus.** *essere*) e **indolcìrsi** **v. intr. pron.** ● (*lett.*) addolcirsi (*anche fig.*)

✦**ìndole** [vc. dotta, lat. *ĭndole(m)*, propr. 'accrescimento', comp. di *in-*① e un deriv. di *ălere* 'nutrire', di orig. indeur. ✻ 1438] **s. f.** **1** temperamento di un individuo costituito dall'insieme delle inclinazioni naturali che lo caratterizzano: *i. mite, violenta*; *comportarsi secondo la propria i.*; *con maravigliosa i. cominciò a promettere tanto di sé quanto non parea che fusse licito sperare da un uomo mortale* (B. CASTIGLIONE) | ***per i.***, per natura **SIN.** carattere, inclinazione **2** (*est.*) qualità specifica, natura di qlco.: *delitto di i. politica*; *l'i. della nostra lingua*

SFUMATURE DI SIGNIFICATO
indole - carattere - temperamento - personalità
Indole definisce l'insieme delle inclinazioni naturali di una persona. **Carattere** fa riferimento piuttosto ai suoi tratti psichici e morali specifici, in quanto ne determinano il modo di essere e di agire e che dipendono oltre che dall'indole dalle esperienze vissute. Il **temperamento** è dato invece dagli aspetti prevalenti del carattere. **Personalità** è forse il termine che riassume in maniera più completa l'insieme delle caratteristiche individuali di una persona, che risultano dall'indole e dal carattere, dalle esperienze umane e culturali, dalla collocazione sociale ecc.

✦**indolènte** [vc. dotta, lat. *indolĕnte(m)* 'insensibile al dolore', comp. di *in-*③ e *dŏlens*, genit. *dolĕntis* 'dolente' ✻ 1710] **A** **agg.** **1** che evita gli sforzi e gli impegni, che è apatico, lento e svogliato nell'agire: *allievo i.*; *carattere i.* **SIN.** molle, pigro, neghittoso **2** (*med.*) †che non procura dolore: *tumore i.* | †insensibile || **indolenteménte**, avv. in modo indolente; con indolenza **B** **s. m. e f.** ● persona apatica, pigra, svogliata

✦**indolènza** o †**indolènzia** [vc. dotta, lat. *indolĕntia(m)* 'assenza di ogni dolore, insensibilità', comp. di *in-*③ e *dolĕntia* 'dolore, doglienza' ✻ av. 1535] **s. f.** **1** caratteristica di chi (o di ciò che) è indolente: *alzarsi con i. da una poltrona*; *i. di carattere* **SIN.** apatia, neghittosità, pigrizia **CONTR.** operosità, solerzia **2** (*med.*) †mancanza di dolore **3** †impassibilità, atarassia
SFUMATURE ➤ ***pigrizia***

indolenziménto [1867] **s. m.** ● sensazione di intorpidimento e pesantezza muscolare

indolenzìre [comp. di *in-*① e un deriv. di *dolente* (**dolenza*) ✻ 1354] **A** **v. tr.** (*io indolenzisco, tu indolenzisci*) ● produrre indolenzimento: *pedalare a lungo mi ha indolenzito le gambe* **B** **v. intr.** (**aus.** *essere*) e **indolenzìrsi** **v. intr. pron.** ● essere preso da indolenzimento: *il braccio è indolenzito dopo la ginnastica*; *mi si è indolenzito il collo*

indolenzìto **part. pass.** di *indolenzire*; anche **agg.** **1** nel sign. del v. **2** dolente, dolorante: *braccio i. per la stanchezza*

indoliménto [av. 1758] **s. m.** ● (*lett., raro*) indolenzimento

†**indolìre** [comp. di *in-*① e *dolere*, con la var. d'altra coniug. *dolire* ✻ 1587] **v. intr.** e †**indolìrsi** **v. intr. pron.** ● indolenzirsi

indòlo [da *indaco*, nel sign. 2, a cui è chimicamente correlato ✻ 1889] **s. m.** ● (*chim.*) molecola eterociclica aromatica azotata dotata di una debole basicità; presente negli oli di gelsomino e di arancio

indolóre o **indolóro** [vc. dotta, lat. *indolōre(m)*, comp. di *in-*③ e un deriv. di *dŏlor*, genit. *dolōris* 'dolore' ✻ 1952] **agg.** **1** che non dà dolore: *puntura i.* | ***parto i.***, che avviene con la partecipazione attiva della partoriente mediante il controllo della respirazione e dei muscoli volontari, con conseguente riduzione del dolore **2** (*fig.*) che non provoca conseguenze pesanti, insopportabili: *una manovra economica i.*

indomàbile [vc. dotta, lat. *indomābile(m)*, comp. di *in-*③ e *domābilis* 'domabile' ✻ av. 1364] **agg.** **1** che non si può domare: *tigre i.* **2** (*fig.*) che non si può vincere, piegare: *volontà, fierezza, animo i.* || **indomabilménte**, avv. || **indomabilità**, s. f. inv.

✦**indomàni** [comp. di *in-*② e *domani* ✻ 1310] **s. m. inv.** ● il giorno seguente a quello cui ci si riferisce (sempre preceduto dall'art. determ. e spesso con uso avverbiale): *rimandare un affare all'i.*; *l'i. le cose apparvero molto diverse*; *disse che sarebbe partito all'i.*

indomàto [comp. di *in-*③ e *domato* ✻ 1793] **agg.** ● (*lett.*) fiero, indomito: *segno ... / d'inestinguibil odio / e d'i. amor* (A. MANZONI)

indomenicàto [comp. parasintetico di *domenica* ✻ 1879] **agg.** ● (*raro, lett.*) vestito dell'abito della domenica | lustro, agghindato

✦**indòmito** [vc. dotta, lat. *indŏmitu(m)*, comp. di *in-*③ e *dŏmitus* 'domato' ✻ 1319] **agg.** ● (*lett.*) che non è stato possibile domare: *coraggio i.* | (*fig.*) indomabile, fiero: *quel cuore ardente ed i.* (G. VERGA) || **indomitaménte**, avv. (*raro*) in modo indomito

indómo (o *-ò-*) [av. 1367] **agg.** ● (*raro, poet.*) indomito

indoneșiàno [1933] **A** **agg.** ● dell'Indonesia **B** **s. m.** (**f.** *-a*) ● abitante o nativo dell'Indonesia **C** **s. m. solo sing.** ● gruppo di lingue della famiglia maleopolinesiaca, parlate in Indonesia

†**indonnàrsi** o †**endonnàrsi** [comp. di *in-*① e *donno* ✻ av. 1306] **v. intr. pron.** ● impadronirsi | (*fig.*) insediarsi

indoor /in'dɔr, *ingl.* 'ɪnˌdɔː(r)/ [vc. ingl., propr. 'dentro la porta' e quindi 'dentro un edificio, al coperto' ✻ 1953] **agg. inv.** ● detto di riunione sportiva, spec. di atletica leggera, che si svolge in stadi coperti | ***record i.***, conseguito in uno stadio coperto

a b c d e f g h **i** j k l m n o p q r s t u v w x y z

indoraménto [1612] **s. m.** • l'indorare (*spec. fig.*)

indoràre [comp. di *in-*① e *dorare* ✱ av. 1342] **A v. tr.** (*io indòro*) **1** stendere su qlco. uno strato d'oro: *i. la copertura di un libro* | ***i. la pillola***, (*fig.*) attenuare un dispiacere con parole opportune | (*cucina*) ***i. la frittura***, intriderla nell'uovo sbattuto e metterla al fuoco **2** (*fig.*) fare risplendere o diventare del colore dell'oro: *il sole indora le cime dei monti, le messi* | (*fig.*) ***i. i capelli***, tingerli di biondo **B indoràrsi v. intr. pron.** • (*lett.*) prendere un colore dorato

indoràto **part. pass.** di *indorare*; anche **agg.** • nei sign. del v.

indoratóre [1585] **s. m.** (**f.** *-trice*); anche **agg.** • chi (o che) indora

indoratùra [av. 1566] **s. f.** • doratura

†**indormentìre** [comp. di *in-*① e *dormente* ✱ sec. XIV] **A v. tr.** • intorpidire **B** †**indormentìrsi v. intr. pron.** • intorpidirsi

indorsàre [comp. di *in-*① e *dorso* ✱ 1957] **v. tr.** (*io indòrso* o *io indórso*) • arrotondare il dorso di un libro da rilegare

indorsatùra [1933] **s. f.** **1** l'indorsare **2** dorso arrotondato di un libro

indossàbile [1845] **agg.** **1** che può essere indossato: *una giacca sportiva i. anche in una serata mondana* **2** detto di dispositivo elettronico, per es. uno smartwatch o una videocamera, che per le sue dimensioni può essere portato agevolmente addosso ‖ **indossabilità**, **s. f. inv.**

♦**indossàre** [da *indosso* ✱ av. 1503] **v. tr.** (*io indòsso*) • avere o mettersi addosso: *i. un abito elegante*; *i. l'uniforme, la tonaca* **SIN.** vestire

indossatóre [da *indossare* ✱ 1936] **s. m.** **1** (**f.** *-trice*) chi indossa e presenta al pubblico, spec. in una sfilata, i nuovi modelli di una casa di moda | ***i. fisso***, che lavora esclusivamente per una casa di moda | ***i. volante***, non legato da un contratto ad una sola casa di moda **2** piccolo mobile appositamente modellato sul quale, svestendosi, si appoggiano gli indumenti, spec. da uomo

indòsso o **in dòsso** [comp. di *in* e *dosso*, propr. 'sul dorso' ✱ 1260] **avv.** • addosso, sulla persona (spec. con riferimento a indumenti e ornamenti): *portare i. un pesante cappotto*; *aveva i. moltissimi gioielli*

♦**indostàno** [dal n. indigeno *Hindūstānī*, tratto dal persiano *Hindūstān* 'il paese (*stān*) del fiume Indo (*Hindū*)' ✱ 1860] **A agg.** • dell'Indostan, regione dell'India posta a oriente dell'Indo e a occidente del Gange | (*est.*) dell'India **B s. m.** (**f.** *-a*) • abitante o nativo dell'Indostan | (*est.*) indiano

indòtto① [vc. dotta, lat. *indŏctu(m)*, comp. di *in-* neg. e *dŏctus* 'dotto' ✱ sec. XIV] **agg.** **1** (*lett.*) che non è dotto | (*est.*, *lett.*) ignorante **2** †ignaro ‖ **indottaménte**, **avv.** (*raro*) da persona indotta

indótto② o †**indùtto** [vc. dotta, adattamento del lat. *indŭctu(m)*, part. pass. di *indūcere* 'condurre dentro, spingere', comp. di *in-* 'dentro, verso' e *dūcere* 'condurre', di orig. indeur.] **A part. pass.** di *indurre*; anche **agg.** **1** spinto, istigato (+ *a*, anche seguito da inf.): *giovane i. al crimine, al furto*; *un ragazzo ingenuo, i. a mentire dalle circostanze* **2** determinato, provocato da cause esterne (+ *da*): *violenza indotta da certi spettacoli*; *dermatite indotta dalla luce* | **bisogno i.**, non spontaneo, creato dalla pubblicità **3** (*elettr.*) ***elettricità indotta***, che si manifesta sotto forma di separazione delle cariche elettriche di segno contrario, su di un conduttore al quale si avvicini un corpo elettrizzato | ***corrente indotta***, la corrente prodotta in un circuito immerso in un campo magnetico, dalla variazione del flusso di induzione magnetica concatenato col circuito stesso | ***magnetismo i.***, induzione magnetica **4** (*econ.*) detto di ogni attività produttiva, di piccola o media dimensione, generata dalla lavorazione di un grande complesso industriale, allo scopo di fornirgli beni e servizi **B s. m.** **1** parte di una macchina elettrica comprendente l'insieme degli avvolgimenti che diventano sede di forze elettromotrici indotte **2** (*econ.*) complesso di attività e lavorazioni indotte: *il calo dell'occupazione nell'i. FIAT* **3** †effetto

†**indottrinàbile** [comp. di *in-*③ e †*dottrinabile* ✱ sec. XIV] **agg.** • che non si può indottrinare

indottrinaménto [sec. XIII] **s. m.** • l'indottrinare, il venire indottrinato

indottrinàre [comp. di *in-*① e *dottrina* ✱ av. 1306] **v. tr.** • istruire in base a una determinata dottrina o ideologia, spec. ai fini della propaganda politica

†**indovàrsi** [comp. di *in-*① e *dove* ✱ 1321] **v. intr. pron.** • mettersi in un luogo: *veder voleva come si convenne / l'imago al cerchio e come vi s'indova* (DANTE *Par.* XXXIII, 137-138)

indóve [comp. di *in-*② e *dove* ✱ 1828] **avv.** • (*centr.*, *tosc.*) dove

indovinàbile [av. 1712] **agg.** • che si riesce a indovinare con facilità: *mistero i.*

indovinaménto o †**indivinaménto** [av. 1342] **s. m.** **1** (*lett.*) l'indovinare **2** †profezia, divinazione | (*lett.*) presentimento

♦**indovinàre** o †**indivinàre** [lat. parl. **indivināre*, comp. di *in-*② e *divināre* 'predire il futuro' ✱ 1287] **v. tr.** **1** prevedere il futuro o l'ignoto attraverso la divinazione, grazie all'intuizione personale, basandosi su indizi, e sim.: *i. il futuro, le cose a venire*; *i. il nome, il desiderio di qlcu.*; *indovina chi ho incontrato* | ***i. il pensiero di qlcu.***, intuirlo | ***i. l'esito di qlco.***, prevederlo | (*assol.*) ***tirare a i.***, rispondere alla meno peggio sperando di dare la risposta esatta | ***chi l'indovina è bravo***, di cosa oscura o difficile che non tutti sono in grado di spiegare | (*assol.*) ***ci vuole poco a i.***, quando si vede con chiarezza quello che può succedere **SIN.** presentire, prevedere, pronosticare **2** azzeccare: *i. l'abito adatto per ogni occasione* | ***non ne indovina una***, di persona a cui niente riesce bene | **indovinàrci**, colpire nel segno: *a parlare bene di lui ci si indovina sempre* **SIN.** imbroccare **3** †predire **4** (*est.*) individuare, intuire: *Dalla linea delle luci indovinavo le strade e le contrade* (M. RIGONI STERN) | (*lett.*) supporre, immaginare: *in quest'ora che s'indovina afosa* (E. MONTALE)

indovinàto **part. pass.** di *indovinare*; anche **agg.** **1** nei sign. del v. **2** ben riuscito, ben fatto, azzeccato: *uno spettacolo, un film i.*

indovinatóre o †**indivinatóre** [av. 1328] **s. m.** (**f.** *-trice*) • (*raro*) chi indovina | †indovino

†**indovinazióne** o †**indivinazióne** [av. 1342] **s. f.** • l'indovinare | divinazione, vaticinio

♦**indovinèllo** [da *indovinare* ✱ 1364] **s. m.** **1** quesito, enigma, talvolta in forma di breve componimento in versi, presentato con parole equivoche o ambigue o con una perifrasi riguardante ciò che si deve indovinare | gioco enigmistico in genere **2** (*est.*, *lett.*) discorso di cui non si capisce bene il senso e il fine **SIN.** enigma, rebus

indovìno o †**indivìno** [da *indovinare* ✱ 1287] **A s. m.** (**f.** *-a*) • chi pretende di riuscire a svelare il futuro in virtù di un rapporto speciale con il mondo soprannaturale | ***gioco dell'i.***, gioco infantile consistente nel riconoscere con occhi bendati il compagno toccato tra quelli che stanno intorno | (*est.*) chi coglie nel segno nel prevedere qlco.: *sono stato i. a dire che non sarebbe venuto* **CFR.** -mante **SIN.** astrologo, divinatore **B agg.** **1** (*lett.*) che indovina: *la mente, indovina de' lor danni* (T. TASSO) **2** †divinatorio

†**indovùto** [comp. di *in-*③ e *dovuto*, come il corrispondente *indebito* ✱ sec. XIV] **agg.** • che non è dovuto | immeritato

indragàre o †**indracàre** [comp. di *in-*① e *drago* ✱ 1321] **A v. tr.** (*io indràgo, tu indràghi*) • †rendere furioso **B indragàrsi v. intr. pron.** • (*lett.*) trasformarsi in drago | (*fig.*) diventare violento, furioso

indrappellàre [comp. di *in-*① e *drappello* ✱ sec. XIV] **v. tr.** (*io indrappèllo*) • (*raro*) schierare in drappelli o (*est.*) in gruppi: *i. i soldati*

†**indrénto** ➤ **indentro**

†**indrèto** ➤ **indietro**

ìndri [malgascio *indri*, escl. ('guarda!'), fraintesa come n. dell'animale ✱ 1839] **s. m. inv.** • scimmia arboricola dei Lemuridi che vive nel Madagascar, con muso aguzzo, arti lunghi e pelame abbondante (*Indri brevicaudata*)

†**indrièto** ➤ **indietro**

†**indrizzàre** e deriv. ➤ **indirizzare** e deriv.

indù [fr. *hindou*, dal persiano *hindū*, dal n. indiano del fiume *Indo* (*Sínduh*) ✱ 1875] **A s. m. e f. inv.** • cittadino indiano che si riconosce nei valori culturali e religiosi tradizionali del suo Paese **B agg. inv.** • relativo agli indù, alla loro religione e civiltà: *templi i.*

†**indubbiàre** [comp. di *in-*① e *dubbiare* ✱ av. 1585] **v. intr.** • gettare nel dubbio | mettere in dubbio, in forse

indùbbio [vc. dotta, lat. tardo *indŭbiu(m)*, comp. di *in-*③ e *dŭbius* 'dubbio' ✱ av. 1476] **agg.** • che non provoca dubbi: *uomo di indubbia fede* **SIN.** indiscutibile, indubitabile | ***in modo i.***, in modo certo, evidente ‖ **indubbiaménte**, **avv.** senza dubbio; certamente

indubitàbile [vc. dotta, lat. tardo *indubitābile(m)*, comp. di *in-*③ e *dubitābilis* 'dubitabile' ✱ av. 1330] **agg.** • detto di ciò di cui non si può dubitare: *buonafede i.*; *risultato i.* **SIN.** certo, sicuro ‖ **indubitabilménte**, **avv.** senza possibilità di dubbio; certamente ‖ **indubitabilità**, **s. f. inv.**

indubitàto [comp. di *in-*③ e *dubitato*, part. pass. di *dubitare* ✱ sec. XIV] **agg.** • (*lett.*) che non è posto in dubbio: *circostanza indubitata* | ***verità indubitata***, innegabile **SIN.** certo, sicuro ‖ **indubitataménte**, **avv.** in modo certo, sicuro

inducènte **part. pres.** di *indurre*; anche **agg.** **1** (*raro*) che induce **2** (*elettr.*) di corpo o altra entità, la cui presenza determina modificazioni di stato in un altro: *campo, circuito i.*

†**indùcere** ➤ **indurre**

inducìbile [1987] **agg.** • che può subire induzione | (*biol.*) ***gene i.***, gene la cui trascrizione è attivata dalla presenza di particolari sostanze dette induttori | (*biol.*) ***enzima i.***, enzima la cui sintesi può essere stimolata dalla presenza di un induttore ‖ **inducibilità**, **s. f. inv.**

†**induciménto** [av. 1294] **s. m.** • l'indurre qlcu. a fare qlco.: *per suo i.* (G. VILLANI) **SIN.** esortazione, convincimento

indugiàndo [sec. XX] **s. m. inv.** • (*mus.*) rallentando **CONTR.** accelerando

♦**indugiàre** [lat. parl. **indutiāre*, da *indūtiae* (nom. pl.) 'tregua', di etim. incerta ✱ 1268] **A v. tr.** (**pres.** *io indùgio*; **fut.** *io indugerò*) **1** (*lett.*) differire, ritardare: *i. la data della partenza*; *mi pare ... che sie meglio i. a settembre il tuo venire* (MICHELANGELO) **2** (*lett.*) trattenere qlcu. **B v. intr.** (**aus.** *avere*, †*essere*) **1** esitare, tardare, aspettare a fare o dire qlco. (+ *a*, + *in*, anche seguiti da inf., + *su*): *perché indugi?*; *i. a rispondere*; *i. nel concedere qlco.* | (*fig.*) trattenersi, attardarsi: *i. in* *un pensiero,* <u>*su*</u> *un argomento; il crepuscolo indugiava sulle vette dei gran pioppi* (R. Bacchelli); *La donna indugiava a strascicar le ciabatte per la stanza* (G. Verga); *indugiava nell'assettare sul basto dell'asinello le bisacce* (G. Verga) **2** (*mus.*) indicazione agogica equivalente a rallentando **SIN.** slargare **CONTR.** accelerare **C** **indugiàrsi** **v. intr. pron.** ● (*lett.*) trattenersi, soffermarsi (*anche fig.*): *si indugiava a guardare le vetrine; E tuttavia ... s'indugiava nella finzione* (G. D'Annunzio)

♦**indùgio** [da *indugiare* ✱ 1314] **s. m.** ● esitazione, ritardo nel fare o nel dire qlco.: *frapporre indugi; perdersi in indugi; troncare gli indugi* | **senza i.**, subito: *senza altro i. si pone a camino* (M.M. Boiardo) **SIN.** arresto

indùişmo [da *indù* ✱ av. 1937] **s. m.** ● movimento religioso e filosofico sorto, in India, dopo il Brahmanesimo

induìsta [1942] **A** **s. m. e f.** (**pl. m.** *-i*) ● seguace dell'induismo **B** **anche agg.**: *religione i.*

induìstico [1960] **agg.** (**pl. m.** *-ci*) ● relativo all'induismo o agli induisti

indulgènte **part. pres.** di *indulgere*; **anche agg.** ● che comprende, che perdona facilmente: *un giudice, una madre i.* **SIN.** clemente | che rivela indulgenza: *risposta, sorriso i.* ‖ **indulgentemènte**, **avv.** con indulgenza

SFUMATURE DI SIGNIFICATO
indulgente - clemente - bonario
Indulgente è l'atteggiamento o l'operare di chi mostra comprensione verso gli altri, cerca di capirne le ragioni anche quando il loro agire non è stato irreprensibile. **Clemente** aggiunge alla disposizione comprensiva la volontà di perdonare, o almeno di non condannare con asprezza. L'essere **bonario** comporta un atteggiamento di comprensione che nasce da indulgenza e mitezza di carattere, in un contesto di rapporti semplici, alla buona.

indulgènza [vc. dotta, lat. *indulgĕntia(m)*, da *indulgēre* 'indulgere' ✱ 1065] **s. f.** **1** caratteristica di chi (o di ciò che) è indulgente: *sperare nell'i. di qlcu.; invocare l'i. della corte; la sua giustizia non mi negherà l'i. che merita la difficoltà della commissione* (P. Metastasio) | inclinazione a perdonare: *l'i. materna, paterna, di un giudice* **SIN.** clemenza, condiscendenza, mitezza **CONTR.** severità **2** nella teologia cattolica, remissione della pena temporale per i peccati già cancellati in quanto alla colpa nel sacramento della penitenza, accordata dalla Chiesa ai vivi a titolo di assoluzione e ai morti a titolo di suffragio | ***i. plenaria***, remissione dell'intera pena temporale
SFUMATURE ➤ ***misericordia***

♦**indùlgere** [vc. dotta, lat. *indulgēre*, di etim. incerta, con trapasso di coniug. ✱ 1321] **A** **v. intr.** (**pres.** *io indùlgo, tu indùlgi*; **pass. rem.** *io indùlsi, tu indulgésti*; **part. pass.** *indùlto*; **aus.** *avere*) ● essere, mostrarsi accondiscendente (+ *a*, + *in*): *i.* <u>*alle*</u> *richieste di qlcu.* | (*est.*) lasciarsi prendere da un'inclinazione, spec. negativa: *i.* <u>*al*</u> *vizio del bere,* <u>*a*</u> *polemiche ingiustificate; i.* <u>*in*</u> *un eccessivo moralismo* **B** **v. tr.** **1** (*lett.*) †concedere benignamente, donare **2** (*lett.*) †perdonare

indultàre [1701] **v. tr.** ● (*raro*) ammettere qlcu. a godere dei benefici di un indulto

indùlto① [vc. dotta, lat. tardo *indŭltu(m)*, s. del part. pass. di *indulgēre* 'indulgere' ✱ 1602] **s. m.** **1** (*dir.*) provvedimento con cui, a tutti coloro che si trovano nelle condizioni stabilite, viene condonata in tutto o in parte, o commutata, la pena principale inflitta **CFR.** amnistia, grazia | anticamente, perdono generale che si concedeva ai soldati ammutinati o fuggitivi per indurli a tornare alla bandiera **2** nell'antico diritto della Chiesa, privilegio concesso a persone fisiche o a enti morali dalla sede apostolica o da un'autorità religiosa fuori o in contrasto della legge ‖ **indultino**, **dim.**
SFUMATURE ➤ ***grazia***

indùlto② **part. pass.** di *indulgere* ● nei sign. del v.

♦**induménto** [vc. dotta, lat. tardo *indumĕntu(m)*, da *indŭere* 'vestire', di orig. indeur. ✱ av. 1328] **s. m.** ● capo di abbigliamento che si indossa: *i. leggero, pesante; distribuire gli indumenti ai profughi* | ***indumenti intimi***, quelli che si portano a diretto contatto con la pelle

†**induràbile** [sec. XIV] **agg.** ● che diventa duro, che si rassoda

induraménto [av. 1320] **s. m.** ● †indurimento | (*fig., lett.*) ostinazione nel male

†**induràre** [vc. dotta, lat. *indurāre*, comp. di *in-*① e *durāre*, da *dūrus* 'duro' ✱ av. 1292] **A** **v. tr.** ● indurire | (*fig.*) rendere duro, insensibile: *essendo propria natura delle miserie i. e corrompere gli animi* (G. Leopardi) **B** **v. intr.** e †**induràrsi** **v. intr. pron.** **1** indurirsi | (*fig.*) diventare duro, insensibile | (*fig.*) diventare resistente alle fatiche, ai disagi **2** ostinarsi, impuntarsi

indurènte **A** **part. pres.** di *indurire*; **anche agg.** ● nei sign. del v. **B** **s. m.** ● additivo che serve per indurire una sostanza

induriménto [av. 1758] **s. m.** **1** l'indurire, l'indurirsi (*anche fig.*) | (*fig., lett.*) ostinazione nel male | nei leganti idraulici, fenomeno prolungato nel tempo che segue la presa e per cui l'impasto acquista resistenza meccanica **2** (*med.*) aumento di consistenza di un organo o di un tessuto principalmente per processi di sclerosi **CFR.** sclero- **3** (*chim.*) trasformazione mediante idrogenazione di sostanze, spec. di grassi, tale che il prodotto ottenuto passi da uno stato più o meno liquido allo stato solido e sia utilizzabile economicamente

indurìre [comp. di *in-*① e *duro* ✱ 1362] **A** **v. tr.** (*io indurìsco, tu indurìsci*) **1** rendere duro, sodo: *i. la creta, il cemento; i. i muscoli con l'esercizio* | (*est.*) assuefare, abituare: *i. il corpo alle fatiche* **CONTR.** ammorbidire **2** (*fig.*) rendere insensibile: *le delusioni lo hanno indurito* **B** **v. intr.** (**aus.** *essere*) e **indurìrsi** **v. intr. pron.** ● diventare duro: *la creta senz'acqua indurisce* | (*fig.*) irrigidirsi: *indurirsi in un rifiuto* | (*fig.*) inasprirsi: *i suoi occhi s'indurirono* | (*fig., lett.*) diventare insensibile: *l'anima mia, invece di indurirsi al male, sembrava sentirlo sempre più* (S. Pellico)

indùrre o †**indùcere** [vc. dotta, lat. *indūcere* 'condurre dentro, spingere', comp. di *in-*① e *dūcere* 'condurre', di orig. indeur. ✱ 1261 ca.] **A** **v. tr.** (**coniug. come** *condurre*; **part. pass.** *indótto*, †*indùtto*) **1** persuadere, muovere, spingere, trascinare qlcu. a fare qlco. (+ *a*, **anche seguito da inf.**, + *in*): *i. qlcu.* <u>*alla*</u> *compassione,* <u>*al*</u> *male,* <u>*in*</u> *errore,* <u>*in*</u> *tentazione; i. qlcu.* <u>*a*</u> *partire,* <u>*a*</u> *parlare; io sol te indussi la promessa a fare* (M.M. Boiardo) | costringere, piegare: *i. qlcu.* <u>*alla*</u> *sottomissione,* <u>*a*</u> *una dolorosa decisione* **2** (*raro*) ispirare, destare un sentimento o una sensazione: *i. una speranza, una convinzione, un moto di repulsione in qlcu.* | ***i. un sospetto***, insinuarlo **3** (*filos.*) inferire da determinate osservazioni o esperienze particolari il principio generale in esse implicito **4** †portare, rivolgere | †mettere in scena o introdurre in una narrazione **5** †addurre **6** †indossare **7** (*fis.*) determinare in un corpo uno stato senza trasmetterlo direttamente: *i. elettricità, magnetismo* **B** **indùrsi** **v. intr. pron.** ● risolversi, decidersi a fare qlco. (+ *a* **seguito da inf.**): *indursi* <u>*a*</u> *lasciare una città*

SFUMATURE DI SIGNIFICATO
indurre - impegnare - vincolare
Indurre significa spingere, muovere, persuadere qualcuno a compiere un'azione o a prendere una decisione. Se l'azione compiuta o la decisione presa derivano da un obbligo morale si ha **impegnare**. Con **vincolare** si accentua l'aspetto costrittivo dell'imposizione, che può giungere fino alla coercizione legale.
SFUMATURE ➤ ***costringere***, ➤ ***istigare***

indùşio [vc. dotta, lat. *indūsiu(m)* 'veste femminile', dal gr. *éndysis*, da *endýein* 'indossare', comp. di *en* 'in' e *dýein*, di etim. incerta ✱ 1813] **s. m.** **1** nell'antica Roma, tunica aderente al corpo, propria dell'abbigliamento femminile **2** (*bot.*) sottile lamina che nelle felci protegge e ricopre i sori

indùstre [vc. dotta, lat. *indūstriu(m)* (V. *industria*), con mutato suff. ✱ sec. XIV] **agg.** ● (*lett.*) industrioso: *le api, le formiche industri; l'i. artier sta fiso / allo scarpello* (G. Parini) ‖ †**industremènte**, **avv.** industriosamente

♦**indùstria** [vc. dotta, lat. *indŭstria(m)*, da *endo-* 'dentro' e *strŭere* 'costruire', da *stĕrnere*, di orig. indeur. ✱ 1308] **s. f.** **1** processo organizzato di trasformazione di materie prime e semilavorati in merci, mediante l'impiego di macchine e lavoro salariato, e l'utilizzo di investimenti di capitale finanziario **2** organizzazione di uomini e mezzi che ha per finalità la produzione in un certo settore: *industrie belliche, tessili, metalmeccaniche; industria estrattiva* | ***i. pesante***, complesso delle industrie meccaniche, metallurgiche e siderurgiche | ***i. leggera***, complesso delle industrie che producono beni di piccola mole e largo consumo | ***i. manifatturiera***, quella che trasforma materie prime e semilavorati in prodotti finiti di consumo | ***grande i.***, insieme dei più importanti complessi industriali | ***piccola i.***, quella con pochi dipendenti e limitato capitale | ***i. culturale***, la cultura di massa considerata sia dal punto di vista delle sue strutture organizzative che da quello dei suoi contenuti concettuali | ***i. del crimine***, il complesso delle organizzazioni e delle attività criminali **3** (*lett.*) operosità, industriosità: *l'i. umana; l'i. delle api; m'avidi in nostra i. e diligenza ... stare il potersi acquistare ogni laude* (L.B. Alberti) **4** (*lett.*) espediente, accorgimento ‖ **industriètta**, **dim.**

SFUMATURE DI SIGNIFICATO
industria - operosità - solerzia
Industria è la capacità dell'uomo di realizzare con l'ingegno e le sue abilità tutto quanto è utile a migliorare le condizioni della propria vita; in questo significato coincide di fatto con il lavoro umano. Con **operosità** si fa invece riferimento in concreto all'impegno, alla costanza, alla laboriosità che un'attività lavorativa efficace richiede. **Solerzia** è la dote di chi adempie alle proprie mansioni con cura, diligenza, attenzione, ma rispetto a *solerzia* definisce più una qualità personale che non un fare in atto.

industrial design /in'dastrjal de'zain, *ingl.* ɪn'dʌstrɪəl dɪ'zaɪn/ [ingl., propr. 'disegno (ma *design* ha applicazione più ampia: 'progetto, modello, tipo' e sim.) industriale (*industrial*, latinismo passato attraverso il fr.)' ✱ 1950] **loc. sost. m. inv.** ● progettazione di manufatti, apparecchi, strumenti e sim., da prodursi industrialmente in serie che, ai requisiti tecnici funzionali, uniscono pregi estetici

industrial designer /in'dastrjal de'zainer, *ingl.* ɪn'dʌstrɪəl dɪ'zaɪnə(r)/ [loc. ingl., propr. 'disegnatore industriale' ✱ 1958] **loc. sost. m. e f. inv.** (**pl. ingl.** *industrial designers*) ● chi si occupa professionalmente di industrial design

♦**industriàle** [1790] **A** **agg.** ● dell'industria, pertinente all'industria: *progresso i.* | ***credi-***

to i., quello concesso a imprese industriali | *corrente i.*, corrente elettrica impiegata come forza motrice | *chimica i.*, applicata alle produzioni industriali | *zona i.*, area fuori dell'abitato di una città dove sono concentrati gli stabilimenti industriali | *costo i.*, riferito al solo ciclo produttivo, escludendo le spese generali amministrative e di distribuzione | *ciclo i.*, sequenza completa di operazioni elementari necessaria a svolgere una specifica attività o un compito particolare o a produrre un pezzo | *piante industriali*, quelle che producono materie prime per l'industria | *su scala i.*, con metodi industriali; (*est.*) in gran quantità, in serie | *quantità industriali*, (*fig.*, *iperb.*) enormi quantità: *mangia quantità industriali di yogurt* | *rivoluzione i.*, la radicale trasformazione tecnologica ed economica dovuta all'introduzione delle macchine nell'industria, nel periodo compreso tra la fine del sec. XVIII e la prima metà del XIX; (*est.*) ogni trasformazione profonda del sistema di produzione industriale dovuta principalmente allo sviluppo tecnico || **industrialménte**, avv. **1** con metodi industriali **2** per ciò che riguarda l'industria || **industrialità**, s. f. inv. carattere industriale: *l'industrialità di in prodotto* **B** s. m. e f. ● imprenditore o proprietario di un'impresa industriale || (*spreg.*) **industrialòtto**, dim.

industrialìsmo [fr. *industrialisme*, da *industrial* 'industriale' ✻ av. 1835] s. m. ● predominio dell'industria sulle altre attività economiche

industrializzàre [fr. *industrialiser*, da *industrial* 'industriale' ✻ 1910] **A** v. tr. **1** sostituire, applicare criteri dell'industria a un'attività economica: *i. l'allevamento dei polli* **2** trasformare l'assetto economico di un Paese o di una regione impiantandovi nuove industrie o potenziando quelle già esistenti **B** **industrializzàrsi** v. intr. pron. ● trasformarsi economicamente dotandosi di strutture o tecniche industriali || **industrializzazióne**, s. f.: *l'industrializzazione di un'area depressa*

industrializzàto part. pass. di *industrializzare*; anche agg. ● nei sign. del v.

industriàrsi [da *industria* ✻ av. 1420] v. intr. pron. (*io mi indùstrio*) ● adoperarsi, darsi da fare per ottenere qlco. (+ *a*, + *per* seguiti da inf.): *i. a* (o *per*) *trovare una soluzione*; *ha girato il mondo ... industriandosi a guadagnarsi la vita* (G. DELEDDA) SIN. ingegnarsi | arrangiarsi: *i. in ogni modo per campare*

industrióso (o -so) [vc. dotta, lat. tardo *industriōsu(m)*, da *indŭstria* 'industria' ✻ 1342] agg. **1** di chi è laborioso, ingegnoso: *artigiano i.*; *usava questo i. artefice di far primieramente un modelletto di cera* (B. CELLINI) **2** operoso: *città industriosa* | (*lett.*) frutto di impegno assiduo || **industriosaménte**, avv. **1** in modo industrioso **2** (*raro*) a bella posta || **industriosità**, s. f. inv. caratteristica di chi (o di ciò che) è industrioso: *l'industriosità di un popolo* SIN. laboriosità, operosità

induttànza [fr. *inductance*, dal lat. *indŭctu(m)* 'indotto' ✻ 1905] s. f. **1** (*elettr.*) coefficiente di autoinduzione espresso dal rapporto tra il flusso concatenato di induzione, prodotto dalla corrente che percorre un circuito, e l'intensità della corrente stessa **2** (*elettr.*) componente elettrico costituito da un avvolgimento di filo isolato eseguito su un nucleo di ferro o anche di materiale non magnetico, usato per creare l'induttanza in un circuito

induttìvo [vc. dotta, lat. tardo *inductīvu(m)* 'ipotetico', da *indūcere* 'indurre' ✻ 1351] agg. **1** (*filos.*) che è fondato sul procedimento dell'induzione: *metodo i.* CONTR. deduttivo **2** (*dir.*) *accertamento i.*, valutazione, compiuta dal fisco, del reddito di un contribuente, fondandosi su presunzioni di fatto e non su documenti **3** (*elettr.*) che concerne l'induzione elettrica o magnetica **4** †persuasivo, convincente | †stimolante || **induttivaménte**, avv. || **induttività**, s. f. inv. (*fis.*) permeabilità magnetica

†**indùtto** ➤ **indotto**②

induttòmetro [comp. di *indutt(anza)* e *-metro* ✻ 1970] s. m. ● strumento per la misurazione di induttanze

induttóre [vc. dotta, lat. *inductōre(m)* 'chi applica, iniziatore', da *indŭctus*, part. pass. di *indūcere* 'indurre' ✻ 1308] **A** agg. (f. *-trice*) **1** †che provoca, che origina | †che stimola **2** (*elettr.*) inducente: *circuito i.* **B** s. m. **1** (*elettr.*) circuito di eccitazione di una macchina elettrica in cui circola corrente che genera il flusso magnetico utilizzato dall'indotto **2** componente di circuito elettrico con comportamento prevalentemente induttivo **3** †chi provoca o propugna **4** (*biol.*) sostanza in grado di stimolare l'espressione di un gene e di conseguenza la biosintesi di una proteina, gener. un enzima

induzióne [vc. dotta, lat. *inductiōne(m)*, da *indŭctus* 'indotto' ✻ 1308] s. f. **1** (*filos.*) procedimento logico che consiste nel ricavare da osservazioni ed esperienze particolari i principi generali in esse impliciti CONTR. deduzione | (*raro*, *est.*) congettura, supposizione: *la sua è una semplice i.* **2** (*fis.*) fenomeno per cui un corpo o un particolare agente induttore, per la vicinanza con un altro, crea o modifica determinate proprietà di questo | *i. elettromagnetica*, comparsa di una forza elettromotrice in un circuito, generata dal variare del flusso magnetico che lo attraversa | *i. elettrostatica*, ridistribuzione delle cariche di un corpo sotto l'azione di un campo elettrostatico | *i. magnetica*, magnetizzazione di un pezzo di ferro, acciaio, nichel, posto nel campo magnetico creato da una corrente elettrica o da una calamita | *i. residua*, misura della magnetizzazione restante nei materiali ferromagnetici dopo la scomparsa del campo magnetico esterno **3** istigazione: *i. alla prostituzione*

SFUMATURE ➤ *congettura*, ➤ *deduzione*

inebbriàre (o -brià-) e deriv. ➤ **inebriare** e deriv.

inebetìre [comp. di *in-*① ed *ebete* ✻ 1872] **A** v. tr. (*io inebetìsco, tu inebetìsci*) ● rendere ebete o simile a un ebete | stordire: *il dolore l'ha inebetito* **B** v. intr. (aus. *essere*) e **inebetìrsi** v. intr. pron. ● diventare ebete | istupidire

✻**inebetìto** part. pass. di *inebetire*; anche agg. ● ridotto come un ebete | stordito, attonito: *la notizia lo lasciò i.*

inebriaménto o (*lett.*) **inebbriaménto**, †**innebriaménto**, †**innebbriaménto** [av. 1306] s. m. ● l'inebriare, l'inebriarsi | stato di esaltazione | †ubriachezza

inebriànte (o -brià-) o (*lett.*) **inebbriànte**, †**innebriànte**, †**innebbriànte** part. pres. di *inebriare*; anche agg. ● che inebria: *vino i.*; *musica i.*

✻**inebriàre** (o -briàre) o (*lett.*) **inebbriàre**, †**innebriàre**, †**innebbriàre** [vc. dotta, lat. *inebriāre*, comp. di *in-*② e *ebriāre* 'rendere ebbro' ✻ 1266] **A** v. tr. (*io inèbrio*) **1** procurare uno stato di ebbrezza: *questo vino mi inebria* **2** (*fig.*) provocare esaltazione, godimento o diletto: *gli applausi del pubblico lo inebriano*; *la lettura di quel libro lo aveva inebriato* **3** (*lett.*) †bagnare, imbevere, di lagrime: *La molta gente e le diverse piaghe / avean le luci mie sì inebriate* (DANTE *Inf.* XXIX, 1-2) **B** v. intr. † e **inebriàrsi** v. intr. pron. ● ubriacarsi | (*fig.*) sentire un piacere intenso per qlco. (+ *di*): *inebriarsi alla vista di un quadro*; *inebriarsi di musica, di colori, di odori*

inebriàto (o -brià-) o (*lett.*) **inebbriàto**, †**innebriàto**, †**innebbriàto** part. pass. di *inebriare*; anche agg. ● ebbro | (*fig.*) estasiato: *i. di gioia*

✻**ineccepìbile** [comp. di *in-*③ e un deriv. di *eccepire* ✻ 1831] agg. ● che non può essere soggetto a critiche o commenti sfavorevoli: *vita i.*; *persona i.* SIN. irreprensibile | corretto, esatto: *un ragionamento i.*; *gli addendi sono a posto, ineccepibili, / ma la somma?* (E. MONTALE) SIN. incontestabile, inoppugnabile || **ineccepibilménte**, avv. || **ineccepibilità**, s. f. inv. (V.)

ineccepibilità [av. 1956] s. f. inv. **1** caratteristica di chi (o di ciò che) è ineccepibile **2** (*dir.*) impossibilità di proporre nel processo una determinata eccezione

ineccitàbile [lat. *inexcitābile(m)*, comp. di *in-*③ e *excitābilis* 'eccitabile, eccitante' ✻ 1504] agg. ● (*lett.*) che non può essere turbato: *sonno i.*

inèdia [vc. dotta, lat. *inēdia(m)*, comp. di *in-*③ e un deriv. di *ĕdere* 'mangiare', da una radice **ed-*, di orig. indeur. ✻ 1481] s. f. ● lungo digiuno con conseguente deperimento: *essere esaurito per l'i.*; *morire d'i.* | (*fig.*, *raro*) grande noia e apatia

inedificàbile [comp. di *in-*③ ed *edificabile* ✻ 1957] agg. ● detto di terreno, area e sim. sui quali vige il divieto di costruire edifici || **inedificabilità**, s. f. inv.: *area soggetta a inedificabilità*

inèdito [vc. dotta, lat. *inēditu(m)*, comp. di *in-*③ e *ēditus* 'edito' ✻ sec. XIII] **A** agg. **1** che non è stato ancora pubblicato: *scritto, romanzo i.* | *autore i.*, le cui opere non sono ancora state stampate | (*raro*) pubblicato non per volontà e iniziativa dell'autore: *gli scritti inediti del Tasso, del Leopardi* | (*raro*) di materiale scientifico non ancora raccolto e descritto in pubblicazioni particolari: *monete, piante esotiche inedite* **2** ancora sconosciuto: *particolare i.* | nuovo, insolito: *un'inedita proposta gastronomica*; *La guerra richiama con violenza un ordine i. nel pensiero degli uomini* (S. QUASIMODO) **B** s. m. ● scritto non pubblicato: *un raro i. del Carducci*

ineducàbile [comp. di *in-*③ ed *educabile* ✻ av. 1853] agg. ● che non si può educare | (*raro*) che è difficile educare || **ineducabilità**, s. f. inv.

ineducàto [comp. di *in-*③ ed *educato* ✻ 1797] agg. ● che non è educato: *ragazzo i.* SIN. maleducato | (*est.*, *lett.*) che manca di esercizio e disciplina: *ingegno, intelletto i.* SIN. rozzo | (*lett.*) non educato, non idoneo a qlco.: *animo i. al bello morale* (A. MANZONI) || **ineducataménte**, avv.

ineducazióne [comp. di *in-*③ ed *educazione* ✻ 1843] s. f. ● mancanza di educazione

✻**ineffàbile** [vc. dotta, lat. *ineffābile(m)*, comp. di *in-*③ e *effābilis* 'effabile' ✻ 1294] agg. **1** che non si può esprimere per mezzo di parole, spec. in riferimento a sensazioni o sentimenti piacevoli: *bontà, dolcezza i.* SIN. indicibile, indescrivibile, inesprimibile **2** (*est.*) eccezionale, straordinario | (*iron.*) incomparabile, impareggiabile, spec. per qualità negative: *Le noie ineffabili di quella giornata* (I. SVEVO) || **ineffabilménte**, avv. || **ineffabilità**, s. f. inv.

ineffettuàbile [comp. di *in-*③ e un deriv. di *effettuare* ✻ 1683] agg. ● che non si può effettuare: *progetto i.* SIN. inattuabile || **ineffettuabilità**, s. f. inv.

ineffettuàle [comp. di *in-*③ e *effettuale* ✻ 1717] agg. ● privo di effetti pratici, di concretezza: *il carattere i. di una proposta* || **inef-**

fettualità, s. f. inv.

ineffettuàto [comp. di *in-*③ ed *effettuato* ✱ 1844] **agg.** ● (*raro*) che non è stato effettuato

†**ineffettuazióne** [comp. di *in-*③ ed *effettuazione* ✱ 1673] **s. f.** ● (*raro*) mancata effettuazione di qlco.

inefficàce [vc. dotta, lat. *inefficāce(m)*, comp. di *in-*③ e *ĕfficax*, genit. *efficācis* 'efficace' ✱ 1479] **agg.** ● che non è efficace: *terapia i.*; *sforzo i.* SIN. inutile, vano | che è poco convincente, poco significativo: *stile i.* SIN. inadeguato || **inefficaceménte**, avv.

inefficàcia [vc. dotta, lat. tardo *inefficācia(m)*, comp. di *in-*③ e del lat. tardo *efficācia* 'efficacia' ✱ 1598] **s. f.** (pl. *-cie*) **1** mancanza di efficacia **2** (*dir.*) incapacità di produrre effetti giuridici

inefficiènte, (*evit.*) **inefficènte** [comp. di *in-*③ ed *efficiente* ✱ 1869] **agg.** ● che non è efficiente: *impiegato i.* | che non funziona, che funziona male: *impianto i.* | ***organizzazione i.***, di scarso rendimento || **inefficienteménte**, avv.

inefficiènza, (*evit.*) **inefficènza** [comp. di *in-*③ ed *efficienza* ✱ 1869] **s. f.** ● mancanza di efficienza

ineguagliàbile o (*raro*) **inuguagliàbile** [comp. di *in-*③ ed *eguagliabile* ✱ 1955] **agg.** ● che non è possibile uguagliare SIN. impareggiabile || **ineguagliabilménte**, avv. || **ineguagliabilità**, s. f. inv.

ineguagliànza o (*raro*) **inuguagliànza** [comp. di *in-*③ ed *eguaglianza* ✱ 1678] **s. f. 1** disuguaglianza: *i. dei diritti degli uomini* **2** irregolarità: *i. di un livello, di una superficie* | (*lett.*, *est.*) variabilità, incoerenza: *i. di umore* | (*fig.*) incongruenza, discontinuità: *i. di stile*

ineguagliàto [comp. di *in-*③ ed *eguagliato* ✱ 1940] **agg.** ● che non è stato uguagliato: *un primato ancora oggi i.*

ineguàle o **inuguàle**, †**inequàle** [lat. *inaequāle(m)*, comp. di *in-*③ e *aequālis* 'uguale' ✱ 1282] **agg.** ● non uguale: *lati ineguali* | non uniforme: *durata i.* | (*est.*, *lett.*) variabile, incostante, discontinuo: *temperamento i.* | (*est.*) irregolare: *moto i.*; *passi ineguali* | ***polso i.***, aritmico || **inegualménte**, avv. || **inegualità**, s. f. inv. (V.)

inegualità o **inugualità**, †**inequalità** [lat. *inaequalitāte(m)*, comp. di *in-*③ e *aequālitas*, genit. *aequalitātis* 'egualità' ✱ av. 1342] **s. f. inv.** ● (*raro*) ineguaglianza: *in quella città dove è grande i. di cittadini non si può ordinare repubblica* (N. MACHIAVELLI)

inelàstico [comp. di *in-*③ ed *elastico* ✱ 1983] **agg.** (pl. m. *-ci*) ● rigido, fisso SIN. anelastico nel sign. 2 || **inelasticità**, s. f. inv. (*econ.*) rigidità SIN. anelasticità

♣**inelegànte** [vc. dotta, lat. *inelegănte(m)*, comp. di *in-*③ e *ēlegans*, genit. *elegāntis* 'elegante' ✱ 1575] **agg.** ● privo di eleganza, di armonia: *vestito i.* | (*est.*) rozzo: *stile, disegno i.* || **inelegantemènte**, avv.

inelegànza [lat. tardo *inelegāntia(m)*, comp. di *in-*③ e *elegāntia* 'eleganza' ✱ 1598] **s. f.** ● mancanza di eleganza

ineleggìbile o (*lett.*) **ineligìbile** [comp. di *in-*③ ed *eleggibile* ✱ 1686] **agg. 1** che non può venire eletto: *i. a deputato, a consigliere* **2** (*raro*, *lett.*) che non può essere scelto: *soluzione i.* || **ineleggibilità**, s. f. inv. (V.)

ineleggibilità o (*raro*) **ineligibilità** [comp. di *in-*③ ed *eleggibilità* ✱ 1799] **s. f. inv.** ● condizione di chi manca dei requisiti necessari per essere eletto

ineligìbile e deriv. ➤ **ineleggibile** e deriv.

ineliminàbile [comp. di *in-*③ ed *eliminabile* ✱ 1914] **agg.** ● che non è eliminabile, che non può essere eliminato: *ostacoli, difetti ineliminabili* || **ineliminabilità**, s. f. inv.

ineloquènte [vc. dotta, lat. tardo *ineloquĕnte(m)*, comp. di *in-*③ e *elŏquens*, genit. *eloquĕntis* 'eloquente' ✱ av. 1567] **agg.** ● (*lett.*, *raro*) che non è eloquente: *oratore, narratore i.* || **ineloquenteménte**, avv. (*raro*) senza eloquenza

♣**ineludìbile** [comp. di *in-*③ e dell'agg. verbale di *eludere* ✱ 1932] **agg.** ● che non si può eludere: *una questione, una scelta i.* SIN. inevitabile || **ineludibilità**, s. f. inv.

♣**ineluttàbile** [vc. dotta, lat. *ineluctābile(m)*, comp. di *in-*③ e *eluctābilis* 'superabile', da *eluctāri*, comp. di *e-* 'da' e *luctāri* 'lottare' ✱ 1665] **A agg.** ● di ciò contro cui non si può lottare: *destino, necessità i.* SIN. inevitabile || **ineluttabilménte**, avv. || **ineluttabilità**, s. f. inv.: *l'ineluttabilità della morte* **B** anche s. m. solo sing.: *si piegò a lasciar libero corso all'i. e infine si dimise* (B. CROCE)

inemendàbile [vc. dotta, lat. *inemendābile(m)*, comp. di *in-*③ e *emendābilis* 'emendabile' ✱ av. 1514] **agg.** ● che è impossibile emendare: *errore i.*; *legge i.* | ***vizio i.***, che non si può sradicare SIN. incorreggibile || **inemendabilménte**, avv. (*raro*) senza possibilità di correzione || **inemendabilità**, s. f. inv.

inemendàto [vc. dotta, lat. *inemendātu(m)*, comp. di *in-*③ e *emendātus* 'emendato' ✱ av. 1547] **agg.** ● (*lett.*) che non è stato emendato, corretto: *edizione inemendata*; *vizio i.*

inenarràbile [vc. dotta, lat. *inenarrābile(m)*, comp. di *in-*③ ed *enarrābilis* 'spiegabile, dicibile' ✱ sec. XIV] **agg.** ● che non si può narrare, gener. per le caratteristiche negative: *peripezie inenarrabili* | (*est.*) indicibile, enorme: *strazio, dolore, angoscia i.* | (*lett.*) meraviglioso: *o primo entrar di giovinezza, o giorni / vezzosi, inenarrabili* (G. LEOPARDI) SIN. indescrivibile | (*lett.*) inesprimibile: *una donna di i. bellezza* || **inenarrabilménte**, avv. || **inenarrabilità**, s. f. inv.

†**inequàle** e deriv. ➤ **ineguale** e deriv.

inequivocàbile [comp. di *in-*③ ed *equivocabile* ✱ 1919] **agg.** ● che non consente equivoci: *risposta i.* SIN. univoco | chiaro, netto: *atteggiamento i.* CONTR. equivocabile || **inequivocabilménte**, avv. || **inequivocabilità**, s. f. inv.

inequìvoco [comp. di *in-*③ e *equivoco* ✱ 1964] **agg.** (pl. m. *-ci*) ● non equivoco: *significato chiaro e i.* SIN. inequivocabile

inerbiménto [1957] **s. m.** ● operazione dell'inerbire

inerbìre [comp. di *in-*① ed *erba* ✱ 1761] **v. tr.** (*io inerbisco, tu inerbisci*) ● coprire d'erba: *i. un terreno*

inerènte [vc. dotta, lat. *inhaerĕnte(m)*, part. pres. di *inhaerēre* 'inerire' ✱ av. 1535] **agg.** ● che riguarda, è connesso o riferibile a qlco. (+ *a*): *indagini inerenti al delitto* L'aggettivo *inerente* è collegato al verbo *inerire*, che è verbo intransitivo e regge la prep. *a*; pertanto la frase 'le indagini inerenti **il** delitto' è errata || **inerenteménte**, avv. (*raro*) conformemente

inerènza [av. 1535] **s. f.** ● caratteristica di ciò che è inerente

inerìre [vc. dotta, lat. *inhaerēre*, comp. di *in* 'a' e *haerēre* 'aderire', di etim. incerta, con passaggio ad altra coniug. ✱ 1619] **v. intr.** (*io inerisco, tu inerisci*; difett. del part. pass. e dei tempi composti) **1** essere unito, connesso con qlco. (+ *a*): *i doveri che ineriscono al nostro ufficio* **2** †attenersi, acconsentire: *i. ai desideri, al volere di qlcu.*

inèrme [vc. dotta, lat. *inĕrme(m)*, comp. di *in-*③ e un deriv. di *ărma* 'arma' ✱ av. 1332] **agg.** ● che è senza armi e senza difesa (anche *fig.*): *nemico, nazione i.*; *è i. di fronte alla cattiveria altrui* SIN. disarmato, indifeso

inermità [da *inerme* ✱ av. 1950] **s. f. inv.** ● condizione di chi è indifeso, inerme (*in senso fig.*): *ci si uccide perché un amore … ci rivela nella nostra … i.* (C. PAVESE)

inerpicàrsi [comp. di *in-*① ed *erpice* ('fare come l'erpice', che avanza aggrappando la terra coi denti) (?) ✱ 1659] **v. intr. pron.** (*io mi inérpico* (o *-è-*), *tu ti inérpichi* (o *-è-*)) e †**inerpicàre** v. intr. ● arrampicarsi con sforzo aiutandosi con le mani e i piedi: *inerpicarsi su un albero, su una scogliera*

inerpicàto part. pass. di *inerpicarsi*; anche **agg.** ● che sta in un luogo alto e scosceso: *un paesetto i. sulla montagna*

†**inerrànte** [vc. dotta, lat. *inerrănte(m)*, comp. di *in-*③ e *ĕrrans*, genit. *errāntis* 'errante' ✱ av. 1565] **agg.** ● infallibile

inerrànza [dal lat. *inerrănte(m)*, comp. di *in-*③ e *ĕrrans*, genit. *errāntis*, part. pres. di *errāre* 'errare' ✱ 1843] **s. f.** ● nella teologia cattolica, infallibilità ed esenzione da ogni errore che competono alle Sacre Scritture come ispirate da Dio

inèrte [vc. dotta, lat. *inĕrte(m)*, comp. di *in-*③ e un deriv. di *ărs*, genit. *ărtis* 'arte': propr., dunque, 'senza arte' ✱ 1342] **agg.**; anche **s. m.** nei sign. 4 e 5 **1** inattivo: *trascorre l'intera giornata seduto sul divano, i., a causa di una grave forma di depressione* | che trascorre nell'inerzia, nell'ozio: *al tacito morir d'un giorno i.* (A. MANZONI) SIN. inoperoso, ozioso CONTR. attivo **2** (*est.*) immobile: *la caduta lo obbligò a starsene i. a letto* | ***acqua i.***, stagnante **3** che si trova nello stato di inerzia: *materia i.* | (*est.*) privo di movimento: *braccio, organo i.* | ***peso i.***, (*fig.*) di chi sta inoperoso ed è di peso per gli altri **4** (*chim.*) detto di elemento o composto che nel corso di un processo chimico non reagisce **5** nella produzione dei cementi, detto di materiale costituente il calcestruzzo privo di funzione legante **6** (*med.*) di organo muscolare caratterizzato da inerzia

inertizzàre [1988] **v. tr.** ● trattare scorie industriali tossiche con procedimento atto a renderle inerti || **inertizzazióne**, s. f.

inerudìto [vc. dotta, lat. *inerudītu(m)*, comp. di *in-*③ e *erudītus* 'erudito' ✱ 1551] **agg.** ● (*lett.*) ignorante, incolto, impreparato | (*lett.*) rozzo || **ineruditaménte**, avv. (*raro*) da inerudito

inerudizióne [vc. dotta, lat. tardo *ineruditiōne(m)*, comp. di *in-*③ e *erudītio*, genit. *eruditiōnis* 'erudizione' ✱ 1743] **s. f.** ● (*lett.*) mancanza di erudizione

inèrzia [vc. dotta, lat. *inĕrtia(m)*, da *inĕrte(m)* 'inerte' ✱ 1374] **s. f. 1** condizione di chi è inerte, inoperoso: *i. abituale, forzata*; *giacere nell'i.*; *esci dalla tua i.!* SIN. inoperosità, oziosità CONTR. attività **2** (*med.*) diminuita capacità contrattile di un organo muscolare: *i. uterina, vescicale* **3** (*fis.*) ***principio d'i.***, o (*ellitt.*) ***inerzia***, primo principio della dinamica che afferma che un corpo persevera nel suo stato di quiete o di moto rettilineo uniforme finché non interviene una forza dall'esterno | ***momento d'i.***, V. *momento* | ***forza di i.***, quella delle forze apparenti che si manifestano in sistemi di riferimento ruotanti, come la forza centrifuga | ***fare qlco. per i.***, ***per forza di i.***, (*fig.*) per abitudine, senza una scelta attiva

SFUMATURE DI SIGNIFICATO

inerzia - inattività - svogliatezza - abulia

Lo stato di chi manca di energia e voglia di fare e trascorre il suo tempo nell'ozio si definisce **inerzia**. **Inattività** descrive ugualmente lo stato di chi sta inoperoso, ma rimanda a cause che possono essere anche di necessità (per es. un'invalidità temporanea), non solo di pigrizia di carattere. Si manifesta di solito nelle forme di un comportamento inerte e passivo la **svogliatezza**, stato d'animo per cui si fa qualcosa mal volentieri, senza convinzione e grinta; in altra accezione

la parola descrive invece una condizione permanente del carattere, caratterizzata da indifferenza nei confronti degli stimoli esterni e apatia. In termini medici, questa attitudine psicologica, che si manifesta come mancanza di volontà, patologica incapacità di agire, si chiama **abulia**.
SFUMATURE ➤ ***accidia***, ➤ ***pigrizia***, ➤ ***poltroneria***

inerziàle [1926] **agg.** ● (*fis.*) relativo all'inerzia o al principio d'inerzia | ***riferimento i.***, sistema di riferimento costituito da una terna cartesiana rigidamente connessa alle stelle fisse o in moto rettilineo uniforme rispetto a esse, in cui valgono il principio d'inerzia, la geometria euclidea e il concetto di tempo universale ‖ **inerzialménte**, **avv.**

ineșattézza [1765] **s. f. 1** caratteristica di ciò che è inesatto: *i. di una citazione* **2** (*est.*) errore, sbaglio: *compito pieno di inesattezze*

ineșàtto ① [comp. di *in-* ③ ed *esatto* ① ✻ 1782] **agg.** ● che manca di precisione, di esattezza: *citazione, notizia inesatta* | erroneo: *risposta inesatta* ‖ **ineșattaménte**, **avv.**

ineșàtto ② [comp. di *in-* ③ ed *esatto* ② ✻ 1662] **agg.** ● che non è stato riscosso: *quota inesatta; tributo i.*

ineșaudìbile [comp. di *in-* ③ ed *esaudibile* ✻ 1887] **agg.** ● (*raro*) che non può essere esaudito: *volontà, richiesta i.*

ineșaudìto [comp. di *in-* ③ e del part. pass. di *esaudire* ✻ 1306] **agg.** ● (*raro*) che non è stato esaudito: *invocazione inesaudita* **SIN.** inascoltato

ineșaurìbile [comp. di *in-* ③ e un deriv. di *esaurire* ✻ av. 1533] **agg.** ● che non può essere esaurito (**anche fig.**): *fonte, miniera i.*; *bontà, misericordia i.* | (**est.**) abbondantissimo: *ricchezza i.* ‖ **ineșauribilménte**, **avv.** ‖ **ineșauribilità**, **s. f. inv.**

ineșàusto [vc. dotta, lat. *inexhāustu(m)*, comp. di *in-* ③ e *exhāustus* 'esausto' ✻ 1528] **agg.** ● (**lett.**) che non è mai esausto | ***sorgente inesausta***, perenne | ***terreno i.***, sempre fertile ‖ **ineșaustaménte**, **avv.**

†**inescàre** ➤ **innescare**

†**inescogitàbile** [vc. dotta, lat. tardo *inexcogitābile(m)*, comp. di *in-* ③ e un deriv. di *excogitāre* 'escogitare' ✻ sec. XIV] **agg.** ● impensabile, inimmaginabile

inescușàbile [vc. dotta, lat. *inexcusābile(m)*, comp. di *in-* ③ e *excusābilis* 'escusabile' ✻ sec. XIV] **agg.** ● che non può essere scusato: *negligenza, colpa, ignoranza i.* ‖ **inescușabilménte**, **avv.** (*raro*) in modo inescusabile ‖ **inescușabilità**, **s. f. inv.**

inescușàto [da *inescusabile* ✻ 1869] **agg.** ● (*raro*) che non è scusato: *mancanza inescusata* | non degno di scusa: *villania inescusata*

ineșeguìbile [comp. di *in-* ③ ed *eseguibile* ✻ 1647] **agg.** ● non eseguibile: *compito, dovere i.* ‖ **ineșeguibilità**, **s. f. inv.**

ineșeguìto [comp. di *in-* ③ ed *eseguito* ✻ av. 1626] **agg.** ● che non è o non è stato eseguito

ineșercitàbile [vc. dotta, lat. tardo *inexercitābile(m)*, comp. di *in-* ③ e *exercitāre* 'esercitare' ✻ 1342] **agg. 1** (*raro*) che non può essere esercitato: *arte, professione, mestiere i.* **2** †impraticabile: *monte i.*

ineșercitàto [vc. dotta, lat. *inexercitātu(m)*, comp. di *in-* ③ e *exercitātus* 'esercitato' ✻ sec. XIV] **agg.** ● (*raro*) che manca di esercizio in qlco.: *corpo i. alla ginnastica* | (**lett.**, **est.**) ozioso, inerte: *ingegno i.*

ineșigìbile [comp. di *in-* ③ e un deriv. del v. *esigere* ✻ 1662] **agg.** ● che non si può esigere, riscuotere: *credito i.* ‖ **ineșigibilità**, **s. f. inv.**

ineșistènte [comp. di *in-* ③ ed *esistente* ✻ 1584] **agg.** ● che non esiste: *ricchezza i.*; *patrimonio i.* | insussistente, infondato: *colpa i.*; *accusa i.* | (**est.**) immaginario: *il malato accusa sintomi inesistenti*

ineșistènza [1765] **s. f. 1** condizione di ciò che non esiste: *i. di un reato* **SIN.** insussistenza **2** (*dir.*) mancanza dei requisiti che rendono un atto giuridico riconoscibile come tale: *i. di un negozio giuridico*

ineșitàto [comp. del pref. neg. *in-* ③ e del part. pass. in uso agg. del v. *esitare* ② ✻ 1940] **agg.** ● (*burocr.*) detto di corrispondenza o di pacco postale che, per qualche impedimento, non sono stati consegnati al destinatario: *pacco i., lettere inesitate*

ineșoràbile [vc. dotta, lat. *inexorābile(m)*, comp. di *in-* ③ e *exorābilis* 'esorabile', da *exorāre* 'pregare' ✻ 1374] **agg. 1** di chi non si lascia smuovere dalle preghiere o dalla pietà: *giudice i.* | ***critico i.***, che non risparmia critiche negative **SIN.** crudele, implacabile **2** di ciò che è impossibile evitare o a cui non ci si può sottrarre: *destino i.*; *l'i. scorrere del tempo*; *il sistema è i., come il fato* (F. DE SANCTIS) ‖ **ineșorabilménte**, **avv. 1** in modo inesorabile, implacabile; senza misericordia: *colpire inesorabilmente* **2** inevitabilmente; improrogabilmente: *Il corriere parte inesorabilmete alle nove* (U. FOSCOLO) ‖ **ineșorabilità**, **s. f. inv.** (V.)
SFUMATURE ➤ ***vendicativo***

ineșorabilità [vc. dotta, lat. tardo *inexorabilitāte(m)*, comp. di *in-* ③ e di un deriv. da *exorābilis* 'esorabile' ✻ av. 1639] **s. f. inv.** ● caratteristica di chi (o di ciò che) è inesorabile: *l'i. di un giudice, di una sentenza* **SIN.** implacabilità, durezza | ineluttabilità, inevitabilità: *l'i. del destino, della morte*

ineșoràto [vc. dotta, lat. tardo *inexorātu(m)*, comp. di *in-* ③ e *exorātus*, part. pass. di *exorāre* 'esorare, pregare' ✻ 1810] **agg. 1** (**lett.**) che non si è lasciato smuovere dalle suppliche, dalle preghiere **SIN.** crudele, spietato **2** (**lett.**) ineluttabile, implacabile: *I. / scoppia il furor dei popoli* (G. CARDUCCI)

inesperiènza [vc. dotta, lat. tardo *inexperiĕntia(m)*, comp. di *in-* ③ e *experiĕntia* 'esperienza' ✻ 1520] **s. f.** ● mancanza di esperienza, di pratica: *i. giovanile*; *sbagliare per i.*; *verrete a certificarvi che non per ignoranza o i. sono indutti a seguir tale opinione* (G. GALILEI)

inesperimentàto [comp. di *in-* ③ ed *(e)sperimentato* ✻ 1869] **agg.** ● (**lett.**) che non è stato sperimentato

inespèrto [vc. dotta, lat. *inexpĕrtu(m)*, comp. di *in-* ③ e *expĕrtus* 'esperto' ✻ av. 1342] **agg. 1** privo di esperienza in qlco. (+ *di*, + *in*): *benché i. di calcoli e dimostrazioni* (G. GALILEI); *è i. in politica estera*; *inesperti nel guerreggiare e nel commandare* (T. TASSO) | (**est.**) che non conosce ancora la vita, il mondo: *giovane, ragazzo i.* **2** che non ha pratica di qlco., che manca di abilità in qlco.: *medico, avvocato i.*; *ai pittori inesperti sono li orli della superficie non conosciuti* (L.B. ALBERTI) | ***mano inesperta***, poco abile ‖ **inespertaménte**, **avv.**

inespiàbile [vc. dotta, lat. *inexpiābile(m)*, comp. di *in-* ③ e *expiābilis* 'espiabile' ✻ av. 1552] **agg. 1** che non può essere espiato a causa della sua estrema gravità: *colpa, delitto i.* **2** (**lett.**) implacabile: *Mi par già di sentire... l'odio i. degli altri* (R. BACCHELLI) ‖ **inespiabilménte**, **avv.** (*raro*) in modo inespiabile

inespiàto [vc. dotta, lat. tardo *inexpiātu(m)*, comp. di *in-* ③ e del lat. tardo *expiātus* 'espiato' ✻ 1811] **agg.** ● non espiato: *crimine i.* | (**lett.**) non placato: *io veggio l'inespiata ira d'Iddio* (U. FOSCOLO)

inesplicàbile [vc. dotta, lat. *inexplicābile(m)*, comp. di *in-* ③ e *explicābilis* 'esplicabile' ✻ sec. XIV] **agg.** ● che non si riesce a spiegare, a capire: *enigma, mistero, fenomeno i.*; *la voce dell'uomo gl'inesplicabili pensieri della nostra mente espone come interprete* (G.B. MARINO) **SIN.** impenetrabile, incomprensibile, inspiegabile ‖ **inesplicabilménte**, **avv.** ‖ **inesplicabilità**, **s. f. inv.**

inesplicàto [vc. dotta, lat. tardo *inexplicātu(m)*, comp. di *in-* ③ e *explicātus*, part. pass. di *explicāre* 'esplicare' ✻ av. 1544] **agg.** ● che non è stato spiegato: *mistero i.* | ***rimanere, restare i.***, privo di una logica spiegazione | incomprensibile: *fatto i.* ‖ **inesplicataménte**, **avv.**

inesploràbile [comp. di *in-* ③ ed *esplorabile* ✻ 1869] **agg. 1** che non può essere esplorato: *territorio selvaggio e i.* **2** (*fig.*) che non si può conoscere a fondo: *intenzioni, progetti inesplorabili* ‖ **inesplorabilménte**, **avv.** (*raro*) in modo inesplorabile

inesploràto [vc. dotta, lat. *inexplorātu(m)*, comp. di *in-* ③ e *explorātus* 'esplorato' ✻ av. 1808] **agg.** ● che non è stato ancora esplorato: *caverna inesplorata* | (*fig.*) che non è stato ancora conosciuto, esaminato: *testo i.*; *archivio i.*

inesplòșo [comp. di *in-* ③ ed *esploso* ✻ 1926] **agg.** ● che non è esploso al momento previsto: *proiettile, ordigno i.*

inespressìvo [comp. di *in-* ③ ed *espressivo*, sul modello del fr. *inexpressif* ✻ 1908] **agg.** ● che è privo di espressione: *viso, sguardo i.* | scialbo, inefficace: *stile i.* ‖ **inespressivaménte**, **avv.** ‖ **inespressività**, **s. f. inv.**

inesprèsso [comp. di *in-* ③ ed *espresso*, part. pass. di *esprimere* ✻ 1620] **agg.** ● che non viene espresso: *odio i.*

inesprimìbile [comp. di *in-* ③ ed *esprimibile* ✻ 1710] **agg. 1** che è difficile o impossibile esprimere con parole adeguate: *dolore, gioia i.* **SIN.** indicibile **2** (**est.**) vago, indefinito: *un senso i. di scontentezza* ‖ **inesprimibilménte**, **avv.** ‖ **inesprimibilità**, **s. f. inv.**

inespugnàbile [vc. dotta, lat. *inexpugnābile(m)*, comp. di *in-* ③ e *expugnābilis* 'espugnabile' ✻ av. 1332] **agg.** ● che non è possibile espugnare: *fortezza, città i.* | (**est.**) ***difesa i.***, invincibile | (*fig.*) incorruttibile, inflessibile: *fermezza i.* ‖ **inespugnabilménte**, **avv.** (*raro*) invincibilmente ‖ **inespugnabilità**, **s. f. inv.**

inespugnàto [vc. dotta, lat. tardo *inexpugnātu(m)*, comp. di *in-* ③ e *expugnātus*, part. pass. di *expugnāre* 'espugnare' ✻ 1869] **agg.** ● che non è stato espugnato (**anche fig.**): *postazione nemica inespugnata*; *volontà inespugnata*

inessenziàle [comp. di *in-* ③ ed *essenziale* ✻ av. 1883] **agg.** ● che non è essenziale, che non è fondamentale **CONTR.** indispensabile ‖ **inessenzialità**, **s. f. inv.**

inessiccàbile, (*evit.*) **inessicàbile** [comp. di *in-* ③ e un deriv. di *essiccare* ✻ 1532] **agg.** ● (**lett.**) che non può essiccarsi, inaridire (**anche fig.**): *fonte i.*; *fantasia i.* | (**lett.**, **fig.**) inesauribile ‖ **inessiccabilménte**, **avv.**

inestensìbile [comp. di *in-* ③ ed *estensibile* ✻ 1957] **agg.** ● che non può estendersi (**anche fig.**): *materiale i.*; *prerogativa i.* ‖ **inestensibilità**, **s. f. inv.**

inestensióne [comp. di *in-* ③ ed *estensione* ✻ av. 1855] **s. f.** ● (*raro*) caratteristica di ciò che è inesteso

inestéso (o **-ș o**) [comp. di *in-* ③ ed *esteso* ✻ av. 1744] **agg.** ● (*raro*) che non è esteso | (**est.**) immateriale

inestètico [comp. di *in-* ③ ed *estetico* ✻ 1880] **agg.** (**pl. m.** *-ci*) **1** (**lett.**) privo di caratteristiche estetiche **2** (*raro*) antiestetico ‖ **inesteticità**, **s. f. inv.**

inestetìșmo [da *inestetico* ✻ av. 1934] **s. m.** ● difetto o disturbo fisico lieve e, in genere, temporaneo: *la forfora, il rossore, sono inestetismi*

inestimàbile [vc. dotta, lat. *inaestimābile(m)*, comp. di *in-* ③ e *aestimābilis* 'estimabile' ✻ av. 1311] **agg.** ● che non si può stimare, valutare pienamente per il suo grandissimo valore: *ricchezza, valore, bene i.* | (**est.**) di straordinario pregio, di eccezionale importanza: *aiuto i.* | (**est., lett.**) incalcolabile, grandissimo: *difficoltà i.* ‖ **inestimabilménte**, **avv.**

inestimàto [vc. dotta, lat. giuridico *inaestimātu(m)*, comp. di *in-*③ e *aestimātus* 'estimato' ✱ av. 1380] **agg. 1** che non è o non è stato stimato, valutato **2** †impensato, improvviso

inestinguìbile [vc. dotta, lat. tardo *inextinguĭbile(m)*, comp. di *in-* neg. e *extinguĭbilis* 'che può essere estinto' ✱1336 ca.] **agg.** ● che non si può estinguere: *incendio, fuoco i.* | (**fig.**) perenne, perpetuo: *rancore i.*; *inestinguibili odi che si lasciarono lunga età in retaggio a' vegnenti* (G. Vico) ‖ **inestinguibilménte**, **avv.** ‖ **inestinguibilità**, **s. f. inv.**

inestìnto [vc. dotta, lat. *inexstĭnctu(m)*, comp. di *in-* neg. e *exstĭnctus*, part. pass. di *exstĭnguere* 'estinguere' ✱1640] **agg.** ● (**raro, lett.**) non estinto

inestirpàbile [vc. dotta, lat. *inexstirpābile(m)*, comp. di *in-*③ e un deriv. di *exstirpāre* 'estirpare' ✱1554] **agg.** ● che non può essere estirpato | (**fig.**) ineliminabile: *male, vizio i.* ‖ **inestirpabilità**, **s. f. inv.**

inestricàbile [vc. dotta, lat. *inextricābile(m)*, comp. di *in-*③ e un deriv. di *extricāre* 'estricare' ✱1395] **agg.** ● che non si può districare, sbrogliare: *nodo i.* | (**fig.**) irrisolvibile, insolubile: *questione, dubbio i.* ‖ **inestricabilménte**, **avv.** ‖ **inestricabilità**, **s. f. inv.**

inestricàto [vc. dotta, lat. tardo *inextricātu(m)*, comp. di *in-*③ e *extricātus*, part. pass. di *extricāre* 'estricare' ✱1834] **agg.** ● (**raro**) intricato

†**inettézza** [sec. XIV] **s. f.** ● inettitudine: *escusare la propria codardia ed i. alle speculazioni* (G. Galilei)

✦**inettitùdine** [vc. dotta, lat. *ineptitūdine(m)*, da *inĕptus* 'inetto' ✱av. 1565] **s. f. 1** mancanza di attitudine per un determinato lavoro o attività: *avere, rivelare i. per la carriera artistica*; *i. allo studio* **SIN.** incapacità **2** (**est.**) mancanza di capacità, dappocaggine: *conosco la sua i.*

✦**inètto** [vc. dotta, lat. *inĕptu(m)*, comp. di *in-*③ e un deriv. di *ăptus* 'atto', part. pass. di *ăpere* 'attaccare', di orig. indeur. ✱av. 1327] **A agg. 1** di chi non ha attitudine per una certa attività (+ *a*): *essere i. alle armi, al comando* | (**est.**) incapace di svolgere adeguatamente il proprio lavoro, o professione: *operaio, medico i.* | (**est.**) disadatto, inadeguato: *sono i. a vivere, me ne convinco ogni giorno più* (A. Fogazzaro) | (**spreg.**) che vale poco, manca assolutamente di capacità e di energia: *uomo i.* **2** (**lett.**) sconveniente, mediocre, sgarbato ‖ **inettaménte**, **avv.** **B s. m.** (**f. -a**) ● chi è incapace di svolgere un determinato compito | (**est.**) persona di poco o nessun valore

ineùnte [vc. dotta, lat. *ineūnte(m)*, part. pres. di *inīre* 'cominciare, entrare (*ire*) dentro (*in-*)' ✱ 1910] **agg.** ● (**lett.**) che ha principio, che comincia: *classicismo i.* **CFR.** exeunte

inevàso [comp. di *in-*③ ed *evaso* ✱1812] **agg.** ● (**burocr.**) detto di documento, pratica e sim. non sbrigati

inevidènte [comp. di *in-*③ ed *evidente* ✱av. 1519] **agg. 1** †che non si vede **2** (**raro**) che è privo di evidenza o di chiarezza: *dimostrazione i.*

inevidènza [1834] **s. f.** ● (**raro**) caratteristica di ciò che è inevidente

inevitàbile [vc. dotta, lat. *inevitābile(m)*, comp. di *in-*③ e *evitābilis* 'evitabile' ✱1342] **A agg.** ● detto di ciò che non è possibile evitare: *male, pericolo i.*; *la morte è i.*; *era i. che lei si offendesse* **SIN.** ineluttabile, ineludibile ‖ **inevitabilménte**, **avv.** immancabilmente, necessariamente; con certezza ‖ **inevitabilità**, **s. f. inv.** **B s. m.** ● ciò che non si può evitare: *andare incontro all'i.*

✦**in extènso** [loc. lat., propr. 'in (*ĭn*) estensione (*extĕnsu(m)*), dal v. *extĕndere*'] **loc. avv.** ● per esteso, integralmente: *riferire, citare in extenso*

in extrèmis [propr. 'negli (*ĭn*) ultimi (*extrēmis*, abl. pl. di *extrēmus* 'estremo'), sottinteso momenti della vita' ✱1618] **loc. avv. 1** negli estremi momenti, in fin di vita, sul punto di morte: *confessione in extremis*; *assoluzione in extremis* | ***matrimonio in extremis***, cui si provvede liturgicamente nell'incombenza di morte e in condizione di rischio estremo **2** negli ultimi istanti di una data situazione, all'ultimo momento: *sfuggire in extremis all'esecuzione*

✦**inèzia** [vc. dotta, lat. *inĕptia(m)*, da *inĕptus* 'inetto' ✱sec. XIV] **s. f. 1** cosa priva di ogni importanza o valore: *litigare per un'i.*; *questa traduzione per me è un'i.*; *gioielli a cui la moda / di viver concedette un giorno intero / tra le folte d'inezie illustri tasche* (G. Parini) | ***mi è costato un'i.***, molto poco **SIN.** bazzecola, minuzia, sciocchezza **2** †inettitudine

†**infacèto** [vc. dotta, lat. *infacētu(m)*, comp. di *in-*③ e *facētus* 'faceto' ✱1528] **agg.** ● insulso, privo di arguzia, di spirito: *acciocché il mio parlar di facezie non sia i. e fastidioso, forse buon sarà differirlo insino a domani* (B. Castiglione) ‖ †**infacetaménte**, **avv.** insulsamente

infacóndia [vc. dotta, lat. tardo *infacŭndia(m)*, comp. di *in-*③ e *facŭndia* 'facondia' ✱av. 1646] **s. f.** ● (**raro, lett.**) scarsa abilità e perizia nell'esprimersi

infacóndo [vc. dotta, lat. *infacŭndu(m)*, comp. di *in-*③ e *facŭndus* 'facondo' ✱av. 1585] **agg.** ● (**lett.**) che manca di facondia: *conferenziere noioso e i.* ‖ †**infacondaménte**, **avv.** senza facondia

infagottàre [comp. di *in-*① e *fagotto* ✱av. 1712] **A v. tr.** (*io infagòtto*) **1** (**raro**) avvolgere qlco. formando un fagotto **2** (**fig.**) mettere addosso a qlcu. indumenti pesanti e voluminosi per proteggerlo dal freddo: *i. un bambino in scialli e coperte* | (**fig.**) vestire in modo inelegante e disadatto: *quell'abito lo infagottava* **B infagottàrsi v. rifl.** ● avvolgersi in panni pesanti | (**fig.**) vestirsi in modo sgraziato e con abiti inadatti

infagottàto **part. pass.** di *infagottare*; anche **agg.** ● avvolto in abiti pesanti | vestito in modo inelegante e goffo

infaldàre [comp. di *in-*① e *falda* ✱1834] **v. tr.** ● eseguire l'infaldatura

infaldatóre [1972] **s. m.** ● nelle macchine tessili, dispositivo meccanico che esegue l'infaldatura

infaldatùra [1931] **s. f.** ● operazione consistente nel disporre le pezze di tessuto in falde sovrapposte

infallànte [comp. di *in*③ e *fallante*, part. pres. di *fallare* ✱sec. XIV] **A agg.** ● (**raro, lett.**) infallibile, sicuro, certo **B avv.** ● †infallibilmente ‖ **infallantemènte**, **avv.**: *mezzi ... per procurarsi infallantemente il successo* (E. Montale)

infallìbile [comp. di *in-*③ e *fallibile* ✱1294] **agg. 1** che non sbaglia, che non può sbagliare: *Dio è i.*; *l'uomo non è i.*; *dottrina, verità i.* | ***tiratore i.***, che non manca mai il bersaglio **2** (**est.**) sicuro, certo: *rimedio i.*; *segno i. di burrasca* | (**lett.**) immancabile: *vittoria i.* ‖ **infallibilménte**, **avv.** senza possibilità di sbagliare; in modo certo; (**raro**) immancabilmente ‖ **infallibilità**, **s. f. inv.** (V.)

infallibilità [comp. di *in-*③ e *fallibilità* ✱ 1619] **s. f. inv.** ● caratteristica di chi (o di ciò che) è infallibile: *l'i. di Dio, di una regola* | impossibilità di sbagliare: *l'i. di un tiratore* | *dogma dell'i.*, proclamato nel Concilio Vaticano I, a sostenere che la Chiesa e il Papa, in virtù della speciale assistenza di Dio, non possono ingannarsi in materia di fede e di morale

infalsificàbile [comp. di *in-*③ e *falsificabile* ✱1888] **agg.** ● (**raro**) che non si può falsificare: *documento i.* ‖ **infalsificabilità**, **s. f. inv.**

infamànte **part. pres.** di *infamare*; anche **agg.** ● che infama, che disonora: *un'accusa i.* | ***pena i.***, quella che, nel Medioevo, rendeva il colpevole infame di fronte a tutti

infamàre [vc. dotta, lat. *infamāre*, comp. di *in-*③ e un deriv. di *fāma* 'fama' ✱av. 1250] **A v. tr. 1** coprire d'infamia: *la sua condotta e i suoi delitti lo hanno infamato* **2** compromettere gravemente il buon nome di qlcu. con accuse o calunnie: *i. qlcu. con chiacchiere subdole*; *i nemici de' Cerchi cominciarono ad infamarli a' Guelfi* (D. Compagni) **SIN.** disonorare, screditare **3** †dare fama pubblica **B infamàrsi v. intr. pron.** ● coprirsi d'infamia: *infamarsi con una vita viziosa*

infamàto **part. pass.** di *infamare*; anche **agg.** ● coperto di infamia

infamatóre [vc. dotta, lat. tardo *infamatōre(m)*, da *infamātus* 'infamato' ✱av. 1292] **agg.** e **s. m.** (**f. -trice**) ● (**raro**) che (o chi) diffonde infamie su qlcu. | (**raro**) infamante

infamatòrio [da *infamatore* ✱sec. XIII] **agg.** (**pl. m.** *-i* o raro *-ii*) ● (**lett.**) diffamatorio: *scritto i.*

✦**infàme** [vc. dotta, lat. *infāme(m)*, comp. di *in-* neg. e un deriv. di *fāma* '(buona) fama' ✱av. 1342] **A agg. 1** che merita il generale disprezzo, il pubblico discredito, a causa della sua pessima fama: *gente i.*; *casa i.*; *nome i.* | che disonora, che copre d'infamia: *calunnia i.*; *terror di tradimento i.* (V. Alfieri) **SIN.** ignobile, scellerato, turpe **2** (**colloq.**) pessimo: *cena, viaggio, tempo i.* | ***fatica i.***, intollerabile | ***componimento, scritto i.***, malfatto ‖ **infamàccio**, **pegg.** | **infamóne**, **accr.** ‖ **infameménte**, **avv.** **B s. m. e f.** ● persona ignobile, scellerata | nel gergo della malavita, traditore, spia

✦**infàmia** [vc. dotta, lat. *infāmia(m)*, da *infāmis* 'infame' ✱1268] **s. f. 1** disonore, ignominia, pubblico biasimo per aver compiuto qlco. di spregevole o disonorevole: *macchiarsi d'i.*; *dar i. a qlcu.*; *nulla si truova onde tanto facile surga disonore e i. quanto dall'ozio* (L.B. Alberti) | ***marchio d'i.***, (**fig.**) segno di pubblico disprezzo | ***senza i. e senza lode***, detto di qlcu. o qlco. privi di originalità, caratterizzati da mediocrità **2** azione o parole infami o che rendono infami: *il tuo atto è un'i.*; *non dire infamie* **SIN.** nefandezza, scelleratezza **3** (**scherz.**) lavoro mal fatto: *questo compito è un'i.* | cosa bruttissima, pessima e sim.: *quel film è una vera i.* **4** (**lett.**) chi (o ciò che) è causa di disonore

SFUMATURE DI SIGNIFICATO

infamia - infamità - obbrobrio - disonore

Il disprezzo e la riprovazione generali derivanti da azioni scellerate o da comportamenti turpi o vili si definiscono **infamia**; in senso concreto il temine identifica anche l'azione o il comportamento infame. **Infamità** è sinonimo di *infamia* sia nell'accezione concreta sia in quella astratta, ma è parola di registro meno elevato. Anche **obbrobrio** ha lo stesso significato, ma è termine elevato e raro. **Disonore** è, rispetto ai precedenti, termine lievemente più sfumato, e indica la perdita di onore, rispetto e dignità derivante da un'azione riprovevole.

infamità [av. 1673] **s. f. inv. 1** caratteristica di chi (o di ciò che) è infame **2** azione, parola, discorso infame: *commettere un'i.*

SFUMATURE ➤ ***infamia***

infanatichire [comp. di *in-*① e *fanatico* ✱

1799] **A** **v. tr.** (*io infanatichìsco, tu infanatichìsci*) ● (*raro*) rendere fanatico **B** **v. intr.** (aus. *essere*) e **infanatichirsi** **v. intr. pron.** ● diventare fanatico per qlco. | (*est., raro*) invaghirsi, incapricciarsi di qlcu.

infangaménto [1957] **s. m.** ● (*raro*) l'infangare

infangàre [comp. di *in-*① e *fango** sec. XIII] **A** **v. tr.** (*io infàngo, tu infànghi*) **1** sporcare di fango: *i. gli abiti cadendo* | anche in forma pron. (con valore intens.): *infangarsi le scarpe* **2** (*fig.*) coprire di disonore: *i. il proprio nome* **SIN.** infamare **B** **infangàrsi** **v. rifl.** ● coprirsi di fango (*anche fig.*): *infangarsi nelle pozzanghere*; *infangarsi con azioni disoneste*

infangàto **part. pass.** di *infangare*; anche **agg.** ● nei sign. del v.

infànta [sp. *infanta*: V. *infante*②* av. 1617] **s. f.** ● nelle monarchie spagnola e portoghese, titolo delle figlie del re, a eccezione della primogenita, e della moglie dell'infante

†**infantàre** [vc. dotta, lat. tardo *infantāre* 'nutrire come un bambino', da *ĭnfans*, genit. *infāntis* 'infante', col senso del corrispondente fr. *enfanter* * sec. XIV] **v. tr.** ● partorire | (*fig.*) generare, produrre, creare

†**infantastichìrsi** [comp. di *in-*① e *fantastico* * 1556] **v. intr. pron.** ● diventare lunatico, capriccioso

infànte① [vc. dotta, lat. *infānte(m)*, comp. di *in-*③ e *fāns*, genit. *fāntis*, part. pres. di *fāri* 'parlare', di orig. indeur. * sec. XIII] **A** **agg.** ● (*lett.*) che si trova nell'infanzia | †detto di ciò che è ai suoi inizi: *la gente prima, che già visse / nel mondo ancora semplice ed i.* (T. TASSO) **B** **s. m. e f.** **1** (*lett.*) bambino piccolissimo | ***il Divino I.***, Gesù Bambino **SIN.** pargolo **2** †servo, paggio **3** †fante, soldato

infànte② [sp. *infante*, della stessa orig. di *infante*①* av. 1348] **s. m.** (**f.** *-a* (V.)) ● nelle monarchie spagnola e portoghese, titolo dei principi reali a eccezione del primogenito

infanticìda [vc. dotta, lat. tardo *infanticī-da(m)*, comp. di un deriv. di *ĭnfans*, genit. *infāntis* 'infante①', e *-cida** 1745] **s. m. e f.** (**pl. m.** *-i*) ● reo d'infanticidio

infanticìdio [vc. dotta, lat. tardo *infanticī-diu(m)*, comp. di un deriv. da *ĭnfans*, genit. *infāntis* 'infante①', e *-cidio** 1673] **s. m.** (**pl.** *-i* o *raro -ii*) ● uccisione di un neonato

infantigliòle [da *infantile** av. 1782] **s. f. pl.** ● (*pop.*) convulsioni dei bambini, eclampsia infantile

infantìle [vc. dotta, lat. tardo *infantīle(m)*, da *ĭnfans*, genit. *infāntis* 'infante①'* av. 1342] **agg.** **1** relativo ai bambini piccoli e all'infanzia: *scuola, asilo i.*; *ingenuità, grazia i.* | ***letteratura i.***, dedicata e rivolta ai bambini **2** che manifesta puerilità, immaturità in una persona adulta: *discorso, azione i.* **SIN.** bambinesco || **infantilménte**, †**infantileménte**, **avv.**

infantilìşmo [da *infantile** 1900] **s. m.** **1** (*med.*) condizione patologica per cui, nel soggetto che abbia già superato la pubertà, persistono gli attributi morfologici e i caratteri sessuali e intellettuali propri dell'infanzia **SIN.** puerilismo | ***i. sessuale***, insufficiente sviluppo degli organi genitali esterni **2** (*fig.*) persistenza in un adulto di ingenuità, immaturità o comportamenti di tipo infantile: *i. di un atteggiamento*

infantilità [sec. XIII] **s. f. inv.** **1** condizione di chi (o di ciò che) è infantile: *la sua i. è preoccupante* **2** comportamento, discorso da bambino: *fare, dire i.* **SIN.** puerilità **3** †infanzia

infantilizzàre [1913] **A** **v. tr.** ● rendere infantile: *dicendo con una incredibile voce infantilizzata* (B. FENOGLIO) | (*fig.*) far regredire a uno stadio infantile, immaturo: *i. il pubblico* **B** **v. intr. pron.** ● regredire a uno stadio infantile, immaturo: *adulti che rischiano di infantilizzarsi* || **infantilizzazióne**, **s. f.**

♦**infànzia** [vc. dotta, lat. *infāntia(m)*, da *ĭnfans*, genit. *infāntis* 'infante①'* 1304] **s. f.** **1** periodo della vita che va dalla nascita all'adolescenza, cioè ai 10-12 anni: *prima, seconda i.*; *ricordi d'i.*; *i. felice, infelice* **CFR.** nipio- **2** l'insieme dei bambini: *educare l'i.*; *letteratura per l'i.* | ***scuola dell'i.***, V. *scuola* **3** (*fig.*) periodo iniziale di una civiltà, di un'epoca storica e sim.: *l'i. del Medioevo*; *l'i. dell'arte*

infarciménto [1869] **s. m.** ● l'infarcire (*anche fig.*) | ciò con cui si infarcisce

infarcìre [vc. dotta, lat. *infarcīre*, comp. di *in-*① e *farcīre* 'farcire'* 1598] **A** **v. tr.** (*io infarcisco, tu infarcisci*) ● (*raro*) farcire: *i. un pollo* | (*fig.*) riempire confusamente (+ *di*, + *con*): *i. un discorso di citazioni*; *i. la mente di qlcu. con nozioni inutili* **B** **infarcìrsi** **v. intr. pron.** ● (*med.*) infiltrarsi stagnando in un organo, detto di sangue

infarcitùra [av. 1927] **s. f.** ● farcia, ripieno

infarinàre [comp. di *in-*① e *farina** av. 1400] **A** **v. tr.** **1** cospargere di farina: *i. una teglia per cuocervi un dolce* | ***i. il pesce***, involtarlo nella farina prima di friggerlo | (*est.*) cospargere con un'altra sostanza in polvere: *i. un dolce di zucchero* | (*fig.*) imbiancare: *il tempo gli ha infarinato la barba, i capelli* | anche in forma pron. (con valore intens.): *ti sei infarinato il vestito, il naso* | ***infarinarsi il viso***, (*scherz.*) incipriarsi **2** (*fig., lett.*) dare a qlcu. una conoscenza superficiale di una disciplina: *i. qlcu. di letteratura* **B** **infarinàrsi** **v. intr. pron. e rifl.** **1** sporcarsi di farina o sim. | **PROV.** ***chi va al mulino s'infarina***, V. *mulino*① **2** (*scherz.*) incipriarsi

infarinàto **part. pass.** di *infarinare*; anche **agg.** ● nei sign. del v.

infarinatùra [av. 1568] **s. f.** **1** l'infarinare **2** (*fig.*) conoscenza superficiale di una disciplina, un'arte, una tecnica e sim.: *un'i. d'inglese, di biologia, di scienze naturali*

infartectomìa [comp. di *infarto* e del gr. *ektomḗ* 'recisione', da *témnō* 'io taglio'* 1983] **s. f.** ● (*chir.*) asportazione chirurgica della zona del miocardio irrimediabilmente lesa dall'infarto e sostituzione di questa con particolari sostanze sintetiche

infàrto [vc. dotta, lat. *infārtu(m)*, part. pass. di *infarcīre* 'insaccare', comp. di *in-*① e *farcīre*, con allusione alla mancata circolazione nei tessuti gonfi* av. 1769] **s. m.** ● (*med.*) regione di necrosi di un tessuto in un organo per arresto del flusso sanguigno arterioso: *i. cerebrale, intestinale, polmonare* | ***i. cardiaco***, necrosi e degenerazione di una parte del muscolo cardiaco in seguito all'arresto della circolazione arteriosa in un ramo delle coronarie | (*per anton.*) infarto cardiaco: *morire di i.* | ***da i.***, (*fig.*) esorbitante, sbalorditivo: *prezzi da i.*

infartuàle [1976] **agg.** ● (*med.*) relativo a infarto: *sindrome i.*

infartuàto [1972] **agg. e s. m.** (**f.** *-a*) ● (*med.*) che (o chi) è stato colpito da infarto cardiaco

†**infastidiménto** [av. 1694] **s. m.** ● l'infastidire | fastidio, noia

infastidìre [comp. di *in-*① e del lat. *fastidīre* 'dare fastidio'* av. 1320] **A** **v. tr.** (*io infastidìsco, tu infastidìsci*) **1** recare fastidio, noia, disturbo, molestia a qlcu.: *i. qlcu. con le proprie insistenti richieste*; *la ragazza piangeva ancora, cheta cheta per non infastidirlo* (G. VERGA) | molestare una donna con commenti, offerte amorose e sim. | incomodare: *ho un mal di testa che mi infastidisce molto* **2** (*raro*) disgustare, nauseare: *cibo che infastidisce* **3** †sentire ripugnanza per qlco. | (*fig.*) †evitare **B** **infastidìrsi** **v. intr. pron.** ● provare fastidio o irritazione per qlco.: *infastidirsi per ogni cosa* **SIN.** irritarsi, seccarsi

infastidìto **part. pass.** di *infastidire*; anche **agg.** ● irritato, annoiato, seccato

infaticàbile o †**infatigàbile** [lat. *infatigā-bile(m)*, comp. di *in-*③ e *fatigābilis* 'faticabile', con sovrapposizione di *fatica** av. 1342] **agg.** ● che non soffre, non sente la stanchezza: *lavoratore i.* | di chi persegue senza esitazioni o debolezze un fine: *un i. apostolo della pace* **SIN.** instancabile || **infaticabilménte**, **avv.** senza mai stancarsi; continuamente: *lavorare infaticabilmente* || **infaticabilità**, **s. f. inv.** (V.)

infaticabilità [da *infaticabile** av. 1680] **s. f. inv.** ● caratteristica di chi è infaticabile | tenacia, costanza

infaticàto [lat. tardo *infatigātu(m)*, part. pass. di *infatigāre*, comp. di *in-*③ e *fatigāre* 'faticare', con sovrapposizione di *fatica** 1810] **agg.** ● (*lett.*) infaticabile | (*est.*) costante e tenace nel perseguire o fare qlco.: *ma tu sei veglio i. e strano* (V. MONTI) | (*lett.*) inesauribile

†**infatigàbile** ➤ **infaticabile**

♦**infàtti** o (*lett.*) **in fàtti** [propr. 'nei (*in*) fatti', cioè 'in realtà'* av. 1516] **cong.** ● in realtà, invero (introduce una prop. coordinata con valore esplicativo, con il v. all'indic. o al condiz.): *non so come siano andate le cose, i. non ero presente*; *è chiaro che non è colpevole, i., se lo fosse, non si comporterebbe così*; *A Renzo in fatti quel pensiero gli era venuto* (A. MANZONI) | anche iron. (***per antifrasi***; ***anche assol.***): *ha detto che sarebbe venuto, i. non ho visto nessuno!*; *mi aveva assicurato che avrebbe mantenuto la promessa … i.!*

infattìbile [comp. di *in-*③ e *fattibile** av. 1519] **agg.** ● (*raro*) che non si può fare, realizzare **SIN.** inattuabile, irrealizzabile || **infattibilità**, **s. f. inv.**

infatuàre [vc. dotta, lat. *infatuāre*, comp. di *in-*① e *fătuus* 'van(itos)o', di etim. incerta* av. 1420] **A** **v. tr.** (*io infàtuo, noi infatuiàmo*) **1** (*raro*) produrre in qlcu. un'ammirazione esagerata per qlco.: *i. qlcu. di un'impresa, di una teoria* **SIN.** esaltare | (*lett., raro*) far innamorare **2** †rendere fatuo, balordo **B** **infatuàrsi** **v. intr. pron.** ● lasciarsi prendere da un'infatuazione (+ *di*): *infatuarsi della musica orientale, di un'idea* | innamorarsi di qlcu. in modo intenso ma superficiale: *infatuarsi di una donna, di un uomo*

infatuàto **part. pass.** di *infatuare*; anche **agg.** **1** preso da infatuazione **2** ***i. di sé***, pieno di sé, compiaciuto delle proprie qualità

infatuazióne [vc. dotta, lat. tardo *infatuatiōne(m)*, da *infatuātus* 'infatuato'* 1785] **s. f.** ● entusiasmo, esaltazione momentanea per qlcu. o qlco. (+ *per*): *avere un'i. per uno scrittore, per il jazz* | innamoramento passeggero: *l'i. giovanile per un compagno di classe*

SFUMATURE DI SIGNIFICATO

infatuazione - entusiasmo - invasamento
Una passione irragionevole, eccessiva ma di breve durata per cose o persone si definisce **infatuazione**. **Entusiasmo** è invece uno stato di positiva agitazione emotiva, non necessariamente fugace e soprattutto animato da voglia di fare e dedizione. Diverso è invece **invasamento**, che suggerisce un'esaltazione eccessiva, un agire privo di lucidità, la perdita del controllo di sé.
SFUMATURE ➤ ***innamoramento***

♦**infàusto** [vc. dotta, lat. *infāustu(m)*, comp. di *in-*③ e *fāustus* 'fausto'* 1354] **agg.** **1** che porta dolore, tristezza, sventura: *giorno i.*; *previsione infausta*; *i passi / volgi da questo i. loco* (V. ALFIERI) | relativo a fatti tristi, dolorosi: *ricordo i.* **SIN.** nefasto, sfortunato **2** (*eufem.*) mortale: *prognosi infausta*; *solitamente la malattia ha esito i.* || **infaustaménte**, **avv.**

infavàto [da *fava* per il colore assunto dagli acini, simile a quello dei semi di fava ✱ 1957] **agg.** ● (*enol.*) detto di uva che, per l'azione della muffa Botrytis cinerea (V. *marciume*), ha iniziato un processo di fermentazione prima della vendemmia o durante l'appassimento; se ne ricava un vino dal caratteristico gusto aromatico

infecondità [vc. dotta, lat. tardo *infecunditāte(m)*, comp. di *in-*③ e *fecŭnditas* 'fecondità' ✱ av. 1342] **s. f. inv.** **1** caratteristica di infecondo (*anche fig.*): *l'i. di un terreno, di un ingegno* **2** (*med.*) nella donna, incapacità di portare la gravidanza a termine o fino all'epoca di vitalità del feto SIN. infertilità

infecóndo [vc. dotta, lat. *infecŭndu(m)*, comp. di *in-*③ e *fecŭndus* 'fecondo' ✱ av. 1320] **agg.** ● che non è fecondo: *donna infeconda* | ***terreno, campo i.***, sterile | ***matrimonio i.***, dal quale non sono nati figli | (*fig.*) che non produce o non è utile a niente: *fantasia, polemica infeconda* ‖ **infecondaménte**, **avv.** (*raro*) sterilmente; infruttuosamente

infedéle (o -è-) o †**infidèle** (o †-è-) [vc. dotta, lat. *infidēle(m)*, comp. di *in-*③ e *fidēlis* 'fedele' ✱ av. 1311] **A agg. 1** che non rispetta un impegno di fedeltà: *amico, alleato i.*; *moglie, marito i.* | †infido SIN. sleale **2** che non è conforme all'originale o alla verità: *copia, ritratto i.*; *storico, interprete, traduttore i.* ‖ **infedelménte**, **avv.** **B s. m. e f. 1** chi è di fede contraria alla propria, spec. i musulmani per i cristiani e questi ultimi per i primi: *predicare agli infedeli*; *le Crociate contro gli infedeli* **2** †eretico

infedeltà o †**infidelità** [vc. dotta, lat. *infidelitāte(m)*, comp. di *in-* neg. e *fidēlitas* 'fedeltà' ✱ av. 1328] **s. f. inv. 1** caratteristica di chi (o di ciò che) è infedele: *i. coniugale*; *i. nell'amicizia, nell'amore*; *i. della versione di un fatto* **2** atto sleale con cui si rompe un impegno di fedeltà: *commettere un'i.* SIN. tradimento **3** †incredulità religiosa: *ostinarsi nell'i.*

♦**infelìce** [vc. dotta, lat. *infelīce(m)*, comp. di *in-*③ e *fēlix*, genit. *felīcis* 'felice' ✱ 1308] **A agg. 1** che non è felice, che è afflitto da dolori, avversità, insoddisfazioni e sim.: *padre, donna i.*; *una famiglia i.*; *sentirsi i.* | caratterizzato da sventure, dolori, infelicità: *ricordo i.*; *giovinezza, esistenza i.*; *destino i.* | disgraziato: *l'i. stato romano oppresso da' potenti* (G. VICO) | ***amore i.***, sfortunato o non corrisposto SIN. misero, sventurato **2** che è mal riuscito: *impresa i.*; *un'idea i.*; *un matrimonio i.* **3** negativo, contrario, sfavorevole: *esito i.*; *stagione, tempo i.* | poco favorevole: *un albergo situato in una posizione i.* **4** che non è opportuno, tempestivo: *cogliere, arrivare in un momento i.*; *domanda i.* ‖ **infeliceménte**, **avv. 1** in modo infelice: *vivere infelicemente* **2** senza fortuna: *tentativo infelicemente conclusosi* **B s. m. e f.** ● chi non è felice | chi è affetto da un'infermità mentale o fisica: *soccorrere gli infelici*

infelicità [vc. dotta, lat. *infelicitāte(m)*, comp. di *in-*③ e *felīcitas*, genit. *felicitātis* 'felicità' ✱ 1342] **s. f. inv. 1** stato di sofferenza, di afflizione, di chi non è felice: *reagire all'i.*; *i. grande è essere in grado di non potere aver il bene* (F. GUICCIARDINI) SIN. disgrazia, miseria, sventura **2** caratteristica di ciò che è inopportuno, sfavorevole: *l'i. di una domanda, di una richiesta*; *l'i. delle condizioni storiche, economiche di un'epoca*

infelicitàre [da *infelice* col suff. *-itare* ✱ 1599] **v. tr.** (*io infelìcito*) ● rendere infelice: *respingeva anche la memoria del marito, come se l'avesse ... infelicitata* (R. BACCHELLI)

†**infellonìre** [comp. di *in-*① e *fellone* ✱ sec. XIII] **v. intr.** e †**infellonìrsi** **v. intr. pron.** ● infuriarsi

infeltràre [comp. di *in-*① e *feltro* ✱ 1639] **v. tr.** (*io inféltro*) **1** †avvolgere nel feltro **2** (*fig., lett.*) ricoprire fittamente

infeltriménto [1957] **s. m.** ● l'infeltrire, l'infeltrirsi

infeltrìre [comp. di *in-*① e *feltro* ✱ 1855] **A v. tr.** (*io infeltrisco, tu infeltrisci*) ● ridurre compatto come il feltro **B v. intr.** (aus. *essere*) e **infeltrìrsi** **v. intr. pron.** ● diventare compatto come il feltro: *la lana infeltrisce con l'acqua troppo calda*; *quel golf si è tutto infeltrito*

infeltrìto **part. pass.** di *infeltrire*; anche **agg.** ● nel sign. del v.

infemminìre [comp. di *in-*① e *femmina* ✱ av. 1347] **A v. tr.** (*io infemminisco, tu infemminisci*) ● (*lett.*) rendere femmineo **B v. intr.** (aus. *essere*) e **infemminìrsi** **v. intr. pron.** ● (*lett.*) diventare effeminato

inferènza [da *inferire*② ✱ 1765] **s. f. 1** (*filos.*) processo logico per il quale è possibile trarre una conclusione da una o più premesse SIN. deduzione **2** (*stat.*) procedimento di generalizzazione dei risultati ottenuti mediante una rilevazione parziale per campioni

inferenziàle [1979] **agg.** ● relativo a inferenza | basato su un'inferenza ‖ **inferenzialménte**, **avv.** per inferenza; da un punto di vista inferenziale

infèrie [vc. dotta, lat. *infĕriae* (nom.), comp. di *in* 'a' e un deriv. di *fĕrre* 'portare', di orig. indeur. ✱ 1698] **s. f. pl.** (*lett.* anche **sing.**) **1** presso gli antichi Romani, sacrificio offerto ai Mani familiari e agli dei inferi **2** (*poet., fig.*) vittima espiatoria: *a la grand'alma di Guatimozino / ... / ti mando inferia, o puro, o forte, o bello / Massimiliano* (G. CARDUCCI)

†**inferìgno** [comp. di *in-*① e *ferigno* ✱ sec. XIV] **agg.** ● detto di pane nero, fatto di cruschello

♦**inferióre** [vc. dotta, lat. *inferiōre(m)*, da *īnferus* 'infero' ✱ av. 1328] **A agg. 1** che sta più in basso: *la parte i. di un edificio, di una pagina* | ***gli arti inferiori***, le gambe | ***corso i. di un fiume***, quello più vicino al mare | ***Paleolitico i.***, il più antico CFR. ipo- CONTR. superiore **2** presso gli antichi Romani, detto della parte più lontana da Roma di una provincia: *Gallia, Pannonia i.* **3** che è minore per altezza, quantità, valore ecc.: *statura i.*; *grado i.*; *prezzo i.* | che ha minore capacità, merito e sim. rispetto ad altri, detto di persona: *essere i. a qlcu. per intelligenza, abilità, successo* | ***scuola media i.***, il triennio di scuola secondaria, a cui si accede dalla scuola primaria e che dà accesso ai licei o alla formazione professionale | ***restare, riuscire, risultare, essere i. all'aspettativa, alla propria fama, ai propri compiti***, essere da meno, al di sotto, e perciò deludere | ***ufficiali inferiori***, il sottotenente, il tenente e il capitano | ***animali inferiori***, quelli di struttura meno complessa e che sono classificati all'inizio della scala zoologica ‖ **inferiorménte**, **avv.** nella parte inferiore; di sotto **B s. m. e f.** ● chi è di grado gerarchicamente più basso rispetto ad altri: *mostrarsi comprensivo verso i propri inferiori* CONTR. superiore

inferiorità [1585] **s. f. inv.** ● caratteristica o condizione di chi (o di ciò che) è inferiore: *conoscere, negare la propria i.*; *i. manifesta, palese* | ***complesso d'i.***, necessità viva e continua di rivalutare sé stesso, stimolata dal bisogno di rifarsi su una condizione, reale o supposta, di inferiorità di fronte agli altri CONTR. superiorità

inferìre① [lat. *infĕrre*, comp. di *in-* 'dentro' e *fĕrre* 'portare', di orig. indeur. ✱ 1499] **v. tr.** (pres. *io inferisco, tu inferisci*; pass. rem. *io infèrsi, tu inferìsti*; part. pass. *infèrto*) ● vibrare, infliggere colpi, danni, ferite: *i. una pugnalata nella schiena a qlcu.* | (*fig.*) procurare, cagionare: *i. gravi perdite al nemico*; *la sconfitta ha inferto un duro colpo al morale della squadra*

inferìre② [V. *inferire*① ✱ av. 1381] **v. tr.** (pres. *io inferisco, tu inferìsci*; pass. rem. *io inferìi, tu inferìsti*; part. pass. *inferìto*) ● dedurre, argomentare, desumere: *i. la colpa di qlcu. da un indizio*; *dal vostro fondamento s'inferisce il contrario di quel che pensate* (G. BRUNO)

inferìre③ [V. *inferire*① ✱ 1889] **v. tr.** (coniug. come *inferire*②) ● (*mar.*) introdurre un cavo di rinforzo nel suo alloggiamento | ***i. una vela***, fissarne un bordo all'albero, allo strallo, al boma nell'apposita scanalatura, oppure tramite garrocci, legacci o altra ferramenta

inferitóio [1937] **s. m.** (pl. *-ói*) ● (*mar.*) inferitore

inferitóre [da *inferire*③ ✱ 1889] **s. m.** ● (*mar.*) pezzo di cavo piano che serve a legare le bugne superiori delle vele quadre o auriche alla punta del pennone e sim.

inferitùra [da *inferire*③ ✱ 1855] **s. f.** ● (*mar.*) l'inferire | bordo della vela che viene inferito

infermàre o †**infirmàre** [vc. dotta, lat. *infirmāre*, da *infirmus* 'infermo' ✱ av. 1292] **A v. tr.** (*io infèrmo*) **1** †rendere infermo (*anche fig.*): *era il disio che l'alma dentro inferma* (L. ARIOSTO) **2** †V. *infirmare* **B v. intr.** (aus. *essere*) ● (*lett.*) ammalarsi **C infermàrsi** **v. intr. pron. 1** (*lett.*) ammalarsi **2** (*fig.*) †infiacchirsi

infermerìa [da *infermo* ✱ av. 1342] **s. f. 1** in ospedali, collegi, caserme, conventi, carceri ecc., ambiente o insieme di locali adibiti alla cura o al ricovero di persone ammalate che non richiedono cure specializzate o interventi chirurgici importanti **2** †epidemia, contagio, infermità

infermìccio [da *infermo* ✱ 1304] **agg.** (pl. m. *-ci*; pl. f. *-ce*) ● (*lett.*) che è malato in modo non grave ma durevole SIN. malaticcio

♦**infermière** [da *infermo* ✱ 1305] **A s. m.** (f. *-a*) **1** operatore sanitario, in possesso di adeguata formazione professionale, responsabile dell'assistenza infermieristica preventiva, curativa e riabilitativa **2** (*est.*) chi assiste un malato: *gli ha fatto da infermiera la moglie* **B agg.** ● che presta assistenza agli infermi: *suora infermiera*; *corpo di volontari infermieri*

infermierìstica [f. sost. di *infermieristico* ✱ 1972] **s. f.** ● insieme delle cognizioni sanitarie necessarie per svolgere l'attività di infermiere

infermierìstico [1930] **agg.** (pl. m. *-ci*) ● concernente gli infermieri e la loro attività

infermità o †**infermitàde**, †**infermitàte**, †**infirmità**, †**infertà**, †**enfertà** [lat. *infirmitāte(m)*, comp. di *in-*③ e *fīrmitas*, genit. *firmitātis* 'fermèzza' ✱ 1224] **s. f. inv. 1** condizione di chi è infermo: *i. temporanea, permanente, lieve, grave* | malattia, malanno: *lieve i. alle gambe*; *essere afflitto, guarire da un'i.*; *i. mentale* **2** (*fig., lett.*) disgrazia, guaio: *ho sempre creduto che sia la donna per l'uomo una i. insopportabile* (C. GOLDONI) **3** (*fig., lett.*) debolezza e fiacchezza spirituale: *l'i. dell'animo, della volontà*

SFUMATURE DI SIGNIFICATO

infermità - invalidità

Infermità è una malattia di una certa gravità, di durata considerevole e che costringe il malato a una lunga degenza e talvolta a una temporanea immobilità. **Invalidità** è invece una condizione di minorazione fisica, permanente o temporanea, che rende impossibile svolgere un determinato compito o un lavoro qualsiasi.

SFUMATURE ➤ ***malattia***

infèrmo o †**infìrmo**, †**enfèrmo** [lat. *infir-*

mu(m), comp. di *in-*③ e *firmus* 'fermo' * 1261 ca.] **A agg.; anche s. m. (f. *-a*)** • che (o chi) è affetto da una malattia per lo più cronica, tale comunque da costringerlo all'immobilità: *cadere, essere i.*; *i. agli arti*; *i. di mente*; *visitare, assistere gli infermi* | ***sacramento degli infermi***, estrema unzione **B agg. 1** †debole, fiacco, indifeso **2** †malsano, insalubre, detto di luogo ‖ **†infermaménte**, **avv.** in modo fiacco, debole

infernàle [vc. dotta, lat. tardo *infernāle(m)*, da *infĕrnus* nel tardo uso di sost.: 'inferno' * av. 1292] **agg. 1** dell'Inferno: *spirito, mostro, voragine i.* | ***arte i.***, delle streghe **2** (*fig.*) diabolico: *malizia, astuzia i.*; *un piano i.* | ***macchina i.***, nome dato un tempo alle armi da fuoco | ***pietra i.***, nitrato d'argento **SIN.** diabolico **3** (*fig., iperb.*) insopportabile, terribile: *oggi fa un caldo i.*; *sete i.*; *una giornata i.* | ***un chiasso i.***, ossessivo, assordante ‖ **infernalménte**, **avv.** in modo infernale, diabolico ‖ **infernalità**, **s. f. inv.**

†infernalità [1566] **s. f.** • condizione infernale

infèrno ① [cfr. *inferno*② * 1294] **agg.** • (*lett.*) †posto sotto terra | infernale: *valle, divinità inferna*

♦infèrno ② o **†ninfèrno** [vc. dotta, lat. *infĕrnu(m)*, propr. 'inferiore', doppione di *īnferus* 'inferiore' * 1266] **s. m.** Si scrive prevalentemente con la maiuscola quando si usa in senso proprio; sempre con la maiuscola come titolo della prima cantica della 'Commedia' di Dante; generalmente con la minuscola negli usi estensivi e figurati **1** in molte religioni antiche, luogo sotterraneo nel quale sono relegati gli spiriti dei morti e dimorano gli dei infernali **SIN.** inferi **2** nel cristianesimo, luogo di eterno dolore cui le anime dei peccatori non pentiti sono condannate, con privazione della visione beatifica di Dio | ***diavolo dell'i.***, (*fig.*) persona cattiva | ***d'i.***, terribile | ***vita d'i.***, (*fig.*) terribilmente faticosa, dolorosa e sim. | ***lingua d'i.***, (*fig.*) persona oltremodo pettegola e maligna | (*fig.*) ***tempo d'i.***, freddo e tempestoso | (*fig.*) ***caldo d'i.***, insopportabile | ***soffrire le pene dell'i.***, (*fig.*) di persona che soffre molto, spec. durante una malattia | ***tizzone d'i.***, (*fig.*) persona malvagia che suscita discordie | ***va all'i.!***, alla malora | **PROV.** ***le vie dell'i. sono lastricate di buone intenzioni***, spesso i buoni propositi si traducono in azioni negative | ***mandare qlcu. all'i.***; (*fig.*) mandarlo alla malora **3** (*fig.*) tutto ciò che procura dolori, che rende impossibile o insopportabile la vita: *questa casa è diventata un i.*; *vivere con loro è proprio un i.* **SIN.** tormento | situazione disastrosa, cruenta oppure caotica, rumorosa e sim.: *ci fu una sparatoria e si scatenò l'i.*; *fra i cavalli … e il gridare dei cittadini succedette un bell'i.* (I. NIEVO) **4** locale dell'oleificio dove si raccolgono le acque di vegetazione delle olive **5** (*bot.*) ***fico d'i.***, ricino ‖ **infernàccio**, **pegg.**

SFUMATURE DI SIGNIFICATO

Inferno - Geenna - Ade - Averno - Erebo - Tartaro
L'**Inferno** è il luogo di eterno dolore nel quale, secondo la concezione cristiana, vengono punite per l'eternità le anime di coloro che muoiono in disgrazia di Dio. Nella Bibbia il luogo dove si espiano per l'eternità le pene del fuoco è chiamato **Geenna**, che era propriamente il nome della valle presso Gerusalemme dove si adorava il dio Moloch. Nella mitologia greco-romana il regno dei morti era l'**Ade**, in origine nome della divinità che regnava nell'oltretomba; altri suoi nomi erano **Averno** e **Erebo**. Il luogo di tormento per le anime dei malvagi era invece il **Tartaro**.

Infèrno ③ [prob. da un toponimo della Valtellina, dove il vitigno è coltivato * 1890] **s. m.** • vino rosso di color rubino con riflessi mattone e dal sapore equilibrato con caratteristico sentore di nocciola, prodotto in Valtellina dal vitigno Chiavennasca (denominazione locale del Nebbiolo)

ìnfero [vc. dotta, lat. *īnferu(m)*, forse termine dial. * 1481] **A agg. 1** (*lett.*) inferiore | (*bot.*) ***ovario i.***, sprofondato nel ricettacolo per cui tutte le altre parti del fiore sono inserite alla sua sommità | **†*mare i.***, Mar Tirreno **2** (*lett.*) degli Inferi | (*raro*) infernale **B Ìnferi s. m. pl.** • nella mitologia greco-romana, morti e divinità dell'oltretomba **CONTR.** superi | regno dei morti: *discendere agli Inferi*

inferocìre [comp. di *in-*① e *feroce* * 1499] **A v. tr.** (*io inferocìsco, tu inferocìsci*) • (*raro*) rendere feroce: *il lungo digiuno aveva inferocito le belve* | (*fig.*) esasperare, far infuriare qlcu. **B v. intr.** (**aus.** *essere* **nel sign. 1,** *avere* **nel sign. 2**) **1** (*raro*) diventare feroce | (*fig., lett.*) adirarsi moltissimo **2** (*lett.*) infierire, incrudelire: *i. inutilmente contro i vinti* **C inferocìrsi v. intr. pron. 1** diventare feroce **2** (*fig.*) infuriarsi

inferocìto **part. pass.** di *inferocire*; **anche agg.** • diventato feroce: *una belva inferocita* | (*fig.*) infuriato, furibondo

inferraiolàrsi [comp. di *in-*① e *ferraiolo* * av. 1767] **v. rifl.** (*io mi inferraiòlo* o *lett. mi inferraiuòlo*; **in tutta la coniug. la** *o* **può dittongare in** *uo* **se tonica**) • (*lett.*) avvolgersi nel ferraiolo | (*est.*) imbacuccarsi

†inferràre o **†inferriàre** [comp. di *in-*① e *ferro* * sec. XIII] **v. tr.** • mettere ai ferri, incatenare

inferriàta [f. sost. del part. pass. di *†inferriare* * sec. XV] **s. f.** • chiusura di finestre, cancelli e sim. mediante sbarre di ferro, più o meno grosse, disposte a grata: *l'i. delle prigioni, delle cantine* **SIN.** grata ‖ **inferriatina**, **dim.**

inferriàto o **†inferràto** **part. pass.** di *†inferriare*; **anche agg. 1** †incatenato | imprigionato **2** (*lett.*) munito di inferriate: *si fermò davanti alle finestre inferriate del pianterreno* (C. PAVESE)

infèrsi ➤ **inferire**①

†infertà ➤ **infermità**

infèrtile [vc. dotta, lat. tardo *infĕrtile(m)*, comp. di *in-*③ e *fĕrtilis* 'fertile' * av. 1519] **agg. 1** (*raro*) che non è fertile, che non dà frutti **2** incapace di concepire o di diventare gravida

infertilìre [comp. di *in-*① e *fertile* * av. 1643] **v. tr.** (*io infertilìsco, tu infertilìsci*) • (*raro*) rendere fertile

infertilità [vc. dotta, lat. tardo *infertilitāte(m)*, comp. di *in-*③ e *fertīlitas*, genit. *fertilitātis* 'fertilità' * 1834] **s. f. inv. 1** infecondità **2** (*med.*) condizione patologica della coppia che non riesce procreare | nella donna, incapacità di condurre la gravidanza fino alla vitalità fetale; nell'uomo, lo stesso che sterilità

infèrto **part. pass.** di *inferire*; **anche agg.** • dato, assestato: *un duro colpo i. al nemico*

infervoraménto [av. 1719] **s. m.** • l'infervorare, l'infervorarsi

♦infervoràre [comp. di *in-*① e *fervore* * av. 1498] **A v. tr.** (*io infèrvoro* o *infervóro*) • entusiasmare suscitando passione, zelo e sim.: *i. gli animi*; *era riuscito a i. per la sua scienza tutti gli scolari* (L. PIRANDELLO) **B infervoràrsi v. intr. pron.** • accalorarsi, entusiasmarsi: *infervorarsi in una disputa, nella preghiera*; *s'infervorava nelle lodi* (L. PIRANDELLO) **SIN.** infiammarsi

infervoràto **part. pass.** di *infervorare*; **anche agg.** • di chi è pieno di fervore, di entusiasmo, di passione: *Più che mai i. nelle sue nuove idee* (F. DE ROBERTO) **SIN.** eccitato, entusiasmato | di ciò che denota fervore, passione: *discussione infervorata* **SIN.** accalorato, acceso ‖ **infervorataménte**, **avv.** con animo pieno di fervore

†infervorìre [av. 1592] **v. tr.** e **†infervorìrsi v. intr. pron.** • infervorare, infervorarsi

inferzàre [comp. di *in-*① e *ferza* * 1889] **v. tr.** (*io infèrzo*) • (*mar.*; *disus.*) cucire insieme i ferzi per formare una vela o una tenda

infestaménto [1342] **s. m.** • l'infestare, il fatto di essere infestato | (*fig.*) †danno, molestia

infestànte **part. pres.** di *infestare*; **anche agg. 1** che infesta **2** ***pianta i.***, vegetale non utilizzabile, che cresce spontaneamente in grande quantità e con gran vitalità nelle coltivazioni a scapito delle specie utili

infestàre [vc. dotta, lat. *infestāre* 'attaccare, infestare', da *infēstus* 'infesto' * 1303] **v. tr.** (*io infèsto*) **1** rendere malsicuro un luogo con continue invasioni, scorrerie, razzie: *i pirati infestarono a lungo il Mediterraneo* | danneggiare gravemente un luogo diffondendosi massicciamente: *il loglio, la gramigna, la fillossera infestano i campi*; *le vipere, le volpi infestano l'intera regione*; *i parassiti, un morbo contagioso, infestano l'abitato* | (*est.*) imperversare, guastare: *Malgrado delle nebbie … che infestano la stagione in Milano* (V. MONTI) | (*fig.*) contaminare, infettare: *la corruzione che infesta certi ambienti* **2** (*med.*) colpire con infestazione **3** †molestare con insistenti richieste | **†*i. il nemico***, logorarlo con attacchi improvvisi e continui

infestàto **part. pass.** di *infestare*; **anche agg. 1** nei sign. del v. **2** che è preda di germi, parassiti e sim.: *una carogna infestata di vermi* | (*fig.*) pervaso, dominato: *una società infestata dai vizi* **3** (*fig.*) †tormentato, molestato

infestatóre [vc. dotta, lat. *infestatōre(m)*, da *infestātus* 'infestato' * sec. XIV] **agg. e s. m.** (**f.** *-trice*) • che (o chi) infesta

infestazióne [vc. dotta, lat. tardo *infestatiōne(m)*, da *infestātus* 'infestato' * 1363] **s. f. 1** (*raro*) l'infestare | †scorreria | †molestia **2** (*med.*) associazione tra un organismo ospite e un parassita pluricellulare **SIN.** infestione

infestióne [da *infesto* con richiamo a *infezione* * 1935] **s. f.** • (*med.*) infestazione

infèsto [vc. dotta, lat. *infēstu(m)*, comp. di etim. incerta * av. 1384] **agg.** • (*lett.*) ostile, nemico: *avendo l'animo i. ai Romani* (M.M. BOIARDO) | nocivo: *insetti infesti*; *cibo i. allo stomaco* | molesto, fastidioso: *sete infesta* | †minaccioso: *ma sovra ogn'altro feritore i. / sovragiunge Tancredi e lui percote* (T. TASSO) ‖ **infestaménte**, **avv.** in modo ostile; fastidiosamente

infetidìre [comp. di *in-*① e *fetido* * sec. XIV] **A v. tr.** (*io infetidìsco, tu infetidìsci*) • (*raro*) rendere fetido **B v. intr.** (**aus.** *essere*) • †diventare fetido

infettàre [vc. dotta, lat. *infectāre* 'avvelenare', da *infĭcere*, propr. 'mettere dentro (un bagno di tintura)', comp. di *in-*① e *făcere* 'fare', ma in orig. 'mettere, posare' * 1441] **A v. tr.** (*io infètto*) **1** rendere infetto: *i. una ferita, le acque* **2** (*fig.*) rendere corrotto, impuro **SIN.** contagiare, contaminare **3** (*inform.*) danneggiare o bloccare un computer trasmettendogli un virus **B infettàrsi v. intr. pron.** • diventare infetto: *la ferita si è infettata* | prendere un'infezione

infettàto **part. pass.** di *infettare*; **anche agg.** • nei sign. del v.

infettatóre [av. 1667] **agg. e s. m.** (**f.** *-trice*) • che (o chi) infetta

infettìvo [vc. dotta, lat. *infectīvu(m)* 'tintorio', da *infĭcere* 'tingere, colorare' (V. *infettare*) * 1395] **agg.** • (*med.*) che concerne l'infezione | ***germe i.***, parassita unicellulare patogeno ‖ **infettività**, **s. f. inv.** (*med.*) capacità di un agente patogeno di causare infezioni

infettivologìa [comp. di *infettivo* e *-logia* * 1988] **s. f.** (**pl.** *-gìe*) ● parte della medicina che studia e cura le malattie infettive

infettivòlogo [comp. di *infettivo* e *-logo* * 1985] **s. m.** (**f.** *-a*; **pl. m.** *-gi*) ● medico specializzato in infettivologia

infètto [vc. dotta, lat. *infĕctus* 'tinto', part. pass. di *inficere* (V. *infettare*) * av. 1306] **agg.** **1** (*med.*) colpito da infezione: *piaga infetta* **2** che costituisce un veicolo d'infezione: *acque infette* **3** (*fig.*) guasto, corrotto, vizioso: *ambiente i.* **4** (*inform.*) detto di computer, essere malfunzionante o bloccato per la presenza di un virus

infeudaménto [1869] **s. m.** ● l'infeudare, l'infeudarsi | (*fig.*) sottomissione, asservimento

infeudàre [comp. di *in-*① e *feudo* * 1540] **A** **v. tr.** (*io infèudo*) **1** obbligare qlcu. con vincolo feudale, investirlo di un feudo **2** dare a titolo di feudo: *i. un castello, un possedimento* | (*iron.*) ***i. un ufficio, una carica***, investirne quasi perpetuamente una persona o una famiglia **3** (*fig.*) sottomettere o asservire ai potenti, a un'autorità e sim.: *i. la coscienza, la penna* **B** **infeudàrsi** **v. rifl.** **1** rendersi vassallo **2** (*fig.*) asservirsi, sottomettersi

infeudazióne [1596] **s. f.** ● infeudamento

infezióne [vc. dotta, lat. tardo *infectiōne(m)*, da *infĕctus* 'infetto' * av. 1363] **s. f.** **1** (*med.*) stato morboso causato da germi infettivi **2** (*raro*) contaminazione, contagio | (*fig.*) corruzione morale

SFUMATURE ➤ *contagio*

infiacchiménto [av. 1667] **s. m.** ● l'infiacchire, l'infiacchirsi: *l'i. delle membra, dell'ingegno*

infiacchìre [comp. di *in-*① e *fiacco* * 1598] **A** **v. tr.** (*io infiacchìsco, tu infiacchìsci*) ● rendere fiacco, privo di energia (*anche fig.*): *una malattia che infiacchisce l'organismo; l'ozio infiacchisce gli animi* **SIN.** indebolire **B** **v. intr.** (**aus.** *essere*) **e infiacchìrsi v. intr. pron.** ● diventare fiacco (*anche fig.*) **SIN.** indebolirsi

†**infiagióne** ➤ **enfiagione**

infialàre [comp. di *in-*① e *fiala* * 1957] **v. tr.** ● mettere in fiale

infialatrìce [1972] **s. f.** ● macchina per infialare prodotti liquidi, spec. farmaceutici

infialettàre [comp. di *in-*① e *fialetta* * 1950] **v. tr.** (*io infialétto*) ● infialare

infialettatóre [1957] **s. m.** (**f.** *-trice*) ● chi infiala prodotti medicinali

infiammàbile [da *infiammare* * 1499] **A** **agg.** **1** che si infiamma e brucia facilmente: *liquido, sostanza i.* **2** (*fig.*) che è incline ad adirarsi o a entusiasmarsi: *carattere, temperamento i.* ‖ **infiammabilità**, **s. f. inv.** **B** **s. m.** ● (**spec. al pl.**) materiale infiammabile: *un automezzo per il trasporto degli infiammabili*

infiammàre [lat. *inflammāre*, comp. di *in-*① e *flammāre*, da *flămma* 'fiamma' * 1266] **A** **v. tr.** **1** (*lett.*) accendere, bruciare producendo fiamme **SIN.** incendiare | (*est.*, *lett.*) illuminare o riscaldare intensamente: *il sole infiamma i campi* **2** (*fig.*) riempire di fervore, di entusiasmo: *i. il cuore, l'animo d'amore, d'odio, di zelo* | eccitare: *i. gli uomini alla guerra* **3** tingere di rosso, colorare di rosso: *i. le guance, il viso di vergogna; il sole tramontando infiammava l'orizzonte* **4** (*med.*) causare infiammazione **B** **infiammàrsi** **v. intr. pron.** **1** prendere fuoco, andare in fiamme: *la paglia si infiammò per autocombustione* **SIN.** incendiarsi **2** (*fig.*) essere o diventare preda di un sentimento molto intenso: *infiammarsi d'amore* | adirarsi: *è un tipo che s'infiamma per poco* **3** (*fig.*) farsi rosso come la fiamma: *infiammarsi in viso; il mare all'alba s'infiamma* **4** (*med.*) subire un processo infiammatorio

SFUMATURE ➤ *irritare*

infiammàto **part. pass.** di *infiammare*; **anche agg.** ● nei sign. del v. | (*med.*) affetto da un processo infiammatorio: *tonsille infiammate*

infiammatóre [av. 1328] **agg. e s. m.** (**f.** *-trice*) ● (*raro, lett.*) che (o chi) infiamma

infiammatòrio o **inflammatòrio** [1714] **agg.** (**pl. m.** *-i* o *raro -ii*) ● (*med.*) di infiammazione

infiammazióne o **inflammazióne**, †**enfiammagióne** [lat. *inflammatiōne(m)*, da *inflammātus* 'infiammato' * av. 1328] **s. f.** **1** †l'infiammare, l'infiammarsi | (*fig.*) †eccitazione, fermento **2** (*med.*) processo reattivo dei tessuti ad agenti patogeni di qualsiasi natura, caratterizzato da dolore, calore, arrossamento, gonfiore della parte lesa e riduzione delle sue funzioni **SIN.** flogosi

†**infiàre** e deriv. ➤ **enfiare** e deriv.

infiascàre [comp. di *in-*① e *fiasco* * av. 1597] **v. tr.** (*io infiàsco, tu infiàschi*) ● mettere in fiaschi vino o altri liquidi: *i. l'olio d'oliva*

infiascatrìce [1970] **s. f.** ● macchina per infiascare

infiascatùra [av. 1811] **s. f.** ● operazione dell'infiascare

infibulaménto [da *infibulo* * 1947] **s. m.** ● (*chir.*) tecnica chirurgica di riduzione di una frattura della diafisi di un osso lungo, mediante l'introduzione di un infibulo nel canale midollare dell'osso fratturato

infibulàre [vc. dotta, lat. *infibulāre* 'infibbiare', da *fībula(m)* 'fibbia' * 1790] **v. tr.** (*io infìbulo*) ● (*antrop.*) compiere l'infibulazione

infibulazióne [da *infibulare* * av. 1758] **s. f.** ● (*antrop.*) operazione compiuta sia sulle donne che sugli uomini destinata a impedire i rapporti sessuali; negli uomini mediante la chiusura del prepuzio con una fibula (come presso gli antichi Romani) e nelle donne mediante la cucitura parziale delle labbra vulvari (come tra i Somali)

infìbulo [dal lat. *infibulāre*, a sua volta da *fībula(m)* 'fibbia' * 1957] **s. m.** ● (*chir.*) barretta di forma e lunghezza opportune che, introdotta nel canale midollare di un osso lungo, riduce una frattura della diafisi

•**inficiàre** [vc. dotta, adattamento del lat. *infitiāri*, da *infitiae* 'negazione', comp. di *in-* neg. e un deriv. di *fatēri* 'confessare' * 1935] **v. tr.** (**pres.** *io infìcio*; **fut.** *io inficerò*) ● contestare la validità o l'efficacia di un atto legale, di una dichiarazione, di una firma e sim.: *i. un atto giurisdizionale, un atto normativo; i. le affermazioni di qlcu.* **SIN.** infirmare | (*est.*) compromettere, viziare: *il tuo ragionamento è inficiato da preconcetti*

†**infidèle** (o *-é-*) e deriv. ➤ **infedele** e deriv.

infìdo, (*evit.*) **infido** [vc. dotta, lat. *infīdu(m)*, comp. di *in-*③ e *fīdus* 'fido' * 1342] **agg.** **1** che non è degno di fiducia, che non ispira fiducia: *uomo, amico i.*; *i condottieri infidi / della nave* (U. Foscolo) | che è malsicuro: *mare i.* **2** (*lett.*) infedele ‖ **infidaménte**, **avv.**

•**in fièri** [lat., propr. 'nel (*in*) nascere o diventare (*fĭeri*, dalla radice di *fŭi*, perfetto di *ĕsse* 'essere')' * av. 1527] **loc. agg. inv.** **1** (*filos.*) in potenza, non in atto **2** (*est.*) di ciò che non è ancora delineato, ma che si sta elaborando, va prendendo forma e sim.: *progetto in fieri*

•**infierìre** [comp. di *in-*① e *fiero* nel senso ant. di 'feroce' * 1426 ca.] **A** **v. intr.** (*io infierìsco, tu infierìsci*; **aus.** *avere*) **1** agire con particolare asprezza e crudeltà: *i. sulla popolazione inerme, contro i deboli e gli indifesi* **SIN.** incrudelire, inferocire | (*est.*) accanirsi con eccessivo rigore o cattiveria contro qlcu. (*anche scherz.*): *la sua ragazza l'ha piantato: non è il caso di i. su di lui* **2** imperversare con violenza: *la peste, la guerra, la carestia infierivano sul paese* **SIN.** infuriare **B** **v. tr.** ● †rendere feroce, simile a una fiera

infievoliménto [av. 1729] **s. m.** ● (*lett., raro*) affievolimento, indebolimento

infievolìre [comp. di *in-*① e *fievole* * 1261 ca.] **v. tr.** (*io infievolìsco, tu infievolìsci*) e **infievolìrsi v. intr. pron.** ● (*lett.*) affievolire, affievolirsi

infìggere [vc. dotta, lat. *infīgere*, comp. di *in-*① e *figere* 'figgere' * 1527] **A** **v. tr.** (**coniug. come** *figgere*) ● conficcare, piantare: *i. un coltello nel legno* | (*fig.*) far penetrare profondamente: *i. qlco. nella mente, nella memoria di qlcu.* **B** **infìggersi v. intr. pron.** ● conficcarsi (*anche fig.*): *la freccia si infisse nel tronco; un dubbio gli si infisse nel pensiero, in capo*

infilacàpi [comp. di *infila(re)* e il pl. di *capo* * 1972] **s. m. inv.** ● infilanastri

infilacciàta [dal part. pass. di un deriv. di *infilare* * 1584] **s. f.** ● (*centr.*) spiedo di uccelletti infilati

infilaguaìne o **infilaguàine** [comp. di *infila(re)* e il pl. di *guaina* * 1869] **s. m. inv.** ● infilanastri

infilanàstri [comp. di *infila(re)* e il pl. di *nastro* * 1909] **s. m. inv.** ● ago largo e piatto a cruna molto aperta in cui si infila il nastro da passare in una guaina, o nei buchi di un ricamo **SIN.** passanastro

infilapèrle [comp. di *infila(re)* e il pl. di *perla* * 1957] **s. m. inv.** ● filo di materiale rigido e resistente, adatto a infilare perle e sim.

•**infilàre** [comp. di *in-*① e *filo* * 1374] **A** **v. tr.** **1** attraversare un ago con il filo, introducendone una gugliata nella cruna | (*est.*) disporre in ordine, su di un filo che le attraversa, perle ed altri oggetti forati: *i. coralli per fare una collana* | (*est.*) introdurre qlco. in un apposito foro o cavità: *i. la chiave nella toppa, il dito nell'anello* | ***i. il braccio sotto quello di un altro***, prendere qlcu. a braccetto o mettersi a braccetto di qlcu. | (*fig.*) ***i. una strada***, entrarvi risolutamente | (*fig.*) ***i. la porta***, entrare o uscire, spec. rapidamente, di casa **2** indossare: *i. il cappotto* | calzare: *i. le scarpe* **3** trapassare, trafiggere: *infilò uno scioperante con la baionetta* (V. Pratolini) | infilzare: *i. le salsicce nello spiedo* **SIN.** trafiggere **4** (*fig.*) imbroccare: *ha infilato la risposta per un vero miracolo* | ***non infilarne una***, non azzeccare mai la frase, l'azione giusta e sim. | ***i. un errore dopo l'altro, una serie di sciocchezze***, fare continui errori, dire continue sciocchezze **5** (*milit.*) battere col tiro di armi da fuoco o di artiglierie una linea difensiva o uno schieramento nel senso della loro maggiore lunghezza **B** **infilàrsi v. tr. pron.** (**aus.** *essere*) **1** indossare (con valore intens.): *infilarsi i guanti; depose la penna e s'infilò il soprabito corto corto, alla moda* (I. Svevo) **2** introdurre (con valore intens.): *infilarsi le mani in tasca; si infilò in tasca la pistola* **C** **infilàrsi v. rifl.** **1** mettersi dentro qlco.: *si nascose infilandosi in una botte vuota* | ***infilarsi nel letto***, coricarsi sotto le lenzuola | introdursi abilmente o furtivamente: *infilarsi tra la folla; è riuscito a infilarsi nella banda sotto falso nome* **2** (*aeron.*) tuffarsi violentemente con l'estremità prodiera dello scafo e dei galleggianti durante le manovre di ammaraggio

SFUMATURE ➤ *inserire*

infilàta [av. 1742] **s. f.** ● insieme di oggetti infilati: *un'i. di perle, di panni stesi* | (*est.*) complesso di cose disposte in fila o sistemate una dopo l'altra nel senso della lunghezza: *un'i. di casse vuote; un'i. di stanze* | (*mi-*

a b c d e f g h i j k l m n o p q r s t u v w x y z

lit.) ***battere d'i.***, la posizione nemica nel senso della maggiore lunghezza | ***d'i.***, per tutta la lunghezza, in profondità: *d'i. si vede tutta la valle*; di scorcio; (**est.**) uno dopo l'altro, in rapida successione; in velocità: *prendere d'i. una curva* | ***prendere d'i.***, nel linguaggio dei cacciatori, uccidere vari capi di selvaggina con un'unica scarica; superare in velocità: *prendere d'i. la difesa avversaria*

infilatrìce [1907] **s. f.** ● lavorante che infila perle o altro, per collane

†**infilatùra** [1499] **s. f.** ● operazione dell'infilare | serie di oggetti infilati | (*fig.*) sequela

infiltraménto [1869] **s. m.** ● (*disus.*) infiltrazione

infiltràre [comp. di *in-*① e *filtro* ✻ 1833] **A v. tr.** ● (*raro*) far penetrare, impregnare | (*fig.*) far entrare nascostamente in un territorio o in organizzazioni varie allo scopo di spiare, controllare e sim. (+ *in*, + *con*, + *tra*): *i. una spia nelle zone controllate dal nemico*; *i. un gruppo mafioso con propri agenti*; *i. provocatori tra i manifestanti* **B infiltràrsi v. intr. pron. 1** penetrare sottilmente, poco a poco, in qlco., attraverso fori, crepe, fessure e sim.: *il gas, l'acqua, l'umidità si infiltrano* **2** (*fig.*) insinuarsi (+ *in*, + *tra*): *infiltrarsi nella rete degli informatori*; *infiltrarsi tra le cosche*

infiltratìvo [1983] **agg.** ● (*med.*) relativo a infiltrazione

infiltràto A part. pass. di *infiltrare*; anche **agg. 1** nei sign. del v. **2** (*med.*) di tessuto od organo che è sede di infiltrazione **B s. m. 1** (*med.*) focolaio infiammatorio a carico di un qualsiasi organo **2** (**f.** *-a*) persona che si è introdotta in un gruppo o un'organizzazione allo scopo di danneggiarli o di carpirne informazioni: *nella banda di malviventi c'era un i. della polizia*; *Dall'Autonomia, scommetto... che poi sono tutti degli infiltrati* (D. Fo)

infiltraziòne [1819] **s. f. 1** l'infiltrarsi di un gas o di un liquido attraverso gli interstizi di un corpo: *acqua assorbita dal suolo per i.* | (**med.**) inoculazione di sostanze anestetiche o curative ad azione locale **2** (*fig.*) furtiva penetrazione: *un'i. di spie nemiche* **3** (*med.*) presenza in un tessuto di sostanze estranee allo stesso

†**infilzaménto** [av. 1612] **s. m.** ● l'infilzare | (*fig.*) sequela

infilzàre [comp. di *in-*① e *filza* ✻ sec. XIV] **A v. tr. 1** riunire più cose insieme formando una filza, una serie: *i. le castagne, i fichi, i bottoni* | (*fig.*) dire o fare di seguito una stessa cosa: *i. citazioni, esempi, parolacce*; *i. errori* **2** infilare qlco. con un oggetto appuntito: *i. polli e uccellini nello spiedo* | trafiggere: *i. il nemico con la spada* **3** cucire con punto a filza, imbastire **B infilzàrsi v. intr. pron., rifl. e rifl. recipr.** ● ferirsi, trafiggersi | ***infilzarsi da sé***, (*fig.*) essere causa del proprio danno

infilzàta [1620] **s. f. 1** insieme di cose infilzate: *un'i. di perle, di bottoni* **2** (*fig.*) serie: *un'i. di spropositi, di proverbi, di bugie*

infilzàto part. pass. di *infilzare*; anche **agg. 1** nei sign. del v. **2** (*iron., fig.*) ***madonnina infilzata***, donna pudica e ingenua solo in apparenza (con riferimento alla Madonna dei sette dolori, trafitta da sette spade **CFR.** addolorata)

infilzatùra [av. 1650] **s. f. 1** †l'infilzare **2** (*fig., lett.*) filza

†**infimità** [vc. dotta, lat. tardo *infimitāte(m)*, da *īnfimus* 'infimo' ✻ av. 1311] **s. f.** ● bassezza | (*fig.*) condizione estremamente vile, spregevole

ìnfimo [vc. dotta, lat. *īnfimu(m)*, superl. di *īnferus* 'infero' ✻ av. 1306] **A agg.** **L'aggettivo 'infimo' deriva da un superlativo latino, ma nella lingua italiana è talora percepito come aggettivo di grado positivo; perciò la forma 'più infimo' è spesso usata:** *il gradino più infimo della scala sociale*; *nel più infimo cittadino di Roma* (V. Alfieri) **1** (*lett.*) che sta più in basso di ogni altra cosa circostante: *luogo i.*; *valle infima* **2** che manca di qualsiasi pregio dal punto di vista materiale, qualitativo e sim.: *uomo d'infima condizione*; *tessuto d'infima qualità* **SIN.** pessimo **CONTR.** sommo, supremo || **infimaménte**, **avv.** (*raro*) in infimo luogo **B s. m.** ● (*lett.*, **spec. al pl.**) persona del più basso grado

†**infinattànto che** o †**infinattantoché** ➤ †**infino a tanto che**

♦**infìne** o (*lett.*) **in fìne** [comp. di *in-*② e *fine* ✻ 1261 ca.] **avv. 1** alla fine, finalmente: *ho telefonato molte volte, e i. sono riuscito a parlargli*; *prova e riprova, i. il risultato è venuto* **2** insomma, in conclusione: *i., decidi quello che vuoi fare!*; *i., la vuoi smettere?*

infinestràre [comp. di *in-*① e *finestra* in senso figurato ✻ 1825] **v. tr.** (*io infinèstro*) ● contornare con un'infinestratura

infinestratùra [da *infinestrato*, part. pass. di *infinestrare* ✻ 1825] **s. f.** ● foglio di carta tagliato come una cornice che si incolla sui margini di un foglio stampato danneggiato o logorato dall'uso

infingardàggine [1524] **s. f. 1** caratteristica di chi è infingardo **SIN.** neghittosità, poltroneria **2** (*est.*) atto da infingardo

†**infingardézza** [av. 1694] **s. f.** ● infingardaggine

†**infingardìre** [da *infingardo* ✻ av. 1585] **A v. tr.** ● rendere pigro, indolente **B v. intr.** (**aus.** *essere*) e †**infingardìrsi v. intr. pron.** ● diventare pigro, indolente, abulico **SIN.** impoltronirsi

♦**infingàrdo** [da *infingere* e *-ardo* ✻ av. 1292] **A agg. 1** di persona che evita ogni fatica per pigrizia, svogliatezza e sim.: *ragazzo i.* **SIN.** inoperoso, poltrone | (*raro*) di ciò che manifesta indolenza, apatia: *ella gli ubbidiva, con quei gesti infingardi* (E. Morante) **2** (*lett.*) mentitore, bugiardo: *anzi perfido il chiama ed i.* (G.B. Marino) | (*lett.*) ingannevole: *astuzia infingarda* | †finto, simulato **3** †tardo, lento || **infingardaménte**, **avv.** da infingardo **B s. m.** (**f.** *-a*) ● persona pigra e svogliata: *il mondo non è degli infingardi* **SIN.** poltrone || **infingardàccio**, **pegg.**

infìngere [vc. dotta, lat. tardo *infingere* 'inventare', comp. di *in-*② e *fingere* 'fingere' ✻ av. 1257] **A v. tr.** (**coniug. come** *fingere*) **1** †simulare, fingere | anche in forma pron. (con valore intens.): *et egli s'infinse di non vederlo* (G. Vasari) **2** †occultare, nascondere **B v. intr.** ● †mentire: *io non so i.* (P. Bembo) **C infìngersi v. rifl. e intr. pron. 1** (*lett.*) simulare: *costui, infingendosi e mostrandosi ben sonnacchioso, al fine si levò* (G. Boccaccio) | †fingere, far finta di nulla | †***non infingersi***, essere franco; non esitare **2** (*lett.*) fingersi: *devoto a Libertà s'infinge* (V. Alfieri)

infingiménto [1261 ca.] **s. m. 1** simulazione, finzione: *l'ironia, che deriva ... da un i. retorico* (L. Pirandello) | menzogna, inganno **2** (*lett.*) doppiezza, ipocrisia: *odiatore dei gesuiti ma non alieno ... dai loro infingimenti* (B. Croce)

infinità [vc. dotta, lat. *infinitāte(m)*, da *infīnītus* 'infinito' ✻ av. 1330] **s. f. inv. 1** caratteristica di ciò che è infinito: *l'i. degli spazi, dell'universo*; *l'i. di Dio* **SIN.** illimitatezza, immensità, vastità **2** (*iperb.*) quantità grandissima: *un'i. di gente, di noia, di dispiaceri* **3** (*mat.*) ***i. di un insieme***, potenza di un insieme **4** †indeterminatezza

infinitàrsi [da *infinito* ✻ 1925] **v. intr. pron.** ● (*poet.*) trascendere il finito, passare dal finito all'infinito: *forse solo chi vuole s'infinita, / e questo tu potrai, chissà, non io* (E. Montale)

infinitesimàle [da *infinitesimo* ✻ 1763] **agg. 1** minimo: *parte i. di qlco.* **2** (*mat.*) pertinente agli infinitesimi | ***calcolo i.***, complesso del calcolo differenziale e integrale || **infinitesimalità**, **s. f. inv.**

infinitèsimo (o *-é-*) [da *infinito* ed *-esimo*① ✻ av. 1754] **A s. m. 1** parte o quantità infinitamente piccola: *gli diedi un i. di quella somma* **2** (*mat.*) variabile reale o complessa che, in determinate circostanze, generalmente quando un'altra tende ad un valore dato, tende a zero **B agg.** ● di quantità molto piccola: *una differenza infinitesima*; *io ho ricordata una sola infinitesima parte de' vostri meriti* (G. Parini) || **infinitesimaménte**, **avv.** in misura infinitesima, minima

infinitézza [sec. XIV] **s. f.** ● (*raro*) caratteristica di ciò che è infinito | infinità

infinitivàle [da *infinitivo* ✻ 1957] **agg.** ● (*gramm.*) detto di elemento che concerne l'infinito: *desinenza i.*

infinitìvo [vc. dotta, lat. tardo *infinitīvu(m)*, comp. di *in-*③ e *finitīvus* 'finitivo' ✻ 1516] **agg.** ● (*gramm.*) che non ha determinazione di numero e persona: *modo i.* | ***proposizione infinitiva***, nella sintassi greca e latina, quella che ha come soggetto o predicato un verbo all'infinito; in italiano, spec. nell'uso letterario, frase oggettiva con il verbo all'infinito, per es. in: *affermando sé esser moglie di Tito* (G. Boccaccio)

♦**infinìto** [vc. dotta, lat. *infīnītu(m)*, comp. di *in-*③ e *fīnītus* 'finito', sul modello dei corrispondenti gr. *ápeiron* (in senso filosofico) e *aparémphatos* (in senso gramm.) ✻ 1282] **A agg. 1** che è assolutamente privo di limiti e determinazioni spaziali o temporali: *l'eternità è infinita* | (**est.**) di ciò che appare illimitato: *l'i. universo*; *il tempo i.* **2** nelle religioni superiori, attributo di Dio che non ha principio né fine **3** (**iperb.**) di ciò che è estremamente grande, lungo, intenso e sim.: *l'i. oceano si stendeva dinnanzi a lui*; *amore, affetto i.*; *noia, grazia, bellezza infinita*; *non credo io dal pittore si richiegga infinita fatica* (L.B. Alberti) **SIN.** enorme, immenso, sterminato **4** (*iperb.*) innumerevole: *lamenti, ringraziamenti infiniti*; *un'infinita varietà di animali popola la Terra* | (**iperb.**) interminabile: *quando c'è da abbigliarsi, spende un tempo i.* (C. Dossi) || **infinitaménte**, **avv. 1** in modo infinito: *l'universo si estende infinitamente* **2** immensamente, enormemente: *ne siamo infinitamente felici*; *infinitamente grande, piccolo*; di gran lunga: *infinitamente migliore, peggiore* **B avv.** ● †infinitamente **C s. m. 1** ciò che non ha limiti nel tempo e nello spazio: *la tendenza nostra verso un i. che non comprendiamo* (G. Leopardi) | ***all'i.***, †***nell'i.***, senza fine, senza un limite: *i colombi s'erano moltiplicati all'i.* (L. Pirandello) | ***andare all'i.***, non finire e non concludersi mai **2** (*gramm.*) modo infinitivo che esprime l'idea verbale senza determinazione di numero e persona: *i. presente* (per es. *andare, mangiare*), *i. passato* (per es. *essere andato, avere mangiato*) | ***i. sostantivato***, preceduto dall'articolo, ha la funzione di sostantivo; per es.: *il dire, il fare*; *l'aver affermato* | preceduto da 'ecco', segnala l'immediatezza di un'azione; per es.: *improvvisamente, ecco alzarsi Luca*; *Ed ecco arrivare il padre Felice* (A. Manzoni) | ***i. narrativo***, infinito presente usato per dare vivacità ed enfasi ad una descrizione; per es.: *ogni giorno rifare i letti, spolverare, cucinare: che fatica!* | ***i. iussivo***, infinito presente con valore di imperativo (che, nella seconda pers. sing., costituisce l'unica forma in caso di imperativo

negativo); per es.: *cuocere a fuoco lento*; *tenere la destra!*; *non ridere!*; *non fermarti!* | *i. ottativo*, infinito che esprime un desiderio; per es.: *ah, partire, viaggiare* ... **3** (*mat.*) espressione simbolica che denota il limite di funzione o di successione, reale o complessa, se queste possono assumere valori arbitrariamente grandi in modulo
SFUMATURE ➤ *perpetuo*

infino [comp. di *in-*② e *fino*① ✱av. 1250] **A** avv. ● (*lett.*) anche, persino: *hai parlato infin troppo* **B** prep. ● (*lett.*) fino: *i. dove la sorte vorrà*; *L'un lito e l'altro vidi infin la Spagna* (DANTE *Inf.* XXVI, 103) | anche nella loc. prep. †*infino a*, *i. dove*, fino a, fino a dove: *i. al fiume del parlar mi trassi* (DANTE *Inf.* III, 81) | anche nella loc. cong. †*i. che*, fino a che: *infin che 'l mar fu sovra noi richiuso* (DANTE *Inf.* XXVI, 142) | anche nella loc. cong. †*infino a che*, finché | V. anche †*infino a tanto che*

†**infino a tànto che** /in'fino attanto'ke*, at'tanto ke*/ o †**infinattànto che**, †**infinattantoché** [comp. di *in-*②, *fino a*, *tanto* e *che*② ✱av. 1300] loc. cong. ● fintantoché: *alquanto ci riposiamo, infino a tanto che il nuovo giorno appaia* (G. BOCCACCIO)

infinocchiàre [comp. di *in-*① e *finocchio*①, con un passaggio semantico in senso figurato non chiarito ✱av. 1446] v. tr. (*io infinòcchio*) ● (*colloq.*) ingannare qlcu. con imbrogli, raggiri e sim.: *si è lasciato i. dal primo venuto* SIN. imbrogliare, raggirare

infinocchiatùra [sec. XIV] s. f. ● (*raro*) imbroglio, raggiro

†**infìnta** [f. sost. del part. pass. di *infingere* ✱av. 1348] s. f. ● falsità, inganno | *senza i.*, francamente, apertamente | *all'i.*, falsamente

infìnto part. pass. di *infingere*; anche agg. ● (*raro*, *lett.*) nei sign. del v. | (*lett.*) bugiardo | †falso, finto ‖ **infintaménte**, avv. †ingannevolmente; per finta

infioccàre [comp. di *in-*① e *fiocco* ✱av. 1755] v. tr. (*io infiòcco, tu infiòcchi*) ● ornare con fiocchi e sim.

infiocchettàre [comp. di *in-*① e *fiocchetto* ✱1900] **A** v. tr. (*io infiocchétto*) **1** addobbare con fiocchi e fiocchetti **2** (*fig.*) ornare il discorso con eccessive ricercatezze ed eleganze **B** **infiocchettàrsi** v. rifl. ● adornarsi, agghindarsi con fiocchi e sim.

infiocchettàto part. pass. di *infiocchettare*; anche agg. ● nei sign. del v. (*anche fig.*): *'cliché' letterario ... i. di frasi e di parole che fanno quasi sempre presa facile sul pubblico grosso* (A. GRAMSCI)

infiochìre [comp. di *in-*① e *fioco* ✱av. 1808] **A** v. tr. (*io infiochìsco, tu infiochìsci*) **1** (*lett.*) affiochire **2** (*fig.*, *lett.*) indebolire **B** v. intr. (aus. *essere*) ● (*lett.*) farsi fioco

infioraménto [av. 1620] s. m. ● (*raro*) l'infiorare, l'infiorarsi

✦**infioràre** [comp. di *in-*① e *fiore* ✱1321] **A** v. tr. (*io infióro*) **1** ornare, cospargere di fiori: *i. la bara, l'altare, la casa* | anche in forma pron. (con valore intens.): *per farsi cara al caro amante / ... il crin s'infiora* (G.B. MARINO) **2** (*fig.*) abbellire, impreziosire (*anche iron.*) (+ *di*, + *con*): *i. lo stile*; *i. il discorso di citazioni, con battute di spirito*; *i. un articolo di strafalcioni* **B** **infioràrsi** v. rifl. ● adornarsi con molti fiori: *le fanciulle si infiorarono per il ballo* **C** **infioràrsi** v. intr. pron. **1** (*lett.*) coprirsi, riempirsi di fiori: *a primavera i prati s'infiorano* | (*fig.*) diventare ricercato, elegante: *qui il suo linguaggio si infiora* **2** †posarsi sui fiori: *schiera d'ape, che s' infiora* (DANTE *Par.* XXXI, 7)

infioràta [f. sost. di *infiorato*, part. pass. di *infiorare* ✱av. 1875] s. f. ● ornamento, decorazione di chiese, strade (che in qualche caso ne vengono ricoperte) e sim., fatta con fiori, spec. per particolari solennità: *l'i. della chiesa* | insieme di fiori usati a tale scopo

infiorazióne [da *infiorare* in senso rifl. ✱1813] s. f. ● (*disus.*) infiorescenza

infiorentinàre [1869] v. tr. e **infiorentinàrsi** v. intr. pron. ● (*raro*) infiorentinire, infiorentinirsi

infiorentinìre [comp. di *in-*① e *fiorentino* ✱1869] **A** v. tr. (*io infiorentinìsco, tu infiorentinìsci*) ● (*lett.*) rendere conforme al modello fiorentino: *i. la lingua, la pronuncia* **B** v. intr. (aus. *essere*) e **infiorentinìrsi** v. intr. pron. ● (*lett.*) diventare fiorentino | (*lett.*) adeguarsi al modello fiorentino: *la sua pronuncia infiorentinisce sempre più*

infiorescènza o **infiorescènza** [dal lat. *inflōrēscere* 'fiorire', con sovrapposizione di *fiore* e collocazione nella serie dei s. in *-enza* ✱1809] s. f. ● (*bot.*) particolare disposizione dei fiori quando sono raggruppati su ramificazioni della pianta | *i. a cima bipara*, dicasio

infiorettàre [1952] v. tr. (*io infiorétto*) **1** infiorare **2** (*fig.*) ornare il discorso con eccessive ricercatezze ed eleganze (+ *di*, + *con*): *i. un testo di* (o *con*) *figure retoriche* SIN. fiorettare

infiorettatùra [1957] s. f. ● (*raro*) l'infiorettare | (*fig.*, spec. al pl.) ornamento, abbellimento eccessivo in un testo, un brano e sim. SIN. fiorettatura

infirmàre [vc. dotta, lat. *infirmāre*, comp. di *in-*③ e *firmāre* 'fermare, rafforzare' ✱1268] v. tr. **1** inficiare, invalidare, annullare: *i. un atto* | (*lett.*) confutare: *i. l'argomento dell'avversario* **2** †rendere meno fermo, meno stabile **3** †V. *infermare*

†**infirmità** ➤ **infermità**

†**infirmo** ➤ **infermo**

†**infiscalìre** [comp. di *in-*① e *fiscale* ✱av. 1742] v. intr. e †**infiscalìrsi** v. intr. pron. ● diventare fiscale

infischiàrsi [fr. *s'enficher* (da *ficher* 'ficcare', ma anche, eufem. e con passaggio analogo all'it., 'fregarsene') con sovrapposizione di *fischiare* ✱1858] v. intr. pron. (*io mi infischio*) ● non curarsi, non fare alcun conto, ridersi di qlco. o qlcu.: *i. delle opinioni altrui* | **infischiàrsene**, non preoccuparsi, non curarsi di qlco. o qlcu.: *se ne infischiava di tutto e di tutti* (I. CALVINO)

SFUMATURE DI SIGNIFICATO
infischiarsi - ridersi - disprezzare
Infischiarsi è non interessarsi minimamente di qualcosa o di qualcuno, non tenerlo in nessun conto. **Ridersi** ha lo stesso significato, ma aggiunge all'indifferenza una sfumatura derisoria; in altra accezione equivale a 'non temere', 'non avere paura'. **Disprezzare** è ugualmente avere in poco o nessun conto una persona o una cosa, ma esprime disprezzo e disistima piuttosto che semplice disinteresse.

infissióne [1869] s. f. ● (*raro*) l'infiggere, il conficcare

infìsso **A** part. pass. di *infiggere*; anche agg. ● nei sign. del v. | conficcato **B** s. m. **1** (*edil.*) tutto ciò che in un edificio è stabilmente vincolato alle strutture murarie rispetto alle quali ha funzione secondaria di finimento o protezione | telaio collegato alla muratura, sul quale si monta il serramento | correntemente, l'intera struttura composta da tale telaio e dal serramento **2** (*ling.*) affisso che s'inserisce all'interno di una parola per modificarne il significato (per es., in latino, la *-n-* di *tango*, nella radice *tag-*)

infistolìre [comp. di *in-*① e *fistola* ✱av. 1324] **A** v. tr. ● †rendere fistoloso **B** v. intr. (*io infistolìsco, tu infistolìsci*; aus. *essere*) e **infistolìrsi** v. intr. pron. **1** diventare fistoloso **2** (*fig.*) †aggravarsi, radicarsi, incancrenire

infittìre [comp. di *in-*① e *fitto* ✱1789] **A** v. tr. (*io infittìsco, tu infittìsci*) ● rendere più denso, spesso oppure più frequente CONTR. diradare, rarefare **B** v. intr. (aus. *essere*) e **infittìrsi** v. intr. pron. ● diventare sempre più denso, folto, fitto: *la nebbia, le tenebre infittiscono*; *il mistero s'infittisce* | diventare più frequente: *le sue visite si sono infittite* CONTR. diradarsi, rarefarsi

†**inflagióne** ➤ **enfiagione**

inflammatòrio ➤ **infiammatorio**

inflammazióne ➤ **infiammazione**

inflatìvo o, diffuso ma etim. meno corretto, **inflattìvo** [ingl. *inflative*, dal lat. *inflātus* (V. *inflazione*) ✱1974] agg. ● relativo all'inflazione economica: *processo i.*

inflazionàre [1938] v. tr. (*io inflazióno*) **1** portare allo stato di inflazione **2** (*fig.*) diffondere eccessivamente | (*fig.*) abusare di qlco.: *i. un termine*

inflazionàto part. pass. di *inflazionare*; agg. **1** (*econ.*) svalutato a causa di una forte inflazione: *moneta inflazionata* **2** (*fig.*) eccessivamente diffuso: *una laurea inflazionata* | ripetuto troppo spesso, abusato: *una battuta inflazionata*

inflazióne [dal lat. *inflatiōne(m)* 'gonfiamento', da *inflātus*, part. pass. di *inflāre* 'enfiare'; nei sign. 1 e 2, cfr. l'ingl. *inflation* ✱av. 1320] s. f. **1** (*econ.*) processo di costante aumento dei prezzi che determina un persistente declino del potere d'acquisto di una unità monetaria | *i. strisciante*, minima e poco appariscente, ma continua | *i. galoppante*, rapidissima | *i. a due cifre*, superiore, nel tasso di crescita, al nove per cento | *i. percepita*, quella che i consumatori avvertono, spesso non corrispondente a quella rilevata dalle statistiche **2** (*fig.*) rapida ed eccessiva diffusione di qlco.: *un'i. di telequiz* **3** †gonfiezza | (*fig.*) †superbia

inflazionìsmo [1957] s. m. ● (*econ.*) tendenza a promuovere o favorire l'inflazione

inflazionìsta [1926] s. m. e f. (pl. m. *-i*) ● chi sostiene, provoca, promuove l'inflazione economica

inflazionìstico [1926] agg. (pl. m. *-ci*) ● di inflazione, che determina inflazione

inflessìbile [vc. dotta, lat. *inflexĭbile(m)*, comp. di *in-*③ e *flexĭbilis* 'flessibile' ✱av. 1328] agg. **1** (*lett.*) che è rigido, che non si flette: *ideali corolle su steli inflessibili* (G. D'ANNUNZIO) **2** (*fig.*) irremovibile, intransigente: *animo, volontà, carattere i.* SIN. rigido ‖ **inflessibilménte**, avv. ‖ **inflessibilità**, s. f. inv. (V.)
SFUMATURE ➤ *rigoroso*

inflessibilità [1665] s. f. inv. **1** (*lett.*, *raro*) caratteristica di ciò che non è flessibile SIN. rigidità **2** (*fig.*) fermezza, irremovibilità, intransigenza

inflessióne [vc. dotta, lat. *inflexiōne(m)*, da *inflĕxus* 'inflesso' ✱av. 1472] s. f. **1** (*lett.*) flessione, piegamento, inclinazione **2** (*fis.*) deformazione dovuta alla flessione **3** cadenza, accento: *parlare con i. toscana* | (*ling.*) *i. vocalica*, metafonia **4** (*mus.*) piccola modificazione nell'altezza, nel timbro o nell'intensità della voce, base del declamato e usata in modo molto pronunciato in alcune forme di jazz | nelle salmodie, cesura all'interno di una frase

inflèsso part. pass. di *inflettere* ● nei sign. del v.

inflèttere [vc. dotta, lat. *inflĕctere*, comp. di *in* 'verso' e *flĕctere* 'flettere, piegare' ✱1585] **A** v. tr. (pass. rem. *io inflèssi, tu inflettésti*; part. pass. *inflèsso*) ● (*lett.*) flettere, piegare | (*fig.*) *i. la voce*, modularla **B** **inflèttersi** v. intr. pron. ● (*lett.*) piegarsi

inflìggere [vc. dotta, lat. *inflīgere*, comp. di *in* 'contro' e *flīgere* 'urtare', di orig. indeur. ✱av.

a b c d e f g h i j k l m n o p q r s t u v w x y z

1375] **A** **v. tr.** (**pres.** *io infliggo, tu infliggi*; **pass. rem.** *io inflissi, tu infliggésti*; **part. pass.** *inflitto*) • imporre, far subire pene, punizioni e sim.: *i. una sospensione, una nota di biasimo, due anni di reclusione*; *i. una severa sconfitta* **B** anche **infliggersi** **v. tr. pron.** (**aus.** *essere*): *infliggersi una punizione*; *non le facevano sentire le privazioni che s'infliggeva* (F. De Roberto)

†**infliggiménto** [av. 1406] **s. m.** • inflizione

inflìtto **part. pass.** di *infliggere* • nel sign. del v.

inflizióne [vc. dotta, lat. tardo *inflictiōne(m)*, part. pass. di *inflīgere* 'infliggere' * 1306] **s. f.** • (*raro*) l'infliggere | (*lett.*) punizione

inflorescènza ➤ **infiorescenza**

influènte **A** **part. pres.** di *influire*; anche **agg.** • che gode di autorità, potere, prestigio: *ha un amico molto i. al ministero*; *un personaggio i.* **B** **s. m.** • †affluente ‖ **influenteménte**, **avv.**

♦**influènza** [dal lat. mediev. *influĕntia(m)*, propr. lo 'scorrere (dentro)', dal v. *influĕre*, V. *influire* * 1282] **s. f.** **1** in astrologia, influsso dei corpi celesti sugli esseri animati e sulle cose, e spec. nel destino degli uomini **2** azione esercitata da qlco. su luoghi, fenomeni o persone: *l'i. della luna sulle maree*; *l'i. dell'ambiente sul bambino*; *sentire la benefica i. del clima marino* | ***zona, sfera d'i.***, in cui uno Stato esplica una predominante azione di guida, tutela, controllo e sim. **3** (*fis.*) facoltà per la quale certi corpi agiscono a distanza su altri | ***i. elettrica***, induzione elettrica **4** autorità, ascendente, peso, prestigio: *avere molta i. su qlcu.*; *esercitare la propria i. presso qlcu.* | (*est.*) potere o capacità di determinare o modificare tendenze culturali, indirizzi letterari, opinioni e sim.: *la letteratura degli ultimi cinquant'anni ha subito l'i. di quell'autore* **5** (*med.*) malattia infettiva acuta, contagiosa, spec. delle vie aeree superiori, di origine virale | ***i. suina***, V. *suino* | ***i. aviaria***, V. *aviario* **6** †flusso, scorrimento

influenzàbile [1941] **agg.** • di persona che si lascia facilmente influenzare: *ragazzo i.* **SIN.** suggestionabile ‖ **influenzabilità**, **s. f. inv.**

influenzàle [1910] **agg.** • (*med.*) relativo all'influenza: *febbre i.*

influenzaménto [av. 1910] **s. m.** • (*raro*) l'influenzare, l'esercitare influenza su qlcu. | condizionamento

influenzàre [da *influenza* * 1812] **A** **v. tr.** (*io influènzo*) • determinare o modificare qlco. esercitando la propria influenza: *i. le idee, le decisioni, la scelta di qlcu.* | ***lasciarsi i.***, subire l'influenza altrui **SIN.** condizionare **B** **influenzàrsi** **v. intr. pron.** • (*med.*) ammalarsi di influenza **C** **influenzàrsi** **v. rifl. recipr.** • avere influenza l'uno sull'altro

influenzàto **A** **part. pass.** di *influenzare*; anche **agg.** • nei sign. del v. **B** **agg. e s. m.** (**f.** *-a*) • che (o chi) è ammalato d'influenza

♦**influìre** [vc. dotta, lat. *influĕre*, comp. di *in-*① e *flŭere* 'fluire' * av. 1328] **A** **v. intr.** (*io influìsco, tu influìsci*; **aus.** *avere* **nel sign. 1**, *essere* **nel sign. 2**) **1** agire su qlco. o qlcu., in modo da determinare particolari effetti o conseguenze: *il clima influisce sulle abitudini*; *l'esempio influisce sul comportamento umano*; *il suo intervento ha influito sul Tribunale, presso il Ministero* **2** (*lett.*) affluire, sboccare, mettere foce: *il Po influisce nell'Adriatico* **B** **v. tr.** **1** †infondere, cagionare **2** (*lett.*) influenzare

♦**inflùsso** [vc. dotta, lat. tardo *inflūxu(m)* 'influsso', da *inflŭere* 'influire', dapprima riferito agli astri che operano sul destino degli uomini * av. 1419] **s. m.** **1** in astrologia, azione degli astri su esseri animati o sulle cose **2** influenza che si esercita su qlco. o qlcu.: *il suo i. è stato determinante*; *sentire il benefico, il malefico i. di qlcu.* **3** (*lett.*) contagio, pestilenza: *Puché … sia finito questo diavolo d'i.* (A. Manzoni) **4** †scorrimento di un liquido

ìnfo /ˈinfo, *ingl.* ˈɪnfəʊ/ [accorc. ingl. di *info(rmation)* 'informazione' * 1994] **s. f. inv.** (**pl. ingl.** *infos*) • informazione, spec. negli annunci pubblicitari, nelle locandine, nei manifesti: *i. sul concerto allo 0104019* | ***i. point***, V. *infopoint* | V. anche *infoline*

infocàre e deriv. ➤ **infuocare** e deriv.

†**infoderàre** [comp. di *in-*① e *fodero* * 1550] **A** **v. tr.** • mettere nel fodero: *i. la spada* **B** †**infoderàrsi** **v. rifl.** • (*fig.*) infagottarsi

infoètica [comp- di *info(rmazione)* ed *etica* * 1997] **s. f.** • l'insieme dei problemi etici connessi con il mondo dell'informazione e della comunicazione (giornali, radiotelevisione, Internet)

in fòglio **loc. agg. inv.** • (*raro*) adattamento di *in folio* (V.)

infognàrsi [comp. di *in-*① e *fogna* * 1661] **v. intr. pron.** (**coniug. come** *segnare*) • (*colloq.*) cacciarsi in situazioni negative da cui non è facile uscire: *i. nei debiti, con persone disoneste* **SIN.** impantanarsi

infografìa [comp. di *info* e *-grafia* * 1991] **s. f.** • (*inform.*) immagine, generata da computer, che combina disegni e testi; si usa nell'editoria tradizionale ed elettronica per fornire informazioni in forma visuale

infogràfica [comp. di *info(rmatica)* e *grafica* * 1991] **s. f.** **1** settore dell'informazione che studia l'organizzazione e la rappresentazione di dati in forma grafica, mediante tabelle, diagrammi, istogrammi ecc. **2** (*impropr.*) infografia

infoiàre [comp. di *in-*① e *foia* * 1922] **A** **v. tr.** (*io infòio*) • (*pop.*) eccitare sessualmente **B** **infoiàrsi** **v. intr. pron.** • (*pop.*) eccitarsi sessualmente

infoiàto [comp. parasintetico di *foia*] **part. pass.** di *infoiare*; anche **agg.** • (*pop.*) che si trova in uno stato di forte eccitazione sessuale | (*est., raro*) esaltato

infoibàre [comp. di *in-*① e *foiba* * 1963] **v. tr.** (*io infòibo*) • gettare o seppellire in una foiba

infoibatóre [1957] **agg. e s. m.** (**f.** *-trice*) • che (o chi) infoiba

infoibazióne [1972] **s. f.** • l'infoibare

infoline o **info-line** /ˈinfolain, *ingl.* ˈɪnfəʊˌlaɪn/ [comp. delle due parole ingl. *info* 'info' e *line* 'linea' * 1991] **s. f. inv.** • linea telefonica dedicata da cui è possibile ottenere informazioni su un determinato prodotto o servizio | (*est.*) collegamento a un sito Internet che fornisce informazioni simili

in fòlio [lat., propr. 'in (*ĭn*: sottinteso un solo) foglio (*fŏlio*, abl. di *fŏlium*)' * 1833] **A** **loc. agg. inv.** • di edizione in cui il foglio è stato piegato una volta e alla quale corrispondono determinati e convenzionali limiti di formato: *Tutti i re e tutti i pontefici … scrivono tutt'ora de' grossi tomi in quarto e in folio* (G. Baretti) **CFR.** in foglio **B** anche **s. m. inv.**: *l'in folio di Shakespeare*

infoltàrsi [come *infoltirsi*, comp. di *in-*① e *folto* con diverso suff. verb. * av. 1475] **v. intr. pron.** (*io mi infólto*) • (*lett.*) diventare folto, fitto: *sommersi / in un gorgo d'azzurro che s'infolta* (E. Montale)

infoltiménto [1985] **s. m.** • l'infoltire, l'infoltirsi: *cura per l'i. dei capelli*

infoltìre [comp. di *in-*① e *folto* * 1660] **A** **v. tr.** (*io infoltìsco, tu infoltìsci*) • rendere folto o più folto: *la potatura infoltisce la vegetazione* **CONTR.** diradare **B** **v. intr.** (**aus.** *essere*) e **infoltìrsi** **v. intr. pron.** • diventare folto: *l'erba si è infoltita* **CONTR.** diradarsi

infomobilità [comp. di *info(rmazione)* e *mobilità* * 1995] **s. f. inv.** • l'insieme delle tecnologie di telecomunicazione e informatiche impiegate in sistemi di ausilio allo spostamento di persone e merci (per es. informando sul traffico, sui parcheggi disponibili, sui ritardi di treni, aerei ecc.)

infondatézza [comp. di *in-*③ e *fondatezza* * 1904] **s. f.** • mancanza di fondamento: *l'i. di una notizia*

infondàto [comp. di *in-*③ e *fondato* * 1848] **agg.** • privo di fondamento: *sospetto i.*; *notizia, affermazione infondata*; *accusa infondata* **SIN.** falso ‖ **infondataménte**, **avv.**

SFUMATURE ➤ ***inconsistente***

infóndere [vc. dotta, lat. *infŭndere*, comp. di *in-*① e *fŭndere* 'fondere, versare' * sec. XIII] **v. tr.** (**coniug. come** *fondere*) **1** (*lett.*) versare un liquido in qlco.: *dentro i … / bicchieri s'infondea / fresc'acqua* (G. Leopardi) | †mettere in infusione **2** †spruzzare, bagnare **3** (*fig.*) far nascere o suscitare in qlcu. o in qlco.: *i. amore, fiducia, coraggio, idee nuove, volontà* **SIN.** destare, ispirare

infopoint o **info point** /ˈinfopoint, *ingl.* ˈɪnfəʊˌpɔɪnt/ [comp. delle due parole ingl. *info* 'info' e *point* 'punto' * 1992] **s. m. inv.** • luogo fisico o virtuale (per es. pagina web) dove è possibile acquisire informazioni

inforcàre [comp. di *in-*① e *forca* * 1313] **A** **v. tr.** (*io infórco, tu infórchi*) **1** prendere con la forca o con qlco. di simile: *i. la paglia*; *inforcò l'abbacchio* (A. Moravia) **2** montare, mettendosi a cavalcioni: *i. il cavallo, la bicicletta, la moto* | ***i. gli occhiali***, metterli sul naso | ***i. una porta, un paletto***, o (*assol.*) ***inforcare***, nelle gare di slalom, prendere un paletto con la parte interna di uno dei due sci **3** †impiccare **B** **v. intr.** (**aus.** *avere* **nel sign. 1**, *essere* **nel sign. 2**) **1** (*raro*) marinare la scuola **2** (*lett.*) biforcarsi

inforcàta [1940] **s. f.** **1** (*raro*) l'inforcare | nello sci, errore di chi inforca una porta **2** quantità di materiale raccolto, con la forca, in una sola volta: *un'i. di fieno, di paglia*

inforcatùra [av. 1348] **s. f.** **1** l'inforcare **2** parte del corpo dove termina il tronco e cominciano le cosce **3** punto dell'albero da dove partono i rami per formare la chioma **SIN.** impalcatura **4** nel gioco degli scacchi, scacco doppio

inforestieràre [comp. di *in*① e *forestiero* * av. 1604] **A** **v. tr.** (*io inforestièro*) • (*raro*) rendere forestiero, modificare su modelli forestieri: *i. i costumi, la lingua, le abitudini* **B** **v. intr.** (**aus.** *essere*) e **inforestieràrsi** **v. intr. pron.** • (*raro*) diventare forestiero, assimilare modelli forestieri

inforestierìre [1726] **v. tr.**, **intr.** (*io inforestierìsco, tu inforestierìsci*; **aus. intr.** *essere*) e **inforestierìrsi** **v. intr. pron.** • (*raro*) inforestierare, inforestierarsi

informàle [comp. di *in-*③ e *formale* * 1951] **A** **agg.** **1** privo di formalità, di ufficialità: *pranzo, riunione, colloquio i.* **2** detto di corrente artistica sviluppatasi dopo la seconda Guerra mondiale, che, escludendo ogni forma tradizionale e l'astrattismo di ordine geometrico, cerca di esprimere le forze e le suggestioni della materia presentandole in libere associazioni | (*est.*) detto di tutto ciò che a essa si riferisce: *quadro i.*; *artisti informali* ‖ **informalménte**, **avv.** ‖ **informalità**, **s. f. inv.** **B** **s. m. e f.** • seguace della corrente artistica informale

informànte [ingl. *informant*, da *to inform* 'informare' * 1321] **s. m. e f.** • (*ling.*) parlante che fornisce informazioni sulla propria madre lingua, rispondendo a questionari di carattere linguistico

♦**informàre** [vc. dotta, lat. *informāre*, comp. di *in-*① e *formāre* 'formare, dare forma' * 1261 ca.] **A** **v. tr.** (*io infórmo*) **1** (*lett.*) modellare secondo una forma **2** (*fig.*) indirizzare, secondo una certa impronta, certe direttive e sim. (+ *a*): *i. la propria vita a principi di giustizia, alla morale, alla conoscenza* **SIN.** conformare | caratterizzare, permeare: *lo spirito dei tempi informa l'intera sua opera* **3** mettere al corrente, ragguagliare qlcu. procurandogli notizie, dati e sim. (+ *di*, + *su*, + *che*): *li informammo dell'accaduto, sullo svolgimento dei fatti; vi informiamo che il treno subirà un ritardo* **4** †mettere nelle forme: *i. le scarpe, un feltro* **B** **informàrsi** **v. intr. pron. 1** †prendere forma **2** procurarsi notizie (+ *di*, + *su*): *informarsi sulla condotta di qlcu., del decorso della malattia; informatevi se è vero; informarsi dal direttore, presso l'agenzia di viaggio, alla reception* **3** conformarsi a qlco. (+ *a*): *informarsi alle nuove direttive ministeriali* **SIN.** adeguarsi

informàtica [dal fr. *informatique*, comp. di *inform(ation electronique ou autom)atique* ✱ 1968] **s. f.** ● scienza e tecnica dell'elaborazione dei dati e del trattamento automatico delle informazioni

NOMENCLATURA

informatica
● *suddivisioni*: elaborazione automatica dei dati (= ADP), elaborazione elettronica dei dati (= EDP), data processing; agronica; automazione; avionica; bionica; cibernetica; computer grafica; intelligenza artificiale; robotica; telematica; teoria dei sistemi; teoria delle comunicazioni; teoria delle informazioni; numerazione binaria, bit, nibble, byte = carattere (numerico, alfanumerico), parola; baud; pixel; componenti logiche = software ⇔ componenti fisiche = hardware;
● *applicazioni*: gestionali ⇔ scientifiche; banca dati, Internet, cd-rom, database relazionale ⇔ database gerarchico; calcolo numerico; controllo della produzione; acquisizione dati; gestione di impianti; simulazione (statica ⇔ dinamica); controllo numerico; riconoscimento immagini; riconoscimento testo; trattamento immagini; trattamento testi = word processing; foglio elettronico; automazione dell'ufficio = office automation; istruzione assistita da elaboratore = CAI; progettazione con l'ausilio dell'elaboratore = CAD;
● *strumenti*: elaboratore = calcolatore (elettronico) = computer (V.); mainframe; microelaboratore = microcomputer; minielaboratore; personal (computer): portatile, trasportabile, desktop, laptop, notebook, palmtop; calcolatore digitale = numerico ⇔ analogico, ibrido; universale ⇔ specializzato; compatibile;
● *rete locale* = LAN: ad anello = token ring, a bus, a stella; workstation, elaboratore centrale = server, gateway, router; protocollo, pacchetto di dati, parola chiave = password, conto = account; batch; time sharing; interrupt; concorrenza; monoprogrammazione ⇔ multiprogrammazione; monoutente ⇔ multiutente;
● *sistemi operativi*: CP/M, EXEC-8, Mac, MS-DOS, OS/2, UNIX, RSX, VMS; shell = interprete di comandi, comando;
● *linguaggi*: macchina (assembler) ⇔ simbolico = evoluto (Ada, Algol, APL, B, BASIC, BCPL, C, C++, Chill, Cobol, Fortran, IPL, LISP, Logo, Modula 2, Occam, Pascal, Pilot, PL/1, PostScript, Prolog, RPG, Simula, Smalltalk, Snobol); ad alto ⇔ basso livello; conversazionale, interattivo; interprete ⇔ compilatore; compilatore, assemblatore, debugger;
● *programma*: sottoprogramma (= subroutine, routine); job, task, thread; parametrico; sorgente ⇔ oggetto; concatenato; diagnostico; virus; emulatore; di servizio = di utilità; driver di periferica; libreria di programmi; funzione, procedura, modulo; bug;
● *dati logici*: campo, handle, record (a lunghezza fissa ⇔ variabile), indice, chiave, tabella hash, oggetto; archivio = file a blocchi ⇔ file a caratteri, directory (= direttorio), cartella, icona, finestra, volume;
● *programmazione*: analisi, algoritmo, automa a stati finiti, schema a blocchi, diagramma di flusso, listato, editing; programmazione strutturata, orientata agli oggetti; metodo top-down ⇔ bottom-up; lettura, scrittura, assegnazione, assemblaggio, dimensionamento, esecuzione, definizione di funzione, definizione di sottoprogramma, dichiarazione di tipo e formato, chiamata di funzione, chiamata di sottoprogramma, trasferimento, salto, confronto, salto condizionato, iterazione, ciclo = loop, operazione aritmetica o logica, attesa, pausa, arresto. calcolo in virgola fissa ⇔ mobile; logica binaria; algebra di Boole; costanti e variabili: intere, reali (in precisione semplice, doppia, BCD, estesa), complesse, booleane = logiche, alfanumeriche stringa (di caratteri); variabili con indice: vettore, catasta (= pila, stack), matrice; carattere (numerico, alfabetico, alfanumerico);
● *codifica*: interna ⇔ esterna; binaria, ottale, decimale, esadecimale; codice ASCII, EBCDIC, ISO, ANSI; codice a barre; codificare, decodificare; crittografare, decrittare;
● *persone*: informatico, amministratore di sistema, analista, analista di sistemi = sistemista, capocentro, installatore, operatore, programmatore, analista-programmatore, perforatore, tastierista, utente.

informàtico [1972] **A agg.** (**pl. m.** -*ci*) ● relativo all'informatica **B s. m.** (**f.** -*a*) ● studioso di informatica, specialista di informatica

informatìva [f. sost. di *informativo* ✱av. 1686] **s. f.** ● (*burocr.*) complesso di informazioni relative a un determinato argomento: *un'i. sulla situazione dell'ordine pubblico*

informatìvo [da *informare* ✱1319] **agg. 1** †che dà la forma **2** che serve a ragguagliare, a dare notizie: *un articolo i.*

informatiżżàre [fr. *informatiser*, da *informatique* 'informatica' ✱1981] **A v. tr.** ● riorganizzare introducendo sistemi informatici: *i. l'anagrafe*; *i. un archivio* **B** **informatiżżàrsi** **v. intr. pron. e rifl.** ● dotarsi di sistemi informatici || **informatiżżaziόne**, **s. f.**

informàto **part. pass.** di *informare*; anche **agg. 1** nei sign. del v. | (*lett.*) conformato: *comportamento i. a principi etici* **2** messo a conoscenza, tenuto al corrente: *non so come possa essere sempre i. di tutto* | ***essere bene, male i.***, in possesso di informazioni più o meno esatte: *ambienti bene informati*

informatóre [vc. dotta, lat. tardo *informatōre(m)*, da *informātus*, part. pass. di *informāre* 'informare' ✱1308] **A agg.** (**f.** -*trice*) ● (*lett.*) che dà forma e carattere: *spirito i. della materia; i criteri informatori di un'opera* **SIN.** ispiratore **B s. m.** (**f.** -*trice*) ● chi procura, fornisce notizie, informazioni e sim.: *è un ottimo i.; un i. della polizia* | ***i. medico scientifico, i. scientifico del farmaco***, chi svolge azione di propaganda informativa presso medici e sim. nel settore farmaceutico

♦**informazióne** [1308] **s. f. 1** l'informare, l'informarsi: *libertà d'i.* | ragguaglio, notizia: *rivolgersi all'ufficio informazioni; chiedere informazioni su qlcu., su qlco.; ottenere informazioni buone, pessime, riservate* | ***servizio informazioni operativo***, insieme degli organi specializzati di un esercito che svolgono attività operative in fase bellica | (*dir.*) ***i. di garanzia***, avviso che il pubblico ministero è tenuto a inviare a chi sia sottoposto a indagini per un reato e alla persona offesa, fin da quando compie un atto al quale ha diritto di assistere il difensore dell'indagato **2** (*inform.*) notizia atta a essere formalizzata in dati e destinata a essere trattata da un sistema di trattamento automatico delle informazioni | ***teoria dell'i.***, studio, su basi matematiche, dei fenomeni relativi alla trasmissione dell'informazione **3** (*biol.*) ***i. genetica***, quella contenuta in una sequenza di nucleotidi entro una molecola di DNA **4** †atto che imprime la forma | †formazione | †consiglio, direttiva

SFUMATURE DI SIGNIFICATO

informazione - notizia
Si dice **informazione** un qualsiasi dato o elemento che permette di venire a conoscenza di un fatto o una situazione; in accezione più generale il termine indica l'intero sistema di comunicazione con cui l'opinione pubblica viene messa a conoscenza di quel che accade. Un'informazione su persone e avvenimenti specifici data direttamente dalle persone coinvolte o indirettamente da un mezzo di comunicazione di massa si definisce invece **notizia**.

infórme [vc. dotta, lat. *infŏrme(m)*, comp. di *in-*③ e un deriv. di *fŏrma* 'forma' ✱av. 1342] **agg. 1** privo di una forma definita: *massa i.* | (*fig.*) indefinito, vago: *un progetto i.* **2** (*lett.*) deforme || **informeménte**, **avv.**

SFUMATURE DI SIGNIFICATO

informe - deforme
Ciò che è privo di una forma definita si definisce **informe**. **Deforme** è invece ciò che non ha mai avuto o che ha perduto la sua forma naturale, ed è perciò brutto e sgradevole a vedersi, mentre ciò che è informe non necessariamente è brutto.

informicolaménto [1691] **s. m.** ● formicolio

informicolàrsi [comp. di *in-*① e *formicola* ✱ av. 1698] **v. intr. pron.** (*io mi informìcolo*) ● essere preso da una sensazione di formicolio: *mi si informicolano le mani*

informicoliménto [1869] **s. m.** ● informicolamento

informicolìrsi [1863] **v. intr. pron.** (*io mi informicolisco, tu ti informicolisci*) ● informicolarsi

informità [lat. tardo *informitāte(m)*, comp. di *in-*③ e *fōrmitas*, genit. *formitātis*, da *fōrma* 'forma' ✱av. 1342] **s. f. inv.** ● (*lett.*) mancanza di una forma definita

infornaciàre [comp. di *in-*① e *fornace* ✱ 1546] **v. tr.** (**pres.** *io infornàcio*; **fut.** *io infornacerò*) **1** (*tosc.*) mettere a cuocere nella fornace **2** †condannare qlcu. all'Inferno

infornaciàta [1779] **s. f.** ● (*tosc.*) fornaciata

†**infornapàne** [comp. di *inforna(re)* e *pane*① ✱av. 1665] **s. m. inv.** ● pala per infornare il pane

infornàre [comp. di *in-*① e *forno* ✱1353] **A v. tr.** (*io infórno*) **1** mettere nel forno per la cottura: *i. i biscotti* | (*assol.*) cuocere il pane: *oggi non infornano* | (*est.*) mettere nella fornace **2** (*scherz.*) †mangiare con avidità **B** **infornàrsi** **v. intr. pron.** ● †pigiare, stipare

infornàta [av. 1449] **s. f. 1** operazione dell'infornare | quantità di pane o altro che si mette nel forno in una volta sola **2** (*fig.*, *scherz.*) grande quantità di persone o cose che si aggiungono o arrivano insieme: *un'i. di giudici è entrata in Tribunale; un'i. di film americani* **3** nel gergo teatrale, sala gremita di pubblico

infornatóre [1834] **s. m.** (**f.** -*trice*) ● lavorante che inforna il pane

†**inforsàre** [dalla loc. *in forse* ✱av. 1294] **A v. tr.** ● (*lett.*) mettere in forse, rendere incerto **B** †**inforsàrsi** **v. intr. pron.** ● (*lett.*) apparire incerto, indeciso, dubbioso: *nulla mi s'inforsa* (DANTE *Par.* XXIV, 87)

infortiménto [da *infortire* ✱sec. XIV] **s. m. 1** inacidimento **2** †rinforzamento

infortìre [comp. di *in-*① e *forte* ✱av. 1328] **A v. tr.** (*io infortisco, tu infortisci*) ● †rinforzare **B v. intr.** (**aus.** *essere*) e **infortìrsi** **v. intr. pron.** ● prendere sapore acido: *questo vino infortirà presto* **SIN.** inacetire, inasprire

infortunàrsi [da *infortunato* ✱1955] **v. intr. pron.** ● subire un infortunio: *i. sul lavoro, in un incidente stradale*

infortunàto [vc. dotta, lat. *infortunātu(m)*,

a b c d e f g h i j k l m n o p q r s t u v w x y z

comp. di *in-*③ e *fortunātus* 'fortunato' ✱ 1313] **agg. e s. m.** (**f.** *-a*) **1** †sfortunato, infelice **2** che (o chi) ha sofferto un infortunio, spec. sul lavoro: *lavoratore i.*; *si contano numerosi infortunati* ‖ **†infortunataménte**, **avv.** sfortunatamente

infortùnio [vc. dotta, lat. *infortūniu(m)*, comp. di *in-*③ e un deriv. di *fortūna* 'fortuna'✱ av. 1328] **s. m.** (**pl.** *-i* o *raro -ii*) **1** evento dannoso, violento e imprevedibile: *subire un grave i.*; *i. durante la navigazione* | ***i. sul lavoro***, lesione originata in occasione di lavoro da causa violenta che determina la morte del lavoratore o ne abolisce o menoma la capacità lavorativa: *assicurazione contro gli infortuni sul lavoro* **SIN.** disgrazia **2** (*fig.*) errore, atto inopportuno: *quell'intervista è stata un i. del ministro* **3** (*lett.*) disgrazia, sventura: *confortovi ... a fermare l'animo contro ogni i.* (N. Machiavelli) **SIN.** disastro

infortunìsta [da *infortunistica*✱ 1983] **s. m. e f.** (**pl. m.** *-i*) ● esperto di infortunistica

infortunìstica [f. sost. di *infortunistico* ✱ 1928] **s. f.** ● disciplina che studia, sotto l'aspetto giuridico ed economico, le cause e le conseguenze degli infortuni e i mezzi per prevenirli o ridurne le conseguenze

infortunìstico [da *infortunio* ✱ 1941] **agg.** (**pl. m.** *-ci*) ● che concerne gli infortuni sul lavoro: *legislazione infortunistica* | ***medicina infortunistica***, ramo della medicina legale che tratta degli infortuni

inforzàre [comp. di *in-*① e *forza* ✱ 1261 ca.] **A** **v. intr.** (*io infòrzo*; **aus.** *essere*) **1** †infortire **2** †rinforzarsi, rafforzarsi **B** **v. tr.** ● (*lett.*) rendere più forte, gagliardo, intenso

infoscàre [vc. dotta, lat. *infuscāre*, comp. di *in-*① e *fŭscus* 'fosco, scuro'✱ 1481] **A** **v. tr.** (*io infósco* o *infòsco*, *tu infóschi* o *infòschi*) ● (*lett.*) rendere fosco (*anche fig.*) **B** **v. intr.** (**aus.** *essere*) e **infoscàrsi** **v. intr. pron.** ● (*lett.*) divenire fosco (*anche fig.*): *l'atmosfera andava infoscando*; *par che s'infoschi / quello sguardo* (U. Saba) **SIN.** oscurarsi

infoschìrsi [da *fosco* con prefisso *in-*① ✱ 1843] **v. intr. pron.** (*io mi infoschisco*, *tu ti infoschisci*) ● (*lett.*) diventare fosco

infossaménto [1828] **s. m.** ● (*raro*) l'infossare, l'infossarsi | avvallamento, cavità

infossàre [comp. di *in-*① e *fossa*✱ av. 1294] **A** **v. tr.** (*io infòsso*) **1** mettere in una fossa, in una buca: *i. il grano* **2** †seppellire **B** **infossàrsi** **v. intr. pron. 1** incavarsi: *le guance gli si andavano infossando per i patimenti* **2** avvallarsi, sprofondare: *il campo si infossava lentamente*

infossàto **part. pass.** di *infossare*; anche **agg.** ● nei sign. del v. | incavato: *occhi infossati* | scavato, emaciato: *viso i.*

infossatùra [1876] **s. f.** ● (*raro*) infossamento | incavo, incavatura

infotainment /info'teinmənt, *ingl.* ˌinfəʊ'teɪnmənt/ [vc. ingl., comp. di *info(rmation)* 'informazione' e *(enter)tainment* 'intrattenimento'✱ 1991] **s. m. inv.** ● genere televisivo che abbina l'informazione all'intrattenimento

ìnfra /'infra, 'infra*/ [vc. dotta, lat. *īnfra* per *īnfera*, abl. f. di *īnferus* 'infero'✱ av. 1250] **A** **avv.** ● (*lett.*) sotto, in basso | ***vedi i.***, vedi sotto, vedi oltre (in un libro, in un articolo e sim., per rimandare a un passo o a una nota che segue) **B** **prep.** ● †V. **fra**①

infra- [dalla prep. lat. *īnfra*. V. *infra*] **pref.** ● in parole composte della terminologia scientifica e tecnica, ha il significato di 'inferiore' o 'situato al disotto', 'posto più internamente' di altra cosa (*infrarosso*, *infrastruttura*, *infrasuono*) ovvero indica posizione intermedia fra due cose (*infradito*, *inframmettere*) | V. anche *intra-*

infracidàre e deriv. ➤ **infradiciare** e deriv.

infracidìre [comp. di *in-*① e *fracido* ✱ av. 1342] **v. intr.** (*io infracidisco*, *tu infracidìsci*; **aus.** *essere*) **1** (*lett.*) diventare marcio: *frutta che infracidisce facilmente* **2** (*lett.*) inzupparsi d'acqua

infradiciaménto o (*raro*) **infracidaménto** [sec. XIII] **s. m.** ● l'infradiciare, l'infradiciarsi

infradiciàre o (*raro*) **infracidàre** [comp. di *in-*① e *fradicio* ✱ 1294] **A** **v. tr.** (**pres.** *io infràdicio*; **fut.** *io infradicerò*) **1** inzuppare d'acqua: *la pioggia ha infradiciato il fieno raccolto* **2** rendere marcio, fradicio: *il caldo infradicia la frutta* **3** (*fig.*) †importunare, infastidire **B** **infradiciàrsi** **v. intr. pron. 1** inzupparsi d'acqua: *mi sono infradiciato sotto la pioggia* **2** diventare marcio, spec. per eccessiva maturazione: *frutto delicato che si infradicia subito*

infradiciàta [1869] **s. f.** ● eccessiva bagnatura: *prendersi una solenne i.*

infradiciàto o (*raro*) **infracidàto** **part. pass.** di *infradiciare*; anche **agg. 1** inzuppato, bagnato **2** marcio, fradicio

infradiciatùra o (*raro*) **infracidatùra** [1833] **s. f.** ● l'infradiciare, l'infradiciarsi | stato di chi (o di ciò che) è fradicio

infradito [comp. di *infra-* e *dito* ✱ 1983] **s. f. o m. inv.** ● tipo di calzatura estiva, di cuoio, plastica o gomma, in cui il piede è trattenuto da una striscia passante tra l'alluce e il secondo dito

infragiornalièro [comp. di *infra-* e *giornaliero* ✱ 1971] **agg.** ● che si verifica nel corso della giornata: *chiusura infragiornaliera di un negozio* | (*borsa*) detto spec. dell'acquisto e successiva vendita di un titolo durante una stessa giornata di borsa **CFR.** intraday

†infraliménto [av. 1320] **s. m.** ● indebolimento

†infralìre [comp. di *in-*① e *frale* ✱ av. 1320] **A** **v. tr.** ● indebolire | (*fig.*) infiacchire **B** **v. intr.** ● indebolirsi

inframéttere e deriv. ➤ **inframmettere** e deriv.

inframezzàre ➤ **inframmezzare**

inframicròbio [comp. di *infra-* e *microbio*✱ 1983] **s. m.** (**pl.** *-i* o *raro -ii*) ● (*biol.*) virus, nel sign. 1

inframmettènte o **inframettènte** **part. pres.** di *inframmettersi*; anche **agg.** ● che si inframmette ‖ **†inframmettenteménte**, **avv.** da inframmettente

inframmettènza o **inframettènza** [da *inframmettere*✱ 1847] **s. f.** ● ingerenza importuna: *la sua i. è veramente insopportabile* | atto di chi s'intromette: *tutto ciò è dovuto alle loro inframmettenze*

inframméttere o **inframéttere** [comp. di *infra-*, inteso come parallelo di *intra* 'fra, in mezzo' e *mettere* ✱ 1268] **A** **v. tr.** (**coniug.** come *mettere*) ● (*lett.*) frammettere, frapporre, interporre: *inframmisero ostacoli al nostro progetto* **B** **inframméttersi** **v. intr. pron.** ● (*lett.*) mettersi in mezzo: *persone disoneste riuscirono a inframmettersi nella vicenda* | (*est.*) intromettersi, ingerirsi: *non voglio che tu t'inframmetta nei miei affari!*

inframmezzàre o **inframezzàre** [comp. di *in-*① e *frammezzare*✱ av. 1597] **v. tr.** (*io inframmèzzo*) ● interrompere con l'inserimento di qlco. (+ *con*, + *di*): *inframmezzò il racconto con lunghe pause*; *i. l'azione scenica con numeri di danza*; *inframmezzando le parole di mille vezzi* (G. D'Annunzio) **SIN.** frammezzare, intramezzare | alternare (+ *a*, + *con*): *i. l'attività fisica allo studio*; *inframmezzando il racconto con le romanze preferite* (E. Morante)

inframmischiàre [comp. di *in-*① e *frammischiare* ✱ 1749] **v. tr.** (*io inframmìschio*) ● (*lett.*) frammischiare

infranceṣàre [comp. di *in-*① e *francese* ✱ 1525] **A** **v. tr.** (*io infrancéṣo*) ● (*lett.*) contaminare con usanze, modi, vocaboli francesi **B** **infranceṣàrsi** **v. intr. pron.** ● (*lett.*) assumere usanze, modi, parlata francesi

infranchìre [comp. di *in-*① e *franco*② ✱ 1588] **A** **v. tr.** (*io infranchìsco*, *tu infranchìsci*) ● †rendere franco, padrone di sé **B** **infranchìrsi** **v. intr. pron.** ● (*raro*) prendere coraggio

infrancioṣàre [comp. di *in-*① e *francioso*, ant. var. di *francese*✱ sec. XV] **v. tr.** (*io infranciόṣo*) e **infrancioṣàrsi** **v. intr. pron.** ● (*lett.*) infrancesare, infrancesarsi

infràngere [lat. parl. **infrăngere*, ricostruzione del comp. di *in-*② e *frăngere*, deviata nel classico *infrĭngere* ✱ av. 1292] **A** **v. tr.** (**coniug.** come *frangere*) **1** spezzare, rompere, frantumare qlco. in molte parti: *i. le olive*, *un oggetto fragile* | (*fig.*) travolgere, sbaragliare: *la difesa avversaria* | (*fig.*) annientare, distruggere: *i. le speranze*, *i sogni di qlcu.* **SIN.** frantumare **2** (*fig.*) trasgredire, violare: *i. un divieto*, *un patto*, *una consuetudine*, *la tradizione* **B** **infràngersi** **v. intr. pron. 1** frantumarsi contro qlco.: *i marosi si infrangevano sugli scogli* **2** (*fig.*) svanire: *le sue speranze si infransero contro ostacoli insormontabili*

infrangìbile [comp. di *in-*③ e *frangibile*✱ av. 1328] **agg.** ● che non si rompe, che è resistente agli urti: *oggetto i.* | ***vetro i.***, che, avendo subìto un processo di tempera, è assai meno fragile del vetro comune, e in caso di rottura si scompone in una massa di piccoli granuli tondeggianti ‖ **†infrangibilménte**, **avv.** ‖ **infrangibilità**, **s. f. inv.**

infrangiménto [1869] **s. m.** ● (*raro*, *lett.*) l'infrangere, l'infrangersi

infrànto **part. pass.** di *infrangere*; anche **agg.** ● (*raro*) rotto, spezzato | (*fig.*) ***cuore i.***, deluso in amore | (*fig.*) ***idolo i.***, personaggio decaduto nella stima generale

†infrantoiàta [1612] **s. f.** ● quantità di olive messe in una sola volta nel frantoio

†infrantóio [comp. di *in-*① e *frantoio* ✱ sec. XIV] **s. m.** ● frantoio, torchio

†infrappolàto [da un dial. *infrappolare*, comp. di *in-*① e *frappola*, var. dial. di *frappa* ✱ 1427] **agg.** ● che ha molte frange o disegni riportati

infrappórre [comp. di *in-*① e *frapporre*✱ av. 1696] **v. tr.** (*io infrappóngo*) e **infrappórsi** **v. intr. pron.** ● (*lett.*, *raro*) frapporre, frapporsi

infrarósso [comp. di *infra-* e del *rosso* dello spettro ✱ 1933] **A** **s. m.** ● (*fis.*) radiazione elettromagnetica la cui lunghezza d'onda è compresa tra 0,6 micron e 1 millimetro, con frequenza variabile tra 3×10^{11} Hz e 5×10^{14} Hz; nello spettro è situato oltre l'estremo rosso, è invisibile all'occhio e dotata di altissimo potere calorifico **B** anche **agg.**: *raggi infrarossi*

infrascàre [comp. di *in-*① e *frasca* ✱ sec. XIII] **A** **v. tr.** (*io infràsco*, *tu infràschi*) **1** disporre le frasche a sostegno di piante rampicanti: *i. i piselli* | ***i. i bachi***, fornire le frasche per la salita al bosco | coprire, mascherare con frasche: *i. una mitragliatrice* **2** (*fig.*) †caricare di fronzoli: *i. il discorso*, *lo stile* **3** †imbrogliare | †confondere **B** **infrascàrsi** **v. rifl.** ● nascondersi fra le frasche: *il cinghiale s'infrascò e non si riuscì a stanarlo*

infrascàto **A** **part. pass.** di *infrascare*; anche **agg.** ● nei sign. dei v. **B** **s. m.** ● capanna, riparo di frasche

infrascatùra [1691] **s. f. 1** operazione dell'infrascare **2** insieme di frasche usate come riparo o sostegno

infràsco [da *infrascare* ✱ 1887] **s. m.** (pl. *-schi*) ● ramo posto a sostegno di piante rampicanti

infrascrìtto [comp. di *infra-* e *scritto* ✱ 1294] **agg.** ● (*lett.*) scritto di sotto, di seguito: *le infrascritte persone dovranno presentarsi fra una settimana* | †*io i.*, io sottoscritto

infrasettimanàle [comp. del lat. *īnfra* nel senso deviato di 'fra' e *settimana* col suff. agg. *-ale*① ✱ 1950] **agg.** ● che ricorre, si verifica durante la settimana: *vacanza, festa i.* ‖ **infrasettimanalménte**, **avv.**

infrasonòro [comp. di *infra-* e *sonoro* ✱ 1965] **agg.** ● (*fis.*) relativo a infrasuono: *onde infrasonore*

infrastruttùra [comp. di *infra-* e *struttura* ✱ 1952] **s. f. 1** insieme di impianti che condizionano un'attività, spec. economica | *i. aerea*, complesso degli impianti terrestri necessari per la navigazione aerea **2** complesso dei servizi pubblici di un Paese o di una regione, quali vie di comunicazione, acquedotti, ospedali, scuole e sim.

infrastrutturàle [1965] **agg.** ● relativo all'infrastruttura

infrastrutturàre [1985] **v. tr.** ● (*burocr.*) dotare di infrastrutture | costruire infrastrutture (*spec. assol.*) ‖ **infrastrutturazióne**, **s. f.**

infrasuòno [comp. di *infra-* e *suono* ✱ 1936] **s. m.** ● (*fis.*) oscillazione acustica di frequenza troppo bassa per poter essere udita dall'orecchio umano

infratìre [comp. di *in-*① e *frate*② ✱ 1865] **v. intr.** (*io infratisco, tu infratisci*; aus. *essere*) ● non andare al bosco e non fare il bozzolo, detto dei bachi da seta **SIN.** invacchire

infrattànto [comp. di *in-*① e *frattanto* ✱ av. 1250] **avv.** ● (*lett.*) frattanto

infrattàre [comp. di *in-*① e *fratta* ✱ 1963] **A v. tr.** ● (*centr.*) nascondere, occultare, imboscare (*anche fig.*) **B infrattàrsi v. rifl.** ● (*centr.*) nascondersi, imboscarsi | appartarsi in luoghi campestri e isolati per amoreggiare

infravìrus [comp. di *infra-* e *virus* ✱ 1983] **s. m. inv.** ● (*biol.*) virus, nel sign. 1

infravișìbile [comp. di *infra-* e *visibile* ✱ 1950] **agg.** ● che non è visibile con i microscopi ordinari

infrazióne [vc. dotta, lat. *infractiōne(m)* 'il rompere', da *infrāctus*, part. pass. di *infrīngere* 'infrangere' ✱ 1644] **s. f. 1** trasgressione, violazione: *l'i. di una norma; commettere un'i. al codice della strada* **2** (*med.*) *i. ossea*, frattura incompleta di un osso

†**infreddaménto** [av. 1320] **s. m.** ● infreddatura

infreddàre [comp. di *in-*① e *freddo* ✱ av. 1292] **A v. tr.** (*io infréddo*) ● (*lett.*) raffreddare **B v. intr.** (aus. *essere*) ● †perdere il calore naturale **C infreddàrsi v. intr. pron.** ● prendere il raffreddore, un'infreddatura

infreddàto **part. pass.** di *infreddare*; anche **agg.** ● (*lett.*) raffreddato

infreddatùra [av. 1541] **s. f.** ● leggero raffreddore: *prendersi un'i.*

infreddoliménto [1930] **s. m.** ● l'infreddolirsi | sensazione di freddo

infreddolìre [comp. di *in-*① e *freddo* ✱ 1855] **v. intr.** (*io infreddolisco, tu infreddolisci*; aus. *essere*) e **infreddolìrsi v. intr. pron.** ● essere in preda al freddo, sentire brividi di freddo: *infreddolirsi dormendo all'aperto*

infreddolìto **part. pass.** di *infreddolire*; anche **agg.** ● che sente freddo, che è preso dal freddo

infrenàbile [comp. di *in-*③ e *frenabile* ✱ 1587] **agg.** ● che non si può frenare (*spec. fig.*): *una passione i.* ‖ **infrenabilménte**, **avv.**

infrenàre [vc. dotta, lat. *infrenāre*, comp. di *in-*① e *frenāre* 'frenare' ✱ av. 1292] **v. tr.** (*io infréno* o *infrèno*) ● (*lett.*) frenare

infrenellàre [comp. di *in-*① e *frenello* ✱ av. 1800] **v. tr.** (*io infrenèllo*) ● (*mar.*; *disus.*) legare il remo, il timone e sim. col frenello

†**infrenesìre** [comp. di *in-*① e *frenesia* ✱ 1719] **v. tr.** ● suscitare in qlcu. un desiderio frenetico per qlco.

infrequentàbile [comp. di *in-*③ e *frequentabile* ✱ 1927] **agg.** ● che non può o non deve essere frequentato: *un locale i.; una compagnia, una persona i.* ‖ **infrequentabilità**, **s. f. inv.**

infrequènte [vc. dotta, lat. *infrequēnte(m)*, comp. di *in-*③ e *frĕquens*, genit. *frequĕntis* 'frequente' ✱ 1612] **agg. 1** che non è frequente: *eventualità i.* | *non i.*, abbastanza frequente: *un fenomeno non i.* **SIN.** raro, scarso **2** (*raro, lett.*) che non è frequentato ‖ **infrequenteménte**, **avv.**

SFUMATURE DI SIGNIFICATO

infrequente - rado - sporadico

Ciò che si verifica poche volte in un dato intervallo di tempo si dice **infrequente**. Un altro termine per riferirsi a ciò che non ricorre spesso è **rado**. **Sporadico** ha lo stesso significato ma evoca casualità e occasionalità in misura ancora maggiore.

SFUMATURE ➤ ***particolare***, ➤ ***raro***, ➤ ***singolare***

infrequènza o †**infrequènzia** [vc. dotta, lat. *infrequĕntia(m)*, comp. di *in-*③ e *frequĕntia* 'frequenza' ✱ av. 1540] **s. f.** ● scarsa frequenza **SIN.** rarità, scarsità

†**infrescàre** [comp. di *in-*① e *fresco* ✱ av. 1556] **A v. tr.** ● rinfrescare | (*fig.*) rinnovare, ridestare **B** †**infrescàrsi v. intr. pron. 1** provare un senso di frescura **2** diventare fresco: *sinché il sol passi a l'ora che se infresca* (M.M. BOIARDO)

†**infrigidàre** [vc. dotta, lat. tardo *infrigidāre* 'infreddare', comp. di *in-*① e *frigidāre*, da *frīgidus* 'freddo' ✱ av. 1311] **A v. tr.** ● rendere freddo: *fan gli occhi e 'l naso un fonte, e 'l gel lo infrigida* (L. DE' MEDICI) **B v. intr.** e †**infrigidàrsi v. intr. pron.** ● raffreddarsi

infrigidatìvo [sec. XIV] **agg. 1** †che è idoneo a raffreddare **2** (*med.*) che dà frigidità

infrigidiménto [1754] **s. m.** ● l'infrigidire, l'infrigidirsi

infrigidìre [da *infrigidare* con mutata coniug. ✱ av. 1292] **v. tr., intr.** (*io infrigidisco, tu infrigidisci*; aus. intr. *essere*) e **infrigidìrsi v. intr. pron.** ● (*raro*) rendere o diventare frigido o freddo

infrigidìto **part. pass.** di *infrigidire*; anche **agg.** ● nei sign. del v. | *terreno i.*, improduttivo per eccesso di umidità

infrolliménto [1884] **s. m.** ● l'infrollire, l'infrollirsi (*anche fig.*)

infrollìre [comp. di *in-*① e *frollo* ✱ av. 1544] **A v. tr.** (*io infrollisco, tu infrollisci*) ● (*raro*) fare diventare frollo **B v. intr.** (aus. *essere*) e **infrollìrsi v. intr. pron. 1** diventare frollo: *la selvaggina deve infrollire per essere commestibile* **2** (*fig.*) diventare fiacco per l'età o i malanni: *i. nell'ozio* **SIN.** indebolire, svigorire

✱**infrollìto** **part. pass.** di *infrollire*; anche **agg.** ● nei sign. del v.

†**infrondàre** [comp. di *in-*① e *fronda* ✱ 1321] **A v. tr.** ● rivestire di fronde **B v. intr.** (aus. *essere*) e †**infrondàrsi v. intr. pron.** ● diventare frondoso

infrondìre [comp. di *in-*① e *fronda* ✱ 1481] **v. intr.** (*io infrondisco, tu infrondisci*; aus. *essere*) ● (*lett., raro*) mettere le fronde

infronzolàre [comp. di *in-*① e *fronzolo* ✱ 1868] **v. tr.** (*io infrónzolo*) ● (*lett.*) ornare di fronzoli

infruscàre [comp. di *in-*① e *fosco*, cui si è sovrapposto *brusco* ✱ 1681] **A v. tr.** (*io infrùsco, tu infrùschi*) ● (*raro, tosc.*) confondere **B infruscàrsi v. intr. pron.** ● (*raro, tosc.*) confondersi: *le cose si erano infruscate* (E. MONTALE)

infruttescènza [da *infiorescenza* con sostituzione di *frutto* a *fiore* ✱ 1938] **s. f.** ● (*bot.*) insieme dei frutti e dell'asse che li sostiene, derivato dalla corrispondente infiorescenza | *i. del banano*, casco **SIN.** fruttescenza

infruttìfero [vc. dotta, lat. tardo *infructĭferu(m)*, comp. di *in-*③ e *frūctifer* 'fruttifero' ✱ 1374] **agg. 1** sterile, infecondo: *albero i.* **2** (*est.*) che non dà guadagno o interesse: *capitale i.*

infruttuóso (o *-ṣ-*) [vc. dotta, lat. *infructuōsu(m)*, comp. di *in-*③ e *fructuōsus* 'fruttuoso' ✱ av. 1342] **agg. 1** che non è fruttuoso: *terreno i.*; *investimento i.* **2** (*fig.*) che non raggiunge lo scopo ed è quindi inutile, vano: *ricerca, fatica infruttuosa; tentativo i.* **SIN.** sterile ‖ **infruttuosaménte**, **avv.** senza utilità o frutto ‖ **infruttuosità**, **s. f. inv.** caratteristica di ciò che è infruttuoso, sterile: *l'infruttuosità di un campo, di una ricerca*

ìnfula [vc. dotta, lat. *īnfula(m)*, di orig. dial. e di etim. incerta ✱ sec. XIV] **s. f. 1** presso gli antichi Greci e Romani, fascia bianca o scarlatta, con nastri, portata intorno al capo dai sacerdoti o posta intorno alla testa delle vittime sacrificali **2** ciascuna delle due strisce pendenti dalla mitra vescovile | (*est.*) la mitra stessa

infumàbile [comp. di *in-*③ e *fumabile* ✱ 1920] **agg.** ● (*raro*) che non si può fumare: *sigaretta, tabacco i.*

infunàre [comp. di *in-*① e *fune* ✱ 1612] **v. tr. 1** (*raro*) munire di fune un meccanismo per farlo funzionare **2** †legare con una fune

infunatùra [da *infunare* ✱ 1688] **s. f. 1** †legatura fatta con funi **2** in legatoria, accappiatura

infundìbolo ➤ **infundibulo**

infundibulifórme [comp. di *infundibulo* e *-forme* ✱ av. 1730] **agg.** ● (*bot.*) detto di corolla gamopetala che ha la forma di un imbuto

infundìbulo o **infundìbolo** [vc. dotta, lat. *infundĭbulu(m)*, da *infŭndere* 'infondere' ✱ 1499] **s. m. 1** (*archeol.*) imbuto, vaso a imbuto **2** (*anat.*) formazione nervosa a cono della base dell'encefalo cui è congiunta l'ipofisi **3** (*bot.*) fiore o parte di esso a forma di imbuto

infunghìre [comp. di *in-*① e *fungo* ✱ av. 1850] **v. intr.** (*io infunghisco, tu infunghisci*; aus. *essere*) e **infunghìrsi v. intr. pron.** ● (*tosc.*) ammuffire (*anche fig.*)

infungìbile [comp. di *in-*③ e *fungibile* ✱ 1927] **agg.** ● (*dir.*) detto di cosa dotata di una propria individualità economico-sociale così da non potere essere sostituita con un'altra ‖ **infungibilità**, **s. f. inv.**

†**infuocaménto** o †**infocaménto** [av. 1405] **s. m.** ● l'infuocare, l'infuocarsi | (*fig.*) fervore

infuocàre o **infocàre** [comp. di *in-*① e *fuoco* ✱ av. 1327] **A v. tr.** (*io infuòco* o *infòco, tu infuòchi* o *infòchi*; in tutta la coniug. di *infocare* la *-o-* dittonga preferibilmente in *-uo-* se accentata) **1** riscaldare qlco. fino a renderla rovente: *i. il metallo, una piastra* **2** †incendiare **3** (*fig., lett.*) †rendere bruciante di passione e sim.: *i. l'animo di qlcu.* | (*fig., lett.*) arrossare: *i. gli occhi, il viso* **SIN.** infiammare **B infuocàrsi v. intr. pron. 1** arroventarsi **2** (*fig.*) infiammarsi: *infocarsi di sdegno, amore* | (*fig.*) eccitarsi, accalorarsi, adirarsi

infuocàto o **infocàto** **part. pass.** di *infuocare*; anche **agg. 1** nei sign. del v. **2** (*fig.*) caldissimo, torrido: *l'aria infuocata d'agosto*

3 acceso di rossore: *viso i.*; *guance infuocate* || **infuocataménte**, **avv.** con ardore

infuòri [comp. di *in-*② e *fuori* ✻ 1336 ca.] **A** **avv.** ● in fuori, verso l'esterno: *si sporse i. col capo* (U. Foscolo) | spec. nella loc. ***all'i.***: *un trave sporgente all'i.* **CONTR.** indentro **B** nella **loc. prep.** ***all'i. di***, †***i. da*** ● eccetto, tranne: *non so altro all'i. di questo*; *all'i. di te non è venuto nessuno*; *Ciascun'altra stagione, da questa i., difettuosa … ci appare* (G. Boccaccio) **C** in funzione di **agg. inv.** ● sporgente: *denti i.*

infurbìre [comp. di *in-*① e *furbo* ✻ av. 1613] **v. intr.** (*io infurbìsco, tu infurbìsci*; **aus.** *essere*) e **infurbìrsi** **v. intr. pron.** ● (*lett.* o *raro*) diventare furbo **SIN.** scaltrirsi, smaliziarsi

infurfantìre [comp. di *in-*① e *furfante* ✻ sec. XV] **v. intr.** (*io infurfantìsco, tu infurfantìsci*; **aus.** *essere*) ● (*raro*) diventare furfante, comportarsi da furfante

♦**infuriàre** [comp. di *in-*① e *furia* ✻ 1313] **A** **v. tr.** (*io infùrio*) **1** rendere furioso: *i discorsi sciocchi lo infuriano* **2** †suscitare in qlcu. l'ispirazione poetica **3** †aizzare **B** **v. intr.** (**aus.** *essere* nel sign. 1, *avere* nel sign. 2) **1** (*lett.*) adirarsi **2** scatenarsi, imperversare: *la pestilenza infuria da molti mesi*; *il vento infuria sui monti* **C** **infuriàrsi** **v. intr. pron.** ● diventare furibondo (+ *per*): *infuriarsi per un affronto, per un'offesa*; *si infuria quando non gli si ubbidisce*

infuriàto **part. pass.** di *infuriare*; anche **agg.** ● furente, furibondo || **infuriataménte**, **avv.**

infuṣìbile [comp. di *in-*③ e *fusibile* ✻ av. 1537] **agg.** ● detto di sostanza solida che non fonde se sottoposta all'azione del calore || **infuṣibilità**, **s. f. inv.**

infuṣióne [vc. dotta, lat. *infusiōne(m)*, da *infūsus*, part. pass. di *infŭndere* 'infondere' ✻ 1282] **s. f.** **1** (*raro*) l'infondere | ***i. della Grazia, dello Spirito Santo***, nel cattolicesimo, discesa illuminante e trasformante dei doni della grazia, dello Spirito Santo | ***battesimo per i.***, V. *battesimo* **2** macerazione in acqua bollente di erbe medicinali **3** (*est.*) infuso: *i. di tiglio, di malva* **4** †fusione **5** (*med.*) somministrazione nel circolo sanguigno di un liquido diverso dal sangue, a scopo terapeutico: *i. di farmaci per endovena*

infùṣo **A** **part. pass.** di *infondere*; anche **agg.** **1** versato dentro o sopra: *liquido i.* **2** trasfuso | ***virtù infuse***, le virtù teologali (fede, speranza e carità) comunicate dalla grazia all'anima attraverso il battesimo | ***scienza infusa***, posseduta per dono soprannaturale o per grazia e non acquisita | (*iron.*) ***avere la scienza infusa***, sapere tutto senza aver studiato **B** **s. m.** ● bevanda o soluzione ottenuta per infusione

infuṣóre [da *infondere* ✻ 1987] **s. m.** ● (*med.*) dispositivo che permette l'immissione lenta di liquidi in una vena o nel parenchima

Infuṣòri [vc. dotta, lat. *infusōriu(m)* non nel tardo senso ant. ('colatoio', da *infŭndere* 'infondere'), ma perché conservati in *infusioni* ✻ 1784] **s. m. pl.** (**sing.** *-e*) ● (*zool.*) Ciliati

infustìto [comp. di *in-*① e *fusto* ✻ sec. XV] **agg.** **1** detto di indumento, o parte di esso, reso rigido da un particolare tessuto cucito al suo interno **2** (*fig.*, *lett.*) impalato

†**infuturàre** [comp. di *in-*① e *futuro* ✻ 1321] **A** **v. tr.** ● (*poet.*) estendere nel futuro | immortalare **B** †**infuturàrsi** **v. intr. pron.** ● (*poet.*) prolungarsi, sopravvivere nel futuro: *s'infutura la tua vita / vie più là che 'l punir di lor perfidie* (Dante *Par.* XVII, 98-99)

ìnga [tupi *engá, ingá* ✻ 1834] **s. f.** ● pianta tropicale delle Mimosacee con foglie pennato-composte, frutti dolci commestibili, usata anche in medicina (*Inga edulis*)

ingabbanàrsi [comp. di *in-*① e *gabbano* ✻ 1863] **v. rifl.** ● (*disus.*) avvolgersi nel gabbano

ingabbiaménto [1910] **s. m.** ● l'ingabbiare, il venire ingabbiato (*anche fig.*)

ingabbiàre [comp. di *in-*① e *gabbia* ✻ 1479] **v. tr.** (*io ingàbbio*) **1** mettere in una gabbia: *i. un uccello* | introdurre i vagonetti di miniera nella gabbia di estrazione **2** imballare prodotti in gabbie: *i. gli ortaggi* **3** (*fig.*) rinchiudere in uno spazio limitato, angusto: *i. in collegio un ragazzo indisciplinato* | (*fig.*) costringere in un ambito ristretto: *i. le proprie idee in rigidi schemi* | (*fig.*, *scherz.*) mettere in prigione **4** (*edil.*) dotare di ingabbiatura **5** (*mar.*) formare l'ossatura, il corbame, le costole e tutte le parti curve di uno scafo

ingabbiàta [1887] **s. f.** ● (*raro*) l'insieme degli animali che stanno in una gabbia

ingabbiatóre [1957] **s. m.** (**f.** *-trice*) ● (*miniere*) operaio addetto alle operazioni di carico e scarico di materiali e uomini nelle o dalle gabbie **SIN.** ricevitore

ingabbiatùra [da *ingabbiare* nel sign. 4 ✻ 1882] **s. f.** ● struttura portante di un edificio, in cemento armato o in acciaio

ingaggiaménto [da *ingaggiare* sul modello del fr. *engagement* ✻ 1683] **s. m.** ● (*raro*) ingaggio | †promessa, impegno

ingaggiàre [ant. fr. *engag(i)er*, da *gage* 'gaggio, pegno' ✻ 1287] **A** **v. tr.** (**pres.** *io ingàggio*; **fut.** *io ingaggerò*) **1** †dare in pegno | †offrire come pegno **2** arruolare, assoldare, assumere qlcu. con un contratto: *i. soldati mercenari*; *i. l'equipaggio di una nave* | (*sport*) acquisire un atleta alla propria società e sim.: *i. un calciatore, un corridore* **3** dare inizio a qlco., spec. a una lotta: *i. battaglia, combattimento* **SIN.** impegnare, incominciare | (*mar.*) ***i. un'imbarcazione***, raggiungerla in posizione di ingaggio **B** **ingaggiàrsi** **v. rifl.** ● †impegnarsi in qlco. | (*raro*) arruolarsi | (*raro*) farsi assumere: *questi s'ingaggiava come bracciante* (C. Alvaro) **C** **v. intr. pron.** ● (*mar.*) avvilupparsi, agganciarsi, attorcigliarsi, detto di corde, catene e sim.

ingaggiatóre [1742] **s. m.** (**f.** *-trice*) ● chi ingaggia

ingàggio [da *ingaggiare* ✻ 1742] **s. m.** **1** l'ingaggiare, il venire ingaggiato: *cercare un i.*; *premio di i.* **2** (*est.*) somma spettante all'atleta che viene ingaggiato: *premio d'i.* **3** (*sport*) nell'hockey, azione con cui l'arbitro mette in gioco il disco all'inizio della partita o nel caso di interruzione per fallo, lanciandolo tra i bastoni di due giocatori posti uno di fronte all'altro, con le spalle rivolte ciascuno alla propria porta **4** (*mar.*) nella regata a vela, condizione che si determina quando un'imbarcazione che sopraggiunge supera con la prua la retta, perpendicolare alla rotta, che si diparte dalla poppa dell'imbarcazione raggiunta e acquisisce così il diritto di precedenza **5** (*milit.*) ***norme, regole di i.***, quelle che stabiliscono il comportamento di unità militari, spec. impegnate in missioni di sorveglianza e controllo, con riferimento all'uso della forza

ingagliardiménto [1834] **s. m.** ● (*disus.*) l'ingagliardire

ingagliardìre [comp. di *in-*① e *gagliardo* ✻ 1342] **A** **v. tr.** (*io ingagliardìsco, tu ingagliardìsci*) ● rendere più gagliardo, forte e robusto: *i. il corpo con una vita sana e sportiva* **SIN.** irrobustire **B** **v. intr.** (**aus.** *essere*) e **ingagliardìrsi** **v. intr. pron.** ● diventare gagliardo, rinforzarsi (*anche fig.*): *il corpo (s')ingagliardisce con la ginnastica* **SIN.** irrobustirsi

ingaglioffàre [comp. di *in-*① e *gaglioffo* ✻ 1513] **A** **v. tr.** (*io ingagliòffo*) ● (*raro*, *lett.*) degradare, abbrutire **B** **ingaglioffàrsi** **v. intr. pron.** ● (*raro*, *lett.*) comportarsi da gaglioffo | (*lett.*) degradarsi, abbrutirsi, tenere un comportamento sconveniente: *io m'ingaglioffo per tutto dì giuocando a cricca* (N. Machiavelli)

ingaglioffìre [comp. di *in-*① e *gaglioffo* ✻ 1536] **A** **v. tr.** (*io ingaglioffìsco, tu ingaglioffìsci*) ● †incretinire **B** **v. intr.** (**aus.** *essere*) e **ingaglioffìrsi** **v. intr. pron.** ● (*lett.*) ingaglioffarsi

ingalluzzìre [comp. parasintetico di *gallo* ✻ av. 1612] **v. tr.**, **intr.** (*io ingalluzzìsco, tu ingalluzzìsci*; **aus.** intr. *essere*) e **ingalluzzìrsi** **v. intr. pron.** ● (*lett.*) ringalluzzire, ringalluzzirsi

ingambàre [da *gamba* ✻ av. 1342] **v. intr.** (**aus.** *essere*) **1** †inciampare **2** (*lett.*) darsela a gambe

†**ingambatùra** [da *ingambare* ✻ av. 1527] **s. f.** ● (*raro*) impedimento, inciampo: *si comincia a dubitare di qualche i.* (N. Machiavelli)

†**ingàmbo** [da *ingambare* nel sign. 1 ✻ av. 1444] **s. m.** ● ostacolo, contrarietà

†**ingangheràre** [comp. di *in-*① e *ganghero* ✻ sec. XIV] **v. tr.** ● fornire di gangheri, fermare per mezzo di gangheri | ***ingangherarla***, smetterla

ingannàbile [1798] **agg.** **1** che può essere ingannato | che si lascia ingannare con facilità **2** †ingannevole

†**ingannaménto** [1268] **s. m.** ● l'ingannare | inganno

♦**ingannàre** o †**engannàre** [lat. parl. **ingannāre*, dal v. onomat. *gannīre* '(de)ridere' con mutamento di coniug. ✻ sec. XII] **A** **v. tr.** **1** indurre in errore mediante imbrogli, raggiri e sim.: *quel negoziante inganna i clienti* | frodare, truffare: *i. il fisco con false dichiarazioni*; *ha ingannato molte persone con assegni a vuoto* | tradire un impegno di fedeltà: *i. il marito, la moglie* | **PROV.** ***l'apparenza inganna*** **SIN.** imbrogliare | trarre in errore (*anche assol.*): *l'apparenza inganna*; *guardate quanto gli uomini ingannano loro medesimi* (F. Guicciardini) | sorprendere, spiazzare: *i. il difensore con una finta* **2** deludere: *i. le speranze, le attese, la fiducia di qlcu.* | eludere, vanificare: *i. la vigilanza* **3** (*fig.*) cercare di attenuare sensazioni sgradevoli: *i. l'attesa*; *i. il tempo leggendo il giornale*; *i. la fame* **B** **ingannàrsi** **v. intr. pron.** ● sbagliarsi, prendere un abbaglio, giudicare falsamente: *ingannarsi nel giudizio su qlco.*; *se non m'inganno, abbiamo sbagliato strada*

SFUMATURE ➤ ***imbrogliare***

ingannàto **part. pass.** di *ingannare*; anche **agg.** ● nei sign. del v.

ingannatóre [1268] **agg.** e **s. m.** (**f.** *-trice*) ● che (o chi) inganna: *speranza ingannatrice*

SFUMATURE ➤ ***ipocrita***

♦**ingannévole** [1268] **agg.** ● che inganna | ***consiglio i.***, falso | illusorio, fallace, insidioso: *speranza, apparenza i.* || **ingannevolménte**, †**ingannevoleménte**, **avv.** con inganno

♦**ingànno** o †**engànno** [da *ingannare* ✻ 1282] **s. m.** **1** l'ingannare | astuzia fraudolenta che serve a ingannare: *usare l'i. nei confronti di qlcu.*; *riuscire in qlco. con l'i.* | atto fraudolento, imbroglio, raggiro: *cadere nell'i.*; *cela inganni nel fallace seno* (A. Poliziano) **SIN.** frode **2** illusione, errore di chi si inganna: *il miraggio è un i. dei sensi*; *rendersi conto del proprio i.* | ***trarre in i.***, ingannare | ***trarre d'i.***, (*lett.*) disingannare, rendere consapevole di un errore, di un'illusione: *deliberò di palesarsi, e trarla dello 'nganno nel quale era* (G. Boccaccio) **SIN.** abbaglio **3** (*mus.*) ***cadenza d'i.***, risoluzione dell'accordo di dominante diversa da quella cosiddetta perfetta e attesa dall'ascoltatore **4** (*caccia*) ogni richiamo per la selvaggina || **ingannùccio**, **dim.**

SFUMATURE ➤ *raggiro*

ingannóso (o -ṣ-) [av. 1535] **agg.** **1** (*raro*, *lett.*) ingannevole, mendace: *illusione, speranza ingannosa* **2** †pieno di inganni

ingarbugliaménto [1869] **s. m.** ● (*raro*) l'ingarbugliare, l'ingarbugliarsi | garbuglio

ingarbugliàre [comp. di *in-*① e *garbuglio* ✱ 1481] **A** **v. tr.** (*io ingarbùglio*) **1** mescolare disordinatamente più cose: *i. i fili di un gomitolo di lana*; *i. i conti* **SIN.** aggrovigliare, intricare, imbrogliare | (*fig.*) complicare, intralciare **2** (*fig.*, *lett.*) raggirare | (*lett.*) disorientare: *i. qlcu. con lunghi discorsi* **B** **ingarbugliàrsi** **v. intr. pron.** **1** aggrovigliarsi, intricarsi: *la catena dell'ancora si è ingarbugliata attorno a un pilone* | (*fig.*) complicarsi: *la situazione s'ingarbuglia* **2** (*fig.*, *colloq.*) impappinarsi: *ingarbugliarsi in un discorso difficile, all'esame*

SFUMATURE ➤ *impappinare*

ingarbugliàto **part. pass.** di *ingarbugliare*; anche **agg.** ● intricato | (*fig.*) complicato, confuso ‖ **ingarbugliataménte**, **avv.**

†**ingarbuglióne** [av. 1646] **s. m.** ● imbroglione

ingàuno [dal n. del popolo preromano degli *Ingauni*, fondatori e abitanti della città, *Ălbu(m) Ingāunu(m)* ✱ sec. XIV] **A** **agg.** ● di Albenga **B** **s. m.** (f. *-a*) ● abitante o nativo di Albenga

ingavonàre [comp. di *in-* e di un denominale di *gavone* ✱ sec. XVI] **A** **v. tr.** (*io ingavóno*) ● (*mar.*) fare inclinare un natante su un fianco fino ad avere acqua in coperta: *lo spostamento del carico ha ingavonato la nave* **B** **ingavonàrsi** **v. intr. pron.** ● detto di natante, inclinarsi su un fianco

ingavonàrsi [comp. di *in-*① e *gavone* ✱ sec. XVI] **v. intr. pron.** (*io mi ingavóno*) ● inclinarsi da un lato per effetto del mare e non riprendere la posizione primitiva, a causa dello spostamento del carico o per l'acqua che si abbatte in coperta, detto di nave

ingegnàccio [pegg. di *ingegno* ✱ av. 1570] **s. m.** ● (*colloq.*) ingegno bizzarro, incolto, ma ricco e versatile | (*est.*) persona dotata di tale ingegno

†**ingegnaménto** [av. 1347] **s. m.** ● l'ingegnarsi | astuzia

ingegnàre [da *ingegno* ✱ 1268] **A** **v. tr.** ● †congegnare | †macchinare **B** **ingegnàrsi** **v. intr. pron.** (coniug. come *segnare*) **1** adoperarsi usando il proprio talento per realizzare un determinato fine (+ *a*, + *per*, + *di*, seguiti da inf.): *ingegnarsi a raggiungere un'elevata posizione*; *ingegnarsi per ottenere un incarico*; *s'ingegnava di confortarla come poteva meglio* (I. Nievo) **SIN.** studiarsi **2** ricorrere a ripieghi o ad espedienti più o meno onesti (anche *assol.*): *s'ingegna di far bella figura*; *'Come vive?' 'S'ingegna!'* **SIN.** arrabattarsi, arrangiarsi, industriarsi

♦**ingegnère**, (*evit.*) **ingegnière** [da *ingegno* nel sign. 7 ✱ av. 1350] **s. m.** (troncato in *ingegner* davanti a nomi propri (es. *ingegner Rossi*); V. nota d'uso ELISIONE e TRONCAMENTO; f. *-a*, *raro*; V. nota d'uso FEMMINILE) ● chi, conseguita la laurea e l'abilitazione professionale, si occupa della progettazione e dirige la realizzazione di opere edilizie, stradali, meccaniche, navali, aeronautiche, industriali e sim. | ***i. militare***, colui che esercitava la scienza di fortificare, attaccare e difendere una piazza | ***i. del suono***, esperto che progetta e cura le caratteristiche acustiche ottimali di un ambiente destinato a spettacoli spec. musicali; esperto che predispone le attrezzature, gli impianti e le condizioni tecniche per una corretta registrazione sonora, spec. di una esecuzione musicale

ingegnerìa, (*evit.*) **ingegnierìa** [av. 1676] **s. f.** **1** scienza dell'ingegnere: *laurearsi in i.* | ***i. civile***, relativa a edifici, strade, ponti, acquedotti, fognature | ***i. industriale***, comprendente meccanica, elettrotecnica, elettronica | ***i. chimica***, relativa agli impianti chimici | ***i. aeronautica***, ***i. navale***, relativa rispettivamente agli aerei e alle navi | professione dell'ingegnere **2** (*est.*) progettazione di qlco. in base a tecniche specifiche: *i. costituzionale* | (*biol.*) ***i. genetica***, insieme delle tecniche per la produzione di nuovi geni e la modificazione del corredo cromosomico di un organismo mediante sostituzione o aggiunta di nuovo materiale genetico | ***i. del traffico***, V. *traffico*, sign. 3 **CFR.** bioingegneria, engineering

ingegnerìstico, (*evit.*) **ingegnierìstico** [1984] **agg.** (pl. m. *-ci*) ● relativo agli ingegneri o all'ingegneria

ingegnerizzàre [1986] **v. tr.** ● (*econ.*) programmare la produzione, stabilendo i metodi e i processi attraverso i quali le materie prime vengono trasformate in prodotti finiti ‖ **ingegnerizzazióne**, **s. f.** (V.)

ingegnerizzàto **part. pass.** di *ingegnerizzare*; anche **agg.** **1** nel sign. del v. **2** (*biol.*) che è stato prodotto mediante tecniche di ingegneria genetica: *batterio i.*

ingegnerizzazióne [da *ingegneria* ✱ 1984] **s. f.** ● processo di trasposizione di invenzioni, scoperte e metodi dall'ambito della ricerca di laboratorio al mondo della produzione industriale

†**ingegnévole** [sec. XIV] **agg.** ● ingegnoso | ragionevole

♦**ingégno** o †**ingègnio** [lat. *ingĕniu(m)*, comp. di *in-* 'dentro' e *gĕnius*, da *gĭgnere* 'generare', di orig. indeur. ✱ 1261 ca.] **s. m.** **1** facoltà di intuire, escogitare, realizzare, apprendere spec. con acutezza e perspicacia: *forza, prontezza di i.*; *prodigio, miracolo dell'i.* | capacità intellettiva: *i. mediocre, tardo, brillante, versatile, felice*; *coltivare, educare l'i.*; *lo i. più che mediocre è dato agli uomini per loro infelicità* (F. Guicciardini) | vivacità di mente, acume, capacità creativa: *avere dell'i.*; *abusare dell'i.*; *aguzzare, acuire l'i.* | ***uomo d'i.***, individuo geniale che ha notevoli capacità intellettive | ***opere dell'i.***, quelle in cui prevale l'elemento creativo | ***alzata di i.***, trovata geniale; (*iron.*) idea poco felice **2** (*lett.*) inclinazione, disposizione per una attività o una disciplina: *i. politico, oratorio, matematico* **SIN.** cervello, intelligenza | (*lett.*) indole, carattere: *i. facile, pieghevole*; *il parlar ch'ogni aspro i. e fero / facevi umile* (F. Petrarca) **3** (*est.*) persona che si distingue nel campo filosofico, letterario, artistico: *onorare i più grandi e luminosi ingegni della nazione* | ***un bell'i.***, persona dotata di intelligenza vivace, ricca, brillante **4** (*lett.*) espediente, astuzia, artificio: *cavarsela con l'i.* | †***a i.***, di proposito; con astuzia | †abilità ingannatrice: *i. di sofista* | (*lett.*) inganno, raggiro **5** attrezzo per la pesca del corallo formato da due pezzi di legno incrociati e fatti affondare con una zavorra, ai quali sono attaccate delle reticelle che raccolgono il corallo rotto strisciando sul fondo **6** (*tecnol.*) parte della chiave che aziona il meccanismo della serratura **7** †congegno, ordigno, macchina ‖ **ingegnàccio**, pegg. (V.) | **ingegnétto**, dim. | **ingegnóne**, accr. (V.) | **ingegnùzzo**, dim.

SFUMATURE DI SIGNIFICATO

ingegno - ingegnosità - genialità

Ingegno è la facoltà di intuire, apprendere, realizzare, escogitare mettendo a frutto la propria intelligenza. **Ingegnosità** definisce invece, in chiave più riduttiva, l'abilità di trovare delle soluzioni adeguate in circostanze di una certa difficoltà, mettendo a frutto le proprie doti di acutezza o di scaltrezza. **Genialità** è la manifestazione dell'ingegno al più alto grado, che porta a realizzazioni di grande originalità ed efficacia.

ingegnóne [1561] **s. m.** **1** accr. di *ingegno* **2** (f. *-a*) (*fam.*, *fig.*) chi ha notevole ingegno e intelligenza

ingegnosità (o -ṣ-) [av. 1764] **s. f. inv.** ● caratteristica di chi (o di ciò che) è ingegnoso: *l'i. di un espediente* | (*lett.*) ricchezza di artifici retorici, di ricercatezze stilistiche: *il secentismo consiste nella i.* (B. Croce)

SFUMATURE ➤ *ingegno*

ingegnóso (o -ṣ-) o †**ingenióso** [lat. *ingeniōsu(m)*, da *ingĕnium* 'ingegno' ✱ 1261 ca.] **agg.** **1** che ha ingegno pronto e agile, e quindi adatto a superare difficoltà, trovare nuove soluzioni e sim.: *operaio, artigiano i.* **2** che denota ingegno sottile e acuto: *soluzione, invenzione, trovata ingegnosa*; *paragone i.* | che rivela astuzia o una preparazione meticolosa: *azione ingegnosa* **3** (*lett.*) di opera letteraria, di stile ricco di artifici retorici o sottigliezze: *una commedia ingegnosa* **SIN.** concettoso ‖ **ingegnosaménte**, **avv.** con ingegno e abilità ‖ **ingegnosità**, **s. f. inv.** (V.)

ingelìvo [comp. di *in-*③ e di *gelivo* ✱ 1993] **agg.** ● antigelivo

ingelosìre (o -ṣ-) [comp. di *in-*① e *geloso* ✱ 1353] **A** **v. tr.** (*io ingelosìsco, tu ingelosìsci*) ● rendere geloso: *il suo comportamento lo ingelosiva* | rendere invidioso: *i nostri successi lo hanno ingelosito* **B** **v. intr.** (aus. *essere*) e **ingelosìrsi** **v. intr. pron.** ● diventare geloso (+ *per*, + *di*): *ingelosirsi per la fortuna di un amico*; *s'ingelosisce per nulla*; *ingelosirsi della popolarità altrui*

ingemmaménto [av. 1698] **s. m.** **1** (*raro*) l'ingemmare **2** (*miner.*) aderenza di piccoli cristalli alle pietre mescolate con i metalli nei filoni delle miniere

ingemmàre [comp. di *in-*① e *gemma* ✱ 1321] **A** **v. tr.** (*io ingèmmo*) **1** adornare con gemme: *i. l'elsa della spada* | (*fig.*) adornare, impreziosire: *il cielo era ingemmato di stelle* **2** (*bot.*) innestare a gemma | (*lett.*) far germogliare **B** **ingemmàrsi** **v. intr. pron.** ● ricoprirsi di gemme

ingeneràbile① [da *ingenerare* ✱ av. 1328] **agg.** ● (*raro*) che si può ingenerare, suscitare

†**ingeneràbile**② [comp. di *in-*③ e *generabile* ✱ sec. XIV] **agg.** ● che non può essere generato | eterno ‖ †**ingenerabilità**, **s. f. inv.**

ingeneràre [vc. dotta, lat. *ingenerāre*, comp. di *in-*① e *generāre* 'generare' ✱ 1261 ca.] **A** **v. tr.** (*io ingènero*) **1** †generare, far nascere **2** (*est.*) produrre, provocare, cagionare: *tutti questi comandi ingenerano confusione* | (*raro*) indurre nell'animo: *i. odio, amore, sospetto* **B** **ingeneràrsi** **v. intr. pron.** ● avere origine, prodursi: *si è ingenerato un equivoco*

ingeneràto **part. pass.** di *ingenerare*; anche **agg.** **1** causato, provocato, indotto: *dissapore i. da un malinteso* **2** (*lett.*) congenito, innato, connaturato

ingeneróso (o -ṣ-) [comp. di *in-*③ e *generoso* ✱ 1551] **agg.** ● che non è generoso | (*est.*) che rivela mancanza di generosità, di comprensione: *azione, parola ingenerosa* ‖ **ingenerosaménte**, **avv.** senza generosità o comprensione ‖ **ingenerosità**, **s. f. inv.** mancanza di generosità **SIN.** grettezza, meschinità

†**ingègnio** e deriv. ➤ **ingegno** e deriv.

ingènito① [vc. dotta, lat. *ingĕnitu(m)*, comp. di *in-*① e *gĕnitus* 'genito, nato', part. pass. di *gĭgnere* 'generare' ✱ av. 1364] **agg.** ● (*lett.*) innato, insito per natura: *vizio i. nell'uomo* | (*est.*, *lett.*) congenito: *difetto i.* **SIN.** connaturato **CONTR.** acquisito

†**ingènito**② [vc. dotta, lat. *ingĕnitu(m)* (agg.), comp. di *in-*③ e *gĕnitus* 'genito' ✱ av. 1311] **agg.** ● non creato, detto di Dio ‖ †**ingenitaménte**, **avv.** (*raro*) in modo ingenito

✦ingènte [vc. dotta, lat. *ingĕnte(m)*, di etim. incerta ✱ 1320] **agg.** ● molto grande, rilevante, consistente: *fatiche, spese, somme ingenti*; *ha subito un'i. perdita in borsa* ‖ **ingenteménte**, **avv.**

ingentiliménto [1864] **s. m.** ● l'ingentilire, l'ingentilirsi **SIN.** dirozzamento

ingentilìre [comp. di *in-*① e *gentile*① ✱ 1294] **A** **v. tr.** (*io ingentilisco, tu ingentilisci*) ● rendere gentile, meno rozzo: *la civiltà ingentilisce i costumi degli uomini* **SIN.** affinare **B** **v. intr.** (**aus.** *essere*) ● †diventare nobile **C** **ingentilìrsi** **v. intr. pron.** ● diventare più gentile o meno rozzo: *si è ingentilito frequentando gente educata* **SIN.** affinarsi

ingentilìto **part. pass.** di *ingentilire*; anche **agg.** ● nei sign. del v. | reso più gradevole, addolcito, abbellito: *un viso duro i. dal sorriso*

ingènua [dalla parte affidatale di '(giovane) *ingenua*, innocente' ✱ 1869] **s. f.** ● nel teatro italiano classico, ruolo di ragazza senza esperienza e non maliziosa

✦ingenuità [vc. dotta, lat. *ingenuitāte(m)*, da *ingĕnuus* 'ingenuo' ✱ 1475] **s. f. inv.** **1** candore d'animo, sincerità, schiettezza, spontaneità: *dice le cose con una i. che disarma* | semplicità, innocenza, inesperienza: *tutti approfittano della sua i.* | (*spreg.*) dabbenaggine, semplicioneria: *ha avuto l'i. di credere a quell'imbroglione* **CONTR.** furbizia, scaltrezza **2** atto, discorso, comportamento da persona ingenua: *è un'i. credere alle sue parole*; *ha detto delle i. incredibili* **3** (*stor.*) nell'antica Roma, condizione dell'ingenuo

✦ingènuo [vc. dotta, lat. *ingĕnuu(m)* 'indigeno, innato, degno di un uomo', propr. 'nato dentro (a stirpe)', comp. di *in-*① e di un deriv. di *gĭgnere* 'generare', di orig. indeur. ✱ 1475] **A** **agg.** **1** innocente, candido, inesperto: *ragazzo i.* | semplicione, sprovveduto: *un uomo i. e credulone* **CONTR.** furbo, scaltro **2** che rivela ingenuità: *sorriso i.*; *domanda ingenua*; *animo i.* **3** †libero, liberale: *arti ingenue* ‖ **ingenuaménte**, **avv.** **B** **s. m.** (**f.** *-a* (**V.**)) **1** chi è pronto a credere e accettare tutto: *è un inguaribile i. e tutti ne approfittano* | ***fare l'i.***, fingere di non capire **2** (*stor.*) nell'antica Roma, chi era libero per nascita ‖ **ingenuóne**, **accr.** | **ingenuòtto**, **alter.**

SFUMATURE ➤ *semplice*①

ingènza [da *ingente* ✱ 1983] **s. f.** ● caratteristica di ciò che è ingente

✦ingerènza [dal part. pres. di *ingerire* ✱ 1596] **s. f.** ● intromissione spec. non richiesta e non gradita in cose che non dovrebbero riguardare: *non ammetto ingerenze d'altri riguardo le mie decisioni*; *i. legittima, indebita*; *i. diretta, indiretta*

ingeriménto [1639] **s. m.** **1** ingestione: *l'i. di alimenti* **2** (*raro*) ingerenza

✦ingerìre [vc. dotta, lat. *ingĕrere* 'portare dentro', comp. di *in-* 'dentro' e *gĕrere* 'portare', di etim. incerta, con passaggio a diversa coniug. ✱ av. 1498] **A** **v. tr.** (**pres.** *io ingerìsco, tu ingerìsci*; **part. pass.** *ingerìto*, †*ingèsto*) **1** mandare giù nello stomaco **SIN.** ingoiare **2** †introdurre **3** (*fig.*) †insinuare, suscitare: *i. un dubbio, un sospetto* **B** **ingerirsi** **v. intr. pron.** ● intromettersi, immischiarsi indebitamente in questioni altrui: *ingerirsi nei segreti, nei fatti altrui*; *ingerirsi nella politica interna di uno Stato*

SFUMATURE DI SIGNIFICATO

ingerire - ingoiare - ingurgitare

Si dice **ingerire** il mandar giù nello stomaco una sostanza solida o liquida. L'azione definita da *ingerire* è generica, mentre **ingoiare** è il mandar giù inghiottendo rapidamente. **Ingurgitare** aggiunge all'atto di inghiottire rapidamente una sfumatura di ingordigia.

ingessàre [comp. di *in-*① e *gesso* ✱ 1550] **v. tr.** (*io ingèsso*) **1** (*raro*) rivestire di gesso | murare col gesso: *i. i cardini della finestra* **2** (*med.*) rendere immobile mediante ingessatura: *i. un braccio, una gamba* **3** (*fig.*) fossilizzare, bloccare, irrigidire

ingessàto **part. pass.** di *ingessare*; anche **agg.** ● nei sign. del v. (*anche fig.*): *arto i.*; *trattativa ingessata* | (*fig.*) eccessivamente formale, impacciato, poco disinvolto: *atmosfera un po' ingessata*; *dialogo i.*

ingessatùra [1798] **s. f.** **1** operazione dell'ingessare **2** (*med.*) fasciatura rigida a base di gesso per mantenere immobile un arto o parte del corpo fratturato o lussato

ingessìre [comp. di *in-*① e *gesso* ✱ 1855] **v. intr.** (*io ingessìsco, tu ingessìsci*; **aus.** *essere*) ● diventar bianco come gesso, detto dei bachi da seta ammalati di calcino

ingestióne [dal lat. *ingĕstus*, part. pass. di *ingĕrere* 'ingerire' ✱ 1678] **s. f.** ● atto dell'ingerire: *una lenta i.*; *i. di alcol, di farmaci*

†ingèsto **part. pass.** di *ingerire*; anche **agg.** ● nel sign. A 1 del v.

inghiaiàre [comp. di *in-*① e *ghiaia* ✱ 1310] **v. tr.** (*io inghiàio*) ● coprire, cospargere di ghiaia: *i. una strada*

inghiaiàto **A** **part. pass.** di *inghiaiare*; anche **agg.** ● nel sign. del v. **B** **s. m.** ● (*raro, tosc.*) ghiaiata, massicciata | strada ricoperta di ghiaia

inghiaiatùra [1940] **s. f.** ● operazione dell'inghiaiare | (*est.*) strato di ghiaia che serve da copertura

inghìbbio ➤ **inghippo**

†inghilése ➤ **inglese**

inghiottiménto [1612] **s. m.** **1** l'inghiottire **2** †voragine, precipizio

✦inghiottìre [lat. tardo *ingluttīre*, comp. di *in-*① e *gluttīre*, di orig. espressiva ✱ av. 1292] **v. tr.** (*io inghiótto* o *raro inghiottìsco, tu inghiótti* o *raro inghiottìsci*) **1** mandar giù nell'esofago cibo o bevande: *i. un boccone di minestra*; *non riuscire a i. l'acqua* | ***i. le lacrime, il pianto***, (*fig.*) trattenerli **2** (*fig.*) assorbire, fare sprofondare: *il silenzio inghiottì le nostre voci*; *un gorgo aveva inghiottito la barca* | (*fig.*) far sparire, distruggere: *un investimento sbagliato ha inghiottito il suo patrimonio* **3** (*fig.*) sopportare, tollerare: *i. ingiurie, offese, amarezze*

SFUMATURE DI SIGNIFICATO

inghiottire - ingollare - trangugiare

L'azione di mandare giù nella gola cibi o bevande si definisce **inghiottire**; in senso figurato il verbo significa sopportare, tollerare. **Ingollare** vuol dire inghiottire ingordamente e velocemente, senza assaporare; **trangugiare** ha lo stesso significato ma si usa soprattutto in riferimento a cibi solidi.

inghiottitóio [adattamento del dial. sett. *ingiotidór*, propr. 'inghiottitore' ✱ 1798] **s. m.** (**pl.** *-ói*) ● (*geogr.*) orifizio naturale in cui defluiscono le acque sul fondo di una conca, dolina e sim.

inghiottitóre [av. 1694] **agg. e s. m.** (**f.** *-trice*) ● (*raro, lett.*) che (o chi) inghiottisce | (*lett.*) avido

inghiottonìre [comp. di *in-*① e *ghiottone* ✱ av. 1306] **A** **v. tr.** (*io inghiottonisco, tu inghiottonisci*) **1** (*raro, lett.*) rendere ghiotto **2** †far diventare desideroso **B** **v. intr.** (**aus.** *essere*) e **inghiottonìrsi** **v. intr. pron.** ● (*raro, lett.*) diventare ghiotto

inghìppo o (*raro*) **inghìbbio** [prob. napol. *nchippo* 'frinzello, punti mal dati', dal lat. parl. **implicl̆āre*, forma metatetica per *implicāre* 'implicare' ✱ 1946] **s. m.** ● (*centr.*) espediente truffaldino, imbroglio, trucco: *qui c'è un i.*; *fare un i.* | (*est.*) difficoltà, intralcio: *la faccenda si svolse senza inghippi*

inghirlandàre o (*pop.*) **†ingrillandàre** [comp. di *in-*① e *ghirlanda* ✱ 1319] **A** **v. tr.** **1** ornare con ghirlande: *i. il capo d'alloro* | anche in forma pron. (con valore intens.): *Quì di fior s'inghirlanda / Bella innocenza il crin* (G. Parini) **2** (*lett.*) cingere come una ghirlanda: *città inghirlandata di mura* **3** †colmare di vino una tazza o sim. **B** **inghirlandàrsi** **v. rifl.** ● ornarsi, cingersi di ghirlande

ingialliménto [1869] **s. m.** ● l'ingiallire

ingiallìre [comp. di *in-*① e *giallo* ✱ 1598] **A** **v. tr.** (*io ingiallisco, tu ingiallisci*) ● rendere giallo: *i. i capelli* **B** **v. intr.** (**aus.** *essere*) e **ingiallìrsi** **v. intr. pron.** ● diventare giallo: *le biade ingialliscono*

ingiallìto **part. pass.** di *ingiallire*; anche **agg.** ● diventato giallo: *un vecchio libro con le pagine ingiallite* | (*fig.*) invecchiato: *l'Inghilterra era ormai ingiallita* (B. Croce)

ingigantìre [comp. di *in-*① e *gigante* ✱ 1634] **A** **v. tr.** (*io ingigantìsco, tu ingigantìsci*) **1** (*raro*) ingrandire enormemente **2** (*fig.*) far apparire qlco. più grande, importante, rischioso e sim., di ciò che è: *i. una questione*; *i. i pericoli con l'immaginazione* **SIN.** esagerare **B** **v. intr.** (**aus.** *essere*) e **ingigantìrsi** **v. intr. pron.** ● prendere forme, proporzioni gigantesche (*spec. fig.*): *le difficoltà si sono ingigantite*

ingigliàre [comp. di *in-*① e *giglio* ✱ 1321] **A** **v. tr.** (*io ingìglio*) ● (*lett.*) ornare di gigli **B** **ingigliàrsi** **v. intr. pron.** **1** †assumere figura di giglio **2** †avere il giglio come stemma **C** **ingigliàrsi** **v. rifl.** ● †ornarsi di gigli

inginocchiaménto [sec. XIV] **s. m.** ● atto dell'inginocchiarsi

✦inginocchiàrsi [vc. dotta, lat. tardo *ingenicŭlāre*, da *ingenĭculum*, agg., comp. della prep. *in* e *genĭculum* '(piccolo) ginocchio' ✱ 1266] **v. intr. pron.** (*io mi inginòcchio*) **1** mettersi in ginocchio o genuflettersi per devozione, sottomissione e sim.: *i. davanti ad una immagine sacra*; *i. ai piedi del vincitore* **2** (*fig.*) sottomettersi, umiliarsi (*anche assol.*) **3** (*est.*) abbassarsi piegandosi sui ginocchi, detto di animali: *il cammello si inginocchia per fare salire il cammelliere*

inginocchiàta [sec. XV] **s. f.** **1** †genuflessione | (*fig.*) †umiliazione **2** inferriata di finestra, incurvata e sporgente nella parte inferiore | la finestra munita di tale inferriata

inginocchiatóio [1543] **s. m.** (**pl.** *-ói*) ● mobiletto munito in basso di un gradino sul quale si sta in ginocchio a pregare

†inginocchiatùra [sec. XIV] **s. f.** **1** genuflessione **2** curvatura

inginocchióni o **in ginocchióni** [sec. XIII] **avv.** ● (*lett.*) ginocchioni

ingioiàre [comp. di *in-*① e *gioia* ✱ 1557] **A** **v. tr.** (*io ingiòio*) **1** (*disus.*) ingioiellare **2** †colmare di gioia **B** **ingioiàrsi** **v. intr. pron.** ● †rallegrarsi **C** **ingioiàrsi** **v. rifl.** ● (*disus.*) ingioiellarsi

ingioiellàre [comp. di *in-*① e *gioiello* ✱ 1640] **A** **v. tr.** (*io ingioièllo*) **1** ornare di gioielli | anche in forma pron. (con valore intens.): *ingioiellarsi il petto* **2** (*fig., lett.*) impreziosire: *i. uno scritto, un sonetto* **B** **ingioiellàrsi** **v. rifl.** ● ornarsi di gioielli

ingioiellàto **part. pass.** di *ingioiellare*; anche **agg.** ● adorno di gioielli: *mani ingioiellate*; *una donna ingioiellata* | (*fig.*) abbellito, impreziosito: *(Superga) … si vedeva nera e ingioiellata di una corona di luci* (C. Pavese)

ingiovanìre o **†ingiovenìre** [comp. di *in-*① e *giovane* ✱ sec. XIV] **v. tr. e intr.** (*io ingiovanìsco, tu ingiovanìsci*; **aus. intr.** *essere*) ● (*lett.*) ringiovanire: *quei rari spiriti che invecchiando ingiovaniscono* (G. Carducci)

ingiù o **†ingiùso**, **†in giùso** [comp. di *in-*② e *giù* ✱ av. 1292] **avv.** ● in giù, in basso, spec.

nelle loc. avv. ***all'i.***, ***†allo i.***, ***†alla i.***, ***per i.***, ***per l'i.***, ***dall'i.***, verso il basso, dal basso: *andare, correre, cadere all'i.*; *tirare dall'i.* *all'insù*; *lo teneva malamente rivolto per l'i.* CONTR. insù

ingiudicàto [vc. dotta, lat. *iniudicātu(m)*, comp. di *in-*③ e *iudicātus* 'giudicato' ✱av. 1527] **agg.** ● (*raro*) di questione su cui non è stata ancora emessa dall'autorità competente una pronuncia definitiva

†ingiùgnere ➤ **ingiungere**

ingiuncàre [comp. di *in-*① e *giunco* ✱av. 1374] **A** **v. tr.** (*io ingiùnco, tu ingiùnchi*) **1** †coprire o legare con giunchi **2** (*mar.*) raccogliere il tessuto di spinnaker o altre vele di prua non inferite con fili di lana destinati a rompersi non appena la vela si gonfia | †legare con giunchi, in legature volanti, spec. le vele latine **B** **ingiuncàrsi** **v. intr. pron.** ● †coprirsi di giunchi o di piante fitte come giunchi | (*est.*) †ricoprirsi

ingiùngere o **†ingiùgnere** [vc. dotta, lat. *iniūngere* 'unire inserendo, imporre', comp. di *in-*① e *iūngere* 'giungere' ✱1353] **A** **v. tr.** (**coniug.** come *giungere*) **1** intimare, imporre d'autorità (+ *di* **seguito da inf.**; **anche** + *che* **seguito da congtv.**): *i. l'immediato pagamento di una somma*; *i. ai testimoni di comparire in giudizio*; *i. a qlcu. di uscire, di tacere*; *i suoni lo irritavano, ingiungeva che smettesse* (F. DE ROBERTO) SIN. comandare, ordinare **2** †includere, allegare **3** †raggiungere **B** **ingiùngersi** **v. rifl.** ● †congiungersi, attaccarsi

ingiuntìvo [da *ingiungere* ✱1957] **agg.** ● che implica un ordine o si riferisce a un ordine, a un comando | (*dir.*) ***decreto i.***, provvedimento giudiziario con cui il giudice ordina al debitore di adempiere l'obbligazione entro un dato termine

ingiùnto **part. pass.** di *ingiungere*; **anche agg.** ● nei sign. del v.

ingiunzióne [vc. dotta, lat. tardo *iniunctiōne(m)*, da *iniūnctus* 'ingiunto' ✱av. 1686] **s. f.** **1** ordine emesso da un privato o da un'autorità: *i. di comparire in giudizio*; *gli fu comunicata l'i. di arrendersi* SIN. comando, imposizione **2** (*dir.*) ***procedimento di i.***, o (*ellitt.*) ***ingiunzione***, particolare procedura destinata a soddisfare le richieste di un creditore, mediante speciali forme abbreviate

SFUMATURE ➤ *ordine*

♦**ingiùria** o **†iniùria** [lat. *iniūria(m)*, comp. di *in-*③ e un deriv. di *iūs*, genit. *iūris* 'diritto' ✱1261 ca.] **s. f.** **1** offesa rivolta al decoro e all'onore altrui (anche come reato perseguibile penalmente): *i. atroce, villana, sanguinosa*; *riparare, cancellare, perdonare le ingiurie*; *querelare qlcu. per ingiurie* | parola ingiuriosa, contumelia: *lanciare, respingere un'i.*; *vomitare un sacco di ingiurie* SIN. affronto, insulto, oltraggio **2** (*lett.*) atto ingiusto ai danni di qlcu.: *hanno fatto i. a quanto aveva di più caro*; *i nobili e grandi cittadini insuperbiti faceano molte ingiurie a' popolari con batterli e con altre villanie* (D. COMPAGNI) | ***†fare i. a una donna***, farle violenza | torto: *mi si fa i. credendo a queste voci* **3** (*fig.*) guasto, danno: *quel palazzo mostra evidenti le ingiurie del tempo*

ingiuriàre [vc. dotta, lat. *iniurāre*, da *iniūria* 'ingiuria' ✱av. 1292] **A** **v. tr.** (*io ingiùrio*) **1** offendere con ingiurie SIN. insultare, oltraggiare **2** fare torto, danno **B** **ingiuriàrsi** **v. rifl. recipr.** ● scambiarsi ingiurie, offendersi, oltraggiarsi

ingiuriatóre [av. 1328] **agg. e s. m.** (**f.** *-trice*) ● (*raro*) che (o chi) ingiuria

ingiurióso (o *-ṣ-*) [vc. dotta, lat. *iniuriōsu(m)*, da *iniūria* 'ingiuria' ✱1268] **agg.** **1** offensivo, oltraggioso: *parole ingiuriose*; *scritto i.* | che fa torto: *sospetto i.* **2** †nocivo, dannoso **3** †maligno ‖ **ingiuriosaménte**, **avv.**

†ingiùso ➤ **ingiù**

ingiustificàbile [comp. di *in-*③ e *giustificabile* ✱1869] **agg.** ● che non è possibile giustificare: *azione i.* SIN. inaccettabile, inammissibile ‖ **ingiustificabilménte**, **avv.** ‖ **ingiustificabilità**, **s. f. inv.**

ingiustificàto [comp. di *in-*③ e *giustificato* ✱1891] **agg.** ● privo di una qualsiasi giustificazione: *diniego, rifiuto i.*; *assenza ingiustificata* | privo di fondamento: *critiche ingiustificate* SIN. immotivato, infondato ‖ **ingiustificataménte**, **avv.**

♦**ingiustìzia** [vc. dotta, lat. *iniustĭtia(m)*, comp. di *in-*③ e *iustĭtia* 'giustizia' ✱1268] **s. f.** **1** caratteristica o condizione di ciò che (o di chi) è ingiusto: *l'i. di quella sentenza è palese*; *un arbitro criticato per la sua i.* SIN. iniquità **2** atto ingiusto: *commettere, subire, soffrire un'i.*; *vendicare un'i.*; *è un'i.!* SIN. sopruso, torto

SFUMATURE ➤ *angheria*

♦**ingiùsto** o **†iniùsto** [vc. dotta, lat. *iniūstu(m)*, comp. di *in-*③ e *iūstus* 'giusto' ✱1261 ca.] **A** **agg.** **1** che agisce o giudica in modo non conforme a giustizia: *padre, esaminatore, giudice i.*; *sono stato i. con voi* SIN. iniquo **2** che non è conforme alla giustizia: *condanna, sentenza, legge ingiusta*; *erra chi crede che la vittoria delle imprese consista nello essere giuste o ingiuste* (F. GUICCIARDINI) SIN. iniquo **3** ingiustificato, immotivato, irragionevole (+ **inf.**, + *che* **seguito da congtv.**): *pretese ingiuste*; *trovo i. non riconoscere i suoi sforzi*; *è i. che facciate pesanti insinuazioni su di lui* | infondato: *sospetto i.*; *critica ingiusta* | immeritato: *lode, punizione ingiusta* ‖ **ingiustaménte**, **avv.** **1** in modo ingiusto, iniquo: *sono stato trattato ingiustamente* **2** a torto, senza motivo: *Giacché mi si fa quest'affronto ingiustamente* (A. MANZONI) **B** **s. m.** **1** (**f.** *-a*) chi non è giusto: *spesso patisce il giusto per l'i.* **2** (**solo sing.**) ingiustizia

♦**inglése** (o *-ṣ-*) o (*pop.*) **†inghilése** [ant. fr. *angleis* 'proprio degli Angli (*Angles*)' ✱1308] **A** **agg.** **1** dell'Inghilterra o, correntemente, della Gran Bretagna | che è tipico dell'Inghilterra, del suo popolo e dei suoi costumi: *flemma, eleganza i.*; *lingua i.*; *letteratura i.* CFR. anglo- | ***all'i.***, (*ellitt.*) secondo l'uso degli inglesi | ***prato all'i.***, quello con erba molto fitta e rasata che gli conferisce il caratteristico aspetto vellutato | ***giardino all'i.***, che imita un paesaggio naturale | ***gabinetto all'i.***, V. *gabinetto*, sign. 5 | ***riso all'i.***, cucinato in bianco | ***sella all'i.***, senza arcione | ***colazione all'i.***, V. *colazione* | (*fam.*) ***andarsene, filarsela all'i.***, in silenzio e senza salutare nessuno **2** (*est.*) detto di ciò cui si attribuisce tradizionalmente origine inglese | ***carattere i.***, carattere tipografico che imita una scrittura corsiva | ***chiave i.***, attrezzo usato per stringere viti e dadi di vari diametri | ***ricamo i.***, tipo di punto ricco di trafori bordati a cordoncino semplice | ***sale i.***, solfato di magnesio, usato spec. come purgante drastico | ***zuppa i.***, dolce a base di pan di Spagna intriso di liquore e farcito con crema o cioccolato | (*zootec.*) ***purosangue i.***, razza equina di tipo dolicomorfo allevata in tutto il mondo per le sue doti di galoppatrice e trottatrice **B** **s. m. e f.** ● abitante o nativo dell'Inghilterra, o, correntemente, della Gran Bretagna | (*fam.*) ***fare l'i.***, fingere di non capire ‖ **inglesino**, **dim. m.** **C** **s. m. solo sing.** ● lingua del gruppo germanico parlata in Gran Bretagna, negli Stati Uniti e in altri Paesi

inglesìṣmo (o *-eṣi-*) [comp. di *inglese* e *-ismo* ✱1757] **s. m.** ● (*raro*) anglicismo

inglesiẓẓàre (o *-ṣ-*) [av. 1950] **A** **v. tr.** ● anglicizzare **B** **inglesiẓẓàrsi** **v. intr. pron.** **1** assumere costumi, gusti inglesi **2** assumere forma inglese, detto di un vocabolo ‖ **inglesiẓẓazióne**, **s. f.**

inglobaménto [1966] **s. m.** ● l'inglobare, il venire inglobato

inglobàre [comp. di *in-*① e *globo* ✱1499] **v. tr.** (*io inglòbo*) **1** assimilare elementi esterni in un insieme organico: *l'America ha inglobato uomini di tutte le razze e civiltà*; *L'orrore, il sacro e il mistero vengono inglobati dal turismo* (I. CALVINO) SIN. incorporare **2** (*raro*) conglobare

inglorióso (o *-ṣ-*) [vc. dotta, lat. *ingloriōsu(m)*, comp. di *in-*③ e *gloriōsus* 'glorioso' ✱1575] **agg.** **1** (*lett.*) privo di gloria: *condottiero i.* | oscuro, mediocre: *I giorni passano noiosi, … ingloriosi* (C.E. GADDA) SIN. oscuro **2** ignominioso, vergognoso: *guerra ingloriosa* **3** (*lett.*) che non dà gloria, onore ‖ **ingloriosaménte**, **avv.** **1** senza gloria **2** in modo vergognoso

inglùvie [vc. dotta, lat. *inglŭvie(m)* 'gola, voracità', da **inglŭere*, collegato con *inglutīre* 'inghiottire', di orig. espressiva ✱1374] **s. f. inv.** **1** (*zool.*) dilatazione a sacca dell'esofago di molti Uccelli e degli Artropodi **2** †ingordigia, voracità

-ingo o **-éngo** [suff. d'orig. germ. *-ing*] **suff.** ● è presente in parole che indicano spec. appartenenza: *casalingo, fiammingo, invernengo, maggengo, guardingo, ramingo, solingo*

ingobbiàre o **ingubbiàre** [comp. di *in-*① e *gobbio* ✱av. 1665] **v. tr.** (*io ingòbbio*) ● rivestire una ceramica con l'ingobbio

ingòbbio o **engòbbio** [dal fr. *engobe*, da *engober* 'rivestire di uno strato di terra (*gobe*, vc. dial. di orig. gallica)' ✱1927] **s. m.** ● intonacatura di un impasto ceramico con un velo di terra liquida che copre il colore naturale dell'argilla

ingobbìre [comp. di *in-*① e *gobbo* ✱av. 1294] **A** **v. tr.** (*io ingobbisco, tu ingobbisci*) **1** rendere gobbo: *un giornale umoristico che aveva … ingobbito la mia ninfa* (I. SVEVO) **2** chinare: *i. le spalle* **B** **v. intr.** (**aus.** *essere*) e **ingobbìrsi** **v. intr. pron.** ● diventare gobbo: *ingobbisce a forza di camminare a testa bassa*; *si è ingobbito per una malattia*

ingobbìto **part. pass.** di *ingobbire*; **anche agg.** ● curvo, ricurvo: *un vecchio i.*

†ingoffàre① [da *ingoffo* ✱av. 1400] **v. tr.** ● picchiare (**anche assol.**): *Mino corre addosso alla donna, e comincia a i.* (F. SACCHETTI)

ingoffàre② [comp. di *in-*① e *goffo* ✱1858] **v. tr.** (*io ingòffo*) ● rendere goffo, far apparire goffo: *questa giacca ti ingoffa*

ingoffìre [comp. di *in-*① e *goffo* ✱1587] **A** **v. tr.** (*io ingoffisco, tu ingoffisci*) (*raro*) rendere goffo **B** **v. intr.** (**aus.** *essere*) e **ingoffìrsi** **v. intr. pron.** ● (*raro*) diventare goffo

†ingòffo [vc. espressiva ✱1481] **s. m.** **1** botta, colpo, batosta: *dando e togliendo di maturi ingoffi* (L. PULCI) **2** boccone **3** somma versata sottobanco

ingoiaménto [av. 1694] **s. m.** ● (*raro*) l'ingoiare

ingoiàre [comp. di *in-*① e *goio* nel senso, come il suo parallelo *gogio*, di 'gozzo' ✱1362] **v. tr.** (*io ingóio* (o *-ò-*)) **1** mandare giù, inghiottire rapidamente o con avidità: *ha ingoiato un piatto di minestra senza prendere fiato* SIN. ingollare, ingozzare, trangugiare | (*fig.*, *lett.*) ***i. un libro***, leggerlo di malavoglia | (*fig.*) sopportare, tollerare: *i. amarezze, soprusi*; *cosa da non potersi i.* | ***i. un rospo***, (*fig.*) essere costretto a subire una cosa particolarmente sgradita senza poter reagire **2** (*fig.*) assorbire, trascinare giù, fare sprofondare: *il mare ha ingoiato migliaia di navi*

SFUMATURE ➤ *ingerire*

ingolfaménto [1678] **s. m.** **1** afflusso eccessivo di benzina nel carburatore, che impedisce l'avviamento del motore per miscela troppo ricca **2** (*raro*) l'ingolfare, l'ingolfarsi

ingolfàre [comp. di *in-*① e *golfo* ✱ 1485] **A** **v. tr.** (*io ingólfo*) **1** (*autom.*) provocare un ingolfamento **2** (*fig.*) impelagare: *ha ingolfato nei debiti persino i fratelli* **B** **ingolfàrsi** **v. intr. pron.** **1** (*lett.*) formare un golfo, un'insenatura, detto del mare: *rombando s'ingolfava / dentro l'arcuata ripa / un mare pulsante* (E. Montale) | †prendere il largo, spingersi in mare **2** (*fig.*, *lett.*) abbandonarsi, dedicarsi a qlco.: *m'ingolfava nello studio della Bibbia* (S. Pellico) **3** (*fig.*) mettersi in situazioni pericolose o scomode: *ingolfarsi nei debiti, nei guai* **SIN.** impelagarsi, invischiarsi **4** (*autom.*) subire un ingolfamento, detto di carburatori

ingólla (o -ò-) [da *ingollare* ✱ 1863] **s. f.** ● piccolo canestro con rebbi in cima a una pertica per staccare la frutta dai rami

ingollàre [comp. di *in-*① e *gola* con *-ll-* di *collo* sovrappostosi ✱ av. 1367] **v. tr.** (*io ingóllo* (o *-ò-*)) ● inghiottire ingordamente o quasi senza masticare o gustare: *ho ingollato la cena in due bocconi* | mandare giù in fretta: *i. una medicina* **SIN.** ingoiare, ingozzare, trangugiare

SFUMATURE ➤ ***inghiottire***

ingolosìre (o -ṣ-) [comp. di *in-*① e *goloso* ✱ 1832] **A** **v. tr.** (*io ingolosisco, tu ingolosisci*) ● rendere goloso: *è una torta che ci ingolosisce* | (*fig.*) allettare, attirare (*anche assol.*): *notizie che ingolosiscono il grosso pubblico; la confezione ingolosisce più del prodotto* **B** **v. intr.** (aus. *essere*) e **ingolosìrsi** **v. intr. pron.** ● diventare goloso o desideroso di qlco.

†**ingombraménto** [sec. XIV] **s. m.** ● l'ingombrare | ingombro | (*fig.*) turbamento

ingombrànte **part. pres.** di *ingombrare*; **anche agg.** ● che ingombra, che occupa molto spazio: *pacco i.* **SIN.** voluminoso | (*fig.*) che dà fastidio o mette in imbarazzo perché invadente o inopportuno: *un ospite decisamente i.*

ingombràre [ant. fr. *encombrer*, da *combre* 'sbarramento di un fiume', dal celt. **comboros* 'confluenza' ✱ 1294] **v. tr.** (*io ingómbro*) **1** occupare uno spazio creando ostacolo o intralcio: *i rottami dell'incidente ingombrano la strada; i. il tavolo di libri e carte; gli omer setosi a Polifemo ingombrano / l'orribil chiome* (A. Poliziano) **2** (*fig.*) occupare, pervadere, spec. in modo eccessivo o fastidioso: *tristi pensieri mi ingombrano la mente; d'amorosi pensieri il cor ne 'ngombra* (F. Petrarca) **3** †appropriarsi, usurpare, occupare **4** †intralciare qlcu. nei movimenti

SFUMATURE DI SIGNIFICATO

ingombrare - congestionare - intasare - ostruire
Con **ingombrare** si definisce l'azione di occupare uno spazio con cose, creando ostacolo o intralcio. **Congestionare** esprime un significato molto prossimo a quello di *ingombrare*, ma è implicito nel termine l'idea di uno spazio che diventa addirittura impraticabile in seguito a un afflusso eccessivo di persone o di cose. **Intasare** descrive l'azione di un eccesso di materiali o anche di persone che, riempiendo un condotto o affollando una strettoia, rallentano o impediscono il normale deflusso; si dice in particolare di un ingorgo di veicoli. **Ostruire** ha significato molto vicino a *intasare*, ma si riferisce esclusivamente a un blocco completo, un arresto determinato da persone o da cose che chiudono un passaggio.

SFUMATURE ➤ ***intralciare***

ingombrìme [av. 1907] **s. m.** ● (*raro, lett.*) insieme di cose ingombranti e inutili (*spec. fig.*): *questo i. di misere dovizie* (G. Carducci)

†**ingombrìo** [1312] **s. m.** ● ingombro: *davano impedimento per lo i. faceano, che impedivano i fanti e andatori* (D. Compagni)

ingómbro① [per *ingombr(at)o* ✱ sec. XIV] **agg.** ● ingombrato, ostruito, impedito (+ *di*, *raro, lett.* + *da*): *strada, linea ferroviaria ingombra di frane, di neve; aveva trovato il passo i. dalla milizia* (L. Pirandello) | (*fig.*, *lett.*) confuso, offuscato: *aver la mente ingombra* **CONTR.** sgombro

ingómbro② [da *ingombrare* ✱ 1438] **s. m.** **1** l'ingombrare | impedimento, impaccio: *dare, mettere i.; essere d'i.* | cosa che ingombra, che toglie spazio: *togliere un i. dal pavimento* **SIN.** ostacolo **2** spazio, volume occupato da ciò che ingombra: *un i. di un metro*

ingommàre [comp. di *in-*① e *gomma* ✱ 1564] **v. tr.** (*io ingómmo*) ● attaccare con gomma adesiva: *i. un cartellino con l'indirizzo sul pacco* | spalmare di gomma: *i. i francobolli, le buste* **SIN.** incollare

ingommatùra [1931] **s. f.** ● (*raro*) l'ingommare | strato di gomma applicato su qlco.

ingorbiàre [comp. di *in-*① e *gorbia* ✱ sec. XIV] **v. tr.** (*io ingórbio*) **1** applicare la gorbia a un'asta, a un bastone e sim. **2** scanalare il legno

ingorbiatùra [dal part. pass. di *ingorbiare* ✱ av. 1571] **s. f.** ● scanalatura | cavità in cui s'innesta la punta del trapano

†**ingordàggine** [av. 1610] **s. f.** ● ingordigia

ingordìgia [da *ingordo* ✱ 1303] **s. f.** (pl. *-gie*) **1** caratteristica di chi è ingordo: *peccare d'i.* | golosità, avidità: *i. di cibi, di bevande* **SIN.** voracità **2** (*fig.*) cupidigia, bramosia: *i. di denaro e onori; i. di piaceri*

SFUMATURE ➤ ***avidità***

ingórdo [lat. *gŭrdu(m)* 'pesante, goffo', di etim. incerta ✱ av. 1327] **A** **agg.** **1** ghiotto, vorace, insaziabile: *essere i. di dolci* | (*fig.*) bramoso, voglioso: *i. di guadagni, di divertimenti* **SIN.** avido **2** che rivela ingordigia (*anche fig.*): *sete ingorda; desiderio i.* ‖ **ingordaménte**, **avv.** **B** **s. m.** (f. *-a*) ● persona ingorda

†**ingorgaménto** [av. 1698] **s. m.** ● ingorgo

ingorgàre [comp. di *in-*① e *gorgo* ✱ sec. XIII] **A** **v. tr.** (*io ingórgo, tu ingórghi*) ● intasare, ostruire una tubatura, uno scarico e sim.: *il tappo della bottiglia ha ingorgato il lavandino* **B** **v. intr.** † e **ingorgàrsi** **v. intr. pron.** **1** fare un gorgo, detto di liquidi o acqua corrente | accumularsi senza avere sfogo: *l'acqua s'ingorgherà nella largura* (Leonardo) | (*fig.*) bloccarsi impedendo la circolazione: *il traffico si è ingorgato al semaforo* **2** ostruirsi, intasarsi: *la caldaia si è ingorgata per i depositi dell'acqua; il tubo si è ingorgato per la fuliggine*

ingórgo [da *ingorgare* ✱ 1598] **s. m.** (pl. *-ghi*) **1** l'ingorgarsi: *l'i. del tubo di scarico* | ***i. di traffico***, eccessiva affluenza di veicoli che, ostacolandosi, bloccano la circolazione **SIN.** intasamento, ostruzione **2** (*med.*) ristagno o aumentato afflusso di sangue o di altri liquidi organici ‖ **ingorgóne**, **accr.**

ingovernàbile [comp. di *in-*③ e *governabile* ✱ 1846] **agg.** **1** che non si può governare: *Stato i.* | che non si è in grado di tenere sotto controllo: *la situazione si è fatta i.* **2** che non si riesce a manovrare: *nave i.* ‖ **ingovernabilménte**, **avv.** ‖ **ingovernabilità**, **s. f. inv.**

ingozzaménto [da *ingozzare* ✱ 1957] **s. m.** ● nutrizione forzata del pollame

ingozzàre [comp. di *in-*① e *gozzo* ✱ 1313] **A** **v. tr.** (*io ingózzo*) **1** mettere nel gozzo: *i polli ingozzano il mangime* | inghiottire con ingordigia: *i. un piatto di minestra* **SIN.** ingollare, ingurgitare, trangugiare **2** (*lett., raro*) ingoiare con disgusto: *i. una medicina amara* | (*fig.*) tollerare, sopportare: *i. umiliazioni, amarezze* **3** far ingrassare animali nutrendoli a forza e con abbondanza: *i. galline, anitre, oche* | (*est.*) obbligare qlcu. a mangiare, a nutrirsi: *dopo la malattia lo stanno ingozzando* **B** **ingozzàrsi** **v. rifl.** ● rimpinzarsi di cibo, anche mangiando in fretta o con ingordigia (+ *di*): *ingozzarsi di antipasti*

ingozzàta [da *ingozzare* con allargamento di sign. ✱ sec. XVI] **s. f.** ● (*raro, pop.*) l'ingozzarsi: *fare un'i. di fichi* **SIN.** scorpacciata

ingozzatrìce [1970] **s. f.** ● apparecchio per alimentare intensamente il pollame, spec. le oche, sottoposto all'ingrasso

ingracilìre [comp. di *in-*① e *gracile* ✱ sec. XVI] **A** **v. tr.** (*io ingracilìsco, tu ingracilìsci*) ● rendere gracile **CONTR.** irrobustire **B** **v. intr.** (aus. *essere*) e **ingracilìrsi** **v. intr. pron.** ● diventare gracile

ingraduàbile [comp. di *in-*③ e *graduabile* ✱ 1869] **agg.** ● (*raro*) che non è graduabile

ingranàggio [fr. *engrenage*, da *engrener* 'ingranare' ✱ 1812] **s. m.** **1** meccanismo che trasmette il movimento per mezzo di ruote dentate: *i. cilindrico, conico* **2** (*fig.*, spec. al pl.) andamento o funzionamento quasi meccanico di qlco., che tende a vincolare l'individuo: *essere preso nell'i. della mondanità; gli ingranaggi della burocrazia*

ingranaménto [fr. *engrènement*, da *engrener* 'ingranare' ✱ 1918] **s. m.** **1** l'ingranare: *l'i. di un motore* | (*fig., raro*) avviamento: *l'i. di una attività* **2** (*mecc.*) impegno reciproco fra i denti di un ingranaggio | grippaggio

ingranàre [fr. *engrener*, col sign. derivato da quello originario di 'riempire di grano (*grain*) la tramoggia' ✱ av. 1250] **A** **v. intr.** (aus. *avere*) **1** (*mecc.*) essere accoppiati o in presa fra loro, detto di ingranaggi **2** (*colloq., fig.*) prendere l'avvio, funzionare o rendere nel modo dovuto: *è una collaborazione che comincia a i.; un ragazzo che non ingrana nel lavoro; stamattina non riesco a i.* **B** **v. tr.** **1** porre le ruote dentate di un ingranaggio in posizione tale che i denti facciano presa tra loro e trasmettano il moto | (*autom.*) ***i. la marcia***, innestarla **2** grippare

ingranchìre [comp. di *in-*① e *granchio* ✱ av. 1803] **v. tr.**, **intr.** (*io ingranchìsco, tu ingranchìsci*; aus. intr. *essere*) e **ingranchìrsi** **v. intr. pron.** ● (*lett.*) rattrappire, rattrappirsi

ingrandiménto [1620] **s. m.** **1** l'ingrandire | aumento di grandezza, dimensione e sim.: *l'i. di un quartiere, di una città, di una industria; l'i. della casa mi obbliga ad aumentare i mobili e la servitù* (C. Goldoni) **SIN.** accrescimento, ampliamento **2** (*fig.*) †esagerazione **3** (*fis.*) rapporto tra una dimensione dell'immagine di un oggetto data da uno strumento ottico e la corrispondente dimensione dell'oggetto | ***lente d'i.***, che fornisce un'immagine ingrandita **4** sistema di stampa fotografica mediante il quale viene aumentata la grandezza dell'immagine | (*est.*) la stampa fotografica così ottenuta

♦**ingrandìre** [comp. di *in-*① e *grande* ✱ av. 1257] **A** **v. tr.** (*io ingrandisco, tu ingrandisci*) **1** rendere più grande quanto a dimensioni, numero, sfera d'azione, e sim.: *i. una casa, un regno, un podere; i. il nucleo familiare; i. l'azienda, il giro degli affari* **SIN.** accrescere, ampliare, aumentare **2** (*fig.*) esagerare: *i. una difficoltà* **3** aumentare la grandezza di un'immagine mediante l'uso di particolari strumenti ottici: *i. qlco. con il microscopio* **4** sottoporre a ingrandimento fotografico **5** (*mus.*) indicazione dinamica che equivale a crescendo **B** **v. intr.** (aus. *essere*) ● diventare grande o più grande: *i loro poteri ingrandivano rapidamente; come sono ingranditi i tuoi figli!* **SIN.** accrescersi **C** **ingrandìrsi** **v. intr. pron.** **1** crescere: *gli alberi si sono ingranditi negli ultimi tempi; il ti-*

more s'ingrandisce col passare dei giorni; il paese s'ingrandisce sempre più **2** (*fig.*) incrementare l'attività, l'estensione della propria azienda, e sim.: *mi sono ingrandito per far fronte alle continue richieste dei clienti* SIN. espandersi

ingranditóre [av. 1698] **agg. e s. m. 1** (**f.** *-trice*) che (o chi) ingrandisce **2** apparecchio per eseguire ingrandimenti fotografici

ingrappàre [comp. di *in-*① e *grappa*① ✱ 1857] **v. tr.** ● collegare, rinforzare mediante grappe

ingrassabùe [comp. di *ingrassa(re)* e *bue* per questa proprietà ✱ 1759] **s. m. inv.** ● pianta erbacea delle Composite, annua, con fiori di colore dal giallo al crema, e foglie divise (*Chrysantemum segetum*)

ingrassàggio [da *ingrassare* nel sign. A 3 ✱ 1957] **s. m.** ● (*mecc.*) grassaggio

ingrassaménto [av. 1320] **s. m.** ● l'ingrassare: *l'i. dei polli* | l'ingrassarsi: *fare una dieta per evitare un eccessivo i.*

♦**ingrassàre** [lat. tardo *incrassāre*, comp. di *in-*① e *crassāre*, da *crăssus* 'grasso' ✱ 1282] **A v. tr. 1** rendere grasso: *i. tacchini, oche, maiali; il cibo e la tranquillità lo hanno ingrassato* **2** concimare un terreno, spec. con sostanze organiche: *i. i campi col letame* | (*scherz.*) ***andare a i. i cavoli***, morire **3** lubrificare con grasso: *i. il motore* **B v. intr.** (aus. *essere*) e **ingrassàrsi v. intr. pron. 1** diventare grasso o più grasso: *dopo la malattia ingrassa a vista d'occhio; in questi anni si è molto ingrassato* CONTR. dimagrire **2** (*fig.*) diventare ricco: *ingrassarsi alle spalle altrui*

ingrassàto part. pass. di *ingrassare*; anche **agg.** ● nei sign. del v. CONTR. dimagrito

ingrassatóre [1889] **A agg.** (**f.** *-trice*) ● che ingrassa **B s. m. 1** (**f.** *-trice*) chi è addetto alla lubrificazione di macchine e motori **2** dispositivo che serve per iniettare il grasso sui punti richiesti dal meccanismo

ingràsso [da *ingrassare* ✱ 1781] **s. m. 1** ingrassamento di animali: *tenere, mettere all'i.; buoi da i.* **2** (*agric.*) concimazione: *l'i. di un terreno* | sostanza usata per migliorare la fertilità del terreno SIN. concime, letame

ingraticciàre [comp. di *in-*① e *graticcio* ✱ 1663] **v. tr.** (**pres.** *io ingraticcio*; **fut.** *io ingraticcerò*) ● chiudere con graticcio | coprire con graticcio

ingraticciàta [dal part. pass. di *ingraticciare* ✱ av. 1597] **s. f.** ● sostegno di piante o recinzione a forma di graticcio

ingraticciatùra [1697] **s. f.** ● l'ingraticciare | ingraticciata

ingraticolaménto [av. 1704] **s. m.** ● l'ingraticolare | chiusura con un riparo a forma di graticola

ingraticolàre [comp. di *in-*① e *graticola* ✱ av. 1320] **v. tr.** (*io ingratìcolo*) ● chiudere con una graticola: *i. una finestra*

ingraticolàta [da *ingraticolare* ✱ av. 1597] **s. f.** ● graticolato | (*raro*) inferriata

ingraticolàto A part. pass. di *ingraticolare*; anche **agg.** ● nei sign. del v. **B s. m.** ● (*raro*) graticolato

ingraticolatùra [1887] **s. f.** ● ingraticolamento

♦**ingratitùdine** [vc. dotta, lat. tardo *ingratitūdine(m)*, comp. di *in-* neg. e un deriv. di *grātus* 'grato' ✱ 1268] **s. f. 1** mancanza di gratitudine: *dimostrare i. per un benefattore* | tendenza a dimenticare e a non ricambiare gli aiuti ricevuti: *l'i. dei figli verso i genitori; non vi spaventi dal beneficare gli uomini la i.* (F. GUICCIARDINI) CONTR. riconoscenza **2** atto di chi è ingrato: *ripagare con un'i. il bene ricevuto* | †***pagare, ricambiare d'i.***, essere ingrato

♦**ingràto** [vc. dotta, lat. *ingrātu(m)*, comp. di *in-*③ e *grātus* 'grato' sul modello del corrispondente gr. *ácharis* ✱ sec. XIII] **A agg. 1** che non sente o dimostra gratitudine o riconoscenza: *avere un animo i.; essere i. verso un benefattore; da un figlio i. a me la pace è tolta* (V. ALFIERI) **2** di ciò che è difficile, faticoso, che si fa malvolentieri e non dà soddisfazione: *lavoro, studio i.* | sgradevole, spiacevole: *aspetto, fisico i.; ricordo i.; verità ingrata* ‖ **ingrataménte**, avv. **B s. m.** (**f.** *-a*) ● chi manca di gratitudine o riconoscenza: *cerca di non essere un i.* ‖ **ingratàccio**, pegg.

ingravescènte [lat. *ingravescĕnte(m)*, comp. di *in-*① e *gravēscens*, genit. *gravescĕntis*, part. pres. di *gravēscere*, da *grăvis* 'grave' ✱ 1499] **agg.** ● che diviene più grave: *malattia i.*

ingravidaménto [sec. XIV] **s. m.** ● l'ingravidare, l'ingravidarsi

ingravidàre [vc. dotta, lat. tardo *ingravidāre*, comp. di *in-*① e *grăvidus* 'gravido' ✱ 1320] **A v. tr.** (*io ingràvido*) ● rendere gravida **B v. intr.** (aus. *essere*) e **ingravidàrsi v. intr. pron.** ● diventare gravida

ingraziàre [comp. di *in-*① e *grazia* ✱ av. 1337] **A v. tr.** (*io ingràzio*) ● †rendere bene accetto, gradito **B ingraziàrsi v. tr. pron.** (aus. *essere*) ● procurarsi la benevolenza di qlcu.: *faceva giocare la bambina soltanto per ingraziarsi i genitori; per secondare la corrente democratica ... s'ingraziava il partito estremo* (F. DE ROBERTO) SIN. accattivarsi, propiziarsi

ingrediènte [vc. dotta, lat. *ingrediĕnte(m)*, part. pres. di *ĭngredi*, comp. di *in* 'verso' e *grădi* 'avanzare', da *grădus* 'passo', di etim. incerta ✱ 1598] **s. m. 1** sostanza singola che entra nella composizione di vivande, farmaci ecc.: *gli ingredienti di una tisana, di una torta, di un cocktail; ingredienti chimici* **2** (*est.*) motivo, elemento che entra nella composizione di qlco. (spesso con una connotazione limitativa): *un film poliziesco basato sui soliti ingredienti*

ingrèssa [da *ingresso*① ✱ 1869] **s. f.** ● (*sett.*) parte della liturgia della Messa in cui il sacerdote, recitando i primi versetti di un salmo, fa ingresso all'altare SIN. introito

ingressàre [da *ingresso* ✱ 1987] **v. tr.** (*io ingrèsso*) ● in biblioteconomia, registrare un libro in entrata

ingressióne [vc. dotta, lat. *ingressiōne(m)* 'entrata', da *ingrĕssu(m)* 'ingresso' ✱ 1972] **s. f.** ● (*geol.*) fenomeno di sommersione di terre emerse per innalzamento del livello del mare o abbassamento delle terre

ingressìvo [dal lat. *ingrĕssus* nel senso di 'entrata' e 'inizio' ✱ 1957] **agg. 1** (*ling.*) detto di suono la cui articolazione provoca ingresso d'aria nell'apparato di fonazione **2** (*ling.*) detto di aspetto del verbo in cui l'azione è presentata nel suo inizio (per es. nel verbo *avviarsi*) SIN. incoativo

♦**ingrèsso**① [vc. dotta, lat. *ingrĕssu(m)*, da *ĭngredi* (V. *ingrediente*) ✱ 1468] **s. m. 1** entrata, apertura, accesso, varco per cui si penetra in un altro luogo: *i. della casa, del teatro; chiudere, aprire l'i.* | (*archit.*) locale che si incontra entrando in un appartamento; anticamera **2** atto dell'entrare: *l'i. degli allievi a scuola, degli operai in fabbrica* | entrata solenne: *i. del vescovo nella diocesi; l'i. delle truppe nella città* | prima apparizione: *l'inverno ha fatto il suo i.* | †introduzione: *l'i. di un libro* | †inizio: *l'i. di una malattia* | (*astrol.*) ***i. planetario***, entrata di un pianeta in un segno zodiacale **3** facoltà di accedere a un luogo: *i. libero, vietato; i. gratuito, a pagamento* | ***biglietto d'i.***, quello che, previa esibizione, permette di accedere a locali, spettacoli, musei | (*ellitt.*) biglietto di ingresso: *abbiamo prenotato due ingressi per il concerto* | ***test di i.***, V. *test* **4** (*inform.*) input

†**ingrèsso**② [ant. fr. *engrés*, dal lat. *ingrĕssus*, part. pass. di *ĭngredi* 'entrare' con la sottintesa sfumatura iniziale ostile ✱ av. 1249] **agg.** ● violento, ostile, feroce

ingrigìre [comp. di *in-*① e *grigio* ✱ 1940] **A v. intr.** (*io ingrigìsco, tu ingrigìsci*; aus. *essere*) ● farsi grigio, oscurarsi: *il cielo sta ingrigendo* | diventare grigio di capelli: *nonostante abbia solo trent'anni, già comincia a i.* | (*fig.*) diventare scialbo, monotono e sim. **B v. tr.** ● rendere grigio | (*fig.*) rendere triste, noioso o sim.

†**ingrillandàre** ➤ **inghirlandare**

ingrinzìre [comp. di *in-*① e *grinza* ✱ 1367] **v. tr., intr.** (*io ingrinzìsco, tu ingrinzìsci*; aus. intr. *essere*) e **ingrinzìrsi v. intr. pron.** ● (*raro, lett.*) raggrinzire, raggrinzirsi

ingrippàre [comp. di *in-*① e *grippare* ✱ 1959] **v. tr., intr.** (aus. *avere*) e **ingrippàrsi v. intr. pron.** ● grippare, gripparsi

ingrommàre [comp. di *in-*① e *gromma* ✱ av. 1566] **A v. tr.** (*io ingrómmo*) ● (*lett.*) coprire, rivestire di gromma **B v. intr.** (aus. *essere*) e **ingrommàrsi v. intr. pron.** ● (*lett.*) coprirsi di gromma

ingroppàre① [comp. di *in-*① e *groppo* ✱ av. 1500] **A v. tr.** (*io ingróppo* o *ingròppo*) **1** †legare con un nodo | (*fig., lett.*) stringere, soffocare: *Un'onda di commozione m'ingroppò la gola* (G. STUPARICH) **2** (*est.*) †soggiungere, aggiungere **B ingroppàrsi v. intr. pron.** ● (*lett.*) intricarsi | (*fig.*) angosciarsi

ingroppàre② [comp. di *in-*① e *groppa* ✱ 1630] **A v. tr.** (*io ingròppo*) **1** †portare in groppa **2** †costringere il cavallo a mettere la groppa a terra **B ingroppàrsi v. intr. pron.** ● (*lett.*) incurvarsi, accavallarsi

ingrossaménto [av. 1320] **s. m. 1** aumento di grossezza, volume, livello e sim.: *i. di un torrente* **2** (*med.*) aumento di volume di un organo: *i. del fegato* CFR. -megalia

ingrossàre [comp. di *in-*① e *grosso* ✱ 1268] **A v. tr.** (*io ingròsso*) **1** rendere grosso o più grosso: *i. lo spessore di un muro* | far sembrare più grasso, più robusto: *questo vestito ti ingrossa; è un colore che ingrossa* | accrescere, aumentare: *i. le file di un partito, di un esercito; i. il debito, il patrimonio, i propri risparmi* **2** gonfiare: *il vento ingrossava il mare; lo scioglimento delle nevi ingrossa i torrenti* **B v. intr.** (aus. *essere*) ● detto spec. delle femmine degli animali, diventare gravida **C v. intr.** (aus. *essere*) e **ingrossàrsi v. intr. pron. 1** diventare grosso o più grosso: *i picciol frutti ... / che a poco a poco talor tan to ingrossano, / che pel gran peso i forti rami piegano* (L. DE' MEDICI) | detto del mare, agitarsi, diventare burrascoso **2** (*fig.*) †diventare tardo | †indebolirsi **3** †adirarsi

ingrossatóre [1364] **A agg. e s. m.** (**f.** *-trice*) ● che (o chi) ingrossa **B s. m.** ● nel Medioevo, magistrato che effettuava le ingrossazioni

ingrossatùra [av. 1537] **s. f.** ● ingrossamento, rigonfiamento, grossezza

ingrossazióne [da *ingrossare* nel sign. giuridico mediev. di 'ingrandire (un possesso)' ✱ 1933] **s. f.** ● nel diritto medievale, modifica per miglioria dei confini di un fondo, mediante esproprio a carico dei terreni limitrofi

ingròsso [comp. di *in-*② e *grosso* ✱ av. 1364] **avv. 1** †grosso modo, circa | †in grande quantità **2** nella loc. avv. e nella loc. agg. inv. ***all'i.***, in grandi partite, detto dell'acquisto o della vendita di merci: *comprare all'i.; una vendita all'i.* | ***commercio all'i.***, quello che si effettua tra produttori, o grossisti, e dettaglianti | (*est.*) pressappoco, all'incirca, senza cura, a colpo d'occhio e sim.: *fa le cose all'i.; tira giù i lavori all'i.; così, all'i., saranno cinque chili*

ingrugnàre [comp. di *in-*① e *grugno* ✱sec. XIII] **v. intr.** (**coniug. come** *segnare*; **aus.** *essere*) e **ingrugnàrsi v. intr. pron.** ● (*fam.*) mettere, fare il broncio | crucciarsi, impermalirsi

ingrugnatùra [1869] **s. f.** ● (*lett.*) l'ingrugnare | (*lett.*) broncio, grugno

ingrugnìre [av. 1837] **v. intr.** (*io ingrugnìsco, tu ingrugnìsci*; **coniug. come** *grugnire*; **aus.** *essere*) e **ingrugnìrsi v. intr. pron.** ● ingrugnare

ingrugnitùra [1945] **s. f.** ● ingrugnatura

ingrullìre [comp. di *in-*① e *grullo* ✱av. 1837] **A v. tr.** (*io ingrullisco, tu ingrullisci*) ● (*tosc.*) rendere grullo, fare ammattire: *quel bambino mi ha ingrullito* **B v. intr.** (**aus.** *essere* **nel sign. 1**, *essere* **o** *raro avere* **nel sign. 2**) **1** (*tosc.*) diventare grullo, scemo: *ingrullisce sempre di più* **2** (*scherz., fam.*) ammattire, pensare: *c'è da i. per avere quel documento*

ingrumìrsi [comp. di *in-*① e *grumo* ✱1834] **v. intr. pron.** (*io mi ingrumìsco, tu ti ingrumìsci*) ● (*disus.*) raggrumarsi

ingruppàre [comp. di *in-*① e *gruppo* ✱1525] **v. tr.** e **ingruppàrsi v. rifl.** ● (*lett., raro*) aggruppare, aggrupparsi

inguadàbile [comp. di *in-*③ e *guadabile* ✱1869] **agg.** ● che non si può guadare

inguaiàre [comp. di *in-*① e *guaio* ✱1949] **A v. tr.** (*io inguàio*) ● (*colloq.*) mettere nei guai: *quell'affare sbagliato lo ha inguaiato* **B inguaiàrsi v. rifl.** ● mettersi nei guai: *si è inguaiato in un mare di debiti*

inguaiàto part. pass. di *inguaiare*; **anche agg.** ● (*fam.*) detto di chi si trova nei guai, nei pasticci: *gli rodeva ... a ritrovarsi così inguaiati* (P.P. Pasolini)

inguainaménto [1855] **s. m. 1** (*raro*) l'inguainare **2** (*med.*) invaginazione

inguainàre [comp. di *in-*① e *guaina* ✱1584] **v. tr.** (*io inguaino* **o, etim. meno corretto,** *inguàino*) **1** porre nella guaina | ***i. la spada***, rinfilarla nel fodero | (*raro*) mettere in un astuccio **CONTR.** sfoderare **2** (*fig.*) fasciare strettamente il corpo, detto di indumento molto aderente **3** infilare e far scorrere un nastro, un cordone e sim. in una guaina

†**inguàla** [sp. *iguala!*, imperat. di *igualar*, da *igual* per il precedente *egual* 'uguale' ✱1602] **inter.** ● (*mar.*) voce di comando ai remi per uguagliare la posizione dei remi o la battuta, nella voga

ingualcìbile [comp. di *in-*③ e *gualcibile* ✱1942] **agg.** ● detto di stoffa che non si gualcisce ‖ **ingualcibilità**, **s. f. inv.**

ingualdrappàre [comp. di *in-*① e *gualdrappa* ✱1855] **v. tr.** ● coprire con gualdrappa: *i. un cavallo*

inguantàre [comp. di *in-*① e *guanto* ✱1304] **v. tr.** e **inguantàrsi v. rifl.** ● mettere o mettersi i guanti

inguantàto part. pass. di *inguantare*; **anche agg.** ● coperto da guanti: *mani inguantate* | che porta i guanti

inguardàbile [comp. di *in-*③ e un deriv. di *guardare* ✱av. 1948] **agg.** ● che non si può guardare, che è talmente brutto o sgradevole da non potersi guardare: *uno spettacolo, un film i.* ‖ **inguardabilità**, **s. f. inv.**

inguarìbile [comp. di *in-*③ e *guaribile* ✱1861] **agg.** ● che non si può curare e guarire: *male, malattia i.* | (*est.*) incorreggibile: *vizio i.* **SIN.** insanabile ‖ **inguaribilménte**, **avv.** ‖ **inguaribilità**, **s. f. inv.**

inguattàre [forse dal lat. *incoactāre, comp. di *in-* 'dentro' e *coactus* 'compresso'. Cfr. *quatto* ✱1547] **A v. tr.** ● (*centr., merid.*) nascondere **B inguattàrsi v. intr. pron.** ● nascondersi: *s'appiccicò contro il muretto, inguattandosi tra gli sterpi* (P.P. Pasolini)

ingubbiàre ➤ **ingobbiare**

inguinàle [vc. dotta, lat. *inguināle(m)*, da *ĭnguen* 'inguine' ✱1574] **agg.** ● (*anat.*) dell'inguine: *canale i.*

ìnguine [vc. dotta, lat. *ĭnguen*, genit. *ĭnguinis* (nt.), originariamente 'ghiandola, gonfiore', di orig. indeur. ✱sec. XIV] **s. m.** ● (*anat.*) regione compresa tra la parte inferiore dell'addome e l'attaccatura della coscia

ingurgitaménto [av. 1694] **s. m.** ● (*raro*) l'ingurgitare

ingurgitàre [vc. dotta, lat. *ingurgitāre* 'gettare in un gorgo, immergere, riempirsi', comp. di *in-*① e *gurgitāre*, da *gŭrges*, genit. *gŭrgitis* 'gurge' ✱1374] **v. tr.** (*io ingùrgito*) ● inghiottire in fretta e con ingordigia: *ha ingurgitato dieci gelati* | trangugiare per non sentire il gusto: *i. una dose di purgante* **SIN.** ingollare, ingozzare

SFUMATURE ➤ ***ingerire***

ingùscio o **inguscéto** [1957] **A s. m.** (**f.** *-scia*; **pl. f.** *-sce*) ● abitante o nativo dell'Inguscezia, repubblica della Federazione Russa **B agg.** ● relativo all'Inguscezia e ai suoi abitanti

in house /*ingl.* ˌɪnˈhaʊs/ [loc. ingl., propr. 'in casa (*house*)' ✱2002] **A loc. agg. inv.** ● detto di attività o servizi affidati a strutture interne a un ente o a un'azienda, rispetto a quelli affidati a soggetti esterni **B anche loc. avv.**: *riportare in house un servizio*

-ìni [pl. del suff. agg. lat. *-īnus* '-ino'] **suff. m. pl.** (**sing.** *-ino*) ● nella sistematica zoologica, indica una sottofamiglia: *Bovini, Suini*

ìnia [da una vc. indigena (?) ✱1952] **s. f.** ● cetaceo caratteristico dell'alto corso del Rio delle Amazzoni, lungo più di due metri, blu nerastro sul dorso, rosato sul ventre (*Inia geoffroyensis*)

♦**inibìre** [vc. dotta, lat. *inhibēre* 'mantenere dentro, arrestare, impedire', comp. di *in-*③ e di un deriv. di *habēre* 'avere', con mutata coniug. ✱1533] **A v. tr.** (*io inibisco, tu inibisci*) **1** impedire con atto d'autorità (**qlco.**; + *di* **seguito da inf.**): *il medico gli ha inibito l'uso di eccitanti*; *i. a un amministratore corrotto di esercitare funzioni pubbliche*; *essendo egli inibito di porre i piedi in Accademia* (V. Alfieri) | proibire, vietare: *i cartelli inibivano l'accesso agli estranei* **2** (*med.*) rallentare od abolire la normale attività di un organo, lo sviluppo di un processo morboso e sim. **3** (*psicol.*) mettere qlcu. nell'impossibilità di compiere spontaneamente un'azione o un gesto | (*est.*) intimidire, frenare: *il tuo comportamento mi inibisce* **B inibìrsi v. rifl. e intr. pron.** ● frenare i propri impulsi o le proprie reazioni | bloccarsi per timidezza o imbarazzo

inibìto A part. pass. di *inibire*; **anche agg.** ● nei sign. del v. **B s. m.** (**f.** *-a*) ● (*psicol.*) chi è affetto da inibizioni

inibitóre [1899] **A agg.** (**f.** *-trice*) ● che inibisce | (*psicol.*) ***freni inibitori***, meccanismi psichici che controllano o frenano gli impulsi del soggetto **B s. m.** ● (*chim.*) sostanza che impedisce lo svolgersi di una reazione

inibitòrio [1618] **agg.** (**pl. m.** *-i* **o** *raro -ii*) **1** che ha potere di inibire o vietare: *provvedimento i.*; *azione inibitoria* **2** (*psicol.*) che produce inibizione o che a essa si riferisce: *freni inibitori*

inibizióne [vc. dotta, lat. *inhibitiōne(m)*, da *inhĭbitus*, part. pass. di *inhibēre* 'inibire' ✱sec. XIV] **s. f. 1** l'inibire | proibizione, divieto **2** (*dir.*) azione con cui l'autorità giudiziaria, su richiesta dell'interessato, impedisce la violazione di un obbligo **3** (*psicol.*) processo che impedisce, sospende o ritarda la normale attività nervosa e/o psichica: *soffrire di inibizioni*; *avere delle inibizioni* | (*psicoan.*) repressione delle pulsioni operata dal Super-Io o dall'Io

SFUMATURE DI SIGNIFICATO

inibizione - divieto - interdizione - proibizione

In ambito giuridico **inibizione** è il provvedimento con cui un'autorità proibisce a qualcuno o a tutti di fare una cosa che normalmente è consentita. In questo significato è intercambiabile con **divieto**, che ha tuttavia un ambito d'uso più largo, riferendosi per lo più a restrizioni che hanno validità generale, quindi né individuale né occasionale. L'**interdizione** sancisce la cessazione di un diritto in conseguenza di un provvedimento giudiziale. Con **proibizione** si intende non un divieto che viene dal disposto di un'autorità, ma piuttosto da norme, principi o regole di carattere consuetudinario.

inidoneità [comp. di *in-*③ e *idoneità* ✱av. 1712] **s. f. inv.** ● mancanza di idoneità a qlco.: *i. a giudicare*

SFUMATURE ➤ ***insufficienza***

inidòneo [comp. di *in-*③ e *idoneo* ✱1922] **agg.** ● che non è idoneo a un determinato compito o ufficio **SIN.** incapace ‖ **inidoneaménte**, **avv.**

iniettàbile [1970] **agg.** ● che si può iniettare ‖ **iniettabilità**, **s. f. inv.**

iniettàre [lat. *iniectāre*, comp. di *in-*① e dell'iter. di *iăcere* 'gettare' ✱1600 ca.] **A v. tr.** (*io iniètto*) **1** (*med.*) introdurre nelle cavità o nei tessuti, attraverso la cute o per gli orifizi naturali, varie specie di liquidi a scopo curativo o diagnostico | anche nella forma pron. **iniettàrsi**, iniettare nel proprio corpo: *si è ucciso iniettandosi un veleno* **2** in varie tecnologie, immettere liquidi mediante pressione in spazi chiusi: *i. il combustibile, il vapore, il cemento* **3** (*est.*) inoculare, fare entrare: *la vipera inietta il veleno nel sangue* **B iniettàrsi v. intr. pron.** ● solo nella loc. ***iniettarsi di sangue***, diventare rosso, detto degli occhi che si arrossano per affluenza di sangue nei capillari, spec. in un accesso d'ira

iniettàto part. pass. di *iniettare*; **anche agg.** ● nei sign. del v. | ***avere gli occhi iniettati di sangue***, avere gli occhi arrossati; (*fig.*) essere in preda a un accesso d'ira

iniettìvo [1970] **agg. 1** (*ling.*) detto di suono la cui articolazione è ingressiva **2** (*mat.*) che soddisfa alla definizione di iniezione

iniettóre [da *iniett(at)ore*, per adattamento del corrispondente fr. *injecteur* ✱1864] **s. m.** ● in varie tecnologie, apparecchio o dispositivo che inietta liquidi in cavità | ***i. del combustibile***, che spruzza combustibile sotto pressione nelle camere di scoppio, nei motori a combustione interna | ***i. d'acqua***, a vapore per alimentare d'acqua le caldaie delle locomotive a vapore

♦**iniezióne** [lat. *iniectiōne(m)*, da *iniēctus*, part. pass. di *inĭcere*, comp. di *in-*① e *iăcere* 'gettare', di orig. indeur. ✱av. 1460] **s. f. 1** (*med.*) tecnica terapeutica consistente nell'immissione diretta dei farmaci nei tessuti o nel sangue: *i. endovenosa, sottocutanea* | (*est.*) il farmaco stesso da iniettare **2** in varie tecnologie, immissione di una sostanza liquida, sotto pressione, in una cavità: *i. di cemento per consolidare le fondamenta di un edificio* | ***stampaggio a i.***, V. *pressoiniezione* **3** (*mecc.*) ***motori a i.***, motori a scoppio nei quali il combustibile viene iniettato nei cilindri, mediante l'iniettore, anziché aspirato | ***i. diretta***, quando avviene direttamente nelle camere di combustione | ***i. indiretta***, quando avviene nel condotto d'aspirazione | ***i. sequenziale***, quando avviene in sequenza nei singoli cilindri **4** (*geol.*) penetrazione di un magma entro certe regioni e certi spazi dell'interno della crosta terrestre | penetrazione di soluzione mineralizzante lungo superfici di strati o di scistosità **5** (*mat.*) applicazione di un insieme in un altro tale che ogni elemento del secondo non sia mai immagine di più di un elemento del primo **6** *i. in orbita*, in astronautica, atto dell'immissione di una massa nell'orbita desiderata **7** (*fig.*) aiuto o conforto in una situazione critica: *le sue parole furono per tutti un'i. di ottimismo* SIN. carica || **iniezioncìna**, dim.

•**in illo tèmpore** [lat., propr. 'in (īn) quel (īllo, abl. di īlle) tempo (tĕmpore, abl. di tĕmpus)' ✻ 1869] **loc. avv.** ● in quel tempo, espressione con la quale sono introdotte alcune narrazioni degli Evangeli latini, passata nell'uso scherz. per indicare un tempo lontano, del quale quasi non si ha memoria

inimicàre [vc. dotta, lat. *inimicāre*, da *inimīcus* 'non (*in-*) amico (*amīcus*)', 'nemico' ✻ 1294] **A v. tr.** (*io inimìco, tu inimìchi*) **1** (*raro*) rendere nemico: *l'invidia li ha inimicati per sempre* **2** †trattare qlcu. come un nemico **B inimicàrsi v. tr. pron.** (aus. *essere*) ● rendersi ostile, nemico qlcu.: *si è inimicato gli amici di un tempo* **C inimicàrsi v. intr. pron.** ● (*lett., raro*) diventare nemico di qlcu.: *inimicarsi con qlcu.* SIN. guastarsi

•**inimicìzia** [vc. dotta, lat. *inimicĭtia(m)*, comp. di *in-*③ e *amicĭtia* 'amicizia' ✻ 1282] **s. f. 1** sentimento di avversione, di ostilità verso qlcu.: *sopire le inimicizie; acquistarsi, procurarsi inimicizie; quest'i. avrebbe potuto restare latente per molto tempo* (I. SVEVO) **2** †atto di ostilità contro qlcu.

SFUMATURE ▸ *discordia*

inimìco ▸ **nemico**

inimitàbile [vc. dotta, lat. *inimitābile(m)*, comp. di *in-*③ e *imitābilis* 'imitabile' ✻ 1481] **agg. 1** che è impossibile o molto difficile imitare a causa della sua perfezione o singolarità: *grazia i.; attore di bravura i.* SIN. impareggiabile, ineguagliabile | (*lett., raro*) che non può essere riprodotto **2** (*lett., raro*) che non dev'essere imitato || **inimitabilménte**, avv. || **inimitabilità**, s. f. inv.

SFUMATURE ▸ *eccellente*

inimitàto [comp. di *in-*③ e *imitato* ✻ 1844] **agg.** ● (*raro*) che non è stato mai imitato da altri: *esempio splendido e i.*

inimmaginàbile [comp. di *in-*③ e *immaginabile* ✻ av. 1565] **agg.** ● che non si riesce a immaginare, pensare, concepire: *è da sperare che col progresso del tempo si sia per arrivare a veder cose a noi per ora inimmaginabili* (G. GALILEI) | eccezionale, straordinario: *fasto, lusso i.* || †**inimmaginabilménte**, avv. || **inimmaginabilità**, s. f. inv.

inimmaginàto [comp. di *in-*③ e *immaginato* ✻ av. 1704] **agg.** ● che non è stato mai immaginato

inincrócio [vc. dotta, comp. di *in* e *incrocio*, sul modello dell'ingl. *inbreeding* ✻ 1957] **s. m.** ● (*biol.*) incrocio tra organismi geneticamente affini SIN. inbreeding

ininfiammàbile [comp. di *in-*③ e *infiammabile* ✻ 1938] **agg.** ● (*raro*) che non è infiammabile: *prodotto i.* || **ininfiammabilità**, s. f. inv.

ininfluènte [comp. di *in-*③ e *influente* ✻ 1980] **agg.** ● che non ha influenza: *un dettaglio i.* SIN. irrilevante

ininfluènza [1983] **s. f.** ● caratteristica di ciò che è ininfluente

inintelligènte [comp. di *in-*③ e *intelligente* ✻ 1874] **agg.** ● che non è intelligente || **inintelligenteménte**, avv. (*raro*) in modo inintelligente

inintelligìbile [vc. dotta, lat. tardo *inintelligĭbile(m)*, comp. di *in-*③ e *intelligĭbilis* 'intelligibile' ✻ 1308] **agg. 1** che non è possibile comprendere perché trascende l'intelligenza umana o perché espresso in modo poco chiaro: *mistero i. di Dio; il senso di questa frase è i.* SIN. oscuro **2** che non si riesce a sentire: *sussurro i.* **3** illeggibile, difficilmente leggibile, con riferimento a scrittura: *scrivere in modo i.* SIN. indecifrabile || **inintelligibilménte**, avv. || **inintelligibilità**, s. f. inv.

inintermediàri [comp. di *in-*③ e il pl. di *intermediario* ✻ 1938] **avv.** ● nel linguaggio degli annunci economici, senza l'intervento di intermediari o mediatori, con riferimento a trattative, negoziazioni, contrattazioni e sim.

ininterrótto [comp. di *in-*③ e *interrotto* ✻ av. 1837] **agg.** ● che non viene interrotto: *andirivieni i.* | *rumore i.*, continuo || **ininterrottaménte**, avv. senza interruzione; (*est.*) incessantemente, continuamente

†**ininvestigàbile** [vc. dotta, lat. tardo *ininvestigābile(m)*, comp. di *in-*③ e *investigābilis* 'investigabile' ✻ av. 1330] **agg.** ● che non può essere investigato, conosciuto, individuato

iniquità [vc. dotta, lat. *iniquitāte(m)*, comp. di *in-*③ e *āequitas* 'equità' ✻ 1268] **s. f. inv. 1** caratteristica di chi (o di ciò che) è iniquo: *i. di una legge* SIN. ingiustizia | malvagità, scelleratezza: *costretti della i. de' soldati* (F. GUICCIARDINI) **2** parola, azione iniqua: *dire i.; commettere un'i.* **3** (*lett.*) avversità, contrarietà: *l'i. della stagione* **4** †veemenza, rabbia **5** (*relig.*) peccato, colpa, scelleratezza

SFUMATURE ▸ *malefatta*

•**inìquo** [vc. dotta, lat. *inīquu(m)*, comp. di *in-*③ e *āequus* 'equo' ✻ 1268] **A agg. 1** che non è giusto, equo: *sentenza iniqua; condizioni inique; iniqua e ingiusta legge* (G. VILLANI) **2** (*est., lett.*) malvagio, scellerato: *pensiero, desiderio i.; Ov'è l'i. accusator?* (V. ALFIERI) **3** (*lett.*) avverso, calamitoso: *stagione iniqua; sorte iniqua* **4** (*lett.*) incline al male: *Benigna volontade in che si liqua / sempre l'amor che drittamente spira, / come cupidità fa ne la iniqua* (DANTE *Par.* XV, 1-3) || **iniquaménte**, avv. **B s. m.** (f. *-a*) ● (*lett.*) persona iniqua: *Così l'i. fra suo cor ragiona* (T. TASSO)

†**insperàto** ▸ **insperato**

initeràbile [comp. di *in-*③ e *iterabile* ✻ 1957] **agg.** ● (*raro*) che non si può ripetere: *il battesimo è un sacramento i.*

•**in itìnere** [loc. lat., propr. 'in viaggio' (*ĭter*, genit. *itĭneris*) ✻ 1979] **A loc. avv.** ● durante lo svolgimento di un'attività, di un'indagine, di una ricerca e sim.: *la commissione valuterà in itinere le decisioni da prendere* **B loc. agg. inv. 1** detto di qlco. che è in corso di svolgimento, che sta seguendo il proprio iter: *una pratica in itinere* **2** nel linguaggio assicurativo, detto di infortunio che un lavoratore ha subìto durante il percorso per andare o tornare dal lavoro

†**inïùria** ▸ **ingiuria**

†**inïùsto** ▸ **ingiusto**

inizïàbile [1869] **agg.** ● che può essere iniziato: *lavoro i. entro breve tempo*

inizïàle [vc. dotta, lat. tardo *initiāle(m)*, da *inĭtium* 'inizio' ✻ 1749] **A agg.** ● dell'inizio, relativo all'inizio: *stato, condizione i.* | *stipendio i.*, quello con cui è inizialmente retribuito un impiegato | *lettera, sillaba i.*, con cui inizia una parola | (*biol.*) *cellule iniziali*, quelle che, nei vegetali, si trovano all'apice della radice e sono responsabili dell'accrescimento in lunghezza e in spessore CONTR. finale || **inizialménte**, avv. in principio **B s. f. 1** prima lettera di una parola: *i. maiuscola, minuscola; codice con iniziali miniate* **2** (spec. al pl.) ciascuna delle lettere con cui cominciano il nome e il cognome, spec. come sigla: *anello con le iniziali; firmare con le sole iniziali*

inizializzàre [da *iniziale* ✻ 1991] **v. tr.** ● (*inform.*) effettuare un'inizializzazione (V.)

inizializzazióne [1992] **s. f.** ● (*inform.*) predisposizione al funzionamento di un dispositivo o di un programma: *file di i.* | *i. di un disco*, formattazione

iniziaménto [vc. dotta, lat. (nt. pl.) *initiaménta* 'iniziamenti (ai sacri misteri)', da *initiāre* ✻ 1710] **s. m. 1** (*lett.*) inizio **2** †iniziazione

iniziàndo [da *inizia(re)*, con il suff. *-ando* ✻ av. 1788] **s. m.** (f. *-a*) ● chi sta per essere iniziato a un rito, un culto e sim.

•**iniziàre** [vc. dotta, lat. *initiāre*, da *inĭtium* 'inizio' ✻ 1308] **A v. tr.** (*io inìzio*) **1** cominciare, intraprendere (qlco.; + *a* seguito da inf.): *i. un lavoro, un'attività; i. a parlare, a scrivere* CONTR. finire **2** avviare alle pratiche di un culto, introdurre alle norme di una società, spec. segreta e sim. (+ *a*): *i. qlcu. alla religione cristiana; i. qlcu. ai riti massonici* | (*est.*) dare a qlcu. i primi insegnamenti ed elementi di un'arte o una disciplina: *i. qlcu. alla pittura, allo studio della matematica* SIN. avviare **B v. intr.** (aus. *essere*) e (*raro*) **iniziàrsi v. intr. pron.** ● avere inizio: *il libro inizia con una descrizione del paesaggio* SIN. cominciare CONTR. finire

inizïàtico [da *iniziare* ✻ 1869] **agg.** (pl. m. *-ci*) **1** che riguarda l'iniziazione a un rito, un mistero, una setta o una dottrina: *cerimoniale i.* **2** (*est.*) oscuro, incomprensibile ai non iniziati: *regolamento, discorso, linguaggio i.* || **iniziaticaménte**, avv.

iniziativa [fr. *initiative*, tratta dal lat. *initiāre* 'iniziare' col suff. agg. f. *-ative* e applicata alla fine del XVIII sec. al potere del re di mettere in moto il potere legislativo ✻ 1790] **s. f. 1** decisione autonoma con cui si promuove un'attività: *prendere, promuovere un'i. commerciale* | (*est.*) l'attività stessa: *un'i. artistica, culturale; l'i. si è risolta in un fallimento* | *assumersi l'i. di un'impresa*, esserne il promotore e impegnarsi a realizzarla | *è venuto di propria i.*, in base a una sua autonoma decisione | *i. privata*, attività economica intrapresa da operatori privati; l'insieme delle attività e degli operatori privati: *fare appello all'i. privata; chiedere agevolazioni per l'i. privata* **2** attitudine e capacità di intraprendere cose nuove: *persona piena di i.; spirito d'i.* SIN. intraprendenza **3** (*dir.*) compimento delle attività necessarie perché sorga un procedimento giudiziario, legislativo, amministrativo: *i. processuale, legislativa* | *diritto d'i., i. legislativa*, dei senatori e deputati a proporre leggi, istituzioni e sim. | *i. popolare* o (*elvet.*) *iniziativa*, raccolta di firme volta a proporre leggi o referendum

SFUMATURE ▸ *intraprendenza*

inizïàto A part. pass. di *iniziare*; anche **agg.** ● nei sign. del v. **B s. m.** (f. *-a*) **1** chi ha ricevuto i primi insegnamenti di una dottrina religiosa o è ammesso a far parte di un'associazione, dopo aver superato i riti e le prove dell'iniziazione: *gli iniziati ai misteri orfici; gli iniziati alla Carboneria* **2** chi possiede una conoscenza piuttosto ampia e approfondita di una disciplina: *linguaggio per iniziati* CONTR. profano

SFUMATURE ▸ *proselito*

inizïatóre [vc. dotta, lat. tardo *initiatōre(m)*, da *initiātus* 'iniziato' ✻ sec. XIV] **agg. e s. m.** (f. *-trice*) ● (*lett.*) che (o chi) inizia: *discorso i.; essere l'i. di una sottoscrizione*

iniziazióne [vc. dotta, lat. *initiatiōne(m)*, da *initiātus* 'iniziato' ✻ 1745] **s. f. 1** †inizio **2** in etnologia religiosa, complesso di cerimonie, prove e rivelazioni di ordine mitologico e morale, attraverso le quali un individuo, generalmente in età puberale, viene a far parte del gruppo degli adulti, o è riconosciuto adatto alla guerra o al matrimonio | in molte religioni primitive e superiori, insieme dei riti e delle prove attraverso le quali un indi-

a b c d e f g h i j k l m n o p q r s t u v w x y z

viduo è ammesso in una società segreta o in un'associazione culturale o misterica **3** (*est.*) avviamento, introduzione alla conoscenza diretta di qlco., a un'attività e sim.: *i. all'astronomia*; *i. alla vita*

♦**inìzio** [vc. dotta, lat. *inĭtiu(m)*, da *inīre* 'entrar (*īre*) dentro (*in-*)' ✱ sec. XIII] **s. m. 1** l'atto o il fatto di cominciare: *avere i.*; *dare i. a qlco.*; *l'i. è stato sfavorevole* | ***all'i.***, dapprincipio **SIN.** principio **CONTR.** fine **2** fase iniziale, primo periodo di qlco.: *l'i. di un capitolo*; *l'i. di uno studio*; *gli inizi sono spesso difficili* **SIN.** attacco, avviamento

SFUMATURE DI SIGNIFICATO
inizio - avvio - attacco - esordio
Inizio è la prima fase di qualcosa, l'atto con cui le si dà principio. **Avvio** ha lo stesso significato, ma suggerisce in aggiunta un'idea più marcata di successivo sviluppo. **Attacco** evoca un aspetto di istantaneità; anche per questa ragione si usa soprattutto in riferimento alle prime note di brani musicali, di discorsi, di testi scritti. Nella retorica classica **esordio** definisce la parte iniziale dell'orazione; oggi il termine è usato correntemente per indicare l'inizio di un'attività (*attore agli esordi*) o di fenomeni (*gli esordi di una civiltà*).

ìnka ➤ **inca**

ìnlandsis [vc. svedese, comp. di *inland* 'interno del paese' (cfr. il ted. *Land* 'paese') e *is* 'ghiaccio' (vc. di orig. germ.) ✱ 1917] **s. m. inv.** ● (*geogr.*) grande massa di ghiacci che, nelle regioni polari, copre vaste estensioni territoriali

inlay card /in'lei kard, *ingl.* 'ɪnleɪˌkɑːd/ [loc. ingl., propr. 'cartoncino (*card*) da inserire *to inlay*' ✱ sec. XX] **loc. sost. f. inv.** (**pl. ingl.** *inlay cards*) ● cartoncino stampato gener. a colori che, inserito nel contenitore trasparente di un compact disc, funge da copertina posteriore

†**inleiàrsi** [comp. di *in-*① e *lei* ✱ 1321] **v. intr. pron.** ● immergersi, compenetrarsi in lei: *prima che tu più t'inlei, / rimira in giù* (DANTE *Par.* XXII, 127-128)

†**inlibràre** [comp. di *in-*① e *libra* nell'originario senso lat. di 'bilancia' ✱ 1321] **v. tr.** ● tenere in equilibrio

♣**in lìmine** [loc. lat., propr. 'nella, sulla (*ĭn*) soglia (*lĭmine*, abl. di *lĭmen*)'] **loc. avv.** ● sulla soglia, sul limitare (*spec. fig.*) | all'ultimo momento: *arrivare in limine rispetto al termine fissato*

♣**in lòco** [lat., propr. 'nel (*ĭn*) luogo (*lŏco*, abl. di *lŏcus*)' ✱ 1965] **loc. avv.** ● sul posto, nello stesso luogo di cui si parla: *saranno fatte delle verifiche in loco*

†**inlùcere** [vc. dotta, lat. *inlucēre*, comp. di *in-*② e *lucēre*, con scambio di coniug. ✱ sec. XIV] **v. intr.** ● rilucere, risplendere

†**inluiàrsi** [comp. di *in-*① e *lui* ✱ 1321] **v. intr. pron.** ● immergersi, compenetrarsi in lui: *Dio vede tutto, e tuo veder s'inluia* (DANTE *Par.* IX, 73)

♣**in mèdias res** [loc. lat., propr. 'negli (*ĭn*) argomenti (*rēs*) centrali (*mĕdias*, acc. pl. di *mĕdiu(m)* 'mezzo')' ✱ 1895] **loc. avv.** ● nel vivo dell'argomento, senza inutili preamboli: *entrare subito in medias res*

♣**in memòriam** [loc. lat., propr. 'nella, per la (*ĭn*) memoria (*memŏria(m)*)'] **A loc. avv.** ● in memoria, in ricordo (spec. in iscrizioni sepolcrali o scritti commemorativi) **B in funzione di loc. agg. inv.**: *parole, versi in memoriam*

in mènte Dèi [loc. lat. 'nella (*ĭn*) mente (*mēns*, abl. *mĕnte*) di Dio (*Dĕi*)'] **loc. avv.** ● nella mente di Dio | ***essere, trovarsi in mente Dei***, non esistere ancora o essere lontanissimo dalla realizzazione (*spec. scherz.*): *il suo motorino è soltanto in mente Dei*

†**inmiàrsi** ➤ †**immiarsi**

†**inmillàre** ➤ **immillare**

innacquàre ➤ **annacquare**

innaffiàre e deriv. ➤ **annaffiare** e deriv.

innalzaménto o (*lett.*) **inalzaménto** [1395] **s. m.** ● l'innalzare, l'innalzarsi (*spec. fig.*): *l'i. di una basilica*; *l'i. al pontificato*; *i. dell'età pensionabile* | (*lett.*) elezione, elevazione: *i. al pontificato* | crescita, aumento: *i. della temperatura, della pressione arteriosa*

innalzàre o (*lett.*) **inalzàre** [comp. di *in-*①, con raddoppiamento richiamato dalla serie di v. paralleli con *a(d)-*, e *alzare* ✱ 1250 ca.] **A v. tr. 1** levare verso l'alto: *i. il vessillo, l'insegna* | (*fig.*) elevare: *i. una preghiera, il pensiero a Dio* **2** portare a un livello più alto: *il caldo ha innalzato la temperatura*; *la massa dei detriti ha innalzato il livello del fiume* **SIN.** aumentare **CONTR.** abbassare **3** rizzare: *i. un'antenna* | issare: *i. la bandiera* | erigere: *i. una statua, un obelisco* | (*est.*) edificare: *i. un monumento, una basilica* **SIN.** costruire **4** (*fig.*) elevare a un'alta carica o a una dignità: *i. qlcu. al trono, al pontificato* | ***i. qlcu. agli onori dell'altare***, santificarlo | nobilitare, elevare: *i. lo stile, il tono di un'opera letteraria* | (*assol.*) †insuperbire: *onde i loro avversarii ne presoro ardire, e innalzarono* (D. COMPAGNI) **B innalzàrsi v. intr. pron. 1** aumentare di altezza: *le acque del fiume si sono innalzate di due metri* **SIN.** salire **2** levarsi in alto: *monti che s'innalzano al cielo* **SIN.** elevarsi, ergersi **C innalzàrsi v. rifl. 1** alzarsi, spostarsi verso l'alto: *gli aquilotti si innalzano ormai da soli*; *dal luogo dell'incendio si innalza una colonna di fumo* **CONTR.** abbassarsi **2** (*fig.*) acquisire importanza, elevarsi di condizione | (*fig., lett.*) insuperbirsi e imporsi agli altri: *siam stretti ad un patto: / maledetto colui che l'infrange, / che s'innalza sul fiacco che piange* (A. MANZONI)

†**innalzatóre** o †**inalzatóre** [av. 1494] **agg. e s. m.** (**f.** *-trice*) ● che (o chi) innalza

†**innamoracchiàrsi** [comp. di *in-*① e *amore* col suff. verb. attenuativo *-acchiare* ✱ 1536] **v. intr. pron.** ● innamorarsi in modo passeggero

innamoraménto [sec. XII] **s. m. 1** l'innamorarsi | condizione di chi è innamorato: *un forte i.* **2** (*lett.*) relazione amorosa

SFUMATURE DI SIGNIFICATO
innamoramento - infatuazione - sbandata
Innamoramento è la condizione di chi è preso da un sentimento d'amore per una persona, che può trasformarsi in rapporto amoroso duraturo o anche avere breve durata. L'**infatuazione** è invece un innamoramento passeggero, occasionale, non privo di qualche elemento di irragionevolezza. La **sbandata** accentua gli aspetti irragionevoli dell'infatuazione nel senso della violenza e della cecità.

♦**innamoràre** [comp. di *in-*① e *amore* ✱ sec. XII] **A v. tr.** (*io innamóro*) **1** (*lett.*) suscitare amore in qlcu.: *i. qlcu. con la bellezza, le lusinghe*; *soave saggia e di dolcezza piena, / da innamorar non ch'altri una sirena* (A. POLIZIANO) **2** (*est., spec. assol.*) conquistare, affascinare, sedurre: *bellezza, sorriso che innamorano* | (*est.*) destare grande piacere, incanto, diletto: *musica, versi che innamorano* **B v. intr.** † e **innamoràrsi v. intr. pron. 1** essere preso da un sentimento d'amore per una persona: *innamorarsi spesso*; *innamorarsi di un uomo, di una donna*; *innamorarsi di qlcu.*, †*in qlcu.* **SIN.** invaghirsi **2** (*est.*) provare desiderio, entusiasmo per qlco. che desta grande interesse o piacere: *innamorarsi di una casa, di un libro, di un quadro* **C innamoràrsi v. rifl. recipr.** ● essere presi da amore l'uno per l'altro: *si sono innamorati al primo sguardo*

innamoràto A part. pass. di *innamorare*; anche **agg.** (**superl.** *innamoratissimo*) ● che è preso d'amore per qlcu. (+ *di*): *è innamorata di un collega*; *è innamoratissimo della moglie* | ***i. cotto, pazzo***, molto innamorato | che è preso da entusiasmo per qlco. (+ *di*): *sono i. della tua casa al mare* | ***essere i. di sé***, essere pieno di sé | (*lett.*) che esprime, che denota amore: *sguardo i.* ‖ **innamorataménte**, **avv.** (*raro*) con amore **B s. m.** (**f.** *-a*) ● chi prova un sentimento di amore per un'altra persona: *un i. timido* | (*est.*) la persona amata: *incontrarsi con l'i.* ‖ (*lett.*) **innamoratèllo**, **dim.** | **innamoratìno**, **dim.**

†**innanellàre** ➤ **inanellare**

†**innànte** o †**innànti**, †**inànti**, †**inànte**, †**enànte** [lat. *inănte*, comp. di *ĭn-* rafforz. e *ănte* 'davanti' ✱ 1250 ca.] **avv.; anche prep.** ● innanzi | ***i. che***, prima che

†**innanzàre** [ant. provenz. *enansar*, da *enans* 'innanzi' ✱ av. 1276] **v. tr.** ● farsi avanti, avanzare

♦**innànzi** o †**inànzi** [dal lat. *ăntea* 'prima, per l'addietro', rafforz. da *in-* ✱ 1211] **A avv. 1** (*lett.*) avanti: *fatevi i.* | ***tirare i.***, (*fig.*) vivere alla meno peggio | ***essere i. negli anni***, essere anziano **CONTR.** indietro **2** (*lett.*) poi, oltre, in seguito (indica posteriorità): *come vedremo i.*; *di qui i.*; *d'ora i.*; *da quel giorno i.* **3** (*lett.*) prima, nel passato (indica anteriorità): *questo l'abbiamo già detto i.* **B nelle loc. cong. *i. di, i. che* 1** (*lett.*) prima di, prima che (introducono una prop. temp. con il v. all'inf., nella forma implicita, e al congtv., nella forma esplicita): *i. di andare via, passa nel mio studio*; *i. che tu parta devo parlarti* **2** (*lett.*) piuttosto che (introduce una prop. compar.): *i. che lasciarti, preferisco morire* **C prep. 1** (*lett.*) davanti a, al cospetto, in presenza di: *ti aspetto i. casa* | spec. nella loc. prep. ***i. a***: *l'ho sempre i. agli occhi*; *si presentò i. al popolo*; *lo giuro i. a Dio* | (*lett.*) †a paragone di: *i. a lui io sono un debole* **2** (*lett.*) prima di: *mi svegliai i. l'alba* | ***i. tutto***, V. *innanzitutto* | ***i. tempo***, prima del tempo **D in funzione di agg. inv.** ● (posposto a un sost.) precedente, anteriore: *la mattina, il giorno i.* **E in funzione di s. m. inv.** ● il tempo precedente: *non l'avevo mai sentito ricordare per l'i.* | il tempo futuro: *ricordatelo bene per l'i.*

♦**innanzitùtto** o **innànzi tutto** [sec. XIV] **avv.** ● prima di tutto, prima di ogni altra cosa: *pensa i. a fare i compiti* | in primo luogo: *i., come stai?*; *Innanzi tutto, perché sono indefinibili gli stati psicologici?* (L. PIRANDELLO) **SIN.** anzitutto La forma 'innanzitutto', rispetto alla equivalente 'anzitutto', ha un tono leggermente più formale, meno colloquiale

innàrio [da *inno* col suff. di *(brevi)ario* e sim. ✱ 1374] **s. m.** ● nel cattolicesimo e nelle Chiese orientali, libro liturgico contenente gli inni e le loro melodie

†**innarràre** ➤ †**inarrare**

innaspàre o †**inaspàre** [comp. di *in-*① e *(n)aspo* ✱ av. 1328] **v. tr. e intr.** (**aus.** *avere*) ● (*lett.*) annaspare

†**innasprìre** ➤ **inasprire**

innastàre e deriv. ➤ **inastare** e deriv.

innatìsmo [comp. di *innato* e *-ismo* ✱ av. 1852] **s. m. 1** (*filos.*) dottrina gnoseologica che considera presenti nell'uomo idee o principi innati, tali cioè che non derivano dall'esperienza: *i. platonico, cartesiano* **2** (*psicol.*) teoria secondo cui i comportamenti dell'individuo sono determinati dal patrimonio genetico **CONTR.** ambientalismo

innatìsta [1908] **A s. m. e f.** (**pl. m.** *-i*) ● sostenitore dell'innatismo **B agg.** ● innatistico

innatìstico [1957] **agg.** (**pl. m.** *-ci*) ● relativo all'innatismo

♦**innàto** [vc. dotta, lat. *innātu(m)*, comp. di *in-*

'dentro' e *nātus* 'nato' ✱ sec. XIII] **agg.** ● che si ha per natura e non viene acquisito con l'educazione o l'esperienza: *facoltà, bontà innata* | (*filos.*) ***idee innate***, secondo l'innatismo, quelle non derivanti dall'esperienza ma costitutive della mente | (*est.*) spontaneo, naturale, istintivo: *allegria innata* ‖ **innataménte**, **avv.**

innaturàle [vc. dotta, lat. tardo *innaturā-le(m)*, comp. di *in-*③ e *naturālis* 'naturale' ✱ 1481] **agg.** ● che non è naturale: *posa, atteggiamento i.* | che non è spontaneo, che è privo di naturalezza: *affettazione i.* ‖ **innaturalménte**, **avv.** ‖ **innaturalità**, **s. f. inv.** caratteristica di ciò che è innaturale; mancanza di naturalezza

†**innaturàrsi** [comp. di *in-*① e *natura* ✱ 1282] **v. intr. pron.** ● connaturarsi

innavigàbile [vc. dotta, lat. *innavigābile(m)*, comp. di *in-*③ e *navigābilis* 'navigabile' ✱ av. 1446] **agg. 1** che non si può navigare: *canale, fiume i.* **2** †che non è idoneo alla navigazione: *nave i.* ‖ **innavigabilità**, **s. f. inv.**

†**innebbriàre** (o **-brià-**) e deriv. ➤ **inebriare** e deriv.

†**innebriàre** (o **-brià-**) e deriv. ➤ **inebriare** e deriv.

innecessàrio [comp. di *in-*③ e *necessario* ✱ av. 1461] **agg.** ● (*lett.*) che non è necessario: *le pareva memento i., crudele* (C.E. GADDA)

innegàbile [comp. di *in-*③ e *negabile* ✱ av. 1712] **agg.** ● che non si può negare: *verità, miracolo i.; truffa i.* | (*est.*) chiaro, evidente (+ *che* **seguito da congtv. o da indic.**): *è i. che abbia ragione lui; è i. che la situazione sia difficile; è i. che io ragionavo pur bene, quand'ero matto* (L. PIRANDELLO) ‖ **innegabilménte**, **avv.** in modo incontestabile, senza alcun dubbio ‖ **innegabilità**, **s. f. inv.**

inneggiaménto [1869] **s. m.** ● (*raro*) l'inneggiare | lode, esaltazione

inneggiànte **part. pres.** di *inneggiare*; anche **agg.** ● che inneggia, che esalta: *folla i. al vincitore*

inneggiàre [adattamento del lat. tardo *hymnizāre* 'cantar inni (*hĭmni*)' ✱ av. 1729] **A** **v. intr.** (**pres.** *io innéggio*; **fut.** *io inneggerò*; **aus.** *avere*) **1** (*raro*) cantare un inno: *i. al Creatore* | (*raro*) comporre un inno **2** (*fig.*) celebrare, esaltare con manifestazioni di giubilo: *i. alla vittoria, alla pace* | lodare in modo servile, adulare: *i. al dittatore* **B** **v. tr.** ● (*lett.*) esaltare, celebrare

inneggiatóre [1869] **agg. e s. m.** (**f.** *-trice*) ● (*raro*) che (o chi) inneggia

inneità [fr. *innéité*, da (*idées*) *inné(es)* 'idee innate' ✱ av. 1852] **s. f. inv.** ● (*filos.*) caratteristica delle idee innate

†**inneràre** [comp. di *in-*① e *nero* ✱ 1493] **v. intr.** ● diventare nero, oscuro

innervàre [comp. di *in-*① e *nervo* ✱ av. 1557] **A** **v. tr.** (*io innèrvo*) **1** (*anat.*) dare connessione nervosa a un organo o tessuto **2** (*fig.*) animare, ravvivare: *un sottile umorismo che innerva il romanzo* **B** **v. intr.** (**aus.** *essere*) **1** †diventare robusto, vigoroso **2** (*fig.*, *lett.*) ramificarsi | (*fig.*, *raro*) ravvivarsi

innervazióne [1902] **s. f.** ● (*anat.*) disposizione dei nervi nel corpo e nei singoli organi

♦**innervosìre** (o **-ṣ-**) [comp. di *in-*① e *nervoso* ✱ 1938] **A** **v. tr.** (*io innervosìsco, tu innervosìsci*) ● rendere nervoso, inquieto: *questa pioggia continua mi innervosisce* **B** **innervosìrsi** **v. intr. pron.** ● diventare nervoso (+ *per*): *innervosirsi per le continue interruzioni*

innervosìto (o **-ṣ-**) **part. pass.** di *innervosire*; anche **agg.** ● diventato nervoso

innescaménto [av. 1857] **s. m.** ● operazione dell'innescare

innescànte **part. pres.** di *innescare*; anche **agg.** ● che innesca | ***esplosivo i.***, esplosivo dirompente molto sensibile all'urto, usato per detonatori

✱**innescàre** o †**inescàre** [comp. di *in-*① ed *esca*① ✱ 1525] **A** **v. tr.** (*io innésco, tu innéschi*) **1** fornire di un'esca: *i. l'amo* **2** applicare l'esca o altro mezzo di accensione alla carica di lancio di un'arma da fuoco o alla carica di scoppio di un proiettile o di un ordigno esplosivo: *i. una bomba* **3** (*fig.*) provocare, suscitare: *la decisione del governo ha innescato una serie di reazioni; i. una reazione a catena* **B** **innescàrsi** **v. intr. pron.** ● (*fig.*) avviarsi, iniziare, detto di un fenomeno, di un processo e sim.

✱**innésco** [da *innescare* ✱ 1905] **s. m.** (**pl.** *-schi*) **1** congegno che serve per provocare l'accensione di una carica di lancio di un'arma da fuoco, lo scoppio della carica di un proiettile, di un ordigno esplosivo e sim. **SIN.** fulminante, incendivo **2** (*est.*) ciò che provoca l'inizio di un fenomeno fisico: *i. di una scarica elettrica, di una reazione a catena* **3** (*fig.*) evento che dà inizio a un fenomeno; causa iniziale: *l'imposizione della nuova tassa costituì l'i. di una rivolta popolare*

innestàbile [1822] **agg.** ● (*raro*) che si può innestare ‖ **innestabilità**, **s. f. inv.**

†**innestaménto** o †**annestaménto** [av. 1320] **s. m.** ● l'innestare | innesto

innestàre o †**annestàre** [lat. parl. **insitāre*, comp. di *insitāre*, intens. di *inserĕre* 'piantare', con *in-* rafforz. ✱ sec. XIII] **A** **v. tr.** (*io innèsto*) **1** (*agric.*) trasportare una parte di una pianta dotata di gemme su una pianta radicata al suolo, favorendone la saldatura e lo sviluppo, in modo da formare un solo individuo | (*assol.*) sottoporre a innesto: *pianta da i.* **2** (*mecc.*) stabilire l'accoppiamento fra un organo motore ed un organo destinato a essere mosso da questo | ***i. la marcia***, azionare il cambio di velocità | (*est.*) inserire l'una nell'altra le due parti di un congegno: *i. la presa di corrente, la spina del telefono* **3** (*med.*) praticare un innesto **4** (*fig.*) inserire, introdurre: *i. nella tradizione nazionale elementi culturali stranieri* **B** **innestàrsi** **v. intr. pron.** ● immettersi, inserirsi: *la strada comunale si innesta nella provinciale* | (*fig.*) inserirsi in qlco. di preesistente: *motivi moderni si innestano in una struttura narrativa di tipo tradizionale*

innestatóio [1877] **s. m.** (**pl.** *-ói*) ● (*agric.*) coltello per innestare

innestatóre [1612] **s. m.** (**f.** *-trice*) ● (*agric.*) chi fa innesti

innestatùra o †**annestatùra** [av. 1320] **s. f. 1** (*agric.*) operazione e modalità dell'innestare | punto in cui si pratica l'innesto **2** (*fig.*) †inserimento

innèsto o †**annèsto** [da *innestare* ✱ 1340 ca.] **s. m. 1** (*agric.*) operazione dell'innestare | ***soggetto dell'i.***, pianta su cui si esegue tale operazione | ***i. per approccio, per approssimazione***, unione delle marze con un soggetto della stessa forza, eseguito troncandoli entrambi con un taglio netto, obliquo, facendo combaciare le due superfici di sezione e fasciando bene il punto di unione | ***i. a marza***, ottenuto inserendo numerose marze nel fusto troncato di un soggetto più sviluppato, avendo cura che le cortecce combacino | ***i. a occhio, a gemma***, incastrando, sotto la corteccia del soggetto, invece della marza, una sola gemma unita a un pezzo di corteccia, fatto a scudo | ***i. ad anello***, togliendo al soggetto un anello di corteccia che si sostituisce con uguale anello della varietà prescelta, provvisto di gemma | (*est.*) parte gemmifera da innestare: *un i. di ciliegio, di albicocco* | (*est.*) risultato di tale pratica agraria: *un ottimo i.; un i. molto fruttifero* **2** (*mecc.*) dispositivo che permette di stabilire o disinserire il collegamento fra due organi meccanici (spec. due alberi coassiali): *i. a denti, a frizione, idraulico* | attacco: *obiettivo con i. a vite, a baionetta* **3** (*med.*) trasporto di un frammento o di una porzione di un tessuto o di un organo da una parte all'altra dell'organismo senza che vengano conservate connessioni vascolari immediate | (*raro*) vaccinazione: *i. del vaiolo* **4** (*elettr.*) presa di corrente **5** (*fig.*) inserimento, introduzione

innevaménto [1957] **s. m.** ● presenza di neve in una determinata zona | ***i. artificiale delle piste da sci***, ottenuto con neve di riporto o con cannoni spararneve

innevàre [comp. di *in-*① e *neve* ✱ 1869] **A** **v. tr.** (*io innévo*) ● ricoprire di neve: *i. artificialmente una pista da sci* **B** **innevàrsi** **v. intr. pron.** ● coprirsi di neve: *le montagne si sono tutte innevate*

innevàto **part. pass.** di *innevare*; anche **agg.** ● coperto di neve: *pista ben innevata; cime innevate*

inning /'innin(g), *ingl.* 'ɪnɪŋ/ [vc. ingl., propr. 'raccolto (sistemato in luogo chiuso)', dall'ingl. ant. *innian* 'porre dentro', da *inn* 'in, dentro' ✱ 1953] **s. m. inv.** ● (*sport*) nel baseball, ciascuna delle nove parti di una partita nelle quali le squadre si alternano all'attacco e in difesa **SIN.** ripresa

ìnno [vc. dotta, lat. *hȳmnu(m)*, dal gr. *hýmnos*, di etim. discussa: da *Hymḗn* 'Imene, dio del matrimonio', in onore del quale si cantava (?) ✱ av. 1294] **s. m. 1** nella liturgia romana, canto, con o senza accompagnamento di organo, inserito nell'ufficio canonico e dedicato alla celebrazione di Dio, della Vergine e dei Santi | in molte religioni, composizione metrica in onore di dei o di eroi, usata in cerimonie: *inni del Rigveda; inni orfici* **2** (*letter.*) composizione strofica in vario metro di elevato argomento, patriottico, mitologico, religioso e sim.: *gli Inni Sacri del Manzoni* **3** (*mus.*) composizione patriottica per canto e strumenti, di carattere concitato e solenne: *i. nazionale; i. di guerra, di trionfo* **4** (*fig.*) discorso elogiativo o celebrativo: *la sua requisitoria è un i. alla libertà*

♦**innocènte** [vc. dotta, lat. *innocĕnte(m)*, comp. di *in-*③ e *nŏcens*, genit. *nocĕntis* 'nocente' ✱ 1268] **A** **agg. 1** che è esente da colpa (+ *da*): *l'imputato è i.; proclamarsi i.; il cantante si dice i. dall'accusa di plagio* **CONTR.** colpevole | (*lett.*) ***sangue i.***, quello di chi è senza colpa: *io non bagnai mie mani / nell'i. sangue* (V. ALFIERI) **2** che non conosce il male perché non ne ha esperienza o è privo di malizia: *bambino, fanciulla i.; affetto, piacere i.* | (*est.*) ingenuo, candido | che rivela mancanza di malizia: *discorso, libro, domanda i.* **3** (*lett.*) innocuo: *pèra colui che primo osò la mano / armata alzar sull'i. agnella* (G. PARINI) ‖ **innocenteménte**, **avv.** **1** con innocenza; candidamente, senza malizia: *Innocentemente … io avevo parlato di quel podere* (I. SVEVO) **2** †senza colpa **B** **s. m. e f. 1** chi è esente da colpa **CONTR.** colpevole **2** (*est.*) bambino | ***strage degli innocenti***, l'uccisione, ordinata da Erode, dei bambini al di sotto dei due anni **3** (*tosc.*, **spec. al pl.**) orfanello, trovatello allevato da un ospizio ‖ **innocentìno**, **dim.** (V.) | **innocentóne**, **accr.**

innocentìno [av. 1665] **s. m.** (**f.** *-a*) **1** dim. di *innocente* **2** (*iron.*) chi vuole apparire ingenuo, innocente, senza esserlo: *non fare l'i.!* **3** (*tosc.*) bambino affidato a un brefotrofio

innocentìṣmo [1965] **s. m.** ● atteggiamento di chi è innocentista

innocentìsta [1950] **s. m. e f.** (**pl. m.** *-i*) ● chi, riguardo a un processo, si schiera con i sostenitori dell'innocenza dell'imputato **CFR.** colpevolista

innocènza [vc. dotta, lat. *innocĕntia(m)*, da *ĭnnocens*, genit. *innocĕntis* 'innocente' * 1321] **s. f. 1** condizione di chi non conosce il male, è privo di malizia: *conservare, perdere l'i.* | ***l'età dell'i.***, l'infanzia | (*est.*) ingenuità, semplicità, candore: *domanda fatta con i.* | ***beata i.!***, con riferimento a parole sconvenienti pronunciate senza malizia **2** non colpevolezza: *proclamare l'i. di qlcu.*; *dimostrare la piena i. dell'imputato*

innocuità [av. 1789] **s. f. inv.** ● caratteristica di chi (o di ciò che) è innocuo

♦**innòcuo** [vc. dotta, lat. *innŏcuu(m)*, comp. di *in-*③ e *nŏcuus* 'nocuo, nocivo' * av. 1375] **agg. 1** che non nuoce: *medicinale i.*; *scherzo i.*; *non riguardando all'età né al sesso i., crudelmente l'uccise* (G. BOCCACCIO) | ***animale i.***, inoffensivo | (*spreg.*) ***individuo i.***, inoffensivo, inetto **CONTR.** nocivo **2** †innocente || **innocuaménte**, **avv.**

innodìa [gr. *hymnoidía*, comp. di *hýmnos* 'inno' e *ōidḗ* 'canto' * 1745] **s. f. 1** canto di inni religiosi **2** insieme degli inni di una religione, di una nazione e sim.

innografìa [da *innografo* * 1582] **s. f. 1** arte di comporre inni **2** raccolta di inni

innogràfico [1869] **agg.** (**pl. m.** *-ci*) ● che concerne l'innografia

innògrafo [gr. tardo *hymnográphos*, comp. di *hýmnos* 'inno' e *-gráphos* '-grafo' * 1820] **s. m.** ● scrittore di inni

innologìa [gr. *hymnología*, comp. di *hýmnos* 'inno' e *-logía* '-logia' * 1820] **s. f.** (**pl.** *-gìe*) ● studio degli inni spec. religiosi | arte di comporre inni

innòlogo [vc. dotta, lat. tardo *hymnŏlogu(m)*, dal gr. *hymnológos*, comp. di *hýmnos* 'inno' e *-lógos* '-logo' * 1834] **s. m.** (**f.** *-a*; **pl. m.** *-gi*) ● studioso, esperto di innologia

†**innoltràre** ➤ **inoltrare**

innominàbile [vc. dotta, lat. tardo *innominābile(m)*, comp. di *in-*③ e un deriv. di *nōmen*, genit. *nōminis* 'nome' * sec. XIV] **A agg. 1** che non può essere nominato per rispetto alla morale e alla decenza: *vizio, colpa, azione i.* **SIN.** turpe, vergognoso **2** †che non può definirsi con un nome, spec. in riferimento a Dio | †ineffabile **B anche s. m. e f.** || **innominabilità**, **s. f. inv.**

†**innominàre** [comp. di *in-*① e *nominare* * sec. XIV] **v. tr.** ● nominare

innominàto [vc. dotta, lat. tardo *innominātu(m)*, comp. di *in-*③ e *nominātus* 'nominato' * 1395] **A agg. 1** di persona di cui non si vuol dire o si ignora il nome | di cui non si vuol dire o si ignora il nome | di ciò che non possiede ancora un nome: *quantità incommensurabili, da noi inesplicabili ed innominate* (G. GALILEI) **2** (*anat.*) ***osso i.***, osso iliaco | †***cartilagine innominata***, cricoide | ***vena innominata***, ciascuna delle due vene che si fondono nella vena cava superiore **3** (*dir.*) atipico: *contratto i.* **4** †anonimo || **innominataménte**, **avv.** (*raro*) senza determinazione del nome della persona **B s. m.** ● (*raro*) persona di cui si ignora il nome | ***l'Innominato***, (*per anton.*) personaggio dei Promessi Sposi nel quale il Manzoni adombrò Bernardino Visconti

†**innondàre** ➤ **inondare**

innovaménto [av. 1364] **s. m.** ● (*lett.*) rinnovamento

innovàre [vc. dotta, lat. *innovāre*, comp. di *in-*① e *novāre*, da *nŏvus* 'nuovo' * 1250 ca.] **A v. tr.** (*io innòvo*) **1** modificare qlco. aggiungendovi elementi nuovi: *i. l'istruzione superiore, le leggi sull'agricoltura* **SIN.** riformare **2** (*lett.*) ripetere **3** †rinnovare, ripristinare: *una legge la quale innovava gli ordini della giustizia* (N. MACHIAVELLI) **B innovàrsi v. intr. pron.** ● (*raro*) rinnovarsi, prendendo un altro aspetto

innovatìvo [1957] **agg.** ● che innova, che contiene innovazioni: *legge innovativa, piano i.* || **innovatività**, **s. f. inv.**

innovàto **part. pass.** di *innovare*; anche **agg.** ● nei sign del v.

innovatóre [vc. dotta, lat. tardo *innovatōre(m)*, da *innovātus* 'innovato' * 1513] **A agg.** ● che innova: *provvedimento i.* **B s. m.** (**f.** *-trice*) ● chi innova o sostiene la necessità di introdurre delle innovazioni in qualche campo specifico: *un i. molto audace*; *un i. nel settore dell'edilizia industriale*; *molte delle opinioni de' moderni innovatori s'averebbero potuto tollerare, se le avessero asserite con modestia* (P. SARPI) **SIN.** riformatore

innovazióne [vc. dotta, lat. tardo *innovatiōne(m)*, da *innovātus* 'innovato' * sec. XIV] **s. f. 1** l'innovare | modificazione che comporta elementi di novità: *i. della costituzione*; *fare innovazioni in un porto, in un impianto* **SIN.** riforma **2** elemento nuovo, novità: *il testo contiene alcune innovazioni*

♣**in nùce** [loc. lat., propr. 'in una noce', con allusione a un passo di Plinio il Vecchio in cui si riferisce di un esemplare dell'*Iliade* le cui dimensioni microscopiche ne avrebbero permessa la collocazione *in una noce* * 1895] **loc. agg. inv. e avv. 1** detto di ciò che è esposto, enunciato e sim. in modo particolarmente succinto e sintetico **2** detto di fenomeni che si presentano allo stato iniziale, embrionale

innumeràbile [vc. dotta, lat. *innumerābile(m)*, comp. di *in-*③ e *numerābilis* 'numerabile' * 1308] **agg.** ● (*lett.*) che non si può definire numericamente | (*lett.*) innumerevole: *le controversie sopra innumerabili dogmi* (P. SARPI) || **innumerabilménte**, **avv.** senza definizione del numero || **innumerabilità**, **s. f. inv.** (*lett.*) quantità innumerevole: *l'innumerabilità degli oggetti visibili* (G. GALILEI)

innùmere o **innùmero** [vc. dotta, lat. *innŭmeru(m)*, comp. di *in-*③ e *nŭmerus* 'numero' * 1481] **agg.** ● (*lett.*) innumerevole: *i tuoi innumeri meriti*

innumerévole [adattamento del lat. *innumerābilis* 'innumerabile' * av. 1328] **agg.** ● che è in numero così grande che non si riesce a contare: *moltitudine i. di persone*; *ricevere innumerevoli benefici* || **innumerevolménte**, **avv.** in misura innumerevole; (*poet.*) immensamente: *la notte agli occhi umani / innumerevolmente cupa* (G. PASCOLI)

innùmero ➤ **innumere**

ino [dal suff. alterativo *-ino* con valore di ripresa o ripetizione espressiva * 1879] **agg.** ● (*tosc., fam.*) detto di cosa o persona, già espressa in forma diminutiva o vezzeggiativa, di cui si vuole sottolineare ancor più la piccolezza, la graziosità o comunque la caratteristica: *un ragazzino proprio ino*; *un pezzettino, ma ino ino*

-ìno [lat. *-īnu(m)*, usato con funzione aggettivale e, nei s., col senso di 'proprio di, appartenente a, della stessa natura di'] **suff. 1** ha valore derivativo in aggettivi, per lo più sostantivati, tratti da nomi geografici: *alessandrino, alpino, cadorino, perugino* **2** ha valore derivativo in nomi che indicano oggetti, strumenti, apparecchiature, tratti da sostantivi o da verbi: *accendino, cerino, frullino* **3** ha valore derivativo in aggettivi, talora sostantivati, che indicano materia, somiglianza, origine, tratti da sostantivi: *argentino, cenerino, cristallino, caprino, marino* **4** ha valore derivativo in nomi di attività, tratti da sostantivi o da verbi: *ciabattino, contadino, fattorino, imbianchino* **5** ha valore alterativo in sostantivi e aggettivi diminutivi o vezzeggiativi, talora con particolari sfumature ironiche: *fidanzatino, bellino, biondino, bruttino, carino, poverino*

inobbediènte [vc. dotta, lat. tardo *inoboediĕnte(m)*, comp. di *in-*③ e *obōediens*, genit. *oboediĕntis* 'obbediente' * sec. XIII] **agg.** ● (*lett.*) disobbediente

inobbediènza [vc. dotta, lat. tardo *inoboediĕntia(m)*, comp. di *in-*③ e *oboediĕntia* 'obbedienza' * av. 1292] **s. f.** ● (*lett.*) disobbedienza

inobl̤iàbile [comp. di *in-*③ e *obliabile* * av. 1646] **agg.** ● (*lett.*) che non si riesce a obliare

inobl̤iàto [comp. di *in-*③ e *obliato*, part. pass. di *obliare* * 1961] **agg.** ● (*lett.*) non dimenticato, che è rimasto nella memoria

inocchiàre [lat. tardo *inoculāre*, comp. di *in-*① e *oculāre*, da *ŏculus* 'occhio' * av. 1340] **v. tr.** (*io inòcchio*) ● (*agric., raro*) praticare un innesto a gemma o a occhio

inoccultàbile [comp. di *in-*③ e *occultabile* * 1745] **agg.** ● che non si può nascondere: *vizio i.*

inoccupàbile [comp. di *in-*③ e *occupabile* * 1853] **agg. 1** di ciò che non è possibile occupare: *un edificio tuttora i.* **2** di chi non possiede i requisiti per ottenere un'occupazione || **inoccupabilità**, **s. f. inv.**

inoccupàto [comp. di *in-*③ e *occupato* * 1850] **A agg.** ● (*raro*) che non è occupato: *posto, luogo i.* **B agg. e s. m.** (**f.** *-a*) ● che (o chi) è in cerca di prima occupazione **CFR.** disoccupato, sottoccupato

inoccupazióne [comp. di *in-*③ e *occupazione* * 1957] **s. f.** ● condizione di chi è inoccupato | l'insieme degli inoccupati

inoculàre [vc. dotta, lat. tardo *inoculāre* 'innestare', comp. di *in-*① e *ŏculus* 'occhio' * 1499] **v. tr.** (*io inòculo*) **1** (*med.*) introdurre liquidi contenenti germi o le loro tossine, nell'organismo umano a scopo profilattico o terapeutico, negli animali da laboratorio a scopo sperimentale: *i. il vaiolo, la tubercolosi, un veleno* | anche nella forma pron. **inocularsi**, inoculare nel proprio corpo: *si inoculò il siero antivipera* **2** (*fig.*) insinuare un sentimento cattivo o riprovevole: *i. l'odio, il male nell'animo di qlcu.*

inoculazióne [vc. dotta, lat. tardo *inoculatiōne(m)*, da *inoculātus* 'inoculato' * av. 1764] **s. f. 1** (*med.*) l'inoculare **2** (*fig.*) insinuazione di principi, idee, sentimenti, spec. negativi: *l'i. di un sospetto nell'animo di qlcu.*

inodóre o **inodóro** [vc. dotta, lat. *inodōru(m)*, comp. di *in-*③ e *odōrus* 'che emette odore (*ŏdor*)' * av. 1827] **agg.** ● che è privo di ogni odore: *fiore i.*; *sostanza inodora*

†**inodorìfero** [comp. di *in-*③ e *odorifero* * av. 1714] **agg.** ● †che non emana odore o profumo

inodóro ➤ **inodore**

†**inoffensìbile** [comp. di *in-*③ e *offensibile* * av. 1519] **agg.** ● invulnerabile

inoffensìvo [comp. di *in-*③ e *offensivo* * 1823] **agg. 1** che non offende, che non provoca danni: *un serpente i.* | (*est.*) mite: *persona inoffensiva* **2** innocente, innocuo: *ironia inoffensiva* || **inoffensivaménte**, **avv.** || **inoffensività**, **s. f. inv.**

†**inofféso** (o -ş-) [vc. dotta, lat. *inoffēnsu(m)*, comp. di *in-*③ e *offēnsus* 'offeso' * sec. XIV] **agg.** ● illeso

†**inofficióso** (o -ş-) [vc. dotta, lat. *inofficiōsu(m)*, comp. di *in-*③ e *officiōsus* 'officioso' * 1470 ca.] **agg. 1** scortese e trascurato nell'adempiere un dovere **2** inopportuno **3** legalmente non valido || †**inofficiosaménte**, **avv.** || †**inofficiosità**, **s. f. inv.** caratteristica di chi (o di ciò che) è inofficioso

inoliàre [comp. di *in-*① e *olio* * av. 1292] **v. tr.** (*io inòlio*) ● (*lett.*) ungere con olio | (*raro*) condire con olio

inoliazióne [1957] **s. f.** ● progressivo arricchimento in olio dell'oliva in fase di maturazione

†inoltraménto [da *inoltrare* ✱ 1683] **s. m.** ● l'inoltrarsi | avanzamento

♦inoltràre o **†innoltràre** [comp. di *in-*② e *oltre* ✱ 1321] **A** **v. tr.** (*io inóltro*) ● (*burocr.*) trasmettere una pratica alla persona o all'ufficio incaricato e competente: *i. un reclamo, una domanda* | (*est.*) avviare qlco. alla destinazione: *i. una lettera al destinatario* | inviare a un altro destinatario la copia di un messaggio di posta elettronica ricevuto **B** **inoltràrsi** **v. intr. pron.** **1** procedere addentrandosi (*anche fig.*): *inoltrarsi in un sentiero, in una valle, tra gli alberi; inoltrarsi negli studi giuridici* **2** avanzare, progredire: *l'estate si è inoltrata lentamente*

inoltràto **part. pass.** di *inoltrare*; anche **agg.** **1** nei sign. del v. **2** avanzato, trascorso in gran parte: *a notte inoltrata; inverno i.*

♦inóltre [comp. di *in-*② e *oltre* ✱ av. 1463] **avv.** ● oltre a ciò, per di più: *i. bisogna provvedere al necessario per il nuovo esperimento; i. è molto presuntuoso; ti comunico i. l'arrivo di tuo fratello*

inóltro [da *inoltrare* ✱ 1796] **s. m.** ● (*burocr.*) l'inoltrare | invio, trasmissione: *l'i. di una pratica; i. della corrispondenza*

inombràre [vc. dotta, lat. *inumbrāre*, comp. di *in-*① e *umbrāre*, da *ŭmbra* 'ombra' ✱ sec. XIV] **A** **v. tr.** (*io inómbro*) ● (*lett.*) coprire di ombra **B** **inombràrsi** **v. intr. pron.** ● (*lett.*) oscurarsi

inomogeneità [comp. di *in-*③ e *omogeneità* ✱ av. 1937] **s. f. inv.** ● (*raro*) mancanza di omogeneità

†inondaménto [1614] **s. m.** ● inondazione

inondàre o **†innondàre** [lat. *inundāre*, comp. di *in-*① e *undāre*, da *ŭnda* 'onda' ✱ av. 1320] **A** **v. tr.** (*io inóndo*) **1** allagare, detto di acque che straripano: *il fiume ha inondato i campi circostanti* **2** provocare lo straripamento di acque allagando territori: *i. una zona per impedire l'avanzata nemica* **3** (*fig., iperb.*) bagnare abbondantemente: *le lacrime gli inondavano il viso* | (*lett.*) coprire completamente, come un'onda: *la voluttà di sentirsi i. dal riverbero della fiamma* (G. Verga) | (*lett.*) illuminare: *Trionfa il sole, e inonda / la terra* (G. Carducci) **4** (*fig.*) invadere riversando in grande quantità (+ *di*, + *con*): *l'Oriente ha inondato l'Italia dei* (o *con i*) *suoi prodotti artigianali* **5** †bagnare, irrigare **B** **v. intr.** (aus. *essere*) **1** †straripare | †irrompere | †fluire, scorrere **2** (*fig.*) †accalcarsi | (*fig., lett.*) erompere **3** †abbondare

inondàto **part. pass.** di *inondare*; anche **agg.** ● nei sign. del v.: *campi inondati; volto i. di lacrime; campagna inondata di luce*

inondatóre [1764] **agg.** (f. *-trice*) ● (*lett.*) che inonda: *morean le schiere … eguali / a un mar di foco inondator* (V. Monti)

♦inondazióne [lat. tardo *inundatiōne(m)*, da *inundātus* 'inondato' ✱ av. 1320] **s. f.** **1** allagamento, alluvione: *le inondazioni periodiche del Nilo; l'i. di un territorio a scopo di difesa* **2** (*fig.*) grande abbondanza: *c'è una vera i. di turisti*

†inonestà [vc. dotta, lat. tardo *inhonestāte(m)*, comp. di *in-*③ e *honĕstas*, genit. *honestātis* 'onestà' ✱ av. 1492] **s. f.** ● mancanza di onestà

inonèsto [vc. dotta, lat. *inhonĕstu(m)*, comp. di *in-*③ e *honĕstus* 'onesto' ✱ 1268] **agg.** **1** (*lett.*) disonesto | †immorale: *le voglie inoneste a me sempre parsero più tosto furore di mente e vizio d'animo corrotto che vera volontà* (L.B. Alberti) | †vergognoso **2** †infamante || **†inonestaménte**, **avv.** in modo disonesto

inonoràto [vc. dotta, lat. *inhonorātu(m)*, comp. di *in-*③ e *honorātus* 'onorato' ✱ 1504] **agg.** ● (*lett.*) che non ha avuto onore, lode: *vita inonorata* | †disonorato

inope o (*poet.*) **inòpe** [vc. dotta, lat. *ĭnope(m)*, comp. di *in-*③ e *ŏps*, genit. *ŏpis* 'ricchezza', da una radice di orig. indeur. ✱ 1321] **agg.** ● (*lett.*) povero, bisognoso: *l'uno in etterno ricco e l'altro i.* (Dante *Par.* XIX, 111)

inoperàbile [comp. di *in-*③ e *operabile* ✱ 1950] **agg.** ● (*med.*) detto di affezione che non può essere trattata chirurgicamente | detto di paziente che non può essere sottoposto a intervento operatorio || **inoperabilità**, **s. f. inv.**

inoperànte [comp. di *in-*③ e *operante* ✱ av. 1646] **agg.** ● che non è operante, che è privo di efficacia: *un provvedimento i.*

inoperóso (o *-ṣ-*) [comp. di *in-*③ e *operoso* ✱ 1657] **agg.** ● che non è operoso, che non agisce, per costrizione o pigrizia: *starsene i. tutto il giorno; è rimasto a lungo i. a causa della malattia* | ozioso: *giornata inoperosa* | inutilizzato: *preferendo tenere le reti inoperose* (G. D'Annunzio) | ***capitale i.***, non impiegato, infruttifero **SIN.** inerte || **inoperosaménte**, **avv.** senza lavorare: *trascorrere la giornata inoperosamente* || **inoperosità**, **s. f. inv.** caratteristica di chi è inoperoso **SIN.** inattività, inerzia

inòpia [vc. dotta, lat. *inŏpia(m)*, da *ĭnops* 'inope' ✱ av. 1332] **s. f.** ● (*lett.*) povertà assoluta

inopinàbile [vc. dotta, lat. *inopinābile(m)*, comp. di *in-*③ e *opinābilis* 'opinabile' ✱ av. 1332] **agg.** ● (*lett.*) che non può essere pensato, immaginato, previsto: *cose inopinabili* | (*est.*) strano, incredibile: *un avvenimento i.* **SIN.** impensabile, imprevedibile, inimmaginabile || **inopinabilménte**, **avv.** in modo inopinabile o imprevisto || **inopinabilità**, **s. f. inv.**

inopinàto [vc. dotta, lat. *inopinātu(m)*, comp. di *in-*③ e *opinātus* 'opinato' ✱ av. 1363] **agg.** ● che avviene in modo improvviso e inatteso: *accidente, caso i.* || **inopinataménte**, **avv.** inaspettatamente

inopponìbile [1761] **agg.** **1** (*lett., raro*) inoppugnabile, incontestabile **2** (*dir.*) detto di provvedimento o azione contro i quali non si può fare opposizione: *eccezione i.* || **inopponibilità**, **s. f. inv.**

inopportunità [comp. di *in-*③ e *opportunità* ✱ 1608] **s. f. inv.** ● mancanza di opportunità: *l'i. di una visita, di una proposta*

inopportùno [vc. dotta, lat. tardo *inopportū-nu(m)*, comp. di *in-*③ e *opportūnus* 'opportuno' ✱ sec. XIV] **agg.** ● che non è opportuno, adatto a una situazione o a un momento particolare: *domanda inopportuna; sei stato i. ad arrivare così presto* **SIN.** intempestivo || **inopportunaménte**, **avv.**

inoppugnàbile [comp. di *in-*③ e *oppugnabile* ✱ 1836] **agg.** **1** che non è soggetto a critiche, a contestazioni: *tesi, argomento, verità i.* **SIN.** certo, evidente **2** (*dir.*) che non è soggetto a impugnazione: *sentenza i.* || **inoppugnabilménte**, **avv.** || **inoppugnabilità**, **s. f. inv.**

inoptàto [comp. di *in-*③ e *optato* ✱ 1980] **agg.** ● (*borsa*) detto di quota non sottoscritta di emissioni di titoli mobiliari

†inordinàto [vc. dotta, lat. *inordinātu(m)*, comp. di *in-*③ e *ordinātus* 'ordinato' ✱ av. 1328] **agg.** ● disordinato | irregolare | (*fig.*) eccessivo || **†inordinataménte**, **avv.**

inorecchìto [comp. di *in-*① e *orecchi(o)* ✱ 1882] **agg.** ● (*lett.*) attento, che sta con le orecchie tese: *e riguardava intorno, i.* (G. Pascoli)

inorgànico [comp. di *in-*③ e *organico* ✱ av. 1687] **agg.** (pl. m. *-ci*) **1** detto di corpo non dotato di capacità vitali, di sostanza che appartiene al regno minerale | ***chimica inorganica***, riguardante lo studio degli elementi e dei loro composti a eccezione della maggior parte di quelli del carbonio **2** (*est.*) che non ha un ordine e una struttura coerente: *discorso, libro i.* || **inorganicaménte**, **avv.** in modo non organico e sistematico || **inorganicità**, **s. f. inv.**: *l'inorganicità di una sostanza, di una descrizione*

inorgoglìre [comp. di *in-*① e *orgoglio* ✱ 1287] **A** **v. tr.** (*io inorgoglìsco, tu inorgoglìsci*) ● rendere orgoglioso, soddisfatto: *i buoni risultati lo hanno inorgoglito* **SIN.** insuperbire **B** **v. intr.** (aus. *essere*) e **inorgoglìrsi** **v. intr. pron.** ● acquistare orgoglio o superbia: *inorgoglirsi per un'impresa ben riuscita*

inornàto [vc. dotta, lat. *inornātu(m)*, comp. di *in-*③ e *ornātus* 'ornato' ✱ 1476] **agg.** **1** †disadorno **2** (*est., lett.*) semplice: *scrivere con uno stile i.* || **†inornataménte**, **avv.** in maniera non ornata

†inorpellaménto [1639] **s. m.** ● abbellimento artificioso

inorpellàre [comp. di *in-*① e *orpello* ✱ 1427] **v. tr.** (*io inorpèllo*) **1** †indorare, dorare **2** (*lett., fig.*) abbellire esteriormente, mascherare

†inorpellatùra [av. 1606] **s. f.** ● orpello, falsa apparenza | inorpellamento

inorridìre [comp. di *in-*① e *orrido* ✱ 1620] **A** **v. tr.** (*io inorridìsco, tu inorridìsci*) ● riempire d'orrore, di spavento: *è uno spettacolo che ha inorridito tutti* **SIN.** raccapricciare, spaventare **B** **v. intr.** (aus. *essere*) **1** provare orrore: *solo al racconto inorridisco* **2** (*lett.*) rizzarsi dei capelli, per spavento od orrore

inorridìto **part. pass.** di *inorridire*; anche **agg.** ● pieno d'orrore: *essere, restare i.*

inoṣàbile [comp. di *in-*③ e *osabile* ✱ 1919] **A** **agg.** ● (*lett.*) che non deve o non può essere osato: *impresa i.* **B** **s. m. solo sing.** ● ciò che non è osabile: *osare l'i.*

inòṣico [comp. del gr. *ís*, genit. *inós* 'fibra' e *-ico* ✱ 1869] **agg.** (pl. m. *-ci*) ● (*chim.*) detto di ossiacido ottenuto per ossidazione dell'inosite

inoṣìna [comp. del gr. *ís*, genit. *inós* 'fibra' e *-ina* ✱ 1957] **s. f.** ● (*chim.*) alcol esavalente ciclico che si trova in vari tessuti animali e in molte piante, usato in farmacologia

inoṣìte [comp. del gr. *ís*, genit. *inós* 'fibra' e *-ite*② ✱ 1869] **s. f.** ● (*chim.*) inosina

inoṣìtico [1933] **agg.** (pl. m. *-ci*) ● di inosite | (*med.*) ***diabete i.***, con eliminazione di inosite

inoṣitòlo [comp. del gr. *ís*, genit. *inós* 'fibra' e *-itolo* ✱ 1957] **s. m.** ● (*chim.*) inosina

inoṣitùria o **inoṣiturìa** [comp. di *inosite* e di un deriv. del gr. *ôuron* 'urina' ✱ 1957] **s. f.** ● (*med.*) eliminazione di inosite con le urine

inospitàle [vc. dotta, lat. *inhospitāle(m)*, comp. di *in-*③ e *hospitālis* 'ospitale' ✱ 1532] **agg.** **1** che non è ospitale e cortese con gli ospiti: *popolazione, gente i.* **2** di ciò che è privo di comodità per viverci: *casa i.* | (*est.*) inabitabile, selvaggio: *zona, regione i.* || **inospitalménte**, **avv.** || **inospitalità**, **s. f. inv.** (V.)

inospitalità [vc. dotta, lat. *inhospitalitā-te(m)*, comp. di *in-*③ e *hospitālitas*, genit. *hospitalitātis* 'ospitalità', sul tipo del gr. *axenía* ✱ 1619] **s. f. inv.** ● caratteristica di chi (o di ciò che) è inospitale

inòspite o **†inòspito** [vc. dotta, lat. *inhŏspi-te(m)*, comp. di *in-*③ e *hŏspes*, genit. *hŏspitis* 'ospite', sul modello del corrispondente gr. *áxenos* ✱ 1374] **agg.** ● (*lett.*) inospitale, spec. riferito a luoghi: *per boschi inculti e i. campagna* (M.M. Boiardo) | †impervio: *per inospita balza* (V. Monti)

inossàre [comp. di *in-*① e *osso* ✱ sec. XV] **A** **v. tr.** (*io inòsso*) ● †preparare la tavola da disegno con osso ben macinato e ridotto in polvere **B** **v. intr.** (aus. *essere*) e **inossàrsi**

a b c d e f g h i j k l m n o p q r s t u v w x y z

v. intr. pron. ● formarsi, detto delle parti ossee del corpo | (*est.*) assumere la durezza, la consistenza e sim. proprie del tessuto osseo

inosservàbile [vc. dotta, lat. *inobservābi-le(m)*, comp. di *in-*③ e *observābilis* 'osservabile' ✻ 1575] **agg. 1** detto di ciò cui non è possibile ottemperare: *precetto, regola i.* **2** (*raro*) che è impossibile o molto difficile osservare: *microbo i. senza microscopio* ‖ **inosservabilménte**, **avv.** (*lett.*) in modo inosservabile ‖ **inosservabilità**, **s. f. inv.**

inosservànte [vc. dotta, lat. tardo *inobser-vānte(m)*, comp. di *in-*③ e *obsērvans*, genit. *observāntis* 'osservante' ✻ 1521] **agg. e s. m. e f.** ● che (o chi) trasgredisce una legge, una norma o non rispetta precetti morali o religiosi (+ *di*): *essere i. del codice stradale, delle regole del vivere sociale*

inosservànza [vc. dotta, lat. *inobservān-tia(m)*, comp. di *in-*③ e *observāntia* 'osservanza' ✻ av. 1498] **s. f.** ● mancata osservanza di leggi, regolamenti, norme morali (+ *di*): *i. grave, leggera, pericolosa*; *i. di un patto* **SIN.** inadempienza, trasgressione

SFUMATURE ➤ ***eccezione***, ➤ ***inadempienza***

inosservàto [vc. dotta, lat. *inobservātu(m)*, comp. di *in-*③ e *observātus* 'osservato' ✻ 1654] **agg. 1** che non viene notato, che sfugge all'attenzione altrui: *passare, allontanarsi i.*; *trarre, dalle guardie i., / fuor del dorico vallo il re troiano* (V. MONTI) **2** che non è stato rispettato, adempiuto: *norma rimasta inosservata* ‖ **inosservataménte**, **avv.**

inossidàbile [comp. di *in-*③ e *ossidabile* ✻ 1871] **agg. 1** di sostanza che non subisce il fenomeno dell'ossidazione | ***acciaio i.***, acciaio speciale contenente notevoli quantità di cromo e nichel, usato spec. nelle apparecchiature domestiche e nell'industria automobilistica **2** (*fig., scherz.*) temprato, agguerrito, resistente a ogni avversità | detto di chi sembra non invecchiare mai: *un campione i.* **SIN.** immarcescibile ‖ **inossidabilità**, **s. f. inv.**

inostràre [comp. di *in-*① e *ostro*① ✻ 1374] **A v. tr.** (*io inòstro*) ● (*lett.*) ornare, tingere di ostro, di porpora | (*poet.*) colorare di rosso, di vermiglio | (*poet.*) insanguinare **B inostràrsi v. intr. pron.** ● (*lett.*) diventare vermiglio, del colore dell'ostro: *mentre che l'Apuana Alpe s'inostra* (G. D'ANNUNZIO) | (*poet.*) insanguinarsi

inotropìṣmo [comp. del gr. *ís*, genit. *inós* 'fibra' e *tropismo* ✻ 1973] **s. m.** ● (*med.*) modificazione o interferenza sulla contrattilità di un muscolo, in particolare del miocardio

inottemperànza [comp. di *in-*③ e *ottemperanza* ✻ 1983] **s. f.** ● (*burocr.*) inosservanza, inadempienza: *i. a una richiesta, a una legge*

ìnox /'inoks/ [dal fr. *inoxydable* 'inossidabile' ✻ 1983] **agg. inv.** ● inossidabile, detto di acciaio | (*est.*) costruito in acciaio inossidabile: *cucina i.*; *pentole i.*

in pàrtibus [lat., propr. 'nelle (*ĭn*) parti o regioni (*pàrtibus*, abl. pl. di *pārs*)', sottinteso 'degli infedeli (*infidēlium*, genit. pl. di *infidēlis*)' ✻ 1869] **loc. agg. inv.** ● (*relig.*) detto, fino al 1882, di vescovo titolare di una sede dove non poteva risiedere perché sotto il dominio degli Infedeli | (*est.*) detto di chi (o di ciò che) esercita un potere solo virtuale

♦**in pèctore** [lat., propr. 'nel (*ĭn*) petto (*pĕctore*, abl. di *pĕctus*)' ✻ 1950] **loc. agg. inv. 1** (*relig.*) detto di cardinale che il Papa, in Concistoro, annuncia di avere creato riservandosi, tuttavia, di tacerne il nome finché lo riterrà opportuno **2** (*est.*) detto di chi si prevede sarà investito di una carica, pur non essendo ancora stato designato ufficialmente: *assessore in pectore*

in perpètuum [lat., propr. 'in (*ĭn*) perpetuo (*perpĕtuum*)', sottinteso 'tempo (*tĕmpus*)'] **loc. agg. inv. e avv.** ● formula che indica la validità perpetua di alcuni atti giuridici

♦**in prìmis** [loc. lat., propr. 'tra le prime (cose)' ✻ av. 1541] **loc. avv.** ● anzitutto, prima di tutto, in primo luogo

in prògress /im'progres, *ingl.* ɪn'prəʊgrɛs/ [loc. ingl., propr. 'in progresso' ✻ 1960] **loc. agg. inv.** ● in corso, in formazione, suscettibile di continui sviluppi: *un progetto in progress*

ìnput /'imput, *ingl.* 'ɪn,pʊt/ [vc. ingl., propr. 'ciò che è messo (*put*) dentro (*in*)' ✻ 1957] **s. m. inv. 1** (*inform.*) inserimento di dati in un elaboratore elettronico attraverso un apposito dispositivo, come tastiera, mouse, scanner, memoria di massa | i dati stessi così inseriti **2** (*est.*) il complesso degli elementi iniziali necessari alla realizzazione di un certo procedimento, quali fattori produttivi, dati, informazioni e sim. | (*generic.*) dato, informazione, istruzione **CFR.** output **3** (*fig.*) impulso che dà inizio a qlco.

inputàre [adattamento dell'ingl. *to input* 'inserire' ✻ 1982] **v. tr.** (*io inputo*) ● (*inform.*) nel gergo informatico, immettere dati in un sistema

inquadraménto [1869] **s. m. 1** l'inquadrare | inquadratura | (*fig.*) inserimento di qlco. in un contesto appropriato **2** (*milit.*) inserimento degli ufficiali e dei sottufficiali in un reparto **3** inserimento del personale dipendente in un ruolo, in un organico: *i. di insegnanti nella scuola*

inquadràre [comp. di *in-*① e *quadro* ✻ 1623] **A v. tr. 1** adattare un quadro, una stampa e sim. in una cornice: *i. una fotografia* | (*fig.*) incorniciare con un filetto o un fregio: *i. una pagina, un articolo* **2** (*fig.*) inserire, collocare nel contesto adatto: *i. un'opera, un autore nella letteratura del suo tempo* | (*fig.*) esaminare, analizzare qlco. individuandone i contorni: *l'oratore ha ben inquadrato il problema* **3** riprendere un soggetto entro i limiti del formato di un apparecchio fotografico o cinematografico: *i. un gruppo* **4** (*milit.*) disporre, ordinare truppe in reparti organici dotandole dei quadri, cioè degli ufficiali e sottufficiali necessari per renderle atte ad operare **5** organizzare i dipendenti in ruoli e organici di aziende e di amministrazioni pubbliche **6** †dividere in quadri **B inquadràrsi v. intr. pron. 1** collocarsi in una cornice, in uno sfondo: *La collina è notturna, nel cielo notturno / vi s'inquadra il tuo capo* (C. PAVESE) **2** (*fig.*) inserirsi coerentemente in un contesto più vasto: *il provvedimento s'inquadra nel piano economico di sviluppo*

inquadràto **part. pass.** di *inquadrare*; anche **agg. 1** nei sign. del v. **2** che accetta totalmente una disciplina o un ruolo assegnato | (*est.*) ligio alle direttive di un partito, un'organizzazione, un gruppo sociale e sim.

inquadratùra [1935] **s. f. 1** l'inquadrare **2** spazio, campo visivo ripreso da un obiettivo | serie di fotogrammi ottenuta con una singola ripresa cinematografica

inqualificàbile [comp. di *in-*③ e *qualificabile*, sul modello del fr. *inqualifiable* ✻ 1858] **agg. 1** (*raro*) che non è possibile determinare **2** che non si può qualificare in quanto indegno e riprovevole: *contegno, persona i.* ‖ **inqualificabilménte**, **avv.**

♦**in quànto** o (*raro*) **inquànto** [comp. di *in* e *quanto* ✻ av. 1294] **A loc. avv.** ● come, in qualità di: *tu, in quanto minorenne, sei soggetto alla patria potestà* **B loc. cong. 1** perché, per il fatto che (introduce una prop. causale con il v. all'indic.): *non ho potuto parlargli in quanto non l'ho più rivisto* | V. anche *in quanto che* **2** (*lett.*) quanto (in correl. con 'in tanto', nelle prop. compar.): *in tanto il suo gesto è più ammirevole, in quanto si trova in disagiata situazione economica* **3** †se, nel caso che (introduce una prop. condiz. con il v. al congtv.) **C** nella **loc. prep.** ***in quanto a*** ● rispetto a, per quel che concerne: *in quanto a me, tacerò*; *in quanto a questo non ci sono problemi*

in quànto che /inkwanto'ke*, in'kwanto ke*/ o (*raro*) **inquantoché** [comp. di *in, quanto* e *che*② ✻ av. 1311] **loc. cong.** ● (*lett.*) perché, per il fatto che (introduce una prop. causale con il v. all'indic.): *è una persona estremamente intelligente e gentile, in quanto che non rifiuta mai di discutere con gli altri* **SIN.** in quanto

inquartàre [comp. di *in-*① e *quarto* ✻ 1651] **A v. tr. 1** in metallurgia, proporzionare una lega d'oro e argento in modo da avere un quarto d'oro e tre d'argento **2** (*agric.*) compiere la quarta aratura del maggese prima della semina **3** (*mar.*; *disus.*) ancorare la nave con quattro gomene **4** (*arald.*) dividere lo scudo in quarti per mezzo di due linee intersecantisi al centro che possono essere una verticale e una orizzontale o entrambe diagonali | introdurre, fra gli altri quarti, quello di una concessione, di un'alleanza, di un feudo, e sim. **B inquartàrsi v. intr. pron.** ● (*lett.*) aumentare di peso, spec. assumendo un aspetto massiccio

inquartàta [da *in quarta* (guardia), una delle quattro guardie della scherma ✻ 1887] **s. f.** ● nella scherma, uscita non più in uso, costituita da una stoccata effettuata spostandosi lateralmente per evitare il colpo dritto dell'avversario

inquartàto① [da *inquartare* nel sign. 4 ✻ 1637] **agg.** ● (*arald.*) detto di scudo con il campo diviso in quattro parti uguali

inquartàto② [da *quarto* nell'uso dei macellai ('quarta parte di animale macellato') ✻ 1623] **agg.** ● (*lett.*) che è fisicamente robusto: *individuo ben i.*

inquartazióne [da *inquartare* ✻ 1834] **s. f.** ● operazione o lavoro dell'inquartare: *l'i. dell'oro, del maggese*

inquèto ➤ **inquieto**

inquietànte **part. pres.** di *inquietare*; anche **agg.** ● che preoccupa, che turba, che impensierisce: *una notizia, una voce i.* **SIN.** sgomentevole | (*est.*) intrigante, conturbante: *una donna dalla bellezza i.*

♦**inquietàre** [vc. dotta, lat. *inquietāre*, comp. di *in-*③ e *quietāre* 'rendere quieto' ✻ av. 1292] **A v. tr.** (*io inquièto*) ● togliere la quiete, rendere inquieto: *il suo ritardo mi inquieta* **SIN.** impensierire, preoccupare, turbare **B inquietàrsi v. intr. pron.** ● provare preoccupazione per qlco. | impazientirsi, stizzirsi: *non inquietarti per così poco*

inquietézza [1574] **s. f.** ● (*raro, lett.*) inquietudine | (*raro, lett.*) cruccio

♦**inquièto** o (*lett., raro*) **inquèto** [vc. dotta, lat. *inquiētu(m)*, comp. di *in-*③ e *quiētus* 'quieto' ✻ av. 1342] **agg. 1** che non ha quiete: *il malato è i.*; *animo i.* | ***notte inquieta***, agitata | ***ragazzo i.***, irrequieto | privo di tranquillità: *un periodo i.* **2** (*lett.*) turbolento, insofferente | (*lett., fig.*) tempestoso **3** preoccupato, ansioso: *tenere i. qlcu.*; *essere i. per i risultati di un affare* **SIN.** impensierito, turbato **4** crucciato, stizzito: *sono i. con te oggi* ‖ **inquietaménte**, **avv.** con inquietudine

♦**inquietùdine** [vc. dotta, lat. tardo *inquietū-dine(m)*, da *inquiētus* 'inquieto' ✻ av. 1342] **s. f. 1** condizione di chi (o di ciò che) è inquieto: *destare i.*; *tenere nell'i.*; *dei sudori freddi, delle inquietudini che lo facevano rizzare all'improvviso sul letto coi capelli irti* (G. VERGA) **SIN.** agitazione, ansia **2** ciò che causa ansia, agitazione: *parlare delle proprie inquietudini* **SIN.** preoccupazione

SFUMATURE ➤ ***preoccupazione***

inquilinàto [vc. dotta, lat. *inquilinātu(m)* 'inquilinato, soggiorno in una casa come inquilino (*inquilīnus*)' ✱ 1673] **s. m.** ● stato, condizione di chi è inquilino

inquilinìṣmo [da *inquilino* e *-ismo* ✱ 1917] **s. m.** ● (*biol.*) forma di simbiosi caratterizzata dal fatto che individui di specie diversa occupano spazio in comune

♦**inquilìno** [vc. dotta, lat. *inquilīnu(m)*, da *īncola* (V.), da *cōlere* 'abitare', di orig. indeur. ✱ 1318] **s. m.** (**f.** *-a*) **1** chi abita una casa o appartamento altrui pagando l'affitto al proprietario **2** †affittuario | †domestico **3** †abitatore avventizio **4** (*zool.*) animale che condivide un certo spazio con un altro, spec. animale acquatico che si insedia sul corpo di un altro

♦**inquinaménto** [vc. dotta, lat. tardo *inquinamĕntu(m)*, da *inquināre* 'inquinare' ✱ 1304] **s. m.** **1** l'inquinare | (*fig.*) contaminazione, corruzione **2** (*biol.*) introduzione nell'ambiente naturale di sostanze chimiche o biologiche, o di fattori fisici, in grado di provocare disturbi o danni all'ambiente stesso: *i. dell'aria, dell'acqua, del suolo*; *i. atmosferico*; *i. marino*; *lotta contro l'i.* | ***i. acustico***, quello provocato dal rumore | ***i. luminoso***, luce diffusa dall'atmosfera proveniente da sistemi di illuminazione non schermati verso l'alto, che ostacola l'osservazione del cielo stellato **3** (*dir.*) ***i. delle prove***, l'intervenire fraudolentemente sui mezzi di prova giudiziaria allo scopo di alterarli a proprio vantaggio

SFUMATURE DI SIGNIFICATO

inquinamento - contaminazione - ammorbamento - intorbidamento

Il termine **inquinamento** definisce l'introduzione nell'ambiente naturale di sostanze chimiche o biologiche in grado di provocare danni all'ambiente stesso e di renderlo inadatto alla vita umana, animale o vegetale. **Contaminazione** descrive ugualmente l'azione di inquinare introducendo sostanze nocive, oltre che nell'ambiente, in una sostanza; ma ha anche usi figurati che si riferiscono a corruzione morale. **Ammorbamento** si riferisce invece solo all'aria. L'**intorbidamento** è proprio delle acque, e descrive un'alterazione della trasparenza che non è necessariamente collegata a un effettivo inquinamento, ma può dipendere solo da sporcizia.

SFUMATURE ➤ ***alterazione***

inquinànte **part. pres.** di *inquinare*; anche **agg. e s. m.** ● detto di ciò che produce inquinamento: *composto i.*; *fonti energetiche non inquinanti*; *effetti inquinanti*; *i. organico, chimico*

♦**inquinàre** [vc. dotta, lat. *inquināre*, comp. di *in-*② e di un secondo elemento di etim. incerta ✱ av. 1342] **v. tr.** **1** infettare con germi o sostanze nocive: *il veleno ha inquinato l'acqua della sorgente* **2** (*biol.*) provocare inquinamento: *i gas di scarico inquinano l'aria delle città*; *gli scarichi urbani hanno inquinato il mare* **3** (*fig.*) corrompere, guastare: *i. l'animo di qlcu. con cattivi esempi*

SFUMATURE DI SIGNIFICATO

inquinare - contaminare - appestare

Inquinare è alterare gravemente, con virus, batteri o sostanze chimiche, un elemento naturale o l'ambiente nel suo complesso, determinando un serio turbamento degli equilibri biologici. **Contaminare** ha lo stesso significato, ma mette l'accento sulla sostanza nociva introdotta nell'ambiente. **Appestare** si usa esclusivamente in riferimento all'aria, resa maleodorante e irrespirabile per la presenza di sostanze nocive.

♦**inquinàto** **part. pass.** di *inquinare*; anche **agg.** ● nei sign. del v.: *mare i.*; (*fig.*) *animo i.*; (*dir.*) *prova inquinata*

inquinatóre [av. 1492] **agg. e s. m.** (**f.** *-trice*) ● che (o chi) inquina

inquirènte [part. pres. di †*inquirere* ✱ 1800] **A** **agg.** ● (*dir.*) di organo giudiziario o amministrativo con poteri ufficiali per la diretta ricerca della verità: *magistratura penale i.*; *commissione i.* | relativo a indagine: *funzione i.* **SIN.** requirente **B** **s. m. e f.** ● chi dirige o conduce un'inchiesta giudiziaria: *le prove saranno valutate dagli inquirenti* **C** **s. f.** ● commissione inquirente

†**inquìrere** [vc. dotta, lat. *inquīrere*, comp. di *in-*① e *quaerere* 'domandare, cercare', di etim. incerta ✱ av. 1328] **v. tr.** ● inquisire | indagare

inquirìre [V. †*inquirere* ✱ 1342] **v. intr.** (*io inquirìsco, tu inquirìsci*; **aus.** *avere*) **1** (*lett.*) indagare, informarsi: *– Come stiamo a malati nella zona, medico? – inquirì uno dei bevitori* (B. FENOGLIO) **2** †inquisire

inquiṣìbile [1869] **agg.** ● (*raro*) che può essere oggetto d'inquisizione | (*raro*) ***materia i.***, investigabile

inquiṣìre [da *inquisītus*, part. pass. di *inquīrere* '†inquirere' ✱ sec. XIV] **A** **v. tr.** (*io inquiṣìsco, tu inquiṣìsci*) **1** fare oggetto di accurate e minuziose indagini: *i. una persona, un luogo, un problema* **2** (*dir.*) sottoporre a un'inchiesta **B** **v. intr.** (**aus.** *avere*) ● indagare minuziosamente e per lo più in modo indiscreto: *i. sulla vita di qlcu.*

inquiṣitìvo [vc. dotta, lat. tardo *inquisitīvu(m)*, da *inquisītus* 'inquisito' (V. *inquisire*) ✱ 1598] **agg.** **1** rivolto a ricercare la verità: *metodo i.* **2** diretto a indagare, a inquisire: *sistema i.* **3** (*raro*) inquisitorio: *sguardo i.*

inquiṣìto [vc. dotta, lat. *inquisītu(m)*, propr. part. pass. del v. *inquīrere* 'indagare'] **part. pass.** di *inquisire*; anche **agg. e s. m.** (**f.** *-a*) ● che (o chi) è sottoposto a un procedimento, spec. giudiziario, di inchiesta

inquiṣitóre [vc. dotta, lat. *inquisitōre(m)*, da *inquisītus* 'inquisito' (V. *inquisire*) ✱ av. 1348] **A** **agg.** (**f.** *-trice*) **1** che inquisisce e indaga, spec. in modo insistente e indiscreto: *occhio, sguardo i.* | ***frate i.***, nominato a indagare e a provvedere contro gli eretici dall'autorità ecclesiastica cattolica **2** (*raro*) inquisitorio: *attività inquisitrice* | ***azione inquisitrice***, processo inquisitorio **B** **s. m.** (**f.** *-trice*) **1** chi inquisisce: *solerte i.* **2** membro del tribunale del Sant'Uffizio, istituito in Spagna nel XV sec. | ***Grande i.***, capo del tribunale dell'Inquisizione

inquiṣitòrio [1585] **agg.** (**pl. m.** *-i* o *raro -ii*) **1** di inquisitore | dell'inquisizione: *processo i.* **2** (*fig.*) ostile, severo: *cipiglio i.* **3** (*dir.*) ***processo i.***, nel quale la ricerca dei fatti e delle prove è affidata a organi giudiziali **CFR.** accusatorio || **inquiṣitoriaménte**, **avv.**

inquiṣizióne [vc. dotta, lat. *inquisitiōne(m)*, da *inquisītus* 'inquisito' (V. *inquisire*) ✱ 1261 ca.] **s. f.** **1** nel linguaggio giuridico cattolico, ricerca del delitto di eresia da parte dell'autorità ecclesiastica | ***Santa I.***, tribunale ecclesiastico che fu delegato alla ricerca e alla punizione del delitto di eresia | ***I. di Spagna***, Tribunale del Sant'Uffizio costituito in Spagna nel XV sec. **2** (*est.*) indagine fatta con metodi e procedimenti arbitrari o crudeli **3** (*lett.*) indagine, ricerca

inquotàto [comp. di *in-*③ e *quotato* ✱ 1967] **agg.** ● (*borsa*) non quotato sul mercato: *titolo i.*

in quòvis [propr. 'in (*ĭn*) quel (natante) che (*quō*) vuoi (*vīs*, da *vĕlle* 'volere')'] **loc. avv.** ● (*dir.*, *raro*) con un contratto d'assicurazione marittima in cui non si precisa il nome della nave ma si stabiliscono i limiti di tempo

†**inreflèsso** ➤ **irriflesso**

†**inretìre** ➤ **irretire**

insabbiaménto [1869] **s. m.** **1** l'insabbiare, l'insabbiarsi, il venire insabbiato (*anche fig.*): *i. di un porto*; *l'i. di una riforma* **2** (*agric.*) stratificazione di talee di viti e di altre piante in sabbia per favorirne il radicamento

insabbiàre [comp. di *in-*① e *sabbia*, sul modello del corrispondente fr. *ensabler* ✱ 1869] **A** **v. tr.** (*io insàbbio*) **1** coprire di sabbia **2** (*fig.*) interrompere, fermare lo sviluppo normale di un progetto, un procedimento e sim., spec. per trarne un vantaggio: *i. un disegno di legge, un'inchiesta* | (*est.*) celare, occultare: *i. uno scandalo* **B** **insabbiàrsi** **v. intr. pron.** **1** coprirsi, colmarsi di sabbia: *la foce del fiume si è insabbiata* **2** arenarsi, detto di nave: *insabbiarsi in una secca* **3** (*fig.*) non procedere, bloccarsi, detto di pratica, proposta e sim.: *la richiesta ufficiale si è insabbiata* **4** (*lett.*, *fig.*) andare a vivere in un luogo desertico o appartato

insabbiatóre [1985] **agg. e s. m.** (**f.** *-trice*) ● che (o chi) insabbia una pratica, un'inchiesta e sim.

insabbiatùra [1970] **s. f.** ● (*med.*) sabbiatura

insaccaménto [1869] **s. m.** **1** l'insaccare, l'insaccarsi (*anche fig.*): *l'i. della carne suina*; *l'i. dei passeggeri in un autobus* **2** (*agric.*) metodo per anticipare la maturazione dei frutti sulla pianta chiudendoli in sacchetti

insaccàre [comp. di *in-*① e *sacco* ✱ 1313] **A** **v. tr.** (*io insàcco, tu insàcchi*) **1** mettere in un sacco: *i. la farina, il grano* | ***i. il pallone***, nel calcio, mandarlo in rete | (*est.*) far rientrare (il collo o la testa) fra le spalle **2** mettere la carne di maiale tritata nei budelli o in involucri artificiali per fare salsicce, salami e sim. **3** (*fig.*) ammucchiare in uno spazio ristretto e insufficiente, una grande quantità di cose o persone **SIN.** stipare **4** (*fig.*) vestire qlcu. con abiti inadatti alla sua figura e che lo rendono goffo: *lo avevano insaccato in un lungo cappotto* **SIN.** infagottare **5** (*mar.*) gonfiarsi a rovescio, detto delle vele quadre che prendono il vento sulla faccia prodiera **6** (*fam.*) mangiare e bere avidamente **7** (*lett.*) riscuotere, incassare **8** †mettere le schede nell'urna **SIN.** imborsare **B** **insaccàrsi** **v. rifl.** ● (*fig.*) vestirsi, fasciarsi in abiti goffi o pesanti **SIN.** infagottarsi **C** **insaccàrsi** **v. intr. pron.** **1** (*raro*) subire un forte contraccolpo in seguito a una caduta **2** nel calcio, finire in rete: *il pallone si insacca all'incrocio dei pali* **3** (*fig.*) ammassarsi in uno spazio ristretto: *i soldati si erano insaccati in una ripida gola* **4** (*fig.*, *lett.*) nascondersi tra le nuvole, detto del sole: *il sole s'insaccò, né tornò fuori* (G. PASCOLI)

insaccàta [da *insaccare* ✱ 1858] **s. f.** **1** scossa che si dà al sacco per pigiarne il contenuto **2** urto che si riceve cadendo a terra malamente | contraccolpo che si subisce cavalcando senza assecondare il trotto del cavallo **3** (*fam.*) il pigiarsi o l'ammassarsi confuso dei passeggeri in un mezzo pubblico, per una brusca frenata o accelerata del veicolo **4** (*mar.*) scossa che danno agli alberi le vele rovesciate indietro dal vento

insaccàto **A** **part. pass.** di *insaccare*; anche **agg.** ● nei sign. del v. **B** **s. m.** **1** (**spec. al pl.**) ogni tipo di salume messo in un budello o in un involucro artificiale **2** chi prende parte a una corsa nei sacchi

insaccatóre [1322] **s. m.** (**f.** *-trice*) **1** chi per mestiere insacca merci **2** chi è adibito alla preparazione di carni insaccate

insaccatrìce [1941] **s. f.** ● macchina per riempire sacchi secondo un peso prestabilito

insaccatùra [1398] **s. f.** ● operazione dell'insaccare

insacchettaménto [1957] **s. m.** ● operazione dell'insacchettare

insacchettàre [comp. di *in-*① e *sacchetto* ✱ 1568] **v. tr.** (*io insacchétto*) ● preparare pro-

a b c d e f g h i j k l m n o p q r s t u v w x y z

dotti per la vendita mettendoli in sacchetti appositi

insacchettatrìce [1970] **s. f.** ● macchina che esegue l'insacchettamento

in saecula saeculorum /lat. in'sɛkula seku'lɔrum/ [formula liturgica lat., propr. 'nei secoli dei secoli' ✱ 1390] **loc. avv.** ● fino alla fine dei secoli, per un tempo interminabile (*spec. scherz.*): *discutere in saecula saeculorum*

insalamàre [comp. di *in-*① e *salame* ✱ 1920] **v. tr.** ● (*raro, scherz.*) ridurre qlcu. come un salame, avvolgendolo strettamente in abiti o coperte

insalàre [comp. di *in-*① e *sale* ✱ 1319] **A v. tr.** **1** (*raro*) condire con sale un cibo per insaporirlo: *i. la carne, la minestra* **2** (*lett.*) fare diventare salsa l'acqua dolce **3** †fare qlco. con senno e accorgimento: *Rinaldo, ... savio uomo ed astuto / che le parole e l'opere sue insala* (L. Pulci) **B insalàrsi v. intr. pron.** ● †diventare salso, detto di fiume che sbocca nel mare

✦**insalàta** [f. sost. del part. pass. di *insalare* ✱ av. 1342] **s. f.** **1** pietanza costituita da erbe commestibili e verdure condite con sale, olio, aceto o limone | ***i. cruda***, di lattuga, indivia, radicchio, cappuccina e sim. | ***i. cotta***, di barbabietole, patate, fagiolini e sim. | ***i. di campo, campagnola, contadina***, di erbe spontanee, non coltivate | ***i. mista***, composta di più verdure | ***i. verde***, quella di cicoria, indivia o lattuga | ***i. belga***, V. *belga* | ***i. iceberg***, V. *lattuga iceberg* **2** (*est.*) l'insieme delle varietà coltivate di cicoria, indivia, lattuga che di solito si mangiano in insalata: *seminare, raccogliere l'i.*; *l'i. era nell'orto*; *pulire l'i.* **3** (*est.*) ogni piatto a base di ingredienti vari, crudi o cotti, che si condiscono con sale, olio, aceto o limone: *i. di riso, di pollo, di pesce* | ***i. di mare***, a base di frutti di mare, crostacei, pesci lessi | ***i. russa***, antipasto di verdure cotte, sottaceti e uova sode a cubetti legati con salsa maionese | ***i. capricciosa***, antipasto a base principalmente di verdure crude tagliate a filettini e salsa maionese | (*raro*) ***i. di frutta***, macedonia | ***in i.***, detto di cibo condito con olio, sale, aceto o limone, con eventuali altre aggiunte: *funghi in i.* | (*fig.*) ***mangiarsi qlcu. in i.***, vincerlo, superarlo facilmente **4** (*fig.*) confusione, mescolanza di cose: *fare un'i.*; *il tuo tema è un'i. di errori* **5** (*gerg.*) groviglio di pellicola cinematografica o di nastro magnetico ‖ **insalatìna**, **dim.** | **insalatóna**, **accr.** | **insalatùccia**, **dim.**

insalatièra [1843] **s. f.** ● recipiente concavo, per condire e servire in tavola l'insalata | (*sport, per anton.*) ***i. d'argento***, nel tennis, il trofeo d'argento che premia i vincitori del torneo 'Coppa Davis'

insalatùra [av. 1347] **s. f.** ● (*raro*) salatura

insaldàbile [comp. di *in-*③ e *saldabile* ✱ av. 1667] **agg.** ● (*raro*) che non si può saldare (*anche fig.*) | (*fig., raro*) insanabile

insaldàre [comp. di *in-*① e *saldo*① ✱ 1612] **A v. tr.** **1** dar la salda, l'amido: *i. una camicia* **2** (*lett., fig.*) saldare, legare **B insaldàrsi v. intr. pron.** ● (*lett., fig.*) saldarsi, legarsi

insalivàre [comp. di *in-*① e *saliva* ✱ av. 1920] **v. tr.** ● umettare con saliva

insalivazióne [da *insalivare* ✱ 1833] **s. f.** ● azione di impasto della saliva con i cibi introdotti nella bocca durante la masticazione

✦**insalùbre** o, più diffuso ma etim. meno corretto, **insàlubre** [vc. dotta, lat. *insalūbre(m)*, comp. di *in-*③ e *salūbris* 'salubre' ✱ 1481] **agg.** ● che è nocivo alla salute: *zona paludosa e i.* **SIN.** malsano ‖ **insalubreménte**, **avv.**

SFUMATURE ▸ ***malsano***

insalubrità [comp. di *in-*③ e *salubrità* ✱ 1550] **s. f. inv.** ● caratteristica di ciò che è insalubre | mancanza di salubrità

insalutàto [vc. dotta, lat. *insalutātu(m)*, comp. di *in-*③ e *salutātus* 'salutato' ✱ 1542] **agg.** ● (*lett.*) che non è stato salutato | (*scherz.*) ***partire i. ospite***, andarsene via all'improvviso, senza salutare

insalvàbile [comp. di *in-*③ e *salvabile* ✱ av. 1729] **agg.** ● che non si può salvare ‖ **insalvabilità**, **s. f. inv.**

insalvatichìre ▸ **inselvatichire**

insanàbile [vc. dotta, lat. *insanābile(m)*, comp. di *in-*③ e *sanābilis* 'sanabile' ✱ av. 1311] **agg.** **1** che non può guarire: *piaga i.* **SIN.** incurabile, inguaribile **2** (*fig.*) inestinguibile, implacabile: *dolore, odio i.* **3** (*fig.*) irrimediabile, irreparabile: *dissidio, contrasto i.* ‖ **insanabilménte**, **avv.** ‖ **insanabilità**, **s. f. inv.**

insanguinaménto [av. 1519] **s. m.** ● (*raro*) l'insanguinare, l'insanguinarsi | spargimento di sangue | †eccidio

insanguinàre [comp. di *in-*① e *sanguinare* ✱ sec. XIII] **A v. tr.** (*io insànguino*) ● bagnare e sporcare di sangue (*anche fig.*): *i. la spada*; *le guerre insanguinano il mondo*; *forse l'ossa / col mozzo capo gl'insanguina il ladro* (U. Foscolo) **B v. intr.** ● †sanguinare **C insanguinàrsi v. tr. pron.** (aus. *essere*) **e rifl.** ● macchiarsi di sangue: *insanguinarsi le mani*; *era caduta insanguinandosi le labbra* (I. Svevo)

insània [vc. dotta, lat. *insānia(m)*, da *insānus* 'insano' ✱ 1320] **s. f.** **1** (*lett.*) stato di chi è mentalmente malato: *non è, insomma, amor, se non i.* (L. Ariosto) **SIN.** demenza, pazzia **2** atto insano, folle o da folle: *commettere un'i.* **SIN.** pazzia

†**insaniènte** **part. pres.** di *insanire*; anche **agg.** ● nei sign. del v.

insanìre [vc. dotta, lat. *insanīre*, da *insānus* 'insano' ✱ av. 1306] **A v. intr.** (*io insanisco, tu insanìsci*; aus. *essere*) ● (*lett.*) diventare insano, folle: *i. per il terribile spavento* **B v. tr.** ● (*lett.*) rendere folle

insàno [vc. dotta, lat. *insānu(m)*, comp. di *in-*③ e *sānus* 'sano' ✱ 1313] **agg.** **1** (*lett.*) di chi è demente, pazzo: *uom per doglia i.* (F. Petrarca) **2** di ciò che è dissennato, inconsulto, folle: *azione, passione insana*; *a rei delitti aggiugne / l'i. ardir* (V. Alfieri) | ***i. gesto***, (*eufem.*) il suicidio **3** (*fig., lett.*) tempestoso, agitato **4** †malsano, malato ‖ **insanaménte**, **avv.**

SFUMATURE ▸ ***demente***

insaponaménto [av. 1722] **s. m.** ● (*raro*) insaponatura

insaponàre [comp. di *in-*① e *sapone* ✱ av. 1449] **A v. tr.** (*io insapóno*) **1** coprire, impregnare qlco. di sapone: *i. i panni del bucato* | ***i. una corda***, spalmarla di sapone perché scorra meglio **2** cospargere con schiuma di sapone: *i. la schiena al bambino* **3** (*fig., raro*) adulare qlcu. per ottenere qlco. **B insaponàrsi v. tr. pron.** (aus. *essere*) **e rifl.** ● cospargersi con schiuma di sapone il corpo o il viso: *insaponarsi le mani, i capelli*

insaponàta [1620 ca.] **s. f.** ● rapida insaponatura: *dare un'i. alla biancheria* ‖ **insaponatìna**, **dim.**

insaponatùra [1869] **s. f.** ● l'insaponare, l'insaponarsi | la schiuma di sapone prodotta

insaporàre [1321] **v. tr.** (*io insapóro*) e **insaporàrsi v. intr. pron.** ● insaporire, insaporirsi

insapóre o **insapóro** [da *in-* *sapor(at)o*, sul tipo di *incoloro* e *inodoro* ✱ 1598] **agg.** ● che è senza sapore, privo di qualsiasi gusto | (*fig.*) scialbo, insulso

✦**insaporìre** [vc. dotta, lat. tardo *insaporāre*, comp. di *in-*① e *sāpor*, genit. *sapōris* 'gusto, sapore' ✱ 1554] **A v. tr.** (*io insaporìsco, tu insaporìsci*) ● dare sapore a una vivanda aggiungendovi un condimento: *i. il brodo con sedano e carota* | (*fig.*) rendere più interessante, gustoso, vivace **B insaporìrsi v. intr. pron.** ● diventare saporito

insapóro ▸ **insapore**

insapùta [comp. di *in-*③ e *saputa* ✱ 1812] **s. f.** ● solo nella loc. avv. ***all'i., a i. di***, senza che si sappia, di nascosto, senza informare o mettere al corrente: *ha fatto tutto a mia i.*; *è venuto qui all'i. dei genitori*

insatanassàre [comp. di *in-*① e *satanasso* ✱ av. 1755] **v. tr.** ● (*lett., raro*) far infuriare

insatirìto [comp. di *in-*① e *satiro*① ✱ av. 1850] **agg.** ● (*lett., raro*) che è diventato lascivo come un satiro

insaturàbile [vc. dotta, lat. *insaturābile(m)*, comp. di *in-*③ e *saturābilis* 'saturabile' ✱ 1499] **agg.** **1** (*chim.*) di soluzione o composto che non può essere saturato | (*fig., raro*) che non può essere reso saturo **2** (*raro, lett.*) insaziabile ‖ **insaturabilità**, **s. f. inv.**

insaturazióne [1957] **s. f.** ● (*chim.*) proprietà di insaturo

insàturo [comp. di *in-*③ e *saturo* ✱ 1957] **agg.** ● (*chim.*) che non ha raggiunto la saturazione | ***soluzione insatura***, in cui si può sciogliere ulteriore sostanza | ***idrocarburo i.***, contenente coppie di atomi di carbonio uniti da legami multipli **CFR.** saturo

✦**insaziàbile** [vc. dotta, lat. *insatiābile(m)*, comp. di *in-*③ e di un deriv. di *satiāre* 'saziare' ✱ 1268] **agg.** **1** di ciò che non può essere saziato o soddisfatto: *fame, avidità i.* | (*fig.*) che non si può appagare: *voglia, desiderio i.* **SIN.** inestinguibile, inappagabile **2** di chi non è mai sazio o (*fig.*) appagato: *– Sei proprio i. – vuoi mangiare / anche con la mia bocca?* (P.P. Pasolini) ‖ **insaziabilménte**, **avv.** senza possibilità di saziarsi ‖ **insaziabilità**, **s. f. inv.**: *l'insaziabilità di un ingordo*; *l'insaziabilità de gli avari* (G. Galilei)

insaziàto [vc. dotta, lat. *insatiātu(m)*, comp. di *in-*③ e *satiātus*, part. pass. di *satiāre* 'saziare' ✱ sec. XIV] **agg.** ● che non si è saziato: *appetito i.* | (*fig.*) che non è stato appagato, soddisfatto

✦**insazietà** [vc. dotta, lat. *insatietāte(m)*, comp. di *in-*③ e *satietas*, genit. *satietātis* 'sazietà' ✱ sec. XIV] **s. f. inv.** ● (*lett.*) condizione di chi (o di ciò che) non si può saziare o (*fig.*) soddisfare

inscatolaménto [1922] **s. m.** ● operazione dell'inscatolare

inscatolàre [comp. di *in-*① e *scatola* ✱ 1880] **v. tr.** (*io inscàtolo*) ● rinchiudere in scatola, spec. cibi: *i. carne, verdura*

inscatolatóre [1957] **s. m.** (f. *-trice*) ● chi è addetto all'inscatolamento di merci e prodotti, spec. alimentari

inscatolatrìce [1957] **s. f.** ● macchina che esegue l'inscatolamento

inscenaménto [1941] **s. m.** ● (*raro*) l'inscenare

inscenàre [comp. di *in-*① e *scena* ✱ 1901] **v. tr.** (*io inscèno*) **1** mettere in scena, preparare uno spettacolo: *i. una commedia* **2** (*raro*) simulare: *i. un'arrabbiatura* **3** attuare, promuovere in modo da attirare l'attenzione: *i. una lite, una dimostrazione di piazza*

†**inschidionàre** [comp. di *in-*① e *schidione* ✱ av. 1729] **v. tr.** ● infilare nello schidione

insciènte [vc. dotta, lat. *insciēnte(m)*, comp. di *in-*③ e *sciēns*, genit. *sciēntis* 'sciente' ✱ av. 1328] **agg.** ● (*lett.*) che non sa, non conosce qlco. **SIN.** ignaro, inconsapevole | (*raro*) ***me i.***, senza che io lo sapessi ‖ **inscienteménte**, **avv.** senza saperlo: *trasgredire un ordine inscientemente*

insciènza [lat. *insciĕntia(m)*, comp. di *in-*③ e *sciĕntia* 'scienza' ✱ 1632] **s. f.** ● (*lett.*) mancanza di scienza | (*lett.*) ignoranza

inscindìbile [comp. di *in-*③ e *scindibile* ✻ 1869] **agg.** ● che non si può scindere, separare: *legame i.*; *effetto i. dalla causa* ‖ **inscindibilménte**, **avv.** ‖ **inscindibilità**, **s. f. inv.**: *l'inscindibilità del rapporto tra fini e mezzi*

†**ìnscio** [vc. dotta, lat. *īnsciu(m)*, comp. di *in-*③ e *scīus* 'che sa', da *scīre* 'sapere', di etim. incerta ✻ 1499] **agg.** ● (*lett.*) ignaro, inconsapevole: *i. Achille, non fia che doni io prenda* (V. MONTI)

inscrittìbile [da *inscritto* ✻ 1607] **agg.** ● (*mat.*) che può inscriversi, che può essere inscritto

inscrìtto **part. pass.** di *inscrivere*; **anche agg. 1** nei sign. del v.: *un cerchio i. in un triangolo* **2** V. *iscritto*①

inscrìvere [vc. dotta, lat. *inscrībere*, comp. di *in* 'sopra' e *scrībere* 'scrivere' ✻ av. 1617] **A** **v. tr.** (**coniug. come** *scrivere*) **1** (*mat.*) tracciare una figura in un'altra, in modo che i suoi vertici siano sul contorno della prima **2** (*raro*, *fig.*) inserire, inquadrare. V. *iscrivere* **B** **inscrìversi** **v. rifl.** ● (*fig.*) inserirsi, collocarsi (+ *in*): *un'iniziativa che si inscrive in una strategia più ampia*

inscrivìbile [1869] **agg.** ● (*mat.*) che si può inscrivere ‖ **inscrivibilità**, **s. f. inv.**

inscrizióne [vc. dotta, lat. *inscriptiōne(m)*, comp. di *in* 'sopra' e *scrīptio*, genit. *scriptiōnis* 'scrizione' ✻ sec. XIV] **s. f. 1** (*mat.*) operazione, azione dell'inscrivere **2** V. *iscrizione*

inscrutàbile [vc. dotta, lat. eccl. *inscrutābile(m)*, comp. di *in-*③ e di un deriv. di *scrutāri* 'scrutare' ✻ av. 1342] **agg.** ● (*lett.*, *raro*) che non si può scrutare | inconoscibile: *mistero i.* ‖ **inscrutabilménte**, **avv.** (*raro*) imperscrutabilmente ‖ **inscrutabilità**, **s. f. inv.**

inscurìre o **iscurìre** [comp. di *in-*① e *scuro* ✻ av. 1642] **A** **v. tr.** (*io inscurìsco, tu inscurìsci*) ● rendere più scuro **B** **v. intr.** (**aus.** *essere*) e **inscurìrsi** **v. intr. pron.** ● diventare più scuro

inscuṣàbile [comp. di *in-*③ e *scusabile*, sul modello del latinismo *inescusabile* ✻ 1612] **agg.** ● (*raro*) inescusabile

insecàbile [vc. dotta, lat. tardo *insecābile(m)*, comp. di *in-*③ e *secābilis*, da *secāre* 'tagliare, dividere' ✻ av. 1563] **agg.** ● (*raro*) indivisibile

insecchìre [comp. di *in-*① e *secco* ✻ 1550] **A** **v. tr.** (*io insecchìsco, tu insecchìsci*) ● rendere secco (*anche fig.*): *la siccità insecchisce le piante*; *gli anni lo hanno insecchito* **B** **v. intr.** (**aus.** *essere*) ● diventare secco: *d'autunno le foglie insecchiscono* | diventare magro: *con l'età è molto insecchito*

insediaménto [1858] **s. m. 1** l'insediare, l'insediarsi: *i. in una carica*; *cerimonia d'i.*; *l'i. del nuovo consiglio comunale* **2** presa di possesso stabile di una zona o di un territorio da parte di popoli o gruppi umani organizzati: *studiare gli insediamenti dell'uomo primitivo* | (*est.*) la zona stessa dell'insediamento: *gli insediamenti etruschi dell'alto Lazio* **3** in antropogeografia, l'insieme dei fenomeni connessi alla distribuzione della popolazione sulla Terra: *i. temporaneo, permanente, urbano, rurale*

insediàre [comp. di *in-*① e *sedia* nel senso di 'seggio, sede' ✻ av. 1580] **A** **v. tr.** (*io insèdio*) **1** mettere qlcu. in possesso di un ufficio o di una carica importante, spec. con una cerimonia ufficiale: *i. i nuovi assessori, il sindaco, il vescovo* **2** (*raro*) installare qlcu. in una sede fissa, in una località determinata **B** **insediàrsi** **v. intr. pron. 1** prendere ufficialmente possesso di una carica **2** stabilirsi in un luogo: *si è insediato in casa nostra da più di un mese*; *gruppi di profughi si sono insediati in baracche*; *numerosi coloni greci si insediarono nell'Italia meridionale*

insediativo [1968] **agg.** ● relativo a un insediamento abitativo o industriale: *sviluppo, recupero i.*

inseducìbile [vc. dotta, lat. eccl. *inseducībile(m)*, comp. di *in-*③ e di un deriv. di *sedūcere* 'sedurre' ✻ 1869] **agg.** ● (*raro*) che non si può sedurre

inségna [lat. *insīgnia* (nt. pl. di *insīgne*), da *insīgnis* 'che porta (*in-*) il segno (*sīgnum*)' ✻ av. 1292] **s. f. 1** segno o simbolo distintivo del grado e della dignità della persona a cui si riferisce: *l'i. imperiale* | (**spec. al pl.**) abito o paramento che rappresenta un grado o una carica onorifica: *le insegne sacerdotali, reali* | ***le insegne dei magistrati***, la toga e il berretto | ***deporre, restituire le insegne***, rinunciare a una carica | (**spec. al pl.**) la decorazione simbolo di una onorificenza o di un ordine cavalleresco: *fregiarsi delle insegne della Legion d'onore* **2** stemma: *l'i. di Roma è la lupa*; *l'i. dei Medici sono sei palle su uno scudo* **3** figura o motto che accompagnano uno stemma, un emblema e sim.: *l'i. di quella famiglia è 'vincere combattendo'* | (*fig.*) principio a cui si ispira il comportamento di qlcu.: *la sua i. è 'non fare nulla'* | nella loc. ***all'i. di***, (*fig.*) con la caratteristica di, in modo conforme a: *cibi all'i. della genuinità*; *un discorso all'i. del compromesso* **4** vessillo che serviva da riferimento e guida a reparti armati: *l'i. di un manipolo, di una legione* | (*est.*, **spec. al pl.**) bandiera, distintivo di un reparto militare: *le insegne del quarto battaglione degli Alpini* | ***abbandonare le insegne***, (*fig.*) disertare **5** stendardo, gonfalone: *il carroccio portava l'i. del Comune* | (*est.*) distintivo, immagine che simboleggia un'associazione, un partito politico e sim.: *l'i. della Croce Rossa, del partito repubblicano* | ***militare sotto le insegne di un partito***, (*fig.*) esservi iscritto e partecipare attivamente alle sue iniziative **6** targa con scritte e figure posta all'esterno di negozi o imprese come segno distintivo e per richiamare l'attenzione: *i. al neon*; *i. luminosa*; *i. pubblicitaria*; *l'i. di un albergo* **7** cartello con l'indicazione del nome di vie, piazze ecc.: *insegne stradali* **8** †corpo di soldati raccolti sotto una medesima bandiera | alfiere **9** (*lett.*) indizio, sintomo | †segno, segnale, cenno: *coi dossi de le man faccendo i.* (DANTE *Purg.* III, 102) **10** (*fig.*, *lett.*) esempio, insegnamento

insegnàbile [av. 1729] **agg.** ● che si può insegnare ‖ **insegnabilità**, **s. f. inv.**

♦**insegnaménto** [av. 1249] **s. m. 1** attività dell'insegnare: *i. proficuo, valido*; *affaticarsi, logorarsi nell'i.* | materia su cui verte tale attività: *i. dell'italiano, della matematica* | modo o sistema d'insegnare: *i. teorico, pratico, dimostrativo* | ***i. a distanza***, quello impartito mediante sistemi informatici o attraverso la televisione **CFR.** e-learning **2** (*est.*) professione dell'insegnante: *darsi all'i.*; *conseguire l'abilitazione all'i.*; *i. statale, libero, religioso, laico* **3** precetto, consiglio, ammaestramento: *trarre i. dall'esperienza*

SFUMATURE DI SIGNIFICATO

insegnamento - educazione - precetto

Insegnamento è il processo per cui a un allievo vengono comunicati metodicamente, con lezioni, esempi o dimostrazioni, i principi e i metodi di una disciplina, un'arte, un mestiere o un'attività. L'**educazione** consiste invece in una formazione intellettuale e morale e, in senso più specifico, nell'insegnamento dei comportamenti e dei principi che sono alla base della convivenza in una determinata società o ambiente. In questo contesto, una particolare regola di condotta, una norma codificata, un codice di comportamento si definisce **precetto**.

♦**insegnànte** **A** **part. pres.** di *insegnare*; **anche agg.** ● che insegna | ***corpo i.***, l'insieme dei docenti, degli insegnanti di una scuola **B** **s. m. e f. 1** chi insegna qlco. **2** chi, disponendo del necessario titolo di studio, insegna una determinata disciplina sia privatamente sia nei vari ordini di scuole: *i. di matematica, di storia, di chimica, di latino e greco*; *i. elementare, medio*; *i. di liceo, dell'università* **SIN.** docente **CFR.** maestro, professore | ***i. d'appoggio, di sostegno***, V. *sostegno*, sign. 3

♦**insegnàre** [lat. tardo *insignāre* col senso originario di 'imprimere', comp. di *in-*① e *signāre* 'segnare' ✻ av. 1250] **A** **v. tr.** (*io inségno*; **coniug. come** *segnare*) **1** esporre e spiegare in modo progressivo una disciplina, un'arte, un mestiere e sim. a qlcu. perché li apprenda (**qlco.**; + *a* **seguito da inf.**): *i. ginnastica, scherma*; *i. a scrivere, a leggere*; *i. a fare il muratore, il falegname*; *stimava ... officio de' padri i. a' figliuoli tutte le virtù* (L.B. ALBERTI) | esercitare la professione di insegnante (*anche assol.*): *i. matematica, scienze, italiano*; *insegna al Liceo Dante, all'università* | far imparare a memoria: *i. i versi di una poesia, una preghiera* **2** dare consigli, ammaestramenti relativi al comportamento, al modo di vivere, e sim. (+ *a*, **anche seguito da inf.**; + *che*): *i. la buona educazione*; *i. ad amare il prossimo*; *fin da piccolo mi hanno insegnato che spesso bisogna accontentarsi* | ***vi insegno io a rigare diritti***, espressione di minaccia rivolta a chi non si comporta bene | ***come lei m'insegna ...***, (*iron.*) inciso cortese oppure ironico che indica cose ovvie, che dovrebbero essere note all'interlocutore | ***chi ti ha insegnato ...?***, per esprimere un rimprovero, un biasimo: *chi ti ha insegnato l'educazione?*; *chi ti ha insegnato a gettare le carte sul pavimento?* | **PROV.** ***chi sa fa e chi non sa insegna***, chi conosce un mestiere lo pratica, chi non lo conosce spesso pretende di insegnarlo agli altri **3** indicare, mostrare: *i. il cammino* | †rivelare: *i. la verità, un segreto* **4** †rendere esperto, dotto **B** **v. intr.** (**aus.** *avere*) ● esercitare la professione d'insegnante: *i. al liceo da molti anni*

SFUMATURE DI SIGNIFICATO

insegnare - istruire - ammaestrare

Insegnare è in generale l'attività di chi trasmette ad altri delle conoscenze, dei saperi. **Istruire** implica l'idea più ristretta di far acquisire, mediante l'insegnamento, le nozioni di una disciplina, di un'arte, di un'attività. Ancora più ristretto è il concetto espresso da **ammaestrare**, che fa riferimento all'addestramento in uno specifico lavoro ed è usato anche in relazione ad animali a cui si fanno apprendere degli esercizi di bravura.

SFUMATURE ➤ ***educare***, ➤ ***esercitare***

insegnatìvo [1661] **agg.** ● (*lett.*) che ha lo scopo di insegnare | (*lett.*) che concerne l'insegnamento: *metodo i.* **SIN.** didattico, didascalico

insegnatóre [av. 1292] **s. m.** (**f.** *-trice*) ● (*lett.*) chi insegna e istruisce: *Cristo di libertade i.* (G. CARDUCCI) **SIN.** insegnante

insegnucchiàre [1869] **v. tr.** (*io insegnùcchio*) ● (*raro*) insegnare qlco. alla meglio

inseguiménto [1810] **s. m. 1** azione dell'inseguire: *cominciare l'i.*; *gettarsi all'i.* **2** (*sport*) gara ciclistica, individuale o a squadre, in cui i concorrenti, partendo da punti opposti della pista, cercano di guadagnare vicendevolmente terreno **3** in varie tecnologie, l'azione di tenere puntato un dispositivo (un'arma, un'antenna) a un oggetto (un aereo, un satellite) in movimento

♦**inseguìre** [lat. *īnsequi*, comp. di *in* 'verso' e *sĕqui* 'seguire', adattato al semplice *seguire* ✻ 1363] **A** **v. tr.** (*io inséguo*) **1** correre dietro a qlcu. per raggiungerlo o fermarlo: *i. i nemici in fuga*; *i. un ladro* | incalzare (*anche fig.*): *i. la selvaggina con i cani*; *gli incubi lo insegui-*

vano dovunque **2** (*fig.*) perseguire un fine difficile da raggiungere: *i. sogni di gloria*; *i. ricordi, speranze* **SIN.** vagheggiare **B** **inseguirsi** **v. rifl. recipr.** **1** corrersi dietro l'un l'altro **2** (*fig.*) susseguirsi: *le notizie si inseguono incalzanti*; *e certi larghi schiamazzi di risa che s'inseguivano* (G. D'Annunzio)

inseguitóre [1874] **s. m.** (**f.** *-trice*); anche **agg.** ● chi (o che) insegue: *gli inseguitori gli erano alle calcagna*; *il gruppo i. ha raggiunto il fuggitivo* | (**sport**) atleta specializzato nelle gare di inseguimento

insellaménto [da *insellare* ✱ 1889] **s. m.** ● (*mar.*) deformazione con concavità in basso dello scafo di una nave per carico eccessivo nella parte centrale o quando questa viene a trovarsi nel cavo di un'onda

insellàre [comp. di *in-*① e *sella* ✱ av. 1557] **A** **v. tr.** (*io insèllo*) **1** (*raro*) mettere la sella: *i. un cavallo* **SIN.** sellare **2** curvare qlco. dandogli forma di sella **B** **insellàrsi** **v. intr. pron.** **1** montare in sella **2** incurvarsi

insellatùra [da *insellare* ✱ 1895] **s. f.** **1** (*veter.*) difetto del dorso di un animale che si presenta abnormemente incurvato **2** depressione in una catena di monti **SIN.** sella **3** (*mar.*) concavità del ponte di coperta in senso longitudinale

inselvàrsi [comp. di *in-*① e *selva* ✱ av. 1367] **v. intr. pron.** (*io mi insélvo*) **1** (*lett.*) nascondersi, rifugiarsi in una selva **2** (*lett.*) diventare folto come una selva | coprirsi di alberi

inselvatichìre o (*raro*) **insalvatichìre** [comp. di *in-*① e *selvatico* ✱ av. 1342] **A** **v. tr.** (*io inselvatichìsco, tu inselvatichìsci*) ● rendere selvatico, detto di piante o di terreno | (*fig.*) rendere rozzo, intrattabile: *i dolori lo hanno inselvatichito* | (*fig.*) †svilire **B** **v. intr.** (**aus.** *essere*) e **inselvatichìrsi** **v. intr. pron.** **1** ritornare allo stato selvatico: *gli animali domestici si erano inselvatichiti*; *i campi abbandonati sono inselvatichiti* **2** (*fig.*) diventare rozzo, intrattabile: *a forza di vivere da solo quell'uomo è inselvatichito*

†**insèmbre** [ant. fr. *ensemble*, formato come *in-s(i)eme* ✱ av. 1294] **avv.** ● insieme: *e van gli augelli a strette schiere i.* (L. Ariosto)

†**insème** ➤ **insieme**

insemenzaménto [parallelo semantico e formale di *inseminazione*, ma da *semenza* ✱ 1970] **s. m.** ● (*med.*) deposizione di germi in opportuno terreno di coltura per favorirne l'accrescimento

inseminàre [vc. dotta, lat. *insemināre* 'seminare dentro, fecondare', comp. di *in* 'in①' e *semināre* 'seminare' ✱ 1957] **v. tr.** (*io inséminο*) ● (*med.*) deporre il seme maschile negli organi genitali femminili, spec. con riferimento alla fecondazione artificiale

inseminàto [comp. di *in-*③ e *seminato* ✱ 1807] **agg.** ● (*raro, lett.*) non seminato | (*est., lett.*) incolto, deserto: *nella Troade inseminata / eterno splende a' peregrini un loco* (U. Foscolo)

inseminazióne [da *inseminato* nel senso del part. pass. del lat. *insemināre*, comp. di *semināre* con *in-*① ✱ 1948] **s. f.** **1** (*med.*) l'inseminare | ***i. artificiale***, fecondazione artificiale **2** (*meteor.*) ***i. delle nuvole***, tecnica per stimolare la caduta di pioggia mediante la dispersione nell'atmosfera di sostanze chimiche in grado di far condensare il vapore acqueo e formare le nuvole

†**insemitàrsi** [comp. di *in-*① e *semita* 'sentiero' ✱ av. 1530] **v. intr. pron.** ● (*raro*) mettersi per via, incamminarsi: *morta sospìrola / e per quell'orme ancor m'indirizzo e insemito* (I. Sannazaro)

†**insempràrsi** [comp. di *in-*① e *sempre* ✱ av. 1321] **v. intr. pron.** ● (*poet.*) durare eternamente: *colà dove gioir s'insempra* (Dante Par. X, 148)

insenatùra [comp. parasintetico di *seno* ✱ av. 1742] **s. f.** ● braccio di mare, lago o fiume che rientra verso terra

insensatàggine [av. 1533] **s. f.** ● (*lett.*) insensatezza

insensatézza [comp. di *in-*③ e *sensatezza* ✱ 1586] **s. f.** ● condizione di chi è insensato: *la sua i. lo ha portato alla rovina* | (*est.*) atto, comportamento o discorso da insensato: *le sue insensatezze sono famose* **SIN.** stoltezza

insensàto [vc. dotta, lat. eccl. *insensātu(m)*, comp. di *in-*③ e *sensātus* 'sensato' ✱ 1321] **A** **agg.** **1** detto di chi manca di buon senso: *un giovane i.* **SIN.** scriteriato, stolto, sventato **2** che rivela irragionevolezza o mancanza di giudizio: *passione, cupidigia insensata*; *discorso i.*; *il più sublime lavoro della poesia è alle cose insensate dar senso e passione* (G. Vico) **3** †reso insensibile: *i. dallo spavento* **4** †che è privo della ragione: *animale i.* | (**lett.**) stordito, fuori di sé, detto di persona | (**lett.**) pazzo, demente ‖ **insensataménte**, **avv.** da insensato; scioccamente **B** **s. m.** (**f.** *-a*) ● chi rivela mancanza di buon senso: *agitarsi, correre, agire da i.* **SIN.** scriteriato, stolido, sventato

SFUMATURE ➤ ***irragionevole***

insensìbile [vc. dotta, lat. tardo *insensĭbile(m)*, comp. di *in-*③ e *sensĭbilis* 'sensibile' ✱ sec. XIII] **agg.** **1** che non sente o non reagisce a stimoli fisici (+ *a*): *essere i. alla calura, alla fatica* | (*fig.*) che non si commuove, che rimane impassibile: *i. alla pietà, ai rimproveri, all'adulazione, all'affetto* | (*est.*) indifferente, freddo: *avere un carattere i.* | che è privo di sensibilità estetica: *è i. all'arte* **2** che non è percepito dai sensi tanto è esiguo: *movimento sismico i.* | (*est.*) che si nota appena: *variazione i. dei prezzi* **SIN.** impercettibile **3** †inerte ‖ **insensibilménte**, **avv.** in modo impercettibile ‖ **insensibilità**, **s. f. inv.** (V.)

SFUMATURE ➤ ***disumano***

insensibilità [vc. dotta, lat. tardo *insensibilitāte(m)*, da *insensĭbilis* 'insensibile' ✱ av. 1357] **s. f. inv.** ● caratteristica di chi (o di ciò che) è insensibile (*anche fig.*) (+ *a*, + *per*): *i. al dolore fisico*; *dimostrare i. alle disgrazie altrui*; *l'i. per le tante belle e grandiose cose di cui Roma ridonda* (V. Alfieri) **SIN.** indifferenza | mancanza di sensibilità: *dimostra una totale i. per la musica*

insensitìvo [comp. di *in-*③ e *sensitivo* ✱ 1561] **agg.** ● (*lett.*) privo di sensibilità | (*lett.*) indifferente, impassibile

♦**inseparàbile** [vc. dotta, lat. tardo *inseparābile(m)*, comp. di *in-*③ e *separābilis* 'separabile' ✱ av. 1320] **A** **agg.** **1** che non si può separare o disgiungere | che sta sempre insieme a qlcu. o qlco. (+ *da*): *amici inseparabili*; *quel cucciolo è i. dalla madre* **SIN.** indivisibile **2** (*est.*) inerente, inscindibile: *dalla vita è i. l'idea della morte* ‖ **inseparabilménte**, †**inseparabileménte**, **avv.** ‖ **inseparabilità**, **s. f. inv.** (V.) **B** **inseparàbili** **s. m. pl.** ● nome comune delle specie di piccoli pappagalli dei generi *Agapornis* e *Melopsittacus*, denominati in tal modo per l'abitudine a stare in coppia

inseparabilità [vc. dotta, lat. eccl. *inseparabilitāte(m)*, da *inseparābilis* 'inseparabile' ✱ av. 1396] **s. f. inv.** ● condizione di chi (o di ciò che) è inseparabile, inscindibile: *l'i. di due amici*; *l'i. di due concetti* **SIN.** indivisibilità

inseparàto [vc. dotta, lat. eccl. *inseparātu(m)*, comp. di *in-*③ e *separātus* 'separato' ✱ sec. XIV] **agg.** ● (*raro*) che non è separato | (*est.*) che è strettamente congiunto

insepólto o †**insepùlto** [vc. dotta, lat. *insepŭltu(m)*, comp. di *in-*③ e *sepŭltus* 'sepolto' ✱ 1395] **agg.** ● che non ha ancora avuto sepoltura: *cadaveri insepolti*; *ossame i.*

insequestràbile [comp. di *in-*③ e *sequestrabile* ✱ 1869] **agg.** ● che non si può sequestrare: *somma i.*; *oggetto i.* ‖ **insequestrabilità**, **s. f. inv.**

inserìbile [1963] **agg.** ● che può essere inserito ‖ **inseribilità**, **s. f. inv.**

inseriménto [1620] **s. m.** **1** introduzione di qlco. dentro un'altra: *l'i. di un tassello nel foro* | inclusione: *l'i. di un nome in un elenco* | (*burocr.*) ***i. a pettine, in coda***, in una graduatoria spec. di docenti, inserimento di un nominativo, rispettivamente, nel posto spettante in base al punteggio acquisito o al fondo della graduatoria stessa | ***i. di prodotti***, tipo di pubblicità indiretta che consiste nell'inserire o nel citare in un film, in uno sceneggiato televisivo, in un romanzo ecc., un marchio o uno specifico prodotto **SIN.** product placement **2** (*fig.*) integrazione, adattamento: *i. nella vita civile*; *ha avuto qualche problema di i. nella nuova classe*

♦**inserìre** [vc. dotta, lat. *insĕrere*, comp. di *in-*① e *sĕrere* 'intrecciare', di orig. indeur., con mutamento di coniug. ✱ 1441] **A** **v. tr.** (**pres.** *io inserìsco, tu inserìsci*; **part. pass.** *inserito*, **lett.** *insèrto*) **1** introdurre o infilare qlco. in un'altra o tra altre: *i. un tubo nell'altro*; *i. una vite nel foro*; *i. un segnalibro tra le pagine* | ingranare: *i. la prima* **2** includere in un insieme già completo qlco. di accessorio o secondario: *i. un episodio in un racconto*; *i. una clausola in un contratto* | ***i. un avviso, un annuncio sul giornale***, farlo pubblicare | immettere: *i. nuovi casi in una banca dati* **3** (*fig.*) integrare: *i. un nuovo alunno nella classe* **4** †innestare **B** **inserirsi** **v. intr. pron.** **1** essere congiunto, attaccato: *la gamba si inserisce nell'anca* | innestarsi **2** (*fig.*) far parte: *il provvedimento si inserisce nel piano per l'occupazione* **C** **inserìrsi** **v. rifl.** ● (*fig.*) introdursi: *si è inserito nel giro dell'alta finanza* | (*fig.*) entrare a far parte: *inserirsi nel mondo del lavoro* | (*fig.*) intervenire, partecipare: *inserirsi in una discussione, in una polemica* | (*fig.*) integrarsi, adattarsi: *non riesce ad inserirsi nel nuovo ambiente*

SFUMATURE DI SIGNIFICATO

inserire - infilare - conficcare

L'azione di introdurre qualcosa all'interno di un'altra o fra altre si definisce **inserire**. **Infilare** identifica propriamente l'azione di far passare qualcosa di sottile dentro un'altra cosa. Se si tratta di far entrare un oggetto aguzzo in un altro, esercitando una certa forza, il termine più pertinente è **conficcare**.

inserìto **part. pass.** di *inserire*; anche **agg.** ● nei sign. del v. | (*fig.*) integrato

inseritóre [1902] **s. m.** ● dispositivo che permette d'inserire o togliere collegamenti in un circuito elettrico

insèrto [part. pass. lett. di *inserire*] **A** **agg.** **1** (*lett.*) nei sign. del v. | inserito, infilato: *passeggiando ... con le dita inserte nei taschini del panciotto* (L. Pirandello) **2** (*lett.*) frammisto, intrecciato: *da le chiome e da gl'inserti fiori / Spira l'april* (G. Carducci) **3** †innestato, piantato **B** **s. m.** **1** fascicolo o cartella di documenti relativi a una stessa pratica **SIN.** incartamento **2** fascicolo o foglio che viene inserito in un volume, in un giornale, una rivista e sim.: *un settimanale con un voluminoso i. illustrato* **3** brano di film inserito in un altro di diverso carattere | ***i. filmato***, brano cinematografico in un programma televisivo **4** in un capo d'abbigliamento, applicazione realizzata in materiale o tessuto diverso da quello di fondo: *una giacca con inserti in pelle* **5** †innesto ‖ **insertìno**, **dim.** | **insertóne**, **accr.**

inservìbile [comp. di *in-*③ e *servibile* ✱ 1592] **agg.** ● che non serve più o non è più utilizzabile: *automezzo i.* || **inservibilità**, **s. f. inv.**

inserviènte [vc. dotta, lat. *inserviĕnte(m)*, part. pres. di *inservīre*, comp. di *in-*② e *servīre* 'servire' ✱ 1765] **s. m. e f. 1** chi è addetto ai servizi pesanti in ospedali, istituti e sim. **2** (*relig.*) chi serve il sacerdote officiante

inserzionàre [da *inserzione* ✱ 1900] **v. tr.** (*io inserzióno*) **1** (*gerg.*) inserire un annuncio pubblicitario o economico in un giornale, un periodico o un sito Internet (***anche assol.***) **2** (*raro*) inserire

♦**inserzióne** [vc. dotta, lat. tardo *insertiōne(m)*, da *insĕrtus*, part. pass. di *insĕrere* 'inserire' ✱ av. 1492] **s. f. 1** inserimento **2** annuncio pubblicitario o economico pubblicato su un giornale o su una rivista **3** (*anat.*) punto di attacco di muscoli, tendini, legamenti, alle ossa o ad altri organi **4** (*tel.*) inclusione su una linea telefonica | ***apparecchio derivato con i. diretta***, che può connettersi direttamente sulla linea urbana **5** (*ling.*) epentesi

inserzionìsta [da *inserzione* nel sign. 2 ✱ 1941] **agg. e s. m. e f. (pl. m. *-i*)** ● che (o chi) fa pubblicare annunci economici o pubblicitari su giornali e riviste: *la ditta i.*; *avviso agli inserzionisti*

inserzionìstico [1942] **agg. (pl. m. *-ci*)** ● che concerne le inserzioni sui giornali

insessóre [lat. *insessōre(m)* 'che sta seduto sopra', deriv. di *insidēre* 'occupare un luogo', comp. di *in-*② e *sidēre* 'sedere' ✱ 1933] **agg. m. (difett. del f.)** ● (*zool.*) detto del piede di ogni uccello che può appollaiarsi sui rami, caratterizzato da un lungo pollice e da dita libere alla base

insettàrio [1940] **s. m.** ● luogo in cui si allevano gli insetti a scopo scientifico o per esposizione

Insètti [1957] **s. m. pl. (sing. *-o*)** ● (*zool.*) classe di Artropodi con corpo diviso in capo, torace, addome, tre paia di zampe e riproduzione ovipara con o senza metamorfosi

♦**insetticìda** [comp. di *insetto* e *-cida* ✱ 1869] **A s. m. (pl. *-i*)** ● sostanza o insieme di sostanze impiegate per combattere gli insetti dannosi: *i. in polvere, liquido, gassoso* **B anche agg.**: *sostanza i.*

insettìfugo [comp. di *insetto* e *-fugo* ✱ 1921] **A s. m. (pl. *-ghi*)** ● sostanza impiegata per allontanare i parassiti dalla cute dell'uomo o degli animali **B anche agg.**: *sostanze insettifughe*

Insettìvori [av. 1730] **s. m. pl. (sing. *-o*)** ● (*zool.*) ordine di Mammiferi plantigradi, di piccole dimensioni, con dentatura completa e muso aguzzo, che si nutrono prevalentemente di insetti (*Insectivora*)

insettìvoro [comp. di *insetto* e *-voro*, dal lat. *vorāre* '(di)vorare' ✱ av. 1730] **A agg.** ● detto di animale o pianta che si nutre di insetti **B s. m.** ● correntemente, ogni animale dell'ordine degli Insettivori

♦**insètto** [lat. *insĕctu(m)*, part. pass. di *insecāre*, comp. di *in-*② e *secāre* 'tagliare', creato per tradurre il corrispondente comp. gr. *éntomon*, che si riferiva ai 'tagli' frequenti sul corpo di questi animaletti ✱ av. 1498] **s. m. 1** ogni animale appartenente alla classe degli Insetti **CFR.** entomo- | ***i. foglia***, fillio | ***i. della Madonna***, coccinella | ***i. stecco***, bacillo di Rossi **2** (*fig., spreg.*) persona meschina | ***schiacciare qlcu. come un i.***, umiliarlo profondamente, rovinarlo || **insettàccio**, **pegg.** | **insettìno**, **dim.** | **insettùccio**, **dim.** | **insettùcolo**, **dim.**

insettologìa [comp. di *insetto* e *-logia* ✱ av. 1799] **s. f. (pl. *-gìe*)** ● (*raro*) entomologia

insettològico [1781] **agg. (pl. m. *-ci*)** ● (*raro*) della insettologia

insettòlogo [comp. di *insetto* e *-logo* ✱ av. 1730] **s. m. (f. *-a*; pl. m. *-gi*)** ● (*raro*) entomologo

insicurézza [comp. di *in-*③ e *sicurezza* ✱ av. 1937] **s. f. 1** caratteristica di ciò che manca di sicurezza: *l'i. di una risposta*; *l'i. della situazione economica* **2** condizione di incertezza di chi si sente insicuro, manca di fiducia in sé stesso, è indeciso, e sim.: *vive in uno stato di i.*; *ha trasmesso anche ai colleghi il suo senso di i.*; *non riuscire a nascondere la propria i.* **SIN.** incertezza

insicùro [comp. di *in-*③ e *sicuro* ✱ 1905] **A agg. 1** che manca di sicurezza o di padronanza di sé: *uomo, ragazzo i.* | che dimostra insicurezza: *carattere i.*; *situazione insicura* **2** che non offre sicurezza: *luogo, rifugio i.* **SIN.** malsicuro | precario, incerto: *posto di lavoro i.* **B s. m. (f. *-a*)** ● persona insicura

SFUMATURE DI SIGNIFICATO

insicuro - irresoluto - titubante

Insicuro è chi manca di sicurezze, di padronanza di sé, per cui è sempre incerto, indeciso nell'agire. Se lo stato di insicurezza si manifesta come incapacità di prendere decisioni, fare delle scelte è più specifico **irresoluto**. Con **titubante** ci si riferisce a un'esitazione, a un'incertezza che paralizza.

SFUMATURE ➤ ***incerto***, ➤ ***perplesso***, ➤ ***timido***

insider /in'saider, *ingl.* ɪn'saɪdə(r)/ [vc. ingl., propr. 'chi sta dentro', da *inside* 'interno, parte interna'; nel sign. B, comp. con *trading* 'commercio, compravendita' ✱ 1966] **A s. m. e f. inv.** ● chi ha accesso a informazioni riservate prima che esse vengano diffuse pubblicamente **B nella loc. sost. m. inv. *insider trading*** ● compravendita di titoli di una società da parte di un membro della stessa società, condotta a proprio vantaggio usando informazioni riservate

♦**insìdia** [vc. dotta, lat. *insĭdia(s)*, da *insidēre*, originariamente 'appostarsi', comp. di *in* 'sopra' e *sedēre* ✱ sec. XIII] **s. f. 1** inganno, agguato preparato di nascosto contro qlcu.: *porre, tendere un'i.*; *sospettare, temere un'i.*; *schivare, eludere un'i.* **SIN.** tranello, trappola **2** (*est.*) pericolo nascosto, rischio imprevedibile: *il mare è pieno d'insidie*; *il sonno è un'i. per i guidatori* | (*fig.*) lusinga, allettamento, tentazione: *la Sirena un'i. / dolce … prepara* (G. D'Annunzio)

insidiàre [vc. dotta, lat. *insidiāre*, da *insidēre* (V. *insidia*) ✱ av. 1328] **A v. tr.** (*io insìdio*) ● fare oggetto di insidie, di inganni: *guerriglieri isolati insidiavano i reparti in marcia*; *gli adulator, che tanti / te insidian* (V. Alfieri) | ***i. una donna***, tentare di sedurla **B v. intr. (aus. *avere*)** ● (*raro*) tendere insidie, inganni: *i. alla vita, all'onore di qlcu.*

SFUMATURE ➤ ***sedurre***

insidiatóre [vc. dotta, lat. *insidiatōre(m)*, da *insidiātus* 'insidiato', part. pass. di *insidiare* ✱ av. 1332] **A s. m. (f. *-trice*)** ● chi insidia **B agg.** ● (*lett., raro*) insidioso, ingannevole

♦**insidióso** (o **-ṣo**) [vc. dotta, lat. *insidiōsu(m)*, da *insidēre* (V. *insidia*) ✱ 1338 ca.] **agg. 1** che tende insidie: *individuo i.* | che costituisce un pericolo per la sua abilità o scaltrezza: *un avversario i.* **2** che nasconde un inganno, un tranello: *domanda insidiosa* | che nasconde o comporta dei pericoli: *una malattia insidiosa* | pericoloso: *l'i. mare* (T. Tasso) || **insidiosaménte**, **avv.** || **insidiosità**, **s. f. inv.** caratteristica di chi (o di ciò che) è insidioso: *l'insidiosità di una proposta*

♦**insième** o †**insème** [lat. tardo *īnsimul*, comp. di *in-*② e *sĭmul*, da *sĭmilis* 'simile', con sovrapposizione di *sĕmel* 'una volta' ✱ 1261 ca.] **A avv. 1** in reciproca compagnia e unione: *ceniamo i.*; *abbiamo fatto il viaggio i.*; *si vedono spesso i.*; *sono sempre i.*; *abitano i.* | ***dormire i.***, nella stessa stanza o nello stesso letto; (*eufem.*) avere un rapporto sessuale | ***mettersi i.***, (*generic.*) unirsi, associarsi; iniziare una relazione amorosa | ***persone, colori, oggetti che stanno bene i.***, che vanno d'accordo, che sono in armonia fra loro **SIN.** assieme **2** indica associazione, coesione di più persone o elementi: *cerchiamo di agire i.*; *non riesco a tenere i. questi ragazzi*; *questo libro non sta più i.* | ***mettere i. una certa somma***, raggranellarla | ***mettere i. un patrimonio, una fortuna***, accumularli | ***mettere i. i propri sforzi***, coordinarli | ***mettere i. due idee, una lettera***, e sim., concepire, scrivere | ***mettere i. un esercito***, costituirlo | (*fam.*) ***il latte è andato i.***, è andato a male, si è coagulato | indica la totalità di persone o cose: *ci riuniamo tutti quanti i.*; *li vendo solo tutti i.* | ***comprare tutto i.***, in blocco | ***considerare tutto i.***, complessivamente **SIN.** assieme **3** nello stesso tempo, nello stesso momento, contemporaneamente: *abbiamo finito i.*; *sono arrivati i. al traguardo*; *vuole fare troppe cose i.*; *è un libro divertente e i. istruttivo*; *lo spero e lo temo i.* **4** vicendevolmente, l'un l'altro: *li unisce i. una grande stima* || †**insiememénte**, **avv.** insieme: *duo o tre ne portò insiememente* (G. Boccaccio) **B nelle loc. prep. *i. con*, *i. a* 1** in unione, in compagnia di: *vive i. con una zia*; *è uscito i. con un amico*; *devi mangiare la carne i. al pane* **SIN.** assieme **2** contemporaneamente a: *il treno da Torino è arrivato i. a quello da Milano*; *i due orologi non battono mai le ore uno i. all'altro* **C s. m. 1** totalità, complesso, unità organica di più parti o elementi: *l'i. dei cittadini, degli elettori*; *l'i. degli edifici di un quartiere*; *l'i. degli attori di una compagnia*; *tutto l'i. non convince molto* | ***visione d'i.***, visione, considerazione complessiva | ***nell'i.***, in generale, tutto considerato: *nell'i., si tratta di un bel film* **2** (*mat.*) collezione, classe, aggregato di elementi che solitamente si individuano o elencandoli o assegnando una proprietà che li caratterizza | ***i. subordinato a un altro***, insieme i cui elementi sono tutti contenuti nell'altro | ***i. vuoto***, insieme senza elementi, insieme al quale s'impone una qualità contraddittoria | ***i. ordinato***, quello contraddistinto sia dall'identità dei suoi elementi sia dall'ordine in cui sono disposti | ***i. di definizione di una funzione***, l'insieme dei valori in cui essa è definita **3** accordo, affiatamento, armonia: *suonano con un perfetto i.*; *la squadra manca d'i.* **SIN.** assieme **4** abito completo le cui parti sono della stessa stoffa o colore, o coordinate fra loro **SIN.** completo

insiemìstica [da *insieme* nel sign. C2 ✱ 1973] **s. f.** ● studio della matematica condotto secondo i concetti e il simbolismo della teoria degli insiemi

insiemìstico [1970] **agg. (pl. m. *-ci*)** ● (*mat.*) relativo a un insieme o all'insiemistica

insight /in'sait, *ingl.* 'ɪn,saɪt/ [vc. ingl., propr. 'discernimento, intuito' ✱ 1985] **s. m. inv.** ● (*psicol.*) capacità di capire i processi mentali propri o di altri | percezione immediata del significato di un evento **SIN.** intuizione

✦**insìgne** [vc. dotta, lat. *insīgne(m)*, da *sīgnum*, il 'segno' che distingue una persona ✱ av. 1420] **agg. 1** che si distingue per meriti eccezionali: *scrittore, scienziato, giurista i.*; *la venerata voce dell'i. filosofo* (P. Metastasio) **SIN.** famoso, illustre, ragguardevole **2** di grande pregio e valore: *monumento i.*; *chiesa, basilica i.* | ***città i.***, che vanta un ricco patrimonio storico ed artistico **3** (*lett.*) che si distingue per qualche caratteristica: *La macchia, assai i. tra le altre* (G. Galilei) || †**insigneménte**, **avv.**

SFUMATURE ➤ ***eccellente***

insignificàbile [comp. di *in-*③ e *significabile* ✱ 1869] **agg.** ● (*raro*) che non si può esprimere in modo adeguato

♦**insignificànte** [comp. di *in-*③ e *significante* ✱ 1726] **agg. 1** che significa poco o nulla: *fra-*

a b c d e f g h i j k l m n o p q r s t u v w x y z

se i.; *occhiata i.* **2** privo di interesse, di pregi e qualità particolari: *persona i.*; *libro i.* | senza personalità: *fisionomia, aspetto i.* SIN. banale **3** di poca importanza: *differenza i.* SIN. trascurabile ‖ **insignificanteménte**, avv.

SFUMATURE DI SIGNIFICATO

insignificante - banale - incolore
Insignificante indica totale mancanza di interesse, di qualità particolari; in riferimento a persona indica mancanza di personalità. **Banale** accentua gli aspetti relativi all'assenza di originalità, **incolore** quelli relativi all'assenza di vitalità e suggerisce l'immagine di qualcosa di scialbo e inespressivo.

insignificànza [da *insignificante* * av. 1764] **s. f.** • mancanza di valore, di importanza: *tutti abbiamo notato l'i. del suo intervento* SIN. irrilevanza | (*raro*) condizione di chi è insignificante

insignìre [vc. dotta, lat. *insignīre*, comp. di *in-*① e *sīgnum* 'segno' * 1475] **A** **v. tr.** (*io insignìsco, tu insignìsci*; **coniug.** come *grugnire*) • onorare qlcu. con un titolo, un'onorificenza (+ *di*): *i. qlcu.* *della* *croce di cavaliere* SIN. fregiare **B** **insignìrsi** **v. intr. pron.** • (*lett.*, *raro*) fregiarsi

insignorìre [comp. di *in-*① e *signore* * av. 1478] **A** **v. tr.** (*io insignorisco, tu insignorìsci*) • (*lett.*) rendere qlcu. padrone, sovrano di un territorio: *i. qlcu. di un feudo* **B** **v. intr.** (aus. *essere*) e **insignorìrsi** **v. intr. pron.** • (*raro*) diventare ricco **C** **insignorìrsi** **v. intr. pron.** • (*lett.*) acquisire il dominio, la sovranità di un territorio: *insignorirsi del regno* | (*fig.*, *lett.*) dominare, padroneggiare

insilàggio [da *insilare* * 1937] **s. m.** • insilamento

insilaménto [1913] **s. m.** • operazione dell'insilare

insilàre [comp. di *in-*① e *silo* * 1935] **v. tr.** • immagazzinare cereali o foraggi nel silo

insilàto **A** **part. pass.** di *insilare*; anche **agg.** • nei sign. del v. **B** **s. m.** • foraggio immagazzinato in un silo

insilatrìce [1936] **s. f.** • macchina per riempire il silo di foraggi trinciati | macchina che immagazzina e pressa il foraggio trinciato in sili tubolari di plastica

insincerità [comp. di *in-*③ e *sincerità* * 1640] **s. f. inv.** • mancanza di sincerità SIN. falsità, finzione

insincèro [vc. dotta, lat. *insincēru(m)*, comp. di *in-* neg. e *sincērus* 'sincero' * av. 1563] **agg.** • privo di schiettezza e sincerità: *atteggiamento i.* SIN. bugiardo, falso ‖ **insinceraménte**, avv.

SFUMATURE DI SIGNIFICATO

insincero - bugiardo - menzognero - reticente
Si dice **insincero** chi manca abitualmente di schiettezza, cioè non esprime nell'agire o nel parlare quello che effettivamente pensa o sa, con il quale pertanto è difficile stabilire rapporti affidabili. **Bugiardo** fa riferimento all'atto specifico di non dire la verità, come fatto occasionale o attitudine connaturata. **Menzognero**, derivato da *menzogna* e sinonimo più elevato di *bugiardo*, sottolinea l'aspetto ingannevole della bugia. **Reticente** è invece chi è restio a parlare, dice delle mezze verità, nasconde in parte per suo interesse quello che sa.
SFUMATURE ➤ ***ipocrita***, ➤ ***simulatore***

insindacàbile [comp. di *in-*③ e *sindacabile* * 1843] **agg.** • che non può essere sottoposto a controllo o giudizio: *decisione, parere i.*; *potere i.* CONTR. sindacabile ‖ **insindacabilménte**, avv. ‖ **insindacabilità**, s. f. inv.

insìno [comp. di *in*① e *sino* * 1260] **A** **avv.** • (*lett.*) anche, persino **B** **prep.** • (*lett.*) fino, infino | anche nella loc. prep. ***i. a***, fino a | anche nelle loc. cong. ***i. a che, i. a tanto***, finché

insinuàbile [av. 1704] **agg.** • che si può insinuare ‖ **insinuabilità**, s. f. inv.

insinuànte **part. pres.** di *insinuare*; anche **agg.** • che insinua; subdolo, allusivo: *una domanda fatta con tono i.* | suadente, carezzevole: *maniere insinuanti*; *voce i.* ‖ **insinuanteménte**, avv.

+**insinuàre** [vc. dotta, lat. *insinuāre*, comp. di *in-* (1) e *sĭnus* 'sinuosità', di etim. incerta * av. 1463] **A** **v. tr.** (*io insìnuo, noi insinuiàmo*) **1** introdurre a poco a poco: *i. la chiave nella toppa*; *i. il grimaldello nella serratura*; *il polipo ... insinua / tentacoli d'inchiostro tra gli scogli* (E. MONTALE) | fare penetrare: *il vento insinua il freddo attraverso gli spiragli* **2** (*fig.*) suscitare in qlcu., con discorsi ambigui e allusivi, un sospetto, un dubbio, un'idea e sim.: *i. il dubbio sulla fedeltà di qlcu.*; *i. l'odio, la gelosia* | alludere malignamente: *spero che non vorrai i. che è lui il colpevole*; *che cosa vorresti insinuare?*; *io non insinuo nulla* **3** (*dir.*) ***i. un credito***, chiedere che un proprio credito sia ammesso al passivo del fallimento e se ne tenga conto nella liquidazione finale **B** **insinuàrsi** **v. rifl. e intr. pron.** **1** introdursi in uno spazio ristretto: *il gatto riuscì ad insinuarsi tra il divano e la parete*; *il fiordo si insinua all'interno della costa* | penetrare poco a poco, ma in profondità: *l'umidità s'insinua ovunque* **2** (*fig.*) riuscire a penetrare: *il dubbio si è insinuato nella mente di tutti* | ***insinuarsi nelle grazie di qlcu.***, conquistarne la stima o la benevolenza, spesso con mezzi poco leciti

insinuatóre [vc. dotta, lat. eccl. *insinuatōre(m)*, da *insinuātus* 'insinuato' * 1826] **agg. e s. m.** (f. *-trice*) • che (o chi) insinua

+**insinuazióne** [vc. dotta, lat. *insinuatiōne(m)*, da *insinuātus* 'insinuato' * 1261 ca.] **s. f.** **1** (*raro*) l'insinuare, l'insinuarsi: *i. del cuneo*; *l'i. di un sospetto nella mente di qlcu.*; *i. di un credito* **2** (*fig.*) allusione maligna fatta in modo subdolo per suscitare sospetti su qlcu. o qlco.: *respingere una i.* | (*est.*) parole subdole con cui si cerca di suscitare tali sospetti: *una vile i.* **3** nella retorica, ragionamento fatto con dissimulazione per guadagnarsi il favore degli uditori **4** (*lett.*) abile consiglio o suggerimento **5** †registrazione in archivio della copia di un atto

insipidézza [1585] **s. f.** **1** caratteristica di ciò che è insipido (*anche fig.*): *l'i. di un cibo*; *l'i. di un discorso* **2** (*raro*) parola, discorso scialbo, insulso: *dire un'i.*

insipidìre [da *insipido* * 1554] **A** **v. intr.** (*io insipidìsco, tu insipidìsci*; aus. *essere*) • (*lett.*) diventar insipido | (*raro*) perdere il sapore o (*fig.*) la vivacità **B** **v. tr.** • (*lett.*) rendere insipido (*spec. fig.*)

insipidità [av. 1540] **s. f. inv.** • insipidezza

+**insìpido** [vc. dotta, lat. tardo *insĭpidu(m)*, comp. di *in-*③ e *săpidus* 'sapido' * 1353] **A** **agg.** **1** poco saporito: *un cibo i.* SIN. sciapo, sciocco, scipito CONTR. salato **2** (*fig.*) di ciò che è scialbo, insulso, senza vivacità e immaginazione, o di persona insulsa priva di personalità e carattere: *un romanzo i.*; *ragazza insipida* **3** (*fig.*, *lett.*) di ciò che non dà soddisfazione: *vita insipida*; *il presente è piccolo e i. per natura a tutti gli uomini* (G. LEOPARDI) ‖ **insipidaménte**, avv. **B** **s. m.** • sapore insipido: *non distinguere il dolce dall'i.*

+**insipiènte** [vc. dotta, lat. *insipiĕnte(m)*, comp. di *in-*③ e *săpiens*, genit. *sapiĕntis* 'sapiente' * av. 1328] **agg.** • che sa poco o nulla di ciò che dovrebbe sapere; stolto, sciocco: *un ragazzo i. che vuole insegnare agli altri* ‖ **insipienteménte**, avv. (*raro*) scioccamente

insipiènza [vc. dotta, lat. *insipiĕntia(m)*, comp. di *in-*③ e *sapiĕntia* 'sapienza' * sec. XIV] **s. f.** • (*lett.*) caratteristica di chi è insipiente | ottusità, stoltezza

insistènte **part. pres.** di *insistere*; anche **agg.** **1** che insiste in modo inopportuno nel chiedere, nel sollecitare qlco.: *è troppo i. con le sue richieste* SIN. assillante | che è fatto in modo continuo, reiterato, ostinato: *domande insistenti* **2** che persiste, dura a lungo: *caldo, pioggia, febbre i.* SIN. persistente ‖ **insistenteménte**, avv.

insistènza [sec. XIV] **s. f.** **1** caratteristica di chi è insistente: *la loro i. mi ha convinto ad accettare* | condizione di ciò che è insistente: *l'i. del maltempo* **2** richiesta insistente: *ho ceduto alle sue insistenze*

SFUMATURE DI SIGNIFICATO

insistenza - tenacia - pertinacia - accanimento
Insistenza è il modo di agire, di comportarsi di chi pur di raggiungere uno scopo non si ferma davanti alle difficoltà, persistendo nella sua azione. La qualità di un comportamento simile si chiama **tenacia**. Se la tenacia acquisisce una sfumatura di caparbietà, di ostinazione diventa allora **pertinacia**. **Accanimento** è il perseverare fermamente in un'attività, anche irragionevolmente; se questa azione consiste nell'infierire contro una persona, il termine implica crudeltà.
SFUMATURE ➤ ***costanza***

+**insìstere** [vc. dotta, lat. *insĭstere*, comp. di *in* 'su' e *sĭstere* 'stare, fermarsi' * av. 1327] **v. intr.** (**pass. rem.** *io insistètti* o *raro insistéi*; **part. pass.** *insistito*; **aus.** *avere*) **1** continuare con ostinazione a dire o a fare qlco. (+ *a*, + *in*, anche seguiti da inf., + *su*, + *con*): *insistette nelle sue richieste*; *Lei insiste nel ritenere che il marchese possa ... riacquistare la vista?* (L. PIRANDELLO); *i. su un tema, su una questione*; *i. a pregare qlcu., ad aspettare qlco.*; *insiste (a dire) che lui non ne sapeva niente*; *Il vicario ... insistette con le domande* (A. MANZONI) | ***non insisto!***, escl. di chi cede a buone ragioni | (*sport*) ***i. sull'avversario***, esercitare su di lui una pressione incessante a scopo di attacco o di controllo **2** stare al di sopra (+ *su*): *insiste sull'Italia un'area di alta pressione* | (*lett.*) incombere **3** essere costruito, sorgere su una determinata superficie, detto di un edificio (+ *su*): *il quartiere insiste su un'area sismica* **4** (*mat.*) ***angolo che insiste su un arco di circonferenza***, angolo compreso fra le semirette uscenti dal centro della circonferenza e passanti per gli estremi dell'arco

ìnsito [vc. dotta, lat. *īnsitu(m)*, part. pass. di *insĕrere* nel senso di 'seminare, piantare (*sĕrere*) dentro (*in-*)' * av. 1306] **agg.** • intimamente radicato: *una qualità insita nell'uomo* SIN. ingenito, innato

+**in sìtu** [loc. lat., propr. 'nel sito' * 1957] **loc. avv.** • sul posto, nel luogo stesso in cui si è verificato qlco., in cui ci si trova e sim.

insoàve [vc. dotta, lat. *insuāve(m)*, comp. di *in-*③ e *suāvis* 'soave' * 1320 ca.] **agg.** • (*lett.*) spiacevole, sgradito: *voce i.* | (*lett.*) rozzo, scontroso: *carattere i.*

insociàbile [vc. dotta, lat. tardo *insociābile(m)*, comp. di *in-* neg. e *sociābilis* 'sociabile' * sec. XIV] **agg.** **1** (*raro*, *lett.*) asociale, solitario: *ragazzo i.* SIN. insocievole **2** (*raro*, *lett.*) incompatibile: *due dottrine insociabili* ‖ **insociabilménte**, avv. (*raro*) in modo insociabile ‖ **insociabilità**, s. f. inv.

insociàle [vc. dotta, lat. tardo *insociāle(m)*, comp. di *in-*③ e *sociālis* 'sociale' * 1796] **agg.** **1** (*raro*, *lett.*) asociale: *giovane i.* **2** (*raro*, *lett.*) contrario alle convenienze, ai principi della società ‖ **insocialménte**, avv. ‖ **insocialità**, s. f. inv.

insocièvole [comp. di *in-*③ e *socievole* * av. 1798] **agg.** **1** (*lett.*) asociale, misantropo: *individuo, carattere i.* **2** (*lett.*) insociale ‖ **insocievolménte**, avv. da persona insocievole

insocievolézza [av. 1854] **s. f.** • (*raro*) caratteristica di chi (o di ciò che) è insocievole

insoddisfacènte [comp. di *in-*③ e *soddisfacente* ✻ 1901] **agg.** • che non soddisfa, che delude ‖ **insoddisfacenteménte**, **avv.**

insoddisfàtto o (*lett.*) **insodisfàtto** [comp. di *in-*③ e *soddisfatto* ✻ av. 1827] **A agg.** **1** detto di chi non ha avuto pieno appagamento in qlco. (+ *di*, + *per*): *rimase i. dei risultati degli esami, per l'esito del confronto* | di chi è sempre scontento **2** detto di ciò che non ha avuto soddisfazione: *desiderio, bisogno i.* SIN. inappagato **B s. m.** (**f.** *-a*) • persona che non è mai del tutto contenta di ciò che ha o che fa

insoddisfazióne o (*lett.*) **insodisfazióne** [comp. di *in-*③ e *soddisfazione* ✻ 1870] **s. f.** • sentimento di scontentezza di chi è insoddisfatto

insodisfàtto e deriv. ➤ **insoddisfatto** e deriv.

♦**insofferènte** [comp. di *in-*③ e *sofferente* ✻ 1671] **agg.** • che è incapace di tollerare, di sopportare (+ *di*, + *a*): *carattere i. di limitazioni; i. alla disciplina* ‖ **insofferenteménte**, **avv.** da insofferente

♦**insofferènza** [comp. di *in-*③ e *sofferenza* ✻ 1762] **s. f.** • caratteristica di chi è insofferente (+ *di*, + *a*, + *per*): *i. dei vincoli, delle imposizioni; i. alle regole; i. per i luoghi comuni*

insoffrìbile [comp. di *in-*③ e *soffribile* ✻ 1586] **agg.** • (*lett.*) insopportabile: *individuo i.; lungo tedio / e fastidio i.* (G. PARINI) ‖ **insoffribilménte**, **avv.** (*raro*) intollerabilmente ‖ **insoffribilità**, **s. f. inv.**

insoggettìre [comp. di *in-*① e *soggetto* ✻ 1683] **A v. tr.** (*io insoggettìsco, tu insoggettìsci*) **1** (*disus.*) mettere in soggezione **2** †soggiogare, assoggettare **B insoggettìrsi v. intr. pron.** • (*disus.*) entrare in soggezione

insognàre [da *insogno* ✻ av. 1328] **v. tr.** (*io insógno*) **e intr.** (**coniug. come** *segnare*; **aus.** *avere*); **anche insognàrsi v. tr. pron.** (**aus.** *essere*) • (*pop.*) sognare, sognarsi: *ma tu te lo sei insognato!*

insógno [lat. *insŏmniu(m)*, comp. di *in-*② e *sŏmnium* 'sogno' ✻ av. 1406] **s. m.** • (*raro*, *pop.*) sogno: *ho fatto uno spaventoso i.*

insolazióne [vc. dotta, lat. *insolatiōne(m)*, da *insolātus*, part. pass. di *insolāre* 'esporre al sole' ✻ 1869] **s. f.** **1** esposizione di un corpo al sole perché ne riceva la luce e il calore **2** (*med.*) stato patologico provocato da una lunga esposizione al sole con alterazione del sistema termoregolatore dell'organismo e stato di shock **3** (*astron.*) illuminazione di un corpo da parte del sole

insolcàbile [comp. di *in-*③ e *solcabile* ✻ av. 1569] **agg.** • che non si può solcare

insolcàre [vc. dotta, lat. tardo *insulcāre*, comp. di *in-*② e *sulcāre* 'solcare' ✻ sec. XIV] **v. tr.** (*io insólco, tu insólchi*) • (*raro, lett.*) solcare | †delimitare con solchi

insolcatùra [av. 1730] **s. f.** • (*raro*) aratura | assolcatura | (*raro*) solco

♦**insolènte** [vc. dotta, lat. *insolĕnte(m)*, originariamente 'insolito', comp. di *in-*③ e di un deriv. di *solēre* 'essere solito' ✻ 1440] **agg. e s. m. e f.** • che (o chi) manca di rispetto, è offensivo, arrogante e sim.: *ragazzo i.; maniere insolenti; sei un i.!* ‖ **insolentèllo**, **dim.** ‖ **insolenteménte**, **avv.** da insolente: *comportarsi insolentemente*; con insolenza: *rispondere insolentemente*

insolentìre [da *insolente* ✻ 1600] **A v. tr.** (*io insolentìsco, tu insolentìsci*) **1** apostrofare, trattare qlcu. in modo offensivo SIN. insultare **2** (*raro, lett.*) far insuperbire **B v. intr.** (**aus.** *essere* **nel sign. 1**, *avere* **nel sign. 2**) **1** (*lett.*) diventare insolente **2** (*lett.*) usare atti e parole insolenti: *la nobiltà aveva rico-minciao ad i. sopra la povera plebe* (G. VICO)

SFUMATURE ➤ *inveire*

insolènza [vc. dotta, lat. *insolĕntia(m)*, da *insŏlens*, genit. *insolĕntis* 'insolente' ✻ 1363] **s. f.** **1** caratteristica o atteggiamento di chi è insolente SIN. arroganza **2** parola, frase o atto insolente: *scagliare un'i. contro qlcu.* SIN. villania

SFUMATURE ➤ *prepotenza*

insolfàre ➤ **inzolfare**

Insòlia ➤ **Inzolia**

insòlito [vc. dotta, lat. *insŏlitu(m)*, comp. di *in-*③ e *sŏlitus* 'solito' ✻ av. 1429] **A agg.** • diverso dal solito, non consueto: *discorso, comportamento, avvenimento i.; uscire a un'ora insolita* | straordinario: *un'estate con un caldo i.* | strano: *un rumore i.* ‖ **insolitaménte**, **avv.** in modo insolito: *lo trovai insolitamente triste* **B s. m. solo sing.** • ciò che non è usuale, che è strano: *ho notato qlco. di i.*

SFUMATURE ➤ *raro*

†**insollàre** [comp. di *in-*① e *sollo* ✻ 1319] **v. tr.** • rendere molle | (*fig.*) indebolire, vanificare

†**insollìre** [comp. di *in-*① e *sollo* ✻ 1282] **v. tr.** • (*tosc.*) insollare

insolùbile [vc. dotta, lat. tardo *insolūbile(m)*, comp. di *in-*③ e *solūbilis* 'solubile' ✻ sec. XIV] **agg.** **1** (*lett.*) che non si può sciogliere: *legame, impegno, vincolo i.* SIN. indissolubile **2** (*chim.*) di sostanza che non si scioglie in un determinato solvente: *i. in acqua, in alcol* **3** (*fig.*) che non si può risolvere, decidere: *dubbio, problema, questione i.* SIN. irrisolvibile **4** (*disus.*) che non può essere riscosso: *somma i.* ‖ **insolubilménte**, **avv.** in modo da non potersi sciogliere ‖ **insolubilità**, **s. f. inv.** (V.)

insolubilità [vc. dotta, lat. tardo *insolubilitāte(m)*, da *insolūbilis* 'insolubile' ✻ 1619] **s. f. inv.** **1** (*chim.*) proprietà di una sostanza insolubile **2** (*raro*) insolvibilità **3** (*fig.*) irresolvibiltà, inspiegabilità: *per farla rassegnare alla insolubilità del mistero* (L. SCIASCIA)

insolùto [vc. dotta, lat. *insolūtu(m)*, comp. di *in-*③ e *solūtus* 'soluto, sciolto' ✻ 1812] **agg.** **1** non risolto, chiarito, spiegato: *questione rimasta insoluta* SIN. irrisolto **2** (*chim.*) non sciolto: *sostanza insoluta* **3** che non è stato pagato: *debito i.* ‖ **insolutaménte**, **avv.**

insolvènte [comp. di *in-*③ e *solvente* ✻ 1787] **agg.** • (*dir.*) che versa in condizione di insolvenza: *imprenditore i.*

insolvènza [da *insolvente* ✻ 1869] **s. f.** • (*dir.*) incapacità del debitore di adempiere gli obblighi assunti servendosi dei mezzi ordinari di pagamento | ***i. fraudolenta***, reato di chi, dissimulando il proprio stato d'insolvenza, contrae un'obbligazione col proposito di non adempierla e non la soddisfa

insolvìbile [comp. di *in-*③ e *solvibile*, sul modello del corrispondente fr. *insolvable* ✻ av. 1788] **agg.** **1** che non può pagare: *debitore i.* **2** (*lett.*) insolubile ‖ **insolvibilità**, **s. f. inv.**: *l'insolvibilità di una ditta*

♦**insómma** o (*raro*) **in sómma** [comp. di *in-*② e *somma* ✻ 1261 ca.] **A avv.** • in breve, infine, in conclusione (con valore conclusivo): *i., è chiaro che non vuole saperne*; *In somma sappi che tutti fur cherci / e litterati grandi e di gran fama* (DANTE *Inf.* XV, 106-107); *erano case di povera gente, casucce i.* (A. MORAVIA) **B in funzione di inter.** • esprime impazienza, irritazione e sim.: *i.! si può sapere cosa vuoi?; i., la smettete sì o no?; i., basta!; i.! qui non si capisce più niente!* | così così (con valore dubitativo): *'Come va?' 'i.!'*

insommergìbile [comp. di *in-*③ e *sommergibile* ✻ av. 1556] **agg.** • che non si può sommergere ‖ **insommergibilità**, **s. f. inv.**

insondàbile [comp. di *in-*③ e *sondabile*, sull'es. del fr. *insondable* (da *sonder* 'sondare', da *sonde* 'sonda') ✻ 1896] **agg.** **1** che non si può misurare con lo scandaglio: *profondità i.* **2** (*fig.*) che non si può conoscere, capire: *è un mistero i.* SIN. imperscrutabile ‖ **insondabilménte**, **avv.** ‖ **insondabilità**, **s. f. inv.**

insònne [vc. dotta, lat. *insŏmne(m)*, comp. di *in-*③ e *sŏmnus* 'sonno' ✻ 1618] **agg.** **1** che non dorme o non riesce ad addormentarsi: *essere i. per l'ansia, per la stanchezza* **2** (*est.*) che trascorre, o è trascorso, senza dormire: *notte i.* **3** (*fig.*) instancabile, alacre: *un ricercatore i.* | che non permette riposo: *svolgere un'attività i.* ‖ **insonneménte**, **avv.**

insònnia [vc. dotta, lat. *insŏmnia(m)*, da *insŏmnis* 'insonne' ✻ 1832] **s. f.** **1** impossibilità o difficoltà a prendere sonno oppure a dormire a sufficienza o in modo soddisfacente: *soffrire di i.* **2** stato di veglia: *Trepide ne l'i. / d'amor le vergini* (G. D'ANNUNZIO)

insònnio [vc. dotta, lat. *insŏmnium*, da *insŏmne(m)*, V. *insonne* ✻ av. 1769] **s. m.** (**pl.** *-i* o *raro -ii*) • (*lett.*) insonnia: *mentre soffrivo senza tregua l'i.* (G. D'ANNUNZIO)

insonnolìto [dal part. pass. di **insonnolire*, comp. di *in-*① e *sonno*, ampliato con il suff. vezz. *-ol-* ✻ 1866] **agg.** • assonnato, mezzo addormentato

insonorizzànte A part. pres. di *insonorizzare*; **anche agg.** • nel sign. del v. **B s. m.** • materiale usato per l'isolamento acustico

insonorizzàre [comp. di *in-*③ e *sonorizzare*, secondo il fr. *insonoriser* ✻ 1961] **v. tr.** • rendere impenetrabile ai rumori, isolare acusticamente ‖ **insonorizzazióne**, **s. f.** l'insonorizzare; isolamento acustico

insonorizzàto part. pass. di *insonorizzare*; **anche agg.** • dotato di isolamento acustico

insopportàbile [vc. dotta, lat. cristiano *insupportābile(m)*, comp. di *in-*③ e di un deriv. di *supportāre* 'sopportare', preso dal fr. *insupportable* ✻ sec. XIV] **agg.** **1** che non si riesce a sopportare o tollerare: *fame, sete i.; fatica, sforzo i.; caldo, freddo i.; che individuo i.!* SIN. insostenibile, intollerabile | inammissibile: *offesa i.* **2** †insofferente, intollerante **3** †troppo pesante ‖ **insopportabilménte**, **avv.** ‖ **insopportabilità**, **s. f. inv.**

SFUMATURE DI SIGNIFICATO

insopportabile - indigeribile - odioso

Chi o ciò che è noioso, fastidioso, dannoso o doloroso a un grado tale da non poter essere tollerato si definisce **insopportabile**. **Indigeribile**, che in senso proprio si riferisce a un cibo difficile da digerire, figuratamente ha lo stesso significato di *insopportabile*, ma aggiunge una sfumatura di pesantezza quasi fisica. **Odioso** esprime un grado ulteriore di sgradevolezza, descrivendo ciò che non solo provoca una profonda avversione, ma anche riprovazione e sdegno.

insopprimìbile [comp. di *in-*③ e *sopprimibile* ✻ 1908] **agg.** • che non si può sopprimere, reprimere o contenere: *necessità i.; la libertà è un'aspirazione i.* ‖ **insopprimibilménte**, **avv.** ‖ **insopprimibilità**, **s. f. inv.**

insordìre [comp. di *in-*① e *sordo* ✻ av. 1698] **v. intr.** (*io insordìsco, tu insordìsci*; **aus.** *essere*) • (*lett.*) diventare sordo SIN. assordire | (*lett.*) intontirsi

insorgènte part. pres. di *insorgere*; **anche agg.** **1** (*lett.*) che insorge **2** che sta iniziando, che comincia a manifestarsi: *pericolo, difficoltà i.; aggravamento, complicazione i.*

insorgènza [1680] **s. f.** **1** (*lett.*) insurrezione **2** manifestazione improvvisa di qlco., spec. di malattia, febbre, complicazioni e sim.

♦**insórgere** (o *-ò-*) o †**insùrgere** [vc. dotta, lat. *in sŭrgere*, comp. di *in-* 'su' e *sŭrgere* 'sorgere' ✻ sec. XIV] **v. intr.** (**coniug. come** *sorgere*; **aus.** *essere*) **1** sollevarsi, ribellarsi: *i. contro lo* *straniero invasore, contro la tirannia* | levarsi a protestare con forza: *l'assemblea insorse a protestare; i commercianti sono insorti contro la nuova tassa* SIN. rivoltarsi **2** sorgere, apparire, manifestarsi all'improvviso: *il vento e la tempesta insorsero all'alba; le difficoltà insorgono all'ultimo momento*

insorgiménto [av. 1701] **s. m. 1** (*lett., raro*) insorgenza **2** †insurrezione **3** (*lett.*) impulso interiore

insormontàbile [comp. di *in-*③ e *sormontabile*, sul modello del fr. *insurmontable* ✳ 1677] **agg.** ● che non è possibile superare, vincere: *difficoltà i.* SIN. insuperabile, invincibile || **insormontabilménte**, **avv.** || **insormontabilità**, **s. f. inv.**

insórsi ➤ **insorgere**

✦**insórto** o †**insùrto** **A** **part. pass.** di *insorgere*; anche **agg. 1** che si è ribellato: *le popolazioni insorte* **2** che si è manifestato, che si è venuto a creare: *le difficoltà insorte durante una trattativa* SIN. sopravvenuto **B** **s. m.** (**f.** *-a*) ● chi partecipa a una insurrezione: *gli insorti penetrarono nel palazzo*

insospettàbile [comp. di *in-*③ e *sospettabile*, come il fr. *insoupçonnable* ✳ av. 1571] **agg. 1** che non dà adito a sospetto: *tenere un comportamento i.; una persona i.* **2** (*est.*) impensato, imprevisto: *in quel frangente ha dimostrato un i. sangue freddo* || **insospettabilménte**, **avv.** || **insospettabilità**, **s. f. inv.**

insospettàto [comp. di *in-*③ e *sospettato*, sul modello del fr. *insoupçonné* ✳ 1858] **agg. 1** (*raro*) che non ha suscitato sospetti **2** (*est.*) che non si sarebbe mai previsto o supposto: *resistenza, volontà insospettata* SIN. imprevedibile, inatteso || **insospettataménte**, **avv.**

insospettìre [comp. di *in-*① e *sospetto* ✳ sec. XIV] **A** **v. tr.** (*io insospettìsco, tu insospettìsci*) ● suscitare sospetto, mettere in sospetto qlcu.: *il suo strano comportamento insospettì le guardie* **B** **v. intr.** (*raro*; aus. *essere*) e **insospettìrsi** **v. intr. pron.** ● entrare, mettersi in sospetto: *insospettirsi per una telefonata anonima*

insospettìto **part. pass.** di *insospettire*; anche **agg.** ● messo in sospetto

insostenìbile [comp. di *in-*③ e *sostenibile* ✳ 1695] **agg. 1** che non si può sostenere, affrontare, sopportare e sim.: *impegno, sforzo i.; spese insostenibili* **2** (*fig.*) che non si può difendere o sostenere in modo convincente: *posizione i.; tesi i.* SIN. indifendibile || **insostenibilità**, **s. f. inv.**

insostituìbile [comp. di *in-*③ e *sostituibile* ✳ 1929] **agg.** ● che non può essere sostituito, per le qualità che lo distinguono da altri: *è un pezzo i. della collezione; un collaboratore i.* || **insostituibilménte**, **avv.** || **insostituibilità**, **s. f. inv.**

insozzaménto [1943] **s. m.** ● (*raro*) l'insozzare, l'insozzarsi

insozzàre [comp. di *in-*① e *sozzo* ✳ av. 1332] **A** **v. tr.** (*io insózzo*) ● imbrattare, sporcare, macchiare: *i. un vestito di sangue* | (*fig.*) disonorare, infamare, infangare: *i. il proprio nome col disonore* **B** **v. intr.** (aus. *essere*) ● †diventare sozzo **C** **insozzàrsi** **v. tr. pron.** (aus. *essere*) e **rifl.** ● macchiarsi, sporcarsi (*spec. fig.*): *insozzarsi di fango, di vergogna; temo che Roberto ... torni a insozzarsi le mani* (L. PIRANDELLO)

SFUMATURE ➤ ***macchiare***

insperàbile [vc. dotta, lat. tardo *insperābile(m)*, comp. di *in-*③ e *sperābilis* 'sperabile' ✳ 1598] **agg.** ● che non si può o non è ragionevole sperare: *aiuto, fortuna i.* SIN. impensabile || **insperabilménte**, **avv.** in maniera insperabile

insperanzìre [comp. di *in-*① e *speranza* ✳ av. 1803] **v. tr.** (*io insperanzìsco, tu insperanzìsci*) ● (*raro, lett.*) confortare, dare speranza

insperàto o †**inisperàto** [vc. dotta, lat. *insperātu(m)*, comp. di *in-*③ e *sperātus* 'sperato' ✳ 1441] **agg. 1** che non si era sperato, che va oltre ogni speranza: *soccorso, successo i.* **2** †improvviso, inaspettato: *Quanto alli accidenti, poiché sono inisperati, non si può se non con gli esempli mostrarli e fare gli uomini cauti secondo quegli* (N. MACHIAVELLI) || **insperataménte**, **avv.** in modo insperato, al di là di ogni speranza

inspessìre e deriv. ➤ **ispessire** e deriv.

inspiegàbile [comp. di *in-*③ e *spiegabile* ✳ av. 1704] **agg.** ● che non si può spiegare: *mistero, fenomeno i.* CFR. inspiegato | strano, difficile da comprendere: *un ritardo i.; si ostina nel suo i. silenzio* || **inspiegabilménte**, **avv.** || **inspiegabilità**, **s. f. inv.**

inspiegàto [comp. di *in-*③ e *spiegato* ✳ av. 1853] **agg.** ● che non ha una spiegazione: *un delitto dalle cause tuttora inspiegate* CFR. inspiegabile

inspiràbile [1869] **agg.** ● (*raro*) che può essere inspirato || **inspirabilità**, **s. f. inv.**

inspiràre [vc. dotta, lat. *inspirāre*, comp. di *in-*① e *spirāre* 'soffiare' ✳ av. 1374] **v. tr. 1** introdurre aria nei polmoni durante la respirazione (*anche assol.*): *i. ossigeno; i. profondamente* | (*est.*) introdurre altre sostanze nei polmoni, durante la respirazione: *i. ossido di carbonio, fumo, polvere, sostanze tossiche* **2** V. *ispirare*

inspiràto **part. pass.** di *inspirare*; anche **agg. 1** nei sign. del v. **2** V. *ispirato*

inspiratóre [vc. dotta, lat. *inspiratōre(m)*, da *inspirātus* 'inspirato' ✳ 1806] **A** **agg.** (**f.** *-trice*) **1** (*anat.*) detto di muscolo addetto al meccanismo dell'inspirazione **2** V. *ispiratore* **B** **s. m.** ● (*anat.*) muscolo inspiratore

inspiratòrio [1887] **agg.** (**pl. m.** *-i* o *raro -ii*) ● pertinente all'inspirazione

inspirazióne o †**ispirazióne** [vc. dotta, lat. tardo *inspiratiōne(m)*, da *inspirātus* 'inspirato' ✳ 1308] **s. f. 1** atto dell'inspirare, primo tempo della respirazione, con cui nuova aria viene introdotta dall'esterno nei polmoni **2** V. *ispirazione*

instàbile o (*raro*) **istàbile** [vc. dotta, lat. *instăbile(m)*, comp. di *in-*③ e *stăbilis* 'stabile' ✳ av. 1328] **agg. 1** che non è stabile ed è soggetto a mutamenti di posizione: *a causa dei movimenti del mare il carico nella stiva era i.* | (*fis.*) ***equilibrio i.***, condizione di un sistema tale che sottoposto a piccoli spostamenti tende ad allontanarsi dalla posizione iniziale **2** (*est.*) che è soggetto a improvvise variazioni: *tempo i.; stagione i.* SIN. variabile **3** (*fig.*) che è mutevole di idee, sentimenti ecc.: *una persona i.; è i. nei suoi affetti* | volubile, incostante, incerto: *volontà, indole, carattere, umore i.; sorte, fortuna i.* **4** (*chim.*) detto di composto chimico che, per azione di calore, luce, reattivi e sim., si trasforma in prodotti diversi da quelli di partenza | detto di legame chimico che, per azione di calore, luce, reattivi e sim., si rompe o reagisce facilmente **5** (*fis.*) detto di atomo o particella elementare che si disintegra spontaneamente in nuclei o particelle di massa inferiore, liberando energia || **instabilménte**, **avv.** || **instabilità**, **s. f. inv.** (V.)

instabilità o (*raro*) **istabilità** [vc. dotta, lat. tardo *instabilitāte(m)*, comp. di *in-*③ e *stabilitas*, genit. *stabilitātis* 'stabilità' ✳ av. 1328] **s. f. inv.** ● condizione di ciò che è instabile: *l'i. delle cose del mondo; l'i. della sorte* | (*fig.*) volubilità, incostanza | (*psicol.*) ***i. emotiva***, tendenza a cambiare rapidamente di umore e di stato emotivo

installàbile [1984] **agg.** ● che può essere installato: *un cd-rom i. su disco fisso* || **installabilità**, **s. f. inv.**

✦**installàre** o (*raro*) **istallàre** [comp. di *in-*① e *stallo*, secondo il fr. *installer*, inizialmente col senso del lat. mediev. *installāre* 'porre sullo *stallo* del coro della chiesa il nuovo beneficiario' ✳ 1622] **A** **v. tr. 1** collocare in un luogo e mettere in condizioni di funzionare un apparecchio, una macchina e sim.: *i. il telefono, il televisore, un semaforo* | (*inform.*) ***i. un programma***, trasferirlo, tutto o in parte, nella memoria di un computer: *i. lo Zingarelli nel disco rigido* **2** (*raro*) insediare qlcu. in un ufficio, in una carica: *ha installato il suo protetto in un ottimo posto* **3** (*raro*) sistemare qlcu. in un alloggio **B** **installàrsi** **v. intr. pron.** ● insediarsi in un luogo (*anche fig.*): *un nuovo governo si è installato a Bagdad; installarsi sul trono; installarsi al potere* | accomodarsi in modo stabile in un alloggio (*anche scherz.*): *installarsi in una villa; si è installato in* (o *a*) *casa nostra e non vuole andarsene*

installatóre o (*raro*) **istallatóre** [fr. *installateur*, da *installer* 'installare' ✳ 1936] **s. m.** (**f.** *-trice*) ● chi provvede a installare impianti, macchinari, armature metalliche e sim.

installazióne o (*raro*) **istallazióne** [fr. *installation*, da *installer* 'installare' ✳ 1684] **s. f. 1** (*raro*) insediamento **2** collocazione o montaggio di apparecchi, impianti, attrezzature e sim.: *chiedere l'i. del telefono e del gas* | (*est.*) impianto, attrezzatura installata: *cambiare l'i. dell'acqua* **3** nelle arti visive, forma di espressione artistica realizzata disponendo in un ambiente uno o più elementi secondo uno schema definito dall'artista

instancàbile [comp. di *in-*③ e *stancabile* ✳ 1660] **agg. 1** che non si stanca mai, che ha una grande resistenza alla fatica: *lavoratore i.* SIN. infaticabile **2** (*est.*) che non si ferma mai: *attività, impegno, premura i.* SIN. assiduo, indefesso || **instancabilménte**, **avv.** || **instancabilità**, **s. f. inv.**

instant book /instan(t)'buk, *ingl.* 'ɪnstənt-ˌbʊk/ [loc. ingl., comp. di *instant* 'istante, istantaneo' e *book* 'libro' ✳ 1982] **loc. sost. m. inv.** (**pl. ingl.** *instant books*) ● libro su un avvenimento di grande risonanza, pubblicato entro un tempo brevissimo dal verificarsi dell'avvenimento stesso

instànte① o (*raro*) **istànte**① **A** **part. pres.** di *instare*; anche **agg. 1** (*lett.*) sovrastante | (*lett.*) imminente, incombente **2** (*lett.*) insistente || **instanteménte**, **avv.** (*lett.*) con insistenza **B** **s. m. e f.** ● (*dir.*) istante①

†**instànte**② ➤ **istante**②

instant mèssaging /'instan(t) 'messadʒin(g), *ingl.* ˌɪnstənt 'mɛsɪdʒɪŋ/ [1998] **loc. sost. m. inv.** ● (*inform.*) messaggistica istantanea

instant movie /instan(t)'muvi, *ingl.* ˌɪnstənt'muːvɪ/ ➤ **movie**

†**instànza** ➤ **istanza**

instàre o (*raro*) **istàre**① [vc. dotta, lat. *instāre*, comp. di *in* 'sopra' e *stāre* 'stare' ✳ av. 1250] **v. intr.** (**pres.** *io insto, tu insti*; **nelle altre forme coniug. come** *stare*; **difett. del part. pass. e dei tempi composti**) **1** (*lett.*) far pressione, chiedere con insistenza o sollecitare per ottenere qlco.: *i. con minacce, con preghiere; instavano li prelati che si desse principio all'opera* (P. SARPI) SIN. insistere **2** (*lett.*) incombere, sovrastare **3** †incalzare

instauràre o (*raro*) **istauràre** [vc. dotta, lat. *instaurāre*, di etim. incerta, ripreso dal fr. *instaurer* ✳ 1478] **A** **v. tr.** (*io instàuro*) **1** fondare, stabilire innovando rispetto al passato: *i. un nuovo ordine sociale, un'era di giustizia; quel sarto ha instaurato una nuova moda* **2** (*lett.*) restaurare, ricostituire | †riempire, colmare **3** (*dir.*) fare sorgere: *i. un processo* **B** **instauràrsi** **v. intr. pron.** ● prendere avvio, avere inizio: *si instaurò un regime dittatoriale; si instaurò un'epoca di giustizia*

instauràto o (*raro*) **istauràto**, **part. pass.** di *instaurare*; **anche agg.** ● nei sign. del v.

instauratóre o (*raro*) **istauratóre** [vc. dotta, lat. tardo *instauratōre(m)*, da *instaurātus* 'instaurato', come il fr. *instaurateur* ✱ 1584] **s. m.** (**f.** *-trice*) ● chi instaura, dà l'avvio a qlco.

instaurazióne o (*raro*) **istaurazióne** [vc. dotta, lat. tardo *instauratiōne(m)*, da *instaurātus* 'instaurato', sul modello del fr. *instauration* ✱ 1520] **s. f.** ● l'instaurare | istituzione, avvio: *l'i. di una nuova moda; l'i. del governo costituzionale*

insterilìre ➤ **isterilire**

instigàre e deriv. ➤ **istigare** e deriv.

instillaménto o **istillaménto** [1869] **s. m.** ● (*raro*) l'instillare

instillàre o (*raro*) **istillàre** [vc. dotta, lat. *instillāre*, comp. di *in* 'su' e *stillāre*, da *stĭlla* 'goccia' ✱ av. 1342] **v. tr.** **1** immettere, versare goccia a goccia: *i. alcune gocce di collirio nell'occhio* **2** (*fig.*) infondere a poco a poco sentimenti, principi e sim.: *i. odio, amore nell'animo di qlcu.*

instillazióne o **istillazióne** [vc. dotta, lat. *instillatiōne(m)*, da *instillātus* 'instillato' ✱ 1566] **s. f.** **1** l'instillare **2** (*med.*) deposizione di piccole quantità di soluzione medicamentosa a contatto di una mucosa

institóre o **istitóre** [vc. dotta, lat. tardo *institōre(m)*, da *instāre* nel sign. di 'soprastare' (V. *instare*) ✱ 1499] **s. m.** ● (*dir.*) colui che è preposto dal titolare all'esercizio di un'impresa commerciale o di una sede secondaria o di un ramo particolare della stessa

institòrio o **istitòrio** [vc. dotta, lat. tardo *institōriu(m)*, da *īnstitor*, genit. *institōris* 'institore' ✱ 1869] **agg.** (**pl. m.** *-i* o *raro -ii*) ● relativo all'institore

institu̯ire e deriv. ➤ **istituire** e deriv.

†**instolidìre** [comp. di *in-*① e *stolido* ✱ 1639] **v. intr.** ● diventare stupido, stolto

instradaménto o (*lett.*) **istradaménto** [av. 1712] **s. m.** ● l'instradare (*anche fig.*)

instradàre o (*lett.*) **istradàre** [comp. di *in-*① e *strada* ✱ 1570] **A** **v. tr.** **1** mettere in movimento o far proseguire per una strada o una direzione determinata: *i. un'autocolonna, un gruppo di turisti* **2** (*fig.*) avviare, indirizzare, spec. tramite consigli, suggerimenti e sim.: *i. qlcu. sulla via del bene, del male; i. un ragazzo negli studi; i. qlcu. verso la ricerca* **B** **instradàrsi** **v. intr. pron.** ● indirizzarsi verso un corso di studi, una carriera e sim.

†**instroménto** ➤ **strumento**

instru̯ire e deriv. ➤ **istruire** e deriv.

†**instruménto** ➤ **strumento**

instupidìre ➤ **istupidire**

♦**insù** o †**insùso**, †**in sùso** [comp. di *in-* (2) e *su* ✱ sec. XIII] **avv.** ● in su, in alto, spec. nelle loc. avv. ***all'i.***, (*raro*) ***dall'i.***, verso l'alto, dall'alto: *andare all'i.; guardare all'i.; capelli piegati all'i.; voltato all'i.* | ***naso all'i.***, V. *naso* **CONTR.** ingiù

insubordinatézza [1869] **s. f.** ● caratteristica o tendenza di chi è insubordinato

insubordinàto [comp. di *in-*③ e *subordinato* ✱ 1803] **agg. e s. m.** (**f.** *-a*) ● che (o chi) non rispetta l'obbedienza verso i superiori o la sottomissione a una disciplina: *truppe insubordinate; equipaggio i.; punire gli insubordinati* | (*est.*) che (o chi) è indocile e indisciplinato: *scolari, ragazzi insubordinati; correggere gli insubordinati* || **insubordinataménte**, **avv.** da insubordinato

insubordinazióne [comp. di *in-*③ e *subordinazione* ✱ 1797] **s. f.** **1** comportamento di chi viene meno agli obblighi della subordinazione **SIN.** indisciplina **2** azione da insubordinato: *punire ogni i.* **3** (*dir.*) reato del militare che usa violenza ad altro militare a lui superiore nel grado o nel comando, ovvero lo minaccia o lo ingiuria

SFUMATURE ➤ ***indisciplina***

insubre [vc. dotta, lat. *Īnsubre(m)*, di orig. celt., che viene interpretato 'molto (*in-*) forte, violento (**suebro-*)' ✱ 1481] **A** **agg. e s. m. e f.** ● appartenente a un'antica popolazione celtica originaria della Gallia Transalpina, stanziatasi verso la metà del V sec. a.C. nell'Italia settentrionale fra il Ticino e il lago di Como: *i Galli insubri; i Romani sconfissero gli Insubri nel 194 a.C.* **B** **agg.** ● (*lett.*) lombardo: *già la guerra / corre l'i. terra* (G. Carducci)

insùbrico [av. 1556] **agg.** (**pl. m.** *-ci*) **1** (*lett.*) insubre **2** relativo all'Insubria, territorio che comprende oggi le province italiane di Como, Varese, Verbania-Cusio-Ossola e, in Svizzera, il Canton Ticino

insuccèsso [comp. di *in-*③ e *successo*, sul tipo del corrispondente fr. *insuccès* ✱ 1867] **s. m.** ● cattivo esito, mancato successo di qlco.: *tentativo destinato all'i.* | opera, impresa che non riscuote approvazione o plauso: *quella commedia è stata un i.* **SIN.** fallimento, fiasco

insudiciàre [comp. di *in-*① e *sudicio* ✱ av. 1446] **A** **v. tr.** (**pres.** *io insùdicio*; **fut.** *io insudicerò*) **1** rendere sudicio, sporcare, imbrattare: *uno schizzo di fango mi ha insudiciato il vestito* **2** (*fig.*) disonorare, macchiare: *i. la reputazione, il buon nome di qlcu.* **B** **insudiciàrsi** **v. rifl. e tr. pron.** (**aus.** *essere*) **1** sporcarsi, imbrattarsi: *mi sono insudiciato cadendo; insudiciarsi le scarpe, i pantaloni* **2** (*fig.*) compromettersi, disonorarsi: *non insudiciarti in quelle tresche disoneste*

insu̯èto [vc. dotta, lat. *insuētu(m)*, comp. di *in-*③ e *suētus*, part. pass. di *suēscere* 'abituarsi', di orig. indeur. ✱ 1442] **agg.** **1** (*lett.*) inconsueto, insolito **2** (*lett., raro*) non abituato, detto di persona || **insuetaménte**, **avv.** (*lett.*) in modo inconsueto

insuetùdine [vc. dotta, lat. tardo *insuetūdine(m)*, comp. di *in-*③ e *suetūdo*, genit. *suetūdinis*, da *suēscere* 'abituarsi', di orig. indeur. ✱ 1834] **s. f.** ● (*raro*) mancanza di abitudine o assuefazione a qlcu. o qlco.

insufficiènte, (*evit.*) **insufficènte** [vc. dotta, lat. tardo *insufficiĕnte(m)*, comp. di *in-*③ e *sufficiens*, genit. *sufficiĕntis* 'sufficiente' ✱ 1308] **agg.** **1** che non è sufficiente o adeguato a un certo scopo o fine (+ *a*, + *per*, **anche seguiti da inf.**): *apporto calorico i.* <u>*al*</u> *fabbisogno; una rete stradale i.* <u>*per*</u> *il traffico metropolitano; cifra i.* <u>*a*</u> *pagare un debito; alimentazione i.* <u>*per*</u> *vivere* **2** detto di chi non è idoneo a una certa attività (+ *a*): *si è dimostrato i.* <u>*al*</u> *compito che l'attende* **3** detto di preparazione o risultato scolastico inferiore al minimo prescritto (+ *in*): *all'esame fu giudicato i.* <u>*in*</u> *storia; riportare un voto i.* <u>*in*</u> *una materia* || **insufficienteménte**, **avv.**

SFUMATURE ➤ ***scarso***

insufficiènza [vc. dotta, lat. tardo *insufficiĕntia(m)*, comp. di *in-*③ e *sufficiĕntia* 'sufficienza' ✱ 1308] **s. f.** **1** carattere di ciò che è insufficiente per quantità, numero, qualità: *l'i. della alimentazione ha indebolito l'organismo; l'i. dello stipendio non consente una vita decorosa* **SIN.** scarsità **2** manchevolezza, difetto: *sono emerse molte insufficienze organizzative* | inidoneità, inettitudine: *il governo ha ammesso la propria i. ad affrontare la crisi* **3** votazione scolastica inferiore al minimo prescritto per essere promosso: *prendere un'i. in latino; riportare due insufficienze all'esame* **4** (*med.*) riduzione dell'attività di un organo al di sotto dei livelli minimi richiesti per mantenere l'equilibrio dell'organismo: *i. cardiaca, renale, epatica, respiratoria*

SFUMATURE DI SIGNIFICATO

insufficienza - inidoneità - inadeguatezza

Insufficienza definisce la condizione di ciò che per quantità, numero o qualità non è adeguato a un certo fine, risultando pertanto manchevole o scarso. In **inidoneità** la manchevolezza riguarda l'assenza delle qualità o dei requisiti necessari per qualcosa. Significato molto simile ha **inadeguatezza**, che tuttavia è determinata da qualità non solo genericamente insufficienti, ma anche non adatte allo specifico bisogno.

insufflàre [vc. dotta, lat. tardo *insufflāre* 'soffiare dentro' ✱ av. 1468] **v. tr.** **1** (*raro*) soffiare sopra o dentro, introdurre aria: *i. aria compressa in un pallone di cuoio* **2** (*med.*) introdurre aria, a scopo diagnostico o terapeutico, in una cavità naturale **3** (*lett., fig.*) infondere, ispirare: *i. sentimenti malvagi in qlcu.*

insufflatóre [1970] **s. m.** ● (*med.*) strumento per insufflazione

insufflazióne [vc. dotta, lat. tardo *insufflatiōne(m)*, da *insufflātus*, part. pass. di *insufflāre* 'insoffiare' ✱ 1773] **s. f.** **1** l'insufflare **2** (*med.*) introduzione a scopo terapeutico o diagnostico di un medicamento polverizzato nelle cavità naturali comunicanti con l'esterno

ìnsula [vc. dotta, lat. *īnsula(m)*, di etim. incerta ✱ 1440] **s. f.** **1** (*archeol.*) isolato di una città romana **2** (*anat.*) area sensoriale della neocorteccia del telencefalo, dove si ritiene che terminino le vie gustative

insulàre [vc. dotta, lat. tardo *insulāre(m)*, da *īnsula* 'insula' ✱ 1499] **A** **agg.** ● di una o più isole: *clima i.; flora, fauna i.* | ***Italia i.***, parte del territorio italiano costituita dalle isole, spec. la Sicilia e la Sardegna | (*geol.*) ***arco i.***, serie di isole vulcaniche disposte ad arco, costituente una delle grandi strutture della superficie della Terra || **insularità**, **s. f. inv.** (V.) **B** **s. m. e f.** ● abitante o nativo di un'isola: *gli insulari e i peninsulari*

insulari̯smo [1927] **s. m.** **1** (*raro*) insularità nel sign. 1 **2** tendenza di un Paese insulare all'isolamento politico-culturale rispetto ai Paesi del continente: *l'i. della Gran Bretagna*

insularità [1936] **s. f. inv.** **1** caratteristica di un territorio costituito da un'isola o da più isole **2** insieme delle caratteristiche culturali, psicologiche ecc. proprie di chi è nato e vive in un'isola

insulìna [dal n. di 'isole' (lat. *īnsulae*) dato a particolari formazioni del pancreas ✱ 1927] **s. f.** ● (*med.*) ormone antidiabetico prodotto dalle isole del pancreas

insulìnico [1927] **agg.** (**pl. m.** *-ci*) ● (*med.*) dell'insulina | ***shock i.***, ottenuto con insulina, per la cura della schizofrenia

insulini̯smo [1973] **s. m.** ● (*med.*) intolleranza alla cura insulinica

insulinoterapìa [comp. di *insulin(a)* e *terapia* ✱ 1936] **s. f.** ● (*farm.*) terapia eseguita mediante somministrazione di insulina: *i. nel diabete*

✦**insulsàggine** [1758] **s. f.** **1** caratteristica di ciò che è insulso: *l'i. di un discorso* **SIN.** futilità, stupidaggine **2** discorso, comportamento da individuo insulso: *non riesco a ridere alle sue insulsaggini* **SIN.** futilità, stupidaggine

†**insulsità** [vc. dotta, lat. *insulsitāte(m)*, da *insŭlsus* 'insulso' ✱ 1527] **s. f.** ● insulsaggine

✦**insùlso** [vc. dotta, lat. *insŭlsu(m)*, comp. di *in-*③ e *sălsus* 'salso, salato', da *săl*, genit. *sălis* 'sale', in senso figurato ✱ 1468] **agg.** **1** (*disus.*) privo di sale, scipito: *sapore, cibo i.* **2** (*fig.*) sciocco, futile: *discorso, complimento i.* | privo di attrattiva o interesse: *è una persona insulsa* **SIN.** insignificante ‖ **insulsaménte**, **avv.** da insulso; scioccamente

insultàbile [1869] **agg.** ● che può essere insultato

insultànte **part. pres.** di *insultare*; anche **agg.** ● che costituisce un'offesa, un'ingiuria: *un atteggiamento i.* **SIN.** offensivo

insultàre [vc. dotta, lat. *insultāre*, propr. 'saltare (*saltāre*) addosso, contro (*in-*)' ✻av. 1342] **A** **v. tr.** **1** rivolgere ingiuria, offesa grave a qlcu. o qlco.: *i. qlcu. negli affetti più cari*; *i. la memoria di qlcu.* **SIN.** ingiuriare, offendere, vituperare **2** †aggredire, assalire **B** **v. intr.** (**aus.** *avere*) **1** (*lett.*) recare offesa: *alle incolpate ceneri / nessuno insulterà* (A. MANZONI) | irridere, schernire: *i. ai deboli* **2** (*lett.*) scatenarsi, detto del vento e sim. **C** **insultàrsi** **v. rifl. recipr.** ● lanciarsi reciprocamente offese, ingiurie

insultatóre [vc. dotta, lat. *insultatōre(m)*, da *insultātus*, part. pass. di *insultāre* 'insultare' ✻ 1585] **agg. e s. m.** (**f.** *-trice*) ● (*raro*) che (o chi) insulta: *un volgare i.*; *comportamento i.*; *e la scolta insultatrice / di spavento tramortì* (A. MANZONI)

◆**insùlto** [vc. dotta, lat. eccl. *insŭltu(m)*, da *insultāre* in senso morale ✻ 1309] **s. m.** **1** ingiuria, offesa grave lesiva dei sentimenti, dell'onore o della dignità di qlcu.: *i. atroce, sanguinoso*; *parole che costituiscono i. alla sua memoria* | (*fig.*) danno, usura: *statua esposta agli insulti delle intemperie* **2** (*med.*) accesso, colpo: *i. apoplettico* **3** †attacco, assalto di armati: *quello i. era simulato e non vero* (N. MACHIAVELLI)

insuperàbile [vc. dotta, lat. *insuperābile(m)*, comp. di *in-*③ e *superābilis* 'superabile' ✻av. 1396] **agg.** **1** che non si può superare od oltrepassare: *un fiume, una montagna i.* **2** (*fig.*) che non si può vincere: *ostacolo, difficoltà i.* **SIN.** insormontabile **3** (*fig.*) eccellente, straordinario, eccezionale: *artigiano i. nel suo mestiere*; *un i. interprete di Bach* **SIN.** imbattibile, inarrivabile ‖ **insuperabilménte**, **avv.** ‖ **insuperabilità**, **s. f. inv.**

insuperàto [vc. dotta, lat. tardo *insuperātu(m)*, comp. di *in-*③ e *superātus* 'superato' ✻ 1864] **agg.** ● che non è stato ancora superato: *record i.*; *qualità insuperata*; *gloria, grandezza insuperata*; *interpretazione teatrale insuperata* ‖ **insuperataménte**, **avv.**

insuperbiménto [1639] **s. m.** ● (*raro*) l'insuperbire

insuperbìre [comp. di *in-*① e *superbo* ✻ 1266] **A** **v. tr.** (*io insuperbisco, tu insuperbisci*) ● rendere o fare diventare superbo: *i troppi successi lo hanno insuperbito* **B** **v. intr.** (**aus.** *essere*) e **insuperbirsi** **v. intr. pron.** **1** diventare superbo, altero: *per quella bravata non c'è da insuperbirsi*; *deh, non insuperbir per tua bellezza, / donna, ch'un breve tempo te la fura* (A. POLIZIANO) **2** (*tosc.*) †montare in collera

†**insùrgere** ➤ **insorgere**

insurrezionàle [da *insurrezione*, sul tipo del fr. *insurrectionnel* ✻ 1797] **agg.** ● di insurrezione: *moto i.* | creato dagli insorti: *comitato i.*

insurrezionalìşmo [comp. di *insurrezional(e)* e *-ismo* ✻ sec. XX] **s. m.** ● ideologia o politica favorevoli all'insurrezione o a continue insurrezioni: *un teorico dell'i. permanente contro lo Stato*

insurrezionalìsta [sec. XX] **agg.** (**pl. m.** *-i*) ● favorevole all'insurrezionalismo: *teorie insurrezionaliste*; *frange insurrezionaliste* | anche in parole composte: *organizzazioni anarco-insurrezionaliste*

insurrezióne [vc. dotta, lat. tardo *insurrectiōne(m)*, da *insurrēctus*, part. pass. di *insŭrgere* 'insorgere', ripreso dal fr. *insurrection* ✻ 1570] **s. f.** **1** sollevazione collettiva spec. contro le autorità costituite e il potere statale: *l'i. popolare si estende in modo fulmineo*; *reprimere un'i. nel sangue* | (*iperb.*) netto dissenso, generale rifiuto di una decisione, proposta e sim. **2** (*lett.*) insorgenza, impulso: *i. … d'un istinto crudele* (G. D'ANNUNZIO)

SFUMATURE DI SIGNIFICATO

insurrezione - rivoluzione - cospirazione

L'**insurrezione** è una sollevazione di carattere popolare contro i poteri costituiti. Dall'insurrezione può nascere una **rivoluzione**, che è lo sconvolgimento profondo dell'assetto politico e sociale dello stato con trasformazioni radicali delle sue istituzioni. Lo stesso scopo può essere conseguito attraverso una **cospirazione**, che è un accordo segreto di persone, tra i quali militari di alto grado, finalizzato appunto a rivoluzionare l'ordinamento statuale vigente.

SFUMATURE ➤ ***ribellione***

†**insusàrsi** (o **-uşà-**) [comp. di *in-*① e *su(so)* ✻ 1321] **v. intr. pron.** ● innalzarsi: *O cara piota mia che sì t'insusi* (DANTE *Par.* XVII, 13)

insuscettìbile [comp. di *in-*③ e *suscettibile* ✻ 1798] **agg.** ● (*raro*) che non è capace, che non è idoneo a subire modificazioni (+ *di*): *tassa i. di aggravio* | (*lett.*) inadatto a qlco.: *Io vi stimavo così i. d'amore* (L. PIRANDELLO) ‖ **insuscettibilità**, **s. f. inv.**

†**insùso** ➤ **insù**

insussistènte [comp. di *in-*③ e *sussistente* ✻ 1618] **agg.** ● che non sussiste, che non ha reale fondamento: *pericolo i.*; *affermazione i.* | falso: *accusa i.* **SIN.** inconsistente, inesistente

SFUMATURE ➤ ***inconsistente***

insussistènza [comp. di *in-*③ e *sussistenza* ✻ 1585] **s. f.** **1** inesistenza: *i. di un reato* **2** infondatezza, falsità: *i. di un'accusa* **3** (*econ.*) variazione del capitale di un'azienda per inesistenza di valori attivi o passivi, causati da fatti estranei alla gestione

intabaccàre [comp. di *in-*① e *tabacco*, in ogni senso ✻ 1481] **A** **v. tr.** (*io intabàcco, tu intabàcchi*) **1** (*tosc.*) insudiciare di tabacco **2** (*tosc., lett.*) irretire, sedurre **B** **intabaccàrsi** **v. intr. pron.** **1** (*tosc.*) macchiarsi, sporcarsi di tabacco **2** †invischiarsi, ingolfarsi, spec. in una passione amorosa

intabarràre [comp. di *in-*① e *tabarro* ✻ 1546] **A** **v. tr.** ● avvolgere in un tabarro | (*est.*) coprire con indumenti pesanti **SIN.** imbacuccare **B** **intabarràrsi** **v. rifl.** ● avvolgersi in un tabarro | (*est.*) coprirsi con indumenti pesanti

intabescènza [dal part. pres. (*intabescĕnte(m)*) del lat. *intabēscere*, comp. di *in-*① e dell'incoativo di *tabēre* 'fondersi, consumarsi', di orig. indeur. ✻ 1970] **s. f.** ● (*med.*) consunzione

†**intàcca** [1665] **s. f.** ● tacca

intaccàbile [av. 1686] **agg.** ● che si può intaccare (*anche fig.*): *superficie i.*; *teoria i.* ‖ **intaccabilità**, **s. f. inv.**

intaccaménto [av. 1686] **s. m.** ● (*raro*) l'intaccare

intaccàre [comp. di *in-*① e *tacca* ✻av. 1320] **A** **v. tr.** (*io intàcco, tu intàcchi*) **1** incidere qlco. producendo una o varie tacche: *i. il banco col temperino* **2** (*est.*) attaccare, corrodere: *l'acido intacca la stoffa*; *la ruggine intacca il ferro* | ***i. la lama del coltello, del rasoio***, guastarne il filo **3** (*est.*) infettare: *il male ha intaccato anche l'altro polmone* **4** (*fig.*) cominciare a consumare qlco.: *i. il capitale*; *i. le provviste di riserva* **5** (*fig.*) ledere, offendere: *i. l'onore, la reputazione di qlcu.* | incrinare: *i. col dubbio i principi morali di qlcu.* **6** (*mar.*) battere la superficie del mare sollevando le onde, detto del vento | cominciare a ricevere la spinta del vento, detto di imbarcazione a vela **B** **v. intr.** (**aus.** *avere*) ● (*fam., disus.*) tartagliare o intoppare nel parlare: *quando è molto stanco intacca un po'*

intaccatùra [av. 1350] **s. f.** **1** l'intaccare | tacca **2** incavatura a gradino praticata in mobili o su oggetti vari, predisposta per l'incastro di un altro elemento **3** (*mar.*) crespa dell'acqua percossa dal vento

intàcco [da *intaccare* ✻ 1635] **s. m.** (**pl.** *-chi*) **1** tacca, intaccatura **SIN.** incavo, incisione **2** †diminuzione: *i. del capitale* **3** †pregiudizio, nocumento

intagliàre [comp. di *in-*① e *taglio* ✻ sec. XIII] **v. tr.** (*io intàglio*) **1** scolpire, incidere a rilievo o ad incavo **2** togliere, in certi motivi di ricamo, il tessuto superfluo in modo da formare una lavorazione traforata

intagliatóre [1282] **s. m.** (**f.** *-trice*) ● chi lavora d'intaglio

intagliatrìce [1973] **s. f.** **1** (*raro, miniere*) incastratrice **2** (*raro, miniere*) tagliatrice **3** (*mecc.*) cesoiatrice

intagliatùra [sec. XIV] **s. f.** ● lavoro dell'intagliare | intaglio

intàglio [da *intagliare* ✻ sec. XIII] **s. m.** **1** arte e lavoro dell'intagliare | in ebanisteria, tecnica decorativa a incisione o scultura molto usata nell'arte del mobile **CFR.** glitto- **2** oggetto intagliato: *un pregevole i.* **3** (*tecnol.*) cavità, incisione praticata in un elemento meccanico per vari scopi: *gli intagli della mappa di una chiave* **4** (*est.*) †taglio, profilo, sagoma

intaminàto [vc. dotta, lat. *intaminātu(m)*, dal part. pass. di **intamināre* ✻ av. 1348] **agg.** ● (*raro, poet.*) incontaminato

intanàre [comp. di *in-*① e *tana* ✻av. 1327] **A** **v. tr.** ● (*lett.*) rinchiudere, racchiudere, celare **B** **intanàrsi** **v. intr. pron.** ● (*lett.*) rintanarsi

intanfàre [da *in-*① e *tanfo* ✻ 1618] **A** **v. tr.** ● (*lett.*) ammorbare: *intanfava tutto l'ambiente* (P.P. PASOLINI) **B** **v. intr.** (**aus.** *essere*) e **intanfàrsi** **v. intr. pron.** ● (*lett.*) prendere odore di tanfo, di muffa

†**intanfìre** [comp. di *in-*① e *tanfo* ✻ 1803] **v. intr.** ● ammuffire

intangìbile [comp. di *in-*③ e *tangibile* ✻ 1546] **agg.** **1** (*raro*) che non si può o non si deve toccare | (*est.*) che non si può usare, utilizzare: *patrimonio, eredità i.* **2** (*fig.*) inviolabile: *l'i. libertà del cittadino* **SIN.** intoccabile ‖ **intangibilménte**, **avv.** ‖ **intangibilità**, **s. f. inv.**

◆**intànto** o (*raro*) **in tànto** [comp. di *in-*② e *tanto* ✻ 1261 ca.] **A** **avv.** **1** in questo, in quello stesso tempo, nel frattempo: *io devo uscire un momento, tu i. aspettami qui* **2** per il momento (con valore avversativo): *fa sempre delle promesse e i. continua a comportarsi male*; *non l'avrà fatto apposta, ma i. io mi trovo nei guai* | (*colloq.*) ***per i.***, per il momento: *per i. può bastare* **3** con valore conclusivo, esprimendo la soddisfazione di avere raggiunto o terminato qlco.: *i. anche questo caso è stato chiarito!* | ***e i.***, introduce un'amara constatazione: *e i. noi siamo rovinati* **B** nella **loc. cong.** ***i. che***, mentre (introduce una prop. temp. con il v. all'indic.): *i. che aspetti, leggiti questo articolo*

intarlàre [comp. di *in-*① e *tarlo* ✻ 1305] **v. intr.** (**aus.** *essere*) e **intarlàrsi** **v. intr. pron.** ● essere roso dai tarli

intarlatùra [1547] **s. f.** ● foro prodotto nel legno dal passaggio del tarlo | polvere di legno prodotta dal tarlo

intarmàre [comp. di *in-*① e *tarma* ✻ sec. XV] **v. intr.** (**aus.** *essere*) e **intarmàrsi** **v. intr. pron.** ● essere roso dalle tarme: *i tessuti di lana intarmano se lasciati all'aperto*

intarmatùra [1887] **s. f.** ● danno provocato dalle tarme nei tessuti

intarmolìre [comp. di *in-*① e *tarmola*, var. di *tarma* ✱ 1903] **v. intr.** (*io intarmolisco, tu intarmolisci*; **aus.** *essere*) ● (*centr.*) intarlare: *e un'altra vita brulicò nel legno / che intarmoliva* (G. Pascoli)

intarsiaménto [1464] **s. m.** ● (*raro*) l'intarsiare

intarsiàre [comp. di *in-*① e *tarsia* ✱ av. 1420] **v. tr.** (*io intàrsio*) **1** lavorare a intarsio: *i. un mobile, un pannello* **2** (*fig.*) impreziosire uno scritto con immagini rare e ricercate, eleganze stilistiche e sim.: *i. un testo di dotti riferimenti letterari*

intarsiàto **part. pass.** di *intarsiare*; anche **agg.** ● decorato a intarsio

intarsiatóre [1585] **s. m.** (**f.** *-trice*) ● artigiano che esegue lavori d'intarsio

intarsiatùra [1659] **s. f.** ● l'intarsiare | prodotto del lavoro d'intarsio

intàrsio [da *intarsiare* ✱ 1869] **s. m.** **1** in ebanisteria, lavorazione consistente nell'inserire in una superficie lignea pezzetti di legno d'altro colore, scaglie di materiali rari e pregiati, quali tartaruga, madreperla e sim., per ottenere particolari effetti decorativi: *i. geometrico*; *lavorare un mobile a i.* | prodotto di tale lavorazione, superficie intarsiata: *restaurare un i.* **2** (*est.*) tessuto di diverso colore o materia, inserito per un effetto decorativo nel tessuto che forma l'abito **3** (*med.*) ***i. dentario***, forma particolare di otturazione di carie dentaria ottenuta mediante ricostruzione, con metalli e resine, del frammento mancante **4** gioco enigmistico che consiste nell'incastrare una parola opportunamente frazionata in un'altra in modo da formarne una terza (per es. scialo + OTTO = scOiaTTOlo) **CFR.** incastro

intartarìrsi [comp. di *in-*① e *tartaro* ✱ 1835] **v. intr. pron.** (*io mi intartarìsco, tu ti intartarìsci*) ● (*med.*) ricoprirsi di tartaro, detto di denti

intasaménto (o **-ş-**) [av. 1451] **s. m.** ● l'intasare, l'intasarsi **SIN.** ingorgo, ostruzione

intasàre (o **-ş-**) [comp. di *in-*① e *taso* ✱ 1550] **A** **v. tr.** **1** ostruire, otturare, occludere fori, fessure, condotti e sim.: *le foglie secche hanno intasato lo scarico della fontana* **2** (*est.*) produrre un ingorgo o un arresto nel traffico dei veicoli: *la rottura di un semaforo ha intasato il traffico* **B** **intasàrsi** **v. intr. pron.** ● ostruirsi, occludersi: *i tubi della caldaia si sono intasati per le incrostazioni* | (*est.*) occludersi a causa di un'infiammazione, detto del naso e delle vie respiratorie | (*raro*) raffreddarsi

SFUMATURE ➤ *ingombrare*

intasàto (o **-ş-**) **part. pass.** di *intasare*; anche **agg.** ● ostruito

intasatóre (o **-ş-**) [1957] **s. m.** ● accovonatore, nel sign. 2

intasatùra (o **-ş-**) [av. 1666] **s. f.** ● (*raro*) intasamento | (*raro*) infreddatura

intascàre [comp. di *in-*① e *tasca* ✱ av. 1367] **v. tr.** (*io intàsco, tu intàschi*) **1** mettere in tasca qlco. | (*est.*) guadagnare in modo facile o illecito: *ha intascato fior di quattrini in quell'affare* | anche in forma pron. (con valore intens.): *s'è intascato un bel po' di quattrini* **2** (*mar.*) arrotolare brande, vele, o altro

intassellàre [comp. di *in-*① e *tassello* ✱ 1869] **v. tr.** (*io intassèllo*) ● mettere tasselli | (*raro*) riparare con tasselli

†**intassellatùra** [1550] **s. f.** ● intarsio, incastro

♦**intàtto** [vc. dotta, lat. *intāctu(m)*, comp. di *in-*③ e *tāctus*, part. pass. di *tāngere* 'toccare' ✱ 1336 ca.] **agg.** **1** che non è mai stato toccato: *vette, nevi intatte* | (*est.*) non corrotto, puro: *verginità, innocenza intatta* | inalterato, intemerato: *il suo prestigio rimane i.* **2** (*est.*) integro, intero, che non ha subìto danni o manomissioni: *sigillo i.*; *cadavere i.*; *forze intatte* ‖ **intattaménte**, **avv.** (*raro*) in modo intatto

intavolàre [comp. di *in-*① e *tavola* ✱ 1481] **v. tr.** (*io intàvolo*) **1** (*raro*) mettere in tavola o sulla tavola **2** (*fig.*) iniziare, cominciare: *i. una trattativa*; *i. un discorso, una questione* **3** nel gioco degli scacchi, ordinare i pezzi prima di incominciare la partita **4** †comporre lo scheletro di una nave | impalcare qlco. con tavole **5** (*mus.*) preparare un'intavolatura **6** †intarsiare

intavolàto **A** **part. pass.** di *intavolare*; anche **agg.** **1** nei sign. del v. **2** †dipinto su tavola | (*fig.*) †***vento i.***, disteso, costante **B** **s. m.** ● (*lett.*) tavolato, assito

intavolatùra [1561] **s. f.** **1** (*raro*) avvio, inizio **2** (*mus.*) nei secc. XVI e XVII, sistema di notazione per strumenti a pizzico e a tastiera in cui al posto delle note vengono segnati numeri o lettere che indicano le dita con cui suonare; oggi, metodo di apprendimento per dilettanti e autodidatti spec. di chitarra

intavolazióne [av. 1835] **s. f.** **1** ordinamento in tabelle o prospetti di dati numerici, statistici e sim. **2** (*dir.*) nel sistema tavolare, registrazione fondiaria dell'acquisto di un immobile

inteccherìto [1962] **agg.** ● (*tosc.*) impettito **SIN.** intecchito

intecchìto [var. dial. di *stecchito* ✱ 1902] **agg.** ● (*tosc.*) impettito, irrigidito

intedescàre [comp. di *in-*① e *tedesco* ✱ 1777] **A** **v. tr.** (*io intedésco, tu intedéschi*) ● rendere tedesco quanto ad abitudini, usi, mentalità **B** **intedescàrsi** **v. intr. pron.** ● acquisire usi, caratteri tedeschi

intedeschìre [av. 1750] **v. tr.** (*io intedeschìsco, tu intedeschìsci*) e **intedeschìrsi** **v. intr. pron.** ● intedescare, intedescarsi

integèrrimo [vc. dotta, lat. *integĕrrimu(m)*, superl. di *ĭnteger*, genit. *ĭntegri* 'integro' ✱ 1483] **agg.** ● superl. di *integro* | particolarmente onesto e incorruttibile: *funzionario, amministratore i.*; *costume i.* ‖ **integerrimaménte**, **avv.**

integràbile [da *integrare* ✱ 1748] **agg.** **1** che si può integrare **2** (*mat.*) che ammette l'integrale ‖ **integrabilità**, **s. f. inv.**

intègrafo [comp. di *inte(grale)*① e *-grafo* ✱ 1942] **s. m.** ● (*mat.*) strumento atto a tracciare meccanicamente una curva integrale a partire dalla rappresentazione grafica di una funzione

integràle① [da *integro* ✱ av. 1320] **agg.** **1** intero, totale: *provvedere alla restituzione i. della refurtiva*; *è necessario un i. rimpasto del governo* | ***edizione i.***, senza alcuna omissione | (*autom.*) ***trazione i.***, V. *trazione* **2** detto di farina di frumento o altri cereali non (o solo parzialmente) abburattata, e dei prodotti da essa ottenuti: *pane, pasta i., biscotti integrali* **3** (*raro*) integrante: *il diritto è un aspetto i. della civiltà* ‖ **integralménte**, **avv.** in modo integrale, totale ‖ **integralità**, **s. f. inv.** interezza, totalità

integràle② [vc. di nuova coniazione, tratta dal lat. *ĭnteger*, genit. *ĭntegri* 'intero' ✱ av. 1742] **A** **agg.** ● (*mat.*) ***calcolo i.***, studio dell'operazione di integrazione e delle sue applicazioni **B** **s. m.** ● (*mat.*) ***i. definito di una funzione F(x)***, area della regione compresa tra il grafico di F(x), l'asse delle ascisse e le due rette a esso perpendicolari, condotte dalle estremità dell'intervallo considerato | ***i. indefinito di una funzione F(x)***, ogni funzione la cui derivata è F(x)

integralìsmo [da *integrale*① ✱ 1898] **s. m.** **1** tendenza ad attuare in modo integrale, senza compromessi, e spesso con intolleranza, i princìpi della propria dottrina o ideologia nella vita politica, economica e sociale: *i. religioso* **2** (*polit.*) nel Partito socialista italiano dei primi anni del Novecento, tendenza a conciliare fra loro indirizzi diversi

integralìsta [1908] **A** **s. m. e f.** (**pl. m.** *-i*) ● chi si ispira all'integralismo o dà prova di integralismo **B** anche **agg.**: *movimento i.*

integralìstico [1970] **agg.** (**pl. m.** *-ci*) ● caratterizzato da integralismo ‖ **integralisticaménte**, **avv.**

integraménto [av. 1907] **s. m.** ● (*lett.*) integrazione

integrànte **part. pres.** di *integrare*; anche **agg.** ● che integra, che completa | ***parte i.***, indispensabile

♦**integràre** [vc. dotta, lat. *integrāre*, da *ĭnteger*, genit. *ĭntegri* 'integro' ✱ sec. XV] **A** **v. tr.** (*io intègro* o †*intégro*) **1** rendere qlco. completo, o più valido, più efficace e sim., aggiungendovi ulteriori elementi (+ *con*): *i. l'organico di un ufficio, di un reparto*; *i. lo stipendio con lezioni private*; *i. un'alimentazione insufficiente con vitamine* **2** inserire una persona o un gruppo in un ambiente o in un contesto, in modo che ne diventi parte organica (+ *in*): *i. i lavoratori stranieri nelle organizzazioni sindacali* **3** (*mat.*) calcolare l'integrale di una funzione | ***i. un'equazione differenziale***, risolverla **B** **integràrsi** **v. rifl.** ● inserirsi in un determinato contesto, adattandosi a esso (+ *in*, + *con*): *si è bene integrato nella nuova classe, con i nuovi compagni* **C** **integràrsi** **v. rifl. recipr.** ● completarsi, fondersi divenendo un tutto compiuto: *elementi che devono integrarsi*

integratìvo [1878] **agg.** ● che ha la funzione di integrare o completare: *assegno i.* | ***norma integrativa***, che colma le lacune di precedenti disposizioni | ***esame i.***, che permette il passaggio a un altro tipo di scuola | ***corso i.***, della durata di un anno, per permettere l'accesso a tutte le facoltà universitarie anche ai maturati di istituti medi superiori quadriennali ‖ **integrativaménte**, **avv.**

integràto **A** **part. pass.** di *integrare*; anche **agg.** **1** nei sign. del v. | completato (+ *con*, + *da*): *testi integrati con immagini e musica*; *un saggio i. da un ricco apparato di note* | inserito (+ *in*, + *con*): *immigrati integrati nel tessuto sociale*; *una famiglia integrata con la comunità locale* **2** detto di circuito elettronico o elettrico i cui componenti e i relativi collegamenti sono realizzati tutti insieme in una sola operazione **B** **s. m.** (**f.** *-a*); anche **agg.** ● detto di chi si è perfettamente adeguato al contesto sociale dominante

integratóre [vc. dotta, lat. *integratōre(m)*, da *integrātus* 'integrato' ✱ 1869] **A** **agg. e s. m.** (**f.** *-trice*) ● che (o chi) integra **B** **s. m.** **1** ***i. alimentare***, insieme di sostanze di origine vegetale, minerale o animale destinate a colmare carenze alimentari **2** (*mat.*) integrafo

♦**integrazióne** [vc. dotta, lat. *integratiōne(m)*, da *integrātus* 'integrato' ✱ av. 1535] **s. f.** **1** l'integrare | completamento di qlco. mediante l'aggiunta di nuovi elementi: *l'i. di una dieta alimentare*; *l'i. di un organico* | ciò che integra: *i. salariale* | ***cassa i. salari***, ***cassa i.***, organismo facente parte dell'INPS (Istituto Nazionale di Previdenza Sociale) che, in caso di riduzione o sospensione del lavoro in un'azienda, fornisce ai lavoratori dipendenti, tramite l'azienda stessa, una parte di salario | ***attività scolastiche di i.***, iniziative degli organismi scolastici attuate allo scopo di ampliare le attività formative degli interessi culturali ed espressivi degli alunni **2** inserimento in un ambiente o in un contesto: *i. religiosa, etnica, culturale* | ***i. razziale***, fusione fra diversi gruppi etnici e razziali **3** collaborazione sempre più stretta fra vari Stati sul piano economico, politico, militare e sim.: *i. europea* **4** (*econ.*) formazione di un mercato unico | coordinamento o concentrazione di imprese **5** (*mat.*) operazione il cui risultato è l'integrale di una funzione data

integrazionișmo [1963] **s. m.** • movimento o tendenza politica in favore dell'integrazione razziale

integrazionìsta [1963] **A s. m. e f. (pl. m. -*i*)** • chi è favorevole all'integrazione razziale **B agg.** • integrazionistico

integrazionìstico [1963] **agg. (pl. m. -*ci*)** • dell'integrazionismo | caratterizzato da integrazionismo

integrìșmo [1973] **s. m.** • integralismo (*spec. spreg.*)

integrìsta [av. 1937] **agg. e s. m. e f. (pl. m. -*i*)** • integralista (*spec. spreg.*)

integrità [vc. dotta, lat. *integritāte(m)*, da *ĭnteger*, genit. *ĭntegri* 'integro' ✱ 1308] **s. f. inv. 1** stato di ciò che è intero, intatto e completo: *i. fisica*; *difendere l'i. del territorio nazionale*; *salvaguardare l'i. del patrimonio artistico* | (*est.*) perfezione, purezza: *preservare l'i. di uno stile, di una tradizione* **2** (*fig.*) probità, rettitudine: *è un esempio di i. d'animo* | innocenza, onorabilità: *difendere l'i. del proprio nome*

♦**ìntegro** o †**intègro** (o †-*é*-) [vc. dotta, lat. *ĭntegru(m)*, comp. di *in-*③ e **-tagros*, da *tăngere* 'toccare' ✱ 1313] **agg.** (**superl.** *integerrimo* (V.)) **1** che è intero, completo, non avendo subìto menomazioni, mutilazioni, danni e sim.: *testo i.*; *statua integra*; *un patrimonio che si è trasmesso i. attraverso i secoli* | intatto: *forze integre* **2** (*fig.*) incorruttibile, probo: *un uomo i. fino all'eccesso* ‖ **integraménte**, **avv. 1** compiutamente **2** con integrità

integròmetro [comp. di *integr(azione)* e *-metro* ✱ sec. XIX] **s. m.** • (*mat.*) integrafo

integuménto [vc. dotta, lat. *integumĕntu(m)* 'copertura', comp. di *in* 'sopra' e *tegumĕntum*, da *tĕgere* 'coprire', di orig. indeur. ✱ av. 1698] **s. m.** • (*raro*) tegumento

intelaiàre [comp. di *in-*① e *telaio* ✱ 1743] **v. tr.** (*io intelàio*) • mettere su un telaio: *i. i vetri di una finestra* | formare un telaio: *i. quattro bastoni per reggere una vela* | ***i. una macchina***, predisporne l'ossatura per i successivi montaggi

intelaiàto **part. pass.** di *intelaiare*; anche **agg.** • nei sign. del v.

intelaiatùra [1743] **s. f. 1** operazione dell'intelaiare **2** struttura di sostegno o rinforzo formata da vari elementi strettamente uniti fra loro a formare quasi un telaio: *l'i. di un ponte* **3** (*fig.*) insieme degli elementi strutturali di qlco.: *l'i. del nostro sistema economico*; *l'i. di un romanzo*

intelàre [comp. di *in-*① e *tela* ✱ 1957] **v. tr.** (*io intélo*) **1** mettere una tela resistente sotto a un tessuto per dare maggiore sostenutezza all'indumento: *i. un abito* **2** (*raro*) rivestire di tela

intellegìbile e deriv. ➤ **intelligibile** e deriv.

intellettìbile [da *intelletto*② ✱ sec. XIV] **agg. 1** †dotato di intelligenza **2** (*disus.*) intelligibile

intellettìvo [vc. dotta, lat. tardo *intellectīvu(m)*, da *intellēctus* 'intelletto②', attrav. il fr. *intellectif* ✱ 1282] **agg. 1** dell'intelletto, proprio dell'intelletto: *potenza, facoltà intellettiva* | ***anima intellettiva***, nella filosofia di Aristotele, il principio che presiede alle facoltà razionali dell'uomo **2** (*lett.*) che è dotato d'intelligenza: *ente i.*; *creatura intellettiva* ‖ **intellettivaménte**, **avv.** in modo intellettivo; per virtù intellettiva

intellètto① [vc. dotta, lat. *intellēctu(m)*, da *intellĕgere*, comp. di *ĭnter* 'tra' e *lĕgere* 'leggere, scegliere' ✱ av. 1250] **s. m. 1** (*filos.*) facoltà di intuire idee, stabilire relazioni, formulare giudizi **2** complesso delle facoltà mentali che consentono di intendere, pensare, giudicare: *la forza, il vigore dell'i.*; *velare, offuscare, illuminare l'i.*; *valutare le possibilità dell'i. umano* | nella teologia cattolica, uno dei sette doni dello Spirito Santo, che apre la mente alla Grazia e alla conoscenza delle verità soprannaturali **SIN.** mente **3** capacità di intendere, di ragionare: *avere un i. forte, vigoroso*; *è una persona di scarso i.*; *gli animali sono privi d'i.* | ***perdere il bene dell'i.***, la capacità di ragionare e di giudicare **SIN.** intelligenza **4** persona di grande intelligenza: *si tratta di un i. speculativo* | ***il Primo I.***, Dio **5** †cognizione: *Donne ch'avete i. d'amore* (DANTE *Purg.* XXIV, 51) **6** †indole, personalità **7** †significato, senso di una parola, di un'opera: *i. figurato, allegorico, morale*
SFUMATURE ➤ ***raziocinio***

†**intellètto**② [vc. dotta, lat. *intellēctu(m)* nel suo primo sign. di part. pass. di *intellĕgere*, propr. 'trascegliere', quindi 'comprendere' ✱ 1321] **agg.** • (*lett.*) appreso per mezzo della mente umana: *le parole / intellette da noi soli ambedui* (F. PETRARCA)

†**intellettóre** [vc. dotta, lat. *intellectōre(m)*, da *intellēctus*, part. pass. di *intellĕgere* (V. *intelletto*①) ✱ av. 1406] **s. m.** (**f.** *-trice*); anche **agg.** • chi (o che) intende

♦**intellettuàle** [vc. dotta, lat. tardo *intellectuāle(m)*, da *intellēctus* 'intelletto' ✱ 1308] **A agg. 1** che riguarda l'intelletto o, più in generale, il sapere, la conoscenza: *dote, facoltà i.*; *piacere i.*; *progresso i.*; *attività intellettuali* | culturale: *un importante centro i.* **2** (*raro*) intellettualistico ‖ **intellettualménte**, **avv. 1** per mezzo dell'intelletto; in modo intellettuale **2** dal punto di vista intellettuale ‖ **intellettualità**, **s. f. inv.** (V.) **B s. m. e f. 1** chi si dedica prevalentemente ad attività connesse con il sapere ed il pensiero, ha vasti interessi culturali, produce opere di tipo letterario, artistico, scientifico e sim.: *un gruppo di intellettuali*; *un i. impegnato* | ***i. organico***, che è funzionale a una data istituzione, a una data struttura: *i. organico a un regime, a un partito* **2** (*iron.*) chi ostenta interessi culturali solo apparenti: *fare l'i.*; *posare da i.*; *atteggiarsi a i.*

intellettualìșmo [ted. *Intellektualismus*, comp. moderno del lat. tardo *intellectuālis* 'intellettuale' con il suff. di dottrina *-ismus* '-ismo' ✱ 1892] **s. m. 1** (*filos.*) concezione che attribuisce particolare valore all'attività conoscitiva dell'intelletto, subordinando a essa altre facoltà come l'intuizione, la volontà o l'emotività **2** abuso dei valori intellettuali, compiaciuta ricercatezza del pensiero, della cultura e sim. | cerebralismo

intellettualìsta [1892] **A s. m. e f. (pl. m. -*i*) 1** chi segue o si ispira all'indirizzo filosofico dell'intellettualismo **2** chi nella propria attività antepone sistematicamente i valori dell'intelletto a quelli affettivi, estetici, fantastici e sim. **B agg.** • (*raro*) intellettualistico

intellettualìstico [1901] **agg. (pl. m. -*ci*) 1** che riguarda l'intellettualismo e gli intellettualisti **2** che è caratterizzato dall'esagerata importanza attribuita ai valori dell'intelligenza ‖ **intellettualisticaménte**, **avv.**

intellettualità [vc. dotta, lat. tardo *intellectualitāte(m)*, da *intellectuālis* 'intellettuale' ✱ sec. XIV] **s. f. inv. 1** condizione di ciò che riguarda l'attività intellettuale **2** la categoria, il complesso degli intellettuali: *al dibattito partecipò tutta l'i. ufficiale*

intellettualizzàre [1869] **v. tr.** • rendere intellettuale o intellettualistico ‖ **intellettualizzazióne**, **s. f.**

intellettualòide [comp. di *intellettuale* e *-oide* ✱ 1914] **agg. e s. m. e f.** • (*spreg.*) che (o chi) presume o simula di avere interessi culturali che in realtà non ha: *atteggiamento i.*; *disprezzare gli intellettualoidi*

intellezióne [vc. dotta, lat. *intellectiōne(m)*, da *intellēctus*, part. pass. di *intellĕgere* (V. *intelletto*①) ✱ av. 1332] **s. f. 1** (*filos.*) l'atto dell'intendere mediante l'intelletto | cognizione, idea **2** †attività dell'intelletto, conoscenza

intèlligence /in'tɛllidʒens, *ingl.* ɪn'tɛlɪdʒəns/ [vc. ingl., accorc. di *intelligence service*, propr. 'servizio informazioni' ✱ 1950] **s. f. inv.** • attività di spionaggio | servizi segreti

♦**intelligènte** [vc. dotta, lat. *intellegĕnte(m)*, part. pres. di *intellĕgere* (V. *intelletto*①) ✱ 1294] **agg. 1** che ha la capacità di intendere, pensare, giudicare: *l'uomo è una natura i.* **2** di persona dotata di particolari capacità intellettuali: *è uno studente molto i.*; *critico, attore i.* | (*est.*) di animale che mostra un certo grado di intelligenza, che sa in certa misura capire, apprendere, ricordare e sim.: *la scimmia è un animale i.* **3** fatto o detto con intelligenza: *richiesta, proposta, suggerimento i.*; *ha portato a termine una ricerca estremamente i.* | che è frutto di una scelta originale, personale: *partenze intelligenti*; *vacanze intelligenti* **4** che manifesta o rivela intelligenza: *avere uno sguardo, un'espressione i.* **5** (*inform.*) ***terminale i.***, dotato di autonoma capacità di elaborazione | (*est.*) detto di macchina o meccanismo automatizzati e il cui funzionamento è affidato a un computer: *missili, semafori intelligenti* **6** †di chi ha una conoscenza specifica di un'arte, di una scienza, di una tecnica e sim. | †intenditore, esperto: *essere i. di musica, di pittura* ‖ **intelligentino**, **dim.** | (*iron.*) **intelligentóne**, **accr.** ‖ **intelligenteménte**, **avv.** con intelligenza

♦**intelligènza** o †**intelligènzia** [vc. dotta, lat. *intellegĕntia(m)*, da *intellĕgere* (V. *intelletto*①) ✱ av. 1276] **s. f. 1** complesso delle facoltà mentali e psichiche che consentono all'uomo di ragionare, di comprendere la realtà, di fronteggiare situazioni nuove | correntemente, capacità di capire, pensare, giudicare: *è una persona di media i.*; *avere un'i. acuta, tarda, fiacca*; *disporre di un'i. pratica, speculativa* | caratteristica di chi ha particolari doti intellettuali: *lavorare, studiare con i.*; *dare ripetute prove d'i.* | (*est.*) perizia con cui si realizza qlco.: *è una ricerca fatta con i.*; *svolgere i propri compiti con rara i.* **2** (*psicol.*) capacità generale che consente di adattarsi attivamente all'ambiente e che nell'essere umano si manifesta nei comportamenti e nel grado di elaborazione dei processi mentali | ***livello di i.***, misura della capacità intellettuale relativa a un campione omogeneo di persone | ***quoziente di i.***, punteggio finale ottenuto da una persona in numerose prove che valutano varie capacità quali il linguaggio, la memoria, la percezione e sim. | ***test di i.***, insieme di problemi la cui soluzione viene usata per misurare il grado individuale di sviluppo mentale | ***i. artificiale***, parte dell'informatica che studia la teoria, i metodi e le tecniche che permettono la realizzazione di sistemi di elaborazione che hanno la capacità di eseguire azioni considerate di pertinenza umana **3** (*est.*) persona, essere intelligente: *è la più bella i. del nostro tempo* | ***l'I. Suprema***, Dio | ***le intelligenze celesti***, gli angeli **4** (*lett.*) intendimento, comprensione, interpretazione: *è un testo di facile i.*; *sono note utili per la retta*

i. del testo | (*raro*) comprensione reciproca **5** (*mar.*) bandiera da segnali a strisce verticali bianche e rosse, o segnale luminoso, che si adopera nelle comunicazioni per indicare che si è capito il segnale precedentemente ricevuto | in una regata velica, bandiera issata per indicare che la partenza è posticipata di 15 minuti **6** (*raro*) accordo, intesa | intesa segreta: *fu accusato di i. col nemico* **7** †competenza in una determinata arte, scienza, tecnica: *avere i. della pittura, dell'astronomia*
SFUMATURE ➤ *ragione*

intellighènzia [dall'italianismo russo *intelligencija* * 1923] **s. f.** **1** l'insieme degli intellettuali di una nazione: *l'i. italiana nel periodo fra le due guerre* **2** (*iron.*) l'insieme delle persone che rappresentano la guida intellettuale di un ambiente, un gruppo e sim.

***intelligìbile** o **intellegìbile** [vc. dotta, lat. *intellegĭbile(m)*, da *intellĕgere* (V. *intelletto*①) * 1308] **A** **agg.** **1** (*filos.*) di ciò che può essere conosciuto soltanto dall'intelletto **2** chiaro, piano: *linguaggio, scrittura, discorso i.*; *fece una esposizione facilmente i.* **SIN.** comprensibile, facile ‖ **intelligibilménte**, **avv.** ‖ **intelligibilità**, **s. f. inv.** (V.) **B** **s. m.** • (*filos.*) ciò che può essere conosciuto mediante l'intelletto

intelligibilità o **intellegibilità** [av. 1565] **s. f. inv.** **1** (*filos.*) condizione di ciò che è intelligibile **2** chiarezza, comprensibilità: *i. di un testo*

***intemeràta** [vc. dotta, lat. cristiano *O intemerāta*, inizio di una lunga preghiera alla Vergine * av. 1353] **s. f.** **1** †lunga preghiera alla Vergine: *Si raccomandava a Dio, dicendo la i.* (F. SACCHETTI) **2** rimprovero lungo e violento: *fare un'i. a qlcu.* | (*lett.*) lungo discorso tedioso o spiacevole: *e del tributo e d'ogni cosa disse,/ e replicò tutta la i.* (L. PULCI)

***intemeràto** [vc. dotta, lat. *intemerātu(m)*, comp. di *in-*③ e del lat. tardo *temerātus*, part. pass. di *temerāre* 'profanare', di etim. incerta * sec. XIV] **agg.** • puro, integro, incorrotto: *coscienza, fama intemerata* ‖ **intemerataménte**, **avv.**
SFUMATURE ➤ *onesto*

intemperànte [vc. dotta, lat. *intemperănte(m)*, comp. di *in-*③ e *tĕmperans*, genit. *temperăntis* 'temperante' * av. 1328] **agg.** • che è privo di temperanza, moderazione, autocontrollo e sim.: *essere i. nel mangiare, nel bere* | ***usare un linguaggio i.***, violento e aggressivo **SIN.** smodato ‖ **intemperanteménte**, **avv.**

intemperànza [vc. dotta, lat. *intemperăntia(m)*, comp. di *in-*③ e *temperăntia* 'temperanza' * av. 1292] **s. f.** **1** caratteristica di chi (o di ciò che) è intemperante **SIN.** eccesso, smodatezza **2** atto, discorso da intemperante: *tutti questi disturbi sono dovuti alle tue intemperanze*

intemperàto [vc. dotta, lat. *intemperātu(m)*, comp. di *in-*③ e *temperātus* 'temperato' * av. 1328] **agg.** • (*raro*) sfrenato, smodato ‖ **intemperataménte**, **avv.**

intempèrie [vc. dotta, lat. *intempĕrie(m)*, comp. di *in-*③ e *tempĕries* 'temperie' * sec. XIV] **s. f. inv.** (**usato spec. al pl.**) **1** qualsiasi tipo di perturbazione atmosferica come pioggia, neve, grandine e sim.: *essere esposto alle i.*; *ripararsi dalle i.* **2** †alterazione dell'equilibrio degli umori del corpo umano

intempestìvo [vc. dotta, lat. *intempestīvu(m)*, comp. di *in-*③ e *tempestīvus* 'tempestivo' * av. 1374] **agg.** • che si verifica o viene fatto in un momento non adatto, non opportuno: *domanda intempestiva*; *discorso i.*; *attacco i.* | †tardivo: *s'antivedendo ciò timido stai, / è il tuo timore i. omai* (T. TASSO) ‖ **intempestivaménte**, **avv.** ‖ **intempestività**, **s. f. inv.** caratteristica di intempestivo **SIN.** inopportunità

intemporàle [comp. di *in-*③ e *temporale*① * 1749] **agg.** • (*filos.*) che è fuori del tempo, che trascende il tempo **SIN.** atemporale ‖ **intemporalità**, **s. f. inv.** condizione di ciò che è intemporale

intendènte **A** **part. pres.** di *intendere* • nei sign. del v. **B** **s. m.** (**anche f. nei sign. 1, 2, 3**) **1** (*stor.*) in alcuni Stati italiani prima dell'unità, capo di una circoscrizione amministrativa provinciale **2** (*dir.*) chi è incaricato di dirigere l'esplicazione di pubblici servizi spec. amministrativi: *i. di finanza* **3** (*milit.*) chi è a capo di un'intendenza | ***i. generale***, presso il comando supremo

intendentìzio [1890] **agg.** • relativo all'intendente o all'intendenza

†**intendènza**① [dal provenz. ant. *entendensa*, deriv. di *entendre* 'intendere' * 1250 ca.] **s. f.** **1** intelligenza, intendimento | significato: *le parole rimate / ascondon la sentenza / e mutan la 'ntendenza* (B. LATINI) **2** passione amorosa | (*est.*) persona amata

intendènza② [fr. *intendance*, da *(sur)intendant* '(sovr)intendente' * 1695] **s. f.** • organo spec. amministrativo cui è preposto un intendente: *I. di Finanza* | (*milit.*) ufficio di carattere logistico, che sovrintende spec. al rifornimento delle truppe

◆**intèndere** [vc. dotta, lat. *intĕndere*, comp. di *in* 'verso' e *tĕndere* 'tendere' * sec. XII] **A** **v. tr.** (**coniug. come** *tendere*) **1** (*lett.*) rivolgere le facoltà mentali o sensoriali ad acquisire o ad approfondire la conoscenza di qlco.: *i. lo sguardo, la mente, l'animo* **2** comprendere, capire: *penso di aver inteso ciò che voleva dire*; *i. male, a rovescio*; *fatemi i. le ragioni, per le quali stimate la terra muoversi* (G. BRUNO) | ***dare a i.***, fare credere, ingannare: *a me non la dai a i.!* | ***lasciare i.***, fare capire con allusioni | ***m'intendi?***, capisci quello che io dico? | ***i. al volo***, comprendere rapidamente, con esattezza | ***si intende***, è ovvio, è naturale (+ *che*): *le spese, s'intende, sono a carico tuo*; *si intende <u>che</u> sarai mio ospite* | **PROV.** ***chi ha orecchie per intendere intenda***, chi è in grado di capire, capisca (in riferimento ad allusioni implicite in un discorso) **3** udire: *i. un suono, un rumore*; *abbiamo inteso dei passi* | venire a sapere: *abbiamo inteso voci e chiacchiere strane*; *l'hanno inteso da amici comuni* **4** (*raro, fig.*) percepire, avvertire: *intese un brivido corrergli lungo la schiena* **5** accettare, ascoltare; dare retta a qlcu.: *ha un caratteraccio e non vuole i. consigli* | ***non i. ragione***, non lasciarsi convincere da alcun argomento | ***farsi i.***, dire con energia le proprie ragioni | (*lett.*) esaudire: *speriamo che i santi vogliano i. le nostre preghiere* **6** avere intenzione (+ **inf.**, *raro* **o** *lett.* **preceduto da** *di*): *intendo dire tutta la verità*; *e adesso che cosa intendete fare?* | volere, esigere, pretendere: *non intendo sottomettermi a nessuno*; *intendo di provare quel ch'io ti dico* (L. PULCI) **7** voler dire, voler significare: *per 'violenza' tu che cosa intendi?* **B** **v. intr.** (**aus.** *avere*) **1** (*lett.*) rivolgere l'attenzione o i sensi | (*lett.*) essere intento a qlco.: *mentre malcauto al suo lavoro intende* (L. ARIOSTO) **2** (*lett.*) tendere, mirare a un fine: *i. al bene, alla felicità* **C** **intèndersi** **v. rifl.** **o** **rifl. recipr.** • essere o trovarsi d'accordo, accordarsi (+ *con*, + *su*): *noi ci intendiamo ottimamente*; *vedo che cominciamo a intenderci*; <u>*con*</u> *lui mi intendo benissimo*; *intendersi <u>sul</u> prezzo* | capirsi: *Niente affatto. Non ci siamo intesi* (L. PIRANDELLO) | ***intendiamoci bene!***, per insistere su un punto che si ritiene essenziale | ***tanto per intenderci***, per essere d'accordo, per essere chiari | **intèndersela** (con il pron. *la* indeterm.), essere segretamente d'accordo (+ *con*); avere una relazione amorosa gener. segreta: *dicono che se la intenda <u>col</u> principale* **D** **intèndersi** **v. intr. pron.** **1** avere conoscenza o esperienza (+ *di*): *è un giovane che s'intende <u>di</u> musica e pittura come pochi* | **intèndersene**, essere competente in qlco.: *te ne intendi di computer?*; *per giudicare una commedia bisogna intendersene* (I. SVEVO) **2** (*lett., raro*) avere intenzione: *Mi sono inteso ... di fare onore alla mia compaesana* (L. PIRANDELLO)
SFUMATURE ➤ *ascoltare*

intendicchiàre [comp. di *intendere* e del suff. attenuativo *-icchiare* * av. 1712] **A** **v. tr.** (*io intendicchio*) • (*disus.*) intendere un poco | cominciare a capire **B** **intendicchiàrsi** **v. intr. pron.** • (*raro*) avere una conoscenza superficiale: *s'intendicchia di pittura*

***intendiménto** [av. 1250] **s. m.** **1** proposito, scopo, intenzione: *è nostro i. chiarire i punti oscuri della vicenda* **2** (*lett.*) facoltà di intendere, conoscere e giudicare: *è un uomo di acuto i.*; *Iddio, nel suo purissimo i., conosce e, conoscendole, cria le cose* (G. VICO) **3** †argomento | †senso, significato | †notizia **4** †amore | (*est.*) †persona amata

intenditóre [1261 ca.] **s. m.** (**f.** *-trice*) **1** chi si intende di qlco.: *è un i. di musica classica, di elettrotecnica, di arredamento, di vini* | **PROV.** ***a buon intenditor poche parole***, non è necessario fare lunghi discorsi a chi è in grado di capire **SIN.** conoscitore **2** (*lett.*) †amante

intenebraménto [av. 1729] **s. m.** • (*lett.*) l'intenebrare, l'intenebrarsi | offuscamento (*anche fig.*)

intenebràre [comp. di *in-*① e *tenebra* * av. 1342] **A** **v. tr.** (*io intènebro*) • (*lett.*) coprire di tenebre | (*fig.*) oscurare, offuscare: *i. la mente, l'intelligenza*; *i. la vista* **B** **intenebràrsi** **v. intr. pron.** • (*lett.*) coprirsi di tenebre, offuscarsi | (*fig., lett.*) confondersi, turbarsi

inteneriménto [av. 1597] **s. m.** • l'intenerire, l'intenerirsi | (*fig.*) manifestazione di un sentimento di tenerezza, di commozione e sim.

***intenerìre** [comp. di *in-*① e *tenero* * 1319] **A** **v. tr.** (*io intenerìsco, tu intenerìsci*) **1** rendere tenero | ammorbidire **2** (*fig.*) muovere a pietà, commuovere: *i. il cuore, l'animo* | rendere meno rigido, meno severo: *il pianto della fanciulla intenerì i genitori* **B** **v. intr.** (**aus.** *essere*) **e** **intenerìrsi** **v. intr. pron.** **1** diventare tenero: *la verdura intenerisce nell'acqua*; *il ferro s'intenerisce nella fucina* **2** (*fig.*) commuoversi, impietosirsi: *è un uomo sensibile, che si intenerisce facilmente*; *di tua beltà ragiono, / né intenerir mi sento* (P. METASTASIO)

intenerìto **part. pass.** di *intenerire*; **anche** **agg.** • nei sign. del v.

intensificàre [da *intenso*, sul modello del fr. *intensifier* * 1901] **A** **v. tr.** (*io intensìfico, tu intensìfichi*) • rendere più intenso: *i. lo studio, il lavoro, la propaganda* | (*est.*) rafforzare, aumentare | (*mus.*) ***i. un suono***, dargli maggiore intensità, accentarlo, rafforzarlo **B** **intensificàrsi** **v. intr. pron.** • farsi più intenso: *il ritmo di produzione s'intensificò con rapidità* ‖ **intensificazióne**, **s. f.** (V.)

intensificazióne [1898] **s. f.** • aumento di intensità, vigore, forza e sim.: *i. del freddo, degli sforzi*
SFUMATURE ➤ *amplificazione*

intensìmetro [comp. di *intenso* e *-metro* * 1983] **s. m.** • strumento per misurare l'intensità di una radiazione, spec. dei raggi X nella radiografia, allo scopo di regolare il tempo di esposizione **SIN.** intensitometro

intensionàle [da *intensione* * 1961] **agg.** • (*filos.*) relativo all'intensione: *definizione i.*

intensióne [vc. dotta, lat. *intensiōne(m)* 'tensione', da *intēnsus* (V. *intenso*) * av. 1257] **s. f. 1** (*raro, lett.*) intensità: *l'eccellenza delle anime importa maggiore i. della loro vita* (G. Leopardi) **2** (*filos.*) in logica, ciò che costituisce l'elemento connotativo, cioè suo particolare, del significato di un termine, un'espressione, una frase CONTR. estensione

♦**intensità** [1620] **s. f. inv. 1** caratteristica di ciò che è intenso: *guardare con i.*; *l'i. del lavoro mina la sua salute* | energia, forza: *crescere, scemare d'i.*; *i. del freddo, del caldo* **2** (*mus.*) potenza del suono data dall'ampiezza delle vibrazioni e dalla forza con cui lo si provoca | nelle loc. ***con i.***, indicazione che richiede particolare partecipazione emotiva nell'esecuzione **3** (*fis.*) ***i. di campo elettrico, magnetico***, la forza che il campo esercita sulla carica elettrica unitaria, o sull'unità di massa magnetica, posta in un punto del campo | ***i. di corrente elettrica***, grandezza elettrica corrispondente alla quantità di carica che attraversa una sezione di un conduttore riferita al tempo durante il quale avviene il passaggio | ***i. luminosa***, rapporto fra l'energia luminosa e l'angolo solido del fascio

intensitòmetro [comp. di *intensità* e *-metro* * 1916] **s. m.** ● (*disus.*) intensimetro

intensivìsta [da *intensivo* nel sign. 4 * 1987] **s. m. e f.** (**pl. m.** *-i*) ● (*med.*) specialista in terapia intensiva

intensìvo [da *intenso*, secondo una formazione lat. mediev. (*intensīvus*) * sec. XIV] **agg. 1** che è capace di accrescere l'intensità di qlco. | che si effettua in modo particolarmente intenso, concentrato, frequente: *corso i. di inglese, di francese* **2** (*ling.*) che mette in forte rilievo il significato di una parola: *s intensiva* (per es. in *sbeffeggiare, strascinare, scancellare*); *prefisso i., con valore i.* (per es. *stra-* in *stracarico*; *super-* in *superaccessoriato*) | (*ling.*) ***accento i.***, ottenuto con un'articolazione più energica **3** (*agric.*) ***coltura intensiva***, praticata con largo impiego di mezzi per trarne le più alte produzioni CONTR. estensivo **4** (*med.*) ***terapia intensiva***, V. *terapia* **5** (*fis.*) detto di grandezza o proprietà caratteristica di un corpo o un sistema la cui misura non dipende dalla quantità di materia presente in quest'ultimo o dalla sua forma: *la densità e l'indice di rifrazione sono grandezze intensive* CONTR. estensivo **6** (*urbanistica*) detto di zona residenziale caratterizzata da una densità della popolazione residente superiore a 300 abitanti per ettaro ‖ **intensivaménte**, **avv.** in modo intensivo; in riferimento all'intensità

♦**intènso** [vc. dotta, lat. *intēnsu(m)*, part. pass. di *intĕndere* 'tendere forte' * sec. XIII] **agg. 1** che si manifesta con forza, energia, efficacia: *caldo, freddo i.*; *suono i.*; *volontà, passione intensa* | ***colore i.***, molto carico, cupo, vivace | ***sguardo i.***, fisso, penetrante | ***traffico i.***, fitto, ininterrotto **2** che comporta dispendio di energia, grande impegno e sim.: *studio i.*; *attività intensa* | ***un pomeriggio i.***, pieno di impegni, di attività ‖ **intensaménte**, **avv.** con intensità

intentàbile① [comp. di *in-*③ e *tentabile* * 1598] **agg.** ● (*raro*) che non si può tentare

intentàbile② [da *intentare* * 1887] **agg.** ● (*dir.*) detto di azione giudiziaria, che si può intentare

intentàre [vc. dotta, lat. *intentāre*, iter. intens. di *intĕndere* 'intendere' * 1426 ca.] **v. tr.** (*io intènto*) **1** (*dir.*) compiere le formalità necessarie per fare sorgere un giudizio: *i. un processo, una lite*; *i. causa contro qlcu.* **2** †tentare, cercare di fare

intentàto [vc. dotta, lat. *intentātu(m)*, comp. di *in-* neg. e *tentātus* 'tentato' * 1499] **agg. 1** (*raro*) non tentato | ***non lasciare nulla di i.***, fare ogni tentativo per raggiungere uno scopo **2** (*lett.*) inesplorato, inviolato: *mare, monte i.*; *miniera, foresta intentata*

♦**intènto**① [vc. dotta, lat. *intēntu(m)*, part. pass. di *intĕndere* 'tendere verso' * 1261 ca.] **agg. 1** che è intensamente teso, concentrato, impegnato a fare qlco. (+ *a*, **anche seguito da inf.**): *era i. al gioco, allo studio, al lavoro*; *ti vedo i. a scrivere, a memorizzare una poesia*; *mentr'io son a mirarvi i. e fiso* (F. Petrarca) **2** rivolto, fisso verso qlco. o qlcu.: *Gli occhi di tutti in lei stavano intenti* (L. Ariosto) **3** †tirato, teso | †denso di vapori ‖ **intentaménte**, **avv.** con attenzione

♦**intènto**② [vc. dotta, lat. *intēntu(m)*, s. del part. pass. di *intĕndere*, che ha anche il sign. di 'mirare (ad un fine)' * 1308] **s. m. 1** il fine o lo scopo cui tende una determinata azione: *proporsi, raggiungere un i.*; *agire con intenti nobili, malvagi*; *riuscire nell'i.* | ***nell'i., con l'i., di***, con l'intenzione, al fine di: *ho agito con l'i. di aiutarti* | (*econ.*) ***lettera d'intenti***, documento in cui le parti di una trattativa si danno atto reciprocamente del grado di accordo già raggiunto e dell'intenzione di proseguirla e concluderla definendo le clausole ancora mancanti o controverse SIN. intenzione **2** (*lett.*) cura, attenzione | †l'oggetto cui è rivolta cura o attenzione

†**intènza**① o †**tentènza** [ant. provenz. *entensa*, dal part. pass. di *entendre a* '(in)tendere, applicarsi a qualcuno', con sign. specializzato * av. 1250] **s. f. 1** intenzione, intendimento: *e non sanza gran pianto accomiatossi, / perch'ubbidir di Dio volea la i.* (L. Pulci) **2** nella filosofia scolastica, concetto, nozione **3** (*lett.*) amore | (*est.*) persona amata

†**intènza**② o †**tentènza** [dall'ant. provenz. *tensar*, ant. fr. *tencier* 'lottare, combattere' * av. 1306] **s. f.** ● contrasto, lotta | ***dare i.***, fomentare discordia

intenzionàle [1308] **agg. 1** fatto o detto con intenzione: *è stata un'offesa i.*; *i vostri sono errori intenzionali* | ***fallo i.***, nel calcio e sim., scorrettezza grave SIN. premeditato, volontario **2** nella filosofia scolastica, relativo a un concetto, a una nozione ‖ **intenzionalménte**, **avv.** con intenzione; †idealmente ‖ **intenzionalità**, **s. f. inv. 1** carattere di ciò che è intenzionale SIN. volontarietà **2** (*filos.*) nella fenomenologia di Husserl (1859-1938), il tendere della coscienza verso qlco. di diverso da sé

intenzionàto [adattamento del fr. *intentionné* 'che ha l'intenzione (*intention*)' * 1605] **agg.** ● che ha intenzione (+ *a*, *raro* + *di*): *essere i. a partire*; *non siamo intenzionati a trattare*; *cantavamo (...), intenzionati di ribére* (C. Pavese) | ***essere bene, male i.***, V. *benintenzionato, malintenzionato* ‖ **intenzionataménte**, **avv.**

♦**intenzióne** [vc. dotta, lat. *intentiōne(m)*, da *intēntus* 'intento' * 1261 ca.] **s. f. 1** orientamento, tendenza a compiere un determinato atto: *avere i. di partire*; *era loro i. fuggire*; *è mia i. che tu venga*; *avere una mezza i. di fare qlco.* | proposito: *manifestare le proprie intenzioni*; *contrastare le intenzioni di qlcu.*; *non ho alcuna i. di perdonarlo* | disposizione d'animo verso un fine: *buone, cattive intenzioni* | ***con i.***, di proposito | ***senza i.***, involontariamente | ***secondo l'i. di qlcu.***, secondo i suoi desideri | ***fare il processo alle intenzioni***, giudicare qlcu. non in base a ciò che ha fatto ma a ciò che si suppone intenda fare | PROV. ***le vie dell'Inferno sono lastricate di buone intenzioni***, V. *inferno*② | (*sport*) ***tiro di prima i.***, tiro al volo | †***dare i.***, manifestare il proprio intento, promettere SIN. disegno, intendimento, progetto **2** (*filos.*) nell'aristotelismo e nella scolastica, l'atto con cui lo spirito tende verso un oggetto di conoscenza **3** †significato di un concetto, di una parola e sim. | †comprensione di qlco. **4** †inclinazione naturale **5** (*lett.*) opinione, idea **6** (*filos.*) concetto, rappresentazione

†**intepidàre** [1319] **v. tr.** ● intiepidire

intepidìre e deriv. ➤ **intiepidire** e deriv.

inter- [dalla prep. lat. *ĭnter* 'tra', comp. di *in-* 'in-①' e del suff. compar. **ter*] **pref.** Nella divisione sillabica di alcune parole composte con *inter-* è ammesso considerare *in-ter-* come inizio della parola divisa anche in violazione delle usuali regole di sillabazione: *in-ter-et-ni-co* e *in-ter-o-cu-la-re* sono corrette come *in-te-ret-ni-co* e *in-te-ro-cu-la-re*. Si noti che la divisione con *in-ter-* in genere si legge più facilmente e meglio corrisponde alla pronuncia effettiva (che di solito introduce una breve pausa dopo il prefisso). ● forma numerosi nomi, aggettivi e verbi composti, fa riferimento a posizione o condizione intermedia fra due cose o fra limiti di spazio e di tempo (*interlinea, interregno, intercostale, intercorrere, interporre*) o indica collegamento, comunanza (*interfacoltà, intercontinentale, internazionale, interprovinciale*) o esprime reciprocità (*interdipendenza*)

interafricàno [comp. di *inter-* e *africano* * 1988] **agg.** ● che riguarda i rapporti tra gli Stati o i popoli africani

interagènte **part. pres.** di *interagire*; anche **agg. 1** che interagisce **2** interattivo

interagìre [comp. di *inter-* e *agire* * 1957] **v. intr.** (*io interagìsco, tu interagìsci*; **aus.** *avere*) ● esercitare un'influenza reciproca (+ *con*): *due fenomeni che interagiscono*; *la mente interagisce con il corpo* | (*fis.*) provocare o subire un processo di interazione

interalleàto [comp. di *inter-* e *alleato* * 1919] **agg.** ● che concerne Stati alleati e i loro rapporti: *comitato i.*

interamericàno [comp. di *inter-* e *americano*, sul modello dell'ingl. *inter-american* * 1942] **agg.** ● che riguarda i rapporti tra gli Stati o i popoli delle Americhe

interàrabo [comp. di *inter-* e *arabo* * 1985] **agg.** ● che riguarda i rapporti tra i Paesi o i popoli arabi

†**interàre** [da *intero* * av. 1565] **v. tr.** ● rendere intero

interàrme o **interàrmi** [comp. di *inter-* e il pl. di *arma* * 1950] **agg. inv.** ● detto di manovra che avviene con il concorso di più armi dell'esercito

interarticolàre [comp. di *inter-* e *articolare*② * 1822] **agg.** ● (*anat.*) posto tra due superfici articolari: *spazio i.*

interaṣiàtico [comp. di *inter-* e *asiatico* * 1990] **agg.** (**pl. m.** *-ci*) ● che riguarda i rapporti tra gli Stati o i popoli asiatici

interàsse [comp. di *inter-* e *asse*② * 1957] **s. m.** ● (*mecc.*) distanza fra due assi, di alberi, macchine, veicoli, travi, pilastri, e sim.

interatenèo [comp. di *inter-* e *ateneo* * 1997] **agg. inv.** ● comune a più atenei, spec. in ambito regionale: *dipartimento i.*; *master i.*

interatòmico [comp. di *inter-* e *atomico* * 1920] **agg.** (**pl. m.** *-ci*) ● (*fis.*) esistente, agente fra gli atomi: *spazio i.*; *forze interatomiche* | ***distanza interatomica***, la distanza di equilibrio degli atomi in una molecola

interatriàle (o **-triàle**) [comp. di *inter-* e *atriale* * 1931] **agg.** ● (*anat.*) detto del setto che nel cuore separa i due atri

interattivo [da *interazione* * 1962] **agg. 1** detto di qlco. o qlcu. capace di agire in correlazione o reciprocità con altri | che si basa o è costituito da elementi che interagiscono tra loro: *arte interattiva* **2** (*inform.*) detto di programma o componente che consente all'utente di interagire con un elaboratore, determinandone il funzionamento: *schermo i.*; *lavagna interattiva* | (*est.*) di sistema che consente all'utente di modificare una trama, uno spettacolo: *romanzo i.*; *tv interattiva* **3** (*inform.*) conversazionale ‖ **interattivaménte**, avv. ‖ **interattività**, s. f. inv.

interattòma [ingl. *interactome*, comp. di *interact(ion)* 'interazione' e del suff. *-ome* '-oma' ✱ 2004] **s. m. (pl. *-i*)** ● (*biol.*) il quadro delle interazioni specifiche tra proteine che si verificano in una cellula in un determinato stato funzionale

interaziendàle [comp. di *inter-* e *azienda*, con suff. agg. ✱ 1942] **agg.** ● che concerne due o più aziende: *accordo i.*

interazióne [comp. di *inter-* e *azione* ✱ 1950] **s. f. 1** l'interagire | azione reciproca tra fatti, fenomeni, sostanze | influenza reciproca tra persone o gruppi sociali **2** (*fis.*) azione che si manifesta tra corpi a causa della presenza di una forza | ***i. debole***, quella che produce il decadimento beta | ***i. elettromagnetica***, tra le cariche elettriche, nel caso statico, inversamente proporzionale al quadrato della distanza | ***i. forte***, a corto raggio, tiene insieme i nuclei | ***i. gravitazionale***, tra particelle, dovuta alla gravità, proporzionale direttamente alle loro masse e inversamente al quadrato della loro distanza

interbancàrio [comp. di *inter-* e *banca*, con suff. agg. ✱ 1947] **agg. (pl. m. *-i* o raro *-ii*)** ● che si svolge tra varie banche: *accordo i.*

interbàse [comp. di *inter-* e *base* ✱ 1957] **s. m. e f. inv.** ● nel baseball, giocatore della squadra schierata in difesa, situato fra la seconda e la terza base

interbèllico [comp. di *inter-* e *bellico*① ✱ 1957] **agg. (pl. m. *-ci*)** ● che è compreso fra due guerre: *periodo i.*

interbinàrio [comp. di *inter-* e *binario*② ✱ 1952] **s. m.** ● spazio tra due binari ferroviari adiacenti

interblòcco① [comp. di *inter-* e *blocco*① nel sign. 9 ✱ 1983] **s. m. (pl. *-chi*)** ● (*inform.*) spazio di nastro magnetico lasciato libero fra due blocchi successivi

interblòcco② [comp. di *inter-* e *blocco*② ✱ 1983] **s. m. (pl. *-chi*)** ● (*ing.*) dispositivo che impedisce il funzionamento di un impianto nel caso in cui porte, cancelli e sim. siano lasciati aperti

✦**intercalàre**① [vc. dotta, lat. *intercalāre(m)*, dal v. *intercalāre* 'intercalare②' ✱ sec. XIV] **A agg.** ● che si intercala o si interpone | ***mese i.***, che si aggiunge all'anno lunare per eguagliarlo a quello solare | ***giorno i.***, nel calendario gregoriano, il 29 febbraio, che si aggiunge negli anni bisestili | ***coltura i.***, nella pratica agricola, quella eseguita tra due colture principali | ***verso i.***, inserito a intervalli regolari **B s. m. 1** parola o breve frase che qlcu., senza necessità e in modo meccanico, inserisce spesso nel discorso: *avere un ridicolo i.*; *'dunque' è il suo i.* **2** (*letter.*) ritornello di un verso alla fine di strofa o stanza **3** (*geol.*) strato di roccia sterile interposto tra due strati di minerale **4** (*med.*) †giorno di intermittenza nelle malattie accessuali **5** (*mar.*, *disus.*) †giorno che si aggiunge o si toglie nei viaggi intorno al mondo, a seconda che si vada verso ponente o levante

✦**intercalàre**② [vc. dotta, lat. *intercalāre* 'proclamare un giorno o mese supplementare per correggere le irregolarità del calendario', comp. di *ĭnter* 'tra' e *calāre* 'proclamare', di orig. indeur. ✱ 1585] **v. tr.** ● interporre, inserire secondo un ordine stabilito: *i. illustrazioni al testo*; *intercala un periodo di studio a una vacanza* | inserire in modo meccanico una parola o un'espressione nel parlare: *intercala spesso termini dialettali*

intercalazióne [vc. dotta, lat. *intercalatiōne(m)*, da *intercalātus* 'intercalato' ✱ 1481] **s. f.** ● l'intercalare | (*raro*) ciò che viene intercalato

intercambiàbile [comp. di *inter-* e *cambiabile* ✱ 1918] **agg.** ● che si può scambiare o sostituire con altra cosa: *automobili che hanno pezzi di ricambio intercambiabili tra loro* ‖ **intercambiabilménte**, avv. ‖ **intercambiabilità**, s. f. inv.

intercàmbio [comp. di *inter-* e *cambio* ✱ 1957] **s. m.** ● (*raro*) scambio commerciale

intercapèdine [vc. dotta, lat. *intercapēdine(m)*, comp. di *ĭnter* 'tra' e *capĕdo*, genit. *capēdinis*, parallelo di *căpis*, genit. *căpidis* 'specie di vaso (per i sacrifici)', di formazione incerta ✱ 1499] **s. f. 1** spazio compreso tra due spioventi di un tetto, tra due corpi di fabbrica, tra due pareti o fra il terreno e il piano sotterraneo di un edificio **2** nelle costruzioni navali, spazio tra il fasciame esterno e quello interno

intercapillàre [comp. di *inter-* e *capillare* ✱ 1957] **agg.** ● (*anat.*) che sta tra i vasi capillari

intercardinàle [comp. di *inter-* e dell'agg. di *cardine* ✱ 1957] **agg.** ● (*geogr.*) detto di ciascuna direzione intermedia ai quattro punti cardinali

intercategoriàle [comp. di *inter-* e *categoria*, con suff. agg. ✱ 1957] **agg.** ● che concerne più categorie di lavoratori

intercèdere [vc. dotta, lat. *intercēdere*, comp. di *ĭnter* 'in mezzo' e *cēdere* 'andare', di etim. incerta ✱ 1300] **A v. intr.** (coniug. come *cedere*; part. pass. *intercedùto*, (*lett.*) *intercèsso*) **1** (aus. *essere*) (*raro*) intercorrere: *tra loro intercedono dieci anni d'età* **2** (aus. *avere*) intervenire presso qlcu. in favore di altri (+ *presso*, + *con*): *i. presso il re per la grazia, la liberazione di un condannato*; *l'ho supplicata (…) che voglia per la mia salute i. con Sua Maestà* (T. TASSO) **3** †accadere **4** †porre il veto **B v. tr.** ● (*raro*) cercare di ottenere qlco. a favore di qlcu.: *i. il perdono per un peccatore*

interceditóre [da *intercedere* ✱ av. 1563] **s. m. (f. *-trice*)** ● (*lett.*) intercessore

intercellulàre [comp. di *inter-* e *cellula*, con suff. agg. ✱ 1933] **agg.** ● (*anat.*) che è posto tra le cellule: *spazio, liquido i.*

intercervicàle [comp. di *inter-* e *cervicale* ✱ 1834] **agg.** ● (*anat.*) che è posto tra le vertebre cervicali

intercessióne [vc. dotta, lat. *intercessiōne(m)*, da *intercēssus* 'intercesso' ✱ 1065] **s. f. 1** intervento presso qlcu. in favore di altri: *per i. di un potente*; *la sua i. è stata provvidenziale* **2** nel diritto privato romano, assunzione di un debito altrui da parte di una donna | nel diritto pubblico romano, opposizione di un magistrato o di un tribuno all'operato di un altro magistrato **3** †opposizione

intercèsso part. pass. di *intercedere* ● (*lett.*) nei sign. del v.

intercessóre [vc. dotta, lat. *intercessōre(m)*, da *intercēssus* 'intercesso' ✱ av. 1342] **s. m. (f. *interceditrìce*, raro *intercessóra*)** ● chi intercede presso qlcu. in favore di altri

intercettaménto [av. 1869] **s. m.** ● l'intercettare | (*raro*) intercettazione

intercettàre [fr. *intercepter*, da *interception* 'intercezione' ✱ 1516] **v. tr.** (*io intercètto*) **1** frapporre ostacoli per impedire che qlcu. o qlco. giunga regolarmente a destinazione: *i. i rinforzi nemici*; *i. una lettera, un telegramma* | ***i. una comunicazione telefonica, radiofonica, telegrafica***, riceverla senza impedirne la prosecuzione e all'insaputa del mittente e del destinatario | ***i. il pallone***, nel calcio, impossessarsene interrompendo un'azione avversaria **2** (*fig.*) capire, raccogliere e rappresentare: *i. il voto moderato*; *un partito che è riuscito a i. i timori degli elettori* **3** (*mat.*) determinare per effetto d'intersezione: *un cerchio intercetta su una retta secante un segmento*

intercettatóre [1957] **A agg. 1** (f. *-trice*) (*raro*) che intercetta **2** (*aeron.*, *milit.*) ***velivolo, missile i.***, intercettore **B s. m. 1** (*aeron.*, *milit.*) intercettore **2** (*sport*) nel calcio, giocatore abile nell'interrompere le azioni offensive della squadra avversaria

intercettazióne [da *intercettare*, parallelo di *intercezione* ✱ 1847] **s. f. 1** l'intercettare | attacco contro un mezzo aereo nemico prima che raggiunga l'obiettivo **2** ***i. telefonica***, ricezione o registrazione di una conversazione telefonica all'insaputa di chi comunica | ***i. ambientale***, registrazione di colloqui, svolti in ambienti chiusi o aperti, effettuata con microfoni spia

†**intercètto** [vc. dotta, lat. *intercĕptu(m)*, part. pass. di *intercĭpere*, comp. di *ĭnter* 'tra' e di un deriv. di *căpere* 'prendere', di orig. indeur. ✱ av. 1504] **agg. 1** intercettato | impedito | sottratto **2** interposto

intercettóre [da *intercettare* ✱ 1957] **s. m.** ● (*aeron.*, *milit.*) sistema d'arma basato sull'impiego di velivoli e missili e destinato a identificare, attaccare e distruggere velivoli e missili nemici prima che possano raggiungere il loro obiettivo | velivolo da combattimento atto a intercettare aeromobili nemici | missile antiaereo o antimissile atto a intercettare aeromobili e missili nemici

intercezióne [vc. dotta, che si rifà al lat. *interceptiōne(m)* 'rapimento, sottrazione', da *intercĕptus* 'intercetto' ✱ av. 1541] **s. f.** ● (*raro*) intercettazione

intercìdere [vc. dotta, lat. *intercīdere*, comp. di *ĭnter* 'in mezzo' e *caedere* 'tagliare', termine pop., di etim. incerta ✱ av. 1290] **v. tr.** (pass. rem. *io intercìṣi, tu intercidésti*; part. pass. *intercìṣo*) **1** (*lett.*) tagliare in mezzo | dividere, interrompere **2** †impedire

intercìṣo part. pass. di *intercidere* **1** nei sign. del v. | interrotto **2** (*med.*) ***polso i.***, intermittente ‖ †**interciṣaménte**, avv.

Intercity /inter'siti/ [comp. di *inter-* e dell'ingl. *city* (V.) ✱ 1985] **s. m. inv.** ● (*ferr.*) treno rapido con orari di partenza cadenzati che effettua collegamenti veloci fra città di una stessa nazione

interclàsse [comp. di *inter-* e *classe* ✱ 1974] **s. f.** ● nella scuola primaria, insieme di più classi parallele o dello stesso ciclo o dello stesso plesso, spec. nella loc. ***Consiglio di i.***

interclassìṣmo [comp. di *inter-*, *classe* (sociale) e *-ismo* ✱ 1950] **s. m.** ● teoria e pratica politica che propugna o attua la collaborazione fra le classi sociali

interclassìsta [da *interclassismo* ✱ 1932] **A s. m. e f. (pl. m. *-i*)** ● chi è fautore dell'interclassismo **B agg. 1** favorevole all'interclassismo **2** interclassistico

interclassìstico [da *interclassista* ✱ 1952] **agg. (pl. m. *-ci*)** ● relativo a interclassismo | caratterizzato dall'interclassismo

interclùdere [vc. dotta, lat. *interclūdere*, comp. di *ĭnter* 'tra' e *claudere* 'chiudere' ✱ av. 1342] **v. tr.** (pass. rem. *io interclùṣi, tu intercludésti*; part. pass. *interclùṣo*) **1** (*lett.*) includere, contenere **2** †impedire, ostacolare

intercluṣióne [vc. dotta, lat. *interclusiōne(m)*, da *interclūsus*, part. pass. di *interclūdere* 'chiudere (*claudere*) in mezzo (*ĭnter*), interchiudere' ✱ 1963] **s. f.** ● l'intercludere, il venire intercluso | (*dir.*) ***i. di un fondo***, situazione di un fondo da cui non si può accedere alle vie pubbliche se non attraversando un fondo di proprietà d'altri

interclùṣo part. pass. di *intercludere*; anche **agg.** ● nei sign. del v.

intercolùnnio o †**intercolùmnio** [vc.

dotta, lat. *intercolŭmniu(m)*, comp. di *ĭnter* 'tra' e di un deriv. di *colŭmna* 'colonna', di etim. incerta ✻ 1499] **s. m.** ● spazio libero fra due colonne misurato in corrispondenza del diametro inferiore

intercompartimentàle [comp. di *inter-* e *compartimentale* ✻ 1985] **agg.** ● che riguarda due o più compartimenti amministrativi: *accordo, sciopero i.*

intercomunàle [comp. di *inter-* e *comune*②, con suff. agg. ✻ 1895] **A agg.** ● che riguarda due o più comuni: *consorzio i.*; *linee intercomunali* || **intercomunalità**, **s. f. inv.** attività congiunta fra più comuni **B s. f.** ● (*tel.*, *raro*) interurbana

intercomunicànte [comp. di *inter-* e *comunicante* ✻ 1906] **A agg.** ● che è in diretta comunicazione con altra cosa analoga: *stanze, vani intercomunicanti* **B s. m. 1** (*ferr.*) dispositivo che permette il passaggio fra due veicoli contigui **2** (*tel.*) apparecchio telefonico derivato interno che ha la possibilità di comunicare direttamente con altri apparecchi dello stesso tipo allacciati al medesimo centralino interno

interconfederàle [comp. di *inter-* e *confederale* ✻ 1957] **agg.** ● che riguarda due o più confederazioni: *patto, accordo i.*

interconfessionàle [comp. di *inter-* e *confessione nel sign. 5*, con suff. agg.; *interconfessionalità* da un deriv. di *confessione* nel senso di 'Chiesa, fede professata' ✻ 1917] **agg.** ● che concerne più confessioni religiose | ***servizio i.***, culto comune celebrato da membri di differenti confessioni cristiane || **interconfessionalità**, **s. f. inv.** caratteristica di ciò che è interconfessionale; insieme di rapporti tra più confessioni religiose

interconfessionalismo [da *interconfessionale* ✻ 1957] **s. m.** ● tendenza di più confessioni religiose, spec. di più denominazioni o Chiese cristiane, a trattare e definire questioni comuni di fede, di organizzazione e di apostolato

interconfessionalìstico [1994] **agg.** (**pl. m.** *-ci*) ● relativo all'interconfessionalismo

interconnessióne [comp. di *inter-* e *connessione* ✻ 1963] **s. f. 1** connessione reciproca **2** collegamento tra diverse reti di distribuzione di energia elettrica o di telecomunicazione

interconnèttere (o *-é-*) [comp. di *inter-* e *connettere* ✻ 1973] **v. tr.** (**coniug. come** *connettere*) ● collegare, connettere reciprocamente

interconsonàntico [comp. di *inter-* e *consonantico*, sul modello dell'ingl. *inter-consonantic* ✻ 1952] **agg.** (**pl. m.** *-ci*) ● (*ling.*) che si trova tra due consonanti: *fonema i.*

intercontinentàle [comp. di *inter-* e *continente*, con suff. agg. ✻ 1861] **agg.** ● che concerne, unisce e sim. due o più continenti: *aeroporto i.*; *aereo, nave i.*; *zona i.* | (*milit.*) ***missile i.***, missile balistico con gittata compresa fra 8000 e 14 000 km

intercooler /inter'kuler, *ingl.* ˌɪntə'kuːlə(r)/ [vc. ingl., comp. di *inter* 'tra' e *cooler* 'refrigeratore' ✻ 1985] **s. m. inv.** ● nei motori sovralimentati, scambiatore di calore impiegato per ridurre la temperatura dell'aria spinta a pressione elevata dal compressore o turbocompressore nei cilindri

intercorrènte **part. pres.** di *intercorrere*; anche **agg. 1** che intercorre (+ *tra*): *il rapporto i. tra due insiemi*; *rapporti intercorrenti tra due Stati vicini* **2** (*med.*) detto di malattia sopraggiunta durante il decorso di un'altra

intercórrere [adattamento del lat. *intercŭrrere*, comp. di *ĭnter* 'tra' e *cŭrrere* 'correre' ✻ sec. XIV] **v. intr.** (**coniug. come** *correre*; **aus.** *essere*) ● frapporsi, esserci, esistere tra due o più persone o cose (+ *tra*): *tra noi intercorrono ottimi rapporti* | passare: *tra una vittoria e l'altra intercorse un anno*

intercórso **part. pass.** di *intercorrere*; anche **agg.** ● nei sign. del v.

intercostàle [comp. di *inter-* e *costa*, con suff. agg. ✻ 1583] **agg.** ● (*anat.*) che è posto tra le coste: *arteria i.*; *nervo i.*

intercruràle [comp. di *inter-* e *crura*, con suff. agg. ✻ 1973] **agg.** ● (*anat.*) compreso nello spazio fra gli arti inferiori

intercultùra [comp. di *inter-* e *cultura* ✻ 1988] **s. f.** ● insieme di attività tendenti a favorire la conoscenza di culture, concezioni e modi di vita diversi

interculturàle [comp. di *inter-* e *culturale*, sul modello dell'ingl. *inter-cultural* ✻ 1957] **agg.** ● che è comune a più culture | che avviene tra culture diverse: *scambio i.* || **interculturalità**, **s. f. inv.** caratteristica di ciò che è interculturale **CFR.** interculturalismo

interculturalismo [da *interculturale* ✻ 1986] **s. m.** ● tendenza a favorire scambi e rapporti tra culture diverse **CFR.** interculturalità

intercutàneo [comp. di *inter-* e *cute*, con suff. agg. ✻ av. 1406] **agg.** ● (*anat.*) situato nello spessore della cute

interdentàle [comp. di *inter-* e *dente*, con suff. agg. ✻ 1952] **A agg. 1** (*anat.*) compreso nello spazio fra due denti: *zona i.* | ***filo i.***, speciale filo che si passa fra i denti per rimuovere i residui di cibo e la placca batterica **SIN.** interdentario **2** (*ling.*) detto di suono nella cui articolazione la punta della lingua si spinge fra i denti **B** anche **s. f. nel sign. 2**: *le interdentali*

interdentàrio [comp. parasintetico di *dente*, col pref. *inter-* ✻ 1872] **agg.** ● (*anat.*) interdentale

interdétto① **A part. pass.** di *interdire*; anche **agg. 1** nei sign. del v. | proibito, vietato **2** che è colpito da interdizione o da interdetto **B s. m.** (**f.** *-a*) **1** chi è colpito da un divieto, una proibizione e sim.: *un i. non può esercitare i propri diritti* **2** (*est.*, *fam.*) sciocco, stupido

✦**interdétto**② [da *interdetto*①, secondo un passaggio semantico verificatosi per il fr. (*être dans l'interdit* 'essere nell'interdetto' ed 'essere stupito, non sapere dove si è') ✻ 1812] **agg.** ● sorpreso, perplesso, sconcertato da un fatto improvviso o imprevisto: *rimase i. ad ascoltare*; *la notizia lo lasciò i.*

interdétto③ [vc. dotta, lat. *interdĭctu(m)*, part. pass. di *interdĭcere* 'interdire' (V.), con riferimento al contenuto neg. ✻ 1353] **s. m. 1** nel diritto romano, comando del magistrato diretto a imporre un comportamento positivo o negativo a un privato **2** pena canonica, che può colpire le persone fisiche o giuridiche privandole di dati diritti o beni spirituali

SFUMATURE ➤ ***scomunica***

interdialettàle [comp. di *inter-* e *dialettale* ✻ 1952] **agg.** ● (*ling.*) che è comune a più dialetti: *fenomeno i.*

interdicèndo [vc. dotta, lat. *interdicĕndu(m)*, gerundivo in uso d'agg. sost. di *interdĭcere* 'interdire' ✻ 1893] **s. m.** (**f.** *-a*) ● (*dir.*) colui nei cui confronti è in corso un procedimento per interdizione

interdigitàle [comp. di *inter-* e *digitale* ✻ 1963] **agg.** ● situato fra dito e dito | (*zool.*) ***membrana i.***, la membrana che unisce le dita degli arti posteriori degli Uccelli nuotatori, di numerosi anfibi anuri e di alcuni urodeli

interdipendènte [comp. di *inter-* e *-dipendente* ✻ 1897] **agg.** ● di fatti o eventi che sono in un rapporto di reciproca dipendenza

interdipendènza [comp. di *inter-* e *dipendenza* ✻ 1897] **s. f.** ● relazione di dipendenza tra più fatti o cose: *esiste un'i. tra la richiesta e i prezzi delle merci*

interdìre [adattamento del corrispondente lat. *interdīcere*, comp. di *ĭnter* 'fra' e *dīcere* 'dire (la propria opinione)' ✻ 1268] **v. tr.** (**imperat.** *interdìci*; **nelle altre forme coniug. come** *dire*) **1** vietare, proibire d'autorità (+ *da*, + *di*, **seguiti da inf.**): *i. il passaggio, l'accesso*; *i. qlcu. dal fare qlco.*; *i. a qlcu. di fare qlco.* **2** (*dir.*) privare qlcu., a opera dell'autorità giudiziaria, della capacità di agire per la cura dei propri interessi **3** nel diritto canonico, applicare la pena dell'interdetto generale o personale **4** (*milit.*) impedire azioni militari o logistiche del nemico con impegno di armi convenzionali o atomiche **5** nel gioco del calcio, intervenire per annullare l'azione avversaria **6** (*elettron.*) portare un dispositivo elettronico all'interdizione

interdisciplinàre [comp. di *inter-* e *disciplina*, con suff. agg. ✻ 1957] **agg.** ● relativo a interdisciplinarità, caratterizzato da interdisciplinarità | detto di ciò che è oggetto di indagine di diverse discipline: *una ricerca i. sulle malattie sociali* || **interdisciplinarménte**, **avv.** || **interdisciplinarità**, (*evit.*) **interdisciplinarietà**, **s. f. inv.** tendenza a considerare le varie discipline o scienze in reciproca connessione metodologica e culturale **CFR.** disciplinarità

interdiscorsìvo [comp. di *inter-* e *discorsivo* ✻ 1982] **agg.** ● (*ling.*) che riguarda i rapporti riconoscibili fra un testo e qualunque altro testo o discorso presente in un dato àmbito culturale, indipendentemente da una relazione formale documentabile tra di essi **CFR.** intertestuale || **interdiscorsività**, **s. f. inv.**

interdistrettuale [sec. XX] **agg.** ● (*burocr.*) che riguarda due o più distretti: *telefonata i.*

interdittàle [vc. dotta, lat. tardo *interdictāle(m)*; V. *interdizione* ✻ 1938] **agg.** ● interdittivo **SIN.** interdittorio

interdittìvo [1868] **agg.** ● (*dir.*) che riguarda l'interdizione o ha per fine l'interdizione: *decreto i.* **SIN.** interdittale, interdittorio

interdittóre, (*evit.*) **interditóre** [da *interdire* ✻ 1869] **s. m.** (**f.** *-trice*) **1** (*raro*) chi interdice **2** (*sport*) calciatore abile nel contrastare l'avversario in possesso del pallone

interdittòrio [vc. dotta, lat. tardo *interdictōriu(m)*, da *interdīctor*, genit. *interdictōris* 'che interdice' ✻ 1869] **agg.** (**pl. m.** *-i* o *raro -ii*) ● (*raro*) interdittivo **SIN.** interdittale

interdizióne [vc. dotta, lat. *interdictiōne(m)*, da *interdīctus* 'interdetto' ✻ 1516] **s. f. 1** l'interdire | divieto, proibizione imposta d'autorità | (*dir.*) ***i. dai pubblici uffici***, pena accessoria conseguente alla condanna per determinati delitti | (*dir.*) stato di incapacità d'agire per la cura dei propri interessi | ***i. legale***, stabilita per legge nei confronti del minore o conseguente di diritto quale pena accessoria a una condanna all'ergastolo o alla reclusione per oltre cinque anni | ***i. giudiziale***, conseguente all'accertamento giudiziale dell'infermità di mente della persona capace d'agire | nel diritto canonico, interdetto **2** ostacolo, impedimento | (*milit.*) ***tiro d'i.***, tiro d'artiglieria per ostacolare gli attacchi e i collegamenti del nemico | (*sport*) ***mediano di i.***, nel calcio, incontrista **3** (*elettron.*) regime di funzionamento di un dispositivo elettronico, quale un tubo termoelettronico, in cui l'intensità della corrente d'uscita è nulla o quasi nulla e il dispositivo non è in grado di rispondere ad alcun segnale esterno

SFUMATURE ➤ ***inibizione***, ➤ ***proibizione***

interessaménto [da *interessare* ✻ av. 1799] **s. m. 1** interesse: *prova grande i. per la sua nuova attività* **2** viva partecipazione alle vicende altrui: *lo seguivano negli studi con sincero i.* **SIN.** attenzione, sollecitudine | intervento a favore di qlcu.: *ha ottenuto l'impiego grazie al loro i.* **SIN.** appoggio **3** coinvolgimento: *una distorsione al ginocchio con i. dei legamenti*

♦**interessànte** [part. pres. di *interessare* ✻ 1756] **agg.** ● che desta interesse: *lavoro, affare, film, libro i.; la conversazione è stata molto i.; la proposta è i. per noi; il mercato cinese è i. per le industrie italiane* | detto di persona che, grazie alla sua personalità, suscita attrazione e interesse negli altri: *un uomo, una donna i.; non è bella ma è molto i.* | (*eufem.*) ***essere in stato i.***, essere incinta

♦**interessàre** [da *interesse* ✻ 1527] **A v. tr.** (*io interèsso*) **1** concernere: *sono argomenti che interessano la religione* | riguardare da vicino: *il provvedimento interessa larghi strati della popolazione; l'area depressionaria interessa l'Italia meridionale; l'infiammazione interessa il tendine* **2** destare attenzione, interesse, curiosità: *la vicenda interessò l'opinione pubblica; il film interessava solo una piccola parte degli spettatori* **3** far prendere interesse a qlco. (+ *a*): *i. i giovani alle scienze* **4** fare intervenire efficacemente qlcu. a favore nostro o di altri (+ *a*): *interesserò il ministro al tuo caso* **B v. intr.** (**aus.** *essere*) ● importare, stare a cuore (+ *a*; + *che* **seguito da congtv.**; + **inf.**): *sono queste le cose che interessano a noi; a me interessa che la cosa vada in porto; ciò che interessa è poter partecipare* **SIN.** importare, premere **C interessàrsi v. intr. pron. 1** mostrare interesse per qlco. (+ *a*): *interessarsi alla soluzione di un problema; interessarsi alla discussione* **2** mostrare un interesse specifico per qlco. (+ *di*): *si interessa di musica, di politica, di elettronica* **3** prendersi cura, occuparsi di qlcu. o di qlco. (+ *di*): *mi sono interessato personalmente dei tuoi bagagli; ora è necessario interessarsi dei feriti* | occuparsi: *interessarsi di una pratica* | impicciarsi: *interessatevi degli affari vostri*

SFUMATURE DI SIGNIFICATO

interessare - incuriosire - attirare - appassionare

Interessare è far nascere in una persona una forte attenzione nei confronti di qualcuno o qualcosa, fatta di desiderio di conoscere e di partecipazione. Più ristretto il significato di **incuriosire**, termine che mette in gioco soprattutto il desiderio intellettuale di conoscere, di sapere, senza che questo implichi necessariamente una partecipazione psicologica o emotiva. In **attirare** l'interesse si connota invece di particolare intensità, comporta cioè un'idea di attrazione. **Appassionare** descrive l'effetto prodotto da ciò che suscita passione o un interesse che coinvolge intellettualmente ed emotivamente in maniera profonda.

interessàto A part. pass. di *interessare*; anche **agg. 1** che ha interesse a qlco. (+ *a*, **anche seguito da inf.**; *lett.* + *in*): *persona interessata allo studio, all'arte, a fare attività agonistica; Che non creda, che ... li dei si senteno interessati in quelle cose nelle quali nessuno uomo si sente i.* (G. BRUNO) **2** partecipe, cointeressato (+ *in*): *è interessato nell'azienda di famiglia; È i. in quell'affare dell'operazione* (I. SVEVO) **3** detto di persona dedita esclusivamente al proprio interesse: *sono ragazze troppo interessate* | di azione fatta per tornaconto personale: *le vostre sono tutte gentilezze interessate* **CONTR.** disinteressato **4** che risente degli effetti di qlco. (+ *da*): *le zone interessate dal passaggio della perturbazione; pazienti non interessati da patologie coronariche* || **interessataménte**, **avv.** per motivo d'interesse; in modo interessato **B s. m.** (**f.** *-a*) ● chi ha interesse a qlco. | (*burocr.*) la persona in questione, di cui si tratta: *notificare una multa all'i.; è indispensabile la presenza dell'i.*

♦**interèsse** [dal v. lat. *interèsse* 'essere (*ĕsse*) in mezzo (*ĭnter*)', e, quindi, in posizione d'importanza: 'importare' ✻ av. 1348] **s. m. 1** (*econ.*) compenso spettante a chi presta o deposita un capitale per un certo periodo di tempo | ***i. legale***, il cui saggio è determinato dalla legge e applicato quando i privati non dispongano diversamente | ***i. usurario***, che eccede notevolmente l'interesse legale | (*banca*) ***interessi attivi***, proventi derivanti dagli impieghi finanziari di un ente creditizio | ***interessi passivi***, oneri sostenuti da una banca o altro soggetto per approvvigionarsi di fondi | ***i. composto***, calcolato anche sugli interessi maturati a scadenze intermedie rispetto al periodo di durata del prestito **2** (*est.*) vantaggio, convenienza, utilità (+ *a*, + *di* **seguiti da inf.**, + *che* **seguito da congtv.**): *agire nell'i. di qlcu., nel pubblico i.; fare il proprio legittimo i.; parliamo esclusivamente nel vostro i.; non hanno alcun i. a calunniarci; nessuno ha i. che le cose rimangano come sono; La donna ha i. di scusare sé e il marito* (L. CAPUANA) **3** (**spec. al pl.**) affare privato o pubblico, complesso di elementi e attività che incidono spec. sulla sfera patrimoniale di un soggetto: *curare i propri interessi, gli interessi dello Stato, della famiglia; contrasto, conflitto di interessi; accomoderei con essa i miei interessi per tutto il tempo di vita mia* (C. GOLDONI) **4** avidità di guadagno, ricerca del tornaconto personale, e sim.: *le sue azioni sono dettate dall'i.; quello che fa, lo fa per i.; è stato un matrimonio d'i.* **5** sentimento di viva attenzione, curiosità e sim. verso qlcu. o qlco. (+ *per*): *ascoltare, studiare, guardare qlco. con i.; mostrare vivo i. per qlco., per qlcu.; cresce l'i. dei giovani per la poesia* | tendenza ad occuparsi di determinati settori: *avere interessi scientifici, artistici* | attività o settore cui si è interessati: *ha sempre avuto numerosi interessi in campo culturale* **6** capacità di qlcu. o di qlco. di richiamare l'attenzione altrui: *una ricerca di grande i.; senza alcun i.* | importanza: *sono dettagli privi di i.* || **interessùccio**, **dim.**

SFUMATURE DI SIGNIFICATO

interesse - attenzione - cura

L'**interesse** è un sentimento di viva curiosità, di desiderio di conoscere per cui si rivolge la propria attenzione a qualcuno o a qualcosa, o anche una disposizione personale, un'attitudine nei confronti di argomenti, temi che coinvolgono personalmente o culturalmente. L'**attenzione** è una disposizione psicologica che nasce dall'interesse, ma riguarda il soggetto in maniera più circoscritta e occasionale, essendo piuttosto legata a determinate circostanze. **Cura** fa riferimento a un interessamento sollecito che non ha come fine la soddisfazione del proprio interesse ma la tutela, il benessere o la conservazione della persona o della cosa a cui si rivolge l'attenzione.

SFUMATURE ➤ ***utilità***

interessènza [da *interesse* ✻ 1831] **s. f.** ● (*econ.*) partecipazione agli utili

interètnico [comp. di *inter-* ed *etnico* ✻ 1985] **agg.** (**pl. m.** *-ci*) ● che riguarda i rapporti fra due o più etnie: *scontri, contrasti interetnici* | relativo a gruppi o persone appartenenti a etnie diverse: *comunità interetnica* || **interetnicità**, **s. f. inv.**

intereuropèo [comp. di *inter-* ed *europeo* ✻ 1888] **agg.** ● che riguarda i rapporti tra gli Stati o i popoli europei

interézza o (*lett.*) **intierézza** [da *intero* ✻ 1268] **s. f. 1** totalità: *trattare il problema nella sua i.* **2** (*fig.*, *lett.*) integrità morale: *i. di mente*

interfàccia [ingl. *interface*, comp. di *inter-* 'tra' e *face* 'faccia', propr. 'superficie tra due spazi, di cui costituisce la connessione' ✻ 1972] **s. f.** (**pl.** *-ce*); **anche s. m. inv. nel sign. 3** **1** (*inform.*) il complesso dei canali e l'insieme dei circuiti di controllo a esso associati, che assicurano il collegamento fra l'unità centrale e le unità periferiche di un elaboratore elettronico | ***i. utente***, l'aspetto, spec. grafico, con il quale un programma si presenta sullo schermo al suo utilizzatore | ***i. grafica***, interfaccia utente che privilegia la presentazione dei dati in forma grafica, in modo che siano più comprensibili **2** (*scient.*) l'insieme dei punti in cui vengono a contatto due sostanze o ambienti o mezzi tra i quali esista una qualsiasi differenza **3** (*fig.*) chi (o ciò che) costituisce un collegamento, un punto di contatto fra due diverse entità: *un'i. fra i livelli direttivi e gli organismi sindacali*

interfacciàbile [da *interfaccia* ✻ 1984] **agg.** ● (*elettron.*) che può essere collegato tramite un'interfaccia

interfacciàle [1986] **agg.** ● relativo a un'interfaccia

interfacciaménto [1978] **s. m.** ● l'interfacciare

interfacciàre [1984] **A v. tr.** (**pres.** *io interfàccio*; **fut.** *io interfaccerò*) ● collegare tramite un'interfaccia **B interfacciàrsi v. intr. pron. e rifl. recipr. 1** (*inform.*) collegarsi tramite interfaccia **2** (*gerg.*) lavorare in continuo collegamento con altri

interfacoltà [comp. di *inter-* e *facoltà* (universitaria) ✻ 1942] **A s. f. inv.** ● fino agli anni 1960-70, comitato studentesco composto di membri eletti tra gli iscritti di più facoltà allo scopo di discutere od organizzare attività culturali, di politica universitaria e sim. **B agg. inv.** ● relativo a due o più facoltà: *biblioteca i.*

interfàlda [comp. di *inter-* e *falda* ✻ 1973] **s. f.** ● elemento in cartone ondulato posto all'interno di una cassa allo scopo di separare tra loro i prodotti contenuti e di proteggerli

interfederàle [comp. di *inter-* e *federale* ✻ 1950] **agg.** ● che concerne due o più federazioni

interfemoràle [comp. di *inter-* e *femorale* ✻ 1983] **agg.** ● (*anat.*) situato fra le due cosce

interferènza [adattamento del fr. *interférence*, da *interférant*, part. pres. di *interférer* 'interferire' ✻ 1847] **s. f. 1** (*fis.*) fenomeno per cui due onde luminose o sonore incontrandosi possono elidersi a vicenda | ***i. televisiva, telefonica***, disturbo provocato da segnali estranei | (*est.*) incontro di azioni o fenomeni che si sovrappongono intralciandosi a vicenda | ***i. linguistica***, ogni mutamento di una lingua, determinato dal contatto con un'altra **2** (*fig.*) ingerenza, intrusione: *indebite interferenze fra poteri dello Stato; non tollero interferenze nel mio lavoro* **3** (*tecnol.*) in una coppia di ruote dentate, impedimento della rotazione dovuto al fatto che il numero dei denti della più piccola è inferiore a un valore minimo

SFUMATURE ➤ ***invadenza***

interferenziàle [1957] **agg.** ● (*fis.*) che concerne l'interferenza

♦**interferìre** [adattamento del fr. *interférer*, comp. del lat. *ĭnter* 'fra' e *fĕrre* 'portare' ✻ 1828] **v. intr.** (*io interferisco, tu interferisci*; **aus.** *avere*) **1** (*fis.*) sovrapporsi in un punto di due vibrazioni elettromagnetiche, sonore, corpuscolari e sim. che danno luogo a interferenza **2** (*fig.*) ingerirsi, intromettersi (+ *in*): *i. nelle decisioni, nel giudizio degli altri* **3** sovrapporsi creando ostacoli o difficoltà (+ *con*): *la nuova inchiesta non interferisce con quella già in corso*

interferometrìa [V. *interferometro* ✻ 1928] **s. f.** ● (*ottica*) misura di distanze, lunghezze d'onda, indici di rifrazione e altre grandezze mediante il fenomeno dell'interferenza

interferomètrico [1948] **agg.** (**pl. m.** *-ci*) ● (*ottica*) relativo all'interferometria

interferòmetro [fr. *interféromètre*, comp. di *interfér(er)* 'interferire' e *-mètre* '-metro' ✻ 1927] **s. m.** ● (*ottica*) strumento per interferometria

interferóne o **intèrferon** [ingl. *interferon*, da *to interfere* 'interferire': detto così perché interferisce con lo sviluppo dei virus, inibendone la moltiplicazione nell'interno della cellula ✻ 1957] **s. m.** ● (*biol.*) fattore proteico antivirale prodotto da cellule eucariotiche infettate da virus, che provoca resistenza delle cellule stesse a una nuova infezione con lo stesso virus o con virus differenti

interfèrro [comp. di *inter-* e *ferro* (magnetico) ✻ 1957] **s. m.** ● (*fis.*) spazio che separa due elementi di un circuito magnetico **SIN.** traferro

interfertilità [comp. di *inter-* e *fertilità* ✻ 1957] **s. f. inv.** ● (*biol.*) capacità mostrata da organismi sistematicamente non affini di procreare prole non sterile

interfilàre [comp. di *inter-* e *filare*② ✻ 1957] **A s. m.** ● (*agric.*) spazio di terreno fra due filari in un albereto, spesso coltivato a cereali e foraggio **B** anche **agg.**: *zappatura i.*

interfogliàceo [comp. di *inter-* e *fogliaceo* ✻ 1834] **agg.** ● (*bot.*) detto di organo situato tra due foglie opposte

interfogliàre o **interfoliàre** [da *interfoglio* ✻ 1846] **v. tr.** (*io interfòglio*) ● inserire tra i fogli di un libro, di una rivista e sim. fogli bianchi per aggiunte, correzioni o a scopo protettivo nei riguardi d'illustrazioni

interfogliatùra o **interfoliatùra** [da *interfogliare* ✻ 1869] **s. f.** ● l'interfogliare | il complesso dei fogli inseriti in un volume

interfòglio o **interfòlio** [comp. di *inter-* e *foglio* ✻ 1869] **s. m.** ● pagina o foglio di carta interposto tra fogli di un libro, registro e sim., spec. per contenere aggiunte: *l'i. di un verbale*

interfoliàre e deriv. ➤ **interfogliare** e deriv.

interfònico [1955] **A agg.** (**pl. m.** *-ci*) ● relativo all'interfono: *impianto i.* **B s. m.** ● interfono

interfòno [comp. di *inter(no)* e *(tele)fono* ✻ 1963] **s. m.** **1** dispositivo acustico per comunicazioni orali a breve distanza, usato fra i vari ambienti di uno stesso edificio, oppure a bordo di aeromobili, treni e sim. **2** (*tel.*) apparecchio telefonico derivato interno che può comunicare solo con altro apparecchio interno dello stesso tipo

interfòrze [comp. di *inter-* e del pl. di *forza* (armata) ✻ 1965] **agg. inv.** ● che riguarda più specialità delle forze armate: *comando, manovra i.*; *reparti i.*

intergalàttico [comp. di *inter-* e *galattico*, sul modello dell'ingl. *intergalactic* ✻ 1973] **agg.** (**pl. m.** *-ci*) ● che si trova tra una galassia e l'altra: *spazio i.*

intergenerazionàle [comp. di *inter-* e *generazionale* ✻ 1987] **agg.** ● che riguarda i rapporti tra diverse generazioni: *contrasti intergenerazionali*

interglaciàle [comp. di *inter-* e *glaciale* ✻ 1933] **agg.** ● (*geol.*) detto di ogni periodo compreso fra due delle quattro glaciazioni del Quaternario

intergovernativo [comp. di *inter-* e *governativo* ✻ 1985] **agg.** **1** che interessa due o più governi: *vertice i.* **2** che si basa su un accordo tra Stati che mantengono la loro sovranità: *Europa intergovernativa* **CFR.** federale

interiettìvo [vc. dotta, lat. tardo *interiectīvu(m)*, da *interĭcere*, comp. di *ĭnter* 'tra' e *iăcere* 'gettare' ✻ 1869] **agg.** **1** (*gramm.*) che ha valore di interiezione: *locuzione interiettiva* **2** (*raro*) caratterizzato da interiezioni || **interiettivaménte**, **avv.** in funzione di interiezione

interiezióne [vc. dotta, lat. *interiectiōne(m)*, da *interiĕctus*, part. pass. di *interĭcere* 'gettare (*iăcere*) in mezzo (*ĭnter*)' ✻ av. 1328] **s. f.** ● (*gramm.*) parola o locuzione invariabile che serve ad esprimere uno stato d'animo, di gioia, dolore, sdegno, paura ecc. | ***i. propria***, che ha solo valore di interiezione (per es. *ohimè!, ahi!, puah!, pss, etcì, sciò!, mm, diamine!, caspiterina!*) | ***i. impropria***, sostantivo, aggettivo, avverbio, verbo o locuzione (chiamata 'locuzione interiettiva') usati come interiezione (per es. *verme!, bravo!, presto!, scusa!, santo cielo!, povero me!, Dio ce ne scampi!*) **SIN.** esclamazione

ìnterim [vc. lat., 'frattanto, nel frattempo', da *ĭnter* col suff. avv. *-im* ✻ av. 1472] **s. m. inv.** **1** periodo di tempo che intercorre dal momento in cui il titolare di determinate funzioni cessa la sua attività fino a quello in cui il nuovo titolare assume le stesse funzioni (V. *ad interim*) **2** l'incarico affidato provvisoriamente in attesa del nuovo titolare: *assumere l'i. della Giustizia*

interim, ad ➤ **ad interim**

interimìstico [ted. *interimistich*, agg. da *interim* nel senso di '(regolamento) provvisorio' ✻ av. 1941] **agg.** (**pl. m.** *-ci*) ● (*burocr.*) di nomina o incarico provvisorio e temporaneo

interinàle [da *interino* ✻ 1772] **A agg.** ● temporaneo, provvisorio: *incarico i.* | ***lavoro i.***, V. *lavoro* || **interinalménte**, **avv.** provvisoriamente || **interinalità**, **s. f. inv.** **B s. m. e f.** ● chi svolge un lavoro interinale

†**interinàre** [fr. *entériner*, dall'ant. fr. *enterin* 'intero, perfetto', da *entier* 'intero' ✻ 1363] **v. tr.** ● (*dir.*) vidimare, ratificare un atto o un decreto

interinàto [da *interino* ✻ 1630] **s. m.** ● ufficio, incarico esercitato ad interim | durata di tale incarico

†**interinazióne** [av. 1566] **s. f.** ● (*dir.*) ratifica

interìno [sp. *interino*, da *ínterin*, dal lat. *interim* 'nel frattempo, intanto' ✻ 1737] **agg. e s. m.** ● che (o chi) esercita temporaneamente un ufficio pubblico in assenza del titolare: *medico, ministro i.*

interióra [vc. dotta, lat. *interiōra* (nt. pl.) 'le parti più interne', da *intĕrior*, genit. *interiōris* 'interiore' ✻ 1305] **s. f. pl.** **1** intestini e altri visceri contenuti nelle cavità del petto e del ventre degli animali **2** (*est.*) vivanda di interiora | ***i. di pollo***, rigaglie

intèrior designer /in'tɛrjor di'zainer, *ingl.* ɪn'tɪərɪə(r) dɪ'zaɪnə(r)/ [loc. ingl., propr. 'disegnatore (*designer*) dell'interno (*interior*)' ✻ 1972] **loc. sost. m. e f. inv.** (**pl. ingl.** *interior designers*) ● progettista d'interni

♦**interióre** [vc. dotta, lat. *interiōre(m)*, compar. di **ĭnterus* 'interno', da *ĭnter* 'dentro' ✻ 1308] **A agg.** **1** (*raro*) che sta dentro o nella parte interna: *lato i. di un fabbricato* **2** (*fig.*) che appartiene alla sfera dello spirito, della coscienza, dei sentimenti: *mondo, vita i.*; *avere un dolore, un tormento i.* || **interiorménte**, **avv.** **1** nell'interno, nella parte interna **2** (*fig.*) nell'intimo **B s. m.** ● (*raro*) la parte interna di qlcu. o di qlco.: *andando una volta per l'i. dell'Africa* (G. LEOPARDI)

interiorità [1680] **s. f. inv.** ● il complesso dei pensieri e dei sentimenti che costituiscono la vita interiore di un individuo: *è un individuo che bada soprattutto all'i.*

interiorizzàre [av. 1952] **A v. tr.** ● rendere interiore, trasferire all'interno della propria coscienza: *i. le proprie esperienze* **B interiorizzàrsi** **v. intr. pron.** ● acquisire una maggior interiorità || **interiorizzazióne**, **s. f.**

interislàmico [comp. di *inter-* e *islamico* ✻ 1951] **agg.** (**pl. m.** *-ci*) ● interno al mondo islamico, relativo ai rapporti tra componenti del mondo islamico: *solidarietà interislamica*; *conflitto i.*

interìsta [comp. di *Inter(nazionale foot-ball club)* e *-ista* ✻ 1961] **agg. e s. m. e f.** (**pl. m.** *-i*) ● che (o chi) gioca nella squadra di calcio milanese dell'Inter o ne è sostenitore

interistituzionàle [comp. di *inter-* e *istituzionale* ✻ 1923] **agg.** ● che coinvolge o riguarda più istituzioni, o istituzioni diverse: *comitato i.*; *conflitto i.* || **interistituzionalità**, **s. f. inv.**

interìto① [parallelo ant. e dial. di *interato*, part. pass. di †*interare* 'rendere, fare intero' ✻ av. 1729] **agg.** ● (*tosc.*) impettito, irrigidito | inamidato

†**intèrito**② [vc. dotta, lat. *intĕritu(m)*, comp. di *ĭnter*, che introduce idea di morte, e di un deriv. di *īre* 'andare': 'perdersi' ✻ av. 1342] **s. m.** ● (*lett.*) morte: *io piango, o Filli, il tuo spietato i.* (I. SANNAZARO)

interlacciaménto [accorc. di *inter(al)lacciamento* ✻ 1951] **s. m.** ● (*tv*) sistema di scansione dell'immagine video che consente, a parità di larghezza di banda, una migliore qualità della ricezione

interleuchìna [comp. di *inter-* e del gr. *kínēsis* 'movimento' col suff. *-ina*, sul modello di *citochina* ✻ 1986] **s. f.** ● (*biol.*) qualsiasi peptide secreto dalle cellule immunitarie (linfociti e macrofagi) con azione di mediatore chimico intercellulare

interlìnea [comp. di *inter-* e *linea* ✻ 1806] **s. f.** **1** distanza tra due righe scritte o stampate | ***leva dell'i.***, nelle macchine per scrivere a carrello mobile, leva che fa ruotare il rullo in modo da lasciare uno spazio tra le linee battute **2** (*tipogr.*) nella composizione a piombo, lamina sottile di lega metallica di altezza inferiore al carattere, impiegata per distanziare le linee di una composizione **3** linea nera che separa due fotogrammi consecutivi della colonna visiva di un film

interlineàre① [comp. di *inter-* e *linea* ✻ 1363] **agg.** ● che sta tra riga e riga di uno scritto | ***traduzione i.***, quella che sotto a ciascuna parola del testo colloca la corrispondente in altra lingua | ***note interlineari***, quelle scritte nell'interlinea di un testo

interlineàre② [da *interlinea* ✻ 1520] **v. tr.** (**pres.** *io interlìneo*; **fut.** *io interlineerò*) **1** distanziare le linee di una composizione mediante l'interlinea **2** †scrivere tra riga e riga di uno scritto

interlineatùra [1673] **s. f.** ● operazione dell'interlineare | misura dell'interlinea

interlineazióne [1869] **s. f.** ● (*raro*) l'interlineare

interlìngua① [comp. di *inter(nazionale)* e *lingua* ✻ 1912] **s. f.** **1** lingua artificiale, che si basa sulla semplificazione del latino, grazie spec. alla soppressione della flessione, proposta dal matematico G. Peano (1858-1932) **2** (*ling.*, *inform.*) raccolta di codici simbolici che permettono di ridurre in cifre le strutture sintattiche di una qualsiasi lingua, preposti per la traduzione da una lingua all'altra mediante l'uso dell'elaboratore elettronico

interlìngua② [da *interlinguistico* ✻ 1912] **s. f.** ● (*ling.*) lingua artificiale fondata sull'analogia che, per parentela genetica o contatto culturale, caratterizza le strutture di più lingue a diffusione internazionale

interlinguìstica [da *interlinguistico* ✱ 1957] **s. f.** ● (*ling.*) branca della linguistica che studia i fenomeni connessi con il rapporto tra lingue diverse, come il plurilinguismo, la traduzione e la creazione di lingue artificiali

interlinguìstico [comp. di *inter-* e *linguistico* ✱ 1957] **agg.** (**pl. m.** *-ci*) ● (*ling.*) detto di fenomeno linguistico caratteristico di due o più lingue che hanno interessi e contatti culturali comuni | detto di ogni movimento o ricerca che si prefigga lo studio e la creazione di lingue artificiali

interlocàle [comp. di *inter-* e *locale*①, sul modello dell'ingl. *interlocal* ✱ 1957] **agg.** ● che riguarda i rapporti tra luogo e luogo, spec. in riferimento a regioni o divisioni amministrative di uno stesso Stato, Stati membri di una confederazione e sim.

interlocutóre [dal lat. *interlocūtus*, part. pass. di *interlŏqui* 'interloquire' ✱ av. 1498] **s. m.** (**f.** *-trice*) **1** chi partecipa attivamente a un dialogo, a una conversazione e sim.: *fu l'i. più brillante del dibattito* **2** la persona con cui si parla: *controbattere il proprio i.* | (*est.*) la persona o l'organismo con cui si ha un rapporto, un confronto: *il governo cerca un i. nelle file dell'opposizione*

interlocutòrio [vc. tratta nel Medioevo dal lat. *interlocūtio*, genit. *interlocutiōnis* 'interlocuzione' ✱ 1309] **agg.** (**pl. m.** *-i* o *raro -ii*) **1** che non ha un valore conclusivo, che rimanda a una fase successiva: *una seduta interlocutoria*; *un incontro politico a carattere i.*; *ci siamo lasciati in termini interlocutori* **2** (*dir.*) detto di sentenza con cui è decisa solo parte delle questioni dedotte nel giudizio civile ‖ **interlocutoriaménte**, **avv.**

interlocuzióne [vc. dotta, lat. *interlocutiōne(m)*, da *interlocūtus*, part. pass. di *interlŏqui* 'interloquire' ✱ 1869] **s. f.** ● (*raro*) l'interloquire

interloquìre [vc. dotta, lat. *interlŏqui*, comp. di *ĭnter* 'tra' e *lŏqui* 'parlare', di etim. incerta ✱ 1775] **v. intr.** (*io interloquisco, tu interloquìsci*; **aus.** *avere*) **1** (*raro*) essere interlocutore in un dialogo o (*est.*) in un confronto, una trattativa e sim. **2** intervenire in modo per lo più inopportuno in una conversazione: *smettila di i.!*; *i. a sproposito*

interlùdio [da *preludio* con sostituzione di *inter-* a *pre-* ✱ 1867] **s. m.** (**pl.** *-i* o *raro -ii*) **1** (*mus.*) brano organistico improvvisato tra le strofe di un corale o i versetti di un salmo | brano orchestrale che collega atti o scene di opera **SIN.** intermezzo **2** (*fig., lett.*) intermezzo, pausa, diversivo: *è stato un breve ma piacevole i.*

interlùnio [vc. dotta, lat. *interlūniu(m)*, comp. di *ĭnter* 'tra' e un deriv. di *lūna* 'luna' ✱ av. 1472] **s. m.** (**pl.** *-i* o *raro -ii*) ● (*astron.*) periodo in cui la luna è invisibile

intermascellàre [comp. di *inter-* e *mascella*, con suff. agg. ✱ 1834] **agg.** ● (*anat.*) posto tra le ossa mascellari

intermediàle [comp. di *inter-* e *mediale*③, sul modello dell'ingl. *intermedial* ✱ 1989] **agg.** ● che riguarda diversi mezzi di comunicazione fra loro integrati: *sistemi intermediali*

intermediàrio [fr. *intermédiaire*, dal lat. *intermĕdius* 'intermedio' ✱ 1764] **A agg.** ● che ha una funzione di mediazione, di tramite tra più persone o cose: *attività commerciale intermediaria* **B s. m.** (**f.** *-ia*) ● mediatore: *fare l'i. in un affare*; *desidero trattare senza intermediari*

intermediatóre [comp. di *inter-* e *mediatore* ✱ av. 1536] **s. m.** (**f.** *-trice*) ● (*raro*) intermediario

intermediazióne [comp. di *inter-* e *mediazione* ✱ 1921] **s. f.** ● attività intermediaria | (*econ.*) ***i. finanziaria***, attività svolta da banche, fondi di investimento, istituti di assicurazione o altri soggetti per la custodia e la gestione di valori patrimoniali di terzi

intermèdio [vc. dotta, lat. *intermĕdiu(m)*, comp. di *ĭnter* 'tra' e *mĕdius* 'medio, mezzo': 'che sta nel mezzo' ✱ 1524] **A agg.** ● che si trova in mezzo tra due: *grado, periodo i.*; *punto, colore i.* | ***quadro i.***, lavoratore dipendente con mansioni in parte simili a quelle di un operaio, in parte a quelle di un impiegato | ***diritto i.***, il diritto italiano del Medioevo e dell'età moderna (intermedio tra l'antico diritto romano e il diritto italiano d'oggi) | (*sport*) ***tempo i.***, nelle prove a cronometro, intertempo **CFR.** meso- **B s. m. 1** †intermezzo teatrale **2** (**f.** *-ia*) quadro intermedio **3** (*chim.*) composto organico ricavato da materie prime quali il catrame, il petrolio e sim., che è a sua volta punto di partenza di molte sintesi organiche industriali

intermésso **part. pass.** di *intermettere*; anche **agg.** ● nei sign. del v. | (*lett.*) interrotto, sospeso | (*lett.*) intermittente

intermestruàle [comp. di *inter-* e *mestruale* ✱ 1935] **agg.** ● (*med.*) detto del periodo di tempo che intercorre tra due cicli mestruali successivi | che avviene o si manifesta in tale periodo: *emorragia i.*

intermèstruo [comp. di *inter-* e *mestruo* ✱ 1957] **s. m.** ● (*med.*) periodo di tempo che intercorre fra due cicli mestruali successivi

intermetàllico [comp. di *inter-* e *metallico*, sul modello dell'ingl. *intermetallic* ✱ 1957] **agg.** (**pl. m.** *-ci*) ● (*chim.*) detto di composto che è formato da due metalli

interméttere [vc. dotta, lat. *intermĭttere* 'tralasciare, interrompere', comp. di *ĭnter* sia con valore di 'fra' sia con valore di privazione, e *mĭttere* 'mettere, mandare' ✱ 1354] **A v. tr.** (**coniug.** come *mettere*) ● (*lett.*) tralasciare, sospendere, interrompere: *senza i. a' suoi soldati o fatica o pena* (N. Machiavelli) **B interméttersi** **v. rifl.** ● †intromettersi, frapporsi: *Iddio alcune volte pietoso s'intermette* (B. Cellini)

intermezzàre [comp. di *inter-* e *mezzo* ✱ av. 1748] **A v. tr.** (*io intermèzzo*) ● (*raro*) intramezzare **B v. intr.** ● †stare in mezzo

intermèzzo [adattamento del lat. *intermĕdiu(m)* 'intermedio' ✱ 1532] **A s. m. 1** breve spettacolo a carattere leggero tra un atto e l'altro di una rappresentazione | (*est.*) interruzione, pausa, intervallo **2** (*mus.*) brano musicale di carattere buffo che nel teatro musicale del sec. XVIII veniva rappresentato tra un atto e l'altro di un'opera seria | interludio | composizione strumentale in forma libera **B agg.** ● †intermedio

interminàbile [vc. dotta, lat. tardo *interminābile(m)*, comp. di *in-*③ e *terminābilis* 'terminabile' ✱ sec. XIV] **agg.** ● (*raro*) che non ha termine | (*iperb.*) lunghissimo: *era un viaggio i.*; *una conferenza, un racconto i.* **SIN.** eterno, infinito ‖ **interminabilménte**, **avv.** ‖ **interminabilità**, **s. f. inv.**

interminàto [vc. dotta, lat. *interminātu(m)*, comp. di *in-*③ e *terminātus* 'terminato' ✱ av. 1455] **agg. 1** (*lett.*) che non ha termini: *interminati / spazi ... / io nel pensier mi fingo* (G. Leopardi) **2** †indeterminato ‖ **interminataménte**, **avv.**

interministeriàle [comp. di *inter-* e *ministero*, con suff. agg. ✱ 1950] **agg.** ● relativo, o comune a più ministeri: *progetto i.*

intermissióne [vc. dotta, lat. *intermissiōne(m)*, da *intermĭssus* 'intermesso' ✱ 1308] **s. f.** ● (*lett.*) interruzione: *s'ordinò a tutti i fornai che facessero pane senza i.* (A. Manzoni)

intermittènte **part. pres.** di *intermettere*; anche **agg.** ● discontinuo, soggetto a pause, interruzioni e sim.: *suono, luce i.*; *febbre i.* | (*med.*) ***polso i.***, che ha pause ineguali e irregolarità di ampiezza ‖ **intermittenteménte**, **avv.** con intermittenza

intermittènza [da *intermittente*, come il corrispondente fr. *intermittence* ✱ av. 1698] **s. f. 1** caratteristica di ciò che è intermittente | interruzione, sospensione | ***a i.***, in modo intermittente, discontinuo: *piove a i.*; *i telefoni funzionano a i.* **2** dispositivo elettrico che serve ad accendere e spegnere intermittentemente lampadine, usato per es. negli indicatori di direzione degli autoveicoli

intermodàle [ingl. *intermodal*, comp. di *inter-* e *modal*, da *mode* 'maniera di procedere' ✱ 1981] **agg.** ● detto di servizio di trasporto, offerto da una singola impresa o da più imprese collegate tra loro, attuato con l'uso di differenti mezzi di trasporto ‖ **intermodalità**, **s. f. inv.**

intermolecolàre [comp. di *inter-* e *molecola*, con suff. agg. ✱ 1875] **agg.** ● (*fis.*) che è o agisce fra le molecole

intermùndi o **intermóndi** [vc. dotta, lat. *intermundia* (nt. pl.), comp. di *ĭnter* 'tra' e di *mundi*, pl. di *mŭndus* 'mondo' ✱ av. 1604] **s. m. pl.** (**sing.** *raro -io*) ● nella filosofia epicurea, gli spazi vuoti fra i mondi in cui dimorano gli dei

intermuscolàre [comp. di *inter-* e *muscolo*, con suff. agg. ✱ 1834] **agg.** ● che è posto tra i muscoli

intérnal auditing /in'ternal 'ɔditin(g)/, *ingl.* ɪn'tɜːn(ə)l 'ɔːdɪtɪŋ/ [loc. ingl., comp. di *internal* 'interno' e *auditing* 'revisione contabile' (da *auditor*: V. *internal auditor*) ✱ 1983] **loc. sost. m. inv.** ● (*econ.*) attività dell'internal auditor

intérnal auditor /in'ternal 'ɔditor, *ingl.* ɪn'tɜːn(ə)l 'ɔːdɪtə(r)/ [loc. ingl., comp. di *internal* 'interno' e *auditor*, propr. 'uditore', nella fattispecie 'revisore dei conti' (stessa etim. dell'it. *auditore*) ✱ 1967] **loc. sost. m. e f. inv.** (**pl. ingl.** *internal auditors*) ● (*econ.*) chi, nell'ambito di una società commerciale di cui è dipendente, ha il compito di controllare i sistemi contabili e le procedure amministrative della società stessa

internalizzàre [adattamento dell'ingl. *to internalize* 'interiorizzare' ✱ 1985] **v. tr. 1** (*psicol.*) interiorizzare **2** (*org. az.*) trasferire all'interno di una azienda processi produttivi, funzioni o servizi svolti in precedenza da imprese esterne **CONTR.** terziarizzare, esternalizzare ‖ **internalizzazióne**, **s. f.**

internaménto [av. 1667] **s. m.** ● l'internare, il venire internato

internàre [da *interno* ✱ 1321] **A v. tr.** (*io intèrno*) **1** relegare persone pericolose o sospette in campi di concentramento o in sedi coatte lontane dai confini dello Stato: *tutti i perseguitati politici furono internati* **2** rinchiudere in un ospedale psichiatrico: *alla fine si decise di internarla* **3** (*raro*) mettere, far penetrare nella parte interna: *i. la radice nella terra* **B internàrsi** **v. intr. pron. 1** (*raro*) spingersi all'interno di qlco.: *internarsi in un bosco* | penetrare, inoltrarsi: *I campi finirono, e la strada s'internò nella boscaglia* (C. Cassola) | (*lett., fig.*) addentrarsi con la mente, col pensiero: *è comune al poeta e al filosofo l'internarsi nel profondo degli animi umani* (G. Leopardi) | (*fig.*) †essere racchiuso **2** (*raro*) immedesimarsi nella parte interpretata o recitata

†internàrsi [comp. di *in-*① e *terno* 'trino' ✱ 1321] **v. intr. pron.** ● (*lett.*) farsi trino

internàto① **A** **part. pass.** di *internare*; anche **agg.** ● nei sign. del v. **B s. m.** (**f.** *-a*) ● chi ha subìto l'internamento in sedi coatte, campi di concentramento, ospedali psichiatrici e sim.

internàto② [fr. *internat*, da *interne* 'interno' ✱ 1942] **s. m. 1** condizione degli alunni interni di un collegio **2** collegio che ospita gli alunni interni **3** periodo temporaneo di stu-

a b c d e f g h **i** j k l m n o p q r s t u v w x y z

dio o di pratica professionale che uno studente o un medico trascorre in un istituto universitario o in un ospedale

internàuta [comp. di *inter(net)* e *nauta* ✻ 1995] **s. m. e f. (pl. m. *-i*)** ● chi naviga in Internet

internavigatóre [comp. di *inter(no)* e *navigatore* ✻ 1973] **s. m. (f. *-trice*)** ● lavoratore che è alle dipendenze di una società di navigazione interna

♦**internazionàle** [comp. di *inter-* e *nazionale*, agg. da *nazione*, sul tipo del fr. *international* ✻ av. 1832] **A agg.** ● che riguarda o collega più nazioni: *trattato, accordo i.*; *linee internazionali di comunicazione*; *trasporti internazionali* | ***diritto i. pubblico***, complesso delle norme che disciplinano la comunità internazionale | ***diritto i. privato***, complesso delle norme con cui uno Stato disciplina i fatti che hanno attinenza con gli ordinamenti giuridici di altri Stati ‖ **internazionalménte**, **avv.** a livello internazionale ‖ **internazionalità**, **s. f. inv.** condizione di ciò che è internazionale: *l'internazionalità della scienza, del socialismo, della religione* **B s. f.** ● (gener. con iniziale maiuscola) denominazione di organizzazioni operaie di orientamento anarchico, socialista e comunista, sorte nel XIX sec. e operanti in Europa e poi in tutto il mondo: *la prima, la terza I.* | inno delle associazioni internazionali dei lavoratori socialisti e comunisti, composto nel 1871 durante la Comune di Parigi | (*est.*) unione fra partiti di nazioni diverse che professano la stessa ideologia: *l'I. liberale, socialista*

internazionalìṣmo [comp. di *inter-* e *nazionalismo* ✻ 1878] **s. m. 1** tendenza a favorire l'unione e la collaborazione fra gli Stati e i popoli di tutto il mondo **2** nella tradizione marxista, la lotta politica condotta dal proletariato all'insegna di una solidarietà di classe che non tiene conto delle differenze nazionali

internazionalìsta [comp. di *inter-* e *nazionalista* ✻ 1873] **A agg. (pl. m. *-i*)** ● che favorisce l'internazionalismo **B s. m. e f. 1** fautore dell'internazionalismo **2** appartenente all'Internazionale **3** esperto di diritto internazionale

internazionalìstico [da *internazionalista* ✻ 1904] **agg. (pl. m. *-ci*) 1** che riguarda l'internazionalismo **2** che concerne l'Internazionale

internazionaliẓẓàre [comp. di *inter-* e *nazionalizzare* ✻ 1915] **A v. tr.** ● rendere internazionale: *i. una città, un porto* **B internazionaliẓẓàrsi v. intr. pron.** ● assumere caratteristiche internazionali ‖ **internazionaliẓẓazióne**, **s. f.**

internebulàre [comp. di *inter-* e *nebulare* ✻ 1961] **agg.** ● (*astron.*) che è situato fra le nebulose, che riguarda ciò che è situato fra le nebulose: *spazio i.*

internegativo [comp. di *inter-* e *negativo* ✻ 1973] **s. m.** ● (*fotogr.*) negativo ricavato da una diapositiva allo scopo di moltiplicarne le copie

♦**Ìnternet** /ˈinternet, *ingl.* ˈɪntəˌnɛt/ [vc. ingl., propr. 'rete (*net*) reciproca (*inter-*)' ✻ 1990] **A s. f. inv.** ● sistema integrato di interconnessione tra computer e reti locali, che consente la trasmissione di informazioni in tutto il mondo: *fare una ricerca in I.* | ***I. café***, locale pubblico che, oltre al servizio di bar, mette a disposizione dei clienti computer collegati a Internet **SIN.** cybercafé | ***I. point***, posto pubblico nel quale, dietro pagamento, i clienti possono usare computer collegati a Internet | ***I. banking***, V. *banking* **B** anche **agg. inv.**: *sito I.*

NOMENCLATURA

Internet

● *generale*: www = World Wide Web; ciberspazio; Extranet, Intranet; rete = web; bounce; browser = navigatore, crawler; dominio; nome di dominio = domain name; codice di accesso = password; codice utente; motore di ricerca; navigazione = surfing; pagina web, home page, bookmark = segnalibro, banner; collegamento = link; applet; HTML (Hypertext Markup Language); ipertesto; Java; portale; cookie; server ⇔ client; hosting; housing;

● *comunicazioni*: collegamento = connessione; online ⇔ offline; linea dedicata ⇔ linea commutata = dial up; larghezza di banda = bandwidth; backbone; provider = fornitore di accesso; ISP (Internet Service Provider); POP (Point of Presence) = Punto di accesso; HTTP (Hypertext Transfer Protocol); ISDN (Integrated Services Digital Network); ADSL (Asymmetric Digital Subscriber Line); WAP (Wireless Application Protocol); indirizzo (Internet); URL (Universal Resource Locator); TCP/IP (Transmission Control Protocol/Internet Protocol); IP = protocollo Internet; FTP (File Transfer Protocol); Telnet; firewall; bridge, gateway, CGI (Common Gate Interface), PERL (Practical Extraction and Report Language); sito; mirror;

● *posta elettronica* = e-mail; casella (di posta elettronica) = mailbox; indirizzo (di posta elettronica); chiocciola = a commerciale = at; punto = dot; barra = slash; barra inversa = backslash; trattino basso = underscore; cancelletto = pound; messaggio; allegato = attachment; risposta = reply, inoltro = forward, cestino = trash; chat; chat room; mailing list; news group = gruppo di discussione; BBS (Bulletin Board Service); e-groups; FAQ (Frequently Asked Questions); lurking; netiquette; emoticon = faccina; junk mail; spamming; bombing; flaming; usenet;

● *e-business, e-commerce* = commercio elettronico; B2B (Business to Business); home banking; trading online; telelavoro;

● *persone*: webmaster, amministratore di rete, analista web, programmatore Java/PERL/HTML, web designer; moderatore di lista; hacker;

● *azioni*: accedere (a), connettersi (a), collegarsi (a), scollegarsi (da); disconnettersi (da), navigare, allegare; inviare, cifrare = crittare ⇔ decifrare = decrittare; inoltrare; download = scaricare (da) ⇔ upload = caricare (su).

internettiàno [1995] **A agg.** ● relativo a Internet: *linguaggio i.* **B agg. e s. m. (f. *-a*)** ● che (o chi) naviga frequentemente in Internet: *il popolo i.*

internìsta [da (medicina) *interna* ✻ av. 1928] **s. m. e f. (pl. m. *-i*)** ● medico specializzato in medicina interna

♦**intèrno** [vc. dotta, lat. *intĕrnu(m)*, da *intĕrior* 'interiore' ✻ 1320] **A agg. (compar. di maggioranza *interiore* o *più interno*; superl. *intimo* o *raro internissimo*) 1** che sta dentro: *elemento, rivestimento i.*; *parte interna*; *organi interni del corpo* **CONTR.** esterno **CFR.** endo-, eso-①, olo- | ***regione interna***, priva di sbocchi sul mare | ***navigazione interna***, che si svolge sulle acque interne | ***acque interne***, fiumi, laghi e sim. di un dato territorio | ***mare i.***, circondato da terre e comunicante con l'oceano attraverso uno o più stretti | ***medicina interna***, V. *medicina* | ***numero i.***, che distingue i singoli appartamenti dislocati in una stessa scala | (*fis.*) ***energia interna***, la somma dell'energia termica delle molecole e dell'energia di interazione fra gli atomi e fra le molecole | ***alunno i.***, convittore | ***pianeta i.***, la cui orbita è interna a quella della Terra **2** che si compie o produce effetti dentro uno Stato, una comunità, un ente e sim.: *politica interna*; *questioni interne*; *commercio i.*; *comunione interna*; *voli interni*; *dibattito interno al partito, al sindacato* | ***regolamento i.***, cui devono sottostare gli appartenenti a un'organizzazione | ***dazio i.***, un tempo, quello dovuto per il passaggio di merci da un comune all'altro | ***telefono i.***, apparecchio derivato da un centralino **3** (*sport*) detto di incontro sportivo giocato in casa: *partita, vittoria interna* **4** (*fig.*) che riguarda la sfera interiore dell'individuo: *gioia, emozione interna* | ***voce interna***, voce della coscienza **SIN.** intimo, profondo ‖ **internaménte**, **avv. 1** dalla parte di dentro **2** (*fig.*) nel proprio intimo, dentro di sé: *non poteva fare a meno di esserne lusingata internamente* (G. VERGA) **B s. m. 1** la parte di dentro: *l'i. di un edificio*; *inoltrarsi nell'i. di un bosco* | la zona interna di un Paese, di un territorio: *dopo essere sbarcati, si spinsero nell'i.*; *le popolazioni dell'i.* **2** (**al pl.**) gli ambienti chiusi di un edificio: *gli interni di un palazzo*; *tende per interni* | ***progettista d'interni***, V. *progettista* | (**al pl.**) riprese cinematografiche effettuate nell'interno di un teatro di posa **CONTR.** esterni **3** numero interno: *scala A, i. 6* | telefono interno: *le passo l'i.* **4** rivestimento interno di un capo di abbigliamento: *un i. di castorino* **5** (*fig.*) sfera interiore, intima, dell'individuo: *penetrare, leggere nell'i. di qlcu.* **6** (**f. *-a***) studente o laureato in medicina che compie il proprio internato **7** (**f. *-a***) (*sport*) in alcuni giochi di palla a squadre, chi si muove nella zona centrale del campo **8** complesso degli affari interni di uno Stato: *Ministero, ministro dell'I., degli Interni*

internòdo o **internòdio** [vc. dotta, lat. *internŏdiu(m)*, comp. di *ĭnter* 'tra' e di un deriv. di *nōdus* 'nodo' ✻ sec. XIV] **s. m.** ● (*bot.*) tratto di fusto compreso fra due nodi, cioè fra due degli ingrossamenti che si formano nei punti in cui prendono inserzione le foglie

internografàto [comp. di *interno* e della seconda parte di simili comp., come *(dattilo)grafato, (steno)grafato*, e sim. ✻ 1957] **agg.** ● detto spec. di busta per lettere internamente ricoperta di tratti, disegni e sim. fitti e minuti che ne annullano la trasparenza

inter nos /interˈnɔs/ [propr. 'fra (*ĭnter*) noi (*nōs*)' ✻ 1839] **loc. avv.** ● fra noi, in confidenza

internùnzio [vc. dotta, lat. *internŭntiu(m)*, comp. di *ĭnter* 'fra' e *nūntius* 'nunzio' ✻ 1481] **s. m. 1** un tempo, nella diplomazia vaticana, titolo del reggente di una nunziatura apostolica in assenza prolungata del nunzio **2** †intermediario

♦**intéro** (o *-è-*) o (*lett.*) **intièro** (o *-é-*) [lat. parl. *intĕgru(m)* per *ĭntegru(m)* 'integro' ✻ av. 1250] **A agg. 1** che ha tutte le sue parti: *quantità, somma intera* | ***latte i.***, non scremato **2** considerato in tutta la sua estensione: *una intera provincia*; *un giorno i.* | tutto quanto: *conosce a memoria l'intera poesia* | ***cento euro interi***, in un solo pezzo | ***il popolo i.***, nella sua totalità | ***pagare il biglietto i.***, senza nessuna riduzione **3** pieno, assoluto: *manterranno intera la promessa* | completo: *avere intera fiducia in qlcu.* **4** integro, intatto: *non sta a mirar s'intere o rotte / sieno le mura* (L. ARIOSTO) | (*fam.*) illeso, incolume **5** (*lett.*) retto, integro: *e 'l giusto Mardoceo, / che fu al dire e al far così i.* (DANTE *Purg.* XVII, 29-30) **6** (*zootec.*) non castrato ‖ **interaménte**, (*lett.*) **intieraménte**, **avv.** completamente, del tutto **B s. m. 1** il tutto, la totalità: *esaminare le parti che costituiscono l'i.* | ***nel suo i.***, nella sua interezza | ***per i.***, interamente **2** (*mat.*) numero intero **3** (*mus.*) semibreve

interoceànico [comp. di *inter-* e *oceano*, con suff. agg. ✻ 1900] **agg. (pl. m. *-ci*)** ● che interessa o collega due o più oceani: *canale i.*

interoculàre [comp. di *inter-* e *oculare* ✻ av. 1909] **agg.** ● (*anat.*) posto tra i due occhi

interòsseo [comp. di *inter-* e *osso*, con suff. agg. ✻ 1681] **agg.** ● (*anat.*) posto tra due ossa: *membrana interossea*

interparète [comp. di *inter-* e *parete* ✱ 1985] **s. f.** ● tipo di parete attrezzata

interparietàle [comp. di *inter-* e *parietale* ✱ 1827] **agg.** ● (*anat.*) posto fra le ossa parietali: *sutura i.*

interparlamentàre [comp. di *inter-* e *parlamento*, con suff. agg. ✱ 1917] **agg. 1** che concerne, o comprende, i due rami del Parlamento, cioè Camera e Senato **2** che concerne, o comprende, i rappresentanti dei Parlamenti di diversi Stati

interpartìtico [comp. di *inter-* e *partitico* ✱ 1944] **agg.** (**pl. m.** *-ci*) ● relativo o comune a più partiti ‖ **interpartiticaménte**, **avv.**

interpellànte **A** **part. pres.** di *interpellare*; anche **agg.** ● (*raro*) nei sign. del v. **B** **s. m. e f.** ● chi muove una interpellanza parlamentare

interpellànza [da *interpellare* ✱ 1680] **s. f. 1** (*lett.*) domanda, richiesta **2** domanda fatta dal Parlamento, in veste di un suo membro, al Governo, circa i motivi e gli intendimenti della sua condotta: *rivolgere, presentare una i.* **CFR.** interrogazione

♣**interpellàre** [vc. dotta, lat. *interpellāre*, comp. di *ĭnter* e **pellāre*, intens. iter. di *pĕllere* 'spingere', di orig. indeur. ✱ av. 1328] **v. tr.** (*io interpèllo*) **1** rivolgersi a una persona autorevole o esperta per averne un parere, un consiglio e sim.: *prima di decidere avresti dovuto i. uno specialista*; *è meglio i. un tecnico* | ***i. il governo***, rivolgergli una interpellanza **2** rivolgere a qlcu. la parola o una domanda: *lo interpellò col suo nome di famiglia* (I. SVEVO)

interpellàto **A** **part. pass.** di *interpellare*; anche **agg.** ● nei sign. del v. **B** **s. m.** (**f.** *-a*) ● chi è richiesto di un consiglio, un parere e sim.

interpèllo [da *interpellare* ✱ 1963] **s. m. 1** (*dir.*) attività processuale che consiste nell'interrogatorio di una parte **2** diritto del contribuente di richiedere all'amministrazione finanziaria un parere preventivo sull'applicazione delle norme tributarie vigenti

interpersonàle [comp. di *inter-* e *persona*, con suff. agg. ✱ 1973] **agg.** ● che si svolge, ha luogo e sim. fra due o più persone: *rapporti, differenze interpersonali*

interpetràre e deriv. ➤ **interpretare** e deriv.

interpiàno [comp. di *inter-* e *piano*② ✱ 1957] **s. m. 1** spazio o distanza fra due piani, negli edifici e tra superfici aerodinamiche **2** (*edil.*) pianerottolo intermedio tra due piani di un edificio

interplanetàrio [comp. di *inter-* e *planetario* ✱ 1871] **agg.** ● che si trova o avviene negli spazi tra i pianeti

Interpòl o **Ìnterpol** [sigla dell'ingl. *inter(national criminal) pol(ice organization)* 'organizzazione di polizia criminale internazionale' ✱ 1950] **s. f. inv.** ● organizzazione internazionale di polizia, spec. con compiti repressivi di attività criminose svolte a livello internazionale, come il traffico degli stupefacenti

interpolàbile [1965] **agg.** ● che si può interpolare

interpolaménto [1869] **s. m.** ● (*raro*) interpolazione

interpolàre [vc. dotta, lat. *interpolāre*, di etim. discussa: 'pulire (*polīre*) a nuovo (*ĭnter*)' (?) ✱ 1629] **v. tr.** (*io intèrpolo*) **1** inserire in un testo letterario elementi linguistici a esso estranei **2** (*dir.*) modificare un testo di legge con l'intento di cambiarne il significato e il valore, per adattarlo a nuove esigenze: *i. un codice* **3** (*mat.*) calcolare approssimativamente il valore di una funzione in un punto compreso fra due altri in cui il valore è noto, quando non si conosce l'espressione della funzione oppure essa è troppo complicata **4** (*raro, fig.*) alternare

interpolàto **part. pass.** di *interpolare*; anche **agg.** ● che presenta interpolazioni: *testo i.*

interpolatóre [vc. dotta, lat. tardo *interpolatōre(m)*, da *interpolātus* 'interpolato' ✱ 1869] **s. m.** (**f.** *-trice*) ● chi compie interpolazioni

interpolazióne [vc. dotta, lat. *interpolatiōne(m)*, da *interpolātus* 'interpolato' ✱ av. 1750] **s. f. 1** l'interpolare un testo | parola o locuzione inserita in un testo letterario **2** (*dir.*) nel diritto romano, modificazione ufficiale dei testi di legge più antichi per adeguarli alle circostanze dei nuovi tempi

interpónte [comp. di *inter-* e *ponte* ✱ 1937] **s. m.** ● (*mar.*) in una grande nave, spazio fra due ponti

interpórre [vc. dotta, lat. *interpōnere*, comp. di *ĭnter* 'fra' e *pōnere* 'porre' ✱ 1308] **A** **v. tr.** (**coniug. come** *porre*) **1** mettere in mezzo: *interpongono di quello colore tra 'l vetro e 'l piombo* (DANTE) | frapporre, addurre per ostacolare o ritardare qlco.: *i. ostacoli, difficoltà* | ***senza i. indugi***, subito | far valere per ottenere qlco.: *i. la propria autorità* **2** proporre a un'autorità giudiziaria o amministrativa un mezzo di reazione contro un dato atto: *i. appello*; *i. ricorso per Cassazione*; *i. ricorso al consiglio di Stato* **B** **interpórsi** **v. intr. pron. 1** porsi in mezzo: *l'interporsi della Luna tra il Sole e la Terra determina l'eclissi solare* **2** intervenire, intercedere in favore di qlcu. | porsi tra due contendenti per separarli e rappacificarli: *s'interpose il fratello e la contesa finì* **3** (*lett.*) trascorrere tra due momenti: *era necessario si interponesse lungo spazio di tempo* (F. GUICCIARDINI)

interpòrto [comp. di *inter(no)* e *porto* ✱ 1971] **s. m.** ● centro costituito da un insieme di strutture e di servizi per tutte le operazioni e le attività relative al trasporto, lo scalo e la distribuzione di merci viaggianti su strada o su rotaia

†**interpositóre** [av. 1442] **s. m.** (**f.** *-trice*) ● chi interpone | mediatore, intercessore

interposizióne [vc. dotta, lat. *interpositiōne(m)*, da *interpŏsitus* 'interposito' ✱ 1261 ca.] **s. f. 1** l'interporre, l'interporsi **2** (*dir.*) sostituzione di una persona ad un'altra nell'esplicazione di un'attività giuridicamente rilevante, spesso utilizzata per eludere un divieto di legge **3** (*gramm.*) parentesi, inciso

interpósto **A** **part. pass.** di *interporre*; anche **agg.** ● posto in mezzo, frapposto | ***per interposta persona***, con la mediazione di qlcu. **B** **s. m.** ● †interiezione

interpretàbile o (*tosc., lett.*) **interpetràbile** [vc. dotta, lat. tardo *interpretābile(m)*, da *interpretāri* 'interpretare' ✱ sec. XIV] **agg.** ● che si può interpretare ‖ **interpretabilità**, **s. f. inv.**

interpretaménto o (*tosc., lett.*) **interpetraménto** [vc. dotta, lat. tardo *interpretaméntu(m)*, da *interpretāri* 'interpretare' ✱ av. 1292] **s. m. 1** †interpretazione **2** (*ling.*) figura retorica che consiste nel ridire con altre parole una cosa già detta; per es. in: *Qual felice destin, qual dextro fato* (M.M. BOIARDO)

♦**interpretàre** o (*tosc., lett.*) **interpetràre** [vc. dotta, lat. *interpretāri*, da *intĕrpres*, genit. *intĕrpretis* 'interprete' ✱ 1261 ca.] **v. tr.** (*io intèrpreto*) **1** intendere in un certo modo e spiegare ciò che è ritenuto oscuro o difficile: *i. un passo controverso*; *i. un'iscrizione*; *i. i sogni, le visioni* | ***i. la legge***, attribuirle il significato voluto dal legislatore e conforme a finalità di giustizia **2** attribuire un particolare significato a qlco.: *i. qlco. in senso buono, cattivo*; *non devi i. quelle parole come un rimprovero* **3** intuire e rendere espliciti i propositi, i sentimenti e le intenzioni di qlcu.: *sono certo di i. nel modo giusto il vostro silenzio*; *crediamo così di i. la volontà di tutti* **4** rappresentare esattamente, detto di artista e di espressione artistica: *poesia, poeta che interpreta l'angoscia dell'uomo moderno* | eseguire, portare sulla scena, rappresentare in pubblico come attore, artista: *i. l'Otello, la Traviata* **5** †tradurre

SFUMATURE ➤ ***commentare***

interpretariàto [fr. *interprétariat*, da *interprète* 'interprete' ✱ 1963] **s. m.** ● attività, funzione dell'interprete

interpretatìvo o (*tosc., lett.*) **interpetratìvo** [1619] **agg. 1** che serve all'interpretazione | ***norma interpretativa***, che tende a spiegare il senso di un'altra norma o di una volontà individuale non chiaramente espressa **2** che concerne l'interpretazione **SIN.** ermeneutico, esegetico ‖ **interpretativaménte**, **avv.** dal punto di vista interpretativo

interpretàto o (*tosc., lett.*) **interpetràto** **part. pass.** di *interpretare*; anche **agg.** ● nei sign. del v.

interpretatóre o (*tosc., lett.*) **interpetratóre** [vc. dotta, lat. tardo *interpretatōre(m)*, da *interpretātus* 'interpretato' ✱ av. 1292] **s. m.** (**f.** *-trice*); anche **agg.** ● (*lett.*) chi (o che) interpreta

interpretazióne o (*tosc., lett.*) **interpetrazióne** [vc. dotta, lat. *interpretatiōne(m)*, da *interpretātus* 'interpretato' ✱ 1320] **s. f. 1** l'interpretare **SIN.** ermeneutica, esegesi | spiegazione: *una dubbia i. dei fatti*; *i. di sogni, prodigi, visioni* | modo di intendere; attribuzione di un particolare significato a qlco.: *dare un'i. falsa, ambigua* **2** modo di interpretare; esecuzione, rappresentazione pubblica di artista o attore: *un'ottima i. musicale*; *la perfetta i. di una commedia, di un personaggio* **3** (*dir.*) procedimento logico per accertare il significato di un atto giuridico: *i. della legge, del contratto*; *i. dottrinale*; *i. autentica*

Definizione d'autore

L'**interpretazione** di un testo musicale è una particolare forma di creazione – benché non paragonabile al lavoro del compositore, che dal nulla fa emergere emozioni semplicemente accostando delle note. È però vero che la stessa musica può essere resa in molteplici modi, capaci di toccare l'una o l'altra corda emotiva del pensiero. Qui sta il lavoro creativo dell'esecutore: dare vita a quei puntini neri sul pentagramma, comprensibili solo da chi è musicista, e farli arrivare all'orecchio, al cuore e alla mente di chiunque ascolti, indipendentemente dalle differenze di cultura e lingua. Ogni produzione, operistica o concertistica, è un prototipo, e perfino ogni serata di un medesimo spettacolo può dare esiti diversi anche se gli interpreti sono gli stessi: è questa la magia del teatro.

Mirella Freni

SFUMATURE DI SIGNIFICATO

interpretazione - esegesi - chiosa - glossa - nota

Interpretazione è l'atto di intendere e spiegare in un certo modo ciò che è ritenuto oscuro, di difficile comprensione; si riferisce in special modo alla decifrazione del significato di opere d'arte e, in ambito musicale, alla loro esecuzione. **Esegesi** ha significato più ristretto, riguardando lo studio e l'interpretazione critica dei testi in relazione a singoli passi o episodi. **Chiosa** restringe l'ambito d'attenzione alla spiegazione di un passo circoscritto o addirittura di una sola parola. Se la chiosa è trascritta in margine a un testo manoscritto d'età medievale si ha una **glossa**, se si trova a piè di pagina di un testo stampato si dice **nota**.

intèrprete o (*tosc., lett.*) **intèrpetre** [vc. dotta, lat. *intĕrprete(m)*, originariamente 'mediatore, sensale', di etim. incerta ✱ 1264] **s. m. e f.** **1** chi intende in un certo modo e chiarisce il senso di ciò che è ritenuto oscuro o difficile | critico, commentatore: *è uno dei più valenti interpreti della Divina Commedia* SIN. esegeta | ***farsi i. di qlco. presso qlcu.***, esprimere, manifestare a qlcu. sentimenti o pensieri altrui: *ci faremo interpreti presso di lui della vostra gratitudine; farsi i. della protesta popolare* **2** chi, spec. per professione, traduce oralmente discorsi fatti in un'altra lingua: *fare l'i. in un grande albergo* | ***i. simultaneo***, chi, in conferenze, congressi e sim., esegue traduzioni simultanee **3** chi rappresenta, sostenendovi un ruolo, un'opera teatrale, esegue un brano musicale e sim.: *gli interpreti di un dramma di Ibsen; personaggi e interpreti* **4** (*inform.*) linguaggio per elaboratori elettronici in cui le istruzioni di un programma, scritte in un linguaggio simbolico, vengono convertite in codice macchina durante l'esecuzione **5** †traduttore: *i settanta interpreti della Bibbia* **6** †mediatore, messaggero

SFUMATURE ➤ *cantante*

interprovinciàle [comp. di *inter-* e *provincia*, con suff. agg. ✱ 1884] **agg.** ● che interessa più province: *consorzio i.; trasporti interprovinciali*

interpsicologìa [comp. di *inter-* e *psicologia*, sul modello del corrispondente fr. *interpsychologie* ✱ 1973] **s. f.** (**pl.** *-gìe*) ● psicologia collettiva, in quanto studio degli individui nelle loro interazioni

interpùngere [vc. dotta, lat. *interpŭngere*, comp. di *ĭnter* 'fra' e *pŭngere*, di etim. incerta, sul modello del gr. *diakentêin* ✱ av. 1729] **v. tr.** (**coniug. come** *pungere*) ● (*ling.*) separare con segni di interpunzione

interpunzióne [vc. dotta, lat. *interpunctiō-ne(m)*, da *interpŭnctus*, part. pass. di *interpŭngere* 'interpungere', sull'es. del corrispondente gr. *diakéntēsis* ✱ av. 1647] **s. f.** ● (*ling.*) separazione degli elementi di una frase o di uno scritto per mezzo di segni grafici SIN. punteggiatura | ***segni d'i.***, il punto, la virgola, i due punti, ecc.

interpupillàre [comp. di *inter-* e *pupillare* ✱ sec. XX] **agg.** ● (*anat.*) detto della distanza fra le pupille

interRail /inter'reil, *ingl.* ˌɪntə'reɪl/ [vc. ingl., comp. di *inter-* e *rail* 'ferrovia' ✱ 1989] **s. m. inv.** ● biglietto ferroviario acquistabile a prezzo vantaggioso dai cittadini dell'Unione Europea o in essa residenti, che consente per un periodo determinato la libera circolazione all'interno del Paese o dei Paesi per i quali si è richiesta la validità

interraménto [av. 1589] **s. m.** ● l'interrare, l'interrarsi | accumulo di terra, sabbia e sim.

interràre [comp. di *in-*① e *terra* ✱ av. 1470] **A** **v. tr.** (*io intèrro*) **1** introdurre nella terra: *i. un seme* **2** colmare, riempire con terra, sabbia e sim.: *i. un fiume, un canale* **3** (*mil.*) sistemare un pezzo di artiglieria, un'arma, un mezzo corazzato, un automezzo e sim. in uno scavo naturale o artificiale del terreno, per nasconderlo **B** **interràrsi** **v. intr. pron.** ● colmarsi, riempirsi di terra

interràto **A** **part. pass.** di *interrare*; **anche agg.** ● nei sign. del v. **B** **s. m.**; **anche agg.** ● piano posto sotto il livello stradale

interrazziàle o (*disus.*) **interraziàle** [comp. di *inter-* e *razza*, con suff. agg. ✱ 1968] **agg.** ● relativo a più razze umane

interré [vc. dotta, lat. *interrēge(m)*, comp. di *ĭnter* 'fra' e *rēx*, genit. *rēgis* 're' ✱ sec. XIV] **s. m.** ● nell'antica Roma, magistrato che sostituiva il re o un console in attesa dell'elezione del nuovo

interregionàle [comp. di *inter-* e *regione*, con suff. agg. ✱ 1902] **A** **agg.** ● che interessa due o più regioni: *comitato i.* | che collega due o più regioni: *treno i.* ‖ **interregionalménte**, **avv.** ‖ **interregionalità**, **s. f. inv.** caratteristica di ciò che è comune a più regioni **B** **s. m.** ● treno interregionale

interrégno [vc. dotta, lat. *interrēgnu(m)*, comp. di *ĭnter* 'fra' e *rēgnum* 'regno' ✱ sec. XIV] **s. m.** **1** situazione politico-amministrativa che si verifica nel periodo di tempo compreso fra la morte, l'abdicazione o la deposizione di un sovrano e la nomina del successore **2** periodo di tempo in cui si verifica tale situazione | (*est., anche scherz.*) periodo in cui una carica è vacante

interrelàto [ingl. *interrelated*, part. pass. di *to interrelate* 'mettere in relazione reciproca', comp. di *inter-* e *to relate* 'riferire, mettere in relazione', dal lat. *relātus* (V. *relazione*) ✱ 1983] **agg.** ● che è in rapporto di relazione reciproca con altri elementi analoghi: *problemi interrelati*

interrelazióne [ingl. *interrelation*, comp. di *inter-* e *relation* 'relazione' ✱ 1946] **s. f.** ● relazione reciproca: *i. di fatti, di idee*

interreligióso (o **-ṣ-**) [comp. di *inter-* e *religioso* ✱ 1941] **agg.** ● relativo ai rapporti tra religioni diverse: *tavola rotonda interreligiosa*

interrenàle [comp. di *inter-* e *renale* ✱ 1957] **A** **agg.** ● (*biol.*) riferito al tessuto ghiandolare endocrino di alcuni gruppi di Vertebrati, localizzato tra i reni e omologo alla corteccia surrenale **B** **s. m.** ● (*biol.*) in alcuni gruppi di Vertebrati, tessuto ghiandolare endocrino localizzato tra i reni

interriménto [var. di *interramento* ✱ av. 1644] **s. m.** ● (*geogr.*) riempimento di una cavità con terreno o materiali sciolti, spec. trasportati da acque correnti

interrogànte **A** **part. pres.** di *interrogare*; **anche agg.** ● che interroga | che presenta o ha presentato un'interrogazione: *deputato i.* **B** **s. m. e f.** **1** chi interroga, chi conduce un interrogatorio: *rispondere all'i.* **2** chi presenta un'interrogazione parlamentare

♦**interrogàre** [vc. dotta, lat. *interrogāre*, comp. di *ĭnter* 'fra' e *rogāre* 'chiedere' ✱ 1450 ca.] **v. tr.** (*io intèrrogo, tu intèrroghi*) **1** porre una o più domande a qlcu. per ottenere informazioni, chiarimenti e sim. (*anche fig.*): *i. un testimone oculare; i. qlcu. sullo svolgimento dei fatti; i. qlcu. con gli occhi; l'interrogai col solo sguardo* (G. VERGA) | porre una serie di domande per accertare il grado di preparazione di uno studente e sim.: *i. in filosofia, in geografia* **2** sottoporre a interrogatorio: *i. i testimoni, le parti, l'imputato* **3** (*fig.*) consultare, esaminare qlco. per avere una risposta: *i. la storia; i. la propria coscienza*

†**interrogatìva** [vc. dotta, lat. *interrogatī-va(m)*, agg. f., da *interrogāre* 'interrogare' ✱ 1374] **s. f.** ● interrogazione

interrogatìvo [vc. dotta, lat. tardo *interrogatīvu(m)*, da *interrogāre* 'interrogare' ✱ av. 1328] **A** **agg.** **1** che esprime o contiene interrogazione: *frase interrogativa* | che rivela curiosità di sapere, interesse, dubbio: *sguardi interrogativi; gesti interrogativi* **2** (*gramm.*) che serve a domandare: *aggettivo, pronome, avverbio i.* (per es.: *quale, quanto, che, chi, che cosa, come, dove, perché*) | ***punto i.***, segno che indica il senso interrogativo della proposizione; V. anche *punto*① nel sign. 3 | ***proposizione interrogativa***, che esprime una domanda | ***proposizione interrogativa diretta***, proposizione indipendente che nello scritto è conclusa da un punto interrogativo (per es.: *che ore sono?; non te lo ricordi?*) | ***proposizione interrogativa indiretta***, proposizione subordinata introdotta da avverbi, pronomi o aggettivi interrogativi o dalla congiunzione *se*, e dipendente da verbi come 'chiedere', 'dire', 'sapere', 'ignorare' ecc.; se esplicita, ha il verbo al congtv., all'indic. o al condiz.; se implicita, all'inf. (per es.: *mi chiedo quale sia la scelta migliore; mi domandò che cosa intendevo fare; dimmi perché l'hai fatto; mi chiedo se ne sarei capace; non so a chi chiedere*) | ***frase interrogativa retorica***, frase interrogativa che non richiede risposta perché la contiene in sé (per es.: *è così che risponde una persona educata?*) CFR. interrogazione ‖ **interrogativaménte**, **avv.** **B** **s. m.** **1** domanda, quesito, dubbio: *gli interrogativi non sono pochi* **2** (*fig.*) ciò che non può essere compreso, conosciuto, previsto: *il futuro è per noi un i.* | ***è un i.***, di persona che non si riesce a capire SIN. enigma, rebus, incognita

interrogàto **A** **part. pass.** di *interrogare*; **anche agg.** ● nei sign. del v. **B** **s. m.** (**f.** *-a*) **1** persona cui è stata rivolta una domanda **2** (*dir.*) chi è, o è stato, sottoposto a interrogatorio: *l'i. si rifiuta di rispondere; l'i. ha confessato*

interrogatóre [vc. dotta, lat. tardo *interrogatōre(m)*, da *interrogātus* 'interrogato' ✱ 1450 ca.] **s. m.** (**f.** *-trice*); **anche agg.** ● (*raro*) chi (o che) interroga

interrogatòrio [vc. dotta, lat. tardo *interrogatōriu(m)*, da *interrogātor*, genit. *interrogatōris* 'interrogatore' ✱ av. 1472] **A** **agg.** (**pl. m.** *-i* o *raro -ii*) **1** che è proprio di chi interroga: *tono i.* SIN. inquisitorio **2** (*raro*) interrogativo: *sguardo i.* **B** **s. m.** **1** (*dir.*) serie di domande rivolte, nel corso di un processo o di un'indagine, agli imputati, alle parti o ai testi al fine di accertare la verità: *sottoporre a i.* | ***i. di terzo grado***, V. *grado*② nel sign. 4 **2** (*est.*) serie incalzante di domande: *... mi prese da un lato a quattrocchi e mi fece sostenere uno stranissimo i.* (I. NIEVO)

interrogazióne [vc. dotta, lat. *interrogatiō-ne(m)*, da *interrogātus* 'interrogato' ✱ av. 1311] **s. f.** **1** l'interrogare | domanda: *rispondere all'i.* **2** serie di domande volte ad accertare il grado di preparazione di uno studente: *i. di storia, di geografia* **3** ***i. parlamentare*** o (*assol.*) ***interrogazione***, domanda rivolta per iscritto dal Parlamento, in veste di un suo membro, al Governo, per avere informazioni o spiegazioni sull'attività della pubblica amministrazione: *presentare un'i.* CFR. interpellanza **4** (*ling.*) figura retorica che consiste nel formulare una domanda già contenente una risposta implicita, allo scopo di cercare il consenso dell'interlocutore sulla propria opinione; per es.: *La vogliam noi forse / far qui tutti da re?* (V. MONTI) **5** (*inform.*) insieme delle condizioni in base alle quali si formula una estrazione selettiva di dati da un database | il risultato dell'estrazione ‖ **interrogazioncèlla**, **dim.** | **interrogazioncìna**, **dim.**

SFUMATURE DI SIGNIFICATO

interrogazione - colloquio - esame
In ambito scolastico **interrogazione** è il metodo con cui si accerta via via il grado di preparazione di uno studente ponendogli una serie di domande. **Colloquio** è termine più pertinente all'ambito universitario e definisce un accertamento del profitto preliminare alla prova finale; in ambito lavorativo è l'intervista a cui si sottopone chi aspira a essere assunto. L'**esame** è la prova o la serie di prove anche scritte a cui è tenuto uno studente alla fine di un corso, il cui superamento consente un avanzamento negli studi o il rilascio di un diploma finale.
SFUMATURE ➤ *esame*

♦**interrómpere** [vc. dotta, lat. *interrŭmpere*,

comp. di *ĭnter* 'tra' e *rŭmpere* 'rompere' ✻ av. 1342] **A** **v. tr.** (coniug. come *rompere*) **1** sospendere, far cessare in forma temporanea o definitiva: *i. gli studi, le trattative, la conversazione* | ***i. la noia, la monotonia***, detto di ciò che svaga, diverte e sim. **2** (*dir.*) impedire il compimento di un fatto o di un'azione: *i. la prescrizione* **3** intervenire, interloquire impedendo a qlcu. di continuare a parlare (*anche assol.*): *ha la cattiva abitudine di i. chi sta parlando; smettila di i.!* **4** impedire la continuazione, lo svolgimento regolare, il funzionamento e sim. di qlco.: *i. il moto, l'attività, lo sviluppo; i. una linea telefonica, elettrica; i. i rifornimenti; l'alluvione ha interrotto in più punti la strada statale* | dividere, spezzare la continuità di qlco.: *La facciata opposta del castello ... era interrotta da finestre* (G. VERGA) | †***i. una congiura***, cercare di sventarla: *alla congiura non acconsentì, anzi la detestò, e ... la interruppe* (N. MACHIAVELLI) **B** **interrómpersi** **v. intr. pron.** ● arrestarsi, fermarsi: *si interruppe sul più bello; negli ozïosi tempi, / quando nostra fatica s'interrompe* (A. POLIZIANO)

interrompìbile [1807] **agg.** ● che può essere interrotto | detto di contratto di fornitura di un servizio (per es. elettricità, gas) che in cambio di una tariffa agevolata consente all'azienda erogante una sospensione temporanea in caso di eccesso di richiesta da parte del mercato ‖ **interrompibilità**, **s. f. inv.**: *interrompibilità di una fornitura*

interrompiménto [1548 ca.] **s. m.** ● (*lett.*) interruzione

interrótto **part. pass.** di *interrompere*; anche **agg.** ● nei sign. del v.: *discorso i.; strada interrotta* ‖ **interrottaménte**, **avv.** in maniera interrotta

interruttóre [vc. dotta, lat. tardo *interruptōre(m)*, da *interrŭptus* 'interrotto' ✻ 1869] **s. m.** **1** apparecchio per determinare l'apertura o la chiusura di un circuito elettrico | ***i. automatico, di massima, di minima***, che funziona da sé per effetto della stessa corrente quando l'intensità tende a salire al disopra o a scendere al disotto di limiti prestabiliti | ***i. a tocco, a sfioramento***, microinterruttore | ***i. differenziale***, interruttore automatico dotato di un sensore che apre il circuito quando rileva una differenza tra le correnti di ingresso e di uscita di un circuito elettrico **SIN.** salvavita | ***i. magnetotermico***, V. *magnetotermico* | (*autom.*) ***i. inerziale***, dispositivo di sicurezza che interrompe il flusso del carburante in caso di urto **2** (**f. -trice**) (*raro*) chi interrompe un discorso, un'azione e sim.

interruzióne [vc. dotta, lat. *interruptiōne(m)*, da *interrŭptus* 'interrotto' ✻ sec. XIV] **s. f.** ● l'interrompere, l'interrompersi | cessazione, sospensione: *i. di un lavoro, delle trattative; i. di una strada, delle comunicazioni; i. di un discorso, di un servizio* | ***senza i.***, continuamente, ininterrottamente | ***i. di gravidanza***, aborto | intervento che impedisce la continuazione di un discorso: *le tue continue interruzioni mi impediscono di esporre il mio pensiero*

interscàlmio [vc. dotta, lat. tardo *interscălmiu(m)*, comp. di *ĭnter* 'fra' e di un deriv. da *scălmus* 'scalmo' ✻ 1889] **s. m.** ● (*mar.*) spazio tra scalmo e scalmo

interscambiàbile [comp. di *inter-* e *scambiabile* ✻ av. 1950] **agg.** ● detto di due o più persone, cose o elementi che possono essere scambiati reciprocamente ‖ **interscambiabilménte**, **avv.** ‖ **interscambiabilità**, **s. f. inv.**

interscàmbio [comp. di *inter-* e *scambio* ✻ 1940] **s. m.** **1** scambio | ***i. commerciale***, l'import-export in corso fra due Paesi | ***mobilità di i.***, detto di due lavoratori che cambiano lavoro prendendo rispettivamente l'uno il posto dell'altro | ***parcheggio di i.***, dove è possibile lasciare il mezzo privato per continuare il viaggio con uno pubblico **SIN.** park and ride **2** complesso di opere stradali a diversi livelli che permette di eliminare i punti di intersezione delle varie correnti di traffico

interscapolàre [comp. di *inter-* e *scapola*, con suff. agg. ✻ 1835] **agg.** ● (*anat.*) posto fra le scapole: *regione i.*

interscolàstico [comp. di *inter-* e *scolastico* ✻ 1986] **agg.** (**pl. m.** *-ci*) ● che riguarda due o più scuole: *torneo i.*

interscuòla [comp. di *inter-* e *scuola* ✻ 1983] **s. f. inv.** ● nella scuola dell'obbligo, spec. a tempo pieno, periodo di tempo intercorrente tra le lezioni mattutine e quelle pomeridiane, solitamente dedicato ad attività di socializzazione (pranzo, svago ecc.)

†**intersecaménto** [1574] **s. m.** ● intersecazione

intersecàre [vc. dotta, lat. tardo *intersecāre*, comp. di *ĭnter* 'fra' e *secāre* 'tagliare' ✻ av. 1328] **A** **v. tr.** (*io intèrseco, tu intèrsechi*) **1** attraversare tagliando: *il meridiano interseca l'orizzonte; una fitta rete di canali interseca la pianura; ridusse a perfezione il modo di tirare le prospettive ... per via d'i. le linee* (G. VASARI) **2** (*mat.*) trovare l'intersezione | trovare gli elementi comuni **B** **intersecàrsi** **v. rifl. recipr.** **1** incrociarsi, attraversarsi: *le due strade a un certo punto s'intersecano* **2** (*mat.*) avere degli elementi comuni

intersecazióne [av. 1328] **s. f.** ● intersezione

intersessuàle [comp. di *inter-* e *sessuale* ✻ 1934] **agg. e s. m. e f.** ● (*biol.*) che (o chi) presenta intersessualità ‖ **intersessualità**, **s. f. inv.** (*biol.*) coesistenza in un individuo di caratteri sessuali maschili e femminili

intersettoriàle [comp. di *inter-* e *settore*, con suff. agg. ✻ 1963] **agg.** ● relativo a due o più diversi settori: *interessi, studi, intersettoriali* ‖ **intersettorialménte**, **avv.** ‖ **intersettorialità**, **s. f. inv.**

intersezióne [vc. dotta, lat. *intersectiōne(m)*, da *intersĕctus*, part. pass. di *intersecāre* 'intersecare' ✻ av. 1549] **s. f.** **1** l'intersecare, l'intersecarsi | incrocio | punto in cui due o più elementi si intersecano **2** (*mat.*) insieme costituito dagli elementi comuni a più insiemi: *punto d'i.; i. di due insiemi* | ***i. booleana***, V. *prodotto*

intersideràle [comp. di *inter-* e *siderale* ✻ 1961] **agg.** ● che sta tra due o più corpi siderali

intersindacàle [comp. di *inter-* e *sindacale* ✻ 1928] **agg.** ● comune a più sindacati od organizzato da più sindacati

intersoggettìvo [comp. di *inter-* e *soggettivo* ✻ 1963] **agg.** ● che avviene fra due o più soggetti, che riguarda due o più soggetti: *rapporto i.* ‖ **intersoggettività**, **s. f. inv.** (*filos.*) carattere, proprietà di ciò che è intersoggettivo: *la teoria dell'intersoggettività di Husserl*

interspaziàle [comp. di *inter-* e *spaziale* ✻ 1970] **agg.** ● (*raro*) interplanetario, interstellare

interspecìfico [comp. di *inter-* e *specifico* ✻ 1968] **agg.** (**pl. m.** *-ci*) ● (*biol.*) detto di qualsiasi tipo di rapporto coinvolgente individui di specie diverse

interspinàle [comp. di *inter-* e *spinale* ✻ 1834] **agg.** ● (*anat.*) posto tra le spine vertebrali

interstazionàle [comp. di *inter-* e dell'agg. di *stazione* ✻ 1905] **agg.** ● relativo al collegamento tra due o più stazioni

interstellàre [comp. di *inter-* e *stella*, con suff. agg. ✻ av. 1920] **agg.** ● che si trova o avviene negli spazi tra le stelle: *materia i.*

interstiziàle [1865] **agg.** **1** di interstizio **2** posto, situato negli interstizi | (*anat.*) ***ghiandola i.***, posta tra le cellule proprie del testicolo e che ha funzione di ghiandola endocrina, produttrice di ormoni sessuali maschili

interstìzio [vc. dotta, lat. tardo *interstĭtiu(m)*, da *interstāre*, comp. di *ĭnter* 'tra' e *stāre* 'stare' ✻ 1499] **s. m.** **1** spazio minimo che separa due corpi o due parti dello stesso corpo: *osservai al microscopio gli interstizi esistenti tra le cellule* | fessura: *la luce filtrava fra gli interstizi* **2** (*astron.*) †solstizio **3** †indugio | (*lett.*) sosta, pausa

intertèmpo [comp. di *inter-* e *tempo* ✻ 1973] **s. m.** ● (*sport*) in gare individuali a cronometro, spec. di sci o di ciclismo, tempo parziale fatto registrare da un concorrente in una determinata fase della gara **SIN.** tempo intermedio

intertemporàle [comp. di *inter-* e *temporale*① ✻ 1983] **agg.** ● detto di ciò che è relativo a momenti o a tempi diversi

intertenére [lat. mediev. *intertenēre*, comp. di *inter-* 'tra' e *tenēre* 'tenere' ✻ 1528] **A** **v. tr.** (coniug. come *tenere*) ● (*lett.*) trattenere | (*lett.*) intrattenere | †assumere, impiegare **B** **intertenérsi** **v. intr. pron.** ● (*lett.*) intrattenersi: *dove il fine non sia che intertenersi parlando* (G. LEOPARDI)

intertèsto [vc. dotta, comp. di *inter-* e *testo* ✻ 1975] **s. m.** ● testo inserito all'interno di un altro testo, in varie forme (fonte, citazione, parodia e sim.)

intertestuàle [comp. di *inter-* e *testuale* ✻ 1855] **agg.** ● (*ling.*) che riguarda i rapporti documentabili tra testi di una stessa lingua **CFR.** interdiscorsivo ‖ **intertestualità**, **s. f. inv.**

intertrìgine [vc. dotta, lat. *intertrīgine(m)*, comp. di *ĭnter* 'tra' e un deriv. di *tĕrere* '(sof)fregare', di orig. indeur. ✻ 1550] **s. f.** ● (*med.*) dermatosi rappresentata da arrossamento ed essudazione delle regioni delle pieghe cutanee

intertropicàle [comp. di *inter-* e *tropicale* ✻ 1869] **agg.** ● situato tra i circoli dei tropici: *regione, pianta i.*

interumàno [comp. di *inter-* e *umano* ✻ av. 1869] **agg.** ● (*lett.*) relativo ai rapporti fra gli uomini: *fatti interumani* **SIN.** sociale

interurbàna [f. sost. di *interurbano* ✻ 1957] **s. f.** ● conversazione telefonica scambiata tra due abbonati appartenenti a reti urbane diverse

interurbàno [comp. di *inter-* e *urbano* ✻ 1902] **agg.** ● che unisce due o più città: *trasporti interurbani* | (*tel.*) che esiste o avviene tra due reti telefoniche diverse: *linee interurbane; collegamento i.; comunicazione interurbana*

interusùrio [vc. dotta, lat. tardo *interusūriu(m)*, comp. di *ĭnter* 'tra' e un deriv. di *usūra* 'interesse' ✻ av. 1631] **s. m.** ● (*dir.*) nel diritto romano, rimborso spettante al debitore che ha pagato prima della scadenza del termine ignorando l'esistenza dello stesso

intervallàre① [vc. dotta, lat. tardo *intervallāre*, da *intervăllum* 'intervallo' ✻ 1499] **v. tr.** ● disporre o distanziare con intervalli di spazio o di tempo: *i. le costruzioni, i viaggi, le partenze* | alternare (+ *con*): *i. il lavoro con periodi di formazione*

intervallàre② [da *intervallo* ✻ 1970] **agg.** ● di intervallo | che è in un intervallo

♦**intervàllo** [vc. dotta, lat. *intervăllu(m)*, comp. di *ĭnter* 'tra' e *văllum* 'vallo' ✻ 1268] **s. m.** **1** spazio, distanza intercorrente tra due cose: *l'i. tra casa e casa; procedevano a intervalli di cinque metri l'uno dall'altro* **2** periodo di tempo intercorrente tra due fatti, due azioni e sim.: *l'i. tra il primo e il secondo atto di un'opera teatrale* | pausa, spec. durante le lezioni scolastiche: *facciamo un i. di cinque minuti*; *ci vediamo durante l'i.*; *ripasserò la poesia nell'i.* | ***a intervalli***, con interruzioni più o meno sistematiche o regolari **3** (*mus.*) differenza d'altezza fra due suoni: *i. di un tono, di un semitono* | ***i. di ottava***, fra due note uguali di due ottave successive **4** (*mat.*) ***i. aperto***, insieme dei numeri reali maggiori di un numero e minori di un altro | ***i. chiuso***, insieme dei numeri reali maggiori o uguali a un numero e minori o uguali a un altro | (*stat.*) ***i. di confidenza***, in un'indagine per campione, l'intervallo di valori entro cui il risultato riferito all'intera popolazione è verosimilmente valido

interveniènte o **intervenènte** **A** **part. pres.** di *intervenire*; **anche agg.** ● (*raro*) nei sign. del v. **B** **s. m. e f.** **1** (*dir.*) chi interviene in una causa divenendone parte **2** (*dir.*) chi accetta o paga una cambiale tratta per conto dell'obbligato principale

♦**intervenìre** [vc. dotta, lat. *intervenīre*, comp. di *ĭnter* 'in mezzo' e *venīre* 'venire' ✱ 1261 ca.] **v. intr.** (**coniug. come** *venire*; **aus.** *essere*) **1** (*lett.* o *raro*) accadere, succedere, capitare: *intervenne cosa di gran maraviglia* (G. LEOPARDI); *sono intervenute delle complicazioni* **2** intromettersi, frapporsi (+ *in*): *i. in una lite, in un contenzioso, in una discussione* | prendere parte attiva, prendere un'iniziativa: *i. su un ragazzo a rischio*; *intervenne per salvare un compagno* | ingerirsi (+ *in*): *i. negli affari interni di un Paese* | (*sport*) ***i. sulla palla***, nel calcio, raggiungere la palla e colpirla | ***i. in attacco, in difesa***, partecipare alle relative azioni | ***i. su un avversario***, ostacolarlo, arrestarlo nella sua azione di gioco **3** partecipare a cerimonie, riunioni e sim. (+ *a*): *i. alle nozze, alla festa* | prendere la parola: *i. al dibattito, all'assemblea* **4** (*dir.*) diventare parte in un processo pendente, spontaneamente, su istanza di parte, o per ordine del giudice **5** compiere un intervento chirurgico: *il chirurgo non ritenne necessario i.*

interventìşmo [1916] **s. m.** **1** tendenza favorevole all'intervento di uno Stato in una guerra combattuta da altri Stati **2** indirizzo generale della politica economica favorevole all'estensione dell'intervento dello Stato nell'economia del paese

interventìsta [1915] **s. m. e f.**; **anche agg.** (**pl. m.** *-i*) ● chi (o che) è favorevole all'interventismo

interventìstico [1957] **agg.** (**pl. m.** *-ci*) ● relativo all'interventismo, agli interventisti

♦**intervènto** [vc. dotta, lat. *intervĕntu(m)*, da *intervenīre* 'intervenire' ✱ 1499] **s. m.** **1** atto dell'intervenire: *l'i. della forza pubblica* | partecipazione, presenza: *l'i. delle autorità all'inaugurazione* **2** (*dir.*) l'intervenire come parte in un processo pendente: *comparsa d'i.*; *i. litisconsortile* | ***i. adesivo dipendente***, quello fatto da un terzo per sostenere le ragioni di una parte principale **3** (*dir.*) ***accettante per i.***, persona indicata dal traente, dal girante o dall'avallante, che accetta o paga una cambiale tratta in vece dell'obbligato principale **4** discorso pronunciato in un'assemblea, in un dibattito e sim.: *il suo è stato l'i. più brillante* **5** ingerenza autoritaria di uno Stato negli affari interni o esteri di un altro Stato: *i. armato*; *i. diplomatico*; *i. economico* **CFR.** non intervento **6** (*med.*) atto chirurgico, operazione: *i. operatorio*; *subire un grave i.* **7** (*sport*) nei giochi di squadra e spec. nel calcio, azione con cui un giocatore si impossessa della palla e sim. o la respinge || **interventino**, **dim.**

intervenùto **A** **part. pass.** di *intervenire*; **anche agg.** ● nei sign. del v. **B** **s. m.** (**f.** *-a*) ● chi partecipa a cerimonie, riunioni e sim.: *salutare gli intervenuti*

intervenzióne [vc. dotta, dal lat. *interventiōne(m)*, da *intervĕntus*, part. pass. di *intervenīre*; V. *intervenire* ✱ av. 1442] **s. f.** ● (*raro*, *lett.*) intervento

intervenzionìşmo [da *intervenzione* ✱ 1920] **s. m.** ● (*econ.*) corrente di pensiero che afferma la necessità dell'intervento statale in ogni settore dell'economia nazionale

interversióne [vc. dotta, lat. tardo *interversiōne(m)*, che aveva però il sign. di 'interruzione' e 'malversazione', da *intervĕrsus*, part. pass. di *intervĕrtere* 'volgere in altra direzione', comp. di *inter-* e *vĕrtere* 'volgere' ✱ 1850] **s. f.** ● (*raro*) inversione | (*dir.*) ***i. nel possesso***, mutamento del titolo o della qualifica del possesso per opera di un terzo o per opposizione dell'avente causa

intervertebràle [comp. di *inter-* e *vertebra*, con suff. agg. ✱ 1806] **agg.** ● (*anat.*) che è posto tra le vertebre

intervìa [comp. di *inter-* e *via*① ✱ 1957] **s. f.** ● (*ferr.*) interbinario

intervìdeo [comp. di *inter(no)* e *video* ✱ 1983] **s. m.** ● videocitofono

intervìsta [adattamento dell'ingl. *interview*, a sua volta dal fr. *entrevue*, part. pass. f. sost. di *entrevoir* 'intravedere' ✱ 1797] **s. f.** **1** colloquio di un giornalista, radiocronista, telecronista e sim. con una persona per ottenerne dichiarazioni, informazioni, opinioni: *fare, chiedere, dare, rilasciare, concedere un'i.* **2** (*est.*) informazione o serie di informazioni desunte dal colloquio stesso: *smentire, confermare l'i.* | l'articolo giornalistico o la trasmissione radiofonica o televisiva contenente tale colloquio **3** serie di domande poste a una o più persone per conoscerne opinioni, gusti, attitudini e sim., sia per una rilevazione statistica o in vista di un'eventuale assunzione || **intervistina**, **dim.** | **intervistóna**, **accr.**

intervistàre [da *intervista* ✱ 1886] **v. tr.** ● interrogare in un'intervista: *i. un attore, un ministro*

intervistàto **A** **part. pass.** di *intervistare*; **anche agg.** ● nei sign. del v. **B** **s. m.** (**f.** *-a*) ● chi è interrogato in un'intervista

intervistatóre [1898] **s. m.** (**f.** *-trice*) **1** chi fa un'intervista **2** chi compie ricerche di mercato intervistando direttamente i potenziali acquirenti

ìnter vìvos [loc. lat., propr. 'tra (*ĭnter*) vivi (*vīvos*)' acc. pl. di *vīvus* 'vivo' ✱ av. 1422] **loc. agg. inv.** ● (*dir.*) detto di negozio giuridico concluso tra persone viventi

intervocàlico [comp. di *inter-* e *vocalico* ✱ 1957] **agg.** (**pl. m.** *-ci*) ● (*ling.*) detto di suono consonantico che si trova fra due vocali

interzàre [comp. di *in-*① e *terzo* ✱ sec. XIV] **A** **v. tr.** (*io intèrzo*) **1** (*lett.*) inserire qlcu. o qlco. fra altri due | (*raro*) alternare | (*raro*) interporre **2** (*mar.*; *disus.*) mettere il terzo rematore **3** (*agric.*) compiere la terza aratura del maggese **B** **interzàrsi** **v. intr. pron.** ● (*lett.*) inserirsi come terzo | (*est.*) unirsi, aggregarsi

interzàto [da *interzare* ✱ 1940] **A** **s. m.** ● (*arald.*) scudo con il campo diviso in tre parti uguali **B** **anche agg.**: *scudo i.*

interzinàre [comp. di *in-*① e *terzino* ✱ 1869] **v. tr.** ● (*tosc.*) mettere il vino in un terzino, fiaschetto corrispondente a un terzo del fiasco comune

interẓonàle [comp. di *inter-* e *zona*, con suff. agg., sul modello dell'ingl. *interzonal* ✱ 1950] **agg.** ● (*raro*) che riguarda due o più zone

interẓóne [comp. di *inter-* e il pl. di *zona*, in uso agg. ✱ 1938] **agg. inv.** ● interzonale: *collegamento i.*

♦**intésa** (o *-ṣ-*) [f. sost. di *inteso* ✱ 1699] **s. f.** **1** accordo tra persone o gruppi di persone: *tutto è regolato da un'i. segreta*; *tacita i.*; *essere, agire d'i.*; *come d'i.* | ***d'i.***, d'accordo: *come d'i., seguirò io la pratica* | ***intese industriali***, accordi tra imprese appartenenti allo stesso ramo di attività economica **SIN.** patto **2** accordo tra Stati | complesso degli Stati uniti da un tale accordo: *l'Intesa balcanica* | (*stor.*) ***la Triplice i.***, (*ellitt.*) ***l'Intesa***, la Francia, la Gran Bretagna e la Russia, alleate contro gli imperi centrali nella prima Guerra mondiale **3** collaborazione: *avere un'ottima i. con i compagni di lavoro* | nel linguaggio sportivo, coordinazione tra i componenti di una squadra nello svolgimento delle azioni: *curare l'i. con i compagni di squadra* **4** †attenzione

SFUMATURE ➤ ***accordo***

♦**intéso** (o *-ṣ-*) **A** **part. pass.** di *intendere*; **anche agg.** **1** compreso, capito: *parole correttamente intese* | ***bene, male i.***, bene o mal interpretato; V. anche *beninteso*, *malinteso* **CFR.** frainteso **2** che tende a un fine (+ *a*, **anche seguito da inf.**): *un provvedimento i. a ridurre l'inflazione*; *disegno di legge i. al riordino dei cicli scolastici* **3** pattuito, convenuto | ***resta, rimane i.*** (+ *che*), è convenuto, stabilito di comune accordo: *resta i. che le spese sono a carico tuo* | ***sia bene i.***, sia chiaro: *sia bene i. che io sono contrario!* | (**al pl.**) ***siamo intesi***, siamo d'accordo: *allora siamo intesi, ci vediamo alle otto*; *siamo intesi che tu devi riempire la fossa* (I. CALVINO); (in frasi interrogative, anche con tono di ammonimento) *pagherò tra due mesi, siamo intesi?*; *non uscire a giocare prima di aver terminato i compiti, siamo intesi?* (anche ellitt.: *intesi?*) **4** (*raro*) informato | ***non darsi, non darsene per i.***, rifiutare di capire o fingere di non curarsi di qlco. **5** (*lett.*) intento, dedito, attento: *povera e nuda vai Filosofia, / dice la turba al vil guadagno intesa* (F. PETRARCA) **6** (*raro*, *lett.*) ben concepito, eseguito bene e con gusto: *progetto, edificio bene i.*; *la quale opera ... è fra le più graziose e meglio intese pitture che Francesco facesse mai* (G. VASARI) | (*lett.*) ***male i.***, mal fatto **B** **s. m.** ● †intesa, accordo

intèssere [lat. *intĕxere*, comp. di *in-*② e *tĕxere* 'tessere' ✱ sec. XIII] **v. tr.** (**coniug. come** *tessere*) **1** tessere, intrecciare insieme: *i. giunchi per una cesta*; *i. ghirlande* | (*raro*) inserire per ornamento (*anche fig.*): *i. fili d'oro in qlco.*; *i. ricercatezze in uno scritto* **2** (*fig.*) comporre: *i. melodie, panegirici* | (*fig.*) ordire, tramare: *i. inganni*

intessitùra [av. 1568] **s. f.** ● (*raro*) tessitura

intessùto **part. pass.** di *intessere*; **anche agg.** ● nei sign. del v. | intrecciato, frammisto: *un velo i. d'oro* | (*fig.*) pieno, costellato: *un resoconto i. di fandonie*

intestàbile① [da *intestare* ✱ 1957] **agg.** ● che può essere intestato: *titoli, beni intestabili* || **intestabilità**①, **s. f.**

intestàbile② [vc. dotta, lat. *intestābile(m)*, comp. di *in-*③ e *testābilis* 'testabile' ✱ 1673] **s. m. e f.**; **anche agg.** ● (*dir.*, *disus.*) chi (o che) non può disporre o ricevere per testamento || **intestabilità**②, **s. f.**

intestardìrsi [comp. di *in-*① e *testardo* ✱ 1886] **v. intr. pron.** (*io mi intestardisco, tu ti intestardìsci*) ● ostinarsi, fissarsi (+ *in* **qlco.**; + *a*, *raro* + *di*, **seguiti da inf.**): *intestardirsi in un'idea, in un errore*; *s'intestardiva a non voler aprire l'uscio* (E. MORANTE) **SIN.** incaponirsi

intestàre [comp. di *in-*① e *testa* ✱ av. 1555] **A** **v. tr.** (*io intèsto*) **1** fornire del titolo o dell'intestazione un libro, un foglio, una lettera e sim.: *i. una busta*; *i. una lettera* | ***i. il foglio del compito in classe***, scrivendovi in alto il nome, il cognome e la data **2** attribuire a qlcu. la titolarità di dati diritti od obblighi o, genericamente, di date situazioni, mediante apposite registrazioni: *i. a qlcu. una casa, un debito* **3** (*tecnol.*) collegare le testate degli elementi di una struttura: *i. due travi* | (*mecc.*) effettuare l'intestatura **4** (*miniere*) iniziare la perforazione di un foro da mina o di un sondaggio **B** **intestàrsi** **v. intr. pron.** ● (*lett.*) intestardirsi, ostinarsi: *si è intestato a voler partire subito* SIN. fissarsi, incaponirsi

intestatàrio [da *intestato*② ✱ 1907] **s. m.** (**f.** *-ia*) ● soggetto titolare di dati diritti od obblighi, o genericamente, a cui fa capo una data situazione giuridica

intestàto① **part. pass.** di *intestare*; anche **agg. 1** fornito di intestazione | ***carta intestata***, con gli estremi della persona, ufficio e sim. che la utilizza **2** attribuito a un titolare: *appartamento i. alla moglie* **3** (*lett.*) ostinato

intestàto② [vc. dotta, lat. *intestātu(m)*, comp. di *ĭn-*③ e *testātus* 'testato' ✱ 1308] **A** **agg.** ● (*dir.*) che è morto senza aver fatto testamento | ***successione intestata***, successione legittima che si apre quando manca o è invalido il testamento **B** **s. m.** (**f.** *-a*) ● chi è morto senza aver fatto testamento

intestatóre [da *intestare* ✱ 1957] **s. m.** ● (*mecc.*) utensile per effettuare l'intestatura al tornio SIN. sfacciatore

intestatùra [da *intestare* ✱ av. 1704] **s. f. 1** (*lett.*) intestazione **2** (*tecnol.*) unione fra le testate di due pezzi da costruzione | punto in cui i due pezzi sono uniti SIN. commettitura **3** (*mecc.*) tornitura dell'estremità di un pezzo cilindrico o troncoconico allo scopo di renderla piana e perpendicolare all'asse del pezzo stesso SIN. sfacciatura

intestazióne [da *intestare* ✱ 1725] **s. f. 1** l'intestare: *l'i. di un conto* **2** dicitura, titolo, nome posti all'inizio di libri, scritti, articoli e sim.

intestinàle [da *intestino*② ✱ 1592] **agg.** ● (*anat.*) dell'intestino: *canale i.*

intestìno① [vc. dotta, lat. *intestīnu(m)*, da *ĭntus* 'dentro', con suff. di orig. indeur. ✱ av. 1363] **agg.** ● (*raro*) interiore, interno | ***guerra, discordia intestina***, che avviene all'interno di uno Stato, di una città, di un'organizzazione

intestìno② [vc. dotta, lat. *intestīnu(m)*, nt. sost. dell'agg. *intestīnus* (cfr. *intestino*①) ✱ av. 1320] **s. m.** (**pl.** *-i*, **m.** †*-e*, **f.**) ● (*anat.*) tratto del canale alimentare che fa seguito allo stomaco e sbocca all'esterno con l'orifizio anale CFR. entero- | ***i. tenue***, dal piloro alla valvola ileocecale | ***i. crasso, grosso i.***, ultimo tratto del canale intestinale, dalla valvola ileocecale all'ano | ***i. cieco***, prima parte dell'intestino crasso | ***i. retto***, ultimo tratto dell'intestino crasso

intèsto [vc. dotta, lat. *intĕxtu(m)*, part. pass. di *intĕxere* 'intessere' ✱ av. 1400] **agg.** ● (*lett.*) intessuto, intrecciato

intiepidìre o (*lett.*) **intepidìre** [comp. di *in-*① e *tiepido* ✱ 1338 ca.] **A** **v. tr.** (*io intiepidìsco, tu intiepidìsci*) **1** rendere tiepido: *i. la minestra fredda sul fuoco*; *i. l'acqua bollente con acqua fredda* **2** (*fig.*) mitigare, attenuare passioni, desideri e sim.: *i. l'entusiasmo, la passione di qlcu.* **B** **v. intr.** (**aus.** *essere*) e **intiepidìrsi** **v. intr. pron.** ● diventare tiepido: *l'acqua è intiepidita lentamente* | (*fig.*) attenuarsi, affievolirsi: *la sua fede si è intiepidita*

intièro (o **-é-**) e deriv. ➤ **intero** e deriv.

intifàda [arabo *intifāḍa* 'sussulto' ✱ 1988] **s. f.** ● forma di lotta di massa dei Palestinesi, organizzata a partire dal 1987 nei territori della Cisgiordania e di Gaza occupati da Israele, caratterizzata da atti di disobbedienza civile, manifestazioni illegali e uso di armi improprie

intignàre [comp. di *in-*① e *tigna* ✱ av. 1311] **A** **v. intr.** (**coniug. come** *segnare*; **aus.** *essere*) ● (*raro*) essere roso dalle tignole: *la stoffa di lana intigna facilmente* | (*est.*) essere attaccato da parassiti: *il grano intigna* **B** **intignàrsi** **v. intr. pron. 1** (*raro*) intarlare: *le pellicce si intignano se non sono protette* **2** ammalarsi di tigna **3** (*colloq.*) ostinarsi

intignatùra [1688] **s. f.** ● (*raro*) l'intignare | segno lasciato dalle tignole su stoffe, pelli e sim.: *cappotto pieno di intignature*

†**intìgnere** ➤ **intingere**

ìntima [f. sost. di *intimo* ✱ sec. XIX] **s. f.** ● (*anat.*) strato interno della parete delle arterie e delle vene, a diretto contatto con il sangue: *i. vasale*

intimàre [vc. dotta, lat. tardo *intimāre*, da *intimus* 'intimo', passato dal sign. originario di 'penetrare, introdurre' a quello di 'annunciare dentro al pubblico' ✱ 1476] **v. tr.** (*io intìmo* o *ìntimo*) **1** ordinare o imporre in modo perentorio (+ *di* **seguito da inf.**, + *che* **seguito da congtv.**): *i. la resa*; *gli intimò di partire entro un'ora*; *i. ai testimoni di presentarsi a deporre*; *intimò che il fardello gli fosse consegnato* (G. D'ANNUNZIO) | notificare in forma ufficiale: *i. lo sfratto, il pagamento* | (*lett.*) ***i. la guerra***, dichiararla SIN. comandare, ingiungere **2** †far penetrare nell'intimo **3** (*lett.*) annunziare, bandire

SFUMATURE ➤ *ordinare*

intimatóre [vc. dotta, lat. tardo *intimatōre(m)*, da *intimātus* 'intimato' ✱ av. 1667] **agg.** e **s. m.** (**f.** *-trice*) ● (*lett.*) che (o chi) intima

intimazióne [vc. dotta, lat. *intimatiōne(m)*, da *intimātus* 'intimato' ✱ 1531] **s. f. 1** l'intimare | ordine, ingiunzione: *i. inefficace*; *s'irritò fieramente all'assurda, perentoria i.* (L. PIRANDELLO) | notificazione: *i. di sfratto* | ***i. di pagamento***, invito rivolto al debitore di adempiere, pagando il proprio debito SIN. comando **2** (*lett.*) dichiarazione ufficiale: *ricevere l'i. di guerra*

SFUMATURE DI SIGNIFICATO

intimazione - comando - imposizione - diffida
Un ordine comunicato in modo perentorio, che non ammette repliche, si chiama **intimazione**. Il termine è sinonimo di **comando**, che è però utilizzato soprattutto in contesti militari: in genere dunque l'intimazione si rivolge a un antagonista, mentre il comando è diretto da un superiore a un subalterno. **Imposizione** è invece parola del linguaggio giuridico che descrive lo stabilimento di una norma, e in particolare un obbligo di natura fiscale. Ancora al linguaggio del diritto, soprattutto civile, appartiene **diffida**, che definisce l'atto con cui si impone a una persona o a un ente di astenersi da un dato comportamento, avvertendolo delle conseguenze giuridiche nelle quali incorrerebbe in caso di rifiuto.
SFUMATURE ➤ *ordine*

intimidàre [dal lat. eccl. *intimidāre* ✱ 1668] **v. tr.** (*io intìmido*) ● (*lett., raro*) incutere timore o spavento SIN. intimidire nel sign. 2

intimidatòrio [da *intimidare*, col suff. *-torio* ✱ 1841] **agg.** (**pl. m.** *-i* o *raro -ii*) ● che tende a intimorire: *discorso i.*; *lettera intimidatoria*

intimidazióne [da *intimidare*; cfr. fr. *intimidation*, da *intimider* 'intimidire' ✱ 1750] **s. f.** ● atto o parole che tendono a intimidire: *cedere a un ricatto a causa di crudeli intimidazioni*

intimidiménto [1869] **s. m.** ● (*disus.*) intimidazione | senso di timidezza

♦**intimidìre** [comp. di *in-*① e *timido* ✱ av. 1405] **A** **v. tr.** (*io intimidìsco, tu intimidìsci*) **1** rendere timido, mettere in imbarazzo, a disagio: *gli estranei lo intimidiscono* **2** incutere timore o spavento per imporre qlco. o per distogliere da qlcu.: *i. qlcu. con prepotenze e minacce* **B** **v. intr.** (**aus.** *essere*) e **intimidìrsi** **v. intr. pron.** ● diventare timido, provare imbarazzo, disagio: *intimidisce davanti ai genitori*; *si è intimidito dovendo parlare in pubblico*

intimidìto **part. pass.** di *intimidire*; anche **agg.** ● che prova timidezza, timore, imbarazzo e sim.

intimìsmo [comp. di *intimo* e *-ismo* ✱ 1950] **s. m.** ● tendenza artistica di chi esprime contenuti prevalentemente intimi, personali, interiori, con suggestioni sentimentali

intimìsta [1924] **A** **s. m. e f.**; anche **agg.** (**pl. m.** *-i*) ● chi (o che) segue l'intimismo **B** **agg.** ● intimistico

intimìstico [1973] **agg.** (**pl. m.** *-ci*) ● dell'intimismo, relativo a intimismo: *poesia intimistica* | caratterizzato da intimismo: *tono i.* || **intimisticaménte**, **avv.** in modo intimistico, con toni intimistici

intimità [1818] **s. f. inv. 1** caratteristica di ciò che è intimo: *l'i. di un rapporto, di un'amicizia* | relazione di confidenza, di familiarità, di profonda intesa reciproca: *essere, entrare in i. con qlcu.* | carattere intimo di un rapporto amoroso o sessuale **2** luogo, ambiente intimo (*anche fig.*): *rilassarsi nell'i. della casa*; *nell'i. dello spirito* **3** (**spec. al pl.**) atto o espressione confidenziale tra persone legate da rapporti di parentela, amicizia, affetto: *non gradire le i. di qlcu.* **4** (*raro*, **al pl.**) le parti intime del corpo

♦**ìntimo** [vc. dotta, lat. *ĭntimu(m)*, superl. di *intĕrior* 'che è più interno', da *ĭnter* 'dentro' ✱ 1294] **A** **agg.** **L'aggettivo 'intimo' deriva da un superlativo latino, ma nella lingua italiana è percepito spesso come aggettivo di grado positivo; perciò la forma 'più intimo' è frequentemente usata:** *è uno dei miei più intimi amici*; *fin ... nei più intimi e segreti sentimenti* (L. PIRANDELLO). **Raro è invece il superlativo 'intimissimo':** *ho l'onore di essere intimissimo della signora* (G. VERGA) **1** che è più interno o profondo: *rimase scosso fin nelle intime fibre*; *grotta che scende fin nelle intime profondità del suolo* **2** (*fig.*) che è radicato nel profondo dell'animo: *intima convinzione, persuasione*; *gli affetti intimi* | ***la vita intima***, quella spirituale **3** (*fig.*) che è più nascosto e segreto: *comprendo ogni i. moto del suo animo*; *sentire l'i. significato di una poesia* **4** (*raro*) che interessa gli elementi o le strutture fondamentali: *intima coesione molecolare*; *appurare l'intima connessione dei fatti* **5** detto di rapporto personale particolarmente stretto o di persona legata ad altri da rapporti molto stretti: *amico i.*; *i. rapporto epistolare*; *intima amicizia* | ***rapporti intimi***, (*eufem.*) relazione amorosa, sessuale | ***sorprendere qlcu. in i. colloquio***, (*eufem.*) durante un incontro amoroso | ***pranzo i., cerimonia intima***, e sim., riservata ai parenti e agli amici più stretti **6** ***biancheria intima***, quella che si indossa direttamente sull'epidermide | ***parti intime***, zone del corpo che per pudore si tengono coperte | ***igiene intima***, che riguarda tali parti || **intimaménte**, **avv. 1** in modo intimo; profondamente, strettamente: *conoscere intimamente* **2** nel profondo dell'animo; *essere intimamente convinto di qlco.* **3** in stretta relazione: *due fenomeni intimamente collegati* **B** **s. m. 1** (**solo sing.**) parte interna | (*fig.*) zona più segreta e nascosta dell'animo, della coscienza e degli affetti: *nel suo i. non ammise mai di aver sbagliato*; *soffrire, gioire nell'i.* **2** (**spec. al pl.**; **f.** *-a*) persona che ha legami di sangue, di affetto, di amicizia con altra o altre: *mise a conoscenza del fatto gli intimi della casa*; *invitare gli intimi alle nozze*

3 (solo sing.) biancheria intima: *la moda dell'i.* | il settore produttivo e commerciale relativo a tali indumenti

intimoriménto [1869] **s. m.** ● l'intimorire, l'intimorirsi | stato d'animo di chi è intimorito

intimorìre [comp. di *in-*① e *timore* ✱ 1607] **A** **v. tr.** (*io intimorìsco, tu intimorìsci*) ● incutere timore: *i. i bambini con il proprio aspetto severo* **B** **intimorirsi** **v. intr. pron.** ● essere preso da timore: *un oratore che si intimorisce alla vista del pubblico*

intimorìto **part. pass.** di *intimorire*; anche **agg.** ● pieno di timore

intìngere o †**intìgnere** [vc. dotta, lat. *intĭngere*, comp. di *in-*① e *tĭngere* 'bagnare' ✱ av. 1311] **A** **v. tr.** (coniug. come *tingere*) **1** immergere o bagnare leggermente in un liquido: *i. i biscotti nel latte*; *i. la penna nell'inchiostro* | (*fig.*) ***i. la penna nel fiele***, scrivere con odio, rancore e sim. **2** †tingere **B** **v. intr.** (aus. *avere*) ● (*tosc.*) attingere

intìngolo [lat. parl. **intĭngulu(m)*, da *intĭngere* sul modello di *iūsculum* 'brodetto' (da *iūs* 'brodo') ✱ 1479] **s. m.** **1** salsa, condimento liquido di una vivanda **2** (*est.*) vivanda di carne con salsa | pietanza gustosa con molto sugo: *preparare dei buoni intingoli*; *troppi intingoli guastano lo stomaco* **3** (*fig., lett.*) discorso, scritto confuso o raccogliticcio **4** †pozione medicamentosa, intruglio ‖ **intingolétto**, **dim.**

intìnto **A** **part. pass.** di *intingere*; anche **agg.** ● nei sign. del v. **B** **s. m.** ● (*tosc.*) salsa, sugo, intingolo

intinzióne [vc. dotta, lat. tardo *intinctiōne(m)*; V. *intingere* ✱ 1793] **s. f.** ● (*raro*) l'intingere | (*liturgia*) la pratica di bagnare il pane nel vino consacrato durante la celebrazione dell'eucaristia: *comunione per i.*

†**intirannìre** [comp. di *in-*① e *tiranno* ✱ 1623] **v. intr.** e †**intirannirsi** **v. intr. pron.** ● comportarsi da tiranno | spadroneggiare | (*fig.*) impossessarsi

intirizziménto (o **-zz-**) [sec. XIV] **s. m.** ● l'intirizzire, l'intirizzirsi | perdita di sensibilità dovuta al freddo eccessivo

intirizzìre (o **-zz-**) [vc. onomat. con richiamo a *interito* 'irrigidito' ✱ 1615] **A** **v. tr.** (*io intirizzìsco, tu intirizzìsci*) **1** agghiacciare riducendo la sensibilità e la capacità di movimento: *il freddo mi ha intirizzito le mani* **2** †rendere rigido, paralizzare **B** **v. intr.** (aus. *essere*) e **intirizzìrsi** **v. intr. pron.** **1** perdere parzialmente movimento e sensibilità per il freddo eccessivo: *le membra intirizziscono*; *gli si sono intirizzite le mani per il gelo* | ***le foglie intirizziscono***, cadono per il gelo **2** (*tosc.*) stare impalato nella persona

intirizzìto (o **-zz-**) **part. pass.** di *intirizzire*; anche **agg.** ● nei sign. del v. | di chi (o di ciò che) ha ridotte capacità di movimento e scarsa sensibilità a causa del freddo: *essere tutto i.*; *avere i piedi intirizziti*

intiṣichìre [comp. di *in-*① e *tisico* ✱ av. 1300] **A** **v. tr.** (*io intiṣichìsco, tu intiṣichìsci*) **1** (*lett.*) fare diventare tisico | (*est., lett.*) far ammalare, spossare **2** (*fig.*) estenuare, togliere vigore: *la poca luce intisichisce le piante* **B** **v. intr.** (aus. *essere*) e **intiṣichìrsi** **v. intr. pron.** **1** (*lett.*) diventare tisico | (*est., lett.*) ammalarsi **2** (*fig., raro*) deperire, intristire, consumarsi

†**intitolaménto** [av. 1729] **s. m.** ● titolo, intestazione, intitolazione

♦**intitolàre** [vc. dotta, lat. tardo *intitulāre*, comp. di *in-*① e *titulāre* 'titolare', da *tĭtulus* 'titolo' ✱ av. 1328] **A** **v. tr.** (*io intìtolo*) **1** fornire del titolo un'opera letteraria, teatrale, cinematografica: *Manzoni pensava di i. il suo romanzo 'Fermo e Lucia'* **2** dedicare una chiesa, un convento, una collegiata o un qualsiasi ente canonico al nome di uno o di più patroni | (*est.*) dedicare una strada, una piazza e sim. a personaggi o fatti illustri, attribuendole il loro nome, in segno di omaggio: *i. una via a Cesare Battisti* | (*est.*) dedicare: *i. un premio a una persona cara* **3** (*lett.*) conferire titolo onorifico o nobiliare: *i. qlcu. cavaliere* **4** †attribuire, assegnare: *i. un'opera a un autore* **B** **intitolàrsi** **v. intr. pron.** ● avere per titolo: *non ricordo più come s'intitolava quel film* **C** **intitolàrsi** **v. rifl.** ● (*raro*) darsi un titolo onorifico o nobiliare

intitolazióne [av. 1556] **s. f.** **1** l'intitolare | parole, dedica, complesso di dati o notizie, e sim., con cui si intitola qlco.: *l'i. di un libro, di un documento* **2** †titolo onorifico

intoccàbile [comp. di *in-*③ e *toccabile* ✱ 1598] **s. m. e f.**; anche **agg.** ● chi (o che) non si può o non si deve toccare **SIN.** intangibile | ***la casta degli intoccabili***, i paria, in India | (*fig.*) chi (o che) non può essere soggetto a critiche, attacchi e sim.: *si ritiene un i.* ‖ **intoccabilità**, **s. f. inv.**

intoccàto [comp. di *in-*③ e *toccato* ✱ 1965] **agg.** ● (*raro*) che non è ancora stato toccato: *giacimenti intoccati*

intolleràbile [vc. dotta, lat. *intolerābile(m)*, comp. di *in-*③ e *tolerābilis* 'tollerabile' ✱ 1294] **agg.** ● che non si può o non si deve tollerare: *offesa, soperchieria i.* **SIN.** inaccettabile, inammissibile | insopportabile: *dolore, sete, fatica i.* ‖ **intollerabilménte**, **avv.** in modo intollerabile, insopportabile ‖ **intollerabilità**, **s. f. inv.** inaccettabilità, insopportabilità

intolleràndo [vc. dotta, lat. *intolerāndu(m)*, comp. di *in-*③ e *tolerāndus*, gerundivo di *tolerāre* 'tollerare' ✱ sec. XIV] **agg.** ● (*raro, lett.*) che non deve essere tollerato: *oltraggio i.* | (*lett.*) insopportabile: *tutti / d'i. duolo il cuor compresi / si versàr dalle porte* (V. MONTI)

intolleràrnte [vc. dotta, lat. *intolerānte(m)*, comp. di *in-*③ e *tŏlerans*, genit. *tolerāntis*, part. pres. di *tolerāre* 'tollerare' ✱ 1581] **A** **agg.** **1** che non tollera, che rifiuta (+ *di*, + *a*): *stomaco i. di alcuni cibi*; *è intollerante ai latticini, ai farinacei* | insofferente, impaziente: *persona i. di ogni compromesso*; *un carattere i. di novità* (G. LEOPARDI) **2** che non accetta né tollera opinioni o convinzioni diverse dalle proprie (+ *di*, + *verso*): *una persona i. di* (o *verso*) *ogni forma di dissenso*; *natura, indole i.* **B** anche **s. m. e f.**: *sei proprio un i.!* **SIN.** intransigente ‖ **intolleranteménte**, **avv.** senza tolleranza

intollerànza [vc. dotta, lat. *intolerāntia(m)*, comp. di *in-*③ e *tolerāntia* 'tolleranza' ✱ 1442] **s. f.** **1** caratteristica di chi (o di ciò che) è intollerante | insofferenza, impazienza (+ *per*, + *verso*, *lett.* + *di*): *peccare di i.*; *non riesce a nascondere la sua i. per* (o *verso*) *le chiacchiere*; *l'i. di ogni simulazione e dissimulazione* (G. LEOPARDI) | ***i. verso*** (o ***per***) ***un farmaco***, impossibilità di assumere un farmaco per l'insorgenza di una abnorme reazione dell'organismo | ***i. alimentare***, reazione avversa, non immunitaria, a cibi ingeriti determinata da molecole presenti nel cibo o conseguente a disturbo della digestione o dell'assorbimento (+ *a*): *i al glutine, al lattosio* **SIN.** insofferenza **2** atteggiamento di totale rifiuto e di rigida chiusura nei confronti di idee o convinzioni diverse dalle proprie: *i. religiosa, politica, razziale*; *dimostrare i. nei confronti degli avversari politici*
SFUMATURE ➤ *intransigenza*

intombàre [comp. di *in-*① e *tomba* ✱ 1569] **A** **v. tr.** (*io intómbo*) **1** (*lett.*) seppellire | (*est.*) uccidere **2** (*est.*) sotterrare: *i. dei rifiuti* | occultare, eliminare **3** ricoprire un corso d'acqua o scavare un passaggio allo scopo di farlo scorrere in un percorso sotterraneo **CFR.** tombare **B** **intombàrsi** **v. intr. pron.** **1** (*raro*) rinchiudersi, nascondersi **2** detto di corso d'acqua, scorrere in un percorso sotterraneo

intonàbile [da *intonare*① ✱ av. 1647] **agg.** ● che si può intonare

intonacaménto [av. 1616] **s. m.** ● (*raro*) intonacatura

intonacàre o †**intonicàre** [comp. di *in-*① e *tonaca*, anche in senso figurato, forse già nel lat. parl. ✱ 1296] **v. tr.** (*io intònaco, tu intònachi*) **1** rivestire d'intonaco: *i. un muro* **2** (*est.*) ricoprire una superficie con un'altra sostanza: *i. di cera, di pece* | (*fig., scherz.*) imbellettare, truccare: *i. il viso di cipria*

intonacàto o †**intonicàto** **A** **part. pass.** di *intonacare*; anche **agg.** ● nei sign. del v. **B** **s. m.** ● †intonaco

intonacatóre [av. 1731] **s. m.** (f. *-trice*) ● muratore che provvede a intonacare

intonacatrìce [1957] **s. f.** ● attrezzo del muratore, per intonacare

intonacatùra [1570] **s. f.** ● lavoro dell'intonacare | intonaco

intonachìno [1965] **s. m.** ● l'ultimo strato dell'intonaco, di malta fine

intonachista [1957] **s. m. e f.** (pl. m. *-i*) ● intonacatore

intònaco o †**intònico** [da *intonacare* ✱ av. 1405] **s. m.** (pl. *-ci* o *-chi*) **1** sottile strato di malta con cui si ricoprono le superfici di muri e soffitti per protezione e abbellimento **2** (*fig., scherz.*) belletto, trucco: *rifarsi l'i.*

intonàre① [vc. dotta, lat. mediev. *intonāre*, comp. di *in-*① e *tŏnus* 'tono①' ✱ 1353] **A** **v. tr.** (*io intòno*) **1** impostare nel tono giusto la voce o uno strumento musicale: *i. il violino* | eseguire una nota col tono giusto: *i. un la, un si* **2** mettere in accordo più voci o più strumenti su una nota fondamentale | (*fig.*) accordare, armonizzare (+ *a*, + *con*): *i. i colori tra loro*; *i. la borsa al* (o *con il*) *vestito*; *i. l'espressione alle circostanze* **3** cominciare a cantare o a suonare: *intonò un motivetto* | iniziare a cantare le prime parole di un inno, spec. per dare l'avvio agli altri che devono proseguire: *i. il Te Deum, il Magnificat* | (*est.*) incominciare a parlare con tono alto e solenne: *i. un discorso* **4** (*lett.*) musicare, mettere in musica **5** (*lett.*) accennare, alludere: *per timore di sentire intonar qualcosa di matrimonio* (A. MANZONI) **6** (*lett.*) recitare **B** **intonàrsi** **v. intr. pron.** ● essere in tono, armonizzare (+ *a*, + *con*): *colori che non si intonano*; *l'abito non si intona alla cerimonia*; *queste scarpe si intonano con l'abito*

†**intonàre**② o †**intuonàre** [comp. di *in-*① e *tonare* ✱ av. 1375] **v. tr.** ● rintronare, intronare

intonarumóri [comp. di *intona(re)*① e il pl. di *rumore* ✱ 1913] **s. m. inv.** ● strumento elettromeccanico ideato nel 1913 dal futurista L. Russolo, in grado di riprodurre rumori, come fischi, urli, frastuoni e sim.

intonàto **part. pass.** di *intonare*; anche **agg.** **1** nei sign. del v. **2** che ha una buona o una corretta intonazione: *un cantante i.*; *un pianoforte non i.* **3** (*fig.*) che è in tono, in armonia; che è adatto: *una cravatta intonata alla giacca*; *parole poco intonate alla circostanza* ‖ **intonataménte**, **avv.**

intonatóre [av. 1331] **s. m.** **1** (f. *-trice*) addetto all'intonazione degli strumenti **2** †chi mette in musica un testo poetico

intonatùra [1714] **s. f.** ● (*lett., raro*) intonazione

intonazióne [1499] **s. f.** **1** l'intonare: *l'i. di un salmo, di uno strumento* | (*fig.*) disposizione armonica spec. di forme, colori e sim. **2** (*mus.*) esecuzione esatta dell'altezza dei suoni | capacità di eseguire esattamente i suoni **3** (*mus.*) suono per accordare gli strumenti **4** tono di voce nel parlare: *quando legge ha un'i. monotona* | inflessione: *fece le domande con i. ironica*

intonchiàre [comp. di *in-*① e *tonchio* ✱ 1612] **v. intr.** (*io intónchio*; **aus.** *essere*) ● essere roso dai tonchi, detto spec. di legumi

†**intonicàre** e deriv. ➤ **intonacare** e deriv.

✦**intònso** (o **-ó-**) [vc. dotta, lat. *intōnsu(m)*, comp. di *in-*③ e *tōnsus* 'tonso', part. pass. di *tondēre* 'tosare' ✱ 1483] **agg. 1** (*lett.*) non tosato: *chiome e barba intonse* | (*lett.*) che ha i capelli o la barba lunghi, folti **2** (*fig.*) di libro cui non sono state ancora tagliate le pagine: *esemplare i.* | (*est.*) nuovo, intatto: *libro i.*

intontiménto [1874] **s. m.** ● l'intontire, l'intontirsi | stato di stordimento, stupore e sim. proprio di chi è intontito

SFUMATURE ➤ ***frastornamento***

✦**intontìre** [comp. di *in-*① e *tonto* ✱ 1863] **A v. tr.** (*io intontìsco, tu intontìsci*) **1** (*raro*) rendere tonto **2** (*est.*) stordire, inebetire, frastornare: *le esalazioni lo hanno intontito*; *si lascia i. dal lavoro* **B v. intr.** (**aus.** *essere*) e **intontìrsi v. intr. pron.** ● diventare tonto, istupidire

intontìto **part. pass.** di *intontire*; **anche agg.** ● stordito, frastornato, inebetito

intoppàre [comp. di *in-*① e *toppo* ✱ av. 1292] **A v. tr.** (*io intòppo*) ● (*raro*) urtare | (*est.*, *raro*) incontrare in modo inaspettato e improvviso: *i. un creditore* **B v. intr.** (**aus.** *essere* **nel sign. 1,** *avere* **nel sign. 2**) e **intoppàrsi v. intr. pron. 1** andare a urtare: *la nave intoppò in uno scoglio* | (*fig.*) incappare: *intopparsi in una difficoltà* **2** (*tosc.*) avere difficoltà di pronuncia: *quando è emozionato intoppa*

intòppo [da *intoppare* ✱ 1319] **s. m. 1** ostacolo, impedimento: *correre senza intoppi*; *non trovare intoppi* | (*fig.*) difficoltà: *creare intoppi a qlcu.* **2** †scontro armato, combattimento **3** (*lett.*) incontro inaspettato

intorbaménto [1869] **s. m.** ● (*tosc.*) intorbidamento

intorbàre [1481] **v. tr., intr.** (*io intórbo*; **aus. intr.** *essere*) e **intorbàrsi v. intr. pron.** ● (*tosc.*) intorbidare, intorbidarsi, detto spec. di acque

intorbidaménto [1363] **s. m.** ● l'intorbidarsi | ***i. dei vini***, alterazione di natura biologica o chimica | (*fig.*) offuscamento

SFUMATURE ➤ ***inquinamento***

✦**intorbidàre** [comp. di *in-*① e *torbido* ✱ av. 1292] **A v. tr.** (*io intórbido*) **1** rendere torbido, far diventare torbido: *la piena ha intorbidato l'acqua del fiume* **2** (*fig.*) turbare, agitare, sconvolgere: *i. gli animi* | ***i. le acque***, (*fig.*) provocare confusione per trarne profitto **3** (*fig.*) confondere, offuscare: *l'ira gli aveva intorbidato la mente*; *i. la vista* **B v. intr.** (**aus.** *essere*) e **intorbidàrsi v. intr. pron. 1** diventare torbido **2** (*fig.*) diventare confuso, offuscarsi: *il tempo si intorbida*; *il cervello gli si è intorbidato per la malattia*

intorbidatóre [1363] **agg. e s. m.** (**f.** *-trice*) ● (*raro*, *lett.*) che (o chi) intorbida

†**intorbidazióne** [av. 1694] **s. f.** ● intorbidamento

intorbidiménto [1869] **s. m.** ● intorbidamento

intorbidìre [1539] **v. tr., intr.** (*io intorbidìsco, tu intorbidìsci*; **aus. intr.** *essere*) e **intorbidìrsi v. intr. pron.** ● intorbidare, intorbidarsi, detto spec. di liquidi

intorcinàre [da avvicinare a *torcere* e *attorcigliare* ✱ 1955] **A v. tr.** (*io intòrcino*) ● (*roman.*) attorcigliare **B intorcinàrsi v. rifl.** ● (*roman.*) contorcersi, dimenarsi, riferito a persona

intorcinàto **part. pass.** di *intorcinare*; **anche agg.** ● (*roman.*) attorcigliato | (*fig.*) confuso, caotico, disordinato: *mi ha fatto un discorso tutto i.*

intormentiménto [av. 1604] **s. m.** ● (*lett.*, *raro*) sensazione di intorpidimento

intormentìre [variante di *indormentire* per sovrapposizione di *tormento* ✱ 1481] **A v. tr.** (*io intormentisco, tu intormentisci*) ● (*lett.*) intorpidire, rendere insensibile: *il colpo mi ha intormentito il braccio* **B intormentìrsi v. intr. pron.** ● (*lett.*) perdere sensibilità per freddo, posizione scomoda e sim.: *mi si sono intormentite le gambe a forza di stare seduto*

intorniàre [da *intorno* ✱ av. 1292] **v. tr.** (*io intórnio*) **1** (*lett.*) attorniare, circondare: *i. un giardino con un muro* **2** †accerchiare, assediare **3** †percorrere

✦**intórno** [comp. della prep. *in* e di *torno* nel senso di 'giro' ✱ av. 1250] **A avv.** ● in giro, nello spazio, nei luoghi circostanti: *volgere lo sguardo i.*; *guardarsi i.* | con valore rafforz. nella loc.: ***tutt'i.*** o nella forma iter. ***intorno intorno***: *tutt'i. crescono erbacce e rovi*; *intorno intorno corre un'alta muraglia*; *intorno intorno / tutto è silenzio ne l'ardente pian* (G. CARDUCCI) | preceduto da altri avv. di luogo: *non startene qui i.*; *stanno tutti lì i. immobili* | preceduto da prep.: *volgere lo sguardo all'i.*; *non riesco a levarmi d'i. quel seccatore* **CFR.** anfi- **SIN.** attorno **B nella loc. prep.** ***i. a*** **1** attorno a: *non voglio nessuno i. a me*; *non mi girare i.*; *i. a lui si radunò molta gente*; *la Terra gira i. al Sole* | ***stare, mettersi i. a qlcu.***, non abbandonarlo mai; (*fig.*) insistere, importunarlo per ottenere qlco. | (*raro*, *lett.*) senza la prep. *'a'*: *i. la casa c'è un giardino* | (*lett.*) †con il pron. pers. enclitico: *intornogli*, intorno a lui; *intornovi*, intorno a voi | †***i. da, i. di***: *son nel pozzo i. da la ripa* (DANTE *Inf.* XXXI, 32) **2** riguardo, sull'argomento di: *uno scritto i. alle origini della lingua italiana*; *discutere i. a gravi questioni*; *lavorare i. a un quadro, a un libro* **3** circa: *la conversione del Manzoni avvenne intorno al 1810*; *l'ha pagato i. a cinquecento euro* | verso: *i. a Pasqua*; *i. alla fine dell'anno* **C in funzione di agg. inv.** ● circostante: *non c'è una casa in tutta la zona i.*; *i paesi, le province i. sono scarsamente popolati* **D in funzione di s. m. 1** (*lett.*) luogo circostante: *l'i. è deserto*; *la gente viene d'ogni i.* **2** (*mat.*) ***i. di un punto***, insieme di tutti i punti la cui distanza da un punto dato è inferiore a un valore fissato

intorpidiménto [1797] **s. m.** ● l'intorpidirsi | sensazione di torpidezza: *un i. alle dita della mano destra* (L. PIRANDELLO) | (*fig.*) perdita di vigore fisico o mentale

✦**intorpidìre** [comp. di *in-*① e *torpido* ✱ av. 1730] **A v. tr.** (*io intorpidìsco, tu intorpidìsci*) **1** rendere torpido: *il freddo mi intorpidisce le membra* **2** (*fig.*) rendere lento, tardo: *il vino intorpidisce il cervello* **SIN.** offuscare, ottundere **B v. intr.** (**aus.** *essere*) e **intorpidìrsi v. intr. pron. 1** diventare torpido **2** (*fig.*) diventare fiacco, inerte: *sono intorpidito nell'ozio*; *la mente si intorpidisce nell'inattività*

intorpidìto **part. pass.** di *intorpidire*; **anche agg.** ● nei sign. del v.

intortàre [da *intorto* ✱ 1982] **v. tr.** (*io intórto*) **1** nel linguaggio giovanile, corteggiare, cercare di sedurre **2** (*colloq.*) imbrogliare, raggirare **SIN.** abbindolare

†**intorticciàre** [comp. di *in-*① e *torticcio* ✱ av. 1636] **v. tr.** ● attorcere

intortigliàre [fr. *entortiller*, da *entort*, ant. part. pass. di *entordre* 'attorcere' ✱ 1499] **v. tr.** (*io intortìglio*) ● (*raro*, *lett.*) attortigliare

intòrto [vc. dotta, lat. *intŏrtu(m)*, part. pass. di *intorquēre* 'torcere (*torquēre*) in dentro (*in-*)' ✱ av. 1320] **A agg.** ● (*lett.*) attorcigliato, avvolto a spirale | (*est.*) piegato, ricurvo: *radici intorte* | (*lett.*) vorticoso, contorto: *dalle schiume canute ai gorghi intorti / premere vedemmo tutto il mare* (G. D'ANNUNZIO) **B s. m. 1** nel linguaggio giovanile, tentativo di seduzione **2** (*colloq.*) inganno, imbroglio, raggiro

intoscanìre [comp. di *in-*① e *toscano* ✱ av. 1576] **A v. tr.** (*io intoscanìsco, tu intoscanìsci*) ● (*lett.*) conformare all'uso toscano: *i. il proprio accento* **SIN.** toscanizzare **B intoscanìrsi v. intr. pron.** ● (*lett.*) diventare conforme, adeguarsi all'uso toscano, detto spec. di una lingua o un dialetto

intossicàre [comp. di *in-*① e *tossico*① ✱ sec. XIII] **A v. tr.** (*io intòssico, tu intòssichi*) **1** provocare intossicazioni, danneggiare con sostanze tossiche: *l'alcol intossica l'organismo*; *i. il sangue* | anche in forma pron.: *intossicarsi i polmoni* **2** (*fig.*) corrompere moralmente: *sono spettacoli che intossicano i giovani* **B intossicàrsi v. intr. pron.** ● avvelenarsi: *intossicarsi col fumo*

intossicàto **A part. pass.** di *intossicare*; **anche agg. 1** nei sign. del v. | (*lett.*) avvelenato **2** (*fig.*) guastato, corrotto **B s. m.** (**f.** *-a*) ● chi è colpito da intossicazione

intossicazióne [da *intossicare* ✱ 1869] **s. f.** ● (*med.*) stato morboso provocato dall'azione di sostanze tossiche ingerite o assunte: *i. da cibi avariati*, *i. da medicinali* | ***i. professionale***, causata da sostanze tossiche presenti nell'ambiente di lavoro

SFUMATURE DI SIGNIFICATO

intossicazione - avvelenamento

Intossicazione descrive in generale uno stato morboso causato dall'ingestione o dall'assorbimento per vie respiratorie, cutanee ecc. di sostanze tossiche, cioè dannose all'organismo, che tuttavia non portano danni permanenti. **Avvelenamento** identifica invece una forma particolarmente pericolosa di intossicazione, che può portare a lesioni irreversibili o addirittura alla morte.

✦**in tòto** [loc. lat., propr. 'in tutto'] **loc. avv.** ● totalmente, interamente, globalmente

intozzàre [comp. di *in-*① e *tozzo* ✱ av. 1400] **v. intr.** (*io intòzzo*; **aus.** *essere*) e **intozzàrsi v. intr. pron. 1** (*lett.*) diventare tozzo **SIN.** intozzire **2** (*lett.*) infuriarsi: *il presidente ... s'intozzava sempre più, paonazzo dalla stizza* (L. PIRANDELLO)

intozzìre [comp. di *in-*① e *tozzo* ✱ 1869] **v. intr.** (*io intozzìsco, tu intozzìsci*; **aus.** *essere*) e **intozzìrsi v. intr. pron.** ● (*raro*, *lett.*) diventare tozzo

intra ➤ **tra**

intra- [pref. e prep. lat. *ĭntra-*, dal f. dell'agg. **ĭnteru(m)* 'che sta dentro, nell'interno', da *inter-*] **pref.** ● in parole composte dotte o della terminologia scientifica, significa 'dentro', 'situato nell'interno', 'che avviene, è effettuato nell'interno' di quanto indicato dal termine cui è aggiunto: *intramuscolare*, *intradosso*, *intraprendere*, *intravedere*

intracardìaco [comp. di *intra-* e *cardiaco* ✱ 1927] **agg.** (**pl. m.** *-ci*) ● (*anat.*) detto di struttura, funzione o processo localizzati all'interno del cuore

intracellulàre [comp. di *intra-* e *cellula*, con suff. agg. ✱ 1952] **agg.** ● (*biol.*) che è posto all'interno della cellula

intracerebràle [comp. di *intra-* e *cerebro*, con suff. agg. ✱ 1889] **agg.** ● (*anat.*) che è nell'interno del cervello

intracomunitàrio [comp. di *intra-* e *comunitario* ✱ 1986] **agg.** ● che avviene, si svolge, si manifesta all'interno di una comunità, spec. dell'Unione europea: *scambi, rapporti intracomunitari*

intracrànico [comp. di *intra-* e *cranio*, con

a b c d e f g h **i** j k l m n o p q r s t u v w x y z

suff. agg. ✱ 1886] **agg.** (**pl. m.** *-ci*) ● (*anat.*) che è nell'interno del cranio

intràda /in'trada, *sp.* in'traða/ [vc. spagnola, propr. 'entrata' ✱ 1995] **s. f. inv.** (**pl. sp.** *intradas*) ● (*mus.*) brano strumentale del sec. XVI, lento e maestoso, che apriva cortei e cerimonie, più tardi anche opere e oratori

intraday /intra'dei, *ingl.* 'ɪntrəˌdeɪ/ [vc. ingl., propr. 'in giornata' ✱ 1998] **agg. inv. e avv.** ● (*borsa*) nel corso della giornata, detto spec. dell'acquisto e successiva vendita di un titolo **SIN.** infragiornaliero

intradèrmico [comp. di *intra-* e *derma*, con suff. agg. ✱ 1932] **agg.** (**pl. m.** *-ci*) ● (*anat.*) che è nello spessore del derma | (*med.*) ***iniezione intradermica***, quella praticata con ago sottilissimo nello spessore del derma

intradermoreazióne [comp. di *intra-*, *derma* e *reazione* ✱ 1911] **s. f.** ● (*med.*) forma di cutireazione ottenuta introducendo il liquido di saggio nello spessore del derma

intradiegètico [fr. *intradiégétique*, comp. di *intra-* 'intra-' e *diégétique* 'diegetico' ✱ 1990] **agg.** (**pl. m.** *-ci*) ● detto di narrazione in cui il narratore si rivolge non al pubblico ma ad altri personaggi del racconto

intradòsso [comp. di *intra-* e *dosso*, secondo il modello fr. *intrados* ✱ 1785] **s. m. 1** (*archit.*) superficie inferiore concava dell'arco o della volta **2** (*est.*) vano interno di porta o finestra, per lo più strombato **3** (*aeron.*) ventre, lato inferiore di un'ala, di un profilo aerodinamico, e sim.

intraducìbile [comp. di *in-*③ e *traducibile* ✱ 1703] **agg. 1** che non è possibile tradurre: *frase, espressione i.* **2** (*fig.*) che non si può esprimere o esplicitare con le parole: *sensazione i.*; *gioia i.* **SIN.** inesprimibile ‖ **intraducibilménte**, **avv.** (*raro*) in modo intraducibile ‖ **intraducibilità**, **s. f. inv.**

intrafamiliàre [comp. di *intra-* e *familiare* ✱ 1985] **agg.** ● che avviene all'interno della famiglia: *dinamiche, conflitti intrafamiliari*

intrafèrro [comp. di *intra-* e *ferro* (magnetico) ✱ 1930] **s. m.** ● (*elettr.*) traferro

†**intrafinefàtto** o †**intrafinefàtta** [comp. di *intra-*, *fine*① e *fatto* ✱ av. 1580] **avv. 1** interamente, totalmente **2** infinitamente, smisuratamente **3** immediatamente, all'istante

intralciaménto [av. 1547] **s. m.** ● (*raro*) l'intralciare | †intralcio, intrico, garbuglio

intralciàre [comp. di *in-*① e *tralcio* ✱ 1353] **A v. tr.** (**pres.** *io intràlcio*; **fut.** *io intralcerò*) ● ostacolare, rallentare, rendere più complesso, difficile e sim.: *la tempesta intralcia le operazioni di salvataggio*; *i. il corso di una pratica con lungaggini burocratiche* **B intralciàrsi v. rifl. recipr.** ● impacciarsi, ostacolarsi: *ci intralciavamo a vicenda per la ristrettezza dello spazio* **C intralciàrsi v. intr. pron.** ● (*raro*) intricarsi, complicarsi

SFUMATURE DI SIGNIFICATO
intralciare - ostacolare - rallentare - inceppare
Intralciare definisce qualsiasi azione che ha l'effetto di rendere difficile un movimento, una realizzazione, il raggiungimento di uno scopo. **Ostacolare** ha significato e usi intercambiabili con *intralciare*; è tuttavia più forte in *ostacolare* l'idea di un impedimento che blocca. Con **rallentare** l'impedimento ha piuttosto l'effetto di rendere più lento un flusso, una realizzazione. **Inceppare** esprime invece l'idea di un processo o di un movimento che si blocca per effetto di qualcosa di materiale che lo impedisce.
SFUMATURE ➤ ***ingombrare***

†**intralciatùra** [sec. XIV] **s. f.** ● intralcio

intràlcio [da *intralciare* ✱ 1779] **s. m. 1** (*raro*) l'intralciare | (*lett.*) intrico, viluppo **2** ostacolo, impedimento, difficoltà: *una legge che provoca grossi intralci al commercio*
SFUMATURE ➤ ***disturbo***

intralèggere [comp. di *intra-* 'dentro' e *leggere*, sul modello di *intravedere* ✱ 1962] **v. tr.** (**coniug. come** *leggere*) ● (*raro*) leggere tra le righe | (*est.*) intravedere, percepire: *Verrebbe (...) di i. nello scherzo un momento (...) di amarezza* (R. BACCHELLI)

intralicciatùra [da *traliccio* ✱ 1965] **s. f.** ● insieme degli elementi metallici angolari che costituiscono il sostegno di linee aeree elettriche

intrallazzàre [siciliano *'ntrallazzari*, da *'ntrallazzu* 'intrallazzo' ✱ 1946] **v. intr.** (**aus.** *avere*) ● fare intrallazzi: *per avere quel posto ha intrallazzato in tutti gli ambienti* **SIN.** brigare, intrigare

intrallazzatóre [1950] **s. m.** (**f.** *-trice*) ● chi intrallazza

intrallàzzo [siciliano *'ntrallazzu*, propr. 'viluppo', comp. di *intra* 'tra' e *lazzu* 'laccio' ✱ 1945] **s. m. 1** scambio illecito di beni o favori | intrigo, imbroglio, maneggio **2** (*est.*) attività, rapporto equivoco: *avere intrallazzi ovunque*

intrallazzóne [da *intrallazzare* ✱ 1986] **s. m.** (**f.** *-a*) ● (*fam.*) intrallazzatore

†**intràmbo** ➤ **entrambi**

†**intramendùe** [comp. di *intra-* e *amendue* ✱ 1338 ca.] **pron.** ● ambedue, entrambi

intraméssо **A part. pass.** di *intramettere* ● (*raro*) nei sign. del v. **B s. m.** ● (*mar.*) pezzo di costruzione squadrato, messo tra un baglio e l'altro

intraméttere [comp. di *intra-* e *mettere* ✱ 1266] **A v. tr.** (**coniug. come** *mettere*) **1** (*lett.*) mettere o interporre tra due cose **SIN.** frammettere, inframmettere **2** (*lett.*) interrompere, tralasciare **B intraméttersi v. intr. pron.** ● (*lett.*) intromettersi | interporsi

intramezzàre [comp. di *intra-* e *mezzo*② ✱ av. 1617] **v. tr.** (*io intramèzzo*) ● inframmezzare

intramoenia /*lat.* intra'mɛnja/ o **intra moenia** [vc. dotta, comp. di *intra-* e del pl. lat. *moenĭa* 'mura', cioè '(che si svolge) dentro le mura' ✱ 1987] **agg. inv.** ● detto di attività da libero professionista svolta da un medico dipendente del Servizio Sanitario Nazionale all'interno di una struttura sanitaria pubblica (per es. in un ospedale) **SIN.** intramurale, intramurario

intramolecolàre [comp. di *intra-* e *molecola*, con suff. agg. ✱ 1929] **agg.** ● (*fis.*) che sta o avviene fra le molecole

intramontàbile [da *tramonto* ✱ 1962] **agg.** ● (*fig.*) che non tramonta mai: *gloria i.* | (*fig.*) che non dà segni di declino o di crisi malgrado il passar del tempo: *un cantante, un campione i.* ‖ **intramontabilménte**, **avv.** ‖ **intramontabilità**, **s. f. inv.**
SFUMATURE ➤ ***duraturo***

intramuràle [comp. di *intra-* e *murale*①, come equivalente semantico di *parietale* ✱ 1957] **agg. 1** (*anat.*) che è posto nella parete di un organo | ***uretere i.***, nel tratto che attraversa la vescica **2** intramoenia **SIN.** intramurario

intramuràrio [comp. di *intra-* e *murario* ✱ 1989] **agg.** ● intramoenia **SIN.** intramurale

intramuscolàre [comp. di *intra-* e *muscolo*, con suff. agg. ✱ 1887] **A agg.** ● che è nell'interno del muscolo | che si pratica nello spessore del muscolo: *iniezione i.* **B s. f.** ● iniezione intramuscolare

intramùscolo [comp. di *intra-* e *muscolo* ✱ 1959] **A agg. inv.** ● intramuscolare: *iniezione i.* **B s. f. inv.** ● iniezione intramuscolare

Intranet /'intranet, *ingl.* 'ɪntrəˌnɛt/ [vc. ingl., da *Internet* con sostituzione della parte iniziale ✱ 1995] **s. f. inv.** ● (*inform.*) sistema di collegamento in rete realizzato con i protocolli di Internet ma riservato alle comunicazioni all'interno di un'azienda o di un gruppo di aziende

intransigènte [comp. di *in-*③ e del part. pres. di *transigere*, sull'esempio dello sp. *intransigente* ✱ 1879] **agg. e s. m. e f.** ● che (o chi) non transige e non accetta compromessi: *i. nell'adempimento del proprio dovere*; *giudice i.* | che (o chi) è irremovibile nelle proprie idee e non concede nulla alle opinioni altrui: *un fanatico i.* ‖ **intransigenteménte**, **avv.**
SFUMATURE ➤ ***severo***

intransigènza [da *intransigente*, come lo sp. *intransigencia* ✱ 1884] **s. f.** ● caratteristica di chi (o di ciò che) è intransigente: *l'i. di un politico*; *l'i. delle tue convinzioni*

SFUMATURE DI SIGNIFICATO
intransigenza - intolleranza
Intransigenza è l'atteggiamento di chi è irremovibile nelle proprie posizioni, non concede nulla alle opinioni altrui e non è disponibile a trovare compromessi. L'atteggiamento di una persona o di un'istituzione che non ammette e addirittura cerca di reprimere manifestazioni di pensiero o di fede diverse dalle proprie si definisce invece **intolleranza**, termine che rispetto a *intransigenza* suggerisce una maggiore aggressività.
SFUMATURE ➤ ***severità***

intransitàbile [comp. di *in-*③ e *transitabile* ✱ 1637] **agg.** ● detto di strada, via o valico sui quali o attraverso i quali è impossibile transitare ‖ **intransitabilità**, **s. f. inv.**: *l'intransitabilità di un passo alpino*

intransitìvo [vc. dotta, lat. tardo *intransitīvu(m)*, comp. di *in-* neg. e *transitīvus* 'transitivo' ✱ 1531] **A agg. 1** (*gramm.*) detto di verbo che non ha bisogno di un complemento oggetto perché l'azione si compia | ***verbo i. pronominale***, V. *pronominale* **2** (*mat.*) ***gruppo i.***, che non è transitivo ‖ **intransitivaménte**, **avv.** con funzione di intransitivo ‖ **intransitività**, **s. f. inv. 1** (*gramm.*) proprietà di un verbo intransitivo **2** (*mat.*) proprietà di ciò che non è transitivo **B s. m.** ● verbo intransitivo

†**intrànsito** [comp. di *in-*③ e di un deriv. del lat. *transīre* 'passare (*īre*) oltre (*trans-*)' ✱ av. 1306] **agg.** ● non mai varcato

intraoculàre [comp. di *intra-* e *oculo*, con suff. agg. ✱ 1892] **agg.** ● (*anat.*) che è nell'interno dell'occhio

intrapèlvico [comp. di *intra-* e *pelvi*, con suff. agg. ✱ 1895] **agg.** (**pl. m.** *-ci*) ● (*anat.*) che è nell'interno della pelvi

intraperitoneàle [comp. di *intra-* e *peritoneo*, con suff. agg. ✱ 1889] **agg.** ● (*anat.*) che è nell'interno della cavità peritoneale

intrapersonàle [comp. di *intra-* e *persona*, con suff. agg. ✱ 1983] **agg.** ● che si svolge, avviene e sim. nell'intimo dell'individuo: *variabilità i.*

intrapolmonàre [comp. di *intra-* e *polmone*, con suff. agg. ✱ 1888] **agg.** ● (*anat.*) che è nell'interno dei polmoni

intrappolàre [comp. di *in-*① e *trappola* ✱ 1515] **v. tr.** (*io intràppolo*) ● prendere nella trappola: *i. un topo* | (*fig.*) truffare, imbrogliare: *quello sprovveduto si è fatto i.*

intraprendènte **part. pres.** di *intraprendere*; **anche agg.** ● che ha un notevole spirito d'iniziativa: *un ragazzo i.* | che dimostra iniziativa e audacia nei rapporti amorosi: *un innamorato troppo i.* ‖ **intraprendenteménte**, **avv.**
SFUMATURE ➤ ***audace***

intraprendènza [1774] **s. f.** ● caratteristica di chi è intraprendente; spirito, volontà d'iniziativa

SFUMATURE DI SIGNIFICATO
intraprendenza - iniziativa - risolutezza
Intraprendenza è la dote di chi ha attitudine e prontezza nel progettare e realizzare imprese o attività da cui trarre vantaggio o di chi dimostra

una certa disinvoltura nello stabilire relazioni interpersonali. I significati di **iniziativa** coincidono in parte con quelli di *intraprendenza*; mettono tuttavia l'accento più sulle capacità di ideazione e di avvio dell'attività che non sulle qualità necessarie al suo svolgimento. **Risolutezza** esprime la decisione che bisogna mettere nelle attività intraprese perché riescano o giungano a compimento.

♦**intraprèndere** [vc. dotta, lat. mediev. *intraprehĕndere* 'prendere (*prehĕndere*) in mezzo (*inter*)'; cfr. il fr. *entreprendre* ✱ 1363] **v. tr.** (**coniug. come** *prendere*) **1** cominciare, dare inizio a un'attività, spec. lunga e impegnativa: *i. una spedizione in regioni deserte*; *i. una vasta opera di riforma*; *ho intrapreso a scrivere la mia Vita* (C. GOLDONI) | ***i. la carriera medica, giudiziaria, ecc.***, abbracciarla **2** †afferrare | †sorprendere **3** †racchiudere, comprendere

†**intraprendiménto** [av. 1547] **s. m.** ● impresa

intraprenditóre [1612] **s. m.** (**f.** *-trice*); **anche agg.** ● (*lett.*) chi (o che) intraprende un'attività | (*lett.*) imprenditore

✦**intraprésa** (o -ṣ-) [da *intraprendere*, sul modello del fr. *entreprise* ✱ 1363] **s. f.** **1** (*raro*) opera o attività che s'intraprende: *i. difficile, rischiosa* **2** (*raro*) impresa: *quei primi che il caso avea cacciati a condottieri di tanta i.* (G. MAZZINI)

intrapréso (o -ṣ-) **part. pass.** di *intraprendere*; **anche agg.** ● nei sign. del v.

intrapsìchico [comp. di *intra-* e *psiche*, con suff. agg. ✱ 1969] **agg.** (**pl. m.** *-ci*) ● che avviene dentro la psiche: *conflitti intrapsichici*

†**intràre** e deriv. ➤ **entrare**① e deriv. e **entrare**②

intrasferìbile [comp. di *in-*③ e *trasferibile* ✱ 1957] **agg.** ● che non è possibile trasferire: *merce, valuta i.* ‖ **intrasferibilità**, **s. f. inv.**

intraṣgredìbile [comp. di *in-*③ e *trasgredibile* ✱ 1695] **agg.** ● (*raro*) che non si può o non si deve trasgredire: *legge, precetto i.*

intraṣmutàbile [comp. di *in-*③ e *trasmutabile* ✱ av. 1328] **agg.** ● (*raro*) che non si può trasmutare

intraspecìfico [comp. di *intra-* e *specifico* ✱ 1957] **agg.** (**pl. m.** *-ci*) ● (*biol.*) detto di qualsiasi tipo di rapporto coinvolgente individui della stessa specie

intrasportàbile [comp. di *in-*③ e *trasportabile* ✱ 1966] **agg.** ● che non può essere trasportato: *il malato è i.* ‖ **intrasportabilità**, **s. f. inv.**

intratellùrico [comp. di *intra-* e *tellurico* ✱ 1957] **agg.** (**pl. m.** *-ci*) ● interno alla crosta terrestre | interno al globo terrestre

intratestuàle [comp. di *intra-* e *testuale* ✱ 1994] **agg.** ● (*ling.*) che riguarda gli elementi interni a un testo e il rapporto tra loro intercorrente: *analisi i.* ‖ **intratestualità**, **s. f. inv.** rapporto che intercorre fra gli elementi interni a un testo

intratoràcico [comp. di *intra-* e *torace*, con suff. agg. ✱ 1887] **agg.** (**pl. m.** *-ci*) ● che è nell'interno della cavità toracica

intrattàbile [vc. dotta, lat. *intractābile(m)*, comp. di *in-*③ e *tractābilis* 'trattabile' ✱ sec. XIV] **agg.** **1** non trattabile | ***metallo i.***, difficile da lavorare | ***argomento, problema i.***, scabroso **2** di chi ha carattere duro, scontroso e irascibile: *quando si arrabbia diventa i.* ‖ **intrattabilità**, **s. f. inv.**

intrattenére [comp. di *intra-* per *inter-* 'in mezzo' e *tenere*, come il fr. *entretenir* ✱ sec. XV] **A** **v. tr.** (**coniug. come** *tenere*) **1** (*raro*) trattenere, fare indugiare | (*lett.*) ospitare **2** (*fig.*) far trascorrere a qlcu. il tempo in modo gradevole, spec. con discorsi: *lo intrattenne raccontando gli ultimi avvenimenti* | †*i. qlcu.*, accattivarselo: *Commodo ... si volse a i. li eserciti e farli licenziosi* (N. MACHIAVELLI) **3** tenere, mantenere: *i. buoni rapporti con i vicini* **4** †assumere o mantenere al proprio servizio **B** **intrattenérsi v. intr. pron.** **1** trascorrere il tempo con qlcu. in modo piacevole: *intrattenersi a discutere con gli amici* **2** soffermarsi a parlare su un argomento: *si intrattiene volentieri su argomenti filosofici* SFUMATURE ➤ ***conversare***①

intratteniménto [da *intrattenere*, prob. sul modello del fr. *entretènement* ✱ 1513] **s. m.** **1** (*raro*) l'intrattenere **2** (*est.*) divertimento, passatempo: *arti che servono all'i. e alla giocondità della vita inutile* (G. LEOPARDI)

intrattenitóre [1526] **s. m.** (**f.** *-trice*) **1** (*raro*) chi sa intrattenere con una conversazione piacevole **2** chi in uno spettacolo intrattiene piacevolmente il pubblico

intraudìre [comp. di *intra* 'tra, in mezzo' e *udire*, sul modello di *intravedere* ✱ av. 1928] **v. tr.** (**coniug. come** *udire*) ● (*raro*) udire confusamente, parzialmente: *Forse egli aveva intraudito, a causa della stanchezza* (D. BUZZATI)

intrauterìno [comp. di *intra-* e *utero*, con suff. agg. ✱ 1873] **agg.** ● (*anat.*) che si trova o avviene all'interno della cavità uterina | ***vita intrauterina***, periodo di sviluppo del feto entro l'utero

†**intravagliàre** [comp. di *in-*① e *travaglio* ✱ av. 1515] **v. tr.** ● (*fig.*) imbrogliare

intravascolàre [comp. di *intra-* e *vascolare* ✱ 1957] **agg.** ● (*anat.*) che è all'interno dei vasi sanguigni

✦**intravedére** o **intravvedére** [comp. di *intra-* per *inter-* 'tra, in mezzo' e *vedere*①; calco sul fr. *entrevoir* ✱ 1819] **v. tr.** (**fut.** *io intravederò* **o** *intravvedrò*; **condiz. pres.** *io intravederèi* **o** *intravvedrèi*; **part. pass.** *intravisto* **o raro** *intravvisto*, **lett.** *intravedùto* **o** *intravvedùto*; **nelle altre forme coniug. come** *vedere*) **1** vedere in modo incerto e confuso: *mi è parso di i. qlco. sul pelo dell'acqua* SIN. scorgere **2** (*fig.*) presagire, intuire in modo vago qlco.: *i. la verità*; *i. quello che accadrà*

intravedùto o **intravvedùto** **part. pass.** di *intravedere*; **anche agg.** ● (*lett.*) nei sign. del v.

intravenìre o (*raro*) **intravvenìre** [comp. di *intra-* per *inter-* 'in mezzo' e *venire*① ✱ sec. XIII] **v. intr.** (**coniug. come** *venire*; **aus.** *essere*) ● (*lett., tosc.*) accadere, capitare: *Il caso doloroso è intravenuto* (M.M. BOIARDO) | †partecipare, intervenire

intravenóso (o -ṣ-) [comp. di *intra-* e *venoso* ✱ 1876] **agg.** ● endovenoso

intraversàre [comp. di *in-*① e *traverso* ✱ 1312] **A** **v. tr.** (*io intravèrso*) **1** (*raro*) porre di traverso | †sbarrare con traverse | (*fig.*) †ostacolare, impedire **2** †attraversare | †trafiggere, trapassare **3** (*raro*) piallare il legno di traverso, prima dell'ultima ripulitura **B** **v. intr.** (**aus.** *essere*) ● †passare attraverso | †procedere trasversalmente, detto di cavallo **C** **intraversàrsi v. intr. pron.** ● mettersi di traverso: *a causa del ghiaccio il camion si è intraversato* | †incrociarsi

intravertebràle [comp. di *intra-* e *vertebra*, con suff. agg. ✱ 1957] **agg.** ● (*anat.*) che è all'interno del canale vertebrale

intravìsto o (*raro*) **intravvìsto** **part. pass.** di *intravedere*; **anche agg.** ● nei sign. del v.

intravvedére e deriv. ➤ **intravedere** e deriv.

intravvenìre ➤ **intravenire**

†**intreàrsi** [comp. di *in-*① e *tre* ✱ 1321] **v. intr. pron.** ● unirsi come terzo ad altri due: *non si disuna / da lui né da l'amor ch'a lor s'intrea* (DANTE *Par.* XIII, 56-57)

intrecciàbile [1728] **agg.** ● che si può intrecciare

intrecciaménto [1550] **s. m.** ● (*lett.*) l'intrecciare, l'intrecciarsi | †intreccio, trama

♦**intrecciàre** [comp. di *in-*① e *treccia* ✱ av. 1342] **A** **v. tr.** (**pres.** *io intréccio*; **fut.** *io intreccerò*) **1** unire in treccia: *i. i capelli, una corda* | ***i. le maglie***, accavallarle, mentre si lavora ai ferri | ***i. le mani***, congiungerle incrociando le dita | anche in forma pron. (con valore intens.): *Dora s'intrecciò sul capo le belle mani inanellate* (L. PIRANDELLO) **2** (*est.*) intessere (**anche fig.**): *i. una ghirlanda di fiori*; *i. vimini, giunchi*; *i. danze* | (*fig.*) ***i. le fila di una commedia, di un racconto e sim.***, svolgerne la trama **3** (*fig.*) allacciare, stringere: *i. un'amicizia, una relazione* **B** **intrecciàrsi v. rifl. recipr.** ● avvilupparsi: *i rami si intrecciano* | (*fig.*) incrociarsi, accavallarsi: *notizie e smentite si intrecciavano*

intrecciàto **part. pass.** di *intrecciare*; **anche agg.** **1** nei sign. del v. | (*fig.*) concatenato, connesso **2** (*raro, fig.*) intricato

intrecciatóre [av. 1729] **agg. e s. m.** (**f.** *-trice*) ● che (o chi) intreccia

intrecciatùra [av. 1342] **s. f.** **1** lavoro dell'intrecciare: *l'i. della paglia* | sistema, modo di intrecciare: *i. a stuoia, a spirale* **2** (*raro*) ciò che è intrecciato SIN. intreccio **3** nel lavoro a maglia, chiusura definitiva del lavoro eseguita accavallando le maglie

intréccio [da *intrecciare* ✱ 1681] **s. m.** **1** l'intrecciare, l'intrecciarsi | modo e tecnica dell'intrecciare: *essere esperto nell'i.* **2** complesso di elementi intrecciati | (*est.*) garbuglio **3** disposizione complessiva dei fili d'ordito e di trama in un tessuto **4** (*fig.*) insieme di fatti, fenomeni ecc. che si combinano e interferiscono reciprocamente: *La storia è mero ... i. di eventi* (B. CROCE) **5** (*fig.*) complesso dei fatti che costituiscono la trama di romanzi, drammi, film e sim.: *i. semplice, complicato* | ***commedia d'i.***, il cui principale interesse risiede nella complessità della trama

intregnàre [sp. *entrañar* 'addentrare, introdurre', fig. da *entraña* 'entragna' ✱ 1889] **v. tr.** (*io intrégno*; **coniug. come** *segnare*) ● (*mar.*) passare dello spago o altri cavetti negli incavi dei legnoli di un grosso cavo per pareggiarne la superficie

intrepidézza [1574] **s. f.** **1** caratteristica di chi è intrepido SIN. audacia, baldanza **2** (*lett.*) spregiudicatezza, sfacciataggine

intrepidità [1525] **s. f. inv.** **1** (*raro*) intrepidezza **2** (*raro, lett.*) sfrontatezza

✦**intrèpido** [vc. dotta, lat. *intrĕpidu(m)*, comp. di *in-*③ e *trĕpidus* 'trepido' ✱ av. 1374] **agg.** **1** che non ha paura, che affronta con coraggio i rischi e le prove più gravi: *animo, cuore, eroe i.*; *la fronte intrepida ergi, destati!* (G. UNGARETTI) | che manifesta coraggio, sicurezza, fierezza e sim.: *gesto, passo i.* SIN. audace, coraggioso **2** (*lett., raro*) sfrontato, spudorato ‖ **intrepidaménte**, **avv.** **1** in modo intrepido; senza paura **2** (*iron.*) con sfrontatezza

SFUMATURE DI SIGNIFICATO

intrepido - fiero - strenuo - eroico

Chi è dotato della forza morale che permette di intraprendere grandi cose e di affrontare senza timore difficoltà e pericoli si definisce **intrepido**. L'energia che di solito accompagna la mancanza di paura è suggerita dal termine **fiero**, che può evocare anche un'idea di orgoglio o di dignità. **Strenuo** è invece chi al coraggio accompagna determinazione e perseveranza nel compiere ciò che intraprende. **Eroico** è termine che riassume tutti i precedenti, e definisce chi o ciò che dimostra forza d'animo, generosità, coraggio di lottare fino al sacrificio di sé per un ideale ritenuto valido e giusto.

SFUMATURE ➤ ***ardito***, ➤ ***prode***

intricaménto [sec. XIV] **s. m.** ● (*lett.*, *raro*) intrico

✦**intricàre** o (*sett.*) **intrigàre** nel sign. A [vc. dotta, lat. *intricāre*, comp. di *in-*① e *trīcae* 'intrighi', di etim. incerta ✻ 1319] **A** **v. tr.** (*io intrìco, tu intrìchi*) **1** (*lett.*) avviluppare, intrecciare senz'ordine: *i. le corde, i fili, i capelli* **2** (*fig.*) complicare, imbrogliare: *il tuo intervento ha intricato ancor più la faccenda* **3** (*lett.*) ostacolare: *Perché la toga ... t'impaccia e t'intrica* (G. GALILEI) **B** **intricàrsi** **v. intr. pron.** ● aggrovigliarsi: *il gomitolo si è intricato* | (*fig.*) complicarsi, imbrogliarsi: *la questione si va intricando*

intricàto **part. pass.** di *intricare*; anche **agg.** ● aggrovigliato: *cespuglio i.* | (*fig.*) complicato, confuso: *una vicenda intricata* ‖ **intricataménte**, **avv.** (*raro*) in modo intricato

✦**intrìco** o (*raro*) **intrìgo** [da *intricare* ✻ av. 1566] **s. m.** (**pl.** *-chi*) ● groviglio, viluppo (*anche fig.*): *nel bosco vi era un i. di sentieri*; *un i. di sensazioni confuse*

✦**intrìdere** [sovrapp. del lat. *intrītus*, part. pass. di *intĕrere* 'sminuzzare dentro' (cfr. *tritare*) al lat. mediev. *intrūdere* ✻ av. 1320] **A** **v. tr.** (**pass. rem.** *io intrìsi, tu intridésti*; **part. pass.** *intrì̦so*) **1** stemperare in un liquido sostanze solide o in polvere, riducendole in pasta: *i. la crusca, la farina di acqua* | (*est.*) inzuppare: *la pioggia gli aveva intriso la giacca* **2** (*fig.*, *lett.*) impregnare, permeare **3** †imbrattare, insozzare **B** **intrìdersi** **v. intr. pron.** ● inzupparsi, bagnarsi | (*fig.*, *lett.*) permearsi, impregnarsi

intrigànte **A** **part. pres.** di *intrigare*; anche **agg.** **1** che fa intrighi, che trama imbrogli o che si intromette negli affari altrui: *un individuo i.* **2** (*fig.*) che interessa, incuriosisce, attrae: *un argomento, un film i.* ‖ **intriganteménte**, **avv.** **B** **s. m. e f.** ● persona intrigante (nel sign. 1): *tenersi lontano dagli intriganti* ‖ **intrigantèllo**, **dim.**

intrigàre [lat. *intricāre* con *-g-* di orig. sett.; nel sign. A 2, calco sull'ingl. *to intrigue* 'affascinare, incuriosire', a sua volta dal fr. *intriguer* ✻ sec. XIII] **A** **v. tr.** (*io intrìgo, tu intrìghi*) **1** V. *intricare* nel sign. A **2** (*fig.*) affascinare, interessare stuzzicando la curiosità (*anche assol.*): *uno stile che intriga* **B** **v. intr.** (**aus.** *avere*) ● brigare, fare imbrogli e raggiri per trarne vantaggio: *i. per ottenere un aumento di stipendio*; *i. per non pagare tasse* **C** **intrigàrsi** **v. intr. pron.** ● (*fam.*) impicciarsi, immischiarsi, intromettersi in qlco.: *intrigarsi nei fatti altrui* | (*fam.*) occuparsi, cacciarsi in faccende rischiose: *non mi intrigherò mai più di niente* (B. FENOGLIO)

intrigàto **A** **part. pass.** di *intrigare*; anche **agg.** ● nei sign. del v. | (*fig.*) coinvolto | (*fig.*) incuriosito, attratto, interessato ‖ **intrigataménte**, **avv.** **B** **s. m.** ● †intreccio

intrìgo [da *intrigare* ✻ av. 1420] **s. m.** (**pl.** *-ghi*) **1** macchinazione volta a ottenere un vantaggio e attuata con mezzi segreti, sleali o poco leciti: *essere uso agli intrighi* **2** impiccio, situazione imbrogliata: *uscire da un i.*; *entrare, cacciarsi in un brutto i.* **SIN.** garbuglio **3** V. *intrico* ‖ **intrighétto**, **dim.** | **intrigùccio**, **dim.**

SFUMATURE ➤ ***macchinazione***

intrigóne [av. 1686] **s. m.** (**f.** *-a*) ● (*fam.*) chi è o si comporta da intrigante

intrinsecàre o †**intrinsicàre** [av. 1543] **A** **v. tr.** (*io intrìnseco, tu intrìnsechi*) **1** †rendere amico **2** (*raro*) rendere intrinseco **B** **intrinsecàrsi** **v. intr. pron.** **1** †acquistare dimestichezza o familiarità con qlcu. | (*lett.*) immedesimarsi **2** (*raro*) inserirsi, unirsi

intrinsechézza ➤ **intrinsichezza**

intrinsecità [1673] **s. f. inv.** **1** †familiarità, amicizia **2** (*raro*) carattere di ciò che è intrinseco

✦**intrìnseco** o †**intrìnsico** [vc. dotta, lat. tardo *intrīnsecu(m)*, da *intrīnsecus* (avv.), comp. di **int(e)rim* 'internamente' e *sĕcus* 'lungo' ✻ av. 1328] **A** **agg.** (**pl. m.** *-ci*, *pop.* †*-chi*) **1** che è inerente alla natura e all'essenza di qlcu. o qlco.: *forza, virtù intrinseca*; *merito i.*; *la filosofia che è storia, intrinseca alla storia* (B. CROCE) | ***valore i.***, effettivo, reale | ***causa intrinseca***, congenita | †***guerra intrinseca***, intestina **2** (*lett.*) intimo: *amicizia intrinseca*; *Poteva dire d'essere amico i. del commissario* (A. MANZONI) ‖ **intrinsecaménte**, **avv.** **B** **s. m.** ● l'essenziale, la parte più valida e reale di qlco. | (*est.*) valore reale: *guardare l'i. delle cose* | †***nel suo i.***, nell'intimo del proprio animo

†**intrinsicàre** ➤ **intrinsecare**

intrinsichézza o (*raro*) **intrinsechézza** [1516] **s. f.** **1** (*lett.*) intima familiarità e amicizia **2** (*lett.*, **spec. al pl.**) relazione amorosa, rapporto confidenziale

†**intrìnsico** ➤ **intrinseco**

intrippàre① [comp. di *in-*① e *trippa* ✻ 1869] **A** **v. tr.** ● (*pop.*) rimpinzare **B** **intrippàrsi** **v. intr. pron.** ● (*pop.*) riempirsi di cibo | mangiare ingozzandosi **SIN.** rimpinzarsi

intrippàre② [da *trip*, il 'viaggio' dei tossicodipendenti con il pref. *in-*① ✻ 1984] **A** **v. tr.** ● nel gergo giovanile, entusiasmare, appassionare **B** **intrippàrsi** **v. intr. pron.** ● nel gergo giovanile, entusiasmarsi, appassionarsi: *intripparsi con i fumetti giapponesi*

intrippàto **part. pass.** di *intrippare*②; anche **agg.** **1** nel sign. del v. **2** (*gerg.*) che è sotto l'effetto di una droga

✦**intrìso** **A** **part. pass.** di *intridere*; anche **agg.** **1** inzuppato (+ *di*): *abito i. d'acqua* | (*fig.*) permeato, pervaso (+ *di*): *un'espressione intrisa di dolcezza* **2** (*lett.*) implicato: *Lorenzo e Giannozzo in questo particolare involto erano intrisi assai* (N. MACHIAVELLI) **B** **s. m.** ● impasto di farina con acqua o altri liquidi | miscuglio di crusca e acqua per animali | miscuglio di gesso ed acqua per stuccare

intristiménto [1869] **s. m.** ● (*raro*) l'intristire | senso di tristezza

intristìre [comp. di *in-*① e *triste* ✻ av. 1320] **A** **v. intr.** (*io intristisco, tu intristisci*; **aus.** *essere*) **1** †diventare corrotto, malvagio: *il mondo invecchia, / e invecchiando intristisce* (T. TASSO) **2** diventare triste, rattristarsi: *rievocando gli anni della sua giovinezza, è intristito* **3** perdere freschezza e vigore: *le piante intristivano per la siccità* | deperire: *senza moto quel ragazzo intristisce* **B** **v. tr.** **1** †rendere corrotto, malvagio **2** (*lett.*) rattristare: *amo questa pena del giorno che muore. M'intristisce e m'intenerisce* (L. PIRANDELLO) | (*lett.*) conferire un aspetto triste: *quell'abito lo intristisce* **C** **intristìrsi** **v. intr. pron.** ● diventare triste, immalinconirsi

†**intro**① ➤ **entro**

intro② [1999] **s. f.** o (*raro*) **m. inv.** ● accorc. di *introduzione*, spec. in video interattivi multimediali

intro- [avv. lat., dall'agg. **ĭnteru(m)* 'che sta dentro, nell'interno', da *inter-*] **pref.** ● in parole composte dotte, significa propriamente 'dentro' e indica movimento, direzione verso l'interno, penetrazione: *introdurre, introflettersi, intromettersi, introverso*

†**intròcque** [lat. *ĭnter hōc* 'tra questo' ✻ 1306] **avv.** ● (*tosc.*) intanto, in quel mentre: *Sì mi parlava, e andavamo i.* (DANTE *Inf.* XX, 130)

introdótto **A** **part. pass.** di *introdurre*; anche **agg.** **1** nei sign. del v. **2** esperto, istruito: *i. nella casistica, nelle scienze esatte* **3** che dispone di molte aderenze, conoscenze, appoggi e sim.: *uomo molto i. negli ambienti commerciali* **SIN.** inserito **B** **s. m.** ● †mediazione, intervento | †***per i. di qlcu.***, per opera di qlcu.

introducènte **part. pres.** di *introdurre*; anche **agg.** ● nei sign. del v.

introducìbile [av. 1704] **agg.** ● che può essere introdotto ‖ **introducibilità**, **s. f. inv.**

†**introduciménto** [1336 ca.] **s. m.** **1** introduzione: *l'i. della chiave nella toppa* **2** guida, avviamento

✦**introdùrre** [lat. *introdūcere*, con adattamento alla serie dei comp. con *-dūcere* '-durre' ✻ av. 1328] **A** **v. tr.** (**coniug. come** *condurre*; **part. pass.** *introdótto*) **1** inserire, mettere dentro: *i. la chiave nella serratura, una moneta nel distributore automatico* | (*est.*) importare: *i. nel Paese merci di contrabbando* **2** far entrare: *il maggiordomo introdusse gli invitati* | (*est.*) far intervenire nel dialogo o nell'azione rappresentata: *Dante introduce nella "Commedia" personaggi antichi e contemporanei* | (*est.*) accompagnare presso qlcu., presentare a qlcu.: *mi introdusse dal Ministro*; *ci ha introdotto presso il direttore con questa lettera* | ***i. qlcu. in società***, presentarlo perché possa in seguito frequentarla **3** mettere in uso: *i. vocaboli nuovi, la corrente elettrica, la meccanizzazione nell'agricoltura* | instaurare: *i. un nuovo regime fiscale* **4** (*fig.*) iniziare: *i. qlcu. alla filosofia platonica, alle scienze esatte* | (*fig.*) avviare: *i. qlcu. all'esercizio di una professione* | aprire con una introduzione: *i. un dibattito* | ***i. il discorso***, cominciarlo o farlo cadere su un determinato argomento | (*gramm.*) avviare un determinato costrutto sintattico: *la preposizione 'di' introduce numerosi complementi* | (*dir.*) ***i. una lite***, portare in giudizio una controversia facendo sorgere un processo civile **B** **introdùrsi** **v. intr. pron. e rifl.** ● penetrare, entrare in un luogo, spec. furtivamente: *il ladro si introdusse nell'appartamento* | inserirsi in un ambiente: *introdursi in società*

introduttìvo [av. 1342] **agg.** ● che serve a introdurre: *discorso i.* | ***coro i.***, di un'opera drammatica ‖ **introduttivaménte**, **avv.** in modo introduttivo, come introduzione

introduttóre [vc. dotta, lat. tardo *introductōre(m)*, da *introdūctus*, part. pass. di *introdūcere* 'introdurre' ✻ 1308] **s. m.** (**f.** *-trice*) **1** chi introduce qlcu. alla presenza di un'autorità **2** (*lett.*) chi per primo propone qlco. di nuovo o divulga usi, abitudini e sim.: *l'i. di una riforma* **3** autore di un'introduzione

introduttòrio [vc. dotta, lat. tardo *introductōriu(m)*, da *introdūctor*, genit. *introductōris* 'introduttore' ✻ av. 1328] **agg.** ● (*raro*) introduttivo

introduzióne [vc. dotta, lat. *introductiō-ne(m)*, da *introdūctus*, part. pass. di *introdūcere* 'introdurre' ✻ av. 1328] **s. f.** **1** l'introdurre, il venire introdotto: *i. del cibo nell'esofago, di un pezzo nell'incastro* | immissione: *i. di nuove usanze, di nuovi sistemi di produzione* | importazione: *permesso, divieto d'i. di determinati prodotti* **2** presentazione o inserimento in un luogo o ambiente, a carattere più o meno solenne o ufficiale: *l'i. del nuovo senatore nell'aula, dei pellegrini alla presenza del pontefice, di qlcu. in società* | ***lettera di i.***, di presentazione | (*est.*) †mediazione, intercessione **3** parte iniziale di un discorso o di un'opera, con valore orientativo o di presentazione, prima di entrare in argomento: *l'i. del Decamerone*; *il romanzo è totalmente privo di i.* | trattato introduttivo: *i. alla logica, alla fisica, alla scienza del linguaggio* | avviamento, guida: *i. alla pratica contabile*; *corso di i.* **4** (*mus.*) brano premesso a una composizione musicale | prima scena di un'opera **5** †partecipazione, entratura:

i. in un negozio, in un affare ‖ **introduzioncèlla**, **dim.** | **introduzioncìna**, **dim.**

SFUMATURE DI SIGNIFICATO

introduzione - prefazione - proemio - prologo

Comunemente **introduzione** e **prefazione** vengono considerati equivalenti, anche se il primo indica propriamente una premessa che l'autore scrive per orientare il lettore prima di entrare in argomento; il secondo dovrebbe più opportunamente riferirsi al testo che si premette a un'opera, soprattutto da parte di persona diversa dall'autore, per indicarne gli intendimenti. **Proemio** è invece la parte iniziale di un componimento in versi, soprattutto un poema, con funzione di preambolo, di antefatto. Se si tratta di un'opera drammatica, la scena che ne costituisce l'antefatto prende il nome di **prologo**.

introflessióne [comp. di *intro-* e *flessione* ✻ 1897] **s. f.** ● (*med.*) ripiegamento in dentro di un organo o di una sua parte

introflèsso **part. pass.** di *introflettersi*; anche **agg.** ● (*med.*) detto di organo o parte di esso piegato dall'esterno all'interno

introflèttersi [comp. di *intro-* e *flettersi* ✻ 1957] **v. rifl.** (**coniug. come** *flettere*) ● (*raro*) ripiegarsi in dentro

introgolàre [comp. di *in-*① e *trogolo* ✻ 1869] **v. tr.** (*io intrògolo*) e **introgolàrsi** **v. rifl.** ● (*tosc.*) sporcare, sporcarsi (*anche fig.*)

introgolóne [1869] **agg. e s. m.** (**f.** *-a*) ● (*tosc.*) sudicione

introìbo [propr. 'entrerò', da *introīre*, comp. di *intro* 'nell'interno' e *īre* 'andare', prima parola della Messa ✻ 1536] **s. m.** (**pl. inv. o** *-i*) ● (*relig.*) Introito | (*fig.*) †*venire all'i.*, entrare in argomento

introiettàre [da *introiezione* ✻ 1931] **v. tr.** (*io introiètto*) ●(*psicoan.*) sottoporre a introiezione | (*est.*) interiorizzare

introiezióne [comp. di *intro-* e *iezione*, che compare in altri comp. di orig. dotta col senso fondamentale di 'gettare', dal lat. *-iectiōne(m)*, da *iăcere* 'lanciare, buttare' ✻ 1931] **s. f.** ● (*psicoan.*) meccanismo mentale inconscio mediante il quale contenuti di pensiero, atteggiamenti, motivi e sim., estranei, cioè appartenenti ad altre persone, vengono accolti nel proprio io **CFR.** proiezione | (*est.*) interiorizzazione

introitàle [1987] **agg.** ● (*relig.*) relativo all'introito | *processione i.*, ingresso del sacerdote con i ministri all'altare per celebrare la Messa

introitàre [da *introito* ✻av. 1686] **v. tr.** (*io intròito*) ● (*burocr.*) percepire come introito: *i. una somma, una rendita, un risarcimento*

intròito [vc. dotta, lat. *introĭtu(m)* 'ingresso', da *introīre* 'andare (*īre*) nell'interno (*ĭntro*)' ✻sec. XIV] **s. m.** **1** †ingresso, entrata: *l'i. de' fiumi nelli fiumi* (Leonardo) **2** (con iniziale maiuscola) prima parte della Messa cattolica che precede il Kyrie | (*mus.*) composizione che accompagna l'ingresso del sacerdote all'altare per la celebrazione della Messa **3** (**spec. al pl.**, *burocr.*) entrata di cassa: *avere, disporre di, notevoli introiti* **SIN.** incasso, provento

SFUMATURE ➤ *entrata*

intromésso **part. pass.** di *intromettere*; anche **agg.** ● nei sign. del v.

✦**introméttere** o †**entrométtere** [vc. dotta, lat. *intromĭttere*, comp. di *intro* 'nell'interno' e *mĭttere* 'mettere' ✻ 1284 ca.] **A** **v. tr.** (**coniug. come** *mettere*) **1** (*raro*) mettere dentro o in mezzo **SIN.** interporre **2** †fare ammettere alla presenza di qlcu., far ricevere da qlcu. **SIN.** introdurre **B** **introméttersi** **v. rifl.** **1** mettersi in mezzo tra due persone, spec. come paciere: *un comune amico s'intromise ed evitò il peggio* **2** voler entrare in faccende che non riguardano direttamente: *non devi intrometterti nei miei affari* **SIN.** immischiarsi, impicciarsi, ingerirsi **C** **introméttersi** **v. intr. pron.** ● (*raro, lett.*) frapporsi, intervenire: *cosa non sarà che s'intrometta / da poterti turbar questo pensiero* (L. Ariosto)

✦**intromissióne** [vc. dotta, lat. tardo *intromissiōne(m)*, da *intromĭssus* 'intromesso' ✻1540] **s. f.** **1** ingerenza: *eliminare, neutralizzare ogni i. straniera* **2** (*raro, lett.*) mediazione: *i. disinteressata*

intronaménto [sec. XIV] **s. m.** **1** l'intronare | (*lett.*) fragore, strepito | (*fig., lett.*) stordimento **2** †tremito, scossa **3** (*fig.*) †atteggiamento arrogante, intimidatorio

intronàre [comp. di *in-*① e *tr(u)ono*, variante di *tuono* ✻av. 1311] **A** **v. tr.** (*io intròno*) **1** assordare con rumori eccessivi: *i. gli orecchi* | (*fig.*) stordire, intontire: *mi ha intronato con le sue chiacchiere* **2** scuotere con forti colpi: *le esplosioni intronarono l'aria* | †lesionare con colpi: *i. la muraglia* **B** **v. intr.** (**aus.** *avere, raro essere*) **1** (*raro*) rintronare: *la grotta intronava di colpi* **2** (*raro*) rimanere stordito (*anche fig.*): *l'ambasciatore quasi intronò di questa risposta* (F. Sacchetti) **C** **intronàrsi** **v. intr. pron.** ● (*raro*) rimanere attonito, intontito

intronàto **part. pass.** di *intronare*; anche **agg.** ● assordato | (*fig.*) stordito, intontito: *oggi mi sento tutto i.*

intróne [comp. di *intr(a)-* e *-one*④ ✻1987] **s. m.** ● (*biol.*) sequenza di DNA che compare all'interno di un gene eucariotico che, pur venendo trascritta insieme al gene in cui è presente, non compare più nell'RNA messaggero maturo **CFR.** esone

†**intronfiàre** [comp. di *in-*① e *tronfio* ✻1612] **v. intr.** **1** insuperbire **2** corrucciarsi, imbronciarsi

intronizzàre [comp. di *in-*① e *trono* ✻1363] **v. tr.** ● mettere sul trono, investire dell'autorità sovrana ‖ **intronizzazióne**, **s. f.**

†**intronizzatùra** [da *intronizzare* ✻1688] **s. f.** ● atteggiamento altero, sussiegoso

intrórso [vc. dotta, lat. *intrōrsu(m)*, (avv.), comp. di *ĭntro* 'all'interno' e *vŏrsum*, variante di *vĕrsum* '(volto) verso' ✻1869] **agg.** **1** voltato in dentro **2** (*bot.*) detto di un'antera nella quale il solco di apertura è volto verso l'interno del fiore

introspettìvo [dal lat. *introspĕctus*, part. pass. di *introspĭcere* 'guardare (*spĕcere*) dentro (*ĭntro*)' ✻1930] **agg.** ● di introspezione, basato sull'introspezione | incline all'introspezione ‖ **introspettivaménte**, **avv.**

introspètto [vc. dotta, lat. *introspĕctu(m)*, part. pass. di *introspĭcere* 'guardare (*spĕcere*) dentro (*ĭntro*)' ✻1673] **s. m.** ● (*disus.*) veduta, affaccio dentro un luogo

introspezióne [dal lat. *introspĕctus*, part. pass. di *introspĭcere* 'guardare (*spĕcere*) dentro (*ĭntro*)' ✻1892] **s. f.** **1** (*letter.*) analisi del mondo interiore, analisi psicologica: *l'i. nella letteratura del Novecento* **2** (*psicol.*) metodo di osservazione delle proprie azioni o dei propri contenuti mentali, con una loro descrizione mediante certe categorie psicologiche

SFUMATURE ➤ *riflessione*

introspezionìsmo [da *introspezione* col suff. *-ismo* ✻sec. XX] **s. m. inv.** ● (*psicol.*) corrente della psicologia basata sul metodo dell'introspezione

introvàbile [comp. di *in-*③ e *trovabile* ✻av. 1519] **agg.** ● che non si può o non si riesce a trovare: *il professore è i.*; *un testo i.* **SIN.** irreperibile ‖ **introvabilità**, **s. f. inv.**

introversióne [comp. di *intro-* e *versione*, sul modello di *inversione* ✻av. 1712] **s. f.** **1** (*psicol.*) atteggiamento psicologico di interesse alla propria interiorità e soggettività **CONTR.** estroversione | (*est.*) riflessione, raccoglimento interiore **2** †riversamento di un umore dal di fuori al di dentro

introvèrso **A** **part. pass.** di *introvertere*; anche **agg.** ● caratterizzato da introversione: *carattere, individuo i.* ‖ **introversaménte**, **avv.** **B** **s. m.** (**f.** *-a*) ● persona introversa

SFUMATURE ➤ *riservato*, ➤ *solitario*

introvèrtere [comp. di *intro-* e *vertere* ✻ 1694] **A** **v. tr.** (**pres.** *io introvèrto*; **part. pass.** *introvèrso*; **difett. del pass. rem.**) ● (*lett., raro*) volgere in dentro **B** **introvèrtersi** **v. rifl.** ● (*psicol.*) racchiudersi nella propria interiorità e soggettività, in un atteggiamento di rifiuto della realtà esterna

introvertìre [1931] **v. tr.** (*io introvertìsco, tu introvertìsci*; **difett. del pass. rem.**) e **introvertìrsi** **v. rifl.** ● (*raro*) introvertere, introvertersi

introvertìto **part. pass.** di *introvertire*; anche **agg.** ● (*raro*) introverso

intrùdere [vc. dotta, lat. mediev. *intrūdere*, comp. di *in-* 'dentro' e *trūdere* 'spingere', di orig. indeur. occid. ✻av. 1561] **A** **v. tr.** (**pass. rem.** *io intrùṣi, tu intrudésti*; **part. pass.** *intrùṣo*) ● (*lett.*) introdurre o inserire a forza, con arbitrio o indebitamente **B** **v. intr.** (**aus.** *essere*) e **intrùdersi** **v. intr. pron.** ● (*lett.*) intromettersi senza esserne richiesto, cacciarsi dentro arbitrariamente: *Per intrudervi voi nel luogo di lui* (G. Giusti)

intrufolàre [comp. di *in-*① e **trufolo* 'tartufo' ✻1869] **A** **v. tr.** (*io intrùfolo*) ● (*raro*) introdurre di nascosto **B** **intrufolàrsi** **v. rifl.** ● infilarsi o introdursi di nascosto: *riuscì ad intrufolarsi tra gli invitati*; *è un tipo che s'intrufola dovunque*

✦**intrugliàre** [comp. di *in-*① e, con adattamento della finale, di *troia* e sovrapposizione d'altro v. in *-ugliare* ✻1869] **A** **v. tr.** (*io intrùglio*) **1** (*fam.*) mescolare malamente più cose, spec. liquidi, traendone un intruglio **2** (*fig.*) ingarbugliare, imbrogliare: *i. un discorso, le faccende* **B** **v. intr.** (**aus.** *avere*) ● (*raro*) intrigare, brigare **C** **intrugliàrsi** **v. rifl.** **1** (*fam.*) insudiciarsi, sbrodolarsi: *mi sono intrugliato tutto!* **2** (*fig.*) immischiarsi in cose poco pulite

intrùglio [da *intrugliare* ✻av. 1775] **s. m.** **1** miscuglio sgradevole di vari elementi: *bere, mangiare strani intrugli* | bevanda medicinale, pozione: *Li curava con certi intrugli, estratti da erbe* (L. Pirandello) | (*est., raro*) lavoro o scritto mal fatto, pasticciato **2** (*fig.*) imbroglio, intrallazzo: *quell'affare è un i. di arruffoni*

intruglióne [1869] **s. m.** (**f.** *-a*) ● (*fam.*) chi combina pasticci, ordisce imbrogli e sim.

intruppaménto [da *intrupparsi* ✻1869] **s. m.** ● l'intrupparsi | (*est.*) assembramento

intruppàre① [comp. di *in-*① e *truppa* ✻av. 1601] **A** **v. tr.** ● (*raro*) riunire, inquadrare in una truppa | (*est.*) riunire in un gruppo **B** **intruppàrsi** **v. rifl.** **1** (*raro*) inquadrarsi nella truppa **2** (*est.*) unirsi a un gruppo (*anche spreg.*): *intrupparsi in una compagnia*; *si era intruppato con la malavita locale* (P. Levi)

intruppàre② [deformazione paretimologica di *intoppare* ✻1957] **v. intr.** (**aus.** *avere*) ● (*roman.*) urtare, sbattere: *i. nella porta, contro uno spigolo* | andare a sbattere contro un ostacolo con un mezzo di trasporto, spec. con l'automobile: *i. contro un autobus*; (*assol.*) *ho intruppato*

intrusióne [da *intruso*, part. pass. di *intrudere* ✻1363] **s. f.** **1** introduzione indebita di persone estranee in un dato ambiente | ingerenza, intromissione: *opporsi all'i. di estranei nella propria vita privata* **2** (*geol.*) fenomeno per cui una massa magmatica si infiltra e solidifica negli interstizi delle rocce sovrastanti

SFUMATURE ➤ ***invadenza***

intrușivo [da *intruso*, part. pass. di *intrudere* ✱ 1863] **agg. 1** caratterizzato da ingerenza, da intromissione: *pubblicità intrusiva* SIN. invadente **2** (*geol.*) relativo a intrusione | (*geol.*) ***roccia intrusiva***, generata da un processo di intrusione || **intrușività**, **s. f. inv.** invadenza

✦**intrùșo** **A** **part. pass.** di *intrudere*; anche **agg.** ● (*lett.*) nei sign. del v. **B** **s. m.** (**f.** *-a*) ● estraneo introdottosi in modo arbitrario o illecito in un ambiente: *cacciare dal gruppo gli intrusi; essere trattato come un i.* | persona che, pur essendo nel proprio ambiente, si sente considerata come un estraneo: *in questa casa io sono un i.*

†**intuàrsi** [comp. di *in-*① e *tuo* ✱ 1321] **v. intr. pron.** ● entrare nel tuo pensiero o sentimento: *s'io m'intuassi, come tu t'inmii* (DANTE *Par.* IX, 81)

intubàre [1957] **v. tr. 1** (*med.*) sottoporre a intubazione **2** (*tecnol.*) inserire completamente o parzialmente in un tubo: *i. un'elica, un radiatore refrigerante*

intubazióne [comp. di *in-*① e un deriv. di *azione* da *tubo* ✱ 1889] **s. f. 1** (*med.*) introduzione di un tubo in un canale corporeo o in un organo cavo come la trachea o lo stomaco | ***i. endotracheale***, introduzione nella trachea del paziente di un tubo attraverso il quale viene eseguita la ventilazione dei polmoni spec. durante un'anestesia **2** (*tecnol.*) operazione dell'intubare

intubettàre [comp. di *in-*① e *tubetto* ✱ 1965] **v. tr.** (*io intubétto*) ● mettere in tubetto

intubettatrìce [1965] **s. f.** ● macchina che esegue l'operazione di intubettare

intugliàre [etim. incerta ✱ 1889] **v. tr.** (*io intùglio*) ● (*mar.*) allacciare, aggiuntare con nodi o impiombatura le estremità di due cavi per aumentarne la lunghezza

intuìbile [av. 1855] **agg.** ● che si può intuire || **intuibilménte**, **avv.** || **intuibilità**, **s. f. inv.**

✦**intuìre** [vc. dotta, lat. *intuēri*, comp. di *in-*① e *tuēri* 'osservare', di prob. orig. indeur., con passaggio ad altra coniug. ✱ av. 1306] **v. tr.** (*io intuìsco, tu intuìsci*) ● capire in modo immediato, senza necessità di ragionamento o prove (+ *che*, + *di* **seguito da inf.**): *i. l'importanza di un fenomeno; intuì subito che i danni erano gravi; intuì di dover chiedere scusa* | (*est.*) accorgersi, rendersi conto: *intuì di non avere via di scampo* | †vedere, guardare

intuitivìsmo [da *intuitivo* ✱ 1952] **s. m.** ● (*filos.*) intuizionismo

intuitivo [av. 1535] **agg. 1** relativo all'intuito o all'intuizione: *capacità intuitiva; doti intuitive* | ***metodo i.***, metodo didattico che si fonda sull'intuizione piuttosto che sul ragionamento e sull'analisi | ***visione intuitiva***, nella terminologia della mistica cristiana, accesso diretto e soprannaturale della mente alle verità divine **2** che si capisce o s'intuisce facilmente: *verità intuitiva; acquisire una certezza intuitiva* | ***è i.***, è facilmente comprensibile, evidente, ovvio **3** detto di persona dotata d'intuito || **intuitivaménte**, **avv.** per intuito, senza troppi ragionamenti || **intuitività**, **s. f. inv.** caratteristica di ciò che è intuitivo

intuìto① **part. pass.** di *intuire*; anche **agg.** ● nei sign. del v.

✦**intùito**② [vc. dotta, lat. *intŭitu(m)*, dal part. pass. di *intuēri* 'intuire' ✱ av. 1406] **s. m. 1** conoscenza o visione immediata, senza intervento della riflessione, di una realtà non evidente: *sapere, intendere qlco. per i.* **2** intelligenza acuta e pronta: *essere dotati di un notevole i.; i. pronto, fine, sicuro* | ***i. del bello***, senso del bello SIN. perspicacia, prontezza **3** †sguardo, vista

intuizióne [vc. dotta, lat. tardo *intuitiōne(m)*, propr. 'immagine riflessa', dal part. pass. di *intuēri* 'intuire' ✱ av. 1806] **s. f. 1** attitudine a cogliere l'intima essenza delle cose, senza dover ricorrere al ragionamento | intuito: *essere privi di i.; è dotato di un'infallibile i. per i problemi giuridici* | presentimento: *ebbe l'i. di un pericolo incombente* **2** (*filos.*) particolare forma di conoscenza per cui l'oggetto risulta immediatamente presente alla coscienza, indipendentemente da qualsiasi processo razionale: *l'i. è a fondamento dell'estetica di Croce* **3** nella terminologia della mistica cristiana, fruizione beatifica della conoscenza di Dio ad opera della grazia illuminante **4** (*psicol.*) insight

intuizionìsmo [da *intuizione* nel sign. 2 col suff. di dottrina *-ismo* ✱ 1902] **s. m. 1** (*filos.*) concezione filosofico-scientifica che riconosce nell'intuizione la forma privilegiata della conoscenza: *l'i. di Bergson* **2** indirizzo del pensiero matematico contemporaneo secondo cui l'esistenza degli enti matematici è definita tramite la loro costruibilità mentale a partire dall'intuizione della serie dei numeri naturali

intuizionìsta [1906] **s. m. e f.** (**pl. m.** *-i*) ● chi segue o si ispira alla dottrina filosofica dell'intuizionismo

intumescènte [vc. dotta, lat. *intumescĕnte(m)*, part. pres. di *intumĕscere*, comp. di *in-*① e dell'incoativo *tumĕscere*, da *tumēre* 'gonfiare', di orig. indeur. ✱ 1930] **agg.** ● (*med.*) che ha tendenza a gonfiarsi

intumescènza [da *intumescente* ✱ av. 1698] **s. f. 1** (*med.*) rigonfiamento, gonfiore **2** (*bot.*) escrescenza patologica che si forma sulla superficie dei vegetali

intumidìre [comp. di *in-*① e *tumido* ✱ av. 1597] **v. intr.** (*io intumidìsco, tu intumidìsci*; **aus.** *essere*) ● (*lett.*) diventare tumido, gonfio

†**intuonàre** ➤ †**intonare**②

inturbantàto [comp. di *in-*① e *turbante* ✱ 1880] **agg.** ● coperto da un turbante o da qlco. di simile: *apparve col capo i. da un asciugamano; un notabile del luogo, uno sceicco i., dall'aria ... sospetta* (P. LEVI)

inturgidiménto [1957] **s. m.** ● l'inturgidire | stato di ciò che è turgido

inturgidìre [comp. di *in-*① e *turgido* ✱ 1752] **v. intr.** (*io inturgidìsco, tu inturgidìsci*; **aus.** *essere*) e **inturgidìrsi** **v. intr. pron.** ● diventare turgido, gonfio: *gli si inturgidirono le vene della fronte*

intussuscezióne [comp. del lat. *ĭntus* 'dentro' e *susceptiōne(m)* 'ricevimento, suscezione' ✱ 1957] **s. f. 1** (*bot.*) †accrescimento della membrana cellulare dei vegetali **2** (*med.*) invaginazione **3** (*bot.*) processo di accrescimento della parete cellulare per insinuazione di altri polisaccaridi nel reticolo di cellulosa

†**inùco** ➤ **eunuco**

inudìto ➤ **inaudito**

inuguàle e deriv. ➤ **ineguale** e deriv.

ìnuit /algonchino 'inuit/ [vc. algonchina, propr. 'popolo', pl. di *inuk* 'uomo' ✱ 1895] **s. m. e f. inv.**; anche **agg. inv.** ● appartenente a una popolazione eschimese stanziata nel Canada

ìnula [vc. dotta, lat. *ĭnula(m)*, termine pop.: di orig. gr. (?) ✱ av. 1498] **s. f.** ● pianta erbacea perenne delle Composite comune nei boschi e sassaie, con capolini gialli e frutto ad achenio con pappo (*Inula*)

inulàși [comp. di *inula* e *-asi* ✱ 1932] **s. f. inv.** ● (*chim.*) enzima capace di idrolizzare l'inulina

inulìna [comp. di *inula* e del suff. della chim. *-ina* ✱ 1834] **s. f.** ● (*chim.*) idrato di carbonio, isomero dell'amido, presente in quasi tutte le Composite e in altre piante

inùlto [vc. dotta, lat. *inŭltu(m)*, comp. di *in-*③ e *ŭltus*, part. pass. di *ulcīsci* 'vendicare', di etim. incerta ✱ 1336 ca.] **agg.** ● (*poet.*) invendicato, impunito: *Rinaldo ha morto, il qual fu spada e scudo / di nostra fede; ed ancor giace i.?* (T. TASSO)

inumanazióne [vc. dotta, lat. tardo *inhumanatiōne(m)*, comp. di *in-*① e *humanātio*, genit. *humanatiōnis*, da *humānus* 'umano' ✱ 1957] **s. f.** ● nella teologia cattolica, il diventare uomo e l'assumere natura umana, propri del Cristo

inumanità [vc. dotta, lat. *inhumanitāte(m)*, comp. di *in-*③ e *humānitas*, genit. *humanitātis* 'umanità' ✱ sec. XIV] **s. f. inv.** ● mancanza di umanità | azione inumana SIN. crudeltà

inumàno [vc. dotta, lat. *inhumānu(m)*, comp. di *in-*③ e *humānus* 'umano' ✱ 1308] **agg. 1** di chi è privo delle caratteristiche e dei sentimenti propri dell'essere umano: *carceriere i.; essere i. con i deboli* SIN. crudele, spietato **2** di ciò che dimostra mancanza di umanità, che è caratterizzato da estrema crudeltà: *pena, rappresaglia inumana* | che è superiore alle forze e alle capacità umane: *ha fatto sforzi inumani per riuscire* SIN. disumano **3** (*lett.*) che trascende l'uomo; sovrumano: *un duro i. silenzio* (C. PAVESE) || **inumanaménte**, **avv.**

inumàre [vc. dotta, lat. *inhumāre*, comp. di *in-*① e *humāre*, da *hŭmus* 'terra' ✱ 1686] **v. tr.** ● seppellire, sotterrare: *i. un cadavere* CONTR. esumare

inumazióne [1774] **s. f.** ● l'inumare SIN. sepoltura

inumidiménto [1879] **s. m.** ● l'inumidire, l'inumidirsi

inumidìre [comp. di *in-*① e *umido* ✱ 1282] **A** **v. tr.** (*io inumidìsco, tu inumidìsci*) ● rendere umido, bagnare leggermente: *la rugiada inumidisce le piante e la terra* | ***i. il bucato, la biancheria***, spruzzarli d'acqua per poi stirarli | anche in forma pron.: *inumidirsi le labbra con la saliva* **B** **inumidìrsi** **v. intr. pron.** ● diventare umido

inumidìto **part. pass.** di *inumidire*; anche **agg.** ● nei sign. del v.

†**inumiliàrsi** [comp. di *in-*① e *umiliare* ✱ sec. XIV] **v. intr. pron.** ● (*raro*) umiliarsi

inurbaménto [da *inurbarsi* ✱ 1932] **s. m.** ● fenomeno per cui gruppi di individui si trasferiscono stabilmente dalla campagna nei grandi centri abitati

inurbanità [av. 1540] **s. f. inv.** ● mancanza di urbanità | atto scortese, inurbano SIN. inciviltà, scortesia

inurbàno [vc. dotta, lat. *inurbānu(m)*, comp. di *in-*③ e *urbānus* 'urbano' ✱ 1468] **agg.** ● incivile, scortese, rozzo: *tratto, comportamento i.* || **inurbanaménte**, **avv.**

inurbàrsi [comp. di *in-*① e del lat. *ŭrbs*, genit. *ŭrbis* 'città' ✱ 1319] **v. intr. pron. 1** venire dalla campagna a vivere in città | †entrare, recarsi in città **2** (*fig.*, *lett.*) assumere modi e abitudini urbane, civili

inurbàto **A** **part. pass.** di *inurbarsi*; anche **agg.** ● nei sign. del v. **B** **s. m.** (**f.** *-a*) ● chi si è trasferito dalla campagna in città

inușàto [comp. di *in-*③ e *usato* ✱ sec. XIV] **agg.** ● (*lett.*) insolito, inusitato

✦**inușitàto** [vc. dotta, lat. *inusitātu(m)*, comp. di *in-*③ e *usitātus* 'usitato' ✱ 1336 ca.] **agg. 1** che non rientra nell'uso comune, che è al di fuori della normalità: *espressione, parola inusitata; effetto i.; sento in mezzo l'alma / una dolcezza inusitata e nova* (F. PETRARCA) SIN. insolito CONTR. abituale, usuale **2** †non abituato: *il paese i. alla guerra* (N. MACHIAVELLI) || **inușitataménte**, **avv.** (*raro*) in modo inusitato

†**inùsto** [vc. dotta, lat. *inūstu(m)*, part. pass. di *inūrere*, comp. di *in-*① e *ūrere* 'bruciare', di orig. indeur. ✱av. 1714] **agg.** • segnato, impresso col fuoco

✦inuṣuàle [comp. di *in-*③ e *usuale* ✱av. 1787] **agg.** • non usuale, fuori dal comune, insolito: *un fatto i.* ‖ **inuṣualménte**, **avv.** ‖ **inuṣualità**, **s. f. inv.**

✦inùtile [vc. dotta, lat. *inūtile(m)*, comp. di *in-*③ e *ūtilis* 'utile' ✱1229] **agg.** **1** che non presenta nessuna utilità, non produce alcun effetto o giovamento: *oggetto, discorso, rimedio, tentativo i.*; *i tuoi sforzi sono inutili* | di chi si sente inetto, non dà alcun contributo agli altri ecc.: *sentirsi, essere i.*; *persona, gente i.*; *Quel sentirsi... inutili, con tutto i. intorno* (P. LEVI) **2** superfluo, vano (**+ inf.**, **+ *che* seguito da congtv.**): *mi sembra i. parlare del passato*; *è i. che tu insista, tanto non mi convinci* | ***non i.***, che presenta qualche utilità: *il tuo è stato un tentativo non i.* ‖ **inutilménte**, †**inutileménte**, **avv.** invano, senza risultato, senza utilità

inutilità [vc. dotta, lat. *inutilitāte(m)*, comp. di *in-*③ e *utĭlitas*, genit. *utilitātis* 'utilità' ✱1520] **s. f. inv.** • mancanza di utilità

inutìliter [avv. lat., da *inutile(m)* 'non (*in-*) valido (*ūtile(m)*)' ✱1981] **avv.** • inutilmente, non necessariamente | ***i. datum***, spec. nel linguaggio giuridico, elemento inutile, non influente

inutilizzàbile [comp. di *in-*③ e *utilizzabile* ✱1931] **agg.** • che non si può usare o utilizzare: *una vecchia macchina ormai i.* **SIN.** inservibile ‖ **inutilizzabilità**, **s. f. inv.**

inutilizzàre [comp. di *in-*③ e *utilizzare* ✱1849] **v. tr.** • rendere inutile o inservibile: *i. un'arma* ‖ **inutilizzazióne**, **s. f.**

inutilizzàto **part. pass.** di *inutilizzare*; **anche agg.** • non utilizzato: *oggetto i.*

inuzzolìre [comp. di *in-*① e *uzzolo* ✱av. 1606] **A v. tr.** (*io inuzzolisco, tu inuzzolisci*) • (*tosc.*) rendere voglioso di qlco.: *i. i bambini con promesse* **B inuzzolìrsi** **v. intr. pron.** • (*tosc.*) invogliarsi, incapricciarsi | (*tosc.*) eccitarsi

invacchiménto [1855] **s. m.** • l'invacchire

invacchìre [comp. di *in-*① e *vacca* ✱av. 1767] **v. intr.** (*io invacchìsco, tu invacchìsci*; **aus.** *essere*) **1** (*zootec.*) andare in vacca, cioè a male, dei bachi da seta che si gonfiano e ingialliscono, per poi morire **2** (*pop.*; *disus.*) diventare grasso e floscio | intorpidirsi mentalmente

invadènte **part. pres.** di *invadere*; **anche agg. e s. m. e f.** • (*fig.*) che (o chi) si occupa troppo di ciò che non lo riguarda, si intromette nelle faccende altrui: *non dargli confidenza perché è un i.* **SIN.** ficcanaso

invadènza [1846] **s. f.** • caratteristica di chi (o di ciò che) è invadente

SFUMATURE DI SIGNIFICATO

invadenza - intrusione - interferenza

Il comportamento di chi manca completamente di discrezione, si intromette in affari che non lo riguardano e addirittura impone la sua presenza si definisce **invadenza. Intrusione** descrive invece l'effetto pratico di tale comportamento, cioè l'entrare senza essere invitato o gradito in una discussione, un ambiente, un gruppo di persone. Se l'indiscrezione e la mancanza di riguardo arriva al punto di interferire con azioni e iniziative altrui, pretendendo di modificarne l'andamento, si ha un'**interferenza.**

SFUMATURE ➤ *indiscrezione*

✦invàdere [vc. dotta, lat. *invādere*, comp. di *in* 'contro' e *vādere* 'andare' ✱1334] **v. tr.** (**pass. rem.** *io invàṣi, tu invadésti*; **part. pass.** *invàṣo*, †*invadùto*) **1** occupare un territorio con la forza penetrandovi in gran numero: *l'esercito invase l'intera regione* | entrare, occupare in massa (***anche scherz.***): *le cavallette invadono i campi*; *una folla di tifosi invase lo stadio*; *i suoi amici mi hanno invaso la casa* | inondare: *il fiume invase la campagna* | contagiare: *l'Europa intera fu invasa dall'epidemia* | (*fig.*) diffondersi: *le erbacce hanno invaso l'orto*; *prodotti giapponesi che invadono l'Europa* **2** (*med.*) infiltrarsi nelle parti e negli organi vicini **3** (*fig.*) occupare l'animo, pervadere: *l'ambizione e i pregiudizi invasero i loro cuori* | (*fig.*) ***le tenebre invadono l'aria***, la rendono sempre più scura **4** (*fig.*) attribuirsi illegittimamente qlco. entrando in ciò che spetta ad altri: *i. i diritti, i poteri, la giurisdizione di qlcu.*

SFUMATURE ➤ *conquistare*

†**invagàre** [sec. XIV] **v. tr. e** †**invagàrsi** **v. intr. pron.** • invaghire, invaghirsi: *come chi di ben far sempre s'invaga* (F. SACCHETTI)

invaghiménto [av. 1694] **s. m.** • (*lett.*) l'invaghirsi | condizione di chi è innamorato

invaghìre [comp. di *in-*① e *vago* ✱1313] **A v. tr.** (*io invaghìsco, tu invaghìsci*) • (*lett.*) innamorare: *Amor, che del suo altero lume / più m'invaghisce dove più m'incende* (F. PETRARCA) **B v. intr.** † **e invaghìrsi** **v. intr. pron.** • accendersi di desiderio, di amore per qlcu. (**+ *di***): *invaghirsi di una fanciulla* | incapricciarsi di qlco.: *pareva invaghirsi di qualsiasi cosa vedesse* (E. MORANTE)

invaginàre [comp. di *in-*① e *vagina* ✱1748] **A v. tr.** (*io invagìno* **o, più diffuso ma meno corretto,** *invàgino*) • (*lett.*) mettere l'arma nella guaina o nel fodero **B invaginàrsi** **v. intr. pron.** • (*med.*) ripiegarsi verso l'interno, come il dito di un guanto: *organo che si invagina*

invaginazióne [da *invaginare* con ampliamento del sign. di *vagina* ✱1834] **s. f.** • (*med.*) ripiegamento di un organo verso l'interno

invaiàre [comp. di *in-*① e *vaio* ✱1612] **A v. intr.** (*io invàio*; **aus.** *essere*) • diventare scuro e maculato per il fenomeno della maturazione: *la frutta invaia* **B v. tr.** • (*raro*) rendere vaio, scuro: *l'uva ingrossa, e invaia / i chicchi già* (G. PASCOLI)

invaiatùra [da *invaiare* ✱1937] **s. f.** • perdita progressiva del colore verde dei frutti nel primo stadio di maturazione, quando diventano scuri e maculati

invaiolàre [comp. di *in-*① e *vaio* col suff. dim. *-olare* ✱1612] **v. intr.** (*io invaiòlo*; **aus.** *essere*) • (*tosc.*) invaiare

invalére [vc. dotta, lat. tardo *invalēre* 'essere forte, prevalere', comp. di *in-*② e *valēre* 'aver forza, vigore' ✱1528] **v. intr.** (**coniug. come** *valere*; **aus.** *essere*; **difett. usato solo nelle terze pers. sing. e pl. e nel part. pass.** *invàlso* **e nel gerund.** *invalèndo*) • prendere piede, affermarsi: *è invalsa la consuetudine di scambiarsi doni a Natale*; *una moda che è invalsa dieci anni fa*

invalicàbile [comp. di *in-*③ e *valicabile* ✱1640] **agg.** • che è impossibile o difficile valicare: *passo, vetta i.* | (*fig.*) insuperabile: *difficoltà i.* ‖ **invalicabilità**, **s. f. inv.**

invalidàbile [1869] **agg.** • che si può invalidare ‖ **invalidabilità**, **s. f. inv.**

invalidaménto [1745] **s. m.** • dichiarazione, dimostrazione d'invalidità **SIN.** invalidazione

invalidànte **part. pres.** di *invalidare*; **anche agg.** **1** che provoca invalidità fisica: *incidente, patologia i.* **2** (*dir.*) che rende non valido, nullo: *clausola i.*

invalidàre [da *invalido* ✱av. 1565] **A v. tr.** (*io invàlido*) **1** rilevare dinanzi all'autorità competente l'invalidità di un atto: *i. un provvedimento giudiziario, un testamento, un contratto* **2** (*est.*) dimostrare infondato, erroneo, privo di valore: *i. le obiezioni dell'avversario* **B invalidàrsi** **v. intr. pron.** • (*lett.*) diventare fisicamente invalido

invalidazióne [1869] **s. f.** • invalidamento

invalidità [1540] **s. f. inv.** **1** mancanza di validità: *l'i. di una tesi* **2** condizione di un atto che non possiede tutti i requisiti legislativamente richiesti così da risultare nullo o annullabile: *i. di un negozio giuridico, di un atto processuale* **3** inattitudine al lavoro o all'espletamento di un'attività conseguente a gravi malattie, infortuni, mutilazioni e sim.: *i. temporanea, permanente* | condizione giuridica di chi è invalido: *assicurazione per l'i. e la vecchiaia*

SFUMATURE ➤ *infermità*

✦invàlido [vc. dotta, lat. *invălidu(m)*, comp. di *in-*③ e *vălidus* 'valido' ✱av. 1367] **A agg.** **1** di chi non può svolgere un'attività a causa dell'età, di malattia o di infortunio: *un vecchio i.*; *rimanere i.* **2** (*dir.*) che non è valido: *atto processuale i.*; *contratto i.*; *elezioni invalide* ‖ **invalidaménte**, **avv.** senza validità **B s. m.** (**f. -a**) • persona invalida, inabile: *posto riservato agli invalidi di guerra e del lavoro*

†**invaligiàre** [comp. di *in-*① e *valigia* ✱av. 1536] **v. tr.** • mettere o riporre nella valigia

invallàrsi [comp. di *in-*① e *valle* ✱av. 1776] **v. intr. pron.** • incassarsi, scorrere in una valle: *il fiume s'invalla*

invàlso **part. pass.** di *invalere*; **anche agg.** • frequente, diffuso: *una moda invalsa nel secondo dopoguerra*

invanìre [comp. di *in-*① e *vano* ✱av. 1342] **A v. tr.** (*io invanìsco, tu invanìsci*) **1** (*lett.*) rendere vanitoso, superbo **2** †rendere vano, inutile **B v. intr.** (**aus.** *essere*) **e invanìrsi** **v. intr. pron.** **1** (*lett.*) diventare vanitoso, fatuo: *gli uomini deboli ... invaniscono ed inebriano nella fortuna* (N. MACHIAVELLI) **2** †svanire, dileguarsi **3** †inaridire | (*fig.*) †farneticare

✦invàno o (*raro*) **in vàno** [vc. dotta, lat. cristiano *ĭn vānum* 'nel vuoto, per nulla', diffusa col primo comandamento biblico ✱av. 1292] **avv.** • senza effetto, inutilmente: *affaticarsi, lottare, pregare, scrivere i.*; *ho tentato i. di persuaderlo*; *com'om che torna a la perduta strada, / che 'nfino ad essa li pare ire in vano* (DANTE *Purg.* I, 119-120) | ***essere i.***, essere inutile: *tutto è stato i.*

Invàr® [abbr. del fr. *invar(iable)* 'invar(iabile)' ✱1930] **s. m. inv.** • tipo di acciaio speciale con il 36% di nichel, caratterizzato da un coefficiente di dilatazione quasi nullo

invarcàbile [comp. di *in-*③ e *varcabile* ✱av. 1673] **agg.** • (*raro*) che non si può varcare

invarcàrsi [comp. di *in-*① e *varcare* ✱1869] **v. intr. pron.** (*io mi invàrco, tu ti invàrchi*) • (*tosc.*) confluire, immettersi, detto di fiume

invariàbile [comp. di *in-*③ e *variabile* ✱av. 1328] **agg.** **1** che non subisce variazioni: *temperatura i.*; *condizioni invariabili* **SIN.** costante, fisso **2** (*gramm.*) detto di parte del discorso (avverbio, congiunzione, preposizione, interiezione) che non è soggetta a flessione | detto di parola (sostantivo o aggettivo) che mantiene la stessa forma al singolare e al plurale o (nel caso dell'aggettivo) anche al maschile e al femminile (per es.: *caffè, gru, cinema, cobra, sintesi, airbag; dabbene, tuttofare*) ‖ **invariabilménte**, **avv.** allo stesso modo; sempre ‖ **invariabilità**, **s. f. inv.**

invariànte [comp. di *in-*③ e *variante* ✱1927] **agg.** **1** (*mat.*) detto di ente che, rispetto a uno o più enti variabili, per tutti i valori di tali variabili, conserva sempre il medesimo valore **2** (*fis.*) detto di quantità fisica che non cambia valore se viene misurata in diversi sistemi di riferimento

invariantìvo [da *invariante* ✱1957] **agg.** •

che non varia | (*mat.*) ***proprietà invariantiva***, quella della sottrazione, il cui risultato non cambia se si aggiunge o toglie uno stesso numero al sottraendo e al minuendo, e quella della divisione, il cui quoziente rimane invariato se dividendo e divisore sono moltiplicati o divisi per uno stesso numero

invariànza [comp. di *in-*③ e un deriv. di *variare* * 1950] **s. f. 1** proprietà, caratteristica di ciò che non varia, che resta costante: *i. della pressione fiscale* **2** (*fis.*) condizione di un sistema chimico-fisico in equilibrio, rispetto al quale non è possibile variare alcun parametro fisico senza distruggere l'equilibrio stesso

invariàto [comp. di *in-*③ e *variato* * 1570] **agg.** ● che non ha subìto variazioni: *prezzo i.*; *condizioni invariate* SIN. costante, immutato ‖ **invariataménte**, **avv.** senza variazioni

invaşaménto [1663] **s. m.** ● stato di chi è invasato | esaltazione
SFUMATURE ➤ *infatuazione*

invaşàre① [da *invaso*, part. pass. di *invadere* * av. 1342] **A v. tr. 1** (*lett.*) dominare, possedere in modo ossessivo: *essere invasato dal demonio* **2** (*lett.*) pervadere e sconvolgere la mente e l'animo: *essere invasato dall'odio*; *incapace omai di dominare il ... terrore che la invasava* (G. D'ANNUNZIO) **B invaşàrsi v. intr. pron.** ● (*raro*) esaltarsi, entusiasmarsi per qlcu. o qlco.: *invasarsi di un autore*

invaşàre② [comp. di *in-*① e *vaso* * 1532] **v. tr. 1** mettere in vaso | (*est.*) piantare una pianta in un vaso **2** mettere la nave sull'invasatura

invaşàto① **part. pass.** di *invasare*①; anche **agg. e s. m.** (**f.** *-a*) ● che (o chi) è dominato, ossessionato da qlcu. o qlco.: *i. dalla furia, dal demonio*; *gridare come un i.* SIN. ossesso

invaşàto② **part. pass.** di *invasare*②; anche **agg.** ● nei sign. del v.

invaşatóre [da *invasare*① * av. 1694] **agg.** (**f.** *-trice*) ● (*raro*) che invasa: *demonio, spirito, odio i.*

invaşatùra [da *invasare*② * 1869] **s. f. 1** operazione dell'invasare, del mettere qlco. in un vaso **2** (*mar.*) incastellatura che forma il letto sul quale poggia una nave in cantiere o un'imbarcazione in secca SIN. vaso

invaşióne [vc. dotta, lat. tardo *invasiōne(m)*, da *invāsus*, part. pass. di *invādere* 'invadere' * av. 1328] **s. f. 1** penetrazione, avanzata violenta in un territorio altrui: *l'i. di un esercito*; *le invasioni barbariche, degli Unni, dei Goti* | irruzione di numerose persone in un luogo: *l'i. di un podere da parte degli scioperanti* | (*fig.*) enorme affluenza: *un'i. di turisti* | ***i. di campo***, quella compiuta dagli spettatori durante o dopo un incontro sportivo, per protesta o per festeggiare la vittoria della propria squadra; (*fig.*) intromissione in un'attività o nel merito di competenze che appartengono ad altri | ***i. pacifica***, entrata in campo di parte del pubblico per festeggiare la propria squadra vincente | (*sport*) ***fallo d'i.***, nella pallavolo, quella di chi tocca la rete o penetra nella metà campo avversaria **2** diffusione massiccia e dannosa: *un'i. di cavallette* | inondazione: *l'i. delle acque* **3** (*fig.*) massiccia diffusione: *un'i. di prodotti elettronici*

SFUMATURE DI SIGNIFICATO
invasione - incursione - irruzione
Invasione è l'occupazione di un territorio di un altro stato o, più generalmente, l'occupazione in massa di un luogo. **Incursione** definisce una rapida azione di guerra nel territorio nemico; in senso esteso, il sopraggiungere inaspettato di qualcuno. **Irruzione** è il riversarsi improvvisamente, con impeto e in massa in un luogo.

invaşìvo [da *invaso*①; calco sull'ingl. *invasive* nel sign. 3 * 1499] **agg. 1** (*raro*) che serve o tende a invadere: *guerra invasiva* | aggressivo | (*fig.*) invadente **2** †che ferisce, che offende **3** (*biol.*) detto di procedimenti diagnostici o terapeutici che possono comportare modificazioni patologiche o genetiche delle strutture biologiche esaminate: *l'ecografia è un esame non i.* | detto di patologia che tende a diffondersi nell'organismo: *le neoplasie sono invasive* ‖ **invaşività**, **s. f. inv. 1** caratteristica di ciò che è invasivo; (*fig.*) invadenza **2** (*med.*) capacità di un microrganismo di entrare nel corpo e di diffondersi attraverso i tessuti; (*biol.*) proprietà di ciò che è invasivo, detto di procedimento diagnostico o terapeutico, o di patologia

invàşo① **part. pass.** di *invadere*; anche **agg.** ● nei sign. del v. | (*fig.*) pervaso: *sentirsi l'animo i. dal terrore, dalla gelosia*

invàşo② [da *invasare*② * 1957] **s. m. 1** invasatura di una pianta **2** capacità utilizzabile di un serbatoio idrico: *massimo i.* | (*est.*) il serbatoio stesso

invaşóre [vc. dotta, lat. tardo *invasōre(m)*, da *invāsus*, part. pass. di *invādere* 'invadere' * 1475] **agg. e s. m.** (**f.** *invaditrice*) ● che (o chi) invade: *l'i. è arrivato a due chilometri dalla città*; *l'esercito i. ha travolto le ultime difese*

invecchiaménto [1817 ca.] **s. m. 1** processo per cui qlcu. o qlco., e in particolare l'organismo umano, con l'avanzare degli anni diventa vecchio o più vecchio: *malattie dell'i.*; *in poco tempo ha subìto un forte i.*; *l'i. di usi e costumi*; *l'i. di un metodo educativo* **2** (*enol.*) maturazione del vino, che col tempo acquista aroma e perde acidità | ***i. artificiale***, trattamento cui viene sottoposto vino o liquore per accelerarne i processi di maturazione | (*generic.*) stagionatura: *i. del legname, di un formaggio* **3** modificazione nella struttura fisica e chimica di una sostanza | ***i. di un precipitato***, lenta modificazione della sua struttura fisica e chimica tale da non permettere più la solubilizzazione coi metodi usuali

♦**invecchiàre** [comp. di *in-*① e *vecchio* * 1261 ca.] **A v. tr.** (*io invècchio*) **1** far diventare vecchio: *gli stenti lo hanno invecchiato molto* | far sembrare vecchio: *la barba invecchia chi la porta* **2** sottoporre a invecchiamento: *i. un vino, un formaggio* **B v. intr.** (**aus.** *essere*) e (*lett.*) **invecchiàrsi v. intr. pron. 1** diventare vecchio: *tutti gli organismi viventi invecchiano* | (*est.*) perdere in freschezza e vigore, sfiorire: *invecchiare anzi tempo*; *come sei invecchiato!*; *uno, il quale si è invecchiato con lei* (C. GOLDONI) **2** (*est.*) stagionarsi: *questo vino deve i. per acquistare pregio* **3** (*fig.*) perdere di validità, passare di moda: *questo film è invecchiato molto*; *è un'opera che non invecchia*

invecchiàto **part. pass.** di *invecchiare*; anche **agg. 1** diventato vecchio **2** sottoposto al processo dell'invecchiamento: *vino i.* **3** (*fig.*) superato, sorpassato: *una moda ormai invecchiata*

♦**invéce** o †**in véce** [comp. di *in-*② e *vece* * av. 1300] **A avv.** ● al contrario: *ero convinto, i., che fosse tutta colpa tua*; *credevo di venire, i. non sono potuto uscire*; *credi di avere ragione e i. hai torto* | (*colloq., pleonast.*) con valore rafforz. preceduto da 'ma' o 'mentre': *vorrei stare in casa, ma i. devo uscire*; *sembrava onesto mentre i. si è dimostrato un imbroglione* | ***i. pure***, (*scherz.*) lo stesso, ugualmente: *a pranzo abbiamo mangiato male, a cena i. pure* **B** nelle **loc. prep.** ***i. di, i. che*** ● in luogo di, al posto di, in sostituzione di: *ho preso il tuo libro i. del mio*; *i. che giovedì, ci vedremo venerdì* | ***in vece, in vece di***, V. *vece*, sign. 3 **C** nelle **loc. cong.** ***i. di, i. che*** ● anziché (+ **inf.**): *i. di lamentarti, cerca di reagire*; *i. che coricarmi m'ero recato nel mio studiolo* (I. SVEVO)

invedìbile [comp. di *in-*③ e *vedibile* * 1987] **agg.** ● che non può essere visto | che non merita o non è degno di essere visto: *uno spettacolo, un film i.* ‖ **invedibilità**, **s. f. inv.**

†**invéggia** o †**envèa**, †**envèia** [lat. *invĭdia*, di sviluppo pop. * av. 1276] **s. f.** ● invidia

†**inveggiàre** [da *inveggia* * 1321] **v. tr.** ● invidiare

♣**inveìre** [lat. *invĕhi*, comp. di *in* 'contro' e della forma mediale di *vĕhere* 'condurre', di orig. indeur., passata ad altra coniug. * 1575] **v. intr.** (*io inveìsco, tu inveìsci*; **aus.** *avere*) ● rivolgersi contro qlcu. o qlco. scagliando rimproveri o ingiurie: *i. contro i falsi amici, la vigliaccheria, il malgoverno*

SFUMATURE DI SIGNIFICATO
inveire - apostrofare - insolentire
Inveire è rivolgersi contro qualcuno, anche in sua assenza, indirizzandogli con voce elevata rimproveri o ingiurie. **Apostrofare** ha il significato più specifico di rivolgere all'improvviso la parola a qualcuno, per indirizzargli con tono duro parole di rimprovero o di sdegno. **Insolentire** è l'apostrofare con parole insolenti, dunque arroganti e offensive.
SFUMATURE ➤ ***gridare***

invelàre [comp. di *in-*① e *vela* * 1869] **A v. tr.** (*io invélo*) ● (*mar.*) fornire delle vele: *i. una nave* **B v. intr.** (**aus.** *avere*) ● (*mar.*) spiegare le vele

invelenìre [comp. di *in-*① e *veleno* * sec. XIV] **A v. tr.** (*io invelenìsco, tu invelenìsci*) ● rendere qlcu. astioso, irritato: *i. qlcu. con critiche pungenti* | far diventare una situazione, una discussione e sim. più difficile, aspra, tesa: *i. un rapporto di amicizia*; *i. un confronto politico* SIN. esasperare, inasprire **B v. intr.** (**aus.** *essere*) e **invelenìrsi v. intr. pron.** ● irritarsi, arrabbiarsi: *i. per un nonnulla* | aggravarsi, inasprirsi: *il quadro politico si è invelenito*

invelenìto **part. pass.** di *invelenire*; anche **agg.** ● irritato, pieno di astio | inasprito

†**invelocìre** [comp. di *in-*① e *veloce* * 1798] **v. intr.** ● accelerare

invendìbile [comp. di *in-*③ e *vendibile*, formato come il lat. *invendĭbilis* * 1640] **agg.** ● che non si può o non si deve vendere: *merce i. perché deteriorata* ‖ **invendibilità**, **s. f. inv.**

invendicàbile [comp. di *in-*③ e *vendicabile* * 1869] **agg.** ● che non si può vendicare in modo adeguato: *offesa i.*

invendicàto [comp. di *in-*③ e *vendicato* * 1516] **agg.** ● che non è stato vendicato: *oltraggio i.* | che non è stato punito: *delitto i.*

invendùto [comp. di *in-*③ e *venduto* * 1638] **A agg.** ● che non è stato venduto: *merce invenduta* **B s. m.** ● giacenza di negozio

invènia [vc. dotta, lat. *ĭn vĕnia* 'in scusa, perdono' * 1320] **s. f. 1** †venia, perdono | (*est.*) atto d'umiliazione **2** (*lett.*) atti cerimoniosi

†**invenìre** [vc. dotta, lat. *invenīre* 'venire (*venīre*) dentro (*in-*)' * av. 1250] **v. tr. 1** trovare, rinvenire, ricercare **2** (*fig.*) inventare

♦**inventàre** [vc. dotta, lat. parl. **inventāre*, frequentativo di *invenīre*, formato dal part. pass. *invĕntus* * 1566] **v. tr.** (*io invènto*) **1** ideare e realizzare col proprio ingegno qlco. di nuovo: *i. la bussola, la polvere da sparo, la stampa, la radio*; *ha inventato un nuovo metodo di analisi, un nuovo sistema di vendita* | (*scherz.*) ***i. l'ombrello, l'acqua calda***, dire o fare qlco. di ovvio e scontato, poco originale CFR. scoprire, trovare **2** creare qlco. con la propria fantasia utilizzandola spec. per scopi artistici: *i. nuovi accostamenti di colore*; *i. un personaggio, una trama* | (*est.*) ideare cose strambe, originali e sim.: *ne inventa di tutti i colori* **3** immaginare cose inesistenti nella realtà: *i. pericoli, difficoltà, inimicizie* | (*est.*) raccontare cose immaginate: *i. notizie, frottole, pettegolezzi* | anche in forma pron. (con valore intens.): *inventarsi una scusa; s'è inventato tutto; se l'era inventato di sana pianta*

SFUMATURE DI SIGNIFICATO

inventare - concepire - escogitare
Inventare è ideare e realizzare col proprio ingegno qualcosa di nuovo, di non esistente in precedenza; da qui l'uso di ideare con la mente, con la fantasia, immaginando cose che nella realtà non esistono. **Concepire** si sovrappone a *inventare* in quei significati che riguardano l'ideazione, l'immaginazione di qualcosa; pone tuttavia l'accento più sulla concezione dell'idea che non sull'inventiva necessaria a darle seguito. In **escogitare** l'atto dell'inventare o del concepire è la conseguenza di un lungo arrovellarsi sul modo in cui riuscire nell'intento, senza escludere il ricorso a espedienti o sotterfugi.

inventariàbile [1973] **agg.** ● che deve essere inventariato: *beni, merci inventariabili*

inventariàre [da *inventario* ✱ 1550] **v. tr.** (*io inventàrio*) ● scrivere o registrare in un inventario: *i. libri, mobili, disegni; abbiamo inventariato tutte le merci esistenti nei magazzini*

inventariazióne [1942] **s. f.** ● operazione dell'inventariare

inventàrio [vc. dotta, lat. tardo *inventāriu(m)*, dal part. pass. (*invĕntus*) di *invenīre* 'trovare' ✱ 1250 ca.] **s. m.** **1** rilevazione, generalmente periodica, della quantità, del valore e delle caratteristiche di determinati beni: *i. degli stock; fare l'i.; i. dei libri, delle stampe di una biblioteca; l'i. dei documenti di un archivio* | (*est.*) quantità e valore dei beni inventariati **2** verbale in cui sono descritti tutti gli oggetti, beni e documenti relativi al patrimonio di una persona o di un'impresa: *compilare, fare l'i.; i. fallimentare* | ***beneficio d'i.***, V. *beneficio*, sign. 2 | documento sul quale vengono riportate le quantità delle scorte di magazzino di un'impresa | (*ragion.*) ***libro degli inventari***, registro obbligatorio vidimato che elenca i conti utilizzati per la redazione del bilancio di esercizio con i relativi saldi | (*mar.*) ***i. di bordo***, uno dei quattro libri che compongono il giornale di bordo **3** (*fig.*) enumerazione arida e noiosa: *mi ha fatto l'i. delle sue malattie e dei suoi guai* **SIN.** elenco, lista

inventàto **part. pass.** di *inventare*; anche **agg.** **1** nei sign. del v. **2** falso, infondato: *notizie inventate* ‖ **inventataménte**, **avv.** (*raro*) per invenzione

invèntio /*lat.* in'ventsjo/ [vc. lat., propr. 'reperimento', dal v. *invenire* 'trovare, ritrovare' ✱ 1261 ca.] **s. f. inv.** (**pl. lat.** *inventiones*) ● nella retorica classica, la partizione dell'arte del dire che riguarda l'invenzione, cioè la ricerca degli argomenti idonei a rendere convincente il discorso **CFR.** dispositio, elocutio

inventìva [f. sost. di *inventivo* 'proprio dell'*inventare*' ✱ 1308] **s. f.** **1** fantasia ricca e fertile, potenza immaginativa e creativa: *ha adottato una soluzione che denota scarsa i.* **2** †espediente astuto, stratagemma

inventìvo [dal lat. *invĕntus*, part. pass. di *invenīre* 'trovare, inventare' ✱ 1308] **agg.** **1** che concerne l'invenzione, l'attività creativa: *facoltà, potenza inventiva* | che ha capacità e potere di inventare, immaginoso: *ingegno i.; fantasia inventiva* **2** che proviene dalla fantasia, che è frutto d'invenzione: *parte inventiva di un romanzo* ‖ †**inventivaménte**, **avv.** per via d'immaginazione, di fantasia ‖ **inventività**, **s. f. inv.** capacità di inventare, attitudine all'invenzione

†**invènto** **A** **part. pass.** di †*invenire* ● (*raro, lett.*) nei sign. del v. **B** **s. m.** ● invenzione, ritrovato

inventóre [vc. dotta, lat. *inventōre(m)*, da *invĕntus*, part. pass. di *invenīre* 'trovare, inventare' ✱ av. 1328] **A** **agg.** (**f.** *-trice*) ● che inventa, che è ricco di inventiva: *genio i.* **SIN.** creatore **B** **s. m.** (**f.** *-trice*) **1** chi realizza un'invenzione, spec. di grande importanza e utilità: *l'i. della bussola, della stampa, della radio* **SIN.** ideatore, scopritore **2** (*est., lett.*) chi, per primo, immagina e introduce nell'uso, nella pratica e sim.: *Mercurio i. delle arti* **3** chi ritrova o rinviene cose nascoste: *l'i. del tesoro ne diventa proprietario* **4** †bugiardo

†**inventràrsi** [comp. di *in-*① e *ventre* in senso figurato ✱ av. 1321] **v. rifl.** ● internarsi, racchiudersi: *Luce divina sopra me s'appunta, / penetrando per questa in ch'io m'inventro* (DANTE *Par.* XXI, 83-84)

invenùsto [vc. dotta, lat. *invenŭstu(m)*, comp. di *in-*③ e *venŭstus* 'venusto' ✱ 1525] **agg.** ● (*lett.*) privo di grazia e di bellezza ‖ **invenustaménte**, **avv.**

♦**invenzióne** [vc. dotta, lat. *inventiōne(m)*, da *invĕntus*, part. pass. di *invenīre* 'trovare, inventare' ✱ 1261 ca.] **s. f.** **1** ideazione e realizzazione di qlco. di nuovo: *l'i. della stampa, della radio; apparecchio di nuova i.* **CFR.** scoperta **2** ciò che è stato inventato, spec. scoperta tecnica suscettibile di applicazione industriale: *il telefono è stata una grande i.; far fruttare un'i.; brevettare un'i.; la stoltezza della credenza che le filosofie siano simili a invenzioni ingegnose e cervellotiche* (B. CROCE) | (*est.*) espediente, stratagemma: *i. diabolica* **3** creazione della fantasia, dell'immaginazione: *una i. poetica; un'i. dell'ala sinistra; lavoro d'i.* | inventiva: *uno scrittore pieno d'i.* **4** (*est.*) notizia o chiacchiera inventata, spec. a danno di qlcu.: *son tutte invenzioni delle male lingue* **SIN.** bugia **5** (*lett.*) rinvenimento, ritrovamento: *l'i. della reliquia di un santo, della Croce* **6** (*dir.*) ritrovamento che determina l'acquisto, da parte del ritrovatore, della proprietà di cose mobili smarrite, una volta esperite determinate formalità **7** parte della retorica antica che consiste nel trovare gli argomenti dell'orazione **8** (*mus.*) composizione di carattere imitativo per tastiera o gruppo strumentale, particolarmente usata nel Settecento: *le invenzioni a due voci di Bach* ‖ **invenzioncèlla**, **dim.** | **invenzioncìna**, **dim.**

SFUMATURE DI SIGNIFICATO

invenzione - fandonia - ciancia
Qualunque notizia, storia o chiacchiera inventata si dice **invenzione**. **Fandonia** è una bugia ancora più grossolana, fatta circolare per scherzo o per vanteria. Più futile e leggera è la **ciancia**, chiacchiera insensata, discorso privo di fondamento.
SFUMATURE ➤ ***bugia***②

†**invèr** o **invèr'** [av. 1257] **prep.** ● (*poet.*) forma tronca di *inverso*②

inveraménto [1951] **s. m.** ● (*lett.*) il fatto di inverarsi

inveràre [comp. di *in-*① e *vero* ✱ 1321] **A** **v. tr.** (*io invéro*) ● (*lett.*) rendere vero **B** **inveràrsi** **v. intr. pron.** **1** (*lett.*) acquisire realtà, avverarsi, attuarsi **2** (*poet.*) immedesimarsi con la verità della luce divina: *e quello avea la fiamma più sincera / cui men distava la favilla pura, / credo, però che più di lei s'invera* (DANTE *Par.* XXVIII, 37-39)

inverdiménto [1963] **s. m.** ● l'inverdire, l'inverdirsi

inverdìre [comp. di *in-*① e *verde* ✱ 1468] **A** **v. tr.** (*io inverdisco, tu inverdisci*) ● rendere verde: *la bella stagione inverdisce i campi* **B** **v. intr.** (**aus.** *essere*) e **inverdìrsi** **v. intr. pron.** ● diventare verde: *i prati inverdiscono; la campagna s'è tutta inverdita*

✦**inverecóndia** [vc. dotta, lat. tardo *inverecŭndia(m)*, comp. di *in-*③ e *verecŭndia* 'verecondia' ✱ 1598] **s. f.** ● mancanza di verecondia, di pudore o di modestia | (*est.*) sfacciataggine

✦**inverecóndo** [vc. dotta, lat. *inverecŭndu(m)*, comp. di *in-*③ e *verecŭndus* 'verecondo' ✱ 1470 ca.] **agg.** ● privo di verecondia **SIN.** impudico | (*est.*) sfacciato, spudorato: *lunge il grido e la tempesta / de' tripudi inverecondi* (A. MANZONI) ‖ **inverecondaménte**, **avv.**

invergàre [comp. di *in-*① e *verga* ✱ av. 1406] **v. tr.** (*io invérgo, tu invérghi*) **1** (*mar.; disus.*) inferire: *i. le vele* **2** (*tess.*) mettere verghe nella croce dell'ordito, per tenere in ordine i fili

invergatùra [av. 1800] **s. f.** **1** (*mar.*) il lato delle vele dove si allacciano al pennone **2** (*tess.*) separazione dei fili di ordito, disposti sul telaio, in relazione all'armatura stabilita, mediante bastoncini di legno detti verghe

inverificàbile [comp. di *in-*③ e *verificabile* ✱ 1727] **agg.** ● che non è verificabile, che non può essere verificato: *un dato, un'ipotesi i.* ‖ **inverificabilità**, **s. f. inv.**

inverisìmile e deriv. ➤ **inverosimile** e deriv.

invermigliàre [comp. di *in-*① e *vermiglio* ✱ 1499] **A** **v. tr.** (*io invermìglio*) ● (*lett.*) tingere di vermiglio, di rosso **B** **invermigliàrsi** **v. intr. pron.** ● (*lett.*) diventare vermiglio

inverminaménto [av. 1684] **s. m.** ● (*lett., raro*) il coprirsi di vermi

inverminàre [1305] **v. intr.** (*io invèrmino*; **aus.** *essere*) e **inverminàrsi** **v. intr. pron.** ● inverminire

inverminìre [comp. di *in-*① e *verm(in)e* ✱ av. 1419] **v. intr.** (*io inverminìsco, tu inverminìsci*; **aus.** *essere*) e **inverminìrsi** **v. intr. pron.** **1** riempirsi di vermi: *certi formaggi acquistano pregio se inverminiscono* **2** †imputridire **3** (*fig.*) †corrompersi

♦**invernàle** [adattamento del lat. tardo *hibernāle(m)*, da *hibĕrnum* 'inverno' ✱ 1562] **A** **agg.** ● dell'inverno | che avviene o si fa d'inverno: *pioggia, freddo i.; sport, divertimenti invernali* | che si usa d'inverno: *vestiti, pneumatici invernali* ‖ **invernalménte**, **avv.** **B** **s. f.** ● nell'alpinismo, ascensione invernale: *scalare una cima in i.*

invernaménto [adattamento (su *inverno*) del latinismo *ibernamento* ✱ 1983] **s. m.** ● (*raro*) svernamento | ***i. delle api***, insieme di operazioni atte ad agevolare alle api di un alveare il superamento della stagione invernale

invernàta [sec. XIV] **s. f.** ● durata, periodo di un inverno: *l'i. scorsa; un'i. rigida* ‖ **invernatàccia**, **pegg.**

invernéngo (o **-è-**) [vc. dial. sett., da *inverno* col suff. di orig. germ. *-engo* ✱ 1820] **agg.** (**pl. m.** *-ghi*) ● (*lomb.*) detto di prodotti agricoli che maturano nell'inverno o sono caratterizzati da maturazione tardiva **CFR.** maggengo | (*lomb.*) detto di formaggio grana che si produce da ottobre all'aprile dell'anno successivo **SIN.** vernengo

inverniciaménto [1983] **s. m.** ● (*raro*) verniciatura

inverniciàre [comp. di *in-*① e *vernice* ✱ 1550] **A** **v. tr.** (**pres.** *io invernicio*; **fut.** *io invernicerò*) ● (*lett.*) verniciare | (*fig.*) †imbellettare **B** **inverniciàrsi** **v. rifl.** ● (*fig., lett.*) imbellettarsi, truccarsi

inverniciàta [1539] **s. f.** ● (*raro*) rapida verniciata

inverniciatóre [1821] **s. m.** (**f.** *-trice*) ● (*raro*) verniciatore

inverniciatùra [av. 1779] **s. f.** ● (*raro*) verniciatura (*anche fig.*)

♦**invèrno** o (*lett.*) **vèrno**② nel sign. 1 [lat. *hi-*

bĕrnu(m), sottinteso *tĕmpus* '(tempo) invernale', agg. da *hĭems*, di orig. indeur. ✱ sec. XII] **s. m.** ● stagione dell'anno che dura 89 giorni e un'ora, dal 22 dicembre al 21 marzo, corrispondente all'estate nell'emisfero australe: *i. rigido, umido, crudo, nevoso, piovoso; essere nel cuore dell'i., entrare nell'i.* | ***quartieri d'i.***, quelli dove svernavano le truppe delle antiche milizie, in attesa di riprendere le operazioni al ritorno della buona stagione | ***generale I.***, il rigido clima invernale, spec. come fattore decisivo in una guerra o (*est.*) in una contesa | ***giardino d'i.***, V. *giardino*, sign. A 1 ‖ **invernàccio**, **pegg.**

♦**invéro** o (*raro*) **in véro** [comp. di *in-*② e *vero* ✱ sec. XIII] **avv.** ● (*lett.*) in verità, veramente, davvero: *è un quadro i. molto bello*

inverosimigliànte o **inverisimigliànte** [comp. di *in-*③ e *verosimigliante* ✱ 1869] **agg.** ● (*raro, lett.*) inverosimile

inverosimiglianza o (*lett.*) **inverisimiglianza** [comp. di *in-*③ e *verosimiglianza* ✱ av. 1712] **s. f.** **1** caratteristica di ciò che è inverosimile: *l'i. del racconto era evidente* **2** (**spec. al pl.**) ciò che è inverosimile o improbabile: *un racconto pieno di incongruenze e inverosimiglianze*

inverosìmile o (*lett.*) **inverisìmile** [comp. di *in-*③ e *verosimile* ✱ av. 1595] **A** **agg.** ● che non pare vero, reale, probabile: *fatto, notizia i.* **SIN.** inattendibile, incredibile | (*est.*) straordinario, enorme ‖ **inverosimilménte**, **avv.** **B** **s. m. solo sing.** ● ciò che è incredibile, assurdo: *il suo racconto rasenta l'i.; la faccenda ha dell'i.; lo stadio è gremito fino all'i.*

inversióne [vc. dotta, lat. *inversiōne(m)*, da *invĕrsus* 'inverso①' ✱ 1494] **s. f.** **1** mutamento di direzione in senso contrario al precedente: *i. di rotta* | ***i. a U***, quella di un veicolo che inverte il senso di marcia | ***i. di tendenza***, mutamento dell'andamento di un fenomeno in senso opposto al precedente | (*meteor.*) ***i. termica***, fenomeno atmosferico frequente in inverno, per cui la temperatura aumenta invece di decrescere con l'altitudine | (*biol.*) ***i. sessuale***, fenomeno che si riscontra in talune specie animali che a un certo punto della loro vita acquistano i caratteri del sesso opposto; anche, omosessualità | (*econ.*) ***i. contabile***, attribuzione dell'obbligo di emettere fattura (autofattura) all'acquirente di un bene o di un servizio anziché al fornitore, con relativo versamento dell'IVA | **SIN.** reverse charge **2** (*ling.*) mutamento nella disposizione delle parole nel periodo | ***i. di frase***, gioco enigmistico consistente nel trovare un'espressione che acquista un significato diverso invertendo l'ordine delle parole (per es.: *coperta di bordo, bordo di coperta*) **3** (*chim.*) processo per cui alcuni zuccheri, polisaccaridi, si scindono in zuccheri più semplici, monosaccaridi **4** (*chim.*) processo mediante il quale da una pellicola opportunamente predisposta si ottiene direttamente l'immagine positiva **5** (*med.*) rovesciamento: *i. dell'utero*

inversìvo [av. 1712] **agg.** **1** (*raro*) che serve a invertire **2** (*ling.*) detto di suffisso o prefisso mediante il quale si dà a una parola significato contrario a quello che ha (per es. *s-* in *sdentato*)

invèrso① [vc. dotta, lat. *invĕrsus*, part. pass. di *invĕrtere* 'invertire' ✱ av. 1292] **A** **agg.** **1** rivolto o disposto nel senso contrario rispetto a un altro: *procedere in direzione inversa, in senso i.; ordine i.* | ***costruzione inversa***, disposizione delle parole, nel periodo, contraria a quella normale (per es. *lieto fu quell'incontro*) | ***dizionario i.***, in cui le parole sono elencate in ordine alfabetico inverso **2** (*fig., sett.*) mal disposto, di cattivo umore **3** (*biol.*) detto di organo che ha posizione rovesciata, con la base in alto e l'apice in basso **4** (*gramm.*) ***verbi inversi***, quei verbi che, senza alcuna modificazione, possono essere transitivi e intransitivi (per es. *calare, aspirare, attendere*) ‖ **inversaménte**, **avv.** in modo inverso, contrario; ***inversamente proporzionale***, con proporzione rovesciata, invertita **B** **s. m.** **1** ciò che è opposto o contrario: *fa sempre l'i. di quello che dovrebbe* | ***all'i.***, al contrario **2** (*mat.*) in un insieme dotato di una legge di composizione, elemento che composto con il dato dia luogo ad un elemento neutro | ***i. di un numero razionale x***, il numero $1/x$

†**invèrso**② [vc. dotta, lat. *invĕrsu(m)*, dal part. pass. di *invĕrtere* in uso avv. ✱ 1268] **prep.** (*poet.* troncato in *inver* o *inver'*) **1** (*poet.*) verso, nella direzione di: *le ninfe, in piè drizzate, corsero i. Ameto* (G. BOCCACCIO) | anche nella loc. prep. ***i. di*** **2** (*poet., fig.*) in confronto, a paragone di | anche nella loc. prep. ***i. di***: *'nverso d'ella / ogne dimostrazion mi pare ottusa* (DANTE *Par.* XXIV, 95-96)

inversóre [da *invertire* ✱ 1933] **s. m.** ● in varie tecnologie, dispositivo che inverte il senso di movimento, di rotazione e sim., di qlco.

invertàsi [comp. di *invert(ire)* e *-asi* ✱ 1952] **s. f. inv.** ● (*chim., biol.*) enzima che scinde il saccarosio in glucosio e fruttosio

invertebràto [comp. di *in-*③ e *vertebrato* ✱ 1824] **A** **agg.** **1** detto di animale privo di scheletro interno e di colonna vertebrale **2** (*fig.*) detto di persona priva di personalità e di volontà **B** **s. m.** **1** ogni animale non appartenente al gruppo dei Vertebrati **2** (**f.** *-a*) (*fig.*) persona priva di forza, nerbo, volontà e sim.

invèrter /in'vεrter, *ingl.* ɪn'vɜːtə(r)/ [vc. ingl., propr. 'invertitore' (dal v. *to invert*) ✱ 1986] **s. m. inv.** ● (*elettr.*) invertitore

invertìbile [vc. dotta, lat. tardo *invertībile(m)*, da *invĕrtere* 'invertire' ✱ 1869] **agg.** **1** che si può invertire **2** detto di una macchina elettrica che può funzionare sia come generatore che come motore **SIN.** reversibile **3** (*fotogr.*) detto di pellicola fotografica che, dopo lo sviluppo, dà un'immagine positiva ‖ **invertibilità**, **s. f. inv.**

invertìre [vc. dotta, lat. *invĕrtere*, comp. di *in-*③ e *vĕrtere* 'volgere, voltare', di orig. indeur. ✱ av. 1373] **A** **v. tr.** (**pres.** *io invèrto*, **raro** *invertìsco, tu invèrti*, **raro** *invertìsci*; **pass. rem.** *io invertìi*, †*invèrsi*) **1** volgere nel senso contrario: *i. la marcia, il cammino; la sorte ha invertito la nostra situazione* | (*mar.*) ***i. la rotta***, accostare di 180 gradi | ***i. la corrente elettrica***, cambiare il verso in un circuito elettrico | ***i. uno zucchero***, operarne l'inversione **2** cambiare di posto per ottenere un ordine, una posizione e sim. diversi dai precedenti: *i. la disposizione degli invitati, la sistemazione delle parole* | ***i. le parti***, scambiarsi le parti, detto di attori; (*est.*) scambiare la condizione, il ruolo che si ha in una data situazione: *i. le parti della vittima e dell'aggressore* | (*milit.*) rovesciare il normale ordine di successione di reparti in colonna di marcia o schierati **SIN.** capovolgere **B** **invertìrsi** **v. intr. pron.** ● capovolgersi: *i ruoli si sono invertiti*

invertìto **A** **part. pass.** di *invertire*; anche **agg.** **1** disposto nel senso contrario **2** (*ling.*) ***suono i.***, retroflesso | ***consonanti invertite***, che si articolano nel palato duro con la punta della lingua all'indietro | ***rime invertite***, quando si succedono in ordine inverso in ciascuna strofa **3** (*chim.*) detto di composto otticamente attivo che, per un'azione determinata, muta il senso del proprio potere rotatorio ‖ **invertitaménte**, **avv.** **B** **agg.**; anche **s. m.** **1** (*biol.*) che (o chi) manifesta inversione sessuale **2** (*spreg.*) omosessuale maschile

invertitóre [da *invertire* ✱ 1948] **s. m.** **1** (*mecc.*) organo che cambia la direzione di moto o di azione di una forza **2** (*elettr.*) dispositivo che serve a cambiare il verso della corrente mandata in un circuito elettrico, invertendone i punti d'attacco con la sorgente | apparecchio per convertire una corrente continua in alternata

invescaménto [1478] **s. m.** ● (*raro, lett.*) invischiamento

invescàre o †**inviscàre** [comp. di *in-*① e *vesco* 'vischio' ✱ 1313] **A** **v. tr.** (*io invésco, tu invéschi*) ● (*lett.*) invischiare, impaniare | (*fig.*) †attrarre e legare a sé: *gli occhi giovenili invesca / Amor* (A. POLIZIANO) | (*lett.*) sedurre, adescare **B** **invescàrsi** **v. intr. pron.** **1** †invischiarsi **2** (*lett., fig.*) innamorarsi | (*fig.*) impelagarsi in pasticci, in beghe **3** (*fig.*) †indugiare, attardarsi

investìbile [da *investire* ✱ 1861] **agg.** ● che si può investire: *capitale i.* ‖ **investibilità**, **s. f. inv.**

investigàbile [vc. dotta, lat. tardo *investigābile(m)*, da *investigāre* 'investigare' ✱ 1308] **agg.** ● che si può investigare

†**investigaménto** [sec. XIV] **s. m.** ● investigazione, ricerca

investigàre [vc. dotta, lat. *investigāre*, comp. di *in-*② e *vestigāre* 'seguire le orme, le vestigia', di etim. incerta ✱ 1268] **A** **v. tr.** (*io invèstigo* o *disus.*, **secondo il modello latino**, *investìgo, tu invèstighi*) ● cercare, esaminare o indagare con cura e attenzione per scoprire o venire a sapere qlco.: *i. le intenzioni, la volontà di qlcu.; i. le origini, la causa di un fatto* **B** **v. intr.** (**aus.** *avere*) ● svolgere indagini (**+** *su*; **anche assol.**): *i. su un episodio di tangenti; i. sul racket della prostituzione; la polizia sta investigando*

investigatìvo [da *investigare*, sul modello dell'ingl. *investigative* ✱ av. 1332] **agg.** ● relativo all'investigazione: *attività investigativa* | ***agente i.***, agente di Pubblica Sicurezza qualificato per svolgere indagini su crimini

investigàto **part. pass.** di *investigare* ● nei sign. del v.

investigatóre [vc. dotta, lat. *investigatōre(m)*, da *investigātus* 'investigato' ✱ av. 1342] **agg. e s. m.** (**f.** *-trice*) **1** che (o chi) compie ricerche: *ingegno i.; è un i. di antiche civiltà* **2** che (o chi) investiga, compie indagini | ***i. privato***, chi, in possesso di licenza, svolge indagini o raccoglie informazioni per incarico di privati

investigazióne [vc. dotta, lat. *investigatiōne(m)*, da *investigātus* 'investigato' ✱ av. 1328] **s. f.** ● l'investigare | ricerca meticolosa e profonda: *investigazioni scientifiche* | indagine: *le investigazioni della polizia*

investiménto [1363] **s. m.** **1** incidente stradale in cui qlcu. viene investito da un veicolo: *essere vittima di un grave i.* **2** impiego di denaro in attività produttive, titoli e sim., allo scopo di ottenere o accrescere un utile o un reddito: *i. di capitale a breve, a lungo termine* | ***politica degli investimenti***, intesa a promuoverli, a favorirli | ***fondo di i.***, V. *fondo* | (*est.*) il denaro così impiegato **3** (*mar.*) incaglio in un banco di sabbia o bassofondo **4** (*milit.*) complesso di operazioni per isolare una piazzaforte al fine di costringerla alla resa per esaurimento dei mezzi di alimentazione e di difesa

♦**investìre** [vc. dotta, lat. *investīre*, comp. di *in-* 'intorno' e *vestīre* che, oltre al sign. originario di 'coprire (con una *veste*)', ha assunto nel Medioevo quello di 'concedere l'investitura (dando a toccare un lembo della *veste*)' e l'altro, militare, di 'attaccare', circondando di soldati, come di una *veste*, il nemico ✱ sec. XII] **A** **v. tr.** (*io invèsto*) **1** (*lett.*) coprire, rivestire **2** concedere il dominio, immettere qlcu. solennemente nel possesso di un feudo, nel godimento di un beneficio, di una dignità e sim. (+ *di*): *i. qlcu. di una carica, di un titolo; i. qlcu. della dignità vescovile* | ***i. qlcu. dei pieni poteri***, conferirglieli **3** (*dir.*) Incaricare nelle forme di legge un'autorità giudiziaria o amministrativa di provvedere su data questione | (*est.*) incaricare di un compito specifico (+ *di*): *una commissione parlamentare è stata investita delle indagini* **4** impiegare capitali finanziari o risorse tecniche o umane in un'impresa al fine di conseguire un utile futuro (+ *in*, + *su*): *i. i propri risparmi in titoli di Stato, in azioni; i. sul dollaro, sul mattone; ha investito con scarsi guadagni* | †impiegare | (*fig.*) caricare qlco. o qlcu. di aspettative: *ha investito molto in quella relazione, su quel lavoro* **5** urtare, andando addosso con violenza: *il treno ha investito un'auto ferma sui binari; i. un ciclista, un passante, un gatto con l'automobile; il motoscafo ha investito un bagnante* | aggredire, assalire, colpire con forza (*anche fig.*): *l'offensiva nemica investe le nostre posizioni; lo investì col pugnale; i. qlcu. con ingiurie, con domande assillanti* **B** **v. intr.** (**aus.** *essere*) ● (*mar.*) urtare contro uno scoglio, una secca o un altro natante **C** **investìrsi** **v. rifl. recipr.** ● urtarsi l'un l'altro: *le navi si investirono a causa della nebbia* | assalirsi, ferirsi: *si investirono con le spade sguainate* **D** **investìrsi** **v. rifl.** **1** (*raro*) appropriarsi di un titolo e sim. (+ *di*): *s'investì del potere regale, eliminando i pretendenti legittimi* **2** rendersi intimamente partecipe, prendere su di sé (+ *di*): *investirsi di un dolore, di un affetto* | ***investirsi di una parte***, rappresentare bene il personaggio, la situazione SIN. immedesimarsi

investìto **A** **part. pass.** di *investire*; anche **agg.** ● nei sign. del v. **B** **s. m.** (**f.** *-a*) ● persona che ha subìto un investimento

investitóre [av. 1934] **agg. e s. m.** (**f.** *-trice*) **1** che (o chi) investe: *l'autorità investitrice; il veicolo i.; gli investitori si sono dileguati* **2** che (o chi) compie un investimento di capitali: *società investitrice; gli investitori sono numerosi*

investitùra [da *investire* nel sign. A 2 ✱ sec. XIII] **s. f.** **1** concessione, attribuzione di un feudo, di una carica, di un diritto e sim., spec. mediante atto o cerimonia solenne: *i. ecclesiastica; negare l'i.* | ***lotta per le investiture***, negli anni tra l'XI e il XII sec., contesa fra papato e impero nel corso della quale la Chiesa rivendicò il principio della elezione canonica dei vescovi **2** (*est.*) conferimento o assunzione di una carica: *l'i. del nuovo sindaco*

†**inveteràre** [vc. dotta, lat. *inveterāre*, comp. di *in-*① e *vĕtus*, genit. *vĕteris* 'vecchio' ✱ av. 1375] **v. intr.** **1** invecchiare **2** perseverare

inveteràto **part. pass.** di †*inveterare*; anche **agg.** ● che è divenuto così abituale da essere difficilmente correggibile o emendabile: *vizio i.; abitudine inveterata* SIN. radicato | (*raro*) ostinato, incallito: *peccatore i.* ‖ **inveterataménte**, **avv.**

invetriàre [comp. di *in-*① e dell'agg. lat. *vĭtreus* 'di vetro' ✱ sec. XIV] **v. tr.** (*io invétrio*) **1** (*lett.*) rendere simile al vetro, coprire di ghiaccio: *Il gelo … invetriava la rampa del guado* (R. BACCHELLI) **2** rivestire vasi, mattonelle e sim. di vernice vitrea, che conferisce lucentezza e impermeabilità **3** (*disus.*) chiudere con vetri, dotare di vetri: *i. le finestre*

invetriàta [da *invetriare* ✱ 1542] **s. f.** **1** vetrata: *fracassare, chiudere, aprire le invetriate* **2** (*mar.*; *disus.*) specie di lanterna per dar luce dal ponte alla parte di sotto della nave

invetriàto **part. pass.** di *invetriare*; anche **agg.** **1** nei sign. del v. **2** (*fig.*) ***occhi invetriati***, vitrei | (*fig.*) ***faccia invetriata***, faccia tosta, persona impudente

invetriatùra [sec. XV] **s. f.** **1** smaltatura vitrea di terrecotte | vernice vitrea **2** applicazione di vetri | vetrata

invetrìre [comp. di *in*① e *vetro* ✱ av. 1597] **v. intr.** (*io invetrìsco, tu invetrìsci*; **aus.** *essere*) ● (*raro*, *lett.*) diventare di vetro o simile al vetro

invettìva [vc. dotta, lat. tardo *invectīva(m)*, sottinteso *oratiōne(m)* '(discorso) aggressivo', da *invĕhere* 'inveire' ✱ av. 1381] **s. f.** ● frase o discorso violento e aggressivo destinato ad accusare, rimproverare o denunciare qlco. o qlcu.: *scagliare, lanciare un'i.; sono famose le invettive di Dante* SIN. apostrofe, diatriba, filippica

†**invettìvo** [vc. dotta, lat. tardo *invectīvu(m)*, da *invĕhere* 'inveire' ✱ av. 1342] **agg.** ● aspramente offensivo, oltraggioso: *parole invettive; linguaggio i.*

inviàbile [1869] **agg.** ● che si può inviare

♦**inviàre** [vc. dotta, lat. *inviāre*, comp. di *in* 'verso' e *vĭa* 'via, strada' ✱ av. 1250] **A** **v. tr.** (*io invìo*) **1** mandare, spedire, indirizzare: *i. un pacco, saluti, un messaggero* | (*fig.*, *lett.*) rivolgere, indirizzare (lo sguardo, il pensiero) **2** †guidare, condurre **3** †avviare, iniziare **B** **inviàrsi** **v. intr. pron.** ● (*raro*, *lett.*) avviarsi: *già s'inviava, per quindi partire, / la ninfa sopra l'erba, lenta lenta* (A. POLIZIANO)

inviàto **A** **part. pass.** di *inviare*; anche **agg.** ● nei sign. del v. **B** **s. m.** (**f.** *-a*) ● chi viene mandato da un governo, un ente e sim., in un luogo o presso determinate persone con l'incarico di trattare affari importanti o svolgere compiti particolari: *i. d'affari, stabile, straordinario* | ***i. speciale***, giornalista mandato in una località perché riferisca su avvenimenti di grande importanza

♦**invìdia** [vc. dotta, lat. *invĭdia(m)*, da *ĭnvidus* 'invido' ✱ av. 1294] **s. f.** **1** sentimento di rancore e di astio per la fortuna, la felicità o le qualità altrui: *rodersi d'i.; essere roso dall'i.* SIN. bile, livore | ***portare i. a qlcu., sentire i. per qlcu.***, invidiarlo | ***crepare, morire d'i.***, provarne moltissima | nella teologia cattolica, uno dei sette vizi capitali CFR. accidia, avarizia, gola, ira, lussuria, superbia **2** †odio | †***i. amorosa***, gelosia **3** senso di ammirazione per i beni o le qualità altrui, unito al desiderio di possederne in egual misura: *ha una salute che fa i.; un bambino così bello che suscita i.* | ***essere degno d'i.***, invidiabile, molto felice o fortunato ‖ **invidiàccia**, **pegg.** | **invidiétta**, **dim.** | **invidiùccia**, **invidiùzza**, **dim.**

SFUMATURE DI SIGNIFICATO

invidia - gelosia - rivalità

Il sentimento di astio che nasce nel vedere il bene, la felicità o il successo altrui si chiama **invidia**: spesso si accompagna al desiderio che la persona che ne è oggetto perda tali fortune. Un sentimento molto prossimo all'invidia è la **gelosia**, che comporta un risentimento verso chi ha dei vantaggi o degli affetti che si vorrebbero per sé. L'invidia, in quanto sentimento nutrito da una persona che si ritiene in stato di inferiorità, può tramutarsi in **rivalità**, ossia in un atteggiamento di competizione e di emulazione.

invidiàbile [1673] **agg.** ● che suscita invidia e ammirazione, che merita di essere invidiato o desiderato: *fortuna, salute, appetito, amico i.; la sua è una situazione poco i.* ‖ **invidiabilménte**, **avv.** in modo tale da suscitare invidia ‖ **invidiabilità**, **s. f. inv.**

invidiàre [da *invidia* ✱ av. 1250] **A** **v. tr.** (*io invìdio*) **1** considerare con invidia: *i. la sorte, la felicità, la ricchezza altrui; i. qlcu. per la sua gloria, la sua fama* | (*est.*) ammirare ed ambire: *invidio la serenità del tuo spirito* | ***non avere nulla da i. a nessuno***, poter essere contento di sé; non temere confronti, non essere inferiore **2** †odiare: *i. i cittadini, il mondo* **3** (*lett.*) negare, privare: *i. una cosa a sé stesso* **B** **v. intr.** (**aus.** *avere*) ● †provare invidia: *non vo' però ch'a' tuoi vicini invidie* (DANTE *Par.* XVII, 97)

invidióso (o *-ṣ-*) [vc. dotta, lat. *invidiōsu(m)*, da *invĭdia* 'invidia' ✱ 1250 ca.] **A** **agg.** **1** che sente invidia, pieno d'invidia: *colleghi invidiosi; il mondo è i.* | che esprime invidia: *sguardo i.; occhiata invidiosa* | †che procura invidia | †geloso **2** (*lett.*) invidiabile, desiderabile: *un'invidiosa sorte* **3** †avverso, dannoso: *l'i. flutto* (P. METASTASIO) ‖ **invidiosàccio**, **pegg.** | **invidiosétto**, **dim.** | **invidiosùccio**, **dim.** ‖ **invidiosaménte**, **avv.** con invidia **B** **s. m.** (**f.** *-a*) ● persona rosa perennemente dall'invidia: *gli invidiosi non hanno un attimo di pace e di serenità*

ìnvido [vc. dotta, lat. *ĭnvidu(m)*, da *invidēre* 'invidiare', 'guardare (*vidēre*) contro (*in-*)' ✱ 1308] **agg. e s. m.** (**f.** *-a*) ● (*lett.*) invidioso: *gioìan d'i. riso / le abitatrici olimpie* (U. FOSCOLO)

invietìre [comp. di *in-*① e *vieto* ✱ 1539] **v. intr.** (*io invietisco, tu invietisci*; **aus.** *essere*) ● (*raro*) diventare vieto, stantio | (*fig.*) avvizzire, sciuparsi

invigilàre [vc. dotta, lat. *invigilāre*, comp. di *in-*② e *vigilāre* 'vigilare' ✱ 1481] **A** **v. tr.** (*io invìgilo*) ● (*lett.*) sorvegliare, controllare: *i. i propri interessi, il patrimonio di qlcu.* **B** **v. intr.** (**aus.** *avere*) ● (*lett.*) attendere con diligenza: *i. alle cure della famiglia, al benessere dei propri soldati*

invigliacchìre [comp. di *in-*① e *vigliacco* ✱ av. 1613] **A** **v. tr.** (*io invigliacchìsco, tu invigliacchìsci*) ● (*lett.*) rendere vigliacco | (*est.*) svigorire, avvilire **B** **v. intr.** (**aus.** *essere*) e **invigliacchìrsi** **v. intr. pron.** ● diventare vigliacco | (*est.*) avvilirsi, scoraggiarsi

invigoriménto [1659] **s. m.** ● l'invigorire | irrobustimento

♦**invigorìre** [comp. di *in-*① e *vigore* ✱ sec. XIII] **A** **v. tr.** (*io invigorìsco, tu invigorìsci*) ● rendere vigoroso o più vigoroso: *i. il corpo con la ginnastica; i. la mente, l'ingegno, lo stile* SIN. irrobustire, rinforzare **B** **v. intr.** (**aus.** *essere*) e **invigorìrsi** **v. intr. pron.** ● diventare vigoroso: *con l'esercizio le membra si invigoriscono* | (*fig.*) acquistare energia, vitalità

inviliménto [av. 1375] **s. m.** ● l'invilire, l'invilirsi | (*fig.*) diminuzione, perdita di pregio, di valore

invilìre [comp. di *in-*① e *vile* ✱ av. 1300] **A** **v. tr.** (*io invilisco, tu invilìsci*) **1** (*lett.*) disonorare, umiliare **2** (*fig.*) diminuire di pregio, di valore; svilire: *le discordie invilirono gli ideali di unità; le istituzioni, la legge* SIN. degradare **3** (*lett.*) deprimere, scoraggiare, sconfortare **B** **v. intr.** (**aus.** *essere*) e **invilìrsi** **v. intr. pron.** **1** (*raro*, *lett.*) scoraggiarsi: *uno capitano buono non facilmente s'invilisce* (F. GUICCIARDINI) **2** (*lett.*) diminuire di pregio, valore, stima: *in una società così corrotta, tutti gli ideali si invilirono* **3** (*lett.*) umiliarsi, abbassarsi: *non ti invilire come una donna* (N. MACHIAVELLI)

invillanìre [comp. di *in-*① e *villano* ✱ 1300 ca.] **v. intr.** (*io invillanisco, tu invillanisci*; **aus.** *essere*) e **invillanìrsi** **v. intr. pron.** ● diventare zotico, villano

inviluppaménto [1363] **s. m.** ● l'inviluppare, l'invilupparsi | groviglio, viluppo

inviluppàre [comp. di *in-*① e *viluppo* ✱ 1288] **A** **v. tr.** **1** avvolgere più volte in qlco.: *i. qlcu. nel mantello, in uno scialle* **2** (*fig.*) †avvolgere, confondere **3** (*fig.*, *lett.*) mettere in difficoltà, impacci e sim.: *l'hanno inviluppato in una serie di loschi traffici* SIN. irretire

B inviluppàrsi v. rifl. 1 avvolgersi più volte dentro qlco.: *inviluppàrsi in un ampio pastrano* **2** (*fig., lett.*) impelagarsi: *s'è inviluppato in una situazione compromettente* SFUMATURE ➤ *avviluppare*

invilùppo [av. 1659] **s. m. 1** intrico che avvolge: *non si poteva uscire da quell'i. di erba e rami* **2** groviglio, viluppo | (*fig., lett.*) complicazione, imbroglio **3** (*mat.*) ***i. di una famiglia di curve***, curva che è tangente a tutte le curve della famiglia

invincìbile [vc. dotta, lat. tardo *invincĭbile(m)*, comp. di *in-*③ e *vincĭbilis* 'vincibile' ✱ 1481] **agg. 1** che non si può vincere, sconfiggere: *esercito i.* **SIN.** imbattibile **2** (*fig.*) che non si può superare: *difficoltà, ostacolo i.* **SIN.** insormontabile | irrefrenabile: *provo per lui un i. senso di avversione* ‖ **invincibilménte**, **avv.** in modo invincibile: *sentirsi invincibilmente attratto verso qlcu.* ‖ **invincibilità**, **s. f. inv.**: *l'invincibilità di Alessandro*

invincidìre [comp. di *in-*① e *vincido* ✱ sec. XIV] **A v. tr.** (*io invincidìsco, tu invincidìsci*) ● (*tosc.*) far diventare molle per l'umidità **B v. intr.** (**aus.** *essere*) ● (*tosc.*) diventare molle: *il pane è invincidito*

invìo [da *inviare* col suff. *-io*① ✱ av. 1676] **s. m.** (**pl.** *-ii*) **1** atto dell'inviare: *i. di un pacco, di una lettera, di un ambasciatore* **2** insieme di merci spedite in una sola volta: *non abbiamo ancora ricevuto il vostro ultimo i.* **3** (*letter.*) strofa finale della canzone petrarchesca **SIN.** commiato, congedo **4** (*inform.*) nella tastiera del computer, tasto di conferma dell'operazione corrente, che nei sistemi di trattamento testi funge da tasto di a capo **SIN.** enter

inviolàbile [vc. dotta, lat. *inviolābile(m)*, comp. di *in-*③ e *violābilis* 'violabile' ✱ av. 1332] **agg. 1** che non si può o non si deve violare: *diritto, principio, patto i.*; *inviolabil fede / per me, per tutti, io qui primier ti giuro* (V. ALFIERI) | inaccessibile: *vette inviolabili* **2** (*raro*) che gode dell'immunità: *la persona del Capo dello Stato è i.* | ***sacro e i.***, che deve essere osservato e rispettato come qlco. di sacro: *i doveri verso i figli sono sacri e inviolabili* ‖ **inviolabilménte**, **avv.** (*raro, lett.*) in modo inviolabile; senza violazioni ‖ **inviolabilità**, **s. f. inv.**: *l'inviolabilità del domicilio, di un patto*

inviolàto [vc. dotta, lat. *inviolātu(m)*, comp. di *in-*③ e *violātus* 'violato' ✱ 1342] **agg.** ● che non ha subìto violazione di sorta: *tradizioni inviolate*; *fede inviolata* | incontaminato, inesplorato: *nevi, vette inviolate* | ***foresta inviolata***, vergine | ***campo, terreno i.***, quello di una squadra che negli incontri casalinghi non ha mai perso | ***partita a reti inviolate***, nel calcio, quella in cui non è stato segnato nessun gol **SIN.** intatto ‖ **inviolataménte**, **avv.**

✦**inviperìre** [comp. di *in-*① e *vipera* ✱ 1504] **A v. tr.** (*io inviperisco, tu inviperisci*) ● far infuriare, irritare **B v. intr.** (**aus.** *essere*) e **inviperìrsi v. intr. pron.** ● diventare cattivo, irritarsi astiosamente **SIN.** infuriarsi

inviperìto **part. pass.** di *inviperire*; anche **agg.** ● furibondo, stizzoso

†**inviscàre** ➤ **invescare**

invisceràre [vc. dotta, lat. tardo *inviscerāre*, comp. di *in-*① e *vīscera* 'viscere' ✱ av. 1573] **A v. tr.** (*io invìscero*) **1** †introdurre nelle viscere: *i. il cibo* **2** (*fig., lett.*) assimilare, incorporare **B invisceràrsi v. intr. pron. 1** †entrare nelle viscere **2** (*fig., lett.*) addentrarsi in qlco. trattandola a fondo: *inviscerarsi in un autore, in una dottrina*

invischiaménto [1630] **s. m.** ● (*raro*) l'invischiare, l'invischiarsi

invischiàre [comp. di *in-*① e *vischio* ✱ 1364] **A v. tr.** (*io invìschio*) **1** spalmare di vischio: *i. rami, bacchette di legno* **2** catturare col vischio: *i. uccelli* **3** (*fig.*) coinvolgere qlcu. in situazioni rischiose, compromettenti e sim.: *quella gentaglia lo ha invischiato in un losco traffico* **B invischiàrsi v. intr. pron.** ● restare preso in qlco. di rischioso o molesto: *invischiarsi in una discussione interminabile, in loschi affari* **SIN.** impegolarsi, impantanarsi, ingolfarsi

inviscidìre [comp. di *in-*① e *viscido* ✱ 1684] **v. intr.** (*io inviscidìsco, tu inviscidìsci*; **aus.** *essere*) ● (*raro*) diventare viscido

✦**invisìbile** [vc. dotta, lat. tardo *invisĭbile(m)*, comp. di *in-*③ e *visĭbilis* 'visibile' ✱ 1282] **A agg.** ● che non si può vedere o percepire perché immateriale o troppo piccolo o lontano: *l'anima, lo spirito è i.*; *corpuscoli invisibili*; *stella i. a occhio nudo*; *un rimorchio rimasto sino allora i. a Johnny* (B. FENOGLIO) | ***mondo i.***, estraneo a quello sensibile | (*iperb.*) detto di cosa estremamente piccola: *una macchia i.*; *una didascalia scritta in caratteri invisibili* | (*scherz.*) di persona introvabile: *si è reso i.* ‖ **invisibilménte**, **avv.** ‖ **invisibilità**, **s. f. inv.** **B s. m.** ● (*raro*) tessuto finissimo per velette da signora **C s. f.** ● (*raro*, **spec. al pl.**) forcina sottilissima per capelli

✦**invìso** [vc. dotta, lat. *invīsu(m)*, part. pass. di *invidēre* 'invidiare' ✱ av. 1484] **agg.** ● malvisto, antipatico: *un individuo i. a tutti*

invitànte **part. pres.** di *invitare*①; anche **agg.** ● che attrae, che alletta: *una pizza dall'aspetto i.*; *un odore poco i.* | ***sorriso, sguardo i.***, pieno di sottintesi, di malizia, di seduzione

✦**invitàre**① [vc. dotta, lat. *invitāre*, di etim. incerta ✱ 1250 ca.] **A v. tr. 1** chiamare qlcu. a partecipare a qlco. che si ritiene gradita (**+ a, anche seguito da inf.**): *i. qlcu. a una cerimonia, a cena, a teatro* | (*fig.*) ***i. qlcu. a nozze***, offrirgli l'opportunità di fare ciò che più gli è gradito, gli riesce congeniale e sim. | (*est.*) convocare: *i membri della commissione sono invitati a presentarsi in sede* | †***i. a battaglia***, sfidare **2** indurre, invogliare (**+ a, anche seguito da inf.**): *un luogo che invita alla meditazione, al riposo*; *una quiete che invita al sonno* | (*est.*) esortare, chiamare, incitare: *vi invito a bere alla sua salute*; *l'ora del giorno che ad amar ce invita, / dentro dal petto al cor mi raserena* (M.M. BOIARDO) | ***i. qlcu. a parlare***, concedergli, dargli la parola | (*lett.*) eccitare: *ira lo 'nvita e natural furore / a spiegar l'ugna* (L. ARIOSTO) **3** esortare (**+ a, anche seguito da inf.**): *ti invito a esprimere la tua opinione*; *mi invitò a fare silenzio* | sollecitare qlcu. d'autorità perché faccia o dica qlco.: *i. il nemico alla resa, gli studenti a rispondere, i creditori a pagare* **4** (*assol.*) nel gioco, chiamare una carta o un seme (**+ a, + di**): *i. a coppe, a picche* | nel poker, effettuare l'invito: *i. di due euro* **B invitàrsi v. rifl.** ● (*scherz.*) partecipare a un pranzo, una festa e sim. senza essere stato invitato (**+ a**): *si è invitato da solo e non ho potuto rifiutare*; *invitarsi a pranzo, a cena* **C invitàrsi v. rifl. recipr. 1** farsi inviti l'un l'altro **2** †scambiarsi brindisi

invitàre② [comp. di *in-*① e *vite* ✱ 1825] **v. tr.** ● inserire una vite nella sua sede | fermare, stringere o unire oggetti per mezzo di una o più viti **SIN.** avvitare

invitàto **A part. pass.** di *invitare*①; anche **agg.** ● nei sign. del v. **B s. m.** (**f.** *-a*) ● chi partecipa a feste, pranzi, banchetti o riunioni varie, dietro invito: *gli invitati erano tutti presenti*; *gli ospiti si unirono al brindisi degli invitati*

invitatóre [vc. dotta, lat. *invitatōre(m)*, da *invitātus* 'invitato' ✱ 1336 ca.] **s. m.** (**f.** *-trice*) ● (*lett.*) chi invita

invitatòrio [vc. dotta, lat. tardo *invitatōriu(m)*, da *invitātus* 'invitato' ✱ 1499] **A agg.** (**pl. m.** *-i* o *raro -ii*) ● (*raro*) che serve da invito **B s. m.** ● (*relig.*) versetto o antifona che si recita all'inizio delle liturgie delle ore prima del salmo invitante a lodare Dio | †invito

†**invitazióne** [vc. dotta, lat. *invitatiōne(m)*, da *invitātus* 'invitato' ✱ sec. XIV] **s. f.** ● invito

invitévole [da *invitare*① ✱ 1530] **agg.** ● (*lett.*) allettevole, lusinghiero

✦**invìto**① [da *invitare*① ✱ 1288] **s. m. 1** richiesta orale o scritta con cui si invita qlcu. (**+ a, anche seguito da inf.**): *i. cordiale, gentile, di convenienza*; *rispondere a un i.*; *ricevere, accettare, rifiutare un i.*; *i. a cena, a teatro*; *i. a fare qlco., a esprimersi liberamente*; *suppose fosse l'i. di recarsi da Maller* (I. SVEVO) | ***i. a nozze***, (*fig.*) proposta estremamente gradita: *chiedergli di parlare di quell'argomento è per lui un vero i. a nozze* | biglietto scritto o stampato con cui si invita: *spedire gli inviti* **2** esortazione, avvertimento (**+ a, anche seguito da inf.**): *si impegna poco nonostante gli inviti dell'insegnante a una maggior attenzione* | ingiunzione, ordine: *i. a presentarsi in questura, a pagare un debito entro e non oltre otto giorni* | †sfida **3** (*fig.*) richiamo allettante: *non resistere all'i. di una torta appena sfornata* | stimolo: *il tepore della stanza costituiva un i. al riposo* | †offerta di cibi, di bevande | †brindisi **4** nella scherma, uno dei quattro atteggiamenti con i quali lo schermidore volontariamente scopre un bersaglio per invitare l'avversario a tirarvi un colpo | in equitazione, elemento che viene posto ai piedi di un ostacolo verticale per facilitarne il salto **5** nel poker, somma che il mazziere può aggiungere al cip e che i giocatori devono versare per partecipare al gioco (**+ di**): *i. di due euro* **6** (*mecc.*) in un accoppiamento meccanico, graduale assottigliamento dell'estremità del pezzo o allargamento del foro in cui va inserito, così da consentire un più facile imbocco **7** (*archit.*) primo scalino di una scala che sporge un poco lateralmente dagli altri

†**invìto**② [vc. dotta, lat. *invītu(m)*, comp. di *in-*③ e **vītus*, dalla stessa radice di *vīs* 'tu vuoi', di orig. indeur. ✱ av. 1334] **agg.** ● (*lett.*) che fa qlco. contro la propria volontà

✦**in vìtro** [loc. lat., propr. 'nel (*ĭn*) vetro (*vĭtro*)', abl. di *vĭtrum* 'vetro' ✱ av. 1937] **loc. agg. inv.** e **avv.** ● (*biol.*) detto di processi biologici che si fanno avvenire per esperimento fuori dell'organismo vivente, in laboratorio: *coltura in vitro*; *fecondazione in vitro* **CONTR.** in vivo

invìtto [vc. dotta, lat. *invĭctu(m)*, comp. di *in-*③ e *vĭctus* 'vinto' ✱ 1282] **agg. 1** (*lett.*) che non conosce la sconfitta: *eroe, esercito, condottiero i.*; *la religione armata è invitta, quando è ben predicata* (T. CAMPANELLA) **SIN.** insuperabile, invincibile **2** (*lett., fig.*) che non si lascia abbattere: *tal tu, buon Federico, i. il core / sempre mostrasti* (V. COLONNA) **SIN.** impavido, indomito **3** (*lett.*) tenace ‖ **invittaménte**, **avv.** (*raro*) in modo invitto

invivìbile [comp. di *in-*③ e *vivibile* ✱ 1972] **agg.** ● detto di luogo, ambiente e sim. in cui non è possibile vivere (**spec. iperb.**): *un quartiere i.* ‖ **invivibilità**, **s. f. inv.**

in vìvo [loc. lat., propr. 'nel (*ĭn*) vivo (*vīvo*)', abl. di *vīvus*, di orig. indeur. ✱ 1957] **loc. agg. inv.** e **avv.** ● (*biol.*) detto di osservazioni che si compiono su cellule e tessuti viventi **CONTR.** in vitro

invizzìre [comp. di *in-*① e *vizzo* ✱ 1612] **v. intr.** (*io invizzìsco, tu invizzìsci*; **aus.** *essere*) ● (*disus.*) avvizzire

invocàbile [av. 1519] **agg.** ● che si può invocare: *divinità i.* | che si può richiedere o chiamare a sostegno: *autorità non i.* ‖ **invocabilità**, **s. f. inv.**

invocàre [vc. dotta, lat. *invocāre*, comp. di *in-*② e *vocāre* 'chiamare' ✱ av. 1294] **v. tr.** (*io in-*

vòco, tu invòchi) **1** chiamare con fervore o con desiderio, mediante preghiere e sim.: *i. Dio, i Santi; morì invocando il nome di sua madre* **2** chiedere con grande insistenza, implorando ad alta voce: *i. la grazia, la clemenza dei giudici, l'aiuto del prossimo* | (*est.*) ambire, sognare, desiderare vivamente: *i. la pace, la concordia tra gli uomini, la cooperazione tra i popoli* **3** chiamare o citare a sostegno delle proprie ragioni o richieste: *i. l'autorità, la legge, il diritto; i. un preciso articolo di legge*

SFUMATURE DI SIGNIFICATO
invocare - implorare - supplicare
Invocare è chiedere qualcosa ad alta voce con grande insistenza; se oggetto dell'invocazione sono Dio, la Madonna, un santo o anche una persona, significa rivolgersi loro per ottenere una grazia, un favore. In **implorare** all'invocazione si aggiunge un atteggiamento di preghiera. Con **supplicare** l'atto di invocare diventa una preghiera espressa con grande forza e umiltà; nella liturgia cattolica significa recitare una supplica, cioè una preghiera canonica, perché Dio dispensi le sue grazie.

invocatìvo [vc. dotta, lat. tardo *invocatīvu(m)*, da *invocātus* 'invocato' ✱1639] **agg.** ● (*lett.*) che serve a invocare

invocàto **part. pass.** di *invocare*; anche **agg.** ● nei sign. del v.

invocatóre [vc. dotta, lat. tardo *invocatōre(m)*, da *invocātus* 'invocato' ✱1336 ca.] **agg.** e **s. m.** (**f.** *-trice*) ● che (o chi) invoca

†**invocatòrio** [1639] **agg.** ● che serve a invocare: *apostrofe invocatoria* ‖ †**invocatoriaménte**, avv.

invocazióne [vc. dotta, lat. *invocatiōne(m)*, da *invocātus* 'invocato' ✱av. 1304] **s. f.** **1** l'invocare | parole invocatrici: *da tutto il popolo salivano invocazioni a Dio; invocazioni d'aiuto* | nella liturgia cattolica, una delle preghiere del canone della Messa SIN. istanza, preghiera **2** (*letter.*) parte di un'opera letteraria in cui si chiede l'ispirazione e l'aiuto divino; per es.: *Cantami, o Diva, del Pelìde Achille / l'ira ...* (V. MONTI) **3** (*dir.*) nell'alto Medioevo, formula d'intestazione di documenti pubblici nel nome di un'autorità

†**invòglia** [da *invogliare*② ✱1321] **s. f.** **1** copertura, involto, imballaggio | benda, fascia **2** corteccia, tegumento, involucro **3** (*cucina*) involtino

†**invogliaménto** [da *invogliare*① ✱av. 1648] **s. m.** ● voglia

invogliàre① [comp. di *in-*① e *voglia* ✱sec. XIII] **A** **v. tr.** (*io invòglio*) ● mettere voglia, stimolare (+ *a* **seguito da inf.**): *i. qlcu. a parlare, a mangiare* | ***i. l'appetito***, stuzzicarlo SIN. indurre | attirare, allettare: *la tua proposta mi invoglia* **B** **invogliàrsi** **v. intr. pron.** ● lasciarsi prendere dal desiderio, dalla voglia di qlco. (+ *di*): *invogliarsi di un abito, di un gioiello*

†**invogliàre**② [lat. parl. **invol(v)iāre*, da *invŏlvere* 'avvolgere' ✱av. 1250] **v. tr.** ● involgere, ravvolgere, imballare

invòglio [da *invogliare*② ✱av. 1547] **s. m.** **1** (*bot.*) involucro, tegumento | ***i. di un legume***, baccello | ***i. di un bulbo***, tunica **2** †involto

involaménto [1745] **s. m.** ● (*lett.*) l'involare | furto

involàre① o †**imbolàre** [vc. dotta, lat. *involāre* 'volare dentro, attaccare, rubare', comp. di *in-*① e *volāre*, detto propr. degli uccelli predatori ✱av. 1292] **A** **v. tr.** (*io invólo*) **1** (*lett.*) rubare, rapire: *chi l'altrui core invola / ad altrui doni el core* (A. POLIZIANO); *Bruno e Buffalmacco imbolano un porco a Calandrino* (G. BOCCACCIO) | (*fig., lett.*) occultare, nascondere **2** (*fig., lett.*) ottenere, carpire: *i. uno sguardo, un bacio* **B** **involàrsi** **v. intr. pron.** ● dileguarsi, sparire: *involarsi alla vista di qlcu.; l'ora, la giovinezza, le speranze s'involano; Se la vostra memoria non s'imboli* (DANTE *Inf.* XXIX, 103)

involàre② [comp. di *in-*① e *volo* ✱av. 1793] **v. intr.** (*io invólo*; **aus.** *essere*) e **involàrsi** **v. intr. pron.** ● prendere il volo, alzarsi in volo, detto di uccelli, aerei, elicotteri e sim.

†**involatóre** [vc. dotta, lat. *involatōre(m)*, da *involātus* 'involato' ✱1548] **s. m.** (**f.** *-trice*) ● chi invola | ladro

involgarìre [comp. di *in-*① e *volgare* ✱1957] **A** **v. tr.** (*io involgarisco, tu involgarisci*) ● rendere volgare, spec. relativamente all'aspetto esteriore: *un abito che involgarisce* **B** **v. intr.** (**aus.** *essere*) e **involgarìrsi** **v. intr. pron.** ● diventare pacchiano, volgare

invòlgere [lat. *invŏlvere*, comp. di *in-*② e *vŏlvere* 'volgere', con sovrapposizione di *volgere* ✱1250 ca.] **A** **v. tr.** (**coniug. come** *volgere*) **1** mettere un oggetto dentro qlco. che lo ricopre e racchiude: *i. in un panno di lana, in un drappo di seta* SIN. avvolgere **2** †ripiegare più volte qlco. su sé stessa: *i. una fune* **3** (*lett., fig.*) trascinare qlcu. in situazioni imbrogliate, complicate, pericolose e sim.: *i. qlcu. nei guai* SIN. coinvolgere **4** (*raro, lett.*) implicare, comportare: *i. errori, contraddizioni* **B** **invòlgersi** **v. intr. pron.** **1** avvolgersi su sé stesso: *la corda s'è involta* **2** (*fig., lett.*) essere trascinato, coinvolto in qlco. di pericoloso: *involgersi in una situazione senza via d'uscita*

SFUMATURE DI SIGNIFICATO
involgere - impacchettare - incartare - imballare
Involgere è mettere un oggetto dentro qualcosa che lo ricopre e lo racchiude. **Impacchettare** vuol dire *involgere* qualcosa formando un pacchetto, mentre **incartare** è *involgere* nella carta. **Imballare** indica invece il confezionare oggetti in balle, cioè in involti di grosse dimensioni, oppure il sistemare oggetti in contenitori adatti alla spedizione o al magazzinaggio.
SFUMATURE ➤ ***avvolgere***

†**involgiménto** [1340 ca.] **s. m.** **1** avvolgimento | fascia **2** (*fig.*) giro di parole

invólo① [comp. di *in-*① e *volo* ✱1941] **s. m.** ● (*aeron.*) decollo non tangenziale: *i. verticale; l'i. di un elicottero*

†**invólo**② o †**imbólo** [da *involare*① ✱av. 1367] **s. m.** **1** furto, rapimento **2** nella loc. avv. ***d'i.***, furtivamente

involontàrio [vc. dotta, lat. tardo *involuntāriu(m)*, comp. di *in-*③ e *voluntārius* 'volontario' ✱av. 1306] **agg.** **1** di ciò che si fa senza intenzione precisa e cosciente: *fallo, colpo, errore i.* | (*raro, lett.*) di ciò che si fa contro la propria volontà | ***esilio i.***, forzato | ***muscolo i.***, V. *muscolo* **2** (*psicol.*) che è al di fuori della volontà, che si svolge senza partecipazione della volontà: *riflesso i.* ‖ **involontariaménte**, **avv.** senza volerlo, senza farlo apposta

involtàre [da *involto* ✱sec. XIV] **A** **v. tr.** (*io invòlto*) ● (*lett.*) racchiudere in un involto: *i. qlco. nella carta, in un tessuto impermeabile; aveva involtato le pupette in ogni sorta di stracceria disponibile* (E. MORANTE) SIN. avvolgere **B** **involtàrsi** **v. rifl.** ● (*lett.*) avvolgersi: *si involtarono in un ampio mantello* | (*fig.*) †impacciarsi

involtàta [1869] **s. f.** ● (*lett., raro*) azione dell'involtare, spec. in modo sommario: *un'i. frettolosa*

†**involtatùra** [1706] **s. f.** ● ripiegatura

involtìno [av. 1676] **s. m.** **1** dim. di *involto*② **2** fettina di carne arrotolata, variamente farcita e cotta solitamente in umido | ***i. primavera***, sfoglia di pasta arrotolata contenente un ripieno di carne, germogli di bambù, funghi secchi e altri ingredienti, fatta friggere in olio di semi; specialità della cucina cinese

invòlto① **part. pass.** di *involgere*; anche **agg.** **1** nei sign. del v. **2** (*lett.*) contorto: *ramo i.*

invòlto② [da *involtare* ✱1513] **s. m.** **1** fagotto, pacco: *portare sotto il braccio un i.* | (*fig.*) cartoccio: *un i. di castagne arrostite* **2** (*raro*) ciò che involge | †involucro, rivestimento ‖ **involtìno**, **dim.** (V.)

invòlto③ **part. pass.** di *involvere* ● (*poet.*) nei sign. del v.

†**involtùra** [av. 1442] **s. f.** **1** involucro | involto | ***i. di parole***, giro di parole **2** piega **3** (*fig.*) imbroglio, raggiro

invòlucro o (*poet.*) †**involùcro** [vc. dotta, lat. *involŭcru(m)*, da *invŏlvere* 'rotolare' ✱1681] **s. m.** **1** ciò che ricopre esternamente qlco.: *rompere, spezzare, aprire l'i.* | confezione: *i. di plastica, di legno* **2** (*aeron.*) rivestimento esterno impenetrabile, per lo più di tessuto gommato, della camera contenente gas o aria di un dirigibile o che involge complessivamente le varie camere **3** (*bot.*) insieme di brattee che circondano gli organi riproduttori di un fiore | insieme di brattee che stanno alla base dei rami che portano l'ombrella di fiori **4** (*anat.*) formazione membranacea che avvolge un organo | ***involucri encefalici***, meningi ‖ **involucrétto**, **dim.**

involutìvo [1907] **agg.** ● di involuzione: *è una civiltà che attraversa un periodo i.* | che ha i caratteri dell'involuzione: *processo i.*

involùto [vc. dotta, lat. *involūtu(m)*, part. pass. di *invŏlvere* 'involvere' ✱1313] **agg.** **1** tortuoso e intricato: *discorso, stile, pensiero i.* SIN. complicato, contorto **2** (*lett.*) avviluppato | †avvolto **3** (*bot.*) di foglia in cui le due metà longitudinali della lamina si avvolgono su sé stesse in dentro ‖ **involutaménte**, **avv.**

involutòrio [1931] **agg.** (**pl. m.** *-i* o **raro** *-ii*) ● (*med.*) dell'involuzione: *processo i.*

involuzióne [vc. dotta, lat. *involutiōne(m)*, da *involūtus* 'involuto' ✱av. 1342] **s. f.** **1** condizione di ciò che è involuto, contorto: *i. di stile* **2** regresso e progressivo decadimento verso forme meno valide ed efficaci: *il partito, la struttura della società sta subendo una lenta i.* SIN. declino, degenerazione **3** (*med.*) processo regressivo della cellula, dei tessuti e dell'organismo | ***i. senile***, che avviene per effetto dell'età

invòlvere [vc. dotta, lat. *invŏlvere* 'involgere', comp. di *in-* rafforz. e *vŏlvere* 'volgere' ✱av. 1292] **v. tr.** (**part. pass.** *invòlto* o *involùto*; **difett. del pass. rem.**) ● (*poet.*) travolgere, coinvolgere (*spec. fig.*): *involve / tutte cose l'oblio nella sua notte* (U. FOSCOLO)

invulneràbile [vc. dotta, lat. *invulnerābile(m)*, comp. di *in-*③ e *vulnerābilis* 'vulnerabile' ✱1516] **agg.** **1** che non si può ferire o ledere: *eroe, corazza, armatura i.* **2** (*fig.*) che non si riesce a danneggiare, sminuire, intaccare: *fama, virtù i.* ‖ **invulnerabilità**, **s. f. inv.**

invulneràto [vc. dotta, lat. *invulnerātu(m)*, comp. di *in-*③ e *vulnerātus* 'vulnerato' ✱1819] **agg.** ● (*raro, lett.*) che non ha subìto danni, offese e sim.

inzaccheràre (o *-z-*) [comp. di *in-*① e *zacchera* ✱1598] **A** **v. tr.** (*io inzàcchero*) ● schizzare di fango: *i. gli abiti* **B** **inzaccheràrsi** **v. rifl.** e **tr. pron.** (**aus.** *essere*) ● imbrattarsi di fango: *inzaccherarsi le scarpe*

inzaccheràto (o *-z-*) **part. pass.** di *inzaccherare*; anche **agg.** ● schizzato, sporco di fango

inzafardàre (o *-z-*) [etim. incerta ✱1734] **v. tr.** e **inzafardàrsi** **v. rifl.** ● (*raro, lett.*) insudiciare, insudiciarsi di unto

inzaffiràre [comp. di *in-*① e *zaffiro* ✱1321] **A** **v. tr.** ● (*lett.*) adornare di zaffiri o rendere azzurro come uno zaffiro **B** **inzaffiràrsi** **v. intr. pron.** • †ingemmarsi di zaffiri o abbellirsi diventando azzurro come lo zaffiro: *il bel zaffiro / del quale il ciel più chiaro s'inzaffira* (DANTE *Par.* XXIII, 101-102)

†**inzavorràre** [comp. di *in-*① e *zavorra* ✱ 1602] **v. tr.** • caricare di zavorra

inzeppaménto (o -z-) [av. 1798] **s. m.** • (*raro*) riempimento, accumulo

inzeppàre① (o -z-) [comp. di *in-*① e *zeppo* ✱ av. 1444] **v. tr.** (*io inzéppo*) **1** riempire qlco. oltre misura, calcandovi dentro gli oggetti: *ha inzeppato di roba una cassa e due armadi* | (*est.*) rimpinzare qlcu. di cibo: *l'hanno inzeppato di pane* **2** (*fig.*) riempire di errori e sim. **SIN.** infarcire

inzeppàre② (o -z-) [comp. di *in*① e *zeppa* ✱ av. 1597] **v. tr.** (*io inzéppo*) • fermare o sostenere con zeppe | †*i. un pugno, un calcio*, assestarlo

inzeppatùra (o -z-) [da *inzeppare*② ✱ 1682] **s. f.** • (*raro*) l'inzeppare | la zeppa stessa

inzigàre (o -z-) [dall'onomatopeico *its* per 'inseguire'✱ av. 1292] **v. tr.** (*io inzigo, tu inzighi*) • (*lomb.*) aizzare, istigare | (*lomb.*) stuzzicare, irritare

inzimìno [dalla loc. *in zimino*✱ sec. XIV] **s. m.** • (*tosc.*) pietanza preparata con la salsa detta *zimino*

inzitellìto (o -z-) [comp. del pref. *in-*① e di un deriv. di *zitella*✱ 1959] **agg.** • che è invecchiato senza sposarsi | (*est.*) che è diventato scostante, bisbetico **SIN.** inacidito

inzoccolàto (o -z-) [comp. di *in-*① e *zoccolo* ✱ av. 1492] **agg.** • (*raro*) che calza gli zoccoli

inzolfàre (o -z-) o **insolfàre** [comp. di *in-*① e *zolfo*✱ 1427] **v. tr.** (*io inzólfo*) • cospargere di zolfo le viti o altre piante per difenderle da malattie crittogamiche | *i. le botti*, facendo sviluppare all'interno vapori di anidride solforosa, per distruggere le muffe o impedirne la formazione

inzolfatóio (o -z-) [sec. XV] **s. m.** (**pl.** *-ói*) • attrezzo a forma di soffietto per dare lo zolfo alle viti

inzolfatùra (o -z-) [1869] **s. f.** • operazione dell'inzolfare

Inzòlia o **Insòlia** [etim. incerta✱ av. 1956] **s. f.** • (*bot.*) vitigno coltivato spec. in Sicilia, che dà pregiate uve per la produzione di vini bianchi, tra cui il Marsala

inzotichìre [comp. di *in-*① e *zotico* ✱ av. 1405] **A** **v. tr.** (*io inzotichìsco, tu inzotichìsci*) • (*raro*) rendere zotico **B** **v. intr.** (**aus.** *essere*) e **inzotichìrsi** **v. intr. pron.** • diventare zotico, rozzo

inzuccàre (o -z-) [comp. di *in-*① e *zucca* ✱ 1566] **A** **v. tr.** (*io inzùcco, tu inzùcchi*) **1** (*gerg.*) nel calcio, colpire di testa il pallone: *i. in rete* **2** (*fam., scherz.*) dare alla testa, detto del vino **B** **inzuccàrsi** **v. intr. pron.** **1** (*fam.*) ubriacarsi | (*fig., raro*) innamorarsi **2** (*fam.*) ostinarsi

inzuccàta (o -z-) [da *inzuccare*✱ 1985] **s. f.** • (*gerg.*) nel gioco del calcio, colpo di testa, spec. diretto verso la porta avversaria

inzuccheraménto (o -z-) [av. 1667] **s. m.** • l'inzuccherare (*anche fig.*)

inzuccheràre (o -z-) [comp. di *in-*① e *zucchero*✱ 1534] **v. tr.** (*io inzùcchero*) **1** cospargere di zucchero: *i. il tè* | *i. la pillola*, (*fig.*) cercare di far apparire gradevole qlco. che non lo è | (*raro, fig.*) blandire qlcu. **2** (*fig.*) rendere dolce, suadente: *i. il tono della voce, un rimprovero*

inzuccheràta (o -z-) [1887] **s. f.** • l'inzuccherare in una sola volta: *dare una rapida i. a qlco.*

inzuccheràto (o -z-) **part. pass.** di *inzuccherare*; anche **agg.** • nei sign. del v.

inzuccheratùra (o -z-) [1679] **s. f.** • operazione dell'inzuccherare | copertura di zucchero

inzuppàbile (o -z-) [av. 1704] **agg.** • che si può inzuppare

inzuppaménto (o -z-) [1666] **s. m.** • l'inzuppare, l'inzupparsi

inzuppàre (o -z-) [comp. di *in-*① e *zuppa* ✱ av. 1342] **A** **v. tr.** **1** detto di liquido, bagnare completamente un corpo solido penetrandovi per assorbimento: *la pioggia ha inzuppato i campi appena arati* **SIN.** impregnare **2** (*est.*) immergere qlco. in un liquido perché se ne imbeva (*anche assol.*): *i. i biscotti nel caffelatte; pane, gallette da i.* **B** **inzuppàrsi** **v. intr. pron.** • impregnarsi completamente di un liquido: *tutta l'aria d'un tratto s'inzuppa / di piogge e venti* (L. PULCI) | infradiciarsi

inzuppàto (o -z-) **part. pass.** di *inzuppare*; anche **agg.** **1** completamente bagnato: *un vestito i. di pioggia* | zuppo, infradiciato: *Siete i. come una spugna* (A. FOGAZZARO) **2** imbevuto: *biscotto i. nel vino dolce* | impregnato: *campo i. d'acqua*

♦**io** o †**èo** /eo/ [lat. *ĕgo*, di orig. indeur., attrav. la riduzione pop. **ĕo*✱ 1065] **A** **pron. pers. m. e f. di prima pers. sing. (in posizione proclitica, pop. tosc. troncato in** *e'*, **poet. troncato in** *i'*) **1** indica la persona che parla, e si usa (solo come soggetto; come complemento si usano le forme *me* e *mi*) quando chi parla si riferisce a sé stesso: *io non lo so; io, ormai, ho deciso* | gener. omesso quando la persona è chiaramente indicata dal v., si esprime invece quando il v. è al congtv., per evitare ambiguità, quando i soggetti sono più di uno, nelle contrapposizioni, con 'stesso', 'medesimo', 'anche', 'nemmeno', 'proprio', 'appunto' e sim. e, in genere, quando si vuole dare al soggetto particolare evidenza: *pensi forse che io non lo ricordi?; credeva che io non lo conoscessi; io e il mio amico ci siamo arrangiati; mio padre e io siamo in confidenza; né io né voi lo sapevamo; voi potete permettervelo, io no; l'ho visto io stesso; voglio venire anch'io; nemmeno io ne sono sicuro; proprio io devo farlo?* | (*burocr.*) nelle domande, dichiarazioni, e sim.: *io sottoscritto, faccio istanza a codesto ufficio* **2** in principio di frase, assume particolare rilievo e ha valore enfat.: *io, se fossi in voi, farei così; io non ci andrei; io glielo farò vedere se sono capace!; io fare questo?; io parlare così?; io fortunato?* | **io sono io, e tu sei tu**, volendo stabilire o sottolineare una distinzione, una differenza **3** (*intens.*) posposto al v. o in fine di frase, evidenzia un fatto o esprime vaga minaccia, desiderio, e sim.: *verrò io; glielo spiegherò io; ve lo dico io!; te lo insegno io a fare il presuntuoso!; sono io che ci vado di mezzo; so io quello che ho sofferto; potessi avere io la tua età*; (*enfat.*) *ricco io?; e allora io?* | **non io**, recisa negazione | **non sono più io!**, con riferimento a mutamenti delle condizioni di salute o di spirito **4** (*enfat.*) ripetuto, rafforza un'affermazione: *io vi andrò, io!; io devo fare tutto, io!* **B** **s. m. inv.** **1** il proprio essere nella coscienza che ha di sé: *ho un forte sentimento dell'io; è tutto gonfio del suo io; mette il proprio io davanti a tutto* | **nel proprio io**, dentro di sé: *nel proprio io sa di avere sbagliato* **2** (*filos.*) il soggetto pensante, consapevole di sé e del proprio agire **CFR.** non io | (*est., letter.*) **io narrante**, V. *narrante* | **io narrato**, V. *narrato* **3** **Io** (con l'iniziale maiuscola), in psicoanalisi, organizzazione dei processi psichici coscienti che costituisce il mediatore fra l'Es e la realtà **SIN.** Ego

-io① /io/ [orig. proprio di deriv. dal lat. *-ĕriu(m)*, come il corrispondente *-èo*] **suff.** • forma nomi, derivati per lo più da verbi, che esprimono continuità e intensità: *borbottìo, brulichìo, calpestìo, cigolìo, crepitìo, lavorìo, mormorìo, mugolìo, pigolìo, sciupìo, sussurrìo*

-io② /io/ [lat. *-ĭvu(m)*, suff. agg. che già nel lat. parlato aveva perduto l'elemento consonantico] **suff.** • in aggettivi di origine latina, indica stato, condizione: *restìo, natìo, stantìo, solatìo*

†**iòco** ➤ **gioco**

iod /jɔd/ [dall'ebr. *yōd*, n. della decima lettera dell'alfabeto ebraico✱ 1585] **s. m. inv.** • nome della decima lettera degli alfabeti fenicio ed ebraico | ogni tipo di 'i' semiconsonante

iodàto① [da *iodio*✱ 1869] **agg.** • (*chim.*) detto di composto contenente iodio

iodàto② [comp. di *iod(io)* e *-ato*②✱ 1820] **s. m.** • (*chim.*) sale dell'acido iodico

iòdico [da *iodio*✱ 1833] **agg.** (**pl. m.** *-ci*) • relativo allo iodio | *acido i.*, acido monobasico, ossigenato, dello iodio

iodìdrico [comp. di *iod(io)* e *idrico* ✱ 1869] **agg.** (**pl. m.** *-ci*) • (*chim.*) *acido i.*, composto da un atomo di iodio e uno di idrogeno; gassoso, di odore irritante, usato come riducente in chimica organica

iodìfero [comp. di *iodi(o)* e *-fero*✱ 1970] **agg.** • che contiene iodio

iòdio [gr. *iṓdēs* 'violaceo, cupo', da *íon* 'viola', per il colore dei suoi vapori, attraverso il fr. *iode* ✱ 1815] **s. m.** (**pl.** *-i* o *raro -ii*) **Si usa con gli art.** *lo, uno, gli* • elemento chimico non metallo, del gruppo degli alogeni, solido grigio-nerastro, lucente, contenuto nella tiroide, in alghe marine e acque minerali dalle quali si estrae; è usato nell'industria chimica e in medicina spec. sotto forma di ioduri alcalini, iodoformio e di composti organici ad azione chemioterapica: *tintura di i.* **SIMB.** I **NUM. AT.** 53

iodìsmo [comp. di *iod(io)* e *-ismo*✱ 1869] **s. m.** • (*med.*) intossicazione prodotta da abuso di medicamenti contenenti iodio

iodobenzène [comp. di *iod(i)o* e *benzene*✱ 1957] **s. m.** • composto organico derivato dal benzene per sostituzione di un idrogeno con iodio, importante intermedio di sintesi organiche

iodofòrmio [comp. di *iod(i)o* e *(cloro)formio* ✱ 1869] **s. m.** • sostanza gialla solida di odore caratteristico, ottenuta per reazione di iodio e idrati alcalini con alcol etilico o acetone, usato come antisettico e disinfettante in medicina e chirurgia

iodometrìa [comp. di *iod(i)o* e *-metria* ✱ 1957] **s. f.** • (*chim.*) metodo di analisi quantitativa di tipo volumetrico, fondata sul monitoraggio dello iodio prodotto o consumato da una reazione di ossidoriduzione

iodóso (o -s-) [comp. di *iod(io)* e *-oso*① ✱ 1869] **agg.** • detto di composto dello iodio trivalente positivo e di taluni composti organici

iodoterapìa [comp. di *iod(i)o* e *terapia* ✱ 1908] **s. f.** • (*med.*) trattamento con preparati contenenti iodio

ioduràre [da *ioduro*✱ 1869] **v. tr.** • trattare con iodio, introdurre uno o più atomi di iodio nella molecola di un composto organico

iodurazióne [1869] **s. f.** • operazione dello iodurare

iodùro [comp. di *iod(io)* e *-uro*①✱ 1820] **s. m.** • sale dell'acido iodidrico | *i. di potassio*, usato in fotografia, nell'analisi chimica e in medicina

iòga **s. m. inv.**; anche **agg. inv.** • adattamento di *yoga* (V.)

iòghin **s. m. inv.** • adattamento di *yogin* (V.)

ioglòsso [comp. del gr. *hyo(eidḗs)* 'ioide' e *-glosso*✱ 1887] **agg.**; anche **s. m.** • (*anat.*) detto di muscolo situato fra l'osso ioide e la lingua: *muscolo i.*

iògurt e deriv. ➤ **yogurt** e deriv.

iòide (o **iò-**) [gr. *hyoidḗs*, propr. 'che ha la forma (*êidos*) della lettera Y (*hŷ*)' ✱ 1584] **s. m.** ● (*anat.*) osso impari mediano, a ferro di cavallo, posto nel collo al disotto della mandibola, tra questa e la laringe

ioidèo [1834] **agg.** ● (*anat.*) relativo allo ioide

iò iò /jo'jɔ*/ **s. m. inv.** ● adattamento di *yo-yo* (V.)

iòle o **yòle** /'jɔle/ [ingl. *yawl* 'piccola imbarcazione', di etim. incerta ✱ 1798] **s. f. 1** (*mar.*) imbarcazione lunga e sottile, con le scalmiere sugli orli dei fianchi, a due, quattro od otto vogatori **2** (*mar.*) imbarcazione di servizio a remi, leggera e sottile | piccola imbarcazione a remi o a vela per uso costiero

iòlla [cfr. *iole* ✱ 1905] **s. f.** ● (*mar.*) adattamento di *yawl* (V.)

ionadàttico [forse comp. scherz. di *ionico*① e *attico*: 'lingua ionia dell'Attica' ✱ av. 1673] **A agg.** (pl. m. *-ci*) ● detto di un tipo di linguaggio burlesco diffuso a Firenze dalla fine del XVI sec. sino al XVIII sec., caratterizzato dalla sostituzione di alcune parole con altre che cominciano con le stesse lettere (per es. *spago* per *spavento*, *seminato* per *senno*) **B s. m. solo sing.** ● tale tipo di linguaggio

ióne [gr. *iṓn*, part. pres. di *iénai* 'andare', di orig. indeur. ✱ 1874] **s. m.** Si usa con gli art. *lo, uno, gli* ● (*fis.*) atomo o gruppo atomico che, per perdita o acquisto di elettroni, assume carica elettrica | *i. idrogeno*, ione dotato di una carica positiva e originato da un atomo di idrogeno per perdita di un elettrone

Iòni [lat. *Iōnes*, gr. *Íōnes*, da *Íōn* 'Ione', eroe mitico da cui secondo la tradizione sarebbero discesi ✱ 1869] **s. m. pl.** (sing. *-io*) ● antica stirpe greca stanziata nell'Attica, nell'Eubea, sulle coste dell'Asia Minore e in alcune isole dell'Egeo; costituiscono uno dei tre principali gruppi etnolinguistici dell'antica Grecia, insieme con i Dori e gli Eoli

iònico① [vc. dotta, lat. *Iōnicu(m)*, dal gr. *Iōnikós* 'proprio del mare Ionio (*Iónios*)', propr. 'il mare degli *Ioni*', ma poi largamente esteso ✱ 1374] **A agg.** (pl. m. *-ci*) ● della Ionia, antica regione dell'Asia Minore: *colonia ionica* | (*ling.*) ***dialetto i.***, antico dialetto parlato in alcune zone dell'antica Grecia | (*ling.*) ***piede i.***, composto da quattro sillabe, due brevi e due lunghe | (*mus.*) ***modo i.***, uno dei modi della musica antica | (*archit.*) ***ordine, stile i.***, stile caratterizzato da colonne scanalate con capitello a due volute laterali | ***capitello i.***, proprio di tale stile | ***scuola ionica***, la prima scuola filosofica greca, fiorita a Mileto e in altre colonie ioniche dell'Asia minore tra il VII e il VI sec. a.C., i cui principali esponenti furono Talete, Anassimandro e Anassimene **B s. m. solo sing. 1** dialetto ionico **2** (*ling.*) metro ionico | ***i. a minore***, piede metrico della poesia classica formato da due sillabe brevi e da due lunghe | ***i. a maiore***, piede formato da due sillabe lunghe e da due brevi **3** uno degli ordini architettonici usato inizialmente nelle colonie greche dell'Asia Minore, caratterizzato dalla colonna con base, fusto più snello di quello dorico, scanalato e rastremato, capitello con ovolo e con volute, epistilio diviso in tre fasce orizzontali, fregio continuo

iònico② [vc. dotta, lat. *Iōnicu(m)*, dal gr. *Iōnikós*, da *Iōnía* ✱ av. 1642] **agg.** (pl. m. *-ci*) **1** relativo al mar Ionio: *costa ionica* **2** relativo alle isole Ionie

iònico③ [da *ione* ✱ 1933] **agg.** (pl. m. *-ci*) ● (*fis.*) relativo agli ioni: *legame i.* ‖ **ionicità**, **s. f. inv.**

iònio① [vc. dotta, lat. *Iōnium*, dal gr. *Iónios* ✱ av. 1855] **agg.** ● della Ionia, degli Ioni

iònio② [vc. dotta, lat. *Iōniu(m)*, dal gr. *Iónios*, da *Iōnía* ✱ 1744] **A agg.** ● detto di quella parte del Mediterraneo racchiusa fra le coste meridionali della penisola italiana, quelle della Sicilia orientale e quelle occidentali dell'Albania e della Grecia | (*est.*) relativo a questo mare: *coste ionie* | ***isole Ionie***, le sette isole poste tra la costa greca e quella italiana **B anche s. m.**: *le coste dello Ionio*

iònio③ [da *ion(e)* ✱ 1935] **s. m.** (pl. *-i* o *raro -ii*) Si usa con gli art. *lo, uno, gli* ● elemento radioattivo, isotopo molto stabile del torio, prodotto dalla disintegrazione naturale dell'uranio, forte emittente di particelle alfa

ionìṣmo [comp. di *ionio*① e *-ismo* ✱ 1798] **s. m.** ● (*ling.*) forma caratteristica del dialetto ionico

ioniẓẓànte part. pres. di *ionizzare*; anche **agg.** ● (*fis.*) che ionizza, che causa o facilita la ionizzazione

ioniẓẓàre [1910] **v. tr.** ● (*fis.*) sottoporre a ionizzazione ‖ **ioniẓẓazióne**, **s. f.** (V.)

ioniẓẓàto part. pass. di *ionizzare*; anche **agg.** ● nel sign. del v.

ioniẓẓatóre [1968] **agg.** (f. *-trice*) ● (*raro*) ionizzante

ioniẓẓazióne [1903] **s. f.** ● (*fis.*) trasformazione di una sostanza in ioni | ***i. dei gas***, mediante radiazioni o campi elettrici | ***i. di un elettrolito***, per dissociazione in adatto solvente

ionoforèṣi [comp. di *ione* e del gr. *phórēsis* 'trasporto', da *phorêin* 'portare qua e là' ✱ 1929] **s. f. inv.** ● (*med.*) metodica terapeutica che consente l'assorbimento cutaneo, mediante corrente galvanica, di sostanze medicamentose allo stato ionico; è l'applicazione terapeutica dell'elettroforesi SIN. ionoterapia

ionóne [comp. del gr. *íon* 'viol(ett)a' e *-one*② ✱ 1917] **s. m.** ● profumo sintetico, surrogato dell'essenza naturale di violetta

ionosfèra [comp. di *ione* e *sfera* sul modello di *atmosfera* ✱ 1949] **s. f.** ● (*geofis.*) la regione dell'atmosfera terrestre compresa fra i 60 e i 400 km di altezza, costituita da strati ionizzati per effetto della radiazione solare

ionosfèrico [1957] **agg.** (pl. m. *-ci*) ● relativo alla ionosfera

ionosónda [comp. di *ione* e *sonda* ✱ 1957] **s. f.** ● apparecchiatura destinata all'esplorazione delle caratteristiche elettriche della ionosfera mediante l'invio di impulsi radio

ionoterapìa [comp. di *ione* e *terapia* ✱ 1957] **s. f.** ● (*med.*) ionoforesi

†**iórno** ➤ **giorno**

✱**iòsa** [etim. incerta ✱ 1481] **vc.** ● solo nella loc. avv. ***a i.***, in grande quantità, in abbondanza: *ce n'è a i.*; *ne abbiamo a i.*

iosciamìna [comp. del lat. *hyoscyămu(m)* 'giusquiamo' e *-ina* ✱ 1869] **s. f.** ● (*chim.*) alcaloide contenuto in alcune piante, come il giusquiamo, dotato di azione antispasmodica e sedativa

iòta① [gr. *iôta*, di orig. semitica ✱ av. 1375] **s. f. o m. inv. 1** nome della nona lettera dell'alfabeto greco corrispondente alla *i* latina | ***i. sottoscritto***, nella grafia del greco classico, piccolo iota scritto sotto le vocali alfa, eta o omega, come residuo di un originario dittongo con ***i. ascritto***, cioè graficamente presente, caduto prima nella pronuncia poi nella grafia | (*disus.*) nome della lettera *j* **2** (*lett.*) una cosa da nulla, di nessuna importanza, un niente: *non credeva un i. delle miserie ch'egli le raccontava* (A. FOGAZZARO) | ***non sapere un i.***, (*fig.*) non sapere niente, non sapere un'acca

iòta② [dalla vc. friulana *iote*, lat. mediev. *iūtta*, nome di una bevanda forse a base di latte ✱ 1931] **s. f.** ● (*cucina*) minestra a base di fagioli e crauti, talora arricchita di orzo e patate, condita con olio, aglio, alloro e cumino, tipica delle zone di Trieste e Gorizia

iotacìṣmo [vc. dotta, lat. tardo *iotacĭsmu(m)*, dal gr. *iōtakismós*, da *iôta* 'iota', sul tipo di *soloikismós* 'solecismo', *attikismós* 'atticismo', e sim. ✱ 1803] **s. m.** ● (*ling.*) itacismo

iotiroidèo [comp. di *io(ide)* e *tiroideo* ✱ 1834] **agg.** ● (*anat.*) detto di muscolo posto tra l'osso ioide e la cartilagine tiroidea della laringe: *muscolo i.*

ipacuṣìa ➤ **ipoacusia**

iPàd® /ai'pad, ingl. 'aɪpæd/ [vc. ingl., comp. di *i(nternet)* e *(writing) pad* 'blocco (per appunti)' ✱ 2009] **s. m. inv.** ● nome commerciale di un tablet in grado di riprodurre contenuti multimediali e connettersi a Internet

ipàllage [vc. dotta, lat. tardo *hypăllage(m)*, dal gr. *hypallagḗ* '(inter)scambio', dal v. *hypallássein* 'scambiare, porre sotto (*hypó*) ad altro (*állos*)' ✱ 1559] **s. f.** ● (*ling.*) figura retorica che consiste nell'attribuire a una parola l'aggettivo che si riferisce ad un'altra nella medesima frase; per es. l'attribuzione dell'aggettivo 'egro' a 'talamo' invece che a 'membra' in: *Sorgon così tue dive / membra dall'egro talamo* (U. FOSCOLO)

ìpate [vc. dotta, lat. *hўpate(m)*, dal gr. *hypátē*, sottinteso *chordḗ* '(la corda) più alta, posta all'estremità' ✱ 1556] **s. f.** ● (*mus.*) la corda dal suono più grave nella lira greca

ipecacuàna [portog. *ipecacuanha*, dal n. tupì, che s'interpreta 'arbusto (*ipe*) della foresta (*kaá*), che fa vomitare (*gueê-m-a*)' (?) ✱ av. 1718] **s. f.** ● arbusto brasiliano delle Rubiacee con radici ramificate e provviste di rigonfiamenti, da cui si estrae un glucoside ad azione espettorante ed emetica (*Cephaëlis ipecacuanha*)

ìper [1992] **s. m. inv.** ● accorc. di *ipermercato*

iper- [dal gr. *hypér* 'sopra'] **pref.** Nella divisione sillabica di alcune parole composte con *iper-* è ammesso considerare *i-per-* come inizio della parola divisa anche in violazione delle usuali regole di sillabazione: *i-per-at-ti-vo* e *i-per--ec-ci-ta-to* sono corrette come *i-pe-rat-ti-vo* e *i-pe-rec-ci-ta-to*. Si noti che la divisione con *i-per-* in genere si legge più facilmente e meglio corrisponde alla pronuncia effettiva (che di solito introduce una breve pausa dopo il prefisso). ● in parole composte dotte o della terminologia scientifica, significa 'sopra', 'oltre', o indica quantità o grado superiore al normale o eccessivo: *iperuranio, iperacidità, ipernutrizione*

iperacidità [comp. di *iper-* e *acidità* ✱ 1890] **s. f. inv.** ● (*med.*) ipercloridria

iperacuṣìa [comp. di *iper-* e di un deriv. del gr. *ákousis* 'udito', dal v. *akóuein* 'sentire' ✱ 1834] **s. f.** ● (*med.*) esaltazione dell'acuità uditiva

iperacùto [comp. di *iper-* e *acuto* ✱ 1952] **agg.** ● (*med.*) molto acuto: *morbo i.*

iperaffaticaménto [comp. di *iper-* e *affaticamento* ✱ 1957] **s. m.** ● affaticamento eccessivo: *i. fisico, psichico*

iperalgeṣìa [comp. di *iper-*, del gr. *álgesis* 'dolore' e del suff. *-ia*② ✱ 1917] **s. f.** ● (*med.*) sensibilità particolarmente intensa agli stimoli dolorosi

iperalimentazióne [comp. di *iper-* e *alimentazione* ✱ 1905] **s. f. 1** (*fisiol.*) ingestione di alimenti in quantità apprezzabilmente eccedente il fabbisogno **2** (*med.*) introduzione orale o somministrazione enterica (con sondino) a fini terapeutici di alimenti in quantità che eccedono il fabbisogno dell'individuo al fine di ristabilire il suo peso forma o la sua massa corporea SIN. sovralimentazione, superalimentazione CFR. ipernutrizione

iperattivìṣmo [comp. di *iper-* e *attivismo* ✱ 1949] **s. m.** ● attivismo frenetico SIN. iperattività | (*psicol.*) caratteristica di chi è iperattivo

iperattìvo [comp. di *iper-* e *attivo* ✱ 1983] **A** **agg.** **1** attivo più del normale: *impiegato i.* **2** (*psicol.*) che ha un comportamento molto irrequieto: *bambino i.* ‖ **iperattività**, **s. f. inv.** **1** attività esagerata, attivismo frenetico **SIN.** iperattivismo **2** (*dir.*) teoria giuridica che estende la legittimazione attiva di un soggetto anche per fatti successivi alla cessazione di un suo precedente diritto **B** **anche s. m.** (**f.** *-a*)

iperazotemìa [comp. di *iper-* e *azotemia* ✱ 1934] **s. f.** ● (*med.*) aumento dell'azoto ureico nel sangue

iperazotùria o **iperazoturìa** [comp. di *iper-* e *azoturia* ✱ 1957] **s. f.** ● (*med.*) eccessiva eliminazione di sostanze azotate, spec. urea, attraverso l'urina

iperbàrico [comp. di *iper-* e *barico*① ✱ 1980] **agg.** (**pl. m.** *-ci*) ● relativo a pressione superiore a quella atmosferica | ***camera iperbarica***, quella in cui la pressione dell'aria può essere elevata al di sopra della pressione atmosferica normale; utilizzata per il trattamento dei danni da decompressione, in caso di avvelenamenti da ossido di carbonio e in affezioni gangrenose

ipèrbato [vc. dotta, lat. *hypĕrbaton*, dal gr. *hypérbaton* 'trasposto', comp. di *hypér* 'sopra' e di un deriv. di *báinein* 'passare', di orig. indeur. ✱ 1559] **s. m.** ● (*ling.*) figura retorica che consiste nella separazione di due parole normalmente in stretto legame sintattico, interponendo tra di esse altri elementi della frase; per es. la separazione di 'tardo' e 'ronzio' in: *tardo ai fiori / ronzio di coleotteri* (E. MONTALE)

iperbilirubinemìa [comp. di *iper-* e *bilirubinemia* ✱ 1957] **s. f.** ● (*med.*) aumento della concentrazione ematica della bilirubina che, a determinati livelli, si manifesta con la comparsa dell'ittero

✦**ipèrbole** [vc. dotta, lat. *hypĕrbole*, dal gr. *hyperbolḗ* 'eccesso, esagerazione', comp. di *hypér* 'sopra' e di un deriv. di *bállein* 'gettare', di orig. indeur. ✱ 1374] **A** **s. f.** **1** (*ling.*) figura retorica che consiste nell'intensificare un'espressione esagerando o riducendo oltremisura le caratteristiche di qlcu. o qlco.; per es.: *è un secolo che non lo vedo*; *né avorio né alabastro può aguagliare / il tuo splendente e lucido colore* (M.M. BOIARDO) **2** (*est.*) esagerazione, eccesso **B** **s. m. o f.** ● (*mat.*) luogo dei punti del piano tali che la differenza delle loro distanze da due punti fissi detti fuochi è costante | curva individuata dall'intersezione di un cono indefinito con un piano parallelo al suo asse

iperboleggiàre [1612] **v. intr.** (**pres.** *io iperboléggio*; **fut.** *io iperboleggerò*; **aus.** *avere*) ● esprimersi con molte iperboli

iperbolèo [vc. dotta, lat. *hyperbolăeu(m)*, dal gr. *hyperbólaios*, sottinteso *tónos*, 'tono' (*tónos*) più elevato (da *hyperbolḗ* 'iperbole') ✱ 1834] **agg.** ● detto del più alto tono della musica greca

iperbòlico [vc. dotta, lat. *hyperbŏlicu(m)*, dal gr. *hyperbolikós*, agg. di *hyperbolḗ* 'iperbole' ✱ 1374] **agg.** (**pl. m.** *-ci*) **1** (*ling.*) di iperbole: *espressione iperbolica* | ricco di iperboli: *linguaggio i.* **2** (*est.*) esagerato, che eccede la misura: *prezzo i.*; *ammirazione iperbolica* **3** (*mat.*) proprio di un'iperbole, relativo a un'iperbole | detto di configurazione o espressione nella quale v'è una coppia di elementi reali **4** (*mar., aeron.*) detto di sistema di radionavigazione marittima e aerea basato sulla ricezione di segnali sincroni trasmessi da due stazioni terrestri, di cui si misura la differenza di tempo e il cui luogo dei punti è un'iperbole ‖ **iperbolicaménte**, **avv.** **1** per iperbole, usando iperboli **2** esageratamente ‖ **iperbolicità**, **s. f. inv.**

iperbolifórme [comp. di *iperbole* e *-forme* ✱ 1869] **agg.** ● (*mat.*) che ha forma d'iperbole

iperbolòide [comp. di *iperbole* e del gr. *êidos* 'forma' ✱ av. 1710] **s. m.** ● (*mat.*) quadrica le cui intersezioni con un piano sono delle iperboli | ***i. di rotazione***, ottenuto facendo ruotare un'iperbole intorno a un suo asse

iperbòreo [vc. dotta, lat. *Hyperbŏreu(m)*, dal gr. *hyperbóre(i)os*, comp. di *hypér* 'sopra, oltre' e di un deriv. di *Boréas* 'Borea' e 'settentrione' (dalla parte donde soffia) ✱ av. 1367] **agg.** ● (*lett.*) settentrionale: *lingua iperborea*

ipercalòrico [comp. di *iper-* e di un deriv. di *calore* ✱ 1957] **agg.** (**pl. m.** *-ci*) ● che contiene o fornisce un numero di calorie particolarmente elevato: *cibo i.*; *dieta alimentare ipercalorica* ‖ **ipercaloricità**, **s. f. inv.**

ipercapnìa [comp. di *iper-* e del gr. *kapnós* 'vapore' ✱ 1929] **s. f.** ● (*med.*) incremento della concentrazione di anidride carbonica nel sangue

ipercàrica [comp. di *iper-* e *carica* ✱ 1973] **s. f.** ● (*fis.*) uno dei numeri quantici che si conservano nelle interazioni forti fra particelle elementari

ipercatalèttico o **ipercatalètto** [vc. dotta, lat. *hypercatalĕcticu(m)* o *hypercatalĕctu(m)*, dal gr. *hyperkatálēktos* 'ipercataletto' ✱ 1820] **agg.** (**pl. m.** *-ci*) ● (*ling.*) detto di verso, greco e latino, che contiene una sillaba in più del normale

ipercheratòsi [comp. di *iper-*, *cherat(o)-* e del suff. *-osi* ✱ 1895] **s. f. inv.** ● (*med.*) eccessivo ispessimento dello strato corneo dell'epidermide per prolungati stimoli meccanici o processi patologici

iperchilìa [comp. di *iper-*, *chil(o)*① e del suff. *-ia*② ✱ 1957] **s. f.** ● (*med.*) eccessiva secrezione di succo gastrico

ipercinèsi o **ipercinesi** [comp. di *iper-* e del gr. *kínēsis* 'movimento', dal v. *kinêin* 'muoversi' ✱ 1834] **s. f. inv.** ● (*med.*) ipercinesia

ipercinesìa [1941] **s. f.** ● (*med.*) insorgenza di movimenti involontari abnormi dei muscoli striati, che si aggiungono a quelli volontari

ipercinètico [1986] **A** **agg.** (**pl. m.** *-ci*) ● relativo all'ipercinesia **B** **agg.**; **anche s. m.** (**f.** *-a*) ● che (o chi) è affetto da ipercinesia

ipercloridrìa [comp. di *iper-* e di un deriv. di (acido) *cloridrico* ✱ 1902] **s. f.** ● (*med.*) aumento della concentrazione di acido cloridrico nel succo gastrico

iperclorùria o **ipercloruria** [comp. di *iper-*, *clor(uro)* e di un deriv. del gr. *ourôn* 'urina' ✱ 1957] **s. f.** ● (*med.*) aumento dei cloruri nelle urine

ipercolesterolemìa [comp. di *iper-* e *colesterolemia* ✱ 1985] **s. f.** ● (*med.*) incremento patologico del tasso di colesterolo nel sangue

ipercolìa [comp. di *iper-*, *col(e)-* e del suff. *-ia*② ✱ 1957] **s. f.** ● (*med.*) eccessiva secrezione di bile

ipercorrettìsmo [1957] **s. m.** ● (*ling.*) forma, pronuncia derivante da ipercorrezione

ipercorrètto [comp. di *iper-* e *corretto* ✱ 1952] **agg.** ● (*ling.*) detto di forma o pronuncia caratterizzate da ipercorrezione

ipercorrezióne [comp. di *iper-* e *correzione* ✱ 1942] **s. f.** ● (*ling.*) sostituzione di una forma o di una pronuncia ritenute corrette a un'altra che a torto si suppone errata

ipercrìtica [comp. di *iper-* e *critica* ✱ 1917] **s. f.** ● critica troppo severa e minuziosa

ipercriticìsmo [comp. di *ipercritic(o)* e *-ismo* ✱ 1924] **s. m.** ● tendenza a criticare con eccessiva severità e minuzia

ipercrìtico [comp. di *iper-* e *critico* ✱ av. 1558] **agg.** (**pl. m.** *-ci*) ● che eccede nella severità e minuziosità della critica: *atteggiamento i.*; *persona ipercritica* ‖ **ipercriticaménte**, **avv.** ‖ **ipercriticità**, **s. f. inv.**

ipercromìa [comp. di *iper-* e di un deriv. del gr. *chrôma* 'colore' ✱ 1917] **s. f.** ● (*med.*) aumento eccessivo della pigmentazione: *i. della gravidanza* | ***i. cutanea***, come efelidi e lentiggini | (*med.*) incremento patologico del contenuto dell'emoglobina negli eritrociti | (*med.*) aumentata colorabilità che si verifica in alcune strutture, come i nuclei delle cellule tumorali, per l'incremento degli acidi nucleici

iperdattilìa [comp. di *iper-* e di un deriv. del gr. *dáktylos* 'dito' ✱ 1917] **s. f.** ● (*med.*) anomalia caratterizzata da un numero superiore alla norma delle dita, alle mani e ai piedi **SIN.** polidattilia

iperdosàggio [comp. di *iper-* e *dosaggio* ✱ 1957] **s. m.** ● (*raro*) overdose

iperdotàto [comp. di *iper-* e *dotato* ✱ 1993] **agg. e s. m.** (**f.** *-a*) ● superdotato **CFR.** ipodotato

iperdulìa [comp. di *iper-* e del gr. *douleía* 'dulia', da *dôulos* 'schiavo', di etim. incerta ✱ av. 1492] **s. f.** ● nella teologia cattolica, culto superiore dovuto alla Vergine e non ai Santi

ipereccitàbile [comp. di *iper-* ed *eccitabile* ✱ 1898] **agg.** ● detto di chi (o di ciò che) è particolarmente eccitabile ‖ **ipereccitabilità**, **s. f. inv.**

iperemèsi [comp. di *iper-* e del gr. *émesis* 'vomito', dal v. *emêin*, di orig. indeur. ✱ 1828] **s. f. inv.** ● (*med.*) tendenza a vomitare frequentemente: *i. gravidica*

iperemìa [comp. di *iper-* e di un deriv. del gr. *hâima* 'sangue', di etim. incerta ✱ 1829] **s. f.** ● (*med.*) aumento della quantità di sangue presente nei capillari di un organo **SIN.** congestione

iperèmico [1911] **agg.** (**pl. m.** *-ci*) ● che presenta iperemia: *tessuto i.*

iperemizzànte [1973] **agg.** ● (*med.*) detto di farmaco, mezzo fisico e sim. che provoca iperemia

iperemotìvo [comp. di *iper-* ed *emotivo* ✱ 1987] **agg. e s. m.** (**f.** *-a*) ● che (o chi) è eccessivamente emotivo ‖ **iperemotivaménte**, **avv.** ‖ **iperemotività**, **s. f. inv.** emotività eccessiva

ipergìa [comp. di *iper-* e del gr. *érgon* 'azione' ✱ 1957] **s. f.** (**pl.** *-gìe*) ● (*med.*) eccessiva sensibilità agli allergeni che comporta una reazione allergica particolarmente intensa e grave

iperestensióne [comp. di *iper-* ed *estensione* ✱ 1957] **s. f.** ● estensione eccessiva di un arto o di una sua parte

iperestesìa [comp. di *iper-* e di un deriv. del gr. *áisthēsis* 'sensazione' (V. *esteta*) ✱ 1828] **s. f.** ● (*med.*) aumento della sensibilità agli stimoli nervosi **SIN.** ipersensibilità

iperfalangìa [comp. di *iper-* e *falange* ✱ 1957] **s. f.** (**pl.** *-gìe*) ● (*med.*) malformazione congenita per cui una o più dita della mano o del piede presentano un numero di falangi superiore al normale

iperfocàle [comp. di *iper-* e di un deriv. di *f(u)oco* nel sign. 12 ✱ 1957] **agg.** ● (*fotogr.*) detto di distanza minima a partire dalla quale tutti i soggetti di una presa fotografica risultano a fuoco

iperfosforemìa [comp. di *iper-* e *fosforemia* ✱ 1957] **s. f.** ● (*med.*) concentrazione di composti del fosforo nel sangue superiore alla norma

iperfunzionànte [comp. di *iper-* e del part. pres. di *funzionare* ✱ 1957] **agg.** ● (*med.*) che presenta iperfunzione: *ghiandola i.*

iperfunzióne [comp. di *iper-* e *funzione* ✱ 1917] **s. f.** ● (*med.*) attività esagerata di un organo

ipergeuṣìa [vc. dotta, comp. di *iper-* e del gr. *gêusis* 'gusto' ✱ 1834] **s. f.** ● (*med.*) modificazione in eccesso della funzione gustativa per condizioni patologiche o per affinamento professionale: *i. degli assaggiatori di vino*

ipergḷicemìa [comp. di *iper-* e *glicemia* ✱ 1899] **s. f.** ● (*med.*) aumento del tasso di glucosio nel sangue

ipergḷicèmico [1983] **agg.** (**pl. m.** *-ci*) ● (*med.*) relativo a iperglicemia | causato da iperglicemia | affetto da iperglicemia

ipergḷicìdico [comp. di *iper-* e *glicidico* ✱ 1957] **agg.** (**pl. m.** *-ci*) ● che ha un alto contenuto di carboidrati: *dieta iperglicidica*

iperglobulìa [comp. di *iper-* e un deriv. di *globulo* ✱ 1899] **s. f.** ● (*med.*) aumento del numero di globuli rossi nel sangue

ipergòlo [comp. di *iper-*, del gr. *(ér)gon* 'lavoro' e *-olo* (2) ✱ 1949] **s. m.** ● ogni prodotto combustibile di una classe di prodotti, ad alto potenziale di energia, usabili nella propulsione a razzo

Ipericàcee [comp. di *iperic(o)* e *-acee* ✱ 1957] **s. f. pl.** (**sing.** *-a*) ● (*bot.*) Guttifere

ipèrico [vc. dotta, lat. *hyperīcon*, dal gr. *hypér(e)ikon* 'che sta sotto (*hypó*) l'erica (*er(e)íke*)' ✱ sec. XIV] **s. m.** (**pl.** *-ci*) ● pianta erbacea delle Guttifere con fiori gialli punteggiati di nero, in corimbi, e frutti a capsula con proprietà medicinali (*Hypericum perforatum*) **SIN.** erba di S. Giovanni

iperidròṣi [comp. di *iper-*, del gr. *hidr(ôs)* e *-osi* ✱ 1828] **s. f. inv.** ● (*med.*) sudorazione eccessiva

iperinflazióne [comp. di *iper-* e *inflazione* ✱ 1963] **s. f.** ● (*econ.*) situazione in cui la massa di moneta circolante cresce così rapidamente da perdere quasi del tutto il suo valore

iperleucocitòṣi [comp. di *iper-* e *leucocitosi* ✱ 1931] **s. f. inv.** ● (*med.*) aumento numerico dei globuli bianchi nel sangue

iperlipemìa o **iperlipidemìa** [comp. di *iper-* e *lipemia* ✱ 1961] **s. f.** ● (*med.*) eccessiva presenza di lipidi nel sangue

ipermàrket /iper'market/ [parziale adattamento dell'ingl. *hypermarket*, comp. di *hyper* 'iper-' e *market* (V.) ✱ 1985] **s. m. inv.** ● ipermercato

ipermèdia [comp. di *iper-* e *media*② ✱ 1993] **s. m. pl.** ● (*inform.*) insieme strutturato di testi, registrazioni sonore, immagini fisse o in movimento, connessi fra loro da collegamenti che ne consentono l'esplorazione interattiva

ipermediàle [1992] **agg.** ● (*inform.*) di ipermedia, relativo agli ipermedia: *progettazione i.*

ipermenorrèa [comp. di *iper-* e *menorrea* ✱ 1967] **s. f.** ● (*med.*) abnorme incremento della durata o della quantità del flusso mestruale

ipermercàto [comp. di *iper-* e *mercato*: calco sull'ingl. *hypermarket* ✱ 1973] **s. m.** ● centro di vendita al dettaglio con superficie superiore a 2500 m², situato fuori dei centri abitati, su vie di grande comunicazione, fornito di tutti i servizi complementari per la clientela **CFR.** superette, supermercato

SFUMATURE ➤ *supermercato*

ipermetrìa [comp. di *iper-* e *-metria* ✱ 1957] **s. f.** **1** (*med.*) esagerata ampiezza di movimento di un arto **2** (*letter.*) proprietà di un verso ipermetro

ipèrmetro [vc. dotta, lat. *hypĕrmeter*, dal gr. *hypérmetros*, comp. di *hypér* 'sopra' e *métron* 'metro, misura' ✱ 1726] **agg.** ● (*letter.*) detto di verso che supera la misura ordinaria delle sillabe

ipermètrope [comp. del gr. *hypérmetros* 'che supera (*hypér*) la misura (*métron*)' e un deriv. di *ōps*, genit. *ōpós* 'occhio' ✱ 1874] **agg. e s. m. e f.** ● che (o chi) è affetto da ipermetropia

ipermetropìa [da *ipermetrope* ✱ 1822] **s. f.** ● (*med.*) anomalia della vista causata da un vizio di rifrazione per cui i raggi luminosi vengono messi a fuoco dietro la retina **CFR.** presbiopia

ipermneṣìa [comp. di *iper-* e *-mnesia* ✱ 1914] **s. f.** ● (*med.*) capacità molto superiore al consueto di ricordare eventi e particolari

ipernefròma [comp. di *iper-*, *nefr(o)-* e del suff. *-oma* ✱ 1906] **s. m.** (**pl.** *-i*) ● (*med.*) carcinoma con cellule simili a quelle della corteccia renale; è la più comune fra le neoplasie renali

ipernòva [vc. scient. moderna, comp. di *iper-* e *nova* ✱ 1999] **s. f.** (**pl.** *-e* **o lat.** *-ae*) ● (*astron.*) stella che, esplodendo, emette, sotto forma di raggi gamma, una quantità di energia da dieci a cento volte maggiore di una supernova

ipernutrìre [1983] **v. tr.** (**coniug. come** *nutrire*) ● (*med.*) superalimentare

ipernutrizióne [comp. di *iper-* e *nutrizione* ✱ 1917] **s. f.** **1** (*fisiol.*) assunzione con la dieta di principi nutritivi, quali proteine, lipidi, zuccheri, in quantità che eccedono il fabbisogno metabolico dell'organismo vivente **2** (*med.*) forma di terapia che prevede l'introduzione orale o la somministrazione enterica (con sondino) o parenterale (endovenosa) di nutrienti in quantità che eccedono il fabbisogno dell'individuo al fine di ristabilire il suo peso forma o la sua massa corporea **SIN.** supernutrizione

iperóne [comp. del gr. *hypér* 'sopra, superiore' e *-one* (3) ✱ 1957] **s. m.** ● (*fis.*) particella elementare con massa compresa fra quella del protone e quella del deutone

iperonimìa [comp. di *iper-* e *-onimia* ✱ 1977] **s. f.** ● (*ling.*) rapporto semantico tra un vocabolo di significato più generico ed esteso (detto *iperonimo*) e uno o più vocaboli di significato più specifico e ristretto (detti *iponimi*)

iperònimo [comp. di *iper-* e *-onimo* ✱ 1971] **A** **s. m.** ● (*ling.*) vocabolo di significato più generico ed esteso rispetto a uno o più vocaboli di significato più specifico e ristretto, che sono in esso inclusi (per es. *animale* rispetto a *cavallo, cane, gatto*) **B** **anche agg.**: *vocabolo, termine i.* **SIN.** superordinato

iperoṣmìa [comp. di *iper-* e del gr. *osmḗ* 'odore' ✱ 1834] **s. f.** ● (*med.*) eccesso di sensibilità olfattiva per alcune sostanze

iperossìa [comp. di *iper-*, *ossi(geno)* e del suff. *-ia*② ✱ 1957] **s. f.** ● (*med.*) aumentata concentrazione di ossigeno nell'organismo, spec. nel sangue

iperossịemìa [comp. di *iper-*, *oxýs* 'acido' ed *-emia* ✱ 1957] **s. f.** ● (*med.*) termine desueto per indicare l'aumentata acidità del sangue

iperossigenazióne [comp. di *iper-* e *ossigenazione* ✱ 1985] **s. f.** ● apporto di ossigeno in quantità superiore al normale

iperostòṣi [comp. di *iper-*, *ost(eo)-* e del suff. *-osi* ✱ 1834] **s. f. inv.** ● (*med.*) aumentata densità di un osso o di una sua parte con deformazione più o meno accentuata dello stesso

iperparassitịṣmo [comp. di *iper-* e *parassitismo* ✱ 1973] **s. m.** ● (*biol.*) condizione in cui un parassita vive a spese di un altro parassita

iperpigmentazióne [comp. di *iper-* e *pigmentazione* ✱ 1993] **s. f.** ● (*med.*) pigmentazione eccessiva della cute

iperpiressìa [comp. di *iper-* e *piressia* ✱ 1957] **s. f.** ● (*med.*) elevazione della temperatura corporea molto al di sopra della norma

iperpirètico [comp. di *iper-* e *piretico* ✱ 1895] **agg.** (**pl. m.** *-ci*) ● (*med.*) relativo a iperpiressia

iperpituitarịṣmo [comp. di *iper-*, *pituitar(io)* e del suff. *-ismo* ✱ 1957] **s. m.** ● (*med.*) eccessiva secrezione degli ormoni della ghiandola ipofisi

iperplaṣìa [comp. di *iper-* e del gr. tardo *plásis* 'il plasmare', da *plássein*, di orig. indeur. ✱ 1884] **s. f.** ● (*biol.*) aumento di volume di un organo per aumento numerico degli elementi che lo compongono

iperplàstico o **iperplàṣico** [da *iperplasia* ✱ 1957] **agg.** (**pl. m.** *-ci*) ● (*biol.*) relativo a iperplasia: *fenomeno i.* | che presenta iperplasia: *organo i.*

iperpnèa [da *iper-*, sul modello di *apnea* e *dispnea* ✱ 1957] **s. f.** ● (*med.*) aumento della ventilazione polmonare, di natura volontaria o riflessa

iperprotèico [comp. di *iper-* e *proteico* ✱ 1949] **agg.** (**pl. m.** *-ci*) ● ad alto contenuto di proteine: *dieta iperproteica* **SIN.** iperprotidico

iperprotettivo [comp. di *iper-* e *protettivo* ✱ 1985] **agg.** ● eccessivamente protettivo: *una madre iperprotettiva; atteggiamento i.* ‖ **iperprotettività**, **s. f. inv.**

iperprotìdico [1957] **agg.** (**pl. m.** *-ci*) ● (*biol.*) iperproteico

iperreàle [1981] **agg.** **1** eccessivamente rispettoso della realtà | esageratamente realistico **2** (*arte*) iperrealistico

iperrealịṣmo [comp. di *iper-* e *realismo* ✱ 1973] **s. m.** **1** movimento pittorico americano sorto intorno al 1970, caratterizzato dalla rappresentazione della realtà fatta in maniera fotografica e con un'intensificazione ottica tale da rendere l'immagine quasi irreale, come fuori del tempo, e quindi particolarmente allucinante **2** estremo realismo

iperrealìsta [1973] **A** **s. m. e f.; anche agg.** (**pl. m.** *-i*) ● seguace dell'iperrealismo **B** **agg.** ● iperrealistico

iperrealìstico [1976] **agg.** (**pl. m.** *-ci*) **1** relativo all'iperrealismo | basato sulla tecnica dell'iperrealismo **2** caratterizzato da estremo realismo: *una prosa iperrealistica*

iperreattìvo [comp. di *iper-* e *reattivo* ✱ 1957] **agg.** ● (*med.*) che mostra un esagerato livello di risposta agli stimoli ‖ **iperreattività**, **s. f. inv.** (*med.*) esagerata reattività dell'organismo verso stimoli di varia natura

iperrecettìvo [da *iper-* e *recettivo* ✱ 1957] **agg.** **1** eccessivamente recettivo **2** (*med.*) che manifesta iperrecettività ‖ **iperrecettività**, **s. f. inv.** (*med.*) aumentata ricettività di un organismo nei confronti di una tossina o di un agente infettante

iperretroattìvo [comp. di *iper-* e *retroattivo* ✱ 1983] **agg.** ● (*dir.*) che produce effetti su sentenze passate in giudicato ‖ **iperretroattività**, **s. f. inv.**

ipersecrezióne [comp. di *iper-* e *secrezione* ✱ 1895] **s. f.** ● (*med.*) eccessiva secrezione di una ghiandola

ipersensìbile [comp. di *iper-* e *sensibile* ✱ 1914] **agg.** **1** di chi è dotato di eccessiva sensibilità emotiva: *ragazza timida e i.* | (*est.*) estremamente suscettibile: *bisogna parlargli con molta dolcezza perché è i.* **2** (*med.*) di soggetto che soffre di ipersensibilità **3** di ciò che è molto sensibile: *un rilevatore i.* ‖ **ipersensibilità**, **s. f. inv.** (V.)

ipersensibilità [comp. di *iper-* e *sensibilità* ✱ 1895] **s. f. inv.** **1** caratteristica di chi (o di ciò che) è ipersensibile **2** (*med.*) iperestesia | (*med.*) abnorme reattività immunitaria verso un antigene, che si manifesta nei contatti successivi al primo; può essere immediata o ritardata

ipersessualità [comp. di *iper-* e *sessualità* ✱ 1925] **s. f. inv.** ● (*psicol.*) disturbo della personalità che si manifesta come bisogno ossessivo di compiere atti sessuali; dipendenza sessuale | (*est.*) smodata propensione all'attività sessuale

ipersomìa [comp. di *iper-* e *-somia* ✻ 1957] **s. f.** ● (*med.*) corporatura notevolmente superiore alla media

ipersònico [comp. di *iper-* e *sonico* ✻ 1950] **agg.** (**pl. m.** *-ci*) ● (*aeron.*) supersonico: *missile i.* | di velocità superiore a circa 5 mach

ipersònnia [comp. di *iper-* e *sonno*, con suff. di derivazione ✻ 1957] **s. f.** ● (*med.*) esagerata tendenza al sonno e all'addormentamento profondo

ipersostentàre [comp. di *iper-* e *sostentare* ✻ 1970] **v. tr.** (*io ipersostènto*) ● sottoporre a ipersostentazione

ipersostentatóre [comp. di *iper-* e *sostentatore* ✻ 1955] **A** **agg.** (**f.** *-trice*) ● (*aeron.*) detto di ciò che è atto a ipersostentare qlco.: *dispositivo i.* **B** **s. m.** ● (*aeron.*) mezzo o dispositivo atto a fornire ipersostentazione, spec. per aumentare la potenza: *i. ad aletta posteriore, a persiana, a getto, a fessura*

ipersostentazióne [comp. di *iper-* e *sostentazione* ✻ 1948] **s. f.** ● (*aeron.*) sostentazione maggiorata o incremento di sostentazione oltre quella dei mezzi normali, ottenuta generalmente con dispositivi ipersostentatori | ***i. dinamica***, di un dirigibile, dovuta a forze aerodinamiche

iperspàzio [comp. di *iper-* e *spazio* ✻ 1911] **s. m.** **1** (*mat.*) spazio geometrico avente più di tre dimensioni **2** nella fantascienza, dimensione immaginaria raggiungibile viaggiando a una velocità superiore a quella della luce

iperstàtico [comp. di *iper-* e *statico* ✻ 1908] **agg.** (**pl. m.** *-ci*) ● (*mecc.*) detto di sistema materiale i cui vincoli, esterni o interni, sono in numero superiore a quelli strettamente sufficienti a garantirne l'equilibrio stabile ‖ **iperstaticità**, **s. f. inv.**

iperstenìa [comp. di *iper-* e *stenia* ✻ 1822] **s. f.** ● (*med.*) notevole aumento della forza muscolare

ipersuòno [comp. di *iper-* e *suono* ✻ 1963] **s. m.** ● (*fis.*) suono di frequenza estremamente elevata (superiore a 500-1000 megahertz)

ipersurrenalişmo [comp. di *iper-*, *surrenale* e *-ismo* ✻ 1933] **s. m.** ● (*med.*) stato morboso caratterizzato da aumentata attività delle ghiandole surrenali

iperteìa① [comp. di *iper-* e di un deriv. del gr. *télos* 'sviluppo' ✻ 1957] **s. f.** ● (*biol.*) esasperato sviluppo di un carattere anatomico, spec. per opera della selezione sessuale

iperteìa② [comp. di *iper-* e di un deriv. del gr. *thêlos* 'capezzolo' ✻ 1957] **s. f.** ● (*anat.*) presenza nella specie umana di capezzoli in soprannumero, corrispondenti a rudimenti di mammelle

ipertèmpra [comp. di *iper-* e *tempra* ✻ 1994] **s. f.** ● (*metall.*) procedimento di raffreddamento rapidissimo di una lega metallica allo stato liquido per ottenere un prodotto solido amorfo o vetro metallico con particolari proprietà meccaniche, elettriche e magnetiche

ipertensióne [comp. di *iper-* e *tensione* ✻ 1901] **s. f.** ● (*fisiol.*) aumento eccessivo della tensione o pressione, in particolare dei liquidi o gas delle cavità corporee | (*med.*) eccessivo aumento della pressione sanguigna o la malattia delle arterie da essa causata o a essa associata: *i. arteriosa, i. venosa, i. polmonare*

ipertensìvo [da *ipertensione* ✻ 1933] **A** **s. m.** ● sostanza atta a produrre un aumento della pressione sanguigna **B** **anche agg.**: *farmaco i.*

ipertermàle [comp. di *iper-* e *termale* ✻ 1895] **agg.** ● detto di acqua minerale che sgorga da una sorgente a una temperatura superiore a 40 °C

ipertermìa [comp. di *iper-* e di un deriv. del gr. *thermós* 'calore' ✻ 1889] **s. f.** ● (*med.*) aumento della temperatura corporea oltre i valori normali

ipertéso (o *-ş-*) [comp. di *iper-* e *teso* ✻ 1942] **agg. e s. m.** (**f.** *-a*) ● (*med.*) che (o chi) è affetto da ipertensione

ipertèsto [ingl. *hypertext*, comp. di *hyper-* 'iper-' e *text* 'testo' ✻ 1987] **s. m.** ● insieme strutturato di informazioni, costituito da testi, note, illustrazioni, tabelle e sim., uniti fra loro da rimandi e collegamenti logici: *un i. multimediale*

ipertestuàle [da *ipertest(o)* col suff. *-ale*① ✻ 1992] **agg.** ● che riguarda un ipertesto ‖ **ipertestualità**, **s. f. inv.**

ipertiroidèo [comp. di *iper-* e un deriv. di *tiroide* ✻ 1924] **A** **agg.** ● dell'ipertiroidismo **B** **agg. e s. m.** (**f.** *-a*) ● che (o chi) è affetto da ipertiroidismo

ipertiroidişmo [comp. di *iper-* e *tiroidismo* ✻ 1913] **s. m.** ● (*med.*) stato morboso dovuto ad aumentata attività della ghiandola tiroide

ipertonìa [comp. di *iper-* e un deriv. di *tono* (muscolare) ✻ 1834] **s. f.** ● (*med.*) aumento del tono muscolare

ipertònico [1834] **agg.** (**pl. m.** *-ci*) **1** (*med.*) dell'ipertonia | che presenta ipertonia **2** (*chim.*) di soluzione che ha pressione osmotica maggiore di un'altra ‖ **ipertonicità**, **s. f. inv.**

ipertòssico [comp. di *iper-* e *tossico*① ✻ 1935] **agg.** (**pl. m.** *-ci*) ● (*med.*) che produce uno stato di gravissima intossicazione ‖ **ipertossicità**, **s. f. inv.**

ipertricòşi [comp. di *iper-* e *tricosi* ✻ 1895] **s. f. inv.** ● (*med.*) eccessivo sviluppo dei peli

ipertrofìa [comp. di *iper-* e di un deriv. del gr. *trophḗ* 'nutrimento' e, quindi, 'aumento' ✻ 1828] **s. f.** ● (*biol.*) aumento di volume di un organo o tessuto per aumento di volume degli elementi che lo compongono **CFR.** -megalia ‖ **ipertròfico**, **agg.** (**pl. m.** *-ci*); **anche s. m.** (**f.** *-a*) **nel sign. 3** **1** (*biol.*) caratterizzato da ipertrofia **2** (*fig.*) che si è eccessivamente accresciuto: *burocrazia ipertrofica* **SIN.** eccessivo, pletorico **3** (*med.*) che (o chi) è affetto da ipertrofia

ipertrofiẓẓàre [1906] **A** **v. tr.** ● (*raro*) rendere ipertrofico, anche fig. **B** **ipertrofiẓẓàrsi** **v. intr. pron.** ● (*biol.*) diventare ipertrofico: *organo che si ipertrofizza* ‖ **ipertrofiẓẓazióne**, **s. f.**

iperurànio [gr. *hyperouránios*, comp. di *hypér* 'sopra' e *ouránios* 'celeste', 'relativo al cielo (*ouranós*)' ✻ av. 1852] **A** **agg.** ● (*lett.*) situato oltre il cielo **B** **s. m.** ● (*filos.*) luogo al di là del cielo in cui Platone colloca il mondo delle idee **SIN.** sopramondo | (*fig.*, *iron.*) mondo astratto, fuori dalla realtà: *ma in quale i. vivi?*

iperurbanéşimo [comp. di *iper-* e *urbano* col suff. *-esimo*② ✻ 1942] **s. m.** ● (*ling.*) iperurbanismo

iperurbanişmo [comp. di *iper-* e di *urbano* col suff. *-ismo* ✻ 1941] **s. m.** ● (*ling.*) adattamento per ipercorrezione di una forma linguistica, spec. dialettale, a un modello ritenuto più colto, spec. perché tipico di un centro urbano in contrapposizione a quello di un centro rurale

iperurèşi [comp. di *iper-* 'ultra' e del gr. *óurēsis* 'azione di urinare' (da *ourêin* 'orinare', di orig. indeur.) ✻ 1957] **s. f. inv.** ● (*med.*) poliuria

iperuricemìa [comp. di *iper-* e *uricemia* ✻ 1957] **s. f.** ● (*med.*) aumento dell'uricemia oltre i valori normali

iperventilazióne [comp. di *iper-* e *ventilazione* nel sign. medico ✻ 1957] **s. f.** ● (*med.*) aumento della ventilazione polmonare dovuto agli atti respiratori più frequenti e più profondi

ipervitamìnico [comp. di *iper-* e *vitaminico* ✻ 1957] **agg.** (**pl. m.** *-ci*) ● che contiene vitamine in numero o quantità molto elevata: *dieta ipervitaminica*

ipervitaminòşi [comp. di *iper-* che sostituisce il pref. neg. *a-* di *(a)vitaminosi* ✻ 1927] **s. f. inv.** ● (*med.*) disturbo da eccessiva assunzione di vitamine

ipervolemìa [comp. di *iper-*, *vol(ume)* ed *-emia* ✻ 1987] **s. f.** ● (*med.*) aumento di volume del sangue circolante

ipètro [gr. *hýpaithros*, comp. di *hypó* 'sotto' e un deriv. di *áithra* 'etra' ✻ av. 1527] **agg.** ● detto di edificio greco, spec. tempio, privo di tetto

iPhone® /ai'fɔn, *ingl.* 'aɪ,fəʊn/ [vc. ingl., comp. di *i(nternet)* e *phone*, 'telefono'] **s. m. inv.** ● nome commerciale di una linea di smartphone prodotti dalla Apple

ipnagògico [comp. del gr. *hýpnos* 'sonno' e *agōgós* 'conduttore' ✻ 1887] **agg.** (**pl. m.** *-ci*) ● (*psicol.*) detto di immagini visive che si formano mentre ci si addormenta o mentre ci si sveglia: *allucinazione, esperienza, immagine ipnagogica*

ipno- [dal gr. *hýpnos* 'sonno'] **primo elemento** ● in parole composte dotte o della terminologia scientifica, significa 'sonno', 'stato di ipnosi': *ipnopedia, ipnotico*

ipnoanàlişi [comp. di *ipno(si)* e *(psico)analisi* ✻ 1949] **s. f. inv.** ● (*med.*) trattamento psicoterapeutico preceduto dall'induzione di uno stato ipnotico con procedimenti chimici o tramite ipnosi

ipnògeno [comp. di *ipno-* e *-geno* ✻ 1874] **agg.** ● che produce sonno

ipnologìa [ingl. *hypnology*, comp. del gr. *hýpnos* 'sonno' e *-logy* '-logia' ✻ 1834] **s. f.** (**pl.** *-gie*) ● studio del sonno e dei fenomeni a esso connessi

ipnòlogo [1957] **s. m.** (**f.** *-a*; **pl. m.** *-gi*) ● studioso, specialista di ipnologia

ipnopatìa [comp. di *ipno-* e *-patia* ✻ 1895] **s. f.** ● (*med.*) tendenza patologica al sonno

ipnopedìa [comp. di *ipno-* e del gr. *paidéia* 'educazione' ✻ 1942] **s. f.** ● tecnica di insegnamento per cui si impartiscono nozioni a chi dorme per mezzo di registrazioni

ipnòşi [comp. del gr. *hypnôun* 'addormentare', da *hýpnos* 'sonno', e *-osi* ✻ 1895] **s. f. inv.** ● (*psicol.*) stato psicofisico simile al sonno, provocato artificialmente, caratterizzato da un notevole aumento di suggestionabilità nei confronti della persona che lo ha provocato **SIN.** ipnotismo

ipnoterapìa [comp. di *ipno-* e *terapia* ✻ 1970] **s. f.** ● (*psicol.*) impiego dell'ipnosi come ausilio o come mezzo principale per il trattamento di disturbi fisici o psichici ‖ **ipnoteràpico**, **agg.** (**pl. m.** *-ci*) relativo a ipnoterapia ‖ **ipnoterapìsta**, **s. m. e f.** (**pl. m.** *-i*) chi pratica la ipnoterapia

✻**ipnòtico** [vc. dotta, lat. *hypnōticu(m)*, dal gr. *hypnōtikós* 'incline a dormire', da *hypnôun* 'addormentare', da *hýpnos* 'sonno' ✻ 1820] **A** **agg.** (**pl. m.** *-ci*) **1** dell'ipnosi: *stato i.* **2** che induce il sonno: *farmaco i.* **3** (*fig.*) che ammalia, incanta, affascina: *sguardo i.* ‖ **ipnoticaménte**, **avv.** **1** mediante ipnotismo **2** in stato di ipnosi: *eseguì l'ordine quasi ipnoticamente* ‖ **ipnoticità**, **s. f. inv.** caratteristica di ciò che è ipnotico, affascinante **B** **s. m.** ● farmaco che favorisce o provoca un sonno molto simile a quello naturale, con perdita della coscienza ma con la conservazione di una discreta sensibilità

ipnotişmo [ingl. *hypnotism*, da *hypnot(ic)* 'ipnotico' col suff. *-ism* '-ismo' ✻ 1860] **s. m.** ● ipnosi

ipnotiẓẓàre [ingl. *hypnotize*, da *hypnot(ic)*

'ipnotico' col suff. *-ize* '-izzare' ✻ 1874] **v. tr.** **1** indurre in ipnosi **2** (*fig.*) incantare, ammaliare ‖ **ipnotizzazióne**, **s. f.**

ipnotizzatóre [1910] **s. m.** (**f.** *-trice*) • persona capace di indurre in ipnosi

ipo- [dal gr. *hypó* 'al di sotto, in basso'] **pref.** **1** in parole composte dotte o della terminologia scientifica, significa 'sotto' o indica quantità o grado inferiore al normale: *ipotalamo, ipocinesia* CONTR. iper- **2** in chimica inorganica, indica, tra i composti ossigenati di un elemento che ha più di due valenze, quelli a valenza minore: *acido ipocloroso, ipoclorito* CONTR. per-

ipoacidità [comp. di *ipo-* e *acidità* ✻ 1973] **s. f. inv.** • (*med.*) condizione di acidità inferiore al normale, come si verifica nella ipocloridria gastrica

ipoacuṣìa o **ipacuṣìa** [comp. di *ipo-* e di un deriv. del gr. *ákousis* 'udito', dal v. *akóuein* 'sentire' ✻ 1935] **s. f.** • (*med.*) indebolimento del senso dell'udito

ipoacùṣico [1934] **agg.** (**pl. m.** *-ci*) • di ipoacusia | che soffre di ipoacusia: *bambino i.*

ipoalbuminemìa [comp. di *ipo-*, *albumin(a)* ed *-emia* ✻ 1987] **s. f.** • (*med.*) diminuzione del tasso ematico di albumina; si verifica spec. nelle nefrosi

ipoalgeṣìa [comp. di *ipo-*, del gr. *álgesis* 'dolore' e del suff. *-ia*② ✻ 1940] **s. f.** • (*med.*) ridotta sensibilità agli stimoli dolorifici

ipoalimentazióne [comp. di *ipo-* e *alimentazione* ✻ 1909] **s. f.** • (*med.*) alimentazione insufficiente

ipoallergènico [comp. di *ipo-* e *allergene* ✻ 1987] **agg.** (**pl. m.** *-ci*) • detto di sostanza che ha una probabilità minima di determinare reazioni allergiche: *cosmetici ipoallergenici* ‖ **ipoallergenicità**, **s. f. inv.**

ipoaẓotìde [comp. di *ipo-* e un deriv. di *azoto* ✻ 1917] **s. f.** • composto ossigenato dell'azoto, gas rosso-bruno di forte potere ossidante, usato per alcuni esplosivi e in chimica organica per reazioni di ossidazione

ipobàrico [comp. di *ipo-* e *barico*① ✻ 1957] **agg.** (**pl. m.** *-ci*) • relativo a bassa pressione atmosferica

ipocalòrico [comp. di *ipo-* e un deriv. di *calore* ✻ 1957] **agg.** (**pl. m.** *-ci*) • che contiene o fornisce un numero di calorie particolarmente basso: *cibo i.*; *dieta alimentare ipocalorica* ‖ **ipocaloricità**, **s. f. inv.**

ipocapnìa [comp. di *ipo-* e del gr. *kapnós* 'vapore' ✻ 1957] **s. f.** • (*med.*) riduzione del tasso di anidride carbonica disciolta nel plasma spec. in forma di bicarbonato

ipocàusto [vc. dotta, lat. *hypocăustu(m)*, dal gr. *hypókauston*, propr. 'bruciato sotto', comp. di *hypó* 'sotto' e *kaustós*, da *káiein* 'ardere', di orig. indeur. ✻ 1499] **s. m.** • (*archeol.*) nelle case e nelle terme romane, intercapedine sotto il pavimento dove si accendeva il fuoco per il riscaldamento ad aria calda

ipocèntro (o *-é-*) [comp. di *ipo-* e *centro* ✻ 1917] **s. m.** **1** (*geol.*) punto nell'interno della crosta terrestre da cui ha origine un terremoto **2** nei primitivi Anfibi estinti, il segmento anteriore del gruppo dei tre elementi scheletrici che complessivamente corrispondono a un corpo vertebrale

ipochilìa [comp. di *ipo-*, *chil(o)*① e del suff. *-ia*② ✻ 1957] **s. f.** • (*med.*) ridotta secrezione dei succhi gastrici

ipocinèṣi [comp. di *ipo-* e del gr. *kínēsis* 'movimento', dal v. *kinêin* 'muovere' ✻ 1895] **s. f. inv.** • (*med.*) ipocinesia

ipocineṣìa [1936] **s. f.** • (*med.*) riduzione della motilità volontaria dei muscoli striati

ipocinètico [1957] **agg.** (**pl. m.** *-ci*) • dell'ipocinesia

ipocloridrìa [comp. di *ipo-* e un deriv. di (acido) *cloridrico* ✻ 1917] **s. f.** • (*med.*) diminuzione della concentrazione di acido cloridrico nel succo gastrico

ipoclorito [comp. di *ipo-* e un deriv. di *cloro* ✻ 1869] **s. m.** • (*chim.*) sale dell'acido ipocloroso | ***i. di sodio***, ottenuto da cloro e idrato sodico, antisettico, usato come sbiancante sia nell'industria che per usi domestici

ipocloróso (o *-ṣ-*) [comp. di *ipo-* e un deriv. di *cloro* ✻ 1869] **agg.** • (*chim.*) detto di composto ossigenato in cui il cloro è monovalente | ***ossiacido, acido i.***, monobasico, molto debole e instabile, noto solo in soluzione acquosa e sotto forma di sali ipocloriti, dotato di potere ossidante e di azione sbiancante

ipocolesterolemìa [comp. di *ipo-* e *colesterolemia* ✻ 1973] **s. f.** • (*med.*) diminuzione del tasso di colesterolo nel sangue al di sotto della norma

ipocolesterolemiẓẓànte [1990] **agg.** • (*farm.*) detto di farmaco atto a ridurre il tasso di colesterolo nel sangue

ipocolìa [comp. di *ipo-* e di un deriv. del gr. *cholḗ* 'bile' ✻ 1930] **s. f.** • (*med.*) insufficiente secrezione biliare

ipocondrìa [vc. dotta, lat. tardo *hypochŏndria(m)*, dal gr. *hypochóndria* (pl.) 'ipocondrio, addome', regione nella quale gli antichi ritenevano avesse sede la malinconia ✻ sec. XIV] **s. f.** **1** erronea convinzione di essere malato, con sensazioni dolorose che non hanno un riscontro obiettivo **2** (*lett.*) profonda malinconia: *noiosa i. t'opprime* (G. PARINI)
SFUMATURE ➤ ***malinconia***

ipocondrìaco [gr. *hypochondriakós* 'che si riferisce all'addome o ipocondrio (*hypochóndrion*)' ✻ av. 1613] **A** **agg.** (**pl. m.** *-ci*) **1** dell'ipocondria **2** (*anat.*) dell'ipocondrio: *la milza è un organo i.* **B** **agg.** e **s. m.** (**f.** *-a*) **1** che (o chi) è affetto da ipocondria **2** (*lett.*) malinconico

ipocòndrico [1618] **agg.** (**pl. m.** *-ci*) • (*anat.*) relativo all'ipocondrio

ipocòndrio [vc. dotta, gr. *hypochóndrion*, comp. di *hypó* 'sotto' e un deriv. di *chóndros* 'cartilagine' ✻ av. 1468] **s. m.** • (*anat.*) parte superiore e laterale dell'addome, limitata in alto dal diaframma e lateralmente e anteriormente dall'arcata costale

ipocorìstico [gr. *hypokoristikós*, da *hypokorízesthai* 'chiamare con voce carezzevole', comp. di *hypo-* 'ipo-' e *korízesthai* 'coccolare un bambino' (da *kóros* 'fanciullo', d'etim. incerta) ✻ 1957] **A** **agg.** (**pl. m.** *-ci*) • (*ling.*) detto di parola vezzeggiativa **B** **s. m.** • (*ling.*) appellativo affettuoso, vezzeggiativo, spec. di nomi propri: *Gigi è l'i. di Luigi*

ipocòtile [comp. di *ipo-* e *cotile(done)* ✻ 1917] **s. m.** • (*bot.*) asse dell'embrione che collega le cellule iniziali della radice con i due cotiledoni e la gemma apicale

ipocrateriforme [comp. di *ipo-*, *cratere* e *-forme* ✻ 1813] **agg.** • (*bot.*) detto di corolla gamopetala con i lembi quasi spianati e tubo lungo e sottile

♦**ipocriṣìa** o †**ipocreṣìa** [vc. dotta, lat. eccl. *hypŏcrisi(m)*, dal gr. *hypókrisis*, dal v. *hypokrínesthai* 'rispondere, recitare una parte', comp. di *hypó* 'sotto' e *krínesthai*, da *krínein* 'giudicare' ✻ 1266] **s. f.** • simulazione di buoni sentimenti e intenzioni lodevoli che non si possiedono: *essere un maestro d'i.*; *io nacqui a debellar tre mali estremi: / tirannide, sofismi, i.* (T. CAMPANELLA) | ***i. religiosa***, bacchettoneria | (*est.*) comportamento o discorso ipocrita: *ha guadagnato la sua stima grazie a continue ipocrisie* SIN. doppiezza, falsità

ipocristallino [comp. di *ipo-* e *cristallino* ✻ 1940] **agg.** • (*geol.*) detto di roccia i cui costituenti sono in parte amorfi, in parte cristallini

♦**ipòcrita** [vc. dotta, lat. eccl. *hypócrita(m)*, dal gr. *hypokritḗs* 'attore, ipocrita', da *hypokrínesthai* 'giudicare (*krínein*) da sotto (*hypó*)' ✻ av. 1292] **A** **agg.** (**pl. m.** *-i*) • che rivela ipocrisia: *sguardo, sorriso i.* | che agisce con ipocrisia: *un uomo sfuggente e i.* SIN. falso ‖ **ipocritaménte**, **avv.** in modo ipocrita, con ipocrisia **B** **s. m. e f.** **1** persona falsa, che si comporta con ipocrisia: *un vile i.*; *O Tosco, ch'al collegio / de l'ipocriti tristi se' venuto* (DANTE *Inf.* XXIII, 91-92) **2** †commediante, istrione ‖ **ipocritàccio**, **pegg.** | **ipocritèllo**, **dim.** | **ipocritìno**, **dim.** | **ipocritóne**, **accr.** | **ipocritùccio**, **dim.**

SFUMATURE DI SIGNIFICATO

ipocrita - dissimulatore - ingannatore

Ipocrita è chi finge buoni sentimenti o intenzioni lodevoli ingannando gli altri per ottenerne la simpatia o i favori, dunque simula quello che non pensa o sente. Il **dissimulatore** invece non manifesta quello che pensa o sente per non scoprire le sue intenzioni e perdere così dei vantaggi. Più pericoloso è l'**ingannatore**, che non solo simula o dissimula, ma induce intenzionalmente in errore con raggiri o imbrogli.
SFUMATURE ➤ ***insincero***, ➤ ***simulatore***

†**ipocrìtico** [vc. dotta, gr. *hypokritikós*, da *hypokritḗs* 'ipocrita' ✻ av. 1729] **agg.** **1** detto dell'arte teatrale, rappresentativa **2** (*raro*) ipocrita

†**ipòcrito** [av. 1327] **agg.** e **s. m.** • ipocrita

ipocromìa [comp. di *ipo-* e *-cromia* ✻ 1957] **s. f.** **1** (*med.*) diminuzione al di sotto del valore normale della colorazione di una struttura biologica: *i. cutanea* **2** (*med.*) diminuzione del contenuto di emoglobina negli eritrociti al di sotto della norma

ipocròmico [1957] **agg.** (**pl. m.** *-ci*) • (*med.*) che presenta ipocromia | ***eritrocita i.***, caratteristico della talassemia

iPòd® /ai'pɔd, *ingl.* 'aɪ,pɒd/ [vc. ingl., comp. di *i(nternet)* e *pod*, 'baccello, contenitore' ✻ 2002] **s. m. inv.** • nome commerciale di un apparecchio elettronico portatile in grado di immagazzinare e riprodurre brani musicali, foto, filmati ecc.

ipodattilìa [comp. di *ipo-* e di un deriv. del gr. *dáktylos* 'dito' ✻ 1957] **s. f.** • (*med.*) malformazione congenita consistente nella mancanza di uno o più dita della mano o del piede

ipodèrma① [comp. di *ipo-* e del gr. *dérma* 'pelle' ✻ 1917] **s. m.** (**pl.** *-i*) **1** (*zool.*) negli Anellidi e negli Artropodi, epidermide **2** (*anat.*) il tessuto adiposo sottocutaneo **3** (*bot.*) in varie piante, tessuto formato da uno o più strati di cellule sottostanti all'epidermide SIN. ipodermide

ipodèrma② [comp. di *ipo-* e del gr. *dérma* 'pelle' con riferimento al suo insediamento ✻ 1874] **s. m.** (**pl.** *-i*) • dannoso insetto dei Ditteri nero e giallo con corpo peloso le cui larve si sviluppano nella pelle dei bovini formando voluminosi noduli sottocutanei (*Hypoderma bovis*) SIN. estro bovino

ipodèrmico [da *ipoderma*① ✻ 1872] **agg.** (**pl. m.** *-ci*) • (*anat.*) dell'ipoderma | ***iniezione ipodermica***, che si pratica nell'ipoderma

ipodèrmide [1917] **s. f.** • (*bot.*) ipoderma

ipodermocliṣi [comp. di *ipoderma*① e del gr. *klísis* 'lavatura, lavaggio' ✻ 1865] **s. f. inv.** • (*med.*) introduzione di soluzioni medicamentose nel tessuto sottocutaneo

ipodermòṣi [comp. di *ipoderma*① e *-osi* ✻ 1917] **s. f. inv.** • (*veter.*) malattia parassitaria della pelle dei bovini caratterizzata da nodosità sottocutanee

ipodòrico [adattamento del gr. *hypodṓrios* (sottinteso *tópos* 'modo') 'trasporto in tonalità inferiore (*hypó*) della scala tipica dei Dori (*Dōriêis*)' ✻ sec. XIV] **agg.** (**pl. m.** *-ci*) • (*mus.*) nella loc. ***modo i.***, scala di la

ipodotàto [comp. di *ipo-* e *dotato* ✻ 1983]

a b c d e f g h i j k l m n o p q r s t u v w x y z

agg.; anche s. m. (f. -*a*) • (*psicol.*) detto di chi ha un basso quoziente intellettivo CFR. iperdotato, superdotato

ipoesteṣìa [comp. di *ipo-* e di un deriv. del gr. *áisthēsis* 'sensibilità' ✱ 1896] **s. f.** • (*med.*) diminuzione della sensibilità nelle sue varie forme

ipofalangìa [comp. di *ipo-* e *falange* ✱ 1957] **s. f.** (pl. *-gìe*) • (*med.*) malformazione congenita consistente nella mancanza di una o più falangi della mano o del piede

ipofillo [comp. di *ipo-* e del gr. *phýllon* 'foglia' ✱ 1820] **s. m.** • (*bot.*) pagina inferiore delle foglie

ipofiṣàrio [1898] **agg.** • (*anat.*) dell'ipofisi: *ormone i.*

ipòfiṣi [gr. *hypóphysis*, comp. di *hypó* 'sotto' e *phýsis* 'natura', 'accrescimento' ✱ 1833] **s. f. inv.** • (*anat.*) ghiandola endocrina situata alla base dell'encefalo, nella regione diencefalica, che produce numerosi ormoni e regola l'attività di tutte le altre ghiandole endocrine

ipofonèṣi [comp. di *ipo-* e *fonesi* ✱ 1987] **s. f. inv.** • (*med.*) ridotta sonorità alla percussione di una parete corporea

ipofonìa [comp. di *ipo-* e *-fonia* ✱ 1957] **s. f.** • (*med.*) diminuita intensità della voce

ipofosfatemìa [comp. di *ipo-*, *fosfat(o)* ed *-emia* ✱ 1987] **s. f.** • (*med.*) concentrazione dei fosfati nel sangue inferiore alla norma

ipofosfàto [comp. di *ipo-* e *fosfato* ✱ 1952] **s. m.** • sale dell'acido ipofosforico

ipofosfito [comp. di *ipo-* e *fosfito* ✱ 1820] **s. m.** • sale dell'acido ipofosforoso

ipofosforemìa [comp. di *ipo-* e *fosforemia* ✱ 1957] **s. f.** • (*med.*) concentrazione di composti del fosforo nel sangue inferiore alla norma

ipofosfòrico [comp. di *ipo-* e *fosforico* ✱ 1932] **agg.** (pl. m. *-ci*) • (*chim.*) detto di composto ossigenato del fosforo pentavalente | ***acido i.***, ossiacido del fosforo tetrabasico, ottenuto per lenta ossidazione del fosforo bianco deliquescente che per riscaldamento si decompone negli acidi fosforico e fosforoso

ipofosforóso (o *-ṣo*) [comp. di *ipo-* e *fosforoso* ✱ 1834] **agg.** • (*chim.*) detto di composto ossigenato del fosforo pentavalente | ***acido i.***, ossiacido del fosforo, monobasico, ottenuto per lenta ossidazione della fosfina, dotato di energico potere riducente

ipofrìgio [gr. *hypophrýgios* (sottinteso *tópos* 'modo') 'trasporto in tonalità inferiore (*hypó*) della scala tipica dei Frigi (*Phrygói*)' ✱ 1561] **agg.** (pl. f. *-gie*) • (*mus.*) nella loc. ***modo i.***, scala di sol

ipoftalmìa [comp. di *ipo-* e di un deriv. del gr. *ophtalmós* 'occhio' ✱ 1825] **s. f.** • (*med.*, *raro*) infiammazione della parte inferiore dell'occhio

ipofunzionànte [comp. di *ipo-* e del part. pres. di *funzionare* ✱ 1957] **agg.** • (*med.*) che presenta ipofunzione: *ghiandola i.*

ipofunzióne [comp. di *ipo-* e *funzione* ✱ 1957] **s. f.** • (*med.*) attività insufficiente di un organo: *i. della tiroide*

ipogàstrico [av. 1673] **agg.** (pl. m. *-ci*) • (*anat.*) relativo all'ipogastrio

ipogàstrio [vc. dotta, gr. *hypogástrion*, comp. di *hypó* 'sotto' e un deriv. di *gastḗr*, genit. *gastrós* 'ventre' ✱ av. 1673] **s. m.** • (*anat.*) regione inferiore dell'addome

ipogenitaliṣmo [comp. di *ipo-* e *genital(e)* col suff. di condizione *-ismo* ✱ 1973] **s. m.** • (*med.*) stato morboso da ridotta funzione endocrina delle ghiandole sessuali

ipogèo [vc. dotta, lat. *hypogēu(m)*, dal gr. *hypógaios* 'sotterraneo', comp. di *ipo-* e *-geo* ✱ av. 1783] **A agg.** **1** (*zool.*) di organismo che vive in ambiente sotterraneo **2** (*bot.*) detto di qualunque organo vegetale che cresce sotto terra **3** (*lett.*) sotterraneo **B s. m.** • (*archeol.*) tomba sotterranea

ipogeuṣìa [vc. dotta, comp. di *ipo-* e del gr. *gêusis* 'gusto' ✱ 1957] **s. f.** • (*med.*) riduzione del senso del gusto: *i. da ustioni*

ipògino [comp. di *ipo-* e di *-gino* ✱ 1813] **agg.** • (*bot.*) di fiore in cui perianzio e androceo sono inseriti più in basso dell'ovario CONTR. epigino

ipoglicemìa [comp. di *ipo-* e *glicemia* ✱ 1930] **s. f.** • (*med.*) riduzione del tasso di glucosio nel sangue

ipoglicèmico [1940] **agg.** (pl. m. *-ci*) • (*med.*) relativo a ipoglicemia | causato da ipoglicemia

ipoglicemiẓẓànte [da *ipo-* e *glicemico* ✱ 1957] **A agg.** • (*farm.*) detto di qualsiasi agente in grado di determinare una riduzione della glicemia: *farmaco i.*, *ormone i.* **B** anche **s. m.**

ipoglicìdico [da *ipo-* e *glicide* ✱ 1957] **agg.** (pl. m. *-ci*) • riferito a scarsa presenza di carboidrati: *dieta ipoglicidica*

ipoglobulìa [comp. di *ipo-* e un deriv. di *globulo* ✱ 1952] **s. f.** • (*med.*) diminuzione del numero di globuli rossi nel sangue

ipoglòsso [comp. di *ipo-* e *-glosso* ✱ 1806] **A s. m.** • (*anat.*) dodicesimo paio di nervi cranici, che innerva i muscoli propri della lingua **B** anche **agg.**: *nervo i.*

ipoglòttide [comp. di *ipo-* e *glottide* ✱ 1957] **s. f.** • (*anat.*) parte inferiore della lingua

ipoidròṣi [comp. di *ipo-*, del gr. *hidr(ṓs)* e *-osi* ✱ 1957] **s. f. inv.** • (*med.*) diminuzione della sudorazione

ipokaliemìa [comp. di *ipo-* e *kaliemia* ✱ 1973] **s. f.** • (*med.*) diminuzione della concentrazione di potassio nel sangue

ipoleucocitòṣi [comp. di *ipo-* e *leucocitosi* ✱ 1973] **s. f. inv.** • (*med.*) leucopenia

ipolìdio [gr. *hypolýdios* (sottinteso *tópos* 'modo') 'trasporto in tonalità inferiore (*hypó*) della scala tipica dei Lidi (*Lydói*)' ✱ sec. XIV] **agg.** • (*mus.*) nella loc. ***modo i.***, scala di fa

ipolìmnio [comp. di *ipo-* e di un deriv. di *limno-* ✱ 1957] **s. m.** • in un lago, la zona più profonda e fredda, sovrastata dall'epilimnio

ipolipemìa [comp. di *ipo-* e *lipemia* ✱ 1957] **s. f.** • (*med.*) concentrazione di lipidi nel sangue più bassa della norma

ipolipìdico [comp. di *ipo-* e *lipidico* ✱ 1957] **agg.** (pl. m. *-ci*) • (*med.*) riferito a scarsa presenza di lipidi

ipomanìa [comp. di *ipo-* e *mania* ✱ 1881] **s. f.** • (*psicol.*) disturbo lieve della personalità che si manifesta come eccesso di attivismo o euforia immotivata

ipomaniacàle [1908] **agg.** • (*psicol.*) relativo a ipomania

ipomanìaco [1889] **A agg.** • (*psicol.*) ipomaniacale **B agg. e s. m.** (f. *-a*; pl. m *-ci*) • (*psicol.*) che (o chi) manifesta ipomania

ipomèa [comp. del gr. *íps*, genit. *ipós* 'specie di verme' e *hómoios* 'simile' ✱ 1813] **s. f.** • (*bot.*) gialappa

ipomenorrèa [comp. di *ipo-* e *menorrea* ✱ 1957] **s. f.** • (*med.*) presenza di flussi mestruali scarsi o di durata ridotta

ipòmero [comp. di *ipo-* e *-mero* ✱ 1957] **s. m.** • (*biol.*) porzione ventrale del mesoderma dalla quale derivano, tra l'altro, i mesoteli delle pleure, del pericardio e del peritoneo

ipometrìa [comp. di *ipo-* e *-metria* ✱ 1986] **s. f.** • (*letter.*) proprietà di un verso ipometro

ipòmetro [comp. di *ipo-* e *-metro* ✱ 1983] **agg.** • (*letter.*) detto di verso inferiore alla misura ordinaria

ipomètrope [da *ipermetrope*, con sostituzione di pref. a sign. opposto (*ipo-*) ✱ 1940] **agg. e s. m. e f.** • che (o chi) è affetto da ipometropia

ipometropìa [da *ipermetropia*, con sostituzione di pref. a sign. opposto (*ipo-*) ✱ 1940] **s. f.** • (*med.*) miopia

†**iponèa** [vc. dotta, gr. *hypónoia*, comp. di *hypó* 'sotto' e un deriv. di *nóos* 'mente', di prob. orig. indeur. ✱ 1588] **s. f.** • (*letter.*) allegoria

iponimìa [comp. di *ip(o)-* e *-onimia* ✱ 1971] **s. f.** • (*ling.*) rapporto semantico tra un vocabolo di significato più specifico e ristretto (detto *iponimo*) e un vocabolo di significato più generico ed esteso (detto *iperonimo*)

ipònimo [comp. di *ip(o)-* e *-onimo*, sul modello dell'ingl. *hyponym* ✱ 1971] **A s. m.** • (*ling.*) vocabolo di significato più specifico e ristretto rispetto a un vocabolo di significato più generico ed esteso, che lo include (per es. *cavallo* rispetto ad *animale*) **B** anche **agg.**: *vocabolo, termine i.*

Iponomèutidi [dal gr. *hyponomeutḗs* 'minatore', deriv. di *hyponomêuein* 'minare', a sua volta da *hypónomos* 'sotterraneo', comp. di *hypo-* 'ipo-' e *-nomos*, da *némein* 'dividere' (di orig. indeur.) ✱ 1957] **s. m. pl.** (sing. *-e*) • (*zool.*) famiglia di piccoli Insetti dei Lepidotteri con ali strette e allungate, alcuni dei quali vivono nelle gemme o nei frutti di piante fruttifere (*Hyponomeutidae*)

iponutrìre [comp. di *ipo-* e *nutrire* ✱ 1983] **v. tr.** (coniug. come *nutrire*) • alimentare, nutrire qlcu. in misura inadeguata al suo bisogno, spec. recando conseguenze dannose al suo organismo

iponutrizióne [comp. di *ipo-* e *nutrizione* ✱ 1917] **s. f.** • nutrizione inadeguata, insufficiente

ipòpion o (*raro*) **ipòpio** [vc. dotta, gr. *hypópyos*, comp. di *hypó* 'sotto' e *pýos* 'scolo, marcia', di orig. indeur. ✱ 1806] **s. m. inv.** • (*med.*) raccolta di pus nella camera anteriore dell'occhio

ipopituitariṣmo [comp. di *ipo-*, *pituitar(io)* e del suff. *-ismo* ✱ 1973] **s. m.** • (*med.*) ridotta secrezione degli ormoni dell'ipofisi anteriore

ipoplaṣìa [comp. di *ipo-* e del gr. tardo *plásis* 'il plasmare', da *plássein*, di orig. indeur. ✱ 1933] **s. f.** • (*biol.*) diminuzione di volume di un organo per riduzione del numero delle cellule o per arresto di sviluppo

ipoplàstico o **ipoplàṣico** [da *ipoplasia* ✱ 1957] **agg.** (pl. m. *-ci*) • (*biol.*) caratterizzato da ipoplasia: *organo i.*

ipoprotèico [comp. di *ipo-* e *proteico* ✱ 1953] **agg.** (pl. m. *-ci*) • in nutrizionistica, detto di alimento che ha un contenuto di proteine maggiore dell'1%, ma non superiore al 2% | a basso contenuto di proteine: *dieta ipoproteica* SIN. ipoprotidico

ipoprotìdico [1957] **agg.** (pl. m. *-ci*) • (*med.*) ipoproteico

iporàchide [comp. di *ipo-* e *rachide* ✱ 1957] **s. f. o m.** • (*zool.*) minuto rachide dotato di un vessillo rudimentale presente in alcuni tipi di penne e di piume

iporchèma o **ipòrchema** [gr. *hypórchēma*, da *hyporchésthai*, comp. di *hyp(ó)* 'sotto' e *orchésthai* 'danzare' ✱ 1586] **s. m.** (pl. *-i*) • (*letter.*) canto corale in onore di Apollo accompagnato da danze

iposcènio [gr. *hyposkḗnion* 'parte posta sotto (*hypó*) alla scena (*skēnḗ*)' ✱ av. 1798] **s. m.** • nel teatro greco classico, parte interna e inferiore del palcoscenico

iposcòpio [comp. di *ipo-* 'sotto' e di un deriv. del gr. *skopêin* 'osservare' ✱ 1935] **s. m.** **1** (*milit.*) strumento simile al periscopio, ma a visuale più ridotta, usato su mezzi bellici semoventi **2** (*med.*) apparecchio applicato sotto il tavolo radiografico per avere radiografie dal basso verso l'alto dei pazienti coricati

iposistolìa [comp. di *ipo-*, *sistol(e)* e del suff. *-ia*② ✻1903] **s. f.** ● (*med.*) riduzione della forza contrattile del miocardio ventricolare; può causare scompenso cardiaco

iposmìa [comp. di *ipo-* e del gr. *osmḗ* 'odore' ✻1952] **s. f.** ● (*med.*) diminuzione, temporanea o permanente, della sensibilità olfattiva

iposòdico [comp. di *ipo-* e *sodico* ✻1957] **agg.** (**pl. m.** *-ci*) ● che contiene poco sodio: *alimenti iposodici*; *dieta iposodica*

iposolfito [comp. di *ipo-* e *solfito* ✻1829] **s. m.** **1** (*chim.*) idrosolfito **2** nella terminologia commerciale, tiosolfato: *i. di sodio*

iposolforóso (o **-ṣo**) [comp. di *ipo-* e *solforoso* ✻1829] **agg.** ● (*chim.*) idrosolforoso

iposomìa [comp. di *ipo-* e *-somia* ✻1957] **s. f.** ● (*med.*) accrescimento corporeo notevolmente inferiore alla norma

ipospadìa [gr. *hypospadías*, comp. di *hypo-* 'ipo-' e un deriv. di *spadízein* 'ritirare (la pelle)' (da *spân* 'tirare', di orig. incerta) ✻1834] **s. f.** ● (*med.*) malformazione dell'uretra per cui essa sbocca sulla faccia inferiore del pene, sotto il glande

ipossìa [comp. di *ipo-* e *ossi(geno)*, sul modello di *anossia* ✻1974] **s. f.** ● (*med.*) diminuita utilizzazione dell'ossigeno da parte dei tessuti

iposs̩iemìa [comp. di *ipo-*, *oxýs* 'acido' ed *-emia* ✻1929] **s. f.** ● (*med.*) termine desueto per indicare la diminuita acidità

ipòstaṣi [vc. dotta, lat. *hypŏstasi(m)*, dal gr. *hypóstasis*, comp. di *hypó* 'sotto' e *stásis* 'stasi', come il corrispondente lat. *substăntia* 'sostanza' ✻sec. XIV] **s. f. inv.** **1** (*filos.*) nel pensiero greco, la sostanza, l'essenza delle cose, che resta immutata pur nel loro divenire | nella filosofia neoplatonica, termine che designa le tre sostanze spirituali, cioè l'Uno, l'Intelletto e l'Anima **2** nella teologia cristiana, persona della Trinità come sostanza assoluta e per sé sussistente | unione della natura umana e divina SIN. incarnazione | (*fig.*, *lett.*) personificazione concreta di un concetto astratto **3** (*ling.*) passaggio di una parola da una categoria grammaticale a un'altra **4** (*med.*) ristagno di sangue nelle parti declivi dell'organismo, in cui si raccoglie per effetto della forza di gravità

ipostàtico [gr. *hypostatikós*, agg. di *hypóstasis* 'ipostasi' ✻1584] **agg.** (**pl. m.** *-ci*) **1** (*filos.*, *relig.*) relativo all'ipostasi | ***unione ipostatica***, della natura umana e divina nel Verbo **2** (*med.*) di ipostasi | ***macchie ipostatiche***, ecchimosi che si formano sui cadaveri per stravaso di sangue nei tessuti || **ipostaticaménte**, **avv.**

ipostatiẓẓàre [da *ipostasi* ✻1907] **v. tr.** **1** (*filos.*) dare a ciò che è contingente un valore assoluto | dare forma concreta a un concetto astratto **2** (*est.*, *lett.*) personificare, incarnare | rappresentare concretamente **3** (*ling.*) unire in una sola parola una locuzione, passando da una categoria grammaticale a un'altra || **ipostatiẓẓazióne**, **s. f.** l'ipostatizzare; ipostasi

ipostenìa [comp. di *ipo-* e *stenia* ✻1834] **s. f.** ● (*med.*) riduzione delle forze muscolari

ipostènico [1974] **agg.** (**pl. m.** *-ci*) ● relativo a ipostenia

ipòstilo [gr. *hypóstylos*, comp. di *hypó* 'sotto' e *-stilo* ✻1847] **agg.** ● (*raro*) detto di sala o cella di un tempio in cui il soffitto è sostenuto da colonne

iposurrenalìṣmo [comp. di *ipo-*, *surrenale* e *-ismo* ✻1933] **s. m.** ● (*med.*) diminuzione dell'attività delle ghiandole surrenali

ipotalàmico [1956] **agg.** (**pl. m.** *-ci*) ● (*biol.*) relativo a ipotalamo

ipotàlamo [comp. di *ipo-* e *talamo* nel sign. 4 ✻1926] **s. m.** ● (*anat.*) formazione impari e mediana dell'encefalo, che forma la parte inferiore del diencefalo, i cui centri integrano e coordinano molte funzioni somatiche e viscerali

ipotàssi [gr. *hypótaxis* 'subordinazione', comp. di *hypó* 'sotto' e *táxis* 'ordinamento' ✻1957] **s. f. inv.** ● (*gramm.*) procedimento sintattico col quale si uniscono due proposizioni, istituendo fra esse un rapporto di dipendenza SIN. subordinazione CONTR. paratassi

ipotàttico [gr. *hypotaktikós* 'subordinato', comp. di *hypó* 'sotto' e *taktikós*, agg. di *táxis* 'ordinamento' ✻1956] **agg.** (**pl. m.** *-ci*) ● (*gramm.*) relativo a ipotassi: *proposizione, costruzione ipotattica*

ipotèca [vc. dotta, lat. *hypothēca(m)*, dal gr. *hypothḗkē* 'deposito', dal v. *hypotithénai* 'porre, collocare (*tithénai*) sotto (*hypó*)' ✻sec. XIV] **s. f.** ● (*dir.*) diritto reale di garanzia costituito a favore di un creditore su determinati beni immobili o mobili registrati, al fine di assicurargli, mediante la vendita forzata di tali beni, l'adempimento di una obbligazione: *iscrivere un'i.*; *cancellare un'i.* | (*elvet.*) mutuo ipotecario: *richiedere, concedere un'i.* | (*fig.*) vincolo posto su qlco.: *un'i. sul futuro* | ***porre, mettere una seria i. su qlco.***, (*fig.*) essere prossimo ad ottenerla

ipotecàbile [1673] **agg.** ● che si può ipotecare (*anche fig.*): *beni ipotecabili*; *futuro i.* || **ipotecabilità**, **s. f. inv.**

ipotecàre [da *ipoteca* ✻1483] **v. tr.** (*io ipotèco, tu ipotèchi*) **1** (*dir.*) concedere ad altri il potere di iscrivere ipoteca su dati beni | iscrivere ipoteca su dati beni: *ha ipotecato l'immobile* **2** (*fig.*) assicurarsi, garantirsi prima del tempo: *ha ipotecato la carica di direttore* | (*fig.*) assoggettare a un vincolo | (*fig.*) ***i. il futuro***, fare piani, progetti e sim. reputandoli di sicura realizzazione

ipotecàrio [vc. dotta, lat. *hypothecāriu(m)*, da *hypothēca* 'ipoteca' ✻1673] **agg.** ● di ipoteca: *garanzia, iscrizione, annotazione ipotecaria* | garantito da ipoteca: *debito i.*; *creditore i.*

ipotènar o (*raro*) **ipotenàre** [gr. *hypothénar* 'palmo della mano (*thénar*) verso la parte inferiore (*hypó*)', di diffusione greco-germ. ✻av. 1800] **agg. inv.** ● (*anat.*) detto del rilievo muscolare del palmo della mano, dalla parte del dito mignolo: *eminenza i.*

ipotensióne [comp. di *ipo-* e *tensione* ✻1917] **s. f.** ● (*fisiol.*) eccessivo abbassamento della tensione o pressione, in particolare di liquidi o gas delle cavità corporee | (*med.*) pressione sanguigna marcatamente inferiore ai valori fisiologici: *i. arteriosa* | ***i. ortostatica***, caduta della pressione arteriosa nell'assumere la posizione eretta

ipotensìvo [da *ipotensione* ✻1933] **A** **s. m.** ● medicamento atto a produrre ipotensione **B** **anche agg.**: *farmaco i.*

ipotenùṣa [gr. *hypotéinousa*, '(linea) tesa' (dal v. *téinein* 'tendere') sotto (*hypó*) ✻sec. XIV] **s. f.** ● (*mat.*) lato di un triangolo rettangolo opposto all'angolo retto

ipotermàle [comp. di *ipo-* e *termale* ✻1957] **agg.** ● detto di acqua minerale che sgorga da una sorgente a una temperatura compresa fra 20 e 30 °C

ipotermìa [comp. di *ipo-* e di un deriv. del gr. *thermós* 'calore' ✻1892] **s. f.** ● (*med.*) abbassamento della temperatura corporea provocato artificialmente con mezzi chimici e fisici per la cura di determinate malattie o per preparazione ad interventi chirurgici SIN. ibernazione

♦**ipòteṣi** [gr. *hypóthesis*, comp. di *hypó* 'sotto' e *thésis* 'tesi, posizione', come il corrispondente *supposizione* ✻1584] **s. f. inv.** **1** proposizione, dato iniziale ammesso provvisoriamente per servire di base a un ragionamento e per valutarne le conseguenze: *formulare un'i.*; *l'i. di Newton*; *una nuova i. sull'origine del cancro*; *dimostrare l'infondatezza di un'i.*; *Nulla è più vivificante di un'i.* (P. LEVI) | ***i. di lavoro***, idea che serve come primo orientamento per organizzare una ricerca o un'attività in genere **2** (*mat.*) in un teorema, affermazione che si suppone vera e da cui si ricava la tesi **3** (*est.*) supposizione, congettura volta a spiegare eventi di cui non si ha una perfetta conoscenza: *i. improbabile*; *i. attendibile*; *le i. della polizia sulla rapina alla banca*; *tanto per fare un'i.* **4** (*est.*) caso, eventualità (+ *di*, + *che* **seguito da congtv.**): *prospettare un'i.*; *facciamo un'i. di intervento*; *nell'i. che le cose vadano bene*; *se per i. le cose vanno bene*; *le i. sono due* | ***nella migliore, nella peggiore delle i.***, nel migliore, nel peggiore dei casi | ***nella dannata i. che***, nel caso malaugurato che

ipotéso (o **-ṣ-**) [comp. di *ipo-* e del part. pass. di *tendere* in senso medico ✻1936] **agg. e s. m.** (**f.** *-a*) ● (*med.*) che (o chi) è affetto da ipotensione

ipotèsto [comp. di *ipo-* e *testo* ✻1979] **s. m.** ● nel linguaggio della critica letteraria, opera precedente a cui un autore rimanda implicitamente nella propria: *l'Eneide è un i. della Divina Commedia*

ipotètico [vc. dotta, lat. *hypothĕticu(m)*, dal gr. *hypothetikós*, da *hypóthetos*, agg. verb. di *hypotithénai* 'porre (*tithénai*) sotto (*hypó*)' ✻1552] **agg.** (**pl. m.** *-ci*) **1** fatto, esposto, considerato per ipotesi: *è un ragionamento i.*; *si tratta di casi del tutto ipotetici* | ***imperativo i.***, V. *imperativo*, sign. B 2 **2** (*est.*) eventuale, immaginario: *un successo soltanto i.* **3** (*gramm.*) ***periodo i.***, formato dalla protasi (che esprime la condizione) e dall'apodosi (che esprime la conseguenza) | ***periodo i. della realtà***, che esprime una condizione possibile, realizzabile; per es.: *se avrò tempo, verrò certamente* | ***periodo i. dell'irrealtà***, che esprime una condizione impossibile, irrealizzabile; per es.: *se tu fossi stato puntuale, non avresti perso il treno* | ***proposizione ipotetica***, proposizione condizionale || **ipoteticaménte**, **avv.** per ipotesi || **ipoteticità**, **s. f. inv.**

ipotipòṣi [vc. dotta, gr. *hypotýpōsis* 'disegno, abbozzo', da *hypotypôun*, comp. di *hypó* 'sotto' e *typôun* 'poggiare, plasmare' ✻1669] **s. f. inv.** ● (*ling.*) figura retorica che consiste nel rappresentare qlcu. o qlco. in modo vivo, immediato ed efficace, così da offrirne quasi l'immagine visiva; per es.: *ed el s'ergea col petto e con la fronte / com'avesse l'inferno a gran dispitto* (DANTE *Inf.* X, 35-36)

ipotiroidèo [comp. di *ipo-* e un deriv. di *tiroide* ✻1974] **A** **agg.** ● dell'ipotiroidismo **B** **agg. e s. m.** (**f.** *-a*) ● che (o chi) è affetto da ipotiroidismo

ipotiroidìṣmo [comp. di *ipo-* e *tiroidismo* ✻1911] **s. m.** ● (*med.*) stato morboso determinato da insufficiente attività della ghiandola tiroide

ipotiẓẓàbile [da *ipotizzare* ✻av. 1971] **agg.** ● che si può ipotizzare, che si può supporre || **ipotiẓẓabilità**, **s. f. inv.**

ipotiẓẓàre [da *ipotesi* ✻1894] **v. tr.** ● considerare, ammettere come ipotesi (+ *che*, + *di* **seguito da inf.**): *possiamo i. che se ne sia dimenticato*; *ipotizziamo che ci sarà una grande affluenza*; *ipotizza di arrivare in serata* || **ipotiẓẓazióne**, **s. f.**

ipotonìa [comp. di *ipo-* e un deriv. di *tono* (muscolare) ✻1940] **s. f.** ● (*med.*) diminuzione del tono muscolare

ipotònico [comp. di *ipo-* e *tonico* ✻1909] **agg.** (**pl. m.** *-ci*) **1** (*med.*) dell'ipotonia | che presenta ipotonia **2** (*chim.*) di soluzione con pressione osmotica minore rispetto a un'altra|| **ipotonicità**, **s. f. inv.**

ipotrachèlio [vc., dotta, lat. *hypotrachēliu(m)*, dal gr. *hypotrachēlion*, comp. di *hypó* 'sotto' e *tráchēlos* 'collo' ✻ 1676] **s. m.** ● (*archit.*) ciascuno dei solchi che segnano l'estremità superiore del fusto della colonna dorica, sotto il collarino

Ipòtrichi [comp. di *ipo-* e *-trico* ✻ 1917] **s. m. pl.** (**sing.** *-co*) ● (*zool.*) gruppo di Ciliati con corpo appiattito provvisti di alcune ciglia sul dorso e di numerosi cirri ventrali, formati da ciglia agglutinate, che servono per la deambulazione (*Hypotricha*)

ipotricòṣi [comp. di *ipo-* e *tricosi* ✻ 1918] **s. f. inv.** ● (*med.*) scarsità, localizzata o generalizzata, di peli

ipotrofìa [comp. di *ipo-* e *-trofia* ✻ 1834] **s. f.** **1** (*med.*) diminuzione di volume di un organo per diminuzione di volume degli elementi cellulari **2** (*bot.*) diminuzione del volume di una cellula o di un organo || **ipotròfico**, **agg.** (**pl. m.** *-ci*); **anche s. m.** (**f.** *-a*) **nel sign. 2** **1** relativo a ipotrofia; che presenta ipotrofia **2** (*med.*) che (o chi) è affetto da ipotrofia

ipovariṣmo [comp. di *ip(o)-*, *ovar(io)* e del suff. *-ismo* ✻ 1973] **s. m.** ● (*med.*) ridotta secrezione ormonale dalle ovaie

ipovedènte [comp. di *ipo-* e *vedente* ✻ 1985] **agg. e s. m. e f.** ● che (o chi) ha una capacità visiva molto ridotta

ipovitaminòṣi [comp. di *ipo-*, che si sostituisce all'*a-* completamente neg. di *(a)vitaminosi* ✻ 1939] **s. f. inv.** ● (*med.*) stato patologico da insufficiente apporto di vitamine all'organismo

ipovolemìa [comp. di *ipo-*, *vol(ume)* ed *-emia* ✻ 1973] **s. f.** ● (*med.*) diminuzione della massa sanguigna

ipoxantìna [comp. di *ipo-* nel sign. 2 e *xantina* ✻ 1874] **s. f.** ● (*chim.*) derivato della purina; è costituente di alcuni acidi nucleici ed è usata per la preparazione di derivati d'importanza biologica

ippagògo [vc. dotta, lat. *hippagōg(os)* (pl.), dal gr. *hippagōgós*, comp. di *híppos* 'cavallo' e *agōgós* 'conduttore', da *ágein* 'condurre', di orig. indeur. ✻ 1834] **s. m.** (**pl.** *-ghi*) ● antica nave usata per trasportare la cavalleria

ipparchìa [vc. dotta, gr. *hipparchía*, comp. di *híppos* 'cavallo' e un deriv. di *archḗ* 'comando' ✻ sec. XVI] **s. f.** ● nell'antica Grecia, squadrone di circa 500 guerrieri a cavallo

ippàrco [vc. dotta, gr. *hípparchos*, comp. di *híppos* 'cavallo' e un deriv. di *archḗ* 'comando' ✻ 1957] **s. m.** (**pl.** *-chi*) ● comandante di un'ipparchia

ippàrio [gr. *hippárion* 'cavallino', dim. di *híppos* 'cavallo' ✻ 1874] **s. m.** ● mammifero fossile, progenitore del cavallo

ippiatrìa o **ippiàtrica** [gr. *hippiatría*, da *hippiatrós*, comp. di *híppos* 'cavallo' e *iatrós* 'medico' ✻ 1825] **s. f.** ● (*disus.*) ramo della veterinaria che si occupa della patologia degli equini

ìppica [vc. dotta, gr. *hippikḗ*, sottinteso *téchnē*, 'arte di guidare il cavallo (*híppos*)' ✻ 1918] **s. f.** ● lo sport dell'equitazione; in particolare, l'equitazione da corsa | ***datti all'i.!***, (*scherz.*) invito a fare altro rivolto a chi si dimostra incapace in quello che fa

ìppico [vc. dotta, gr. *hippikós*, agg. di *híppos* 'cavallo' ✻ 1869] **agg.** (**pl. m.** *-ci*) ● relativo alle corse dei cavalli: *gare ippiche* | ***concorso i.***, gara in cui cavallo e cavaliere sono impegnati in una serie di prove di abilità

ippo- [dal gr. *híppos* 'cavallo', di orig. indeur.] **primo elemento** ● in parole composte della terminologia scientifica, significa 'cavallo' o indica relazione col cavallo: *ippocastano, ippoglosso, ippologia*

ippobòsca [vc. dotta, gr. *hippoboskós*, comp. di *híppos* 'cavallo' e un deriv. di *bóskein* 'nutrire', con senso, però, rifl. ('che si nutre del cavallo') ✻ 1824] **s. f.** ● insetto dei Ditteri parassita di molti Mammiferi, spec. cavalli, di colore bruno-giallo, lunghe e robuste zampe, volo rapido e scattante (*Hippobosca equina*) **SIN.** mosca ragno dei cavalli, mosca cavallina

ippocàmpo [vc. dotta, lat. *hippocămpu(m)*, dal gr. *hippókampos*, comp. di *híppos* 'cavallo' e *kámpos* 'mostro marino', di etim. incerta ✻ 1563] **s. m.** **1** pesce osseo marino dei Singnatiformi dalla forma sinuosa con profilo cavallino, che nuota in posizione verticale (*Hippocampus guttulatus*) **SIN.** cavalluccio marino, ippuro **2** (*anat.*) struttura, posta nella superficie mediale dell'emisfero cerebrale, che regola la sensibilità olfattiva e gustativa; è derivato da strati di corteccia cerebrale arrotolati l'uno sull'altro in modo da rassomigliare, in sezione, al profilo di un cavalluccio marino

Ippocastanàcee [comp. di *ippocastano* e *-acee* ✻ 1965] **s. f. pl.** (**sing.** *-a*) ● (*bot.*) famiglia di piante delle Dicotiledoni legnose con foglie opposte e frutto a capsula (*Hippocastanaceae*)

ippocastàno [comp. di *ippo-* e un deriv. di *castagno*, perché si riteneva che i frutti guarissero malattie di cavalli ✻ 1765] **s. m.** ● grande albero delle Ippocastanacee con corteccia bruna e screpolata, fiori in appariscenti pannocchie erette e frutti simili alle castagne ma non commestibili (*Aesculus hippocastanum*) **SIN.** castagno d'India

ippocràtico [vc. dotta, lat. *hippocrăticu(m)*, da *Hippŏcrates* 'Ippocrate' (sec. V a.C.) ✻ 1583] **agg.** (**pl. m.** *-ci*) ● (*med.*) relativo a Ippocrate e alla sua dottrina | ***scienza ippocratica***, arte medica | ***metodo i.***, fondato sull'osservazione | ***giuramento i.***, formula con cui il medico si impegna a rispettare i principi deontologici della medicina

ippòdromo, (*evit.*) **ippodròmo** [vc. dotta, lat. *hippŏdromu(m)*, dal gr. *hippódromos*, comp. di *híppos* 'cavallo' e *drómos* '(pista di) corsa', da *dramêin* 'correre', di orig. indeur. ✻ sec. XIV] **s. m.** **1** nel mondo antico, spec. in Grecia, luogo destinato alle corse dei cavalli e dei carri | percorso, lunghezza di un ippodromo **2** impianto in cui si svolgono le corse ippiche

ippòfago [gr. *hippophágos* 'mangiatore (da *phágein* 'mangiare') di (carne di) cavallo (*híppos*)' ✻ 1585] **agg. e s. m.** (**f.** *-a*; **pl. m.** *-gi*) ● (*disus.*) che (o chi) si ciba di carne equina

ippòfilo [comp. di *ippo-* e *-filo* ✻ av. 1907] **agg. e s. m.** (**f.** *-a*) ● che (o chi) ama molto i cavalli

ippoglòsso [comp. di *ippo-* e *-glosso*, per la sua forma piatta ✻ 1834] **s. m.** ● grosso pesce dei Pleuronettidi, che vive nelle profondità dei mari settentrionali ed è cacciato per le carni (*Hippoglossus hippoglossus*) **SIN.** halibut

ippogrìfo [comp. di *ippo-* e *grifo*③ ✻ 1532] **s. m.** **1** animale fiabesco, cavallo alato con testa di uccello, creato da L. Ariosto nell'*Orlando Furioso* **2** (*arald.*) figura consistente in un animale mostruoso metà aquila e metà cavallo

ippologìa [comp. di *ippo-* e *-logia* ✻ 1818] **s. f.** (**pl.** *-gìe*) ● in zootecnia, disciplina che studia gli aspetti biologici e il sistema di allevamento del cavallo

ippòlogo [comp. di *ippo-* e *-logo* ✻ 1871] **s. m.** (**f.** *-a*; **pl. m.** *-gi*) ● studioso d'ippologia

ippòmane① [vc. dotta, gr. *hippomanḗs*, comp. di *híppos* 'cavallo' e un deriv. di *máinesthai* (V. *mania*②) ✻ av. 1886] **agg. e s. m. e f.** ● (*raro, lett.*) che (o chi) è appassionato di cavalli e di ippica

ippòmane② [gr. *hippomanḗs* 'pianta che eccitava l'ardore dei cavalli', comp. di *hippo-* 'ippo-' e un deriv. di *máinesthai* (V. *mania*②) ✻ 1594] **s. f.** ● pianta erbacea delle Euforbiacee con foglie carnose, fiori in spiga, frutto a drupa, da cui si ricava un latice molto velenoso usato per avvelenare le frecce (*Hippomane mancinella*)

ippomanzìa [comp. di *ippo-* e *-manzia* ✻ 1834] **s. f.** ● nelle antiche religioni, arte divinatoria di trarre presagi dai nitriti e dai movimenti dei cavalli

ippon /ˈippon, *giapp.* ip.pɔn/ [vc. giapp., propr. 'punto' ✻ 1967] **s. m. inv.** ● nelle arti marziali, il punto decisivo, che fa vincere un incontro, ottenuto eseguendo alla perfezione una determinata tecnica di attacco

ipponattèo [vc. dotta, lat. *Hipponactēu(m)*, dal gr. *Hippōnákteios*, da *Hippônax*, genit. *Hippónaktos*, propr. 'padrone (*ánax*) di cavallo (*híppos*)', il poeta che per primo l'usò ✻ 1869] **A** **s. m.** ● nella metrica classica, trimetro giambico in cui l'ultimo piede è un trocheo o uno spondeo **B** **anche agg.**: *metro i.*

♦**ippopòtamo** [vc. dotta, lat. *hippopŏtamu(m)*, dal gr. *hippopótamos*, comp. di *híppos* 'cavallo' e *potamós* 'fiume' ✻ av. 1367] **s. m.** ● grosso mammifero degli Artiodattili non ruminanti, con corpo massiccio e pelle spessa, zampe brevi, amplissima bocca a dentatura completa e robustissima, alimentazione erbivora | ***i. anfibio***, vivente lungo i fiumi africani (*Hippopotamus amphibius*) | ***i. nano***, delle foreste dell'Africa equatoriale (*Choeropsis liberiensis*)

ippoterapìa [comp. di *ippo-* e *-terapia* ✻ 1979] **s. f.** ● (*med.*) terapia che utilizza l'equitazione come tecnica riabilitativa || **ippoteràpico**, **agg.** (**pl. m.** *-ci*) relativo a ippoterapia

ippotèrio [comp. di *ippo-* e del gr. *thēríon* 'fiera, bestia', propr. dim. di *thḗr* 'animale selvaggio', di orig. indeur. ✻ 1917] **s. m.** ● ippario

ippòtrago [comp. di *ippo-* e del gr. *trágos* 'capro' ✻ 1957] **s. m.** (**pl.** *-ghi*) ● grossa antilope africana dalle grandi corna e dal corto pelame (*Hippotragus*)

ippotrainàto [comp. di *ippo-* e *trainato*, part. pass. di *trainare* ✻ 1939] **agg.** ● (*milit.*, *disus.*) di veicolo trainato dai cavalli

ippovìa [comp. di *ippo-* e *via* ✻ 1876] **s. f.** **1** (*disus.*) linea tranviaria a cavalli **2** pista, sentiero percorribile a cavallo

ippùrico [vc. dotta, comp. del gr. *híppos* 'cavallo' e *ôuron* 'urina' ✻ 1889] **agg.** (**pl. m.** *-ci*) ● (*chim.*, *biol.*) ***acido i.***, acido presente nelle urine degli animali domestici, più raramente in quelle umane, che forma sali ad azione ipotensiva e coleretica

ippurìte [comp. di *ippo-* e del gr. *ourá* 'coda', per la forma allungata ✻ 1819] **s. m.** ● mollusco fossile dei Bivalvi dalla grossa conchiglia, presente nel Cretaceo (*Hippurites*)

ippùro [vc. dotta, lat. *hippūru(m)*, dal gr. *híppouros* 'con la coda (*ourá*), come di cavallo (*híppos*)' ✻ sec. XV] **s. m.** ● (*zool.*) ippocampo

iprìte o (*disus.*) **yprìte** /iˈprite/ [dal n. della città belga *Ypres*, nei pressi della quale fu usata per la prima volta (1917), e *-ite*② ✻ 1929] **s. f.** ● potente aggressivo chimico, tossico e vescicatorio, usato nella prima Guerra mondiale, preparato per azione dell'etilene sul cloruro di zolfo

ìpse dìxit [loc. lat., propr. 'egli (*ĭpse*, da *i-* per *ĭs* 'egli' con la particella rafforz. *-pse*) disse (*dīxit*, da *dīcere* 'dire')', formula gr., riferita nel Medioevo ad Aristotele, *autòs épha*, ma in orig. riguardava Pitagora, secondo le affermazioni dei suoi seguaci ✻ av. 1642] **loc. sost. m. inv.** ● egli lo disse, espressione con cui i filosofi scolastici citavano l'autorità di Aristotele e usata ora per deridere la presunzione di qlcu. o il suo appellarsi all'autorità altrui

ìpsilon o (*raro*) **ỳpsilon** /ˈipsilon/, (*pop.*,

disus.) **ipsilònne** [dal n. della lettera gr. *y* (*i* nella pronuncia tarda), definita 'sottile, semplice (*psilón*)'; questa lettera fu definita semplice quando anche *oi* fu pronunciata *ü* ✱ 1516] **s. f. o m. inv. 1** ventesima lettera dell'alfabeto greco **2** nome della lettera *y* | ***a i.***, che si biforca: *strada a i.*; *la strada … si divideva in due viottole, a foggia d'un i.* (A. Manzoni)

ìpso- [dal gr. *hýpsos* 'altezza, sommità', di orig. indeur.] **primo elemento** ● in parole composte dotte o della terminologia scientifica, significa 'altezza', 'sommità': *ipsocefalia, ipsometria*

ipsocefalìa [comp. di *ipso-* e *-cefalia* ✱ 1970] **s. f.** ● (*med.*) forma di cranio alto e aguzzo

ipsodónte [comp. di *ipso-* e *-odonte* ✱ 1957] **agg. 1** (*zool.*) detto di denti o di dentatura ad accrescimento continuo, con corona alta e radici brevi, quali le zanne degli elefanti, gli incisivi dei roditori o i molari dei cavalli **2** detto di animale con denti o dentatura ipsodonti

✦**ìpso fàcto** [lat., propr. 'nello stesso (*ĭpso*, abl. di *ĭpse*: V. *ipse dixit*) fatto (*făcto*, abl. del part. pass. sost. di *făcere* 'fare')' ✱ av. 1342] **loc. avv. 1** subito, immediatamente **CFR.** issofatto **2** automaticamente

ipsofìllo [comp. di *ipso-* e *-fillo* ✱ 1917] **s. m.** ● (*bot.*) foglia modificata che, direttamente o indirettamente, partecipa alla fecondazione e alla formazione dell'embrione

ipsòfilo [comp. di *ipso-* e *-filo* ✱ 1957] **agg.** ● (*biol.*) detto di pianta o animale che vive nelle zone montane a grandi altitudini

ipsogràfico [comp. di *ipso-* e di un deriv. del gr. *gráphein* 'scrivere', di orig. indeur. ✱ 1957] **agg. (pl. m. *-ci*)** ● detto di linea che, in un diagramma, rappresenta la distribuzione delle aree continentali e oceaniche alle varie altezze e profondità: *curva, linea ipsografica*

ìpso iùre [propr. 'per lo stesso (*ĭpso*, abl. di *ĭpse*: V. *ipse dixit*) diritto (*iūre*, abl. di *iūs* 'giure')' ✱ 1723] **loc. avv.** ● per disposizione di legge, senza bisogno di alcuna declaratoria da parte del giudice o di privati

ipsometrìa [comp. di *ipso-* e *-metria* ✱ 1806] **s. f.** ● (*geogr.*) determinazione della differenza di livello tra due punti mediante misurazione della pressione atmosferica

ipsomètrico [1834] **agg. (pl. m. *-ci*)** ● relativo all'ipsometro o all'ipsometria

ipsòmetro [comp. di *ipso-* e *-metro* ✱ 1869] **s. m.** ● strumento che permette di determinare la differenza di livello fra due punti misurandone la pressione atmosferica e la temperatura corrispondente

✦**ìra** [vc. dotta, lat. *īra(m)*, di etim. incerta ✱ av. 1250] **s. f. 1** moto dell'animo improvviso e violento che si rivolge contro chi lo ha provocato: *infiammarsi, accendersi, avvampare, ardere d'ira*; *essere accecato dall'ira*; *lasciarsi trasportare dall'ira*; *avere uno scatto d'ira*; *ira repressa*; *trattenere, placare l'ira*; *l'ira incita l'anima* (L.B. Alberti) **SIN.** rabbia | (**al pl.**) collera: *le ire furibonde che lo assalivano* (L. Pirandello) **2** nella teologia cattolica, uno dei sette vizi capitali, che consiste nell'ingiusto e smodato desiderio di vendetta **CFR.** accidia, avarizia, gola, invidia, lussuria, superbia **3** (*lett.*) odio, rancore: *essere in ira a qlcu.*; *avere in ira qlcu.* | (*lett.*, **al pl.**) rivalità, discordie: *le ire cittadine*; *l'onda degli odii e delle ire letterarie* (E. De Amicis) **4** collera giusta e punitrice: *l'ira di Dio* | ***è un'ira di Dio***, (*fig.*, *fam.*) per indicare persona o cosa terribile e pericolosa | ***fare un'ira di Dio***, provocare un grande disordine o rumore | V. anche *iradiddio* **5** (*fig.*, *lett.*) furia: *l'ira degli elementi, del mare, del vento* **6** †afflizione, affanno

> **SFUMATURE DI SIGNIFICATO**
> ***ira - collera - furore***
> **Ira** è un sentimento di irritazione violenta e incontrollabile che si traduce nell'impulso di aggredire, punire immediatamente chi si ritiene responsabile di averla suscitata. Suo sinonimo meno elevato è **collera**, che descrive ugualmente un accesso emotivo provocato da un'offesa, alla quale si ha l'impulso di reagire con forza. Se l'accesso di rabbia è talmente intenso da offuscare momentaneamente la ragione si ha il **furore**.
> **SFUMATURE** ➤ ***sdegno***

irachèno o (*raro*) **irakèno** [1949] **A agg.** ● dell'Iraq: *lingua irachena* **B s. m. (f. *-a*)** ● abitante o nativo dell'Iraq

Iracoidèi [comp. del gr. *hýrax*, genit. *hýrakos* 'topo', e di *-oidei* ✱ 1965] **s. m. pl. (sing. *-èo*)** ● (*zool.*) ordine di Mammiferi delle dimensioni di un coniglio, plantigradi, con fitto pelame, erbivori ma forniti di incisivi come i roditori (*Hyracoidea*)

iracóndia o †**iracùndia** [vc. dotta, lat. *iracŭndia(m)*, da *īra* 'ira' ✱ 1268] **s. f.** ● disposizione a farsi prendere dall'ira **SIN.** irascibilità

iracóndo o †**iracùndo** [vc. dotta, lat. *iracŭndu(m)*, da *īra* 'ira' ✱ 1268] **agg.** ● pronto all'ira: *essere i.*; *avere un carattere violento e i.* | di ciò che manifesta ira: *sguardo, cipiglio i.* **SIN.** irascibile, iroso ‖ **iracondaménte**, **avv.** (*raro*) irosamente

iracotèrio [comp. del gr. *hýrax*, genit. *hýrakos* 'topo', e *thērion* 'belva' ✱ 1983] **s. m.** ● genere di Mammiferi ungulati dell'Eocene, considerati come i più antichi progenitori degli attuali Equidi (*Hyracotherium*)

†**iracùndia** ➤ **iracondia**

†**iracùndo** ➤ **iracondo**

iradiddìo [comp. di *ira* e *Dio* ✱ av. 1594] **s. f. inv.** ● ira di Dio (*in senso fig.*) | grande quantità: *c'era un'i. di gente*

irakèno ➤ **iracheno**

✦**iraniàno** (i-ra-nia-no, i-ran-ia-no) [1941] **A agg.** ● dell'Iran: *governo, popolo i.* **B s. m. (f. *-a*)** ● abitante o nativo dell'Iran

irànico (i-ra-ni-co, i-ran-i-co) [1843] **A agg. (pl. m. *-ci*)** ● dell'antica Persia: *etnie iraniche* | (*raro*) iraniano | ***lingue iraniche***, gruppo di lingue indoeuropee comprendente il persiano dell'Avesta e delle iscrizioni, il parsi, il persiano medievale e moderno, il curdo, l'afganico e il baluci **B s. m. (f. *-a*)** ● ogni appartenente a una popolazione indoeuropea stanziatasi fin dall'antichità nell'Iran **C s. m. solo sing.** ● gruppo delle lingue iraniche

iranìsta (i-ra-ni-sta, i-ran-i-sta) [av. 1907] **s. m. e f. (pl. m. *-i*)** ● studioso di iranistica

iranìstica (i-ra-ni-sti-ca, i-ran-i-sti-ca) [1941] **s. f.** ● disciplina che studia la storia e la civiltà dell'antico Iran

Ìrap [1996] **s. f. inv.** ● tributo erariale, istituito a partire dal 1998, che colpisce, nell'ambito di una regione, il valore della produzione netta derivante dall'esercizio abituale di un'attività di produzione, di scambio di beni o di prestazione di servizi

†**iràrsi** [da *ira* ✱ av. 1294] **v. intr. pron.** ● adirarsi, arrabbiarsi

†**iràscersi** [vc. dotta, lat. tardo *irāscere* per *irāsci*, incoativo da *īra* 'ira' ✱ av. 1327] **v. intr. pron.** ● (*lett.*) adirarsi: *non si potea l'un uomo vêr l'altro irascere* (I. Sannazaro)

✦**irascìbile** [vc. dotta, lat. tardo *irascĭbile(m)*, da *irāsci* 'irascere' ✱ 1308] **agg.** ● che si fa facilmente prendere dall'ira: *temperamento, persona i.* **SIN.** iracondo ‖ **irascibilménte**, **avv.** ‖ **irascibilità**, **s. f. inv.** (V.)

irascibilità [1395] **s. f. inv.** ● propensione all'ira: *la sua mitezza aveva ceduto a un nervosismo, assai prossimo all'i.* (E. Morante) **SIN.** irritabilità, iracondia

iràto **part. pass.** di †*irarsi*; anche **agg. 1** pieno d'ira, adirato | che manifesta ira: *sguardo i.* **2** ***essere i. in volto***, avere un'espressione irata | (*lett.*) ***i. a***, contro: *i. a gli anni tuoi novelli* (G. Carducci) **3** (*fig.*, *lett.*) tempestoso, burrascoso e sim. ‖ **irataménte**, **avv.** con ira

ìrbis [russo *irbis*, di orig. mongolica ✱ 1917] **s. m. inv.** ● (*zool.*) felino con pelliccia folta di colore grigio a macchie nere che vive in zone montane dell'Asia centrale (*Panthera uncia*) **SIN.** leopardo delle nevi

ircàno [vc. dotta, lat. *Hyrcānu(m)*, dal gr. *Hyrkanós*, vc. persiana, prob. da *vehrka* 'lupo' ✱ av. 1292] **A agg.** ● (*lett.*) dell'Ircania, regione dell'antica Persia: *non fur tanto crudel mai tigri ircani* (L. Pulci) | ***Mare i., Onda ircana***, il Mar Caspio **B s. m. (f. *-a*)** ● antico abitante dell'Ircania

†**ircìno** [vc. dotta, lat. *hircīnu(m)*, da *hĭrcus* 'irco' ✱ 1499] **agg.** ● (*lett.*) di irco, di capra

ìrco [vc. dotta, lat. *hĭrcu(m)*, di etim. incerta ✱ av. 1574] **s. m. (pl. *-chi*)** ● (*lett.*) becco, maschio della capra

ircocèrvo [comp. di *irco* e *cervo* ✱ 1549] **s. m. 1** (*lett.*) †mostro favoloso, tra il capro e il cervo **2** (*fig.*) cosa assurda, chimerica

ìre① [vc. dotta, lat. *īre*, di orig. indeur. ✱ 1261 ca.] **A v. intr. (difett. usato solo nella 2ª pers. pl. del pres. indic. e imperat.** *ite*, **nell'imperf. indic.** *ivo, ivi* **nella seconda pers. sing. e nella seconda e terza pl. del pass. rem.** *isti, ìste, irono*, **nel fut.** †*irò*, **nel condiz.** *ìrei*, **nella prima pers. sing. del congtv. pres.** †*ea*, **nel part. pass.** *ito* **e nei tempi composti; aus.** *essere*) ● (*lett.* o *centr.*) andare: *languenti e pallide vidi ire / le foglie a terra* (L. de' Medici) | (*tosc.*) ***lasciarsi ire***, indursi a qlco. | †***ire grosso***, andare in molti | †***ir suso***, (*fig.*) insuperbire | †***ir giuso***, (*fig.*) umiliarsi | (*fig.*) †durare: *non può ire oltre* **B** **ìrsi** **v. intr. pron.** ● (*lett.* o *centr.*) ***irsene***, andarsene; morire: *se n'è bell'e ito*

Ìre② [sigla di *i(mposta sui) re(dditi)* ✱ 2003] **s. f. inv.** ● imposta diretta sul reddito personale, istituita nel 2003 in sostituzione dell'Irpef

-ìre [dalla desinenza lat. dei v. della quarta coniug. (*-īre*)] **suff.** ● costituisce la desinenza dell'infinito dei verbi della terza coniugazione: *benedire, capire, partire*

irènico [gr. *eirēnikós* 'proprio della pace (*eirḗnē*)' ✱ 1895] **agg. (pl. m. *-ci*)** ● (*lett.*) ispiratore di pace: *un volto i.*

irenìsmo [comp. del gr. *eirḗnē* 'pace' e *-ismo* ✱ av. 1956] **s. m. 1** orientamento teologico che tende all'unione delle differenti confessioni cristiane in base ai loro punti comuni **2** pacifismo

irenìsta [da *irenismo* ✱ 1923] **s. m. e f. (pl. m. *-i*) 1** seguace, fautore dell'irenismo **2** (*raro*) pacifista

irenìstico [1957] **agg. (pl. m. *-ci*)** ● dell'irenismo, dell'irenista

ìreos [gr. *îris*, genit. (tardo) *íreos*, propr. 'iride', di orig. indeur. ✱ av. 1320] **s. m. inv. 1** (*bot.*) giaggiolo | iride **2** polvere che si ricava dal rizoma del giaggiolo, con odore di mammola, adoperata in profumeria

†**ìri** [1321] **s. f. inv.** ● (*poet.*) iride

Iridàcee [comp. di *iride* 'pianta delle gigliacee' e *-acee* ✱ 1865] **s. f. pl. (sing. *-a*)** ● (*bot.*) famiglia di piante delle Monocotiledoni bulbose o rizomatose, con foglie allungate e appiattite, frutto coriaceo che si apre in tre valve (*Iridaceae*)

iridàre [da *iride* ✱ 1878] **A v. tr.** (*io ìrido*) ● (*lett.*) colorare con i colori dell'iride **B** **iridàrsi** **v. intr. pron.** ● (*lett.*) tingersi con i colori dell'iride: *s'irida, come d'un sorriso, il lago* (G. Pascoli)

iridàto **A** **part. pass.** di *iridare*; anche **agg. 1** nei sign. del v. **2** ***maglia iridata***, bianca, con fascia orizzontale dei colori dell'iride, assegnata al corridore ciclista vincitore di una specialità ai campionati del mondo | ***campione i.***, campione del mondo di ciclismo e (*est.*) di altra specialità **B** **anche s. m.** (**f.** *-a*)

iride [vc. dotta, lat. *īride(m)*, nom. *īris*, dal gr. *îris* 'arcobaleno' e poi, per i loro colori, 'specie di pietra' e 'specie di pianta', di orig. indeur. * 1550] **s. f. 1** (*spec. lett.*) arcobaleno | ***i colori dell'i.***, i sette colori fondamentali (rosso, arancio, giallo, verde, blu, indaco, violetto) visibili nell'arcobaleno; (*est.*) insieme di colori sfumati l'uno nell'altro | ***vestirsi dell'i.***, indossare la maglia iridata di campione del mondo **2** (*anat.*) membrana muscolare pigmentata dell'occhio, di colore variabile, a forma e con funzione di diaframma, situata davanti al cristallino **3** cristallo di rocca che presenta all'interno i colori dell'iride **4** genere di piante erbacee delle Iridacee coltivate per i fiori viola e azzurri con rizoma ricco di sostanze a proprietà purgative ed emetiche (*Iris*) | giaggiolo **5** (*zool.*) farfalla bellissima e rara il cui maschio ha ali nere dai vivacissimi riflessi; vive nei boschi dell'Italia settentrionale (*Apatura iris*) **6** (*cinema*) mascherino di forma circolare usato per isolare un particolare dell'inquadratura o per il passaggio a un'inquadratura successiva

iridèo o **irìdeo** [1957] **agg.** ● (*anat.*) relativo all'iride

◆**iridescènte** [da *iride* con applicazione di desinenza propria dei v. in *-escere* * 1817] **agg.** ● cangiante nei colori dell'iride: *vernice, smalto i.*; *la terra umida esalò una nebbia i.* (P. Levi)

◆**iridescènza** [da *iridescente* * 1817] **s. f.** ● fenomeno ottico per cui un fascio di luce si decompone nei colori dell'iride: *l'i. delle perle, delle gemme*

irìdico [1869] **agg.** (**pl. m.** *-ci*) ● (*chim.*) detto di composto dell'iridio

irìdio [dal gr. *îris*, genit. *íridos* 'iride' per i vari colori dei suoi composti * 1819] **s. m.** (**pl.** *-i* o *raro -ii*) ● elemento chimico, metallo bianco lucente, durissimo, che accompagna i minerali del platino, usato in lega con questo per renderlo più resistente **SIMB.** Ir **NUM. AT.** 77

iridociclìte [comp. di *iride* e *ciclite* * 1895] **s. f.** ● (*med.*) infiammazione dell'iride e del corpo ciliare

iridologìa [comp. di *iride* e *-logia* * 1978] **s. f.** (**pl.** *-gìe*) ● forma di medicina alternativa che, mediante l'osservazione della struttura, del colore e della densità dell'iride, valuta le condizioni di salute dell'organismo o di singoli organi

iridòlogo [comp. di *iride* e *-logo* * 1986] **s. m.** (**f.** *-a*; **pl. m.** *-gi*) ● specialista in iridologia

iridoscòpio [comp. di *iride* e *-scopio* * 1973] **s. m.** ● (*med.*) strumento per esaminare l'iride

irìense [dal lat. *Īria*, nome di un antico insediamento romano che avrebbe dato origine a Voghera (*Vicus Iriae*) * 1673] **A** **agg.** ● della città di Voghera, in provincia di Pavia **B** **s. m. e f.** ● abitante o nativo di Voghera

ìris [vc. dotta, lat. *īris* (nom.), dal gr. *îris*, propr. 'iride' (V.), di orig. indeur. * sec. XIV] **s. m. o f. inv.** ● (*bot.*) iride | giaggiolo

Irish còffee /airiʃ'kɔffi, *ingl.* 'aɪrɪʃ,kɒfɪ/ ➤ **coffee**

irìte ① [per *ir(id)ite*, comp. di *ir(ide)* col suff. di malattia infiammatoria *-ite*① * 1874] **s. f.** ● (*med.*) infiammazione dell'iride

irìte ② [comp. di *iri(dio)* e *(cromi)te* * av. 1841] **s. f.** ● minerale nero e brillante che si presenta in cristalli ottaedrici

irizzàre [da *IRI* (Istituto per la Ricostruzione Industriale) * 1958] **v. tr.** ● porre un'azienda sotto il controllo dell'I.R.I. (Istituto per la Ricostruzione Industriale), mediante acquisizione da parte di questo della totalità, o di una quota, della proprietà aziendale || **irizzazióne**, **s. f.**

◆**irlandése** (o *-ṣ-*) [1553] **A** **agg.** ● dell'Irlanda: *lingua i.* **B** **s. m. e f.** ● abitante o nativo dell'Irlanda **C** **s. m. solo sing.** ● lingua del gruppo gaelico parlata in Irlanda

irochése (o *-ṣ-*) [fr. *iroquois*, di orig. algonchina * 1766] **A** **s. m. e f.** ● appartenente a una popolazione indigena dell'America settentrionale, originariamente stanziata nella regione dei laghi Ontario ed Erie e nella valle del San Lorenzo **B** **agg.** ● relativo a tale popolazione

iròko [vc. della costa del golfo di Guinea * 1987] **s. m. inv. 1** albero delle Moracee, di dimensioni gigantesche, diffuso nelle foreste dell'Africa tropicale occidentale (*Chlorophora excelsa*) **2** legno ricavato da tale albero, di colore giallo bruno, resistente all'umidità, usato per costruzioni marittime, strutture esterne e sim.

iróndine ➤ **rondine**

ironeggiàre [1861] **v. intr.** (**pres.** *io ironéggio*; **fut.** *io ironeggerò*; **aus.** *avere*) ● (*lett.*) ironizzare

◆**ironìa** [vc. dotta, lat. *ironīa(m)*, dal gr. *eirōnéia*, da *éirōn*, propr. 'colui che interroga (fingendo di non sapere)', di etim. incerta * 1374] **s. f. 1** dissimulazione del proprio pensiero dietro parole che hanno significato opposto o diverso da quello letterale (per es. *bell'idea avete avuto!*, per dire che l'idea è stata invece cattiva): *i. bonaria, sottile, grossolana* | la figura retorica corrispondente a questo modo di esprimersi **2** (*est.*) umorismo sarcastico: *non si fa dell'i. sulle disgrazie altrui* | derisione, scherno: *uno sguardo pieno d'i.* | (*fig.*) ***i. della vita, della sorte, del destino***, si dice quando la vita, la sorte ecc. sembrano accanirsi contro qlcu., quasi a volerlo beffare **3** (*filos.*) ***i. socratica***, il metodo maieutico mediante il quale Socrate, fingendo ignoranza, portava il suo interlocutore alla scoperta della verità

SFUMATURE ➤ *umorismo*②

Definizione d'autore

L'**ironia** è una potente e indispensabile medicina per affrontare la vita. Non costa nulla ma è preziosa: è un approccio filosofico alle nostre vicende quotidiane e ridimensiona ciò che è "troppo" con un sorriso, una risata, una considerazione divertente. L'**ironia** è sintomo di grande intelligenza e sensibilità: combatte la presunzione, smaschera la mitomania, esercita effetti benefici, a lungo andare, su chi la subisce. E previene in molti casi un atteggiamento depressivo. L'autoironia rende senz'altro migliore chi è capace di praticarla. Ma attenzione: l'abuso di **ironia** è sinonimo di noiosa e stancante superficialità. Come tutti i potenti "farmaci", va usata con estrema misura e tempo teatrale perfetto.

Carlo Verdone

◆**irònico** [vc. dotta, lat. tardo *irōnicu(m)*, dal gr. *eirōnikós*, da *éirōn* 'dissimulatore' (V. *ironia*) * av. 1463] **agg.** (**pl. m.** *-ci*) ● di chi usa esprimersi con ironia: *quando parla è sempre molto i.* | di ciò che esprime o manifesta ironia: *sorriso, saluto i.* || **ironicaménte**, **avv.** con ironia

ironìsta [fr. *ironiste*, da *ironiser*, da *ironie* 'ironia' * 1904] **s. m. e f.** (**pl. m.** *-i*) ● (*raro*) chi, spec. uno scrittore, usa abitualmente l'ironia

ironizzàre [adattamento del fr. *ironiser*, da *ironie* 'ironia' * av. 1686] **A** **v. tr.** ● (*raro*) descrivere, esprimere, interpretare con ironia: *i. le sventure altrui* **B** **v. intr.** (**aus.** *avere*) ● fare dell'ironia su qlco. o qlcu.: *non bisogna i. sui difetti degli altri* || **ironizzazióne**, **s. f.**

iróso (o *-ṣ-*) [da *ira* * 1261 ca.] **agg.** ● pronto all'ira: *carattere, uomo i.* **SIN.** collerico | che mostra ira: *atteggiamento, tono i.*; *espressione irosa* | (*est., lett.*) tumultuoso: *l'i. sciabordare … delle acque* (B. Fenoglio) || **irosaménte**, **avv.** con ira, in modo iroso || **irosità**, **s. f. inv.** caratteristica di chi (o di ciò che) è iroso

Ìrpef /'irpef/ [sigla di *I(mposta sul) R(eddito delle) PE(rsone) F(isiche)* * 1973] **s. f. inv.** ● imposta diretta, istituita nel 1973, di carattere personale e progressivo, che colpisce tutti i redditi delle persone fisiche prodotti nel territorio italiano

Ìrpeg /'irpeg/ [sigla di *I(mposta sul) R(eddito delle) PE(rsone) G(iuridiche)* * 1973] **s. f. inv.** ● imposta diretta, istituita nel 1973, di carattere personale e proporzionale, che colpisce tutti i redditi delle persone giuridiche (dal 2004 sostituita dall'Ires)

irpìno [vc. dotta, lat. *Hirpīnu(m)*, forse da *hìrpus* 'lupo', animale sacro a Marte sotto la cui guida gli Irpini sarebbero immigrati nelle proprie sedi d'Italia * 1593] **A** **agg. 1** dell'Irpinia **2** che gioca nella squadra di calcio dell'Avellino o ne è sostenitore **B** **s. m.** (**f.** *-a*) **1** abitante o nativo dell'Irpinia **2** appartenente alla popolazione sannitica che abitava la regione montuosa tra Benevento, Venosa e Lucera **3** giocatore o tifoso della squadra di calcio dell'Avellino

irraccontàbile [comp. di *in-*③ e *raccontabile* * av. 1667] **agg.** ● (*raro*) di ciò che, per le ragioni più varie, non si può raccontare: *avventure, esperienze, avvenimenti irraccontabili*

irradiaménto [1869] **s. m. 1** l'irradiare, l'irradiarsi **SIN.** irradiazione **2** propagazione a raggiera

◆**irradiàre** ① [vc. dotta, lat. tardo *irradiāre*, comp. di *in-*① e *rădius* 'raggio', di etim. incerta * av. 1330] **A** **v. tr.** (*io irràdio*) **1** pervadere coi propri raggi, rischiarare con la propria luce (*anche fig.*): *la luna irradiava il bosco di candida luce*; *l'amore irradia il suo viso* | (*est.*) diffondere, sprigionare (*anche fig.*): *la fiamma irradiava un grato calore*; *i. felicità da tutti i pori* **2** (*fis.*) sottoporre un materiale o un organismo all'azione delle radiazioni **B** **v. intr.** (**aus.** *essere*) **1** diffondersi sotto forma di raggi o in modo simile: *una luce intensa irradiava dall'incendio* **2** (*fig.*) sprigionarsi: *la gioia che irradia dal tuo viso mi ha contagiato* **C** **irradiàrsi** **v. intr. pron.** ● estendersi e propagarsi in direzioni diverse, partendo da un punto centrale: *da quella piazza si irradiano numerose strade*

irradiàre ② [comp. di *in-*① e del denominale di *radio*④ * 1942] **v. tr.** (*io irràdio*) ● trasmettere, diffondere per mezzo della radio: *i. un comunicato*

irradiatóre [1858] **agg.** (**f.** *-trice*) ● (*raro*) che irradia

irradiazióne [vc. dotta, lat. tardo *irradiatiō-ne(m)*, da *irradiātus* 'irradiato' * 1531] **s. f. 1** emissione di raggi, di radiazioni da una sorgente: *i. di luce, di calore* **2** (*est.*) diffusione, da un unico punto d'origine, in varie direzioni, spec. in tutto il corpo: *l'i. di una sensazione dolorosa* **3** esposizione a una radiazione

irraggiaménto [da *irraggiare* * 1621] **s. m. 1** l'irraggiare, l'irraggiarsi **2** (*fis.*) emissione di radiazioni elettromagnetiche

◆**irraggiàre** [parallelo di *irradiare*, sul modello del quale è stato foggiato * av. 1389] **A** **v. tr.** (**pres.** *io irràggio*; **fut.** *io irraggerò*) **1** irradiare: *il Sole irraggia i pianeti* **2** diffondere tutt'attorno (*lett.*, *anche fig.*): *il ferro rovente irraggia calore*; *fatta … più incantevole dal-*

la coscienza che la irraggiava d'una sicurezza celeste (I. NIEVO) **B** **v. intr.** (**aus.** *essere*) e **irraggiàrsi** **v. intr. pron.** ● irradiare

irraggiàto **part. pass.** di *irraggiare*; anche **agg.** **1** irradiato **2** †fatto a raggi

†**irraggiatóre** [av. 1729] **agg. e s. m.** (**f.** *-trice*) ● che (o chi) irraggia

irraggiungìbile [comp. di *in-*③ e un deriv. di *raggiungere* ✱ 1890] **agg.** ● impossibile da raggiungere: *meta i.*; *le irraggiungibili vette alpine*; *l'atleta ormai è i.* | irrealizzabile: *ideale i.* || **irraggiungibilménte**, **avv.** || **irraggiungibilità**, **s. f. inv.**

✦**irragionévole** [comp. di *in-*③ e *ragionevole* ✱ av. 1328] **agg.** **1** (*raro*) privo di ragione, irrazionale: *gli animali sono esseri irragionevoli* **2** che non usa il proprio raziocinio o non vuole intendere ragione: *è la persona più i. che io conosca* **SIN.** dissennato, sconsiderato **3** che non è conforme alla ragione: *sospetto, timore, supposizione i.* | infondato: *una speranza i.* | eccessivo: *prezzo i.* || **irragionevolménte**, **avv.** in modo irragionevole, senza ragione

SFUMATURE DI SIGNIFICATO

irragionevole - irrazionale - insensato

Irragionevole definisce il carattere o le azioni di chi si rifiuta di comportarsi secondo ragione; detto di azioni, fatti, cose vuol dire *eccessivo, ingiustificato*. **Irrazionale** si dice invece di chi agisce senza esercitare le proprie facoltà razionali più per impossibilità o incapacità che volontariamente; se riferito a oggetti vuol dire non funzionale, scomodo. **Insensato** vuol dire privo di senno, criterio, buon senso.

SFUMATURE ➤ ***stolto***①

irragionevolézza [1598] **s. f.** ● caratteristica di chi (o di ciò che) è irragionevole | (*raro*) atto irragionevole

irrancidiménto [av. 1758] **s. m.** ● l'irrancidire

irrancidìre [comp. di *in-*① e *rancido* ✱ av. 1758] **v. intr.** (*io irrancidisco, tu irrancidisci*; **aus.** *essere*) ● diventare guasto, rancido, stantio: *i grassi irrancidiscono facilmente* | (*fig., raro*) diventare antiquato, sorpassato: *istituzioni che irrancidiscono*

irrappreṣentàbile [comp. di *in-*③ e *rappresentabile* ✱ av. 1613] **agg.** **1** (*raro, lett.*) che non si può esporre e far comprendere: *fantasia contorta, i. a una mente sana* **2** privo delle qualità e caratteristiche necessarie per la rappresentazione teatrale: *un atto unico i.* || **irrappreṣentabilità**, **s. f. inv.**

irrazionàle [vc. dotta, lat. tardo *irrationāle(m)*, comp. di *in-*③ e *rationālis* 'razionale' ✱ 1308] **A** **agg.** **1** privo di ragione: *animale i.* **2** che agisce senza usare le proprie facoltà razionali: *un uomo i.* **SIN.** dissennato, irragionevole, irriflessivo | che è privo di ragionevolezza: *ma di che debbo lamentarmi, ahi lasso, / fuor che del mio desire i.?* (L. ARIOSTO) **SIN.** assurdo, insensato **3** privo di fondamento logico, di ragionata elaborazione: *atteggiamento, decisione, teoria i.* **SIN.** illogico **4** (*filos.*) che non si lascia ridurre entro gli schemi della ragione **5** (*mat.*) non razionale, detto di numero che non può essere espresso come rapporto fra due numeri interi | detto di funzione o altro ente matematico che assume valori numerici irrazionali **6** inadatto a soddisfare le esigenze pratiche, concrete, che ne costituiscono la ragion d'essere: *l'appartamento è bello ma i.* || **irrazionalménte**, **avv.** || **irrazionalità**, **s. f. inv.** caratteristica di chi (o di ciò che) è irrazionale; assurdità, insensatezza **B** **s. m. inv.** ● ciò che non è razionale, che è privo di ragione: *il razionale e l'i.* **SIN.** irrazionalità

SFUMATURE ➤ ***irragionevole***

irrazionalìṣmo [comp. di *irrazionale* e *-ismo* ✱ 1932] **s. m.** **1** ogni dottrina filosofica o tendenza artistica e culturale che, ritenendo la ragione insufficiente a spiegare fino in fondo la realtà, privilegia altre facoltà, come l'intuizione o il sentimento: *l'i. di Nietzsche, dell'arte contemporanea* **2** concezione secondo cui la realtà non si iscrive in un ordine razionale **3** (*est.*) mancanza di logica, di coerenza

irrazionalìsta [1910] **A** **s. m. e f.** (**pl. m.** *-i*) ● chi segue l'irrazionalismo o s'ispira ad esso **B** **agg.** ● irrazionalistico

irrazionalìstico [1910] **agg.** (**pl. m.** *-ci*) ● che concerne l'irrazionalismo || **irrazionalisticaménte**, **avv.**

irreàle [comp. di *in-*③ e *reale* ✱ 1889] **A** **agg.** ● privo di realtà: *visione i.* || **irrealménte**, **avv.** **B** anche **s. m.** solo **sing.**: *vivere nell'i.*

SFUMATURE DI SIGNIFICATO

irreale - ideale - astratto

Ciò che è privo di realtà oggettiva, cioè non esiste nei fatti si dice **irreale**. Anche **ideale** identifica ciò che esiste solo nell'immaginazione, ma suggerisce una sfumatura di perfezione, di rispondenza ai desideri, alle aspirazioni dell'individuo. **Astratto** ha invece una sfumatura negativa: essendo ciò che è lontano dalla realtà delle cose manca di concretezza, è assurdo e irrealizzabile.

SFUMATURE ➤ ***immaginario***

irrealìṣmo [da *irreal(e)* col suff. *-ismo* ✱ 1897] **s. m.** **1** nelle arti figurative e in letteratura, tendenza estranea al realismo **2** mancanza di realismo: *l'i. di una proposta*; *peccare di i.*

irrealìsta [comp. di *in-*③ e *realista*① ✱ 1906] **A** **agg. e s. m. e f.** (**pl. m.** *-i*) **1** nelle arti figurative e nella letteratura, che (o chi) è estraneo al realismo **2** che (o chi) manca di realismo: *non fidarti di lui, è un i.* **B** **agg.** ● irrealistico

irrealìstico [comp. di *in-*③ e *realistico* ✱ av. 1960] **agg.** (**pl. m.** *-ci*) ● non realistico, non fondato sulla realtà: *atteggiamento i.*; *ipotesi irrealistiche* || **irrealisticaménte**, **avv.** in modo irrealistico

irrealiẓẓàbile [comp. di *in-*③ e *realizzabile* ✱ 1841] **agg.** ● impossibile da realizzare: *sogno, piano, impresa i.* **SIN.** inattuabile || **irrealiẓẓabilménte**, **avv.** || **irrealiẓẓabilità**, **s. f. inv.**

irrealtà [comp. di *in-*③ e *realtà* ✱ 1844] **s. f. inv.** ● condizione di ciò che è irreale: *l'i. di un progetto, di una illusione* | (*gramm.*) ***periodo ipotetico dell'i.***, V. *ipotetico*

irreclamàbile [comp. di *in-*③ e *reclamabile* ✱ 1869] **agg.** **1** inoppugnabile: *decisione, provvedimento i.* **2** che non si può recuperare: *beni irreclamabili* || **irreclamabilità**, **s. f. inv.**: *l'irreclamabilità di un'ordinanza*

irreconciliàbile e deriv. ➤ **irriconciliabile** e deriv.

†**irreconoscìbile** ➤ **irriconoscibile**

irrecuperàbile [vc. dotta, lat. tardo *irrecuperābile(m)*, comp. di *in-*③ e un deriv. di *recuperāre* 'recuperare' ✱ 1336 ca.] **agg.** **1** che non si può recuperare, che si è perduto: *patrimonio, felicità, salute i.* | che non può più essere utilizzato: *impianto i.* **2** che non può più essere guarito, integrato ecc.: *individuo i. alla società* | incorreggibile || **irrecuperabilménte**, **avv.** || **irrecuperabilità**, **s. f. inv.**

irrecuṣàbile [vc. dotta, lat. tardo *irrecusābile(m)*, comp. di *in-*③ e *recusābilis* 'che si può ricusare' ✱ 1818] **agg.** **1** che non si può ricusare: *proposta, testimonianza i.* **2** che non si può confutare: *argomento, evidenza i.* **SIN.** irrefutabile || **irrecuṣabilménte**, **avv.** || **irrecuṣabilità**, **s. f. inv.**

irredentìṣmo [comp. di *irredento* e *-ismo* ✱ 1884] **s. m.** ● movimento politico che si propone di liberare le terre della patria soggette allo straniero, spec. quello sorto in Italia contro l'Austria, attivo prima e durante la guerra del 1915-18

irredentìsta [1885] **A** **s. m. e f.** (**pl. m.** *-i*) ● sostenitore dell'irredentismo **B** **agg.** ● irredentistico

irredentìstico [1890] **agg.** (**pl. m.** *-ci*) ● dell'irredentismo, degli irredentisti

irredènto [comp. di *in-*③ e *redento* ✱ 1877] **agg.** **1** (*lett.*) che non è stato redento, liberato: *una massa irredenta di energia umana* (L. SCIASCIA) **2** che ancora subiscono una dominazione straniera: *terre, popolazioni irredente*

irredimìbile [comp. di *in-*③ e *redimibile* ✱ 1659] **agg.** **1** (*lett.*) che non si può redimere | che non si può riscattare **2** (*econ.*) detto del debito pubblico non rimborsabile che lo Stato ha contratto nei confronti dei cittadini, impegnandosi a corrisponderne gli interessi a tempo indefinito || **irredimibilità**, **s. f. inv.**

irreducìbile ➤ **irriducibile**

irrefragàbile [vc. dotta, lat. tardo *irrefragābile(m)*, comp. di *in-*③ e un deriv. di *refragāri* 'refragare, fare opposizione' ✱ sec. XIV] **agg.** ● (*lett.*) che non si può contrastare, oppugnare: *documento, tesi i.*; *che attua con irrefragabili esempi virtuosi l'ideale della compagna dell'uomo* (S. ALERAMO) **SIN.** inconfutabile, irrefutabile | (*lett.*) detto di chi è del tutto attendibile, veritiero: *testimone i.* || **irrefragabilménte**, **avv.** in modo inoppugnabile, inconfutabile || **irrefragabilità**, **s. f. inv.**

irrefrenàbile [comp. di *in-*③ e del lat. *refrenābilis* 'raffrenabile' ✱ 1499] **agg.** ● che non si può frenare, reprimere: *sdegno, impeto, gioia, impulso i.*; *la risata gli scattava i.* (L. PIRANDELLO) **SIN.** incoercibile, irreprimibile || **irrefrenabilménte**, **avv.** || **irrefrenabilità**, **s. f. inv.**

irrefrenàto [comp. di *in-*③ e del lat. *refrenātu(m)* 'frenato' ✱ 1869] **agg.** ● (*raro*) inarrestabile, incontenibile

irrefutàbile [vc. dotta, lat. tardo *irrefutābile(m)*, comp. di *in-*③ e *refutābilis*, da *refutāre* 'confutare' ✱ 1856] **agg.** ● che non si può confutare o negare: *argomento, prova i.* **SIN.** incontestabile, inoppugnabile, indiscutibile || **irrefutabilménte**, **avv.** in maniera irrefutabile || **irrefutabilità**, **s. f. inv.**

irreggimentàre [adattamento del fr. *enrégimenter*, comp. di *en-* *in-*① e *régiment* 'reggimento' ✱ 1798] **v. tr.** (*io irreggiménto*) **1** (*milit.*) incorporare in un reggimento | ordinare in reggimento **2** (*fig.*) sottoporre qlcu. a una disciplina ferrea, inquadrandone l'attività entro schemi o sistemi rigidi: *hanno irreggimentato tutti i loro adepti*

irreggimentazióne [av. 1909] **s. f.** ● l'irreggimentare

irregolàre [vc. dotta, lat. mediev. *irregulāre(m)*, comp. di *in-*③ e *regulāris* 'regolare' ✱ av. 1544] **A** **agg.** **1** che non è conforme alla regola, alle norme stabilite e sim.: *atto, contratto i.* | ***azione, intervento i.***, in vari sport, azione scorretta, fallo | (*est.*) che contrasta con le consuetudini o le convenzioni morali e sociali: *vita i.*; *condotta i.* **2** che si discosta dal tipo o dalla forma consueta: *naso, bocca i.* | ***stagione i.***, incostante e variabile | ***calice, corolla i.***, quando i sepali o i petali non sono distribuiti simmetricamente rispetto all'asse fiorale | ***galassia i.***, che non ha alcuna particolare forma geometrica | ***milizie irregolari***, corpi militari non inquadrati organicamente nelle forze armate di uno Stato **3** detto di fatto linguistico non del tutto conforme ad un tipo considerato dominante: *verbo i.*, *plurali irregolari*; *coniugazione i.* | detto di figura geometrica che si allontana dalla forma considerata regolare: *poligono i.*; *un edi-*

ficio della pianta i. **4** che manca di uniformità, di continuità e sim.: *il fenomeno ha una durata i.*; *sul lavoro abbiamo un rendimento i.* | (*fis.*) ***moto i.***, quello che non mantiene direzione e velocità costanti | (*med.*) ***polso i.***, alterato in uno qualsiasi dei suoi caratteri | disordinato: *dall'alto appariva un panorama i. di tetti e comignoli* || **irregolarménte**, **avv.** in modo irregolare; disordinatamente || **irregolarità**, **s. f. inv.** (V.) **B** **s. m.** **1** (**anche f.**) chi conduce una vita al di fuori degli schemi convenzionali **SIN.** anticonformista | immigrato non in regola con le norme sull'immigrazione **2** soldato appartenente alle milizie irregolari **3** (*zool.*) ogni individuo appartenente alla sottoclasse degli Irregolari

SFUMATURE DI SIGNIFICATO

irregolare - sproporzionato

Irregolare è ciò che non è conforme a un tipo, un modello, uno schema considerato regolare. Se tale irregolarità è caratterizzata da asimmetria e da un'assenza di distribuzione armonica tra le forme si ha **sproporzionato**, termine che rispetto a *irregolare* suggerisce una certa sgradevolezza estetica.

Irregolàri [1957] **s. m. pl.** (**sing.** *-e*) ● (*zool.*) sottoclasse di Echinoidei con spiccata simmetria bilaterale e corpo appiattito (*Irregularia*)

irregolarità [1574] **s. f. inv.** **1** caratteristica di ciò che è irregolare: *i. della figura*; *i. di una procedura* | ciò che è irregolare, sporgente: *fare attenzione alle i. del terreno* **2** nel diritto canonico, impedimento perpetuo che vieta la recezione dell'ordine sacro **3** atto o procedimento che costituiscono violazione di una norma, di un ordine, di un obbligo: *commettere una i.*; *i. amministrativa* | (*sport*) fallo o azione scorretta

irregressìbile [comp. di *in-*③ e un deriv. di *regredire* ✱ 1983] **agg.** ● che non può regredire

irrelàto [ingl. *irrelated*, comp. di *in-*③ e di un deriv. del lat. *relātus* (V. †*relato*) ✱ 1963] **agg.** ● che non ha relazione o connessione con altra cosa: *elementi irrelati* **CONTR.** correlato || **irrelataménte**, **avv.**

irreligióne [vc. dotta, lat. tardo *irreligiōne(m)*, comp. di *in-*③ e *relĭgio*, genit. *religiōnis* 'religione' ✱ av. 1527] **s. f.** ● (*lett.*) mancanza di religiosità, contrarietà o disprezzo verso la religione

irreligióso (o **-ṣ-**) [vc. dotta, lat. *irreligiōsu(m)*, comp. di *in-*③ e *religiōsus* 'religioso' ✱ sec. XIV] **agg.** **1** privo di sentimenti religiosi o indifferente verso la religione: *un uomo totalmente i.* **2** contrario alla religione: *le sue idee sono nettamente irreligiose* | empio: *parole irreligiose* || **irreligiosaménte**, **avv.** in modo irreligioso || **irreligiosità**, **s. f. inv.** mancanza di sentimento religioso; atto o comportamento contrario alla religione

irremeàbile [vc. dotta, lat. *irremeābile(m)*, comp. di *in-*③ e *remeābilis* 'remeabile' ✱ av. 1406] **agg.** ● (*raro*, *lett.*) che non si può percorrere in senso inverso | da cui non si può tornare indietro: *la i. porta dell'Averno* | (*fig.*, *lett.*) irrimediabile

†**irremediàbile** ➤ **irrimediabile**

irremissìbile [vc. dotta, lat. eccl. *irremissĭbile(m)*, comp. di *in-*③ e *remissĭbilis* 'remissibile' ✱ av. 1342] **agg.** **1** (*lett.*) che non si può condonare, perdonare: *peccato, errore i.* | di chi non perdona **2** †inderogabile **3** (*lett.*) inestinguibile || **irremissibilménte**, **avv.** senza remissione o rimedio: *irremissibilmente condannato, perduto* || **irremissibilità**, **s. f. inv.**

irremovìbile [comp. di *in-*③ e di un deriv. del lat. *removēre* 'rimuovere' ✱ 1765] **agg.** **1** (*raro*) impossibile da rimuovere: *difficoltà irremovibili* **2** (*fig.*) che non si può mutare, modificare: *volontà, proposito i.* | che non si lascia dissuadere; fermo, tenace, ostinato: *è i. nella sua decisione* || **irremovibilménte**, **avv.** || **irremovibilità**, **s. f. inv.** (V.)

irremovibilità [av. 1799] **s. f. inv.** ● condizione di ciò che è irremovibile: *l'i. di un proposito* | caratteristica di chi è irremovibile **SIN.** fermezza, tenacia, pervicacia

irremuneràbile [vc. dotta, lat. tardo *irremunerābile(m)*, comp. di *in-*③ e un deriv. di *remunerāre* 'rimunerare' ✱ av. 1543] **agg.** ● (*raro*, *lett.*) che non si può adeguatamente ricompensare: *servigio i.*

†**irremuneràto** [vc. dotta, lat. tardo *irremunerātu(m)*, comp. di *in-*③ e *remunerātus* 'rimunerato' ✱ av. 1375] **agg.** ● che non è stato remunerato

ìrre òrre [loc. onomat. ✱ 1831] **loc. sost. m. inv.** ● (*centr.*) atteggiamento ambiguo e reticente di chi non riesce a prendere una decisione o a manifestare chiaramente il suo pensiero

irreparàbile [vc. dotta, lat. *irreparābile(m)*, comp. di *in-*③ e *reparābilis* 'riparabile' ✱ av. 1328] **A** **agg.** **1** di ciò a cui non si può porre riparo, rimedio: *sventura, danno, perdita i.* **SIN.** irrimediabile **CFR.** irriparabile **2** (*raro*) che non si può evitare: *si sentiva minacciato da una i. rovina* **SIN.** ineluttabile || **irreparabilménte**, **avv.** || **irreparabilità**, **s. f. inv.**: *l'i. di un disastro, di un errore* **B** **s. m.** ● ciò a cui non si può porre rimedio: *il timore dell'i.* | (*est.*) la morte di qlcu.: *è accaduto l'i.*

irreperìbile [comp. di *in-*③ e *reperibile* ✱ av. 1712] **agg.** ● (*dir.*) detto dell'imputato di cui non risultino il luogo di abitazione o di esercizio professionale, di dimora o di recapito | (*est.*) di chi (o di ciò che) non si riesce a reperire, a trovare: *testamento, persona i.* | ***rendersi i.***, non farsi trovare mai || **irreperibilménte**, **avv.** || **irreperibilità**, **s. f. inv.**

irrepetìbile e deriv. ➤ **irripetibile** e deriv.

irreposcìbile [vc. dotta, lat. tardo *irreposcĭbile(m)*, comp. di *in-*③ e un deriv. di *repōscere* 'richiedere', da *pŏscere*, di orig. indeur. ✱ 1895] **agg.** ● (*dir.*; *disus.*) detto di ciò di cui non è possibile richiedere la restituzione **SIN.** irripetibile **CONTR.** ripetibile

irreprensìbile [vc. dotta, lat. tardo *irreprehensĭbile(m)*, comp. di *in-*③ e *reprehensĭbilis* 'riprensibile' ✱ av. 1292] **agg.** ● che non merita appunti o critiche di sorta: *vita, condotta, lavoro, giudice i.* **SIN.** ineccepibile, inappuntabile, impeccabile || **irreprensibilménte**, **avv.** || **irreprensibilità**, **s. f. inv.**

irreprimìbile [comp. di *in-*③ e *reprimibile* ✱ 1932] **agg.** ● (*raro*) che non si può contenere, reprimere

†**irreprobàbile** [comp. di *in-*③ e di un deriv. del lat. tardo *reprobāre* 'respingere' ✱ av. 1375] **agg.** ● che non si può confutare **SIN.** incontestabile, indiscutibile

irrepugnàbile [comp. di *in-*③ e di un deriv. del lat. *repugnāre* 'ripugnare' ✱ 1308] **agg.** **1** (*dir.*) che non può essere privato di efficacia anche se accertato non veridico: *prova i.* **2** (*lett.*) inoppugnabile, incontrastabile || **irrepugnabilménte**, **avv.**

irrequietézza [1860] **s. f.** ● caratteristica di chi (o di ciò che) è irrequieto: *i. d'animo*

✱**irrequièto** [vc. dotta, lat. *irrequiētu(m)*, comp. di *in-*③ e *requiētus*, part. pass. di *requiēscere* 'riposare' ✱ 1440] **agg.** ● che non ha quiete, che è agitato, che è ansioso e sim.: *la lunga attesa lo rese i.*; *malato i.*; *tutta la notte … era un calpestio i., un destarsi improvviso di muggiti e di belati* (G. VERGA) | che non rimane tranquillo, che è molto vivace: *un bambino i.* || **irrequietaménte**, **avv.**

✱**irrequietùdine** [da *irrequieto* sul modello di *inquietudine* ✱ 1782] **s. f.** ● condizione d'irrequietezza interiore

irresistìbile (o **-eṣi-**) [comp. di *in-*③ e un deriv. di *resistere* ✱ 1612] **agg.** **1** di ciò a cui non si può resistere: *la forza i. del vento* | che attrae in modo travolgente: *comicità, fascino i.* | ***persona i.***, seducente, di grande fascino **2** che non si può contrastare, reprimere: *bisogno, impulso i.* **SIN.** inarrestabile || **irresistibilménte**, **avv.** || **irresistibilità**, **s. f. inv.**

irresolùbile (o **-ṣ-**) [vc. dotta, lat. tardo *irresolūbile(m)*, comp. di *in-*③ e *resolūbilis* 'risolubile' ✱ av. 1527] **agg.** **1** (*lett.*) che non si può sciogliere, disfare: *legame i.* **2** (*fig.*) che non si riesce a risolvere: *questione i.* **SIN.** insolubile || **irresolubilménte**, **avv.** || **irresolubilità**, **s. f. inv.**

irresolutézza (o **-ṣ-**) o **irrisolutézza** (o **-ṣ-**), [1612] **s. f.** **1** mancanza di risolutezza, di decisione **2** dubbio, incertezza

✱**irresolùto** (o **-ṣ-**) o **irrisolùto** (o **-ṣ-**) [vc. dotta, lat. *irresolūtu(m)*, comp. di *in-*③ e *resolūtus* col senso di 'risoluto' ✱ 1513] **agg.** **1** privo di risolutezza, di decisione: *una persona irresoluta*; *dunque t'esponi / irresoluta a sì gran passo?* (P. METASTASIO) **SIN.** incerto, indeciso, perplesso **2** (*lett.*) insoluto: *problema i.* | (*lett.*) indefinito: *un borbottar di tuoni, … tronco, i.* (A. MANZONI) || **irresolutaménte**, **avv.** con irresolutezza

SFUMATURE ➤ ***incerto***, ➤ ***insicuro***, ➤ ***timoroso***

irresoluzióne (o **-ṣ-**) o †**irrisoluzióne** [fr. *irrésolution*, comp. di *in-*③ e *résolution* 'risoluzione' ✱ 1524] **s. f.** ● (*lett.*) esitazione, indecisione, perplessità: *non era … in Cesare … negligenza, né i.* (F. GUICCIARDINI)

irrespiràbile [vc. dotta, lat. *irrespirābile(m)*, comp. di *in-*③ e un deriv. di *respirāre* 'respirare' ✱ av. 1827] **agg.** **1** che non si può respirare, che è dannoso se respirato: *aria i.*; *miasmi, esalazioni irrespirabili* **2** (*fig.*) di ambiente o situazione insopportabili, estremamente negativi: *un clima politico i.* || **irrespirabilità**, **s. f. inv.**

irresponsàbile [comp. di *in-*③ e *responsabile* ✱ 1799] **A** **agg.** **1** di chi non è o non può essere ritenuto responsabile di qlco.: *l'hanno incolpato ma è i.* **2** (*dir.*) che per legge non può essere chiamato in giudizio per gli atti compiuti nell'esercizio delle sue funzioni | (*est.*) ***politicamente i.***, che non ha responsabilità politica, che non può essere chiamato a rispondere in sede politica dei suoi atti **3** che non è cosciente dei propri atti, spec. per malattie o incapacità di mente: *un individuo i.* **4** di chi non considera le conseguenze delle proprie azioni e si comporta con leggerezza e incoscienza: *un giovane i.* **SIN.** sconsiderato | che rivela mancanza di senso di responsabilità: *comportamento i.* || **irresponsabilménte**, **avv.** in modo irresponsabile: *comportarsi irresponsabilmente* || **irresponsabilità**, **s. f. inv.** incoscienza, sconsideratezza **B** **s. m. e f.** ● chi per superficialità o sim. non riflette sulla portata delle proprie azioni: *ti sei comportato da vero i.*

†**irrestoràbile** [comp. di *in-*③ e *restorabile* ✱ av. 1595] **agg.** ● irreparabile: *il danno della morte è i.* (T. TASSO)

irrestringìbile [comp. di *in-*③ e *restringibile* ✱ 1886] **agg.** ● detto di tessuto in lana o cotone che non si restringe nella lavatura || **irrestringibilità**, **s. f. inv.**

irretiménto [1957] **s. m.** ● (*raro*) l'irretire, il venire irretito

✱**irretìre** o †**inretìre** [vc. dotta, lat. *irretīre*, comp. di *in-*① e *rēte* 'rete' ✱ 1321] **v. tr.** (*io irretìsco, tu irretìsci*) **1** (*raro*, *lett.*) prendere nella rete | (*fig.*, *lett.*) impigliare, avvolgere **2** (*fig.*) abbindolare, raggirare: *i. gli ingenui* | sedurre, attrarre: *i. qlcu. col proprio fascino*; *i. con arti sottili*; *quando le sfuggi, tenta*

di irretirti da lontano (E. MORANTE)
SFUMATURE ➤ ***accalappiare***

irretrattàbile e deriv. ➤ **irritrattabile** e deriv.

irretroattìvo [comp. di *in-*③ e *retroattivo* ✱ 1965] **agg.** ● (*dir.*) non retroattivo: *patto i.* ‖ **irretroattività**, **s. f. inv.** (*dir.*) condizione di ciò che è irretroattivo: *irretroattività della legge*

irreverènte e deriv. ➤ **irriverente** e deriv.

irreversìbile [comp. di *in-*③ e *reversibile* ✱ 1794] **agg.** ● che non si può invertire, che avviene in un solo senso: *processo chimico i.* | che non ammette ritorni a uno stadio precedente: *l'invecchiamento è un fenomeno i.* | definitivo: *scelta i.* | ***malattia, lesione, coma i.***, che non regredisce | (*dir.*) ***pensione i.***, che non può essere devoluta ad altri che al titolare ‖ **irreversibilménte**, **avv.** ‖ **irreversibilità**, **s. f. inv.**

irrevocàbile [vc. dotta, lat. *irrevocābile(m)*, comp. di *in-* neg. e *revocābilis* 'revocabile' ✱ av. 1342] **agg.** ● che non si può revocare, annullare, modificare e sim.: *provvedimento, ordinanza i.*; *ordine i.*; *mandato in i. esilio* (G. BOCCACCIO) | ***sentenza i.***, non più soggetta ai mezzi ordinari d'impugnazione | (*est.*) definitivo, immutabile: *decisione i.* | (*lett.*) che è trascorso, che non ritorna: *ahi fuggon rapidi / gl'irrevocabili anni!* (G. CARDUCCI) ‖ **irrevocabilménte**, **avv.** ‖ **irrevocabilità**, **s. f. inv.**

irrevocàto [vc. dotta, lat. *irrevocātu(m)*, comp. di *in-* neg. e *revocātus*, part. pass. di *revocāre* 'revocare' ✱ 1811] **agg.** **1** che non ha subìto revoche o cambiamenti: *una disposizione irrevocata* **2** (*lett.*) che non è richiamato alla memoria ma le si ripresenta in modo spontaneo: *sempre al pensier tornavano / gl'irrevocati dì* (A. MANZONI)

irricevìbile [comp. di *in-*③ e *ricevibile* ✱ 1940] **agg.** **1** (*dir.*) di istanza, ricorso e sim. che non possono essere presi in considerazione dall'autorità giudiziaria o amministrativa per mancanza di requisiti formali: *appello i.* **2** (*est.*) inaccettabile, che non può nemmeno essere preso in considerazione: *una proposta i.* ‖ **irricevibilità**, **s. f. inv.**

irriconciliàbile o (*lett.* o *raro*) **irreconciliàbile** [comp. di *in-*③ e del lat. *reconciliābilis* 'riconciliabile' ✱ 1584] **agg.** ● che non ammette accordi, conciliazioni, compromessi: *opposizione i.*; *questo concilio ... ha fatto le discordie irreconciliabili* (P. SARPI) | che rifiuta di riconciliarsi con qlcu. o qlco.: *nemici irriconciliabili* ‖ **irriconciliabilménte** o **irreconciliabilménte**, **avv.** ‖ **irriconciliabilità** o **irreconciliabilità**, **s. f. inv.**

irriconoscènte [comp. di *in-*③ e *riconoscente* ✱ 1584] **agg.** ● che non mostra riconoscenza, ingrato: *mostrarsi i. verso qlcu., di* (o *per*) *qlco.* ‖ **irriconoscenteménte**, **avv.**

irriconoscìbile o †**irreconoscìbile** [comp. di *in-*③ e *riconoscibile* ✱ av. 1712] **agg.** ● che non si può riconoscere, che si riconosce con difficoltà: *era i. sotto il pesante trucco* | che non sembra più lo stesso, nel modo di fare, di comportarsi ‖ **irriconoscibilménte**, **avv.** ‖ **irriconoscibilità**, **s. f. inv.**

irridènte **part. pres.** di *irridere*; anche **agg.** ● che deride, schernisce: *sguardo i.*

✦**irrìdere** [vc. dotta, lat. *irrīdēre*, comp. di *in* 'su' e *rīdēre* 'ridere' ✱ av. 1342] **A** **v. tr.** (coniug. come *ridere*) ● deridere, schernire, dileggiare: *i. gli avversari*; *pace, che il mondo irride, / ma che rapir non può* (A. MANZONI) **B** **v. intr.** (aus. *avere*) ● farsi beffe di qlco. (+ *a*): *i. a una proposta*; *a le mute lacrime irridea* (G. CARDUCCI)

irriducìbile o (*lett.*) **irreducìbile** [comp. di *in-*③ e *riducibile* ✱ av. 1704] **agg.**; anche **s. m.** e **f.** nel sign. 3 **1** che non si può diminuire, ridurre: *proposta, richiesta, cifra i.* | (*mat.*) *frazione i.*, ridotta ai minimi termini, nella quale numeratore e denominatore sono primi fra loro | (*fig.*, *lett.*) che non si può eliminare: *c'è ... un mistero i., qualunque sia l'altezza a cui possa arrivare la scienza* (G. UNGARETTI) **SIN.** originario **2** che non si può piegare: *volontà, ostinazione i.* **SIN.** incoercibile, inesorabile **3** (*fig.*) detto di chi è irremovibile, non desiste dal proprio atteggiamento: *un terrorista i.* | accanito, ostinato: *un bevitore i.* **4** (*med.*) di organo o parte di esso che ha perso la sua normale sede e non può essere riposto nella posizione naturale: *ernia i.* ‖ **irriducibilménte**, **avv.** ‖ **irriducibilità**, **s. f. inv.**
SFUMATURE ➤ ***puntiglioso***

irriferìbile [comp. di *in-*③ e *riferibile* ✱ 1961] **agg.** ● che non si può riferire, perché sconveniente, indecente, osceno e sim.: *parole irriferibili* ‖ **irriferibilménte**, **avv.** ‖ **irriferibilità**, **s. f. inv.**

irriflessióne [comp. di *in-*③ e *riflessione* ✱ 1804] **s. f.** ● (*lett.*) insufficienza o mancanza di riflessione: *agire con impulsività e i.* **SIN.** leggerezza

irriflessìvo [comp. di *in-*③ e *riflessivo* ✱ av. 1803] **agg.** ● di chi è avventato, sconsiderato nell'agire: *ragazzo i.* | che è fatto o detto senza riflettere, con leggerezza: *movimento i.*; *reazione irriflessiva* ‖ **irriflessivaménte**, **avv.** ‖ **irriflessività**, **s. f. inv.** (*lett.*) mancanza di ponderazione; errore

irriflèsso [comp. di *in-*③ e *riflesso*② ✱ av. 1342] o †**inreflèsso** [av. 1342] **agg.** **1** (*raro*) spontaneo, istintivo: *un sentimento i.* **2** (*lett.*) che non viene riflesso, detto di immagine: *Muovono nuvole irriflesse il mare* (G. UNGARETTI)

irriformàbile [comp. di *in-*③ e *riformabile*, sull'esempio del lat. tardo *irreformābilis* ✱ av. 1750] **agg.** ● che non si può riformare ‖ **irriformabilità**, **s. f. inv.**

irrigàbile [1749] **agg.** ● che può essere irrigato: *un terreno fertile e i.* ‖ **irrigabilità**, **s. f. inv.**

irrigaménto [av. 1644] **s. m.** ● (*raro*) irrigazione

irrigàre [vc. dotta, lat. *irrigāre*, comp. di *in-*② e *rigāre* 'condurre (acqua), bagnare', di etim. incerta ✱ sec. XIV] **v. tr.** (*io irrìgo, tu irrìghi*) **1** dare acqua al terreno per assicurare il normale sviluppo delle piante nei periodi di siccità **2** (*est.*) attraversare un territorio, una regione, detto di corsi d'acqua: *l'Adige irriga il Trentino e il Veneto* **3** (*fig.*, *lett.*) bagnare largamente: *i. di sangue il campo di battaglia* **4** (*med.*) trattare con irrigazioni **5** (*lett.*) cospargere, inondare

irrigàto **part. pass.** di *irrigare*; anche **agg.** ● nei sign. del v.

irrigatóre [vc. dotta, lat. tardo *irrigatōre(m)*, da *irrigātus* 'irrigato' ✱ 1623] **A** **agg.** (f. *-trice*) ● che irriga: *fosso i.* **B** **s. m.** **1** (*agric.*) apparecchio per distribuire l'acqua nell'irrigazione a pioggia **2** (*med.*) strumento per irrigazioni

irrigatòrio [av. 1835] **agg.** (pl. m. *-i* o *raro* *-ii*) ● utile per l'irrigazione: *canale i.*

✦**irrigazióne** [vc. dotta, lat. *irrigatiōne(m)*, da *irrigātus* 'irrigato' ✱ sec. XIV] **s. f.** **1** (*agric.*) l'irrigare | complesso di opere tendenti alla distribuzione di acqua su un territorio agricolo | ***fosso d'i.***, che adduce l'acqua al terreno da irrigare | ***i. a pioggia***, per aspersione | ***i. a sorso***, quella in cui l'acqua affluisce a impulsi | ***i. a goccia***, quella in cui l'acqua cola a piccole quantità e a ritmo lento **2** (*med.*) introduzione di liquidi medicamentosi a determinata pressione in una cavità mucosa, nasale, vescicale, vaginale e sim.

irrigidiménto [1788] **s. m.** ● l'irrigidire, l'irrigidirsi: *l'i. di un muscolo, di una pena, di una posizione assunta* | condizione di chi (o di ciò che) è rigido: *l'i. del cadavere* **CFR.** sclero-

irrigidìre [comp. di *in-*① e *rigido* ✱ av. 1342] **A** **v. tr.** (*io irrigidisco, tu irrigidìsci*) ● rendere rigido o più rigido: *il freddo irrigidisce le membra* | (*fig.*) rendere insensibile: *le sofferenze gli hanno irrigidito il cuore* | (*fig.*) rendere più pesante, severo, aspro: *i. una pena*; *i. la disciplina* **B** **v. intr.** (*raro*; aus. *essere*) e **irrigidìrsi** **v. intr. pron.** **1** diventare rigido o più rigido (*anche fig.*): *irrigidirsi per il freddo, lo stupore, la paura* | diventare più freddo: *la temperatura, la stagione tende ad irrigidirsi* **2** mettersi in una posizione e restarvi immobili: *irrigidirsi sull'attenti, nel saluto* **3** (*fig.*) ostinarsi, intestardirsi: *si è irrigidito nella, sulla sua posizione* | (*est.*) assumere una posizione rigida, intransigente (*spec. assol.*): *nel corso della trattativa, le parti si sono irrigidite*

irrigidìto **part. pass.** di *irrigidire*; anche **agg.** ● rigido | (*fig.*) ostinato, inflessibile

irriguardóso (o -ṣ-) [comp. di *in-*③ e *riguardoso* ✱ 1955] **agg.** ● di chi (o di ciò che) manca di cortesia, rispetto, riguardo: *un giovane arrogante e i.*; *comportamento, frase, gesto i.* **SIN.** insolente ‖ **irriguardosaménte**, **avv.** in modo irriguardoso, senza riguardo ‖ **irriguardosità**, **s. f. inv.**

✦**irrìguo** [vc. dotta, lat. *irrĭguu(m)*, da *irrigāre* 'irrigare' ✱ av. 1342] **agg.** **1** che viene irrigato, che è ben irrigato, che è ricco di acque: *terreno i.* **2** che serve a irrigare: *acque irrigue*

irrilevànte [comp. di *in-*③ e *rilevante* ✱ 1670] **agg.** **1** che non ha molta importanza o rilievo: *fenomeno i.* **2** detto di elemento linguistico che non svolge una funzione differenziatrice **3** (*dir.*) che non è preso in considerazione dall'ordinamento giuridico ‖ **irrilevanteménte**, **avv.**

irrilevànza [comp. di *in-*③ e *rilevanza* ✱ 1798] **s. f.** ● caratteristica di ciò che è irrilevante

irrimandàbile [comp. di *in-*③ e *rimandare* ✱ 1983] **agg.** ● che non può essere rimandato ad altra data

irrimediàbile o †**irremediàbile** [vc. dotta, lat. tardo *irremediābile(m)*, comp. di *in-*③ e *remediābilis* 'rimediabile' ✱ av. 1363] **agg.** ● che non ha rimedio, che non si può rimediare: *male, errore, danno i.* **SIN.** irreparabile ‖ **irrimediabilménte**, **avv.** senza rimedio ‖ **irrimediabilità**, **s. f. inv.**

irrintracciàbile [comp. di *in-*③ e *rintracciabile* ✱ av. 1775] **agg.** ● che non può essere rintracciato

irrinunciàbile o (*raro*) **irrinunziàbile** [comp. di *in-*③ e *rinunciabile* ✱ 1956] **agg.** ● di ciò a cui non si può o non si vuole rinunciare: *richieste, esigenze irrinunciabili*; *formula politica i.* | (*dir.*) di cui non si può disporre mediante rinuncia: *diritti irrinunciabili* ‖ **irrinunciabilménte**, **avv.** ‖ **irrinunciabilità** o **irrinunziabilità**, **s. f. inv.**

irrinunziàbile e deriv. ➤ **irrinunciabile** e deriv.

irriparàbile [comp. di *in-*③ e *riparabile* ✱ 1645] **agg.** ● che non può essere aggiustato: *un congegno, un televisore i.* | (*raro*) irreparabile ‖ **irriparabilità**, **s. f. inv.**

irripetìbile o (*raro*) **irrepetìbile** [comp. di *in-*③ e *ripetibile* ✱ 1673] **agg.** **1** che non si deve ripetere: *oscenità irripetibili* **2** che non potrà ripetersi: *esperimento i.*; *un'occasione unica, i.* | eccezionale, straordinario: *emozione, esperienza i.* **3** (*dir.*) non ripetibile ‖ **irripetibilménte**, **avv.** ‖ **irripetibilità** o (*raro*) **irrepetibilità**, **s. f. inv.**

irriproducìbile [comp. di *in-*③ e *riproducibile* * 1910] **agg.** ● che è difficile o impossibile riprodurre: *fotografia i.* ‖ **irriproducibilménte**, **avv.** ‖ **irriproducibilità**, **s. f. inv.**

irriprovévole [comp. di *in-*③ e *riprovevole* * 1832] **agg. 1** (*lett.*) che non si può biasimare: *comportamento i.* **SIN.** irreprensibile **2** (*lett.*) inappuntabile: *le lor vesti ... di i. taglio* (C. Dossi)

✦**irrişióne** [vc. dotta, lat. *irrisiōne(m)*, da *irrīsus*, part. pass. di *irridēre* 'irridere' * av. 1342] **s. f.** ● derisione, scherno **SIN.** dileggio

irrìşo **part. pass.** di *irridere*; anche **agg.** ● deriso

irrisòlto [comp. di *in-*③ e *risolto* * 1955] **agg.** ● che non è risolto, che non ha ancora una soluzione: *problema i.*

irrisolùto e deriv. ➤ **irresoluto** e deriv.

irrisolvìbile [comp. di *in-*③ e *risolvibile* * 1921] **agg.** ● che non può essere risolto, che non ha soluzione: *problema, enigma i.* ‖ **irrisolvibilità**, **s. f. inv.**

irrişóre [vc. dotta, lat. *irrisōre(m)*, da *irrīsus*, part. pass. di *irridēre* 'irridere' * av. 1342] **agg. e s. m.** (**f.** *raro* -*sóra*) ● che (o chi) irride **SIN.** beffeggiatore, schernitore

✦**irrişòrio** [vc. dotta, lat. tardo *irrisōriu(m)*, da *irrīsor*, genit. *irrisōris* 'irrisore' * 1726] **agg.** (**pl. m.** -*i* o *raro* -*ii*) **1** (*raro, lett.*) che irride: *frase irrisoria* **SIN.** derisorio **2** inadeguato: *compenso i.* **SIN.** risibile | minimo: *prezzo i.* **SIN.** irrilevante ‖ **irrişoriaménte**, **avv.**

irrispettóso (o -*şo*) [comp. di *in-*③ e *rispettoso* * av. 1646] **agg.** ● di chi (o di ciò che) manca del dovuto rispetto: *essere i. con* (o *verso*) *qlcu.*; *ragazzo maleducato e i.*; *risposta irrispettosa* **SIN.** irriguardoso ‖ **irrispettosaménte**, **avv.** in modo irrispettoso, senza rispetto ‖ **irrispettosità**, **s. f. inv.**

irritàbile [vc. dotta, lat. *irritābile(m)*, da *irritāre* 'irritare' * sec. XIV] **agg. 1** che si irrita con facilità: *carattere, temperamento i.* **SIN.** eccitabile **2** (*biol.*) che è caratterizzato da irritabilità: *cute i.* ‖ **irritabilità**, **s. f. inv.** (V.)

irritabilità [vc. dotta, lat. tardo *irritabilitāte(m)*, da *irritābilis* 'irritabile' * av. 1764] **s. f. inv. 1** caratteristica di chi (o di ciò che) è irritabile: *aveva periodicamente delle giornate di forte i.* (I. Svevo) **2** (*biol.*) proprietà del protoplasma, e della materia vivente in generale, di reagire agli stimoli esterni o interni secondo modalità che spesso differiscono nei vari tessuti od organi **SIN.** eccitabilità

irritaménto [vc. dotta, lat. *irritamĕntu(m)*, da *irritāre* 'irritare' * av. 1342] **s. m.** ● (*lett.*) irritazione

irritànte **part. pres.** di *irritare*; anche **agg. 1** che irrita, che indispone: *atteggiamento i.* **2** detto dell'effetto che contraddistingue una particolare categoria di aggressivi chimici, lacrimogeni e starnutatori

♦**irritàre** [vc. dotta, lat. *irritāre*, di etim. incerta * sec. XIV] **A v. tr.** (*io ìrrito*, *raro irrìto*) **1** provocare ira, far perdere la pazienza, la calma: *la vostra ipocrisia mi irrita* | (*raro, lett.*) aizzare, stuzzicare **2** suscitare una reazione fisica di dolore o di fastidio: *sapone che irrita la pelle*; *la luce troppo viva irrita gli occhi* | (*fam.*) ***i. i nervi***, far innervosire | (*fig., lett.*) ***i. una passione***, acuirla, stimolarla | ***i. una piaga***, renderla più dolorosa (*anche fig.*) **B irritàrsi** **v. intr. pron. 1** provare ira, sdegno, risentimento: *irritarsi per le contestazioni*; *è molto nervoso e s'irrita per un nonnulla* **2** infiammarsi: *mi si è irritata la gola*

SFUMATURE DI SIGNIFICATO

irritare - indignare - infiammare

Provocare in una persona un vivo risentimento, dispetto e ira fino a portarla al limite della sopportazione si dice **irritare**. Se le azioni provocatorie offendono la coscienza morale, i principi e i sentimenti si dice piuttosto **indignare**. Nel linguaggio della biologia e della medicina *irritare* designa l'insorgenza in un organo o in un tessuto di una reazione di intensità particolare, un'alterazione dolorosa o fastidiosa: in questo senso è dunque sinonimo di **infiammare**.

SFUMATURE ➤ ***seccare***

irritatìvo [da *irritare* * 1619] **agg.** ● che causa irritazione, infiammazione: *dermatite irritativa*

irritàto **part. pass.** di *irritare*; anche **agg. 1** adirato, incollerito **2** infiammato: *occhi irritati* ‖ **irritataménte**, **avv.**

irritatóre [vc. dotta, lat. *irritatōre(m)*, da *irritātus* 'irritato' * av. 1311] **agg. e s. m.** (**f.** -*trice*) ● (*raro*) che (o chi) irrita, provoca

irritazióne [vc. dotta, lat. *irritatiōne(m)*, da *irritātus* 'irritato' * 1300 ca.] **s. f. 1** l'irritarsi: *subire una forte i.* | stato o condizione di chi è irritato, sdegnato: *sentire, provare i. per qlco., verso qlcu.* **SIN.** risentimento, ira, stizza **2** infiammazione: *i. della gola* | (*biol.*) effetto di uno stimolo su una cellula o su un tessuto ‖ **irritazioncèlla**, **dim.**

SFUMATURE ➤ ***stizza***

ìrrito [vc. dotta, lat. *ĭrritu(m)*, comp. di *in-*③ e *rătus*, part. pass. di *rēri* 'credere, calcolare' * sec. XIII] **agg. 1** (*dir.*) privo di valore legale perché non compiuto secondo le forme di rito previste dalla legge **2** (*lett.*) di nessun valore, vano, inutile

irritrattàbile o **irretrattàbile** [vc. dotta, lat. *irretractābile(m)*, comp. di *in-*③ e un deriv. di *retractāre* 'ritrattare' * sec. XIV] **agg.** ● (*raro*) che non si può ritrattare: *confessione, decisione i.* ‖ **irritrattabilménte**, **avv.** in modo da non potersi ritrattare ‖ **irritrattabilità** o **irretrattabilità**, **s. f. inv.**

irritrosìre (o -*ş*-) [comp. di *in-*① e *ritroso* * 1364] **v. intr.** (*io irritrosisco, tu irritrosisci*; aus. *essere*) e **irritrosirsi** **v. intr. pron.** ● (*raro, lett.*) diventare ritroso, indocile, selvaggio

irrituàle [comp. di *in-*③ e *rituale* * 1957] **agg. 1** (*dir.*) non conforme alle regole di rito stabilite dalla legge | ***arbitrato i.***, in cui gli arbitri giudicano quali amichevoli compositori senza osservare le regole previste dal codice di procedura **2** (*est.*) informale, atipico ‖ **irritualità**, **s. f. inv.** carattere di ciò che è irrituale o (*est.*) atipico

†**irriuscìbile** [comp. di *in-*③ e *riuscibile* * 1598] **agg.** ● che non può riuscire: *impresa i.* | inattuabile

irrivelàbile [comp. di *in-*③ e *rivelabile* * av. 1712] **agg.** ● (*raro, lett.*) che non si può o non si deve rivelare: *segreto i.* ‖ **irrivelabilménte**, **avv.** ‖ **irrivelabilità**, **s. f. inv.**

✦**irriverènte** o (*lett.*) **irreverènte** [vc. dotta, lat. tardo *irreverĕnte(m)*, comp. di *in-*③ e *rĕverens*, genit. *reverĕntis* 'riverente' * 1308] **agg.** ● privo di reverenza e rispetto: *essere sfacciato e i. verso i superiori*; *allusione, scherzo i.*; *grida irriverenti* **SIN.** insolente, irriguardoso ‖ **irriverenteménte**, **avv.** con irriverenza: *rispondere irriverentemente*

irriverènza o (*lett.*) **irreverènza** [vc. dotta, lat. tardo *irreverĕntia(m)*, comp. di *in-*③ e *reverĕntia* 'riverenza' * 1308] **s. f.** ● mancanza di reverenza e rispetto: *comportarsi con i.* | azione o discorso irriverente: *una i. imperdonabile* **SIN.** insolenza, sfacciataggine

irrobustìre [comp. di *in-*① e *robusto* * 1878] **A v. tr.** (*io irrobustìsco, tu irrobustìsci*) ● rendere robusto o più robusto: *la vita sana irrobustisce l'organismo* | (*est.*) rafforzare, potenziare **SIN.** fortificare, invigorire **B irrobustìrsi** **v. intr. pron.** ● diventare robusto: *praticando quello sport è riuscito a irrobustirsi*

irrogàbile [1979] **agg.** ● (*dir.*) che si può irrogare ‖ **irrogabilità**, **s. f. inv.**

irrogàre [vc. dotta, lat. *irrogāre*, comp. di *in* 'contro' e *rogāre* 'chiedere' * 1766] **v. tr.** (*io irrògo, tu irròghi* o *raro*, secondo il modello latino, *io ìrrogo, tu ìrroghi*) ● (*dir.*) infliggere: *i. una pena, una condanna, una sanzione*

irrogazióne [vc. dotta, lat. *irrogatiōne(m)*, da *irrogātus* 'irrogato' * 1836] **s. f.** ● (*dir.*) l'irrogare

irrompènte **part. pres.** di *irrompere*; anche **fig.** ● (*lett.*) che irrompe: *empito d'acque / irrompenti* (G. D'Annunzio)

irrómpere [vc. dotta, lat. *irrŭmpere*, comp. di *ĭn* 'contro, verso' e *rŭmpere* 'rompere' * av. 1472] **v. intr.** (coniug. come *rompere*; aus. *essere*; **part. pass.** *irrótto* e rari i tempi composti) ● entrare a forza, introdursi con impeto (*anche fig.*): *la folla irruppe nel palazzo*; *un sospetto irruppe nel suo animo*

†**irroraménto** [1499] **s. m.** ● irrorazione

✦**irroràre** [vc. dotta, lat. *irrorāre*, comp. di *ĭn* 'sopra' e *rorāre* 'spargere rugiada (*rōs*, genit. *rōris*, di orig. indeur.)' * 1499] **v. tr.** (*io irròro*) **1** bagnare con gocce di liquido: *i. di rugiada, di sudore, di pianto* | (*est.*) permeare completamente, giungere in ogni parte di un organo, di un tessuto e sim.: *il sangue irrora tutto l'organismo* **2** (*agric.*) spruzzare piante con liquidi antiparassitari e sim.

SFUMATURE ➤ ***bagnare***

irroratóre [1957] **agg. e s. m.** (**f.** -*trice*) ● che (o chi) irrora

irroratrìce [1893] **s. f.** ● macchina per irrorare le piante con liquidi antiparassitari e sim.

irrorazióne [vc. dotta, lat. tardo *irroratiōne(m)*, da *irrorātus* 'irrorato' * av. 1468] **s. f.** ● l'irrorare: *i. di un campo* | ***i. sanguigna***, vascolarizzazione

irrotazionàle [comp. di *in-*③ e un deriv. di *rotazione* * 1933] **agg.** ● (*fis.*) detto di campo vettoriale a rotore nullo ‖ **irrotazionalità**, **s. f. inv.** (*fis.*) proprietà di ciò che è irrotazionale

✦**irruènte** o, etim. meno corretto, **irruènto** [vc. dotta, lat. *irruĕnte(m)*, part. pres. di *irrŭere*, comp. di *ĭn*- 'su, contro' e *rŭere* 'correre', 'cadere addosso', di orig. incerta * 1499] **agg. 1** (*raro, lett.*) che irrompe con forza, con violenza: *folla i.*; *acque irruenti* **2** (*fig.*) impetuoso, impulsivo: *carattere i.*; *uomo generoso e i.* | veemente: *discorso i.* ‖ **irruenteménte**, **avv.** con irruenza

irruènza [1848] **s. f.** ● caratteristica di chi (o di ciò che) è irruente: *l'i. delle acque* **SIN.** impeto | impulsività, veemenza: *l'i. di uno scritto, di una persona* **SIN.** impetuosità

irrugginìre [comp. di *in-*① e *ruggine* * av. 1342] **v. tr., intr.** (*io irrugginìsco, tu irrugginìsci*; aus. intr. *essere*) e **irrugginìrsi** **v. intr. pron.** ● (*lett.*) arrugginire, arrugginirsi: *il pio strumento irrugginia su' brevi / solchi* (U. Foscolo)

irrumàre [vc. dotta, lat. *irrumāre* 'offrire la mammella da succhiare', da *rūma* 'mammella' * 1561] **v. tr.** ● praticare l'irrumazione

irrumazióne [vc. dotta, lat. *irrumatiōne(m)*, da *irrumāre* (V. *irrumare*) * 1905] **s. f.** ● nel linguaggio medico e forense, coito orale

irrùppi ➤ **irrompere**

irruvidiménto [1869] **s. m.** ● l'irruvidire, l'irruvidirsi: *l'i. della carnagione*

irruvidìre [comp. di *in-*① e *ruvido* * 1729] **A v. tr.** (*io irruvidìsco, tu irruvidìsci*) ● rendere ruvido: *il freddo e l'umidità irruvidiscono la pelle* **B v. intr.** (aus. *essere*) e **irruvidìrsi** **v. intr. pron.** ● diventare ruvido: *le si era irruvidito il volto* | (*fig., raro*) inasprirsi, incattivirsi | (*fig., raro*) inselvatichirsi

irruzióne [vc. dotta, lat. *irruptiōne(m)*, da *irrŭptus*, part. pass. di *irrŭmpere* 'irrompere' *

1598] **s. f. 1** entrata impetuosa e talvolta violenta in un luogo: *l'i. delle acque*; *l'i. della polizia in una bisca clandestina* | ***fare i.***, irrompere **2** (*milit.*) azione violenta e impetuosa nelle linee nemiche
SFUMATURE ➤ *invasione*

irsutìșmo [da *irsuto* ✱1952] **s. m.** ● (*med.*) eccessivo sviluppo di peli nella donna in sedi non abituali, con una distribuzione tipica del sesso maschile

irsùto [vc. dotta, lat. *hirsūtu(m)* 'irto', agg. pop., di etim. incerta ✱1336 ca.] **agg. 1** folto di peli ispidi: *barba irsuta*; *bianchi crini, e 'l petto i.* (L. DE' MEDICI) | (*est.*) ricco di peli: *uomo i.*; *petto i.* **2** (*raro, fig.*) rozzo: *individuo i.* **3** (*lett.*) scabro, ruvido, pungente: *per grige irsute stoppie* (G. CARDUCCI) **4** †detto di un astro che scintilla in modo molto appariscente

irsùzie o **†irsùzia** [vc. dotta, lat. *hirsūtia(m)*, da *hirsūtus* 'irsuto' ✱av. 1729] **s. f. inv.** ● (*lett., raro*) caratteristica di chi (o di ciò che) è irsuto | (*med., raro*) irsutismo

✦**ìrto** [vc. dotta, lat. *hĭrtu(m)*, di etim. incerta ✱av. 1420] **agg. 1** ispido, irsuto: *chioma, barba irta*; *mostri in capo, / qual istrice pungente, irti i capegli* (G. PARINI) | ritto, drizzato: *pelo i.* | (*lett.*) pungente, spinoso: *dai rami irti del moro* (G. PASCOLI) **2** che presenta molte sporgenze acuminate, appuntite e sim.: *i. di chiodi*; *una costa irta di scogli* **3** (*fig.*) pieno di qlco. che costituisce una difficoltà: *impresa irta di ostacoli*; *discorso i. di citazioni tecniche* **4** (*fig., lett.*) d'indole aspra e ruvida | rozzo, incolto

Irudìnei [dal lat. *hirūdo*, genit. *hirūdinis* 'sanguisuga', di etim. incerta ✱1887] **s. m. pl.** (**sing.** *-o*) ● (*zool.*) classe di Anellidi comprendente animali succhiatori di sangue, tra cui le sanguisughe, dal corpo piatto muniti di due ventose, boccale e anale (*Hirudinea*) **SIN.** Discofori

Irundìnidi [dal lat. *hirŭndo*, genit. *hirŭndinis* 'rondine', di etim. incerta ✱1961] **s. m. pl.** (**sing.** *-e*) ● (*zool.*) famiglia di Passeriformi insettivori, comprendente le rondini, con piumaggio modesto, ali sviluppatissime e notevole resistenza al volo continuato (*Hirundinidae*)

ișabèlla① [fr. *isabelle*, dal n. proprio *Isabelle* 'Isabella' con passaggio semantico non spiegato ✱1650] **agg. inv.**; **anche s. m. inv.** ● colore giallo pallido tipico di un mantello equino: *un tessuto giallo i.*; *sauro i.*

Ișabèlla② [ingl. d'America *Isabella (grape)* '(vite di) *Isabella* (Gibbs)', che ne introdusse la coltivazione ✱1869] **s. f.** ● vitigno di origine americana, resistente all'oidio, che dà l'uva fragola

ișabellìno [da *isabella*① ✱1919] **agg.** ● che ha color isabella: *piumaggio, mantello i.*

ișadèlfo [comp. di *iso-* e del gr. *adelfós* 'fratello' ✱1874] **s. m.** ● (*bot.*) fiore i cui stami sono raggruppati in due fascetti uguali

ișagòge [vc. dotta, lat. *isagōge(n)*, dal gr. *eisagōgḗ*, propr. 'introduzione', comp. di *eis* 'in', di orig. indeur., e *agōgḗ* 'trasporto', da *ágein* 'condurre', di orig. indeur. ✱1572] **s. f.** ● (*lett.*) scritto che introduce un insegnamento o dottrina

ișagògico [vc. dotta, lat. *isagōgicu(m)*, dal gr. *eisagōgikós*, da *eisagōgḗ* 'isagoge' ✱1582] **agg.** (**pl. m.** *-ci*) ● (*lett.*) introduttivo

ișàgono [comp. di *iso-* e di un deriv. del gr. *gōnía* 'angolo' ✱1869] **s. m.**; **anche agg.** ● (*mat., raro*) isogono

ișallòbara o **ișoallòbara** [da *isobara* con inserzione di *-alla-*, dal gr. *állos* 'altro' (sottinteso tempo) ✱1957] **s. f.** ● in una rappresentazione cartografica, linea che congiunge i punti della superficie terrestre nei quali si è avuta una uguale variazione della pressione atmosferica in un determinato periodo di tempo

ișallotèrma o **ișoallotèrma** [da *isoterma* con inserzione di *-alla-*, dal gr. *állos* 'altro' (sottinteso tempo) ✱1933] **s. f.** ● in una rappresentazione cartografica, linea che congiunge i punti della superficie terrestre nei quali si è avuta, in un determinato periodo di tempo, uguale variazione di temperatura

ișatàto [comp. di *isat(ico)* e *-ato* ✱1869] **s. m.** ● (*chim.*) sale o estere dell'acido isatico

ișàtico [comp. di *isat(ina)* e *-ico* ✱1869] **agg.** (**pl. m.** *-ci*) ● (*chim.*) isatinico

ișàtide [vc. dotta, lat. *isătide(m)*, dal gr. *isátis*, di etim. incerta ✱1550] **s. f.** ● genere di piante delle Crocifere, con molte specie erbacee tipiche della regione mediterranea orientale (*Isatis*)

ișatìna [comp. di *isat(ide)* e *-ina* ✱1869] **s. f.** ● (*chim.*) composto eterociclico che si ottiene per ossidazione dell'indaco, impiegato come intermedio nella preparazione di coloranti sintetici del gruppo dell'indaco

ișatìnico [comp. di *isatin(a)* e *-ico* ✱1834] **agg.** (**pl. m.** *-ci*) ● (*chim.*) detto di acido ottenuto dall'isatina per azione degli alcali, che si presenta come una polvere bianca

ìșba o **ìzba** /'izba, *russo* iz'buạ/ [vc. russa (*izbá*), di prob. orig. germ. ✱1895] **s. f.** ● casa o capanna rurale della steppa russa interamente costruita in legno e costituita da un'unica vasta stanza riscaldata da una grande stufa

ișbàglio ➤ **sbaglio**

iscàcco ➤ **scacco**

iscariòta [gr. *Iskariṓtēs*, forse dall'ebr. *īsh Qĕriyyōt* 'uomo di *Qĕriyyōt*' (n. del suo villaggio d'orig. in Palestina) ✱1313] **agg. e s. m. e f.** (**pl. m.** *-i*) ● abitante o nativo di Keriot, villaggio della Giudea: *Giuda i.* | (*est., lett.*) traditore

†iscèda ➤ **†sceda**

ischeletrìre [comp. di *i(n)-*① e *scheletro* ✱1803] **A v. tr.** (*io ischeletrisco, tu ischeletrisci*) **1** (*lett.*) ridurre come uno scheletro: *una malattia che ischeletrisce il corpo* **2** (*fig.*) stremare, infiacchire: *i. l'ingegno* **B v. intr.** (aus. *essere*) e **ischeletrìrsi v. intr. pron.** ● (*lett.*) ridursi come uno scheletro per eccessiva magrezza: *si è ischeletrito per i troppi patimenti* | (*est.*) diventare nudo, spoglio: *d'inverno gli alberi ischeletriscono*

ischemìa [dal lat. *ischāemone(m)*, dal gr. *íschaimos* 'emostatico', comp. di un deriv. di *íschein* 'trattenere' e *hâima* 'sangue', di etim. incerta ✱1833] **s. f.** ● (*med.*) diminuzione o soppressione della circolazione sanguigna in un organo o zona dell'organismo

ischèmico [1902] **A agg.** (**pl. m.** *-ci*) ● (*med.*) relativo a ischemia, causato da ischemia **B agg. e s. m.** (**f.** *-a*) ● (*med.*) che (o chi) è affetto da ischemia

ischemizzàre [da *ischemia* ✱1965] **v. tr.** ● (*med.*) provocare ischemia in una determinata parte del corpo sottoposta a intervento chirurgico

ischerzàre e deriv. ➤ **scherzare** e deriv.

ischèrzo ➤ **scherzo**

ìschia ➤ **eschia**

ischialgìa [comp. del gr. *íschion* 'ischio, anca' e *-algia* ✱1828] **s. f.** (**pl.** *-gìe*) ● (*med.*) dolore nel territorio del nervo sciatico **SIN.** sciatica

ischiàlgico [1957] **agg.** (**pl. m.** *-ci*) ● (*med.*) di ischialgia

ischiàtica [dal gr. *íschion* 'ischio, anca' ✱1961] **s. f.** ● (*raro*) sciatica

ischiàtico [vc. dotta, lat. *ischiădicu(m)*, dal gr. *ischiadikós*, da *íschion* 'ischio' ✱1583] **agg.** (**pl. m.** *-ci*) ● (*anat.*) relativo all'ischio | ***nervo i.***, V. *sciatico* | ***forame i.***, apertura formata dalla parte posteriore dell'ischio e da un legamento fibroso

ìschio [vc. dotta, lat. *ĭschia* (pl.), dal gr. *íschion*, di etim. incerta ✱1585] **s. m. 1** (*anat., zool.*) osso pari ventrale e posteriore della cintura pelvica **CFR.** ileo, pube **2** (*bot.*) farnia

ischitàno [1957] **A agg.** ● dell'isola di Ischia **B s. m.** (**f.** *-a*) ● abitante o nativo di Ischia

†ischiùdere ➤ **escludere**

†isconoscènte ➤ **sconoscente**

†isconvolgiménto ➤ **sconvolgimento**

iscòrta ➤ **scorta** nel sign. A

iscrìtto① o (*raro*) **inscritto A part. pass.** di *iscrivere*; **anche agg.** ● nei sign. del v. **B s. m.** (**f.** *-a*) ● membro effettivo di un gruppo, una società, un partito e sim.: *abbiamo notato un notevole aumento degli iscritti*

iscrìtto② ➤ **scritto**

✦**iscrìvere** o (*raro*) **inscrìvere** [lat. *inscrībere* 'inscrivere' (V.) ✱1291] **A v. tr.** (**coniug. come** *scrivere*) **1** registrare o includere in un elenco, lista, registro e sim.: *i. nel registro dei soci*; *i. una spesa sul bilancio*; *i. qlcu. all'università* **2** (*dir.*) fare oggetto di iscrizione: *i. una causa a ruolo* **3** (*raro*) scrivere incidendo su materiale duro (+ *su*): *i. qlco. su una lapide* **4** (*mat.*) V. *inscrivere* **B iscrìversi v. rifl.** ● entrare a far parte di un gruppo, di un'associazione, di un partito e sim. (+ *a*): *iscriversi a un corso di lingue, a una gara di bocce, alla filodrammatica, al partito liberale* | ***iscriversi a parlare***, farsi inserire nella lista di chi intende intervenire in un dibattito, un'assemblea e sim.

iscrizióne o (*raro*) **inscrizióne**, **†scrizióne**② [lat. *inscriptiōne(m)* 'inscrizione' (V.) ✱av. 1328] **s. f. 1** l'iscrivere, l'iscriversi | atto formale con cui si entra a far parte di un gruppo, di una associazione, di un partito e sim.: *pagare la tassa d'i. all'università*; *è ormai certa la sua i. al partito* **2** (*dir.*) annotazione in un pubblico registro, idonea a produrre effetti giuridici di pubblicità o costitutivi | ***i. di una causa a ruolo***, annotazione da parte del cancelliere degli estremi di una causa civile su un apposito registro **3** qualunque scritto inciso su pietra o metallo: *leggere, decifrare un'i. antica*; *i. bilingue* | (*raro, est.*) cartello: *leggere le iscrizioni che costeggiano la strada* **4** (**spec. al pl.**) dicitura ‖ **iscrizioncèlla**, dim. | **iscrizioncìna**, dim.

iscùria o **iscurìa** [vc. dotta, lat. *ischūria(m)*, dal gr. *ischouría* 'ritenzione (da *íschein* 'trattenere') di urina (*ôuron*)' ✱1583] **s. f.** ● (*med.*) difficoltà di eliminare l'urina, che viene emessa a gocce

iscurìre ➤ **inscurire**

†iscușàbile ➤ **scusabile**

†iscușàre ➤ **scusare**

†iscușazióne ➤ **†escusazione**

†ișèmplo (o **-é-**) ➤ **esempio**

ișernìno [1951] **A agg.** ● di Isernia **B s. m.** (**f.** *-a*) ● abitante o nativo di Isernia

ișìaco [vc. dotta, lat. *Isĭacu(m)*, dal gr. *Isiakós*, da *Îsis* 'Isi(de)' ✱1722] **agg.** (**pl. m.** *-ci*) ● relativo alla dea egiziana Iside e al culto di Iside importato in Grecia e a Roma | ***tavola isiaca***, lastra bronzea probabilmente da altare, appartenente all'età romana, rappresentante il culto di Iside

Ìslam o (etim. più corretto ma meno diffuso) **Islàm** [arabo *islām* 'sottomissione (da *aslama* 'egli si sottomise', della coniug. di *salima* 'egli fu salvo')', sottinteso alla volontà di Dio ✱1869] **s. m. inv.** ● religione monoteistica, fondata da Maometto, che predica la totale rassegnazione a Dio e le cui regole sono enunciate nel *Corano* dettato da Maometto stesso | legge religiosa e anche politica dei Musulmani | mondo, cultura e civiltà musulmani

islàmico [1866] **A agg.** (**pl. m.** *-ci*) ● relativo all'Islam e all'islamismo | detto di Paese con popolazione a maggioranza musulmana

CFR. islamista || **islamicità**, **s. f. inv.** B **s. m. (f. -a)** ● seguace dell'islamismo

islamismo [da *Islam* col suff. *-ismo* ✱ 1799] **s. m. 1** Islam SIN. musulmanesimo **2** spec. nel linguaggio giornalistico, adesione radicale, di tipo integralista, alle leggi religiose e politiche dell'Islam

islamista [1957] **s. m. e f.; anche agg. (pl. m. -i) 1** studioso di islamistica **2** spec. nel linguaggio giornalistico, fautore, seguace dell'islamismo radicale: *Paese i.* CFR. islamico | estremista islamico

islamistica [1935] **s. f.** ● studio della religione, della civiltà e delle culture islamiche

islamita [1866] **s. m. e f. (pl. m. -i)** ● (*raro*) seguace dell'islamismo

islamitico [comp. di *islamit(a)* e del suff. *-ico* sul modello dell'ingl. *islamitic* ✱ 1869] **agg. (pl. m. -ci)** ● (*raro*) islamico

islamizzare [1957] A **v. tr.** ● convertire all'Islam | rendere islamico B **islamizzarsi v. intr. pron.** ● convertirsi all'Islam | acquistare gli usi, la cultura e sim. islamici || **islamizzazione**, **s. f.**

islamofobia [comp. di *islam(ic)o* e *fobia* ✱ 1997] **s. f.** ● atteggiamento di forte avversione, di ostilità verso l'Islam e tutto ciò che è islamico || **islamofobico**, **agg. (pl. m. -ci)** relativo a islamofobia, che denota islamofobia || **islamofobo**, **agg. e s. m. (f. -a)** che (o chi) dimostra islamofobia

♦**islandese** (o **-se**) [1765] A **agg.** ● dell'Islanda: *città i.* B **s. m. e f.** ● abitante o nativo dell'Islanda C **s. m. solo sing.** ● lingua del gruppo germanico parlata in Islanda

ismaeliano [1869] **agg. e s. m.** ● ismaelita

ismaelita [av. 1375] A **s. m. e f. (pl. m. -i)** ● arabo, come discendente del patriarca biblico Ismaele B **anche agg.**: *popolazione, città i.*

ismailismo [1970] **s. m.** ● religione dei Musulmani Ismailiti

ismailita [1929] **s. m. e f.; anche agg. (pl. m. -i)** ● seguace dell'eresia musulmana sciita, che nel 765 d.C. proclamò Ismail imam occulto, che si sarebbe cioè occultato al mondo per poi manifestarsi nuovamente

ismania ➤ **smania**

ismo ① ➤ **istmo**

ismo ② [uso sost. del suff. *-ismo* ✱ 1865] **s. m.** ● (*spec. iron.*) parola formata con il suffisso *-ismo*, relativa spec. a movimenti politici, culturali e sim. considerati effimeri: *gli ismi degli anni Ottanta*

-ismo o **-esimo** ② [gr. *-ismós* (dai v. in *-ízein*), ripreso dal lat. ecclesiastico e poi esteso a molti nuovi comp.] **suff.** ● forma sostantivi derivati dal greco o, in maggioranza, di origine moderna, che indicano particolarmente dottrine, tendenze, movimenti religiosi, politici, sociali, filosofici, letterari, artistici (*comunismo, cristianesimo, cubismo, empirismo, fascismo, futurismo, impressionismo, islamismo, protestantesimo, realismo, sindacalismo, socialismo, urbanesimo*) o atteggiamenti, caratteri collettivi o individuali, comportamenti, azioni (*disfattismo, eroismo, fanatismo, ottimismo, dispotismo, patriottismo, scetticismo*) o qualità o difetti morali o fisici (*alcolismo, altruismo, egoismo, strabismo*) o condizioni, aspetti, peculiarità, strutture di cose, sistemi, congegni (*latinismo, magnetismo, meccanismo, organismo, parallelismo*) o attività sportive e sim. (*alpinismo, automobilismo, ciclismo, podismo, turismo*)

†**isnervare** e deriv. ➤ **snervare** e deriv.

ISO /ˈizo/ [sigla dell'ingl. *International Organization for Standardization* ✱ 1994] **s. m. inv.** ● unità di misura della sensibilità delle pellicole fotocinematografiche

iso- [dal gr. *ísos* 'uguale', di etim. incerta] **primo elemento 1** in parole composte, dotte o scientifiche, ha il significato di 'uguale', 'simile', 'affine': *isobara, isochiona, isocianico, isogamia* **2** in chimica, indica un isomero del composto nominato: *isoottano*

isoalina [comp. di *iso-* e del gr. *hálinos* 'salino, del sale (*háls*, genit. *halós*)' ✱ 1917] **s. f.** ● in una rappresentazione cartografica, linea che congiunge punti che hanno uguale salsedine

isoalino [comp. di *iso-* e del gr. *hálinos* 'salino', da *háls*, genit. *halós* 'sale', di orig. indeur. ✱ 1938] **agg.** ● che ha la medesima salinità: *linea isoalina*

isoallobara ➤ **isallobara**

isoalloterma ➤ **isalloterma**

isoamile [comp. di *iso-* e del lat. *ămylus* 'amido', nel quale si sovrappone al suff. *-ile* ② ✱ 1957] **s. m.** ● (*chim.*) radicale organico alifatico ramificato a cinque atomi di carbonio

isoamilico [da *isoamile* ✱ 1889] **agg. (pl. m. -ci)** ● (*chim.*) detto dell'alcol alifatico saturo a cinque atomi di carbonio; è il sottoprodotto principale della fermentazione alcolica utilizzata per la preparazione di etanolo

isobara [comp. di *iso-* e del gr. *báros* 'peso', nell'accezione della terminologia moderna di 'pressione' ✱ 1895] **s. f. 1** in una rappresentazione cartografica, linea che congiunge punti che hanno uguale pressione barometrica | ***carta delle isobare***, che pone in evidenza, per un determinato livello, le zone di alta e bassa pressione **2** (**spec. al pl.**) trasformazione termodinamica a pressione costante | (*est.*) linea o curva che rappresenta tale trasformazione

isobarico [da *isobara* ✱ 1869] **agg. (pl. m. -ci)** ● isobaro nel sign. 1 | ***linea isobarica***, isobara

isobaro [comp. sul modello del gr. *isobarḗs* 'dello stesso (*ísos*) peso (*báros*)' ✱ 1908] **agg. 1** che ha pressione costante: *linea isobara, processo i.* **2** (*fis.*) ***elementi isobari***, che hanno diverso numero atomico, quindi diverse proprietà chimiche, ma peso atomico uguale

isobata [comp. sul modello del gr. *isobathḗs* 'della stessa (*ísos*) profondità (*báthos*)' ✱ 1895] A **s. f.** ● in una rappresentazione cartografica, linea che congiunge punti che hanno la medesima profondità B **anche agg. solo f.**: *linea i.*

isobutano [comp. di *iso-* e *butano* ✱ 1889] **s. m.** ● idrocarburo alifatico, isomero del butano al quale si accompagna nel gas di petrolio, usato per la fabbricazione di benzine ad alto numero di ottano

isobutene [comp. di *iso-* e *butene* ✱ 1957] **s. m.** ● (*chim.*) idrocarburo alifatico a quattro atomi di carbonio con un doppio legame

isochimena [comp. di *iso-* e di un deriv. del gr. *cheimṓn*, genit. *cheimônos* 'inverno', di orig. indeur. ✱ 1869] A **s. f.** ● in una rappresentazione cartografica, linea che congiunge i punti che hanno la stessa temperatura minima invernale, dedotta dalla temperatura media del mese più freddo B **anche agg. solo f.**: *linea i.*

isochiona [comp. di *iso-* e di un deriv. del gr. *chiṓn*, genit. *chiónos* 'neve', di orig. indeur. ✱ 1895] A **s. f.** ● in una rappresentazione cartografica, linea che congiunge i punti di uguale durata o spessore del manto nevoso B **anche agg. solo f.**: *linea i.*

isocianato [comp. di *isocian(ico)* e *-ato* ② ✱ 1957] **s. m.** ● (*chim.*) sale o estere dell'acido isocianico, usato per la preparazione di materie plastiche

isocianico [comp. di *iso-* e (acido) *cianico* ✱ 1957] **agg. (pl. m. -ci)** ● (*chim.*) detto di acido monobasico, forma tautomera dell'acido cianico, stabile solo al di sotto dello zero, impiegato sotto forma di particolari esteri per la fabbricazione di resine poliuretaniche

isociclico [comp. di *iso-* e *ciclico* ✱ 1957] **agg. (pl. m. -ci)** ● (*chim.*) detto di composti ciclici che contengono anelli di ugual numero di atomi

isoclina [comp. sul modello del gr. *isoklinḗs* 'egualmente (*ísos*) inclinato (dal v. *klínein*, di orig. indeur.)' ✱ 1895] A **s. f.** ● in una rappresentazione cartografica, linea che congiunge i punti aventi uguale inclinazione magnetica terrestre B **anche agg. solo f.**: *linea i.*

isoclinale [comp. di *iso-* e di un deriv. del gr. *klínein* 'inclinare', di orig. indeur. ✱ 1940] A **s. f.** ● (*geol.*) detto di associazione di pieghe, scaglie tettoniche e sim., parallele, immergenti nello stesso senso e con inclinazione uguale | ***piega i.***, con due fianchi paralleli B **anche agg. solo f.**: *linea i.*

isocolo [vc. dotta, lat. *isocōlo(n)*, dal gr. *isókōlos*, comp. di *ísos* 'uguale' e *kôlon* 'membro' ✱ av. 1604] **s. m.** ● (*ling.*) figura retorica che consiste nel costruire alla stessa maniera i membri di una frase, di un periodo, di una strofa, di un verso, per ritmo, sintassi e numero di vocaboli; per es.: *non il canto del gallo, / non il nitrito del poledro, / non il fiotto del bimbo* (G. D'ANNUNZIO)

isocora [comp. di *iso-* e del gr. *chṓra* 'spazio (occupato)' ✱ 1957] **s. f.** ● trasformazione termodinamica che avviene a volume costante | linea, curva, superficie che la rappresentano SIN. isometrica

isocoria [comp. di *iso-*, del gr. *kórē* 'pupilla' e del suff. *-ia* ② ✱ 1957] **s. f.** ● (*anat.*) condizione normale in cui le due pupille presentano uguale ampiezza

isocorica [comp. di *iso-* e di un deriv. del gr. *chôros* 'spazio (di terra)' ✱ 1957] A **s. f.** ● in una rappresentazione cartografica, linea che congiunge tutti i punti a uguale distanza dalla linea costiera B **anche agg. solo f.**: *linea i.*

isocoro o (*raro*) **isocoro** [comp. di *iso-* e del gr. *chōra* nel senso di 'spazio' ✱ 1929] **agg.** ● (*fis.*) detto di trasformazione termodinamica nella quale si mantiene costante il volume

isocrima [comp. di *iso-* e di un deriv. del gr. *krymós* 'gelo', da *krýos* 'freddo', di orig. indeur. ✱ 1983] A **s. f.** ● in una rappresentazione cartografica, linea che congiunge punti che hanno uguale intensità di gelo B **anche agg. solo f.**: *linea i.*

isocromatico [comp. di *iso-* e *cromatico* ✱ 1869] **agg. (pl. m. -ci)** ● di uguale colorazione: *anello i.* | ***lente isocromatica***, lente per occhiali protettivi, che ha colorazione uniforme su tutta la superficie || **isocromaticamente**, **avv.**

isocrona [f. sost. di *isocrono* ✱ 1895] **s. f.** ● in una rappresentazione cartografica, linea che congiunge punti in cui un dato fenomeno avviene nello stesso momento, o ha la stessa durata

isocronico [1957] **agg. (pl. m. -ci)** ● relativo a un'isocrona

isocronismo [comp. di *isocrono* e *-ismo* ✱ av. 1764] **s. m. 1** (*fis.*) costanza della durata di un processo, o di un fenomeno, al variare di alcune condizioni: *i. delle piccole oscillazioni del pendolo* **2** (*med.*) simultaneità delle pulsazioni arteriose

isocrono [gr. *isóchronos*, comp. di *ísos* 'uguale' e *chrónos* 'tempo' ✱ av. 1754] **agg.** ● che avviene in tempi uguali: *oscillazioni isocrone*

isodattilo [comp. di *iso-* e di un deriv. del gr. *dáktylos* 'dito' ✱ 1965] **agg.** ● detto di animale con dita uguali

isodinamica [1917] **s. f.** ● linea isodinamica

isodinamico [sul modello del gr. *isodýnamos*,

comp. di *ísos* 'uguale' e un deriv. di *dýnamis* 'forza' ✱ 1844] **agg.** (**pl. m.** *-ci*) **1** (*fis.*) in termodinamica, detto di trasformazione senza variazioni di energia interna **2** in una rappresentazione cartografica, detto della linea che unisce i punti della superficie terrestre i quali mantengono costante, in un dato tempo, uno degli elementi del magnetismo terrestre **3** nella scienza delle costruzioni, detto di linea che unisce i punti di uguale sollecitazione

isòdio [gr. *eisódios*, agg. da *eísodos* 'ingresso', comp. di *eis* 'in' e *odós* 'via', l'uno e l'altro di orig. indeur. ✱ av. 1729] **s. m.** (**pl.** *-i* o *raro -ii*) ● nell'antico teatro greco, canto d'ingresso del coro satirico

isoelèttrico [comp. di *iso-* ed *elettrico* ✱ 1952] **agg.** (**pl. m.** *-ci*) ● che ha o presenta differenze nulle di potenziale elettrico

isoenzìma [comp. di *iso-* ed *enzima* ✱ 1963] **s. m.** (**pl.** *-i*) ● (*chim.*) una delle diverse forme molecolari in cui alcuni enzimi si presentano nell'organismo

isofillo [comp. di *iso-* e di un deriv. del gr. *phýllon* 'foglia' ✱ 1957] **agg.** ● detto di vegetale che ha foglie uguali fra loro

isòfono [comp. di *iso-* e di un deriv. del gr. *phōnḗ* 'voce' ✱ 1972] **agg.** ● (*ling.*) detto di parola che ha forma fonetica uguale a un'altra, ma significato diverso **SIN.** omofono

isofrequènza [comp. di *iso-* e *frequenza* ✱ 1986] **s. f.** ● (*radio*) sistema di trasmissioni radiofoniche da diverse stazioni che hanno la stessa frequenza che su alcune autostrade italiane permette di ascoltare anche nelle zone montuose e nelle gallerie un programma che privilegia notiziari sulla viabilità

isogamète [comp. di *iso-* e *gamete* ✱ 1952] **s. m.** ● (*biol.*) ciascuno dei gameti, maschile e femminile, quando sono identici per forma e dimensioni

isogamìa [comp. di *iso-* e *-gamia* ✱ 1943] **s. f.** ● (*biol.*) riproduzione che avviene per unione di isogameti **CFR.** anisogamia, eterogamia

isogènesi [comp. di *iso-* e *genesi* ✱ 1973] **s. f. inv.** ● origine di una linea cellulare geneticamente omogenea a partire da un elemento progenitore

isoglòssa [comp. di *iso-* e di un deriv. del gr. *glôssa* 'lingua', 'espressione linguistica' (V. *glossa*) ✱ av. 1907] **s. f.** ● (*ling.*) linea immaginaria che, in una rappresentazione cartografica, delimita l'estensione spaziale di un fenomeno linguistico

isògona [comp. di *iso-* e di un deriv. del gr. *gōnía* 'angolo', come il gr. *isogṓnios* ✱ 1895] **A** **s. f.** ● in una rappresentazione cartografica, linea che congiunge i punti che hanno uguale declinazione magnetica **B** **anche agg. solo f.**: *linea i.*

isogonàle [da *isogono* ✱ 1957] **agg.** ● (*mat., geogr.*) detto di operazione o di rappresentazione che lascia invariati gli angoli **SIN.** isogonico, isogono

isogonìa [1957] **s. f.** **1** in embriologia, accrescimento che lascia invariate le differenze relative di grandezza fra le singole parti **2** (*geogr.*) proprietà delle rappresentazioni cartografiche isogonali, che lasciano cioè invariati gli angoli tra meridiani e paralleli

isogònico [1844] **agg.** (**pl. m.** *-ci*) ● (*mat., geogr.*) isogonale, isogono

isògono [comp. sull'esempio del gr. *isogṓnios* 'con angolo (*gōnía*) uguale (*ísos*)' ✱ 1820] **A** **agg.** **1** (*geogr.*) relativo alle isogone | isogonale **2** (*mat.*) detto di figura con gli angoli uguali a un'altra **B** **s. m.** ● (*mat.*) figura con angoli uguali a quelli di un'altra

isografìa [comp. di *iso-* e *grafia* ✱ 1874] **s. f.** ● in passato, riproduzione di scritture realizzata con inchiostro grasso | (*raro*) raccolta di riproduzioni d'autografi

isoièta [comp. di *iso-* e del gr. *hyetós* 'pioggia' ✱ 1895] **A** **s. f.** ● in una rappresentazione cartografica, linea che congiunge i punti in cui l'altezza delle precipitazioni atmosferiche, in uno stesso periodo, raggiunge uguale valore **B** **anche agg. solo f.**: *linea i.*

isoìpsa [comp. sull'esempio del gr. *isóypsos* 'd'uguale (*ísos*) altezza (*hýpsos*)' ✱ 1917] **A** **s. f.** ● in una rappresentazione cartografica, linea che congiunge i punti con la stessa altitudine **B** **anche agg. solo f.**: *linea i.*

♦**ìsola** [lat. *īnsula(m)*, di etim. incerta ✱ 1282] **s. f.** **1** tratto di terra emersa circondata da ogni parte dalle acque del mare, di un lago, di un fiume | ***i. corallina, madreporica***, costituita da coralli o da madrepore | ***le isole***, (*per anton.*) in Italia, la Sicilia e la Sardegna: *vento forte sulle isole* **2** (*est.*) il complesso degli abitanti di un'isola: *l'intera i. accorse per acclamarlo* **3** (*fig.*) territorio che rimane come staccato dalle regioni circostanti per le sue particolari caratteristiche: *i. etnografica, linguistica* | (*fig.*) luogo o ambiente isolato e tranquillo; oasi: *la casa in campagna è per lei un'i. di pace* | (*fig.*) ***i. felice***, luogo o situazione con caratteristiche molto positive all'interno di un contesto in cui prevalgono gli elementi negativi: *quel quartiere è un'i. felice nel caos della metropoli* | ***i. ecologica***, ampio spazio attrezzato con appositi contenitori per la raccolta differenziata dei rifiuti **4** isolato | ***i. pedonale***, zona del centro storico di una città in cui è vietata la circolazione dei veicoli **5** area rialzata, non accessibile ai veicoli, nel mezzo di una carreggiata, di un incrocio stradale, e sim. | ***i. rotazionale***, attorno a cui i veicoli devono girare | ***i. spartitraffico***, che separa due correnti di traffico di senso uguale od opposto **6** (*org. az.*) ***i. di montaggio***, sistema di produzione industriale in cui piccoli gruppi di lavoratori operano in modo autonomo rispetto alla catena di montaggio **7** (*anat.*) ***isole di Langerhans***, masserelle di cellule sparse nel tessuto del pancreas, a funzione endocrina, che producono l'insulina ‖ **isolétta**, **dim.** | **isolìna**, **dim.** | **isolòtto**, **dim. m.**

isolàbile [1844] **agg.** ● che può essere isolato ‖ **isolabilità**, **s. f. inv.**

isolaménto [1792] **s. m.** **1** l'isolare, l'isolarsi | condizione di chi vive appartato: *vivere in totale i.*; *chiudersi nell'i.* | condizione di chi è isolato: *l'i. di un uomo politico* **SIN.** segregazione **2** condizione di uno Stato che non ha rapporti con altri Stati | ***splendido i.***, quello dell'Inghilterra nel XIX sec. **3** nelle carceri, segregazione di un detenuto, come misura repressiva o a titolo cautelativo | segregazione di malati affetti da malattie epidemico-contagiose | ***reparto di i.***, negli ospedali, quello in cui sono isolati i suddetti malati **4** complesso di operazioni e di materiali usati allo scopo di ostacolare il propagarsi di onde sonore, o il passaggio del calore e della corrente elettrica: *i. acustico, termico, elettrico*

SFUMATURE ➤ ***emarginazione***

isolàno [lat. *insulānu(m)*, da *īnsula* 'isola' ✱ av. 1342] **A** **agg.** ● di un'isola o di coloro che la abitano: *economia isolana*; *prodotto, artigianato i.* **B** **s. m.** (**f.** *-a*) ● abitante o nativo di un'isola

isolànte **A** **part. pres.** di *isolare*; **anche agg.** **1** nei sign. del v. **2** di sostanza o materiale che si oppone alla trasmissione del calore, dell'elettricità, del suono, di radiazioni e sim. | ***nastro i.***, per isolare conduttori elettrici **3** (*ling.*) ***lingue isolanti***, che giustappongono elementi semplici assimilabili a delle radici o a dei temi **B** **s. m.** ● materiale cattivo conduttore di calore, suono, corrente elettrica, radiazioni e sim.: *i. elettrico, termico, acustico*

♦**isolàre** [da *isola* ✱ 1551] **A** **v. tr.** (*io ìsolo*) **1** separare qlco. da ciò che le sta intorno: *i. la città per proteggerla dal contagio*; *i. con terrapieni la zona minacciata dalle acque* | ***i. uno Stato***, (*fig.*) interromperne i contatti e gli scambi economici, culturali e sim. con altri Stati | tenere qlcu. lontano dagli altri: *bisogna i. tutti gli ammalati contagiosi* | ***i. una persona***, (*fig.*) farle il vuoto intorno, privandola di amicizie e sim. | (*fig.*) esaminare a parte, estrapolare: *i. una frase dal contesto* **2** (*chim.*) ottenere allo stato puro mediante opportuna separazione: *i. un composto chimico* | (*biol.*) individuare un agente patogeno: *i. un virus* **3** (*fis.*) ostacolare, mediante operazioni e materiali vari, la trasmissione di calore, corrente elettrica, onde sonore e sim. **B** **isolàrsi** **v. intr. pron.** ● ritirarsi in solitudine (+ *da*, + *in*): *isolarsi da tutti*; *si è isolato nella sua casa di campagna*

♦**isolàto** ① **A** **part. pass.** di *isolare*; **anche agg.** **1** separato dal resto (+ *da*): *un paesino i. a causa della neve*; *frase isolata dal contesto* **2** (*est.*) riposto, solitario: *vivere in un luogo i.* | ***caso, fenomeno i.***, particolare, unico | (*ling.*) ***opposizione isolata***, in cui il rapporto esistente tra i suoi fonemi non si ritrova in altre opposizioni **3** (*mat.*) detto di elemento privo di collegamento con i rimanenti elementi dell'insieme: *punto, insieme i.* ‖ **isolataménte**, **avv.** **1** separatamente, uno per volta **2** individualmente, da solo **B** **s. m.** (**f.** *-a*) **1** persona priva di rapporti con gli altri **2** (*raro*) corridore ciclista che non fa parte di alcuna squadra

SFUMATURE ➤ ***sperduto***

♦**isolàto** ② [da *isola* col senso lat. di 'gruppo di case *isolate*' ✱ av. 1600] **A** **agg.** ● †pieno di isole **B** **s. m.** ● edificio a più piani o complesso di edifici tutto circondato da strade **SIN.** isola

isolatóre [av. 1827] **A** **agg.** (**f.** *-trice*) ● (*lett.*) che isola **B** **s. m.**; **anche agg.** ● supporto di materiale dielettrico, come vetro, porcellana e sim., destinato a isolare un conduttore percorso da corrente elettrica: *i. a campana, passante, a sospensione*; *muro i.*

isolazionìsmo [ingl. d'America *isolationism*, da *isolation* 'politica d'isolamento, di non partecipazione negli affari di altre nazioni' ✱ 1939] **s. m.** ● condotta di uno Stato che segue una politica di isolamento politico ed economico rispetto agli altri Stati

isolazionìsta [ingl. d'America *isolationist*, da *isolationism* 'isolazionismo' ✱ 1939] **s. m. e f.**; **anche agg.** (**pl. m.** *-i*) ● chi (o che) è fautore dell'isolazionismo: *sono degli isolazionisti*; *politica i.*

isolazionìstico [1942] **agg.** (**pl. m.** *-ci*) ● relativo all'isolazionismo, agli isolazionisti

isolecìtico [comp. di *iso-* e del gr. *lékithos* 'tuorlo' col suff. *-ico* ✱ 1957] **agg.** (**pl. m.** *-ci*) ● (*biol.*) detto di gamete femminile contenente quantità non abbondanti di deutoplasma uniformemente distribuite nel proprio citoplasma

isoleucìna [comp. di *iso-* e *leucina* ✱ 1947] **s. f.** ● (*chim.*) amminoacido idrofobo isomero della leucina presente nelle proteine, la cui presenza nell'alimentazione dell'uomo e di numerosi animali è considerata essenziale

isomeràsi [comp. di *isomer(o)* e *-asi* ✱ 1973] **s. f. inv.** ● (*chim.*) classe di enzimi che catalizzano reazioni di isomerizzazione

isomerìa [da *isomero*, come il corrispondente gr. *isoméreia* 'eguaglianza' ✱ 1839] **s. f.** ● (*chim.*) fenomeno, frequente spec. nei composti organici, per cui due o più sostanze, pur avendo la stessa formula bruta, differiscono nelle loro proprietà fisiche e chimiche a causa della diversa disposizione degli atomi che compongono la loro molecola | ***i. conformazionale***, quella dovuta a diverse disposizioni nello spazio degli atomi di una molecola originate per rotazione attorno a un legame semplice

isomèrico [da *isomeria* ✱ 1842] **agg. (pl. m. *-ci*)** ● (*chim.*) relativo all'isomeria, caratterizzato da isomeria

isomerizzazióne [1914] **s. f.** ● (*chim.*) trasformazione di una sostanza in un suo isomero

isòmero [comp. sul tipo del gr. *isomerḗs* 'con parte (*méros*) uguale (*ísos*)' ✱ 1865] **A s. m.** ● (*chim.*) composto che presenta isomeria **B anche agg.**: *composto i.*

isometrìa [dal gr. *isometría*, comp. di *iso-* 'uguale' e *métron* 'misura' ✱ 1957] **s. f.** ● (*mat.*) biiezione fra due spazi metrici che conserva le distanze, tale cioè che per es. la distanza di due punti sia uguale alla distanza dei punti corrispondenti

isomètrica [1931] **s. f.** ● linea isometrica

isomètrico [comp. di *iso-* 'uguale' e di un deriv. del gr. *métron* 'misura' ✱ 1927] **agg. (pl. m. *-ci*)** **1** in una rappresentazione cartografica, detto di linea che congiunge i punti nei quali un dato fenomeno si manifesta con la medesima intensità **2** (*mat.*) che presenta isometria **3** ***versione isometrica***, versione poetica eseguita con la medesima metrica della poesia da cui si traduce

isomorfìsmo [comp. di *isomorfo* e *-ismo* ✱ 1852] **s. m.** **1** (*miner.*) fenomeno per cui due sostanze solide, analoghe per composizione e struttura, cristallizzano nello stesso sistema e danno soluzioni solide in ogni proporzione dell'una rispetto all'altra **2** (*mat.*) omomorfismo che istituisce una corrispondenza biunivoca tra due strutture algebriche

isomòrfo [comp. di *iso-* e *-morfo* ✱ 1829] **agg.** ● (*chim., miner.*) che presenta isomorfismo

isònefa [comp. di *iso-* e del gr. *néphos* 'nube', di orig. indeur. ✱ 1957] **A s. f.** ● in una rappresentazione cartografica, linea che congiunge punti con uguale nuvolosità media, in un determinato periodo di tempo **B anche agg. solo f.**: *linea i.*

isoniazìde [comp. di *iso-*, *ni(cotinico)* e *(idr)azide* ✱ 1963] **s. f.** ● (*chim., farm.*) idrazide di un isomero dell'acido isonicotinico; farmaco fondamentale nel trattamento antitubercolare

isonomìa [gr. *isonomía*, da *isónomos* 'isonomo' ✱ 1585] **s. f.** ● uguaglianza di fronte alla legge, spec. nell'antica Grecia

isònomo [gr. *isónomos*, comp. di *iso-* e *-nomos* '-nomo' ✱ 1869] **agg.** ● che ha uguali diritti di fronte alla legge, detto spec. dei cittadini dell'antica Grecia

isoottàno o **isottàno** [comp. di *iso-* e *ottano* ✱ 1952] **s. m.** ● idrocarburo alifatico a otto atomi di carbonio, contenuto in diversi petroli, utilizzato per individuare il potere antidetonante delle benzine

isoperimètrico [1943] **agg. (pl. m. *-ci*)** ● (*mat.*) che è proprio degli isoperimetri | ***problemi isoperimetrici***, estensioni del problema variazionale del trovare, fra tutte le figure geometriche di perimetro assegnato, quella di area massima

isoperìmetro [comp. di *iso-* e *perimetro* ✱ av. 1754] **s. m.** ● (*mat.*) figura geometrica che ha uguale perimetro rispetto a un'altra

isopètalo [comp. di *iso-* e *petalo* ✱ 1973] **agg.** ● di fiore che ha i petali uguali fra loro

isòpo ➤ **issopo**

Isòpodi [comp. di *iso-* e di un deriv. del gr. *póus*, genit. *podós* 'piede', di orig. indeur. ✱ 1865] **s. m. pl. (sing. *-e*)** ● (*zool.*) ordine di piccoli Crostacei acquatici o terricoli con corpo depresso, occhi non peduncolati (*Isopoda*)

isoprène [comp. di *iso-* e *pr(opil)ene* ✱ 1869] **s. m.** ● idrocarburo alifatico insaturo contenente due legami olefinici, che costituisce l'anello elementare della macromolecola della gomma naturale

isopropilammìna [comp. di *isopropil(e)* e *ammina* ✱ 1889] **s. f.** ● (*chim.*) liquido che si ottiene per reazione dell'alcol isopropilico con l'ammoniaca, usato come agente emulsionante, solubilizzante e sim.

isopropìle [comp. di *iso-* e *propile* ✱ 1948] **s. m.** ● radicale alifatico monovalente derivabile dal propano per eliminazione di un atomo di idrogeno del gruppo $-CH^2$

isopropìlico [1889] **agg. (pl. m. *-ci*)** ● detto di composto contenente il radicale isopropile o da questo derivabile | ***alcol i.***, alcol saturo secondario, ottenuto per idratazione catalitica del propilene, usato per preparare diversi composti chimici e come solvente

isoquànto [comp. di *iso-* e *quanto* per 'quantità' ✱ 1973] **s. m.** ● (*econ.*) curva che rappresenta tutte le combinazioni tra due fattori di produzione che danno luogo a una quantità equivalente di prodotto

isòscele [vc. dotta, lat. tardo *isŏscele(m)*, dal gr. *isoskelḗs*, comp. di *ísos* 'uguale' e un deriv. di *skélos* 'gambo', di orig. indeur. ✱ 1561] **agg.** ● (*mat.*) di triangolo o trapezio con due lati uguali

isosillàbico [dal lat. tardo *isosyllabŭs*, dal gr. *isosýllabos* 'che ha lo stesso (*ísos*) numero di sillabe (*syllabái*)' ✱ 1903] **agg. (pl. m. *-ci*)** ● detto di verso formato da un numero fisso di sillabe

isosìsmica [comp. di *iso-* e di un deriv. del gr. *seismós* 'scuotimento, terremoto' ✱ 1917] **A s. f.** ● in una rappresentazione cartografica, linea che congiunge i punti in cui i terremoti hanno uguale frequenza o intensità **B anche agg. solo f.**: *linea i.*

isostasìa o **isòstasi** [comp. di *iso-* e *stasi* ✱ 1910] **s. f.** ● (*geol.*) teoria secondo la quale i diversi blocchi della parte superiore della crosta terrestre appoggiano su uno strato inferiore più viscoso con un equilibrio analogo a quello dei corpi galleggianti

isostàtico [comp. di *iso-* e *statico* ✱ 1909] **agg. (pl. m. *-ci*)** ● (*mecc.*) detto di sistema materiale con vincoli strettamente sufficienti all'equilibrio | ***linee isostatiche***, linee ideali che si possono immaginare passanti in ogni punto del solido elastico sollecitato, alle quali sono tangenti le tensioni ideali in quel punto || **isostaticità**, **s. f. inv.**

isostenìa [gr. *isosthenía*, comp. di *ísos* 'uguale' e *sthénos* 'forza' ✱ 1957] **s. f.** ● (*filos.*) equivalenza di argomenti a sostegno di due opinioni contrastanti, con conseguente impossibilità di preferirne una all'altra

isostèrico [comp. di *iso-* e del gr. *stereós* 'solido', sul modello dell'ingl. *isosteric* ✱ 1957] **agg. (pl. m. *-ci*)** ● (*scient.*) detto di trasformazioni in cui il volume per unità di massa è costante

isosterìsmo [comp. di *iso-* e *ster(eo-)* col suff. *-ismo* ✱ 1973] **s. m.** ● (*chim.*) qualità propria di ioni o di molecole diverse dotate dello stesso numero di atomi e della stessa struttura geometrica ed elettronica esterna

isotàttico [comp. di *iso-* e del gr. *taktikós* 'ordinato', dal v. *tássein*, di etim. incerta ✱ 1963] **agg. (pl. m. *-ci*)** ● (*chim.*) detto di polimero in cui quasi tutti gli atomi di carbonio asimmetrici contenuti nella catena polimerica presentano la stessa configurazione: *polipropilene i.*

isòtera [comp. di *iso-* e di un deriv. del gr. *théros* 'estate', di orig. indeur. ✱ 1869] **A s. f.** ● in una rappresentazione cartografica, linea che congiunge i punti che hanno una temperatura media uguale **B anche agg. solo f.**: *linea i.*

isotèrma [1865] **s. f.** **1** (*geogr.*) linea isoterma **2** (*fis.*) linea, curva isoterma

isotermìa [1957] **s. f.** ● proprietà di un corpo, un sistema e sim. di mantenere invariata nel tempo la propria temperatura

isotèrmico [comp. di *iso-* e *-termico* ✱ 1841] **agg. (pl. m. *-ci*)** ● (*fis.*) detto di fenomeno, spec. trasformazione termodinamica, che avviene a temperatura costante || **isotermicità**, **s. f. inv.**

isotèrmo [comp. di *iso-* e *-termo* ✱ 1905] **agg.** **1** che ha temperatura uguale in tutti i punti | (*geogr.*) ***linea isoterma***, in una rappresentazione cartografica, linea che congiunge i punti che hanno uguale temperatura in un dato istante, o uguale temperatura media in un dato intervallo di tempo **2** (*fis.*) isotermico | ***linea, curva isoterma***, linea o curva che rappresenta graficamente una trasformazione termodinamica che avviene a temperatura costante

isotipìa [comp. di *iso-* e un deriv. di *tipo* ✱ 1957] **s. f.** ● (*chim., miner.*) proprietà per cui certe sostanze, pur avendo formula chimica e struttura analoghe, non entrano in soluzione solida tra loro

isotonìa [comp. di *iso-* e *-tonia* ✱ 1965] **s. f.** ● (*chim.*) equilibrio molecolare di due soluzioni, separate da una membrana organica, che si stabilisce in seguito a scambi osmotici attraverso la membrana stessa

isotònico [da *isotonia* ✱ 1909] **agg. (pl. m. *-ci*)** **1** (*chim.*) detto di soluzioni aventi la stessa pressione osmotica **2** (*med.*) detto di soluzioni aventi pressione osmotica e concentrazione molecolare analoga a quella del plasma sanguigno circolante: *siero i.* || **isotonicità**, **s. f. inv.**

isòtono [comp. di *iso-* e *-tono*, sul modello di *isotopo* ✱ 1869] **agg.** ● (*fis.*) detto di nuclei che hanno lo stesso numero di neutroni e un diverso numero di protoni

isotopìa [da *isotopo* ✱ 1930] **s. f.** ● (*chim.*) proprietà per cui due elementi sono isotopi || **isotòpico**, **agg. (pl. m. *-ci*)** relativo a un isotopo, agli isotopi: *peso isotopico*

isòtopo [comp. di *iso-* e di un deriv. del gr. *tópos* 'luogo', perché ricoprono il medesimo posto nel sistema periodico di Mendeleev ✱ 1930] **A agg.** ● (*chim.*) detto di elementi che, pur avendo lo stesso numero atomico, differiscono per peso atomico **B s. m.**: *il deuterio è un i. dell'idrogeno* | (*fis.*) ***i. fissile***, capace di subire la fissione nucleare | ***i. fertile***, che non è fissile ma può diventarlo assorbendo un neutrone

isotropìa [da *isotropo* ✱ 1917] **s. f.** ● (*fis.*) proprietà delle sostanze isotrope

isotròpico [1957] **agg. (pl. m. *-ci*)** ● (*raro*) isotropo

isòtropo [comp. di *iso-* e *-tropo* ✱ 1895] **agg.** ● (*fis.*) detto di sostanza in cui le proprietà fisiche non dipendono dalla direzione

isottàno ➤ **isoottano**

Isòtteri [comp. di *iso-* e del gr. *pterón* 'ala', secondo il consueto modo di formazione degli ordini degli Insetti ✱ 1952] **s. m. pl. (sing. *-o*)** ● (*zool.*) ordine di Insetti sociali polimorfi a metamorfosi incompleta (*Isoptera*)

ispànico [vc. dotta, lat. *Hispānicu(m)*, da *Hispānus*, di prob. orig. iberica ✱ 1517] **A agg. (pl. m. *-ci*)** **1** della Spagna, spec. antica **SIN.** spagnolo **2** che riguarda i Paesi di lingua e civiltà spagnola: *le nazioni ispaniche dell'America latina* || **ispanicità**, **s. f. inv.** ispanità **B s. m. (f. *-a*)** ● abitante o nativo di Paesi di lingua e civiltà spagnola **C agg.; anche s. m. (f. *-a*)** ● negli Stati Uniti, detto di chi (o di ciò che) è di origini e cultura spagnola spec. in riferimento a Paesi dell'America centro-meridionale: *elettorato i.*; *un i. nominato ministro della Giustizia*

ispanìṣmo [comp. di *ispano* e *-ismo* ✱ 1869] **s. m.** ● (*ling.*) parola o locuzione propria dello spagnolo entrata in un'altra lingua SIN. spagnolismo

ispanìsta [1942] **s. m. e f.** (**pl. m.** *-i*) ● studioso di lingua, letteratura, cultura spagnola

ispanìstica [da *ispan(o)* con il suff. *-istico*, sostantivato al f. ✱ 1950] **s. f.** ● settore di studi che ha per oggetto la lingua, la letteratura e la cultura spagnola

ispanità [per *ispan(ic)ità* ✱ 1957] **s. f. inv.** **1** complesso di elementi che caratterizzano i popoli di lingua e cultura spagnola **2** insieme dei popoli di lingua spagnola

ispaniẓẓàre [1832] **A v. tr.** ● adattare alla civiltà, alle usanze, alla cultura spagnola: *i. una regione* SIN. spagnolizzare **B ispaniẓẓàrsi v. intr. pron.** ● assumere usanze e modi spagnoli ‖ **ispaniẓẓazióne**, **s. f.**

ispàno [vc. dotta, lat. *Hispānu(m)*, di prob. orig. iberica ✱ av. 1313] **A agg.** ● (*lett.*) ispanico, spagnolo: *voi, gente ispana, e voi, gente di Francia* (L. ARIOSTO) **B s. m.** (**f.** *-a*) ● abitante o nativo dell'antica Spagna

ispàno- primo elemento ● in parole composte, fa riferimento alla Spagna o agli Spagnoli: *ispano-americano*

ispàno-americàno [1869] **A agg.** **1** relativo alla Spagna e all'America del Nord, spec. agli Stati Uniti: *guerre ispano-americane* | relativo alla Spagna e all'America centro-meridionale: *letteratura, poesia ispano-americana* **2** relativo ai Paesi dell'America centro-meridionale di lingua e cultura spagnola | ***lingua ispano-americana***, ogni varietà dello spagnolo parlato in tali Paesi **B s. m.** (**f.** *-a*) ● abitante di lingua spagnola di un Paese dell'America centro-meridionale SIN. latino-americano **C s. m. solo sing.** ● lingua ispano-americana

ispanòfono [comp. di *ispan(ic)o* e *-fono* ✱ 1983] **agg. e s. m.** (**f.** *-a*) ● che (o chi) parla lo spagnolo

ispècie ➤ **specie**

†**isperàre** ➤ **sperare**①

†**isperiènza** ➤ **esperienza**

ispessiménto o **inspessiménto** [1869] **s. m.** ● aumento di spessore o densità | (*raro, fig.*) aumento di frequenza

ispessìre o **inspessìre** [comp. di *i(n)-*① e *spesso* 'fitto, denso' ✱ av. 1463] **A v. tr.** (*io ispessisco, tu ispessìsci*) **1** aumentare lo spessore di qlco.: *i. lo strato di cemento per aumentarne la resistenza* **2** rendere più denso: *i. la marmellata con una più lunga bollitura* **3** (*raro, fig.*) rendere più frequente: *i. le visite, gli incontri* SIN. infittire CONTR. diradare **B ispessìrsi v. intr. pron.** **1** diventare più denso **2** (*raro, fig.*) divenire più frequente: *i controlli s'ispessivano*

ispessìto part. pass. di *ispessire*; anche **agg.** ● nei sign. del v.

ispettìvo [vc. dotta, lat. tardo *inspectīvu(m)*, da *inspĕctus*, part. pass. di *inspĭcere*, comp. di *in-*① e **spĕcere* 'guardare', di orig. indeur. ✱ 1869] **agg.** **1** di ispezione: *potere i.* | inerente all'ispezione: *metodo i.* **2** (*lett.*) indagatore: *Tutti, ora, in quella macchina, … vi introducevano … un occhio suspicante e i.* (C.E. GADDA)

ispettoràto [1858] **s. m.** **1** ufficio, titolo dell'ispettore | durata di tale ufficio **2** ente pubblico esplicante funzioni ispettive, di vigilanza e di controllo su date attività o servizi: *Ispettorato agrario*; *Ispettorato militare* | ***I. del Lavoro***, che esplica funzioni varie tendenti al fine di tutelare i lavoratori **3** edificio in cui risiede un ispettore o un ufficio ispettivo: *ignoro il nuovo indirizzo dell'i.*

♦**ispettóre** [vc. dotta, lat. tardo *inspectōre(m)*, da *inspĕctus*, part. pass. di *inspĭcere*, comp. di *in-*① e **spĕcere* 'guardare', di orig. indeur. ✱ sec. XIV] **s. m.** (**f.** *-trice*, **pop., disus.** *-tóra*) **1** chi vigila sulle condizioni e sull'andamento di qlco. | (*cinema*) ***i. di produzione***, incaricato di curare l'organizzazione di una produzione cinematografica | ***i. scolastico***, un tempo ispettore con funzioni di soprintendenza sul piano didattico e amministrativo negli istituti scolastici | ***i. tecnico***, con funzioni ispettive sul piano tecnico e didattico presso le scuole di ogni grado | ***I. di Polizia***, (*ellitt.*) ***Ispettore***, funzionario, di grado superiore al sovrintendente, con compiti anche di polizia giudiziaria, spec. nel quadro di attività investigative | ***i. ecologico***, addetto al controllo dell'osservanza delle norme che riguardano l'ambiente **2** †osservatore

ispezionàre [da *ispezione* ✱ 1798] **v. tr.** (*io ispezióno*) ● sottoporre a ispezione: *i. una scuola, una caserma* | (*est.*) esaminare, controllare accuratamente: *i. il funzionamento di un apparecchio*

ispezióne [vc. dotta, lat. *inspectiōne(m)*, da *inspĕctus*, part. pass. di *inspĭcere* (V. *ispettore*) ✱ av. 1683] **s. f.** **1** esame attento, osservazione diligente, esplorazione minuziosa: *i. anatomica, di una ferita*; *sottoporre un edificio ad un'i. di controllo* **2** indagine, controllo o visita effettuata da un ispettore nell'esercizio delle sue funzioni: *compiere un viaggio di i.*; *chiedere, subire, ordinare un'i.* **3** (*med.*) esame del corpo umano, o di una sua parte, che rivela le modificazioni constatabili con la sola vista **4** (*raro*) competenza, appartenenza

ispidézza [av. 1727] **s. f.** ● caratteristica di chi (o di ciò che) è ispido (*anche fig.*)

♦**ìspido** [vc. dotta, lat. *hĭspidu(m)*, di etim. incerta ✱ sec. XIV] **agg.** **1** che ha peli irti e ruvidi: *barba ispida*; *un cane i. e sporco* | (*est.*) spinoso: *cardo i.* | (*poet., fig.*) coperto di cespugli, boschi: *de l'ispida pendice / la costa inaccessibile* (G.B. MARINO) **2** (*fig., lett.*) intrattabile, scontroso: *carattere i.* | (*fig., lett.*) arduo, complesso | (*fig., lett.*) rozzo, imperfetto ‖ **ispidaménte**, **avv.**

ispiràbile [1869] **agg.** ● (*raro*) che può essere suscitato o ispirato

♦**ispiràre** o (*lett.*) **inspiràre** [vc. dotta, lat. *inspirāre*, comp. di *in* 'su, dentro' e *spirāre*, di orig. onomat. (?) ✱ av. 1327] **A v. tr.** **1** V. *inspirare* **2** infondere una particolare impressione o sentimento: *i. antipatia, disgusto, fiducia*; *al cor per gli occhi inspiri / dolce disir* (A. POLIZIANO) SIN. suscitare | ***i. timore, reverenza***, incutere | (*colloq., assol.*) interessare: *è un genere di film che non mi ispira, che mi ispira poco* **3** suggerire, consigliare: *i. un'idea luminosa*; *i. una soluzione brillante di un problema* | spingere a fare: *i. un'opera di carità* **4** infondere virtù soprannaturali: *lo Spirito Santo ispirava gli Apostoli* | (*fig.*) illuminare: *che Dio ispiri la nostra azione!* **5** stimolare la fantasia creatrice dell'artista: *Apollo ispirava i poeti*; *i colori di quel paesaggio ispirarono il pittore* **6** guidare, dare l'imbeccata, indurre a un determinato comportamento: *il ministro ha ispirato una campagna di stampa*; *le risposte dei testimoni sono state ispirate dall'avvocato* **B ispiràrsi v. intr. pron.** **1** prendere ispirazione (+ *a*): *ispirarsi agli esempi degli uomini illustri* **2** conformarsi (+ *a*): *norme che si ispirano ai principi costituzionali*

ispiràto o (*lett.*) **inspiràto** part. pass. di *ispirare*; anche **agg.** **1** mosso da ispirazione: *musicista i.*; *profeta i.* **2** che manifesta ispirazione: *volto i.*; *tono i.* | ricco di ispirazione: *discorso i.*; *poesia ispirata*; *parole ispirate* **3** scritto per ispirazione divina | ***Libri ispirati***, le Sacre Scritture ‖ **ispirataménte**, **avv.** con ispirazione, come ispirato

ispiratóre o (*raro*) **inspiratóre** [vc. dotta, lat. tardo *inspiratōre(m)*, da *inspirātus* 'ispirato' ✱ 1390] **agg. e s. m.** (**f.** *-trice*) ● che (o chi) ispira: *motivo i.*; *quell'uomo è l'i. dei tuoi misfatti*

ispirazióne o (*lett.*) **inspirazióne** [vc. dotta, lat. tardo *inspiratiōne(m)*, da *inspirātus* 'ispirato' ✱ 1308] **s. f.** **1** V. *inspirazione* **2** impulso creativo: *quando gli viene l'i. allora dipinge*; *sono versi tecnicamente perfetti ma privi d'i.* | motivo, spunto ispiratore: *per il suo romanzo ha tratto i. da alcune leggende* **3** consiglio, suggerimento, suggestione: *ho preso i. dal suo comportamento* | (*est.*) indirizzo, orientamento: *leggi di i. democratica*; *stile di i. neoclassica* **4** in molte religioni superiori, illuminazione dell'intelletto operata da Dio o da una forza soprannaturale, che concede a una persona la capacità di comunicare le verità superiori agli altri: *i. profetica, divinatoria, di Apollo, delle Muse* | nella teologia cristiana e biblica, impulso illuminante dato da Dio alla mente | speciale grazia di Dio che muove la volontà umana **5** impulso improvviso, intuizione: *mi è venuta l'i. di telefonarti*; *è stata una felice i.* | ***come per i.***, d'impulso, spontaneamente

ispìrito ➤ **spirito**①

†**isportàre** ➤ **esportare**

ispòṣa ➤ **sposa**

ispòṣo ➤ **sposo**

†**isprimére** e deriv. ➤ **esprimere** e deriv.

†**isquiṣìto** e deriv. ➤ **squisito** e deriv.

♦**iṣraeliàno** [1948] **A agg.** ● relativo allo Stato d'Israele **B s. m.** (**f.** *-a*) ● abitante o nativo dello Stato d'Israele

iṣraelìta [da *Israele*, ant. n. del popolo ebraico, lat. eccl. *Israēl(is)*, indeclinabile, dal gr. *Israḗl*, di orig. ebr. (*yśrā'ēl*) con il sign. 'egli contende (*'śārāh*) con Dio (*Ēl*)' ✱ 1374] **A s. m. e f.** (**pl. m.** *-i*) ● chi fa parte del popolo ebraico o crede nella sua religione SIN. ebreo **B agg.** ● israelitico SIN. ebraico, ebreo

iṣraelìtico [1342] **agg.** (**pl. m.** *-ci*) ● degli israeliti, relativo agli israeliti: *cimitero i.* SIN. ebraico, ebreo

iṣraèlo- primo elemento ● in parole composte, fa riferimento allo Stato d'Israele o agli Israeliani: *israelo-americano, israelo-egiziano, israelo-palestinese*

†**issa**① [lat. *ĭpsa* 'nella stessa', sottinteso *hōra* 'ora' ✱ av. 1257] **avv.** ● ora, adesso

ìssa② [dall'imperat. di *issare* ✱ av. 1705] **inter.** ● si usa come voce d'incitamento reciproco per fare contemporaneamente forza quando, in più persone, si deve sollevare o rimuovere a braccia qlcu. di molto pesante

♦**issàre** [fr. *hisser*, orig. onomat., dal grido d'incitamento ai cani durante la caccia e poi ai marinai ✱ sec. XIV] **A v. tr.** **1** (*mar.*) far salire qlco. mediante un cavo che scorre in carrucole o sim. **2** (*est.*) sollevare, spec. con fatica: *i. un pesante carico sul carro merci*; *la cinse alla vita col braccio, e la issò lievemente* (R. BACCHELLI) SIN. alzare **B issàrsi v. intr. pron.** ● salire a fatica in cima a qlco.: *si issarono sul camion*

-issimo [lat. *-issimu(m)*, da *-(i)mo-*, aggiunto ad agg. per dar loro sign. superl., con un ampliamento *-s-*] **suff.** ● forma il grado superlativo di aggettivi (*bellissimo, modestissimo*), avverbi (*prestissimo, vicinissimo*) e pronomi (*nessunissimo, dessissimo*) | per analogia, si aggiunge in alcuni casi anche a sostantivi: *campionissimo, finalissima*

†**ìsso** [lat. *ĭpsu(m)* 'esso' ✱ av. 1306] **pron. e agg. dimostr.** ● esso, egli stesso | stesso: *sé i.*

issofàtto o †**isso fàtto** [av. 1348] **avv.** ●

(*lett.*) adattamento di *ipso facto* (V.)

issolite [etim. incerta ✱ 1874] **s. f.** ● resina fossile che si trova nelle miniere di carbone

issòpo o (*raro*) **iṣòpo** [vc. dotta, lat. *hyssŏpu(m)*, dal gr. *hýssōpos*, di orig. semitica ✱ sec. XIV] **s. m. 1** pianta cespugliosa delle Labiate, spontanea nella regione mediterranea, utilizzata dalla medicina popolare contro la tosse (*Hyssopus officinalis*) **2** pianta aromatica di incerta identificazione citata nella Bibbia

-ista [lat. *-ista(m)*, di orig. gr.] **suff. 1** forma aggettivi e sostantivi connessi coi termini in *-ismo*: *comunista, classista, allarmista, altruista, ciclista, impressionista, turista* **2** forma, per analogia, altri sostantivi di diversa derivazione che indicano attività, professioni, o che designano un sostenitore o un giocatore di una squadra di calcio: *barista, dentista, giornalista, giurista, latinista, pianista, torinista*

istàbile e deriv. ➤ **instabile** e deriv.

istallàre e deriv. ➤ **installare** e deriv.

istamìna o **istammìna** [comp. di *ist(idina)* e *a(m)mina* ✱ 1950] **s. f.** ● composto organico derivato dall'istidina che induce dilatazione dei vasi sanguigni e contrazione della muscolatura liscia ed è causa di molte reazioni allergiche; è uno dei mediatori chimici dei processi infiammatori

istamìnico [1957] **agg.** (**pl. m.** *-ci*) ● dell'istamina, relativo all'istamina: *shock i.*

istammìna ➤ **istamina**

istantànea [f. sost. (sottinteso *fotografia*) di *istantaneo* ✱ 1892] **s. f.** ● fotografia presa con un tempo di posa inferiore a 1/20 di secondo

istantaneità [av. 1704] **s. f. inv.** ● caratteristica di ciò che è istantaneo: *la sublime i. del pensiero* (I. NIEVO)

istantàneo [da *istante* ✱ 1582] **agg. 1** che avviene in un istante: *morte istantanea*; *l'incendio di certe sostanze è i.* **SIN.** immediato | ***caffè, brodo i.***, liofilizzato, rapidamente solubile in acqua **2** che dura un istante, un attimo: *luce istantanea* | repentino: *un i. cambiamento di scena* (E. DE AMICIS) ‖ **istantaneaménte**, **avv.** in un istante; subito, immediatamente

istànte ① [av. 1696] **s. m. e f.** ● (*dir.*) chi rivolge domanda o istanza

♦**istànte** ② o †**instànte** ②, †**estànte**, †**stànte** ② [lat. *instănte(m)*, propr. part. pres. di *instāre* 'stare (*stāre*) sopra (*in-*)', 'premere', 'essere imminente' ✱ sec. XIII] **s. m.** ● momento brevissimo di tempo, attimo: *non indugiare un i.*; *l'esplosione si propagò in un i.*; *pochi istanti hanno bruciato / tutto di noi* (E. MONTALE) | (*est.*) breve periodo: *è un dolore che passa in un i.*; *vi prego di aspettare un i.* | ***all'i., sull'i.***, †***in i.***, †***in estante***, immediatamente, subito: *arriverò all'i.* | ***ad ogni i.***, continuamente

istànza o †**instànza**, †**stànza** ②, †**stànzia** ② [lat. *instăntia(m)*, da *instāre* nel senso giuridico di 'incalzare (con insistenza)'; nel sign. 7, dall'ingl. *instance* ✱ *av. 1348*] **s. f. 1** (*dir.*) richiesta rivolta a un organo amministrativo o giurisdizionale di compiere una data attività attinente alla esplicazione della propria funzione: *presentare, accogliere, respingere una i.* | ***ultima i.***, richiesta, valutazione, concessione ultima, definitiva | ***di ultima i.***, finale, definitivo: *banca prestatrice di ultima i.* | ***in ultima i.***, (*fig.*) in definitiva, alla fin fine: *la missione (...) comportava la frode, il tradimento e, in ultima i., forse anche la morte di un uomo* (A. MORAVIA) **2** (*est.*) domanda, richiesta: *fare i. per ottenere qlco.*; *accogliere su i. di qlcu.* **3** organismo dotato di poteri decisionali: *istanze internazionali* | struttura organizzativa: *le istanze di base di un partito, di un sindacato* **4** (*lett.*) insistenza o persistenza nel domandare: *chiedere, sollecitare con grande i.* **5** esigenza, necessità: *le istanze delle classi meno abbienti* **6** nella filosofia scolastica, replica a un'obiezione **7** (*inform.*) nella programmazione a oggetti, ogni oggetto in quanto appartiene a una classe

istàre ① ➤ **instare**

istàre ② ➤ **stare**

†**istàte** ➤ **estate**

istauràre e deriv. ➤ **instaurare** e deriv.

ìster [dal lat. *hĭster* (nom.) 'istrione', per la loro finzione nel pericolo ✱ 1965] **s. m. inv.** ● insetto dei Coleotteri con corpo ovale, tegumento durissimo, zampe brevi, che vive anche allo stato larvale nei mucchi di sterco bovino ed equino (*Hister quadrimaculatus*)

isterectomìa [comp. di *ister(o)-* ed *-ectomia* ✱ 1887] **s. f.** ● (*chir.*) asportazione chirurgica dell'utero

istèreṣi o (*raro*) **isterèṣi** [gr. *hystérēsis* 'mancanza', dal v. *hysterêin* 'venir dopo, posteriormente (*hýsteron*, di orig. indeur.)' ✱ 1902] **s. f. inv.** ● (*fis.*) ritardo subìto dall'effetto in seguito a variazione della causa | ***i. dielettrica, magnetica***, fenomeno per il quale l'induzione dipende anche dalle vicende elettriche o magnetiche precedenti

isterìa [dal lat. tardo *hystéra* 'utero', dal gr. *hystéra*. V. *istero-* ✱ 1788] **s. f. 1** (*psicol.*) isterismo **2** (*est.*) stato di eccitazione esagerata e incontrollata, spesso fanatica e collettiva: *al suo arrivo la diva è stata accolta con scene di i.*

istèrico [vc. dotta, lat. *hystĕricu(m)*, dal gr. *hysterikós* 'proprio dell'utero (*hystéra*)' ✱ av. 1699] **A agg.** (**pl. m.** *-ci*) ● (*med.*) che è proprio dell'isterismo: *accesso i.*; *crisi isterica* ‖ **istericaménte**, **avv.** **B s. m.** (**f.** *-a*); anche **agg. 1** (*med.*) chi (o che) è affetto da isterismo **2** (*est.*) chi (o che) è soggetto a scatti e crisi di nervi, a reazioni emotive smodate e incontrollate | che manifesta un'estrema eccitazione nervosa: *risata isterica*; *scenata isterica*

isterilimento [1819] **s. m.** ● l'isterilire, l'isterilirsi | condizione di ciò che è divenuto sterile

isterilìre o **insterilire** [comp. di *i(n)-* ① e *sterile* ✱ av. 1519] **A v. tr.** (*io isterilisco, tu isterilìsci*) ● rendere sterile, improduttivo: *i. il terreno con coltivazioni irrazionali* | (*fig.*) rendere povero, freddo: *questo dolore le ha isterilito il cuore* **B isterilirsi v. intr. pron.** ● diventare sterile (*anche fig.*): *i campi si sono isteriliti per la siccità*; *la sua vena poetica si è isterilita*

isteriṣmo [comp. di *ister(ia)* e *-ismo* ✱ 1750] **s. m. 1** (*psicol.*) insieme di manifestazioni nevrotiche caratterizzate da comportamento labile, teatrale, impulsivo; si accompagna a disturbi transitori come convulsioni, vomito, tremore, amnesia, sonnambulismo **SIN.** isteria **2** (*est.*) comportamento da isterico, reazione smodata e incontrollata | eccitazione, esaltazione eccessiva; fanatismo: *i. collettivo*

isteriẓẓàre [da *ister(ico)* ✱ 1986] **v. tr.** ● rendere molto teso, agitato, incontrollabile: *i. una campagna elettorale* ‖ **isteriẓẓazióne**, **s. f.**

istero- [dal gr. *hystéra* 'utero', di orig. indeur.] **primo elemento** (*ister-* **davanti a vocale**) ● in parole composte della terminologia scientifica, significa 'utero' o indica relazione con l'utero: *isterectomia, isteroscopia*

isterografìa [comp. di *istero-* e *-grafia* ✱ 1973] **s. f.** ● (*med.*) esame radiografico della cavità uterina

isteròide [comp. di *ister(ico)* e *-oide* ✱ 1967] **agg.** ● (*med.*) che ha manifestazioni simili a quelle proprie dell'isteria: *comportamento i.*

isterologìa ① [vc. dotta, lat. tardo *hysterolŏgia(m)*, dal gr. *hysterología*, comp. di *hýsteron* 'posteriore' e *-logía* '-logia' ✱ 1630] **s. f.** (**pl.** *-gìe*) ● (*ling.*) hysteron proteron

isterologìa ② [comp. di *istero-* e *-logia* ✱ 1834] **s. f.** (**pl.** *-gìe*) ● (*med.*) studio delle affezioni uterine

isteroptòṣi [comp. di *istero-* e *ptosi* ✱ 1834] **s. f. inv.** ● (*med.*) abbassamento dell'utero **SIN.** metroptosi, procidenza

isterosalpingografìa [comp. di *istero-*, *salpinge* e *-grafia* ✱ 1939] **s. f.** ● (*med.*) esame radiologico della cavità uterina e delle salpingi

isteroscopìa [comp. di *istero-* e *-scopia* ✱ 1895] **s. f.** ● (*med.*) esplorazione visiva della cavità uterina mediante l'isteroscopio

isteroscòpio [comp. di *istero-* e *-scopio* ✱ 1983] **s. m.** ● (*med.*) strumento che, introdotto attraverso il canale cervicale, permette l'esplorazione visiva della cavità uterina

isterotomìa [comp. di *istero-* e *-tomia* ✱ sec. XVIII] **s. f.** ● (*med.*) incisione della parete dell'utero

†**istésso** ➤ **stesso**

-istico [suff. agg. (*-ico*) applicato ai s. in *-ist(a)*] **suff. 1** forma aggettivi connessi coi sostantivi in *-ismo*: *altruistico, ciclistico, egoistico, ostruzionistico, socialistico, turistico* **2** forma per analogia altri aggettivi che hanno diversa derivazione: *bandistico, caratteristico, stilistico*

istidìna [dal gr. *histíon* 'tessuto' (d'etim. incerta) col suff. *-ide* dei protidi ✱ 1946] **s. f.** ● (*chim.*) amminoacido basico presente nelle proteine, precursore dell'istamina, considerato essenziale nell'uomo e in numerosi animali

†**istigaménto** o †**instigaménto**, †**stigaménto** [1312] **s. m.** ● istigazione

istigàre o (*lett.*) **instigàre**, †**stigàre** [vc. dotta, lat. *instigāre* 'picchiare, pungere (da una var. intensivo-durativa di **stĭngere*, di orig. indeur.) contro (*in-*)' ✱ av. 1364] **v. tr.** (*io ìstigo, tu ìstighi* **o, secondo il modello latino,** *io istìgo, tu istìghi*) **1** indurre o spingere a qlco. di riprovevole (**+** *a*, **anche seguito da inf.**): *i. qlcu. a un delitto, alla vendetta*; *i. a rubare* **2** (*lett.*) suscitare: *i. una passione*

SFUMATURE DI SIGNIFICATO

istigare - indurre - suggestionare - sobillare - aizzare

Istigare è spingere qualcuno a compiere un'azione riprovevole. **Indurre** è termine di uso più generale, perché significa convincere qualcuno a fare qualcosa, lecita o illecita, costringendo, minacciando o persuadendo. Più specificamente, se si cerca di spingere una persona a un dato comportamento condizionandone la coscienza e la volontà, si parla di **suggestionare.** Se l'azione di persuasione è nascosta e subdola si usa il verbo **sobillare. Aizzare** è invece eccitare apertamente all'odio, all'offesa; suggerisce perciò l'idea di un'istigazione immediata e violenta, tanto che il verbo si usa anche in riferimento all'azione di eccitare i cani all'aggressione.

SFUMATURE ➤ ***tentare***

istigàto o (*lett.*) **instigàto** **part. pass.** di *istigare*; anche **agg.** ● nei sign. del v.

istigatóre o (*lett.*) **instigatóre** [vc. dotta, lat. *instigatōre(m)*, da *instigatus* 'istigato' ✱ sec. XIV] **agg. e s. m.** (**f.** *-trice*) ● che (o chi) istiga: *l'i. della rivolta*; *idea istigatrice di violenza* **SIN.** fomentatore, sobillatore

istigazióne o (*lett.*) **instigazióne**, †**stigazióne** [vc. dotta, lat. tardo *instigatiōne(m)*, da *instigatus* 'istigato' ✱ 1308] **s. f. 1** (*dir.*) illecito penale consistente in un complesso di attività tali da indurre altri a tenere un dato comportamento: *i. al suicidio, alla prostituzione*; *i. a delinquere* **2** incitamento a compiere qlco. di riprovevole: *ha agito per i. di cattivi compagni* **3** (*lett.*) stimolo | †pretesto

istillàre e deriv. ➤ **instillare** e deriv.

istintivo [1819] **A** **agg.** **1** dell'istinto, che proviene dall'istinto: *necessità istintive* | fatto per istinto e non in base a un ragionamento: *movimento i.*; *azione, reazione istintiva* **2** detto di persona che agisce prevalentemente per istinto, per impulso e sim.: *ragazzo i.* ‖ **istintivaménte**, **avv.** per istinto, in modo istintivo; senza riflessione ‖ **istintività**, **s. f. inv.** caratteristica di chi (o di ciò che) è istintivo **B** **s. m.** (**f.** *-a*) ● chi agisce e parla d'istinto piuttosto che in base al ragionamento: *è un i. e non sa controllarsi*

SFUMATURE DI SIGNIFICATO

istintivo - impulsivo - incontrollato

Ciò che nasce con naturalezza da un impulso immediato e non da ragionamento e riflessione si dice **istintivo**; riferito a persona descrive chi agisce o parla seguendo i propri impulsi, senza riflettere su ciò che fa o dice. **Impulsivo** accentua ulteriormente l'idea di uno scarso controllo sulle proprie azioni e reazioni, dell'assenza di mediazione fra un impulso e l'atto che ne risulta. Connotato ancora più negativamente è **incontrollato**, che suggerisce uno scarso dominio di sé.

istìnto [vc. dotta, lat. *instĭnctu(m)*, part. pass. di *instĭnguere*, comp. di *in* 'contro' e *stĭng(u)ere* 'pungere', con sovrapposizione di *stĭnguere* 'spegnere' (l'uno e l'altro v. di orig. indeur.), per l'associazione dell'idea di 'ardere', 'bruciare' con quella di 'stimolare' ✱ 1321] **s. m.** **1** inclinazione congenita ed ereditaria che fa parte dell'inconscio e che spinge gli esseri viventi a preservare l'esistenza individuale e la specie: *i. sessuale, sociale, materno*; *l'i. delle api, delle formiche*; *i. di difesa, di conservazione* **2** (*est.*) impulso interiore, indipendente dal ragionamento e dalla volontà, che porta l'essere umano ad agire in un determinato modo: *lasciarsi dominare dall'i.*; *vincere, reprimere, soffocare i propri istinti*; *cedere all'i.*; *seguire l'i.* | inclinazione naturale dell'animo umano: *i. basso, nobile, generoso* | impulso spontaneo e irrazionale: *l'i. del cuore* | ***fare qlco. per i., come per i., d'i.***, senza pensarci o ragionarci sopra **3** (*raro*) indole, attitudine: *è nato con l'i. degli affari*

istintuàle [1835] **agg.** ● (*psicoan.*) relativo all'istinto o agli istinti: *sfera i.*; *conflitti istintuali* ‖ **istintualità**, **s. f. inv.** caratteristica di ciò che è istintuale; condizione istintuale

istiocita o **istiocito** [comp. del gr. *histíon* 'tessuto' (V. *isto-*) e *-cito* ✱ 1936] **s. m.** (**pl.** *-i*) ● (*biol.*) cellula del sistema reticolo-endoteliale attiva nella difesa dell'organismo dai processi infiammatori

istiòforo [comp. del gr. *histíon* 'vela' e *-foro* ✱ 1834] **s. m.** ● pesce osseo marino simile al pesce spada con pinna dorsale sviluppatissima, che l'animale usa a volte come una vela lasciandola emergere (*Istiophorus gladius*) **SIN.** pesce vela, pesce ventaglio

istitóre ➤ **institore**

istitòrio ➤ **institorio**

istituèndo o (*lett.*) **instituèndo** [1858] **agg.** ● che deve essere istituito

istituire o (*lett.*) **instituire**, †**stituire** [vc. dotta, lat. *instituĕre*, comp. di *in-*① e *statuĕre* 'stabilire', da *stāre*, con passaggio ad altra coniug. ✱ av. 1328] **v. tr.** (*io istituisco, tu istituisci*) **1** dare vita a qlco. di una certa importanza e di durata stabile: *i. una borsa di studio, un premio, un'accademia, una parrocchia* | fondare: *i. il tribunato della plebe, un ordine religioso, un'accademia* | (*lett.*) decidere **2** costituire, nominare: *i. qlcu. erede* **3** stabilire, impostare: *i. un'equazione, un confronto, una ricerca comparativa* **4** †educare, istruire: *i. qlcu. nelle scienze matematiche*

istituìto o (*lett.*) **instituìto** **part. pass.** di *istituire*; anche **agg.** ● nei sign. del v.

istitutivo [1719] **agg.** ● che istituisce, che ha lo scopo di istituire: *legge istitutiva*

♦**istitùto** o (*lett.*) **institùto** [vc. dotta, lat. *institūtu(m)*, propr. part. pass. di *instituĕre* 'istituire' ✱ 1440] **s. m.** **1** organismo, ente costituito per il perseguimento di un dato fine: *i. di assistenza ai profughi* | ***i. di credito***, banca | ***i. d'emissione***, istituto di credito che ha il potere di emettere moneta | ***i. d'istruzione***, d'insegnamento di vario grado: *i. tecnico, professionale* | ***i. superiore***, che comprende scuole secondarie superiori di diverso indirizzo | ***i. comprensivo***, che comprende scuole primarie e secondarie inferiori | ***Consiglio d'i.***, V. *consiglio*, sign. 5 | ***i. universitario***, università costituita da una sola facoltà o caratterizzata da un indirizzo di studi specifico: *i. universitario di scienze motorie* | settore di una facoltà che organizza la ricerca per discipline affini, in via di sostituzione con il dipartimento: *i. di psichiatria* | ***i. di bellezza***, per il trattamento estetico delle persone | (*est.*) accademia: *l'I. storico italiano*; *l'I. di Francia* | ***istituti di vita consacrata***, nel diritto canonico, le associazioni di fedeli istituite dall'autorità ecclesiastica, distinte in istituti religiosi e istituti secolari **2** ***i. giuridico***, complesso di norme giuridiche che disciplinano uno stesso fenomeno sociale | il fenomeno stesso: *l'i. della famiglia* **3** (*est.*) laboratorio privato di notevoli dimensioni e importanza: *i. tipografico, d'arti grafiche* **4** (*lett.*) proposito, impegno, scopo **5** †insegnamento, istruzione | †istituzione

istitutóre o †**institutóre** [vc. dotta, lat. tardo *institutōre(m)*, da *institūtus* 'istituito' ✱ av. 1328] **s. m.** (**f.** *-trice*) **1** fondatore: *i. di un centro educativo* **2** chi svolge attività educativa in collegi o, spec. in passato, presso famiglie signorili **SIN.** precettore

istituzionàle [1879] **agg.** **1** relativo a un'istituzione, spec. politica: *funzioni istituzionali* | relativo alle istituzioni fondamentali dello Stato: *crisi i.*; *riforma i.* **2** relativo alle nozioni fondamentali di una disciplina: *manuale i.* ‖ **istituzionalménte**, **avv.** **1** dal punto di vista istituzionale; costituzionalmente **2** strutturalmente ‖ **istituzionalità**, **s. f. inv.**

istituzionalìsmo [dall'ingl. *institutionalism*, denominale di *institution* 'istituzione' ✱ 1986] **s. m.** ● (*filos.*) corrente di pensiero economico, sviluppatasi negli Stati Uniti all'inizio del XX sec., secondo la quale la pluralità delle abitudini, delle tradizioni e dei costumi propria delle moderne società rende impossibile la formulazione di leggi di validità universale nel campo dell'economia politica e delle scienze sociali

istituzionalìsta [1973] **s. m. e f.** (**pl. m.** *-i*) ● chi è esperto o si occupa di istituzioni

istituzionalizzàre [1962] **A** **v. tr.** **1** dare forma giuridica: *i. una consuetudine* **2** (*est.*) dare un valore di istituzione: *i. la religione* | (*est.*) rendere stabile: *i. una cooperazione* **3** (*burocr.*) immettere in un'istituzione, spec. assistenziale **B** **istituzionalizzàrsi** **v. intr. pron.** ● acquisire carattere di istituzione: *la raccomandazione si è ormai istituzionalizzata* ‖ **istituzionalizzazióne**, **s. f.**

istituzionalizzàto **part. pass.** di *istituzionalizzare*; anche **agg.** ● nei sign. del v.

istituzióne o †**instituzióne**, †**stituzióne** [lat. *institutiōne(m)*, da *institūtus* 'istituto' ✱ av. 1328] **s. f.** **1** l'istituire | fondazione, creazione, costituzione: *i. di una festa, di una cerimonia*; *ordine cavalleresco d'antica i.*; *parlava della necessità dell'i. di grandi banche* (I. SVEVO) | (*dir.*) ***i. di erede***, nomina dell'erede contenuta in un testamento **2** istituto, ordinamento: *l'i. del matrimonio* | ***è un'i.***, (*fig.*) detto di qlcu. o qlco. radicato da tempo in un luogo, ambiente e sim. così da essere ritenuto fondamentale **3** ente od organo istituito per determinati scopi pratici: *i. culturale, di assistenza, di beneficenza* **4** (**al pl.**) insieme degli organismi e delle norme e consuetudini fondamentali su cui si basa un'organizzazione politica o qualunque comunità o corpo sociale: *le istituzioni repubblicane*; *il paese è travagliato da una crisi delle istituzioni*; *le istituzioni internazionali* | (*est.*, **al pl.**) le massime autorità **5** (**al pl.**) il complesso delle nozioni fondamentali di una scienza o disciplina, spec. giuridica; (*est.*) il testo che contiene tali nozioni: *istituzioni di diritto privato, civile, pubblico* **6** †ammaestramento, istruzione: *i. della gioventù*

ìstmico [vc. dotta, lat. *ĭsthmicu(m)*, dal gr. *isthmiakós*, da *isthmós* 'istmo' ✱ sec. XIV] **agg.** (**pl. m.** *-ci*) ● dell'istmo, di un istmo | ***Giochi istmici***, nella Grecia antica, gare che si disputavano ogni due anni a Corinto in onore di Poseidone

ìstmo o (*pop., tosc.*) **ìsmo**① [vc. dotta, lat. *ĭsthmu(m)*, dal gr. *isthmós*, di orig. indeur. ✱ av. 1494] **s. m.** **1** lingua di terra che unisce due continenti o una penisola a un continente e separa due mari: *l'i. di Corinto* **2** (*anat.*) parte ristretta del corpo | ***i. delle fauci***, orifizio ristretto al passaggio dalla bocca alla faringe | ***i. dell'encefalo***, parte dell'encefalo che riunisce il cervelletto e al midollo allungato

isto- [dal gr. *histós* 'telaio' e 'tela', da *histánai* 'collocare in piedi', di orig. indeur.] **primo elemento** ● in parole composte della terminologia scientifica, fa riferimento a tessuti organici: *istogenesi, istologia*

istochìmica [comp. di *isto-* e *chimica* ✱ 1874] **s. f.** ● (*biol.*) insieme di tecniche della microscopia ottica che tendono a individuare particolari sostanze a livello tissulare **CFR.** citochimica

istocompatibilità [comp. di *isto-* e *compatibilità* ✱ 1987] **s. f. inv.** ● (*biol.*) grado di compatibilità antigenica fra i tessuti di un organismo donatore e quelli di un ricevente tale che un trapianto non venga rigettato

istogènesi [comp. di *isto-* e *genesi* ✱ 1933] **s. f. inv.** ● (*biol.*) formazione dei tessuti animali o vegetali di norma durante lo sviluppo embrionale, ma in certi casi anche successivamente

istogràmma [comp. del gr. *histós* 'trama' e *-gramma* ✱ 1931] **s. m.** (**pl.** *-i*) ● rappresentazione grafica di un fenomeno che si ottiene riportando, in corrispondenza ai valori della variabile indipendente, dei segmenti paralleli all'asse delle ordinate o dei rettangoli la cui misura dà il valore della variabile dipendente

istologìa [comp. di *isto-* e *-logia* ✱ 1828] **s. f.** (**pl.** *-gie*) ● (*biol.*) disciplina che studia i tessuti, adeguatamente preparati, con l'ausilio del microscopio ottico e di quelli elettronici (in trasmissione e in scansione)

istològico [1886] **agg.** (**pl. m.** *-ci*) ● dell'istologia: *gabinetto i.* | relativo a tessuti organici: *esame i.* ‖ **istologicaménte**, **avv.** dal punto di vista istologico

istòlogo [comp. di *isto-* e *-logo* ✱ 1905] **s. m.** (**f.** *-a*; **pl. m.** *-gi*) ● studioso di istologia

istóne [da *isto-* ✱ 1957] **s. m.** ● (*biol.*) tipo di proteina basica associata con il DNA nucleare, mediante un legame con i residui di acido fosforico

istopatologìa [comp. di *isto-* e *patologia* ✱ 1912] **s. f.** (**pl.** *-gie*) ● (*med.*) branca della patologia che studia le affezioni tessutali con

a b c d e f g h i j k l m n o p q r s t u v w x y z

esami microscopici e ultramicroscopici

istòria ➤ **storia**

istoriàre o †**storiàre**① [da *istoria* ✱ 1282] **v. tr.** (*io istòrio*) **1** ornare con la rappresentazione figurativa di fatti storici o leggendari: *i. una colonna, la base di un monumento; i. una parete con le imprese di Cesare* **2** (*est.*) adornare o illustrare con figure: *i. un libro*

istoriàto **part. pass.** di *istoriare*; anche **agg.** ● nei sign. del v.

istòrico ➤ **storico**

istoriografìa e deriv. ➤ **storiografia** e deriv.

istràda ➤ **strada**

istradàre e deriv. ➤ **instradare** e deriv.

†**istràneo** ➤ **estraneo**

†**istràno** ➤ **estraneo**

istriàno (o **-strià-**) [av. 1367] **A** **agg.** ● dell'Istria **B** **s. m.** (**f.** *-a*) ● abitante o nativo dell'Istria **C** **s. m. solo sing.** ● dialetto italiano dell'area settentrionale, parlato nell'Istria

ìstrice [vc. dotta, lat. *hȳstrice(m)*, dal gr. *hýstrix* 'dal pelo (*thríx*) in su (**ud*)' (?) ✱ sec. XIII] **s. m.** o (*raro*) **f.** **1** (*zool.*) mammifero dei Roditori che, sul dorso, sui fianchi e sulla coda è provvisto di peli trasformati in aculei (*Hystrix cristata*) | (*fig.*) ***barba, capelli da i.***, molto ispidi **2** (*fig.*) persona che ha un carattere difficile e irritabile: *è un i.!; è scontroso come un i.* **3** (*mar.*) dispositivo antisommergibile a canne multiple, per il lancio di bombe di profondità

istrìngere ➤ **stringere**

♦**istrióne** o †**strióne** [vc. dotta, lat. *histriōne(m)*, di orig. etrusca, da *Hĭstria*, prima località di provenienza (?) ✱ sec. XIV] **s. m.** (**f.** *-a*, *raro -éssa*) **1** nell'antica Roma, attore di teatro **2** (*spreg.*) attore di poco conto | attore che recita con enfasi caricata per suscitare nel pubblico facili e forti emozioni **3** (*est.*) persona che si comporta in pubblico come se stesse recitando, assumendo atteggiamenti ostentati o simulati: *non far l'i.; da buon i. nasconde bene il dolore* **SIN.** commediante

istrionésco o †**strionésco** [av. 1742] **agg.** (**pl. m.** *-schi*) ● (*spreg.*) degno di istrione: *manifestazioni istrionesche di dolore; contegno i.* ‖ **istrionescaménte**, **avv.**

istriònico o †**striònico** [vc. dotta, lat. tardo *histriōnicu(m)*, da *hĭstrio*, genit. *histriōnis* 'istrione' ✱ 1555] **agg.** (**pl. m.** *-ci*) ● di istrione: *arte istrionica* | (*spreg.*) istrionesco: *comportamento, atteggiamento i.* ‖ **istrionicaménte**, **avv.** con modi da istrione

istrionìsmo [1860] **s. m.** ● (*spreg.*) attitudine a comportarsi da istrione

†**istroménto** ➤ **strumento**

istruìre o (*lett.*) **instruìre** [vc. dotta, lat. *instrŭere*, comp. di *in* 'sopra' e *strŭere* 'costruire', di orig. indeur., con mutamento di coniug. ✱ 1441] **A** **v. tr.** (**pres.** *io istruìsco, tu istruìsci*; **part. pass.** *istruìto*, *lett. istrùtto*) **1** fare acquisire, mediante insegnamento teorico o pratico, le nozioni di una disciplina, di un'arte, di un'attività (+ *in*): *i. qlcu. nella filosofia; i. le reclute nell'uso delle armi; i. i nuovi assunti nell'uso del computer* | (*est.*, *raro*) ammaestrare: *i. un cane, un cavallo* **2** fornire dei fondamentali strumenti culturali (*anche assol.*): *è un popolo che deve essere istruito* **3** dare indicazioni, suggerimenti e sim. (+ *su*): *i. per lettera; i. su alcune tecniche; i. il testimone sulla risposta da dare; Agnese appena levata cominciò ... ad istruirla a puntino sul da farsi* (A. MANZONI) | (*fam.*, *iron.*) dare l'imbeccata: *t'hanno istruito bene!* **4** (*dir.*) ***i. una causa, un processo*** e sim., compierne l'istruzione **B** **istruìrsi** **v. rifl.** **1** darsi un'istruzione o migliorare quella che già si possiede (+ *in*): *istruirsi in una disciplina; istruirsi con buone letture* **2** informarsi (+ *su*): *istruirsi sul valore di un immobile; coloro che, avendo poco cervello, vogliono istruirsi sul modo più acconcio per perderlo* (L. PIRANDELLO)

SFUMATURE ➤ *insegnare*

istruìto o (*lett.*) **instruìto** **part. pass.** di *istruire*; anche **agg.** ● nei sign. del v. | che ha una buona istruzione (+ *in*): *un ragazzo i.; Un italiano ... i. in tutto ciò che si richiede oggidì* (G. LEOPARDI)

istruménto e deriv. ➤ **strumento** e deriv.

istruttìvo [da *istrutto* ✱ 1639] **agg.** ● che istruisce: *libro i.* | che dà un utile insegnamento: *esempi istruttivi* ‖ **istruttivaménte**, **avv.**

istrùtto o **instrùtto** **part. pass.** di *istruire*; anche **agg.** **1** (*lett.*) istruito | informato **2** †fornito, provvisto **3** †ordinato, schierato: *esercito i.* **4** †allestito **5** †edificato

istruttóre o †**instruttóre** [vc. dotta, lat. *instructōre(m)*, da *instrŭctus* 'istrutto' ✱ 1468] **A** **agg.** (**f.** *-trice*) ● che istruisce | ***giudice i.***, in un processo, giudice sotto la cui direzione si svolge l'istruzione della causa **B** **s. m.** (**f.** *-trice*) ● chi ha il compito d'istruire in qualche disciplina: *i. di educazione fisica; i. militare* | ***i. di volo***, chi insegna a pilotare gli aeromobili

istruttòria [agg. sost., che sottintende *fase* (*processuale*) ✱ 1723] **s. f.** ● (*dir.*) istruzione: *prove assunte durante l'i.; svolgimento dell'i.*

istruttòrio [1869] **agg.** (**pl. m.** *-i* o *raro -ii*) ● (*dir.*) che riguarda l'istruzione: *atti istruttori; fase istruttoria* | ***provvedimento i.***, contenente disposizioni relative all'istruzione della causa

♦**istruzióne** o †**instruzióne**, (*pop.*) †**struzióne** [vc. dotta, lat. *instructiōne(m)*, da *instrŭctus* 'istrutto' ✱ 1374] **s. f.** **1** attività dell'istruire, dell'istruirsi: *svolgere un intenso periodo d'i.* | insegnamento scolastico | ***Ministero dell'Istruzione, dell'Università e della Ricerca***, ministero che esplica funzioni varie in materia di istruzione scolastica | ***i. pubblica***, gestita direttamente dallo Stato | ***i. privata***, gestita da privati | ***i. parentale***, impartita nell'ambito famigliare dai genitori o da insegnanti di loro scelta **SIN.** homeschooling | ***i. professionale***, V. *professionale* | ***i. programmata***, V. *programmato* **2** il complesso delle nozioni acquisite: *aver ricevuto un'i. pratica e teorica* | cultura: *avere una buona i.; è una persona senza i.; l'i. letteraria è stata sempre la base della pubblica educazione* (F. DE SANCTIS) **3** (**spec. al pl.**) disposizione, norma o direttiva data a qlcu. relativamente a un'attività, un compito, una funzione: *attenersi alle istruzioni; attendere, domandare, comunicare istruzioni* | (*est.*) indicazioni scritte annesse ad un prodotto di cui insegnano l'uso: *leggere le istruzioni di una medicina; attenersi alle istruzioni per l'uso* | prescrizione medica **4** (*dir.*) fase processuale durante la quale si acquisiscono agli atti tutti gli elementi necessari alla decisione | ***i. preventiva***, fase processuale con funzione cautelare durante la quale si assumono elementi di prova a futura memoria | ***i. dibattimentale***, fase del processo penale durante la quale si assumono le prove davanti al giudice del dibattimento **5** (*inform.*) componente elementare di un programma che dice all'elaboratore qual è l'operazione da eseguire in quel momento

SFUMATURE DI SIGNIFICATO

istruzioni - indicazioni - avvertenze

Le **istruzioni** sono delle informazioni a carattere prescrittivo sul modo di svolgere un determinato compito o di usare un certo prodotto o apparecchio. Se le informazioni non possiedono carattere prescrittivo ma rappresentano piuttosto un suggerimento, un consiglio, si parla allora di **indicazioni**. Le **avvertenze** si usano soprattutto in riferimento all'uso di macchine, strumenti o in relazione all'assunzione di farmaci, e oltre a istruire sul migliore modo d'uso indicano anche i possibili rischi di un uso malaccorto.

istupidiménto [1815] **s. m.** ● l'istupidire, l'istupidirsi | stato di chi è istupidito

istupidìre o (*raro*) **instupidìre** [comp. di *i(n)-*① e *stupido* ✱ 1589] **A** **v. tr.** (*io istupidìsco, tu istupidìsci*) ● rendere stupido | intontire: *il colpo lo ha istupidito* **B** **v. intr.** (**aus.** *essere*) e **istupidìrsi** **v. intr. pron.** ● diventare stupido | (*est.*) intontirsi: *istupidirsi per le troppe chiacchiere*

istupidìto **part. pass.** di *istupidire*; anche **agg.** ● intontito, stordito

†**iṣvivatóio** [da *is-*, *s-* privativo con *i* eufonica, e *vivo*, da 'argento vivo', con il suff. *-toio* ✱ av. 1571] **s. m.** ● strumento per separare l'argento vivo dai metalli: *gli dissi che io non avevo per allora i., e che andassi a un altro* (B. CELLINI)

it /*ingl.* ɪt/ [vc. ingl., 'il non plus ultra' ✱ 2007] **s. m. inv.** ● ciò che è insuperabile, irresistibile, in alcune loc. | ***it bag***, modello di borsa da donna, di grande stile ed eleganza, sempre alla moda (comp. con *bag* 'borsa') | ***it girl***, V. *girl*

†**ita**① [vc. dotta, lat. *ĭta*, di orig. indeur. ✱ 1313] **avv.** ● (*lett.*) così, sì: *del no, per li denar, vi si fa ita* (DANTE *Inf.* XXI, 42)

ita② [gr. *ēta*, con la pronuncia moderna (*i*) di *ē* ✱ 1957] **s. f.** ● nome della lettera greca η secondo la pronuncia moderna

-ita① [dalla desinenza f. sing. del part. pass. dei v. in *-ire*] **suff.** ● forma sostantivi femminili che esprimono l'azione del verbo da cui derivano: *abbrustolita, pulita, riuscita, salita, uscita*

-ita② [dal suff. gr. *-ítēs*] **suff.** ● forma aggettivi o sostantivi che indicano popolazioni o abitanti, o appartenenti a una religione: *ittita, vietnamita, yemenita, moscovita, israelita, sunnita*

-ità [dal lat. *-itāte(m)*, nom. *-ĭtas*] **suff.** ● forma sostantivi femminili astratti derivati spec. da aggettivi: *artisticità, enigmaticità, sfiziosità, exeità*

itacése (o **-ṣ-**) o **itacènse** [vc. dotta, lat. *ithacēnse(m)*, da *Ĭthaca* 'Itaca' ✱ 1563] **A** **agg.** ● di Itaca, isola greca **B** **s. m. e f.** ● abitante o nativo di Itaca | ***l'Itacese***, (*per anton.*) Ulisse

itacìṣmo [da *ita*② formata secondo il modello di parole affini, partenti da *(sole)cismo* ✱ 1869] **s. m.** ● (*ling.*) pronuncia bizantina del greco che dà alla lettera η il valore del suono *i* **SIN.** iotacismo **CONTR.** etacismo **CFR.** reuchliniano

itacìsta [1869] **s. m. e f.** (**pl. m.** *-i*) ● chi segue o sostiene l'itacismo

itacìstico [1957] **agg.** (**pl. m.** *-ci*) ● relativo all'itacismo | fondato sull'itacismo

italése ➤ **italiese**

italianàre [deriv. da *italiano* ✱ av. 1498] **v. tr.** e **italianàrsi** **v. intr. pron.** ● (*raro*) rendere, diventare italiano

italianeggiàre [1834] **v. intr.** (**pres.** *io italianéggio*; **fut.** *io italianeggerò*; **aus.** *avere*) ● (*raro*) seguire il modo di parlare, agire e vivere degli italiani

italianìṣmo [comp. di *italian(o)* e *-ismo* ✱ av. 1667] **s. m.** ● parola o locuzione propria dell'italiano entrata in un'altra lingua

italianìsta [1853] **s. m. e f.** (**pl. m.** *-i*) ● studioso di lingua, letteratura, cultura italiana

italianìstica [1972] **s. f.** ● settore di studi che ha per oggetto la lingua e la letteratura italiana: *dipartimento di i.*

italianità [1832] **s. f. inv.** ● indole, natura italiana: *i. di origini, di sentimenti*

italianiẓẓàre [1688] **A** **v. tr. 1** rendere italiano per lingua, costumi, cittadinanza **2** far assumere forma italiana a vocaboli o costrutti stranieri: *i. una parola inglese* **B** **italianiẓẓàrsi** **v. intr. pron.** ● diventare italiano ‖ **italianiẓẓazióne**, **s. f.** (V.)

italianiẓẓazióne [1932] **s. f.** ● l'italianizzare, l'italianizzarsi: *i. di un Paese* | processo di adattamento alla lingua italiana di elementi di un'altra lingua o di un dialetto

♦**italiàno** [av. 1292] **A** **agg.** ● dell'Italia: *regioni, città italiane; popolo i.; cucina italiana* | ***all'italiana***, (*ellitt.*) alla maniera degli italiani ‖ **italianaménte**, **avv. 1** in modo conforme al carattere italiano **2** (*lett.*) in base alla lingua italiana: *L'Iliade è verseggiata italianamente* (U. Foscolo) **B** **s. m.** (**f.** *-a*) ● abitante o nativo dell'Italia **C** **s. m. solo sing.** ● lingua del gruppo romanzo parlata in Italia: *studiare l'i.; i. letterario, regionale, colloquiale; i. scritto, parlato; il bello dell'i. è questo* (...) *tu come è scritto lo leggi* (L. Sciascia) | (*ling.*) ***i. digitato***, varietà dell'italiano scritto, digitato sulla tastiera di un computer o di un cellulare | (*ling.*) ***i. trasmesso***, varietà dell'italiano parlato, trasmesso dalla radio e dalla televisione o usato nella comunicazione telefonica | ***professore d'i.***, che insegna la lingua e la letteratura italiana | ***parlare i.***, (*fig.*) parlare chiaro

Italian style /italjans'tail, *ingl.* ɪ'tæljən 'staɪl/ [loc. ingl., propr. 'stile italiano' ✻ 1986] **loc. sost. m. inv.** ● all'estero, definizione dello stile di vita o del modo di comportarsi tipico degli italiani

itàlico [vc. dotta, lat. *Itălicu(m)*, da *Itălia* 'Italia' ✻ 1268] **A** **agg.** (**pl. m.** *-ci*) **1** relativo alle popolazioni residenti in Italia tra l'età del ferro e l'età imperiale romana | ***lingue italiche***, gruppo di lingue della famiglia indoeuropea **2** (*lett.*) italiano: *l'i. suolo* | ***scuola italica***, denominazione della scuola filosofica pitagorica fiorita nella Magna Grecia nel secolo VI a.C. **3** (*tipogr.*) corsivo ‖ **italicaménte**, **avv.** italianamente **B** **s. m.** (**f.** *-a*) ● ogni appartenente alle antiche popolazioni stanziate in Italia tra l'età del ferro e l'età imperiale romana

italiése (o **-ṣ-**) o **italése** (o **-ṣ-**) [comp. di *itali(ano)* ed *-ese*② ✻ 1966] **s. m. solo sing.** ● linguaggio consistente nella mescolanza di vocaboli e costrutti italiani e inglesi, tipico di taluni settori quali la pubblicità, la tecnologia e sim.

italiòta [vc. dotta, gr. *Italiṓtēs*, da *Italía*, di etim. incerta ✻ 1806] **A** **agg.** (**pl. m.** *-i*) ● relativo alla Magna Grecia **B** **s. m. e f.** ● antico abitante della Magna Grecia **C** **agg. e s. m. e f.** ● (*spreg.*) italiano, con riferimento agli aspetti deteriori

itàlma [comp. di *it(aliano)*, *al(luminio)* e *ma(gnesio)* ✻ 1963] **s. m. inv.** ● (*numism.*) lega a base di alluminio e magnesio, usata in Italia per monete divisionali

ìtalo [vc. dotta, lat. *Ĭtalu(m)*, di etim. incerta ✻ 1342] **agg.** ● (*lett.*) italiano, italico

italo- primo elemento ● in parole composte, fa riferimento all'Italia o agli italiani: *italo-americano; confine italo-francese*

italoamericàno o **ìtalo-americàno** [1950] **A** **agg. 1** relativo all'Italia e all'America, spec. agli Stati Uniti **2** relativo agli italoamericani **B** **s. m.** (**f.** *-a*) ● cittadino statunitense di origine italiana

italòfilo [comp. di *ital(ian)o* e *-filo* ✻ 1915] **agg. e s. m.** (**f.** *-a*) ● che (o chi) è favorevole all'Italia e agli italiani

italofobìa [comp. di *italo-* e *-fobia* ✻ 1855] **s. f.** ● atteggiamento di forte avversione, di ostilità verso l'Italia e tutto ciò che è italiano ‖ **italofòbico**, **agg.** (**pl. m.** *-ci*) relativo a italofobia; che dimostra italofobia ‖ **italòfobo**, **agg. e s. m.** (**f.** *-a*) che (o chi) dimostra italofobia

italòfono [comp. di *ital(ian)o* e *-fono* ✻ 1963] **agg. e s. m.** (**f.** *-a*) ● che (o chi) parla l'italiano

-itàre [lat. *-itāre*, orig. con valore frequentativo] **suff.** ● forma verbi, taluni con valore iterativo, derivati da aggettivi o da verbi: *abilitare, facilitare, nobilitare, seguitare*

-ite① [gr. *-îtis*, f. del suff. agg. *-ítes*, sottintendendo il s. *nósos* 'malattia'] **suff.** ● nella terminologia medica, indica uno stato di infiammazione di un tessuto o di un organo: *polmonite, epatite*

-ite② [gr. *-ítes*, che propr. è applicato a nomi col senso di 'proveniente, derivato da'] **suff.** ● in parole composte scientifiche e tecniche, spec. di mineralogia e chimica, indica minerali (*magnetite*), leghe (*perlite*), esplosivi (*dinamite*) e alcoli alifatici polivalenti (*mannite*)

-ite③ [V. *-ite*①] **suff.** ● in parole composte della terminologia medica spec. istologica, indica unità funzionali: *dendrite*②, *neurite*②, *sternite*

ìtem① [vc. dotta, lat. *ĭtem*, da *ĭta*, di orig. indeur. ✻ sec. XII] **avv.** ● parimenti, similmente, spec. nel linguaggio giuridico

item② /*ingl.* 'aɪtəm/ [vc. ingl., dal lat. *ĭtem* 'ugualmente, parimenti' (V. *item*①) ✻ 1971] **s. m. inv. 1** (*inform.*) ognuna delle unità programmate con le quali si compongono le sequenze di istruzione **2** (*ling.*) ogni elemento di un insieme grammaticale, lessicale e sim. considerato in quanto termine particolare

ìter [vc. lat., propr. 'viaggio', legato al part. pass. (*ĭtus*) di *īre* 'andare' ✻ 1957] **s. m. inv.** (**pl. lat.** *itinera*) ● serie di formalità, passaggi e sim. che una pratica amministrativa o un atto legislativo devono compiere, prima di arrivare a un esatto completamento procedurale: *i. burocratico, legislativo, parlamentare; quando la pratica avrà completato il suo i. riceverete una risposta*

SFUMATURE ➤ ***procedimento***

iteràbile [1970] **agg.** ● ripetibile ‖ **iterabilità**, **s. f. inv.**

†**iteraménto** [av. 1673] **s. m.** ● (*raro*) ripetizione

iteràre [vc. dotta, lat. *iterāre*, da *ĭterum* 'una seconda volta', di orig. indeur. ✻ 1319] **v. tr.** (*io ìtero*) ● ripetere, replicare

iteratìvo [vc. dotta, lat. tardo *iteratīvu(m)*, da *iterāre* 'iterare' ✻ 1869] **agg. 1** che indica ripetizione, iterazione **2** (*gramm.*) frequentativo: *locuzione iterativa; verbo i.* | ***imperfetto i.***, V. *imperfetto* **3** (*mat.*) detto di metodo, procedimento di calcolo che giunge al risultato mediante approssimazioni successive ‖ **iterativaménte**, **avv.** ‖ **iteratività**, **s. f. inv.** carattere iterativo di qlco.

iteràto **part. pass.** di *iterare*; anche **agg.** ● (*lett.*) ripetuto ‖ **iterataménte**, **avv.** reiteratamente

iterazióne [vc. dotta, lat. *iteratiōne(m)*, da *iterātus* 'iterato' ✻ 1374] **s. f.** ● ripetizione

itifàllico [vc. dotta, lat. *ithyphăllicu(m)*, dal gr. *ithyphallikós*, da *ithýphallos* 'itifallo' ✻ 1865] **agg.** (**pl. m.** *-ci*) **1** detto di verso greco e latino costituito da una tripodia trocaica, tipico dei canti fallici **2** (*lett.*) osceno

itifàllo [vc. dotta, lat. tardo *ithȳphallu(m)*, dal gr. *ithýphallos*, comp. di *ithýs* 'eretto', di orig. indeur., e *phallós* 'fallo' ✻ av. 1597] **s. m.** ● nell'antica Grecia, simulacro del fallo in erezione, simbolo di fecondità, che veniva portato in processione nelle feste in onore di Dioniso (o 'falloforie'): *Forma ha d'immenso e giganteo colosso / d'oricalco dorato un i.* (G.B. Marino) | (*raro, lett.*) canto, danza eseguiti durante tali feste

itinerànte [vc. dotta, lat. tardo *itinerānte(m)*, propr. 'viaggiatore', da *itinerāri* 'compiere un viaggio (*ĭter*, genit. *itĭneris*)' ✻ 1508] **agg.** ● che si sposta da un luogo all'altro: *mostra, spettacolo i.*

♦**itineràrio** [vc. dotta, lat. tardo *itinerāriu(m)*, da *ĭter*, genit. *itĭneris* 'viaggio', da *īre* 'andare' ✻ sec. XIV] **A** **agg.** ● (*raro*) che riguarda il viaggio, la distanza, il percorso | ***misure itinerarie***, usate per determinare le distanze (per es. il miglio) **B** **s. m. 1** percorso di un viaggio perlopiù diviso in tappe: *i. turistico* | strada da percorrere: *l'i. di una processione* | (*fig.*) percorso spirituale: *i. culturale* **2** descrizione e rappresentazione di un percorso, spec. a uso turistico: *i. di Roma, di Terra Santa*

itinere, in ➤ **in itinere**

ìto **part. pass.** di *ire* ● (*lett.* o *tosc.*) andato | spacciato, finito, morto: *è bell'e ito*

-ito① [suff. alternante, con specificazione di sign. (per gli acidi), di *-ato* (per i sali)] **suff.** ● in chimica, indica sali, esteri, eteri, derivati da acidi in *-oso*: *ipoclorito, solfito*

-ito② [lat. *-ĭtu(m)* con equivalenze indeur.] **suff.** ● forma i participi passati dei verbi in *-ire*: *sbalordito, udito*

-ito③ [lat. *-ītu(m)*, proprio dei part. pass. dei v. in *-īre*, frequentemente usato per esprimere voci di animali] **suff.** ● forma sostantivi che indicano versi d'animali: *barrito, grugnito, muggito, nitrito, ruggito*

-itòlo **suff.** ● in parole composte della terminologia della chimica organica indica alcol polivalente

ittèrbio [dal n. della località svedese *Ytterby*, dove fu scoperto ✻ 1889] **s. m.** ● elemento chimico, metallo del gruppo delle terre rare **SIMB.** Yb **NUM. AT.** 70

ittèrico [vc. dotta, lat. *ictĕricu(m)*, dal gr. *ikterikós*, da *íkteros* 'ittero①' ✻ 1612] **A** **agg.** (**pl. m.** *-ci*) ● (*med.*) dell'ittero: *colore i.* **B** **agg. e s. m.** (**f.** *-a*) ● (*med.*) che (o chi) è affetto da ittero

itterìzia [da *itterico* ✻ av. 1327] **s. f.** ● (*med.*; *disus.*) ittero①

ìttero① [vc. dotta, lat. *ĭcteru(m)*, dal gr. *íkteros*, di etim. incerta ✻ 1901] **s. m.** ● (*med.*) condizione patologica dovuta ad accumulo di bilirubina nel sangue, caratterizzata da abnorme colorazione giallo-brunastra di cute, mucose e sclera | ***i. emolitico***, dovuto a eccessiva emolisi | ***i. ostruttivo***, dovuto a ostruzione delle vie biliari

ìttero② [vc. dotta, lat. *ĭcteru(m)*, dal gr. *íkteros* 'ittero': per la credenza che a guardarlo si guariva dall'itterizia (?) ✻ av. 1564] **s. m.** ● nome comune di numerose specie appartenenti a diversi generi di Passeriformi americani, spesso ottimi cantori, tra i quali *Icterus* e *Agelaius* | ***i. alidoro***, con ali dal colore giallo che contrastano con il nero dominante nella livrea (*Agelaius thilius*)

ìttico [dal gr. *ichthyikós* 'relativo al pesce (*ichthýs*)', di orig. indeur. ✻ 1917] **agg.** (**pl. m.** *-ci*) ● relativo ai pesci: *mercato i.*

itticoltùra ➤ **ittiocoltura**

ittio- o **itti-** [dal gr. *ichthyo-*, da *ichthýs*, genit. *ichthýos* 'pesce'] **primo elemento** ● in parole composte, significa 'pesce' o indica relazione con i pesci: *ittiologia; itticoltura*

ittiocòlla [vc. dotta, lat. *ichthyocŏlla(m)*, dal gr. *ichthyókolla*, comp. di *ichthýs* 'pesce' e *kólla* 'colla' ✻ 1828] **s. f.** ● colla di pesce

ittiocoltùra o **itticoltùra** [comp. di *ittio-* e *coltura* ✻ 1984] **s. f.** ● coltivazione di mitili, pesci o altri prodotti ittici in acque dolci o marine

ittiofagìa [gr. *ichthyophagía*, deriv. di *ichthyophágos* 'ittiofago' ✻ 1834] **s. f.** (**pl.** *-gìe*) ● nutrizione a base di pesce

ittiòfago [gr. *ichthyophágos*, comp. di *ichthyo-*

a b c d e f g h i j k l m n o p q r s t u v w x y z

'ittio-' e *-phágos* '-fago' ✻ 1550] **agg. (pl. m.** *-gi*); **anche s. m. (f.** *-a*) ● che (o chi) si nutre di pesci

ittiofàuna [comp. di *ittio-* e *fauna* ✻ 1888] **s. f.** ● l'insieme delle varie specie di pesci di una data località

ittiòfilo [comp. di *ittio-* e *-filo* ✻ 1983] **s. m. (f.** *-a*) ● appassionato raccoglitore di pesci, spec. in acquario

ittiofòrmio [comp. di *ittio(lo)* e di un deriv. da *forma(ldeide)* ✻ 1917] **s. m.** ● prodotto di condensazione dell'ittiolo con formaldeide, impiegato in medicina come antisettico intestinale e antidiarroico

ittiogènico [comp. di *ittio-* e *-genico* ✻ 1983] **agg. (pl. m.** *-ci*) ● che produce pesce: *stabilimento i.*

ittiòlo [dal gr. *ichthýs* 'pesce (fossile)', dal quale è ricavato ✻ 1886] **s. m.** ● sostanza bituminosa, usata in farmacologia, che si ottiene per distillazione di rocce costituite da depositi di pesci fossili

ittiologìa [comp. di *ittio-* e *-logia* ✻ 1754] **s. f. (pl.** *-gìe*) ● branca della zoologia che ha per oggetto lo studio dei pesci, la pesca e la piscicoltura

ittiològico [1829] **agg. (pl. m.** *-ci*) ● riguardante l'ittiologia

ittiòlogo [comp. di *ittio-* e *-logo* ✻ av. 1828] **s. m. (f.** *-a*; **pl. m.** *-gi*) ● studioso di ittiologia

ittiosàuro o **ictiosàuro** [comp. di *ittio-* e del gr. *sâuros* 'lucertola' ✻ 1820] **s. m.** ● rettile marino carnivoro del Mesozoico, con cranio molto allungato e arti trasformati in pinne

ittiòṣi o **ictiòṣi** [comp. di *ittio-* e *-osi* ✻ 1834] **s. f. inv.** ● (*med.*) malattia caratterizzata da secchezza e desquamazione della pelle

ittiṣmo [comp. di *ittio-* e *-ismo* ✻ 1983] **s. m.** ● (*raro*) intossicazione intestinale causata da ingestione di pesci avariati

ittìta o **hittìta** /it'tita/, (*raro*) **ittìto** [dal n. ebr. (*Hitti*, pl. *Hittîm*) del popolo che nella propria lingua si chiamava *Hatti*, coi suff. etnico *-ita* ✻ 1895] **A agg. (pl. m.** *-i*) ● relativo a un'antica popolazione di origini controverse e di lingua indoeuropea, immigrata e stanziata fin da epoche molto remote nell'Asia Minore: *civiltà, cultura i.*; *re ittiti* **B s. m. e f.** ● ogni appartenente a questa antica popolazione **C s. m. solo sing.** ● lingua della famiglia indoeuropea, parlata dagli Ittiti

ittituriṣmo [comp. di *ittio-* e *turismo* ✻ 1992] **s. m.** ● settore del turismo consistente nel soggiorno in case di pescatori, anche con il consumo dei prodotti della pesca locale **CFR.** pescaturismo | (*est.*) locale tipico che offre una cucina specializzata nei piatti a base di pesce fresco

ìtto [V. *ictus* ✻ 1957] **s. m.** ● (*med.*) pulsazione, visibile all'esterno, del cuore o di alcune arterie

ìttrio o **ỳttrio** /'ittrjo/ [dal n. della località svedese *Ytterby*, dove il chimico Carl G. Mosander (1797-1858) lo scoprì ✻ 1833] **s. m. (pl.** *-i* o *raro -ii*) ● elemento chimico, metallo del gruppo delle terre rare **SIMB.** Y **NUM. AT.** 39

-itùdine [lat. *-itūdine(m)*] **suff.** ● forma sostantivi astratti di origine latina che indicano qualità, stato: *attitudine, beatitudine, gratitudine*

†**iùba** e deriv. ➤ **giubba**② e deriv.

†**iubère** o **iùbere** [lat., propr. 'ordinare', di orig. indeur. ✻ 1321] **v. tr. (difett. usato solo nella terza pers. sing. dell'indic. pres.** *iube*) ● comandare: *quando Iunone a sua ancella iube* (DANTE *Par.* XII, 12)

†**iubilàre** e deriv. ➤ **giubilare**① e deriv.

iùcca ➤ **yucca**

IUD /jud, iud'di*/ [sigla dell'ingl. *Intra Uterine Device* 'dispositivo intrauterino' ✻ 1983] **s. m. inv.** ● (*med.*) spirale

†**iudàico** ➤ **giudaico**

†**iudèo** ➤ **giudeo**

†**iudicàre** e deriv. ➤ **giudicare** e deriv.

†**iùdice** e deriv. ➤ **giudice** e deriv.

iùdice, sub ➤ **sub**②

†**iudìcio** e deriv. ➤ **giudizio** e deriv.

iùgero [vc. dotta, lat. *iūgeru(m)*, propr. 'superficie lavorata in un giorno da una coppia di buoi al giogo (*iŭgum*)' ✻ sec. XIV] **s. m.** ● antica misura di terreno pari a circa 2300 m^2

Iuglandàcee ➤ **Juglandacee**

†**iùgo** ➤ **giogo**

iugoṣlàvo o **jugoṣlàvo** [serbocroato *jugoslaven*, propr. 'slavo (*slaven*) del sud (*jug*)' ✻ 1886] **A agg.** ● della ex-Iugoslavia, repubblica federativa istituita nel 1945 che occupava l'intera regione a est dell'Adriatico, ridottasi nel 1992 alle sole repubbliche di Serbia e Montenegro che ne hanno conservato il nome fino al 2003 **B s. m. (f.** *-a*) ● abitante o nativo della ex-Iugoslavia

iugulàre① ➤ **giugulare**①

iugulàre② o **giugulàre**② [lat. *iugulāre*, da *iŭgulum*, propr. 'gola dove il collo si unisce (*iŭngere*) alle spalle e al petto' ✻ 1483] **v. tr.** (*io iùgulo*) **1** (*lett.*, *raro*) scannare, strangolare | prendere per il collo **2** (*fig.*) costringere qlcu., con crudeltà e durezza, ad accettare condizioni o situazioni svantaggiose

iugulatòrio o (*raro*) **giugulatòrio** [1932] **agg. (pl. m.** *-i* o *raro -ii*) ● che reca in sé costrizioni, condizioni inique, e sim.: *contratto i.*; *accordi iugulatori* **SIN.** vessatorio ‖ **iugulatoriamènte**, **avv.**

iugulazióne o **giugulazióne** [1973] **s. f.** ● macellazione mediante recisione delle vene giugulari

†**iùlco** [vc. dotta, lat. *hiŭlcu(m)*, da *hiāre* 'stare a bocca spalancata', di orig. indeur. ✻ av. 1729] **agg.** ● detto di suono sguaiato e disarmonico di voce

iùlo [gr. *íoulos*, specie di 'insetto' coperto di 'lanuggine', detta egualmente *íoulos*, da *oûlos* 'crespo', da *eilêin* 'rotolare, avvolgere', di orig. indeur. ✻ 1834] **s. m.** ● (*zool.*) millepiedi

iùngla ➤ **giungla**

iùnior ➤ **junior**

†**iuràre** e deriv. ➤ **giurare** e deriv.

iùre e deriv. ➤ **giure** e deriv.

iùrta o **yùrta** /'jurta, *russo* 'jurtʌ/ [russo *jurta*, dal turco *yurt* 'abitazione' ✻ 1970] **s. f. (pl.** *iùrte* o *russo iurty*) ● tenda di feltro dei nomadi mongoli dell'Asia centrale, di forma cilindrica con copertura a calotta

✱**iùs** [vc. lat., propr. 'diritto' ✻ 1321] **s. m. (pl. lat.** *iura*) ● diritto, ordinamento giuridico | ***ius aedificandi***, diritto di edificare | ***ius superveniens***, modifica legislativa che interviene a modificare le norme applicabili in un dato momento | ***ius variandi***, potere del datore di lavoro di modificare unilateralmente le mansioni assegnate a un lavoratore | ***ius primae noctis***, nel Medioevo, pretesa o diritto di un signore feudale di trascorrere con le mogli dei sudditi la loro prima notte di nozze | ***ius sanguinis***, diritto che sorge per il fatto di essere discendenti in linea retta di qualcuno | ***ius soli***, ***ius loci***, diritto che sorge per il fatto di essere nati in un certo Stato

iussìvo [dal lat. *iŭssus*, part. pass. di *iubēre* 'comandare' (di orig. indeur.) ✻ 1967] **agg.** ● (*gramm.*) detto di forma verbale o nominale, o costruzione, che esprime un comando (per es.: *vattene!*; *zitto!*; *non ridere!*)

†**iustìzia** e deriv. ➤ **giustizia** e deriv.

†**iùsto** ➤ **giusto**①

iùta o **jùta** /'juta/ [ingl. *jute*, dall'indostano *jhuta* 'crespo': dal sanscrito *jūṭah* 'treccia', come il sin. *jaṭā*, di etim. incerta (?) ✻ 1875] **s. f.** ● fibra tessile che serve per fare cordami e tessuti da imballaggio, ricavata da piante delle Tigliacee (*Corchorus capsularis* e *Corchorus textilis*) **SIN.** canapa di Calcutta

iutièro [1941] **agg.** ● della iuta, concernente la iuta o la sua industria

iutifìcio [comp. di *iuta* e *-ficio* ✻ 1922] **s. m.** ● stabilimento in cui si lavora la iuta

iuventìno ➤ **juventino**

ìva① [lat. **īva(m)*, di orig. gallica ✻ sec. XIV] **s. f.** ● (*bot.*) aiuga

Ìva② /'iva/ [sigla di *I(mposta sul) V(alore) A(ggiunto)* ✻ 1973] **s. f. inv.** ● imposta indiretta, istituita in Italia nel 1973, che si applica con aliquote differenziate sulle cessioni di beni e sulle prestazioni di servizi effettuate nel territorio dello Stato nell'esercizio di imprese o di arti e professioni, nonché sulle importazioni; oggetto della tassa è il valore aggiunto che risulta dalla differenza tra il valore dei beni e servizi che un'impresa vende e il valore dei beni e servizi che l'impresa acquista per impiegarli nel processo produttivo

ivàto [da *Iva*② ✻ 1983] **agg.** ● detto di documento contabile assoggettato all'Imposta sul Valore Aggiunto

ivi [lat. *ĭbi*, di orig. indeur. ✻ av. 1250] **avv.** (†, *poet.* **troncato in** *i*) **1** (*lett.*) in quel luogo, lì, là (con v. di stato e di moto): *ivi si trovano molte cose interessanti*; *oh felice colui cu' ivi elegge!* (DANTE *Inf.* I, 129) | †***presso ivi***, vicino a quel luogo | †***ivi entro***, †***dentro ivi***, lì dentro | si usa nelle citazioni di opere per rimandare a un passo già citato precedentemente **2** †allora, in quel momento: *Di penter sì mi punse ivi l'ortica* (DANTE *Purg.* XXXI, 85) | ***ivi a***, dopo, entro: *ivi a parecchi dì* (G. BOCCACCIO)

-ìvo [lat. *-īvu(m)*] **suff.** ● forma aggettivi, o sostantivi, di origine latina o derivati generalmente dal participio passato (alcuni direttamente dal tema dell'infinito), indicanti capacità, disposizione, qualità: *attivo, consultivo, determinativo, difensivo, furtivo, nocivo*

ivoriàno [fr. *ivoirien* 'della Costa d'Avorio (*Côte-d'Ivoire*)' ✻ 1963] **agg.** ● della Costa d'Avorio

Ixòdidi [dal gr. *ixṓdēs* 'vischioso', deriv. di *ixós* 'vischio', di etim. incerta ✻ 1929] **s. m. pl. (sing.** *-e*) ● (*zool.*) famiglia di Acari a forte dimorfismo sessuale, ematofagi su molti Vertebrati, cui appartengono le zecche (*Ixodidae*)

ìzba ➤ **isba**

-ìzia [lat. *-ītia(m)*, parallelo, in vc. di orig. dotta, a *-ezza*] **suff.** ● è presente in sostantivi femminili di origine latina, spec. astratti, che indicano caratteristica, condizione, stato: *avarizia, giustizia, letizia, pigrizia, primizia*

-ìzio [lat. *-īciu(m)*, parallelo, in vc. di orig. dotta, a *-eccio*] **suff.** ● forma sostantivi o aggettivi derivati dal latino (*giudizio, sodalizio, sposalizio, gentilizio, patrizio*), o aggettivi tratti da sostantivi (*cardinalizio, impiegatizio, prefettizio*)

†**ìzza** [etim. discussa: vc. onomat., come orig. *issare* (?) ✻ av. 1347] **s. f.** ● ira, stizza

-iẓẓàre [variante latinizzata del suff. applicato a v. in orig. di provenienza gr. (*-ízein* con valore di 'agire in un certo modo'), popolarmente reso con *-eggiare*] **suff.** ● forma verbi, tratti da sostantivi e aggettivi, che indicano attuazione, trasformazione o riduzione: *agonizzare, gargarizzare, nazionalizzare, socializzare, italianizzare*

a b c d e f g h i **j** k l m n o p q r s t u v w x y z

j, J

La lettera *J*, la cui introduzione nell'alfabeto italiano fu proposta ai primi del Cinquecento e divenne d'uso comune sul finire del Seicento, ha avuto due valori: quello dell'*I* consonante in principio di parola oppure tra due vocali (per es. *jèri* /'jɛri/, *vassójo* /vas'sojo/); e quello dell'*I* vocale finale di parola, derivato da vera o supposta contrazione di due *i* (per es. *vàrj* /'vari/, *vassój* /vas'soi/). Nell'uso odierno la lettera *J* è in decadenza: generalmente parlando, non esistono casi in cui non possa essere sostituita da un *I* semplice. Come consonante in principio di parola, non è più in uso, tranne che in alcuni nomi di località (per es. S. Giorgio Jonico); come consonante interna di parola tra due vocali, è usabile solo in pochi casi di nomi propri (per es. *Ròia* o *Ròja* /'rɔja/); con valore vocalico in fine di parola, è del tutto antiquata, sostituita in genere da *-i*, più di rado e solo in certe parole da *-î*, da *-i'*, o da *-ii*. Un uso obbligatorio della lettera *J* sopravvive solo in pochi cognomi, sia con la prima delle funzioni sopra indicate (per es. *Jèmolo* /'jɛmolo/), sia con la seconda (per es. *Tajòli* /ta'jɔli/), sia con la terza (per es. *Aurèlj* /au'rɛli/), sia infine col valore di vocale debole preceduta da vocale accentata (per es. *Màjno* /'maino/). In forestierismi non adattati la lettera *J* può avere valore consonantico, rappresentando per es. una postalveopalatale: costrittiva, o fricativa, sonora /ʒ/ nelle voci francesi (per es. *jabot* /ʒa'bo/), semiocclusiva, o affricata, sonora /dʒ/ in quelle inglesi (per es. *jeans* /dʒiːnz/).

j, (*maiusc.*) **J** [1529] **s. f. o m. inv.** ● lettera dell'alfabeto latino medievale e di altri alfabeti moderni; è la decima lettera dell'alfabeto italiano (nome per esteso *i lunga*, o *i lungo*, (*disus.*) *iòta*): *j minuscola, J maiuscolo* | nella compitazione spec. telefonica it. *j come jersey*; in quella internazionale *j come Juliet*

jab /*ingl.* dʒæb/ [vc. ingl., dal v. *to jab* 'colpire', alterato di to *job* 'lavorare', di orig. incerta ✱ 1935] **s. m. inv.** ● (*sport*) nel pugilato, colpo di disturbo di non grande efficacia, ma che portato in serie ostacola l'avversario nella sua azione

jaboràndi /jabo'randi/ o **iaborandi** [sp. *jaborandi*, di orig. tupi (*yaborandí*) ✱ 1956] **s. m. inv.** ● arbusto brasiliano delle Rutacee, velenoso, di cui si usano le foglie pennate coriacee contenenti pilocarpina (*Pilocarpus jaborandi*)

jabot /*fr.* ʒa'bo/ [vc. fr., originariamente 'rigonfiamento dell'esofago degli uccelli', da una base **gaba* 'gozzo degli uccelli' ✱ 1897] **s. m. inv.** ● davantino di batista o sim. ornato di pizzi e ricami, increspato o pieghettato

jacarànda /jaka'randa/ [sp. e portog. *jacarandá*, vc. di orig. tupi ✱ 1972] **s. f.** ● genere di piante tropicali delle Bignoniacee, alcune delle quali forniscono il legno di palissandro (*Iacaranda*)

j'accuse /*fr.* ʒa'kyz/ [fr., propr. 'io accuso', dal titolo della lettera aperta dello scrittore E. Zola al Presidente della Repubblica francese dell'epoca, in difesa dell'ufficiale A. Dreyfus, comparsa sul giornale 'L'Aurore' nel 1898 e contenente violente accuse allo stato maggiore francese ✱ 1904] **loc. sost. m. inv.** Si usa con gli **art.** *il, un, i* ● denuncia, spec. fatta pubblicamente, di un'ingiustizia, un sopruso e sim. e sollecito invito a porvi rimedio: *lanciare un j'accuse*

jack /dʒɛk, *ingl.* dʒæk/ [vc. ingl., dal n. proprio *Jack*, soprannome di *Johan* = *John* 'Giovanni' ✱ 1937] **s. m. inv. 1** spina a due o più conduttori coassiali usata per collegare apparecchi elettronici tra loro o a particolari accessori **2** fante delle carte da gioco francesi **3** bandiera esposta a prua sulle navi da guerra

jackpot /'dʒɛkpot, *ingl.* 'dʒæk,pɒt/ [vc. ingl., comp. di *jack*, il 'fante', che permette, se doppio, di aprire il gioco nel poker, e *pot* 'pentola' nel senso di 'posta accumulata' ✱ 1985] **s. m. inv.** ● nei giochi d'azzardo, la posta in gioco che aumenta con le quote del montepremi non distribuite in precedenti giocate | (*est.*) successo strabiliante

jacobsìte /jakob'site/ o **iacobsìte** [dal n. della località di *Jacobsberg* in Svezia, dove si trova ✱ 1956] **s. f.** ● minerale magnetico, a struttura cubica, di colore nero, composto di ossido di ferro, manganese e magnesio

jacquard /*fr.* ʒa'kaʀ/ [dal n. dell'inventore fr., J.-M. *Jacquard* (1752-1834) ✱ 1938] **A s. m. inv.** ● dispositivo che comanda i fili di ordito nel telaio per tessuti operati, la cui armatura, composta di molti fili che tessono in modo diverso, si ripete in un numero limitato di volte **B agg. inv. 1** detto di telaio munito di dispositivo jacquard **2** detto di punto a maglia eseguito a più colori su disegni geometrici | detto di indumento lavorato a punto jacquard

jacquerie /*fr.* ʒa'kʀi/ [vc. fr., da *Jacques* (Bonhomme) 'Giacomo (Buonomo)', soprannome tradizionale del contadino fr. ✱ 1869] **s. f. inv.** ● sollevazione contadina

Jacùzzi® /ja'kuttsi, *ingl.* dʒə'kuːzɪ/ [dal n. della ditta americana che la fabbrica ✱ 1987] **s. f. inv.** ● vasca per idromassaggio

Jäger /*ted.* 'jɛgəʀ/ [vc. ted., propr. 'cacciatore' ✱ 1952] **s. m. inv. (pl. ted. inv.)** Si usa con gli **art.** *lo, uno, gli* ● soldato appartenente a corpi speciali dell'esercito austriaco o tedesco

jàina ➤ **giaina**

jainìșmo ➤ **giainismo**

jais /*fr.* ʒɛ/ [da *jaiet* 'giaietto' (V.) ✱ 1884] **s. m. inv. (pl. fr. inv.)** ● giaietto

jaleo /*sp.* xa'leo/ [vc. sp., dal v. *jalear* 'ammirare un cantante, accompagnandolo con voci e battiti di mano', da *hala*, inter. di orig. espressiva ✱ 1956] **s. m. inv. (pl. sp.** *jaleos*) ● danza andalusa simile al bolero, ballata da una sola persona

jamahìriya /dʒamai'ria, *arabo* dʒæmæhi'rija/ o **jumhuriya** /*arabo* dʒumuhi'rija/ [dall'arabo *ǧamāhīriyya*, nome astratto dall'agg. pl. di *ǧumhūriyya* 'repubblica', coniato per designare lo Stato sorto in Libia dopo il colpo di stato del 1969 ✱ 1983] **s. f. inv. (pl. arabo** *jamahiriyàt*) ● repubblica

jamming /gɛmmin(g), *ingl.* 'dʒæmɪŋ/ [vc. ingl., dal v. *to jam* 'disturbare', propr. 'bloccare': di orig. imitativa (?) ✱ 1970] **s. m. inv.** ● disturbo organizzato delle trasmissioni di una stazione radio, mediante interferenze, rumori e sim.

jam session /dʒem'sɛʃʃon, *ingl.* 'dʒæm,sɛʃ(ə)n/ [loc. ingl., comp. di *jam* 'stretta, compressione (di gente)', ma nello slang musicale amer. anche 'improvvisazione', e *session* 'seduta' ✱ 1950] **loc. sost. f. inv. (pl. ingl.** *jam sessions*) ● incontro informale di musicisti jazz, per suonare improvvisando, al di fuori da impegni professionali

janjaweed /*ingl.* 'dʒændʒæwiːd/ [arabo *janiāwīd* 'demone a cavallo' ✱ 1999] **s. m. inv.** ● soldato appartenente a truppe irregolari filogovernative che combattono nella guerra civile in corso nella regione del Darfur in Sudan

jarabe /*sp.* xa'raβe, h-/ [vc. sp., propr. 'bevanda dolce, sciroppo', dall'arabo *šarāb* 'bevanda, pozione', dal v. *šáriba* 'bere' ✱ 1970] **s. m. inv. (pl. sp.** *jarabes*) ● danza popolare messicana, simile allo zapateado

jarovizzàre e deriv. ➤ **iarovizzare** e deriv.

Jàva /'dʒava/ [dal n. ingl. di un rinomato tipo di caffè (*Java coffee*), attribuito a un linguaggio di computer di altrettanto alta qualità ✱ 1995] **s. m. inv.** ● (*inform.*) linguaggio di programmazione destinato spec. allo sviluppo di applicazioni ipertestuali da distribuire sul web

jay /*ingl.* dʒeɪ/ [1998] **s. f. inv.** ● nome inglese della lettera *j* **SIN.** i lunga

jazz /dʒɛts*, dʒɛz, dʒaz, *ingl.* dʒæz/ [vc. ingl., di etim. incerta ✱ 1919] **A s. m. inv.** ● genere musicale di origine afroamericana, caratterizzato dall'uso costante del tempo binario, della poliritmia, del libero contrappunto e dal particolare linguaggio melodico: *cool j., free j., hot j., pop j., rock-jazz, soul j.* (V. le singole voci) **CFR.** giazz **B** anche **agg. inv.**: *musica j.*

jazzàto /dʒet'tsato/ [1986] **agg.** ● (*mus.*) eseguito in stile jazz: *rock j.*

jazz-band /dʒaz'bɛnd, *ingl.* 'dʒæz,bænd/ [vc. ingl., comp. di *jazz* e *band* 'orchestra' (V. *banda*③) ✱ 1919] **s. f. inv. (pl. ingl.** *jazz-bands*) ● orchestra per musica jazz

jazzìsta /dʒet'tsista, dʒed'dz-, dʒat'ts-, dʒad'dz-/ [1956] **s. m. e f. (pl. m.** *-i*) ● suonatore di jazz **CFR.** giazzista

jazzìstico /dʒet'tsistiko, dʒed'dz-, dʒat'ts-, dʒad'dz-/ [1940] **agg. (pl. m.** *-ci*) ● relativo al jazz o ai jazzisti **CFR.** giazzistico ‖ **jazzisticaménte**, **avv.**

♦**jeans** /dʒins, *ingl.* dʒiːnz/ [vc. dell'ingl. d'America, da *(blue-)jeans* ✱ 1959] **A s. m. inv.** Si usa con gli **art.** *il, un, i* ● tipo di grossa tela di cotone molto resistente, quasi sempre blu: *un vestito, una giacca, una borsa di j.*; *era tutto vestito di j.* **B** anche **agg. inv.**: *tela j.* **C** **s. m. pl.** ● accorc. di *blue-jeans* | (*est.*) pantaloni di taglio simile a quello dei blue-jeans: *un paio di j. di velluto, di fustagno*

jeanserìa /dʒinse'ria/ [da *jeans*, accorc. di *blue-jeans* ✻ 1980] **s. f.** ● negozio che vende jeans **CFR.** ginseria

Jeep® /*ingl.* dʒi:p/ [lettura della sigla G.P., da *g(eneral) p(urpose) (car)* '(veicolo di) uso generale' ✻ 1943] **s. f. inv.** ● autovettura scoperta, potente e molto robusta, adatta ai terreni difficili, originariamente di dotazione militare **CFR.** gip®

jérsey /'dʒersi, *ingl.* 'dʒɜ:zɪ/ [vc. ingl., dal n. dell'isola *Jersey*, dove sono notevoli fabbriche di questo tipo di maglieria ✻ 1868] **s. m. inv.** ● tessuto a maglia, spec. di lana

jet /*ingl.* dʒɛt/ [vc. ingl., abbr. di *jet airplane* 'aereo (*airplane*) potenziato da un motore a reazione (*jet*)' ✻ 1962] **s. m. inv.** ● aeroplano a reazione

jètlag /'dʒɛtleg, *ingl.* 'dʒɛt,læg/ o **jet lag** [vc. ingl., comp. di *jet* (V.) e *lag* 'ritardo, sfasamento' ✻ 1985] **s. m. inv.** ● stato di malessere dopo un lungo viaggio aereo a causa della differenza dei fusi orari

jet liner /*ingl.* 'dʒɛt,laɪnə(r)/ [loc. ingl., propr. 'aereo di linea (*liner*) a reazione (*jet*)' ✻ 1983] **loc. sost. m. inv.** (**pl. ingl.** *jet liners*) ● aereo a reazione per voli di linea

jet set /dʒet'sɛt, *ingl.* 'dʒɛt,sɛt/ [loc. ingl., propr. 'società di gente ricca che viaggia frequentemente in jet', comp. di *jet*, propr. 'getto', poi 'aereo' e *set* 'associazione' (vc. d'orig. germ.) ✻ 1965] **loc. sost. m. inv.** (**pl. ingl. inv.**) ● jet society

SFUMATURE DI SIGNIFICATO

jet set - jet society - alta società - bel mondo

Jet set è parola inglese che indica l'ambiente sociale formato da persone particolarmente ricche, influenti e famose, in grado di usare il jet per spostarsi velocemente (*jet*, aeroplano a reazione associato a *set*, organizzazione). **Jet society** ha lo stesso significato ma è d'uso più raro. Entrambi i termini si riferiscono a un ambiente internazionale, a differenza di **alta società** e **bel mondo**, che designano delle persone anch'esse molto ricche, ma senza alcun riferimento alla società internazionale.

jet society /dʒɛt so'sajəti, *ingl.* dʒɛt sə'saɪətɪ/ [comp. di due vc. ingl. col senso di 'società (*society*, in senso classista di 'alta società') usa a muoversi con aerei a reazione (*jet*)' ✻ 1965] **loc. sost. f. inv.** (**pl. ingl. inv.**) ● l'alta società internazionale che, per spostarsi velocemente da un luogo all'altro, usa il jet
SFUMATURE ➤ *jet set*

jeu de massacre /*fr.* ˌʒødəma'sakʀ/ [loc. fr., 'gioco di massacro', propr. il gioco, diffuso nei baracconi delle fiere, di cercare di abbattere i fantocci, lanciando loro contro delle palle ✻ 1989] **loc. sost. m. inv.** ● gioco simile ai birilli nel quale il bersaglio è costituito da fantocci di stoffa o cartapesta | (*fig.*) attacco indiscriminato che mira alla distruzione morale o politica dell'avversario **CFR.** gioco nel sign. 1

jeunesse dorée /*fr.* ʒœˌnɛsdɔ'ʀe/ [fr., propr. 'gioventù dorata' ✻ 1895] **loc. sost. f. inv.** ● l'insieme dei giovani figli di genitori ricchi e potenti

jewel box /dʒuel'bɔks, *ingl.* 'dʒu:əl,bɒks/ [loc. ingl., propr. 'astuccio per gioielli' ✻ 1997] **loc. sost. m. inv.** (**pl. ingl.** *jewel boxes*) ● contenitore per compact disc, gener. in plastica trasparente

jiddisch ➤ **yiddish**

jigger /*ingl.* 'dʒɪgə(r)/ [vc. ingl., propr. 'danzante', n. di diversi apparecchi a movimenti bruschi (da *jig* 'movimento di ballo': dal fr. *gigue* 'giga' (?)) ✻ 1917] **s. m. inv.** **1** apparecchio usato per la tintura dei tessuti **2** unità di misura pari a 4 cl, usata nei bar per dosare gli alcolici

jihad /ʒi'ad, *arabo* dʒi'ha:d/ o **gihàd** /ʒi'ad, *arabo* dʒi'hæ:d/ [arabo *ǧihād* 'lotta, combattimento' ✻ 1899] **s. f. o m. inv.** (**pl. arabo** *jihadat*) Il sost. m. si usa con gli art. *il, un, i* **1** guerra santa condotta dai seguaci dell'islamismo contro gli infedeli **2** denominazione di gruppi di integralisti musulmani, che dagli anni 1980-90 compiono attentati e azioni terroristiche in Paesi del Medio Oriente

jihadìsmo /ʒia'dizmo/ [comp. di *jihad* (V.) e *-ismo* ✻ 2001] **s. m.** ● movimento integralista islamico che sostiene e pratica la jihad

jihadista /ʒia'dista/ [comp. di *jihad* (V.) e *-ista* ✻ 2001] **A** **agg.** (**pl. m.** *-i*) ● relativo alla jihad **B** **agg. e s. m. e f.** ● sostenitore, seguace della jihad

jingle /'dʒingəl, *ingl.* 'dʒɪŋg(ə)l/ [vc. ingl., propr. 'tintinnio, scampanellio', di orig. onomat. ✻ 1983] **s. m. inv.** ● sigla musicale che accompagna la pubblicità televisiva o radiofonica di un prodotto

jive /*ingl.* dʒaɪv/ [vc. ingl. prob. dal n. di un gergo diffuso fra gli afro-americani di Harlem ✻ 1988] **s. m. inv.** ● (*mus.*) stile jazzistico affermatosi fra gli afro-americani negli anni '30 del Novecento | (*est.*) ballo latino-americano su questa musica

job /dʒɔb, *ingl.* dʒɒb/ [vc. ingl., propr. 'lavoro' ✻ 1942] **s. m. inv.** **1** posto di lavoro, occupazione, impiego, spec. in alcune loc. sost. m. inv. | mansione, compito esplicato nell'adempimento di una prestazione lavorativa | (*econ.*) ***job sharing***, divisione di un lavoro a tempo pieno in due o più lavori a tempo parziale (comp. con *sharing* 'condivisione') | (*econ.*) ***job on call***, tipo di contratto per cui un lavoratore, in cambio di una indennità di disponibilità, può essere chiamato al lavoro in qualsiasi momento nell'arco di tempo stabilito dal contratto stesso (comp. con *on call* 'su chiamata') | ***job placement***, avviamento al lavoro, spec. di neolaureati o studenti universitari (comp. con *placement* 'collocamento') | (*org. az.*) ***job rotation***, l'alternarsi di dipendenti in diverse mansioni; la sostituzione temporanea di dipendenti impegnati in corsi di formazione con lavoratori disoccupati (comp. con *rotation* 'avvicendamento') | ***job act***, nel linguaggio politico e giornalistico, legge di riforma del lavoro (comp. con *act* 'legge') **2** (*inform.*) unità di attività definita da un utente e destinata a essere svolta da un elaboratore

jòbber /'dʒɔbber, *ingl.* 'dʒɒbə(r)/ [vc. ingl., da *to job* 'fare lavori', 'comprare all'ingrosso' ✻ 1895] **s. m. e f. inv.** **1** operatore che compra e vende titoli presso una borsa valori, trattando non direttamente col pubblico ma con un intermediario o broker **2** grossista, commerciante all'ingrosso

jobel /jo'bel/ o **jovel** /*ebr.* jo'vel/ [vc. ebr. propr. 'corno d'ariete' ✻ 1991] **s. m. inv.** (**pl. ebr.** *jovelim*) Si usa con gli art. *lo, uno, gli* ● nella Bibbia, corno d'ariete usato come tromba per annunciare l'inizio dell'anno giubilare | (*est.*) giubileo

jòckey /'dʒɔkei, *ingl.* 'dʒɒkɪ/ [vc. ingl., forma dim. di *Jock*, a sua volta dim. fam. scozzese di *John* 'Giovanni' ✻ 1803] **s. m. inv.; anche s. f. inv. nei sign. 1 e 3** **1** nelle corse al galoppo, fantino **2** fante delle carte da gioco francesi **SIN.** jack **3** accorc. di *disc jockey*

Jòdel /'jɔdel, *ted.* 'jo:dl/ o **Jödel**, **Jodler** [vc. ted., di orig. onomat. ('gridare *jo*') ✻ 1895] **s. m. inv.** (**pl. ted. inv.**) Si usa con gli art. *lo, uno, gli* ● tecnica vocale caratteristica degli abitanti delle Alpi, spec. tirolesi, ma riscontrabile in altre aree geografiche, consistente nel passare dal registro di petto al falsetto con salti di intervallo diverso e senza interrompere la melodia | dal XVIII sec., anche canto delle Alpi che utilizza tale tecnica

jòdhpurs /'dʒɔdpurs, *ingl.* 'dʒɒdpəz/ [dal n. dell'omonima città dell'India, attrav. l'ingl. e il fr. ✻ 1974] **s. m. pl.** ● calzoni da equitazione

Jodler ➤ **Jodel**

jògger /'dʒɔgger, *ingl.* 'dʒɒgə(r)/ [vc. ingl., da *to jog* 'correre al piccolo trotto, per esercizio', di orig. incerta ✻ 1980] **s. m. e f. inv.** ● chi pratica il jogging

jògging /'dʒɔggin(g), *ingl.* 'dʒɒgɪŋ/ [vc. ingl., da *to jog* 'correre al piccolo trotto, per esercizio', di orig. incerta ✻ 1978] **s. m. inv.** ● corsa regolare, a piccole falcate e a ritmo lento, spesso alternata alla marcia, fatta a scopo di esercizio fisico

joint vènture /dʒoint'vɛntʃur, *ingl.* 'dʒɔent,vɛntʃə(r)/ [loc. ingl., comp. di *joint* 'unito, congiunto' e *venture* 'impresa rischiosa, speculazione' (V. *ventura*) ✻ 1973] **loc. sost. f. inv.** (**pl. ingl.** *joint ventures*) ● (*econ.*) associazione di due o più imprese, anche di diversa nazionalità, al fine di realizzare uno specifico progetto e destinata, perciò, a esaurirsi nel tempo

jojòba /dʒo'dʒɔba, *sp.* xo'xɔβa, ho'ho-, *ingl.* həʊ'həʊbə/ [n. locale messicano ✻ 1987] **s. f. inv.** ● (*bot.*) arbusto delle Buxacee originario dell'America centro-settentrionale dai cui frutti si ricava un olio simile allo spermaceti, usato spec. nell'industria dei cosmetici e dei lubrificanti (*Simmondsia chinensis*) | il frutto di tale pianta

jòlly /'dʒɔlli, *ingl.* 'dʒɒlɪ/ [vc. ingl., abbr. di *jolly joker* 'l'allegro (*jolly*, dal fr. *joli(f)* 'giulivo': di orig. scandinava (?)) buffone (*joker*, propr. 'giocatore', di orig. lat., rappresentato sulla carta)' ✻ 1923] **A** **s. m. inv.** (**pl. ingl.** *jollies*) **1** in alcuni giochi di carte, matta **2** (*fig.*) chi (o ciò che), in un determinato ambito, è in grado di svolgere diverse funzioni: *fare da j.* **B** **anche in funzione di agg. inv. nel sign. A 2**: *venditore, redattore, carattere j.*

jordanóne ➤ **giordanone**

Jorkyball® /'dʒɔrkibol/ [vc. ingl., comp. di *jorky*, n. di fantasia, e *ball* 'palla' ✻ 1990] **s. m. inv.** ● (*sport*) gioco simile al calcio che si pratica su un campo di piccole dimensioni all'interno di uno spazio chiuso e con soli due giocatori per squadra **SIN.** calcio a due

jota /*sp.* 'xota, h-/ [vc. sp.: per l'ant. *sota* 'ballo', dal castigliano ant. *sotar* 'ballare', di orig. lat. (*saltāre*) (?) ✻ 1957] **s. f. inv.** (**pl. sp.** *jotas*) ● canzone e vivace danza popolare aragonese, accompagnata da chitarre e castagnette

joule /dʒaul, *ingl.* dʒu:l/ [dal n. del fisico ingl. J. P. *Joule* (1818-1889) ✻ 1895] **A** **s. m. inv.** ● (*fis.*) unità di misura dell'energia o del lavoro, pari a 1 newton-metro **SIMB.** J **B** **in funzione di agg. inv.** ● nella loc. ***effetto J.***, fenomeno di trasformazione dell'energia elettrica in energia termica

joulòmetro /dʒu'lɔmetro, dʒau-/ o **joulmetro** /'dʒulmetro, 'dʒau-/ [comp. di *joule* e *-metro* ✻ 1957] **s. m.** ● (*elettr.*) denominazione di un wattorametro o di un contatore elettrico con la scala tarata in joule

joyciàno /dʒoi(s)'sjano/ [1929] **agg.** ● relativo allo scrittore irlandese J. Joyce (1882-1941) e alle sue opere

joypàd /dʒoi'pad, *ingl.* 'dʒɔɪ,pæd/ [vc. ingl., propr. 'barra di comandi (*joy(stick)*) su una superfice piatta (*pad*)' ✻ 2000] **s. m. inv.** ● nei videogiochi, dispositivo utilizzato per interagire con le figure sullo schermo attraverso pulsanti, levette direzionali e altro **CFR.** joystick

joystìck /dʒois'tik, *ingl.* 'dʒɔɪ,stɪk/ [vc. del gergo ingl., propr. 'cloche (di aeroplano)', comp. di *joy*, propr. 'gioia' (poi 'soddisfazione, successo') e *stick* 'bastone' (V. *stick*) ✱ 1984] **s. m. inv.** ● (*inform.*) barra di comando, usata spec. nei videogiochi, che consente di variare la velocità e la direzione delle figure sullo schermo **CFR.** joypad

judò /dʒu'dɔ*, *giapp.* dʑɯː.doː/ [giapp. *jūdō*, propr. 'via (*dō*) della gentilezza (*jū*)' ✱ sec. XX] **s. m. inv.** ● forma sportiva di lotta giapponese derivata dal jujitsu **CFR.** giudò

judoìsta /dʒudo'ista/ o **giudoìsta** [1956] **s. m. e f.** (**pl. m.** *-i*) ● judoka

judoìstico /dʒudo'istiko/ o **giudoìstico** [1963] **agg.** (**pl. m.** *-ci*) ● relativo al judo e ai judoisti

judòka /dʒu'dɔka, *giapp.* dʑɯː.doː.ka/ [giapp. *jūdōka*, da *jūdō* col suff. *-ka*, che indica mestiere o professione ✱ 1963] **s. m. e f. inv.** **Il sost. m. si usa con gli art.** *il, un, i* ● chi pratica la disciplina sportiva del judo **CFR.** giudoka

Jùgendstil /*ted.* 'juːgnt,ʃtiːl/ [vc. ted., propr. 'stile (*Stil*) della Gioventù (*Jugend*)', intesa come titolo di un periodico illustrato fondato a Monaco nel 1896 ✱ 1935] **s. m. inv.** (**pl. ted. inv.**) **Si usa con gli art.** *lo, uno, gli* ● in Germania e in Austria, denominazione dello stile liberty

Juglandàcee o **Iuglandàcee** [vc. dotta, comp. del lat. *iūglans*, genit. *iuglăndis*, dal n. della 'ghianda (*glāns*) di Giove (*Iŏvis*)', e *-acee* ✱ 1869] **s. f. pl.** (**sing.** *-a*) ● (*bot.*) famiglia di piante arboree delle Dicotiledoni a foglie composte e alterne, fiori unisessuati, frutto con involucro carnoso e nocciolo duro (*Juglandaceae*)

jugoslàvo ➤ **iugoslavo**

jujìtsu /dʒu'dʒittsu, *giapp.* dʑɯː.dʑi.tsɯ/ o **jujùtsu** /dʒu'dʒuttsu, *giapp.* dʑɯː.dʑɯ.tsɯ/ [giapp. *jūjutsu*, propr. 'arte, tecnica (*jutsu*) della gentilezza (*jū*)' ✱ 1908] **s. m. inv.** ● lotta giapponese basata su prese nei punti più vulnerabili del corpo, nata come metodo di difesa e offesa senz'armi

jukebòx /dʒub'bɔks, *ingl.* 'dʒuːk,bɒks/ [vc. dell'ingl. d'America, propr. 'scatola (*box*, di orig. lat., come il corrispondente it. *bosso*) da sala di ballo (*juke*, dapprima 'bettola di neri', vc. di orig. ant. fr.)' ✱ 1950] **s. m. inv.** **1** apparecchio automatico, installato in locali pubblici, contenente dischi, compact disc o video musicali, spec. di musica leggera, che si possono ascoltare inserendovi una o più monete **2** (*inform.*) lettore di cd-rom che contiene più dischi **3** (*inform.*) software che consente la copia, l'ordinamento e l'esecuzione di file musicali

julienne /*fr.* ʒy'ljɛn/ [vc. fr., dal n. proprio *Jules, Julien* 'Giulio, Giuliano', ma non si sa per quale ragione abbia preso questo nome ✱ 1895] **s. f. inv.** ● nella loc. agg. inv. ***alla julienne***, detto di alimenti, spec. verdure, tagliati a sottili strisce o bastoncini, e dei piatti preparati con tali alimenti: *zuppa (alla) j.* **CFR.** giuliana

jùmbo /'dʒumbo, 'dʒam-, *ingl.* 'dʒʌmbəʊ/ [da *Jumbo*, n. di un elefante di mole eccezionale che negli USA fu un'attrazione del circo Barnum dal 1882 al 1885; nelle loc., comp. con *jet* (V.) e *tram* (V.) ✱ 1950] **A** **agg. inv.** ● gigantesco, di dimensioni eccezionali: *formato j.* **B** **nella loc. sost. m. inv.** ***jumbo jet***, (*ellitt.*) ***jumbo***, nome correntemente dato all'aereo a reazione di grande capienza Boeing 747; (*est.*) ogni aereo a reazione di grandi dimensioni: *volare a New York con un jumbo* **C** **nella loc. sost. m. inv.** ***jumbo tram***, vettura tranviaria molto lunga, che può trasportare un elevato numero di passeggeri

jumhuriya ➤ **jamahiriya**

jump /dʒamp, *ingl.* dʒʌmp/ [sign. particolare, assunto nell'ingl. d'America, di *jump* 'salto' ✱ 1985] **s. m. inv.** ● (*mus.*) nel jazz, ritmo saltellante tipico di swing e rhythm and blues

jumper /'dʒamper, *ingl.* 'dʒʌmpə(r)/ [vc. ingl., propr. 'saltatore', dal v. *to jump* 'saltare' ✱ 1995] **s. m. inv.** ● (*elettr.*) ponticello

junghiàno /jun'gjano/ [1955] **A** **agg.** ● relativo allo psicoanalista C. G. Jung (1875-1961) o alle sue teorie **B** **s. m.** (**f.** *-a*) **Si usa con gli art.** *lo, uno, gli* ● psicoanalista seguace di C. G. Jung

jùngla ➤ **giungla**

jungle style /'dʒangəl 'stail, *ingl.* 'dʒʌŋg(ə)l,staɪl/ [loc. ingl., propr. 'stile (*style*) giungla (*jungle*)' ✱ 1995] **loc. sost. m. inv.** ● (*mus.*) nel jazz degli anni 1920-30, effetti di trombe e tromboni con sordina, imitanti voci di belve

jùnior o **iùnior**, (*lett.*) **junióre**, (*lett.*) **iunióre** [vc. lat. *iunior*, propr. 'il più giovane', forma comparativa (ant. **iūvenios*) di *iūvenis* 'giovane' ✱ 1475] **A** **agg. inv.** ● posposto a nomi propri di persona significa 'più giovane', ed è usato in caso di omonimie nell'ambito di una stessa famiglia: *Mario Rossi j.* **CONTR.** senior **B** **agg. e s. m. e f.** (**pl. inv. o** *juniores*; **pl. inv. nel sign. 3**) **Si usa con gli art.** *lo, la, uno, una, gli, le* **1** (*sport*) appartenente a una categoria giovanile di età variabile da sport a sport **CONTR.** senior **2** (*org. az.*) professionista che ha un'esperienza di lavoro limitata nel tempo, spec. in relazione alla giovane età: *consulente, operatore iunior* **3** ***dottore iunior***, che ha conseguito una laurea triennale: *ingegnere iunior*

junk bònd /dʒank'bɔnd, *ingl.* 'dʒʌŋk,bɒnd/ ➤ **bond**

junk e-mail ➤ **junk mail**

Jùnker /'junker, *ted.* 'jʊŋkʌ/ [vc. ted., dall'ant. alto ted. *junchērro* 'giovane (*junc*) signore (*hērro*)', l'uno e l'altro elementi di orig. indeur. ✱ 1895] **s. m. inv.** (**pl. ted. inv.**) **Si usa con gli art.** *lo, uno, gli* ● membro della nobiltà terriera prussiana, sostenitore, spec. nel XIX sec., di una politica di conservazione sociale a carattere nazionale e militarista

junk food /dʒank'fud, *ingl.* 'dʒʌŋk,fuːd/ [loc. ingl., propr. 'cibo (*food*) spazzatura (*junk*)' ✱ 1992] **loc. sost. m. inv.** (**pl. ingl.** *junk foods*) ● alimento caratterizzato da scarso valore nutritivo e alto contenuto calorico, come merendine, snack salati, caramelle, dolciumi confezionati, bevande gassate

junk mail /dʒank'meil, *ingl.* dʒʌŋk,meɪl/ o **junk e-mail** /dʒank i'meil, *ingl.* dʒʌŋk'iː,meɪl/ [loc. ingl., propr. 'corrispondenza elettronica ((*e-*)*mail*) spazzatura (*junk*)' ✱ 1990] **loc. sost. f. inv.** ● messaggio di posta elettronica non richiesto dal destinatario, inviato spec. a scopo pubblicitario **CFR.** spamming

jupe-culotte /*fr.* ,ʒypky'lɔt/ [vc. fr., comp. di *jupe* 'gonna' (di orig. araba) e *culotte* 'calzoni' (da *cul*) ✱ 1917] **s. f. inv.** (**pl. fr.** *jupes-culottes*) ● gonna pantalone

jupon /*fr.* ʒy'pɔ̃/ [vc. fr., deriv. di *jupe* 'gonna', della stessa orig. araba (*ǧubba*) dall'it. *giubba* ✱ 1919] **s. m. inv.** ● sottogonna

just in time /dʒast in'taim, *ingl.* 'dʒʌstɪn-,taɪm/ [loc. ingl. 'proprio (*just*) in tempo (*in time*)' ✱ 1986] **A** **loc. sost. m. inv.** ● metodo di organizzazione del ciclo produttivo che mira a eliminare o ridurre le scorte di magazzino, sincronizzando l'arrivo dei vari componenti con il montaggio del prodotto finito **B** **anche loc. agg. inv.**: *produzione just in time*

Just Pump® /*ingl.* 'dʒʌst,pʌmp/ [nome commerciale ✱ 2001] **loc. sost. m. inv.** ● ginnastica che favorisce il condizionamento muscolare mediante esercizi da svolgere con accompagnamento musicale, senza far uso di pesi o altri attrezzi

jùta ➤ **iuta**

juventìno /juven'tino/ o **iuventìno** [deriv. di *Juventus* ✱ 1964] **agg. e s. m.** (**f.** *-a*) **Il sost. m. si usa con gli art.** *lo, uno, gli* ● che (o chi) gioca nella squadra di calcio torinese della Juventus o ne è sostenitore

k, K

In italiano si può incontrare la lettera *K* solo in alcuni documenti e testi dell'italiano antico (con il valore di *C* 'dura' o velare, oppure di *ch*: es. *kastello; ke*) oppure in forestierismi, dove ha sempre lo stesso valore della *C* 'dura' o velare (es. *kantiàno* /kan'tjano/). Delle parole che contengono una *k*, alcune hanno una variante grafica più italiana con *c* o *ch* (es. *bachelite* o *bakelite* /bake'lite/, *kellerina* o *chellerina* /kelle'rina/).

k, (*maiusc.*) **K** [1524] **s. f. o m. inv.** • lettera dell'alfabeto greco e latino e di altri alfabeti moderni; è l'undicesima lettera dell'alfabeto italiano (nome per esteso *kàppa, càppa, †ca*): *k minuscola, K maiuscolo* | usata talvolta in luogo della *c* per conferire connotazioni di particolare durezza o ostilità al sign. di alcune parole: *scuola okkupata*; *amerikano, kaccia* | nell'uso giovanile, nei messaggini telefonici, e sim., usata informalmente in luogo del *ch* per una maggior brevità della digitazione: *ke ne dici?*; + *sì ke no* | nella compitazione spec. telefonica it. *k come Kursaal*, o *k come Kenia*; in quella internazionale *k come kilo* | ***vitamina K***, V. *vitamina* | ***razione K***, V. *razione*

kabùki /ka'buki, *giapp.* ka.bɯ.ki/ [vc. giapp., accostamento dei tre termini: 'poesia (*ka*)', 'danza (*bu*)' e 'arte (*ki*)' ✱ 1957] **s. m. inv.** • genere teatrale giapponese con alternanza di dialoghi, melopee, didascalie gestuali **CFR.** No

kafàlah /ka'fala, *arabo* ka'fæ:la/ [arabo *kafālah*, 'accoglimento, affidamento' ✱ 1942] **s. m. inv.** (**pl. arabo** *kafalàt*) • istituto del diritto islamico che disciplina l'affidamento dei minori

kafkiàno [1935] **agg. 1** relativo allo scrittore Franz Kafka (1883-1924) **2** (*est.*) allucinante, angoscioso, assurdo

kafkìsmo [1950] **s. m.** • atteggiamento letterario di chi imita, dello scrittore Franz Kafka, spec. la tematica angosciosa e allucinante

kàfta /'kafta, *arabo* 'qɒfta/ o **kòfta** /'kɔfta, *arabo* 'qɒfta/ [persiano *kufta* 'polpetta' ✱ 1979] **s. m. o f. inv.** (**pl. arabo** *kafatàt*) • (**spec. al pl.**) polpetta a base di carne, verdura e spezie, tipica della cucina mediorientale

kainìte [ted. *Kainit*, dal gr. *kainós* 'nuovo, recente' ✱ 1930] **s. f.** • (*miner.*) cloruro e solfato doppio idrato di magnesio e potassio

kairòs [vc. gr. (*kairós*), propr. 'tempo adatto, opportuno' ✱ 1933] **s. m. inv.** (**pl. gr.** *kairòi*) • (*lett.*) l'occasione favorevole, il momento propizio, l'opportunità, spec. in riferimento alle scelte fondamentali della vita: *cogliere, afferrare, lasciare passare il k.* | divinità greca, rappresentata da un giovanetto alato, che impersonificava tale occasione favorevole: *l'altare del k. ad Olimpia*

Kàiser /'kaizer, *ted.* 'kaezʌ/ [lat. *Cāesar* (nom.) 'Cesare' e poi 'imperatore' ✱ 1887] **s. m. inv.** (**pl. ted. inv.**) **1** appellativo dell'imperatore nei Paesi di lingua tedesca **2** (*eufem.*, *pop.*) niente, nulla: *non capisci un k.* | (con valore aggettivale) ***del k.***, di nessuna importanza: *sono argomenti del k.*

kàiten /'kaiten, *giapp.* kai.tɛŋ/ [vc. giapp., propr. 'rotazione' ✱ 1999] **s. m. inv.** • nei sushi bar, nastro trasportatore circolare su cui scorrono i piattini con le pietanze | ***kaiten sushi***, ristorante giapponese attrezzato con il kaiten

kàizen /'kaidzen, *giapp.* kai.zɛn/ [vc. giapp., propr. 'cambiamento in meglio' ✱ 1990] **s. m. inv.** • principio secondo cui in ogni processo produttivo, gestionale, terapeutico ecc. è opportuno verificare e aggiornare costantemente le metodologie operative, così da ottenere risultati progressivamente migliori | (*est.*) la pratica che ne consegue

kajal /ka'dʒal, *hindi* kʌ'dʒʌl/ [etim. incerta ✱ 1980] **s. m. inv.** • cosmetico di colore blu o nero, a base di sostanze vegetali o grassi animali, applicato all'interno della palpebra inferiore per conferire allo sguardo intensità e profondità

kàkapo [vc. maori, propr. 'kaka notturno' ✱ 1866] **s. m. inv.** • (*zool.*) nome locale di un pappagallo originario della Nuova Zelanda che comprende la sola specie *Strigops habroptilus*, caratterizzata da ali rudimentali e da abitudini notturne

kakèmono /ka'kɛmono, *giapp.* ka.kɛ.mo.no/ [vc. giapp., propr. 'oggetto (*mono*) da far pendere (*kake*, solitamente detto di stoffe)' ✱ 1933] **s. m. inv.** • pittura giapponese su carta, da appendere verticalmente

kàki ➤ **cachi**① e **cachi**②

kakistocrazìa ➤ **cachistocrazia**

kalàshnikov /ka'laʃnikof, *russo* ka'ɫɯaʃnjɪkʌf/ [dal nome del progettista M. T. *Kalašnikov* (1919-2013) ✱ 1980] **s. m. inv.** (**pl. russo** *kalashnikovy*) • fucile mitragliatore di progettazione sovietica, calibro 7,62 o 5,45 mm, dotato di un caratteristico serbatoio curvo da trenta colpi

kaliemia [comp. di *kali*, var. di *cali*, 'potassio' ed *-emia* ✱ 1973] **s. f.** • (*med.*) potassiemia

kalymàuchi /*gr. moderno* kali'mafki/ [vc. gr. moderno, prob. comp. di *kálymma* 'copertura' (da *kalýptein* 'nascondere', prob. di orig. indeur.) e *auchḗn* 'collo' (di etim. incerta) ✱ 1957] **s. m. inv.** • copricapo nero di forma cilindrica portato dai sacerdoti di rito bizantino

kamala /*ingl.* 'kæmələ/ [ant. indiano *kamalam* 'loto', di prob. orig. dravidica ✱ 1943] **s. f.** • colorante rosso-aranciato estratto da una pianta delle Euforbiacee tipica dei Paesi orientali

kamasùtra /kama'sutra/ [dal titolo di un antico trattato erotico-religioso indiano, comp. del sanscrito *kāma* 'amore fisico' e *sūtra*, propr. 'filo (conduttore), regola' ✱ 1985] **s. m. inv.** • serie di tecniche e posizioni erotiche

kamikàze /kami'kaddze, *giapp.* ka.mi.ka.zɛ/ [vc. giapp., propr. 'vento (*kaze*) di dio (*kami*), divino' ✱ 1944] **A s. m. inv.** (**anche f. nel sign. 2**) **1** pilota giapponese votato alla morte che, durante la seconda Guerra mondiale, guidava un aereo carico di esplosivo a infrangersi contro l'obiettivo nemico **2** (*est.*) chi si suicida compiendo un'azione terroristica: *k. si fa esplodere su un autobus* **3** (*fig.*) chi compie un'impresa rischiosa o destinata al fallimento: *il portiere ha fatto un'uscita da k.*; *un comportamento da k.* **B in funzione di agg. inv.**: *un commando k.*

Kammerspiel /*ted.* 'kamər,ʃpil/ [comp. ted., propr. 'rappresentazione (*Spiel*) da camera (*Kammer*)' ✱ 1957] **s. m. inv.** (**pl. ted.** *Kammerspiele*) **1** (*letter.*) genere teatrale, nato in Germania all'inizio del sec. XX, incentrato sull'introspezione psicologica di pochi personaggi, con ridotta azione scenica, rappresentato in locali di piccole dimensioni | il teatro in cui si svolgono tali rappresentazioni **2** (*est.*) opera teatrale o cinematografica che presenta le caratteristiche del genere teatrale tedesco

Kamùt® [n. egiziano ant. del 'grano' ✱ 1998] **s. m. inv.** • (*bot.*) nell'agricoltura biologica, nome commerciale di un tipo di frumento coltivato già dagli antichi Egizi, con grandi cariossidi ricche di amminoacidi, lipidi e vitamine (*Triticum turanicum*)

kandahàr /*pashto* kanda'haɑr/ [dal nome dell'ideatore della gara, il generale inglese Lord Roberts of *Kandahar* (nome della città afghana da lui conquistata) ✱ 1957] **s. m. inv. 1** competizione sciistica che include slalom e discesa **2** ®Marchio registrato di uno speciale attacco per sci, oggi disusato

kanji /'kandʒi, *giapp.* kan.dʑi/ [vc. giapp., dal cinese *hanzi* 'carattere degli Han' ✱ 1959] **s. m. inv.** • (*ling.*) sistema di scrittura giapponese che impiega simboli di origine cinese come marcatori delle radici delle parole | ogni elemento di questo sistema

kantiàno (kant-ia-no, kan-tia-no) [1850] **A agg.** • relativo al filosofo tedesco Immanuel Kant (1724-1804) o al suo pensiero **B s. m.** • chi segue o si ispira alla filosofia di Kant ‖ **kantianaménte**, **avv.** secondo il pensiero, la filosofia di Kant

kantìsmo (kant-i-smo, kan-ti-smo) [1817] **s. m. 1** l'insieme delle dottrine filosofiche di Kant e dei pensatori che a lui si sono ispirati **2** tendenza a ispirarsi alle dottrine filosofiche di Kant

kaóne [comp. di *ka* (simbolo K), che nei multipli vale 1000, e della terminazione di (*mes*)*one* ✱ 1961] **s. m.** • (*fis.*) mesone la cui massa è circa mille volte quella dell'elettrone, soggetto a interazione forte **SIN.** mesone K

kapò [vc. ted., di orig. discussa: abbr. del fr. *capo*(*ral*) 'caporale' (?) ✱ 1947] **s. m. e f. inv.** • nei lager nazisti, internato responsabile dell'ordine interno di una baracca | (*est.*, *spreg.*) chi si comporta in modo vessatorio e prepotente nei confronti dei propri sottoposti

kapòk o **capòc** /ka'pɔk/, **capòk**, **kapòc** [malese *kāpoq* 'albero del cotone' ✱ 1706] **s. m. inv.** ● materiale costituito dai peli lanuginosi che rivestono la parte interna del frutto dell'omonima pianta delle Bombacacee (*Ceiba pentandra*) originaria della Malesia, usato per fare imbottiture o per estrarne la cellulosa

kappaò [dalla pronuncia delle iniziali della sigla *K.O.* 'knockout' ✱ 1963] **A** **avv.; anche agg. inv.** ● nel pugilato, fuori combattimento: *essere, andare, mettere k.* | (*fig.*) ***essere, mettere k.***, in condizioni disastrose, completamente a terra **B** **s. m. inv.** ● nel pugilato, colpo che mette fuori combattimento | (*fig.*) iniziativa, mossa o evento che annienta un avversario **SIN.** knockout, ko

kapùtt /*ted.* ka'pʊt/ o **kapùt** [vc. ted., dall'espressione fr., usata nel gioco delle carte, *faire capot* 'vincere senza che l'avversario faccia punto', di etim. incerta ✱ 1918] **agg. inv.; anche avv.** ● rovinato, finito, morto **CFR.** caput

karakìri ➤ **harakiri**

karakùl o **karàkul** [vc. russa (*karakul'*): dal toponimo *karaköl, kara kul'*, nell'Asia russa (?) ✱ 1935] **s. m. inv.** ● pecora il cui pelo, usato in pellicceria, è disposto a fiocchi lucenti e di aspetto caratteristico **CFR.** caracul

karaóke /kara'oke, *giapp.* ka.rao.kɛ/ [vc. giapp., arrivata attraverso l'ingl., comp. di *kara* 'vuoto' e *oke*, accorciamento di *oke(sutora)* 'orchestra' ✱ 1991] **s. m. inv.** ● forma di intrattenimento consistente nel cantare su una base musicale, seguendo il testo che compare su uno schermo | l'apparecchio che ne permette l'esecuzione

karàte /'ka'rate, *giapp.* ka.ra.tɛ/ [vc. giapp., propr. 'mano (*te*) vuota (*kara*)' ✱ 1958] **s. m. inv.** ● tecnica giapponese di combattimento disarmato che prevede l'uso di tutti gli arti del corpo umano per difendersi e attaccare, e in cui sono caratteristici i colpi portati con il taglio delle mani

karatè [1969] **s. m. inv.** ● adattamento di *karate* (V.)

karatèka [da *karate* ✱ 1978] **s. m. e f. inv.** ● chi pratica il karate

karité [vc. dell'Africa occidentale, nella lingua wolof *Karité* ✱ 1957] **s. m. inv.** ● (*bot.*) albero delle Sapotacee, originario dell'Africa occidentale, i cui frutti forniscono un grasso detto *burro di k.* (*Butyrospermum parkii*) **CFR.** carité

karkadè ➤ **carcadè**

kàrma o **kàrman** [vc. sanscrita, propr. 'opera', dal v. *kenóti* 'fare', di orig. indeur. ✱ 1905] **s. m. inv.** ● nelle religioni indiane, il peso delle azioni, anche appartenenti alle vite precedenti, che determinano la reincarnazione e il dolore

kart /kart, *ingl.* kɑːt/ [1962] **s. m. inv.** ● accorc. di *go-kart*

kàrting /'kartin(g), *ingl.* 'kɑːtɪŋ/ [vc. ingl., da *kart* per *go-kart* ✱ 1967] **s. m. inv.** ● kartismo

kartìṣmo [1963] **s. m.** ● sport praticato col kart

kartìsta [1983] **s. m. e f.** (**pl. m.** *-i*) ● chi pratica lo sport del go-kart

kartòdromo, (*evit.*) **kartodròmo** [comp. di *kart* e *-dromo*, con *o* di congiunzione eufonica, sul modello di *autodromo* ✱ 1963] **s. m.** ● pista per corse di go-kart

kaṣàk [dal n. di una città dell'Azerbaigian ✱ 1957] **s. m. inv.** ● tappeto fabbricato dai nomadi del Caucaso meridionale, ornato da una serie di poligoni regolari disposti intorno a un poligono centrale

kàṣba o **kàṣbah** ➤ **casba**

kashèr /kaʃ'ʃɛr, *ebr.* ka'ʃɛʀ/ o **koshèr** /koʃ-'ʃɛr, ko'ʃɛʀ/ [vc. ebr., propr. 'giusto, adatto' (e poi 'ritualmente adatto, puro') di larga parentela lessicale ✱ 1942] **agg. inv.** ● detto di cibo o bevanda preparati osservando quanto è prescritto dai precetti ebraici (*kasherut*) | (*est.*) relativo alla modalità di preparazione di tale cibo o bevanda: *ristorante k.* **CFR.** cascer

kasherùt o **kashrùt** /*ebr.* kaʃ'rut/ [vc. ebr., propr. 'benessere' ✱ 1990] **s. f. inv.** ● insieme di norme conformi alla Torah che regolano la preparazione dei cibi nella cucina ebraica

kàshmir /'kaʃmir, kaʃ'mir, *ingl.* kæʃ'mɪə(r)/ [var. di *cachemire* ✱ 1957] **s. m. inv.** ● (*raro*) cachemire

kashmìri /kaʃ'miri/ [1950] **s. m. inv.** ● lingua parlata nella regione del Kashmir, compresa nei territori dell'India e del Pakistan

kàsko /*ted.* 'kasko/, (*evit.*) **càsco**③ [ted. *Kasko*, riduzione di *Kaskoversicherung*, orig. 'assicurazione sul corpo della nave (*Kasko* 'scafo', di provenienza sp.)' ✱ 1983] **A** **agg. inv.** ● (*econ.*) detto di un tipo di assicurazione in cui l'assicuratore si impegna a risarcire danni causati al bene anche se derivanti da responsabilità dell'assicurato: *polizza k.* **B** **anche s. f. inv.**

kat ➤ **qat**

katàna /ka'tana, *giapp.* ka.ta.na/ [vc. giapp., propr. 'spada' ✱ 1973] **s. f.** ● spada giapponese dalla lunga impugnatura e dal taglio affilatissimo, arma tipica dei samurai e degli ufficiali nipponici **CFR.** catana③

katanghése (o **-ṣ-**) [1971] **A** **agg.** ● della regione africana del Katanga, ora denominata Shaba, nella Repubblica Democratica del Congo **B** **s. m. e f.** ● abitante o nativo del Katanga

katiùscia o **catiùscia** [n. proprio f. russo (*Katjuša*, da *Katja*, a sua volta da *Ekaterina* 'Caterina') applicato ad arma, secondo un frequente trapasso ✱ 1950] **s. f.** (**pl.** *-sce*) ● lanciarazzi multiplo usato dall'esercito sovietico durante la seconda Guerra mondiale

kàva o **kàva kàva**, **kàwa kàwa** [vc. polinesiana, propr. 'amaro' ✱ 1930] **s. f. inv.** ● (*bot.*) arbusto delle Piperacee, spontaneo nelle isole del pacifico e dell'Oceania (*Piper methysticum*) | bevanda di uso rituale in molte isole del Pacifico, ottenuta per infusione del rizoma di tale pianta, ricco di alcaloidi | sostanza antidepressiva e ansiolitica ricavata del rizoma di tale pianta

kayàk /ka'jak, *inuit* 'qajaq/ o **caiàc**, **caiàcco**, **caiàco**, (*evit.*) **cayàk** [vc. di orig. eschimese ✱ 1930] **s. m. inv.** **1** canoa a un solo posto, raramente a due, mossa dalla pagaia, tipica degli Eschimesi **2** tipo di canoa da turismo e competizione

kayakìsta /kaja'kista/ [1973] **s. m. e f.** (**pl. m.** *-i*) ● chi pratica lo sport del kayak

kay-way ➤ **K-way**

kaẓàko [da *kazak* 'uomo libero, avventuriero, vagabondo' ✱ av. 1557] **A** **agg.** **1** del Kazakistan, Stato dell'Asia centro-occidentale **2** relativo ai Kazaki o al loro dialetto **B** **s. m.** (**f.** *-a*) **1** ogni appartenente a un gruppo di popolazioni stanziate in Kazakistan e nella Mongolia occidentale **2** (*est.*) abitante o nativo del Kazakistan **C** **s. m. solo sing.** ● dialetto turco parlato dai Kazaki

kazoo /*ingl.* kə'zuː/ [vc. ingl., forse di orig. onomat. ✱ 1983] **s. m. inv.** (**pl. ingl.** *kazoos*) ● piccolo strumento musicale di origine africana, attraverso il quale si canta, consistente in un tubo aperto all'estremità, con buco laterale coperto da membrana

†**ke** ➤ **che**① e **che**②

kebàb [vc. araba *kabāb* 'carne arrostita' ✱ 1887] **s. m. inv.** ● (*cucina*) spiedino di carne di montone o di agnello, con o senza verdure tra un pezzo e l'altro, cotto alla griglia; specialità della cucina mediorientale

kebabbàro o (*raro*) **kebabàro** [comp. di *kebab* e *-aro*② ✱ 2003] **s. m.** (**f.** *-a*) ● chi cucina e vende kebab | (*colloq.*) kebabberia

kebabberìa o **kebaberìa** [2004] **s. f.** ● locale pubblico dove si preparano e si servono kebab

kedivè ➤ **khedivè**

keffiyeh ➤ **kefiah**

kefiah /*arabo* 'kefija/ o **keffiyeh** /*arabo* kɪf-'fija/, **kefiyeh**, **kuffiyah** /*arabo* kʊf'fija/, **kufiyah** /*arabo* ku'fija/ [arabo *kūfiyya*, forse da avvicinare al lat. tardo *cūfia* 'cuffia' ✱ 1983] **s. f. inv.** (**pl. arabo** *kefiàt*) ● copricapo arabo, spec. beduino, costituito da un telo di cotone, lana o seta, che si indossa piegandolo a triangolo con due punte cadenti sulle spalle e la terza che scende a proteggere la nuca e il collo

kèfir o **kefìr** ➤ **chefir**

kèirin [vc. giapp., comp. di *kei* 'gara' e *rin* 'ruota', 'bicicletta' ✱ 1985] **s. m. inv.** ● (*sport*) nel ciclismo, gara di velocità su pista, in cui i concorrenti percorrono i primi giri nella scia di un motociclo per poi disputare la volata finale negli ultimi 500 metri

kelène [da *kel(ato)* = *chelato* col suff. *-ene* ✱ 1965] **s. m.** ● (*chim.*) cloruro di etile

kellerìna o **chellerìna** [ted. *Kellnerin*, da *Keller* 'cantina' ✱ 1883] **s. f.** ● cameriera di birreria o caffè, spec. nei Paesi tedeschi

kèlvin [ingl. *kelvin*, riduzione corrente di *degree Kelvin* o *Kelvin degree* 'grado Kelvin', dal n. del fisico e inventore ingl. Sir W. Thomson, Lord *Kelvin* (1824-1907) ✱ 1917] **A** **s. m. inv.** ● (*fis.*) unità di misura della temperatura nel Sistema Internazionale definita come 1/273,16 della temperatura termodinamica del punto triplo dell'acqua **SIMB.** K **B** **agg. inv.** (**spec. con iniziale maiuscola**) ● (*fis.*) detto di scala termometrica che attribuisce valore 273,15 alla temperatura del ghiaccio fondente e valore 373,15 a quella dell'acqua bollente alla pressione di 1 atmosfera | ***grado K.***, o (*ellitt.*) ***kelvin***, grado relativo a detta scala **SIMB.** °K | ***termometro K.***, quello con scala Kelvin **CFR.** scala

kenàf [n. persiano ✱ 1987] **s. m. inv.** ● (*bot.*) pianta erbacea annuale delle Malvacee, a distribuzione tropicale, coltivata per ricavarne pasta di cellulosa (*Hibiscus cannabinus*)

kèndo /'kɛndo, *giapp.* kɛn.dɔː/ [giapp. *kendō*, propr. 'via (*dō*) della spada (*ken*)' ✱ 1950] **s. m. inv.** ● tradizionale scherma giapponese, i cui partecipanti, protetti da caratteristiche armature, sono armati di una spada di bambù

kendòka /ken'dɔka, *giapp.* kɛn.dɔː.ka/ [vc. giapp. ✱ 1980] **s. m. e f. inv.** ● (*sport*) chi pratica il kendo

keniàno [1970] **agg. e s. m.** (**f.** *-a*) ● keniota

♦**keniòta** [1970] **A** **agg.** (**pl. m.** *-i*) ● del Kenya e dei suoi abitanti **B** **s. m. e f.** ● abitante o nativo del Kenya

kennediàno [1963] **agg.** ● relativo a J. F. Kennedy (1917-1963), presidente degli Stati Uniti dal 1960 al 1963, alla sua attività politica o alla sua influente famiglia

kènoṣi [dal gr. *kénōsis* 'svuotamento' ✱ 1944] **s. f. inv.** ● umiliazione, annientamento, inteso come valore positivo, spec. in riferimento alla sofferenza di Gesù Cristo

kèntum ➤ **centum**

kènzia o (*raro*) **chènzia** [dal n. del floricoltore W. *Kent* (1685-1748) ✱ 1933] **s. f.** ● (*bot.*) nome comune di due specie di Palme con grandi foglie pendenti pennate, con foglioline sottili e appuntite, coltivate come piante da appartamento (*Howeia belmoreana*, *Howeia forsteriana*)

képi /*fr.* ke'pi/ [vc. fr. (*képi*), dal ted. della Svizzera *Käppi*, da *Kappe* 'berretto' (di orig. lat.: da *cāppa*) ✱ 1882] **s. m. inv.** ● copricapo militare spec. francese, rigido a forma cilindrica con visiera | ***i k. bianchi***, gli appartenenti alla

Legione straniera CFR. chepì

kepleriàno [1889] **agg.** • relativo all'astronomo tedesco J. Kepler (1571-1630)

kèrmes ➤ **chermes**

kermesse /*fr.* kɛʀ'mɛs/ [vc. fr., dal fiammingo *kèrkmisse* 'messa (*misse*)', allargatasi poi nel senso di 'festa (patronale) della chiesa (*kerk*, di orig. gr.)' ✻ av. 1796] **s. f. inv. 1** festa del patrono, nei paesi delle Fiandre e del Belgio | sagra, festa popolare **2** (*est.*) importante manifestazione, spettacolo o evento dai toni spesso festosi e con larga partecipazione di pubblico **3** (*sport*) corsa ciclistica in pista o su circuito, spec. a scopo di esibizione

SFUMATURE DI SIGNIFICATO

kermesse - sagra - fiera

Parola di origine fiamminga, in italiano **kermesse** identifica una festa popolare particolarmente allegra e rumorosa. Una festa popolare durante la quale si tengono anche mercatini e altre manifestazioni si chiama **sagra**. Lievemente differente è il significato di **fiera**, che descrive un mercato locale periodico dove si vendono i più svariati prodotti.

kernìte [dal n. della contea di Kern in California, dove è stata scoperta, col suff. *-ite*② ✻ 1957] **s. f.** • (*miner.*) minerale che si presenta in cristalli monoclini bianchi o in grandi masse, da cui si estrae il borace

keroșène ➤ **cherosene**

KÈRS [sigla di *Kinetic Energy Recovery System* 'sistema di recupero dell'energia cinetica' ✻ 2008] **s. m. inv.** • (*autom.*) sistema che durante le frenate recupera parte dell'energia cinetica dell'autoveicolo trasformandola in energia meccanica utilizzabile in una successiva fase di accelerazione oppure in energia elettrica per caricare la batteria

ketamìna ➤ **chetammina**

ketch /*ingl.* kɛtʃ/ [vc. ingl., da un precedente *to catch*: dal v. to *catch* 'cacciare', di orig. lat. con mediazione dell'ant. fr. *chacier* (?) ✻ 1934] **s. m. inv.** (**pl. ingl.** *ketches*) • imbarcazione a vela a due alberi, con quello di prua più alto di quello di mezzana e con l'asse del timone posto a poppavia di quest'ultimo CFR. yawl

kètchup /'kɛtʃap, *ingl.* 'kɛtʃəp, -ʌp/ [vc. ingl., dal malese *kĕchap*: di orig. cinese (?) ✻ 1712] **s. m. inv.** • salsa piccante a base di pomodoro, aceto, spezie

KeV /kɛv/ [dalle iniziali di *k(ilo)-e(lectron)-V(olt)* ✻ 1964] **s. m. inv.** • (*fis.*) unità di energia corrispondente a 1000 elettronvolt

Kèvlar® /'kɛvlar, *ingl.* 'kɛv,lɑː(r)/ [marchio registrato della DuPont de Nemours ✻ 1985] **s. m. inv.** • (*chim.*) nome commerciale di fibre di poliammidi aromatiche con elevatissima resistenza e rigidità, usate per la fabbricazione di materiali compositi, per giubbotti antiproiettile e sim.

keyneșiàno (key-nes-ia-no, key-ne-sia-no) /keine'zjano/ [1955] **A agg.** • relativo alle teorie dell'economista J. M. Keynes (1883-1946) **B s. m.** (**f.** *-a*) • seguace delle teorie di Keynes

keyword /'kiword, *ingl.* 'kiː,wɜːd/ [vc. ingl., propr. 'parola (*word*) chiave (*key*)' ✻ 1971] **s. f. inv.** • (*inform.*) nei linguaggi di programmazione, sequenza di caratteri cui è assegnata una specifica funzione

khamsìn /kam'sin, *arabo* xam'siːn/ [arabo (*rīḥ al-*) *ḫamsīn* '(il vento che soffia per) cinquanta (giorni, fra marzo e maggio)' ✻ 1898] **s. m. inv.** (**pl. arabo** *khamsinàt*) • (*meteor.*) vento caldo e secco che soffia da sud nel deserto egiziano

khan /kan/ [turco *kân*, di orig. mongolica ✻ sec. XIV] **s. m. inv.** • titolo ereditario dato ai principi mongoli che governano gruppi di grandi famiglie patriarcali nell'Asia centrale CFR. can, cane②

khanàto /ka'nato/ o **canàto** [comp. di *khan* e del suff. *-ato*① ✻ 1955] **s. m.** • giurisdizione di un khan | territorio sottoposto a tale giurisdizione

khat ➤ **qat**

khedivè /kedi'vɛ/ o **kedivè**, **chedivè** [arabo *ḫidīwī*, in turco *hidiv*, propr. 'signore', dal persiano *khidīw*, da *khudā* 'dio', di etim. incerta ✻ 1883] **s. m. inv.** • titolo del Viceré d'Egitto, quando questo paese faceva parte dell'Impero ottomano

khimàr /ki'mar, *arabo* xi'mar/ [vc. araba, di etim. incerta ✻ 1822] **s. m. inv.** (**pl. arabo** *àkhmira* o *khùmur*) • velo caratteristico dell'abbigliamento delle donne islamiche che copre la persona dalla testa fino a tutto il busto, lasciando scoperto solo l'ovale del viso

SFUMATURE ➤ *velo*

khmer /kmɛr, *khmer* khmɛː/ ['cambogiano' nella lingua del luogo ✻ 1957] **A agg. inv.** • relativo alla Cambogia, ai suoi abitanti e alla loro civiltà: *popolo k.*; *arte, architettura, lingua k.* | ***Repubblica k.***, la Cambogia **B s. m. e f. inv.** • abitante o nativo della Cambogia | ***K. rossi***, organizzazione politico-militare di ispirazione comunista al potere in Cambogia dal 1975 al 1979, e dominante in alcune aree del paese fino al 1998 **C s. m. solo sing.** • lingua del gruppo austroasiatico parlata in Cambogia

khomeinișmo /komei'nizmo/ [1983] **s. m. 1** ideologia e regime politico khomeinista **2** (*est.*) atteggiamento o mentalità di chi è intransigente, integralista o sim., spec. in campo religioso o politico

khomeinìsta /komei'nista/ [1980] **A s. m. e f.** (**pl. m.** *-i*) • seguace dell'ayatollah R. Khomeini (1900-1989) che guidò la rivoluzione iraniana del 1978-79 **B agg. 1** relativo all'ayatollah Khomeini e al regime da lui instaurato in Iran **2** (*est.*) integralista, intransigente, spec. in campo religioso o politico

kibbùtz /kib'buts*, *ebr.* ki'buts/ [vc. ebr. (*qibbûṣ*), col sign. fondamentale di 'riunione, assemblea', n. verb. di *qibbēṣ* 'si è riunito (insieme)' ✻ 1950] **s. m. inv.** (**pl. ebr.** *kibbutzim*) • fattoria collettiva dello Stato d'Israele, ispirata inizialmente a criteri collettivistici

kick bòxing /kik'bɔksin(g), *ingl.* 'kɪk,bɒksɪŋ/ [loc. ingl. propr. 'pugilato (*boxing*) a colpo di piede (*kick*)' ✻ 1983] **loc. sost. m. inv.** • sport di combattimento, di derivazione americana, in cui si colpisce su tutto il corpo con pugni coperti da guantoni, ginocchiate e calci a piedi nudi

kidnàpper /kid'napper, *ingl.* 'kɪd,næpə(r)/ [vc. ingl., dal v. to *kidnap* (V. *kidnapping*) ✻ 1942] **s. m. e f. inv.** • chi si rende colpevole di un kidnapping

kidnàpping /kid'nappin(g), *ingl.* 'kɪd,næpɪŋ/ [vc. ingl., dal v. *to kidnap* 'rapire (*nap*, forma dial. di *nab* 'cacciare', di etim. incerta) un bambino (*kid*, propr. 'capretto', di orig. germ.)' ✻ 1957] **s. m. inv.** • rapimento spec. di bambini a scopo di estorsione

kiefer /'kifer, *ingl.* 'kiːfə(r)/ [vc. ingl., dal n. di Adolf *Kiefer* (1918-), il campione americano che per primo l'adottò ✻ 1970] **s. f. inv.** • (*disus.*) nel nuoto, capovolta

kikòngo [denominazione data alla loro lingua dalle popolazioni Bakongo del Congo ✻ 1871] **s. m. solo sing.** • lingua bantu parlata negli Stati della regione del Congo

kilìm [turco-persiano *kilīm* ✻ 1895] **s. m. inv.** • tipo di tappeto anatolico, lavorato con una tecnica simile al ricamo, senza vello annodato come i tappeti tradizionali, caratterizzato da vivaci colori e da fitti motivi decorativi

kìller /'killer, *ingl.* 'kɪlə(r)/ [vc. ingl., propr. 'uccisore', da *to kill* 'uccidere', isolato nelle lingue germ. ✻ 1934] **A s. m. e f. inv.** • assassino | sicario | (*fig.*) chi compie atti di linciaggio morale, spec. in politica **B in funzione di agg. inv.** • che uccide, che distrugge: *le piogge acide contengono sostanze k.*; *zanzara k.*

killeràggio [da *killer* con il suff. *-aggio* ✻ 1981] **s. m.** • (*fig.*) linciaggio morale

kìlo s. m. • accorc. di *kilogrammo*

kìlo- o *comunemente* **chilo-**① [fr. *kilo*, dal gr. *chílioi* 'mille', di orig. incerta] **primo elemento** (**L'uso della variante** *chilo-*, **preferita in passato, è vietato nei documenti ufficiali; la forma persiste nei termini più diffusi della lingua comune, quali** *chilometro, chilogrammo* **e nei derivati, come** *contachilometri, chilometraggio*) **1** anteposto a un'unità di misura, ne moltiplica il valore per mille (cioè per 10^3): *kilogrammo, kilohertz* SIMB. k **2** (*inform.*) anteposto a un'unità di misura di quantità di informazioni, la moltiplica per 1024 (cioè per 2^{10}): *kilobyte* SIMB. K

kilobyte /kilo'bait/ [comp. di *kilo-* e *byte*] **s. m. inv.** • (*inform.*) unità di misura della quantità di informazione corrispondente a 1024 (cioè 2^{10}) byte SIMB. kB

kilocalorìa o **chilocalorìa** [comp. di *kilo-* e *caloria*] **s. f.** • (*fis.*) unità di misura della quantità di calore pari a 1000 calorie SIMB. kcal

kilocìclo [comp. di *kilo-* e *-ciclo*] **s. m.** • (*fis.*) unità di misura di frequenza pari a 1000 cicli | ***k. al secondo***, kilohertz

kilogràmmetro o **chilogràmmetro** [comp. di *kilogram(mo)* e *-metro*] **s. m.** • unità tecnica di misura di lavoro equivalente al lavoro meccanico per innalzare un kilogrammo all'altezza di un metro nel campo gravitazionale terrestre

kilogràmmo ➤ **chilogrammo**

kilohèrtz /kilo'ɛrts/ o **chilohèrtz** /kilo'ɛrts/ [comp. di *kilo-* e *hertz*] **s. m. inv.** • unità di misura di frequenza pari a 1000 hertz SIMB. kHz

kilometràggio o **chilometràggio** [fr. *kilométrage*, da *kilomètre* 'kilometro' ✻ 1890] **s. m.** • percorso misurato in kilometri

kilometràre o **chilometràre** [1958] **v. tr.** (*io kilòmetro*) • misurare una distanza in kilometri

kilomètrico ➤ **chilometrico**

kilòmetro ➤ **chilometro**

kìloton o **chiloton**, **kilotóne** [ingl. *kiloton*, comp. di *kilo-*, dal gr. *chílioi* 'mille', e *ton* 'tonnellata' ✻ 1965] **s. m. inv.** • unità di misura di energia pari all'energia sviluppata dall'esplosione di 1000 tonnellate di tritolo e cioè a 4,18 · 10^{12} joule SIMB. kt

kilovòlt o **chilovòlt** [comp. di *kilo-* e *volt*] **s. m. inv.** • unità di misura di potenziale elettrico pari a 1000 volt SIMB. kV

kilovoltampere /kilovoltam'pɛr/ o **chilovoltampere** /kilovoltam'pɛr/ [comp. di *kilo-*① e *voltampère*] **s. m. inv.** • unità di misura di potenza elettrica pari a 1000 voltampere SIMB. kVA

kìlowatt /'kilovat/ o **chìlowatt** /'kilovat/ [comp. di *kilo* e *watt*] **s. m. inv.** • unità di misura di potenza pari a 1000 watt SIMB. kW

kilowattóra /kilovat'tora/ o **chilowattóra** /kilovat'tora/ [comp. di *kilowatt* e *ora*] **s. m. inv.** • (*fis.*) unità di misura di energia corrispondente a quella sviluppata o assorbita dalla potenza di 1000 watt in un'ora, pari a 3,6 · 10^6 joule SIMB. kWh

kilt /kilt, *ingl.* kɪlt/ [vc. scozzese, dal v. di orig. scandinava *kilt* 'alzare la sottana' ✻ 1937] **s. m. inv.** • gonnellino pieghettato a quadri di vari colori, parte del costume scozzese

kimberlìte [da *Kimberley* in Sudafrica, località del più importante ritrovamento ✻ 1943] **s. f.** • (*geol.*) roccia intrusiva composta di olivina o serpentino, mica scura, diopside verde contenente cromo, piropo rosso e vari minerali accessori, tra cui il diamante, che da essa viene estratto a livello industriale

kimòno o **chimòno** [vc. giapp. ✱ 1708] **s. m. (pl. inv. o** *raro* **-i) 1** abito tradizionale giapponese costituito da una lunga veste, ricamata o stampata a colori, con ampie maniche e stretta alla vita da un'alta cintura annodata dietro | ***manica a k.***, tipo di manica ampia e senza cucitura sulla spalla **2** tipico indumento, costituito da pantaloni, lunga casacca e cintura, indossato da chi pratica lo sport del judo

kìna [vc. papuana ✱ sec. XX] **s. f. inv.** ● (*econ.*) unità monetaria della Papua Nuova Guinea

Kindergàrten /kinder'garten, *ted.* 'kɪndʌˌgartn/ [vc. ted., propr. 'giardino (*Garten*) dei bambini (*Kinder*, sing. *Kind*)', l'uno e l'altro elementi di orig. indeur. ✱ 1964] **s. m. inv. (pl. ted.** *Kindergärten***)** ● asilo infantile, giardino d'infanzia

Kinderheim /'kinderaim, *ted.* 'kɪndʌˌhaim/ [vc. ted., propr. 'casa (*Heim*) di bambini (*Kinder*, sing. *Kind*)', entrambi elementi di orig. indeur. ✱ 1963] **s. m. inv. (pl. ted.** *Kinderheime***)** ● giardino d'infanzia privato, in cui vengono ospitati e sorvegliati bambini, spec. per le vacanze

kinési- ➤ **cinesi-, -cinesi**

kineșiologìa ➤ **chinesiologia**

kineșiterapìa ➤ **cinesiterapia**

kinetoscopio ➤ **cinetoscopio**

king /kin(g), *ingl.* kɪŋ/ [vc. ingl., propr. 're, sovrano', dall'ingl. ant. *kyning, cyning*, affine al ted. *König*; nel sign. B, comp. con *maker* 'colui che fa' (V. *bookmaker*); nel sign. C, propr. 'misura regale', comp. con *size* 'misura, dimensione' ✱ 1957] **A s. m. inv.** ● gioco di carte simile al bridge che si svolge fra quattro giocatori con un mazzo di carte francesi **B nella loc. sost. m. e f. inv.** ***king maker***, negli USA, chi ha un ruolo decisivo nella scelta del candidato per elezioni statali o federali; (*est.*) chi risulta decisivo nella nomina di personaggi importanti **C nella loc. agg. inv.** ***king size***, che è di dimensioni più grandi del normale: *panino, bottiglie king size*

kìno [da una l. indiana (?) ✱ 1813] **s. m.** ● succo condensato ricco di tannino raccolto dalle incisioni nel tronco di alberi che crescono nelle Indie Orientali

kinyarwànda /kinja'rwanda/ [denominazione data alla loro lingua dagli abitanti del Ruanda ✱ 1976] **s. m. solo sing.** ● lingua nazionale del Ruanda, appartenente al gruppo bantu

kip [vc. indigena (thai) ✱ 1895] **s. m. inv.** ● unità monetaria del Laos

kippàh /*ebr.* ki'pa/ [1993] **s. f. inv. (pl. ebr.** *kippot***)** ● copricapo a forma di piccola calotta emisferica, portato dagli Ebrei durante i riti religiosi

Kippùr [vc. ebr., propr. '(digiuno di) espiazione' ✱ 1918] **s. m. inv.** ● giorno dell'espiazione, del digiuno, nella religione israelitica

kirghìșo o **kirghìzo**, (*raro*) **chirghìșo** [russo *Kirgiz*, n. dei popoli di lingua turca dell'Asia centrale ✱ 1866] **A agg. 1** del Kirghizistan, Stato dell'Asia centrale **2** relativo ai Kirghisi o alla loro lingua **B s. m. (f. -*a*) 1** ogni appartenente a un gruppo di popolazioni stanziate al confine tra Kirghizistan e Cina **2** (*est.*) abitante o nativo del Kirghizistan **C s. m. solo sing.** ● lingua di origine turca parlata dai Kirghisi

Kirsch /kirʃ*, *ted.* kɪrʃ/ [vc. ted., che sta per il comp. *Kirschgeist* 'spirito (*Geist*, di ampia area germ. e orig. indiana) di ciliegia (*Kirsche*: stessa etim. dell'it. *ciliegia*)' ✱ 1887] **s. m. inv.** ● acquavite di marasche

Kirschwàsser /kirʃ'vasser, *ted.* 'kɪrʃˌvasʌ/ [propr. 'acqua (*Wasser*, di orig. indeur.) di ciliegia (*Kirsch* (V.))' ✱ 1819] **s. m. inv. (pl. ted. inv.)** ● Kirsch

kiss and ride /kissen'raid, *ingl.* ˌkɪsən'raɪd/ [loc. ingl., propr. 'dai un bacio (*kiss*) e vai (*ride*)' ✱ 1969] **loc. agg. inv.; anche loc. sost. m. inv.** ● (*burocr.*) detto di parcheggio, spec. vicino ad aeroporti o stazioni, che consente solo una sosta molto breve CFR. park and ride

kit /*ingl.* kɪt/ [vc. ingl., 'equipaggiamento, corredo, attrezzatura', di orig. olandese ✱ 1963] **s. m. inv. 1** nel fai da te o nel modellismo, insieme dei pezzi che costituiscono l'attrezzatura necessaria per montare un qualsiasi manufatto: *il kit di un aeromodello*; *mobili in kit* **2** confezione che contiene tutti i prodotti necessari ed essenziali per un determinato scopo: *kit da trucco*, *kit di pronto soccorso* **3** (*biol.*) insieme di materiale tecnico e dei reattivi usati in una titolazione biologica: *kit per il dosaggio della transaminasi*

kite /*ingl.* kaɪt/ [vc. ingl., 'aquilone' ✱ 1999] **s. m. inv.** ● (*sport*) grande aquilone manovrabile attraverso cavi, al quale ci si appende per praticare il kitesurfing o il kiteski

kiteboard /'kaitbord, *ingl.* 'kaɪtˌbɔːd/ [vc. ingl., comp. di *kite* (V.) e *(surf-)board* 'tavola da surf' ✱ 2001] **s. m. inv.** ● (*sport*) tavola per praticare il kitesurfing

kiteski /*ingl.* 'kaɪtˌskiː/ [vc. ingl., comp. di *kite* (V.) e *ski* 'sci' ✱ 2003] **s. m. inv.** ● sport consistente nel farsi trainare in sci da un aquilone

kitesurf /kait'serf, *ingl.* 'kaɪtˌsɜːf/ [vc. ingl., comp. di *kite* (V.) e *surf* ✱ 1999] **s. m. inv.** ● (*sport*) accorc. di *kitesurfing* | (*est.*) tavola per praticare tale sport SIN. kiteboard

kitesurfing /kait'serfin(g), *ingl.* 'kaɪtˌsɜːfɪŋ/ [vc. ingl., comp. di *kite* (V.) e *surfing* ✱ 1999] **s. m. inv.** ● lo sport di planare sull'acqua su una tavola simile a quella da surf stando appesi a un aquilone

kitsch /*ted.* kɪtʃ/ [vc. ted. *Kitsch*, di orig. incerta ✱ 1929] **A s. m. inv. (pl. ted. inv.)** ● (anche con iniziale maiuscola) prodotto artistico o oggetto di cattivo gusto più o meno intenzionale **B anche agg.**: *spettacolo, abito, quadro k.*

kiù ➤ **kyu**

kiwàno /ki'wano, -va-/ [vc. di formazione ignota ✱ 1986] **s. m.** ● (*bot.*) pianta erbacea delle Cucurbitacee, spontanea e coltivata nelle regioni intertropicali africane per la sua bacca commestibile (*Cucumis metuliferus*) | il frutto di tale pianta

kiwi /'kiwi, -vi/ o **kivi** [vc. ingl., dal n. maori, di orig. onomat., dell'uccello; passata poi, come soprannome, a designare i neozelandesi e quindi anche i frutti commestibili dell'actinidia, coltivata originariamente spec. nella Nuova Zelanda ✱ 1866] **A s. m. inv. 1** (*zool.*) uccello ormai raro degli Apterigiformi della Nuova Zelanda, delle dimensioni di un pollo, privo di ali e di coda, rivestito di piume brune, sottili e sfilacciate (*Apteryx australis*) SIN. atterige **2** (*bot.*) nome di una specie di actinidia, coltivata per il frutto commestibile (*Actinidia chinensis*) | il frutto di tale pianta **B s. m. e f. inv.; anche agg. inv.** ● nel linguaggio giornalistico, neozelandese

klebsièlla [dal n. del patologo tedesco Edwin Klebs (1834-1913) ✱ 1889] **s. f.** ● (*med.*) ciascuno dei batteri appartenenti al genere *Klebsiella*, che comprende specie batteriche a bastoncello, gram-negative, provviste di capsula, prive di flagelli e di spore, normalmente presenti nella mucosa respiratoria e nell'intestino dell'uomo | ***K. pneumoniae***, agente patogeno della polmonite batterica e di infezioni alle vie urinarie e in ferite

Kleenex® /'klineks/ [marchio registrato, prob. suggerito dal v. ingl. *to clean* 'pulire' ✱ 1964] **s. m. inv.** ● denominazione di sottili fazzoletti di carta, confezionati in pacchetti

kleiniàno (klein-ia-no, klei-nia-no) /klai'njano/ [1992] **A agg.** ● relativo alla psicoanalista Melanie Klein (1882-1960) o alle sue teorie **B s. m. (f. -*a*)** ● psicoanalista seguace di Klein

kleksografìa [ted. *Klecksographie*, comp. di *Klecks* 'macchia' e *-graphie* '-grafia' ✱ 1942] **s. f.** ● disegno particolare ottenuto piegando varie volte un foglio contenente una macchia d'inchiostro

klèzmer /*ebr.* 'klɛzmɛr/ [vc. yiddish, riduzione dell'ebr. *kĕlēy zemes*, propr. 'strumenti musicali' ✱ 1992] **A s. m. inv.** ● (*mus.*) genere di musica tradizionale degli Ebrei dell'Europa centro-orientale **B agg. inv.** ● relativo a tale genere: *gruppo k.*; *sonorità k.*

klìmax ➤ **climax**

klìnker ➤ **clinker**

klystron /'klaistron, *ingl.* 'klaɪstrɒn/ [vc. ingl., dal n. commerciale *Klystron*, comp. del gr. *klyst(ḗr)* 'siringa' e della seconda parte di *(elec)tron* 'elettrone' ✱ 1946] **s. m. inv.** ● (*elettr.*) tipo di valvola termoionica per produrre corrente ad altissima frequenza, impiegata per es. in apparecchiature radar CFR. clistron

Knèsset /*ebr.* 'knɛsset/ [vc. dell'ebr. moderno, propr. 'assemblea' ✱ 1968 ca.] **s. f. inv. (pl. ebr.** *Knassòt***)** ● nome del parlamento dello Stato di Israele

knickerbockers /niker'bɔkers, *ingl.* 'nɪkəˌbɒkəz/ [vc. ingl., dal n. (D. *Knickerbocker*) dello pseudoautore della 'Storia di New York' (1809) di W. Irving, libro illustrato con disegni di olandesi immigrati a New York, che indossavano tale tipo di calzoni ✱ 1865] **s. m. pl. 1** calzoni corti alla zuava **2** calzettoni alti e pesanti con disegno a quadri

knock down /nok'daun, *ingl.* 'nɒkˌdaʊn/ [loc. ingl. che sta per *knocked* 'abbattuto' (di orig. imitativa) *down* 'giù' (vc. di orig. indeur.) ✱ 1933] **A loc. agg. inv. e avv.** ● detto del pugile che, atterrato dall'avversario, riesce a rialzarsi entro dieci secondi, continuando l'incontro **B loc. sost. m. inv.** ● nel pugilato, colpo che atterra l'avversario senza mandarlo fuori combattimento: *subire un knock down*

knockout /nok'kaut, *ingl.* 'nɒkˌaʊt/ [propr. 'colpo che butta (*knock*, di orig. onomat.) fuori (*out*, di orig. indeur.) combattimento' ✱ 1911] **s. m. inv., agg. inv. e avv.** ● kappaò SIN. ko

knödel /*ted.* knødəl/ [vc. ted., dim. di *Knode* 'gnocco' di area indeur. ✱ 1957] **s. m. inv. (pl. ted. inv.)** ● (*cucina*) nome tedesco del canederlo

know-how /no'au, *ingl.* 'nəʊˌhaʊ/ [vc. anglo-americana, propr. 'sai (*know*) come (*how*)' ✱ 1960] **s. m. inv.** ● insieme delle capacità e delle esperienze necessarie per il corretto impiego di una tecnologia

knowledge worker /*ingl.* 'nɒlɪdʒˌwɜːkə(r)/ [loc. ingl., propr. 'lavoratore (*worker*) nella conoscenza (*knowledge*)', termine introdotto nel 1959 da P.F. Drucker nel trattato *Landmark of tomorrow* ✱ 1998] **loc. sost. m. e f. inv. (pl. ingl.** *knowledge workers***)** ● lavoratore che utilizza le proprie competenze in attività soggette a innovazione continua, producendo risultati che contribuiscono alla crescita del know-how di un'azienda

knut /knut, *russo* knuṭut/ [dall'ant. nordico *knútr* 'nodo (dello staffile)', dalla vc. *knúi* 'noce del piede', di orig. indeur. ✱ 1852] **s. m. inv. (pl. russo** *knuty***)** ● staffile di nervi di bue, tipico dei Cosacchi

K.O. /kappa'ɔ*, *ingl.* keɪ əʊ/ o **ko avv. e s. m. inv. (pl. ingl.** *K.O.'s***)** ● acronimo di *knockout* (V.) SIN. kappaò

koàla o **coàla** [vc. ingl., adattamento del n. indigeno australiano (*kūlla, kūlā*) ✱ 1864] **s. m. inv.** ● marsupiale simile a un orsacchiotto, privo di coda, con piedi prensili muniti di forti unghioni con cui si arrampica sugli alberi per nutrirsi di foglie (*Phascolarctos cinereus*)

kódiak /'kodjak, *ingl.* 'kəʊdjæk/ [dal n. ingl. di un'isola del Pacifico al largo dell'Alaska ✱ 1988] **s. m. e f. inv.** ● (*zool.*) sottospecie di orso bruno dell'Alaska che raggiunge un'altezza di 3 metri e un peso di 9 quintali (*Ursus arctos middendorffi*)

kòfta ➤ **kafta**

kohl /kol, *arabo* kuħl/ [arabo *kuḥl* 'antimonio': V. *alcol* ✱ 1899] **s. m. inv. (pl. arabo *akhàl*)** ● polvere di antimonio di colore scuro, usata in Oriente come cosmetico per gli occhi

kòilon /*gr.* 'kɔilon/ [vc. gr. (*kôilon*), sostantivazione del nt. dell'agg. *kôilos* 'cavo', di orig. indeur. ✱ 1937] **s. m. inv. (pl. gr. *koila*)** ● (*archeol.*) insieme delle gradinate su cui sedevano gli spettatori nel teatro greco

koinè /koi'nɛ/ o (*raro*) **coinè** [vc. dotta, gr. *koinḗ*, f. sost. di *koinós* 'comune' (V. *cenobio*) ✱ 1933] **s. f. inv. (pl. gr. *koinái*)** **1** la lingua greca comune, basata sul dialetto attico, che si affermò, a partire dal IV sec. a.C., in tutto il Mediterraneo centro-orientale **2** (*est.*) comunità linguistica o culturale che si sovrappone a una preesistente pluralità di aree linguistiche o culturali **3** (*fig.*) l'unione di più popoli in una comunità culturale religiosa e sim.: *k. culturale, religiosa*

kòlchoz /'kɔlkos, -ots*, *russo* kal'xɯɔs/ [vc. russa, abbr. di *Kol(lektivnoe) choz(jajstvo)* 'azienda collettiva' ✱ 1933] **s. m. inv. (pl. russo *kolchozy*)** ● fattoria collettiva a base cooperativistica dell'ex Unione Sovietica **CFR.** colcos, sovchoz

kolchoziàno ➤ **colcosiano**

kòlo [vc. serbo-croata, propr. 'cerchio' ✱ 1823] **s. m. inv.** ● danza di gruppo tradizionale del folclore balcanico, diffusa dalla Croazia alla Macedonia, nella quale i ballerini formano un cerchio

kolòssal /ko'lɔssal, *ted.* kolɔ'sa:l/ [vc. ted., di provenienza fr. (*colossal*, propr. 'colossale') ✱ 1916] **A** **agg. inv.; anche s. m. inv.** ● detto di film, o spettacolo teatrale di grande effetto scenografico e con costi di realizzazione molto elevati: *film k.*; *un k. hollywoodiano* **B** **agg. inv.** ● (*est.*, *colloq.*) grandioso, eccezionale: *Un'offerta 'k.'! Dico cinquecento bottiglie de champagne!* (A. GRAMSCI)

kombinàt /kombi'nat, *russo* kʌmbji'nɯat/ [vc. russa di orig. lat.: lat. tardo *combinātus*, part. pass. di *combināre* 'unire (*bināre*, propr. 'a due a due') insieme (*cŭm*)' ✱ 1950] **s. m. inv. (pl. russo *kombinaty*)** ● (*econ.*) nell'economia sovietica, conglomerata

kònjak /'kondʒak, *ingl.* 'kɒndʒæk/ [dal n. giapp. della pianta, *konya-ku* o *konnyaku* ✱ 1996] **s. m. inv.** ● (*bot.*) pianta erbacea delle Aracee, originaria dell'Asia sudorientale e del Giappone, dal cui tubero si estrae un glucomannano utilizzato come coadiuvante nelle diete dimagranti e nella cura della stitichezza (*Amorphophallus konjak*)

Konzertmeister /kɔndzert'maister, *ted.* kɔn'tsɛʌtˌmaestʌ/ [comp. ted., propr. 'maestro (*Meister*) di concerto (*Konzert*)' ✱ 1985] **s. m. e f. inv. (f. ted. *Konzertmeisterin*, pl. m. inv., pl. f. *Konzertmeisterinnen*)** ● musicista, generalmente il primo violino, che nell'orchestra sinfonica o da camera svolge la funzione di capo orchestra

kòre /*gr.* 'kɔre/ [vc. gr. (*kórē*), di ampia famiglia, ma di orig. incerta ✱ 1957] **s. f. inv. (pl. gr. *korai*)** ● statua votiva di giovinetta ammantata, posta negli atri dei templi greci con una mano sollevata a reggere le corone e le offerte alle divinità **CFR.** cora

koshèr ➤ **kasher**

kosovàro /koso'varo/ [1988] **A** **agg.** ● del Kosovo **B** **s. m. (f. *-a*)** ● abitante o nativo del Kosovo

kouriatrìa /kurja'tria/ [vc. dotta, comp. del gr. *koûros* 'giovane' e *-iatria* ✱ 2001] **s. f.** ● (*med.*) branca della medicina che si occupa dei disturbi dell'adolescenza

kouros ➤ **kuros**

kraal /kraal, *afrikaans* krɑ:l/ [vc. afrikaans di orig. portog. (da *corral* 'recinto per il bestiame', 'chiusura', di etim. incerta) ✱ 1903] **s. m. inv.** ● tipico stanziamento di alcuni popoli sudafricani, costituito da capanne ad alveare disposte in circolo, che circonda il recinto del bestiame

kràpfen /'krafen, *ted.* 'kʀapfn/ [ted., da *krapfen* 'uncino', di orig. germ., per la originaria forma arcuata ✱ 1891] **s. m. inv. (pl. ted. inv.)** ● frittella di pasta molto lievitata, ripiena spec. di marmellata o crema e spolverata di zucchero **CFR.** crafen

kren /kren, *ted.* kʀe:n/ [vc. ted. di orig. slava ✱ 1943] **s. m. inv.** ● (*bot.*) cren

krill /*ingl.* krɪl/ [vc. ingl. d'orig. norvegese ✱ 1981] **s. m. inv.** ● insieme di alcune specie di piccoli crostacei planctonici che costituiscono il nutrimento dei Misticeti e dei Cefalopodi pelagici

krìpto ➤ **cripto**

kriss /kris/ o **kris** [vc. malese (*kĕris*), di orig. giavanese (*kerés*) ✱ av. 1636] **s. m. inv.** ● corto pugnale a lama serpeggiante, dell'area indo-malese

Krónprinz /'kronprints, *ted.* 'kʀo:nˌpʀɪnts/ [vc. ted., propr. 'principe (*Prinz*) della corona (*Krone*)', comp. di due elementi di orig. lat. ✱ 1905] **s. m. inv. (pl. ted. *Kronprinzen*)** ● principe ereditario nei Paesi di lingua tedesca

Krug /krug, *ted.* kʀu:k/ [etim. incerta ✱ 1905] **s. m. inv. (pl. ted. *Krüge*)** ● boccale di terracotta per birra, con ansa e coperchio di metallo

krumìro ➤ **crumiro**

krỳpton ➤ **cripto**

kryptonìte /kripto'nite/ [vc. ingl., comp. di *krypton* 'cripto' e *-ite*② ✱ 1968] **s. f.** **1** minerale di fantasia capace di annullare i superpoteri del personaggio dei fumetti Superman **2** ***Kryptonite***®, nome commerciale di un antifurto per biciclette

kuffiyah o **kufiyah** ➤ **kefiah**

kùlak /'kulak, *russo* ku'łɯak/ [propr. 'pugno', dal turco-tartaro *kulak*, dal turco *kol* 'braccio, mano' ✱ 1929] **s. m. (pl. it. e russo *kulàki*)** ● nella Russia del periodo precedente alla collettivizzazione dell'agricoltura, contadino ricco con altri contadini alle sue dipendenze **CFR.** culaco

Kulturkampf /*ted.* kul'tuʀˌkampf/ [comp. ted., propr. 'lotta (*Kampf*) per la cultura (*Kultur*)' ✱ 1895] **s. f. o m. inv. (pl. ted. *Kulturkämpfe*)** ● nella Germania bismarckiana, conflitto che oppose lo Stato alla Chiesa cattolica, determinato dalla necessità di limitare l'influenza del clero sulla vita culturale e sociale della nazione | (*est.*) complesso di interventi volti a contrastare l'ingerenza della Chiesa nella vita culturale e sociale di una nazione

kumìs o **kumys** /*russo* ku'mɯɨs/ [vc. russa (*kumýs*) di orig. turco-tartara (*kumiz*) ✱ 1930] **s. m. inv.** ● latte di giumenta fermentato, usato in Russia

kümmel /kymmel, *ted.* 'kyml/ [vc. ted., dal lat. *cumīnu(m)* 'cumino' col mutamento di *n* in *l* di altri latinismi ✱ 1887] **s. m. inv. (pl. ted. inv.)** ● liquore dolce, ad alta gradazione alcolica, aromatizzato con essenze di cumino

kumquàt /kum'kwat, *ingl.* 'kʌmkwɒt/ [dal cinese *kamkwat* 'arancio (*kwat*) d'oro (*kam*)' ✱ 1957] **s. m. inv.** ● (*bot.*) alberello delle Rutacee originario dell'Asia meridionale, coltivato per i frutti commestibili (*Fortunella*) | il frutto di tale pianta

kumys ➤ **kumis**

kùna [vc. orig. russa, propr. '(pelle di) martora', sorta quando le pellicce costituivano merce di scambio, sostituite poi dalla moneta ✱ 1994] **s. f.** ● unità monetaria della Croazia

kundalìni /kunda'lini, *sanscrito* kundʌ'lini/ [vc. sanscrita, propr. 'circolare' ✱ 1985] **s. f. inv.** ● secondo l'induismo, energia presente in ogni essere umano che si manifesta come forza generativa

kung fu /kun'fu*, *cinese* ˉkhuŋ'fu/ [loc. giapp., che rende l'orig. espressione cinese *gongfu*, propr. 'tempo ed energia spesa nel conquistare una capacità'; i giapponesi hanno appreso l'arte marziale dai cinesi e l'hanno diffusa internazionalmente col n. giapp. ✱ 1973] **loc. sost. m. inv.** ● tecnica di combattimento di origine cinese che prevede l'uso delle mani e dei piedi sia per attaccare che per difendersi

kùros o (*gr.*) **kouros** /*gr.* 'kuros/ [vc. gr. (*koûros*), che propr. significa 'giovane', di orig. incerta ✱ 1957] **s. m. inv. (pl. gr. *kouroi*)** ● nella scultura greca arcaica, statua votiva che rappresenta un giovinetto nudo **CFR.** curos

Kùrsaal /'kursal, *ted.* 'ku:ʌˌza:l/ [vc. ted., propr. 'sala (*Saal*) di cura (*Kur*)', con entrambi i componenti di orig. lat. ✱ 1918] **s. m. inv. (pl. ted. *Kursäle*)** ● edificio variamente adibito ad albergo, stabilimento termale, casa da gioco, caffè-concerto e sim.

kuskùs ➤ **cuscus**

kuwaitiàno (ku-wai-tia-no, ku-wait-ia-no) /kuvai'tjano, kuwai-/ [1970] **A** **agg.** ● del Kuwait **B** **s. m. (f. *-a*)** ● nativo, abitante del Kuwait

kvas /*russo* kvɯas/ [vc. russa, propr. 'fermento' ✱ 1874] **s. m. inv. (pl. russo *kvasy*)** ● bevanda poco alcolica, tipica della Russia, ottenuta versando dell'acqua calda sulla farina d'orzo e lasciando fermentare **CFR.** cuas

kwàcha /'kwatʃa/ [vc. locale dello Zambia ✱ 1993] **s. f. inv.** ● (*econ.*) unità monetaria del Malawi e dello Zambia

kwànza /'kwandza/ [vc. bantu ✱ 1957] **s. f. inv.** ● (*econ.*) unità monetaria dell'Angola

K-way® /kei'wei, ki'wei, *ingl.* 'keɪˌweɪ/ o **kay-way** /kei'wei, ki'wei, *ingl.* 'keɪˌweɪ/ [marchio registrato ✱ 1980] **s. m. o f. inv.** ● tipo di giacca a vento con cappuccio, leggera e impermeabile che si può ripiegare dentro la sua tasca e allacciare alla vita

kyat /kjat/ [vc. indigena (*ca'*) ✱ 1957] **s. m. inv.** ● unità monetaria della Birmania

kỳlix /*gr.* 'kyliks/ [vc. gr. (*kýlix*), con ampi riscontri indeur., tra cui il lat. *călix* 'calice' ✱ 1957] **s. m. inv. (pl. gr. *kylikes*)** ● vaso di produzione greca a forma di coppa con due anse su alto piede e bocca larga

kyriàle /ki'rjale/ [dal *Kyrie*, l'inno iniziale ✱ 1970] **s. m.** ● libro di canto gregoriano con la musica delle parti invariabili della Messa

Kỳrie /*lat.* 'kirje/ [1353] **s. m.** ● Kyrie eleison **CFR.** chirie

Kỳrie elèison /*lat.* 'kirje e'lɛison, -zon/ o **Kyrielèison** [lat. cristiano *kyrie eleison* (nella Messa e nelle litanie), dal gr. *kýrie eléēson* 'Signore abbi pietà' ✱ sec. XIV] **loc. sost. m. inv.** ● invocazione liturgica della Messa e delle litanie, sostituita da 'Signore pietà' dopo il Concilio Vaticano II **CFR.** chirieleison

kyu /kju*, *giapp.* kjɯ:/ o **kiù** /kju*/ [vc. giapp. (*kyū*) ✱ 1964] **s. m. inv.** ● allievo di judo, che viene classificato in cinque gradi secondo l'abilità

l, L

Il suono principale rappresentato in italiano dalla lettera *L* è quello della consonante laterale alveolare /l/, che come tutte le sonanti è sonora. Può essere, secondo i casi, semplice (es. *pòlo* /'pɔlo/, *sèi Lorènzo* /sɛilo'rɛntso/; *pèrla* /'pɛrla/, *Lorènzo* /lo'rɛntso/, *són Lorènzo* /sonlo'rɛntso/) oppure geminata (es. *póllo* /'pollo/, *è Lorènzo* /ɛllo'rɛntso/). La lettera *L* fa poi parte del trigramma *gli*, che rappresenta in italiano il suono della consonante laterale palatale /ʎ/, anch'essa sonora. Questo suono è scritto semplicemente *gl* davanti alla vocale *i* (es. *figli* /'fiʎʎi/); è scritto invece *gli*, con *i* muta, davanti alle altre vocali (es. *figlia* /'fiʎʎa/, *figlie* /'fiʎʎe/, *figlio* /'fiʎʎo/); non è mai seguito da consonante. Questo suono può essere semplice (es. *gli amìci* /ʎa'mitʃi/, *dàrgli* /'darʎi/, *bèn gli sta* /bɛnʎis'ta*/) o, tra due vocali (o tra vocale e /w/), geminato (es. *àgli amìci* /aʎʎa'mitʃi/, *fórse gli va* /'forseʎ ʎi'va*/, *figli(u)òlo* /fiʎ'ʎ(w)ɔlo/). Davanti a lettere diverse da *I*, il gruppo grafico *gl* ha il valore di *G* 'dura' + *L* (es. *glòria* /'glɔrja/, *sìgla* /'sigla/). E può avere questo valore anche davanti alla lettera *I* nei seguenti casi: quando è iniziale di una parola (es. *gḷicerìna* /glitʃe'rina/) o di un elemento di parola composta (es. *geroglìfico* /dʒero'glifiko/), fatta eccezione per l'articolo e pronome *gli* e per pochissime altre parole; quando è preceduta da *n* (es. *gànglio* /'gaŋgljo/); nelle voci della famiglia di *neglìgere* /ne'glidʒere/ (es. *negligènte* /negli'dʒɛnte/) e nelle forme del verbo *siglàre* /si'glare/ (es. *sìgli* /'sigli/).

l, (*maiusc.*) **L** [1321] **s. f. o m. inv.** • dodicesima lettera dell'alfabeto italiano (nome per esteso *èlle*): *l minuscola, L maiuscolo* | nella compitazione spec. telefonica it. *l come Livorno*; in quella internazionale *l come Lima* | ***trave a L***, con sezione ad angolo retto, particolarmente resistente a sforzi di flessione

†**'l** • V. **il**

♦**la** ① /la/ [lat. *(īl)la(m)*, comp. di etim. incerta ✱ 960] **A** **art. determ. f. sing.** (si usa davanti a tutte le parole f. sing. e si elide generalmente davanti a parole che cominciano per vocale o per *h* seguita da vocale: *la camera; la figlia; la psiche; la spesa; la zavorra; l'anima; l'erba; l'isola; l'onda; l'umidità; l'hi-fi* | fondendosi con le prep. proprie semplici, dà origine alle prep. art. f. sing. *alla, colla, dalla, della, nella, sulla, poet. pella*) **1** indica e determina una cosa o una persona distinta da ogni altra della stessa specie, e comunque nota all'interlocutore: *passami la scodella; fatti la barba; ho incontrato la zia* | (*colloq., sett.*) davanti a nome proprio di persona: *ha telefonato la Marisa?; la Gertrudina trascorreva a qualche atto un po' arrogante* (A. MANZONI) | (*burocr.*) davanti a cognomi: *la Rossi Maria ha protestato la propria innocenza* | si premette a cognomi di personaggi celebri: *la Duse; la Negri* | si premette sempre a un nome proprio o a un cognome preceduto da un titolo, che non sia però 'santa', 'donna', 'suor': *la contessa Matilde; la professoressa Rossi* | si premette a 'più' nel superlativo relativo: *è la più semplice delle creature di questo mondo* **2** indica e determina una specie, una categoria, un tipo: *la madre ha il compito di educare i figli nei primi anni; la donnola è un animale piccolo, ma crudele* | indica l'astratto o il generico: *l'avarizia è uno dei mali peggiori; non capisco la pittura* **3** questa, quella (con valore dimostr.): *Maria, la studentessa; Isotta, la bionda; guardala, la sfacciata!; ci sono due strade: prendi la più corta* **4** ogni, ciascuna (con valore distributivo): *la domenica i negozi sono chiusi; lo faccio due volte la settimana; quanto costano le uova la dozzina?* **5** nella, durante la (con valore temporale): *sarò a Roma la settimana prossima; la sera leggo sempre* **B** **pron. pers. e dimostr. f. sing.** **1** lei, essa (come compl. oggetto riferito a persona o cosa, in posizione sia enclitica sia proclitica): *la rivedrò domani; non riesco a trovarla; eccola!; te la porterò appena potrò* | con valore neutro indeterm.: *dirla grossa; vedersela brutta; ridersela; a farla breve; me l'ha fatta; smettila!; piantala!; o la va o la spacca!* **2** si usa, in segno di rispettosa cortesia, rivolgendosi a persona, sia di sesso maschile che femminile, con cui non si è in familiarità (anche con l'iniziale maiuscola): *La ringrazio, signora; la prego, signore, non si disturbi; arrivederla!* **3** (*pop., tosc.* e *sett., pleonast.*) aferesi di 'ella' (come soggetto riferito a persona o cosa): *la mi dica!; la si decida!; l'è una brava ragazza* | con valore neutro indet.: *l'è dura!; la va male* (V. note d'uso ACCENTO ed ELISIONE e TRONCAMENTO)

♦**la** ② /la*, la/ [lettere iniziali della seconda parte del terzo verso (*solve polluti labii reatum*) dell'inno a S. Giovanni, scelto da Guido d'Arezzo a fondamento della scala musicale ✱ av. 1527] **s. m. inv.** • (*mus.*) sesta nota della scala musicale di *do*, che si suole adoperare per dare l'intonazione | ***dare il la***, dare l'intonazione; (*fig.*) suggerire come gli altri devono agire (V. nota d'uso ACCENTO)

♦**là** /la*/ o †**làe** [lat. *(īl)lac*, da *īlle*, di etim. incerta ✱ sec. XII] **A** **avv.** **1** in quel luogo (con v. di stato e di moto, con riferimento a un luogo più o meno distante da chi parla e da chi ascolta, oppure vicino a chi ascolta; ha valore più indeterminato rispetto a 'lì'): *andrò là dopo pranzo; posalo là, su quella sedia; resta pure là; eccolo là!* | con valore correl. contrapposto a 'qua', 'qui', 'lì' con valore locativo più o meno indeterminato: *qui non c'è posto, mettiti là; va sempre qua e là per gli uffici; sta un po' qua e un po' là* | con valore rafforz. seguito da altri avv. di luogo, dà loro maggiore determinatezza: *è là dentro; guarda là fuori; vai là sopra* | unito a pron. pers. e al pron. e agg. 'quello' con valore rafforz. e intens.: *tu, là, fatti avanti; passami quel libro là* | con valore spreg.: *chi si fida di quello là; buona, quella là!* **2** con valore rafforz. o enfat. in escl. o espressioni di esortazione, comando, sdegno, e sim.: *zitto, là!; guarda là cosa mi va a capitare!* | ***va là, ma va là***, esprime incredulità, dispetto o anche condiscendenza: *va là, non me la dai a bere!; ma va là che lo sappiamo che sei bravo* | (*iter.*) esprime impazienza: *là là!, smettetela tutti e due!* | (*assol.*) indica la rapidità o la conclusione di un'azione: *là, ora è tutto a posto!* | in escl. o espressioni d'allarme, di intimazione, di richiamo e sim.: *ehi là, ferma!; alto là!; chi va là?; passa là!; ehi là, dove sei?* **3** (*lett.*) con valore temporale: *là vèr l'aurora* (F. PETRARCA) **4** nella loc. avv. ***in là***, oltre, da un'altra parte: *farsi, tirarsi in là; voltarsi in là* | ***andare in là***, procedere (*anche fig.*) | ***non andare, arrivare molto in là***, (*fig., fam.*) non capire molto | in avanti, oltre (con valore temp.): *da quel giorno in là; essere in là con gli anni* **5** nella loc. avv. ***di là***, da quel luogo, in quel luogo (indica stato in luogo o moto da luogo, anche fig.): *vieni via di là!* | ***stai di là***, nell'altra stanza | ***il mondo di là, l'al di là***, (*fig.*) l'altro mondo; V. anche *aldilà* | ***essere più di là che di qua***, (*fig.*) essere sul punto di morire | ***andare di qua e di là***, in vari luoghi | ***di qua, di là, di su, di giù***, in ogni luogo | ***per di là***, per quel luogo: *passavo per di là* **6** nella loc. avv. ***là per là***, subito, sul momento: *là per là non ho capito cosa volesse dire; là per là non ho saputo rispondere* **B** **nelle loc. prep. *di là da, di là di, in là da, in là di, al di là di*** • oltre: *non andare di là da quella siepe, più in là di quel punto; un risultato al di là di ogni aspettativa* | ***al di là di***, (*fig.*) lasciando da parte, prescindendo da: *al di là dell'aspetto emotivo* | ***di là da venire***, detto di cosa incerta o che deve avvenire in un futuro molto lontano | ***là là per***, sul punto di: *per un istante era stato là là per cedere* (I. SVEVO) (V. nota d'uso ACCENTO)

†**labàrda** ➤ **alabarda**

làbaro [vc. dotta, lat. tardo *lăbaru(m)*, di etim. incerta ✱ av. 1574] **s. m.** **1** vessillo imperiale romano costituito da un drappo di seta quadrata applicato a una barra trasversale all'asta **2** insegna di associazioni combattentistiche, ex combattentistiche, politiche, religiose **3** (*fig., lett.*) simbolo

SFUMATURE ➤ ***gagliardetto***, ➤ ***gonfalone***

†**làbbia** [vc. dotta, lat. parl. *lăbia*, n. pl. di *lăbiu(m)* 'labbro', di etim. incerta ✱ 1294] **s. f.** (**pl. inv.** o **-e**) **1** (*poet.*) faccia, aspetto: *e qual è uom di sì secura l., / che fuggir possa il mio tenace vischio?* (A. POLIZIANO) **2** (*est.*) figura umana **3** (**al pl.**, *poet.*) labbra

làbbo [fr. *labbe*, di etim. incerta ✱ 1869] **s. m.** • (*zool.*) stercorario

labbràta [av. 1767] **s. f.** • (*tosc.*) colpo dato sulle labbra col dorso della mano: *tirare una l.*

labbreggiàre [av. 1625] **A** **v. intr.** • †muovere le labbra **B** **v. tr.** (**pres.** *io labbréggio*; **fut.** *io labbreggerò*) • mormorare, proferire sommessamente: – *Perdono!* – *labbreggiò la smarrita, giungendo palma con palma* (C. Dossi)

labbrifórme [comp. di *labbr(o)* e *-forme* ✱ 1957] **agg.** ● (*raro*) che ha forma di labbro

♦**làbbro** o (*poet.*) †**làbro**① [vc. dotta, lat. *lăbru(m)*, di etim. incerta ✱ 1266] **s. m.** (**pl.** *làbbra*, **f. nei sign. 1, 2, 3,** *làbbri*, **m. nei sign. 4, 5 e, lett.,** †**anche nei sign. 1 e 2**) **1** ognuna delle due pieghe cutanee, muscolari e mucose, che delimitano l'apertura della bocca: *l. superiore, inferiore; avere un l. spaccato; labbra grosse, sottili, tumide* **CFR.** labiale **CFR.** cheilo-, labio- | (*med.*) ***l. leporino***, malformazione congenita in cui il labbro superiore presenta nel mezzo una fenditura longitudinale **SIN.** lagostoma | ***leccarsi le labbra***, (*fig.*) detto di chi ha appena gustato un cibo squisito o si prepara a gustarlo | ***bagnarsi le labbra***, bere un sorso | ***leggere le labbra***, o ***sulle labbra***, V. *leggere* nel sign. 2 **2** (**spec. al pl.**) bocca, quale organo della parola: *i rimproveri gli morirono sulle labbra* | ***chiudere le labbra***, tacere | ***avere una parola sulla punta delle labbra, sulle labbra***, non riuscire a ricordarla o pronunciarla | ***mordersi le labbra***, trattenersi dal parlare; pentirsi di ciò che si è detto incautamente | ***pendere dalle labbra di qlcu.***, ascoltarlo o seguirlo con la massima attenzione | ***a fior di labbra***, sussurrando appena | ***morire col nome di Dio sulle labbra***, invocarlo fino all'ultimo respiro **3** (*anat.*) ***grandi, piccole labbra***, nell'apparato genitale femminile, pieghe cutanee che circondano l'apertura vulvare **4** margine, bordo di una ferita: *i labbri sono ancora aperti* **5** orlo, bordo con risalto, ciglio: *il l. di un vaso, di un pozzo, di una conca* ‖ **labbràccio**, **pegg.** | **labbrétto**, **labbrettino**, **dim.** | **labbrino**, **dim.** | **labbróne**, **accr.** | **labbrùccio**, **labbrùzzo**, **dim.**

labbrùto [comp. di *labbro* e *-uto*② ✱ 1618] **agg.** ● detto di chi ha labbra grosse, pronunciate

labdacìșmo ➤ **lambdacismo**

làbe [vc. dotta, lat. *lābe(m)* 'macchia', di etim. incerta ✱ 1342] **s. f.** ● (*lett.*) macchia, difetto | (*lett., fig.*) colpa, errore, vizio: *ingegni macchiati dalla stessa l.* (G. Carducci)

labellàto [1957] **agg.** ● (*bot.*) detto di fiore munito di labello

labèllo [vc. dotta, lat. *labĕllu(m)*, dim. di *lăbru(m)* 'labbro', di etim. incerta ✱ 1839] **s. m.** ● (*bot.*) nelle orchidee, tepalo anteriore del fiore, diverso dagli altri, a margine lobato o frastagliato

†**làbere** [vc. dotta, lat. *lābi* 'scivolare', di etim. incerta, portato alla coniug. in *-ere* ✱ 1321] **v. intr.** ● scorrere, fluire

laberìnto ➤ **labirinto**

labiàle [dal lat. *lăbiu(m)* 'labbro', di etim. incerta ✱ 1499] **A agg.** **1** (*anat.*) che riguarda le labbra: *herpes l.* | applicato alle labbra: *piercing l.* | ***linguaggio l.***, movimento delle labbra in base al quale si possono capire le parole di qualcuno **2** (*ling.*) detto di suono articolato per mezzo delle labbra: *consonante l.* **B s. f.** ● (*ling.*) consonante labiale **C s. m.** ● (*ellitt.*) linguaggio labiale

labializzàre [1873] **A v. tr.** ● (*ling.*) rendere labiale, sottoporre a labializzazione **B labializzàrsi v. intr. pron.** ● (*ling.*) diventare labiale ‖ **labializzazióne**, **s. f.** (V.)

labializzàto **part. pass.** di *labializzare*; anche **agg.** **1** nei sign. del v. **2** (*ling.*) detto di suono nella cui pronuncia intervengono arrotondamento e protrusione delle labbra

labializzazióne [1888] **s. f.** ● (*ling.*) trasformazione per la quale un suono diventa labiale (per es. *n* di fronte a *p* o *b*)

Labiàte [dal lat. *lăbium* 'labbro', di etim. incerta, per la loro forma ✱ 1749] **s. f. pl.** (**sing.** *-a*) ● (*bot.*) famiglia di piante delle Dicotiledoni erbacee con fiori la cui corolla ha l'aspetto di due labbra, comprendente moltissime specie usate in cucina, medicina e profumeria (*Labiatae*)

labiàto [dal lat. *lăbiu(m)* 'labbro', di etim. incerta ✱ 1805] **agg.** **1** che ha forma simile a quella delle labbra | (*bot.*) ***calice l.***, gamosepalo irregolare con una parte inferiore e una superiore separate | (*bot.*) ***corolla labiata***, gamopetala irregolare con il lembo diviso in un labbro superiore e uno inferiore **2** (*ling.*) labializzato

Labidognàti o (*raro*) **Labidògnati** [comp. del gr. *labís*, genit. *labídos* 'forcipe, pinza' (da avvicinare a *lambánein* 'prendere', prob. di orig. indeur.) e *gnáthos* 'mascella' (V. *ganascia*) ✱ 1973] **s. m. pl.** (**sing.** *-o*) ● (*zool.*) gruppo a cui appartiene la maggior parte dei ragni, caratterizzato da cheliceri i cui artigli si possono incrociare a tenaglia (*Labidognatha*)

♣**làbile** o †**làbole** [vc. dotta, lat. tardo *lābile(m)*, da *lābi* 'scivolare', di etim. incerta ✱ 1304] **agg.** **1** (*lett.*) effimero: *la salute, la giovinezza sono beni labili; non è la più l. cosa che la memoria di benefici ricevuti* (F. Guicciardini) **SIN.** caduco, fugace, passeggero **2** debole: *memoria l.* **3** (*psicol.*) emotivamente fragile e influenzabile **4** (*scient.*) instabile: *composto chimico l.* **5** (*lett.*) che scorre, che fluisce ‖ **labilménte**, **avv.** ‖ **labilità**, **s. f. inv.** (V.)

♣**labilità** [sec. XIV] **s. f. inv.** **1** (*lett.*) caratteristica di ciò che è labile **SIN.** caducità, fugacità, transitorietà | instabilità, fragilità: *l. mentale, psichica* **2** proprietà, di ciò che è labile | ***l. di un composto chimico***, mancanza di stabilità

†**làbio** [lat. parl. *lăbiu(m)*, di etim. incerta ✱ 1499] **s. m.** ● labbro

làbio- [dal lat. *lăbiu(m)* 'labbro', di etim. incerta] **primo elemento** ● in parole composte della terminologia linguistica o medica, significa 'labbro' o indica relazione con le labbra: *labiodentale, labionasale*

labiodentàle [comp. di *labio-* e *dentale* ✱ 1870] **A agg.** ● (*ling.*) detto di consonante la cui articolazione comporta un avvicinamento o un contatto del labbro inferiore con gli incisivi superiori **B s. f.** ● (*ling.*) consonante labiodentale: *f e v sono labiodentali*

labiolettùra [comp. di *labio-* e *lettura* ✱ 1965] **s. f.** ● interpretazione delle parole di chi parla basandosi solo sul movimento delle sue labbra senza udire alcun suono

labionasàle (o **-ș-**) [comp. di *labio-* e *nasale* ✱ 1957] **agg.** ● (*ling.*) detto di suono nasale articolato per mezzo delle labbra (per es. il suono *m*)

labiopalatàle [comp. di *labio-* e *palatale* ✱ 1973] **A agg.** ● (*ling.*) detto di suono che comporta simultaneamente un'articolazione palatale e una labiale **B s. f.** ● (*ling.*) suono labiopalatale

labiovelàre [comp. di *labio-* e *velare* ✱ 1957] **A agg.** ● (*ling.*) detto di suono che comporta la combinazione di una articolazione velare e di una appendice labiale (per es. *qu* e *gu* seguiti da vocale) **B s. f.** ● (*ling.*) suono labiovelare

labirintèo [av. 1800] **agg.** ● (*lett.*) labirintico

labirìntico [da *labirinto* ✱ av. 1696] **agg.** (**pl. m.** *-ci*) **1** che concerne un labirinto | simile a un labirinto: *quartiere l.* | (*fig.*) tortuoso: *ragionamento l.* **2** (*anat.*) relativo al labirinto

labirintifórme [comp. di *labirinto* e *-forme* ✱ 1934] **agg.** ● che ha forma di labirinto

labirintìte [comp. di *labirinto* nel sign. 5 e *-ite*① ✱ 1894] **s. f.** ● (*med.*) infiammazione del labirinto

♦**labirìnto** o (*raro*) **laberìnto** [vc. dotta, lat. *labyrĭnthu(m)*, dal gr. *labýrinthos*, di etim. incerta (mediterr.?) ✱ av. 1328] **s. m.** **1** leggendaria reggia di Minosse, dalla quale non si poteva uscire senza guida: *Teseo ebbe da Arianna il filo per non smarrirsi nel l.* | (*est.*) edificio con una rete intricata di locali e corridoi: *questo palazzo è un vero l.* **2** (*est.*) luogo o intreccio di strade o passaggi dove è difficile orizzontarsi o da cui è difficile uscire: *perdersi nel l. di vicoli del quartiere del porto* | ***l. di specchi***, nei luna park, intrico di passaggi rivestiti di specchi deformanti **3** tipo di giardino con alte siepi e vialetti intricati, nel parco di una villa **4** (*fig.*) situazione intricata, confusa e poco chiara: *sono preso nel l. degli affari* **SIN.** dedalo **5** (*anat.*) insieme di cavità che formano una parte dell'orecchio interno **6** (*zool.*) in alcuni Pesci ossei, organo sussidiario per la respirazione aerea, situato dorsalmente alla camera branchiale **7** gioco di pazienza che consiste nel trovare, tra tante strade tortuose disegnate, l'unica che conduce all'uscita

labirintopatìa [comp. di *labirinto* nel sign. 5 e *-patia* ✱ 1973] **s. f.** ● (*med.*) qualsiasi affezione del labirinto dell'orecchio

labirintòși [comp. di *labirint(o)* e del suff. *-osi* ✱ 1957] **s. f. inv.** ● (*med.*) processo degenerativo dell'epitelio sensoriale del labirinto

làbneh /'labne, *arabo* 'labne:h/ o **làbne** [vc. araba ✱ 2001] **s. m. inv.** ● yogurt di consistenza pastosa, tipico delle cucine mediorientali

†**làbole** ➤ **labile**

laborantìna ➤ **lavorante**

†**laboràre** ➤ **lavorare**

♦**laboratòrio** o †**lavoratòrio** [dal lat. *laborāre* 'lavorare' ✱ sec. XVII] **s. m.** **1** locale o insieme di locali forniti di attrezzature per ricerche ed esperienze scientifiche | ***l. linguistico***, aula scolastica con attrezzatura elettronica e meccanica per rendere più efficace l'apprendimento delle lingue | (*est.*) luogo o ambito in cui si elaborano e si producono esperienze innovative: *Vienna fu nei primi decenni del Novecento un l. musicale; quella rivista è un vero l. politico* **2** locale annesso a un negozio dove si fanno o si riparano gli oggetti in vendita | locale dove si svolgono attività di carattere artigianale: *l. di sartoria* | ***l. protetto***, centro di lavoro per handicappati

laboratorista [1957] **s. m. e f.** (**pl. m.** *-i*) ● chi lavora come tecnico o ricercatore in un laboratorio scientifico

†**labóre** [vc. dotta, lat. *labōre(m)*, di etim. incerta ✱ av. 1294] **s. m.** **1** fatica, travaglio **2** lavoro

laboriosità (o **-ș-**) [da *laborioso* ✱ 1306] **s. f. inv.** ● caratteristica di chi (o di ciò che) è laborioso: *per … dieci anni si era sopravvissuto in un'indefessa l.* (B. Croce) **SIN.** industriosità, operosità

laborióso (o **-ș-**) [vc. dotta, lat. *laboriōsu(m)*, da *lābor* 'lavoro', di etim. incerta ✱ 1308] **agg.** **1** che comporta difficoltà, fatica e impegno per la sua realizzazione: *indagine laboriosa; è stata una traversata laboriosa; digestione laboriosa; questa guerra fu più laboriosa che alcuna altra* (L. Pulci) | ***parto l.***, difficoltoso e prolungato; (*fig.*) opera intellettuale o artistica che ha richiesto grande fatica al suo creatore **2** dedito al lavoro, che lavora con passione: *giovane l.; popolo pacifico e l.; città laboriosa, in cui … nessuno camminava per diporto* (I. Svevo) **SIN.** operoso **3** denso di lavoro o di realizzazioni: *giornata laboriosa* **SIN.** operoso ‖ **laboriosaménte**, **avv.** **1** con fatica e impegno; con difficoltà: *Tutto quell'equilibrio dottrinale così laboriosamente formato* (F. De Sanctis) **2** con laboriosità ‖ **laboriosità**, **s. f. inv.** (V.)

SFUMATURE DI SIGNIFICATO
laborioso - faticoso - arduo
Un'attività che costa sforzo perché impegnativa o complessa, difficile da realizzare si definisce **laboriosa**. Con **faticoso** si sottolinea ugualmente lo sforzo, ma non tanto per la difficoltà dell'impegno quanto per la stanchezza fisica o mentale che comporta. **Arduo** assomma i significati sia di *macchinoso* sia di *faticoso*, suggerendo in aggiunta l'idea che nell'impresa sia necessario anche coraggio.

laborismo e deriv. ➤ **laburismo** e deriv.
labràce [vc. dotta, gr. *labrákion*, dim. di *lábrax*, genit. *lábrakos*, da *lábros* 'vorace', di etim. incerta ✱ 1728] **s. m.** ● (*zool.*) spigola
labradòr o **làbrador** [dalla regione di provenienza, il *Labrador* canadese, dall'ant. denominale portog. *Terra de Lavradores* 'terra di schiavi (propr. lavoratori)' ✱ 1910] **s. m. inv. 1** merluzzo, baccalà proveniente dal Labrador **2** razza di cani da riporto, originaria del Labrador ma allevata soprattutto in Inghilterra
labradorégno **A** **agg.** ● del Labrador, penisola del Canada orientale **B** **s. m.** (**f.** *-a*) ● abitante o nativo del Labrador
labradorite [dal n. della regione canadese *Labrador*, con *-ite*② ✱ 1817] **s. f.** ● (*miner.*) varietà calcica di plagioclasio in cristalli che manifestano una caratteristica iridescenza interna
†**làbro**① ➤ **labbro**
làbro② [etim. discussa: dal gr. *lábros* 'avido, vorace', di orig. incerta (?) ✱ av. 1729] **s. m.** ● pesce dei Perciformi che vive anche nel Mediterraneo; ha labbra carnose e dimensioni dai 15 ai 35 cm (*Labrus bergylta*)
labrònico [dal n. lat. (ma di orig. etrusca) di una località, *Lăbro*, genit. *Labrōnis*, che sorgeva nei pressi dell'attuale Livorno ✱ 1882] **agg.** (**pl. m.** *-ci*) ● (*lett.*) livornese
labrùsca ➤ **lambrusca**
laburismo o **laborismo** [ingl. *labourism*, dal n. del 'partito del *lavoro*' (*Labour Party*, l'una e l'altra parola di orig. lat.) ✱ 1921] **s. m.** ● movimento politico di tendenza socialista riformista, sorto in Gran Bretagna agli inizi del XIX sec.
laburìsta o **laborìsta** [ingl. *labourist* (V. *laburismo*) ✱ 1912] **A** **agg.** (**pl. m.** *-i*) ● del laburismo, relativo al laburismo o al partito laburista | ***partito l.***, partito politico fondato sui principi del laburismo **B** **s. m. e f.** ● seguace del laburismo | iscritto al partito laburista
laburìstico [av. 1952] **agg.** (**pl. m.** *-ci*) ● (*disus.*) relativo al laburismo o ai laburisti
labùrno [vc. dotta, lat. *labŭrnu(m)*, parola importata, ma di orig. incerta ✱ 1489] **s. m.** ● (*bot.*) orniello | ***l. fetido, l. puzzolente***, anagiride
lacaniàno [1971] **A** **agg.** ● relativo allo psicoanalista Jacques Lacan (1901-1981) o alle sue teorie **B** **s. m.** (**f.** *-a*) ● psicoanalista seguace di Lacan
†**làcca**① [vc. dotta, lat. tardo *lăccu(m)*, dal gr. *lákkos* 'fosso, stagno, cisterna', di orig. indeur. ✱ 1313] **s. f.** ● avvallamento, fossa
†**làcca**② [lat. tardo *lăcca(m)* 'specie di tumore alle gambe degli animali', legato con *lacĕrtus* 'muscolo' (?) ✱ sec. XIV] **s. f.** ● coscia di quadrupede | (*est.*) natica
làcca③ [arabo *lakk*, dal persiano *lāk*, di orig. sanscrita (* *lākṣā* 'migliaia', con allusione al grande numero degli insetti che la producono) ✱ av. 1400] **s. f. 1** sostanza colorata di origine vegetale, animale o artificiale, usata come rivestimento protettivo od ornamentale di vari oggetti | ***l. del Giappone***, liquido denso, grigio, estratto per incisione da una pianta giapponese | (*est.*) oggetto ricoperto di lacca: *una collezione di lacche cinesi* **2** colore formato per fissazione meccanica o chimica di un colorante organico su di un supporto, in generale inorganico, usato nella pittura, nella stampa dei tessuti e sim. **3** fissatore per pettinature: *l. colorata*
laccamùffa [comp. di *lacca*③ e *muffa*, come adattamento del ted. *Lackmus*, dal neerlandese **lakmoes*, comp. di un deriv. da *lēken* 'gocciolare' e *moes* 'verdura' ✱ 1667] **s. f.** (**pl.** *laccamùffe*) ● (*chim.*) tornasole
laccàre [da *lacca*③ ✱ 1923] **v. tr.** (*io làcco, tu làcchi*) **1** verniciare con lacca: *l. un mobile* | ricoprire con lacca, smaltare | anche in forma pron.: *laccarsi le unghie* **2** (*cucina*) ricoprire un alimento, spec. un pezzo di carne, con una particolare miscela a base di miele, aceto e altri aromi in modo che con la cottura si formi una sottile crosta lucida
laccàto **part. pass.** di *laccare*; anche **agg.** **1** verniciato con lacca: *mobile l.* | ***unghie laccate***, smaltate | (*cucina*) preparato in modo da avere una sottile crosta lucida: *anatra laccata* **2** (*bot.*) detto di foglia rivestita su una o entrambe le pagine da una specie di vernice lucida secreta da alcune ghiandole **3** (*med.*) detto del sangue che ha assunto un colore rosso acceso e brillante in seguito a emolisi **4** (*fig.*) elegante, curato, talora in modo eccessivo
laccatóre [1931] **s. m.** (**f.** *-trice*) ● chi esegue lavori con lacca
laccatùra [1924] **s. f.** ● operazione del laccare | rivestimento di lacca
lacchè [fr. *laquais*, di etim. incerta ✱ 1605] **s. m. inv. 1** valletto in livrea che per strada seguiva o precedeva il padrone o la carrozza padronale **2** (*spreg.*) persona che si umilia e si disonora in modo servile: *ha l'anima di un l.*; *fare da l. a qlcu.*
lacchézzo [variante dial. di *beccheggio* ✱ 1733] **s. m. 1** (*tosc.*) boccone ghiotto | (*est.*) allettamento **2** (*fig.*) imbroglio
làccia ➤ **alaccia**
†**lacciàre** [vc. dotta, lat. tardo *laqueāre*, da *lăqueus*, di etim. incerta ✱ av. 1294] **v. tr.** ● allacciare
làccio [lat. parl. **lăciu(m)*, per *lăqueu(m)*, prestito, di etim. incerta ✱ 1250 ca.] **s. m. 1** corda con cappio a nodo scorsoio che si stringe tirando: *prendere una bestia al l.* **2** (*fig.*) trappola, insidia, inganno: *è caduto nel l. di un truffatore*; *un l. che mi vien teso da un volgare ... amor proprio* (M. D'Azeglio) **3** legaccio, tirante, cordoncino: *tirare i lacci del busto* | ***i lacci delle scarpe***, le stringhe | (*arald.*) ***l. d'amore***, cordone disposto a cerchio, spesso posto attorno allo scudo, intrecciato a nodi | ***l. emostatico***, nastro o sottile tubo stretto attorno agli arti per rallentare la circolazione sanguigna | (*fig.*) intralcio, vincolo: *i lacci e i laccioli della burocrazia* **4** (*fig.*) nodo, vincolo, legame: *ben io costretto in que' soavi lacci* (G. Carducci); *i lacci dell'amore* | impaccio, intralcio: *lacci e divieti burocratici* | †impedimento **5** (*disus.*) capestro: *la pena del l.* | ***mettere il l. al collo a qlcu.***, (*fig.*) costringerlo, contro la sua volontà, a fare o subire qlco. ‖ **laccètto**, **laccettino**, **dim.** | **lacciòlo**, **lacciuòlo**, **dim.** (V.)
lacciòlo o (*lett.*) **lacciuòlo** [av. 1320] **s. m. 1** dim. di *laccio* | (*fig.*, *lett.*) trappola, insidia | (*fig.*) intralcio, vincolo: *lacci e laccioli burocratici* **2** laccio per catturare piccoli uccelli **3** laccio da scarpe, stringa
laccolite [comp. del gr. *lákkos* 'cavità, cisterna' e *líthos* 'pietra' ✱ 1895] **s. m. o f.** ● (*geol.*) corpo intruso poco profondo a forma di lente più o meno simmetrica o cupola che si insinua generalmente lungo una superficie di strato o altra discontinuità
lacedèmone o (*raro*) **lacedemònio** [vc. dotta, lat. *Lacedaēmones* (pl.), dal gr. *Lakedáimōn*, genit. *Lakedáimonos*, di etim. incerta ✱ 1361] **agg. e s. m.** ● (*lett.*) spartano
laceràbile [vc. dotta, lat. tardo *lacerābile(m)*, da *lacerāre* 'lacerare' ✱ av. 1704] **agg.** ● che si può lacerare ‖ **lacerabilità**, **s. f. inv.**
laceraménto [vc. dotta, lat. tardo *lacera-mĕntu(m)*, da *lacerāre* 'lacerare' ✱ av. 1292] **s. m.** ● (*lett.*) lacerazione
lacerànte **part. pres.** di *lacerare*; anche **agg.** **1** nei sign. del v. **2** (*fig.*) che colpisce per la sua forza, intensità e sim.: *urlo, rumore l.* | (*fig.*) straziante, tormentoso: *un rimorso l.* | (*fig.*) che provoca lacerazioni, contrasti e sim.: *una scelta l.*
♣**laceràre** [vc. dotta, lat. *lacerāre*, di orig. indeur. ✱ 1268] **A** **v. tr.** (*io làcero*) **1** ridurre a brandelli: *le schegge gli lacerarono la carne*; *l. un abito* SIN. strappare, stracciare **2** (*fig.*) straziare, torturare: *un dolore che lacera il cuore*; *un rumore che lacera i timpani*; *era lacerato dal rimorso* **B** anche **laceràrsi** **v. tr. pron.** (**aus.** *essere*): *pareva allo sventurato di essere costretto a lacerarsi il cuore colle proprie mani* (I. Nievo) **C** **laceràrsi** **v. intr. pron.** ● strapparsi, squarciarsi: *la vela si è lacerata per un colpo di vento*
laceratóre [vc. dotta, lat. tardo *laceratō-re(m)*, da *lacerātus* 'lacerato' ✱ 1476] **agg. e s. m.** (**f.** *-trice*) ● che (o chi) lacera (*spec. fig.*): *un grido / lacerator di ben costrutti orecchi* (G. Parini)
lacerazióne [vc. dotta, lat. *laceratiōne(m)*, da *lacerātus* 'lacerato' ✱ av. 1364] **s. f. 1** il lacerare, il lacerarsi | strappo, squarcio, rottura | (*med.*) rottura di un tessuto o di un organo causata da un trauma violento: *l. del collo dell'utero durante il parto* **2** (*fig.*) strazio, afflizione | (*fig.*) contrasto, separazione e sim. molto travagliati e dolorosi
lacèrna [vc. dotta, lat. *lacĕrna(m)*, d'impronta pop. e di non improbabile orig. etrusca ✱ 1483] **s. f.** ● presso gli antichi Romani, lungo mantello aperto, fermato con una fibbia sulle spalle o sul petto, che si portava sulla tunica e sull'armatura
♣**làcero** [vc. dotta, lat. *lăceru(m)*, di orig. indeur. ✱ av. 1320] **agg. 1** strappato o stracciato in più punti o in più pezzi: *carni lacere*; *abito l.* | ***ferita lacera***, i cui margini sono privi di continuità per strappamento **2** (*est.*) detto di persona che indossa vestiti logori o strappati: *un mendicante tutto l.* SIN. cencioso
lacero-contùso /latʃerokon'tuzo/ [1891] **agg.** ● (*med.*) ***ferita lacero-contusa***, ferita i cui margini sono privi di continuità, per strappamento e compressione
Lacèrtidi [comp. del lat. *lacĕrta* 'lucertola' e *-idi* ✱ 1930] **s. m. pl.** (**sing.** *-e*) ● (*zool.*) famiglia di Sauri eurasiatici e africani cui appartengono le lucertole (*Lacertidae*)
lacertifórme [vc. dotta, comp. del lat. *lacerta* 'lucertola' e *-forme* ✱ 1976] **agg.** ● detto di animale che ha aspetto, o forma, di lucertola
lacèrto① [vc. dotta, lat. *lacĕrtu(m)*, di etim. incerta ✱ 1313] **s. m. 1** (*lett.*) parte muscolosa spec. del braccio | (*est.*) braccio, gamba | (*est.*) brandello di carne **2** (*anat.*) ***l. fibroso***, larga striscia di membrana fibrosa alla piega del gomito **3** (*fig.*, *lett.*) frammento, brano di un'opera letteraria spec. antica **4** (*zool.*, *sett.*) scombro
†**lacèrto**② [dal lat. *lacĕrta(m)*, di etim. incerta ✱ av. 1556] **s. m.** ● lucertola
†**lacertóso** (o **-ṣ-**) [vc. dotta, lat. *lacertō-su(m)*, da *lacĕrtus* 'lacerto①' ✱ 1499] **agg.** ● muscoloso, robusto
†**lacessito** [vc. dotta, lat. *lacessītu(m)*, part. pass. di *lacĕssere*, intens. di *lăcere*, da una vc. *lăx* col senso di 'esca, inganno', di orig. espressiva ✱ sec. XIV] **agg.** ● provocato, stuzzicato, irritato
†**lài** [lat. parl. **illāce*, per il classico *illac*, da *īlle* 'quello' con particella locativa ✱ 1319] **avv.** ● là: *volto in l.* (Dante *Purg.* XXIV, 105)

a b c d e f g h i j k **l** m n o p q r s t u v w x y z

lacìnia [vc. dotta, lat. *lacĭnia(m)*, da avvicinare a *lăcer* 'lacero' * 1698] **s. f. 1** (*anat.*) frangia, frastagliatura **2** (*bot.*) incisione irregolare **3** (*zool.*) lobo interno delle mascelle di molti Insetti, inserito sullo stipite **4** (*fig., lett.*) frammento, brano di un'opera letteraria spec. antica

laciniàto [1499] **agg.** ● (*anat., bot.*) che presenta lacinie

làcmo [neerl. *lakmoes* 'laccamuffa' (V.) * 1869] **s. m.** ● (*chim.*) laccamuffa

†**làco** ➤ **lago**

†**laconicìṣmo** [av. 1712] **s. m.** ● laconicità

lacònico [vc. dotta, lat. *Lacōnicu(m)*, dal gr. *Lakōnikós* 'proprio dei Laconi' * 1483] **agg.** (**pl. m.** *-ci*) **1** della Laconia, regione della Grecia in cui si trovava Sparta | dei Laconi, degli Spartani: *dialetto l.* **2** (*fig.*) detto di persona poco loquace, estremamente concisa nell'esprimersi (caratteristica attribuita anticamente agli Spartani) | breve, essenziale: *scritto l.*; *risposta laconica* ‖ **laconicaménte**, **avv.** in modo laconico, breve, conciso ‖ **laconicità**, **s. f. inv.** concisione, essenzialità, stringatezza

laconìṣmo [vc. dotta, gr. *lakōnismós* 'simpatia per i Lacedemoni', da *lakōnízein* 'laconizzare' * 1556] **s. m. 1** (*raro*) laconicità **2** forma tipica del dialetto laconico

laconiẓẓàre [vc. dotta, gr. *lakōnízein*, da *lákōn* 'lacone, spartano' * 1801] **v. intr.** (**aus.** *avere*) ● (*lett.*) esprimersi in modo laconico

làcrima o (*lett.*) **làgrima** [lat. *lăcrima(m)*, di orig. indeur. * 1243] **s. f. 1** liquido acquoso prodotto dalle ghiandole lacrimali dell'occhio CFR. dacrio- | ***lacrime calde, cocenti***, frutto di un dolore aspro | ***lacrime amare, di sangue***, provocate da rimorso, dolore, disperazione | ***un fiume di lacrime***, un gran pianto | ***spargere, versare lacrime***, abbandonarsi al pianto | ***rompere, prorompere, scoppiare in lacrime***, mettersi a piangere all'improvviso | ***frenare, ingoiare le lacrime***, trattenersi dal piangere | ***strappare le lacrime***, suscitare il pianto | ***essere in un mare di lacrime, struggersi in lacrime***, piangere a dirotto e di continuo | ***avere le lacrime agli occhi***, stare per piangere, per il dolore, la commozione e sim. | ***con le lacrime agli occhi***, in stato di grande commozione | ***non avere più lacrime***, (*fig.*) aver sofferto molto | ***asciugarsi le lacrime***, smettere di piangere | ***asciugare le lacrime a qlcu.***, consolarlo | ***lacrime di coccodrillo***, (*fig.*) quelle di chi si pente in modo tardivo o ipocrita (secondo un'antica credenza, i coccodrilli piangerebbero dopo avere divorato una preda) | ***sciogliersi in lacrime***, piangere a dirotto | ***costar sudore e lacrime***, fatica e dolore | ***valle di lacrime***, nel linguaggio della Bibbia, il mondo terreno | (*astron.*) ***lacrime di San Lorenzo***, Perseidi **2** (*est.*) goccia o piccola quantità di liquido: *è rimasta una l. d'olio* | (*est.*) gocciola, stilla: *una l. di resina, di cera* **3** (*est.*) oggetto che ha l'aspetto di una lacrima: *l. di cristallo* ‖ **lacrimétta**, **dim.** | **lacrimìna**, **dim.** | **lacrimóna**, **accr.** | **lacrimóne**, **accr. m.** | **lacrimùccia**, **lacrimùzza**, **dim.**

lacrimàbile o (*lett.*) **lagrimàbile** [lat. tardo *lacrimābile(m)*, da *lacrimāre* 'lacrimare' * 1313] **agg.** ● (*lett.*) degno di lacrime, di compassione: *rimanendo lagrimabile lo stato del Friuli e dell'Istria* (F. GUICCIARDINI) | (*lett.*) che può provocare lacrime

Làcrima Christi /*lat.* 'lakrima 'kristi/ [loc. lat., propr. 'lacrima (*lăcrima*) di Cristo (*Chrĭsti*, genit. di *Chrĭstus*)' * 1640] **loc. sost. m. inv.** ● vino prodotto con varie uve locali nella zona di Torre del Greco (Napoli); esiste nei tipi bianco secco o liquoroso, rosso secco o rosato

lacrimàle o (*lett.*) **lagrimàle** [sec. XIV] **agg.** ● delle lacrime, relativo alle lacrime | (*anat.*) ***condotto l.***, canalino che dal fornice congiuntivale porta le lacrime al naso | ***ghiandola l.***, che produce le lacrime | ***sacco l.***, dilatazione sul decorso del condotto lacrimale | ***vaso l.***, lacrimatoio | ***lente l.***, lente corneale

lacrimàre o (*lett.*) **lagrimàre** [lat. *lacrimāre*, da *lăcrima* 'lacrima' * 1250 ca.] **A v. intr.** (*io làcrimo*; **aus.** *avere*) **1** versare lacrime, piangere: *si mise a l. per la commozione* | emettere lacrime: *il fumo fa l.*; *l. per un bruscolo nell'occhio* **2** (*est., raro*) gocciolare, stillare: *i muri lacrimano per l'umidità* **B v. tr.** ● (*lett.*) compiangere: *l. la morte di un amico*

SFUMATURE ➤ *piangere*

lacrimàto o (*lett.*) **lagrimàto** **part. pass.** di *lacrimare*; anche **agg.** ● (*poet.*) rimpianto, compianto: *la lacrimata figlia di Giocasta* (G. D'ANNUNZIO) | desiderato, implorato: *la molt'anni lagrimata pace* (DANTE *Purg.* X, 35)

lacrimatóio o **lacrimatòrio**, (*lett.*) **lagrimatóio** [vc. dotta, lat. tardo *lacrimatōriu(m)*, agg. da *lăcrima*, in uso particolare (ed erroneo, perché tali vasetti non servivano affatto per raccogliere le *lacrime* delle prefiche) * av. 1519] **s. m.** (**pl.** *-ói*) ● (*archeol.*) flaconcino per unguenti

lacrimatòrio o (*lett.*) **lagrimatòrio** [lat. *lacrimatōriu(m)*, da *lacrimātus* 'lacrimato' * av. 1712] **A agg.** (**pl. m.** *-i* o *raro -ii*) ● della lacrimazione **B s. m.** ➤ **lacrimatoio**

lacrimazióne o (*lett.*) **lagrimazióne** [lat. *lacrimatiōne(m)*, da *lacrimātus* 'lacrimato' * 1583] **s. f.** ● (*med.*) secrezione lacrimale

lacrimévole o (*lett.*) **lagrimévole** [av. 1333] **agg.** ● che induce a piangere, che provoca compassione o pietà: *stato, condizione l.* | ***un film, un racconto l.***, patetico, sentimentalistico ‖ **lacrimevolménte**, **avv.**

lacrimògeno [comp. di *lacrima* e *-geno* * 1918] **A agg. 1** che provoca lacrime | ***gas l.***, che produce infiammazione delle ghiandole lacrimali con conseguente lacrimazione | ***bomba lacrimogena, candelotto l.***, che sprigiona gas lacrimogeni **2** (*scherz., lett.*) commovente, patetico **B s. m.** ● candelotto lacrimogeno

lacrimóso (o *-ṣ-*) o (*lett.*) **lagrimóso** (o *-ṣ-*) [lat. tardo *lacrimōsu(m)*, da *lăcrima* 'lacrima' * 1268] **agg. 1** pieno, bagnato di lacrime: *occhio l.*; *viso l.* **2** doloroso, commovente: *storia lacrimosa* | eccessivamente patetico: *un finale l.* **3** (*raro, est.*) che gocciola: *pianta lacrimosa* ‖ **lacrimosaménte**, **avv.** (*raro*) lacrimevolmente ‖ **lacrimosità**, **s. f. inv.** caratteristica di chi (o di ciò che) è lacrimoso: *la lacrimosità di una vicenda*

lacròsse /la'krɔs, *ingl.* lə'krɒs/ [vc. ingl., dal fr. *la crosse* 'il bastone ricurvo' * 1957] **s. m. inv.** ● (*sport*) gioco tradizionale canadese a squadre, in cui la palla viene lanciata o passata servendosi di un bastone ricurvo munito di reticella

lactagògo ➤ **lattagogo**

lacuàle [dal lat. *lăcus* 'lago' * 1796] **agg.** ● relativo a lago, ai laghi | ***città l.***, che è sul lago | ***navigazione l.***, che avviene sul lago CFR. lacustre

lacùna [vc. dotta, lat. *lacūna(m)*, da *lăcus* 'lago', di orig. indeur. * 1321] **s. f. 1** in filologia, mancanza di parola, frase o brano, in un testo **2** (*biol.*) cavità: *l. dei vasi, dei muscoli* | (*bot.*) spazio intercellulare che si osserva in tessuti vegetali **3** (*fis.*) ***l. elettronica***, buco elettronico (V. *buco*① nel sign. 7) **4** (*fig.*) carenza, mancanza di elementi, informazioni o dati che sarebbero necessari: *avere lacune nella propria cultura*; *colmare, riempire una l.*; *una l. della memoria* ‖ **lacunétta**, **dim.**

lacunàre [vc. dotta, lat. *lacūnar* (nt.), genit. *lacunāris*, da *lacūna* 'lacuna', per le sue cavità * sec. XIV] **s. m.** ● (*archit.*) cassettone SIN. †laqueare

lacunóso (o *-ṣ-*) [vc. dotta, lat. *lacunōsu(m)* 'pieno di buche, ineguale, incavato', da *lacūna* 'lacuna' * av. 1547] **agg. 1** pieno di lacune: *scrittura lacunosa*; *preparazione lacunosa* **2** (*bot.*) ***tessuto l.***, nella foglia, quello posto al di sotto dell'epidermide inferiore che comunica mediante gli stomi con l'esterno ‖ **lacunosaménte**, **avv.** ‖ **lacunosità**, **s. f. inv.** caratteristica di ciò che presenta lacune

lacùstre [dal lat. *lăcus* 'lago', sul modello di *palustre* * av. 1698] **agg.** ● relativo ai laghi: *clima lacustre* | che sta o vive nei laghi: *piante, animali lacustri* | ***abitazioni lacustri***, piantate su palafitte nei laghi CFR. lacuale

làdano① [vc. dotta, lat. *lādanu(m)*, dal gr. *ládanon*, vc. di orig. semitica * av. 1476] **s. m.** ● sostanza costituita da una resina e da un olio essenziale, che essuda dalle foglie di alcune varietà di cisto, e si presenta in masse di color rosso-bruno, dall'odore gradevole

làdano② [vc. da avvicinare al lat. *ăttilus* (di orig. sconosciuta) * av. 1498] **s. m.** ● grande storione del Mar Nero, del Caspio e del Mediterraneo orientale (*Huso huso*)

làdar [ingl. *ladar*, sigla di *La(ser) D(etecting) A(nd) R(anging)* 'rivelatore e localizzatore mediante laser', sul modello di *radar* * 1987] **s. m. inv.** ● radar ottico che utilizza un fascio di luce laser

laddóve o **là dóve** spec. nel sign. A /la'dove*, lad'dove*, -ve/ [comp. di *là* e *dove* * av. 1249] **A avv.** ● (*lett.*) dove, nel luogo in cui: *sono andato là dove mi avevi detto di andare*; *del bel paese là dove 'l sì suona* (DANTE *Inf.* XXXIII, 80) **B cong. 1** (*lett.*) mentre, e invece (con valore avversativo): *sei stato esageratamente rigido l. avresti potuto mostrarti conciliante* **2** (*raro*) se, qualora (introduce una prop. condiz. con il v. al congtv.): *l. si decidesse in tal modo, non mi opporrei*

†**laddovùnque** o †**là dovùnque** /laddo'vunkwe/ [comp. di *là* e *dovunque* * 1308] **avv.** ● dovunque

ladìno① [lat. *Latīnu(m)* 'appartenente al Lazio, latino' (usato come 'molle', contrapposto a 'barbaro' e 'aspro'), da *Lătium*, di etim. incerta * av. 1556] **agg. 1** †arrendevole | †imprudente **2** (*sett.*) scorrevole

ladìno② [dal romancio *ladin*, propr. 'latino', riferito alla propria parlata romanza in opposizione al ted. * 1873] **A s. m. solo sing. 1** gruppo dialettale neolatino comprendente le parlate dei Grigioni, di alcune valli dolomitiche e del Friuli **2** lingua, detta anche giudeo-spagnolo, parlata dagli Ebrei sefarditi che, cacciati dalla penisola iberica nel 1492, si trasferirono nel Nord Africa e da qui in varie regioni europee **B s. m.** (**f.** *-a*) ● abitante o nativo della Ladinia, cioè della zona alpina in cui si parla il ladino **C agg.** ● relativo alla Ladinia: *valli ladine* | relativo ai dialetti ladini

là dóve ➤ **laddove**

†**là dovùnque** ➤ †**laddovunque**

làdra [da *ladro* in uso fig. * 1863] **s. f.** ● (*raro, tosc.*) tasca interna della giacca o del soprabito

ladrerìa [1530] **s. f.** ● comportamento, azione da ladro: *vendere a questo prezzo è una l.* | serie di truffe e inganni: *si è arricchito con ladrerie*

ladrésco [1912] **agg.** (**pl. m.** *-schi*) ● da ladro: *impresa ladresca* ‖ **ladrescaménte**, **avv.**

làdro o †**làtro** [lat. *lătro* (nom.), di etim. incerta ✱ 1261 ca.] **A** **s. m.** (**f.** *-a*) **1** chi ruba, chi commette furti: *l. di professione, matricolato*; *l. di automobili* | ***l. di strada***, brigante | ***l. di galline, di polli***, ladruncolo | ***l. in guanti gialli***, con aspetto e modi da persona distinta | ***essere vestito come un l.***, molto male | ***al l.!***, grido per richiamare l'attenzione su un ladro che scappa | ***l. di cuori***, conquistatore, rubacuori | ***tempo da ladri***, molto brutto | ***aceto dei sette ladri***, V. *aceto* **2** (**est.**) chi richiede prezzi o compensi eccessivi: *quel negoziante è un l.!* **B** **agg.** **1** che ruba: *cassiere l.*; *gatto l.*; *la povertà grande fa gli uomini vili, astuti, ladri, insidiosi* (T. CAMPANELLA) | disonesto: *esercente l.* | (**fig., lett.**) ***occhi ladri***, che incantano e innamorano | **PROV.** ***l'occasione fa l'uomo l.*** **2** (**fig.**) pessimo, brutto: *tempo l.*; *giornata ladra* | (*raro*) violento: *sete ladra* ‖ **ladràccio**, **pegg.** | (*lett.*) **ladracchiòlo**, **dim.** | **ladrétto**, **dim.** | (*raro*) **ladrùccio**, **dim.** ‖ **ladraménte**, **avv.** (*raro*) da ladro

SFUMATURE DI SIGNIFICATO

ladro - borsaiolo - scippatore - scassinatore - taccheggiatore

Chi ruba abitualmente, chi vive di furti si definisce genericamente **ladro**; per estensione il termine si usa anche in riferimento a chi richiede prezzi o compensi eccessivi. Esistono poi altre parole che identificano in modo più specifico i diversi tipi di ladri a seconda del tipo di furto che commettono. Così **borsaiolo** definisce chi con destrezza ruba nelle tasche o nelle borse altrui portafogli o altri oggetti di valore, specialmente in luoghi affollati o mezzi di trasporto pubblici. **Scippatore** (da *scippare*, vocabolo napoletano che significa "strappare") è invece chi, generalmente in sella a un ciclomotore, strappa con violenza la borsa a una persona e poi si dà alla fuga. **Scassinatore** è colui che rompe o forza porte, serrature, finestre, casseforti allo scopo d'impossessarsi del denaro e degli oggetti preziosi contenuti all'interno. **Taccheggiatore** è infine chi ruba gli oggetti esposti nei negozi, eludendo la sorveglianza degli addetti alle vendite.

SFUMATURE ➤ *rapinatore*

♦**ladrocìnio** o **latrocìnio**① [vc. dotta, lat. *latrocĭniu(m)*, da *lătro* nel senso originario di 'mercenario', sul tipo di *tubicĭnium*, da *tŭbicen* 'trombettiere' ✱ av. 1294] **s. m.** (**pl.** *-i* o *-ii*) ● furto, ruberia, spec. compiuti con l'inganno: *commettere l.* | (**est., lett.**) misfatto: *quella provincia era tutta piena di latrocini, di brighe e di ogni altra ragione di insolenzia* (N. MACHIAVELLI)

ladronàia o †**ladronàglia** [av. 1444] **s. f.** ● (*raro, tosc.*) banda di ladri | (*raro*) covo di ladri | (*raro, est.*) ruberia, saccheggio

ladronàta [1869] **s. f.** ● (*raro*) atto da ladro o da ladrone

ladroncèllo [1353] **s. m.** (**f.** *-a*) **1** dim. di *ladrone* **2** ladruncolo, ragazzo che compie piccoli furti

ladróne [vc. dotta, lat. *latrōne(m)*, originariamente 'mercenario', poi 'brigante', 'ladro' (V.) ✱ 1243] **s. m.** **1** (**f.** *-a*) ladro abituale, imbroglione: *quel commerciante è un l.* **2** brigante, ladro di strada, grassatore | ***i due ladroni***, quelli che, secondo il Vangelo, furono crocifissi ai lati di Gesù: *I vepri della barba gli davano il volto d'un l. del Gòlgota, ma collocato a riposo* (C.E. GADDA) ‖ **ladroncèllo**, **dim.** (V.)

ladronéccio [lat. parl. **latronĭciu(m)*, forma metatetica di *latrocĭniu(m)* 'latrocinio' ✱ av. 1292] **s. m.** ● (*raro, lett.*) furto | ruberia, serie di furti: *di ladronecci e d'altre vilissime cattività era infamato* (G. BOCCACCIO)

ladroneggiàre [sec. XIV] **v. intr.** (**pres.** *io ladronéggio*; **fut.** *io ladroneggerò*; **aus.** *avere*) ● (*lett.*) vivere da ladrone | commettere ruberie

ladronerìa [av. 1685] **s. f.** **1** comportamento da ladro o da ladrone **2** grosso furto

ladronésco [1553] **agg.** (**pl. m.** *-schi*) ● (*lett.*) da ladro, da ladrone: *impresa ladronesca*; *con finte e ladronesche lacrime mi disse ...* (B. CELLINI) ‖ **ladronescaménte**, **avv.** in modo ladronesco

ladrùncolo [adattamento del lat. *latrŭnculu(m)*, dim. di *lătro* 'ladro' ✱ 1875] **s. m.** (**f.** *-a*) ● ragazzo che ruba | ladro che commette piccoli furti

lady /lɛdi, *ingl.* 'leɪdɪ/ [ingl. ant. *hlǣfdīge* 'padrona di casa', comp. di *hlāf* 'pane' e *dǣge* 'ragazza' ✱ 1668] **s. f. inv.** (**pl. ingl.** *ladies*) ● titolo inglese spettante alla moglie o figlia di un lord | correntemente, signora

†**làe** ● V. **là**

làgana [dal pl. gr. *lágana* 'sfoglia, pasta' ✱ 1993] **s. f.** (**spec. al pl.**) ● tipo di pasta alimentare tagliata a strisce larghe, caratteristica della cucina meridionale, usata per accompagnare minestre di legumi

lagèna [vc. dotta, lat. *lagēna(m)*, dal gr. *lágynos*, di orig. straniera ✱ av. 1484] **s. f.** **1** (*archeol.*) vaso con collo e bocca stretta e ventre rigonfio **2** (*zool.*) parte del labirinto dell'orecchio interno dei Rettili e degli Uccelli, in cui è compreso l'organo uditivo

lagenària [da *lagena*, per la forma ✱ 1834] **s. f.** ● pianta tropicale delle Cucurbitacee i cui frutti a forma di bottiglia, svuotati e seccati, sono usati come recipienti (*Lagenaria vulgaris*) **SIN.** zucca da vino

làger /'lager, *ted.* 'la:gʌ/ [vc. ted., di area germ., dal v. *liegen* 'giacere', di orig. indeur. ✱ 1942] **A** **s. m. inv.** (**pl. ted. inv.** o *Läger*) **1** campo di concentramento, per lavoro coatto | campo di sterminio, nella Germania nazista **2** (**est.**) luogo dove vige una dura segregazione, dove si infliggono maltrattamenti, e sim.: *quel manicomio era un l.* **B** **anche in funzione di agg. inv.** (**posposto a un sost.**): *manicomio l.*; *carcere l.*

lagerstroèmia /lagers'trɛmja, ladʒer-/ [dal nome del naturalista svedese M. V. *Lagerstroem* (1691-1769) ✱ 1813] **s. f.** ● genere di alberi o arbusti ornamentali tropicali delle Litracee con foglie ovali, opposte e infiorescenze variamente colorate (*Lagerstroemia*)

lagétta [dal n. giamaicano (*lagetto*) del *lace(-bark)*, così chiamato per l'apparenza di merletto (*lace*) della sua corteccia ✱ 1813] **s. f.** ● albero delle Timeleacee delle Indie Occidentali, coltivato in Italia per le fibre tessili fornite dal suo libro (*Lagetta lintearia*)

♦**laggiù** o †**là giù**, †**laggiùso**, †**laggiùe** [comp. di *là* e *giù* ✱ sec. XIII] **avv.** ● là in basso, là verso il basso (con v. di stato e di moto): *bisogna scendere l.*; *la casa è l., in fondo alla valle* | (**est.**) indica un luogo lontano o posto a sud: *è l. in fondo alla piazza*; *l. in Sicilia sembra sempre primavera* **CONTR.** lassù, quassù

laghìsta [da *lago*; nel sign. 2, calco sull'ingl. *lakists* 'poeti della *Lake School*' ✱ av. 1797] **agg. e s. m. e f.** (**pl. m.** *-i*) **1** (*lomb.*) che (o chi) abita sulla riva di un lago **2** denominazione con cui sono designati i tre poeti romantici inglesi del XIX sec. S. T. Coleridge, R. Southey e W. Wordsworth, a causa della loro predilezione per la regione dei laghi del Cumberland, dove dimorarono spesso e da cui trassero motivo di ispirazione per la loro opera

♦**làgna** [da *lagnare* ✱ sec. XIII] **s. f.** **1** †affanno, pena | lamento **2** (*colloq.*) piagnisteo | (**est.**) cosa lunga e noiosa: *la lezione è stata una l.* | persona che infastidisce spec. con lunghi discorsi: *quella l. di tua sorella*

†**lagnaménto** [lat. *laniamĕntu(m)*, da *laniāre* 'dilaniare', ma nelle lingue romanze 'lagnare' ✱ 1340] **s. m.** ● lamento

lagnànza [av. 1535] **s. f.** ● (**spec. al pl.**) manifestazione, espressione di malcontento, risentimento e sim.: *muovere l.*; *esporre le proprie lagnanze intorno a qlco., o qlcu.*; *le lagnanze dei cittadini*

lagnàrsi [lat. *laniāre* 'strapparsi (i capelli, come manifestazione di dolore)': da ravvicinare a *lanĭsta* 'lanista, aizzatore', termine etrusco (?) ✱ av. 1294] **v. intr. pron.** e †**lagnàre** **v. intr.** (**coniug. come** *segnare*) **1** lamentarsi per un malessere (+ *per*): *il bambino si lagna per il mal di gola* **2** dolersi e mostrare il proprio malcontento (+ *di*, + *per*, **anche seguiti da inf.**, + *che*): *non hai motivo di lagnarti di me*; *lagnarsi della propria malasorte*; *lagnarsi per il trattamento iniquo*; *si lagna di non essere stato avvertito*; *cominciò a lagnarsi che si sentiva un vecchio rudere* (C. PAVESE) | reclamare: *lagnarsi per il cattivo servizio ferroviario* | ***non mi lagno***, non ho motivo di scontentezza, sono soddisfatto **SIN.** lamentarsi

†**lagnévole** [av. 1311] **agg.** ● che si lagna

lagnìo [sec. XVI] **s. m.** (**pl.** *-ii*) ● (*raro*) lagno continuo

làgno [da *lagnare* ✱ sec. XIII] **s. m.** **1** lamento, lagnanza **2** †dolore, pena, afflizione

lagnóne [1983] **agg. e s. m.** (**f.** *-a*) ● (*fam.*) che (o chi) si lagna continuamente: *bambino, vecchio l.*

♦**lagnóso** (o **-ṣ-**) [1300 ca.] **agg.** **1** lamentoso, querulo **2** (*fam.*) noioso, detto di persone | pesante, stucchevole, privo di interesse: *un film l.* ‖ **lagnosaménte**, **avv.** (*raro*) in modo lagnoso ‖ **lagnosità**, **s. f. inv.** caratteristica di chi (o di ciò che) è lagnoso

♦**làgo** o †**làco** [vc. dotta, lat. *lăcu(m)*, di orig. indeur. ✱ 1282] **s. m.** (**pl.** *-ghi*) **1** massa d'acqua che riempie una cavità della superficie terrestre, senza comunicazione diretta col mare **CFR.** limno- | ***l. craterico*** o ***vulcanico***, che occupa il cratere di un vulcano spento | ***l. carsico***, che occupa una depressione di origine carsica in regioni calcaree | ***l. chiuso***, senza emissari | ***l. costiero***, chiuso da cordoni litoranei che impediscono all'acqua di scendere al mare | ***l. di frana***, formatosi a monte di una frana che ha sbarrato un corso d'acqua | ***l. glaciale***, che occupa una cavità modellata da un ghiacciaio | ***l. tettonico***, che occupa conche originatesi per sprofondamento della superficie terrestre | ***l. artificiale***, creato da una diga di sbarramento **2** (**est.**) abbondante quantità di liquido sparso: *un l. di sangue*; *fare un l. per terra* | (**fig.**) ***essere in un l. di sudore***, essere molto sudato **3** †cavità, profondità | ***il l. del cuore***, cavità cardiaca, ventricolo **4** †profondità, concavità ‖ **laghétto**, **laghettìno**, **dim.** | **lagóne**, **accr.** (V.)

NOMENCLATURA

lago

● *caratteristiche*: naturale ⇔ artificiale, temporaneo ⇔ permanente; vulcanico, carsico, tettonico di sprofondamento, alluvionale, di frana, morenico, intermorenico, glaciale, di sbarramento; chiuso, relitto, intermittente; navigabile; alpino, montano, costiero, di circo, vallivo, salato, aperto, con affluenti; ghiacciato;

● specchio d'acqua, stagno, pelaghetto, gora, laguna, palude, sabbie mobili, acquitrino, pozzanghera; riva, pelo dell'acqua, epilimnio, ipolimnio; pontile, imbarcatoio, palafitte; piena, risacca, risucchio, correnti lacustri, gronda, sessa; argille colluviali, marne, limnoplancton;

● *azioni*: dilagare, allagare, straripare, stagnare;

● *persone*: limnologo;

● *studio dei laghi*: limnologia, limnimetria, limnimetro.

làgo- [dal gr. *lagṓs* 'lepre'] **primo elemento** ● in parole composte della terminologia scientifica, significa 'lepre' o indica somiglianza con la lepre: *lagoftalmo*, *lagostoma*

lagoftàlmo [vc. dotta, comp. di *lag(o)-* e *-oftalmo*, cioè 'occhio di lepre' ✻ 1804] **s. m.** ● (*med.*) impossibilità di chiusura delle palpebre

Lagomòrfi [vc. dotta, comp. di *lago-* e il pl. di *-morfo* ✻ 1936] **s. m. pl.** (**sing.** *-o*) ● (*zool.*) duplicidentati

lagóne [sec. XIII] **s. m. 1** accr. di *lago* **2** (*geogr.*) piccolo bacino in cui si raccoglie l'acqua dei soffioni boraciferi dopo l'emissione

lagòpode o **lagòpo** [vc. dotta, comp. di *lago-* e del gr. *póus*, genit. *podós* 'piede' ✻ av. 1498] **s. m.** ● (*zool.*) pernice bianca (*Lagopus mutus*)

lagòstoma [comp. di *lago-* e *-stoma* ✻ 1834] **s. m.** (**pl.** *-i*) ● (*med.*) labbro leporino

lagòtrice o **lagòtriche** [comp. di *lago-* e del gr. *thríx*, genit. *trichós* 'pelo' ✻ 1834] **s. f.** ● genere di scimmie delle Platirrine, robuste, con corpo piuttosto grosso, pelame folto e lanoso e coda prensile (*Lagothrix*)

lagòtto [adattamento del romagnolo (*cân*) *lagòt* '(cane) d'acqua', propr. 'di lago' ✻ 1989] **s. m.** ● (*zool.*) cane da tartufo di antica razza romagnola, di taglia media, pelo folto e chiaro, carattere docile e vivace

Làgridi [dal fr. *lagrie*, n., di orig. sconosciuta, di un insetto, con *-idi* ✻ 1874] **s. m. pl.** (**sing.** *-e*) ● (*zool.*) famiglia di Coleotteri dal corpo allungato, con elitre villose, che vivono su sostanze vegetali in decomposizione (*Lagriidae*)

làgrima e deriv. ➤ **lacrima** e deriv.

†**lagùme** [da *lago* ✻ 1346] **s. m.** ● palude, laguna: *certi lagumi d'acquacce stagnanti* (D. Bartoli)

lagùna [lat. *lacūna(m)*, da *lăcus* 'lago' ✻ av. 1304] **s. f.** ● specchio d'acqua litoraneo, comunicante col mare, dal quale è separato mediante alcune strisce di terra ‖ **lagunétta**, **dim.**

lagunàggio [comp. di *lagun(a)*, come 'bacino d'acqua' e del suff. *-aggio* ✻ 1992] **s. m.** ● processo di depurazione delle acque realizzato in bacini artificiali mediante l'azione di microrganismi

lagunàre [1869] **A agg.** ● relativo a laguna **B s. m.** ● nell'esercito italiano, militare di una speciale unità tattica della fanteria che opera su mezzi anfibi

lài [ant. fr. *lai*, di orig. celt. ✻ sec. XIII] **s. m. inv. 1** componimento lirico narrativo d'intonazione mesta, accompagnato dal canto, diffuso in Francia nei secc. XII e XIII **2** (**al pl.**) (*est.*, *poet.*) lamenti: *trarre, levare lai*

laicàle [vc. dotta, lat. tardo *laicāle(m)*, da *lāicus* 'laico' ✻ av. 1342] **agg.** ● di laico o dei laici: *ceto, condizione, stato l.* ‖ **laicalità**, **s. f. inv.**

laicàto [1843] **s. m. 1** ordine dei laici | condizione di chi è laico **2** insieme dei laici

laicìṣmo [1863] **s. m.** ● tendenza ideologica che sostiene la piena indipendenza del pensiero e dell'azione politica dei cittadini dall'autorità ecclesiastica | (*est.*) atteggiamento di chi si oppone a interferenze della gerarchia ecclesiastica negli affari civili | (*generic.*) laicità

laicìsta [1932] **A agg.** (**pl. m.** *-i*) ● dei laici o del laicismo | che sostiene il laicismo | ***Stato l.***, che non riconosce o tutela nessuna religione in particolare mantenendosi in una posizione areligiosa **B s. m. e f.** ● sostenitore del laicismo

laicìstico [1937] **agg.** (**pl. m.** *-ci*) ● relativo al laicismo, ispirato dal laicismo

laicità [1869] **s. f. inv. 1** condizione di chi (o di ciò che) è laico: *l. dello Stato*; *l. dell'istruzione* **2** condizione di chi non appartiene a un ordine religioso

laiciẓẓàre [1890] **A v. tr.** ● rendere laico: *l. la scuola* | ***l. un sacerdote***, ridurlo allo stato laicale **B laiciẓẓàrsi v. intr. pron.** ● diventare laico ‖ **laiciẓẓazióne**, **s. f.**

làico [vc. dotta, lat. eccl. *lāicu(m)*, dal gr. *laikós* 'popolare', deriv. da *laós* 'popolo' ✻ av. 1292] **A agg.** (**pl. m.** *-ci*) **1** che non fa parte del clero, che non ha ricevuto gli ordini sacerdotali **2** che si ispira al laicismo: *idee laiche* **CFR.** laicista | ***Stato l.***, indipendente dall'autorità ecclesiastica **CONTR.** confessionale | ***partito l.***, non fondato su forme di dogmatismo religioso o ideologico **CFR.** clericale | (*est.*) che non è rigidamente inquadrato in un'ideologia: *un pensatore l.* **3** (*est.*) che non appartiene all'ordine giudiziario, della magistratura | ***giudice l.***, giudice popolare della Corte d'Assise | ***membro l. del Consiglio Superiore della Magistratura***, eletto dal Parlamento **4** †ignorante, illetterato **CFR.** chierico, nel sign. 2 ‖ **laicaménte**, **avv. 1** in modo laico, secondo il punto di vista laico; (*est.*) in un modo non rigidamente ideologico **2** †con semplicità ‖ **laicità**, **s. f. inv.** (V.) **B s. m.** (**f.** *-a*) **1** chi non fa parte del clero **2** converso, frate laico **3** sostenitore del laicismo

SFUMATURE ➤ *profano*

†**laidàre** [da *laido* ✻ av. 1294] **v. tr.** ● laidire

◆**laidézza** [1258] **s. f. 1** (*lett.*) caratteristica, condizione di ciò che è laido **2** (*fig.*, *lett.*) disonestà, turpitudine | oscenità, sconcezza: *fare, dire laidezze*

†**laidìre** [1268] **v. tr.** ● macchiare, insozzare | (*fig.*) corrompere, guastare

†**laidità** [1612] **s. f.** ● laidezza

◆**làido** [ant. fr. *laid*, dal francone **laith* 'spregevole' ✻ av. 1250] **agg. 1** sporco, lurido | brutto da ispirare ripugnanza: *volto l.* **2** turpe, osceno, sconcio: *spettacolo l.*; *la stupida e provocante presunzione di quel l. vecchiaccio* (L. Pirandello) ‖ **laidaménte**, **avv.**

◆**laidùme** [av. 1850] **s. m. 1** (*lett.*) sozzura, sudiciume **2** (*lett.*, *fig.*) oscenità, turpitudine

†**laidùra** [1266] **s. f.** ● vergogna, sozzura

laissez-faire /*fr.* le,se'fɛʀ/ [vc. fr., propr. 'lasciate fare', seguita da *laissez passer* 'lasciate passare', motto attribuito a vari personaggi fisiocrati e liberali ✻ 1917] **s. m. inv. 1** (*econ.*) politica basata sul non intervento dello Stato in questioni economiche **2** (*est.*) permissivismo, spec. in campo pedagogico

lakh /lak, *hindi* lakh/ [vc. hindi ✻ 1797] **s. m. inv.** ● nel sistema di numerazione indiano, numero equivalente a 100 000

-lalìa [dai comp. gr. con *-lalía*, derivati dal v., di orig. imitativa, *lalêin* 'chiacchierare', 'parlare'] **secondo elemento** ● in parole composte, fa riferimento all'atto o al modo di parlare: *ecolalia*

lallalì [1973] **inter.** ● lallera

lallarallà [vc. onomat. ✻ 1973] **inter.** ● si usa canticchiando soprappensiero | esprime anche indifferenza ostentata | V. anche *lallera, larà, trallallera, trallallà*

lallazióne [vc. dotta, lat. *lallatiōne(m)*, da *lallātus*, part. pass. di *lallāre*, v. onomat. ✻ 1869] **s. f. 1** (*psicol.*) emissione di suoni consonantici o vocalici, da parte del bambino, verso il terzo mese di età, prima dell'articolazione del linguaggio **2** (*psicol.*, *raro*) labdacismo

lallèra o **lallèro** [vc. onomat. ✻ av. 1936] **inter.** ● (*spec. iter.*) si usa canticchiando soprappensiero senza riferimento a un particolare ritmo o canzone | esprime anche indifferenza ostentata | (*centr.*) ***sì, lallero!***, sì, fossi pazzo, te lo sogni, e sim. | V. anche *lallarallà, larà, trallallera, trallallà*

lalleràre [vc. onomat. ✻ av. 1936] **v. intr.** (**aus.** *avere*; *io làllero*) ● (*tosc.*) spassarsela, godersela

lallèro ➤ **lallera**

lalofobìa [comp. di un deriv. del gr. *lalêin* 'balbettare, chiacchierare', di orig. onomat., e *-fobia* ✻ 1973] **s. f.** ● (*psicol.*) timore di parlare

lalopatìa [comp. di un deriv. del gr. *lalêin* 'balbettare, chiacchierare', di orig. onomat., e *-patia* ✻ 1895] **s. f.** ● (*psicol.*) stato morboso che impedisce l'articolazione delle parole

laloplegìa o **lalopegìa** [comp. di un deriv. del gr. *lalêin* 'chiacchierare', di orig. onomat., e *-plegia* ✻ 1970] **s. f.** (**pl.** *-gìe*) ● (*psicol.*) paralisi degli organi vocali

◆**làma** ① [fr. *lame*, dal lat. *lāmina* 'lamina' (V.) ✻ sec. XIII] **s. f. 1** parte tagliente di un coltello, un rasoio, una spada e sim.: *affilare, arrotare la l.*; *l. diritta, aguzza, dentata*; *l. a un taglio, a due tagli* | (*est.*) arma bianca | ***buona l.***, (*fig.*) buon schermidore | (*fig.*) sottile raggio di luce che entra da uno spiraglio in una zona buia | (*est.*) strato sottile e tagliente: *una l. di ghiaccio* **2** in varie tecnologie, parte o attrezzo tagliente, spec. incorporato in una macchina: *la l. della livellatrice* **3** (*sport*) nell'hockey, parte inferiore del bastone, con cui si colpisce il disco o la palla | lamina metallica del pattino da ghiaccio, scanalata longitudinalmente | nello sci alpinismo, rampante **4** (*mar.*) ***l. di deriva***, piano longitudinale, fisso o mobile, posto sotto lo scafo delle imbarcazioni a vela per aumentare la stabilità orizzontale e ridurre lo scarroccio **5** †lastra, piastra di metallo ‖ **lamétta**, **dim.** (V.)

làma ② [lat. *lāma(m)* 'pozzanghera, pantano, palude', di etim. incerta ✻ sec. XIII] **s. f. 1** terreno basso che si trasforma in palude o acquitrino per il ristagno di acque | campagna paludosa | in Piemonte, terra lungo i fiumi messa a prato e fiancheggiata da fossi **2** †depressione, avvallamento

làma ③ [fr. *lama*, dal tibet. *(b)lama* ✻ 1721] **s. m. inv.** ● monaco buddista del Tibet o della Mongolia | ***Dalai Lama, Gran Lama***, capo supremo della religione tibetana, onorato come un Dio in terra

làma ④ [sp. *llama*, da una lingua indigena d'America ✻ 1555] **s. m. inv.** ● camelide americano a corpo snello, collo lungo e arcuato, mantello fittissimo, lungo e morbido, di colore bianco, nero o macchiato, allevato soprattutto in Perù per trasporto, lana e carne (*Lama glama*)

lamàico [da *lama*③ ✻ 1946] **agg.** (**pl. m.** *-ci*) ● relativo al lama e al lamaismo **SIN.** lamaistico

lamaìṣmo [1884] **s. m.** ● buddismo tibetano, che riconosce il potere dei lama

lamaìsta [1936] **A s. m. e f.** (**pl. m.** *-i*) ● seguace del lamaismo **B agg.** ● lamaistico

lamaìstico [1933] **agg.** (**pl. m.** *-ci*) ● lamaico

lamantìno [fr. *lamantin*, dallo sp. *manatí* (da una lingua indigena delle Antille), con sovrapposizione di *lamenter* 'gemere (dell'animale)' ✻ 1824] **s. m.** ● mammifero marino dei Sireni con coda arrotondata e solo i denti molari (*Trichechus manatus*) **SIN.** manato

lamarckìṣmo (la-marck-i-smo, la-marc-ki-smo) /lamar'kizmo/ [dal n. del naturalista fr. J.-B. *Lamarck* (1744-1829) ✻ av. 1952] **s. m.** ● (*biol.*) dottrina evoluzionistica che sostiene l'ereditarietà dei caratteri acquisiti

lamàre [da *lama*① ✻ 1960] **v. tr.** ● lisciare, levigare, smerigliare una superficie: *l. un pavimento di legno*

lamasserìa [fr. *lamaserie*, da *lama*③ ✻ 1937] **s. f.** ● convento o monastero dei lama buddisti nel Tibet

lamatùra [da *lama*① ✻ 1970] **s. f. 1** operazione di levigatura e livellamento dei pavimenti **2** (*mecc.*) alesatura

lambàda [vc. sp. e portog. di orig. sconosciuta: legata, forse, al portog. brasiliano *lambada* 'scompostezza' ✱ 1989] **s. f.** ● danza ritmica di origine brasiliana caratterizzata da movimenti molto sensuali, diffusasi in Europa negli anni 1980-90

làmbda① [lat. *lămbda* (indeclinabile), dal gr. *lámbda*, di orig. semitica ✱ 1561] **A** **s. f. o m. inv.** ● nome dell'undicesima lettera dell'alfabeto greco **B** **in funzione di agg. inv.** ● (posposto a un sost.) ***iperone l.***, particolare tipo di iperone | ***linea l.***, temperatura (2,18 K) di passaggio tra le due forme dell'elio liquido

làmbda② [da *lambda*①, per la forma che ricorda la lettera greca ✱ 1583] **s. m. inv.** ● (*anat.*) punto di incontro della sutura tra le ossa parietali con le suture occipitali parietali

lambdacismo o **labdacismo** [vc. dotta, lat. *labdacĭsmu(m)*, da un deriv. del gr. *lá(m)bda*, n. della lettera *l*, di orig. semitica ✱ 1594] **s. m.** ● (*psicol.*) difficoltà di pronuncia della lettera *l*

làmbdico [dalla lettera greca *lambda* (V. *lambda*①), usata come simbolo della lunghezza d'onda ✱ 1983] **agg.** (**pl. m.** *-ci*) ● (*fis.*) riferito alla lunghezza d'onda, detto di grandezza fisica: *emettenza lambdica*

lambdòide [comp. di un deriv. del gr. *lámbd(a)* e *-oide* ✱ 1583] **s. m.** ● (*anat.*) sutura lambdoidea

lambdoidèo [av. 1730] **agg.** ● (*anat.*) detto della sutura a forma di lambda, tra l'occipite e le ossa parietali

lambèllo [ant. fr. *la(m)bel*, originariamente 'frangia', dal francone **labba* 'cencio, straccio' ✱ av. 1552] **s. m. 1** (*arald.*) pezza formata da una fascia scorciata, con pendenti in numero da uno a sette, sempre posta orizzontalmente in capo **2** †rastrello

làmbere [V. *lambire* ✱ 1493] **v. tr.** ● (*lett.*) lambire

làmbert /'lambert/ [dal n. del matematico e fisico alsaziano J. H. *Lambert* (1728-1777) ✱ 1933] **s. m. inv.** ● (*fis.*) unità di misura fotometrica della densità di flusso luminoso corrispondente a 1 lumen al cm^2 **SIMB.** L

lambiccaménto [av. 1524] **s. m.** ● il lambiccare, il lambiccarsi (*spec. fig.*): *l. di cervello*

◆**lambiccàre** [da *(a)lambicco* ✱ 1524] **A** **v. tr.** (*io lambìcco, tu lambìcchi*) **1** (*lett.*) distillare con l'alambicco: *l. acqua, erbe, fiori* **2** (*fig.*) esaminare e ponderare accuratamente | anche in forma pron., nella loc. ***lambiccarsi il cervello***, fare sforzi per capire o risolvere qlco., per trovare una soluzione e sim. **B** **lambiccàrsi** **v. intr. pron.** ● affannarsi, affaticarsi per scoprire, ottenere qlco.: *lambiccarsi per sbarcare il lunario* **SIN.** scervellarsi

lambiccàto **A** **part. pass.** di *lambiccare*; anche **agg. 1** †distillato con l'alambicco **2** (*fig.*) eccessivamente complicato, macchinoso: *ragionamento l.* | ***stile l.***, artificioso, lezioso **B** **s. m. 1** †essenza ottenuta per distillazione **2** (*fig.*) †quintessenza

lambiccatóre [1853] **s. m.** (**f.** *-trice*) ● (*raro*) chi lambicca o si lambicca

lambiccatùra [1835] **s. f.** ● (*fig.*) sottigliezza, artificio nel ragionare

†**lambìcco** ➤ **alambicco**

lambiménto [av. 1686] **s. m.** ● (*raro*) il lambire | sfioramento, sfregamento

lambìre [adattamento del lat. *lămbere*, vc. espressiva di area indeur. ✱ 1340] **v. tr.** (*io lambìsco, tu lambìsci*) **1** leccare leggermente: *il gatto lambiva le dita del bimbo* **2** (*est.*) sfiorare, toccare appena: *l'acqua lambisce le mura della città*

làmblia [dal n. del suo descrittore, il medico boemo V. D. *Lambl* (1824-1895) ✱ 1967] **s. f.** ● genere di Protozoi dal corpo piriforme, parassiti dell'intestino umano, che possono provocare disturbi diarroici (*Lamblia*)

lamblìasi [1925] **s. f. inv.** ● (*med.*) malattia infettiva dovuta a un protozoo, caratterizzata da disturbi gastrointestinali

lambrecchìno [fr. *lambrequin*, da un dim. del medio neerlandese *lampers* 'velo, stoffa fine' ✱ av. 1798] **s. m. 1** (**spec. al pl.**) frangia ornamentale di baldacchino, finestra e sim. **2** (*arald.*) svolazzo

lambreta /*portog.* lam'brɛta/ [vc. portog.-brasiliana, propr. 'Lambretta' (V.), prob. per la velocità e l'agilità necessarie ✱ 2011] **s. f.** (**pl.** *lambrete* **o portog.** *lambretas*) ● nel calcio, azione spettacolare che consiste nel far rotolare la palla dal collo del piede che la controlla sul tacco di quello d'appoggio, che la colpisce facendola passare sulla testa dell'avversario **CFR.** sombrero, rabona

Lambrétta® [da *Lambrate*, n. del luogo di produzione ✱ 1950] **s. f.** ● tipo di motoretta analogo alla Vespa, prodotto in Italia nel secondo dopoguerra

lambrì [1890] **s. m. inv.** ● adattamento di *lambris* (V.)

lambris /*fr.* lɑ̃'bʀi/ [ant. fr. *lambru*, dal lat. parl. **lambrūscu(m)* 'lambrusca' per l'ornamentazione ispirata alla vite selvatica ✱ av. 1798] **s. m. inv.** ● rivestimento di una parete con legno, marmo, stucco a scopo decorativo o protettivo

lambrùsca o **labrùsca** [vc. dotta, lat. *labrūsca(m)*, di etim. incerta ✱ sec. XIV] **s. f.** ● (*bot.*) abrostine

lambrùsco [vc. dotta, lat. *labrūscu(m)*, da *labrūsca* 'lambrusca' ✱ av. 1320] **s. m.** (**pl.** *-schi*) **1** †vite lambrusca **2** (gener. con iniziale maiuscola) vino emiliano, di colore rosso vivace, frizzante, ricavato dal vitigno omonimo: *L. secco, dolce*; *L. di Sorbara*

lambswool /*ingl.* 'læmz,wul/ o **lamb's wool** [vc. ingl., propr. 'lana (*wool*) di (*'s*) agnello (*lamb*)' ✱ 1960] **s. m. inv.** ● lana d'agnello inglese, particolarmente soffice

lambùrda [fr. *lambourde*, col prob. sign. originario di 'trave (*bourde*) che serve per sostenere una tavola (ant. fr. *laon*, di orig. francone)' ✱ 1957] **s. f.** ● (*bot.*) ramo fruttifero del pero e del melo di limitato sviluppo, terminante con una gemma a fiore

lamé /*fr.* la'me/ [vc. fr., propr. 'stoffa *laminata* (da *lame* 'lamina')' ✱ 1926] **A** **s. m. inv.** ● tessuto fabbricato con inserimento di sottili fili o lamine dorati o argentati **SIN.** laminato **B** **anche agg.**: *tessuto l.*

lameggiàre [dallo splendore della *lam(a)*① ✱ 1912] **v. intr.** (**pres.** *io laméggio*; **fut.** *io lameggerò*; **aus.** *avere*) ● (*lett.*) mandare un riflesso luminoso: *lameggia nella chiaria / la vasta distesa* (E. MONTALE)

lamèlla [dal lat. *lamĕlla(m)*, dim. di *lamina* 'lamina' ✱ 1640] **s. f. 1** sottile lamina di qualsiasi materiale: *l. metallica, di plastica* **2** (*biol.*) sottile tessuto cellulare animale o vegetale | nei Funghi delle Agaricacee, ognuna delle ripiegature della parte inferiore del cappello ‖ **lamellìna**, **dim.**

lamellàre [da *lamella* ✱ 1817] **agg. 1** che ha forma di lamella o è costituito da lamelle **2** (*miner.*) che si rompe secondo superfici piane **SIN.** lamelliforme ‖ **lamellarità**, **s. f. inv.**

lamellàto [1869] **agg.** ● (*raro*) laminato

Lamellibrànchi [per le *branchie* a forma di piccole lamine (*lamelle*) ✱ 1874] **s. m. pl.** (**sing.** *-chio*) ● (*zool.*) classe di Molluschi con la conchiglia formata da due valve e le branchie a lamelle (*Lamellibranchia*) **SIN.** Acefali, Bivalvi

lamellifórme [comp. di *lamell(a)* e *-forme* ✱ 1869] **agg. 1** che ha forma di lamella | disposto in lamelle o costituito da lamelle **2** (*miner.*) lamellare

lamentàbile [vc. dotta, lat. *lamentābile(m)*, da *lamentāre* 'lamentare' ✱ av. 1342] **agg. 1** †querulo, lamentoso **2** (*lett.*) degno di pietà: *molte cose lamentabil dice* (L. PULCI) ‖ †**lamentabilménte**, **avv.** lamentevolmente

†**lamentabóndo** o †**lamentabùndo** [av. 1499] **agg.** ● lamentoso, doglioso

†**lamentaménto** [av. 1292] **s. m.** ● lamento, lagnanza

†**lamentànza** [sec. XII] **s. f. 1** lamentela, lamento: *sciocche lamentanze sono queste e femminili* (G. BOCCACCIO) **2** lagnanza, recriminazione

◆**lamentàre** [vc. dotta, lat. tardo *lamentāre*, per *lamentāri*, da *lamĕntum* 'lamento' ✱ sec. XII] **A** **v. tr.** (*io laménto*) **1** (*raro*) trarre da qlco. motivo di dolore, insoddisfazione, rincrescimento e sim.: *l. un'offesa, un errore* | manifestare, accusare: *lamenta un dolore al ginocchio* | compiangere: *l. la morte di qlcu.* **2** (*impers.*) nel linguaggio burocratico e giornalistico, constatare qlco. di negativo: *nell'incidente si lamentano numerose vittime* **B** **v. intr.** ● †lamentarsi **C** **lamentàrsi** **v. intr. pron. 1** manifestare con lamenti un dolore fisico o morale (+ *per*): *si è lamentato tutta la notte*; *lamentarsi per una ferita* **SIN.** gemere **2** dimostrarsi risentito, scontento, insoddisfatto di qlco. o di qlcu. (+ *di*, + *per*, **anche seguiti da inf.**; + *che*): *è una persona sempre pronta a lamentarsi*; *lamentarsi del cattivo funzionamento di una macchina*; *si lamenta sempre dei figli*; *lamentarsi con qlcu. per un torto subìto*; *si lamentano di non essere stati avvertiti*; *si lamenta per non aver ricevuto delle scuse*; *si lamenta che trova tutto sporco* (L. PIRANDELLO) | ***non mi lamento, non mi posso lamentare*** e sim., espressioni di contenuta soddisfazione **SIN.** lagnarsi

lamentatìvo [1855] **agg.** ● (*disus.*) lamentoso

lamentatóre [vc. dotta, lat. *lamentatōre(m)*, da *lamentātus* 'lamentato' ✱ 1312] **s. m.** (**f.** *-trice*) ● (*lett.*) chi si lamenta | (**al f.**) piangitrice, prefica

†**lamentatòrio** [av. 1342] **agg.** ● lamentevole

lamentazióne [vc. dotta, lat. *lamentatiōne(m)*, da *lamentātus* 'lamentato' ✱ 1282] **s. f. 1** (*raro*) lamento, lamentela insistente: *annoiare qlcu. con le proprie lamentazioni* **SIN.** querimonia **2** ***Lamentazioni di Geremia***, componimenti elegiaci sulla distruzione di Gerusalemme, inclusi nel libro biblico di Geremia e recitati o cantati nell'ufficio cattolico della Settimana santa | il canto liturgico stesso **3** (*letter.*) commo

lamentèla [da *lamento*, col suffisso che si trova in *cautela*, *querela*, *tutela* ✱ 1881] **s. f. 1** (*lett.*) lamento **2** lagnanza, rimostranza, insoddisfazione: *ci sono state numerose lamentele nei confronti del trattamento alberghiero*

◆**lamentévole** o †**lamentévile** [forma pop. di *lamentabile* ✱ av. 1294] **agg. 1** che esprime lamento: *voce l.* **SIN.** lagnoso, querulo **2** degno di compianto: *sorte, destino l.* **SIN.** doloroso, lacrimevole **3** (*raro*) che si lamenta sempre, detto di persona: *donna l. e noiosa* ‖ **lamentevolménte**, **avv.**

lamentìo [1856] **s. m.** (**pl.** *-ii*) ● lamento continuato, prolungato: *il suo l. era insopportabile* | lamento di più persone

◆**laménto** [vc. dotta, lat. *lamĕntu(m)*, di parziale area indeur. ✱ av. 1294] **s. m. 1** voce o grido più o meno forte che esprime dolore o pianto: *un l. pietoso, straziante*; *il l. di un animale ferito*; *l. per la perdita dell'amata*; *la bella ninfa è sorda al mio l.* (A. POLIZIANO) **SIN.**

gemito **2** *l.* (***funebre***), rituale in occasione della morte di qlcu., consistente in pianti, grida, canti, ecc.: *feciono il l., vestendosi tutta sua gente in nero* (G. VILLANI) **3** specie di componimento poetico, di argomento storico, che trae occasione da una disfatta, una morte e sim. **4** lagnanza, rimostranza, lamentela **5** (***mus.***) composizione su lamentazioni funebri sacre o profane | scena dell'opera italiana del Seicento, precedente la conclusione tragica: *Il l. d'Arianna di Monteverdi* **6** (***fig.***) †rimbombo del tuono

lamentóso (o -ṣ-) [sec. XIII] **A** **agg.** **1** pieno di lamenti: *pianto l.* **2** lamentevole: *voce lamentosa* ‖ **lamentosaménte**, **avv.** con voce, espressione lamentosa ‖ **lamentosità**, **s. f. inv.** tendenza a lamentarsi continuamente; caratteristica di ciò che è lamentoso **B** **agg.; anche s. m. (f. -*a*)** ● che (o chi) si lamenta di continuo: *un bambino l.* **SIN.** lagnoso

lamétta [1935] **s. f.** **1** dim. di *lama*① **2** lama affilatissima, spec. a due tagli, che s'innesta sul rasoio di sicurezza: *l. da barba* ‖ **lamettina**, **dim.**

làmia① [gr. *lámia* (nt. pl.), della stessa orig. di *lamia*② ✱ av. 1375] **s. f.** ● volta, copertura a volta, caratteristica delle costruzioni rustiche dell'Italia meridionale

làmia② o †**làmmia** [vc. dotta, lat. *lămia(m)*, dal gr. *lámia*, di orig. indeur., connesso con *lamyrós* 'vorace' ✱ av. 1300] **s. f.** **1** nelle credenze popolari degli antichi Romani e del Medioevo, mostro con volto di donna e con corpo di serpente, che si credeva succhiasse il sangue dei bambini **2** (***est.***) strega | (***lett.***) incantatrice, ninfa **3** (***zool., tosc.***) canesca | (***merid.***) rana pescatrice

lamièra [da *lama*①, attraverso la forma sett. *lamèra* ✱ sec. XIII] **s. f.** ● lastra di metallo, più o meno sottile, con cui si fanno tettoie, recipienti, rivestimenti, fasciami di navi, e sim.: *l. di ferro, di acciaio, di rame*; *l. galvanizzata, martellata, ondulata* ‖ **lamierina**, **dim.** | **lamierino**, **dim. m.** (V.) | **lamieróne**, **accr. m.**

lamierìno [1803] **s. m.** **1** dim. di *lamiera* **2** lamiera metallica che in genere non supera 1 mm di spessore **3** sottile lamiera di lega ferromagnetica usata per la costruzione dei circuiti magnetici laminati

lamierìsta [1957] **s. m. e f. (pl. m. -*i*)** ● chi è addetto alla lavorazione di oggetti in lamiera

làmina [vc. dotta, lat. *lămina(m)*, di etim. incerta ✱ sec. XIV] **s. f.** **1** piastra, falda molto sottile, spec. metallica: *l. d'oro, d'argento*; *l. d'ardesia* | ***l. degli sci***, sottile striscia metallica applicata lungo il bordo della soletta degli sci per aumentarne la tenuta **2** (***anat.***) ***l. vertebrale***, componente dell'arco vertebrale | ***l. cribrosa***, dell'etmoide, tra cavità nasale e fossa cranica anteriore | ***l. quadrigemina***, parte del mesencefalo **3** (***geol.***) suddivisione interna a uno strato di roccia **4** (***bot.***) lembo fogliare

laminàre① [da *lamina* ✱ av. 1779] **agg.** **1** che ha forma di lamina | (***est.***) sottile come una lamina **2** (***raro***) composto di lamine **3** (***fis.***) detto di moto di fluidi, non vorticoso ‖ **laminarità**, **s. f. inv.**

laminàre② [da *lamina* ✱ av. 1537] **v. tr.** (*io làmino*) **1** ridurre in lamine **2** coprire con lamine **3** calandrare

laminària [dal lat. *lāmina* 'piastra, lastra sottile', per il loro aspetto ✱ 1834] **s. f.** ● genere di alghe brune dei mari freddi a forma di grande lamina piatta che si fissa al substrato mediante rizoidi (*Laminaria*)

laminàto① **A** **part. pass.** di *laminare*②; **anche agg.** ● nei sign. del v. **B** **s. m.** ● prodotto siderurgico ottenuto con procedimento di laminazione | ***l. plastico***, materiale ottenuto sottoponendo a forte pressione un supporto impregnato con una resina fluida

laminàto② [1961] **agg. e s. m.** ● lamé: *tessuto l.*; *abito in l.*

laminatóio [1803] **s. m. (pl. -*ói*)** ● macchina che serve a ridurre un materiale malleabile in verghe, lastre, fili, profilati vari, mediante il passaggio attraverso cilindri controrotanti

laminatóre [1903] **s. m. (f. -*trice*); anche agg.** ● chi (o che) è addetto alla laminazione

laminatùra [1940] **s. f.** ● operazione del laminare | ***l. degli sci***, applicazione o affilatura di lamine metalliche agli sci

laminazióne [1895] **s. f.** ● lavorazione con deformazione plastica di materiali metallici per ottenere lamiere, profilati, barre, nastri, tubi e sim.

laminìte [da *lamin(a)* con il suff. *-ite*① ✱ 1989] **s. f.** ● (***veter.***) podoflemmatite

laminóso (o -ṣ-) [vc. dotta, lat. tardo *laminōsu(m)*, da *lāmina* 'lamina' ✱ sec. XIV] **agg.** **1** (***raro, lett.***) composto di lamine sovrapposte **2** sottile come una lamina

làmio [vc. dotta, lat. *lămiu(m)*, tipo di ortica, d'etim. incerta: forse per la forma del fiore che ricorderebbe una *lămia* 'lamia②' ✱ 1563] **s. m.** ● genere di piante delle Labiate, con molte specie, alcune delle quali dotate di proprietà medicinali, cui appartiene la milzadella (*Lamium*)

†**làmmia** ➤ **lamia**②

Lamnifórmi [comp. del gr. *lámna*, n. di un 'pesce vorace' e il pl. di *-forme* ✱ 1983] **s. m. pl. (sing. -*e*)** ● (***zool.***) ordine di Pesci dal corpo fusiforme, comprendente i pescicani (*Lamniformes*)

làmpa [vc. dotta, lat. *lămpas* (nom.), dal gr. *lampás*, di orig. iranica, forse attraverso il fr. *lampe* ✱ 1321] **s. f.** **1** (***lett.***) lampada | †astro, stella **2** (***fig., lett.***) luce, splendore: *spenta è del cielo ogni benigna l.* (T. TASSO)

♦**làmpada** o (***poet.***) †**làmpade**, (***pop., tosc.***) **làmpana** [vc. dotta, lat. *lămpada* (acc.), dal gr. *lampás*, genit. *lampádos*, di orig. iranica ✱ 1296] **s. f.** **1** apparecchio per l'illuminazione artificiale: *l. a cera, a petrolio, a kerosene, a gas, elettrica*; *l. da tavolo*; *l. a stelo* | ***l. a incandescenza, a filamento***, in cui la luce è emanata da un filamento metallico reso incandescente dalla corrente elettrica che lo percorre | ***l. ad arco***, in cui la luce è prodotta dall'arco che congiunge due appositi elettrodi | ***l. a luminescenza***, nella quale un gas o vapore, contenuto in un tubo o in un'ampolla di vetro, diviene luminescente quando è attraversato dalla corrente elettrica | ***l. a fluorescenza, l. fluorescente***, nella quale una scarica elettrica che attraversa un gas o vapore rarefatto contenuto in un tubo di vetro provoca l'emissione di radiazioni luminose da parte di una sostanza fluorescente che riveste internamente il tubo | ***l. al quarzo, a raggi ultravioletti, a raggi UVA***, o (***ellitt.***) ***lampada***, che emette radiazioni ultraviolette nella regione dell'ultravioletto prossimo, capaci di abbronzare la pelle | ***fare la l.***, sottoporsi all'azione di una lampada abbronzante | ***l. da miniera***, portatile, per l'illuminazione di gallerie di miniera e di ambienti sotterranei in genere | ***l. di sicurezza, di Davy***, da miniera, impiegabile anche in ambienti che contengono grisù perché elimina il pericolo di causare esplosioni grazie all'involucro di rete d'ottone che protegge la fiamma | (***fotogr.***) ***l. al magnesio***, con filamento di magnesio la cui combustione genera flash o lampi di luce | ***l. endoscopica***, usata per endoscopia medica | ***l. frontale***, quella che applicata alla fronte o al berretto consente di illuminare davanti a sé senza impegnare le mani | ***l. scialitica***, impiegata in chirurgia per ottenere un'illuminazione intensa e uniforme del campo operatorio **2** lume, un tempo per lo più a olio, oggi spesso elettrico a luce ridotta e continua, posto davanti a un'immagine sacra, una tomba e sim. **3** (***est.***) apparecchio che, bruciando particolari gas o liquidi, viene usato per scaldare, saldare e sim.: *l. a spirito*; *l. per saldare* | (***cucina***) fornello portatile ad alcol o a combustibile solido, usato spec. nei ristoranti per cucinare direttamente al tavolo piatti speciali: *cucina alla l.* **4** (***est., lett.***) astro, stella **5** (***est., lett.***) fiamma, bagliore | fiaccola | ***corsa delle lampade***, lampadedromia | (***fig., lett.***) ***l. della vita***, il simbolo della sua continuità quale si tramanda di progenie in progenie: *l'opera umana va all'infinito e deve rassegnarsi a che la l. della vita passi ad altre mani* (B. CROCE) ‖ (***lett.***) **lampadétta**, **dim.** | **lampadìna**, **dim.** (V.) | (***lett.***) **lampadino**, **dim. m.** | **lampadùccia**, **dim.**

♦**lampadàrio** [vc. dotta, lat. tardo *lampadāriu(m)* 'portatore di fiaccola (*lămpas*, genit. *lămpadis*)' ✱ av. 1712] **s. m.** ● apparecchio appeso al soffitto, dotato di appositi sostegni per lampadine o candele, destinato sia all'illuminazione che all'arredamento dell'ambiente

lampadàto [da *lampad(a)* con il suff. *-ato*① ✱ 1986] **agg.** ● (***colloq.***) che si è sottoposto all'azione di lampade abbronzanti

†**làmpade** ➤ **lampada**

lampadedromìa o **lampadodromìa** [gr. *lampadēdromíai*, comp. di un deriv. di *lampás*, genit. *lampádos* 'fiaccola' e un deriv. di *drómos* 'corsa', da *dramêin* 'correre' ✱ 1834] **s. f.** ● corsa con le fiaccole che aveva luogo in Grecia durante la festa in onore delle divinità collegate col culto del fuoco

lampadeforìa o **lampadoforìa** [gr. *lampadēphoría*, propr. 'corsa portando (dal v. *phérein*) una torcia (*lampás*, genit. *lampádos*)' ✱ 1834] **s. f.** ● lampadedromia

♦**lampadìna** [dim. di *lampada* ✱ 1915] **s. f.** ● corpo illuminante di una lampada elettrica, spec. quello di una lampada a incandescenza

lampadodromìa ➤ **lampadedromia**

lampadoforìa ➤ **lampadeforia**

lampadòforo [gr. *lampadēphóros*, comp. di *lampás*, genit. *lampádos* 'fiaccola' e *-phóros* '-foro' ✱ 1834] **s. m.** ● corridore e portatore di fiaccola, nelle lampadedromie | statua raffigurante un portatore di fiaccola, che veniva impiegata nelle antiche case romane a scopo decorativo e per l'illuminazione degli ambienti

làmpana ➤ **lampada**

lampanàio [av. 1311] **s. m. (f. -*aia*, pl. m. -*ai*)** **1** (***tosc.***) chi fabbrica o vende lampade **2** †lampadario

♣**lampànte** [dal part. pres. di *lampare* ✱ av. 1426] **agg.** **1** (***raro***) limpido, lucente | ***moneta l.***, coniata di fresco **2** (***fig.***) evidente, chiaro: *prova, verità l.* **3** ***olio l.***, olio ottenuto per affioramento spontaneo dalle acque di vegetazione delle olive, non commestibile, adoperato per le lampade | ***petrolio l.***, V. *petrolio* ‖ **lampanteménte**, **avv.**

lampàra [da *lampa* 'lampada' ✱ 1935] **s. f.** ● grande lampada, elettrica o ad acetilene, fornita di luce molto intensa, usata per pescare di notte determinate specie di pesci: *pescare a l.*; *pesca con la l.* | (***est.***) barca dotata di tale lampada | (***est.***) rete alla deriva, con sacco molto largo, usata per tale tipo di pesca

†**lampàre** [gr. *lámpein* 'brillare', di orig. indeur. ✱ sec. XIV] **v. intr. impers.** ● lampeggiare

lampascióne o **lampagióne** [vc. pugliese, *lampacione*, che è il lat. tardo *lampadiōnem*, di orig. incerta ✱ 1973] **s. m.** **1** (***bot.***) pianta erbacea delle Asparagacee comune nella regione mediterranea, con infiorescenza a grappolo terminante con un ciuffo di fiori sterili, e bulbi ovoidali (*Leopoldia comosa*) | il bulbo commestibile di tale pianta SIN. cipollaccio **2** (*merid.*, *fig.*) sciocco, minchione

lampàsso [fr. *lampas*, di etim. incerta ✱ 1772] **s. m.** ● tessuto di seta originario della Cina, a grandi disegni colorati su fondi cupi, impiegato per tappezzerie e per arredamenti

lampàzza o **lapàzza** [etim. discussa: dal gr. *lapís* 'piastra metallica' (?) ✱ sec. XVII] **s. f.** ● (*mar.*) rinforzo di legno applicato ad alberi, antenne e sim.

lampeggiaménto [1539] **s. m. 1** il lampeggiare (*anche fig.*): *un l. d'occhi* SIN. bagliore, lampo **2** serie di segnali luminosi intermittenti | serie di lampi, bagliori e sim.

lampeggiànte **A** **part. pres.** di *lampeggiare*; **anche agg. 1** solcato da lampi: *cielo l.* **2** che emana luce intermittente: *semaforo l.* **3** (*fig.*, *lett.*) luminoso, acceso, per gioia, ira o altro sentimento intenso: *occhi, gote lampeggianti* **B** **s. m.** ● apparecchio che emette lampi intermittenti, spec. a scopo di segnalazione SIN. lampeggiatore

lampeggiàre [iter. da *lampo* ✱ 1319] **A** **v. intr.** (**pres.** *io lampéggio*; **fut.** *io lampeggerò*; **aus.** *avere* o *essere*) **1** emettere, mandare lampi (*anche fig.*): *le artiglierie lampeggiavano nella notte*; *gli sono lampeggiati gli occhi* | (*est.*) risplendere, rilucere: *le spade lampeggiano* **2** (*autom.*) emettere una luce intermittente: *la spia della benzina lampeggia*; *il semaforo ha* (o *è*) lampeggiato | mandare segnali luminosi intermittenti con i proiettori abbaglianti o anabbaglianti: *l. agli incroci* **B** **v. tr.** ● (*fig.*, *lett.*) mandare come un lampo: *lieta / de la vittoria lampeggiava un riso* (T. TASSO) **C** **v. intr. impers.** (**aus.** *essere* o *avere*) ● comparire di lampi nel cielo: *prima del tramonto lampeggiò* SIN. balenare

lampeggiatóre [1932] **s. m. 1** (*autom.*) indicatore di direzione | fanale a luce intermittente o rotante sul tetto di particolari veicoli (ambulanze, auto della polizia ecc.) **2** (*fotogr.*, *cinema*) dispositivo di illuminazione artificiale mediante emissioni luminose di brevissima durata, isolate o in successione: *l. con lampade lampo a combustione*, *con lampade lampo a scarica*, *elettronico*, *per cinematografia ad alta frequenza* SIN. lampo fotografico, flash

lampéggio ① [da *lampeggiare* ✱ av. 1306] **s. m. 1** lampeggiamento | negli autoveicoli, segnalazione luminosa intermittente simultanea di tutti gli indicatori di direzione, usata spec. durante la sosta ai margini della carreggiata **2** †lampo

lampeggìo ② [da *lampeggiare* col suff. *-io*① ✱ 1869] **s. m.** (**pl.** *-ii*) ● un lampeggiare frequente e continuato

lampionàio [1841] **s. m.** (**pl.** *-ai*) **1** chi era addetto all'accensione e allo spegnimento di lampioni a gas o a olio nelle città **2** (*raro*) chi fabbricava o vendeva lampioni

lampioncìno [av. 1861] **s. m. 1** dim. di *lampione* **2** piccolo involucro di carta colorata e pieghettata, a forma sferica o cilindrica, contenente un lumino o una candela, usato per luminarie, addobbi e sim.

lampióne [accr. del piemontese *lampia* 'lampada' (?) ✱ av. 1673] **s. m.** ● grosso fanale spec. per l'illuminazione stradale, fissato al muro o sorretto da una colonna di ghisa | ***l. alla veneziana***, tipo di lanterna con involucro di carta pieghettata e variopinta ‖ **lampioncìno**, **dim.** (V.)

lampìride [vc. dotta, lat. *lampȳride(m)*, dal gr. *lampyrís*, deriv. di *lámpein* 'lamp(eggi)are' ✱ 1476] **s. m.** ● coleottero con maschi alati e femmine attere muniti di organi luminosi (*Lampyris noctiluca*) | lucciola

lampìsta [fr. *lampiste*, da *lampe* 'lampa(da)' ✱ 1870] **s. m. e f.** (**pl. m.** *-i*) ● addetto alla lampisteria

lampisterìa [fr. *lampisterie*, da *lampiste* 'lampista' ✱ 1895] **s. f.** ● un tempo, deposito di lampade e di apparecchi di illuminazione in genere, nelle ferrovie e nelle miniere

♦**làmpo** [da †*lampare* ✱ 1319] **A** **s. m. 1** fenomeno luminoso che accompagna la scarica elettrica nei temporali | ***dopo il l., il tuono***, (*fig.*) dopo le minacce, l'atto **2** improvviso e intenso bagliore di breve durata: *un l. di luce*; *mandar lampi* | (*est.*, *fotogr.*, *cinema*) ***l. fotografico***, lampeggiatore | (*astron.*) ***l. di raggi gamma*** o ***l. gamma***, emissione rapida e molto intensa di energia sotto forma di raggi gamma determinata dalla collisione tra due stelle di neutroni o dall'esplosione di un'ipernova **3** (*fig.*) ciò che ha brevissima durata: *la giovinezza è un l.*; *un l. di speranza* | ***in un l.***, in un attimo: *tutto è accaduto in un l.*; *la mattinata è trascorsa in un l.* SIN. baleno **4** (*fig.*) persona, animale o veicolo molto veloce: *quel cane è un l.*; *correre come un l.* | (*lett.*, *fig.*) rapidità fulminea: *il l. de' manipoli / e l'onda dei cavalli* (A. MANZONI) **5** (*fig.*) intuizione improvvisa: *avere un l. di genio*; *ho avuto come un l. e ho risolto il problema* ‖ **lampóne**, **accr.** **B** **in funzione di agg. inv.** ● (posposto a un sost.) che dura pochissimo; che accade, si svolge, funziona e sim. in brevissimo tempo: *matrimonio l.*; *cerimonia l.*; *guerra l.* | ***chiusura l.***, ***cerniera l.***, dispositivo per chiudere rapidamente indumenti, borse, valigie e sim., formato da due strisce di tessuto resistente munite di denti metallici o di plastica che si ingranano e si liberano con lo scorrere di una piastrina | ***notizia l.***, riguardante un evento recentissimo ed espressa con poche parole SIN. flash nel sign. 3 | ***partita, torneo l.***, nel gioco degli scacchi, quelli in cui a ciascun giocatore è concesso un tempo massimo complessivo di riflessione di cinque minuti **C** **s. f. inv.** ● (*ellitt.*) cerniera lampo SIN. zip

lampóne [etim. discussa: di orig. mediterr. (?) ✱ sec. XIV] **s. m.** ● arbusto spinoso delle Rosacee comune nei boschi di montagna, con rizoma corto e perenne e frutto commestibile (*Rubus idaeus*) | il frutto di tale pianta, rosso e molto profumato, formato di piccole drupe unite tra loro | ***rosso l.***, particolare tonalità di rosso intenso, simile a quella dei lamponi CFR. framboise

lamprèda [vc. dotta, lat. **lampr(ā)eda(m)*, di etim. incerta ✱ 1287] **s. f.** ● ognuno dei Vertebrati acquatici sprovvisti di arco orale articolato in mascella e mandibola che vivono come parassiti esterni di pesci

lampredòtto ① [da *lampreda* col suff. dim. *-otto* ✱ av. 1492] **s. m.** ● piccola lampreda | lampreda di fiume

lampredòtto ② [da *lampredotto*①, per somiglianza di forma ✱ sec. XVI] **s. m.** ● particolare tipo di trippa, tratta dall'abomaso dei bovini, servita lessata con salsa verde, olio e pepe anche tra fette di pane, tipica della cucina popolare toscana

Lampridifórmi [comp. del gr. *lamprós* 'brillante' (?), di *-idi* e il pl. di *-forme* ✱ 1965] **s. m. pl.** (**sing.** *-e*) ● (*zool.*) ordine di Pesci ossei di mare profondo con bocca priva di denti e grandi occhi (*Lampridiformes*)

lampùga [etim. incerta, ma con prob. intervento di *lamp-* 'brillare' per i riflessi dorati della sua livrea ✱ sec. XV] **s. f.** ● (*zool.*) pesce osseo dei Perciformi, dalle carni apprezzate, con corpo allungato e compresso e con pinna dorsale estesa dalla testa alla coda (*Coryphaena hippurus*)

♦**làna** [vc. dotta, lat. *lāna(m)*, di orig. indeur. ✱ 1261 ca.] **s. f. 1** pelo della pecora o di altri animali CFR. erio- | ***buona l.***, (*fig.*) birbante, briccone | ***essere della stessa l.***, (*fig.*) della stessa indole, natura e sim. | (*fig.*) ***questioni di l. caprina***, questioni, argomenti futili, vani (da un'Epistola di Orazio, con riferimento allo scarso valore della lana di capra) **2** fibra tessile animale proveniente dalla tosatura di pecore o di altri animali lanuti | ***l. vergine***, ottenuta esclusivamente per tosatura, e cioè lana nuova **3** (*est.*) filato e tessuto ottenuto con tale fibra: *ho scelto una bella l. per il mio cappotto* | ***l. cardata***, tessuto a fibra lunga e corta, non pettinata | ***l. pettinata***, a sola fibra lunga | ***misto l.*** o (con grafia unita) ***mistolana***, detto di tessuto ottenuto mescolando lana con altre fibre: *una gonna mistolana*; *maglia in misto l.* **4** (*est.*) fibra artificiale, di aspetto lanoso o serico, ottenuta da vari materiali: *l. artificiale, vegetale* | ***l. di vetro***, ottenuta per fusione e trafilatura del vetro, usata come fibra tessile, come materiale isolante e altro **5** (*est.*) prodotto di materiali diversi, con caratteristiche particolari | ***l. d'acciaio***, costituita da sottili filamenti metallici, usata per pulire, raschiare e sim. | ***l. di legno***, trucioli finissimi per imballaggio | ***l. di roccia***, fibra minerale ottenuta dalle rocce vulcaniche, usata come isolante termico e acustico **6** (*fam.*) peluria che si forma sotto i mobili: *raccogliere la l. con uno straccio* ‖ **lanàccia**, **pegg.** | **lanétta**, **dim.** (V.) | **lanìna**, **dim.** (V.)

lanàggio [ant. fr. *lainage*, da *laine* 'lana' ✱ av. 1587] **s. m.** ● insieme di lane diverse, gregge o lavorate

lanaiòlo o (*lett.*) **lanaiuòlo** [sec. XIII] **s. m.** (**f.** *-a*) ● anticamente, chi professava l'arte della lana come lavorante, mercante o fabbricante | attualmente, laniere, mercante di lana

lanàmetro [comp. di *lana* e *-metro* ✱ 1973] **s. m.** ● apparecchio usato per determinare la finezza delle fibre tessili

lanàrio [ant. fr. *lanier*, propr. 'lanaiolo', poi spreg., 'vile' e *(faucon)lanier* valeva appunto '(falco) selvatico' ✱ 1961] **s. m.** ● piccolo, elegante falco, rossastro sul capo e bruno nerastro sul dorso, usato un tempo per la caccia (*Falco biarmicus*)

†**lanàta** [1433] **s. f.** ● scovolo

†**lanàto** [vc. dotta, lat. *lanātu(m)*, da *lāna* 'lana' ✱ 1367] **agg.** ● (*lett.*) lanuto, lanoso: *Logisto di lanate pecore guardatore* (I. SANNAZARO)

lanatoṣìde [deriv. dal n. botanico lat. (*Digitalis*) *lanat(a)* col suff. *-ide* ✱ 1957] **s. f.** ● (*chim.*) glucoside ottenuto dalle foglie di digitale sotto forma di polvere o cristalli bianchi; è impiegata come cardiotonico nella cura dell'insufficienza cardiaca

lànca [etim. discussa: di orig. ligure (?) ✱ 1882] **s. f.** ● ansa fluviale abbandonata dalla corrente e occupata da acque stagnanti: *le lanche del Po, del Ticino*

†**lànce** [vc. dotta, lat. *lănce(m)*, di etim. incerta ✱ av. 1374] **s. f.** ● piatto della bilancia | bilancia | ***porre in l.***, (*fig.*) confrontare

†**lancèlla** [lat. tardo *lancĕlla(m)*, dim. di *lănx*, genit. *lăncis* 'lance, piatto della bilancia' ✱ sec. XIV] **s. f.** ● vaso di terra a due manici per acqua

lanceolàto [vc. dotta, lat. tardo *lanceolātu(m)*, da *lăncea* 'lancia①' ✱ 1803] **agg.** ● (*bot.*) detto di foglia a forma di ferro di lancia

lancère ➤ **lanciere**

♦**lancétta** [sec. XIII] **s. f. 1** dim. di *lancia*① **2** indice di vari strumenti di misura, spec. degli orologi, a forma di freccia, che, spostandosi sul quadrante, indica i diversi valori: *l. delle ore, dei secondi, dei minuti*; *la l. di un voltametro* **3** (**al pl.**) tipo di pastina da brodo appuntita e schiacciata al centro

4 strumento usato un tempo dai chirurghi per praticare salassi, incisioni e sim. **5** tulipano selvatico **6** (*zool.*) anfiosso

lància① o †**lànza** [lat. *lănceа(m)*, termine straniero: di orig. celt. (?) ✱ 1250 ca.] **s. f.** (**pl.** *-ce*, † *-ci*) **1** arma da urto o da getto, costituita da un lungo fusto con ferro a punta, impugnatura e calcio con puntale, di dimensioni, fogge e nomi vari attraverso i secoli nei vari Paesi | ***partire l. in resta***, (*lett.*) ***con la l. in resta***, prepararsi a combattere; (*fig.*) affrontare un impegno con grande decisione | ***spezzare una l. in favore di qlcu.***, (*fig.*) prenderne le difese **2** (*est.*, *stor.*) nel Medioevo, cavaliere o guerriero armato di lancia | ***una buona l.***, un abile guerriero **3** nel Medioevo, gruppo di combattimento costituito da un cavaliere e dal suo seguito **4** tipo di fiocina per pescare tonni, delfini e sim. **5** attrezzo costituito da un tubo attraverso il quale un liquido viene lanciato all'esterno sotto pressione | ***l. irroratrice***, per distribuire liquidi antiparassitari | ***l. termica***, apparecchiatura consistente in tre bombole contenenti gas diversi e in una serie di aste di ferro, usata per produrre fori, per tagliare, per demolire manufatti di ferro, ghisa, pietra, cemento e sim. ‖ **lancétta**, **dim.** (V.) | **lanciòla**, **dim.** | **lancióne**, **accr. m.** | **lanciòtto**, **dim. m.** (V.)

lància② [da *lancia*① per il suo aspetto affilato e la sua agilità ✱ 1642] **s. f.** (**pl.** *-ce*) ● sottile imbarcazione a remi, a vela o a motore, adibita a vari usi | ***l. di salvataggio***, munita di casse d'aria per renderne impossibile l'affondamento | ***l. di bordo***, imbarcazione ausiliaria di una nave, adibita al trasporto di persone fra questa e la riva ‖ **lancióne**, **accr. m.** (V.)

lanciabàs [da *lancia(re) b(ombe) a(nti)s(ommergibili)* ✱ 1963] **s. m. inv.** ● mortaio usato per il lancio di bombe antisommergibili

lanciàbile [da *lanciare* ✱ av. 1704] **agg.** ● che si può lanciare ‖ **lanciabilità**, **s. f. inv.**

lanciabómbe [comp. di *lancia(re)* e il pl. di *bomba* ✱ 1915] **s. m. inv.** ● arma speciale per lanciare bombe a distanza | sugli aerei, dispositivo per sganciare le bombe

lanciafiàmme [comp. di *lancia(re)* e il pl. di *fiamma* ✱ 1918] **s. m. inv.** ● apparecchiatura bellica che proietta a distanza di qualche decina di metri liquido infiammato

lanciagranàte [comp. di *lancia(re)* e il pl. di *granata*② ✱ 1963] **s. m. inv.** ● lanciabombe terrestre

lanciàio [lat. tardo *lanciāriu(m)*, da *lăncea* 'lancia①' ✱ av. 1571] **s. m.** (**f.** *-aia*, **pl. m.** *-ai*) **1** †fabbricante o venditore di lance **2** (*tosc.*) venditore di ferramenta

lanciaménto [av. 1704] **s. m.** **1** (*raro*) lancio **2** †trafittura di dolore

lanciamìne [comp. di *lancia(re)* e il pl. di *mina*① ✱ 1957] **s. m. inv.** ● dispositivo usato sulle navi da guerra per lasciar cadere in mare le mine **SIN.** lanciatorpedini

lanciamìssili [comp. di *lancia(re)* e il pl. di *missile* ✱ 1965] **A** **agg. inv.** ● detto di nave e di ogni altro mezzo da guerra attrezzati per lanciare missili **B** **s. m. inv.** ● apparecchiatura per lanciare missili

lanciapiattèllo o **lanciapiattèlli** [comp. di *lancia(re)* e del pl. di *piattello* ✱ 1973] **A** **s. m. inv.** ● dispositivo meccanico che serve a lanciare i piattelli durante le prove di tiro **B** **anche agg. inv.**: *macchina l.*

lanciaràzzi [comp. di *lancia(re)* e il pl. di *razzo* ✱ 1957] **A** **s. m. inv.** **1** arma portatile per lanciare proiettili autopropulsi **2** dispositivo per il lancio di razzi di segnalazione o di soccorso **B** **anche agg. inv.**: *pistola, matita l.*

lanciàrdo ➤ **lanzardo**

♦**lanciàre** [lat. cristiano *lanceāre* 'maneggiare la lancia (*lăncea*)' ✱ av. 1250] **A** **v. tr.** (**pres.** *io làncio*; **fut.** *io lancerò*) **1** scagliare, tirare con forza qlco.: *l. una freccia, un sasso* | (*fig.*) mandare, gettare, rivolgere: *l. un'occhiata, uno sguardo irato* | (*fig.*) proferire: *l. accuse, insolenze contro qlcu.* | ***l. un grido***, emettere un grido **SIN.** buttare, gettare **2** (*est.*) imprimere a qlco. una grande velocità: *l. l'automobile*; *l. un cavallo verso il traguardo* | ***l. un compagno***, nel calcio, passare il pallone a un compagno ben piazzato per sviluppare un'azione in profondità | ***l. la volata***, nel ciclismo, iniziare la volata **3** (*fig.*) cercare di imporre all'attenzione del pubblico una persona o un prodotto, servendosi dei mezzi pubblicitari: *l. un cantante, un'attrice*; *l. una nuova moda, un libro*; *l. un nuovo profumo sul mercato* | (*fig.*) ***l. una proposta, un suggerimento***, farli **4** (*inform.*) ***l. un programma***, caricarlo nella memoria di un computer che lo mette in esecuzione **5** †ferire con la lancia **6** †tormentare, addolorare: *e quindi viene il duol che sì li lancia* (DANTE *Purg.* VII, 111) **B** **v. intr.** (**aus.** *avere*) ● †scagliare la lancia **C** **lanciàrsi** **v. rifl.** **1** gettarsi con impeto (*anche fig.*) (+ *in*): *lanciarsi nella mischia*; *lanciarsi in un'impresa sbagliata* | gettarsi dall'alto: *lanciarsi col paracadute* **2** (*fig.*) buttarsi, scagliarsi con forza contro qlcu. o qlco.: *lanciarsi contro le convenzioni*; *lanciarsi in un attacco contro qlcu.*

lanciarpióne [comp. di *lancia(re)* e *arpione* ✱ 1957] **s. m.** (**pl. inv.** o *-i*) ● sulle baleniere, piccolo cannone che lancia un arpione per la cattura delle balene

lanciasàbbia [comp. di *lancia(re)* e *sabbia* ✱ 1973] **s. m. inv.** ● (*ferr.*) congegno situato nella parte anteriore delle motrici ferrotranviarie, che spruzza sabbia sulle rotaie davanti alla vettura o al convoglio, allo scopo di elevare l'aderenza delle ruote e impedirne lo slittamento

lanciasàgola [comp. di *lancia(re)* e *sagola* ✱ 1937] **s. m. inv.** ● (*mar.*) cannoncino che lancia un proiettile leggero a cui è attaccata una sagola per realizzare un primo collegamento, utilizzato per ormeggi e salvataggi

lanciasilùri [comp. di *lancia(re)* e il pl. di *siluro* ✱ av. 1889] **s. m. inv.** ● meccanismo per scagliare siluri

lanciàta [lat. *lanceāta(m)*, part. pass. di *lanceāre* 'lanciare' ✱ 1300 ca.] **s. f.** ● (*raro*) colpo di lancia | ferita prodotta da una lancia scagliata

lanciàto **part. pass.** di *lanciare*; **anche agg.** **1** nei sign. del v. **2** detto di veicolo o altro, che corre velocissimo: *auto, moto lanciata a grande velocità* **3** detto di prove di velocità in cui il tempo viene misurato a partire dal momento in cui l'atleta, il veicolo e sim., passano in un punto stabilito del percorso: *chilometro l.*

lanciatóio [av. 1547] **agg.** (**pl. m.** *-ói*) **1** †atto a essere lanciato: *arma lanciatoia* **2** (*raro*) che serve a lanciare: *l'arco è un'arma lanciatoia*

lanciatóre [lat. tardo *lanceatōre(m)*, da *lanceātus* 'lanciato' ✱ av. 1292] **s. m.** **1** (**f.** *-trice*) chi lancia **2** (**f.** *-trice*) nell'atletica leggera, specialista delle gare di lancio: *l. del disco, del giavellotto, del martello, del peso* | nel baseball, giocatore della squadra schierata in difesa che ha il compito di lanciare la palla al ricevitore **3** (*aeron.*) vettore spaziale

lanciatorpèdini [comp. di *lancia(re)* e il pl. di *torpedine nel sign. 2* ✱ 1875] **s. m. inv.** ● (*mar.*) lanciamine

lancière o **lancère** [da *lancia*① ✱ sec. XIV] **s. m.** **1** soldato di cavalleria armato di lancia **2** (**al pl.**) ballo figurato affine alla quadriglia, in voga nella seconda metà dell'Ottocento

lancifórme [comp. di *lanci(a)*① e *-forme* ✱ 1983] **agg.** ● (*raro*, *lett.*) che ha forma di lancia

♣**lancinànte** [vc. dotta, lat. *lancinānte(m)*, part. pres. di *lancināre* 'dilaniare, straziare', di orig. incerta ✱ 1499] **agg.** ● che procura una sofferenza acuta: *male, dolore l.*

làncio [da *lanciare* ✱ av. 1400] **s. m.** **1** il lanciare | tiro, getto energico di qlco.: *l. di una bomba, di una pietra* | il lanciarsi; salto dall'alto: *fare un l. col paracadute* | ***camera di l.***, locale del sommergibile dove sono poste le apparecchiature per il lancio dei siluri | nella pesca, proiezione della lenza verso l'acqua: *pesca a l.* **2** nell'atletica leggera, prova eseguita a mezzo di attrezzi speciali che devono essere scagliati il più lontano possibile con tecniche specifiche: *l. del disco, del giavellotto, del martello, del peso* | nel calcio, passaggio lungo del pallone a un compagno | nel baseball, azione del lanciatore che tira la palla al ricevitore **3** (*fig.*) manifestazione pubblicitaria che ha lo scopo di far conoscere al pubblico qlco. o qlcu.: *l. di una saponetta*; *l. di un'attrice*; *offerta di l.* **4** nel gergo giornalistico, ciascuna delle trasmissioni di notizie effettuata da agenzie: *il primo l. della giornata segna l'inizio del servizio, l'ultimo l. la chiusura*

lanciòla [vc. dotta, lat. tardo *lancĕola(m)*, dim. di *lăncea* 'lancia①' ✱ sec. XIV] **s. f.** **1** †piccola lancia **2** †lancetta per operazioni chirurgiche **3** (*bot.*) piantaggine

lancióne [accr. di *lancia*② ✱ av. 1292] **s. m.** ● zatterone per lavori idraulici | grossa imbarcazione a vela spesso impiegata, un tempo, in azioni di guerra | lancia a remi e a vela di grosse dimensioni

†**lanciottàre** [da *lanciotto* ✱ av. 1600] **v. tr.** ● ferire di lanciotto

†**lanciottàta** [av. 1600] **s. f.** ● colpo di lanciotto

lanciòtto [av. 1342] **s. m.** **1** nel Medioevo, lancia corta **2** †soldato armato di lancia

Land /land, *ted.* lant/ [vc. ted., propr. 'terra, paese' ✱ 1895] **s. m. inv.** (**pl. ted.** *Länder*) ● nome dato in Germania alle grandi divisioni regionali con parziale autonomia amministrativa | (*est.*) provincia, regione tedesca

lànda① [celt. **landa* 'luogo piano e deserto' ✱ 1313] **s. f.** **1** pianura incolta spesso sterile e deserta | arida e sabbiosa depressione con file di dune al bordo, caratteristica del sud della Francia **2** (*est.*) pianura sterile **3** (*lett.*) campagna, pianura: *per la dolce l. / quinci è un cantare e quindi altro cantare* (G. D'ANNUNZIO)

lànda② o **làndra** [etim. incerta ✱ 1889] **s. f.** ● (*mar.*) ferramenta che in un'imbarcazione a vela collega il sartiame alla struttura dello scafo

land àrt /len'dart, *ingl.* 'lænd,ɑ:t/ [loc. ingl., 'arte del territorio' ✱ 1972] **loc. sost. f. inv.** ● tendenza artistica che opera su ampi spazi e su grandi dimensioni, trasformando in vario modo il paesaggio naturale o gli spazi urbani **SIN.** arte ambientale

landau /*fr.* lɑ̃'do/ [vc. fr., dal n. della città bavarese *Landau* ✱ 1866] **s. m. inv.** (**pl. fr.** *landaus*) ● carrozza elegante a quattro ruote e due mantici che si chiudono a piacere, tirata da due o quattro cavalli, usata spec. nell'Ottocento e nel primo Novecento **CFR.** landò

landgràvio ➤ **langravio**

-làndia [dal ted. *Land* 'terra' (d'orig. indeur.)] **secondo elemento** ● in parole composte geografiche o del linguaggio giornalistico, significa 'paese', 'terra': *Thailandia, Eurolandia, cinelandia*

Ländler /'lɛndler, *ted.* 'lɛntlʌ/ [vc. ted., propr.

'contadinesca', 'danza del paese (*Land*)' ✶ 1957] **s. m. inv. (pl. ted. inv.)** ● (*mus.*) danza popolare austriaca, tra i progenitori del valzer, diffusa nei secc. XVII e XVIII e utilizzata anche nella musica colta

landò [1752] **s. m. inv.** ● adattamento di *landau* (V.)

làndra ➤ **landa**②

Land Ròver® /lɛnd'rɔver, 'ro-, *ingl.* 'lænd-ˌrəʊvə(r)/ [dal n. della ditta *Rover* Company Limited, che ideò una vettura adatta per ogni terreno (*land*) ✶ 1969] **loc. sost. f. inv. (pl. ingl.** *Land Rovers*) ● veicolo fuoristrada a quattro ruote motrici in grado di affrontare agilmente anche i terreni più accidentati

lanerìa [fr. *lainerie*, da *laine* 'lana' ✶ 1839] **s. f.** ● **(spec. al pl.)** assortimento di tessuti pettinati e cardati di lana per abbigliamento: *magazzino di lanerie*

lanétta [1828] **s. f. 1** dim. di *lana* | lana leggera **2** cascame di lana **3** tessuto misto, di lana e cotone

lànfa ➤ †**nanfa**

lànga [etim. discussa, comunque di orig. preromana ✶ 1554] **s. f.** ● (*piemontese*) rilievo collinare o montuoso dal profilo allungato | (*est.*) regione collinosa dalle tipiche dorsali assottigliate, in origine incolta e coperta di boscaglia | (*est.*) territorio collinoso

langaròlo [da *Langhe* ✶ 1970] **agg.** ● delle Langhe piemontesi: *località langarole*

†**langobàrdo** ➤ **longobardo**

†**langóre** ➤ **languore**

langràvio e (*raro*) **landgràvio** [fr. *landgrave*, dal ted. *Landgraf* 'conte (*Graf*) del paese (*Land*)' ✶ sec. XIV] **s. m. (f. -*ia*)** ● nella Germania medievale, titolo attribuito ad alcuni conti e feudatari **CFR.** margravio

langue /lang, *fr.* lɑ̃:g/ [fr. 'lingua' ✶ 1967] **s. f. inv.** ● (*ling.*) secondo F. de Saussure, oggetto di studio della linguistica e sistema di segni che rappresenta l'aspetto sociale e oggettivo del linguaggio e che si realizza nei singoli atti individuali di *parole* (V.)

†**langueggiàre** [av. 1306] **v. intr.** ● languire

languidézza [1300 ca.] **s. f.** ● caratteristica di ciò che è languido | fiacchezza (*anche fig.*): *opera letteraria che rivela l.* | languore: *l. di stomaco*

✦**lànguido** [vc. dotta, lat. *lănguidu(m)*, da *languēre* 'languire' ✶ av. 1328] **agg. 1** debole, privo di energia (*anche fig.*): *la malattia lo ha reso l. e pallido*; *ne' languidi / pensier dell'infelice / scendi piacevol alito* (A. MANZONI) | (*fig.*) ***stile, verso l.***, fiacco o inefficace | ***luce languida***, debole, fioca **SIN.** fiacco, molle **2** svenevole, sentimentale (gener. riferito ad atteggiamenti che hanno lo scopo di sedurre): *sguardo l.*; *occhi languidi*; *posa languida* ‖ **languidétto**, **dim.** ‖ **languidaménte**, **avv.**

†**languidóre** [sec. XIV] **s. m.** ● languidezza

†**languiménto** [av. 1694] **s. m.** ● infiacchimento

✦**languìre** [vc. dotta, lat. *languēre*, di orig. indeur., adattato alla coniug. dei v. in *-ire* ✶ av. 1250] **v. intr.** (*io lànguo* o *lett.* *languìsco*, *tu lànguì* o *lett.* *languìsci*, ecc.; aus. *avere*) **1** trovarsi in uno stato di debolezza, di abbattimento, di prostrazione (+ *per*, + *di*): *l. per una infermità* | ***sentirsi l.***, provare debolezza allo stomaco | (*fig.*) struggersi, consumarsi: *l. di desiderio, d'amore per qlcu.*; *desperato / languivi per colei / ch'or fatta è tua consorte* (G.B. MARINO) | ***l. nella miseria***, vivere di stenti **2** (*fig.*) diminuire d'intensità, di forza: *la luce languiva in lontananza*; *la conversazione langue*; *il commercio langue*

✦**languóre** o †**langóre** [vc. dotta, lat. *languō-re(m)*, da *languēre* 'languire' ✶ av. 1294] **s. m. 1** stato di debolezza, di prostrazione fisica o spirituale: *cadere in uno stato di l.* | ***sentire un certo l. (di stomaco)***, ***un certo languorino***, avere appetito **SIN.** fiacchezza, sfinimento **2** (*fig.*) struggimento, abbandono (gener. riferito ad atteggiamenti che hanno lo scopo di sedurre): *sguardo pieno di l.* | (*fig.*, **spec. al pl.**) smanceria, svenevolezza: *essere pieno di moine e languori* ‖ **languorìno**, **dim.**

languoróso (o **-ṣ-**) [1952] **agg.** ● che è pieno di languore, di struggimento ‖ **languorosaménte**, **avv.**

langùr [indostano *langūr*, da avvicinare al sanscrito *lāṅgūlīn*, propr. 'che ha la coda' ✶ 1907] **s. m. inv.** ● scimmia dei Cercopitecidi molto comune in India, spesso semi-domestica (*Presbytis entellus*)

†**laniàre** [vc. dotta, lat. *laniāre* (V. *lagnarsi*) ✶ sec. XIII] **v. tr.** ● dilaniare, sbranare, lacerare (*anche fig.*): *il cuor mi lania / con piaghe eterne e nuove* (G. CARDUCCI)

†**laniatóre** [vc. dotta, lat. *laniatōre(m)*, da *laniātus*, part. pass. di *laniāre* 'laniare' ✶ 1618] **agg. e s. m. (f. -*trice*)** ● chi (o che) dilania

lanìccio [da *lana* ✶ 1891] **s. m. 1** peluria che si forma sotto i letti o tra le pieghe di coperte e indumenti di lana **2** lanugine prodotta dal baco da seta prima di iniziare il bozzolo

Lànidi [dal lat. *lānius* 'macellaio, carnefice', ricavato da *laniāre* 'dilaniare, fare a pezzi' (forse di orig. etrusca): la denominazione deriva dalle abitudini feroci di questi uccelli ✶ 1957] **s. m. pl. (sing. -*e*)** ● (*zool.*) famiglia di Passeriformi insettivori e predatori cui appartiene l'averla (*Laniidae*)

lanière [da *lana* ✶ 1941] **s. m. (f. -*a*)** ● fabbricante od operaio dell'industria laniera

lanièro [1905] **agg.** ● della lana, concernente la sua lavorazione o il suo commercio: *industria laniera*

lanifìcio [vc. dotta, lat. *lanificĭu(m)*, comp. di *lāna* 'lana', e *-ficium* '-ficio' ✶ 1783] **s. m.** ● stabilimento tessile in cui si lavora la lana

lanìgero [vc. dotta, lat. *lanĭgeru(m)*, comp. di *lāna* 'lana', e un deriv. di *gĕrere* 'produrre' ✶ 1499] **agg.** ● (*lett.*) lanoso, lanuto: *gregge l.*

lanìna [1565] **s. f.** ● dim. di *lana* | lana di qualità inferiore | mezza lana, lana mista a cotone

lanìno [1869] **s. m. (f. -*a*)** ● (*tosc.*; *disus.*) cardatore di lana

lanìsta [vc. dotta, lat. *lanĭsta(m)*, termine tecnico, di orig. etrusca ✶ av. 1292] **s. m. (pl. -*i*)** ● presso gli antichi Romani, maestro dei gladiatori

Lànital® o **Lanitàl** [comp. di *lan(a)* e *ital(iana)* ✶ 1935] **s. m. inv.** ● lana sintetica, utilizzata nel periodo fascista dell'autarchia

lanizzàre [1970] **v. tr.** ● dare a una materia tessile le proprietà della lana

†**làno** [da *lana* ✶ sec. XIV] **agg.** ● di lana | ***panno l.***, V. *pannolano*

lanolìna [comp. del lat. *lāna(m)* 'lana' e *ŏleu(m)* 'olio' ✶ 1895] **s. f.** ● sostanza grassa, giallognola, ottenuta per raffinazione del grasso di lana d'ovini, usata spec. come eccipiente per pomate, unguenti e cosmetici

lanóso (o **-ṣ-**) [vc. dotta, lat. tardo *lanōsu(m)*, da *lāna* 'lana' ✶ 1313] **agg. 1** (*lett.*) che è coperto di lana: *armento l.* | (*est.*, *lett.*) coperto di peluria, di barba: *Quinci fuor quete le lanose gote / al nocchier de la livida palude* (DANTE *Inf.* III, 97-98) **2** che è simile alla lana: *capelli lanosi* ‖ **lanosità**, **s. f. inv.** caratteristica o aspetto di ciò che è lanoso

lan pàrty /lan'parti, *ingl.* 'lænˌpɑ:ti/ [loc. ingl., comp. dalla sigla *l(ocal) a(rea) n(etwork)* 'rete di area locale' (V. *rete*) e *party* 'riunione' ✶ 1999] **loc. sost. m. inv. (pl. ingl.** *lan parties*) ● (*Internet*) riunione di appassionati per giocare in una rete locale con videogiochi multiplayer

lantàna [etim. discussa: dal lat. *lĕntus* 'lento', secondo l'ant. forma *lantana* (?) ✶ sec. XIV] **s. f. 1** pianta delle Caprifoliacee, delle zone montuose, con foglie cotonose e finemente dentate, fiori in grosse infiorescenze e frutti neri a drupa (*Viburnum lantana*) **2** pianta delle Verbenacee, americana, coltivata, con foglie ispide, rugose, di odore sgradevole e bei fiori numerosi di colore dal giallo al rosso (*Lantana hybrida*)

lantànide [comp. di *lantan(io)* e *-ide* ✶ 1951] **A s. m.** ● ciascuno degli elementi chimici del gruppo delle terre rare, lantanio incluso, con proprietà affini a quelle del lantanio **B agg.** ● che appartiene al gruppo delle terre rare: *elemento l.*

lantànio [dal gr. *lanthánein* 'essere nascosto', perché difficilmente rintracciabile nelle terre rare ✶ 1839] **s. m. (pl. -*i* o *raro* -*ii*)** ● elemento chimico metallo, capostipite del gruppo delle terre rare **SIMB.** La **NUM. AT.** 57

lantèrna [vc. dotta, lat. *lantĕrna(m)*, mutuato, forse attraverso un intermediario etrusco, dal gr. *lamptḗr*, di orig. iranica ✶ av. 1292] **s. f. 1** lume portatile o fisso, racchiuso in una specie di gabbia protettiva con pareti di vetro: *nel cuore della notte venne a svegliarci con la l. e il mantello sulla faccia* | ***l. di Diogene***, quella che secondo la tradizione il filosofo cinico Diogene recava accesa con sé, anche in pieno giorno, nella sua ricerca dell'uomo | (*fig.*, *raro*) ***cercare con la l.***, con cura e ostinazione; V. anche *lanternino* | (*fig.*) ***prendere lucciole per lanterne***, cadere in un errore madornale, sbagliarsi grossolanamente | ***l. cieca***, provvista di schermi mobili che fanno sì che la luce esca concentrata in un fascio o, all'occorrenza, venga occultata | ***l. cinese, veneziana, di carta***, lampioncino per luminaria **2** (*teatro*) ***l. di palcoscenico***, apparecchiatura per l'illuminazione scenica, atta a creare particolari effetti di luce **3** (*mar.*) apparecchio per segnali luminosi ai naviganti, protetto da invetriate e alloggiato nella parte superiore della torre di un faro | (*est.*) la torre del faro stesso | ***la L.***, (*per anton.*) il faro di Genova | ***la città della L.***, (*per anton.*) Genova **4** parte del diascopio contenente la lampada di proiezione | (*est.*) il diascopio stesso | ***l. magica***, apparecchio costituito da una scatola contenente una sorgente luminosa con cui si proiettano, ingrandite, su una parete o uno schermo, immagini dipinte a colori su una lastra di vetro **5** (*milit.*) canestro fatto a cono, contenente le pietre o i proiettili dell'antico petriere **6** (*mar.*) parte inferiore, a sezione ottagonale, di ogni tronco superiore degli alberi, sovrapposta al colombiere, il corrispondente elemento del tronco inferiore **7** (*archit.*) struttura a pianta poligonale o circolare, generalmente con vetrate, coperta da calotta, che costituisce la parte superiore della cupola **8** lucernario nel tetto per dar luce spec. alla scala **9** (*scherz.*, **al pl.**) occhi: *spalancare le lanterne* | (*fam.*, **al pl.**) occhiali: *rompere le lanterne* **10** (*zool.*) ***l. di Aristotele***, apparato masticatore degli Echinoidi ‖ **lanternétta**, **dim.** | **lanternìna**, **dim.** | **lanternìno**, **dim. m.** (V.) | **lanternóne**, **accr. m.** (V.) | **lanternùccia**, **dim.**

lanternàio [lat. *lanternāriu(m)*, da *lantĕrna* 'lanterna' ✶ 1561] **s. m. (f. -*aia*, pl. m. -*ai*)** ● (*raro*) fabbricante o venditore di lanterne | (*raro*, *lett.*) fanalista

†**lanternàre** [da *lanterna* ✶ sec. XIV] **v. tr.** ● (*raro*) illuminare

lanternìno [av. 1537] **s. m.** ● dim. di *lanterna* | ***cercare qlco. col l.***, (*fig.*) cercare con grande cura, spec. qlco. che è difficile trovare | ***cercarsele col l.***, andare in cerca di guai e fastidi

lanternóne [1548] **s. m. 1** accr. di *lanterna* **2** grossa lanterna portata in cima a un'asta durante le processioni religiose

†**lanternùto** [1618] **agg.** • magro, allampanato

lantopìna [comp. del v. gr. *lanth(ánein)* 'nascondersi' e di un deriv. di *ópion* 'oppio' ✱ 1973] **s. f.** • (*chim.*) alcaloide contenuto nell'oppio

lanùgine o (*raro*) **lanùggine** [vc. dotta, lat. *lanūgine(m)*, da *lāna* 'lana' ✱ av. 1320] **s. f. 1** peluria corta di lana o simile alla lana **2** peli morbidi e corti che cominciano ad apparire sulle guance e sul mento dei giovani: *del dilicato mento / la l. molle* (G.B. Marino) **3** (*bot.*) peluria che riveste organi vegetali diversi ‖ **lanuginétta**, **dim.**

lanuginóso (o -ṣ-) [vc. dotta, lat. *lanugĭnōsu(m)*, da *lanūgo*, genit. *lanūginis* 'lanugine' ✱ 1499] **agg.** • pieno di lanugine: *guance lanuginose*

lanùto [dal lat. *lanātu(m)* 'lanato (da *lāna*)', con mutato suff. ✱ av. 1311] **A agg. 1** (*lett.*) coperto di lana **SIN.** lanoso **2** (*raro*) che è simile alla lana nell'aspetto: *capelli lanuti* **B s. m.** • (*poet.*) ovino

†**lànza** ➤ **lancia**①

lanzàrda [1923] **s. f.** • lanzardo

lanzàrdo o **lanciàrdo** [forma dial. di *lacerto* ✱ 1936] **s. m.** • (*zool.*) tipo di scombro con macchie grigioverdastre lungo i fianchi (*Scomber japonicus colias*)

lanzichenécco o †**lanzighenétto**, †**lanzinécco** [ted. *Landsknecht* 'servo (*Knecht*) del paese (*Land*)' ✱ 1521] **s. m.** (**pl.** -*chi*) **1** soldato mercenario tedesco del periodo rinascimentale, componente di un corpo simile alle compagnie di ventura **2** (*est.*, *lett.*) scagnozzo, sgherro **3** †zecchinetta

lànzo [per *lanz(ichenecc)o* ✱ 1529] **s. m.** • lanzichenecco | (*per anton.*) lanzichenecco appartenente alla guardia del corpo dei duchi di Firenze | ***Loggia dei Lanzi***, la loggia in cui sostava il corpo di guardia dei lanzichenecchi in piazza della Signoria a Firenze | (*est.*) sbirro, sgherro

làó [n. locale ✱ 1917] **A s. m. e f. inv. 1** appartenente a un gruppo etnico stanziato nella penisola indocinese **2** abitante o nativo del Laos **SIN.** laotiano **B s. m. solo sing.** • lingua ufficiale del Laos, appartenente al gruppo thai **C agg. inv. 1** relativo al popolo dei lao: *migrazioni lao* **2** che è relativo alla lingua lao o è scritto in tale lingua: *letteratura lao*

laogai /lao'gai, *cinese* 'lao'gae/ [vc. cinese, propr. 'campo di riforma attraverso il lavoro' ✱ 1992] **s. m. inv.** • in Cina, campo di lavoro e riabilitazione per criminali; spec. durante il periodo maoista, usato come campo di lavori forzati

✦**laónde** [comp. di *là* e *onde* ✱ sec. XII] **cong.** • (*lett.*) per la qual cosa, quindi (con valore conclusivo): *l. egli scampa dalle forche* (G. Boccaccio) | anche scherz.: *l. per cui vi saluto*

♦**laotiàno** o (*raro*) **laoziàno** [1933] **A agg.** • del Laos: *popolo l.* **B s. m.** (**f.** -*a*) • abitante o nativo del Laos **C s. m. solo sing.** • lingua della famiglia austroasiatica parlata nel Laos

lapàco [vc. proveniente dall'America meridionale ✱ 1917] **s. m.** (**pl.** -*chi*) • denominazione di alcuni alberi della famiglia delle Bignoniacee dell'America meridionale, i quali forniscono un legno duro e pesante

✦**lapalissiàno** [dal n. del capitano fr. J. de *La Palice* (1470-1525) celebrato nei versi involontariamente ovvi: *Monsieur de La Palice est mort, est mort devant Pavie. Un quart d'heure avant sa mort, il était encore en vie.* 'Monsieur de La Palice è morto, è morto di fronte a Pavia. Un quarto d'ora prima di morire, era ancora in vita' ✱ 1914] **agg.** • che è ovvio, chiaro, scontato: *verità lapalissiana* ‖ **lapalissianaménte**, **avv.**

laparatomìa e deriv. ➤ **laparotomia** e deriv.

làparo- [dal gr. *lapára* 'fianco', 'addome', di etim. incerta] **primo elemento** • in parole composte della terminologia medica chirurgica, significa 'ventre', 'addome', 'addominale': *laparoscopia, laparotomia*

laparocèle [comp. di *laparo-* e *-cele* ✱ 1834] **s. m.** • (*med.*) erniazione del contenuto peritoneale attraverso la parete dell'addome

laparoscopìa [comp. di *laparo-* e *-scopia* ✱ 1895] **s. f.** • (*med.*) esplorazione diretta per mezzo del laparoscopio, della cavità peritoneale a fini diagnostici di patologia intra-addominale o pelvica **SIN.** celioscopia

laparoscòpico [1973] **agg.** (**pl. m.** -*ci*) • (*med.*) relativo a laparoscopia

laparoscòpio [1973] **s. m.** • (*med.*) particolare endoscopio dotato di un sistema ottico che si introduce nella cavità peritoneale attraverso una piccola incisione della parete addominale a fini diagnostici **SIN.** celioscopio

laparotomìa o **laparatomìa** [comp. di *laparo-* e *-tomia* ✱ 1874] **s. f.** • (*chir.*) incisione chirurgica della parete addominale con apertura della cavità peritoneale

laparotòmico o **laparatòmico** [1893] **agg.** (**pl. m.** -*ci*) • (*med.*) che concerne la laparotomia

lapàzio [vc. dotta, lat. *lapăthiu(m)*, dim. di *lăpathum*, dal gr. *lápazon*, di orig. sconosciuta ✱ av. 1320] **s. m.** • (*bot.*) romice

lapàzza ➤ **lampazza**

lap dance /lap'dɛns, *ingl.* 'læp,dæns/ [loc. dell'ingl. d'America, propr. 'ballo (*dance*), che si muove intorno (dal v. *to lap*)' ✱ 1995] **loc. sost. f. inv.** (**pl. ingl.** *lap dances*) • tipo di danza erotica eseguita da ballerine seminude a contatto con gli spettatori o intorno a una pertica

lapicìda [vc. dotta, lat. *lapicīda(m)*, per *lapi(di)cīda(m)*, comp. di *lăpis*, genit. *lăpidis* 'pietra', di etim. incerta, e *-cida* ✱ 1871] **s. m.** (**pl.** -*i*) • in epoca romana e medievale, artigiano esperto nella lavorazione della pietra e del marmo | incisore di iscrizioni su pietra o marmo

†**làpida** [da *lapide* ✱ sec. XIII] **s. f.** • (*tosc.*) pietra che serve come coperchio di pozzetti di fogne, cisterne, pozzi | lapide

†**lapidaménto** [sec. XIV] **s. m.** • lapidazione

lapidàre [vc. dotta, lat. *lapidāre*, da *lăpis*, genit. *lăpidis*, 'pietra', di etim. incerta ✱ sec. XIII] **v. tr.** (*io làpido*) **1** lanciare ripetutamente contro qlcu. pietre, sassi e sim. fino a ucciderlo **2** (*fig.*) inveire contro qlcu. con rimproveri e aspre critiche: *l. gli avversari politici* **3** (*tecnol.*) molare, faccettare, pulire metalli, pietre preziose e sim. **SIN.** lappare

lapidària [vc. dotta, lat. *lapidāria(m)* 'appartenente alla pietra (*lăpis*, genit. *lăpidis*)' ✱ av. 1683] **s. f. 1** arte della lavorazione del marmo e dell'incisione delle iscrizioni | epigrafia **2** arte di molare, faccettare, pulire le pietre preziose

✦**lapidàrio** [vc. dotta, lat. *lapidāriu(m)*, da *lăpis*, genit. *lăpidis* 'pietra, lapide' ✱ av. 1337] **A agg. 1** delle iscrizioni su lapide: *arte lapidaria* | ***carattere l.***, ispirato a quello delle iscrizioni monumentali dell'antica Roma **2** (*fig.*) incisivo e sentenzioso: *stile l.* ‖ **lapidariaménte**, **avv.** **B s. m. 1** (**f.** -*ia*) operaio che incide marmi, lapidi | scalpellino **2** (**f.** -*ia*) artefice che lavora e faccetta diamanti e altre gemme **3** museo che raccoglie iscrizioni, lapidi e sim. **4** libro medievale che tratta di pietre preziose e delle loro virtù soprannaturali

lapidatóre [vc. dotta, lat. *lapidatōre(m)*, da *lapidātus* 'lapidato' ✱ av. 1342] **agg. e s. m.** (**f.** -*trice*) • che (o chi) lapida (*anche fig.*)

lapidatrìce [vc. dotta, lat. tardo *lapidatrīce(m)*, da *lapidātus* 'lapidato' ✱ 1957] **s. f.** • lappatrice

lapidatùra [1957] **s. f.** • lappatura

lapidazióne [vc. dotta, lat. *lapidatiōne(m)*, da *lapidātus* 'lapidato' ✱ av. 1406] **s. f.** • uccisione di qlcu. o esecuzione di un condannato mediante lancio di pietre: *la l. delle adultere; la l. di Santo Stefano*

✦**làpide** [vc. dotta, lat. *lăpide(m)*, di etim. incerta ✱ sec. XIII] **s. f. 1** pietra sepolcrale, lastra di marmo, di piombo o di altro materiale posta su un sepolcro, a volte con iscrizione **2** tavola di marmo o altro materiale con un'epigrafe commemorativa, posta su un pubblico edificio, un monumento, o la facciata di una casa: *lo feci sotterrare ..., di poi gli feci fare una bellissima l. di marmo* (B. Cellini) **3** †pietra preziosa ‖ **lapidétta**, **dim.** | **lapidìna**, **dim.** | **lapidóna**, **accr.** | **lapidóne**, **accr. m.**

lapidellatóre [1983] **s. m.** (**f.** -*trice*) • (*tecnol.*) operaio o tecnico esperto nell'uso del lapidello

lapidèllo [da *lapide* nel senso orig. di 'pietra (da levigare)' ✱ 1957] **s. m.** • (*tecnol.*) rettificatrice piana

lapìdeo [vc. dotta, lat. *lapĭdeu(m)*, da *lăpis*, genit. *lăpidis* 'lapide' ✱ 1351] **A agg. 1** di pietra: *sepolcro l.*; *in un'arca lapidea il fé riporre* (G. Boccaccio) **2** (*est.*) che ha le caratteristiche della pietra: *materiali lapidei* **3** relativo alla lavorazione della pietra: *crisi del settore l.* **B s. m.** (**f.** -*a*) • operaio addetto alla lavorazione della pietra

lapidescènte [vc. dotta, lat. *lapidescĕnte(m)*, part. pres. del v. *lapidēscere* 'pietrificare', da *lăpide(m)* 'pietra' ✱ 1499] **agg. 1** detto di sostanza che produce un'azione incrostante o pietrificante: *una soluzione calcarea l.* **2** che subisce pietrificazione: *sostanza organica l.*

lapidìcolo [vc. dotta, comp. del lat. *lăpis*, genit. *lăpidis* 'pietra' e *-colo* ✱ 1973] **agg.** • (*biol.*) detto di organismo che vive tra le rocce, sui sassi e sim.

lapidificàre [dal lat. *lăpide(m)* 'pietra' ✱ 1869] **A v. tr.** (*io lapidìfico, tu lapidìfichi*) • rendere di pietra o simile alla pietra **B lapidificàrsi v. intr. pron.** • acquisire le caratteristiche della pietra **SIN.** pietrificarsi ‖ **lapidificazióne**, **s. f.**

lapidóso (o -ṣ-) [vc. dotta, lat. *lapidōsu(m)*, da *lăpis*, genit. *lăpidis* 'pietra, lapide' ✱ 1440] **agg.** • (*lett.*) sassoso, pietroso

†**lapillàre**① [da *lapillo* ✱ av. 1673] **A v. tr.** • ridurre in lapilli **B v. intr.** e †**lapillàrsi v. intr. pron.** • prendere la forma di un lapillo | cristallizzarsi

lapillàre② [da *lapillo* con suff. agg. ✱ av. 1758] **agg. 1** che ha la forma di un lapillo **2** relativo ai lapilli

lapìllo [vc. dotta, lat. *lapĭllu(m)*, dim. di *lăpis*, genit. *lăpidis* 'pietra' ✱ 1321] **s. m. 1** cristallo, pezzetto di roccia o altro elemento piroclastico solido, lanciato da un condotto vulcanico **2** †pietruzza **3** †pietra preziosa

lapin /fr. la'pɛ̃/ [vc. fr., da una base preromana **lapparo-* 'coniglio' ✱ 1905] **s. m. inv.** • pelliccia di coniglio

làpis [vc. dotta, lat. *lăpis* (sottinteso *haematītos*, nom.) 'pietra (color di sangue, dal gr. *hâima*, genit. *háimatos*)' ✱ av. 1519] **s. m. inv.** • matita: *un l. nero, rosso, turchino* | †pietra dura, ematite, grafite o altro usati per disegnare ‖ **lapissìno**, **dim.**

lapiṣlàẓẓuli (o -zz-), **lapiṣlàẓuli** (o -z-), **lapiṣlàẓẓoli** (o -zz-), **lapiṣlàẓoli** (o -z-),

lapiṣlàẓẓulo (o **-zz-**), **lapiṣlàẓulo** (o **-z-**) ['pietra (lat. *lăpis*) azzurra (persiano *lāžuvardī*)' ✱ sec. XIV] **s. m. inv.** ● (*miner.*) roccia costituita in prevalenza di lazurite azzurra, pirite gialla e calcite bianca | pietra semi-preziosa di colore azzurro intenso, usata per intagli, ornamenti, anelli e collane

làppa [vc. dotta, lat. *lăppa(m)* 'lappola', vc. pop. di etim. incerta ✱ sec. XV] **s. f.** ● (*bot.*) nome generico di alcune piante che hanno frutti o brattee delle infruttescenze provviste di uncini con cui aderiscono al vello degli animali venendo così dispersi **SIN.** lappola

lappàre① [lat. pop. **lappāre*, di orig. imitativa (**lapp-*) ✱ 1598] **v. tr.** ● bere come fanno i cani, succhiando rumorosamente l'acqua con la lingua (*anche assol.*)

lappàre② [dall'ingl. *to lap* 'levigare' ✱ 1987] **v. tr.** ● sottoporre a lappatura

lappàta [da *lappare*① ✱ av. 1890] **s. f.** ● bevuta rumorosa tipica dei cani

lappatóre [1957] **s. m.** (**f.** *-trice*) ● operaio specializzato nella lappatura

lappatrìce [da *lappare*② ✱ 1973] **s. f.** ● macchina utensile che serve a eseguire la lappatura **SIN.** lapidatrice

lappatùra [dall'ingl. *lapping* 'smerigliatura', dal v. *to lap*, propr. 'lambire', da una base, ampiamente diffusa, di orig. imitativa ✱ 1957] **s. f.** ● operazione di finitura di superfici per ridurne la scabrosità mediante strisciamento, a bassa velocità, con superfici metalliche analoghe a quella in lavorazione cosparse di fine polvere abrasiva **SIN.** lapidatura | nella tecnologia elettronica, operazione di rettifica eseguita per ottenere una superficie levigata su laminette di materiali semiconduttori o per la regolazione finale dello spessore dei cristalli di quarzo

làppe [vc. onomat. ✱ 1481] **inter.** **1** (*spec. iter.*) riproduce il rumore che si fa con la lingua bevendo o leccando rumorosamente come fanno i cani | riproduce anche il rumore che si fa con la lingua per il desiderio di un cibo gustoso e stuzzicante | (*tosc.*) ***far l. l.***, avere l'acquolina in bocca **2** †***fare l. l.***, (*fig.*) tremare di paura (in riferimento alle natiche)

làppola① [vc. dotta, lat. *lăppula(m)*, dim. di *lăppa* 'lappa' ✱ av. 1294] **s. f.** **1** (*bot.*) lappa (*Xanthium strumarium*) **SIN.** (*pop.*) strappalana **2** (*fig.*) †persona importuna e appiccicaticcia **3** †cosa da nulla

làppola② [dim. dissimilato di *nappa* nel senso di 'ciuffo di peli' ✱ av. 1406] **s. f.** ● (*tosc.*) palpebra

lappoleggiàre [da *lappola*② ✱ 1868] **v. intr.** (**pres.** *io lappoléggio*; **fut.** *io lappoleggerò*; **aus.** *avere*) ● (*tosc.*) battere le palpebre: *Mi... mi scusi, – balbettò indignatissimo, lappoleggiando, il signor Martino* (L. Pirandello)

làppone o **lappóne** [av. 1557] **A** **agg.** ● della Lapponia e dei suoi abitanti: *usi lapponi*; *lingua l.* **B** **s. m. e f.** ● abitante o nativo della Lapponia, regione della penisola scandinava a nord del circolo polare artico **C** **s. m. solo sing.** ● lingua del gruppo ugro-finnico, parlata dai Lapponi

♦**làpsus** [vc. lat., propr. part. pass. di *lābi* 'scivolare', di etim. incerta ✱ 1895] **s. m. inv.** (**pl. lat. inv.**) **1** distrazione, errore involontario nel parlare o nello scrivere | ***l. calami***, errore involontario nello scrivere | ***l. linguae***, errore involontario nel parlare **2** (*psicoan.*) ***l. freudiano***, quello, dovuto a intenzioni inconsce, che esprime tendenze opposte a quanto si sarebbe dovuto scrivere o dire

laptòp /lap'tɔp, *ingl.* 'læp,tɒp/ [vc. ingl., propr. 'in cima (*top*) al grembo (*lap*)' ✱ 1986] **s. m. inv.** ● (*inform.*) personal computer portatile, alimentato a batteria, di dimensioni e peso contenuti

larà o **larì** [vc. onomat. ✱ av. 1566] **inter.** ● si usa, più volte iter., canticchiando sopra pensiero | esprime anche ostentata indifferenza verso qlco. o qlcu.: *larà, larà, larì larà, lallera!* | V. anche *lallarallà, lallera, trallallera, trallallà*

laràrio [vc. dotta, lat. *Larāriu(m)*, da *Lăres*, di orig. etrusca (?) ✱ 1585] **s. m.** ● nella casa degli antichi Romani, altare, edicola o parte destinati al culto dei Lari

lardàceo [1834] **agg.** ● simile al lardo

†**lardaiuòlo** [av. 1502] **s. m.** ● pizzicagnolo

lardàre [da *lardo* ✱ 1300] **v. tr.** **1** (*raro*) lardellare **2** (*mar.*; *disus.*) ***l. la vela***, ungere un telo con stoppa, sego o catrame e stenderlo su una falla per chiuderla | ingrossare, rinforzare: *l. le corde*

lardatóio [av. 1859] **s. m.** (**pl.** *-ói*) ● (*tosc.*) strumento per lardellare

lardatùra [sec. XIV] **s. f.** ● il lardare | lardellatura

lardellàre [da *lardello* ✱ sec. XIV] **v. tr.** (*io lardèllo*) **1** (*cucina*) introdurre in un pezzo di carne da cuocere dei pezzetti di lardo, pancetta o prosciutto **CFR.** steccare **2** (*fig.*, *lett.*) riempire, infiorare: *l. un discorso di citazioni* **3** †ungere, impomatare

lardellatùra [1869] **s. f.** ● operazione del lardellare | insieme dei pezzetti di lardo con cui si lardella qlco.

lardèllo [da *lardo* col suff. dim. per designare una piccola parte ✱ sec. XIV] **s. m.** ● pezzetto di lardo

làrdo [lat. *lār(i)du(m)*, di etim. incerta ✱ sec. XIII] **s. m.** **1** grasso sottocutaneo del dorso del maiale, conservato salato o affumicato | (*fig.*) †***nuotare nel l.***, vivere nell'abbondanza | (*est.*) adipe | ***essere una palla di l.***, (*fig.*) di persona o animale eccessivamente grasso | **PROV.** ***tanto va la gatta al l. che ci lascia lo zampino***, V. *gatta*① **2** (*tosc.*) strutto ‖ **lardóne**, **accr.** (V.)

lardóne [propr. accr. di *lardo* ✱ 1623] **s. m.** **1** (*tosc.*) lardo salato o affumicato **2** (*tecnol.*) pezzo di metallo squadrato o profilato impiegato in varie lavorazioni come spessore per chiudere una fenditura, ridurre il gioco di un organo e sim.

lardóso (o **-ṣ-**) [av. 1597] **agg.** ● che ha molto lardo | (*fig.*) di persona eccessivamente grassa

làre [vc. dotta, lat. *Lāres*, di orig. etrusca (?) ✱ 1483] **s. m.** ● (**spec. al pl.**) presso gli antichi Romani, l'anima di un antenato che, divinizzata, proteggeva la casa e il focolare domestico | ***tornare ai patrii lari, ai propri lari***, (*fig.*) in patria o a casa propria (*anche scherz.*)

larènzia [dal n. lat. della Terra Madre (Acca) *Larĕntia*, di probabile orig. etrusca ✱ 1891] **s. f.** ● farfalla diurna dalle ali variegate bianche e nere, frequente nei boschi di betulle (*Larentia hastata*)

largàre [da *largo* ✱ av. 1306] **A** **v. tr.** (*io làrgo, tu làrghi*) ● †allentare, allargare | †sciogliere, liberare: *l. il falcone, i levrieri* | (*fig.*) †lasciar erompere (un sentimento ecc.) **B** **v. intr.** (**aus.** *avere*) e **largàrsi** **v. intr. pron.** ● (*mar.*) allontanarsi da una banchina, da un battello, dalla costa e sim.: *largarsi da terra*

largatìra [comp. di *(al)larga(re)* 'molla(re)' e *tira(re)* ✱ 1607] **s. f.** ● (*mar.*; *raro*) maniera di vogare molto comoda, indugiando, a intervalli

large /lardʒ, *ingl.* lɑ:dʒ/ [vc. ingl., propr. 'largo, grande, ampio' ✱ 1989] **agg. inv.** ● detto di capo di abbigliamento di taglia grande **SIMB.** L

largheggiaménto [av. 1642] **s. m.** ● (*raro*) il largheggiare | generosità, liberalità

largheggiàre [da *largo*, nel sign. di 'liberale, generoso' ✱ av. 1294] **v. intr.** (**pres.** *io larghéggio*; **fut.** *io largheggerò*; **aus.** *avere*) ● essere generoso e prodigo nel dare, nel promettere, nel concedere (+ *di*, + *in*, *raro* + *con*): *l. di parole, di promesse*; *l. in spiegazioni, in cortesia*; *l. in mance*; *l. nelle* (o *con le*) *spese*; *avrebbe poi largheggiato con la Chiesa* (F. De Roberto)

largheggiatóre [1618] **agg. e s. m.** (**f.** *-trice*) ● (*raro*) che (o chi) largheggia **SIN.** prodigo

larghétto [1826] **A** **s. m.** **1** dim. di *largo* **2** (*mus.*) indicazione di movimento meno lento e solenne del largo **B** **anche agg.**: *tempo l.*

♦**larghézza** [da *largo* ✱ 1250 ca.] **s. f.** **1** (*mat.*) dimensione di un corpo in ampiezza, cioè né in lunghezza né in altezza | misura di tale dimensione **2** correntemente, ampiezza: *un fiume, una strada di notevole l.* | ***la l. della tavola***, l'estensione del lato minore | ***la l. di un foro, di un vaso***, il loro diametro | ***la l. del torace***, la sua circonferenza | ***l. maggiore***, della nave misurata al baglio maestro **3** (*fig.*) mancanza di rigidità, di severità e sim.: *interpretare con l. una norma*; *giudicare con l.* **SIN.** elasticità, tolleranza | ***l. di vedute, di idee***, apertura mentale **4** (*fig.*) generosità, liberalità: *donare con l.* | (*lett.*) atto generoso **5** abbondanza, dovizia: *con l. di particolari* **6** †licenza, facoltà

†**larghità** ➤ †**largità**

†**largiménto** [vc. dotta, lat. *largimĕntu(m)*, da *largīri* 'largire' ✱ sec. XIV] **s. m.** ● elargizione

largìre [vc. dotta, lat. *largīri*, da *lărgus* 'largo, liberale' ✱ av. 1294] **v. tr.** (*io largìsco, tu largìsci*) **1** (*lett.*) concedere con generosità: *l. favori, benefici, grazie* | †permettere **2** †lasciare libero

†**largità** o †**largitàde**, †**largitàte**, †**larghità** [vc. dotta, lat. *largitāte(m)*, da *lărgus* 'largo' ✱ av. 1327] **s. f.** ● generosità, magnificenza

largitóre [vc. dotta, lat. *largitōre(m)*, da *largītus*, part. pass. di *largīri* 'largire' ✱ 1336 ca.] **agg. e s. m.** (**f.** *-trice*) ● (*lett.*) che (o chi) largisce

largizióne [vc. dotta, lat. *largitiōne(m)*, da *largītus*, part. pass. di *largīri* (V. *largire*) ✱ 1268] **s. f.** ● (*lett.*) elargizione

♦**làrgo** [vc. dotta, lat. *lărgus*, di etim. incerta ✱ av. 1257] **A** **agg.** (**pl. m.** *-ghi*) **1** che ha una determinata larghezza: *un fiume l. cento metri* | che si estende soprattutto in larghezza: *la strada in quel punto è molto larga* | (*est.*) capace: *vaso l.* | ampio: *larghi gesti* | di misura abbondante: *abito l.*; *scarpe larghe* | ***essere di manica larga***, (*fig.*) essere indulgente | ***stare l.***, comodo | ***colonne, alberi larghi***, distanti uno dall'altro | ***a gambe larghe***, divaricate | ***a larghi tratti***, (*fig.*) trascurando i particolari | ***su larga scala***, (*fig.*) in proporzioni notevoli | ***avere le spalle larghe***, (*fig.*) essere capace di sopportare avversità, responsabilità e sim. | (*ellitt.*) ***alla larga***, lontano, via: *stare alla larga da qlcu.*; *alla larga da quell'intrigante!* | ***prendere qlco. alla larga, prenderla larga***, girandoci attorno, arrivando indirettamente a ciò che si vuole **CONTR.** stretto **2** (*fig.*) aperto: *vocale larga*; *pronuncia larga* **CONTR.** chiuso, stretto **3** (*fig.*) non ristretto, non limitato al significato letterale delle parole: *interpretazione larga* **4** (*fig.*) abbondante, copioso: *avere una larga parte di utili* | ***guadagno l.***, grande | consistente: *vincere con l. margine* | ***in larga misura***, in misura notevole: *una tecnologia in larga misura sorpassata* **5** (*fig.*) liberale, generoso (+ *di*, + *con*): *essere l. di promesse, di elogi*; *eri più l. di baci che di parole* (G. D'Annunzio); *essere l. coi poveri, coi parenti*; *Questo Federigo fu l. e... gentile* (G. Villani) **6** (*fig.*) aperto, libero da preconcetti: *idee larghe*; *persona di larghe* *vedute* CONTR. gretto, meschino **7** (*anat.*) ***legamento l.***, formazione nastriforme costituita da una piega del peritoneo che tiene in sede l'utero ‖ **largaménte**, avv. **1** diffusamente: *ne abbiamo largamente discusso*; estesamente, abbondantemente: *un farmaco largamente usato*; in larga misura: *un autore largamente noto* **2** con larghezza, generosamente, senza risparmio: *provvedere largamente ai bisogni della famiglia*; (*lett.*) con agiatezza, lussuosamente: *Questo padre ... sapeva largamente vivere* (G. D'ANNUNZIO) **3** (*poet.*) ampiamente, completamente: *Lenta sale pe 'l freddo aere la luna, / E largamente il cielo inalba* (G. CARDUCCI) **B** avv. **1** nelle loc. ***girare l.***, ***†volgere, giuocare l.***, tenersi lontano: *gira l.!*; *gira l. da quell'imbroglione* **2** †diffusamente: *e se io ne parlo alquanto l.* (G. BOCCACCIO) **3** †liberamente, senza riguardi: *molto l. abbiamo delle nostre mogli parlato* (G. BOCCACCIO) **C** in funzione di inter. ● si usa come intimazione a lasciare libero il passo, a sgombrare (*anche fig.*): *fate l.!*; *l.!*; *l. ai giovani!* **D** s. m. **1** larghezza | spazio esteso | nella loc. avv. ***in lungo e in l.***, in ogni direzione, dappertutto | ***fare l.***, aprire un passaggio, un varco tra la folla | ***farsi l.***, aprirsi la strada; (*fig.*) fare carriera **2** mare aperto, lontano dalle coste: *farsi portare al l. dalla corrente* | ***prendere il l.***, allontanarsi dalle coste; (*fig.*) andarsene, scappare | ***tenersi al l.***, (*fig.*) evitare qlco. o qlcu. **3** piccola piazza posta all'incrocio tra più vie: *troviamoci in L. Goldoni* **4** (*mus.*) indicazione di movimento più lento dell'adagio e con carattere di solennità **5** (*sport*) in equitazione, ostacolo composto da due piani verticali che hanno tra loro una distanza uguale o superiore all'altezza dell'elemento più alto ‖ **larghétto**, dim. (V.) | **larghino**, dim.

†largoveggènte [comp. di *largo* nel senso di 'lontano' e *veggente* ✱ av. 1729] agg. ● lungimirante

largùra [av. 1328] s. f. **1** (*raro, lett.*) spazio di terreno ampio ed esteso **2** †slargo | †larghezza

Làri [vc. dotta, lat. *larus* 'gabbiano', di provenienza gr. ✱ 1895] s. m. pl. (sing. *-o*) ● (*zool.*) sottordine di Uccelli dei Caradriformi comprendente numerosi generi tra i quali i gabbiani

larì ➤ **larà**

lariàno [dal n. lat. del lago di Como, *Lārius* 'Lario' ✱ 1911] **A** agg. ● relativo al lago di Como e al territorio circostante **B** agg. e s. m. (f. *-a*) ● che (o chi) gioca nelle squadre di calcio del Como o del Lecco o ne è sostenitore

làrice [vc. dotta, lat. *lărice(m)*, di etim. incerta ✱ av. 1320] s. m. **1** conifera che cresce sui monti fino a 2000 metri, con foglie caduche aghiformi riunite in fascetti, legno resistente e di lunga durata (*Larix europaea*) **2** legno di tale pianta, usato per costruzioni

laricéto [1957] s. m. ● bosco di larici

Larifórmi [vc. dotta, comp. di *laro* e il pl. di *-forme* ✱ 1969] s. m. pl. (sing. *-e*) ● (*zool.*) ordine di Uccelli acquatici, tuffatori, dalle ali lunghe, piedi palmati e becco compresso (*Lariformes*)

laringàle [1957] agg. **1** (*anat.*) relativo alla laringe SIN. laringeo **2** (*ling.*) detto di suono prodotto dalla vibrazione delle corde vocali sotto la pressione dell'aria proveniente dai polmoni

laringe [gr. *lárynx*, genit. *láryngos* 'fauci, laringe, esofago', di etim. incerta, ma con facile adattamento a *phárinx* 'faringe' ✱ av. 1642] s. f. o (*raro, med.*) m. ● (*anat.*) primo tratto dell'apparato respiratorio situato nel collo al di sopra della trachea, che ha funzione vocale e di transito dell'aria verso i polmoni

laringectomìa [comp. di *laringe* e di un deriv. del gr. *ektomḗ* 'incisione' ✱ 1903] s. f. ● (*chir.*) intervento chirurgico per l'asportazione parziale o totale della laringe

laringectomiẓẓàre [da *laringectomia* ✱ 1973] v. tr. ● (*chir.*) sottoporre qlcu. a laringectomia

laringectomiẓẓàto **A** part. pass. di *laringectomizzare*; anche agg. ● nei sign. del v. **B** s. m. (f. *-a*) ● chi ha subìto l'asportazione chirurgica della laringe

laringèo o (*raro*) **larìngeo** [da *laringe* ✱ 1834] agg. ● (*anat.*) della laringe, relativo alla laringe: *nervo l.*

laringìṣmo [comp. di *laring(e)* e *-ismo* ✱ 1874] s. m. ● (*med.*) spasmo dei muscoli laringei

laringìte [comp. di *laringe* e *-ite*① ✱ 1828] s. f. ● (*med.*) infiammazione della laringe

larìngo- [dal gr. *lárynx*, genit. *láryngos* 'laringe', di etim. incerta] primo elemento ● in parole composte, spec. della terminologia medica, significa 'laringe': *laringoiatra*

laringofaringìte [comp. di *laringo-* e *faringite* ✱ 1973] s. f. ● (*med.*) processo infiammatorio che coinvolge sia la laringe che la faringe

laringòfono [comp. di *laringo-* e *-fono* ✱ 1937] s. m. **1** microfono speciale posto a contatto della gola in modo da trasmettere le sole vibrazioni della voce eliminando i rumori ambientali **2** (*med.*) apparecchio elettronico che applicato alla regione anterolaterale del collo consente ai soggetti laringectomizzati di amplificare i suoni modulati nella parte di laringe residua

laringografìa [comp. di *laringo-* e *-grafia* ✱ 1943] s. f. ● (*med.*) esame radiologico della laringe

laringogràfico [1973] agg. (pl. m. *-ci*) ● attinente alla laringografia

laringoiàtra [comp. di *laringo-* e del gr. *iatrós* 'medico' ✱ 1891] s. m. e f. (pl. m. *-i*) ● medico specialista di malattie della laringe

laringoiatrìa [1882] s. f. ● branca della medicina che si occupa delle malattie della laringe

laringoiàtrico [1943] agg. (pl. m. *-ci*) ● attinente alla laringoiatria

laringologìa [comp. di *laringo-* e *-logia* ✱ 1834] s. f. (pl. *-gìe*) ● (*med.*) studio della laringe nei suoi aspetti normali e patologici

laringològico agg. (pl. m. *-ci*) ● attinente alla laringologia

laringòlogo [comp. di *laringo-* e *-logo* ✱ 1905] s. m. (f. *-a*; pl. m. *-gi*) ● medico che studia le malattie della laringe

laringopatìa [comp. di *laringo-* e *-patia* ✱ 1894] s. f. ● ogni affezione della laringe ‖ **laringopàtico**, agg. (pl. m. *-ci*); anche s. m. (f. *-a*) nel sign. 2 **1** relativo a laringopatia **2** che (o chi) soffre di laringopatia

laringoplàstica [comp. di *laringo-* e *-plastica* ✱ 1989] s. f. ● (*med.*) ricostruzione chirurgica della laringe

laringoplegìa [comp. di *laringo-* e *-plegia* ✱ 1973] s. f. (pl. *-gìe*) ● (*med.*) paralisi unilaterale o bilaterale, completa o incompleta dei muscoli laringei

laringoscopìa [comp. di *laringo-* e *-scopia* ✱ 1865] s. f. ● (*med.*) esame ottico della laringe

laringoscòpico [1875] agg. (pl. m. *-ci*) ● che concerne la laringoscopia

laringoscòpio [comp. di *laringo-* e *-scopio* ✱ 1874] s. m. ● (*med.*) strumento che permette la visione diretta della laringe

laringospàṣmo [comp. di *laringo-* e *spasmo* ✱ 1834] s. m. ● (*med.*) spasmo delle corde vocali con impedimento al transito dell'aria

laringostenòṣi [comp. di *laringo-* e *stenosi* ✱ 1895] s. f. inv. ● (*med.*) restringimento dell'apertura laringea

laringostenòtico [1973] agg. (pl. m. *-ci*) ● che concerne la laringostenosi

laringotomìa [comp. di *laringo-* e *-tomia* ✱ 1733] s. f. ● (*chir.*) incisione della parete laringea

laringòtomo [1943] s. m. ● (*chir.*) strumento per la laringotomia

laringotrachèite [comp. di *laringo-* e *tracheite* ✱ 1874] s. f. ● (*med.*) infiammazione della laringe e della trachea | (*veter.*) ***l. infettiva dei volatili***, malattia dei gallinacei causata da un ultravirus

laringotracheotomìa [comp. di *laringo-* e *tracheotomia* ✱ 1874] s. f. ● (*chir.*) intervento chirurgico eseguito mediante incisione verticale della cricoide e dei primi anelli cartilaginei della trachea

làro [vc. dotta, lat. tardo *lăru(m)*, dal gr. *láros*, di orig. onomat. ✱ sec. XIV] s. m. ● (*zool.*) ogni uccello del sottordine dei Lari

làrva [vc. dotta, lat. *lārva(m)*: apparentato con *Lăres* 'Lari', di orig. etrusca (?) ✱ 1319] s. f. **1** presso gli antichi Romani, spettro o fantasma di persona morta, talvolta malefico **2** (*est., lett.*) spettro, ombra, fantasma: *corrusche / d'armi ferree vedea larve guerriere / cercar la pugna* (U. FOSCOLO) | (*lett.*) apparenza vana: *una l. di gloria* **3** (*lett.*) maschera: *come gente stata sotto larve, / che pare altro che prima* (DANTE *Par.* XXX, 91-92) **4** (*fig.*) persona emaciata, sparuta, malridotta: *è ormai la l. di sé stesso* | (*fig.*) simbolo di inettitudine, inefficienza e sim.: *una l. di governo* **5** (*zool.*) stadio giovanile degli animali soggetti a metamorfosi gener. di aspetto completamente diverso dall'adulto: *il bruco è la l. dei Lepidotteri* | ***l. esacanta***, forma larvare della tenia saginata provvista di tre paia di tipici uncini SIN. oncosfera

larvàle [vc. dotta, lat. tardo *larvāle(m)*, da *lārva* 'larva' ✱ 1884] agg. ● di larva | ***stadio l.***, (*zool.*) quello della larva; (*fig.*) stadio iniziale, non definitivo, di qlco.: *un progetto ancora allo stadio l.*

larvàre [lat. tardo *larvāre* 'stregare', da *lārva* 'larva' ✱ av. 1502] v. tr. ● (*raro, lett.*) mascherare (*spec. fig.*)

larvàto part. pass. di *larvare*; anche agg. **1** (*lett.*) mascherato **2** (*fig.*) che si presenta sotto altre apparenze, che non è completamente manifesto: *larvate minacce*; *forma larvata di ricatto* ‖ **larvataménte**, avv. in modo velato, non manifesto

larvicìda [comp. di *larva* e *-cida* ✱ 1957] **A** s. m. (pl. *-i*) ● sostanza in grado di distruggere le larve degli insetti **B** anche agg.: *prodotto l.*

larvìcola [comp. di *larva* e *-cola* ✱ 1973] s. m. (pl. *-i*) ● parassita di larve

larvifórme [comp. di *larva* e *-forme* ✱ 1957] agg. ● che ha forma di larva

larvipariṣmo [da *larviparo* ✱ sec. XX] s. m. ● (*zool.*) particolare riproduzione per ovoviviparismo, caratterizzata dalla deposizione di prole in forma larvale

larviparità [da *larviparo* ✱ sec. XX] s. f. inv. ● (*zool.*) condizione di un organismo larviparo

larvìparo [comp. di *larva* (*larvi-* nella composizione scient.) e del lat. *-parus*, tratto da *părere* 'partorire' ✱ 1930] **A** s. m. ● (*zool.*) organismo animale che si riproduce per larviparismo **B** anche agg.: *animale l.*

larvìvoro [comp. di *larva* e *-voro* ✱ 1973] agg. ● detto di animale che si ciba prevalentemente di larve di insetti: *la gambusia è un pesce l.*

laṣàgna [lat. parl. **lasānia*, da *lăsanu(m)* 'pentola, recipiente da cucina', dal gr. *lásanon* (più frequente al pl. *lásana*), di etim. incerta ✱ 1282] s.

f. **1** (*cucina*, spec. al pl.) pasta all'uovo a strisce larghe, che si mangia asciutta | ***lasagne al forno***, lessate e disposte a strati, condite con ragù e besciamella e gratinate al forno | ***lasagne verdi***, in cui alla pasta sono mescolati spinaci lessati e tritati **2** †strato di cera che rivestiva internamente le forme di gesso in cui si versava il bronzo || **laṣagnétta**, dim. | **laṣagnóne**, accr. m. (V.)

laṣagnòlo [av. 1755] **s. m.** ● (*romagnolo*) mattarello per spianare le lasagne

laṣagnóne [1566] **s. m.** (f. *-a*) ● (*scherz.*) persona grossa, goffa e sciocca SIN. bietolone

làsca [longob. **aska* 'temolo', prob. '(di colore) cenere' ✱ 1319] **s. f. 1** pesce dei Ciprinidi con muso prominente caratteristico, che vive nei fiumi dell'Italia settentrionale e centrale (*Chondrostoma genei*) **2** (*pop.*) †pesce | (*lett.*) ***essere sano come una l.***, essere in perfetta salute || **laschétta**, dim.

lascàre [lat. **lascāre*, da *laxicāre*, da *lăxus* 'lasco' ✱ 1715] **v. tr.** (*io làsco, tu làschi*) **1** (*mar.*) allentare una cima di manovra, spec. la scotta di una vela CONTR. cazzare **2** lasciare la briglia sul collo al cavallo

†**lasciaménto** [lat. *laxamĕntu(m)*, da *lăxus* 'allentato' ✱ av. 1347] **s. m. 1** abbandono **2** lascito

†**lasciamistàre** [da dividere: *lasciami stare* ✱ 1534] **s. m. e f. inv.** ● (*fam.*, *scherz.*) chi sente svogliatezza o desiderio di quiete

lasciapassàre [comp. di *lascia(re)* e *passare* ✱ 1757] **s. m. inv. 1** permesso scritto che consente di passare liberamente dove normalmente non è consentito SIN. salvacondotto **2** (*dir.*) ***l. doganale***, documento che deve accompagnare le merci al passaggio da una dogana all'altra dello stesso Stato CFR. pass, passi

lasciapodére [comp. di *lascia(re)* e *podere* ✱ av. 1850] **s. m.** ● (*disus.*) solo nella loc. (*tosc.*) ***fare a l.***, non curare più le cose quando si sta per lasciarne l'uso

♦**lasciàre** [lat. *lascāre*, da *laxicāre*, da *lăxus* 'allentato' ✱ 1213] **A v. tr.** (pres. *io làscio*; fut. *io lascerò*) **1** cessare di tenere, di reggere, di stringere: *l. il volante, le briglie, una fune* SIN. mollare **2** andarsene da un luogo, temporaneamente o definitivamente: *l. il paese, la casa, la scuola*; *lasciarono la città in preda alle fiamme* | ***l. il mondo***, morire; (*fig.*) ritirarsi a vita religiosa | separarsi da qlcu., cessare di avere rapporti: *l. il marito, la moglie, il fidanzato* | ***l. la tonaca***, abbandonare l'abito talare | ***l. qlcu. in asso***, piantarlo in asso | (*est.*) perdere: *l. la vita* | **lasciàrci**, rimetterci qlco.: *in quella trattoria si mangia bene senza lasciarci una fortuna* | ***lasciarci la pelle***, morire | ***lasciarci le penne***, V. *penna* | ***lasciarci una gamba, un braccio***, perderli in guerra, in un incidente e sim. **3** disporre, assegnare per testamento (+ *a*): *ha lasciato tutti i suoi libri a una biblioteca pubblica* | ***l. detto, scritto***, dare disposizioni orali o scritte **4** far rimanere qlco. o qlcu. in un certo stato o condizione, intenzionalmente, per noncuranza o per forza maggiore: *l. una casa in abbandono*; *l'ho lasciato in buona compagnia*; *lascialo in pace*; *mi ha lasciato nei guai*; *mi hanno lasciato di guardia, di vedetta*; *ho lasciato la porta aperta*; *l. qlco. a bagno* | ***l. in dubbio, in forse***, non convincere | ***l. in bianco***, non scrivere in tutto o in parte | ***l. libero qlcu.***, sciogliergli da un impegno e sim. | ***l. libero un luogo***, non occuparlo più | (*est.*) far rimanere: *l. il segno, l'impronta*; *morendo ha lasciato una famiglia numerosa*; *l. opere, istituzioni benefiche* **5** non prendere qlco. con sé, volontariamente o per dimenticanza: *l. la valigia in treno, gli occhiali a casa*; *ho lasciato le chiavi dal portiere* | (*fig.*) ***l. la lingua a casa***, tacere | ***l. qlco. indietro***, (*fig.*) trascurarla | ***l. qlco. da parte***, (*fig.*) non considerarla | ***lasciamo perdere, lasciamo là***, (*fig.*) non parliamone più **6** omettere, deporre, rinunciare: *l. l'ira* | ***lasciamo gli scherzi!***, basta con gli scherzi! | ***l. un pensiero***, toglierlo dalla propria mente | ***l. un luogo a destra, a sinistra***, o ***sulla destra, sulla sinistra***, tagliarlo fuori dal proprio percorso o itinerario o costeggiarlo | ***l. gli scrupoli***, metterli da parte | ***l. il certo per l'incerto***, rinunciare a cose sicure per altre aleatorie | (*o*) ***prendere o lasciare***, V. *prendere*, sign. A I 3 **7** in alcuni giochi a carte, astenersi dal prendere o dal continuare il gioco **8** dare, concedere: *l. facoltà, licenza*; *gli ha lasciato totale libertà di scelta* | cedere: *gli ha lasciato la villa per una somma irrisoria* **9** permettere, consentire, concedere (con valore causativo) (+ inf., + *che* seguito da congtv.): *l. vedere, dire, fare*; *lascia che veda, che dica, che faccia*; *lascia che sia lui a decidere* | (*fig.*) ***l. dormire una pratica***, insabbiarla | (*fig.*, *fam.*) ***l. friggere qlcu.*** o ***qlco. nel proprio olio***, ***l. bollire qlcu.*** o ***qlco. nel suo brodo***, non intervenire | ***l. riposare un liquido***, non agitarlo, né mescolarlo | ***l. andare, correre, perdere***, non curarsi, non preoccuparsi, di qlco. | ***l. che le cose vadano come vogliono***, non opporsi o comunque non intervenire | ***l. credere qlco.***, permettere che si creda | ***l. intendere, capire qlco.***, far capire | ***non l. vivere***, (*fig.*) importunare | ***l. andare qlcu.***, mandarlo libero | ***l. andare un filo, un cavo***, allentarlo | ***l. andare un ceffone, un pugno***, darlo | ***l. stare qlcu.***, smettere di molestarlo, importunarlo e sim. | ***l. stare qlco.***, ometterla o tacerla | ***l. stare***, desistere | ***lasciamo stare!***, non parliamone più | ***l. a desiderare***, si dice di cosa imperfetta, suscettibile di ulteriori miglioramenti o di persona che presenta difetti, manchevolezze e sim. **10** smettere, cessare (+ *di* seguito da inf.): *l. un lavoro, gli studi*; *l. di suonare, di ridere, di frequentare qlcu.* **11** (*assol.*) ritirarsi da un incarico, da una competizione e sim.: *dopo le accese polemiche, l'ispettore capo lascia* **B lasciàrsi** v. tr. pron. (aus. *essere*) **1** far rimanere (con valore intens.): *come se veramente si fosse lasciata dietro le spalle la colpa* (L. PIRANDELLO) **2** non opporsi, cedere, abbandonarsi in una data condizione (con valore causativo) (+ inf.): *lasciarsi vincere, sedurre, ingannare, persuadere*; *lasciarsi trasportare, prendere dall'ira, dalle emozioni*; *si lasciava cullare nei suoi pensieri da quella strana musica* (I. SVEVO) | ***lasciarsi andare a qlco.***, farsi prendere, abbandonarsi: *lasciarsi andare ai ricordi* | ***lasciarsi andare***, trascurarsi, abbattersi, scoraggiarsi: *non lasciarti andare così!* **C lasciàrsi** v. rifl. recipr. ● separarsi: *si sono lasciati dopo molti anni di matrimonio*

lasciàta [av. 1311] **s. f. 1** †il lasciare | †abbandono | †lascito **2** (*est.*) ciò che si lascia | PROV. ***ogni l. è persa***, ogni occasione che ci si lascia sfuggire è persa per sempre

lasciàto A part. pass. di *lasciare*; anche agg. ● nei sign. del v. **B s. m.** ● ciò che è lasciato: *il preso e il l.* (A. MANZONI)

lasciatùra [1853] **s. f. 1** (*raro*) nella composizione tipografica, omissione **2** (*disus.*) margine interno di una cucitura, che normalmente si lascia libero

†**lascìbile** [av. 1348] **agg.** ● lascivo, dissoluto

†**làscio** ① [per *lasci(at)o* ✱ av. 1348] **s. m.** ● lascito, testamento

†**làscio** ② [ant. fr. *laisse*, da *laisser* 'lasciar (andare)' ✱ av. 1494] **s. m.** ● guinzaglio

†**lascità** [dal fr. *lâcheté*, da *lâche*, da *lâcher*, dal lat. *lascicāre*, iter. di *laxāre* 'lassare ②' ✱ sec. XIV] **s. f.** ● fiacchezza d'animo

làscito [da *lasciato*, sull'es. di *battito*, *gettito*, e sim. ✱ av. 1311] **s. m.** ● (*dir.*) legato: *ricevere, accettare un l.*

†**lascivànza** [av. 1306] **s. f.** ● lascivia

†**lascivézza** [1513] **s. f.** ● lascivia

lascìvia [vc. dotta, lat. *lascīvia(m)*, da *lascīvus* 'lascivo' ✱ 1336 ca.] **s. f. 1** sensualità licenziosa e dissoluta: *reprimere la l.*; *agire spinto dalla l.* | atto sfrenato e licenzioso SIN. licenziosità **2** (*lett.*, al pl.) affettazioni, leziosaggini

†**lasciviàre** [da *lascivia* ✱ sec. XIII] **v. intr.** ● lascivire

†**lascìvio** ➤ **lascivo**

†**lascivióso** (o **-ṣo**) [vc. dotta, lat. *lasciviō-su(m)*, da *lascīvus* 'lascivo' ✱ sec. XIV] **agg.** ● lascivo, licenzioso, intemperante || †**lasciviosaménte**, avv. in modo lascivo, impudico

†**lascivìre** [vc. dotta, lat. *lascivīre*, da *lascīvus* 'lascivo' ✱ av. 1375] **v. intr.** ● comportarsi in modo lascivo e dissoluto

†**lascività** [vc. dotta, lat. tardo *lascivitāte(m)*, da *lascīvus* 'lascivo' ✱ sec. XIII] **s. f.** ● lascivia

lascìvo o †**lascivio** [vc. dotta, lat. *lascīvu(m)* 'scherzoso, lascivo, affettato', termine pop. di etim. incerta ✱ 1268] **agg. 1** impudico, dissoluto, licenzioso: *gesto, sguardo l.*; *discorsi lascivi*; *i poeti bugiardi e lascivi si devono estinguere* (T. CAMPANELLA) **2** †scherzoso, vivace **3** †allettante **4** †fiducioso **5** †negligente || **lascivétto**, dim. || **lascivaménte**, avv.

làsco [lat. **lăscu(m)* 'allentato, sciolto, rilassato', da *lăxus*, di orig. indeur. ✱ av. 1508] **A agg.** (pl. m. *-schi*) **1** (*mecc.*) detto di collegamento meccanico quando vi è gioco fra i due elementi **2** (*mar.*) non tesato | (*est.*) allentato **3** (*fig.*, *lett.*) lento, pigro: *Chi nasce contorto e l., tale rimane* (P. LEVI) **B s. m. 1** (*mar.*) andatura a vela in cui il vento soffia da 100° a 160° rispetto alla prua: *andare al l.* | ***gran l.***, andatura compresa tra il lasco e l'andatura in poppa piena **2** (*lett.*) terreno ricoperto di arbusti

♦**làser** [sigla ingl. tratta dalle iniziali di *L(ight) A(mplification by) S(timulated) E(mission of) R(adiation)* 'amplificazione della luce mediante emissione stimolata di radiazioni' ✱ 1962] **A s. m. inv. 1** (*fis.*) dispositivo che permette di ottenere fasci molto concentrati di luce, generando radiazioni elettromagnetiche di uguale frequenza e in fase fra loro; è applicato in vari campi scientifici e tecnologici ed anche in medicina per interventi di grande precisione su bersagli molto piccoli **2** (*mar.*) deriva leggera monoposto armata con sola randa **B** anche in funzione di agg. inv.: *raggio l.* **C s. f. inv.** ● stampante laser

laṣeràto [da *laser* ✱ 2000] **agg.** ● detto di materiale inciso, tagliato, lavorato con il laser allo scopo di ottenere effetti particolari: *vetro l.*; *borsa in pelle laserata*; *jeans laserati*

laṣerchirurgìa [comp. di *laser* e *chirurgia* ✱ 1985] **s. f.** (pl. *-gìe*) ● (*chir.*) tecnica chirurgica che utilizza come un bisturi il raggio laser, incidendo i tessuti e coagulandone nel contempo il sangue

laṣerfòto [comp. di *laser* e *foto* ✱ 1980] **s. f. inv.** ● fotografia trasmessa mediante apparecchiature a raggi laser | la tecnica relativa

laṣerìsta [da *laser* col suff. di professione *-ista* ✱ 1985] **A s. m. e f.** (pl. m. *-i*) ● tecnico esperto nell'installazione, l'uso e la manutenzione di apparecchi laser **B** anche **agg.**: *tecnico l.*

laṣerpìzio [lat. *laserpīciu(m)*, comp. di *lāc* 'latte' e *serpīcium*, agg. deriv. da *sĭrpe*, corrispondente lat. etrusco del gr. *sílphion* 'silfio' ✱ 1476] **s. m.** ● arbusto delle Apiacee con foglie pennate e fiori bianchi, usato nella medicina popolare (*Laserpitium prutbericum*)

laṣerterapìa [comp. di *laser* e *terapia* ✱ 1982] **s. f.** ● (*med.*) cura di malattie o malformazioni mediante l'impiego di raggi laser, spec. nel campo della microchirurgia

†**làssa** ① [ant. fr. *laisse*, da *laisser* 'lasciare' ✱ 1532] **s. f.** **1** guinzaglio, laccio **2** coppia o muta di cani tenuta in riserva

làssa ② [ant. fr. *laisse*, da *laiss(i)er* 'lasciar (andare il verso, il canto)' ✱ 1883] **s. f.** ● (*letter.*) ogni serie di versi, più o meno lunga, con una sola rima o assonanza, di cui si componevano poemi francesi e spagnoli del Medioevo

†**lassàre** ① [lat. *lassāre*, da *lăssus* 'lasso, stanco' ✱ 1250 ca.] **A** **v. tr.** ● stancare, spossare **B** †**lassàrsi** **v. intr. pron.** ● stancarsi

†**lassàre** ② [lat. *laxāre*, da *lăxus* 'allentato' ✱ av. 1294] **v. tr.** ● lasciare

lassatìvo [lat. *laxatīvu(m)*, da *laxāre* 'lassare②' ✱ sec. XIV] **A** **agg.** ● detto di purgante ad azione blanda **B** **anche s. m.**

†**lassazióne** [vc. dotta, lat. *laxatiōne(m)*, da *laxātus*, part. pass. di *laxāre* 'lassare②' ✱ sec. XIV] **s. f.** ● fiacchezza, rilassamento

lassézza [1342] **s. f.** ● (*lett.*) stanchezza

lassi /*hindi* 'lassi/ [vc. hindi, forse dal sanscrito *rasaḥ* 'liquido, succo, latte' ✱ 1990] **s. m. inv.** ● bevanda indiana a base di yoghurt diluito con acqua, a cui si aggiungono succhi di frutta ed erbe aromatiche

lassiṣmo [dal lat. *lăxus* 'lento, rilassato' col suff. *-ismo* ✱ 1834] **s. m.** **1** nella storia della morale cattolica, corrente dottrinale e pratica che, spec. nel XVIII sec., modificava, in forme accomodanti e attenuate, il rigore dei precetti cristiani **2** (*est.*) atteggiamento improntato a eccessiva indulgenza nei confronti delle norme morali o religiose, della disciplina e sim. **CFR.** permissivismo

lassìsta [1834] **A** **s. m. e f.; anche agg.** (**pl. m.** *-i*) **1** seguace delle dottrine del lassismo **2** (*est.*) chi (o che) tende al lassismo **B** **agg.** ● relativo al lassismo: *corrente l.* | (*est.*) caratterizzato da lassismo, da permissivismo: *atteggiamento l.*

lassìstico [1973] **agg.** (**pl. m.** *-ci*) ● (*raro*) relativo al lassismo e ai lassisti

lassità [av. 1755] **s. f. inv.** **1** †rilassatezza, fiacchezza **2** (*med.*) rilassamento di un tessuto

lassitùdine [vc. dotta, lat. *lassitūdine(m)*, da *lăssus* 'lasso①' ✱ sec. XIV] **s. f.** ● (*lett.*) stanchezza, debolezza | (*lett.*) rilassamento: *Sollevò ... la bestia morta, che aveva gli occhi velati da una l. acherontea* (C.E. GADDA)

làsso ① [vc. dotta, lat. *lăssu(m)* 'stanco, affaticato, spossato', termine pop., di etim. incerta ✱ av. 1250] **agg.** **1** (*lett.*) stanco, affaticato: *già lassi erano entrambi* (T. TASSO) **2** (*poet.*) misero, infelice: *L., ch'eo li fui dato!* (G. GUINIZZELLI) | ***ahi, ohi l.!***, escl. che esprime pietà, dolore, rammarico e sim.

làsso ② [vc. dotta, lat. *lăxu(m)*, di orig. espressiva ✱ av. 1374] **agg.** **1** (*lett.*) allentato **2** (*fig.*, *spec. lett.*) che eccede in indulgenza e sim. **3** che non presenta compattezza: *tessuti lassi* | ***ramo l.***, che si piega facilmente | ***infiorescenza lassa***, con fiori distanziati fra loro

làsso ③ [lat. *lāpsu(m)*, dal part. pass. di *lābi* 'scorrere', di etim. incerta ✱ 1771] **s. m.** ● periodo: *lungo, breve, l. di tempo*

làsso ④ [V. *laccio*; nel sign. 2, ingl. *lasso*, dallo sp. *lazo* 'laccio' (V.) ✱ sec. XIII] **s. m.** **1** †laccio **2** laccio a nodo scorsoio usato per la cattura di animali selvatici o bradi **CFR.** lazo

♦**lassù** o †**là su** /las'su*/, †**lassùso** [comp. di *là* e *su* ✱ av. 1276] **avv.** **1** là in alto, là verso l'alto (con v. di stato e di moto): *dobbiamo arrivare l.*; *abito l., all'ultimo piano*; *l. in cima* | ***di l.***, da quel luogo in alto: *di l. si vede tutta la valle* | (*est.*) indica un luogo posto a settentrione: *l., in Norvegia, vivono molto diversamente da noi* **CONTR.** laggiù **2** in cielo, in Paradiso: *'Oh, caro padre ...! ci rivedremo? ...' 'Lassù, spero'* (A. MANZONI) | ***di l.***, dal cielo: *Dio ci guarda di l.* **CONTR.** quaggiù

làsta [fr. *last(e)*, dal neerl. *last*, di area germ. col sign. fondamentale di 'caricare' ✱ 1889] **s. f.** ● unità di misura, di peso e di capacità, diversa a seconda dei Paesi, usata spec. per la portata delle navi nel Nord Europa

last but not least /last bat'nɔt list, *ingl.* lɑːst bətnɒt'liːst/ [loc. ingl. shakespeariana, propr. 'per ultimo, ma non da meno' ✱ 1905] **loc. avv.** ● per ultimo, ma non di minore importanza: *bravi gli attori, ottima la regia, last but not least originale la scenografia*

Làstex® [marchio registrato ✱ 1950] **s. m. inv.** ● fibra tessile elastica costituita da lattice di gomma rivestito con un filato

last minute /last'minut, *ingl.* 'lɑːstˌmɪnɪt/ [loc. ingl., propr. 'ultimo (*last*) momento (*minute*)' ✱ 1994] **A** **loc. agg. inv.** ● detto di biglietto o viaggio acquistato con forte sconto poco prima della partenza: *offerta last minute* **B** **anche loc. sost. m. inv.**: *le occasioni del last minute* **CFR.** first minute, advanced booking

làstra ① [etim. incerta ✱ 1282] **s. f.** **1** corpo solido di poco spessore con le facce maggiori parallele e per lo più rettangolari: *l. di vetro, d'acciaio*; *l. di roccia*; *una strada selciata con lastre di pietra* | tavola di marmo con o senza iscrizione; (*est.*, *lett.*) lapide, pietra tombale: *lascia la taciturna folla di pietra / per le derelitte lastre* (E. MONTALE) | ***l. fotografica***, superficie di vetro sulla quale è stesa un'emulsione sensibile sciolta in una sostanza legante **2** sottile lamina di zinco, magnesio, plastica e sim. da cui si ricava una matrice di stampa | ***l. stereotipa***, stereotipia **3** correntemente, pellicola radiografica | (*colloq.*) ***farsi le lastre***, sottoporsi a un esame radiologico **4** (*centr.*, *merid.*) vetro di finestra o porta ‖ **lastrétta**, **dim.** | **lastrìna**, **dim.** | **lastróne**, **accr. m.** (V.)

làstra ② [sp. *lastre*, di orig. it., col senso di 'pietra da costruzione' (?) ✱ 1571] **s. f.** ● (*mar.*) zavorra

lastràia [da *lastra*① ✱ 1973] **s. f.** ● (*geol.*) insieme di materiale incoerente, spec. a forma di lastra, che si accumula sui fianchi o ai piedi di una montagna in seguito a frane o a fenomeni di erosione

lastràio [da *lastra*① ✱ 1957] **s. m.** (**pl.** *-ai*) ● lamierista

lastràme [da *lastra*① ✱ 1987] **s. m.** ● prodotto della frammentazione grossolana di singole lastre di roccia lavorata (marmo, porfido, ecc.), usato spec. per pavimentare e rivestire

lastràre ① [da *lastra*① ✱ 1292] **v. tr.** **1** †lastricare (*anche fig.*) **2** (*raro*) spianare i lavori di smalto con una speciale pietra, prima di rimetterli al fuoco per lucidarli

lastràre ② [sp. *lastrar*, da *lastre* 'lastra②' ✱ sec. XIV] **v. tr.** ● (*mar.*) collocare le merci sulla nave | zavorrare la nave

lastratùra [da *lastra*① ✱ sec. XX] **s. f.** ● (*tecnol.*) applicazione del rivestimento di lamiera sulla scocca di un autoveicolo, mediante saldatura **SIN.** lastroferratura

lastricàre [da *lastrico* ✱ sec. XIII] **v. tr.** (*io làstrico, tu làstrichi*) ● rivestire di lastre di pietra: *pietre che tendono al nero, e non servono agli architettori se non a l. tetti* (G. VASARI)

lastricàto **A** **part. pass.** di *lastricare*; **anche agg.** ● nei sign. del v. **B** **s. m.** ● tipo di pavimentazione stradale a lastre o masselli di pietra di forma regolare

lastricatóre [1485] **s. m.** (**f.** *-trice*); **anche agg.** ● chi (o che) lastrica

lastricatùra [av. 1580] **s. f.** ● operazione del lastricare | lastricato

lastricazióne [1808] **s. f.** ● (*disus.*) lastricatura

làstrico [con agglutinazione dell'art. (*l'astrico*), dal lat. volg. *astracu(m)*, deriv. del pl. gr. *tà (ó)straka* 'i cocci' ✱ 1337] **s. m.** (**pl.** *-chi* o *-ci*) **1** copertura a lastre di una strada | (*est.*) qualsiasi rivestimento stradale: *Egli guarda ... come mettono il l. nelle vie* (S. SLATAPER) **2** (*est.*) strada | ***abbandonare, gettare, ridurre, ridursi sul l.***, (*fig.*) nella più assoluta miseria **3** (*edil.*) ***l. solare***, tetto piatto e praticabile di un edificio

lastroferratùra [comp. di *lastratura* e *ferratura* ✱ 1969] **s. f.** ● (*tecnol.*) lastratura

lastróne [av. 1400] **s. m.** **1** accr. di *lastra*① **2** (*est.*) †tavola di pietra, desco **3** †pietra per chiudere l'imboccatura del forno **4** nell'alpinismo, piastra di roccia o di ghiaccio inclinata quasi priva di asperità

†**là su** ➤ **lassù**

làta [sp. *lata*, della stessa orig. di *latta* 'palo largo' ✱ 1607] **s. f.** ● (*mar.*) baglietto

latèbra o (*raro*) **làtebra** [vc. dotta, lat. *latēbra(m)*, da *latēre* 'stare nascosto', di etim. incerta ✱ 1321] **s. f.** ● (*lett.*) nascondiglio | (*fig.*) profondità segreta: *negli animi nostri son tante latebre, e tanti recessi* (B. CASTIGLIONE)

†**latebróso** (o **-ṣ-**) [vc. dotta, lat. *latebrō-su(m)*, da *latēbra* 'latebra' ✱ 1485 ca.] **agg.** ● (*lett.*) pieno di nascondigli: *nel l. bosco* (I. SANNAZARO)

✦**latènte** [vc. dotta, lat. *latĕnte(m)*, part. pres. di *latēre* 'essere nascosto', di etim. incerta ✱ 1321] **agg.** ● che esiste ma non si manifesta, che rimane nascosto: *forze, energie latenti*; *rivolta, sommossa ancora l.*; *con latenti aguati / per tôrti il regno qualche inganno porta* (A. POLIZIANO) **CONTR.** manifesto | (*med.*) ***carattere l.***, ereditario, che ricompare in remoti discendenti | ***infezione l.***, le cui cause sono presenti nell'organismo senza manifestazioni evidenti di malattia | (*fis.*) ***calore l.***, quantità di calore che un sistema riceve o cede durante una transizione di fase senza variazione di temperatura del sistema: *calore l. di vaporizzazione* ‖ **latenteménte**, **avv.**

✦**latènza** [da *latente* ✱ av. 1455] **s. f.** **1** condizione di ciò che è latente **2** (*psicoan.*) ***periodo di l.***, in psicoanalisi, periodo dai quattro o cinque anni d'età ai dodici circa, durante il quale gli interessi sessuali sono sublimati

lateràle [vc. dotta, lat. *laterāle(m)*, da *lătus*, genit. *lăteris*, di etim. incerta ✱ av. 1306] **A** **agg.** **1** che è posto di fianco, ai lati: *porta, parete, ingresso l.* **CFR.** latero- | ***vie laterali***, quelle che si diramano dalla principale | ***decubito l.***, di persona o animale che dorme coricato su un fianco | (*sport*) ***fallo l.***, fallo consistente nel far uscire la palla lateralmente dal terreno di gioco | ***rimessa l.***, rilancio in gioco del pallone da una linea laterale | ***linee laterali***, V. *linea* nel sign. I 1 | ***pensiero l.***, V. *pensiero* nel sign. 3 **2** (*fig.*, *lett.*) accessorio, secondario: *argomento, problema l.* **3** (*ling.*) detto di consonante occlusiva per la cui articolazione il contatto fra la lingua e il palato avviene soltanto al centro del canale orale, mentre l'aria fuoriesce liberamente da un lato o da due lati (per es., *l*, *gl*) ‖ **lateralménte**, **avv.** di fianco, dai lati ‖ **lateralità**, **s. f. inv.** (V.) **B** **s. m.** ● nel calcio, mediano: *l. destro, sinistro*

lateralità [fr. *latéralité*, da *latéral* 'laterale' ✱ av. 1926] **s. f. inv.** **1** caratteristica, posizione di ciò che è laterale **2** (*fisiol.*) uso preferenziale di un lato del corpo, spec. per compiere atti che richiedono l'uso di una sola mano o di un solo piede **CFR.** destrismo, mancinismo **3** in psicofisiologia, differenziazione dei due emisferi cerebrali che sovrintendono ciascuno a funzioni diverse

lateralizzàre [1758] **v. intr.** (**aus.** *avere*) **1** (*raro*) spostarsi in senso laterale **2** (*borsa*) tendere alla stabilità senza evidenziare alcun trend, detto del valore di un titolo azionario || **lateralizzazióne**, **s. f.** (V.)

lateralizzazióne [ingl. *lateralization*, dal v. *to lateralize* 'dirigere o localizzare in una parte, un lato' ∗ av. 1909] **s. f.** **1** (*fisiol.*) specializzazione degli emisferi cerebrali per cui ciascuno controlla funzioni diverse | ***l. del linguaggio***, prerogativa di un emisfero cerebrale, di norma il sinistro, di controllare la comunicazione orale e scritta **2** (*biol.*) localizzazione di una struttura anatomica su uno dei due lati del corpo **3** (*borsa*) tendenza alla stabilità del valore di un titolo azionario

lateranènse [1475] **agg.** ● relativo alla basilica romana di S. Giovanni in Laterano e ai palazzi annessi: *canonici lateranensi* | ***accordi, patti lateranensi***, i tre accordi (trattato, concordato, convenzione finanziaria) dell'11 febbraio 1929 tra lo Stato italiano e la Chiesa cattolica

latèrcolo [vc. dotta, lat. *latĕrculu(m)* 'mattoncino', dim. di *lătere(m)* 'mattone' ∗ 1766] **s. m.** **1** (*archeol.*) piccolo mattone, spec. corredato di iscrizioni **2** antichissimo gioco enigmistico geometrico tuttora praticato, consistente in uno schema di parole bifronti composte da un uguale numero di lettere e leggibili compiutamente in ognuno dei quattro versi

†**latére** o **làtere** [vc. dotta, lat. *latēre* 'restare nascosto', di etim. incerta ∗ av. 1348] **v. intr.** ● (*raro*) stare nascosto

latere, a ▸ **a latere**

†**laterìna** ▸ **latrina**

laterite [comp. del lat. *lăter*, genit. *lăteris* 'mattone' e di *-ite*② ∗ 1855] **s. f.** ● (*geol.*) terra rossastra argillosa, prodotta dall'alterazione di diversi alluminosilicati e costituita da idrossidi di ferro e di alluminio

laterizio [vc. dotta, lat. *laterĭciu(m)*, da *lăter*, genit. *lăteris* 'mattone', di etim. incerta ∗ 1303] **A agg.** ● che è fatto di terracotta o di mattoni: *opere, mura laterizie; arco, pavimento, materiale l.* | ***industria laterizia***, che concerne la fabbricazione di mattoni, tegole, embrici e sim. **B s. m.** ● (**spec. al pl.**) prodotto ceramico non refrattario, fabbricato per cottura di argilla impastata con acqua e impiegato nelle costruzioni edilizie

laterizzazióne [1936] **s. f.** ● (*geol.*) alterazione di terreni ricchi di silicati, in climi tropicali, con formazione di minerali di alluminio e di ferro

làtero- [dal lat. *lătus*, genit. *lăteris* 'fianco', di etim. incerta] **primo elemento** ● in parole composte della terminologia medica, significa 'relativo al fianco', 'laterale': *lateroflessione*

lateroaddominàle [comp. di *latero-* e *addominale* ∗ 1973] **agg.** ● (*anat.*) relativo all'uno o all'altro lato dell'addome

lateroceménto [comp. di *later(izio)* e *cemento* con la particella connettiva *-o-* ∗ 1983] **s. m.** ● (*edil.*) struttura che combina elementi portanti in cemento armato con laterizi in funzione di alleggerimento; si usa nella costruzione di solai, falde di tetto, ecc.

laterocervicàle [comp. di *latero-* e *cervicale* ∗ sec. XX] **agg.** ● (*anat.*) relativo ad ambedue i lati della regione cervicale del tronco o di un organo dotato di una porzione definita collo, come nel caso dell'utero

laterodorsàle [comp. di *latero-* e *dorsale* ∗ 1973] **agg.** ● (*anat.*) situato nella parte laterale del dorso

lateroflessióne [comp. di *latero-* e *flessione* ∗ 1874] **s. f.** ● (*med.*) flessione laterale: *l. uterina*

lateroventràle [comp. di *latero-* e *ventrale* ∗ 1973] **agg.** ● (*anat.*) relativo all'uno o all'altro lato della superficie ventrale del corpo

lateroversióne [comp. di *latero-* e *versione* ∗ 1874] **s. f.** ● (*med.*) inclinazione laterale di un organo rispetto al suo asse normale: *l. dell'utero*

làtex /'lateks, *ingl.* 'leɪtɛks/ [vc. ingl., dal lat. *lătex* 'liquido, fluido' ∗ 1991] **s. m. inv.** ● latice: *abito di l.*

†**latézza** [da *lato*② ∗ av. 1306] **s. f.** ● larghezza, latitudine

†**latìbolo** [vc. dotta, lat. *latĭbulu(m)*, da *latēre* 'essere nascosto', di etim. incerta ∗ av. 1342] **s. m.** ● nascondiglio, tana, caverna

làtice ▸ **lattice**

laticifero o (*raro*) **latticifero** [comp. di *latice* (o *lattice*) e *-fero* ∗ 1869] **A agg.** ● (*bot.*) detto di cellula o complesso di cellule contenenti latice **B s. m.** ● (*bot.*) ciascuno dei complessi di cellule contenenti latice che percorrono gli organi di varie piante ramificandosi

laticlàvio [vc. dotta, lat. *laticlăviu(m)*, comp. di *lătus* 'largo' e *clāvus* 'nodo di porpora e, per estensione, striscia di porpora, che borda la toga', di etim. incerta ∗ av. 1569] **s. m.** **1** larga striscia di stoffa colorata che faceva da bordo a un drappo | larga striscia di porpora che ornava la tunica dei senatori romani e dei loro familiari | veste bianca bordata da una larga striscia di porpora, tipica dei senatori romani **2** (*est.*) dignità e titolo di senatore | ***concedere il l.***, nominare senatore

latiflòro [comp. del lat. *lătus* 'largo' e *flōs*, genit. *flōris* 'fiore' ∗ 1917] **agg.** ● (*bot.*) che ha fiori larghi

latifòglio o **latifòlio** [vc. dotta, lat. *latifŏliu(m)*, comp. di *lătus* 'largo' e *fŏliu(m)* 'foglia, foglio' ∗ 1476] **agg.** ● (*bot.*) detto di albero o arbusto con foglie a lamina larga

latifondiàrio [1848] **agg.** ● relativo al latifondo

latifondìsta [da *latifondo* ∗ 1798] **s. m. e f.** (**pl. m.** *-i*) ● chi possiede uno o più latifondi | (*est.*) ricco proprietario terriero

latifondìstico [1956] **agg.** (**pl. m.** *-ci*) ● che riguarda il latifondo o i latifondisti | che ha le caratteristiche del latifondo: *territorio l.*

latifóndo [vc. dotta, lat. *latifŭndiu(m)*, comp. di *lătus* 'largo' e *fŭndus* 'podere, fondo' ∗ sec. XIV] **s. m.** ● grande proprietà terriera in cui è praticata spec. un'agricoltura estensiva

latimèria [dal n. della naturalista ingl. M. E. D. Courtenay-*Latimer* che nel 1938 la scoprì e studiò ∗ 1957] **s. f.** ● pesce osseo, unico rappresentante attuale dei Crossopterigi dei Celacantiformi, ritenuti un tempo totalmente estinti; presenta caratteristiche pinne carnose (*Latimeria chalumnae*)

latinàggine [av. 1742] **s. f.** ● (*lett.*, *scherz.*) lingua latina

†**latinàre** [vc. dotta, lat. *latināre* 'esprimere in latino, tradurre in latino (*Latīnus*)' ∗ av. 1502] **v. intr.** ● studiare, parlare o scrivere in latino

latineggiànte **part. pres.** di *latineggiare*; **anche agg.** ● che ha forme o modi simili a quelli latini: *frase, periodo l.*

latineggiàre [1560] **v. intr.** (**pres.** *io latinéggio*; **fut.** *io latineggerò*; **aus.** *avere*) ● fare uso nella propria lingua di costrutti sintattici o procedimenti stilistici propri della lingua latina

latinènse o **latinése** (o *-ṣ-*) [sec. XX] **A agg.** ● di Latina **B s. m. e f.** ● abitante o nativo di Latina

latinìgeno [comp. di *latino* e *-geno* ∗ av. 1869] **agg.** ● (*disus.*) derivato dal latino

latinìṣmo [comp. di *latin(o)* e *-ismo* ∗ av. 1612] **s. m.** ● parola o locuzione propria del latino entrata in un'altra lingua

latinìsta [1735] **s. m. e f.** (**pl. m.** *-i*) ● studioso della lingua e della letteratura latine

latinità [vc. dotta, lat. *latinitāte(m)*, da *latīnus* 'latino' ∗ av. 1498] **s. f. inv.** **1** caratteristica di ciò che è latino | (*est.*) appartenenza alla cultura latina **2** tradizione culturale latina: *bassa, aurea l.* | il complesso della lingua e della letteratura latina: *scrittore della tarda l.*

latinizzaménto [av. 1729] **s. m.** ● (*raro*, *lett.*) latinizzazione

latinizzàre [vc. dotta, lat. tardo *latinizāre* 'tradurre in latino', da *latīnus* 'latino' ∗ av. 1600] **A v. tr.** **1** rendere latino un popolo per lingua, leggi e consuetudini: *le legioni romane latinizzarono la Gallia e la Germania* **2** modificare una parola, dandole forma o terminazione latina: *gli umanisti latinizzavano il loro nome* | tradurre in lingua latina **B v. intr.** (**aus.** *avere*) ● (*raro*) latineggiare **C latinizzàrsi** **v. intr. pron.** ● assumere modi, lingua e costumi latini || **latinizzazióne**, **s. f.** (V.)

†**latinizzatóre** [1639] **s. m.** (**f.** *-trice*) ● chi traduce in lingua latina

latinizzazióne [1885] **s. f.** ● il latinizzare, il venire latinizzato | forma latinizzata

latin lòver /latin'lɔver, *ingl.* 'lætɪn,lʌvə(r)/ [loc. ingl., propr. 'amante (*lover*, dal v. *to love* 'amare', di orig. germ.) latino (*latin*)' ∗ 1963] **loc. sost. m. inv.** (**pl. ingl.** *latin lovers*) ● l'uomo dei Paesi latini che appare, o ritiene di apparire, dotato di particolare fascino agli occhi della donna straniera, spec. nordica

♦**latino** [vc. dotta, lat. *Latīnu(m)*, da *Lătiu(m)*, di etim. incerta ∗ av. 1257] **A agg.** **1** relativo al Lazio antico: *popolo l.* | relativo all'antica Roma: *lingua latina; civiltà latina; mondo l.* | (*est.*) relativo ai popoli e alle civiltà neolatine: *spagnoli, francesi e italiani sono tutti latini; carattere, temperamento l.* | ***America Latina***, parte centrale e meridionale del continente americano, in quanto colonizzata da spagnoli e portoghesi, popoli neolatini | ***Quartiere l.***, quartiere parigino dove hanno sede gli istituti universitari e dove si raccolgono studenti e intellettuali | (*mar.*) ***vela latina***, vela di taglio triangolare con il lato maggiore inferito a una antenna o a un cavo, originaria dell'oriente, ma diffusa nel Mediterraneo dopo l'XI sec. **2** (*relig.*) cattolico romano: *Chiesa latina* **3** †italiano **4** †chiaro, intelligibile, facile: *sì che raffigurar m'è più l.* (DANTE *Par.* III, 63) **5** †largo | †***l. di cuore***, (*fig.*) che si innamora facilmente | †***l. di bocca***, spregiudicato o maldicente || **latinaménte**, **avv.** **1** in latino; alla latina **2** †agevolmente; †chiaramente **B s. m.** **1** (**f.** *-a*) abitante o nativo dell'antico Lazio o dell'antica Roma **2** (*fig.*) †linguaggio: *con aperto, chiaro l.* **3** †discorso, racconto **C s. m. solo sing.** ● lingua del gruppo italico parlata dalle antiche popolazioni latine: *l. classico, imperiale, della decadenza, medievale* | (*est.*) lingua e letteratura dell'antica Roma, intesa come materia d'insegnamento e di studio: *professore di l.; esame di l.; essere bocciato in l.* | (*fig.*) †***dare altrui il l.***, fare il maestro || **latinàccio**, **pegg.** | **latinétto**, **dim.** | **latinùccio**, **dim.** (V.)

latino- **primo elemento** ● in parole composte, fa riferimento alla lingua o alla cultura latina o neolatina: *latino-barbaro, latino-americano*

latino-americàno [comp. di *latino-* e *americano* ∗ 1965] **A agg.** ● dell'America Latina **B s. m.** (**f.** *-a*) ● abitante o nativo dell'America Latina

latino-bàrbaro [comp. di *latino-* e *barbaro* ∗ av. 1698] **agg.** (**pl. m.** *-i*) ● detto di vocabolo del latino medievale non noto al latino classico

latinòrum ['dei Latini', ma il valore della vc. sorge dallo sprezzo per la frequente desinenza del genit. pl. ✱ 1827] **s. m. inv.** ● (*scherz.*) lingua latina usata in modo volutamente pedantesco e incomprensibile: *"Si piglia gioco di me?" ... "Che vuol ch'io faccia del suo l.?"* (A. MANZONI)

latinùccio [da *latino* con suff. dim. spreg. ✱ av. 1560] **s. m.** ● (**spec. al pl.**) ciascun elemento o esercizio di traduzione latina proposto agli scolari: *chi era destinato a far loro l'esequie, era ancora in seminario, a fare i latinucci* (A. MANZONI) | (*disus.*) ***essere ai latinucci***, all'inizio dello studio del latino o (*est.*) di una scienza

latìpede [vc. dotta, dal lat. *latĭpede(m)*, comp. di *lat(o)*② e *-pede* ✱ 1973] **agg.** ● (*zool.*) che ha piedi larghi

latirìsmo [comp. di *latir(o)* e *-ismo* ✱ 1895] **s. m.** ● (*med.*) intossicazione da abuso di legumi del genere cicerchia, con disturbi alla motilità degli arti inferiori

làtiro [vc. dotta, lat. *lăthyro(n)*, dal gr. *láthyros*, di etim. incerta ✱ av. 1789] **s. m.** ● (*bot.*) genere di Leguminose comprendente erbe annue o perenni con fusti gracili rampicanti e foglie composte paripennate, formate da poche foglioline, terminanti in un cirro (*Lathyrus*) | ***l. dei prati***, erba galletta

latiròstro [comp. del lat. *lătus* 'largo' e di *rostro* ✱ 1834] **agg.** ● (*zool.*) che ha becco largo e piatto

latitànte [vc. dotta, lat. *latitănte(m)*, part. pres. di *latitāre* 'latitare' ✱ 1723] **agg. e s. m. e f.** **1** (*dir.*) che (o chi) volontariamente si sottrae alla custodia cautelare, agli arresti domiciliari, al divieto di espatrio, all'obbligo di dimora o a un ordine di carcerazione **2** (*fig.*) che non assolve i propri doveri, che manca di iniziativa: *il ministro è l.*

✦**latitànza** [da *latitante* ✱ av. 1563] **s. f.** **1** (*dir.*) stato, condizione di chi è latitante | ***darsi alla l.***, (*est.*) alla clandestinità **2** (*fig.*) assenza, mancanza di iniziativa: *la l. del governo nella questione della sanità*
SFUMATURE ➤ ***contumacia***

✦**latitàre** [vc. dotta, lat. *latitāre*, frequentativo di *latēre* 'essere nascosto', di etim. incerta ✱ 1340] **v. intr.** (*io làtito*; aus. *avere*) **1** †restare nascosto **2** (*fig.*) mancare di iniziativa, non assolvere i propri doveri | (*fig.*) mancare, essere assente: *proposte che continuano a l.*

latitudinàle [1494] **agg.** **1** †che sta di fianco | (*raro*) trasversale **2** relativo alla latitudine ‖ **latitudinalménte**, **avv.**

latitudinàrio① [1957] **agg.** ● latitudinale

latitudinàrio② [1834] **agg. e s. m.** ● (*relig.*) fautore, seguace del latitudinarismo

latitudinarìsmo [ingl. *latitudinar(ian)ism*, dall'agg. e s. *latitudinarian*, tratto dal lat. *latitūdine(m)* 'larghezza, ampiezza di vedute' e, quindi, 'tolleranza' ✱ 1728] **s. m.** ● (*relig.*) tendenza antidogmatica e tollerante sorta all'interno della Chiesa anglicana nel sec. XVII, per reazione all'intransigenza puritana

latitùdine [vc. dotta, lat. *latitūdine(m)*, da *lātus* 'largo' ✱ 1282] **s. f.** **1** (*geogr.*) in un sistema di coordinate sferiche, distanza angolare di un luogo dall'equatore | (*astron.*) ***l. celeste***, una delle due coordinate del sistema di riferimento celeste, definita come distanza angolare di un punto del cielo dall'equatore celeste SIN. declinazione CFR. longitudine celeste | ***l. terrestre***, distanza angolare di un luogo dall'equatore terrestre, gener. misurata in gradi con valori tra 90° Sud e 90° Nord CFR. longitudine terrestre **2** (*lett.*) estensione in larghezza **3** regione, territorio in relazione alle caratteristiche climatiche dei Paesi che sono alla stessa distanza dall'equatore: *piante, animali che non sopravvivono alle nostre latitudini*

✦**làto**① [lat. *latu(s)*, vc. italo-celtica di etim. incerta ✱ 1193] **s. m.** (**pl.** *làti*, †*làtora*, **f.**) **1** parte laterale, fianco del corpo umano: *dormire sul l. destro*; *nudo / di riparo si lascia il l.* (T. TASSO) | ***a l.***, a fianco: *sedersi a l. di qlcu.* | (*est.*) parte, banda: *il l. destro di una strada, di una nave* | ala: *il l. destro di un esercito schierato*; *il l. sud della villa* | ***a l. di***, accanto: *Il lume, che ardeva a l. del letto* (G. D'ANNUNZIO) | (*est.*) bordo: *la farmacia è sul l. opposto della piazza* | ***mettere a l.***, nel linguaggio del calcio, inviare il pallone oltre una delle due linee laterali | (*fig.*) ***dal l. di madre, di padre***, per parte, per ramo materno, paterno | ***dal mio l.***, per parte mia | verso, direzione: *mutare l.* | ***da ogni l.***, da ogni parte **2** faccia: *il l. di una moneta, di una medaglia, di un foglio* | ***l'altro l. della medaglia***, (*fig.*) l'altro aspetto di un problema rispetto a quello considerato | ***l. B***, il lato posteriore, spec. di un disco di vinile; (*est.*, *scherz.*) il fondoschiena **3** (*fig.*) aspetto, punto di vista: *consideriamo la questione sotto* (o *da*) *tutti i lati*; *il lato politico del problema*; *la faccenda ha anche un l. comico* | ***da un l. ... dall'altro*** (***l.***), sotto un certo aspetto ... sotto un altro aspetto, per un verso ... per l'altro: *da un l. sono contento per il lavoro, dall'altro mi dispiace di partire* | ***d'altro l.***, d'altronde, d'altra parte | ***da ogni l.***, (*fig.*) sotto tutti i punti di vista: *la questione si presenta da ogni l. ingarbugliata* **4** (*mat.*) segmento o retta che limita una figura geometrica piana | segmento che congiunge due vertici consecutivi di un poligono **5** †fazione politica: *il l. guelfo, ghibellino*

SFUMATURE DI SIGNIFICATO

lato - faccia - versante

Lato nel significato più generale è ciascuna parte di un corpo orientata in direzione diversa da quella delle altre parti; così una costruzione ottagonale ha otto lati, una casa ne ha in genere quattro, il corpo umano due: lato destro e lato sinistro. Se l'oggetto ha tendenzialmente due dimensioni, come per esempio un foglio o una moneta, termine più specifico è **faccia**. Per indicare i due declivi dei lati di un monte o di una catena montuosa, è invece appropriato **versante**.

làto② [vc. dotta, lat. *lātu(m)*, di etim. incerta ✱ 1282] **agg.** **1** (*lett.*) largo, spazioso: *per le late campagne* (I. SANNAZARO) **2** (*fig.*) ampio, esteso: *intendere una frase in senso l.* | ***interpretazione lata***, estensiva ‖ **lataménte**, **avv.** (*lett.*) in modo lato

latomìa o **latòmia** [vc. dotta, gr. *latomía*, comp. di *lâas* 'pietra', di etim. incerta, e un deriv. di *témnein* 'tagliare' ✱ av. 1604] **s. f.** ● (*archeol.*) cava di pietra riutilizzata poi come prigione: *le latomie di Siracusa*

✦**latóre** [vc. dotta, lat. *latōre(m)*, da *lātus*, part. pass. di orig. indeur. di *fĕrre* 'portare' ✱ 1363] **s. m.** (**f.** *-trice*) ● chi adempie all'incarico di portare o recapitare qlco. a qlcu.

✦**làto sènsu** o **sènsu làto** [loc. lat., propr. 'in senso (da *sēnsu(m)*) largo (*lātu(m)*)' ✱ 1957] **loc. avv.** ● nel significato più ampio, più comprensivo CONTR. stricto sensu

-làtra [gr. *-látrēs*, in comp. collegati con *latréia* 'latria' (V.)] **secondo elemento** ● in parole composte, indica persona che pratica un determinato culto: *autolatra, idolatra*

†**latraménto** [av. 1292] **s. m.** ● il latrare | grido forte e prolungato

latràre [vc. dotta, lat. *latrāre*, da un sost. non attestato, di orig. indeur. ✱ sec. XIII] **v. intr.** (aus. *avere*) **1** abbaiare con forza e insistenza: *il cane latra per avvertire del pericolo* **2** (*fig.*) gridare forte | sbraitare contro qlcu. o qlco.

latràto [vc. dotta, lat. *latrātu(m)*, da *latrāre* 'latrare' ✱ 1353] **s. m.** ● verso del cane che abbaia con intensità e a lungo: *suscitò un'altra volta ... i latrati del cane* (G. VERGA)

latratóre [vc. dotta, lat. *latratōre(m)*, da *latrātus* 'latrato' ✱ av. 1311] **agg. e s. m.** (**f.** *-trice*) ● che (o chi) latra o (*fig.*) sbraita, protesta, insulta e sim.

latrèutico [gr. *latreutikós*, da *latréuein* 'servire a pagamento (*látron*, di etim. incerta)' ✱ av. 1840] **agg.** (**pl. m.** *-ci*) ● (*lett.*) relativo a latria

latrìa [vc. dotta, gr. *latréia*, da *latréuein* 'servire a pagamento (*látron*, di etim. incerta)' ✱ 1321] **s. f.** ● forma di culto esterno, in cui il fedele si comporta come servo del suo dio | nella teologia cattolica, culto che va prestato soltanto a Dio

-latrìa [gr. *-latr(e)ía*, da *latréia* 'culto, adorazione, latria (V.)'] **secondo elemento** ● in parole composte, significa 'culto', 'adorazione': *egolatria, idolatria, monolatria*

-làtrico **secondo elemento** ● forma aggettivi corrispondenti ai sostantivi in *-latra*: *idolatrico*

Latrìdidi [dal gr. *lathrídios* 'nascosto', della stessa famiglia di *lanthánein* 'essere nascosto', di etim. incerta ✱ 1957] **s. m. pl.** (**sing.** *-e*) ● (*zool.*) famiglia di piccolissimi Coleotteri le cui larve e gli adulti vivono nei detriti vegetali e animali (*Lathridiidae*)

latrìna o †**laterìna** [vc. dotta, lat. *latrīna(m)*, per *la(va)trīna(m)* 'stanza da bagno, latrina', da *lavāre*, di orig. indeur. ✱ sec. XIV] **s. f.** ● locale fornito di impianti igienici, spec. a uso pubblico SIN. gabinetto, toilette | (*fig.*, *spreg.*) luogo lurido, sudicio

†**làtro** ➤ **ladro**

†**latrocinàre** [vc. dotta, lat. *latrocinārī* 'essere soldato mercenario', poi 'darsi al brigantaggio', da *lātro* 'ladro' ✱ av. 1504] **v. intr.** ● rubare con violenza

latrocìnio① ➤ **ladrocinio**

†**latrocìnio**② o †**latrocìno** [da *latrocinare* ✱ av. 1363] **agg.** ● brigantesco

✦**làtta**① [dal sign. originario di *latta*② (?) ✱ 1333] **s. f.** **1** sottile lamiera di acciaio ricoperta sulle due facce da uno strato di stagno, usata per costruire recipienti di forma e impiego svariatissimi **2** recipiente di latta: *una l. di petrolio, di sardine* ‖ **lattìna**, **dim.** (V.)

làtta② [lat. tardo *lăttam*, comune col celt. e germ., ma di orig. incerta ✱ 1869] **s. f.** **1** (*mar.*) baglietto **2** (*tosc.*) colpo a mano aperta dato sul cappello ‖ **lattóne**, **accr. m.**

lattagògo o **lactagògo** [da *latte*, sul modello di *galattagogo* ✱ 1957] **s. m.**; **anche agg.** (**pl. m.** *-ghi*) ● (*med.*) galattagogo

lattàio① [vc. dotta, lat. *lactāriu(m)* 'che appartiene al latte (*lāc*, genit. *lāctis*, di etim. incerta)' ✱ 1640] **A** **s. m.** (**f.** *-aia*, **pl. m.** *-ai*) ● venditore di latte **B** **agg.** ● che ha o produce molto latte: *vacche lattaie* SIN. lattifero

lattàio② [da *latta*① ✱ 1868] **s. m.** (**f.** *-aia*, **pl. m.** *-ai*) ● (*disus.*) stagnino

lattaiòlo [da *latte* ✱ 1377] **A** **s. m.** **1** dente da latte **2** (*centr.*) dolce simile a una crema, a base di latte, uova, zucchero e aromi **3** (*bot.*) lattario **B** **anche agg. nel sign. 1**: *dente l.*

lattalbumìna ➤ **lattoalbumina**

lattàme [comp. di *latt(ico)* e *am(mid)e* ✱ 1957] **s. m.** ● (*chim.*) ammide ciclica

lattammìde [comp. di *latt(ico)* e *ammide* ✱ 1874] **s. f.** ● ammide dell'acido lattico

lattànte [vc. dotta, lat. *lactānte(m)*, part. pres. di *lactāre* 'lattare' ✱ av. 1333] **A** **agg.** ● di bambino o di piccolo mammifero che ancora prende il latte **B** **s. m. e f.** ● bambino nel primo anno di vita | (*scherz.*) giovane inesperto o alle prime armi: *si dà arie da campione, ma è ancora un l.!*

†**lattànza** [sec. XIV] **s. f.** ● tempo dell'allattamento

†**lattàre** [vc. dotta, lat. *lactāre*, da *lāc*, genit. *lāc-*

tis 'latte', di etim. incerta ✱ sec. XIII] **A** **v. tr.** ● allattare (*anche assol.*): *allevano i figli … per due anni lattando e più* (T. CAMPANELLA) | (*fig.*) nutrire spiritualmente **B** **v. intr.** ● prendere il latte **SIN.** poppare

lattarìna [dal lat. *lactārius* 'relativo al latte' col suff. della chim. *-ina*, sul modello del corrispondente ingl. *lactarine* ✱ 1970] **s. f.** ● miscuglio gelatinoso di caseina secca, ammoniaca e cloruro ammonico, usato come adesivo

lattarìno ➤ **latterino**

lattàrio [vc. dotta, lat. *lactāriu(m)*, da *lăc*, genit. *lăctis* 'latte', di etim. incerta ✱ 1895] **s. m.** ● fungo delle Agaricacee dei boschi di conifere, di colore arancio rossiccio, con cappello depresso al centro (*Lactarius deliciosus*) **SIN.** lattaiolo

lattàṣi [comp. di *latt(osio)* e *-asi* ✱ 1917] **s. f. inv.** ● enzima contenuto nel succo intestinale, che scinde il lattosio in glucosio e galattosio

†**lattàta** [per il colore di *latte* ✱ av. 1698] **s. f.** ● semata **SIN.** orzata①

lattàto① [vc. dotta, lat. *lactātu(m)*, part. pass. di *lactāre* 'lattare' ✱ av. 1292] **agg. 1** bianco come il latte: *bianco l.*; *marmo l.* | ***fiore l.***, fiore d'arancio **2** †che contiene o è fatto con latte | ***uova lattate***, sbattute e mischiate con latte caldo | ***minestra lattata***, zuppa con brodetto di uova e latte

lattàto② [comp. di *latt(e)* e *-ato*② ✱ 1834] **s. m.** ● (*chim.*) sale o estere dell'acido lattico

†**lattatrice** [da *lattare* ✱ sec. XIV] **s. f.** ● nutrice, balia

lattazióne [vc. dotta, lat. *lactatiōne(m)*, da *lactātus* 'lattato' ✱ 1869] **s. f. 1** (*biol.*) processo di secrezione del latte dalla mammella dopo il parto **2** (*zootec.*) produzione di latte di una mucca in un anno

♦**làtte** [lat. *lăcte(m)*, di etim. incerta ✱ 1282] **A** **s. m. 1** liquido bianco e dolce, secreto dalle ghiandole mammarie dei Mammiferi, impiegato come sostanza alimentare **CFR.** galatto- | ***fratello di l.***, chi ha avuto la stessa balia di un'altra persona, rispetto a questa | ***figlio di l.***, chi è stato allattato da una balia, rispetto a questa | ***da l.***, o ***di l.***, di animale non ancora svezzato: *agnello da l.*; *maialino di l.* | ***levare, togliere il l.***, divezzare | ***denti di l.***, i primi che spuntano ai bambini | ***avere il l. alla bocca***, (*fig.*) essere ancora nella prima infanzia | ***sapere, puzzare di l.***, si dice di ragazzi che vogliono fare cose più grandi di loro | ***succhiare qlco. col l.***, (*fig.*) si dice di princìpi, insegnamenti e sim. appresi fin dalla prima infanzia | (*fig.*) ***essere un l.***, di cosa molto tenera o molto bianca | (*fig.*) ***far venire il l. alle ginocchia***, annoiare, seccare oltre misura | ***il l. dei vecchi***, (*scherz.*) il vino **2** alimento costituito da latte animale munto: *l. di mucca, di bufala, di capra, di pecora, d'asina*; *centrale del l.* | (*per anton.*) latte di mucca | ***l. crudo***, appena munto | ***l. pastorizzato***, liberato dai germi patogeni mediante pastorizzazione, conservabile solo per alcuni giorni | ***l. sterilizzato a lunga conservazione***, sottoposto a trattamento termico per distruggerne tutti i microrganismi presenti e garantirne la conservabilità per almeno 4 mesi a temperatura ambiente | ***l. omogeneizzato***, che ha i globuli grassi sminuzzati | ***l. umanizzato***, latte di mucca o altro animale trattato in modo da avvicinarlo alla composizione e ai caratteri di quello di donna | ***l. magro, scremato***, privato in tutto o in parte del grasso o della panna | ***l. centrifugato***, che è stato sottoposto a centrifugazione | ***l. uperizzato***, che è stato sottoposto a uperizzazione | ***l. concentrato, evaporato, condensato***, di cui è stato ridotto parzialmente il contenuto d'acqua | ***l. macchiato***, bicchiere di latte gener. caldo con l'aggiunta di un po' di caffè | ***l. secco, in polvere***, di cui è stato eliminato totalmente il contenuto d'acqua **3** alimento a base di latte, contenente latte | ***l. alla crema, alla portoghese, brulé***, crème caramel | ***l. e miele***, V. *lattemiele* | ***l. di gallina***, tuorlo d'uovo stemperato in latte o acqua zuccherata, con aggiunta di cognac o rum | ***fiore del l.***, la panna del latte | ***fior di l.***, V. *fiordilatte* **4** liquido bianco come il latte: *l. di calce, di magnesia* | ***l. di cocco***, bevanda lattiginosa estratta dalla polpa delle noci di cocco | ***l. di mandorle***, bevanda lattiginosa estratta dalle mandorle dolci | ***l. di soia***, bevanda di aspetto simile al latte ottenuta dai semi di soia | ***l. verginale*** o ***di bellezza***, cosmetico di resine aromatiche sciolte in acqua di rose o latte di mandorle | ***l. detergente***, cosmetico lattiginoso usato per pulire a fondo la pelle **5** (*bot.*) succo, latice | ***albero del l.***, nome popolare attribuito a varie piante, dotate di vasi laticiferi **6** (*bot.*) ***l. di gallina***, pianta erbacea bulbosa delle Liliacee, con bulbi circondati da bulbilli, foglie lineari e fiori a stella con tepali bianco latte che si aprono al mattino, frequente nei campi coltivati o incolti (*Ornithogalum umbellatum*) **SIN.** bella delle undici **7** (*zool.*) ***l. di pesce***, liquido seminale dei pesci | ***aringhe di l.***, maschi delle aringhe **B** **in funzione di agg. inv.** ● (posposto al sost.) nella loc. ***bianco l.***, di colore bianco come il latte ‖ **latticèllo**, **dim.** (V.) | (*fam.*) **lattìno**, **dim.** | **lattùccio**, **dim.**

làtte e mièle ➤ **lattemiele**

latteggiàre [1546] **v. intr.** (**pres.** *io lattéggio*; **fut.** *io latteggerò*; **aus.** *avere*) ● (*lett.*) emettere succhi o umori lattiginosi

lattemièle o **lattemmièle**, **làtte e mièle**, †**lattemèle** [comp. di *latte* e *miele* ✱ av. 1313] **A** **s. m. inv. 1** (*sett.*) panna montata **2** (*fig.*) situazione, cosa oltremodo piacevole | ***al l.***, senza vigore, stucchevole: *una conclusione al l.* **B** **agg. inv.** ● (*fig.*) benevolo, conciliante, bendisposto: *mi sento l. stamattina* (A. FOGAZZARO) | oltremodo gentile, affabile, premuroso, sino a dar l'idea dello stucchevole o della simulazione: *essere l. con qlcu.*

làtteo [vc. dotta, lat. *lăcteu(m)*, da *lăc*, genit. *lăctis* 'latte' ✱ 1374] **agg. 1** di latte, a base di latte: *dieta lattea* | ***Farina lattea***®, V. *farina* **2** (*med.*) ***febbre lattea***, che compare durante la montata lattea | ***crosta lattea***, eczema squamoso che colpisce la cute della testa dei lattanti **SIN.** lattime | ***montata lattea***, lattogenesi **3** che è simile al latte: *liquido, colore l.* | (*astron.*) ***Via Lattea***, fascia biancastra che si staglia sulla sfera celeste, formata da una enorme quantità di stelle che giacciono su un ramo della galassia spirale cui appartiene il sistema solare

SFUMATURE ➤ ***lattiginoso***

latterìa [1663] **s. f. 1** negozio dove si vendono il latte e i suoi derivati **2** stabilimento di lavorazione del latte per la produzione di burro, formaggio e altri latticini | ***l. sociale***, associazione fra produttori di latte | ***formaggio (di) l.***, formaggio fresco a pasta morbida, di latte vaccino, tipico delle regioni nordorientali **3** locale per il deposito del latte da trasformare in burro o in formaggio

latterìno o (*roman.*) **lattarìno** [forma pop. di *aterina* con sovrapposizione di *latte* ✱ sec. XIV] **s. m. 1** piccolo pesce molto simile all'acciuga ma meno pregiato, che vive in branchi nei mari italiani (*Atherina mochon*) **2** (**spec. al pl.**) minutaglia di pesciolini molto giovani **SIN.** bianchetto

lattescènte [vc. dotta, lat. *lactescĕnte(m)*, part. pres. di *lactēscere*, incoativo di *lactēre*, da *lăc*, genit. *lăctis* 'latte' ✱ 1828] **agg.** ● di aspetto simile al latte

SFUMATURE ➤ ***lattiginoso***

lattescènza [1874] **s. f.** ● caratteristica, aspetto di ciò che è lattescente

làttice o **làtice**, spec. nel sign. bot. [vc. dotta, lat. *lātice(m)*, di etim. incerta ✱ 1499] **s. m. 1** liquido denso, vischioso, che stilla da incisioni di certe piante, costituito da un'emulsione di gomme, resine, cere e sim. usato specialmente per la produzione della gomma | ***l. artificiale***, a base di materie plastiche di sintesi **2** (*lett.*) liquido, umore: *fatte sono di l. fluido … le tue membra* (G. D'ANNUNZIO)

latticèllo [propr. dim. di *latte* ✱ 1911] **s. m.** ● liquido che rimane nella zangola dopo la sbattitura e l'estrazione della crema di un latte inacidito

latticemìa [comp. di (acido) *lattic(o)* e di un deriv. del gr. *hâima* 'sangue' ✱ 1952] **s. f.** ● (*med.*) aumento dell'acido lattico nel sangue

latticìfero ➤ **laticifero**

latticìnio o (etim. meno corretto ma più comune) **latticìno**① [vc. dotta, lat. *lacticīniu(m)*, da *lăc*, genit. *lăctis* 'latte' ✱ sec. XIV] **s. m. spec. al pl.** ● ogni prodotto alimentare derivato dalla lavorazione del latte, come burro, panna, ricotta, yogurt, formaggi spec. freschi e non fermentati: *negozio di latticini*; *si ricordavano … di Corace per i latticini* (C. ALVARO)

latticìno① ➤ **latticinio**

latticìno② [per l'abbondanza di *latice* ✱ 1869] **s. m.** ● (*bot.*) scorzonera

†**latticinóso** ➤ **lattiginoso**

làttico [comp. di *latt(e)* e *-ico* ✱ 1795] **agg.** (**pl. m.** *-ci*) **1** relativo al latte: *fermento l.* **2** (*chim.*) che produce acido lattico: *fermentazione lattica* | ***acido l.***, idrossiacido monocarbossilico usato come acidulante, mordente, depilante e caustico; è il prodotto terminale della fermentazione lattica e si accumula nei muscoli durante uno sforzo intenso e protratto

làttide [comp. di *latt(e)* e *-ide* ✱ 1874] **s. m.** ● (*chim.*) composto ciclico ottenuto dall'acido lattico che, per riscaldamento, si scinde in acetaldeide e ossido di carbonio

lattièra [da *latte* ✱ 1850] **s. f. 1** recipiente per servire a tavola il latte **2** recipiente per il latte appena munto

lattièro [da *latte* ✱ 1950] **agg.** ● che concerne la produzione, la lavorazione o il commercio del latte: *mercato l.*

lattìfero [vc. dotta, lat. *lactĭferu(m)*, comp. di un deriv. di *lăc*, genit. *lăctis* 'latte' e *-ferum* '-fero' ✱ av. 1698] **agg. 1** che ha o produce latte: *vacca lattifera* **2** che porta il latte: *canali lattiferi* **3** detto di pianta che secerne latice se recisa

lattìfugo [comp. del lat. *lăc*, genit. *lăctis* 'latte', e di *-fugo* ✱ 1834] **agg.** (**pl. m.** *-ghi*) ● detto di rimedio che arresta la secrezione lattea

lattìgeno [comp. del lat. *lăc*, genit. *lăctis* 'latte', e di *-geno* ✱ 1970] **agg.** ● che produce latte

lattiginóso (o **-ṣ-**) o †**latticinóso** [formazione sul tipo di *caliginoso*, *ferruginoso*, e sim. ✱ sec. XIV] **agg. 1** simile al latte per colore, consistenza e sim.: *liquido, succo l.*; *la nuvola, da grigia si fa lattiginosa e lucida* (I. CALVINO) **2** che produce latice

SFUMATURE DI SIGNIFICATO

lattiginoso - lattescente - latteo

Ciò che ha l'aspetto del latte, soprattutto in riferimento a densità e colore, si dice **lattiginoso** o **lattescente** (parola meno diffusa); **latteo** descrive invece ciò che è bianco come il latte, ma non necessariamente ne ha aspetto e consistenza.

SFUMATURE ➤ ***bianco***

lattìme [dal (velo del) *latte*, cui si rassomiglia ✱ 1353] **s. m.** ● (*pop.*) crosta lattea

lattìmo [da *latte* ✱ sec. XV] **s. m.** ● vetro bianco opaco, fatto a imitazione della porcellana

♦**lattìna** [da *latta*① ✱ 1973] **s. f.** **1** dim. di *latta*① **2** piccolo recipiente ermeticamente chiuso destinato a contenere spec. prodotti alimentari come bibite e sim. | (*est.*) quanto può essere contenuto in una lattina: *bere una l. di birra*

lattivéndolo [comp. di *latte* e un deriv. di *vendere*, proprio di analoghe composizioni ✱ 1869] **s. m.** (**f.** *-a*) ● (*disus.*) lattaio

†**lattìzio** [da *latte*, per il colore chiaro ✱ av. 1374] **s. m.** ● pelle di animale poppante

lattoalbumìna o **lattalbumìna** [comp. di *latt(e)* e *albumina* ✱ 1917] **s. f.** ● albumina del latte

Lattobacillàcee [dal genere *Lactobacillus* (V. *lattobacillo*) ✱ 1973] **s. f. pl.** (**sing.** *-a*) ● (*biol.*) famiglia comprendente batteri non patogeni diffusi in natura (per es. nei latticini e nei vegetali) e gram-positivi a forma di bastoncino o di cocco, in grado di fermentare il glucosio in acido lattico (*Lactobacillaceae*)

lattobacìllo [comp. di *latte* e *bacillo* ✱ 1952] **s. m.** ● batterio che provoca la fermentazione degli zuccheri con produzione di acido lattico (*Lactobacillus*)

lattodensìmetro [comp. di *latte*, *densi(tà)* e *-metro* ✱ 1874] **s. m.** ● strumento per determinare la densità del latte

lattodótto [comp. di *latt(e)* e *-dotto* ✱ 1963] **s. m.** ● impianto di condutture per il trasporto del latte dalle zone di produzione a quelle di raccolta

lattofermentatóre [comp. di *latte* e *fermentatore* ✱ 1973] **s. m.** ● apparecchio per il controllo sanitario del latte

lattoflavìna [comp. di *latt(e)* e *flavina* ✱ 1973] **s. f.** ● (*chim.*) vitamina B2

lattogènesi [comp. di *latte* e *genesi* ✱ 1970] **s. f. inv.** ● (*biol.*) flusso latteo alla mammella subito dopo il parto **SIN.** montata lattea

lattogenètico [1970] **A** **s. m.** (**pl.** *-ci*) ● farmaco, in genere di natura ormonica, capace di indurre la secrezione lattea in mammelle non secernenti **SIN.** lattogeno **B** anche **agg.** (**pl. m.** *-ci*): *sostanza lattogenetica*

lattògeno [1957] **agg. e s. m.** ● lattogenetico

lattóne① [da *latte* ✱ 1789] **A** **agg.** ● (*disus.*) detto di giovane animale, che prende ancora il latte **B** **s. m.** ● maialino di latte

lattóne② [comp. di *latt(e)* e *-one*② ✱ 1874] **s. m.** ● (*chim.*) composto eterociclico che si ottiene da un ossiacido per disidratazione interna tra il gruppo acido e il gruppo ossidrilico

lattonerìa [da *lattoniere* ✱ sec. XX] **s. f.** ● in uno stabilimento industriale, reparto riservato ai lattonieri e ai loro materiali

lattonière [da *lattone*, accr. di *latta*① ✱ 1883] **s. m.** ● stagnaio

lattónzo [da *latte* col suff. *-onzo*, abbr. di *-onzolo* ✱ 1481] **s. m.** ● lattonzolo

lattónzolo [da *latte*, col suff. *-onzolo* ✱ 1470] **s. m.** (**f.** *-a*) **1** animale che prende ancora il latte, detto spec. di maiale o vitello **2** (*fig.*) †giovanetto ingenuo e inesperto

lattoscòpio [comp. di un deriv. dal lat. *lăc*, genit. *lăctis* 'latte' e *-scopio* ✱ 1869] **s. m.** ● apparecchio con il quale si determina la percentuale di sostanza grassa contenuta nel latte in base al suo grado di opacità

lattòṣio [fr. *lactose*, dal lat. *lăc*, genit. *lăctis* 'latte' col suff. *-ose* '-os(i)o' ✱ 1874] **s. m.** ● disaccaride costituito da galattosio e glucosio contenuto nel latte, usato come eccipiente ed edulcorante e nell'alimentazione dei bambini

lattóso (o **-ṣ-**) [vc. dotta, lat. tardo *lactōsu(m)*, da *lăc*, genit. *lăctis* 'latte' ✱ av. 1472] **agg.** ● (*lett.*) abbondante di latte, che dà latte | (*fig.*) †candido: *il viso fresco e l.* (L.B. ALBERTI)

lattovàro ➤ **elettuario**

lattuàrio ➤ **elettuario**

†**lattùca** ➤ **lattuga**

lattucàrio [da *lattuca*, sul tipo del lat. *lactucāriu(m)* 'venditore di lattughe' ✱ 1869] **s. m.** ● latice contenuto in alcune specie di lattuga, impiegato come sedativo, ipnotico debole o disintossicante

lattùga o †**lattùca** [lat. *lactūca(m)*, f. dell'agg. *lactūcus*, da *lăc*, genit. *lăctis* 'latte' per l'umore contenuto ✱ 1310] **s. f.** **1** composita erbacea con foglie dentellate e capolini giallo pallido, coltivata in molte varietà (*Lactuca sativa*) | ***l. batavia***, con cespo compatto di foglie grandi, verdi con margini ondulati rosso brillante | ***l. brasiliana***, varietà di lattuga a cappuccio con foglie grandi, croccanti, che formano una palla voluminosa, compatta e pesante | ***l. canasta***, con foglie ondulate, croccanti, di colore verde o rossiccio in cespi di forma leggermente allungata, ibrida tra lattuga batavia e iceberg **SIN.** lattuga gentile | ***l. cappuccio*** o ***cappuccina***, con cespi di forma tondeggiante e foglie grandi, carnose e lisce, sovrapposte fino a formare una palla **SIN.** lattuga trocadero | ***l. gentile***, lattuga canasta | ***l. iceberg***, a foglie grandi tondeggianti che formano un cespo compatto a forma di palla | ***l. riccia***, con cespi di foglie ondulate e crespe | ***l. romana***, con lunghe foglie a margini ondulati | ***l. selvatica***, specie dalla quale sono state ottenute le varietà coltivate (*Lactuca scariola*) | ***l. trocadero***, lattuga cappuccio | ***l. velenosa***, spontanea e comune, contiene un latice bianco (*Lactuca virosa*) | ***l. di mare***, alga verde, con fronde lamellari, comune sulle coste europee, usata localmente anche per insalate e zuppe (*Ulva lactuca*) **2** volant bianco pieghettato, a più strati con o senza pizzo, che un tempo ornava sul davanti la camicia maschile ‖ **lattughèlla**, **dim.** | **lattughìna**, **dim.** (V.) | **lattugóne**, **accr. m.** (V.)

lattughèlla [dim. di *lattuga* ✱ 1694] **s. f.** ● (*bot.*) valerianella

lattughìna [1863] **s. f.** **1** dim. di *lattuga* **2** (*bot.*) valerianella

lattugóne [1822] **s. m.** **1** accr. di *lattuga* **2** (*bot.*) cardo selvatico

†**lattùme** [da *lattime* per influsso del corrispondente sp. *lactumen* ✱ 1528] **s. m.** ● lattime

làuda o †**làude** [vc. dotta, lat. *lāude(m)*, di etim. incerta ✱ 1224] **s. f.** (**pl.** *-e* o *-i*) **1** componimento in lode di Dio o dei Santi, tipico del XIII sec. e seguenti, nel metro della ballata, cantato in coro | ***l. drammatica***, a dialogo, che si recitava come un dramma, nelle confraternite **2** †lode

†**laudàbile** [vc. dotta, lat. *laudābile(m)*, da *lāus*, genit. *lāudis* 'lode' ✱ 1268] **agg.** ● lodabile ‖ †**laudabilménte**, **avv.** ‖ †**laudabilità**, **s. f. inv.**

†**laudaménto** [sec. XIII] **s. m.** ● lode

laudanìna [comp. di *laudan(o)* e *-ina* ✱ 1930] **s. f.** ● alcaloide dell'oppio a notevole azione convulsivante

làudano [lat. *lādanu(m)*, dal gr. *ládanon*, di orig. semitica, con sovrapposizione di *laudāre* 'lodare', per le sue virtù terapeutiche (?) ✱ av. 1698] **s. m.** ● medicamento a base di oppio, usato un tempo come analgesico spec. nei dolori di origine addominale

laudanoṣìna [comp. di *laudano* col suff. della chim. *-(s)ina* ✱ 1957] **s. f.** ● alcaloide dell'oppio

†**laudàre** [vc. dotta, lat. *laudāre*, da *lāus*, genit. *lāudis* 'lode' ✱ av. 1226] **v. tr.** ● lodare: *Laudate e benedicete mi' Signore* (FRANCESCO D'ASSISI)

laudàrio [da *laude* col suff. di analoghe raccolte (*antifonario*, *breviario*) ✱ 1912] **s. m.** ● raccolta di laudi, a uso delle confraternite

laudatìvo [vc. dotta, lat. *laudatīvu(m)*, da *lāus*, genit. *lāudis* 'lode' ✱ 1549] **agg.** ● che serve a lodare: *discorso, orazione laudativa* ‖ **laudativaménte**, **avv.**

laudatóre [vc. dotta, lat. *laudatōre(m)*, da *laudātus* 'laudato' ✱ sec. XII] **agg. e s. m.** (**f.** *-trice*) ● (*raro*) lodatore

laudatòrio [vc. dotta, lat. tardo *laudatōriu(m)*, da *laudātus* 'laudato' ✱ 1639] **agg.** (**pl. m.** *-i* o *raro -ii*) ● (*raro*) laudativo

laudàtor tèmporis àcti [loc. lat., propr. 'elogiatore del passato', da un verso di Orazio ✱ 1895] **loc. sost. m. inv.** (**f. lat.** *laudatrix temporis acti*, **pl. m.** *laudatores temporis acti*, **pl. f.** *laudatrices temporis acti*) ● chi loda il passato e vede solo aspetti negativi nel presente

†**laudazióne** [vc. dotta, lat. *laudatiōne(m)*, da *laudātus* 'laudato' ✱ av. 1342] **s. f.** ● lode, panegirico

†**làude** ➤ **lauda**

laudèmio [vc. dotta, lat. mediev. *laudēmiu(m)*, da *laudāre* (nel senso di 'approvare'), come *blasphēmiu(m)*, da *blasphemāre* 'bestemmiare' ✱ 1607] **s. m.** ● (*stor.*) nel Medioevo, prestazione, normalmente in denaro, dovuta al concedente dall'enfiteuta al momento del trasferimento del diritto di enfiteusi

laudése (o **-ṣ-**) [1284 ca.] **s. m.** ● nel Medioevo, autore o esecutore di laude sacre | membro di confraternite laiche del XIII sec. che si riunivano per cantare laude sacre

†**laudévole** [da *laudabile* con sovrapposizione di *lodevole* ✱ av. 1294] **agg.** ● lodevole ‖ †**laudevolménte**, **avv.** lodevolmente

†**laudevolézza** [1665] **s. f.** ● lodevolezza

laudìsta [1834] **s. m. e f.** (**pl. m.** *-i*) ● laudese | scrittore di laude

launèddas [vc. sarda, di etim. incerta, forse di orig. prelatina ✱ 1832] **s. f. pl.** (**sing.** *raro launèdda*, *raro launèddas*) ● strumento popolare sardo a fiato con tre canne

launegìldo [comp. di orig. germ., che si analizza 'denaro (nel ted. odierno *Geld*) per compenso (in got. *laun*)' ✱ av. 1876] **s. m.** ● nel diritto longobardo, somma od oggetto che il destinatario di una donazione doveva al donatore come corrispettivo simbolico (infatti gli atti di mera liberalità non erano ammessi)

làura [vc. dotta, gr. *láura*, di etim. incerta ✱ av. 1787] **s. f.** ● (*relig.*) forma di organizzazione del monachesimo orientale nella quale i religiosi vivevano con regola mista fra la cenobitica e l'eremitica | (*est.*) monastero caratteristico di tale forma monastica

Lauràcee [vc. dotta, comp. del lat. *lāurus* 'lauro' e del suff. *-acee* ✱ 1865] **s. f. pl.** (**sing.** *-a*) ● (*bot.*) famiglia di piante arboree o arbustive delle Dicotiledoni con foglie coriacee, sempreverdi, ricche di oli aromatici (*Lauraceae*)

làurea [vc. dotta, lat. *lāurea(m)*, sottinteso *corōna(m)* '(corona) d'alloro', da *lāurus* 'lauro' ✱ 1336 ca.] **s. f.** **1** titolo di dottore conferito a chi ha compiuto l'intero ciclo di studi universitari previsto per una certa materia: *prendere la l. in medicina, in giurisprudenza* | ***l. ad honorem***, ***l. honoris causa***, titolo di dottore conferito a una persona, per meriti culturali o anche sociali, politici straordinari | ***l. di primo livello*** o ***triennale***, (*fam.*) ***l. breve***, diploma universitario ottenibile dopo tre anni di corso | ***l. di secondo livello***, ***l. specialistica***, ***l. magistrale***, diploma universitario che si consegue dopo ulteriori due anni rispetto alla laurea di primo livello | ***post l.***, V.

*post*① | ***esame di l.***, nel quale si discute la propria tesi di laurea | (*est.*, *fam.*) dissertazione della tesi di laurea: *la mia l. è fissata per domani* **2** †corona d'alloro

laureàndo [vc. dotta, lat. *laureāndu(m)*, gerundivo di *laureāre* 'laureare' ✱ 1551] **agg. e s. m.** (**f.** *-a*) ● che (o chi) è in procinto di laurearsi

♦**laureàre** [vc. dotta, lat. *laureāre*, rifacimento da *laureātus*, da *lāurus* 'lauro' ✱ av. 1389] **A v. tr.** (**pres.** *io làureo*; **fut.** *io laureerò*) **1** (*lett.*) coronare d'alloro **2** conferire la laurea a qlcu.: *l. qlcu. in matematica, in filosofia* **SIN.** addottorare **3** (*sport*) assegnare un titolo di campione **B laureàrsi v. intr. pron. 1** ottenere la laurea (+ *in*): *si laureò brillantemente*; *si è laureato in fisica* **2** (*sport*) ottenere un titolo di campione

laureàto A part. pass. di *laureare*; anche **agg.** ● nei sign. del v. **B s. m.** (**f.** *-a*) ● chi ha conseguito il titolo di dottore: *tutti i laureati in fisica sono convocati per domani*

†**laureazióne** [1351] **s. f.** ● cerimonia del conferimento della laurea

laurenziàno① [dal lat. *Laurĕntiu(m)* 'Lorenzo' ✱ 1813] **agg. 1** di San Lorenzo: *basilica laurenziana* **2** di Lorenzo de' Medici (1449-1492) o della famiglia Medici: *biblioteca laurenziana*

laurenziàno② [ingl. *laurentian*, dal n. del fiume *San Lorenzo* ✱ 1940] **agg.** ● del fiume San Lorenzo dell'America Settentrionale | (*geol.*) ***Periodo l.***, il periodo più antico dell'era arcaica

laurènzio o **lawrèncio** /lau'rɛntʃo/, **lorènzio** [adattamento dell'ingl. *lawrencium*, dal n. del fisico americano E. O. *Lawrence* (1901-1958) ✱ 1961] **s. m.** ● elemento chimico, metallo transuranico artificiale **SIMB.** Lr **NUM. AT.** 103

†**làureo** [vc. dotta, lat. *lāureu(m)*, da *lāurus* 'lauro' ✱ 1342] **agg.** ● di lauro

laurèola① [vc. dotta, lat. *laureola(m)* 'coroncina di lauro, piccolo trionfo', da *lāurus* 'lauro' ✱ sec. XIV] **s. f.** ● arbusto delle Timeleacee sempreverde, con fiori odorosi verde giallognolo e radici purgative (*Daphne laureola*)

†**laurèola**② ➤ **aureola**

lauretàno o **loretàno** [dal n. lat. della città, *Laurētu(m)*, propr. 'laureto' ✱ av. 1667] **A agg.** ● di Loreto, cittadina in provincia di Ancona | relativo al santuario che, in questa località, è dedicato alla Madonna: *litanie lauretane* **B s. m.** (**f.** *-a*) ● abitante o nativo di Loreto

lauréto [vc. dotta, lat. *laurētu(m)*, da *lāurus* 'lauro' col suff. collettivo *-etum* '-eto' ✱ av. 1374] **s. m.** ● terreno piantato a lauri | bosco di allori: *un fresco et odorifero l.* (F. PETRARCA)

làurico [da *laurina* ✱ 1869] **agg.** (**pl. m.** *-ci*) ● detto di acido grasso contenuto spec. nell'olio di lauro e di cocco, che si presenta in cristalli incolori

†**lauricomo** [vc. dotta, lat. *lauricomu(m)*, comp. di *lāurus* 'lauro' e un deriv. di *cŏma* 'chioma' ✱ av. 1729] **agg.** ● (*poet.*) che ha la chioma coronata d'alloro: *Apollo l.*

†**laurìfero** [vc. dotta, lat. *laurĭferu(m)*, comp. di *lāurus* 'lauro' e *-ferum* '-fero' ✱ 1476] **agg.** ● che produce alloro

laurìgero [vc. dotta, lat. *laurĭgeru(m)*, comp. di *lāurus* 'lauro' e un deriv. di *gĕrere* 'portare', di etim. incerta ✱ 1521] **agg. 1** (*poet.*) che ha foglie simili a quelle del lauro: *le rose / del l. oleandro* (G. D'ANNUNZIO) **2** (*poet.*) che porta ornamenti d'alloro

laurìna [vc. dotta, lat. *laurīna(m)*, agg. f. di *lāurus* 'lauro' ✱ 1869] **s. f.** ● (*chim.*) trigliceride dell'acido laurico contenuto nell'olio di cocco, di palma e sim.

†**laurìno** [vc. dotta, lat. *laurīnu(m)*, da *lāurus* 'lauro' ✱ sec. XIV] **agg.** ● detto di olio medicinale ottenuto per torchiatura delle drupe fresche dell'alloro **CFR.** allorino

laurìşmo [dal n. di Achille *Lauro* (1887-1982), armatore e più volte sindaco di Napoli dal 1951 al 1958 ✱ 1973] **s. m.** ● tipo di politica clientelare e corrotta

làuro [vc. dotta, lat. *lāuru(m)*, termine mutuato da una lingua indigena mediterr., non indeur. ✱ 1319] **s. m. 1** (*lett.*, *bot.*) alloro | ***l. ceraso***, V. *lauroceraso* **2** (*lett.*, *fig.*) emblema di gloria e sim.: *conquistare il l. della vittoria* | ***l. poetico***, ***l. di Parnaso***, (*ellitt.*) ***lauro***, gloria poetica | ***l. olimpico***, vittoria ottenuta alle Olimpiadi

lauroçèraşo o **làuro çèraşo** [comp. di *lauro* 'alloro' e *ceraso* 'ciliegio' ✱ av. 1597] **s. m.** ● albero o arbusto delle Rosacee con foglie persistenti, lucide, coriacee, usate come calmante per la tosse (*Prunus laurocerasus*)

laurotìno [comp. di *lauro* e *tino*② ✱ 1972] **s. m.** ● (*bot.*) lentaggine②

lautézza [lat. *lautĭtia(m)*, da *lāutus* 'lauto' ✱ 1304] **s. f.** ● (*lett.*) caratteristica di ciò che è lauto: *la l. di un ricevimento*; *le delizie de' giardini d'Alcinoo, la magnificenza della sua reggia e la l. delle sue cene* (G. VICO) **SIN.** abbondanza, magnificenza

♣**làuto** [vc. dotta, lat. *lāutu(m)* (da *lavāre*), propr. 'bagnato, lavato', poi 'elegante, distinto' e quindi 'ricco', perché anticamente il lavarsi era segno di distinzione ✱ 1441] **agg.** ● abbondante, splendido, sontuoso: *pranzo, trattamento l.* || **lautaménte**, **avv.** in modo lauto: *mangiare lautamente*

SFUMATURE ➤ ***abbondante***

†**lauzzìno** ➤ **aguzzino**

♦**làva** [vc. napol., dal lat. *lābe(m)* 'caduta, crollo, distruzione', da *labĕre* 'scivolare', di etim. incerta ✱ 1663] **s. f. 1** magma traboccante alla superficie allo stato fluido | magma solidificato alla superficie, in colate subaeree e subacquee, emesso da un condotto vulcanico **2** (*fig.*) †masse d'acqua scorrenti

lavaàuto o **làva àuto** [comp. di *lava(re)* e *auto* ✱ 1973] **s. m. e f. inv.** ● chi è addetto al lavaggio delle automobili

lavabiancherìa [comp. di *lava(re)* e *biancheria* ✱ 1955] **s. f. inv.** ● macchina per lavare la biancheria

lavabicchièri [comp. di *lavare* e il pl. di *bicchiere* ✱ 1926] **s. m. inv.** ● strumento fornito di una piccola spazzola rotonda, usato, spec. nei bar, per lavare i bicchieri

lavàbile [av. 1758] **agg.** ● che si può lavare senza danni: *guanti lavabili* || **lavabilità**, **s. f. inv.**

♦**lavàbo** [vc. dotta, lat. *lavābo*, propr. 'laverò', parola iniziale della formula *lavabo … manus meas* 'laverò le mie mani' (dal salmo XXV) che accompagnava la lavatura delle mani del sacerdote durante la Messa; passata poi a designare la 'pila della sacrestia' e quindi, dapprima in fr., il 'lavamano' ✱ 1803] **s. m.** (**pl.** *lavàbi* **o inv.**) **1** nella liturgia cattolica, ampolla che contiene l'acqua della quale il celebrante si serve per lavarsi le mani | acquaio della sagrestia, destinato allo stesso uso | (con iniziale maiuscola) parte della Messa, dopo l'Offertorio, in cui il celebrante si lava le mani recitando il salmo omonimo **2** lavandino per lavarsi le mani e il viso **3** lavamano elegante, solitamente su treppiede smaltato

lavabottìglie [comp. di *lava(re)* e il pl. di *bottiglia* ✱ 1926] **s. m. inv.** ● macchina automatica per lavare e sterilizzare le bottiglie

†**lavacàpo** [comp. di *lava(re)* e *capo* ✱ 1618] **s. m.** ● lavata di capo

†**lavacàrne** [comp. di *lava(re)* e *carne* ✱ 1605] **s. m. inv.** ● sguattero

lavacassonétti [comp. di *lava(re)* e del pl. di *cassonetto* ✱ 1992] **A s. m. inv.** ● automezzo dotato di dispositivo per il lavaggio e la disinfezione dei cassonetti per i rifiuti solidi urbani **B** anche **agg. inv.**: *camion l*

†**lavacéci** [comp. di *lava(re)* e il pl. di *cece* ✱ 1353] **s. m. e f. inv.** ● (*tosc.*) persona sciocca, ottusa

lavacristàllo [comp. di *lava(re)* e *cristallo* ✱ 1956] **s. m.** ● accessorio montato sugli autoveicoli, che serve a spruzzare acqua sul parabrezza per lavarlo durante la marcia

lavàcro [vc. dotta, lat. tardo *lavācru(m)*, da *lavāre* 'lavare', di etim. incerta ✱ 1306] **s. m. 1** (*lett.*) bagno, lavaggio | ***l. di sangue***, martirio **2** (*lett.*, *fig.*) purificazione: *il l. delle colpe* **3** (*lett.*) recipiente per lavarsi | ***santo l.***, il fonte battesimale o il battesimo stesso **4** (*lett.*) corso d'acqua: *pe' lavacri / che da' suoi gioghi a te versa Appennino* (U. FOSCOLO)

lavadìta [comp. di *lava(re)* e il pl. di *dito* ✱ 1970] **s. m. inv.** ● vaschetta o ciotola con acqua che si mette in tavola per lavarsi le dita alla fine del pasto

lavafàro o **lavafàri** [comp. di *lava(re)* e *faro* ✱ 1981] **s. m. inv.** ● accorc. di *lavatergifaro*

lavafrùtta [comp. di *lava(re)* e *frutta* ✱ 1957] **s. m. inv.** ● vaschetta o ciotola di vetro, cristallo, argento e sim. in cui a tavola si lava la frutta, spec. quella di piccole dimensioni, prima di mangiarla

lavaggìno [da *lavaggio* ✱ 1957] **s. m.** ● (*disus.*) lavatore

lavàggio [fr. *lavage*, da *laver* 'lavare' ✱ 1841] **s. m. 1** operazione del lavare: *il l. del ponte di una nave* | ***l. a secco***, sgrassatura di fibre tessili o di manufatti eseguita con solventi organici, quali trielina, benzina e sim. | (*fig.*) ***l. del cervello***, coercizione psicologica che ha lo scopo di privare una persona delle sue convinzioni abituali, allo scopo di sostituirle con nuove idee; (*est.*) indottrinamento | (*fig.*) ***l. del denaro sporco***, riciclaggio **2** nell'industria tessile, sgrassatura della lana | operazione che precede e segue il candeggio dei tessuti di cotone da stampare **3** (*med.*) tecnica terapeutica consistente nell'immissione in una cavità mucosa di un liquido detersivo o antisettico **4** (*fotogr.*) trattamento per eliminare dal materiale sensibile sviluppato l'iposolfito e i residui dei sali metallici lasciati dal fissaggio **5** (*mecc.*) fase del ciclo di funzionamento del motore a due tempi, in cui i gas combusti residui vengono cacciati dalla camera di combustione da aria o miscela fresca

lavaggìsta [1970] **s. m. e f.** (**pl. m.** *-i*) ● lavamacchine

♦**lavàgna** [dal n. della località ligure dove è estratta, *Lavagna*, prob. dal n. etnico dei *Lāevi* col suff. collettivo *-agna* ✱ 1568] **s. f. 1** (*geol.*) ardesia **2** lastra di ardesia o di materiale plastico, appositamente montata su un sostegno o appesa al muro, usata per scrivervi o disegnarvi col gesso: *ogni aula ha la sua l.*; *scrivere un esercizio alla l.* | ***l. di panno***, sussidio didattico consistente in un panno scuro che si appende al muro o sulla lavagna di ardesia e su cui si collocano figure e simboli vari in cartone adesivo | ***l. bianca***, pannello di laminato plastico di colore bianco, solitamente appeso al muro per scrivervi o disegnarvi con particolari penne a feltro dal segno agevolmente cancellabile | ***l. luminosa***, sussidio didattico consistente in un apparecchio che proietta su schermo disegni o scritti tracciati su fogli di acetato trasparente | ***l. interattiva multimediale*** (in sigla ***LIM***), o ***l. elettronica***, strumento didattico delle dimensioni di una lavagna tradizionale, costituito da uno schermo collegato a un computer, sul quale è possibile scrivere, proiettare contenuti multimediali, accedere a Internet, eventualmente dialogare con stu-

a b c d e f g h i j k l m n o p q r s t u v w x y z

denti dotati di tavoletta grafica o altro dispositivo || **lavagnétta**, **dim.** | **lavagnina**, **dim.**

lavagnìno [1834] **agg.** • (*disus.*) fatto a scaglie come la lavagna, detto di pietra

†**lavagnóso** (o -ṣ-) [1779] **agg.** • lavagnino

lavallière /fr. lava'ljɛʀ/ [tardo recupero (sec. XIX) del n. della favorita del re Sole, L.-F. de *La Vallière* (1644-1710) ✱ 1922] **s. f. inv.** • larga cravatta morbida, generalmente nera, annodata a fiocco, un tempo portata da artisti o da chi aderiva a ideologie anarchiche o repubblicane

lavamàcchine [comp. di *lava(re)* e il pl. di *macchina* ✱ 1965] **s. m. e f. inv.** • chi, in un garage e sim., lava le autovetture

lavamàno o **lavamàni** [comp. di *lava(re)* e *mano* ✱ av. 1502] **s. m. inv.** • mobile costituito da un treppiede spec. di ferro che sorregge un catino e una brocca di acqua, usato spec. un tempo per lavarsi le mani e il viso

†**lavaménto** [1306] **s. m.** • il lavare, il lavarsi | liquido con cui si lava

lavamoquètte /lavamo'kɛt/ [comp. di *lava(re)* e *moquette* ✱ 1983] **s. f. inv.** • elettrodomestico per lavare pavimenti rivestiti di moquette

lavànda① [vc. dotta, lat. *lavănda*, nt. pl. del gerundivo di *lavāre* 'lavare' ✱ av. 1420] **s. f.** **1** (*lett.*) l'operazione del lavare o del lavarsi | ***acqua di l.***, sulle navi, acqua dolce non potabile usata per l'igiene personale, il lavaggio della biancheria e sim. **2** (*med.*) processo di lavaggio a scopo di detersione o disinfezione: *l. vaginale* | ***l. gastrica***, lavaggio dello stomaco con acqua o liquidi appropriati, mediante apposita sonda, per rimuovere sostanze nocive ingerite **3** soluzione di farmaci disinfettanti o astringenti, usata per l'irrigazione di mucose **4** nella liturgia cattolica e orientale, rito della Settimana santa, nel corso del quale il sacerdote lava i piedi a dodici poveri | abluzione delle mani inserita nella liturgia della Messa dopo l'Offertorio

lavànda② [perché usata per profumare l'acqua per *lavarsi* ✱ 1536] **s. f.** **1** genere di piante suffruticose delle Labiate, con fusti cespitosi, foglie opposte lanceolate, fiori blu profumatissimi in spighe terminali, comprendente varie specie (*Lavanda*) | (*per anton.*) pianta appartenente al genere Lavanda: *fiori di l.*; *un mazzetto di l.* | ***l. bastarda***, lavandino **2** profumo a base d'essenza di lavanda, ottenuta per distillazione dai fiori dell'arbusto omonimo

lavandàio o (*centr.*, *merid.*) **lavandàro** [dal lat. *lavănda* (nt. pl.) 'cose che devono essere lavate', dal v. *lavāre* 'lavare' col suff. *-aio*, proprio di mestieri ✱ av. 1342] **s. m.** (**f.** *-aia*, **pl. m.** *-ai*) **1** chi lavora in una lavanderia | chi per mestiere lava indumenti e biancheria di altre persone | ***da lavandaia***, (*spreg.*) volgare, sguaiato, rozzo: *chiacchiere, modi da lavandaia* (V. nota d'uso STEREOTIPO) **2** (*tess.*) candeggiatore di filati o tessuti || **lavandarìna**, **lavanderina**, **dim. f.**

†**lavandàrio** [av. 1586] **s. m.** • brocca per sciacquarsi le mani

lavandàro ➤ **lavandaio**

♦**lavanderìa** [1840] **s. f.** **1** locale attrezzato per il lavaggio di biancheria, indumenti e sim.: *la l. di un ospedale, di un albergo* | ***l. a secco***, dove si pratica il lavaggio con solventi **2** esercizio pubblico nel quale vengono lavati i capi di vestiario della clientela

lavandéto [da *lavanda*② ✱ 1973] **s. m.** • terreno coltivato a lavanda

†**lavandière** [1585] **s. m.** • lavandaio

♦**lavandìno**① [da *lavanda*①, attraverso i dialetti sett. ✱ 1820] **s. m.** **1** vaschetta di maiolica, generalmente fissata al muro, alimentata da uno o due rubinetti di acqua corrente e dotata di conduttura di scarico a sifone, usata per la pulizia personale e collocata nella stanza da bagno o, talvolta, nella stanza da letto **2** lavello, acquaio: *il l. della cucina*; *l. di maiolica*

lavandìno② [dim. di *lavanda*② ✱ 1957] **s. m.** • (*bot.*) ibrido di lavanda, ottenuto dall'incrocio fra due specie di lavanda (*Lavandula spica* e *Lavandula latifolia*), dal quale si ottiene un olio essenziale dall'odore leggermente canforato usato in profumeria

lavàndula [dim. di *lavanda*② ✱ 1869] **s. f.** • (*bot.*) lavanda

lavapaviménti [comp. di *lava(re)* e del pl. di *pavimento* ✱ sec. XX] **s. f. inv.** • elettrodomestico per il lavaggio dei pavimenti

lavapiàtti [comp. di *lava(re)* e il pl. di *piatto* ✱ 1870] **A** **s. m. e f. inv.** • chi in alberghi, ristoranti e sim. è addetto alla lavatura delle stoviglie **SIN.** sguattero **B** **s. f. inv.** • lavastoviglie

lavapièdi [comp. di *lava(re)* e il pl. di *piede*, sul modello del fr. *lave-pieds* ✱ 1957] **s. m. inv.** • recipiente usato spec. un tempo per la pulizia dei piedi

♦**lavàre** [vc. dotta, lat. *lavāre*, di etim. incerta ✱ 1266] **A** **v. tr.** **1** pulire con acqua, sapone o altre sostanze detergenti: *l. il bucato, il viso, la verdura*; *l. il pavimento*; *l. i piatti* | ***la pioggia ha lavato i campi, le strade***, ne ha asportato polvere e sporcizia | fare il bucato: *l. a mano, in lavatrice* | ***l. a secco***, con apposite soluzioni chimiche | (*assol.*) fare il bucato: *Rosa, se non lavate, voi stendete!* (G. PASCOLI) **2** (*fig.*, *lett.*) purificare, riscattare: *l. le colpe, l'onta, il disonore* | ***l. l'anima, qlcu. dalle colpe, dal peccato***, con il battesimo, con la confessione **B** **anche lavàrsi v. tr. pron.** (**aus.** *essere*): *lavarsi i denti*; *mi sono lavato i capelli* | (*fig.*) ***lavarsene le mani***, non volere responsabilità in o per qlco. (con riferimento al gesto di Ponzio Pilato): *Io non c'entro: me ne lavo le mani* (A. MANZONI) **C** **lavàrsi v. rifl.** • pulire il proprio corpo: *lavarsi ogni mattina*
SFUMATURE ➤ ***pulire***

lavarèllo① [cfr. *lavello* ✱ 1889] **s. m.** • (*mar.*) area del ponte, limitata da un tramezzo, dove si raccoglie l'acqua che cola dalle catene quando si salpano le ancore

lavarèllo② o **lavarétto** [fr. *lavaret*, vc. savoiarda che si rifà prob. al lat. tardo *levarĭcinu(m)*, parola di orig. oscura, quasi sicuramente giunta in lat. da una lingua straniera ✱ 1917] **s. m.** • (*zool.*) coregono

lavascàle [comp. di *lava(re)* e il pl. di *scala*① ✱ 1983] **s. m. e f. inv.** • chi, in un edificio di abitazione, svolge il lavoro di pulizia delle scale e altri piccoli servizi

lavasciùga [comp. di *lava(re)* e *asciuga(re)* ✱ 1985] **s. f. inv.** • lavatrice provvista di dispositivo automatico per l'asciugatura di panni e indumenti **SIN.** lavasciugatrice

lavasciugatrìce [1988] **s. f.** • lavasciuga

lavascodèlle [comp. di *lava(re)* e il pl. di *scodella* ✱ sec. XIV] **s. m. e f. inv.** • (*disus.*) lavapiatti

lavasécco [comp. di *lav(are)* e *a secco* ✱ 1963] **A** **s. m.** o *raro* **f. inv.** • lavanderia a secco di abiti e sim. **B** **s. f.** o *raro* **m. inv.** • macchina per il lavaggio a secco: *l. a gettone* **C** **anche agg. inv. nel sign. B**: *macchine l.*

♦**lavastovìglie** [comp. di *lava(re)* e il pl. di *stoviglia* ✱ 1942] **A** **s. m. e f. inv.** • (*raro*) sguattero, lavapiatti **B** **s. f. inv.** • macchina per il lavaggio automatico delle stoviglie **SIN.** lavapiatti

lavàta [f. sost. di *lavato* ✱ 1542] **s. f.** • atto del lavare, del lavarsi | ***dare una l. di capo***, (*fig.*) rimproverare severamente || **lavatina**, **dim.**

lavatergifàro o **lavatergifàri** [comp. di *lava(re)*, *tergere* e *faro* ✱ 1981] **s. m. inv.** • tergifari provvisto di un dispositivo per spruzzare acqua o detergente sul vetro dei proiettori

lavatergilunòtto [comp. di *lava(re)*, *tergere* e *lunotto* ✱ 1979] **s. m. inv.** • tergilavalunotto

lavatèsta [comp. di *lava(re)* e *testa* ✱ 1973] **s. m. inv.** • recipiente di forma tronco-conica, opportunamente sagomato, su cui si appoggia la testa affinché il parrucchiere possa procedere al lavaggio dei capelli

lavativìṣmo [1956] **s. m.** • (*colloq.*) caratteristica di chi è un lavativo **SIN.** indolenza, fannullaggine

lavatìvo [fr. *lavatif*, da *laver* 'lavare' ✱ 1668] **s. m.** **1** (*pop.*) clistere **2** (**f.** *-a*) (*fig.*, *colloq.*) persona che non ha voglia di lavorare, fannullone

lavàto **part. pass.** di *lavare*; anche **agg.** **1** nei sign. del v. **2** ***essere bianco come un panno l.***, essere pallidissimo | (*tosc.*) ***pan l.***, inzuppato

lavatóio [vc. dotta, lat. tardo *lavatōriu(m)*, da *lavātus* 'lavato' ✱ sec. XIV] **s. m.** (**pl.** *-ói*) **1** luogo attrezzato per la lavatura dei panni **2** lastra di pietra o tavola sulla quale si lavano i panni | recipiente in cui si immerge il bucato da lavare

lavatóre [vc. dotta, lat. *lavatōre(m)*, da *lavātus* 'lavato' ✱ 1309] **A** **s. m.** **1** (**f.** *-trice*, **pop.**, **disus.** *-tóra*) chi lava o esegue operazioni di lavaggio **2** apparecchio usato per la depurazione di gas mediante lavaggio **B** **agg.** **1** che lava: *operaio l.* **2** (*zool.*) ***orsetto l.***, procione

♦**lavatrìce** [da *lavare* ✱ 1926] **s. f.** **1** macchina che esegue operazioni industriali di lavaggio: *l. automatica per ortaggi* **2** lavabiancheria di uso domestico

lavatùra [av. 1306] **s. f.** **1** operazione del lavare: *la l. dei panni* **SIN.** lavaggio **2** liquido nel quale si è lavato qlco. | ***l. di piatti***, (*fig.*) brodo acquoso e scipito, caffè troppo leggero

lavavétri [comp. di *lava(re)* e il pl. di *vetro* ✱ 1956] **A** **s. m. inv.** (**anche f. nel sign. 1**) **1** chi è addetto alla pulizia di vetrine, vetrate o finestre di negozi o edifici | chi, spec. ai semafori delle città, pulisce rapidamente i parabrezza delle auto in cambio di un modesto compenso **2** spatola di gomma rigida che si passa su parabrezza, finestrini e lunotti di autoveicoli, su vetrine di negozi e finestre di edifici per ripulirne la superficie **B** **in funzione di agg. inv.** • ***macchina l.*** o (*ellitt.*) ***lavavetri***, elettrodomestico usato per lavare i vetri

†**lavazióne** [vc. dotta, lat. *lavatiōne(m)* 'lavatura, bagno', da *lavātus* 'lavato' ✱ sec. XIV] **s. f.** • lavatura, lavamento | (*fig.*) purificazione

lavéggio [lat. *lapĭdeu(m)* 'di pietra' (*lăpis*, genit. *lăpidis*), sottinteso *vās* 'vaso' ✱ av. 1367] **s. m.** **1** (*lett.*) recipiente, pentola: *traendolo fuori dal l., il mise nella bisaccia* (F. SACCHETTI) | paiolo | †scaldino **2** V. *lavezzo*

lavèllo [vc. dotta, lat. *labĕllu(m)*, propr. 'vaschetta', dim. di *l(av)ābrum* 'catino, strumento per lavare' ✱ 1561] **s. m.** **1** lavandino, acquaio: *un l. in acciaio inox* **2** (*poet.*) tomba: *nei lavelli non sono nemmeno le vecchie ossa* (G. PASCOLI)

lavéẓẓo o **lavéggio** [variante di *laveggio* ✱ 1819] **s. m.** • (*miner.*) cloritoscisto massiccio tenero facilmente lavorabile al tornio per la produzione di pentole

làvico [da *lava* ✱ 1905] **agg.** (**pl. m.** *-ci*) • di lava: *colata lavica*

lavìna [lat. tardo *labīna(m)*, un deriv. di *labi* 'cadere, scivolar via' ✱ av. 1730] **s. f.** • slavina | frana, smottamento di terra o ghiaia

lavoràbile [1869] **agg.** • detto di materiale adatto a essere lavorato || **lavorabilità**, **s. f. inv.**

lavoracchiàre [1566] **v. intr.** e (*raro*) **tr.** (*io lavoràcchio*; aus. *avere*) ● lavoricchiare: *lavoracchiava per ingannare il tempo*; *mi dette comodità ch'io potessi l. qualche cosa* (B. Cellini)

lavoràccio [1869] **s. m. 1** pegg. di *lavoro* | brutto lavoro, lavoro malfatto **2** (*colloq.*) lavoro che mal si sopporta; lavoro duro, che comporta grande impegno e fatica: *risistemare la biblioteca è stato un l.!*

†**lavoràggio** [1287] **s. m.** ● lavoro, lavorìo

†**lavoraménto** [av. 1311] **s. m.** ● lavoro

lavorànte **A** **part. pres.** di *lavorare* ● nei sign. del v. **B** **s. m. e f.** (*elvet.* **f.** anche *laborantina*) ● dipendente che esegue lavori manuali, spec. in attività artigianali: *passare da garzone a l.* | *l.* ***finita***, operaia capace di confezionare completamente un vestito

SFUMATURE ➤ *garzone*

♦**lavoràre** o †**laboràre** [lat. *laborāre*, da *lābor*, genit. *labōris* 'lavoro', da *lābi* 'scivolare', di etim. incerta (?) ✱ 1268] **A** **v. intr.** (*io lavóro*; aus. *avere*) **1** usare le energie fisiche e intellettuali nell'esercizio di un mestiere, un impiego, una professione, un'attività (+ *a*, + *in*, + *da*, + *per*): *l. otto ore al giorno*; *l. a cottimo, a giornata*; *l. a un quadro, a un libro, a un progetto*; *l. a scuola, in fabbrica, in banca*; *l. da un notaio, per un'azienda, in* (o *presso*) *uno studio dentistico*; *l. nel campo della moda* | ***l. di traforo***, traforare, intagliare in legno sottile | ***l. a maglia, ai ferri***, sferruzzare, fare la calza | ***l. per la gloria***, (*scherz.*) per nulla, senza compenso | ***l. di fantasia***, fantasticare, sognare a occhi aperti | ***l. d'astuzia***, agire astutamente | ***l. di gomiti***, farsi largo tra la folla | ***l. di mano***, rubare | ***l. di ganasce***, mangiare con avidità | ***l. di cervello***, (*fig.*) svolgere attività di carattere intellettuale | ***l. come un negro***, indefessamente | ***l. per il re di Prussia***, agire a vantaggio di altri | (*est.*) compiere una fatica, uno sforzo fisico, detto degli animali: *i cavalli maremmani lavorano vigorosamente* **2** funzionare, detto di macchine, stabilimenti, strumenti, parti del corpo umano e sim.: *l'officina lavora con intensità*; *il tornio ha lavorato tutto il giorno*; *il mio stomaco lavora egregiamente* **3** fare affari, avere una vasta clientela, detto di studi, negozi, esercizi pubblici e sim.: *quella drogheria comincia a l. discretamente*; *è un bar che lavora molto* | ***l. su una piazza***, concludere affari in un determinato luogo **4** agire di nascosto: *quelli lavorano per rovinarti* | ***l. sott'acqua***, (*fig.*) intrigare | operare: *il tempo lavora a nostro favore, contro di noi* **B** **v. tr. 1** agire su una materia per ridurla alla forma voluta: *l. il ferro, il rame* | ***l. il terreno***, coltivarlo | ***l. la pasta***, amalgamarne gli ingredienti, quali farina, patate, latte, uova, burro e sim. | anche in forma pron., nella loc. ***lavorarsi qlcu.***, (*fig.*) cercare di convincerlo con insistenza e astuzia **2** nel pugilato, colpire con azione efficace e continua l'avversario cercando di fiaccarne la resistenza (*anche assol.*): *l. l'avversario ai fianchi*; *l. di destro, di sinistro*

lavoràta [lat. *laborāta(m)*, part. pass. f. di *laborāre* (V. *lavorare*) ✱ av. 1866] **s. f.** ● lavoro compiuto in una sola volta: *dare una prima l. all'argilla*; *abbiamo fatto una l. di sei ore, senza mai fermarci*

lavoratìvo o †**lavoratio** [da *lavorare* ✱ av. 1311] **agg. 1** di periodo di tempo comunemente dedicato al lavoro: *giorno, periodo l.* **SIN.** feriale **CONTR.** festivo **2** (*raro*) che si presta a essere lavorato: *terreno l.* **3** di lavoro: *capacità lavorativa* | ***attività lavorative***, produttive di beni o servizi || **lavorativaménte**, **avv.** dal punto di vista lavorativo

lavoràto **A** **part. pass.** di *lavorare*; anche **agg. 1** che ha subìto una lavorazione: *legname l.*; *pietra lavorata* **CONTR.** greggio **2** abbellito da disegni, decorazioni, rilievi e sim.: *un soffitto l. a cassettoni* | (*est.*) elaborato: *camicetta lavorata* **3** coltivato, detto di terreno: *terra lavorata*; *campi lavorati* **B** **s. m. 1** †manufatto **2** (*lett.*) terreno coltivato **3** oggetto d'oro o d'argento inciso, cesellato, decorato a mano

♦**lavoratóre** [lat. tardo *laboratōre(m)*, da *laborātus*, part. pass. di *laborāre* (V. *lavorare*) ✱ 1268] **A** **s. m.** (**f.** *-trice*, *pop.*, *disus.* *-tóra*) **1** chi impiega le proprie energie fisiche e intellettuali nell'esercizio di un'attività produttrice di beni o servizi, per trarne i mezzi necessari alla propria esistenza: *l. agricolo, dell'industria*; *l. autonomo, subordinato* | (*per anton.*) chi presta la propria opera alle dipendenze di un imprenditore in cambio di una retribuzione **2** chi lavora molto, con assiduità e impegno: *è un l. indefesso, instancabile* **3** †contadino **B** **agg.** ● che lavora | dei lavoratori: *classe lavoratrice*

†**lavoratòrio** ➤ **laboratorio**

lavoratùra [1499] **s. f.** ● (*disus.*) lavorazione, spec. di un terreno

lavorazióne [lat. tardo *laboratiōne(m)*, da *laborātus*, part. pass. di *laborāre* 'lavorare' ✱ 1243] **s. f. 1** processo di manipolazione o trasformazione di un dato materiale: *l. del legno, del ferro, della lana*; *lavorazioni industriali, agricole, stagionali*; *interrompere, sospendere la l. di qlco.* | ***essere in l.***, detto di lavoro iniziato e ancora in corso | ***l. del terreno***, coltivazione **2** nel cinema, insieme delle varie fasi di produzione di un film

lavorétto [sec. XIII] **s. m. 1** lavoro di poca importanza, di scarsa entità | lavoro occasionale **2** oggetto lavorato di poco conto, di scarso valore e sim.: *un l. scadente, da poco* **3** (*eufem.*) attività poco pulita, disonesta e sim.: *gli hanno affidato un l., un certo l.*

lavoricchiàre [da *lavorare* col suff. attenuativo *-icchiare* ✱ av. 1573] **A** **v. intr.** (*io lavorìcchio*; aus. *avere*) **1** lavorare poco o svogliatamente: *lavoricchia qua e là per tirare avanti* **2** svolgere limitata attività per mancanza di lavoro: *è un negozio che lavoricchia* **B** **v. tr.** ● (*raro*) compiere un'attività in modo saltuario, svogliatamente: *seguitai a l. certe terzine* (G. Carducci)

lavorièro [da *lavoro* ✱ sec. XIII] **s. m. 1** impianto da pesca a labirinto, costruito con canne o pareti di alluminio, nei canali che mettono in comunicazione gli stagni e le lagune col mare **2** †lavoro

lavorìo [da *lavorare* col suff. *-io*[1] ✱ 1261 ca.] **s. m.** (**pl.** *-ii*) **1** lavoro continuo e intenso: *in città si notava un febbrile l.* **2** (*fig.*) attività compiuta di nascosto | intrigo: *l. elettorale*; *l. di corridoio* **3** †lavoro, fatica | †lavoratore

lavorìsta [da (*diritto del*) *lavoro* e *-ista* ✱ sec. XX] **s. m. e f.** (**pl. m.** *-i*) ● (*dir.*) chi è esperto di diritto del lavoro | avvocato che si occupa di cause di lavoro

♦**lavóro** [da *lavorare* ✱ av. 1250] **s. m. 1** impiego di energia per il conseguimento di un determinato fine: *l. umano*; *l. animale*; *spostare tutti quei libri non è stato un l. facile* | attività socialmente e legalmente regolamentata per la produzione di beni o di servizi, esplicata nell'esercizio di un mestiere, una professione e sim.: *l. facile, difficile, impegnativo, monotono, interessante*; *l. manuale, intellettuale*; *l. domestico, autonomo, subordinato, familiare, a cottimo*; *mettersi al l.*; *raccogliere i frutti del proprio l.* **CFR.** ergo- | ***l. a domicilio***, quello che il prestatore svolge nella propria abitazione, o in luogo non di pertinenza del datore di lavoro | ***doppio l.***, lavoro secondario rispetto a quello normalmente svolto | ***l. nero***, quello che si svolge ignorando o violando la normativa contrattuale e legislativa tra lavoratori e datori di lavoro | ***gruppo di l.***, insieme di persone che operano per uno stesso fine | ***lavori femminili***, tradizionalmente, cucito, ricamo, maglia | ***giorno di l.***, feriale, lavorativo | ***il l. dei campi***, la coltivazione della terra | ***bestie da l.***, quelle destinate al lavoro dei campi | ***sul l.***, durante lo svolgimento del lavoro: *incidente, infortunio sul l.* | ***mercato del l.***, V. *mercato* nel sign. 3 | ***l. sommerso***, V. *sommerso* | ***diritto del l.***, complesso delle norme che disciplinano i rapporti tra lavoratori e datori di lavoro, gli istituti previdenziali e assicurativi obbligatori a favore dei lavoratori, l'organizzazione e l'attività sindacale | ***contratto individuale di l.***, stipulato tra datore di lavoro e lavoratore dipendente | ***contratto collettivo di l.***, stipulato fra sindacati contrapposti di lavoratori e di datori di lavoro | ***l. temporaneo, interinale, in affitto***, svolto da dipendenti di agenzie specializzate e autorizzate a favore di aziende che ne facciano richiesta per determinate esigenze | ***l. a chiamata***, ***l. intermittente***, contratto di lavoro che, in cambio di un'indennità di disponibilità, prevede l'utilizzazione del lavoratore solo in caso di necessità per l'azienda | ***l. a progetto***, finalizzato alla realizzazione di uno specifico progetto | ***l. atipico***, qualsiasi rapporto di lavoro legale (prestazione occasionale, collaborazione coordinata e continuativa, lavoro interinale ecc.) che non rientri nelle categorie del lavoro dipendente o di quello autonomo | ***l. socialmente utile***, quello svolto da lavoratori precari presso amministrazioni pubbliche spec. nei settori dei servizi e dei beni culturali e ambientali | ***Ministero per il L. e le Politiche Sociali***, ministero che esplica funzioni varie tendenti a tutelare e a migliorare le condizioni dei lavoratori | ***lavori forzati***, un tempo, o in ordinamenti giuridici stranieri, tipo di pena per cui il condannato deve svolgere lavori molto faticosi **2** (**spec. al pl.**) serie di attività esplicate da organi collegiali, gruppi di persone e sim.: *i lavori del Parlamento*; *il congresso conclude domani i suoi lavori*; *prendere parte ai lavori*; *abbandonare i lavori in segno di protesta* | (*milit.*) complesso delle attività che l'Arma del genio svolge sul campo di battaglia | ***lavori di mina***, per operare interruzioni, demolizioni, distruzioni | ***lavori in terra***, per la fortificazione campale **3** occupazione retribuita: *cercare, trovare l.*; *l. a giornata, a ore, a cottimo*; *vivere del proprio l.*; *restare senza l.*; *perdere il l.* | (*est.*) luogo in cui ci si dedica a tale occupazione: *andare al l.*; *tornare dal l.* **4** opera intorno a cui si lavora: *un l. ben fatto, perfetto, insufficiente, tirato via*; *lasciare a mezzo un l.*; *ultimare, portare a termine il l. iniziato*; *l. eseguito da mani maestre* | ***lavori pubblici***, opere di pubblica utilità finanziate dallo Stato o dagli enti pubblici territoriali | ***Ministero dei Lavori pubblici***, ministero che sovraintende allo svolgimento dei lavori spettanti allo Stato | opera d'arte: *un l. drammatico, comico, narrativo*; *è uno splendido l. dell'oreficeria rinascimentale*; *questo l. è attribuito a De Pisis* **5** (*est.*) ogni realizzazione concreta: *avete fatto un ottimo l.*; *mi congratulo per il vostro l.* | (*iron.*) imbroglio, maneggio, guaio: *hai combinato un bel l.!* **6** (*est.*) la classe dei lavoratori: *trattative tra capitale e l.* **7** (*fis.*) ***l. di una forza***, grandezza scalare, data dal prodotto dello spostamento del punto di applicazione di una forza per la componente della forza lungo la direzione dello spostamento | ***l. motore***, quello che fa compiere lo spostamento | ***l. re-***

sistente, quello che si oppone allo spostamento **CFR.** ergo- **8** (*raro*) fatica, sforzo: *fare qlco. con gran l.* || **lavoràccio**, **pegg.** (V.) | **lavorétto**, **dim.** (V.) | **lavorino**, **dim.** | **lavoróne**, **accr.** | **lavorùccio**, **dim.**

SFUMATURE DI SIGNIFICATO

lavoro - attività - occupazione

Il **lavoro** è un'attività di produzione di beni o di servizi, solitamente retribuita e tutelata da una legislazione particolare, che si manifesta nell'esercizio di un mestiere o di una professione. **Attività**, che pure è correntemente utilizzato come sinonimo di *lavoro*, ha propriamente un significato più ampio, e identifica un insieme di operazioni, comportamenti e decisioni attuato da un individuo o da un gruppo di persone per realizzare un determinato scopo. L'insieme delle attività abituali di una persona si definisce **occupazione**; correntemente il termine è però utilizzato per identificare un lavoro di tipo subordinato o parasubordinato.

SFUMATURE ➤ ***arte***, ➤ ***occupazione***

lavorucchiàre [av. 1850] **v. intr.** (*io lavorùcchio*; **aus.** *avere*) ● lavoricchiare

lawrèncio ➤ **laurenzio**

lawsonite /lozo'nite, loso-/ [dal n. del mineralogista amer. A. C. *Lawson* (1861-1952) ✱ 1930] **s. f.** ● minerale rombico, incolore oppure bianco o grigiastro, silicato di calcio idrato e alluminio

layout /lei'aut, *ingl.* 'leɪˌaʊt/ [vc. ingl., propr. '(dis)posizione', comp. di *lay* 'porre', di area germ. e *out* 'fuori', di orig. indeur. ✱ 1957] **s. m. inv.** **1** disposizione dei vari elementi grafici componenti un bozzetto **2** schema contenente le istruzioni per lo svolgimento di un lavoro **3** rappresentazione grafica planimetrica di impianti industriali e di procedimenti produttivi

♦**laziàle** [lat. *Latiāle(m)*, da *Lătium* 'Lazio', di etim. incerta ✱ 1864] **A** **agg.** ● del Lazio **B** **s. m. e f.** ● abitante o nativo del Lazio **C** **agg. e s. m. e f.** ● che o (chi) gioca nella squadra di calcio romana della Lazio o ne è sostenitore **SIN.** aquilotto

†**làzio** [vc. dotta, lat. *Lătiu(m)*, di etim. incerta ✱ 1340] **agg.** ● latino: *il buon Caro dalle lazie corde / trasse il pio duce su le corde tosche* (I. PINDEMONTE) | ***l. volgare***, l'italiano

†**lazióne** [vc. dotta, lat. *latiōne(m)*, da *lātus*, part. pass. di *fĕrre* 'portare', di orig. indeur. ✱ 1585] **s. f.** ● portamento, movimento

làzo (o **-z̧-**) /'lattso, *sp.* 'laθo, -so/ [vc. sp., dal lat. parl. **lăcius* per *lăqueus* 'laccio' ✱ 1860] **s. m. inv.** (**pl. sp.** *lazos*) ● nome spagnolo del laccio usato per la cattura di quadrupedi dai mandriani argentini e nordamericani **CFR.** lasso④

lazulite [comp. del lat. mediev. *lazulum* 'azzurro' (V. *lapislazzuli*) e *-ite*② ✱ 1819] **s. f.** ● (*miner.*) fosfato basico di alluminio e magnesio in masse compatte azzurro chiaro

lazurite [dal ted. *Lasurith* attraverso l'ingl. *lazurite*, entrambi con riferimento all'avestico *lazward* 'azzurro' ✱ 1930] **s. f.** ● (*miner.*) alluminosilicato di sodio contenente zolfo e ione solfato, costituente fondamentale del lapislazzuli

lazzarétto o **lazzerétto** [dal n. dell'isola venez. (S. Maria di) *Nazarèth* (per il monastero così intitolato, ivi esistente), prima località apprestata per la quarantena, con sovrapposizione del n. del patrono degli appestati, S. *Lazzaro* ✱ av. 1512] **s. m.** ● ospedale per lebbrosi | ospedale per malattie infettive ed epidemiche: *l. per gli appestati, per i colerosi* | zona di quarantena per merci o persone provenienti da luoghi infetti

lazzarista [da (San) *Lazzaro*, n. di vari ospedali, originariamente per affetti di peste, il male del *Lazzaro* evangelico ✱ 1869] **s. m.** (**pl.** *-i*) ● religioso della congregazione dei Padri della Missione fondata da S. Vincenzo de' Paoli nel 1625 | monaco basiliano di rito armeno della comunità dei Mechitaristi dell'isola San Lazzaro, in Venezia

†**làzzaro**① o †**làzzero** [vc. dotta, lat. *Lăzaru(m)*, in gr. *Lázaros*, dall'ebr. *El 'azâr*, comp. di *El* 'Dio' e *'azâr* 'soccorrere, aiutare': 'Dio è venuto in aiuto' ✱ 1476] **s. m.** ● lebbroso | uomo infermo e coperto di piaghe

làzzaro② [sp. *lázaro* 'povero, straccione', dal n. del mendico lebbroso degli Evangeli ✱ 1654] **s. m.** **1** popolano napoletano che partecipò alla rivolta di Masaniello nel 1647 | (*est.*) popolano dell'Italia meridionale **2** (*est., merid.*) poveraccio, straccione, pezzente | (*spreg.*) lazzarone

lazzaròlo ➤ **lazzeruolo**

lazzaronàta o **lazzeronàta** [av. 1803] **s. f.** ● azione da lazzarone **SIN.** mascalzonata

lazzaróne o **lazzeróne** [accr. di *lazzaro*② ✱ 1694] **s. m.** (**f.** *-a*) **1** (*raro*) popolano dell'Italia meridionale | (*est.*) straccione **2** mascalzone, canaglia **3** (*scherz., colloq.*) poltrone, fannullone, scansafatiche || **lazzaroncèllo**, **dim.**

lazzaronésco [av. 1883] **agg.** (**pl. m.** *-schi*) ● (*raro*) da lazzarone

lazzaronismo [1857] **s. m.** ● comportamento da lazzarone | indolenza, oziosità

lazzaruòla ➤ **lazzeruola**

lazzaruòlo ➤ **lazzeruolo**

lazzeggiàre (o **-zz-**) [frequentativo da *lazzo*① ✱ 1750] **v. intr.** (**pres.** *io lazzéggio*; **fut.** *io lazzeggerò*; **aus.** *avere*) ● fare o dire lazzi

lazzerétto ➤ **lazzaretto**

†**làzzero** ➤ †**lazzaro**①

lazzeròlo ➤ **lazzeruolo**

lazzeróne e deriv. ➤ **lazzarone** e deriv.

lazzeruòla o **lazzaruòla**, **azzeruòla** [av. 1547] **s. f.** ● (*bot.*) frutto del lazzeruolo, simile a una piccola mela

lazzeruòlo o **lazzeròlo**, (*raro*) **lazzaròlo**, (*raro*) **lazzaruòlo**, (*lett.*) **azeruòlo**, (*lett.*) **azzeruòlo** [per *l'azzeruolo*, della stessa orig. del frutto (sp. *acerola*, arabo *az-zu'rūr*) ✱ sec. XIV] **s. m.** ● albero delle Rosacee con rami spinosi se selvatico, fiori bianchi, profumati e frutti simili a piccole mele (*Crataegus azarolus*)

†**lazzézza** [da *lazzo*② ✱ av. 1320] **s. f.** ● caratteristica di ciò che è lazzo | asprezza

♣**làzzo**① (o **-zz-**) [etim. discussa: lat. *āctio* (nom.) 'atto, azione', nelle didascalie dei canovacci della commedia dell'arte (?) ✱ 1660] **s. m.** **1** nella commedia dell'arte, breve scena spec. mimica per interrompere la monotonia di un dialogo **2** atto o motto spiritoso e pungente, spesso scurrile: *lazzi arguti* | (*lett.*) ***reggere al l.***, stare al gioco

làzzo② [lat. *lăcteu(m)* 'del sapore acidulo del *latte* (*lāc*, genit. *lāctis*)' ✱ av. 1306] **agg.** **1** (*lett.*) di sapore aspro: *tra li lazzi sorbi / si disconvien fruttare al dolce fico* (DANTE *Inf.* XV, 65-66) **2** (*raro, lett.*) stridente || †**lazzétto**, **dim.**

♦**le**① /le/ [lat. *(ĭl)lae*, f. pl. di *ĭlle*, comp. di due elementi d'incerta interpretazione ✱ av. 1237] **A** **art. determ. f. pl.** (si usa davanti a tutte le parole f. pl. Si apostrofa davanti a vocale solo nell'uso lett.: *le donne*; *le pietre*; *le spire*; *le scarpe*; *le erbe*; **lett.** *l'erbe*; *l'orme*; *canto l'arme pietose* (T. TASSO) | **fondendosi con le prep. proprie semplici, dà origine alle prep. art. f. pl.** *alle, colle, dalle, delle, nelle, sulle, raro, poet. pelle*) ● forma pl. di 'la' **B** **pron. pers. e dimostr. f. pl.** **1** loro, esse (come compl. oggetto, riferito a persona o cosa, in posizione sia enclitica sia proclitica; formando gruppo con altri pron. atoni, si pospone a *me, te, se, ce, ve*: *ve le restituisco*; *se l'è presa*): *le ho incontrate ieri*; *valle a salutare subito*; *te le restituirò al più presto*; *prendile*; *io certe cose non le concepisco* | con valore neutro indet.: *le spara grosse*; *le pensa tutte* **2** (*pop., tosc., pleonast.*) aferesi di 'elle' (come soggetto riferito a persona o cosa): *le sono brave ragazze*; *monsignore dice che le son ciance* (A. MANZONI) (V. nota d'uso ELISIONE e TRONCAMENTO)

♦**le**② /le/ [960] **A** **pron. pers. atono f. di terza pers. sing.** **1** a lei, a essa (come compl. di termine, riferito a persona o cosa, enclitico o proclitico): *le ho detto tutto*; *parlale chiaramente* **2** si usa in segno di rispettosa cortesia, rivolgendosi a persona, sia di sesso maschile, sia femminile, con cui non si è in familiarità (sempre come compl. di termine; anche con l'iniziale maiuscola): *Le invierò, signora, ulteriori notizie*; *desidero, signore, esprimerle i miei più vivi ringraziamenti* **B** **pron. pers. atono f. di terza pers. pl.** ● (*poet.*) †a esse, a loro (come compl. di termine enclitico e proclitico) (V. *gli*② per nota d'uso) | ***le lo***, V. *glielo*

lèa① ➤ **allea**

†**lèa**② [vc. dotta, lat. *lĕa(m)*, fatta sul m. *lĕo*, genit. *leōnis* 'leone' ✱ sec. XIII] **s. f.** ● (*raro*) leonessa

Leacril® [marchio registrato ✱ 1961] **s. m. inv.** ● resina metacrilica usata come fibra tessile

leader /'lider, *ingl.* 'liːdə(r)/ [vc. ingl., dal v. *to lead* 'guidare', di orig. e area germ. ✱ 1834] **A** **s. m. e f. inv.** **1** capo di un partito o di uno schieramento politico, di indiscusso prestigio | (*est.*) esponente di punta di un movimento culturale e sim., di una squadra sportiva o di un gruppo in genere **2** (*est.*) nelle corse, atleta, corridore o cavallo che va in testa e fa l'andatura | in una corsa ciclistica a tappe o campionato sportivo, corridore o squadra che è in testa alla classifica || **leaderino**, **dim.** (V.) **B** **agg. inv.** ● detto di azienda e sim. che è all'avanguardia in un determinato settore: *industria l.*

leaderino /lide'rino/ [1978] **s. m.** (**f.** *-a*) **1** dim. di *leader* **2** (*spec. iron.*) capo di un movimento o gruppo giovanile di limitata rilevanza

leaderismo /lide'rizmo/ [da *leader* ✱ 1985] **s. m.** ● atteggiamento di chi, spec. in politica, tende a porsi come leader nelle varie situazioni

leaderistico /lide'ristiko/ [da *leaderismo* ✱ 1987] **agg.** (**pl. m.** *-ci*) ● caratterizzato da leaderismo: *atteggiamenti leaderistici*

leadership /'liderʃip, *ingl.* 'liːdəʃɪp/ [vc. ingl., comp. di *leader* 'capo, guida' col suff. germ. di qualità di classe *-ship* (da una radice **skop-* col sign. di 'creare, eleggere') ✱ 1893] **s. f. inv.** ● egemonia, guida, esercitata da una persona, da un'azienda, da un gruppo o da uno Stato nei confronti di altri

♦**leàle** o †**lïàle** [ant. fr. *le(i)al*, dal lat. *legāle(m)* 'conforme alla *legge* (*lēx*, genit. *lēgis*)' ✱ 1219] **agg.** **1** fedele alla parola data, alle promesse, ai patti: *una persona l.*; *duo leali amanti e sventurati* (M.M. BOIARDO) | corretto, onesto: *avversario l.* **2** che denota sincerità, schiettezza: *comportamento l.* | che è condotto senza scorrettezze, sotterfugi o imbrogli: *scontro, polemica l.* | †legittimo, giusto, onesto || **lealménte**, **avv.**

SFUMATURE DI SIGNIFICATO

leale - giusto

Leale è chi è fedele alla parola data, alle promesse fatte, ai patti e agli accordi stipulati. **Giusto** descrive un concetto lievemente diverso, perché si riferisce a chi si comporta o giudica secondo giustizia, dunque è equo e imparziale. Tanto *giusto* quanto *leale* descrivono attitudini e comportamenti improntati a integrità morale e onestà, ma *giusto* si riferisce a uno schema di valori e di

norme generalmente condivise, mentre *leale* fa riferimento all'osservanza di un patto fra singoli.
SFUMATURE ➤ *onesto*, ➤ *sincero*

lealìsmo [adattamento del fr. *loyalisme*, dall'ingl. *loyalism*, deriv. da *loyal* 'legale', di orig. fr. ✱1830] **s. m.** ● fedeltà verso forme di governo, autorità costituite e sim. | (*stor.*) rapporto di lealtà e fedeltà di popoli colonizzati nei confronti del colonizzatore

lealìsta [ingl. *loyalist*, da *loyal* 'leale' (V. *lealismo*) ✱av. 1926] **A agg.** ● di lealismo, caratterizzato da lealismo: *atteggiamento l.* **B agg. e s. m. e f. (pl. m. -i)** ● fautore del lealismo: *forze lealiste*

♦**lealtà** o †**lealtàde**, †**lealtàte**, †**lialtà** [da *leale* ✱1261 ca.] **s. f. inv.** ● caratteristica di chi (o di ciò che) è leale: *l. d'animo; la l. di un discorso, di una dichiarazione* SIN. onestà, sincerità
SFUMATURE ➤ *sincerità*

leàndro ➤ **oleandro**

†**leànza** o †**liànza** [da *leale* ✱av. 1250] **s. f.** ● fedeltà, lealtà: *questo è addivenuto per la gran l., la quale io ho trovato in te* (G. BOCCACCIO)

leàrdo [ant. fr. *liard*, di etim. incerta ✱1308] **agg.** ● detto di un mantello equino grigio, costituito di peli bianchi e neri

leaseback /liz'bɛk, *ingl.* 'li:s,bæk/ [vc. ingl., propr. 'locazione indietro' ✱1984] **s. m. inv.** ● (*econ.*) contratto con cui un bene è contemporaneamente venduto a una società finanziaria e preso in locazione dal venditore

leasing /'lizin(g), *ingl.* 'li:sɪŋ/ [vc. ingl., propr. 'il noleggiare', dal v. *to lease* 'affittare', dal fr. *laisser* (V. *lasciare*) ✱1970] **s. m. inv.** ● (*econ.*) contratto di locazione di beni mobili e immobili, stipulato a scopo di finanziamento, fra una società specializzata che ne è proprietaria e un'impresa od operatore economico che ne ottiene la disponibilità a medio e lungo termine, di solito con la promessa o la possibilità di vendita a suo favore alla scadenza del contratto: *l. finanziario; l. immobiliare*

Leàtico ➤ **Aleatico**

lèbbra o (*lett.*) **lèbra**, †**lèpra**, †**lèvra** [lat. tardo *lĕpra(m)*, dal gr. *lépra* 'squama', da *lépein* 'scortecciare, sbucciare', di orig. incerta ✱av. 1294] **s. f. 1** (*med.*) malattia infettiva cronica che si manifesta con nodosità dure alla cute e ulcere distruttive dei tessuti, o con lesioni nervose che determinano l'insensibilità di certe zone cutanee, distruzioni di ossa o parti molli delle estremità, prurito e dolori acuti SIN. morbo di Hansen **2** (*fig.*) male o vergogna morale: *la l. della servitù, del peccato* **3** malattia di alcune piante: *l. delle olive* **4** (*fig.*) qualunque processo consuntivo e disgregativo in atto, spec. su opere architettoniche, sculture e sim.

lebbrosàrio (o -ṣ-) [1895] **s. m.** ● luogo di ricovero per lebbrosi

lebbróso (o -ṣ-) o †**lebróso**, †**lepróso** [lat. tardo *leprōsu(m)*, da *lĕpra* 'lebbra' ✱1268] **A agg. e s. m. (f. -a)** ● che (o chi) è affetto da lebbra **B agg.** ● (*lett.*, *fig.*) scalcinato, scrostato: *pareti nude e lebbrose* (I. NIEVO)

lèben [dal lat. *Mycoderma lebenis*, l'agente fermentante ✱1917] **s. m. inv.** ● (*biol.*) latte fermentato che si ottiene per azione di micodermi

lebète [vc. dotta, lat. *lĕbes*, genit. *lebētis*, dal gr. *lébēs* 'caldaia', forse termine straniero ✱sec. XIV] **s. m.** ● antico vaso emisferico in genere sostenuto da un treppiede, usato per la cottura dei cibi, per abluzioni domestiche o dopo i sacrifici, oppure dato in premio ai vincitori di gare ginniche

lebìste [dal gr. *lebías* 'tipo di pesce d'acqua dolce', di etim. incerta ✱1965] **s. m.** ● nome comune desueto di Pesci ossei dei Ciprinodontiformi appartenenti al genere *Poecilia*, allevati in acquario per le piccole dimensioni, la vivace colorazione e l'estrema variabilità della forma della pinna caudale

lèbra e deriv. ➤ **lebbra** e deriv.

lecànio [gr. *lekánion*, dim. di *lekánē* 'piatto, catinella', di etim. incerta ✱1874] **s. m.** ● genere di cocciniglie dannose a varie colture (*Lecanium*)

lecanomànte [gr. *lekanómantis* 'che predice il futuro con un piatto di metallo', comp. di *lekánion* 'lecanio' e *mántis* 'indovino' ✱1561] **s. m. e f.** ● chi professa la lecanomanzia

lecanomanzìa [gr. *lekanomantéia*, comp. di *lekánion* 'lecanio' e *mantéia* 'arte divinatoria' ✱1561] **s. f.** ● antica divinazione, consistente nell'osservare in fondo a un catino, contenente acqua od olio, il moto e la posizione di pietre preziose, lame d'oro e d'argento segnate con caratteri magici

lecanòra [comp. del gr. *lekánē* 'bacino, piatto' (V. *lecanio*) e *hṓra* 'grazia' (di orig. indeur.): detta così dall'aspetto dell'apotecio ✱1834] **s. f.** ● lichene delle Lecanoracee, con tallo formato di corpiccioli rotondeggianti, i quali, trascinati lontano dal vento, vengono usati come alimento da alcune popolazioni delle steppe (*Lecanora esculenta*)

Lecanoràcee [comp. di *lecanor(a)* e *-acee* ✱1957] **s. f. pl. (sing. -a)** ● (*bot.*) famiglia di licheni con tallo crostoso cui appartiene la lecanora (*Lecanoraceae*)

lécca ① [da *leccare* ✱1902] **s. m. inv.** ● (*tosc.*) bellimbusto SIN. lecchino

lécca ② [di etim. discussa ✱av. 1928] **s. f.** ● (*sett.*, *tosc.*) sberla, manrovescio, ceffone

leccaculìsmo [1991] **s. m.** ● (*volg.*) smaccata e servile adulazione

leccacùlo [comp. di *lecca(re)* e *culo* ✱1967] **s. m. e f. (pl. m. inv. o -i; pl. f. inv.)** ● (*volg.*, *spreg.*) chi, spec. allo scopo di trarne vantaggio, mostra servilismo, adulazione e sim. nei confronti di chi detiene un potere

lécca lécca [dall'imperat., iter., di *lecca(re)* ✱1959] **loc. sost. m. (pl. inv. o** *raro* **lécche lécche, f.)** ● grossa caramella piatta sostenuta da una stecca

leccaménto [sec. XIV] **s. m.** ● (*raro*) il leccare | (*fig.*) adulazione

†**leccapestèlli** [comp. di *lecca(re)* e il pl. di *pestello* ✱1618] **s. m. e f. inv.** ● leccone, ghiottone

†**leccapeveràda** [comp. di *lecca(re)* e *peverada* ✱av. 1665] **s. m. e f. inv.** ● ghiottone, parassita

leccapiàtti [comp. di *lecca(re)* e il pl. di *piatto* ✱1534] **s. m. e f. inv. 1** (*raro*) ghiottone | parassita, scroccone: *fare il l.* SIN. leccascodelle **2** (*raro*, *lett.*) galoppino

leccapièdi [comp. di *lecca(re)* e il pl. di *piede* ✱1765] **s. m. e f. inv.** ● (*spreg.*) adulatore servile: *vi recate ad onore d'essere i riverenti l. di questo insigne critico* (G. BARETTI)

leccàrda [da *leccardo* ✱1666] **s. f.** ● vaschetta metallica posta sotto lo spiedo o la griglia per raccogliere il grasso che cola dall'arrosto SIN. ghiotta | teglia da forno per usi analoghi

†**leccardìa** [av. 1544] **s. f.** ● ghiottoneria, leccornia

†**leccàrdo** [comp. di *lecca(re)* e *-ardo* ✱av. 1315] **agg. e s. m.** ● ghiottone, goloso

♦**leccàre** [etim. discussa: lat. parl. **ligicāre*, intens. di *lĭngere*, di orig. indeur. ✱1268] **A v. tr.** (*io lécco, tu lécchi*) **1** passare ripetutamente la lingua su qlco.: *il cane lecca la mano al padrone; l. il gelato; non l. il cucchiaio del dolce* | †trovare qualche cosa da mangiare: *non guadagnando, ricorrea alcuna volta alle nozze, dove pure alcuna cosa leccava* (F. SACCHETTI) **2** (*raro*, *lett.*) toccare leggermente: *la fiamma lecca gli arbusti* SIN. lambire **3** (*fig.*) adulare, blandire, lusingare: *l. i potenti* | (*fig.*) ***l. i piedi, le scarpe***, (*volg.*) ***il culo a qlcu.***, adularlo in modo servile **4** (*fig.*) rifinire qlco. con cura eccessiva: *l. uno scritto, una rima* **B leccàrsi v. tr. pron. (aus. *essere*)** ● passare la lingua su una parte del proprio corpo: *il gatto si lecca il pelo* | ***leccarsi le dita, i baffi***, (*fig.*) trovare molto gustoso un cibo, una bevanda o altro: *quando mi averà veduta, potrà leccarsi le dita* (C. GOLDONI) | ***leccarsi le ferite***, (*fig.*) cercare di curare da sé i propri dolori, delusioni e sim. **C leccàrsi v. rifl. 1** detto di animale, passare la lingua sul proprio corpo per pulire il pelo **2** (*fig.*) farsi bello

†**leccasànti** [comp. di *lecca(re)* e il pl. di *santo* ✱1791] **s. m. e f. inv.** ● bigotto, baciapile

leccascodèlle [comp. di *lecca(re)* e il pl. di *scodella* ✱sec. XIV] **s. m. e f. inv.** ● (*disus.*) leccapiatti

leccàta [av. 1696] **s. f.** ● atto di leccare in una volta | (*fig.*) atto di servile adulazione ‖ **leccatìna**, **dim.** (V.)

†**leccataglièri** [comp. di *lecca(re)* e il pl. di *tagliere* ✱av. 1587] **s. m. e f. inv.** ● leccapiatti

leccatìna **s. f.** ● dim. di *leccata* | (*fig.*) breve adulazione

leccàto **part. pass.** di *leccare*; **anche agg. 1** nei sign. del v. **2** affettato: *stile l.* ‖ **leccataménte**, **avv.** affettatamente

leccatóre [av. 1243] **A agg. (f. -trice)** ● (*raro*) che lecca **B s. m. (f. -trice)** ● †ghiottone, scroccone, parassita

leccatùra [1546] **s. f. 1** (*raro*) il leccare **2** (*fig.*) adulazione: *una l. ignobile* **3** (*fig.*) eccessiva limatura o rifinitura di qlco.: *leccature di stile*

leccazàmpe (o -ẓ-) [comp. di *lecca(re)* e il pl. di *zampa* ✱1802] **s. m. e f. inv.** ● (*disus.*) leccapiedi

leccése (o -ṣ-) [1624] **A agg.** ● di Lecce **B s. m. e f.** ● abitante o nativo di Lecce

leccéta [1701] **s. f.** ● lecceto

leccéto [comp. di *leccio* ed *-eto*, come il corrispondente lat. tardo *ilicētum* ✱1280] **s. m. 1** bosco di lecci **2** (*lett.*, *fig.*) intrigo, situazione imbrogliata: *sono per tuo amore entrato in questo l.* (N. MACHIAVELLI) | ***cacciarsi in un l.***, in un ginepraio

lecchéggio [da *leccare* ✱1869] **s. m.** ● (*disus.*) leccornia

†**lecchería** [sec. XIV] **s. f.** ● leccornia

lecchése (o -ṣ-) [1868] **A agg.** ● di Lecco **B s. m. e f.** ● abitante o nativo di Lecco

lecchétto [av. 1609] **s. m.** ● (*tosc.*, *lett.*) piccola ghiottoneria | (*fig.*) attrattiva, lusinga

lecchìno [da *leccare* ✱1869] **s. m. (f. -a) 1** (*tosc.*, *lett.*) bellimbusto, vagheggino **2** (*colloq.*, *spreg.*) adulatore, leccapiedi

léccia ① [etim. incerta ✱1561] **s. f. (pl. -ce)** ● (*zool.*) nome comune di alcuni Pesci ossei dei Carangidi, in particolare della specie *Lichia amia* SIN. lizza

léccia ② [da *leccio* ✱1895] **s. f. (pl. -ce)** ● ghianda del leccio

léccio [lat. *ilĭceu(m)*, agg. (sottinteso *quĕrcu(m)* 'quercia') di *īlex*, genit. *īlicis* 'elce' ✱sec. XII] **s. m. 1** pianta delle Fagacee simile alla quercia, sempreverde, con foglie coriacee, ovali, dentato-spinose, lanose inferiormente (*Quercus ilex*) **2** legno del leccio, usato spec. per lavori di carpenteria | ***anima di l.***, midollo del leccio, durissimo, usato per fabbricare bastoni

lécco [da *leccare* ✱sec. XIV] **s. m. (pl. -chi) 1** (*tosc.*) ghiottoneria, leccornia | (*raro*, *lett.*) gusto **2** †in vari giochi, boccino, pallino e sim. ‖ **lecchétto**, **dim.** (V.)

leccóne [av. 1292] **agg. e s. m. (f. -a, †-és-**

sa) **1** (*lett.*) ghiottone, goloso **2** (*fig.*) adulatore

✦**leccornìa**, (*evit.*) **leccòrnia** [da *leccone* 'ghiottone', attraverso una forma *lecconerìa*, divenuta *leccornìa* per metatesi ✻ sec. XIV] **s. f. 1** cibo ghiotto, molto appetitoso: *questa pietanza è una vera l.* SIN. ghiottoneria **2** †avidità: *per l. di ricchezza*

leccornióso (o -ṣ-) [da *leccorni(a)* con il suff. *-oso*③ ✻ 1916] **agg.** ● (*colloq.*) appetitoso, prelibato: *lasagne leccorniose*

leccùme [1603] **s. m.** ● (*tosc.*) quantità di leccornie

†**lecére** o **lécere** ➤ **licere**

lecìte o **lècite** [dal gr. *lékythos* (V. *lecitina*) ✻ 1957] **s. m.** ● (*biol.*) deutoplasma

†**lecitézza** o †**licitézza** [da *lecito*① ✻ sec. XIV] **s. f.** ● liceità

lecitìna [comp. del gr. *lékythos* 'tuorlo', di orig. straniera, e *-ina* ✻ 1874] **s. f.** ● fosfolipide contenuto in ogni organismo vivente, nei semi vegetali e spec. nel giallo d'uovo, usato in medicina, in conceria, in cosmesi e nell'industria alimentare | ***l. di soia***, estratta dai semi della soia

lécito① o †**lìcito** [1219] **A** **part. pass.** di *licere*; anche **agg. 1** che è consentito dalle convenienze sociali, dalle consuetudini, dalle norme morali: *discorso l.*; *la tua domanda è lecita* | ***non è cosa lecita***, è indecoroso, sconveniente | giusto, corretto: *Vi par l. ... distruggere così il carattere dei personaggi?* (L. PIRANDELLO) | ***se è l., se mi è l.***, se mi è consentito | ***mi sia l.***, mi si conceda CONTR. illecito **2** (*dir.*) che non è contrario a norme imperative, all'ordine pubblico o al buon costume: *atto l.* ‖ **lecitaménte**, **avv.** **B** **s. m.** ● ciò che è giusto, corretto, legale: *distinguere il l. dall'illecito*

lècito② **s. m.** ● (*raro*) adattamento di *lekythos* (V.)

lecìzio [gr. *lēkýthion* 'ampollina' (dim. di *lékythos*), prima parola di un verso di Aristofane preso come esemplare di questo metro ✻ 1957] **s. m.** ● verso della metrica greco-latina formato da un dimetro trocaico catalettico

lèctio /lat. 'lɛktsjo/ [lat., propr. 'lezione' ✻ av. 1803] **s. f. inv.** (**pl. lat.** *lectiones*) **1** nella edizione critica dei testi, lezione | ***lectio facilior***, nella edizione critica dei testi, la variante più facile di un passo | ***lectio difficilior***, la variante più difficile, generalmente ritenuta preferibile alla *lectio facilior* di uno stesso brano di cui si dà l'edizione critica **2** nelle antiche università, lettura esplicativa di un testo | ***l. magistralis***, conferenza di particolare rilievo, anche fuori dall'ambito universitario, per la grande autorevolezza scientifica di chi la tiene **3** ***lectio brevis***, lezione scolastica più breve del solito, spec. in concomitanza con l'inizio di un periodo di vacanza **4** ***lectio divina***, nella liturgia cattolica, l'esperienza spirituale della lettura e della meditazione approfondite della Sacra scrittura, che si fanno lode e contemplazione di Dio nella verità della sua parola

lectistèrnio ➤ **lettisternio**

♦**led** /lɛd/ [sigla dell'ingl. *L(ight-) E(mitting) D(iode)* 'diodo che emette luce' ✻ 1980] **s. m. inv.** ● (*elettron.*) dispositivo a semiconduttore impiegato come segnalatore luminoso anche in gruppi in grado di formare caratteri alfanumerici

✦**lèdere** [vc. dotta, lat. *lāedere*, di etim. incerta ✻ sec. XIII] **v. tr.** (**pres.** *io lèdo*; **pass. rem.** *io lési, tu ledésti*; **part. pass.** *léso* o *lèso*) **1** produrre una lesione: *il proiettile ha leso organi vitali* | danneggiare, lesionare: *l'esplosione ha leso i muri della casa* **2** (*fig.*) danneggiare, pregiudicare, offendere: *l. gli interessi di qlcu.*; *l. la giustizia*; *che mala lingua non t'avesse a l.* (I. SANNAZARO) | trasgredire, violare: *l. la legge, un patto*

lèdo [vc. dotta, gr. *lêidon* 'albero da resina', da *lḗdanon* 'ladano①' ✻ 1834] **s. m.** ● genere di piante delle Ericacee, caratteristiche delle torbiere dell'Europa centrale e delle zone artiche, con foglie coriacee, brunastre e inferiormente lanose (*Ledum*)

†**leèna** [vc. dotta, lat. *leāena(m)*, dal gr. *léaina*, f. di *léōn* 'leone', di orig. indeur. ✻ 1499] **s. f.** ● (*lett.*) leonessa: *mansueta uscir della foresta / feci e lasciare i figli una l.* (L. ARIOSTO)

lefebvriàno /lefe'vrjano/ [1977] **A** **agg.** ● relativo a M. Lefebvre (1905-1991), vescovo francese critico nei confronti del Concilio Vaticano II su posizioni ultraconservatrici, e poi scomunicato nel 1988 per il suo rifiuto di obbedienza al Papa **B** **agg. e s. m.** (**f.** *-a*) ● seguace, sostenitore di M. Lefebvre e delle sue concezioni

léga① o (*sett.* o †) **lìga** [da *legare* ✻ sec. XIII] **s. f. 1** associazione tra più Stati, gruppi sociali o persone private, per il perseguimento di determinati scopi comuni: *formare una l.*; *unirsi in l. con qlcu.*; *la l. achea*; *l. monetaria*; *l. doganale*; *L. per la protezione degli uccelli* | associazione di lavoratori anteriore agli odierni sindacati: *l. operaia, sindacale*; *le leghe contadine* | ***L. lombarda***, (*stor.*) coalizione di comuni lombardi, emiliani e veneti costituitasi nel 1167 contro Federico I Barbarossa | (*polit.*) ***L. Nord***, movimento politico sorto nel 1991 dal coordinamento di movimenti a carattere regionale sviluppatisi negli anni 1970-80 (Liga veneta, Lega lombarda) e diffusi nelle regioni settentrionali; sostiene una politica di autonomie regionali rispetto al prevalere del potere centralizzato **2** (*est.*) accordo di più persone che agiscono per conseguire il proprio utile: *far l. con qlcu.* | l'insieme di queste persone: *il mondo è una l. di birbanti contro gli uomini da bene, e di vili contro i generosi* (G. LEOPARDI) SIN. combriccola, combutta **3** federazione che regola e tutela il regolare svolgimento dei campionati di vari sport: *L. Nazionale Calcio* **4** (*chim.*) soluzione solida di un metallo con uno o più elementi chimici, ottenuta spec. per fusione, con proprietà diverse da quelle degli elementi che la costituiscono | ***l. leggera***, costituita in prevalenza da un metallo leggero, come alluminio, magnesio o titanio | ***l. tipografica***, quella di piombo, stagno e antimonio usata per i caratteri mobili, la composizione meccanica, la stereotipia | parte di rame che si aggiunge all'argento puro e parte di rame e di argento che si aggiunge all'oro o al platino per dar loro maggior durezza | ***oro, argento di bassa l.***, nei quali c'è un'alta percentuale di metallo poco pregiato | (*fig., spreg.*) ***di bassa l., di cattiva l., di pessima l.***, di scarso valore, mediocre: *battuta di bassa l.* | ***gente di bassa l.***, vile, spregevole **5** presa di malta o cemento **6** piastra di ferro per collegare insieme due o più pezzi, di ferro, pietra o legno

SFUMATURE DI SIGNIFICATO

lega - alleanza

Lega è un'associazione tra stati, categorie sociali o persone per perseguire scopi e interessi comuni. Anche **alleanza** indica in senso esteso il convergere di partiti diversi, di enti o persone per scopi di interesse comune, ma il termine indica propriamente un accordo che sancisce collaborazione e aiuto reciproco fra due o più Stati, soprattutto in guerra.

SFUMATURE ➤ *accordo*

léga② [ant. provenz. *leg(u)a*, dal lat. tardo *lēuga(m)*, *lēuca(m)*, di orig. gallica ✻ av. 1292] **s. f.** ● unità di misura itineraria non inferiore alle due miglia, variabile secondo i Paesi | ***l. marina***, di circa quattro kilometri e mezzo o cinque kilometri e mezzo

legàccia [av. 1665] **s. f.** (**pl.** *-ce*) **1** †giarrettiera **2** (*roman.*) legaccio

legàccio [da *legare*① con sovrapposizione di *laccio* ✻ 1268] **s. m.** ● striscia di stoffa, pelle e sim. per legare o stringere ‖ **legaccétto**, **dim.** | **legacciòlo**, **dim.**

legàcciolo [1354] **s. m.** ● (*tosc.*) legaccio | (*raro*) giarrettiera

†**legagióne** [lat. *ligatiōne(m)*, da *ligātus*, part. pass. di *ligāre* 'legare①' ✻ sec. XIV] **s. f.** ● il legare | (*fig.*) vincolo

♦**legàle** [vc. dotta, lat. *legāle(m)*, da *lēx*, genit. *lēgis* 'legge' ✻ av. 1306] **A** **agg. 1** relativo alla legge: *questione l.* SIN. giuridico | ***studio l.***, quello di un avvocato, procuratore legale, commercialista, da solo o associato ad altri colleghi | ***ufficio l.***, che ha il compito di curare le questioni giuridiche interessanti l'ente o azienda di cui è parte | ***procuratore l.***, V. *procuratore* | ***medicina l.***, V. *medicina* **2** conforme alla legge, stabilito dalla legge: *interessi legali*; *domicilio l.*; *presunzione l.* | ***numero l.***, numero minimo di componenti un organo o ente collegiale che devono essere presenti a una adunanza o devono approvare una deliberazione per la validità delle stesse | ***prova l.***, che la legge ritiene idonea alla dimostrazione del fatto | ***carta l.***, carta bollata | ***ora l.***, V. *ora*① **3** legittimo, lecito: *comportamento l.*; *opposizione l.* ‖ **legalménte**, **avv. 1** in modo conforme al disposto della legge; per vie legali **2** dal punto di vista legale ‖ **legalità**, **s. f. inv.** (V.) **B** **s. m. e f.** ● professionista esperto di diritto, idoneo o abilitato a fornire consulenza o assistenza in tale materia: *chiedere il parere di un l.*; *rivolgersi a un l.*

legalìṣmo [comp. di *legal(e)* e *-ismo* ✻ 1908] **s. m.** ● stretta osservanza, spec. formale, della legge

legalìsta [av. 1956] **s. m. e f.** (**pl. m.** *-i*) ● sostenitore, fautore del legalismo

legalìstico [1935] **agg.** (**pl. m.** *-ci*) ● relativo al legalismo e ai legalisti ‖ **legalisticaménte**, **avv.**

♦**legalità** [da *legale* ✻ av. 1389] **s. f. inv.** ● condizione di ciò che è conforme alla legge: *l. di un atto* | rispetto, osservanza della legge | ***principio di l.***, secondo cui nessuno può essere punito per un fatto che non sia espressamente previsto come reato dalla legge, né con pene che non siano da essa stabilite | ***agire con l.***, secondo il disposto della legge

legalitàrio [1890] **agg.** ● che agisce solo con mezzi consentiti dalla legge ‖ **legalitariaménte**, **avv.**

legaliẓẓàre [adattamento del fr. *légaliser*, da *légal* 'legale' ✻ 1576] **v. tr. 1** rendere ufficiale un atto o un documento proveniente da un privato, certificandone l'autenticità da parte di una pubblica autorità: *l. una firma* **2** rendere legale: *l. l'aborto* ‖ **legaliẓẓazióne**, **s. f.**

♦**legàme** o (*disus.*) **ligàme** [adattamento del lat. *ligāmen* (nt.), da *ligāre* 'legare①' ✻ av. 1292] **s. m. 1** (*raro*) tutto ciò che serve a legare, a stringere: *l. forte, robusto* SIN. legatura **2** (*fig.*) vincolo sentimentale, morale: *l. di amicizia, di parentela* | (*psicol.*) ***doppio l.***, ingiunzione contraddittoria che consiste nell'integrare una richiesta esplicita a un richiamo affettivo in senso contrario, in modo da bloccare il soggetto in una situazione senza uscita **3** (*fig.*) nesso, relazione, rapporto: *stabilire un l. tra due avvenimenti*; *il l. della vita col filosofare* (B. CROCE) **4** (*chim.*) interazione tra atomi uguali o differenti fra loro che porta alla formazione di molecole o di composti permanenti o comunque stabili per un tempo sufficiente ad accertarne l'esistenza | ***l. ionico***, legame eteropolare | ***l. covalente***, covalenza | ***doppio l.***, legame covalente formato da due coppie di elettroni | ***l. glucosidico***, quello tra i gruppi alcolici dei monosaccaridi di un polisaccaride **5** (*mat.*) relazione alla quale devono necessariamente soddisfare due o più enti

legaménto o (*lett.*) **ligaménto** [adattamento del lat. *ligamĕntu(m)*, da *ligāre* 'legare①' ✱ 1305] **s. m. 1** (*lett.*) il legare | ciò che serve a legare; legame **2** (*anat.*) ispessimento cordoniforme o nastriforme di tessuto connettivo con funzioni di sostegno o di rinforzo | piega del peritoneo con funzioni di sostegno di organi addominali CFR. desmo- **3** (*ling.*) l'inserzione fra due suoni vocalici di un elemento consonantico di sostegno **4** nella scherma, contatto della propria lama con quella dell'avversario per farla deviare dal bersaglio **5** (*mar.*, **spec. al pl.**) ogni elemento che serve a collegare e fermare l'ossatura e il fasciame dello scafo **6** (*mus.*) legatura

legamentóso (o -ṣ-) o (*disus.*) **ligamentóso** (o -ṣ-) [av. 1698] **agg.** ● (*anat.*) che concerne i legamenti

legànte① [adattamento del lat. *ligănte(m)*, part. pres. di *ligāre* 'legare①' ✱ 1942] **s. m. 1** sostanza, quale cemento, mastice e sim., atta a saldare tenacemente fra loro corpi diversi **2** (*chim.*) molecola, ione o gruppo combinati all'atomo centrale in un chelato o in un composto di coordinazione **3** (*cucina*) sostanza, quale farina, fecola, panna e sim. che rende più densi sughi, salse e sim.

legànte② [vc. dotta, lat. *legănte(m)*, part. pres. di *legāre* 'legare②' ✱ 1869] **agg. e s. m. e f.** ● (*dir.*) che (o chi) fa un legato nel testamento

†**legànza** [da *legante②* ✱ 1600] **s. f.** ● lega, alleanza

♦**legàre①** o (†o *ven.*) **ligàre** [lat. *ligāre*, di etim. incerta ✱ 1266] **A v. tr.** (*io légo, tu léghi*) **1** avvolgere, stringere una persona, una cosa o più cose assieme con una fune e sim., per congiungere o immobilizzare (+ *con*): *l. i prigionieri*; *l. i capelli con un elastico*; *l. qlcu. come un salame*; *comandava espressamente che mi legassino e che mi menassino in prigione* (B. CELLINI) | ***pazzo da l.***, completamente pazzo; (*colloq.*, *scherz.*) persona stravagante, bizzarra | ***l. le mani e i piedi a qlcu.***, (*fig.*) impedirgli di operare liberamente | ***l. la lingua a qlcu.***, impedirgli di parlare | ***l. l'avversario***, nel linguaggio pugilistico, tenerlo con le braccia impedendogli di combattere | anche nella forma pron. **legàrsi**, annodarsi: *legarsi i capelli* | ***legarsi le scarpe***, allacciarsele | (*fig.*) ***legarsela al dito***, tenere bene a mente un torto ricevuto con l'intenzione di rifarsi **2** attaccare, fermare a qlco. con una fune e sim. (+ *a*): *l. il cane alla catena, il cavallo alla greppia* **3** unire metalli a formare leghe | saldare in maniera compatta corpi diversi fra loro **4** (*cucina*) rendere più densi sughi, salse e sim. mediante l'aggiunta di farina, fecola, panna e sim. **5** (*fig.*) unire, accomunare (+ *a*): *li lega un affetto profondo e duraturo*; *è legata a lui da un giuramento* | (*fig.*) vincolare, costringere: *il mio lavoro mi legava in città* (C. PAVESE) | (*fig.*, **spec. lett.**) attrarre, avvincere: *lo legò a sé con l'arte della seduzione* **6** (*edit.*) rilegare **7** incastonare, incastrare: *l. una gemma in un anello* **8** †allegare, accludere **B v. intr.** (**aus.** *avere*) e **legàrsi v. intr. pron. 1** far lega, associarsi (+ *con*): *il ferro lega ottimamente col cemento* | (*chim.*) combinarsi, unirsi, reagire: *atomi che si legano con altri* | (*fig.*) star bene insieme, fare amicizia: *quei due hanno legato subito*; *non lega con nessuno* | intonarsi, andare d'accordo: *colori che legano bene*; *la camicetta non lega con la gonna* | connettersi, collegarsi logicamente: *concetti che legano poco*; *il finale non (si) lega con il resto del film* **2** (*bot.*) allegare **C legàrsi v. rifl. e rifl. recipr.** ● unirsi con un vincolo (+ *con*, + *in*, + *a*): *si legarono con una promessa di reciproco aiuto*; *si legarono in matrimonio*; *E se avrà la sbadataggine di legarsi a un di questi... povero lui!* (E. DE AMICIS) | unirsi, stringersi affettivamente (+ *a*): *si era profondamente legata a lui*; *si attaccava a me, voleva legarsi a me* (G. VERGA) | obbligarsi con qlcu.

legàre② [vc. dotta, lat. *legāre* 'disporre secondo la legge', deriv. di *lēx*, genit. *lēgis* 'legge' ✱ av. 1363] **v. tr.** (*io légo, tu léghi*) **1** lasciare per testamento, in legato: *l. a qlcu. un immobile* **2** †delegare: *a queste cose legarono le ventiquattro Arti* (D. COMPAGNI)

legàta [f. sost. di *legato①* ✱ 1891] **s. f.** ● il legare una volta e alla meno peggio

legatàrio [vc. dotta, lat. tardo *legatăriu(m)*, da *legāre* 'legare②' ✱ av. 1396] **s. m.** (**f.** *-ia*) ● (*dir.*) successore a causa di morte a titolo particolare

legatìzio [lat. tardo *legatīciu(m)* 'riguardante una legazione, un'ambasceria', da *legāre* 'legare②' ✱ av. 1869] **agg.** ● relativo a un legato, spec. pontificio

♦**legàto①** o (*disus.*) **ligàto A part. pass.** di *legare①*; **anche agg. 1** nei sign. del v. | ***avere le mani legate***, (*fig.*) non poter agire liberamente **2** (*fig.*) unito da vincoli di amicizia, affetto, interesse ecc. (+ *a*): *quei due sono molto legati*; *quel bambino è molto legato alla madre* | connesso: *un problema l. all'aumento del traffico* **3** (*fig.*) impacciato, privo di scioltezza, di disinvoltura (+ *in*, **anche seguito da inf.**): *essere l. nei movimenti, nel parlare* **4** (*fig.*) vincolato, condizionato (+ *a*): *essere l. ai propri doveri* **B s. m. 1** (*mus.*) indicazione espressiva che richiede un'esecuzione delle note senza alcuna interruzione di suono fra l'una e l'altra | colpo d'arco degli strumenti ad arco che contiene in una sola arcata una serie di suoni per evitare stacchi bruschi **2** †involto, plico

legàto② A part. pass. di *legare②*; **anche agg.** ● nei sign. del v. **B s. m. 1** nell'antica Roma, ambasciatore, inviato | amministratore di provincia consolare col pretore e col proconsole **2** rappresentante che la Santa Sede nomina presso governi stranieri con il titolo di nunzio, internunzio e delegato apostolico: *l. pontificio*

legàto③ [vc. dotta, lat. *legātu(m)*, dal part. pass. di *legare* nel senso giuridico di 'dare a qualcuno l'incarico di far qualcosa in base ad un patto (*lēx* 'legge')' ✱ 1286] **s. m. 1** (*dir.*) disposizione testamentaria a titolo particolare che conferisce un bene a persona diversa dall'erede | (*est.*) il bene stesso **2** (*fig.*, *lett.*) retaggio

legatóio [1808] **s. m.** (**pl.** *-ói*) ● a Firenze, nel XIX sec., ufficio doganale dei legatori o imballatori

legatóre [da *legare①* ✱ av. 1642] **s. m. 1** (**f.** *-trice*, *pop.*, *disus.* *-tóra*) chi esegue lavori di legatoria | un tempo, addetto all'imballaggio **2** (*mecc.*) legatrice **3** (*agric.*) attrezzo usato per legare i tralci di vite, o di altre piante, ai tutori

legatorìa [1904] **s. f.** ● industria della legatura di libri | azienda o reparto in cui si svolgono le varie fasi della lavorazione di legatura

legatrìce [da *legare①* con uso sost. (sottinteso *macchina*) ✱ 1970] **s. f.** ● macchina d'imballaggio che effettua la legatura di più oggetti in un unico collo

legatùra o (*disus.*) **ligatùra** [adattamento del lat. tardo *ligatūra(m)*, da *ligāre* 'legare①' ✱ av. 1306] **s. f. 1** operazione e modalità del legare | ciò che serve a legare: *stringere, allentare una l.* | punto in cui una cosa è legata: *agganciarono il cavo proprio sopra la l.* **2** (*edit.*) rilegatura **3** (*mus.*) simbolo grafico costituito da una linea arcuata sopra il pentagramma per indicare il legato: *l. di valore, l. di portamento, l. di frase* **4** operazione dell'incastonare gemme | montatura **5** †malia, incantesimo, maleficio

legazìa [da *legare②* ✱ 1303] **s. f. 1** (*stor.*) legazione, nel sign. 3 **2** (*stor.*) a Pisa, dogana delle merci

legazióne [vc. dotta, lat. *legatiōne(m)*, da *legātus*, part. pass. di *legāre* 'legare②' ✱ av. 1294] **s. f. 1** ambasceria, ambasciata **2** missione diplomatica retta da un ministro plenipotenziario | (*est.*) edificio in cui ha sede una legazione | (*est.*) insieme delle persone e degli uffici di cui è composta una legazione **3** ufficio, carica e sede di un legato, spec. pontificio | durata di tale carica **4** (**spec. al pl.**) nell'antico Stato pontificio, ognuna delle province governate da un legato: *legazioni di Romagna*

lège, ex ➤ **ex lege**

legènda [vc. dotta, lat. *legĕnda* (nt. pl.) 'cose che devono essere lette', dal gerundivo di *lĕgere* 'leggere' ✱ 1957] **s. f.** (**pl. inv.** o *-e*) ● didascalia, testo di spiegazioni, tabella di abbreviazioni allegata a carte geografiche, grafici e sim. SIN. leggenda

♦**légge** [vc. dotta, lat. *lēge(m)*, di orig. indeur., forse da *lĕgere* 'leggere' ✱ av. 1294] **A s. f. 1** ogni norma o complesso di norme che regola la condotta individuale o sociale degli uomini: *le leggi della società, della convivenza*; *la l. morale*; *la l. dell'amicizia*; *la l. del più forte* | ***l. divina***, l'insieme delle norme rivelate da Dio | ***l. naturale***, insieme di diritti ritenuti intrinseci alla natura umana | ***l. positiva***, la norma giuridica emanata dagli organi legislativi | norma tipica di gruppi particolari di esseri viventi: *la l. della malavita* | ***l. della giungla***, (*fig.*) quella del più forte | consuetudine: *la l. dell'omertà* | (*fig.*) ***dettare l.***, imporre la propria volontà, spadroneggiare **2** (*dir.*) atto normativo emanato dagli organi competenti e in conformità alle regole poste dall'ordinamento giuridico costituzionale dello Stato: *l. in senso sostanziale, in senso formale*; *l. costituzionale, ordinaria, speciale, eccezionale*; *l. delegata*; *approvazione delle leggi*; *atto avente forza di l.* CFR. nomo- | ***l. ponte***, emessa in attesa di un'altra legge più organica | ***l. quadro*** o ***cornice***, detto di legge e complesso di leggi che contengono i principi fondamentali relativi all'ordinamento di una determinata materia | ***l. delega***, con la quale il Parlamento delega il Governo a disciplinare una determinata materia con un decreto legislativo | ***l. stralcio***, parte di una legge più generale non ancora approvata dal Parlamento | ***l. Bacchelli***, che prevede l'erogazione di un vitalizio a personalità con meriti eccezionali che si trovano in condizioni economiche disagiate | ***a norma, a termini di l.***, secondo ciò che la legge prescrive, comanda o vieta | ***lo spirito della l.***, il suo reale significato | PROV. ***fatta la l. trovato l'inganno***, fatta una legge si trova sempre un espediente per eluderla **3** (*est.*) complesso delle norme che costituiscono l'ordinamento giuridico di uno Stato: *la l. è uguale per tutti*; *il potere, l'autorità, la maestà della l.* | ***l. delle dodici tavole***, primo codice di leggi della Roma antica **4** scienza giuridica: *laurea in l.*; *essere dottore in l.*; *è iscritto alla facoltà di l.* | ***uomo di l.***, specialista nella scienza giuridica **5** autorità giudiziaria: *ricorrere alla l.*; *chiedere giustizia alla l.* | ***in nome della l.***, formula con cui i rappresentanti dell'autorità giudiziaria intimano a qlcu. di ottemperare a un comando della stessa: *in nome della l., aprite!* **6** (*est.*) regola fondamentale di una tecnica, di un'arte e sim.: *le leggi della pittura, della scultura* | (*ling.*) ***l. fonetica***, formazione di un regolare mutamento di forme in determinate condizioni **7** relazione determinata e costante fra le quantità variabili che entrano in un fenomeno: *le leggi della matematica, della fisica; leggi chimiche; leggi di Keplero* | ***l. di Archimede***, secondo la quale su ogni corpo immerso in un liquido si esercita una forza diretta verso l'alto, pari al peso del volume di liquido spostato | ***l. di Avogadro***, secondo la quale in uguali volumi di gas diversi, nelle stesse condizioni di pressione e temperatura è contenuto lo stesso numero di molecole | ***l. di Gay-Lussac***, secondo la quale a pressione costante il volume di un gas è direttamente proporzionale alla sua temperatura | ***l. di Dalton***, o ***delle proporzioni multiple***, secondo la quale quando due elementi si combinano fra loro in differenti rapporti, le diverse quantità di uno degli elementi che si combinano con una medesima quantità dell'altro stanno fra loro in rapporti esprimibili mediante numeri interi | ***l. di Murphy***, la più nota di una serie di leggi, spesso enunciate in modo scherzoso, attribuite all'ingegnere statunitense Edward A. Murphy Jr; secondo tale legge, se qualcosa può andar male, lo farà **8** (*mat.*) ***l. di composizione***, operazione **B** **in funzione di agg. inv.** ● (posposto a un sost.) che ha forza di legge, nella loc. ***decreto l.*** ‖ **leggiàccia**, **pegg.** | **leggìna**, **dim.** (V.)

♦**leggènda** [vc. dotta, lat. *legĕnda* (nt. pl.) 'cose che si devono leggere', f. del gerundivo di *lĕgere* 'leggere' ✱ 1287] **s. f.** **1** racconto tradizionale di avvenimenti fantastici o molto lontani nel tempo, arricchiti o alterati dalla fantasia popolare: *la l. della Tavola rotonda* | (*est.*) evento storico deformato dalla fantasia popolare: *la l. garibaldina* | ***entrare nella l.***, detto di personaggio o di evento straordinari, divenuti mitici, leggendari: *con le sue vittorie F. Coppi entrò nella l.* | (*est.*) persona diventata leggendaria: *Berruti è una l. dello sport italiano* **SIN.** mito **2** nelle religioni, narrazione di natura mitologica, spesso ispirata dalla pietà popolare **3** (*fig.*) fandonia, bugia: *le calunnie diffuse su di noi sono leggende* | ***l. metropolitana, urbana***, storia inventata che ha larga circolazione come vera, talvolta resa più credibile dopo essere stata diffusa da articoli di giornale: *la l. metropolitana dei coccodrilli nelle fogne di New York* **4** legenda | iscrizione, motto su medaglie, monete, stemmi, sigilli e sim. **5** (*mus.*) lavoro vocale e strumentale con azione, che non necessita di messa in scena e costumi ‖ **leggendìna**, **dim.**

SFUMATURE DI SIGNIFICATO

leggenda - mito

Leggenda è un racconto tradizionale di avvenimenti fantastici oppure molto lontani nel tempo, arricchiti o deformati dalla fantasia popolare. Il **mito**, che pure è come la leggenda una narrazione ricca di elementi fantastici, se ne differenzia per una maggiore valenza simbolica e talora religiosa, poiché ha per oggetto avvenimenti relativi all'origine dell'universo, gesta di dei ed eroi, fondazioni di città o nazioni; in altre accezioni la parola può indicare l'esposizione di un'idea, di un insegnamento astratto sotto forma allegorica o poetica; oppure può designare l'immagine astratta e semplificata di un evento, un fenomeno, un personaggio quale si forma e viene recepita presso un determinato gruppo umano.
SFUMATURE ➤ ***epopea***

leggendarietà [1983] **s. f. inv.** ● (*raro*) caratteristica di ciò che è leggendario

leggendàrio [av. 1556] **A** **agg.** **1** che concerne la leggenda o ne ha i caratteri: *racconto, avvenimento l.* **2** (*est.*) straordinario, meraviglioso a tal punto da aver acquisito un aspetto mitico: *le leggendarie imprese di Garibaldi* ‖ **leggendariaménte**, **avv.** in modo leggendario, sotto forma di leggenda **B** **s. m.** ● raccolta di leggende di santi
SFUMATURE ➤ ***favoloso***, ➤ ***storico***

leggèra o **leggièra**, **liggèra** [dal primitivo senso, pure gerg., di 'miseria', da *leggerezza* intesa come 'mancanza' ✱ 1908] **A** **s. f.** ● (*gerg.*) miseria | teppa, malavita **B** **s. m. e f. inv.** ● (*gerg.*) chi vive in miseria, campando di espedienti | malavitoso

♦**lèggere** [vc. dotta, lat. *lĕgere* 'raccogliere, leggere', termine tecnico, di orig. religiosa e politica, indeur. ✱ 1219] **v. tr.** (**pres.** *io lèggo, tu lèggi*; **pass. rem.** *io lèssi, tu leggésti*; **part. pass.** *lètto*) **1** riconoscere dai segni della scrittura le parole e comprenderne il significato: *imparare, insegnare a l.*; *l. a voce alta, speditamente* | conoscere, mediante la lettura, il contenuto di un testo: *l. un libro, il giornale, le istruzioni* | venire a saper qlco. dalla lettura di un giornale, di una rivista o sim. (+ *di*, + *che*): *ho letto delle sue prossime nozze; ho letto che sarà presto scarcerato* | pronunciare ad alta voce un testo: *l. un comunicato* | ***l. il greco, il francese***, capirli correntemente | ***un libro che si fa l.***, che suscita interesse, che è piacevole | ***l. un autore***, la sua opera | (*assol.*) dedicarsi alla lettura: *trascorro gran parte della giornata leggendo* **2** interpretare certi segni convenzionali o naturali: *i ciechi leggono con le dita; l. un diagramma, un grafico, una carta geografica* | ***l. le labbra***, o ***sulle labbra***, capire le parole pronunciate da qlcu. dal movimento delle sue labbra | (*fig.*) ***l. la mano***, ricavare dati sul carattere e sul destino di qlcu. basandosi sulle linee della mano | ***l. nel libro del destino***, (*fig.*) prevedere il futuro | (*mus.*) eseguire un pezzo guardando lo spartito su cui è scritto: *l. a vista, a prima vista* **3** (*lett.*) intendere, interpretare uno scritto, un passo: *i critici dell'Ottocento leggevano erroneamente questa strofa* | (*est.*) interpretare, intendere in base a un particolare punto di vista: *l. Manzoni in chiave strutturalista; l. un quadro, un film; un allenatore bravo a l. la partita; l. l'ultima crisi ministeriale alla luce della congiuntura economica* **4** tenere una pubblica lettura spiegando e commentando un testo: *alla televisione sono stati letti passi dei "Promessi Sposi"* **5** †insegnare da una cattedra **6** (*fig.*) intuire osservando: *gli si leggeva il terrore sul volto; se a ciascun l'interno affanno / si leggesse in fronte scritto* (P. METASTASIO) | ***l. nel pensiero, negli occhi, nell'animo di qlcu.***, scoprirne i sentimenti **7** (*inform.*) prelevare dati da un certo tipo di supporto o di memoria (per es. da un disco magnetico) per trasferirli a un altro (per es. la memoria principale) **8** †eleggere, scegliere **9** †insegnare, spiegare: *uomo dottissimo e che leggeva greco in Firenze* (F. GUICCIARDINI)

leggerézza o (*raro*) **leggierézza** [1288] **s. f.** **1** caratteristica di chi (o di ciò che) è leggero: *ha la l. di una piuma; la l. della sua danza è meravigliosa* | (*fig.*) delicatezza di toni, lievità stilistica, e sim.: *trattare con l. un argomento scottante* **2** (*fig.*) superficialità, mancanza di responsabilità e di serietà: *comportarsi con l.* | azione di persona sconsiderata e leggera: *è stata una vera l. lasciarli soli* | (*lett.*) inezia: *io non credea … dover consumare tante parole in queste leggerezze* (G. GALILEI)

†**leggèri** ➤ †**leggieri**

♦**leggèro** o (*lett.*) **leggièro**, †**leggière**, †**leggièri** [dall'ant. fr. *legier*, deriv. dal lat. *lĕvis* 'lieve', attraverso il lat. pop. **leviārius* ✱ 1261 ca.] **A** **agg.** **1** che ha poco peso: *essere l. come una piuma, come un sughero; l'olio è più l. dell'acqua; in estate si indossano abiti leggeri* | (*est.*) che non dà sensazione di pesantezza | ***cibo l.***, di facile digestione | ***pasto l.***, frugale | ***aria leggera***, pura | di scarsa forza o intensità: *una leggera scossa di terremoto; spirava un vento caldo e l.* | ***medicina leggera***, che agisce blandamente | ***droghe leggere***, V. *droga* | ***avere il sonno l.***, svegliarsi al minimo rumore **CFR.** lepto- **CONTR.** pesante **2** (*fig.*) non grave: *ferita leggera; un l. mal di testa* | che non richiede eccessivo sforzo fisico o mentale: *svolgere un lavoro l.; sostenere una fatica leggera* | di poca importanza: *si tratta solo di un l. ritardo* **SIN.** lieve **3** (*fig.*) piccolo, modico: *vi sarà un l. aumento di stipendio; aveva un l. difetto di pronuncia* | sottile, delicato: *c'era un l. odore di canfora; si sentiva un l. frusciare di foglie* | ***vino l.***, con poco alcol | ***caffè l.***, poco concentrato **CONTR.** forte **4** poco carico: *nave leggera* | ***tenersi l. di stomaco***, non appesantirlo con molto cibo o con cibi di difficile digestione **5** agile, snello, spedito nei movimenti: *essere l. nella danza, nel muoversi* | ***sentirsi l.***, provare un senso di benessere fisico o di sollievo morale | (*fig.*) spontaneo, lieve, privo di pesantezza: *stile l. e spiritoso* **6** (*fig.*) poco serio, incostante: *è una testa leggera; Un po' scapato, un po' l., … ma tanto simpatico* (C. COLLODI) | chi ha frequenti e superficiali relazioni amorose, detto spec. di donna | (*lett.*) di poco giudizio, sprovveduto: *ogni volta che uno crede quello che non debbe … si può chiamare et leggiere et di nessun prudentia* (N. MACHIAVELLI) | ***a cuor l.***, V. *cuore* | ***alla leggera***, senza riflettere **SIN.** fatuo, sconsiderato, superficiale **7** †umile | †avvilito **8** †facile **9** (*mus.*) detto di un tipo di musica di svago ed evasione costituita da canzonette e ballabili | nella tecnica pianistica, detto di tocco che dà velocità, timbro chiaro e moderata intensità sonora **10** (*sport*) ***atletica leggera***, V. *atletica* | ***pesi leggeri***, nel pugilato, categoria di peso compresa tra quelle dei pesi superpiuma e dei pesi superleggeri ‖ **leggerménte**, **avv.** **1** in modo leggero: *piove leggermente* **2** un po', appena appena: *la temperatura è leggermente risalita* **3** con leggerezza, con poca serietà: *trattare una questione troppo leggermente* **B** **avv.** **1** in modo leggero: *vestirsi l.; mangiare l.* | lievemente: *sorridere l.* **2** †facilmente ‖ **leggerìno**, **dim.** | **leggerétto**, **dim.** | **leggeróne**, **accr.** (V.) | **leggeròtto**, **alter.**

leggeróne [1952] **s. m.** (**f.** *-a*) ● (*fam.*) persona che si comporta con leggerezza e scarsa riflessività

♦**leggiadrìa** [ant. provenz. *leujairia* 'leggerezza' (dal lat. parl. **leviārius*, da *lĕvis* 'lieve'), sul tipo di corrispondenza *paire* e *padre* ✱ 1266] **s. f.** **1** caratteristica di chi (o di ciò che) è leggiadro: *la l. di una fanciulla; deposta avea l'usata l.* (F. PETRARCA) **SIN.** avvenenza, gentilezza | armonia, eleganza: *i diminutivi sogliono … recar grazia e l. … al discorso* (G. LEOPARDI) **2** †civetteria

♦**leggiàdro** [da *leggiadria* ✱ av. 1269] **A** **agg.** **1** che è, al tempo stesso, bello, aggraziato e gentile: *movenze leggiadre; avere un volto, un portamento l.; forme leggiadre; qualche leggiadra ninfa paurosa* (L. DE' MEDICI) **2** (*lett.*) nobile: *virtù, opere leggiadre* **3** (*lett.*) gradito, dilettevole: *studi leggiadri* (G. LEOPARDI) **4** †ricercato, elegante | †frivolo, azzimato ‖ **leggiadraménte**, **avv.** con leggiadria **B** **s. m.** ● †bellimbusto, vagheggino ‖ (*lett.*) **leggiadrétto**, **dim.**

†**leggiàio** [da *legge* ✱ av. 1742] **s. m.** ● cavillatore

leggiaiòlo o (*lett.*) **leggiaiuòlo** [1817] **agg. e s. m.** ● (*disus.*) prepotente, cavilloso

leggìbile [vc. dotta, lat. tardo *legĭbile(m)*, da *lĕgere* 'leggere' ✱ sec. XIV] **agg.** ● che si può leggere: *firma l.* | ***poesia, racconto, libro l.***, che, pur essendo privo di grandi pregi, merita di essere letto | (*fig.*) evidente, comprensibile || **leggibilménte**, avv. || **leggibilità**, s. f. inv.

leggicchiàre [da *leggere* col suff. attenuativo *-icchiare* ✱ av. 1744] v. tr. (*io leggìcchio*) ● leggiucchiare

leggièra ➤ leggera

†**leggière** ➤ leggero

†**leggièri** o †**leggèri** [1261 ca.] agg. **1** V. *leggero* **2** nella loc. avv. ***di l.***, facilmente: *Nostra virtù, che di legger s'adona* (DANTE *Purg.* XI, 19)

leggièro e deriv. ➤ **leggero** e deriv.

lèggimi [dall'imperat. di *leggere* con il pron. pers. *mi* ✱ 1988] s. m. inv. ● (*inform.*) nome usuale di un file che contiene istruzioni sul funzionamento di un programma

leggìna [1965] s. f. **1** dim. di *legge* **2** legge di pochi articoli, di solito approvata in commissione parlamentare, e non dal parlamento in seduta plenaria

lèggings /ˈlɛggin(g)z, *ingl.* ˈlɛgɪŋz/ [vc. ingl., da *leg* 'gamba' ✱ 1992] s. m. pl. ● pantaloni di linea affusolata, spesso in tessuto elastico SIN. fuseaux, pantacollant, pantacalza

†**lèggio**① [lat. *lĕviu(m)* 'piuttosto leggero (*lĕvis*)' ✱ av. 1566] **A** agg. **1** (*mar.*) leggero, detto di nave con carico incompleto o del tutto scarica **2** molle, soffice, tenero **B** s. m. ● tappo sul fondo delle imbarcazioni

leggìo② [lat. *logēu(m)*, dal gr. *logêion* 'pulpito' (da *légein* 'dire, raccontare'), con sovrapposizione di *leggere* ✱ 1284 ca.] s. m. (pl. *-ìi*) **1** mobile di varia forma e dimensione, fornito di sostegno a piano inclinato, per sostenere il messale, lo spartito musicale e sim. | sostegno portatile o pieghevole sul quale appoggiare spartiti musicali o sim. **2** †pulpito, pergamo

leggìsta ➤ **legista**

leggitóre [da *leggere* ✱ av. 1294] s. m. **1** (*tecnol.*) congegno che trasforma in movimenti meccanici o impulsi elettrici particolari segni su carta **2** (f. *-trice*) (*lett.*) lettore: *Chi vorrebbe di voi, leggitori, aver detta una scempiaggine di questa sorte?* (G. BARETTI)

leggiucchiàre [1832] v. tr. (*io leggiùcchio*) ● leggere a stento, con qualche difficoltà: *l. il francese* | leggere senza impegno (*anche assol.*): *apro il libro e mi metto a leggiucchiarlo* (L. PIRANDELLO)

leghìsmo [da *lega* col suff. *-ismo* ✱ 1989] s. m. ● (*polit.*) fenomeno politico e sociale, diffuso spec. nell'Italia settentrionale, consistente nell'associarsi in leghe e, in particolare, nella Lega Nord

leghìsta [da *lega*① ✱ 1905] **A** s. m. e f. (pl. m. *-i*) **1** un tempo, operaio o contadino iscritto a una lega **2** (*polit.*) militante, sostenitore di una lega, spec. della Lega Nord **B** agg. ● (*polit.*) della lega, relativo alla lega, spec. alla Lega Nord, al leghismo: *il fenomeno l.*

lègibus solùtus [loc. lat., propr. 'sciolto dalle (restrizioni imposte dalle) leggi'] loc. agg. (pl. m. lat. *legibus soluti*, f. lat. *legibus soluta*, pl. f. lat. *legibus solutae*) ● libero dall'osservanza delle leggi: *considerarsi legibus solutus*

legiferàre [fr. *légiférer*, dal lat. *legĭferu(m)*, comp. di *lēx*, genit. *lēgis* 'legge' e *-feru(m)* '-fero' ✱ 1499] v. intr. (*io legìfero*; aus. *avere*) **1** emanare, promulgare leggi **2** (*scherz.*) dettar legge

legiferatóre [1909] agg. e s. m. (f. *-trice*) ● che (o chi) legifera

legiferazióne [1940] s. f. ● (*raro*) il legiferare

legionàrio [vc. dotta, lat. *legionāriu(m)*, da *lĕgio*, genit. *legiōnis* 'legione' ✱ 1483] **A** s. m. **1** soldato di una legione: *i legionari di Cesare* | (*per anton.*) appartenente alla Legione straniera | (*med.*) ***malattia, morbo del l.***, legionellosi **2** membro della Legione d'onore francese **B** agg. ● relativo alla legione: *truppe legionarie*

legióne [vc. dotta, lat. *legiōne(m)*, da *lĕgere* 'scegliere, raccogliere (in armi)', secondo un incerto passaggio semantico ✱ av. 1292] s. f. **1** unità tattica fondamentale dell'esercito romano, costituita, secondo i tempi, da circa 3000 a oltre 6000 uomini: *le legioni di Cesare* **2** corpo militare di volontari, spec. durante il Risorgimento | ***Legione straniera***, costituita in Algeria nel 1831 e composta di soldati volontari, al servizio della Francia, in maggioranza stranieri, impiegata spec. un tempo in varie guerre coloniali **3** unità organica dell'Arma dei Carabinieri e del Corpo della Guardia di Finanza **4** (*fig.*, *anche scherz.*) schiera foltissima, moltitudine: *una l. di turisti*; *legioni di cavallette* **5** ***Legion d'onore***, ordine cavalleresco francese istituito per il riconoscimento di meriti civili e militari

legionellòṣi [detta così perché diffusasi in forma epidemica nell'estate del 1976 durante un raduno a Filadelfia di reduci dell'American *Legion* ✱ 1980] s. f. inv. ● (*med.*) infezione batterica a localizzazione prevalentemente polmonare, caratterizzata da febbre alta, tosse secca, dolore pleurico e diarrea; è provocata dalla *Legionella pneumophila* che si diffonde spec. per mezzo dell'acqua

legiṣlatìvo [fr. *législatif*, da *législateur* 'legislatore' ✱ av. 1758] agg. ● che concerne la legislazione: *assemblea legislativa* | ***procedimento l.***, svolgimento ordinato delle attività necessarie alla formazione di una nuova legge | ***potere l.***, funzione di emanare atti legislativi; complesso degli organi che normalmente esplicano detta funzione || **legiṣlativaménte**, avv. dal punto di vista legislativo

legiṣlatóre [vc. dotta, lat. *legislatōre(m)*, comp. di *lēgis* 'della legge' e *lātor*, da *lātus*, part. pass. di *fĕrre* 'portare' ✱ av. 1498] **A** s. m. (f. *-trice*) ● (*dir.*) chi formula leggi: *i legislatori dell'antica Grecia* | organo investito del potere di legiferare | (*per anton.*) il Parlamento: *interpretazione della legge secondo l'intenzione del l.* **B** agg. ● che emana leggi o atti aventi forza di legge: *Stato l.*

legiṣlatùra [fr. *législature*, da *législateur* 'legislatore' ✱ 1622] s. f. **1** (*lett.*) attività e facoltà di preparare ed emanare leggi: *partecipare ... alla l. del paese* (I. NIEVO) **2** dignità e ufficio di legislatore **3** periodo per il quale è eletta, o durante il quale rimane in carica, un'assemblea legislativa: *la quinta l. della repubblica italiana*

legiṣlazióne [vc. dotta, lat. tardo *legislatiōne(m)*, comp. di *lēgis* 'della legge' e *lātio*, da *lātus*, part. pass. di *fĕrre* 'portare' ✱ av. 1729] s. f. **1** formazione di leggi **2** ordinamento giuridico: *la l. italiana* | (*per anton.*) complesso di atti legislativi disciplinanti un dato ramo di attività sociale: *l. del lavoro*

legispèrito [vc. dotta, lat. tardo *legisperītu(m)*, comp. di *lēgis* 'della legge' e *perītus* 'perito' ✱ 1757] s. m. (f. *-a*) ● (*raro*, *lett.*) giurista

legìsta o (*raro*) **leggìsta** [vc. mediev. dal lat. *lēx*, genit. *lēgis* 'legge' ✱ 1261 ca.] s. m. e f. (pl. m. *-i*) **1** dotto nelle leggi, giurista **2** †legislatore

legìtima suspicióne [loc. lat. propr. 'per legittimo sospetto' ✱ 1932] loc. sost. f. inv. ● ragionevole sospetto, in particolare riferito all'imparzialità del giudice | nel procedimento penale, motivo di legittima assegnazione del processo a un ufficio giudiziario diverso rispetto a quello competente secondo le regole ordinarie

legìttima [vc. dotta, lat. *legĭtima(m)*, sottinteso *pārte(m)*, '(parte) spettante per *legge*' ✱ av. 1370] s. f. ● (*dir.*) parte del patrimonio ereditario di cui il testatore non può liberamente disporre perché riservata per legge ai legittimari

legittimàre [da *legittimo* ✱ 1381] v. tr. (*io legìttimo*) **1** rendere qlcu. idoneo a compiere lecitamente un'attività giuridica | attribuire a qlcu. la qualifica di legittimo: *l. un figlio* | (*est.*) autorizzare **2** (*est.*) giustificare: *l. un'assenza*; *nulla legittima il suo comportamento*

legittimàrio [da (parte) *legittima* ✱ 1894] s. m. (f. *-ia*) ● (*dir.*) erede necessario

legittimàto part. pass. di *legittimare*; anche agg. ● nei sign. del v. | ammesso, autorizzato: *l. a presentare domanda*; *siamo legittimati a dubitare di lui* | lecito, giustificato: *azioni non legittimate*

legittimazióne [sec. XIV] s. f. **1** il legittimare, il venire legittimato | potere di agire, di disporre: *documento di l.* | (*dir.*) ***l. dei figli naturali***, attribuzione della qualità di figlio legittimo a chi è nato fuori del matrimonio **2** (*est.*, *raro*) giustificazione

legittimìṣmo [da *legittimo* col suff. di dottrina *-ismo* ✱ 1850] s. m. ● dottrina politica sorta nel XIX sec., basata sull'affermazione dell'origine divina della monarchia e della sua conseguente legittimità | (*est.*) atteggiamento di chi tende a restaurare il regime monarchico dove questo è stato abbattuto

legittimìsta [1843] **A** s. m. e f. (pl. m. *-i*) ● chi sostiene il legittimismo **B** agg. ● legittimistico: *politica, partito l.*

legittimìstico [av. 1876] agg. (pl. m. *-ci*) ● relativo al legittimismo o ai legittimisti

♦**legittimità** [1585] s. f. inv. **1** caratteristica, condizione di ciò che è legittimo: *l. di un atto, di un divieto* | (*est.*) fondatezza: *la l. di una richiesta, di un dubbio, di un sospetto* | (*dir.*) ***l. degli atti amministrativi***, rispondenza dell'attività della pubblica amministrazione ai requisiti fissati dalla legge **2** conformità alla dottrina del legittimismo

♦**legìttimo** [vc. dotta, lat. *legĭtimu(m)*, da *lēx*, genit. *lēgis* 'legge' col suff. di superl. *-tĭmu(m)*: 'vicinissimo, quasi identico, alla legge' ✱ 1261 ca.] agg. **1** che è conforme alla legge o da essa consentito: *matrimonio, atto l.*; *uso l. delle armi* | ***figlio l.***, V. *figlio* | ***legittima difesa***, causa di giustificazione del reato consistente in una reazione (purché proporzionata all'offesa ricevuta) al pericolo attuale di un'offesa ingiusta rivolta contro di sé o contro altri | ***l. sospetto, legittima suspicione***, V. *legitima suspicione* | (*est.*) che è tale per disposizione della legge: *erede, successore l.* **2** (*est.*) che risulta conforme alle consuetudini, alle regole prestabilite e sim.: *si tratta di una legittima applicazione della norma*; *vocabolo, termine l.* | fondato, giustificato: *aspirazione, aspettazione legittima*; *ipotesi legittima*; *dubbio l.* | comprensibile: *sdegno l.* **3** (*fam.*) †genuino: *vino, aceto l.* **4** (*arald.*) detto di stemma composto secondo le regole del blasone || **legittimaménte**, avv. **1** in modo legittimo **2** (*raro*, *lett.*) convenientemente

♦**légna** [lat. *lĭgna*, da *lĭgnum* 'legno' ✱ av. 1294] s. f. (pl. inv. o *lett.* o *tosc.* *légne*) L'etimo di *legna* è identico a quello di *legno* (V.), e cioè il latino *lignum*, di genere neutro, il cui plurale era *ligna*, da cui *legna*; infatti la 'legna' è un insieme di 'legni', di 'pezzi di legno' ● legname da ardere: *l. verde, asciutta, secca*; *tagliare, spaccare la l.* | ***far l.***, raccoglierla nel bosco | ***mettere, aggiungere l. al fuoco***, (*fig.*) aizzare o fomentare discordie e sim. | (*fig.*) ***portare l. al bosco***, portare qlco. dove ce n'è già in abbondanza || **legnétta**, dim.

a b c d e f g h i j k l m n o p q r s t u v w x y z

legnàceo [av. 1811] **agg.** ● di legno | simile al legno

†legnàggio ➤ **lignaggio**

legnàia o **†legnàra** [lat. *lignāria(m)* 'appartenente al legno', da *lĭgnum* (V. *legna*) ✱ 1598] **s. f.** ● locale, deposito per la legna

legnaiòlo o (*lett.*) **legnaiuòlo** [1280] **s. m.** (**f.** *-a*) **1** taglialegna addetto anche ai lavori di sgrossamento del legname **2** (*lett.*) artigiano che fa lavori grossolani di falegnameria

legnàme [comp. di *legn(o)* e *-ame*, come il lat. *lignāmen* (nt.) di diverso sign. ('armatura di legno') ✱ sec. XII] **s. m. 1** legno da lavoro: *negoziante, magazzino di l.; una partita di l. pregiato* | insieme di pezzi di legno: *l. da ardere* **2** (**spec. al pl.**) †arnese o mobile di legno | **†*maestro di l.***, falegname

†legnàra ➤ **legnaia**

†legnàre① [lat. *lignāre* 'raccoglier legna', da *lĭgnum* 'legno' ✱ av. 1306] **v. intr.** ● far legna

legnàre② [da *legno* per 'bastone' ✱ 1863] **v. tr.** (*io légno*; **coniug. come** *segnare*) ● bastonare | (*est.*) picchiare | (*fig., colloq.*) stangare

legnàta [lat. *lignāta(m)*, part. pass. di *lignāre* 'legnare②' ✱ 1535 ca.] **s. f.** ● bastonata | (*est.*) percossa, botta: *dar un fracco di legnate a qlcu.; qui finisce a legnate!* | (*fig., colloq.*) stangata, batosta ‖ **legnatìna**, **dim.**

legnàtico [lat. tardo *lignātĭcu(m)*, da *lĭgnum* 'legno' col suff. *-ātĭcum*, che indicava certi diritti ✱ 1838] **s. m.** (**pl.** *-ci*) **1** (*stor.*) tassa che si pagava al signore di un feudo per far legna nei boschi **2** diritto di far legna nei boschi altrui, spec. comunali **SIN.** boscatico

legnìno [dal *legno* della botte ✱ 1957] **s. m.** ● (*disus.*) sapore sgradevole che il vino prende da una cattiva botte

♦**légno** [lat. *lĭgnu(m)*, collegato col v. *lĕgere* 'raccogliere (la legna da ardere)' ✱ 1250 ca.] **s. m.** **Il plurale di *legno* è regolare: i *legni*; la *legna* (V.) è un insieme di legni, di pezzi di legno, usati per fare fuoco** **1** (*bot.*) tessuto vegetale costituito da elementi basali e da cellule parenchimatiche, con pareti lignificate adibite al trasporto della linfa e dei liquidi sia nei fusti che nelle radici | (*est.*) la parte compatta, interna, del fusto e dei rami delle piante: *l. di ciliegio, di frassino, di tek; l. liscio, nodoso* **CFR.** silo- | ***l. tenero, dolce***, quello derivato dalle conifere (pino, abete, ecc.); ***l. duro, forte***, derivato dalle angiosperme (quercia, noce, ecc.); tali classificazioni non sono tuttavia indicative della consistenza del legno **2** correntemente, materia prima fornita dagli alberi e destinata a vari usi: *l. da lavoro, da ardere, da intarsio; mobili, pavimento di, in l.; avere una gamba di l.* | ***pasta di l.***, per la fabbricazione della carta | ***l. compensato***, pannello di più strati di legno, incollati a fibre incrociate per aumentarne l'indeformabilità | ***essere duro come il l.***, durissimo, coriaceo | ***testa di l.***, (*disus.*) marionetta; (*fig.*) persona poco intelligente o molto ostinata **3** pezzo di legno: *raccogliere un l. da terra* | (*est.*) bastone, mazza: *percuotere, colpire qlcu. con un l.* | nel golf, tipo di bastone spec. per colpi lunghi | (*gerg.*) nel calcio, la traversa, o uno dei due pali | ***l. storto***, (*fig.*) ciò la cui natura è intrinsecamente imperfetta (dall'aforisma di I. Kant 'dal legno storto di cui è fatto l'uomo non si può fabbricare nulla che sia veramente dritto') **4** (*mus.*, **al pl.**) nell'orchestra moderna, gruppo di strumenti a fiato, originariamente in legno, comprendente flauto, ottavino, oboe, corno inglese, clarinetto, clarinetto basso, corno di bassetto, fagotto, controfagotto e sassofono **SIN.** strumentini **5** (*lett.*) albero **6** (*fig., lett.*) carrozza signorile | (*lett.*) nave: *ci rifugieremo sui legni inglesi* (G. Tomasi di Lampedusa) ‖ **legnàccio**, **pegg.** | (*lett.*) **legnerèllo**, **dim.** | **legnétto**, **legnettìno**, **dim.** | **legnùccio**, **legnùzzo**, **dim.**

legnòlo o (*lett.*) **legnuòlo** [lat. parl. *lineŏlu(m)*, dim. di *līnea*, originariamente 'filo di lino (*līnum*)', 'cordicella' ✱ 1834] **s. m.** ● insieme di più filacce o fili metallici avvolti a spirale **SIN.** trefolo

legnóso (o **-ṣ-**) [lat. *lignōsu(m)*, da *lĭgnum* 'legno' ✱ av. 1320] **agg. 1** di legno | ***piante legnose***, alberi ed arbusti | ***fusto l.***, non erbaceo | ***sapore l.***, del vino che ha preso sapore di botte **2** che ha la durezza del legno, che è simile al legno: *materiali legnosi* | ***carne legnosa***, molto dura e tigliosa **3** (*fig.*) privo di scioltezza, morbidezza, elasticità, disinvoltura e sim.: *andatura legnosa* | ***gambe legnose***, rigide e prive di mobilità | (*fig.*) rigido, aspro: *stile l.* ‖ **legnosaménte**, **avv.** ‖ **legnosità**, **s. f. inv.**

legnuòlo ➤ **legnolo**

Lègo® [comp. delle vc. danesi *leg* (imperat. del v. *lege* 'giocare') e *go(dt)* (avv. dell'agg. *god* 'buono'), quindi, propr. 'gioca bene' ✱ 1965] **s. m. inv.** ● gioco di costruzioni in plastica costituito da piccoli pezzi di forma geometrica a incastro, tali da permettere una grande quantità di combinazioni

†legulèico [1673] **agg.** ● di leguleio | cavilloso

legulèio [vc. dotta, lat. *legulēiu(m)*, da *lēx*, genit. *lēgis* 'legge' col doppio suff. *-ul-* (dim.) e *-ēius* ✱ 1657] **s. m.** (**f.** *-èia*, **pl. m.** *-èi*) ● (*spreg.*) legale cavilloso e sofistico

legùme [vc. dotta, lat. *legūmen* (nt.) di etim. incerta ✱ 1243] **s. m. 1** baccello **2** (**al pl.**) semi commestibili contenuti nei baccelli delle leguminose quali fagioli, piselli, ceci, lenticchie, fave e sim.: *minestra, farina di legumi* | ***legumi freschi***, che si mangiano verdi | ***legumi secchi***, conservati previo essiccamento

legumièra [1926] **s. f.** ● piatto di portata o vassoio per legumi

legumìna [comp. di *legum(e)* e *-ina* ✱ 1862] **s. f.** ● proteina vegetale contenuta in varie leguminose

Leguminóse (o **-ṣ-**) [dal lat. *legūmen*, genit. *legūminis* 'legume' ✱ av. 1811] **s. f. pl.** (**sing.** *-a*) ● (*bot.*) ordine di piante erbacee e legnose delle Dicotiledoni comprendente le famiglie Fabacee, Mimosacee e Cesalpinacee, con 14 000 specie spesso provviste di noduli radicali con batteri che fissano l'azoto (*Leguminosae*)

Lehm /lem, *ted.* le:m/ [vc. di area germ. e orig. indeur. (da una radice **lei-* col sign. di 'viscido') ✱ 1952] **s. m. inv.** (**pl. ted.** *Lehme*) ● (*geol.*) deposito argilloso-sabbioso incoerente, ricco di ossidi e idrossidi di alluminio e ferro

♦**lèi** [lat. parl. **illǣi* per *†illae*, che sostituì *illi*, ritenuto solo m. ✱ av. 1250] **A pron. pers. f. di terza pers. sing. 1** indica la persona (*lett.* anche l'animale o la cosa) di cui si parla, e si usa al posto di 'ella' ed 'essa' nei vari compl.: *devi scrivere a lei; se io fossi in lei non lo farei; vai tu con lei* | come compl. oggetto in luogo del pron. 'la', quando gli si vuole dare particolare rilievo: *guardando lei mi pareva di vedere sua madre; e lei con braccio maneggiò sì saldo* (T. Tasso) | (*lett.*) come compl. di termine senza la prep. 'a': *rispose lei che non poteva* | (*lett.* o *burocr.*) in luogo dell'agg. poss. nelle loc. ***la di lei, il di lei, le di lei, i di lei***, la sua, il suo, le sue, i suoi: *la di lei bellezza; il di lei padre* | si pospone ad 'anche', 'neanche', 'pure', 'neppure', 'nemmeno' e sim.: *non ho visto neppure lei* | si pospone a 'ecco' in luogo del pron. enclitico 'la', quando gli si vuole dare particolare rilievo: *ecco lei!* **2** si usa come soggetto (al posto di 'ella' ed 'essa') normalmente nel parlato, frequentemente nello scritto spec. in espressioni enfatiche, ellittiche esclamative, in contrapposizione ad altro soggetto o posposto al verbo con valore enfat. e rafforz.: *io sono favorevole ma lei non è d'accordo; ci vada lei, se vuole; l'ha riferito lei in persona; lui poverissimo, lei ricca e bella; beata lei!; lei fortunata!* | con il v. al modo inf., part., gerundio: *lei accettare questo?; accettato lei, accettarono tutti; andandosene lei, l'allegria era finita* | si pospone ad 'anche', 'neanche', 'pure', 'neppure', 'nemmeno' e sim.: *verrà anche lei?; neppure lei lo sapeva* | con funzione predicativa: *non sembra più lei; non pareva lei* | si usa dopo 'come' e 'quanto' nelle comparazioni: *io ne sapevo quanto lei* **3** (spesso con iniziale maiuscola) si usa (come soggetto e complemento) in segno di deferenza, cortesia, rispetto, rivolgendosi a una persona, anche di sesso maschile (e in questo caso il predicato si accorda al genere maschile), con cui non si è in familiarità: *lei è stato molto caro con noi; entri pure, lei è attesa; scrivo direttamente a Lei, gentile professore* **B in funzione di s. m. inv.** ● la terza persona: *usare il lei* | ***dare del lei a qlcu.***, rivolgergli rispettosamente il discorso in terza persona; (*est.*) non essere in rapporto di familiarità **C in funzione di s. f. inv.** ● (*fam.*) la donna amata: *parla sempre della sua lei*

leibniziàno (leib-niz-ia-no, leib-ni-zia-no) /laibnit'tsjano, lei-/ [1761] **A agg.** ● relativo al filosofo G. W. Leibniz (1646-1716) o al suo pensiero **B s. m.** (**f.** *-a*) ● chi segue la dottrina filosofica di G. W. Leibniz

leiomiosarcòma [comp. del gr. *lêios* 'liscio', *mio-* e *sarcoma* ✱ 1987] **s. m.** (**pl.** *-i*) ● (*med.*) tumore della muscolatura liscia, spec. dell'utero e dello stomaco

leiòtrico [comp. del gr. *lêios* 'liscio' (di etim. incerta), e *-trico* ✱ 1917] **agg.** (**pl. m.** *-chi*) ● lissotrico

leishmània /leiz'manja, liʃ-/ [dal n. dello scopritore, il medico W. B. *Leishman* (1865-1926) ✱ 1930] **s. f.** ● genere di Protozoi flagellati parassiti delle cellule endoteliali e dei leucociti (*Leishmania*)

leishmanioṣi /leizma'njɔzi, liʃ-/ [comp. di *leishmani(a)* e *-osi* ✱ 1928] **s. f. inv.** ● (*med.*) malattia parassitaria cutanea o viscerale causata da protozoi del genere *Leishmania* trasmessi all'uomo da insetti vettori (gener. *Phlebotomus*) e diffusa soprattutto nelle aree tropicali

Leitmotiv /laitmo'tiv, *evit.* -'mɔtiv, *ted.* 'laetmoˌtiːf/ [vc. ted., da *leiten* 'guidare, dirigere' (V. *leader*) e *Motiv* 'motivo' ✱ 1884] **s. m. inv.** (**pl. ted.** *Leitmotive*) **1** (*mus.*) tema melodico ricorrente che caratterizza fatti, momenti o personaggi nel corso di una composizione **2** (*est.*) concetto o argomento a cui si fa costante riferimento o che si ripete, in un'opera letteraria, artistica e sim.: *il L. dell'angoscia nella lirica del Novecento*

lek /*albanese* lɛk/ [vc. albanese, dal n. proprio *Lek(ë)* 'Alessandro' con allusione ad Alessandro Magno ✱ 1929] **s. m. inv.** (**pl. albanese** *lekë*) ● unità monetaria dell'Albania

lèkythos /*gr.* 'lɛkyθos/ [gr. *lḗkythos*, di etim. sconosciuta (forse vc. di orig. straniera) ✱ 1957] **s. f. inv.** (**pl. gr.** *lèkythoi*) ● (*archeol.*) tipo di vaso greco usato spec. per unguenti e profumi, con collo gener. molto allungato collegato al corpo per mezzo di una sola ansa verticale **CFR.** lecito②

†lel ➤ **glielo**

†léllera ➤ **†ellera**

Lem /lɛm/ [sigla ingl. di *L(unar) e(xcursion) m(odule)* 'modulo d'escursione lunare' ✱ 1974] **s. m. inv.** ● veicolo spaziale a due stadi impiegato dalle missioni americane, a partire dal 1969, per la discesa sulla Luna

lémbo① [lat. *lĭmbu(m)*, termine tecnico, di

etim. incerta ✻ sec. XIII] **s. m. 1** parte estrema dell'abito: *prendere, trattenere qlcu. per il l. del mantello*; *purpurea vesta d'un ceruleo l. / sparso di rose i begli omeri vela* (F. PETRARCA) | (*est.*) orlo, margine: *il l. della strada* **2** zona, fascia, parte: *coltivare un piccolo l. di terra* **3** (*bot.*) porzione distale espansa e laminare di foglie, sepali, petali **SIN.** lamina ‖ **lembétto, dim.** | **lembùccio, dim.**

†**lèmbo**② [lat. *lĕmbu(m)*, dal gr. *lémbos*, di etim. incerta ✻ sec. XIV] **s. m.** ● nave leggera da guerra o da pesca

lèmma [vc. dotta, lat. *lĕmma* 'argomento, tema', dal gr. *lêmma* 'presa', da *lambánein* 'prendere', di etim. incerta ✻ 1581] **s. m.** (**pl.** *-i*) **1** (*filos.*) proposizione assunta come certa su cui si fonda la dimostrazione di una tesi **2** (*mat.*) teorema solitamente d'importanza secondaria, che si premette alla dimostrazione di un altro **3** (*ling.*) vocabolo registrato in un dizionario o in un'enciclopedia, stampato in grassetto e posto all'inizio della voce **SIN.** articolo, esponente, entrata **CFR.** voce **4** †premessa, sommario, titolo

lemmàrio [1965] **s. m.** ● complesso dei lemmi di un dizionario e sim. | lista dei lemmi

lemmàtico [1674] **agg.** (**pl. m.** *-ci*) ● che ha la natura e le caratteristiche del lemma

lemmatiẓẓàre [1967] **v. tr.** ● registrare come lemma una parola **SIN.** vocabolarizzare ‖ **lemmatiẓẓazióne, s. f.**

lèmme lèmme [etim. incerta ✻ 1615] **loc. avv.** ● piano piano, adagio adagio, con flemma: *camminava lemme lemme*; *se ne veniva lemme lemme*; *amandosi e vivendo lemme lemme* (G. GIUSTI)

lèmming /ˈlemmin(g), *ingl.* ˈlɛmɪŋ/ [vc. ingl., dal norvegese *lemming*: col sign. originario 'l'abbaiatore' (?) ✻ 1905] **s. m. inv.** ● piccolo mammifero dei Roditori dell'Europa e dell'Asia settentrionali che compie migrazioni periodiche (*Lemmus lemmus*)

lèmmo [1833] **s. m.** ● (*raro*) adattamento di *lemming* (V.)

lèmna [gr. *lémna* 'lenticchia d'acqua', di etim. incerta ✻ 1813] **s. f.** ● (*bot.*) lenticchia d'acqua

Lemnàcee [comp. di *lemn(a)* e *-acee* ✻ 1895] **s. f. pl.** (**sing.** *-a*) ● (*bot.*) famiglia di piante acquatiche delle Monocotiledoni dall'aspetto di lamina verde galleggiante con fiori ridottissimi (*Lemnaceae*)

lemniscàta [f. sost. di *lemniscato* 'a forma di lemnisco' ✻ 1834] **s. f.** ● (*mat.*) curva piana a forma di otto: *l. di Bernoulli*

lemniscàto [vc. dotta, lat. *lemniscātu(m)*, da *lemnĭscus* 'lemnisco' ✻ 1698] **agg.** ● (*lett.*) ornato di lemnisco

lemnìsco [vc. dotta, lat. *lemnĭscu(m)*, dal gr. *lēmnískos* 'proveniente dall'isola di *Lemno* (*Lêmnos*)' (?) ✻ av. 1527] **s. m.** (**pl.** *-schi*) **1** nell'antica Roma, fascia o nastro in origine di lana poi di materie preziose di cui si ornavano palme e corone trionfali **2** (*archit.*) nastro attorto a corone e ghirlande ornamentali **3** (*anat.*) ognuna delle principali vie nervose sensoriali che raggiungono i centri superiori: *l. mediale, l. spinale*

lemòsina ➤ **elemosina**

lempìra /lemˈpira, *sp.* lemˈpira/ [dal n. del cacicco di Honduras, *Lempira*, che s'oppose ai conquistatori sp. ✻ 1933] **s. m. inv.** (**pl. sp.** *lempiras*) ● unità monetaria dell'Honduras

lèmure① [vc. dotta, lat. *Lĕmures*, termine non indeur. ✻ 1499] **s. m.** ● nelle credenze religiose di Roma antica, anima o spettro vagante di defunto che tornava sulla terra per molestare i vivi

lèmure② [dal n. della famiglia, *Lemur(o)idi*, opposto, come proscimmie, alle 'scimmie' o Antropoidi ✻ 1864] **s. m.** ● genere di Proscimmie caratterizzato da muso aguzzo, lunga coda, pelame morbido, grandi occhi, arti anteriori e posteriori ugualmente lunghi (*Lemur*)

Lemùridi [comp. di *lemur(e)*② e *-idi* ✻ 1895] **s. m. pl.** (**sing.** *-e*) ● (*zool.*) famiglia di Proscimmie notturne con muso allungato, pelliccia morbida, grandi occhi e lunga coda (*Lemuridae*)

Lemuroidèi [comp. di *lemur(e)*② e dal suff. *-oidei* ✻ 1957] **s. m. pl.** (**sing.** *-èo*) ● (*zool.*) Proscimmie

✦**léna** (o *-è-*) [da *(a)lena(re)*, per *anelare* ✻ av. 1249] **s. f. 1** vigoria, energia nell'affrontare le fatiche: *applicarsi allo studio con l.*; *ripigliato l., spirito e voce, tornò a' colloqui e agli affetti di prima* (D. BARTOLI) | ***di l., di buona l.***, con energia, con alacrità | ***opera di lunga l.***, di molta e lunga fatica **SIN.** ardore **2** (*lett.*) fiato, respiro spec. affannoso: *riprender l. dopo uno sforzo* | (*lett.*) ***con l. affannata***, affannosamente

†**lenànza** [sec. XIII] **s. f.** ● lena, ardore

Lènci® [dal n. della ditta fondata da Helenchen von König, detta *Lenci*, che dal 1919 per prima produsse a Torino bambole vestite con questo tipo di panno ✻ 1930] **s. m. inv.** ● ***panno L.*** o ***pannolenci***®, panno leggero molto compatto, prodotto in una vasta gamma di colori brillanti per la fabbricazione di bambole, fiori artificiali, cuscini

lèndine (o *-é-*) [lat. tardo *lĕndine(m)*, per *lĕnde(m)*, vc. pop. di orig. indeur. ✻ av. 1292] **s. m.** o (*raro*) **f.** ● uovo di pidocchio

lendinóso (o *-ṣ-*) [1534] **agg.** ● che ha lendini, pieno di lendini: *capelli, peli lendinosi*; *il capo l. non se gli lava* (P. ARETINO) | (*est.*) †pidocchio, straccione

✦**lène** o †**lèno** [vc. dotta, lat. *lēne(m)*, di etim. incerta ✻ sec. XIII] **agg. 1** (*lett.*) debole, lieve, soave: *la bianca luna … piovea l. il gentil / tremolar del suo lume* (G. CARDUCCI) **2** (*ling.*) detto di consonante che è pronunciata con minore tensione articolatoria rispetto alla corrispondente *forte* (per es. /b/ rispetto a /p/, /v/ rispetto a /b/) | ***spirito di l.***, in greco, spirito dolce ‖ **leneménte, avv.** (*lett.*) dolcemente, soavemente

lenèo [lat. *Lenāeu(m)*, dal gr. *Lēnâios*: da *lēnós* 'torchio' (?) ✻ 1483] **agg.** ● nella mitologia greca, relativo al dio Dioniso

†**lenézza** [sec. XIV] **s. f.** ● leggerezza

†**lenificàre** [da *lene* ✻ sec. XIV] **v. tr.** ● addolcire, lenire

†**lenificatìvo** [av. 1320] **agg.** ● lenitivo

leniménto [vc. dotta, lat. *lenimĕntu(m)*, da *lēnis* 'lene' ✻ 1525] **s. m.** ● il lenire | medicamento calmante, lenitivo | (*fig.*) sollievo **SIN.** alleviamento, mitigazione

leniniàno [V. *leninismo* ✻ 1963] **agg.** ● relativo a Lenin, uomo politico russo, e alla sua dottrina politica

leninìṣmo [dal n. di N. *Lenin* (pseudonimo di Vladimir Ulianov (1870-1924)) col suff. di dottrina *-ismo* ✻ 1918] **s. m.** ● revisione, operata da Lenin, della dottrina marxista, per adeguarla ai problemi del secolo ventesimo e a quelli sorti in seguito alla rivoluzione d'ottobre del 1917

leninìsta [1917] **A s. m. e f.** (**pl. m.** *-i*) ● seguace del leninismo **B agg.** ● del leninismo, dei leninisti

leninìstico [1951] **agg.** (**pl. m.** *-ci*) ● relativo al leninismo e ai leninisti

✦**lenìre** [vc. dotta, lat. *lenīre*, da *lēnis* 'lene' ✻ av. 1313] **v. tr.** (*io lenìsco, tu lenìsci*) ● mitigare, alleviare, placare: *l. le sofferenze, l'ansia*; *l. il dolore*

> **SFUMATURE DI SIGNIFICATO**
> ***lenire - alleviare - addolcire***
> **Lenire** vuol dire calmare, mitigare una sofferenza, un dolore morale o fisico; **alleviare** ha lo stesso significato ma rispetto a *lenire* è di uso più corrente, meno elevato. **Addolcire** in senso figurato indica il rendere meno aspro, meno duro, quindi più leggero, più lieve e ha un ambito di applicazione più ampio rispetto al solo dolore (una notizia, la collera, il carattere e sim.).

lenità [vc. dotta, lat. *lenitāte(m)*, da *lēnis* 'lene' ✻ av. 1342] **s. f. inv. 1** (*lett.*) lentezza **2** (*lett.*) mitezza, dolcezza

lenitìvo [sec. XIV] **A agg.** ● che lenisce, che calma il dolore: *preparato l.* **B s. m.** ● farmaco che calma il dolore o attenua i sintomi di una malattia | (*fig.*) ciò che mitiga una pena: *la solidarietà degli amici fu un l. al suo dolore* | (*est.*) rimedio provvisorio: *i soccorsi non furono che un l. per l'immane tragedia*

lenizióne [1912] **s. f.** ● (*ling.*) mutamento consonantico consistente in un insieme di fenomeni di indebolimento delle consonanti intervocaliche (per es. nel passaggio dal lat. *ripa* all'it. *riva*)

†**lèno** ➤ **lene**

lenocìnio [vc. dotta, lat. *lenocĭniu(m)*, da *lēno*, genit. *lenōnis* 'lenone' ✻ 1468] **s. m.** (**pl.** *-i* o *-ii*) **1** (*dir.*) attività di chi induce o costringe alla prostituzione **2** (*fig.*) allettamento, lusinga: *l. di stile*; *uomo intento alla sostanza delle cose e incurante di ogni l.* (F. DE SANCTIS) **SIN.** adescamento

lenóne [vc. dotta, lat. *lenōne(m)*, di etim. incerta ✻ 1481] **s. m. 1** nell'antica Roma, mercante di schiave **2** (**f.** *-a*) ruffiano

†**lenonìa** [1336 ca.] **s. f.** ● (*raro*) ruffianeria

†**lentàggine**① [da *lento* ✻ av. 1412] **s. f.** ● lentezza

lentàggine② [da *lantana* ✻ av. 1597] **s. f.** ● arbusto sempreverde delle Caprifoliacee con foglie coriacee, frutto a drupa di color azzurro, originario delle zone calde e coltivato per siepi (*Viburnum tinus*) **SIN.** laurotino

lentàre [vc. dotta, lat. *lentāre* 'allentare', da *lĕntus* 'lento, pieghevole' ✻ sec. XIII] **A v. tr.** (*io lènto*) ● (*lett.*) allentare: *l. una molla* **B v. intr.** (**aus.** *avere*) ● (*lett.*) cessare **C lentàrsi v. intr. pron.** ● (*lett.*) indebolirsi

lènte [vc. dotta, lat. *lĕnte(m)* o *lĕnti(m)*, vc. di orig. straniera ✻ 1342] **s. f. 1** vetro, cristallo o altro materiale solido trasparente, limitato da due superfici curve o da una superficie piana e una curva: *l. concava, convessa* | ***l. d'ingrandimento***, lente convergente usata per osservare oggetti molto piccoli, che sarebbero difficilmente visibili a occhio nudo | ***lenti a contatto, lenti corneali, lenti lacrimali***, piccole lenti che aderiscono direttamente alla cornea attraverso un sottile strato di liquido lacrimale e servono per la correzione dei difetti della vista, in sostituzione degli occhiali | ***lenti polarizzanti***, lenti per occhiali che attenuano la luce riflessa, utili sulla neve o in prossimità del mare | ***lenti progressive*** o ***multifocali***, lenti per occhiali che consentono di passare in maniera progressiva dalla visione in lontananza a quella in vicinanza | ***lenti bifocali***, V. *bifocale* **2** (**al pl.**) occhiali: *usare le lenti*; *lenti montate in oro, in tartaruga* **3** (*anat.*) cristallino **4** estremità inferiore del pendolo degli orologi, di forma rotonda **5** (*bot.*) lenticchia **6** (**spec. al pl.**) pasta da minestra simile a lenticchie ‖ **lenticèlla, dim.** | **lentìna, dim.** | **lentìno, dim. m.**

lenteggiàre [1825] **v. intr.** (**pres.** *io lentéggio*; **fut.** *io lenteggerò*; **aus.** *avere*) ● (*raro*) essere molle, allentato: *il perno, il bullone lenteggia*; *cordami che lenteggiano*

lentézza [lat. *lentĭtia(m)*, da *lĕntus* 'lento' ✻

a b c d e f g h i j k **l** m n o p q r s t u v w x y z

av. 1294] **s. f.** • caratteristica di chi (o di ciò che) è lento: *l. di movimenti, del passo* | lungaggine: *lentezze burocratiche* | (*lett.*) pigrizia, fiacchezza **CONTR.** rapidità, velocità

lentìa [sp. *lantía* (?) * 1822] **s. f.** • (*mar.*) imbracatura impiegata per muovere un corpo cilindrico lungo un piano inclinato, costituita da un cavo passato a doppino attorno al corpo stesso

Lentibulariàcee [vc. dotta, comp. del lat. *lēns*, genit. *lĕntis*, 'lente', *(tū)bulu(m)* 'piccolo tubo', *-ariu(m)* '-ario' e del suff. *-acee* * 1895] **s. f. pl.** (**sing.** *-a*) • (*bot.*) famiglia di Angiosperme erbacee di ambienti acquatici o umidi, con foglie modificate per la cattura di insetti (*Lentibulariaceae*)

lentìcchia [lat. *lentīcula(m)*, dim. di *lēns*, genit. *lĕntis* 'lente' * av. 1320] **s. f. 1** pianta annua delle Leguminose, con peli vischiosi, fusto eretto, foglie pennate terminanti in un viticcio, frutto a baccello romboidale con due semi schiacciati, commestibili (*Ervum lens*) **2** seme di tale pianta, usato nell'alimentazione | ***dare, cedere qlco. per un piatto di lenticchie***, (*fig.*) per nulla **3** (**spec. al pl.**) pasta da minestra a forma di lenticchie **4** (*pop.*) lentiggine, efelide **5** ***l. d'acqua***, pianta piccolissima, che galleggia sugli stagni con l'aspetto di una laminetta verde ovale, con fiori rari e piccolissimi (*Lemna minor*) **SIN.** lemna

lenticèlla [dim. di *lente* * 1874] **s. f.** • (*bot.*) formazione puntiforme o allungata sulla corteccia dei rami di varie piante, formata da gruppi di cellule a forma di lente attraversata da una fessura che permette gli scambi gassosi con l'esterno

lèntico [dall'ingl. *lentic*, a sua volta dal lat. *lentus* 'lento' * 1975] **agg.** (**pl. m.** *-ci*) • (*ecologia*) relativo alle acque ferme interne come laghi, stagni, lagune: *habitat l.* **CFR.** lotico

lenticolàre [vc. dotta, lat. tardo *lenticulāre(m)* 'a forma di piccola lente (*lentīcula*)' * 1589] **agg. 1** che ha forma simile a quella di una lente | ***ruota l.***, nel ciclismo, ruota che ha, al posto dei raggi, un cerchio di materiale molto leggero e resistente (per es. carbonio) a forma biconvessa, che consente una migliore penetrazione aerodinamica spec. nelle gare a cronometro **2** (*aeron.*) di forma appiattita **3** (*anat.*) ***apofisi, osso l.***, rigonfiamento dell'incudine, nell'orecchio medio | (*anat.*) ***nucleo l.***, massa di sostanza grigia alla base dell'encefalo **4** (*bot.*) relativo alle lenticelle: *tessuto l.* | che ha forma di lenticchia **5** (*chir.*) ***coltello l.***, ferro chirurgico a punta smussata e tonda ‖ **lenticolarità**, **s. f. inv.**

lentifórme [vc. dotta, comp. di *lente* e *-forme* * av. 1869] **agg.** • che ha forma simile a quella di una lente

lentìggine [vc. dotta, lat. *lentīgine(m)*, da *lēns*, genit. *lĕntis*, nel senso di 'lenticchia' per somiglianza nella forma e nel colore * 1305] **s. f.** • ognuna delle piccole macchie cutanee bruno-nerastre causate da incremento di melanociti, che non subiscono variazioni con l'esposizione ai raggi solari; possono essere presenti in qualsiasi parte della pelle **CFR.** efelide

lentigginóso (o -ṣ-) o †**lintigginóso** [vc. dotta, lat. *lentiginōsu(m)*, da *lentīgo*, genit. *lentīginis* 'lentiggine' * av. 1327] **agg.** • che ha lentiggini: *viso l.*

lentìsco o **lentìschio** [vc. dotta, lat. *lentīscu(m)*, vc. di provenienza straniera, ravvicinato a *lentus*, nel senso di 'viscoso' per il succo resinoso che produce * 1340 ca.] **s. m.** (**pl.** *-schi*) • pianta delle Anacardiacee, tipica delle regioni mediterranee, bassa e ramosa, con frutti a drupa rossi, ricchi di olio (*Pistacia lentiscus*)

†**lentità** [av. 1597] **s. f.** • pieghevolezza, flessibilità

lentivìrus [comp. di *lent(o)* e *virus* * sec. XX] **s. m. inv.** • (*biol.*) ciascun retrovirus che causa malattie infettive negli animali e nell'uomo caratterizzate da una lunga incubazione, decorso lento e spesso mortale; comprende gli agenti eziologici di immunodeficienze come l'AIDS (HIV-1, HIV-2) e di infezioni del sistema nervoso centrale (*Lentivirinae*, *Retroviridae*)

♦**lènto** [vc. dotta, lat. *lĕntu(m)*, di etim. incerta * 1261 ca.] **A agg. 1** che si muove adagio, che impiega troppo tempo (+ *a*, + *in*, **anche seguiti da inf.**): *autobus l.*; *computer l. ad avviarsi*; *un motore l. in accelerazione*; *erano stati… lenti nel camminare* (F. GUICCIARDINI) | privo di sollecitudine, prontezza, velocità e sim.: *un uomo l.*; *mente lenta ad* (o *nell'*) *apprendere*; *è piuttosto l. nei movimenti*; *camminare a passi lenti*; *danzare un ritmo l.* | che avviene adagio: *Ed un lontano suon di romanelle / Viene da' canapai l. a morir!* (G. CARDUCCI) | ***film, racconto lento***, dal ritmo poco vivace | ***polso l.***, in cui il ritmo delle pulsazioni è inferiore al normale | tardo, torpido: *il bue è un animale l. e pesante* **CFR.** bradi- **CONTR.** rapido, veloce **2** di lunga durata e poca intensità: *medicina ad azione lenta* | ***sonno l.***, V. *sonno* | ***veleno l.***, che tarda a fare effetto | ***fuoco l.***, basso | ***morte lenta***, non istantanea, che sopraggiunge gradualmente | ***digestione lenta***, difficoltosa, laboriosa **3** molle, allentato: *fune, vite lenta* | ***abito l.***, non aderente | (*lett.*) flessibile, pieghevole: *indi compose / lente ma tenacissime catene* (T. TASSO) **4** (*fig., lett.*) di chiome che scendono libere e fluenti | di parti del corpo rilassate e abbandonate ‖ **lentarèllo**, **dim.** | **lentóne**, **accr.** ‖ **lentaménte**, †**lenteménte**, **avv.** **B avv.** • piano piano, con lentezza (*anche iter.*): *parlare lento lento*; *camminare lento lento* **C s. m. 1** (*mus.*) didascalia che prescrive un'esecuzione molto adagio **2** ballo a ritmo lento: *ballare un l.*

lentocrazìa [sovrapposizione di *lento* a *burocrazia* * 1966] **s. f.** • (*iron.*) il complesso delle lungaggini burocratiche, che rallentano il disbrigo delle varie pratiche negli uffici pubblici

lentògeno [comp. di *lent(e)* nel sign. 5 e *-(o)geno* * 1973] **agg.** • (*anat.*) relativo allo sviluppo del cristallino | ***placode l.***, ispessimento dell'ectoderma dal quale si forma il cristallino

lentóre [vc. dotta, lat. *lentōre(m)* 'pieghevolezza, morbidezza, viscosità', da *lĕntus* nel senso di 'viscoso' * 1534] **s. m. 1** (*lett.*) lentezza: *un l. l'aveva invasa, e un cerchio di ferro le aveva stretto le tempie* (L. CAPUANA) **2** †flessibilità | †viscosità, densità di un liquido

†**lentóso** (o -ṣ-) [av. 1293] **agg.** • lento, pigro

lènza [lat. *līntea(m)* 'di lino', da *līnum*, di etim. incerta * sec. XII] **s. f. 1** filo sottile, spec. di nylon, alla cui estremità vengono fissati uno o più ami per pescare | †linea **2** (*agric.*) striscia di terreno coltivato ricavata per terrazzamento dei fianchi di una collina **3** (*fig., fam.*) persona furba che sa trarsi abilmente dai guai, dagli impacci e sim.: *sei una bella l.!* **4** †benda o fascia di lino **5** †lega, alleanza: *far l.*

†**lenzàre** [da *lenza* nel senso di 'fascia' * sec. XIV] **v. tr.** • fasciare

lenzuolàta [1966] **s. f. 1** ciò che può essere contenuto in un lenzuolo legato come un fagotto **2** esposizione di lenzuola stese, spec. come forma di protesta | (*fig.*) serie, sequela: *una l. di riforme*

♦**lenzuòlo** o (*pop.*) **lenzòlo** [lat. *lintĕolu(m)*, dim. di *līnteu(m)* '(tela) di lino', da *līnum*, di etim. incerta * sec. XII] **s. m.** (**pl.** *lenzuòli*, **m. in senso generale**, *lenzuòla*, **f. con riferimento al paio che si usa nel letto**) • ciascuno dei due grandi teli che si stendono sul letto e fra i quali si giace: *cambiare le lenzuola*; *il l. di sopra e quello di sotto*; *cacciarsi tra, sotto le lenzuola* | ***l. funebre***, telo in cui si avvolge un cadavere | (*fig.*) ***il candido l. della neve***, il manto nevoso | ***essere bianco come un l.***, essere pallidissimo | ***grande come un l.***, molto grande, detto di foglio o fazzoletto ‖ **lenzuolàccio**, **pegg.** | **lenzuolétto**, **dim.** | **lenzuolìno**, **dim.** | **lenzuolóne**, **accr.**

†**lèo** ➤ **leone**①

†**leofànte** ➤ **liofante**

leonardésco [1819] **A agg.** (**pl. m.** *-schi*) • relativo a Leonardo da Vinci (1452-1519), alla sua opera, al suo stile: *maniera leonardesca* | ***scrittura leonardesca***, ottenuta scrivendo anche con la sinistra e da destra a sinistra **B s. m.** • seguace della maniera pittorica di Leonardo da Vinci

leonàto ➤ **lionato**

leoncìno [av. 1698] **s. m. 1** dim. di *leone*①, nei sign. 1 e 2 **2** cucciolo del leone

♦**leóne**① o (*poet.*) †**lióne**, (*poet.*) †**lèo** [vc. dotta, lat. *leōne(m)*, ant. termine mutuato dal gr. *léōn*, di etim. incerta * av. 1250] **s. m.** (**f.** *-éssa* (**V.**)) **1** grosso carnivoro dei Felini, tipico delle boscaglie africane, con criniera sul collo e sulle spalle del maschio, coda nuda terminata da un fiocco, unghie retrattili (*Felis leo*) **CFR.** ruggire | (*fig.*) ***battersi da l., come un l.***, con grande coraggio | (*fig.*) ***essere un cuor di l.***, molto ardito | (*fig.*) ***fare la parte del l.***, prendere per sé il meglio o il più di qlco. (da una favola di Esopo; il leone aveva voluto dividere il bottino di una caccia e poi aveva preteso per sé tutte le parti) | (*fig.*) ***a pelle di l.***, detto del corpo umano steso e con braccia e gambe aperte: *cadere a pelle di l.* | ***l. d'America***, puma | ***l. marino***, otaria | ***L. di Giuda***, il popolo di Israele, la potenza del popolo di Israele **2** (*fig.*) uomo di eccezionale energia, forza e sim.: *il vecchio l. ha lavorato fino all'ultimo* **3** ***l. di San Marco***, emblema della Repubblica di Venezia **4** ***L. d'oro***, denominazione del primo premio al festival cinematografico annuale di Venezia ‖ **leoncèllo**, **dim.** | **leoncìno**, **dim.** (V.)

leóne② [da *leone*, ch'è nel n. del Paese * 1983] **s. m.** • unità monetaria della Sierra Leone

Leóne③ [V. *leone*① * 1282] **A s. m. 1** (*astron.*) costellazione dello zodiaco, che si trova fra il Cancro e la Vergine **2** (*astrol.*) quinto segno dello zodiaco, compreso fra i 120 e i 150 gradi dell'anello zodiacale, che domina il periodo fra il 23 luglio e il 23 agosto **B s. m. e f. inv.** • persona nata sotto il segno del Leone

†**leonepàrdo** [comp. di *leone*① e *pardo* * av. 1367] **s. m.** • leopardo

leonésco [1536] **agg.** (**pl. m.** *-schi*) • (*raro*) da leone

leonéssa o (*poet.*) †**lionéssa** [1313] **s. f. 1** femmina del leone **2** (*fig.*) simbolo di grande coraggio: *Brescia l. d'Italia* (G. CARDUCCI)

†**leonfànte** ➤ **liofante**

leonìna [1957] **s. f.** • moneta d'oro del valore di due zecchini coniata da papa Leone XII (1760-1829)

leonìno① [vc. dotta, lat. *leonīnu(m)* 'di leone', da *lĕo*, genit. *leōnis* 'leone①' * 1313] **agg.** • da leone: *sguardo l.*; *chioma leonina* | (*dir.*) ***patto l.***, nelle società quello, nullo per disposizione di legge, con cui uno o più soci sono esclusi da ogni partecipazione agli utili o alle perdite

leonìno② [1846] **agg.** • relativo a personaggi, e spec. a papi, di nome Leone | ***Mura***

leonine, cerchia di mura fatte costruire da Leone IV, papa dall'847 all'855, a difesa del Vaticano | ***città leonina***, il Vaticano e le sue adiacenze

leonìno③ [etim. discussa: dal n. di un poeta (*Leonio* (XII sec.)), che più di altri l'usò (?) ✻ 1625] **agg.** ● (*letter.*) detto di verso latino i cui emistichi rimano tra loro

leontìaṣi [gr. *leontíasis*, da *léōn*, genit. *léontos* 'leone①', per l'aspetto leonino che assume il volto del malato, con la finale di *elefantiasi* ✻ sec. XVI] **s. f. inv.** ● (*med.*) forma particolare di lebbra con formazione di nodi alla cute del volto cui danno aspetto leonino

leòntice [vc. dotta, lat. *leōntice(n)* dal s. gr. f. *leontikḗ* ✻ 1930] **s. f.** ● (*bot.*) genere di erbe perenni delle Berberidacee, spontanee nel Mediterraneo orientale e nel Medio Oriente, con tuberi di uso medicinale o alimentare; alcune specie sono coltivate per ornamento (*Leontice*)

leontocèbo [comp. del gr. *léōn*, genit. *léontos* 'leone①', di etim. incerta, e *cebo* ✻ 1957] **s. m.** ● genere di scimmie delle Platirrine che vivono nel Sud America con coda lunga pelosa, non prensile, dita lunghe spesso unite da membrane (*Leontocebus*)

leontopòdio [vc. dotta, lat. *leontopŏdiu(m)*, dal gr. *leontopódion*, comp. di *léōn*, genit. *léontos* 'leone①', di etim. incerta, e di *póus*, genit. *podós* 'piede', di orig. indeur. ✻ 1561] **s. m.** (**pl.** *-i* o *raro -ii*) ● (*bot.*) stella alpina

†**leónza** [da *lonza* con sovrapposizione di *leon(ess)a* ✻ 1282] **s. f. 1** lonza **2** leonessa

leopardàto [da *leopardo*, sul modello di *tigrato* e *zebrato* ✻ 1986] **agg.** ● di colore giallo a macchie scure come il mantello del leopardo: *vestaglia leopardata*

leopardeggiàre [av. 1907] **v. intr.** (**pres.** *io leopardéggio*; **fut.** *io leopardeggerò*; **aus.** *avere*) ● (*raro*) imitare lo stile o le idee di G. Leopardi

leopardiàno [1853] **agg.** ● relativo al poeta G. Leopardi (1798-1837) o alla sua opera: *manoscritto l.*; *pessimismo l.*

♦**leopàrdo** [vc. dotta, lat. *leopărdu(m)*, comp. di *lĕo* 'leone①' e *părdus* 'pantera' ✻ sec. XIII] **s. m. 1** grosso carnivoro dei Felini, giallo a macchie scure, agile arrampicatore, che vive nelle foreste dell'Africa e dell'Asia (*Panthera pardus*) **SIN.** pantera | ***a macchia di l.***, (*più raro*) ***a pelle di l.***, a chiazze, a macchie; (*fig.*) in modo non uniforme, non omogeneo | ***l. delle nevi***, irbis **2** la pelliccia di tale animale, di grande pregio **3** (*arald.*) ***l. in maestà***, quello rappresentato, nello scudo, passante con la testa di fronte | ***l. illeonito***, rappresentato rampante come il leone

leopoldìno [da *Leopoldo* di Toscana ✻ 1843] **agg.** ● relativo a personaggi storici di nome Leopoldo e spec. a Pietro Leopoldo I (1747-1792) e a Leopoldo II (1797-1870) di Lorena, granduchi di Toscana: *strade leopoldine*; *codice l.*

lèpade [vc. dotta, lat. *lĕpade(m)* 'patella', dal gr. *lepás*, genit. *lepádos*, da *lépas* 'roccia spoglia', da *lépein* 'scortecciare', di prob. orig. indeur. ✻ 1792] **s. f.** ● crostaceo cirripede marino fornito di lungo peduncolo che lo fissa a un sostegno sommerso (*Lepas anatifera*)

✣**lepidézza** [da *lepido* ✻ 1585] **s. f. 1** caratteristica di lepido **SIN.** arguzia, piacevolezza **2** motto arguto e piacevole **SIN.** facezia

lepìdio [vc. dotta, lat. *lepĭdiu(m)*, dal gr. *lepídion*, da *lépein* 'scortecciare, sbucciare', di prob. orig. indeur. ✻ av. 1498] **s. m.** (**pl.** *-i* o *raro -ii*) ● genere di piante erbacee annue o perenni delle Crocifere con foglie alterne, fiori bianchi raccolti in grappoli e frutto a siliquetta (*Lepidium*)

lepidità [sec. XX] **s. f. inv.** ● lepidezza

✣**lèpido** [vc. dotta, lat. *lĕpidu(m)*, da *lĕpos*, genit. *lepōris* 'grazia', di etim. incerta ✻ 1441] **agg. 1** (*lett.*) arguto, spiritoso: *un discorso, un autore l.* | (*iron., lett.*) spassoso **2** (*raro, lett.*) ameno, piacevole: *luoghi un tempo al mio cor soavi e lepidi* (I. Sannazaro) ‖ **lepidaménte**, **avv.**

SFUMATURE ▸ *ameno*

lépido- [dal gr. *lepís*, genit. *lepídos* 'squama, scaglia', di prob. orig. indeur.] **primo elemento** ● in parole composte della terminologia botanica e zoologica, significa 'squamoso': *lepidodendron*, *lepidosirena*

lepidodèndron [comp. di *lepido-* e del gr. *déndron* 'albero' ✻ 1874] **s. m. inv.** ● grande pianta del Paleozoico con cicatrici fogliari a forma di losanga

lepidolìte [vc. dotta, dal gr. *lepís*, genit. *lepídos* 'scaglie' e *líthos* 'pietra' ✻ 1819] **s. f.** ● (*miner.*) mica contenente litio, caratterizzata da un bel colore rosa e da una facilissima sfaldatura lamellare

lepidòpo [comp. di *lepido-* e del gr. *ṓps*, genit. *ōpós* 'aspetto' (da una radice indeur. che significa 'vedere') ✻ 1874] **s. m.** ● pesce dei Perciformi dal corpo allungato, con lunga pinna dorsale, e carni apprezzate (*Lepidopus caudatus*)

Lepidosàuri [comp. di *lepido-* e del gr. *sâuros* 'lucertola' ✻ 1933] **s. m. pl.** (**sing.** *-o*) ● (*zool.*) sottoclasse di Rettili che hanno, come comune carattere, la presenza di squame del tegumento (*Lepidosauria*)

lepidosirèna [comp. di *lepido-* e *sirena* ✻ 1895] **s. f.** ● pesce dei Dipnoi con corpo brunastro serpentiforme e pinne sottili che vive nel fango di paludi e fiumi sudamericani (*Lepidosiren paradoxa*)

Lepidòtteri [comp. di *lepido-* e del gr. *pterón* 'ala' ✻ 1821] **s. m. pl.** (**sing.** *-o*) ● (*zool.*) ordine di Insetti con quattro ali coperte da squamette, apparato boccale trasformato in proboscide per succhiare (*Lepidoptera*) **SIN.** (*pop.*) farfalle

lepiòta [comp. del gr. *lépion* 'piccola (*-ion*) squama (*lepís*)' e *ôus*, genit. *ōtós* 'orecchio', di orig. indeur. ✻ 1834] **s. f.** ● fungo delle Agaricacee che presenta un anello nella parte alta del gambo

lepìṣma [vc. dotta, gr. *lépisma* 'scorza, buccia', da *lépein* 'scortecciare', di prob. orig. indeur. ✻ 1821] **s. f.** ● insetto dei Tisanuri, cosmopolita, notturno, con corpo appiattito, zampe brevi, addome terminato da tre lunghi filamenti, che si nutre di carta e di sostanze amidacee ed è presente spec. nelle biblioteche (*Lepisma saccharina*) **SIN.** acciughina, pesciolino d'argento

lepònzio [vc. dotta, dal n. lat. della popolazione alpina dei *Lepōntii* ✻ 1834] **A agg.** ● relativo a un'antica popolazione alpina che abitava il territorio compreso tra il San Gottardo e il lago Maggiore: *iscrizioni leponzie* **B s. m.** (**f.** *-ia*) ● ogni appartenente a tale popolazione **C s. m. solo sing.** ● lingua a base preindoeuropea parlata dai Leponzi

†**leporàrio** [vc. dotta, lat. *leporāriu(m)*, da *lĕpus*, genit. *lĕporis* 'lepre' ✻ sec. XIV] **s. m.** ● parco riservato per la caccia di lepri, cervi, ecc.

lèpore① ▸ **lepre**

lepóre② [vc. dotta, lat. *lepōre(m)*, di etim. incerta ✻ av. 1389] **s. m.** ● (*raro, lett.*) lepidezza, graziosità, garbo | facezia

Lepòridi [comp. di *lepore*① e *-idi* ✻ 1874] **s. m. pl.** (**sing.** *-e*) ● (*zool.*) famiglia di Mammiferi dei Duplicidentati con orecchie lunghe e zampe atte al salto, cui appartengono le lepri (*Leporidae*)

leporìno [vc. dotta, lat. *leporīnu(m)*, da *lĕpus*, genit. *lĕporis* 'lepre' ✻ sec. XIV] **agg.** ● di lepre, simile a lepre | (*med.*) ***labbro l.***, malformazione congenita consistente nella divisione del labbro superiore

†**léppo** [lat. *lĭppu(m)*, vc. espressiva di estensione indeur. ✻ 1313] **s. m.** ● vapore puzzolente; fetore: *per febbre aguta gittan tanto l.* (Dante *Inf.* XXX, 99)

†**lèpra** ▸ **lebbra**

†**lepràio** [lat. *leporāriu(m)*, da *lĕpus*, genit. *lĕporis* 'lepre' ✻ 1587] **s. m. 1** †leporario **2** persona addetta a custodire le lepri uccise nelle battute di caccia

♦**lèpre** o (*raro*) **lèpore**①, †**lièvre** [lat. *lĕpore(m)*, di etim. incerta ✻ 1268] **A s. f.** o (*raro*) **m. 1** correntemente, mammifero dei Leporidi con lunghe orecchie, pelliccia in genere grigio scura, corta coda e zampe posteriori atte al salto (*Lepus*) **CFR.** lago- | ***l. europea***, dorsalmente grigiastra, bianca inferiormente, si sposta a salti ed è ricercata dai cacciatori (*Lepus europaeus*) | ***l. di mare***, aplisia | (*fig.*) ***correre come una l.***, molto velocemente | (*fig.*) †***dormire come una l.***, con gli occhi aperti, sempre all'erta | ***pigliare la l. col carro***, (*fig.*) †far le cose con gran cautela **2** ***l. meccanica***, nei cinodromi, dispositivo meccanico a forma di lepre, usato per invogliare i cani alla corsa **3** (*sport*) atleta che, nelle corse di fondo e mezzofondo, fa l'andatura per favorire la realizzazione di un buon risultato cronometrico da parte di altri corridori **4** carne dell'omonimo animale ucciso, usata come vivanda: *l. in salmì*; *spezzatino di l.* **B in funzione di agg. inv.** ● (posposto a un sost.) detto di veicolo spaziale che deve essere raggiunto da altro analogo veicolo in un appuntamento in orbita: *razzo, satellite l.* ‖ (*lett.*) **lepràtto**, **dim. m.** | **leprétta**, **leprettina**, **dim.** | **leprétto**, **leprettino**, **dim. m.** | **leprina**, **dim.** | (*lett.*) **leproncèllo**, **dim. m.** | **leprόna**, **accr.** | **lepróne**, **accr. m.** | **lepròtto**, **dim. m.** (V.)

leprìno [1561] **agg.** ● (*raro, lett.*) leporino

leprologìa [comp. del lat. tardo *lepra* 'lebbra' e *-logia* ✻ sec. XX] **s. f.** (**pl.** *-gìe*) ● branca della medicina che studia e cura la lebbra

lepròma [comp. del lat. tardo *lĕpra* 'lebbra' e *-oma* ✻ 1933] **s. m.** (**pl.** *-i*) ● (*med.*) nodulo della cute di origine lebbrosa

lepróso (o *-ṣ-*) [dal lat. tardo *lĕpra* 'lebbra' ✻ sec. XIII] **agg.** ● (*med.*) della lebbra, tipico della lebbra | ***nodulo l.***, leproma

lepròtto [1560] **s. m. 1** dim. di *lepre* **2** cucciolo di lepre | lepre giovane ‖ **leprottìno**, **dim.**

lèpto- [dal gr. *leptós* 'leggero', deriv. di *lépein* 'togliere la scorza', di etim. incerta] **primo elemento** ● in parole composte della terminologia scientifica, significa 'leggero, sottile': *leptomeninge*, *leptone*

Leptocàrdi [comp. di *lepto-* e del gr. *kardía* 'cuore' ✻ 1891] **s. m. pl.** (**sing.** *-io*) ● (*zool.*) Cefalocordati

leptocèfalo [comp. di *lepto-* e *-cefalo* ✻ 1834] **s. m.** ● (*zool.*) stadio larvale delle anguille

Leptomedùṣe [comp. di *lepto-* e il pl. di *medusa* ✻ 1957] **s. f. pl.** (**sing.** *-a*) ● (*zool.*) gruppo di Idrozoi con meduse a velo ridotto (*Leptomedusae*)

leptomenìnge [comp. di *lepto-* e *meninge* ✻ 1957] **s. f.** ● (*anat.*) involucro encefalico costituito dalla aracnoide e dalla pia madre

leptomeningìte [comp. di *leptomening(e)* e del suff. *-ite*① ✻ 1895] **s. f.** ● (*med.*) infiammazione della leptomeninge

leptòn /*gr. moderno* lepˈtɔn/ [dal gr. *leptón* 'leggera' (sottinteso 'monetina'), nt. dell'agg. *leptós* 'leggero' (V. *lepto-*) ✻ 1917] **s. m. inv.** (**pl.** **gr.** *leptà*) ● fino all'introduzione dell'euro (2002), moneta greca corrispondente a un centesimo di dracma

leptóne [comp. di *lepto-* e *-one*③ ✻ 1931] **s. m.**

• (*fis.*) ogni particella elementare di spin 1/2 non soggetta all'interazione forte, come l'elettrone, i neutrini, il muone e il tauone

leptònico [sec. XX] **agg.** (**pl. m.** *-ci*) • (*fis.*) relativo ai leptoni | ***numero l.***, V. *numero*

leptoquàrk [comp. di *lepto-* e *quark* ✱ 1997] **s. m. inv.** • (*fis.*) ipotetica particella elementare che combina le caratteristiche dei leptoni e dei quark

leptorrinìa [comp. di *lepto-* e di un deriv. del gr. *rís*, genit. *rinós* 'naso' ✱ 1957] **s. f.** • (*anat.*) struttura di naso con cavità stretta

leptorrìno [1917] **agg.** • (*anat.*) che presenta leptorrinia

leptosòmico [comp. del gr. *leptós* 'leggero' (V. *lepto-*) e di un deriv. di *-soma* ✱ 1957] **agg.**; anche **s. m.** (**f.** *-a*; **pl. m.** *-ci*) • (*med.*) detto di tipo costituzionale lungo e magro, con le spalle strette e il cranio piccolo

leptospìra [comp. di *lepto-* e del gr. *speîra* 'spirale' ✱ 1934] **s. f.** • (*biol.*) genere di microrganismi delle Spirochetacee dotati di corpo esile e filamentoso, privo di ciglia o flagelli, diffusi nell'acqua e negli ambienti umidi, agenti di malattie infettive (*Leptospira*)

leptospiròṣi [comp. di *leptospir(a)* e *-osi* ✱ 1942] **s. f. inv.** • qualsiasi malattia infettiva causata da un microrganismo del genere Leptospira

leptotène [comp. del gr. *leptós* 'leggero' (V. *lepto-*) e *tainía* 'nastro' (di orig. incerta) ✱ 1948] **s. m.** • (*biol.*) stadio iniziale della meiosi in cui i cromosomi si presentano come filamenti lunghi e sottili

leptotrìce [comp. del gr. *leptós* 'sottile, leggero' (V. *lepto-*) e *-trico*: detta così dal corpo filamentoso ✱ 1884] **s. f.** • genere di batteri con corpo filamentoso avvolto da una specie di capsula, che si trovano normalmente nella bocca umana (*Leptothrix*)

leptotricòṣi [comp. di *leptotric(e)* e *-osi* ✱ 1957] **s. f. inv.** • qualsiasi malattia causata da batteri del genere Leptotrice

lerciàre [da *lercio* ✱ 1268] **v. tr.** (**pres.** *io lèrcio* o *lércio*; **fut.** *io lercerò*) • (*lett.*, *raro*) imbrattare, sporcare, insozzare

lèrcio (o **-é-**) [lat. parl. **hĭrciu(m)* 'proprio della capra (*hĭrcus*)', con sovrapposizione d'altra vc. ✱ sec. XII] **A** **agg.** (**pl. m.** *-ci*; **pl. f.** *-ce*) • disgustosamente sudicio: *luogo l.*; *quella figura così inzuppata, così infangata, diciam pure così lercia* (A. MANZONI) | (*fig.*) immondo, turpe: *un l. individuo* ‖ **lerciaménte**, **avv.** **B** **s. m.** • sudiciume (*anche fig.*)

lerciùme [da *lercio* col suff. di altri spreg. analoghi (*grassume, untume, ...*) ✱ 1849] **s. m.** • sudiciume, sporcizia (*anche fig.*): *una casa piena di l.*; *denunciare il l. di certi ambienti*

lèrnia [etim. incerta ✱ 1825] **s. f.** • (*tosc.*) persona svogliata e schizzinosa, spec. nel mangiare

†**lèṣbia** [etim. incerta ✱ av. 1729] **s. f.** • (*raro*) antica squadra di piombo

leṣbìaco [vc. dotta, lat. *Lesbĭacu(m)*, da *Lēsbos* 'Lesbo' ✱ 1860] **agg.** (**pl. m.** *-ci*) • (*lett.*) relativo all'isola di Lesbo: *venti lesbiaci* (G. D'ANNUNZIO)

lèṣbica [1895] **s. f.** • donna omosessuale

lèṣbico [da *Lesbo*, con allusione ai costumi tradizionalmente attribuiti alle donne di quell'isola ✱ av. 1644] **A** **agg.** (**pl. m.** *-ci*) **1** di Lesbo **2** relativo a lesbismo: *amori lesbici*; *tendenze lesbiche* **SIN.** saffico ‖ **leṣbicità**, **s. f. inv.** **B** **s. m.** **solo sing.** • il più importante degli antichi dialetti eolici dell'Asia minore

lèṣbio [vc. dotta, lat. *Lĕsbiu(m)*, dal gr. *Lésbios*, agg. di *Lésbos* ✱ 1441] **A** **agg.** • (*lett.*) dell'isola di Lesbo **SIN.** lesbico **B** **s. m.** (**f.** *-ia*) • abitante o nativo di Lesbo

leṣbiṣmo [1952] **s. m.** • omosessualità femminile **SIN.** saffismo

lèṣbo [riduzione di *lesb(ica)*, come in *omo(sessuale)* ✱ 1987] **agg. inv.** • (*gerg.*) lesbico

lèṣbo- primo elemento • in parole composte, spec. del linguaggio giornalistico, significa 'lesbico', 'relativo a lesbica o a lesbiche': *lesbo-chic, lesbo-reality*

†**lésca** [da una vc. prelatina (**lisca*) ✱ sec. XV] **s. f.** • ordito, filo

leṣèna [lat. parl. **laxĕuma*, dal gr. *láxeuma* 'lavoro in pietra', deriv. del v. *laxéuein* 'scolpire' (?) ✱ av. 1683] **s. f.** • (*archit.*) pilastro lievemente sporgente da un muro, con funzione ornamentale

léṣi ➤ **ledere**

✦**léṣina** (o **-è-**) [germ. **alisno*, di orig. indeur. (**ēlā* col suff. germ. *-s-na*), prob. attraverso il got. **alina*; il sign. 2 deriva dalla *Compagnia della Lesina*, compagnia di avari fondata nel XVI sec. a Firenze, i cui aderenti, per spilorceria, pare avessero l'abitudine di ripararsi le scarpe da sé ✱ 1304] **s. f.** **1** ferro leggermente ricurvo con impugnatura in legno che il calzolaio adopera per bucare la pelle o il cuoio per poterli cucire **2** (*fig.*) avarizia, spilorceria **3** (*fig.*) persona avara **SIN.** spilorcio, tirchio

†**leṣinàio** [av. 1749] **s. m.** • spilorcio

✦**leṣinàre** [da *lesina* nel sign. 2 ✱ 1640] **A** **v. tr.** (*io léṣino* (o *-è-*)) • spendere il meno possibile, cercare di non spendere: *l. il centesimo* | (*fig.*) limitare al massimo: *gli lesinava le buone parole* (G. VERGA) | ***non l.***, (*fig.*) offrire largamente: *non l. consigli*; *un film che non lesina immagini crude* **B** **v. intr.** (aus. *avere*) • risparmiare il più possibile, fino alla tirchieria: *l. sul mangiare, sulle spese*

leṣinerìa [1856] **s. f.** • (*lett.*) spilorceria

leṣionàre [da *lesione* ✱ 1858] **A** **v. tr.** (*io leṣióno*) • danneggiare provocando crepe o fenditure: *il terremoto ha lesionato molte case* **B** **leṣionàrsi** **v. intr. pron.** • restare danneggiato da crepe o fenditure

✦**leṣióne** [vc. dotta, lat. *laesiōne(m)*, da *lāesus* 'leso' ✱ 1282] **s. f.** **1** offesa, violazione, spec. di un valore morale, giuridico, sociale: *una l. alla propria autorità*; *l. della libertà*; *la l. di un trattato internazionale* **2** (*med.*) qualsiasi alterazione anatomica o funzionale prodotta in un organo o tessuto da un agente meccanico la cui capacità di offesa è maggiore della capacità di resistenza dell'organismo: *l. nei polmoni*; *l. superficiale del polmone*; *l. alla base destra del polmone*; *lesioni interne* **CFR.** -leso **3** (*dir.*) ***l. personale***, in diritto penale, violenza fisica da cui derivi in chi la subisce una malattia nel corpo o nella mente: *l. personale dolosa, colposa* | in diritto civile, grave sproporzione fra la prestazione patrimoniale di una parte e quella dell'altra **4** (*edil.*) fenditura, crepa in una struttura muraria **5** †danno, pregiudizio fisico | (*fig.*) torto, offesa personale ‖ **leṣioncìna**, **dim.**

SFUMATURE ➤ *minorazione*

leṣìvo [da *leso* ✱ av. 1742] **agg.** • che causa o è in grado di causare una lesione, un danno e sim.: *comportamento l. del nostro onore, della vostra libertà* **SIN.** dannoso, offensivo ‖ **leṣivaménte**, **avv.** ‖ **leṣività**, **s. f. inv.** caratteristica di ciò che è lesivo

✦**léṣo** (o **-è-**) **part. pass.** di *ledere*; anche **agg.** • che ha sofferto una lesione: *muro l.*; *le arterie non sembrano lese* | (*dir.*) ***parte lesa***, in un giudizio, quella che ha subìto, o afferma d'aver subìto, una lesione dei propri diritti | (*dir.*) ***delitto di lesa maestà***, V. *delitto*

-léṣo [propr. part. pass. del v. *ledere*] **secondo elemento** • in aggettivi e sostantivi composti della terminologia medica, indica una lesione o una mutilazione della parte o funzione designata dal primo elemento: *cranioleso, audioleso*

lessàre [lat. tardo *elixāre*, comp. di *ex-* estrattivo e *lĭxa* 'acqua (calda per la lisciva)', prob. da *liquēre*, della stessa radice di *lĭnquere*, di orig. indeur. ✱ 1305] **v. tr.** (*io lésso*) • cuocere un cibo nell'acqua bollente: *l. il pollo, le patate*

lessàta [lat. tardo *elixāta(m)*, part. pass. di *elixāre* 'lessare' ✱ 1869] **s. f.** • breve cottura in acqua bollente: *dare una l. alle castagne*

lessatùra [lat. *elixatūra(m)*, da *elixāre* 'lessare' ✱ sec. XIV] **s. f.** • operazione del lessare

lessèma [dal gr. *léxis* 'parola' con il suff. di unità linguistica *-ema* ✱ 1966] **s. m.** (**pl.** *-i*) • (*ling.*) unità di base del lessico che contiene un significato autonomo (per es. *dorm-, fanciull-, brutt-*) | parola **SIN.** morfema lessicale **CFR.** monema

lèssi ➤ **leggere**

lessìa [fr. *lexie*, dal gr. *léxis* 'parola' (da *légein* 'parlare', d'orig. indeur.) ✱ sec. XX] **s. f.** • (*ling.*) unità funzionale significativa del comportamento lessicale e del discorso | ***l. semplice***, costituita da una sola parola (*cane, tavolo*) | ***l. composta***, costituita da più parole (*sangue freddo*) | ***l. complessa***, costituita da un sintagma (*fare man bassa*)

lessicàle [av. 1873] **agg.** • (*ling.*) che concerne il lessico: *sistema l.* ‖ **lessicalménte**, **avv.** dal punto di vista del lessico

lessicaliẓẓàre [da *lessicale* ✱ 1970] **A** **v. tr.** • (*ling.*) trasformare in unità lessicali autonome una serie di elementi retti da rapporti grammaticali: *l. 'usa e getta'* **CFR.** grammaticalizzare **B** **lessicaliẓẓàrsi** **v. intr. pron.** • (*ling.*) riferito a elementi grammaticali, assumere carattere e funzione lessicale, diventare unità del lessico (per es. l'infinito *dovere*, che è diventato anche sostantivo) ‖ **lessicaliẓẓazióne**, **s. f.**

lèssico [gr. tardo *lexikón*, sottinteso *biblíon* '(libro) di parole', da *légein* 'dire', di orig. indeur. ✱ 1584] **s. m.** (**pl.** *-ci*) **1** dizionario, spec. di lingue classiche antiche od orientali, o di termini scientifici: *l. armeno*; *l. botanico* **2** insieme dei vocaboli e delle locuzioni che costituiscono la lingua di una comunità, di un'attività umana, di un parlante: *l. italiano*; *l. infantile*; *l. economico, sportivo, politico*; *l. familiare*

lessicografìa [comp. del gr. *lexikón* 'lessico' e *-grafia* ✱ 1834] **s. f.** **1** tecnica di composizione dei dizionari | analisi linguistica di tale tecnica: *la l. ottocentesca, contemporanea* **2** l'insieme delle opere lessicografiche relative a una data lingua: *la l. italiana, francese* **SIN.** dizionaristica

lessicogràfico [1819] **agg.** (**pl. m.** *-ci*) • concernente la lessicografia: *materiale l.* ‖ **lessicograficaménte**, **avv.** dal punto di vista della lessicografia

lessicògrafo [gr. tardo *lexikográphos*, comp. di *lexikós* 'lessico' e *gráphos* 'scrittore' ✱ av. 1676] **s. m.** (**f.** *-a*) • chi si occupa di lessicografia | chi compila dizionari **SIN.** vocabolarista

lessicologìa [comp. del gr. *lexikón* 'lessico' e *-logia* ✱ 1821] **s. f.** (**pl.** *-gie*) • studio del lessico considerato nel suo significato e nella sua forma

lessicològico [1819] **agg.** (**pl. m.** *-ci*) • relativo alla lessicologia: *trattato l.*

lessicòlogo [1965] **s. m.** (**f.** *-a*; **pl. m.** *-gi*) • studioso di lessicologia

lessicometrìa [comp. di *lessico* e *-metria* ✱ 1973] **s. f.** • (*ling.*) analisi del lessico generale o di un singolo autore eseguita su basi quantitative e statistiche

lessicostatìstica [comp. di *lessico* e *statistica* ✱ 1994] **s. f.** • (*ling.*) applicazione dei procedimenti statistici allo studio del lessico

lésso [lat. *elĭxu(m)*, comp. di *e* 'da' e *lĭxus* 'bollito', prob. da *liquēre*, della stessa radice di *lĭnquere*, di orig. indeur. ✱ sec. XIII] **A** **agg.** • lessato, bollito nell'acqua sino a cottura: *pesce l.*; *carne lessa* | ***a l.***, V. *allesso* | (*fig., scherz.*) ***aria da pesce l.***, espressione sciocca, imbambolata **B** **s. m.** ● carne lessa, spec. di manzo | taglio di carne da lessare

♣**lestézza** [1605] **s. f.** ● prontezza, agilità: *l. nell'agire, nel decidere, nel saltare*

♣**lèsto** [etim. discussa: ant. fr. *lest* 'allestito, pronto (per partire)', dal sign. originario di 'carico' (?) ✱ av. 1294] **agg.** **1** svelto, pronto (+ *a*, + *in*, **anche seguiti da inf.**): *l. nei movimenti, nella rincorsa; è stato l. a sfruttare l'occasione favorevole; Prima d'allora era stato un po' l. nel sentenziare* (A. MANZONI); *ricevette la sfuriata a capo chino, e intanto accendeva lesta lesta il fuoco* (G. VERGA) | ***l. di mano***, pronto a rubare o a menar le mani | ***l. di lingua***, nel rispondere | (*lett.*) abile, capace **2** sbrigativo, rapido: *intervento l.* | ***alla lesta***, in modo sbrigativo **3** (*tosc.*) pronto: *essere l. per il viaggio, per il pranzo* **4** †astuto, scaltro | ***l. fante***, V. *lestofante* ‖ **lestaménte**, **avv.** con destrezza e rapidità; agilmente

♣**lestofànte** o (*raro*) **lèsto fànte** [comp. di *lesto* e *fante* 'uomo, garzone' ✱ 1633] **s. m. e f.** (**pl.** *lestofànti*) ● imbroglione, persona priva di scrupoli

lèstra [lat. *ĕxtera*, nt. pl. di *ĕxter* 'esterno' (V.), sottinteso alla casa ✱ 1923] **s. f.** **1** (*centr.*) denso cespuglio, rifugio del cinghiale, spesso in terreno acquitrinoso **2** (*centr.*) capanno temporaneo di pastori, cacciatori ecc.

†**lesùra** [vc. dotta, lat. tardo *laesūra(m)*, da *lāesus* 'leso' ✱ sec. XIV] **s. f.** ● lesione

♣**letàle** [vc. dotta, lat. *letāle(m)*, da *lētum* 'morte', di etim. incerta ✱ 1499] **agg.** ● mortale, che provoca la morte: *effetti letali; esito l.; ferita l.* ‖ **letalménte**, **avv.** ‖ **letalità**, **s. f. inv.** caratteristica di ciò che è letale; (*med.*) rapporto tra numero di morti per una data malattia e numero di persone affette da quella malattia

letamàio o †**letamàro** [da *letame* ✱ 1553] **s. m.** (**pl.** *-ai*) **1** luogo dove si ammucchia il letame **2** (*est.*) luogo pieno di sudiciume: *questa stanza è un l.*

†**letamaiuòlo** [av. 1449] **s. m.** ● addetto alla raccolta del letame

letamàre [da *letame* ✱ av. 1320] **v. tr.** ● (*raro*) concimare un terreno, spargendovi il letame

†**letamàro** ➤ **letamaio**

letamazióne [1862] **s. f.** ● concimazione con il letame

♦**letàme** [vc. dotta, lat. *laetāmen* (nt.), da *laetāre* 'concimare', da *lāetus* 'grasso' e poi 'gioioso', di etim. incerta ✱ 1291] **s. m.** **1** (*agric.*) lettiera ed escrementi del bestiame più o meno decomposti, usati come concime organico | ***l. artificiale***, ottenuto dalla fermentazione di residui vegetali e concimi chimici mescolati, bagnati con acqua e compressi **2** immondezza, sudiciume (*anche fig.*): *il l. dei vizi*

†**letaminàre** [da *letame*, dalla forma del genit. lat. *laetāminis* ✱ 1340 ca.] **v. tr.** ● concimare col letame

†**letaminóso** (o -ṣ-) [sec. XIV] **agg.** ● concimato con letame

†**letàna** ➤ **litania**

†**letanìa** ➤ **litania**

letargìa o †**litargìa** [vc. dotta, lat. tardo *lethărgia(m)*, dal gr. *lēthargía*, da *lḗthargos* 'letargo' ✱ sec. XIV] **s. f.** (**pl.** *-gìe*) **1** (*med.*) sonno patologico profondo e prolungato caratteristico di alcune malattie, quale per es. l'encefalite **2** (*lett., fig.*) letargo: *Venezia si destò raccapricciando della sua l.* (I. NIEVO)

letàrgico [vc. dotta, lat. *lethărgicu(m)*, dal gr. *lēthargikós* 'proprio del letargo (*lḗthargos*)' ✱ 1598] **agg.** (**pl. m.** *-ci*) **1** di letargo **2** (*raro, fig.*) inerte, spento: *seduto al camino, in una letargica sera d'inverno* (D. BUZZATI)

♦**letàrgo** [vc. dotta, lat. *lethărgu(m)*, dal gr. *lḗthargos*, di etim. discussa: propr. 'inerte (*argós*) per oblio (*lḗthē*)' (?) ✱ 1321] **s. m.** (**pl.** *-ghi*) **1** (*zool.*) stato di torpore simile a sonno profondo, tipico dei Mammiferi in ibernazione | ***cadere, andare in l.***, (*fig., scherz.*) piombare in un sonno lungo e profondo **2** (*bot.*) stato di quiescenza del vegetale durante il freddo o in periodo di siccità **3** (*med.*) stato di obnubilamento del sensorio per malattia o trauma cranico **4** (*fig.*) stato di inerzia, oblio o inattività: *una civiltà caduta in l.; il l. delle industrie*

lète [vc. dotta, lat. *Lēthe(n)*, dal gr. *Lḗthē*, propr. 'oblio', da *lanthánein* 'celarsi', di etim. incerta ✱ 1865] **s. m.** ● (*fig., lett.*) oblio (spec. con iniziale maiuscola)

letèo [vc. dotta, lat. *Lethāeu(m)*, dal gr. *Lēthâios*, da *Lḗthē* 'Lete' ✱ sec. XIV] **agg.** **1** relativo al Lete, fiume della mitologia classica le cui acque facevano dimenticare la vita terrena **2** (*fig., lett.*) che fa dimenticare

leticàre e deriv. ➤ **litigare** e deriv.

letìfero [vc. dotta, lat. *letĭferu(m)*, comp. di *lētum* 'morte' e *-feru(m)* '-fero' ✱ av. 1686] **agg.** ● (*lett.*) letale, mortifero

letificàre [vc. dotta, lat. *laetificāre*, comp. di *lāetus* 'lieto' e *-ficare*, da *făcere* 'fare' ✱ sec. XII] **A** **v. tr.** (*io letìfico, tu letìfichi*) ● (*lett.*) render lieto | consolare **B** **letificàrsi** **v. intr. pron.** ● (*lett.*) rallegrarsi ‖ †**letificazióne**, **s. f.**

♦**letìzia** [vc. dotta, lat. *laetĭtia(m)*, da *lāetus* 'lieto' ✱ 1261 ca.] **s. f.** ● sentimento di intima gioia e di serenità spirituale: *occhi pieni di l.; agli amici daremo l. e libertà* (L.B. ALBERTI) | (*lett.*) beatitudine celeste: *non fora giustizia / per ben l., e per male aver lutto* (DANTE *Purg.* XVI, 71-72) **SIN.** esultanza, felicità, gioia

letiziàre [da *letizia* ✱ av. 1328] **A** **v. tr.** (*io letìzio*) ● (*raro, lett.*) rendere lieto **B** **v. intr.** ● (*lett.*) †provare letizia

†**letizióso** (o -ṣ-) [av. 1294] **agg.** ● lieto, allegro

lètro [lat. scient. *lĕthrus*, di orig. non accertata ✱ 1831] **s. m.** ● coleottero degli Scarabeidi i cui adulti accumulano in gallerie sotterranee foglie di varie piante per nutrire con esse le larve (*Lethrus asper*)

lètta [f. sost. di *letto*① ✱ av. 1895] **s. f.** ● lettura rapida, frettolosa: *dare una l. al giornale mentre si prende il caffè*

♦**lèttera** (o -é-), †**littera**, (*poet.*) †**lèttra** [lat. *lĭttera(m)* 'lettera dell'alfabeto', di etim. incerta, forse di deriv. gr. attraverso l'etrusco ✱ 1219] **s. f.** **I** **1** (*ling.*) ognuno degli elementi grafici di cui è costituito un alfabeto e che possono corrispondere a un suono, a un gruppo di suoni, o anche a nessun suono: *le lettere dell'alfabeto greco, latino, cirillico* | ***lettere speciali***, tutte quelle di uso non comune, spec. quelle con segni diacritici utilizzate per traslitterare alfabeti non latini | ***dire qlco. a tutte lettere***, (*fig.*) senza mezzi termini, senza nascondere nulla | ***a chiare lettere***, chiaramente, apertamente | (*est.*) forma, tipo e dimensione di tali segni: *l. maiuscola, minuscola, grande, piccola; l. capitale; lettere gotiche, longobarde, onciali* | ***lettere di scatola, cubitali***, di grande formato | ***cosa da scrivere a lettere d'oro***, (*fig.*) memorabile | (*fig.*) ***scrivere qlco. a lettere di fuoco***, con tono duro, violento e sim. | (*fig.*) ***scritto a lettere di sangue***, di ciò che è contrassegnato da un seguito di delitti **2** (*mat.*) simbolo generalmente usato per indicare una quantità variabile **3** (*tipogr.*) carattere di stampa **4** †suono rappresentato da una lettera: *l. dentale, gutturale* **5** (*lett.*) grafia, scrittura: *in bella l. stampatella* (R. BACCHELLI) **6** significato restrittivo e più ovvio della parola di uno scritto, di un testo e sim.: *interpretare il sonetto secondo la l.; essere troppo attaccato alla l.* **CONTR.** spirito | ***alla l.***, testualmente, nel senso rigoroso della parola | ***la l. della legge***, le parole usate dal legislatore nel formulare le sue disposizioni | (*fig.*) ***rimanere l. morta***, senza validità, effetto, applicazione e sim.: *tutti i suoi buoni propositi sono rimasti l. morta* **7** iscrizione, leggenda di medaglia, stampa e sim. | ***l. numismatica***, maiuscola isolata che, in monete o medaglie, indica il luogo del conio | ***avanti l.***, V. *ante* (*ante litteram*), *avantilettera* **8** (**al pl.**) †istruzione, cultura: *erra chi dice che le lettere guastano e cervelli degli uomini* (F. GUICCIARDINI) | †***uomo senza lettere***, illetterato, senza studi **9** (**al pl.**) la letteratura, la filologia, la lingua, la storia, spec. considerate come unico settore di studio e di ricerca, in contrapposizione alle materie scientifiche: *dedicarsi alle, coltivare le, lettere; lettere italiane, latine* | ***belle lettere***, studi umanistici | ***facoltà di Lettere***, o (*assol.*) ***Lettere***, nelle università, facoltà in cui si studiano le materie umanistiche: *studente in lettere; laurearsi in lettere antiche, moderne* | (*scherz.*) ***la repubblica delle lettere***, il complesso dei letterati **10** †la lingua latina **II** **1** comunicazione scritta che si invia a persone, enti pubblici e privati e sim.: *scrivere, firmare una l.; rispondere a una l.; l. assicurata, raccomandata, per via aerea; l. di raccomandazione, di congedo* | ***lettere pontificie, apostoliche***, brevi, bolle, encicliche | ***l. anonima***, senza la firma del mittente | ***l. aperta***, (*fig.*) articolo polemico di giornale, in forma di lettera alla persona che si vuol chiamare in causa | ***l. chiusa***, documento di cancelleria imperiale regia o pontificia in forma non solenne | ***l.*** (o ***letterina***) ***di Natale***, lettera scritta dai bambini con un elenco di richieste di regali accompagnato da buoni propositi; (*fig.*) serie di richieste **2** (**al pl.**) epistolario: *lettere di Cicerone, di Leopardi, di Pavese* **3** documento giuridico: *lettere credenziali; l. circolare* | ***l. citatoria***, libello | ***l. di vettura***, documento emesso in diverse copie a prova della spedizione di merci | ***l. di pegno***, documento rappresentativo di merce depositata nei magazzini generali, contro anticipazione di parte del suo valore | ***l. di credito***, documento con cui la banca dà a un suo cliente facoltà di disporre di una somma su un'altra piazza | (*banca*) ***l. di conforto***, con cui una società dichiara a una banca la propria cointeressenza in un'altra società, o la propria opinione sulla sua solvibilità, allo scopo di agevolarla nell'ottenimento di un finanziamento | ***l. d'intenti***, V. *intento*② **4** in funzione appositiva: ***prezzo l.***, in borsa, prezzo al quale un operatore è disposto a vendere titoli o divise estere | ***in l.***, in borsa, detto di titolo che viene offerto | (*banca*) ***tasso l.***, tasso di sconto o di interesse al quale una banca o un altro operatore finanziario è disposto a concedere prestiti **CONTR.** denaro nel sign. 6 ‖ **letteràccia**, **pegg.** (V.) | (*lett.*) **letterétta**, **dim.** | **letterìna**, **dim.** | **letteróna**, **accr.** | **letteróne**, **accr. m.** | **letterùccia**, (*lett.*) **letterùzza**, **dim.** | (*lett., spreg.*) **letterùcola**, **dim.**

letteràccia [1464] **s. f.** (**pl.** *-ce*) **1** pegg. di *lettera* (nel sign. di 'segno grafico') | lettera mal scritta **2** lettera (nel sign. di 'comunicazione') molto dura, polemica od offensiva

†**letteràggine** [av. 1726] **s. f.** ● (*spreg.*) erudizione da strapazzo

†**letteràio** [1281] **s. m.** **1** chi sa leggere **2** (*spreg.*) grammatico

letteràle o †**litteràle** [adattamento del lat. tardo *litterāle(m)*, da *lĭttera* 'lettera' ✱ 1308] **agg.**

• che corrisponde all'esatto significato della parola di un testo e sim.: *senso l.*; *interpretazione l.* | ***traduzione l.***, fatta parola per parola ‖ **letteralménte**, †**letteraleménte**, **avv.** **1** alla lettera: *interpretare letteralmente un testo* **2** nel preciso significato della parola; proprio, davvero, realmente: *ormai è letteralmente rovinato* ‖ **letteralità**, **s. f. inv.** **1** natura di ciò che è letterale: *la metafora si distacca dalla letteralità* **2** (*dir.*) caratteristica del titolo di credito per cui solo ciò che è indicato nel contesto dello stesso determina il contenuto del diritto di credito: *letteralità delle cambiali*

letteralismo [da *letterale* ✱ 1986] **s. m.** • (*relig.*) concezione secondo cui un testo sacro (come Bibbia, Corano) va interpretato alla lettera

letterarietà [av. 1910] **s. f. inv.** • caratteristica o insieme di caratteristiche di ciò che è letterario

letteràrio o †**littteràrio** [adattamento del lat. *litterāriu(m)*, da *lĭttera* 'lettera' ✱ av. 1472] **agg.** **1** attinente alla letteratura o ai letterati: *storia, critica letteraria*; *circolo, cenacolo l.*; *bizze, contese letterarie* **2** che è proprio della lingua colta usata dagli scrittori, dai letterati: *vocabolo l.* ‖ **letterariaménte**, **avv.** **1** in modo letterario **2** da un punto di vista letterario

letteràto o †**litteràto** [dal lat. *litterātu(m)*, da *lĭttera* 'lettera' ✱ 1268] **A agg.** **1** che è istruito in letteratura o è cultore di letteratura: *è un chimico, un fisico l.* **2** (*lett.*) che sa leggere e scrivere | †letterario ‖ **letterataménte**, **avv.** da letterato **B s. m.** (**f.** *-a*, *lett.*, *spreg.* *-éssa*) **1** chi si dedica abitualmente alla letteratura spec. come scrittore | chi ha una vasta cultura letteraria **2** (*lett.*) chi sa leggere e scrivere **3** †grammatico ‖ (*spreg.*) **letteratèllo**, **dim.** | **letteratino**, **dim.** | **letteratóne**, **accr.** | (*spreg.*) **letteratùccio**, **letteratùzzo**, **dim.** | (*spreg.*) **letteratùcolo**, **dim.**

letteratùme [1869] **s. m.** • (*lett.*, *spreg.*) accolta di letterati

♦**letteratùra** o †**litteratùra** [adattamento del lat. *litteratūra(m)*, da *lĭttera* 'lettera' ✱ 1268] **s. f.** **1** attività indirizzata alla produzione sistematica di testi scritti con finalità prevalentemente estetica e nei quali spesso l'invenzione predomina sulla descrizione della realtà | (*lett.*) istruzione, cultura letteraria: *noi altri ... di poca l., di poco ingegno* (T. Tasso) **2** l'insieme della produzione prosastica e poetica di una determinata civiltà: *l. greca, latina, italiana, inglese, russa* **3** (*est.*) complesso di pubblicazioni relative a un particolare ramo scientifico, a uno specifico argomento, a un autore e sim.: *l. giuridica, medica, musicale* | ***l. primaria***, l'insieme delle opere di un autore o di un periodo storico | ***l. secondaria***, il complesso delle opere critiche riguardanti un autore, un periodo storico o un'area geografica | ***l. orale***, testi generalmente a contenuto fiabesco o mitologico tramandati oralmente, caratteristici di una cultura o di una determinata lingua | ***l. grigia***, materiali a limitata circolazione, distribuiti al di fuori dei canali commerciali, come cataloghi, relazioni, manuali d'uso ecc. | ***l. di consumo***, quella che non ha pretese artistiche o culturali **SIN.** paraletteratura | ***l. rosa***, V. *rosa*① | ***fare della l. su qlco.***, (*iron.*) scriverne, parlarne, trattarne a vuoto, senza costrutto **4** il complesso delle caratteristiche, delle indicazioni terapeutiche e della posologia di un prodotto farmaceutico, accluse, in apposito stampato, nella sua confezione

Definizione d'autore

Letteratura è l'insieme dei testi, fatti di parole (generalmente scritte ma talvolta, soprattutto nel passato, rimaste alla forma orale), con i quali un singolo individuo esprime il suo giudizio sul mondo e lo rappresenta sulla base dei suoi giudizi e pregiudizi, convinzioni e visioni della realtà. I testi letterari, che è preferibile definire "opere", hanno quindi molto in comune con le creazioni artistiche più diverse, non a caso anch'esse definite "opere d'arte". La differenza consiste nel fatto che il "materiale" di cui si servono i testi letterari è fatto di lingua – la stessa lingua che usano più o meno tutti gli altri individui umani coevi, compresi nel medesimo ambito territoriale (nazione o paese che sia). Perciò la visione del mondo che si ricava da un testo letterario ha un rapporto strettissimo con il nostro modo di pensare, comunicare, "stare al mondo", ed eventualmente sognarne il mutamento.

Alberto Asor Rosa

letteréccio [da *letto*② ✱ sec. XIV] **agg.** (**pl. f.** *-ce*) • (*burocr.*, *raro*) attinente al letto | ***effetti letterecci***, lenzuola, coperte e sim.

lèttering /'lɛtterin(g), *ingl.* 'lɛtərɪŋ/ [vc. ingl., da *letter* 'lettera' ✱ 1965] **s. m. inv.** • progettazione grafica di caratteri tipografici e sue applicazioni, spec. nel campo dell'editoria

letterìsta [da *lettera* ✱ 1639] **s. m. e f.** (**pl. m.** *-i*) **1** †epistolografo **2** chi pratica l'arte di incidere iscrizioni su lastre metalliche o di marmo | (*est.*) inventore e realizzatore di decorazioni e scritte su cartelloni o insegne pubblicitarie

†**letterùto** [av. 1552] **agg. e s. m.** (**f.** *-a*) • (*spreg.*) letterato

lettièra [ant. fr. *litière*, da *lit* 'letto②' ✱ av. 1306] **s. f.** **1** fusto del letto | †testiera del letto **2** strato di paglia o altro materiale, usato come giaciglio per il bestiame | (*est.*) strato di sabbia o altro materiale usato per assorbire gli escrementi dei gatti domestici **SIN.** lettime, strame

lettiga [lat. *lectīca(m)*, da *lĕctus* 'letto②' ✱ av. 1342] **s. f.** **1** portantina coperta in forma di letto, le cui lunghe stanghe poggiavano sulle spalle dei portatori o sul fianco di muli **2** barella ‖ **lettighétta**, **dim.**

lettighière o †**lettighièro** [av. 1589] **s. m.** **1** (**f.** *-a*) infermiere adibito al trasporto degli ammalati mediante lettighe **2** chi un tempo trasportava qlcu. in lettiga

lettìme [da *letto*② col suff. *-ime* di altri termini agricoli d'area soprattutto tosc. (*concime, mangime, ...*) ✱ 1869] **s. m.** • (*tosc.*) lettiera, nel sign. 2

lettino [av. 1566] **s. m.** **1** dim. di *letto*② | piccolo letto per bambini | piccolo letto in un ambulatorio o in uno studio medico **2** ***l. solare***, apparecchiatura per terapia o abbronzatura cosmetica provvista di lampade a raggi UVA **SIN.** solarium nel sign. 2 **3** specie di branda con tettuccio orientabile, usata spec. sulla spiaggia o per bagni di sole

lettistèrnio o **lectistèrnio** [vc. dotta, lat. *lectistĕrniu(m)*, comp. di *lĕctus* 'letto②', e di un deriv. da *stĕrnere* 'stendere', di orig. indeur. ✱ sec. XIV] **s. m.** • nell'antica Roma, banchetto sacrificale offerto agli dei, le statue dei quali erano disposte intorno a una tavola imbandita

lètto① **part. pass.** di *leggere*; anche **agg.** • nei sign. del v. | ***un libro molto l.***, che ha molti lettori

♦**lètto**② [lat. *lĕctu(m)*, di parziale ambito indeur. ✱ av. 1250] **A s. m.** (**pl.** *letti*, **m.**, †*lètta*, **f.**) **1** mobile usato per riposare e dormire, composto da un'intelaiatura solitamente di legno e da reti metalliche, assicelle di legno o molle, che sostengono un materasso, con sopra lenzuola, coperte, guanciale: *la sponda, la testa o spalliera, i piedi del l.*; *l. a un posto, a una piazza*; *l. matrimoniale, a due piazze, a una piazza e mezza*; *letti gemelli*; *fare, rifare, disfare, rincalzare il l.* | ***l. a castello***, formato da due o più letti sovrapposti | ***l. ribaltabile***, che si piega per guadagnar spazio | ***andare a l.***, andare a dormire | ***andare a l. con qlcu.***, ***portarsi a l. qlcu.***, (*eufem.*) avere rapporti sessuali con qlcu. | (*fig.*) ***andare a l. con le galline***, molto presto | ***rivoltarsi nel l.***, non riuscire a prendere sonno | ***mettersi a l.***, ammalarsi | ***essere buttato giù dal l.***, essere svegliato prima del solito e con decisione | ***morire nel proprio l.***, a casa propria | ***l. di dolore***, in cui giace una persona gravemente ammalata | ***l. di morte***, in cui è disteso chi è prossimo alla morte o è già morto | ***l. di spine***, (*fig.*) situazione estremamente tormentosa o disagiata | ***l. di rose, di fiori*** (*fig.*) situazione estremamente favorevole o serena | ***l. di contenzione***, negli ospedali psichiatrici, quello attrezzato per immobilizzarvi i pazienti agitati | ***l. di Procuste*** (o, *raro*, ***di Procruste***), quello su cui un leggendario ladrone e assassino poneva i viandanti che catturava, stirando le loro membra se risultavano corte o mozzandole se erano lunghe; (*fig.*) situazione tormentosa, di assoluta costrizione e sim. **2** (*fig.*) matrimonio: *figlio di primo, di secondo l.* | ***l. coniugale***, vincolo matrimoniale | ***macchiare, profanare il l. coniugale***, commettere adulterio **3** (*est.*) giaciglio: *un l. di foglie, di paglia, d'erbe* | ***l. funebre***, bara, cataletto | (*med.*) tavolo: *l. operatorio, anatomico* **4** lettiera: *il l. dei buoi* | ***l. dei bachi***, strato costituito dai rimasugli della foglia di gelso misti con materia escrementizia **5** alveo, fondo su cui stanno o scorrono le acque dei fiumi: *il largo l. del Po*; *l. sassoso, sabbioso*; *il fiume si è aperto un nuovo l.* | (*lett.*) fondo del mare o del lago | †suolo, fondo di una valle **6** (*est.*) piano su cui una cosa è posta, scorre, si muove e sim. | ***l. di posa***, in architettura, superficie di posa dei conci di pietra da taglio nella muratura, nelle volte e negli archi | in geologia, roccia su cui posa uno strato di altra roccia **CONTR.** tetto | in marina, invasatura per il varo | ***l. del vento***, direzione da cui il vento spira **7** parte inferiore del sacco di una rete da pesca: *il l. della paranza* **8** (*chim.*) ***l. fluido***, substrato di materiale solido polverizzato, sul quale si compie una reazione chimica su scala industriale | feccia di vino, e in genere posatura di liquido | ***fare l.***, detto di liquidi, far sedimento **9** (*cucina*) guarnizione di erbe, di fette di pane o altro, sotto una vivanda **10** (*agric.*) ***l. di semina***, terreno pronto per la semina | ***l. caldo***, ammasso di sostanze organiche ricoperto di terriccio che fermentando genera calore così da favorire la germinazione dei semi e lo sviluppo anticipato delle piantine | ***l. freddo***, preparato come il precedente, ma utilizzando sostanze organiche già fermentate **11** †affusto di artiglieria **B in funzione di agg. inv.** • (posposto a un sost.) detto di mobile che può essere utilizzato come letto, spec. dopo opportune trasformazioni: *divano l.*; *poltrona l.* ‖ **lettàccio**, **pegg.** | (*lett.*) **letticèllo**, **dim.** | (*lett.*) **letticciòlo**, **letticciuòlo**, **dim.** | (*lett.*) **letticino**, **dim.** | **lettino**, **dim.** (V.) | **lettóne**①, **accr.** (V.) | **lettùccio**, **dim.**

lettóne① [1869] **s. m.** **1** accr. di *letto* **2** (*fam.*) letto matrimoniale: *la mattina i bambini vengono nel l. con noi*

lèttone② o (*raro*) **lettóne** [dal n. della regione, *Latvija* ✱ 1833] **A agg.** • della Lettonia **B s. m. e f.** • abitante o nativo della Lettonia **C s. m. solo sing.** • lingua del gruppo baltico, parlata dai Lettoni

lettoràto [1673] **s. m.** **1** (*relig.*) un tempo, uno degli ordini minori della gerarchia cattolica; dopo la riforma liturgica del 1972, ministero del lettore, che può essere conferito a un laico **2** ufficio e carica di lettore nelle università: *l. di spagnolo, di francese* | durata di tale carica

♦**lettóre** [lat. *lectōre(m)*, da *lĕctus*, part. pass. di *lĕgere* 'leggere' ✱ 1268] **A** **s. m.** **1** (**f.** *-trice*) chi legge: *l. accorto, attento, disordinato; l. di libri, di giornali* | ***l. forte***, chi legge annualmente molti più libri rispetto alla media | chi legge a persona impossibilitata a farlo: *fa il l. in un istituto per ciechi* **2** dispositivo da collegare a un computer o a un apparecchio televisivo per la visualizzazione o la riproduzione di cd-rom, DVD o altri supporti contenenti dati o registrazioni audiovideo | ***l. di ebook***, dispositivo elettronico portatile di forma e dimensioni simili a un libro dedicato alla lettura degli ebook; ebook reader **3** apparecchio ottico che ingrandisce microfilm di documenti, stampati e sim., per permetterne la lettura **4** (**f.** *-trice*) laico istituito ministro, con il compito di leggere la parola di Dio durante la Messa **5** (**f.** *-trice*) nell'ordinamento universitario, insegnante di lingue moderne: *l. a contratto* | ***l. di scambio***, insegnante di madre lingua straniera proveniente da un'università estera | nel Medioevo, docente, professore **6** †elettore **B** **agg.** ● (*raro*) che legge | ***padre l.***, professore di teologia nella scuola dei Domenicani e dei Francescani

letto-scrittùra [comp. di *lett(ura)* e *scrittura* ✱ 1981] **s. f.** ● capacità di leggere e scrivere, spec. come abilità da insegnare ai bambini | metodo didattico che ha lo scopo di far acquisire ai bambini tale abilità

†**lèttra** (o -é-) ➤ **lettera**

♦**lettùra** [vc. dotta, dal lat. mediev. *lectūra(m)* tratto da *lectū(m)*, part. pass. del v. *lĕgere* 'leggere' ✱ 1313] **s. f.** **1** atto o attività del leggere: *l. ad alta voce; l. assidua; immergersi nella l.; la l. mattutina dei giornali; l. di versi, di poesie; la l. del verbale della riunione precedente; fare la l. del contatore del gas; la l. di uno spartito musicale, di una carta geografica* | ***dare l. di uno scritto, di un documento***, leggerlo ad alta voce per comunicarne il contenuto a uno o più ascoltatori | ***dare una prima l. a uno scritto, a un documento***, scorrerlo velocemente per ricavarne una sommaria conoscenza generale | ***libro di l.***, testo scolastico contenente una scelta di brani su cui si addestrano a leggere gli alunni della scuola primaria | ***sala di l.***, spec. in una biblioteca pubblica, quella a disposizione di chi vuole leggere o consultare un'opera | ***l. spirituale***, quella di testi ascetici ed edificanti compiuta in una comunità religiosa, spec. monastica **2** interpretazione, commento di un testo: *dare una l. nuova di un brano* | (*est.*) esame: *l. di una carta geografica* | ***l. di un contatore***, rilevazione | (*fig.*) interpretazione o valutazione in base a un particolare punto di vista: *la l. di un quadro; fare una l. originale del XX secolo* **3** opera, scritto, pubblicazione e sim. che si legge: *è una l. stimolante; letture che parlavano d'estasi e trasfigurazioni* (I. CALVINO) **4** (*inform.*) operazione consistente nel prelevare dati da un certo tipo di supporto o di memoria (per es., un disco magnetico) per trasferirli a un altro (per es., la memoria principale) **5** conferenza: *l. dantesca* **6** nelle antiche università, cattedra universitaria | insegnamento impartito da un docente | lezione accademica **7** (*dir.*) ***in prima l., in seconda l.***, detto di discussione e votazione di un progetto di legge compiuti in successivi intervalli di tempo dalla medesima assemblea legislativa ‖ **letturìna**, dim.

letturìsta [1936] **s. m. e f.** (**pl. m.** *-i*) ● addetto alla lettura dei contatori che registrano il consumo di elettricità, gas e acqua dei singoli utenti

leu /*romeno* lɛu/ [vc. rumena 'leone', latinismo, che riproduce il turco *arslanlī* 'piastra (con l'immagine del leone (*arslan*) e del sole)' ✱ 1895] **s. m. inv.** (**pl. romeno** *lei*) ● unità monetaria della Romania

leucafèreṣi ➤ **leucoaferesi**

leucemìa [comp. di *leuco-* ed *-emia* ✱ 1889] **s. f.** ● (*med.*) neoplasia acuta o cronica delle cellule bianche del sangue, caratterizzata da distorta proliferazione e sviluppo della serie linfoide o dei precursori dei granulociti e monociti

leucèmico [da *leucemia* ✱ 1898] **A** **agg.** (**pl. m.** *-ci*) ● relativo alla leucemia **B** **agg. e s. m.** (**f.** *-a*) ● che (o chi) è affetto da leucemia

leucìna [comp. di *leuc(o)-* e *-ina* ✱ 1834] **s. f.** ● (*chim.*) amminoacido a sei atomi di carbonio che si trova comunemente nelle proteine

leucìsco [gr. *leukískos*, n. di un pesce 'piuttosto (*-ískos*) bianco (*leukós*)' ✱ 1834] **s. m.** (**pl.** *-schi*) ● genere di Pesci della famiglia dei Ciprinidi cui appartengono il cavedano (*Leuciscus cephalus*) e il vairone (*Leuciscus souffia*)

leucìte [ted. *Leucit*, comp. del gr. *leukós* 'bianco' e *-it* '-ite②' ✱ 1817] **s. f.** ● (*miner.*) alluminosilicato di potassio, in cristalli tondeggianti di colore biancastro

lèuco- [dal gr. *leukós* 'bianco'] **primo elemento** ● in parole scientifiche composte, e in particolare della terminologia medica, indica colore bianco o chiaro: *leucemia, leucocita, leucoderma*

leucoafèreṣi o **leucafèreṣi** [comp. di *leuco(citi)* e *aferesi* ✱ 1987] **s. f. inv.** ● (*med.*) tecnica di separazione mediante centrifugazione dei leucociti dal sangue di un donatore, impiegata a scopi trasfusionali o eseguita a scopi terapeutici

leucocìta o **leucocìto** [comp. di *leuco-* e di *-cito* (o *-cita*) ✱ 1874] **s. m.** (**pl.** *-i*) ● (*biol.*) globulo bianco

leucocitàrio [1906] **agg.** ● relativo ai leucociti | ***formula leucocitaria***, esame ematologico che fornisce la composizione percentuale dei vari tipi di leucociti presenti in un millilitro di sangue

leucocìto ➤ **leucocita**

leucocitolìṣi [comp. di *leucocita* e del gr. *lýsis* 'soluzione, dissolvimento' ✱ 1965] **s. f. inv.** ● (*med.*) distruzione normale o patologica dei globuli bianchi del sangue

leucocitopoièṣi [comp. di *leucocito* e *-poiesi* ✱ 1973] **s. f. inv.** ● (*biol.*) leucopoiesi

leucocitòṣi [comp. di *leucocit(o)* e *-osi* ✱ 1874] **s. f. inv.** ● (*med.*) aumento del numero di globuli bianchi nel sangue

leucodermìa [comp. di *leuco-* e di un deriv. del gr. *dérma* 'pelle' ✱ 1917] **s. f.** ● (*med.*) area biancastra della cute per mancanza di pigmento

leucòma [gr. *léukōma*, da *leukós* '(macchia) bianca' ✱ 1598] **s. m.** (**pl.** *-i*) ● (*med.*) cicatrice bianco opaca e circoscritta della cornea

leuconichìa [comp. di *leuco-* e di un deriv. del gr. *ónyx*, genit. *ónychos* 'unghia' ✱ 1923] **s. f.** ● (*med.*) macchia biancastra dell'unghia

leucopenìa [comp. di *leuco-* e *-penia* ✱ 1914] **s. f.** ● (*med.*) riduzione dei globuli bianchi nel sangue

leucoplachìa [comp. di *leuco-* e del gr. *pláx* 'superficie piana' ✱ 1895] **s. f.** ● (*med.*) ispessimento delle mucose in forma di placca bianco-grigiastra in particolare nella cavità orale, nella laringe e nei genitali femminili **SIN.** leucoplasia

leucoplaṣìa [comp. di *leuco-* e *-plasia* ✱ 1901] **s. f.** ● (*med.*) leucoplachia

leucoplàsto [comp. di *leuco-* e di un deriv. dell'agg. gr. *plastós* 'modellato' ✱ 1934] **s. m.** ● (*bot.*) amiloplasto

leucopoièṣi [comp. di *leuco-* e del gr. *póiēsis* 'fattura, formazione' ✱ 1967] **s. f. inv.** ● (*biol.*) processo di formazione dei globuli bianchi

leucorrèa [comp. di *leuco-* e *-rea* ✱ 1788] **s. f.** ● (*med.*) aumento di secrezione della mucosa vaginale, di colore biancastro **SIN.** perdite bianche **CFR.** xantorrea

leucorròico [1834] **agg.** (**pl. m.** *-ci*) ● (*med.*) relativo alla leucorrea

leucòṣi [comp. di *leuc(o)-* e *-osi* ✱ 1832] **s. f. inv.** ● (*veter.*) malattia virale contagiosa che colpisce Gallinacei e Bovini

leucotriène [comp. di *leuco(cita)*, *tri-* ed *-ene* ✱ 1987] **s. m.** ● (*chim.*) sostanza prodotta nell'organismo per trasformazione di acidi grassi essenziali, che agisce da mediatore chimico della reazione infiammatoria e dell'anafilassi

lèudo ① [vc. germ., da avvicinare al ted. moderno *Leute* 'gente' ✱ av. 1580] **s. m.** ● (*stor.*) nell'età merovingia, chi era alle dipendenze o sotto la protezione del re o di un signore

lèudo ② o **leùdo**, **lèuto**②, **liùto**② [var. di *liuto* per la forma del sartiame, che ricorda lo strumento musicale ✱ 1865] **s. m.** ● (*mar.*) imbarcazione da carico e da pesca con un albero inclinato verso prua, grande vela latina, bompresso e fiocco, diffusa un tempo in Liguria e in alto Adriatico | in epoca medievale, piccolo veliero da trasporto a due alberi usato spec. in Provenza | (*est.*, *raro*) alleggio

†**leùto** ① ➤ **liuto**①

lèuto ② ➤ **leudo**②

lev /lɛf, *bulgaro* ɫɛf/ [vc. bulgara, propr. 'leone', per l'immagine che vi era impressa; V. *leu* ✱ 1898] **s. m. inv.** (**pl. bulgaro** *leva*) ● unità monetaria della Bulgaria **SIMB.** L

♦**lèva** ① [da *levare*① ✱ av. 1400] **s. f.** **1** macchina semplice costituita da un'asta dotata di fulcro in un punto, cui viene applicata una potenza per vincere una resistenza | ***bracci della l.***, distanze fra il fulcro e i punti di applicazione della potenza e della resistenza **2** (*fig.*) mezzo capace di rimuovere ostacoli o di stimolare energicamente: *il denaro è una l. potente* | ***far l. su qlco.***, agire su qlco. per ottenere un certo fine **SIN.** stimolo **3** asta per l'azionamento di particolari dispositivi: *l. del deviatoio* | ***l. del cambio***, con la quale il guidatore manovra a mano il cambio di velocità dell'automezzo | ***leve di*** (o ***del***) ***comando***, (*fig.*) insieme dei mezzi atti a dirigere un'impresa, un'organizzazione e sim. | ***avere in mano le leve del comando***, (*fig.*) comandare, dirigere, esercitare la propria autorità | (*econ.*) ***l. finanziaria***, (*ellitt.*) ***leva***, transazione economica con effetto moltiplicatore (per es. i contratti futures, che determinano guadagni o perdite assai elevate rispetto alla somma investita; oppure l'acquisto di un'azienda con trasferimento di parte del prezzo di acquisto a debito dell'azienda acquistata); la misura percentuale dell'effetto moltiplicatore stesso **SIN.** leverage **4** strumento odontoiatrico per la rimozione di denti e radici ‖ **levétta**, dim.

lèva ② [da *levare*① che anticamente aveva anche il sign. di 'arruolare' ✱ av. 1527] **s. f.** **1** l'insieme delle operazioni mediante le quali vengono chiamati alle armi i giovani in età idonea al servizio militare; in Italia l'obbligo è stato soppresso nel 2005 | ***lista di l.***, in cui venivano iscritti tutti i giovani al compimento del 18° anno | ***essere di l.***, essere iscritto nella lista di leva | ***visita di l.***, per accertare la presenza o meno dei requisiti psicofisici per compiere il servizio militare | ***classe di l.***, insieme dei cittadini che a una certa età diventavano soggetti agli obblighi militari

2 (*est.*) insieme di coloro che vanno sotto le armi in un anno: *la l. del 2003* **3** (*est.*) ***le nuove leve***, i giovani che intraprendono un'attività e gradualmente subentrano alla generazione precedente: *le nuove leve del cinema*

lèva ③ [per (mare di) *leva(ta)*, da *levarsi* 'alzarsi (delle onde)' ✻ 1869] **s. f.** ● (*disus.*) mare grosso con onde lunghe provenienti dal largo, che annuncia tempesta

levacàpsule [comp. di *leva(re)*① e il pl. di *capsula*, in accezione particolare ✻ 1970] **s. m. inv.** ● apribottiglie

levachiòdi [comp. di *leva(re)*① e il pl. di *chiodo* ✻ 1973] **s. m. inv.** ● attrezzo per estrarre chiodi, costituito da una leva con all'estremità una fessura in cui si incastra la capocchia

levafòglio [comp. di *leva(re)*① e *foglio* ✻ 1973] **s. m.** ● (*tipogr.*) apparecchiatura meccanica che espelle i fogli stampati e a volte piegati da una macchina da stampa **SIN.** ricevitore

†**levaldìna** [da *levare*① ✻ 1560 ca.] **s. f.** ● (**spec. al pl.**) furto | truffa, imbroglio, raggiro

†**levàme** [sec. XIV] **s. m.** ● lievito

†**levaménto** [vc. dotta, lat. *levamĕntu(m)*, da *levāre* 'levare' ✻ 1282] **s. m.** ● levata

levanòccioli [comp. di *leva(re)*① e il pl. di *nocciolo* ✻ 1970] **s. m. inv.** ● utensile da cucina usato per estrarre il nocciolo da olive o ciliegie

levantàra [da (vento di) *levante* ✻ 1889] **s. f.** ● forte vento di levante con grossa mareggiata, tipico dell'Adriatico

♦**levànte** **A** **part. pres.** di *levare*; **anche agg.** ● nei sign. del v. | ***sole l.***, che sorge | ***Impero del Sol l.***, il Giappone **B** **s. m. 1** parte dell'orizzonte da cui si vede sorgere il sole: *il cielo si arrossa a l.*; *Riviera di l.* | ***vento di l.***, o (*ellitt.*) ***levante***, che spira da est | ***il L. ligure***, la Riviera di levante **SIN.** Est, oriente **CONTR.** ponente **2** ***il Levante***, (*per anton.*) area geografica posta a oriente dell'Italia, nel bacino del Mediterraneo: *merci provenienti dal Levante*; *gli scali marittimi del Levante*

levantìna [1834] **s. f.** ● tipo di seta per foderare

♣**levantìno** [da *Levante* ✻ 1533] **A** **agg.** ● che proviene dai Paesi del Levante: *tabacco, profumo l.* | (*fig.*, *spreg.*) furbo, astuto, particolarmente abile negli affari | (*est.*, *spreg.*) privo di scrupoli, infido, sleale **B** **s. m.** (**f.** *-a*) ● chi è nato o abita nei Paesi del Levante

levapùnti [comp. di *leva(re)*① e il pl. di *punto* ✻ 1983] **s. m. inv.** ● piccolo attrezzo che serve per togliere punti metallici infissi in carta, legno e sim.

♦**levàre** ① [vc. dotta, lat. *levāre*, originariamente 'alleggerire', da *lĕvis* 'lieve, leggero' ✻ 1065] **A** **v. tr.** (*io lèvo* o *poet.* †*lièvo*; **in tutta la coniug. la** *e* **può dittongare in** *ie*, **spec. se tonica, nel linguaggio poet. o arcaico**) **1** alzare, sollevare: *l. le braccia, gli occhi al cielo*; *non aver la forza di l. un dito* | ***l. il capo***, (*fig.*) insuperbirsi | ***l. il bollore***, cominciare a bollire | ***l. un grido***, lamentarsi | (*fig.*) ***l. al cielo qlcu.***, esaltarlo | ***l. l'ancora***, salpare | ***leva!***, in marina, voce di comando per riportare la barra del timone in centro **2** togliere, rimuovere, portar via: *l. un divieto, una tassa*; *l. le macchie, l'unto* | ***l. il campo, le tende, l'assedio***, ritirarsi, andarsene | ***l. le tende***, (*fig.*, *fam.*) andarsene | ***l. un dente***, estrarlo | ***l. di mezzo qlco.***, toglierla, eliminarla | ***l. di mezzo qlcu.***, liberarsene, ucciderlo | ***l. il fiato***, togliere il respiro (*spec. fig.*) | ***l. la fame, la sete***, sfamare, dissetare | ***l. le parole di bocca a qlcu.***, prevenirlo nel parlare | ***l. il disturbo***, congedarsi | ***l. il saluto a qlcu.***, cessare di salutarlo | ***l. la seduta***, sciogliere l'adunanza | †***l. le mense***, sparecchiare | †***l. qlcu. dal sacro fonte***, tenerlo a battesimo **3** prelevare: *l. cento euro dalla cassa* | sottrarre **4** †arruolare: *l. gente, soldati* | imbarcare: *quei che leva quando e cui li piace, / più volte m'ha negato esto passaggio* (DANTE *Purg.* II, 95-96) **5** †eleggere **6** (*lett.*) elogiare, esaltare **7** (*dir.*) nella loc. ***l. il protesto***, eseguire, redigere l'atto giuridico del protesto **B** **levàrsi** **v. tr. pron.** (**aus.** *essere*) ● togliersi: *levarsi la giacca, le scarpe*; *si levò la bisaccia d'addosso* (A. MANZONI) | ***levarsi qlcu. di torno*** (o ***d'attorno***), allontanarlo | ***levarsi il pane di bocca per qlcu.***, (*fig.*) fare per lui ogni sacrificio **C** **levàrsi** **v. rifl. 1** andare verso l'alto, sollevarsi (*anche fig.*): *levarsi in volo*; *levarsi in piedi*; *la sua mano si levò su di lui*; *levarsi al disopra delle miserie umane* | ***levarsi contro qlcu.***, ribellarsi | ***levarsi in armi***, prendere le armi | (*centr.*, *fam.*) ***che levati***, notevole, senza paragoni (con valore aggettivale e rafforz.): *una sorpresa che levati* **2** alzarsi da letto: *levarsi tardi, presto*; *si è levato alle sei* **3** allontanarsi (+ *da*, + *di*): *levarsi da un posto*; *levatevi di qui!*; *levarsi da una brutta situazione* | ***levarsi di mezzo, dai piedi***, allontanarsi da un luogo, andarsene **D** **levàrsi** **v. intr. pron.** ● sorgere, alzarsi: *si levò un vento fortissimo*; *il sole si leva alto sull'orizzonte*

levàre ② o **levàrsi** [da *levare*①, anche nella forma intr. pron. ✻ sec. XIII] **s. m. solo sing. 1** (*raro*, *lett.*) levata, nel sign. 1: *il levar del sole*; *al l. della luna*; *i primi profumi della campagna al levarsi del sole* (G. VERGA) **2** (*raro*, *lett.*) il fatto, il momento di alzarsi o di sollevarsi: *al levarsi del sipario* **3** (*mus.*) nella loc. ***in levare***, che indica i tempi deboli di una battuta **CONTR.** in battere

levàta [av. 1306] **s. f. 1** il levare, il levarsi: *la l. del sole* | l'alzarsi dal letto: *la l. è stabilita per le ore sette* | ***l. della posta***, prelievo della corrispondenza dalle cassette postali per l'inoltro allo smistamento | ***l. di scudi***, (*fig.*) improvviso atto di ribellione o di protesta **2** (*raro*, *fig.*) intelligenza, levatura intellettuale: *studenti di scarsa l.* **3** inizio della fase di rapido accrescimento primaverile dei culmi dei cereali: *grano in l.* **4** rilievo grafico di un terreno | ***l. topografica***, rappresentazione grafica convenzionale di una zona di terreno **5** acquisto di generi di monopolio presso i magazzini dello Stato: *l. dei tabacchi* **6** †leva, chiamata alle armi **7** (*fig.*) †importanza: *essere di poca l.* ‖ **levatàccia**, **pegg.** (V.) | **levatìna**, **dim.**

levatàccia [1863] **s. f.** (**pl.** *-ce*) **1** pegg. di *levata* **2** l'alzarsi molto presto dal letto **SIN.** alzataccia

levatàrtaro [comp. di *leva(re)*① e *tartaro* ✻ 1973] **s. m. inv.** ● strumento dentistico con cui si toglie il tartaro dai denti

levàto **part. pass.** di *levare*; **anche agg. 1** nei sign. del v. **2** ***a gambe levate***, a tutta velocità | ***ben l.!***, espressione d'augurio per chi si è appena alzato da letto **3** lievitato, fermentato **4** (*arald.*) rampante

levatóio [sec. XIII] **agg.** (**pl. m.** *-ói*) ● che si può alzare o abbassare a volontà: *ponte l.*

levatóre [1362] **agg. e s. m.** (**f.** *-trice*) **1** (*raro*) che (o chi) leva | che (o chi) toglie, estrae, rimuove e sim. **2** †magazziniere

levatrìce [da *levare*① (il fanciullo) ✻ av. 1571] **s. f.** ● (*pop.*) ostetrica

levatùra [1353] **s. f. 1** †il levare **2** grado di elevatezza intellettuale: *uomo di eccezionale l.* | grado d'importanza; livello culturale: *un romanzo di non grande l.*

†**levazióne** [vc. dotta, lat. *levatiōne(m)*, da *levātus*, part. pass. di *levāre* 'levare' ✻ 1363] **s. f.** ● elevazione, innalzamento

†**lève** ➤ **lieve**

leverage /'livəredʒ, *ingl.* 'liːvərɪdʒ/ [ingl. *leverage* propr. 'azione di una leva, leveraggio' ✻ 1985] **s. m. inv. 1** nella tecnica aziendale, grado di indebitamento di un'impresa, dato dal rapporto tra i mezzi propri e il capitale di credito **2** leva finanziaria

leveraged buy-out /*ingl.* 'liːvərɪdʒd 'baɪ-ˌaʊt/ [loc. ingl., comp. di *buy-out* 'acquisto' e *leveraged* 'con capitale preso a prestito' (V. *leverage*) ✻ 1989] **loc. sost. m. inv.** (**pl. ingl.** *leveraged buy-outs*) ● (*econ.*) acquisizione di una società finanziata principalmente con capitale preso in prestito

leveràggio [ingl. *leverage*, da *lever* 'leva①' ✻ 1957] **s. m.** ● (*mecc.*) sistema di leve usato per trasmettere comandi a distanza, composto di due o più leve disposte in serie in modo che la potenza dell'una sia equilibrata dalla resistenza della successiva: *l. del cambio*

leviatàno o **leviathàn** /levja'tan/, **leviatàn** [ebr. *liwjāthān*, propr. 'tortuoso', dalla base *l-w-h* 'torcere', nei vari sign. parzialmente rinvigoriti dall'opera omonima di T. Hobbes ✻ sec. XIV] **s. m. 1** mostro biblico immane e distruttore **2** (*fig.*) organizzazione statale assolutistica e opprimente **3** nell'industria tessile, macchinario per il lavaggio industriale delle lane gregge

♣**levigàre** [vc. dotta, lat. *levigāre*, da *lēvis* 'liscio', di etim. incerta, formato come *mitigāre*, da *mītis* 'mite' ✻ 1499] **v. tr.** (*io lèvigo, tu lèvighi*) **1** rendere privo di ogni asperità o ruvidezza: *l. il marmo, la pietra, il legno* | (*fig.*) perfezionare, rifinire: *l. un discorso* **SIN.** limare, lisciare **2** (*chim.*) sottoporre a levigazione **3** †polverizzare

levigatézza [1828] **s. f.** ● caratteristica di ciò che è levigato

levigàto **part. pass.** di *levigare*; **anche agg. 1** nei sign. del v. | (*est.*) liscio, vellutato: *pelle levigata* **2** (*fig.*) rifinito, molto curato, detto spec. di opera artistica o letteraria: *stile l.*; *prosa levigata*

levigatóre [1957] **s. m. 1** (**f.** *-trice*) operaio addetto alla levigazione **2** (*chim.*) apparecchio usato per la levigazione dei miscugli

levigatrìce [1957] **s. f.** ● macchina che leviga la superficie di metalli, marmi e sim.

levigatùra [1788] **s. f. 1** operazione del levigare: *la l. del legno* **SIN.** levigazione | (*tecnol.*) lisciatura **2** (*fig.*, *lett.*) ricercatezza, eleganza formale

levigazióne [vc. dotta, lat. *levigatiōne(m)*, da *levigātus* 'levigato' ✻ 1803] **s. f. 1** levigatura **2** azione del vento, della pioggia e del ghiaccio sulle rocce **3** (*chim.*) separazione, in corrente fluida, delle particelle pesanti dalle particelle leggere di un minerale o di una miscela di sostanze solide

leviràto [dal lat. *lēvir* 'fratello del marito, cognato', di orig. indeur., e *-ato* ✻ 1895] **s. m.** ● nell'antico diritto levitico ebraico, obbligo del fratello a sposare la cognata vedova e senza figli | presso alcuni popoli primitivi, analoga istituzione sociale ancora vigente

levìṣite ➤ **lewisite**①

levìstico [vc. dotta, lat. tardo *levĭsticu(m)*, per *ligŭsticum* (V. *ligustico*①), così chiamato perché frequente in *Liguria* ✻ sec. XIII] **s. m.** (**pl.** *-ci*) ● grande pianta erbacea delle Apiacee di cui si usano i frutti aromatici e le radici, utili in medicina (*Levisticum officinale*)

levìta ① [vc. dotta, lat. eccl. *Levīta(m)*, dal n. ebr. del capostipite di una delle tribù d'Israele *Lēwī* (propr. 'colui che unisce') ✻ sec. XIII] **s. m.** (**pl.** *-i*) ● presso gli antichi Ebrei, membro della tribù di Levi, cui era riservata la funzione di ministro del culto | (*raro*) nuovo sacerdote

lèvita ② o **levìta** [fr. *lévite* per la somiglianza con l'ampia veste indossata dal personaggio del sacerdote ebreo nelle rappresentazioni teatrali ✻

1961] s. f. ● specie di rozzo saio degli anacoreti | veste femminile molto ampia

levità [vc. dotta, lat. *levitāte(m)*, da *lĕvis* 'lieve' ✱ sec. XII] s. f. inv. ● (*lett.*) leggerezza

✦**levitàre** [da *l(i)evito* ✱ 1364] v. intr. (*io lèvito; aus. avere* o *essere*) **1** sollevarsi in aria fisicamente, contro le leggi della gravità **2** (*fig., lett.*) provare un senso di leggerezza

levitazióne [dal lat. *lĕvitas*, genit. *levitātis* 'levità', sul tipo di *gravitazione* ✱ 1897] s. f. **1** fenomeno consistente nel sollevare e mantenere sospeso in aria o nel vuoto un corpo materiale contro la forza di gravità: *treno a l. magnetica; fenomeni parapsicologici di l.* **2** (*fig., lett.*) senso di leggerezza, di euforia

levìtico [vc. dotta, lat. eccl. *Levīticu(m)*, da *Levītes* 'levita①' ✱ av. 1328] **A** agg. (pl. m. *-ci*) ● relativo a leviti o a levita **B** s. m. ● *il Levitico*, terzo libro biblico del Pentateuco

levodòpa [comp. dal lat. *lāevu(m)* 'parte sinistra' e da *dopa* ✱ 1989] s. f. ● (*med.*) amminoacido naturale usato nel trattamento del morbo di Parkinson

levogìro [da *destrogiro* con sostituzione a *destro-* del suo opposto *levo-* (dal lat. *lāevus* 'sinistro') ✱ 1869] agg. **1** (*chim.*) detto di composto organico capace di far ruotare a sinistra il piano di polarizzazione di un fascio di luce polarizzata che l'attraversi **2** (*fis.*) sinistrorso

†**levóre** [vc. dotta, lat. *levōre(m)* 'levigatezza', da *lēvis* 'liscio', di etim. incerta ✱ av. 1714] s. m. ● levità, leggerezza

†**lèvra** ➤ **lebbra**

levrièro o **levrière** [ant. fr. *levrier*, dal lat. *leporāriu(m)*, sottinteso *cāne(m)*, '(cane) da lepre (*lĕpus*, genit. *lĕporis*)' ✱ av. 1292] s. m. ● cane da corsa con forme snelle ed eleganti e zampe alte e sottili | *l. persiano*, saluki

levulòsio [fr. *levulose*, dal lat. *lāevus* 'sinistro' col suff. di *(gluc)osio* ✱ 1869] s. m. ● (*chim.*) fruttosio

lewisite① /lui'zite, levi-/ o **levişite** [dal n. dell'inventore, il chimico amer. W. L. *Lewis* (1847-1926) ✱ 1930] s. f. ● liquido oleoso che forma un gas tossico usato come aggressivo chimico

lewisite② /lui'zite, levi-/ [dal n. del mineralogista ingl. W. J. *Lewis* (1847-1926) ✱ 1931] s. f. ● minerale cristallino, di aspetto dal giallo al bruno, contenente titanio, antimonio, calcio e ferro

†**lèzia** [sec. XIV] s. f. ● (*raro*) lezio

lèzio o †**lèzzio** [da *lezio(so)* ✱ 1442] s. m. (pl. *-i* o *-ii*) ● (*lett.*, spec. al pl.) smanceria, moina: *quanti lezzi ha fatto questa mia pazza!* (N. MACHIAVELLI)

lezionàrio [1727] s. m. ● libro liturgico che raccoglie le lezioni degli uffici divini dei vari giorni

lezioncìna [dim. di *lezione* ✱ 1816] s. f. **1** piccola lezione: *tirava avanti con qualche l. agli studenti della zona* **2** (*fig.*) ammonimento, ammaestramento non particolarmente rilevante: *la l. della multa gli sarebbe servita* | (*fig., iron.*) punizione non grave ma efficace: *se la merita colui una l.* (I. NIEVO)

♦**lezióne** [vc. dotta, lat. *lectiōne(m)* 'raccolta, lettura, scelta', da *lēctus*, part. pass. di *lĕgere* 'leggere' ✱ 1287] s. f. **1** l'insegnamento dato in una volta a una o più persone: *una l. di latino, di matematica; frequentare le lezioni di un professore; una l. di un'ora sopra le prime righe di Fabio Quintiliano* (G. VICO) | insieme di nozioni insegnate o date da imparare in una volta: *capire la l.; studiare, ripetere la l. di fisica* | *l. frontale*, V. *frontale* **2** dissertazione accademica di argomento scientifico o letterario tenuta in pubblico: *l'anno accademico fu inaugurato con una l. sul Petrarca* **3** (*fig.*) insegnamento, ammaestramento: *ci ha dato una l. di altruismo; non accetto lezioni da nessuno* **4** (*fig.*) sgridata, rimprovero, punizione: *è stata una l. dura, ma servirà; gli ha impartito una severa l.* **5** †lettura o istruzione acquisita con lettura: *la cognizione delle azioni delli uomini grandi imparata da me con una lunga esperienza delle cose moderne e una continua l. delle antique* (N. MACHIAVELLI) **6** testo tratto dalla Scrittura o dai Padri, che si recita nell'ufficio cattolico di mattutino e nella Messa **7** nell'edizione critica di un testo, modo nel quale risultano scritti una parola o un passo nei codici e nelle stampe che di quel testo forniscono testimonianza SIN. lectio **8** †elezione, scelta ‖ **lezioncèlla**, dim. | **lezioncìna**, dim. (V.)

leziosàggine (o *-ş-*) [1612] s. f. ● caratteristica di chi (o di ciò che) è lezioso | discorso o atteggiamento lezioso, affettato, stucchevole SIN. smanceria, svenevolezza

✦**lezióso** (o *-ş-*) [lat. *(de)liciōsu(m)*, da *delīciae* 'delizie, seduzioni' ✱ sec. XIII] agg. **1** che è caratterizzato da modi sdolcinati o vezzi stucchevoli, da una fastidiosa svenevolezza: *bambino l.* | affettato: *discorso l.* SIN. manierato, smanceroso, svenevole **2** †grazioso, vezzoso ‖ **leziosétto**, dim. ‖ **leziosaménte**, avv. ‖ **leziosità**, s. f. inv. caratteristica di chi (o di ciò che) è lezioso; leziosaggine

†**lezzàre** (o *-zz-*) [per *(o)lezzare* ✱ av. 1400] v. intr. ● puzzare

†**lèzzio** ➤ **lezio**

✦**lézzo** (o *-zz-*) [da *lezzare* ✱ 1313] **A** s. m. **1** cattivo odore esalato da ciò che è sudicio: *l. caprino, di stalla, di fogna; il l. delle lettiere marcite* (L. PIRANDELLO) | *gettar l.*, puzzare SIN. puzza **2** (*lett.*) lordura, sudiciume (*anche fig.*): *il l. del vizio, della corruzione* **B** agg. ● †fetente

lezzóne (o *-zz-*) [1729] s. m. (f. *-a*) ● (*tosc.*) sudicione, sporcaccione | (*fig.*) persona volgare, turpe

lezzonerìa (o *-zz-*) [1869] s. f. ● (*tosc.*) porcheria, sudiceria (*anche fig.*)

†**lezzóso** (o *-zz-*) [sec. XIV] agg. **1** che fa lezzo, puzzolente **2** limaccioso **3** (*fig.*) turpe, immorale

lezzùme (o *-zz-*) [1869] s. m. ● (*tosc.*) sudiciume | (*fig.*) costumi immondi

♦**li**① /li/ o (*tosc., lett.*) †**gli**④ /*ʎi/ nel sign. B, (*poet.*) †**i**④ /i/ nel sign. B [lat. *illi*, m. pl. di *ille*, di comp. incerta ✱ av. 1250] **A** art. determ. m. pl. **1** †V. *gli*① e *i*① **2** si usa nelle indicazioni di date, spec. in documenti ufficiali: *li 25 ottobre* **B** pron. pers. e dimostr. m. pl. ● loro, essi (come compl. oggetto, riferito a persona o cosa, in posizione sia enclitica sia proclitica): *li vedrò domani; andrò a trovarli; eccoli; dammeli; li vuoi tu?* (V. nota d'uso ACCENTO)

†**li**② ➤ **gli**②

♦**lì** /li*/ o †**lie** [lat. *illic*, da *ille*, di comp. incerta, rafforz. da *-c* ✱ av. 1292] avv. **1** in quel luogo (con v. di stato e di moto, con riferimento a un luogo più o meno distante da chi parla e da chi ascolta, oppure vicino a chi ascolta; ha valore più determinato rispetto a 'là'): *non dovevi stare lì tanto tempo; ero lì quando è accaduto il fatto; gli occhiali sono lì, proprio davanti a te* | *fino lì*, fino a quel luogo: *vado fino lì e torno indietro* | *siamo ancora lì*, (*fig.*) alle solite, al solito punto | *se non sono mille siamo lì*, ci manca poco | contrapposto a 'qua', 'qui', 'là', con valore locativo più o meno indeterminato: *stavano uno lì e uno là; ricopia da qui a lì* | con valore rafforz. seguito da altri avverbi di luogo dà loro maggiore determinazione: *era lì presso; vai lì dentro; è lì sotto; guarda lì su* | unito a pron. pers. e al pron. e agg. 'quello', con valore rafforz. e intens.: *eccolo lì!; tu, lì, sbrigati; è proprio quello lì; dammi quella matita lì* **2** con valore rafforz. o enfat. in escl. o espressioni di esortazione, sdegno e sim.: *zitto lì!; fermo lì!; guarda lì cosa hai combinato!* | indica il durare o il ripetersi insistente di qlco.: *e lì con le solite lamentele; e lì baci e abbracci* **3** in quel momento, allora, in quel punto (con valore temporale anche fig.): *la questione è finita lì* | circa in quel tempo: *si era lì, verso Pasqua* | *essere lì per, essere lì lì per*, stare per, essere sul punto di: *era lì per piangere* | *fino lì*, fino a quel momento: *fin lì le cose erano andate bene* | *di lì a*, dopo: *di lì a poco; di lì a tre mesi, partì per la guerra* **4** nella loc. avv. *di lì, da lì*, da quel luogo, attraverso quel luogo (indica moto da luogo e moto attraverso luogo, anche fig.): *da lì non si entra; di lì non si passa* | *giù di lì*, pressappoco, circa: *abita vicino alla stazione o giù di lì; verrà alle cinque o giù di lì* **5** nella loc. avv. *per lì*, attraverso quel luogo: *per lì non puoi passare* | *lì per lì*, sul momento: *lì per lì non avevo capito* (V. nota d'uso ACCENTO)

liaison /fr. ljɛ'zɔ̃/ [vc. fr. che continua il lat. tardo *ligatiōne(m)*, da *ligātus*, part. pass. di *ligāre* 'legare①' ✱ 1957] s. f. inv. **1** (*ling.*) fenomeno fonetico-sintattico tipico della lingua francese, consistente nel pronunciare due parole consecutive unendo la consonante finale della prima parola (che davanti a consonante non si pronuncia) alla vocale iniziale della parola seguente (per es., *un savant anglais; très heureux*) **2** (*fig.*) legame, relazione sentimentale: *avere una l. con qlcu.*

†**liàle** e deriv. ➤ **leale** e deriv.

†**lìàma** [ant. provenz. *liam*, dal lat. *ligāmen* 'legame' ✱ sec. XIII] s. f. ● (*poet.*) legame

liàna [fr. *liene, liane*, da *lien* 'legame' ✱ 1838] s. f. ● pianta caratteristica delle foreste tropicali a fusto legnoso, molto allungato e sottile che si appoggia ad altre piante formando un fitto intreccio

lianóso (o *-ş-*) [1973] agg. ● (*raro*) ricco di liane: *foresta lianosa* | a forma di liana: *pianta lianosa*

†**liànza** ➤ †**leanza**

libagióne o (*raro*) **libazióne** [lat. *libatiōne(m)*, da *libātus*, part. pass. di *libāre* 'libare①' ✱ 1598] s. f. **1** cerimonia propria di molte religioni antiche, consistente nel versare o spargere latte, vino o altro, in onore degli dei, sull'altare o a terra | (*est.*) offerta od oblazione sacrificale: *offrire libagioni agli dei* **2** (*scherz.*) abbondante bevuta di vino o liquori

†**libàme** [vc. dotta, lat. *libāmen* (nt.), da *libāre* 'libare①' ✱ 1619] s. m. (pl. *libàmi*, m., raro *libàmina*, f.) ● libagione: *l'are mie ... di sacre / opime dapi abbondano mai sempre, / e di libami e di profumi* (V. MONTI)

†**libaménto** [vc. dotta, lat. *libamĕntu(m)*, da *libāre* 'libare①' ✱ sec. XIV] s. m. **1** il libare **2** ciò che si offriva nelle libagioni agli dei

libanése (o *-ş-*) [1922] **A** agg. ● del Libano **B** s. m. e f. ● abitante o nativo del Libano

libanizzàre [da *Libano*, teatro di lunghi e distruttivi conflitti ✱ 1983] v. tr. **1** ridurre una città, un territorio o un intero Stato in un campo di battaglia, nel quale si fronteggiano oppositori interni e avversari internazionali **2** (*fig.*) provocare una situazione di divisione, di disgregazione, di scontro ‖ **libanizzazióne**, s. f.

lìbano [etim. incerta ✱ 1589] s. m. ● fune di fibre vegetali intrecciate usata dai marinai

libàre① [vc. dotta, lat. *libāre*, di etim. incerta ✱ av. 1484] v. tr. **1** (*lett.*) versare o spargere un liquido sull'altare o altrove per offrirlo e consacrarlo a una divinità (*anche assol.*): *chi sedea / a libar latte e a raccontar sue pene / ai cari estinti* (U. FOSCOLO) **2** (*lett.*) gustare leggermente a fior di labbra (*anche fig.*): ... *un gran vecchio che libava il vino, / con gli occhi al cielo* (G. PASCOLI) | (*lett.*, *assol.*) brindare: *Libiam ne' lieti calici / Che la bellezza infiora* (F.M. PIAVE *La Traviata* di G. Verdi)

libàre② [lat. tardo *leviāre* 'alleggerire', da *lĕvis* 'leggero' ✱ 1566] **v. tr.** ● (*mar.*) allibare

libatòrio [vc. dotta, lat. *libatōriu(m)* 'vaso per le libagioni', da *libātus* 'libato' ✱ 1584] **agg.** (**pl. m.** *-i* o *raro -ii*) ● che serve per le libagioni: *vaso l.*

libazióne ➤ **libagione**

lìbbra o **lìbra** [vc. dotta, lat. *lībra(m)* 'oggetto che serve a pesare', da cui 'libbra' e 'bilancia', termine mutuato, di etim. incerta ✱ av. 1294] **s. f.** **1** principale unità di misura di peso presso i Romani e nell'Italia antica, con valori vari, inferiori a 500 g | unità di misura di peso in Italia nel Medio Evo e in epoca moderna fino all'adozione del sistema decimale, con valori vari, in Gran Bretagna e nei Paesi anglosassoni pari a ca. 454 g **2** (*fis.*) unità anglosassone di misura della massa pari a 0,454 kilogrammi **SIMB.** lb

libecciàta [av. 1527] **s. f.** ● violento spirare del libeccio | periodo di tempo in cui soffia il libeccio | (*est.*) mareggiata provocata dal libeccio

libéccio [etim. discussa: da una vc. araba di provenienza gr. (*libýkion*, dim. *libykós*, cioè '(vento leggero) proveniente dalla *Libia*') (?) ✱ av. 1292] **s. m.** **1** (*meteor.*) vento da sud-ovest spesso molto violento, caratteristico del Mediterraneo centrale e settentrionale **SIN.** africo **2** punto cardinale intermedio Sud-Ovest

libèlla [vc. dotta, lat. *libĕlla(m)*, dim. di *lībra* 'libbra' e 'bilancia' ✱ av. 1292] **s. f.** ● piccola moneta romana di rame

libellìsta [av. 1744] **s. m. e f.** (**pl. m.** *-i*) ● autore di libelli diffamatori

libèllo [vc. dotta, lat. *libĕllu(m)*, dim. di *līber* 'libro' ✱ av. 1292] **s. m.** **1** †piccolo libro **2** pubblicazione diffamatoria, spesso anonima **3** (*dir.*, *raro*) lettera citatoria **4** †libro o sezione di un trattato **5** †cartello di sfida ‖ **libellàccio**, **pegg.**

SFUMATURE DI SIGNIFICATO

libello - pamphlet
Libello è una pubblicazione diffamatoria, polemica o satirica, spesso anonima. Significato simile ha **pamphlet**, termine di origine francese largamente affermatosi in italiano e più diffuso dell'equivalente *libello*.

libèllula [dim. di *libella* 'bilancetta' per il suo volo librato ✱ 1834] **s. f.** **1** insetto appartenente all'ordine degli Odonati, acquatico allo stato larvale, terrestre in quello adulto, con quattro ali, generalmente uguali, trasparenti, a nervature reticolate (*Libellula depressa*) | (*est.*) ogni insetto dell'ordine degli Odonati **2** (*fig.*) simbolo di agilità, leggerezza e grazia nei movimenti: *danzare come una l.*

†**libènte** [vc. dotta, lat. *libĕnte(m)*, part. pres. di *libēre* 'piacere, essere gradito', da una radice di orig. indeur. ✱ 1321] **agg.** ● (*lett.*) volenteroso

lìbera [da *libero* ✱ 1961] **s. f.** ● nell'alpinismo, arrampicata libera | nello sci, discesa libera

liberàbile [1824] **agg.** ● che si può liberare, detto spec. di abitazioni affittate: *appartamento l. a breve scadenza*

lìberal /'liberal, *ingl.* 'lɪbər(ə)l/ [dal lat. *liberāle(m)* 'liberale', 'concernente la libertà' ✱ 1982] **A** **agg. inv.** ● che è di tendenza liberale **B** **agg. e s. m. e f. inv.** ● negli Stati Uniti, che (o chi) è politicamente orientato a sinistra: *movimento, corrente l.*; *l'influenza dei l. sul governo*

liberaldemocràtico [comp. di *liberal(e)* e *democratico* ✱ 1963] **agg. e s. m.** (**f.** *-a*; **pl. m.** *-ci*) ● che (o chi) fa riferimento o si ispira al patrimonio di idee liberali e democratiche dei Paesi occidentali: *concezioni liberaldemocratiche*; *polo l.*; *programma dei liberaldemocratici*

liberàle [vc. dotta, lat. *liberāle(m)*, da *līber* 'libero', di etim. incerta ✱ 1261 ca.] **A** **agg.** **1** generoso nel donare: *essere l. verso i poveri, verso le istituzioni culturali*; *essere l. di conforti, di incoraggiamenti* | (*est.*) di ciò che denota generosità e magnanimità: *gesto, dono l.*; *chiede opportuno e parco / con fronte liberal che l'alma pinge* (G. PARINI) **SIN.** largo, munifico **2** che professa principi di libertà civile o è fautore del liberalismo: *pensatore l.*; *leggi, riforme liberali* **SIN.** libertario | (*raro*) franco, libero **3** che si ispira al liberalismo: *idee liberali* | ***Stato l., economia l.***, che tende a lasciare la massima libertà ai cittadini quali operatori economici **4** relativo al Partito Liberale Italiano **5** (*lett.*) che si addice a persona libera per condizione o per mentalità: *studi, professioni liberali* | ***arti liberali***, le sette discipline che formavano il trivio e il quadrivio **6** †amorevole **7** †libero, spontaneo ‖ **liberalménte**, †**liberaleménte**, **avv.** in modo liberale, generoso ‖ **liberalità**, **s. f. inv.** (V.) **B** **s. m. e f.** **1** chi segue e sostiene il liberalismo **2** appartenente al Partito Liberale Italiano ‖ **liberalàccio**, **pegg.** | **liberalóne**, **accr.** | (*spreg.*) **liberalùcolo**, **dim.**

SFUMATURE ➤ ***generoso***

liberaleggiànte [1849] **agg.** ● che tende al liberalismo

liberalésco [1849] **agg.** (**pl. m.** *-schi*) ● (*spreg.*, *disus.*) da liberale: *atteggiamento l.*

liberalìṣmo [1819] **s. m.** ● dottrina e movimento politico che ha al suo centro i problemi della libertà individuale, sostiene la limitazione del potere dello Stato e il primato della coscienza morale dell'individuo | ***l. economico***, liberismo

liberalìstico [1931] **agg.** (**pl. m.** *-ci*) ● (*raro*) liberale, nel sign. A 3

liberalità [vc. dotta, lat. *liberalitāte(m)*, da *liberālis* 'liberale' ✱ 1268] **s. f. inv.** **1** larghezza nel dare, nel beneficare **SIN.** generosità, munificenza **2** atto di persona generosa e magnanima **3** (*dir.*) attribuzione patrimoniale fatta spontaneamente da una parte all'altra con l'intento di arricchirla senza corrispettivo **4** †libertà

liberalizzàre [adattamento dell'ingl. *to liberalize* 'fare o diventare liberale' ✱ av. 1853] **A** **v. tr.** **1** conformare ai principi del liberismo, riducendo o eliminando restrizioni, barriere doganali, monopoli ecc.: *l. gli scambi, i commerci* **2** rendere più libero, eliminando vincoli, divieti e sim.: *l. i programmi di studio* **B** **liberalizzàrsi** **v. intr. pron.** ● diventare più libero, meno soggetto a vincoli, restrizioni ecc. ‖ **liberalizzazióne**, **s. f.**

liberalòide [comp. di *liberal(e)* e *-oide* ✱ 1903] **agg. e s. m. e f.** ● (*spreg.*) che (o chi) è favorevole al liberalismo, in modo superficiale e approssimativo

liberalsocialìṣmo [comp. di *liberal(ismo)* e *socialismo* ✱ 1945] **s. m.** ● dottrina che vuole conciliare i princìpi politici del liberalismo con i princìpi sociali del socialismo

liberalsocialìsta [comp. di *liberal(e)* e *socialista* ✱ av. 1971] **A** **agg.** (**pl. m.** *-i*) ● relativo al liberalsocialismo **B** **s. m. e f.** ● fautore, sostenitore del liberalsocialismo

†**liberaménto** [vc. dotta, lat. *liberamĕntu(m)*, da *liberāre* 'liberare' ✱ sec. XIV] **s. m.** ● liberazione

†**liberànza**① [ant. fr. *livrame*, da *livrer* 'liberare' (in senso di 'dare liberamente') ✱ av. 1306] **s. f.** **1** liberazione **2** liberalità, dono

†**liberànza**② [sp. *libranza*, da *librar* 'liberare' (in senso commerciale) ✱ av. 1587] **s. f.** ● ordine scritto di pagamento, dato ai pagatori o tesorieri da chi sopraintende all'economia di guerra

♦**liberàre** [vc. dotta, lat. *liberāre*, da *līber* 'libero' ✱ sec. XIII] **A** **v. tr.** (*io lìbero*) **1** render libero, togliendo da impedimenti, sciogliendo da vincoli e sim. (+ *da*, **lett.** + *di*): *l. qlcu. dai lacci, dalle catene, da un obbligo, da una promessa*; *con arme li liberò di servitù* (D. COMPAGNI); *vennero a ringraziarmi ... dicendomi, ch'io gli ho liberati della miseria* (U. FOSCOLO) | sgombrare (*anche fig.*): *l. una stanza, un appartamento*; *l. la mente dai pensieri* | (*est.*) restituire alla libertà: *l. qlcu. dalla prigionia, dalla schiavitù* | anche nella forma pron. **liberàrsi**, liberare una parte del proprio corpo: *Si libera le mani con uno strappo violento* (L. PIRANDELLO) **2** dare libero sfogo a qlco.: *l. la fantasia, la propria creatività* **3** pagare per intero, completamente | ***l. un'azione***, pagare alla società emittente l'intero valore nominale del titolo | (*fig.*) †***l. la fede, la parola***, adempiere la promessa fatta **4** salvare, sottrarre qlcu. da un pericolo, da un danno, da una minaccia e sim. (+ *da*): *l. qlcu. da preoccupazioni, rimorsi, malattia* **5** esimere (+ *da*): *l. dal servizio* **B** **liberàrsi** **v. rifl.** **1** rendersi libero o esente (+ *di*, + *da*): *liberarsi di* (o *da*) *un importuno*; *liberarsi dall'angoscia, dalla paura*; *per domattina cercherò di liberarmi*; *la mia fortuna consisteva ... nell'essermi liberato della moglie, della suocera, dei debiti* (L. PIRANDELLO) | sbarazzarsi, togliersi di dosso: *liberarsi degli abiti invernali* **2** (*eufem.*) vomitare, evacuare **C** **liberàrsi** **v. intr. pron.** **1** diventare libero: *l'appartamento si è liberato* | diventare disponibile: *Si liberò un posto abbastanza vicino a lui, nella fila* (P.P. PASOLINI) **2** sprigionarsi: *una reazione chimica da cui si libera idrogeno*

SFUMATURE DI SIGNIFICATO

liberare - rilasciare - mollare
Rendere libera una persona o un animale, togliendo impedimenti, sciogliendo vincoli si definisce **liberare**. **Rilasciare** ha lo stesso significato, ma si riferisce quasi esclusivamente a prigionieri, ostaggi, detenuti. Se a essere liberato è un ormeggio, una presa, un nodo si usa il verbo **mollare**, che descrive un'azione rapida e improvvisa.

liberatìvo [1927] **agg.** ● che libera, che mira a liberare: *intervento l.*

liberàto **A** **part. pass.** di *liberare*; **anche agg.** ● nei sign. del v. **B** **s. m.** (**f.** *-a*) ● chi è reso libero, esente e sim.: *i liberati dalla prigionia*

liberatóre [vc. dotta, lat. *liberatōre(m)*, da *liberātus* 'liberato' ✱ 1351] **agg. e s. m.** (**f.** *-trice*) ● che (o chi) libera: *guerra liberatrice*; *è stato il l. del paese*

liberatòria [agg. f. sostantivato di *liberatorio*, sottinteso *dichiarazione* ✱ 1980] **s. f.** ● (*dir.*) dichiarazione con la quale il creditore afferma che il debitore ha adempiuto l'obbligazione | dichiarazione con la quale il titolare del diritto di sfruttamento della propria immagine o del proprio nome ne autorizza l'utilizzo da parte di un terzo; è necessaria per lo sfruttamento da parte di quest'ultimo a fini di lucro

liberatòrio [1673] **agg.** (**pl. m.** *-i* o *raro -ii*) **1** che libera da costrizioni fisiche o da ansie, tensioni, inibizioni: *sfogo l.*; *confessione liberatoria* **2** (*dir.*) che libera da un'obbligazione: *pagamento l.* | ***credito l.***, nella terminologia di banca, quello da trasferirsi mediante clearing e che può essere riscosso dal beneficiario anche prima che il clearing presenti disponibilità **3** (*econ.*) carattere della moneta legale che la fa accettare obbligatoriamente in pagamento: *potere l. dell'euro*

liberazióne [vc. dotta, lat. *liberatiōne(m)*, da *liberātus* 'liberato' ✱ av. 1328] **s. f.** **1** il liberare, il liberarsi, il venire liberato: *ottenere la l. dei detenuti politici* | la conquista della libertà contro un occupante straniero, un regime oppressivo e sim.: *guerra di l.* | (**per anton.**; gener. con iniziale maiuscola) in Europa, la fine dell'occupazione nazista e la caduta dei governi collaborazionisti: *l'anniversario della L.* (in Italia il 25 aprile) **2** (**fig.**) riscatto da una condizione di soggezione, di dipendenza: *l. dalla povertà, dallo sfruttamento* | sollievo da uno stato di sofferenza, di preoccupazione: *l. da un rimorso; provare un senso di l.; finalmente ho dato l'esame, che l.!*

libèrcolo [vc. dotta mediev. tratta dal lat. *lĭber* 'libro', come *latĕrculus* (per *laterĭculus*) 'piccolo mattone' e poi 'registro', da *lăter*, genit *lăteris* 'mattone' ✱ 1380] **s. m.** ● (**spreg.**) libro di scarso valore ‖ **libercolétto**, **dim.** | **libercolino**, **dim.**

liberiàno ① [ingl. *Liberian*, dal n. della regione africana (repubblica dal 1847) in orig. destinata ai neri *liberati* (*Liberia*) ✱ 1934] **A agg.** ● della Liberia, Stato dell'Africa occidentale **B s. m. (f. -a)** ● abitante o nativo della Liberia

liberiàno ② [fr. *libérien*, deriv. di *liber*, dal lat. *lĭber* nel senso originario di 'membrana sottostante alla corteccia dell'albero' ✱ 1884] **agg.** ● (**bot.**) che riguarda il libro, nel sign. 6

liberiàno ③ [sec. XIX] **agg.** ● relativo a papa Liberio (IV sec.): *basilica liberiana*

liberìsmo [da *libero* (scambio) ✱ 1892] **s. m.** ● (**econ.**) dottrina economica che propugna un sistema basato sulla libera concorrenza e che limita l'intervento statale alla difesa del processo competitivo e all'erogazione di servizi di pubblico interesse non ottenibili attraverso i canali del mercato **CFR.** mercatismo

liberìsta ① [1881] **A agg.** (**pl. m. -i**) ● relativo al liberismo **B s. m. e f.** ● seguace, sostenitore del liberismo: *liberisti ed individualisti rappresentati dall'anonimo autore della lettera* (L. EINAUDI)

liberìsta ② [da *libero* riferito alla discesa o allo stile ✱ 1957] **s. m. e f.** (**pl. m. -i**) ● (**sport**) sciatore specialista di discesa libera **SIN.** discesista | nuotatore specialista dello stile libero | chi pratica la lotta libera

liberìstico [1922] **agg.** (**pl. m. -ci**) ● relativo al liberismo, fondato sul liberismo: *regime l.*

♦**lìbero** [vc. dotta, lat. *lĭberu(m)*, di etim. incerta ✱ 1261 ca.] **A agg. I** in senso lato **1** che ha il potere di decidere in modo autonomo, di agire secondo la propria volontà e sim. (+ *da*; + *di* **seguito da inf.**): *un popolo l.; essere l. da ogni pregiudizio, dalle preoccupazioni; essere l. di fare, dire, pensare; sono l. di intervenire come più mi piace; siamo liberi di scegliere il nostro destino; ma quelli è l. di paura e da speranza* (G. BOCCACCIO) | ***l. pensatore***, chi sostiene posizioni antidogmatiche **2** che non è sottoposto a vincoli, obblighi, impegni e sim.: *il l. convincimento del giudice; documenti in carta libera; periodo l. da impegni scolastici* | ***libera docenza***, abilitazione, non più prevista dall'attuale ordinamento universitario, a tenere corsi di insegnamento presso università e istituti superiori | ***l. professionista***, chi è stato abilitato a esercitare in modo autonomo una data professione | ***l. scambio***, regime in cui le merci possono circolare senza restrizioni protezionistiche e vincoli doganali di sorta | ***interrogatorio l.***, non formale | ***a piede l.***, detto di imputato che non sia in stato di arresto | ***mercato l.***, esente da vincoli o dazi | ***mare l.***, zona di mare situata oltre le acque territoriali, non appartenente ad alcuno Stato e aperta alla navigazione di tutti i Paesi | ***battitore l.***, V. *battitore* | ***tiro l.***, V. *tiro* ① nel sign. 3 | ***liberi tutti***, gioco infantile, simile al nascondino, in cui un ragazzo non ancora preso può liberare i compagni prigionieri **3** (**est.**) detto di chi è privo di legami familiari o sentimentali: *uomo l.* | ***donna libera***, indipendente, emancipata; (**spreg.**, **disus.**) donna di facili costumi | detto di chi non ha impegni particolari o non è occupato: *domani non sono l., è meglio rinviare l'incontro; in questo momento il direttore non è l.* **4** (**est.**) che si compie, si verifica, avviene o si sviluppa al di fuori di ogni costrizione, norma, intervento, riconoscimento e sim.: *attività libera; respirazione libera; dare l. corso alla fantasia, ai propri pensieri* | ***l. amore***, che non accetta come necessari o indispensabili i legami coniugali | (**est.**) ardito, audace: *linguaggio l.; espressioni alquanto libere* **II** in senso politico e filosofico **1** detto di chi (o di ciò che) non è sottomesso ad autorità dispotiche, a norme o sistemi tirannici e sim.: *la natura che ha fatto gli uomini liberi e uguali* (G. LEOPARDI); *una nazione indipendente e libera; elezioni libere; liberi di esercitare publicamente il culto divino* (F. GUICCIARDINI) **2** ***l. arbitrio***, potere in virtù del quale l'essere cosciente può scegliere tra due azioni contrarie senza essere determinato da alcuna necessità **III** in senso stretto **1** che non ha padrone, spec. contrapposto a schiavo: *uomini liberi; cittadini liberi* | (**fam.**) ***essere l. come l'aria***, essere assolutamente libero **2** che ha piena libertà fisica, di azione, movimento e sim.: *domani i prigionieri saranno liberi* | ***mani libere***, non impedite | ***avere le mani libere***, (**fig.**) poter disporre, agire e sim. secondo la propria iniziativa o volontà, senza rendere conto a nessuno | (**sport**) ***corpo l.***, specialità della ginnastica artistica | ***esercizio a corpo l.***, esercizio ginnico effettuato senza ausilio di attrezzi o sovraccarichi | ***ruota libera***, V. *ruota* **IV** riferito esclusivamente a cose **1** che è permesso, consentito a tutti, a chi lo vuole: *l. accesso; via libera* | ***dare via libera a qlcu.***, (**fig.**) autorizzarlo a proseguire nell'azione intrapresa e sim. | ***entrata libera, ingresso l.***, per i quali non si è tenuti a pagare nulla **2** che non è occupato, precluso, riservato, che non subisce vincoli, oneri e sim.: *taxi, terreno, telefono l.; cercare una stanza libera; scusi, è l. questo posto?* | ***lasciar libera qlco.***, disdirla dopo averla occupata o riservata | ***tempo l.***, quello che resta dopo il normale periodo di lavoro, giornaliero o settimanale, e di cui si può disporre a proprio piacimento: *i problemi del tempo l.; come occupare il tempo l.* | ***giorno l., sabato l.***, in cui non si lavora | (**chim.**) ***stato l.***, quello in cui si trova una sostanza non combinata con altre | ***all'aria libera***, all'aperto | ***arrampicata libera***, V. *arrampicata* | ***lotta libera***, V. *lotta* | ***discesa libera***, V. *discesa* **3** detto di ciò la cui forma non è imposta, prestabilita, o altro: *traduzione libera; l. adattamento di un famoso romanzo* | ***versi liberi***, sciolti **4** (**ling.**) detto di vocale in sillaba aperta, cioè non seguita da consonante ‖ **liberaménte**, **avv.** in modo libero e autonomo, con libertà, senza vincoli; francamente: *parla pure liberamente* **B** in **funzione di avv.** ● (**raro**, **lett.**) liberamente, francamente: *parlare l.* **C s. m.** ● (**ellitt.**) nel calcio, battitore libero | nella pallacanestro, tiro libero

liberoscambìsmo [comp. della loc. sost. *libero scambio* (V. *liberoscambista*) e *-ismo* ✱ 1903] **s. m.** ● dottrina che propugna il libero scambio

liberoscambìsta [da *libero scambio*, trad. del fr. *libre-échange*, che a sua volta riproduce l'originale ingl. *free-trade* 'libero (*free*) commercio (*trade*)' ✱ 1858] **agg. e s. m. e f.** (**pl. m. -i**) ● che (o chi) segue o sostiene il libero scambio

♦**libertà** o †**libertàte** [vc. dotta, lat. *libertā-te(m)*, da *lĭber* 'libero' ✱ 1268] **s. f. inv. I** in senso lato **1** condizione di chi (o di ciò che) non subisce controlli, costrizioni, coercizioni, impedimenti e sim.; possibilità di agire in modo autonomo: *l. di movimenti; avere la l. di dire, fare, cercare qlco.; conservare, perdere, riconquistare la propria l. d'azione, di pensiero, di giudizio, di parola; agire in tutta l., in piena l.; difendere la propria l.; lasciare a qlcu. molta, poca, troppa l.; abusare della l.* | (**est.**) affrancamento (+ *da*): *l. dalla miseria, dalla paura, dalla schiavitù, dalla superstizione* **2** (**est.**) condizione di chi non ha obblighi, impegni, legami e sim.: *essere geloso della propria l.; quei rovi e quelle pietre che erano la mia isola e la mia l.* (P. LEVI) | ***mettersi in l.***, mettersi abiti da casa, togliersi la giacca, e sim., per stare a proprio agio | ***perdere la propria l.***, assumere un impegno spec. personale, legarsi a qlcu. | ***riprendere, riprendersi la propria l.***, sciogliersi da impegni, vincoli, legami e sim. | ***restituire a qlcu. la sua l.***, detto spec. con riferimento a vincoli sentimentali | ***prendersi la l.***, permettersi di dire o fare qlco. | ***prendersi delle l. con qlcu.***, mancargli di rispetto, usare eccessiva confidenza **SIN.** licenza **II** in senso politico e sociale **1** potere di agire nell'ambito di una società organizzata, secondo la propria convinzione e volontà, entro i limiti stabiliti dalla legge | ***l. civili***, relative all'esercizio di attività private | ***l. politiche***, inerenti all'esercizio di una funzione pubblica | ***la l.***, (**per anton.**) condizione di piena autonomia e indipendenza nei confronti di potenze straniere e di non soggezione a dittature o poteri tirannici: *lottare, morire, immolarsi per la l.; i martiri della l.; votarsi alla causa della l.; invocare la l. per i popoli oppressi; conquistare la l.* **2** potere specifico, che la legge riconosce all'individuo in un determinato ambito: *l. di associazione, di riunione, di pensiero, di lavoro; l. di stampa; l. religiosa; la l. dei commerci, degli scambi; le antiche libertà comunali* **III** in senso stretto **1** condizione di chi è libero, spec. in contrapposizione a schiavitù: *dare, concedere la l. ai servi, agli schiavi* **2** condizione di chi non è prigioniero: *l. personale; rimettere in l. i detenuti; dare la l. a un prigioniero* | (**dir.**) ***l. provvisoria***, liberazione concessa all'imputato che si trovi in stato di custodia cautelare in considerazione della sua personalità, delle modalità del fatto imputatogli e della non necessità della sua detenzione | ***l. vigilata***, misura di sicurezza non detentiva consistente nell'imposizione al vigilato di dati obblighi che ne limitano la libertà personale al fine di evitargli occasioni di nuovi reati | ***Tribunale della l.***, V. *tribunale*

SFUMATURE DI SIGNIFICATO

libertà - emancipazione - indipendenza

Il termine **libertà** indica la condizione di colui che può disporre autonomamente di sé stesso, senza vincoli che gli impediscano atti e movimenti o limitino la sua facoltà di decidere, di agire secondo volontà o coscienza, entro i limiti stabiliti dalla legge o comunque riconosciuti validi dalla comunità d'appartenenza. Il fatto di passare da una condizione di dipendenza o soggezione a una condizione di libertà si definisce **emancipazione**; in particolare, nel mondo romano l'emancipazione consisteva nel rendere libero uno schiavo; in senso più ampio oggi l'emancipazione è la caratteristica di una persona priva di condizionamenti nel modo di pensare o di vivere. La condizione di chi è libero da vincoli, condizionamenti e non dipende nel proprio sostentamento o nelle proprie scelte da alcuno si definisce **indipendenza**; in riferimento a Stati, il termine definisce invece entità politico-territoriali non soggette al dominio di altre nazioni.

a b c d e f g h i j k l m n o p q r s t u v w x y z

libertà - arbitrio - licenza
In riferimento alla sfera dei comportamenti personali, **libertà** è la condizione di chi ha la possibilità di agire in modo autonomo, di scegliere senza costrizioni o impedimenti ciò che considera migliore per sé. La facoltà di scegliere liberamente si definisce anche **arbitrio**, che in altra accezione indica un atto abusivo, illegale, o comunque una prepotenza esercitata ai danni di qualcuno. In questa accezione *arbitrio* è sinonimo di **licenza**, che ugualmente descrive un comportamento che nasce da un abuso della propria libertà a scapito della libertà o della sensibilità altrui, il quale, se non illegale, è per lo meno fastidioso.
SFUMATURE ➤ *autonomia*, ➤ *diritto*②, ➤ *indipendenza*

libertàrio [fr. *libertaire*, da *liberté* 'libertà' ✱ 1894] **A** **agg.** ● (*lett.*) liberale, nel sign. A 2: *ideali libertari* **B** **agg. e s. m.** (**f.** *-ia*) ● sostenitore di una libertà politica assoluta contro ogni imposizione autoritaria **CFR.** anarchico

libertarìṣmo [da *libertario* col suff. di atteggiamento *-ismo* ✱ av. 1952] **s. m.** ● ideologia e pratica libertaria

†**libertàte** ➤ **libertà**

liberticìda [comp. del lat. *libertas* 'libertà' e *-cida*, sul modello del corrispondente fr. *liberticide* ✱ 1793] **agg. e s. m. e f.** (**pl. m.** *-i*) ● che (o chi) lede o distrugge la libertà

liberticìdio [da *libertà* col suffissoide di *(omi)cidio* e di altri simili comp., vivi già in lat. ✱ 1793] **s. m.** (**pl.** *-i* o *raro -ii*) ● soppressione, violazione delle libertà politiche e civili

libertinàggio [fr. *libertinage*, da *libertin* 'libertino' ✱ 1641] **s. m.** **1** (*lett.*) sregolatezza o spregiudicatezza di costumi spec. sessuali | (*est.*) abuso della libertà: *passare dalla libertà al l.* **2** assoluta indipendenza di idee, opinioni e sim., spec. in campo religioso o morale **3** modo di agire e di pensare proprio dei libertini del XVII secolo

libertinìṣmo [recupero del n. della setta dei *libertini* col suff. di movimento *-ismo* ✱ av. 1789] **s. m.** ● (*filos.*) corrente di pensiero etico-politico sviluppatasi in Europa nel XVII sec., contraria al dogmatismo religioso e al conformismo morale in nome della libertà di coscienza

libertìno [vc. dotta, lat. *libertīnu(m)*, da *libĕrtus* 'liberto', secondo il sign. assunto dal corrispondente fr. *libertin* ✱ av. 1342] **A** **agg.** **1** nell'antica Roma, relativo alla condizione di liberto **2** (*filos.*) che è proprio del libertinismo **3** (*est.*) che non osserva la morale corrente; licenzioso, sregolato: *condurre vita libertina* **B** **s. m.** (**f.** *-a*) **1** nell'antica Roma, liberto o suo discendente **2** libero pensatore | (*filos.*) seguace del libertinismo **3** (*est.*) chi ha modi di vita sregolati, licenziosi

SFUMATURE DI SIGNIFICATO
libertino - licenzioso - dissoluto
Libertino, parola originariamente collegata alla corrente filosofica che nel XVIII secolo si opponeva al dogmatismo religioso e a ogni costrizione moralistica limitante della libertà umana, si usa oggi in riferimento a comportamenti e stili di vita improntati a una certa spregiudicatezza di costumi sessuali. **Licenzioso** è parola più incisiva, che definisce ciò che offende la morale corrente, il pudore. Stesso significato ha **dissoluto**, che tuttavia aggiunge una sfumatura di sregolatezza, di assenza di freni morali e può anche riferirsi a comportamenti estranei alla sfera sessuale.

libertìṣmo [comp. di *libert(à)* e *-ismo* ✱ 1975] **s. m.** ● (*filos.*) termine coniato da Henri Bergson (1859-1941) per indicare lo spiritualismo francese del XIX sec., di cui egli stesso fu principale rappresentante **SIN.** filosofia della libertà

libèrto [lat. *libĕrtu(m)*, da *līber* 'libero' ✱ av. 1292] **s. m.** (**f.** *-a*) ● nel diritto romano, la condizione giuridica dello schiavo liberato, che si estendeva anche ai suoi discendenti

lìberty /'liberti, *ingl.* 'lɪbətɪ/ [dal n. di un magazzino londinese di prodotti di artigianato orientale, fondato da A. L. *Liberty* (1843-1917) ✱ 1900] **A** **s. m. inv.** ● movimento artistico affermatosi tra la fine dell'Ottocento e l'inizio del Novecento spec. nell'architettura e nelle arti applicate, caratterizzato dall'uso di forme sinuose ed eleganti ispirate al mondo vegetale e da una predilezione per l'arte orientale **SIN.** stile floreale **CFR.** Jugendstil, art nouveau, modern style **B** **anche agg. inv.**: *stile, mobile l.*; *decorazione l.*

♦**lìbico** [vc. dotta, lat. *Lĭbycu(m)*, da *Lĭbya*, in gr. *Libýē*, dal n. indigeno degli abitanti (*Libi*) ✱ 1340] **A** **agg.** (**pl. m.** *-ci*) ● della Libia **B** **s. m.** (**f.** *-a*) ● abitante o nativo della Libia **C** **s. m. solo sing.** ● lingua di origine camitica degli antichi popoli della Libia

libìdico [1955] **agg.** (**pl. m.** *-ci*) ● (*psicoan.*) della libido

†**libidinàre** [vc. dotta, lat. tardo *libidināri*, da *libīdo*, genit. *libīdinis* 'libidine' ✱ av. 1686] **v. intr.** ● soddisfare la libidine

libìdine [vc. dotta, lat. *libīdine(m)*, da *lĭbet* 'piacere', di orig. indeur. ✱ 1268] **s. f.** **1** voglia smodata di piaceri sessuali: *l. insaziabile*; *soddisfare la propria l.* **SIN.** lussuria **2** (*est.*) sfrenato desiderio di qlco.: *la l. del potere, del denaro* **SIN.** brama **3** spec. nel gergo giovanile, grandissimo piacere: *che l., quel concerto!*

SFUMATURE DI SIGNIFICATO
libidine - voglia - concupiscenza
Libidine è il desiderio smodato del piacere sessuale. Un suo equivalente è **voglia**, che ha tuttavia in più una sfumatura di volgarità, connotando una sessualità che ha aspetti animaleschi. Termine più elevato rispetto ai precedenti è **concupiscenza**, che definisce la disposizione abituale alla sensualità, aggiungendo un'idea di riprovazione morale.

libidinóso (o **-ṣ-**) [vc. dotta, lat. *libidinōsu(m)*, da *libīdo*, genit. *libīdinis* 'libidine' ✱ 1268] **agg.** ● lussurioso: *atto, comportamento, discorso l.*; *raro è però che di ragione il morso / libidinosa furia a dietro volga* (L. Ariosto) ‖ **libidinosaménte**, **avv.** con libidine ‖ **libidinosità**, **s. f. inv.**

libìdo [vc. dotta, lat. *libīdo* (nom.) 'piacere', da *lĭbet* 'piace', di orig. indeur. ✱ 1910] **s. f. inv.** (**pl. lat.** *libidines*) ● (*psicoan.*) manifestazione psichica dei bisogni sessuali dell'essere umano | (*est.*) desiderio sessuale

lìbito [vc. dotta, lat. *lĭbitu(m)*, part. pass. di *lĭbet*, da una radice di orig. indeur. ✱ sec. XIII] **s. m.** ● (*lett.*) ciò che piace, voglia, capriccio: *l. fé licito in sua legge* (Dante *Inf.* V, 56) | (*lett.*) ***a l.***, a volontà, a piacere

libitum, ad ➤ **ad libitum**

lib-làb /lib'lab, *ingl.* 'lɪb,læb/ [comp. di *lib(erale)* e *lab(urista)* ✱ 1978] **A** **agg. inv.** ● detto di posizione politica che fa proprie ideologie e istanze sia liberali che socialiste **B** **anche s. m. e f. inv.**

†**lìbo** [da *libare*② ✱ 1476] **s. m.** ● (*mar.*) allibo

libocèdro (o **-è-**) [comp. del gr. *líb(anos)* 'albero d'incenso' e *kédros* 'cedro' ✱ 1957] **s. m.** ● conifera delle Cupressacee con corteccia rossiccia, strobili ovali e foglie squamiformi giallastre (*Libocedrus decurrens*)

lìbra [vc. dotta, lat. *lībra(m)* 'libbra' (V.) ✱ 1268] **s. f.** **1** (*lett.*) bilancia | †***tenere, mettere in equa l.***, in equilibrio; (*fig.*) nel dubbio | †***con giusta l.***, (*fig.*) in modo imparziale **2** (*astron.*) costellazione della Bilancia **3** V. *libbra*

♦**libràio** o †**libràro** [lat. *librāriu(m)*, da *līber*, genit. *lĭbri* 'libro' ✱ sec. XIII] **s. m.** (**pl.** *-ai*) **1** (**f.** *-aia*) chi vende libri, chi gestisce una libreria: *un famoso l.*; *un l. ambulante* **2** †amanuense, copista ‖ **libraìno**, **dim.**

libràle [vc. dotta, lat. *librāle(m)*, da *lĭbra* 'libbra' ✱ sec. XIV] **agg.** ● del peso di una libbra

†**libraménto** [vc. dotta, lat. *libramentu(m)*, da *librāre* 'librare' ✱ 1499] **s. m.** ● il librarsi | oscillazione di un corpo che tende ad assestarsi in equilibrio

libràre [vc. dotta, lat. *librāre*, da *lĭbra* 'libbra' ✱ av. 1374] **A** **v. tr.** **1** (*lett.*) pesare, ponderare **2** (*lett., fig.*) giudicare **B** **libràrsi** **v. intr. pron.** ● mantenersi sospeso o in equilibrio: *librarsi a volo, in aria*

†**librarìa** ➤ **libreria**

libràrio [vc. dotta, lat. *librāriu(m)*, da *līber*, genit. *lĭbri* 'libro' ✱ av. 1758] **A** **agg.** ● relativo ai libri: *commercio, mercato l.* **B** **s. m.** ● (*stor.*) nella legione romana, chi teneva la contabilità dei soldati

†**libràro** ➤ **libraio**

library /'laibreri, *ingl.* 'laɪbrərɪ/ [vc. ingl., propr. 'biblioteca' ✱ 1992] **s. f. inv.** **1** biblioteca, spec. di istituzioni anglosassoni: *la l. del MIT* **2** insieme di film o di registrazioni televisive: *la l. della RAI* **3** (*inform.*) libreria nel sign. 4

libràto **part. pass.** di *librare*; **anche agg.** ● nei sign. del v. | (*aeron.*) ***volo l.***, volo discendente di un aliante in aria calma, contrapposto a quello veleggiato che sfrutta le correnti ascendenti

libratóre [vc. dotta, lat. *libratōre(m)*, da *librātus* 'librato' ✱ 1895] **s. m.** **1** (*aeron.*) aliante destinato solo al volo librato, usato fino agli anni intorno al 1930 per addestramento **2** antico soldato addetto alla macchina per il lancio dei dardi

librazióne [vc. dotta, lat. *librātiōne(m)*, da *librātus* 'librato' ✱ 1631] **s. f.** **1** (*astron.*) leggerissima oscillazione della Luna, dovuta all'orbita ellittica che descrive intorno alla Terra **2** (*raro*) ondeggiamento, oscillazione

♦**librerìa** o †**librarìa** [av. 1463] **s. f.** **1** negozio in cui si vendono libri: *l. moderna, antiquaria*; *l. letteraria, teatrale* | ***l. editrice***, di libraio che è anche editore **2** raccolta di libri: *riordinare la l.*; *ha una ricchissima l.* **3** mobile in cui sono accolti e custoditi i libri: *l. grande, spaziosa* | (*est.*) biblioteca: *l. grande, piccola* **4** (*inform.*) insieme di programmi, sottoprogrammi e routine destinati a svolgere compiti specifici nell'ambito di un'applicazione: *l. grafica* (calco sull'ingl. *library*) ‖ **librer<u>i</u>étta**, **dim.** | **librerìuccia**, **dim.**

librésco [adattamento del fr. *livresque*, da *livre* 'libro' ✱ 1918] **agg.** (**pl. m.** *-schi*) ● (*spreg.*) che deriva dai libri e non dall'esperienza diretta: *cultura libresca* ‖ **librescaménte**, **avv.**

librettìsta [1858] **s. m. e f.** (**pl. m.** *-i*) ● autore del libretto di un'opera musicale

librettìstica [da *librettistico* ✱ 1985] **s. f.** ● genere letterario concernente i libretti d'opera | studio di tale genere

librettìstico [da *libretto* con il suff. *-istico* ✱ 1911] **agg.** (**pl. m.** *-ci*) ● relativo a libretto (o a libretti) d'opera

librétto [1266] **s. m.** **1** dim. di *libro*: *Di tutte e quattro ... dirò in questo l.* (B. Latini) **2** opuscolo: *ha dato alle stampe un interessante l.* | ***L. rosso***, durante la Rivoluzione culturale, libretto contenente le massime del leader comunista cinese Mao Zedong **3** taccuino per appunti, indirizzi e sim. **4** documento legato in forma di piccolo libro in cui vengono annotati dati, concessioni, documentazioni e sim. | ***l. di lavoro***, contenente i dati e le generalità del lavoratore e le eventuali occupazioni precedenti | ***l. universitario***, che riporta la situazione amministrativa dello studente e i voti riportati negli esami | *l.* ***sanitario***, quello di ogni cittadino per avviare e condurre a termine le varie pratiche di assistenza medica pubblica | ***l. di circolazione***, carta di circolazione | ***l. di navigazione***, rilasciato ai marittimi per segnarvi l'imbarco, ai fini amministrativi **5** documento rilasciato da una banca su cui vengono annotate le operazioni di prelevamento e versamento da un deposito esistente presso la stessa: *l. di deposito a risparmio*; *l. di risparmio* | ***l. degli assegni***, blocchetto di assegni in bianco rilasciato a un correntista dalla propria banca **6** testo di un melodramma | fascicoletto che lo contiene | trama narrativa per la coreografia di un balletto **7** †ciascuna delle parti in cui si divide un libro || **librettìno**, **dim.** | **librettùccio**, **dim.**

SFUMATURE ➤ *opuscolo*

lìbris, ex ➤ **ex libris**

♦**lìbro** [vc. dotta, lat. *lĭbru(m)*, originariamente 'pellicola tra la corteccia e il legno dell'albero' che, prima dell'uso del papiro, serviva per scrivervi, di etim. incerta ✱ sec. XII] **s. m. 1** insieme di fogli che contengono un testo stampato o manoscritto, rilegati e provvisti di copertina: *la pagina di un l.*; *l. di cento pagine*; *l. grande, piccolo*; *l. rilegato in pelle, cuoio, tela, pergamena* CFR. biblio- | ***l. cartaceo, su carta***, il libro tradizionale | ***l. elettronico, digitale***, ebook | ***a l.***, di ciò che si apre come un libro: *scala, tavolo a l.* | (*est.*) opera o testo scritto: *un l. di storia, di medicina*; *è un l. prezioso, indispensabile, che colma una lacuna* | ***l. giallo***, romanzo di intreccio poliziesco | ***l. sacro***, testo, basato su rivelazione o ispirazione divina, che costituisce il fondamento di alcune grandi religioni; in particolare, ciascuna delle parti che compongono la Bibbia | ***l. canonico***, testo riconosciuto come ufficiale da una Chiesa o da un'organizzazione religiosa | ***l. di devozione***, nel cattolicesimo, raccolta di preghiere e di esercizi pii | ***L. dei morti***, testo sacro degli antichi Egizi | ***l. d'ore***, libro di preghiere in cui queste erano distribuite secondo le ore della giornata | ***l. all'Indice***, quello contenuto in un elenco, detto Indice, in cui comparivano, fino al Concilio Vaticano II, i libri condannati dalla Chiesa cattolica | ***l. di testo***, quello adottato dall'insegnante per lo studio di una certa materia | ***l. gioco***, V. *libro-game* | ***l. giocattolo***, formato da parti mobili o ripiegate che, combinate variamente fra loro, creano effetti particolari | ***l. bianco***, raccolta di documenti, testimonianze e sim. divulgata spec. per denunciare all'opinione pubblica problemi di rilevante interesse generale (dalla tradizione dei 'libri diplomatici', pubblicazioni ufficiali dei vari Stati contenenti importanti documenti relativi a controversie internazionali e denominate in base al colore della copertina *libri bianchi, verdi, gialli* ecc.) | ***l. tascabile***, V. *tascabile* | ***finire un l.***, finire di leggerlo o di scriverlo | ***il l. dei sogni***, quello che fornisce l'interpretazione dei sogni per la cabala; (*fig.*) programma destinato a non realizzarsi mai | (*fig.*) ***parlare come un l. stampato***, con grande proprietà di linguaggio; (*iron.*) in modo ricercato, non spontaneo **2** ciascuna delle parti o sezioni in cui è divisa un'opera: *l'Eneide è composta di dodici libri*; *i sei libri del codice civile* **3** (*est.*, **al pl.**) studio: *lasciare i libri*; *essere immerso nei libri* **4** (*fig.*) oggetto o mezzo di ricordo, osservazione e sim.: *il l. della memoria* | (*fig.*) ***essere un l. aperto***, detto di chi lascia intendere il proprio pensiero, le proprie intenzioni **5** registro su cui sono annotati dati o fatti riguardanti l'attività esercitata da un'impresa commerciale, ente o ufficio: *l. giornale*; *l. degli inventari*; *libri sociali* | ***l. paga***, V. *paga* nel sign. D | ***libri di commercio, libri contabili***, scritture contabili | ***l. dei privilegi***, registro in cui sono raccolti i documenti di concessioni e di esenzioni accordate a un ente o persona dalle autorità civili o ecclesiastiche | ***l. d'oro***, anticamente, registro sul quale erano scritti, in oro, i nomi delle famiglie nobili; (*fig.*) quello su cui sono degni di essere registrati fatti o personaggi di grande e positivo rilievo: *il l. d'oro dei campioni olimpici*; *il l. d'oro del Giro d'Italia* | ***libri genealogici***, per l'iscrizione di animali di razze pregiate, di cui si rilevano i caratteri, l'ascendenza, la discendenza e sim. | ***l. nero***, durante la Rivoluzione francese, lista dei condannati alla ghigliottina; (*est.*) lista di persone sospette, colpevoli o sgradite: *segnare qlcu. sul l. nero*; *hanno messo il suo nome sul l. nero* **6** (*bot.*) tessuto vegetale dei fusti e delle radici, costituito da fibre di sostegno e vasi cribrosi che portano la linfa elaborata || (*spreg.*) **libèrcolo**, **dim.** (V.) | **libràccio**, **pegg.** | (*lett.*, *spreg.*) **libràttolo**, **dim.** | **librétto**, **dim.** (V.) | **libriccìno**, **libricìno**, **dim.** | (*lett.*) **libricciuòlo**, **libricciòlo**, **dim.** | **librìno**, **dim.** | **libróne**, **accr.** | **librùccio**, **dim.**

Definizione d'autore

Il **libro** è innanzitutto un oggetto dotato di consistenza fisica (o non fisica). È stato di papiro e pergamena, è stato ed è di carta, è e sarà digitale. Il primo è durato 2 500 anni, il secondo 500, il terzo è appena cominciato. A ogni cambiamento della fisicità, è cambiato anche tutto il resto. In secondo luogo è un contenuto, che è il motivo per cui lo leggiamo. In terzo luogo ci siamo noi che appunto lo leggiamo, cioè coloro per cui è stato scritto, i destinatari, il pubblico, senza i quali il **libro** non avrebbe senso. Ma in quarto e ultimo luogo, che è anche il principale, il **libro** è una forma, cioè il modo di esprimere compiutamente il pensiero e la fantasia. Il **libro** è il nostro specchio e la nostra anima.

Gian Arturo Ferrari

SFUMATURE DI SIGNIFICATO

libro - volume - tomo

Libro è innanzitutto un insieme di fogli che contengono un testo stampato o manoscritto, rilegati e provvisti di copertina; per estensione il termine identifica il testo, l'opera che è contenuta in un libro e, in alcune opere specialmente antiche, ciascuna delle partizioni in cui l'opera è divisa. Se *libro* indica sia l'oggetto fisico sia l'opera intellettuale, con **volume** e **tomo** ci si riferisce soprattutto all'oggetto fisico, materiale: un *volume* è un libro a sé stante, anche se costituisce parte di un'opera; il *tomo* è invece la sezione, la parte di un'opera a stampa o di un volume, che ha senso solo in relazione alle altre parti o sezioni.

NOMENCLATURA

libro

● *tipi di libro*: volume, tomo, opuscolo, fascicolo, dispensa, manuale, trattato, testo, abaco, almagesto, annuario, prontuario, annali, antologia = florilegio, atlante, bestiario, breviario, calendario, catalogo, catechismo, diario, memoriale, dizionario (monolingue, bilingue, ragionato, inverso, analogico, dei sinonimi e contrari, nomenclatore, enciclopedico), vocabolario, effemeride, erbario, farmacopea, formulario, instant book, remainder, lunario, messale, miscellanea, monografia, saggio, opera omnia, salterio, sillabario, abbecedario, sussidiario, thesaurus, vademecum;

● *caratteristiche*: intonso ⇔ tagliato, nuovo ⇔ usato = d'occasione; buono ⇔ cattivo = libercolo, utile ⇔ dannoso, di scarto; testo, codice, incunabolo, palinsesto, almanacco, manoscritto; best-seller; anonimo, autografo; scientifico, letterario, didattico, di testo, di lettura, di critica; istoriato, miniato, illustrato; fuori commercio, proibito, all'indice, ristampato; brossurato, cartonato, rilegato; tascabile; prima edizione, seconda edizione, nuova edizione, ristampa; inedito, postumo;

● *parti del libro*: custodia, fodera, sopraccoperta, risvolto, seconda di copertina, pagina (di rispetto, di apertura), copertina, canalino, morso, fascetta, risguardo, occhiello, frontespizio, bollatura, capitello, dorso = costola, taglio (colla, copertura), piatto (anteriore, posteriore), corpo, pagine; titolo, dedica, epigrafe, introduzione, prefazione, capitolo, paragrafo, colonna, capoverso, verso, testata, commento, apparato critico, esercizi, avvertenza, sommario, nota (a margine, a piè di pagina, a fine capitolo), richiamo, appendice, riepilogo, indice (alfabetico, analitico, degli autori, dei nomi, degli argomenti), errata corrige; tavola, illustrazione; ISBN; addenda, addenda e corrigenda, colophon = sotto, carticino, quartino;

● *edizione*: nuova, ultima, esaurita, riveduta e corretta, ampliata, clandestina, critica, annotata = commentata, illustrata, scolastica, tascabile; purgata ⇔ integrale, lussuosa ⇔ economica = popolare; imprimatur;

● *biblioteca*: catalogo, scheda, schedario, scaffale, sala di consultazione, sala di lettura, sala di distribuzione; prestito, malleveria; bibliologia, bibliofilia;

● *persone*: autore, curatore, commentatore, glossatore, illustratore, miniaturista, editore, redattore, grafico, tipografo; bibliotecario, conservatore, distributore; lettore, critico; libraio; bibliofilo, bibliomane; bouquiniste;

● *azioni*: scrivere, chiosare, esaminare, dedicare, intitolare, leggere, sfogliare, plagiare; sequestrare, catalogare, schedare, consultare.

libro-game /libro'geim/ [ibrido comp. dell'it. *libro* e dell'ingl. *game* 'gioco' ✱ 1987] **s. m. inv.** (**pl.** *libri-game*) ● libro, per lo più di contenuto avventuroso, che va letto non rispettando le normali sequenze delle pagine, ma scegliendo percorsi differenziati tra le varie possibilità offerte dal testo

libùrna [vc. dotta, lat. *libŭrna(m)*, sottinteso *nāve(m)*, da *libŭrnus* 'della *Libŭrnia*', antico nome dell'Illiria, di etim. incerta ✱ 1464] **s. f.** ● antica nave da guerra sottile e veloce, con due ordini di remi e un albero, usata prima dai pirati delle coste illiriche, poi nella marina romana

licantropìa [gr. *lykanthrōpía*, da *lykánthrōpos* 'licantropo' ✱ av. 1589] **s. f. 1** nelle credenze popolari, trasformazione dell'uomo in lupo **2** (*med.*) forma di isterismo per cui il malato si crede trasformato in lupo e ne imita il comportamento

licàntropo [gr. *lykánthrōpos*, propr. 'uomo (*ánthrōpos*) lupo (*lýkos*)' ✱ 1598] **s. m.** (**f.** *-a*) ● (*med.*) chi è affetto da licantropia

licaóne [vc. dotta, lat. *lycaŏne(m)*, dal n. del re gr. *Lykáōn*, tramutato da Giove in lupo (*lýkos*) ✱ 1476] **s. m.** ● mammifero carnivoro dei Canidi, africano, con lunghe zampe a quattro dita, corpo snello a pelame variegato (*Lycaon pictus*)

licciaiòla [da *liccio* nel senso di 'filo (tagliente)' ✱ 1681] **s. f.** ● piccola spranga di ferro con una tacca in cima, usata per piegare leggermente i denti della sega verso l'esterno CFR. alliciare

lìccio [lat. *lĭciu(m)*, termine tecnico, di etim. incerta ✱ 1309] **s. m. 1** dispositivo di telaio per tessitura che alza e abbassa i fili dell'ordito per far passare la navetta | ***alto l.***, quello dei telai per arazzi nel quale i fili sono disposti verticalmente **2** (*est.*) †filo, cordicella

licciòlo o (*lett.*) **licciuòlo** [da *liccio* ✱ av. 1859] **s. m.** ● ciascuna delle due asticciole orizzontali che sottendono e guidano le maglie del liccio

liceàle [da *liceo* ✱ 1854] **A agg.** ● di liceo: *corso, esame, studente l.* || **licealità**, **s. f. inv.** **B s. m. e f.** ● alunno di un liceo

liceàlista [da *liceale* ✱ 1931] **s. m. e f.** (**pl. m.** *-i*) ● (*disus.*) studente di un liceo

licealiẓẓàre [da *liceale* ✱ 1966] **v. tr.** ● cambiare mediante una licealizzazione **SIN.** liceizzare ‖ **licealiẓẓaziòne**, **s. f.** **1** abbassamento della didattica universitaria al livello dell'insegnamento liceale **2** trasformazione in licei degli istituti superiori: *licealizzazione degli istituti tecnici*

liceità [da *lice*, var. di *lece* più vicina all'originale lat. *lĭcet* 'si può' ✱ 1841] **s. f. inv.** ● condizione di ciò che è lecito: *l. di un atto*

liceiẓẓàre [da *liceo* ✱ 1966] **v. tr.** ● licealizzare ‖ **liceiẓẓaziòne**, **s. f.**

licèna [gr. *lýkaina*, f. di *lýkos* 'lupo', di orig. indeur. ✱ 1895] **s. f.** ● lepidottero con larva dalla testa piccolissima, irta di peli, che origina una bellissima farfalla con ali blu splendenti (*Lycaena arion*)

Licènidi [comp. di *licena* e *-idi* ✱ 1874] **s. m. pl.** (**sing.** *-e*) ● (*zool.*) famiglia di Lepidotteri diurni di piccole dimensioni, spesso con ali diversamente colorate nei due sessi (*Lycaenidae*)

licènza o (*pop.*) †**licènzia** [lat. *licĕntia(m)*, da *lĭcet* 'si può, è permesso', di etim. incerta ✱ 1261 ca.] **s. f.** **1** permesso: *domandare, ottenere, dare, accordare l.* | ***prendersi l.***, permettersi | ***con vostra l.***, se lo permettete **SIN.** autorizzazione, consenso **2** permesso concesso a militari di assentarsi dal servizio: *l. breve*; *l. ordinaria*; *l. premio*; *andare in l.*; *marinaio in l. eri tornato, / e con quanto entusiasmo mi parlavi / della tua vita …!* (U. SABA) | (*est.*) periodo di tempo per cui tale permesso è valido | (*est.*) autorizzazione ad allontanarsi temporaneamente da un lavoro o da un servizio | (*est.*) permesso concesso a un detenuto di uscire temporaneamente dal carcere: *l. premio* **3** atto col quale il titolare di un brevetto o di un marchio ne consente a terzi lo sfruttamento economico | provvedimento col quale la pubblica amministrazione consente l'esercizio di un'attività: *l. di pesca*, *l. di commercio*; *l. di circolazione* | ***l. edilizia***, concessione edilizia **4** (*dir.*) disdetta: *convalida della l. per finita locazione* **5** diploma ottenuto dopo avere superato un esame che conclude un corso di studi **6** (*raro*) congedo, commiato | ***prender l.***, accomiatarsi | ***dar l.***, accomiatare qlcu. | (*letter.*) parte della canzone antica (detta anche *commiato, congedo* o *tornata*) **7** eccessiva confidenza; licenziosità: *chi ti autorizza a prenderti simili licenze?* | arbitrio, abuso, sfrenatezza: *questa non è più libertà ma l.* | ***l. poetica***, deroga, da parte di un poeta e (*est.*) di uno scrittore, alle norme consuete della lingua o del metro **8** (*mus.*) passo ornamentale, lasciato all'invenzione dell'esecutore, spec. nelle cadenze | nella loc. ***con l.***, indicazione che permette un'esecuzione non rigidamente conforme alla scrittura | recitativo e aria in omaggio a una personalità

SFUMATURE ➤ ***concessione***, ➤ ***libertà***

licenziàbile [1975] **agg.** ● che può essere licenziato ‖ **licenziabilità**, **s. f. inv.**

licenziaménto [1612] **s. m.** **1** il licenziare **2** allontanamento definitivo di un lavoratore dipendente da un impiego o servizio per recessione dal contratto da parte del datore di lavoro

licenziàndo [da *licenzia(re)*, con il suff. *-ando* ✱ *1905*] **agg. e s. m.** (**f.** *-a*) ● che (o chi), avendo compiuto un corso di studi, sta per conseguirne la licenza

licenziàre [dal lat. *licĕntia* 'licenza' ✱ av. 1294] **A** **v. tr.** (*io licènzio*) **1** (*spec. lett.*) accomiatare, congedare: *l. i convitati, i visitatori* | ***l. alle stampe*** o ***per la stampa***, autorizzare la pubblicazione **2** porre fine a un rapporto di lavoro con un lavoratore subordinato, da parte del datore di lavoro: *l. un inserviente, un impiegato*; *l. qlcu. su due piedi, dall'oggi al domani, in tronco* | (*est.*) sfrattare: *l'inquilino può essere licenziato*; *l. l'affittuario* **3** dichiarare licenziato da un corso di studi: *quest'anno la nostra scuola licenzierà trecento studenti* **4** cedere a qlcu., mediante contratto di licenze, il diritto di sfruttare un brevetto o un marchio **5** †esentare **6** †permettere di fare qlco. **7** †rinunciare a qlco., sospendere **B** **licenziàrsi** **v. rifl.** **1** (*lett.*) prendere commiato: *licenziarsi all'improvviso* **2** dimettersi da un impiego, da un servizio: *licenziarsi per motivi di salute* **3** terminare il corso di studi intrapreso ottenendo il relativo titolo o diploma

licenziatàrio [1957] **s. m.** (**f.** *-ia*); **anche agg.** ● chi (o che) ha acquistato, mediante contratto di licenza, il diritto di sfruttare commercialmente e industrialmente un brevetto

licenziàto **A** **part. pass.** di *licenziare*; **anche agg.** ● nei sign. del v. ‖ †**licenziataménte**, **avv.** liberamente **B** **s. m.** (**f.** *-a*) **1** chi ha subìto il licenziamento **2** chi ha concluso un regolare corso di studi ottenendo la licenza: *i licenziati degli istituti tecnici*

licenziosità (o -ṣ-) [av. 1574] **s. f. inv.** **1** carattere di ciò che è licenzioso | dissolutezza **2** atto o discorso immorale, dissoluto e sim. **3** †trasgressione di schemi o regole tradizionali

licenzióso (o -ṣ-) [vc. dotta, lat. *licentiōsu(m)*, da *licĕntia* 'licenza' ✱ 1513] **agg.** **1** che offende la morale corrente, il pudore, il ritegno; dissoluto: *costumi licenziosi*; *vita licenziosa*; *discorso, linguaggio l.*; *spettacolo l.* | (*lett.*) sfrenato: *quella licenziosa libertà che porta seco il dominio* (B. CASTIGLIONE) **2** †indisciplinato | (*lett.*) che esce dalle regole, dagli schemi: *Luigi Pulci … nella forma ampia e licenziosa, riporta il medio evo* (G. CARDUCCI) **3** (*lett.*) stravagante, fantasioso **4** (*lett.*) che non ha ritegno, che si abbandona agli eccessi: *Familiarizzava … colle ragazze licenziose* (R. BACCHELLI) | †che non si può domare: *licenziosa fiamma arde e camina* (L. ARIOSTO) ‖ **licenziosétto**, **dim.** ‖ **licenziosaménte**, **avv.** in modo licenzioso ‖ **licenziosità**, **s. f. inv.** (V.)

SFUMATURE ➤ ***libertino***

♦**licèo** [vc. dotta, lat. *Lycēu(m)*, dal gr. *Lýkeion*, località ateniese, dove si alzava il tempio ad Apollo Liceo (*Lýkaios*, d'incerta interpretazione), presso il quale usava insegnare Aristotele ✱ 1544] **s. m.** **1** la scuola d'Atene nella quale Aristotele insegnò filosofia **2** scuola superiore, pluriennale, che tende a fornire una solida cultura generale: *l. classico, scientifico, artistico, economico, tecnologico, delle scienze umane* | (*est.*) edificio in cui tale scuola ha sede **3** †studio, scuola, università

licére o **lìcere**, †**lecére** [vc. dotta, lat. *licēre*, di etim. incerta ✱ 1266] **v. intr.** (**difett.** **usato solo nella terza pers. sing. del pres. indic.** *lìce*, **nelle terze pers. sing. e pl. dell'imperf. indic.** *licéva, licévano*, **nelle terze pers. sing. e pl. dell'imperf. congtv.** *licésse, licéssero*, **nel part. pass.** *lìcito* **raro e poet.; della variante** *lecere* **sono usate solo le forme della terza pers. sing. del pres. indic.** *léce*, **e del part. pass.** *lécito*; **aus.** *essere*; **anche impers.**) ● (*poet.*) essere permesso, concesso o consentito dalla legge, dalla morale, dalle convenienze o dalla situazione: *né mi lece ascoltar chi non ragiona* (F. PETRARCA); *non lice a noi vivere uniti / felicemente infino all'ore estreme* (P. METASTASIO)

lìcet [lat., propr. 'si può? è permesso?', la domanda rivolta anticamente dagli scolari al maestro per assentarsi ✱ 1734] **s. m. inv.** ● (*disus.*, *eufem.*) gabinetto, latrina

lìchen [da *lichene* ✱ 1476] **s. m. inv.** ● (*med.*) alterazione cutanea che presenta papule pruriginose, violacee, dure al tatto, variabili per forma ed estensione

lichène [vc. dotta, lat. *lichēne(m)*, dal gr. *leichḗn*, propr. 'il lambente', da *léichein* 'leccare, lambire', da una radice di orig. indeur. ✱ 1561] **s. m.** ● organismo vegetale tallofita formato dall'associazione di un'alga con un fungo | ***l. canino***, con tallo foglioso, a grandi lobi a cui appartengono varie specie del genere *Peltigera* | ***l. delle renne***, con tallo che forma densi cuscini e podezi grigi, ramificati finemente (*Cladonia rangiferina*) | ***l. d'Islanda***, con tallo appiattito e ramificato, di sapore amaro, un tempo usato in medicina (*Cetraria islandica*) | ***l. geografico***, con tallo crostoso, di colore giallo-verde, comune sulle rocce (*Rhizocarpon geographicum*) | ***l. pissidato***, con tallo crostoso e podezi a coppa (*Cladonia pyxidata*)

lichenìna [comp. di *lichene* e *-ina* ✱ 1869] **s. f.** ● polisaccaride presente in grande quantità nel lichene d'Islanda

lichenografìa [comp. di *lichene* e *-grafia* ✱ 1834] **s. f.** ● descrizione, studio dei licheni

lichenòide [comp. di *lichen* e *-oide* ✱ 1819] **agg.** ● (*med.*) che è simile al lichen

lichenologìa [comp. di *lichene* e *-logia* ✱ 1821] **s. f.** (**pl.** *-gìe*) ● studio dei licheni

lichenóso (o -ṣ-) [1912] **agg.** ● di lichene | formato o ricoperto da licheni: *vegetazioni lichenose*

†**lìci** [lat. parl. **illīce*, per *illic* 'in quel (*ĭlle*) luogo là (*-ce*, particella dimostr.)' ✱ sec. XIII] **avv.** ● lì: *m'accorsi che 'l passo era l.* (DANTE *Inf.* XIV, 84)

Lìcidi [dal n. proprio gr. *Lýkos*, secondo l'abitudine di dare alle famiglie di Insetti nomi greci, di solito mitologici ✱ sec. XX] **s. m. pl.** (**sing.** *-e*) ● (*zool.*) famiglia di Coleotteri per lo più tropicali con elitre rossastre, spesso mimetici di Lepidotteri (*Lycidae*)

lìcio ① [vc. dotta, lat. *Lyciu(m)*, dal gr. *Lýkios* 'della Licia' ✱ 1340] **A** **agg.** (**pl. m.** *-ci*; **pl. f.** *-cie*) ● della Licia, antica regione dell'Asia Minore | dei Lici **B** **s. m.** (**f.** *-cia*) ● nativo, abitante della Licia **C** **s. m. solo sing.** ● lingua antica dell'Asia Minore, parlata in Licia

lìcio ② [vc. dotta, lat. *lyciu(m)*, dal gr. *lýkion*, n. di una pianta proveniente dalla *Licia* ✱ 1561] **s. m.** ● genere di piante delle Solanacee con calice a cinque denti e corolla imbutiforme, cui appartiene l'agutoli (*Lycium*)

licitàre [vc. dotta, lat. *licitāri*, frequentativo di *licēri*, 'mettere all'incanto' ✱ 1839] **v. intr.** (*io lìcito*; **aus.** *avere*) **1** offrire un prezzo all'asta | partecipare a una licitazione **2** nel bridge, fare la licitazione

licitazióne [vc. dotta, lat. *licitatiōne(m)*, da *licitātus*, part. pass. di *licitāri* 'licitare' ✱ 1682] **s. f.** **1** offerta di prezzo in una pubblica asta | ***mettere in l.***, all'asta | vendita al miglior offerente **2** nel bridge, dichiarazione di punteggio e di seme all'apertura del gioco

†**licitézza** ➤ †**lecitezza**

†**lìcito** ➤ **lecito** ①

lìcnide [vc. dotta, lat. *lychnide(m)*, dal gr. *lychnís*, da *lýchnos* 'lampada, fiaccola', di orig. indeur., così chiamata perché le sue foglie erano utilizzate come lucignoli ✱ av. 1498] **s. f.** ● genere di piante erbacee delle Cariofillacee comuni nei luoghi umidi, con fiori rosa o biancastri a cinque petali divisi in lamine ineguali (*Lychnis*)

licopène [ted. *Lycopen* comp. del lat. *Licop(ersicum)* 'pomodoro' e il suff. *-en* '-ene' ✱ 1957] **s. m.** ● (*chim.*) idrocarburo a struttura terpenica che costituisce la pigmentazione giallo-rossa responsabile della colorazione dei pomodori e di altri frutti maturi

Licopodiàli [vc. dotta, comp. di *licopodi(o)* e

-ali ✱ 1934] **s. f. pl.** (**sing.** *-e*) ● (*bot.*) ordine di Pteridofite con fusto strisciante lungo, rami eretti densamente rivestiti di foglioline che portano superiormente lo sporangio simile a una spiga (*Lycopodiales*)

licopòdio [comp. del gr. *lýkos* 'lupo' e *-podio*, perché pelosa e vellutata ✱ 1598] **s. m.** (**pl.** *-i* o *raro -ii*) ● pianta erbacea tipica dei luoghi montuosi le cui spore ricche di grassi sono utilizzate come polveri assorbenti (*Lycopodium clavatum*) **SIN.** erba strega

licóre ➤ **liquore**

licoressìa [vc. dotta, comp. del gr. *lýkos* 'lupo' e *órexis* 'desiderio, appetito' ✱ 1834] **s. f.** ● bulimia

licósa (o **-ṣ-**) [dal gr. *lýkos* 'lupo', poi anche 'specie di ragno' (prob. di orig. indeur.) ✱ 1834] **s. f.** ● genere di ragni dei Licosidi cui appartiene la tarantola (*Lycosa*)

Licòsidi (o **-ṣ-**) [comp. di *licos(a)* e *-idi* ✱ sec. XX] **s. m. pl.** (**sing.** *-e*) ● (*zool.*) famiglia di ragni con cefalotorace allungato e otto occhi, cui appartiene la tarantola (*Lycosidae*)

lìda [dal gr. *Lydós* 'lidio': per la singolare maniera di gestire dei *Lidi* (?) ✱ 1917] **s. f.** ● piccolo imenottero con lunghe antenne filiformi ed ali grandi e delicate che depone le uova sulle Rosacee (*Neurotoma flaviventris*)

lìdar [vc. ingl., comp. di *li(ght)* 'luce' (vc. germ. d'orig. indeur.) e *(ra)dar* ✱ 1983] **s. m. inv.** ● radar ottico

lìdio [vc. dotta, lat. *Lýdiu(m)*, dal gr. *Lýdios* 'della Lidia (*Lydia*)' ✱ av. 1498] **A** **agg.** ● della Lidia, antica regione dell'Asia Minore | ***modo l.***, uno dei tre modi fondamentali dell'antica musica greca | ***pietra lidia***, varietà di diaspro usato come pietra di paragone **SIN.** liditte **B** **s. m.** (**f.** *-ia*) ● nativo, abitante della Lidia **C** **s. m. solo sing.** ● lingua antica dell'Asia Minore, parlata in Lidia

lidìte [1895] **s. f.** ● (*miner.*) pietra lidia

lìdo o (*poet.*) **lìto** [lat. *lītus* (nt.), di etim. incerta ✱ av. 1306] **s. m. 1** (*lett.*) lembo estremo di terra prospiciente il mare o un lago, su cui battono le onde: *lo scoglioso l.* (G. CARDUCCI); *l'onda … segnava una striscia, che s'andava allontanando dal l.* (A. MANZONI) | (*est.*) litorale del mare | (*raro*) sponda di un corso d'acqua **2** ciascuna delle lingue di terra emerse parallelamente alla costa che separano i tratti di mare che formano una laguna: *l. di Venezia* **3** località marina attrezzata turisticamente: *l. degli Estensi, l. di Ostia* | stabilimento balneare, piscina pubblica **4** (*lett.*) territorio, paese, luogo: *di remoti / lidi turbando la quïete antica* (G. LEOPARDI) | ***tornare ai patri lidi***, in patria | ***prendere il volo per altri lidi***, verso altri paesi

†**lìe** ● V. **lì**

Lied /lid, *ted.* liːt/ [vc. ted., da una lontana base indeur. *leut-*, originariamente 'canto di lode', come il parallelo lat., della stessa radice *lāus*, genit. *lāudis* 'lode' ✱ 1874] **s. m.** (**pl. ted.** *Lieder*) ● poesia per musica e canzone di lingua e cultura tedesca, semplice e melodica, particolarmente coltivata nell'Ottocento come principale forma vocale da camera e più raramente operistica o solo strumentale: *i 567 Lieder di Schubert*

liederìṣmo /lide'rizmo/ [comp. di *Lieder*, pl. ted. di *Lied* (V.), e *-ismo* ✱ 1960] **s. m.** ● la tradizione e il genere musicale del Lied; liederistica

liederìsta /lide'rista/ **s. m. e f.** (**pl. m.** *-i*) ● (*mus.*) compositore o esecutore di Lieder

liederìstica /lide'ristika/ [1942] **s. f.** ● l'arte, il genere del Lied

liederìstico /lide'ristiko/ [1963] **agg.** (**pl. m.** *-ci*) ● che concerne i Lieder

lie detèctor /laide'tɛktor, *ingl.* 'laɪdɪˌtɛktə(r)/ [loc. ingl., propr. 'rivelatore (*detector*, vc. lat. da *detēctus*, part. pass. di *detĕgere* 'scoprire') di bugia (*lie*, di area germ. e orig. indeur.)' ✱ 1950] **loc. sost. m. inv.** (**pl. ingl.** *lie detectors*) ● macchina della verità

lièo [vc. dotta, lat. *Lyāeu(m)*, dal gr. *Lyâios* 'lo scioglitore (di affanni)', da *lýein* 'sciogliere', di etim. incerta ✱ av. 1589] **A** **agg.** ● (*lett.*) epiteto di Dioniso, dio greco del vino **B** **s. m.** ● (*poet.*) vino: *d'almo l. / coronando il cratere* (V. MONTI)

lietézza [comp. di *liet(o)* e del suff. *-ezza* ✱ 1340] **s. f.** ● (*lett.*) stato d'animo di contentezza, serenità, gioia: *la sua l. di fanciullo era caduta tra i salici* (G. D'ANNUNZIO)

♦**lièto** [lat. *lāetu(m)*, termine pop., col sign. primitivo di 'fertile, fecondo', di etim. incerta ✱ 1266] **A** **agg. 1** che sente, che esprime contentezza: *gioventù, faccia, espressione lieta* | felice, beato (+ *di* **seguito da inf.**, + *che* **seguito da congtv.**): *sono oltremodo l. di poterla favorire; lieto di conoscerti; sono l. che lei stia meglio; una giornata bene spesa dà l. dormire* (LEONARDO) | ***dichiararsi l.***, congratularsi | ***l. di conoscerla***, formula usata nelle presentazioni **SIN.** allegro, contento, gaio **CONTR.** mesto **2** che riempie di gioia, che dà allegrezza: *avvenimento l.; cena, giornata, speranza lieta* | ***l. evento***, la nascita di un bambino | (*lett.*) ameno: *campi, colli lieti* | (*raro*) prospero: *vita lieta* **SIN.** gioioso **3** †fertile, rigoglioso **B** **nella loc. sost. m.** ***l. fine*** (**pl. inv.** o *lièti fini*) ● felice conclusione di una vicenda, di un romanzo, di un film ecc.: *una storia a l. fine; una commedia con l'immancabile l. fine* ‖ **lietaménte**, **avv.** in modo lieto, con letizia

♦**liève** o †**lève** [lat. *lĕve(m)*, che, spesso contaminato con un altro gruppo di sign. diverso, risulta di orig. indeur. ✱ sec. XII] **A** **agg. 1** poco pesante: *l. come una piuma* | leggero: *un carico l.* | ***ti sia l. la terra***, iscrizione sepolcrale o augurio di pace a un defunto **2** (*fig.*) che è facile, che non costa fatica o non desta preoccupazione: *compito, impegno l.* | †comprensibile | †*di l.*, facilmente **3** tenue, scarso, impercettibile: *scossa, oscillazione l.; in l. discesa* | ***l. cenno***, gesto appena accennato | †***cena l.***, parca **4** †povero, umile **5** †fugace | †frivolo ‖ **lieveménte**, **avv. 1** leggermente; debolmente, dolcemente **2** scarsamente, impercettibilmente **3** †facilmente, comodamente **4** a poco a poco, gradatamente **B** **in funzione di avv. 1** (*poet.*) lievemente **2** †facilmente, comodamente **C** **s. m.** ● †leggerezza

♦**levità** [lat. *levitāte(m)*, da *lĕvis* 'lieve' ✱ sec. XII] **s. f. inv. 1** leggerezza: *la l. di un tessuto, di una carezza* **2** (*fig.*, *lett.*) incostanza, vanità: *l. di idee* | debolezza, pochezza: *l. di concetti* **3** levità

lievitàre [da *lievito* ✱ sec. XIV] **A** **v. intr.** (*io lièvito*; **aus.** *essere*) **1** gonfiarsi della pasta per effetto del fermento che la rende morbida e atta a essere trasformata in pane **SIN.** fermentare **2** gonfiarsi e disfarsi della calce viva lasciata con poca acqua nel trogolo **3** (*fig.*) accrescersi, aumentare: *il malcontento lievita fra i ceti poveri; i prezzi lievitano* **B** **v. tr.** ● amalgamare con il lievito: *l. la pasta*

lievitatùra [1891] **s. f.** ● (*raro*) lievitazione

lievitazióne [1942] **s. f.** ● gonfiamento della pasta per effetto della fermentazione prodotta dal lievito | (*fig.*) aumento: *l. dei prezzi*

lievitifórme [comp. di *lievit(o)* e *-forme*] **agg.** ● (*biol.*) che è simile a lievito

lièvito [lat. parl. **lĕvitu(m)*, parallelo di *levātu(m)*, part. pass. di *levāre* 'alzare' ✱ 1268] **s. m. 1** complesso di miceti unicellulari che sono in grado di provocare, mediante gli enzimi da essi prodotti, una fermentazione | ***l. del pane***, ottenuto dalla fermentazione di una pasta di acqua e farina | ***l. di birra***, prodotto industriale ottenuto da colture di batteri usato nella preparazione del pane e della birra | ***l. madre*** o ***naturale***, impasto di acqua, farina e zuccheri che inacidendosi fermenta **2** (*biol.*) micete unicellulare di forma ovale o allungata, che si riproduce per gemmazione, largamente distribuito in natura **3** (*fig.*) ciò che costituisce causa di agitazione, di fermento: *la penuria alimentare costituì il l. della rivolta* | (*fig.*) ciò che fa crescere un sentimento o uno stato d'animo: *Nel mio cuore non c'è l. di altri amori* (L. CAPUANA)

†**lièvre** ➤ **lepre**

lifeboat /laif'bot, *ingl.* 'laɪfˌbəʊt/ [vc. ingl., comp. di *life* 'vita' e *boat* 'barca, battello' ✱ 1889] **s. f. inv.** ● (*mar.*) grossa imbarcazione a motore insommergibile, concepita per salvataggi in mare in qualsiasi condizione di tempo | scialuppa di salvataggio

lifecàsting /laif'kastin(g), *ingl.* 'laɪfˌkɑːstɪŋ/ [vc. ingl., propr. 'fusione (*casting*) dal vero (*life*)' ✱ 2007] **s. m. inv. 1** forma d'arte consistente nel riprodurre una copia tridimensionale di un corpo vivente o di una sua parte mediante la realizzazione di una forma nella quale si cola successivamente plastica o gesso **SIN.** body casting | l'opera così realizzata **2** (*inform.*) attività di relazioni sociali attraverso Internet che include la ripresa mediante webcam della propria vita quotidiana

lifestyle /laif'stail, *ingl.* 'laɪfˌstaɪl/ [vc. ingl., comp. di *life* 'vita' e *style* 'stile' ✱ 1969] **s. m. inv.** ● stile di vita (V. *stile* nel sign. 3) **CFR.** way of life

lifo [sigla ingl., tratta dalle iniziali della loc. *l(ast) i(n), f(irst) o(ut)*, propr. 'l'ultimo dentro, il primo fuori' ✱ 1965] **s. m. inv.** ● criterio di valutazione delle scorte di magazzino basato sulla presunzione che le ultime unità immagazzinate siano le prime a essere prelevate | sistema di magazzinaggio ad accatastamento, per cui l'ultima unità entrata è la prima a essere prelevata **CFR.** fifo

lift /*ingl.* lɪft/ [vc. ingl., dal v. *to lift* 'salire, sollevare', da una base germ., col sign. di 'aria', di etim. incerta; nel sign. 1 è accorc. di *liftboy* ✱ 1908] **s. m. inv. 1** inserviente addetto al funzionamento dell'ascensore **2** nel tennis, colpo eseguito con la racchetta leggermente inclinata in avanti così da imprimere alla palla un movimento rotatorio

liftàre [dall'ingl. *lift* 'sollevamento, spinta' (V. *lift*) ✱ 1964] **v. tr.** ● nel tennis, eseguire un colpo con la tecnica del lift

liftàto **part. pass.** di *liftare*; **anche agg. 1** nel sign. del v.: *palla liftata* **2** sottoposto a operazione di lifting: *un'attrice liftata*

lifting /'liftin(g), *ingl.* 'lɪftɪŋ/ [vc. ingl., propr. 'sollevamento', termine tratto dall'ingl. *face-lift* (V. *lift*) ✱ 1946] **s. m. inv. 1** eliminazione chirurgica delle rughe del viso e del collo, mediante innalzamento e tensione della pelle **SIN.** ritidectomia **2** (*fig.*) ammodernamento, rinnovamento, svecchiamento: *è stato deciso un l. alla facciata della chiesa*

liga ➤ **lega**①

ligàre e deriv. ➤ **legare**① e deriv.

ligàṣi [dall'ingl. *ligase*, dal lat. *ligāre* 'legare' ✱ 1963] **s. f. inv.** ● (*chim.*) qualsiasi enzima che catalizza la formazione di un legame covalente tra due molecole generando una molecola più complessa

ligèo [gr. *lygâios*, propr. 'oscuro', da *ēlýgē*, di etim. incerta, per il suo colore scuro ✱ 1834] **s. m.** ● genere di Insetti degli Emitteri con corpo allungato e rostro robusto che per lo più si nutrono di linfa vegetale (*Lygaeus*)

liggèra ➤ **leggera**

light /*ingl.* laɪt/ [vc. ingl., propr. 'leggero', di orig. indeur. ✱ 1981] **agg. inv.** ● detto di pro-

a b c d e f g h i j k **l** m n o p q r s t u v w x y z

dotto alimentare a basso contenuto calorico: *mozzarella l.* | detto di sigaretta a basso contenuto di nicotina e residui catramosi

light painting /ˈlait ˈpeintin(g), *ingl.* ˈlaɪt ˈpeɪntɪŋ/ [vc. ingl., propr. 'pittura (*painting*, da *to paint* 'dipingere') con la luce (*light*)' ✱ 1967] **loc. sost. m. inv. (pl. ingl.** *light paintings*) ● tecnica fotografica che permette di riprodurre segni tracciati con una fonte luminosa | (*est.*) immagine realizzata con tale tecnica

light pèn /laitˈpɛn, *ingl.* ˈlaɪt,pɛn/ [loc. ingl., propr. 'penna (*pen*) sensibile alla luce (*light*)' ✱ 1981] **loc. sost. f. inv. (pl. ingl.** *light pens*) ● (*inform.*) penna ottica

†**ligiàre** [fr. *liser* 'lisciare', dal lat. *lixāre* con sovrapposizione di *allīsus* 'sbattuto' (part. pass. di *allīdere*, comp. di *ad* e *lāedere*) ✱ sec. XV] **v. tr.** ● (*tess.*) ripiegare il panno a pieghe alternate, come un ventaglio, dopo la seconda risciacquatura | lisciare con la mano il pelo ritto di un animale

♣**ligio** [ant. fr. *lige*, da una radice germ. **let-* 'libero-' ✱ sec. XIII] **agg.** (**pl. f.** *-gie* o *-ge*) **1** nel diritto feudale, detto di vassallo legato al suo signore da giuramento di fedeltà assoluta **2** (*est.*) che è strettamente legato a una persona, a interessi e sim. (+ *a*): *l. al sovrano, al partito* | scrupolosamente fedele, rispettoso (+ *a*, + *in*, **anche seguito da inf.**): *essere l. alle norme, alle consuetudini, alle tradizioni*; *l. nei controlli*; *l. nell'applicare il regolamento* | †soggetto, sottoposto: *farsi uom l. altrui* (T. TASSO)

lignàggio o †**legnàggio** [ant. fr. *lignage*, deriv. di *ligne* 'successione dei membri della stessa famiglia', dal lat. *līnea* 'linea (di discendenza)' ✱ 1261 ca.] **s. m.** ● (*lett.*) discendenza, schiatta, famiglia | stirpe: *volgiti agli avi tuoi, guasto legnaggio* (G. LEOPARDI)
SFUMATURE ➤ *nascita*

♣**ligneo** [vc. dotta, lat. *līgneu(m)*, da *līgnum* 'legno' ✱ av. 1320] **agg.** ● di legno: *cupola lignea* | simile a legno: *materiale di consistenza lignea*

lignificàre [dal lat. *līgnum* 'legno' ✱ 1884] **A v. tr.** (*io lignifico, tu lignifichi*) ● (*bot.*) trasformare col processo della lignificazione (V.) **B lignificàrsi v. intr. pron.** ● subire il processo della lignificazione (V.)

lignificazióne [1884] **s. f.** ● (*bot.*) modificazione, per infiltrazione di lignina, di tessuto vegetale, con irrigidimento delle cellule

lignìna [ingl. *lignin*, comp. con il lat. *līgnum* 'legno' e il suff. della chim. *-in* '-ina' ✱ 1874] **s. f.** ● costituente del legno, sostanza amorfa giallo-bruna responsabile della lignificazione del tessuto vegetale

lignite [comp. del lat. *līgnum* 'legno' e *-ite*② ✱ 1817] **s. f.** ● carbone fossile con pezzi legnosi ancora ben conservati, dal colore bruno o nero lucido e con una caratteristica frattura concoide

lìgre [comp. di *l(eone)* e *(t)igre* ✱ sec. XX] **s. m.** ● (*zool.*) animale ibrido prodotto dall'incrocio di un leone con una tigre femmina

ligroìna [etim. incerta ✱ 1895] **s. f.** ● miscela di idrocarburi derivati dal petrolio, variamente utilizzata nell'industria

lìgula [vc. dotta, lat. *līgula(m)* 'cucchiaio, piccola lingua', da *līngere*, da una radice di orig. indeur. ✱ 1598] **s. f. 1** tipo di cucchiaio usato nell'antica Roma **2** (*zool.*) parte dell'apparato boccale con cui l'ape operaia raccoglie il nettare **3** (*bot.*) piccola ramificazione della foglia delle Graminacee nel punto di distacco fra la guaina e il lembo | biforcazione che a volte si forma fra l'unghia e la lamina del petalo

ligulàto [vc. dotta, lat. *li(n)gulātu(m)*, da *lī(n)gula*, dim. di *lingua* ✱ 1839] **agg.** ● (*bot.*) detto di corolla gamopetala irregolare con lembo a forma di linguetta laterale

ligulìna [comp. di *ligu(stro)* e *-ina* con *-l-* intermesso ✱ 1869] **s. f.** ● materia colorante rosso-cremisi, contenuta nel ligustro

liguorìno o **liguoriàno** [dal n. del fondatore S. Alfonso M. de' *Liguori* (1696-1787) ✱ 1869] **s. m.** ● prete della Congregazione dei Redentoristi SIN. redentorista

♦**lìgure** [vc. dotta, lat. *Lĭgure(m)*, da un tema **ligus-* preindeur. ✱ 1342] **A agg. 1** della Liguria **2** detto di quella parte del Mediterraneo racchiusa fra le coste della Liguria, della Corsica, della Toscana e della Francia **B s. m. e f.** ● abitante o nativo della Liguria **C s. m. solo sing.** ● ogni dialetto gallo-italico parlato in Liguria

ligùstico① [vc. dotta, lat. *ligŭsticu(m)*, propr. 'ligure', dal tema prelatino **ligus-* ✱ 1567] **s. m.** (**pl.** *-ci*) ● (*bot.*) levistico

†**ligùstico**② [vc. dotta, lat. *Ligŭsticu(m)*, da *Lĭgus*, forma più ant. di *Lĭgur* 'Ligure' ✱ av. 1463] **agg. (pl. m.** *-ci*) ● (*lett.*) ligure

ligùstro [vc. dotta, lat. *ligŭstru(m)*, di orig. prelatina (V. *ligure*) ✱ 1342] **s. m.** ● alberetto delle Oleacee, con foglie opposte, lanceolate, intere e fiorellini bianchi in fitte pannocchie, coltivato per formare siepi (*Ligustrum vulgare*)

lilangèni /lilanˈgɛni/ [vc. della lingua locale siswati ✱ sec. XX] **s. m. inv. (pl. siswati** *emalangeni*) ● (*econ.*) unità monetaria dello Swaziland

Liliàcee [vc. dotta, lat. tardo *liliāceu(m)*, da *līlium*: da una lingua mediterr. (?) ✱ 1813] **s. f. pl.** (**sing.** *-a*) ● (*bot.*) famiglia di piante erbacee con bulbo sotterraneo, fiori regolari a sei tepali e frutto a capsula, usate per alimentazione e ornamento (*Liliaceae*) SIN. Gigliacee

liliàceo [vc. dotta, lat. *liliāceu(m)*, da *līliu(m)* 'giglio' ✱ 1499] **agg.** ● (*lett.*) gigliaceo

♣**liliàle** [dal lat. *līlium* 'giglio' ✱ 1884] **agg.** ● (*lett.*) candido e delicato come un giglio: *purezza l.*; *la veste l. / risplendea di lontano* (G. D'ANNUNZIO)

Liliàli [vc. dotta, dal lat. *līliu(m)* 'giglio' e *-ali* ✱ sec. XX] **s. f. pl.** (**sing.** *-e*) ● (*bot.*) ordine di piante delle Monocotiledoni con perianzio di sei tepali, fiore regolare, sei stami e semi contenenti albume (*Liliales*) SIN. Liliflore

†**liliàto** [dal lat. *līlium* 'giglio' ✱ sec. XIV] **agg.** ● ornato di gigli SIN. gigliato

Liliflòre [comp. con le vc. lat. *līlium* 'giglio' e *flōs*, genit. *flōris* 'fiore' ✱ 1957] **s. f. pl.** (**sing.** *-a*) ● (*bot., disus.*) Liliali

Lilion® [marchio registrato ✱ 1954] **s. m. inv.** ● resina poliammidica impiegata come fibra tessile

lìlla o (*raro*) **lillà** [dal persiano *līlak*, var. di *nīlak* 'azzurrino', da *nīl* 'indaco' ✱ 1759] **A agg. inv.** ● detto di colore tra il rosa e il viola, tipico di alcune specie del fiore omonimo **B anche s. m. inv.**: *il cielo si coloriva di l. all'imbrunire*

lillà o (*raro*) **lilla** [fr. *lilas*; V. *lilla* ✱ 1761] **s. m. inv.** ● arbusto delle Oleacee originario della Persia, coltivato per le belle pannocchie di fiori profumati bianchi o lilla (*Syringa vulgaris*) SIN. siringa

lìllero [forse vc. onomat. che ricorda il suono delle monete ✱ av. 1936] **s. m.** ● (*tosc.*, **spec. al pl.**) quattrino, denaro contante

lillipuziàno [fr. *lilliputien*, dall'ingl. *Lilliputian* 'piccolissimo abitante del paese di *Lilliput*' immaginato da J. Swift nel romanzo satirico *I viaggi di Gulliver* ✱ 1737] **A agg.** ● che ha statura o dimensioni molto inferiori al normale **B s. m.** (**f.** *-a*) ● persona di statura bassissima

LIM [2007] **s. f. inv.** ● sigla di *lavagna interattiva multimediale* (V. *lavagna*)

lìma① [vc. dotta, lat. *līma(m)*, di etim. incerta ✱ 1266] **s. f. 1** utensile a mano formato da una sbarretta d'acciaio dentata e rigata di solchi che s'incrociano, per assottigliare, lisciare, sagomare ferro, legno, pietra e sim.: *l. tonda, mezza tonda, quadra, triangolare*; *l. a grana grossa, media, piccola* | ***l. sorda***, †speciale tipo di lima che agisce senza far rumore; (*fig., lett.*) pensiero angoscioso, o anche persona subdola | ***l. per manicure, per unghie***, assai piccola per la cura delle unghie | ***lavoro di l.***, (*fig.*) correzione, rifinitura e perfezionamento di uno scritto **2** (*fig., lett.*) affanno, preoccupazione, tormento: *Amor tutte sue lime / usa sopra 'l mio core afflitto tanto* (F. PETRARCA) || **limétta**①, **dim.** (V.) | **limùzza**, **dim.**

lìma② [adattamento dell'ingl. *lime* ✱ av. 1698] **s. f.** ● (*bot.*) limetta②

limàccia [lat. parl. **limaca(m)* 'lumaca' (cfr. *lumaca*) ✱ av. 1463] **s. f.** (**pl.** *-ce*) ● (*zool.*) lumaca

limaccìna o **limacìna** [comp. di *limaccia* 'lumaca' e *-ina* ✱ 1869] **s. f.** ● sostanza bianca, terrosa, estratta dalle lumache per trattamento con acido nitrico prima e ammoniaca dopo

limàccio [lat. tardo *limāceu(m)*, da *līmus* 'limo, fango', di orig. indeur. ✱ av. 1292] **s. m.** ● fanghiglia

limaccióso (o **-ṣ-**) [av. 1320] **agg. 1** fangoso, melmoso: *il fondo l. di uno stagno*; *le acque limacciose di un torrente* **2** (*fig., raro*) oscuro, torbido || **limacciosità**, **s. f. inv.**

Limàcidi [comp. del lat. *līmax*, genit. *limăcis* 'lumaca', e *-idi* ✱ 1874] **s. m. pl.** (**sing.** *-e*) ● (*zool.*) famiglia di Molluschi dei Gasteropodi polmonati terrestri che possiedono una conchiglia rudimentale sotto il tegumento della regione retrocefalica e vivono in luoghi umidi (*Limacidae*)

limacifórme [comp. del lat. *līmax*, genit. *limăcis* 'lumaca', e *-forme* ✱ 1957] **agg.** ● (*raro*) che ha forma, aspetto e sim. di lumaca

limacìna ➤ **limaccina**

limacografìa [comp. del gr. *léimax*, genit. *leimākos* 'lumaca' e *-grafia* ✱ 1839] **s. f.** ● descrizione dei Gasteropodi terrestri

limacologìa [comp. del gr. *léimax*, genit. *leimākos* 'lumaca' e *-logia* ✱ 1952] **s. f.** (**pl.** *-gìe*) ● studio dei Gasteropodi terrestri

limàglia [da *lima* col suff. collettivo *-aglia*, adattamento del corrispondente fr. *limaille* ✱ 1922] **s. f.** ● (*raro*) limatura

limàn /*russo* ljiˈmɑan/ [vc. russa di orig. tc. (*liman* 'porto', dal gr. moderno *liméni*, dal dim. del gr. ant. *limḗn*, *liménion*) ✱ 1895] **s. m. inv. (pl. russo** *limany*) ● (*geogr.*) laguna costiera, situata alla foce di grandi fiumi, invasa periodicamente dalle acque di marea; è tipica della costa settentrionale del mar Nero

limànda [fr. *limande*, di etim. incerta ✱ 1874] **s. f.** ● pesce osseo dei Pleuronettidi con corpo appiattito e carni molto apprezzate che vive nei mari nordici (*Pleuronectes limanda*) CFR. sogliola

limàntria [dal gr. *lymantḗr* 'dannoso', da *lýmē* 'danno①' ✱ 1957] **s. f.** ● genere di farfalle dei Limantridi caratterizzate da uno spiccato dimorfismo sessuale, dannosissime alle piante sia da bosco che da frutto (*Lymantria*) SIN. liparide

Limàntridi [vc. dotta, comp. di *limantri(a)* e *-idi* ✱ 1932] **s. m. pl.** (**sing.** *-e*) ● (*zool.*) famiglia di Lepidotteri notturni i cui bruchi sono caratterizzati da lunghi peli spesso urticanti (*Lymantridae*)

limàre [vc. dotta, lat. *limāre*, da *līma* 'lima' ✱ av. 1276] **A v. tr. 1** passare la lima su una superficie per levigarla o assottigliarla **2** (*fig., lett.*) assillare, rodere: *l'ostinata nera orrenda barbara malinconia che mi lima e mi divora* (G. LEOPARDI) | (*lett.*) affaticare: *l. l'ingegno* **3** (*fig.*) diminuire, ridurre di poco: *l. i tassi dei Bot* | (*fig., lett.*) attenuare, ridurre l'intensità: *fecimi 'l solecchio / che del soverchio visibile lima* (DANTE *Purg.* XV, 14-15) **4** (*fig.*) correggere, rifinire, perfezionare: *l. uno scritto* **B** **limàrsi** v. tr. pron. (aus. *essere*) **1** trattare le proprie unghie con la limetta: *limarsi le unghie* **2** (*lett.*) sfregarsi: *si lima i cari occhi col dosso / dell'altra mano* (G. PASCOLI)

SFUMATURE ➤ *correggere*

†**limatézza** [1639] s. f. ● accuratezza, perfezione

limàto part. pass. di *limare*; anche agg. **1** nei sign. del v. **2** (*fig.*) accurato, elaborato, rifinito, detto spec. di scritti letterari: *una poesia eccessivamente limata* | elegante, raffinato: *stile l.*

limatóre [vc. dotta, lat. *limatōre(m)*, da *limātus*, part. pass. di *limāre* 'limare' ✻ 1598] agg. e s. m. (f. *-trice*) ● che (o chi) lima (*anche fig.*)

limatrìce [1934] s. f. ● macchina ad asportazione di truciolo con utensile a moto rettilineo alternativo, usata per rendere piane superfici continue o per eseguire scanalature

limatùra [vc. dotta, lat. *limatūra(m)*, da *līma* 'lima' ✻ sec. XIV] s. f. **1** operazione del limare (*anche fig.*) **2** polvere o trucioli minuti che si staccano dalla cosa limata: *l. di ferro, d'argento*

limbàle [1962] agg. ● relativo al limbo | (*fig.*) indeterminato, indefinito

limbèllo [dal dim. mediev. del lat. *lĭmbus* 'lembo' ✻ 1612] s. m. ● ritaglio, piccolo lembo di pelle o di stoffa

lìmbo [vc. dotta, lat. *lĭmbu(m)* 'orlo estremo (dell'Inferno)' (V. *lembo*①) ✻ sec. XIII] s. m. **1** nella tradizione cattolica, luogo destinato alle anime dei morti con la sola colpa del peccato originale, in particolare dei bambini non battezzati; è stato dichiarato inesistente dalla stessa Chiesa nel 2007 **2** (*fig.*) stato o condizione non ben definita, di incertezza e sim.: *si trova in una sorta di l.* **3** †lembo, bordo

lime /*ingl.* laɪm/ [vc. ingl. di orig. fr. (*lime*), a sua volta dal n. arabo *līm* ✻ 1989] s. m. inv. **1** (*bot.*) limetta② **2** essenza o succo estratti dal frutto della limetta | bevanda a base del succo stesso

limégno [sp. *limeño*, da *Lima* ✻ 1844] **A** agg. ● di Lima, capitale del Perù **B** s. m. (f. *-a*) ● abitante o nativo di Lima

limenìtide [gr. *limenîtis*, genit. *limenítidos* 'che abita nel porto (*limḗn*, di etim. incerta)' ✻ 1874] s. f. ● farfalla con ali bruno-nere a fascia bianca, dorsalmente e ventralmente grigiastre macchiettate, e bruchi con livrea rossa e verde (*Limenitis sibilla*)

lìmerick /'limerik, *ingl.* 'lɪmərɪk/ [da *Limerick*, città della Repubblica Irlandese: pare che il sign. di 'filastrocca' derivi dal ritornello di una canzone che diceva 'vuoi venire a Limerick?' ✻ 1968] s. m. inv. ● filastrocca inglese di cinque versi, scherzosa e spesso priva di senso, attestata in Irlanda dall'inizio del sec. XIX e portata a notorietà dallo scrittore britannico E. Lear (1812-1866)

limétta① [av. 1566] s. f. **1** dim. di *lima* **2** lima sottile, in metallo o carta vetrata, usata per limare le unghie ‖ **limettina**, dim.

limétta② [dim. dello sp. *lima* 'specie di limone', della stessa orig. araba (*līma*) di *limón* 'limone' ✻ 1895] s. f. ● alberetto delle Rutacee, originario della regione indo-malese, dai cui frutti si estrae un olio essenziale (*Citrus aurantifolia* o *Citrus limetta*) | il frutto di tale pianta SIN. lima, lime

limìcolo [vc. dotta, lat. *limĭcolu(m)*, 'che vive (V. *-colo*) nel fango (V. *limo*)' ✻ 1957] agg. ● detto di animale che abita prevalentemente luoghi melmosi, cibandosi di microrganismi presenti nel fango: *fauna limicola*

†**limière** [ant. fr. *liemier* 'cane tenuto al guinzaglio (*liem*, dal lat. *ligāmen* 'legame')' ✻ 1548] s. m. ● (*zool.*) bracco

limina, ad ➤ **ad limina**

liminàle [dall'ingl. *liminal*, dal lat. *līmen*, genit. *līminis* 'soglia' ✻ 1913] agg. ● (*psicol.*) detto di fenomeno o stimolo di intensità sufficiente a provocare una reazione percettiva cosciente

liminàre [vc. dotta, lat. tardo *limināre(m)*, da *līmen* 'limine' ✻ 1556] agg. **1** (*lett.*) appartenente alla soglia, al limitare **2** (*scient.*) detto di un valore limite

lìmine [vc. dotta, lat. *līmen*, genit. *līminis*, di etim. incerta ✻ 1475] s. m. **1** (*lett.*) soglia | (*relig.*) ***visita ai limini***, quella alle soglie del sepolcro dei Santi Pietro e Paolo in Roma, cioè al Papa e alla Curia romana, che i vescovi cattolici devono compiere, per obbligo canonico, ogni cinque anni **2** (*mar.*) †ingresso del porto **3** (*fig.*, *lett.*) inizio

limine, in ➤ **in limine**

lìmio [da *limare* col suff. *-io*① ✻ 1919] s. m. (pl. *-ii*) ● un limare insistente e continuato | il rumore che ne deriva: *nel cuore durava il l. / delle cicale* (G. UNGARETTI) | (*fig.*, *lett.*) assillo

limitàbile [da *limitare*② ✻ av. 1855] agg. ● che si può limitare ‖ **limitabilità**, s. f. inv.

†**limitaménto** [vc. dotta, lat. tardo *limitamĕntu(m)*, da *limitāre* 'limitare②' ✻ av. 1589] s. m. ● limitazione

limitàneo [vc. dotta, lat. tardo *limitāneu(m)*, da *līmes*, genit. *līmitis* 'limite' ✻ 1598] agg. ● (*lett.* o *stor.*) dei confini, delle frontiere: *truppe limitanee*

limitànte part. pres. di *limitare*; anche agg. **1** nei sign. del v. **2** che pone un limite, una condizione, un ostacolo, anche psicologico: *barriera l.*

limitàre① [vc. dotta, lat. *limitāre(m)* 'appartenente alla soglia', da *līmes*, genit. *līmitis* 'limite' ✻ av. 1356] s. m. **1** (*lett.*) soglia: *fermarsi sul l.* | (*est.*) margine, estremità: *ci sedemmo al l. del bosco* **2** (*fig.*, *lett.*) momento iniziale: *essere sul l. degli studi; e tu, lieta e pensosa, il l. / di gioventù salivi* (G. LEOPARDI) | (*fig.*, *raro*) termine, compimento: *essere giunto al l. della propria esistenza*

♦**limitàre**② [vc. dotta, lat. *limitāre*, da *līmes*, genit. *līmitis* 'limite' ✻ 1308] **A** v. tr. (*io lìmito*) **1** circoscrivere uno spazio entro certi limiti: *limitarono con filo spinato la zona infetta* **2** (*fig.*) determinare o fissare entro dati limiti; delimitare: *È necessario ... limitargli le autorità* (F. GUICCIARDINI) **3** ridurre, restringere, diminuire: *l. le spese, le proprie ambizioni* **B** **limitàrsi** v. rifl. ● mantenersi entro limiti determinati (+ *in*, + *a*, anche seguiti da inf.): *limitarsi __nel__ bere, __nelle__ spese; limitarsi __allo__ stretto indispensabile* | ***limitarsi a qlco.***, non fare che quella: *non aveva tempo e si limitò a quel sorriso* (I. SVEVO); *limitarsi __a__ dire, __a__ fare qlco.; egli si limitò a vuotare un bicchiere di vino* (G. VERGA) | non eccedere (*anche assol.*): *bisogna sapersi limitare* SIN. contenersi

limitatézza [da *limitato* ✻ 1869] s. f. ● pochezza, esiguità: *l. di vedute, di idee*

limitatìvo [1612] agg. ● che serve o che tende a limitare: *provvedimento l.; giudizio l.; aggettivo, avverbio con valore l.* | (*gramm.*) ***congiunzione limitativa***, che introduce una proposizione limitativa (per es.: *per quanto, per quello che, (in) quanto a*) | ***proposizione limitativa***, proposizione subordinata che esprime una limitazione rispetto a quanto è detto nella reggente; può essere introdotta anche dalle preposizioni *a* o *per*, o (*colloq.*) essere costituita dal solo infinito di un verbo (per es.: *__per quanto__ ne so, è partito ieri; (__in__) __quanto ad__ aiutarlo, ci penserò; è facile __a__ dirsi; __per__ essere così giovane è già molto bravo; fumare, non fumo*) ‖ **limitativaménte**, avv. in modo limitativo

limitàto part. pass. di *limitare*②; anche agg. **1** contenuto entro certi limiti: *spazio l.; un l. periodo di tempo* **2** non ampio, non pieno: *facoltà limitata; poteri limitati* SIN. definito, precisato **3** (*est.*) che non oltrepassa certi limiti; misurato, parco: *essere l. nelle proprie pretese; l. nelle spese* **4** esiguo, scarso: *disporre di limitate risorse economiche* | mediocre, poco dotato: *avere un'intelligenza limitata* ‖ **limitataménte**, avv. **1** in modo limitato; moderatamente, parzialmente: *divertirsi limitatamente* **2** nei limiti di, esclusivamente in relazione a: *possiamo prendere una decisione limitatamente a questo problema*; relativamente a casi limitati: *il permesso è concesso limitatamente ai residenti*

limitatóre [vc. dotta, lat. tardo *limitatōre(m)*, da *limitātus* 'limitato' ✻ 1308] **A** agg. e s. m. (f. *-trice*) ● che (o chi) limita **B** s. m. ● (*elettr.*) apparecchio per la protezione degli impianti elettrici dagli sbalzi repentini e pericolosi della corrente o della tensione | (*mecc.*) dispositivo che impedisce di superare determinati valori prefissati, pericolosi e non, di grandezze fisiche connesse al funzionamento di macchine e impianti: *l. di corsa, di velocità* | ***l. di coppia massima***, giunto di sicurezza

limitazióne [vc. dotta, lat. *limitatiōne(m)*, da *limitātus* 'limitato' ✻ av. 1380] s. f. **1** il limitare | restrizione: *la nostra libertà non subì alcuna l.* | riduzione: *è una l. delle spese* | misura di controllo: *l. degli armamenti; l. delle nascite* | (*gramm.*) ***complemento di l.***, indica il limite entro cui vale ciò che si dice; è introdotto dalle prep. *per, in, a, con, da, di, secondo* e dalle loc. prep. *quanto a, rispetto a, in fatto di*, e sim. (per es.: *star bene __in__ salute; è molto brava __in__ inglese; __secondo__ me, ha ragione; è coraggioso solo __a__ parole; __col__ lavoro sono rimasto un po' indietro; cieco __da__ un occhio; __quanto a__ memoria è insuperabile*) **2** condizione che limita: *porre una l. di tempo, di spazio*

♦**lìmite** [vc. dotta, lat. *līmite(m)*, di etim. incerta ✻ av. 1276] **A** s. m. **1** confine, barriera: *il vallo costituiva un l. insuperabile* | ***l. kilometrico***, pietra miliare | ***punizione dal l.***, nel calcio, quella tirata appena fuori dall'area di rigore | ***l. di cambio***, nelle corse a staffetta, quello che segna il punto in cui si dà il cambio al compagno di gara | ***l. della vite, dell'ulivo***, linea ideale che delimita la zona dove può crescere una determinata pianta | ***l. della vegetazione arborea***, linea ideale che in montagna segna l'altitudine massima alla quale possono crescere gli alberi | ***l. delle nevi persistenti***, linea ideale al di sopra della quale la neve caduta nel periodo più freddo non arriva a sciogliersi tutta nel periodo più caldo | ***l. di carico***, massimo peso di merce che può essere caricata su carro **2** grado ultimo, valore estremo, da non superare: *vi sono precisi limiti di tempo* | ***l. di età***, determinato dalla legge per scopi di vario genere | ***vittoria prima del l.***, nel pugilato, quella conquistata prima che siano state disputate tutte le riprese | ***l. di velocità***, velocità massima consentita ai veicoli | ***l. di sosta***, periodo di tempo in cui è consentito il parcheggio | ***al l.***, nell'estrema ipotesi, tutt'al più **3** (*fig.*) ambito, estensione propri di qlco.: *i limiti della mente umana, della propria forza; il movimento ... avrebbe trovato il suo l. nelle applicazioni politiche e sociali* (F. DE SANCTIS) | termine, grado che non si può o non si deve superare: *uscire dai limiti della decenza; tutto ha un l.; la mia pazien-*

a b c d e f g h i j k **l** m n o p q r s t u v w x y z

za ha un l. | ***nei limiti del possibile***, nell'ambito delle possibilità di qlcu. | ***entro certi limiti***, fino a un certo punto, in parte | ***senza l.***, estremamente grande: *bontà, vanità senza l.* **4** (*fig.*) insufficienza, mancanza, punto debole: *un saggio storico che presenta molti limiti; il suo l. è la pigrizia* **5** (*astron.*) uno dei due punti dell'orbita in cui un pianeta raggiunge la sua massima distanza dall'eclittica | ***l. dell'universo fisico***, la distanza dal Sole alla quale la velocità di recessione delle galassie è pari a quella della luce **6** (*mat.*) ***l. di una funzione in un punto***, numero al quale i valori della funzione si mantengono arbitrariamente vicini, se la variabile indipendente si mantiene abbastanza prossima al punto assegnato | ***l. di una successione***, numero al quale i termini della successione si mantengono arbitrariamente vicini, scegliendoli di volta in volta successivi a termini opportunamente fissati **B** **in funzione di agg. inv.** (**posposto al sost.**) **1** (*mat.*) nella loc. ***punto l.***, nel quale concorrono le rette che in una data rappresentazione sono le immagini di rette parallele **2** (*fig.*) detto di ciò che rappresenta il massimo dell'improbabilità, che sta ai confini del possibile: *ipotesi l.; si tratta di casi l.*

limìtrofo [vc. dotta, lat. tardo *limĭtrophu(m)*, comp. del lat. *līmes*, genit. *līmitis* 'limite' e di un deriv. dal gr. *tréphein* 'nutrire', perché designava il terreno che offriva i viveri alle truppe di confine ✻ 1679] **agg.** ● confinante, adiacente: *paese l.* **SIN.** finitimo

SFUMATURE DI SIGNIFICATO

limitrofo - circostante - circonvicino

Limitrofo indica in senso proprio ciò che è confinante, adiacente. **Circostante** descrive invece ciò che è vicino perché è tutt'intorno; si dice soprattutto di luoghi, aree, zone. Anche **circonvicino** si riferisce di solito a luoghi, aree, zone, per indicare ciò che sta nei dintorni, nelle vicinanze; rispetto a *circostante* è di uso più raro.

SFUMATURE ➤ ***confinante***

limìvoro [comp. di *limo* e *-voro* ✻ 1930] **agg.** ● (*biol.*) detto di organismo acquatico che ingerisce fango per nutrirsi dei detriti in questo contenuti

lìmma [vc. dotta, lat. tardo *līmma* (nom.), dal gr. *lêimma* 'residuo', da *léipein* 'lasciare', di orig. indeur. ✻ 1581] **s. m.** (**pl.** *-i*) ● (*mus.*) intervallo molto piccolo che risulta dalla differenza matematica fra due intervalli di maggiore entità

limnèa [dal gr. *limnâios* 'che sta nella palude (*límnē*, di etim. incerta)' ✻ 1828] **s. f.** ● mollusco dei Gasteropodi polmonato con conchiglia sottile, bruna, che vive nelle acque dolci (*Limnea stagnalis*)

limnètico [dal gr. *limnḗtēs* 'palustre, del lago (*límnē*, di etim. incerta)' ✻ 1957] **agg.** (**pl. m.** *-ci*) ● relativo ai laghi

lìmni- ➤ **limno-**

limnimetrìa o **limnometrìa** [comp. di *limni-* e *-metria* ✻ 1957] **s. f.** ● misurazione dei laghi e delle loro variazioni

limnìmetro o **limnòmetro** [comp. di *limni-* e *-metro* ✻ 1957] **s. m.** ● scala graduata per misurare il livello delle acque di un lago

lìmno- o **lìmni-** [dal gr. *límnē* 'lago', di etim. incerta] **primo elemento** ● in parole composte della terminologia scientifica, significa 'lago' o esprime relazione con l'acqua dolce: *limnofilo*

limnòbio [comp. di *limno-* e *-bio* ✻ 1874] **s. m.** ● (*biol.*) il complesso degli organismi che vivono nelle acque dolci

limnòfilo [comp. di *limno-* e *-filo* ✻ 1895] **s. m.** ● insetto dei Tricotteri con corpo allungato le cui larve vivono in un involucro che si costruiscono con sabbia, resti di conchiglie e sim. in acque basse e stagnanti

limnologìa [comp. di *limno-* e *-logia* ✻ 1754] **s. f.** (**pl.** *-gìe*) ● studio dei laghi, degli organismi che li popolano e della sedimentazione lacustre

limnòlogo [comp. di *limno-* e *-logo* ✻ 1957] **s. m.** (**f.** *-a*; **pl. m.** *-gi*) ● studioso di limnologia

limnometrìa ➤ **limnimetria**

limnòmetro ➤ **limnimetro**

limnoplàncton [comp. di *limno-* e *plancton* ✻ 1917] **s. m. inv.** ● (*biol.*) plancton lacustre

lìmo [vc. dotta, lat. *līmu(m)*, di orig. indeur. ✻ av. 1292] **s. m.** **1** fango, fanghiglia **2** (*geol.*) terriccio molto fine che si trova in sospensione nelle acque o che viene deposto da esse

limodòro [gr. *leimṓdōron* 'dono (*dōron*) del prato (*leimṓn*)' ✻ 1834] **s. m.** ● genere di piante delle Orchidacee, tipiche dei prati alpini, comprendente una sola specie (*Limodorum*)

limòla [fusione di *lima* e *mola* ✻ 1957] **s. f.** ● utensile montato su una limolatrice, costituito da un disco rotante d'acciaio tagliente e fortemente abrasivo

limolatrìce [da *limolare*, denominale di *limola* ✻ 1957] **s. f.** ● macchina utensile, simile alla molatrice, che sfrutta l'azione di una limola per asportare le scabrosità superficiali dei pezzi metallici

limonàia [da *limone* ✻ av. 1912] **s. f.** ● serra o stanzone per conservare durante l'inverno le piante di limone in vaso

limonàio [av. 1800] **s. m.** (**f.** *-aia*, **pl. m.** *-ai*) ● chi vende limoni

limonàre [prob. da *limone*, ma con passaggio semantico non chiaro ✻ 1960] **v. intr.** (*io limóno*; **aus.** *avere*) ● (*sett.*) amoreggiare con qlcu.

limonàta [1668] **s. f.** **1** bibita analcolica preparata con acqua, succo di limone, zucchero, anidride carbonica e aromatizzata con essenza di limone | bevanda preparata con acqua e succo di limone **2** preparazione farmaceutica liquida a base spec. di acido citrico, usata un tempo come blando lassativo

limonàto [av. 1698] **agg.** ● (*raro*) del colore del limone

limoncèlla [1553] **s. f.** **1** varietà di mela piccola, con buccia giallognola o verdognola, polpa bianca e profumata dal sapore acidulo **2** (*bot.*, *tosc.*) melissa

limoncèllo [sec. XIV] **A** **s. m.** **1** dim. di *limone* **2** limetta② **3** liquore ottenuto dalla macerazione di scorze di limone in alcol che, dopo essere stato filtrato, viene diluito con acqua e zucchero **SIN.** limoncino **B** **agg.** ● di colore giallo limone

limoncìno [av. 1484] **A** **agg.** ● (*bot.*) ***erba limoncina***, cedrina **B** **s. m.** **1** dim. di *limone* **2** limoncello nel sign. A3

♦**limóne** [arabo *laymūn* e *līma*, dal persiano *līmū(n)* ✻ sec. XIV] **A** **s. m.** ● alberetto sempreverde delle Rutacee, spinoso allo stato selvatico, con foglie coriacee e seghettate, fiori bianchi, frutti a esperidio giallo pallido (*Citrus limonum*) | frutto del limone utilizzato per le essenze estratte dalla buccia e per il succo acidulo: *buccia, scorza, succo di l.; tè al l.; condire la verdura con olio e l.* | ***essere giallo, pallido, come un l.***, essere molto pallido per una forte emozione o altro | (*scherz.*) ***garantito al l.***, certo, sicuro, incontrovertibile, inoppugnabile | ***l. spremuto***, (*fig.*) persona che viene messa da parte dopo essere stata sfruttata **B** **in funzione di agg. inv.** ● (posposto a un sost.) detto del colore giallo-verde caratteristico della buccia del frutto omonimo: *un vestito color l.; un golfino giallo l.* ‖ **limoncìno**, **dim.** (V.) | **limoncèllo**, **dim.** (V.)

limonèa [1561] **s. f.** ● (*sett.*, *disus.*) limonata

limonéto [av. 1944] **s. m.** ● terreno coltivato a limoni

limonìcolo [1957] **agg.** ● relativo ai limoni e alla loro coltivazione: *produzione limonicola*

limonicoltóre [comp. di *limone* e *-coltore* ✻ 1957] **s. m.** (**f.** *-trice*) ● chi si occupa di limonicoltura

limonicoltùra o **limonicultùra** [comp. di *limone* e *-coltura* ✻ 1957] **s. f.** ● coltivazione di limoni

limonìte [fr. *limonite*, da *limon* 'fango, terra alluvionale', dal lat. *līmus* 'limo' ✻ 1839] **s. f.** ● (*miner.*) roccia a grana fine, costituita da una mescolanza di ossidi e idrossidi di ferro, minerali argillosi e impurezze varie, di colore da giallo a rosso a bruno e nero

limonitiẓẓazióne [dall'ingl. *limonitization*, deriv. di *limonite* 'limonite' ✻ 1957] **s. f.** ● (*geol.*) processo di trasformazione meteorica di rocce contenenti ferro con formazione di limonite

limòṣina e deriv. ➤ **elemosina** e deriv.

limoṣìno [fr. *limousin*, dal lat. *Lemovicīnu(m)* 'regione dei *Lemovīces*', popolazione gallica ✻ 1585] **A** **agg.** ● della città o della regione di Limoges: *un poeta l.* | ***razze limosine***, di buoi e cavalli **B** **s. m.** (**f.** *-a*) ● abitante o nativo della città o della regione di Limoges **C** **s. m. solo sing.** ● dialetto di Limoges, assurto a lingua letteraria nel Medioevo

limóso (o *-ṣ-*) [vc. dotta, lat. *limōsu(m)*, da *līmus* 'limo' ✻ av. 1292] **agg.** ● che è pieno di limo: *terreno l.; acqua limosa* **SIN.** fangoso ‖ **limosità**, **s. f. inv.** caratteristica di ciò che è limoso; (*est.*) fango, limo

limousine /fr. limu'zin/ [vc. fr., *limousine*, propr. 'vettura di Limoges', prob. perché simile a una carrozza che lì si usava ✻ 1908] **s. f. inv.** ● grossa automobile chiusa di rappresentanza, talvolta con strapuntini ribaltabili fra i sedili anteriori e posteriori, separati tra loro con un vetro divisorio

limpidézza [1516] **s. f.** **1** proprietà di ciò che è limpido: *l. dell'acqua* | nitidezza: *l. del cielo* | purezza: *l. di un suono* **2** (*fig.*) integrità: *l. di costumi* | (*fig.*) onestà, trasparenza: *la l. di un comportamento*

limpidità [vc. dotta, lat. *limpiditāte(m)*, da *lĭmpidus* 'limpido' ✻ 1566] **s. f. inv.** ● (*raro*) limpidezza | (*lett.*) lucentezza

♦**lìmpido** [vc. dotta, lat. *lĭmpidu(m)*, di etim. incerta ✻ 1342] **agg.** **1** chiaro e trasparente: *cristallo, vino, liquore l.; acque, fonti, sorgenti limpide; nei limpidi quasi vitrei occhi azzurrini* (L. PIRANDELLO) | ***cielo, orizzonte l.***, non offuscato da brume, nubi e sim. | (*fig.*) ***occhio, sguardo l.***, puro e sincero | chiaro e sonoro: *voce limpida* **2** (*fig.*) spontaneo, schietto: *vena limpida di poesia; scrittore, stile l.* **3** (*fig.*) evidente, chiaro, certo: *prova limpida* | (*fig.*) sereno, fiducioso: *animo l.* ‖ **limpidétto**, **dim.** ‖ **limpidaménte**, **avv.** con limpidezza; con estrema chiarezza: *esporre limpidamente le proprie idee*

SFUMATURE DI SIGNIFICATO

limpido - nitido - cristallino

Ciò che è chiaro e trasparente (in particolare aria o acqua) si definisce **limpido**; in senso figurato è ciò che è comprensibile, evidente. Il primo significato di **nitido** rimanda invece a ciò che è pulito e lucente; figuratamente *nitido* si riferisce a immagini, concetti dai contorni ben delineati e dunque chiari, perfettamente coglibili o comprensibili. Ciò che è limpido, luminoso e lucente come un cristallo si definisce invece **cristallino**.

SFUMATURE ➤ ***trasparente***

lìmulo [vc. dotta, lat. *līmulu(m)* 'obliquo', dim. di *līmus*, di etim. incerta ✻ 1975] **s. m.** ● artropode marino della classe dei Merostomi, col corpo protetto da corazza rotondeggiante che si prolunga in un lungo aculeo caudale (*Limulus polyphemus*)

Linàcee [comp. di *lin(o)* e *-acee* ✱ 1839] **s. f. pl. (sing. *-a*)** ● (*bot.*) famiglia di piante erbacee delle Dicotiledoni con foglie sessili e intere, fiore a cinque sepali e cinque petali (*Linaceae*)

linàio [da *lino*, di cui era fatta ✱ 1937] **s. m. (pl. *-ai*)** ● rete da pesca di lino, a sacco centrale

linaiòla [dal lat. *līnum* 'lino' ✱ 1813] **s. f.** ● (*bot.*) linaria

linaiòlo o (*lett.*) **linaiuòlo** [dal lat. *linārium*, da *līnum* 'lino' ✱ sec. XIII] **s. m. (f. *-a*)** ● chi lavora o vende il lino

linària [dal lat. *līnum* 'lino' ✱ 1550] **s. f.** ● pianta erbacea perenne delle Scrofulariacee comune nei campi, con fiori gialli a fauce aranciata (*Linaria vulgaris*) **SIN.** linaiola

lince [vc. dotta, lat. *lўncem*, dal gr. *lýnx*, di orig. indeur. ✱ 1476] **A s. f.** ● grosso felino europeo con pelo morbidissimo, orecchie a punta sormontate da un ciuffo di peli (*Lynx lynx*) | ***occhi di l.***, acutissimi **SIN.** lupo cerviero **B s. m. inv.** ● (con iniziale maiuscola) nome registrato di un mezzo militare leggero blindato, adatto a più funzioni

linceo① o (*lett.*) **lincèo** [vc. dotta, gr. *lýnkeios* (lat. *lyncēus*), da *lýnx*, genit. *lynkós* 'lince' ✱ 1524] **agg. 1** (*raro*) che ha natura di lince | (*fig.*) ***occhi lincei***, acuti e penetranti **2** (*fig.*) †acuto, perspicace, ingegnoso

lincèo② [dalla *lince*, assunto come simbolo di acutezza della vista ed, estensivamente, dell'indagine scientifica ✱ av. 1642] **A s. m. 1 (al pl.)** nella loc. ***Accademia Nazionale dei Lincei***, o (*ellitt.*) ***Lincei***, accademia fondata a Roma nel 1603 e tuttora esistente, costituita da insigni studiosi di discipline fisiche, matematiche, naturalistiche e morali, storiche, filologiche **2** ogni membro dell'Accademia dei Lincei **B agg.** ● relativo all'Accademia dei Lincei

linci [lat. *īllinc*, da *īlle*, secondo un tipo incerto di formazione ✱ 1319] **avv. 1** †lì: *Noi montavam, già partiti di l.* (DANTE *Purg.* XV, 37) **2** nella loc. avv. ***col squinci e l.***, in modo affettato, ricercato: *Lui ha pure sposato una maestrina, perché parlava col squinci e l.* (G. VERGA)

linciàggio [fr. *lynchage*, da *lyncher* 'linciare' ✱ 1905] **s. m. 1** esecuzione sommaria non preceduta da regolare processo, compiuta da privati cittadini nei confronti di chi sia o sia ritenuto colpevole di certi reati **2** (*fig.*) persecuzione accanita e insistente, che mira al definitivo annientamento di qlcu.: *l. morale, politico*

linciaménto [1983] **s. m.** ● (*raro*) linciaggio

linciàre [fr. *lyncher*, adattamento dell'ingl. *to lynch*, dal n. del capitano americano W. *Lynch* (1742-1820) che fece approvare una legge per l'esecuzione sommaria (*Lynch law*) ✱ 1877] **v. tr. (pres. *io lìncio*; fut. *io lincerò*)** ● uccidere per linciaggio: *furono linciati dalla folla inferocita*

linciatóre [1899] **s. m. (f. *-trice*)** ● chi prende parte attiva a un linciaggio

lincomicìna [vc. comp. della parte iniziale dell'agg. *linco(lnensis)* e di *-micina*: V. *streptomicina* ✱ 1974] **s. f.** ● (*farm.*) antibiotico prodotto dal batterio *Streptomyces lincolnensis*, attivo sui batteri gram-positivi, impiegato nel trattamento delle infezioni da streptococchi, pneumococchi e stafilococchi sensibili

lindézza [sp. *lindeza*, da *lindo* ✱ 1526] **s. f.** ● pulizia scrupolosa | (*fig.*) grande proprietà, accuratezza: *l. di stile*

♦**lindo** [sp. *lindo*, da **lidmo*, dal lat. *legĭtimus* 'secondo la legge, la regola', 'convenevole', attraverso *l(e)íd(e)mo* ✱ 1499] **agg. 1** molto pulito e ordinato: *abito l.*; *quaderno l. e ben tenuto* **2** (*fig.*) chiaro, nitido: *scrittura linda* **3** (*lett.*) che mostra un'eleganza talora eccessiva: *le signore civettavano ... coi lindi francesini* (I. NIEVO) || **lindaménte**, **avv.**

♦**lindóre** [da *lindo* ✱ 1963] **s. m.** ● caratteristica di ciò che è lindo: *il l. di una camicia*

lindùra [sp. *lindura*, da *lindo* ✱ 1640] **s. f.** ● (*lett.*) lindezza, lindore

line /ingl. laɪn/ [vc. ingl., propr. 'linea' (V.) ✱ 1959] **s. f. inv.** ● (*org. az.*) legame di gerarchia operativa fra un superiore e uno o più subordinati diretti

♦**lìnea** [vc. dotta, lat. *līnea(m)*, da *līneu(m)*, agg. di *līnum* 'lino', di etim. incerta: 'filo di lino' ✱ 1282] **s. f. I** in senso statico **1** segno sottile tracciato, inciso e sim. su qlco.: *tirare una l. su un foglio*; *disegnare una l.*; *l. orizzontale, verticale*; *sottolineare una parola con una l.* | ***distanza in l. d'aria***, distanza misurata in linea retta: *in l. d'aria Cuneo e Nizza sono vicine ma la strada è tortuosa* | ***le linee della mano***, ognuno dei piccoli solchi che attraversano il palmo della mano, contraddistinti in chiromanzia da nomi diversi (linea della vita, del cuore, della fortuna ecc.) | ***l. di fede***, tratto segnato su uno strumento di misura per consentire la lettura di una misurazione o di una direzione | ***l. di partenza***, quella da cui prendono il via i partecipanti a una gara di corsa | ***l. d'arrivo***, traguardo | ***linee di fondo***, nel calcio, nel tennis e in altri sport, quelle che delimitano i lati minori del campo di gioco (V. anche *fondo* nel sign. A 7) | ***linee laterali***, nel calcio, nel tennis e in altri sport, quelle che delimitano i lati maggiori del campo di gioco | ***l. di meta***, nel rugby, una delle linee che delimitano il campo di gioco | in musica, uno dei tratti orizzontali del rigo musicale | (*astron.*) ***l. equinoziale***, antica denominazione dell'equatore celeste | ***l. meridiana***, la retta su cui giace la proiezione dello gnomone al mezzogiorno vero | (*elettron.*) in televisione, riga **2** (*mat.*) figura descritta da un punto la cui posizione è funzione continua del tempo: *l. retta, curva*; *linee parallele, perpendicolari*; *linee isobare, isoterme* **3** limite: *l. di confine, di separazione*; *l. delle nevi perpetue* | ***l. doganale***, quella il cui attraversamento comporta il pagamento dei diritti doganali sulle merci a essi soggette | (*anat.*) ***l. alba***, linea mediana della parete addominale anteriore lungo la quale avviene l'incrociamento delle fibre delle due metà del corpo umano | (*geogr.*) ***l. di valle***, quella che congiunge i punti più bassi di una valle dalla sorgente di un fiume alla sua foce | ***l. di vetta***, spartiacque | (*edil.*) ***l. di gronda***, la linea formata dal ciglio esterno della gronda di un tetto | ***l. rossa***, (*fig.*) limite da non superare, spec. in caso di controversie internazionali **4** nei termometri, ognuno dei dieci piccoli tratti che segnano i decimi di grado di temperatura: *avere qualche l. di febbre*; *la febbre è salita, è scesa, di due linee* **5** (*est.*) contorno, forma, profilo del corpo umano o di una sua parte: *avere una l. giovanile*; *le linee dei fianchi, delle spalle*; *una faccia misteriosa dalle linee precise e dolci* (I. SVEVO) | ***conservare, mantenere la l.***, mantenersi agile e snello | ***perdere la l.***, ingrassare | (*fig.*) ***descrivere qlco. a grandi linee, nelle linee generali***, in modo generico, sommario **6** nelle schede bibliografiche, segno convenzionale che, posto dopo la parola d'ordine, significa continuazione, a capo riga, ripetizione **7** taglio, modello di un abito: *giacca di l. classica*; *cappotto di l. sportiva* | (*fig.*) eleganza, classe: *avere molta, poca l.*; *mancare di l.* **8** (*milit.*) fronte di un reparto, di un'unità o di un esercito schierati in battaglia: *andare in l.*; *in prima l.* | ***fanteria di l.***, un tempo, la fanteria propriamente detta, per distinguerla dagli altri corpi di fanteria speciali | ***essere in prima l.***, (*fig.*) di cose o persone che sono avanti a tutte le altre per importanza o per impegno e responsabilità | ***passare in seconda l.***, (*fig.*) detto di persone o cose ritenute meno importanti di prima rispetto ad altre | ***vittoria, sconfitta, disfatta su tutta la l.***, (*fig.*) piena, totale, definitiva | ***L. del Piave***, (*fig.*) limite estremo e invalicabile da mantenere fermo se si vogliono evitare danni irrimediabili **II** in senso dinamico **1** conduttura per la trasmissione e distribuzione dell'energia elettrica o di altro: *le linee dell'alta tensione* | ***l. telegrafica, telefonica***, (*assol.*) ***linea***, per il contatto telegrafico o telefonico, fra le centrali e fra gli utenti: *Milano è in l.*; *è caduta la l.* | ***prendere la l.***, riuscire a collegarsi | ***essere in l.***, essere in collegamento telefonico con la persona o la località richiesta | ***restare, attendere in l.***, non interrompere un collegamento telefonico | ***l. calda*** (trad. dell'ingl. *hot line*), ***l. rossa***, (*fig.*) collegamento telefonico diretto tra la Casa Bianca e il Cremlino o (*est.*) tra capi di Stato, di governo e sim. in situazioni di emergenza | ***l. di contatto***, per il passaggio della corrente elettrica dalla linea stessa al veicolo mosso da tale corrente | ***l. aerea***, i cui conduttori o fili sono tesi esternamente o superiormente al profilo della sagoma limite | (*tel.*) ***l. commutata***, collegamento telematico realizzato mediante l'impiego temporaneo di comuni linee telefoniche | (*inform.*) ***l. dedicata***, collegamento telematico realizzato mediante l'impiego di una linea specificamente destinata a tale scopo **2** tracciato immaginario che indica una direzione o si sviluppa in una direzione: *avanzare in l. retta*; *seguire la l. della strada* | ***l. di forza***, quella che indica la direzione di una forza operante in un campo elettrico o magnetico, o in genere in cui si esercita un'azione a distanza | ***l. di campo elettrico***, quella che è in ogni suo punto tangente al vettore campo elettrico | ***l. di campo magnetico***, quella che risulta in ogni suo punto tangente al vettore campo magnetico | ***in l.***, in una determinata direzione | ***mettersi in l.***, nella scherma, mettersi in posizione di guardia | (*milit.*) ***l. di operazione***, direzione offensiva di un esercito verso un dato obiettivo | ***combattere per linee interne***, nel pugilato, colpendo di diretto e di montante | ***combattere per linee esterne***, colpendo con sventole e ganci | ***l. mediana***, nel calcio, quella che divide in due parti uguali il terreno di gioco | ***l. di mira***, la visuale che, passando per la tacca d'alzo e il mirino di un'arma da fuoco, congiunge l'occhio del tiratore con il bersaglio | ***l. di tiro***, quella rappresentata dal prolungamento della bocca da fuoco puntata per il tiro **3** (*fig.*) modo di comportarsi, norma seguita, indirizzo di fondo: *avere, assumere, mantenere una certa l. di condotta*; *seguire una precisa l. politica*; *sostenere una l. morbida, dura* | ***essere in l. con qlco.***, conformarsi a qlco., essere in accordo: *essere in l. con le direttive del proprio partito* | ***in l. con i tempi***, aggiornato, moderno, attuale | ***in l. di massima***, in generale, nel complesso, tendenzialmente | ***in l. di principio***, dal punto di vista dei principi, della teoria | ***in l. di fatto***, per quanto attiene ai fatti, alla realtà | ***l. guida***, orientamento di massima, principio ispiratore **4** servizio di trasporto pubblico che compie regolarmente un dato tragitto: *l. aerea, ferroviaria*; *linee marittime* | ***di l.***, che compie un servizio regolare: *pullman, aereo di l.* | percorso, itinerario seguito da mezzi pubblici: *la l. del tram, degli autobus* | ***l. ferroviaria***, tratto di ferrovia, spec. se individuato col nome delle due stazioni estreme: *l. ferroviaria Firenze-Viareggio*; *l. ferroviaria a doppio binario, a binario unico* **5** (*fig.*) sviluppo logico della narrazione in una sceneggiatura cinematografica o televisiva, o in un testo teatrale: *l. d'azione* **6** lenza a più ami **III** in senso analogico **1** complesso di persone, animali od oggetti, disposti in fila: *una l. d'alberi, di cespugli*; *la l. delle dune* | ***mettersi in l.***, allinearsi | ***l. d'attacco, di difesa***, nel calcio, la serie dei giocatori schierati in attacco o in difesa | (*milit.*) ***l. difensiva***, (*assol.*) ***l.***, quella costituita da diverse opere di fortificazione, distribuita lungo un fronte di operazioni, spesso indicata con nomi convenzionali: *ritirarsi dietro una l. difensiva*; *l. Maginot, Sigfrido* **2** (*tipogr.*) complesso delle parole o frasi contenute nella giustezza **3** rapporto genealogico intercorrente tra due persone: *l. ascendente*; *l. discendente*; *l. collaterale*; *l. retta* | successione di parentela: *con lui si è estinta la l. maschile della famiglia regnante* **4** (*biol.*) discendenza | ***l. pura***, gruppo di individui nei quali il campo di variabilità è molto limitato, per cui non è più possibile praticarne la selezione **5** (*org. az.*) impostazione della lavorazione secondo la successione delle operazioni indicate dal ciclo del prodotto, realizzata disponendo macchine e posti di lavoro secondo tale successione **6** (*inform.*) ***in l.***, online | ***fuori l.***, offline **7** serie di prodotti dotati di caratteristiche analoghe, contrassegnati da uno stesso nome, tesi a ottenere un medesimo risultato e sim.: *la nuova l. di bellezza della casa X*; *questa l. di trucco è l'ultimo grido della moda* **8** (*econ.*) ***l. di credito***, somma di denaro messa a disposizione da un ente finanziatore in un conto corrente o su una carta di credito, da rimborsare secondo modalità prestabilite ‖ **lineàccia**, pegg. | **lineétta**, dim. (V.)

†**lineàle** [vc. dotta, lat. tardo *lineāle(m)*, da *līnea* 'linea' ✱ av. 1328] **agg.** ● lineare ‖ †**linealménte**, avv. linearmente

lineaménto [vc. dotta, lat. *lineamĕntu(m)*, da *lineāre* 'lineare②' ✱ 1353] **A** s. m. ● (*raro*) linea | disposizione di linee | †scia **B** **lineaménti** s. m. pl. (†*lineaménta*, f.) **1** fattezze del volto umano: *lineamenti delicati, grossolani* SIN. fisionomia **2** (*fig.*) elementi essenziali di una dottrina: *lineamenti di storia*

lineàre① [vc. dotta, lat. *lineāre(m)*, da *līnea* 'linea' ✱ av. 1406] **agg.** **1** di linea, proprio delle linee | ***misure lineari***, quelle di lunghezza | (*mat.*) ***espressione l.***, quella in cui la variabile considerata compare alla prima potenza | che procede per linea retta: *tracciato l.* | (*mat.*) detto di operazione, operatore o funzione il cui effetto sulla somma di più elementi è uguale alla somma degli effetti, e il cui effetto sul prodotto di un elemento per una costante è uguale alla costante moltiplicata per l'effetto sull'elemento | (*mat.*) ***spazio l.***, spazio vettoriale | ***combinazione l.***, somma di elementi di un insieme, ognuno dei quali sia moltiplicato per un coefficiente costante | (*elettr.*) ***circuito elettrico l.***, quello composto da resistenze, induttanze e capacità costanti | (*archeol.*) ***scrittura l.*** o (*ellitt.*) ***la lineare***, antica scrittura in uso a Creta, nelle isole dell'Egeo e nel Peloponneso durante il periodo minoico e miceneo, caratterizzata dall'uso di segni lineari e non più da pittogrammi | ***tagli lineari***, V. *taglio* **2** (*fig.*) che si sviluppa, si svolge e sim. in modo stabile e coerente: *comportamento l.* | ***discorso l.***, chiaro e coerente ‖ **linearménte**, avv. ‖ **linearità**, s. f. inv. (V.)

lineàre② [vc. dotta, lat. *lineāre*, da *līnea* 'linea' ✱ av. 1468] **v. tr.** (**pres.** *io lìneo*; **fut.** *io lineerò*) **1** (*raro*) segnare, tracciare linee | (*lett.*) disegnare **2** (*lett.*) descrivere

†**lineàrio** [vc. dotta, lat. *lineāriu(m)*, da *līnea* 'linea' ✱ av. 1642] **agg.** ● lineare

linearìsmo [da *linear(e)* col suff. *-ismo* ✱ 1957] **s. m.** ● nelle arti figurative, spec. nella pittura, il predominio espressivo della linea sulle altre componenti dell'opera, in particolare sul colore: *il l. del Pollaiolo*

linearità [1936] **s. f. inv.** **1** proprietà di ciò che è lineare: *la l. di un'equazione* **2** (*fig.*) chiarezza, coerenza: *la l. di un ragionamento, di un comportamento*

linearizzazióne [da *lineare* ✱ 1957] **s. f.** ● (*mat.*) riduzione di un modello matematico contenente espressioni di grado superiore al primo in un altro contenente solo polinomi di primo grado, e quindi rappresentabile in forma lineare

†**lineatùra** [av. 1375] **s. f.** **1** linea, striscia **2** linea genealogica **3** (**al pl.**) serie di linee | (*est.*) lineamenti, fattezze

†**lineazióne** [vc. dotta, lat. *lineatiōne(m)*, da *lineātus* 'lineato', part. pass. di *lineāre* 'lineare②' ✱ av. 1328] **s. f.** ● disegno | (*fig.*) delineazione

lineétta [1820] **s. f.** **1** dim. di *linea* **2** trattino convenzionale che serve a unire due parole o due elementi di una stessa parola, per introdurre una frase incidentale o un discorso diretto | segno grafico usato in fine di riga dove si interrompe la parola (V. nota d'uso TRATTINO)

linèico [da *linea* ✱ 1963] **agg.** (**pl. m.** *-ci*) ● (*fis.*) riferito alla lunghezza, detto di grandezza fisica: *ionizzazione lineica*

linerìa [da *lino①* ✱ 1891] **s. f.** ● vendita all'ingrosso di tessuti di lino | scelta, assortimento di tessuti di lino

linéto [comp. di *lin(o)①* ed *-eto* ✱ 1865] **s. m.** ● campo coltivato a lino

lìnfa [vc. dotta, lat. *lўmpha(m)* 'acqua', termine di orig. pop. (*lŭmpa*), accostato al gr. *nýmphē* 'divinità acquatica' ✱ 1478] **s. f.** **1** (*bot.*) liquido circolante nei vasi vegetali con composizione variabile a seconda delle stagioni e delle necessità della pianta | ***l. greggia***, che sale dalle radici alle foglie nei vasi del legno | ***l. elaborata***, contenente sostanze organiche, che scende nei vasi del libro **2** (*med.*) liquido chiaro, lattescente, che circola nei vasi linfatici **3** (*fig.*) ciò che alimenta e sostiene idee, principi e sim.: *la l. vitale dell'ispirazione artistica* **4** (*lett.*) acqua limpida: *se tu vien' tra queste chiare linfe, / sia teco il tuo amato e caro figlio* (L. DE' MEDICI)

linfadenìa o **linfoadenìa** [comp. di *linf(o)-* e *adenia* ✱ 1957] **s. f.** ● (*med.*) linfadenopatia

linfadenìte o **linfoadenìte** [comp. di *linf(o)-* e *adenite* ✱ 1874] **s. f.** ● infiammazione dei linfonodi

linfadenòma o **linfoadenòma** [comp. di *linf(o)-* e *adenoma* ✱ 1874] **s. m.** (**pl.** *-i*) ● (*med.*) tumefazione neoplastica dei linfonodi

linfadenopatìa e deriv. ➤ **linfoadenopatia** e deriv.

linfadenòsi o **linfoadenòsi** [comp. di *linf(o)-*, *aden(o)-* e del suff. *-osi* ✱ 1926] **s. f. inv.** ● (*med.*) condizione patologica caratterizzata da iperplasia o neoplasia del tessuto linfatico

linfangiòma o **linfoangiòma** [comp. di *linf(o)-* e *angioma* ✱ 1906] **s. m.** (**pl.** *-i*) ● (*med.*) neoformazione benigna, spesso congenita, costituita da ammassi di vasi linfatici neoformati

linfangìte o **linfoangìte** [comp. di *linf(o)-* e *angite* ✱ 1829] **s. f.** ● (*med.*) infiammazione dei vasi linfatici | (*veter.*) ***l. epizootica***, farcino

linfaticìsmo [da *linfatico* ✱ 1869] **s. m.** ● (*med.*, *raro*) linfatismo

linfàtico [vc. dotta, lat. *lymphătĭcu(m)* 'forsennato, pazzo', da *lўmpha*, come trad. del gr. *nymphólēptos* 'invasato (dal v. *lambánein* 'prendere') dalle ninfe (*nýmphai*)' ✱ sec. XIV] **A** **agg.** (**pl. m.** *-ci*) ● della linfa | (*anat.*) ***sistema l.***, il complesso dei vasi, delle cisterne e dei dotti che riconducono la linfa al circolo venoso **B** **agg. e s. m.** (**f.** *-a*) ● che (o chi) è affetto da linfatismo

linfatìsmo [per *linfat(ic)ismo* ✱ 1867] **s. m.** ● (*med.*) stato di debolezza costituzionale caratterizzato da aumento del tessuto linfatico e del timo

linfedèma o **linfèdema**, **linfoedèma** [comp. di *linf(o)-* ed *edema* ✱ 1957] **s. m.** (**pl.** *-i*) ● (*med.*) edema causato dall'accumulo di linfa nei tessuti

linfeurìsma [comp. di *linf(o)-* e di un deriv. del gr. *éuros* 'larghezza' ✱ sec. XX] **s. m.** (**pl.** *-i*) ● (*med.*) dilatazione patologica di un vaso linfatico

linfo- [nei comp. corrisponde per lo più a *linfa* (V.)] **primo elemento** (*linf-*, **davanti a vocale**) ● in parole scientifiche composte, spec. della terminologia medica, significa 'linfa' o indica relazione con la linfa e il sistema linfatico: *linfocita*, *linfoghiandola*

linfoadenìa ➤ **linfadenia**

linfoadenìte ➤ **linfadenite**

linfoadenòma ➤ **linfadenoma**

linfoadenopatìa o **linfadenopatìa** [comp. di *linfo-* e *adenopatia* ✱ 1970] **s. f.** ● (*med.*) affezione dei linfonodi ‖ **linfoadenopàtico**, **agg.** (**pl. m.** *-ci*) **1** caratterizzato da linfoadenopatia: *tumefazione linfoadenopatica* **2** che è affetto da linfoadenopatia

linfoadenòsi ➤ **linfadenosi**

linfoangiòma ➤ **linfangioma**

linfoangìte ➤ **linfangite**

linfoblàsto [comp. di *linfo-* e *-blasto* ✱ 1957] **s. m.** ● (*biol.*) cellula immatura destinata a differenziarsi come linfocita o a moltiplicarsi per dare altri linfoblasti

linfochìna [comp. di *linfo-* e del gr. *kínēsis* 'movimento' col suff. *-ina*, sul modello di *citochina* ✱ 1987] **s. f.** ● (*biol.*) ciascuna sostanza di natura glicoproteica secreta da linfociti che è coinvolta nelle risposte immunitarie

linfocìta o **linfocìto** [comp. di *linfo-* e *-cita* (o *-cito*) ✱ 1896] **s. m.** (**pl.** *-i*) ● (*biol.*) particolare tipo di globuli bianchi, importanti nella difesa immunitaria dell'organismo

linfocitàrio [1957] **agg.** ● relativo ai linfociti: *popolazioni linfocitarie*

linfocitopenìa [comp. di *linfocito* e del suff. *-penia* ✱ 1957] **s. f.** ● (*med.*) linfopenia

linfocitopoièsi [comp. di *linfocito* e *-poiesi* ✱ 1957] **s. f. inv.** ● (*biol.*) linfopoiesi

linfocitòsi [comp. di *linfocito* e *-osi* ✱ 1914] **s. f. inv.** ● (*med.*) aumento relativo dei linfociti nel sangue

linfodermìa [comp. di *linfo-* e di un deriv. del gr. *dérma* 'pelle' ✱ 1957] **s. f.** ● (*med.*) affezione cutanea da alterazione del sistema linfatico

linfodrenàggio [comp. di *linfo-* e *drenaggio* ✱ 1985] **s. m.** ● tecnica fisioterapica che favorisce il drenaggio linfatico; è indicato nelle distrofie del tessuto adiposo (es. cellulite) o nell'insufficienza linfatica

linfoedèma o **linfoèdema** ➤ **linfedema**

linfoepitelìale [comp. da *linfo-* ed *epiteliale* ✱ 1957] **agg.** ● (*anat.*) costituito da tessuto linfatico e tessuto epiteliale

linfoghiàndola [comp. di *linfo-* e *ghiandola* ✱ 1916] **s. f.** ● (*anat.*) linfonodo

linfoghiandolàre [1932] **agg.** ● della linfoghiandola

linfogranulòma [comp. di *linfo-* e *granuloma* ✱ 1910] **s. m.** (**pl.** *-i*) ● malattia che colpisce il sistema linfatico con formazione di particolare tessuto granulomatoso nei linfonodi: *l. benigno, maligno* | ***l. venereo***, malattia infettiva venerea causata da *Chlamydia* *trachomatis*

linfòide [comp. di *linf(o)-* e *-oide* ✱ 1895] **agg.** ● (*anat.*) pertinente al sistema linfatico: *tessuto l.*

linfologìa [comp. di *linfo-* e *-logia* ✱ 1970] **s. f.** (**pl.** *-gìe*) ● (*med.*) studio della linfa e dei vasi linfatici

linfòma [comp. di *linf(o)-* e *-oma* ✱ 1889] **s. m.** (**pl.** *-i*) ● (*med.*) qualsiasi neoplasia gener. maligna dei tessuti linfoidi o derivata da cellule linfoidi (linfociti)

linfomatòsi [da *linfoma* ✱ 1905] **s. f. inv.** ● malattia caratterizzata dalla presenza di linfomi

linfomatóso (o **-ṣ-**) [1980] **agg.** ● (*med.*) di linfoma

linfonòdo [comp. di (tessuto) *linf(atic)o* e *nodo*, per la forma ✱ 1933] **s. m.** ● (*anat.*) nodulo di tessuto linfatico intercalato sul decorso dei vasi linfatici

linfopenìa [comp. di *linfo(cita)* e di *-penia* ✱ 1957] **s. f.** ● (*med.*) diminuzione dei linfociti nel sangue **SIN.** linfocitopenia

linfopoièsi [comp. di *linfo-* e *-poiesi* ✱ 1957] **s. f. inv.** ● (*biol.*) processo di formazione dei linfociti nel sangue

linforragìa [comp. di *linfo-* e *-ragia* ✱ 1874] **s. f.** (**pl.** *-gìe*) ● (*med.*) fuoriuscita di linfa dai vasi linfatici

linfosarcòma [comp. di *linfo-* e *sarcoma* ✱ 1880] **s. m.** (**pl.** *-i*) ● (*med.*) tumore maligno del tessuto linfatico

lingàla [n. indigeno ✱ 1959] **s. m. solo sing.** ● lingua bantu parlata nella regione del Congo

lìngam o **lìnga** [vc. sanscrita, propr. 'segno, emblema' ✱ 1834] **s. m. inv.** ● nell'induismo, rappresentazione stilizzata dell'organo genitale maschile, collocata spec. nei templi dedicati a Siva in combinazione con la yoni

lingerìa [1618] **s. f.** ● adattamento di *lingerie* (V.)

lingerie /lenʒe'ri*, *evit.* lindʒ-, *fr.* lɛ̃ʒ'ʀi/ [vc. fr., deriv. col suff. *-erie* '-eria' da *linge* 'lino' ✱ 1905] **s. f. inv.** ● biancheria intima, spec. femminile

lingerìsta [da *lingeria* col suff. di occupazione *-ista* ✱ av. 1916] **s. f.** ● cucitrice | bianchierista

†**lìngio** [fr. *linge*, dal lat. *lĭneus* '(tessuto) di lino' ✱ sec. XIV] **s. m.** ● tovaglia, tovagliolo

lingottièra [fr. *lingotière*, da *lingot* 'lingotto' ✱ 1679] **s. f.** **1** forma di ferro nella quale si versa l'oro fuso per fare lingotti **2** forma di ghisa, senza fondo, poggiata su piastra anch'essa di ghisa, nella quale si cola l'acciaio fuso per farlo solidificare

lingòtto [fr. *lingot*, dall'ingl. *ingot* (con *l'* dell'art.), di etim. incerta ✱ 1673] **s. m.** **1** blocco di metallo ottenuto per fusione e colatura in apposito stampo **2** (*tipogr.*) nella composizione tipografica a caldo, interlinea da 12 punti

♦**lìngua** [lat. *lĭngua(m)*, con rassomiglianze con altre lingue indeur. ✱ av. 1250] **s. f.** **I** con riferimento all'organo anatomico **1** organo muscolare ricoperto di mucosa, mobile, posto nella cavità boccale, che partecipa alle funzioni della suzione, della masticazione, della deglutizione e della fonazione **CFR.** glosso-, -glosso | ***l. biforcuta***, (*fig.*) di persona doppia e insincera | ***mordersi la l.***, (*fig.*) sforzarsi di tacere o pentirsi di aver parlato | ***sciogliere la l.***, (*fig.*) incominciare a parlare senza mai interrompersi | ***avere la l. lunga***, (*fig.*) V. *lungo* nel sign. A 2 | ***avere la l. fuori***, (*fig.*) essere affannato, ansimante | ***non avere peli sulla l.***, (*fig.*) parlare con estrema sincerità | ***avere la l. in bocca***, (*fig.*) sapere esporre le proprie ragioni | ***frenare la l.***, (*fig.*) controllarsi nel parlare | ***mettere l.***, parlare, dire la propria opinione, spec. intervenendo in una discussione: *in questo problema, non metto l.* | ***perdere la l.***, (*fig.*) non parlare, non sapere che cosa dire | ***avere qlco. sulla punta della l.***, (*fig.*) stare per dirla ma sul momento non ricordarla | ***avere la l. tagliente, velenosa***, (*fig.*) essere pronto a dir male di qlcu., a rispondere sgarbatamente e con asprezza | (*est.*) persona pettegola, maldicente: *che l.!* | (*lett.*) ***mala l.***, V. *malalingua* | **PROV.** ***la l. batte dove il dente duole***, il discorso torna sempre sull'argomento che più preoccupa **2** lingua di animale, solitamente di bue o vitello, cotta per vivanda: *l. salmistrata, affumicata; una fetta di l. con insalata* **3** tutto ciò che ha forma più o meno simile a quella di una lingua: *lingue di fuoco guizzavano nel camino* | ***l. di Menelik, delle donne***, giocattolo formato di un tubo di carta arrotolata, terminante in un ciuffo di strisce variopinte, che, soffiandovi dentro, si snoda fischiando | ***lingue di gatto***, biscottini sottili da tè, talvolta coperti di cioccolato | ***lingue di suocera***, biscotti simili ai precedenti, ma più lunghi | ***lingue di passero***, o ***di passera***, linguine | (*geogr.*) ***l. di terra***, piccolo tratto di terra a forma allungata che si protende nel mare, in un lago o in un fiume | ***l. di ablazione***, lingua glaciale | ***l. glaciale***, parte di un ghiacciaio che scende al di sotto del bacino collettore insinuandosi in una valle **4** (*zool., raro*) sogliola **5** (*bot.*) ***l. cervina***, felce delle zone umide e ombrose con foglie coriacee e lucenti, intere e ondulate ai margini (*Scolopendrium officinarum*) **SIN.** scolopendrio | ***l. di cane***, cinoglossa | ***l. d'acqua***, erba delle Potamogetonacee che cresce galleggiando sulle acque a lento fluire (*Potamogeton natans*) **6** (*bot.*) ***l. di bue***, fungo basidiomicete a forma di clava, carnoso, di color rosso sangue (*Fistulina hepatica*) | buglossa **II** con riferimento alla funzione che l'organo anatomico adempie nell'articolazione dei suoni **1** sistema grammaticale e lessicale per mezzo del quale gli appartenenti ad una comunità comunicano tra loro: *l. italiana, francese, inglese, tedesca* **CFR.** glotto-, -glotto | ***l. materna, l. madre***, acquisita dal parlante sin dall'infanzia | ***madre l.***, V. *madrelingua* | ***l. seconda*** o ***seconda l.***, qualsiasi lingua diversa da quella materna che si apprende successivamente a essa | ***le lingue classiche***, il greco e il latino | ***l. morta***, non più in uso come mezzo di comunicazione orale o scritta | ***l. viva***, attualmente in uso nella comunicazione orale o scritta | ***l. madre***, (*ling.*) dalla cui evoluzione derivano altre lingue | ***l. artificiale***, lingua convenzionale per la comunicazione gergale o internazionale | ***l. franca***, lingua parlata fino al XIX sec. nei porti mediterranei che aveva come base l'italiano centrale e comprendente vari elementi delle lingue romanze; (*est.*) ogni mezzo di comunicazione fra gruppi o genti, comunemente accettato | ***lingue monosillabiche, agglutinanti, flessive***, rispetto alla struttura della parola e alla morfologia | ***confusione delle lingue***, il sorgere della molteplicità delle lingue in occasione della costruzione della torre di Babele, secondo la narrazione biblica | ***non parliamo la stessa l., parliamo lingue diverse***, (*fig.*) non riusciamo a capirci, a intenderci **2** modo di esprimersi proprio di un ambiente, di un mestiere, di una scienza, di uno scrittore: *l. furbesca, letteraria, popolare, giuridica; la l. dei medici; la l. di Dante, del Pascoli* **3** (*assol.*) lingua italiana: *la questione della l.* | ***parlare in l.***, in italiano, spec. in contrapposizione a 'in dialetto' | ***testo di l.***, scritto in buona lingua e ritenuto esemplare dall'Accademia della Crusca **4** (**al pl.**) complesso delle lingue straniere: *studiare, insegnare lingue* **5** (*fig., lett.*) nazione: *gente di ogni l., della stessa l.* **6** (*lett.*) persona: *L. mortal non dice / quel ch'io sentiva in seno* (G. LEOPARDI) **7** †informazione, notizia: *dar l.; aver l.* | ***prender l.***, informarsi || **linguàccia**, **pegg.** (V.) | **linguèlla**, **dim.** (V.) | **linguétta**, **dim.** (V.) | **linguìna**, **dim.** (V.) | **linguìno**, **dim. m.** | **linguóna**, **accr.** | **linguóne**, **accr. m.**

Definizione d'autore

La **lingua** è base di ogni comunicazione umana, nell'immediata oralità, nella trasmissione a distanza della voce, nella scrittura che è parola differita, capace talora di sfidare i secoli. La **lingua** può essere urlo, insulto, lamento, cicaleccio, ragione, racconto, rito, affetto, arte. Gli specialisti siglano le lingue come L1, L2, L3..., ma solo L1, **lingua** materna, è intimo pensiero. C'è chi vagheggia lingue universali; ma c'è chi invece ama l'ecosistema delle molte varietà da proteggere e studiare. La **lingua** materna, casa-tetto-rifugio, è comunque sempre una, anche se diversa da popolo a popolo, da regione a regione, da città a città, da uomo a uomo.

Claudio Marazzini

SFUMATURE DI SIGNIFICATO

lingua - linguaggio

Lingua indica un sistema grammaticale e lessicale per mezzo del quale gli appartenenti a una comunità comunicano tra loro; in altra accezione designa il modo particolare di esprimersi di un ambiente, un mestiere, una scienza, uno scrittore. In quest'ultima accezione *lingua* è sinonimo di **linguaggio**, che tuttavia come primo significato designa la capacità peculiare dell'uomo di esprimersi attraverso un sistema di segni vocali (parole); per estensione linguaggio è anche un sistema di segnali per mezzo dei quali gli animali comunicano tra di loro, o il sistema di significazione che l'uomo riconosce o attribuisce a determinati gesti, simboli, oggetti (linguaggio della musica, linguaggio dei fiori ecc.).

SFUMATURE ➤ ***dialetto***

linguàccia [av. 1494] **s. f.** (**pl.** *-ce*) **1** pegg. di *lingua* | (**al pl.**) smorfia che si fa tirando fuori la lingua: *fare le linguacce* **2** (*fig.*) persona maldicente

linguacciùto [av. 1347] **agg.** ● che ha la lingua lunga (**in senso fig.**): *donna linguacciuta; un omino giallo e magro ..., vanesio e l.* (I. SVEVO) **SIN.** maldicente, pettegolo

†**linguàdro** ➤ †**linguardo**

♦**linguàggio** [ant. provenz. *lengatge*, da *lenga* 'lingua' ✱ av. 1202] **s. m.** **1** capacità propria della specie umana di comunicare per mezzo di un sistema di segni vocali che mette in gioco una tecnica fisiologica complessa la quale presuppone l'esistenza di una funzione simbolica e di centri nervosi geneticamente specializzati **CFR.** logo-, glotto-, -glotto | ***parlare lo stesso l.***, (*fig.*) intendersi, essere di idee, gusti, tendenze simili o analoghe | (*est.*) sistema di segnali per mezzo dei quali gli animali comunicano tra di loro: *il l. delle api* **2** (*est.*) lingua | particolare modo di parlare di determinati individui e ambienti: *l. scientifico, forense, infantile* | stile: *il l. di Montale* **3** (*est.*) particolare significato che l'uomo riconosce o attribuisce a determinati segni, gesti, oggetti, simboli e sim. e facoltà di esprimersi mediante il loro uso: *il l. degli occhi; il l. dell'arte, della natura; il l. dei fatti, delle cose* | insieme di mezzi e tecniche espressive: *il l. del cinema, della pittura; il l. musicale* | ***l. dei fiori***, consistente nel dare un particolare significato a ogni varietà e colore di questi | (*est.*) nella programmazione dei sistemi elettronici per l'elaborazione dei dati, insieme di simboli e regole utilizzato per la redazione dei programmi di elaborazione: *l. simbolico, base* | ***l. macchina***, quello impiegato dall'elaboratore **4** †nazione, popolo

a b c d e f g h i j k l m n o p q r s t u v w x y z

SFUMATURE ➤ *lingua*

linguàio [lat. *linguāriu(m)* 'multa sulla chiacchiera', da *lĭngua* 'lingua' ✱ av. 1764] **s. m. (f. -*aia*, pl. m. -*ai*)** ● (*lett.*) linguaiolo: *quel libro faceva passare la questione della lingua dai grammatici e linguai agli intendenti e critici d'arte* (B. CROCE)

linguaiòlo o (*lett.*) **linguaiuòlo** [da *lingua* con suff. spreg. ✱ 1828] **s. m. (f. -*a*)** ● (*lett., spreg.*) chi si occupa di questioni grammaticali e linguistiche con eccessiva pedanteria

linguàle [av. 1726] **agg. 1** (*anat.*) della lingua: *arteria l.* **2** (*ling.*) detto di suono la cui articolazione comporta l'intervento della lingua

†**linguàrdo** o †**linguàdro** [comp. di *lingua* e -*ardo* ✱ sec. XIII] **agg.** ● linguacciuto

linguàta [1913] **s. f. 1** colpo di lingua **2** (*merid.*) sogliola

†**linguàtico** [sec. XIV] **agg.** ● linguacciuto

linguàto [vc. dotta, lat. tardo *linguātu(m)*, da *lĭngua* 'lingua' ✱ av. 1292] **agg. 1** †linguacciuto, facondo **2** (*arald.*) detto di animale con la lingua di smalto diverso dal corpo

linguàtula [da *lingua*, per la forma, attraverso il lat. tardo *linguātulus* 'provvisto di (molta) lingua' ✱ 1874] **s. f.** ● invertebrato vermiforme dei Linguatulidi, con due paia di uncini vicino alla bocca, parassita di Mammiferi (*Linguatula serrata*)

Linguatùlidi [comp. di *linguatul(a)* e -*idi* ✱ 1975] **s. m. pl. (sing. -*e*)** ● (*zool.*) gruppo di vermiformi invertebrati parassiti dei Vertebrati (*Linguatulida*)

lingueggiàre [1304] **v. intr. (pres. *io linguéggio*; fut. *io lingueggerò*; aus. *avere*)** ● (*lett.*) chiacchierare, cicalare | (*lett.*) oscillare, vibrare come lingua: *vampe d'inferno lingueggiano* (G. CARDUCCI)

linguèlla [1547] **s. f. 1** dim. di *lingua* **2** piccola striscia di carta trasparente e gommata per attaccare i francobolli da collezione sull'album **3** striscia laterale che nei guanti di pelle costituisce il fianco delle dita **4** striscia di feltro usata un tempo per filtrare un liquido facendolo passare da un vaso in un altro

linguétta [av. 1306] **s. f. 1** dim. di *lingua* **2** (*est.*) qualsiasi piccolo oggetto di forma più o meno simile a quella di una lingua: *chiudere una busta incollando la l.* | ***l. delle scarpe***, striscia di pelle posta sotto l'allacciatura **3** (*mus.*) ancia **4** (*mecc.*) pezzo a sezione prismatica, da inserire in apposita cava tra albero e mozzo per renderli solidali **5** (*agric.*) tipo di innesto a doppio spacco o all'inglese **6** (*inform.*) nell'esecuzione di un programma, piccola area dello schermo su cui si clicca per cambiare i contenuti di una finestra ‖ **linguettina**, **dim.** | **linguettóne**, **accr. m.**

†**linguettàre** [da *linguetta* ✱ av. 1342] **v. intr.** ● tartagliare

linguifórme [comp. di *lingua* e -*forme* ✱ 1752] **agg.** ● che ha forma di lingua: *foglia l.*

linguìna [1931] **s. f. 1** dim. di *lingua* **2** (**spec. al pl.**) tipo di pasta simile alle tagliatelle, ma più stretta **CFR.** bavetta①, trenetta

linguìsta [fr. *linguiste*, dal lat. *lĭngua* 'lingua' col suff. d'orig. gr. -*iste* '-ista' ✱ av. 1712] **s. m. e f. (pl. m. -*i*) 1** studioso di linguistica **2** (*spreg.*) †purista **3** †poliglotta

linguìstica [fr. *linguistique*, da *linguiste* 'linguista' ✱ 1839] **s. f.** ● studio scientifico e sistematico del linguaggio e delle lingue naturali: *l. generale, l. storica, l. strutturale* **SIN.** glottologia

linguìstico [fr. *linguistique* 'pertinente alla linguistica (V.)' ✱ av. 1869] **agg. (pl. m. -*ci*)** ● relativo alla lingua | relativo alla linguistica | ***liceo l.***, quello in cui si studiano principalmente le lingue straniere ‖ **linguisticaménte**, **avv.** dal punto di vista linguistico

lìngula [vc. dotta, lat. *lĭngula(m)*, dim. di *lĭngua* 'lingua' ✱ sec. XIII] **s. f. 1** (*anat.*) formazione stretta e allungata, simile a una piccola lingua: *l. polmonare* **2** (*zool.*) brachiopodo marino con conchiglia oblunga, bruna, a due valve, che vive fissandosi al fondo sabbioso mediante un lungo peduncolo (*Lingula anatina*)

†**linguòla** [sec. XIV] **s. f.** ● ago della bilancia

†**linguóso** (o -ṣ-) [vc. dotta, lat. *linguōsu(m)* 'chiacchierone, linguacciuto', da *lĭngua* 'lingua' ✱ 1268] **agg.** ● chiacchierone, maldicente

linicoltùra [comp. di *lin(o)* e -*coltura* ✱ sec. XX] **s. f.** ● coltivazione del lino

linièro [da *lino*① sul modello di *laniero*, da *lana* ✱ 1881] **agg.** ● relativo al lino: *produzione liniera*

linìfero [vc. dotta, lat. *linĭferu(m)*, comp. di *līnum* 'lino①' e -*ferum* '-fero' ✱ 1869] **agg.** ● che produce lino

linifìcio [comp. di *lino*① e -*ficio* ✱ 1834] **s. m.** ● stabilimento tessile per la lavorazione del lino

liniménto [vc. dotta, lat. *linimĕntu(m)*, da *linīre* 'ungere' ✱ sec. XIV] **s. m.** ● preparazione a base di olio medicinale, da applicare o frizionare sulla parte ammalata

linìte [da *lino*①, per l'apparenza del tessuto parietale della parte colpita, e -*ite*① ✱ 1874] **s. f.** ● (*med.*) ***l. plastica***, infiltrazione tumorale della parete gastrica che la trasforma in tessuto simile a ruvida tela

linizzàre [da *lino*① ✱ 1955] **v. tr.** ● conferire a un tessuto l'aspetto del lino ‖ **linizzazióne**, **s. f.**

link /*ingl.* lɪŋk/ [vc. ingl., propr. 'anello (di una catena)' ✱ 1986] **s. m. inv. 1** (*inform.*) concatenamento tra moduli software per la realizzazione di programmi completi **2** (*inform.*) collegamento da un'area di un documento verso un'altra area o un altro documento; è usato spec. negli ipertesti, nelle pagine web e nei messaggi di posta elettronica | (*est.*) sequenza di caratteri o immagine su cui cliccare per effettuare tale collegamento

linkàbile [2000] **agg.** ● (*gerg.*) che può essere collegato mediante un link ‖ **linkabilità**, **s. f. inv.**

lìnkage /'linkadʒ, *ingl.* 'lɪŋkɪdʒ/ [vc. ingl., propr. 'concatenazione', da *link* 'anello di una catena' (d'orig. germ.) ✱ 1932] **s. m. inv. 1** (*biol.*) coesistenza di due o più geni sullo stesso cromosoma **SIN.** associazione **2** (*est.*) legame, collegamento | (*inform.*) collegamento funzionale di programmi

linkàre [da *link* ✱ 1995] **v. tr.** ● (*gerg.*) stabilire un link | collegare mediante un link

linnèa [dal n. del naturalista svedese C. *Linneo* ✱ 1779] **s. f.** ● pianta delle Caprifoliacee con fiori profumati, campanulati, portati da peduncoli bifidi all'apice (*Linnaea borealis*)

linneàno o **linneiàno** [1765] **agg.** ● di Linneo (1707-1778): *classificazione linneana*

linneóne [1957] **s. m.** ● (*biol.*) denominazione delle specie secondo il concetto di suddivisione della specie del naturalista svedese Carlo Linneo

lìno① [vc. dotta, lat. *līnu(m)*, di etim. incerta ✱ 1300] **s. m. 1** pianta annua delle Linacee, a foglie lineari, sparse, corimbo di fiori celesti, capsula con semi bruni, oleosi (*Linum usitatissimum*) | ***olio di l.***, estratto dai semi, usato per la preparazione di vernici e colori a olio | ***farina di semi di l.***, usata un tempo per cataplasmi **2** fibra tessile estratta dalla pianta omonima mediante macerazione del fusto: *tovaglie, lenzuola di l.*; *un abito, una camicia di l.* | ***misto l.*** o (con grafia unita) ***mistolino***, detto di tessuto ottenuto mescolando lino con altre fibre: *camicetta mistolino, in misto l.* **3** (*lett.*, **spec. al pl.**) capo di biancheria | fascia, lenzuolo e sim. di lino

†**lìno**② [da *lino*① ✱ sec. XIII] **agg.** ● detto di tessuto fatto con fibra di lino | ***panno l.***, V. *pannolino*②

linolèico o **linòlico** [comp. del lat. *līnu(m)* 'lino①' e di un deriv. di *ŏleum* 'olio' ✱ 1874] **agg. (pl. m. -*ci*)** ● (*chim.*) detto di acido grasso insaturo monobasico, usato nella preparazione di emulsionanti, come essiccativo per vernici e sim.

linoleìna [comp. dei n. lat. di 'olio *ŏl(eum)* di lino *līn(um)*' e -*ina* ✱ 1957] **s. f.** ● (*chim.*) gliceride dell'acido linoleico, principale componente dell'olio di lino

linoleìsta [comp. di *linole(um)* e -*ista* ✱ 1957] **s. m. e f. (pl. m. -*i*)** ● operaio edile che pone in opera pavimenti di linoleum, resine sintetiche, gomma

linolènico [da (acido) *linoleico* ✱ 1875] **agg. (pl. m. -*ci*)** ● (*chim.*) detto di acido grasso insaturo monobasico, dotato di proprietà siccative

linoleografìa [comp. di *linole(um)* e -*grafia* ✱ 1950] **s. f.** ● tecnica di stampa analoga alla silografia, in cui un foglio di linoleum sostituisce la tavoletta di legno **SIN.** linoleumgrafia

linòleum [ingl. *linoleum*, dal n. lat. dell'olio di lino (*līn(i) ŏleum*) ✱ 1862] **s. m. inv.** ● materiale di rivestimento impiegato per pavimenti, pareti e sim., ottenuto pressando su tela robusta un impasto formato da colofonia, olio di lino ossidato, farina di sughero e materie coloranti

linoleumgrafìa [comp. di *linoleum* e -*grafia* ✱ 1961] **s. f.** ● linoleografia

linòlico ➤ **linoleico**

linóne [fr. *linon*, da *linomple* 'lino (*lin*) unito (*omple*, di etim. incerta)' ✱ 1770] **s. m.** ● tessuto finissimo di lino | tessuto trasparente più fine della garza

linósa (o -ṣ-) [av. 1597] **s. f.** ● coltura di lino da seme | (*est.*) seme del lino da cui si estraggono l'olio e la farina di lino

†**linóso** (o -ṣ-) [da *lino*① ✱ av. 1617] **agg.** ● di lino, simile al lino: *materia linosa*

linotipìa [da *linotype* ✱ 1927] **s. f.** ● composizione tipografica realizzata mediante la linotype | azienda che eseguiva composizioni mediante linotype

linotipìsta [da *linotipia* ✱ 1905] **s. m. e f. (pl. m. -*i*)** ● operatore della linotype

Linotype® /lino'taip, *ingl.* 'laɪnəʊ,taɪp/ [da *line of type* 'linea di (composizione) tipo(grafica)' ✱ 1893] **s. f. inv.** ● nella composizione tipografica in piombo, sistema che forniva linee intere fuse in un unico blocchetto | marchio registrato di una macchina che realizzava tale sistema di composizione

linséme [comp. di *lino*① e *seme* ✱ av. 1421] **s. m.** ● seme di lino, nel linguaggio commerciale

lìnteo [vc. dotta, lat. *lĭnteu(m)*, da *līnum* 'lino①' ✱ sec. XIV] **A agg.** ● (*lett.*) di lino | ***libri lintei***, anticamente, registri ufficiali dei magistrati, su tela **B s. m.** ● †panno di lino

lintèrno [lat. *alatĕrnu(m)*, di etim. incerta ✱ 1813] **s. m.** ● arbusto sempreverde delle Ramnacee con foglie cuoiose e lucenti e drupe rosse (*Rhamnus alaternus*)

†**lintigginóso** ➤ **lentigginoso**

lìntro [vc. dotta, lat. *lĭntru(m)*, di etim. discussa: gr. *plyntḗr* 'mastello, lavatoio', da *plýnein* 'lavare' (?) ✱ 1499] **s. m.** ● (*archeol.*) barchetta formata con poche tavole usata in acque piuttosto basse

lio- [dal v. gr. *lýein* 'dissolvere, distruggere', di formazione indeur.] **primo elemento** ● in parole composte della terminologia chimica, significa 'liquido', 'soluzione', oppure 'solvente': *liofilo*

liocòrno [ant. fr. *licorne*, dal lat. *unicŏrnis*, trad. del gr. *monókerōs* '(animale fiabesco) ad un solo (*mónos*) corno (*kéras*)' ✱ sec. XIV] **s. m.** ● (*mitologia*) unicorno

liofànte o †**leofànte**, †**leonfànte**, †**lionfànte** [da *elefante* per sovrapposizione di *lio(ne)* ✱ 1261 ca.] **s. m.** (**f.** *-éssa*) ● (*lett.*) elefante

liofilizzàre [da *liofilo* ✱ 1957] **v. tr.** ● sottoporre a liofilizzazione (V.)

liofilizzàto **A** **part. pass.** di *liofilizzare*; **anche agg.** ● nei sign. del v. **B** **s. m.** ● prodotto sottoposto a liofilizzazione

liofilizzatóre [1965] **s. m.** ● apparecchio per essiccamento mediante liofilizzazione

liofilizzazióne [1955] **s. f.** ● essiccamento sotto vuoto, a temperature inferiori allo zero, di prodotti biologici, farmaceutici e alimentari, allo scopo di evitarne l'alterazione SIN. crioessiccazione

liòfilo [comp. di *-lio-* e di *-filo* ✱ 1952] **agg.** ● (*chim.*) detto di colloide che ha molta tendenza ad assorbire acqua, o in generale il liquido disperdente

liòfobo [comp. di *-lio-* e di *-fobo* ✱ 1957] **agg.** ● (*chim.*) detto di colloide che ha scarsa tendenza ad assorbire acqua, o in generale il liquido disperdente

lionàto o **leonàto** [da *lione*, var. di *leone* ✱ av. 1517] **agg.** ● che ha il colore fulvo caratteristico del pelo del leone: *capelli lionati*; *giovane, bruna, dai grandi occhi lionati* (M. SERAO)

†**lióne** ➤ **leone**①

lionése (o *-ṣ-*) [1543] **A** **agg.** ● di Lione, città della Francia **B** **s. m. e f.** ● abitante o nativo di Lione

†**lionéssa** ➤ **leonessa**

†**lionfànte** ➤ **liofante**

lionìstico [1966] **agg.** (**pl. m.** *-ci*) ● relativo all'associazione internazionale del Lions Club

lipacidemìa [comp. di *lip(o)-*, *acid(o)* e un deriv. del gr. *hâima* 'sangue' ✱ 1895] **s. f.** ● (*med.*) aumento del tasso di acidi grassi nel sangue

lipàride [dall'agg. gr. *liparós* 'grasso', da *lípos* (s.), di orig. indeur. ✱ 1834] **s. f.** **1** (*zool.*) limantria **2** (*bot.*) genere di piante delle Orchidacee con fiori molto piccoli

liparìte [comp. del n. dell'isola siciliana di *Lipari* e *-ite*② ✱ 1895] **s. f.** ● (*geol.*) roccia effusiva di colore chiaro, costituita da quarzo, sanidino, biotite e minutissimi frammenti vetrosi

lipàṣi [comp. di *lip(o)-* e *-asi* ✱ 1907] **s. f. inv.** ● (*chim.*) enzima capace di scindere gli esteri degli acidi grassi superiori in glicerina e acidi grassi

lipectomìa [comp. di *lipo-* ed *-ectomia* ✱ 1957] **s. f.** ● (*chir.*) asportazione chirurgica di parti di tessuto adiposo allo scopo di diminuire l'obesità

lipemanìa [vc. dotta, comp. del gr. *lýpē* 'dolore' (prob. d'orig. indeur.) e *-mania* ✱ 1834] **s. f.** ● (*psicol.*) stato patologico caratterizzato da avvilimento, angoscia, depressione | malinconia, tristezza, sconforto

lipemìa [comp. di *lipo-* e di un deriv. del gr. *hâima* 'sangue' ✱ 1909] **s. f.** ● (*med.*) quantità di grassi contenuta nel sangue

lipèmico [1957] **agg.** (**pl. m.** *-ci*) ● (*med.*) relativo a lipemia

lipìde [comp. di *lip(o-)* e *-ide* ✱ 1942] **s. m.** ● (*biol.*) sostanza organica naturale di origine animale e vegetale, costituita da esteri di acidi grassi superiori SIN. grasso | (**al pl.**) gruppo di tali sostanze

lipìdico [1957] **agg.** (**pl. m.** *-ci*) ● relativo ai lipidi

lipidogràmma [vc. dotta, comp. di *lipid(e)* e *-gramma* ✱ 1987] **s. m.** (**pl.** *-i*) ● (*med.*) tracciato ottenuto mediante l'analisi densitometrica delle concentrazioni delle lipoproteine plasmatiche separate con processo di elettroforesi

lipizzàno [dalla località di provenienza, *Lipizza*, in Slovenia, dallo sloveno *lipa* 'tiglio' con suff. dim. ✱ 1940] **agg.**; **anche s. m.** ● detto di una prestigiosa razza di cavalli per tiro leggero e sella con mantello grigio o bianco, derivante da un incrocio di razze italiane e orientali

lìpo- [dal gr. *lípos* 'grasso', da una base indeur. **lip-*] **primo elemento** ● in parole scientifiche composte e in particolare della terminologia medica, significa 'grasso', 'tessuto adiposo' e sim.: *lipemia*, *liposarcoma*, *liposolubile*

lipoaspirazióne [comp. di *lipo-* e *aspirazione* ✱ sec. XX] **s. f.** ● (*chir.*) liposuzione

lipodistrofìa [comp. di *lipo-* e *distrofia* ✱ 1943] **s. f.** **1** (*med.*) ogni disturbo del metabolismo dei grassi **2** (*med.*) ogni condizione dovuta ad alterato metabolismo dei grassi, con riduzione disomogenea del tessuto adiposo sottocutaneo ‖ **lipodistròfico**, **agg.** (**pl. m.** *-ci*); **anche s. m.** (**f.** *-a*) **nel sign.** 2 **1** relativo a lipodistrofia; che presenta lipodistrofia **2** che (o chi) è affetto da lipodistrofia

lipofilling /lipo'fillin(g)/, *ingl.* 'lɪpəʊˌfɪlɪŋ/ [vc. ingl., comp. di *lipo-* 'lipo-' e *filling* 'riempimento' ✱ 1989] **s. m. inv.** ● tecnica di chirurgia estetica che modella una parte del corpo con infiltrazioni di tessuto adiposo prelevato da altre zone

lipogràmma [comp. del gr. *léipein* 'mancare' e *grámma* 'lettera, scritto' ✱ 1895] **s. m.** (**pl.** *-i*) ● componimento letterario in cui per artificio retorico si omettono intenzionalmente una determinata lettera o un gruppo di lettere

lipogrammàtico [da *lipogramma*, sul modello del fr. *lipogrammatique* e dell'ingl. *lipogrammatic* ✱ 1825] **agg.** (**pl. m.** *-ci*) ● relativo al lipogramma: *opera lipogrammatica*

lipogrammatiṣmo [da *lipogramma*, sul modello dell'ingl. *lipogrammatismo* ✱ 1957] **s. m.** ● artificio retorico su cui si fonda un'opera lipogrammatica

lipòide [comp. di *lipo-* e *-oide* ✱ 1874] **s. m.** ● sostanza simile ai lipidi

lipolìṣi [comp. di *lipo-* e *-lisi* ✱ 1957] **s. f. inv.** ● (*fisiol.*) processo di scissione enzimatica dei lipidi che consente la mobilizzazione e il consumo delle riserve grasse dell'organismo

lipolìtico [1993] **agg.** (**pl. m.** *-ci*) ● (*chim.*) che provoca lipolisi

lipòma [comp. di *lipo-* e *-oma* ✱ 1821] **s. m.** (**pl.** *-i*) ● (*med.*) tumore benigno formato da tessuto adiposo

lipomatòṣi [comp. di *lipoma* e *-osi* ✱ 1895] **s. f. inv.** ● (*med.*) affezione caratterizzata dalla presenza di lipomi diffusi

lipomatóso (o *-ṣ-*) [1874] **A** **agg.** ● che concerne la lipomatosi **B** **agg. e s. m.** (**f.** *-a*) ● che (o chi) è affetto da lipomatosi

lipoproteìna [comp. di *lipo-* e *proteina* ✱ 1957] **s. f.** ● (*chim.*) proteina coniugata il cui gruppo prostetico è costituito da molecole lipidiche

liposarcòma [comp. di *lipo-* e *sarcoma* ✱ 1947] **s. m.** (**pl.** *-i*) ● tumore maligno del tessuto adiposo

lipòscultùra [dall'ingl. *liposculpture*, comp. di *lipo(suction)* 'liposuzione' e *sculpture* 'scultura' nel senso di 'modellamento' ✱ 1991] **s. f.** ● (*chir.*) intervento di chirurgia estetica finalizzato al rimodellamento di una parte del corpo mediante rimozione o riposizionamento di piccoli accumuli di grasso

liposolùbile [comp. di *lipo-* e *solubile* ✱ 1950] **agg.** ● che può sciogliersi nei grassi: *sostanza l.* ‖ **liposolubilità**, **s. f. inv.**

liposòma [comp. di *lipo-* e *soma*② ✱ 1989] **s. m.** (**pl.** *-i*) **1** (*biol.*) incluso lipidico endocellulare **2** (*biol.*) ognuna delle minute formazioni vescicolari che prendono origine quando molecole di fosfolipidi vengono poste in acqua

liposuzióne [comp. di *lipo-* e *suzione* ✱ 1986] **s. f.** ● (*chir.*) intervento di chirurgia estetica che consente l'aspirazione del grasso superfluo localizzato e della cellulite, mediante l'inserimento sottocutaneo di apposite cannule collegate a un apparecchio aspiratore SIN. lipoaspirazione

lipotimìa [comp. del gr. *léipein* 'mancare' e *-timia* ✱ 1500] **s. f.** ● (*med.*) perdita di coscienza di breve durata; svenimento

lipotìmico [sec. XX] **agg.** (**pl. m.** *-ci*) ● (*med.*) di lipotimia | affetto da lipotimia

lipòtropo [comp. di *lipo-* e di un deriv. del gr. *trépein* 'far volgere (indietro)' ✱ 1957] **s. m.** ● (*med.*) sostanza capace di prevenire o far regredire l'accumulo abnorme di grassi nel fegato

lìppa [vc. infant. (?) ✱ 1524] **s. f.** ● gioco infantile consistente nel far saltare un corto pezzetto di legno affusolato battendolo su una estremità con una paletta, per poi ribatterlo al volo e gettarlo il più lontano possibile

lippitùdine [vc. dotta, lat. *lippitūdine(m)*, da *lĭppus* 'lippo' ✱ sec. XIV] **s. f.** ● (*med.*) cispa

†**lìppo** [vc. dotta, lat. *lĭppu(m)*, da una radice di orig. indeur. ✱ av. 1374] **agg. e s. m.** ● che (o chi) ha corta vista | cisposo | (*fig.*) ottuso, tardo di mente

lipsanotèca [comp. del gr. *léipsanon* 'reliquia' (propr. 'avanzo', dal v. *léipein* 'lasciare') e *thḗkē* 'custodia' ✱ 1872] **s. f.** ● teca preziosa per la conservazione di reliquie

lipstick /*ingl.* 'lɪpˌstɪk/ o **lip-stick** [vc. ingl., propr. 'bastoncino (*stick*) per labbro (*lip*)' ✱ 1969] **s. m. inv.** ● rossetto per labbra

Liptàuer /lip'tawer, *ted.* 'lɪptaːwʌ/ [da *Liptau*, n. ted. di una regione dell'attuale Slovacchia ✱ 1964] **s. m. inv.** (**pl. ted. inv.**) ● spuma cremosa di formaggio molle mista a paprika e altre spezie, specialità diffusa in Venezia Giulia, Slovenia, Ungheria e Austria

lipùria o **lipurìa** [comp. di *lip(o)-* e *-uria* ✱ 1894] **s. f.** ● (*med.*) presenza di grassi nell'urina

†**liquàbile** [vc. dotta, lat. tardo *liquābile(m)*, da *liquāre* '†liquare' ✱ 1499] **agg.** ● che si può liquefare SIN. solubile ‖ **liquabilità**, **s. f. inv.**

liquàme [vc. dotta, lat. *liquāmen*, da *liquāre* '†liquare' ✱ 1562] **s. m.** **1** liquido che scola da materie organiche in decomposizione **2** liquido putrido formato dalle acque di rifiuto, convogliato nella rete fognaria **3** †salsa, condimento

†**liquàre** [vc. dotta, lat. *liquāre*, da *liquēre* 'essere liquido' ✱ 1321] **A** **v. tr.** ● liquefare **B** †**liquàrsi** **v. intr. pron.** **1** liquefarsi **2** (*fig.*) rendersi visibile, manifestarsi: *Benigna volontade in che si liqua / sempre l'amor che drittamente spira* (DANTE *Par.* XV, 1-2)

liquazióne [vc. dotta, lat. tardo *liquatiō-ne(m)*, da *liquātus*, part. pass. di *liquāre* '†liquare' ✱ 1834] **s. f.** ● (*metall.*) fenomeno che avviene durante la solidificazione di una massa composta da leghe a diverso punto di fusione, per cui i componenti più fusibili tendono a concentrarsi verso il cuore della massa che solidifica per ultimo

liquefacènte **part. pres.** di *liquefare*; **anche agg.** ● nei sign. del v.

liquefacìbile [da *liquefare* ✱ sec. XX] **agg.** ● che può essere liquefatto: *gas l.*

liquefàre o †**liquefàcere** [per *liquefacere* con sostituzione di *fare* a *facere* ✱ av. 1320] **A** **v. tr.** (**pres.** *io lìquefo* o, **più corretto ma meno dif-**

fuso, *liquefàccio* o *liquefò, tu lìquefi* o, più corretto ma meno diffuso, *liquefài, egli liquefa* o, più corretto ma meno diffuso, *liquefà, noi liquefacciàmo, voi liquefàte, essi lìquefano* o, più corretto ma meno diffuso, *liquefànno*; congtv. pres. *io lìquefi* o, più corretto ma meno diffuso, *liquefàccia*; imperat. *lìquefa* o, più corretto ma meno diffuso, *liquefài* o *liquefa'*; nelle altre forme coniug. come *fare*) **1** far passare un gas o un solido allo stato liquido: *l. l'ossigeno; il calore liquefà la neve* | fondere: *l. i metalli* **2** (*fig., raro*) dilapidare, scialacquare: *ha liquefatto in poco tempo ogni sua ricchezza* **B** **liquefàrsi** v. intr. pron. **1** diventare liquido: *i ghiacci si liquefanno in primavera* SIN. fondersi, sciogliersi **2** (*fig.*) struggersi in sudore: *con quest'afa ci si liquefà* **3** (*fig., raro*) ridursi a nulla: *il suo capitale si è liquefatto in un momento*

liquefattìbile [av. 1537] agg. ● liquefacibile

liquefàtto part. pass. di *liquefare*; anche agg. **1** nei sign. del v.: *gas l.; burro l.* **2** †sciolto

liquefazióne [vc. dotta, lat. tardo *liquefactiōne(m)*, da *liquefăctus* 'liquefatto' ✱ av. 1537] s. f. ● il liquefare, il liquefarsi

liquerìzia ➤ **liquirizia**

liquescènte [vc. dotta, lat. *liquescĕnte(m)*, part. pres. di *liquĕscere*, incoativo di *liquēre*, da *liquāre* '†liquare' ✱ av. 1557] agg. ● che tende a passare allo stato liquido

liquescènza [1895] s. f. ● condizione di ciò che è liquescente | stato liquido di un corpo

lìquida [1641] s. f. ● (*ellitt.*) consonante liquida

liquidàbile [1869] agg. ● che si può liquidare ‖ **liquidabilità**, s. f. inv.

liquidàmbar o **liquidàmbra** [sp. *liquidambar*, comp. di *liquido* 'liquido' e *ámbar* 'ambra' ✱ 1609] s. m. inv. ● (*bot.*) genere di alberi delle Amamelidacee originari dell'America e dell'Asia (*Liquidambar*); da alcune specie si ricava la resina detta storace o ambra liquida | (*est.*) la resina stessa

liquidàmbra ➤ **liquidambar**

liquidàre [vc. dotta, lat. *liquidāre* 'rendere liquido', da *liquidus* 'liquido' ✱ av. 1328] v. tr. (*io lìquido*) **1** †liquefare **2** appurare un rapporto di tipo patrimoniale con calcoli e indagini accurate, riconoscendone la legittimità e stabilendone l'importo in denaro: *l. il credito, il conto, l'eredità* | ***l. la pensione a qlcu.***, renderne esecutiva la riscossione | ***l. un fallimento***, accertarne l'attivo e il passivo **3** pagare: *l. tutti i propri debiti* **4** vendere a basso prezzo: *l. tutti i fondi di magazzino, le rimanenze; aveva finito col dover l. la sua azienda in condizioni disastrose* (I. SVEVO) **5** (*fig.*) risolvere definitivamente: *l. una questione, un affare* | ***l. una società***, scioglierla | ***l. una persona***, sbarazzarsene, levarsela di torno; ucciderla | (*fig.*) stroncare, criticare aspramente: *il suo ultimo romanzo è stato liquidato in poche righe* | nel linguaggio sportivo, battere nettamente un avversario: *l'ha liquidato con un doppio 6-0*

†**liquidàstro** [av. 1730] agg. ● che tende al liquido

liquidatóre [1846] agg. e s. m. (f. *-trice*) ● (*dir.*) che (o chi) è incaricato di procedere a una liquidazione

liquidatòrio [da *liquidare* ✱ 1980] agg. **1** relativo a una liquidazione: *procedura liquidatoria* **2** (*fig.*) che tende a criticare aspramente, a stroncare: *un commento dal tono l.* SIN. stroncatorio

liquidazióne [da *liquidare* ✱ 1517] s. f. **1** procedimento di definizione dell'entità di un debito o credito pecuniario | ***l. di una società***, procedura di scioglimento e conseguente definizione dei relativi rapporti giuridici | ***l. di un patrimonio***, procedimento di alienazione dei beni che ne fanno parte per ottenerne il controvalore in denaro | ***l. coatta amministrativa***, procedura concorsuale applicata in caso di insolvenza di cooperative, banche, imprese di assicurazione e sim. **2** pagamento: *l. della pensione, dell'indennità di licenziamento* | indennità corrisposta dal datore di lavoro al lavoratore all'atto della fine di un rapporto di lavoro: *riscuotere la l.* **3** vendita a basso prezzo di merci varie: *una l. di scarpe, tessuti, confezioni* **4** (*banca*) esecuzione del contratto di borsa a termine **5** †liquefazione **6** (*chim.*) processo idratante usato nella preparazione di saponi per favorire la omogeneizzazione

†**liquidézza** [av. 1313] s. f. ● liquidità, fluidità

†**liquidìre** [da *liquido* ✱ 1562] v. intr. ● diventare liquido | (*est.*) struggersi, consumarsi

liquidità [vc. dotta, lat. *liquiditāte(m)*, da *lĭquidus* 'liquido' ✱ av. 1320] s. f. inv. **1** stato o condizione di ciò che è liquido **2** entità delle riserve monetarie disponibili per la spesa possedute, in un certo momento, da un soggetto economico **3** possibilità di far fronte prontamente agli impegni economici scadenti a breve termine | ***indice di l.***, rapporto fra crediti e debiti a breve scadenza

♦**lìquido** [vc. dotta, lat. *lĭquidu(m)*, da *liquēre* 'essere liquido', di orig. indeur. ✱ 1268] **A** agg. **1** (*fis.*) detto di stato della materia la cui massa possiede volume proprio ma assume la forma del recipiente che la contiene | (*lett.*) ***elemento l.***, il mare | (*lett.*) ***via liquida***, rotta marina | ***stato l.***, condizione di un corpo liquido CFR. lio- **2** fuso, disciolto, liquefatto: *pece, colla, lava liquida; metallo l.* | ***dieta liquida***, a base di alimenti liquidi quali brodo, latte e sim. **3** (*fig.*) detto di denaro in contanti e di credito o debito di importo e scadenza determinabili **4** (*fig., sociol.*) detto di ciò che è labile, che non è costante, duraturo: *rapporti sentimentali liquidi* | ***partito l.***, partito politico privo di strutture organizzative rigide e di un'articolazione territoriale permanente | (*fig.*) ***società liquida***, tipo di società priva di strutture e istituzioni solide, di valori, regole e vincoli stabili **5** (*ling.*) detto dei suoni consonantici *l* e *r*, probabilmente perché nella metrica classica, quando erano in nesso con altre consonanti (per es. *pr, cl*), la sequenza così composta non determinava l'allungamento della vocale contigua della sillaba precedente, comportandosi di fatto le due consonanti come una consonante semplice, dunque come se i suoni *l* e *r* fossero liquidi, cioè non facessero ostacolo **6** (*fig., lett.*) chiaro, puro, terso: *voce, pupilla liquida; un l. fonte / che mormorando cade giù dal monte* (L. ARIOSTO) **7** (*fig., lett.*) che avvampa: *fuoco l.* ‖ **liquidaménte**, avv. **1** in maniera liquida **2** chiaramente; facilmente **B** s. m. **1** (*fis.*) corpo che, in condizioni ordinarie di temperatura e di pressione, si trova allo stato liquido **2** fluido di viscosità e composizione diversa, con funzioni fisiologiche o destinato a usi tecnici, farmaceutici e sim. | (*anat.*) ***l. organico***, soluzione acquosa di origine biologica quale plasma, urina, liquor ed essudato | (*anat.*) ***l. cefalorachidiano***, presente nei ventricoli cerebrali e negli spazi meningei | (*anat.*) ***l. amniotico***, contenuto nell'interno dell'amnio | ***l. di governo***, quello di mantenimento in cui sono immersi gli alimenti destinati a essere conservati per un periodo più o meno lungo **3** (spec. al pl.) denaro contante ‖ **liquidétto**, dim. | **liquidìno**, dim.

Liquigàs® [marchio registrato ✱ 1941] s. m. inv. ● miscela di propano e butano, usata in bombole come combustibile domestico

liquirìzia o, etim. meno corretti, **liquerìzia**, **liquorìzia** [vc. dotta, lat. tardo *liquirītia(m)*, deformazione pop. del gr. *glykýrriza* 'radice (*ríza*) dolce (*glykýs*)' ✱ sec. XIV] s. f. **1** pianta erbacea o suffruticosa delle Papilionacee con rami flessibili e pubescenti, fiori azzurrognoli, foglie paripennate con foglioline ellittiche (*Glycyrrhiza glabra*) SIN. glicirriza **2** droga vegetale estratta dalle radici di tale pianta, usata come emmenagogo, emolliente, espettorante, diuretico **3** la radice di tale pianta **4** caramella o pasticca a base di liquirizia

lìquor [vc. lat., propr. 'fluidità' (dal v. *liquāre* 'filtrare' e 'rendere liquido') ✱ 1931] s. m. inv. (pl. lat. *liquores*) ● (*anat.*) liquido cefalorachidiano

liquoràle [da *liquor* ✱ 1957] agg. ● (*biol.*) riferito al liquor contenuto nelle cavità del nevrasse

liquóre o (*poet.*) **licóre** [vc. dotta, lat. *liquōre(m)* 'liquido', da *liquēre* 'essere liquido' ✱ av. 1311] s. m. **1** bevanda alcolica dolcificata e aromatizzata con essenze vegetali **2** (*lett.*) liquido | †acqua | (*lett.*) bevanda: *quel salutar licore aspro e indigesto* (G. PARINI) | ***il dolce l. di Bacco***, il vino | (*lett.*) olio **3** soluzione medicamentosa da somministrarsi a gocce ‖ **liquorino**, dim. (V.)

liquorerìa [1899] s. f. **1** negozio dove si vendono liquori **2** industria e tecnica della preparazione dei liquori | fabbrica di liquori | assortimento di liquori

liquorièro [1963] agg. ● liquoristico: *produzione liquoriera*

liquorìno [av. 1698] s. m. ● (*fam.*) bicchierino di liquore

liquorìsta [1839] s. m. e f. (pl. m. *-i*) ● chi fabbrica o vende liquori

liquorìstico [1950] agg. (pl. m. *-ci*) ● relativo ai liquori

liquorìzia ➤ **liquirizia**

liquoróso (o *-ṣ-*) [da *liquore* ✱ 1789] agg. ● simile al liquore, per alcolicità, densità, aroma e sim.: *vino l.*

♦**lìra** ① [lat. *lībra(m)*, di orig. preindeur., attraverso un sett. **lí(v)ira* ✱ sec. XIII] s. f. **1** unità monetaria italiana fino al 28 febbraio 2002, poi sostituita dall'euro: *mille, centomila lire; svalutazione della l.* | ***vecchie lire***, (*colloq.*) il valore di una somma di denaro espresso in lire secondo il tasso di conversione di 1936,27 lire per un euro: *516,46 euro, corrispondenti a un milione di vecchie lire* | unità monetaria di vari Paesi, in particolare Egitto, Libano, Turchia SIMB. L | ***l. verde***, valore convenzionale della moneta italiana che, prima dell'introduzione dell'euro, determinava i prezzi dei prodotti agricoli nell'ambito dell'Unione europea | ***l. sterlina***, sterlina del Regno Unito **2** (*est.*) denaro | ***non avere una l.***, essere senza denaro, essere al verde, in bolletta | ***non valere una l.***, non valere nulla **3** (*numism.*) moneta, introdotta da Carlo Magno, pari a 20 soldi o 240 denari | moneta italiana d'argento, circolante dalla fine del XV sec. in poi, di valore diverso secondo gli Stati **4** libbra ‖ **lirétta**, dim. (V.) | **liróne**, accr. m. (V.)

♦**lìra** ② [vc. dotta, lat. *lȳra(m)*, dal gr. *lýra*, termine tecnico, di orig. mediterr. ✱ 1321] **A** s. f. (*Lira* nel sign. 3) **1** strumento musicale a corde, diffuso dall'antichità fino al Medioevo, con cassa armonica e due bracci a sviluppo verticale uniti alla sommità dal giogo | nel Medioevo e nel Rinascimento, famiglia di strumenti ad arco simili nella forma all'attuale viola: *l. da braccio, da gamba* | ***l. tedesca***, ghironda **2** (*lett.*) poesia lirica: *l. greca* | (*lett.*) attività poetica | ***spezzare la l.***, (*fig., lett.*) non comporre più versi | †poeta lirico

3 (*astron.*) costellazione nell'emisfero boreale **4** (*zool.*) uccello lira **5** motivo ornamentale diffuso nei mobili neoclassici, la cui forma ricorda lo strumento antico **6** strumento per sminuzzare la cagliata nella preparazione del formaggio **7** grafico per segnare i punti nel gioco dei birilli **B** **in funzione di agg. inv.** • (posposto al sost.) nella loc. ***uccello l.***, V. *uccello* ‖ **liróne**, **accr. m.** (V.)

†**lìra**③ [vc. dotta, lat. *līra(m)*, di orig. indeur. ✱ av. 1348] **s. f.** • solco | luogo

liràto [da *lira*② ✱ 1813] **agg.** • (*raro*) che ha forma di lira, nel sign. di *lira*②

liràzza [vc. veneta, spreg. di *lira*① ✱ 1895] **s. f.** • moneta d'argento veneziana del XVI secolo

lirétta [av. 1687] **s. f.** **1** dim. di *lira*① **2** antica moneta veneta

lìrica [vc. dotta, lat. *lȳrica(m)*, dal gr. *lyrikós* 'appartenente alla lira (*lýra*)' ✱ 1374] **s. f.** **1** (*letter.*) nell'età classica, forma di poesia cantata con accompagnamento musicale | nell'età moderna, forma di poesia in cui prevale l'espressione di temi soggettivi, come stati d'animo ed esperienze interiori **2** (*est.*) ogni singolo componimento di tale genere poetico: *una l. di Saffo, del Leopardi* **3** la poesia lirica di un autore, di un'epoca e sim., considerata nel suo complesso: *la l. romantica* **4** (*mus.*) il genere musicale del melodramma, dell'opera lirica: *un patito della l.*; *la l. di Verdi* **5** (*mus.*) Lied, romanza: *una l. di Schubert*

liricizzàre [1912] **v. tr.** • conferire un carattere, un'intonazione lirica a un discorso e sim.: *l. un racconto* ‖ **liricizzazióne**, **s. f.**

lìrico [vc. dotta, lat. *lȳricu(m)*, dal gr. *lyrikós*, da *lýra* 'lira②' ✱ 1374] **A** **agg.** (**pl. m.** *-ci*) **1** in età classica, detto di poesia da cantarsi al suono della lira: *componimento l.* | in età moderna, detto di poesia che esprime emozioni e sentimenti soggettivi: *poesia lirica* | ***genere l.***, lirica **2** detto di chi compone liriche: *poeta l.* **3** (*est.*) di ciò che ricorda il carattere della poesia lirica, per ricchezza di ispirazione e di sentimento: *slancio, impeto l.*; *prosa lirica* **4** (*mus.*) ***opera lirica***, melodramma per voci e strumenti dall'Ottocento in poi | ***musica lirica***, la musica operistica | ***cantante l.***, di opere liriche | ***teatro l.***, adibito alla rappresentazione di opere liriche ‖ **liricaménte**, **avv.** in forma lirica ‖ **liricità**, **s. f. inv.** lirismo **B** **s. m.** (**f.** *-a*) • poeta lirico

lìrio [vc. dotta, lat. tardo *līrion* (nt.), dal gr. *léirion*, termine deriv. da una lingua mediterr. orient. ✱ 1563] **s. m.** • (*bot.*) giglio bianco

liriodèndro [comp. del gr. *léirion* 'giglio' e *-dendro* ✱ 1821] **s. m.** • grande albero delle Magnoliacee, americano, utilizzato per il legno giallo e leggero, ornamentale per le grandi foglie lobate cartilaginose ed i fiori simili a tulipani (*Liriodendron tulipifera*) **SIN.** tulipifera

liriope [dal n. propr. lat., di orig. gr., *Liriope*, di una ninfa dall'aspetto (gr. *óps*, genit. *opós*) di giglio (gr. *léirion*) ✱ 1834] **s. f.** **1** medusa marina degli Idrozoi con l'ombrello dal margine intero (*Liriope*) **2** pianta delle Asparagacee i cui grossi tuberi aromatici vengono usati in medicina (*Liriope spicata*)

lirismo [fr. *lyrisme* (per *lyricisme*), da (*poésie*) *liryque* '(poesia) lirica' ✱ 1853] **s. m.** **1** caratteristica del poeta lirico e della poesia lirica **2** (*est.*) tono ispirato, lirico: *descrivere qlco. con l.*

lirìsta [vc. dotta, lat. *lȳriste(n)*, dal gr. *lyristḗs* 'suonatore di lira (*lýra*)' ✱ av. 1642] **s. m. e f.** (**pl. m.** *-i*) • suonatore di lira

†**liròldo** [da *lira*② col suff. spreg. *-aldo* in veste sett. (*-oldo*) ✱ 1605] **s. m.** • musico girovago suonatore di lira

liróne① [accr. di *lira*① ✱ 1550] **s. m.** • lirazza

liróne② [accr. di *lira*② ✱ 1553] **s. m.** • strumento ad arco di registro grave con gran numero di corde, inventato nel XVI sec.

lirùro [propr. 'dalla coda (gr. *ourá*) a forma di *lira* (gr. *lýra*)' ✱ 1874] **s. m.** • uccello dei Galliformi, i cui maschi hanno coda a lira e una caruncola rossa e sfrangiata sopra gli occhi (*Lyrurus tetrix*)

lisàre [1962] **v. tr.** • (*biol.*) sottoporre a lisi, provocare la lisi: *l. un tessuto cellulare*

lisàto [da *lisi*] **A** **part. pass.** di *lisare*; anche **agg.** **1** nel sign. del v. **2** (*biol.*) detto di sospensione contenente il citoplasma, gli organelli subcellulari e altri componenti, come membrane, di cellule sottoposte a lisi **B** **s. m.** • (*biol.*) materiale prodotto in seguito alla lisi di un tessuto o di altro materiale biologico causata da agenti chimici, fisici o biologici

lisbonése (o **-se**) [adattamento del portog. *lisbonense* ✱ 1834] **A** **agg.** • di Lisbona **B** **s. m. e f.** • abitante o nativo di Lisbona

lisca① [lat. tardo *līsca(m)*, di etim. incerta ✱ av. 1320] **s. f.** • materia legnosa che cade in forma di schegge dal lino e dalla canapa durante la gramolatura

lisca② [lat. *arīsta(m)* '(a)resta' con sovrapposizione d'altra vc. ✱ av. 1492] **s. f.** **1** colonna vertebrale e qualunque spina dei pesci **2** (*tosc., fam.*) quantità piccolissima di qlco.: *una l. di pane* | ***non sapere una l.***, non sapere niente **3** (*tosc.*) coltello da tasca di notevoli dimensioni **4** (*pop.*) difetto di pronuncia relativo alla consonante *s*: *parlare con la l.* ‖ **lischétta**, **lischettina**, **dim.**

†**liscènte** [sec. XIV] **agg.** • liscio

liscézza [da *liscio* ✱ sec. XV] **s. f.** **1** caratteristica di ciò che è liscio: *l. del velluto* **SIN.** levigatezza **2** (*fig.*) †scorrevolezza, fluidità: *la l. di un verso*

lìscia [da *lisciare* ✱ sec. XV] **s. f.** (**pl.** *-sce*, *lett.* *-scie*) **1** utensile usato un tempo per lisciare il cuoio **2** (*carta*) ***l. di macchina***, speciale tipo di calandra per lisciare il foglio di carta

lisciaménto [1304] **s. m.** **1** il lisciare, il lisciarsi **2** (*fig.*) lode falsa ed esagerata **SIN.** adulazione, piaggeria **3** †belletto

†**lisciàrdo** [av. 1685] **s. m.** (**f.** *-a*); anche **agg.** • vanitoso

♦**lisciàre** [etim. incerta ✱ 1287] **A** **v. tr.** (**pres.** *io liscio*; **fut.** *io liscerò*) **1** rendere liscio, liberando da scabrosità: *l. il marmo, una tavola di legno* **SIN.** levigare **2** (*est.*) sfregare, strofinare leggermente | anche nella forma pron. **lisciàrsi**, pettinarsi, ravviarsi: *lisciarsi i capelli*; *lisciandosi la lunga barba bianca* (L. PIRANDELLO) **3** (*est.*) accarezzare: *l. il pelo al gatto* | (*fig.*) ***l. lo stile***, curarlo in modo eccessivo e lezioso | ***l. il pallone***, nel calcio, colpirlo di striscio, mancando il tiro **4** (*fig.*) adulare, lusingare: *l. una persona importante* | ***l. il pelo a qlcu.***, cercarne il favore; (*iron.*) picchiarlo **5** (*assol.*) nel gioco del tressette, strisciare sul tavolo una carta di poco valore, affinché il compagno ne giochi una analoga | nel gioco del bridge, non prendere pur avendone la possibilità **B** **lisciàrsi** **v. rifl.** **1** pulirsi leccandosi il pelo, detto spec. di gatti e cani: *'l dosso / leccando come bestia che si liscia* (DANTE *Purg.* VIII, 101-102) **2** curarsi eccessivamente nella persona, vestendosi elegantemente o imbellettandosi

lisciàta [f. sost. del part. pass. di *lisciare* ✱ av. 1566] **s. f.** **1** (*raro*) lisciamento | il lisciare o il lisciarsi rapidamente e una sola volta: *dare, darsi una l. all'abito* **2** (*fig.*) lusinga, adulazione **3** nel tressette, giocata di una carta bassa, strisciata sul tavolo ‖ **lisciatina**, **dim.**

lisciàto **part. pass.** di *lisciare*; anche **agg.** **1** levigato **2** (*fig.*) curato eccessivamente: *passeggiava per il corso tutto l.*; *stile l.*

lisciatóio [1803] **s. m.** (**pl.** *-ói*) • strumento che serve per lisciare | oggetto preistorico in pietra, che serviva per levigare i manufatti

lisciatóre [av. 1375] **s. m.** (**f.** *-trice*) **1** †chi agghinda qlcu. **2** nell'industria della lana, della concia e della carta, operaio addetto alla lisciatura

lisciatrìce [da *lisciare*, sottintendendo 'macchina' ✱ 1933] **s. f.** • macchina che esegue la lisciatura

lisciatùra [1612] **s. f.** **1** operazione del lisciare | (*fig., raro*) adulazione **2** (*raro*) ornamento, ricercatezza eccessiva nella cura della propria persona **3** (*tecnol.*) finitura della superficie di un pezzo ottenuta mediante il moto rotativo e alternativo di pietre abrasive spinte da molle contro il pezzo stesso **SIN.** honing, levigatura **4** (*tess.*) operazione di lavaggio ed essiccazione dei nastri di lana pettinata

♦**lìscio** [da *lisci(at)o* ✱ av. 1320] **A** **agg.** (**pl. m.** *-sci*; **pl. f.** *-sce*) **1** privo di ruvidezze e scabrosità alla superficie: *pietra liscia*; *l. come la seta* | ***pelle liscia***, senza rughe | ***capelli lisci***, non crespi | ***fucile a canna liscia***, senza rigatura **CFR.** lisso- **CONTR.** ruvido **2** (*fig.*) che non presenta difficoltà od ostacoli: *l'affare non è l.*; *tutto è andato, è filato l.*; *le cose non sono andate del tutto lisce* | (*fig.*) ***l. come l'olio***, di cose che si svolgono nel modo più tranquillo e regolare possibile | ***passarla liscia***, evitare castighi, punizioni, difficoltà e sim. **3** detto di bevanda alcolica servita senza aggiunta di seltz o di ghiaccio: *whisky l.* | ***caffè l.***, privo di ogni aggiunta di alcol o di latte | (*est.*) detto di acqua minerale non gasata **4** detto di ballabile non sincopato (quale il valzer, il tango, la polka) che si esegue senza alzare troppo i piedi da terra **5** (*anat.*) privo di rugosità o di striature | ***muscolo l.***, V. *muscolo* ‖ **lisciaménte**, **avv.** in modo semplice e piano **B** **s. m.** **1** (*lett.*) belletto, cosmetico | (*raro, est.*) cura eccessiva della propria persona | (*fig.*) orpello, ricercatezza **2** ***fare un l.***, nel calcio, sfiorare il pallone sbagliando il tiro **3** ballo liscio: *una serata di l.*; *festival del l.*

liscivia o (*pop.*) **lisciva** [lat. tardo *lixīvia(m)*, da *līxa*, sottinteso *ăqua*, 'acqua per colorare la lisciva', di etim. incerta ✱ sec. XIV] **s. f.** • soluzione a media concentrazione di idrati e carbonati alcalini, usata per lavare, imbiancare tessuti

liscivìale [sec. XVII] **agg.** • relativo o simile a liscivia

lisciviàre [da *liscivia* ✱ 1803] **v. tr.** (*io lisci̇̀vio*) **1** lavare, imbiancare con la liscivia **2** separare una sostanza da altre, sfruttando la differenza di solubilità, mediante immersione in opportuni solventi o soluzioni

lisciviatóre [1906] **s. m.** **1** apparecchio in cui si effettua la lisciviazione **2** (**f.** *-trice*) operaio che fabbrica liscivia o esegue operazioni di lisciviatura

lisciviatrìce [1926] **s. f.** • impianto usato un tempo per fare il bucato

lisciviatùra [1906] **s. f.** **1** trattamento di purificazione e decolorazione delle fibre cellulosiche per la fabbricazione della carta **2** lavatura del cotone con liscivia

lisciviazióne [1748] **s. f.** **1** operazione del lisciviare **2** (*geol.*) migrazione di elementi solubili del terreno (sostanze organiche, minerali) dagli strati superiori a quelli inferiori del suolo per azione delle acque meteoriche

liscivióso (o **-so**) [da *liscivia* ✱ av. 1698] **agg.** • che ha caratteristiche di liscivia

liscóso (o **-so**) [da *lisca*② ✱ 1612] **agg.** **1** pieno di lische: *pesce l.* **2** (*raro*) detto di persona molto magra

lisèrgico [comp. di *(idro)lisi*, mediante la quale si ottiene, e *èrgo(t)-*, la 'segale cornuta' degli alcaloidi impiegati, col suff. della chim. *-ico* ✻ 1957] **agg.** (**pl. m.** *-ci*) ● (*chim.*) detto di acido aromatico, monocarbossilico, costituente degli alcaloidi della segale cornuta dai quali si ottiene per idrolisi: *l'LSD è un derivato di sintesi dell'acido l.*

liseuse /*fr.* li'zøz/ [vc. fr., propr. 'lettrice', da *lire* 'leggere', perché usata da signora *che legge* a letto ✻ 1931] **s. f. inv. 1** piccola giacca o mantellina femminile, talora lavorata a maglia, che copre le spalle e le braccia, usata a letto **2** tavolino settecentesco francese per libri, spesso di tipo girevole

lìsi [gr. *lýsis*, da *lýein* 'sciogliere', di etim. incerta ✻ 1828] **s. f. inv. 1** (*chim.*) scissione, spec. enzimatica, di una sostanza **2** (*biol.*) processo di distruzione di un batterio, di un qualsiasi tipo cellulare o di un tessuto, causato da agenti di varia natura: *l. batterica* | morte della cellula a causa della rottura della membrana cellulare **3** (*med.*) risoluzione lenta, graduale, di una malattia o dei sintomi

-lìsi /lizi, 'lizi/ [dal gr. *lýsis* 'lisi' (V.)] **secondo elemento** ● in parole composte della terminologia scientifica, significa 'soluzione', 'scomposizione', 'separazione' o 'distruzione': *analisi, dialisi, elettrolisi, idrolisi, paralisi, pericardiolisi*

lisièra [fr. *lisière*, che risale al lat. *līciu(m)* 'filo torto a guisa di spago, per alzare e abbassare le fila dell'ordito nel tessere le tele' (V. *liccio*) ✻ 1983] **s. f.** ● (*tess.*) cimosa

lisifobìa [comp. del gr. *lýsis* 'scioglimento, dissoluzione' (V. *lisi*) e *-fobia* ✻ 1983] **s. f.** ● (*psicol.*) timore di lasciare questioni in sospeso

lisimàchia [vc. dotta, lat. *lysimăchia(m)*, dal gr. *lysimachía*, dal n. del suo leggendario scopritore, *Lysímachos* 'scioglitore (da *lýsis* 'lisi') di battaglia (*máchē*)', re di Tracia ✻ sec. XIV] **s. f.** ● (*bot.*) nummolaria

lisìna [comp. di *lis(o)-* e *-ina* ✻ 1917] **s. f.** ● (*chim.*) amminoacido basico presente soprattutto nelle proteine animali; è considerata essenziale nell'alimentazione dell'uomo e di numerosi animali

♦**lìso** [lat. *elīsu(m)*, part. pass. di *elīdere* 'rompere' ✻ av. 1735] **agg.** ● consumato, logoro dall'uso, detto spec. di tessuti, abiti, biancheria: *cappotto, asciugamano l.* **SIN.** consunto, frusto | (*fig.*, *lett.*) fiacco, svigorito

liso- [dal gr. *lýsis* 'soluzione, scioglimento'. V. *lisi*] **primo elemento** ● in parole composte della terminologia scientifica, significa 'soluzione, scioglimento': *lisina, lisocitina*

lisocitìna [comp. di *liso-*, del gr. *kýtos* 'cavità' (ma nella terminologia scient. 'cellula') e *-ina* ✻ 1933] **s. f.** ● (*chim.*) lisolecitina

lisofòrmio [comp. di *liso(lo)* e un deriv. di *formolo*, l'acido che entra in composizione ✻ 1911] **s. m.** ● soluzione di sapone di potassio in cui si fa gorgogliare aldeide formica, usato come antisettico, disinfettante e deodorante

lisogenìa [comp. di *liso-* e *-genia* ✻ 1980] **s. f.** ● (*biol.*) fenomeno in cui un batterio viene infettato da un virus batteriofago temperato, acquisendo la capacità di resistere a successive infezioni

lisògeno [comp. di *liso-* e *-geno* ✻ 1957] **agg.** ● (*biol.*) detto di un ceppo batterico che ha acquistato la proprietà ereditabile della lisogenia

lisolecitìna [1988] **s. f.** ● (*chim.*) fosfolipide dotato di spiccata attività emolitica derivato dalla parziale scissione di una lecitina

lisòlo [ingl. *lysol*, comp. del gr. *lýsis* 'lisi' e del suff. *-ol*, dal lat. *ŏl(eum)* 'olio' ✻ 1957] **s. m.** ● liquido sciropposo bruno, velenoso, ottenuto per saponificazione dei gliceridi dell'olio di lino, usato come disinfettante

lisosòma [comp. di *liso-* e *-soma* ✻ 1980] **s. m.** (**pl.** *-i*) ● (*biol.*) piccolo organo subcellulare contenente enzimi idrolitici che intervengono nella digestione di materiali sintetizzati dalla cellula stessa o incorporati dall'ambiente extracellulare e quindi eliminati

lisosomiàle [1980 ca.] **agg.** ● (*biol.*) relativo a lisosoma | ***malattia l.***, che fa parte di un gruppo di patologie genetiche legate a difetti di enzimi dei lisosomi

lisozìma [ingl. *lysozym*, comp. di *lyso(l)* 'lisolo' e della seconda parte di *(en)zym* '(en)zima' ✻ 1948] **s. m.** (**pl.** *-i*) ● enzima batteriolitico presente nei tessuti animali, dotato di attività antibatterica, analgesica, e sim.

Lisp /*ingl.* lısp/ [sigla ingl. di *Lis(t) P(rocessing)* 'elaboratore a liste' ✻ 1987] **s. m. inv.** ● (*inform.*) linguaggio per la programmazione dei calcolatori elettronici, adatto alla gestione simbolica di dati astratti

lìssa ① [vc. dotta, gr. *lýssa* 'rabbia, furore', di etim. incerta ✻ 1834] **s. f.** ● (*med.*) idrofobia

lìssa ② [var. dial. di *liscia*, da *lisciare* ✻ 1975] **s. f.** ● nell'industria calzaturiera, macchina per lucidare cuoi e pellami

lissencèfalo [comp. di *liss(o)-* ed *encefalo* ✻ 1957] **agg.; anche s. m.** ● (*zool.*) detto dei Vertebrati che possiedono emisferi cerebrali a superficie liscia

lìsso [vc. dotta, gr. *lissós*, da *lís* 'liscio', di etim. incerta ✻ 1965] **s. m.** ● piccolo coleottero dal corpo allungato e cilindrico che danneggia numerose piante coltivate (*Lissus paralepticus*)

lìsso- [dal gr. *lissós* 'liscio', di etim. incerta] **primo elemento** ● in parole composte della terminologia scientifica, significa 'liscio': *lissencefalo, lissotrico*

lissofobìa [vc. dotta, comp. di *lissa*① e *-fobia* ✻ 1908] **s. f.** ● (*psicol.*) timore morboso di contrarre la rabbia

lissòtrico [comp. di *lisso-* e *-trico* ✻ 1917] **agg.** (**pl. m.** *-chi*) ● detto dei capelli diritti e piuttosto grossi, a sezione circolare, caratteristici delle popolazioni mongoloidi **CFR.** cimotrico, ulotrico

♦**lìsta** [germ. *līsta* 'striscia, frangia' ✻ 1282] **s. f. 1** striscia lunga e stretta di carta, stoffa o anche di materiale rigido o pieghevole: *una l. di carta, di pelle* | (*est.*) riga, linea tracciata con qlco. e di colore contrastante con lo sfondo: *un disegno a liste bianche* **2** foglio di carta in cui si elencano cose o persone: *fare la l. della spesa, degli invitati* | (*est.*) elenco: *l. di leva, di collocamento* | ***mettere in l.***, inserire fra altri il nome di qlcu. | ***l. nera***, (*fig.*) elenco di persone o cose considerate negative, sospette, da evitare, e sim.: *una compagnia aerea finita nella l. nera* **CFR.** black list | ***l. delle vivande***, (*per anton.*) ***lista***, carta, menu | ***l. (di) nozze***, elenco di regali graditi che i futuri sposi lasciano in un negozio | ***rimborso a pie' di l.***, rimborso di spese documentate | ***l. d'attesa***, elenco di persone che attendono di essere imbarcate, ricevute, visitate ecc.; (*est.*) elenco di problemi, argomenti e sim. da esaminare o discutere: *riforma in l. d'attesa* **3** ***liste elettorali***, elenco degli elettori, compilato dagli organi di ciascun Comune e sottoposto a revisione annuale | ***l. elettorale***, elenco dei candidati che ciascun partito presenta alle elezioni | ***rappresentante di l.***, delegato del partito a tutelarne gli interessi al seggio elettorale | ***l. civica***, nelle elezioni amministrative, lista elettorale unitaria di carattere locale, non legata direttamente a partiti politici | ***l. unica***, lista elettorale contenente un unico elenco di candidati per una serie di partiti, forze o gruppi diversi; nei regimi totalitari, lista presentata dal partito unico | ***l. civetta***, lista presentata al solo scopo di danneggiare altre liste oppure favorire una coalizione alleata mediante il meccanismo dello scorporo **4** (*disus.*) conto: *la l. della sarta*; *pagare la l.* **5** (*inform.*) listato **6** †linea | †fila, schiera | (*est.*) †partito **7** †ciocca di capelli **8** (*fig.*) †durata: *non fia lunga la l. / dello amor vostro* (M.M. BOIARDO) ‖ **listàccia**, **pegg.** | **listarèlla**, **listerèlla**, **listerellina**, **dim.** | **listèlla**, **dim.** | **listèllo**, **dim. m.** (V.) | **listétta**, **dim.** | **listìna**, **dim.** | **listìno**, **dim. m.** (V.) | **listóna**, **accr.** | **listóne**, **accr. m.** (V.)

listàre [da *lista* ✻ 1321] **A v. tr. 1** fregiare, ornare con una o più liste: *l. qlco. di rosso, di giallo*; *l. dei biglietti da visita a lutto* | rinforzare con una o più liste **2** (*assol.*) †annotare **3** (*inform.*) eseguire un listato **B listàrsi v. intr. pron.** ● †rigarsi

listàto A part. pass. di *listare*; **anche agg.** ● nei sign. del v. | ***carta listata a lutto***, carta da lettere con una striscia nera intorno, in segno di lutto | (*est.*) rigato: *muro l. di rosso* **B s. m.** ● (*inform.*) elenco di dati stampati in sequenza da un elaboratore

listatùra [1957] **s. f.** ● operazione e modalità del listare

listellàre agg. ● costituito da listelli | ***pannello l.***, quello che si ottiene incollando una serie di listelli paralleli su una base di legno o di compensato

listèllo [1570] **s. m. 1** dim. di *lista* **2** sottile striscia, spec. di legno, usata in funzione ornamentale, di rinforzo e sim. **3** modanatura a sezione rettangolare che separa due membrature architettoniche **4** piccola trave di legno su cui poggiano le tegole del tetto

listèria [dal n. del chirurgo ingl. J. *Lister* (1827-1912) ✻ 1989] **s. f.** ● (*biol.*) genere di batteri comprendente specie bacillari gram-positive, mobili, aerobie, che non producono spore e che crescono abitualmente sui comuni terreni di coltura; agente causale di listeriosi (*Listeria monocytogenes*)

listeriòsi [comp. di *listeri(a)* e del suff. *-osi* ✻ 1975] **s. f. inv.** ● (*med.*) malattia infettiva causata dal batterio *Listeria monocytogenes*, causa di setticemia, meningoencefalite e aborto, trasmessa gener. attraverso cibi contaminati (latticini)

listìno [1859] **s. m. 1** dim. di *lista* nel sign. 2 **2** nota, elenco | ***l. di Borsa***, documento ufficiale che riporta le quotazioni dei titoli e dei cambi | ***l. dei cambi***, documento che riporta i corsi ufficiali o liberi delle valute estere | ***l. dei prezzi***, documento che riporta i prezzi delle merci vendute da una impresa

listóne o (*ven.*) **listón** nel sign. 4 [1743] **s. m. 1** accr. di *lista* **2** ciascuna delle lunghe tavole di legno massello grezzo o prefinito impiegate per la composizione di parquet: *l. da incollaggio, a incastro* **3** (*stor.*) lista nazionale presentata dai fascisti alle elezioni politiche del 1924, comprendente anche candidati liberali e democratici | (*est.*, *polit.*) lista unitaria che, in una competizione elettorale, raggruppa partiti schierati su posizioni affini **4** a Venezia, ampia pavimentazione lastricata di marmo lungo la quale si svolge il passeggio in Piazza S. Marco | (*est.*) tipico marciapiede a lastroni adibito tradizionalmente a luogo di ritrovo e di pubblico passeggio in varie città del Veneto e di regioni limitrofe | la strada o la piazza stessa **5** (*mar.*) solida fascia di legno, sagomata e dipinta esternamente, che si incastra sulle estremità superiori delle coste della nave per rinforzo e ornamento ‖ **listoncìno**, **dim.**

lìstrico [vc. dotta, comp. del gr. *lístron* 'raschiatoio' e del suff. *-ico* ✻ 1975] **agg.** (**pl. m.** *-ci*) ● (*geol.*) detto di elemento tettonico staccato dalla falda di ricoprimento e avanzato per sovrascorrimento

†**lita** ➤ **lite**

-lita ➤ **lito-**, **-lito**① e **-lito**②

litanìa o (*pop.*) †**letanìa**, †**letàna** [vc. dotta, lat. *litanīa(m)*, dal gr. *litanéia*, deriv. di *litanéuein* 'pregare, supplicare', ampliamento di *líssesthai*, di etim. incerta ✱ sec. XIII] **s. f. 1** nella liturgia cattolica, preghiera di supplicazione formata da una serie di invocazioni a Dio, alla Vergine, ai Santi cui corrisponde la richiesta *Ora pro nobis* | processione con accompagnamento di litanie | canto e musica che accompagna tale preghiera **2** (*est.*) serie lunga e noiosa: *una l. di nomi, di titoli* **SIN.** filastrocca, sequela

litaniàre [av. 1854] **v. intr.** (*io litànio*; aus. *avere*) ● (*lett.*) recitare, cantare litanie

litànico [av. 1956] **agg.** (**pl. m.** *-ci*) ● di litania | che ha carattere di litania

litantràce [comp. del gr. *líthos* 'pietra' e *ánthrax*, genit. *ánthrakos* 'antrace' ✱ 1563] **s. m.** ● carbone fossile compatto, di colore bruno nerastro, facilissimo a bruciare

†**litàre** [vc. dotta, lat. *litāre* 'placare gli dei con sacrifici' ✱ 1321] **A v. tr.** ● offrire in sacrificio **B v. intr.** ● sacrificare alla divinità

†**litargìa** ➤ **letargia**

litargìrio [vc. dotta, lat. *lithárgyru(m)*, dal gr. *lithárgyros*, comp. di *líthos* 'pietra', di etim. incerta, e *árgyros* 'argento', di orig. indeur. ✱ av. 1313] **s. m.** ● (*chim.*) ossido di piombo, giallo o rossastro, usato nell'arte ceramica e in farmacia

lìtchi /'litʃi/ [cinese *li-chi*, vc. giunta prob. attrav. l'ingl. ✱ 1721] **s. m. inv.** ● pianta legnosa delle Sapindacee coltivata in Oriente i cui frutti commestibili sono conosciuti anche in Europa (*Litchi chinensis*) **SIN.** nefelio | il frutto commestibile di tale pianta, piccolo, tondeggiante, di colore rosso, con polpa bianca, dolce e aromatica **SIN.** prugna cinese

lìte o †**lìta** [vc. dotta, lat. *līte(m)*, di etim. incerta ✱ 1261 ca.] **s. f. 1** violento contrasto con ingiurie e offese: *placare, aizzare una l.* **SIN.** alterco, litigio | (*fig.*) accesa disputa, vivace polemica: *della scultura non vi prometto voler parlarne, atteso che s'appiccherebbe una l.* (G. VASARI) **SIN.** contesa **2** (*dir.*) causa civile: *muovere, intentare l.* | ***l. pendente***, processo in via di svolgimento | ***l. temeraria***, V. *temerario* **3** †duello: *movon concordi a la gran l. il passo* (T. TASSO) | (*fig.*) †contrasto: *la l. che ha la state col verno e il verno con la state* (P. ARETINO)

> **SFUMATURE DI SIGNIFICATO**
> ***lite - zuffa - conflitto***
> Una contesa aspra fra due persone, che si affrontano con le parole senza passare a vie di fatto si definisce **lite**; **zuffa** è al contrario uno scontro più fisico che verbale. Un contrasto, un profondo dissidio tra due soggetti che si combattono, si osteggiano e cercano di prevalere l'una sull'altra anche non affrontandosi direttamente e per un consistente periodo di tempo si definisce **conflitto**.
> **SFUMATURE** ➤ ***controversia***, ➤ ***discussione***

-lite ➤ **lito-**, **-lito**①

litìaṣi [gr. *lithíasis*, da *líthos* 'pietra', di etim. incerta, col suff. di stato o condizione *-asis* ✱ 1494] **s. f. inv.** ● (*med.*) calcolosi

litiàṣico [1975] **agg.** (**pl. m.** *-ci*) ● (*med.*) relativo alla litiasi

liticàre e deriv. ➤ **litigare** e deriv.

lìtico① [da *litio* ✱ 1874] **agg.** (**pl. m.** *-ci*) ● del litio

lìtico② [gr. *lytikós*, da *lytós* 'solubile', dal v. *lýein* 'sciogliere' ✱ 1834] **agg.** (**pl. m.** *-ci*) ● (*chim.*) che produce lisi

lìtico③ [gr. *lithikós* 'relativo alla pietra (*líthos*)' ✱ 1869] **agg.** (**pl. m.** *-ci*) ● di pietra | ***armi litiche***, di popoli preistorici o di natura

-lìtico① [cfr. *litico*③] **secondo elemento** ● in parole composte, fa riferimento ai periodi dell'età della pietra determinati dal primo elemento: *eneolitico, neolitico, paleolitico*

-lìtico② **secondo elemento** ● forma aggettivi scientifici composti corrispondenti ai sostantivi in *-lisi* da cui derivano

litificazióne [comp. di un deriv. del gr. *líthos* 'pietra' e *-ficazione* ✱ 1953] **s. f.** ● (*geol.*) diagenesi

litigànte o (*raro*) **liticànte**, (*tosc.*) **leticànte A part. pres.** di *litigare*; anche **agg.** ● nei sign. del v. **B s. m. e f. 1** chi litiga, contrasta con qlcu.: *separare i litiganti* | **PROV.** ***fra i due litiganti il terzo gode***, quando due litigano c'è sempre un terzo che se ne rallegra o ne approfitta **SIN.** contendente **2** (*dir.*) parte di una lite

♦**litigàre** o (*raro*) **liticàre**, (*tosc.*) **leticàre** [vc. dotta, lat. *litigāre*, da *līs*, genit. *lītis* 'lite' ✱ 1268] **A v. intr.** (*io lìtigo, tu lìtighi*; aus. *avere*) **1** venire a contrasto con qlcu. in modo aspro e ingiurioso: *hanno litigato per motivi di denaro* | (*est.*) rompere i rapporti con qlcu.: *hanno litigato, non si frequentano più* **2** essere parte di una lite: *l. per un risarcimento di danni* **B v. tr.** (*raro*); anche **litigàrsi v. tr. pron.** (aus. *essere*) ● disputarsi, contendersi qlco.: *litigarsi un terreno; litigarsi un premio; dieci paia di braccia si litigarono il dottor Vianello per istringerlo al cuore* (I. NIEVO) **C litigàrsi v. rifl. recipr.** ● (*fam.*) venire a contrasto, a contesa, con qlcu.: *non fanno altro che litigarsi; si litigano per qualsiasi motivo*

litigarèllo [da *litigar(e)* con il suff. *-ello* ✱ 1970] **agg.** ● (*roman., scherz.*) caratterizzato da frequenti litigi: *amore l.* | che litiga spesso: *una coppia litigarella*

litigàta [da *litigare* ✱ 1932] **s. f.** ● litigio aspro, vivace: *fare una l. con qlcu.*

litigatóre [vc. dotta, lat. *litigatōre(m)*, da *litigātus* 'litigato' ✱ 1478] **agg. e s. m.** (**f.** *-trice*) ● (*raro, lett.*) che (o chi) litiga, spec. abitualmente

†**litigazióne** [vc. dotta, lat. tardo *litigatiōne(m)*, da *litigātus* 'litigato' ✱ sec. XIV] **s. f.** ● litigio

litighìno o (*tosc.*) **letichìno** [1869] **s. m.** (**f.** *-a*) ● chi cerca liti o litigi **SIN.** attaccabrighe

litighìo o (*raro*) **litichìo**, (*tosc.*) **letichìo** [1869] **s. m.** (**pl.** *-ii*) ● un litigare continuo e chiassoso

♦**litìgio** [vc. dotta, lat. *lītigiu(m)*, da *litigāre* 'litigare' ✱ 1321] **s. m.** ● animato contrasto verbale tra due o più persone | (*lett.*) contesa **SIN.** alterco, bisticcio, lite
SFUMATURE ➤ ***zuffa***

litigióso (o *-ṣ-*) [vc. dotta, lat. *litigiōsu(m)*, da *lītigium* 'litigio' ✱ av. 1342] **agg. 1** che litiga con facilità: *famiglia litigiosa; indole litigiosa* **SIN.** attaccabrighe **2** che è caratterizzato da liti, contrasti e sim.: *rapporti litigiosi* **3** (*dir.*) che è oggetto di una lite ‖ **litigiosaménte**, **avv.** ‖ **litigiosità**, **s. f. inv.** caratteristica di chi (o di ciò che) è litigioso; rissosità

litigóne o (*raro*) **liticóne**, (*tosc.*) **leticóne** [av. 1686] **s. m.** (**f.** *-a*) ● (*fam.*) chi litiga spesso

lìtio [gr. *líthion*, dim. di *líthos* 'pietra', di etim. incerta, perché usato in medicina contro il mal della *pietra* o calcolosi ✱ 1821] **s. m.** (**pl.** *lìti* o *lìtii*) ● elemento chimico, metallo alcalino, leggerissimo, usato in metallurgia, in farmacia, nell'industria ceramica **SIMB.** Li **NUM. AT.** 3

litióso (o *-ṣ-*) [1957] **agg.** ● del litio | che contiene litio o composti del litio: *acque litiose*

litisconsòrte [dalla formula giuridica *lītis cōnsors* (genit. *consŏrtis*), propr. 'attore con altri della lite' ✱ 1917] **s. m. e f.** ● (*dir.*) chi è attore o convenuto in un giudizio

litisconsortile [da *litisconsorte* ✱ 1975] **agg.** ● (*dir.*) relativo al litisconsorzio

litisconsòrzio [dalla formula giuridica *lītis consŏrtium*, propr. 'unione di parti della lite' ✱ 1902] **s. m.** ● (*dir.*) presenza di più attori o di più convenuti in un processo civile: *l. necessario, facoltativo*

litispendènza [dalla formula giuridica *lītis pendĕntia* 'pendenza della lite' ✱ 1895] **s. f.** ● (*dir.*) situazione processuale caratterizzata dalla contemporanea pendenza di due processi identici davanti a giudici diversi | fase in cui il procedimento giudiziario è in corso di svolgimento

lìto ➤ **lido**

lito-, **-lito**① o **-lita**, **-lite** [dal gr. *líthos* 'pietra'] **primo e secondo elemento** ● in parole composte, spec. della terminologia scientifica, significa 'pietra', 'roccia', 'calcare': *litografia, litoteca; aerolite, crisolito, monolito*

-lito② o **-lita** [dal gr. *lytós* 'solubile', dal v. *lýein* 'sciogliere'] **secondo elemento** ● in parole composte della terminologia fisica e chimica, indica la capacità di alcune sostanze di trovarsi in soluzione a certe condizioni e modalità: *elettrolito, anfolito*

litoceràmica [comp. di *lito-*① e *ceramica* ✱ 1957] **s. f.** ● ceramica molto resistente simile al gres, usata per opere di rivestimento e pavimentazione

litòclaṣi [comp. di *lito-*① e del gr. *klásis* 'frattura' ✱ 1895] **s. f. inv.** ● (*geol.*) fratturazione subita da una roccia sottoposta a forze tettoniche

litoclastìa [comp. di *lito-*① e di un deriv. del gr. *klân* 'rompere, spezzare' ✱ 1874] **s. f.** ● (*med.*) litotripsia

litoclàsto [1874] **s. m.** ● (*med.*) strumento per la litoclastia

†**litocòlla** [gr. *lithókolla* 'cemento', comp. di *líthos* 'pietra' e *kólla* 'colla' ✱ 1563] **s. f.** ● colla per unire frammenti di marmo o sim.

litocromìa [comp. di *lito-*① e *-cromia* ✱ 1834] **s. f.** ● cromolitografia

litodiàliṣi [comp. di *lito-*① e *dialisi* ✱ 1874] **s. f. inv.** ● (*med.*) metodo di cura per la dissoluzione dei calcoli vescicali

litòdomo [gr. *lithodómos* 'costruttore', comp. di *líthos* 'pietra' e di un deriv. di *démein* 'fabbricare', di orig. indeur. ✱ 1834] **s. m.** ● (*zool.*) litofaga

litòfaga [1957] **s. f.** ● mollusco commestibile dei Lamellibranchi con conchiglia oblunga color bruno, che vive in fori della roccia da lui scavati (*Lithodomus lithophaga*) **SIN.** dattero di mare, litodomo

litòfago [comp. di *lito-*① e *-fago* ✱ 1771] **agg.** (**pl. m.** *-gi*) ● di animale, spec. mollusco, capace di perforare la roccia calcarea

litofanìa [comp. di *lito-*① e di un deriv. del gr. *pháinein* 'apparire', perché le immagini appaiono sulla porcellana ✱ 1874] **s. f. 1** in molte religioni, manifestazione della divinità in forma di pietra **2** decorazione trasparente su porcellana o vetro opaco

litòfita [comp. di *lito-*① e *-fita* ✱ 1813] **s. f.** ● pianta che vive sulle rocce

litòfono [comp. di *lito-*① e *-fono* ✱ 1957] **s. m. 1** (*med., raro*) sonda che fa sentire il contatto con il calcolo **2** (*mus.*) denominazione degli strumenti idiofoni in pietra

litofotografìa [comp. di *lito-*① e *fotografia* ✱ av. 1860] **s. f.** ● fotolitografia

litofotogràfico [1895] **agg.** (**pl. m.** *-ci*) ● relativo alla litofotografia

litogèneṣi [comp. di *lito-*① e *genesi* ✱ 1839] **s. f. inv.** ● (*geol.*) ogni processo di formazione di una roccia

litogenètico [1970] **agg.** (**pl. m.** *-ci*) ● relativo alla litogenesi

litoglifìa [gr. *lithoglyphía*, comp. di *líthos* 'pietra' e un deriv. di *glýphein* 'intagliare' ✱ 1499] **s. f.** ● arte di incidere pietre preziose

a b c d e f g h i j k **l** m n o p q r s t u v w x y z

litòglifo [gr. *lithoglyphês*, comp. di *líthos* 'pietra' e un deriv. di *glýphein* 'intagliare' ✱ 1834] **s. m.** ● (*disus.*) incisore su pietra | pietra incisa

litografàre [da *litografia* ✱ av. 1836] **v. tr.** (*io litògrafo*) ● stampare con il sistema litografico

litografìa [comp. di *lito-*① e *-grafia* ✱ 1819] **s. f.** ● sistema di stampa artistico e industriale in cui la matrice, originariamente in pietra finissima e oggi in metallo, viene inchiostrata solo nei punti voluti mediante trattamento chimico, senza essere incisa: *l. su pietra, su lastra di zinco* | stabilimento in cui si stampa con questo sistema | stampa così ottenuta

litogràfico [1818] **agg.** (**pl. m.** *-ci*) ● relativo a litografia, ottenuto mediante litografia: *tecnica litografica*; *pietra litografica*; *manifesto l.* ‖ **litograficaménte**, **avv.**

litògrafo [comp. di *lito-*① e *-grafo* ✱ 1828] **s. m.** (**f.** *-a*) ● chi stampa in litografia

litòide [gr. *lithoeidês*, comp. di *líthos* 'pietra' e un deriv. di *êidos* 'forma, aspetto' ✱ 1869] **agg.** ● roccioso | di roccia dura e compatta

litolàtra [1957] **s. m. e f.**; anche **agg.** (**pl. m.** *-i*) ● chi (o che) pratica la litolatria

litolatrìa [comp. di *lito-*① e *-latria* ✱ 1957] **s. f.** ● culto tributato a immagini od oggetti di pietra

litolàtrico [1957] **agg.** (**pl. m.** *-ci*) ● relativo a litolatria o a litolatra

litolàtta [comp. di *lito-* e *latta* ✱ 1954] **s. f.** ● riproduzione litografica su laminato metallico

litòlişi [comp. di *lito-*① e *-lisi* ✱ 1895] **s. f. inv.** ● (*med.*) dissoluzione dei calcoli mediante l'uso di acque minerali o altre sostanze

litologìa [comp. di *lito-*① e *-logia* ✱ 1660] **s. f.** (**pl.** *-gìe*) **1** (*geol.*) insieme dei caratteri chimici e fisici di una roccia **2** (*med.*) studio delle affezioni litiasiche

litològico [1779] **agg.** (**pl. m.** *-ci*) ● relativo alla litologia

litòlogo [comp. di *lito-*① e *-logo* ✱ av. 1783] **s. m.** (**f.** *-a*; **pl. m.** *-gi*) ● (*med.*) chi si occupa di litologia

litonefròşi [comp. di *lito-*① e di un deriv. del gr. *nefrós* 'rene' ✱ 1975] **s. f. inv.** ● (*med.*) affezione renale da calcoli

litopèdio [comp. di *lito-*① e di un deriv. del gr. *pâis*, genit. *paidós* 'bambino' ✱ 1874] **s. m.** ● (*med.*) feto mummificato e calcificato trattenuto nell'addome, gener. originato da una gravidanza extrauterina

litopóne o **litòpono** [fr. *lithopone*, comp. del gr. *líthos* 'pietra' e *pónos* 'fatica', secondo un'incerta interpretazione semantica ✱ 1917] **s. m.** ● (*chim.*) miscela bianca di solfato di bario e solfuro di zinco, usata per vernici, inchiostri da stampa e nella fabbricazione di tele cerate, cuoio artificiale e sim. come riempitivo

litoràle o (*raro*) **littoràle** [vc. dotta, lat. *litorāle(m)*, da *lītus* 'lido' ✱ 1476] **A agg.** ● che è posto lungo la costa: *città l.* **B s. m.** ● parte di spiaggia i cui limiti sono definiti dai livelli di alta e bassa marea | (*est.*) zona costiera

litoràneo o (*raro*) **littoràneo** [da *litorale* col suff. d'altra vc. ✱ 1321] **agg.** ● che si stende lungo il litorale: *ferrovia litoranea* | ***strada litoranea***, (*ellitt.*) ***litoranea***, che corre lungo la costa, lungo il litorale **SIN.** strada costiera | ***cordone l.***, banco sabbioso di detriti fluviali parallelo a una costa e spesso delimitante una laguna

†**litoràno** [da *litorale* col suff. proprio di etnico *-ano*① ✱ 1321] **agg.**; anche **s. m.** ● abitante di regione costiera

litorìna o **littorìna**① [dal gr. *líthos* 'pietra', sulla quale vive ✱ 1930] **s. f.** ● piccolo mollusco dei Gasteropodi che vive lungo i litorali rocciosi dei mari settentrionali (*Litorina neritoides*)

litoscòpio [comp. di *lito-*① e *-scopio* ✱ 1834] **s. m.** ● (*med.*, *raro*) strumento per evidenziare i calcoli

litosfèra [comp. di *lito-*① e *sfera* ✱ 1895] **s. f.** ● (*geol.*) parte esterna, più consistente, della Terra, comprendente la crosta e parte del mantello superiore, fino alla profondità di 100 km | crosta terrestre

litostratigrafìa [comp. di *lito-*① e *stratigrafia* ✱ 1970] **s. f.** ● (*geol.*) ramo della geologia che suddivide le rocce secondo la successione della loro formazione in base ai loro caratteri litologici

litostratigràfico [1970] **agg.** (**pl. m.** *-ci*) ● relativo alla litostratigrafia

litostròto o **litostràto** [vc. dotta, lat. *lithostrōtu(m)*, dal gr. *lithóstrōtos*, comp. di *líthos* 'pietra' e un deriv. di *strōnnysthai* 'stendere' ✱ 1476] **s. m.** ● (*archeol.*) pavimento in mosaico

litòte o (*raro*) **lìtote** [vc. dotta, lat. *lĭtotes*, dal gr. *litótēs*, da *litós* 'semplice', di etim. incerta ✱ 1526] **s. f.** ● (*ling.*) figura retorica che consiste nell'attenuare un concetto mediante la negazione del suo contrario; per es.: *non è uno stupido*; *e non torceva li occhi / da la sembianza lor ch'era non buona* (DANTE *Inf.* XXI, 98-99)

litotèca [comp. di *lito-*① e *teca* ✱ 1952] **s. f.** ● raccolta, collezione di minerali

litotècnica [comp. di *lito-*① e *tecnica* ✱ 1970] **s. f.** ● nelle culture preistoriche, tecnica della lavorazione della pietra

litotomìa [vc. dotta, lat. tardo *lithotŏmia(m)*, dal gr. *lithotomía* 'il cavare o tagliare pietra', comp. di *líthos* 'pietra' e un deriv. del v. *témnein* 'tagliare' ✱ 1660] **s. f.** ● (*chir.*) intervento chirurgico di apertura di un dotto o di una cavità viscerale per l'asportazione di calcoli

litotòmico [gr. *lithotomikós*, da *lithotómos* 'litotomo' ✱ 1975] **agg.** (**pl. m.** *-ci*) ● di litotomia

†**litotomìsta** [av. 1726] **s. m.** (**pl.** *-i*) ● chirurgo specializzato nella litotomia

litòtomo [gr. *lithotómos*, comp. di *líthos* 'pietra' e un deriv. di *témnein* 'tagliare' ✱ 1834] **s. m.** ● strumento per la litotomia

litotripsìa o **litotrissìa** [comp. di *lito-*① e di un deriv. del gr. *trîpsis* 'sfregamento' ✱ 1834] **s. f.** ● (*chir.*) frammentazione minuta dei calcoli delle vie urinarie mediante uno strumento a pinza (litotritore) introdotto nell'uretra, così da facilitarne l'eliminazione spontanea o provocata mediante lavaggio | ***l. a onde d'urto***, tecnica di frantumazione dei calcoli mediante onde d'urto generate da scariche elettriche emesse da due elettrodi immersi nell'acqua

litotrissìa ➤ **litotripsia**

litotritóre [da *litotripsia*, sul tipo del corrispondente fr. *lithotriteur* ✱ 1874] **s. m.** ● (*chir.*) strumento per la litotripsia: *l. a pinza*, *l. a onde d'urto*

Litràcee [comp. del gr. *lýthron* 'sangue spesso, confuso a polvere' (di vasta famiglia indeur.) e *-acee* ✱ 1895] **s. f. pl.** (**sing.** *-a*) ● (*bot.*) famiglia di piante erbacee delle Dicotiledoni con calice persistente e petali inseriti alla sommità del calice (*Lythraceae*)

litràggio [da *litro* ✱ 2000] **s. m.** ● la capacità in litri di un contenitore

♦**litro** [fr. *litre*, dal precedente *litron*, deriv. del gr. *lítra*, di orig. mediterr. ✱ 1796] **s. m.** **1** unità di misura di volume equivalente a 1 dm^3 **SIMB.** l **2** recipiente o bottiglia bollata della capacità di un litro, usata spec. in passato per la vendita al minuto di vino o latte | quantità di liquido in essa contenuto

-litro secondo elemento ● in metrologia, indica multipli o sottomultipli del litro: *ettolitro*, *centilitro*

†**litta**① [lat. parl. **lĭgita(m)* 'fango, melma', di orig. incerta (gallica?) ✱ av. 1519] **s. f.** ● sabbia, rena di fiumi e torrenti

litta② [vc. dotta, lat. *lўtta(m)* 'verme sulla lingua dei cani', dal gr. *lýtta*, var. di *lýssa* 'rabbia', provocata, secondo la credenza, da quel vermicello ✱ 1834] **s. f.** ● (*zool.*) cantaride

†**lìttera** e deriv. ➤ **lettera** e deriv.

litteram, ad ➤ **ad litteram**

littoràle ➤ **litorale**

littoràneo ➤ **litoraneo**

littóre [vc. dotta, lat. *lictōre(m)*, comunemente connesso con *ligāre* 'legare①' (perché portatore di fasci di verghe *legate*) ✱ sec. XIV] **s. m.** **1** nell'antica Roma, chi accompagnava in pubblico magistrati e sacerdoti portando il fascio littorio **2** nel periodo fascista, vincitore dei ludi littoriali

littoriàle [da *littorio* ✱ 1926] **agg.** ● del littorio | ***Ludi littoriali***, o (*ellitt.*) ***Littoriali***, nel periodo fascista, competizioni sportive, culturali e sim.

littorìna① ➤ **litorina**

littorìna② [da (fascio) *littorio* ✱ 1935] **s. f.** ● (*ferr.*) automotrice con motore Diesel, a elevata velocità, entrata in servizio negli anni 1930-40

littòrio [vc. dotta, lat. *lictōriu(m)*, da *lĭctor*, genit. *lictōris* 'littore' ✱ 1562] **A agg.** (**pl. m.** *-i* o *raro -ii*) **1** relativo ai littori | ***fascio l.***, quello, formato da un gruppo di verghe più una scure, che i littori romani portavano sulla spalla, assunto come simbolo dal fascismo **2** (*est.*) fascista: *casa littoria* **B s. m.** ● emblema del fascismo | ***gioventù del Littorio***, gioventù fascista

lituàno [dal n. della regione, *Lietuva*, di orig. incerta ✱ 1532] **A agg.** ● della Lituania **B s. m.** (**f.** *-a*) ● abitante o nativo della Lituania **C s. m. solo sing.** ● lingua del gruppo baltico, parlata in Lituania

lìtuo [vc. dotta, lat. *lĭtuu(m)*: termine etrusco (?) ✱ sec. XIV] **s. m.** **1** bastone ricurvo con cui il sacerdote etrusco limitava lo spazio sacro **2** tipo particolare di antica tromba simile alla buccina

litùra [da *lĭnere* 'ungere', di orig. indeur. ✱ 1528] **s. f.** **1** cancellazione di scrittura su cera mediante spianamento, o di iscrizione lapidaria mediante martellamento **2** nel linguaggio dei filologi, cancellatura

liturgìa [gr. *leitourgía*, da *leitourgós* 'liturgo' ✱ av. 1328] **s. f.** (**pl.** *-gìe*) **1** nelle religioni, complesso degli atti cerimoniali pubblici destinati al culto | nel cristianesimo, insieme degli atti attraverso i quali la comunità dei fedeli, unita a Cristo, professa pubblicamente la sua fede e tributa il culto a Dio | insieme delle cerimonie cultuali pubbliche proprie di ciascuna confessione cristiana o di singole Chiese: *l. luterana, anglicana, cattolica, ambrosiana, mozarabica, benedettina* | ***L. delle ore***, nella pratica cattolica, recita dei salmi assegnata alle varie ore della giornata | ***L. della parola***, nella pratica cattolica, prima parte della Messa, dall'inizio fino all'offertorio, dove si leggono brani dell'Antico e Nuovo Testamento | (*fig.*) cerimoniale, rituale: *la l. delle assemblee studentesche* **2** nell'antica Grecia, obbligo per i cittadini più facoltosi di sostenere a proprie spese determinate cariche pubbliche o funzioni pubbliche religiose o civili

SFUMATURE ➤ *rito*

litùrgico [gr. *leitourgikós* 'servizievole', da *leitourgós* 'liturgo' ✱ av. 1745] **agg.** (**pl. m.** *-ci*) ● relativo alla liturgia | ***anno l.***, quello comprendente le feste della Chiesa a partire dalla prima domenica dell'Avvento fino a quella dell'anno successivo | ***lingua liturgica***, ***libri***, ***indumenti liturgici***, prescritti dalla liturgia | ***pittura liturgica***, rappresentante cerimonie sacre | ***musica liturgica***, musica sacra | ***formule liturgiche***, quelle che ricorrono spesso nei testi delle funzioni | ***dramma l.***, tipo di rappresentazione che utilizza i testi della liturgia || **liturgicaménte**, **avv.** secondo la liturgia

liturgìsta [1768] **s. m. e f.** (**pl. m.** *-i*) ● studioso di liturgia

litùrgo [gr. *leitourgós* 'servo pubblico, operaio', comp. di *lêós*, var. di *laós* 'popolo', di etim. incerta, e un deriv. della radice *erg-*, di orig. indeur. ✱ 1821] **s. m.** (**pl.** *-ghi* o *-gi*) ● nell'antica Grecia, cittadino che sosteneva l'onere di una liturgia

liutàio [da *liuto*① ✱ 1640] **s. m.** (**f.** *-aia*, **pl. m.** *-ai*) ● chi fabbrica e ripara liuti o altri strumenti a corda

liuterìa [1878] **s. f.** **1** arte dei liutai **2** laboratorio, bottega di liutaio

liutìsta [1581] **s. m. e f.** (**pl. m.** *-i*) **1** chi suona il liuto **2** (*raro*) chi compone musica per liuto

liùto① o †**leùto**① [ant. fr. *leut*, dall'arabo *'ūd* '(strumento di) legno' preceduto dall'art. (*al*) ✱ av. 1292] **s. m.** ● strumento musicale a corde, con manico talvolta incurvato all'indietro, cassa armonica a forma di pera dal fondo panciuto, che si suona a pizzico | denominazione di una complessa famiglia di strumenti a corda

liùto② ➤ **leudo**②

livàrda [fr. *livarde*, dal neerl. *lijwaarts*, propr. 'sotto il vento' ✱ 1832] **s. f.** ● (*mar.*) balestrone

live /*ingl.* laɪv/ [vc. ingl., propr. '(dal) vivo' ✱ 1979] **A agg. inv.** **1** detto di programma televisivo o radiofonico trasmesso in diretta e non registrato precedentemente, oppure registrato in presenza di pubblico e non negli studi: *spettacolo l.* **2** detto di esecuzione canora che non si avvale di una base musicale preregistrata **3** detto di registrazione discografica eseguita direttamente durante un concerto e non in sala d'incisione: *album l.* **B s. m. inv.** ● il prodotto stesso della registrazione: *un l. di De Gregori*

livèlla [lat. *libĕlla(m)*, dim. di *lĭbra* 'bilancia' ✱ av. 1504] **s. f.** ● strumento atto a stabilire l'orizzontalità di una retta o di un piano | ***l. a bolla*** (***d'aria***), quella in cui la bolla d'aria contenuta in un tubo di vetro riempito di liquido indica la posizione orizzontale disponendosi al centro del tubo stesso | ***l. a cannocchiale***, V. *livello*① nel sign. 6 | ***l. ad acqua***, dove la posizione orizzontale è indicata dalla identica altezza dell'acqua in due ampolle comunicanti

livellaménto [da *livellare*① ✱ 1598] **s. m.** ● operazione del livellare: *il l. di un terreno* | (*fig.*) riduzione a uno stesso livello: *l. dei salari, del grado di istruzione di una nazione* **SIN.** appiattimento

livellàre① [da *livella*, sull'es. del corrispondente fr. *niveler* (da *livel(l)er*) ✱ av. 1519] **A v. tr.** (*io livèllo*) ● ridurre allo stesso livello o (*fig.*) condizione: *l. un terreno*; *l. le entrate e le uscite di un'azienda*; *la morte livella i potenti e gli umili* **SIN.** uguagliare, pareggiare **B livellàrsi v. intr. pron.** ● disporsi, portarsi a uno stesso livello o (*fig.*) condizione: *i liquidi nei vasi comunicanti si livellano*; *le retribuzioni si sono livellate*

livellàre② [da *livello*① ✱ av. 1519] **agg.** ● di livello: *linea l.*

livellàre③ [da *livello*② ✱ av. 1547] **v. tr.** (*io livèllo*) ● anticamente, concedere in godimento un terreno mediante un contratto di livello, nel sign. di *livello*②

livellàre④ [da *livello*① col suff. agg. *-are*②, sul modello del corrispondente lat. tardo *libellārius* ✱ av. 1811] **agg.** ● (*dir.*) relativo al contratto di livello, nel sign. di *livello*②: *canoni livellari*

†**livellàrio** [lat. tardo *libellāriu(m)*, da *libĕllus* 'livello' ✱ av. 1250] **A agg.** ● (*dir.*) livellare, nel sign. di *livellare*④ **B s. m.** ● concessionario di un contratto di livello, nel sign. di *livello*②

livellatóre [da *livellare*① ✱ 1740] **agg. e s. m.** (**f.** *-trice*) **1** che (o chi) compie operazioni di livellamento **2** che (o chi) tende ad abolire qualsiasi discriminazione spec. politica, sociale o economica: *un provvedimento l.*

livellatrìce [1943] **s. f.** ● macchina per il movimento terra, adibita al livellamento dei terreni spec. nei lavori stradali

livellatùra [1586] **s. f.** ● (*raro*) livellamento, livellazione

livellazióne [1528] **s. f.** **1** insieme di operazioni e calcoli che permettono di determinare il dislivello fra due punti del terreno **2** (*fig., lett.*) livellamento

livellétta [da *livello*① ✱ av. 1873] **s. f.** ● tratto di linea ferroviaria, strada, condotta forzata e sim. in cui non si ha una variazione di pendenza

♦**livèllo**① [da *livellare*① ✱ av. 1494] **s. m.** **1** superficie libera di un fluido | ***l. del mare***, piano della superficie delle acque marine, al quale sono riferite le altitudini e le profondità | ***l. freatico***, dell'acqua in un pozzo alimentato da una falda freatica | ***l. di guardia***, V. *guardia* nel sign. A 12 **2** altezza di un punto sopra una superficie | ***curva di l.***, isoipsa **3** quota di un piano orizzontale rispetto a un altro piano di riferimento | ***l. di miniera***, ciascuno dei piani orizzontali su cui si sviluppa la rete delle gallerie principali della miniera | ***passaggio a l.***, incrocio sullo stesso piano fra una strada e i binari di una ferrovia **4** (*geol.*) strato o insieme di strati con specifici caratteri litologici o paleontologici che li rendono facilmente distinguibili **5** (*fig.*) misura, valore: *l. dei prezzi, delle retribuzioni*; *l. occupazionale* | condizione, grado, valore: *l. sociale, economico*; *alto l. d'intelligenza*; *nel Paese c'è un alto l. di vita* | ***mettere tutto, tutti allo stesso l.***, non fare distinzioni di valore fra cose, fatti, persone diverse | ***ad alto l.***, di cosa molto importante, di persona qualificata, e sim.: *lavoro ad alto l.*; *conferenza ad alto l.* | ***conferenza al più alto l.***, tenuta tra capi di Stato | piano, àmbito: *riunione a l. regionale* | ***a l. di***, relativamente al grado, alle mansioni, alle competenze e sim. delle persone cui si fa riferimento: *riunione a l. di ministri degli Esteri*; *incontro a l. tecnico* | ***a l., a l. di***, sotto il profilo, per quanto riguarda, in fatto di: *a l. organizzativo non li batte nessuno*; *a l. di insegnanti la scuola è molto valida* **6** strumento topografico usato nella livellazione, che permette di definire visuali giacenti in un piano orizzontale **7** (*ling.*) ognuna delle diverse unità che costituiscono una lingua, gerarchicamente subordinate le une alle altre a partire da un'unità superiore (enunciato): *l. fonematico, morfematico, frastico* **8** (*fis.*) ciascuno degli stati energetici che un elettrone può assumere in un atomo
SFUMATURE ➤ ***ordine***

livèllo② [lat. *libĕllu(m)* 'libretto', dim. di *lĭber*, genit. *lĭbri* 'libro', sul quale era trascritto il contratto relativo ✱ sec. XIII] **s. m.** **1** anticamente, contratto simile a quello d'enfiteusi **2** (*raro*) canone di un contratto fondiario

†**liveràre** [ant. fr. *livrer*, dal lat. *liberāre* 'lasciar libero' ✱ av. 1292] **A v. tr.** **1** lasciare, abbandonare **2** finire, terminare | consumare, logorare **3** condannare **B v. intr. e** †**liveràrsi v. intr. pron.** ● cessare | andarsene, morire

liviàno [vc. dotta, lat. *Liviānu(m)*, da *Livius* '(Tito) Livio', di etim. incerta ✱ 1521] **agg.** ● relativo allo storico latino T. Livio (59 a.C.-17 d.C.)

†**lividàre** [vc. dotta, lat. tardo *lividāre*, da *lĭvidus* 'livido' ✱ av. 1294] **v. tr.** ● rendere livido

lividàstro [1779] **agg.** ● di un brutto color livido, tendente al livido: *mani intirizzite dal freddo e lividastre*

lividézza [av. 1406] **s. f.** **1** colore, aspetto di ciò che è livido: *l. cadaverica* **2** †invidia, livore

lividìccio [av. 1597] **agg.** (**pl. m.** *-ci*; **pl. f.** *-ce*) ● che è piuttosto livido

†**lividìgno** [sec. XIV] **agg.** ● di colore che tende al livido

†**lividìre** [av. 1749] **v. tr.** ● illividire

♣**lìvido** [vc. dotta, lat. *lĭvidu(m)*, da *livēre* 'essere livido, pallido', di parziale area indeur. ✱ sec. XIII] **A agg.** **1** detto della colorazione bluastra della pelle umana per contusioni o percosse: *carni livide* | (*fig.*) detto di persona molto turbata, il cui volto assume un aspetto pallido, quasi cadaverico (+ *di*, + *da*, + *per*): *l. di* (o *dalla*) *rabbia*; *era l. per lo spavento*; *La faccia paonazza del Notajo ... diventò livida dalla stizza* (L. Pirandello) | (*est.*) che manifesta livore: *un'occhiata livida* **2** (*est.*) di colore plumbeo, tra il turchino cupo e il nero: *cielo l. di pioggia*; *gli occhi lividi per lo soverchio piangere* (I. Sannazaro) **3** (*raro, lett.*) invidioso, maligno || **lividétto**, **dim.** || **lividaménte**, **avv.** **1** con riflessi lividi **2** (*raro, fig.*) con livore **B s. m.** ● macchia bluastra che si forma sulla pelle per contusioni o percosse || **lividino**, **dim.** | **lividóne**, **accr.**

lividóre [1342] **s. m.** ● lividezza: *il l. della pelle*; *le rughe precoci dei giorni senza pane, il l. delle notti stanche* (G. Verga) | (*fig.*) †livore, astio

†**lividóso** (o *-ṣ-*) [av. 1342] **agg.** ● livido

lividùme [av. 1735] **s. m.** ● (*lett., raro*) insieme di lividi | aspetto livido | (*est., lett.*) colore livido

lividùra [sec. XIV] **s. f.** ● (*lett.*) livido, lividore: *con una frusta li farei ballare a suon di lividure* (F. Tozzi)

living /'livin(g), *ingl.* 'lɪvɪŋ/ [riduzione it. dell'ingl. *living room* ✱ 1954] **s. m. inv.** ● stanza di soggiorno: *pranzare nel l.*

Living Theatre /'livin(g) 'tiatər, *ingl.* 'lɪvɪŋ 'θɪətə(r)/ [loc. ingl., nome della compagnia fondata nel 1947 a New York da J. Beck e J. Malina; propr. 'teatro (*theatre*) vivente (*living*, da *to live* 'vivere', d'orig. germ.)' ✱ 1961] **loc. sost. m. solo sing.** ● compagnia teatrale statunitense caratterizzata dal coinvolgimento degli spettatori, invitati a partecipare attivamente allo spettacolo; (*est.*) l'impostazione, lo stile tipico di tale compagnia: *una sperimentazione alla Living Theatre*

♣**livóre** [vc. dotta, lat. *livōre(m)*, da *livēre* 'illividire', di orig. indeur. ✱ av. 1292] **s. m.** **1** astio, rancore causati da invidia, avversione e sim.: *cupo l.*; *parole piene di l.* | (*lett.*) invidia, odio: *La divina bontà, che da sé sperne / ogne l.* (Dante *Par.* VII, 64-65) **2** †colorito livido, lividore

SFUMATURE DI SIGNIFICATO
livore - fiele
Livore è un risentimento, un astio invidioso e maligno. **Fiele**, che in senso proprio è il liquido prodotto dal fegato, figuratamente esprime un sentimento ancora più amaro di rabbia, risentimento, invidia.
SFUMATURE ➤ ***astio***, ➤ ***malevolenza***

livornése (o *-ṣ-*) [1399] **A agg.** ● di Livorno | ***alla l.***, (*ellitt.*) alla maniera dei livornesi; detto di pietanza condita con pomodoro, cipolla, prezzemolo, aglio, pepe: *triglia, cacciucco, trippa alla l.* | ***razza l.***, la più produttiva razza di galline ovaiole | ***gallina l.***, di razza livornese **B s. m. e f.** ● abitante o nativo di Livorno **C s. f.** ● gallina livornese

livoróso (o *-ṣ-*) [da *livore* ✱ av. 1686] **agg.** ●

pieno di livore: *una persona livorosa e maligna* **SIN.** astioso, rancoroso || **livorosaménte**, **avv.**

livrèa [fr. *livrée*, sottinteso *robe*, '(veste) consegnata, fornita (da *livrer* e sottinteso 'dal signore al servo')' ✱ av. 1348] **s. f. 1** uniforme, divisa, portata un tempo dalla servitù delle grandi case signorili: *camerieri, cocchieri, staffieri in l.* | (*est.*) †servitore **2** (*zool.*) aspetto di un animale, spesso variabile nel corso dell'anno, dovuto ai colori del piumaggio, del pelame o della pelle **3** †alloggio destinato agli ospiti

livreàto [1819] **agg.** ● (*lett.*) che porta la livrea

livre de chevet /*fr.* ˌlivʀədəʃ'vɛ/ [loc. fr., propr. 'libro (*livre*) da capezzale (*chevet*)' ✱ 1905] **loc. sost. m. inv.** (**pl. fr.** *livres de chevet*) ● libro preferito, che si tiene a portata di mano

livre de poche /*fr.* ˌlivʀəd'pɔʃ/ [loc. fr., propr. 'libro (*livre*) da tasca (*poche*)' ✱ 1963] **loc. sost. m. inv.** (**pl. fr.** *livres de poche*) ● libro tascabile

lìzza ① [fr. *lice*, dal francone *lĭstja* 'barriera' ✱ av. 1388] **s. f. 1** †palizzata, steccato **2** spazio recintato entro cui si svolgevano le giostre all'epoca della cavalleria | (*milit.*) nell'antica fortificazione, spazio antistante il fosso, protetto verso la campagna da una palizzata **3** (*est., lett.*) campo di combattimento: *nel mezzo della l. entrambi accinti / presentârsi* (V. MONTI) | (*fig.*) lotta, contesa | ***entrare, scendere in l.***, (*fig.*) prendere parte a una gara, a una discussione e sim.

lìzza ② [sp. *lija*, di etim. discussa: da *lijo* 'sporcizia' per le fitte squame che la ricoprono (?) ✱ av. 1557] **s. f.** ● (*zool.*) leccia

lìzza ③ [da una forma dial. sett. (con assimilazione) *l'ilza*, dal lat. tardo *hĕlcia* 'corda da trainare (*hélkein*, in gr.)' ✱ av. 1536] **s. f.** ● slitta o piano inclinato in legno per il trasporto dei blocchi di marmo

lizzàre [da *lizza*③ ✱ av. 1912] **v. tr.** ● trasportare con la lizza: *l. il marmo*

lizzatùra [1954] **s. f.** ● operazione del lizzare il marmo | (*fig., raro*) portare, trasportare

llano /*sp.* 'ʎano, 'ja-/ [vc. sp., propr. 'pianura', dal lat. *plānus* 'piano' ✱ 1862] **s. m. inv.** (**pl. sp.** *llanos*) ● distesa pianeggiante con una fitta vegetazione erbacea, caratteristica della savana del Venezuela e di altri Paesi dell'America centro-meridionale

Lloyd /*ingl.* lɔɪd/ [vc. ingl., da E. *Lloyd*, n. del proprietario del caffè londinese dove nel sec. XVII convenivano e stringevano accordi gli assicuratori ✱ 1839] **s. m. inv.** ● nome di società armatoriali o di assicurazioni: *L. triestino*

♦**lo** /lo/ [lat. *(il)lu(m)* 'quello', di etim. incerta nei suoi componenti ✱ sec. XII] **A art. determ. m. sing.** (**si usa davanti a parole m. sing. che cominciano per vocale o per** *gn, ps, s impura, x, z* **e anche davanti a parole che cominciano per** *i, y, j* **seguite da vocale; davanti a parole che cominciano con gruppi consonantici rari come** *cn-, ct-, ft-, mn-, pt-*, **o davanti alla parola 'gliommero'; davanti a parole che cominciano per pn, l'uso colto prevede l'art.** *lo* (*lo pneuma; lo pneumococco*)**; l'uso comune sempre più spesso l'art.** *il* (*il pneumatico*)**; si elide generalmente davanti a parole che cominciano per vocale, per** *h* **seguita da vocale o, più raramente, per semiconsonante:** *lo gnaulio; lo pneumatico; lo psicologo; lo xilografo; lo sfregio; lo sciroppo; lo scialle; lo schianto; lo zucchero; lo iodio; l'ieri; l'errore; l'uomo; l'habitat; l'hotel; lo jugoslavo, lo juventino; lo yeti* | (*lett.*) †**si usa anche davanti a consonante semplice in sostituzione di 'il', spec. all'inizio di un verso o di una frase; oppure se è preceduto da una parola che termina per consonante; oggi si ha la sopravvivenza di tale impiego nelle loc.** ***per lo più, per lo meno***: *lo bello stilo* (DANTE *Inf.* I, 87); *rimirar lo passo* (DANTE *Inf.* I, 26) | **fondendosi con le prep. proprie semplici, dà origine alle prep. art. m. sing.** *allo, collo, dallo, dello, nello, sullo, poet. pello*) ● ha gli stessi sign. e impieghi di 'il'. L'uso dell'una e dell'altra forma è regolato solo dalle norme fonetiche. V. anche *il* **B pron. dimostr. e pers. m. di terza pers. sing. 1** lui, esso (come compl. oggetto riferito a persona o cosa, in posizione sia enclitica sia proclitica): *lo vide venire, pallido e stralunato* (G. VERGA); *eccolo che arriva; non l'ho più visto; te lo porterò; restituiscimelo subito!* **2** ciò (con valore neutro in posizione sia enclitica sia proclitica): *tu lo sapevi; dillo; lo dicevo io!; per la contradizion che nol consente* (DANTE *Inf.* XXVII, 120) | (*pleonast.*) con valore rafforz. in principio di frase: *lo si dice; lo si pensa* | con valore pleonast. e rafforz.: *lo sapevo che saresti venuto!* **3** tale (davanti ai v. 'essere', 'parere', 'sembrare', 'diventare' e sim.): *si ritiene furbo ma non lo è; è molto nervosa, anche se non lo sembra; se eroe mi brami, / soffri ch'io lo divenga* (P. METASTASIO) (V. nota d'uso ELISIONE e TRONCAMENTO)

loader /'loder, *ingl.* 'ləʊdə(r)/ [vc. ingl., dal v. *to load* 'caricare' ✱ 1989] **s. m. inv.** ● (*inform.*) caricatore

loading /'loudin(g), *ingl.* 'ləʊdɪŋ/ [vc. ingl., da *to load* 'caricare' ✱ 2001] **s. m. inv.** ● (*inform.*) caricamento di dati o di programmi **CFR.** download, upload

lob /lɔb, *ingl.* lɒb/ [vc. ingl., dal v. *to lob* 'lanciare in alto ad arco', di prob. orig. straniera ed etim. incerta ✱ 1930] **s. m. inv.** ● nel tennis, pallonetto

lobàre [da *lobo* ✱ 1834] **agg. 1** lobato **2** (*anat.*) relativo a un lobo

lobàto [1802] **agg.** ● che ha forma di lobo o è suddiviso in lobi

lòbbia [lombardo *lobia*, con sovrapposizione del nome del deputato C. *Lobbia*, divenuto famoso per un processo intentatogli nel 1869 dalla Regia dei Tabacchi ✱ 1892] **s. f. o** (*raro*) **m.** (**pl. f.** *lòbbie*, **pl. m. inv.**) ● cappello maschile di feltro morbido con la calotta segnata da una infossatura sul senso della lunghezza, e la tesa più o meno larga

lobbìsmo [da *lobby* sul modello dell'ingl. *lobbyism* ✱ 1985] **s. m.** ● sistema praticato da gruppi di interesse, tendente a influenzare attraverso pressioni di vario tipo le scelte di chi detiene il potere decisionale, allo scopo di ricavarne vantaggi particolaristici, spec. economici e finanziari

lobbìsta [da *lobby*, sul modello dell'ingl. *lobbyist* ✱ 1953] **s. m. e f.** (**pl. m.** *-i*) ● chi fa parte di una lobby o ne difende gli interessi

lobbìstico [1987] **agg.** (**pl. m.** *-ci*) ● relativo a lobby o a lobbismo: *intrallazzi lobbistici*

lòbby /'lɔbbi, *ingl.* 'lɒbɪ/ [vc. ingl., originariamente 'passaggio coperto (in un monastero)', dal lat. mediev. *lăubia* 'loggia' (V.), di orig. germ. ✱ 1929] **s. f. inv.** (**pl. ingl.** *lobbies*) **1** salone principale delle banche dove si svolgono le operazioni più importanti **2** (*fig.*) gruppo di persone che, sebbene estranee al potere politico, tendono a influenzarne le scelte, soprattutto in materia economica e finanziaria

lobbying /'lɔbbin(g), *ingl.* 'lɒbɪŋ/ [vc. ingl. dal v. *to lobby* 'fare pressione, influenzare' ✱ 1985] **s. m. inv.** ● attività diretta a tutelare gli interessi di un'azienda o di una categoria economica

lobectomìa [comp. del gr. *lobós* 'lobo' e un deriv. di *ektomḗ* 'taglio', da *ektémnein* 'tagliar (*témnein*) via (*ek-*)' ✱ 1957] **s. f.** ● (*chir.*) asportazione di un lobo: *l. polmonare, cerebrale*

lobèlia [dal n. latinizzato (*Lobēlius*) del botanico fiammingo M. de *Lobel* (1538-1616) ✱ 1834] **s. f. 1** pianta erbacea delle Lobeliacee a cespi compatti con numerosi piccoli fiori blu, originaria dell'Africa meridionale e coltivata per ornamento (*Lobelia erinus*) **2** pianta erbacea officinale americana delle Lobeliacee con foglie pelose e piccoli fiori bianchi in grappoli (*Lobelia inflata*)

Lobeliàcee [da *lobelia* col suff. *-acee* ✱ 1895] **s. f. pl.** (**sing.** *-a*) ● (*bot.*) famiglia di piante tropicali delle Dicotiledoni simili alle Campanulacee ma con corolla irregolare (*Lobeliaceae*)

lobelìna [da *lobelia*, da cui è estratto, col suff. chimico *-ina* ✱ av. 1862] **s. f.** ● alcaloide della lobelia usato come antiasmatico e potente analettico

lòbo [gr. *lobós*, di etim. controversa ✱ 1697] **s. m. 1** (*biol.*) ciascuna delle parti in cui un organo animale o vegetale viene diviso da solchi **2** (*anat.*) porzione tondeggiante di un organo: *l. cerebrale* | ***l. polmonare***, parte del polmone delimitata dalla scissura | ***l. dell'orecchio***, parte inferiore, molle, del padiglione auricolare **3** (*archit.*) elemento ornamentale a forma di archetto tondo sulla cornice degli archi gotici e moreschi

lobotomìa [comp. di *lobo* e *-tomia* ✱ 1953] **s. f.** ● (*chir.*) nel trattamento di alcune malattie mentali, intervento chirurgico che ha lo scopo di interrompere totalmente le connessioni tra il lobo frontale e il resto del cervello, spec. il talamo

lobotomiẓẓàre [1983] **v. tr.** ● sottoporre qlcu. a lobotomia || **lobotomiẓẓazióne**, **s. f.**

lobotomiẓẓàto **part. pass.** di *lobotomizzare*; **anche agg. e s. m.** (**f.** *-a*) ● che (o chi) è stato sottoposto a lobotomia

lobulàre ① [da *lobulo* ✱ 1970] **v. tr.** (*io lòbulo*) ● suddividere in lobuli

lobulàre ② [da *lobulo*, col suff. agg. *-are*② ✱ 1834] **agg.** ● relativo a lobulo

lobulàto **part. pass.** di *lobulare*; **anche agg. 1** nel sign. del v. **2** (*anat.*) a forma di lobulo | costituito da lobuli: *il rene è un organo l*

lòbulo [da *lobo*, con il suff. dim. di tipo latino che si trova in *globulo* ✱ 1834] **s. m.** ● (*anat.*) piccolo lobo

♦**locàle** ① [vc. dotta, lat. *locāle(m)*, agg. deriv. da *lŏcus* 'luogo', sost. dapprima in fr. (*local*) ✱ av. 1294] **A agg. 1** (*raro*) di luogo: *un prefisso, un avverbio con valore l.* | ***memoria l.***, capacità di ricordare i luoghi | (*fig.*) ***far mente l.***, concentrarsi su un determinato argomento | che è proprio di un luogo o limitato a un determinato luogo: *divinità, genio l.*; *intervennero le autorità locali; ferrovia, traffico l.* | ***treno l.***, treno regionale o interregionale | ***stampa l.***, i giornali di una città | ***colore l.***, il complesso degli elementi che caratterizzano un certo luogo | ***ente l.***, la cui azione è circoscritta a una parte del territorio dello Stato | ***finanza l.***, degli enti locali **2** (*med.*) che riguarda solo una parte determinata del corpo umano: *malattia l.*; *cura l.* | ***anestesia l.***, che interessa una parte limitata del corpo, con conservazione della coscienza | ***uso l.***, di medicinale che dev'essere impiegato all'esterno, sulla parte malata **SIN.** topico **3** (*astron.*) che appartiene alla nostra galassia, cioè a quella di cui fa parte il sistema solare || **localménte**, †**localeménte**, **avv.** in un determinato luogo o parte; in modo circoscritto **B s. m. e f.** ● (**spec. al pl.**) abitante di un determinato luogo: *come sono i tuoi rapporti con i locali?* **C s. f.** ● (*med.*) anestesia locale

♦**locàle** ② [sostantivazione di *locale*①, secondo l'uso fr. ✱ 1802] **s. m. 1** parte di un edificio destinata a un uso determinato: *locali spaziosi e pieni di sole; il l. caldaie è nel sottosuolo* **2** luogo pubblico di ritrovo e di divertimento: *è un l. elegante ed economico* | ***l. notturno***, in cui si beve e si balla fino a tarda ora della notte **3** treno regionale || **loca-**

làccio, pegg. | localétto, dim. | localino, dim. | localùccio, dim.

localismo [da *local(e)* col suff. *-ismo* ✻ av. 1872] **s. m.** ● indirizzo politico ed economico volto a favorire determinate aree geografiche, spec. a svantaggio di interessi più generali CFR. glocalismo

localista [1921] **s. m. e f. (pl. m. *-i*)** ● fautore, sostenitore del localismo

localistico [av. 1913] **agg. (pl. m. *-ci*)** ● relativo al localismo

♦**località** [vc. dotta, lat. tardo *localitāte(m)*, da *locālis* 'locale①', secondo l'esempio del fr. *localité* ✻ 1663] **s. f. inv.** ● luogo o piccolo centro urbano caratterizzato da dati geografici o da aspetti ambientali | all'interno di un Comune, piccolo nucleo abitato gener. meno esteso della frazione

localizzàbile [1955] **agg.** ● che si può localizzare ‖ **localizzabilità**, **s. f. inv.**

localizzàre [fr. *localiser* 'rendere locale (*local*)' ✻ 1840] **A v. tr. 1** individuare il luogo in cui si è verificata o ha avuto origine qlco.: *l. l'epicentro del terremoto*; *l. un dolore* | scoprire, determinare con vari mezzi la posizione di qlco.: *l. un aereo, una nave con il radar* **2** circoscrivere, restringere, isolare: *l. l'incendio, l'epidemia, l'infezione* **3** situare: *l. uno stabilimento industriale in un'area depressa* **4** (*tecnol.*) tradurre e adattare agli usi locali, detto spec. di software e di cd-rom **B localizzàrsi v. intr. pron.** ● manifestarsi in una zona determinata, restare circoscritto (+ *in*, + *a*): *la larva si localizza nell'intestino*; *un dolore localizzato nella* (o *alla*) *regione epatica* ‖ **localizzazióne**, **s. f.** (V.)

localizzàto **part. pass.** di *localizzare*; anche **agg.** ● nei sign. del v.

localizzatóre [1946] **A agg. (f. *-trice*)** ● che ha la capacità di localizzare **B s. m.** ● strumento, attrezzatura per localizzare: *l. d'atterraggio*

localizzazióne [fr. *localisation*, da *localiser* 'localizzare' ✻ 1857] **s. f. 1** individuazione del luogo d'origine o della posizione di qlco.: *l. di un oggetto mediante il radar* | ubicazione in un ambito determinato: *un'infezione a l. polmonare* **2** (*psicol.*) processo con cui si percepisce l'esatta posizione di un oggetto **3** (*ling.*) particolarità di punto di articolazione **4** (*tecnol.*) traduzione e adattamento, spec. di software e cd-rom

locànda [vc. dotta, lat. *locānda(m)* (sottinteso *dŏmu(m)* 'casa'), gerundivo f. di *locāre*, usata spesso in avvisi di case d'affittare (*est locanda* 'è da locare') ✻ 1526] **A s. f.** ● trattoria con alloggio | pensione, albergo di bassa categoria | spec. in passato, albergo, anche di lusso **B agg. solo f.** ● (*disus.*) da affittare, spec. nelle loc. ***casa l.***, ***camera l.*** ‖ **locandàccia**, **pegg.** | **locandìna**, **dim.** | **locandùccia**, **dim.**

locandière [1642] **s. m. (f. *-a*)** ● gestore o proprietario di una locanda | albergatore, oste

locandìna [dal sign. di 'affisso per stanza da affittare (*locanda*, secondo l'accezione del gerundivo lat. di *locāre*)' ✻ 1942] **s. f. 1** piccolo manifesto pubblicitario appeso in luoghi pubblici spec. allo scopo di reclamizzare spettacoli **2** civetta nel sign. 3

locàre [vc. dotta, lat. *locāre* 'collocare, dare in affitto', da *lŏcus* 'luogo' ✻ 1261 ca.] **A v. tr.** (*io lòco, tu lòchi*) **1** dare in locazione: *l. una cosa mobile, immobile* SIN. affittare **2** †collocare **B locàrsi v. rifl.** ● †collocarsi, trovare luogo: *amarissima allor la ricordanza / locommisi nel petto* (G. LEOPARDI)

locarnése (o *-s-*) **A agg.** ● di Locarno, città della Svizzera **B s. m. e f.** ● abitante o nativo di Locarno

locatàrio [vc. dotta, lat. *locatāriu(m)* 'appaltatore', da *locātus* 'locato' ✻ 1796] **s. m. (f. *-ia*)** ● (*dir.*) chi riceve una cosa in locazione: *il l. di un appartamento* SIN. conduttore, inquilino

location /lo'keʃʃon, *ingl.* ləʊ'keɪʃən/ [vc. ingl., propr. 'spazio, luogo occupato', di orig. lat. ✻ 1986] **s. f. inv. 1** posizione, collocazione: *via Condotti è una l. ambita dai negozi di moda* **2** ambiente nel quale si effettuano le riprese di film, sceneggiati televisivi, spot pubblicitari e sim.

locativo① [fr. *locatif*, deriv. dotta dal lat. *locāre* 'dare in affitto' ✻ 1841] **agg.** ● (*dir.*) relativo a locazione | ***valore l.***, reddito ricavabile dalla locazione di un dato bene

locativo② [fr. *locatif*, dal lat. *lŏcus* 'luogo' ✻ 1856] **A agg. 1** (*ling.*) detto di caso della declinazione indoeuropea che indica lo stato in luogo o il tempo determinato (in latino il caso ablativo o genitivo: *Athenis* 'ad Atene'; *Romae* 'a Roma'; *domi bellique* 'in pace e in guerra') **2** (*gramm.*) di luogo: *avverbio l.*; *la particella 'ci' con valore l.* **B s. m.** ● (*ling.*) caso locativo

locatìzio [av. 1943] **agg.** ● relativo alla locazione: *canone l.*

locàto **A part. pass.** di *locare*; anche **agg.** ● nei sign. del v. **B s. m. 1** †fittavolo, colono **2** †lavoratore assunto a contratto

locatóre [vc. dotta, lat. *locatōre(m)*, da *locātus* 'locato' ✻ av. 1428] **s. m. (f. *-trice*)** ● (*dir.*) chi dà una cosa in locazione

locatòrio [da *locatore* ✻ sec. XX] **agg. (pl. m. *-i* o *raro -ii*)** ● (*dir.*) relativo a locazione | relativo al locatore

locazióne [vc. dotta, lat. *locatiōne(m)*, da *locātus* 'locato' ✻ 1298] **s. f.** ● (*dir.*) contratto con cui una parte (*locatore*) concede a un'altra (*locatario*) il godimento di una cosa mobile o immobile per un certo tempo dietro un corrispettivo determinato

†**lòcco** ➤ **allocco**

locèllo [vc. dotta, lat. *locĕllu(m)*, dim. di *lŏculus* (V. *loculo*) ✻ 1374] **s. m.** ● (*lett.*) loculo sepolcrale: *tre ordini di locelli scavati nelle pareti* (G. D'ANNUNZIO)

lòchi [gr. *lochêia* (nt. pl.), da *lóchos* 'parto', da *léchetai* 'posare, giacere', di orig. indeur. ✻ sec. XIV] **s. m. pl.** ● (*med.*) liquidi che fuoriescono dai genitali della donna durante il puerperio

lochiàno ➤ **lockiano**

lochiazióne [da *lochi* ✻ 1933] **s. f.** ● (*med.*) espulsione dei lochi

lochismo ➤ **lockismo**

lockiàno o **lochiàno** [av. 1869] **A agg.** ● che concerne la filosofia di John Locke **B s. m.** ● chi segue o si ispira alla filosofia di Locke

lockismo o **lochismo** [1975] **s. m.** ● complesso delle dottrine di John Locke (1632-1704) considerate come tipica espressione dell'empirismo

lòco① ➤ **luogo**

lòco② [gr. *lóchos* 'compagnia', da *léchetai* 'posare, accamparsi', di orig. indeur. ✻ sec. XVII] **s. m. (pl. *-chi*)** ● reparto della falange greca

loco, in ➤ **in loco**

locomòbile [comp. di *loco①* e *mobile*, sull'es. del fr. *locomobile* 'che si può muovere per cambiare di posto' ✻ 1869] **s. f.** ● macchina a vapore montata su carro, spostabile per mezzo di traino, usata in passato in agricoltura o nelle piccole industrie

locomotilità [comp. di *loco①* e *motilità*, sull'es. del fr. *locomobilité*, da *locomobile* ✻ 1848] **s. f. inv.** ● (*disus.*) facoltà di locomozione

♦**locomotiva** [ingl. *locomotive* (sottinteso *engine*) '(macchina) che può muoversi da un luogo' (V. *locomotivo*) ✻ 1826] **s. f.** ● (*ferr.*) veicolo a ruote provvisto di apparato motore destinato al traino su rotaie di un certo numero di altri veicoli: *l. a vapore, elettrica* SIN. locomotore, locomotrice | ***sbuffare come una l.***, (*scherz.*) di persona che ansima perché affaticata | ***fumare come una l.***, (*scherz.*) fumare moltissimo, continuamente | (*fig.*) ***fare da l., essere una l.***, precedere, guidare qlcu. o qlco. con effetto trainante

locomotivo [fr. *locomotif*, dal lat. dei filosofi umanisti *lŏco motīvum*, propr. 'che si muove da un luogo' ✻ 1677] **agg.** ● (*disus.*) atto a muovere o a muoversi

locomotóre [da *locomozione*, sul tipo del corrispondente fr. *locomoteur* ✻ 1806] **A agg. (f. *-trice*)** ● che concerne la locomozione | (*anat.*) ***apparato l.***, insieme degli organi destinati al movimento del corpo **B s. m.** ● locomotiva elettrica

locomotòrio [1958] **agg. (pl. m. *-i* o *raro -ii*)** ● (*fisiol.*) relativo alla locomozione

locomotorista [1957] **s. m. e f. (pl. m. *-i*)** ● (*ferr.*) guidatore di locomotori

locomotrìce [da *locomotore*, come il fr. *locomotrice* da *locomoteur* ✻ 1941] **s. f.** ● locomotiva elettrica

locomozióne [fr. *locomotion*, da *locomotif* 'locomotivo' ✻ 1822] **s. f. 1** spostamento di persone, animali o cose da un luogo a un altro mediante veicoli | ***mezzo di l.***, qualsiasi veicolo **2** (*fisiol.*) facoltà propria dell'uomo e degli animali di spostarsi da un luogo a un altro con particolari cicli di movimento, di cui i più importanti sono quelli della deambulazione, del nuoto e del volo

locoregionàle [comp. di *loco①* e *regionale* ✻ 1911] **agg.** ● (*med.*) limitato a un'area localizzata | detto della diffusione di un processo patologico dal sito di origine a una regione vicina CFR. metastatico, sistemico

lòculo [vc. dotta, lat. *lŏculu(m)*, dim. di *lŏcus* 'luogo' ✻ sec. XIV] **s. m. 1** nicchia del colombario destinata a ricevere la bara, in un cimitero **2** celletta esagonale del vespaio **3** (*bot.*) loggia

locupletàre [vc. dotta, lat. *locupletāre* 'arricchire', da *lŏcuples*, genit. *locuplētis* 'ricco (di terre)', comp. di *lŏcus* 'luogo (posseduto)' e *-plē-t-s*, dal v. *plēre* 'fare pieno' ✻ av. 1557] **v. tr.** (*io locuplèto*) ● (*raro, lett.*) arricchire

locupletazióne [vc. dotta, lat. *locupletatiōne(m)*, da *locupletātus*, part. pass. di *locupletāre* 'locupletare' ✻ 1673] **s. f.** ● (*raro*) arricchimento, spec. nella loc. (*dir.*) ***l. ingiusta***, arricchimento di una persona a danno di altri senza una valida ragione giuridica

lòcus [lat. 'luogo', di etim. incerta ✻ 1932] **s. m. inv.** ● (*biol.*) posizione fissa che un determinato gene occupa sul cromosoma

locùsta [vc. dotta, lat. *locŭsta(m)*, di etim. incerta ✻ sec. XIII] **s. f. 1** (*zool.*) denominazione di varie specie di Insetti degli Ortotteri | (*generic.*) cavalletta | ***l. di mare***, aragosta **2** (*fig., lett.*) persona molesta, dannosa e avida

Locustoidèi [comp. di *locusta* e di un deriv. del gr. *êidos* 'forma' ✻ 1975] **s. m. pl. (sing. *-èo*)** ● (*zool.*) sottordine di Insetti degli Ortotteri, di forma slanciata, con zampe del terzo paio lunghe e adatte al salto e lunghe antenne filiformi (*Locustoidea*)

locustóne [accr. di *locusta* ✻ 1957] **s. m.** ● locusta di colore giallo con macchie brune dannosa per alcune colture, spec. vite e ortaggi (*Decticus verrucivorus*)

locutìvo [ingl. *locutive*, dal lat. *locūtu(m)*, part. pass. del v. *lŏqui* 'parlare' ✻ sec. XX] **agg.** ● (*ling.*) detto di atto linguistico che consiste nel produrre un enunciato dotato di significato SIN. locutorio

locutóre [vc. dotta, lat. tardo *locutōre(m)*, da *lŏqui* 'parlare' (V. *loquela*) ✻ 1942] **s. m. (f. *-trice*)**; anche **agg. 1** (*lett.*) chi (o che) parla, annuncia **2** (*ling.*) parlante

a b c d e f g h i j k l m n o p q r s t u v w x y z

locutòrio [av. 1342] **A** **agg.** (**pl. m.** *-i* o *raro* *-ii*) • (*ling.*) locutivo **B** **s. m.** • †parlatorio

locuzióne [vc. dotta, lat. *locutiōne(m)*, da *locūtus*, part. pass. di *lŏqui*, di etim. incerta ✱ 1261 ca.] **s. f. 1** †facoltà di parlare; favella, loquela **2** (*gramm.*) unità lessicale costituita di due o più parole (per es. *all'impazzata*) CFR. polirematica **3** espressione d'uso ricorrente, modo di dire (*rompere il ghiaccio*)

†**lòda** ➤ **lode**

lodàbile [lat. *laudābile(m)*, da *laudāre* 'lodare' ✱ av. 1431] **agg.** • che è degno di lode | (*poet.*) †consigliabile || **lodabilménte**, **avv.** lodevolmente || **lodabilità**, **s. f. inv.**

†**lodaménto** [av. 1306] **s. m.** • il lodare | lode

♦**lodàre** [lat. *laudāre*, da *lāus*, genit. *lāudis* 'lode', di etim. incerta ✱ 1224] **A** **v. tr.** (*io lòdo*) **1** esaltare con parole di lode, di approvazione e sim.: *l. la modestia, il coraggio di qlcu.*; *l. qlcu. per la sua modestia* | ***non posso certo lodarvi***, vi biasimo | approvare: *lodarono incondizionatamente l'esecuzione dell'opera* SIN. elogiare **2** celebrare con preghiere, con espressioni di riverenza e sim.: *l. Dio* | ***sia lodato il Cielo!***, escl. che esprime sollievo o soddisfazione per il verificarsi di ciò che si desiderava | ***Dio sia lodato!***, finalmente | ***sia lodato Gesù Cristo!***, formula di saluto, tra religiosi | ***sempre sia lodato!***, risposta alla precedente formula **3** (*poet.*) †consigliare: *lodo solo … ch'alcun s'invii / nel campo ostil* (T. Tasso) **B** **lodàrsi** **v. rifl.** • esaltare sé stesso, la propria opera e sim. | PROV. ***chi si loda s'imbroda***, V. *imbrodare* **C** **lodàrsi** **v. intr. pron.** • (*lett.*) parlare bene di qlcu. o esserne soddisfatto

lodatìvo [lat. *laudatīvu(m)*, da *laudāre* 'lodare' ✱ 1552] **agg.** • atto a lodare: *parole lodative* SIN. elogiativo

lodàto **part. pass.** di *lodare*; anche **agg.** • nei sign. del v. | celebrato, decantato (*anche iron. o con valore enfatico*): *scrittore di lodate opere*; *il non mai abbastanza l. signor* X | ***su l.***, V. *sullodato* || †**lodataménte**, **avv.** con lode

lodatóre [lat. *laudatōre(m)*, da *laudātus* 'lodato' ✱ av. 1347] **agg. e s. m.** (**f.** *-trice*) • che (o chi) loda, spec. per ottenere vantaggi

♦**lòde** o †**lòda** [lat. *lāude(m)*, di etim. incerta ✱ 1261 ca.] **s. f. 1** approvazione incondizionata, elogio, plauso: *ottenere, ricevere, meritare grandi lodi*; *essere degno di l.*; *lodi eccessive, sperticate, false*; *parlare, scrivere in l. di qlcu.* | ***tornare a l. di qlcu.***, di azione e sim. particolarmente encomiabile | ***superiore a ogni l.***, di chi (o di ciò che) può vantare meriti eccelsi | ***senza infamia e senza l.***, mediocre | ***cantare, tessere le lodi di qlcu., di qlco.***, esaltarne i pregi **2** preghiera o altra manifestazione con cui si celebra o si onora la divinità: *dar l. a Dio*; *innalziamo una l. alla Vergine* **3** †vanto, merito, virtù: *commemorare le lodi di qlcu.* | (*lett.*) azione gloriosa o comunque encomiabile | (*lett.*) gloria, fama **4** particolare nota di merito, oltre ai pieni voti assoluti, in un esame universitario: *trenta e l.*; *laurearsi con la l.*

SFUMATURE DI SIGNIFICATO

lode - elogio - encomio

Lode è un'espressione di ammirazione, di approvazione incondizionata nei confronti di una persona. Correntemente **elogio** è usato come sinonimo di *lode*, nel senso di discorso con cui si esprime ammirazione o ci si complimenta; nella letteratura latina e umanistica si chiamava *elogio* un particolare tipo di componimento con cui veniva celebrato un personaggio illustre. Affine a *elogio* è **encomio**, che definisce originariamente il canto in lode di un grande personaggio; per estensione indica una lode, specialmente pubblica e solenne, tributata a qualcuno specialmente in ambito militare.

SFUMATURE ➤ ***celebrazione***

lòden /ˈlɔden, *ted.* ˈloːdn/ [vc. ted., di area esclusivamente germ. e di etim. incerta ✱ 1895] **s. m. inv.** (**pl. ted. inv.**) **1** panno di lana piuttosto pesante, fortemente follato e a pelo lungo e disteso, reso impermeabile con particolari trattamenti **2** (*est.*) cappotto confezionato con tale tessuto

♣**lodévole** [lat. *laudābile(m)*, da *laudāre* 'lodare', con mutato suff. ✱ 1268] **A** **agg.** • meritevole di lode: *condotta l.*; *persona l. per costanza* SIN. encomiabile || **lodevolménte**, **avv.** in modo degno di lode **B** **agg. e s. m.** • un tempo, valutazione scolastica che indicava il massimo livello

†**lodevolézza** [av. 1644] **s. f.** • caratteristica di lodevole

lòdge /lɔdʒ, *ingl.* lɒdʒ/ [vc. ingl., che etim. corrisponde a *loggia* ✱ 1984] **s. m. inv.** • residenza turistica, per lo più di dimensioni limitate

lodigiàno [da *Lodi* (in lat. *Lāude(m) Pompēia(m)*, perché il console Gneo Pompeo Strabone vi dedusse una colonia romana) col suff. etnico *-igiano* ✱ av. 1552] **A** **agg.** • di Lodi **B** **s. m. 1** (**f.** *-a*) abitante o nativo di Lodi **2** formaggio grana fabbricato a Lodi

lòdo [da *lodare* nel senso giuridico mediev. di 'approvare' ✱ 1283] **s. m. 1** †lode: *visser sanza 'nfamia e sanza l.* (Dante *Inf.* III, 36) **2** (*dir.*) sentenza emessa in un arbitrato | (*est.*) soluzione di una controversia proposta da un personaggio autorevole

lòdola [riduzione di *(al)lodola* ✱ sec. XIII] **s. f.** • allodola | ***l. del deserto***, uccelletto degli Alaudidi, grigio-rossiccio, che vive nel deserto svolazzando presso il suolo (*Amnomane deserti*) | ***l. dalla gola gialla***, caratteristica del Nord Europa (*Eremophila alpestris flava*) | ***l. dei prati***, uccelletto dei Passeriformi assai comune, spec. nelle zone collinose (*Lullula arborea*) SIN. mattolina | ***l. capelluta***, passeriforme ad ampia area di diffusione, simile alla lodola, ma più piccolo (*Galerida cristata*) || **lodolétta**, **dim.** | **lodolìna**, **dim.**

lodolàio [dalle *lodole*, che caccia ✱ 1831] **s. m.** (**pl.** *-ai*) • correntemente, falco cacciatore di allodole (*Falco subbuteo*)

Loess /*ted.* lœs, løːs/ o **Löss** /*ted.* lœs, løːs/ [etim. discussa: ted. dial. *lösch* '(terreno) instabile' (?) ✱ 1875] **s. m. inv.** (**pl. ted.** *Loesse*) • (*geol.*) siltite poco coerente, leggermente calcarea, giallastra, di deposito eolico e di origine eluviale

lòffa o **lòffia** [vc. onomat. ✱ 1536] **s. f.** • (*tosc.*) fuoriuscita silenziosa di gas dall'intestino SIN. vescia①

lòffio [vc. onomat. affine a *loffa* ✱ av. 1742] **agg. 1** (*tosc.*) floscio, cascante **2** (*centr.*, *sett.*) fiacco, insulso

Lofifórmi [comp. di *lofo-* e il pl. di *-forme* ✱ 1965] **s. m. pl.** (**sing.** *-e*) • (*zool.*) ordine di Pesci ossei spesso abissali presenti nei mari tropicali e temperati (*Lophiiformes*)

lòfio [gr. *lóphion*, dim. di *lóphos* 'ciuffo' (V. *lofo-*) per le appendici erettili ✱ av. 1799] **s. m.** (**pl.** *-i* o *raro* *-ii*) • (*zool.*) rana pescatrice

lòfo- [dal gr. *lóphos* 'ciuffo, pennacchio', di etim. incerta] **primo elemento** • in parole composte della terminologia scientifica, spec. zoologica, significa 'ciuffo', 'dotato di ciuffo': *lofiformi*, *lofoforo*

Lofobrànchi [comp. di *lofo-* e *branchia* ✱ 1834] **s. m. pl.** (**sing.** *-chio*) • (*zool.*) gruppo di Pesci ossei con muso allungato, tubolare e apparato branchiale ridotto (*Lophobranchii*)

lofòcero [comp. di *lofo-* e un deriv. del gr. *kéras* 'corno' per il suo becco dentellato (?) ✱ 1965] **s. m.** • uccello dei Coraciformi con becco vivacemente colorato (*Lophoceros*)

lofòforo [comp. di *lofo-* e *-foro* ✱ 1874] **s. m.** • grosso fagiano delle foreste dell'Himalaya con maschio dai colori splendenti e ciuffo sul capo (*Lophophorus impeyanus*)

Lofòpodi [comp. di *lofo-* e *-podo* ✱ 1930] **s. m. pl.** (**sing.** *-io*) • (*zool.*) classe di Briozoi d'acqua dolce i quali formano colonie di consistenza coriacea o gelatinosa (*Lophopoda*)

lofòte [gr. *lophōtós* 'munito di cresta (*lóphos*)' ✱ 1834] **s. m.** • pesce marino dei Teleostei con corpo allungato e rivestito da scaglie caduche e con pinna dorsale molto estesa, caratterizzata dal primo raggio rigido e notevolmente lungo (*Lophotes cepedianus*)

lofòtrico [comp. di *lofo-* e del gr. *thríx*, genit. *trichós* 'pelo, capello' ✱ 1930] **A** **agg.** (**pl. m.** *-ci*) • (*biol.*) detto di batterio con un ciuffo di flagelli a una estremità o da un lato **B** **s. m.** • batterio lofotrico

loft /lɔft, *ingl.* lɒft/ [vc. ingl., propr. 'soffitta, magazzino', dall'ant. norvegese *lopt* 'aria, soffitto' ✱ 1966] **s. m. inv.** • magazzino, capannone o sim. ristrutturato e trasformato in abitazione

log /lɔg, *ingl.* lɒg/ [vc. ingl., originariamente 'tronco di legno' ✱ av. 1751] **s. m. inv.** • (*mar.*) solcometro

logaèdico [vc. dotta, lat. *logaōedicu(m)*, dal gr. *logaoidikós*, comp. di *lógos* 'parola' e *aoidḗ* 'canto', nel senso che i metri usati stanno fra la 'prosa' e la 'poesia' ✱ 1891] **agg.** (**pl. m.** *-ci*) • detto di verso composto di dattili e di trochei

logaèdo [1891] **s. m.** • nella metrica classica, verso nel quale il dattilo in alcune sedi è sostituito dal trocheo

†**logàggio** [ant. provenz. *logatge*, dal lat. **locāticum*, deriv. del v. *locāre* 'locare' ✱ 1287] **s. m.** • locazione

logaiòlo [da *l(u)ogo* nel senso di 'podere, appezzamento di terreno' ✱ 1928] **s. m.** (**f.** *-a*) • (*tosc.*) mezzadro

Loganiàcee [dal n. del botanico americano J. H. *Logan* (1908-1988) col suff. *-acee* ✱ 1874] **s. f. pl.** (**sing.** *-a*) • (*bot.*) famiglia di arbusti tropicali dicotiledoni a foglie opposte con stipole (*Loganiaceae*)

logarìtmico [av. 1730] **agg.** (**pl. m.** *-ci*) • (*mat.*) relativo ai logaritmi | ***curva logaritmica***, diagramma della funzione log x

logarìtmo [coniazione moderna secondo il gr. *lóg(os) arithmós* 'il numero (*arithmós*) della ragione (*lógou*)' ✱ 1638] **s. m.** • (*mat.*) esponente del quale occorre munire un numero fisso base per ottenere il numero proposto | ***l. decimale***, di base dieci

logèion /gr. loˈgɛjon/ [vc. gr. (*logêion*), da *lógos* 'parola, discorso', perché destinato all'attore che doveva recitare a lungo ✱ 1932] **s. m. inv.** (**pl. gr.** *logèia*) • (*archit.*) praticabile lungo e stretto dei palcoscenici degli antichi teatri greci, nel quale gli attori si disponevano per recitare

loggàre [da *log(in)* ✱ 1998] **A** **v. intr.** (*io lòggo, tu lògghi*; **aus.** *avere*) • (*inform.*, *gerg.*) eseguire il login per accedere a un sistema: *avere difficoltà nel l.* **B** anche **loggàrsi** **v. rifl.**: *loggarsi su Facebook*

loggétta [1353] **s. f. 1** dim. di *loggia* **2** organismo architettonico ornamentale composto da un colonnato o da una serie di arcate, eretto gener. per arricchire parti di edifici accessorie alla costruzione principale

lòggia [fr. *loge*, dal francone *laubja* 'pergola' ✱ sec. XIII] **s. f.** (**pl.** *-ge*) **1** edificio aperto su uno o più lati con pilastri o con colonne, destinato ad accogliere persone riunite per scopi commerciali e sim. e posto a livello del piano stradale o lievemente rialzato | (*fig.*) †***tener l.***, sindacare i fatti altrui | (*fig.*) †***tenere a l. qlcu.***, tenerlo a bada | †***comparire a l.***, (*fig.*) essere molto noto | †***a l.***, in abbondanza **2** galleria ai piani superiori, finestrata e prospiciente il cortile **3** luogo di adunanza di una società massonica | (*est.*) l'insieme degli appartenenti a una società massonica | (*est.*) riunione di massoni | ***Gran L.***, Grande Oriente (V. *oriente* nel sign. B 3) **4** (*anat.*) cavità in cui è allogato un organo o una parte di organo **5** (*bot.*) ciascuna delle cavità interne di un organo vegetale SIN. casella, loculo **6** (*centr.*, *merid.*) altana, balcone **7** †alloggiamento ‖ **loggétta**, **dim.** (V.) | **loggióne**, **accr. m.** (V.)

†**loggiaménto** [fr. *logement*, da *loger* 'alloggiare', ant. 'accampare', dal sign. di 'tenda, capanna (per soldati)' ed ancor prima da *loge* 'pergola' ✱ sec. XIII] **s. m.** ● alloggiamento

loggiàto [da *loggia* ✱ 1669] **s. m.** ● serie, sequenza di logge | porticato

loggióne [accr. di *loggia* nel senso particolare di 'palco nel teatro' ✱ 1819] **s. m.** **1** settore più alto di posti nel teatro, il più lontano dal palcoscenico e quindi il più economico **2** (*est.*) il complesso degli spettatori che lo occupano: *gli applausi, i fischi del l.*

loggionìsta [1965] **s. m. e f.** (**pl. m.** *-i*) ● spettatore che assiste dal loggione agli spettacoli teatrali

-logìa [gr. *-logía* in comp. astratti corrispondenti a quelli in *-lógos* '-logo'] **secondo elemento** ● in parole composte, significa 'discorso', 'espressione' (*analogia*, *tautologia*) o 'studio', 'teoria', 'trattazione' (*archeologia*, *glottologia*, *zoologia*)

♦**lògica** o †**lòica** [vc. dotta, lat. *lŏgica(m)*, dal gr. *logikḗ* (sottinteso *téchnē*) '(l'arte) del discorrere (*légein*, di orig. indeur.)' ✱ 1261 ca.] **s. f.** **1** parte della filosofia che studia le condizioni di validità di un'argomentazione: *l. deduttiva, induttiva* | ***l. formale***, la logica che studia le forme dell'argomentazione, indipendentemente dal suo contenuto | ***l. matematica, l. simbolica***, disciplina che formalizza in linguaggio matematico le operazioni logiche | ***l. fuzzy, sfumata***, sistema logico impiegato soprattutto nell'ambito dell'intelligenza artificiale, nel quale non esiste soltanto la condizione di vero o falso ma anche gradi parziali di verità SIN. fuzzy logic | ***l. trascendentale***, nella filosofia di I. Kant, parte della filosofia critica che studia le condizioni a priori del processo conoscitivo **2** trattato di logica, sistema logico: *la l. di Aristotele* **3** coerenza, rigore di un ragionamento: *l. inesorabile, stringente*; *persona priva di l.* | ***a fil di l., a rigor di l.***, secondo la logica | coerenza di un'azione, consequenzialità e sim.: *un comportamento privo di l.* | ***la l. degli avvenimenti***, il modo del loro svolgimento | modo di ragionare: *la sua l. mi è estranea* ‖ **logichétta**, **dim.**

SFUMATURE ➤ ***raziocinio***

†**logicàle** [av. 1406] **agg.** ● della logica | sofistico ‖ †**logicalménte**, **avv.**

†**logicàre** o †**loicàre** [da *logica* ✱ 1612] **v. tr.** ● disputare con logica e sottilmente

logicìsmo [1902] **s. m.** **1** corrente di pensiero, sorta alla fine del secolo XIX a opera spec. di Friedrich L. G. Frege (1848-1925) e Bertrand Russell (1872-1970), secondo cui la matematica è un'applicazione della logica **2** tendenza a considerare tutte le cose dal punto di vista logico

logicìsta [av. 1952] **s. m. e f.** (**pl. m.** *-i*) ● seguace, sostenitore del logicismo

logicìstico [av. 1952] **agg.** (**pl. m.** *-ci*) ● del logicismo

♦**lògico** o †**lòico** [vc. dotta, lat. *lŏgicu(m)*, dal gr. *logikós* 'proprio della ragione (*lógos*, da *légein*, di orig. indeur.)' ✱ 1308] **A** **agg.** (**pl. m.** *-ci*) **1** (*filos.*) che è proprio della logica | che è conforme alle leggi del pensiero razionale: *criterio l.* | ***calcolo l.***, metodo per dedurre delle proposizioni da altre con metodi algebrici | ***analisi logica***, V. *analisi* nel sign. 1 **2** razionale, coerente: *un principio di derivazione logica* | ragionevole: *conseguenza logica* | ***è l.***, è ovvio, è chiaro **3** detto di persona dotata di logica: *un uomo l.* | ***siamo logici***, invito a ragionare con logica e coerenza ‖ **logicaménte**, **avv.** **1** in modo logico **2** naturalmente, ovviamente: *ho tardato all'appuntamento e lei logicamente se l'è presa* ‖ **logicità**, **s. f. inv.** **B** **s. m.** (**f.** *-a*) **1** chi sa di logica, chi si dedica allo studio della logica: *fu uno de' migliori loici che avesse il mondo* (G. Boccaccio) **2** chi ragiona con assennatezza e coerenza

login /lo'gin, *ingl.* 'lɒg,ɪn/ [vc. ingl., comp. di *log* (originariamente 'tronco di legno', poi nel gergo nautico 'strumento per misurare la velocità di una nave', quindi 'giornale di bordo' e infine 'registro', 'registrazione') e *in* 'dentro' ✱ 1992] **s. m. inv.** ● (*Internet*) procedura di accesso a un sistema che prevede l'inserimento di nome utente e password SIN. logon

logiṣmografìa [comp. del gr. *logismós* 'calcolo, ragionamento', da *légein* 'discorrere', e di *-grafia* ✱ 1872] **s. f.** ● (*ragion.*) antico metodo di registrazione contabile

logìsta [vc. dotta, lat. *lŏgista(m)*, dal gr. *logistḗs*, da *légein* 'discorrere' ✱ 1821] **s. m.** (**pl.** *-i*) **1** nell'antica Grecia, revisore dei conti a cui i magistrati uscenti dovevano rispondere del proprio operato **2** esperto di logistica

logìstica [vc. dotta, gr. *logistikḗ* (sottinteso *téchnē* 'arte'), da *légein* 'discorrere' ✱ 1821] **s. f.** **1** branca dell'arte militare che tratta le attività intese ad assicurare alle forze armate i rifornimenti, i trasporti e quanto serve a combattere nelle migliori condizioni di efficienza | (*est.*) attività di coordinamento e sincronizzazione di movimenti e spostamenti di persone o cose in una struttura collettiva, spec. di tipo industriale **2** (*disus.*) logica simbolica o matematica **3** anticamente, parte dell'aritmetica che si occupava delle operazioni elementari sui numeri interi

logìstico [vc. dotta, gr. *logistikós*, da *légein* 'discorrere' ✱ 1829] **agg.** (**pl. m.** *-ci*) ● (*milit.*) relativo alla logistica | (*est.*) relativo all'organizzazione di qlco., alla sistemazione di persone e sim.: *i problemi logistici di un convegno* ‖ **logisticaménte**, **avv.** per quanto riguarda la logistica o gli aspetti logistici

logliàto [1834] **agg.** ● (*raro*) loglioso

loglierèlla [da *loglio* ✱ av. 1811] **s. f.** ● pianta delle Graminacee, spesso coltivata, con spiga eretta di fiori verdi, ottima foraggera (*Lolium perenne*)

lòglio (o *-ó-*) [lat. *lŏliu(m)*, di etim. incerta ✱ av. 1294] **s. m.** ● pianta annua delle Graminacee, spontanea fra le messi, con fiori a spiga rossa, le cui cariossidi rendono velenosa la farina (*Lolium temulentum*) SIN. zizzania | ***distinguere il grano dal l.***, (*fig.*) separare il buono dal cattivo

loglióso (o *-ṣ-*) [sec. XIV] **agg.** ● (*raro*) pieno di loglio: *grano l.*

lognormàle [comp. di *log(aritmo)* e *normale* ✱ 1957] **agg.** ● (*stat.*) detto di distribuzione logaritmica normale

†**lògo** ① ➤ **luogo**

lògo ② ➤ **logos**

lògo ③ [accorc. di *logotipo* nel sign. 2 ✱ 1978] **s. m.** (**pl. inv.** o *-ghi*) ● (*org. az.*) nella pubblicità, forma grafica (nome, frase o sigla) che identifica l'immagine commerciale di un'azienda o di un prodotto SIN. logotipo | ***no logo***, detto di prodotto privo di marchio conosciuto e pubblicizzato; aderente a un movimento favorevole all'acquisto di tali prodotti

SFUMATURE ➤ ***marchio***

lògo- [dal gr. *lógos*, da *légein* 'dire, discorrere', di orig. indeur.] **primo elemento** ● in parole composte dotte e della terminologia scientifica, significa 'parola', 'linguaggio', 'discorso': *logografo, logomachia, logopatia*

-logo [gr. *-lógos* 'uno che parla in una certa maniera', da *légein* 'dire, parlare'] **secondo elemento** ● forma aggettivi e sostantivi composti, in cui significa 'discorso' (*analogo*, *decalogo*) o sostantivi composti che indicano gli studiosi di una data disciplina e corrispondenti ai sostantivi astratti in *-logia* (*astrologo*, *fisiologo*)

logoclonìa [comp. di *logo-* e di un deriv. dal gr. *klónos* 'tumulto', dal v. *kélesthai*, di etim. incerta ✱ 1940] **s. f.** ● (*med.*) disturbo del linguaggio consistente nella ripetizione automatica delle sillabe finali di una parola

logòff /lo'gɔf, *ingl.* 'lɒg,ɒf/ [vc. ingl., comp. di *log* 'registrazione' e *off* 'fuori' ✱ 1998] **s. m. inv.** ● (*Internet*) logout

logografìa [comp. di *logo-* e *-grafia* ✱ 1821] **s. f.** **1** arte del logografo **2** scrittura a base di logogrammi

logogràfico [1831] **agg.** (**pl. m.** *-ci*) ● che concerne la logografia

logògrafo [vc. dotta, lat. *logŏgraphu(m)*, dal gr. *logográphos*, comp. di *lógos* 'discorso (in prosa)' e *-graphos* 'scrittore' ✱ 1791] **s. m.** **1** nella letteratura greca più antica, storico, mitografo **2** nella Grecia classica, retore che scriveva, a pagamento, orazioni giudiziarie

logogràmma [comp. di *logo-* e *gramma* ✱ 1975] **s. m.** (**pl.** *-i*) ● (*ling.*) nelle scritture ideogrammatiche, disegno corrispondente a una nozione o alla sequenza fonica costituita da una parola

logogrifo, (*evit.*) **logògrifo** [comp. di *logo-* e di un deriv. del gr. *grîphos* 'rete da pescatore', e, fig., 'enigma', di etim. incerta ✱ 1625] **s. m.** ● gioco enigmistico consistente nello scomporre una parola per formare con le sue lettere o le sue sillabe una serie di altre parole di lunghezza inferiore (per es. da *canestro*: *contesa, strano, antro, oste, ora*, ecc.)

logomachìa [gr. *logomachía* 'disputa (a parole)', comp. di *lógos* 'discorso' e di un deriv. di *máchesthai* 'combattere', di etim. incerta ✱ 1598] **s. f.** ● (*lett.*) disputa di parole o sulle parole

logòn /lo'gɔn, *ingl.* 'lɒg,ɒn/ [vc. ingl., comp. di *log* 'registrazione' e *on* 'su, dentro' ✱ 1992] **s. m. inv.** ● (*Internet*) login

logopatìa [comp. di *logo-* e *-patia* ✱ 1895] **s. f.** ● (*med.*) qualsiasi disturbo del linguaggio causato da malattie del sistema nervoso centrale ‖ **logopàtico**, **agg.** (**pl. m.** *-ci*); **anche s. m.** (**f.** *-a*) **nel sign. 2** **1** relativo a logopatia **2** che (o chi) soffre di logopatia

logopedìa [da *logo-* sul modello di *ortopedia* ✱ 1940] **s. f.** ● (*med.*) branca della medicina che studia la correzione dei difetti dell'articolazione della parola e della formulazione del linguaggio

logopedìsta [1975] **s. m. e f.** (**pl. m.** *-i*) ● chi applica metodi correttivi o riabilitativi per le anomalie del linguaggio o della articolazione della parola

logoplegìa [comp. di *logo-* e *-plegia* ✱ 1952] **s. f.** (**pl.** *-gie*) ● (*med.*) paralisi degli organi della parola

logoràbile [1957] **agg.** ● che si può logorare | che si logora facilmente ‖ **logorabilità**, **s. f. inv.**

†**logoracuòri** [comp. di *logora(re)* e il pl. di *cuore* ✱ av. 1729] **agg.** ● angoscioso, tormentoso

logoraménto [av. 1694] **s. m.** **1** il logorare, il logorarsi | consumo, sciupio **2** (*fig.*) affaticamento | deterioramento: *l. dei rapporti fra i partiti della maggioranza* **3** (*tecnol.*) usura

logorànte **part. pres.** di *logorare*; **anche agg.** **1** nei sign. del v. **2** (*fig.*) che stanca, affatica: *vita l.* | snervante, stressante: *un'atte-*

sa l.

logoràre o †**logràre** [lat. *lucrāre* 'lucrare' (V.) ✱ av. 1311] **A** **v. tr.** (*io lógoro*) **1** consumare gradualmente per troppo uso: *l. le scarpe, i tacchi; tra gli argini, a notte, l'acqua morta / logora i sassi* (E. MONTALE) | (*fig.*) ridurre in cattivo stato: *Questo sforzo continuo, più che i patimenti i dolori le veglie, le logora la salute* (I. NIEVO) | (*fig.*) estenuare, sfibrare: *i continui stress lo hanno logorato* | (*fig.*) ***l. le proprie forze***, nel lavoro estenuante | anche in forma pron.: *logorarsi la vista, i nervi, la salute; dovremo continuare a logorarci la vita* (G. VERGA) **SIN.** guastare **2** †adoperare, consumare **3** †spendere | †sprecare, sperperare **B** **logoràrsi** **v. intr. pron. e rifl.** ● consumarsi, sciuparsi: *il gomito della giacca si è logorato* | (*fig.*) estenuarsi, sfinirsi: *il Tasso cerca l'eroico, il serio, il reale ... e si logora in questi tentativi* (F. DE SANCTIS)

SFUMATURE ➤ *guastare*

logoràto **part. pass.** di *logorare*; anche **agg.** **1** consumato, reso logoro, sciupato **2** (*fig.*) abusato | (*fig.*) esaurito, stressato | (*fig.*) deteriorato

logoratóre [av. 1342] **agg. e s. m.** (**f.** *-trice*) ● che (o chi) logora

✦**logorìo** [1866] **s. m.** (**pl.** *-ii*) ● consumo o deterioramento intenso e continuato: *il l. di un congegno* | (*fig.*) sfinimento psicofisico: *il l. dei nervi*

✦**lógoro**① [per *logor(at)o* ✱ 1342] **agg.** ● consunto, sciupato: *abiti logori; con indosso una veste logora e rappezzata* (D. BARTOLI) | (*fig.*) abusato, trito; superato: *idee logore* | (*fig.*) deteriorato: *un rapporto ormai l.*

SFUMATURE DI SIGNIFICATO

logoro - superato

Logoro è ciò che è rovinato dall'uso prolungato e, in senso figurato, ciò che è vieto, privo di senso perché abusato, troppo visto e sentito. **Superato** è ciò che non è più adeguato al presente, né valido, né utile perché scalzato da nuove mode o da progressi tecnici e scientifici.

lógoro② [da *logorare* ✱ av. 1313] **s. m.** **1** †logoramento **2** (*raro, fig.*) sperpero, sciupio

lógoro③ [ant. provenz. *loire*, dal francone **lothr* 'esca, richiamo' ✱ 1313] **s. m.** ● corto bastone ornato di ali d'uccello, che si lanciava in aria per richiamare il falcone sul pugno del falconiere

logorrèa [gr. *logo(diá)rroia*, comp. di *lógos* 'discorso' e *diárroia*, dal v. *rêin* 'scorrere, fluire' ✱ 1895] **s. f.** **1** (*med.*) rapido flusso di parole, caratterizzato da un bisogno incoercibile di continuare un enunciato, tipico di alcuni malati afasici sensoriali **2** (*fig.*) loquacità eccessiva, difetto di chi parla troppo o troppo a lungo (*anche scherz.*): *smettila con questa tua l.!*

logorròico [1967] **agg.** (**pl. m.** *-ci*) **1** (*med.*) di logorrea | affetto da logorrea **2** (*fig.*) che ha il vizio o il difetto di parlare troppo (*anche scherz.*): *oratore l.* ‖ **logorroicaménte**, **avv.**

lògos o **lògo**② [vc. dotta, dal gr. *lógos*, deriv. dal v. *légein* 'discorrere', di orig. indeur. ✱ 1594] **s. m.** (**pl. gr.** *lògoi*) **1** (*filos.*) nel pensiero greco, il discorso, il ragionamento, in quanto procedimento del pensiero, quindi manifestazione delle stesse facoltà logiche e razionali dell'uomo **2** nella teologia cristiana, il Verbo incarnato, la seconda persona della Trinità

logosemeiòtico [comp. del gr. *lógos* 'discorso' e un deriv. di *sēmêion* 'segno' ✱ 1970] **agg.** (**pl. m.** *-ci*) ● concernente i segni grafici del linguaggio: *amnesia logosemeiotica*

logotachigrafìa [comp. di *logo-* e *tachigrafia* ✱ 1975] **s. f.** ● tachigrafia

logoterapìa [comp. di *logo-* e *terapia* ✱ 1953] **s. f.** ● (*psicol.*) trattamento psicoterapeutico elaborato da V. E. Frankl, che si propone di restituire significato alla vita del paziente accettandone empaticamente la sofferenza ‖ **logoteràpico**, **agg.** (**pl. m.** *-ci*) relativo alla logoterapia ‖ **logoterapèuta**, **s. m. e f.** (**pl. m.** *-i*) **1** logopedista **2** psicoterapista che pratica la logoterapia ‖ **logoterapista**, **s. m. e f.** (**pl. m.** *-i*) logopedista

logotèta [gr. biz. *logothétēs*, originariamente 'ufficiale posto (dal v. *tithénai*) sopra i conti (*lógoi*)' ✱ av. 1555] **s. m.** (**pl.** *-i*) **1** rappresentante supremo dell'autorità imperiale nei territori bizantini **2** nel Regno di Sicilia, alto ufficiale con funzioni di segretario del re

logotipo [ingl. *logotype*, comp. di *logo-* e *type* 'lettera' (V. *tipo*) ✱ 1895] **s. m.** **1** (*edit.*) carattere tipografico che comprende due o più lettere **SIN.** politipo **2** (*org. az.*) logo③

logout /lo'gaut, *ingl.* 'lɒg,aʊt/ [vc. ingl., sul modello di *login*, con sostituzione di *-in* con l'opposto *-out* ✱ 1997] **s. m. inv.** ● (*Internet*) procedura per terminare l'attività nell'area riservata di un sistema informatico (per es. di un sito Internet), il cui inizio aveva richiesto l'effettuazione del login

†**logràre** ➤ **logorare**

logudorése (o *-ṣ-*) [1895] **A** **agg.** ● del Logudoro, regione storica della Sardegna nordoccidentale **B** **s. m. e f.** ● abitante o nativo del Logudoro **C** **s. m. solo sing.** ● varietà del dialetto sardo, di cui costituisce il nucleo più conservativo, parlato nel Logudoro e in una parte della Sardegna centrale

lòia [etim. discussa: emiliano *lòia* 'sporcizia', da *lòi* 'loglio' (?) ✱ av. 1464] **s. f.** ● (*tosc.*) sudiciume untuoso della pelle o degli abiti

†**lòica** e deriv. ➤ **logica** e deriv.

loiétto [dim. di *loio*, var. dial. di *loglio* ✱ 1934] **s. m.** ● (*bot.*) loglio

loiolésco [da S. Ignazio di *Loyola* (1491-1556), fondatore dell'ordine dei Gesuiti ✱ 1853] **agg.** (**pl. m.** *-schi*) ● (*lett., spreg.*) da ipocrita, da gesuita ‖ **loiolescaménte**, **avv.** (*raro*) ipocritamente

lokùm /*turco* lo'kum/ [vc. turca, deriv. dall'arabo *loquma* 'boccone①'] **s. m. inv.** (**pl. turco** *lokumlar*) ● (*cucina*) dolce tipico turco, di consistenza gelatinosa e colore gener. verde o rosa, a forma di cubetto e ricoperto di zucchero a velo

lolìṣmo [dal lat. *lŏlium* 'loglio' col suff. *-ismo* ✱ 1957] **s. m.** ● (*med.*) avvelenamento da loglio

lolita [dal n. della protagonista dell'omonimo romanzo di V. Nabokov (1899-1977) ✱ 1960] **s. f.** (**m.** *-o*) ● ragazza adolescente che, con la precoce femminilità e il comportamento provocante, suscita desiderio spec. negli uomini maturi **SIN.** ninfetta

lòlla (o *-ó-*) [etim. incerta ✱ 1340 ca.] **s. f.** **1** rivestimento dei chicchi dei cereali **SIN.** loppa, pula **2** †mancanza di forze, energie e sim. | (*fig.*) ***esser di l.***, debole, fiacco

lombàggine [vc. dotta, lat. tardo *lumbāgine(m)*, da *lŭmbus* 'lombo' ✱ 1663] **s. f.** ● dolore muscolare, più frequente nella regione lombare, di origine reumatica, nevralgica e sim.

lombalgìa [comp. di *lomb(o)* e *-algia* ✱ 1957] **s. f.** (**pl.** *-gìe*) ● qualsiasi stato doloroso della regione lombare

Lòmbard /'lɔmbard, *ingl.* 'lɒmbəd/ [in ted. *Lombard(zinfuss)* '(tasso d'interesse dei) crediti su pegno', dal n. dato nel Medioevo ai banchieri dell'Italia sett., chiamati generalmente 'lombardi' ✱ 1930] **s. m. inv.** ● (*econ.*) tasso Lombard

lombardàta [da *lombardo* nel sign. ant. di 'muratore' ✱ 1767] **s. f.** ● fila di muratori che si passano mattoni o altri materiali gettandoseli dall'uno all'altro

lombardésco [sec. XIII] **agg.** (**pl. m.** *-schi*) ● (*raro*) di uso lombardo: *espressione lombardesca*

lombardìṣmo [1651] **s. m.** ● (*ling.*) forma o costruzione linguistica propria dei dialetti lombardi

✦**lombàrdo** [lat. tardo *Longobărdu(m)* 'Longobardo' (V.) ✱ sec. XII] **A** **agg.** ● della Lombardia **B** **s. m.** (**f.** *-a*) ● abitante o nativo della Lombardia **C** **s. m. solo sing.** ● ogni dialetto gallo-italico, parlato in Lombardia

lombàre [lat. *lumbāre(m)*, da *lŭmbus* 'lombo' ✱ av. 1698] **agg.** **1** del lombo, dei lombi: *regione l.* **2** che è situato nella zona dei lombi: *vertebre, nervi lombari* | che si effettua nella zona dei lombi: *massaggio l.* | ***puntura l.***, rachicentesi

lombàta [da *lombo* ✱ av. 1712] **s. f.** ● taglio di carne staccato dai lombi dell'animale macellato, da cucinarsi spec. arrosto: *l. di vitello* ‖ **lombatina**, **dim.** (V.)

lombatìna [1869] **s. f.** **1** dim. di *lombata* **2** braciola di lombata

lómbo [lat. *lŭmbu(m)*, di orig. indeur. ✱ 1282] **s. m.** **1** (*anat.*) parte posteriore dell'addome, tra la dodicesima costa e il margine superiore dell'osso iliaco **2** (*est.*) fianco | ***aver buoni lombi***, essere forte **3** (*lett.*) zona del corpo preposta alla riproduzione | (*est.*) famiglia, stirpe: *giovin signore, o a te scenda per lungo / di magnanimi lombi ordine il sangue / purissimo, celeste* (G. PARINI) **4** lombata: *una bistecca di l.*

lombosacràle [comp. agg. di *lombo* e *sacrale*② ✱ 1953] **agg.** ● (*anat.*) che è pertinente alla regione lombare e sacrale | ***plesso l.***, insieme delle radici nervose che fuoriescono dal tratto lombare e sacrale della colonna vertebrale e dei nervi da esse formati

lombricàio [da *lombrico* ✱ av. 1704] **A** **s. m.** (**pl.** *-ai*) **1** terreno umido dove vivono molti lombrichi | †grande quantità di lombrichi **2** (*fig., lett.*) luogo immondo o putrido: *in questo l. di vigliacchi* (G. CARDUCCI) **B** **agg.** ● (*disus.*) lombricale

lombricàle [av. 1673] **agg.** ● che ha forma di lombrico | (*anat.*) ***muscolo l.***, piccolo muscolo sottile e allungato della mano e del piede che determina i movimenti delle dita

lombricicoltóre [comp. di *lombrico* e *coltore* ✱ 1983] **s. m.** (**f.** *-trice*) ● chi si dedica all'allevamento dei lombrichi

lombricicoltùra [comp. di *lombrico* e *coltura* ✱ 1982] **s. f.** ● lombricoltura

lombrìco, (*evit.*) **lómbrico** [lat. *lumbrīcu(m)*, di etim. incerta ✱ 1381] **s. m.** (**pl.** *-chi*) ● comunissimo Anellide degli Oligocheti ermafrodito che vive nei terreni umidi nutrendosi di sostanze contenute nel terriccio, che espelle sotto forma di piccoli caratteristici cumuli (*Lumbricus terrestris*) ‖ **lombrichétto**, **dim.** | **lombrichìno**, **dim.** | **lombricóne**, **accr.** | **lombricùzzo**, **dim.**

lombricoltùra [comp. di *lombri(co)* e *coltura* ✱ 1983] **s. f.** ● allevamento di lombrichi per la produzione di humus o per alimentazione animale **SIN.** lombricicoltura

lombrosiàno (o *-ṣ-*) [1889] **A** **agg.** ● relativo allo psichiatra e antropologo di scuola positivista C. Lombroso (1835-1909), alla sua produzione scientifica e alle sue teorie sulla criminalità | (*est.*) ***viso, tipo l.***, i cui tratti somatici richiamano le fisionomie di delinquenti studiate da C. Lombroso **B** **s. m.** (**f.** *-a*) ● seguace della teoria di C. Lombroso

loménto [vc. dotta, lat. *lomĕntu(m)* 'sapone di farina di fave e riso per lavare', da *lăutus*, poi *lōtus*, agg. verb. di *lavāre*, secondo un passaggio semantico non immediatamente afferrabile ✱ 1813] **s. m.** ● (*bot.*) frutto secco che si apre per setti trasversali

lomografìa [comp. di *Lomo*, sigla di *Leningradkoje Optiko Mechanitscheskoje Objedinenie*

'Sindacato degli Ottici e dei Meccanici di Leningrado', e *-grafia* ✱ 1999] **s. f.** ● procedimento fotografico che, grazie alle particolarità del sistema ottico di un'apposita macchina, riesce a produrre immagini non realistiche ricche di luce e di colore anche in condizioni di semioscurità | (*est.*) movimento artistico che utilizza questo procedimento

lomogràfico [1998] **agg.** (**pl. m.** *-ci*) ● relativo a lomografia: *macchina lomografica*, o (*ellitt.*) *una lomografica*

lómpo [adattamento del disusato n. ingl. *lump*, oggi *lumpfish*, forse di orig. neerl.] **s. m.** ● (*zool.*) pesce della famiglia dei Ciclotteridi, molto comune nell'Atlantico settentrionale, le cui uova vengono usate come surrogato del caviale (*Cyclopterus lumpus*)

lonchìte [vc. dotta, lat. *lonchītide(m)*, dal gr. *lonchîtis*, da *lónchē* 'lancia', di etim. incerta ✱ 1476] **s. f.** ● felce montana con foglie coriacee composte di foglioline dentato-spinose (*Aspidium lonchitis*)

londinése (o **-ṣ-**) [vc. dotta, lat. *Londiniēnse(m)*, da *Londīniu(m)* 'Londra', da una radice **londo-* 'selvatico, ardito', passato a n. di tribù ivi stanziata ✱ 1860] **A** **agg.** ● di Londra **B** **s. m. e f.** ● abitante o nativo di Londra

♣**lònga mànus** [loc. lat., propr. 'lunga (*lŏnga*, f. dell'agg. *lŏngus*) mano (*mănus*)' ✱ 1915] **loc. sost. f. inv.** (**pl. lat.** *longae manus*) ● persona od organizzazione che agisce nascostamente per conto di altri

♣**longànime** o †**longànimo** [vc. dotta, lat. *longănime(m)*, comp. di *lŏngus* 'lungo, paziente' e *ănimus* 'animo' ✱ av. 1342] **agg.** ● che dà prova di grande indulgenza e clemenza | (*raro*) che sa avere pazienza e sopportazione **SIN.** indulgente, tollerante ‖ **longanimeménte**, **avv.** con longanimità

longanimità [vc. dotta, lat. tardo *longanimitāte(m)*, da *longănimis* 'longanime' ✱ av. 1292] **s. f. inv.** ● caratteristica di chi è longanime: *io rivolgo gli occhi a remirar la vostra l.* (G. BRUNO) **SIN.** indulgenza, tolleranza

†**longànimo** ➤ **longanime**

†**longàre** ➤ †**lungare**

longarìna ➤ **longherina**

longaróne ➤ **longherone**

long drink /lon(g)'drink, *ingl.* 'lɒŋ,drɪŋk/ [loc. ingl., propr. 'bevanda (*drink*, di area germ.) lunga (*long*, pure di area germ.)' ✱ 1966] **loc. sost. m. inv.** (**pl. ingl.** *long drinks*) ● bevanda alcolica diluita con acqua o succhi di frutta, servita ghiacciata in grandi bicchieri

♣**longevità** [1761] **s. f. inv.** ● lunga durata della vita: *la l. di alcune piante si conta a decine di secoli*

♣**longèvo** [vc. dotta, lat. *longaevu(m)*, comp. di *lŏngus* 'lungo' e *ăevum* 'evo, età' ✱ 1321] **agg.** ● che vive molto a lungo: *uomo l.*; *pianta longeva*

longherìna o **longarìna**, **lungherìna**, **lungarìna** [fr. *long(ue)rine*, da *long* 'lungo' (?) ✱ 1890] **s. f.** **1** lunga trave di ferro che funge da architrave **2** trave lignea o metallica per l'appoggio longitudinale delle rotaie

longheróne o **longaróne**, **lungheróne** [vc. dotta, lat. *longuriōne(m)*, da *lŏngus* 'lungo', sull'esempio del corrispondente fr. *longeron* ✱ 1913] **s. m.** ● trave metallica di sezione varia che, posta in senso longitudinale nelle strutture di aerei, automobili e sim., sostiene il carico

lòngi- [dal lat. *lŏngus* 'lungo'] **primo elemento** ● in parole composte della terminologia scientifica, significa 'lungo': *longilineo*

†**longiàre** ➤ †**lungare**

longilìneo [comp. di *longi-* e *linea*, sul modello di *rettilineo* ✱ 1929] **agg.**; **anche s. m.** (**f.** *-a*) ● detto di tipo costituzionale in cui prevale lo sviluppo degli arti su quello del tronco | (*est.*) che (o chi) è alto, slanciato: *un ragazzo l.*

†**longinquità** [vc. dotta, lat. *longinquitāte(m)*, da *longĭnquus* 'longinquo' ✱ 1504] **s. f.** ● lontananza | grande durata

†**longìnquo** [vc. dotta, lat. *longĭnquu(m)*, da *lŏnge* 'lungi', deriv. da *lŏngus* nel senso di 'lontano' ✱ av. 1342] **agg.** ● remoto, distante: *curano la cosa come cosa longinqua e che non appartenga loro* (N. MACHIAVELLI)

†**longità** [dal lat. *lŏngus* nel senso di 'distante, lontano', come il corrispondente lat. tardo *longĭtia* ✱ av. 1294] **s. f.** **1** lunghezza **2** lontananza

†**longitàno** o †**lungitàno** [lat. parl. **longitānu(m)*, da *lŏngus* nel senso di 'lontano' ✱ sec. XIII] **agg.** ● lontano

longitìpico [1937] **agg.** (**pl. m.** *-ci*) ● (*anat.*) di longitipo

longitipo [comp. di *longi-* e *tipo* ✱ 1937] **s. m.** ● (*anat.*) tipo costituzionale longilineo

longitudinàle [da *longitudine* ✱ 1499] **agg.** **1** che è disposto o si sviluppa nel senso della longitudine: *proiezione l.* **2** (*est.*) che si estende nel senso della lunghezza: *asse l.* **CONTR.** trasversale ‖ **longitudinalménte**, **avv.** in maniera o con disposizione longitudinale ‖ **longitudinalità**, **s. f. inv.**

longitùdine [vc. dotta, lat. *longitūdine(m)*, da *lŏngus* 'lungo' ✱ 1282] **s. f.** **1** in un sistema di coordinate sferiche, distanza angolare di un punto dal meridiano di riferimento | (*astron.*) ***l. celeste***, una delle due coordinate del sistema di riferimento celeste, definita come distanza angolare di un punto del cielo dal meridiano celeste di riferimento **CFR.** latitudine celeste | ***l. terrestre***, distanza angolare di un luogo dal meridiano di Greenwich (Londra), gener. misurata in gradi tra 180° Est e 180° Ovest **CFR.** latitudine terrestre **2** †estensione in lunghezza | †durata

lòngo (o **-ó-**) ➤ **lungo**

longobàrdico [av. 1561] **agg.** (**pl. m.** *-ci*) ● (*lett.*) dei Longobardi: *costume l.*

♦**longobàrdo** o †**langobàrdo** [vc. dotta, lat. *Longobărdu(m)* 'dalla lunga (ted. *lang*) lancia (ted. *Barte*)' (?) ✱ 1321] **A** **s. m.** (**f.** *-a*) ● ogni appartenente a un'antica popolazione germanica stanziatasi nell'Italia settentrionale fra il VI e l'VIII sec. d.C. **B** **agg.** ● dei Longobardi **C** **s. m. solo sing.** ● antica lingua del gruppo germanico occidentale, parlata dai Longobardi

long-play /lon(g)'plei, *ingl.* 'lɒŋ,pleɪ/ [1952] **s. m. inv.**; **anche agg. inv.** ● (*fam.*) long-playing

long-playing /lon(g)'plein(g), *ingl.* 'lɒŋ,pleɪɪŋ/ [vc. ingl., propr. 'che suona (*playing*, dal v. *to play* 'recitare, eseguire') lungamente (*long*)' ✱ 1959] **A** **agg. inv.** ● di audizione a lunga durata, detto di dischi microsolco a trentatré giri al minuto **B** **s. m. inv.** ● disco fonografico dotato di tali caratteristiche

long sèller /lon(g)'sɛller, *ingl.* 'lɒŋ,sɛlə(r)/ [loc. ingl., propr. 'di lunga vendita': V. *best seller* ✱ 1980] **loc. sost. m. inv.** (**pl. ingl.** *long sellers*) ● libro che continua a mantenere un notevole livello di vendita per un periodo molto lungo: *un best seller trasformatosi in long seller*

longuette /*fr.* lɔ̃'gɛt/ [vc. fr., da *longue*, f. di *long* 'lungo' ✱ 1970] **s. f. inv.** ● abito o gonna femminile la cui lunghezza arriva tra il ginocchio e il polpaccio

†**longùria** [vc. dotta, lat. *longŭriu(m)*, termine tecnico, da *lŏngus* 'lungo' (?) ✱ sec. XIV] **s. f.** **1** asta, pertica **2** travicello, corrente

♦**lontanànza** [da *lontano* ✱ av. 1276] **s. f.** **1** condizione di chi (o di ciò che) è lontano; distanza | ***in l.***, da lontano **CONTR.** vicinanza **2** assenza: *lunghi anni di l.* **3** stato d'animo di chi è lontano da ciò che ama, desidera e sim. (+ *da*): *soffrire per la l.*; *ha patito la l. da casa, dalla famiglia, dagli amici* **4** (*est.*, *lett.*) luogo lontano: *vedete di sfuggita ... lontananze verdi* (E. DE AMICIS) | (*fig.*, *lett.*) luoghi remoti, astratti: *dalle religiose lontananze della mia poesia* (G. D'ANNUNZIO)

lontanàre [1319] **A** **v. tr.** ● (*lett.*) allontanare: *quanto potea con mano, come che poca forza n'avesse, la lontanava* (G. BOCCACCIO) **B** **v. intr.** (**aus.** *essere*) e **lontanàrsi** **v. intr. pron.** ● (*lett.*) allontanarsi

†**lontanézza** [sec. XIV] **s. f.** ● lontananza

♦**lontàno** [lat. parl. **longitānu(m)*, da *lŏngus* 'lungo' e anche 'distante, lontano' ✱ av. 1250] **A** **agg.** **1** che è separato da un lungo spazio rispetto a un punto di riferimento: *paese l.*; *regioni lontane*; *il l. Oriente*; *il villaggio è ancora l.* | che si trova a una certa distanza: *l'albergo è l. qualche chilometro, pochi metri, dieci miglia* | ***l. un miglio***, (*enfat.*) lontanissimo: *un fetore che si sente l. un miglio* | (*iperb.*) ***l. anni luce***, lontanissimo (*spec. fig.*): *un ambiente tranquillo, l. anni luce dai ritmi della metropoli* **CFR.** tele- **SIN.** distante **CONTR.** vicino **2** distante nel tempo (nel passato o nel futuro) (+ *da*): *lontani ricordi*; *siamo ancora lontani dalla buona stagione, dall'inverno*; *siamo ormai lontani dagli anni Sessanta*; *i vostri lontani discendenti, cosa ne diranno?* **3** assente: *ricordare gli amici lontani* **4** (*fig.*) che non è legato da vincoli, rapporti, relazioni e sim., particolarmente stretti rispetto alla persona di cui si parla: *un l. parente* | ***alla lontana***, superficialmente, in modo non intimo e sim.: *conoscersi alla lontana* **5** (*fig.*) diverso, divergente, discordante (+ *da*): *abbiamo idee piuttosto lontane*; *ha posizioni lontane da ogni radicalismo* | ***siamo lontani, siamo ancora lontani*** e sim., non vi è possibilità di accordo, non ci intendiamo e sim. | ***essere l., ben l., dalla perfezione***, essere decisamente imperfetto **6** (*fig.*) che è alieno, che rifugge da qlco. (+ *da* **seguito da inf.**): *siamo lontani dal credere che ciò sia vero*; *sono l. dal sospettare che tu menta* **7** (*fig.*) immune, salvo | ***tenere qlcu. l. da qlco.***, preservarlo, difenderlo e sim. | ***tenersi l. da qlcu., da qlco.***, preservarsi da qlcu., da qlco. **8** (*fig.*) vago, indeterminato, incerto: *un l. sospetto*; *c'è una lontana somiglianza tra loro*; *non ho la più lontana idea di ciò che sta succedendo* | ***alla lontana***, in modo vago, indiretto, cominciando dagli elementi più generici: *me ne ha parlato, ma alla lontana* **9** †ampio, vasto: *lontane acque* | (*lett.*) durevole, duraturo: *fama lontana quanto il mondo* ‖ **lontanétto**, **dim.** | **lontanìno**, **dim.** | **lontanùccio**, **dim.** ‖ **lontanaménte**, **avv.** da lontano; (*fig.*) in modo vago e indeterminato: *non ci penso neanche lontanamente* **B** **avv.** **1** a lunga distanza, in un luogo distante, remoto (con v. di stato e di moto): *stare, abitare, vivere l.*; *correre l.* | ***andare l.***, (*fig.*) far carriera, aver successo | ***mirare l.***, (*fig.*) ambire grandi cose, prefiggersi alti scopi | ***vedere l.***, (*fig.*) essere lungimirante | ***tenere l. qlcu.***, evitarlo | (*iter.*) con valore intens.: *fuggiremo lontano lontano* **SIN.** distante **CONTR.** vicino **2** preceduto da prep. nelle loc. avv. ***da, di***, (*raro*) ***per l.*** (indicando stato in luogo, moto da luogo o moto attraverso luogo): *vengo da l.*; *arriverà di l.*; *parto per l.* | ***rifarsi da l.***, incominciare una narrazione da fatti remoti **C** **nella loc. prep.** ***l. da*** ● a grande distanza da: *abita l. da qui*; *vive l. da casa*; *si tiene l. da tutti*; *cerca di stare l. dai guai* | ***tenersi l. da qlcu., da qlco.***, evitarlo | **PROV.** ***l. dagli occhi l. dal cuore***, la lontananza fa diminuire l'affetto | ***non l. da***, relativamente vicino a: *abita non l. dalla stazione* **D** **s. m.** **1** (*eufem.*) †non credente **2** (*lett.*) luogo distante; lontananza

lóntra [lat. *lŭtra(m)*, con sovrapposizione del corrispondente gr. *énydris*, propr. 'che sta in acqua (*hýdōr*)', prob. entrato anticamente in lat. per il tramite etrusco ✱ 1313] **s. f. 1** carnivoro dei Mustelidi ben adattato alla vita acquatica | ***l. comune***, specie europea ormai rara che vive in prossimità di corsi d'acqua (*Lutra lutra*) | ***l. marina***, specie originariamente diffusa lungo le coste settentrionali dell'Oceano Pacifico, ma attualmente sporadica (*Enhydra lutris*) **2** pelliccia, folta e morbida, dell'animale omonimo

lontràto [1983] **agg.** ● detto di pelle di castoro conciata come quella di lontra

lónza ① [lat. parl. **lŭncea(m)*, da *lýnx*, genit. *lýncis* 'lince' ✱ sec. XIII] **s. f.** ● (*lett.*) presso gli scrittori medievali, felino identificabile con la lince o il leopardo; nell'Inferno dantesco è simbolo della lussuria

lónza ② [ant. fr. *longe*, di etim. discussa: da un lat. parl. **lŭmbeu(m)* 'appartenente ai lombi' (?) ✱ 1200 ca.] **s. f.** ● (*sett.*) lombata, spec. quella di maiale | salume fatto insaccando la lombata disossata | (*centr.*) parti secondarie (labbra, coda, guance) del bovino | (*centr.*) collo e parti magre del maiale | (*centr.*) coppa, capocollo

†**lónzo** [etim. incerta ✱ 1618] **agg.** ● floscio, debole, snervato: *stile l.*

look /*ingl.* luk/ [vc. ingl., propr. 'aspetto, stile' ✱ 1970] **s. m. inv.** ● modo di vestire, di pettinarsi, di truccarsi che determinano l'immagine che una persona offre di sé: *quel cantante ha cambiato l.*; *avere un l. aggressivo* | aspetto di un'azienda, di un prodotto e sim., appositamente studiato

loop /*ingl.* lu:p/ [vc. ingl., propr. 'cappio, anello' ✱ 1980] **s. m. inv. 1** (*elettron.*) circuito chiuso, spec. elettrico **2** (*inform.*) sequenza di istruzioni di un programma che viene ripetuta ciclicamente

looping /'lupin(g), *ingl.* 'lu:pɪŋ/ [vc. ingl., propr. 'allacciando', dall'espressione *looping the loop* 'allacciando il laccio', di etim. incerta ✱ 1913] **s. m. inv.** ● (*aeron.*) gran volta

lòppa [ant. fr. *loupe*, da una base *loop-* 'oggetto debolmente appeso' ✱ sec. XIII] **s. f. 1** pula, lolla **2** (*fig.*) †roba di nessun valore, cosa da nulla **3** (*metall.*) scoria fluida galleggiante sulla superficie della ghisa liquida: *l. d'alto forno*

lòppio o **lòppo** [da separarsi in *l'oppio*, dal lat. *ŏpulu(m)*: vc. celt. (?) ✱ 1779] **s. m.** ● (*bot.*) acero campestre

loppóne [accr. di *lopp(i)o* ✱ 1834] **s. m.** ● (*bot.*; *tosc.*) acero montano, acero fico

†**loppóso** (o **-ṣ-**) [da *loppa* ✱ 1550] **agg.** ● che ha molta loppa, pula

✦**loquàce** [vc. dotta, lat. *loquāce(m)*, da *lŏqui* 'parlare', di etim. incerta ✱ 1268] **agg. 1** che parla molto, che ha la parola facile: *donna l.* SIN. chiacchierone, ciarliero CONTR. taciturno **2** (*lett.*) garrulo: *uccelletti loquaci* **3** (*fig.*) eloquente, significativo: *gesto l.*; *fra noi vi fu un silenzio l.* || **loquaceménte**, **avv.**

✦**loquacità** [vc. dotta, lat. *loquacitāte(m)*, da *lŏquax*, genit. *loquācis* 'loquace' ✱ 1268] **s. f. inv.** ● disposizione o tendenza a parlare molto: *la fastidiosa l. di molte persone* SIN. chiacchiera, parlantina

loquèla [vc. dotta, lat. *loquēla(m)*, da *lŏqui* 'parlare', di etim. incerta ✱ 1268] **s. f. 1** (*lett.*) facoltà di parlare **2** (*lett.*) modo di parlare; parlata

†**loquènte** [vc. dotta, lat. *loquēnte(m)*, part. pres. di *lŏqui* 'parlare', di etim. incerta ✱ av. 1328] **agg.** ● che parla | eloquente

†**loquènza** [per *(e)loquenza* ✱ av. 1294] **s. f.** ● loquela, eloquenza

lòran [abbr. ingl. di *lo(ng)-r(ange) a(id) to n(avigation)* 'assistenza a vasto raggio alla navigazione' ✱ 1957] **s. m. inv.** ● (*radio*) sistema di radionavigazione marittima e aerea di portata superiore alle 1000 miglia, di tipo iperbolico, per la determinazione della posizione

Lorantàcee [comp. del gr. *lôron* 'cinghia' (di provenienza lat.) e *ánthos* 'fiore' (per la loro forma) col suff. di famiglia botanica *-acee* ✱ 1874] **s. f. pl.** (**sing.** *-a*) ● (*bot.*) famiglia di Dicotiledoni parassite, con foglie opposte e coriacee e frutto a bacca vischiosa (*Loranthaceae*)

lorànto [comp. del gr. *lôron* 'cinghia' e *ánthos* 'fiore', per la forma e per il loro attaccarsi a rami e tronchi ✱ 1821] **s. m.** ● pianta cespugliosa delle Lorantacee parassita delle querce, con fiori vistosi (*Loranthus europaeus*)

loràrio [vc. dotta, lat. *lorāriu(m)*, da *lōrum* 'correggia', di orig. indeur. ✱ 1834] **s. m.** ● nella Roma antica, schiavo armato di staffile che incitava i gladiatori nel circo e fustigava gli schiavi colpevoli di qualche mancanza

lorché o **lor che** [da *(al)lor(a) che* ✱ av. 1294] **cong.** ● (*disus.*) allorché

lorchiàno [1945] **agg.** ● relativo al poeta e drammaturgo spagnolo F. García Lorca (1898-1936) e alla sua opera | che si ispira allo stile di F. García Lorca

lord /lɔrd, *ingl.* lɔ:d/ [dall'anglosassone *hláford* 'guardiano (*ward*) del pane (*hlaf*)' ✱ 1668] **s. m. inv. 1** titolo attribuito in Gran Bretagna ai pari del regno e, per ossequio, ai figli dei duchi e dei marchesi, ai primogeniti dei conti e ad alcuni grandi ufficiali dello stato | ***L. Mayor***, sindaco di Londra e di altre grandi città inglesi | ***l. dell'Ammiragliato, del Tesoro***, membro del consiglio supremo di questi uffici **2** (*est.*) persona ricca, di gusti raffinati, che fa sfoggio di eleganza | ***vestirsi come un l.***, (*fig.*) con estrema ricercatezza

✦**lordàre** [da *lordo* ✱ av. 1294] **A v. tr.** (*io lórdo*) ● imbrattare, sporcare: *l. un muro con scritte* | (*fig.*) insudiciare moralmente: *l. la memoria di qlcu.* **B lordàrsi v. rifl.** ● insudiciarsi (*anche fig.*)

lordatóre [1869] **agg. e s. m.** (**f.** *-trice*) ● (*lett.*) che (o chi) lorda (*anche fig.*)

lordézza [av. 1328] **s. f.** ● (*lett.*, *raro*) sporcizia | (*fig.*) turpitudine

†**lordìzia** [av. 1311] **s. f.** ● lordezza

✦**lórdo** [lat. parl. **lŭrdu(m)* per *lūridu(m)* 'molto pallido, livido', da *lūror*, genit. *lurōris*, di etim. incerta, con sovrapposizione del gr. *lordós* 'incurvato', di orig. indeur. (?) ✱ 1268] **A agg. 1** (*spec. lett.*) sporco, imbrattato: *l. di fango, di sangue* | †***metallo l.***, misto a scorie **2** (*fig.*, *lett.*) impuro, vizioso: *vita, coscienza lorda*; *si veggono gli uomini smaniare e dilettarsi delli luoghi fetidi e lordi* (T. CAMPANELLA) **3** detto di peso dal quale non si è detratta la tara o di importo da cui non si siano defalcate spese, ritenute o sim.: *pagammo la merce in base al peso l.*; *prodotto interno l.* CONTR. netto **B s. m.** ● peso o importo lordo | ***al l.***, compresa la tara; senza togliere le spese, le imposte o sim.: *stipendio al l. delle ritenute* || **lordaménte**, **avv.** in modo sporco

lordòsi [gr. *lórdōsis* 'l'essere curvato in avanti', da *lordôun*, da *lordós* 'incurvato', di orig. indeur. ✱ 1752] **s. f. inv.** ● (*med.*) curva a concavità posteriore della colonna vertebrale, fisiologica entro certi limiti CFR. cifosi, scoliosi

lordòtico [1915] **agg.** (**pl. m.** *-ci*) ● che presenta lordosi

lordùme [av. 1704] **s. m.** ● quantità di cose lorde | sporcizia, sozzura (*anche fig.*)

✦**lordùra** [da *lordo* ✱ av. 1292] **s. f. 1** stato o condizione di ciò che è lordo (*anche fig.*): *la l. di quella casa è indicibile* **2** sporcizia, sozzura (*anche fig.*): *un quartiere pieno di lordure*; *l. morale* | (*est.*) insieme di persone immorali o disoneste: *ruffian, baratti e simile l.* (DANTE *Inf.* XI, 60)

lórem ìpsum [da un segmento del testo ciceroniano: *(do)lōrem ĭpsum* 'il dolore stesso' ✱ sec. XX] **loc. sost. m. inv.** ● (*tipogr.*, *inform.*) testo fittizio usato da tipografi, grafici e designer come riempitivo di bozzetti e prove grafiche

lorenése (o **-ṣ-**) [dalla regione fr. della *Lorena*, in fr. *Lorraine*, dal germ. *Lothringen* (lat. *Lotharĭngia*) 'la regione di Lotario' ✱ 1615] **A agg.** ● della Lorena **B s. m. e f.** ● abitante o nativo della Lorena **C s. m. solo sing.** ● ogni dialetto parlato in Lorena

lorènzio ➤ **laurenzio**

loretàno ➤ **lauretano**

lorgnette /*fr.* lɔʀ'ɲɛt/ [da *lorgner* 'adocchiare', dall'ant. fr. *lorgne*, dal germ. **lurni-* 'che sta in agguato, spia' ✱ av. 1794] **s. f. inv.** ● occhialetto con cerchio e manico di tartaruga o metallo, per signora | (*est.*) binocolo da teatro con manico

lòri [portog. *louro* 'scimmia', di etim. incerta (?) ✱ 1803] **s. m. inv.** ● piccola proscimmia indiana con tronco esile, capo piccolo e tondeggiante e grandissimi occhi rosso-giallastri, luminescenti (*Loris gracilis*)

lorica [vc. dotta, lat. *lorīca(m)*, di etim. incerta ✱ 1309 ca.] **s. f. 1** leggera corazza dei soldati romani **2** (*zool.*) cuticola rigida dei Rotiferi suddivisa in piastre

loricària [vc. dotta, lat. *loricāria(m)*, agg. di *lorīca* 'lorica' ✱ sec. XX] **s. f.** ● pesce brasiliano dei Siluridi con corpo corazzato, pinna dorsale alta e vistosa, e pinna caudale con due prolungamenti filiformi (*Loricaria parva*)

Loricàti [V. *loricato* ✱ 1891] **s. m. pl.** (**sing.** *-o*) ● (*zool.*) ordine di Rettili lacertiformi di mole considerevole, con corpo rivestito da piastre ossee e cornee; comunemente detti coccodrilli | Placofori | gruppo di Rotiferi rivestiti di cuticola rigida

loricàto [vc. dotta, lat. *loricātu(m)*, da *lorīca* 'lorica' ✱ 1483] **A agg.** ● armato di lorica **B s. m.** ● (*zool.*) ogni individuo dell'ordine dei Loricati

lorichétto [da *lori(o)* con sovrapposizione di *(parroc)chetto* ✱ 1934] **s. m.** ● pappagallo con livrea a colori vivacissimi, facilmente addomesticabile, che, libero, si nutre di nettare (*Trichoglossus*) SIN. lorio

lorìculo [dim. dello sp. *loro* 'pappagallo' (V. *lorio*) ✱ sec. XX] **s. m.** ● piccolo parrocchetto dell'Asia orientale, che si riposa attaccato agli alberi con il capo in basso, come i pipistrelli (*Loriculus vernalis*)

lòrio [dal pl. (*lori*) dello sp. *loro*, da una lingua dei Caraibi, dove l'animale era noto col n. di *roro* ✱ 1970] **s. m.** ● (*zool.*) lorichetto

♦**lóro** [lat. *illōrum*, genit. pl. da *ĭlle*, di etim. incerta ✱ 1211] **A pron. pers. m. e f. di terza pers. pl.** (*lett.* **o** *disus.* **troncato in** *lor*) **1** indica le persone (fam. anche gli animali o le cose) di cui si parla e si usa al posto di 'essi', 'esse' nei vari compl.: *c'erano alcuni di l.*; *lo dirai a l.*; *è stato mandato da l.*; *vado con l.*; *fallo per l.*; *bisticciano spesso fra l.* | come compl. oggetto in luogo dei pron. atoni 'li', 'le' quando gli si vuole dare particolare rilievo: *ho interrogato l., non voi* | come compl. di termine più spesso senza la prep. 'a': *rispondi l. che non sai nulla* | (*lett.* o *burocr.*) in luogo dell'agg. poss. nelle loc. ***il di l., i di l., la di l., le di l.***: *le di l. figlie* | si pospone ad 'anche', 'neanche', 'pure', 'neppure', 'nemmeno' e sim.: *non ho visto neppure l.* | posposto a 'ecco' in luogo del pron. enclitico 'li' o 'le' quando gli si vuole dare maggiore rilievo: *ecco l.!* **2** essi, esse (come soggetto, spec. nella lingua parlata e fam., in espressioni enfatiche, ellittiche, esclamative, in contrapposizione ad altro soggetto, posposto al verbo, con valore enfat. e rafforz.): *questo lo dicono l.*; *sono stati l. a proporlo*; *ci vadano l., se voglio-*

no; contenti l., contenti tutti!; beati l.! | seguito da un agg. num.: *l. due vanno d'accordo* | con un v. al modo inf., part. o gerundio: *l. preoccuparsi!; partiti l. è tornata la pace in famiglia; essendo qui l. non potevo parlare* | si pospone a 'anche', 'neanche', 'pure', 'neppure', 'nemmeno' e sim.: *lo sostengono anche l.; neppure l. sono d'accordo* | con funzione predicativa: *non sembrano più l.* | si usa dopo 'come' e 'quanto' nelle comparazioni: *siamo responsabili quanto l.* **3** (gener. con iniziale maiuscola) nel linguaggio letterario o molto formale, si usa (come soggetto e complemento) in segno di deferenza, cortesia, rispetto, rivolgendosi a persone sia di sesso maschile, sia femminile, con cui non si è in familiarità: *come Loro comprendono bene, la cosa mi è impossibile; mi rivolgo a L., care signore, chiedendo comprensione e aiuto; lor signori sono serviti?* **B** **agg. poss. di terza pers. pl.** **1** che appartiene a essi, a esse (indica proprietà, possesso, anche temporanei): *la l. ricchezza è enorme; questo è il l. appartamento; I cavalli normanni alle lor poste* (G. Pascoli) | con valore enfat. e rafforz., posposto a un sost.: *stiano a casa l.!* **2** che è relativo a essi o a esse: *i l. cuori; i l. arti; la l. voce; le l. anime; i l. desideri; le l. pene* | (*est.*) con riferimento a parole, atti e sim. che provengono da essi o da esse: *il l. ultimo lavoro; i l. discorsi sono insulsi* | con valore enfat. e rafforz., posposto a un sost.: *badino ai fatti l.!* **3** di essi, di esse (indica relazioni di parentela, di amicizia, di conoscenza, di dipendenza e sim.): *i l. genitori; il l. paese; la l. patria; il l. legale; il l. medico; la l. maestra* | Davanti a nomi di parentela (come 'padre', 'madre', 'figlio', 'zio', 'cugino', 'nonno', 'nipote', 'marito', 'moglie', 'fratello', 'sorella', 'cognato', 'genero', 'nuora' o 'suocero'), richiede sempre l'art. determ. quando il nome che segue è al pl. (*i l. cognati; le l. nipoti*); privilegia la forma con l'art. davanti a nomi al sing. (*la l. sorella; il l. fratello*) ma ammette in alcuni casi anche quella senza art., spec. nel linguaggio colloquiale e davanti ai nomi maschili (*l. nonno; verranno con l. zio; quel birichino di l. padre fu in prigione* (R. Bacchelli)); richiede però sempre l'art. determ. davanti a nomi alterati (*la l. zietta*), alle varianti affettive 'mamma', 'papà', 'babbo', 'figliolo' e 'figliola' (*il l. papà; la l. figliola*) o a nomi accompagnati da attributi o apposizioni (*il l. caro nonno*) | preposto o posposto a un sost. si usa (spesso con iniziale maiuscola) in formule di cortesia e di cerimoniale (con valore di seconda persona pl.): *le signorie l.; le Loro maestà; le Loro altezze!* **4** che è abituale, consueto a essi o a esse: *fanno sempre la l. brava passeggiata; hanno il l. tema di conversazione* **C** **pron. poss. m. e f. di terza pers. pl.** **1** quello che a essi o a esse appartiene, che di essi o di esse è proprio o che comunque è relativo a essi o a esse (sempre preceduto dall'art. determ.): *la nostra biblioteca è più modesta della l.* **2** (*assol.*) ricorre, con ellissi del sost., in alcune espressioni e locuzioni particolari, proprie del linguaggio fam.: *càmpano, vivono del l.*, del loro patrimonio, del loro avere | ***abitano coi l.***, con i loro familiari, parenti | ***è uno dei l.***, uno dei loro amici, compagni e sim. | ***vogliono sempre dire la l.***, la loro opinione | ***tiene, sta, è dalla l.***, dalla loro parte, a loro favore | ***hanno passato, visto le l.***, le loro disavventure, amarezze e sim. | ***ne combinano sempre una delle l.***, una delle loro azioni sventate | ***abbiamo avuto la l. del mese scorso***, la loro lettera (V. *gli*② per nota d'uso) | ***ci hanno messo del l.***, V. *mettere* nel sign. A 5

lorsignóri o **lor signóri** [comp. di *lor(o)* e del pl. di *signore* ✱ 1738] **s. m. pl.** (**f.** *-e*) ● usato in passato (come soggetto e complemento) in segno di cortesia, rispetto, deferenza, rivolgendosi a persone di riguardo: *Lor signori son uomini di mondo* (A. Manzoni); *Servo di lor signori* (C. Goldoni) | oggi usato spec. con tono ironico o polemico per indicare l'insieme delle persone più potenti, ricche ecc.: *alla fine prevalgono sempre gli interessi di l.*

lòṣa [dal celtico **lausa* ✱ 1828] **s. f.** ● sottile lastra di ardesia usata per lastricare strade, cortili ecc. e per la copertura di tetti

loṣànga [fr. *losange*, di etim. incerta ✱ 1803] **s. f.** **1** rombo② nei sign. 1 e 3 **2** (*arald.*) pezza in forma di rombo

loṣangàto [1803] **agg.** ● (*arald.*) detto di scudo coperto di losanghe di due smalti alternati

losangelino [1985] **A** **agg.** ● della città californiana di Los Angeles **B** **s. m.** (**f.** *-a*) ● abitante o nativo di Los Angeles **SIN.** angeleno

lósca [etim. incerta ✱ 1889] **s. f.** ● (*mar.*) foro nel paramezzale e nella coperta attraverso il quale passa l'asse del timone

loschézza [1869] **s. f.** ● (*raro*) caratteristica di losco

✦**lósco** o †**lùsco** [lat. *lŭscu(m)* 'cieco da un occhio', vc. pop., di etim. incerta ✱ av. 1374] **agg.** (**pl. m.** *-schi*) **1** (*lett.*) miope, guercio | che ha uno sguardo bieco | torvo: *sguardo l.* | che guarda per traverso, per invidia o risentimento **2** (*fig.*) di onestà e moralità dubbie, tali da dare adito a sospetti: *individuo, affare l.* **SIN.** equivoco ‖ **loschétto**, **dim.** ‖ **loscaménte**, **avv.**

Löss ➤ **Loess**

lossàrtro [comp. del gr. *loxós* 'obliquo' e *árthron* 'articolazione' ✱ 1975] **s. m.** ● (*med., raro*) deviazione dell'asse di un arto o di un'articolazione

lossodromìa o **lossodròmia** [comp. del gr. *loxós* 'obliquo' e un deriv. di *drómos* 'corsa, strada' ✱ 1803] **s. f.** ● linea che unisce due punti della superficie terrestre tagliando i meridiani con lo stesso angolo

lossodròmico [1803] **agg.** (**pl. m.** *-ci*) ● di lossodromia | ***linea lossodromica***, lossodromia

lossopsìa [comp. del gr. *loxós* 'obliquo' e un deriv. di *óps* 'aspetto' ✱ 1834] **s. f.** ● (*med.*) difetto visivo per cui si ha percezione solo laterale

lotaríngio [dal n. mediev. (*Lotharingia*, propr. 'il regno di Lotario') della Lorena ✱ 1585] **A** **agg.** (**pl. f.** *-ge* o *-gie*) ● della Lotaringia, antico nome dell'odierna Lorena **B** **s. m.** (**f.** *-a*) ● abitante o nativo della Lotaringia

lòti /'lɔti/ [vc. della lingua locale sesotho ✱ 1995] **s. m. inv.** (**pl.** sesotho *maloti*) ● (*econ.*) unità monetaria del Lesotho, Stato dell'Africa meridionale

lòtico [dal lat. *lotus*, part. pass. di *lavĕre* 'lavare' ✱ 1957] **agg.** (**pl. m.** *-ci*) ● (*ecologia*) relativo alle acque correnti come fiumi, torrenti, ruscelli: *habitat l.* **CFR.** lentico

lòto① [gr. *lōtós*, di etim. incerta ✱ 1499] **s. m.** **1** (*bot.*) nome volgare dato a varie specie di piante molto diverse fra loro | ***l. sottile***, ginestrino, trifoglina | ***l. indiano***, pianta acquatica delle Ninfeacee con rizomi serpeggianti sul fondo e foglie emergenti (*Nelumbo nucifera*) **SIN.** nelumbo | ***l. bianco d'Egitto, egiziano***, ninfea bianca | ***l. del Giappone***, cachi② | ***l. bianco***, sicomoro① | ***l. falso, l. d'Egitto***, albero di S. Andrea **2** (*lett.*) mitica pianta i cui frutti davano l'oblio a chi ne mangiava

lóto② (o *-ò-*) o **lùto** [lat. *lŭtu(m)*, di orig. indeur. ✱ av. 1292] **s. m.** **1** (*lett.*) fango, mota: *mi spoglio quella veste cotidiana, piena di fango et di l.* (N. Machiavelli) | luogo fangoso, palude **2** (*lett.*) impasto di terra argillosa e altri ingredienti, usato in passato per otturare fessure e fori

lotòfago [vc. dotta, lat. *Lotŏphagu(m)*, dal gr. *lōtophágos*, comp. di *lōtós* 'loto①' e *-phagos* '-fago' ✱ 1575] **agg. e s. m.** (**pl. m.** *-gi*) ● (*lett.*) che (o chi) si ciba di loto, nel sign.① | appartenente ai Lotofagi, mitico popolo di coltivatori del frutto di loto, menzionato nell'Odissea

lotolènto ➤ **lutulento**

lotóso (o *-ṣ-*) o †**lutóso** [lat. *lutōsu(m)*, da *lŭtum* 'loto②' ✱ av. 1292] **agg.** **1** (*lett.*) fangoso: *acqua lotosa* **2** (*lett.*) sporco, imbrattato

✦**lòtta** o (*poet.*) †**lùtta** [lat. tardo *lŭcta(m)*, da *luctāre*, *luctāri*, 'lottare' ✱ 1374] **s. f.** **1** combattimento, scontro violento fra due o più persone o animali che cercano di sopraffarsi a vicenda: *ingaggiare una l. mortale con un nemico; una l. accanita; nell'appartamento sono stati trovati segni di l.; la l. tra il cobra e la mangusta; Vedi Goffredo in fera lutta* (T. Tasso) | battaglia, scontro armato: *l. partigiana; un brigatista si dissocia dalla l. armata* **CFR.** -machia **2** combattimento sportivo corpo a corpo, senza uso di armi, in cui si vince o ai punti o mettendo l'avversario con le spalle e la schiena al tappeto: *l. greco-romana, giapponese* | ***l. libera***, quella praticata portando i colpi sia con le braccia che con le gambe **3** contrasto fra persone o gruppi in cui le parti si sforzano al massimo per ottenere un predominio: *la l. politica; l'eterna l. degli sciocchi e de' furbi* (F. De Sanctis) | ***l. di classe***, V. *classe* nel sign. 2 | ***l. per l'esistenza***, secondo Darwin, quella per la conquista dell'alimento e dello spazio unita alla resistenza ai fattori ambientali avversi; (*est.*) quella che l'uomo conduce per farsi strada nella società o raggiungere un determinato benessere | ***l. senza quartiere***, che non concede tregua | ***l. contro il cancro, contro l'analfabetismo*** e sim., misure di comune impegno per debellare queste calamità | ***l. biologica***, quella condotta per controllare l'espansione degli organismi nocivi, spec. animali, impiegando i loro nemici naturali allo scopo di evitarne o limitarne i danni | (*agric.*) ***l. integrata***, tecnica agricola che tende a eliminare l'impiego di pesticidi chimici grazie alla selezione genetica delle specie e all'introduzione di antagonisti dei parassiti **SIN.** battaglia, combattimento, contesa **4** discacordo, discordia, contrasto: *essere in l. con tutti; dopo una lunga l. con se stesso* (L. Pirandello)

✦**lottàre** [lat. *luctāre*, *luctāri*, frequentativo con radice di etim. incerta ✱ sec. XIV] **v. intr.** (*io lòtto*; **aus.** *avere*) ● essere impegnato in una lotta (**anche fig.**) (+ *con*, + *contro*, + *per*): *ricordai di essere stato capace di afferrare, di tenere, di l.* (I. Svevo); *l. corpo a corpo con il nemico; l. per la libertà; l. contro la povertà* | ***l. contro sé stesso***, per dominare i propri impulsi o sentimenti | ***l. contro la morte***, essere in agonia **SIN.** combattere

lottatóre [lat. *luctatōre(m)*, da *luctātus*, part. pass. di *luctāre*, *luctāri*, 'lottare' ✱ sec. XIV] **A** **s. m.** (**f.** *-trice*); **anche agg.** ● chi (o che) lotta, combatte (**anche fig.**): *i lottatori si affrontarono in campo aperto; un abile l. politico* **B** **s. m.** (**f.** *-trice*) ● chi pratica lo sport della lotta

lotterìa [da *lotto* ✱ 1640] **s. f.** ● gioco a premi che consiste nel sorteggio di numeri corrispondenti a biglietti venduti, spesso abbinato a corse di cavalli e sim. | ***l. di beneficenza***, organizzata da un ente morale | ***l. istantanea***, quella i cui biglietti non vengono sorteggiati, ma contengono indicazioni che, opportunamente seguite, consentono di scoprire subito l'eventualità e la consistenza di una vincita | (*fig.*) vicenda il cui esito è in gran parte determinato dalla fortuna, dal caso: *la l. dei rigori per decidere una partita*

lottista [1963] **s. m. e f.** (**pl. m.** *-i*) **1** ricevitore del lotto **2** organizzatore di bische clandestine, lotterie non autorizzate e sim. **3** (*burocr.*) proprietario di un lotto di terreno

lottìstico [1934] **agg.** (**pl. m.** *-ci*) ● relativo al gioco del lotto

lottiẓẓàbile [sec. XX] **agg.** ● che può essere lottizzato

lottiẓẓàre [da *lotto* nel sign. 2 ✱ 1935] **v. tr. 1** dividere in lotti | ***l. un terreno***, stabilire, in base a un piano regolatore particolareggiato, le dimensioni e i confini delle singole aree edificabili **2** (*fig.*) assegnare cariche di particolare importanza spec. nell'ambito degli enti pubblici spartendole fra esponenti delle varie forze e correnti politiche, a scapito del criterio di professionalità: *l. le presidenze delle banche, degli enti previdenziali* ‖ **lottiẓẓazióne**, **s. f.** suddivisione in lotti; (*fig.*) pratica politica del lottizzare

SFUMATURE ➤ ***frazionare***

lottiẓẓàto **part. pass.** di *lottizzare*; anche **agg. 1** nei sign. del v. **2** (*fig.*) detto di persona, ente o istituzione rientrante a vario titolo nel meccanismo di divisione delle cariche pubbliche per lottizzazione: *un dirigente, un telegiornale l.*

lottiẓẓatóre [1978] **agg. e s. m.** (**f.** *-trice*) ● che (o chi) lottizza

lottiẓẓatòrio [1984] **agg.** (**pl. m.** *-i* o *raro -ii*) ● relativo alla lottizzazione: *meccanismo, sistema l.*

lòtto [fr. *lot* 'parte divisa', da **lot* 'sciolto, staccato' ✱ 1795] **s. m. 1** gioco d'azzardo che consiste nell'estrarre, per ciascuna delle dieci ruote, cinque dei novanta numeri imbussolati e nell'assegnare un premio in denaro a chi ne indovina uno o più: *giocare cinque numeri al l.*; *banco, botteghino, ricevitoria del l.* | ***dare i numeri*** (***del lotto***), (*fig.*) parlare senza riflettere, sconclusionatamente | ***vincere un terno al l.***, (*fig.*) beneficiare di un inatteso colpo di fortuna **2** parte di un tutto diviso: *un l. di terreno* | quantità di merce: *un l. di tessuti all'ingrosso*

lounge /*ingl.* laʊndʒ/ [vc. ingl., propr. 'salone' ✱ 1988] **s. f. inv. 1** in alberghi, aeroporti, stazioni e sim., sala d'attesa arredata con divani e poltrone **2** (*mus.*) genere musicale che combina elementi di jazz, swing e musica latino-americana con la musica ambient ed elettronica; si propone di creare un'atmosfera rilassante, intima e adatta alla conversazione

loure /*fr.* luʀ/ [vc. fr., lat. tardo *lūra(m)* 'otre', passato a indicare in fr. la 'cornamusa' e quindi il 'ballo' eseguito al suono di quella ✱ 1905] **s. f. inv.** ● antico ballo popolare francese, a ritmo ternario

love affair /lovaf'fɛr, *ingl.* 'lʌvə,fɛə(r)/ [loc. ingl., propr. 'relazione (*affair*) d'amore (*love*)' ✱ 1989] **loc. sost. m. inv.** (**pl. ingl.** *love affairs*) ● relazione amorosa, anche di breve durata **CFR.** affair, love story

love stòry /lov'stɔri, *ingl.* 'lʌv,stɔːrɪ/ [loc. ingl., propr. 'storia d'amore', titolo di un romanzo di E. Segal tradotto in italiano nel 1971 ✱ 1974] **loc. sost. f. inv.** (**pl. ingl.** *love stories*) ● relazione sentimentale, storia d'amore: *avere una love story con qlcu.*; *la nostra love story è finita* **CFR.** affair, love affair

low /*ingl.* ləʊ/ [vc. ingl. di orig. ant. nord., propr. 'basso' ✱ 1985] **agg. inv.** ● basso, inferiore, in alcune loc. | ***low cost***, detto di servizio offerto a un costo notevolmente inferiore rispetto a quello dei concorrenti: *viaggio low cost* | ***low profile***, di basso profilo (V. *profilo* nel sign. 6) | ***low-tech***, realizzato con una tecnologia che utilizza procedimenti semplici **CFR.** high

lozióne [lat. tardo *lotiōne(m)* 'lavaggio', da *lōtus* 'bagnato', agg. verb. di *lavāre* 'lavare' ✱ 1748] **s. f. 1** soluzione acquosa o idroalcolica di sostanze medicamentose, usata per l'igiene, spec. della pelle o del cuoio capelluto: *l. astringente, per capelli* **2** †abluzione

LP /elle'pi*/ o **lp** [1964] **s. m. inv.** ● sigla di *long-playing*

LSD /'ɛlle esse'di*/ [sigla dell'ingl. *Lysergic Acid Diethylamide* ✱ 1961] **s. m. inv.** ● (*chim.*) derivato dell'acido lisergico; sostanza psicoattiva, classificata fra gli allucinogeni e dotata di spiccata attività sul sistema nervoso centrale

luàsso [vc. genovese, propr. 'lupaccio', accr. spreg. di *lô* 'lupo' ✱ sec. XX] **s. m.** ● (*zool., genovese*) spigola

lubécchio [prob. dal lat. *orbĭculu(m)* 'rotella, puleggia', da *ŏrbe(m)* 'cerchio' ✱ 1868] **s. m.** ● nei mulini ad acqua, ruota dentata montata sullo stesso asse della ruota a pale che trasmette il moto alla macina

†**lubricànte** **A** **part. pres.** di †*lubricare*; anche **agg.** ● nei sign. del v. **B** **s. m.** ● (*med.*) lassativo

†**lubricàre** [vc. dotta, lat. tardo *lubricāre*, da *lūbricus* 'lubrico' ✱ 1563] **v. tr. 1** rendere scorrevole **2** (*med.*) curare la stitichezza

†**lubricatìvo** [sec. XIV] **agg.** ● (*med.*) lassativo

lubricità [vc. dotta, lat. tardo *lubricitāte(m)*, da *lūbricus* 'lubrico' ✱ sec. XIV] **s. f. inv. 1** †viscidità, scivolosità **2** (*raro*) caratteristica di chi (o di ciò che) è lubrico | (*fig.*) oscenità, indecenza: *la l. di un discorso*

✦**lùbrico** o, più diffuso ma etim. meno corretto, **lubrìco** [vc. dotta, lat. *lūbricu(m)*, propr. 'scivoloso', vc. di orig. espressiva, di area indeur. ✱ av. 1342] **agg.** (**pl. m.** *-ci*, †*-chi*) **1** (*lett.*) che fa scivolare **SIN.** sdrucciolevole **2** (*fig.*) indecente, impudico: *gesto l.*; *favole lubriche*; *le prime poesie del Marino furono sfacciatamente lubriche* (F. DE SANCTIS) **SIN.** osceno **3** †labile, fallace: *memoria lubrica* **4** †lassativo: *i lubrici talli di cicoria* (P. METASTASIO) | †regolato, purgato: *per mantenersi il corpo l. … la miglior cosa è la cassia* (F. REDI) ‖ **lubricaménte**, **avv.** in modo lubrico, lascivo ‖ **lubricità**, **s. f. inv.** (V.)

lubrificànte **A** **part. pres.** di *lubrificare*; anche **agg.** ● nel sign. del v. **B** **s. m.** ● sostanza (olio o grasso) usata per la lubrificazione di parti in movimento

lubrificàre [adattamento del fr. *lubrifier*, comp. di un deriv. del lat. *lūbricus* 'lubrico' e *-ficāre*, da *fācere* 'fare'; per 'lubrificazione', cfr. il fr. *lubrification* ✱ 1869] **v. tr.** (*io lubrìfico, tu lubrìfichi*) ● interporre un olio o un grasso adatto tra gli elementi a contatto di una macchina, di un meccanismo o di un congegno, per diminuire l'attrito ‖ **lubrificazióne**, **s. f.**

lubrificatìvo [sec. XIV] **agg. 1** che serve a lubrificare **2** †lassativo

lubrificatóre [da *lubrificare*, come il corrispondente fr. *lubrificateur* ✱ 1913] **A** **s. m.** ● ingrassatore **B** **agg.** (**f.** *-trice*) ● che serve a lubrificare

lucànica ➤ **luganiga**

Lucànidi [dal lat. *lucānus* 'mattiniero', da *lūx*, genit. *lūcis* 'luce (del mattino)' (?) ✱ 1930] **s. m. pl.** (**sing.** *-e*) ● (*zool.*) famiglia di grossi Coleotteri con antenne brevi a pettine, caratteristici per il gigantesco sviluppo della mandibola dei maschi (*Lucanidae*)

✦**lucàno** [vc. dotta, lat. *Lucānu(m)*, di prob. orig. osca ✱ 1342] **A** **agg. 1** dell'antica Lucania **2** dell'odierna Basilicata **B** **s. m.** (**f.** *-a*) **1** abitante o nativo dell'antica Lucania **2** abitante o nativo dell'odierna Basilicata **C** **s. m. solo sing.** ● ogni dialetto parlato in Basilicata

lucarìno ➤ **lucherino**

lucchése (o *-ṣ-*) [da *Lucca*: da una base celto-ligure *luk* 'paludoso' (?) ✱ 1309 ca.] **A** **agg.** ● di Lucca **B** **s. m. e f.** ● abitante o nativo di Lucca

lucchesìna [perché originariamente fabbricata a *Lucca* ✱ 1925] **s. f.** ● pesante coperta bianca da letto

lucchesìno (o *-ṣ-*) [da *lucchese* con *-ino*, perché propr. di un tessuto fabbricato a *Lucca* ✱ av. 1481] **A** **agg.** ● (*lett.*) di color rosso fiammante **B** **s. m.** ● tessuto rosso di lana pregiata, usato in epoca medievale | †abito confezionato con tale tessuto

lucchétto [ant. fr. *loquet*, dal medio basso ted. *lūke* 'chiusura' con suff. dim. ✱ av. 1547] **s. m. 1** serratura metallica mobile, con gambo diritto o ricurvo da infilare in occhielli, che si applica a bauli, valigie, porte, ecc. | (*fig., fam.*) ***mettere il l. alla bocca di qlcu.***, imporgli il silenzio **2** gioco enigmistico consistente nel togliere la parte finale a una prima parola, l'uguale parte iniziale a una seconda e nel fondere le parti residue formando una terza parola: LUpa, paCCHETTO = LUCCHETTO **CFR.** cerniera ‖ **lucchettìno**, **dim.** | **lucchettóne**, **accr.**

luccicaménto [1676] **s. m.** ● (*lett. raro*) il luccicare | lucchichio

luccicànte **part. pres.** di *luccicare*; anche **agg. 1** che luccica | scintillante: *occhi luccicanti di gioia* | lucido, lustro: *con gli occhi luccicanti come per febbre* (G. VERGA) **2** (*fig., lett.*) gioioso, festoso: *atmosfera l.*

✦**luccicàre** [lat. parl. **lucicāre*, da *lūx*, genit. *lūcis* 'luce' ✱ sec. XIV] **v. intr.** (*io lùccico, tu lùccichi*; **aus.** *essere* o *avere*) ● mandare, riflettere luce attraverso brevi e intermittenti bagliori: *i brillanti, il cristallo, i metalli luccicano*; *luccicar di spade / come tra nebbia lampi* (G. LEOPARDI) | **PROV.** ***non è tutto oro quello che luccica***, V. *oro* | ***gli luccicano gli occhi***, detto di chi è in procinto di piangere oppure ha gli occhi lucidi per un'intensa emozione o per la febbre (+ *di*): *gli occhi gli luccicavano di gioia, di commozione* | (*fig., raro*) ***uno stile che luccica***, che ricerca immagini a effetto **SIN.** brillare, scintillare

✦**luccichìo** [av. 1673] **s. m.** (**pl.** *-ii*) ● il luccicare | un luccicare breve e frequente: *si vedeva … il l. dei loro occhi sonnolenti, come una processione di lucciole che dileguava* (G. VERGA)

luccicóne [da *luccicare* ✱ 1755] **s. m.** ● grossa lacrima tremolante fra le palpebre di chi sta per piangere: *far venire, avere, i lucciconi agli occhi*

✦**luccicóre** [1727] **s. m.** ● un luccicare continuo; lucchichio, bagliore, splendore: *Un l. sinuoso indicava il corso del fiume* (C. CASSOLA)

luccicóso (o *-ṣ-*) [1867] **agg.** ● (*colloq.*) che luccica, che brilla in modo appariscente: *un abito l.*

lùccio o **lùcio**② [lat. *lūciu(m)*, vc. tarda, di etim. incerta ✱ 1287] **s. m.** ● grosso pesce dei Teleostei con muso allungato e appiattito e forti denti, voracissimo predone delle acque dolci europee (*Esox lucius*) | ***l. di mare***, ***l. imperiale***, sfirena

✦**lùcciola** [dall'ant. *lucciare* 'luccicare', dal lat. *lucēre* 'rilucere' con mutamento di coniug. ✱ 1313] **s. f. 1** insetto dei Coleotteri, bruno, con corsaletto e zampe gialle, caratteristico per la luce intermittente che emette dagli ultimi segmenti dell'addome (*Luciola italica*) **SIN.** lucia | lampiride (*Lampyris noctiluca*) | (*fig.*) ***prendere lucciole per lanterne***, fraintendere | (*lett.*) ***dare a intendere lucciole per lanterne***, una cosa per un'altra | (*fig.*) †***fare vedere a qlcu. le lucciole***, fare vedere le stelle, per un acuto dolore fisico **2** riflettore cinematografico a fascio di luce allargato

3 (*disus.*) nelle sale cinematografiche, maschera dotata di una piccola torcia elettrica **4** (*eufem.*) prostituta ‖ **lucciolétta**, **dim.** | **lucciolìna**, **dim.** | **lucciolóne**, **accr. m.**

lucciolàio [1853] **s. m.** (**pl.** *-ai*) ● (*raro*) gran quantità di lucciole

lucciolàre [da *lucciola* ✱ 1473] **v. intr.** (*io lùcciolo*; **aus.** *avere*) **1** (*lett.*) luccicare **2** (*fig.*, *tosc.*) piangere a grosse lacrime

lucciolìo [1909] **s. m.** (**pl.** *-ii*) **1** (*lett.*) luccichio di lucciole **2** (*est.*, *lett.*) scintillio

lùcciolo [da *lucido* con sovrapposizione di *luccicare* ✱ 1975] **s. m.** ● baco da seta con la pelle lucida, affetto da giallume **SIN.** lustrino

lucciolóne [da *lucciolare* ✱ av. 1673] **s. m.** ● (*tosc.*) luccicone

luccipèrca ➤ **lucioperca**

lùcco [da separarsi *l'ucco*, dall'ant. fr. *huque*, di orig. germ. (medio basso ted. *huik* 'specie di mantello') (?) ✱ av. 1471] **s. m.** (**pl.** *-chi*) ● lunga veste maschile chiusa al collo e stretta da una cintura, in voga nel XIV secolo spec. come abito di cerimonia dei magistrati

♦**lùce**① [lat. *lūce(m)*, da una radice **lūc-* 'splendere', di orig. indeur. ✱ av. 1250] **A s. f.** **1** (*fis.*) radiazione elettromagnetica che comprende le lunghezze d'onda infrarosse, visibili, ultraviolette e i raggi X, la cui velocità, costante universale della fisica, è nel vuoto di 299 792,458 km al secondo: *l. infrarossa, ultravioletta, visibile* | intervallo di radiazione comprendente le lunghezze d'onda che vanno da ca. 3900 Å a 7700 Å, percepibili all'occhio umano | ***l. bianca***, sovrapposizione delle radiazioni visibili di tutte le lunghezze d'onda | ***l. nera*** o ***di Wood***, illuminazione ultravioletta usata per rendere visibili gli oggetti posti in luogo buio | ***l. monocromatica***, luce di una determinata lunghezza d'onda | ***l. polarizzata***, luce con direzione di oscillazione del vettore e intensità del campo elettrico totalmente o parzialmente limitate | (*fis.*) ***l. di sincrotrone***, radiazione elettromagnetica, emessa da elettroni che percorrono a velocità relativistica una traiettoria circolare all'interno di un sincrotrone o sim., utilizzata per analisi di materiali e diagnostica **CFR.** foto- **2** correntemente, forma di energia che è causa di ogni sensazione della vista: *l. diretta, riflessa*; *la l. del giorno*; *alla l. della luna* | ***l. elettrica***, ottenuta mediante l'energia elettrica | ***l. fredda***, al neon, a gas di mercurio o a fluorescenza | in varie loc. col sign. (*fig.*) di 'vita' | ***dare alla l.***, (*fig.*) generare, partorire | ***venire alla l.***, (*fig.*) nascere; essere scoperto, detto di reperti o sim.; (*fig.*) emergere, essere rivelato | ***venire in l.***, (*fig.*) manifestarsi | ***rimettere in l.***, (*fig.*) restituire al loro valore persone o cose | ***portare alla l.***, ritrovare; (*fig.*) rendere palese, fare emergere: *gli scavi hanno portato alla l. preziose gemme*; *portare alla l. un segreto, uno scandalo* | ***far l. su qlco.***, (*fig.*) tentare di chiarirla | ***mettersi in l.***, farsi notare per le proprie qualità | ***mettere in buona*** o ***cattiva l.***, (*fig.*) presentare una persona mettendone in risalto pregi o difetti, a volte con voluta esagerazione | ***presentare qlcu.*** o ***qlco. nella sua vera l.***, (*fig.*) come realmente sono | ***mettere in piena l.***, (*fig.*) chiarire | ***gettare una l. sinistra su qlcu.***, (*fig.*) insinuare sospetti | (*fig.*) ***alla l. di***, in base a, sulla base di: *alla l. dei fatti*; *alla l. dei nuovi elementi emersi dall'inchiesta* | ***essere chiaro come la l. del sole***, essere chiarissimo, evidente | ***alla l. del sole***, (*fig.*) apertamente | ***bagno di l.***, esposizione del corpo o di parte di esso alla luce del sole o artificiale a scopo terapeutico **3** raggi del sole: *stanze piene di l.*; *prendere l. dalla finestra* | (*poet.*) giorno: *la medesima l. / si pone a camminar* (L. Ariosto) | (*est.*) vita: *temo del cor che mi si parte, / e veggio presso il fin della mia l.* (F. Petrarca) **4** qualsiasi sorgente luminosa: *le stelle sono le luci della notte*; *una l. lontana brillava nel buio* | energia elettrica: *è andata via la l.*; *la bolletta della l.* | ogni apparecchio, e relativo impianto, utilizzato per l'illuminazione artificiale: *accendere, spegnere la l.* | ***punto l.***, (**spec. al pl.**) sorgente di illuminazione artificiale | ***l. di servizio***, nei teatri, quella che serve per illuminare la scena senza effetti, durante le prove o prima dello spettacolo | ***luci psichedeliche***, quelle usate per effetto scenografico in discoteche e sim., che vengono erogate da un set di lampadine multicolori e lampeggianti, la cui intermittenza spesso è determinata dalla potenza e dall'altezza dei suoni musicali | ***luci della ribalta***, (*fig.*) il palcoscenico, il teatro | ***cinema, locale, sala a luci rosse***, quelli riservati esclusivamente alla proiezione di film pornografici | (*est.*) ***a luci rosse***, detto di tutto ciò che riguarda pornografia o prostituzione: *TV a luci rosse* **5** nei veicoli, faro, fanale, fanalino | ***l. di targa***, che illumina la targa posteriore | ***luci d'arresto***, fanalini rossi posteriori che si accendono nella frenata | ***luci d'incrocio***, fari anabbaglianti | ***luci di posizione***, fanalini anteriori bianchi e posteriori rossi | ***l. di cortesia***, che si accende all'interno dell'automobile all'apertura di una porta **6** indicazione luminosa di un segnale: *l. di arresto*; *le luci di pista dell'aeroporto*; *l. fissa, intermittente, lampeggiante* **7** correntemente, superficie riflettente | ***armadio a tre luci***, a tre specchi | (*est.*) riflesso emanato da una pietra preziosa: *questo brillante ha una l. perfetta* | (*est.*) ***colpi di l.***, ciocche di capelli tinti di biondo rossiccio nelle capigliature, spec. femminili, di colore scuro **8** (*fig.*) simbolo di ciò che illumina la mente umana e incivilisce i costumi: *la l. della scienza, della ragione, della fede*; *la l. del progresso si diffonde con lentezza* **9** (*fig.*) Dio, inteso come fonte di vita e di verità: *la prima, la vera l.* | ***la l. eterna, perpetua***, la beatitudine celeste | (*raro*) fulgore delle anime beate **10** (*lett.*, *fig.*) persona cara, amata **11** (*fig.*) espressione: *la strana luce degli occhi si spense* (A. Fogazzaro) | (*poet.*) occhi: *in me volgeva sue luci beate* (U. Foscolo) | †vista **12** (*archit.*) distanza orizzontale fra i due piedritti di un ponte o di un arco | parte aperta nella struttura di una costruzione | ampiezza, vano di una finestra, di una porta, di una vetrina | (*est.*) dimensione di una qualsiasi apertura: *luci di dilatazione delle rotaie, luci delle maglie* | (*dir.*) apertura sul fondo del vicino che dà passaggio alla luce e all'aria ma non permette di affacciarsi sul fondo stesso: *diritto di chiudere le luci* **13** diametro di tubo, condutture e sim. **B** in funzione di agg. inv. ● (posposto a un sost.) ***anno l.***, V. *anno* ‖ **lucétta**, **dim.** | **lucìna**, **dim.**

> ***Definizione d'autore***
>
> E allora Dio disse: *Sia la **luce**!* E la **luce** fu. E allora Dio separò e lacerò la **luce** dalle tenebre che ricoprivano l'abisso. Da quel momento la **luce** cominciò a tormentare i contorni e le linee di contenimento del mondo, e a divorare e a sfigurare e a devastare e a bruciare e a cancellare le cose con la scusa di continuare a separarle dalle tenebre e di evidenziarle. Da quel momento la **luce** non portò più dentro di sé il buio e il buio la **luce**. Da quel momento la **luce**, separata dal buio, non poté più vedere la **luce**. Anch'io, se fossi la **luce**, non mi vedrei. Mentre se fossi il buio non potrei vedere niente che non sia **luce** e sarei la **luce**.
>
> *Antonio Moresco*

Lùce② [sigla di *L'Unione Cinematografica Educativa* ✱ 1935] **agg. inv.** ● ***film L.***, ***giornale L.***, programma di attualità e notizie proiettato nelle sale cinematografiche fra uno spettacolo e l'altro, spec. in Italia negli anni 1930-50

†**lucedòro** [da dividersi *luce d'oro* ✱ av. 1729] **agg.** ● (*poet.*) che splende con aurea luce

♦**lucènte** **A** **part. pres.** di *lucere*; anche **agg.** ● che emana luce | che risplende: *occhi lucenti* ‖ **lucenteménte**, **avv.** con lucentezza **B** **s. m.** ● †lucentezza

lucentézza [sec. XIV] **s. f.** ● caratteristica di ciò che è lucente **SIN.** splendore

lùcere [vc. dotta, lat. *lucēre*, da una radice **lūc-* 'splendere', di orig. indeur. ✱ av. 1257] **v. intr.** (*io lùco, tu lùci*; **difett. del part. pass. e dei tempi composti; si usa spec. nelle terze pers. sing. e pl. del pres. e imperf. indic.**) **1** (*poet.*) risplendere, rilucere: *in quella parte / ove 'l bel viso di Madonna luce* (F. Petrarca) **2** (*fig.*, *poet.*) mettersi in luce, segnalarsi per fama, gloria, bellezza e sim.: *luceva la sua gaia giovinezza* (G. Carducci)

lucèrna [lat. *lucĕrna(m)*, da una radice **lūc-* 'splendere', di orig. indeur., prob. adattamento del corrispondente gr. *lýchnos*, sul modello di *lanterna* ✱ 1282] **A** **s. f.** **1** lume portatile a olio, consistente in una coppa chiusa per il combustibile con uno o più beccucci per i lucignoli **2** (*poet.*) luce, splendore spec. con riferimento al sole: *Surge ai mortali per diverse foci / la l. del mondo* (Dante *Par.* I, 37-38) **3** (*disus.*, *scherz.*) cappello a due punte di carabiniere | specie di berretta portata un tempo dai preti **4** (*poet.*) occhi **B** in funzione di agg. inv. ● (posposto al sost.) nella loc. ***pesce l.*** (V.) ‖ **lucernétta**, **dim.** | **lucernìna**, **dim.** | **lucernìno**, **dim. m.** | **lucernóne**, **accr. m.** (V.)

lucernàio [da *lucerna* ✱ av. 1424] **s. m.** (**pl.** *-ai*) **1** (*raro*) lucernario **2** (*raro*) lampionaio **3** †candelabro

lucernàre o **lucernàrio** [lat. eccl. *lucernāriu(m)* 'accensione delle lampade', da *lucĕrna* 'lucerna' ✱ 1834] **s. m.** ● nella primitiva Chiesa cristiana, rito con cui, all'inizio della preghiera serale, si salutava la luce del giorno che tramontava e quella della lampada che si accendeva | nella liturgia attuale della Chiesa cattolica, il rito iniziale della celebrazione della veglia pasquale la sera del Sabato Santo

lucernàrio [da *lucerna* ✱ 1803] **s. m.** ● apertura nel tetto, provvista di vetrata, per dare luce alle scale o a locali in genere sprovvisti di finestre sufficienti a illuminarli

lucernière [av. 1525] **s. m.** ● candeliere di legno formato da un fusto retto da un piede e provvisto di buchi a diverse altezze in cui un tempo si infilavano le fiaccole o il manico delle lucerne

lucernóne [1869] **s. m.** **1** accr. di *lucerna* **2** (*scherz.*, *disus.*) cappello a due punte | carabiniere

†**lucertifórme** [comp. di un deriv. del lat. *lacĕrta* 'lucertola' e di *-forme* ✱ av. 1730] **agg.** ● che ha forma di lucertola

♦**lucèrtola** [lat. tardo *lacērtula(m)*, dim. di *lacĕrta* 'lucertola' ✱ 1353] **s. f.** **1** piccolo rettile eurasiatico e africano dei Lacertidi, che ha il corpo coperto di scagliette minutissime, il capo di placche ossee, la coda sottile facilmente rigenerabile e la lingua bifida (*Lacerta*) | ***l. verde***, ramarro **2** pelle conciata di questo animale: *una borsa, un paio di scarpe, di l.* **3** (*fig.*) ***essere una l.***, amare crogiolarsi al sole ‖ **lucertolétta**, **dim.** | **lucertolìna**, **dim.** | **lucertolóna**, **accr.** | **lucertolóne**, **accr. m.** (V.)

lucèrtolo [lat. *lacĕrtulu(m)*, dim. di *lacĕrtus* 'parte superiore del braccio, muscolo', di etim. incerta ✱ 1855] **s. m.** ● (*tosc.*) taglio di carne macellata, tra il girello e il soccoscio

a b c d e f g h i j k **l** m n o p q r s t u v w x y z

lucertolóne [av. 1698] **s. m. 1** accr. di *lucertola* **2** (*zool.*) iguana | ramarro

lucherìno o **lucarìno**, **lugarìno**, **lugàro** [etim. incerta ✻ 1481] **s. m.** ● piccolo passeraceo delle foreste eurasiatiche dal piumaggio giallo verdastro, con voce sottile e armoniosa (*Carduelis spinus*)

lucìa [vc. dotta, lat. *Lūcia(m)*, f. di *Lūciu(m)*, da *lūx*, genit. *lūcis* 'luce' ✻ 1834] **s. f.** (**pl.** *-cìe*) ● (*pop.*) coccinella | (*pop.*) lucciola

lucidalàbbra [comp. di *lucida(re)* e il pl. di *labbro* ✻ 1982] **s. m. inv.** ● cosmetico che, spalmato sulle labbra, le rende lucide e talvolta tenuemente colorate

†**lucidaménto** [av. 1566] **s. m.** ● il lucidare | abbellimento

lucidàno [1852] **agg.** ● (*disus.*) splendente

lucidànte **A** **part. pres.** di *lucidare*; anche **agg.** ● che lucida: *panno l. per l'argenteria* **B** **s. m.** ● sostanza, prodotto usato per lucidare

lucidàre [vc. dotta, lat. tardo *lucidāre*, da *lūcidus* 'lucido' ✻ av. 1311] **v. tr.** (*io lùcido*) **1** rendere lucido, gener. sfregando o usando sostanze specifiche: *l. scarpe, pavimenti, mobili* **SIN.** lustrare **2** ricalcare un disegno su carta lucida e trasparente che ne permetta la riproduzione multipla

lucidascàrpe [comp. di *lucida(re)* e il pl. di *scarpa*① ✻ 1863] **A** **agg. inv.** ● detto di prodotto che serve a lucidare le calzature: *spugna, salvietta l.* **B** **s. m. inv.** ● macchina per pulire e lucidare le calzature **SIN.** lustrascarpe nel sign. B **C** **s. m. e f. inv.** ● (*raro*) lustrascarpe nel sign. A 1

lucidatóio [da *lucidare* in senso tecnico ✻ 1957] **s. m.** (**pl.** *-ói*) ● dispositivo costituito da un leggio con piano trasparente e sorgente luminosa sottostante, usato per il ricalco di disegni

lucidatóre [av. 1850] **s. m.** (**f.** *-trice*); anche **agg. 1** chi (o che) lucida: *l. di mobili* **2** lucidista

lucidatrìce [1937] **s. f. 1** (*tecnol.*) macchina destinata a conferire lucentezza e buona pulitura a superfici lavorate di metalli, marmi, legno **2** elettrodomestico a spazzole rotanti usato per la lucidatura dei pavimenti

lucidatùra [1869] **s. f. 1** operazione del lucidare: *l. di tessuti, di cuoi*; *l. di mobili* **2** in metallurgia, operazione tendente a migliorare la finitura di una superficie metallica facendovi strisciare nastri sui quali sono fissati con adesivo grani abrasivi **3** ricalco di un disegno su carta lucida e trasparente

lucidazióne [vc. dotta, lat. tardo *lucidatiōne(m)* '(de)lucidazione', da *lucidātus*, part. pass. di *lucidāre* 'lucidare' ✻ 1766] **s. f. 1** (*disus.*) lucidatura di un disegno **2** (*fig.*, *lett.*) rifacimento | traduzione

lucidézza [av. 1328] **s. f.** ● (*raro*) caratteristica di ciò che è lucido (*anche fig.*)

lucidìsta [deriv. di *lucido*② nel sign. 3 ✻ 1957] **s. m. e f.** (**pl. m.** *-i*) ● tecnico che esegue lucidi, o che è addetto alla lucidatura di disegni

lucidità [vc. dotta, lat. tardo *luciditāte(m)*, da *lūcidus* 'lucido①' ✻ av. 1332] **s. f. inv. 1** (*raro*) lucentezza **2** (*fig.*) perspicuità, chiarezza, acume: *l. di mente* | presenza di sé, completo controllo delle proprie facoltà: *agire con piena l.*; *il malato alterna momenti di torpore a momenti di l.*

♦**lùcido**① [vc. dotta, lat. *lūcidu(m)*, da *lucēre* 'lucere' ✻ 1268] **agg. 1** di corpo che riflette la luce: *mobili, pavimenti lucidi* | lucidato: *scarpe lucide* | ***l. come uno specchio***, pulitissimo | ***occhi lucidi***, per il pianto o la febbre **2** (*lett.*) splendente, luminoso: *astri lucidi*; *stelle lucide* | (*poet.*) terso, limpido: *duo freschi e lucidi ruscelli* (A. POLIZIANO) **3** (*fig.*) chiaro, perspicuo: *ha fatto una lucida esposizione del problema*; *avere la mente lucida* | che ha il completo possesso delle proprie facoltà mentali: *ha la febbre, ma è l.* || **lucidaménte**, **avv.** in modo limpido e chiaro; coscientemente, consapevolmente

♦**lùcido**② [da *lucidare* ✻ av. 1519] **s. m. 1** lucentezza: *perdere il l.* **2** qualsiasi sostanza usata per lucidare: *l. da scarpe* **3** disegno, spec. tecnico, eseguito su speciale carta semitrasparente, per consentirne la riproduzione eliografica **4** supporto trasparente usato nella lavagna luminosa

†**lucidóso** (o *-ṣ-*) [da *lucido*① ✻ sec. XV] **agg.** ● lucente

luciferìno [av. 1855] **agg. 1** (*raro*) relativo a Lucifero **2** (*fig.*) diabolico: *malvagità luciferina*

lucìfero [vc. dotta, lat. *lucĭferu(m)*, comp., sul modello del corrispondente gr. *phōsphóros* (V. *fosforo*①), di *lūx*, genit. *lūcis* 'luce', e *-feru(m)* '-fero' ✻ av. 1292] **A** **agg.** ● (*lett.*) che porta o dà luce **B** **s. m.** (*Lucifero* **nei sign. 1 e 2**) **1** (*lett.*) il pianeta Venere **2** (*relig.*) angelo della luce, che, secondo la narrazione biblica, divenne il capo degli angeli ribelli | demonio, capo dei demoni **3** (*raro, fig.*) persona rabbiosa e cattiva

†**lucificàre** [vc. dotta, lat. *lucificāre*, comp. di *lūx*, genit. *lūcis* 'luce', e *-ficāre* 'fare' (da *făcere*), come il corrispondente gr. *phōtízein* ✻ 1300 ca.] **v. tr.** ● illuminare

lucìfugo [comp. di *luce* e *-fugo* ✻ av. 1556] **agg.** (**pl. m.** *-ghi*) ● (*zool.*) detto di animale che vive preferibilmente in ambienti privi di luce

lucìgnola [etim. discussa: dal n. propr. *Lucia*, la santa orbata degli occhi, come si ritiene popolarmente sia anche l'*orbettino* (?) ✻ 1834] **s. f. 1** (*tosc.*) luscengola **2** (*zool.*) orbettino

lucìgnolo [dim. del lat. parl. **lucĭniu(m)*, con sovrapposizione di *lūx* 'luce', dal lat. tardo *licĭniu(m)* 'filaccia' (da *lĭcium* 'liccio'), passato a indicare il 'lucignolo' per influenza di *ellýchnium*, dal gr. *ellýchnion*, comp. di *en* 'in' e *lýchnos* 'lampada, lucerna' ✻ av. 1342] **s. m. 1** treccia di fili che si mette nell'olio della lucerna o all'interno della candela per essere accesa e illuminare **SIN.** stoppino **2** (*fig.*; *disus.*) persona lunga e magra **3** †quantità di lana o lino che si metteva sulla rocca per filare **4** (*tess.*) stoppino || **lucignolétto**, **dim.** | **lucignolìno**, **dim.**

lucìlia [dal n. propr. lat. *Lucīlia(m)*, f. di *Lucīliu(m)*, da *lūx*, genit. *lūcis* 'luce' ✻ 1891] **s. f.** ● insetto dei Ditteri di color verde, che depone le uova su sostanze in decomposizione e sopra le feci (*Lucilia caesar*)

†**luciménto** [da *lucere* ✻ sec. XIII] **s. m.** ● splendore

lùcio① [dal grido di richiamo *luci luci* ✻ av. 1850] **s. m.** ● (*pop.*, *tosc.*) tacchino

lùcio② ➤ **luccio**

lucioperca o **luccioperca** [comp. di *luccio* e *perca*, perché partecipa dei caratteri dei due pesci ✻ 1957] **s. f. o m.** (**pl. f.** *-che*; **pl. m. inv.**) ● pesce dei Perciformi, grosso e voracissimo, con pinna dorsale doppia, diffuso nelle acque dolci (*Lucioperca lucioperca*) **SIN.** sandra

lucìvago [comp. di *luce* e *vago* nel sign. di 'desideroso' ✻ 1987] **agg.** (**pl. m.** *-ghi*) ● (*bot.*) eliofilo

lùco [vc. dotta, lat. *lūcu(m)*, di orig. indeur. ✻ sec. XIV] **s. m.** (**pl.** *-chi*) ● nella Roma antica, bosco sacro

♣**lucóre** [lat. parl. **lucōre(m)*, da *lucēre*, come *fulgōre(m)* 'folgore', da *fulgēre* 'lampeggiare' ✻ av. 1276] **s. m.** ● (*lett.*) luce intensa, splendore | (*lett.*) luce tenue; chiarore: *la sveglia / col fosforo sulle lancette / che spande un tenue l.* (E. MONTALE)

lucràbile [1869] **agg.** ● che si può lucrare || **lucrabilità**, **s. f. inv.**

lucràre [vc. dotta, lat. tardo *lucrāre* per *lucrāri*, da *lŭcrum* 'lucro' ✻ av. 1306] **v. tr. 1** (*lett.*) ottenere come beneficio, meritare come ricompensa: *l. il paradiso*; *si appostarono ... sopra un macigno, per l. quel poco di sole* (D. BUZZATI) **2** guadagnare, spec. in modo illecito o disonesto: *l. benefici finanziari* | anche assol. (+ *su*): *è stato accusato di l. su forniture e servizi* | (*fig.*) ***l. le indulgenze***, godere il beneficio delle indulgenze concesse dalla Chiesa cattolica

lucratìvo [vc. dotta, lat. *lucratīvu(m)*, da *lucrātus* 'lucrato' ✻ av. 1328] **agg.** ● che serve a far guadagnare; redditizio: *attività lucrativa*

lucreziàno [dal n. proprio lat. *Lucrētius*, di orig. etrusca ✻ 1708] **agg.** ● relativo al poeta latino Tito Lucrezio Caro (98-55 a.C.)

♣**lùcro** [vc. dotta, lat. *lŭcru(m)*, di etim. incerta ✻ sec. XIV] **s. m.** ● guadagno, vantaggio economico (*spec. spreg.*): *fare qlco. per l., a scopo di l.*; *ricavare un l. illecito da un'attività* | ***l. cessante***, V. *cessante*

SFUMATURE ➤ ***guadagno***

lucróso (o *-ṣ-*) [vc. dotta, lat. *lucrōsu(m)*, da *lŭcrum* 'lucro' ✻ 1483] **agg.** ● che dà un considerevole guadagno: *attività lucrosa* **SIN.** redditizio, remunerativo || **lucrosaménte**, **avv.** (*raro*) con lucro

†**lucubràre** [dal lat. *lucubrāre*; V. *elucubrare* ✻ av. 1552] **v. tr.** ● elucubrare

†**lucubrazióne** [1481] **s. f.** ● elucubrazione

†**luculènto** [vc. dotta, lat. *luculĕntu(m)*, originariamente 'splendido' della stessa radice di *lūx*, genit. *lūcis* 'luce', di orig. indeur. ✻ 1321] **agg.** ● (*lett.*) splendente, luminoso || †**luculenteménte**, **avv.** con splendore, chiaramente

♣**luculliàno** [dal n. del politico e generale romano Lucio Licinio *Lucullo* (106 ca.-57 a.C.), famoso per la sua ricchezza e per il lusso di cui si circondava ✻ 1544] **agg.** ● detto di banchetto, piatto ecc. sontuoso, raffinato e abbondante: *pranzo l.* || **lucullianaménte**, **avv.** in modo lucculliano, sontuoso

lucumóne [vc. dotta, lat. *lucumōne(m)*, termine etrusco, scambiato dai Romani per n. proprio ✻ sec. XIV] **s. m. 1** supremo magistrato degli Etruschi, che deteneva, oltre al potere politico e militare, anche quello religioso **2** (*iron.*, *lett.*) persona ragguardevole o molto autorevole: *i lucumoni di una città*

lucumonìa [1869] **s. f.** ● dignità e giurisdizione di lucumone

luddìsmo [ingl. *luddism*, dal n. dell'operaio (Ned *Ludd*) che nel 1779 distrusse per protesta una macchina tessile ✻ 1963] **s. m.** ● movimento operaio inglese dell'inizio del sec. XIX, contrario all'introduzione delle macchine nell'industria perché viste come causa di minor impiego di mano d'opera e quindi di disoccupazione | (*est.*, *spreg.*) atteggiamento di chi è contrario all'introduzione di nuove macchine o di nuove tecnologie

luddìsta [1975] **A** **agg. e s. m. e f.** (**pl. m.** *-i*) ● (*stor.*) seguace, fautore del luddismo **B** **agg.** ● del luddismo, che si ispira al luddismo: *tendenze sindacali di stampo l.*

†**lùdere** [vc. dotta, lat. *lūdere*, da *lūdus* 'ludo' ✻ 1321] **v. intr.** ● giocare, far festa

♣**ludìbrio** [vc. dotta, lat. *ludĭbriu(m)*, da *lūdere*, fatto su *oppróbrium* 'obbrobrio' ✻ av. 1294] **s. m. 1** beffa, scherno: *mettere in l. le istituzioni* **2** oggetto di scherno, di derisione: *è stato il l. di tutto il popolo*; *Serse per l'Ellesponto si fuggìa, / fatto l. agli ultimi nepoti* (G. LEOPARDI)

lùdico [dal lat. *lūdu(m)* 'gioco' con il suff. *-ico*, sul modello del fr. *ludique* ✻ 1946] **agg.** (**pl. m.** *-ci*) ● relativo al gioco, al giocare | (*est.*) gaio, giocoso ‖ **ludicaménte**, avv. ‖ **ludicità**, s. f. inv. aspetto ludico, dimensione ludica di qlco.; (*est.*) giocosità, gaiezza

†**lùdicro** [vc. dotta, lat. *lūdicru(m)*, da *lūdus* 'ludo' ✱ av. 1498] **A** s. m. ● gioco, scherno **B** agg. ● beffardo, scherzoso

†**ludificàre** [vc. dotta, lat. *ludificāre*, comp. di *lūdus* 'ludo' e *-ficāre* 'ficare' ✱ av. 1342] v. tr. **1** burlare **2** ingannare, illudere ‖ †**ludificazióne**, s. f.

ludimagìstro [vc. dotta, lat. *ludimagĭstru(m)*, comp. di *lūdi*, genit. di *lūdus* 'ludo' e *măgister* 'maestro' ✱ av. 1565] s. m. ● nell'antica Roma, maestro di scuola

ludióne [vc. dotta, lat. *ludiōne(m)* 'attore', da *lūdus* 'ludo' ✱ 1869] s. m. ● galleggiante, a forma di piccolo diavolo, vuoto e con un forellino, che, posto in un recipiente pieno d'acqua chiuso da una membrana, scende o risale a seconda che si prema o no la membrana SIN. diavoletto di Cartesio

lùdo [vc. dotta, lat. *lūdu(m)*, propr. 'gioco pubblico di carattere religioso': di orig. etrusca (?) ✱ av. 1306] s. m. **1** (*stor.*) gara, spettacolo, spec. dell'antica Roma: *ludi circensi, scenici* **2** (*raro, lett.*) gioco: *d'amor tra i ludi e le tenzon civili / crebbi* (G. CARDUCCI)

lùdo- primo elemento ● in parole composte, significa 'gioco': *ludoteca, ludoterapia*

ludolinguìstica [comp. di *ludo-* e *linguistica* ✱ 1997] s. f. ● branca della linguistica che si occupa di giochi di parole e combinazioni lessicali

ludòlogo [comp. di *ludo-* e *-logo* ✱ 1992] s. m. (f. *-a*; pl. m. *-gi*) ● esperto, autore di giochi SIN. giocologo

ludopatìa [comp. di *ludo-* e *-patia* ✱ 1997] s. f. ● dipendenza patologica da giochi d'azzardo o lotterie a premi come slot machine, gratta e vinci, lotto, ecc. ‖ **ludopàtico**, agg. (pl. m. *-ci*); anche s. m. (f. *-a*) nel sign. 2 **1** relativo a ludopatia **2** che (o chi) soffre di ludopatia

ludotèca [comp. di *ludo-* e *-teca* ✱ 1979] s. f. ● locale opportunamente attrezzato dove, con intenti di servizio sociale ed educativo, sono raccolti e conservati giocattoli e altri mezzi di svago che i bambini possono usare sul luogo o prendere a prestito

ludotecàrio [da *ludoteca*, sul modello di *bibliotecario* ✱ 1983] s. m. (f. *-ia*) ● animatore e responsabile di una ludoteca

ludoterapìa [comp. di *ludo-* e *terapia* ✱ 1963] s. f. ● tecnica psicoterapeutica basata su attività ricreative opportunamente organizzate e volte soprattutto a favorire la socializzazione

lùdro ① [dal ted. *Luder* 'carogna', come ingiuria ✱ 1881] s. m. (f. *-a*) **1** (*sett.*) furfante, mascalzone **2** (*fig., sett.*) persona ingorda, insaziabile, avida

lùdro ② [da *udro* 'oltre' con *l-* dell'art. determ. ✱ 1674] s. m. ● (*sett.*) otre

lùe [vc. dotta, lat. *lŭe(m)*, da *lŭere* 'dissolvere' ✱ av. 1327] s. f. inv. **1** (*med.*) sifilide **2** (*fig., lett.*) calamità pubblica, corruzione

luètico [1905] **A** agg. (pl. m. *-ci*) ● (*med.*) della lue: *disturbo l.* **B** agg. e s. m. (f. *-a*) ● (*med.*) che (o chi) è affetto da lue

lùffa [vc. dotta, lat. scient. *lūffa*, dall'arabo *lūf* 'lupa' ✱ 1813] s. f. **1** (*bot.*) genere di pianta erbacea delle Cucurbitacee, rampicante, con fiori bianchi vistosi e frutti oblunghi, tipica dei Paesi tropicali (*Luffa*) **2** (*est.*) parte interna del frutto di tale pianta da cui si ricava uno strato fibroso e ruvido usato come spugna da bagno

†**lùffo** [etim. incerta ✱ sec. XIII] s. m. ● batuffolo

Lugàna [dal n. della zona di produzione: dall'agg. lat. *lucānus* nel senso di 'relativo al bosco (*lūcus*)' (?) ✱ 1931] s. m. inv. ● vino bianco-verdolino, dal profumo caratteristico, secco e un po' asprigno, prodotto nella zona omonima, sulla riva meridionale del lago di Garda, con uve Trebbiano locali

luganése (o *-ş-*) [1868] **A** agg. ● di Lugano **B** s. m. e f. ● abitante o nativo di Lugano

lugàniga o **lucànica**, **lugànega** [lat. *lucānica(m)* 'salsiccia preparata in *Lucania*' ✱ 1550] s. f. ● tipica salsiccia del Veneto e della Lombardia

lugarìno ➤ **lucherino**

lugàro ➤ **lucherino**

†**lùgere** [vc. dotta, lat. *lugēre*, propr. 'essere in lutto', di orig. indeur., col sign. primitivo di 'rompere, spezzare' allusivo alle manifestazioni rituali del lutto ✱ 1374] v. intr. (difett. del part. pass. e dei tempi composti) ● piangere

lugger /lagger, ingl. ˈlʌgə(r)/ [vc. ingl., retroformazione da *lugsail*, di etim. incerta ✱ 1895] s. m. inv. ● (*mar.*) veliero spec. mercantile, a due alberi a vele auriche

lugliàtica [sec. XIV] s. f. ● (*bot.*) luglienga

lugliàtico [da *luglio* ✱ av. 1320] agg. (pl. m. *-ci*) ● detto di frutto, spec. uva, che matura in luglio

lugliénga (o *-è-*) [da *luglio*, mese di maturazione, col suff. di *(magg)engo* ✱ 1903] s. f. ● varietà coltivata di uva bianca da tavola a maturazione precoce SIN. lugliatica

♦**lùglio** [lat. *Iūliu(m)*, sottinteso *mēnse(m)* 'mese', da *Iūlius*, n. (connesso con *Iōvis* 'Giove'?) della *gēns*, a cui apparteneva Giulio Cesare ✱ 1211] s. m. ● settimo mese dell'anno nel calendario gregoriano, di 31 giorni

lùgubre o (*poet.*) **lugùbre** [vc. dotta, lat. *lūgubre(m)*, da *lugēre* nel senso primitivo di 'essere in lutto' ✱ 1336 ca.] agg. ● che esprime o suscita grande tristezza, o che richiama immagini di dolore, lutto, morte: *cerimonia, avvenimento l.*; *spettacolo, visione l.*; *rompon de l'aria mesta / i silenzi lugubri* (G.B. MARINO) | *faccia l.*, molto triste ‖ **lugubreménte**, avv.

♦**lùi** /ˈlui/ [lat. tardo *(il)lŭi*, per *illī*, da *ille* 'egli', sul modello di *cŭi* ✱ sec. XII] **A** pron. pers. m. di terza pers. sing. **1** indica la persona (*lett.* anche l'animale o la cosa) di cui si parla e si usa al posto di 'egli', 'esso' nei vari compl.: *sto scrivendo a lui; sono venuto con lui; tornerò da lui; se io fossi in lui lascerei perdere* | come compl. oggetto in luogo del pronome atono 'lo', quando gli si vuole dare particolare rilievo: *sto cercando lui, non te; voglio proprio lui* | (*lett.*) come compl. di termine senza la prep. 'a': *per dar lui esperienza piena* (DANTE *Inf.* XXVIII, 48) | (*lett.* o *burocr.*) in luogo dell'agg. poss. nelle loc. ***il di lui, i di lui, la di lui, le di lui***, il suo, i suoi, la sua, le sue: *la di lui voce* | si pospone ad 'anche', 'neanche', 'pure', 'neppure', 'nemmeno' e sim.: *ho incontrato anche lui* | si pospone a 'ecco' in luogo del pron. enclitico 'lo', quando gli si vuole dare particolare rilievo: *ecco lui* **2** egli (come soggetto sia nella lingua parlata che in quella scritta, spec. in espressioni enfatiche, ellittiche, esclamative, in contrapposizione ad altro soggetto o posposto al verbo con valore enfat. e rafforz.): *lui non ha fatto alcuna obiezione; venga lui se ha coraggio!; beato lui!; lui è sempre il primo in ogni cosa* | con il v. al modo inf., part., gerundio: *lui scomodarsi per così poco?!*; *partito lui, la madre rimase sola* | si pospone a 'anche', 'neanche', 'pure', 'neppure', 'nemmeno' e sim.: *nemmeno lui era al corrente* | con funzione predicativa: *non mi sembra più lui!* | si usa dopo 'come' e 'quanto' nelle comparazioni: *io ne so quanto lui* **B** in funzione di s. m. inv. ● (*fam.*) l'uomo amato: *il mio lui*

luì /luˈi*/ [vc. onomat. ✱ 1481] s. m. inv. ● genere di Uccelli insettivori dei Passeriformi, dal piumaggio olivastro o giallo verdastro, becco corto e sottile (*Phylloscopus*)

luìgi [fr. *louis*, da *Luigi* XIII di Francia che la fece coniare nel 1640 ✱ 1668] s. m. inv. ● moneta d'oro francese coniata per la prima volta da Luigi XIII

luigìno [detto così perché recava lo stemma di Luigi XIII di Francia ✱ 1933] s. m. ● moneta frazionaria francese d'argento coniata nel XVII sec.

lùiula [per *alleluia*, in accezione botanica ✱ av. 1530] **A** s. f. ● (*bot.*) acetosella **B** anche agg. solo f. ● nella loc. ***erba l.***, acetosella

lukacsiàno (lu-kacs-ia-no, lu-kac-sia-no) /lukatˈtʃano/ [1967] agg. ● relativo al filosofo e critico letterario ungherese G. Lukács (1885-1971) o alla sua opera

†**lùlla** [lat. *lūnula(m)* 'lunula, mezzaluna', dim. di *lūna* 'luna' ✱ 1313] s. f. ● ognuna delle due parti a semicerchio che formano il fondo della botte

♦**lumàca** [lat. parl. **limāca(m)*, dal gr. *léimaka*, acc. di *léimax* 'lumaca' ✱ 1313] **A** s. f. **1** mollusco dei Gasteropodi polmonato, onnivoro, con corpo allungato e viscido, conchiglia spesso inesistente o ridotta e situata sotto la pelle del dorso (*Limax agrestis*) **2** correntemente, ogni specie commestibile dei Molluschi dei Gasteropodi dotati di conchiglia spiraliforme: *lumache di mare alla genovese* **3** (*fig.*) persona lenta e pigra nel muoversi e nell'agire: *essere una l.*; *fare la l.* | (*fig.*) ***camminare a passo di l.***, molto adagio **4** (*mat.*) ***l. di Pascal***, podaria di un punto rispetto a una circonferenza **5** (spec. al pl.) pasta corta da minestra, di forma simile al guscio delle chiocciole **B** in funzione di agg. inv. ● (posposto a un sost.) detto di ciò che procede con estrema lentezza: *tram l.*; *treni l.*; *poste l.* ‖ **lumachèlla**, dim. (V.) | **lumachétta**, dim. | **lumachìna**, dim. | **lumachìno**, dim. m. | **lumacóne**, accr. m. (V.)

lumacàre [da *lumaca* ✱ 1870] **A** v. tr. (*io lumàco, tu lumàchi*) ● (*raro*) allumacare **B** v. intr. (aus. *avere*) ● (*lett.*) muoversi, camminare lentamente

lumacatùra [1891] s. f. ● (*raro*) allumacatura

†**lumàccia** [1313] s. f. (pl. *-ce*) ● lumaca: *e li orecchi ritira per la testa / come face le corna la l.* (DANTE *Inf.* XXV, 131-132)

lumachèlla [1754] s. f. **1** dim. di *lumaca* **2** (*miner.*) calcare compatto ricco di gusci di conchiglie

lumacóne [av. 1449] s. m. **1** accr. di *lumaca* **2** (*zool.*) denominazione di varie specie di Molluschi dei Gasteropodi privi di guscio | ***l. ignudo***, V. *lumaca* nel sign. 1 **3** (f. *-a*) (*fig.*) persona lenta e incerta nel muoversi o nell'agire | persona furba, ma che cerca di apparire goffa e sciocca

lumacóso (o *-ş-*) [1499] agg. ● (*raro*) che è sporco di bava di lumaca o di macchie simili

lumàio [da *lume* ✱ 1808] s. m. (f. *-aia*, pl. m. *-ai*) ● (*disus.*) fabbricante, venditore di lumi | lampionaio | (*raro*) lampista

†**lumàre** ① [ant. fr. *lumer*, da *lume* 'lampada' ✱ sec. XIII] v. tr. ● illuminare

lumàre ② [milan. *lumà*, prob. da *lumm* 'lume, lucerna' ✱ 1585] v. tr. ● (*sett.*) guardare, adocchiare, sbirciare CFR. allumare③

lumàta [1957] s. f. ● (*sett.*) sguardo, occhiata

lumbàrd /lomb. lūmˈbard/ [dalla vc. dialettale milan. *lombàrd* ✱ 1986] **A** s. m. e f. (f. anche *-a*; pl. m. inv.; pl. f. *-e*) ● militante, sostenitore della formazione politica Lega lombarda, Lega Nord **B** agg. inv. ● relativo ai militanti o alla politica della Lega lombarda, della Lega Nord

♦**lùme** o †**lùmine** [vc. dotta, lat. *lūmen*, da una radice *lūc- 'splendere', di orig. indeur. ✱ 1266] **s. m. 1** apparecchio spec. non elettrico per illuminare: *l. a olio, a petrolio, a gas, da tavolo* | ***far l.***, guidare con la luce | ***tenere, reggere il l.***, (*fig.*) reggere il moccolo (V. *moccolo*) | (*fig.*) ***a l. di naso***, in base all'intuito, a una prima impressione **2** (*fig., poet.*) stella, astro, corpo luminoso: *fra tanti amici lumi / una nube lontana mi dispiacque* (F. PETRARCA) **3** (*est.*) chiarore, luce, sorgente luminosa: *un l. improvviso squarciò le tenebre; leggere al l. di candela* **4** (*fig., lett.*) facoltà visiva, vista: *il l. degli occhi* | ***perdere il l. degli occhi***, lasciarsi trasportare dall'ira **5** (*fig.*) ciò che illumina la mente, l'anima: *il l. della scienza, della fede* | ***perdere il l. della ragione***, infuriarsi | ***il secolo dei lumi***, (*per anton.*) il XVIII, secolo dell'illuminismo | (**al pl.**) chiarimento, consiglio: *chiedere lumi* **6** (*lett.*) gloria, luminare, guida: *O de li altri poeti onore e l.* (DANTE *Inf.* I, 82) | ***†l'Alto L.***, la luce divina, Dio **7** ampiezza delle maglie nelle reti da pesca **8** (*biol.*) interno di un organo cavo: *l. intestinale* **9** (**al pl.**, *poet.*) occhi: *cadde tramortita e si diffuse / di gelato sudore, e i lumi chiuse* (T. TASSO) ‖ **lumétto**, **lumettino**, **dim.** | **lumicìno**, **dim.** (V.) | **lumìno**, **dim.** (V.)

lumeggiaménto [1737] **s. m. 1** (*raro*) tecnica e procedimento del lumeggiare **2** (*fig., raro*) chiarimento

lumeggiàre [1550] **v. tr.** (**pres.** *io luméggio*; **fut.** *io lumeggerò*) **1** dare brillantezza ai rilievi di un oggetto di metallo | dare rilievo, per mezzo di piccoli tocchi di colore chiaro, alle parti luminose di un quadro, affresco e sim. | in cartografia, dare il senso del rilievo con tratteggi **2** (*fig.*) spiegare, chiarire: *l. una circostanza, un fatto, un'idea; non è da questo luogo narrare e nemmeno l. rapidamente la vita del Foscolo* (B. CROCE) **SIN.** illustrare **3** (*lett.*) illuminare: *il faro lumeggiava gli scogli*

lumeggiatùra [1881] **s. f.** ● (*raro*) lumeggiamento | (**spec. al pl.**) nella tecnica pittorica e in cartografia, effetto di rilievo ottenuto con la tecnica del lumeggiamento

lùmen [dalla radice, di orig. indeur., *lūc- 'splendere' ✱ 1926] **s. m. inv.** ● (*fis.*) unità di misura di flusso luminoso, corrispondente al flusso emesso, per unità di angolo solido, da una sorgente puntiforme che abbia nelle direzioni comprese in tale angolo solido l'intensità luminosa di una candela **SIMB.** lm

lùmen Chrìsti /*lat.* 'lumen 'kristi/ [loc. lat., propr. 'luce (*lūmen*) di Cristo (*Chrĭsti*)' ✱ 1851] **loc. sost. m. inv.** (**pl. lat.** *lumina Christi*) ● candela benedetta il Sabato Santo e conservata per essere accesa solo in determinate circostanze

lumenòmetro [comp. di *lumen* e *-metro* ✱ 1934] **s. m.** ● (*fis.*) apparecchio misuratore del flusso luminoso

lumenóra [comp. di *lumen* e *ora* ✱ 1957] **s. m. inv.** ● (*fis.*) unità pratica di misura della quantità di luce, equivalente a quella emessa in un'ora da un flusso luminoso di 1 lumen

†**lumèra** ➤ **lumiera**

†**lumèrbio** [forse sovrapp. di *lume* a *superbio* 'superbo' ✱ 1560] **agg.** ● strano, lunatico

lumìa [v. *limetta*② ✱ sec. XIII] **s. f.** ● (*bot., merid.*) limetta

lumicìno [1533] **s. m.** ● dim. di *lume* | ***cercare qlco. col l.***, (*fig.*) cercare con grande diligenza cose difficili da trovare | (*fig.*) ***essere al l.***, stare per finire; essere in fin di vita

lumièra o †**lumèra** [ant. fr. *lumière*, dal lat. *luminăria*, nt. pl., d'uso più frequente del sing. *lumināre* 'fiaccola' ✱ av. 1250] **s. f. 1** †luce, splendore | †lume **2** (*tosc.*) lampadario da soffitto a più luci | candelabro infisso in passato sulla facciata di palazzi, spec. sontuosi, per adattarvi fiaccole o fanali | †focone

luminàio [lat. parl. *lumināriu(m), agg. di *lumināre* 'luminare①' ✱ sec. XIV] **s. m.** (**pl.** *-ai*) **1** supporto di legno su cui si appoggiava il lume | rozzo lucerniere, usato spec. nelle campagne **2** (**f.** *-aia*) chi accendeva i lumi nei teatri

Luminàle® o **Luminàl** [marchio registrato ✱ 1931] **s. m. inv.** ● (*chim.*) derivato dell'acido barbiturico, dotato di azione sedativa, ipnotica e antiepilettica

†**luminaménto** [da *luminare*② ✱ sec. XIV] **s. m.** ● luce, splendore

luminànza [da *lumen* ✱ 1957] **s. f.** ● (*fis.*) brillanza

†**luminàra** ➤ **luminaria**

luminàre① [vc. dotta, lat. *lumināre* 'finestra, astro, lampada', da *lūmen* 'lume' ✱ av. 1342] **s. m.** (**anche f. nel sign. 2**) **1** †astro, stella: *un l. più bello e più grande che la luna* (G. BRUNO) | †lume **2** (*astron.*) ***i luminari***, il Sole e la Luna **3** (*fig.*) persona insigne per grande capacità e dottrina: *è un l. delle scienze fisiche*

luminàre② [vc. dotta, lat. tardo *lumināre*, da *lūmen* 'lume' ✱ 1260 ca.] **A v. tr.** (*io lùmino*) ● †illuminare **B v. intr.** ● (*lett.*) risplendere (*anche fig.*)

luminària o (*centr.*) †**luminàra** [lat. *luminăria*, nt. pl., di più frequente impiego, di *lumināre* 'fiaccola' ✱ 1252] **s. f. 1** (**spec. al pl.**) illuminazione pubblica in occasione di feste o ricorrenze particolari **2** quantità ingente di lumi accesi: *lasciando i falò e le luminarie accese nel campo* (G. VILLANI) **3** †astro, stella

†**luminatìvo** [av. 1306] **agg.** ● illuminativo

†**lùmine** ➤ **lume**

luminèllo① [da *(il)luminare* ✱ sec. XV] **s. m.** ● bagliore prodotto della luce solare riflessa da superfici lucide o dall'acqua **SIN.** barbaglìo, riverbero

luminèllo② [da *lumino* ✱ 1853] **s. m. 1** cilindretto forato avvitato sul focone delle antiche armi da fuoco ad avancarica **2** piccolo anello in cui si infila il lucignolo, nel becco della lucerna | nei lumi a olio, dischetto galleggiante che serve da sostegno al lucignolo

luminescènte [dal lat. *lūmen*, genit. *lūminis* 'lume', con la desinenza dei part. pres. incoativo lat., come *putrescente*, *efflorescente*, e sim. ✱ 1934] **agg.** ● dotato di luminescenza

luminescènza [1909] **s. f.** ● emissione di luce, da parte di un corpo, per qualsiasi processo chimico o fisico che non sia l'incandescenza: per es. la fosforescenza e la fluorescenza

†**luminièra** [sec. XIV] **s. f.** ● lumiera

†**luminière** [sec. XIV] **s. m.** ● lucerniere

luminìo [1940] **s. m.** (**pl.** *-ii*) ● (*lett.*) luccichio, sfavillio: *l. brillante, duro, cieco come uno specchio* (R. BACCHELLI)

luminìsmo [dal lat. *lūmen*, genit. *lūminis* 'luce' col suff. di corrente artistica *-ismo* ✱ 1960] **s. m.** ● tecnica pittorica fondata su un impiego rigorosamente delineato della luce

luminìsta [1942] **A s. m. e f.** (**pl. m.** *-i*) ● artista che segue il luminismo **B agg.** ● luministico

luminìstica [dal lat. *lūmen*, genit. *lūminis* 'luce', col suff. di arte o tecnica *-istica* ✱ 1963] **s. f.** ● nello spettacolo teatrale, illuminotecnica

luminìstico [1935] **agg.** (**pl. m.** *-ci*) ● del luminismo, dei luministi

lumìno [av. 1562] **s. m. 1** dim. di *lume* **2** in passato, piccola lampada a olio con lucignolo galleggiante: *l. da notte* **3** basso cilindro di cera con stoppino, che si accende su tombe o dinanzi a immagini sacre, solitamente contenuto in un bicchierino (oggi spesso sostituito con una piccola lampadina)

luminòlo o **luminòl** [ted. *Luminol*, dal lat. *lumin(em)* col suff. *-olo*① ✱ 1933] **s. m.** ● (*chim.*) composto organico che mostra chemiluminescenza in presenza di sostanze ossidanti, utilizzato per rilevare tracce ematiche e per la ricerca di rame, ferro e cianuro

luminosità (o -ṣ-) [1308] **s. f. inv. 1** caratteristica di ciò che è luminoso: *la l. di un ambiente, dell'orizzonte, di un quadro* | (*fig.*) radiosità: *la l. di un sorriso* | (*fig.*) chiarezza, acutezza, perspicuità: *la l. di un'idea* **2** (*fis.*) rapporto fra l'intensità del fascio incidente e la proiezione della superficie della sorgente in direzione perpendicolare al fascio **3** (*fis.*) rapporto fra la brillanza di un soggetto e l'intensità di illuminamento della sua immagine fotografica **4** (*ottica*) grandezza caratteristica di un obiettivo fotografico, che è proporzionale al quadrato del rapporto fra il suo diametro e la lunghezza focale e alla sua trasparenza; consente tempi di posa tanto più brevi quanto più è elevata

♦**luminóso** (o -ṣ-) [vc. dotta, lat. *luminōsu(m)*, da *lūmen* 'lume' ✱ 1282] **agg. 1** che emette luce: *sorgente luminosa* | ***corpo l.***, che invia luce propria, sorgente primaria di luce | che è pieno di luce: *oggi c'è un cielo sereno e l.*; *una stanza luminosa, ... tutta avvolta entro un fulgore di sole* (L. PIRANDELLO) **2** (*fig.*) smagliante, radioso: *sorriso l.* | (*fig.*) chiaro, manifesto, evidente: *verità, dimostrazione luminosa* | illustre, preclaro, fulgido: *esempio l.* | ***idea luminosa***, acuta, perspicua, geniale **3** (*ottica*) detto di obiettivo fotografico con notevole luminosità **4** †rilucente, lucido ‖ **luminosaménte**, **avv.** ‖ **luminosità**, **s. f. inv.** (V.)

Lumpenproletariat /ˌlumpenproleta'rjat, *ted.* ˌlʊmpmpʀoleta'ʀja:t/ [vc. ted., propr. 'proletariato (*Proletariat*) degli stracci (*Lumpen*)' ✱ 1932] **s. m. inv.** (**pl. ted.** *Lumpenproletariate*) ● termine con cui Marx qualificò il sottoproletariato urbano

lùmpo [adattamento dell'ingl. *lump(fish)*, di probabile orig. ted. ✱ sec. XIV] **s. m.** ● (*zool.*) pesce degli Scorpeniformi (*Cyclopterus lumpus*)

♦**lùna** [vc. dotta, lat. *lūna(m)*, da una radice *luc- 'splendere', di orig. indeur. ✱ 1224 ca.] **A s. f.** (**con iniziale maiuscola nell'uso scientifico e astronomico**) **1** unico satellite naturale della Terra, intorno alla quale compie una rivoluzione in 29d 12h 44m 3s: *il chiarore, la luce, le fasi della L.*; *un raggio di l.*; *L. calante, crescente* **CFR.** seleno- | ***L. nuova***, quando l'emisfero rivolto verso la Terra non è illuminato dal Sole | ***L. piena***, quando l'emisfero rivolto verso la Terra è completamente illuminato dal Sole | **PROV.** ***gobba a ponente l. crescente, gobba a levante l. calante*** | ***mezza l.***, V. *mezzaluna* | ***volere, chiedere la l.***, (*fig.*) pretendere cose assurde, impossibili | ***con questi chiari di l.***, (*fig.*) in questo momento critico | ***fare vedere la l. nel pozzo***, (*fig.*) ingannare, illudere | ***abbaiare alla l.***, (*fig.*) gridare, imprecare a vuoto | ***pietra della l.***, lunaria | (*fig.*) ***avere la l. storta, avere la l., le lune, avere la l. di*** (o ***per***) ***traverso***, essere stizzito, di malumore e sim. | ***mal di l., mal della l.***, (*pop.*) epilessia, licantropia | (*fig.*) ***faccia di l. piena***, tonda e grassa | (*astrol.*) pianeta che domina il segno zodiacale del Cancro | (*est.*) satellite naturale di qualsiasi pianeta: *la scoperta delle nuove lune di Giove* **2** periodo di tempo che la luna impiega per compiere una rivoluzione attorno alla Terra, della durata di circa un mese: *tornarono dopo tre lune* | (*fig.*) ***l. di miele***, primo periodo di un matrimonio; (*fig.*) primo periodo favorevole di un rapporto: *la breve l. di miele tra il governo e la stampa* **3** (*fig.*) †semicerchio, mezzaluna **4** (*fig.*) regione fantastica, dove si rifugia la mente quando perde il contatto con la realtà | ***vivere, essere nel mondo della l.***, essere fuori dalla realtà | ***essere ancora nel mondo della l.***, non essere ancora nato **5** †periodo dell'anno: *qualunque cibo per qualunque l.* (DANTE *Par.* XXVII, 132) **6** carta del gioco dei tarocchi **B** **in funzione di agg. inv.** ● (posposto al sost.) nella loc. ***pesce l.*** (V.) ‖ **lunétta**, **dim.** (V.) | **lunóna**, **accr.** | **lunóne**, **accr. m.**

lunàle [fr. *lunal*, che traduce il lat. *lūnula* nella stessa accezione ✱ 1970] **s. f.** ● lunula dell'unghia

luna park /luna'park/ [comp., sul modello americano di *city park, driving park, game park* e diversi altri, di *luna*, come 'luogo fantastico', e *park* 'parco' ✱ 1911] **loc. sost. m. inv.** ● parco di divertimenti all'aperto, con attrazioni varie, giostre, ottovolanti, tiri a segno e sim.

lunàre [vc. dotta, lat. *lunāre(m)*, da *lūna* 'luna' ✱ av. 1328] **agg.** ● della luna: *le fasi lunari*; *dolce e bianco spicchio l.* (U. SABA) | ***mese l.***, lunazione | (*fig.*) che ricorda la luna come aspetto, luminosità, colore ecc.: *pallore l.* | ***bellezza l.***, eterea | ***paesaggio l.***, (*fig.*) desolato o illuminato da una luce diafana | ***temperamento l.***, tipo astrologico in cui prevalgono gli influssi della luna ‖ **lunarità**, **s. f. inv.**

lunària① [da *lunare* per il colore argenteo del setto ✱ sec. XIV] **s. f.** ● felce dei pascoli alpini, con foglia formata da due file di foglioline più larghe che lunghe (*Botrychium lunaria*) | pianta erbacea ornamentale delle Crocifere a fiori violetti (*Lunaria annua*)

lunària② [perché si riteneva legato l'aumento o la diminuzione del suo splendore alle fasi *lunari*, come la corrispondente gr. *selēnítēs* ✱ 1975] **s. f.** ● (*miner.*) varietà di adularia in cristalli opalescenti, usata come gemma **SIN.** pietra di luna

lunàrio [vc. dotta, lat. *lunāre(m)*, sottinteso *tăbula(m)*, '(registro) lunare (delle fasi)' ✱ 1499] **s. m. 1** tavola delle fasi lunari, delle lunazioni e dell'anno lunare **2** correntemente, libretto che riporta i giorni del mese, le fasi della luna, i santi, le feste, le fiere, con previsioni meteorologiche, consigli, ricette ecc. | ***sbarcare il l.***, tirare avanti stentatamente **SIN.** almanacco, calendario ‖ **lunariétto**, **dim.**

lunarìsta [1618] **s. m. e f.** (**pl. m.** *-i*) ● (*raro*) compilatore di lunari | (*est.*) †indovino

lunàta [da *lunato* ✱ av. 1703] **s. f. 1** struttura di forma simile a quella di una mezza luna | ansa formata in un fiume dall'erosione o dalla piena delle acque **2** (*mar.*; *disus.*) allunamento

lunaticherìa [da *lunatico* ✱ 1891] **s. f.** ● (*raro*) carattere lunatico | discorso o comportamento da lunatico

✦**lunàtico** [vc. dotta, lat. *lunāticu(m)* 'colpito da malattia provocata (si credeva) dal mutamento della luna (*lūna*)', sul modello del corrispondente gr. *selēniakós* ✱ sec. XIII] **A** **agg.** (**pl. m.** *-ci*) **1** (*lett.*) della luna, relativo alla luna, che abita sulla luna: *una veste ... trapunta ... da una fata lunatica* (G. D'ANNUNZIO) | †affetto da turbe psicologiche, maniaco, epilettico | (*disus.*) ***malattia lunatica***, epilessia **2** detto di persona volubile, incostante, mutevole di umore: *carattere l.* **CFR.** solare ‖ **lunaticità**, **s. f. inv.** carattere, umore lunatico; capricciosità, volubilità **B** **s. m.** (**f.** *-a*) ● chi è di umore variabile o si comporta in modo stravagante e bizzarro

lunàto [vc. dotta, lat. *lunātu(m)*, part. pass. di *lunāre* 'piegare a forma di luna' ✱ 1340] **agg.** ● che ha forma ricurva simile a quella di una mezza luna: *stringendo il grano e le lunate falci, / mietean le spighe* (G. PASCOLI) **SIN.** falcato | †che ha corna arcuate: *tori lunati*

lunatùra [da *luna* per la forma gener. assunta dal fenomeno ✱ 1954] **s. f.** ● difetto del legno che presenta zone prive di compattezza dovute a gelate che hanno fatto morire le cellule dell'albero **SIN.** doppio alburno

lunazióne [vc. dotta, lat. tardo *lunatiōne(m)*, da *lunātus* 'lunato' ✱ sec. XIII] **s. f.** ● (*astron.*) mese sinodico lunare, intervallo tra due consecutivi ritorni della luna alla medesima fase

lunch /lantʃ, *ingl.* lʌntʃ/ [vc. ingl. d'orig. oscura ✱ 1884] **s. m. inv.** (**pl. ingl.** *lunches*) ● leggero pasto consumato a metà giornata spec. nei Paesi anglosassoni

luncheonette /lantʃo'nɛt, *ingl.* ˌlʌntʃə'nɛt/ [vc. ingl., deriv. di *luncheon* 'pasto leggero' (di etim. incerta) ✱ 1983] **s. f. inv.** ● locale in cui si può consumare rapidamente un pasto o uno spuntino

✦**lunedì** [lat. *Lūnae dĭe(m)*, propr. 'giorno (*dĭes*) della Luna (*Lūnae*)', cioè legato alla Luna, secondo l'ant. sistema assiro-babilonese ✱ 1282] **s. m. inv.** ● primo giorno della settimana civile, secondo della liturgica | ***L. grasso***, ultimo lunedì di Carnevale | ***L. dell'Angelo***, il lunedì successivo alla Pasqua cristiana **SIN.** (*pop.*) pasquetta

†**lunediàna** [da *lunedì* ✱ av. 1665] **s. f.** ● riposo del lunedì di alcuni lavoratori (per es. gli antichi battilani) che non potevano farlo la domenica

lunediàre [1855] **v. intr.** (**pass. rem.** *io lunediài* o *lunedài*) ● (*pop., disus.*) fare festa di lunedì, nella filastrocca: *lunedì lunediai, martedì non lavorai, mercoldì persi la rocca, giovedì la ritrovai, venerdì la inconocchiai, sabato mi lavai la testa, e domenica era festa*

lunènse [vc. dotta, lat. *Lunēnse(m)*, agg. di *Lūna*, n. dell'ant. città etrusca di Luni ✱ sec. XIV] **agg.** ● dell'antica Luni o del suo territorio, l'odierna Lunigiana

lunétta [av. 1502] **s. f. 1** dim. di *luna* **2** elemento architettonico di una muratura, a forma semicircolare, che sovrasta una porta o una finestra | (*est.*) opera pittorica o musiva posta all'interno di tale apertura: *una l. di Luca della Robbia* **3** (*milit.*) nell'antica fortificazione, opera esterna costituita da un saliente e da due fianchi **4** ogni oggetto, o parte di esso, a forma di luna falcata, di mezzo tondo o di lente | nell'utensileria domestica, mezzaluna **5** (*agric.*) sistemazione di terreni declivi con ripiani semicircolari sostenuti da muri a secco **6** (*relig.*) sostegno dell'ostia consacrata nell'ostensorio, a forma di cerchio o di mezzaluna **7** pezzetto di pelle a rinforzo della tomaia nei punti di maggiore sforzo **8** (*mecc.*) accessorio del tornio, usato per sostenere pezzi molto lunghi **9** (*sport*) nel gioco della pallacanestro, semicirconferenza tracciata di fronte al cesto, da cui si effettuano i tiri liberi | nel calcio, semicerchio tracciato all'esterno dell'area di rigore, che i giocatori non devono superare mentre viene tirato un calcio di rigore

lùnga [da *lungo* ✱ sec. XIII] **s. f. 1** †lunghezza | †lungaggine, differimento **2** in alcune loc. avv. | ***alla l.***, con il passar del tempo | ***di gran l.***, molto, moltissimo | ***mandare qlco. per le lunghe***, differirla | ***andare per le lunghe***, protrarsi molto nel tempo | (*lett.*) ***alla più l.***, al più tardi | †***della l.***, di lontano

lungàdige [comp. di *lung(o)*- e *Adige* sul modello di *lungarno, lungotevere* ✱ 1957] **s. m.** (**pl. inv.** o *-i*) ● strada che si snoda parallelamente al corso del fiume Adige, spec. a Verona e a Trento

lungàggine [da *lungo* col suff. spreg. *-aggine* ✱ av. 1755] **s. f. 1** il mandare troppo per le lunghe qlco.: *le lungaggini della burocrazia* **SIN.** indugio, lentezza, ritardo **2** (*raro*) prolissità: *l. di stile* | (*raro*) parte troppo lunga o prolissa di un testo o di un discorso

lungagnàta [da *lungo* con sovrapposizione di *lagna* ✱ 1842] **s. f.** ● (*fam.*) discorso o rappresentazione lunga e noiosa | (*est.*) faccenda che va per le lunghe: *vedo che vuol essere un'altra l.* (A. MANZONI)

lungàgnola [da *lungo* ✱ av. 1543] **s. f. 1** †tipo di rete lunga e bassa per la caccia ad animali terrestri **2** (*fig.*) †insidia **3** (*raro*) lungaggine

lungagnóne [da *lungo* ✱ av. 1920] **A** **s. m.** (**f.** *-a*) **1** (*fam.*) persona alta e magrissima **2** (*fam.*) chi si muove e agisce dimostrando eccessiva lentezza e goffaggine **B** **agg.** ● che è molto lento nell'agire, nell'operare

†**lungàia** [av. 1742] **s. f.** ● lungaggine, prolissità

†**lungaménto** [sec. XIV] **s. m.** ● prolungamento | allontanamento

†**lungàre** o †**longàre**, †**longiàre** [da *allungare*, per aferesi ✱ av. 1294] **v. tr.** ● allungare

lungarìna ➤ **longherina**

lungàrno [comp. di *lung(o)*- e *Arno* ✱ av. 1380] **s. m.** (**pl.** *-i*, raro **inv.**) ● ogni strada che corre lungo l'Arno, spec. a Firenze

†**lùnge** ➤ **lungi**

lungherìa [1534] **s. f.** ● (*lett.*) lungaggine

lungherìna ➤ **longherina**

lungheróne ➤ **longherone**

lunghésso o **lungh'ésso** [da leggere: *lung(o) esso* ✱ 1300 ca.] **prep.** ● (*lett.*) lungo, accosto a: *Noi eravam l. mare ancora* (DANTE *Purg.* II, 10); *ora lungh'esso il litoral cammina / la greggia* (G. D'ANNUNZIO)

✦**lunghézza** [da *lungo*, come il lat. tardo *longĭtia(m)*, da *lŏngus* 'lungo' ✱ 1243] **s. f. 1** (*mat.*) estensione di un segmento lineare o di una linea curva | dimensione di un corpo in estensione, cioè né in altezza né in larghezza | misura di tale estensione: *l. di un segmento, di un tavolo* **2** estensione massima di qlco. in senso orizzontale: *la l. di una strada*; *la l. di un treno* | ***l. di un fiume***, compresa tra la sorgente e la foce | ***l. fuoritutto***, misura massima di una nave, misurata tra i punti estremi a prua e a poppa | ***l. al galleggiamento***, quella misurata sul piano di galleggiamento medio nel progetto della nave **3** caratteristica di ciò che dura a lungo nel tempo: *la l. di una guerra* | (*lett.*) ***la l. del tempo***, il passar del tempo: *con la l. del tempo si spengono le città e si perdono le memorie delle cose* (F. GUICCIARDINI) **CONTR.** brevità **4** (*est.*) durata: *la l. di un discorso* **5** †lungaggine, indugio **6** (*sport*) nell'ippica, nel ciclismo e nel canottaggio, unità di misura, corrispondente alla lunghezza di un cavallo, di una bicicletta o di un'imbarcazione, con cui si valutano i distacchi tra i concorrenti: *vincere per mezza, per una l.* **7** (*fotogr.*) ***l. focale***, V. *focale* **8** (*fis.*) ***l. d'onda***, distanza percorsa dall'onda in un periodo | ***essere, sintonizzarsi sulla stessa l. d'onda***, (*fig.*) essere d'accordo, in sintonia con qlcu. **9** ***l. grafica***, in cartografia, quella misurata sulla carta | ***l. oggettiva***, quella reale ridotta all'orizzonte, corrispondente alla lunghezza grafica

lunghièra [1600] **s. f. 1** (*lett.*) ragionamento prolisso | (*lett.*) serie lunga e monotona **2** †dilazione, indugio

lunghìno [1957] **s. m.** ● (*sett.*) arginello di risaia

lunghìsta [da (salto in) *lungo* ✱ 1964] **s. m. e f.** (**pl. m.** *-i*) ● (*sport*) in atletica leggera, specialista del salto in lungo

✦**lùngi** o †**lùnge** [lat. *lŏnge*, avv. deriv. dall'agg. *lŏngus* 'lungo' ✱ 1268] **A** **avv.** ● (*lett.*) lontano (con valore locativo e, più raramente, temp.): *non andranno l.*; *gli altri son poco l. in cimitero* (G. PASCOLI); *Il fine ormai di quel piovoso inverno, / ... lunge non era* (T. TASSO)

| *da, di l.*, da lontano: *vengono da l.* **B** nelle loc. prep. *l. da*, †*l. a* ● (*lett.*) lontano da (*anche fig.*): *è ben l. dalla verità*; (*scherz.*) *l. da me, una simile idea!*; *non molto l. al percuoter de l'onde* (DANTE *Par.* XII, 49) | (*fig.*) ***essere ben l. dal pensare*** o ***fare qlco.***, non averne la minima intenzione

†**lungilucènte** [comp. di *lungi* e *lucente* ✱ av. 1729] **agg.** ● (*poet.*) che spande all'intorno molta luce

✦**lungimirànte** [comp. di *lungi* e *mirante*, part. pres. di *mirare* ✱ 1918] **A agg.** ● di persona che ha la capacità di prevedere i futuri sviluppi di un fatto o di una circostanza: *un politico l.* | (*est.*) di ciò che è compiuto con accortezza e prontezza: *una presa di posizione l.* **B s. m. e f.** ● chi sa guardare all'avvenire con previdenza e saggezza

✦**lungimirànza** [1942] **s. f.** ● caratteristica di chi è lungimirante o di ciò che è compiuto con previdenza: *la l. di un politico*; *la l. di quella decisione ha avuto le sue positive conseguenze*

SFUMATURE ➤ *previdenza*

†**lùngio** ➤ **lungo**

†**lungisaettànte** [comp. di *lungi* e *saettante* ✱ av. 1729] **agg. e s. m.** ● (*poet.*) che (o chi) saetta di lontano: *Apollo, Diana l.*

†**lungitàno** ➤ †**longitano**

lungivedènte [comp. di *lungi* e *vedente*, part. pres. di *vedere*① ✱ 1869] **agg. e s. m. e f.** ● (*lett.*) lungimirante, preveggente

✦**lùngo** o (†o *ven.*, *merid.*) **lòngo**, †**lùngio** nel sign. C [lat. *lŏngu(m)*, di orig. indeur. ✱ av. 1250] **A agg.** (**pl. m.** *-ghi*, †*-gi*) **1** che ha una determinata lunghezza: *la strada è lunga un chilometro* | che si estende in lunghezza: *la strada è molto lunga* | ***cadere l. disteso***, col corpo interamente disteso a terra | ***fare il passo più l. della gamba***, compiere, tentare un'impresa superiore alle proprie forze o capacità CFR. longi-, dolico- CONTR. corto **2** che ha una considerevole lunghezza: *fila lunga*; *capelli lunghi* | ***abito l.***, abito femminile da sera che arriva ai piedi | ***calzoni lunghi***, che scendono fino al piede | (*fig.*) ***fare il muso l.***, imbronciarsi | ***avere le mani lunghe***, (*fig.*) rubare, rubare con destrezza; essere molto audace con le donne; esercitare la propria influenza in vari settori | ***avere la lingua lunga***, (*fig.*) essere chiacchierone, pettegolo o maldicente | ***avere le gambe lunghe***, (*fig.*) avere un passo svelto o camminare volentieri | ***avere la vista lunga***, vedere bene da lontano; (*fig.*) essere lungimirante, accorto | (*colloq.*) ***saperla lunga***, essere molto furbo o malizioso | (*colloq.*) ***la dice lunga su qlco.***, di ciò che fa ben comprendere, che rivela qlco.: *la sua reazione la dice lunga sul suo senso di colpa* | (*est.*) che va o arriva lontano: *givan seguendo e bracchi il l. odore* (A. POLIZIANO) | ***palla lunga, tiro l.***, che oltrepassa il bersaglio **3** che si estende in altezza, detto spec. di persona alta e magra | ***essere più largo che l.***, essere molto grasso **4** che si estende nel tempo, che dura molto o da molto: *un film troppo l.*; *viaggio l. e faticoso*; *la vita bene spesa lunga è* (LEONARDO) | ***a l. andare***, col passare del tempo | ***di lunga data***, da molto tempo: *amico di lunga data* | ***a l.***, per molto tempo | ***tirarla in l.***, rimandare continuamente qlco. nel tempo | ***mandare qlco. per le lunghe***, differire, procrastinare | ***farla lunga***, protrarre inopportunamente qlco., spec. una discussione o una questione | ***programma a lunga scadenza***, che si protrarrà nel tempo o si realizzerà a poco a poco | (*est.*) ***giornata lunga***, interminabile, faticosa CONTR. breve **5** (*fam.*) lento, tardo: *essere l. nel mangiare, nel vestire, a scrivere* CONTR. svelto **6** di bevanda che contiene una quantità di acqua superiore al normale: *caffè, brodo l.* SIN. allungato CONTR. ristretto **7** (*ling.*) detto di vocale che ha più durata e più intensità di una breve | detto di segno grafico ripetuto **8** (*mus.*) ***nota lunga***, nota tenuta ‖ **lungaménte**, **avv.** per molto tempo, a lungo: *parlare lungamente* **B** in funzione di **avv.** **1** nelle loc. ***mirare, tirare, calciare l.***, lontano dal bersaglio o, comunque, oltre il punto cui si vuole arrivare | ***partire l.***, nel ciclismo, iniziare la volata abbastanza lontano dal traguardo **2** (*lett.*) lungamente, per molto tempo **C prep.** **1** rasente, accosto: *camminare l. il fiume*; *calarsi l. un muro*; *la ferrovia corre l. la strada* | †accanto: *i' m'accostai con tutta la persona / l. 'l mio duca* (DANTE *Inf.* XXI, 97-98) | per tutta la lunghezza, l'estensione di: *procedevano in colonna l. la strada* **2** durante: *l. il corso dei secoli*; *l. il viaggio di ritorno non abbiamo incontrato nessuno*; *l. tutto il Medio Evo* **D s. m.** **1** lunghezza, distanza | ***misurare qlco. per il l.***, in rapporto alla lunghezza | nella loc. avv. ***in l. e in largo***, in tutte le direzioni, dappertutto **2** (*ellitt.*, *colloq.*) abito lungo: *l'attrice protagonista, vestita in l.*; *la sposa in l.* ‖ **lunghétto**, **dim.** | **lunghìno**, **dim.** | **lungóne**, **accr.** (V.)

lùngo- primo elemento ● in parole composte che indicano strade, significa 'che costeggia', 'che corre rasente' e sim.: *lungoticino, lungolario, lungarno, lungotevere*

lungodegènte [comp. di *lungo* e *degente*, ricavato da *lunga degenza* ✱ 1963] **s. m. e f.; anche agg.** ● ammalato, spec. d'età avanzata, il cui ricovero in ospedale si protrae a lungo nel tempo

lungodegènza [comp. di *lungo* avv. e *degenza* ✱ 1985] **s. f.** ● prolungato periodo di ricovero in luogo di cura | condizione di chi è lungodegente

✦**lungofiùme** [comp. di *lungo-* e *fiume* ✱ 1940] **s. m.** (**pl.** *-i* **o inv.**) ● strada che costeggia la riva di un fiume

lungolàgo [comp. di *lungo-* e *lago* ✱ 1932] **s. m.** (**pl.** *-ghi* **o inv.**) ● strada che costeggia la sponda di un lago

lungolìnea [comp. della prep. *lungo* e *linea* ✱ 1985] **A s. m. inv.** ● (*sport*) colpo, spec. nel tennis, che fa percorrere alla palla una traiettoria parallela a una delle due linee laterali del campo **B anche agg. inv.**: *rovescio, passante l.*

lungomàre [comp. di *lungo-* e *mare* ✱ 1937] **s. m.** (**pl.** *-i* **o inv.**) ● strada che costeggia la riva del mare

lungometràggio [comp. di *lungo* e *metraggio* ✱ 1926] **s. m.** (**pl.** *lungometràggi*) ● film della normale durata di circa un'ora e mezza, in contrapposizione a cortometraggio

lungóne [1869] **s. m.** (**f.** *-a*) **1** accr. di *lungo* **2** (*scherz.*) persona molto alta e magra **3** (*fam.*) chi è lento, tardo nell'agire o nel muoversi

lungopò [comp. di *lungo-* e *Po*: V. *lungadige* ✱ av. 1960] **s. m. inv.** ● strada che costeggia il fiume Po, spec. a Torino

lungosènna [comp. di *lungo-* e *Senna* ✱ 1951] **s. m. inv.** ● a Parigi, strada che costeggia il fiume Senna

lungosopravvivènte [comp. di *lungo* e *sopravvivente* ✱ 1982] **s. m. e f.; anche agg.** ● (*burocr.*) chi (o che) sopravvive a lungo nonostante una grave patologia

lungotèvere [comp. di *lungo-* e *Tevere* ✱ 1904] **s. m.** (**pl. inv.** o *-i*) ● a Roma, strada che costeggia il Tevere

lunigiàno [dal n. dell'ant. città di *Lun(i)* con il suff. etnico *-igiano* ✱ 1312] **A agg.** ● della Lunigiana, regione tra Liguria e Toscana **B s. m.** (**f.** *-a*) ● abitante o nativo della Lunigiana

†**lunipièno** [comp. di *luna* e *pieno*, parallelo del pretto latinismo *plenilunio* ✱ sec. XIV] **s. m.** ● plenilunio

lunisolàre [comp. di *lun(are)* e *solare*① ✱ 1803] **agg.** ● (*astron.*) relativo alla Luna e al Sole | ***anno l.***, anno in cui coincidono le date d'inizio dell'anno lunare e solare

lunòtto [da *luna*, per la forma di mezzaluna irregolare ✱ 1956] **s. m.** ● vetro posteriore dell'automobile | ***l. termico***, provvisto di dispositivo di disappannamento

lùnula [vc. dotta, lat. *lūnula(m)*, dim. di *lūna* 'luna' ✱ av. 1617] **s. f.** **1** oggetto o figura a forma di luna falcata **2** (*mat.*) figura piana limitata da due archi di circonferenza di diverso raggio, aventi gli estremi in comune e situati nella stessa parte di piano rispetto alla corda che congiunge tali estremi **3** (*anat.*) macula ovale biancastra alla radice dell'unghia

lunulàre [da *lunula* ✱ 1975] **agg.** ● che ha forma di lunula

lunulàto [1975] **agg.** ● lunulare

✦**luògo** o (*lett.*) **lòco**①, (*pop.*) †**lógo**① [lat. *lŏcu(m)*, di etim. incerta ✱ 1243 ca.] **s. m.** (**pl.** *-ghi*) **1** porzione di spazio idealmente o materialmente delimitata: *Dio è in ogni l.*; *i luoghi della memoria* CFR. topo-, -topo | ***dar l.***, provocare: *le sue dichiarazioni hanno dato l. a malintesi* | ***far l.***, spostarsi, lasciare libero il passaggio; nella terminologia giuridica, autorizzare | ***farsi l.***, (*fig.*) farsi strada | ***non trovare l.***, (*lett.*) non esserci; *dove è amor, ragion non trova loco* (M.M. BOIARDO) | ***in l. di***, al posto di, invece di: *in l. del ministro, è intervenuto il sottosegretario*; *dovrebbe essere contento, in l. di protestare* | (*gramm.*) ***complemento di l.***, che indica una relazione di luogo; può essere costituito anche solo da un avverbio o da una loc. avverbiale (per es.: *dove vai?*; *da dove arriva?*) | ***complemento di stato in l.***, indica il luogo in cui ci si trova o avviene un'azione (*anche fig.*); risponde alle domande *dove?*, *in quale luogo?*, ed è introdotto dalle prep. *in, a, da, su, per, tra, per, verso, sopra, sotto, fuori, dentro, lungo* o dalle loc. prep. *accanto a, vicino a, nelle vicinanze di, nei pressi di, all'interno di*, e sim.; talora può essere costituito dalla particella avv. *ci* (per es.: *abito a Siena*; *è disteso per terra*; *i soldati erano appostati lungo il muro*; *il teatro si trova nei pressi della stazione*; *ha delle strane idee in testa*; *vive nel rimpianto delle occasioni perdute*; *se conosco Firenze? ci abito!*) | ***complemento di moto a l.***, indica il luogo verso il quale ci si muove o è diretta un'azione (*anche fig.*); risponde alle domande *dove?*, *verso dove?*, ed è introdotto dalle prep. *a, da, in, su, per, sopra, sotto, vicino, verso, lungo* o dalle loc. prep. *vicino a, dalle parti di, alla volta di, in direzione di*, e sim.; talora può essere costituito dalla particella avv. *ci* (per es.: *vado a Bari*; *è tornata dai suoi*; *è andata a correre lungo il fiume*; *dirigersi alla volta di Lucca*; *quel chiasso mi ha portato all'esasperazione*; *a teatro? ci vado volentieri*) | ***complemento di moto da l.***, indica il luogo da cui ci si muove o da cui proviene un'azione (*anche fig.*); risponde alle domande *da dove?*, *da quale luogo?*, ed è introdotto dalle prep. *da* e, più raramente, *di*; talora può essere costituito dalla particella avv. *ne* (per es.: *è tornato dal Brasile*; *è appena arrivato da Bari*; *è uscito or ora di casa*; *il nome m'è uscito di mente*; *è reduce da un brutto periodo*; *al cinema? ne torno appena adesso!*) | ***complemento di moto per l.***, indica il luogo attraverso cui ci si muove o si effettua un'azione (*anche fig.*); risponde alle domande *per dove?*, *attraverso quale luogo?*, ed è introdotto dalle prep. *per, da, di, in, attraverso* o dalla loc. prep. *in mezzo a*; talora può essere costituito dalla particella avv. *ci* (per es.: *passare per i campi*; *prova a entrare dalla fine-*

stra; passiamo di qui, da qui; sono passati in mezzo a mille difficoltà; il parco? ci passo tutti i giorni) | ***avverbio di l.***, che esprime una relazione di luogo (per es. *qui, dietro, dove, dovunque*) **2** (*mat.*) ***l. geometrico***, o (*assol.*) ***luogo***, insieme dei punti di uno spazio soddisfacenti a condizioni date **3** regione della superficie terrestre: *l. alpestre, pianeggiante; da un l. a un altro* | ***l. aperto***, esposto all'aria e alla luce | ***i luoghi santi***, (*per anton.*) la Palestina | posto in cui avviene o è avvenuto qlco.: *l. di partenza, di arrivo; visitare i luoghi della battaglia* | (*teatro*) ***luoghi deputati***, nelle rappresentazioni liturgiche medievali, elementi scenici che simboleggiavano i luoghi dove si svolgeva il dramma; (*est., letter.*) scenari entro i quali si svolge la narrazione | ***l. deputato***, (*fig.*) quello più adatto a qlco. | città, centro abitato: *rispettare i costumi del l.; intervennero le autorità del l.* | località: *luoghi turistici* | (*lett.*) terreno, fondo, podere: *attraversando i campi, o come dicono colà, i luoghi, se n'andò per viottole* (A. Manzoni) | ***non luogo*** o (con grafia unita) ***nonluogo***, nella società moderna, spazio estraneo al contesto territoriale (per es. aeroporto, autogrill, centro commerciale e sim.), che viene considerato anonimo, privo di identità **CFR.** superluogo **4** costruzione o parte di essa adibita a particolari usi: *l. di culto, di studio, di malaffare, di perdizione* | ***l. di pena***, penitenziario | (*disus.*) ***l. di decenza***, gabinetto, latrina | ***l. pubblico***, luogo normalmente accessibile a tutti | ***l. aperto al pubblico***, luogo in cui chiunque può entrare sotto particolari condizioni, spec. di orario e di pagamento | ***l. esposto al pubblico***, luogo tale per cui dall'esterno si può vedere quanto avviene all'interno | †convento, monastero **5** parte circoscritta di un oggetto, corpo e sim.: *l'abito era scucito in più luoghi* **6** (*fig.*) momento opportuno: *queste cose vanno fatte a tempo e l.* | ***fuori l.***, inopportuno | ***trovar l.***, pace, riposo | ***aver l.***, avvenire, accadere, verificarsi | ***esserci l.***, esserci motivo, possibilità **7** (*fig., lett.*) condizione sociale: *nato di basso, di alto l.* | ***d'alto loco***, di alto lignaggio | ***in alto loco***, fra le autorità, fra coloro che comandano | posto in una successione, in un ordine: *in primo, in secondo, in terzo l.* | ***in primo l.***, anzitutto **8** passo di un libro o di uno scritto: *ha selezionato i luoghi salienti dell'"Aminta"* | †figura retorica | ***l. comune***, nella retorica antica, argomentazione o idea generale comunemente accettata e applicabile a ogni soggetto e in ogni discussione; (*est.*) correntemente, frase fatta, argomento banale e scontato: *ragionare per luoghi comuni* | ***†l. topico***, argomento: *Questo non mi par buon l. topico per persuader la nobiltà* (G. Galilei) **9** (*lett.*) incarico, ufficio: *altro non vi chiedevo ... che un l. al mio nipote* (P. Aretino) **10** (*dir.*) ***non l. a procedere***, formula che stabilisce l'inesistenza delle condizioni per avviare un'azione penale ‖ **luoghétto**, **dim.**

luogonatività [da *nativo* (*del*) *luogo* ✱ 1950] **s. f. inv.** ● (*stat.*) rapporto tra il numero degli abitanti nati in un determinato luogo e il complesso di tutti gli abitanti del luogo stesso

luogotenènte [adattamento del fr. *lieutenant*, dal lat. *lŏcum tenĕnte(m)* 'che tiene il posto (del comandante generale)' ✱ av. 1348] **A s. m. (anche f. nel sign. 1)** **1** chi sostituisce temporaneamente un sovrano o un'alta personalità o esercita il potere su un determinato territorio, per loro incarico **2** nelle compagnie degli antichi eserciti, ufficiale che faceva le veci del capitano | grado fra il capitano e il sottotenente, nell'esercito piemontese, dopo il 1849 **B agg.** ● ***Primo maresciallo L.***, nella gerarchia militare italiana, grado più alto della categoria dei sottufficiali

luogotenènza [adattamento del fr. *lieutenance*, da *lieutenant* 'luogotenente' ✱ 1664] **s. f.** ● ufficio, durata e residenza del luogotenente

luogotenenziàle [1852] **agg.** ● del luogotenente: *decreto l.*

lùpa [vc. dotta, lat. *lŭpa(m)*, f. di *lŭpus* 'lupo' ✱ 1313] **s. f.** **1** femmina del lupo | (*pop.*) ***mal della l.***, bulimia **2** (*fig., lett.*) meretrice: *le torme di lupe dalla voce rauca, che il dopopranzo battèrono i marciapiedi* (C. Dossi) | (*lett.*) donna sessualmente avida **3** (*fig., lett.*) simbolo di avarizia e cupidigia **4** (*agric.*) carie del tronco e dei rami dell'ulivo dovuta a varie specie di Funghi **5** (*bot.*) orobanche **6** (*mar., gerg.*) burrasca impetuosa ma di breve durata

lupacchiòtto [dim. di *lupo* ✱ 1745] **s. m. (f. -a)** ● lupo molto giovane | cucciolo di lupo

lupàia① [da *lupo* ✱ 1891] **s. f.** ● (*raro*) covo di lupi

lupàia② ➤ **luparia**

†lupàio [lat. *lupāriu(m)*, da *lŭpus* 'lupo' ✱ 1660 ca.] **s. m.** ● cacciatore di lupi

lupanàre [vc. dotta, lat. *lupānar*, genit. *lupanāris*, agg. di *lupāna*, sottinteso *fēmina*, da *lŭpa*, che ha il doppio senso di 'lupa' e quello fig. di 'prostituta' ✱ 1364] **s. m.** ● (*lett.*) postribolo

†lupanàrio [vc. dotta, lat. tardo *lupanāriu(m)*, parallelo di *lupānar* 'lupanare' ✱ av. 1424] **s. m.** ● lupanare

lupàra [da *lupo*, perché usata per la caccia di questo animale ✱ av. 1956] **s. f.** **1** cartuccia da caccia caricata a pallettoni **2** fucile da caccia a canne mozze **3** ***l. bianca***, rapimento e assassinio di una persona, seguiti dalla sparizione del corpo, quali vengono praticati dalla mafia e da altre organizzazioni criminose, spec. nel Mezzogiorno d'Italia

†lupàrdo [1282] **agg.** ● di lupo | (*fig.*) da lupo

lupària o **lupàia**② [da *lupo*, per la credenza antica che fosse erba velenosa per molti animali, spec. per i *lupi* ✱ 1282] **s. f.** ● (*bot.*) aconito giallo

lupercàle [vc. dotta, lat. *Lupercālis*, da *Lupĕrcus*, divinità corrispondente allo *Zéus Lykáios* degli Arcadi, e comp. di *lŭpus* (cioè il 'dio-lupo'), e di una seconda parte di etim. incerta ✱ sec. XIV] **A agg.** ● relativo al dio Luperco | ***feste lupercali***, nell'antica Roma, feste che si celebravano il 15 febbraio in onore del dio Luperco per propiziare la fecondità femminile **B s. m.** ● (con iniziale maiuscola) grotta ai piedi del Palatino, dove secondo la tradizione Romolo e Remo furono allattati dalla lupa **C Lupercàli s. m. o** (*raro*) **f. pl.** ● (con iniziale maiuscola) feste lupercali

lupésco [da *lupo* ✱ sec. XIII] **agg. (pl. m. -schi)** ● di lupo, da lupo: *fame, crudeltà lupesca* ‖ **lupescaménte**, **avv.**

lupétto [1869] **s. m.** **1** dim. di *lupo* **2** nelle associazioni scoutistiche, membro di età compresa tra i 7 e gli 11 anni **CFR.** coccinella **3** maglioncino aderente con collo alto

lupicànte [lat. parl. **lucopante*, dal gr. *lykopánthēr* 'specie di pantera', per l'aspetto e l'aggressività del crostaceo (?) ✱ 1565] **s. m.** ● (*zool.*) astice

lupìgno ➤ **lupino**①

lupinàio [lat. *lupinārius(m)* 'venditore di lupini', da *lupīnus* 'lupino②' ✱ 1618] **s. m. (f. -aia, pl. m. -ai)** ● un tempo, venditore ambulante di lupini

lupinèlla [da *lupino*② ✱ sec. XIV] **s. f.** ● pianta erbacea perenne delle Papilionacee con foglie imparipennate, pelose, fiori rosa in grappoli, ottima foraggera (*Onobrychis viciaefolia*)

lupinellàio [da *lupinella* ✱ av. 1597] **s. m.** (**pl. -ai**) ● campo di lupinella

lupinèllo [av. 1567] **s. m.** ● (*tosc.*) lupinella

lupìno① o (*lett.*) **lupìgno** [da *lupo* ✱ sec. XIII] **agg.** ● di lupo: *fame lupina* ‖ **†lupinaménte**, **avv.** da lupo

lupìno② [vc. dotta, lat. *lupīnu(m)* 'erba da lupi (*lŭpi*)' ✱ av. 1342] **s. m.** **1** pianta erbacea delle Papilionacee con foglie composte, digitate, pelose e fiori biancastri in grappoli, utile come foraggio e per i semi commestibili (*Lupinus albus*) **2** seme del lupino, utilizzato nell'alimentazione animale e anche umana

lupinòsi [da *lupino*②, che la provoca, col suff. di malattia *-osi* ✱ 1957] **s. f. inv.** ● (*veter.*) avvelenamento causato da particolari lupini tossici, che determina enterite grave e distrofia epatica

♦lùpo [vc. dotta, lat. *lŭpu(m)*, di orig. indeur. ✱ 1261 ca.] **A s. m. (f. -a (V.))** **1** mammifero carnivoro dei Canidi, lungo poco più di 1 m, di color grigio-fulvo e nero, con mascelle robuste, collo grosso e coda pendente, caratterizzato da un'eccezionale voracità (*Canis lupus*) **CFR.** ululare | ***l. d'Alsazia***, pastore tedesco | ***l. delle praterie***, coyote | ***l. cerviero***, lince | ***fame da lupi***, (*iperb.*) molto forte | ***tempo da lupi***, (*fig.*) burrascoso, freddo | ***in bocca al l.***, formula d'augurio per chi si espone a un pericolo o affronta una prova impegnativa (formula che prevede come risposta: *crepi il l.!*) | ***gridare al l.***, (*fig.*) dare un allarme senza che ce ne sia bisogno | ***il l. e l'agnello***, (*fig.*) tipo di situazione, ripresa da una favola classica, che vede una persona forte e prepotente sopraffare un'altra persona più debole | ***nella tana del l.***, (*fig.*) nel luogo più infido, pericoloso | (*fig.*) ***l. di mare***, marinaio esperto e vecchio del mestiere | ***l. mannaro***, nelle credenze popolari, licantropo | **PROV.** ***l. non mangia l.***, cane non mangia cane (V. *cane*①); ***il l. perde il pelo, ma non il vizio***, chi ha abitudini riprovevoli difficilmente le perde anche col passar del tempo **2** pelliccia conciata del lupo **3** macchina tessile per battere e pulire i cascami di cotone **4** (*med.*) lupus **5** romanista, nel sign. A 4 **B in funzione di agg. inv.** ● (posposto a un sost.) nelle loc. ***pesce l.***, V. *pesce* | ***cane l.***, pastore tedesco ‖ **lupacchiòtto**, **dim.** (V.) | **lupàccio**, **pegg.** | **lupàstro**, **pegg.** | (*lett.*) **lupàtto**, **dim.** | **lupétto**, **dim.** (V.) | **lupicìno**, **dim.**

lupòma [comp. di *lup(us)* e *-oma* ✱ 1934] **s. m. (pl. -i)** ● (*med.*) lesione primitiva tipica del lupus, che si presenta come un nodulo molle di color rosso

luppolèto [1957] **s. m.** ● campo coltivato a luppolo

luppolìna [1862] **s. f.** ● luppolino

luppolìno [da *luppolo* ✱ 1869] **s. m.** ● miscuglio di sostanze amare e resinose contenute nelle ghiandole gialle presenti nelle brattee e nell'ovario dei fiori femminili del luppolo; è usato come aromatizzante nella fabbricazione della birra

luppolizzàre [1965] **v. tr.** ● aggiungere il luppolo alla birra, aromatizzare la birra mediante il luppolo ‖ **luppolizzazióne**, **s. f.**

lùppolo [lat. tardo *lŭpulu(m)*, dim. di *lŭpus*: col senso di 'erba da lupi (*lŭpi*)' (?) ✱ sec. XIV] **s. m.** ● erba perenne rampicante delle Urticacee con foglie ruvide e cuoriformi, frutti che sembrano piccole nappe verdi contenenti gli acheni e il luppolino (*Humulus lupulus*)

lùpus [lat., propr. 'lupo', come '(animale) vorace, divoratore' ✱ 1874] **s. m. inv. (pl. lat. *lupi*)** ● (*med.*) affezione dermatologica di varia natura a carattere destruente: *l. volgare; l. eritematoso*

♦lùpus in fàbula [loc. lat., propr. 'il lupo nella conversazione', secondo la credenza che certi animali appaiono appena menzionati] **loc. inter.** (**pl. lat.** *lupi in fabula*) ● si usa per sottolineare l'improvvisa comparsa proprio della persona della quale si stava parlando

lùrco [vc. dotta, lat. *lŭrco* (nom.), da *lurcāre*, termine pop., di etim. incerta ✱ 1313] **agg. e s. m.** (**pl. m.** *-chi*) ● (*lett.*) che (o chi) è ingordo, mangione: *là tra li Tedeschi lurchi* (DANTE *Inf.* XVII, 21)

Lùrex® [formazione sconosciuta ✱ 1959] **s. m. inv. 1** fibra tessile sintetica impiegata per ottenere filati dall'aspetto metallico e brillante **2** tessuto composto di tali fibre, usato spec. per confezionare giacche da donna, vestiti femminili da sera e sim.

luridézza [1869] **s. f.** ● caratteristica di ciò che è lurido | (*fig.*) turpitudine

✦**lùrido** [vc. dotta, lat. *lūridu(m)*, da *lūror* 'colore giallo-verdastro', di etim. incerta ✱ av. 1498] **agg.** ● disgustosamente sporco, sozzo, schifoso: *vestito l.* | (*fig.*) turpe, sordido, spregevole: *gente lurida* ‖ **luridaménte**, **avv.**

luridùme [1884] **s. m. 1** stato di chi (o di ciò che) è lurido (*anche fig.*) **2** cosa lurida o insieme di cose luride: *strade piene di l.*

lùrking /ˈlurkin(g), *ingl.* ˈlɜːkɪŋ/ [vc. ingl., da (*to*) *lurk* 'stare nascosto' ✱ 2001] **s. m. inv.** ● (*Internet*) il frequentare una comunità virtuale (blog, liste di discussione, social network ecc.) senza mai intervenire direttamente, rendendosi così invisibile agli altri partecipanti

luscéngola [lat. *lūsca* 'losca' con sovrapposizione di un derivato da *caecĭlia* 'specie di lucertola', che ha dato vita ad altri n. dial. dello stesso rettile ✱ 1934] **s. f.** ● rettile simile alla lucertola, con piccolissime zampe a tre dita (*Chalcides chalcides*)

lùsco [vc. dotta, lat. *lŭscu(m)* 'losco', vc. pop., di etim. incerta ✱ 1334] **agg. e s. m.** (**pl. m.** *-schi*) **1** †V. *losco* **2** nella loc. ***fra il l. e il brusco***, all'imbrunire; (*fig.*) in una situazione incerta, con incertezza di umore

†**luscosità** (o **-oṣi-**) [da *lusco* ✱ 1551] **s. f.** ● difetto della vista

luṣìade [portog. *Lusiadas*, parallelo di *Lusitanos* 'Lusitani', entrato in uso nel periodo umanistico ✱ 1818] **A agg.** ● dell'antica Lusitania, odierno Portogallo **B s. m. e f.** ● abitante o nativo della Lusitania

luṣignòlo ➤ **usignolo**

†**luṣignuòlo** ➤ **usignolo**

✦**luṣìnga** [ant. provenz. *lausenga*, dall'ant. fr. *losenge*, dal francone **lausinga* 'bugia' ✱ 1266] **s. f. 1** atteggiamento che, mediante parole e atti benevoli e adulatori, mira a carpire la stima, la simpatia e sim. di qlcu. per indurlo a un determinato comportamento: *conoscere ogni tipo di l.*; *servirsi delle lusinghe*; *attirare qlcu. con lusinghe*; *cedere alle lusinghe*; *lusinghe d'amore* **2** (*lett.*) speranza illusoria, chimera: *le lusinghe della vita* **3** †esortazione **4** †vezzo, carezza

SFUMATURE DI SIGNIFICATO

lusinga - adulazione - piaggeria

Un atteggiamento complimentoso, fatto di attenzioni, promesse, blandizie, con lo scopo di accattivarsi la simpatia o la stima di qualcuno si definisce **lusinga**. Di significato molto prossimo è **adulazione**, termine che rappresenta anch'esso la lode eccessiva e insincera, rivolta a qualcuno per interesse o per compiacenza; il termine tuttavia aggiunge al significato di *lusinga* una sfumatura di maggior servilismo e ipocrisia. **Piaggeria** è più vicino ad *adulazione* che non a *lusinga*, implicando se possibile un'ulteriore sfumatura di servilismo e bassezza d'animo.

†**luṣingaménto** [1268] **s. m.** ● il lusingare | lusinga

†**luṣingànza** [sec. XIV] **s. f.** ● allettamento

✦**luṣingàre** [da *lusinga* ✱ 1268] **A v. tr.** (*io lusingo, tu lusinghi*) **1** allettare, blandire con lusinghe (+ *con*): *l. qlcu. con complimenti, con sorrisi, con belle parole*; *la lusingarono vilmente* | †***l. il sonno***, conciliarlo: *i venticelli, dibattendo l'ali, / lusingavano il sonno de' mortali* (T. TASSO) **SIN.** adulare, lisciare **2** procurare compiacimento, soddisfare, far piacere: *le sue parole mi lusingano* **3** (*lett.*) consolare: *Speranza mi lusinga e riconforta* (F. PETRARCA) **B luṣingàrsi v. intr. pron. 1** (*lett.*) illudersi: *ci lusingammo di compiere l'impresa*; *gli consigliava di non lusingarsi di troppo sull'amore di Annetta* (I. SVEVO) **2** compiacersi, osare credere (+ *di* **seguito da inf.**, + *che* **seguito da congtv.**): *mi lusingo di esserLe stato utile*; *mi lusingo che la festa sia piaciuta a tutti*

luṣingàto **part. pass.** di *lusingare*; anche **agg.** ● che prova compiacimento, grande piacere (+ *da*, + *per*; + *di* **anche seguito da inf.**; + *che* **seguito da congtv.**): *pareva l. dalle mie parole*, *per i complimenti*, *degli elogi ricevuti*; *è l. di ricevere il premio*; *lusingata che un suo pari (...) la notasse* (F. DE ROBERTO)

luṣingatóre [av. 1250] **agg. e s. m.** (**f.** *-trice*) ● che (o chi) lusinga: *parole lusingatrici*; *è un abile l.*

luṣingherìa [av. 1292] **s. f.** ● (*raro, lett.*) abitudine a lusingare | (*lett.*) lusinga prolungata

✦**luṣinghévole** [av. 1294] **agg. 1** (*lett.*) pieno di lusinghe: *discorso l.* | (*est.*) carezzevole: *con atti lusinghevoli presolo per la mano* (G. BOCCACCIO) **2** (*lett., raro*) compiacente, lusinghiero: *lode l.* ‖ **luṣinghevolménte**, **avv.**

✦**luṣinghièro** [ant. provenz. *lauzengier*, da *lausenga* 'lusinga' ✱ 1268] **agg. 1** (*lett.*) che lusinga, alletta: *sguardo l.*; *le fanciullette vivaci, petulanti, e lusinghiere ci passarono dinanzi* (I. NIEVO) **2** che dà piacere, soddisfazione, appagamento e sim.: *complimento l.*; *riportare un l. successo* ‖ **luṣinghieraménte**, **avv.**

†**luṣìngo** [da *lusingare* ✱ sec. XIV] **s. m.** ● lusinga

†**luṣingóso** (o **-ṣo**) [sec. XIV] **agg.** ● lusinghevole

luṣìṣmo [sp. *lusismo*, da *luso* 'lusitano' ✱ 1975] **s. m.** ● parola o locuzione propria del portoghese, passata in un'altra lingua

luṣitanìsta [comp. di *lusitan(o)* e *-ista* ✱ sec. XX] **s. m. e f.** (**pl. m.** *-i*) ● studioso di lingua e letteratura portoghese

luṣitàno [vc. dotta, lat. *Lusitānu(m)*, dal n. del leggendario conquistatore del Portogallo *Lūsus*, figlio di Bacco ✱ av. 1375] **A agg.** ● dell'antica Lusitania, odierno Portogallo **B s. m. 1** lingua portoghese, comprendente la varietà brasiliana **2** (**f.** *-a*) (*lett.*) portoghese

luṣòfono [comp. dello sp. *luso* 'lusitano' e *-fono* ✱ 1985] **agg. e s. m.** (**f.** *-a*) ● (*ling.*) che (o chi) parla portoghese

luṣòrio [vc. dotta, lat. *lusōriu(m)*, da *lūsor* 'giocatore', da *lūsus*, part. pass. di *lūdere* 'giocare' ✱ 1499] **agg.** (**pl. m.** *-i* o *raro -ii*) **1** †ludico | ***nave lusoria***, da diporto **2** (*lett., raro*) derisorio

lussàre ① [vc. dotta, lat. *luxāre*, da *lŭxus* 'lussato, posto di traverso', di orig. indeur. ✱ av. 1698] **A v. tr.** ● (*med.*) produrre lussazione **B lussàrsi v. tr. pron.** (**aus.** *essere*) ● prodursi una lussazione: *lussarsi una spalla, un piede*

†**lussàre** ② [vc. dotta, lat. *luxāri*, da *lŭxus* 'lusso' ✱ av. 1537] **v. intr.** ● fare sfoggio | (*raro*) vivere nel lusso

lussatùra [vc. dotta, lat. tardo *luxatūra(m)*, da *luxāre* 'lussare' ✱ 1869] **s. f.** ● (*disus.*) lussazione

lussazióne [vc. dotta, lat. tardo *luxatiō-ne(m)*, da *luxātus* 'lussato' ✱ av. 1574] **s. f.** ● (*med.*) spostamento reciproco permanente dei capi articolari in una articolazione mobile; può avere origine traumatica, congenita o patologica ed è di norma riducibile riposizionando i capi articolari

lussemburghése (o **-ṣe**) [1863] **A agg.** ● relativo al granducato o alla città di Lussemburgo **B s. m. e f.** ● abitante o nativo del granducato o della città di Lussemburgo **C s. m. solo sing.** ● dialetto tedesco a influsso olandese e francese parlato nel Lussemburgo

✦**lùsso** [vc. dotta, lat. *lŭxu(m)*, propr. 'eccesso', da *lŭxus* 'lussato, posto di traverso', di orig. indeur ✱ av. 1472] **s. m. 1** sfoggio di ricchezza, sfarzo, abbondanza: *ambiente arredato con l.*; *già i greci ammiravano l. e fasto* (G. VICO) **SIN.** fasto, pompa **2** ricchezza: *vivere nel l.*; *colpire il l. con imposte* | insieme di beni e prodotti molto costosi e ricercati: *l'industria del l.* | ***di l.***, detto di ciò che è molto pregiato e costoso: *scarpe, albergo di l.*; *sono cose troppo di l. per me* | (*fig., colloq.*) ***ci è andata di l.***, le cose sono andate molto bene, al di là di ogni previsione | (*est.*) larghezza, sovrabbondanza: *l. di erudizione, di citazioni* **3** cosa o spesa eccessiva o superflua: *quella vacanza all'estero è un l.* | (*fig.*) ***prendersi, concedersi il l. di fare qlco.***, permetterselo: *non possiamo prenderci il l. di uscire tutte le sere*

✦**lussuóso** (o **-ṣo**) [fr. *luxueux*, da *luxe* 'lusso' ✱ 1780] **agg.** ● di lusso, fatto con lusso: *abito l.*; *rifiniture lussuose* **SIN.** sfarzoso, sontuoso ‖ **lussuosaménte**, **avv.** con lusso, sfarzo ‖ **lussuosità**, **s. f. inv.**: *la lussuosità di un arredo*

lussureggiaménto [1865] **s. m. 1** (*raro*) il lussureggiare **2** (*biol.*) fenomeno per il quale alcuni ibridi vegetali o animali producono nella prima generazione individui a sviluppo maggiore dei genitori

lussureggiànte **part. pres.** di *lussureggiare*; anche **agg. 1** rigoglioso, prospero: *vegetazione l.* **2** (*fig.*) copioso, ricco: *stile l.*

✦**lussureggiàre** [V. †*lussuriare* ✱ 1575] **v. intr.** (**pres.** *io lussuréggio*; **fut.** *io lussureggerò*; **aus.** *avere*) **1** essere abbondante, rigoglioso, detto spec. di piante: *la vigna lussureggia di grappoli* **SIN.** prosperare **2** †vivere nel lusso, nelle mollezze **3** †darsi a una vita dissoluta

lussùria [vc. dotta, lat. *luxŭria(m)*, da *lŭxus* 'lusso' ✱ 1268] **s. f. 1** brama sfrenata di piaceri sessuali: *la l. entrò ne' petti e quel furore / che la meschina gente chiama amore* (A. POLIZIANO) **SIN.** lascivia, libidine | nella teologia cattolica, uno dei sette vizi capitali **CFR.** accidia, avarizia, gola, invidia, ira, superbia **2** †atto lascivo, lussurioso

†**lussuriàre** [vc. dotta, lat. *luxuriāre*, da *luxŭria* 'lussuria' ✱ av. 1294] **v. intr. 1** peccare di lussuria **2** vivere nel lusso **3** lussureggiare, detto di piante

†**lussuriésco** [sec. XIV] **agg.** ● che mostra lussuria

†**lussuriévole** [sec. XIV] **agg.** ● lussurioso

lussurióso (o **-ṣo**) [vc. dotta, lat. *luxuriōsu(m)*, da *luxŭria* 'lussuria' ✱ 1268] **agg. 1** che è dominato dalla lussuria: *donna lussuriosa* **SIN.** lascivo, libidinoso **2** che rivela lussuria, dissolutezza: *vita lussuriosa* ‖ **lussuriosaménte**, **avv. 1** in modo lussurioso **2** †con lusso

†**lùstra** ① [vc. dotta, lat. *lŭstru(m)* 'pantano, tana, luogo selvaggio', di etim. incerta ✱ 1321] **s. f.** ● tana, covile

lùstra ② [da *lustrare* ① ✱ av. 1565] **s. f. 1** (*lett.*) finzione, simulazione, inganno | (*lett.*) apparenza fittizia, parvenza: *un appoggio che era appena una l.* (R. BACCHELLI)

2 (*lett.*) ostentazione, mostra **3** (*lett.*) lusinga, adulazione

lustràle① [vc. dotta, lat. *lustrāle(m)*, da *lūstrum* 'sacrificio espiatorio', di etim. incerta ✱ 1504] **agg.** ● attinente alla cerimonia, alla purificazione e ai sacrifici di lustrazione | ***acqua l.***, nella religione cattolica, acqua benedetta

lustràle② [da *lustro*③ ✱ sec. XIV] **agg.** ● (*lett.*) che avviene ogni lustro: *festa l.* | relativo a un periodo di cinque anni

lustraménto [da *lustrare*① ✱ 1483] **s. m.** **1** il lustrare, il lucidare **2** (*fig.*) adulazione eccessiva

lustràre① [vc. dotta, lat. *lustrāre* 'illuminare', da **lūstrum* 'splendore', parallelo di *lūmen*, da una radice **lūc-* 'splendere', di orig. indeur. ✱ 1336 ca.] **A** **v. tr.** **1** strofinare la superficie di un oggetto per conferirgli lucentezza: *l. i pavimenti* | ***l. le scarpe a qlcu.***, (*fig.*) adularlo | anche in forma pron. nella loc. (*fig.*) ***lustrarsi gli occhi, la vista***, provare piacere nell'osservare qlco. di particolarmente bello, attraente e sim. **2** †illuminare, rischiarare: *o Febo, che 'l gran mondo lustri* (L. ARIOSTO) **3** (*tecnol.*) lucidare tessuti, carta e sim. con la calandra **B** **v. intr.** (**aus.** *avere*; **raro nei tempi composti**) ● essere rilucente: *gli lustravano gli occhi dalla commozione*

lustràre② [vc. dotta, lat. *lustrāre* 'purificare', da *lūstrum* 'sacrificio espiatorio (in particolare la purificazione, che i censori compivano ogni cinque anni)', di etim. incerta ✱ av. 1530] **v. tr.** **1** purificare con il rito della lustrazione **2** †perlustrare: *il spacioso dorso de la terra verrà lustrando* (G. BRUNO)

lustrascàrpe [comp. di *lustra(re)*① e il pl. di *scarpa* ✱ 1828] **A** **s. m. e f. inv.** **1** chi, per mestiere, lucida le scarpe **2** (*fig.*) adulatore untuoso **B** **agg. inv.**; **anche s. m. inv.** ● lucidascarpe

lustrastivàli [comp. di *lustra(re)*① e il pl. di *stivale* ✱ 1857] **s. m. e f. inv.** ● lustrascarpe (*spec. fig.*)

lustràta [1841] **s. f.** ● operazione del lustrare velocemente: *dare una l. alle scarpe* || **lustratìna**, **dim.**

lustratùra [1738] **s. f.** **1** operazione del lustrare **2** operazione di finitura dei tessuti di seta

lustrazióne [vc. dotta, lat. *lustratiōne(m)*, da *lustrātus* 'lustrato' ✱ av. 1555] **s. f.** **1** nell'antica Roma, sacrificio di espiazione e di purificazione **2** un tempo, revisione periodica degli estimi catastali: *Il lungo intervallo di tempo tra una l. e l'altra* (L. EINAUDI)

lùstre ➤ **illustre**

lustreggiàre [da *lustro*① ✱ sec. XIV] **v. intr.** (**pres.** *io lustréggio*; **fut.** *io lustreggerò*; **aus.** *avere*) ● (*lett.*) essere lustro, lucido

lustrènte [av. 1562] **agg.** ● (*raro*, *tosc.*) lucente, brillante

†**lustrévole** [av. 1673] **agg.** ● lucente

†**lustrézza** [av. 1535] **s. f.** ● lucentezza

lustrìno [da *lustro*① ✱ av. 1767] **s. m.** **1** dischetto di metallo o materia plastica, dorato, argentato o colorato, utilizzato per ricami su abiti femminili da sera **SIN.** paillette **2** (*fig.*) ornamento falso e senza valore **SIN.** orpello **3** †tipo di tessuto lucido **4** (*raro*, *pop.*) lustrascarpe **5** (*veter.*) lucciolo

†**lustrìssimo** [1596] **agg.** ● (*lett.*, *pop.*) illustrissimo

lùstro① [per *lustr(at)o* ✱ av. 1420] **agg.** ● di superficie lucente: *scarpe, mobili lustri*; *pavimento l.* | ***occhi lustri***, luccicanti per il pianto, la febbre o per aver bevuto troppo **SIN.** lucido

✱**lùstro**② [vc. dotta, lat. *lūstru(m)*, da *lustrāre* 'illuminare' ✱ av. 1311] **s. m.** **1** lucentezza: *dare l. al marmo, all'ottone*; *e' lustri de' peli de' cavagli* (G. VASARI) **2** (*lett.*) bagliore, splendore: *il l. della fiamma* **3** (*fig.*) decoro, gloria, vanto: *un'impresa che dà l. al Paese* | chi (o ciò che) costituisce vanto: *è stato il l. della famiglia*

lùstro③ [vc. dotta, lat. *lūstru(m)*, di etim. incerta ✱ av. 1374] **s. m.** ● (*lett.*) periodo di cinque anni: *il re governò per molti lustri*; *del dì premier del nono l. / già sorge l'alba* (V. ALFIERI) **SIN.** quinquennio

†**lustróre** [da *lustro*① ✱ av. 1250] **s. m.** ● bagliore

†**lutàre** [vc. dotta, lat. *lutāre*, da *lŭtum* 'loto, fango' ✱ sec. XIV] **v. tr.** ● cementare, otturare, spalmare con loto (V. *loto*②)

†**lutatùra** [1612] **s. f.** ● il lutare

lutazióne [1834] **s. f.** **1** †lutatura **2** (*med.*) fangatura

luteìna [da *luteo*, donde è tratta, col suff. chimico *-ina* ✱ 1891] **s. f.** **1** (*anat.*) pigmento giallastro della retina **2** (*biol.*, *disus.*) progesterone **3** (*biol.*) ormone ipofisario deputato al controllo della produzione degli ormoni delle gonadi e alla stimolazione dell'ovulazione **SIN.** ormone luteinizzante **4** (*biol.*) pigmento giallo carotenoide presente nelle foglie delle piante verdi e nel tuorlo delle uova **SIN.** xantofilla

luteìnico [1935] **agg.** (**pl. m.** *-ci*) ● (*anat.*) che riguarda il corpo luteo | (*biol.*) ***ormone l.***, il progesterone

luteinizzànte [1943] **agg.** ● (*biol.*) che favorisce la formazione, la funzione e il mantenimento del corpo luteo: *ormone l.*

lùteo [vc. dotta, lat. *lūteu(m)*, da *lūtum* 'color giallo', di etim. incerta ✱ 1499] **agg.** **1** (*lett.*) di color giallo zafferano **2** (*anat.*) ***corpo l.***, V. *corpo*

lutèola [vc. dotta, lat. *lutĕola(m)*, agg. f. di *lūtum* 'di colore giallo', di etim. incerta ✱ 1499] **s. f.** ● (*bot.*) guaderella

luteolìna [dalla *luteola*, donde è tratta, col suff. chimico *-ina* ✱ 1834] **s. f.** ● sostanza colorante atta a tingere lana e seta, contenuta nella luteola, spec. nelle sommità fiorite

luteranésimo o **luteranismo** [av. 1529] **s. m.** **1** dottrina e confessione religiosa cristiana derivanti dalla riforma protestante di Martin Lutero **2** insieme dei luterani: *il l. tedesco*

luteràno [1524] **A** **agg.** **1** relativo al teologo e riformatore tedesco Martin Lutero (1483-1546) e al luteranesimo | ***Chiesa luterana***, quella riformata diffusasi spec. nei Paesi tedeschi e scandinavi **2** (*disus.*, *spreg.*) empio, miscredente (V. nota d'uso STEREOTIPO) **B** **s. m.** (**f.** *-a*) ● chi segue la confessione religiosa luterana

†**lutère** o †**lùtero** [vc. dotta, lat. tardo *lutēre(m)*, dal gr. *loutḗr*, da *lóuein* 'lavare', di orig. indeur. ✱ sec. XIII] **s. m.** ● vaso, conca, bacino

lutèzio [dal lat. *Lutētia* (Parisiorum) 'Parigi', di orig. celt. ✱ 1930] **s. m.** (**pl.** *-i* o *raro -ii*) ● elemento chimico metallo appartenente al gruppo delle terre rare **SIMB.** Lu **NUM. AT.** 71 **SIN.** cassiopeo

†**lutifìgolo** [comp. di *luto* 'fango' e *figolo* 'vasaio' ✱ 1351] **s. m.** ● (*lett.*) vasaio

lùto ➤ **loto**②

lutolènto ➤ **lutulento**

†**lutóso** ➤ **lotoso**

lutoterapìa [comp. di *luto* e *terapia* ✱ 1936] **s. f.** ● cura esterna con applicazioni di fanghi termali

lutrèola [dim. del lat. *lūtra* 'lontra' ✱ 1905] **s. f.** ● (*zool.*) carnivoro dei Mustelidi chiamato anche visone d'Europa in quanto simile per aspetto e abitudini alla specie affine che vive in America (*Mustela lutreola*)

†**lùtta** ➤ **lotta**

†**luttàre** [da *lutto* ✱ sec. XII] **v. intr.** ● rammaricarsi, dolersi

✦**lùtto** [lat. *lūctu(m)*, dal part. pass. di *lugēre* nel senso primitivo di 'essere in lutto, portare il lutto' ✱ av. 1294] **s. m.** **1** profondo dolore, cordoglio per la morte di qlcu.: *l. di famiglia, cittadino, nazionale* | (*est.*) sofferenza per la perdita di un oggetto amato o di una condizione personale | (*psicoan.*) ***elaborazione del l.***, processo di progressivo adattamento psicologico alla perdita di una persona cara **2** segno e dimostrazione di lutto: *monumento parato a l.* | ***abiti da l.***, neri | ***abiti da mezzo l.***, neri, bianchi o grigi | ***l. stretto***, di chi veste rigidamente di nero e si astiene dai divertimenti **SIN.** gramaglie **3** (*dir.*) ***l. vedovile***, impedimento imposto per legge alla vedova di contrarre nuovo matrimonio prima che siano trascorsi 300 giorni dalla morte del marito **4** morte, perdita di una persona cara: *avere un l. in famiglia* | calamità, sventura: *La nostra terra è … nel sud / calda di lacrime e di lutti* (S. QUASIMODO) **5** (*lett.*) stato, condizione dolorosa: *calende et idi / vi stette, fin che volse in riso il l.* (L. ARIOSTO) **6** †pena eterna | †male, peccato

SFUMATURE ➤ *cordoglio*

luttuóso (o *-ṣ-*) [lat. *luctuōsu(m)*, da *lūctus* 'lutto' ✱ av. 1311] **agg.** ● che causa lutto: *avvenimento, incidente l.* | funesto, doloroso: *giorni, tempi luttuosi* || **luttuosaménte**, **avv.** || **luttuosità**, **s. f. inv.**: *la luttuosità di un evento*

SFUMATURE ➤ *doloroso*

lutulènto o (*raro*) **lutolènto**, (*raro*) **lotolènto** [vc. dotta, lat. *lutulĕntu(m)*, da *lūtum* 'loto②' ✱ 1483] **agg.** ● (*lett.*) fangoso: *acqua lutulenta*

lùvaro [lat. *rūbru(m)* 'rosso' (V. †*rubro*), per il colore delle pinne ✱ 1936] **s. m.** ● pesce, raro nel Mediterraneo, lungo poco più di 1 m, di color azzurro argenteo con pinne rossastre (*Luvarus imperialis*) **SIN.** pesce imperatore, pesce imperiale

lux [vc. dotta, lat. *lūx* (nom.), da una radice **lūc-* 'splendere', di orig. indeur. ✱ 1926] **s. m. inv.** (**pl. lat.** *luces*) ● (*fis.*) unità di illuminamento, definita come illuminamento dovuto a un flusso uniforme di 1 lumen uniformemente ripartito su 1 m^2 di superficie **SIMB.** lx

lùxmetro [comp. di *lux* e *-metro* ✱ 1926] **s. m.** ● (*fis.*) illuminometro tarato in lux

Lỳcra® /'likra, *ingl.* 'laɪkrə/ [marchio registrato della DuPont de Nemours ✱ 1985] **s. f. inv.** ● nome commerciale di un filato sintetico caratterizzato da grande elasticità, usato nella produzione di calze, collant, costumi da bagno e sim.

lyddìte /lid'dite/ [dal n. della città ingl. di *Lydd*, dove fu sperimentato per la prima volta, col suff. *-ite*② ✱ 1905] **s. f.** ● esplosivo costituito spec. da acido picrico, impiegato dagli Inglesi nella prima Guerra mondiale

m, M

Il suono rappresentato in italiano dalla lettera *M* è quello della consonante nasale bilabiale /m/, che come tutte le nasali è sonora. Può essere, secondo i casi, semplice (es. *Róma* /'roma/, *di màre* /di'mare/; *fórma* /'forma/, *màre* /'mare/, *per màre* /per'mare/) oppure geminata (es. *gómma* /'gomma/, *è mare* /ɛm'mare/).

m, (*maiusc.*) **M** [sec. XIII] **s. f. o m. inv.** • tredicesima lettera dell'alfabeto italiano (nome per esteso *èmme*): *m minuscola*; *M maiuscolo* | nella compitazione spec. telefonica it. *m come Milano*; in quella internazionale *m come Mike* | ***vitamina M***, V. *vitamina* | il segno M corrisponde talora alla W rovesciata col significato di 'abbasso': *M la dittatura!* **CFR.** W

♦**ma** ① /ma*/ [lat. *măgis* 'piuttosto', dalla stessa radice indeur. di *măgnus* 'grande' (V. *magno*) ✱ av. 1250] **A** **cong.** **1** esprime, con valore avversativo più o meno esplicito, contrapposizione tra due elementi di una stessa proposizione o tra due proposizioni dello stesso genere: *è povero ma generoso*; *non per sfiducia ma per precauzione*; *non di te mi lamento ma di lui*; *fai come vuoi, ma ricorda i miei consigli*; *sembra felice, ma non lo è*; *esco volentieri, ma non di sera* **SIN.** bensì, però, tuttavia | (*colloq.*) con valore rafforz. in unione con avverbi o con altre cong.: *ma anche*; *ma quando*; *ma però*; *ma tuttavia*; *ma nondimeno*; *ma bensì* **2** in principio di frase indica, con più forza della cong. 'e', il passaggio ad altro argomento: *ma torniamo al discorso di prima*; *ma ammettiamo, se volete, che sia innocente*; *ma ecco che si avvicina uno sconosciuto* | (*colloq.*) con valore enfat. o anche iron., in espressioni interrogative, dubitative ed esclamative: *ma cosa pretendi?*; *ma se lo sanno tutti!*; *ma cosa mi dici!*; *ma come!*; *ma certo!*; *ma quando mai?*; *ma bravo, bene!*; *ma va là!*; *ma no!*; *ma che bel bambino!*; *ma chi credi di essere?* **3** con valore rafforz. e intens. spec. in unione con aggettivi o avverbi: *ti ho detto che è veloce, ma veloce davvero*; *una persona antipatica, ma veramente antipatica*; *ci vuole gente, ma gente di fegato* **B** **s. m. inv.** • obiezione, incertezza, dubbio, ostacolo: *è una persona tutta ma e se*; *non ci sono ma che tengano: verrai con me* | ***senza se e*** (***senza***) ***ma***, V. *senza*

ma ② ➤ **mah**

ma' ① /ma*/ [1618] **s. f.** • (*fam.*) forma tronca di *mamma*

†**ma'** ② /ma/ [sec. XIII] **avv.** • forma tronca di *mai*

màcabro o (*raro*) **macàbro** [fr. *macabre*; da (*danse*) *macabre*, alterazione di *danse macabré* 'danza dei Maccabei', eroi biblici il cui culto era avvicinato a quello dei morti ✱ av. 1798] **A** **agg.** • che ricorda la morte o si riferisce alla morte, spec. nei suoi aspetti più impressionanti | (*est.*) spaventoso, orrido: *scoperta, vista, scena macabra*; *la macabra ferocia di questa pretesa* (L. Pirandello) **SIN.** orrendo, raccapricciante || **macabraménte**, **avv.** **B** **s. m.** • ciò che è macabro: *rifuggire dal m.*

macàco o (*raro*) **macàcco** [portog. *macaco*, vc. proveniente dall'Angola ✱ 1704 ca.] **s. m.** (**pl.** *-chi*) **1** genere di scimmie dei Cercopitecidi con coda pendente non prensile, callosità nelle natiche e arti anteriori non più lunghi dei posteriori (*Macacus*) **SIN.** maimone **2** (**f.** *-a*) (*fig.*) persona goffa e sgraziata, o sciocca, stupida || **macacóne**, **accr.**

macadàm [fr. *macadam*, dall'ingl., dal n. dell'ingegnere scozzese J. L. *MacAdam* (1756-1836), che la inventò ✱ 1857] **s. m. inv.** • tipo di massicciata stradale costituita da pietrisco con legante all'acqua, costipato mediante rullo compressore | ***m. all'asfalto, al bitume***, pavimentazione stradale eseguita usando bitume o catrame come legante

macadàmia [dal n. del chimico australiano, nato in Scozia, J. *MacAdam* (1827-1865) ✱ 1957] **s. f.** • (*bot.*) genere di piante delle Proteacee, originario dell'Australia, comprendente diverse specie, tra cui la cosiddetta *noce del Queensland*, albero sempreverde alto fino a 10-12 m, con frutti simili a una grossa nocciola, dal seme commestibile (*Macadamia*)

macadamiẓẓàre [fr. *macadamiser*, dall'ingl. to *macadamize*, da *macadam* ✱ 1826] **v. tr.** • pavimentare le strade col metodo del macadam || **macadamiẓẓazióne**, **s. f.**

macào ① [portog. *macao*, di orig. indostana ✱ 1875] **s. m. inv.** • (*zool.*) ara

macào ② [fr. *macao*, da *Macau*, ex colonia portog. in Cina ✱ 1846] **s. m. inv.** • gioco d'azzardo a carte, simile al baccarà: *gioca a m. coi negozianti di bestiame che scendono dalla montagna* (G. Giacosa)

macaóne [da *Macaone*, mitico chirurgo in Omero ✱ 1828] **s. m.** • farfalla diurna di color giallo venato di nero con una macchia rossa a forma di occhio sulle ali posteriori (*Papilio machaon*)

macarèna [vc. sp., dal quartiere sivigliano *Macarena* ✱ 1996] **s. f.** • ballo, affermatosi intorno al 1995, che richiama i ritmi delle danze latino-americane ed è caratterizzato da movimenti eseguiti contemporaneamente dai ballerini

macaron /fr. maka'rɔ̃/ [vc. fr., dall'it. dial. *maccarone* 'maccherone', che già in Rabelais (1493-1554) è impiegata nel sign. di 'pasticcino' ✱ 2004] **s. m. inv.** • piccolo dolce formato da due meringhe, variamente insaporite e colorate, tenute insieme da uno strato di crema, tipico della cucina francese

macarònico ➤ **maccheronico**

màcca [da *maccare* ✱ av. 1449] **s. f.** • (*tosc.*) abbondanza | †affare vantaggioso | ***a m.***, in gran quantità; (*sett.*) a ufo, a scrocco

maccabèo [da *Maccabeo*, personaggio biblico ✱ 1362] **s. m.** **1** (*fam.*) stupido, sciocco **2** †*a m.*, a crepapelle

maccalùba [arabo *maqlūb*, propr. 'rivoltato' ✱ 1957] **s. f.** • sorgente fangosa con emissioni di metano e anidride carbonica

†**maccàre** [da *macco*; il primo sign. doveva essere quello di 'impastare, mescolare' ✱ av. 1544] **v. tr.** • ammaccare

maccarèllo [fr. *maquereau*, uso metaforico di *maquereau* 'mezzano, ruffiano', perché, secondo una credenza pop., il *maccarello* accompagna le aringhe nelle loro migrazioni e avrebbe la funzione di far accoppiare i maschi con le femmine. Il fr. *maquereau* è dal neerl. *makelâre* 'sensale', da *makeln* 'trafficare', a sua volta da *maken* 'fare', di orig. germ. ✱ av. 1548] **s. m.** • (*zool.*) scombro

maccaróne e deriv. ➤ **maccherone** e deriv.

maccartìsmo [dal n. di J. R. *McCarthy* (1908-1957), presidente dal 1950 al '54 della commissione del senato degli Stati Uniti per la repressione delle attività antiamericane di cui erano ritenuti responsabili i comunisti o i loro simpatizzanti ✱ 1954] **s. m.** • atteggiamento di chi professa un anticomunismo a oltranza o (*est.*) si accanisce in persecuzioni ideologiche

maccartìsta [1955] **agg. e s. m. e f.** (**pl. m.** *-i*) • seguace, sostenitore del maccartismo

†**maccatèlla** [da †*maccato*, part. pass. di †*maccare* (V.) ✱ sec. XIV] **s. f.** • magagna, marachella

macché o (*lett.*) **ma che** /mak'ke*, ma ke*/ [comp. di *ma*① e *che*② ✱ 1598] **inter.** • esprime forte e decisa negazione od opposizione: *m. viaggio! sono al verde*; *'Ti ha telefonato?' 'M.!'*

maccheronàio [1867] **s. m.** (**pl.** *-ai*) • fabbricante o venditore di maccheroni

maccheronàta o (*roman.*) **maccaronàta** [av. 1872] **s. f.** **1** mangiata di maccheroni | piatto di maccheroni | (*est.*) allegra mangiata tra amici **2** (*fig.*) errore grossolano o madornale, sciocchezza: *non dire, non fare maccheronate*

maccheroncèllo [1989] **s. m.** • (*merid.*, **spec. al pl.**) maccheroncino nel sign. 2

maccheroncìno [1891] **s. m.** **1** piccolo maccherone **2** (*merid.*, **spec. al pl.**) tipo di pasta simile al bucatino | (*centr.*, **spec. al pl.**) tipo di pasta fresca lunga all'uovo, simile ai capellini: *maccheroncini di Campofilone*

maccheróne o (*roman.*) **maccaróne** [etim. discussa: da *macco* (?) ✱ 1353] **s. m.** **1** (**spec. al pl.**) tipo di pasta corta e gener. bucata, che si mangia asciutta | (*est.*; *centr.*, *merid.*) tipo di pasta con varie denominazioni, a cannelli vuoti o pieni, di varia lunghezza e grossezza | (*fig.*) ***cascare, essere, piovere come il cacio sui maccheroni***, capitare opportunamente, a proposito **2** (**f.** *-a*) (*fig.*) persona stupida **SIN.** babbeo || **maccheroncèllo**, **dim.** (V.) | **maccheroncìno**, **dim.** (V.)

maccheronèa o (*roman.*) **maccaronèa** [da *maccherone*; era il latino dei cuochi dei conventi ✱ 1527] **s. f.** ● (*lett.*) opera scritta in latino maccheronico

†**maccheronésco** [1527] **agg.** (**pl. m.** *-schi*) ● maccheronico

†**maccherònica** [1750] **s. f.** ● maccheronea

maccherònico o (*raro*) **maccarònico**, (*raro*) **macarònico** [V. *maccheronea* ✱ 1634] **agg.** (**pl. m.** *-ci*) **1** detto di lingua grossolana, parodia del latino classico, il cui lessico consiste di vocaboli latini, volgari e dialettali, ma flessi alla latina, in uso spec. in opere burlesche nel XVI e XVII sec. **2** (*est.*) detto di lingua pronunciata o scritta male da persona ignorante o poco pratica || **maccheronicaménte**, **avv.**

♦**màcchia** ① [lat. *măcula(m)*, di etim. incerta ✱ av. 1306] **s. f. 1** segno lasciato da grasso, tinta o altro su una superficie: *una m. d'inchiostro, di salsa, di vino; una tovaglia piena di macchie* | ***diffondersi a m. d'olio***, (*fig.*) espandersi, allargarsi velocemente, in ogni direzione **2** chiazza di differente colore: *un marmo verde con macchie e venature bianche; un mio vitellin bianco / che ha una m. nera in su la fronte* (A. POLIZIANO) | (*fig.*) ***a m. di leopardo***, V. *leopardo* | (*astron.*) ***m. solare***, area della fotosfera solare, temporaneamente perturbata, con colorazione scura | (*fis.*) ***m. catodica***, piccola zona luminosa formantesi sul catodo liquido dei tubi a vapori di mercurio | ***m. ionica***, deterioramento localizzato dello schermo di un tubo a raggi catodici | (*anat.*) ***m. cieca***, punto della retina insensibile alla luce, dove penetra il nervo ottico | ***m. di sangue***, particolare formazione che può riscontrarsi nel tuorlo delle uova **3** (*fig.*) colpa, peccato: *quell'individuo deve avere parecchie macchie sulla coscienza* | offesa, oltraggio: *il tuo comportamento è una m. per l'onore della famiglia* | ***cavaliere senza m. e senza paura***, (*spesso scherz.*) si dice di persona coraggiosa e integerrima **4** tecnica pittorica basata sulla giustapposizione di zone di colore con cui sono indicate sinteticamente le masse || (*raro*) **macchiarèlla**, **macchierèlla**, **dim.** | **macchiétta**, **dim.** (V.) | **macchiolina**, **dim.** | **macchióna**, **accr.**

♦**màcchia** ② [detta così perché si presenta come una *macchia* sul terreno brullo ✱ 1348] **s. f.** ● formazione vegetale costituita in prevalenza da una fitta boscaglia di arbusti sempreverdi, caratteristica delle regioni mediterranee | ***darsi, buttarsi alla m.***, (*fig.*) darsi al brigantaggio o nascondersi per evitare la cattura; o, anche, darsi alla lotta partigiana o alla guerriglia | ***fare qlco. alla m.***, (*fig.*) di nascosto, clandestinamente | ***libro, giornale stampato alla m.***, (*fig.*) senza indicazioni o con indicazioni false sulla data o sul nome dell'editore || **macchióne**, **accr. m.** (V.)

macchiàbile [1957] **agg.** ● che si può facilmente macchiare

macchiaiòlo ① o (*disus.*) **macchiaiuòlo** [detto così perché ritrae le cose a *macchie* ✱ 1891] **s. m.** (**f.** *-a*) ● pittore appartenente a un movimento sorto a Firenze verso la metà del XIX sec., caratterizzato da una tecnica pittorica basata sulla giustapposizione di macchie di colore

macchiaiòlo ② [da *macchia*② ✱ av. 1548] **A s. m.** (**f.** *-a*) ● (*tosc.*) chi vive di espedienti o di attività illegali **B agg.** ● (*tosc.*) che nasce o vive nella macchia | ***suino m.***, maremmano

macchiaiuòlo ➤ **macchiaiolo**①

macchiàre [lat. *maculāre*, da *măcula* 'macchia①, chiazza' ✱ av. 1333] **A v. tr.** (*io màcchio*) **1** sporcare o imbrattare con macchie (+ *di*, + *con*): *m. di vino, d'olio la tovaglia; non m. con queste tue lacrime sì polite guance* (L. ARIOSTO) | (*assol.*) lasciare macchie: *il vino rosso macchia; è roba che macchia* | (*est.*) aggiungere qlco. a un alimento che muti il colore precedente | ***m. il caffè***, aggiungervi un po' di latte | (*lett.*) bagnare: *m. di pianto* **2** (*fig.*) arrecare offesa, danno morale e sim. (+ *con*): *ha macchiato l'onore e il buon nome della famiglia con le sue azioni* **3** dipingere con la tecnica delle macchie di colore **B macchiàrsi v. tr. pron.** (**aus.** *essere*) ● macchiare una parte del proprio corpo o un indumento che si indossa: *macchiarsi le mani d'inchiostro; mi sono macchiata la gonna col gelato; attento a non macchiarti la camicia!* **C macchiàrsi v. intr. pron. e rifl. 1** imbrattarsi di macchie (+ *di*, + *con*): *il muro s'è macchiato d'unto; ti sei macchiato con quell'inchiostro!* **2** (*fig.*) essere responsabile di colpe e sim. (+ *di*): *si è macchiato di un grave delitto*

SFUMATURE DI SIGNIFICATO

macchiare - imbrattare - insozzare

L'azione di sporcare una superficie con una o più macchie prodotte da grasso, tinta o altro materiale si definisce **macchiare**. Se il risultato di tale azione non si limita a qualche macchia isolata, ma riguarda una superficie ampia o un oggetto nella sua interezza è più pertinente **imbrattare**. **Insozzare** è invece voce generica, che può sostituirsi sia a *sporcare* sia a *macchiare* o *imbrattare*, ma è di registro più elevato e dunque di uso meno comune.

macchiàtico [da *macchia*② ✱ 1777] **s. m.** (**pl.** *-ci*) ● diritto di raccogliere legna o foglie nei boschi comunali | la tassa relativa

macchiàto ① **A part. pass.** di *macchiare*; **anche agg. 1** nei sign. del v.: *cravatta macchiata di sugo* **2** detto di bevanda, cibo e sim. cui è stata aggiunta una quantità minima di una data sostanza | ***caffè m.***, di latte | ***latte m.***, di caffè **3** sparso di chiazze di più colori: *pelame m.; pietra macchiata* **B s. m.** ● l'uso che ogni singolo pittore fa della tecnica delle macchie di colore

†**macchiàto** ② [da *macchia*② ✱ sec. XVI] **agg.** ● boscoso

macchiéto [da *macchia*② ✱ 1869] **s. m.** ● (*raro*) terreno coperto di macchie

macchiétta [1598] **s. f. 1** dim. di *macchia*① **2** schizzo, caricatura, bozzetto **3** (*fig.*) tipo originale, bizzarro, comico: *non hai notato quella m.?* **4** in teatro, tipizzazione caricaturale di un personaggio eseguita da un attore: *fare la m. di un uomo politico* || **macchiettina**, **dim.**

macchiettàre [da *macchietta*, dim. di *macchia*① ✱ 1779] **v. tr.** (*io macchiétto*) ● spargere di piccole chiazze di diverso colore: *m. di rosso un tessuto*

macchiettàto **part. pass.** di *macchiettare*; **anche agg.** ● nel sign. del v.

macchiettatùra [1970] **s. f.** ● insieme di macchie o di chiazze sparse

macchiettìsta [1908] **s. m. e f.** (**pl. m.** *-i*) **1** disegnatore di macchiette **2** attore specializzato nella rappresentazione di macchiette

macchiettìstico [1922] **agg.** (**pl. m.** *-ci*) **1** relativo a macchietta o a macchiettista **2** da macchietta: *interpretazione macchiettistica* || **macchiettisticaménte**, **avv.**

♦**màcchina** o †**màchina** [lat. *māchina(m)*, dal gr. dorico *machanā́* 'macchina, ordigno', di orig. indeur. ✱ av. 1440] **s. f. 1** congegno con parti in movimento atto a produrre potenza e lavoro mediante trasformazione di energia o a compiere determinate funzioni altrimenti svolte dall'uomo: *m. motrice, generatrice, operatrice; macchina per o da cucire* **CFR.** meccano- | ***m. ad acqua, idraulica, a vapore***, azionata da corrente d'acqua o dalla forza di vapore | ***m. elettrica***, capace di trasformare un'energia elettrica in meccanica e viceversa | ***m. fotografica***, apparecchio per la realizzazione di fotografie, un tempo a pellicola fotosensibile, oggi a registrazione digitale | ***m. da presa, da ripresa***, cinepresa | ***m. da proiezione***, proiettore | (*med.*) ***m. cuore-polmoni***, apparato per la circolazione sanguigna extracorporea costituito da una pompa e da un ossigenatore che permette di escludere in tutto o in parte il cuore e i polmoni dal circolo sostituendone fisiologicamente la funzione | ***m. per*** o ***da scrivere***, macchina munita di tastiera che imprime su carta i caratteri corrispondenti ai tasti premuti | ***m. utensile***, macchina operatrice che lavora per asportazione di truciolo, quale la fresa, il trapano, il tornio | ***m. a controllo numerico***, macchina utensile, fornita di un apparato elettronico digitale che permette il controllo della sequenza delle operazioni | ***m. della verità***, apparecchio che registra alcune reazioni emotive di persone sottoposte a interrogatorio, in modo che si possa dedurre, con buona approssimazione, se le risposte date siano o no sincere **SIN.** lie detector | ***m. teatrale***, usata, spec. un tempo, per ottenere particolari effetti scenici **2** (*est.*) qualunque strumento, congegno o apparecchio che compie meccanicamente certi lavori od operazioni: *la m. del caffè; la m. tritacarne* | ***il secolo della m.***, il sec. XIX | (*fig.*) ***la m. umana***, il corpo umano | ***fatto a m.***, di ciò che è realizzato per mezzo di apparecchiature meccaniche | (*mar.*) il complesso dei motori di navi o piroscafi: *personale, giornale di m.* **3** (**per anton.**) automobile: *andare in m.; comprare, vendere la m.; cambiare la m.; farsi la m.; una m. fuoriserie, utilitaria, di lusso* | ***posto m.***, V. *posto*②, sign. 2 | (*ellitt.*) qualsiasi mezzo di locomozione terrestre, aerea o marittima | ***fare m. indietro***, indietreggiare, con la locomotiva o con altri veicoli a motore; (*fig.*) rinunciare a quanto si intendeva fare **4** (*ellitt.*) macchina per o da scrivere: *battere, scrivere a m.* | ***scritto a m.***, dattilografato | macchina da stampa | ***andare in m.***, procedere alla stampa, spec. di giornali | macchina calcolatrice: *calcolare a m.* **5** (*disus.*) nell'automobilismo e nel motociclismo, misura della lunghezza del mezzo con cui si valuta il distacco dei concorrenti al traguardo: *vincere per una m.* **6** impalcatura mobile su cui si porta in processione una statua di santo: *la m. di Santa Rosa* **7** (*fig.*, *lett.*) edificio grandioso e imponente: *vide quella gran m. del duomo* (A. MANZONI) **8** (*fig.*) persona che agisce meccanicamente, quasi senza aver coscienza di ciò che fa: *quando lavora è una m.; parlare, muoversi come una m.* **9** (*fig.*) organismo complesso: *la m. burocratica dello Stato; la m. elettorale si è messa in moto* | (*raro*, *fig.*) il corpo umano e qualche suo organo: *avere la m. in disordine* **10** (*fig.*, *lett.*) intrigo, macchinazione: *è tutta una m. montata dagli avversari; potrebbe / Rovesciarmi le macchine* (L. DA PONTE) || **macchinàccia**, **pegg.** | **macchinétta**, **dim.** (V.) | **macchinina**, **dim.** | **macchinìno**, **dim. m.** | **macchinóna**, **accr.** | **macchinóne**, **accr. m.**

macchinàle [vc. dotta, lat. *machināle(m)*, da *māchina* 'macchina' ✱ av. 1519] **agg. 1** †relativo a macchina o a macchine **2** automatico, meccanico: *risposta, movimento m.* || **macchinalménte**, **avv.** in modo automatico: *rispondere macchinalmente a una domanda* || **macchinalità**, **s. f. inv.** automaticità

macchinaménto [vc. dotta, lat. *machinamĕntu(m)*, da *machinārī* 'macchinare' ✱ av. 1292] **s. m.** ● (*lett.*, *raro*) macchinazione

macchinàre [vc. dotta, lat. *machinārī* 'congegnare, tramare', da *māchina* 'macchina' ✻ sec. XIV] **v. tr.** (*io màcchino*) **1** ordire o tramare nascostamente a danno di altri (*anche assol.*): *m. un tradimento*; *i… labbri / appoggia sul ventaglio, arduo pensiere / macchinando tra sé* (G. Parini) **2** †inventare macchine o congegni

macchinàrio [vc. dotta, lat. *machināriu(m)*, da *machinārī* 'congegnare, macchinare' ✻ 1894] **s. m.** ● complesso di macchine usate per un dato lavoro: *il m. di una tipografia, di uno stabilimento tessile*

macchinàta [da *macchina* ✻ 1972] **s. f.** **1** (*fam.*) quantità di indumenti o stoviglie che può essere lavata in una volta sola con la lavabiancheria o la lavastoviglie **2** (*fam.*) quantità di persone in un'automobile

†**macchinativo** [vc. dotta, lat. tardo *machinatīvu(m)*, da *machinārī* 'congegnare, macchinare' ✻ av. 1667] **agg.** ● macchinatore, intrigante

macchinatóre [vc. dotta, lat. *machinatōre(m)*, da *machinārī* 'congegnare, macchinare' ✻ sec. XV] **agg. e s. m.** (**f.** *-trice*) **1** (*lett.*, *raro*) che (o chi) macchina: *ingegno m. d'inganni*; *un m. di burle feroci* **2** †inventore

macchinazióne [vc. dotta, lat. *machinatiōne(m)*, da *machinārī* 'congegnare, macchinare' ✻ av. 1348] **s. f.** **1** imbroglio, intrigo, trama: *le tue macchinazioni non avranno effetto* **2** †macchina, ordigno

SFUMATURE DI SIGNIFICATO

macchinazione - intrigo - complotto

La **macchinazione** è una trama sotterranea finalizzata a raggiungere un obiettivo in maniera subdola, soprattutto con il fine di danneggiare qualcuno. Significato affine ha **intrigo**, che aggiunge a *macchinazione* una sfumatura di maggiore complessità e soprattutto la partecipazione attiva di più persone. Anche **complotto** è una macchinazione complessa, ma l'intesa segreta persegue in genere un obiettivo di interesse più ampio, con rischi maggiori per chi vi si implica.

m

macchinerìa [fr. *machinerie*, da *machine* 'macchina' ✻ 1822] **s. f.** ● insieme di macchine teatrali

macchinétta [av. 1793] **s. f.** **1** dim. di *macchina* **2** (*fam.*) caffettiera: *questa m. fa un ottimo caffè* | (*fam.*) accendisigari: *mi si è rotta la m.* | (*fam.*) apparecchio ortodontico per la correzione delle malformazioni dentarie spec. dei bambini | piccola tosatrice per sfumare i capelli, usata spec. dai parrucchieri | (*fig.*) ***parlare come una m.***, rapidamente e ininterrottamente

macchinìsmo [comp. di *macchin(a)* e *-ismo* ✻ 1804] **s. m.** **1** (*lett.*) meccanismo | (*disus.*) la società fondata sull'impiego della macchina **2** (*letter.*) nella tragedia greca, intervento delle potenze soprannaturali

macchinìsta [1695] **s. m. e f.** (**pl. m.** *-i*) **1** chi si occupa della manutenzione e del funzionamento di una macchina, spec. il conducente di una locomotiva o l'addetto all'apparato motore di una nave **2** in teatro e televisione, persona a cui sono affidati il montaggio e gli spostamenti del materiale d'arredamento sul palcoscenico o in studio durante le riprese | ***m. cinematografico***, operaio addetto alla costruzione e allo smontaggio delle scene, agli spostamenti della macchina da presa e sim., che dà il ciak ed esegue effetti scenografici molto semplici **3** †inventore di macchine

macchinóso (o -ṣ-) [vc. dotta, lat. *machinōsu(m)*, da *machinārī* 'congegnare, macchinare' ✻ 1819] **agg.** ● eccessivamente elaborato, complicato, complesso: *romanzo, dramma m.* ‖ **macchinosaménte**, **avv.** ‖ **macchinosità**, **s. f. inv.** caratteristica di ciò che è macchinoso; eccessiva complicatezza

macchióne [av. 1292] **s. m.** **1** accr. di *macchia*② **2** selva spinosa e fitta | ***stare sodo, fermo al m.***, (*fig.*, *disus.*) non muoversi da un luogo; non deflettere da un proposito, malgrado minacce e sim.

†**macchióso**① (o -ṣ-) [lat. *maculōsu(m)*, da *măcula* 'macchia①' ✻ sec. XIV] **agg.** ● pieno di macchie **SIN.** macchiato

†**macchióso**② (o -ṣ-) [da *macchia*② ✻ av. 1574] **agg.** ● pieno di pruni

màcco [vc. di orig. preindeur. ✻ av. 1389] **s. m.** (**pl.** *-chi*) **1** (*centr.*, *merid.*) purè o minestra di fave | †minestra stracotta **2** †strage, uccisione: *un m. ne facea da Filistei* (L. Pulci) **3** †macca | (*tosc.*) ***a m.***, in abbondanza

macèa ➤ **macia**

♦**macèdone** [vc. dotta, lat. *macĕdone(m)*, dal gr. *makedṓn* 'della Macedonia' ✻ 1362] **A** **agg.** ● dell'antica Macedonia: *falange m.* | della Macedonia, regione storica della penisola balcanica, politicamente suddivisa tra gli Stati di Macedonia, Bulgaria e Grecia | dello Stato della Macedonia: *il governo m.*; *l'ambasciata m.* | della Macedonia, regione amministrativa della Grecia: *l'Olimpo è una famosa montagna m.* **B** **s. m. e f.** ● abitante o nativo della Macedonia **C** **s. m. solo sing.** ● lingua del gruppo slavo, parlata in Macedonia | antica lingua indoeuropea scarsamente conosciuta

macedònia [fr. *macédoine*, detta così perché formata con diversi tipi di frutta, con allusione alla eterogeneità di popoli della Macedonia balcanica ✻ 1895] **s. f.** **1** mescolanza di frutta varia, tagliata a pezzi, con aggiunta di liquore, succo di limone e zucchero | ***m. di verdure***, mescolanza di verdure tagliate a pezzetti e servite come contorno o usata per l'insalata russa **2** (*raro*, *fig.*) insieme di elementi eterogenei | (*ling.*) ***parola m.***, V. *parola* nel sign. I 1

macedònico [vc. dotta, lat. *macedŏnicu(m)*, dal gr. *makedonikós*, da *Makedonía* 'Macedonia' ✻ 1342] **agg.** (**pl. m.** *-ci*) ● della Macedonia

macedonìte [dal n. di *Macedon*, città australiana, e *-ite*② ✻ 1957] **s. f.** ● roccia eruttiva di costituzione assai complessa, classificabile fra le trachiti alcaline

macellàbile [da *macellare* ✻ 1846] **agg.** ● che si può macellare ‖ **macellabilità**, **s. f. inv.**

♦**macellàio** o (*centr.*) **macellàro** [lat. *macellāriu(m)*, da *macĕllum* 'macello' ✻ av. 1306] **s. m.** (**f.** *-aia*, **pl. m.** *-ai*) **1** chi macella bestie destinate all'alimentazione | venditore di carne macellata: *negozio di m.* **2** (*fig.*, *spreg.*) persona violenta, sanguinaria | comandante spietato, che sacrifica la vita di molti soldati | chirurgo maldestro

macellaménto [av. 1729] **s. m.** ● (*raro*) macellazione

macellàre [da *macello* ✻ 1288] **v. tr.** (*io macèllo*) **1** uccidere animali destinati all'alimentazione umana: *m. buoi, vitelli* **2** (*fig.*) massacrare un gran numero di persone **SIN.** trucidare

macellàro ➤ **macellaio**

macellàto **part. pass.** di *macellare*; anche **agg.** ● nei sign. del v.

macellatóre [da *macellato*, part. pass. di *macellare* ✻ 1869] **s. m.** (**f.** *-trice*) **1** chi, nei macelli, uccide e prepara per il consumo gli animali uccisi **2** (*raro*, *fig.*) chi è responsabile di stragi di uomini

macellazióne [1793] **s. f.** ● attività, operazione del macellare: *m. clandestina*; *vietare la m. di animali*

♦**macellerìa** [da *macellaio* ✻ 1768] **s. f.** **1** rivendita di carne macellata, negozio del macellaio: *m. bovina, equina* **2** (*raro*) mestiere di macellaio **3** (*raro*, *fig.*) strage, macello | (*fig.*) ***m. sociale***, nella polemica politica e sindacale, politica economica accusata di danneggiare gravemente il tessuto sociale attraverso scelte antipopolari in settori come pensioni, sanità, lavoro ecc.: *un governo accusato di fare m. sociale*

macèllo [lat. *macĕllu(m)* 'mercato di carne', dal gr. *mákellon*, di orig. semitica ✻ av. 1342] **s. m.** **1** luogo dove si uccidono gli animali destinati all'alimentazione umana: *portare i vitelli al m.* **SIN.** mattatoio **2** (*raro*) macelleria **3** macellazione: *animali, bestie da m.* **4** (*fig.*) strage di esseri umani: *fare un m.* | ***soldati portati al m.***, a morte sicura | ***andare al m.***, verso la disfatta, la morte | ***carne da m.***, (*fig.*) si dice di truppe che vengono mandate in battaglia a morte sicura **SIN.** carneficina, massacro **5** (*fig.*, *iperb.*) disastro: *il compito in classe è stato un vero m.* | caos, finimondo, sconquasso: *i bambini han fatto un vero m.!* | grande quantità, fracasso: *c'era un m. di gente!*

†**macèra** ➤ **maceria**

maceràbile [1741] **agg.** ● che si può macerare ‖ **macerabilità**, **s. f. inv.**

maceraménto [av. 1704] **s. m.** **1** (*raro*) macerazione **2** (*raro*, *fig.*) afflizione, tormento

maceránte **part. pres.** di *macerare*; anche **agg.** **1** nei sign. del v. **2** che accelera il processo di macerazione: *sostanze maceranti* **3** (*fig.*) che provoca angoscia, pena, tormento: *rimorso, desiderio m.*

maceràre [lat. *macerāre*, da un tema **macos*, di etim. incerta ✻ 1301] **A** **v. tr.** (*io màcero*) **1** tenere qlco. in acqua o in altro liquido, al fine di estrarre qualche costituente solubile o predisporla a eventuali trattamenti successivi: *m. la carne nel vino* | ***m. canapa, lino***, per estrarre le fibre | ***m. droghe vegetali***, per estrarre i principi attivi **2** (*fig.*, *lett.*) percuotere duramente: *m. la schiena a qlcu.* | nell'ascesi, mortificare con penitenze o digiuni: *m. le carni* **3** (*fig.*, *lett.*) logorare, estenuare **4** (*fig.*, *lett.*) affliggere, opprimere, tormentare: *l'invidia … sé stessa macera* (I. Sannazaro) **B** **maceràrsi** **v. rifl.** **1** mortificarsi: *macerarsi nella penitenza* **2** (*fig.*) rodersi, tormentarsi: *macerarsi nel rimorso*; *macerandomi di rabbia e di gelosia* (I. Nievo) **C** **maceràrsi** **v. intr. pron.** ● subire un processo di macerazione

maceratése (o -ṣ-) [1640] **A** **agg.** ● di Macerata **B** **s. m. e f.** ● abitante o nativo di Macerata

maceràto **A** **part. pass.** di *macerare*; anche **agg.** ● nei sign. del v. **B** **s. m.** ● ciò che è messo a macerare

maceratóio [1741] **s. m.** (**pl.** *-ói*) ● fossa o vasca dove si mettono a macerare spec. la canapa e il lino

maceratóre [1869] **A** **s. m.** (**f.** *-trice*) ● chi è addetto alla macerazione **B** **agg.** ● che macera (*anche fig.*): *penitenza maceratrice*

macerazióne [lat. *maceratiōne(m)*, da *macerāre* 'macerare' ✻ av. 1320] **s. f.** **1** il macerare, il macerarsi, il venire macerato **2** operazione consistente nell'estrazione, mediante appropriati solventi, di alcune fibre tessili vegetali dalle sostanze estranee che le accompagnano nello stelo della pianta **3** (*med.*) imbibizione della cute per ristagno di sudore, specie nelle piaghe **4** (*fig.*) nell'ascesi, penitenza e mortificazione fisica **5** (*fig.*) tormento, angustia, angoscia

maceréto [1866] **s. m.** **1** (*raro*) ammasso di macerie **2** (*geol.*) ammasso di frammenti rocciosi che si accumulano ai piedi dei pendii o nei canaloni e che, nel tempo, danno origine a un particolare tipo di terreno adatto ad alimentare vegetazioni spontanee quali le Sassifragacee

macèria o †**macèra** [lat. *macĕria(m)*, da *ma-*

cerāre 'macerare' ✻ sec. XII] **s. f. 1** (*raro*) muricciolo di sassi sistemati a secco per sostenere terrapieni o separare campi **2** (**spec. al pl.**) ammasso di materiali formato dal crollo di una costruzione: *le macerie dei bombardamenti; sgombrare le macerie; senti raspar tra le macerie e i bronchi / la derelitta cagna* (U. Foscolo) | (*lett.*) mucchio di pietre **3** (*fig.*, **spec. al pl.**) sfacelo, rovina: *macerie morali*

màcero [da *macerare* ✻ av. 1320] **A agg. 1** macerato: *lino m.*; *carne macera* **2** (*fig.*) spossato, sfinito: *corpo m. da immani fatiche* **B s. m. 1** macerazione: *tenere in m.*; *carta da m.* **2** fosso, vasca per macerarvi materiali con apposite sostanze: *mettere, mandare, portare al m.*

maceróne [lat. *macedŏnicu(m)* '(prezzemolo) della Macedonia', con accostamento a *maceria* ✻ av. 1556] **s. m.** ● erba delle Apiacee con tuberi e foglie commestibili, fiori poligami gialli, frutti ad achenio (*Smirnyum olusatrum*)

mach /mak/ [dal n. del fisico ted. E. *Mach* (1838-1916) ✻ 1948] **s. m. inv.** ● unità relativa di velocità, pari al rapporto fra la velocità di un corpo in un fluido e la velocità del suono nel fluido stesso

ma che ➤ **macché**

machèra [vc. dotta, lat. *machaera(m)*, dal gr. *máchaira*, di orig. semitica (?) ✻ 1483] **s. f.** ● (*archeol.*) spada corta, a un solo taglio, usata in combattimenti e in sacrifici

machete /*sp.* ma'tʃete/ [deriv. dallo sp. *macho* 'maglio (V.)' ✻ av. 1936] **s. m. inv.** (**pl. sp.** *machetes*) **1** pesante coltello dalla lama lunga e affilatissima a un solo taglio, usato nel centro e sud dell'America per la raccolta della canna da zucchero, per il disboscamento o come arma **2** (*mus.*) strumento a corde, originario del Portogallo, usato spec. per l'accompagnamento del fado

màchia [da N. *Machia(velli)* ✻ 1869] **s. f.** ● (*tosc.*) astuzia: *aver molta m.*

-machia [gr. *-machía*, dal v. *máchesthai* 'combattere', di etim. incerta] **secondo elemento** ● in parole composte, per lo più dotte, significa 'lotta', 'combattimento', 'battaglia': *gigantomachia, naumachia, tauromachia, titanomachia*

machiavellésco, (*evit.*) **macchiavellèsco** [1869] **agg.** (**pl. m.** *-schi*) ● (*raro*) machiavellico ‖ **machiavellescaménte**, **avv.**

Machiavèlli, (*evit.*) **Macchiavèlli** [da N. *Machiavelli*, per l'abilità strategica necessaria per vincere ✻ 1980] **s. m. inv.** ● gioco di carte, simile al ramino, che si gioca con due mazzi di 54 carte

machiavelliàno, (*evit.*) **macchiavelliàno** [1941] **agg.** ● relativo a N. Machiavelli (1469-1527), al suo pensiero e alle sue opere

machiavèllico, (*evit.*) **macchiavèllico** [dal nome di N. *Machiavelli* ✻ 1834] **agg.** (**pl. m.** *-ci*) **1** (*raro*) machiavelliano **2** (*fig.*) astuto e privo di scrupoli: *trama, doppiezza machiavellica* **SIN.** scaltro, subdolo ‖ **machiavellicaménte**, **avv.**

machiavellismo, (*evit.*) **macchiavellismo** [1765] **s. m. 1** orientamento politico fondato su una interpretazione parziale del pensiero machiavelliano, secondo la quale è lecito ricorrere ad ogni mezzo per conseguire un fine **2** (*est.*) opportunismo, utilitarismo, cinismo, spec. in campo politico | comportamento subdolo, privo di scrupoli

machiavellista, (*evit.*) **macchiavellista** [av. 1613] **s. m. e f.** (**pl. m.** *-i*) **1** studioso delle opere e del pensiero politico di N. Machiavelli **2** chi agisce seguendo le dottrine di N. Machiavelli | (*spreg.*) persona astuta e scaltra

machiavèllo, (*evit.*) **macchiavèllo** [dal nome di N. *Machiavelli*; cfr. *machiavellico* nel sign. 2 ✻ 1869] **s. m. 1** (*raro*) astuzia, tranello **2** (*raro*) persona astuta, priva di scrupoli

†**màchina** ➤ **macchina**

machióne [vc. toscana, da *machia* (V.) ✻ 1869] **s. m.** (**f.** *-a*) ● (*tosc.*) furbacchione, imbroglione

machìsmo① (mach-i-smo①, ma-chi-smo①) /ma'kizmo/ [1934] **s. m.** ● il complesso delle teorie del fisico, filosofo ed epistemologo tedesco Ernst Mach (1838-1916)

machìsmo② /ma'tʃizmo/ [vc. dello sp. del Messico, da *macho* ✻ 1977] **s. m. 1** atteggiamento di ostentazione di caratteri virili, mascolini **2** maschilismo

machìsta① (mach-i-sta①, ma-chi-sta①) /ma'kista/ [1948] **A agg.** (**pl. m.** *-i*) ● relativo a E. Mach (1838-1916), fisico e filosofo tedesco, uno dei maggiori esponenti dell'empiriocriticismo **B agg.; anche s. m. e f.** ● (*filos.*) seguace delle teorie di Mach

machìsta② /ma'tʃista/ [da *macho* (V.) ✻ 1980] **A agg.** ● che manifesta machismo: *idee machiste; atteggiamento m.* **B s. m. e f.** (**pl. m.** *-i*) ● chi esprime idee o assume atteggiamenti tipici del machismo

màchmetro /'makmetro/ [comp. di (*numero di*) *Mach* e *-metro* ✻ 1957] **s. m.** ● (*aeron.*) strumento usato per indicare il numero di Mach

macho /*sp.* 'matʃo/ [vc. sp., propr. 'maschio' ✻ 1981] **A agg. inv.** ● detto di atteggiamento, comportamento, abbigliamento e sim. che sottolineano ed enfatizzano caratteri virili: *moda m.* **B s. m. inv.** (**pl. sp.** *machos*) ● chi enfatizza o sottolinea nel proprio comportamento o aspetto caratteri virili, maschi

macìa o (*poet.*) **macèa** [lat. *macĕria(m)* (V. *maceria*) ✻ 1563] **s. f.** (**pl.** *-cìe*) ● (*tosc.*) mucchio di sassi, di macerie: *il bel fanciullo nella lieta ascesa / passò ... / presso macee che furono una chiesa* (G. Pascoli)

màcie [vc. dotta, lat. *măcie(m)*, dalla radice da cui deriva anche *măcer* 'magro' ✻ av. 1714] **s. f. inv.** ● (*lett.*) grande magrezza, macilenza

macìgno [lat. parl. **machĭneu(m)*, agg. di *māchina* 'macina, pietra' ✻ av. 1313] **A s. m. 1** (*geol.*) arenaria quarzosa e micacea a cemento calcareo-marnoso **2** (*est.*) masso durissimo e di notevoli dimensioni | ***duro come un m.***, (*fig.*) di persona ostinata, caparbia, o, anche, tenace, di grande fermezza | ***pesante come un m.***, (*fig.*) di cosa noiosa, di cibo indigesto | (*fig.*) ***avere un cuore di m.***, essere insensibile | (*fig.*) ciò che è molto grave o costituisce un ostacolo difficile da superare **B agg.** ● (*raro*) di macigno

†**macignóso** (o -ṣ-) [av. 1686] **agg.** ● roccioso, pietroso

macilènto o †**macilènte** [vc. dotta, lat. *macilĕntu(m)*, da *măcer* 'magro' ✻ sec. XIV] **agg.** ● molto magro e debole: *m. per la vecchiaia, per lunga malattia; un povero secco, macilente* (G. Vasari) **SIN.** emaciato

macilènza [da *macilento* ✻ 1596] **s. f. 1** estrema magrezza e debolezza **2** malattia del baco da seta

màcina o (*tosc.*) **màcine** [lat. *māchina(m)* 'macchina, mola' ✻ 1238] **s. f. 1** ciascuna delle grosse mole di pietra usate, una sovrapposta all'altra, per polverizzare i cereali, frangere le olive e sim. **SIN.** mola **2** (*est.*) la macchina per triturare in cui agiscono le macine | (*raro*) mulino **3** (*fig.*) †oppressione, affanno | †sventura **4** †macinazione | †tassa sul macinato ‖ **macinèlla**, **dim.** | **macinèllo**, **dim. m.** (V.) | **macinétta**, **dim.** | **macinìno**, **dim. m.** (V.)

macinàbile [1879] **agg.** ● che si può macinare ‖ **macinabilità**, **s. f. inv.**

macinacaffè [comp. di *macina(re)* e *caffè* ✻ 1940] **s. m. inv.** ● macinino per il caffè

macinacolóri [comp. di *macina(re)* e il pl. di *colore* ✻ 1891] **A s. m. inv.** ● macchina per la raffinazione dei colori a olio e inchiostri da stampa **SIN.** macinello **B s. m. e f. inv.** ● persona addetta alla macinatura dei colori

macinadoṣatóre [comp. di *macina(re)* e *dosatore* ✻ 1963] **s. m.** ● apparecchio per la macinazione del caffè tostato e la sua dosatura per macchine per caffè espresso da bar

†**macinaménto** [av. 1558] **s. m.** ● macinazione

macinànte **part. pres.** di *macinare*; **anche agg. 1** che macina, che serve a macinare **2** ***fosso m.***, che porta l'acqua alla macina

macinapépe [comp. di *macina(re)* e *pepe* ✻ 1891] **s. m. inv.** ● macinino per il pepe

macinàre [lat. *machinări*. V. *macchinare* ✻ 1318] **v. tr.** (*io màcino*) **1** ridurre in farina con la macina: *m. il grano, l'avena* **2** (*est.*) tritare minutamente con strumenti simili alla macina: *m. il caffè, il pepe, il sale* | ***m. le olive***, frangerle | (*fig.*) ***m. chilometri***, camminare a lungo, ininterrottamente, percorrendo così grandi distanze | (*fig.*) ***m. azioni***, nel linguaggio sportivo, detto di squadra che svolge un gioco intenso e continuo | **PROV.** ***acqua passata non macina più***, V. *acqua* **3** (*fig.*) fissarsi su qlco. in modo continuo e quasi ossessivo: *m. odio, rancore* | (*fig.*) rimuginare: *non so che cosa macini in testa; Giovannino era da un po' che macinava una sua idea* (I. Calvino) **4** (*raro, fig.*) consumare, spendere: *m. tutti i propri guadagni, risparmi* **5** (*fig., lett.*) percuotere, ammaccare: *gli macinavano le ossa a colpi di tacchi ferrati* (G. Verga)

macinàta [av. 1574] **s. f.** ● il macinare | quantità di cereali o d'altro che si può macinare in una sola volta: *una m. di caffè, di olive* | ***dare una m. al pepe***, macinarlo in fretta ‖ **macinatìna**, **dim.**

macinàto **A part. pass.** di *macinare*; **anche agg.** ● nei sign. del v. **B s. m. 1** ciò che risulta dalla macinazione | farina di grano | †***patire di m.***, mancare di farina: *in Roma si pativa di m.* (F. Guicciardini) | ***imposta, tassa sul m.***, imposizione fiscale sulla macinazione dei cereali in vigore dal Medioevo sino alla fine dell'Ottocento **2** (*fam.*) carne tritata

macinatóio [av. 1519] **s. m.** (**pl.** *-ói*) ● macchina, dispositivo e sim. per macinare **SIN.** macina

macinatóre [1554] **A agg.** ● che macina: *congegno m.* **B s. m.** (**f.** *-trice*) ● operaio addetto alla macinazione

macinatùra [av. 1348] **s. f.** ● operazione e modalità del macinare | il materiale macinato

macinazióne [av. 1698] **s. f.** ● il macinare

màcine ➤ **macina**

macinèllo [1550] **s. m. 1** dim. di *macina* **2** macinacolori

macinìno [av. 1768] **s. m. 1** dim. di *macina* **2** macchinetta azionata a mano o elettricamente che, per mezzo di una ruota dentata, riduce in polvere caffè, pepe, e sim. **3** (*fig., scherz.*) automobile o altro veicolo vecchio e malridotto

macinìo [1353] **s. m.** (**pl.** *-ii*) ● un macinare continuato | (*fig.*) †atto sessuale

màcino [av. 1869] **s. m.** ● (*disus.*) macinazione

màcis [lat. *măccis*, nom. di etim. incerta ✻ 1390 ca.] **s. m. e f. inv.** ● polpa che avvolge il seme della noce moscata, usata come condimento aromatizzante in liquoreria, in profumeria e raramente in medicina

macìste [dal n. di un personaggio cinematografico; tratto dal gr. *mákistos*, superl. di *makrós* 'il più grande'. V. *macro-* ✻ 1923] **s. m.** ● uomo molto robusto e straordinariamente forte SIN. ercole, sansone

maciùlla [da *maciullare* ✱ av. 1313] **s. f.** ● (*lett.*) gramola

maciullaménto [1965] **s. m.** ● (*raro*) il maciullare

maciullàre [lat. parl. **machinulāre*, da *māchina* 'macchina' ✱ av. 1320] **A** **v. tr.** **1** gramolare, usare la maciulla per separare le fibre legnose di lino, cotone e sim. da quelle utili per la filatura: *m. la canapa, il lino* **2** (*est.*) stritolare: *gli ingranaggi della macchina gli hanno maciullato un braccio* **3** (*lett., fig.*) mangiare | masticare velocemente (*anche assol.*) **B** **maciullàrsi** **v. rifl.** ● (*fig.*) †fiaccarsi per stanchezza e sim.

maciullatùra [sec. XV] **s. f.** ● operazione del maciullare canapa, lino e sim. SIN. gramolatura

maclùra [chiamata così in onore del geologo W. *Maclure* ✱ 1891] **s. f.** ● albero spinoso delle Moracee con foglie ovate, fiori a petali in racemi e legno di color giallo (*Maclura aurantiaca*)

macò ➤ **makò**

màcola e deriv. ➤ **macula** e deriv.

†**màcolo** ➤ †**maculo**

macramè [genovese *macramè*, dal turco *makramà* 'fazzoletto' ✱ 1617] **s. m. inv.** **1** trina di fili o cordoncini intrecciati e annodati, per passamani, frange, reticelle **2** tipo di armatura tessile per asciugamani e tovaglie | (*est.*) l'asciugamano o la tovaglia stessa

†**macrèdine** [dal lat. *măcer* 'magro' ✱ av. 1673] **s. f.** ● magrezza

†**màcro** ① ➤ **magro**

màcro ② [accorc. di *macrofotografico* ✱ 1973] **A** **s. m. inv.** ● (*fotogr.*) obiettivo adatto per la macrofotografia **B** **anche agg. inv.**: *obiettivo m.*

màcro ③ **s. f. inv.** ● (*inform.*) accorc. di *macroistruzione*

macrò [fr. *maquereau*, vc. di orig. neerlandese, da *makeln* 'trafficare' (a sua volta da *maken* 'fare', di orig. germ.) ✱ 1935] **s. m. inv.** ● protettore, sfruttatore di prostitute

màcro- [dal gr. *makrós* 'lungo, esteso'] **primo elemento** ● in parole composte, per lo più dotte e scientifiche, significa 'grande', 'di notevole estensione', 'lungo', 'che ha sviluppo eccessivo, anormale': *macroblasto, macrocosmo, macroeconomia, macromelia*

macroanàliṣi [comp. di *macro-* e *analisi* ✱ 1975] **s. f. inv.** **1** (*scient.*) analisi globale di un fenomeno **2** (*econ.*) macroeconomia

macrobiòtica [dal gr. *makrobiótēs* 'longevità, lunga vita' nel sign. 1; da *macrobiotico* ✱ 1973] **s. f.** **1** (*raro*) studio della longevità e dei mezzi o condizioni per conseguirla **2** tipo di alimentazione quasi completamente vegetariana, basata su cibi macrobiotici come i cereali integrali, spec. il riso, le verdure e la frutta, con esclusione della carne, dello zucchero e, in generale, di tutti i prodotti conservati oppure ottenuti industrialmente

macrobiòtico [vc. dotta, dal gr. *makrós* 'ampio, grande' e *biotikós* 'vitale, della vita' ✱ 1969] **agg.** (**pl. m.** *-ci*) ● detto di alimento o alimentazione che serba integrali i componenti biologici di base e il potere nutritivo originario: *dieta macrobiotica* | che fornisce cibi macrobiotici: *ristorante m.* ‖ **macrobioticaménte**, **avv.**

macrobiòto [vc. dotta, comp. di *macro-* e del gr. *biōtós* 'che può vivere', deriv. di *bíos* 'vita' ✱ 1967] **s. m.** ● piccolissimo tardigrado terrestre, cosmopolita, noto per la sua resistenza in stato di vita latente (*Macrobiotus hufelandi*)

macroblàsto [comp. di *macro-* e *blasto* ✱ 1957] **s. m.** **1** (*bot.*) ramo laterale di una pianta con foglie inserite a una notevole distanza l'una dall'altra **2** (*biol.*) normoblasto di dimensioni notevoli

macrocardìa [comp. di *macro-* e *cardia* ✱ sec. XIX] **s. f.** ● (*med.*) abnorme volume del cuore

macrocefalìa [da *macrocefalo* ✱ 1918] **s. f.** ● (*med.*) malformazione per eccessivo sviluppo del cranio di uomini o animali

macrocèfalo [vc. dotta, gr. *makroképhalos*, comp. di *makrós* 'lungo' e *kephalḗ* 'capo' ✱ 1821] **agg. e s. m.** (**f.** *-a*) ● (*med.*) che (o chi) è affetto da macrocefalia

macrochèira [vc. dotta, gr. *makrócheir*, genit. *makrócheiros* 'dalle lunghe mani', comp. di *makrós* 'lungo' e *chéir*, genit. *cheirós* 'mano' ✱ 1957] **s. f.** ● crostaceo dei Decapodi rossastro lungo più di 2 m che vive nei mari del Giappone (*Macrocheira Rampferi*)

macrochilìa [comp. di *macro-* e il gr. *chêilos* 'labbro' ✱ 1957] **s. f.** ● (*med.*) ipertrofia delle labbra

Macrochìri [comp. di *macro-* e gr. *chéir*, genit. *cheirós* 'mano' (V. †*chiragra*) ✱ 1957] **s. m. pl.** (**sing.** *-o*) ● (*zool.*) ordine di Uccelli comprendente specie con zampe brevi e ali molto lunghe con omero tozzo, cui appartiene il colibrì (*Macrochires*)

macrochirìa [dal gr. *makrócheir* 'dalle lunghe mani'. V. *macrocheira* ✱ 1957] **s. f.** ● (*med.*) eccessivo sviluppo delle mani

macrocìto o **macrocìta** [comp. di *macro-* e *-cito* (o *-cita*) ✱ 1939] **s. m.** (**pl.** *-i*) ● (*biol.*) globulo rosso del sangue umano con diametro superiore al normale

macrocitòṣi [comp. di *macrocito* e *-osi* ✱ 1957] **s. f. inv.** ● (*med.*) presenza di numerosi macrociti nel sangue

macroclìma [comp. di *macro-* e *clima* ✱ 1957] **s. m.** (**pl.** *-i*) ● (*geogr.*) il clima considerato nell'ambito di una regione notevolmente estesa

macrocontèsto [comp. di *macro-* e *contesto* ✱ 1989] **s. m.** **1** (*ling.*) contesto ampio di una parola, costituito gener. da una frase, da un paragrafo o da un intero discorso **2** insieme dei dati contestuali che il lettore ha presenti quando legge un testo

macrocòṣmo [comp. di *macro-* e *cosmo*, in opposizione a *microcosmo* ✱ 1614] **s. m.** ● l'universo inteso nella sua totalità e considerato come un grande organismo vivente

macrocristallìno [comp. di *macro-* e *cristallino* ✱ 1940] **agg.** ● detto di roccia cristallina i cui costituenti sono nettamente visibili a occhio nudo

macrodattilìa [da *macrodattilo* ✱ 1957] **s. f.** ● (*med.*) malformazione delle mani caratterizzata da dita esageratamente sviluppate

macrodàttilo [vc. dotta, gr. *makrodáktylos*, comp. di *makrós* 'lungo' e *dáktylos* 'dito' ✱ 1875] **agg. e s. m.** (**f.** *-a*) ● (*med.*) che (o chi) ha dita esageratamente sviluppate

macrodistribuzióne [comp. di *macro-* e *distribuzione* ✱ 1989] **s. f.** ● (*econ.*) distribuzione del reddito nazionale ripartito tra ampie categorie reddituali, aree geografiche o gruppi sociali diversi

macrodónte [comp. di *macro-* e del gr. *odóus*, genit. *odóntos* 'dente' ✱ 1970] **agg. e s. m.** ● (*med.*) che (o chi) ha denti esageratamente sviluppati

macrodontìṣmo [da *macrodonte* ✱ 1957] **s. m.** ● (*med.*) eccessivo sviluppo dei denti

macroeconomìa [comp. di *macro-* ed *economia* ✱ av. 1940] **s. f.** ● parte della scienza economica che studia i grandi problemi economici connessi all'osservazione e all'analisi degli aggregati, quali reddito, consumo, risparmio e sim. SIN. macroanalisi

macroeconòmico [comp. di *macro-* ed *economico* ✱ 1978] **agg.** (**pl. m.** *-ci*) ● relativo alla macroeconomia: *dati macroeconomici*

macroesteṣìa [comp. di *macro-* e un deriv. del gr. *áisthēsis* 'sensibilità' (V. *estetica*) ✱ 1957] **s. f.** ● (*med.*) alterazione della sensibilità tattile per cui gli oggetti vengono percepiti più grandi del normale

macroevoluzióne [comp. di *macro-* ed *evoluzione* ✱ 1957] **s. f.** ● (*biol.*) evoluzione che porta alla differenziazione di molti caratteri dei grandi gruppi sistematici quali le classi e i tipi

macròfago [comp. di *macro-* e *-fago* ✱ 1910] **s. m.** (**pl.** *-gi*) ● (*biol.*) cellula appartenente ai sistemi di difesa dell'organismo; fissa o in grado di migrare, è dotata di spiccate capacità di fagocitosi

macrofotografìa [comp. di *macro-* e *fotografia* ✱ 1957] **s. f.** ● (*fotogr.*) immagine fotografica di un oggetto molto piccolo ingrandito per mezzo dell'obiettivo che funziona da lente d'ingrandimento | la tecnica usata per ottenerla

macrofotogràfico [1989] **agg.** (**pl. m.** *-ci*) ● relativo alla macrofotografia

macroftalmìa [da *macroftalmo* ✱ sec. XIX] **s. f.** ● (*med.*) aumento esagerato di volume dei globi oculari

macroftàlmo [comp. di *macro-* e *oftalmo* ✱ sec. XIX] **agg. e s. m.** (**f.** *-a*) ● (*med.*) che (o chi) è affetto da macroftalmia

macrogamète [comp. di *macro-* e *gamete* ✱ 1957] **s. m.** ● (*biol.*) il gamete femminile, sempre più grande di quello maschile

macrogèneṣi [comp. di *macro-* e *genesi* ✱ 1970] **s. f. inv.** ● (*med., raro*) gigantismo

macrogenitosomìa [comp. di *macro-*, *genit(ali)* e *-somia* ✱ 1975] **s. f.** ● (*med.*) precoce ed eccessivo sviluppo somatico e sessuale, causato da un abnorme funzionamento di alcune ghiandole endocrine

macroglòssa [comp. di *macro-* e del gr. *glôssa* 'lingua' (V. *glossa* nel sign. 4) ✱ 1829] **s. f.** ● farfalla dalla livrea brunastra, con ali strette e lunga tromba per suggere il nettare (*Macroglossa stellatarum*)

macroglossìa [V. *macroglossa* ✱ 1841] **s. f.** ● (*med.*) sviluppo esagerato della lingua

macroglòsso [comp. di *macro-* e *-glosso* ✱ 1970] **agg. e s. m.** (**f.** *-a*) ● (*med.*) che (o chi) è affetto da macroglossia

macroistruzióne [comp. di *macro-* e *istruzione* ✱ 1984] **s. f.** ● (*inform.*) serie di istruzioni che possono essere eseguite per mezzo di un unico comando

macrolepidòtteri [comp. di *macro-* e del pl. di *lepidottero* ✱ sec. XIX] **s. m. pl.** (**sing.** *-o*) ● (*zool.*) correntemente, denominazione di tutte le farfalle di grandi dimensioni, per lo più diurne

macrolìde [da *macro-* ✱ 1957] **s. m.** **1** (*farm.*) lattone naturale provvisto di derivati di ammino-zuccheri; prodotto da batteri *Streptomyces*, viene impiegato come antibiotico batteriostatico **2** ciascuno di un vasto gruppo di antibiotici battericidi o batteriostatici che agiscono bloccando la sintesi proteica dei batteri patogeni (per es. l'eritromicina, la spiramicina, la carbomicina)

macrolìdico [1989] **agg.** (**pl. m.** *-ci*) ● relativo a macrolide: *antibiotico m.*

macrolinguìstica [comp. di *macro-* e *linguistica* ✱ 1989] **s. f.** ● studio dei fenomeni linguistici di massa, sotto il profilo statistico e quantitativo

macromelìa [comp. di *macro-* e del gr. *mélos* 'membro' ✱ 1895] **s. f.** ● (*med.*) esagerato sviluppo degli arti

macrometeorologìa [comp. di *macro-* e *meteorologia* ✱ 1970] **s. f.** (**pl.** *-gìe*) ● branca della meteorologia che studia i fenomeni atmosferici a grande scala, cioè quelli relativi a un continente, al globo intero e sim.

macromicète [comp. di *macro-* e *micete*① ✱ 1975] **s. m.** ● (*bot.*) fungo macroscopico CONTR. micromicete

macromolècola [comp. di *macro-* e *molecola* ✱ 1957] **s. f.** ● molecola di dimensioni molto grandi e di peso molecolare molto elevato

macromolecolàre [comp. di *macro-* e *molecolare* ✱ 1955] **agg.** ● relativo a macromolecola o a macromolecole, formato da macromolecole: *chimica m.*; *sostanza m.*

macronùcleo [comp. di *macro-* e *nucleo* ✱ 1957] **s. m.** ● (*biol.*) nucleo maggiore a funzione trofica di alcuni protozoi binucleati

macronutriènte [comp. di *macro-* e *nutriente* ✱ 1989] **s. m.** ● (*biol.*) qualsiasi sostanza che l'organismo deve assumere in grandi quantità in quanto indispensabile per il metabolismo, come le proteine, il sodio e sim. CONTR. micronutriente

macropètalo [comp. di *macro-* e *petalo* ✱ 1970] **agg.** ● detto di fiore che ha petali grandi

macroplasìa [comp. di *macro-* e del gr. *plásis* 'formazione' ✱ 1970] **s. f.** ● (*med.*) eccessivo sviluppo di una parte del corpo

macropodìa [V. *macropodo* ✱ 1834] **s. f.** ● (*med.*) esagerato sviluppo dei piedi

Macropòdidi [comp. del gr. *makrópous* 'dal lungo piede' e *-idi* ✱ 1957] **s. m. pl.** (**sing.** *-e*) ● (*zool.*) famiglia di Mammiferi marsupiali diffusi in Australia e Nuova Guinea; vi appartiene il canguro (*Macropodidae*)

macròpodo [comp. di *macro-* e del gr. *póus*, genit. *podós* 'piede' ✱ 1834] **s. m.** ● genere di piccoli pesci asiatici degli Anabantidi con bellissima livrea a fasce trasversali vivacemente colorate, allevati spec. a scopo ornamentale (*Macropus*)

macroprogrammazióne [vc. dotta, comp. di *macro-* e *programmazione* ✱ 1994] **s. f.** ● (*inform.*) programmazione per mezzo di macroistruzioni

macroprosopìa [dal gr. *makroprósōpos* 'che ha la faccia lunga', comp. di *makrós* 'lungo' e *prósōpon* 'faccia' ✱ 1957] **s. f.** ● (*med.*) sviluppo eccessivo o mostruoso della faccia

macropsìa [comp. di *macro-* e del gr. *ópsis* 'vista' ✱ 1895] **s. f.** ● (*med.*) difetto visivo comportante percezione ingrandita degli oggetti

macroregionàle [1968] **agg.** **1** relativo a macroregione **2** relativo a più regioni: *campionato m.*

macroregióne [comp. di *macro-* e *regione* ✱ 1991] **s. f.** ● territorio che comprende regioni con caratteristiche simili, spec. per quel che riguarda l'economia e la composizione sociale

macrorrinìa [comp. di *macro-* e del gr. *rís*, genit. *rinós* 'naso' ✱ 1957] **s. f.** ● (*med.*) sviluppo eccessivo del naso

macrorrìno [1970] **s. m.** (**f.** *-a*) ● (*med.*) chi è portatore di macrorrinia

macroscelìa o **macroschelìa** [dal gr. *makroskelḗs* 'che ha le gambe lunghe', comp. di *makrós* 'lungo' e *skélos* 'gamba' ✱ 1970] **s. f.** ● (*med.*) eccessivo sviluppo delle gambe

Macroscèlidi [comp. di *macroscel(ia)* e *-idi* ✱ 1865] **s. m. pl.** (**sing.** *-e*) ● famiglia di Mammiferi insettivori africani, con zampe posteriori atte al salto, occhi grandi e rotondi e naso a proboscide, coda lunga come il corpo (*Macroscelides*)

macroschelìa ➤ **macroscelìa**

macroscòpico [comp. di *macro-*, in opposizione a *microscopico* ✱ 1875] **agg.** (**pl. m.** *-ci*) **1** (*raro*) che è visibile a occhio nudo: *fenomeno m.* **2** (*fig.*) che è molto evidente, enorme: *un errore, un difetto m.* ‖ **macroscopicaménte**, **avv.** ‖ **macroscopicità**, **s. f. inv.**

macrosìsma o **macrosìsmo** [comp. di *macro-* e *sisma* ✱ 1975] **s. m.** (**pl.** *-i*) ● moto sismico di rilevante entità, che può essere percepito anche dall'uomo

macrosistèma [comp. di *macro-* e *sistema* ✱ 1985] **s. m.** (**pl.** *-i*) ● sistema di livello superiore, comprendente diversi sottosistemi

macrosmàtico [comp. di *macro-* e di un deriv. del gr. *osmân* 'odorare, fiutare' (V. *ormare*) ✱ 1957] **agg.** (**pl. m.** *-ci*) ● (*zool.*) detto di animale dotato di grande sensibilità per gli odori, come, per es., il cane CONTR. microsmatico

macrosociologìa [comp. di *macro-* e *sociologia* ✱ 1983] **s. f.** (**pl.** *-gie*) ● parte della sociologia che studia le formazioni sociali globali

macrosociològico [1983] **agg.** (**pl. m.** *-ci*) ● relativo alla macrosociologia

macrosomìa [comp. di *macro-* e un deriv. del gr. *sôma* 'corpo' (V. *somatico*) ✱ 1834] **s. f.** ● (*med.*) esagerato sviluppo del corpo | condizione del neonato macrosomico

macrosòmico [1957] **agg.** (**pl. m.** *-ci*) ● (*med.*) che presenta macrosomia | ***neonato m.***, il cui peso supera i 4500 grammi

macrospòra [comp. di *macro-* e *spora* ✱ 1880] **s. f.** ● (*bot.*) la più grande fra i due tipi di spore delle Crittogame, dalla quale deriva il gametofito femminile

macrosporàngio [comp. di *macro-* e *sporangio* ✱ 1880] **s. m.** ● (*bot.*) sporangio che produce le macrospore | la nocella dell'ovulo nelle Fanerogame

macrosporofìllo [comp. di *macro-* e *sporofillo* ✱ 1931] **s. m.** ● (*bot.*) brattea che porta macrosporangi

macrostomìa [comp. di *macro-* e del gr. *stóma* 'bocca' ✱ sec. XIX] **s. f.** ● (*med.*) sviluppo esagerato della bocca

macrostruttùra [comp. di *macro-* e *struttura* ✱ 1974] **s. f.** **1** struttura cristallina di un metallo, visibile a occhio nudo o con un piccolo ingrandimento | struttura, spec. edilizia, di grandi dimensioni: *le macrostrutture di Kenzo Tange a Tokyo* **2** (*est.*) struttura di grandi dimensioni: *macrostrutture organizzative* | struttura generale di qlco., rispetto alla struttura delle singole parti che la compongono: *la m. di un vocabolario*

macrotèsto [comp. di *macro-* e *testo* ✱ 1975] **s. m.** ● (*letter.*) testo che raggruppa una serie di altri testi dotati di parziale o totale autonomia ma legati tra loro da un disegno complessivo

macrotìa o **macrozìa** [comp. di *macro-* e di un deriv. del gr. *ôus*, genit. *ōtós* 'orecchio' (di etim. incerta) ✱ 1975] **s. f.** ● (*med.*) sviluppo esagerato del padiglione auricolare

macròttero [comp. di *macro-* e *-ttero* ✱ 1957] **agg.** ● (*zool.*) detto di insetto dotato di ali lunghe

macrozìa ➤ **macrotìa**

Macrùri [comp. di *macro-* e del pl. di *-uro*② ✱ 1792] **s. m. pl.** (**sing.** *-o*) ● nella vecchia tassonomia animale, ordine di Crostacei dei Decapodi con addome allungato e con ampia pinna codale (*Macroura*)

Macrùridi [comp. di *macrur(o)* e *-idi* ✱ 1934] **s. m. pl.** (**sing.** *-e*) ● (*zool.*) famiglia di Pesci ossei abissali con le pinne dorsali e anali fuse, lunga coda che termina assottigliandosi come un filo, occhi grandi e talvolta organi luminosi ventrali (*Macrouridae*)

Macrurifórmi [comp. di *macruri* e del pl. di *-forme* ✱ 1965] **s. m. pl.** (**sing.** *-e*) ● (*zool.*) ordine di Pesci abissali con coda assottigliata e pinne codale, dorsale, anale unite (*Macrouriformes*)

macùba [da *Macuba*, nella Martinica ✱ 1836] **s. m. e f. inv.** ● tabacco da fiuto finissimo, profumato con essenza di rosa o violetta, proveniente dalla Martinica

màcula o **màcola** [vc. dotta, lat. *măcula(m)*. V. *macchia*① ✱ sec. XII] **s. f.** **1** (*lett.*) †macchia, nel sign. di *macchia*① | (*fig.*) colpa, disonore | (*per anton.*) peccato originale **2** (*anat.*) piccola macchia cutanea, visibile a confronto col tessuto circostante | ***m. lutea***, area tondeggiante della retina, situata al polo posteriore del globo oculare, dove la sensibilità visiva è massima **3** zona di colore diverso, screziatura, venatura che spicca sull'uniformità di una superficie

†**maculaménto** [sec. XIV] **s. m.** ● profanazione

maculàre① o **macolàre** [vc. dotta, lat. *maculāre*. V. *macchiare* ✱ av. 1292] **A** **v. tr.** (*io màculo*) **1** (*lett.*) †macchiare | (*fig.*) profanare **2** (*pop., tosc.*) ammaccare **B** **maculàrsi** **v. intr. pron.** **1** †macchiarsi **2** (*tosc.*) ammaccarsi: *frutta che si macola* | (*fig.*) †corrompersi, traviarsi

maculàre② [da *macula* ✱ sec. XIX] **agg.** **1** (*astron.*) relativo alle macchie solari: *zone maculari* **2** (*anat.*) relativo alla macula lutea

maculàto o **macolàto** **part. pass.** di *maculare*; anche **agg.** **1** (*lett.*) nei sign. del v. **2** screziato: *tessuto m.*; *una lonza ... / che di pel macolato era coverta* (DANTE *Inf.* I, 32-33)

†**maculatóre** [sec. XIV] **agg. e s. m.** (**f.** *-trice*) ● sacrilego, profanatore

maculatùra [1957] **s. f.** ● malattia da virus di diverse piante coltivate che colpisce foglie, tuberi, bacche: *m. del tabacco* | ***m. delle olive***, malattia fungina

†**maculazióne** [vc. dotta, lat. *maculatiōne(m)*, da *maculāre* 'macchiare' ✱ 1351] **s. f.** **1** (*lett.*) formazione di macchie | insieme di macchie **2** (*fig., lett.*) impurità, infamia

†**màculo** o †**màcolo** [per *macul(at)o*, propr. 'macchiato' ✱ av. 1597] **agg.** ● malconcio, pesto

maculopatìa [comp. di *macul(a)* e *-patia* ✱ 1976] **s. f.** ● (*med.*) ogni condizione patologica della macula lutea della retina

maculóso (o **-s-**) [vc. dotta, lat. *maculōsu(m)*. V. †*macchioso*① ✱ sec. XIV] **agg.** ● (*lett.*) maculato (*anche fig.*): *pelle ... maculosa e sparsa di bianco* (I. SANNAZARO)

macùmba [vc. portog.-brasiliana, di orig. africana, forse connessa al congolese *makumba*, pl. di *kumba* 'ombelico', con riferimento alle danze che accompagnano il rito ✱ 1963] **s. f.** **1** rito propiziatorio diffuso in Brasile e nelle Antille, accompagnato da musica e danze, caratterizzato dalla fusione di elementi pagani e cristiani **2** (*est.*) pratica magica, stregoneria

madàma [fr. *madame* 'mia signora', comp. di *ma* 'mia' e *dame* 'signora, dama' ✱ 1263] **s. f.** **1** signora d'alto lignaggio | (*pop.*) un tempo, termine con cui si indicava la tenutaria di una casa di tolleranza | titolo oggi usato in tono scherzoso per indicare una donna un po' sussiegosa: *m. desidera qlco.?* **2** (*gerg.*) la polizia: *arriva la m.!* **3** (*merid.*) crestaia, sarta ‖ **madamìna**, **dim.**

madamàto [da *madam(a)* nel senso assunto nell'it. coloniale di 'concubina indigena' con il suff. *-ato* ✱ 1937] **s. m.** ● (*stor.*) convivenza di tipo coniugale tra un bianco europeo e un'indigena di una colonia; fu considerato reato dalla legislazione italiana a partire dal 1937

madamigèlla [fr. *mademoiselle*, comp. di *ma* 'mia' e *demoiselle* 'damigella' ✱ 1554] **s. f.** ● damigella: *'M. Valery?' 'Son io'* (F.M. PIAVE *La Traviata* di G. Verdi) | (*scherz.*) signorina; bambina

madapolàm [fr. *madapolam*, dal n. di una località nei pressi della città indiana di Narasapur in cui questa stoffa era prodotta ✱ 1836] **s. m.**

inv. • tela di cotone fine e leggera, usata per biancheria

madaròṣi [vc. dotta, gr. *madárōsis*, da *madarós* 'calvo', da *madân* 'cadere' (detto dei capelli, peli e barba), di orig. indeur. ✱ 1821] **s. f. inv.** • (*med.*) caduta dei peli, in particolare delle ciglia

maddài ➤ **dai**②

maddaléna① [dal n. della donna convertita da Gesù, nativa di *Magdala* ✱ 1823] **s. f.** • donna traviata che poi si è pentita | (*fig., iron.*) ***fare la M.***, mostrarsi umile e pentita | (*fig., raro*) ***fare da Marta e Maddalena***, adempiere ai propri e agli altrui compiti

maddaléna② [1869] **s. f.** • adattamento di *madeleine* nel sign. 1 (V.)

maddaleniàno ➤ **magdaleniano**

maddalenìno [sec. XIX] **A agg.** • dell'isola della Maddalena, nel mare Tirreno **B s. m. (f. -*a*)** • abitante o nativo della Maddalena

†**madè** ➤ †**madiè**

made in /*ingl.* 'meɪd,ɪn/ [loc. ingl., propr. 'fatto in', comp. di *in* e del part. pass. di *to make* 'fare' (d'orig. germ.) ✱ 1905] **loc. agg. inv.** • fabbricato in: *made in Italy*

made in Italy /me(i)di'nitali, *ingl.* 'meɪd ɪn-'ɪtəlɪ/ [loc. ingl., propr. 'fatto in Italia' ✱ 1905] **loc. sost. m. inv.** • insieme dei prodotti fabbricati in Italia ed esportati all'estero, spec. con riferimento al mondo della moda

madeleine /*fr.* mad'lɛn/ [vc. fr., dal n. di *Madeleine Paulmier* che lo inventò ✱ 1917] **s. f. inv.** **1** piccolo dolce a base di farina, latte e zucchero, talora al gusto di mandorla, cotto al forno in stampi rotondi e scanalati a forma di conchiglia CFR. maddalena② **2** (*fig.*) tutto ciò che ha funzione rievocativa del passato (con riferimento al biscottino citato dallo scrittore francese Marcel Proust (1871-1922) nel primo romanzo del ciclo narrativo *Alla ricerca del tempo perduto*): *un disco a 45 giri, m. degli anni Sessanta*

m

†**madenò** ➤ †**madieno**

Madèra [dal nome dell'isola portoghese, al largo del Marocco, dove si produce ✱ 1819] **s. m. inv.** • vino bianco portoghese, dolce, ambrato, di ricco sapore vinoso, 18°-20°

maderiẓẓazióne [dal fr. *madérisation*, deriv. dal nome del vino bianco di *madère* 'madera' ✱ 1969] **s. f.** • (*enol.*) degenerazione di un vino spec. bianco che, per anomalo processo di ossidazione o per eccessivo invecchiamento, assume una colorazione ambrata e un sapore che ricorda, in peggio, le caratteristiche del marsala e del madera

†**madernàle** ➤ **madornale**

†**madesì** ➤ †**madiesì**

màdia① [lat. *măgida(m)* 'specie di piatto di grandi dimensioni', dal gr. *magída*, acc. di *magís* 'cibo impastato, pane, madia', da *mássein* 'impastare' ✱ sec. XIII] **s. f.** • mobile da cucina a forma di cassa chiuso da sportelli nella parte inferiore, usato spec. un tempo per impastarvi il pane e custodirvi farina e altri generi alimentari | (*est.*) credenza ‖ **madièlla**, **dim.** (V.) | †**madièllo**, **dim. m.** (V.) | **madiétta**, **dim.**

màdia② [sp. *madia*, vc. dell'America merid. ✱ av. 1827] **s. f.** • genere di piante erbacee tropicali delle Composite con fusto e foglie vischiosi, dall'odore sgradevole (*Madia*)

màdia③ [da *madia*① per la forma ✱ 1792] **s. f.** • (*zool.*) mollusco dei Bivalvi caratterizzato da una conchiglia con valve ovali a strie sottili che viene raccolto per scopi alimentari (*Mactra corallina*)

✦**màdido** [vc. dotta, lat. *mădidu(m)*, da *madēre* 'essere molle, bagnato', di orig. indeur. ✱ 1442] **agg.** • umido, bagnato: *viso m. di sudore*; *chioma madida di pioggia*; *recessi madidi di muffe* (E. MONTALE)

†**madiè** o †**madè** [etim. discussa: per *m'ai(ti) Dè(o)* 'Dio mi aiuti' (?) ✱ av. 1348] **inter.** • si usa come rafforz. di un'affermazione o di una negazione: *m. sì*; *m. no* | V. anche †*madiesì* e †*madienò*

madièlla [1652] **s. f.** **1** dim. di *madia*① **2** scaffale o bacheca a muro, con sportelli

†**madièllo** [1618] **s. m.** **1** dim. di *madia*① **2** grossa scodella quadra, di legno

†**madiènò** o †**madenò** [comp. di *madiè* e *no* ✱ 1526] **inter.** • esprime energica negazione

madière [fr. *madrier*, dal provenz. *madier*, dal lat. parl. **matēriu(m)*, da *matēria* 'materia, legname da costruzione' ✱ 1803] **s. m.** • ciascuna delle travi appoggiate sulla chiglia alle quali sono collegati gli elementi trasversali dell'ossatura delle navi di legno | ***per m.***, disposto trasversalmente alla chiglia

†**madiesì** o †**madesì** [comp. di *ma(i)*, *Dio* e *sì* ✱ av. 1400] **inter.** • esprime energica affermazione: *m., che io gli voglio vedere uscire le budelle di corpo* (F. SACCHETTI)

†**madióne** [da *madia*① ✱ 1701] **s. m.** • (*raro*) proprietario di una piccola bottega allestita provvisoriamente lungo le strade o i portici

madìṣmo e deriv. ➤ **mahdismo** e deriv.

madison /'mɛdison, *ingl.* 'mædɪs(ə)n/ [dalla città di *Madison* (USA) ✱ 1963] **s. m. inv.** • ballo figurato, a ritmo moderato, originario del sud degli Stati Uniti

♦**madònna** [comp. di *m(i)a* e *donna* ✱ 1065] **A s. f.** (*Madònna* **nel sign. 2**) **1** (*lett.*) signora, come titolo di rispetto, preposto al nome, per donna d'alta condizione: *m. Laura*; *madonne, lo fine del mio amore fu già il saluto di questa donna* (DANTE) | ***esser donna e m.***, essere padrona assoluta | †la donna amata: *Non sent'io pace ... / poscia ch'Amore e m. trovai* (G. CAVALCANTI) **2** (*per anton.*) Maria, madre di Gesù: *invocare, pregare la M.* | ***M. dei sette dolori***, Addolorata | ***il mese della M.***, maggio, che a lei è dedicato | (*est.*) chiesa o santuario consacrato alla madre di Gesù: *la M. di Lourdes, di Pompei* | (*est.*) raffigurazione di Maria: *una M. di Raffaello*; *la M. di San Luca* | (*fig.*) ***esser tutto santi e Madonne***, essere bacchettone | (*pop.*) ***avere le madonne***, essere di cattivo umore | (*pop., intens.*) ***della m.***, moltissimo, grandissimo, eccezionale: *dei flagellanti o flagellati, che andando intorno si davano delle pacche della m.* (D. FO) **3** donna di casta e dolce bellezza: *viso di m.* **4** (**spec. al pl.**, *pop.*) imprecazione, bestemmia: *tirare un paio di madonne* **B in funzione di inter.** • esprime impazienza, stupore, contrarietà, spavento, collera, gioia e, in generale, ogni forte emozione: *m.!, come è brutto!*; *m., che paura!*; *m.!, che spavento m'hai fatto!*; *M. mia!*; *M. santa!*; *Eh la m.!* ‖ **madonnèlla**, **dim.** | **madonnétta**, **dim.** | **madonnìna**, **dim.** (V.) | **madonnìno**, **dim. m.** | **madonnóne**, **accr. m.**

madonnàro o (*raro*) **madonnàio** [da *Madonna*, perché vende immagini sacre della Madonna ✱ av. 1939] **s. m. (f. -*a*)** **1** venditore d'immagini sacre, spec. della Vergine **2** chi dipinge immagini gener. sacre, spec. della Vergine, sui marciapiedi e sulle piazze **3** portatore di statue e sim. della Vergine, nelle processioni

madonnìna [1520 ca.] **s. f.** **1** dim. di *madonna* **2** piccola immagine della Vergine | ***viso di m.***, (*fig.*) raccolto, gentile | (*iron., fig.*) ***m. infilzata***, giovane donna che si atteggia a modello di virtù e non lo è affatto (con riferimento alla Madonna dei sette dolori, trafitta da sette spade) SIN. santerellina | (*per anton.*) statua della Madonna collocata sulla guglia più alta del duomo di Milano | ***la città della M.***, (*per anton.*) Milano | ***all'ombra della M.***, (*per anton., fig.*) a Milano | (*est.*) chiesetta dedicata alla Vergine **3** moneta di rame con la figura della Madonna coniata alla fine del XVIII sec. in varie zecche dello Stato Pontificio (anche *madonnino*)

madòqua [vc. abissina ✱ 1934] **s. f.** • genere di antilopi africane con corpo agile e flessuoso, grandi occhi neri e cornetti neri nel maschio (*Madoqua*)

✦**madóre** [vc. dotta, lat. *madōre(m)*, da *madēre*. V. *madido* ✱ av. 1758] **s. m.** • umidità leggera che precede il sudore

✦**madornàle** o †**madernàle** [lat. parl. **maternāle(m)* 'materno', da *māter* 'madre'; il termine si riferiva ai rami principali degli alberi, che si staccavano direttamente dal tronco ✱ av. 1292] **agg.** **1** †legittimo, nato da regolare matrimonio: *di costui non rimase figliuolo niuno m.* (G. VILLANI) CONTR. bastardo **2** (*fig.*) enorme, spropositato: *errore m.*; *svista m.* ‖ **madornalménte**, **avv.** ‖ **madornalità**, **s. f. inv.** enormità: *la madornalità di uno sproposito*

madòsca [orig. eufem. per *Madonna!* ✱ 1963] **inter.** • (*centr., pop.*) esprime ira, disappunto, irritazione, contrarietà, meraviglia e sim.

madràs [dal n. della città indiana di *Madras* (che trae il suo n. dall'arabo *mádrasa* 'luogo di studio'. V. *madrasa*) ✱ 1829] **s. m. inv.** • tessuto leggero di cotone, a righe o quadrati di colori vivaci, usato per abbigliamento e arredamento

màdraṣa /'madraza, *arabo* 'mæd-rasa/ o **madràssa** [arabo *mádrasa*, propr. 'luogo di studio', comp. del pref. di luogo *ma-* e *dárasa* 'studiare', vc. di orig. aramaico-siriana ✱ 1957] **s. f.** (**pl.** *màdrase* **o arabo** *madàris*) • nelle civiltà islamiche, scuola coranica di diritto e teologia

♦**màdre** o (*raro, pop., tosc.*) **màe**, †**màtre** [lat. *mātre(m)*, di orig. indeur. ✱ 1224 ca.] **A s. f.** **1** donna che ha generato dei figli: *una sposa non ancora m.*; *essere una m. amorevole, dolce, accorta, infame, snaturata*; *diventare m.* | ***per parte di m.***, per parentela materna | ***succhiare qlco. col latte della m.***, (*fig.*) imparare qlco. fin dalla più tenera infanzia | ***fare da m. a qlcu.***, esercitarne le funzioni educative e sim. | ***m. biologica***, donna nel cui utero si sviluppa una cellula uovo impiantatavi dopo essere stata fecondata in vitro | ***m. surrogata***, donna che porta a termine una maternità surrogata | ***essere una seconda m. per qlcu.***, prodigargli cure e affetto materni | ***una buona m. di famiglia***, tutta dedita alla casa e alla famiglia | ***m. spirituale***, madrina | ***m. natura***, la natura in quanto generatrice d'esseri viventi | ***m. lingua***, V. *madrelingua* | ***m. Terra***, la terra in quanto generatrice ed alimentatrice d'esseri viventi | ***m. coraggio***, (*fig.*) donna che difende i propri figli impegnandosi in lotte sociali o contro la malavita organizzata (dal titolo di un dramma di B. Brecht) | ***la M. di Dio, di Gesù***, la Vergine Maria | (*fig.*) ***la M. dei viventi***, Eva | (*fig.*) ***la m. Chiesa***, la Chiesa rispetto a tutti i fedeli | (*fig.*) ***la M. dei Santi***, la Chiesa | ***m. nobile***, nelle compagnie teatrali dell'Ottocento, attrice che ricopriva importanti ruoli di donna matura **2** (*est.*) femmina di alcuni animali in relazione ai suoi piccoli: *il puledro trotterella accanto alla m.* **3** titolo attribuito a suore professe: *reverenda m.*; *m. superiora* **4** (*fig., lett.*) patria: *m. benigna e pia* (F. PETRARCA) **5** (*fig.*) origine, causa: *superbia, m. di crudeltà* **6** (*fig.*) nella loc. ***la m. di tutte...***, (*enfat.*) il primo o il più importante fenomeno o avvenimento in una serie o una categoria: *la m. di tutte le tangenti* (da *la m. di tutte le battaglie*, cioè la battaglia decisiva, espressione usata durante la guerra del Golfo nel 1991) **7** attrezzo che porta un'impronta da stampare SIN. matrice, punzone **8** matrice, parte di una bolletta a madre e figlia, destinata a essere conservata come prova della parte staccata e consegnata quale ricevuta **9** ***m. dell'aceto***, ammasso gelatinoso in cui si addensano i microrganismi acetificanti e che si forma in fondo ai recipienti dell'aceto **10** (*anat.*) ***dura m.***, V. *duramadre* | ***pia m.***, V. *piamadre* ‖ (*lett.*) **madrùccia**, **dim.** **B** **in funzione di agg.** **(posposto a un sost.)** **1** che è madre, che ha figli: *lavoratrice m.*; *ragazza m.* **2** (*fig.*) detto di ciò che costituisce l'origine di successivi fatti e fenomeni: *idea, causa m.*; *lingua m.* | ***chiesa m.***, da cui dipendono altre chiese | ***casa m.***, sede principale di un ordine religioso; (*econ.*) sede principale di un'azienda | ***regina m.***, titolo spettante alla madre del re | ***scena m.***, la scena principale di un dramma, che ne contiene il tema centrale; (*fig.*, *spreg.*) scena melodrammatica, a forti tinte | (*chim.*) ***acqua m.***, liquido residuo, saturo, che rimane dopo la parziale cristallizzazione del soluto presente in una data soluzione

Definizione d'autore

Madre è l'appellativo solenne di mamma, colei da cui ci si aspetta di essere accolti, compresi e amati incondizionatamente. **Madre**, per contro, ha un carattere di autorità, ed è ruolo, funzione, istanza politica (Madri di Plaza de Mayo), talvolta anche concetto astratto; in questa sua accezione, nella cultura patriarcale, la **madre** rimane tuttavia intrappolata nelle retrovie, "in funzione di", in quanto sempre **madre** di qualcuno. L'amore (scontato) della **madre** dovrebbe essere ri-compensato con l'amore per la **madre** – non solo biologica – attraverso cui diviene possibile il riconoscimento della funzione materna come funzione generativa, non solo riproduttiva, in un futuro nuovo ordine simbolico, quello della **madre**.

Alina Marazzi

madrecicàla [comp. di *madre* e *cicala* ✱ av. 1729] **s. f.** (**pl.** *madricicàle*) ● (*zool.*) spoglia che la cicala abbandona, raggiunto lo stato adulto alato con la metamorfosi

†**madrefamìglia** [lat. *mātre(m) familias* 'madre di famiglia' ✱ sec. XIV] **s. f.** ● madre di famiglia

madrefórma [comp. di *madre* e *forma* ✱ 1869] **s. f.** ● forma da getto, per stampa

madreggiàre [1612] **v. intr.** (**pres.** *io madréggio*; **fut.** *io madreggerò*; **aus.** *avere*) ● somigliare alla madre, comportarsi come la propria madre

madrelìngua o **màdre lìngua** [comp. di *madre* e *lingua*; calco sul ted. *Muttersprache* ✱ av. 1810] **A** **s. f.** (**pl.** *madrelìngue*, o *màdri lìngue*) ● la lingua materna, che si è imparata fin dall'infanzia **B** **s. m. e f. inv.** ● chi parla la propria lingua madre: *un m. tedesco* **C** **anche agg. inv.**: *un insegnante m.*

madrepàtria [comp. di *madre* e *patria*; calco sul ted. *Mutterland* ✱ 1774] **s. f.** (**pl.** *madrepàtrie*) **1** la patria d'origine, in relazione a chi vive in territorio straniero **2** il territorio metropolitano, rispetto alla colonia, ai territori d'oltremare e sim.

madrepèrla [comp. di *madre* e *perla*, perché si riteneva che generasse le perle ✱ av. 1492] **s. f.** (**pl.** *madrepèrle*, †*madripèrle*) ● parte interna della conchiglia di alcuni Lamellibranchi, iridescente, bianca, impiegata nella fabbricazione di svariati oggetti: *fibbie, bottoni, manico di m.*

madreperlàceo [1869] **agg.** ● di madreperla: *guscio m.* | che ha il colore o l'aspetto della madreperla: *pelle madreperlacea*

madreperlàto [1899] **agg.** ● detto di cosmetico, smalto da unghie o rossetto, con riflessi iridescenti

madrèpora [comp. di *madre* e *poro*, sul modello di *madreperla* ✱ 1697] **s. f.** ● ogni specie di Celenterati che costituiscono i Madreporari

Madreporàri [da *madrepora* ✱ 1934] **s. m. pl.** (**sing.** *-rio*) ● (*zool.*) ordine di Antozoi, raramente solitari, in gran parte coloniali, provvisti di scheletro calcareo con il quale danno origine alla formazione di barriere, atolli, scogliere nei mari tropicali e sub-tropicali (*Madreporaria*)

madrèpore [sec. XVII] **s. f. pl.** ● madreporari

madrepòrico [1869] **agg.** (**pl. m.** *-ci*) ● relativo a madrepora | costituito da madrepore | ***piastra madreporica***, madreporite

madreporìte [da *madrepora* col suff. mineralogico *-ite* ✱ 1806] **s. f.** ● (*zool.*) placca calcarea esterna, propria di molti Echinodermi, munita di uno o più fori attraverso i quali l'acqua marina comunica con i canali dell'apparato acquifero

madresélva [comp. di *madre* e *selva* (*madre della selva*) ✱ av. 1525] **s. f.** (**pl.** *madrisélve* o *madresélve*) ● (*bot.*) caprifoglio

madrevite [comp. di *madre* e *vite* ✱ av. 1537] **s. f.** (**pl.** *madreviti*) ● elemento cavo filettato, in cui si adatta il convesso delle spire di una vite | dado della vite | utensile per la filettatura delle viti

madrigàle [lat. tardo *matricāle(m)* 'appartenente alla matrice', poi 'elementare, primitivo', da *māter* 'madre' (?) ✱ av. 1370] **s. m.** **1** breve e semplice componimento poetico, di tono generalmente idillico e contenuto amoroso, di vario schema metrico **2** composizione polifonica profana, fiorita soprattutto nei secoli XVI e XVII: *i madrigali di Monteverdi* ‖ **madrigalétto**, **dim.** | **madrigalino**, **dim.**

madrigaleggiàre [1618] **v. intr.** (**pres.** *io madrigaléggio*; **fut.** *io madrigaleggerò*; **aus.** *avere*) ● (*lett.*) cantare, recitare o scrivere madrigali | (*fig.*, *scherz.*) dire cose galanti e un po' frivole

madrigalésco [1635] **agg.** (**pl. m.** *-schi*) **1** relativo a madrigale **2** (*fig.*, *lett.*) lezioso

madrigalèssa [av. 1584] **s. f.** ● (*lett.*, *scherz.*) madrigale lungo e noioso

madrigalista [1847] **s. m. e f.** (**pl. m.** *-i*) ● autore di madrigali

madrigalìstico [1963] **agg.** (**pl. m.** *-ci*) ● relativo al madrigale: *raccolta madrigalistica*

madrigna ➤ **matrigna**

madrilèno [sp. *madrileño*, agg. di *Madrid* ✱ 1850] **A** **agg.** ● di Madrid **B** **s. m.** (**f.** *-a*) ● abitante o nativo di Madrid

madrina [lat. tardo *matrīna(m)*, da *māter* 'madre' ✱ 1395] **s. f.** **1** donna che tiene a battesimo o a cresima un bambino, assumendo i relativi obblighi spirituali di assistenza e sim. **2** (*est.*) donna che presiede all'inaugurazione di qlco. | ***m. della bandiera***, che ne regge un lembo durante la benedizione | ***m. di guerra***, donna che offriva conforto con lettere e doni a combattenti spesso a lei sconosciuti **3** (*pop.*) †levatrice

madrinàggio [da *madrina* ✱ 1957] **s. m.** **1** condizione di madrina | insieme dei doveri propri di una madrina **2** partecipazione a una cerimonia in veste di madrina

madrinàto [da *madrina* ✱ 1975] **s. m.** ● assistenza volontaria e gratuita prestata con continuità a persone bisognose

màe ➤ **madre**

maelstrom /*ingl.* 'meɪlstrəm, -ɒm/ [1918] **s. m. inv.** ● adattamento ingl. di *mälström* (V.)

♦**maestà** o †**maiestà**, †**maiestàde**, †**maiestàte** [vc. dotta, lat. *maiestāte(m)*, da *māior* 'maggiore' ✱ av. 1292] **s. f. inv.** **1** imponenza, grandiosità, solennità dovuta all'aspetto o alle qualità intrinseche di qlco.: *la m. di piazza S. Pietro*; *la m. del suo portamento ci stupì*; *la m. dell'Impero romano, della legge divina* | (*gramm.*) ***plurale di m.***, plurale maiestatico (V. *plurale*) **2** (spec. con iniziale maiusc.) titolo attribuito a re e imperatori: *Sua Maestà il re di Francia* | ***le Loro M.***, il re e la regina | ***lesa m.*** o ***delitto di lesa m.***, V. *delitto*; (*est.*) atto scortese e irrispettoso nei confronti di chi è considerato superiore (*anche scherz.*) **3** nell'iconografia cristiana, immagine della Trinità, del Cristo o della Vergine in trono e vista di fronte: *la M. di Duccio, di Giotto, di Cimabue* | (*est.*) piccola cappella o edicola contenente un'immagine sacra eretta lungo una strada **4** (*arald.*) figura umana o animale con la testa rappresentata di fronte

SFUMATURE DI SIGNIFICATO

maestà - maestosità - dignità

Maestà è una grandezza solenne e severa, che ispira reverenza e soggezione; nelle persone è un aspetto imponente, un incedere e un comportarsi con gravità e solennità che impongono rispetto. **Maestosità** ha lo stesso significato, che arricchisce tuttavia di un senso di imponenza ancora maggiore e si usa specialmente in riferimento a paesaggi montuosi, edifici ecc. Anche **dignità** è il riflesso di un aspetto imponente e signorile, di una bellezza severa e nobile, da cui emana tuttavia anche l'impressione di un sentire profondo.

SFUMATURE ➤ ***nobiltà***

maestàtico ➤ **maiestatico**

†**maestévole** [1592] **agg.** ● maestoso ‖ †**maestevolménte**, **avv.** in modo maestoso

maestosità (o -ṣi-) [1869] **s. f. inv.** ● caratteristica, aspetto di ciò che è maestoso: *la m. del Cervino, di una chiesa* **SIN.** imponenza, grandiosità

SFUMATURE ➤ ***maestà***

♦**maestóso** (o -ṣo) [da *maestà* ✱ 1612] **agg.** **1** che è pieno di maestà, di imponenza: *atteggiamento m.*; *panorama m.* **SIN.** grandioso **2** (*mus.*) indicazione di tempo, spesso associata ad altre, che richiede un'esecuzione solenne e grave: *largo m., allegro m.* ‖ **maestosaménte**, **avv.** in modo maestoso; con maestà: *scendere maestosamente le scale* ‖ **maestosità**, **s. f. inv.** (V.)

maèstra (o -é-) [lat. *magĭstra(m)*. V. *maestro* ✱ 1266] **s. f.** **1** donna che impartisce le prime fondamentali nozioni di qlco.: *m. elementare*; *m. di musica*; *m. di ballo, di cucito* | ***m. di scuola dell'infanzia*** (o ***m. d'asilo***, ***m. di scuola materna***), insegnante della scuola di grado preparatorio alla scuola primaria, per bambini dai tre ai sei anni | ***m. giardiniera***, insegnante nei giardini d'infanzia a indirizzo froebeliano **2** (*per anton.*) insegnante elementare: *buongiorno, signora m.*; *la m. di quarta è molto giovane* **3** donna particolarmente abile in una data attività (**+** *in*, **anche seguito da inf.**; **+** *di*): *è m. nella conversazione, nell'ascoltare*; *m. di raggiri*; *al bridge sei una vera m.* | (*fig.*) esempio, insegnamento: *la storia è m. di vita* **4** (*pesca*) fune principale della rete o della ragna usata per tenderle | grosso galleggiante che serve a segnalare la rete da pesca **5** (*mar.*) vela principale, centrale e bassa di un veliero a vele quadre | ***albero di m.***, l'albero principale di un'imbarcazione a vela a più alberi ‖ **maestrina**, **dim.** | (*spreg.*) **maestrùcola**, **dim.**

maestralàta [1957] **s. f.** ● tempesta di maestrale | colpo di vento maestrale o dell'ago della bussola

maestràle① [da (*vento*) *maestro* 'vento principale' ✱ av. 1424] **A** **s. m.** **1** vento da nord-ovest generalmente freddo e secco, caratteristico del Tirreno, che investe per tutta la sua lunghezza la penisola italiana **2** direzione cardinale intermedia tra nord e ovest

B anche **agg.**: *vento m.*

†**maestràle**② [lat. tardo *magistrāle(m)*, da *magĭster* 'maestro' ✱ 1336 ca.] **agg.** ● di un maestro; magistrale | regale

maestraleggiàre [da *maestral(e)*① ✱ 1614] **v. intr.** (**pres.** *io maestraléggio*; **fut.** *io maestraleggerò*; **aus.** *avere*) ● (*raro*) stabilizzarsi nella direzione nord-ovest, detto del vento maestrale o dell'ago della bussola

maestrànza [da *maestro* ✱ sec. XII] **s. f.** **1** (**spec. al pl.**) complesso dei dipendenti di uno stabilimento industriale: *la partecipazione delle maestranze a uno sciopero* **2** insieme di operai degli arsenali e dei cantieri, spesso ordinati in compagnie **3** †corporazione d'arte o di mestiere **4** †maestria **5** (*disus.*) incarico di insegnamento

†**maestràre** [sec. XIV] **v. tr.** ● ammaestrare, addottorare

†**maestràto** [lat. *magistrātu(m)* 'magistrato' ✱ 1336 ca.] **s. m.** ● magistrato

maestrévole [sec. XIII] **agg.** **1** (*lett.*) degno di un maestro; magistrale: *tu che mostri altrui / come vibrar con maestrevol arco / sul caro legno armoniose fila* (G. PARINI) | (*est.*) eccellente **2** †maestoso, grande ‖ **maestrevolménte**, **avv.** con maestria; ingegnosamente; accortamente

maestrìa [da *maestro* ✱ 1250 ca.] **s. f.** **1** grande abilità e perizia: *concerto eseguito con rara m.*; *in quest'opera appare la m. dell'artista*; *m. di parola e di verso* (B. CROCE) | (*fig.*) †*m.* ***dell'arme***, arte militare **2** (*est.*) accortezza e furberia: *giocar di m.* **3** †arte, mestiere, professione

♦**maestro** (o **-é-**) o †**màstro** nei sign. A 1, A 4 e B 1 [lat. *magĭstru(m)*, da **magĭsteros*, comp. di *măgis* 'più' e il suff. *-tero* che indicava opposizione fra due; il *magĭster* era dunque 'il più forte, il maggiore', in contrapposizione a un'altra persona o a un gruppo di persone ✱ sec. XII] **A** **s. m.** (**f.** *-a* (**V.**)) **1** chi si mostra particolarmente preparato e abile in una data attività, oppure rivela particolari doti di astuzia, accortezza e sim. (+ *in*, **anche seguito da inf.**; + *di*): *nel suo campo è un m.*; *quel regista è un maestro nel dirigere gli attori*; *m. di stile, di eleganza*; *è un vero m. di vita, di comportamento* | ***un lavoro da m.***, veramente ben fatto | ***un colpo da m.***, eseguito con grande destrezza | ***farla da m.***, pretendere di saperne più degli altri **2** persona che, con l'insegnamento, gli scritti e sim. eccelle in una determinata disciplina, tanto da essere in grado di insegnarla agli altri: *è stato un grande m. di diritto*; *i maestri della medicina* **3** insegnante di scuola primaria: *il m. di seconda, di quinta*; *buongiorno, signor m.* | (*est.*) chi insegna una particolare disciplina o un'attività pratica: *m. di ballo, di musica, di sci, di nuoto, di equitazione* **4** artigiano, artefice provetto: *i maestri orafi*; *m. muratore* | ***m. d'ascia***, chi è abilitato alla progettazione e alla costruzione di navi in legno fino a 50 tonnellate di stazza lorda | pittore o scultore che, anticamente, fu a capo di una scuola artistica | (**al pl.**) gruppo di artigiani, scalpellini e sim. dalla cui collaborazione sono sorte opere di eccellente valore artistico: *i Maestri Comacini* **5** (*mus.*) titolo assegnato ai musicisti professionisti, spec. compositori, direttori d'orchestra, di coro e insegnanti di conservatorio | ***m. di cappella***, un tempo, il direttore del corpo musicale di una chiesa | ***m. sostituto***, nel teatro d'opera, chi collabora col direttore d'orchestra preparando i cantanti **6** (*fig.*) chi guida, insegna, costituisce un esempio: *Questi pareva a me m. e donno* (DANTE *Inf.* XXXIII, 28) | ***m. spirituale***, nel noviziato dei monaci, chi provvede alla vita spirituale degli aspiranti | (*per anton.*) ***il Maestro, il Divino Maestro***, Gesù | titolo di particolari cariche | ***gran m.***, V. | ***m. venerabile***, capo di una loggia massonica | ***m. di casa***, chi sovrintende all'andamento di case signorili, collegi e sim. | ***m. di cerimonie***, cerimoniere | ***m. di giustizia***, nelle antiche corti, chi presiedeva alle esecuzioni capitali | (*stor.*) ***m. di palazzo***, presso i Merovingi, sovrintendente della reggia, con importanti funzioni politiche **SIN.** maggiordomo | †***m. di campo***, nelle milizie dei secoli XVI e XVII, ufficiale comandante di reggimento | †***m. di campo generale***, comandante supremo **7** (*geogr.*) direzione cardinale intermedia tra Nord e Ovest | (*est.*) vento che soffia in tale direzione | ***vento di m.***, maestrale **8** †magistrato del comune **9** †pilota **B** **agg.** **1** principale, più importante: *strada maestra*; *porta, entrata maestra*; *muro m.* | ***canale m.***, quello che distribuisce l'acqua ad altri canali **2** che rivela grande abilità e astuzia: *mossa maestra*; *colpo m.*; *tentare, fare, un tiro m.* **3** (*mar.*) ***albero m.***, albero di maestra | ***vela maestra***, vela di maestra | ***baglio m.***, V. *baglio*① ‖ **maestràccio**, **pegg.** | **maestrino**, **dim.** | **maestróne**, **accr.** | **maestrùccio**, **dim.** | (*spreg.*) **maestrùcolo**, **dim.**

màfia o (*disus.*) **màffia** [arabo *mahjas* 'millanteria' ✱ 1865] **s. f.** **1** organizzazione criminosa sorta in Sicilia nella prima metà del sec. XIX e poi diffusasi anche all'estero, spec. negli Stati Uniti, che pretende di sostituirsi ai pubblici poteri nell'attuazione di una forma primitiva di giustizia fondata sulla legge della segretezza e dell'omertà; ricorre a intimidazioni, estorsioni, sequestri di persona e omicidi allo scopo di proteggere interessi economici privati o di procurarsi guadagni illeciti, spec. nel settore degli appalti, del narcotraffico ecc. | (*est.*) organizzazione criminosa simile alla mafia siciliana: *la m. russa*; *la m. albanese* **2** (*est.*) gruppo, categoria di persone unite per conseguire o conservare con ogni mezzo lecito e illecito, spec. maneggi e intrighi, i propri interessi particolari, anche a danno di quelli pubblici **3** (*raro*) prepotenza **4** (*merid.*, *scherz.*) eleganza ostentata e volgare

mafiologìa [comp. di *mafia* e *-logia* ✱ 1975] **s. f.** (**pl.** *-gìe*) ● studio del fenomeno della mafia

mafiòlogo [comp. di *mafia* e *-logo* ✱ 1981] **s. m.** (**f.** *-a*; **pl. m.** *-gi*) ● studioso, esperto della mafia come fenomeno politico-sociale

mafióso (o **-ṣ-**) [1890] **A** **agg.** **1** tipico o caratteristico della mafia: *metodi mafiosi*; *associazione per delinquere di stampo m.* **2** che fa parte della mafia: *un individuo m.* | (*est.*) che ha caratteristiche o usa sistemi simili a quelli della mafia ‖ **mafiosaménte**, **avv.** in modo mafioso, da mafioso ‖ **mafiosità**, **s. f. inv.** condizione di chi (o di ciò che) è mafioso; atteggiamento o comportamento mafioso **B** **s. m.** (**f.** *-a*) **1** membro della mafia | (*est.*) chi usa sistemi simili a quelli della mafia **2** (*fig.*, *disus.*) chi veste in modo vistoso

màga [vc. dotta, lat. tardo *măga(m)*, f. di *măgus* 'mago' ✱ av. 1446] **s. f.** **1** donna che esercita la magia **2** (*fig.*) donna che ammalia col proprio fascino | (*fig.*) donna molto abile: *ai fornelli è una m.*

♣**magàgna** [da *magagna(re)* ✱ sec. XIII] **s. f.** **1** imperfezione o difetto fisico, spec. nascosto | acciacco, malanno: *un cavallo … pieno d'anni e di magagne* (I. NIEVO) | difetto di un oggetto o di un materiale: *legno pieno di magagne* **2** (*fig.*) vizio: *non so se compensino queste magagne con altre doti bellissime* (I. NIEVO) | colpa, fallo, peccato: *è pieno di magagne nascoste*

SFUMATURE ➤ ***difetto***

magagnàre [provenz. *maganhar*, di orig. germ. ✱ 1268] **A** **v. tr.** (**coniug. come** *segnare*) **1** (*raro*) guastare qlco.: *quella mela fradicia ha magagnato tutte le altre* **2** †ridurre a mal partito qlcu. **B** **magagnàrsi** **v. intr. pron.** **1** (*raro*) diventare fradicio, pesto **2** †ferirsi

magagnàto **part. pass.** di *magagnare*; anche **agg.** **1** ammaccato, guasto | rovinato, danneggiato: *grossi larici magagnati dalle saette e dagli anni* (M. RIGONI STERN) **2** (*raro*) ferito | malaticcio, pieno di acciacchi **3** (*fig.*) †impuro, depravato **4** (*fig.*) †finto, simulato

magàlda [da *maga* (?) ✱ 1525] **s. f.** ● (*lett.*) prostituta

maganzése (o **-ṣ-**) [dalla casa di *Maganza*, alla quale si credeva appartenesse Gano, nemico e traditore di Carlo Magno a Roncisvalle ✱ 1483] **agg. e s. m. e f.** ● (*raro*, *lett.*) traditore

magàre [da *mago* ✱ 1869] **v. tr.** ● (*lett.*) ammaliare

♦**magàri** [gr. *makárie* 'o beato', vocativo di *makários* 'beato' ✱ av. 1250] **A** **inter.** ● esprime forte desiderio o speranza: *'ti piacerebbe riposare una settimana?' 'm.!'*; *'vuoi che ti accompagni?' 'm.!'* **B** **cong.** **1** volesse il cielo che, oh se (introduce una prop. ottativa, con il v. al congtv.): *m. fosse vero!*; *m. potessi venire anch'io!*; *m. arrivasse in tempo!* **2** anche se, a costo di (introduce una prop. concessiva con il v. al congtv.): *lo farò, dovessi m. impiegarci anni* **C** **avv.** **1** forse, eventualmente: *m. non ne sapeva niente*; *m. non verrà neppure, ma devo ugualmente aspettarlo* **2** anche, persino: *sarebbe m. capace di negare tutto*

magatèllo [milanese, *magatell* (di etim. incerta), propr. 'burattino, fantoccio', poi 'girello', con incerta evoluzione semantica ✱ 1895] **s. m.** **1** (*lomb.*) burattino, marionetta | fantoccio **2** (*lomb.*) in macelleria, girello

màgazine /ˈmagazin, *ingl.* ˌmæɡəˈziːn, ˈmæɡəˌziːn/ [vc. ingl., propr. 'magazzino (di informazioni)' ✱ 1905] **s. m. inv.** **1** pubblicazione periodica, gener. illustrata **SIN.** rivista | ***city m.***, rivista periodica o sito Internet contenente informazioni relative a vari aspetti (cultura, acquisti, ristoranti, vita notturna, ecc.) della vita cittadina **2** supplemento settimanale di un quotidiano, costituito da un rotocalco a colori

magaẓẓéno (o **-è-**) ➤ **magazzino**

magaẓẓinàggio [fr. *magasinage*, da *magasin* 'magazzino' ✱ 1803] **s. m.** ● il depositare merci in un magazzino | ciò che si paga per riporre merci in un magazzino non proprio

magaẓẓinière [fr. *magasinier*, da *magasin* 'magazzino' ✱ 1597] **s. m.** (**f.** *-a*) ● chi sorveglia e cura un magazzino o vi lavora

♦**magaẓẓino** o (*sett.*) **magaẓẓéno** nel sign. 1 [arabo *maḫāzin*, pl. di *máḫzan* 'deposito, negozio' ✱ av. 1348] **s. m.** **1** edificio o stanza adibita a deposito di merci o materiali svariati: *magazzini militari*; *ogni bottega deve avere il suo m.* | ***magazzini generali***, luogo pubblico predisposto per il deposito di merci in viaggio destinate normalmente al commercio di cui, su richiesta del depositante, sono rilasciate fedi di deposito o note di pegno | ***m. doganale***, luogo in cui le merci possono essere depositate senza venire gravate da dazio **2** quantità di merce di cui dispone un negozio o un'azienda: *un m. fornito* **3** ***grande m.***, locale di estesa superficie, attrezzato per la vendita di ogni genere di prodotti: *le commesse di un grande m.* **SIN.** emporio **4** (*mar.*) sulle navi a propulsione meccanica, il locale dove si conservano i materiali di consumo e di ricambio delle macchine e caldaie **5** custodia, impenetrabile alla luce, utilizzata per contenere e utilizzare la pellicola fotografica o cinematografica

SFUMATURE ➤ ***supermercato***

magdaleniàno o **maddaleniàno** [fr.

magdalénien, dal n. della località fr. La *Madeleine*, modellato sul lat. *Magdalēna* 'Maddalena' ✱ 1934] **A agg.** ● detto della più recente cultura del paleolitico superiore nell'Europa occidentale e centrale, caratterizzata dalla fabbricazione di strumenti in selce, in corno e in osso **B s. m.** ● periodo del paleolitico in cui si diffuse la cultura magdaleniana

magènta [da *Magenta*, luogo della sanguinosa battaglia (1859), con allusione al sangue che vi fu sparso ✱ 1872] **agg.; anche s. m. inv.** ● di colore rosso molto intenso, tendente al violetto

maggéngo (o -è-) [da *maggio*① ✱ 1816] **agg.** (**pl. m.** *-ghi*) ● di maggio: *fieno m.* | ***pascolo m.***, pascolo alpino a media quota dove, in primavera, vengono portate le greggi in attesa che la neve sia scomparsa dai pascoli a quota più alta

maggesàre (o -ṣ-) [da *maggese* ✱ 1803] **v. tr.** (*io maggéso*) ● lasciare il terreno in riposo, lavorandolo però frequentemente, per seminarvi in epoca opportuna

maggése (o -ṣ-) [da *maggio*① ✱ 1342] **A agg.** ● (*raro*) di maggio | ***fieno m.***, maggengo **B s. m. o** (*centr., lett.*) **f.** ● pratica agricola per cui un terreno viene lasciato incolto per qualche tempo, ma opportunamente lavorato e concimato, in modo che riacquisti fertilità: *tenere un campo a m.* | ***m. intero***, di un anno | ***mezzo m.***, di un semestre | (*est.*) il terreno così trattato: *come l'aratro in mezzo alla m.* (G. Pascoli)

maggiaiòlo o (*lett.*) **maggiaiuòlo** [da *maggio*① ✱ av. 1712] **A agg.** ● di maggio: *festa maggiaiola* **B s. m.** (**f.** *-a*) ● (*tosc.*) giovinetto che, in passato, cantava le maggiolate portando rami fioriti in mano

maggiàtico [1612] **A agg.** (**pl. m.** *-ci*) ● (*raro*) maggese **B s. m.** ● (*dir.*) tributo per il pascolo o per la coltivazione della terra un tempo pagato al proprietario il primo giorno di maggio

♦**màggio**① [lat. *māiu(m)* (*mēnsem*) 'mese di Maia', da *Māia*, madre di Mercurio ✱ av. 1202] **s. m. 1** quinto mese dell'anno nel calendario gregoriano, di 31 giorni: *m. fiorito, odoroso* | ***fresca, bella come una rosa di m.***, di fanciulla dotata di una bellezza fresca e fiorente | ***fare il m.***, le devozioni del mese mariano | ***il 1° m.***, la festa del lavoro | ***M. francese***, quello del 1968, caratterizzato da moti studenteschi e scioperi generali | ***aspettar che venga m.***, attendere la buona stagione; (*fig.*) non fare ciò che si dovrebbe, perdere tempo | (*fig.*) ***il m. della vita***, la giovinezza **2** V. †*maio*① **3** caratteristica rappresentazione popolare, con canti e balli, frequente spec. in Toscana **4** (*bot.*) ***pallone di m.***, arbusto delle Caprifogliacee coltivato per ornamento che a maggio forma infiorescenze globose con fiori bianchi e sterili (*Viburnum Opulus*) **CFR.** viburno

†**màggio**② o †**màio**② [lat. *māior*, nom., 'maggiore' ✱ av. 1294] **A agg.** ● maggiore **B avv.** ● maggiormente

maggiociòndolo [comp. di *maggio*① e *ciondolare*, perché i fiori ciondolano (pendono) in *maggio* ✱ 1738] **s. m.** ● (*bot.*) citiso

maggiolàta [da *maggio*①, perché era cantata a *calendimaggio* ✱ 1745] **s. f. 1** canzone di calendimaggio, diffusa spec. in Toscana nel XV sec. **2** (*est., lett.*) festa primaverile

maggiolìno① [da *maggio*①, mese in cui quest'insetto compare; nel sign. 2, per la somiglianza della carrozzeria con l'insetto omonimo ✱ 1834] **A s. m. 1** insetto dei Coleotteri molto comune in maggio, nero lucente con elitre castane che si nutre di foglie e le cui larve vivono sottoterra per tre anni nutrendosi di radici (*Melolontha melolontha*) **2** modello di autovettura utilitaria Volkswagen **B agg.** ● (*lett.*) relativo al mese di maggio: *la folta e verde campagna maggiolina* (R. Bacchelli)

maggiolìno② [dal n. dell'ebanista lombardo G. *Maggiolini* (1738-1814) ✱ 1918] **s. m.** ● mobile neoclassico dal fusto in noce, decorato con finissimi intarsi

maggioràna [etim. incerta ✱ sec. XIV] **s. f.** ● pianta mediterranea delle Labiate molto aromatica usata in culinaria (*Origanum majorana*)

maggiorànte [part. pres. di *maggiorare* ✱ 1957] **s. m.** ● (*mat.*) in un insieme ordinato, elemento che segue tutti gli elementi del sottoinsieme considerato

♦**maggiorànza** [da *maggiore* ✱ 1266] **s. f. 1** la maggior parte di cose o persone determinate: *la m. del pubblico*; *la m. dei negozi è già chiusa* | ***nella m. dei casi, in m.***, per lo più, prevalentemente **2** (*dir., polit.*) in un organo collegiale, l'insieme dei voti necessari per l'approvazione di una deliberazione: *ottenere, avere la m.*; *essere in m.*; *m. grande, schiacciante, esigua, scarsa*; *prendere una decisione a m.*; *partito di m.* | ***m. relativa***, costituita dalla metà più uno dei voti effettivi; (*est.*) quella costituita dal maggior numero di voti rispetto agli altri, pur senza raggiungere la maggioranza assoluta: *il partito di m. relativa* | ***m. assoluta***, costituita dalla metà più uno degli aventi diritto al voto, calcolando quindi anche le astensioni e le assenze; (*est.*) quella costituita dalla metà più uno dei voti espressi | ***m. qualificata***, rappresentata da una frazione di voti superiore alla metà (due terzi più uno, tre quarti più uno, ecc.) | (*est.*) il gruppo che, in un'assemblea, dispone del maggior numero di voti: *la m. ha respinto la proposta* **CONTR.** minoranza | ***premio di m.***, quota di seggi attribuita in più, rispetto ai voti effettivamente ottenuti, alla coalizione o al partito che ha avuto la maggioranza dei voti alle elezioni | ***m. silenziosa***, spec. nel linguaggio giornalistico, la parte più conservatrice della popolazione, che si ritiene maggioritaria e non ama esprimere pubblicamente le proprie idee **3** †superiorità o preminenza di grado **4** †orgoglio, superbia, arroganza: *sia la brigata avvertita di non far quistione, o usar maggioranze* (N. Machiavelli) **5** †notabile, maggiorente

maggioràre [fr. *majorer*, dal lat. *māior*, genit. *maiōris* 'maggiore' ✱ 1938] **v. tr.** (*io maggióro*) ● aumentare: *m. i prezzi, lo stipendio*

maggiorascàto [1686] **s. m.** ● (*dir.*) maggiorasco

maggioràsco o **maioràsco** [sp. *mayorazgo*, da *mayor* 'maggiore' ✱ av. 1587] **s. m.** (**pl.** *-schi*) ● istituto di diritto successorio feudale per cui il patrimonio veniva trasmesso integralmente dall'ultimo possessore a chi, nell'ambito della stessa famiglia, gli era più prossimo di grado e, in caso di parenti di ugual grado, al maggiore di età

maggioràta [f. sost. di *maggiorato* ✱ 1954] **s. f.** (**m.** *raro scherz.* *-o*) ● donna dalle forme prosperose e provocanti: *m. fisica*; *l'epoca delle maggiorate*

maggioràto **part. pass.** di *maggiorare*; **anche agg.** ● aumentato rispetto al solito: *vendere a prezzi maggiorati*

maggiorazióne [fr. *majoration*, dal lat. *māior*, genit. *maiōris* 'maggiore' ✱ 1927] **s. f.** ● aumento, aggiunta

maggiordòmo [lat. tardo *maiōre(m) dŏmus* '(servo) maggiore della casa' ✱ av. 1294] **s. m. 1** capo della servitù e dell'amministrazione in una corte o in una casa signorile | (*stor.*) presso i Merovingi, maestro di palazzo **2** nell'antica marina, persona cui era affidata la mensa | ufficiale un tempo addetto al controllo del materiale d'artiglieria

♦**maggióre** o †**maióre** [lat. *maiōre(m)*, compar. di *măgnus* 'grande' ✱ 1219] **A agg. 1** più grande, quanto ad ampiezza, estensione, intensità, altezza e sim.: *una somma m. del previsto*; *questa piazza è m. delle altre*; *il nostro giardino è m. del vostro* | ***la maggior parte***, la parte più cospicua, più numerosa | ***a maggior ragione***, tanto più | ***forza m.***, V. *forza*, nel sign. A 11 | ***premessa m.***, V. *premessa*, nel sign. 2 | (*ellitt.*) ***andare per la m.***, avere un gran successo, essere di moda **SIN.** furoreggiare | (*mus.*) detto di uno dei due modi del sistema tonale, contrapposto al minore | ***intervallo m.***, in musica, quello più ampio fra due intervalli dello stesso nome | ***accordo perfetto m.***, quello formato da una terza maggiore e da una quinta | ***scala m.***, quella caratterizzata dall'intervallo di terza maggiore partendo dalla tonica **2** di primaria importanza, di notevole rilevanza: *i maggiori poeti del secolo* | ***Dante, Ovidio m.***, le loro opere più importanti | ***opere maggiori***, rispetto a quelle di minor rilievo di un determinato autore **3** di grado superiore: *i maggiori dirigenti della società*; *caporal m.* | ***Stato m.***, corpo costituito da ufficiali tratti dalle varie armi, scelti tra quelli provenienti dalla scuola di guerra, addetti ai comandi delle grandi unità | ***Ordini maggiori***, V. *ordine* | ***arti maggiori***, V. *arte* **4** che è più vecchio d'età rispetto ad altri: *fratello, sorella m.* | ***la m. età***, quella, fissata dalla legge, a partire dalla quale un individuo assume piena capacità giuridica di agire | ***Catone, Scipione m.***, il più vecchio dei due Catoni, dei due Scipioni, contrapposto al più giovane ‖ **maggiorménte**, **avv. 1** molto di più, ancor più, in misura maggiore: *bisogna che tu ti applichi maggiormente per riuscire in qlco.*; *tengo maggiormente a te che a lui* **2** †anzi, piuttosto **B s. m. e f. 1** chi è più anziano d'età rispetto ad altri: *il m. dei nostri cugini* **CONTR.** minore **2** persona che occupa, nella scala gerarchica, un grado superiore a quello d'altri | nella gerarchia militare, grado intermedio fra quello di tenente colonnello e quello di capitano, e al quale compete il comando di battaglione | la persona che ha tale grado **3** †superiore, abate **C maggióri s. m. pl. 1** (*lett.*) genitori o progenitori: *la virtù, gli esempi dei nostri maggiori* | predecessori: *in ossequio al volere dei nostri maggiori* **2** (*lett.*) maggiorenti, ottimati ‖ (*lett.*) †**maggiorétto**, **dim.**

†**maggioreggiàre** [av. 1446] **v. tr.** ● (*lett.*) primeggiare, dominare

maggiorènne [comp. di *maggior(e)* e del suff. *-enne*, ricavato da *decenne* ✱ 1812] **s. m. e f.; anche agg.** ● chi (o che) ha compiuto la maggiore età e cioè ha acquisito la piena capacità giuridica di agire

maggiorènte [da *maggiore* ✱ sec. XIII] **s. m. e f.** ● (**spec. al pl.**) persona influente e importante nell'ambito di una comunità, città e sim.

†**maggiorìa** [av. 1306] **s. f.** ● (*lett.*) prevalenza, superiorità

†**maggiorìngo** [da *maggiore*, sul modello di *camarlingo* ✱ 1513] **s. m.** ● maggiorente

maggiorità [lat. tardo *maioritāte(m)*, da *māior*, genit. *maiōris* 'maggiore' ✱ av. 1328] **s. f. inv. 1** ufficio di segreteria del comando di reggimento e del comando di battaglione o unità corrispondenti **2** †superiorità, preminenza | †maggioranza

maggioritàrio [fr. *majoritaire*, da *majorité* 'maggioranza' ✱ 1918] **agg.** ● della maggioranza **CONTR.** minoritario | (*polit.*) ***sistema m.***, o (*ellitt.*) ***il maggioritario***, sistema elettorale per cui alla lista elettorale che ha ottenuto il maggior numero relativo di voti viene assegnata la totalità dei seggi o, più spesso, un premio in seggi (contrapposto al sistema *proporzionale*): *m. uninominale, plurinomi-*

a b c d e f g h i j k l **m** n o p q r s t u v w x y z

nale ‖ **maggioritariaménte**, avv.

maggiornàto [lat. *maiōre(m) nātu* 'maggiore per età' ✱ 1808] **agg. e s. m.** ● (*disus.*) primogenito

maggiòstra ➤ **magiostra**

maghéggio [da *mago* ✱ 1989] **s. m.** ● (*colloq.*) raggiro, imbroglio

màghero ➤ **magro**

maghétto [longob. *magō* 'gozzo'; cfr. il ted. *Magen* 'stomaco' ✱ 1961] **s. m.** ● (*sett.*) ventriglio di pollo | (**al pl.**) rigaglie

maghrebìno o **magrebìno** /magre'bino/ [arabo *maġribī* 'abitante dell'ovest', da *mâġrib* 'luogo del tramonto', da *ġāraba* '(il sole) è tramontato', da *ġarb* 'ovest', vc. di orig. semitica ✱ av. 1536] **A agg.** ● che concerne il Maghreb cioè la parte nord-occidentale dell'Africa, comprendente i territori di Marocco, Algeria e Tunisia **B s. m. (f. -a)** ● abitante o nativo del Maghreb

màgi [pl. di *mago* nel sign. 1 ✱ av. 1294] **s. m. pl. 1** sacerdoti della religione iranica **2** (spesso con iniziale maiuscola) ***i re Magi***, i sapienti, poi fatti re dalla tradizione, che, secondo il Vangelo, vennero dall'Oriente a Betlemme a salutare il Cristo neonato

♦**magìa** [lat. *magīa(m)*, dal gr. *magéia* 'religione, magia', da *mágos* 'mago' ✱ 1363] **s. f. (pl. -gìe) 1** arte di dominare le forze occulte della natura e di sottoporle al proprio potere per sfruttare la loro potenza a beneficio o a maleficio di uomini e animali | ***m. bianca, naturale***, uso di rituali magici a fine benefico | ***m. nera***, uso di rituali magici malefici, destinati ad arrecar danno agli altri **2** (*fig.*) capacità di affascinare o ammaliare qlcu. per dolcezza, bellezza, armonia e sim.: *la m. dei colori, dei suoni*; *la m. del cielo stellato* SIN. fascino, incanto

m

SFUMATURE DI SIGNIFICATO

magia - stregoneria - occultismo

Magia è l'arte che alcuni credono possa dominare le forze naturali e soprannaturali e sfruttarne la potenza a proprio beneficio; in concreto il termine indica anche qualsiasi pratica od opera magica. **Stregoneria** descrive le stesse capacità in riferimento all'attività di uno stregone, persona che presso molti popoli che vivono allo stato di natura è considerato possedere facoltà di indovino e guaritore, che esercita nell'ambito di riti sacrali. **Occultismo** è invece un insieme di tecniche e conoscenze basate sulla convinzione che esistano forze naturali che sfuggono all'osservazione scientifica; rispetto ai precedenti, il termine mette l'accento sull'aspetto conoscitivo e di indagine.

magiàro o **màgiaro** [ungherese *magyar*, dal n. di una tribù: comp. di *magy-* 'uomo' e del turco *-eri, -iri* 'suo' ✱ 1843] **s. m. (f. -a)**; anche **agg.** ● ungherese

♦**màgico** [vc. dotta, lat. *măgicu(m)*, dal gr. *magikós*, da *mágos* 'mago' ✱ 1304] **agg. (pl. m. -ci) 1** della magia, dei maghi | ***parole magiche***, quelle usate negli incantesimi e nelle formule di magia | ***cerchio m.***, limitazione rituale dello spazio entro il quale l'operatore magico costringe le forze soprannaturali a presentarsi e si difende dalle influenze negative | ***bacchetta, verga magica***, nelle tradizioni popolari, strumento a mezzo del quale il mago opera miracoli e trasformazioni **2** che è prodigioso, straordinario in sé o nell'effetto che provoca: *spettacolo m.*; *visione magica*; *effetto, potere m.* | ***lanterna magica***, V. *lanterna*, sign. 4 | ***occhio m.***, V. *occhio*, sign. III, 1 **3** (*fig.*) affascinante, incantevole: *ci rivolse un m. sorriso*; *che m. tramonto!* **4** (*fig.*) fantastico, magnifico, eccezionale: *la magica serata degli azzurri* ‖ **magicaménte**, avv. in modo magico, con magia ‖ **magicità**, s. f. inv.

màgio [forma ricavata da *magi*, pl. ant. di *mago* ✱ av. 1311] **s. m.** ● ognuno dei tre re magi che, secondo il Vangelo, vennero dall'Oriente a Betlemme a visitare il Cristo neonato

magióne [ant. fr. *maison*, dal lat. *mansiōne(m)*, da *mānsus*, part. pass. di *manēre* 'rimanere' ✱ av. 1250] **s. f.** ● (*lett.*) abitazione, casa | (*est.*) sede (*oggi scherz.*): *la cui propria m. è nel secretissimo della divina mente* (DANTE); *ecco la mia m.*

magiòstra o **maggiòstra** [vc. mediterranea, diffusa nell'Italia sett.; cfr. piemontese e lomb. *magiostra* 'fragola' ✱ 1684] **A s. f.** ● (*sett.*) varietà di fragola di grosse dimensioni **B** anche **agg.** solo **f.**: *fragola m.*

magiostrìna [vc. lombarda di etim. incerta ✱ 1889] **s. f.** ● (*sett.*) cappello maschile di paglia rigida SIN. paglietta

magìsmo ① [da *mago* ✱ 1664] **s. m.** ● dottrina degli antichi magi

magìsmo ② [da *magico* ✱ 1956] **s. m.** ● nel linguaggio della critica letteraria, atmosfera magica, surreale, ricca di effetti bizzarri, spec. con riferimento alle opere narrative della prima metà del Novecento

magistèro o (*lett.*) **magistèrio** [lat. *magistĕriu(m)*, da *magĭster* 'maestro' ✱ av. 1328] **s. m. 1** insegnamento autorevole, funzione educatrice: *il prestigioso m. di Freud nella psicologia*; *il m. della Chiesa*; *il m. della vita* **2** incarico, attività di insegnante in una scuola: *esercitare con dedizione il proprio m.* | ***facoltà di M.***, (*ellitt.*) ***Magistero***, facoltà universitaria per la formazione degli insegnanti di scuola secondaria, a cui si accedeva con la maturità magistrale, trasformata nel 1995 in facoltà di Scienze della formazione **3** (*fig., lett.*) maestria, abilità nel fare qlco.: *il m. dello stile e della lingua*; *il m. della tecnica*; *il m. dei colori* **4** †espediente accorto, trovata ingegnosa | frode, inganno **5** †macchina, congegno per un dato lavoro | il lavoro stesso: *Già di sensale al m. ascendi* (V. ALFIERI) **6** †(*chim.*) Sale in polvere ottenuto per precipitazione **7** carica, ufficio, sede di maestro o gran maestro in un ordine religioso o cavalleresco: *il gran m. dell'Ordine di Malta*

magistràle [vc. dotta, lat. tardo *magistrāle(m)*, da *magĭster* 'maestro' ✱ sec. XIV] **A agg. 1** di maestro, dei maestri: *insegnamento m.*; *concorso m.* | ***istituto m.***, scuola media superiore per la preparazione dei futuri maestri di scuola elementare (oggi sostituito dal Liceo delle scienze umane) | ***scuola m.***, corso di studio di scuola media secondaria, ora abolito, che formava gli insegnanti di scuola materna | ***maturità m.***, quella che si conseguiva al termine degli studi nell'istituto magistrale | ***laurea m.***, V. *laurea* **2** da maestro: *quadro dipinto con pennello m.*; *tocco m.* | eccellente, pregevole: *un film m.*; *un discorso m.* | ***tono m.***, sentenzioso **3** (*farm.*) detto di farmaco preparato all'istante in conformità alla prescrizione del medico **4** (*milit.*) ***linea m.***, quella che indica il perimetro esterno di un'opera fortificata ‖ **magistralménte**, avv. con grande maestria o abilità: *brano magistralmente recitato* ‖ **magistralità**, s. f. inv. maestria; †tono da maestro, atteggiamento cattedratico **B magistràli s. f. pl.** ● istituto magistrale: *frequentare le magistrali*

♦**magistràto** [vc. dotta, lat. *magistrātu(m)*, da *magĭster* 'maestro' ✱ av. 1292] **s. m. (f. -a nei sign. 1 e 2; V. nota d'uso FEMMINILE) 1** (*stor.*) chi ricopriva una carica pubblica, spec. politica, temporanea, elettiva: *i magistrati delle città medievali* | ***il primo m., il sommo m.***, la carica più alta in uno Stato o in altra comunità autonomamente organizzata **2** chi ricopre un ufficio giudiziario o esercita una funzione giudiziaria: *ricorrere al m.*; *m. di tribunale, di Corte d'appello, di Cassazione* SIN. giudice **3** (*raro*) carica politica: *la pretura era un m. dell'antica Roma* | (*stor.*) ufficio pubblico: *m. di polizia*; *m. di sanità* | ***M. delle acque***, in alcune province italiane, ufficio statale che si occupa delle opere di ingegneria idraulica in materia di acque pubbliche | ***M. del Po, per il Po***, magistrato delle acque che ha competenza territoriale sul bacino del Po

magistratuàle [1970] **agg.** ● della magistratura, del magistrato: *attività, funzione m.*

♦**magistratùra** [1610] **s. f. 1** (*stor.*) carica politica, ufficio pubblico: *le magistrature romane*; *le magistrature dei comuni medievali* | ***prima, somma m.***, la più alta carica in uno Stato o in altra comunità autonomamente organizzata **2** complesso degli organi giurisdizionali, costituenti un ordine indipendente e autonomo da ogni altro potere dello Stato | (*per anton.*) il complesso dei magistrati che esercitano la giurisdizione ordinaria: *m. penale*; *m. civile*; *ricorrere, rivolgersi alla m.*; *i gradi della m.*; *consiglio superiore della m.* | (*est.*) il complesso dei magistrati che esercitano la giurisdizione ordinaria, amministrativa, militare **3** (*lett.*) autorità, comando, influenza autorevole

†**magistrévole** [av. 1698] **agg.** ● magistrale ‖ †**magistrevolménte**, avv. magistralmente

♦**màglia** [provenz. *malha*, dal lat. *măcula(m)* 'macchia'; detta così perché una rete sembra un insieme di *macchie* ✱ 1267 ca.] **s. f. 1** ciascuno degli intrecci di uno o più fili continui che, concatenati tra loro a macchina, con i ferri o con l'uncinetto, formano un tessuto: *m. bassa, alta, diritta, rovescia*; *vestito, cravatta di m.*; *lavorare a m.* | il tessuto così ottenuto **2** ciascuno degli elementi anulari o d'altra forma, di metallo, corda, nylon e sim. che, uniti tra loro, formano una catena o una rete: *la m. d'acciaio di una catena*; *rete a maglie fitte* | ***m. a molla***, piccolo anello apribile, usato in oreficeria per unire i due capi di collane, braccialetti e sim. | (*fig.*) ***cadere nelle maglie di una congiura, di un intrigo***, esserne vittima | (*fig.*) ***filtrare, passare tra le maglie del nemico***, eluderne la sorveglianza **3** capo di maglieria intima lavorato a maglia che si indossa direttamente sulla pelle: *m. di lana, di cotone* | indumento che si indossa spec. sopra la camicia: *una m. a girocollo* **4** indumento di vario colore che gli atleti indossano per indicare a quale squadra appartengono, quale posto occupano in una classifica e sim.: *la m. della Juventus* | ***m. azzurra***, quella tipica della rappresentativa nazionale italiana | ***m. rosa, m. gialla***, portata dal primo in classifica rispettivamente nel giro ciclistico d'Italia e di Francia | ***m. iridata, arcobaleno***, quella che indossano i campioni del mondo di una specialità ciclistica | ***ritirare la m.***, in alcuni sport a squadre, impegnarsi, da parte di una società sportiva, a non dare a nessun altro giocatore una maglia con lo stesso numero di un giocatore di grande prestigio che si è ritirato **5** nel Medioevo, armatura difensiva formata di cerchietti di ferro concatenati con altri: *camicia, cotta, cuffia di m.* **6** (*tel.*) insieme di circuiti interurbani che si sviluppano in una determinata area **7** (*mat.*) superficie individuata dall'intersezione delle rette di un reticolo ‖ **magliàccia**, pegg. | **magliétta**, dim. (V.) | **maglìna**, dim. | **maglióna**, accr. | **maglióne**, accr. m. (V.)

magliàio [da *maglia* ✱ 1926] **s. m. (f. -aia, pl. m. -ai)** ● chi produce indumenti a maglia, in proprio o come dipendente di un maglificio

†magliàre [1508] **v. tr.** ● legare, ammagliare (*anche assol.*): *corda da m.* (L. Ariosto)

magliàro [da *maglia* ✱ 1952] **s. m.** ● venditore ambulante di tessuti di cattiva qualità o di dubbia provenienza, presentati come merce di notevole valore | (*est.*) truffatore

maglierìa [1886] **s. f. 1** complesso degli indumenti e tessuti lavorati a maglia: *esportazioni di m.* **2** laboratorio di confezioni o tessuti a maglia | negozio in cui si vendono indumenti di maglia

NOMENCLATURA

maglieria

● *maglia*: rasata, traforata, passata, accavallata, a catenelle; doppia ⇔ semplice, aumentata ⇔ diminuita, fitta ⇔ rada, stretta ⇔ lenta, a dritto ⇔ a rovescio; incrociata (con filo semplice, con filo triplo, doppia, a catena), a maglie di calza, a maglie passate, a doppie maglie passate, a pippiolini; gettata (semplice, doppia), tubolare; treccia, losanga, traforo, piqué; merletto, rosone, riquadro, jacquard, punto a coste, punto inglese, punto riso;

● *maglia a mano*: uncinetto = crochet, ferri (aghi) da calza;

● *maglia a macchina*: telaio Cotton (aghi, platine), telaio milanese, telaio circolare francese, telaio circolare inglese (ago automatico; ago a becco; barra = pressa, platina).

● *persone*: maglierista = magliaia;

● *azioni*: avviare una maglia, buttare, passare il filo, infilare il ferro, lavorare a maglia, fare la maglia, lavorare ai ferri = sferruzzare, fare la calza; rinfilare, ripigliare, intrecciare, raccogliere, riprendere, raccomodare, smagliare, ribattere, accavallare, scappare = cadere; prendere due maglie insieme, prendere la maglia (da davanti, da dietro), far cadere una maglia, saltarla, perderla, fare un giro dritto, uno rovescio, aumentare ⇔ diminuire; sfilare il ferro, disfare il lavoro, chiudere le maglie, fare la matassa ⇔ sbrogliare la matassa; incatenare, disfare.

maglierìsta [1965] **s. m. e f.** (**pl. m.** *-i*) ● chi confeziona indumenti di maglia

♦magliétta [1598] **s. f. 1** dim. di *maglia* **2** maglia leggera di lana o cotone | (*fam.*) ***m. della salute***, canottiera o maglia leggera, spec. di lana **3** nelle armi da fuoco portatili, anello metallico di forma schiacciata nel quale passa la cinghia per sostenere l'arma in spalla **4** piccolo anello fissato alla cornice di un quadro per appenderlo al muro **5** occhiello di ferro o a cordoncino, usato nelle allacciature per infilarvi un bottone o un gancetto ‖ **magliettina**, **dim.**

maglifìcio [comp. di *maglia* e *-ficio* ✱ 1926] **s. m.** ● stabilimento per la fabbricazione di tessuti e indumenti a maglia

maglina [da *maglia* ✱ 1963] **s. f.** ● tessuto di jersey leggero e spesso elastico, usato spec. per indumenti femminili

màglio [lat. *mălleu(m)* 'martello', di orig. indeur. ✱ av. 1320] **s. m. 1** grosso martello di legno a due teste, per battere su pali o scalpelli e, in passato, su cerchi di botte | pesante mazza di ferro con lungo manico, per fabbri **2** macchina per lavorare materiali metallici mediante una mazza battente **3** specie di martello con asta assai lunga per il gioco della pallamaglio **4** (*anat.*) martello dell'orecchio

magliòlo o (*lett.*) **magliuòlo** [lat. *malleŏlu(m)* 'martelletto' (per la forma), dim. di *mălleus*. V. *maglio* ✱ 1362] **s. m.** ● (*bot.*) talea con un corto segmento di legno vecchio alla base a forma di piccolo maglio

♦maglióne [1933] **s. m. 1** accr. di *maglia* **2** indumento spec. sportivo lavorato a maglia con lana pesante ‖ **maglioncino**, **dim.**

†maglióso (o *-ṣ-*) [da *maglia* ✱ 1634] **agg.** ● fatto a maglia

maglista [da *maglio* ✱ 1957] **s. m. e f.** (**pl. m.** *-i*) ● chi è addetto al funzionamento del maglio, nella lavorazione dei materiali metallici

magliuòlo ➤ **magliolo**

♣màgma [vc. dotta, lat. *măgma*, dal gr. *mágma* 'unguento condensato', da *mássein* 'impastare' ✱ 1790] **s. m.** (**pl.** *-i*) **1** (*geol.*) massa fluida incandescente, a composizione silicatica, spesso contenente frammenti di rocce non fuse, cristalli e gas disciolti, situata sotto la crosta terrestre **2** (*fig.*) massa confusa e indistinta: *il m. dei sentimenti*; *nel m. dei movimenti giovanili*

magmàtico [1950] **agg.** (**pl. m.** *-ci*) **1** del magma, relativo al magma | formato dal consolidamento di un magma: *roccia magmatica* **2** (*fig.*) caotico, informe, confuso ‖ **magmaticaménte**, **avv.** ‖ **magmaticità**, **s. f. inv.**

magmatìṣmo [da *magma* ✱ 1957] **s. m.** ● (*geol.*) insieme dei fenomeni connessi con la genesi, l'azione e il consolidamento dei magmi

magnàccia [da *magnare*, vc. roman. per 'mangiare' ✱ av. 1905] **s. m. inv.** ● (*gerg.*) protettore di prostitute **SIN.** pappone | (*est.*) uomo che si fa mantenere da una donna

magnàlio [comp. di *magn(esio)* e *al(luminio)* ✱ 1905] **s. m.** ● lega di alluminio e magnesio, leggerissima e molto resistente, usata per costruzioni aeronautiche, automobilistiche e sim.

màgna màgna [var. roman. di *mangia mangia* ✱ 1894] **loc. sost. m. inv.** ● (*roman.*) mangia mangia (V.)

magnanimità [vc. dotta, lat. *magnanimitā-te(m)*, da *magnănimus* 'magnanimo' ✱ 1268] **s. f. inv.** ● grandezza d'animo: *la m. dei vincitori impedì che i vinti fossero umiliati* **SIN.** generosità

♣magnànimo [vc. dotta, lat. *magnănimu(m)*, comp. di *măgnus* 'grande' e *ănimus* 'anima' ✱ av. 1292] **agg.** ● che ha o rivela nobili ed elevati sentimenti: *eroe m.*; *perdono m.*; *tu, m. in tutto, in ciò non l'eri* (V. Alfieri) **SIN.** generoso ‖ **magnanimaménte**, **avv.** con magnanimità

SFUMATURE DI SIGNIFICATO

magnanimo - generoso

Una persona, un gesto, una frase che rivela grandezza d'animo e sentimenti elevati si dice **magnanimo. Generoso** suggerisce una sfumatura di altruismo, di nobile attenzione nei confronti del prossimo.

SFUMATURE ➤ ***cavalleresco***

magnanìna [da *magnano*, per il colore scuro del manto ✱ av. 1871] **s. f.** ● passeriforme con livrea grigio-bruna a petto rosso, comune spec. nel centro sud italiano (*Sylvia undata*)

magnàno [lat. parl. **maniānu(m)*, da *mānus* 'mano' ✱ 1353 ca.] **s. m. 1** (*tosc.*) fabbro che esegue lavori minuti come chiavi, serrature, maniglie, cerniere, ringhiere **2** (*tosc.*) calderaio: *essere nero come un m.* **3** (*sett.*) stagnino ambulante

♣màgna pars [loc. lat., propr. 'gran parte' ✱ 1987] **loc. sost. f. inv.** (**pl. lat.** *magnae partes*) ● chi ha il ruolo più importante in una vicenda o nella realizzazione di qlco.: *è stato lui magna pars nella trattativa*

magnàre [da una var. arcaica e dial. di *mangiare* ✱ av. 1306] **v. tr.** (**coniug. come** *segnare*); **anche magnàrsi v. tr. pron.** (**aus.** *essere*) ● (*centr.*) mangiare

magnaróne [da *magnare*, con suff. accr. ✱ av. 1730] **s. m.** ● (*zool.*) scazzone

magnàte [lat. tardo *magnātes*, pl. da *măgnus* 'grande' ✱ av. 1348] **s. m.** (**anche f. nel sign. 3**) **1** appartenente ad una classe di cittadini, per lo più nobile, da cui dipendeva la politica di molti comuni medievali nell'Italia settentrionale **2** in Polonia, Ungheria e Boemia, grande proprietario terriero che faceva parte del consiglio della Corona per diritto ereditario **3** pezzo grosso della finanza, dell'industria o del commercio: *i magnati del petrolio* | (*disus.*) personalità influente

magnatìzio [1673] **agg. 1** dei magnati, relativo ai magnati: *ceto m.* **2** (*lett.*) signorile: *palazzo m.*

magnèṣia [vc. dotta, gr. tardo *magnēsía*, dal n. della città di *Magnesia*, in Turchia ✱ av. 1712] **s. f.** ● (*chim.*) ossido di magnesio | ***m. alba***, carbonato basico di magnesio, usato per paste dentifricie, come antiacido, per pulire i metalli e per rivestimenti isolanti | ***m. nera***, diossido di manganese | ***latte di m.***, sospensione di idrato di magnesio in acqua | ***m. effervescente***, citrato di magnesio

magneṣìaco o **magnèṣico** [1788] **agg.** (**pl. m.** *-ci*) ● che contiene magnesio, relativo al magnesio

magneṣìfero [comp. di *magnesi(o)* e *-fero* ✱ 1861] **agg.** ● che contiene magnesio

magnèṣio [da *magnesia* ✱ 1829] **s. m.** (**pl.** *-i* o *raro -ii*) ● elemento chimico, metallo bianco-argenteo, ottenuto per elettrolisi o per riduzione dei suoi minerali, brucia all'aria con fiamma vivissima; usato per leghe, fotografie al buio, per composti organo-magnesiaci, e in medicina sotto forma di sali, spec. come purgante, colagogo e antiacido **SIMB.** Mg **NUM. AT.** 12 | ***carbonato basico di m.***, magnesia alba | ***citrato di m.***, usato spec. per la preparazione della limonata citromagnesiaca | ***solfato di m.***, sale inglese | (*fotogr.*) ***lampada al m.***, elettrica, con filamento di magnesio la cui combustione genera flash o lampi di luce utili per scattare fotografie notturne o in ambienti scarsamente illuminati | (*fotogr.*) ***lampo al m.***, quello ottenuto per mezzo di una lampada al magnesio

magneṣìte [comp. di *magnes(io)* e *-ite*[2] ✱ 1817] **s. f.** ● (*miner.*) carbonato di magnesio in aggregati cristallini grigi o più spesso in masse bianche terrose

màgnetar [vc. ingl. comp. di *magnet(ic)* 'magnetico' e *star* 'stella' ✱ 1992] **s. f. o m. inv.** ● (*astron.*) ipotetici oggetti celesti, forse stelle di neutroni, con densità molto elevata e con intensi campi magnetici

magnète [vc. dotta, lat. *magnēte(m)*, dal gr. *mágnēs* '(pietra) di *Magnesia*' ✱ 1354] **s. m. 1** (*fis.*) corpo che, per un particolare orientamento dei suoi atomi, è capace di produrre nello spazio circostante quei fenomeni che vengono considerati come manifestazioni di un campo magnetico, fra cui orientarsi rispetto al campo magnetico generato dalla Terra e attrarre i corpi ferromagnetici **SIN.** calamita | ***m. naturale***, la magnetite | ***m. artificiale***, pezzo di metallo, spec. acciaio, che è stato magnetizzato mediante corrente elettrica **2** (*mecc.*) dispositivo elettromagnetico che produce la corrente elettrica alternata ad alto potenziale allo scopo di determinare l'accensione delle miscele nei motori a scoppio

magnètico [vc. dotta, lat. *magnēticu(m)*, dal gr. *magnētikós*. V. *magnete* ✱ 1632] **agg.** (**pl. m.** *-ci*) **1** relativo al magnete o al magnetismo: *fenomeno m.*; *forza magnetica* | ***minerali magnetici***, che sono attirati dalla calamita | ***ago m.***, calamitato | ***equatore m.***, curva di punti intorno alla Terra che indicano dove l'ago rimane orizzontale | ***campo m.***, spazio nel quale esistono forze magnetiche | ***variazione magnetica***, delle forze magnetiche | ***mina magnetica***, con detonatore che agisce per effetto magnetico in prossimità di una massa ferrosa **2** detto di ogni particolare tipo di supporto a superficie magnetizzabile, per la registrazione di suoni, immagini, dati: *nastro, disco m.* **3** (*fig.*) che affascina, rapisce, attrae: *sguardo, occhio m.* || **magneticaménte**, **avv.** con forza magnetica || **magneticità**, **s. f. inv.**: *la magneticità di una roccia, di uno sguardo*

magnetismo [comp. di *magnet(e)* e *-ismo* ✱ 1684] **s. m. 1** proprietà di alcune sostanze, dette magnetiche, di attirare e trattenere frammenti di ferro | ***m. terrestre***, insieme dei fenomeni che determinano la presenza intorno alla Terra di un campo magnetico | ***m. residuo***, magnetizzazione restante nei materiali ferromagnetici dopo la scomparsa del campo magnetico esterno | ***m. di bordo***, quello indotto nel ferro e nell'acciaio di una nave dal campo magnetico terrestre **2** ramo della fisica che studia i fenomeni magnetici **3** ***m. animale***, misterioso fluido che si ritiene emani da certe persone o da certi animali, al quale si attribuiscono doti terapeutiche **4** (*fig.*) forza di attrazione, capacità di suggestione: *il m. di uno sguardo*

magnetista [fr. *magnétiste*, da *magnétisme* 'magnetismo' ✱ 1870] **s. m. e f. (pl. m. *-i*) 1** operaio specializzato nella fabbricazione di magneti **2** (*raro*) chi si dedica a studi e ricerche sul magnetismo animale

magnetite [comp. di *magnet(e)* e *-ite*② ✱ 1891] **s. f.** ● (*miner.*) spinello ferrifero dalla lucentezza metallica e dal colore nero, con spiccate proprietà magnetiche

magnetizzàbile [1869] **agg.** ● (*elettr.*) detto di un corpo che può essere magnetizzato || **magnetizzabilità**, **s. f. inv.**

magnetizzaménto [1869] **s. m.** ● magnetizzazione

magnetizzàre [fr. *magnétiser*, da *magnétisme* 'magnetismo' ✱ 1829] **A v. tr. 1** (*fis.*) sottoporre un corpo a magnetizzazione: *m. un pezzo di metallo* **2** provocare effetti magnetici su una persona **3** (*fig.*) affascinare, suggestionare: *m. qlcu. con lo sguardo* **B magnetizzàrsi v. intr. pron.** ● acquistare proprietà magnetiche || **magnetizzazióne**, **s. f.** (V.)

magnetizzàto **part. pass.** di *magnetizzare*; **anche agg. 1** sottoposto a magnetizzazione: *tessera dotata di banda magnetizzata* **2** (*fig.*) affascinato

magnetizzatóre [fr. *magnétiseur*, da *magnétiser* 'magnetizzare' ✱ 1843] **s. m. 1** (**f.** *-trice*) chi magnetizza **2** (*fis.*) elettromagnete con cui si magnetizzano i magneti permanenti

magnetizzatrice [da *magnetizzare* ✱ sec. XIX] **s. f.** ● apparecchiatura per codificare dati su una tessera magnetica

magnetizzazióne [fr. *magnétisation*, da *magnétiser* 'magnetizzare' ✱ 1860] **s. f. 1** (*fis.*) operazione che conferisce proprietà magnetiche a una sostanza per effetto di un campo di induzione **2** processo mediante il quale vengono codificati dati alfanumerici sulla banda magnetica di un'apposita tessera, come il Bancomat

magnèto- **primo elemento** ● in parole composte della terminologia scientifica, significa 'magnetico', 'di magnetismo' o indica relazione col magnetismo: *magnetone, magnetometro*

magnetochìmica [comp. di *magneto-* e *chimica* ✱ 1957] **s. f.** ● parte della fisica chimica che studia i rapporti intercorrenti tra magnetismo e chimica

magnetoelasticità [comp. di *magneto-* ed *elasticità* ✱ 1957] **s. f. inv.** ● parte della fisica che studia i rapporti fra le proprietà magnetiche e le proprietà elastiche dei corpi

magnetoelàstico [1890] **agg. (pl. m. *-ci*)** ● relativo a magnetoelasticità (V.)

magnetoelèttrico [comp. di *magneto-* ed *elettrico* ✱ 1957] **agg. (pl. m. *-ci*) 1** (*elettr.*) detto di dispositivo in cui si compie la trasformazione di energia elettrica in energia magnetica **2** (*elettr.*) detto di macchina elettrica che ha come elemento generatore un magnete

magnetofluidodinàmica [comp. di *magneto-* e *fluidodinamica* ✱ 1963] **s. f.** ● (*fis.*) disciplina che studia il moto dei fluidi conduttori di elettricità in presenza di campi magnetici **SIN.** magnetoidrodinamica

magnetofònico [da *magnetofono* ✱ 1963] **agg. (pl. m. *-ci*) 1** che concerne il magnetofono **2** registrato mediante magnetofono

magnetòfono [nome commerciale comp. di *magneto-* e *-fono* ✱ 1936] **s. m.** ● tipo di registratore a nastro magnetico

magnetògrafo [comp. di *magneto-* e *-grafo* ✱ 1963] **s. m.** ● (*elettr.*) magnetometro registratore

magnetoidrodinàmica [comp. di *magneto-*, *idro-* e *dinamica* ✱ 1963] **s. f.** ● (*fis.*) magnetofluidodinamica

magnetolettóre [comp. di *magneto-* e *lettore* ✱ 1967] **s. m.** ● (*inform.*) lettore di schede o di documenti marcati con segni magnetizzati

magnetolettùra [comp. di *magneto-* e *lettura* ✱ 1967] **s. f.** ● (*inform.*) procedimento di lettura basato sul riconoscimento di segni marcati su appositi supporti, come schede, documenti e sim. con matite o inchiostri contenenti materiale magnetizzabile

magnetomeccànico [comp. di *magneto-* e *meccanico* ✱ 1957] **agg. (pl. m. *-ci*)** ● (*fis.*) detto di fenomeno in cui la magnetizzazione di un corpo è causa o effetto di un fenomeno meccanico

magnetometrìa [comp. di *magneto-* e *-metria* ✱ sec. XIX] **s. f. 1** parte della fisica che si occupa delle misurazioni di campi magnetici **2** parte della geofisica che si occupa della tecnica di fabbricazione e di utilizzazione dei magnetometri

magnetòmetro [comp. di *magneto-* e *metro* ✱ 1829] **s. m.** ● (*elettr.*) strumento di misura dell'intensità del campo magnetico terrestre

magnetomotóre [comp. di *magneto-* e *motore*, sul modello di *elettromotore* ✱ 1957] **agg. (f. *-trice*)** ● (*fis.*) che ha capacità di mettere in movimento poli magnetici: *forza magnetomotrice*

magnetóne [da *magnetico* ✱ 1930] **s. m.** ● (*fis.*) momento magnetico elementare

magnetoòttica [comp. di *magneto-* e *ottica* ✱ 1934] **s. f.** ● parte dell'ottica che studia l'influenza del campo magnetico sui fenomeni ottici

magnetopàusa [comp. di *magneto-* e *pausa* ✱ 1981] **s. f.** ● (*geofis.*) strato di transizione fra la magnetosfera e la regione in cui si propaga liberamente il vento solare

magnetoresistènza [comp. di *magneto-* e *resistenza* ✱ 1963] **s. f.** ● (*fis.*) resistenza variabile al variare del campo magnetico applicato

magnetoresistóre (o **-esi-**) [comp. di *magneto-* e *resistore* ✱ 1973] **s. m.** ● (*fis.*) componente di un circuito elettrico che presenta magnetoresistenza

magnetosfèra [da *magneto-* sul modello di *atmosfera* ✱ 1974] **s. f.** ● (*geofis.*) la parte dell'atmosfera, in cui le traiettorie degli ioni sono determinate dall'azione del campo magnetico terrestre

magnetostàtica [comp. di *magneto-* e *statica* ✱ 1957] **s. f.** ● studio dei magneti e dei relativi campi vettoriali

magnetostrittivo [da *magnetostrizione*, sul rapporto *costrittivo-costrizione* ✱ 1970] **agg.** ● relativo alla magnetostrizione

magnetostrizióne [ingl. *magnetostriction*, comp. di *magneto-* 'magnete' e del lat. tardo *strīctio*, genit. *strictiōnis* 'costrizione, pressione', da *strīctus* 'stretto' ✱ 1940] **s. f.** ● deformazione dei corpi nel corso della magnetizzazione

magnetoterapìa [comp. di *magneto-* e *terapia* ✱ 1957] **s. f.** ● tecnica terapeutica che si avvale dell'uso di magneti o del magnetismo || **magnetoteràpico**, **agg. (pl. m. *-ci*)** relativo a magnetoterapia

magnetotèrmico [comp. di *magneto-* e *termico* ✱ 1988] **agg. (pl. m. *-ci*)** ● (*fis.*) termomagnetico | ***interruttore m.***, dispositivo elettrotecnico che interrompe un circuito in caso di sovracorrente

màgnetron [ingl. *magnetron*, comp. di *magne(to-)* 'magneto-' ed *(elec)tron* 'elettrone' ✱ 1935] **s. m. inv.** ● (*fis.*) valvola elettronica in cui la corrente elettronica è regolata da un campo magnetico, usata spec. nella tecnica delle altissime frequenze

magnificàbile [1970] **agg.** ● (*raro*) degno di essere magnificato

†**magnificaménto** [1304] **s. m.** ● lode, glorificazione

magnificàre [vc. dotta, lat. *magnificāre*, da *magnĭficus*. V. *magnifico* ✱ sec. XIII] **A v. tr.** (*io magnìfico, tu magnìfichi*) **1** celebrare od esaltare con lodi: *m. Dio, la natura, la bellezza del creato* **2** (*est.*) vantare od ingrandire con elogi esagerati: *m. le proprie virtù, la propria ricchezza; seguitò ... a lodare e m. ... il valore stragrande del colonnello Alessandro* (I. NIEVO) **SIN.** decantare **B magnificàrsi v. rifl.** ● vantarsi, gloriarsi dei propri meriti, della propria opera e sim. || **magnificazióne**, **s. f.** (V.)

magnìficat [dalla prima parola del cantico di Maria: *Magnificat anima mea dominum* 'la mia anima esalta il Signore' (Vangelo di S. Luca I, 46) ✱ av. 1342] **s. m. inv.** (*Magnificat* **nei sign. 1 e 2**) **1** cantico che la Vergine intona per rispondere ad Elisabetta, secondo la narrazione evangelica e che inizia, nella Vulgata, con la parola *Magnificat* **2** lo stesso canto usato come preghiera e come inno e introdotto nella liturgia cattolica **3** (*scherz.*, *disus.*) il mangiare, il pranzo (per assonanza con *magnare*)

magnificàto **part. pass.** di *magnificare*; **anche agg.** ● esaltato, celebrato

magnificatóre [sec. XIV] **agg. e s. m. (f. *-trice*)** ● che (o chi) magnifica, esalta

magnificazióne [vc. dotta, lat. tardo *magnificatiōne(m)*, da *magnificāre* 'magnificare' ✱ sec. XIV] **s. f. 1** (*lett.*) elogio, esaltazione **2** (*tecnol.*) ingrandimento, amplificazione

†**magnificènte** [da *magnificenza* ✱ 1612] **agg.** ● magnifico, splendido || †**magnificenteménte**, **avv.** con magnificenza

magnificentìssimo [vc. dotta, lat. *magnificentĭssimu(m)*, superl. di *magnĭficus* 'magnifico' ✱ 1320] **agg.** ● (*lett.*) che dimostra la più grande magnificenza: *principe m.* || †**magnificentissimaménte**, **avv.** con estrema magnificenza

magnificènza [vc. dotta, lat. *magnificĕntia(m)*, da *magnĭficus* 'magnifico' ✱ av. 1292] **s. f. 1** caratteristica di ciò che eccelle in pregio e bellezza: *la m. di un paesaggio* | grandiosità: *la m. del creato, del firmamento* **2** pompa, sfarzo: *la m. della corte medicea; una casa arredata con m.* **SIN.** grandezza, lusso **3** caratteristica di chi è generoso, munifico, liberale | (*lett.*) atto magnanimo, generoso | (spec. con iniziale maiuscola) titolo attribuito un tempo a principi e sovrani: *vostra M.* **4** cosa splendida, magnifica: *quel monile è una m.*

†**magnifichévole** [sec. XIV] **agg.** ● magnificabile

♦**magnìfico** [vc. dotta, lat. *magnĭficu(m)*, propr. 'che fa grandi cose', comp. di *măgnus* 'grande' e *-ifico* ✻ *av. 1292*] **A** **agg.** (**pl. m.** *-ci*, †*-chi*; come **superl.** *magnificentissimo* (V.)) **1** (*spec. lett.*) di chi è generoso, munifico, liberale: *donatore m.* | ***fare il m.***, ostentare grandezza e magnificenza | che dimostra generosità e larghezza di mezzi: *pranzo, trattamento m.*; *sono commosso per la vostra magnifica ospitalità* **2** che eccelle per bellezza, sfarzo, pregio e sim.: *tempo, spettacolo, gioiello m.*; *virtù, impresa magnifica*; *l'uomo nacque ... per adoperarsi in cose magnifiche* (L.B. Alberti) **SIN.** meraviglioso, splendido | ***idea magnifica***, luminosa **3** (spec. con iniziale maiuscola) titolo spettante ai patrizi, ma dato nel Rinascimento anche ai signori e attualmente ai rettori delle università || **magnificaménte**, **avv.** in modo magnifico: *un affare magnificamente riuscito*; con lusso e grandiosità: *sala magnificamente addobbata*; lautamente: *mangiare magnificamente* **B** **anche s. m. nei sign. 1 e 3**: *Ma non vi paiono ancora operazioni di cavaliero quelle che fa ... 'l m. albergando ed edificando* (T. Tasso) | ***Lorenzo il M.***, (*per anton.*) Lorenzo de' Medici

SFUMATURE ➤ ***munifico***

♣**magniloquènte** [da *magniloquenza* ✻ av. 1642] **agg.** ● (*lett.*) che è dotato di grande eloquenza | (*spreg.*) ridondante, ampolloso: *tono, stile, discorso m.* || **magniloquenteménte**, **avv.** (*raro*) in modo magniloquente

♣**magniloquènza** [vc. dotta, lat. *magniloquĕntia(m)*, da *magnĭloquus* 'magniloquo' ✻ av. 1540] **s. f.** ● caratteristica di chi (o di ciò che) è magniloquente: *rispose in nome di tutti con la m. bolognese il Priore del reggimento* (F. Guicciardini)

magnilòquio [vc. dotta, lat. tardo *magnilŏquiu(m)*, da *magnĭloquus* 'magniloquo' ✻ 1711] **s. m.** ● (*lett.*, *raro*) magniloquenza

†**magnìloquo** [vc. dotta, lat. *magnĭloquu(m)*, comp. di *măgnus* 'grande' e *lŏqui* 'parlare' ✻ av. 1342] **agg.** ● magniloquente

magnitùdine [vc. dotta, lat. *magnitūdine(m)*, da *măgnus* 'grande' ✻ 1282] **s. f. 1** †grandezza, altezza, eccellenza | (*fig.*) †nobiltà **2** (*fis.*) misura convenzionale della luminosità delle stelle che numericamente diminuisce con l'aumentare del flusso luminoso e, per gli astri più brillanti, può anche essere negativa | ***m. apparente***, quella che si misura | ***m. assoluta***, che la stella avrebbe se si trovasse a una distanza di 10 parsec dall'osservatore | ***m. visuale, fotografica, infrarossa, rossa, blu, ultravioletta***, secondo il campo spettrale usato per determinarla **3** (*impropr.*) magnitudo di un terremoto

magnitùdo [vc. dotta, lat. *magnitudo* 'grandezza' ✻ 1957] **s. f. inv.** (**pl. lat.** *magnitudines*) ● (*fis.*, *geol.*) in sismologia, parametro che permette di descrivere oggettivamente un terremoto e di dedurre l'energia meccanica associata a esso

màgno [lat. *măgnu(m)*, di orig. indeur. ✻ 1266] **agg. 1** (*lett.*) grande: *mi fuor mostrati li spiriti magni* (Dante *Inf.* IV, 119) | (*stor.*) ***Magna Grecia***, l'insieme degli insediamenti coloniali greci nell'Italia meridionale peninsulare | ***in pompa magna***, (*fig.*, *scherz.*) V. *pompa*① nel sign. 2 | (*fig.*) ***mare m.***, V. *mare magnum* | ***aula magna***, V. *aula* **2** appellativo di famosi e grandi personaggi storici: *Carlo m.*; *Pompeo m.*; *Alessandro m.* **3** (*anat.*) ***arteria magna***, aorta | ***cisterna magna***, uno degli spazi subaracnoidali

magnogrèco [1857] **agg.** (**pl. m.** *-ci*) ● relativo alla Magna Grecia (V. *magno*): *colonia, civiltà magnogreca*

magnòlia [chiamata così in onore del botanico P. Magnol (1638-1715) ✻ 1813] **s. f.** ● albero delle Magnoliacee con foglie spesse lucenti e fiori bianchi carnosi e profumati (*Magnolia grandiflora*)

Magnoliàcee [comp. di *magnoli(a)* e *-acee* ✻ 1834] **s. f. pl.** (**sing.** *-a*) ● (*bot.*) famiglia di piante delle Dicotiledoni legnose con fiore dialipetalo (*Magnoliaceae*)

magnósa (o *-ṣ-*) [vc. d'etim. incerta ✻ 1934] **s. f.** ● (*zool.*) nome comune di un crostaceo dei Decapodi (*Scyllarides latus*) **SIN.** dormigliosa

magnosèlla (o *-ṣ-*) [dim. di *magnosa* ✻ 1934] **s. f.** ● (*zool.*) crostaceo simile allo scillaro, ma di dimensioni inferiori **CFR.** magnosa, scillaro

màgnum [vc. fr., che è il lat. *măgnum*, nt. di *măgnus* 'grande' (V. *magno*) ✻ 1950] **A** **s. f. inv. 1** grande bottiglia, spec. da champagne, della capacità di due bottiglie normali (circa 1,5 l) **2** tipo di cartuccia a carica potenziata, per revolver | (*est.*) ogni revolver adatto a sparare tale tipo di cartuccia **B** **agg. inv.** ● detto di prodotto o di oggetto più grande del normale: *una bottiglia di vino in confezione m.* | detto di bicchiere di grandi dimensioni, adatto spec. per vini rossi, birre o liquori

♦**màgo** [lat. *măgu(m)*, dal gr. *mágos*, dal persiano *magush* ✻ sec. XIII] **A** **s. m.** (**f.** *-a* (V.); **pl. m.** *-ghi* o *-gi* **nel sign. 1**) **1** sacerdote dell'antica religione zoroastriana che praticava l'astrologia e la divinazione **2** chi esercita la magia **SIN.** fattucchiere, stregone | nelle fiabe, chi ha capacità di operare portenti: *il m. Merlino* **3** illusionista, prestidigitatore **4** (*fig.*) persona che esercita un grande fascino | persona dotata di eccezionale abilità tecnica e capacità professionale: *un m. del colore, della penna*; *quell'allenatore è un vero m.* **5** (*raro*) magio **B** **agg.** ● †magico: *forze assai maggior che d'arti maghe* (F. Petrarca) || **maghétto**, **dim.**

magodìa [vc. dotta, gr. *magōidía* 'pantomima' ✻ 1560] **s. f.** ● presso gli antichi Greci, azione scenica popolare di carattere osceno e grottesco **CFR.** ilarodia

magolàto [vc. di orig. preindeur. (?) ✻ av. 1512] **s. m.** ● divisione di un terreno agricolo a strisce separate da fossati per lo scolo delle acque, con alberi piantati ai margini di tali fossi **SIN.** magolo

màgolo [1880] **s. m.** ● (*agric.*) magolato

magóna [arabo *ma'ūna* 'aiuto, appoggio'; V. *maona*② ✻ av. 1571] **s. f. 1** in passato, officina in cui si otteneva la ghisa dal minerale grezzo | ferriera **2** †magazzino di ferramenta **3** (*est.*, *disus.*) luogo dove si trova di tutto con abbondanza | †grande quantità

magóne [V. *maghetto* ✻ sec. XV] **s. m. 1** (*sett.*) ventriglio del pollo **2** (*fig.*, *sett.*) accoramento, dispiacere: *avere, far venire, il m.*

màgra [f. sost. di *magro* ✻ 1841] **s. f. 1** fase di minima portata di un corso d'acqua **CONTR.** piena **2** (*fig.*) penuria, scarsezza, di denaro o, in genere, di mezzi: *questi sono tempi di m., di grande m.* **3** (*fam.*) brutta figura: *fare una m.*; *che m. all'esame!*

magrebìno ➤ **maghrebino**

magrédo [da *magro* ✻ 1957] **s. m.** ● terreno alluvionale molto permeabile e povero di vegetazione, tipico del Friuli

magrézza [1313] **s. f.** ● condizione di chi (o di ciò che) è magro: *mi impressionò la m. del suo viso* | (*fig.*) scarsità: *non potevo supporre una simile m. di risultati* | ***m. di un terreno***, poca fertilità

♦**màgro** o (*pop.*, *tosc.*) **màghero**, †**màcro**① [lat. *măcru(m)*, dalla radice indeur. **mak* 'sviluppare in lunghezza' ✻ 1282] **A** **agg. 1** scarno, sottile: *corpo m.*; *fianchi, polpacci magri*; *un uomo m. e allampanato* | smunto, macilento: *non ho mai visto un bambino così m. e patito* **CONTR.** grasso **2** povero di grassi: *brodo, condimento m.*; *latte, yoghurt m.*; *formaggio m.* | ***cibi magri***, quelli permessi dalla Chiesa cattolica nei giorni di astinenza dalle carni | ***mangiare di m.***, astenersi dalla carne nei giorni prescritti | ***prosciutto m.***, con poca parte grassa | ***terra magra***, poco fertile | ***malta magra***, con molta rena e poca calce **3** (*fig.*) povero, scarso: *cena, annata, raccolta magra*; *è stato un ben m. guadagno*; *i pochi campi ... che sono la magra ricchezza del villaggio* (I. Silone) | ***acqua magra***, bassa **4** (*fig.*) debole, insufficiente, inadeguato: *una magra consolazione*; *ottenere magri risultati* | meschino: *fare una magra figura*; *magra scusa!* || **magraménte**, **avv.** scarsamente, poveramente **B** **s. m. 1** parte magra della carne alimentare: *comprare tre etti di m.* **2** (**f.** *-a*) persona magra || **magrétto**, **magrettìno**, **dim.** | (*lett.*) **magricciuòlo**, **dim.** | **magrìno**, **dim.** | (*raro*) **magrògnolo**, **pegg.** | **magrolìno**, **dim.** | **magróne**, **accr.** (V.) | **magrùccio**, **dim.**

magrolino [1436] **agg. e s. m.** (**f.** *-a*) ● che (o chi) è piuttosto esile e magro

magróne [1625] **s. m. 1** accr. di *magro* **2** suino di peso compreso fra i trenta e i sessanta kilogrammi **3** calcestruzzo con bassa dosatura di cemento, adatto per sottofondi e riempimenti **4** (*fig.*) †spilorcio

♦**mah** /maː/ o **ma**② /maː/ [lat. *măgis* 'piuttosto', della stessa radice indeur. da cui deriva *măgnus* 'grande' ✻ 1562] **inter. 1** esprime dubbio, incertezza nelle risposte: *'capirà di avere sbagliato?' 'mah, non lo so!'* **2** esprime rassegnazione o disapprovazione: *mah! non siete mai contenti di nulla!*; *vuole sempre avere ragione lui! mah!*

maharajàh /ma(a)ra'dʒa*, *ingl.* mɑːhə'rɑːdʒə, *fr.* maaʀa'ʒa, *hindi* mʌɦaː'raːdʒʌ/ [dal sanscrito *mahâ* ('grande') *-râjâ* 're' ✻ 1885] **s. m. inv.** ● titolo dei sovrani dei principati indiani indipendenti, che rimasero tali nominalmente anche durante l'occupazione inglese dell'India **CFR.** maragià

maharàni /maa'rani, *hindi* mʌɦa'raːni/ [vc. indostana, 'grande regina', comp. di *mahā-* 'grande', di orig. indeur., e *rānī* 'regina', dal sanscrito *rājñī*, f. di *râjâ* 're' (V. *maharajah*) ✻ av. 1916] **s. f. inv.** (**pl. hindi** *maharaniyā*) ● titolo della sposa del maharajah

maharàtto ➤ **maratto**

mahàtma /ma'atma, *hindi* mʌ'ɦaːtmaː/ [dal sanscrito, propr. 'grande spirito', comp. di *mahā-* 'grande' (V. *maharani*) e *ātmán* 'soffio, anima', di orig. indeur. ✻ 1901] **agg. inv.** ● titolo dato in India ad asceti, a santoni e a persone di grandi meriti e di alta spiritualità | (*per anton.*) appellativo di Gandhi

mahdi /*arabo* mæh'diː/ [arabo *al-mahdī* 'il ben guidato' ✻ 1554] **s. m. inv.** (**pl. arabo** *mahdiyīn*) ● nell'islamismo, il profeta occulto che verrà a completare l'opera di Maometto

mahdịsmo o **madịsmo** [1891] **s. m.** ● qualificazione delle correnti religiose e politiche islamiche che professano la fede nell'avvento del mahdi

mahdìsta o **madista** [av. 1889] **s. m. e f.** (**pl. m.** *-i*) ● seguace del mahdismo

mah-jong /*ingl.* ˌmɑː'dʒɒŋ/ [vc. ingl., dal cinese *majang*, 'passeri', da *ma* 'canapa' e *jang* 'piccoli uccelli' ✻ av. 1925] **s. m. inv.** ● gioco simile al domino, composto di moltissimi pezzi decorati con motivi caratteristici dell'Oriente, che si gioca in quattro

♦**mài** [lat. *mă(gis)*. V. *mah* ✻ 1158] **A** **avv. 1** nessuna volta, in nessun tempo, in nessun caso (di regola in frasi negative, posposto al v. rafforzando la negazione): *non è mai soddisfatto*; *non lo incontro mai*; *non si dirà mai di lui che non è un gentiluomo*; *il santo vero / mai non tradir* (A. Manzoni) | con valore deprecativo: *non sia mai!*; *non avvenga mai!* |

rafforzato da 'più': *non accadrà mai più; mai non vo' più cantar com'io soleva* (F. Petrarca) | con valore negativo in espressioni ellittiche: *questo mai!; mai e poi mai!; tu se vuoi puoi farlo, io mai!* | con valore negativo, preposto al v. in espressioni enfatiche: *mai che mi abbia detto una parola gentile!; mai una volta che mi abbia chiesto se avevo bisogno; mai visto!; mai sentito!* | **PROV.** ***meglio tardi che mai*** **2** no, affatto (assol. in risposte recisamente negative): *'volete arrendervi?' 'mai!'; 'puoi perdonargli?' 'mai!'* | con valore rafforz.: *mai più: 'credi che riuscirò?' 'mai più!'* **3** qualche volta, in qualche caso (in prop. interr. dirette o indirette, in prop. condizionali e dubitative): *hai mai visto uno spettacolo simile?; se mai ti capitasse l'occasione; chi l'avrebbe mai detto?; chi mai lo crederebbe?; dove mai sarà scappato?; come mai non ti ho visto?* | ***quando mai***, V. *quando* nel sign. B 7 | ***caso mai, se mai***, eventualmente: *non muoverti, caso mai vengo io da te* **4** in nessun altro tempo, in nessun'altra occasione analoga (in espressioni comparative): *gli starò vicino più che mai; gli affari vanno peggio che mai; ora meno che mai posso credergli; l'anima ne traluceva più pura e ardente che mai* (I. Nievo) | (***intens.***) in espressioni ellitt. con valore di superlativo: *è bello quanto mai; ho un sonno che mai* **5** (***fam.***) con valore rafforz. e intens. dà a un agg. o a un avv. valore superlativo: *ha tante mai idee per la testa!; quante mai volte gliel'ho ripetuto!* | (***pleonast., lett.***) con valore rafforz. nelle loc. ***sempre mai, mai sempre***: *fu il vincer sempre mai laudabil cosa* (L. Ariosto) | (***lett.***) †***mai sì, mai no***, sì certo, no certo; V. anche †*maisì* e †*mainò* **B** **s. m. inv.** ● (***scherz.***) nelle loc. ***il giorno del mai, il giorno di san mai***, il giorno che non verrà

màia [gr. *mâia* 'madre', vc. infant. ✱ 1563] **s. f.** ● (***zool.***) grancevola

maiàla [1862] **s. f.** **1** scrofa **2** (***est., spreg.***) donna eccessivamente grassa o ingorda | donna sporcacciona | (***volg.***) meretrice, prostituta

maialàta [1891] **s. f.** **1** azione moralmente riprovevole **2** atto, discorso licenzioso od osceno

maialatùra [da *maiale* ✱ 1869] **s. f.** ● preparazione delle carni di maiale per conservarle | tempo in cui si fa tale operazione

♦**maiàle** [vc. dotta, lat. *maiāle(m)*, detto così perché lo si sacrificava alla dea *Maia* (?); nel sign. 4 per la forma tozza e pesante del mezzo ✱ sec. XIII] **s. m.** **1** (**f.** *-a*, V.) mammifero dei Suidi addomesticato dai tempi preistorici, selezionato con diverse razze da carne o da grasso (*Sus domesticus*) **SIN.** porco **CFR.** grugnire, ringhiare, rugliare | ***mangiare come un m.***, (***fig.***) mangiare troppo, o con modi grossolani | ***grasso come un m.***, di persona eccessivamente grassa **2** (***est.***) carne macellata di maiale: *braciola, zampone, cotechino di m.* **3** (**f.** *-a*, V.) (***fig.***) persona estremamente sporca | persona eccessivamente grassa o ingorda | persona moralmente riprovevole | persona che tiene discorsi o compie atti licenziosi od osceni **4** mezzo d'assalto impiegato dalla marina militare italiana nel secondo conflitto mondiale, formato da una specie di siluro, sul quale prendevano posto due persone equipaggiate per dirigerlo in immersione verso la nave nemica, alla quale veniva poi agganciata la carica esplosiva contenuta nella parte anteriore, staccabile, del mezzo stesso ‖ **maialàccio**, **pegg.** | **maialétto**, **dim.** | **maialino**, **dim.** | **maialóne**, **accr.** | **maialòtto**, **alter.**

maialésco [av. 1910] **agg.** (**pl. m.** *-schi*) ● da maiale (***spec. fig.***): *atto m.* ‖ **maialescaménte**, **avv.**

maiden /*ingl.* 'meɪd(ə)n/ [vc. ingl., propr. 'fanciulla, vergine', di orig. germ. ✱ 1895] **s. m. e f. inv.** ● nell'ippica, cavallo che non ha mai vinto premi nelle corse

maìdico [da *mais* ✱ 1900] **agg.** (**pl. m.** *-ci*) ● del mais, che concerne il mais | (***med.***) ***morbo m.***, pellagra

maidìcolo [comp. del lat. scient. *māys*, genit. *māydis* 'mais' e *-colo* ✱ 1957] **agg.** ● relativo alla coltivazione del mais

maidìsmo [da *mais* ✱ 1915] **s. m.** ● (***med., raro***) pellagra

†**maiestà** ➤ **maestà**

†**maiestàde** ➤ **maestà**

†**maiestàte** ➤ **maestà**

maiestàtico o (*raro*) **maestàtico** [dal lat. *maiēstas*, genit. *maiestātis* 'maestà' ✱ 1869] **agg.** (**pl. m.** *-ci*) ● relativo alla maestà | (***est., lett.***) regale, solenne | (***gramm.***) ***plurale m.***, V. *plurale*

maièuṣi [vc. dotta, dal gr. *máieusis* 'parto' ✱ 1965] **s. f. inv.** ● maieutica | (***est.***) rinascita morale | (***est.***) sostegno a un percorso di ricerca spirituale

maièutica [vc. dotta, gr. *maieutikḗ* (*téchnē*) 'arte della levatrice', f. sost. di *maieutikós* 'maieutico' ✱ 1834] **s. f.** ● metodo di insegnamento proprio di Socrate, consistente nel mettere in grado l'allievo, mediante il dialogo, di acquisire progressiva consapevolezza della verità che è dentro di lui

maièutico [vc. dotta, gr. *maieutikós* 'che fa partorire', da *mâia* 'madre, levatrice', vc. infant. ✱ 1942] **agg.** (**pl. m.** *-ci*) ● che concerne la maieutica ‖ **maieuticaménte**, **avv.** mediante la maieutica

♦**mail** /*ingl.* meɪl/ [accorc. di *e-mail* ✱ 1995] **s. f. o m. inv.** ● messaggio inviato con la posta elettronica | ***m. bombing*** o (con grafia unita) ***mailbombing***, attacco informatico consistente nell'inviare un numero elevato di e-mail allo stesso indirizzo, in modo da saturare la casella di posta

mail àrt /meil'art, *ingl.* 'meɪl,ɑːt/ [loc. ingl., propr. 'arte (*art*) a mezzo posta (*mail*)' ✱ 1978] **loc. sost. f. inv.** (**pl. ingl.** *mail arts*) ● movimento artistico nato negli anni '50 del Novecento, i cui aderenti si scambiano per posta buste, lettere, cartoline o altri oggetti, dopo averli illustrati e decorati

mailbombing /meil'bɔmbin(g), *ingl.* 'meɪl,bɒmbɪŋ/ ➤ **mail**

mailbòx /meil'bɔks, *ingl.* 'meɪlbɒks/ [vc. ingl. propr. 'casella (*box*) postale (*mail*)' ✱ 1993] **s. f. inv.** (**pl. ingl.** *mailboxes*) ● (***Internet***) casella di posta elettronica

mailing /'meilin(g), *ingl.* 'meɪlɪŋ/ [vc. ingl., da *to mail* 'spedire per posta', da *mail* 'posta' (a sua volta dal fr. *malle* 'valigia', d'orig. francone) ✱ 1983] **s. m. inv.** ● (***org. az.***) tecnica pubblicitaria che consiste nell'invio di opuscoli, lettere e sim. relativi a un prodotto direttamente al domicilio del potenziale consumatore

mailing list /'meilin(g) list, *ingl.* 'meɪlɪŋ,lɪst/ [loc. ingl., propr. 'elenco (*list*) per spedizione postale (*mailing*)' ✱ 1990] **loc. sost. f. inv.** (**pl. ingl.** *mailing lists*) ● elenco di indirizzi utilizzabili per l'invio di circolari e sim.

mail òrder /meil'ɔrder, *ingl.* 'meɪl,ɔːdə(r)/ [loc. ingl., propr. 'ordinazione (*order*) per posta (*mail*)' ✱ 1993] **loc. sost. m. inv.** (**pl. ingl.** *mail orders*) ● ordinazione inviata per posta a una ditta che effettua vendita per corrispondenza

maimóne [arabo *maymūn* 'scimmia', propr. 'felice, che porta felicità'; nel sign. 2 dalla forma di scimmia che aveva un tempo ✱ 1525] **s. m.** **1** (***zool.***) macaco **2** (***mar., disus.***) pilastro sporgente sul capodibanda o sul trincarino per dar volta alle cime

mainàre ➤ **ammainare**

mainàte [fr. *mainate*, da una vc. indo-malese ✱ 1983] **s. m.** ● (***zool.***) gracola

mainframe /*ingl.* 'meɪn,freɪm/ [vc. ingl., comp. di *main* 'principale' e *frame* 'ossatura, struttura' (entrambi d'orig. germ.) ✱ 1981] **s. m. inv.** ● (***inform.***) elaboratore di grande capacità di memoria ed elevata velocità di esecuzione delle istruzioni

†**mainò** o †**mai no** [comp. di *mai* e *no* ✱ av. 1332] **avv.** ● (***intens.***) no certo: *Rispose Biondello: 'Mai no; perché me ne domandi tu?'* (G. Boccaccio)

mainstream /*ingl.* 'meɪn,striːm/ [vc. ingl., propr. 'corrente (*stream*) principale (*main*)', inteso come accorc. di *mainstream jazz* ✱ 1985] **s. m. inv.** **1** (***mus.***) stile jazzistico ispirato allo swing, precedente al be-bop **2** (***est.***) tendenza principale; modo di pensare prevalente

†**màio** ① o (*raro*) **màggio** ① [V. *maggio* ① ✱ sec. XIII] **s. m.** **1** (***tosc.***) ramoscello fiorito e con doni che un tempo gli innamorati usavano appendere alla finestra o all'uscio della donna amata nella notte di calendimaggio: *tu vuo' appiccare un m. / a qualcuna che tu ami* (L. de' Medici) | (***est., lett.***) ramo fiorito **2** palma di vittoria

†**màio** ② ➤ †**maggio** ②

maiòlica [da *Maiolica*, forma ant. di *Maiorca*, isola delle Baleari, da dove fu importata ✱ av. 1498] **s. f.** **1** prodotto ceramico formato da una pasta porosa a base di argilla e di piccole quantità di carbonato di calcio, cotto al forno e quindi ricoperto da uno smalto metallico spec. a base di diossido di stagno **2** (***est.***) oggetto di maiolica: *una m. faentina; collezionare maioliche*

maiolicàio o (***centr.***) **maiolicàro** [da *maiolica* ✱ av. 1869] **s. m.** (**f.** *-aia*, **pl. m.** *-ai*) ● chi lavora la maiolica | chi vende oggetti di maiolica

maiolicàre [da *maiolica* ✱ 1881] **v. tr.** (*io maiòlico, tu maiòlichi*) **1** ricoprire con lo smalto proprio della maiolica: *m. una terracotta* **2** rivestire con mattonelle di maiolica: *m. le pareti di un bagno*

maiolicàto **A** **part. pass.** di *maiolicare*; anche **agg.** ● nei sign. del v. **B** **s. m.** ● fascia di muro ricoperta di piastrelle di maiolica

maiolicatóre [da *maiolica* ✱ 1973] **A** **s. m.** (**f.** *-trice*) ● muratore specializzato nella messa in opera di maioliche e piastrelle in genere **B** **anche agg.**: *muratore m.*

maionése (o *-ṣ-*) [fr. *mayonnaise*: da *Port Mahón* nelle Baleari, in ricordo della presa della città da parte del duca di Richelieu nel 1756 (?) ✱ 1855] **A** **s. f.** ● salsa a base di tuorli d'uovo, olio e aceto o succo di limone **B** **anche agg. solo f.**: *salsa m.*

maiora, ad ➤ **ad maiora**

maioràsco ➤ **maggiorasco**

†**maióre** ➤ **maggiore**

màis [sp. *maiz*, da *mahiz*, di orig. centro-americana ✱ 1519] **s. m. inv.** ● granoturco

maiscoltóre [comp. di *mais* e *-coltore*, sul modello di *agricoltore* ✱ 1983] **s. m.** (**f.** *-trice*) ● coltivatore di mais

maiscoltùra [comp. di *mais* e *-coltura*, sul modello di *agricoltura* ✱ 1983] **s. f.** ● coltivazione del mais

†**maisì** o †**mài sì** [comp. di *mai* e *sì* ✱ av. 1342] **avv.** ● (***intens.***) sì certo: *mai sì che io le conosco* (G. Boccaccio)

maison /*fr.* mɛ'zɔ̃/ [vc. fr., propr. 'casa' (V. *magione*) ✱ 1863] **s. f. inv.** **1** azienda, spec. di moda **2** (***eufem.***) casa di tolleranza

maître /mɛtr, *fr.* mɛtʀ/ [vc. fr., stessa etim. dell'it. *maestro* ✱ 1866] **s. m. inv.** **1** direttore di sala in un ristorante di lusso | (accorc. di *m. d'hôtel*) direttore dei servizi di un albergo

2 maggiordomo in una casa signorile

maître à penser /*fr.* ˌmɛtʀapɑ̃'se/ [loc. fr., propr. 'maestro per pensare' ✱ 1979] **loc. sost. m. inv.** (**pl. fr.** *maîtres à penser*) ● personalità eminente che attraverso gli scritti, le idee, i discorsi e sim. orienta e guida il modo di pensare di un gruppo o di una società: *è stato il maître à penser di un'intera generazione*

maîtresse /*fr.* mɛ'tʀɛs/ [f. di *maître* 'padrone' (stessa etim. dell'it. *maestro*) ✱ 1876] **s. f. inv.** ● (*eufem.*) tenutaria di una casa di tolleranza

maiùscola [f. sost. di *maiuscolo* ✱ av. 1492] **s. f.** ● lettera o carattere maiuscolo dell'alfabeto | ***m. di rispetto***, o ***m. reverenziale***, lettera maiuscola usata a inizio di parola in segno di rispetto o riverenza, e in particolare davanti a un aggettivo o a un pronome nel linguaggio epistolare; per es. in *'egregio Avvocato'*; *'mi rivolgo a Lei nella Sua qualità di ...'*

NOTA D'USO

maiuscola

L'uso della maiuscola all'inizio di parola è regolato da precise norme che brevemente ricordiamo. La lettera maiuscola si deve usare:

- all'inizio di un periodo e dopo il punto fermo: *Il traffico era intenso. Le automobili procedevano lentamente*;
- in tutti i nomi propri, in particolare in quelli di persona e di animale, nei nomi geografici e topografici, di vie o di piazze, o che indicano un territorio: *Dante Alighieri, Antonio, il signor Bianchi, Italia, il fiume Adige, il Gran Paradiso, la città di Lodi, via* (o *Via*) *Margutta, piazza* (o *Piazza*) *della Scala, il Senese, il Lecchese*; in questa categoria sono compresi i nomi di imprese, prodotti commerciali, marchi registrati e sim.: *Zanichelli editore S.p.A., la Banca Nazionale dell'Agricoltura, la Fiat Croma*;
- all'inizio di un discorso diretto, dopo il segno dei due punti e le virgolette: *D'improvviso mi chiese: 'Che cosa intendi fare?'*;
- dopo il punto esclamativo o interrogativo: *Chi dei due mentiva? Il dubbio e l'incertezza mi tormentavano*. Tuttavia, se la frase che segue rappresenta la continuazione del pensiero precedente, si può usare la lettera minuscola: *Dove avrò lasciato le chiavi? forse nella giacca? o piuttosto sul mobile dell'ingresso?*; *'Giudizio figliuoli! badate bene! siete ancora a tempo'* (A. Manzoni);
- nei nomi di popoli o che indicano gli abitanti di una città o regione: *i Francesi, i Toscani, i Triestini*. Occorre dire che in questo caso l'uso della lettera minuscola tende a diventare comune e va perciò segnalato. Va sempre comunque usata la minuscola nel caso dell'aggettivo o negli usi che non indichino totalità: *gli studenti francesi; nella gara mondiale di ciclismo su strada i francesi* (= i ciclisti francesi) *hanno ben figurato*;
- nei titoli: *l'Orlando furioso* (o *l'Orlando Furioso*); *I promessi sposi* (o *I Promessi Sposi*); *il Corriere della Sera; Via col vento*;
- nei nomi che indicano festività religiose o civili: *Annunciazione, Natale, Ognissanti, le Ceneri, l'Immacolata Concezione, Primo Maggio* ecc.;
- nei nomi o aggettivi attinenti alla sfera religiosa: *l'Onnipotente; la sapienza di Dio; la Vergine; l'Addolorata; pregare il Signore; è salito al Cielo; il Creatore dell'universo; il Padre, la Madre, il Figlio; la Madonna; l'incarnazione del Verbo, il mistero dell'Incarnazione*. Molti di questi nomi o aggettivi, quando sono collocati in un contesto comune, hanno naturalmente l'iniziale minuscola. Si scriverà perciò: *il cielo è grigio; si crede onnipotente; madonna Laura; un creatore di moda; il suo dio è il denaro*;
- nei nomi di secoli, di periodi o di avvenimenti storici: *la letteratura dell'Ottocento; il Rinascimento; la Rivoluzione francese; la Resistenza*. Come nel caso precedente, si scriverà invece: *continua la resistenza degli assediati; il rinascimento delle arti*;
- nei nomi di istituzioni, enti e sim.: *la Repubblica italiana, la Camera dei deputati, la sicurezza dello Stato, i problemi del Paese; Ministero della Giustizia; il Consiglio Superiore della Magistratura; l'Ospedale Maggiore; l'universalità della Chiesa; le Nazioni Unite*. Si scriverà invece: *una piccola chiesa di campagna; abita in un paese di montagna*, e così via;
- nei nomi che indicano particolari cariche, nei titoli onorifici e sim.: *Presidente della Repubblica, Sindaco, Sua Eminenza, Sua Santità il Papa*. Se però tali nomi sono seguiti da nome proprio di persona, si preferisce usare la minuscola: *il presidente Ciampi, papa Giovanni* e così via. In questa categoria si possono inserire gli aggettivi e i pronomi che si riferiscono direttamente alla divinità o le cosiddette maiuscole reverenziali nel linguaggio epistolare: *prego Iddio perché con il Suo aiuto...; Le scrivo per pregarLa di ricordarmi alla Sua mamma: Gliene sarò grato*;
- nelle personificazioni sia di concetti che di animali o cose: *la Giustizia; il Lupo disse alla Volpe*;
- nei nomi geografici relativi ai punti cardinali, soprattutto quando rimandano a un territorio o ancor più a realtà economico-sociali o politico-militari, mentre in altri casi è più frequente la minuscola: *il Nord della Francia; il conflitto tra il Nord e il Sud del mondo; dirigersi verso sud; il Sud-Est asiatico*. Lo stesso vale per termini come *mezzogiorno* quando è usato assolutamente in riferimento all'Italia meridionale: *nel mezzogiorno della Spagna; la questione del Mezzogiorno*. I nomi dei giorni della settimana, dei mesi e delle stagioni vanno scritti con l'iniziale minuscola: *mercoledì, febbraio, autunno*. Invece, per i motivi esposti sopra: *il Lunedì dell'Angelo; Giovedì Santo; la Primavera di Vivaldi; il 1° Maggio*;
- nei nomi dei gruppi sistematici di botanica e zoologia: *Muschi, Conifere, Spugne, Vertebrati*, ecc.;
- nei nomi dei pianeti: *Mercurio, Venere*, ecc. Quanto a *Sole, Terra* e *Luna*, vanno scritti con la maiuscola quando è preminente il riferimento astronomico, con la minuscola in tutti gli altri casi: *il movimento di rivoluzione della Terra attorno al Sole; eclissi di Luna*; ma: *una passeggiata al chiaro di luna; prendere il sole; l'aereo si staccò da terra*;
- nei segni zodiacali: *Bilancia, Vergine* ecc.;
- per l'uso della maiuscola nelle sigle, V. nota d'uso SIGLA;
- per l'uso dell'accento sulle lettere maiuscole, V. nota d'uso ACCENTO.

maiuscolétto [dim. di *maiuscolo* ✱ av. 1729] **A** **s. m.** ● (*tipogr.*) tipo di carattere in cui le lettere sono tutte maiuscole, ma più piccole del carattere maiuscolo vero e proprio **B** **anche agg.**

♦**maiùscolo** [vc. dotta, lat. *maiŭsculu(m)*, dim. di *māius*, nt., 'maggiore' ✱ 1552] **A** **agg.** **1** detto di qualsiasi scrittura o carattere i cui segni alfabetici siano compresi entro due linee parallele, senza aste che le oltrepassino in alto o in basso: *lettera maiuscola* | ***a lettere maiuscole***, (*fig.*) apertamente, con grande schiettezza **2** (*fig.*) grande, enorme: *fungo m.* | eccezionale, straordinario: *l'atleta ha fornito una prova maiuscola* | ***sproposito m.***, madornale **B** **s. m.** ● carattere maiuscolo ‖ **maiuscolétto**, **dim.** (V.)

Maizèna® [vc. ingl. da *maize* 'mais' ✱ 1877] **s. f.** ● amido di mais usato per alimenti spec. dietetici e in pasticceria

major /'medʒor, *ingl.* 'meɪdʒə(r)/ [vc. ingl., propr. 'maggiore' ✱ 1985] **s. f. inv.** (**pl. ingl.** *majors*) **1** grande società di produzione cinematografica: *le majors di Hollywood* **2** (*est.*) impresa, azienda molto importante, spec. nel campo della produzione televisiva o discografica

majorette /maʒo'rɛt, *ingl.* ˌmeɪdʒə'rɛt, *fr.* maʒɔ'ʀɛt/ [vc. ingl., dim. f. di (*drum*) *major* '(tamburo) maggiore' ✱ 1973] **s. f. inv.** ● ragazza che, vestita con un costume che ricorda l'uniforme degli antichi tamburini, sfila alla testa di cortei agitando una mazza con cui segna il passo o la musica

make-up /me'kap, *ingl.* 'meɪkˌʌp/ [vc. ingl., da *to make up* 'truccare, imbellettare' ✱ 1963] **s. m. inv.** ● trucco del volto

màki [vc. del Madagascar ✱ 1869] **s. m. inv.** ● proscimmia dei Lemuridi delle dimensioni di un gatto e con il muso volpino, che vive nel Madagascar (*Lemur*) **SIN.** mococo

makò o **macò** [dalla località di *Makò*, in Egitto, da cui è originario ✱ 1918] **A** **s. m. inv.** ● cotone pregiato per filati e stoffe **B** **anche agg.**: *cotone m.*

mal **A** **avv.** ● forma tronca di *male*①: *si è mal comportato* **B** **s. m. inv.** ● forma tronca di *male*②: *che mal di testa!*

màla [da *mala(vita)* ✱ 1960] **s. f.** ● (*gerg.*) malavita: *il gergo della m.*

mala- [f. di *malo*] **primo elemento** ● in sostantivi femminili, significa 'cattiva', 'inefficiente', 'corrotta' ecc.: *malainformazione, malafinanza, malapolitica*

malabàrico [1765] **agg.** (**pl. m.** *-ci*) ● relativo al Malabar, regione dell'India

malacàrne o **màla càrne** [comp. del f. di *malo* e *carne* ✱ 1855] **s. f.** (**pl.** *malecàrni*); **anche s. m. inv. nel sign. 2** **1** (*disus.*) carne macellata di qualità scadente **2** (*fig.*, *lett.*) persona malvagia; furfante

malàcca [da *Malacca*, penisola dell'Asia, da cui proviene ✱ 1926] **s. f.** ● varietà di canna d'India utilizzata per bastoni, fusti di ombrello e sim.

♣**malaccètto** o **mal accètto** [comp. di *mal(e)* e *accetto* ✱ 1869] **agg.** ● che non è gradito, che è accettato a malincuore **SIN.** sgradito

malàccio [pegg. di *male*② ✱ av. 1584] **s. m.** **1** (*disus.*) brutto male, epilessia: *Quel m. tornò a intervalli* (F. De Roberto) **2** nella loc. (*fam.*) ***non c'è m.!***, va abbastanza bene

malaccòlto [comp. di *male* e *accolto* ✱ av. 1694] **agg.** ● che riceve o ha ricevuto cattiva accoglienza

malaccóncio [comp. di *male* e *acconcio* ✱ sec. XIII] **agg.** (**pl. f.** *-ce*) ● (*lett.*) non acconcio, non adatto a qlco. ‖ **malacconciaménte**, **avv.**

malaccortézza [da *malaccorto* ✱ 1927] **s. f.** ● caratteristica di chi è malaccorto **SIN.** imprudenza, imprevidenza

♣**malaccòrto** o (*lett.*) **mal accòrto** [comp. di *male* e *accorto* ✱ 1314] **agg.** ● poco avveduto **SIN.** incauto, imprudente, malavveduto ‖ **malaccortaménte**, **avv.** in modo incauto, con poca avvedutezza

malachìte [gr. *molochîtis*, da *molóchē*, *maláchē* 'malva', di orig. preindeur. È detta così perché ha il colore della *malva* ✱ av. 1498] **s. f.** ● (*miner.*) carbonato basico di rame, in masse concrezionali di colore verde talora zonato su diversi toni, usato per tavoli e oggetti ornamentali

malacìa [lat. *malăcia(m)*, dal gr. *malakía* 'mollezza, calma del mare', da *malakós* 'molle', di orig. indeur. ✱ av. 1565] **s. f.** (**pl.** *-cìe*) **1** (*med.*) rammollimento dei tessuti **2** (*psicol.*) desiderio morboso d'ingerire cibi molto piccanti

malacitàno [vc. dotta, lat. *Malacitānu(m)*, da *Mălaca* 'Malaga' ✱ 1983] **agg.** ● (*lett.*) relativo alla città spagnola di Malaga

màlaco- [dal gr. *malakós* 'molle', di orig. indeur.] **primo elemento** ● in parole composte della terminologia scientifica, significa 'molle', 'mollusco': *malacofauna, malacologia*

malacocèfalo [comp. di *malaco-* e *cefalo* ✱ sec. XIX] **s. m.** ● pesce abissale dei Macruridi che vive anche nei mari italiani, con lunga coda filiforme e barbiglio sotto il mento (*Ma-*

lacocephalus laevis)

malacologìa [comp. di *malaco-* e *-logia* ✱ 1829] **s. f.** (**pl.** *-gìe*) ● ramo della zoologia che studia i Molluschi

malacològico [1846] **agg.** (**pl. m.** *-ci*) ● che riguarda la malacologia

malacòlogo [1957] **s. m.** (**f.** *-a*; **pl. m.** *-gi*) ● studioso di malacologia

malacòpia o **màla còpia** [comp. del f. di *malo* e *copia* ✱ 1754] **s. f.** (**pl.** *malecòpie*) ● (*sett.*) minuta

Malacòstraci o **malacòstrachi** [comp. di *malaco-* e del gr. *óstrakon* 'guscio, conchiglia' (V. *ostracione*) ✱ 1834] **s. m. pl.** (**sing.** *-co*) ● (*zool.*) grande gruppo di Crostacei comprendente forme con il corpo suddiviso in 20-21 segmenti (*Malacostraca*)

Malacòtteri [comp. di *malaco-* e del gr. *ptéryx*, genit. *ptérygos* 'ala, pinna' ✱ 1975] **s. m. pl.** (**sing.** *-o*) ● nell'antica classificazione zoologica, ordine di Pesci a scheletro osseo con i raggi delle pinne molli e non spiniformi (*Malacopterygii*)

Malacozòi [comp. di *malaco-* e del gr. *zô(i)on* 'animale' ✱ 1895] **s. m. pl.** (**sing.** *-ẓòo*) ● (*zool.*; *disus.*) Molluschi

✦**malacreànza** o **màla creànza** o **malcreànza** [comp. del f. di *malo* e *creanza* ✱ 1539] **s. f.** (**pl.** *malecreànze*) ● mancanza di educazione **SIN.** ineducazione, scortesia

maladattàto [comp. di *mal(e)*① e *adattato* ✱ 1957] **agg. e s. m.** (**f.** *-a*) ● (*psicol.*) disadattato

†**maladìre** e deriv. ➤ **maledire** e deriv.

malafàtta ➤ **malefatta**

malafède o **màla fède** [comp. del f. di *malo* e *fede* ✱ 1566] **s. f.** (**pl.** *malefèdi*, *raro*) **1** piena consapevolezza della propria slealtà e della propria intenzione di ingannare: *essere, parlare, agire in m.* **CONTR.** buonafede **2** (*dir.*) consapevolezza di pregiudicare col proprio comportamento un diritto altrui SFUMATURE ➤ ***disonestà***

malafèmmina o **màla fèmmina** [comp. del f. di *malo* e *femmina* ✱ 1634] **s. f.** (**pl.** *malefèmmine*) ● (*merid.*) prostituta

malaffàre o (*raro*) **mal affàre** [comp. di *mal(o)* e *affare* ✱ sec. XV] **s. m. 1** spec. nel linguaggio giornalistico, insieme di affari illeciti: *inchiesta sulla corruzione e il m.* **2** nella loc. agg. inv. ***di m.***, relativo a chi conduce vita turpe e disonesta: *gente di m.* | ***donna di m.***, prostituta | ***casa di m.***, casa di prostituzione

†**malaffètto** [comp. di *mal(e)* e *affetto* ✱ av. 1566] **agg. e s. m.** ● (*raro*, *lett.*) che (o chi) porta odio

Màlaga [dal n. della città della Spagna meridionale ✱ 1738] **A** **s. m. inv.** ● vino spagnolo, rosso o bianco, liquoroso, di solito dolce, ma talvolta anche secco, prodotto nella regione omonima, di 14°-18° **B** **s. f.** ● uva da cui si ottiene il vino omonimo

✦**malagévole** [comp. di *mal(e)* e *agevole* ✱ 1261 ca.] **agg.** ● difficile, disagevole, faticoso: *salita, sentiero m.*; *ti riuscirà sempre … sommamente m. di apprendere o di porre in pratica moltissime cose* (G. LEOPARDI) | (*fig.*) †***persona m.***, intrattabile ‖ **malagevolménte**, **avv.**

malagevolézza [av. 1311] **s. f. 1** condizione o stato di ciò che è malagevole **SIN.** arduità, difficoltà **2** †dolore: *Questi non sentono m. della morte* (CATERINA DA SIENA)

malagiàto [comp. di *mal(e)* e *agiato* ✱ av. 1348] **agg. 1** (*lett.*) disagevole: *appartamento m.* **SIN.** scomodo **2** †privo di mezzi: *potrà forse rallegrarsi di vedermi povero e m.* (T. TASSO) **SIN.** indigente | †sprovvisto: *una povera donna, malagiata d'ogni cosa* (D. BARTOLI)

✦**malagràzia** o **màla gràzia** [comp. del f. di *malo* e *grazia* ✱ 1441] **s. f.** (**pl.** *malegràzie*) ● mancanza di garbo o cortesia: *chiamare qlcu., rivolgersi a qlcu. con m.* | (*raro*) atto sgarbato | ***di m.***, in modo sgarbato; malvolentieri: *aveva ballato di m.* (A. MORAVIA) **SIN.** malacreanza, sgarbatezza

malaguèña /mala'ɡɛɲɲa, *sp.* mala'ɣeɲa/ [vc. sp., propr. 'di Malaga' ✱ 1883] **s. f. inv.** (**pl.** sp. *malagueñas*) ● danza popolare spagnola, di ritmo ternario

malaise /*fr.* ma'lɛz/ [vc. fr., s. m., propr. 'malessere', comp. di *mal* 'male①' e *aise* 'agio' ✱ 1886] **s. m. o f. inv. 1** (*raro*) indisposizione **2** (*est.*) disagio, inquietudine

malalìngua o **màla lingua** [comp. del f. di *malo* e *lingua* ✱ 1438 ca.] **s. f.** (**pl.** *malelìngue*) ● persona maldicente

malaménte① ➤ **malo**

malaménte② [vc. napol., orig. 'malo, cattivo' ✱ 1991] **s. m. inv.** ● il personaggio del cattivo nella sceneggiata e nel teatro popolare napoletano

malammìde [comp. di *mal(ico)* e *ammide* ✱ 1895] **s. f.** ● (*chim.*) diammide dell'acido malico

†**malanconìa** e deriv. ➤ **malinconia** e deriv.

†**malandàre** [comp. di *mal(e)* e *andare*① ✱ sec. XIV] **v. intr.** (**difett. usato solo all'inf. pres. e al part. pass.** *malandàto*) ● ridursi in cattivo stato

✦**malandàto** **part. pass.** di †*malandare*; anche **agg.** ● che si trova in cattivo stato, in cattive condizioni: *essere m. in salute, nel vestire*

malandrinàggio [1867] **s. m.** ● (*stor.*) brigantaggio: *cogli anni prosperi, il m. scemava sul fiume e nelle campagne* (R. BACCHELLI) | (*est.*) attività illecita | ***m. di mare***, sfruttamento illecito del patrimonio ittico

†**malandrinàre** [da *malandrino* ✱ sec. XIV] **v. intr.** ● fare il malandrino | comportarsi come un malandrino

malandrinàta [da *malandrino* ✱ 1524] **s. f.** ● azione da malandrino

malandrinésco [1612] **agg.** (**pl. m.** *-schi*) ● da malandrino ‖ **malandrinescaménte**, **avv.**

✦**malandrìno** [comp. di *malo* e **landrino*, dal ted. *landern* 'vagabondare' ✱ av. 1347] **A** **s. m.** (**f.** *-a*) **1** spec. un tempo, brigante, rapinatore: *tre malandrini assaltarono la corriera* | (*est.*) persona malvagia **SIN.** furfante **2** (*fig.*, *scherz.*) ragazzo vivace, furbo **SIN.** birichino **B** **agg. 1** ladro, disonesto: *un negoziante m.* **2** (*fig.*) birichino, malizioso: *occhi malandrini; sorriso m.*

†**malàndro** [av. 1400] **agg.** ● malandrino

malànimo o (*raro*) **mal ànimo** [comp. di *mal(o)* e *animo* ✱ sec. XIV] **s. m.** ● malevolenza, ostilità, avversione: *agire con m. verso qlcu.* | ***di m.***, contro voglia, a malincuore **SIN.** animosità

malannàggia [napol. ant., propr. 'malanno aggia'. Cfr. *mannaggia* ✱ av. 1337] **inter.** ● (*disus.* o *lett.*) esprime impazienza, irritazione, contrarietà, ira e sim.: *m. la furia! maledetto il mestiere!* (A. MANZONI) **SIN.** (*centr.*, *merid.*) mannaggia

✦**malànno** [comp. di *mal(o)* e *anno* ✱ sec. XIII] **s. m. 1** danno o disgrazia grave: *Chi non rispetta i genitori fa il suo m.* (G. VERGA) | (*lett.*) ***dare il m.***, danneggiare **2** male noioso, disturbo fisico: *quando si è vecchi si è pieni di malanni* **SIN.** acciacco **3** (*fig.*) persona noiosa: *i suoi tre figli sono tre malanni* ‖ **malannùccio**, **dim.**

SFUMATURE DI SIGNIFICATO

malanno - indisposizione - malessere

Malanno è un disturbo fisico più noioso che grave. Anche **indisposizione** è una malattia leggera, ma il termine include la sfumatura della durata breve e quella dell'impossibilità per la persona di svolgere le sue normali occupazioni. **Malessere** più che una malattia è la sensazione di non star bene, uno stato di disagio fisico che può però essere la prima manifestazione di una malattia.

SFUMATURE ➤ ***acciacco***, ➤ ***male***②

✦**malaparàta** o **màla paràta** [comp. del f. di *malo* e *parata*① ✱ av. 1565] **s. f.** (**pl.** *maleparàte*, *raro*) ● (*colloq.*) situazione critica o pericolosa: *vista la m. se ne andò*

malaparòla o **màla paròla** [comp. del f. di *malo* e *parola* ✱ 1528] **s. f.** (**pl.** *maleparòle*) ● parola offensiva, insulto, ingiuria: *prendere qlcu. a maleparole*

malapéna o **màla péna** [comp. del f. di *malo* e *pena* ✱ 1470 ca.] **vc.** ● solo nella loc. avv. ***a m.***, a stento, con fatica: *può a m. camminare; riescono a m. a tirare avanti*

malapiànta o **màla piànta** [comp. del f. di *malo* e *pianta* ✱ 1319] **s. f.** (**pl.** *malepiànte*) **1** pianta inutile o dannosa: *Non aspettate che la terra ingiunchesi / di male piante* (I. SANNAZARO) | (*lett.*, *fig.*) stirpe corrotta: *Io fui radice de la mala pianta / che la terra cristiana tutta aduggia* (DANTE *Purg.* XX, 43-44) **2** fenomeno riprovevole: *la m. della violenza*

†**malappropòsito** o †**mal a propòsito** [da *mal(e) a proposito* ✱ av. 1729] **avv.** ● a sproposito

malapropìsmo [ingl. *malapropism* 'storpiatura di una parola, papera', dal n. di *Mrs. Malaprop*, un personaggio della commedia del 1775 *The Rivals* di R. B. Sheridan, che usava spesso una parola per l'altra ✱ 1976] **s. m.** ● (*ling.*) storpiatura di una parola che viene resa con un'altra di suono simile (es. *antilopi* per *antipodi*); nell'uso teatrale produce effetti comici

†**malardìto** [comp. di *mal(e)* e *ardito* ✱ av. 1292] **agg.** ● temerario, sfrontato

†**malàre**① [da *male* ✱ av. 1363] **v. intr.** e †**malàrsi** **v. intr. pron.** ● ammalare, ammalarsi

malàre② [dal lat. *māla* 'mascella' ✱ 1834] **agg.** ● (*anat.*) che concerne le guance | ***osso m.***, osso zigomatico

malària [comp. del f. di *malo* e *aria* ✱ 1572] **s. f.** ● malattia parassitaria causata da plasmodi trasmessi da una zanzara del tipo anofele e caratterizzata da violenti accessi febbrili ricorrenti

malàrico [1884] **A** **agg.** (**pl. m.** *-ci*) ● che concerne la malaria, causato da malaria **B** **s. m.** (**f.** *-a*) ● chi è affetto da malaria

malariologìa [comp. di *malaria* e *-logia* ✱ 1935] **s. f.** (**pl.** *-gìe*) ● parte della medicina che si interessa dello studio della malaria

malariòlogo [comp. di *malaria* e *-logo* ✱ 1931] **s. m.** (**f.** *-a*; **pl. m.** *-gi*) ● studioso di malariologia

malarioterapìa [comp. di *malaria* e *-terapia* ✱ 1933] **s. f.** ● cura di determinate malattie mediante gli accessi febbrili provocati dall'inoculazione di plasmodi malarici; fu utilizzata fino all'avvento degli antibiotici

†**malarrivàto** [comp. di *mal(e)* e *arrivato* ✱ 1342] **agg.** ● infelice, malridotto

malasanità [comp. dell'agg. *malo* e *sanità* ✱ 1991] **s. f. inv.** ● nel linguaggio giornalistico, il complesso delle situazioni che mettono in evidenza episodi di cattivo funzionamento del sistema sanitario: *la stampa ha denunciato alcuni casi di m.*

malasòrte o **màla sòrte** [comp. del f. di *malo* e *sorte* ✱ av. 1370] **s. f.** (**pl.** *malesòrti*) ● sfortuna | ***per m.***, per disgrazia

malassàre [vc. dotta, lat. *malaxāre*, dal gr. *malássein* 'rendere molle', da *malakós* 'molle'. V. *malaco-* ✱ 1563] **v. tr. 1** (*raro, lett.*) stemperare e mescolare una sostanza con acqua o altro liquido | impastare la farina per fare il pane **2** (*chim.*) dosare il glutine presente in una data quantità di farina di frumento impastata con acqua dopo aver eliminato l'amido e altri elementi

malassatrìce [1957] **s. f.** ● (*raro*) impastatrice

malassatùra [1957] **s. f.** ● operazione del malassare

†**malassètto** [comp. di *mal(o)* e *assetto* ✱ 1605] **agg.** ● sciatto, trasandato, in disordine

malassorbiménto [comp. di *mal(e)* e *assorbimento* ✱ 1989] **s. m.** ● (*med.*) alterato assorbimento delle sostanze nutritive a livello intestinale

malatestiàno [av. 1828] **agg.** ● dei Malatesta, nobile famiglia guelfa che mantenne la signoria di Rimini dal 1295 al 1503: *tempio m.*; *biblioteca malatestiana*

malaticcio [da *malato* ✱ sec. XIII] **agg.** (**pl. m.** *-ci*; **pl. f.** *-ce*) ● di salute malferma: *era m., sottile, con un affanno di petto* (F. DE SANCTIS)

♦**malàto**① o †**malàtto** [lat. *mãle hăbitu(m)* 'che si trova in cattivo stato'; la forma lat. ha dato *malatto*, divenuto poi *malato* per analogia con i part. pass. in *-ato* ✱ av. 1250] **A agg. 1** che sta male in salute, che è affetto da qualche malattia (+ *a*, + *di*): *essere m. agli occhi, allo stomaco*; *paziente m. di fegato, di cuore*; *avere una gamba, una mano malata* | ***parte malata***, organo malato | (*est.*) guasto, esaltato: *fantasia, mente malata* CONTR. sano **2** (*fig.*) che è dominato da una violenta passione, da un sentimento acceso e sim. (+ *di*): *essere m. di invidia, d'amore*; *è m. di protagonismo* | (*fig.*) ***avere il cuore m.***, essere innamorato **3** (*fig.*) che è in crisi, in decadenza: *civiltà, economia malata* **B s. m.** (**f.** *-a*) ● chi sta male in salute, chi ha qualche malattia o indisposizione (+ *di*): *i malati di tifo, d'influenza* SIN. infermo ‖ **malatìno**, **dim.** | **malatùccio**, **dim.**

malàto② [fr. *malate*, da *malique* 'malico' ✱ 1834] **s. m.** ● (*chim.*) sale o estere dell'acido malico

†**malatòlta** [V. *maltolto* ✱ av. 1292] **s. f.** ● angheria, vessazione

malatterùro [comp. di *mala(co-)*, *pter-* e *-uro*② ✱ 1834] **s. m.** ● grosso pesce dei Siluridi che vive nei fiumi africani, munito di organi elettrici disposti lungo i fianchi che emettono forti scariche (*Malapterurus electricus*)

♦**malattìa** [da †*malatto* ✱ av. 1250] **s. f. 1** stato patologico per alterazione della funzione di un organo o di tutto l'organismo: *malattie infettive, congenite, della pelle, dell'apparato respiratorio*; *lo scorbuto è una malattia da carenza di vitamina C* CFR. noso-, pato-, -patia SIN. morbo | (*colloq.*) assenza dal lavoro, gener. retribuita, di chi è malato: *essere in m.*; *prendersi tre giorni di m.* | ***m. del secolo***, quella che, in un dato secolo, la medicina non è in grado di debellare (per es. la tisi nell'Ottocento o il cancro nel Novecento); (*fig.*) tendenza spirituale presente in un determinato periodo | ***m. da siero***, reazione di ipersensibilità alla somministrazione di siero eterologo o di proteine del siero causata da immunocomplessi circolanti che si depositano nei tessuti | ***m. sistemica***, che interessa tutti gli organi di uno stesso sistema | ***m. venerea***, che si trasmette con i rapporti sessuali | ***m. da decompressione, m. dei cassoni***, condizione, tipica dei subacquei, causata da una rapida riduzione della pressione ambientale con liberazione di bolle gassose, spec. di azoto, nel sangue e nei tessuti | ***m. del bacio, m. dei fidanzati***, mononucleosi | ***m. di Huntington*** (o ***corea di Huntington***), malattia genetica del sistema nervoso centrale che si manifesta con degenerazione della corteccia cerebrale e dei gangli della base, colpisce la coordinazione muscolare e porta a un declino cognitivo e a problemi psichiatrici | ***m. professionale, del lavoro***, alterazione dello stato di salute di un lavoratore originata da cause inerenti allo svolgimento della prestazione di lavoro | ***malattie sociali***, quelle collegate a particolari condizioni sociali di vita o che, per la loro vasta diffusione, incidono sulla società nel suo complesso | ***m. diplomatica***, malattia simulata allo scopo di evitare un impegno fastidioso | (*est.*) alterazione: *m. della vite, del legno* | V. anche *morbo* **2** (*fig.*) stato di turbamento o tensione emotiva: *l'invidia è una brutta m.* | tormento, angoscia, idea fissa: *è così disperato per il licenziamento che ne sta facendo una vera m.* **3** (*fig.*) turbamento, deterioramento, crisi di una collettività: *ogni epoca ha la sua m., alla quale risponde un'altra (ma è probabilmente la stessa) nel campo morale* (U. SABA) ‖ **malattìaccia**, **pegg.**

SFUMATURE DI SIGNIFICATO

malattia - morbo - patologia - sindrome

Malattia è uno stato patologico causato dall'alterazione della funzione di un organo o di tutto l'organismo. Equivalente a *malattia* è **morbo**, parola rara nella lingua d'uso ma utilizzatissima nel linguaggio medico, dove entra anche a far parte della denominazione di molte malattie. **Patologia** designa propriamente la branca della scienza medica che studia le cause e l'evoluzione delle malattie; in senso esteso si usa anche col significato generico di *malattia*. Termine specifico del linguaggio medico è anche **sindrome**, che identifica un insieme di sintomi considerato in sé, e che potrebbe essere manifestazione di una malattia o di malattie diverse.

SFUMATURE ➤ ***infermità***, ➤ ***male***②

†**malàtto** ➤ **malato**①

malaugurànte o **maleaugurànte** **part. pres.** di *malaugurare*; anche **agg.** ● che è di cattivo augurio: *un presagio m.*

malauguràre [da *malaugurato* ✱ 1825] **A v. tr.** (*io malàuguro*) ● (*raro*) esprimere un cattivo augurio, auspicare qlco. di negativo: *m. la cattiva riuscita di un'impresa*; *m. a qlcu. una cattiva sorte* **B v. intr.** (aus. *avere*) ● (*lett.*) preannunciare eventi negativi: *i corvi agitan l'ale / malaugurando con le strida ingrate* (G. D'ANNUNZIO) | (*lett.*) maledire

malauguràto o **mal auguràto** [comp. di *mal(e)* e *augurato* ✱ av. 1194] **agg.** ● che è di cattivo augurio, che porta danno o sventura: *incontro, giorno m.* SIN. infausto, nefasto | deprecabile, non auspicabile: *nella malaugurata ipotesi che piova, porta con te l'ombrello* ‖ **malauguratamènte**, **avv.** sfortunatamente, per disgrazia

♣**malaugùrio** o **mal augùrio** [comp. di *mal(o)* e *augurio* ✱ av. 1313] **s. m.** ● cattivo augurio: *giorno, persona di m.* | ***uccello del m.***, o (*raro*) ***di m.***, uccello che, per l'aspetto o per il verso, è ritenuto tradizionalmente un annunciatore di disgrazie (per es. il corvo, la civetta o il gufo); (*fig.*) persona che porta cattive notizie o fa previsioni nefaste

malauguróso (o **-ṣ-**) [da *malaugurio* ✱ av. 1292] **agg.** ● (*raro*) malaugurato | (*lett.*) che è di cattivo augurio, messaggero di disgrazie: *un tipo m.* | (*lett.*) luttuoso, doloroso ‖ **malaugurosamènte**, **avv.**

malaventùra o **màla ventùra** [comp. del f. di *malo* e *ventura* ✱ 1287] **s. f.** (**pl.** *malaventùre*) ● (*lett.*) malasorte, disgrazia | sciagura | ***per m.***, disgraziatamente

malavìta [comp. del f. di *malo* e *vita* ✱ av. 1342] **s. f.** (**pl.** *malavite*) **1** vita moralmente e socialmente riprovevole: *darsi alla m.* **2** il complesso delle persone che vivono svolgendo abitualmente attività in contrasto con la legge, la morale corrente e sim.: *far parte della m.*; *la m. è in allarme*; *il gergo della m.*

malavitóso (o **-ṣ-**) [da *malavita* ✱ 1972] **s. m.** (**f.** *-a*); anche **agg.** ● chi (o che) fa parte della malavita

♣**malavòglia** o **màla vòglia** [comp. del f. di *malo* e *voglia* ✱ av. 1405] **s. f.** (**pl.** *malevòglie*) ● svogliatezza | ***di m.***, malvolentieri, svogliatamente | (*lett.*) ***star di m.***, stare poco bene; essere avvilito, depresso

†**malavogliènza** ➤ **malevolenza**

malavvedùto [comp. di *mal(e)*① e *avveduto* ✱ av. 1348] **agg.** ● (*lett.*) incauto, improvvido, malaccorto ‖ **malavvedutamènte**, **avv.** incautamente

malavventuràto [comp. di *mal(e)*① e *avventurato* ✱ 1275] **agg.** ● (*lett.*) disgraziato, sventurato, sfortunato ‖ **malavventuratamènte**, **avv.** (*lett.*) sventuratamente

†**malavventuróso** (o **-ṣ-**) [comp. di *mal(e)*① e *avventuroso* ✱ 1299] **agg.** ● disgraziato, infelice | infausto ‖ †**malavventurosamènte**, **avv.** malauguratamente

malavvèzzo o †**màle avézzo** [comp. di *mal(e)*① e *avvezzo* ✱ 1481] **agg.** ● abituato o educato male: *era un ragazzo m., faceva mille monellerie* (F. DE ROBERTO) SIN. maleducato, viziato

malavviṣàto [fr. *malavisé* 'male avvisato' ✱ 1864] **agg.** ● (*lett.*) incauto, sconsiderato

malayṣiàno /malai'zjano/ [1970] **A agg.** ● appartenente alla federazione della Malaysia CFR. malese **B s. m.** (**f.** *-a*) ● cittadino della Malaysia

malazzàto [sovrapposizione di *malaccio* ad *ammalato* ✱ av. 1767] **agg.** ● (*raro*) che soffre per continui acciacchi, che non si sente bene: *un vecchio m.*

malbiànco o **mal biànco** [comp. di *mal(e)*② e *bianco*; detto così perché provocato da ife bianche ✱ 1934] **s. m.** (**pl.** *-chi*) ● (*agric.*) malattia delle piante sulle cui foglie compaiono macchie bianche, provocata da un fungo ascomicete SIN. oidio, nebbia

malcadùco ➤ **male**② nel sign. 5

♣**malcapitàto** o **mal capitàto** [da *mal(e)*① e *capitato* ✱ 1536] **agg. e s. m.** (**f.** *-a*) **1** che (o chi) capita male o in un momento inopportuno: *il m. giovane* **2** che (o chi) ha subìto sventure ed è malridotto: *i malcapitati provenivano dalla zona allagata*

malcàuto o **mal càuto** [comp. di *mal(e)*① e *cauto* ✱ 1516] **agg.** ● (*lett.*) avventato, inconsiderato, malaccorto: *malcauta gioventù* ‖ **malcautamènte**, **avv.** senza prudenza

♣**malcelàto** o **mal celàto** [comp. di *male*① e *celato* ✱ av. 1595] **agg.** ● nascosto male, non ben dissimulato: *apprese la notizia con malcelata soddisfazione*

♣**malcèrto** o **mal cèrto** [comp. di *mal(e)*① e *certo* ✱ 1575] **agg.** ● incerto, insicuro: *prospettiva malcerta* | tentennante, titubante: *il più m., / si fa da un lato* (M. LUZI) | malfermo, malsicuro: *gli afferrò con un gesto m. la mano* (A. MORAVIA)

malcollocàto o **mal collocàto** [comp. di *mal(e)*① e *collocato* ✱ av. 1729] **agg.** ● collocato in un posto sbagliato o inadeguato | (*lett.*) male impiegato, mal riposto

malcommésso [comp. di *mal(e)*① e *commesso* ✱ 1869] **agg.** ● (*lett.*) maldestro

malcompósto [comp. di *mal(e)*① e *composto* ✱ sec. XIV] **agg.** ● scomposto ‖ **malcompostamènte**, **avv.** senza garbo e compostezza

♣**malcóncio** o (*lett.*) **mal cóncio** [comp. di

a b c d e f g h i j k l m n o p q r s t u v w x y z

*mal(e)*① e *concio*① ✱ av. 1353] **agg. (pl. f. -*ce*)** ● conciato male, ridotto in cattivo stato, malridotto: *era m. per le percosse*

†**malcondótto** [comp. di *mal(e)*① e *condotto* ✱ sec. XIII] **agg.** ● malandato

†**malconoscènte** [comp. di *mal(e)*① e *conoscente* ✱ av. 1388] **agg.** ● irriconoscente, ingrato

†**malconsideràto** [comp. di *mal(e)*① e *considerato* ✱ av. 1472] **agg.** ● inconsiderato, incauto

malconsigliàto [av. 1341] **part. pass.** di †*malconsigliare* 'consigliare male'; anche **agg.** ● malaccorto, incauto

†**malcontentézza** [da *malcontento* ✱ av. 1552] **s. f.** ● scontentezza, malcontento

♣**malcontènto** [comp. di *mal(e)*① e *contento* ✱ 1312] **A agg.** ● scontento, insoddisfatto: *individuo m.* **B s. m. 1** **(f. -*a*)** chi, per insoddisfazione, si lamenta, mormora e si agita: *il mondo è pieno di malcontenti* **2** senso di scontentezza, inquietudine e sim.: *il m. cresce, serpeggia tra la folla* **SIN.** insoddisfazione, scontento

malcopèrto o **mal copèrto** [comp. di *mal(e)*① e *coperto* ✱ sec. XIII] **agg.** ● (*lett.*) vestito in modo insufficiente | mal riparato | (*fig.*) malcelato

malcorrispósto o **mal corrispósto** [comp. di *mal(e)*① e *corrisposto* ✱ av. 1729] **agg.** ● (*lett.*) non corrisposto a dovere: *un amore m.*

malcostumàto [comp. di *mal(e)*① e *costumato* ✱ sec. XIV] **agg.** ● (*lett.*) scostumato, incivile, villano

♣**malcostùme** o (*lett.*) **mal costùme** [comp. di *mal(o)* e *costume* ✱ av. 1400] **s. m.** **(pl. *malcostùmi* o raro *màli costùmi, malicostùmi*) 1** pessima abitudine, al limite dell'illegalità: *il m. di lasciare l'auto in doppia fila* **2** il fenomeno della corruzione, della disonestà: *combattere il m.; il m. diffuso delle mazzette, delle tangenti; episodi di m. nella sanità*

malcreànza ➤ **malacreanza**

malcreàto o **mal creàto** [comp. di *mal(e)*① e *creato* ✱ 1536] **agg. 1** (*lett.*) screanzato, villano | sconveniente **2** †malvagio, sciagurato

†**malcubàto** [comp. di *mal(e)*① e il part. pass. di *cubare* 'giacere' ✱ 1737] **agg.** ● malaticcio

†**malcurànte** [comp. di *mal(e)*① e *curante* ✱ 1618] **agg.** ● incurante, noncurante

†**maldenàro** [comp. di *mal(o)* e *denaro* ✱ av. 1253] **s. m.** ● nell'Italia meridionale, tributo, balzello imposto arbitrariamente | gabella, balzello sui generi di consumo

Maldentàti [comp. di *male*① e *dentato* ✱ 1947] **s. m. pl. (sing. -*o*)** ● (*zool.*) sdentati

maldestrézza [1836] **s. f.** ● caratteristica di chi (o di ciò che) è maldestro | goffaggine

♦**maldèstro** [comp. di *mal(e)*① e *destro* ✱ av. 1363] **agg. 1** che manca di destrezza o abilità: *un artigiano m.* | di ciò che è fatto o eseguito malamente: *tentativo m.* **2** impacciato, goffo: *un giovane timido e m.* | che rivela disagio, inesperienza e sim.: *maldestri approcci* || **maldestraménte**, **avv.**

†**maldétto A part. pass.** di †*maldire*; anche **agg.** ● nel sign. del v. **B s. m.** ● parola ingiuriosa

♣**maldicènte** [comp. di *mal(e)*① e *dicente*, part. pres. di *dire*① ✱ av. 1250] **A agg.** ● che sparla degli altri, con accuse, calunnie, pettegolezzi e sim.: *è una donna m.* **B s. m. e f.** ● persona che abitualmente sparla degli altri: *non ascoltare quel m.!* **SIN.** malalingua

♣**maldicènza** [lat. *maledicĕntia(m)*, comp. di *măle* 'male①' e *dīcere* 'dire' ✱ av. 1529] **s. f. 1** abitudine di fare discorsi malevoli sugli altri: *la sua incorreggibile m.* **2** chiacchiera malevola o calunniosa e sim.: *dar luogo a maldicenze senza fine* **SIN.** calunnia, diffamazione, mormorazione

†**maldicitóre** [da *maldire*, sul modello di *dicitore* ✱ sec. XIV] **agg. e s. m. (f. -*trice*)** ● maldicente, calunniatore

†**maldìre** [comp. di *mal(e)* e *dire*① ✱ av. 1250] **v. tr.** ● maledire, detestare

♣**maldispósto** o **mal dispósto** [comp. di *mal(e)*① e *disposto* ✱ av. 1308] **agg.** ● sfavorevole, ostile nei confronti di qlcu. o qlco.: *l'esaminatore pareva m. verso di lui* **SIN.** prevenuto | (*lett.*) che è di malumore

maldistribuìto [comp. di *mal(e)*① e *distribuito* ✱ 1951] **agg.** ● distribuito male: *un'azienda con lavoratori maldistribuiti; ricchezze maldistribuite*

maldiviàno [1988] **A agg.** ● delle isole Maldive, nell'Oceano Indiano **B s. m. (f. -*a*)** ● abitante o nativo delle isole Maldive

maldòcchio o **mal d'òcchio** [comp. di *mal(e) d(i) occhio* ✱ av. 1348] **s. m.** ● (*tosc.*) malocchio

malduréVole [comp. di *mal(e)*① e *durevole* ✱ av. 1729] **agg. 1** (*lett.*) di poca durata **2** †insopportabile

♦**màle**① [lat. *mălĕ*, da *mălus* 'cattivo' ✱ av. 1158] **A avv. (in posizione proclitica spesso troncato in *mal*; compar. di maggioranza *peggio*; superl. *malissimo*, o *pessimamente*) 1** in modo non giusto, non buono: *comportarsi, agire m.* | ***abituarsi m.***, prendere cattive abitudini | ***parlare, dire m. di qlcu.***, sparlarne | ***trattare, rispondere m.***, con durezza e senza riguardi | ***sta m. rispondere così a un superiore***, è poco corretto, sconveniente | ***per m.***, V. *permale* **CONTR.** bene **2** in modo insoddisfacente, svantaggioso, spiacevole: *mangiare, dormire m.; riuscire m.; si comincia m.!; gli è andata m. anche questa volta; si è adattato m. alla situazione* | ***bene o m.***, in un modo o nell'altro: *bene o m. anche questa è passata* | ***m.*** (o ***mal***) ***che vada, per m. che vada*** (con valore concessivo), anche nell'ipotesi peggiore: *m. che vada, prenderemo un po' di pioggia* | ***di m. in peggio***, sempre peggio | ***restare, rimanere m.***, contrariato, deluso | ***prenderla m.***, reagire in modo negativo, risentirsi | ***vestire m.***, senza proprietà ed eleganza | ***stare m.***, essere a disagio o indisposto | ***stare m. a quattrini***, averne pochi | ***essere messo m.***, (*fig.*) trovarsi in una situazione negativa | ***essere m. in gamba***, godere poca salute | ***sentirsi m.***, non star bene in salute; essere colto da improvviso malore | ***finire m.***, avere un cattivo esito; prendere una brutta strada; (*lett.*) fare una brutta morte | ***la situazione si mette m.***, si evolve in senso negativo | ***essere m. in arnese***, essere in cattive condizioni, in stato non buono | (*colloq.*) ***non*** (***esser***) ***male***, essere discreto, abbastanza bello, buono e sim. (con valore di agg. inv.): *quel film non è m.; quei quadri non sono m.; non m., questo vino; degli antipasti non m.* | anche nelle loc. ellitt. ***niente m., mica m.***: *un ragazzo niente m.; alcune ragazze niente m.; mica m. quell'attore* (V. anche *mica*②) **CONTR.** bene **3** in modo imperfetto: *l'abito gli sta m.; ci sente e vede m.; il ritratto è riuscito m.; la macchina funziona m.* | ***parlare, scrivere, pronunciare m.***, in modo scorretto | in modo incompleto (con valore di negazione): *questo particolare mal si accorda con il resto; ha risposto con mal celata ironia* **CONTR.** bene **B** in funzione di **inter.** ● esprime biasimo, disapprovazione e sim.: *non vuoi farlo? m.!; non hai finito i compiti? Molto m.!* **CONTR.** bene || **malìno**, **dim.** | **malùccio**, **dim.**

♦**màle**② [V. *male*① ✱ av. 1250] **s. m.** (*poet.*, **lett. troncato in *mal***) **1** ciò che è cattivo, ingiusto e disonesto: *commettere, fare il m.; tendere al m.; volli cercare il m. / che tarla il mondo* (E. MONTALE) | ***genio del m.***, persona particolarmente cattiva | colpa, peccato: *nel tuo agire non vi è stato m.; il m. è tutto lì* | **PROV.** ***m. non fare paura non avere*** **CONTR.** bene **2** ciò che è inutile, inopportuno, svantaggioso: *non sarà m. avvertirlo* | ***non c'è niente di m., che m. c'è?***, espressioni usate per ribattere a critiche o preoccupazioni ritenute ingiuste | ***non c'è m., non c'è malaccio***, abbastanza bene: *'Come stai?' 'Non c'è m.'* | danno: *fare del m.; avere, ricevere m.* | ***mal per me, per te***, e sim., esclamazione di malaugurio oppure di timore per un possibile danno o guaio: *mal per lui se rifiuta; Mal per loro se scegliessero quel momento per una visita* (G. VERGA) | ***parlare, agire a fin di m.***, per nuocere ad altri | ***voler m.***, odiare, desiderare il danno altrui | ***metter m.***, discordia | ***aversene a m.***, offendersi | (*lett.*) ***avere*** (o ***aversela*** o ***aversene***) ***per m.***, risentirsi, prendersela: *E non crediate che Renzo ... se l'avesse per m.* (A. MANZONI) | ***andare a m.***, guastarsi | **PROV.** ***chi è causa del suo mal pianga sé stesso***, V. *causa*; ***mal comune, mezzo gaudio***, il fatto che altri abbiano gli stessi tuoi guai è di sollievo **CONTR.** bene **3** sventura, avversità: *i mali della vita; augurare ogni m. a qlcu.* | **PROV.** ***non tutto il m. viene per nuocere***, gli eventi dannosi hanno anche dei risvolti positivi **4** sofferenza, dolore, sia fisico che morale: *sentire un gran m. al ginocchio; mal di testa, di denti; mal d'amore* | nella loc. ***male di vivere***, disagio, sofferenza insita nella condizione umana (espressione usata da E. Montale in una poesia del 1925) **5** (*med.*) malattia | ***mal d'auto, d'aria, di mare***, malesseri provocati dal movimento, caratterizzati da nausee, vomito ed emicranie | ***mal di montagna***, malesseri provocati dalla rarefazione dell'ossigeno con l'aumentare dell'altitudine | ***mal caduco*** o (con grafia unita) ***malcaduco***, (*pop.*) epilessia (calco sul lat. *morbus caducus*) | (*disus.*) ***mal sottile***, tubercolosi | ***mal di testa, di capo***, emicrania | ***mal francese***, V. *malfrancese* | (*pop.*) ***mal della lupa***, bulimia | †***mal dello scimmione***, atrepsia | †***mal della pietra***, calcolosi vescicale | (*eufem.*) ***brutto m.***, tumore maligno **6** (*bot.*) malattia delle piante | ***mal bianco***, V. *malbianco* | ***m. nero***, fumaggine | ***m. dell'inchiostro***, grave malattia del castagno causata da un fungo (*Blepharospora cambivora*) | ***mal del piombo***, malattia delle foglie dell'ulivo che assumono un aspetto argentato o piombato **SIN.** (*raro*) piombatura **7** †ammalato || **malàccio**, **pegg.** (V.)

SFUMATURE DI SIGNIFICATO

male - malanno

Male è innanzitutto la sofferenza fisica, un dolore localizzato (mal di testa); in altre accezioni il termine può essere utilizzato per identificare un malessere passeggero provocato da condizioni ambientali esterne (mal di mare, mal di macchina), oppure come sinonimo generico di malattia (male inguaribile, male contagioso). **Malanno** ha un ambito d'uso più ristretto, e identifica una malattia non grave e di breve durata.

SFUMATURE ➤ ***acciacco***, ➤ ***indisposizione***, ➤ ***malattia***

maleàto [fr. *maléate*, da *maléique* 'maleico' ✱ 1869] **s. m.** ● (*chim.*) sale o estere dell'acido maleico

maleauguràntè ➤ **malaugurante**

†**maledétta** [f. sost. di *maledetto* ✱ av. 1584] **s. f.** ● solo nella loc. ***non saperne una m.***, nulla, e nella loc. ***alla m.***, in modo sconsiderato, forsennato

maledettìsmo [da *maledetto* ✱ 1956] **s. m.** ● (*lett.*) atteggiamento dissacrante e anticonformistico, proprio dei poeti del decadentismo francese

♦**maledétto** o †**maladétto**, †**malidétto** **A** **part. pass.** di *maledire*; **anche agg. 1** colpito da maledizione | sventurato | che è causa di disgrazie e sventure: *quel m. giorno non finiva mai* **SIN.** funesto, nefasto **2** orribile: *tempo m.*; *paura maledetta* | detestabile: *quel m. barbiere mi ha rovinato la faccia!* **3** (*fam., iperb.*) insopportabile, terribile: *fame, sete maledetta; ho una voglia maledetta di partire* **4** di artista che ha posizioni radicalmente anticonformiste e dissacratorie | ***poeti maledetti***, denominazione dei poeti del decadentismo francese || **maledettaménte**, **avv. 1** (*fam.*) orribilmente: *piove, lampeggia maledettamente* **2** (*enfat.*) estremamente, tremendamente: *sono maledettamente stanco* **3** con grande forza, insistenza e sim.: *fioccava maledettamente* (G. VERGA) **B** **s. m. 1** (**f.** *-a*) persona da esecrare, da maledire: *quando la finirà quel m.?* **2** (*lett.*, **spec. al pl.**) dannato: *i maladetti saran precipitati nelle geenna* (G. CARDUCCI)

maledicènte **part. pres.** di *maledire*; **anche agg.** ● (*raro*) nei sign. del v.

malèdico [vc. dotta, lat. *malĕdicu(m)*, comp. di *mălĕ* 'male①' e *dīcere* 'dire' ✻ 1441] **agg.** (**pl. m.** *-ci*; **come superl.** *maledicentissimo*); **anche s. m.** ● (*lett.*) maldicente, calunniatore: *el m. riceve odio da tutti e biasimo* (L.B. ALBERTI) || **maledicaménte**, **avv.**

♦**maledìre** o †**maladìre** [lat. *maledīcere* 'dir male, sparlare', comp. di *mălĕ* 'male①' e *dīcere* 'dire' ✻ av. 1292] **A** **v. tr.** (**imperf. indic.** *io maledicévo*, **pop.** *maledivo*; **pass. rem.** *io maledissi*, **pop.** *maledìi*, *tu maledicésti*, **pop.** *maledisti*; **imperat.** *maledìci*; **nelle altre forme coniug. come** *dire*) **1** colpire con una condanna o anatema: *Noè maledisse Cam*; *Dio maledisse Caino* **2** considerare degno di esecrazione, di abominio, imprecando o augurando sventura: *m. i tiranni, i malvagi*; *maledirai il giorno in cui sei nato*; *maledissi la sorte* (U. SABA) **3** †sparlare **B** **v. intr.** (**aus.** *avere*) ● (*lett.*) augurare il male

maledizióne o †**maladizióne** [vc. dotta, lat. *maledictiōne(m)* 'maldicenza, insulto', da *maledīcere*. V. *maledire* ✻ 1250 ca.] **A** **s. f. 1** il maledire | condanna inflitta dalla divinità | condanna, anatema con cui si invoca un castigo su qlcu. o qlco.: *la m. dei genitori pesa sul suo capo* | ***avere la m. addosso***, non riuscire a trovar bene o pace | imprecazione: *dalla sua bocca non escono che insulti e maledizioni* **2** cosa o persona abominevole o esecrabile, che è fonte di sventure e sim.: *quel vizio è la sua m.*; *sei una m. per chiunque ti avvicini* **SIN.** disdetta, disgrazia **3** †maldicenza **B** **in funzione di inter.** ● esprime ira, rabbia, dispetto, disappunto, contrarietà e sim.: *m.! non me ne va bene una oggi!*; *m.! potevano avvertirmi!*; *m.! che fretta!* **SIN.** dannazione

♦**maleducàto** o (*raro*) **mal educàto** [comp. di *mal(e)*① ed *educato* ✻ 1762] **agg. e s. m.** (**f.** *-a*) ● che (o chi) è privo di educazione e buona creanza: *ragazzo m.*; *se ... date una buona notizia ad un m., gestisce, mugghia* (F. DE SANCTIS) **SIN.** screanzato, villano || **maleducataménte**, **avv.**

SFUMATURE DI SIGNIFICATO
maleducato - incivile - villano - cafone
Chi non conosce l'educazione e il modo di comportarsi si dice **maleducato**. **Incivile** è invece chi è talmente maleducato da non essere in grado di attenersi alle consuetudini sociali, e dunque si comporta in modo inaccettabile; in senso esteso il termine definisce chi è rozzo, screanzato. In quest'ultima accezione suo sinonimo è **villano**, che all'idea di maleducazione aggiunge quello di insolenza. Se alla maleducazione si accompagnano invece maniere particolarmente grossolane e un certo tratto di volgarità, di sguaiataggine è appropriato il termine **cafone**.
SFUMATURE ➤ *primitivo*, ➤ *rozzo*

maleducazióne [comp. del f. di *malo* ed *educazione* ✻ 1913] **s. f. 1** cattiva educazione **SIN.** malacreanza, villania **2** atto o comportamento da maleducato **SIN.** villania

†**malefaciènte** [vc. dotta, lat. *malefaciĕnte(m)*, part. pres. di *malefăcere* 'fare del male', comp. di *mălĕ* 'male①' e *făcere* 'fare' ✻ sec. XIV] **agg.** ● malfacente

♣**malefàtta** o (*raro*) **malafàtta**, (*raro*) **màla fàtta** [comp. di *mala* (f. di *malo*) e *fatta* ✻ av. 1600] **s. f.** (**pl.** *malefàtte*) **1** †errore, difetto di tessitura **2** (**spec. al pl.**) cattiva azione, misfatto: *subire la punizione per le proprie malefatte* | (*lett.*, *raro*) errore, sbaglio: *tocca a noi di aver senno pei giovani, e di rattoppare le loro malefatte* (A. MANZONI)

SFUMATURE DI SIGNIFICATO
malefatta - iniquità - scelleratezza
Malefatta è in generale un'azione scorretta, moralmente riprovevole. **Iniquità** fa invece riferimento alle conseguenze ingiuste di un comportamento riprovevole. **Scelleratezza** è il termine con cui si connota l'agire di chi ha commesso un delitto atroce o ha una naturale inclinazione al male; in senso concreto è un'azione malvagia, efferata.

†**malefattóre** ➤ **malfattore**

†**maleficènza** [vc. dotta, lat. *maleficĕntia(m)*, da *malĕficus* 'malefico' ✻ av. 1639] **s. f.** ● malvagità

†**maleficiàto** [1354] **agg.** ● colpito da maleficio

maleficio o **malefizio**, †**malificio**, †**malifizio** [vc. dotta, lat. *malefĭciu(m)*, da *malĕficus* 'malefico' ✻ 1243 ca.] **s. m. 1** malia, stregoneria: *la si credeva una strega e le si attribuivano molti malefici* **2** (*lett.*) delitto, misfatto, crimine: *miser chi, mal oprando, si confida / che ognor star debbia il m. occulto* (L. ARIOSTO) | †***giudice del m.***, giudice criminale o penale
SFUMATURE ➤ *fattura*

†**maleficióso** (o *-ṣ-*) o †**malefizióso** [da *maleficio* ✻ av. 1311] **agg.** ● malefico

♣**malèfico** [vc. dotta, lat. *malĕficu(m)*, da *malefăcere*. V. †*malefaciente* ✻ av. 1328] **A** **agg.** (**pl. m.** *-ci*, †*-chi*) **L'agg.** *malefico* **è privo di superl. regolare; come superl. si può usare la forma** *molto malefico* **o si può ricorrere al raro** *maleficentissimo*, **che riprende il lat.** *maleficentissimu(m)* **1** che fa male, che è dannoso: *clima m.*; *i malefici effetti di qlco.* **SIN.** nocivo **2** di maleficio: *fattura malefica* | che proviene da maleficio o ne è causa: *influsso m.*; *stelle malefiche* **3** (*astrol.*) attributo dei pianeti Marte, Saturno, Urano, Plutone || **maleficaménte**, **avv.** in modo malefico; con maleficio **B** **s. m.** ● †mago, fattucchiere

malefìzio e deriv. ➤ **maleficio** e deriv.

malèico [fr. *maléique*, da *malique* 'malico' ✻ 1869] **agg.** (**pl. m.** *-ci*) ● (*chim.*) detto di composto estratto o derivato, almeno originariamente, da mele o da sostanze in esse contenute | ***acido m.***, acido bicarbossilico, isomero dell'acido fumarico, ottenuto riscaldando l'acido malico o decomponendo cataliticamente il benzolo, usato per molte sintesi organiche

màle intenzionàto ➤ **malintenzionato**

†**malemèrito** o †**malmèrito** [comp. di *male*① e *merito*, in opposizione a *benemerito* ✻ av. 1342] **agg.** ● che ha mal meritato | degno di castigo **CONTR.** benemerito

†**malenànza** o †**malinànza** [provenz. *malanansa*, comp. di *mal* 'male①' e *anar* 'andare' ✻ 1250 ca.] **s. f.** ● afflizione, dolore | disgrazia

†**malenconia** e deriv. ➤ **malinconia** e deriv.

maleodorànte [comp. di *male*① e *odorante* ✻ 1896] **agg.** ● che emana cattivo odore: *vicoli, rifiuti maleodoranti* || **maleodoranteménte**, **avv.**

maleolènte [lat. *măle olĕnte(m)*, comp. di *mălĕ* 'male①' e il part. pres. di *olēre* 'aver odore' ✻ 1623] **agg.** ● (*lett.*) puzzolente, maleodorante

maleopolineṣìaco [ted. *malayo-polynesischen (Sprachen)* '(le lingue parlate dal gruppo) malese e polinesiaco' ✻ 1934] **agg.** (**pl. m.** *-ci*) ● detto di una famiglia di lingue parlate nell'area compresa fra il Madagascar, le isole Hawaii, l'isola di Pasqua e la Nuova Zelanda

malèrba [comp. del f. di *malo* ed *erba* ✻ 1427] **s. f. 1** erba inutile o dannosa **2** (*fig.*) persona disonesta o fastidiosa | cosa nociva, che tende a diffondersi | (*fig., scherz.*) ***la m. non muore mai***, i cattivi vivono a lungo

malèscio [sp. *malejo*, da *malo* 'malo' ✻ 1611] **agg.** (**pl. m.** *-sci*; **pl. f.** *-sce*) **1** (*tosc.*) di noce di qualità scadente per il gheriglio che non si stacca | (*fig., lett.*) ***capo, cervello m.***, ottuso **2** (*fig., tosc.*) cagionevole di salute

♦**malése** (o *-ṣ-*) [1834] **A** **agg.** ● della regione della Malesia: *donne malesi* | della federazione della Malaysia **CFR.** malaysiano **B** **agg. e s. m. e f.** ● abitante o nativo della Malesia o della Malaysia **C** **s. m. solo sing.** ● lingua del gruppo indonesiano, parlata in Malesia

♦**malèssere** o (*lett.*) **mal èssere** [comp. di *mal(e)*① ed *essere* ✻ 1320] **s. m.** (**pl.** *-i*) **1** sensazione di non star bene: *uno strano m.* **SIN.** indisposizione **2** (*est.*) inquietudine, disagio, di natura sociale, economica e sim.: *nel Paese c'è un diffuso senso di m.*
SFUMATURE ➤ *acciacco*, ➤ *malanno*

†**malestànte** [comp. di *male*① e *stante*, in opposizione a *benestante* ✻ av. 1540] **agg.** ● indigente

malèstro [comp. di *mal(o)* ed *estro* ✻ 1853] **s. m.** ● danno commesso per sbadataggine, irrequietezza, inesperienza e sim.: *quel ragazzo non combina che malestri*

†**malèstruo** [ant. fr. *malestruc*, comp. di *mal* 'malo' e *astruc* 'fortunato' ✻ 1308] **agg. e s. m.** ● sciagurato, miserabile, scellerato

malevolènza o †**malavogliènza**, †**malevogliènza**, †**malivolènza**, †**malvogliènza** [lat. *malevolĕntia(m)*, comp. di *mălĕ* 'male①' e *vŏlens* 'colui che vuole' ✻ 1261 ca.] **s. f.** ● cattiva disposizione d'animo verso qlcu., atteggiamento ostile: *agire con m.*; *io conchiudo che tu in luogo di amarmi ... mi abbia piuttosto in ira e m.* (G. LEOPARDI) **SIN.** animosità, avversione, malanimo

SFUMATURE DI SIGNIFICATO
malevolenza - livore - rancore
Malevolenza è una disposizione d'animo negativa verso qualcuno, fatta di ostilità e avversione. Se tale disposizione è lungamente coltivata e si mischia a sentimenti di invidia e al desiderio del male altrui si parla piuttosto di **livore**. Se la cattiva disposizione verso qualcuno nasce invece dal convincimento di aver subito torti od offese che non si possono dimenticare si ha **rancore**.
SFUMATURE ➤ *avversione*

♣**malèvolo** [vc. dotta, lat. *malĕvolu(m)*. V. *malevolenza* ✻ av. 1294] **agg.** (**difett. del superl., sostituito da** *malevolentissimo*); **anche s. m.** (**f.** *-a*) ● che (o chi) vuol male o dimostra malevolenza: *intenzione malevola*; *quei malevoli saranno puniti* **SIN.** animoso, ostile || **malevolménte**, **avv.** con malevolenza
SFUMATURE ➤ *maligno*

malfacènte **part. pres.** di *malfare*; **anche agg.** ● (*raro, lett.*) che compie il male

malfamàto [comp. di *mal(e)*① e il part. pass. di *famare* ✻ av. 1909] **agg.** ● che gode di una cattiva fama: *individuo, luogo m.*

malfàre [lat. *malefăcere*. V. †*malefaciente* ✻

1261 ca.] **v. intr.** (coniug. come *fare*; aus. *avere*; oggi usato solo all'inf. pres. e al part. pass. *malfàtto*) ● (*lett.*) compiere cattive azioni: *uomini usi a m.*

malfattìno [da *malfatto* ✱ 1895] **s. m.** ● (spec. al pl.) tipo di pasta fresca da minestra, a pezzi irregolari, tipica dell'Emilia-Romagna

♣**malfàtto** **A** part. pass. di *malfare*; anche **agg. 1** malformato, sgraziato: *fisico m.* | realizzato male: *oggetto m.* **2** (*fig.*) degno di biasimo: *cose malfatte* **B** **s. m. 1** azione degna di biasimo: *riparare il m.* **2** (spec. al pl.) tipo di gnocchi con spinaci e prezzemolo, tipici della Valtellina

SFUMATURE ➤ *deforme*

♣**malfattóre** o †**malefattóre** [lat. *malefactōre(m)*, da *malefăctum*. V. *malafatta* ✱ 1261 ca.] **A** **s. m.** (f. *-trice*, †*-tóra*) ● delinquente, malvivente, furfante: *una banda di malfattori*; *lo legarono come un m.* | (*scherz.*) briccone **B** **agg.** ● †malefico

†**malfattorìa** [da *malfattore* ✱ 1354] **s. f.** ● malefizio

†**malferàce** [detto così perché *ferace* ('apportatore') di *male* ✱ 1312] **agg.** ● malvagio, scellerato

†**malferàto** [comp. di *mal(e)*① ed *(ef)ferato* ✱ av. 1381] **agg.** ● efferato, crudele

♣**malférmo** o (*raro*) **mal férmo** [comp. di *mal(e)*① e *fermo* ✱ 1442] **agg.** ● privo di stabilità: *camminare con passo m.* | (*fig.*) malsicuro, vacillante: *salute malferma*; *un proposito m.* SIN. incerto, instabile

malfidàto [comp. di *mal(e)*① e *fidato* ✱ sec. XIV] **agg. e s. m.** (f. *-a*) ● (*lett.*) che (o chi) non si fida SIN. diffidente | (*lett.*) malfido, sospetto

malfidènte [comp. di *mal(e)*① e *fidente* ✱ 1869] **agg.** ● (*lett.*) diffidente | (*raro, lett.*) malfermo

malfìdo o (*raro*) **mal fìdo** [vc. dotta, lat. tardo *malefidu(m)*, comp. di *măle* 'male①' e *fidus* 'fido, fidato' ✱ av. 1332] **agg.** ● (*lett.*) che è indegno di fiducia, che non dà sufficiente sicurezza: *amico m.*; *alleanza malfida* SIN. infido, malsicuro

malfilàto [prob. comp. di *mal(e)*① e *filato* ✱ 1983] **s. m.** ● (*tess.*) tipo di filato che, con particolari procedimenti, è reso irregolare nella sua continuità

malfondàto o **mal fondàto** [comp. di *mal(e)*① e *fondato* ✱ 1515] **agg.** ● (*lett.*) incerto, mal sicuro: *speranza mal fondata*

malformàto o **mal formàto** [comp. di *mal(e)*① e *formato* ✱ av. 1786] **agg. 1** non ben formato, che ha brutta forma SIN. malfatto **2** (*med.*) che è affetto da malformazione

SFUMATURE ➤ *deforme*

malformazióne [da *malformato* ✱ 1934] **s. f.** ● (*biol., med.*) alterazione della normale conformazione di un tessuto, organo o parte del corpo

†**mal fortunàto** o †**malfortunàto** [comp. di *mal(e)*① e *fortunato* ✱ 1483] **loc. agg.** ● disgraziato, sfortunato

†**malfranceșàto** [da *malfrancese* ✱ av. 1698] **agg. e s. m.** ● sifilitico

malfrancése (o *-ş-*) o **mal francése** (o *-ş-*), †**malfranciόso**, †**malfranzése** [comp. di *mal(e)*② e *francese*; detto così perché si credeva che fosse stato portato a Napoli sotto Carlo VIII dall'esercito francese ✱ av. 1488] **s. m.** ● (*disus.*) sifilide

malfunzionaménto [comp. di *mal(e)* o *mal(o)*, come agg. e *funzionamento* ✱ 1980] **s. m.** ● cattivo funzionamento: *m. di un apparecchio, di un servizio pubblico*

malfunzionàre [comp. di *mal(e)* e *funzionare* ✱ 1997] **v. intr.** (*io malfunzióno*; aus. *avere*) ● funzionare male, in modo irregolare o inadeguato

†**malfùsso** [sp. *marfuz* 'rinnegato', dall'arabo *marfūḍ* ✱ 1481] **agg. e s. m.** ● maledetto, sciagurato

màlga [vc. di orig. preindeur. ✱ 1883] **s. f.** ● costruzione rustica, parte in muratura e parte in legno, per temporanea dimora di persone e del bestiame sui pascoli alpini | (*est.*) pascolo alpino

malgàrbo o **mal gàrbo** [comp. di *mal(o)* e *garbo* ✱ 1856] **s. m. 1** maniera sgraziata: *ringraziare qlcu. con m.* **2** villania, sgarbo

malgàro o (*piemontese*) **margàro** [da *malga* ✱ 1940] **s. m.** (f. *-a*) ● conduttore di pascoli montani, di bestiame nella malga

malgàscio [ingl. *malagasy*, da avvicinare a *Madagas(car)*, col fenomeno abbastanza frequente dello scambio tra *-l-* e *-d-* ✱ 1860] **A** **agg.** (pl. m. *-sci*; pl. f. *-sce*) ● del Madagascar: *lingua malgascia* **B** **s. m.** (f. *-scia*) ● abitante o nativo del Madagascar **C** **s. m. solo sing.** ● lingua del gruppo indonesiano, parlata nel Madagascar

malghése (o *-ş-*) [da *malga* ✱ 1951] **s. m. e f.** ● (*sett.*) malgaro

malgiudicàre [comp. di *mal(e)*① e *giudicare* ✱ sec. XIII] **v. tr.** (*io malgiùdico, tu malgiùdichi*) ● giudicare ingiustamente: *spesso è facile m. il prossimo*

†**malgiùnto** [comp. di *male*① e *giunto* ✱ 1532] **agg.** ● (*lett.*) malcapitato

malgovèrno① o (*lett.*) **mal govèrno** [comp. di *mal(o)* e *governo* ✱ 1313] **s. m. 1** cattivo governo, cattiva amministrazione: *subire le conseguenze del m.* **2** (*raro, lett.*) mancanza di cura **3** †strazio, scempio: *E 'l mastin vecchio e 'l nuovo da Verrucchio, che fecer di Montagna il mal governo* (DANTE *Inf.* XXVII, 46-47)

†**malgovèrno**② [comp. di *mal(e)*① e *govern(at)o* ✱ av. 1471] **agg.** ● malconcio, malmesso

malgradìto o **mal gradìto** [comp. di *mal(e)*① e *gradito* ✱ 1321] **agg.** ● (*lett.*) sgradito: *dono m.* | †non apprezzato

♦**malgràdo** o (*lett.*) **mal gràdo** [comp. di *mal(o)* e *grado* ✱ sec. XII] **A** **prep.** ● nonostante, a dispetto di: *m. le minacce, persiste nei suoi propositi*; *m. le difficoltà ha superato la prova*; *lo ha fatto m. la mia proibizione*; *M. tutto, m. lui stesso, era stato il suo uomo* (R. BACCHELLI) | ***mio*** (***tuo, suo*** ecc.) ***malgrado***, contro la mia (tua, sua ecc.) volontà: *dovrai farlo tuo m.*; *mio m., fui costretto ad accettare*; *... soggiunse, con una voce, suo m., stizzosa* (A. MANZONI) | ***m. ciò, ciò m.***, ciononostante | (*lett.*) anche nelle loc. prep. ***m. di, a m. di***, nonostante: *Ulisse, m. delle sue tante ... e sì continue sventure* (G. LEOPARDI); *togato e solenne, a m. della nota mondana* (G. VERGA) **B** **cong.** ● nonostante, sebbene (introduce una prop. concessiva con il v. al congtv.): *m. non lo meritasse, ha vinto la gara*; *m. fosse tardi, sono arrivato in tempo* | anche nella loc. cong. ***m. che***: *m. che l'avessi intuito, non ho potuto evitarlo* **C** **s. m.** ● †dispiacere, contrarietà

malgrazióso (o *-ş-*) [comp. di *mal(e)*① e *grazioso* ✱ av. 1348] **agg. 1** †rude, sgarbato **2** (*lett.*) burbero **3** †inclemente ‖ †**malgraziosaménte**, **avv.** con mala grazia

malgré lui /fr. malgʀe'lɥi/ [loc. fr., propr. 'malgrado lui' ✱ av. 1861] **loc. avv.** ● a dispetto delle sue stesse convinzioni, intenzioni, volontà: *riesce simpatico, malgré lui*

malguardàto o **mal guardàto** [comp. di *mal(e)*① e *guardato* ✱ av. 1374] **agg.** ● (*lett.*) custodito o difeso male: *patrimonio m.*

malgùsto o **mal gùsto** [comp. di *mal(o)* e *gusto* ✱ 1532] **s. m.** ● (*lett.*) cattivo gusto: *abiti di m.*; *cibo di m.*

♣**malìa** [da *malo* ✱ 1287] **s. f. 1** pratica magica con la quale, nelle credenze medievali, si pretendeva di assoggettare la volontà altrui o di recare danno a persone o cose SIN. incantesimo, maleficio **2** (*fig.*) incanto, fascino: *occhi pieni di m.*

SFUMATURE DI SIGNIFICATO

malia - incanto - fascino

Malia è, in senso figurato, la capacità di attrazione e di seduzione che una persona (ma talvolta anche un luogo, un oggetto) è in grado di esercitare e da cui è difficile liberarsi. **Incanto** ha lo stesso significato ma sposta l'attenzione sulla persona che subisce questa forza seduttiva, e che viene inserita in clima quasi di sospensione dalla realtà, di dolcezza magica. Anche **fascino** indica una grande capacità di attrarre e sedurre, derivante da particolari doti fisiche o spirituali; ma a differenza dei termini precedenti si usa anche in riferimento a opere d'arte, teorie e sim.

SFUMATURE ➤ *incantesimo*

maliàno [1992] **A** **agg.** ● del Mali **B** **s. m.** (f. *-a*) ● abitante o nativo del Mali

♣**maliàrda** (o *-lià-*) [f. sost. di *maliardo* ✱ 1427] **s. f. 1** (*lett.*) strega, fattucchiera **2** (*est.*) donna che esercita un forte potere di seduzione (*anche scherz.*): *non assumere quelle pose da m.*

♣**maliàrdo** (o *-lià-*) [da *malia* ✱ 1427] **A** **agg.** ● che conquista, affascina: *sorriso m.*; *occhi maliardi* **B** **s. m.** (f. *-a* (V.)) ● (*lett.*) stregone, fattucchiere

màlico [fr. *malique*, dal lat. *mālum* 'mela' ✱ 1834] **agg.** (pl. m. *-ci*) ● (*chim.*) detto di ossiacido bicarbossilico, presente in molti frutti acerbi, usato in medicina e per sintesi organiche

†**malidétto** ➤ **maledetto**

†**malifìcio** ➤ **maleficio**

†**malifìzio** ➤ **maleficio**

malignàre [vc. dotta, lat. tardo *malignāre*, da *malĭgnus* 'maligno' ✱ av. 1342] **A** **v. intr.** (coniug. come *segnare*; aus. *avere*) ● fare discorsi o pensieri cattivi su qlcu. o qlco.: *m. sul comportamento di qlcu.* | ***m. su tutto***, interpretare o commentare con malignità ogni cosa | †comportarsi con perfidia o in modo offensivo **B** **v. tr. 1** †trattare con malignità **2** †denigrare, diffamare

malignatóre [sec. XV] **s. m.** (f. *-trice*) ● (*raro*) chi abitualmente maligna | †chi si comporta con perfidia; (*per anton.*) il demonio, il maligno

malignità [lat. *malignitāte(m)*, da *malĭgnus* 'maligno' ✱ 1268] **s. f. inv. 1** malvagità d'animo, disposizione a pensare o giudicare male, a nuocere e sim.: *la sua m. è veramente diabolica*; *una sì svergognata m.* (D. BARTOLI) | (*est.*) malizia: *interpretare ogni cosa con m.* SIN. cattiveria, malevolenza | (*per anton.*) †il demonio **2** insinuazione o interpretazione maligna: *è meglio non ascoltare la sua m.* **3** (*lett.*) avversità **4** (*med.*) natura o carattere maligno di una malattia

♦**malìgno** [lat. *malĭgnu(m)*, da *mălus*. V. *malo* ✱ 1282] **A** **agg. 1** che agisce, parla o pensa con malignità: *una ragazza maligna* | ***spirito m.***, il demonio | ***critico m.***, che si compiace di cercare e trovare manchevolezze | (*est.*) che è segno di odio, cattiveria e sim.: *risatina, interpretazione, insinuazione maligna*; *il piacere m. ... gli faceva arricciare agli angoli il labbro* (L. PIRANDELLO) SIN. cattivo, malevolo, malvagio **2** (*fig., lett.*) nocivo: *clima m.* **3** (*lett.*) contrario, sfavorevole: *destino m.* **4** (*med.*) che evolve dannosamente per l'organismo senza risentire gli effetti di alcuna cura | ***tumore m.***, ad accrescimento indefinito, invadente e destruente per i tessuti circostanti **5** †infernale ‖ **malignaménte**, **avv.** con malignità **B** **s. m.** (f. *-a*) ● persona ma-

m

levola, malvagia: *i maligni dicono molte cose non vere su di lui* | ***il M.***, (*per anton.*) il demonio SIN. cattivo, malevolo, malvagio || **malignàccio**, **pegg.** | **malignétto**, **dim.**

> **SFUMATURE DI SIGNIFICATO**
> ***maligno - malevolo - malvagio***
> **Maligno** è chi è portato ad agire o a pensare con cattiveria, ed è sempre pronto a ravvisare manchevolezze e difetti nelle azioni o nelle intenzioni altrui. Ha gli stessi tratti negativi, sebbene meno accentuati, **malevolo**, che esprime la propensione a giudicare male gli altri anche quando non ci sarebbe motivo per farlo. Si definisce infine **malvagio** chi alla malignità aggiunge la crudeltà, per cui si adopera per arrecare danno o dispiacere agli altri.

†**malignóso** (o -ṣ-) [av. 1306] **agg.** ● perfido, malvagio || †**malignosaménte**, **avv.**

malimpiegàto [comp. di *mal(e)*① e *impiegato* ✱ 1584] **agg.** ● impiegato o usato male: *denaro m.*

†**malinànza** ➤ †**malenanza**

♦**malinconìa** o **melanconìa**, †**malanconìa**, †**malenconìa**, †**maninconìa**, †**melancolìa** [lat. tardo *melanchŏlia(m)*, dal gr. *melancholía* 'atrabile, demenza, melancolia', comp. di *mélas* 'nero' e *cholḗ* 'bile' ✱ 1243 ca.] **s. f.** **1** secondo l'antica medicina, umor nero di natura fredda e secca, secreto dalla bile SIN. atrabile **2** stato d'animo di delicata tristezza, di vaga e intima mestizia: *pensieri e ricordi colmi di m.*; *sguardo pieno di m.*; *il mio cuore, … / strugge, vagante fiamma / nei dì festivi la m.* (U. SABA) **3** (**spec. al pl.**) pensiero, presentimento e sim. che causa tristezza o preoccupazione: *mettiamo da parte le malinconie* **4** (*psicol.*) stato patologico di tristezza, pessimismo, sfiducia o avvilimento, senza una causa apparente adeguata, che rappresenta una delle fasi della psicosi maniaco-depressiva: *la melanconia si considera dai moderni psichiatri non come una malattia mentale a sé* (G. GOZZANO)

> **SFUMATURE DI SIGNIFICATO**
> ***malinconia - ipocondria - spleen***
> **Malinconia** è una tristezza composta, piena di dolcezza e abbandono, le cui cause non sono sempre chiaramente determinabili. Per la ricchezza di suggestioni che la circonda, e per la sua capacità di evocare una condizione esistenziale universale, la malinconia è stato un tema fortunato nell'arte e nella letteratura. Al linguaggio letterario appartengono infatti i termini **ipocondria**, che è una malinconia cupa e profonda, e **spleen**, parola inglese che indica uno stato di malessere indefinito, di insoddisfazione totale.
> SFUMATURE ➤ *malumore*

♦**malincònico** o **melancònico**, †**malancònico**, †**malencònico**, †**manincònico**, †**melancòlico** [lat. *melanchŏlicu(m)*, dal gr. *melancholikós*, da *melancholía*. V. *malinconia* ✱ av. 1292] **agg.** (**pl. m.** *-ci*) **1** che sente o è propenso a sentire malinconia: *un giovane meditativo e m.* | che esprime malinconia: *un canto sommesso e m.* SIN. mesto **2** che ispira malinconia: *riflessioni malinconiche*; *un luogo m.* SIN. mesto || **malinconicaménte**, **avv.**

malinconióso (o -ṣ-) o **melanconióso** (o -ṣ-), †**malinconóso**, †**malanconóso**, †**maninconióso**, †**maninconóso** [da *malinconia* ✱ sec. XIII] **agg.** ● (*lett.*) malinconico || **malinconiosaménte**, **avv.**

malincòrpo o †**màle in còrpo** [comp. di *mal(e)*①, *in* e *corpo* ✱ av. 1400] **vc.** ● (*tosc.*) solo nella loc. avv. ***a m.***, †***a male in corpo***, contro voglia, di malavoglia: *andò a m. a far l'imbasciata nella stanza vicina* (A. MANZONI)

♦**malincuòre** o (*lett.*) **màle in cuòre** [comp. di *mal(e)*①, *in* e *cuore* ✱ av. 1342] **avv.** ● (*raro, lett.*) controvoglia: *M. que' due, lungo il mare che mai non si ferma, / vennero* (G. PASCOLI) | spec. nella loc. avv. ***a m.***, (*lett.*) ***di m.***, di malavoglia, con rincrescimento, poco volentieri: *ci ha lasciati a m.*

malinformàto [comp. di *mal(e)*① e *informato* ✱ 1970] **agg.** ● che ha avuto informazioni inesatte

malintenzionàto o (*lett.*) **mal intenzionàto**, (*raro*) **màle intenzionàto** [comp. di *mal(e)*① e *intenzionato* ✱ 1619] **agg.** e **s. m.** (**f.** *-a*) ● che (o chi) ha intenzione di danneggiare, di nuocere: *essere m. contro qlcu.*, *a riguardo di qlcu.*; *si avvicinarono dei malintenzionati* SIN. maldisposto, ostile || **malintenzionataménte**, **avv.**

malintéso (o -ṣ-) o (*lett.*) **mal intéso** (o -ṣ-) [comp. di *mal(e)*① e *inteso* ✱ 1499] **A agg.** **1** male interpretato: *una malintesa indulgenza lo ha danneggiato* | ***pietà malintesa***, che finisce col non fare il bene, o che è mal riposta **2** †che non ha capito o imparato bene **B s. m.** ● equivoco dovuto a falsa o errata interpretazione: *desidero chiarire il m.*

maliόso (o -ṣ-) [da *malia* ✱ 1353] **A agg.** **1** (*lett.*) che incanta: *io comporrei canzoni maliose* (G. D'ANNUNZIO) **2** †che fa malie, stregonerie **3** †venefico || **maliosaménte**, **avv.** **B s. m.** (**f.** *-a*) ● (*raro*) maliardo

†**maliscàlco** ➤ **maniscalco**

†**maliscènte** [prob. da *male*② sul modello di *convalescente* ✱ av. 1758] **agg.** ● (*lett.*) malaticcio

maliscènza [av. 1850] **s. f.** ● (*lett., raro*) malessere

maliṣmo ➤ **melisma**

†**malivolènza** ➤ **malevolenza**

♦**malìzia** [vc. dotta, lat. *malĭtia(m)*, da *mălus* 'malo' ✱ 1219] **s. f.** **1** inclinazione a commettere azioni disoneste, ingiuste, cattive: *agire con m.* SIN. malignità, malvagità **2** compiaciuta conoscenza del male: *lo disse con molta m.* CONTR. ingenuità **3** consapevole allusione a ciò che è erotico o audace, talora anche sotto la maschera di un'apparente ingenuità: *si espresse con sottile m.* **4** astuzia o accorgimento posti in essere per ingannare qlcu. o, comunque, per ottenere certi risultati: *sono le malizie dei commercianti*; *io che opero senza m., prendo le cose con indifferenza* (C. GOLDONI) | (*est.*) avvedutezza, perizia: *le malizie del mestiere* **5** †debolezza: *quelli intelletti che per m. d'animo o di corpo infermi non sono* (DANTE) **6** †danno, dolore, sventura **7** †colpa, peccato, delitto **8** †malattia || **maliziétta**, **dim.**

maliziàre [da *malizia* ✱ av. 1306] **A v. intr.** (*io malìzio*; *aus. avere*) ● (*raro, lett.*) usare malizia, malignare **B v. tr.** ● †alterare

maliziàto **part. pass.** di *maliziare*; anche **agg.** **1** (*lett.*) scaltro, smaliziato | †disonesto, equivoco **2** †ingannevole || †**maliziataménte**, **avv.** con inganno

♦**malizióso** (o -ṣ-) [vc. dotta, lat. *malitiōsu(m)*, da *malĭtia* 'malizia' ✱ 1261 ca.] **agg.** **1** pieno di malizia: *è evidente l'intenzione maliziosa del suo intervento*; *quel tiro da bambina maliziosa* (I. SVEVO) **2** che denota malizia: *sguardo m.* **3** †astuto, furbo || **maliziosétto**, **dim.** | **maliziosìno**, **dim.** || **maliziosaménte**, **avv.** con malizia || **maliziosità**, **s. f. inv.** caratteristica di malizioso; (*est.*) atto o detto malizioso

†**maliziùto** [av. 1642] **agg.** ● pieno di malizia | malvagio

♣**malleàbile** [fr. *malléable*, dal lat. *mălleus* 'martello'; si diceva di quel metallo che può essere lavorato col martello ✱ av. 1537] **agg.** **1** detto di metallo o lega metallica che può essere ridotto in lamine sottili o sottilissime senza subire rotture, fessurazioni o alterazioni strutturali nocive **2** (*fig.*) facile a convincersi, a essere persuaso SIN. arrendevole, cedevole || **malleabilménte**, **avv.** (*raro*) con docilità, arrendevolezza || **malleabilità**, **s. f. inv.**

> **SFUMATURE DI SIGNIFICATO**
> ***malleabile - duttile - docile***
> Ciò che può essere ridotto in lamine e fogli sottilissimi senza rompersi si dice **malleabile**. **Duttile** è invece ciò che può essere ridotto in fili sottilissimi; sia *duttile* sia *malleabile* in senso proprio si riferiscono specificamente ai metalli. **Docile** è invece ciò che si presta a essere lavorato con facilità, e si dice perciò dei materiali più vari. Tutti e tre i termini sono spesso usati in senso figurato e in riferimento a persona: *malleabile* descrive chi può essere convinto o influenzato con facilità; *duttile* chi si adatta con facilità a situazioni e stimoli diversi; *docile* chi è portato all'obbedienza e alla sottomissione.

mallegàto [comp. di *mal(e)*① e *legato*①, perché non è legato fisso come il salame ✱ 1734] **s. m.** ● (*tosc.*) sanguinaccio fatto con sangue di maiale, misto a grasso e uva passa, e gener. lessato CFR. sanguinaccio, biroldo, buristo

malleolàre [1834] **agg.** ● (*anat.*) del malleolo

mallèolo [vc. dotta, lat. *mallĕolu(m)*, da *mălleus* 'martello'. V. *maglio* ✱ av. 1566] **s. m.** ● (*anat.*) sporgenza ossea in corrispondenza della caviglia: *m. interno, esterno*

mallevadóre o (*raro*) **mallevatóre** [da *mallevare* ✱ sec. XIII] **s. m.** (**f.** *-drice*) **1** (*dir.*) colui che garantisce, obbligandosi, l'adempimento altrui **2** (*est.*) garante: *mi faccio m. della sua onestà*; *duce David, m. è Iddio* (V. ALFIERI) **3** †ostaggio

mallevadorìa [da *mallevadore* ✱ av. 1348] **s. f.** ● (*raro*) malleveria

mallevàre [lat. *mănu(m) levāre* 'alzare la mano', dal gesto che si faceva quando si giurava ✱ 1355] **A v. intr.** (*io mallèvo*; *aus. avere*) ● †farsi mallevadore o garante di qlcu. o qlco. **B v. tr.** ● (*fig., lett.*) garantire, assicurare: *Non voglio m. che egli fosse cristiano* (I. NIEVO)

mallevatóre ➤ **mallevadore**

malleverìa [da †*mallevare* ✱ 1279] **s. f.** ● (*dir.*) garanzia personale dell'adempimento altrui: *dare m.*

màllo① [lat. *măllu(m)* 'fiocco di lana' (?) ✱ 1340 ca.] **s. m.** ● involucro verde e coriaceo che forma la parte esterna delle noci e delle mandorle e annerisce quando il frutto è maturo

màllo② [francone *mathl* 'assemblea' ✱ av. 1750] **s. m.** ● nell'antico diritto germanico, assemblea degli uomini liberi investita di funzioni politiche e giurisdizionali

Mallòfagi [comp. del gr. *mallós* 'fiocco di lana' e del pl. di *-fago* ✱ 1891] **s. m. pl.** (**sing.** *-go*) ● (*zool.*) ordine di piccoli Insetti atteri, simili ai pidocchi, con occhi ridotti, arti provvisti di uncini, parassiti sulle penne e sui peli di Uccelli e Mammiferi (*Mallophaga*) SIN. mangiapelli

♣**mallòppo** [etim. incerta ✱ 1830] **s. m.** **1** involto, fagotto | (*gerg.*) refurtiva, bottino: *restituire il m.* **2** (*fig.*) peso opprimente, preoccupazione: *avere un m. sullo stomaco* **3** (*aeron.*) grosso gomitolo di cavo col capo attaccato al dirigibile, destinato ad essere gettato a terra per l'ormeggio immediato

malloréddus [vc. del sardo merid., dal lat. tardo *mallĕolu(m)* 'specie di gnocco' con suff. dim. ✱ 1931] **s. m. pl.** ● (*cucina*) piccoli gnocchi a forma di conchiglie allungate, vuote all'interno e rigate all'esterno, a base di farina di semola, acqua e zafferano; piatto tipico della Sardegna

mallòto [vc. dotta, gr. *mallōtós* 'coperto di pelì', da *mallós* 'fiocco di lana, ciocca di capelli' ✻ 1821] **s. m.** ● (*chim.*) kamala

mallùvia [vc. dotta, lat. tardo *mallŭviae*, nom. pl., comp. di *mănus* 'mano' e *lavāre* ✻ 1499] **s. f.** ● (*archeol.*) bacinella per lavarsi le mani

malmaritàta o **mal maritàta** [comp. di *mal(e)*① e *maritata* ✻ av. 1529] **A agg. solo f.; anche s. f.** ● donna che ha o che ha avuto un matrimonio infelice, sfortunato **B s. f.** ● nella poesia italiana e francese delle origini, componimento che ha per tema il lamento della malmaritata

✤**malmenàre** [comp. di *mal(e)*① e *menare* ✻ 1290 ca.] **v. tr.** (*io malméno*) **1** percuotere qlcu. conciandolo male: *m. i prigionieri* **2** (*fig.*) bistrattare, maltrattare, strapazzare: *i critici lo hanno malmenato oltre ogni dire* | ***m. il pianoforte, il violino*** ecc., suonarli molto male **3** †palpeggiare | †maneggiare

malmenìo [av. 1704] **s. m.** (**pl.** *-ii*) ● (*raro*) il continuo malmenare | (*fig.*) †strapazzo

malmeritàre o (*lett.*) **mal meritàre** [comp. di *mal(e)*① e *meritare* ✻ av. 1294] **v. intr.** (*io malmèrito; aus. avere*) ● (*lett.*) demeritare

†**malmèrito** ➤ †**malemerito**

malmésso o **mal mésso A part. pass.** di †*malmettere* ● †nei sign. del v. **B agg.** ● di chi (o di ciò che) è vestito, conciato, arredato e sim. male, poveramente, senza gusto o senza cura: *un ragazzino m.*; *casa malmessa* **SIN.** sciatto, trasandato | di chi si trova in precarie condizioni economiche o di salute: *l'ho visto piuttosto m.*

†**malméttere** [comp. di *mal(e)*① e *mettere* ✻ av. 1294] **v. tr. 1** guastare | trafugare **2** (*fig.*) dissipare, consumare

malmignàtta [comp. del f. di *mal(o)* (perché fa male) e *mignatta* ✻ 1872] **s. f.** ● ragno con zampe lunghe, nerastro, con tredici macchie rosse sull'addome, che mordendo provoca vivo dolore e disturbi vari (*Latrodectus tredecimguttatus*) **SIN.** ragno di Volterra

malmiṣuràto [comp. di *mal(e)*① e *misurato* ✻ 1869] **agg.** ● misurato male | (*fig.*, *raro*) azzardato

malmostóso (o **-ṣo**) [milan. *malmostós*, comp. di *mal* 'male'① e *mostós* 'sugoso' propr. 'che dà poco sugo' ✻ 1885] **agg.** ● (*lomb.*) scontroso, scorbutico, molto contrariato: *bambino m.*; *atteggiamento m.*, *aria malmostosa* ‖ **malmostosaménte**, **avv.** ‖ **malmostosità**, **s. f. inv.** indole o atteggiamento malmostoso **SIN.** scontrosità

✤**malnàto** o **mal nàto** [lat. *măle nātu(m)* 'nato male' ✻ 1250 ca.] **agg. 1** †nato da stirpe umile **2** (*fig.*, *lett.*) villano, screanzato: *un giovane m.* **3** (*fig.*, *lett.*) tristo, cattivo: *uomini malnati*; *passione malnata* | (*fig.*) sciagurato: *come cadere il bue suole al macello / cade il m. giovene* (L. Ariosto)

malnòto o **mal nòto** [comp. di *mal(e)*① e *noto* ✻ 1581] **agg.** ● conosciuto poco o male: *un fatto m. agli storici*

malnutrìto o **mal nutrìto** [comp. di *male*① e *nutrito* ✻ 1623] **agg.** ● che si nutre in modo insufficiente o irrazionale

malnutrizióne [da *malnutrito* ✻ 1957] **s. f.** ● (*med.*) condizione morbosa determinata da insufficiente, squilibrato o eccessivo apporto di alimenti, o dalla loro imperfetta assimilazione

màlo [lat. *mălu(m)*, di etim. incerta ✻ av. 1250] **agg.** (**pl. m.** *mali*, **tosc. troncato in** *ma'*) ● (*lett.*) cattivo, tristo, malvagio: *querelandomi io seco di questi mali trattamenti* (G. Leopardi) | ***mala femmina***, V. *malafemmina* | ***mala vita***, V. *malavita* | ***mala pena***, V. *malapena* | ***mala lingua***, V. *malalingua* | ***mala parata***, V. *malaparata* | ***mala grazia***, V. *malagrazia* | (*disus.*) ***prendere in mala parte***, mostrare risentimento, impermalirsi per qlco. | ***far mala riuscita***, riuscir male | ***a mal partito***, V. *mal partito* | ***rispondere in m. modo***, sgarbatamente | ***prendere a male parole***, insultare, offendere | ***cadere in m. modo***, fare una brutta caduta | ***arrivò in mal punto***, in un momento poco opportuno | ***mala fede***, V. *malafede* | ***mala pianta***, V. *malapianta* ‖ **malaménte**, **avv. 1** in malo modo: *è scivolato malamente*; in modo non conveniente né opportuno: *parlare, trattare malamente*; *rispondere malamente a qlcu.*; in modo violento: *finire, morire malamente* **2** male, in modo sbagliato, in modo non giusto: *hai scritto malamente il numero*; *il lavoro è stato fatto malamente*

✤**malòcchio** [vc. di orig. merid., comp. di *mal(o)* e *occhio*, nel senso di 'cattivo sguardo' ✻ av. 1557] **s. m.** ● nelle credenze popolari, influsso malefico che si ritiene sia esercitato da alcune persone: *gettare il m. su qlcu.*; *dare il m. a qlcu.* | ***guardare, vedere di m.*** (o ***di mal occhio***), con pochissima simpatia, con odio

SFUMATURE ➤ ***fattura***

malocclusióne [comp. di *mal(e)* e *occlusione* ✻ 1988] **s. f.** ● (*med.*) anomalo rapporto di chiusura tra l'arcata dentale superiore e inferiore

malolàttico [comp. di *malon(ico)* e *lattico* ✻ 1937] **agg.** (**pl. m.** *-ci*) ● (*enol.*) ***fermentazione malolattica***, successiva a quella alcolica, consistente nella trasformazione dell'acido malico in acido lattico, con conseguente diminuzione dell'acidità e acquisizione, da parte del vino, di un sapore più morbido

malonàto [da *malon(ico)* col suff. *-ato*② ✻ 1957] **s. m.** ● (*chim.*) sale o estere dell'acido malonico

malonèsto o **mal onèsto** [fr. *malhonnête*, comp. di *mal* 'malo' e *honnête* 'onesto' ✻ 1533] **agg.** ● (*raro*, *lett.*) che è poco onesto o scorretto

malònico [fr. *malonique*, da *malique* 'malico' ✻ 1889] **agg.** (**pl. m.** *-ci*) ● (*chim.*) detto di acido bicarbossilico, presente nella barbabietola e in varie piante, usato sotto forma di estere per sintesi organiche, spec. di barbiturici

malonilurèa [comp. di *malonico*, *-ile*② e *urea* ✻ 1967] **s. f.** ● (*chim.*) acido barbiturico

malóra [comp. del f. di *mal(o)* e *ora* ✻ 1338 ca.] **s. f.** ● perdizione, rovina | ***andare in m.***, rovinarsi; †andare in prigione | ***mandare in m.***, rovinare | ***va' in m.!***, va' all'inferno, smetti di seccare | ***alla m.!***, al diavolo!

†**malórcia** [eufem. per *malora* ✻ 1611] **s. f.** ● malora

malordinàto [comp. di *mal(e)*① e *ordinato* ✻ 1549] **agg.** ● (*lett.*) disordinato, confuso ‖ **malordinataménte**, **avv.**

malóre [da *male*② ✻ av. 1292] **s. m. 1** malessere o mancamento improvviso: *essere colto da m.*; *gli accessi del suo m. le lasciavano sempre un appetito vorace* (E. Morante) **2** (*fig.*, *lett.*) malattia | turbamento ‖ **malorùccio**, **dim.**

SFUMATURE ➤ ***indisposizione***

†**malosservàto** [comp. di *mal(e)*① e *osservato* ✻ av. 1642] **agg.** ● che non è stato mantenuto: *promesse malosservate*

†**maloticherìa** [da *malotico* ✻ av. 1729] **s. f.** ● malignità

†**malòtico** [da *malo* ✻ av. 1565] **agg.** ● incline al male, maligno: *non restavano alcune persone malotiche ... di farlo disperare* (G. Vasari)

malpagàto o **mal pagàto** [comp. di *mal(e)*① e *pagato* ✻ 1540] **agg.** ● pagato male, retribuito in modo insufficiente: *operai malpagati*

malpancìṣmo [da *mal (di) panc(ia)* con il suff. *-ismo* ✻ 1995] **s. m.** ● nel linguaggio giornalistico, sensazione di malessere di chi è costretto ad accettare qlco. che gli suscita irritazione e disagio: *il m. dell'ala progressista del partito*

malpancista [1989] **agg. e s. m. e f.** (**pl. m.** *-i*) ● che (o chi) rivela malpancismo: *la minoranza m.*

†**malparàto** [comp. di *mal(e)*① e *parato* ✻ av. 1328] **agg.** ● che è in cattivo stato, in tristi condizioni: *vedendosi Bonanno m., pensò un dì d'andare in uno suo fondachetto* (F. Sacchetti)

malpàri o **mal pàri** [comp. di *mal(e)*① e *pari* ✻ av. 1533] **agg. inv.** ● (*lett.*) che è male allineato o irregolare

malparlànte o **mal parlànte** [comp. di *mal(e)*① e *parlante* ✻ sec. XIII] **agg. e s. m. e f. 1** che (o chi) parla scorrettamente una lingua **2** †maldicente

mal partìto o **malpartìto** [comp. di *mal(o)* e *partito*① ✻ av. 1342] **loc. sost. m. solo sing.** (†**pl. m.** *màli partiti*) **1** †decisione inopportuna, scelta sbagliata: *Onde turbato prese il mal partito / Di far con seco Ranaldo perire* (M.M. Boiardo) **2** nella loc. avv. ***a mal partito***, in cattive condizioni, in stato di difficoltà: *ridursi, trovarsi a mal partito*

malpélo [comp. di *mal(o)* e *pelo* ✻ 1526] **agg.** ● detto di chi, avendo i capelli rossi, è ritenuto dall'opinione popolare malvagio e astuto: *un rosso m.*

✤**malpensànte** o **mal pensànte** [comp. di *mal(e)*① e *pensante* ✻ av. 1795] **agg. e s. m. e f. 1** (*raro*) che (o chi), spec. in campo politico e religioso, ha idee diverse da quelle della maggioranza **2** che (o chi) tende a pensare male degli altri

malpensàto [comp. di *mal(e)*① e *pensato* ✻ 1823] **agg.** ● concepito in modo affrettato, poco originale e sim.: *progetto m.*

malpersuàṣo o (*lett.*) **mal persuàṣo** [comp. di *mal(e)*① e *persuaso* ✻ 1741] **agg.** ● (*raro*) che non è completamente persuaso

malpighiàno [1834] **agg. 1** dell'anatomista M. Malpighi (1627-1694) **2** di organo o parte di organo studiato da Malpighi | ***strato m.***, lo strato più profondo dell'epidermide dei Vertebrati

malpìglio o **mal pìglio** [comp. di *mal(o)* e *piglio* ✻ 1313] **s. m.** ● (*lett.*) atteggiamento di sdegno o minaccia verso qlcu.: *si volse intorno intorno con mal piglio* (Dante *Inf.* XXII, 75)

mal pósto o **malpósto** [comp. di *mal(e)* e *posto* ✻ 1530] **loc. agg. 1** collocato o situato nel posto sbagliato **2** (*fig.*) esposto, definito o impostato in modo sbagliato: *domanda malposta*; *problema mal posto*

malpràtico o (*raro*) **mal pràtico** [comp. di *mal(e)*① e *pratico* ✻ av. 1449] **agg.** (**pl. m.** *-ci*) ● (*lett.*) privo di pratica o di esperienza in qlco.: *chirurgo m.*

malpreparàto o **mal preparàto** [comp. di *mal(e)*① e *preparato* ✻ 1540] **agg.** ● che non è preparato bene in qlco.: *presentarsi m. a un concorso* | preparato in modo inadeguato: *Mal preparati il folle sorprenderne sperò* (P. Metastasio)

mal pro /mal'prɔ*/ o (*raro*) **malprò** [comp. di *mal(o)* e *pro* ✻ 1479] **loc. sost. m. inv.** ● danno, svantaggio: *mal pro gli faccia!*

†**malprocèdere** o (*lett.*) **mal procèdere** [comp. di *mal(e)*① e *procedere* ✻ 1615] **s. m. solo sing.** ● modo scorretto o disonesto di agire

malpròprio o **mal pròprio** [comp. di *mal(e)*① e *proprio* ✻ av. 1729] **agg. 1** (*raro*) improprio: *aggettivo m.* **2** (*lett.*) inopportuno: *aspetto m.*

†malprovvedùto o **mal provvedùto** [comp. di *mal(e)*① e *provveduto* ✻ av. 1729] **agg.** ● (*lett.*) sprovvisto

†malprovvisto o **mal provvisto** [comp. di *mal(e)*① e *provvisto* ✻ sec. XVII] **agg.** ● sprovvisto

†malpulìto [comp. di *mal(e)*① e *pulito* ✻ 1532] **agg.** ● che è pulito male

♣malridótto [comp. di *mal(e)*① e *ridotto*, part. pass. di *ridurre* ✻ 1657] **agg.** ● malconcio, malandato: *un abito m.*; *alla sua età, l'ho visto alquanto m.*

malripósto o **mal ripósto** [comp. di *mal(e)*① e *riposto* ✻ 1985] **agg.** ● (*fig.*) affidato o accordato alla persona sbagliata: *segreto m.*; *fiducia malriposta*

malriuscito o **mal riuscito** [comp. di *mal(e)*① e *riuscito* ✻ av. 1802] **agg.** ● venuto male, difettoso: *un dolce m.* | sbagliato, fallito: *un tentativo m.*

†malsanìa [da *malsano* ✻ av. 1306] **s. f. 1** cattiva salute | (*est.*) infermità mentale **2** insalubrità di clima, zona e sim.

♣malsàno [comp. di *mal(e)*① e *sano* ✻ av. 1306] **agg. 1** che ha salute scarsa o cagionevole: *bambino m.* | ***cervello m.***, pazzo | ***idee malsane***, contorte, da mente malata **2** privo di salubrità: *clima, cibo, luogo m.* **SIN.** insalubre

SFUMATURE DI SIGNIFICATO
malsano - insalubre - venefico
Malsano, detto della salute di una persona, indica cagionevolezza; riferito ad ambiente o a clima, sottolinea la nocività per la salute. **Insalubre** è di uso più elevato rispetto a *malsano*, con cui è però intercambiabile solo in riferimento a clima o ad ambiente. **Venefico** accentua la nocività per la salute fino all'estremo della tossicità.

malservito [comp. di *mal(e)*① e *servito* ✻ 1540] **agg.** ● servito alla peggio: *pagare bene ed essere m.* | poco servito dai mezzi pubblici: *un quartiere periferico m.*

malsicùro o (*lett.*) **mal sicùro** [comp. di *mal(e)*① e *sicuro* ✻ 1438] **agg. 1** che non ha solidità, stabilità: *trave malsicura* | che è privo di sicurezza: *luogo, quartiere m.* | malfermo, esitante: *voce malsicura* **2** (*fig.*) incerto, dubbio: *testimonianza, relazione malsicura*

†malsincèro [comp. di *mal(e)*① e *sincero* ✻ av. 1729] **agg.** ● privo di sincerità

malsoddisfàtto o **mal soddisfàtto** [comp. di *mal(e)*① e *soddisfatto* ✻ av. 1591] **agg.** ● (*lett.*) che non è del tutto soddisfatto

malsofferènte o **mal sofferènte** [comp. di *mal(e)*① e *sofferente* ✻ av. 1566] **agg.** ● (*lett.*) insofferente: *m. di disciplina*

malsonànte [comp. di *mal(e)*① e *sonante* ✻ av. 1808] **agg.** ● (*lett.*) che suona male | (*fig., lett.*) inaccettabile

mälström /norvegese ˌmaːlstrœm/ [dal neerl. *maelstrom* (oggi *maalstrom*), comp. di *malen* 'girare' e *stroom* 'corrente' ✻ 1832] **s. m. inv.** ● fenomeno marino che si verifica nel mare di Norvegia e che consiste in improvvisi e pericolosi vortici

màlta [lat. *mâltha(m)*, dal gr. *máltha* 'mistura di cera e pece', da avvicinare a *malthássein* 'mollificare' ✻ sec. XIII] **s. f. 1** impasto plastico di acqua, sabbia e di un legante solido, impiegato come cementante nelle costruzioni edilizie | ***m. grassa***, con molta calce | ***m. magra***, con molta sabbia | ***m. idraulica***, che fa presa sott'acqua **2** †terra | †fango | †sterco: *si trovò nella m. insino a gola* (F. SACCHETTI) **3** †carcere, prigione sotterranea

maltàggio [da *malto* ✻ 1957] **s. m.** ● insieme delle operazioni per ricavare il malto dai cereali

maltagliàto [comp. di *mal(e)*① e *tagliato* ✻ 1863] **s. m.** ● (**spec. al pl.**) pasta da minestra tagliata a pezzi irregolari, solitamente in forma di rombo

maltalènto o **mal talènto** [comp. di *mal(o)* e *talento* ✻ 1266] **s. m.** ● (*lett.*) malanimo o intenzione offensiva | †sdegno, rancore

maltàşi [da *malto* ✻ 1929] **s. f. inv.** ● (*biol.*) fermento digestivo che scinde il maltosio in due molecole di glucosio

maltatóre [da *malto* ✻ 1957] **s. m.** (**f.** *-trice*) ● chi è addetto al maltaggio

màlte [gr. *máltē*, f. di **málthos* 'molle' ✻ 1970] **s. m.** ● pesce pipistrello

♦maltèmpo o (*lett.*) **mal tèmpo** [comp. di *mal(o)* e *tempo* ✻ 1287] **s. m.** ● cattivo tempo, cattiva stagione: *i danni del m.*

maltenùto o **mal tenùto** [comp. di *mal(e)*① e *tenuto* ✻ av. 1587] **agg.** ● che non è tenuto con la dovuta cura: *ufficio m.*

malterìa [da *malto* ✻ 1924] **s. f.** ● nei birrifici, reparto per la germinazione e la torrefazione dell'orzo

maltése (o **-ş-**) [1612] **A agg. 1** di Malta e del suo arcipelago: *acque maltesi*; *porto m.* **2** (*est.*) che proviene, o si ritiene provenga, da Malta | ***cane m.***, piccolo cane da compagnia con pelame folto e lungo, spesso bianco | ***capra m.***, lattifera, a pelo lungo | ***febbre m.***, brucellosi **B s. m. e f.** ● abitante o nativo di Malta e del suo arcipelago **C s. m.** ● cane maltese **D s. m. solo sing.** ● lingua parlata a Malta e nel suo arcipelago, costituita da un fondo dialettale arabo-maghrebino e fortemente influenzata dall'italiano **SIN.** malti

†maltessùto [comp. di *mal(e)*① e *tessuto* ✻ av. 1729] **agg.** ● mal congegnato, confuso

malthusianéşimo (o **-uşi-**) o **maltusianéşimo** (o **-uşi-**) [1905] **s. m. 1** teoria dell'economista inglese Thomas R. Malthus (1766-1834), secondo cui, se non intervenissero carestie, epidemie e guerre, la popolazione tenderebbe a crescere in proporzione geometrica, provocando in tal modo una grave insufficienza di mezzi di sussistenza **2** correntemente, neomalthusianismo

malthusianişmo /maltuzja'nizmo/ (o **-uşi-**) o **maltusianişmo** (o **-uşi-**) **s. m.** ● malthusianesimo

malthusiàno (o **-ş-**) o **maltusiàno** (o **-ş-**) [av. 1835] **A agg.** ● relativo al pensiero di Malthus **B s. m.** (**f.** *-a*) ● seguace delle teorie di Malthus

màlti [forma araba per 'maltese' ✻ 1983] **s. m. inv.** ● lingua parlata a Malta e nel suo arcipelago **SIN.** maltese

maltìna [da *malto* ✻ 1957] **s. f.** ● (*biol.*) complesso di enzimi solubili, ricavato dal malto di orzo e frumento, che trasforma l'amido in maltosio

maltìnto o **mal tìnto** [comp. di *mal(e)*① e *tinto* ✻ 1364] **agg. 1** che è tinto male **2** detto di cavallo dal mantello nero con riflessi rossastri

màlto [ingl. *malt*, di orig. indeur. ✻ 1765] **s. m.** ● prodotto derivato da semi di cereali germinati nei quali si sviluppa un fermento che trasforma l'amido in maltosio, usato spec. nella fabbricazione della birra | ***caffè m.***, succedaneo del caffè preparato con malto, spec. d'orzo, tostato | ***birra doppio m.***, preparata con una mescolanza di malto d'orzo e di frumento

†maltolleràbile o **mal tolleràbile** [comp. di *mal(e)*① e *tollerabile* ✻ av. 1694] **agg.** ● intollerabile

maltolleránte o **mal tolleránte** [comp. di *mal(e)*① e *tollerante* ✻ 1869] **agg.** ● intollerante: *m. della disciplina scolastica*

†maltollètto o **†mal tollètto** [comp. di *mal(e)*① e *†tolletto* ✻ sec. XIII] **s. m.** ● maltolto, preda, ruberia: *di m. vuo' far buon lavoro* (DANTE *Par.* V, 33)

♣maltòlto o (*lett.*) **mal tòlto** [comp. di *mal(e)*① e *tolto* ✻ 1313] **A s. m.** ● ciò che è stato preso ad altri indebitamente: *restituire il m.* **B** (*lett.*) anche **agg.**

maltòşio [da *malto* ✻ 1869] **s. m.** ● disaccaride composto di due molecole di glucosio, principale costituente del malto; si ottiene per idrolisi dell'amido da parte dell'amilasi ed è usato come alimento dietetico e dolcificante

maltrattaménto [1261 ca.] **s. m.** ● comportamento o atto ostile, prepotente, violento e sim.: *subire i maltrattamenti di qlcu.*

♦maltrattàre [comp. di *mal(e)*① e *trattare* ✻ av. 1306] **v. tr. 1** trattare qlcu. in malo modo, con parole o atti offensivi, violenti e sim.: *m. i dipendenti, la famiglia, gli animali* **SIN.** bistrattare **2** (*raro, lett.*) trattare con aperta ostilità, assalire: *i tarantini maltrattarono le navi romane ch'approdavano al loro lido* (G. VICO) **3** utilizzare qlco. o maneggiarla senza la necessaria cura: *m. un abito* | (*fig.*) ***m. una lingua***, parlarlo o scriverla malamente | (*fig.*) ***m. una scienza***, interpretarla, studiarla o applicarla male | (*fig.*) ***m. un autore***, interpretarlo o eseguirlo molto male **SIN.** strapazzare

maltrattatóre [sec. XIII] **s. m.** (**f.** *-trice*) ● (*raro*) chi maltratta

maltusiàno e deriv. ➤ **malthusiano** e deriv.

malùccio [da *male*① ✻ 1873] **avv.** ● piuttosto male: *Veste m. … Non sa pettinarsi* (L. PIRANDELLO)

♦malumóre o (*lett.*) **mal umóre** [comp. di *mal(o)* e *umore* ✻ av. 1342] **s. m. 1** umore inquieto e irritabile: *in un momento di m. gli ho risposto male* **SIN.** disappunto **2** (*est.*) rancore, discordia, malcontento: *tra quei due c'è del m.*; *seppe celare il m. che lo colse* (I. SVEVO) | insoddisfazione, scontento: *le misure fiscali hanno suscitato m. in varie categorie* **3** †(*med.*) Umore dannoso proprio del malinconico

SFUMATURE DI SIGNIFICATO
malumore - malinconia - mestizia
Un umore irritabile, che porta a reagire con stizza per un nonnulla si chiama **malumore. Malinconia** si differenzia perché mette l'accento su emozioni più quiete e descrive uno stato di vaga tristezza, di nostalgia indefinita. Uno stato di tristezza profonda, di vero e proprio abbattimento spirituale che impedisce di essere sereni e trovare piacere nelle cose si chiama invece **mestizia**.
SFUMATURE ➤ ***malinconia***

†malùria [da *†malaurio* 'malaugurio' ✻ 1600] **s. f.** ● malaugurio

†maluşànza o **†mal uşànza** [comp. del f. di *mal(o)* e *usanza* ✻ 1266] **s. f.** ● cattiva usanza

maluşàre o **†mal uşàre** [comp. di *mal(e)*① e *usare* ✻ av. 1294] **v. tr.** ● (*lett*) usare male qlco.

màlva [lat. *mălva(m)*, di orig. preindeur. ✻ 1342] **A s. f. 1** pianta bienne delle Malvacee, con foglie lungamente picciolate e crenate e fiori rosei (*Malva silvestris*) **2** decotto di fiori e foglie di malva usato come emolliente e rinfrescante **3** (*fig., disus.*) persona indifferente, abulica **B s. m. inv.** ● colore rosa tendente al viola: *il m. è un colore delicato* **C in funzione di agg. inv.** ● (posposto a un sost.) che ha il colore rosa violaceo del fiore omonimo: *rosa m.*; *abito m.* ‖ **malvóne**, **accr. m.** (V.)

malvaccióne [da *malva* ✻ 1813] **s. m.** ● (*bot.*) altea

Malvàcee [comp. di *malv(a)* e *-acee* ✻ av. 1730] **s. f. pl.** (**sing.** *-a*) ● (*bot.*) famiglia di Dicotiledoni con foglie semplici, fiori vistosi, frutto a capsula (*Malvaceae*)

malvàceo [vc. dotta, lat. *malvăceu(m)*, da

mălva 'malva' ✶ 1803] **agg.** **1** (*bot.*) relativo alla malva **2** detto di una tonalità del color lilla

†**malvagia** ➤ **Malvasia**

♦**malvàgio** [provenz. *malvatz*, dal lat. tardo *malifātiu(m)* 'che ha un cattivo destino', comp. di *mălus* 'cattivo' e *fātum* 'fato, destino' ✶ av. 1250] **A** **agg.** (**pl. f.** *-gie, -ge*) **1** che ha un animo perverso, che compie il male con crudeltà e perfidia: *ahi malvagia femina, tu l'hai avvelenato!* (G. Boccaccio) | maligno, perfido: *indole, azione, compagnia malvagia* | cattivo: *è ben necessario, volendo che sia temuta la pena per le malvage opere, osservare i premi per le buone* (N. Machiavelli) | in frasi negative: *non è una malvagia idea*, è un'idea abbastanza buona **2** †disgraziato, misero **3** †impervio: *cammino m.* **4** (*lett.*) falso ‖ **malvagiamènte**, **avv.** in modo malvagio, perfido: *ridere malvagiamente*; (*raro*) malamente; †infelicemente **B** **s. m.** (**f.** *-gia*) ● persona crudele, perfida: *è un m. che gode nel far soffrire* | *il Malvagio*, (*per anton.*) il demonio

SFUMATURE ➤ *crudele*, ➤ *maligno*

malvagità [1268] **s. f. inv.** **1** natura di chi (o di ciò che) è malvagio: *la m. della sorte, del destino* | azione malvagia: *ogni più abominevole m.* (D. Bartoli) **SIN.** nequizia, perversità **2** †scomodità

†**malvàgo** o †**mal vàgo** [comp. di *mal(e)*① e *vago* ✶ 1582] **agg.** ● restio, riluttante

malvaròsa [comp. di *malva*, perché appartenente alla famiglia delle *Malvacee*, e *rosa* per il colore dei suoi fiori, confermato dal n. scient. *Althaea rosea* ✶ 1813] **s. f.** ● (*bot.*) malvone nel sign. 2

Malvasia o †**malvagia** [dal n. dato dai veneziani all'odierna *Monemvasia*, città del Peloponneso ✶ 1353] **s. f. o s. m. inv.** **1** vitigno diffuso in numerose regioni italiane, che produce uve spec. bianche, ma anche (in Piemonte, Alto-Adige e Puglia) rosse **2** denominazione di numerosi vini spec. bianchi, secchi oppure dolci e liquorosi, ricavati dal vitigno omonimo: *M. istriana, del Collio*; *M. di Bosa, delle Lipari*

malvavìschio [lat. *mălva(m) hibĭscu(m)*. V. *malva* e *ibisco* ✶ sec. XIV] **s. m.** ● (*bot.*) altea

†**malvedére** [comp. di *mal(e)*① e *vedere*① ✶ 1370] **v. tr.** ● guardare di malocchio

†**malvedùto** **part. pass.** di †*malvedere*; anche **agg.** ● giudicato con avversione

malveìna [da *malva* ✶ 1869] **s. f.** ● (*chim.*) colorante organico violetto-rossiccio, ottenuto per ossidazione dell'anilina, oggi non più in uso **SIN.** mauveina

malvenùto o **mal venùto** [comp. di *mal(e)*① e *venuto* ✶ 1362] **agg.** ● (*lett.*) malcapitato, indesiderato

malversàre [fr. *malverser*, dal lat. *măle versāri* 'comportarsi male (V. *male*① e *versato*)' ✶ 1715] **v. tr.** (*io malvèrso*) ● usare in modo indebito | (*assol.*) compiere malversazioni

malversatóre [1879] **s. m.** (**f.** *-trice*) ● chi si rende colpevole di malversazione

malversazióne [fr. *malversation*, da *malverser* 'malversare' ✶ 1551] **s. f.** **1** (*dir.*) ***m. a danno dello Stato***, reato di chi, estraneo alla pubblica amministrazione, avendo ottenuto dallo Stato o da altri enti pubblici contributi, sovvenzioni o finanziamenti da destinare a opera o attività di pubblico interesse, non li destina alle predette finalità **2** (*est.*) ogni appropriazione o uso, non leciti o non legittimi, di denaro o di beni amministrati per conto altrui

malvestìto o **mal vestìto** [comp. di *mal(e)*① e *vestito* ✶ sec. XIII] **agg.** ● vestito con abiti dimessi, logori o di cattivo gusto, privi di eleganza

♣**malvézzo** [comp. di *mal(e)*① e *vezzo* ✶ sec. XIII] **s. m.** ● cattiva abitudine: *ha il m. di rosicchiarsi le unghie*

malvissùto [comp. di *mal(e)*① e *vissuto* ✶ 1338 ca.] **agg.** ● che ha condotto una vita turpe, immorale

malvìsto o **mal vìsto** [comp. di *mal(e)*① e *visto*① ✶ av. 1557] **agg.** ● considerato con antipatia, avversione, diffidenza e sim.: *essere m. dai colleghi*

malvivènte o (*raro*) **mal vivènte** [comp. di *mal(e)*① e *vivente* ✶ sec. XIV] **A** **agg. e s. m. e f.** ● (*lett.*) che (o chi) conduce una vita dissoluta, viziosa **B** **s. m. e f.** ● delinquente, malfattore: *fu aggredito dai malviventi*

malvivènza [1869] **s. f.** **1** (*raro*) condizione di malvivente **2** (*raro*) il complesso dei malviventi **SIN.** malavita

malvìvo o **mal vìvo** [comp. di *mal(e)*① e *vivo* ✶ 1342] **agg.** ● (*lett.*) che vive a pena | debolissimo

malvìzzo [fr. *mauvis*, di etim. incerta ✶ 1834] **s. m.** ● (*zool.*) tordo sassello

†**malvogliènte** ➤ **malvolente**

†**malvogliènza** ➤ **malevolenza**

malvolènte o †**malvogliènte** **part. pres.** di *malvolere*; anche **agg.** ● (*lett.*) malvagio, maligno | nemico, avversario

♦**malvolentièri** o **mal volentièri**, (*raro*) **malvolontièri**, (*raro*) **màl volontièri** [comp. di *mal(e)*① e *volentieri* ✶ sec. XIII] **avv.** **1** controvoglia, non volentieri o poco volentieri: *ci vado m.*; *scrive m.*; *fa le cose m.* **2** †difficilmente

♣**malvolére**① [comp. di *mal(e)*① e *volere*① ✶ sec. XIV] **v. tr.** (**difett. usato solo all'inf. pres., al part. pres.** *malvolènte* **e al part. pass.** *malvolùto*) ● avere qlcu. in antipatia, voler male a qlcu.: *lo presero a m. senza motivi apparenti*

malvolére② o **mal volére** [da *malvolere*① ✶ sec. XIII] **s. m.** **1** (*lett.*) intenzione di nuocere: *dimostrare a qlcu. il proprio m.* **SIN.** animosità, avversione **2** cattiva volontà: *dimostrare m. nello studio* **SIN.** malavoglia

malvolontièri ➤ **malvolentieri**

màl volontièri ➤ **malvolentieri**

†**malvòlto** o †**mal vòlto** [comp. di *mal(e)*① e *volto*① ✶ av. 1405] **agg.** ● maldisposto, ostile

malvóne [av. 1590] **s. m.** **1** accr. di *malva* **2** malvacea comunemente coltivata per ornamento, alta fino a 2 m e con bei fiori, spesso doppi o con petali frangiati o bicolori (*Althaea rosea*) **SIN.** malvarosa

màlware /'malwer, *ingl.* 'mæl,wɛə(r)/ [vc. ingl., contrazione di *mal(icious)* 'malevolo' e *(soft)ware* ✶ 2003] **s. m. inv.** ● (*inform.*) software creato con l'intenzione di danneggiare il computer su cui si installa: *i virus sono dei m.*

mamalùcco ➤ **mammalucco**

màmba [dal n. zulu *im-amba* ✶ 1989] **s. m. inv.** ● (*zool.*) serpente del genere *Dendroaspis*, comprendente specie africane per lo più arboricole e molto velenose

màmbo [vc. di orig. haitiana ✶ 1951] **s. m.** (**pl.** *-i* **o inv.**) ● ballo originario dell'America centrale, a ritmo veloce, affine alla rumba

mamelùcco ➤ **mammalucco**

mamertìno [vc. dotta, lat. tardo *mamertīnu(m)*, connesso con *Māmers*, n. osco del dio Marte, di cui i messinesi erano considerati figli per il loro valore guerresco ✶ 1476] **A** **agg.** ● relativo a Mamerte, il dio osco della guerra, corrispondente a Marte | ***Carcere m.***, carcere di Roma antica, situato presso il Campidoglio **B** **agg. e s. m.** ● (*lett.*) messinese | (*stor.*) ***mercenari mamertini***, i mercenari italici del tiranno siracusano Agatocle che nel 283 a.C. si impadronirono a tradimento di Messina **C** **s. m.** ● (gener. con iniziale maiuscola) vino giallo dorato, asciutto e delicato, anche dolce, di 15°-17°, prodotto nella zona di Messina con uve locali (Catarratto, Inzolia e altre) semi-appassite

mamèstra [etim. incerta ✶ 1934] **s. f.** ● farfalla notturna a corpo tozzo e antenne filiformi, dannosa ai cavoli (*Mamestra brassicae*)

màmi [adattamento dell'ingl. *mammy* 'mamma' ✶ 1958] **s. f. inv.** ● (*fam.*) mamma

mamillàre ➤ **mammillare**

mamillària o **mammillària** [dal lat. *mamĭlla* 'mammella' ✶ 1934] **s. f.** ● genere di piante delle Cactacee con fusto succulento sferico o cilindrico, piccole sporgenze a tubercolo disposte a spirale, spine a ciuffetto e numerosi fiori all'ascella dei tubercoli (*Mamillaria*)

♦**màmma** o (*merid.*, usato spec. senza articolo) **mammà** [lat. *mămma(m)*, vc. infant. ✶ sec. XII] **A** **s. f.** (**m.** *scherz.* **mammo**; *fam.* **troncato in** *ma'* **nel sign. 1**) **1** (*fam.*) madre: *la mia, la tua m.*; *chiamare la m.*; *m., mi dai la merenda?* | ***essere attaccato alle gonnelle della m.***, di ragazzo ingenuo o di persona senza indipendenza nelle proprie azioni | ***come m. l'ha fatto***, del tutto nudo | ***m. coraggio***, V. *madre* **2** donna buona, affettuosa e gentile, che si prende cura di qlcu. con affetto materno: *la m. dei poveri* **3** (*lett.*) mammella: *te le mamme allattàr di tigre ircana* (T. Tasso) **4** (*lett.*) papilla **B** **in funzione di inter.** ● esprime impazienza, stupore, contrarietà, spavento, gioia e sim.: *m. quanto si fa aspettare!*; *m., che pena!* | ***m. mia!***, V. *mammamia* ‖ **mammàccia**, **pegg.** | **mammétta**, **dim.** | **mammina**, **dim.** | **mammóna**, **accr.** | **mammùccia**, **dim.**

mammàle [vc. dotta, lat. tardo *mammāle(m)*, da *mămma* 'mammella' ✶ av. 1799] **s. m.** ● (*raro*) mammifero

mammalogìa [comp. di *mamma(le)* e *-logia* ✶ 1834] **s. f.** (**pl.** *-gìe*) ● ramo della zoologia che studia i Mammiferi

mammalògico [1970] **agg.** (**pl. m.** *-ci*) ● che riguarda la mammalogia

mammàlogo [1957] **s. m.** (**f.** *-a*; **pl. m.** *-gi*) ● studioso di mammalogia

♣**mammalùcco** o **mammelùcco**, **mamelùcco**, (*raro, fam.*) **mamalùcco** [arabo *mamlūk* '(schiavo) posseduto' ✶ sec. XIII] **s. m.** (**pl.** *-chi*) **1** (*stor.*) mercenario al servizio del sovrano d'Egitto **2** (**f.** *-a*) (*fig.*) persona sciocca, goffa **3** †eunuco

mammamìa o **màmma mìa** [comp. di *mamma* e *mia* ✶ 1520] **A** **inter.** ● esprime dolore, trepidazione, spavento, sorpresa, gioia e, in generale, ogni forte emozione: *m.! che paura!*; *m., che baraonda!*; *m., quant'è bello!* **B** **s. m. e f. inv.** ● (*lett.*, *spreg.*) persona debole, senza personalità o falsamente buona e ingenua

mammàna [da *mamma* ✶ av. 1530] **s. f.** **1** (*merid.*) levatrice **2** donna che pratica aborti clandestini **SIN.** praticona **3** ruffiana, mezzana

†**mammàre** [lat. tardo *mammāre*, da *mămma* 'mammella' ✶ av. 1568] **v. tr.** ● poppare, succhiare dalle mammelle

mammàrio [da *mamma* 'mammella' ✶ 1681] **agg.** ● che concerne la mammella | (*anat.*) ***ghiandola mammaria***, mammella

mammasantìssima [da *mamma santissima!*, escl. di terrore ✶ 1877] **s. m. inv.** ● (*gerg.*, *merid.*) capo della camorra napoletana o della mafia siciliana

mammèa [sp. *mamey*, da una vc. dell'isola di Haiti ✶ 1834] **s. f.** ● albero tropicale delle Guttifere con foglie coriacee, fiori bianchi e frutti commestibili detti albicocche di S. Domingo (*Mammea americana*)

mammèlla o †**mammilla** [lat. *mamĭlla(m)*,

dim. di *mămma* 'mammella', vc. infant. ✱av. 1292] **s. f. 1** (*anat.*) ghiandola cutanea caratteristica dei Mammiferi, che nelle femmine ha la funzione di secernere il latte dopo il parto | ***togliere dalle mammelle***, divezzare **CFR.** masto- **2** (*raro*) altura tondeggiante, a forma di mammella **3** (*zool.*) ciascuna delle due parti della parete dello zoccolo del cavallo che si trovano ai lati della punta ‖ **mammellina**, **dim.** | **mammellóna**, **accr.** | **mammellóne**, **accr. m.**

mammellàre ▸ **mammillare**

mammellonàre [fr. *mamelonaire*, da *mamelon* 'capezzolo'. V. *mammellone* ✱1927] **agg.** ● (*geol.*) detto di concrezioni minerali, di rocce e sim. a superficie tondeggiante

mammellonàto [fr. *mamelonné*, da *mamelon* 'capezzolo'. V. *mammellone* ✱1918] **agg.** ● che presenta contorni, formazioni o superfici tondeggianti

mammellóne [fr. *mamelon* 'capezzolo', da *mamelle* 'mammella' ✱1890] **s. m.** ● (*geol.*) struttura tondeggiante d'incrostazione chimica in grotte, sorgenti d'acqua calcaree e sim. | struttura secondaria di rilievi tondeggianti alla base e al tetto di alcuni banchi sedimentari

mammelùcco ▸ **mammalucco**

Mammìferi [av. 1865] **s. m. pl.** (**sing.** *-o*) ● (*zool.*) classe di Vertebrati, alla quale appartiene anche l'uomo, caratterizzati dalla presenza, nelle femmine, di ghiandole mammarie, dal corpo solitamente rivestito di peli, da respirazione polmonare e circolazione sanguigna doppia e completa (*Mammalia*)

♦**mammìfero** [comp. del lat. *mămma* 'mammella' e di *-fero* ✱1819] **A agg. e s. m.** ● che (o chi) è dotato di ghiandole mammarie per l'allattamento dei piccoli: *animale m.*; *l'uomo è un m.* **B s. m.** ● (*zool.*) ogni individuo appartenente alla classe dei Mammiferi

†**mammìlla** ▸ **mammella**

mammillàre o **mammellàre**, **mamillàre** [lat. tardo *mamillāre(m)*, agg. di *mamĭlla* 'mammella' ✱1491] **agg. 1** di mammella, relativo a mammella **2** che ha forma tondeggiante di mammella | (*anat.*) ***corpi mammillari***, piccole formazioni tondeggianti dell'encefalo facenti parte dell'ipotalamo diencefalico

mammillària ▸ **mamillaria**

mammiṣmo [comp. di *mamm(a)* e *-ismo* ✱1952] **s. m. 1** bisogno esasperato e morboso di affetto e protezione materna, in persone ormai adulte **2** tendenza di certe madri a interferire in modo eccessivo nella vita dei figli, anche adulti **SIN.** maternismo

mammìsta [1966] **s. m. e f.**; **anche agg.** (**pl. m.** *-i*) ● chi (o che) tende al mammismo o ne è affetto

màmmo [da *mamm(a)* ✱1987] **s. m.** ● (*scherz.*) padre che si fa carico della cura e dell'allevamento dei figli | (*est.*) padre che instaura con i propri figli un modello di relazione di tipo materno: *un m. tenero e sempre disponibile*

mammografìa [comp. del lat. *mămma* 'mammella' e *-grafia* ✱1957] **s. f.** ● (*med.*) esame radiologico della mammella femminile **SIN.** mastografia

mammogràfico [1983] **agg.** (**pl. m.** *-ci*) ● relativo a mammografia: *esame m.*

✣**màmmola** [dal lat. *mămmula(m)* 'piccola mammella', poi 'fanciulla', quindi 'piccolo fiore' ✱1481] **s. f. 1** pianta delle Violacee diffusa in siepi e boscaglie, con rizoma obliquo, foglie cuoriformi crenate, fiori odorosi violetti sterili, seguiti da altri fertili poco appariscenti (*Viola odorata*) **2** (*fig.*) persona timida, immatura o che si finge tale **3** (*lett.*) fanciulla, vergine ‖ **mammolétta**, **dim.** (V.) | **mammolìna**, **dim.**

mammoleggiàre [da *mammola* ✱av. 1722] **v. intr.** (**pres.** *io mammoléggio*; **fut.** *io mammoleggerò*; **aus.** *avere*) ● (*raro*) bamboleggiare

mammolétta [1478] **s. f. 1** dim. di *mammola* **2** (*fig.*, *lett.*) fanciulla, vergine: *con più pio riguardo / educata tu cresci, o m.* (V. Monti) | (*est.*, *colloq.*) chi vuole apparire ingenuo: *non fare la m.!*

màmmolo① [vc. dial., dall'ant. *mamo*, che rispecchia il gr. *mámmos* 'piccino', con il suff. dim. *-olo*④ ✱av. 1306] **s. m.** (**f.** *-a* (V.)) ● (*raro*, *lett.*) fanciullo ‖ **mammolétto**, **dim.** | **mammolìno**, **dim.**

Màmmolo② [dal profumo di viola *mammola* dell'uva prodotta ✱av. 1597] **s. m.** ● vitigno diffuso nella zona del Chianti, con uva rossa dal profumo simile alla viola mammola

mammóna [lat. cristiano *mammōna(m)*, dal gr. *mamōnâs*, dall'aramaico *māmōnā* 'ricchezza, guadagno' ✱av. 1292] **s. f. o m.** (**pl. m.** *-i*) ● la ricchezza e i piaceri mondani, fatti quasi oggetto di culto

mammóne① [arabo *maymūn* 'scimmia' ✱sec. XIII] **A s. m.** ● (*raro*) scimmia, macaco **B agg.** ● nella loc. ***gatto m.***, V. *gattomammone*

mammóne② [da *mamma* ✱1967] **s. m.** (**f.** *-a*) ● (*fam.*) bambino o adulto eccessivamente attaccato alla madre

mammóne③ [av. 1292] **s. m.** ● (*raro*) mammona

mammoniṣmo [comp. di *mammon(a)* e *-ismo* ✱1895] **s. m.** ● (*raro*) culto del denaro

†**mammóso** (o -ṣ-) [lat. *mammōsu(m)*, da *mămma* 'mammella' ✱av. 1544] **agg.** ● che ha grandi mammelle

mammùt [fr. *mammouth*, dal russo *mamout*, di etim. incerta ✱1802] **s. m. inv. 1** elefante del Quaternario, estinto, provvisto di pelliccia e adattato a climi freddi, con cranio molto grosso e zanne fortemente ripiegate (*Elephas primigenius*) **2** (*bot.*) ***albero del m.***, sequoia **3** (*elettr.*) particolare tipo di morsettiera in gomma, costituita da dodici morsetti facilmente sezionabili per essere utilizzati anche singolarmente | (*est.*) ogni singolo morsetto

màmo [vc. espressiva ✱1923] **s. m. 1** nel teatro italiano ottocentesco, ruolo di giovane ingenuo e goffo, oggetto di beffe e derisioni **2** (*ven.*, *sett.*) stupido

mamuràlia [vc. dotta, lat. tardo *mamurālia*, nt. pl., da *Mamŭrius* 'Mamurio', n. osco di Marte ✱1934] **s. m. pl.** ● nell'antica Roma, feste in onore di Marte che si celebravano il 15 marzo

†**màna**① ▸ **mano**

màna② [vc. polinesiana ✱1952] **s. m. inv.** ● presso i polinesiani, la forza magica soprannaturale e impersonale presente negli esseri viventi o in cose | (*est.*) energia magica e carica di potenza religiosamente rilevante

manachìno [da un dialetto dell'America merid. ✱1834] **s. m.** ● genere di piccoli Passeracei americani con corpo tozzo, becco breve, ali arrotondate, i cui maschi hanno livrea con ornamentazioni strane e bellissimi colori (*Manacus*)

mànagement /'manadʒment, *ingl.* 'mænɪdʒmənt/ [vc. ingl., 'direzione, gestione', da *to manage* 'maneggiare' (V. *manager*) ✱1941] **s. m. inv.** ● il complesso delle funzioni relative all'amministrazione, direzione e gestione di un'azienda | (*est.*) l'insieme dei dirigenti di un'azienda | ***m. buy-out***, acquisizione di un'azienda da parte dei suoi dirigenti

♦**mànager** /'manadʒer, *ingl.* 'mænɪdʒə(r)/ [ingl., da *to manage* 'dirigere, gestire', dall'it. *maneggiare* ✱1895] **A s. m. e f. inv. 1** (*org. az.*) dirigente con potere decisionale nella conduzione di un settore di un'impresa: *area m.*, *brand m.*, *city m.*, *credit m.*, *energy m.*, *facility m.*, *general m.*, *money m.*, *product m.*, *project m.*, *sales m.*, *top m.* (V. le singole voci) **2** chi cura o rappresenta gli interessi di un attore, cantante, atleta e sim. **B anche agg.**: *donna m.*

manageriàle [1965] **agg.** ● di manager, relativo a manager ‖ **managerialità**, **s. f. inv.** capacità di direzione propria di un manager

managerialiṣmo [da *manageriale* ✱1981] **s. m.** ● tendenza ad agire, a comportarsi da manager

manàide ▸ **menaide**

†**manaiuòla** [dal lat *manuàriu(m)* 'che è fatto o si può prendere con le mani' (V. *mannaia*) ✱av. 1642] **s. f.** ● fascio di rami legati in più punti, usato nelle fortificazioni per rassodare il terreno

manàle① [dal lat. *manāre* 'emanare' ✱av. 1574] **agg.** ● ***pietra m.***, quella che, secondo gli antichi Romani, aveva la capacità di provocare la pioggia

manàle② [da *mano* ✱1853] **s. m.** ● mezzo guanto costituito da una striscia di pelle che fascia il palmo e il dorso della mano, usato da calzolai e sellai per cucire

manarése (o -ṣ-) o **mannarése** (o -ṣ-) [da †*mannara* ✱av. 1370] **s. m.** ● roncola a doppio taglio

manàta [da *mano* ✱av. 1292] **s. f. 1** colpo dato con una mano: *dare una m. sulla spalla a qlcu.* **2** quanto si può tenere o stringere in una mano: *una m. di soldi*; *una m. di tenere foglie* (A. Bertolucci) | ***a manate***, (*fig.*) in notevole quantità **3** (*fig.*, *lett.*) gruppo: *una m. di brave persone* (G. Carducci) ‖ **manatèlla**, **dim.** | **manatina**, **dim.**

manàto [sp. *manatí*, vc. di orig. caribica ✱av. 1557] **s. m.** ● (*zool.*) lamantino

mànca [da *manco* ✱sec. XIV] **s. f. 1** mano sinistra: *usare la m.* **2** parte sinistra: *voltare a m.* | ***a dritta e a m.***, per ogni verso

mancaménto [da *mancare* ✱av. 1250] **s. m. 1** momentaneo venir meno delle forze: *avere dei mancamenti*; *un m. dovuto a debolezza* **2** (*lett.*) mancanza, insufficienza: *m. di mezzi*, *di cibo* | (*raro*) strettezza: *m. di spazio* | †diminuzione: *m. delle acque* | †ammanco **3** (*fig.*, *lett.*) colpa, fallo, peccato **4** (*fig.*, *lett.*) imperfezione o difetto fisico o morale: *la Nencia mia non ha … m.* (L. de' Medici) | †errore | †negligenza, noncuranza **5** (*lett.*) offesa, scortesia **6** †cessazione

mancanìlla [sp. *mançanilla*. V. *mancinella* ✱1834] **s. f.** ● (*bot.*) mancinella

mancànte **part. pres.** di *mancare*; **anche agg. 1** che manca | carente, privo, difettoso: *persona m. di buonsenso* **2** mutilo: *epigrafe*, *iscrizione m.* **3** (*mus.*, *raro*) diminuito: *intervallo m.*

♦**mancànza** [da *mancante* ✱av. 1294] **s. f. 1** assenza: *ho sentito molto la tua m.* | il fatto che qlco. manchi o non ve ne sia a sufficienza; scarsità, penuria: *la m. di viveri e munizioni li costrinse alla resa*; *suppliremo con surrogati alla m. di caffè* | ***in m. di meglio***, non disponendo di cose migliori | (*est.*) insufficienza: *per m. di acqua si è giunti al razionamento* **CFR.** -penia **SIN.** carenza **2** colpa, fallo: *commettere*, *scontare una m. grave*, *leggera* | ***m. disciplinare***, infrazione alle norme sancite dal regolamento di disciplina militare **3** imperfezione, errore: *rilevare le mancanze di un lavoro* **4** (*raro*) mancamento, svenimento: *soffrire di mancanze*

SFUMATURE DI SIGNIFICATO
mancanza - pecca - neo
Mancanza è l'assenza di qualcuno o di qualcosa, oppure l'insufficienza, la penuria, la scarsità di un bene; in senso concreto può anche indicare una manchevolezza, cioè una colpa, un fallo. In quest'ultimo significato si avvicina a **pecca**, dunque a ciò che è un vizio, un difetto. **Neo** è in senso proprio una piccola chiazza o puntino scuri sulla pelle; la parola passa a significare in senso figurato un'imperfezione che turba, seppure in maniera non grave, la positività di una persona o di una cosa.

♦**mancàre** [da *manco* ✱ av. 1250] **A** **v. intr.** (*io mànco, tu mànchi*) **1** (aus. *essere*) non esserci; far difetto, essere insufficiente: *nella città assediata mancava il pane; mi manca un dente; mancano la data, il bollo e la firma sul documento* **SIN.** difettare, scarseggiare | essere necessario al raggiungimento di un dato termine spaziale o temporale; restare (+ *a*): *mancano ancora due chilometri alla vetta; manca un'ora all'inizio* | ***mancarci poco***, essere vicino a qlco. o sul punto di far qlco. | ***è mancato poco che cadessi***, stavo per cadere, quasi quasi cadevo | ***gli manca la parola***, detto di animale molto intelligente | ***non m.***, essercene in quantità o comunque a sufficienza: *quando non mancano denari, tutti rispettano* (C. GOLDONI) | ***non manca nulla***, c'è di tutto | (*fig.*) ***gli manca un giovedì, un venerdì***, detto di chi è un po' matto | ***ci mancherebbe altro!***, sarebbe il colmo, Dio non volesse | ***manca solo che***, esprime deprecazione per un possibile evento negativo che si aggiungerebbe ad altri: *manca solo che il treno sia già partito!*; *Mancava solo / che tremar si dovesse / senza saper perché* (P. METASTASIO) **2** (aus. *avere*) essere privo di qlco. (+ *di*): *m. di mezzi, di coraggio, d'ingegno, di risorse* | ***non m. di qlco.***, averne a sufficienza | ***non manca di coraggio***, è abbastanza coraggioso | ***non m. di nulla***, avere tutto il necessario **SIN.** difettare **3** (aus. *essere*) diminuire, estinguersi, scemare: *mi mancano le forze; gli mancava la parola, il fiato* | svenire: *sentirsi m. per malore improvviso* | ***venire a m.***, finire **4** (aus. *essere*) estinguersi: *è mancata la discendenza in linea maschile* | (*eufem.*) morire: *se quell'uomo venisse a m., sarebbe un guaio per molti; è mancato all'improvviso* **5** (aus. *essere*) esser lontano o assente (+ *da*, + *a*): *m. dalla famiglia, dalla patria; sono dieci anni che manco da casa; m. all'appello, a un appuntamento* **6** (aus. *avere*) omettere, tralasciare (+ *di* seguito da inf.): *non mancherò di ringraziarli; non ho mai mancato di far fronte ai miei impegni* **7** (aus. *avere*) venir meno, sottrarsi (+ *a*): *m. alla promessa, alla parola data* | ***m. di parola***, non mantenere ciò che si è promesso | ***m. di rispetto a qlcu.***, offendere **8** (aus. *avere*) essere in errore, in colpa, in difetto: *tutti possiamo m.; ho mancato con voi; se ho mancato nei vostri confronti, vi prego di scusarmi* **SIN.** peccare, sbagliare **9** (aus. *essere*) essere oggetto di desiderio, di rimpianto, di nostalgia (+ *a*): *mi manchi moltissimo; quanto mi manca la sua compagnia!* **B** **v. tr.** ● fallire: *ha mancato il colpo per poco* | lasciarsi sfuggire: *m. una buona occasione* | (*fam.*) perdere: *m. il treno, l'autobus*

mancàto **part. pass.** di *mancare*; anche **agg.** **1** non andato a buon fine, non realizzato: *accordo m.* | che non si è verificato: *m. pagamento* **2** non riuscito, fallito: *pittore m., attore m.* | dotato di un talento naturale non sfruttato: *sei un poeta m.* | che ha interrotto una carriera o non ne ha completato la preparazione: *un medico m.* **3** †ridotto in cattivo stato **4** †cessato

mancatóre [av. 1471] **s. m.** (**f.** *-trice*) ● (*lett.*) chi manca o ha mancato in qlco.: *m. di parola; ah, mancator di fé, marrano!* (L. ARIOSTO)

mancégo [sp. *manchego* 'della Mancia' ✱ 1891] **agg.** (**pl. m.** *-ghi*) ● relativo alla Mancia, regione spagnola

mancése (o -ṣ-) [1931] **A** **agg.** **1** (*geogr.*) della Manciuria, regione della Cina **SIN.** manciuriano **2** (*antrop.*) relativo alla popolazione e alla lingua dei Manciù **B** **s. m. e f.** **1** (*geogr.*) abitante o nativo della Manciuria **2** (*antrop.*) appartenente alla popolazione dei Manciù **C** **s. m. solo sing.** ● lingua della famiglia altaica, parlata in Manciuria

mancétta [av. 1803] **s. f.** **1** dim. di *mancia* **2** (*fam.*) piccola somma di denaro corrisposta periodicamente dai genitori ai figli ancora bambini o adolescenti **SIN.** paghetta

manche /fr. mɑ̃:ʃ/ [vc. fr., propr. 'manica', perché in orig. le partite erano due come le maniche ✱ 1917] **s. f. inv.** **1** nei giochi, spec. di carte, ciascuna partita o giro **2** in vari sport, ognuna delle prove che, insieme, determinano il risultato definitivo di una competizione: *la prima, la seconda m. dello slalom* | nel ciclismo su pista, fase eliminatoria

manchette /fr. mɑ̃'ʃɛt/ [vc. fr., 'polsino', dim. di *manche* 'manica' ✱ 1918] **s. f. inv.** **1** titolo, motto, piccolo riquadro pubblicitario stampato con evidenza a lato della testata di un quotidiano **2** fascetta pubblicitaria che avvolge un libro in vendita

♦**manchévole** [da *mancare* ✱ av. 1328] **agg.** **1** (*lett.*) effimero, caduco: *la gloria, così m. compenso della cara giovinezza* (G. PASCOLI) **2** difettoso, incompleto: *ragionamento m.* | insufficiente: *educazione m.; parmi ... altrettanto sia stato m. Tolomeo a non reprovar questo* (G. GALILEI) **SIN.** mancante || **manchevolménte**, **avv.**

manchevolézza [1659] **s. f.** **1** condizione di ciò che è manchevole **2** atto o comportamento scorretto, offensivo: *una imperdonabile m.* | difetto, negligenza: *le manchevolezze di un programma televisivo*

♦**mància** [fr. *manche* 'manica', con riferimento alla manica che la dama regalava al cavaliere nelle cerimonie cavalleresche (?) ✱ sec. XIII] **s. f.** (**pl.** *-ce*) **1** sovrappiù sul compenso dovuto che si dà a chi presta un servizio: *dare, ricevere una m.; le mance delle feste* | ***m. competente***, compenso che si promette a chi riporta un oggetto smarrito **2** †dono, regalo **3** †impresa || **mancétta**, **dim.** (V.)
SFUMATURE ➤ ***donazione***

♦**manciàta** [da *mano* ✱ 1427] **s. f.** **1** quanto si può prendere con una mano: *una m. di cioccolatini* | ***a manciate***, in abbondanza **2** (*fig.*) piccola quantità: *è stato sconfitto per una m. di voti* || **manciatìna**, **dim.** | **manciatèlla**, **dim.**

mancìna [da *mancino* ✱ av. 1571] **s. f.** **1** la mano o la parte sinistra: *usare la m.; girare a m.; la sorte mi faceva battere la campagna a destra e a m.* (I. NIEVO) **2** piccola daga impugnata con la mano sinistra, in uso nel XVI sec. come arma sussidiaria nel duello colla spada **3** (*mar.*) tipo di gru di grande portata, fissa o girevole, montata su rotaie in banchina o su un pontone galleggiante

mancinèlla [fr. *mancenille*, dallo sp. *manzanilla*, dim. di *manzana* 'mela', dal lat. *mālu(m) Matiānu(m)* 'mela di Mazio', agronomo romano del I sec. a.C. ✱ 1813] **s. f.** ● pianta arborea delle Euforbiacee, americana, che produce un lattice velenoso e un legno utile per mobili (*Mancinella*) **SIN.** mancanilla, manzaniglio

mancinìṣmo [comp. di *mancin(o)* e *-ismo* ✱ 1912] **s. m.** **1** (*fisiol.*) disposizione naturale ad usare di preferenza gli arti della parte sinistra del corpo **CONTR.** destrismo **2** (*veter.*) difetto di appiombo degli animali per cui le parti distali degli arti sono ruotate in fuori

mancìno [da *manco* 'sinistro' ✱ av. 1306] **A** **agg.** **1** sinistro: *il braccio m.; la mano mancina* | (*est.*) che è solito usare gli arti sinistri: *pittore, calciatore m.* **2** (*fig.*) maligno, cattivo: *giocare a qlcu. un tiro m.* **B** **s. m.** (**f.** *-a*) **1** chi usa di preferenza la mano sinistra e gli arti della parte sinistra del corpo in genere **CONTR.** destrimano, destro **2** †disonesto, malvagio **3** (*veter.*) animale affetto da mancinismo

mancipazióne [vc. dotta, lat. *mancipatiōne(m)*, da *mancipātus*, part. pass. di *mancipāre* (V. *emancipare*) ✱ 1585] **s. f.** ● in diritto romano, forma solenne di trasferimento del dominio su cose determinate, che si compiva in presenza di cinque testimoni e di una persona che reggeva una bilancia

màncipe [vc. dotta, lat. *mancipe(m)*, comp. di *mănus* 'mano' e *căpere* 'prendere', perché quando si comperava qualcosa, la si prendeva con la mano ✱ 1834] **s. m.** ● nel diritto romano, il privato cittadino assuntore di un pubblico appalto

mancìpio [vc. dotta, lat. *mancĭpiu(m)*, da *mănceps*, genit. *măncipis* 'mancipe' ✱ av. 1374] **s. m.** **1** nel diritto romano più antico, termine usato per esprimere il concetto di potere su persone o cose | più tardi, mancipazione | ***persone in m.***, uomini liberi trasferiti mediante mancipazione sotto la potestà di un'altra persona **2** (*lett.*) †servo, schiavo | (*fig.*) †succubo: *Quell'altro, di donna mutabile fatto m.* (P. BEMBO)

manciù [ingl. *manchu*, da una vc. tungusa di etim. incerta ✱ av. 1861] **A** **agg. inv.**; anche **s. m. e f. inv.** ● (*antrop.*) appartenente a una popolazione di ceppo tunguso, stanziata un tempo in gran parte della Manciuria e limitata, oggi, alla Manciuria sud-orientale e al bacino dell'Amur **B** **s. m. solo sing.** ● lingua della famiglia altaica, parlata in Manciuria

manciurìano [1934] **agg. e s. m.** (**f.** *-a*) ● (*geogr.*) mancese, nei sign. A1 e B1

♦**mànco** [lat. *mǎncu(m)*, comp. di *mănus* 'mano' e del suff. *-cus*, che indicava difetti fisici ✱ sec. XIII] **A** **agg.** (**pl. m.** *-chi*) **1** (*lett.*) sinistro, mancino: *lato m.; mano manca* **2** †mancato, venuto meno: *sostegno m.* | †manchevole, difettoso, insufficiente: *là dove mio ingegno parea m.* (DANTE *Purg.* IV, 78) **3** †meschino, miserabile **4** †avverso, contrario **B** **s. m.** ● (*lett.*) mancanza, difetto | †***m. di voto***, inadempienza | †***senza m.***, senza dubbio, sicuramente | †ammanco di denaro **C** **avv.** **1** (*lett.*) meno: *il m. nobile di tutti* (G. LEOPARDI) | (*poet.*) †***venir m.***, venir meno, venir a mancare: *e già il color cilestro / si vedea in Oriente venir m.* (L. ARIOSTO) | †***far di m.***, fare a meno, far senza | (*fam.*) ***m. male!***, per fortuna, meno male **2** (*colloq.*) nemmeno, neppure, neanche: *m. per idea; m. per scherzo; m. per sogno; m. per niente; m. tu ci credi; non mi ha m. salutato* | (*lett.*) ***né m.***, V. *nemmanco* **D** **cong.** ● (*colloq.*) neanche se (introduce una prop. concessiva implicita preceduta da *a*, oppure esplicita, con il v. al congtv., talora preceduta da *se*): *non vuole ascoltarci, m. a pregarlo; che modi: m. fosse il padreterno!; Muoversi tanto non poteva, manco se l'avesse voluto* (P.P. PASOLINI) | ***m. a parlarne***, non se ne parla nemmeno: *io d'accordo? M. a parlarne!* | ***m. a dirlo***, per introdurre o commentare qlco. di scontato, di prevedibile (*spec. iron.*): *m. a dirlo, il presidente è lui; al ristorante – m. a dirlo! – non c'era posto!* | ***m. a farlo apposta***, come se succedesse apposta (*spec. iron.*): *eravamo appena arrivati al lago e, m. a farlo apposta, si mise a piovere*

mancolìsta [comp. di *mancare* e *lista* ✱

1930] **s. f.** ● lista dei pezzi mancanti per completare una raccolta, una collezione e sim.

mancorrènte [comp. di *man(o)* e *corrente*① ✱ 1942] **s. m.** ● corrimano, guardamano

màndala [vc. sanscrita, propr. 'cerchio' ✱ 1951] **s. m. inv.** ● nel tantrismo induista e buddista, disegno di varie forme che rappresenta simbolicamente il cosmo

mandamentàle [1798] **agg.** ● relativo al mandamento: *carcere m.*

mandaménto [1268] **s. m. 1** †invio | †lancio **2** (*stor.*) circoscrizione amministrativa intermedia tra il circondario e il Comune, in vigore in Italia fino al 1923 | (*dir.*) circoscrizione giudiziaria entro cui il pretore esplicava le proprie funzioni | nel gergo della mafia, zona di influenza di una famiglia o di un gruppo di affiliati **3** †comando, ordine

mandànte **A** **part. pres.** di *mandare*; anche **agg.** ● (*lett.*) che manda **B** **s. m. e f. 1** chi demanda ad altri l'esecuzione di qlco. **2** (*dir.*) nel mandato, colui che incarica il mandatario di compiere una determinata attività giuridica

mandaràncio [comp. di *mandar(ino)*② e *arancio* ✱ 1950] **s. m.** ● frutto ibrido del mandarino e dell'arancio, affine al primo per dimensioni ma con buccia liscia e colore carico **SIN.** clementina

♦**mandàre** [lat. *mandāre* 'affidare, dare in mano', comp. di *mănus* 'mano' e una radice indeur. che indica 'porre' ✱ 1219] **v. tr. 1** far andare qlcu. con un ordine e per un fine determinato (+ *a*, anche seguito da inf.; + *da*): *m. qlcu. a chiamare un medico; gli mandarono a dire di far presto; m. i figli a scuola; m. a chiamare qlcu.; lo ha mandato da me, dal medico, dallo psicologo* | ***m. a dire***, far sapere qlco. a qlcu. tramite una terza persona | (*colloq.*) ***non mandarle a dire***, dire ciò che si pensa in faccia, di persona: *lei è una che non le manda a dire!* | far andare: *m. attorno, in giro qlcu.* | **PROV.** ***chi vuole vada e chi non vuole mandi***, chi vuole veramente qlco. deve muoversi di persona e non affidarsi ad altri | ***m. in rovina***, rovinare | ***m. in estasi***, estasiare | (*fig.*) ***m. in bestia qlcu.***, farlo infuriare | (*fig.*) ***m. al diavolo, a quel paese, in malora qlcu.***, toglierselo di torno, trattarlo bruscamente | ***m. qlcu. da Erode a Pilato***, (*fig.*) da un luogo all'altro inutilmente | ***m. qlcu. all'altro mondo, al Creatore, in Paradiso***, ucciderlo | ***m. via qlcu.***, scacciarlo | ***m. via un operaio, un impiegato***, licenziarlo | ***m. a spasso***, (*fig.*) mandar via **2** far pervenire qlco. a qlcu. o in un dato luogo: *m. una lettera, un pacco, una valigia, un messaggio, una protesta, un dono; mandatemi i colli per ferrovia* | †far sapere, comunicare | indirizzare, dirigere (+ *in*): *m. le acque in un fossato, il gas nelle tubazioni* | ***m. giù***, ingoiare; (*fig.*) sopportare | ***non m. giù qlco.***, (*fig.*) non riuscire a sopportarla | ***m. a effetto, a compimento***, concludere | ***m. a perfezione***, far riuscire perfettamente | (*fig.*) ***m. all'aria, a monte, a carte quarantotto, in fumo qlco.***, farla fallire | ***m. a picco, a fondo***, affondare | ***m. in onda***, trasmettere **3** destinare qlcu. a un ufficio o assegnarlo a una sede: *lo hanno mandato come ambasciatore a Tokyo* **4** (*centr.*) far funzionare: *m. la barca, la macchina* **5** emettere, emanare: *m. grida di gioia, lampi di luce, rintocchi; la ferita manda sangue* | gettare, lanciare in una data direzione (*anche fig.*): *m. la palla, il disco; m. una maledizione, un insulto* **6** †emettere una condanna, assegnare a una data pena | †comandare: *mandò che Pisani gli mandasson loro ambasciadori* (G. VILLANI) **7** concedere o infliggere per grazia, premio, castigo e sim.: *Dio manda calamità, malattie, figli, fortuna* | ***che Dio ce la mandi buona***, che ci conceda un esito fortunato | ***piove che Dio la manda***, con estrema violenza e intensità

mandarìna [da *mandarino*① probabilmente per la sua provenienza orientale ✱ av. 1869] **s. f.** ● (*zool.*) anatra mandarina

mandarinàto [da *mandarino*① ✱ 1663] **s. m.** ● ufficio, dignità di mandarino

mandarinésco [da *mandarino*① ✱ 1869] **agg.** (**pl. m.** *-schi*) ● dei mandarini cinesi | (*est.*, *spreg.*) da mandarino; autoritario

mandarinétto [da *mandarino*② ✱ 1957] **s. m.** ● liquore a base di essenza di mandarino

mandarinìsmo [fr. *mandarinisme*, da *mandarin* 'mandarino①' ✱ 1956] **s. m.** ● comportamento da mandarino | burocrazia vessatoria come quella dei mandarini cinesi

♦**mandarìno**① [portog. *mandarin*, dal malese *mantarī* ✱ 1562] **A** **s. m. 1** funzionario civile dell'antico impero cinese **2** (*est.*) alto funzionario o personaggio potente e influente **3** (**solo sing.**) lingua mandarina **B** **agg.** ● ***cinese m., lingua mandarina***, denominazione della lingua burocratica e letteraria cinese

♦**mandarìno**② [da *mandarino*① per il colore giallo ✱ 1834] **s. m.** ● albero delle Rutacee con frutto sferico un poco schiacciato, a buccia aranciata, dolcissimo (*Citrus nobilis*) | frutto di tale albero

mandarìno③ [da *mandare* ✱ 1869] **s. m.** ● nel gioco della palla a muro, il battitore che lancia la palla sopra la linea tracciata sul muro

mandàta [f. sost. di *mandato*① ✱ av. 1348] **s. f. 1** (*raro*) il mandare | spedizione, invio | quantità di cose mandate in una sola volta: *ricevemmo tutta la merce in una sola m.* **2** (*raro*) serie, sfilza: *li metteva a tacere ... con ... una m. di scherni* (R. BACCHELLI) | scaglione: *una m. di soldati* **3** tratto che un giro della chiave fa percorrere alla stanghetta: *serrature a una m.; chiudere l'uscio a tre mandate* **4** fase di compressione di un fluido

mandatàrio [vc. dotta, lat. tardo *mandatāriu(m)*, da *mandātor* 'mandatore' ✱ 1438] **s. m.** (**f.** *-ia*) **1** chi fa qlco. per mandato d'altri **2** (*dir.*) nel mandato, colui che si obbliga a compiere un'attività giuridica nell'interesse del mandante **3** †commissario, ambasciatore **4** †mandante

mandàto① **A** **part. pass.** di *mandare*; anche **agg.** ● nei sign. del v. **B** **s. m. 1** (*lett.*) messo, ambasciatore **2** †invio

♦**mandàto**② [lat. *mandātu(m)*, da *mandāre* 'mandare' ✱ av. 1348] **s. m. 1** †comandamento, ordine: *per divino m.* **2** (*dir.*) contratto con cui una persona si obbliga a compiere un'attività giuridica nell'interesse di un'altra | ***m. di rappresentanza***, contratto con il quale la casa rappresentata autorizza il rappresentante a svolgere la sua attività commerciale in nome e per conto della casa stessa | ***m. di credito***, contratto con cui una persona si obbliga verso un'altra a fare credito a un terzo **3** (*dir.*) provvedimento avente forma di decreto con cui il giudice dispone la comparizione, l'accompagnamento, l'arresto o la cattura dell'imputato o di altro soggetto: *m. di comparizione, di accompagnamento, di arresto, di cattura* **4** incarico di esplicare un'attività di pubblico interesse: *m. diplomatico* | incarico che l'elettore conferisce ai suoi rappresentanti: *il m. popolare* | incarico conferito dal Presidente della Repubblica per formare il governo: *m. esplorativo; restituire il m.* | (*dir.*) incarico di svolgere un'attività giuridicamente rilevante **5** ordine di pagamento dato al cassiere di un'amministrazione: *m. di pagamento* **6** documento regio o imperiale a carattere dispositivo, contenente un ordine **7** (*fig.*) compito, missione: *il m. dello scrittore* **8** (*dir.*) ***m. internazionale***, istituto, oggi non più esistente, in forza del quale popoli ritenuti incapaci di autogovernarsi erano affidati alla tutela e all'amministrazione di altri Stati **CFR.** amministrazione fiduciaria

mandatóre [vc. dotta, lat. *mandatōre(m)*, da *mandāre* 'mandare' ✱ 1304] **s. m.** (**f.** *-trice*) **1** (*lett.*) chi manda **2** (*raro*) chi, nel gioco del pallone a bracciale toscano, lancia la palla al battitore

mandatòrio [da *mandato*② ✱ 1813] **agg. 1** (*dir.*) relativo a mandato, derivante da un mandato: *atto m.* **2** obbligatorio, vincolante, imperativo (calco sull'ingl. *mandatory*)

mànde [vc. africana, dal nome delle popolazioni *Mandingo* ✱ 1934] **A** **s. m. inv.** ● grande famiglia linguistica dell'Africa occidentale **B** anche **agg. inv.**: *lingue m.*

mandèlico [ted. *Mandel(säure)* 'acido mandelico' da *Mandel* 'mandorla' e *-ico* ✱ sec. XIX] **agg.** (**pl. m.** *-ci*) ● (*chim.*) detto di ossiacido aromatico a otto atomi di carbonio con proprietà antisettiche; è presente sotto forma di nitrile nelle mandorle amare

mandìbola [lat. tardo *mandĭbula(m)*, da *măndere* 'masticare', di etim. incerta ✱ av. 1327] **s. f. 1** (*anat.*) nei Vertebrati, osso impari della faccia, detto anche mascella inferiore, costituito da due branche orizzontali contenenti i denti inferiori e da due branche verticali che si articolano con l'osso temporale del cranio permettendo l'apertura della bocca **CFR.** gnato-, -gnato, genio- **2** (**al pl.**) parti dell'apparato boccale di alcuni insetti, a forma di chele o pinze

mandibolàre [1834] **agg.** ● che riguarda la mandibola: *articolazione m.*

mandìngo [n. indigeno di una tribù della Sierra Leone ✱ av. 1557] **agg. inv.**; anche **s. m. e f. inv.** ● appartenente a una popolazione diffusa nell'Africa occidentale, spec. nell'alto Niger

mandirìtto ➤ **mandritto**

mandòla① [lat. *pandūra(m)*, dal gr. *pandôura*, di etim. incerta ✱ 1539] **s. f.** ● strumento a corda della famiglia dei liuti ‖ **mandolóne**, **accr. m.** (V.) | **mandolino**, **dim. m.** (V.)

†**màndola**② ➤ **mandorla**

mandolìna [etim. incerta ✱ 1999] **s. f.** ● (*cucina*) utensile consistente in un supporto gener. di metallo o plastica provvisto di una lama regolabile e talora di grattugie per affettare più o meno sottilmente verdure, patate ecc.

mandolinàro [da *mandolin(o)* col suff. *-aro* ✱ 1967] **s. m.** (**f.** *-a*); anche **agg.** ● chi (o che) è dedito a suonare il mandolino (*spec. spreg.*)

mandolinàta [da *mandolino* ✱ 1884] **s. f.** ● sonata per mandolino

mandolinìsta [1891] **s. m. e f.** (**pl. m.** *-i*) ● chi suona il mandolino

mandolìno [da *mandola*① ✱ av. 1698] **s. m.** ● (*mus.*) strumento cordofono suonato a pizzico o col plettro, comparso in Italia nel Quattrocento e accolto dalla musica d'arte in età barocca: *il m. napoletano*

mandoloncèllo [sec. XX] **s. m. 1** dim. di *mandolone* **2** strumento a quattro o sei corde simile alla mandola, ma di dimensioni più grandi e con una gamma di suoni più acuti

mandolóne [1975] **s. m. 1** accr. di *mandola*① **2** strumento a sette od otto corde simile alla mandola, ma di dimensioni più grandi e con una gamma di suoni meno acuti ‖ **mandoloncèllo**, **dim.** (V.)

♦**màndorla** o (*centr.*, *sett.*) †**màndola**②, (*centr.*, *sett.*) †**amàndola** [lat. tardo *amăndula(m)*, dal lat. classico *amўgdala*, dal gr. *amygdálē*, vc. straniera di etim. incerta ✱ av. 1288] **s. f. 1** frutto del mandorlo, drupa verde e pelosa, ovale, contenente uno o due semi, dolci o amari secondo la varietà, commestibili | ***olio di mandorle***, estratto per pressatura delle mandorle, è usato come emolliente e protettivo | ***latte di mandorle***, sciroppo di mandorle pestate, acqua e zucchero | ***occhi a m.***, di taglio allungato **2** (*est.*) seme di molti frutti carnosi, come pesca, albicocca e sim. | ***m. del cacao***, seme contenuto nel frutto del cacao e utilizzato per estrarre il burro e la polvere | ***m. indiana***, il seme oleoso dell'anacardio **3** ***m. mistica***, aureola a forma di mandorla che circonda Gesù o la Vergine nell'iconografia cristiana antica **4** ***m. di mare***, piccolo mollusco dei Gasteropodi che vive anche nel Mediterraneo con conchiglia sottile e biancastra (*Philine aperta*) **5** spec. nell'arte gotica, motivo ornamentale che per la forma ricorda una mandorla || **mandorlétta**, **dim.** | **mandorlìna**, **dim.**

mandorlàto [1554] **A** **agg.** **1** (*lett.*) che ha forma di mandorla **2** contenente mandorle: *cioccolato m.* **B** **s. m.** ● pasta dolce con mandorle abbrustolite

mandorléto [da *mandorlo* ✱ 1913] **s. m.** ● piantagione di mandorli

mandorlicoltóre [comp. di *mandorlo* e *-coltore*, sul modello di *agricoltore* ✱ 1957] **s. m.** (**f.** *-trice*) ● coltivatore di mandorli

mandorlicoltùra o **mandorlicultùra** [comp. di *mandorlo* e *-coltura* ✱ 1989] **s. f.** ● coltivazione dei mandorli

mandorlièro [da *mandorla* ✱ 1957] **agg.** ● concernente le mandorle e la loro coltivazione: *produzione mandorliera*

♦**màndorlo** [da *mandorla* ✱ sec. XIII] **s. m.** ● grande albero delle Rosacee che fiorisce prima di mettere le foglie con fiori bianchi, vistosi, foglie seghettate, i cui frutti sono le mandorle (*Prunus communis*)

m

màndra ➤ **mandria**

†**mandràcchia** [da *mandracchio*, per l'abitudine delle prostitute di frequentare i porti (?) ✱ 1605] **s. f.** ● prostituta, meretrice

mandràcchio [da *mandr(i)a*, nel sign. di 'recinto' ✱ av. 1536] **s. m.** **1** (*raro*) parte di un porto o di una darsena per le piccole imbarcazioni **2** canale principale che convoglia le acque di un comprensorio di bonifica alle idrovore

mandràgola ➤ **mandragora**

mandràgora o **mandràgola** [lat. *mandrăgora(m)*, dal gr. *mandragóras*, di etim. incerta ✱ av. 1292] **s. f.** ● erba velenosa delle Solanacee con fiori bianchi, foglie seghettate e grosse radici alle quali un tempo si attribuivano virtù magiche (*Mandraghola officinarum*) | †***mostrar la m.***, (*fig.*) ingannare, beffare

Mandràke /man'drake, *ingl.* 'mæn,dreɪk/ [dal n. di un famoso personaggio dei fumetti creato nel 1934 da L. Falk e P. Davis ✱ 1961] **s. m. inv.** ● (*scherz.*) persona dotata di capacità eccezionali, prodigiose

mandratùra [1957] **s. f.** ● pernottamento all'aperto delle mandrie al pascolo per concimare il terreno **SIN.** stabbiatura

♦**màndria** o (*lett.*) **màndra** [lat. *măndra(m)*, dal gr. *mándra* 'ovile, recinto', di etim. incerta ✱ 1227] **s. f.** **1** branco numeroso di bestiame grosso: *una m. di buoi, di cavalli, di bufali* **2** (*spreg.*) insieme disordinato di persone: *una m. di birboni, di farabutti* **3** †stalla, ovile, recinto

SFUMATURE ➤ *branco*

†**mandriàle**① (o **-drià-**) [da *mandria* ✱ 1342] **s. m.** ● (*raro*) mandriano

mandriàle② (o **-drià-**) [dalla somiglianza col bastone di un *mandriano* (?) ✱ av. 1537] **s. m.** ● lunga asta di acciaio usata un tempo in fonderia per togliere il tappo a spina del foro di colata dei forni fusori

mandriàno (o **-drià-**) [da *mandria* ✱ 1319] **s. m.** (**f.** *-a*) ● custode di una mandria, specie di bestiame bovino

mandrìllo [sp. *mandril*, da una vc. della Guinea ✱ 1802] **s. m.** **1** grossa scimmia cinocefala africana, di indole molto selvaggia, con il muso, di color rosso-sanguigno, solcato da pieghe cutanee verticali, e le parti posteriori del corpo colorate in rosso, verde e azzurro (*Mandrillus sphinx*) **2** (*fig.*, *spec. scherz.*) uomo che ha un'intensa attività sessuale

mandrinàggio [1940] **s. m.** ● allargamento di un foro col mandrino

mandrinàre [da *mandrino* ✱ 1957] **v. tr.** ● allargare l'estremità di tubi mediante un mandrino

mandrinatùra [da *mandrinare* ✱ 1957] **s. f.** ● mandrinaggio

mandrìno [fr. *mandrin*, di etim. incerta ✱ 1853] **s. m.** **1** (*tecnol.*) albero principale della macchina utensile che ha la funzione di trasmettere il moto rotatorio al pezzo da lavorare o all'utensile **2** (*tecnol.*) piattaforma: *m. autocentrante* **3** (*tecnol.*) parte del trapano o di una perforatrice, che fa o allarga fori **4** (*med.*) filo o asticella sottile di metallo, introdotto in aghi di siringa e in strumenti cavi in genere, per dare loro una determinata curvatura o consistenza, o per impedirne l'ostruzione **5** nelle armi da fuoco caricate a mano, cilindro di legno con cui si spinge lo stoppaccio all'interno delle cartucce

mandrìtta o (*pop.*) **marrìtta**, (*tosc.*) **manrìtta** [comp. di *man(o)* e *diritta* ✱ av. 1571] **s. f.** ● (*lett.* o *centr.*) la mano destra, il lato destro: *tenere la m.*; *dare la m. a uno* | ***a m.***, a destra

mandrìtto o **mandiritto**, (*pop.*) **marrìtto**, (*tosc.*) **manrìtto** [comp. di *man(o)* e *diritto* ✱ av. 1294] **s. m.** ● colpo dato da destra a sinistra con la sciabola | colpo dato a mano aperta **CONTR.** manrovescio

mandrogno [da *Mandrogne*, frazione del comune di Alessandria ✱ 1900] **A** **agg.** ● della città di Alessandria **SIN.** alessandrino③ **B** **s. m.** (**f.** *-a*) ● abitante o nativo di Alessandria

manducàre [lat. *manducāre*, da *măndere* 'masticare'. V. *mandibola* ✱ sec. XIII] **v. tr.** (*io mandùco, tu mandùchi*) ● (*lett.*) mangiare

mandurria ➤ **bandurria**

mandýlion [vc. gr., propr. 'fazzoletto' ✱ 1934] **s. m. inv.** ● (*relig.*) telo su cui sarebbe impressa l'immagine di Gesù, conservato originariamente a Edessa in Mesopotamia **CFR.** sindone

màne [lat. *māne* 'mattino', dall'agg. *mānis* 'buono'; *māne* avrebbe il sign. di 'buona (ora)' ✱ 1268] **s. f. solo sing.** ● (*lett.*) mattina: *Il nome del bel fior ch'io sempre invoco / e m. e sera* (DANTE *Par.* XXIII, 88-89) | ***da m. a sera***, dalla mattina alla sera, per tutto il giorno; (*est.*) continuamente

-mane [gr. *-manḗs*, da *manía* 'pazzia', di orig. indeur.] **secondo elemento** ● forma sostantivi, designanti persona, che corrispondono ai sostantivi in *-mania*: *bibliomane, cleptomane, cocainomane, grafomane, morfinomane, tossicomane*

†**manécchia** [lat. *manĭcula(m)*, da *mănus* 'mano' ✱ 1561] **s. f.** ● manico, maniglia

maneggévole [da *maneggiare* ✱ 1553] **agg.** **1** che si può maneggiare facilmente: *libro m.*; *automobile m.*; *arma m.* **2** (*fig.*, *raro*) docile, arrendevole, malleabile: *carattere m.*

maneggevolézza [av. 1764] **s. f.** ● caratteristica di chi (o di ciò che) è maneggevole (*anche fig.*)

manéggia [etim. incerta ✱ 1550] **s. f.** (**pl.** *-ge*) ● (*raro*) spazio ristretto di terreno

maneggiàbile [1540] **agg.** ● che si può maneggiare | (*fig.*) che si lascia facilmente persuadere || **maneggiabilità**, **s. f. inv.**

maneggiaménto [1551] **s. m.** **1** il maneggiare | (*zootec.*) il palpare il corpo di un animale da macello per controllarne il grado di ingrassamento **2** (*fig.*, *raro*) maneggio, intrigo **3** †perizia nell'uso di qlco.

♦**maneggiàre** [da *mano* ✱ 1287] **A** **v. tr.** (**pres.** *io manéggio*; **fut.** *io maneggerò*) **1** trattare con le mani per scopi vari: *m. la cera, la pasta* | tenere tra le mani: *m. una pistola*; *m. con cautela uno scatolone* **2** saper usare qlco. con particolare capacità o abilità (*anche fig.*): *m. lo scalpello, il pennello, il bisturi* | ***m. la penna, la lingua***, (*fig.*) sapere scrivere o parlare con abilità e padronanza **3** (*fig.*) amministrare: *m. forti somme di denaro, ingenti capitali*; *tutto quello el quale e tuoi figliuoli non sapranno m. e governare, … sarà loro superfluo e incomodo* (L.B. ALBERTI) | †governare: *m. il regno, il paese* | (*fig.*) ***m. una persona***, influenzarla, manovrarla **4** (*lett.*) palpare, accarezzare | tastare: *m. un vitello per assicurarsi del suo peso* **5** (*mar.*; *disus.*) far manovrare, governare **B** **maneggiàrsi** **v. intr. pron.** **1** †destreggiarsi **2** †adoperarsi | †esercitarsi **3** (*lett.*) cavarsela: *Studiava poco ma sapeva maneggiarsi* (I. SVEVO)

maneggiàto **A** **part. pass.** di *maneggiare*; **anche agg.** **1** nei sign. del v. **2** (*raro*) guidato, diretto **B** **s. m.** ● †maneggio

maneggiatóre [av. 1571] **s. m.** (**f.** *-trice*) ● (*lett.*) chi maneggia (*anche fig.*)

manéggio① [da *maneggiare* ✱ 1526] **s. m.** **1** il maneggiare | uso (*anche fig.*): *essere abile nel m. del pennello, delle armi, della rima* **2** amministrazione, direzione, governo: *il m. degli affari, del denaro e delle rendite altrui*; *chi è in maneggi grandi … cuopri sempre le cose che gli dispiacciono, amplifichi quelle che gli sono favorevoli* (F. GUICCIARDINI) **3** affare o traffico condotto con astuzia: *i maneggi del grande commercio internazionale* | (*est.*) manovra, intrigo: *i maneggi della diplomazia*; *era molto esperto di maneggi politici* (L. SETTEMBRINI) **4** luogo, pista dove cavalli e cavalieri vengono addestrati a particolari esercizi d'andatura e di abilità | ***arie di m.***, l'insieme degli esercizi con cui si addestra un cavallo **5** †scontro, manovra, operazione militare

maneggìo② [da *maneggiare* col suff. *-io*① ✱ 1895] **s. m.** (**pl.** *-ii*) ● un continuo e intenso maneggiare

maneggióne [da *maneggiare* ✱ 1858] **s. m.** (**f.** *-a*) ● intrigante, faccendiere

manentàtico [da *manente* nel sign. B ✱ 1983] **s. m.** (**pl.** *-ci*) ● (*dir.*) nel Medioevo, contratto agrario in base al quale un coltivatore si obbligava a rimanere in perpetuo sulle terre che coltivava

manènte **A** **part. pres.** di †*manere*; **anche agg.** **1** nei sign. del v. **2** †ricco, benestante **B** **s. m.** **1** nell'ordinamento feudale, il coltivatore obbligato, in base a un contratto, a rimanere in perpetuo sulla terra che coltivava **2** nell'Italia settentrionale, mezzadro

†**manèra** e deriv. ➤ **maniera** e deriv.

†**manére** [lat. *manēre*. V. *rimanere* ✱ 1476] **v. intr.** ● rimanere, restare

manescàlco ➤ **maniscalco**

manésco [da *mano* ✱ av. 1348] **agg.** (**pl. m.** *-schi*) **1** pronto a menare le mani: *ragazzo m.* **2** †maneggevole **3** (*disus.*) che si usa con le mani; portatile: *armi manesche* | †***battaglia manesca***, condotta corpo a corpo

manétta [da *mano* ✱ av. 1543] **s. f.** **1** piccola leva con manopola, pomello e sim., per comandare a mano un dispositivo: *m. dell'aria, del carburatore, del gas* | (*colloq.*) ***a (tutta) m.***, a tutto gas, a tutta velocità; (*est.*) al massimo: *ascoltare lo stereo a m.* CFR. a tavoletta **2** nelle antiche armi portatili, leva che azionava il congegno di scatto della balestra o del serpentino **3** (**al pl.**) congegno di varia forma, gener. d'acciaio, usato dalle forze dell'ordine per tenere stretti insieme i polsi degli arrestati | ***in manette***, agli arresti: *mettere in manette; essere, finire in manette* | ***scattano le manette***, nel linguaggio giornalistico, si procede all'arresto: *finita l'indagine, ora scattano le manette*

manévole [da *mano* ✻ 1609] **agg.** ● (*lett.*) maneggevole

manfanìle [da *manfano* ✻ av. 1696] **s. m.** ● (*tosc.*) bastone del correggiato tenuto in mano dal battitore SIN. manfano

mànfano [lat. tardo *mămphur*, vc. di orig. osca ✻ 1869] **s. m. 1** (*tosc.*) manfanile **2** (*tosc.*) tappo per chiudere il foro del tino o della botte | (*est.*) il foro stesso **3** (*tosc.*, *fig.*) persona furba

♣**manfòrte** o **man fòrte** [comp. di *man(o)* e *forte* ✻ 1869] **s. f. solo sing.** ● sostegno, aiuto, appoggio | ***dare, prestare m. a qlcu.***, aiutare, spalleggiare qlcu.

manfrìna [var. dial. di *monferrina* ✻ 1869] **s. f. 1** (*sett.*) ballo piemontese, monferrina: *ballare, suonare la m.* **2** (*est.*) storia insistente e noiosa, spec. ripetuta allo scopo di ottenere qlco.: *è sempre la solita m.* | messinscena per attirare l'attenzione, coinvolgere o convincere qlcu.: *Tommaso ... ci si mise in mezzo, facendo tutta una m., ... per farsi dar retta* (P.P. PASOLINI)

manfróne [dal lat. *vāfer* 'astuto' (V. †*vafro*), con deformazione pop. ✻ av. 1557] **s. m. 1** (*zool.*) pagro **2** (*fig.*, *centr.*, *merid.*) furbacchione, marpione

mànga /'manga, *giapp.* maŋ.ga/ [vc. giapp. 'cartone animato', 'striscia comica' ✻ 1987] **s. m. inv.** ● fumetto giapponese dal disegno essenziale e accurato | ***shonen m.***, V. *shonen* | ***shoujo m.***, V. *shoujo*

manganàre [da *mangano* ✻ av. 1348] **v. tr.** (*io màngano*) **1** dare il lustro alle stoffe di lino col mangano **2** †lanciare proiettili col mangano

manganàto [comp. di *mangan(ese)* e *-ato*② ✻ 1869] **s. m.** ● sale dell'acido manganico | ***m. di potassio***, composto che si può trasformare, per effetto dell'aria o dell'acqua, in altri composti assumendo diverse gradazioni di colore SIN. camaleonte verde

manganatóre [da *manganare* ✻ sec. XIV] **s. m.** (**f.** *-trice*) ● operaio tessile che dà il lustro col mangano

manganatùra [1319] **s. f.** ● operazione tessile del manganare tessuti di lino o di cotone misto lino

†**manganeggiàre** [sec. XIII] **v. tr.** ● manganare nel sign. 2

manganèlla [dim. di *mangano* ✻ av. 1292] **s. f. 1** †manganello **2** piccolo mangano usato anticamente per lanciare proiettili incendiari **3** spec. nei cori delle chiese, sedile ribaltabile

manganellàre [1931] **v. tr.** (*io manganèllo*) ● percuotere col manganello, prendere a manganellate SIN. bastonare

manganellàta [1931] **s. f.** ● colpo di manganello SIN. bastonata

manganèllo [1869] **s. m. 1** dim. di *mangano* **2** bastone, randello: *usare il m.* | corto bastone, rivestito di gomma o sim., usato dalla polizia SIN. sfollagente

manganése (o **-ṣ-**) [dal gr. biz. *magnēsion* 'magnesia' ✻ 1585] **s. m.** ● elemento chimico, metallo splendente, duro, fragile, molto diffuso in natura e spesso accompagnato al ferro; è ottenuto per via alluminotermica dai suoi ossidi ed è usato per preparare acciai, leghe e vernici protettive SIMB. Mn NUM. AT. 25

manganesìfero (o **-ṣ-**) [comp. di *manganese* e *-fero* ✻ 1869] **agg.** ● che contiene manganese

mangànico [comp. di *mangan(ese)* e *-ico* ✻ 1869] **agg.** (**pl. m.** *-ci*) ● (*chim.*) detto di composti in cui il manganese è trivalente e dell'acido in cui è esavalente: *ossido m.* | ***acido m.***, acido ossigenato noto solo in soluzione o sotto forma di sali

manganìna [ingl. *manganin*, da *manganese* 'manganese' ✻ 1932] **s. f.** ● lega di rame, manganese e nichel, usata spec. per realizzare campioni di resistenze elettriche

manganiṣmo [1957] **s. m.** ● (*med.*) intossicazione causata da inalazione delle polveri o dei vapori di manganese

manganìte [comp. di *mangan(ese)* e *-ite*② ✻ 1875] **s. f.** ● (*miner.*) idrossido di manganese in cristalli prismatici ben sviluppati, neri, con lucentezza metallica

màngano [lat. tardo *mănganu(m)*, dal gr. *mánganon*, di orig. indeur. ✻ 1287] **s. m. 1** (*tess.*) macchina di finissaggio per tela di lino che viene fatta passare tra due cilindri metallici **2** grossa macchina per stirare: *m. per ospedali, alberghi, collegi* **3** antica macchina da guerra di grandi dimensioni usata per lanciare proiettili ‖ **manganèlla**, **dim. f.** (V.) | **manganèllo**, **dim.** (V.)

manganóso (o **-ṣ-**) [fr. *manganeux*, da *manganèse* 'manganese' ✻ 1869] **agg.** ● (*chim.*) detto di composto del manganese bivalente | ***solfato m.***, di colore rosa, usato come mordente in tintoria

†**mangèa** [ant. fr. *mangée* 'mangiata' ✻ av. 1375] **s. f.** ● convito, banchetto

mangeréccio [av. 1580] **agg.** (**pl. f.** *-ce*) ● che si può mangiare: *funghi mangerecci* SIN. commestibile, edule

mangerìa [fr. *mangerie*, da *manger* 'mangiare' ✻ 1500] **s. f. 1** profitto illecito estorto da amministratori disonesti SIN. ruberia **2** †imposta esosa | †rapina **3** (*lett.*) abbuffata, crapula

màngia [da *mangiare*① ✻ av. 1535] **s. m. inv.** ● (*fig.*, *tosc.*) persona arrogante, prepotente | ***fare il m.***, il gradasso

màngia- primo elemento **1** in parole composte, per lo più di origine popolare, indica la persona o l'animale che mangia ciò che è designato dal secondo elemento compositivo, talora con connotazione scherz. o spreg.: *mangiabambini, mangiafagioli, mangiaformiche, mangiapane, mangiapolenta* | (*fig.*) indica persona fortemente ostile a qlcu. o qlco.: *mangiapreti* **2** indica apparecchi dotati di una fessura in cui viene inserito ciò che è designato dal secondo elemento compositivo: *mangiacassette, mangiadischi, mangianastri*

mangiabambìni [comp. di *mangia-* e il pl. di *bambino* ✻ av. 1646] **s. m. e f. inv.** ● personaggio di fiabe dall'aspetto feroce | (*fig.*) persona che incute paura, ma in fondo buona SIN. babau

mangiàbile [av. 1673] **agg.** ● che si può mangiare SIN. commestibile, edule | (*colloq.*) passabile, accettabile: *il fritto misto? appena m.* ‖ **mangiabilità**, **s. f. inv.**

mangiabòtte [comp. di *mangia-* e il pl. di *botta*② ✻ 1970] **s. f. inv.** ● (*zool.*) biscia d'acqua

mangiacàrte [comp. di *mangia-* e il pl. di *carta* ✻ av. 1793] **s. m. inv.** ● (*spreg.*) leguleio, avvocato faccendone e senza abilità

mangiacassétte [comp. di *mangia-* e del pl. di *cassetta* ✻ 1975] **s. m. inv.** ● mangianastri

mangiacristiàni [comp. di *mangia-* e il pl. di *cristiano* ✻ 1882] **s. m. e f. inv.** ● chi minaccia e fa il terribile, spec. a parole

mangiadìschi [comp. di *mangia-* e il pl. di *disco* ✻ 1965] **s. m. inv.** ● giradischi portatile caratterizzato da una feritoia orizzontale in cui si introduceva il disco a 45 giri

†**mangiadóre** ➤ **mangiatore**

màngia-e-bévi o **màngiaebévi** [comp. con gli imperat. di *mangiare* e *bere* ✻ av. 1936] **s. m. inv. 1** gelato alla crema e nocciola, con frutta e liquore, servito in grandi bicchieri a calice **2** (*tosc.*) involtino di pasta fritta, croccante, ripieno di sciroppo spec. di lampone o di mele

mangiafagiòli [comp. di *mangia-* e il pl. di *fagiolo* ✻ 1617] **agg. inv.; anche s. m. e f. inv. 1** che (o chi) mangia abitualmente o smodatamente fagioli **2** (*fig.*, *spreg.*) †che (o chi) ha gusti rozzi, volgari

†**mangiafèrro** [comp. di *mangia-* e *ferro* ✻ av. 1556] **s. m. inv.** ● sgherro | bravaccio

mangiaformìche [comp. di *mangia-* e il pl. di *formica* ✻ 1869] **s. m. inv.** ● (*pop.*) formichiere

mangiafrànco [comp. di *mangia-* e *franco* ✻ 1949] **s. m. e f.** (**pl. m. inv.** o *-chi*, **pl. f. inv.**) ● (*merid.*) scroccone, parassita

mangiafùmo [comp. di *mangia-* e *fumo* ✻ 1973] **agg. inv.** ● che elimina il fumo dagli ambienti, purificando l'aria: *candela m.* | ***pianta m.***, pianta da appartamento con ciuffi di foglie nastriformi pendenti che ha la capacità di assorbire fumi e gas nocivi senza patirne conseguenze (*Beaucarnea*)

mangiafuòco [comp. di *mangia-* e *fuoco* ✻ 1880] **s. m. e f. inv. 1** giocoliere che si esibisce nei circhi o sulle strade emettendo fiammate dalla bocca spruzzando un liquido infiammabile su una torcia accesa SIN. sputafuoco **2** (*disus.*) spaccone, smargiasso

†**mangiaguadàgno** [comp. di *mangia-* e *guadagno* ✻ av. 1424] **agg. e s. m.** ● che (o chi) fa umili lavori per guadagnare qlco. | scioperato, fannullone

màngia màngia [iterazione espressiva dell'imperat. di *mangia(re)* ✻ 1935] **loc. sost. m. inv.** ● (*colloq.*) ruberia, profitto illecito SIN. magna magna

mangiaménto [sec. XVI] **s. m. 1** il mangiare spec. in gruppo numeroso e con abbondanza | mangiata **2** (*raro*) mangeria **3** (*raro*, *fig.*) tormento, struggimento: *m. di cuore* **4** †elisione di una lettera

mangiamòccoli (o **-ó-**) [comp. di *mangia-* e il pl. di *moccolo* ✻ 1841] **s. m. e f. inv.** ● bacchettone

mangiamósche [comp. di *mangia-* e il pl. di *mosca* ✻ 1975] **s. m. inv.** ● pigliamosche

mangianàstri [comp. di *mangia-* e il pl. di *nastro* ✻ 1967] **s. m. inv.** ● apparecchio portatile che riproduce musica mediante l'inserzione automatica di nastri magnetici, contenuti in appositi caricatori SIN. giranastri, mangiacassette

mangiapagnòtte [comp. di *mangia-* e il pl. di *pagnotta* ✻ av. 1749] **s. m. e f. inv.** ● (*disus.*) chi percepisce uno stipendio con poca fatica

mangiapàne [comp. di *mangia-* e *pane* ✻ 1618] **s. m. e f. inv.** ● persona inetta, buona solo a mangiare | ***m. a ufo, a tradimento***, chi vive alle spalle altrui

mangiapatàte [comp. di *mangia-* e il pl. di *patata* ✻ 1858] **A s. m. e f. inv. 1** chi è ghiotto di patate o se ne nutre abitualmente | (*scherz.*, *spreg.*) tedesco **2** (*fig.*) persona che non vale nulla **B** anche **agg. inv.**: *tedeschi m.*

mangiapèlli [comp. di *mangia-* e il pl. di *pelle* ✻ 1834] **s. m. inv.** ● (*zool.*) mallofagi

mangiapère [comp. di *mangia-* e il pl. di *pera* ✻ 1869] **s. m. inv.** ● (*zool.*) cervo volante

mangiapolènta [comp. di *mangia-* e *polenta* ✻ 1688] **s. m. e f. inv. 1** chi mangia abitualmente polenta | polentone (spec. come epiteto scherz. o spreg. rivolto a veneti, lombardi e piemontesi) **2** (*fig.*) persona inetta, dappoco

mangiapòpolo [comp. di *mangia-* e *popolo* ✱ av. 1729] **s. m.** ● (*raro*) despota, tiranno

mangiaprèti [comp. di *mangia-* e il pl. di *prete* ✱ 1881] **s. m. e f. inv.** ● chi avversa fortemente i preti e ne sparla | chi è anticlericale convinto

mangiaràgni [comp. di *mangia-* e il pl. di *ragno* ✱ 1965] **s. m. inv.** ● correntemente, uccello dei Passeriformi simile al colibrì con becco lungo e sottile

mangiàr bène o **mangiarbène** [1427] **loc. sost. m. inv.** ● il mangiare cose buone, gustose, sane | la buona cucina: *un appassionato del mangiar bene; quella rivista è la bibbia del mangiarbene*

♦**mangiàre**① [fr. *manger*, dal lat. *manducāre*. V. *manducare* ✱ 1158] **A** **v. tr.** (**pres.** *io màngio*; **fut.** *io mangerò*) **1** ingerire un cibo masticandolo e deglutendolo: *m. carne, pesce, verdura; m. in fretta, adagio, di gusto; m. a crepapelle, a quattro palmenti* **CFR.** fago-, -fago, -fagia, -voro | ***fare da m.***, cucinare i cibi, preparare i pasti | ***roba da m.***, cibi, alimenti | ***non aver da m.***, essere poverissimo | ***m. per tre, per quattro***, (*fig.*) in gran quantità | (*fig.*) ***m. il pane a ufo, a tradimento***, non far nulla per guadagnarselo, farsi mantenere | ***m. di magro***, astenersi in certe occasioni dalle carni, secondo il precetto cattolico | ***m. in bianco***, evitando salse, condimenti piccanti e sim. | (*fig.*) ***m. con gli occhi***, guardare qlcu. o qlco. con intenso desiderio | (*fig.*) ***m. la minestra in testa a qlcu.***, essere più alto, essere più bravo in qlco. | (*fig.*) ***m. alle spalle di qlcu.***, farsi mantenere | ***m. la foglia***, (*fig.*) rendersi conto di qualche inganno o sotterfugio | (*fig.*) ***m. una lettera, una sillaba, le parole*** e sim., non pronunciarla, o pronunciarla male, a metà e sim. | prendere uno dei pasti giornalieri: *è ora di m.; m. in trattoria; mangiamo insieme?* | ***m. alla carta***, secondo la lista | ***m. a prezzo fisso***, secondo una lista prestabilita e generalmente senza scelta | **PROV.** ***l'appetito vien mangiando***, V. *appetito*; ***o mangiar questa minestra o saltar questa finestra***, accetta la situazione pur sgradita perché l'alternativa è ancora peggiore **2** morsicare, pungere: *è stato mangiato dalle zanzare* | ***m. la polvere***, (*fig.*) essere vinto **3** (*fig.*) intaccare, rodere, corrodere: *la ruggine mangia il ferro; l'acido ha mangiato il tessuto* **4** consumare: *è una caldaia che mangia troppo carbone* **5** distruggere, sperperare: *gli ha mangiato tutto il patrimonio* | ***m. a qlcu. la casa e la camicia***, non lasciargli assolutamente nulla **6** (*fig.*) guadagnare illecitamente: *con tutti i suoi intrighi trova sempre da m.* **SIN.** estorcere, rubare, scroccare **7** (*fig.*) sopraffare: *con poche parole ha mangiato tutti gli avversari* | (*mar.*) spazzar via murate, scialuppe, persone, dal ponte della nave, detto del mare tempestoso | ***farsi m. il remo***, lasciarsi inceppare il remo dalle acque per inesperienza della voga **8** giocando a scacchi, a dama, a carte, prendere un pezzo o una carta dell'avversario **B** **anche** **mangiàrsi** **v. tr. pron.** (**aus.** *essere*): (con valore intens.) *mangiarsi una pizza; s'è mangiata tutta la torta* | (*fig.*) ***mangiarsi vivo qlcu.***, sgridarlo con molta asprezza | (*fig.*) ***mangiarsi il cuore, il fegato***, per ira, astio e sim. | ***mangiarsi le unghie***, rosicchiarsele, spec. per vizio | (*fig.*) ***mangiarsi la lingua***, pentirsi per aver detto qlco. di inopportuno | (*fig.*) ***mangiarsi le mani***, per non aver fatto qlco. di particolarmente utile o conveniente, per aver perduto una buona occasione e sim. | (*fig.*) ***mangiarsi qlcu. di baci***, (*lett.*) ***dai baci***, coprirlo di baci | (*fig.*) ***mangiarsi la parola***, non mantenerla | nel linguaggio sportivo, superare con estrema facilità: *mangiarsi l'avversario*; fallire, mancare: *s'è mangiato un gol quasi fatto*

♦**mangiàre**② [da *mangiare*① ✱ 1268] **s. m.** **1** il mangiare: *persona molto difficile nel m.* | pasto: *è pronto il m.?* | V. anche *mangiar bene* **2** †convito, banchetto **3** ciò che si mangia: *un m. saporito, semplice; è come il pane, che tutti gli altri mangiari alla fine guastano lo stomaco* (R. BACCHELLI) **SIN.** cibo, vivanda || **mangiarino**, **dim.** (V.)

SFUMATURE ➤ *cibo*

mangiarìno [1865] **s. m.** **1** dim. di *mangiare*② **2** (*fam.*) cibo squisito e delicato **SIN.** manicaretto

mangiaròspi [comp. di *mangia-* e il pl. di *rospo* ✱ 1970] **s. m. inv.** ● (*zool.*) biscia d'acqua

mangiasapóne [comp. di *mangia-* e *sapone* ✱ 1983] **s. m. e f. inv.** ● (*sett., spreg.*) nativo dell'Italia meridionale

mangiaségo [comp. di *mangia-* e *sego* ✱ 1869] **s. m. inv.** ● (*spreg.*) chi ama e mangia vivande condite con grasso animale | appellativo con cui nel Lombardo-Veneto venivano chiamati i soldati austriaci

mangiasòldi [comp. di *mangia-* e il pl. di *soldo*① ✱ 1967] **A** **s. m. e f. inv.** ● chi riceve uno stipendio immeritatamente perché lavora poco e male **B** **agg. inv.** ● nella loc. ***macchina m.***, apparecchio automatico per il gioco d'azzardo, che funziona mediante l'introduzione di monete o gettoni in un'apposita fessura **CFR.** slot machine

mangiàta [1605] **s. f.** ● pasto abbondante: *fare una m. di pesce* **SIN.** scorpacciata || (*raro*) **mangiatàccia**, **pegg.** | **mangiatina**, **dim.** | **mangiatóna**, **accr.**

mangiatìvo [sec. XIV] **agg.** ● (*lett.*) commestibile | mangereccio: *me ne stavo lì da un'ora con la roba mangiativa* (B. FENOGLIO)

mangiàto **part. pass.** di *mangiare*; **anche** **agg.** **1** nei sign. del v. | (*ellitt.*) ***dopo m.***, dopo aver consumato il pranzo o la cena | (*fam.*) che ha già consumato il pranzo o la cena: *andate al cinema già mangiati?* **2** (*mar.; disus.*) tolto alla vista: *barca mangiata dalle onde*

mangiatóia [da *mangiare*① ✱ 1282] **s. f.** **1** manufatto in legno, in muratura o in cemento, a forma di lunga cassa, dove si mette il foraggio per gli animali **SIN.** greppia **2** (*fig., scherz.*) tavola su cui si mangia: *badare solo alla m.* **3** (*fig.*) fonte di guadagno più o meno lecita

mangiatóre o †**mangiadóre** [sec. XIII] **s. m.** (**f.** *-trice*) **1** chi mangia abbondantemente: *un gran m.* **2** chi mangia abitualmente un determinato cibo: *è un m. di dolci; gli italiani sono mangiatori di pasta* **3** giocoliere che introduce qlco. in bocca e in gola: *m. di spade; m. di fuoco*

mangiatorìa [1865] **s. f.** ● (*raro*) mangeria

mangiatùra [av. 1749] **s. f.** **1** †banchetto, convito **2** (*pop.*) segno lasciato sulla pelle dalle punture degli insetti

mangiatùtto [comp. di *mangia-* e *tutto* ✱ 1869] **s. m. e f. inv.** **1** chi mangia di tutto e molto | chi è di bocca buona | (*fig.*) sciupone, sprecone **2** varietà di fagioli e di piselli a baccelli commestibili

mangiaùfo [da *mangia(re) a ufo* ✱ 1825] **s. m. e f. inv.** ● chi mangia a ufo | scroccone, parassita

mangiauòmini [comp. di *mangia-* e il pl. di *uomo* ✱ av. 1874] **s. f. inv.** ● seduttrice, maliarda (*spec. scherz.*)

mangiavènto [comp. di *mangia-* e *vento* ✱ 1889] **s. m. inv.** ● (*mar.*) nell'attrezzatura a brigantino, vela di prua inferita allo strallo di trinchetto usata con vento leggero

mangìme [da *mangiare* ✱ 1779] **s. m.** ● alimento sfarinato, granulato o sotto forma di semi, destinato agli animali | ***m. concentrato***, ricco di sostanze nutritive e di elevato valore energetico e biologico | ***m. bilanciato***, con un rapporto di composizione tra i diversi elementi nutritivi, idoneo per soddisfare le esigenze alimentari del bestiame in allevamento

mangimifìcio [comp. di *mangime* e *-ficio* ✱ 1970] **s. m.** ● stabilimento per la produzione dei mangimi

mangimìsta [1950] **s. m. e f.** (**pl. m.** *-i*) ● venditore di mangimi

mangimìstica [1960] **s. f.** ● il complesso delle attività connesse con la produzione e l'utilizzazione dei mangimi destinati all'alimentazione animale

mangimìstico [1963] **agg.** (**pl. m.** *-ci*) ● relativo a mangime animale

mangióne [da *mangiare*① ✱ 1353] **s. m.** (**f.** *-a*) **1** chi mangia molto o avidamente: *Margutte, beone, m., mariuolo, millantatore, re dei buffoni volgari* (F. DE SANCTIS) **2** (*fig.*) chi fa mangerie; ladrone **3** (*fig., lett.*) scroccone **4** †lenone

mangiucchiàre o (*pop.*) **smangiucchiàre** [comp. di *mangi(are)*① e *-ucchiare* ✱ 1832] **v. tr.** (*io mangiùcchio*) ● mangiare poco, di tanto in tanto o senza voglia | anche in forma pron. (con valore intens.): *mangiucchiarsi una mela*

màngo [portog. *manga*, vc. del Malabar ✱ av. 1725] **s. m.** (**pl.** *-ghi*) ● albero delle Anacardiacee coltivato nelle zone tropicali, che produce frutti polposi commestibili e molto pregiati (*Mangifera laurina*) | il frutto di tale pianta

mangósta ➤ **mangusta**

mangostàno [ingl. *mangosteen*, dal malese *mangustan* ✱ av. 1636] **s. m.** ● pianta arborea delle Guttifere, coltivata nei climi tropicali per i frutti commestibili con polpa bianca e buccia violacea (*Garcinia mangostana*)

mangròvia o **mangròva** [ingl. *mangrove*, comp. di *mangle* (albero americano) e *grove* 'boschetto' ✱ 1918] **s. f.** ● particolare tipo di vegetazione spec. arborea presente lungo i litorali paludosi delle regioni tropicali, caratterizzata da speciali radici (pneumatofori) che si staccano verticalmente dal suolo e si ergono fuori dall'acqua **SIN.** paletuviere

mangùsta o **mangósta** [fr. *mangouste*, dallo sp. *mangosta*, dall'indiano *mangūs* ✱ 1803] **s. f.** ● mammifero dei Carnivori di piccole dimensioni con corpo allungato, arti brevi, unghie ben sviluppate, cacciatore di serpenti (*Herpestes*) | ***m. icneumone***, icneumone | ***m. indiana***, mungo

màni [vc. dotta, lat. *mānes*, pl. da *mānis* 'buono'. Cfr. *mane* ✱ av. 1729] **s. m. pl.** (**sing.** *-e*) **1** (*relig.*) nell'antica Roma, anime dei trapassati divinizzate e onorate con offerte di fiori, libagioni e cibarie **2** (*fig., lett.*) anima di un defunto, che si ricorda per le sue virtù: *i m. di Ettore, i m. di Enea*

†**mània**① [lat. *imāgine(m)* 'immagine' ✱ sec. XIV] **s. f.** ● simulacro votivo di cera

manìa② [gr. *manía* 'follia', da *maínesthai* 'essere furioso', di orig. indeur. ✱ sec. XIV] **s. f.** **1** disturbo mentale caratterizzato dall'avere un'idea fissa: *m. suicida; m. di persecuzione* | (*est.*) idea ossessiva, fissazione: *ha la m. dell'ordine* | (*est.*) abitudine insolita, ridicola: *ha la m. di parlare da solo* | (*est.*) passione, gusto, interesse eccessivo per qlco.: *ha la m. del ballo* **2** (*psicol.*) stato mentale anormale, caratterizzato da un senso generale di euforia e grande eccitazione, allegria irrefrenabile e immotivata, ottimismo eccessivo e sim.

SFUMATURE DI SIGNIFICATO

mania - vezzo - vizio

Un'abitudine ossessiva, spesso insolita o ridicola è una **mania**. **Vezzo** descrive un modo abituale di fare o di parlare tipico di una persona, magari stravagante ma innocuo. Se un'abitudine riguarda invece pratiche nocive o ritenute immorali si parla di **vizio**.

-manìa [cfr. *mania*②] **secondo elemento** ● in parole composte, spec. della terminologia medica, indica tendenza o passione spiccata, eccessiva (*bibliomania, grafomania*) oppure bisogno ossessivo e talvolta decisamente patologico (*cleptomania, cocainomania, morfinomania, tossicomania*) di ciò che è espresso dal primo elemento

maniacàle [1834] **agg. 1** (*med.*) di mania, tipico della mania: *forma m.*; *sospetti maniacali* **2** (*est.*) ossessivo, smodato: *meticolosità m.* ‖ **maniacalménte**, **avv.** ‖ **maniacalità**, **s. f. inv.**

manìaco [da *mania*② ✱ sec. XIII] **A agg.** (**pl. m.** *-ci*) ● che concerne la mania **B agg. e s. m.** (**f.** *-a*) **1** che (o chi) è affetto da mania: *m. sessuale* **CFR.** -mane | (*per anton.*) maniaco sessuale **2** (*fig.*) che (o chi) manifesta un'attrazione esagerata verso qlco.: *è un m. del calcio*; *individuo m. della pulizia*

manìaco-depressìvo [av. 1916] **agg.** (**pl. m.** *-i*) ● (*med.*) nella loc. ***psicosi maniaco-depressiva***, disturbo mentale caratterizzato da un'instabilità emotiva che alterna momenti di eccitazione maniaca ad altri di melanconia depressiva **CFR.** bipolare

†**maniàto** [da *mania*① ✱ av. 1584] **agg.** ● effigiato fedelmente | identico, tale e quale ‖ †**maniataménte**, **avv.** esattamente

♦**mànica** [lat. *mănica(m)*, da *mănus* 'mano' ✱ 1238] **s. f. 1** parte di un indumento maschile o femminile, che ricopre il braccio: *m. lunga, corta, tre quarti*; *m. aderente, ampia*; *m. raglan, kimono* | ***mezza m.***, manica corta; manica di tela nera che ricopre l'avambraccio, usata un tempo da impiegati, scrivani e sim. a protezione delle maniche della giacca; (*fig.*) impiegato che svolge mansioni modeste e di routine | ***essere in maniche di camicia***, senza giacca | ***tirarsi su, rimboccarsi le maniche***, per lavorare con maggiore libertà; (*fig.*) iniziare a fare qlco. con energia ed entusiasmo | ***è un altro paio di maniche!***, è un'altra cosa | ***essere di m. larga, largo di m.***, (*fig.*) essere indulgente, tollerante | ***essere di m. stretta, stretto di m.***, (*fig.*) essere rigido, non indulgere a concessioni | (*fig.*) ***avere qlcu. nella m.***, manifestargli simpatia e benevolenza | (*fig.*) ***essere nella m. di qlcu.***, goderne i favori | ***avere l'asso nella m.***, (*fig.*) tenere nascosto l'elemento decisivo per mostrarlo al momento opportuno **2** parte delle antiche armature a difesa del braccio, generalmente di maglia di ferro **3** (*est.*) tubo flessibile per acqua o aria | ***m. a vento***, tubo rigido o flessibile, fisso o mobile, che porta aria dai ponti scoperti ai locali interni della nave; negli aeroporti, grosso tubo leggermente conico in tela bianca e rossa, appeso per l'apertura maggiore a un'antenna, che gonfiato dal vento ne indica la direzione e, approssimativamente, l'intensità **4** (*est.*) fornello di fonderia stretto in fondo e largo di bocca **5** †schiera di soldati gener. schierata sui fianchi dell'esercito **6** (*fig.*, *spreg.*) manipolo, banda: *m. di furfanti, di bricconi* | quantità | ***prendersi una m. di botte***, venir picchiato duramente **7** †manico, impugnatura ‖ **manichétta**, **dim.** (V.) | **manichina**, **dim.** | **manicóna**, **accr.**

manicàio [dalla forma di *manica* ✱ 1792] **s. m.** (**pl.** *-ai*) ● (*zool.*) cappalunga

†**manicàre** [sovrapposizione di *masticare* al lat. *manducāre*. V. *manducare* ✱ 1268] **A v. tr. 1** mangiare: *ed ei, pensando ch'io 'l fessi per voglia / di manicar, di subito levorsi* (DANTE *Inf.* XXXIII, 59-60) **2** (*fig.*) consumare, distruggere | (*fig.*) sperperare **B in funzione di s. m.** ● cibo, vivanda | pasto, banchetto

♣**manicarétto** [da †*manicare* ✱ 1353] **s. m.** ● vivanda squisita e appetitosa **SIN.** mangiarino

manicàto [da *manico* ✱ av. 1672] **agg.** ● (*raro*) fornito di manico

†**manicatóre** [da †*manicare* ✱ sec. XIII] **s. m.** (**f.** *-trice*) ● mangiatore, mangione

manicatùra [dal *manico* dello strumento musicale ✱ 1975] **s. f.** ● impostazione della mano del violinista sullo strumento

manìccia [venez. *manizza*, da un agg. deriv. da *manica* ✱ av. 1614] **s. f.** (**pl.** *-ce*) ● (*mar.*) manizza

manicheìsmo [da *manicheo* ✱ av. 1574] **s. m.** ● dottrina religiosa sorta nel III sec. d.C. in ambiente iranico a opera di Mani che, accogliendo varie influenze di altri culti dell'epoca, sosteneva la coesistenza e il conflitto dei due principi del bene e del male | (*est.*) posizione ideologica che esagera la inconciliabilità di due principi

manichèo [lat. tardo *manichāeu(m)*, dal persiano *Mani* (215-277), fondatore della dottrina ✱ av. 1328] **A agg.** ● relativo a Mani o al manicheismo: *dottrina manichea*; *atteggiamento m.* **B s. m.** (**f.** *-a*) ● seguace del manicheismo | (*est.*) chi tende al manicheismo: *con lui non si può ragionare: è un m.*

manichétta [1614] **s. f. 1** dim. di *manica* **2** mezza manica **3** tubo flessibile e di piccolo diametro per acqua o aria

manichétto① [da *manica* ✱ sec. XV] **s. m. 1** risvolto con guarnizioni nel bordo delle maniche di abiti femminili **2** polsino inamidato di camicia e sim.

manichétto② [sec. XIV] **s. m. 1** dim. di *manico* **2** cilindro fornito di corda per tirare i battenti nel telaio a mano **3** (*fig.*, *lett.*) gesto di spregio che si fa alzando l'avambraccio destro e battendovi sopra con la mano sinistra: *fare m.*

manichìno① [da *manica* ✱ av. 1449] **s. m. 1** polsino di camicia maschile | risvolto all'estremità della manica in abiti femminili **2** (**al pl.**) tipo di manette usate in passato

manichìno② [fr. *mannequin*, dal neerl. *mannekijn*, dim. di *man* 'uomo' ✱ 1869] **s. m. 1** fantoccio snodabile usato come modello da pittori e scultori **2** fantoccio di sembianze umane, in legno, plastica e sim. usato nei negozi per esporre abiti, biancheria e sim., o in sartoria per provare o correggere abiti | (*fig.*) ***sembrare un m.***, essere vestito e agghindato con ricercatezza | (*fig.*) ***stare come un m.***, rigidamente immobile **3** (*fig.*, *raro*) persona priva di volontà autonoma **SIN.** marionetta

mànico [lat. parl. **mănicu(m)*, da *mănus* 'mano' ✱ av. 1320] **s. m.** (**pl.** *-ci* o (*lett.*) *-chi*) **1** parte di un oggetto, di uno strumento e sim., che serve per sollevarlo o per maneggiarlo: *m. della vanga, della scopa, del martello, dell'ombrello, del paniere, della tazza, del vaso* | ***m. del remo***, parte del remo che termina con il girone e che sta entrobordo | (*fig.*) ***benedire qlcu. col m. della scopa***, bastonarlo | ***ogni cosa va presa per il suo m.***, (*fig.*) per il suo verso, dal lato giusto | ***il difetto è, sta, nel m.***, (*fig.*) in chi dirige qlco. e non nei mezzi usati o in chi li attua | (*fig.*) ***avere il coltello dalla parte del m.***, essere in una condizione di vantaggio | ***ciurlare nel m.***, tergiversare **2** impugnatura delle tre armi della scherma: *m. della sciabola, della spada, del fioretto* | nel tennis, impugnatura della racchetta **3** parte superiore della campana, incastrata nel mozzo **4** (*mus.*) parte dello strumento a corda, posta tra la cassa e il cavigliere, che porta le corde e i bischeri **5** (*gerg.*) leva di comando di un aereo **6** (*eufem.*, *lett.*) pene ‖ **manichétto**, **dim.** (V.) | **manichino**, **dim.** | **manicóne**, **accr.**

manicomiàle [1905] **agg.** ● di manicomio: *istituzione m.* | ***situazione m.***, (*fig.*) assurda, pazzesca ‖ **manicomialità**, **s. f. inv.** condizione, istituzione manicomiale

manicòmio [comp. del gr. *manía* 'pazzia' e di *-comio* ✱ 1834] **s. m. 1** un tempo, luogo di ricovero e cura dei malati mentali **SIN.** ospedale psichiatrico | ***m. giudiziario***, ospedale psichiatrico giudiziario | ***cose da m.***, (*fig.*) incredibili, insensate **2** (*fig.*, *scherz.*) luogo, ambiente e sim. pieno di rumore, confusione e sim.: *questa casa è un m.*

manicomiẓẓàre [1983] **v. tr.** ● ricoverare in manicomio

manicòrdo [fr. *manicorde*, dal gr. *monóchordos* 'strumento a una corda', comp. di *mono-* 'mono-' e *chordḗ* 'corda' ✱ av. 1510] **s. m.** ● fino al Seicento, altro nome del clavicordo

manicòtto [da *manica* ✱ av. 1587] **s. m. 1** cilindro di pelliccia imbottito e aperto alle due estremità per accogliere le mani e ripararle dal freddo **2** dispositivo a forma di cilindro cavo, che serve per collegare tubi o pezzi metallici | organo di collegamento atto a trasmettere il movimento rotatorio fra due alberi coassiali **3** (*bot.*) cambio nel sign. 5

manicùre /mani'kure, *pseudo-fr.* mani'kyʀ/ [pseudo-fr. *manucure*, comp. del lat. *mănus* 'mano' e di *-cure*, ricavato da *pédicure*. V. *pedicure* ✱ 1879] **A s. f. e m. inv.** ● chi per professione si occupa del trattamento estetico delle mani e spec. delle unghie **B s. f.** ● (*impropr.*) trattamento che si fa alle mani e spec. alle unghie tagliandole, pulendole e sim.: *fare la m.*

mànide [dal genere *Mane*, che risale al lat. *mānes* 'anime dei defunti, spiriti' ✱ av. 1803] **s. m.** ● (*zool.*) pangolino

♦**manièra** o †**manèra** [fr. *manière*, da *manier* 'che si fa con le mani, manuale', dal lat. tardo *manuāriu(m)*, da *mănus* 'mano' ✱ 1250 ca.] **s. f. 1** modo particolare di fare, di essere e di procedere: *non tutti agiscono alla stessa m.*; *ognuno pensa alla sua m.* | modo: *in tal m.*; *in nessuna m.*; *per m. di dire*; *c'è modo e m.* | (*gramm.*) ***complemento di modo o m.***, V. *modo* | ***in tutte le maniere***, in tutti i modi, a ogni costo | ***in m. che, in m. di***, così che | modo di fare, di comportarsi: *parlare, agire in m. semplice, piacevole, signorile, brusca, rozza* | ***fuor di m.***, fuor di modo, di misura | ***m. di dire***, locuzione | ***m. di vita***, norma, regola | usanza, costume: *si comporta alla m. dei contadini* | tatto, garbo, creanza: *ci vuol m.!*; *fare le cose con m.* | ***lo ha trattato in una m.!***, molto male | ***una persona di buone maniere***, educata | ***avere cattive maniere, non aver maniere***, essere maleducato | ***che maniere sono queste?***, espressione di biasimo | ***belle maniere!, che m.!, che maniere!***, escl. di riprovazione e di sdegno **2** stile, tecnica particolare di un artista, di una scuola e sim.: *la m. di Giotto, del Mantegna, del Pascoli* | ***di m.***, di opera o di stile accademici, di carattere imitativo, privi di originalità: *un quadro, una recitazione di m.* | (*est.*) affettazione, ricercatezza, forma convenzionale: *trovava in quel libro tanta m. … e sì poco sentire* (V. ALFIERI) **3** (*lett.*) sorta, specie, genere: *portando nelle mani chi fiori, chi erbe odorose e chi diverse maniere di spezierie* (G. BOCCACCIO) ‖ **manieràccia**, **pegg.** | **manierina**, **dim.**

manieràre [da *maniera* ✱ av. 1712] **v. tr.** (*io manièro*) ● (*raro*, *lett.*) abbellire o caratterizzare in modo artificioso

manieràto [da *maniera* ✱ 1869] **A agg. 1** realizzato con affettazione e ricercatezza

a b c d e f g h i j k l **m** n o p q r s t u v w x y z

eccessive: *è un'eleganza troppo manierata per poter piacere* | ***gesti manierati***, leziosi, privi di naturalezza **2** che pecca di convenzionalismo, che manca di originalità: *scrittore m.*; *pittura manierata* ‖ **manierataménte**, **avv.** **B** **s. m. solo sing.** ● (*lett.*) ciò che è eccessivamente ricercato, affettato: *le eleganze e il m. del francese* (G. LEOPARDI)

manière ➤ **maniero**①

manierismo [fr. *maniérisme*, da *manière* 'maniera' ✱ av. 1810] **s. m.** **1** corrente artistica del tardo Rinascimento tendente all'imitazione esasperata di Michelangelo e Raffaello | (*est.*) ogni orientamento che, in arte o in letteratura, si basa sull'imitazione di un modello ricercando l'originalità nella variazione stilistica e nella complicazione formale: *m. alessandrino* **2** (*psicol.*) atteggiamento espressivo innaturale, affettato e strano, proprio, in particolare, di malati di mente

SFUMATURE ➤ *affettazione*

manierista [fr. *maniériste*, da *manière* 'maniera' ✱ 1685] **A** **agg.** (**pl. m.** *-i*) ● manieristico | (*est.*) imitativo, privo di originalità **B** **s. m. e f.** ● seguace del manierismo | (*est.*, *spreg.*) artista, scrittore privo di originalità

manieristico [1938] **agg.** (**pl. m.** *-ci*) ● del manierismo, relativo al manierismo o ai manieristi: *correnti manieristiche* ‖ **manieristicaménte**, **avv.** secondo le teorie del manierismo

manièro① o (*raro*, *lett.*) **manière** [provenz. *maner*, dal lat. *manēre* 'rimanere' ✱ 1269] **s. m.** **1** in epoca feudale, dimora del feudatario **SIN.** castello **2** (*est.*) castello, villa, dimora signorile di campagna

†**manièro**② [ant. fr. *manier* 'fatto con la mano'. V. *maniera* ✱ av. 1294] **agg.** ● affabile, mansueto | ***falcone m.***, ben addestrato

manieróso (o *-ṣ-*) o †**maneróso** [da *maniera* ✱ sec. XIV] **agg.** **1** che ha belle maniere, che si comporta con garbo ma in modo spesso lezioso, affettato: *un'affabilità un po' manierosa* **2** †ben regolato ‖ **manierosaménte**, **avv.** in modo manieroso, affettato ‖ **manierosità**, **s. f. inv.** ostentazione di belle maniere

manifattóre [da *manifattura* ✱ av. 1311] **A** **s. m.** (**f.** *-trice*) **1** (*raro*) lavoratore manuale | (*disus.*) muratore **2** (*raro*) chi dirige una manifattura o vi lavora **B** **agg.** ● (*raro*) manifatturiero: *industria manifattrice*

†**manifattoria** [av. 1704] **s. f.** ● manifattura

manifattùra [lat. mediev. *manifactūra(m)*, da *mānu făcere* 'fare con la mano' ✱ av. 1405] **s. f.** **1** l'insieme delle lavorazioni necessarie per trasformare la materia prima in manufatto **2** stabilimento in cui vengono eseguite tali operazioni di trasformazione: *il direttore della m.* **SIN.** fabbrica, opificio **3** (*raro*) confezione: *manifatture per uomo, per signora* **4** †esecuzione di un lavoro manuale | modo in cui viene eseguito **5** (*fig.*) †affare, faccenda; maneggio, intrigo

manifatturàre [da *manifattura* ✱ av. 1686] **v. tr.** ● (*raro*) trasformare in manufatto, sottoporre a lavorazione: *m. la seta*

manifatturàto **A** **part. pass.** di *manifatturare*; anche **agg.** **1** nei sign. del v. **2** (*lett.*, *fig.*) eccessivamente elaborato, ricercato: *stile manifatturato* **B** **s. m.** ● (*raro*) manufatto

manifatturière [1690] **s. m.** (**f.** *-a*) ● dirigente o dipendente di una manifattura | proprietario di una manifattura

manifatturièro [1780] **agg.** ● di manifattura, relativo a manifattura: *operaio m.*; *industria manifatturiera*

†**manifestaménto** [1268] **s. m.** ● espressione, palesamento

manifestànte **A** **part. pres.** di *manifestare* ● nei sign. del v. **B** **s. m. e f.** ● chi prende parte a una manifestazione, a una pubblica dimostrazione: *corteo di manifestanti*

♦**manifestàre** [vc. dotta, lat. *manifestāre*, da *manifēstus* 'manifesto①' ✱ 1219] **A** **v. tr.** (*io manifèsto*) **1** rendere noto, far conoscere, esprimere: *m. le proprie opinioni, i propri dubbi* **SIN.** esternare, rivelare **2** palesare, denotare, mostrare: *manifesta un certo nervosismo*; *il muovere della mano manifestava una intenzione di liberalità* (A. MANZONI) **3** (*lett.*) esporre, far vedere **B** **v. intr.** (**aus.** *avere*) ● prendere parte a una pubblica manifestazione: *m. contro i licenziamenti in massa*; *m. per solidarietà con qlcu.* **C** **manifestàrsi** **v. rifl.** e **intr. pron.** ● farsi conoscere: *manifestarsi con le proprie azioni*; *manifestarsi amico, nemico* | palesarsi: *la malattia si manifestò quando era ormai troppo avanzata* **SIN.** rivelarsi **D** **manifestàrsi** in funzione di **s. m. inv.** ● insorgenza, apparizione, indizio: *egli aspettava con ansia il manifestarsi impreveduto di quella volontà* (G. D'ANNUNZIO); *un farmaco che va assunto al primo manifesarsi dell'influenza*

†**manifestativo** [sec. XIV] **agg.** ● significativo | rivelativo

†**manifestatóre** [vc. dotta, lat. tardo *manifestatōre(m)*, da *manifestāre* 'manifestare' ✱ av. 1406] **agg. e s. m.** (**f.** *-trice*) ● rivelatore | delatore

♦**manifestazióne** [vc. dotta, lat. tardo *manifestatiōne(m)*, da *manifestāre* 'manifestare' ✱ 1363] **s. f.** **1** il manifestare; espressione, estrinsecazione, palesamento: *m. di affetto, di simpatia*; *manifestazioni ora di sentimentale rapimento ora di brame furibonde* (B. CROCE) | il manifestarsi; rivelazione, insorgenza: *m. dei sintomi di una malattia* **CFR.** feno- **2** dimostrazione pubblica: *m. di protesta*; *m. contro il governo, per la pace* **3** spettacolo destinato a un vasto pubblico: *stasera avrà luogo una m. sportiva*; *m. artistica, musicale*

manifestino [1869] **s. m.** **1** dim. di *manifesto*② **2** foglietto distribuito al pubblico, spec. per fini propagandistici o pubblicitari; volantino: *l'aereo lanciava manifestini sulla città*

♦**manifèsto**① [vc. dotta, lat. *manifēstu(m)* 'preso per mano', poi 'preso sul fatto', da *mănus* 'mano' ✱ av. 1250] **A** **agg.** ● evidente, palese: *segno, avvertimento m.*; *causa non manifesta*; *quanto io lessi, vidi, appresi, o scrissi, / or sento essere un nulla m.* (V. ALFIERI) | aperto e chiaro: *concetto, senso m.* | notorio: *è m. che quell'uomo è un ladro* | (*lett.*) ***fare, rendere m.***, indicare, rivelare; dichiarare | (*lett.*) ***farsi m.***, rivelarsi, apparire evidente; dichiarare le proprie opinioni | ***in modo m.***, manifestamente ‖ **manifestaménte**, **avv.** in modo palese, evidente: *come è manifestamente provato dall'esperienza* **B** **avv.** ● (*lett.*) in modo chiaro, evidente: *si vede m.*

♦**manifèsto**② [da *manifesto*① ✱ 1602] **A** **s. m.** **1** foglio stampato e affisso in luogo pubblico al fine di far conoscere alla collettività un fatto, un'intenzione, un programma: *m. del Sindaco, del Prefetto*; *m. elettorale, pubblicitario*; *affiggere, attaccare i manifesti* | poster | ***m. della stagione teatrale***, cartellone | ***m. di mobilitazione***, contenente l'ordine collettivo di richiamo alle armi per mobilitazione di personale in congedo **2** scritto contenente l'ideologia e il programma di movimenti culturali, artistici, politici e sim.: *m. futurista*; *m. del partito comunista* **3** documento relativo a operazioni commerciali, finanziarie e sim. | ***m. di carico, di partenza***, documento che le navi mercantili e gli aeromobili presentano alle autorità competenti, nel quale sono riportati tutti gli elementi distintivi della nave o dell'aeromobile e quelli relativi alle merci **B** in funzione di **agg. inv.** ● (posposto a un sost.) nel linguaggio politico-giornalistico, detto di testo che costituisce una sorta di enunciazione programmatica di un gruppo, un movimento, un organismo e sim: *provvedimenti m.* ‖ **manifestino**, **dim.** (V.) | **manifestóne**, **accr.**

maniglia o †**smaniglia** nel sign. 4 [sp. *manilla*, dal lat. *manĭcula(m)*, dim. di *mănus* 'mano' ✱ 1525] **s. f.** **1** elemento di metallo o altro materiale, di varia forma, applicato ai battenti delle porte, a cassetti, sportelli, bauli ecc., che si impugna per aprire, chiudere, sollevare o tirare | (*fig.*, *scherz.*) ***maniglie dell'amore***, fasce adipose che si depositano sui fianchi **2** ***cavallo con maniglie***, V. *cavallo* **3** (*mar.*) grillo nel sign. 4 **4** †braccialetto: *m. d'oro* **5** (**al pl.**) ferri che si mettevano ai piedi e alle mani dei galeotti **6** (*pop.*, *fig.*) protezione di persona influente | raccomandazione ‖ **maniglietta**, **dim.** | **maniglina**, **dim.** | **manigliona**, **accr.** | **maniglione**, **accr. m.** (V.)

manigliàme [1970] **s. m.** ● assortimento di maniglie

†**maniglio** ➤ †**smaniglio**

maniglióne [1889] **s. m.** **1** accr. di *maniglia*: *m. antipanico* **2** robusta maniglia di ferro posta all'estremità superiore dell'ancora

†**manigolderia** [av. 1584] **s. f.** ● azione da manigoldo

♣**manigóldo** (o *-ò-*) [dal n. ted. di pers. *Managold* ✱ 1362] **A** **s. m.** **1** (**f.** *-a*) furfante, briccone (*anche scherz.*): *è stato truffato da due manigoldi*; *pezzo di m.!*; *quel bambino è proprio un m.* **SIN.** birbante **2** †boia, carnefice **B** (*lett.*) anche **agg.**: *non vedevano l'ora … di menar le mani contro quei Turchi manigoldi* (I. NIEVO) ‖ †**manigoldàccio**, **pegg.** | †**manigoldóne**, **accr.**

manila o (*raro*) **manilla** [da *Manila*, capitale delle Filippine ✱ sec. XIV] **s. f.** ● (*bot.*) abacà, nel sign. 2 | ***corda di M.***, cavo di abacà, meno resistente di quello di canapa ma più leggero tanto da galleggiare, usato in marina, spec. per ormeggio

†**manile** ➤ **monile**

manilla **A** **s. f.** ➤ **manila** **B** **s. m. inv.** ● sigaro confezionato con tabacco filippino

manilùvio [comp. del lat. *mănus* 'mano' e *lăvere* 'lavare', sul modello di *pediluvio* ✱ 1869] **s. m.** ● lavacro delle mani, spec. con sostanze medicamentose

maniméttere ➤ **manomettere**

manina [1534] **s. f.** **1** dim. di *mano* **2** segno grafico di una mano con l'indice teso usato per richiamare l'attenzione su un particolare punto del testo **3** bacchetta in legno o altro materiale con una piccola mano scolpita in avorio a un'estremità, usata come grattaschiena **4** nel gioco delle bocce, la boccia che va a toccare il pallino **5** (*bot.*) clavaria

†**maninconia** e deriv. ➤ **malinconia** e deriv.

manióca [vc. indigena tupi ✱ 1549] **s. f.** ● arbusto brasiliano delle Euforbiacee con radici rigonfie ricchissime di amido da cui si estrae la tapioca (*Manihot utilissima*) **SIN.** cassava

manipolàbile [da *manipolare*② ✱ 1963] **agg.** ● che può essere manipolato (*anche fig.*) ‖ **manipolabilità**, **s. f. inv.**

manipolàre① [vc. dotta, lat. *manipulāre(m)*, da *manĭpulus* 'manipolo' ✱ 1381] **A** **agg.** ● appartenente al manipolo: *soldato m.* **B** **s. m.** ● nell'antico esercito romano, soldato appartenente a un manipolo

***manipolàre**② o †**manipulàre** [vc. dotta deriv. dal lat. *manĭpulus* 'manipolo' ✻ 1598] **v. tr.** (*io manìpolo*) **1** lavorare qlco. con le mani, spec. impastando e sim.: *m. la cera, la creta, il mastice* | (*est.*) preparare qlco. mescolando varie sostanze o ingredienti: *m. una pomata, un'essenza* | (*est.*) alterare o contraffare un prodotto alimentare: *m. il vino, le conserve di frutta* **2** (*fig.*) falsificare: *m. le elezioni* | condizionare, manovrare: *m. le coscienze; m. l'opinione pubblica* | †ordire, macchinare **3** far funzionare un manipolatore **4** (*mus.*) in sala di registrazione, servirsi di strumenti elettronici per ottenere speciali effetti sonori quali eco, riverbero, sovraimpressione

SFUMATURE ➤ *impastare*

manipolativo [1985] **agg. 1** che serve a manipolare **2** (*dir.*) ***sentenza manipolativa***, decisione della Corte Costituzionale che ha l'effetto di integrare in senso costituzionalmente corretto una disposizione di legge sottoposta al suo esame | ***referendum m.***, V. *referendum*

manipolàto **part. pass.** di *manipolare*②; **anche agg.** ● nei sign. del v.

manipolatóre [da *manipolare*② ✻ 1612] **s. m. 1** (**f.** *-trice*) chi manipola (*spec. fig.*): *un m. di vini; un m. di imbrogli* **2** interruttore a tasto in apparecchi trasmittenti **3** dispositivo per manipolare, stando a distanza, sostanze pericolose spec. radioattive

manipolatòrio [da *manipolare*② ✻ sec. XX] **agg.** (**pl. m.** *-i* o *raro -ii*) ● relativo a manipolazione (*anche fig.*): *manovre manipolatorie*

manipolazióne [da *manipolare*② ✻ av. 1676] **s. f. 1** il manipolare: *m. dei vini* **2** (*fig.*) manovra per raggirare, imbrogliare e sim. | (*fig.*) controllo, condizionamento: *m. delle coscienze* | (*fig.*) l'azione di alterare o falsare dati, informazioni, notizie e sim. **3** pratica terapeutica che ha lo scopo, mediante trattamento manuale, di curare alcune patologie delle articolazioni o delle masse muscolari **4** (*biol.*) ***m. genetica, m. genica***, intervento con mezzi biologici o biochimici sul patrimonio ereditario di un organismo al fine di modificarne uno o più caratteri

***manìpolo** o †**manìpulo** [vc. dotta, lat. *manĭpulu(m)* 'manciata', comp. di *mănus* 'mano' e **plēre* 'riempire'; il *manipolo* è ciò che *riempie* una *mano* ✻ av. 1292] **s. m. 1** (*raro*) fascio d'erbe, di spighe e sim. **SIN.** mannella, mannello **2** (*milit.*) unità elementare della legione romana composta dai 60 ai 200 uomini | nell'esercito piemontese del secolo XVIII, l'ultima suddivisione del reggimento **3** (*lett.*) drappello non numeroso: *un m. di eroi, di soldati* | (*est.*) piccolo gruppo di persone che lottano unite per una stessa idea: *un m. di fuoriusciti* **4** (*relig.*) striscia di drappo, dello stesso colore della pianeta, con il segno della croce, che il sacerdote cattolico portava all'avambraccio sinistro durante la celebrazione della Messa ‖ **manipolétto**, **dim.**

†**manipulàre** e deriv. ➤ **manipolare**② e deriv.

maniscàlco o **manescàlco**, †**mariscàlco**, †**marescàlco**, †**maliscàlco** [francone *mahrskalk* 'servo (*skalk*) addetto ai cavalli (*mahr*)' ✻ sec. XIII] **s. m.** (**pl.** *-chi*) **1** (**f.** *-a*) chi esercita il mestiere di ferrare gli equini e i bovini da tiro e da sella **2** †veterinario **3** nelle corti dei regni borbonici, governatore della scuderia regia | †condottiero **4** †maestro, guida morale: *i due / che fuor del mondo sì gran marescalchi* (DANTE *Purg.* XXIV, 98-99)

manismo [ingl. *manism*, dal lat. *mānes* 'dei Mani' ✻ 1934] **s. m. 1** (*relig.*) culto delle anime dei defunti e degli antenati **2** corrente di pensiero storico che considera tutte le forme religiose come derivate dal culto degli antenati

manìstico [1975] **agg.** (**pl. m.** *-ci*) ● relativo a manismo

manitù [fr. *manitou*, vc. di orig. algonchina; propr. 'il grande spirito' ✻ 1832] **s. m. inv.** ● presso molti popoli indigeni dell'America settentrionale, il sacro nelle sue varie forme, da spirito personificato a forza magica impersonale

manìzza [V. *maniccia* ✻ 1585] **s. f. 1** ognuna delle impugnature della ruota del timone **2** (*mar.*) maniglia in ferro o legno applicata ai remi di grande diametro **3** (**al pl.**, *disus.*) guanti usati dai corridori ciclisti, che coprono il palmo delle mani e parte delle dita

manlèva [da *manlevare* ✻ 1869] **s. f.** ● (*raro*) malleveria

***manlevàre** [V. *mallevare* ✻ av. 1686] **v. tr.** (*io manlèvo*) ● (*raro*) dare malleveria

mànna**① [lat. tardo *mănna*, dal gr. *mánna*, dall'ebr. *manâ* ✻ av. 1294] **s. f. 1** cibo che, secondo la Bibbia, piovve dal cielo sugli Ebrei che attraversavano il deserto | (*est.*) grazia celeste, cibo di sapienza divina, verità rivelata da Dio | ***la m. celeste, l'eucaristia **2** cibo, bevanda squisita: *questo dolce è una vera m.!* **3** (*fig.*) cosa od occasione vantaggiosa che giunge inaspettatamente: *il suo aiuto è stato una vera m.!* | ***aspettare la m. dal cielo, aspettare che piova la m. in bocca***, rimanere passivo di fronte a una situazione poco favorevole **4** sostanza zuccherina leggermente purgativa ottenuta per incisioni del tronco dell'orniello, nell'Italia meridionale, e spec. in Sicilia | secrezione zuccherina prodotta in vari alberi da punture di insetti: *m. del Madagascar*

SFUMATURE ➤ *cuccagna*

mànna② [lat. tardo *mănua(m)* 'manciata', da *mănus* 'mano' ✻ sec. XIII] **s. f.** ● (*raro*) fastello di erbe, spighe e sim. ‖ **mannèlla**, **dim.** (V.) | **mannèllo**, **dim. m.** (V.)

mannàggia [vc. merid., da *male n'aggia* 'abbia male' ✻ av. 1336] **inter.** ● (*centr.*, *merid.*) esprime impazienza, ira, irritazione, contrarietà e sim.: *m. a voi!; m. la miseria!; m. che furia!* **SIN.** malannaggia, maledizione

mannàia o †**mannàra** [lat. *manuāria(m)*, agg. di *mănus* 'mano' ✻ 1266] **s. f. 1** scure a lama larga, un tempo usata dal boia per la decapitazione: *il ceppo e la m.* **2** (*est.*) lama della ghigliottina | la ghigliottina stessa **3** (*fig.*) pericolo, minaccia grave, che incombe e incute timore: *la m. della censura; la m. del ritiro della patente* **4** grossa scure impugnata con le due mani dal taglialegna | lama di forma trapezoidale, a due impugnature, usata in macelleria per trinciare la carne e spezzare gli ossi ‖ **mannaiétta**, **dim.** | **mannarétta**, **dim.** grosso coltello da cucina | **mannarìno**①, **dim. m.** grosso coltello da cucina a lama larga e piatta

mannarése ➤ **manarese**

mannarìno① ➤ **mannaia**

mannarìno② o †**mannerìno** [etim. incerta: forse da riconnettere al lat. *manuārius* 'che si può prendere con la mano', in quanto animale docile ✻ av. 1543] **s. m.** ● (*tosc.*) agnello castrato e grasso

mannàro [lat. parl. (*lŭpum*) **homināriu(m)*, da *hŏmo*, genit. *hŏminis* 'uomo' ✻ av. 1712] **agg.** ● solo nella loc. ***lupo m.***, (*pop.*) licantropo; (*fam.*) mostro delle favole infantili

mannèlla [1561] **s. f. 1** dim. di *manna*② **2** (*est.*, *raro*) matassina di filo, spago e sim. ‖ **mannellétta**, **dim.** | **mannellìna**, **dim.**

mannèllo [dim. di *manna*② ✻ sec. XIV] **s. m.** ● piccolo fascio di spighe o di erba **SIN.** manipolo, mannella ‖ **mannellétto**, **dim.** | **mannellìno**, **dim.**

mannequin /fr. man'kɛ̃/ [vc. fr., V. *manichino*② ✻ 1908] **s. f. inv.** ● indossatrice

†**mannerìno** ➤ **mannarino**②

mannéto [da *manna*① ✻ 1957] **s. m.** ● piantagione di frassini per la produzione della manna

mannìte [comp. di *mann(a)*① e *-ite*② ✻ 1841] **s. f.** ● (*chim.*) alcol esavalente, costituente principale della manna dalla quale è ricavato, usato in medicina come blando purgante e come nitroderivato per innesco di cartucce

mannitòlo [comp. di *mann(a)*, nel sign. 4, e *-itolo* ✻ sec. XIX] **s. m.** ● (*chim.*) alcol esavalente che si può estrarre dalla manna ed è presente anche in funghi, alghe e urina

†**mànno** [av. 1298] **s. m.** ● manna②

mannòcchia [1609] **s. f.** ● mannocchio

mannòcchio o **manòcchio** [lat. tardo *manŭculu(m)*, per il classico *manĭpulu(m)* 'manipolo' ✻ 1564] **s. m.** ● fascio di rami o sterpi legati con vimini, usato un tempo per fare piccoli argini, rinforzi e sim.

mannòsio [da *mannite* ✻ 1957] **s. m.** ● (*chim.*) monosaccaride presente allo stato libero nella buccia d'arance, ottenibile anche per ossidazione della mannite

♦**màno** o †**màna**① [lat. *mănu(m)*, di orig. indeur. ✻ sec. XII] **A** **s. f.** (**pl.** *màni*, †*màno*; **troncato al sing. e** *raro*, *lett.* **al pl. in** *man*, **spec. in posizione proclitica**) **1** estremità dell'arto superiore, che fa seguito all'avambraccio, comprendente il palmo, il dorso e le dita; ha la funzione di organo prensile e tattile: *m. grossa, callosa, affusolata; la m. destra e la sinistra* **CFR.** chiro- | ***m. nera***, V. *manonera* | ***toccare con m. qlco.***, (*fig.*) constatare direttamente | (*fig.*) ***notizia di prima m.***, che proviene direttamente dalla fonte | (*fig.*) ***di seconda m.***, si dice di oggetto già usato o di qualità scadente, o di notizia avuta indirettamente | ***stringersi, darsi la m.***, in segno di amicizia, per salutarsi, per complimentarsi a vicenda; (*fig.*) essere simili | ***chiedere la m. di una donna***, chiederla in sposa | (*fig.*) ***mettere la m. sul fuoco***, dichiararsi assolutamente sicuro di qlco. (gli antichi Sassoni usavano porre in mano ai rei un ferro rovente; il giudizio divino assolveva chi rimaneva indenne) | ***sporcarsi le mani***, (*fig.*) commettere un misfatto o un'azione vergognosa o umiliante; in un senso più positivo, farsi carico degli aspetti pratici e gravosi di un'attività, fare dei compromessi e sim. | ***bagnarsi le mani di sangue***, (*fig.*) uccidere qlcu. | ***alzar le mani***, in segno di resa | ***alzare la m.***, per chiedere di parlare, o per esprimere un voto | ***levare le mani al cielo***, per invocazione o preghiera | ***alzare le mani su qlcu.***, picchiarlo, malmenarlo | ***a mani giunte***, in attitudine di preghiera | (*fig.*) ***a man salva***, liberamente, senza freno | (*fig.*) ***avere le mani di creta, di ricotta, di burro, di pastafrolla, di vetro***, lasciarsi cadere tutto di mano | ***avere la m. leggera***, (*fig.*) intervenire o giudicare con misura, senza infierire | ***avere la m. pesante***, (*fig.*) intervenire o giudicare con severità eccessiva | ***baciare le mani, la m.***, in atto di riverenza o di omaggio | (*fig.*) ***col cuore in m.***, con tutta sincerità | (*fig.*) ***avere il cuore in m.***, essere molto buono | ***mettersi la m. sul cuore, sul petto***, in atto di contrizione o per sottolineare la propria buona fede | (*fig.*) ***mettersi una m. sulla coscienza***, esaminare bene e onestamente la portata dei propri atti | ***mettersi le mani nei capelli***, per disperazione o dolore | ***mordersi, mangiarsi le mani***, (*fig.*) sfogare la propria rabbia o ira, per un'occasione perduta | ***per m. di qlcu.***, tramite qlcu., per mezzo di qlcu. | (*fig.*) ***m. regia***, V. *manoregia* | ***m. morta***, V. *manomorta* | ***avere le mani libere***, (*fig.*) non essere vincolato da nulla | ***avere le mani legate***, (*fig.*) non poter agire liberamente | ***battere le mani***, applaudire | ***stropicciarsi, fregarsi le mani***, in segno di contentezza, soddisfazione e sim. | (*fig.*) ***lavarsene le mani***, V. *lavare* nel sign. A 1 | (*fam.*) ***fare, farsi fare le mani***, la manicure | ***azione alla m., andar via alla m.***, nel rugby, manovra con scambi e passaggi di palla effettuati con le mani | ***fallo di m.***, nel calcio, quello compiuto dal giocatore che tocca il pallone con le mani o le braccia | (*fig.*) ***m. di Fatima***, amuleto a forma di piccola mano, usato dai musulmani | PROV. ***una m. lava l'altra e tutte e due lavano il viso***, l'aiuto reciproco permette di raggiungere i risultati desiderati; ***gioco*** (o ***scherzo***) ***di m., gioco*** (o ***scherzo***) ***di villano***, i comportamenti maneschi, anche se scherzosi, sono cose da maleducato **2** considerata come organo che prende, afferra, riceve e sim., dà luogo a varie loc. | (*fig.*) ***aver le mani rapaci***, essere avido | ***aver le mani lunghe***, (*fig.*) essere propenso al furto; essere manesco; estendere la propria influenza ovunque | ***avere le mani pulite***, (*fig.*) essere onesto | ***Mani pulite***, (*fig.*) detto di inchieste relative a episodi di corruzione | ***aver qlco. per le mani***, (*fig.*) poterne disporre; (*fig.*) occuparsene, lavorarci | ***aver tanto in m.***, (*fig.*) disporre di argomenti o prove valide | ***dar di m. a qlco.***, afferrarla | ***a m.***, detto di oggetto portatile: *lampada a m.* | ***a portata di m.***, facilmente raggiungibile (*anche fig.*): *tieni il cellulare a portata di m.*; *il successo è ormai a portata di m.* | ***sotto m.***, V. *sottomano* | ***restare a mani vuote***, (*fig.*) subire una delusione, non ottenere ciò che si desiderava | ***mettere le mani su qlco., su qlcu.***, (*fig.*) impadronirsene | ***mettere le mani avanti***, (*fig.*) prevenire in qualche modo le situazioni sgradevoli o pericolose; prevenire un rimprovero, una critica e sim. | ***metter m. a qlco.***, afferrarla, impugnarla; (*fig.*) iniziarla | ***m. a...!***, incitamento ad usare qlco.: *m. alla spada!* | ***essere lesto di m.***, abile nel rubare | ***stendere la m.***, elemosinare | ***venire per le mani***, (*fig.*) capitare | ***le mani a casa!***, ammonimento a chi non sta fermo con le mani e tocca ciò che non dovrebbe | ***giù le mani!***, esortazione che si rivolge, con varie sfumature di significato, a chi intende appropriarsi di cose non sue, a chi usa le mani con eccessiva audacia o maleducazione, a chi dimostra intenzioni belliche di conquista su un certo territorio e sim. **3** considerata come organo che dà, dona, porge e sim., dà origine a varie loc. | ***essere largo, stretto di m.***, (*fig.*) essere generoso, essere avaro | (*fig.*) ***aver le mani bucate***, essere spendaccione | (*fig.*) ***spargere a piene mani***, con abbondanza | ***allargar la m., aprir le mani***, (*fig.*) dare con generosità | ***lasciarsi sfuggire di m. qlco.***, (*fig.*) trascurarla o perderla | ***ricevere qlco. da m. amica***, da una persona amica | ***ricevere da m. ignota***, da persona sconosciuta | ***metter m. alla borsa, al portafogli***, pagare, sborsare del denaro | ***imporre le mani***, (*relig.*) benedire, consacrare **4** considerata come organo che regge, guida e sim., dà luogo a numerose loc. | ***reggere con m. ferma***, (*fig.*) con energica decisione | ***prendere in m. una situazione***, (*fig.*) metterla sotto il proprio controllo | (*fig.*) ***m. di ferro e guanto di velluto***, energia nascosta sotto apparenza di dolcezza | ***portare, tenere qlcu. in palma*** (o ***in palmo***) ***di m.***, (*fig.*) tenerlo in grande considerazione | ***dare una m. a qlcu.***, (*fig.*) aiutarlo | ***mettere le mani in qlco.***, (*fig.*) intervenirvi | (*fig.*) ***tener m. a qlcu.***, appoggiarlo, favorirlo **5** considerata come organo che percuote, offende, punisce e sim., dà origine a numerose loc. | (*fig.*) ***venire alle mani***, azzuffarsi | ***menar le mani***, percuotere | †***dar delle mani, nelle mani***, battere una mano contro l'altra per sdegno e sim. | †***darsi delle mani nel volto***, in segno di dolore | †***dar di m.***, percuotere, colpire; arrestare | ***mettere le mani addosso a qlcu.***, picchiarlo | ***mani pesanti***, di chi picchia sodo | ***a m. armata***, con le armi in pugno | ***gettare il sasso e nascondere la m.***, (*fig.*) fare il male e dissimulare | ***calcare, gravare, caricare la m. su qlco.***, (*fig.*) eccedere o esagerare in qlco. | ***fare man bassa***, (*fig.*) portar via tutto | ***vincere a man bassa***, (*fig.*) facilmente, con ampio margine | ***essere la lunga m. di qlcu.***, (*fig.*) agire più o meno nascostamente per conto d'altri | (*fig.*) ***la m. di Dio***, si dice di ciò che appare come una punizione meritata e provvidenziale **6** considerata come strumento di lavoro, dà luogo a varie loc. | ***a m.***, con le mani: *lavare un pullover a m.* | ***lavorato, fatto a m.***, si dice di ciò che è realizzato senza l'ausilio di macchine | ***mani benedette***, (*fig.*) che fanno ogni cosa con ottimi risultati | (*fig.*) ***mani di fata***, che sembrano prodigiose per abilità e delicatezza | ***aver buona m.***, riuscir bene in qlco. | ***fare, farsi la m., prendere la m. in qlco.***, (*fig.*) acquistare pratica, abilità in qlco. | ***perdere la m.***, (*fig.*) non essere più in possesso di una determinata abilità | ***aver le mani in pasta***, (*fig.*) essere introdotto in un ambiente e sim., e potervi manovrare liberamente | ***dar di m. a qlco.***, iniziarla | (*fig.*) ***far la m. a qlco.***, abituarcisi | ***stare con le mani in m.***, (*fig.*) starsene in ozio | ***m. d'opera***, V. *manodopera* | (*est.*) opera, fattura: *oggetto di buona m.* **7** in relazione all'idea di vicinanza, prontezza, agevolezza, dà origine a molte loc. | ***con qlco. alla m.***, con qlco. di cui si può rapidamente e facilmente disporre: *documenti alla m.* | (*fig.*) ***uomo alla m.***, affabile, cortese | (*fig.*) †***dare a m. un ufficio***, conferirlo senza votazioni, concorsi e sim. | (*fig.*) †***essere alle mani***, essere in combattimento; essere in trattative | ***fuori m., fuori di m.***, V. *fuorimano* | (*fig.*) †***di antica m.***, di lunga data | (*fig.*) †***di lunga m.***, da gran tempo; di gran lunga **8** (*fig.*) lato, parte, direzione: *a m. destra, dritta*; *a m. sinistra, manca, mancina* | ***cedere la m.***, dare la precedenza | ***tenere la propria m.***, stare sul lato della strada stabilito dalle norme della circolazione stradale | ***contro m.***, V. *contromano* **9** (*mar.*) ***m. di terzaroli***, piegatura che si fa nella vela per ridurne la superficie quando il vento è molto forte: *prendere una, due mani di terzaroli* **10** (*lett.*) manipolo, drappello: *una m. di armati* | (*raro*) squadra di operai: *scaricare qlco. a due, a più mani* **11** complesso di caratteristiche di un filato, di un tessuto o di fibre in fiocco, che si rivelano al tatto | (*fig.*) qualità | (*lett.*) ***di bassa m.***, di umile condizione, di origine plebea **12** (*fig.*) forza, potere, autorità: *la m. di Dio, della giustizia* | ***man forte***, V. *manforte* | ***prendere la m.***, detto di cavallo, non obbedire più ai comandi | ***prendere la m., sfuggire di m. a qlcu.***, sfuggire al controllo: *mi pare che la faccenda gli abbia preso la m.*; *la situazione gli è sfuggita di m.* | ***farsi prendere la m. da qlco.***, farsi sopraffare da qlco., abbandonarsi a qlco.: *si è fatto prendere la m. dall'entusiasmo* | ***cadere nelle mani del nemico***, in suo potere | ***essere nelle mani di qlcu.***, sottoposti al suo arbitrio, alla sua volontà | ***siamo nelle mani di Dio***, V. *Dio*[1] nel sign. A 1 | ***la m. pubblica***, il potere pubblico, spec. nel campo economico | (*fig.*) custodia: *essere, trovarsi in mani sicure, in buone mani* **13** (*fig.*) scrittura, carattere: *riconoscere, contraffare la m. di qlcu.*; *scrivere qlco. di propria m.* | ***avere una bella m.***, una bella calligrafia | (*est.*) impronta, stile: *in questa sequenza si nota la m. del grande regista* **14** nei giochi di carte, condizione di chi gioca per primo: *essere di m.* | periodo che va dal momento della distribuzione delle carte fino all'esaurimento delle stesse: *essere alla seconda m.* **15** (*lett.*, *fig.*) ordine, serie: *due, tre mani di trincee, reticolati, fortificazioni* | ***di m. in m.***, ordinatamente | ***a m. a m., man m., m. a m.***, successivamente, via via, a poco a poco **16** (*fig.*) strato: *dare una m. di vernice a qlco.* | ***dar l'ultima m.***, (*fig.*) completare l'opera **B** Nelle loc. cong. ***man m. che***, (*lett.*) ***di m. in m. che*** • introduce una prop. subordinata la cui azione si svolge in modo graduale e parallelo rispetto a quella della reggente: *man m. che salivano, il panorama si dilatava alla vista* ‖ **manàccia**, pegg. | **manòccia**, accr. | **manìna**, dim. (V.) | **manóna**, accr. | **manóne**, accr. m. | (*vezz.*) **manùccia**, **manùzza**, dim.

NOMENCLATURA

mano (cfr. tatto, superficie)

• *caratteristiche*: destra, sinistra; magra, scarna ⇔ grossa ⇔ piccola, larga ⇔ stretta, chiusa ⇔ aperta, tesa, quadrata; gonfia, grassa, grassottella, tornita, morbida ⇔ callosa, rugosa, da muratore ⇔ affusolata = da pianista; rattrappita, contratta ⇔ dolce, gentile, aggraziata; asciutta ⇔ sudata, umidiccia, calda ⇔ fredda; operosa, abile = di fata, d'oro, esperta, agile, ferma ⇔ nervosa, tremante; di ferro ⇔ di pastafrolla = di burro; curata, inanellata;

• *parti della mano*: polso; palmo; dorso; dita (pollice, indice, medio, anulare, mignolo; ossa delle dita: falange, falangina, falangetta), nocche, polpastrelli (impronte digitali), unghie (pipita, lunula), carpo (navicolare = scafoide, piramidale, semilunare, pisiforme, trapezio, trapezoide, capitato, uncinato), metacarpo; articolazioni (carpiche, carpo-metacarpiche, intermetacarpiche, metacarpo-falangee, interfalangee);

• *azioni*: aprire ⇔ chiudere, stendere, stringere ⇔ allargare; sfiorare, accarezzare, vellicare, solleticare; ricevere, afferrare, prendere, tenere, toccare, tastare = palpare, massaggiare, premere, spingere, colpire, malmenare, schiaffeggiare; perquisire; curare, fare la manicure, tagliare, limare, pulire, dare lo smalto; mangiare, mordere, mordicchiare le unghie; manomettere, manipolare, maneggiare; medicare; mungere; manovrare; ammanicare, ammanigliare; ammanettare; digitare;

• *persone*: ambidestro, destrimano, mancino; monco; manovale; manovratore; chirurgo; chiromante;

• *oggetti*: spazzolino, forbicina, limetta, tronchesina, tagliaunghie, smalto, acetone, solvente; guanti, manicotto, scaldamani; anello.

manòcchio ➤ **mannocchio**

♦**manodòpera** o **màno d'òpera** [calco sul fr. *main-d'œuvre* ✱ 1797] **s. f.** (**pl.** *manodòpere*) **1** complesso dei lavoratori spec. manuali di una data industria, di un certo settore, di un determinato Paese o regione: *m. qualificata*; *carenza di m.* **2** costo del lavoro umano necessario per produrre un dato bene o servizio: *calcolare l'incidenza della m. sul costo di produzione*

manolèsta [comp. di *mano* e *lesta*, per l'agilità necessaria nei furti con destrezza ✱ 1984] **A** **s. m. e f.** (**pl. m. inv**; **pl. f.** *manolèste*) • ladro, borseggiatore: *scippatori e manoleste non rinunciano alle ferie* **B** **anche agg.**: *un tipo m.*

manomésso **part. pass.** di *manomettere*; **anche agg. 1** nei sign. del v. | che è stato abusivamente aperto, toccato, alterato e sim.: *un pacco m.* **2** nel diritto romano, detto di schiavo liberato

manòmetro [fr. *manomètre*, comp. del gr. *manós* 'poco denso' e di *-mètre* '-metro' ✱ 1816] **s. m.** • (*fis.*) strumento che misura la pressione di un fluido: *m. a colonna di liquido, a membrana*

manomèttere o (*tosc.*) **manimèttere**, (*tosc.*) **marimèttere** spec. nel sign. 1 [lat. *manumĭttere* 'affrancare', propr. 'mandare via con la mano', comp. di *mănu* 'con la mano' e *mĭttere* 'mandar via' (V. *mettere*) ✶ av. 1294] **v. tr.** (**coniug. come** *mettere*) **1** (*tosc.* o *lett.*) cominciare a usare: *m. la botte, i risparmi* **2** alterare, danneggiare, violare qlco. senza averne il diritto: *m. le prove, i documenti*; *m. una serratura* | (*fig.*, *lett.*) travisare, distorcere: *m. il senso delle parole* | (*lett.*) ***m. una città***, saccheggiarla | †***m. una persona***, metterle le mani addosso **3** (*fig.*) violare, ledere: *m. i diritti di qlcu.* **4** nel diritto romano, liberare uno schiavo

SFUMATURE ➤ *alterare*

manomissióne o †**manumissióne** [lat. *manumissiōne(m)*, da *manumĭssus*. V. *manomesso* ✶ 1561] **s. f. 1** il manomettere | violazione, alterazione, danneggiamento: *la m. di un plico, di una prova, di un diritto* **2** nel diritto romano, liberazione dalla schiavitù

manomissóre [vc. dotta, lat. tardo *manumissōre(m)*, da *manumĭssus*. V. *manomesso* ✶ av. 1729] **s. m.** (**difett. del f.**) ● nel diritto romano, chi manometteva uno schiavo

manomòrta o (*raro*) **màno mòrta** [comp., nel sign. 1, di *mano* 'possesso' e *morta* 'rigida', perché non poteva essere alienata; nel sign. 2 di *mano*, in senso proprio, e *morta* 'inerte' ✶ 1676] **s. f.** (**pl.** *manimòrte*) **1** (*dir.*) condizione giuridicamente privilegiata per cui i beni appartenenti ad enti morali, spec. chiese o conventi, non erano soggetti a imposte di successione ed erano inalienabili e inconvertibili | (*est.*) il complesso di tali beni | diritto del feudatario di ereditare i possedimenti di un vassallo morto senza figli maschi **2** (*fam.*) ***fare la m.***, su un mezzo pubblico o sim., allungare la mano su qlcu. e compiere atti di molestia sessuale, approfittando dell'affollamento

manonéra o **màno néra** [comp. di *mano* e il f. di *nero* ✶ 1905] **s. f.** ● ogni setta o associazione segreta, con finalità politiche o criminali, che operava in Europa e tra gli emigrati italiani negli Stati Uniti tra la fine del XIX sec. e l'inizio del XX ed era contraddistinta da un simbolo raffigurante una mano nera

manopèsca [comp. di *mano* e *pesca*① ✶ 1990] **agg. inv.** ● di tessuto che ha subito un trattamento che lo ha reso morbido e vellutato come la buccia di una pesca: *seta m.*; *body in microfibra m.*

manòpola [lat. tardo *manŭpula(m)*, var. di *manĭpula(m)*, da *mănus* 'mano': attraverso lo sp. *manopla* (?) ✶ 1552] **s. f. 1** parte delle antiche armature in ferro, maglia di ferro o cuoio, che aveva la funzione di proteggere il braccio **SIN.** mitena **2** risvolto della manica in abito o mantello: *m. di pelliccia, di velluto, di seta* | particolare modello di guanto in cui solo il pollice è diviso dalle altre dita **SIN.** muffola **3** rivestimento in gomma, cuoio o altro materiale posto sull'impugnatura del manubrio di biciclette, motociclette e sim. **4** su vari mezzi di trasporto, specie di lungo anello in cuoio, tessuto, metallo o plastica, sospeso al soffitto per sostenersi quando si viaggia in piedi | striscia di cuoio o altro materiale applicata all'impugnatura dei bastoncini da sci **5** (*gener.*) pomello girevole per la regolazione di congegni, apparecchiature e sim.: *ruotare la m.*; *la m. della caldaia, della ventola*

manorègia [comp. di *mano*, nel senso simbolico mediev. di 'autorità, tutela', e *regia* 'del re' ✶ av. 1540] **s. f.** (**pl.** *-gie*) ● ingerenza dell'autorità civile negli affari ecclesiastici

manoscrìtto o †**manuscrìtto** [lat. *mănu scrĭptu(m)* 'scritto a mano' ✶ av. 1601] **A agg.** ● scritto a mano: *documento m.*; *portava in mano un rotolo di musica manoscritta* (A. Fogazzaro) **B s. m. 1** testo scritto a mano: *un m. antico* **2** (*est.*) opera autografa: *compulsare un m. del Foscolo* | in filologia, ogni codice scritto a mano risalente al periodo anteriore all'invenzione della stampa

manoscrìvere [retroformazione da *manoscritto* ✶ 1827] **v. tr.** (**coniug. come** *scrivere*) ● (*raro*) scrivere di propria mano: *m. un curriculum*

manóso (o **-ṣ-**) [da *mano*, perché soffice al tatto ✶ av. 1646] **agg. 1** (*tosc.*) morbido, soffice: *panno m.* **2** (*fig.*) †arrendevole, docile: *molle son fatto ed umile e m.* (V. Alfieri)

manovalànza [da *manovale* ✶ av. 1937] **s. f. 1** la categoria dei manovali; la manodopera non specializzata | il lavoro dei manovali | il costo di tale lavoro **2** (*est.*) compiti meramente esecutivi | l'insieme di chi svolge tali compiti

manovàle o †**manuàle**① [lat. *manuāle(m)*, agg. di *mănus* 'mano' ✶ sec. XII] **A s. m. e f. 1** operaio non qualificato addetto a lavori di fatica spec. nel campo edilizio **2** chi, spec. in un gruppo organizzato, svolge mansioni subordinate, di scarso impegno e rilievo **B agg.** ● †V. **manuale**①

manovèlla [lat. parl. **manubĕlla(m)*, da *manĭcula*, dim. di *mănus* 'mano' ✶ av. 1292] **s. f. 1** asta opportunamente sagomata, dotata di un attacco o di un'impugnatura che, inserita in un meccanismo, serve per azionarlo | un tempo, l'asta con impugnatura che serviva ad azionare la macchina da presa | (*fig.*) ***dare il primo giro di m.***, iniziare le riprese di un film **2** (*mecc.*) albero a gomito che trasforma il moto rotatorio in moto rettilineo alternativo

manovellìṣmo [1957] **s. m.** ● sistema meccanico articolato, costituito da biella, manovella, corsoio e guida, per la trasformazione di un moto rettilineo alternativo in moto rotatorio o viceversa

♦**manòvra** [fr. *manœuvre*, da *manœuvrer* 'manovrare' ✶ 1670] **s. f. 1** serie di operazioni, movimenti e sim. atti al conseguimento di un determinato risultato | ***manovre di corda***, nell'alpinismo, quelle che comprendono l'utilizzo della corda nelle varie tecniche di scalata **2** complesso delle operazioni necessarie per far funzionare una macchina o una sua parte: *il freddo rese impossibile la m.* | variazione di velocità, direzione o posizione, spec. in mezzi di trasporto: *m. di decollo*; *fare m. per parcheggiare* **3** (*mar.*) uso pratico di vele, motore, cime, cavi e sim. per muovere e dirigere una nave o un'imbarcazione | ***posto di m.***, che ogni marinaio deve raggiungere quando si mollano gli ormeggi, ci si ancora e sim. **4** (*mar.*, **spec. al pl.**) ciascuno dei cavi, cime e sim. montati su una nave | ***manovre dormienti***, che sostengono e fissano l'alberatura, quali sartie e sim. | ***manovre correnti***, scorrevoli per alzare e orientare vele, quali drizze e sim. **5** movimento di veicoli ferroviari con inizio e termine nell'ambito della stazione: *treno in m.* | ***locomotiva da m.***, adibita a tale servizio **6** (*milit.*) impiego delle forze e dei mezzi a disposizione per realizzare un determinato scopo tattico o strategico | evoluzione di truppe | ***grandi manovre***, esercitazioni a scopo addestrativo; (*fig.*) grandi preparativi, serie di iniziative in vista di qlco. **7** (*fig.*) insieme di iniziative coordinate allo scopo di raggiungere un determinato fine: *m. monetaria, di bilancio* | ***m. economica del Governo***, (*assol.*) ***manovra***, complesso di provvedimenti fiscali e finanziari per migliorare il bilancio dello Stato: *proteste contro la m. del Governo* **8** (*fig.*) maneggio, raggiro: *è stata una m. politica*; *accorgersi in tempo delle manovre avversarie* | ***m. di Borsa***, per far rialzare o abbassare artificialmente i valori | ***m. di corridoio***, condotta dietro le quinte ‖ **manovràccia**, **pegg.** | **manovrétta**, **dim.** | **manovrina**, **dim.**

manovràbile [1924] **agg.** ● che si può manovrare | (*fig.*) che si può facilmente influenzare: *una persona m.* ‖ **manovrabilità**, **s. f. inv.**

manovràre [fr. *manoeuvrer*, dal lat. mediev. *manuoperāre*, comp. di *mănu* 'con la mano' e *operāre* ✶ 1803] **A v. tr.** (*io manòvro*) **1** far funzionare mediante le necessarie operazioni: *m. un congegno, un meccanismo* **2** (*milit.*) far muovere unità e reparti in operazioni o in esercitazioni per compiere determinati atti tattici o strategici **3** (*fig.*) far agire qlcu. a proprio piacimento: *è un uomo privo di carattere e si lascia m. da chiunque* **B v. intr.** (**aus.** *avere*) ● compiere una o più manovre: *con questo traffico è impossibile m.*; *la nave manovra per entrare in porto*; *le truppe manovrano su un vasto fronte* | (*fig.*) tramare, brigare: *sono mesi che manovrano per riuscire nel loro intento*

manovràto **part. pass.** di *manovrare*; anche **agg. 1** nei sign. del v. **2** ***gioco m.***, nel calcio e sim., quello che si svolge con numerosi passaggi

manovratóre [1798] **s. m.** (**f.** *-trice*) ● chi esegue o dirige una manovra (***anche fig.***) | ***m. del tram***, guidatore | nelle stazioni ferroviarie, addetto alla composizione e scomposizione dei treni

manovrièro o (*raro*) **manovrière** [fr. *manoeuvrier*, da *manoeuvrer* 'manovrare' ✶ 1813] **A agg. 1** che manovra bene, con abilità | ***squadra manovriera***, nel calcio e sim., quella che gioca con azioni collettive, complesse e ben impostate **2** che si manovra facilmente **B agg. e s. m.** (**f.** *-a*) ● (*fig.*) che (o chi) è abile e astuto nel manovrare a proprio vantaggio: *un politico m.*

manque /fr. mɑ̃k/ [vc. fr., deriv. di *manquer* 'mancare' ✶ 1974] **s. m. inv.** ● nel gioco della roulette, combinazione costituita dai primi diciotto numeri, escluso lo zero, su cui si può puntare **CFR.** passe

manritta ➤ **mandritta**

manritto [comp. di *man(o)* e *(di)ritto* ✶ av. 1601] **A s. m.** ➤ **mandritto** **B agg.** ● †che sta a destra, che è volto a destra

manrovèscio o (*pop.*) **marrovèscio**, †**manrivèscio** [comp. di *man(o)* e *rovescio* ✶ 1400 ca.] **s. m. 1** colpo di sciabola o spada dato da sinistra a destra, rispetto a chi maneggia l'arma **2** ceffone dato col rovescio della mano

man sàlva o (*raro*) **mansàlva** [comp. di *man(o)* e il f. di *salvo* ✶ av. 1363] **vc.** ● solo nella loc. avv. ***a man salva***, impunemente, senza freno: *rubare a man salva*; (*lett.*) senza danno; (*lett.*) a colpo sicuro, facilmente; †prontamente, rapidamente

mansàrda [fr. *mansarde*, dall'architetto F. *Mansart* (1598-1666), che la ideò ✶ 1803] **s. f. 1** (*archit.*) disposizione particolare di tetto, ottenuta spezzando le falde in due parti a diversa pendenza, in modo da permettere l'utilizzazione del sottotetto come abitazione **2** correntemente, l'abitazione così ottenuta e il relativo tipo di finestra **3** (*autom.*) vano di piccola altezza dotato di cuccetta, posto sopra la cabina di guida di un autocaravan ‖ **mansardina**, **dim.**

mansardàto [da *mansarda* ✶ 1985] **agg.** ● disposto a mansarda | fornito di mansarda: *attico m.*

†**manséẓẓa** [da *manso*② ✶ sec. XIV] **s. f.** ● mansuetudine

†**mansionàre** [da *mansione* ✶ sec. XIV] **v. tr.** ● assegnare un posto o una dimora

mansionàrio [vc. dotta, lat. tardo *mansionā-*

riu(m), da *mānsio*, genit. *mansiōnis* 'mansione' ✻ av. 1342] **s. m. 1** antico titolo di cappellano, con beneficio, addetto alla custodia di una chiesa, con obbligo di residenza **2** titolo dato sotto i Merovingi ai marescialli di alloggio **3** (*dir.*) elenco delle mansioni stabilite dal contratto di lavoro per diverse categorie di dipendenti di aziende o di enti pubblici | elenco delle mansioni che un lavoratore dipendente svolge in base al proprio livello di inquadramento

mansionàtico [1758] **s. m.** (**pl.** *-ci*) ● in epoca medievale, tributo che il vassallo doveva pagare per l'alloggio del signore, di passaggio sulle sue terre

mansióne [vc. dotta, lat. *mansiōne(m)* 'dimora, sosta', da *manēre* 'rimanere' ✻ 1282] **s. f. 1** compito da svolgere: *svolgere le proprie mansioni* **SIN.** incarico, ufficio **2** (*dir.*, **spec. al pl.**) insieme delle attività per il cui svolgimento è assunto il lavoratore **3** †luogo dove si dimora | †fermata, luogo di sosta **4** †indirizzo, recapito **5** †ricovero dei pellegrini

SFUMATURE ➤ ***carica***, ➤ ***funzione***

†**mànso**① [lat. mediev. *mānsu(m)*, da *manēre* 'rimanere' ✻ av. 1536] **s. m.** ● podere

mànso② [lat. tardo *mānsu(m)*, ricavato da *mansuētu(m)* 'mansueto' ✻ 1186] **agg. 1** (*lett.*) mite, mansueto: *tigri aspri, orsi, lion diverran mansi* (L. DE' MEDICI) | (*lett.*) pacifico, bonario **2** (*lett.*) ameno: *il paesaggio s'è andato facendo ... m.* (G. UNGARETTI) **3** †innocuo

mansuefàre [lat. *mansuefăcere*, comp. di *mānsus* 'mansueto' e *făcere* 'fare' ✻ 1499] **A v. tr.** (**coniug. come** *fare*) **1** (*lett.*) rendere domestico e mansueto: *m. animali selvaggi* | (*est.*) rendere docile, domo: *m. un popolo, un ragazzo ribelle* | rendere più mite, dolce: *mansuefece, e raddolcì l'acerba / vista con atto placido e cortese* (T. TASSO) **2** (*fig.*, *lett.*) dominare, placare: *m. l'ira, l'orgoglio* **B mansuefàrsi v. intr. pron.** ● (*lett.*) diventare docile, mansueto

†**mansuèscere** [vc. dotta, lat. *mansuēscere*, propr. 'abituare alla mano', comp. di *mānus* 'mano' e *suēscere* 'abituare'. V. *consueto* ✻ 1308] **v. intr.** ● diventare mansueto

♣**mansuèto** [vc. dotta, lat. *mansuētu(m)*, da *mansuēscere* '†mansuescere' ✻ 1261 ca.] **agg. 1** di animale docile e innocuo per natura o (*raro*) addomesticato: *agnello m.* **2** di persona mite e paziente: *un uomo buono e m.* | (*raro*, *lett.*) benigno, favorevole: *mostrarsi m. verso qlcu.* **3** che dimostra mansuetudine e mitezza: *occhi mansueti*; *carattere, animo m.* | †che declina dolcemente: *move dal colle, mansueta e dolce, / la schiena del bel monte* (A. POLIZIANO) ‖ **mansuetaménte**, **avv.**

♣**mansuetùdine** [vc. dotta, lat. *mansuetūdine(m)*, da *mansuētus* 'mansueto' ✻ 1261 ca.] **s. f.** ● docilità, mitezza: *la m. dell'agnello*; *indi e m. e durezza ... / porto egualmente* (F. PETRARCA)

mànta [sp. d'America *manta*, propr. 'mantello', per l'aspetto ✻ 1957] **s. f.** ● grande pesce dei Raiformi, di forma romboidale appiattita, con pelle scabra nera superiormente e bianca sul ventre, che si nutre di plancton (*Manta birostris*) **SIN.** razza cornuta

†**mantacàre** [da *mantaco* ✻ 1287] **v. intr.** ● soffiare col mantice: *Agnolo di altra parte mantacando dicea ...* (F. SACCHETTI) | (*est.*) ansimare

†**màntaco** ➤ **mantice**

†**mantadùra** [da *(am)mantatura* ✻ sec. XIII] **s. f.** ● manto, abito, veste

†**mantanènte** ➤ †**mantinente**

†**mantàrro** [arabo *mimṭar* 'impermeabile' ✻ av. 1530] **s. m.** ● tabarro da pastore: *un pastore nell'aspetto giovanissimo, avvolto in un m.* (I. SANNAZARO)

mànte ➤ **amante**②

-mànte [dal gr. *mántis* 'indovino'] secondo elemento ● in parole composte, significa 'indovino': *cartomante, chiromante, ieromante, rabdomante*

mantèca [sp. *manteca*, 'burro', di orig. preindeur. ✻ 1651] **s. f. 1** (*disus.*) pomata per capelli: *capelli ritinti d'una quasi rosea orribile m.* (L. PIRANDELLO) | (*disus.*) unguento, crema per la pelle **2** (*est.*, *raro*) composto di sostanze omogenee della consistenza di impiastro **3** (*merid.*) burrino **4** (*raro*, *fig.*) persona fiacca e inefficiente

mantecàre [da *manteca* ✻ av. 1834] **v. tr.** (*io mantèco, tu mantèchi*) **1** ridurre sostanze grasse allo stato di manteca **2** (*cucina*) rendere pastose e cremose sostanze alimentari

mantecàto **A** **part. pass.** di *mantecare*; anche **agg. 1** nei sign. del v. **2** ***baccalà m.***, lessato, sbattuto e triturato con olio e sale, specialità della cucina veneta **B s. m.** ● gelato molle e cremoso servito in coppa

mantèlla [1869] **s. f.** ● mantello, cappa femminile o militare ‖ **mantellétta**, **dim.** (V.) | **mantellìna**, **dim.** (V.)

†**mantellàre**① [da *mantello* ✻ av. 1332] **A v. tr.** ● coprire col mantello **SIN.** ammantare | (*fig.*) celare sotto false apparenze **B** †**mantellàrsi v. rifl.** ● coprirsi con un mantello | (*fig.*) scusarsi, difendersi

mantellàre② [da *mantello*, come 'rivestimento' ✻ 1957] **agg.** ● (*anat.*, *biol.*) detto di struttura lamellare o comunque appiattita con apparenti funzioni di rivestimento

mantellàta① [dal *mantello* che portavano ✻ sec. XIV] **s. f. 1** (*pop.*, **spec. al pl.**) suora ascritta ai terzi ordini mendicanti, che viveva in comunità o da laica fuori del convento **2** (**al pl.**) ***le Mantellate***, in alcune città, convento di tali terziarie

mantellàta② [da *mantello* nel sign. 4 ✻ 1957] **s. f.** ● (*idraul.*) opera, costruita in cemento armato o anche con pertiche, grossi vimini e sim., predisposta per difendere le sponde di un corso d'acqua dall'erosione

mantellétta [1787] **s. f. 1** dim. di *mantella* **2** mantello corto che copre solo spalle e petto

mantellétto [sec. XIV] **s. m. 1** dim. di *mantello* **2** specie di riparo mobile, formato da tavole ricoperte di lamiera e munito di ruote, un tempo usato dagli assedianti per difendersi dal fuoco di fucileria degli assediati **3** (*mar.*, **spec. al pl.**) portello e relativo battente di chiusura | ***m. delle vele***, batticoffa | ***m. delle gomene***, paglietto

mantellìna [sec. XIII] **s. f. 1** dim. di *mantella* **2** indumento un tempo in dotazione ai bersaglieri e agli alpini **3** intonaco interno del pozzo **SIN.** camicia

♦**mantèllo** [lat. *mantēllu(m)*, di etim. incerta ✻ 1234] **s. m.** (**pl.** *-i*, †*mantèlla*, **f.**) **1** indumento, un tempo assai usato, indossato sopra gli abiti, ampio, senza maniche, affibbiato al collo, di lunghezza varia: *m. di lana*; *m. foderato*; *m. a ruota* | (*est.*) elegante soprabito femminile da pomeriggio **2** (*fig.*) coltre: *un m. di ghiaccio, di neve, di nebbia* **3** (*fig.*, *raro*) falsa apparenza: *farne di tutti i colori sotto il m. della carità, della religione* **4** in varie tecnologie, costruzione, struttura, involucro che protegge, copre, nasconde ciò che è posto sotto | in un trapano radiale, il sostegno del braccio, girevole intorno a una colonna fissata al basamento della macchina **5** (*zool.*) pelame di vario colore che riveste il corpo dei Mammiferi: *cavallo con il m. baio* | struttura formata da due pieghe che si dipartono dalla parte posteriore del corpo dei Brachiopodi, le quali con la loro faccia esterna secernono la conchiglia **6** (*geol.*) involucro del globo terrestre compreso fra la crosta e il nucleo, tra 5-30 e 2900 km, costituito di silicati spec. di magnesio **7** (*econ.*) titolo a reddito fisso privato delle cedole di futura scadenza **8** ***m. d'Arlecchino***, decorazione del boccascena consistente in una striscia orizzontale di stoffa, uguale a quella del sipario, posta subito dietro l'arco scenico ‖ **mantellàccio**, **pegg.** | **mantellétto**, **dim.** (V.) | **mantellìno**, **dim.** | **mantellóne**, **accr.** | (*spreg.*) **mantellùccio**, **dim.**

mantenènte① **part. pres.** di *mantenere*; anche **agg.** ● nei sign. del v.

†**mantenènte**② ➤ †**mantinente**

♦**mantenére** [lat. *mānu tenēre* 'tenere con la mano' ✻ av. 1250] **A v. tr.** (**coniug. come** *tenere*) **1** far continuare a esistere, preservare, far durare: *m. in piedi un edificio pericolante*; *m. in vita un malato* | far sì che qlco. non venga meno: *non saper m. la disciplina* | far rimanere in una data condizione: *il freddo mantiene intatti i cibi* | conservare: *m. il proprio posto, i collegamenti, l'amicizia* | anche in forma pron. (con valore intens.): *mantenersi la reputazione*; *la fatica sta nel mantenersi gli amici, e non in acquistarsegli* (P. ARETINO) **2** sostentare, fornire il necessario per vivere: *m. la famiglia, la moglie* **3** provvedere con mezzi adeguati al funzionamento di qlco.; finanziare: *m. una scuola, un istituto, un ospedale*; *m. un giornale* **4** tenere, difendere: *m. le posizioni, il dominio, il campo* | affermare, sostenere: *m. le proprie ragioni* **5** tener fede a qlco.: *m. la parola data, gli impegni assunti* | ***m. un segreto***, non svelarlo **B mantenérsi v. rifl. 1** alimentarsi, sostentarsi (**+ con**): *lavorare per mantenersi*; *mantenersi con i proventi del proprio lavoro* **2** tenersi, conservarsi: *mantenersi in forze*; *si mantengono al governo con raggiri e pastette* **C mantenérsi v. intr. pron.** ● conservarsi, rimanere: *il cambio del dollaro si mantiene alto*; *la bella stagione non si manterrà a lungo*

mantenìbile [av. 1704] **agg.** ● che si può mantenere

manteniménto [1261 ca.] **s. m. 1** il mantenere: *il m. dell'ordine* | conservazione, preservazione: *il m. delle istituzioni* | adempimento, osservanza: *il m. di una promessa* **2** sostentamento: *provvedere al m. di una famiglia numerosa*; *non potea sostener la spesa per il m. di un ministro* (P. SARPI) **3** manutenzione: *il m. della viabilità e degli edifici pubblici*

mantenitóre [av. 1375] **s. m.** (**f.** *-trice*) **1** (*lett.*) chi mantiene: *m. dell'ordine* **2** †assertore, difensore: *strenuo campione, e m. della dottrina aristotelica* (G. GALILEI) **3** nei tornei e nelle giostre medievali, cavaliere in attesa dello sfidante

mantenùto **A** **part. pass.** di *mantenere*; anche **agg.** ● nei sign. del v. **B s. m.** (**f.** *-a*) ● chi si fa mantenere da altri, spec. dall'amante

màntica [vc. dotta, gr. *mantikḗ* (*téchnē*) 'arte divinatoria', da *mántis* 'indovino', da avvicinare a *máinesthai* 'essere furioso' ✻ 1908] **s. f.** ● scienza e tecnica divinatorie, che ricavano la conoscenza del futuro e della volontà divina dall'osservazione di fenomeni naturali, comportamenti umani o animali, ecc.

màntice o †**màntico**①, †**màntaco** [lat. *mántica(m)* 'bisaccia', di etim. incerta ✻ 1282] **s. m. 1** apparecchio a otre, che aspira e soffia l'aria, usato un tempo per attivare il fuoco della fucina, per dar fiato a certi strumenti musicali e sim.: *alzare e abbassare il m.*; *il m. dell'organo* | ***soffiare come un m.***, (*fig.*) ansimare, sbuffare **2** nelle carrozze e nelle vecchie automobili, copertura a soffietto in pelle o altro materiale ‖ **manticétto**, **dim.**

†**màntico**① ➤ **mantice**

màntico② [vc. dotta, gr. *mantikós*, da *mántis* 'indovino'. V. *-mante* ✱1952] **agg.** (**pl. m.** *-ci*) ● relativo alla mantica

manticora o **manticòra** [vc. dotta, lat. *mantichōra(m)*, dal gr. *mantichōras*, var. di *martichōras*, comp. del persiano *martiya* 'uomo' e dell'avestico *khwar* 'mangiare': cioè 'mangiatore d'uomini' ✱sec. XIII] **s. f.** ● animale fiabesco dell'India, simile a un quadrupede con volto umano e coda di scorpione

màntide [dal gr. *mántis* 'indovino' (V. *mantica*), perché ha le zampe disposte come se fosse in atteggiamento di preghiera ✱1821] **s. f.** ● insetto predatore dei Mantoidei, con zampe anteriori dentellate molto sviluppate che tiene come in atto di preghiera quando si irrigidisce in attesa della preda; la femmina uccide e divora il maschio dopo l'accoppiamento (*Mantis religiosa*)

mantiglia [sp. *mantilla*, dim. di *manta* 'scialle'. V. *manto*① ✱av. 1557] **s. f. 1** sciarpa di merletto che si porta sul capo, tipica del costume femminile spagnolo **2** mantellina femminile nera, in seta, che nel sec. XVIII copriva le spalle fino alla vita

mantiglio ➤ **amantiglio**

mantile [lat. tardo *mantīle* 'salvietta, tovaglia', per il classico *mantēle*, comp. di *mānus* 'mano' e *tĕrgere* 'tergere' ✱av. 1306] **s. m. 1** (*centr.* o *disus.*) tovaglia; asciugamano; tovagliolo, salvietta **2** copricapo femminile tradizionale dell'Italia meridionale, costituito da un rettangolo di tela, con pizzo e ricami, ripiegato e fissato ai capelli con uno spillo **3** (*merid.*) grembiule: *una veste nuova, a fiorami, protetta dal m.* (L. PIRANDELLO)

†**mantinènte** o †**mantanènte**, †**mantenènte**② [fr. *maintenant*. V. *immantinente* ✱av. 1250] **avv.** ● immantinente, subito

mantissa [vc. dotta, lat. *mantīssa(m)* 'aggiunta, supplemento', di orig. etrusca ✱1867] **s. f.** ● (*mat.*) parte decimale di un logaritmo | differenza fra un logaritmo e la sua caratteristica

✦**mànto**① [lat. tardo *măntu(m)*, da *mantĕllum* 'mantello' ✱1266] **s. m. 1** mantello lungo fino ai piedi, spesso in tessuto pregiato, ricamato, usato spec. da personaggi di altissima autorità in importanti cerimonie: *m. reale, dogale* | (*lett.*) mantello, cappa | †veste femminile **2** strato protettivo di fogli bitumati, feltri, asfalto naturale, contro le infiltrazioni d'acqua | ***m. stradale***, strato superficiale di usura della massicciata stradale costituito da pietrisco bitumato o catramato **3** (*fig.*) tutto ciò che avvolge, copre o si stende con uniformità: *un m. di verdura, d'erba, di neve* **SIN.** coltre **4** (*archit.*) parte dell'armatura provvisoria di archi e volte, formata da travicelli o tavoloni **5** (*fig.*) ingannevole apparenza: *mascherarsi col m. della carità; agire sotto il m. dell'amicizia* **6** (*fig., lett.*) protezione, difesa: *il m. della misericordia divina* | (*fig., lett.*) schermo: *fa' m. del vero a la menzogna* (T. TASSO) **7** †il corpo umano: *Qui, dove ti spogli il mortal m.* (T. TASSO) **8** (*zool.*) mantello

†**mànto**② [fr. *maint*, dalla sovrapposizione del lat. *tăntus* 'tanto' e *măgnus* 'grande' ✱av. 1250] **agg. indef.** ● molto: *mante volte*

Mantoidèi [vc. dotta, comp. del lat. scient. *mantis* 'mantide' e di *-oidei* ✱1957] **s. m. pl.** (**sing.** *-èo*) ● (*zool.*) ordine di Insetti alati, cattivi volatori, con il primo paio di zampe più robuste destinate alla cattura delle prede (*Mantoidea*)

mantovàna [f. sost. di *mantovano* ✱1918] **s. f. 1** tavola o lastra sagomata posta sotto la grondaia per ornamento **2** fascia di tessuto che sovrasta la parte superiore di una tenda **3** torta tipica di Prato, con mandorle

mantovàno o **mantuàno** [lat. *Mantuānu(m)*, da *Măntua* 'Mantova' ✱1312] **A agg.** ● di Mantova | ***il Poeta m., la Musa mantovana***, (*per anton.*) Virgilio **B s. m.** (**f.** *-a*) ● abitante o nativo di Mantova

màntra [vc. sanscrita, propr. 'strumento del pensiero', deriv. di *man-* 'pensare', col suff. *-tra*, che ha valore strumentale ✱1907] **s. m. inv. 1** inno o preghiera vedica **2** formula magica o mistica usata per devozione nell'Induismo popolare e in alcune forme di Buddismo | (*est.*) frase o concetto che vengono ribaditi in modo quasi ossessivo

mantrugiàre [lat. *mānu trusāre* 'spingere con la mano'; *trusāre* è intens. di *trūdere* 'spingere' ✱av. 1524] **v. tr.** (**pres.** *io mantrùgio*; **fut.** *io mantrugerò*) ● (*pop., tosc.*) strapazzare con le mani

mantuàno ➤ **mantovano**

manu, brevi ➤ **brevi manu**

manuàle① o (*pop.*) †**manovàle** [vc. dotta, lat. *manuāle(m)*, agg. di *mānus* 'mano' ✱av. 1342] **A agg.** ● delle mani, fatto con le mani: *una spelonca vecchissima e grande, ... da m. artificio cavata nel duro monte* (I. SANNAZARO) | che si aziona manualmente: *comando m.* | ***arti manuali***, i mestieri | ***lavoro m.***, prestazione lavorativa che richiede prevalentemente l'uso di facoltà fisiche || **manualménte**, **avv.** con mano, a mano || **manualità**, **s. f. inv.** (V.) **B s. m. 1** †V. *manovale* **2** tastiera dell'organo

♦**manuàle**② [da *manuale*①, in quanto 'libro a portata di mano' ✱1673] **s. m.** ● volume di agevole consultazione in cui sono compendiate le nozioni fondamentali di una determinata disciplina: *un m. di filosofia, di storia, di diritto civile* | ***da m.***, detto di ciò che è tipico o perfetto nel suo genere: *un caso da m.*; *sfoggia un gioco da m.* | (*polit.*) ***m. Cencelli***, metodo di ripartizione dei posti di ministro e sottosegretario, e in generale delle cariche pubbliche, in base al peso elettorale di partiti e correnti (dal nome di M. Cencelli che nel 1968 fu incaricato da un ministro di stabilire i criteri per tale ripartizione) || **manualétto**, **dim.** | **manualino**, **dim.** | **manualóne**, **accr.**

SFUMATURE DI SIGNIFICATO

manuale - prontuario - compendio

La parola **manuale** indica un libro, generalmente un volumetto facilmente consultabile, che contiene un'esposizione delle nozioni fondamentali di una disciplina. Stesso significato ha la parola **prontuario**, che però suggerisce l'idea di una consultazione più veloce e mirata, legata dunque a un uso esclusivamente pratico. Se il manuale è concepito invece come una riduzione che, senza abbondanza di particolari, fornisce in breve tutta la materia di un argomento si ha un **compendio**.

SFUMATURE ➤ ***guida***

manualìsta [comp. di *manuale*② e *-ista* ✱1908] **s. m. e f.** (**pl. m.** *-i*) ● compilatore di manuali (*anche spreg.*)

manualìstica [f. sost. dell'agg. *manualistico* ✱1987] **s. f.** ● insieme dei manuali di una determinata disciplina o di una determinata epoca: *la m. informatica*; *la m. medievale*

manualìstico [1910] **agg.** (**pl. m.** *-ci*) ● di manuale | (*spreg.*) generico, nozionistico: *cultura manualistica*

manualità [da *manuale*① ✱av. 1770] **s. f. inv. 1** carattere manuale | abilità nell'usare le mani: *sviluppare la m. dei bambini* **2** (*raro, lett.*) lavoro manuale

manualizzàre① [da *manuale*① ✱sec. XX] **v. tr.** ● rendere utilizzabile, manovrabile o eseguibile a mano: *m. il montaggio dei pezzi*; *m. l'impiego di una macchina* **CONTR.** meccanizzare

manualizzàre② [da *manuale*② ✱av. 1937] **v. tr.** ● (*raro*) esporre qlco. in un manuale per facilitarne l'apprendimento: *m. la chimica, la fisica*

manùbrio [vc. dotta, lat. *manūbriu(m)*, da *mānus* 'mano' ✱1499] **s. m. 1** manico, impugnatura, sporgenza e sim., che permette alla mano che lo afferra di manovrare e dirigere il congegno cui è applicato **2** nella bicicletta e nella motocicletta, tubo metallico opportunamente piegato con impugnatura alle due estremità, che comanda la ruota anteriore direttrice e sul quale sono alcuni dispositivi **3** piccolo attrezzo ginnico, di peso variabile, da sollevarsi con una sola mano **4** (*anat.*) ***m. sternale***, parte superiore, prossimale dello sterno, articolata con le clavicole **5** (*zool.*) parte del corpo delle meduse che si estende a guisa di manico al di sotto dell'ombrello **6** (*bot.*) cellula allungata al centro degli scudetti dell'anteridio nelle alghe Caracee

†**manucàre** [forma merid. di †*manducare* ✱sec. XIII] **v. tr.** ● mangiare

†**manucodiàta** [sp. *manucodiata*, di orig. indo-malese ✱av. 1557] **s. f.** ● (*zool.*) uccello del Paradiso

†**manudùcere** [vc. dotta, lat. *mănu dūcere* 'condurre per mano' ✱av. 1332] **v. tr.** ● condurre per mano

manuelìno [1954] **agg.** ● relativo allo stile architettonico, ispirato al gotico fiammeggiante, caratterizzato dall'esuberanza delle decorazioni, che si affermò in Portogallo durante il regno di Manoel I, tra la fine del sec. XV e l'inizio del XVI

manufàcturing /manju'fakturin(g), *ingl.* ˌmænju'fæktʃərɪŋ/ [vc. ingl., da *to manufacture* 'produrre, fabbricare, confezionare', da *manufacture* 'manifattura' ✱1983] **s. m. inv.** ● (*org. az.*) ogni forma di attività industriale in genere

manufàtto [lat. *mănu făctu(m)* 'fatto a mano' ✱1282] **A agg.** ● fatto o confezionato a mano: *prodotti manufatti* **B s. m. 1** articolo lavorato a mano | prodotto di industria manifatturiera **2** (*est.*) ogni opera stradale, muraria, idraulica e sim. d'importanza funzionale o accessoria rispetto a un'opera maggiore

SFUMATURE DI SIGNIFICATO

manufatto - prodotto - opera

Un oggetto realizzato a mano, cioè artigianalmente si chiama **manufatto**. Per indicare invece un oggetto prodotto industrialmente, dunque con il ricorso a macchinari e su larga scala si usa il termine **prodotto**, che tuttavia può anche riferirsi più genericamente a ogni realizzazione concreta frutto di un'attività. In questa accezione *prodotto* è sinonimo di **opera**, termine che in senso più specifico viene utilizzato per designare il risultato di un'attività intellettuale o artistica.

manùl [prob. vc. chirghisa ✱1875] **s. m. inv.** ● gatto selvatico dell'Asia centrale, con folta pelliccia grigia a striature trasversali (*Felis manul*)

✦**mànu militàri** [loc. del lat. cancelleresco, propr. 'con azione (mano) militare' ✱av. 1937] **loc. avv.** ● con l'uso delle armi, con la forza

†**manumissióne** ➤ **manomissione**

†**manuscrìtto** ➤ **manoscritto**

manutenére [V. *mantenere* ✱1476] **v. tr.** (**coniug. come** *tenere*) **1** †mantenere **2** (*raro*) provvedere alla manutenzione di qlco.

manutèngolo [da *manutenere* ✱1848] **s. m.** (**f.** *-a*) ● chi tiene mano a furti e azioni illecite altrui | (*est.*) mezzano, ruffiano

manutenibilità [ingl. *maintainability* (da *maintainable* 'mantenibile'), adattato su *manutenzione* ✱1989] **s. f. inv.** ● (*tecnol.*) grandezza probabilistica che esprime il tempo mediamente necessario per riparare i guasti di una macchina o di un impianto

manutentìvo [1985] **agg.** ● relativo alla manutenzione: *spesa manutentiva*

manutentóre [da *manutenere* ✱ 1664] **s. m.** (**f.** *-trice*) ● chi si occupa della manutenzione di qlco.

♦**manutenzióne** [da *manutenere* ✱ 1612] **s. f. 1** insieme di operazioni necessarie per mantenere efficiente e in buono stato un impianto, una macchina, un edificio ecc.: *la m. dell'autostrada, dei macchinari; spese di m.* | ***m. ordinaria***, intervento edilizio sulla finitura degli edifici e sugli impianti tecnologici esistenti | ***m. straordinaria***, per rinnovare e sostituire parti anche strutturali **2** (*dir.*) ***azione di m.***, che spetta al possessore di un bene che abbia subito delle turbative nel suo possesso **3** †adempimento di promessa

manutèrgio [vc. dotta, lat *manutĕrgiu(m)*, comp. di *mănus* 'mano' e *tĕrgere* 'asciugare' ✱ 1951] **s. m.** ● piccolo panno di tela con cui il sacerdote si asciuga le mani durante la Messa, dopo l'offertorio

†**mànza**① ➤ †**amanza**

mànza② [V. *manzo* ✱ av. 1350] **s. f.** ● bovino di sesso femminile di età compresa tra uno e tre anni, che non abbia partorito o che non si trovi oltre il sesto mese di gravidanza ‖ **manzétta**, **dim.** (V.)

manzanìglio [sp. *manzanillo*, da *manzana* 'mela'. V. *mancinella* ✱ 1834] **s. m.** ● (*bot.*) mancinella

Manzanìlla /mantsa'nilla, *sp.* manθa'niʎa, -sa'nija/ [sp., propr. 'camomilla' (per il colore?). V. *manzaniglio* ✱ 1935] **s. f. inv.** (**pl. sp.** *Manzanillas*) ● tipo di Sherry prodotto nell'Andalusia, di colore giallo, leggermente aromatico

manzétta [av. 1956] **s. f. 1** dim. di *manza* **2** giovane manza non ancora montata o fecondata

-manzìa [lat. *-mantīa(m)*, di orig. gr. (*-mantéia*, da *mántis* 'indovino, profeta', di base indeur.)] **secondo elemento** ● in parole composte, significa 'predizione', 'pratica del predire': *cartomanzia, chiromanzia*

mànzo [vc. di orig. preindeur. ✱ 1309 ca.] **s. m.** (**f.** *-a* (V.)) **1** bovino di sesso maschile, castrato e di età compresa tra uno e quattro anni | (*est.*) carne macellata di tale bovino | (*est.*) vivanda di tale carne **2** (*raro, fig.*) persona grossa e goffa ‖ **manzétto**, **dim.**

manzolàio o (*centr.*) **manzolàro** [da *manzo* ✱ 1856] **s. m.** (**f.** *-aia*, **pl. m.** *-ai*) ● addetto all'allevamento dei bovini, in Lombardia

manzoniàno [1838] **A agg.** ● di Alessandro Manzoni (1785-1873): *ironia manzoniana; rimembranze manzoniane* | ***teoria manzoniana***, dell'unità della lingua italiana conformata all'uso delle persone colte di Firenze **B s. m.** (**f.** *-a*) ● seguace delle teorie linguistiche di A. Manzoni

manzonìsmo [1874] **s. m. 1** imitazione dello stile letterario del Manzoni **2** teoria linguistica del Manzoni per cui il fiorentino parlato dalle persone colte era da scegliere come modello di lingua nazionale italiana

manzonìsta [1960] **s. m. e f.** (**pl. m.** *-i*) ● (*letter.*) studioso, conoscitore della vita e delle opere di Alessandro Manzoni

mào [vc. onomat. ✱ 1957] **A inter.** ● riproduce il miagolio del gatto **B s. m. inv.** ● nel linguaggio infantile, gatto, micio

maoìsmo [1966] **s. m.** ● il pensiero e la pratica politica ispirati alle teorie marxiste di Mao Zedong (1893-1976)

maoìsta [1967] **A agg.** (**pl. m.** *-i*) ● relativo a Mao Zedong, al maoismo o ai maoisti **B s. m. e f.** ● seguace, sostenitore del maoismo

maoìstico [1983] **agg.** (**pl. m.** *-ci*) ● relativo al maoismo o ai maoisti

maomettanésimo [av. 1694] **s. m.** ● (*raro*) islamismo

maomettàno [sec. XV] **A agg.** ● relativo a Maometto (570-632): *religione maomettana* **B s. m.** (**f.** *-a*) ● seguace, sostenitore della religione musulmana

maomettìsmo [1612] **s. m.** ● (*raro*) islamismo, musulmanesimo

maóna① [arabo *mā'ūn* 'vaso' ✱ 1602] **s. f.** ● nave turca del sec. XVI da trasporto o da guerra, a tre alberi | battello di circa trenta tonnellate a una vela per piccolo cabotaggio | grossa lancia o chiatta, adoperata nei porti

maóna② [arabo *ma'ūna* 'assistenza' ✱ sec. XV] **s. f.** ● compagnia, associazione medievale per grandi imprese commerciali nelle città o repubbliche marinare

maònia [dal n. del botanico statunitense B. Mac *Mahon* (1775-1816) ✱ sec. XIX] **s. f. 1** (*bot.*) genere di piante arbustive delle Berberidacee, originarie dell'Asia e dell'America settentrionale, con foglie pennate, fiori gialli in racemi e bacche nerastre (*Mahonia*) **2** (*bot.*) arbusto sempreverde delle Berberidacee, originario dell'America Settentrionale, con foglie a margini dentati e spinosi, fiori gialli e bacche blu nerastre, coltivato per ornamento (*Mahonia aquifolium*)

maòri o **màori** [vc. indigena della Nuova Zelanda: 'del tipo comune (rispetto agli stranieri)' ✱ 1895] **A s. m. e f. inv.** ● appartenente a una popolazione polinesiana, indigena della Nuova Zelanda **B s. m. solo sing.** ● lingua polinesiana parlata nella Nuova Zelanda **C anche agg. inv.**: *guerriero m.*

màpo [comp. di *ma(ndarino)* e *po(mpelmo)* ✱ 1983] **s. m.** (**pl. inv.** o *màpi*) ● frutto ottenuto dall'incrocio di un mandarino e un pompelmo

♦**màppa** [lat. *măppa(m)*, di orig. preindeur.; nel sign. 2, per l'uso degli antichi agronomi di eseguire spec. su tela la rappresentazione grafica di un terreno ✱ av. 1328] **s. f. 1** (*lett.*) tovaglia, tovagliolo, drappo | (*centr.*, *merid.*) panno di lana usato dalle contadine di paesi montani per proteggere il capo dal freddo **2** rappresentazione cartografica molto dettagliata di un territorio rurale, con scala compresa fra 1:500 e 1:5000 | ***m. catastale***, rappresentazione cartografica a grande scala delle singole proprietà fondiarie con indicazione dei particolari topografici | (*biol.*) ***m. cromosomica***, sequenza lineare di geni associati lungo un cromosoma | (*est.*) carta geografica, pianta **3** (*fig.*) rappresentazione schematica di una data situazione: *la m. della criminalità in Italia* | ***m. concettuale***, schema grafico che visualizza un percorso logico o collega tra loro dei concetti mediante l'uso di frecce o indicatori vari **4** (*tecnol.*) profilo della dentatura di una chiave: *chiave a doppia m.* **5** (*mat.*) applicazione **6** †bandella metallica, piastra ‖ **mappétta**, **dim.** | **mappina**, **dim.**

mappàggio [da *mappa* ✱ 1984] **s. m.** ● mappatura

mappàle [av. 1931] **A agg.** ● relativo alla mappa catastale: *particella, numero m.* **B s. m.** ● nel linguaggio notarile, mappa catastale

mappalùna [comp. di *mappa* e *luna*, sul modello di *mappamondo* ✱ 1965] **s. f.** ● rappresentazione grafica piana della superficie lunare

mappamóndo [lat. mediev. *măppa(m) mŭndi* 'mappa del mondo', da *măppa* 'mappa' ✱ sec. XIII] **s. m. 1** rappresentazione grafica piana di tutta la superficie terrestre in due emisferi ottenuti con proiezioni prospettiche, con scala da 1:20 milioni a 1:100 milioni **SIN.** planisfero **2** globo girevole su cui è riprodotta la superficie terrestre | ***m. celeste***, globo su cui è riprodotta la sfera celeste con le sue costellazioni **3** (*fig.*, *fam.*, *scherz.*) deretano

mappàre [calco sull'ingl. *to map* 'tracciare una mappa' ✱ 1895] **v. tr. 1** (*biol.*) in genetica, localizzare un gene all'interno di un cromosoma **2** (*astron.*, *geogr.*) rilevare dati relativi a fenomeni astronomici o geografici e redigerne la rappresentazione cartografica | (*fig.*) rilevare in modo dettagliato un fenomeno

mappatèlla [vc. napol., dim. di *mappata* 'involto, fagotto', da *mappa* 'tovagliolo, panno' ✱ 1983] **s. f.** ● (*merid.*) piccolo involto, fagottino | involto fatto con un tovagliolo o sim. contenente il pasto di operai o contadini, o quello di gitanti

mappatóre [1945] **s. m.** (**f.** *-trice*) ● chi disegna mappe | cartografo

mappatùra [da *mappare* ✱ 1967] **s. f.** ● preparazione di una mappa: *m. catastale*; *m. cromosomica* | (*fig.*) rilevazione dettagliata di un fenomeno

mappàzza [vc. di etim. sconosciuta ✱ 1989] **s. f.** ● (*colloq.*) massa di cibo che può procurare indigestione | (*fig.*) ciò che può risultare o si rivela noioso, pesante, faticoso: *una m. di pagine da studiare* ‖ **mappazzóne**, **accr. m.**

mapuche /*sp.* ma'putʃe/ [comp. indigeno di *mapu* 'terra' e *che* 'gente' ✱ 1957] **A agg. inv. e s. m. e f. inv.** (**pl. sp.** *mapuches*) ● appartenente a una popolazione indigena del gruppo degli araucani distribuita attualmente in Cile e in Argentina **B s. m. solo sing.** ● lingua amerindia parlata dai mapuche

maquette /*fr.* ma'kɛt/ [fr., dall'it. *macchietta*, dim. di *macchia*① ✱ 1895] **s. f. inv.** ● realizzazione grafica di un annuncio pubblicitario | modello preliminare in scala ridotta di una scultura

maquillage /*fr.* maki'jaʒ/ [da *maquiller* 'truccare' (precedentemente 'lavorare'), dall'ant. piccardo *makier* 'fare', dal neerl. *maken* 'fare', di orig. germ. ✱ 1918] **s. m. inv.** ● trucco del volto | ***m. fotografico***, quello adatto alle caratteristiche del materiale sensibile adoperato per la presa | (*fig.*) abbellimento, modifica, rinnovamento: *m. alle strade del lungolago*

maquis /*fr.* ma'ki/ [vc. fr., propr. 'macchia②', dal corso *macchia* ✱ 1942] **s. m. inv.** (**anche f. inv. nel sign. 2**) **1** organizzazione partigiana francese nella seconda Guerra mondiale **2** (*est.*) appartenente a tale organizzazione

mar ➤ **mare**

marà [vc. dell'America del Sud ✱ 1875] **s. m. inv.** ● roditore con lunghe orecchie, coda brevissima, morbida pelliccia, che vive nei prati dell'Argentina ed è velocissimo nella corsa (*Dolichotis australis*)

marabottìno [stessa etim. di *maravedì* ✱ av. 1590] **s. m.** ● (*numism.*) maravedì

marabòtto [etim. incerta ✱ 1607] **s. m.** ● (*mar.*) la minore delle tre vele latine dell'albero di maestra nelle galee | ***grande m.***, la vela maggiore della galea

marabù① [per la serietà del portamento che ricorda quello di un *marabut* ✱ 1821] **s. m. inv. 1** uccello dei Ciconiformi, asiatico e africano, con capo e collo nudo, leggerissime candide penne sulla coda, che si nutre di rifiuti (*Leptoptilos crumeniferus*) **2** (*est.*) vaporose piume di tale uccello, usate per guarnire abiti e cappelli femminili: *mantello guarnito di m.*

marabù② [fr. *marabout* 'marabù①', poi 'piuma della coda di marabù', per analogia 'organzino molto fine' ✱ 1834] **s. m. inv.** ● tessuto fabbricato con seta rigida

marabùt o **marabùtto**, **marabùto** [fr. *marabout*, dal portog. *marabuto*, dall'arabo *murābiṭ* 'addetto alla guardia di un posto di frontiera', poi 'eremita' ✱ 1847] **s. m. inv. 1** (*stor.*) combattente della guerra santa, nell'Islam **2** santone, asceta, guida spirituale musulmana | (*est.*) la tomba di un marabut diventata oggetto di culto

marabuttàggio [da *marabù*② ✱ 1970] **s. m.** ● (*tess.*) speciale torsione che si fa subire alla seta per farne crespo

marabùtto ➤ **marabut**

maràca /*portog.* ma'raka/ [portog. *maracá*, v. di orig. tupi ✱ 1958] **s. f.** (**pl. portog.** *maracas*) ● strumento musicale di origine sudamericana, costituito da una zucca vuota o da una sfera di legno, riempita di semi secchi o di piccole pietre, che viene agitata ritmicamente

maracàia [sp. *maracajá*, dal guaranì *maracayá* ✱ 1975] **s. m. inv.** ● (*zool.*) marguai

♣**marachèlla** [ebr. *meraggêl* 'esploratore, spia' ✱ av. 1665] **s. f.** ● bricconata o marioleria fatta di nascosto: *ha combinato una grossa m.* | †*far la m.*, la spia **SIN.** birbonata, gherminella

maracujá /*portog.* mʌrʌku'ʒa, mara-/ [dal tupe *maracuyá* ✱ 1983] **s. f. inv.** (**pl. portog.** *maracujas*) ● (*bot.*) granadiglia

maragià o (*raro*) **maràgia** **s. m. inv.** ● adattamento di *maharajah* (V.)

maramàglia ➤ **marmaglia**

maramaldeggiàre [1960] **v. intr.** (**pres.** *io maramaldéggio*; **fut.** *io maramaldeggerò*; **aus.** *avere*) ● fare il maramaldo

maramaldésco [da *maramaldo* ✱ 1975] **agg.** (**pl. m.** *-schi*) ● che rivela viltà e desiderio di sopraffazione: *atto m., gesto m.* ‖ **maramaldescaménte**, **avv.**

♣**maramàldo** [dal n. di F. *Maramaldo* che nel 1530 uccise a Gavinana F. Ferrucci, ferito e impossibilitato a difendersi ✱ 1905] **A** **s. m.** (**f.** *-a*) ● persona vile e malvagia che infierisce sui vinti e gli inermi **B** **agg.** ● (*raro*) maramaldesco

maramào ➤ **marameo**

maràme [provenz. *mairam*, dal lat. parl. **materiāme(n)*, da *matēria* ✱ 1306] **s. m.** **1** †insieme di rifiuti, di roba di scarto | (*lett.*) accozzaglia di cose buttate alla rinfusa: *sur una fratta ... / un corredino ride in quel m.* (G. PASCOLI) **2** (*fig.*) feccia, gentaglia **3** †imbroglio

maramèo o (*raro*) **maramào** [vc. onomat. che imita il miagolare del gatto ✱ 1883] **inter.** ● esprime scherno e derisione ed è spesso accompagnato da gesti scherzosi, spec. da quello che consiste nell'appoggiare il pollice della mano destra aperta sulla punta del naso, ripiegando poi rapidamente e in successione le dita | *fare m.*, compiere tale gesto

maràna ➤ **marrana**

marangóne① [dal lat. *mĕrgus* 'smergo' ✱ av. 1871] **s. m.** ● (*zool.*) cormorano

marangóne② [da *marangone* 'smergo', che si tuffa per prendere i pesci ✱ sec. XIV] **s. m.** **1** †palombaro **2** (*sett.*) falegname, carpentiere | †maestro d'ascia

maràno o **marràno**② [etim. incerta ✱ av. 1470] **s. m.** ● nave mercantile in uso nel Mediterraneo dal XV al XVI secolo

marànta [da B. *Maranta* (1500-1571), botanico e naturalista ✱ 1823] **s. f. inv.** ● (*bot.*) genere di piante delle Marantacee comprendente specie erbacee sempreverdi delle foreste equatoriali del Sud America, alcune coltivate per ornamento (*Maranta*)

Marantàcee [da *maranta* ✱ 1869] **s. f. pl.** (**sing.** *-a*) ● (*bot.*) famiglia di piante monocotiledoni delle Zingiberali tropicali ornamentali o commestibili (*Marantaceae*)

maràntico [gr. *marantikós* 'logorante', da avvicinare a *marasmós* (V. *marasma*) ✱ 1957] **agg.** (**pl. m.** *-ci*) ● (*med.*) di marasma, relativo a marasma: *stato m.*

maràsca o **amaràsca** [da *amaro* ✱ av. 1320] **s. f.** ● frutto del marasco, ciliegia di color rosso acceso, dal sapore acidulo

maraschìno o †**amaraschìno** [da *marasca* ✱ av. 1786] **s. m.** ● liquore di marasche, con alto contenuto di zucchero, originario della Dalmazia

maràsco o **amaràsco** [V. *marasca* ✱ 1863] **s. m.** (**pl.** *-schi*) ● varietà coltivata del visciolo, il cui frutto è la ciliegia detta marasca (*Prunus cerasus* varietà *marasca*)

♣**maràṣma** o (*raro*) **maràṣmo** [gr. *marasmós* 'consunzione', da *maráinein* 'consumare' ✱ sec. XV] **s. m.** (**pl.** *-i*) **1** (*med.*) decadimento generale delle funzioni dell'organismo per malattia o per vecchiaia: *m. senile* **2** (*fig.*) grave decadenza e disordine di istituzioni, ordini e sim. **3** (*fig.*) confusione, caos

SFUMATURE DI SIGNIFICATO

marasma - babele

Marasma nel suo primo significato è termine della medicina per indicare il decadimento dell'organismo per vecchiaia o malattia; correntemente indica sia un grave dissesto delle istituzioni sia, in senso più generale, uno stato di confusione, anche di perdita del controllo delle proprie cose. **Babele** è disordine e scompiglio, e si usa più frequentemente per descrivere un luogo pieno di confusione.

maràṣmio [dal gr. *marasmós* 'consunzione' (V. *marasma*), perché il cappello, quando si secca, si restringe senza marcire ✱ 1967] **s. m.** ● fungo delle Agaricacee con corpo fruttifero tenace, coriaceo e commestibile o, nelle zone tropicali, parassita spec. delle piante di cacao (*Marasmius*)

maràṣmo ➤ **marasma**

maràsso [lat. *mătari(m)* 'lancia, giavellotto', di orig. gallica ✱ av. 1536] **s. m.** ● vipera europea con muso diritto, di colore molto variabile, a vasta distribuzione geografica (*Vipera berus*)

maràthi ➤ **maratto**

maratóna [dal n. della città di *Maratona*, in Attica, dalla quale il messaggero Fidippide corse senza sosta alla volta di Atene (dove morì subito dopo stremato dalla fatica) per annunciare la vittoria di Milziade sui Persiani, nel 490 a.C. ✱ 1908] **s. f.** **1** gara olimpica di corsa a piedi su strada, sulla distanza di 42 195 metri **2** (*est.*) camminata lunga, affrettata e faticosa **3** (*est.*) gara di resistenza: *una m. di ballo* **4** (*fig.*) opera o attività in genere che richiede lunga e faticosa applicazione: *m. parlamentare* | ***m. televisiva***, programma di lunga durata relativo a un evento specifico (per es. le elezioni) o realizzato per sostenere un'iniziativa benefica grazie alle offerte dei telespettatori (in questo caso può durare anche più giorni) ‖ **maratonìna**, **dim.** (V.)

maratonèta [1910] **s. m. e f.** (**pl. m.** *-i*) ● atleta che corre nella maratona

maratonìna [1942] **s. f.** **1** dim. di *maratona* **2** gara di corsa su strada disputata sulla distanza sia di venti che di trenta kilometri

maràtto o **maharàtto** /ma(a)'ratto/, o (*hindi*) **maràthi** [1819] **A** **agg.** ● relativo alla popolazione indiana dei Maratti **B** **s. m.** (**f.** *-a*) ● chi appartiene alla popolazione dei Maratti **C** **s. m. solo sing.** ● V. *marathi*

maravedì o **maravedìno** [arabo *marābiṭī* 'della dinastia cordovana degli *Almoravidi*', che la coniarono ✱ av. 1536] **s. m. inv.** ● moneta d'oro araba della Spagna, imitata dai re cristiani spagnoli e portoghesi nei secc. XII e XIII **SIN.** marabottino

maravìglia e deriv. ➤ **meraviglia** e deriv.

†**maràzzo** [etim. incerta ✱ 1602] **s. m.** ● acquitrino

†**marazzóso** (o **-ṣ-**) [av. 1798] **agg.** ● paludoso

marbré /*fr.* mar'bre/ [vc. fr., propr. *marmorizzato* ✱ 1890] **s. m. inv.** ● (*milan.*, *cucina*) terrina fredda di aspetto variegato simile a quello di alcuni marmi: *m. di lepre*

marc' ➤ **marsc'**

♦**màrca**① [germ. *marka* 'segno' ✱ av. 1565] **s. f.** **1** bollo, cifra od altro segno stampato, applicato o impresso su qlco. per farne riconoscere la qualità, l'appartenenza, l'origine, il prezzo o altri elementi caratteristici: *imprimere la m. sul bestiame, sui pezzi di una macchina, su un tessuto* | ***m. tipografica***, sigla editoriale posta sul frontespizio di un libro o sull'ultima pagina stampata | ***m. da bollo***, tagliando emesso dallo Stato, di carta filigranata, che si applica su cambiali, ricevute o documenti a prova del pagamento della relativa tassa | ***m. assicurativa***, bollo che, un tempo, attestava l'avvenuto pagamento di contributi assicurativi | ***m. di bordo libero***, linea sul fianco delle navi mercantili che segna la massima immersione consentita dalle leggi marittime **2** correntemente, marchio di fabbrica | (*est.*) la ditta, l'azienda, l'impresa da tale marchio rappresentata: *le migliori marche nazionali* | ***di m.***, ***di gran m.***, ***d'alta m.***, si dice del prodotto di un'impresa nota e qualificata **3** gettone utilizzato in sostituzione del denaro | contrassegno che attribuisce a chi lo possiede il diritto di ritirare oggetti depositati **SIN.** contromarca **4** (*fig.*) carattere, impronta: *accento di pretta m. veneta* **5** (*ling.*) ***m. di correlazione***, particolarità fonologica o morfologica, sintattica, semantica che oppone due unità linguistiche **6** (*inform.*) ***m. temporale***, informazione associata a un documento digitale che certifica in modo legalmente valido la data e l'ora in cui esso è stato creato, trasmesso o archiviato **7** †contrassegno, indizio, segno ‖ **marchétta**, **dim.** (V.)

SFUMATURE ➤ ***marchio***

màrca② [germ. *marka* 'segno (di confine)' ✱ av. 1278] **s. f.** ● nell'impero carolingio, regione di confine: *la m. trevigiana* | †regione, contrada: *i grassi armenti / quivi condotti da diverse marche* (L. ARIOSTO)

†**marcagióne** [da *marcare* ✱ sec. XVI] **s. f.** ● operazione del mettere il marchio

marcaménto [1913] **s. m.** ● nel calcio e sim., azione di controllo che si esercita su un avversario: *m. a uomo, a zona*

marcàndo [sec. XX] **s. m. inv.** ● (*mus.*) marcato

♣**marcantònio** [dal nome del personaggio storico *Marco Antonio*, rappresentato grande e grosso ✱ 1764] **s. m.** (**f.** *-ia*) ● persona grossa e robusta, di aspetto florido: *un pezzo di m.*

Marcanziàcee [dal lat. scient. *Marchantia*, n. dato da N. *Marchant* (data di morte 1678), direttore dell'orto botanico di Parigi, in onore del padre, con il suff. *-acee* ✱ 1929] **s. f. pl.** (**sing.** *-a*) ● (*bot.*) famiglia di Epatiche delle regioni tropicali e subtropicali (*Marchantiaceae*)

marcapèzzi [comp. di *marca(re)* e il pl. di *pezzo* ✱ 1957] **s. m. e f. inv.** ● addetto alla marcatura di prodotti industriali

marcapiàno [comp. di *marca(re)* e *piano*② ✱ 1942] **s. m.** ● (*edil.*) striscia o leggera cornice che all'esterno di una casa segna il livello dei vari piani

marcapùnto o **marcapùnti** [comp. di *marca(re)* e *punto*① ✱ 1853] **s. m.** ● strumento da calzolaio, costituito da una rotellina dentata che segna sul cuoio delle scarpe dove si devono dare i punti

marcàre [da *marca*① ✱ sec. XIII] **A** **v. tr.** (*io màrco, tu màrchi*) **1** contrassegnare con una marca o con un marchio qlco.: *m. la biancheria, un cavallo, un bue, un lingotto d'oro* | (*raro*, *lett.*) lasciare un'impronta: *ci rinveniamo a m. la terra / con questo corpo / che ora troppo ci pesa* (G. UNGARETTI) **2** (*fig.*) far spiccare più intensamente: *m.*

una linea | (*mus.*, *raro*) indicazione equivalente al marcato **3** (*chim.*) aggiungere a una sostanza un composto chimico facilmente riconoscibile oppure un tracciante radioattivo, spec. per distinguere una partita di prodotto da un'altra o per individuare determinati tessuti biologici, cellule o loro parti **4** nel calcio, segnare un punto a proprio favore: *il giocatore ha marcato*; *m. un gol* | ***m. a uomo***, controllare l'avversario ovunque si trovi | ***m. a zona***, controllare ciascun avversario che transita nel proprio settore **5** ***m. visita***, nel gergo militare, darsi malato, chiedere visita medica **6** (*fig.*) †rimarcare, notare **B** **v. intr.** (**aus.** *essere*) ● †confinare

marcaṣìte o **marcassìte** [arabo *marqašītā*, di orig. persiana ✱ sec. XIV] **s. f.** ● (*miner.*) solfuro di ferro ortorombico in cristalli prismatici o tabulari dalla lucentezza metallica e dal colore giallo chiaro

marcatèmpo [comp. di *marca(re)* e *tempo* ✱ 1937] **A** **s. m. inv.** (**anche f. nel sign. 1**) **1** chi è addetto alla misurazione dei tempi di una lavorazione industriale **2** (*tecnol.*) dispositivo che segna intervalli di tempo noti sul nastro o sul disco di uno strumento registratore **B** **anche agg. inv.**: *orologio m.*, V. *orologio*

marcàto **part. pass.** di *marcare*; **anche agg.** **1** segnato con un marchio **2** rilevato, ben accentuato: *tratti, lineamenti marcati*; *contorni marcati* **3** (*ling.*) detto di unità linguistica che possiede una particolarità fonologica, morfologica, sintattica o semantica in virtù della quale viene opposta alle altre unità della stessa natura della medesima lingua | ***non m.***, detto di unità linguistica che, in un'opposizione, non presenta la marca di correlazione (per es. i sost. 'uomo' e 'cittadino' – comprendenti entrambi i generi – nella frase *diritti dell'uomo e del cittadino*) **4** (*chim.*) ***elemento m.***, isotopo radioattivo usato, con l'aiuto di un contatore Geiger, per seguire e interpretare reazioni, processi biologici e sim. **5** (*mus.*) detto di indicazione che richiede nell'esecuzione risalto e lieve accentuazione dei suoni ‖ **marcataménte**, **avv.** in modo marcato, accentuato

marcatóre [sec. XIV] **s. m.** **1** (**f.** *-trice*) chi marca | operaio addetto alla marcatura **2** (**f.** *-trice*) nel calcio e sim., il giocatore che marca un avversario | realizzatore di un gol, un punto e sim. **3** (*chim.*) composto (enzima, colorante e sim.) o isotopo radioattivo aggiunto a una sostanza per facilitarne la determinazione qualitativa o quantitativa **SIN.** marker **4** (*med.*) sostanza (peptide, antigene, anticorpo, enzima e sim.) la cui presenza o il cui aumento nel sangue o in un tessuto costituisce sintomo specifico di una determinata malattia **SIN.** marker | ***m. tumorale***, il cui dosaggio costituisce un segnale della presenza e della progressione di un tumore

marcatrìce [da *marcare* ✱ 1957] **s. f.** ● macchina che imprime il marchio di fabbrica o altre scritte sui prodotti

marcatùra [sec. XIV] **s. f.** **1** il marcare | marca o marchio | ***m. degli animali***, per riconoscerli fra diversi allevamenti o nell'ambito degli stessi **2** nello sport, marcamento | punto segnato | numero complessivo dei punti segnati da una squadra

marcescènte [vc. dotta, lat. *marcescĕnte(m)*, part. pres. di *marcēscere*, incoativo di *marcēre* 'essere marcio' ✱ 1499] **agg.** ● (*lett.*) che marcisce, che si corrompe (**anche** *fig.*)

marcescènza [1960] **s. f.** ● (*lett.*) condizione di ciò che è marcescente

marcescìbile [lat. mediev. *marcescĭbile(m)*, ricavato da *immarcescĭbilis* 'immarcescibile' ✱ 1625] **agg.** ● (*lett.*) che può marcire | ***non m.***, incorruttibile

marcétta [1932] **s. f.** **1** dim. di *marcia* **2** composizione musicale vivace e allegra, suonata spec. nei circhi per accompagnare alcuni numeri

march ➤ **marsc'**

marchéṣa [1581] **s. f.** **1** anticamente, signora di un marchesato: *la m. di Pescara* **2** moglie o figlia di un marchese ‖ **marcheṣìna**, **dim.** (V.)

marcheṣàle [da *marchese*① ✱ av. 1536] **agg.** ● (*raro*) marchionale

†**marcheṣàna** [av. 1300] **s. f.** ● marchesa dei tempi feudali

marcheṣàto [av. 1348] **s. m.** **1** titolo, dignità di marchese **2** complesso della famiglia marchionale | (*raro*) insieme dei marchesi **3** territorio posto sotto l'autorità e la giurisdizione di un marchese: *il m. del Monferrato*

♦**marchéṣe**① [provenz. *marques*, dall'ant. fr. *marchis*, dal germ. *marka* 'marca②' ✱ 1250 ca.] **s. m.** (**f.** *-a* (V.)) ● anticamente, conte della marca o territorio di frontiera, rappresentante del sovrano: *m. d'Italia* | persona insignita del grado nobiliare intermedio tra quello di conte e quello di duca, ereditario o concesso da un sovrano: *il m. di Roccaverdina* | (*lett.*) ***il Divino M.***, (*per anton.*) lo scrittore francese Donatien-Alphonse-François, marchese de Sade ‖ **marcheṣìno**, **dim.** (V.)

marchéṣe② [etim. incerta ✱ av. 1468] **s. m.** ● (*pop.*) mestruo

marcheṣìna [1869] **s. f.** **1** dim. di *marchesa* **2** figlia spec. giovane o nubile di un marchese

marcheṣìno [1550] **s. m.** **1** dim. di *marchese*① **2** figlio spec. giovane di un marchese

marchétta [1955] **s. f.** **1** dim. di *marca*① **2** marca assicurativa e previdenziale, usata in passato per comprovare l'avvenuto versamento di tali contributi da parte del datore di lavoro **3** contrassegno che, nelle case di tolleranza, le prostitute ricevevano per ogni prestazione ai fini del conteggio della retribuzione | (*est.*) la prestazione stessa | (*pop.*) ***fare marchette***, esercitare la prostituzione **4** (*volg.*, *spreg.*) marchettaro

marchettàro [1959] **s. m.** (**f.** *-a*) ● (*roman.*, *volg.*, *spreg.*) persona che si prostituisce **SIN.** marchetta nel sign. 4

marchétto [dall'effigie di *S. Marco* che vi era impressa ✱ av. 1494] **s. m.** ● antica moneta veneziana del valore di un soldo

♣**marchiàno** [da *marchigiano*; dapprima si usava per le ciliegie delle Marche, che erano particolarmente grosse ✱ av. 1535] **agg.** ● madornale, spropositato (*spec. fig.*): *errore, sproposito m.*

marchiàre [ant. fr. *merchier*, dal francone *merkjan* ✱ 1333] **v. tr.** (*io màrchio*) **1** fornire di marchio: *m. qlco. col proprio suggello* | distinguere con un marchio: *m. il bestiame* **SIN.** contrassegnare | (*fig.*) coprire di vergogna, bollare: *m. qlcu. d'infamia, di biasimo* **2** †segnare, notare

marchiàto **part. pass.** di *marchiare*; **anche agg.** **1** fornito di marchio **2** (*fig.*) detto di persona additata al disprezzo, alla riprovazione generale **SIN.** bollato

marchiatóre [sec. XIV] **s. m.** (**f.** *-trice*) ● chi procede alla marchiatura

marchiatùra [sec. XIV] **s. f.** **1** operazione del marchiare: *la m. del bestiame* **2** (*est.*) segno con cui si marchia: *falsificare la m.*

♦**marchigiàno** [av. 1294] **A** **agg.** ● delle Marche: *piatto tipico m.* **B** **s. m.** (**f.** *-a*) ● abitante o nativo delle Marche **C** **s. m. solo sing.** ● gruppo di dialetti italiani, parte dell'area settentrionale e parte di quella centro-meridionale, parlati nelle Marche

marchingégno [vc. napol., comp. di una prima parte di etim. incerta (da *Marcantonio*?) e di *ingegno* nel sign. 7 ✱ 1965] **s. m.** **1** strumento o meccanismo di complessa struttura **2** (*fig.*) espediente, metodo piuttosto complicato ma anche particolarmente efficace: *questa clausola è un m. per evadere la legge*

♦**màrchio** [da *marchiare* ✱ 1564] **s. m.** **1** segno che si imprime su qlco. | ***m. di prova***, punzonatura impressa a garanzia delle armi da caccia **2** segno emblematico o nominativo usato dall'imprenditore per contraddistinguere i propri prodotti | ***m. di fabbrica***, che indica la provenienza del prodotto da una data impresa | ***m. di commercio***, che indica l'impresa che pone in vendita il prodotto | ***m. registrato***, registrato presso l'apposito ufficio dei brevetti **3** marca che si imprime col ferro rovente per contrassegnare gli animali: *questo è il m. della nostra fattoria* | (*est.*) lo strumento metallico che serve per marchiare: *procurate che il m. sia riscaldato a dovere* **4** segno che un tempo si stampava a fuoco sulla fronte o sulla spalla di alcuni malfattori: *m. d'infamia, di traditore* | (*fig.*) caratteristica spec. negativa e incancellabile: *ha il m. del ladro* **5** †il romano della stadera ‖ **marchiétto**, **dim.**

SFUMATURE DI SIGNIFICATO

marchio - marca - logo - griffe

Marchio definisce il segno, generalmente indelebile, impresso a fine di riconoscimento e, figuratamente, una caratteristica negativa incancellabile; nell'ambito della produzione industriale è l'emblema che contraddistingue i prodotti di una determinata azienda. In quest'ultimo significato è più specifico **marca**, che è il marchio di fabbrica e per estensione anche la ditta, l'azienda, l'impresa rappresentata da tale marchio. **Logo** è abbreviazione di *logotipo* ed è nella pubblicità la forma grafica che identifica l'immagine commerciale di un'azienda o di un prodotto. La **griffe**, parola francese che significa "firma", è il logo di un'azienda o di un prodotto di prestigio, soprattutto nell'ambito della moda.

marchio - contrassegno

Marchio è un segno che viene impresso su qualcosa per distinguerlo; in particolare indica il segno grafico che caratterizza una linea di prodotti; si usa anche in riferimento alla marca di riconoscimento che viene impressa sugli animali. Il **contrassegno** è un segno particolare per riconoscere, segnalare, distinguere qualcosa o qualcuno; di forma e materiale vario non coincide necessariamente con il bollo.

marchionàle [dal germ. *marka* 'marca②' ✱ 1554] **agg.** ● di marchese: *famiglia, corona, feudo m.*

♦**màrcia**① [da *marciare* ✱ av. 1292] **s. f.** (**pl.** *-ce*) **1** modo di camminare tenendo un passo costante o cadenzato, usato spec. da truppe in movimento, cortei e sim.: *il corteo si è messo in m.* | (*est.*) movimento organizzato di unità militari: *m. di trasferimento* | ***a marce forzate***, con poche soste, a tappe più lunghe del normale; (*fig.*) accelerando i tempi | ***lunga m.***, nel corso della guerra civile cinese, la ritirata (negli anni 1934-35) con cui l'esercito comunista sconfitto raggiunse la Cina nord-occidentale dove Mao Zedong costituì un governo rivoluzionario; (*est.*) impresa collettiva lunga e faticosa **2** (*est.*) movimento o funzionamento di veicoli o meccanismi: *mettere in m. un treno, un'apparecchiatura elettrica* **3** specialità dell'atletica leggera in cui la successione dei passi deve avvenire in modo che l'atleta non interrompa mai il contatto col suolo | ***tabella di m.***, V. *tabella* **4** manifestazione organizzata di protesta: *m. della pace, per l'eguaglianza dei diritti, contro la fame* | ***m. su Roma***, azione armata per la conquista del potere compiuta nel 1922 dai fascisti seguaci di B.

Mussolini **5** manifestazione sportiva di tipo popolare, in genere non competitiva e senza obblighi di passo: *m. ecologica; la m. di primavera* **6** (*mus.*) composizione strumentale di antichissima origine con funzione di accompagnamento del passo di una moltitudine in cammino, poi fissatasi in una forma di ritmo binario: *m. militare, m. trionfale, m. funebre* **7** (*mecc.*) ciascuno dei rapporti di trasmissione del motore di un veicolo che vengono inseriti mediante i dispositivi del cambio: *innestare la m.* | (*est.*) la velocità del veicolo relativa a ciascuno di tali rapporti | ***m. avanti, m. indietro***, movimento di avanzamento o retrocessione di un veicolo | ***far m. indietro***, far retrocedere un veicolo; (*fig.*) abbandonare un'impresa, ritirarsi di fronte a difficoltà e sim. | ***avere una m. in più***, (*fig.*) avere capacità superiori agli altri ‖ **marcétta**, **dim.** (V.)

màrcia② [f. di *marcio* ✱ av. 1320] **s. f.** (**pl.** *-ce*) ● (*pop.*) pus

Marcialónga [vc. dei dial. sett., comp. di *marcia*① e il f. di *longo* 'lungo' ✱ 1971] **s. f.** (**pl.** *Marcelónghe*) **1** gara di sci di fondo a grande partecipazione popolare che si svolge ogni anno su un percorso di 70 km nelle valli di Fiemme e Fassa **2** (*est.*; anche con iniziale minuscola) qualsiasi gara di fondo, spec. podistica, a grande partecipazione popolare oltre che atletica

marciàno [1550] **agg.** ● di San Marco evangelista | ***Biblioteca marciana***, di Venezia, città di San Marco | ***codice m.***, della biblioteca marciana

♦**marciapiède** o **marciapièdi** [fr. *marchepied*, comp. di *marcher* 'camminare' e *pied* 'piede' ✱ 1766] **s. m.** **1** parte della strada riservata ai pedoni, generalmente rialzata rispetto al piano viabile | ***battere il m.***, (*fig.*) esercitare la prostituzione per strada: *La ragazza del Moro batte il m., lo sapevi?* (V. PRATOLINI) | ***donna da m.***, (*fig.*) prostituta **2** nelle stazioni, piano sopraelevato rispetto alle rotaie e predisposto in maniera da facilitare l'accesso ai treni ed il movimento dei bagagli **3** in una nave a vele quadre, ciascuna delle cime parallele ai pennoni e sorrette da staffe, su cui il marinaio poggia i piedi per lavorare alla vela

marciapièdi ➤ **marciapiede**

marciàre [fr. *marcher*, dal francone *markôn* 'lasciare traccia' ✱ av. 1535] **v. intr.** (**pres.** *io màrcio*; **fut.** *io marcerò*; **aus.** *avere*) **1** avanzare a passo di marcia, detto spec. di reparti militari (+ *contro*, + *su*): *le truppe marciavano contro il nemico, sulla capitale* | (*est.*) procedere o sfilare ordinatamente: *m. affiancati; i dimostranti marciavano in colonna, in corteo* | (*roman.*, *colloq.*) **marciàrci**, approfittare di una situazione senza darlo troppo a vedere: *in questo periodo di confusione, quello ci marcia* **2** andare, muoversi: *il treno marcia a 100 kilometri l'ora* | andare verso un luogo: *il drappello di emigranti marciava verso il confine* **3** funzionare: *l'orologio, il meccanismo non marcia*
SFUMATURE ➤ ***avanzare***①

†**marciàta** [da *marciare* ✱ av. 1644] **s. f.** ● marcia | spazio percorso con una marcia

marciatóre [da *marciare* ✱ 1957] **s. m.** (**f.** *-trice*) **1** chi marcia **2** atleta che pratica lo sport della marcia

màrcido [vc. dotta, lat. *mărcidu(m)*, da *marcēre* 'essere marcio' ✱ sec. XIII] **agg.** **1** (*lett.*) marcio (*anche fig.*) **2** (*fig.*) †ubriaco: *m. sembra, sonnacchioso e gravido* (A. POLIZIANO)

marcigliàna o **marsiliàna** [etim. incerta ✱ av. 1430] **s. f.** ● veliero da carico del sec. XV

marcìme [da *marcio* ✱ 1869] **s. m.** ● insieme dei rifiuti di stalla che, divenuti marci, vengono utilizzati come letame

marciménto [av. 1758] **s. m.** ● (*raro*, *lett.*) il marcire (*anche fig.*)

marcìno [da *marcio* ✱ 1869] **s. m.** ● (*tosc.*, *disus.*) vino prodotto con uva leggermente guasta

màrcio [lat. *mărcidu(m)*. V. *marcido* ✱ 1260 ca.] **A** **agg.** (**pl. m.** *-ci*; **pl. f.** *-ce*, *lett.* *-cie*) **1** che è in stato di decomposizione: *carne, frutta marcia* | (*est.*) fradicio: *legno m.* | (*lett.*) umido e caldo, detto del tempo: *le giornate marcie di quel novembre sciroccale* (R. BACCHELLI) **2** (*pop.*) che ha suppurato: *dito m.* **3** (*fig.*) che è moralmente guasto e corrotto: *società marcia* | ***m. sin nelle midolla***, (*fig.*) di persona totalmente corrotta **4** (*fig.*) con valore intens., è usato in numerose loc.: *provare una vergogna marcia; essere ubriaco m.; essere stufo m.* | ***avere torto m.***, essere completamente dalla parte del torto, non avere la benché minima ragione | ***a m. dispetto***, a completo dispetto **B** **s. m.** **1** parte marcia di qlco.: *è meglio gettare il m.* | parte infetta, malata e sim.: *tagliare via il m.* **2** (*fig.*) corruzione o depravazione morale: *scoprimmo del m. in quella vicenda; dietro quella facciata di rispettabilità c'è del m.*

marciolìno [da *marcio* ✱ 1869] **s. m.** ● (*tosc.*, *disus.*) sapore di roba un po' marcia; sapore del marcino

marcióso (o *-ṣ-*) [da *marcio* ✱ 1547] **agg.** ● (*lett.*) purulento

♦**marcìre** [lat. *marcēre* 'essere marcio', vc. espressiva ✱ av. 1332] **A** **v. intr.** (*io marcìsco, tu marcìsci*; **aus.** *essere*) **1** diventare marcio: *col calore la frutta e la carne marciscono in fretta* **SIN.** decomporsi, imputridire **2** diventare purulento: *la ferita marcisce* **SIN.** suppurare **3** diventare fradicio: *la carta e il legno marciscono con l'umidità* **4** (*fig.*) abbrutirsi in ciò che corrompe moralmente: *m. nel vizio, nella depravazione dei costumi* **5** (*fig.*) languire, consumarsi (+ *in*): *m. in prigione, nella miseria* **B** **v. tr.** ● rendere marcio: *l'acqua ha marcito le travi*
SFUMATURE ➤ ***deteriorare***

marcìta [da *marcito* ✱ av. 1597] **s. f.** ● prato irrigato con un velo continuo d'acqua, perché seguiti a vegetare e dia tagli d'erba anche nella stagione fredda: *Stava in mezzo a cinquemila pertiche di m. tutte sue* (C. DOSSI)

marcìto **part. pass.** di *marcire*; anche **agg.** ● diventato marcio (*anche fig.*)

marcitóia [1791] **s. f.** ● marcita

marcitóio [da *marcito* ✱ 1822] **s. m.** (**pl.** *-ói*) ● macero

marcitùra [1869] **s. f.** ● (*disus.*) il marcire | putrefazione: *la m. di una ferita* **SIN.** suppurazione | (*lett.*, *fig.*) disfacimento

♣**marciùme** [av. 1498] **s. m.** **1** marcio: *gettare il m.* | insieme di cose marce: *bruciate tutto quel m.* **2** alterazione di tessuti vegetali e animali causata da vari agenti patogeni | (*enol.*) ***m. nobile***, muffa parassita grigia (*Botrytis cinerea*) che attacca e metabolizza un'uva matura conferendo al vino passito aroma e gusto caratteristici **CFR.** infavato **3** (*fig.*) depravazione e corruzione morale | insieme di persone corrotte e depravate

màrco① [germ. *marka* 'segno' ✱ 1285] **s. m.** (**pl.** *-chi*) **1** unità di peso in uso in Germania dal IX sec., di valore vario secondo i luoghi **2** fino all'introduzione dell'euro (2002), unità monetaria della Germania e della Finlandia

màrco② [da *marcare* ✱ av. 1363] **s. m.** (**pl.** *-chi*) ● marca, contrassegno

màrco③ [ant. fr. *marc*, dal francone *marka*, unità di misura ✱ 1355] **s. m.** (**pl.** *-chi*) ● contrappeso della stadera

marcofilìa [comp. di *marca* (*da bollo*) e *-filia* ✱ 1970] **s. f.** ● collezionismo di marche da bollo

Marcóni [ellissi di *attrezzatura Marconi*, dall'ingl. d'America *Marconi rig*, così chiamata perché ricordava un impianto radio ✱ sec. XX] **agg. inv.**; anche **s. f. inv.** ● (*mar.*) nelle loc. ***randa M., vela M.***, o (*ellitt.*) ***Marconi***, bermudiana

marconigrafìa [comp. del n. di G. *Marconi* (1874-1937), che inventò il telefono senza fili, e *-grafia* ✱ 1941] **s. f.** ● (*raro*) radiotelegrafia

marconigràmma [comp. del n. di G. *Marconi* (V. *marconigrafia*) e *-gramma* ✱ 1903] **s. m.** (**pl.** *-i*) ● radiotelegramma

marconìsta [V. *marconigrafia* ✱ 1935] **s. m. e f.** (**pl. m.** *-i*) ● radiotelegrafista

marconiterapìa [comp. del n. di G. *Marconi* (V. *marconigrafia*) e *-terapia* ✱ 1935] **s. f.** ● (*med.*) terapia fisica a base di onde elettromagnetiche corte che generano calore nell'interno dei tessuti

marcorèlla o **mercorèlla** [lat. *mercuriā-le(m)* (*hĕrbam*) 'erba di Mercurio', da *Mercŭrius* 'Mercurio', al quale erano attribuite le virtù curative di questa pianta ✱ sec. XIV] **s. f.** ● (*bot.*) mercuriale

marcuṣiàno [1968] **A** **agg.** ● relativo al filosofo tedesco H. Marcuse (1898-1979) **B** **agg. e s. m.** (**f.** *-a*) ● che (o chi) segue la filosofia di Marcuse

mardochèo [da *Mardocheo*, personaggio biblico, accostato per etim. pop. a *merda* ✱ 1945] **s. m.** ● (*sett.*) uomo sciocco, che vale poco

♦**màre** [lat. *măre*, di orig. indeur. ✱ av. 1250] **s. m.** (**talora troncato in** *mar*) **1** massa di acqua salata, che si estende per tre quarti della superficie del globo, raggiungendo grandi profondità **CFR.** talasso-, alo- | ***m. chiuso***, circondato dal territorio di uno stesso Stato e quindi soggetto alla sovranità esclusiva dello stesso | ***m. libero, alto m.***, zona di mare situata oltre le acque territoriali, non appartenente a nessuno Stato e aperta alla navigazione di tutti i Paesi | ***m. mediterraneo***, circondato da aree continentali e comunicante con l'oceano mediante apertura piuttosto stretta | ***m. adiacente***, che si addentra nei continenti senza una netta separazione con l'oceano | ***m. lungo, morto***, moto ondoso caratterizzato da onde regolari che non si frangono, residuo di una perturbazione passata | ***m. vivo***, moto ondoso che si può osservare contemporaneamente al fenomeno atmosferico che lo ha generato | ***m. grosso***, in tempesta | ***frutti di m.***, V. *frutto* | ***colpo di m.***, ondata violenta | ***furia di m.***, tempesta o burrasca violenta | ***stato del m.***, (*evit.*) ***forza del m.***, valutazione del moto ondoso in base all'altezza media delle onde in un determinato punto, espresso nei termini definiti da scale internazionali (per es.: *poco mosso, agitato*) | ***solcare il m., andare per m.***, navigare | ***mal di m.***, malessere, nausea provocata dalla navigazione con mare mosso **SIN.** naupatia | ***correre il m.***, dedicarsi alla pirateria | ***andare al m.***, recarsi per gita o villeggiatura in una località marina, spec. nella stagione estiva | (*fig.*) ***portare acqua al m.***, fare cose inutili | ***essere in alto m.***, (*fig.*) lontano dalla soluzione o dalla conclusione di qlco. | ***cercare per terra e per m.***, dappertutto | ***buttare a m. qlcu. o qlco.***, (*fig.*) disfarsene, lasciarlo perdere | (*fig.*) ***promettere mari e monti***, promettere grandi cose, destinate per lo più a non essere mantenute | (*fig.*) ***muovere, smuovere mari e monti***, fare sforzi straordinari per ottenere qlco.: *ha mosso mari e monti per avere quell'incarico* | ***è una goccia nel m.***, (*fig.*) si dice di ciò che ha scarsissimo rilievo o importanza | ***è un porto di m.***, si dice di luogo frequentatissimo, dove ci sia un continuo andirivieni **2** vasta zona pianeggiante della Luna: *il m. delle*

Tempeste, della Tranquillità **3** (*est.*) grande estensione: *un m. d'erba, di sabbia, di fuoco* **4** (*fig.*) grande quantità: *sono immerso in un m. di guai, di fastidi, di dubbi; versare un m. di lacrime, di sangue* | (*fig.*) ***m. magno***, V. *mare magnum*

NOMENCLATURA

mare (oceano)

● *caratteristiche*: mosso = agitato, grosso, burrascoso ⇔ liscio = calmo = bonaccia, increspato, trasparente ⇔ torbido, caldo, freddo; interno, chiuso ⇔ aperto, libero ⇔ territoriale; infido, tranquillo; pescoso; spumeggiante, verde, azzurro, grigio, cobalto; glaciale, tropicale, equatoriale, oceanico, mediterraneo, periferico; salsedine, salinità, alcalinità, concentrazione, densità, trasparenza, oscurità, colore, tonalità, luminescenza, temperatura (variabile ⇔ costante);

● *fondo marino*: (continentale, pelagico): dorsale, rialto, dorso, cupola, gobba, catena, montagna, bacino, avvallamento, solco, conca, platea, tavolato, margine continentale, zoccolo continentale (scarpata continentale, piattaforma continentale) regione oceanica (litoranea, pelagica, abissale), fossa oceanica, abisso, fondale, pianura abissale, bassofondo, fango oceanico;

● *movimenti del mare*: - irregolari: onda (cresta, ventre, altezza, lunghezza, velocità di propagazione, periodo, profilo, schiuma), ondata, onda di oscillazione, onda di traslazione, onda morta, onda progressiva, onda stazionaria, cavallone, maretta, maroso, gorgo, vortice, mälström, risacca, frangente, mareggiata, sessa, maremoto, tsunami; - periodici: marea (viva ⇔ stanca, alta ⇔ bassa, flusso ⇔ riflusso); - costanti: corrente (calda ⇔ fredda, verticale ⇔ orizzontale, oceanica ⇔ mediterranea, lenta ⇔ veloce, di deriva, superficiale, di compenso); mal di mare = naupatia;

● *azione geodinamica del mare*: demolizione, abrasione, erosione, trasporto, sedimentazione = deposito, chimica (costruttiva, distruttiva); trasgressione marina ⇔ regressione marina;

● *studio del mare*: oceanografia, oceanografo, talassografia, batimetria (batimetro = scandaglio), mareografo, talassologia; livello, profondità, batiscafo, palombaro, draga, correntometro;

● *azioni*: bagnare, rifluire, infrangersi, mugghiare, stendersi, ondeggiare, mareggiare, agitarsi, incupirsi, inghiottire, sommergere, lambire, toccare, avanzare ⇔ ritirarsi, sbattere, trascinare, confluire, comunicare; bagnarsi, immergersi, fare il bagno, tuffarsi, guizzare, toccare il fondo, risalire = riemergere; stare a galla, fare il morto, galleggiare, annaspare, bere; fare due bracciate, nuotare, pinneggiare; remare; asciugarsi; annegare.

● *flora e fauna marina*: superficiale, pelagica, abissale, bentonica, planctonica, nectonica, sessile, strisciante, natante, ambulante; pesci, crostacei, krill, molluschi; alghe (gelatinose, cartilaginee, calcaree, cretose, pietrose; microscopiche ⇔ giganti); mucillagine; corallo (rosso, vermiglione, carminio, rosso sangue, rosa pallido, rosa carnicino, bianco, morto ⇔ vivo; colonia, banco, madrepore, attinia = anemone di mare = rosa di mare = pomodoro di mare, spugna).

marèa [fr. *marée*, da *mer* 'mare' ✻ av. 1348] **s. f. 1** movimento periodico delle acque del mare, che si alzano e si abbassano alternativamente nell'arco della giornata, dovuto all'attrazione della Luna e del Sole: *alta, bassa m.* | (*est.*) durata di ognuno di questi movimenti | ***m. terrestre***, spostamento del livello della superficie terrestre, di difficile rilevazione, dovuto all'attrazione lunare **2** (*est.*) qualunque massa fluida in movimento: *una m. di fango sommerse gli sventurati* **3** (*fig.*) vasto insieme di persone o cose che si muovono spec. lentamente e quasi ondeggiando o fluttuando: *una m. di gente invadeva la piazza; dal balcone si vedeva una m. di teste* **4** (*fig.*, *lett.*) grande quantità di sentimenti, emozioni ecc.: *una m. di ricordi*

mareggiaménto [da *mareggiare* ✻ av. 1705] **s. m.** ● (*lett.*) scuotimento causato dal mare mosso | (*fig.*, *lett.*) turbamento, forte agitazione interiore

mareggiàre [da *mare* ✻ 1319] **v. intr. (pres.** *io maréggio*; **fut.** *io mareggerò*; **aus.** *avere*) **1** (*lett.*) agitarsi in grosse onde, detto del mare: *l'azzurro Egeo mareggia* (G. CARDUCCI) **2** (*fig.*, *lett.*) ondeggiare, fluttuare: *le lunghe erbe mareggiavano sotto le folate di vento* **3** (*raro*, *lett.*) navigare **4** †soffrire il mal di mare

mareggiàta [da *mareggiare* ✻ av. 1484] **s. f.** ● violento moto ondoso lungo la costa

SFUMATURE DI SIGNIFICATO

mareggiata - burrasca

Un violento moto ondoso che si abbatte lungo la costa si dice **mareggiata**. La **burrasca** è propriamente una forte tempesta di vento; nell'uso corrente indica una perturbazione marina accompagnata da vento forte.

maréggio [da *mareggiare* ✻ 1465] **s. m. 1** (*lett.*) agitazione ondosa del mare **2** (*lett.*, *fig.*) travaglio

✦**màre màgnum** [loc. lat., propr. 'mare grande'. V. *mare* e *magno* ✻ av. 1629] **loc. sost. m. inv. (pl. lat.** *maria magna*) ● gran quantità, gran confusione: *nel mare magnum di quell'amministrazione non si capisce nulla*

marémma [lat. *marĭtima*, nt. pl., 'paesi costieri'. V. *marittimo* ✻ av. 1292] **s. f.** ● regione bassa e paludosa vicina al mare | ***M. toscana***, o (*per anton.*) ***Maremma***, zona costiera un tempo paludosa compresa fra la Toscana meridionale e il Lazio settentrionale

maremmàno [av. 1250] **A agg. 1** relativo a una maremma: *macchia, palude maremmana* **2** della Maremma toscana: *cane m.*; *cavallo m.* | ***bovino m.***, grande, scuro, da carne e da lavoro | ***suino m.***, di piccola taglia, a manto nero **B s. m. (f. -*a*)** ● abitante o nativo della Maremma

maremòto [da *mare*, sul modello di *terremoto* ✻ 1891] **s. m.** ● violento scuotimento delle acque del mare, prodotto da un terremoto sottomarino | ***onda di m.***, gigantesca ondata marina che si riversa su una costa con disastrose conseguenze **CFR.** tsunami

marèna① [ted. *Maräna*, dall'ant. slavo *morje* 'mare' ✻ 1957] **s. f.** ● pesce osseo dei Salmonidi con pinna dorsale molto sviluppata e caudale fortemente incisa, che vive nei laghi in profondità (*Coregonus maraena*)

marèna② ➤ **amarena**

maréngo (o **-è-**) [detto così perché fu coniato da Napoleone in memoria della battaglia di *Marengo* (1800) ✻ 1863] **s. m. (pl. -*ghi*)** ● moneta d'oro da 20 franchi coniata a Torino nel 1800

mareogràfico [1957] **agg. (pl. m. -*ci*)** ● relativo al mareografo e alle registrazioni compiute con tale strumento: *stazione mareografica*

mareògrafo [fr. *marégraphe*, comp. di *marée* 'marea' e *-graphe* '-grafo' ✻ 1884] **s. m.** ● (*fis.*) strumento per registrare le oscillazioni dell'acqua di mare o di fiume in seguito alle maree

mareogràmma [comp. di *marea* e *-gramma*, prob. sul modello del fr. *marégramme* ✻ 1957] **s. m. (pl. -*i*)** ● tracciato ottenuto con il mareografo

mareomotóre [comp. di *mare(a)* e *motore* prob. sul modello del fr. *marémoteur* ✻ 1975] **agg. (f. -*trice*)** ● che utilizza l'energia idraulica delle maree: *centrale idroelettrica mareomotrice*

†**marescàlco** ➤ **maniscalco**

maresciàlla [fr. *maréchale*, f. di *maréchal* 'maresciallo' ✻ 1671] **s. f.** ● moglie del maresciallo

marescialláto [av. 1644] **s. m.** ● ufficio e dignità di maresciallo

✦**maresciàllo** [fr. *maréchal*: stessa etim. di *maniscalco* ✻ 1357] **s. m. (f. -*a* (V.)) 1** in alcuni eserciti, grado supremo della gerarchia militare: *m. di Francia* | ***m. di campo***, negli antichi eserciti, ufficiale generale incaricato di provvedere all'alloggiamento delle truppe **2** nella gerarchia militare italiana, ruolo appartenente alla categoria dei sottufficiali, suddiviso in cinque gradi (*m., m. ordinario, m. capo, primo m., primo m. luogotenente*) | la persona che riveste tale ruolo **3** nella corte medievale, dignitario incaricato delle scuderie del re

†**marése** (o **-ṣ-**) [ant. fr. *mareis*, dal francone *marisk* 'mare' ✻ av. 1348] **s. m.** ● acquitrino, palude, stagno

marétta [da *mare* ✻ 1577] **s. f. 1** leggera agitazione del mare provocata dal vento con formazione di piccole e brevi onde **2** (*fig.*) situazione di tensione, nervosismo o agitazione

mareẓẓàre [da *mare*, perché la marezzatura ricorda le onde (?) ✻ 1578] **v. tr.** (*io maréẓẓo*) ● dare il marezzo, le venature del marmo: *m. una stoffa*; *m. una parete*

mareẓẓàto **part. pass.** di *marezzare*; **anche agg. 1** che presenta venature, striature | ***mantello m.***, di animale il cui mantello presenta piccole zone irregolari di colore più chiaro alternate con altre di colore più intenso | ***tessuto m.***, percorso da mutevoli linee di colore o di riflessi **2** detto di carni macellate che presentano marezzature

mareẓẓatùra [1706] **s. f. 1** operazione del marezzare | marezzo | ***m. a legno***, pittura eseguita su legno comune a imitazione di un legno pregiato **2** particolare aspetto che assume la superficie di taglio di un muscolo di animale macellato

maréẓẓo [V. *marezzare* ✻ 1530] **s. m. 1** insieme di strisce irregolari e variamente colorate rispetto al fondo, presenti su legno o marmo | (*est.*) striatura prodotta su tessuti, lastre metalliche e sim. **2** intonaco striato allo stesso modo del marmo

†**màrga** [vc. dotta, lat. *mărga(m)*, di orig. gallica ✻ 1476] **s. f.** ● marna

margàrico [fr. *margarique*, dal gr. *márgaron* 'perla', perché di colore perlaceo. V. *margherita* ✻ 1833] **agg. (pl. m. -*ci*)** ● (*chim.*) detto di acido grasso non esistente in natura ma ottenuto per sintesi

margarìna [fr. *margarine*, da *margarique* 'margarico' ✻ 1869] **s. f.** ● surrogato del burro, consistente in una emulsione di grassi vegetali e animali in latte o siero di latte, usato come grasso alimentare

margarinàre [denominale di *margarina* ✻ 1957] **v. tr.** ● mescolare con margarina

margarinatùra [1975] **s. f.** ● sofisticazione alimentare che consiste nell'aggiungere margarina al burro o allo strutto

†**margarìta**① ➤ **margherita**

margarìta② /marga'rita, *sp.* marga'rita/ [da *Margarita*, n. di un'isola caraibica ✻ 1992] **s. m. inv.** ● cocktail a base di succo di limone o lime, tequila, liquore all'arancia e ghiaccio tritato, servito gener. in una coppa con il bordo cosparso di sale

margarìte [comp. di †*margar(ita)* e *-ite*② ✻ 1934] **s. f.** ● (*miner.*) mica calcica in cristalli lamellari perlacei

margàro ➤ **malgaro**

✦**margherìta** o †**margarìta**① [lat. *margarī̆ta(m)*, dal gr. *margarítēs*, di orig. orient., che aveva già i due sign. di 'perla' e 'fiore'; nel sign. B, dal n. di Margherita di Savoia, regina d'Italia (1851-1926), alla quale quelle specialità gastronomiche furono dedicate ✻ 1300] **A s. f. 1** erba perenne delle Composite con grandi capolini isolati costituiti da un bottone giallo al centro e linguette bianche disposte a raggiera (*Leucanthemum vulgare*) | *m. gialla*, fiorrancio | ***sfogliare la m.***, staccare i petali uno a uno accompagnandovi una filastrocca a domande alterne per ottenere risposta; (*fig.*) essere incerto, titubante sul da farsi **2** †perla, gemma | (*est.*) †cosa o persona preziosa come una gemma | †stella, astro **3** (*mar.*) nodo impiegato per accorciare una cima senza tagliarla **4** †corda, fune per la tortura **5** elemento mobile e intercambiabile di scrittura per macchine per scrivere, la cui forma ricorda quella della margherita **6** (**spec. al pl.**) tipo di pasta alimentare corta a forma di margherita **7** (*polit.*) ***la Margherita***, organizzazione costituita nel 2001 dalle forze politiche spec. di centro all'interno dell'Ulivo e confluita nel 2007 nel Partito Democratico || **margheritìna**, **dim.** (V.) | **margheritóna**, **accr.** (V.) **B** **in funzione di agg. inv.** ● (posposto a un sost.) nelle loc. ***pasta M.***, impasto base di numerose preparazioni dolciarie, composto di farina, burro, uova e zucchero | ***torta M.***, dolce a base di pasta Margherita, zucchero, uova, burro fuso freddo e farina setacciata | ***pizza M.***, pizza napoletana con mozzarella e pomodoro

†**margheritìfero** [comp. di *margherita* e *-fero* ✱ av. 1730] **agg.** ● perlifero

margheritìna [1735] **s. f. 1** dim. di *margherita* **2** erba delle Composite con foglie basali a rosetta e piccoli capolini costituiti da un bottone giallo al centro e linguette bianco-rosate disposte a raggiera (*Bellis perennis*) **SIN.** bellide, prataiola, pratolina **3** (**al pl.**) perle di vetro colorate **SIN.** conterie **4** (**spec. al pl.**) pasta alimentare corta, di forma simile a una margherita

margheritóna [av. 1938] **s. f. 1** accr. di *margherita* **2** (*bot.*) erba perenne delle Composite, originaria dei Pirenei, con capolini più grandi di quelli della margherita, coltivata per ornamento (*Leucanthemum maximum*)

margheròtta [detta così perché costruita a *Marghera*, località vicino a Venezia ✱ 1834] **s. f.** ● barca veneta lunga e sottile, assai veloce, con sei rematori

marginàle [1666] **A** **agg. 1** posto a margine: *note marginali* **2** (*est.*) accessorio, secondario, di minore importanza: *proposte marginali*; *gli aspetti marginali di un problema* **3** detto della variazione che subisce una grandezza per una variazione infinitesima di un'altra grandezza | (*econ.*) ***aliquota m.***, quella dello scaglione più elevato del reddito del contribuente | (*econ.*) ***costo m.***, il costo di un'unità aggiuntiva di un prodotto || **marginalménte**, **avv. 1** a margine **2** in via secondaria, accessoria; indirettamente, di sfuggita: *toccare marginalmente un argomento* || **marginalità**, **s. f. inv. 1** condizione di ciò che è marginale **2** (*fig.*) condizione di emarginazione **B** **agg.; anche s. m. e f.** ● che (o chi) si trova ai margini della società: *il problema dei poveri e dei marginali in una società sviluppata* **SIN.** emarginato

marginàlia /mard͡ʒi'nalja/ [falso latinismo: vorrebbe essere il nt. pl. di un agg. lat. **marginālis*, da *mărgo*, genit. *mărginis* 'margine', sul modello di *parentālia* (V. *parentali*) e sim. ✱ 1908] **s. m. pl.** ● osservazioni staccate, appunti brevi come note poste a margine

marginalìsmo [da *marginale* ✱ 1933] **s. m. 1** teoria economica della seconda metà dell'Ottocento, per la quale il valore di un prodotto è determinato dall'utilità per i consumatori e non dal lavoro richiesto per la produzione del bene **2** (*raro*) marginalità

marginalìsta [1987] **A** **s. m. e f.** (**pl. m.** *-i*) ● (*econ.*) seguace, sostenitore del marginalismo **B** **agg.** ● marginalistico

marginalìstico [1957] **agg.** (**pl. m.** *-ci*) ● (*econ.*) relativo al marginalismo o ai marginalisti || **marginalisticaménte**, **avv.** secondo la teoria del marginalismo

marginalizzàre [da *marginale* ✱ 1971] **A** **v. tr.** ● attribuire una minor importanza a qlco.: *m. l'agricoltura* | emarginare, mettere ai margini **B** **marginalizzàrsi** **v. intr. pron.** ● ridursi in una condizione marginale || **marginalizzazióne**, **s. f.**

marginàre [vc. dotta, lat. *margināre*, da *mărgo*, genit. *mărginis* 'margine' ✱ 1598] **v. tr.** (*io màrgino*) ● delimitare con margini: *m. il foglio, la pagina, prima di scrivere a macchina*

marginàto **part. pass.** di *marginare*; anche **agg. 1** nel sign. del v. **2** (*bot.*) detto di foglia, frutto, seme circondato sul margine da un'ala o rilievo

marginatóre [da *marginare* ✱ 1957] **s. m. 1** nelle macchine per scrivere a carrello mobile, ciascuno dei due dispositivi che consentono di limitare la corsa del carrello da un certo punto a un altro **2** (*fotogr.*) dispositivo usato nell'ingrandimento per tenere distesa la carta sensibile e formare un bordo bianco sui quattro lati **3** (*tipogr.*) squadra che serve a marginare la pagina

marginatùra [1863] **s. f. 1** operazione del marginare **2** (*tipogr.*) gli spazi bianchi che separano le pagine nella forma tipografica | lo spazio bianco a destra o a sinistra di un testo composto

♦**màrgine** o (*poet.*) **màrgo** [lat. *măргine(m)*, di orig. indeur. ✱ av. 1292] **A** **s. m. 1** la parte estrema di una superficie: *sedeva ai margini della via* | ***m. della ferita***, labbro, orlo | ***m. del fiume, del lago***, sponda, riva, argine | ***m. del fosso***, ciglio | ***m. di una foglia***, contorno esterno del lembo | (*fig.*) ***vivere ai margini della società, della legalità*** e sim., servirsi di espedienti, di mezzi poco leciti e sim. **2** spazio bianco che si lascia sui quattro lati del foglio scritto o stampato: *m. largo, stretto* | ***nota, postilla in, a m.***, scritte ed annotazioni segnate sul margine più largo della pagina | ***in m.***, (*fig.*) collateralmente, secondariamente | ***in m. a***, (*fig.*) relativamente, in merito agli aspetti secondari di qlco. **3** (*filatelia*) spazio bianco tra francobolli non dentellati | bordo bianco del foglio di francobolli **4** (*fig.*) spazio, àmbito disponibile per qlco.: *non c'è m. per la spesa proposta*; *lasciar m. alla fantasia* | (*econ.*) ***m. di contribuzione*** (o ***m. operativo***), nel bilancio di un'azienda, la differenza fra i ricavi e i costi | (*fig.*) quantità disponibile in sovrappiù, rispetto al necessario: *ci resta ancora un buon m. di tempo, di guadagno* | ***vincere con largo m.***, nel linguaggio sportivo, imporsi con un punteggio netto, distanziare largamente l'avversario **B** **s. f.** ● (*lett.*) cicatrice: *facevan vedere i lividi e le margini de' colpi ricevuti* (A. MANZONI) || **marginétto**, **dim. m.**

marginóso (o *-ṣ-*) [1869] **agg.** ● (*raro*) dotato di ampi margini, detto di un volume

màrgo ➤ **margine**

†**margòlla** [etim. incerta ✱ sec. XIV] **s. f.** ● strega, megera

margóne ① [accr. di *marga* ✱ 1754] **s. m.** ● marga, marna

margóne ② [etim. incerta ✱ av. 1673] **s. m.** ● gora che porta via l'acqua già sfruttata da un mulino

margòtta [fr. *margotte*, dal lat. *mĕrgus* 'propaggine', di etim. incerta ✱ 1745] **s. f.** ● ramo di pianta erbacea o arborea su cui, attraverso l'incisione, la torsione e l'avvolgimento in copertura di terra e l'infissione nel terreno, viene provocata l'emissione di radici | (*est.*) sistema di moltiplicazione agamica applicato su tali piante

margottàre [da *margotta* ✱ 1745] **v. tr.** (*io margòtto*) ● riprodurre una pianta col sistema della margotta

margottièra [1957] **s. f.** ● recipiente o fasciatura usata per tener fermo il terriccio bagnato attorno alla margotta

margòtto [1803] **s. m.** ● margotta

margraviàto [fr. *margraviat*, da *margrave* 'margravio' ✱ 1831] **s. m.** ● titolo, dignità di margravio | (*est.*) territorio su cui tale dignità era esercitata

margràvio [ted. *Markgraf* 'conte di una marca', comp. di *Mark* 'marca' e *Graf* 'conte' ✱ 1765] **s. m.** (**f.** *-ia*) ● durante il Sacro Romano Impero, titolo concesso ai feudatari germanici cui era affidato il governo delle zone di frontiera, analogo a quello di marchese del mondo latino **CFR.** langravio

marguài [guaranì *maracayá* ✱ 1983] **s. m. inv.** ● felino sudamericano giallo-rossiccio con macchie disposte a formare strisce (*Felis tigrina*) **SIN.** maracaia

màri [russo *marijskij (jazyk)* '(lingua) mari' ✱ 1888] **s. m. inv.** ● lingua della famiglia uralica parlata in Mari-El, repubblica della Federazione Russa

mariachi /*sp.* ma'rjatʃi/ [vc. sp. del Messico, dal n. di un inno in onore di *Maria* Vergine ✱ 1966] **A** **s. m. inv.** ● musica popolare messicana, poi diffusasi nell'intero continente americano e in Europa **B** **agg. inv.** ● relativo al genere mariachi: *musicisti m.*

mariàno (o *-rià-*) [1869] **agg.** ● relativo a Maria, madre di Gesù: *teologia, congregazione mariana* | ***mese m.***, mese di maggio a lei dedicato

maricoltóre [comp. di *mare* e *coltore* ✱ 1983] **s. m.** (**f.** *-trice*) ● addetto alla maricoltura

maricoltùra [comp. di *mare* e *coltura* ✱ 1981] **s. f.** ● tecnica di allevamento intensivo di ogni tipo di pesce marino, che si vale anche di interventi a livello genetico

marijuana /mari'wana, *ingl.* ˌmærɪ'hwɑːnə, *sp.* mari'xwana, -'hwa-/ [etim. incerta ✱ 1932] **s. f. inv.** ● droga costituita dalle foglie della canapa indiana, le quali, triturate e seccate, vengono mescolate al tabacco e fumate **CFR.** hashish

marìmba [vc. di orig. africana ✱ av. 1680] **s. f.** ● strumento musicale tipicamente africano composto da tavolette o cilindri di legno infilati su cordoni che vengono percossi da martelletti impugnati dal suonatore

mariméttere ➤ **manomettere**

marimónda [vc. di orig. amer. ✱ sec. XIX] **s. f.** (**pl.** *marimónde* o sp. *marimondas*) ● scimmietta platirrina americana priva del dito pollice, con lunga coda prensile e sensibile all'estremità (*Ateles belzebuth*)

♦**marìna** ① [f. di *marino* ① ✱ 1250 ca.] **s. f. 1** (*poet.*) mare | (*est.*) tratto di mare che bagna un paese, una regione **2** regione che si stende in riva al mare | †***m. m.***, seguendo il litorale, la costa **SIN.** costa, litorale | centro abitato sviluppatosi sulla costa, frequente nei nomi propri di luogo: *M. di Massa*; *M. di Ravenna* **3** quadro raffigurante un paesaggio marino **4** insieme di persone, ordinamenti ed enti destinati alla navigazione: *la m. italiana, inglese* | complesso di navi, attrezzature, edifici e sim. relativi alla navigazione | ***m. mercantile***, che comprende il trasporto di merci, lo svolgimento di determinate attività commerciali o il trasporto di passeggeri | ***M. Militare***, che comprende le varie unità da guerra

marìna ② [vc. ingl. attrav. l'it. e lo sp. ✱ 1983] **s. m. o f.** (**pl. m. inv., pl. f.** *-e*) ● porticciolo turistico attrezzato per imbarcazioni da diporto | *m. resort*, struttura ricettiva costiera con annesso porticciolo, nella quale gli ospiti hanno la possibilità di pernottare all'interno delle loro imbarcazioni avendo a terra i servizi propri di un campeggio

♦**marinàio** o (*pop.*) **marinàro** [da *marina*① ✻ 1250 ca.] **s. m.** (**f.** *-aia*, **pl. m.** *-ai*) **1** chi presta servizio su una nave: *fare il m.* | ***promessa da m.***, (*fig.*) cui non si terrà fede | ***m. d'acqua dolce***, (*spreg.*) navigatore inesperto ed incapace **2** (**al pl.**) equipaggio di una nave: *tutti i marinai in coperta!*

marinàra [f. sost. di *marinaro* ✻ 1881] **s. f.** **1** nel Novecento, abito infantile fatto a imitazione dell'uniforme dei marinai sia nella foggia che nel colore **2** cappello di paglia a larga tesa rialzata e nastro blu come usavano un tempo i marinai **3** nella loc. agg. inv. e avv. ***alla m.***, secondo l'uso dei marinai, detto spec. di certe fogge d'abito oppure di preparazioni culinarie in cui abbiano particolare rilievo pesci, crostacei o molluschi: *colletto alla m.*; *vestire alla m.*; *cozze, spaghetti alla m.* | ***pizza alla m.***, pizza con olio, aglio e origano | ***nuotare alla m.***, col corpo poggiato su di un fianco, un braccio che si stende in avanti, l'altro che remiga in basso e le gambe che si muovono a forbice

marinàre [da *marino*①, perché per *marinare* il pesce o la selvaggina si adoperava una salsa con sale ✻ 1552] **A v. tr.** ● tener immerso in liquido a base di vino o d'aceto pesce fritto o altro, per insaporirlo o conservarlo | far macerare la selvaggina in vino o aceto ed erbe aromatiche, per toglierle in parte l'odore di selvatico | (*fig.*) ***m. la scuola***, non andarci, far vacanza senza autorizzazione **B marinàrsi v. intr. pron.** ● †stizzirsi, arrabbiarsi

m

†**marinarésca** [f. sost. di *marinaresco* ✻ av. 1642] **s. f.** **1** l'insieme dei marinai che prestano servizio su una nave o servono un Paese | arte marinaresca **2** composizione musicale di carattere popolaresco affine alla barcarola

marinarésco [da *marinaro* ✻ 1353] **agg.** (**pl. m.** *-schi*) ● relativo alla marineria, alla navigazione o ai marinai: *arte, canzone marinaresca*; *vocabolo, gergo m.* ‖ **marinarescaménte**, **avv.**

marinarétto [1949] **s. m.** **1** dim. di *marinaro* **2** piccolo marinaio | ragazzo vestito alla marinara

marinàro [V. *marinaio* ✻ 1282] **A agg.** ● di mare, relativo al mare o alla marina: *abitudini marinare*; *repubbliche marinare* | ***popolo m.***, di navigatori | ***borgo m.***, di pescatori, barcaioli e sim. **B s. m.** ➤ **marinaio** ‖ **marinarétto**, **dim.** (V.)

marinàta [da *marinare* ✻ av. 1561] **s. f.** ● salsa a base di vino, aceto e aromi, per marinare vivande

marinàto **A part. pass.** di *marinare*; anche **agg.** **1** nei sign. del v. **2** ***fritto e m.***, (*fig.*) conciato per le feste **B s. m.** ● vivanda marinata

marinatùra [1919] **s. f.** ● preparazione di vivande marinate, spec. di carni e pesci nell'industria alimentare

marìne /ma'rin, *ingl.* mə'ri:n/ [vc. ingl., da *Marine (Corps)* 'corpo di marina' ✻ 1957] **s. m.** (**pl. inv.** *raro*; **pl. ingl.** *marines*) ● soldato appartenente a un corpo speciale, spec. degli Stati Uniti, impiegato negli sbarchi o in azioni che presentano particolare impegno tattico

marinerìa [da *marina* ✻ sec. XIV] **s. f.** **1** marina | l'insieme degli equipaggi, delle navi, delle attrezzature proprie della marina militare **2** †arte della navigazione | †mestiere del marinaio

†**marinésco** [av. 1598] **agg.** ● marinaresco, marinaro

†**marinière** o †**marinièro** [fr. *marinier*, da *marin* 'marino' ✻ sec. XIII] **s. m.** ● marinaio

marinìsmo [1618] **s. m.** ● stile e maniera letteraria di Giovanbattista Marino (1569-1625) e dei suoi seguaci e imitatori, caratterizzati da metafore ardite e ricerca dell'effetto

marinìsta [1710] **s. m. e f.** (**pl. m.** *-i*) ● seguace del marinismo

marinìstico [av. 1915] **agg.** (**pl. m.** *-ci*) ● del marinismo o a esso ispirato

marinizzàre [da *marino*① ✻ 1975] **v. tr.** ● adattare impianti, apparecchi o strumenti in modo da renderli idonei all'uso nell'acqua di mare

♦**marìno**① [vc. dotta, lat. *marīnu(m)*, agg. di *măre* 'mare' ✻ sec. XIII] **A agg.** **1** di mare: *ambiente m.*; *acque, onde marine* | che vive nel mare: *piante marine* | ***aquila marina***, miliobate | ***cavalluccio m.***, ippocampo | ***vitello m.***, foca | ***acqua marina***, V. *acquamarina* | ***colore blu m.***, blu cupo analogo a quello delle divise dei marinai | che sta presso il mare: *località marina*; *colonia marina* | che viene dal mare: *brezza marina* **2** (*raro*) marittimo: *esercito m.* **B s. m.** ● †marinaio

Marìno② [dal n. di una località dei Colli Albani, nel Lazio ✻ 1964] **s. m.** ● vino bianco secco o amabile dei Colli Albani, ottenuto da uve locali (Malvasia, Trebbiano e altre)

marìno③ [dal fr. *marin* 'smarino' ✻ 1973] **s. m.** ● materiale di scavo di una galleria SIN. smarino

mariofanìa [comp. del n. proprio *Mari(a)* e di *-fania*, dal gr. *pháinein* 'apparire', sul modello di *teofania* (V.) ✻ 1994] **s. f.** ● nel cattolicesimo, apparizione di Maria, la madre di Gesù

mariolerìa [1612] **s. f.** **1** carattere di mariolo: *la sua m. ci è ben nota* SIN. furfanteria **2** azione da mariolo: *una m. politica*

mariolésco [1582] **agg.** (**pl. m.** *-schi*) ● (*raro*) da mariolo: *azione mariolesca* ‖ **mariolescaménte**, **avv.**

♦**mariòlo** o (*tosc.*, *lett.*) **mariuòlo** [etim. incerta ✻ 1526] **A s. m.** (**f.** *-a*) **1** chi ordisce inganni, truffe e sim. SIN. furfante, malfattore **2** (*fam.*, *scherz.*) monello, birbante: *tuo figlio è un vero m.* **B agg.** ● (*lett.*) malizioso, birichino: *occhi marioli*

mariologìa [comp. del n. proprio *Maria* e di *-logia* ✻ 1957] **s. f.** (**pl.** *-gìe*) ● parte della teologia cattolica che tratta la natura, le qualità e gli attributi di Maria Vergine

mariològico [1970] **agg.** (**pl. m.** *-ci*) ● relativo a mariologia e a mariologo

mariòlogo [1970] **s. m.** (**f.** *-a*; **pl. m.** *-gi*) ● studioso o scrittore di mariologia

marionétta [fr. *marionnette*, da Marion, dim. di *Marie* 'Maria' ✻ 1681] **s. f.** **1** fantoccio mosso dall'alto per mezzo di fili collegati con la testa, le braccia e le gambe | ***teatro di marionette***, teatro popolare, nel quale agiscono marionette CFR. burattino **2** (*fig.*) persona che ha movenze prive di garbo, di morbidezza o di grazia: *camminare, muoversi, come una m.* **3** (*fig.*) persona priva di carattere e volontà, che si comporta o agisce su impulso altrui: *nelle sue mani è diventato una m.* SIN. burattino, fantoccio

marionettìsta [1874] **s. m. e f.** (**pl. m.** *-i*) ● chi allestisce spettacoli di marionette o ne manovra i fili

marionettìstico [1905] **agg.** (**pl. m.** *-ci*) ● concernente le marionette, il teatro delle marionette: *spettacolo m.*

†**mariscàlco** ➤ **maniscalco**

marìsta [fr. *mariste*, da *Marie* 'Maria' ✻ 1954] **A s. m.** (**f.** *-a*; **pl. m.** *-i*) **1** religioso appartenente alla Società di Maria, congregazione fondata nel 1822 a Lione per l'insegnamento ai giovani e per l'attività missionaria **2** laico appartenente all'istituto dei Piccoli fratelli di Maria delle Scuole, fondato nel 1817 per l'istruzione cristiana dei giovani in collegi, convitti e orfanotrofi **B agg.** ● dei maristi: *scuole mariste*

maritàbile [da *maritare* ✻ 1869] **agg.** ● (*raro*) da marito, che è da maritare: *ragazza m.*

maritàggio [da *marito* ✻ 1297] **s. m.** **1** (*lett.*) matrimonio: *la fe' mi desti / con m. altero* (G.B. MARINO) **2** nel Medioevo, dote pubblica assegnata a donne nobili prive di mezzi economici

maritàle [vc. dotta, lat. *maritāle(m)*, da *marītus* 'marito' ✻ 1320] **agg.** **1** del marito: *autorizzazione m.* | ***potestà m., autorità m.***, potere di supremazia un tempo attribuito dalla legge al marito sulla moglie **2** (*lett.*) coniugale | ***consorzio, fatto m.***, matrimonio | †***giorno m.***, nuziale ‖ **maritalménte**, **avv.** come marito e moglie, come in matrimonio: *Vivevano felici, maritalmente, quei due, da tanti anni* (L. PIRANDELLO)

†**maritaménto** [1268] **s. m.** ● matrimonio

maritàre [lat. *maritāre*, da *marītus* 'marito' ✻ av. 1250] **A v. tr.** **1** dare in sposa a un uomo (+ *con*, + *a*): *m. la figlia*; *m. la sorella a un bravo giovane*; *Procurerò di maritarla con questo giovinotto* (C. GOLDONI) | (*est.*) ammogliare: *ha maritato il figlio molto bene* | (*est.*) unire in matrimonio: *Ora bisogna ... maritar quei due ragazzi* (G. VERGA) SIN. accasare **2** †fidanzare **3** (*fig.*) unire, mescolare: *m. l'acqua al vino* | (*agric.*) accoppiare una pianta rampicante a un albero che le faccia da sostegno: *m. la vite all'acero* **B maritàrsi v. intr. pron. e rifl. recipr.** **1** prendere marito (+ *con*, *raro*, *lett.* + *a*): *si è maritata con un nostro amico*; *quando mi vorrò maritare, mi ricorderò di quel che ha detto mio padre* (C. GOLDONI) | (*est.*) ammogliarsi: *si è poi maritato quel tuo cugino?* SIN. accasarsi, sposarsi **2** (*fig.*, *lett.*) unirsi: *la vite si marita all'olmo*

maritàta [f. sost. di *maritato* ✻ av. 1250] **s. f.** ● donna sposata

maritàto **part. pass.** di *maritare*; anche **agg.** **1** (**solo f.**) che ha marito **2** detto di cibo nella cui preparazione entrano diversi ingredienti | ***minestra maritata***, tradizionale specialità napoletana, a base di varie carni ed erbe | ***frittata maritata***, con ripieno | ***uova maritate***, strapazzate e cotte con pomodori e altro

♦**marìto** [lat. *marītu(m)*, di orig. indeur. ✻ av. 1250] **s. m.** **1** il coniuge di sesso maschile: *un m. buono, cattivo, geloso* | ***aver m.***, essere sposata | ***prendere m.***, sposarsi, maritarsi | ***da m., in età da m.***, di ragazza in età di maritarsi | †***andare a m.***, sposarsi | †***portare a m. qlco.***, portare in dote SIN. sposo **2** (*agric.*) albero che fa da sostegno a una pianta, spec. a una vite **3** (*centr.*) scaldino ‖ **maritàccio**, **pegg.** | **maritìno**, **dim.** | **maritùccio**, **dim.**

maritòzzo [da *marito*; perché dolce di matrimonio (?) ✻ av. 1722] **s. m.** ● panino dolce e soffice condito con olio, uva passa, pinoli e cotto in forno

†**marìttima** [f. sost. di *marittimo* ✻ sec. XIII] **s. f.** ● marina | maremma

marittimità [1957] **s. f. inv.** ● carattere marittimo di una regione, dato dal rapporto tra sviluppo costiero e superficie e lunghezza dei confini

♦**marìttimo** [lat. *marĭtimu(m)*, da *măre* 'mare' ✻ 1438] **A agg.** **1** del mare: *mia natal patria è nella aspra Liguria / sovra una costa alla riva marittima* (A. POLIZIANO) | attinente al mare o alla marina: *servizi marittimi* | ***clima m.***, relativamente fresco d'estate e mite d'inverno **2** che si sviluppa o si verifica sui mari: *navigazione marittima*; *traffici marittimi*

| ***guerra marittima***, prevalentemente combattuta sul mare **B** **s. m.** ● marinaio | chi lavora in porti, cantieri e sim.

mariùolo ▸ **mariolo**

màrker /ˈmarker, *ingl.* ˈmɑːkə(r)/ [vc. ingl., da *to mark* 'segnare, marchiare' (d'orig. germ.) ✱ 1983] **s. m. inv. 1** evidenziatore **2** (*chim., med.*) marcatore

màrket /ˈmarket, *ingl.* ˈmɑːkɪt/ [vc. ingl, 'mercato', dal fr. ant. *marchiet* 'mercato' ✱ 1966] **s. m. inv.** ● accorc. di *supermarket*

màrketer /ˈmarketer, *ingl.* ˈmɑːkɪtə(r)/ [vc. ingl., da *to market* 'vendere' (V. *marketing*) ✱ 1989] **s. m. e f. inv.** ● operatore di marketing

màrketing /ˈmarketin(g), *ingl.* ˈmɑːkɪtɪŋ/ [vc. ingl., gerundio di *to market* 'vendere', da *market* 'mercato' ✱ 1957] **A** **s. m. inv.** ● complesso delle attività volte ad approfondire la conoscenza del mercato potenziale di un prodotto e a organizzarne la vendita nel modo migliore: *ricerca di m.* | ***m. manager***, direttore del marketing | ***m. mix***, l'insieme delle tecniche e degli strumenti necessari al conseguimento degli obiettivi di marketing | ***m. multilivello*** o ***piramidale***, sistema di vendita diretta in cui l'acquirente diventa a sua volta venditore del bene o del servizio acquistato, creando così una struttura piramidale di acquirenti-venditori, ognuno dei quali percepisce provvigioni dalle transazioni realizzate ai livelli inferiori | ***m. virale*** (o *ingl.* ***viral m.***), tecnica di diffusione dei messaggi pubblicitari in Internet con modalità simile al passaparola; è detto così perché il messaggio si propaga come un virus informatico | ***m. diretto*** o (*ingl.*) ***direct m.***, vendita di beni o servizi effettuata direttamente dal fornitore all'acquirente senza l'intermediazione di grossisti e dettaglianti; la promozione avviene generalmente tramite lettere o mail e la consegna tramite posta o via Internet **B** **in funzione di agg. inv.** ● (posposto a un sost.): *ufficio m.* | ***m. oriented***, che opera o produce in funzione delle richieste del mercato: *azienda marketing oriented*

market leader /marketˈlider, *ingl.* ˈmɑːkɪtˌliːdə(r)/ [loc. ingl., comp. di *market* (V.) e *leader* (V.) ✱ 1994] **loc. sost. m. inv.** (**pl. ingl.** *market leaders*) ● azienda che controlla la maggiore quota di mercato in un determinato settore produttivo | prodotto che ha la più alta quota di vendite nel suo settore

market maker /marketˈme(i)ker, *ingl.* ˈmɑːkɪtˌmeɪkə(r)/ [loc. ingl., comp. di *market* (V.) e *maker* 'fabbricante, artefice', di orig. germ. ✱ 1987] **loc. sost. m. e f. inv.** (**pl. ingl.** *market makers*) ● persona o azienda che esercita una profonda influenza sul mercato determinandone l'andamento e indirizzandone le scelte

markhòr /marˈkɔr/ [persiano *mārkhwār*, propr. 'che mangia serpenti', attrav. l'ingl. ✱ 1989] **s. m. inv.** ● capra selvatica con corna a spirale e pelame di colore grigio bruno, che vive nelle zone montuose del Kashmir, dell'Afghanistan e del Belucistan (*Capra falconeri*)

markka /*finnico* ˈmarkːɑ/ [finnico, dal ted. *Mark* 'marco' ✱ 1895] **s. m. inv.** (**pl. finnico** *markat*) ● marco finlandese **SIMB.** Fmk

mark-up /marˈkap, *ingl.* ˈmɑːkˌʌp/ [vc. ingl., da *to mark up* 'alzare il prezzo' ✱ 1993] **s. m. inv.** ● (*econ.*) margine di profitto da aggiungere al costo totale di produzione per definire il prezzo di vendita di un prodotto

màrlin /ˈmarlin, *ingl.* ˈmɑːlɪn/ [vc. ingl., riduzione di *marlinspike* 'punteruolo per dividere le funi', per la forma del muso ✱ 1991] **s. m. inv.** ● (*zool.*) grande pesce oceanico dei Teleostei, preda ambita dei pescatori sportivi | ***m. bianco***, vive nell'Atlantico e raggiunge un peso di 50 kg (*Makaira albida*) | ***m. nero***, ciascuna delle due specie del Pacifico che possono superare 400 kg di peso (*Makaira mazara, Makaira marlina*)

✦**marmàglia** o **maramàglia** [fr. *marmaille*, da *marmot* 'marmocchio' (V.) ✱ av. 1568] **s. f. 1** (**spec. al sing.**) quantità di gente ignobile, disprezzabile: *cacciate di qui questa m.* **SIN.** canaglia, gentaglia **2** (*scherz.*) moltitudine di ragazzi

marmagliùme [comp. di *marmagli(a)* e *-ume* ✱ 1891] **s. m.** ● gentaglia spregevole

marméggia [etim. incerta ✱ av. 1449] **s. f.** (**pl.** *-ge*) ● (*zool.*) dermeste

◆**marmellàta** [portog. *marmelada*, da *marmelo* 'cotogna', dal lat. *melimēlu(m)* dal gr. *melímēlon*, comp. di *méli* 'miele' e *mêlon* 'mela' ✱ 1579] **s. f. 1** nella classificazione merceologica, conserva di agrumi lasciati cuocere, con aggiunta di molto zucchero, fino ad ottenere una buona consistenza | nel linguaggio comune, confettura di frutta: *m. di ciliegie* **CFR.** gelatina | ***cogliere, beccare qlcu. con le dita nella m.***, (*fig., colloq.*) coglierlo mentre fa qlco. di male, con le mani nel sacco **2** (*fig.*) miscuglio confuso, guazzabuglio: *una m. di informazioni* ‖ **marmellatina**, **dim.**

marmétta [da *marmo* ✱ av. 1936] **s. f.** ● piastrella per pavimentazione costituita da graniglia di marmo ‖ **marmettóne**, **accr. m.** (V.)

marmettàio [1957] **s. m.** (**f.** *-aia*, **pl. m.** *-ai*) ● operaio addetto alla fabbricazione di marmette

marmettìsta [1965] **s. m. e f.** (**pl. m.** *-i*) ● marmettaio

marmettóne [1975] **s. m. 1** accr. di *marmetta* **2** mattonella di graniglia di dimensioni più grandi della marmetta, costituita superiormente da grossi pezzi di marmo di vario colore

†**marmièra** [sec. XV] **s. f.** ● cava di marmo

marmìfero [comp. di *marmo* e *-fero* ✱ 1758] **agg. 1** che è ricco di marmo: *terreno m.*; *cava marmifera* **2** relativo all'estrazione e lavorazione del marmo: *società, industria marmifera*

marmìno [av. 1869] **s. m. 1** dim. di *marmo* **2** piccolo pezzo di marmo, di pietra e sim., di varia forma, usato per impedire alle porte di chiudersi

marmìsta [av. 1749] **s. m. e f.** (**pl. m.** *-i*) ● chi lavora o scolpisce il marmo

marmìtta [fr. *marmite*, di etim. incerta ✱ 1598] **s. f. 1** grossa pentola di rame stagnato, ferro smaltato o alluminio, per cuocervi cibi | pentolone portatile, per il rancio dei soldati **2** serbatoio di raccolta dei gas combusti di scarico di un motore a combustione interna con funzione di silenziatore | ***m. catalitica***, negli autoveicoli, dispositivo che, per mezzo di speciali catalizzatori e attraverso processi di ossidazione e riduzione, trasforma i gas di scarico tossici in sostanze meno inquinanti **3** (*geol.*) ***m. dei giganti***, cavità circolare nelle rocce scavata dal moto rotatorio di frammenti di pietre per cause di correnti, in letti torrentizi o in regioni già occupate dai ghiacciai del periodo quaternario **4** (*gerg.*) grosso proiettile di artiglieria: *le trincee erano battute dalle marmitte austriache*

marmittóne [fr. *marmiton* 'giovane addetto ai servizi di cucina' (da *marmite* 'marmitta') ✱ 1875] **s. m.** ● soldato, spec. recluta, semplicìotto e ingenuo, con una certa goffaggine nel vestire e nel comportarsi

◆**màrmo** o †**màrmore** [lat. *mărmor*, dal gr. *mármaros*, da *marnasthai* 'rompersi', di orig. indeur. ✱ 1282] **s. m. 1** (*geol.*) roccia calcarea ricristallizzata per azione metamorfica, a struttura cristalloblastica | (*est.*) qualsiasi roccia adatta a essere lucidata e usata come pietra ornamentale, per sculture e sim. | ***bianco come il m.***, candido; (*fig.*) pallidissimo | ***duro come il m.***, durissimo; (*fig.*) indifferente a ogni sentimento | (*fig.*) ***essere di m., avere un cuore di m.***, essere privo di calore umano, di passioni e di affetti | (*fig.*) ***diventare un pezzo di m.***, di persona intirizzita dal freddo o insensibile | ***scolpire, incidere qlco. su m.***, (*fig.*) lasciare un ricordo durevole di qlco. **2** opera scolpita nel marmo: *i marmi di Michelangelo*; *un m. del Partenone* | (*poet.*) lapide, tomba: *a questi marmi / venne spesso Vittorio ad ispirarsi* (U. Foscolo) **3** lastra di marmo per decorazione: *il m. del cassettone, della tavola* ‖ **marmétto**, **dim.** | **marmìno**, **dim.** (V.)

✦**marmòcchio** [dal fr. *marmot* 'scimmia', poi 'marmocchio': di orig. onomat. (?) ✱ av. 1665] **s. m.** (**f.** *-ia*) ● (*scherz.*) bambino, fanciullo: *è padre di due marmocchi* | (*raro, iron.*) persona ingenua e semplice come un ragazzo ‖ **marmocchiétto**, **dim.** | **marmocchìno**, **dim.**

marmoràio ▸ **marmorario**

†**marmorària** [vc. dotta, lat. *marmorāria(m)* (*ărtem*) 'arte di lavorare il marmo', da *mărmor*, genit. *mărmoris* 'marmo' ✱ av. 1529] **s. f.** ● arte di lavorare il marmo

marmoràrio o **marmoràio** [vc. dotta, lat. *marmorāriu(m)*, da *mărmor*, genit. *mărmoris* 'marmo' ✱ av. 1381] **s. m.** (**f.** *-ia*) **1** artigiano che lavora il marmo **SIN.** marmista **2** †scultore

marmoràto [dal lat. *marmorātu(m)*, part. pass. del v. *marmorāre* 'coprire con marmo (*mărbor*)' ✱ 1476] **agg.** ● (*raro*) marmorizzato | ***trota marmorata***, V. *trota*

†**màrmore** ▸ **marmo**

†**marmoréccio** [av. 1597] **agg.** ● di marmo o simile al marmo

marmoreggiàre [dal lat. *mărmor*, genit. *mărmoris* 'marmo' ✱ sec. XV] **v. tr.** (**pres.** *io marmoréggio*; **fut.** *io marmoreggerò*) ● (*raro*) marmorizzare

marmòreo [vc. dotta, lat. *marmŏreu(m)*, da *mărmor*, genit. *mărmoris* 'marmo' ✱ av. 1290] **agg. 1** di marmo, fatto di marmo: *colonna, statua, scala, gradinata marmorea*; *il simulacro, / che presiede m. / agli arcani tui lari* (U. Foscolo) | ***ricordo m.***, stele, cippo, lapide **2** che ha le stesse caratteristiche del marmo: *bianchezza, durezza marmorea* | (*fig.*) ***volto m.***, pallidissimo | (*raro, fig.*) ***animo, cuore m.***, insensibile ‖ **marmoreaménte**, **avv.**

marmorìno [da †*marmore* ✱ 1344] **A** **agg.** ● (*lett.*) †di marmo: *dura più che' sassi marmorini* (G. Boccaccio) **B** **s. m.** (**f.** *-a*) ● (*lett.*) marmista: *È un lavoretto … di modesta bottega d'umile m.* (R. Bacchelli) **C** **s. m.** ● tipo di stucco ornamentale a base di polvere di marmo e leganti, usato per intonaci

marmorizzàre [fr. *marmoriser* 'trasformare in marmo', dal lat. *mărmor*, genit. *mărmoris* 'marmo' ✱ 1836] **v. tr.** ● dare l'aspetto del marmo, con onde e venature e macchie: *m. una stoffa* **SIN.** marezzare | (*fig., lett.*) rendere insensibile, materiale ‖ **marmorizzazióne**, **s. f.**

marmorizzàto **part. pass.** di *marmorizzare*; **anche agg.** ● nel sign. del v. **SIN.** marmorato

marmorizzatùra [1957] **s. f.** ● marmorizzazione | aspetto venato simile a quello del marmo

†**marmoróso** (o *-ş-*) [vc. dotta, lat. *marmorōsu(m)*, da *mărmor*, genit. *mărmoris* 'marmo' ✱ 1476] **agg.** ● simile al marmo

marmósa (o *-ş-*) [fr. *marmose*, forse dal fr. ant. *marmouset* 'figura grottesca' (di etim. incerta) ✱ 1957] **s. f.** ● genere di piccoli Marsupiali sudamericani a coda lunga e prensile (*Marmosa*)

◆**marmòtta** [fr. *marmotte*: di orig. onomat. (?)

∗ av. 1367] **s. f. 1** roditore degli Sciuridi dal capo tozzo, fitto mantello grigio-giallastro, zampe corte, pregiato per il grasso e la pelliccia; rimane in letargo durante l'inverno (*Marmota marmota*) | ***dormire come una m.***, moltissimo **2** (*fig.*) persona pigra, lenta, indolente | (*fig.*) persona ingenua, sprovveduta, goffa **3** segnale ferroviario basso e girevole le cui indicazioni di regola si riferiscono ai movimenti di manovra **4** varietà di albicocco, tipico di zone boscose subalpine, dai cui semi si estrae un olio usato in farmacologia (*Prunus brigantiaca*) ‖ **marmottina**, **dim.** | **marmottino**, **dim. m.** | **marmottone**, **dim. m.**

marmottìna [dalla *marmotta* che i girovaghi montanari portavano con sé in una cassetta ∗ 1908] **s. f.** ● (*gerg.*) valigetta del commesso viaggiatore, contenente il campionario

†**marmòtto** [av. 1400] **s. m.** ● marmotta

màrna [fr. *marne*, dal lat. parl. **mărgila(m)*, da *mărga* ∗ av. 1770] **s. f.** ● (*geol.*) roccia calcarea contenente una sensibile quantità di argilla

marnàre [fr. *marner*, da *marne* 'marna' ∗ av. 1811] **v. tr.** ● spargere la marna sul terreno per migliorarlo

marnatùra [av. 1869] **s. f.** ● lavoro del marnare

marnièra [fr. *marnière*, da *marne* 'marna' ∗ 1866] **s. f.** ● cava di marna

marnóso (o -ṣ-) [fr. *marneux*, da *marne* 'marna' ∗ 1792] **agg.** ● ricco di marna: *terreno m.*

màro [gr. *mâron*, di etim. incerta ∗ av. 1498] **s. m.** ● piccola pianta arbustiva mediterranea delle Labiate, con odore intenso e sapore amaro piccante (*Teucrium marum*)

marò [etim. discussa: dal gr. *mōrós* 'stolto, sciocco', di etim. incerta (?) ∗ 1962] **s. m. inv.** **1** (*gerg.*) nella marina militare, marinaio senza particolari specializzazioni **2** marinaio del reparto di fanteria di marina inquadrato nel battaglione San Marco

marocain /fr. maʀɔˈkɛ̃/ [vc. fr., propr. 'marocchino' ∗ 1957] **A** **s. m. inv.** ● tessuto in crespo pesante di seta, rayon o lana **B** **anche agg. inv.**: *crêpe m.*

maròcca [da *marna* ∗ 1905] **s. f. 1** (*sett.*) rifiuto o scarto inutilizzabile, da gettar via **2** (*geol.*) accumulo di massi e frammenti di roccia dovuti a fenomeni glaciali

marocchinàre [da *marocchino*; nel sign. 2, con riferimento alle violenze compiute da soldati marocchini nell'Italia centro-merid. durante la 2ª guerra mondiale ∗ 1869] **v. tr. 1** conciare la pelle di capra per farne il cuoio chiamato marocchino **2** (*disus.*) violentare, stuprare (V. nota d'uso STEREOTIPO)

marocchinatùra [da *marocchinare* ∗ 1957] **s. f.** ● procedimento di concia per ottenere il marocchino dalle pelli di capra

marocchinerìa [da *marocchino* ∗ 1887] **s. f.** ● (**spec. al pl.**) oggetto di marocchino o che imita l'artigianato del Marocco

♦**marocchìno** o †**marrocchìno** [da *Marocco*; nel sign. 2 così detto perché fu introdotto in Spagna dal Marocco ∗ 1554] **A** **agg.** ● del Marocco **B** **s. m. 1** (**f.** *-a*) abitante o nativo del Marocco **2** cuoio finissimo e morbido, leggermente rugoso, fatto con pelle di capra o montone conciata con galla o sommacco e variamente colorata: *libro legato in m.* **3** tonalità di colore rosso cupo, caratteristica del cuoio omonimo **4** striscia di cuoio che cinge l'orlo interno dei cappelli spec. da uomo **5** bevanda consistente in un cappuccino in quantità ridotta, servito gener. in una tazza di vetro, con l'aggiunta di una spruzzata di cacao

marógna [dal lat. *māter*, genit. *mātris* 'madre' ∗ av. 1519] **s. f.** ● (*sett.*) residuo solido della combustione del carbon fossile: *togliete dalla caldaia la cenere e la m.*

maronìta [dal n. dell'anacoreta *Marone* (V sec.) ∗ 1600] **A** **s. m. e f.** (**pl. m.** *-i*) ● membro di una Chiesa cattolica orientale di rito siro-antiocheno diffusa in Libano **B** **anche agg.** ● relativo ai maroniti: *rito m.*; *Chiesa m.*

maróso (o -ṣ-) [da *mare* ∗ 1287] **s. m.** **1** grossa onda di mare in burrasca **2** (*fig.*, *lett.*) turbamento, angoscia **3** †acquitrino

marpióne [fr. *morpion* 'piattola', comp. di *mords*, imperat. di *mordre* 'mordere' e *pion* 'uomo' (propr. 'pedone') ∗ 1950] **s. m.** (**f.** *-a*) ● furbacchione che sa approfittare abilmente d'ogni occasione a lui favorevole

marquise /fr. maʀˈkiz/ [vc. fr., propr. 'marchesa' ∗ 1908] **s. f. inv. 1** poltrona imbottita e con cuscino, bassa, larga, profonda, del XVIII sec. **2** pietra preziosa di forma ovale appuntita alle estremità | tipo di taglio di pietra preziosa **3** tenda avvolgibile per finestra **4** dolce al cucchiaio, spec. al cioccolato

marquisette /fr. maʀkiˈzɛt/ [vc. fr., propr. dim. di *marquise* 'marchesa'. V. *marquise* ∗ 1963] **s. f. inv. 1** tessuto leggero e trasparente a trama rada, usato spec. per tendine **2** marquise nel sign. 3

màrra [lat. *mārra(m)*, di orig. preindeur. ∗ 1313] **s. f. 1** zappa grossa, con ferro largo e corto, usata per lavorare il terreno in superficie **2** nell'edilizia, attrezzo simile a una zappa, usato per mescolare e stemperare la calce **3** (*mar.*) elemento dell'ancora tra il diamante e la patta che tende a penetrare nel fondale **SIN.** braccio

†**marraiuòlo** [da *marra* ∗ sec. XIII] **s. m.** ● specie di guastatore negli antichi eserciti italiani

marràna o (*roman.*) **maràna** [vc. di orig. preindeur. ∗ 1785] **s. f.** ● a Roma, fosso per incanalare le acque o per irrigare

marràncio [forse da *marra*, con suff. derivativo poco chiaro ∗ 1863] **s. m.** ● (*centr.*) grosso e pesante coltello da macellaio

♦**marràno**① [sp. *marrano* 'porco', dall'arabo *muḥarram* 'cosa vietata', perché la carne di maiale era vietata ai musulmani ∗ av. 1470] **A** **s. m.** (**f.** *-a*) **1** epiteto offensivo attribuito dagli Spagnoli fino al XVII-XVIII sec. all'ebreo o al musulmano costretto al battesimo **2** (*est.*) persona spregevole, falsa o cattiva: *è caduto nelle grinfie di quel m.!* | (*est.*, *lett.*) traditore: *vile m.!* **3** zotico, villanzone (*anche scherz.*): *bada a te, m.!*; *m. che non sei altro!* **B** **agg.** ● †maledetto, scomunicato | (*lett.*) ***occhio m.***, furbo, malizioso

marràno② ➤ **marano**

marranzàno [sicil. *marransanu*, propr. 'grillo canterino', di etim. incerta ∗ 1942] **s. m.** ● scacciapensieri siciliano

marrascùra [comp. di *marra* e *scure* ∗ sec. XV] **s. f.** ● attrezzo per potare gli ulivi fornito di un ferro con una parte a marra e con l'altra a scure

†**marrèlla** [da avvicinare a *mora*②, con deformazione secondo *marra* ∗ sec. XIII] **s. f.** ● freccia, dardo

marrìtto e deriv. ➤ **mandritto** e deriv.

marròbbio o **marrùbbio** [sicil. *marrubbiu*, di etim. incerta ∗ 1937] **s. m.** ● in Sicilia, rapida variazione del livello del mare presso le coste per l'azione del vento o delle depressioni atmosferiche

marròbio ➤ **marrubio**

†**marrocchìno** ➤ **marocchino**

marron /fr. maˈʀɔ̃/ [vc. fr., corrispondente all'it. *marrone*① ∗ 1888] **A** **s. m. inv.** ● marrone (sia come frutto del castagno sia come colore) **B** **agg. inv.** ● di colore marrone (spec. nel linguaggio della moda): *un vestito m.*

marronàta [da *marrone*① ∗ 1890] **s. f.** **1** marmellata di marroni **2** (*pop.*) madornale sciocchezza: *ha fatto proprio una gran m.!*

♦**marróne**① [vc. di orig. preindeur. ∗ av. 1320] **A** **s. m. 1** varietà pregiata di castagno ottenuta per selezione | frutto di tale albero **2** colore bruno scuro, caratteristico del frutto omonimo **3** (*volg.*) testicolo | (*volg.*) ***spaccare i marroni***, rompere le scatole | (*pop.*, *fig.*) errore o sproposito grossolano | ***pigliare un m.***, un granchio, una cantonata **B** **in funzione di agg.** (**pl.** *-e* o *-i*) ● (posposto a un sost.) che ha il colore del frutto omonimo: *vestito, cappello m.* ‖ **marroncìno**, **dim.**

marróne② [vc. di orig. preindeur. ∗ av. 1566] **s. m. 1** (*tosc.*) animale alla testa di un branco | cavallo da tiro che si aggiogava con un puledro **2** †guida di montagna

marronéto [da *marrone*① ∗ 1600] **s. m.** ● piantagione di marroni

marron glacé /marronglaˈse*, fr. maˌʀɔ̃glaˈse/ [fr., propr. 'marrone candito' ∗ 1880] **loc. sost. m. inv.** (**pl. fr.** *marrons glacés*) ● marrone candito

marronsécco [comp. di *marron(e)*① e *secco* ∗ 1923] **s. m.** (**pl.** *-chi*) ● castagna fatta seccare in forno

marrovèscio ➤ **manrovescio**

marrùbbio ➤ **marrobbio**

marrubìna [dal lat. *marrŭbium* 'marrubio' ∗ 1952] **s. f.** ● (*chim.*) sostanza organica ternaria, di sapore amaro, contenuta nel marrubio, usata come tonico e stimolante

marrùbio o **marròbio** [lat. *marrŭbiu(m)*, di etim. incerta ∗ sec. XIV] **s. m.** ● pianta erbacea perenne delle Labiate, ricoperta di peli biancastri, con fiori raccolti in spighe di color bianco (*Marrubium vulgare*) | ***m. nero***, cimiciotto, ballota

marrùca [vc. di orig. preindeur. ∗ 1567] **s. f.** ● arbusto spinoso delle Ramnacee con rami contorti e fiori gialli a fascetti (*Paliurus australis*) | ***m. bianca***, biancospino

marrucàio [1803] **s. m.** (**pl.** *-ai*) ● luogo pieno di marruche

marruchéto [1803] **s. m.** ● (*raro*) terreno ricoperto di marruche

Marsàla [dal n. della città in provincia di Trapani, dov'è prodotto ∗ 1860] **s. m. o pop. f. inv.** ● vino bianco liquoroso e profumato, prodotto con particolare concia da uve locali (Inzolia, Catarratto e altre), di gradazione non inferiore a 17°: *M. fine, superiore, vergine*; *M. secco, semisecco, dolce*; *M. all'uovo, al caffè, alla mandorla*

marsalàre [1957] **v. tr.** ● dare a un vino il profumo e il sapore del marsala

marsalàto **part. pass.** di *marsalare*; **anche agg. 1** che ha profumo e sapore di marsala **2** (*enol.*) detto di un vino che ha subito un processo di maderizzazione

marsc' /marʃ/ o **marsch**, **march** /martʃ/, **marc'** /martʃ/ [fr. *marche!*, imperat. di *marcher* 'marciare' ∗ 1895] **inter.** ● si usa come comando di esecuzione a reparti di militari, ginnasti o alunni, perché si mettano in marcia: *avanti marsc'!*; *squadra, di corsa! marsc'!*; *di passo, marsc'!* | come invito ad andarsene, eseguire qlco. velocemente e sim. (*anche scherz.*): *mettetevi al lavoro! marsc'!*; *fila via! marsc'!*

marshallése /marʃalˈlese *o* -ˈleze/ [1994] **A** **agg.** ● relativo alle isole Marshall o ai loro abitanti **B** **s. m. e f.** ● abitante o nativo delle isole Marshall **C** **s. m. solo sing.** ● lingua della famiglia malese-polinesiana parlata nelle isole Marshall

marshmallow /marʃˈmallov, ingl. ˌmɑːʃˈmæləʊ/ [vc. ingl., propr. 'malva (*mallow*) degli acquitrini (*marsh*)', nome dell'altea, pianta dalla cui radice si estrae un succo usato come ingrediente ∗ 1965] **s. m. inv.** ● dolce a base di zucchero, gelatina, albume montato e altri ingredienti, variamente aromatizzato e colorato, generalmente a forma di piccolo cilindro

marsicàno [1957] **agg.** • della Marsica, in Abruzzo

marsigliése (o -ṣe) [av. 1328] **A agg.** • di Marsiglia | ***tegola m.***, laterizio di forma rettangolare piana con risvolti e scanalature ai bordi, che permettono il reciproco incastro, usata nella copertura di edifici **B s. m. e f.** • abitante o nativo di Marsiglia **C s. f. 1** tegola marsigliese **2** inno nazionale francese: *intonare la M.* **D s. m. solo sing.** • dialetto parlato a Marsiglia

marsìlea [chiamata così in onore di L. F. *Marsigli* (1658-1730) ✱ 1831] **s. f.** • pianta erbacea delle Marsileacee che vive su terreni paludosi, con fusto strisciante, foglie dal lungo picciolo e col lembo diviso in quattro foglioline (*Marsilea quadrifolia*)

Marsileàcee [vc. dotta, comp. di *marsilea* e *-acee* ✱ 1865] **s. f. pl.** (**sing.** *-a*) • (*bot.*) famiglia di Felci acquatiche che vivono in terreni paludosi (*Marsileaceae*)

marsiliàna ➤ **marcigliana**

marsìna [dal n. del conte belga J. de *Marsin* (1601-1673) ✱ 1695] **s. f. 1** frac | (*est., lett.*) persona che indossa un frac **2** †giubba militare

màrso [vc. dotta, lat. *Mărsu(m)* ✱ 1483] **agg. e s. m.** (**f.** *-a*) • (*lett.*) appartenente a un'antica popolazione stanziata intorno al lago Fucino, in Abruzzo

marsovìno o **marsuìno** [fr. *marsouin*, dal nordico *marsvin* 'porco (*svin*) di mare' ✱ av. 1557] **s. m.** • (*zool.*) focena

marsupiàle [1934] **agg.** • del marsupio, relativo al marsupio | ***ossa marsupiali***, asticciole ossee articolate con il cinto pelvico che in alcuni marsupiali hanno funzione di sostegno del marsupio

Marsupiàli [dal lat. *marsūpium* 'marsupio' (V.) con suff. agg. ✱ 1829] **s. m. pl.** (**sing.** *-e*) • (*zool.*) ordine di Mammiferi australiani e sudamericani le cui femmine partoriscono figli ancora imperfetti e li accolgono nel marsupio dove questi portano a termine lo sviluppo (*Marsupialia*)

marsupializzazióne [da *marsupiale* ✱ sec. XIX] **s. f.** • (*chir.*) procedimento chirurgico che facilita, mediante la creazione di una tasca aperta, il drenaggio di una cavità chiusa come una cisti o un ascesso

marsùpio [lat. *marsūpiu(m)* 'borsa', dal gr. *marsýpion*, di orig. straniera ✱ 1480] **A s. m. 1** (*zool.*) tasca cutanea ventrale di cui sono dotate le femmine dei Marsupiali, nella quale sboccano le ghiandole mammarie **2** (*est.*) specie di sacco dotato di bretelle per trasportare i bambini molto piccoli che permette di avere le mani libere **3** piccola borsa con chiusura lampo e cintura da allacciare alla vita | tasca posta sul davanti in alcuni tipi di giacche a vento **4** †borsa, tasca **5** (*lett.*) gruzzolo **B in funzione di agg. inv.** • (posposto al sost.) nella loc. ***carro m.***, veicolo a due piani, per il trasporto di autoveicoli su lunghe distanze

martagóne [sp. *martagon*, dal turco *martagān*, specie di turbante, per la forma ✱ 1494] **s. m.** • (*bot.*) giglio gentile, turbante di turco

màrte [lat. *Mārte(m)*, dio romano della guerra, di orig. indeur. ✱ 1282] **s. m.** (*Màrte* **spec. nei sign. 1 e 3**) **1** (*lett.*) guerra o arte militare | †***giochi, ludi di M.***, esercizi militari | ***campo di M.***, piazza d'armi **2** †guerriero, condottiero: *io vo' cantar de' l'Africano M., / Rodomonte* (L. Ariosto) | †battaglia **3** (*astron.*) quarto pianeta in ordine di distanza dal Sole, dal quale dista in media 228 milioni di kilometri, la cui massa è 0,1 volte quella della Terra e del quale si conoscono due satelliti | (*astrol.*) pianeta che domina i segni zodiacali dell'Ariete e dello Scorpione **4** †martedì: *m'ero per partir il m. prossimo* (L. Ariosto)

♦**martedì** [lat. tardo *Mārtis dĭe(m)* 'giorno di Marte' ✱ 1238] **s. m. inv.** • secondo giorno della settimana civile, terzo della liturgica | ***M. grasso***, l'ultimo giorno di Carnevale

martellaménto [sec. XV] **s. m.** • il martellare | serie di colpi di martello | (*fig.*) serie incalzante: *un m. di domande*

martellànte **part. pres.** di *martellare*; **anche agg.** • incalzante, assillante, insistente

martellàre [da *martello* ✱ sec. XIII] **A v. tr.** (*io martèllo*) **1** percuotere, battere col martello o lavorare a martello (*anche assol.*): *m. il ferro, il rame; il fabbro martella senza sosta* **2** battere o picchiare con forza e insistenza: *m. la porta coi pugni; i montoni arman le corna, / l'un l'altro cozza, l'un l'altro martella / davanti all'amorosa pecorella* (A. Poliziano) **3** (*fig.*) incalzare: *m. qlcu. di domande* | (*assol.*) insistere, continuare | (*lett.*) ***dagli, picchia e martella***, a furia d'insistere **4** battere, colpire senza tregua spec. con armi pesanti: *m. il nemico con tiri di mortaio* **5** (*fig., lett.*) tormentare con dolori, angosce e sim. | †colpire con una pena **B v. intr.** (**aus.** *avere*) **1** pulsare o palpitare con veemenza: *per lo spavento gli martellavano le tempie e il cuore* **2** suonare, rintoccare spec. a martello, detto di campana

martellàta [sec. XIV] **s. f. 1** colpo di martello **2** (*fig., fam.*) sventura improvvisa: *la morte del padre fu per lui una m.* **SIN.** batosta, mazzata **3** marchio impresso col martello nei boschi d'alto fusto alle piante da abbattere

martellàto **part. pass.** di *martellare*; **anche agg. 1** battuto col martello: *rame m.* **2** ***cristallo m.***, lavorato a facce **3** (*mus.*) nella tecnica pianistica, detto di suono molto accentuato e scandito | negli strumenti ad arco, detto di nota suonata con un colpo d'archetto, così da ottenere uno staccato secco e forte

martellatóre [da *martellare* ✱ sec. XIV] **s. m.** (**f.** *-trice*) • chi lavora di martello | addetto alla martellatura

martellatùra [sec. XIV] **s. f. 1** operazione del martellare **2** martellata nel sign. 3

martellétto [av. 1571] **s. m. 1** dim. di *martello* **2** elemento meccanico simile a un piccolo martello, che batte su qlco. se è azionato dall'apposita leva: *m. del pianoforte; m. della macchina per scrivere* | ***m. dell'orologio***, elemento della suoneria **3** (*med.*) strumento per provocare riflessi nervosi

martelliàno [da P. I. *Martello* (1665-1727) che lo adoperò nelle sue tragedie ✱ 1753] **A s. m.** • nella metrica italiana, doppio settenario a imitazione dell'alessandrino francese; per es.: *I fuochi de la lega rispondon da Tortona* (G. Carducci) **B anche agg.**: *verso m.*

martellìna [av. 1537] **s. f. 1** dim. di *martello* **2** martello, con ferro tagliente da ambo le parti, usato spec. da muratori e scalpellini **3** piccola piastra d'acciaio ripiegata a squadra che negli antichi fucili a pietra, percossa dalla pietra focaia, produceva scintille e le comunicava alla carica

martellinàre [1957] **v. tr.** • trattare, lavorare con la martellina

martellinatóre [1957] **s. m.** (**f.** *-trice*) • chi è addetto alla martellinatura

martellinatùra [1957] **s. f.** • operazione di lavorazione o finitura di pietre o metalli, eseguita con la martellina per conferire loro una superficie non liscia

martellìo [1879] **s. m.** (**pl.** *-ii*) • un martellare rapido e continuato: *dalla fucina proviene un molesto m.*

martellìsta [1957] **s. m. e f.** (**pl. m.** *-i*) **1** (*ferr.*) operaio addetto alle rincalzature delle traverse dei binari con un particolare martello **2** minatore addetto alla preparazione di fori per mine o all'abbattimento di rocce col martello perforatore **3** atleta che pratica il lancio del martello

♦**martèllo** [lat. tardo *martĕllu(m)*, dim. di *mărtulus*, dim. di *mărcus* 'martello', da avvicinare a *mălleus*. V. *maglio* ✱ sec. XIII] **A s. m.** (**pl.** *-i* o †*martèlla*, **f.**) **1** utensile per battere, conficcare chiodi e sim., costituito da un blocchetto di acciaio di foggia varia con manico solitamente in legno | ***bocca del m.***, estremità percuotente, piatta o leggermente convessa | ***penna del m.***, la parte più sottile, opposta alla bocca | ***occhio del m.***, foro nel quale è conficcato il manico | ***m. da falegname***, con la penna biforcata per estrarre i chiodi | ***m. da muratore***, martellina | ***lavorare a m.***, foggiare i metalli servendosi del solo martello | ***falce e m.***, V. *falce* | (*med.*) ***dito a m.***, forma di anchilosi delle articolazioni falangee con atteggiamento arcuato del dito rispetto alla mano **2** oggetto che ha forma o funzionamento analoghi a quelli di un martello | ***m. d'arme***, arma offensiva da botta, a forma di martello, usata un tempo dai cavalieri | ***m. forestale***, attrezzo a forma di piccola scure per scortecciare e marcare gli alberi | ***m. pneumatico***, macchina operatrice ad aria compressa, usata per perforare, abbattere, demolire rocce, murature e sim. | ***m. della campana***, quello che batte le ore sulla campana dell'orologio a torre | ***suonare a m.***, della campana che batte rintocchi lenti e cadenzati | ***m. della porta, del portone***, battente appeso a una porta usato, spec. un tempo, per bussare | ***m. del pianoforte***, martelletto di legno ricoperto di pelle e di panno morbidissimo o pezzo metallico a gancio che, mosso dal tasto, va a percuotere una corda del pianoforte | ***m. percussore***, piccolo martello con rivestimento di gomma attorno alla testa, usato in medicina per verificare i riflessi nervosi dei tendini e dei muscoli | ***m. da roccia***, nell'alpinismo, attrezzo per infiggere i chiodi da roccia, con testa in acciaio non temperato, una faccia piatta e l'altra appuntita per rompere gli spuntoni di roccia | ***m. da ghiaccio***, quello da arrampicata la cui testa ha un'estremità piatta atta a piantare i chiodi da ghiaccio e l'altra, simile al becco di una piccozza, atta a essere infissa nel ghiaccio **3** (*anat.*) uno dei tre ossicini dell'orecchio medio, aderente alla membrana del timpano **4** nell'atletica leggera, attrezzo costituito da una sfera metallica fissata a un cavo d'acciaio munito di impugnatura, usato per lanci: *lancio del m.* | (*est.*) la gara stessa **5** nella pallavolo, schiacciatore **6** (*bot.*) bosso **7** mollusco dei Lamellibranchi dell'Oceano Indiano con conchiglia madreperlacea simile a un martello (*Malleus vulgaris*) **8** (*raro, fig.*) tormento, travaglio: *il m. della gelosia* | fastidio continuo e insistente **9** (*fig., lett.*) persona molesta, assillante **B in funzione di agg. inv.** • (posposto al sost.) nella loc. ***pesce m.***, V. *pesce* ‖ **martellétto**, **dim.** (V.) | **martellìna**, **dim. f.** (V.) | **martellìno**, **dim.** | **martellóne**, **accr.**

martelògio o **martològio** [ant. fr. *martrologe* 'martirologio', poi 'cartolario, registro' ✱ 1889] **s. m.** • (*mar.*) abaco usato nei secc. XIV e XV nella navigazione mediterranea per il calcolo delle rotte

martensìte [comp. del n. dell'ingegnere ted. A. *Martens* (1850-1914) e *-ite*[2] ✱ 1957] **s. f.** • soluzione solida di carbonio nel ferro, determinante la particolare durezza degli acciai temperati, di cui è componente caratteristica

martinèlla [da *S. Martino*, patrono dei cavalieri ✱ av. 1348] **s. f. 1** campana che in epoca medievale, a Firenze, veniva fatta suonare

a b c d e f g h i j k l m n o p q r s t u v w x y z

ininterrottamente nell'imminenza di una guerra e veniva portata in battaglia e posta sul carroccio per dare segnali **2** (*fig.*, *scherz.*) campanello di cui dispongono il Presidente della Camera e quello del Senato per ottenere ordine o silenzio in aula

martinèllo [dal n. proprio *Martino* ✱ 1532] **s. m.** ● martinetto

martinétto [dal n. proprio *Martino* ✱ av. 1597] **s. m. 1** apparecchio a colonnetta per sollevare forti pesi: *m. a vite, idraulico* **2** piccolo congegno usato anticamente per tendere archi di balestre

martingàla [fr. *martingale*, di etim. incerta ✱ 1527] **s. f. 1** piccola cintura fissata posteriormente su giacche e cappotti **2** correggia attaccata alla briglia, dalla barbozza al pettorale, per tenere alta la testa al cavallo da sella **3** nelle corse dei cavalli, tipo di scommessa che consiste nel puntare sul vincente o sul piazzato di più corse: si vince quando si realizzano tutti i risultati pronosticati | nei giochi d'azzardo, raddoppiamento della posta perduta **4** nella scherma, piccola cinghia, non più consentita, a forma di anello in cui si passa la mano prima di impugnare l'arma per assicurarla al polso

Martini® [dal n. della ditta produttrice, la *Martini* (*e Rossi*) di Torino ✱ 1963] **s. m. inv. 1** vermut: *m. bianco, rosso* **2** cocktail di vermut Martini secco e gin: *un m. liscio*; *due m. con ghiaccio*

martinicca [cfr. *martinetto* ✱ 1863] **s. f.** ● freno a vite che, fatto girare, abbassa un ceppo davanti alle ruote di un carro, carrozza e sim.

martinitt [dal n. del convento di S. *Martino* dei Somaschi, a Milano, dove i bambini in orig. erano ricoverati ✱ 1984] **s. m. inv.** ● nome dato ai bambini di un orfanotrofio di Milano fondato nel XVI sec. e situato originariamente nei pressi dell'oratorio di San Martino

martino ① [da *S. Martino* (316-397) che è considerato protettore dei mariti traditi ✱ 1666] **s. m.** ● (*merid.*) marito ingannato

martino ② [dal n. proprio *Martino*; nel sign. B, prob. dal fr. *martin-pêcheur* ✱ 1666] **A s. m.** ● uccello dei Passeracei dell'Asia sudorientale, affine allo storno (*Acridotheres tristis*) | ***m. delle pagode***, uccello dei Passeracei dell'Asia meridionale, affine allo storno, che vive in vicinanza di zone coltivate (*Temenuchus pagodarum*) **B nella loc. sost. m.** ***martin pescatore*** (**pl.** *martìn pescatóri*) ● uccello dei Coraciformi con lungo becco forte e diritto, capo sproporzionato al piccolo corpo, colori bellissimi e grande abilità nel catturare pesci (*Alcedo atthis*) **SIN.** vetriolo

†**martiràre** o †**martiriàre** [da *martire*① ✱ 1313] **v. tr.** ● martirizzare, tormentare

màrtire ① o †**màrtiro**① [vc. dotta, lat. *mărtyre(m)*, dal gr. *mártyr* 'testimone (della fede)', da una radice che significa 'ricordarsi' ✱ av. 1294] **s. m. e f. 1** cristiano dei primi secoli che, affrontando le persecuzioni e la morte, testimoniava la sua fede **2** chi si sacrifica e soffre o muore per un ideale, una missione e sim.: *i martiri del Risorgimento* **3** (*fig.*) chi sopporta con rassegnazione dolori, sofferenze, ingiustizie: *un m. del dovere*; *quella donna è una povera m.* | ***fare il m., atteggiarsi a m.***, assumere atteggiamenti da persona perseguitata | ***m. a buon mercato***, di chi vuole apparire una vittima grazie a sofferenze in realtà trascurabili | ***essere m. di sé stesso***, tormentarsi senza motivo

†**martire** ② ➤ **martirio**

†**martiriàre** ➤ †**martirare**

martìrio o (*poet.*) †**martiro**②, (*poet.*) †**martire**② [vc. dotta, lat. cristiano *martȳriu(m)*, dal gr. *martýrion*, da *mártyr*, genit. *mártyros*. V. *martire*① ✱ sec. XII] **s. m. 1** grave tormento, o morte, che un martire sostiene per la propria fede: *palma del m.*; *soffrire il m.*; *suggellare la fede col m.* | ***essere pronto al m.***, (*fig.*) al sacrificio della vita per un ideale e sim. **2** (*fig.*) pena, tormento, patimento, sofferenza: *la morte pose fine a una vita di continuo m.*; *quel giorno / che fer principio a sì lunghi martiri* (F. Petrarca) **3** †tempio edificato sul sepolcro di un martire **4** †supplizio inflitto a un accusato per costringerlo a confessare

martirizzaménto [av. 1311] **s. m.** ● (*lett.*) il martirizzare | martirio | (*fig.*) sofferenza, tormento morale

martirizzàre [vc. dotta, lat. cristiano *martyrizāre*, da *mărtyr*, genit. *mărtyris* 'martire①' ✱ av. 1306] **A v. tr. 1** assoggettare al martirio: *gli imperatori pagani fecero m. molti cristiani* **2** (*fig.*) affliggere, tormentare: *col suo comportamento quell'uomo martirizza l'intera famiglia* **B martirizzàrsi v. rifl.** ● diventare un martire | (*fig.*) tormentarsi || **martirizzazióne**, **s. f.**

martirizzatóre [av. 1908] **s. m.** (**f.** *-trice*) ● (*raro*) chi martirizza

†**màrtiro** ① ➤ **martire**①

†**martiro** ② ➤ **martirio**

martirològico [1819] **agg.** (**pl. m.** *-ci*) ● relativo a martirologio | relativo alla vita dei martiri o dei santi

martirològio [vc. dotta, gr. tardo *martyrológion*, comp. di *mártyr*, genit. *mártyros* 'martire' e *-lógion*, da *lógos* 'discorso, trattato' ✱ sec. XIV] **s. m. 1** libro contenente le vite e gli atti dei martiri cristiani | ***m. romano***, libro liturgico che raccoglie le vite dei martiri, dei santi e dei confessori della fede secondo i giorni dell'anno loro dedicati dalla Chiesa **2** l'insieme di coloro che sono morti per uno stesso ideale: *il m. della scienza* | (*est.*) l'esaltazione delle loro gesta: *l'oratore elevò un commosso m. del patriota scomparso*

martològio ➤ **martelogio**

màrtora [vc. di orig. germ. ✱ av. 1374] **s. f.** ● carnivoro dei Mustelidi europei, efficiente predatore dalla pelliccia molto pregiata, corpo allungato e zampe corte (*Martes martes*)

martoriaménto [av. 1342] **s. m.** ● (*lett.*) il martoriare, il martoriarsi | martirio, tormento

martoriàre [da *martorio* ✱ 1287] **A v. tr.** (*io martòrio*) **1** †martirizzare **2** †mettere gli imputati alla tortura per farli confessare **3** (*fig.*) affliggere, tormentare: *dolori intensissimi gli martoriavano le carni* **B martoriàrsi v. intr. pron.** ● (*raro*) affliggersi

martoriàto **part. pass.** di *martoriare*; anche **agg. 1** †sottoposto a tortura **2** (*est.*) sottoposto a sofferenze fisiche, a violenze ecc.: *corpo m.* **3** (*fig.*) afflitto, angosciato: *animo m.*

martoriatóre [av. 1729] **agg. e s. m.** (**f.** *-trice*) ● (*raro*) che (o chi) martoria

†**martòrio** o †**martòro** [lat. tardo *martŭriu(m)*, per *martȳriu(m)*. V. *martirio* ✱ sec. XIII] **s. m. 1** martirio (**anche** ***fig.***) **2** strumento di tortura

martorizzàre [av. 1328] **v. tr.** ● martirizzare

†**martòro** ➤ †**martorio**

marucelliàno [1865] **agg.** ● dello studioso e bibliofilo fiorentino F. Marucelli (1625-1703): *Biblioteca Marucelliana*

marùzza [dal lat. tardo *marūca(m)* 'lumaca' incrociatosi con *cozza* 'guscio' ✱ 1884] **s. f.** ● (*napol.*) chiocciola, lumaca | lumaca di mare

marxiàno (marx-ia-no, mar-xia-no) [1926] **agg.** ● relativo al filosofo, economista e politico tedesco Karl Marx: *scritti, programmi marxiani*; *l'opera marxiana* || **marxianaménte**, **avv.** secondo il pensiero di Marx

marxìsmo (marx-i-smo, mar-xi-smo) [1894] **s. m.** ● insieme delle dottrine filosofiche, economiche e politiche elaborate da Karl Marx (1818-1883) e Friedrich Engels (1820-1895), che costituiscono la base ideologica del materialismo storico-dialettico e del comunismo

marxìsmo-leninìsmo [sec. XX] **s. m.** ● sintesi della dottrina di Marx e di quella di Lenin, operata nell'ex Unione Sovietica nel XX sec.

marxìsta (marx-i-sta, mar-xi-sta) [1894] **A s. m. e f.** (**pl. m.** *-i*) ● seguace, sostenitore del marxismo **B agg.** ● del marxismo e dei suoi seguaci: *ideologia m.*; *partiti marxisti*

marxista-leninista [av. 1952] **A s. m. e f.** (**pl. m.** *marxìsti-leninìsti*) ● seguace, sostenitore del marxismo-leninismo **B agg.** ● del marxismo-leninismo, che si ispira a tale dottrina

marxìstico (marx-i-sti-co, mar-xi-sti-co) [1902] **agg.** (**pl. m.** *-ci*) ● marxista || **marxisticaménte**, **avv.** dal punto di vista del marxismo

màrza [da *marzo*, mese in cui si fa l'innesto ✱ av. 1320] **s. f.** ● (*bot.*) porzione di ramo o gemma che viene innestata su un'altra pianta

marzacòtto [arabo *mashaqūnyā*, con sovrapposizione di *cotto* ✱ av. 1303] **s. m.** ● composizione di sabbia e di alcali usata nell'industria della maiolica

marzaiòla [f. sost. di *marzaiolo* ✱ 1803] **s. f.** ● uccello degli Anseriformi affine all'anatra selvatica, riconoscibile per la macchia allungata ai due lati del capo del maschio (*Anas querquedula*)

marzaiòlo o (*lett.*) **marzaiuòlo** [av. 1449] **agg.** ● (*raro*) di marzo, che matura in marzo

Marzamìno ➤ **Marzemino**

marzapàne (o -z-) [arabo *marṭabān*, n. di una moneta, quindi di una misura di capacità, e passato successivamente a indicare la scatola in cui si conteneva il *marzapane* ✱ av. 1347] **s. m. 1** pasta dolce fatta con mandorle, bianco d'uovo e zucchero, cotta al forno e usata in pasticceria **2** (*est.*) cibo gustoso e delicato | ***essere fatto di m.***, (*fig.*) essere buono e arrendevole

marzeggiàre [1803] **v. intr.** (**pres.** *io marzéggio*; **fut.** *io marzeggerò*; **aus.** *avere*) ● (*raro*) del tempo, essere incostante e variabile con pioggia e sole che si alternano

Marzemìno o **Marzamìno** [da *Marzimin*, villaggio della Carniola, del quale il vitigno è originario ✱ av. 1597] **s. m.** ● vino di color rosso rubino e dal profumo di viola, prodotto in provincia di Trento dal vitigno omonimo: *M. di Isera*

♦**marziàle** [vc. dotta, lat. *martiāle(m)*, agg. di *Mārs*, genit. *Mārtis* 'Marte', dio della guerra ✱ 1268] **agg. 1** (*lett.*) relativo a Marte | (*est.*) guerresco | ***Corte m.***, tribunale straordinario di guerra | ***legge m.***, complesso degli atti legislativi che sostituiscono temporaneamente la legge comune conferendo, in casi eccezionali di guerra interna o internazionale, ampi poteri alle autorità militari | ***arti marziali***, insieme di varie tecniche prevalentemente di difesa personale, d'antica origine orientale, volte a neutralizzare l'aggressore mediante particolari colpi o movimenti, senza ricorrere all'uso delle armi da punta, da taglio e da fuoco **2** (*fig.*) pieno di decisa fierezza: *passo, aspetto, incedere m.* **3** (*med.*) a base di ferro: *preparato, terapia m.* || **marzialménte**, **avv.** || **marzialità**, **s. f. inv.** atteggiamento fiero, deciso

marziàno [fr. *martien*, da *Mars* 'Marte', n. di un pianeta ✱ 1898] **A s. m.** (**f.** *-a*) **1** supposto abitatore del pianeta Marte **2** (*colloq.*, *fig.*) chi si sente estraneo, a disagio, isolato o incapace di inserirsi in ambienti, compagnie, discussioni, ecc.: *a quella festa eravamo tutti marziani* **B** **agg.** **1** concernente il pianeta Marte **2** (*colloq., fig.*) strano, indecifrabile: *tuo fratello usa un linguaggio m.*

màrzio [vc. dotta, lat. *Mārtiu(m)*, agg. di *Mārs*, genit. *Mārtis* 'Marte' ✱ av. 1367] **agg.** **1** (*lett.*) di Marte | ***Campo Marzio***, a Roma, piana sulla sinistra del Tevere, consacrata a Marte, adibita un tempo alle esercitazioni militari **2** (*fig., lett.*) marziale, guerresco: *il m. carme* (V. MONTI)

marziobàrbulo [vc. dotta, lat. tardo *martiobărbulu(m)*, di etim. incerta ✱ av. 1292] **s. m.** ● nell'esercito dell'antica Roma, soldato armato di palle di piombo che scagliava mediante una fionda

♦**màrzo** [lat. *mārtiu(m)* 'mese dedicato a Marte', da *Mārs*, genit. *Mārtis* 'Marte' ✱ 1211] **s. m.** ● terzo mese dell'anno nel calendario gregoriano, di 31 giorni | (*pop.*) ***m. pazzo***, a causa del tempo incostante

†**marzocchésco** [av. 1565] **agg.** ● del marzocco

marzòcco [da *Marte*, alla cui statua il *marzocco* si sostituì, come emblema di Firenze, dopo che essa fu travolta da una piena dell'Arno ✱ av. 1449] **s. m.** (**pl.** *-chi*) **1** stemma di Firenze, costituito da un leone rampante, scolpito o dipinto, che regge con la zampa destra lo scudo gigliato **2** (*scherz.*) †macchia

marzolìna [da *marzo*, mese di produzione ✱ 1602] **s. f.** ● (*centr.*) formaggio fresco di bufala

marzolìno [V. *marzolina* ✱ av. 1400] **A** **agg.** ● di marzo: *aria marzolina* **B** **s. m.** ● formaggio pecorino che si fa nel mese di marzo

marzuòlo [av. 1320] **agg.** ● di marzo, che si semina o nasce in marzo: *biade marzuole*; *pulcini marzuoli*

Mas [dalla sigla M.A.S., cioè *M(otobarca) A(rmata) S(VAN)*, in cui SVAN è a sua volta sigla di *S(ocietà) V(eneziana) A(utomobili) N(autiche)*; successivamente la classificazione si modificò in *M(otobarca) A(nti) S(ommergibili)* e da ultimo in *M(otoscafo) A(nti) S(ommergibili)*; da Gabriele D'Annunzio poeticamente intesa come *M(emento) A(udere) S(emper)* 'ricordati di osare sempre' ✱ 1889] **s. m. inv.** ● motoscafo antisommergibile velocissimo e armato di lanciasiluri, bombe di profondità e mitragliera

masài [denominazione indigena ✱ 1895] **A** **agg. inv. e s. m. e f. inv.** ● appartenente a una popolazione indigena africana stanziata in Kenia e in Tanzania **B** **s. m. solo sing.** ● lingua parlata dai masai, che appartiene al gruppo delle lingue nilotiche

Maṣanièllo [dal n. del capopopolo napol. Tommaso Aniello soprannominato *Masaniello* (1620-1647) ✱ 1869] **s. m.** ● (*per anton.*) agitatore, capopopolo

màsca [cfr. *maschera* ✱ 1867] **s. f.** **1** (*piemontese*) fattucchiera **2** (*mar.*) mascone

†**mascàgno** [da *masca* 'strega', cfr. *maschera* ✱ av. 1400] **agg.** ● furbo, astuto, scaltro: *Squarciaferro, uno spirito m.* (L. PULCI)

mascalcìa [dall'ant. *mascalco* 'maniscalco' (V.) ✱ sec. XIV] **s. f.** (**pl.** *-cìe*) **1** arte, bottega del maniscalco **2** †acciacco

mascalzonàta [1935] **s. f.** ● atto da mascalzone

♦**mascalzóne** [alterazione pop. di *maniscalco* 'garzone di stalla' (?) ✱ 1383] **s. m.** (**f.** *-a*) **1** persona spregevole e priva di scrupoli che compie azioni disoneste: *quei mascalzoni lo assalirono e lo derubarono*; *il suo è stato proprio un gesto da m.* | (*scherz.*) briccone, birbante: *non fare il m.!* **SIN.** canaglia, farabutto **2** †brigante, rapinatore | †vagabondo, pezzente: *quando io venni al vostro servizio, io ero povero m.* (F. SACCHETTI) **3** †masnadiero, sgherro || **mascalzoncèllo**, **dim.**

mascalzonésco [av. 1651] **agg.** (**pl. m.** *-schi*) **1** da mascalzone, tipico del mascalzone **SIN.** furfantesco **2** †rozzo, volgare

†**màscara** ① ➤ **maschera**

mascàra ② [ingl. *mascara*, dallo sp. *máscara* 'maschera' ✱ 1966] **s. m. inv.** ● cosmetico per ciglia e sopracciglia

mascarèno [da P. *Mascarenhas* (1470-1555), l'esploratore portog. che nel 1512 scoprì l'arcipelago ✱ 1878] **agg.** ● delle isole Mascarene, arcipelago dell'Oceano Indiano al largo del Madagascar

mascariàre [sicil. *mascariari* 'imbrattare' ✱ 1998] **v. tr.** (*io mascàrio*) ● (*sicil.*) imbrattare, sporcare | (*fig.*) nel gergo della mafia, infamare

mascariàta [da *mascariare* ✱ 2004] **s. f.** ● nel gergo della mafia, atto o insulto infamante

mascàrpa ➤ **mascherpa**

mascarpóne o (*raro*) **mascherpóne** [dalla vc. lomb. *mascherpa* o *mascarpa* 'ricotta' ✱ 1771] **s. m.** ● tipico formaggio lombardo, preparato con panna di latte vaccino, di colore bianco-neve e di gusto delicato

†**mascavàto** [sp. (*azúcar*) *mascabado*, dal portog. *mascavado* 'non raffinato', dal lat. parl. **minuscapāre*, da *mĭnus căput* 'persona privata di diritti civili', propr. 'minor capo' ✱ av. 1705] **s. m.** ● zucchero greggio

mascè o **mascé** [fr. *mâché* nel senso originario di 'ammaccato, schiacciato' ✱ 1935] **agg. inv.** ● detto di patate lessate grossolanamente, schiacciate e amalgamate con burro

♦**mascèlla** [lat. *maxĭlla(m)*, dim. di *māla* 'mascella, guancia', da avvicinare a *macerāre* ✱ av. 1292] **s. f.** **1** (*anat.*) ciascuna delle due parti, generalmente ossee, del cranio dei Vertebrati che delimitano la bocca; comunemente indica l'osso mascellare superiore, mentre il mascellare inferiore è detto mandibola **CFR.** maxillo-, gnato- | (*scherz.*) ***lavorare di mascelle***, mangiare | ***avere la m. fragile, di vetro***, detto di pugile che è troppo sensibile ai colpi alla mascella **2** (*lett.*) †guancia: *con la mano alla m. cominciò a pensare* (G. BOCCACCIO) **3** (**al pl.**) ognuno dei due grossi denti alle estremità del pettine **4** (**al pl.**) ognuna delle due parti di strumenti e attrezzi a morsa: *le mascelle della tagliola, delle pinze* || **mascellóna**, **accr.** | **mascellóne**, **accr. m.** (V.)

mascellàre [lat. *maxillāre(m)*, da *maxĭlla* 'mascella' ✱ av. 1320] **A** **agg.** ● (*anat.*) della mascella: *osso m.* | ***seno m.***, cavità nell'interno dell'osso mascellare **B** **s. m.** ● osso mascellare

mascellóne [1353] **s. m.** **1** accr. di *mascella* **2** (**f.** *-a*) (*fig.*) persona con grandi mascelle **3** †colpo dato alla mascella

♦**màschera** o †**màscara** ① [etim. discussa: da *masca* 'strega', di orig. preindeur. (?) ✱ 1353] **s. f.** **1** finto volto fatto di vario materiale, generalmente provvisto di fori per gli occhi e per la bocca, che viene portato per alterare i lineamenti o per non farsi riconoscere, spec. per motivi rituali, di spettacolo oppure per divertimento e sim.: *m. di cartapesta, di cuoio, di velluto*; *m. da (o di) diavolo*; *m. di (o da) cane*; *m. di (o da) leone*; *le maschere rituali congolesi, della tragedia greca*; *m. di (o da) Arlecchino* | ***mezza m.***, quella che copre solo gli occhi e il naso **SIN.** mascherina | ***m. di bellezza, di fango, idratante***, strati di fanghi medicamentosi o cosmetici applicati al viso, con o senza garza protettiva | ***avere il viso come una m.***, (*fig.*) di persona eccessivamente truccata | ***una m. di sangue***, (*fig.*) detto di viso inondato di sangue **2** (*est.*) travestimento di tutta la persona: *andare, mettersi in m.*; *ballo in m.* | persona mascherata: *il Carnevale è il tempo delle maschere*; *invitò a ballare una m.* | personaggio della commedia dell'arte italiana, con caratteristiche tipiche di una determinata città o regione: *Pulcinella è la m. napoletana* **3** (*fig.*) finzione o atteggiamento ipocrita e affettato: *sotto la m. della bontà nasconde un animo crudele*; *porta la m. del galantuomo, ma non lo è*; *dietro una maschera da duro, in realtà è un ragazzo fragile* | ***levarsi la m.***, rivelarsi per quello che si è | ***giù la m.!***, invito a smettere ogni finzione | ***mettersi la m.***, (*fig.*) dissimulare | †spirito maligno, fantasma **4** (*fig.*) viso che esprime determinati sentimenti con particolare intensità: *m. tragica, comica*; *essere la m. del dolore* **5** (*med.*) espressione clinicamente rilevabile di un determinato stato psichico o fisico | ***m. gravidica***, cloasma **6** calco del viso di un defunto riprodotto in gesso, bronzo e sim., spec. per consegnarne le fattezze alla posterità: *la m. di Pascal, di Chopin* **7** dispositivo che si applica sul volto per una determinata funzione | ***m. da scherma***, in rete di fili d'acciaio o in plastica, per proteggere il volto dello schermidore dalle stoccate dell'avversario | ***m. subacquea***, in gomma e vetro o plastica trasparente, per vedere sott'acqua | ***m. da anestesia***, si applica al viso del paziente per anestetizzarlo prima di un intervento chirurgico | ***m. antipolvere***, per filtrare le polveri sospese nell'aria che si respira | ***m. antigas***, per evitare l'inalazione di sostanze tossiche presenti nell'aria **8** nei teatri, cinematografi e sim., inserviente che verifica i biglietti e guida gli spettatori al loro posto **9** (*mecc.*) apparecchiatura che fissa il pezzo da lavorare e guida gli utensili nelle operazioni di foratura e alesatura **10** (*inform.*) nell'esecuzione di un programma, schema che viene fatto comparire sullo schermo per agevolare la presentazione o l'inserimento di dati || **mascheràccia**, **pegg.** | **mascherétta**, **dim.** | **mascherìna**, **dim.** (V.) | **mascherìno**, **dim. m.** (V.) | **mascheróna**, **accr.** | **mascheróne**, **accr. m.** (V.) | (*lett.*) **mascheròtto**, **dim. m.**

Definizione d'autore

Nella **maschera** c'è qualcosa di profondamente eversivo. La **maschera** è umana e insieme disumana. È un universale assoluto proprio perché dietro si può nascondere il sé o il vuoto totale, il nulla. Questo è ciò che affascina molto della **maschera**, e che la **maschera** dovrebbe conservare, preservare, nel DNA di un attore.

Toni Servillo

mascheràio [av. 1600] **s. m.** (**f.** *-aia*, **pl. m.** *-ai*) ● (*raro*) chi fa, vende o noleggia maschere

mascheraménto [1550] **s. m.** **1** il mascherare, il mascherarsi | (*fig.*) dissimulazione **2** (*milit.*) sottrazione all'osservazione nemica di personale, mezzi, lavori, impianti ed installazioni varie, ottenuta utilizzando elementi naturali o mezzi artificiali

♦**mascheràre** [da *maschera* ✱ 1519] **A** **v. tr.** (*io màschero*) **1** coprire con una maschera: *gli mascherarono il viso* | vestire in maschera: *m. qlcu. da orso, da donna* | anche in forma pron.: *mascherarsi il volto* **2** (*milit.*) attuare il mascheramento mediante la mimetizzazione o la simulazione **3** (*est.*) nascondere, coprire alla vista con particolari accorgimenti: *m. l'entrata di una grotta* | (*fig.*) dissimulare sotto altre apparenze: *m. il proprio astio, la gelosia*; *un atteggiamento indifferente mascherava il suo dolore* **SIN.** camuffare, celare **4** (*mar.*) ***m. il vento***, nella vela, togliere il vento ad una vela con un'altra che sia da sopravvento **B** **mascheràrsi** **v. rifl.** **1** vestirsi o mettersi in maschera: *ma-*

scherarsi da antico guerriero, da pagliaccio | camuffarsi, travestirsi: *mascherarsi con caschi e passamontagna per non essere riconosciuti* **2** (*fig.*) assumere una maschera, una apparenza: *mascherarsi da persona generosa e leale*; *mascherarsi dietro un'aria spavalda*

mascheràta [da *mascherare* ✱ 1544] **s. f. 1** compagnia di persone in maschera: *vide sfilare per le vie la m.* **2** (*fig.*) messa in scena vistosa e di dubbio gusto: *quella cerimonia risultò una m.* | buffoneria, cosa ridicola: *uno de' poemi più seriamente concepiti ... trasformato ... in una m.* (F. DE SANCTIS) | finzione: *falla finita con le tue mascherate!*

mascheràto **part. pass.** di *mascherare*; anche **agg. 1** nei sign. del v. **2** ***corso m.***, sfilata di maschere e carri allegorici nel periodo di Carnevale | ***ballo m.***, a cui partecipano persone in maschera || **mascherataménte**, **avv.**

mascheratùra [1908] **s. f. 1** il mascherare, il mascherarsi | rivestimento mimetico | (*fig.*) dissimulazione **2** (*tipogr.*) procedimento usato nella stampa per modificare gli effetti del contrasto mediante diapositive o controtipi del negativo

maschеréccio [etim. incerta ✱ sec. XIV] **s. m.** ● cuoio trattato con allume e con grassi, usato per articoli tecnici

mascherétto [fr. *mascaret*, dal guascone *mascaret* 'bue macchiettato', da *mascará* 'annerare', di etim. incerta; di uso metaforico del muoversi delle mandrie di buoi, paragonate al muoversi dei flutti ✱ 1834] **s. m.** ● (*geogr.*) rimescolamento di onde marine provocato dal contrasto tra marea e corrente in direzione opposta, riscontrabile in misura rilevante spec. alla foce dei fiumi

mascherìna [av. 1571] **s. f. 1** dim. di *maschera* **2** mezza maschera **3** persona, spec. bambino o giovane donna, graziosamente travestita | ***ti conosco m.!***, (*fig.*) a persona che si conosce e di cui si scopre il gioco **4** zona di colore diverso sul muso di un animale: *un gatto nero con la m. bianca* **5** applicazione di pelle uguale o diversa da quella della calzatura, fissata sulla punta della scarpa, maschile o femminile **6** nella carrozzeria delle autovetture, struttura metallica che nasconde il radiatore **CFR.** calandra③ **7** (*tecnol.*) ***m. di verniciatura***, dispositivo impiegato per delimitare l'area da verniciare e schermare le zone sulle quali non si deve depositare la vernice

mascherìno① [da *maschera* ✱ 1869] **agg.** ● detto di cane o gatto che ha sul muso una macchia di colore diverso dal resto del pelame

mascherìno② [av. 1571] **s. m. 1** dim. di *maschera* **2** elemento ornamentale che rappresenta una piccola maschera **3** schermo posto davanti all'obiettivo di una cinepresa o di una macchina fotografica per sagomare il quadro secondo figure particolari

mascheróne [1550] **s. m. 1** accr. di *maschera* **2** viso stilizzato, di fattezze deformi e grottesche, solitamente di satiro, demonio e sim., in uso spec. nell'età rinascimentale e barocca come ornamento architettonico **3** (*est.*) volto deformato: *la malattia gli aveva ridotto il viso a un m.* **4** canovaccio della melodia di una canzone composto da numeri e parole di fantasia, che serve ai parolieri per adattare i versi **5** (*raro*) ritratto mal eseguito || **mascheroncìno**, **dim.**

maschèrpa o **mascàrpa** [vc. lomb. di etim. incerta ✱ 1554] **s. f. 1** (*lomb.*) ricotta magra di siero di latte **2** (*raro*) mascarpone

mascherpóne ➤ **mascarpone**

maschétta [dim. di *masca* ✱ 1865] **s. f.** ● (*mar.*, spec. al pl.) ciascuna delle due mensole, fissate agli alberi maggiori, che sostengono la coffa

maschiàccio [1825] **s. m. 1** pegg. di *maschio* **2** ragazzo molto vivace | (*scherz.*) ragazzo o ragazza che ha modi e atteggiamenti esuberanti e rumorosi **3** giovane aitante, che ostenta vigore fisico

maschiàre [da *maschio*, nel senso di 'pezzo che entra in un altro per congiungere' ✱ sec. XV] **v. tr.** (*io màschio*) **1** (*tecnol.*) eseguire l'operazione di maschiatura **2** †squadrare una lastra di pietra perché combaci bene con un'altra

maschiatóre [1957] **s. m.** (f. *-trice*) ● operaio addetto alla maschiatura

maschiatrìce [1970] **s. f.** ● macchina utensile per realizzare la maschiatura

maschiatùra [1957] **s. f.** ● esecuzione di filetto elicoidale in un foro cilindrico realizzata facendo ruotare ed avanzare un maschio al suo interno

maschiétta [da *maschietto* ✱ 1925] **s. f.** ● ragazza dai modi disinvolti e spigliati | ***capelli alla m.***, capigliatura femminile corta, a zazzera

maschiettàre o (*pop.*, *tosc.*) **mastiettàre** [1738] **v. tr.** (*io maschiétto*) ● fornire di maschietti o cardini: *m. il coperchio di un baule, di una porta*

maschiettatùra o (*pop.*, *tosc.*) **mastiettatùra** [1707] **s. f.** ● operazione del maschiettare | il complesso dei maschietti di un serramento

maschiétto o (*pop.*, *tosc.*) **mastiétto** [1856] **s. m. 1** (f. *-a* (V.)) dim. di *maschio* **2** bambino, spec. neonato, di sesso maschile | (*colloq.*, *scherz.*) maschio (spec. detto da giovani donne): *la cena è pronta, ma quando arrivano i maschietti?* **3** tipo di cerniera per porte di legno costituita da due piccole piastre metalliche che si incastrano mediante il cardine

maschiézza [1308] **s. f.** ● caratteristica, condizione di maschio (*anche fig.*): *m. di lineamenti, di gesti, di idee*

†**maschifémmina** [comp. di *maschio* e *femmina*, sul modello del lat. tardo *masculofēmina* ✱ av. 1729] **s. f.** ● ermafrodito

♦**maschìle** [1310] **A agg.** ● di maschio: *voce, aspetto, abito m.*; *discendenza m.* | ***scuola m.***, frequentata solo da studenti maschi | (*est.*) proprio, tipico del maschio: *orgoglio m.*; *queste e altre debolezze maschili* (G. CARDUCCI) | ***donna m.***, che presenta caratteristiche tipiche del maschio | riservato agli uomini: *scuola m.*; *torneo m.*; *rivista m.* | (*gramm.*) ***genere m.***, genere grammaticale che, in una classificazione a due generi, si oppone al femminile, e, in una classificazione a tre generi, si oppone al femminile e al neutro || **maschilménte**, †**maschileménte**, **avv.** (*raro*) in modo maschile **B s. m. 1** (*gramm.*) genere maschile: *il m. e il femminile* **2** (*sport*) incontro, torneo e sim. che ha luogo fra atleti: *il m. di tennis* **3** rivista che tratta argomenti che interessano soprattutto gli uomini

maschilìsmo [av. 1937] **s. m.** ● concezione e comportamento secondo cui all'uomo viene riconosciuta una posizione di superiorità, e quindi di privilegio, nei confronti della donna

maschilìsta [av. 1937] **A s. m. e f.**; anche **agg.** (pl. m. *-i*) ● chi (o che) sostiene il maschilismo o si comporta in base a tale concezione **B agg.** ● che è ispirato a maschilismo: *società, ideologia, ottica m.*; *pregiudizi maschilisti*

maschilìstico [1983] **agg.** (pl. m. *-ci*) ● maschilista || **maschilisticaménte**, **avv.** secondo il maschilismo; in modo maschilista

maschilità [da *maschile* ✱ av. 1557] **s. f. inv.** ● mascolinità | virilità

♦**màschio** o (*pop.*, *tosc.* e nel sign. 8) **màstio**, †**màscolo**, †**màsculo** [lat. *māsculu(m)*, dim. di *mās* 'maschio', di etim. incerta ✱ 1268] **A s. m. 1** (*biol.*) negli organismi a sessi separati, l'individuo portatore dei gameti maschili atti a fecondare quelli femminili al fine della riproduzione della specie: *il m. del cavallo, il m. dell'aquila* **CFR.** andro-, -andro **2** (*est.*) ragazzo, uomo: *quanti figli ha? Due maschi e una femmina* | (*est.*, *scherz.*) uomo aitante e robusto **3** (*tecnol.*) utensile cilindrico dotato di taglienti elicoidali, che serve per filettare i fori affinché vi si possa avvitare una vite **4** pezzo di acciaio temperato, modellato a rilievo per imprimere la femmina dello stampo **SIN.** punzone **5** parte di un elemento di collegamento che si inserisce in una sede corrispondente, detta femmina: *il m. del gancio, dell'automatico*; *funziona a m. e femmina* **6** otturatore mobile di talune antiche armi da fuoco a retrocarica, che veniva inserito già carico nella culatta dell'arma **7** (*edil.*) tratto di muro che unisce i contrafforti, nei muri di sostegno dei terrapieni **8** nella fortificazione medievale, la parte più elevata e più forte di una rocca, castello o fortezza, dominante l'ingresso principale e organizzata per sostenere l'estrema difesa dell'intero complesso fortificato **B agg. 1** di sesso maschile: *animale m.*; *figlio m.*; *auguri, e figli maschi!* | ***fiore m.***, che porta gli stami **2** (*est.*) virile, forte, robusto: *uomo, animo, comportamento m.*; *voce maschia*; *ogni m. pensier de l'alma tolle* (F. PETRARCA) **C agg. inv.** ● si usa per indicare il sesso maschile di animali che hanno uno stesso nome per tutti e due i generi: *una volpe maschio, due aquile maschio* || **maschiàccio**, **pegg.** (V.) | **maschiétto**, **dim.** (V.) | **maschióna**, **accr. f.** (V.) | **maschióne**, **accr.** | **maschiòtta**, **accr. f.** (V.) | **maschiòtto**, **accr.** || †**maschiaménte**, **avv.** (*raro*) da maschio, in modo virile

†**màschiolo** [sec. XIV] **agg.** ● maschio

maschióna o (*pop.*, *tosc.*) **mastióna** [accr. f. di *maschio* ✱ 1869] **s. f.** ● ragazzona robusta

maschiòtta o (*pop.*, *tosc.*) **mastiòtta** [accr. f. di *maschio* ✱ av. 1793] **s. f.** ● ragazzona bella e robusta

maschìsmo [1977] **s. m.** ● (*raro*) maschilismo

maschìsta [1967] **s. m. e f.**; anche **agg.** (pl. m. *-i*) ● (*raro*) maschilista

†**mascolinàre** [da *mascolino* ✱ av. 1468] **v. tr.** ● rendere maschile: *m. un vocabolo*

mascolinìsmo [da *mascolin(o)* con il suff. *-ismo* ✱ 1951] **s. m.** ● (*med.*, *raro*) virilismo

mascolinità [da *mascolino*, forse attraverso il fr. *masculinité* ✱ 1765] **s. f. inv. 1** carattere di mascolino **SIN.** virilità **2** (*stat.*) rapporto fra il numero dei maschi e quello delle femmine o fra il numero dei maschi e l'ammontare complessivo della popolazione

mascolinizzàre [fr. *masculiniser*, da *masculin* 'mascolino' ✱ 1831] **A v. tr.** ● far diventare maschio, mascolino: *m. il proprio abbigliamento* **B mascolinizzàrsi** **v. intr. pron.** ● rendersi simile a un maschio per abbigliamento, atteggiamenti o caratteristiche || **mascolinizzazióne**, **s. f.**

mascolìno [vc. dotta, lat. *masculīnu(m)*, agg. di *măsculus* 'maschio' ✱ av. 1294] **agg.** ● dotato delle caratteristiche fisiche o psicologiche di un maschio | maschile, caratteristico del maschio: *tono m.*; *voce mascolina* | ***donna mascolina***, poco femminile nei modi, nel comportamento, nei lineamenti e sim. || **mascolinaménte**, **avv.** in modo mascolino, da maschio

†**màscolo** ➤ **maschio**

mascon /mɛskon, *ingl.* 'mæskɒn/ [vc. ingl., comp. di *mas(s)* 'massa' e *con(centration)* 'concentrazione' ✱ 1974] **s. m. inv.** ● (**spec. al pl.**) ciascuna delle zone, dotate di notevoli proprietà magnetiche, che si trovano all'interno di certi mari della Luna

mascóne [da *masca* ✱ 1884] **s. m.** ● (*mar.*) ciascuna delle due parti laterali della prua | ***prendere il mare al m.***, dirigere la nave in modo che le onde vengano a battere sul mascone di dritta o di sinistra

mascotte /*fr.* mas'kɔt/ [vc. fr., dal provenz. moderno *mascoto* 'sortilegio, portafortuna', da *masco* 'strega'. V. *masca* ✱ 1905] **s. f. inv.** ● persona, animale od oggetto portafortuna: *la m. del reggimento, della squadra, dell'equipaggio*

†**màsculo** ➤ **maschio**

màser [sigla ingl. tratta dalle iniziali di *M(icrowave) A(mplification by) S(timulated) E(mission of) R(adiation)* 'amplificazione di microonde mediante emissione stimolata di radiazioni' ✱ 1961] **s. m. inv.** ● dispositivo che permette di amplificare una radiazione nel campo delle microonde

maṣnàda [provenz. *maisnada*, dal lat. parl. **mansionāta(m)*, dal lat. *mānsio*, genit. *mansiōnis* 'dimora, abitazione'. La 'masnada' era in orig. l'insieme dei servi che abitavano nella casa del padrone ✱ 1287] **s. f. 1** †compagnia, gruppo di gente: *così vid'io quella m. fresca / lasciar lo canto e gire inver la costa* (DANTE) | †schiera d'armati | †insieme di servitori **2** (*spreg.*) compagnia, gruppo, accozzaglia di gente disonesta o violenta: *una m. di legulei, di imbroglioni, di furfanti, di assassini* | (*scherz.*) insieme di molte persone rumorose: *siete una bella m.!*

maṣnadièro o **maṣnadière** [provenz. *maisnadier*, da *maisnada* 'masnada' ✱ 1312] **s. m. 1** (**f.** *-a*, *raro*) assassino o brigante di strada: *fu colto / da stuol di masnadieri* (P. METASTASIO) | (*est.*) persona disonesta, che non ispira fiducia: *faccia da m.* **SIN.** bandito, furfante **2** †soldato, milite **3** †sgherro, sbirro del podestà del bargello e sim.

màso [dial. per *manso*① ✱ 1186] **s. m.** ● azienda agricola a conduzione familiare, comprensiva di casa d'abitazione, terreni circostanti e attrezzature tecniche per la lavorazione | ***m. chiuso***, quello indivisibile per legge, non assegnabile che ad unico erede o legatario, tipico delle regioni altoatesine e tirolesi in genere

maṣochìṣmo [ted. *Masochismus*, dal n. del romanziere L. von Sacher-*Masoch* (1836-1895), autore di romanzi i cui personaggi costituiscono un esempio di questa perversione ✱ 1892] **s. m. 1** (*psicol.*) tendenza ad associare il piacere sessuale con il subire sofferenze provocate da sé stessi o dal partner **CFR.** algolagnia, sadismo **2** (*est.*) tendenza, quasi compiaciuta, a ricevere umiliazioni e maltrattamenti e, in genere, a soffrire

maṣochìsta [1892] **A** **s. m. e f.** (**pl. m.** *-i*) **1** chi è affetto da masochismo **2** (*est.*) chi gode nel tormentare sé stesso: *smettila con quell'atteggiamento da m.* **B** **agg.** ● masochistico: *atteggiamento m.*

maṣochìstico [1960] **agg.** (**pl. m.** *-ci*) ● del masochismo o dei masochisti | (*est.*) da masochista, caratterizzato da masochismo: *comportamento m.* ‖ **maṣochisticaménte**, **avv.**

Maṣonite® [dal n. dell'inventore, l'ingegnere amer. W. H. *Mason* ✱ 1933] **s. f.** ● materiale da costruzione formato di un conglomerato di trucioli, corteccia e cascame di segheria che, ridotto in poltiglia e successivamente laminato in fogli, viene usato come isolante termico e acustico per rivestimento di soffitti e pareti

maṣòra o **massòra** [ebr. *massôrâh* 'tradizione' ✱ 1869] **s. f.** ● l'insieme delle scuole rabbiniche che, fra il V e l'VIII sec. d.C., fissarono la retta tradizione manoscritta e la corretta pronuncia sinagogale del testo biblico | (*est.*) l'esegesi biblica sviluppata dalla masora

maṣorèta o **massorèta** [1869] **s. m.** (**pl.** *-i*) ● ognuno dei maestri rabbinici che composero la masora | studioso della masora

maṣorètico o **massorètico** [1832] **agg.** (**pl. m.** *-ci*) ● relativo alla masora e ai masoreti

masque /*ingl.* 'mask/ [vc. ingl., dal fr. *masque*, propr. 'maschera', dall'it. *maschera* ✱ 1960] **s. m. inv.** (**pl. ingl.** *masques*) ● spettacolo teatrale inglese, con musiche vocali e strumentali, fiorito in vari Paesi fra il XVI e il XVII sec.

♦**màssa** [vc. dotta, lat. *măssa(m)*, dal gr. *mâza* 'pasta', di etim. incerta ✱ av. 1250] **A** **s. f. 1** quantità di materia unita in modo da formare un tutto compatto di forma indefinita: *m. informe, caotica*; *m. di terra, d'acqua* | ***m. d'aria***, parte di troposfera in cui i vari elementi, spec. temperatura e umidità, hanno distribuzione orizzontale uniforme o quasi | (*anat.*) ***m. sanguigna***, insieme di tutto il sangue contenuto nell'organismo | (*anat.*) ***m. cerebrale***, l'encefalo nel suo complesso **2** mucchio, quantità di cose aggregate della stessa specie o diverse, ma ancora distinte o distinguibili: *m. di grano, di mattoni, di legna, di mercanzie, di rottami, di libri* | (*fig.*) gran numero, grande quantità: *commettere una m. di errori, di stupidaggini, di sciocchezze* **3** (*sociol.*) insieme di persone più o meno socialmente omogenee, che presentano caratteri comuni sul piano psicologico e del comportamento collettivo: *la m. dei cittadini*; *il fermento delle masse* | anche spreg.: *distinguersi dalla m.* | ***le masse popolari***, il popolo lavoratore, contrapposto a chi detiene i mezzi di produzione | ***cultura di m.***, quella diffusa nei vari strati sociali grazie alla stampa, alla pubblicità, ai mezzi audiovisivi | ***mezzi di comunicazione di m.***, mass media | ***armi di distruzione di m.***, V. *arma* **4** (*est.*) moltitudine: *una m. di dimostranti, di gitanti domenicali*; *una m. di gente lo acclamava* | ***in m.***, tutti insieme, in blocco | ***far m.***, affollarsi | ***approvare, assolvere, condannare in m.***, tutti indiscriminatamente | (*est.*) maggioranza: *la m. della nazione è scontenta* | (*spreg.*) accolta di persone poco raccomandabili: *sono una m. di delinquenti, di fanfaroni* **5** (*fis.*) quantità di materia contenuta in un corpo | grandezza fisica, espressa come modulo del rapporto fra la forza applicata a un corpo e l'accelerazione impressa al corpo stesso, costante e indipendente dalla velocità nella meccanica classica, dipendente dalla velocità in quella relativistica | ***m. atomica assoluta***, massa dell'atomo di un elemento chimico | ***m. atomica relativa***, rapporto fra la massa di un dato elemento e 1/12 della massa atomica del carbonio-12 | ***m. molecolare***, somma delle masse atomiche degli atomi che fanno parte di una molecola | ***m. critica***, (*fis.*) quantità minima di materiale fissile che consente l'innesco spontaneo di una reazione nucleare a catena; (*fig.*) la dimensione minima di una grandezza al di sopra della quale un determinato fenomeno diventa possibile: *l'industrializzazione di una regione è impossibile se le infrastrutture non raggiungono una m. critica* **6** (*elettr.*) parte del circuito elettrico di una macchina o apparecchiatura consistente nella sua struttura metallica, generalmente collegata a terra: *collegare, mettere a m.* **7** nelle arti figurative, addensamento di colori in un punto: *m. di luce, d'ombra in un quadro* | nelle sculture e nelle opere architettoniche, il volume come entità materica percepibile: *il gioco delle masse in un palazzo barocco* **8** (*mus.*) insieme di voci o di strumenti: *m. degli ottoni, dei violini* | ***m. orchestrale***, tutti i suonatori di un'orchestra | ***m. corale***, l'insieme dei coristi **9** (*dir.*) complesso delle attività e passività costituenti un dato patrimonio: *m. fallimentare* | ***m. ereditaria***, complesso del patrimonio del defunto **SIN.** asse ereditario | ***m. dei creditori***, tutti i creditori insieme | ***m. grande, piccola***, tipi di emolumenti per canonici **10** (*milit.*) quantità di viveri, munizioni, attrezzi necessari a un esercito | grosso di truppe concentrate in un unico luogo **11** †podere, fondo, masseria | riunione di poderi e case rurali in una specie di comune con propria amministrazione, originaria dell'alto Medioevo, di cui resta traccia in taluni nomi propri di luogo: *Massa Marittima*; *Massalombarda* **12** (*centr., merid.*) pasta per il pane: *buona è la m. … / di puro grano* (G. PASCOLI) **13** †focaccia ‖ **masserèlla**, **dim.** | **massétta**, **dim.** | **massèllo**, **dim. m.** (V.) **B** **in funzione di agg. inv.** ● (posposto a un sost.) nelle loc. ***uomo m.***, uomo medio, dotato di idee stereotipate, prototipo della società di massa considerata come mancante di individualità e di responsabilità sociale | ***grammo m.***, millesima parte del kilogrammo massa | ***kilogrammo m.***, unità di massa nel sistema Internazionale definita come massa del kilogrammo campione depositato a Sèvres **C** **avv.** ● (*sett.*) †molto: *m. grande*

SFUMATURE ➤ ***popolo***①

massacrànte **part. pres.** di *massacrare*; anche **agg.** ● estremamente faticoso: *lavoro, viaggio m.* ‖ **massacranteménte**, **avv.**

massacràre [fr. *massacrer*, da *massacre* 'massacro' ✱ 1678] **v. tr. 1** trucidare vittime inermi o indifese: *m. un gruppo di ostaggi*; *m. un branco di gazzelle* **2** malmenare: *lo massacrarono di botte* | ridurre qlco. in pessimo stato, rovinare: *devi vedere come hanno massacrato quella povera casa!* | ***m. un lavoro***, eseguirlo molto male **3** (*fig.*) logorare, stremare: *il viaggio mi ha massacrato*; *una fatica che massacra*

massacratóre [fr. *massacreur*, da *massacrer* 'massacrare' ✱ 1945] **s. m.** (**f.** *-trice*); anche **agg.** ● chi (o che) massacra

♦**massàcro** [fr. *massacre*, di etim. incerta ✱ 1572] **s. m. 1** eccidio, strage, carneficina, macello: *m. di prigionieri, di schiavi, di animali* | ***gioco al m.***, V. *gioco* **2** (*fig., colloq.*) disastro, rovina: *i tuoi abiti sono un vero m.!*; *la rappresentazione è stata un m.* **3** (*arald.*) testa di cervo o di altro mammifero scarnata e posta di fronte

massaggiagengive [comp. di *massaggia(re)* e il pl. di *gengiva* ✱ 1973] **s. m. inv.** ● piccolo oggetto in gomma di varia forma che il bambino mastica durante la prima dentizione

massaggiàre [1940] **v. tr.** (**pres.** *io massàggio*; **fut.** *io massaggerò*) ● sottoporre a massaggio, trattare con massaggi: *m. un arto, il fianco, la zona contusa* | anche in forma pron.: *si massaggiò la schiena indolenzita*

massaggiatóre [1933] **s. m. 1** (**f.** *-trice*) persona esperta nel praticare massaggi: *il m. della squadra di calcio* **2** apparecchio usato per praticare massaggi: *m. a cinghia*; *m. manuale*

massaggiatùra [1950] **s. f.** ● (*raro*) massaggio

massàggio [fr. *massage*, da *masser*, dall'arabo *massa* 'toccare, palpare' ✱ 1834] **s. m.** ● trattamento dei muscoli e delle articolazioni con manovre manuali per facilitare la circolazione sanguigna e la mobilizzazione articolare |

m. cardiaco, stimolazione del cuore mediante ritmiche pressioni manuali sul torace in caso di arresto cardiaco, per facilitarne la ripresa dell'attività ‖ **massaggino**, **dim.**

♦**massàia** [f. di *massaio* ✱1354] **s. f.** **1** donna che, come attività principale, si prende cura della propria casa e delle faccende domestiche: *essere una buona, una cattiva m.* **2** (*raro*) moglie del massaio **3** †donna anziana | †domestica, governante

massàio o (*centr., merid.*) **massàro** [lat. mediev. *massāriu(m)*, da *măssa*, nel senso di 'insieme di fondi agricoli' ✱sec. XIII] **s. m.** (**f.** *-aia* (V.), **pl. m.** *-ai*) **1** conduttore di un podere, di cui presiede ai lavori e cura il bestiame **SIN.** capoccia **2** †pubblico ufficiale incaricato di amministrare i beni del comune medievale **3** †amministratore, economo **4** (*lett.*) uomo accorto nella gestione dei propri beni **5** †anziano, vecchio ‖ **massaiòtto**, **alter.**

†**massarìa** ▸ **masseria**

†**massarìzia** ▸ **masserizia**

massàro ▸ **massaio**

massellàre [da *massello* ✱1803] **v. tr.** (*io massèllo*) ● ridurre un metallo greggio rovente in masselli battendolo con il maglio o con il martello

massellatùra [1803] **s. f.** ● operazione del massellare

massèllo [dim. di *massa* ✱av. 1537] **s. m.** **1** lingotto di metallo battuto col maglio | ***oro di m.***, massiccio, puro **2** (*archit.*) parallelepipedo costituito da un solo blocco di pietra o di calcestruzzo | ***lavorato in m., a m.***, detto di qualunque pezzo di pietra naturale non ricavabile per semplice taglio della lastra **3** blocco d'acciaio che contiene la bascula e le batterie nei fucili da caccia **4** (*bot.*) durame **5** legno massiccio usato in falegnameria: *mobili in massello*

masserìa o (*centr., merid.*) †**massarìa** [da *massaro* ✱av. 1328] **s. f.** **1** vasto podere con fabbricati e servizi | ***contratto di m.***, nel diritto feudale, contratto agrario tra proprietario o concessionario di terre e massaro | (*est.*) casa colonica, fattoria, cascina **2** (*est.*) nell'ordinamento feudale, tributo che il massaro doveva al signore **3** †mandria, armento **4** †masserizia

SFUMATURE ▸ ***podere***①

masserìzia o (*centr., merid.*) †**massarìzia** [lat. mediev. *massarĭcia(m)*, f. di *massarĭcius* 'che appartiene al massaio' ✱sec. XIII] **s. f.** **1** (*lett.*) ogni suppellettile o mobile di una casa | (**al pl.**) insieme di mobili, suppellettili, utensili, addobbi ecc. **2** †quantità di mercanzia o bestiame | †provvista **3** †governo della casa | (*tosc.*) †economia, risparmio: *la m. si dice essere utilissima a ben godere le ricchezze* (L.B. ALBERTI)

massése (o **-ṣe**) [1345] **A agg.** ● di una località di nome Massa | della città di Massa, in Toscana **B s. m. e f.** ● abitante o nativo di Massa

massetère [vc. dotta, gr. *masētḗr*, genit. *masētêros* (*mŷs*) '(muscolo) masticatore', da *masâsthai* 'masticare', di orig. indeur. ✱1681] **s. m.** ● (*anat.*) muscolo masticatorio nastriforme posto nella parte posteriore della faccia, che ha la funzione di alzare la mandibola

massetèrico [1834] **agg.** (**pl. m.** *-ci*) ● (*anat.*) del massetere

massèto [da *masso* ✱1759] **s. m.** ● terreno non dissodato o coperto di massi

massètto [comp. di *mass(o)* e del suff. dim. *-etto* ✱1957] **s. m.** **1** (*edil.*) strato sottile di conglomerato cementizio steso come sottofondo di pavimentazioni **2** (*edil.*) blocchetto di conglomerato cementizio usato per pavimentazioni

masseur /*fr.* ma'sœʀ/ [vc. fr., da *masser* 'massaggiare'. V. *massaggio* ✱1895] **s. m. inv.** (**f. fr.** *masseuse*) ● massaggiatore

massì [comp. di *ma* e *sì* ✱1987] **avv.** ● (*colloq.*) esprime accordo, consenso o condiscendenza (talora con tono seccato o annoiato): *m. è proprio vero*; *m. lo sappiamo, vince sempre lui*; *'Mamma posso uscire?' 'M., vai'* **CFR.** sì①

massicciàre [1869] **v. tr.** (**pres.** *io massìccio*; **fut.** *io massiccerò*) ● eseguire una massicciata stradale

massicciàta [da *massiccio* ✱1777] **s. f.** **1** parte del corpo stradale formata da uno strato di ghiaia e pietrisco compressi in modo da servire da base per la pavimentazione stradale **2** (*ferr.*) ballast

massicciatóre [da *massicciata* ✱1967] **s. m.** (**f.** *-trice*) ● operaio addetto all'esecuzione di massicciate stradali

massìccio [da *massa* ✱av. 1328] **A agg.** (**pl. m.** *-ci*; **pl. f.** *-ce*) **1** che è formato da una sola massa solida e compatta, priva di vuoti all'interno o di aggiunte e coperture all'esterno: *colonna massiccia*; *una statua d'oro m.*; *un tavolo di noce m.* **2** che è sodo, unito e compatto: *muscolatura massiccia* | (*est.*) privo di snellezza, sveltezza o eleganza: *una costruzione non brutta, ma troppo massiccia* | ***corporatura massiccia***, tarchiata, atticciata **3** (*fig.*) consistente, solido, ponderoso: *una massiccia erudizione appare dai suoi scritti* | (*est.*) grossolano: *sproposito m.* **4** (*fig.*) che raggiunge un alto grado di intensità e violenza: *m. bombardamento* | imponente, ingente: *massiccia partecipazione a un corteo* **B s. m.** **1** montagna a larga base, poco articolata: *il Massiccio Centrale* **2** (*mar.*) ***m. di poppa, di prua***, l'insieme dei pezzi di costruzione come braccioli, controchiglia, controruota e sim. **3** ***m. di protezione***, in una miniera, parte del giacimento che non viene sfruttata per evitare spostamenti del terreno nocivi alla stabilità di pozzi, gallerie ed altre opere permanenti ‖ **massicciaménte**, **avv.**

SFUMATURE ▸ ***robusto***

màssico① [da *massa* ✱1930] **agg.** (**pl. m.** *-ci*) **1** (*fis.*) relativo alla massa, detto di grandezza fisica | ***potenza massica di un motore***, rapporto intercorrente fra la potenza massima del motore e la sua massa **2** (*fis., impropr.*) di massa | ***portata massica***, portata misurata in massa riferita al tempo

màssico② [vc. dotta, lat. *Massicu(m)*, n. di un monte tra il Lazio e la Campania, famoso per il suo vino ✱1476] **A agg.** (**pl. m.** *-ci*) ● relativo al monte Massico in Campania **B s. m.** ● celebre vino dell'antichità romana prodotto con uve della Campania

massicot /*fr.* masi'ko/ [fr. *massicot*, dall'it. *marzacotto* ✱1822] **s. m. inv.** ● (*chim.*) ossido giallo amorfo di piombo ottenuto riscaldando con moderazione l'idrato o il nitrato di piombo in forni a riverbero

massicòtto [1975] **s. m.** ● adattamento di *massicot* (V.)

massificàre [1963] **v. tr.** (*io massìfico, tu massìfichi*) ● spec. nel linguaggio sociologico, rendere massa, portare a uno stesso livello, eliminando così personalità e individualità: *la società moderna tende a m.* ‖ **massificazióne**, **s. f.** (V.)

massificàto **part. pass.** di *massificare*; anche **agg.** ● ridotto ad uno stesso livello, uniformato: *società massificata*

massificazióne [1961] **s. f.** **1** il massificare **2** caratteristica delle società industriali progredite, per cui il livello di vita, il comportamento e la concezione del mondo dei componenti di tali società tendono ad assumere valori standardizzati

massillìpede [comp. di *maxill(o)-* con cambio di consonante e *-pede* ✱1957] **s. m.** ● (*zool.*) ognuno degli arti toracici trasformati in appendici boccali presenti in molti Crostacei

màssima [f. sost. di *massimo* ✱av. 1406] **s. f.** **1** principio o verità generale che serve da norma, guida o regola: *avere per m.*; *imprimersi bene in mente una m.*; *ragionar de' particolari per assiomi o … massime* (G. VICO) | ***in linea di m.***, nell'insieme, nel complesso, in generale | ***questione di m.***, che non scende ai particolari e si limita al quadro generale di qlco. | (*est.*) regola personale: *la sua m. è rispettare gli altri* **2** sentenza, precetto: *un libro di massime morali* | detto, motto: *una m. piena di arguzia* **3** (*dir.*) principio di diritto cui un'autorità giudiziaria, spec. la Corte di Cassazione, si è attenuta nell'emanazione della propria decisione: *m. di una sentenza della Corte di Cassazione* **4** grado massimo di temperatura, pressione barometrica e sim.: *la m. di oggi è elevata* | ***termometro a m.***, che registra la massima **5** antica figura musicale del valore di due note lunghe **6** (*med.*) pressione arteriosa sistolica

SFUMATURE DI SIGNIFICATO

massima - principio - precetto

Una verità generale che serve di norma, guida o regola si chiama **massima.** In questa accezione *massima* equivale a **principio**, inteso come idea fondamentale, criterio dal quale deriva un sistema di idee o un insieme di norme di comportamento. **Precetto** è invece la singola regola di condotta che nasce da un principio generale, l'insegnamento puntuale sul comportamento da seguire in una data occasione; infatti nella dottrina cattolica il termine indica la legge con cui la Chiesa prescrive ai fedeli le attività da svolgere, per esempio nelle festività solenni.

SFUMATURE ▸ ***proverbio***

massimàle [ted. e ingl. *maximal*, dal lat. *măximus* 'massimo' ✱1908] **A agg.** ● massimo: *prezzo m.* **B s. m.** **1** limite massimo **2** somma massima su cui si calcolano trattenute o contributi **3** (*econ.*) in un contratto di assicurazione, il massimo importo che l'assicuratore è tenuto a risarcire, anche se il danno è superiore

massimalìsmo [da *massimalista* ✱1918] **s. m.** **1** corrente del movimento socialista che, in opposizione ai riformisti, propugnava il programma massimo per rovesciare il sistema capitalistico | (*est.*) in un partito politico, tendenza a perseguire con intransigenza gli obiettivi più estremi e radicali di un programma **2** (*generic.*) in una controversia o in una trattativa, atteggiamento radicale di chi esclude soluzioni intermedie **CONTR.** minimalismo

massimalìsta① [fr. *maximaliste*, da *maximum* 'massimo'; era detto così chi voleva attuare il programma *massimo* del socialismo, in opposizione a *minimalista* ✱1908] **A s. m. e f.** (**pl. m.** *-i*) ● fautore, sostenitore del massimalismo | (*est.*) estremista **B agg.** ● relativo al massimalismo o ai massimalisti; massimalistico | caratterizzato da massimalismo: *posizioni massimaliste*

massimalìsta② [da *massimale*] **s. m. e f.** (**pl. m.** *-i*) ● (*burocr.*) medico di base i cui assistiti raggiungono il numero massimo consentito

massimalìstico [1955] **agg.** (**pl. m.** *-ci*) ● che concerne il massimalismo o i massimalisti

massimàre [da *massimo* ✱1957] **v. tr.** (*io màssimo*) **1** (*mat.*) eseguire delle operazioni tali da fare assumere a una funzione il suo valore massimo **2** (*dir.*) estrarre la massima da una sentenza

massimàrio [comp. di *massim(a)* e *-ario* ✱

1889] **s. m.** **1** raccolta di massime e precetti su di una data materia o soggetto **2** (*dir.*) raccolta delle massime contenute nelle decisioni della Corte di Cassazione o di altra autorità giudiziaria: *m. della Cassazione*

màssime [lat. *măxime* 'massimamente', da *măximus* 'massimo' ∗ av. 1342] **avv.** ● (*lett.*) soprattutto, massimamente, specialmente: *sassi in specie non ne tiro più. / E m. a le piante* (G. CARDUCCI)

massimìnimo o **massimomìnimo** [comp. di *massimo* e *minimo* ∗ 1957] **s. m.** ● (*mat.*) massimo tra i valori minimi di una funzione

massimiżżàre [fr. *maximiser*, da *maximum* 'massimo' ∗ 1906] **A v. tr.** ● rendere massimo, portare al valore massimo **B** **massimiżżàrsi v. intr. pron.** ● giungere al valore massimo ‖ **massimiżżazióne**, **s. f.**: *massimizzazione dei profitti*

♦**màssimo** [lat. *măximu(m)*, superl. di *măgnus* 'grande'. V. *magno* ∗ 1268] **A agg.** **1** superl. di *grande* | grandissimo, sommo, estremo: *altezza, dimensione, profondità, distanza massima* | il più grande: *poeta m.*; *avere la massima stima, il m. rispetto per qlcu.*; *ottenere il m. effetto col minimo mezzo* | ***il M. Poeta***, (*per anton.*) Dante | ***il M. Fattore***, Dio | (*sport*) ***tempo m.***, il limite di tempo concesso agli atleti per terminare un percorso | ***temperatura massima***, la più elevata di un determinato periodo di tempo in un certo luogo | ***al m. grado***, massimamente | ***in massima parte***, nella parte di gran lunga maggiore | ***al m.***, tutt'al più; come ipotesi estrema: *avrà al m. sedici anni*; *Voi, al m., vi potevate far dare da lui la chiave* (L. PIRANDELLO) **CONTR.** minimo **2** ***pesi massimi***, nel pugilato, categoria di peso compresa tra quella dei pesi massimoleggeri e dei pesi supermassimi **3** (*mat.*) ***m. comun divisore***, il più grande fra i divisori comuni di più numeri | ***cerchio m.***, che divide la sfera in due parti uguali ‖ **massimaménte**, **avv.** **1** soprattutto, principalmente: *si occupava anzi tutto e massimamente di sé* (I. NIEVO) **2** †moltissimo **B s. m.** **1** il grado o punto più elevato per misure, quantità, dimensioni e sim.: *ottenere il m. dei voti*; *il m. della pena* | ***il m.***, quanto di meglio può esserci: *per il pesce, questo ristorante è il m.* **CONTR.** minimo **2** nel pugilato, atleta appartenente alla categoria dei pesi massimi **3** (*mat.*) elemento di un insieme ordinato che segue tutti gli altri

massimoleggèro [comp. di *massimo* e *leggero* ∗ 1985] **A agg.** (**pl. m.** *massimoleggèri*) ● ***pesi massimoleggeri***, nel pugilato, categoria di peso compresa tra quelle dei pesi mediomassimi e dei pesi massimi **B s. m.** ● nel pugilato, atleta appartenente alla categoria dei pesi massimoleggeri

massimomìnimo ➤ **massimìnimo**

massìvo [fr. *massif*, da *masse* 'massa' ∗ 1942] **agg.** **1** che costituisce o si presenta come una massa: *roccia massiva* | che agisce, si muove in massa: *immigrazione massiva* **2** (*med.*) che riguarda una vasta area del corpo o è in quantità rilevante: *infezione, emorragia massiva* | di farmaco che si somministra in quantità elevata: *dose massiva* **3** ***posta massiva***, classe tariffaria postale destinata a utenti che spediscono grandi quantità di corrispondenza ‖ **massivaménte**, **avv.**

mass media /maz'midja, *ingl.* 'mæs,mi:diə/ [ingl., propr. 'mezzi di massa', comp. di *mass* 'massa' e *media*, pl. di *medium* 'mezzo' (V. *medium*②) ∗ 1963] **loc. sost. m. pl.** ● l'insieme di tutti gli strumenti di comunicazione e d'informazione dell'industria culturale, quali la stampa, il cinema, la televisione, la radio **SIN.** media②

massmediàle /mazme'djale/ [da *mass media* ∗ 1985] **agg.** ● massmediatico

massmediàtico /mazme'djatiko/ [1964] **agg.** (**pl. m.** *-ci*) ● relativo ai mass media **SIN.** massmediale

massmediologìa /mazmedjolo'dʒia/ [comp. di *mass media* e *-logia* ∗ 1985] **s. f.** (**pl.** *-gìe*) ● studio dei mass media e dei problemi connessi al loro uso

massmediològico /mazmedjo'lɔdʒiko/ [1978] **agg.** (**pl. m.** *-ci*) ● relativo ai mass media o alla massmediologia

massmediòlogo /mazme'djɔlogo/ [comp. di *mass media* e *-logo* ∗ 1978] **s. m.** (**f.** *-a*; **pl. m.** *-gi*) ● studioso di mass media, esperto di massmediologia

♦**màsso** [da *massa* ∗ 1319] **s. m.** **1** sasso o roccia di grandi dimensioni: *un m. sporgente dai fianchi della montagna* | (*fig.*, *raro*) simbolo di imperturbabilità, di insensibilità e sim.: *quell'uomo è un m. d'indifferenza* | (*fig.*) ***dormire come un m.***, sodo, profondamente **SIN.** macigno **2** (*est.*) blocco di pietre ‖ **massétto**, **dim.**

massochineșiterapìa [comp. di *masso(terapia)* e *chinesiterapia* ∗ 1993] **s. f.** ● (*med.*) metodo di cura che abbina la massoterapia e la chinesiterapia ‖ **massochineșiteràpico**, **agg.** (**pl. m.** *-ci*)

massofișioterapìa [fr. *massophysiothérapie*, comp. di *masso(thérapie)* 'massoterapia' e *physiothérapie* 'fisioterapia' ∗ 1992] **s. f.** ● (*med.*) metodo di cura che abbina la fisioterapia e la massoterapia ‖ **massofișioterapìsta**, **s. m. e f.** (**pl. m.** *-i*) chi pratica la massofisioterapia

†**massolétta** [da *masso* ∗ 1737] **s. f.** **1** frammento **2** molecola

massóne [fr. *maçon*, propr. 'muratore', dal lat. tardo *machiōne(m)*, di orig. germ. (cfr. il ted. *machen* 'fare, fabbricare'). V. *frammassone* ∗ 1785] **s. m.** (**f.** *-a*) ● affiliato alla massoneria

massonerìa [da *frammassoneria* ∗ 1788] **s. f.** **1** associazione segreta costituitasi in forma organizzata nel XVIII sec. in Inghilterra, ispirata al razionalismo, al deismo e al principio dell'affrancamento da soggezioni politiche, e diffusa in molte parti del mondo con vari riti e scopi **2** (*est.*) tendenza all'aiuto reciproco e alla collaborazione fra appartenenti a uno stesso ambiente o gruppo

massònico [fr. *maçonnique*, da *maçon* 'massone' ∗ 1797] **agg.** (**pl. m.** *-ci*) ● che concerne la massoneria: *riti, emblemi massonici*

massòra e deriv. ➤ **masora** e deriv.

massóso (o **-șo**) [da *masso* ∗ av. 1646] **agg.** ● (*raro*) pieno di massi, costituito da massi

massoterapìa [fr. *massothérapie*, comp. di *masser* 'massaggiare' e *thérapie* 'terapia' ∗ 1905] **s. f.** ● cura effettuata mediante la pratica del massaggio ‖ **massoteràpico**, **agg.** (**pl. m.** *-ci*) relativo a massoterapia: *cure massoterapiche*; *trattamenti massoterapici* ‖ **massoterapìsta**, **s. m. e f.** (**pl. m.** *-i*) chi pratica la massoterapia

màstaba [arabo *masṭaba* 'sedile, panca' ∗ av. 1938] **s. f.** ● monumento funerario egizio a forma di tronco di piramide

†**mastàcco** [da avvicinare a *bastagio* 'facchino' (?) ∗ 1612] **agg.** ● di corporatura tarchiata e robusta

mastaccóne [da †*mastacco* ∗ 1865] **agg. e s. m.** (**f.** *-a*) ● (*disus.*) che (o chi) è robusto e tarchiato

mastadenìte [comp. di *mast(o-)* e *adenite* ∗ 1970] **s. f.** ● (*med.*) mastite

mastalgìa [comp. di *mast(o-)* e *-algia* ∗ 1940] **s. f.** (**pl.** *-gìe*) ● (*med.*) mastodinia

mastàlgico [1940] **agg.** (**pl. m.** *-ci*) ● (*med.*) di mastalgia

mastatrofìa [comp. di *mast(o-)* e *atrofia* ∗ 1970] **s. f.** ● (*med.*) atrofia della ghiandola mammaria

mastcèllula [ted. *Mastzelle*, comp. di *Mast* 'nutrizione' e *Zelle* 'cellula' ∗ 1957] **s. f.** ● (*biol.*) cellula del sistema reticolo-endoteliale, voluminosa, con nucleo rotondo, ricca di istamina e di eparina

mastectomìa [comp. di *mast(o)* ed *-ectomia* ∗ 1975] **s. f.** ● (*chir.*) asportazione della mammella

mastectomiżżàre [1986] **v. tr.** ● (*chir.*) sottoporre a mastectomia

mastectomiżżàto **part. pass.** di *mastectomizzare*; anche **agg.** ● nel sign. del v.

mastelcòși [comp. di *mast(o)* e del gr. *hélkōsis* 'ulcerazione', da *hélkos* 'piaga, ferita' ∗ 1852] **s. f. inv.** ● (*med.*) ulcera della ghiandola mammaria

mastèlla [1483] **s. f.** ● (*tosc.*) mastello ‖ **mastellétta**, **dim.**

mastèllo [dal gr. biz. *mastós* 'vaso a forma di mammella' ∗ av. 1320] **s. m.** **1** alto recipiente in legno, più largo di bocca che di fondo, a doghe, con una o due doghe sporgenti e forate per infilarvi una corda o una stanga al fine di facilitarne il trasporto: *un m. di olive, d'uva, di vino* **2** recipiente di forma analoga, spec. per farvi il bucato ‖ **mastellétto**, **dim.**

màster /'master, *ingl.* 'mɑːstə(r)/ [vc. ingl., propr. 'maestro, mastro' ∗ 1905] **s. m. inv.** **1** corso di perfezionamento successivo al conseguimento della laurea triennale (master di primo livello) o della laurea magistrale (master di secondo livello) | il titolo ottenuto con tali corsi **2** (*sport*) torneo di tennis, golf e altri sport a cui sono ammessi a partecipare solo i migliori giocatori del mondo **3** nella registrazione di supporti magnetici e ottici, l'originale dal quale si procede alla duplicazione

masteriżżàre [da *master* ∗ 1995] **v. tr.** ● (*inform.*) effettuare la masterizzazione | copiare dati su un compact disc ‖ **masteriżżazióne**, **s. f.** (V.)

masteriżżatóre [1995] **s. m.** **1** apparecchio per eseguire masterizzazioni **2** (*inform.*) dispositivo per la registrazione di cd-rom

masteriżżazióne [da *master* ∗ 1987] **s. f.** ● nella registrazione di supporti magnetici e ottici, predisposizione e adattamento dei dati per la preparazione del master | scrittura di dati su un compact disc

Mastermind® /master'maind, *ingl.* 'mɑːstə,maind/ [propr. vc. ingl. 'mente superiore, cervellone', comp. di *master* (V.) e *mind* 'mente' ∗ 1983] **s. m. inv.** ● gioco svolto tra due avversari che, inserendo piccole borchie colorate in un'apposita tavoletta, cercano di ricostruire la combinazione segreta di colori composta inizialmente dall'avversario

màster plan /'masterplan, *ingl.* 'mɑːstə,plæn/ [loc. ingl., propr. 'piano (*plan*) maestro (*master*)' ∗ 1991] **loc. sost. m. inv.** (**pl. ingl.** *master plans*) ● piano generale che fornisce le linee guida per lo sviluppo di aree geografiche, imprese economiche, settori produttivi

masticàbile [1745] **agg.** ● che si può masticare ‖ **masticabilità**, **s. f. inv.**

masticacchiàre [1612] **v. tr.** ● (*disus.*) masticare poco e svogliatamente (*anche assol.*)

masticaménto [1552] **s. m.** ● (*raro*) il masticare

♦**masticàre** [lat. tardo *masticāre*, dal gr. *mastichân* 'digrignare i denti', da *mástax*, genit. *mástakos* 'bocca', di etim. incerta ∗ 1268] **v. tr.** (*io màstico, tu màstichi*) **1** schiacciare qlco. ripetutamente coi denti, anche senza triturarla (*anche assol.*): *m. bene il cibo*; *m. tabacco, gomma americana*; *tiravano fuori dalla bisaccia la scarsa merenda, ... masticando* *adagio adagio* (G. VERGA) | ***m. amaro, m. veleno***, (*fig.*) soffrire in silenzio per ira, rabbia e sim. | ***m. male qlco.***, (*fig.*) intenderla o sopportarla male **2** (*fig.*) borbottare, biascicare: *m. salmi, paternostri*; *m. delle scuse* | ***m. male una lingua***, non saperla parlare | ***m. un po' di greco, di francese***, conoscerlo o parlarlo imperfettamente e poco **3** (*fig., lett.*) rimuginare, ruminare: *m. l'offesa con rancore*

masticatìccio [1605] **s. m.** • cosa masticata o che si sta masticando: *stai rugumando il tuo m.* (G. D'ANNUNZIO) | (*fig.*) ciò che è confuso, mal elaborato

masticàto **part. pass.** di *masticare*; anche **agg. 1** nei sign. del v. **2** (*fig.*) assimilato, fatto proprio: *nozioni mal masticate*

masticatóio [da *masticare* ✱ 1855] **s. m.** (**pl.** *-ói*) • catenina ad anelli di ferro che si mette in bocca ai cavalli per favorirne la salivazione

masticatóre [1803] **agg. e s. m.** (**f.** *-trice*) • che (o chi) mastica

masticatòrio [1561] **A** **agg.** (**pl. m.** *-i* o *raro -ii*) • relativo alla masticazione **B** **s. m.** • sostanza da masticarsi per aumentare la secrezione salivare

masticatùra [sec. XIV] **s. f. 1** cosa masticata | avanzo di cosa masticata: *sputare la m.* **2** (*raro*) masticamento

masticazióne [av. 1320] **s. f.** • atto, funzione del masticare: *la m. è parte della digestione*

màstice [vc. dotta, lat. *măstiche(m)*, dal gr. *mastíchē*, da *mástax* 'bocca'. V. *masticare* ✱ av. 1367] **s. m. 1** resina balsamica che stilla dal lentisco, usata per vernici e in fotografia **2** prodotto adesivo e di rapida essiccazione che serve ad attaccare oggetti vari fra loro: *m. ad olio, alla caseina* | (*fig.*) ciò che serve ad unire: *i comuni interessi economici sono l'unico m. del loro matrimonio*

mastiettàre ➤ **maschiettare** e deriv.

mastigamèba [comp. di *mastig(o)* e *ameba* ✱ 1934] **s. f.** • genere di Protozoi dei Flagellati con corpo ameboide provvisto di flagello (*Mastigamoeba*)

màstigo- [dal gr. *mástix*, genit. *mástigos* 'frusta'] **primo elemento** • in parole composte della terminologia zoologica, significa 'frusta, flagello': *mastigameba, mastigofori*

Mastigòfori [V. *mastigoforo* ✱ 1834] **s. m. pl.** (**sing.** *-o*) • (*zool.*) Flagellati

mastigòforo [vc. dotta, lat. tardo *mastigŏphoru(m)*, dal gr. *mastigophóros*, comp. di *mástix*, genit. *mástigos* 'frusta' e *-foro* ✱ 1586] **s. m.** • nell'antica Grecia, guardia armata di sferza, che aveva il compito di mantenere l'ordine pubblico spec. durante le manifestazioni ufficiali

mastìno [ant. fr. *mastin*, dal lat. parl. **mansuetīnu(m)*, da *mansuētus* 'mansueto' ✱ 1287] **s. m. 1** cane da guardia, massiccio, fortissimo, coraggioso, con testa larga, petto largo e profondo, dorso forte e muscoloso **2** (*fig.*) persona aggressiva e implacabile | persona molto tenace

màstio e deriv. ➤ **maschio** e deriv.

mastìte [comp. di *mast(o)* e *-ite*① ✱ 1834] **s. f.** • (*med.*) infiammazione della ghiandola mammaria **SIN.** mastadenite

màsto- [dal gr. *mastós* 'mammella'] **primo elemento** • in parole composte della terminologia scientifica, significa 'mammella': *mastodinia*

mastocarcinòma [comp. di *masto-* e *carcinoma* ✱ av. 1821] **s. m.** (**pl.** *-i*) • (*med., raro*) carcinoma della mammella

mastocìta o **mastocìto** [comp. di *masto-* e *-cita* (o *-cito*) ✱ 1957] **s. m.** (**pl.** *-i*) • (*biol.*) mastcellula

mastodinìa [comp. di *masto-* e del gr. *odýnē* 'dolore' ✱ 1834] **s. f.** • (*med.*) sensazione dolorosa alla mammella con tensione e inturgidimento della ghiandola **SIN.** mastalgia

mastodónte [comp. di *masto-* e del gr. *odóus*, genit. *odóntos* 'dente'; detti così perché i molari sembravano, per la forma, capezzoli di una mammella ✱ 1819] **s. m. 1** elefante del Terziario, provvisto di zanne su mandibola e mascella, inegualmente sviluppate, corpo lungo, arti corti (*Mastodon*) **2** (*fig.*) persona grande, grossa e lenta di movimenti | (*fig.*) ***i mastodonti della strada***, gli autotreni

✦**mastodòntico** [da *mastodonte* ✱ 1891] **agg.** (**pl. m.** *-ci*) • grandissimo, enorme, gigantesco: *errore m.*; *tavolo, armadio m.*

mastoflogòṣi o **mastoflògoṣi** [comp. di *masto-* e *flogosi* ✱ 1834] **s. f. inv.** • (*med.*) mastite

mastografìa [comp. di *masto-* e *-grafia* ✱ 1937] **s. f.** • (*med., raro*) mammografia

mastòide [vc. dotta, gr. *mastoeidḗs* 'simile a mammella', comp. di *mastós* 'mammella' e *-eidḗs* '-oide', per la forma ✱ av. 1704] **s. f.** • (*anat.*) apofisi a forma di cono dell'osso temporale, situata dietro il padiglione dell'orecchio

mastoidectomìa [comp. di *mastoid(e)* ed *-ectomia* ✱ 1957] **s. f.** • (*chir.*) operazione che consiste nell'apertura e svuotamento della mastoide, nei casi di mastoidite purulenta

mastoidèo [1681] **agg.** • (*anat.*) della mastoide

mastoidìte [comp. di *mastoide* e *-ite*① ✱ 1841] **s. f.** • (*med.*) infiammazione della mastoide

mastopatìa [comp. di *masto-* e *-patia* ✱ 1952] **s. f.** • (*med.*) affezione mammaria ‖ **mastopàtico**, **agg.** (**pl. m.** *-ci*) relativo a mastopatia

mastoplàstica [comp. di *masto-* e *-plastica* ✱ 1957] **s. f.** • (*chir.*) intervento di chirurgia plastica sulla mammella a scopo estetico o ricostruttivo

mastoptòṣi [comp. di *masto-* e *ptosi* ✱ 1957] **s. f. inv.** • (*med.*) abbassamento delle mammelle femminili

màstra① [gr. *máktra*, da *mássein* 'impastare'. V. *massa* ✱ 1600] **s. f. 1** grossa madia dove i fornai impastavano il pane **2** cassone o bancone usato in varie lavorazioni artigianali

màstra② [V. *maestra* nel sign. 4 ✱ 1834] **s. f. 1** (*mar.*) apertura dotata di un collare di rinforzo praticata nei ponti per il passaggio dell'albero **2** (*mar.*) cornice disposta intorno a ogni apertura del ponte per impedire all'acqua di entrare sottocoperta

mastrìno [propr. dim. di *mastro* nel sign. B2 ✱ 1970] **s. m.** • ciascuno dei conti di contabilità generale

màstro [lat. *magĭstru(m)* 'maestro' ✱ 1266] **A** **s. m.** (**f.** *-a*) **1** V. *maestro* nel sign. A1 **2** artigiano esperto, provetto: *l'opra ch'in voi miglior m. scolpio* (V. COLONNA) | ***capo m.***, V. *capomastro* **3** libro mastro **B** **agg. 1** V. *maestro* nel sign. B1 **2** ***libro m.***, registro che raccoglie tutte le partite specificate negli altri libri riportate nel dare e nell'avere dei singoli conti ‖ **mastrìno**, **dim.** (V.)

mastrùca o **mastrùcca** [vc. dotta, lat. *mastrūca(m)*, di orig. preindeur. ✱ 1483] **s. f.** • giaccone di pelle di capra o di montone portato un tempo dai pastori

masturbàre [vc. dotta, lat. *masturbāri*, di etim. discussa: la prima parte della parola dovrebbe essere *mănus* 'mano', ma la seconda parte è più incerta ✱ 1499] **A** **v. tr.** • provocare il piacere sessuale mediante manipolazione dei genitali **B** **masturbàrsi** **v. rifl.** • provocare il piacere sessuale su sé stessi mediante manipolazione dei propri genitali

masturbatóre [vc. dotta, lat. *masturbatōre(m)*, da *masturbāri* 'masturbare' ✱ 1913] **s. m.** (**f.** *-trice*); anche **agg.** • chi (o che) pratica la masturbazione su sé stesso o su altri

masturbatòrio [1965] **agg.** (**pl. m.** *-i* o *raro -ii*) • relativo alla masturbazione (*anche fig.*): *pratiche masturbatorie*; *intellettualismo m.*

masturbazióne [fr. *masturbation*, dal lat. *masturbāri* 'masturbare' ✱ 1735] **s. f.** • pratica erotica del masturbare e del masturbarsi | (*fig.*) autocompiacimento morboso e narcisistico: *m. intellettuale*

maṣùrio [dai laghi *Masuri*, in Polonia ✱ 1938] **s. m.** • (*chim.*) tecnezio

maṣùt o **mazùt** /ma'zut, *russo* ma'zuµt/ [russo *mazut*, dall'arabo *makzulat* 'residui', attraverso il turco tartaro ✱ 1931] **s. m. inv.** • combustibile minerale derivante dalla lavorazione dei petroli russi

mat /mɛt, mat, *ingl.* mæt/ [vc. ingl., dal fr. *mat* 'opaco, non brillante', dal lat. *măttu(m)* 'umido' ✱ 1942] **agg. inv.** • opaco, satinato, detto di carta, anche fotografica, di superficie verniciata, metallica e sim.

matador /mata'dɔr, *sp.* mata'ðɔr/ [vc. sp., da *matar* 'uccidere', dal lat. *mactāre*. V. †*mattare*② ✱ 1835] **s. m. inv.** (**pl. sp.** *matadores*) **1** il torero che, nella corrida, ha il compito di uccidere il toro con la spada **SIN.** espada **2** (*raro, fig.*) mattatore nel sign. 2

matafióne o **mattafióne** [etim. incerta ✱ av. 1484] **s. m.** • (*mar.*) ciascuna delle piccole cime fissate alle vele e alle tende che servono per serrarle | ***m. di terzarolo***, quello che serve per serrare la parte della vela ripiegata

matàllo [vc. di orig. preindeur. ✱ 1834] **s. m.** • (*bot.*) sorbo degli uccellatori

matamàta [vc. tupi ✱ 1957] **s. f.** • tartaruga sudamericana di acqua dolce, con lungo collo, testa triangolare e appiattita e muso che si prolunga in una specie di proboscide sottile (*Chelus fimbriatus*)

matamòro [sp. *matamoros* 'uccisore di mori', personaggio di commedia che si vantava di imprese straordinarie, esagerandole o addirittura inventandole ✱ 1857] **s. m.** • (*lett.*) millantatore, spaccone

matapàn o **matapàne** [arabo *mautabān*, n. di una moneta in corso durante le crociate ✱ av. 1353] **s. m. inv.** • moneta veneziana d'argento del valore di 12 denari, coniata per la prima volta nel 1202 sotto il doge Enrico Dandolo

†**mataràzzo** ➤ **materasso**

matàssa [lat. *matăxa(m)*, dal gr. *mátaxa*, *métaxa* 'seta', di etim. incerta ✱ 1364] **s. f. 1** insieme di fili avvolti a mano o con l'aspo, disposti ordinatamente in più giri uno sull'altro: *una m. di cotone, seta, lana, spago* | ***arruffare la m.***, (*fig.*) confondere o complicare le cose | ***cercare il bandolo della m.***, (*fig.*) il punto da cui inizia la soluzione di qlco. | ***sbrogliare, dipanare la m.***, (*fig.*) risolvere un problema, una questione complessa e sim. | (*est.*) insieme di cose lunghe e sottili avviluppate: *una m. di cinghie, di serpi* **2** (*fig.*) imbroglio, intrigo, confusione: *aiutami a sciogliere i nodi di questa intricata matassa* **3** (*elettr.*) parte dei conduttori avvolti sullo statore o sul rotore di una macchina elettrica costituenti un insieme costruttivo ‖ **matassétta**, **dim.** | **matassìna**, **dim.** | (*raro*) **matassìno**, **dim. m.**

matassatóre [1957] **s. m.** (**f.** *-trice*) • operaio tessile addetto alla matassatura

matassatùra [1957] **s. f.** • operazione con cui nell'industria dei filati si fanno le matasse

match /mɛtʃ, *ingl.* mætʃ/ [vc. ingl., 'incontro, gara' da *to match* 'gareggiare', dall'ingl. ant. *macian* 'fare', di orig. germ. ✱ 1889] **s. m. inv.** (**pl.**

ingl. *matches*) **1** incontro sportivo, spec. di pugilato | nelle loc. sost. m. inv. ***match ball***, in alcuni giochi di palla, come il tennis e la pallavolo, palla che dà la possibilità di vincere l'incontro; ***match point***, punto conclusivo che permette di vincere l'incontro | nella loc. sost. m. e f. inv. ***match winner***, giocatore che dà un apporto decisivo per la vittoria della propria squadra (comp. con *winner* 'vincitore'); (*fig.*) persona che vince, che ha successo SIN. vincente | nella loc. sost. m. inv. ***big match***, nel pugilato, l'incontro più importante del programma; (*est.*) l'incontro più atteso di una giornata sportiva | nella loc. sost. m. inv. ***retour match***, nel calcio e sim., la partita di ritorno giocata contro la stessa squadra (comp. con il fr. *retour* 'ritorno') **2** nell'ippica, corsa nella quale sono impegnati due soli cavalli

màte /sp. 'mate/ o **matè** [vc. sp., da una lingua del Perù ✻ 1862] **s. m. inv.** (**pl. sp.** *mates*) **1** albero sudamericano delle Celastracee le cui foglie si usano per preparare un infuso (*Ilex paraguayensis*) SIN. tè del Paraguay **2** bevanda ottenuta per infusione delle foglie di tale albero, leggermente eccitante per la bassa percentuale di caffeina che contiene

matelassé /fr. mat(ə)la'se/ [vc. fr., propr. part. pass. di *matelasser*, da *matelas* 'materasso' (dall'it. *materasso*) ✻ 1895] **agg. inv.** ● detto di tessuto di raso o di lana leggermente imbottito e trapuntato, usato spec. per coperte e vestaglie

♦**matemàtica** [vc. dotta, lat. *mathemătica(m)* (*ărtem*), dal gr. *mathēmatikḗ* (*téchnē*), da *máthēma* 'insegnamento', da *manthánein* 'imparare', di orig. indeur. ✻ 1261 ca.] **s. f. 1** scienza che, avvalendosi di metodi deduttivi, studia le proprietà di entità astratte quali i numeri, le figure geometriche e sim., le relazioni che si stabiliscono fra loro e la possibilità di applicazione dei suoi risultati alle altre scienze | ***m. applicata***, che si occupa delle applicazioni della matematica pura | ***m. elementare***, che comprende l'aritmetica, il calcolo algebrico e la geometria euclidea | ***m. finanziaria***, matematica applicata alla scienza delle finanze | ***m. pura***, che si occupa di questioni matematiche a sé stanti, indipendentemente dalle applicazioni **2** (*fig.*) logica, argomentazione certa e inoppugnabile spec. per la sua razionalità | ***se la m. non è un'opinione***, (*anche scherz.*) espressione che si usa per avallare l'esattezza di un proprio calcolo, data l'inconfutabile precisione della scienza matematica: *mi devi ancora dieci euro, se la m. non è un'opinione* **3** †matesi, astrologia

♦**matemàtico** [vc. dotta, lat. *mathemăticu(m)*, dal gr. *mathēmatikós*. V. *matematica* ✻ 1282] **A agg.** (**pl. m.** *-ci*) **1** della matematica, che è proprio della matematica: *regole matematiche* **2** (*est.*) di assoluta certezza e precisione: *evidenza matematica; ho la prova matematica della sua colpevolezza* SIN. esatto, sicuro **3** †astronomico ‖ **matematicaménte**, **avv. 1** per via matematica **2** in modo assolutamente chiaro e preciso: *ne sono matematicamente certo* ‖ **matematicità**, **s. f. inv. B s. m.** (**f.** *-a*) **1** studioso di matematica **2** †astronomo **3** †indovino, astrologo

matematismo [da *matematico* ✻ av. 1952] **s. m.** ● (*filos.*) corrente di pensiero secondo cui i principi e i metodi della matematica sono un modello utile a descrivere e interpretare ogni realtà

matematizzàre [denominale da *matematico* ✻ 1951] **v. tr.** ● conformare, ispirare al metodo matematico e gener. razionale | valutare in termini matematici e gener. razionali ‖ **matematizzazióne**, **s. f.**

†**matèra** ➤ **materia**

materàno [1957] **A agg.** ● di Matera, in Basilicata **B s. m.** (**f.** *-a*) ● abitante o nativo di Matera

materàssa [1312] **s. f.** ● (*tosc.*) materasso ‖ **materassina**, **dim.**

materassàio [1442] **s. m.** (**f.** *-aia*, **pl. m.** *-ai*) ● artigiano che confeziona o rinnova materassi, guanciali, trapunte: *ago da m.* | venditore di materassi

†**materassàta** [1618] **s. f.** ● caduta da luogo alto | ruzzolone

materassìno [sec. XIV] **s. m. 1** dim. di *materasso* **2** tappeto imbottito sul quale i lottatori e i ginnasti si allenano e gareggiano **3** oggetto pneumatico a forma di piccolo materasso su cui ci si distende sulla spiaggia, nell'acqua, in tenda e sim.: *gonfiare, sgonfiare il m.*

♦**materàsso** o (*centr., merid.*) †**mataràzzo** [arabo *maṭraḥ* 'posto, luogo' ✻ av. 1306] **A s. m. 1** suppellettile di forma rettangolare costituita da un involucro di tessuto robusto imbottito di materiali soffici o elastici e spesso trapunto, che si appoggia sul piano del letto e su cui ci si corica dopo averlo avvolto nelle lenzuola: *m. di lana, di crine; m. in lattice; m. a molle; m. ortopedico; m. ad acqua* **2** (*fig., gerg.*) pugile che, abbandonata l'attività agonistica, fa l'allenatore nelle palestre come sparring partner **3** (*geol.*) ***m. alluvionale***, quantità di depositi alluvionali di notevole spessore **B in funzione di agg. inv.** ● (posposto al sost.) spec. nella loc. ***squadra m.***, squadra che perde spesso e con punteggio pesante ‖ **materassino**, **dim.** (V.) | **materassóne**, **accr.**

♦**matèria** o †**matèra** [vc. dotta, lat. *matĕria(m)*, da *māter* 'madre'; in lat. è un termine della lingua rustica e indica la 'sostanza di cui è fatta la *māter*', cioè il tronco d'albero considerato come produttore dei polloni ✻ sec. XII] **s. f. 1** ciò che costituisce la sostanza di un oggetto, di un corpo: *m. solida, liquida; m. infiammabile, organica, inorganica; una superficie piana ... di m. dura come l'acciaio* (G. GALILEI) | ***materie prime***, sostanze grezze che servono alle industrie | (*gramm.*) ***complemento di m.***, indica il materiale, la sostanza di cui è fatto qlco. (*anche fig.*) o (*raro, fig.*) qlcu.; è introdotto dalle prep. *di* e *in* (per es.: *una moneta d'oro; un divano col rivestimento in velluto; avere nervi d'acciaio; un uomo tutto d'un pezzo*) **2** sostanza organica: *la m. del corpo umano* | (*anat.*) ***m. grigia***, sostanza grigia; (*fig.*) l'intelligenza | (*anat.*) ***m. bianca***, sostanza bianca | ***m. cerebrale***, il complesso dei tessuti che costituisce il cervello | ***m. purulenta***, o (*assol.*) ***materia***, pus **3** argomento, contenuto, tema di un discorso, di un pensiero, di una ricerca e sim.: *entrare in m.; svolgere la m.; una m. delicata* | ***in m. di***, per quanto concerne, rispetto a | ***in m.***, riguardo all'argomento in questione: *non so nulla in m.* | (*est.*) ciò che è trattato in opere scritte: *la m. è interessante; indice delle materie* | ***catalogo per materie***, che raggruppa i libri secondo l'argomento, il soggetto trattato **4** (*filos.*) nel pensiero greco, la sostanza indifferenziata che ha dato origine a tutta la realtà naturale | in Aristotele, la potenza, contrapposta alla forma, che la rende intelligibile traducendola in atto | in Cartesio, realtà inerte che costituisce il principio comune delle cose, soggetta a leggi meccaniche e contrapposta alla dinamicità del pensiero | nel pensiero scientifico contemporaneo, aggregato di atomi e molecole la cui struttura e proprietà sono oggetto di indagini fisiche e chimiche: *m. solida, liquida, gassosa* **5** disciplina, oggetto di studio o insegnamento scolastico: *m. obbligatoria, complementare, d'insegnamento, scientifica; approfondire, studiare, conoscere la m.* **6** (*fig.*) occasione, motivo, pretesto: *dar m. a sospetti, a dicerie* ‖ (*raro*) **materiàccia**, **pegg.**

♦**materiàle** [vc. dotta, lat. tardo *materiāle(m)*, da *matēria* ✻ 1268] **A agg. 1** di materia, della materia: *quantità m.* | relativo o attinente alla materia: *struttura m.* **2** che concerne la materia considerata come elemento contrapposto allo spirito: *progresso puramente m.* | ***vita m.***, fisica | ***interessi materiali***, relativi al denaro, ai guadagni, ai vantaggi concreti, e sim. | ***soccorso m.***, in alimenti, vestiario o denari | ***amore m.***, sensuale | ***necessità materiali***, economiche | ***lavoro, fatica m.***, che impegna solo il fisico e non richiede applicazione dell'intelletto CONTR. intellettuale, spirituale **3** (*raro*) grosso, tozzo: *oggetto m.* | (*est.*) grossolano, rozzo, sgraziato: *abito di fattura m.* **4** effettivo, reale: *datemi il tempo m. che mi occorre; trovarsi nell'impossibilità m. di fare qlco.* | ***errore m.***, errore di disattenzione relativo alla realizzazione pratica di qlco. ‖ **materialménte**, †**materialeménte**, **avv. 1** in modo, con atto materiale; grossolanamente **2** sostanzialmente, effettivamente, fisicamente: *è materialmente impossibile fare quanto mi chiedi* ‖ **materialità**, **s. f. inv.** (V.) **B s. m. 1** la materia necessaria per compiere o realizzare un certo lavoro: *l'industria ha fame di materiali; ho raccolto tutto il m. relativo alla nostra inchiesta* | ***m. da costruzione***, pietre, cemento e sim. | ***m. coibente, isolante***, per isolare conduttori elettrici **2** l'insieme degli strumenti necessari per lo svolgimento di una determinata attività: *bisogna tener presente e valutare l'usura del m.* | ***m. scolastico***, arredi e mezzi didattici | ***m. chirurgico***, ferri, disinfettanti, bende e sim. | ***m. di artiglieria***, affusti, cannoni, munizioni e sim. | ***m. mobile, rotante***, veicoli in genere **C agg. e s. m. e f.** ● (*spreg.*) che (o chi) è grossolano e volgare ‖ **materialàccio**, **pegg.** | **materialétto**, **dim.** | **materialóne**, **accr.** (V.)

materialismo [fr. *matérialisme*, dall'ingl. *materialism*, dal lat. tardo *materiālis* 'materiale' ✻ 1767] **s. m. 1** qualsiasi dottrina filosofica che nega l'esistenza di realtà spirituali, riconoscendo nella materia il principio primo dell'universo: *il m. di Epicuro* | ***m. storico***, teoria propria di Karl Marx (1818-1883), secondo cui le cause principali dello sviluppo storico sono riconducibili ai fattori economici | ***m. dialettico***, teoria elaborata da Friedrich Engels (1820-1895) per cui la realtà naturale si sviluppa secondo i principi di una dialettica a essa intrinseca, di cui l'attività del pensiero è la fase culminante **2** (*spreg.*) tendenza ad apprezzare e ricercare solo i beni e i piaceri materiali: *un secolo malato di m.*

materialìsta [fr. *matérialiste*, dall'ingl. *materialist*, dal lat. tardo *materiālis* 'materiale' ✻ 1674] **agg. e s. m. e f.** (**pl. m.** *-i*) **1** (*filos.*) chi (o che) segue o si ispira al materialismo **2** (*spreg.*) che (o chi) desidera e ricerca solo i beni e i piaceri materiali

materialìstico [1829] **agg.** (**pl. m.** *-ci*) ● relativo al materialismo o ai materialisti | che si basa sul materialismo: *concezione materialistica* ‖ **materialisticaménte**, **avv.** dal punto di vista del materialismo

materialità [sec. XV] **s. f. inv. 1** caratteristica o condizione di ciò che è materiale, concreto, oggettivo: *la m. dei fatti* | (*fig.*) grossolanità, volgarità: *m. di un comportamento* **2** (*econ.*) secondo la teoria economica classica, prerogativa dei beni consistenti in cose fisiche

materializzàre [fr. *matérialiser*, da *matérialité* 'materialità' ✻ 1832] **A v. tr.** ● rendere materiale | considerare come materiale, corporeo: *non guarda alla spiritualità della bellezza, la materializza, vi s'insinua con una certa morbidezza* (F. De Sanctis) **B** **materializzàrsi** **v. intr. pron.** **1** prender corpo e forma materiale: *lo spirito si materializzò nell'ombra* | (*est.*, *scherz.*) apparire di colpo e inaspettatamente **2** diventare concreto: *la questione va materializzandosi* ‖ **materializzazióne**, **s. f.**

materialóne [accr. di *materiale* ✱ sec. XIX] **agg. e s. m.** (**f.** *-a*) ● che (o chi) è rozzo, grossolano, volgare ecc.

materiàre [ricostruito su *materiato* ✱ 1905] **A** **v. tr.** (*io matèrio*) ● (*lett.*) dare consistenza materiale (*anche fig.*): *la nostalgia materia tutta l'opera di questo autore* **B** **materiàrsi** **v. intr. pron.** ● (*lett.*) acquistare un determinato contenuto: *una poesia che si materia di tristezza*

materiàto [lat. mediev. *materiātu(m)*, da *matēria* 'materia' ✱ 1308] **agg.** **1** (*lett.*) che è formato di una determinata materia (sempre costruito con la prep. *di*): *gioielli materiati d'oro* **2** (*fig.*, *lett.*) costituito da un determinato elemento: *giornate materiate di malinconia*; *canzoni sì d'amor comune come di vertù materiate* (Dante)

matèrico [1960] **agg.** (**pl. m.** *-ci*) ● che riguarda la materia; tangibile, concreto: *l'aspetto m. del corpo* | ***arte materica***, la pittura e la scultura che, come mezzi di espressione, si avvalgono, oltre che dei materiali tradizionali, anche di materiali insoliti quali stracci, legni bruciati, lamiere e sim. ‖ **matericità**, **s. f. inv.**

materìsmo [1965] **s. m.** ● arte materica

†**maternàle** [1308] **agg.** ● materno

maternìsmo [da *materno* ✱ 1952] **s. m.** ● (*raro*) mammismo

maternità [lat. mediev. *maternitāte(m)*, da *matĕrnus* 'materno' ✱ 1614] **s. f. inv.** **1** condizione di madre: *donna alla prima m.* | (*est.*) legame affettivo fra la madre e il figlio: *i dolori, le gioie della m.* | ***m. surrogata*** o ***sostitutiva***, quella di una donna che accetta di accogliere nel proprio utero un embrione prodotto con sistemi di fecondazione in vitro, portando a termine la gravidanza per conto dei genitori che hanno fornito i gameti **2** reparto ospedaliero in cui vengono ricoverate le donne gravide in vista del parto o le puerpere **3** l'insieme del nome e cognome della madre, come elemento di riconoscimento: *indicare paternità e m.* **4** il periodo di assenza dal lavoro, regolarmente retribuito, che spetta a una lavoratrice dipendente prima e dopo il parto: *essere in m.*; *mettersi in m.* **5** (*raro*) titolo reverenziale attribuito a monache e a badesse: *Vostra m.*

maternizzazióne [1953] **s. f.** ● la presenza assidua e costante della madre accanto a un bambino ricoverato in ospedale

♦**matèrno** [vc. dotta, lat. *matĕrnu(m)*, da *māter* 'madre' ✱ 1319] **agg.** **1** di madre: *cuore, amore m.* | da madre: *tenerezza materna* | ***scuola materna***, riservata ai bambini in età compresa fra i tre e i sei anni, con finalità educativo-ricreative **SIN.** asilo **2** per parte di madre: *avo, zio m.*; *eredità materna* **3** (*lett.*) natale, natio: *fusse ai tetti materni almen ridutto* (G.B. Marino) | ***lingua materna***, madrelingua ‖ **maternaménte**, **avv.** con sentimento di madre: *allevare, amare maternamente*

màtero [lat. *mātare(m)* 'giavellotto', di orig. gallica ✱ 1891] **s. m.** ● (*centr.*, *sett.*) pollone del ceppo del castagno usato per palo da viti

materòzza [da avvicinare a *materozzolo* ✱ av. 1539] **s. f.** ● (*metall.*) contenitore in grado di garantire l'afflusso del materiale fuso e la fuoriuscita delle scorie durante la colata nella forma

materòzzolo [da *matero* ✱ sec. XIV] **s. m.** ● pezzetto di legno usato un tempo come portachiavi

†**matèsi** [vc. dotta, lat. *mathēsi(m)*, dal gr. *máthēsis*, da *manthánein* 'imparare'. V. *matematica* ✱ 1585] **s. f. inv.** ● (*gener.*) scienza | matematica | astrologia

matètico [ingl. *mathetic*, dal gr. *máthēsis* 'apprendimento' (V. †*matesi*) ✱ 1974] **agg.** (**pl. m.** *-ci*) ● relativo all'apprendimento: *la funzione matetica dei libri di testo* **SIN.** educativo

màtico [etim. incerta ✱ 1891] **s. m.** (**pl.** *-ci*) ● piperacea del Perù usata come condimento e come balsamico (*Piper angustifolium*)

matìldico [1784] **agg.** (**pl. m.** *-ci*) ● relativo a Matilde di Canossa (1046-1115): *borgo m.*; *epoca matildica* **CFR.** canossiano

matinée /fr. mati'ne/ [vc. fr., propr. 'mattinata' ✱ 1870] **s. f. inv.** **1** rappresentazione, spettacolo che ha luogo al mattino o gener. in ore non serali: *m. cinematografica, teatrale* **2** giacca femminile da casa in tessuto leggero e variamente ornata, in uso nell'Ottocento

♦**matìta** [da *ematite* ✱ 1528] **s. f.** **1** strumento per scrivere, disegnare, colorare e sim., costituito da una mina racchiusa in un involucro di legno o di metallo: *m. copiativa, nera, rossa, blu* **SIN.** lapis **2** oggetto di forma analoga a una matita, usato per medicazioni o cosmesi: *m. per le labbra* | ***m. per gli occhi***, per disegnarne e farne risaltare i contorni | ***m. emostatica, medicamentosa***, per arrestare piccole emorragie o per curare piccole ferite o irritazioni cutanee ‖ **matitina**, **dim.** | **matitóna**, **accr.** | **matitóne**, **accr. m.**

matitatóio [1612] **s. m.** (**pl.** *-ói*) ● (*raro*) cannello in cui un tempo si poneva la matita diventata troppo corta per poterla adoperare con maggiore facilità

matràccio [fr. *matras*, dall'arabo *maṭara* ✱ 1679] **s. m.** ● recipiente di vetro resistente alla fiamma, di forma sferica od ovoidale con collo allungato, usato nei laboratori scientifici

†**màtre** ➤ **madre**

†**màtria** [dal lat. *māter*, genit. *mātris* 'madre', sul modello di *patria* ✱ av. 1595] **s. f.** ● luogo natio, patria

matriàrca [comp. del lat. *māter*, genit. *mātris* 'madre' e *-arca*, sul modello di *patriarca* ✱ 1961] **s. f.** **1** figura di predominio nel matriarcato **2** (*est.*) donna che ha un'autorità indiscussa nell'ambito familiare

matriarcàle [dal lat. *māter*, genit. *mātris* 'madre', sul modello di *patriarcale* ✱ 1903] **agg.** ● del matriarcato

matriarcàto [dal lat. *māter*, genit. *mātris* 'madre', sul modello di *patriarcato* ✱ 1894] **s. m.** **1** istituzione ipotizzata dagli evoluzionisti del XIX sec. ma senza alcun riscontro nella realtà etnografica e storica, che prevede, nelle società in cui vige la discendenza matrilineare, la gestione del potere da parte della donna **2** (*est.*) gestione femminile all'interno di una struttura sociale, come la famiglia

matricàle [vc. dotta, lat. tardo *matricāle(m)*, da *mātrix*, genit. *matrīcis* 'matrice' ✱ av. 1469] **A** **agg.** ● (*lett.*) uterino **B** **s. m.** ● (*bot.*) erba perenne delle Composite, originaria dell'Europa orientale, coltivata per le sue proprietà emmenagoghe e antispastiche. (*Chyisanthemum Parthenium*)

matricària [vc. dotta, lat. tardo *matricāria(m)*, da *mātrix*, genit. *matrīcis* 'utero, matrice', perché era usata come emmenagogo ✱ 1499] **s. f.** ● (*bot.*) camomilla

matrìce [vc. dotta, lat. *matrīce(m)*, da *māter*, genit. *mātris* 'madre' ✱ 1308] **A** **s. f.** **1** (*lett.*) utero **2** (*biol.*) stato germinativo di un tessuto: *m. ungueale* **3** (*geol.*) ***m. di un minerale***, parte di una roccia sedimentaria clastica, a granuli fini che occupano gli interstizi fra gli elementi più grossolani **4** (*fig.*) fonte da cui qlco. trae la propria origine, le proprie caratteristiche fondamentali e sim.: *un poeta la cui m. culturale è chiaramente europea* **5** elemento che riproduce un originale qualsiasi ed è atto a riprodurlo mediante varie tecniche, lavorazioni e sim. | (*est.*) l'originale da cui si traggono copie e sim. | ***m. per duplicatori***, foglio che permette la duplicazione di testi, disegni e sim. | (*mecc.*) elemento fisso che, accoppiato al punzone mobile, costituisce l'attrezzatura della pressa e conferisce la forma al pezzo, in lavori di imbutitura, trafilatura ed estrusione **6** parte di un bollettario costituito da due parti congiunte, destinata ad essere conservata quale prova dall'emittente, quando l'altra è staccata e consegnata quale ricevuta **7** (*mat.*) quadro di elementi numerici disposti per righe orizzontali e colonne verticali | ***m. quadrata***, che ha tante righe quante colonne **B** **s. f.**; **anche agg.** ● (*merid.*) madre | ***chiesa m.***, cattedrale

SFUMATURE ➤ ***forma***

matriciàle [1947] **agg.** ● (*mat.*) relativo alle matrici: *calcolo m.*

matriciàno [aferesi di *amatriciano* ✱ 1931] **agg.** ● (*centr.*) amatriciano: *spaghetti alla matriciana*

matricìda [vc. dotta, lat. *matricīda(m)*, comp. di *māter*, genit. *mātris* 'madre' e *-cīda* '-cida' ✱ sec. XIV] **s. m. e f.** (**pl. m.** *-i*) ● uccisore della propria madre

matricìdio [vc. dotta, lat. *matricīdiu(m)*, comp. di *māter*, genit. *mātris* 'madre', e *-cīdium* '-cidio' ✱ 1261 ca.] **s. m.** (**pl.** *-i* o *raro -ii*) ● uccisione della propria madre

matricìna [f. sost. di *matricino* ✱ 1862] **s. f.** ● pianta che si lascia in piedi nei boschi cedui per semenza

matricinàto [da *matricina* ✱ 1959] **A** **agg.** ● detto di bosco ceduo in cui sono state lasciate delle matricine **B** **s. m.** ● insieme delle matricine che nei boschi cedui sono lasciate in piedi durante il taglio

matricìno [da *matrice* ✱ 1652] **agg.** **1** detto di lana a fibra dura e resistente che proviene dalla tosa di pecora che ha già figliato o di pecora già tosata **2** detto di pecora dopo il parto **3** (*bot.*) ***albero m.***, matricina

matrìcola [vc. dotta, lat. tardo *matrīcula(m)*, dim. di *mātrix*, genit. *matrīcis* 'matrice' ✱ av. 1292] **s. f.** **1** registro d'iscrizione di persone o cose facenti parte di una medesima categoria: *m. degli studenti universitari*; *certificato, attestato di m.* | (*est.*) il numero assegnato in tale registro: *indicare la propria m.* **2** persona contrassegnata con tale numero: *m. 354/23* **3** studente iscritto al primo anno di una facoltà universitaria: *una m. di ingegneria, di medicina*; *festa delle matricole* | ***fare la m. a qlcu.***, sottoporre un neo-iscritto all'università a scherzi di vario genere, da parte degli studenti più anziani | (*est.*) persona nuova all'esercizio di un'arte o mestiere: *è la m. del nostro ufficio*; *una m. del calcio* **4** ufficio o registro dell'amministrazione militare dove si conservano tutti i dati e le classificazioni anagrafiche del personale di servizio ‖ **matricolìna**, **dim.** | **matricolìno**, **dim. m.** (V.)

matricolàre① [1869] **agg.** ● della matricola: *numero m.*

matricolàre② [av. 1412] **A** **v. tr.** (*io matrìcolo*) ● (*raro*) immatricolare **B** **matricolàrsi** **v. rifl.** ● (*raro*) iscriversi in un registro di matricola

matricolàto **part. pass.** di *matricolare*②; **anche agg.** **1** nei sign. del v. **2** (*fig.*, *lett.*) iscritto in un pubblico registro o in una matricola; (*fig.*) molto abile, esperto: *voi siete una matricolata maestra!* (G. Bruno) **3** (*fig.*) famigerato: *briccone, mariolo m.* | (*scherz.*) che la sa lunga, patentato: *furbo, furfante m.*

matricolazióne [da *matricolare*② ✱ av. 1786] **s. f.** ● (*raro*) immatricolazione

matricolìno [av. 1889] **s. m. 1** dim. di *matricola* **2** (*lett.*) studente universitario iscritto al primo anno

♦**matrìgna** o **madrìgna** [lat. tardo *matrĭgna(m)*, da *māter*, genit. *mātris* 'madre' sul modello di *privīgnus* 'figliastro', comp. di *prīvus* 'singolo, isolato' (V. *privo*) e la radice di *gĭgnere* 'generare' ✱ av. 1292] **A s. f. 1** la nuova moglie del padre rispetto ai figli nati in un matrimonio precedente **2** (*fig.*) madre ostile, nemica, non amorevole: *quella / che veramente è rea, che de' mortali / madre è di parto e di voler m.* (G. Leopardi) **B in funzione di agg. solo f.** ● (posposto a un sost.) ostile, avverso: *sorte, natura m.*

†**matrignàle** [1546] **agg.** ● di matrigna

matrignésco [1869] **agg. (pl. m. *-schi*)** ● (*raro, spreg.*) da matrigna ‖ **matrignescaménte**, **avv.**

matrilineàre [comp. del lat. *māter*, genit. *mātris* 'madre' e *līnea* 'discendenza', con suff. agg. ✱ 1957] **agg.** ● (*antrop.*) che riguarda la matrilinearità | che discende per via materna: *famiglia m.*; *ordinamento m.* **CFR.** patrilineare ‖ **matrilinearità**, **s. f. inv.** (*antrop.*) sistema di discendenza per linea materna, nel quale i figli ereditano il patrimonio e la posizione sociale della madre

matrilìneo [1957] **agg.** ● (*antrop.*) matrilineare

matrilocàle [comp. del lat. *māter*, genit. *mātris* 'madre' e dell'it. *locale* ✱ 1975] **agg.** ● (*antrop.*) relativo a matrilocalità: *matrimonio, residenza m.* **SIN.** uxorilocale ‖ **matrilocalità**, **s. f. inv.** (*antrop.*) consuetudine per la quale una coppia sposata vive con il gruppo della madre della sposa **SIN.** uxorilocalità

matrimoniàbile [1963] **agg.** ● (*scherz.*) che si ritiene in grado di sposarsi: *ragazza m.*

matrimoniàle [vc. dotta, lat. tardo *matrimoniāle(m)*, da *matrimōnium* 'matrimonio' ✱ 1287] **agg.** ● di matrimonio, relativo a matrimonio: *pubblicazioni matrimoniali*; *vita m.* | ***anello m.***, fede, vera | ***letto m.***, a due piazze | ***diritto m.***, parte del diritto civile e del diritto canonico che disciplina l'istituto del matrimonio ‖ **matrimonialménte**, **avv.** come marito e moglie: *vivere matrimonialmente* ‖ **matrimonialità**, **s. f. inv.** (*stat.*) nuzialità: *tasso di matrimonialità*

matrimonialìsta [1963] **s. m. e f. (pl. m. *-i*)** ● avvocato esperto in cause riguardanti il diritto matrimoniale

♦**matrimònio** [vc. dotta, lat. *matrimōniu(m)*, da *māter*, genit. *mātris* 'madre', sul modello di *patrimōnium* 'patrimonio' ✱ 1268] **s. m. (pl. *-i* o *lett. -ii*) 1** accordo tra un uomo e una donna stipulato alla presenza di un ufficiale dello stato civile o di un ministro di culto, con cui i soggetti contraenti si impegnano a instaurare e mantenere fra essi una comunanza di vita e d'interessi **CFR.** -gamia, gamo-, -gamo | ***m. civile***, celebrato davanti a un ufficiale dello stato civile | ***m. religioso***, celebrato come sacramento davanti a un ministro di culto | ***m. canonico***, celebrato davanti a un ministro del culto cattolico e disciplinato dalle leggi della Chiesa cattolica | ***m. rato e non consumato***, matrimonio canonico non seguito dal compimento dell'atto sessuale | ***fare, combinare un m.***, far sì che due persone di sesso diverso si incontrino e si sposino | ***fare un buon m.***, sposarsi bene scegliendo la persona adatta o sposare una persona benestante | ***partecipazione di m.***, cartoncini con cui i futuri sposi o le rispettive famiglie annunciano le prossime nozze, corredati a volte d'invito | ***m. di convenienza***, fatto per calcolo e non per amore | (*est.*) durata dell'unione coniugale, vita coniugale: *un m. breve, lungo*; *il m. ha cambiato le sue abitudini* **2** cerimonia nuziale: *assistere al m.*; *un m. semplice, sfarzoso* ‖ **matrimoniàccio**, **pegg.** | **matrimonióne**, **accr.** | **matrimoniùccio**, **dim.**

matriòska o **matriòsca** [vc. russa, dim. fam. di un n. proprio f. che continua il lat. *matrōna(m)* 'matrona' ✱ 1985] **s. f. (pl. *matriòske* o inv. o russo *matrioski*)** ● bambola di legno raffigurante una contadina russa in abito vivacemente colorato, smontabile in due parti e contenente una serie di bambole simili di grandezza decrescente, che si possono inserire l'una nell'altra

matrizzàre [dal lat. *māter*, genit. *mātris* 'madre' ✱ 1641] **v. intr. (aus. *avere*)** ● assomigliare alla madre nelle fattezze e nel carattere ‖ **matrizzazióne**, **s. f.**

matróna (o *-ó-*) [vc. dotta, lat. *matrōna(m)*, sul modello di *patrōnus* 'patrono' ✱ 1342] **s. f. 1** nell'antica Roma, signora di rango elevato | (*est.*) nobile signora: *alto al genio di lui plaude il ventaglio / de le pingui matrone* (G. Parini) **2** (*fig.*) donna formosa e imponente **3** †dama di compagnia | †governante, istitutrice

matronàle [vc. dotta, lat. *matronāle(m)*, da *matrōna* 'matrona' ✱ sec. XIV] **agg.** ● di matrona, da matrona (*anche fig.*): *dignità m.*; *portamento, fisico m.* ‖ **matronalménte**, **avv.**

Matronàlia [vc. dotta, lat. *matronālia*, nt. pl. sost. di *matronālis* 'matronale' ✱ 1834] **s. m. pl.** ● nell'antica Roma, festa che si celebrava il primo giorno di marzo in onore di Giunone Lucina e delle divinità protettrici delle nozze

matronèo [lat. mediev. *matronēu(m)*, da *matrōna*, sul modello di *gynaecēum* 'gineceo' ✱ 1834] **s. m.** ● galleria, riservata alle donne, che in talune chiese paleocristiane o romaniche corre sulle navate laterali affacciandosi sulla navata centrale

matronimìa [da *matronimico* ✱ 1957] **s. f.** ● istituto sociale secondo cui i figli derivano il loro nome da quello della madre

matronìmico [dal lat. *māter*, genit. *mātris* 'madre', sul modello di *patronimico* ✱ av. 1729] **A agg. (pl. m. *-ci*)** ● detto di nome derivato da quello della madre **B s. m.** ● nome derivato da quello materno

matronìsmo [da *matrona* ✱ 1957] **s. m.** ● (*med.*) precoce accrescimento corporeo delle bambine, con tendenza all'obesità, spec. per disfunzione di ghiandole endocrine

màtta [sp. *mata*, da *matar* 'uccidere'. Cfr. *matador* ✱ av. 1756] **s. f.** ● carta da gioco alla quale, secondo le regole di alcuni giochi, si può attribuire qualsiasi valore

mattacchióne [da *matto*① ✱ 1536] **s. m. (f. *-a*)** ● persona dal temperamento allegro e bizzarro, che ama scherzi, burle e sim. **SIN.** burlone, pazzerellone

†**mattaccinàta** [av. 1654] **s. f.** ● (*lett.*) rappresentazione, spettacolo di mattaccini: *m. di carnevale*

mattaccìno [etim. discussa: da *matto*① (?) ✱ sec. XV] **A s. m. 1** (f. *-a*) †pagliaccio, buffone, giocoliere che si esibiva in pubblico **2** (*lett.*) sonetto di argomento burlesco o satirico **B agg.** ● (*raro, lett.*) pazzerello, burlone

mattafióne ➤ **matafione**

mattaióne [da avvicinare a *mattone* ✱ av. 1597] **s. m.** ● (*tosc.*) terreno sterile per eccessiva compattezza dovuta alla presenza di uno strato di argilla

mattàna [da *matto*① ✱ 1427] **s. f.** ● (*fam.*) umore capriccioso e lunatico con dimostrazioni chiassose e sfrenate del proprio stato d'animo: *gli è presa la m.*; *lasciarono che quegli altri ... sfogassero la m.* (R. Bacchelli) | (*est.*) capriccio, bizzarria: *le sue mattane primaverili*

mattànza [sp. *matanza* 'uccisione', da *matar* 'uccidere'. V. †*mattare*② ✱ av. 1862] **s. f.** ● (*merid.*) fase finale della pesca dei tonni che, spinti nella tonnara, vengono uccisi e issati sulle barche | (*est.*) serie di delitti sanguinosi, spec. ad opera della mafia

mattàre① [da (*scacco*) *matto* ✱ sec. XIII] **v. tr. 1** dare scacco matto: *il Bianco matta in due mosse* **2** (*fig.*) †vincere, superare

†**mattàre**② [vc. dotta, lat. *mactāre* 'glorificare, immolare', poi 'uccidere', di etim. incerta ✱ av. 1292] **v. tr. 1** immolare **2** uccidere | straziare, torturare

mattarèllo o, etim. più corretto ma meno diffuso, **matterèllo** [dal lat. *māteris*. V. *matero* ✱ 1553] **s. m.** ● strumento di legno liscio di forma cilindrica con cui in cucina si spiana e si assottiglia la sfoglia

Mattarèllum [pseudolatinismo, comp. con il suff. lat. *-um*, creato dal politologo G. Sartori per indicare la legge di cui fu relatore il deputato S. *Mattarella* ✱ 2004] **s. m. inv.** ● nel linguaggio politico e giornalistico, denominazione della legge elettorale, approvata nel 1993, che prevedeva un sistema misto con prevalenza del maggioritario **CFR.** Porcellum

†**mattaròzza** [V. *matterello* ✱ av. 1537] **s. f.** ● grossa estremità, spec. del battaglio della campana

mattàta [da *matto*① ✱ 1905] **s. f.** ● (*pop.*) azione da matto: *una delle sue solite mattate*

mattatóio [da *mattare*② ✱ 1890] **s. m. (pl. *-ói*)** ● macello pubblico o privato: *m. comunale*; *portare i vitelli al m.*

mattatóre [da *mattare*②; per calco sullo sp. *matador* (V.) nel sign. 2 ✱ 1840] **s. m. (f. *-trice*) 1** chi, nei mattatoi, provvede all'abbattimento degli animali da macello **2** (*fig.*) chi è capace di accentrare su di sé l'attenzione del pubblico, chi si impone sugli altri, si mette in mostra e sim.: *fare il m. in una conversazione, in un lavoro, in uno spettacolo* **3** (*raro*) matador di una corrida

mattazióne [vc. dotta, lat. *mactatiōne(m)* 'immolazione', da *mactāre*. V. †*mattare*② ✱ 1860] **s. f.** ● (*raro*) macellazione

†**mattèa** [dal n. proprio *Mattea*, f. di *Matteo* (accostato paretimologicamente a *matto*①), con passaggio semantico non conosciuto ✱ av. 1566] **s. f.** ● nella loc. ***dondolare la m.***, parlare sconclusionatamente

matteggiàre [av. 1294] **v. intr. (pres. *io mattéggio*; fut. *io matteggerò*; aus. *avere*)** ● (*lett.*) fare il matto, fare pazzie

matterèllo ➤ **mattarello**

matterìa [da *matto*① ✱ sec. XIII] **s. f. 1** †pazzia, stravaganza **2** (*lett.*) azione o comportamento da matto, da stravagante: *è passata l'età delle matterie* **SIN.** pazzia, stramberia

†**màttero** [V. *matterello* ✱ sec. XIII] **s. m. 1** bastone, randello **2** specie di picca usata nel Medioevo

matterùgio [da *matto*① ✱ 1840] **s. m. 1** (*tosc.*) che ha comportamenti strani, bizzarri **2** (*disus.*) uccelletto striminzito e gracile

mattézza [1261 ca.] **s. f. 1** (*lett.*) pazzia, follia | comportamento o discorso da matto **2** †scempiaggine, stupidaggine

mattìa [1268] **s. f.** ● (*lett.*) mattezza

♦**mattìna** [lat. (*hōram*) *matutīna(m)* '(ora) mattutina' ✱ av. 1250] **s. f.** ● parte del giorno compresa fra il levare del sole e il mezzo-

a b c d e f g h i j k l m n o p q r s t u v w x y z

giorno: *una bella m.*; *una m. triste e piovosa*; *ieri, domani m.*; *martedì m.*, *sabato m.*; *l'altra m. in un mio piccolo orto / andavo* (L. DE' MEDICI) | ***di prima m.***, appena si è fatto giorno | ***da m. a sera***, tutto il giorno | ***dalla sera alla m.***, di ciò che dura molto poco | ***perdere la m.***, trascorrerla con poco costrutto | †levante, oriente || **mattinàccia**, **pegg.**

mattinàle [fr. *matinal*, dal lat. tardo *matutinā-le(m)*, da *matutīnus* 'mattutino' ✱ 1856] **A** **agg.** ● (*lett.*) mattutino **B** **s. m.** ● rapporto contenente una serie di informazioni e valutazioni provenienti dagli uffici operativi dei capoluoghi di provincia, presentato ogni mattina al Capo dello Stato, al Presidente del Consiglio, ai ministri e sim. | nella questura, registro sul quale vengono annotati i fatti delittuosi e le operazioni di polizia avvenuti nella notte

mattinàre [1321] **v. tr.** ● (*raro, lett.*) risvegliare l'innamorata cantando la mattinata

♦**mattinàta** ① [da *mattino* ✱ sec. XIII] **s. f.** **1** le ore della mattina, spec. in riferimento al tempo che fa o agli avvenimenti che la caratterizzano: *le mattinate nebbiose di Milano*; *la m. è trascorsa in fretta*; *appuntamento, incontro in m.* | guadagno di una mattina di lavoro: *una buona m.* **2** canto amoroso con accompagnamento musicale, con cui si risvegliava al mattino la donna amata: *la M. di Leoncavallo* || **mattinatàccia**, **pegg.**

mattinàta ② [calco sul fr. *matinée* ✱ 1869] **s. f.** ● spettacolo, rappresentazione, concerto che hanno luogo di mattina o nel primo pomeriggio: *m. cinematografica, teatrale*; *una m. per bambini* **SIN.** matinée

mattinièro [1858] **agg. e s. m.** (**f.** *-a*) ● che (o chi) si leva di buon mattino: *mi piace essere m.*; *contrariamente alle tue abitudini oggi sei m.*

♦**mattìno** [lat. (*tĕmpus*) *matutīnu(m)* '(tempo) mattutino' ✱ av. 1250] **s. m.** **1** parte del giorno compresa fra il levare del sole e il mezzogiorno (il termine è più raro, spec. nella lingua parlata, rispetto a *mattina*): *un m. sereno, luminoso, tiepido* | ***di buon m.***, la mattina presto, per tempo | ***dal m. alla sera***, tutto il giorno | ***l'astro del m.***, Venere, Lucifero | ***i giornali del m.***, che escono di prima mattina | ***fare m.***, prolungare una serata (di lavoro, studio, divertimento ecc.) fino alle prime ore della mattina | ***il m. della vita***, (*fig.*) la prima giovinezza | **PROV.** ***il buon giorno si vede dal m.***, V. *giorno*; ***le ore del m. hanno l'oro in bocca***, il mattino è la parte più produttiva della giornata **2** †levante, oriente **3** †mattutino: *non odi mai né messa né m.* (P. ARETINO)

♦**màtto** ① [lat. parl. *măt(t)u(m)* 'ubriaco', da *mădidus* 'bagnato, molle', poi anche 'ubriaco'. V. *madido* ✱ av. 1257] **A** **agg.** **1** che è privo della ragione: *essere, sembrare m.*; *diventare m.*; *il dolore lo ha reso m.* | ***sei m.?***, si dice a chi fa cose assurde o si comporta in modo impossibile | ***andare m. per qlcu. o qlco.***, esserne appassionatissimo: *va matto per quell'attrice*; *molti stranieri vanno matti per la cucina italiana* | ***essere, sembrare m. dalla gioia***, felice oltre misura | ***essere m. da legare, da catene***, assolutamente folle | ***è un tipo mezzo m.***, stravagante | ***fossi m.!***, escl. di chi si rifiuta con forza di far qlco. | (*est.*) bizzarro e difficile da trattare: *un cavallo m.* | (*est.*) imprudente, stolto: *comportamento m.* | stravagante, bizzarro: *quel tuo amico è una testa matta!*; *quel matto di Giovanni!* **CONTR.** savio **2** (*fig.*) grande, enorme: *provare un gusto m.*; *ha una voglia matta di imparare*; *aveva una paura matta di cadere* | ***volere un bene m.***, amare moltissimo, incondizionatamente | ***fare spese matte***, assurde, esagerate **3** (*fig.*) falso: *un monile d'oro m.* | ***penna matta***, piuma più fine che resta sotto la penna degli uccelli | (*raro*) ***soldo m.***, falso | ***fungo m.***, (*pop.*) non commestibile **4** (*fig.*) opaco: *colore m.* **5** (*fam.*) di parte del corpo debole o inferma: *avere una gamba matta* || **mattaménte**, **avv.** (*raro*) pazzamente **B** **s. m.** (**f.** *-a*) **1** chi ha perso l'uso della ragione: *un povero m.*; *urlare come un m.* **SIN.** demente, pazzo **2** (*est.*) persona che si comporta in modo bizzarro e stravagante: *fare il m.* | (*est., fam.*) buontempone: *dove si è cacciato quel m.?* | ***gabbia di matti***, luogo pieno di gente rumorosa e allegra | ***dare di m., dare fuori di m.***, (*colloq.*) avere reazioni incontrollate, dare in escandescenze | ***da matti***, in modo straordinario, moltissimo: *mi piace da matti*; in modo incontenibile, a più non posso: *rideva da matti*; (con valore aggettivale) assurdo, incredibile: *sono cose da matti!* **CONTR.** savio **3** carta da gioco, uno dei ventidue trionfi dei tarocchi, che si confà con ogni carta e con ogni numero, e non può ammazzare né essere ammazzato | ***essere come il m. nei tarocchi***, essere ben accetto dappertutto || **mattàccio**, **pegg.** | **matterèllo**, **dim.** | **matterellóne**, **accr.** | **mattòcchio**, **dim.**

SFUMATURE ➤ *pazzo*

màtto ② [persiano (*Shâh*) *mât* '(il re) è morto' ✱ av. 1306] **A** **agg.** ● solo nella loc. ***scacco m.***, nel gioco degli scacchi, la mossa risolutiva, con cui si dà scacco al re senza che possa difendersi | ***dare scacco m. a qlcu.***, (*fig.*) vincerlo, batterlo, superarlo **B** **anche s. m.**: *m. in due mosse*

mattócchio [deriv. di *matto* col suff. dim. *-occhio* ✱ 1951] **agg.; anche s. m.** (**f.** *-ia*) ● (*colloq.*) che (o chi) è alquanto stravagante, eccentrico, bizzarro

mattòide [comp. di *matto* ① e *-oide* ✱ 1884] **agg. e s. m. e f.** **1** che (o chi) si comporta come un matto **2** che (o chi) ha qualcosa di strano e bizzarro nel modo di fare o di comportarsi (*spec. scherz.*)

mattolìna [da *matto* ① ✱ 1612] **s. f.** ● (*zool.*) lodola dei prati

mattonàia [da *mattone* ✱ av. 1444] **s. f.** ● spazio, luogo presso la fornace dove si fabbricano ed essiccano mattoni

mattonàio [sec. XV] **s. m.** (**f.** *-aia*, **pl. m.** *-ai*) ● operaio che lavora argilla per la produzione di mattoni

mattonàre [da *mattone* ✱ sec. XIV] **v. tr.** (*io mattóno*) ● lastricare di mattoni: *m. una strada*

mattonàta [av. 1769] **s. f.** **1** (*raro*) colpo dato con un mattone **2** (*fig.*) detto di ciò che è pesante e tedioso: *che m. quel film!*

mattonàto **A** **part. pass.** di *mattonare*; **anche agg.** ● nel sign. del v. **B** **s. m.** ● ammattonato

mattonatóre [1743] **s. m.** (**f.** *-trice*) ● chi stende un pavimento di mattoni

mattonatùra [1952] **s. f.** ● lavoro del mattonare

mattoncìno [1550] **s. m.** **1** dim. di *mattone* **2** piccolo mattone, spec. di plastica, adatto a essere incastrato nei giochi di costruzioni: *i mattoncini del Lego*

♦**mattóne** [vc. di orig. preindeur. ✱ av. 1292] **A** **s. m.** **1** laterizio a forma parallelepipeda, pieno o forato, fabbricato con argilla comune e cotto al forno, che si impiega nelle costruzioni | ***m. refrattario***, che resiste al fuoco senza calcinarsi | ***muro di un m.***, profondo quanto il mattone nel senso della lunghezza | ***muro di mezzo m.***, profondo quanto il mattone nel senso della larghezza | ***m. per taglio, per coltello, di costa***, che poggia sul piano più stretto | ***m. in spessore***, che presenta all'esterno la sua lunghezza | ***m. a chiave***, che presenta la sua larghezza | (*est.*) nel linguaggio giornalistico, il mercato immobiliare, l'acquisto di case: *torna la fiducia nel m.*; *m. da investimento* | (*scherz.*) ***ballo del m.***, quello, dal ritmo molto lento, in cui i due ballerini sono abbracciati strettamente stando quasi fermi **2** (*fig.*) peso | (*pop.*) ***gli sembra di avere un m. sullo stomaco***, a causa della digestione lenta e difficoltosa | (*est.*) cosa o persona pedante e noiosa: *quel libro è proprio un m.*; *che m. quel film!*; *non desidero vedere quel m. del tuo amico* **3** (**al pl.**) †quadri, seme delle carte da gioco francesi: *il sette di mattoni* **B** **in funzione di agg. inv.** ● (posposto a un sost.) che ha il colore rosso cupo proprio della terracotta: *tessuto color m.*; *rosso m.* || **mattoncèllo**, **dim.** | **mattoncìno**, **dim.** (V.) | **mattonèlla**, **dim. f.** (V.) | **mattonétto**, **dim.** (V.)

mattonèlla [1701] **s. f.** **1** dim. di *mattone* **2** piastrella: *parete rivestita di mattonelle* **3** (*est.*) oggetto di forma analoga a quella di un mattone o di una mattonella | ***stoffa a m.***, a quadretti **4** gioco di ragazzi, consistente nel colpire o avvicinare un bersaglio con un sasso, o altro oggetto, piatto simile a una mattonella **SIN.** muriella **5** (*est., merid.*) gelato compresso in un contenitore a forma di mattonella **6** ciascuna delle quattro sponde, imbottite nel lato interno, che delimitano la tavola del biliardo **7** (*est.*) aggregato di materiale vario, usato come combustibile

mattonellifìcio [comp. di *mattonella* e *-ficio* ✱ 1963] **s. m.** ● fabbrica di mattonelle

mattonétto [1957] **s. m.** **1** dim. di *mattone* **2** mattone stretto, per tramezzi, canne fumarie e sim.

mattonièra [1957] **s. f.** ● macchina per fabbricare mattoni in serie

†**mattonière** [av. 1547] **s. m.** ● mattonaio

mattonifìcio [comp. di *mattone* e *-ficio* ✱ 1957] **s. m.** ● fabbrica di mattoni

mattùgio [da *matto* ① ✱ av. 1449] **agg.** (**pl. f.** *-gie*) ● (*tosc.*) matterugio

†**mattutìna** [av. 1294] **s. f.** ● mattina

†**mattutinàle** [V. *mattinale* ✱ sec. XIV] **agg.** ● del mattino

♣**mattutìno** o (*lett.*) **matutìno** [vc. dotta, lat. *matutīnu(m)*, da *Matūta*, dea del mattino, dalla stessa radice da cui deriva anche *mānis*. V. *mane* ✱ av. 1274] **A** **agg.** **1** della mattina; che avviene di prima mattina: *l'aria mattutina è fresca*; *fece una solitaria gita mattutina*; *a me non vide / … dall'eterea porta / il m. albor* (G. LEOPARDI) | (*est.*) della mattina sino a mezzogiorno: *seduta mattutina*; *ore mattutine* **2** (*lett.*) mattiniero: *alzarsi, partire m.* **B** **s. m.** **1** nella liturgia, parte dell'ufficio canonico recitata un tempo nella prima ora del giorno e, in alcune comunità religiose, prima dell'alba; dopo il Concilio Vaticano II, può essere recitato in qualsiasi ora del giorno ed è denominato anche Ufficio delle Letture | (*fig.*) †***cantare il m. a qlcu.***, parlargli liberamente | (*est.*) ora canonica di mattutino, corrispondente alle tre dopo mezzanotte **2** suono della campana che annunzia tale ora **3** (*est.*) suono della campana che annuncia una nuova giornata: *lo sveglia sempre il m.* **4** (*lett.*) l'alba, il mattino: *stamane, poco innanzi matutino* (G. BOCCACCIO)

maturaménto [av. 1320] **s. m.** ● (*lett., raro*) maturazione

maturàndo [da *matura(re)*, con il suff. *-ando* ✱ 1931] **s. m.** (**f.** *-a*) ● chi deve sostenere l'esame statale di maturità

†**maturànza** [1610] **s. f.** ● maturazione

♦**maturàre** [lat. *maturāre*, da *matūrus* 'maturo' ✱ av. 1250] **A** **v. tr.** **1** rendere maturo: *il sole matura i frutti* | (*fig.*) rendere più giudizioso, più adulto: *la disgrazia ha maturato quel ragazzo* **2** (*fig.*) concepire dopo lunga riflessione: *m. una decisione, un proposito* | (*fig., lett.*) meditare a lungo, ponderare attentamente: *Impara a maturar bene le tue idee* (I. NIEVO) **3** (*fig.*) portare a compimento, perfezionare: *m. il piano d'attacco* **4** (*fig.*) promuovere un candidato all'esame statale di maturità **B** **v. intr.** (aus. *essere*) e **maturàrsi** **v. intr. pron.** **1** venire a maturità: *è un frutto che non matura mai, che matura soltanto al sole dell'estate* | ***il vino matura***, diventa stagionato | **PROV.** ***col tempo e con la paglia maturano le nespole***, V. *nespola* **2** giungere alla maturità intellettuale e psichica, detto di persona: *è molto giovane, maturerà con gli anni* **3** giungere a compimento, a una data condizione, detto di cose: *l'accordo sta ormai maturando* | ***il bubbone è maturato***, è giunto a suppurazione | ***i tempi maturano***, si avvicina il momento in cui si verificherà un evento atteso | scadere: *matura il termine fissato* **4** (*econ.*) diventare esigibile per il trascorrere del tempo: *interessi che sono maturati* **C** **maturàrsi** **v. intr. pron.** **1** giungere a maturazione; maturare **2** conseguire il diploma di maturità

maturatìvo [av. 1539] **agg.** • (*raro*) che è in grado di far maturare

maturàto **A** **part. pass.** di *maturare*; anche **agg.** **1** che ha raggiunto la maturazione **2** (*fig.*) decorso: *il trimestre appena m.* | meditato: *idee maturate a lungo* ‖ **maturataménte**, **avv.** **B** **agg. e s. m.** (**f.** *-a*) • che (o chi) ha conseguito il diploma di maturità

maturatóre [av. 1704] **A** **agg. e s. m.** (**f.** *-trice*) • †che (o chi) fa maturare **B** **s. m.** • in apicoltura, recipiente in cui il miele, estratto dai favi, viene lasciato per qualche tempo a contatto con l'aria per perdere l'acqua in eccesso e completare la maturazione

maturazióne [da *maturare*; il lat. *maturātio*, genit. *maturatiōnis*, aveva il sign. di 'celerità, fretta, precipitazione' ✱ 1336 ca.] **s. f.** **1** il maturare | processo per cui qlco. diviene maturo, compiuto, definitivo e sim.: *m. dei frutti* | (*fig.*) raggiungimento di una condizione di maturità: *la m. di un artista* | elaborazione, perfezionamento: *m. di un'idea, di un piano* **2** condizione di ciò che è maturo | scadenza: *m. di un termine*; *interessi giunti a m.* | ***m. di un bubbone***, suppurazione

maturézza [1342] **s. f.** • (*lett.*) maturazione | maturità

†**maturìre** [av. 1557] **v. intr.** • maturare

♦**maturità** [vc. dotta, lat. *maturitāte(m)*, da *matūrus* 'maturo' ✱ av. 1294] **s. f. inv.** **1** condizione di ciò che è maturo: *m. dei frutti, dell'uva, delle biade* | ***venire, giungere a m.***, maturare **2** (*fig.*) età umana intercorrente fra la giovinezza e la vecchiaia: *è ora nel pieno della m.*; *è già pervenuto alla m.* | ***m. degli anni***, età matura **3** (*fig.*) pieno sviluppo delle facoltà intellettuali e morali: *l'esperienza lo ha portato precocemente alla m.*; *quella ragazza mostra grande m.* | (*est.*) capacità di agire in modo adeguato, autonomo e responsabile: *la m. necessaria per intraprendere quel lavoro*; *il popolo pervenne rapidamente alla m. politica* **4** (*fig., lett.*) compimento, perfezione: *la deliberazione fu portata faticosamente a m.*; *l'avvenimento è giunto a m.* **5** diploma ottenuto al termine di un corso di scuola secondaria superiore, dopo il superamento di un esame di Stato: *esame di m.*

♦**matùro** [lat. *matūru(m)*, dalla stessa radice di *mānis* (V. *mane*) e *matutīnus* 'mattutino' ✱ sec. XIII] **A** **agg.** **1** giunto a completo sviluppo, detto di prodotto agricolo: *frutto m.* | ***troppo m.***, sfatto | ***vino m.***, cui la stagionatura ha tolto il sapore di mosto e conferito limpidezza e corposità **CONTR.** acerbo **2** detto di chi si trova in età adulta, avanzata: *uomo m.*; *essere m. di anni* | ***età matura***, quella che precede immediatamente la vecchiaia | (*colloq.*) piuttosto anziano: *non ha più l'età per certe cose, ormai è una donna matura* **3** detto di chi ha raggiunto un completo sviluppo psichico e intellettuale: *gli anni e lo studio l'hanno reso m.* | (*est.*) assennato, responsabile, equilibrato: *è molto m. per la sua età*; *le difficoltà lo hanno reso m.*; *padri diligenti e maturi* (L.B. ALBERTI) | che è in grado d'assolvere determinate funzioni (+ *per*, anche seguito da inf.): *giovane m. per il matrimonio*; *popolo m. per ottenere l'indipendenza* **4** detto di ciò che ha raggiunto la compiutezza: *avvenimento m.*; *esperienza matura* | ***i tempi sono maturi per agire***, è giunto il momento opportuno **5** detto di ciò che è stato ben meditato e considerato in tutte le possibili conseguenze: *consiglio m.*; *deliberazione matura*; *gli espose il suo pensiero dopo un m. esame del problema* **6** che ha positivamente sostenuto l'esame statale di maturità: *tutti quei giovani si sono dimostrati maturi* ‖ **maturaménte**, **avv.** (*raro*) con la debita preparazione e prudenza: *valutare, deliberare, procedere maturamente* **B** **s. m.** (**f.** *-a*) • chi ha superato l'esame di maturità: *quasi tutti i maturi si iscriveranno all'università* ‖ **maturétto**, **dim.** | **maturòtto**, **alter.**

SFUMATURE DI SIGNIFICATO
maturo - stagionato - vecchio
In riferimento a prodotti alimentari **maturo** e **stagionato** definiscono ciò che è arrivato al punto giusto per essere consumato: *maturo* si usa in riferimento a frutta e semi, *stagionato* a formaggi e insaccati. **Vecchio** si dice invece di vino, olio, patate che appartengono all'annata precedente o comunque non all'ultimo raccolto (in questa accezione il contrario è *novello*).
SFUMATURE ➤ ***anziano***

matùsa [da *Matusa(lemme)* (V.) ✱ 1966] **s. m. e f. inv.** • (*scherz.*) persona adulta o, gener., considerata invecchiata e superata per mentalità, comportamento e sim. da parte di chi è più giovane

matusalèmme o **matùsalem** o (*raro*) **matusalèm** [ebr. *Mĕtūshelāh*, attraverso il lat. cristiano, n. di uno dei patriarchi dell'Antico Testamento che avrebbe raggiunto i 969 anni d'età ✱ av. 1367] **s. m. e f. inv.** • (*fam.*) persona molto vecchia (*anche iron.*): *con l'età che ha è ormai un m.*

matutìno ➤ **mattutino**

maudit /fr. mo'di/ [vc. fr., propr. 'maledetto', dall'opera del 1884 *Les poètes maudits* di P. Verlaine ✱ 1939] **agg. inv.**; anche **s. m. e f. inv.** (**f.** fr. *maudite*) • maledetto, spec. riferito ad artisti, scrittori ecc.: *poeta m.*

†**maùnque** [comp. di *ma(i)* e *unque* ✱ sec. XIII] **avv.** • giammai

maurìno [1834] **s. m.** • monaco Benedettino appartenente alla congregazione di San Mauro istituita a Parigi nel 1618 e soppressa al tempo della Rivoluzione francese

mauritàno [av. 1375] **A** **agg.** • della Mauritania **B** **s. m.** (**f.** *-a*) • abitante o nativo della Mauritania

maurìzia [chiamata così in onore di Giovanni *Maurizio*, conte di Nassau-Siegen (1567-1625) ✱ 1891] **s. f.** • genere di Palme a grandi foglie con varie specie dell'America meridionale (*Mauritia*)

maurizìàno [dal n. del Santo (III sec.); nei sign. A 2 e B, dal n. dell'isola ✱ 1614] **A** **agg.** **1** dell'ordine dei Santi Maurizio e Lazzaro: *nastro dell'ordine m.*; *ospedale m.* **2** dello Stato di Maurizio (o Mauritius), omonima isola dell'oceano Indiano **B** (**s. m.**; **f.** *-a*) • abitante o nativo dello Stato di Maurizio (o Mauritius)

màuro [vc. dotta, lat. *Māuru(m)*, dal gr. *Mâuros* 'della Mauritania' ✱ av. 1367] **A** **agg.** • della Mauritania **B** **s. m.** (**f.** *-a*) • abitante o nativo della Mauritania

màuser [dal n. degli armaioli ted. P. e W. *Mauser*, che costruirono il fucile nel 1865 ✱ 1905] **A** **s. m. inv.** • fucile a ripetizione **B** **s. f. inv.** • rivoltella a ripetizione

mausolèo [vc. dotta, lat. *mausolēu(m)*, dal n. gr. *Mausōlêion*, sepolcro di *Máusōlos*, re di Caria, eretto ad Alicarnasso nel IV sec. a.C. ✱ 1374] **s. m.** • grandioso sepolcro monumentale per persona illustre: *m. di Teodorico*
SFUMATURE ➤ ***sepolcro***

mauve /fr. mov/ [vc. fr., lat. *mălva(m)* 'malva' ✱ 1891] **s. m. inv.**; anche **agg. inv.** • nel linguaggio della moda, malva

mauveìna [dal fr. *mauve* 'malva' ✱ 1917] **s. f.** • (*chim.*) malveina

mavì [turco *mawi* 'ceruleo' ✱ av. 1588] **agg. inv.** • (*raro, lett.*) di color turchino chiaro

mavòrzio [vc. dotta, lat. *Mavŏrtiu(m)*, agg. di *Māvors*, genit. *Mavŏrtis* 'Marte' ✱ av. 1514] **agg.** • (*raro, lett.*) di Marte; guerresco: *le mavorzie tube* (U. FOSCOLO)

max [abbr. dell'agg. lat. *măximum* 'massimo' ✱ 1960] **avv.** • al massimo (spec. in geografia, in matematica e negli annunci economici): *velocità max 60 kilometri*; *cercasi venditore max trentenne*

màxi [forma ellittica ✱ 1967] **A** **s. m. inv.** • maxicappotto: *indossava un m. nero* **B** **s. f. inv.** • maxigonna: *la moda della m.* **C** **agg. inv.** • (posposto a un sost.) detto di ciò che ha dimensioni superiori al normale: *un cappotto m.*; *una moto in versione m.*

màxi- [prefissoide ricavato prob. dal lat. *măxi(mum)* 'grandissimo', ma modellato, con funzione antagonista, su *mini-* (V.)] **primo elemento** • in parole composte, fa riferimento a dimensioni o potenza molto grandi; *maxigonna, maxiprocesso, maxitamponamento, maxischermo, maxiraduno*

maxicalcolatóre [comp. di *maxi-* e *calcolatore* ✱ 1983] **s. m.** • (*inform.*) calcolatore di grandi dimensioni, caratterizzato da elevate capacità e velocità di elaborazione

maxicappòtto [comp. di *maxi-* e *cappotto*① ✱ 1968] **s. m.** • cappotto, maschile o femminile, lungo fino alle caviglie

maxiemendaménto [comp. di *maxi-* ed *emendamento* ✱ 1988] **s. m.** • (*dir.*) emendamento complessivo che contiene un insieme di emendamenti a un provvedimento presentato al Parlamento: *il m. alla Finanziaria*

maxigónna (o *-ò-*) [comp. di *maxi-* e *gonna* ✱ 1967] **s. f.** • gonna lunga fino alle caviglie

maxillo- [dal lat. *maxĭlla* 'mascella'] **primo elemento** • in parole composte della terminologia medica, significa 'mascella' o indica relazione con le mascelle: *maxillofacciale, maxillolabiale*

maxillofacciàle [comp. di *maxillo-* e *facciale* ✱ 1983] **agg.** • (*med.*) che interessa la mascella e la faccia: *chirurgia m.*

maxillolabiàle [comp. di *maxillo-* e *labiale* ✱ 1957] **agg.** • (*med.*) che interessa la mascella e le labbra

maximòto [comp. di *maxi-* e *moto*③ ✱ 1985] **s. f. inv.** • motocicletta di grossa cilindrata

màximum [vc. lat., propr. 'massimo' ✱ 1797] **A** **s. m. inv.** (**pl.** lat. *maxima*) • (*econ.*) prezzo massimo di qlco. **B** **s. f. inv.** • (*filatelia*) cartolina da collezione, affrancata anteriormente con un francobollo la cui vignetta riproduce la stessa immagine **C** anche **agg. inv.**: *cartolina m.*

maxiprocèsso [comp. di *maxi-* e *processo* ✱ 1985] **s. m.** • lungo processo in cui è coinvolto un gran numero di imputati: *il m. alla mafia*

maxischérmo (o **-è-**) [comp. di *maxi-* e *schermo* ✱ 1987] **s. m.** • megaschermo

màxwell /ˈmakswel/ [dal n. del fisico J. C. *Maxwell* (1831-1879) ✱ 1934] **s. m. inv.** • (*fis.*) unità di misura del flusso magnetico nel sistema CGS, pari a 10^{-8} weber **SIMB.** Mx

màya ① /ˈmaja, *sp.* ˈmaja/ [1787] **A s. m. e f. inv.** (**pl. sp.** *mayas*) • appartenente a un'antica popolazione indigena dell'America centrale, stanziata in regioni corrispondenti agli odierni Yucatán, Guatemala, Honduras, Salvador **B agg. inv.** • dei Maya: *lingua, civiltà m.*; *templi m.*

màya ② /ˈmaja/ [dal sanscrito *māyā*, in origine 'creazione' ✱ 1791] **s. f. o m. inv.** • nelle dottrine religiose e filosofiche indiane, la rappresentazione illusoria della realtà prodotta dalla conoscenza sensibile | (*filos.*) ***velo di M.***, nel pensiero di Schopenhauer, ciò che impedisce all'uomo, per l'insufficienza dei mezzi conoscitivi, di cogliere la realtà nella sua essenza

mayday /*ingl.* ˈmeɪˌdeɪ/ [vc. ingl., corrispondente alla pronuncia del fr. (*venez*) *m'aider!* '(venite ad) aiutarmi!' ✱ 1985] **s. m. inv. 1** segnale radiotelefonico internazionale di richiesta di soccorso; corrisponde al segnale di S.O.S. radiotelegrafico **2** (*est.*) richiesta di aiuto

mazdàico /mazˈdaiko/ [1957] **agg.** (**pl. m.** *-ci*) • relativo al mazdaismo

mazdaìṣmo /mazdaˈizmo/ o **mazdeìṣmo** /mazdeˈizmo/ [dal n. di *Ahura Mazdâ*, divinità suprema della religione di Zarathustra (VI sec. a.C.?) ✱ 1843] **s. m.** • (*relig.*) zoroastrismo

mazdèo /mazˈdɛo/ [1969] **agg.** • mazdaico

maẓùrca o **maẓùrka** [polacco *mazurka* 'della regione dei laghi *Masuri*' ✱ 1814] **s. f.** • danza popolare di origine polacca in ritmo ternario, diffusa ancor oggi come danza di sala e usata anche nella musica colta: *le mazurche di Chopin*

mazùt ▸ **masut**

♦**màzza** [lat. parl. **mătea(m)*, da cui il lat. *matĕola* 'mazzuola', di etim. incerta ✱ 1287] **s. f. 1** bastone, spec. grosso, di varia forma e dimensione: *lo colpì con una m.*; *m. da muratore, da combattimento*; *m. di ferro, di legno* | (*tosc.*) bastone da passeggio: *m. elegante, col pomo d'argento* | †pene | (*pop.*) ***non contare, non capire una m.***, non contare, non capire nulla **2** (*raro*) lungo bastone portato da guardaportoni di teatri, case signorili, e sim., in particolari occasioni o dai mazzieri nelle processioni religiose **3** bastone di comando spec. militare | ***m. d'arme***, arma da botta d'acciaio massiccio, con testa sagomata atta a sfondare l'armatura dell'avversario | ***m. ferrata***, arma da botta con manico di legno e testa di ferro chiodato | ***m. snodata***, mazzafrusto **4** grosso martello di ferro, con bocca quadra da entrambe le parti o da una sola parte, da impugnare a due mani, usato per battere il ferro sull'incudine, spaccare pietre e sim. **5** (*sport*) bastone da baseball | bastone da golf | nel cricket, spatola di legno con cui i battitori lanciano la palla **6** (*mus.*) bastone con testa di feltro o di cuoio, usato per suonare la grancassa **7** (*bot.*) ***m. di tamburo***, fungo commestibile delle Agaricacee, con cappello bianco a squamette grigio-rossastre (*Lepiota procera*) | ***m. d'Ercole***, fungo delle Clavariacee a forma di clava carnosa, giallo, commestibile (*Clavaria pistillaria*) | ***m. di S. Giuseppe***, oleandro | ***m. d'oro***, primulacea con fusto peloso e ghiandoloso, foglie inferiormente punteggiate di nero e fiori gialli in pannocchia (*Lysimachia vulgaris*) || **mazzétta** ②, **dim.** (V.) | **mazzòla**, **mazzuòla**, **dim.** (V.)

mazzacavàllo [da *mazza a cavallo*, perché è messa *a cavallo*, cioè in bilico su un altro palo ✱ 1555] **s. m. 1** lunga asta di legno con un secchio e un contrappeso alle estremità, messa trasversalmente in bilico su un'altra e usata un tempo per attingere acqua dai pozzi **2** macchina da guerra medievale costituita da una lunga trave in bilico su un'altra verticale, per sollevare uomini all'altezza delle mura da espugnare **SIN.** altaleno

mazzàcchera [lat. tardo *mazacăra(m)* 'salsiccia', poi 'lombrico', di etim. incerta ✱ 1481] **s. f.** • lenza senza ami per prendere anguille costituita da un filo attorno a cui è infilzato un mazzo di lombrichi | †***pigliare a m.***, (*fig.*) ingannare qlcu., burlarsi di qlcu.; (*fig.*) adescare

mazzafiónda [comp. di *mazza* e *fionda* ✱ 1966] **s. f.** (**pl.** *mazzefiónde*) • (*centr.*) fionda

mazzafrùsto [comp. di *mazza* e *frusta* ✱ sec. XIV] **s. m.** • antica arma costituita da un robusto manico a cui erano legate una o più sferze o catene, terminanti con palle di piombo o di ferro, broccate

mazzagàtti o **mazzagàtto** [comp. di *(am)mazzare* e *gatto* ✱ 1701] **s. m. inv.** • antica pistola corta da tasca

†**mazzamarróne** [comp. di *(am)mazzare* e *marrone* ✱ av. 1400] **s. m.** • babbeo, sciocco

mazzamurèllo o **mazzamurièllo**, **mazzamaurièllo** [vc. napol., propr. 'ammazza Mori': calco sullo sp. *matamoros* ✱ 1907] **s. m.** • (*centr.*, *merid.*) folletto scherzoso e dispettoso, tipico del folclore meridionale: *un m. ... sgrammaticato ... mi cominciò a friggere ... nel cranio ... tutti i casi latini* (G. D'ANNUNZIO)

mazzancòlla [vc. romanesca, propr. 'mazza in collo' (?) ✱ 1943] **s. f.** • (*zool.*) specie di gambero marino dalle carni molto pregiate, appartenente al genere peneo

mazzapicchiàre [da *mazzapicchio* ✱ av. 1571] **v. tr.** (*io mazzapìcchio*) • (*raro*, *lett.*) battere con il mazzapicchio

mazzapìcchio [da *mazza* (*da*) *picchio* ✱ av. 1400] **s. m. 1** tipo di martello usato per cerchiare le botti | martello di ferro un tempo usato dai macellai per abbattere le bestie **2** blocco di legno duro, assai pesante, cerchiato di ferro e impiegato per conficcare pali a piccola profondità nel terreno **3** mazzeranga **4** †pene

mazzarànga ▸ **mazzeranga**

†**mazzastànga** [comp. di *mazza* e *stanga* ✱ 1605] **vc.** • (*pop.*) solo nella loc. avv. ***a mazzastanga***, a tutta forza, di gran lena: *lavorare a m.*

mazzàta [da *mazza* ✱ 1353] **s. f. 1** colpo di mazza: *accecato dall'ira gli diede una m.* **2** (*fig.*) improvvisa disgrazia, dolore o grave danno che colpiscono violentemente: *la morte del figlio fu per lui una m.*; *il fallimento è stata una vera m.*

màẓẓera [arabo *miʿṣara* 'macina' ✱ 1803] **s. f.** • (*merid.*) mucchio di pietre legate alle reti delle tonnare per tenerle ferme al fondo

mazzerànga o **mazzaràнga** [da avvicinare a *mazza* (?) ✱ av. 1320] **s. f.** • attrezzo costituito da un grosso pestello di legno a tronco di cono, cerchiato di ferro, provvisto di manici, con cui si picchia e pareggia il selciato o si spiana e rassoda la terra **SIN.** mazzapicchio

†**maẓẓeràre** [da *mazzera* ✱ sec. XIII] **v. tr.** • uccidere una persona gettandola in acqua con mani e piedi legati o chiusa in un sacco gravato da una grossa pietra

†**màẓẓero** [vc. dotta, gr. *mazērós*, agg. di *mâza* 'focaccia, pane d'orzo'. V. *massa* ✱ sec. XIII] **s. m.** • pane azzimo

mazzétta ① [dim. di *mazzo* ① ✱ 1889] **s. f. 1** serie di campioni di tessuti, carta, plastica o altri materiali riuniti in un piccolo mazzo **2** pacchetto di banconote dello stesso taglio **3** (*colloq.*) somma di denaro data illegalmente a una persona, spec. dipendente di amministrazioni pubbliche, per ottenere favori | (*est.*) somma di denaro che si dà a qlcu. al fine di corromperlo **4** pacchetto di fogli di carta sovrapposti **5** (*giornalismo*) insieme di giornali o riviste a disposizione di giornalisti o uffici stampa **6** ognuna delle due spallette laterali del vano della finestra, alle quali viene fissato il telaio **7** (*pesca*) corda che orla la bocca del sacco in alcune reti a strascico

mazzétta ② [av. 1488] **s. f. 1** dim. di *mazza* **2** nell'alpinismo, martello da roccia con la testa senza parte appuntita usato per conficcare i chiodi nella parete **3** mazza con manico corto usata per aprire fori da mina o per abbattere rocce | martello usato dai cesellatori || **mazzettina**, **dim.**

mazzetterìa [da *mazzetto* ✱ 1983] **s. f.** • nel linguaggio del commercio floricolo, l'insieme dei mazzetti di fiori piccoli e di modesto valore

mazzettière [da *mazzetta* ② ✱ 1957] **s. m.** • spaccapietre

mazzétto [sec. XV] **s. m. 1** dim. di *mazzo* | insieme di erbe odorose che, spesso legate insieme, entrano nella preparazione di molti cibi | (*fam.*, *tosc.*) ***fare il m.***, in un gioco di carte, tenere in disparte le migliori a proprio vantaggio **2** (*bot.*) infiorescenza | ***fiori a m.***, con peduncoli diritti, accostati e di altezza quasi uguale || **mazzettino**, **dim.** | **mazzettóne**, **accr.** (V.)

mazzettóne [accr. di *mazzetto* ✱ 1957] **s. m.** • (*bot.*) agrostemma

mazziàre [vc. napol., da *mazza* ✱ 1806] **v. tr.** (*io màzzio*) • (*merid.*) bastonare, colpire (*anche fig.*)

mazziàto **part. pass.** di *mazziare*; anche **agg.** • (*merid.*) bastonato di santa ragione | (*fig.*) ***cornuto e mazziato***, detto di chi, in una determinata situazione, subisce il danno e le beffe

†**mazzicàre** [da *mazza* ✱ av. 1400] **v. tr. 1** battere con mazza e pertica | battere il ferro caldo **2** frantumare

mazzière ① [da *mazza* ✱ av. 1405] **s. m. 1** (**f.** *-a*) persona che ha l'incarico di camminare davanti a una processione o a un corteo, di precedere una banda e sim., recando una mazza con cui segna il ritmo del passo o della musica **2** persona che portava la mazza, insegna di comando e autorità presso signorie o magistrature **3** nei primi decenni del Novecento, propagandista politico filogovernativo che agiva, con metodi piuttosto violenti, in occasione delle elezioni, spec. nel Meridione | picchiatore fascista

mazzière ② [da *mazzo* ✱ 1965] **s. m.** (**f.** *-a*) • nei giochi di carte, chi tiene il mazzo e distribuisce le carte

mazzinianìṣmo (o **-ẓẓ-**), **mazzinianéṣimo** (o **-ẓẓ-**) [1894] **s. m.** • il complesso delle idee, delle teorie di Giuseppe Mazzini e il movimento politico ad esse ispirato

mazziniàno (o **-ẓẓ-**) [1849] **A agg.** • relativo alla persona, al pensiero e all'opera di Giuseppe Mazzini (1805-1872) **B s. m.** (**f.** *-a*) • seguace del pensiero di Mazzini

♦**màzzo** ① [da *mazza* ✱ 1287] **s. m. 1** piccolo fascio di fiori o di erbe uniti o legati insieme: *durante la passeggiata raccolse un m. di fiori di campo*; *le ha regalato un bel m. di rose*; *un m. di sedani, di finocchi*; *vendere gli asparagi a mazzi* **2** (*est.*) insieme di più cose omogenee tenute unite: *m. di chiavi, di pennelli, di matite, di calze, di fazzoletti* **3** (*fig.*) gruppo di persone considerate in massa | ***entrare nel m.***, venire a far parte di una compagnia, un affare, e sim. | ***mettere tutti nello stesso m.***, considerare tutti alla stessa stregua, senza discriminazione alcuna: *può anche metterci me, nel m. dei picco-*

li... (L. Sciascia) | †*andare in m.*, essere, stare confuso con altri **4** insieme delle carte che servono al gioco: *m. di quaranta, di cinquantadue carte* | *fare il m.*, mescolare, scozzare le carte | *essere di m.*, tenere il mazzo per distribuire le carte **5** †bastone, randello | (*lett.*) mazzuolo, maglio | †*alzare i mazzi*, (*fig.*) andarsene, scappare ‖ **mazzétta**①, **dim. f.** (V.) | **mazzétto**, **dim.** (V.) | **mazzolìno**, **dim.**

màzzo② [vc. di area merid. ✱1950] **s. m.** ● (*volg., scherz.*) deretano | *farsi il m.*, lavorare, faticare molto | *fare il m., un m., a qlcu.*, farlo faticare molto; rimproverarlo duramente

†**mazzocchiàia** [1479] **s. f.** ● pettinatrice | modista

mazzòcchio [da *mazzo* ✱sec. XIV] **s. m.** **1** ciuffo, mazzetto di capelli **2** parte dell'antico copricapo dei fiorentini, detto foggia, in uso nel Medioevo | (*fig., pop.*) †*aggiustare il m. a qlcu.*, fargli passare le smanie, i capricci **3** tallo di radicchio o cicoria mangiato in insalata **4** ingrossamento presente nei fusti di alberi capitozzati

mazzòla ➤ **mazzuola**

mazzolàre o **mazzuolàre** [da *mazzola* ✱1781] **v. tr.** (*io mazzuòlo, pop. mazzòlo*; **in tutta la coniug. la** *o* **dittonga preferibilmente in** *uo* **se tonica**) **1** battere con la mazzuola | uccidere con la mazzuola **2** (*est.*) bastonare, picchiare, colpire con forza | (*fig., fam.*) sgridare duramente

mazzolàta [1712] **s. f.** ● colpo di mazzuola o di mazzuolo | (*fig., fam.*) duro colpo, batosta, anche economica: *il conto fu una m.!*

mazzolatùra [da *mazzolare*, come denominale di *mazzuolo*② ✱1957] **s. f.** ● (*agric.*) operazione di bonifica parziale di terreni paludosi mediante lo scavo di fosse e la formazione di mazzuoli

mazzòlo ➤ **mazzuolo**①

mazzóne [accr. di *mazza*, per la forma grossa della testa ✱1728] **s. m.** ● (*zool., marchigiano*) cefalo | (*tosc.*) ghiozzo | (*pugliese*) nasello

mazzuòla o (*pop.*) **mazzòla** [av. 1349] **s. f.** **1** dim. di *mazza* **2** piccola mazza di legno o di acciaio | mazza per spaccare sassi **3** martelletto di vario materiale, da orafi **4** martello di legno per curvare la cima di un cavo poco flessibile, per diminuire il volume di un'impiombatura e sim. **5** †mazza per supplizio

mazzuolàre ➤ **mazzolare**

mazzuòlo① o (*pop.*) **mazzòlo** [da *mazzuola* ✱1539] **s. m.** **1** tipo di martello con testa massiccia usato nella lavorazione del marmo per battere sullo scalpello o sulla pietra | martello di legno duro con manico corto e rotondo usato dai falegnami **2** (*raro*) la parte allargata che è all'estremità di alcuni tipi di bastone da golf **3** (*mus.*) bacchetta con impugnatura di legno e testa sferica gener. di cuoio, che il percussionista usa in coppia per suonare i timpani

mazzuòlo② [etim. incerta ✱1862] **s. m.** ● striscia seminativa di terreno paludoso rialzata e separata da quelle vicine per mezzo di ampie fosse di raccolta delle acque

mbè ➤ **ebbene**

m-cómmerce /em'kɔmers, *ingl.* ˌem'kɒmɜːs/ [vc. ingl., propr. 'commercio (*commerce*) col cellulare (*mobile*)' ✱1999] **s. m. inv.** ● commercio svolto attraverso il telefono cellulare

♦**me** /me*/ *nei sign. A 1-2, B*; me *nel sign. A 3*/ [lat. *mē*, di orig. indeur. ✱av. 1250] **A** **pron. pers. m. e f. di prima pers. sing.** **1** indica la persona che parla e si usa al posto di 'io' nei vari compl.: *hanno parlato a lungo di me; scrivi a me direttamente; dovevi parlare con me; contate su di me; sono arrivati da me in quattro; fra me e lui non c'è alcun rapporto; se tu fossi in me, cosa faresti?* | si usa come compl. oggetto in luogo del pron. atono 'mi' quando gli si vuole dare particolare rilievo: *vogliono me; hanno cercato me e non te* | si rafforza con 'stesso' e 'medesimo': *incolpo me stesso; mi vergogno di me medesimo* | si pospone ad 'anche', 'neanche', 'pure', 'neppure', 'nemmeno' e sim.: *prendete anche me; non hanno ascoltato nemmeno me* | *da me*, da solo, senza aiuto o intervento di altri: *lo so da me; farò tutto da me* | *per me, secondo me*, a mio parere, a mio giudizio: *per me puoi andare; secondo me è impossibile riuscire* | *tra me, tra me e me, dentro di me*, nel mio intimo, nella mia coscienza, nell'animo mio: *rimuginavo fra me e me quanto avevo udito* | *quanto a me*, per ciò che mi concerne: *quanto a me puoi stare tranquillo che non lo dirò a nessuno* **2** si usa, al posto di 'io' e con funzione di soggetto, in espressioni esclamative e in espressioni comparative dopo 'come' e 'quanto' e anche, con funzione di predicato nominale, dopo i verbi 'essere', 'parere', 'sembrare', quando il soggetto della prep. non sia 'io': *povero me!; me misera!; oh me infelice!; è contento come me; lavora quanto me; tu non sei me* | (*fam., sett.*) con funzione di soggetto (*anche scherz.*) *il padrone sono me!; Me e te siamo due bei stupidi* (B. Fenoglio) **3** mi (come compl. oggetto e come compl. di termine, o nella coniug. dei verbi rifl. e pron., sia proclitico davanti ai pron. atoni *la, le, li, lo*, e alla particella *ne*, sia nelle forme enclitiche *-melo, -mela*, ecc. e *-mene*; talora, nell'uso lett., *lo* e *ne* proclitici si troncano e si uniscono a *me* dando luogo alle forme *mel* e *men*): *me lo ha detto subito; mandatemelo; parlamene; me ne ha fatte tante; me ne riconosco colpevole; liberamene; Questa mattina mel fé sapere una povera femina* (G. Boccaccio); *Al cor men fece / dono la bella Dea* (U. Foscolo) | (*pleonast.*) con valore rafforz.: *me lo mangio subito; ci penso io a lavarmelo* | (*enfat.*) rafforz. di 'mi': *Ma me non mi mangerete, no!* (G. Verga) **B** **in funzione di s. m. solo sing.** ● (*raro*) io, l'intima coscienza: *lo pensavo nel mio me*

†**me'**① /mɛ/ o †**mèi**② **agg.** ● (*poet.*) forma tronca di *mezzo*

me'② /me/ o (*sett.*) †**mèi**① [sec. XIII] **avv.** ● forma tronca di *meglio*

†**me'**③ ● V. **mi'**

✤**mèa cùlpa** [loc. lat. tratta dal Confiteor, propr. 'per mia colpa' ✱1858] **loc. sost. m. inv.** (**pl. lat.** *meae culpae*) **1** (*relig.*) formula ricorrente nel Confiteor mediante la quale il fedele ammette la propria colpa **2** (*est.*) ammissione delle proprie colpe, manifestazione del proprio pentimento | *dire, fare, recitare il mea culpa*, riconoscere, confessare, ammettere la propria colpevolezza, il proprio torto

meàndrico [1952] **agg.** (**pl. m.** *-ci*) ● (*raro*) che ha l'andamento di un meandro | (*fig.*) tortuoso

✤**meàndro** [vc. dotta, lat. *maeăndru(m)*, dal gr. *Máiandros*, fiume dell'Asia Minore, famoso per le sue sinuosità ✱sec. XIV] **s. m.** **1** ognuna delle sinuosità che caratterizzano il corso di fiumi che scorrono in una pianura con lieve pendenza **SIN.** ansa **2** (*est.*, **spec. al pl.**) andamento tortuoso e complesso di un edificio, una strada, una città e sim.: *si ritrovò solo nei meandri del palazzo; si persero nei meandri della grande città sconosciuta* **SIN.** labirinto, dedalo **3** motivo ornamentale costituito da elementi ripetuti e collegati fra loro **4** (*fig.*, **spec. al pl.**) groviglio, intrico, tortuosità: *i meandri delle pratiche burocratiche; non è possibile seguirlo nei meandri del suo pensiero*

†**meàre** [vc. dotta, lat. *meāre*, da avvicinare a *migrāre* 'emigrare' ✱1321] **v. intr.** ● (*lett.*) passare attraverso, trapelare: *raggio di sol che puro mei / per fratta nube* (Dante *Par.* XXIII, 79-80)

meàto [vc. dotta, lat. *meātu(m)*, da *meāre* 'meare' ✱1282] **s. m.** **1** (*lett.*) passaggio, apertura, spec. stretta: *che non volea ch'avesse altro m. / onde spirar, che per lo naso, il fiato* (L. Ariosto) **2** (*anat.*) piccolo canale, orifizio: *m. uditivo* | *m. uretrale*, orifizio esterno dell'uretra **3** (*mecc.*) piccolo spazio tra due superfici striscianti, occupato da grasso o da olio lubrificante

meatóre [da *meato* ✱1895] **s. m.** ● operaio che, nel tratto navigabile da Piacenza alle foci di Pila, controlla le secche e la situazione ecologica delle acque del fiume Po e dispone appositi segnali che ne indicano la navigabilità

meatoscopìa [comp. di *meato* e *-scopia* ✱1935] **s. f.** ● (*med.*) esame di un meato

meatotomìa [comp. di *meato* e *-tomia* ✱1939] **s. f.** ● (*chir.*) incisione del meato uretrale

mècca [arabo *Makka*, n. della città dell'Arabia Saudita patria di Maometto e centro religioso dell'Islam ✱1821] **s. f.** (**anche** *Mecca* **nei sign. 1 e 2**) **1** luogo in cui si va con la speranza di potervi realizzare le proprie aspirazioni: *Parigi è la m. di tutti gli aspiranti pittori* **2** (*raro*) luogo remoto **3** specie di vernice di tonalità aurea che si dà in preparazione alla doratura: *dorare a m. una cornice*

♦**meccànica** [vc. dotta, lat. tardo *mechănica(m)*, dal gr. *mēchanikḗ* (*téchnē*) 'arte meccanica', f. di *mēchanikós*. V. *meccanico* ✱av. 1519] **s. f.** **1** parte della fisica che studia gli stati di quiete e di moto dei corpi, e le varie relazioni che legano le caratteristiche del movimento | *m. razionale*, che studia con metodi esclusivamente matematici il moto e l'equilibrio dei corpi | *m. quantistica*, parte della fisica moderna che studia le leggi del moto dei corpi tenendo conto delle loro proprietà corpuscolari ed ondulatorie | *m. celeste*, branca dell'astronomia che studia le leggi del moto degli astri | *m. agraria*, che studia l'applicazione delle macchine in agricoltura **2** complesso di fatti e aspetti umani su cui influiscono i risultati dell'attività tecnologica: *società, secolo, civiltà della m.* **3** (*fig.*) modalità di svolgimento e sviluppo di determinati fatti o di fenomeni naturali: *la m. processuale; la m. della produzione; la m. della respirazione* | (*est.*) modo in cui si svolge un determinato fatto: *la m. di un delitto, di un incidente* **4** insieme degli elementi che compongono un meccanismo e il loro funzionamento: *la m. di un motore; la delicata m. di certi orologi; m. di uno strumento musicale*

meccanicìsmo [da *meccanico* ✱1850] **s. m.** **1** qualsiasi dottrina filosofica che, rifiutando ogni finalismo, spiega il mondo fisico e le sue manifestazioni con le leggi del movimento dei corpi: *il m. di Democrito, di Hobbes* **2** (*fig.*) modo di procedere schematico, che segue connessioni causali prevedibili: *un'analisi che pecca di m.*

meccanicìsta [1908] **A** **s. m. e f.**; **anche agg.** (**pl. m.** *-i*) ● chi (o che) segue o si ispira al meccanicismo **B** **agg.** ● meccanicistico

meccanicìstico [1904] **agg.** (**pl. m.** *-ci*) ● relativo al meccanicismo o ai meccanicisti | che si basa sul meccanicismo: *concezione meccanicistica* ‖ **meccanicisticaménte**, **avv.**

♦**meccànico** [vc. dotta, lat. *mechănicu(m)*, dal gr. *mēchanikós*, agg. di *mēchanḗ* 'macchina' ✱av. 1328] **A** **agg.** (**pl. m.** *-ci*) **1** relativo alla meccanica | relativo a una macchina, a un meccanismo: *apparato m.*; *guasto, incidente m.* **2** eseguito con l'aiuto di macchine: *mungitura meccanica* **3** (*fig.*) di ciò che viene eseguito in modo automatico, quasi senza la partecipazione della volontà o dell'intelligenza: *atto, movimento m.*; *camminare è un'azione meccanica*; *apprendimento m.*; *lavoro, impegno m.* ‖ **meccanicaménte**, **avv. 1** con mezzi meccanici **2** (*fig.*) in modo meccanico: *un gesto compiuto meccanicamente*; *come un'ave maria ripetuta meccanicamente tutt'i giorni* (F. DE SANCTIS) ‖ **meccanicità**, **s. f. inv.**: *la meccanicità di un gesto, di un movimento, di un lavoro* **B** **s. m.** (**f.** *-a*) **1** tecnico o operaio addetto alla riparazione o alla manutenzione di impianti e macchinari | nell'uso comune, riparatore di auto, moto e sim. **2** †lavoratore manuale | (*est.*) †ignorante, plebeo: *nel mezzo, vile m.!* (A. MANZONI)

♦**meccanismo** [fr. *mécanisme*, da *mécanique* 'meccanico' ✱ 1696] **s. m. 1** insieme di elementi in rapporto e collegamento reciproco costituenti un congegno o una macchina: *m. semplice, complicato*; *m. di un giradischi, di un registratore di suoni* **2** (*fig.*) funzionamento di un'organizzazione, di un ente e sim., che si svolge secondo modalità precise e inderogabili: *il m. organizzativo, amministrativo dello Stato* **3** (*psicol.*) processo psichico formato da varie fasi interdipendenti fra loro: *il m. della memoria esiste anche negli animali* | (*psicoan.*) ***meccanismi di difesa***, V. *difesa*

SFUMATURE ➤ ***strumento***

meccanizzare [fr. *mécaniser*, da *mécanique* 'meccanico' ✱ 1870] **A** **v. tr. 1** trasformare un'attività sostituendo l'opera di esecutori manuali o di animali con macchine azionate e controllate dall'uomo: *m. il lavoro agricolo* **2** (*fig.*, *raro*) rendere meccanico, simile a una macchina **B** **meccanizzarsi** **v. intr. pron. 1** trasformarsi in seguito all'introduzione e all'uso delle macchine: *nell'epoca attuale ogni forma di lavoro tende a meccanizzarsi* **2** (*fam.*) fornirsi di un mezzo di trasporto a motore **SIN.** motorizzare ‖ **meccanizzazióne**, **s. f.**: *la meccanizzazione dell'agricoltura*

meccanizzàto **part. pass.** di *meccanizzare*; **anche agg. 1** nei sign. del v. **2** che impiega mezzi meccanici | ***reparto m.***, nell'esercito, reparto interamente dotato di autoveicoli cingolati e corazzati

Meccàno®① [marchio registrato ✱ 1931] **s. m.** ● gioco di costruzioni per ragazzi costituito da elementi metallici e modulari per costruzioni meccaniche in miniatura

meccàno② [1701] **A** **agg.** ● della Mecca, città santa dell'Arabia Saudita e centro religioso dell'Islam **B** **s. m.** (**f.** *-a*) ● abitante o nativo della Mecca

meccàno- [gr. *mēchano-*, da *mēchanḗ* 'macchina' (V.)] **primo elemento** ● in parole composte, significa 'macchina' o indica uso di mezzi meccanici: *meccanografico, meccanoterapia*

meccanocettóre [comp. di *meccano-* e *(re)cettore* ✱ 1983] **s. m.** ● (*fisiol.*) meccanorecettore

meccanografìa [fr. *mécanographie*, comp. di *mécano-*, da *mécanique* 'meccanico', e *-graphie* '-grafia' ✱ 1963] **s. f.** ● l'insieme delle tecniche per il calcolo e l'elaborazione dei dati, basate sull'impiego di macchine a schede perforate, in uso negli anni '70 del Novecento

meccanogràfico [1959] **agg.** (**pl. m.** *-ci*) ● relativo alla meccanografia | ***centro m.***, reparto per elaborazione dei dati mediante sistemi elettronici ‖ **meccanograficaménte**, **avv.** con procedimenti meccanografici

meccanorecettóre [comp. di *meccano-* e *recettore* ✱ 1975] **s. m.** ● (*fisiol.*) recettore sensibile agli stimoli meccanici, per es. a quelli tattili e di pressione **SIN.** meccanocettore

meccanoterapìa [comp. di *meccano-* e *-terapia* ✱ 1900] **s. f.** ● (*med.*) cinesiterapia attuata con mezzi meccanici

meccatrònica [comp. di *mecca(nica)* e *(elet)tronica* ✱ 1985] **s. f.** ● elettronica applicata alla meccanica **SIN.** metronica

meccatrònico [1984] **A** **agg.** (**pl. m.** *-ci*) ● relativo alla meccatronica **B** **s. m.** (**f.** *-a*) ● meccanico che utilizza le tecniche elettroniche

†**meccère** ➤ **messere**

mécchia [dal lat. parl. *_mĭccula(m)_, dim. di *_mĭcca(m)_, V. *miccia* ✱ 1569] **s. f. 1** punta del trapano per effettuare fori di precisione nel legno **2** †miccia

♣**mecenàte** [vc. dotta, lat. *Maecenāte(m)* 'G. Mecenate' (70 ca.-8 a.C.) amico di Augusto, protettore di Virgilio e Orazio; n. di orig. etrusca ✱ 1374] **A** **s. m. e f.** ● (*per anton.*) munifico protettore di artisti, poeti e sim.: *m. … che si dilettava … di poesia* (G. VICO) **B** **anche agg.**: *principi mecenati*

mecenatésco [1965] **agg.** (**pl. m.** *-schi*) ● di mecenate, da mecenate: *protezione mecenatesca*

mecenàtico [1869] **agg.** (**pl. m.** *-ci*) ● (*raro*, *lett.*) da mecenate

mecenatismo [da *mecenate* ✱ 1776] **s. m.** ● incoraggiamento dato allo sviluppo delle arti, delle lettere e delle scienze, mediante la protezione di chi le esercita: *il m. fu assai diffuso durante il Rinascimento*

mechàto ➤ **mesciato**

mèche /fr. mɛʃ/ [vc. fr., propr. 'ciocca di capelli' (V. *miccia*) ✱ 1962] **s. f. inv.** (**pl. fr.** *mèches*) ● ciocca o striscia di capelli di colore diverso rispetto al resto della capigliatura, per lo più ottenuta mediante un trattamento

mechitarista [1834] **A** **s. m.** (**pl.** *-i*) ● religioso della congregazione di rito cattolico armeno fondata da Mechitar, soprannome di V. P. Manuk (1676-1749), teologo armeno **SIN.** lazzarista **B** **agg.** ● dei mechitaristi: *ordine, frate m.*

méco [lat. *mēcu(m)*, comp. di *mē* e *cŭm* 'con' ✱ 1250 ca.] **forma pron.** ● (*lett.*) con me: *amor che m. al buon tempo ti stai* (F. PETRARCA) | (*lett.*) ***m. stesso***, †***m. medesimo***, fra me e me, dentro di me | (*pleonast.*) †***con m.***, ***con esso m.***: *tu cenerai con esso m.* (G. BOCCACCIO)

mecòmetro [comp. del gr. *mêkos* 'lunghezza' e *-metro* ✱ 1834] **s. m.** ● (*med.*) strumento per misurare la lunghezza del feto o del neonato

meconàto [da *meconico* ✱ 1834] **s. m.** ● prodotto di addizione dell'acido meconico con composti organici basici: *m. di morfina*

mecònico [dal gr. *mḗkōn*, genit. *mḗkōnos* 'papavero', di orig. indeur. ✱ 1834] **agg.** (**pl. m.** *-ci*) ● detto di acido organico bibasico contenuto nell'oppio

mecònio [vc. dotta, lat. *mecōniu(m)*, dal gr. *mēkṓnion* 'papavero'. V. *meconico* ✱ av. 1498] **s. m.** (**pl.** *-i* o *raro* *-ii*) **1** oppio **2** (*fisiol.*) contenuto intestinale del feto e del neonato, di color verde scuro a causa dei pigmenti biliari

meconismo [da *meconio* ✱ 1940] **s. m.** ● (*med.*) intossicazione cronica da oppio

meconite [vc. dotta, lat. *meconīte(m)*, dal gr. *mḗkōn*, genit. *mḗkōnos* 'papavero', perché è formata da pietruzze simili ai grani del papavero. V. *meconico* ✱ av. 1498] **s. f.** ● (*miner.*) varietà di roccia calcarea con minuti inclusi nerastri

Mecòtteri [comp. del gr. *mêkos* 'lunghezza' (da avvicinare a *makrós* 'lungo'. V. *macro-*) e *-ttero* ✱ 1957] **s. m. pl.** (**sing.** *-o*) ● (*zool.*) ordine di Insetti con antenne lunghe e sottili i cui maschi hanno l'addome incurvato terminante con un paio di pinze (*Mecoptera*)

méda [vc. di orig. veneta, lat. *mēta(m)* 'meta' ✱ 1587] **s. f.** ● segnale fisso di varia forma, in muratura o metallico, su secche, scogli e sim. | palo per segnalazione di rotta nella laguna di Venezia

♦**medàglia** [lat. parl. *_med(i)ālia_, nt. pl., dal lat. tardo *mediālis* 'mezzo (denaro)', da *mĕdius* 'mezzo' ✱ 1211] **s. f. 1** dischetto d'oro, d'argento o di altro metallo coniato o fuso, con raffigurazione a bassorilievo di una figura sacra o profana che reca spesso un'iscrizione | ***m. commemorativa***, emessa per celebrare particolari date o ricorrenze | ***il diritto della m.***, il lato che reca la figura e l'iscrizione principale | ***il rovescio della m.***, l'altro lato; (*fig.*) l'altro aspetto, spec. negativo, di una situazione o di una questione | **PROV.** ***ogni m. ha il suo rovescio***, ogni situazione ha due aspetti, uno positivo e uno negativo **2** riconoscimento, onorificenza, premio concesso per azioni meritevoli, vittorie e sim.: *m. d'oro, d'argento, di bronzo*; *m. olimpionica*; *avere il petto pieno di medaglie* | ***M. d'onore***, conferita per azione degna d'encomio | ***M. al valor civile***, conferita a chi abbia compiuto atti valorosi in favore d'altri | ***M. al valor militare***, conferita a chi abbia compiuto atti di valore in guerra | (*est.*) persona che è stata premiata o decorata con una medaglia: *è stato m. d'argento alle Olimpiadi*; *le medaglie d'oro della Resistenza* **3** †moneta antica ‖ **medagliétta**, **dim.** (V.) | **medaglina**, **dim.** | (*raro*) **medaglino**, **dim. m.** | **medaglióne**, **accr. m.** (V.) | **medagliùccia**, **medagliùzza**, **dim.**

medagliàio o †**medagliàro** [sec. XVII] **s. m.** (**f.** *-aia*, **pl. m.** *-ai*) ● chi vende medaglie | (*raro*) chi conia medaglie

medagliàre [da *medaglia*, sul modello del fr. *médailler* ✱ av. 1886] **v. tr.** (*io medàglio*) ● (*raro*) premiare con medaglia

medagliàto **part. pass.** di *medagliare*; **anche agg. e s. m.** (**f.** *-a*) ● che o (chi) ha ricevuto in premio una medaglia

medaglière [1858] **s. m. 1** raccolta di medaglie o di monete di valore numismatico **2** mobile a reparti scorrevoli per la conservazione di medaglie o monete **3** (*milit.*, *sport*) l'insieme o la raccolta delle medaglie ottenute da una persona, da una squadra o da un gruppo di persone come riconoscimento di valore militare, premio di una vittoria sportiva e sim.: *il m. dell'Associazione Nazionale Alpini*; *il m. dell'Italia ai mondiali di nuoto*

medagliétta [1536] **s. f. 1** dim. di *medaglia* **2** medaglia di piccole dimensioni che si appende alle catenine da collo per devozione: *una m. di S. Luigi* **3** piccola medaglia d'oro data a deputati e senatori che porta impresso il nome della persona e la data della legislatura

medaglióne [1550] **s. m. 1** accr. di *medaglia* **2** gioiello a forma di medaglia, apribile e contenente all'interno l'effigie di una persona cara o una ciocca di capelli **3** motivo architettonico ornamentale costituito da una figura, scolpita o dipinta, racchiusa in una cornice ovale o rotonda **4** (*lett.*, *raro*) persona di una certa età e di aspetto grave e solenne **5** (*lett.*) breve profilo biografico o critico (*spec. iron.*) **6** preparazione gastronomica di forma rotonda: *m. di pollo, di vitello, di aragosta* ‖ **medaglioncino**, **dim.**

medaglista [1565] **s. m. e f.** (**pl. m.** *-i*) **1** artista creatore o incisore di medaglie **2** collezionista di medaglie

medaglìstica [1906] **s. f. 1** arte di incidere le medaglie **2** studio delle antiche monete e medaglie

†**medèla** [vc. dotta, lat. *medēla(m)*, da *medēri*

'medicare', dalla stessa radice di *mĕdicus* 'medico' ✻ av. 1276] **s. f.** ● medicina, medicamento, rimedio

†**medémo** ➤ **medesimo**

†**medeşimànza** [av. 1704] **s. f.** ● identità

medeşimàrsi [da *medesimo* ✻ 1614] **v. intr. pron.** (*io mi medéşimo*) ● (*lett.*) immedesimarsi

medeşimézza [da *medesimo* ✻ sec. XIV] **s. f.** ● (*lett.*) uguaglianza, identità

†**medeşimità** [1546] **s. f.** ● medesimezza

♦**medéşimo** o (*poet.*) **medéşmo**, (*lett.*, *sett.*) †**medémo** [lat. parl. **metĭpsimu(m)*, comp. del suff. rafforz. *met* e *ĭpsimus*, superl. del pron. *ĭpse*. Cfr. *esso* ✻ av. 1250] **A agg. dimostr. 1** indica identità: *siamo del m. parere*; *abitiamo nella medesima casa*; *ha detto le medesime cose dell'altra volta*; *è la medesima persona che ho visto a casa tua* | ***nel m. tempo***, contemporaneamente; (*est.*) nel contempo, insieme: *nel m. tempo passerò da voi a salutarvi*; *è molto intelligente e, nel m. tempo, simpatica* | (*pleonast.*) con valore rafforz. preceduto da 'stesso': *è la stessa medesima cosa*; *è lo stesso e m. discorso* SIN. stesso **2** indica uguaglianza per grandezza, quantità, qualità: *hanno la medesima forma e il m. peso*; *è delle medesime dimensioni*; *presenta i medesimi caratteri* SIN. stesso **3** (con valore rafforz.) proprio, in persona: *il re m. l'ha decorato*; *quell'uomo è la bontà medesima*; *tu m. l'hai detto*; *io m. l'ho sperimentato* | (*lett.*) ***meco*** (***teco***, ***seco***) ***m.***, con, tra me (te, sé) stesso: *ogni atto e ogni parola pensando meco m.* (G. Boccaccio) | (con valore rafforz. ed enfat.) proprio (posposto a un sost. o a un avv.): *le regole medesime del gioco lo impongono*; *oggi m. scade il termine*; *dovete deciderlo ora, qui m.* SIN. stesso ‖ **medeşimaménte**, **avv. 1** allo stesso identico modo, ugualmente: *erano medesimamente colpevoli* **2** contemporaneamente: *fu medesimamente chiamato il suo sostituto* **3** †perfino, anche **B pron. dimostr. 1** la stessa, identica persona: *quell'individuo è il m. che ho già visto*; *mi ha risposto il m.* **2** (*raro*) la stessa cosa: *per noi è il m.*

♦**mèdia**① [f. sost. di *medio* ✻ av. 1617] **s. f. 1** (*stat.*) valore compreso fra l'estremo superiore e l'estremo inferiore dei valori considerati | ***m. semplice***, che considera tutti i termini una sola volta | ***m. ponderata***, che considera ogni termine per un numero di volte corrispondente al numero di casi che lo presentano | ***m. aritmetica***, dati *n* valori, è il quoziente ottenuto dividendo la loro somma per *n* | ***m. proporzionale***, termine di una proporzione nella quale i rapporti sono uguali | ***m. geometrica***, dati *n* valori, è la radice *n*-esima del prodotto degli *n* numeri | ***m. armonica***, è il reciproco della media aritmetica del reciproco degli *n* valori dati | ***m. quadratica***, è la radice quadrata della media aritmetica dei quadrati degli *n* valori **2** (*est.*, *gener.*) ogni valore intermedio, misura di mezzo, condizione normale lontana dagli estremi: *secondo la m. delle aspirazioni umane*; *essere al disotto della m.*; *la m. delle temperature di gennaio*; *quanto guadagna in m. al mese?* **3** votazione che uno studente ha ottenuto durante un determinato periodo scolastico, risultante dalla somma di tutti i voti riportati divisa per il numero delle materie o delle prove sostenute in una materia: *essere promosso con la m. del sette*; *in italiano ho la media del sei e mezzo* **4** ***m. oraria***, velocità relativa ottenuta da un mezzo di locomozione o da un corridore su di un percorso in un tempo determinato **5** (*sport*) ***m. inglese***, tipo di punteggio usato per la classifica delle squadre di calcio partecipanti a un torneo, secondo il quale a ciascuna squadra vengono attribuiti un punto per la vittoria fuori casa, zero punti per il pareggio fuori casa e la vittoria in casa, mentre vengono sottratti due punti per la sconfitta in casa, un punto per la sconfitta fuori casa e per il pareggio in casa **6** scuola secondaria: *la m. dell'obbligo* | anche al pl.: *frequenta le medie*

media② /ˈmidja, *ingl.* ˈmiːdiə/ [pl. di *medium* 'mezzo' (V. *medium*②) ✻ 1960] **s. m. pl.** ● accorc. di *mass media* | ***nuovi media*** (o *ingl.* ***new media***), l'insieme dei mezzi di comunicazione più recenti e di più avanzata tecnologia (Internet, telefonia mobile, pay tv, ecc.) | ***social m.***, l'insieme dei mezzi di comunicazione online nei quali ogni utente può condividere testi o immagini

media cènter /midjaˈsɛnter, *ingl.* ˈmiːdjəˌsɛntə(r)/ [loc. ingl., propr. 'centro (*center*) di strumenti mediatici (*media*)' ✻ 2003] **loc. sost. m. inv.** (**pl. ingl.** *media centers*) ● (*inform.*) sistema hardware e software che integra le funzioni proprie di un computer con diverse applicazioni multimediali (radio, televisione, lettore di cd e dvd, impianto hi-fi e sim.), che gestisce il tutto mediante un unico menu

mediàle① [da *medio* ✻ 1930] **agg.** ● (*anat.*) che è più vicino al piano mediano del corpo ‖ **medialménte**, **avv.** in posizione mediale

mediàle② [da *medio* ✻ 1957] **agg.** ● (*ling.*) relativo alla forma media del verbo: *valore, funzione m.*

mediàle③ [da *media*② ✻ 1980] **agg.** ● mediatico ‖ **medialità**, **s. f. inv. 1** carattere mediatico **2** il fenomeno e l'uso dei mass media

mediàna [f. sost. di *mediano* ✻ 1910] **s. f. 1** (*mat.*) ***m. di un triangolo***, segmento che congiunge un vertice con il punto medio del lato opposto | ***m. di un parallelogramma***, segmento che congiunge i punti medi di due lati opposti **2** (*stat.*) termine che, in una successione di termini disposti in ordine crescente o decrescente, occupa il posto centrale **3** (*sport*) nel calcio, lo schieramento dei giocatori della seconda linea, secondo la tattica del metodo

medianicità [da *medianico* ✻ 1970] **s. f. inv.** ● in parapsicologia, carattere proprio dei fenomeni non normali, di ordine fisico e psichico, provocati dai sensitivi o medium

mediànico [da *medium*, con sovrapposizione di *mediano* ✻ 1866] **agg.** (**pl. m.** *-ci*) ● relativo a medium e a medianicità (V.)

medianìşmo [1925] **s. m.** ● complesso dei fenomeni determinati dal medium | funzione e attività del medium

medianità [da *medianico* ✻ 1904] **s. f. inv.** ● potere tipico dei medium

mediàno [vc. dotta, lat. tardo *mediānu(m)*, da *mĕdius* 'medio' ✻ av. 1338] **A agg. 1** di mezzo, posto in mezzo: *zona mediana*; *punto m. tra estremi opposti* SIN. medio **2** (*ling.*) detto di vocale il cui punto di articolazione è situato nella parte media della cavità orale **3** (*med.*) ***nervo m.***, del plesso brachiale, che decorre nel mezzo dell'avambraccio | ***piano m.***, quello che passa per il mezzo del corpo, dividendolo in due parti relativamente simmetriche **4** †mediocre | †del ceto medio **B s. m. 1** (**f.** *-a*) nel calcio, giocatore della seconda linea: *m. di spinta*; *m. di interdizione* **2** (*veter.*) nei Bovini e negli Equini, ciascun dente incisivo situato tra i picozzi e i cantoni

♦**mediànte**① [lat. mediev. *mediānte*, abl. del part. pres. di *mediāre* 'stare nel mezzo, essere interposto' ✻ 1268] **prep. 1** per mezzo di, con l'aiuto, l'ausilio di: *proteggere qlco. m. un sistema di sicurezza*; *è riuscito m. la propria buona volontà*; *è arrivato a quel posto m. raccomandazioni* **2** †attraverso, fra

mediànte② **A part. pres.** di *mediare*; anche **agg. 1** (*lett.*) che sta in mezzo, intermedio **2** †interposto (spec. con costrutti simili all'abl. assoluto): *ella fu ... da lui, molti pericoli medianti, seguita* (G. Boccaccio) **3** †che costituisce un mezzo, un aiuto, un vantaggio: *a Perseo la sua forza era m.* (G. Boccaccio) **B s. m. e f.** ● †intermediario

mediànte③ [dal lat. mediev. *mediānte*, propr. 'che sta a metà (*mĕdiu(m)*)' fra la tonica e la dominante ✻ 1826] **s. f.** ● (*mus.*) terzo grado della scala diatonica che ne caratterizza il tono maggiore o minore, a seconda che formi un intervallo maggiore o minore con la tonica

mediàre [vc. dotta, lat. tardo *mediāre*, da *mĕdius* 'medio' ✻ 1336 ca.] **A v. intr.** (*io mèdio*; aus. *avere*) **1** (*raro*) stare in mezzo, in una posizione intermedia: *tra la quiete e qualsiasi grado di velocità mèdiano infiniti gradi di velocità minori* (G. Galilei) **2** fare opera di mediazione: *il governo cerca di m. tra le forze sociali* **B v. tr. 1** fare raggiungere o risolvere con una mediazione: *m. un accordo, un conflitto* **2** (*mat.*) eseguire la media fra più valori **3** (*filos.*) operare una mediazione

mediasfèra [comp. di *media*② e *sfera* ✻ 1997] **s. f. 1** l'insieme dei media (giornali, radio-televisione, ecc.) **2** (*raro*) in alcune teorie, la comunicazione (orale, scritta o che avviene attraverso i mezzi audiovisivi)

medias res, in ➤ **in medias res**

mediastìneo [1970] **agg.** ● (*anat.*) mediastinico

mediastìnico [1888] **agg.** (**pl. m.** *-ci*) ● (*anat.*) del mediastino

mediastinìte [comp. di *mediastin(o)* e *-ite*① ✻ 1834] **s. f.** ● infiammazione del tessuto connettivo del mediastino

mediastìno o **mediàstino** [lat. *mediastīnu(m)* 'intermedio' (nel lat. classico sign. 'servo addetto ai servizi più bassi' e 'assistente di medico'), da *mĕdius* 'medio' col suff. *-tīnus*, presente anche in *intestīnus* 'interno'. V. *intestino*① ✻ 1494] **s. m.** ● (*anat.*) spazio della cavità toracica compreso tra le due cavità pleuriche, in cui sono contenuti il cuore, il timo, i grossi vasi, la trachea, l'esofago

mediatèca o **mediotèca** [comp. di *media*② e *-teca* ✻ 1985] **s. f.** ● centro che raccoglie e mette a disposizione del pubblico programmi video e documenti sonori

mediàtico [1987] **agg.** (**pl. m.** *-ci*) ● dei mass media, relativo ai mass media: *potere m.* SIN. massmediatico, mediale③ | prodotto, favorito dai mass media: *cultura mediatica*; *processo m.* | ***circo m.***, V. *circo* ‖ **mediaticità**, **s. f. inv.**: *la mediaticità di un evento*

mediatizzàre [da *media*② ✻ 1972] **A v. tr.** ● dare a un avvenimento o a un fenomeno una grande risonanza usando i mezzi di comunicazione di massa **B mediatizzàrsi v. intr. pron.** ● assumere caratteristiche mediatiche ‖ **mediatizzazióne**, **s. f.**

mediàto **part. pass.** di *mediare*; anche **agg. 1** nei sign. del v. **2** indiretto: *effetto m.*; *cognizioni mediate* ‖ **mediataménte**, **avv.**

mediatóre [vc. dotta, lat. tardo *mediatōre(m)*, da *mediāre* 'mediare' ✻ 1304] **A s. m.** (**f.** *-trice*) **1** intermediario che contribuisce al raggiungimento di un accordo tra due o più parti: *fare da m.*; *è stato un m. della pace* | ***m. culturale*** (o ***interculturale***), chi per professione assiste persone immigrate nei rapporti con le istituzioni educative, sanitarie, amministrative e sim. **2** (*dir.*) chi mette in relazione due o più parti per la conclusione di un affare, senza essere legato ad alcuna di esse da rapporti di collaborazione, di dipendenza o di rappresentanza SIN. sensale | ***m. civile e commerciale***, persona fisica o giuridica che svolge attività di mediazione civile e commerciale | ***m. europeo***, organo dell'Unione Europea che ha competenza per condurre indagini su casi di cattiva amministrazione delle istituzioni comunitarie **3** (*relig.*) intercessore | ***il Divino M.***, Gesù Cristo **4** (*biol.*) ***m. chimico***, composto chimico che accoppia funzionalmente due cellule o due processi fisiologici anche distanti tra loro **B** **agg.** ● che interviene come mediatore o intercessore: *la funzione mediatrice di qlcu.*; *Maria mediatrice di grazie*

mediazióne [vc. dotta, lat. tardo *mediatiō-ne(m)*, da *mediāre* 'mediare' ✱ 1637] **s. f.** **1** attività di chi si interpone tra due o più parti, per facilitarne le relazioni e gli accordi: *offrire la propria m. per la soluzione di una controversia* **2** compenso spettante al mediatore **3** (*filos.*) nel sillogismo, procedimento che mette in relazione logica due termini mediante un termine medio comune alle due premesse **4** (*dir.*) ***m. civile e commerciale***, attività finalizzata ad assistere due o più soggetti nella ricerca di un accordo per la composizione di una controversia, anche con la formulazione di una proposta per la risoluzione della stessa

†**mèdica** [lat. tardo *mĕdica(m)*, f. di *mĕdicus* 'medico' ✱ 1340 ca.] **s. f.** ● donna pratica in medicina | (*est.*) guaritrice | (*fig.*) benefattrice

medicàbile [vc. dotta, lat. *medicābile(m)*, da *medicāre* 'medicare' ✱ av. 1566] **agg.** ● che si può medicare o sanare: *ferita, piaga m.* | †medicinale

medicàio [da *medica* (erba) ✱ 1961] **s. m.** (**pl.** *-ai*) ● prato d'erba medica **SIN.** spagnaio

medicàle [fr. *médical*, deriv. dal lat. *mĕdicus* 'medico' ✱ 1818] **agg.** ● di medico, di medicina || **medicalménte**, **avv.** mediante terapie mediche || **medicalità**, **s. f. inv.**

medicaliẓẓàre [fr. *médicaliser*, da *médical* 'medicale' ✱ av. 1978] **v. tr.** ● far rientrare nella sfera delle competenze della medicina: *m. il recupero dei tossicodipendenti* || **medicaliẓẓazióne**, **s. f.**

†**medicàme** [vc. dotta, lat. *medicāme(n)*, da *medicāre* 'medicare' ✱ sec. XIV] **s. m.** **1** medicina, medicamento **2** materia venefica

medicamentàrio [vc. dotta, lat. *medicamentāriu(m)*, da *medicamĕntum* 'medicamento' ✱ 1803] **agg.** ● concernente i medicamenti e le loro preparazioni

medicaménto [vc. dotta, lat. *medicamĕntu(m)*, da *medicāre* 'medicare' ✱ 1268] **s. m.** **1** (*raro*) il medicare | (*fig.*, *lett.*) rimedio, conforto **2** farmaco, sostanza curativa

medicamentóso (o **-ṣ-**) [vc. dotta, lat. tardo *medicamentōsu(m)*, da *medicamĕntum* 'medicamento' ✱ av. 1698] **agg.** ● che ha poteri medicinali: *sostanze medicamentose*

†**medicànte** **A** **part. pres.** di *medicare*; anche **agg.** ● nei sign. del v. **B** **s. m. e f.** ● medico

medicàre [vc. dotta, lat. *medicāre*, da *mĕdicus* 'medico' ✱ 1261 ca.] **A** **v. tr.** (*io mèdico, tu mèdichi*) **1** detergere e disinfettare una ferita, per favorirne la guarigione: *farsi m. in astanteria*; *m. una piaga, una scottatura* | †curare un malato: *una fanciulla ... medicava Rinaldo* (L. PULCI) | anche in forma pron.: *medicarsi una ferita* **2** trattare o conciare con sostanze dotate di particolari proprietà correttive o integrative | ***m. il terreno***, trattarlo con concimi, diserbanti e sim. **3** (*fig.*, *lett.*) addolcire, mitigare, lenire **4** (*fig.*, *lett.*) correggere, riparare **B** **v. intr.** ● †fare il medico **C** **medicàrsi** **v. rifl.** ● farsi una medicazione: *medicarsi sommariamente*

medicàstro [1534] **s. m.** (**f.** *-a*) ● (*spreg.*) medico che non vale nulla

medicàto **part. pass.** di *medicare*; anche **agg.** **1** nei sign. del v. **2** detto di mezzo o prodotto al quale sono state aggiunte sostanze medicamentose: *cerotto m.*, *bagno m.*

medicatóre [vc. dotta, lat. tardo *medicatō-re(m)*, da *medicātus* 'medicato' ✱ av. 1332] **agg. e s. m.** (**f.** *-trice*) ● (*lett.*) che (o chi) medica (*anche fig.*): *mano medicatrice*

medicatùra [1478] **s. f.** ● (*raro*) medicazione | ***m. del grano***, trattamento del seme con preparati appositi per preservarlo dalla carie

♦**medicazióne** [vc. dotta, lat. *medicatiō-ne(m)*, da *medicātus* 'medicato' ✱ av. 1460] **s. f.** **1** il medicare, il venire medicato: *la m. di una ferita* | (*milit.*) ***posto di m.***, impiantato presso le unità combattenti più avanzate, per fornire il primo soccorso ai feriti **2** l'insieme delle bende, dei cerotti e dei medicamenti applicati sulla parte ferita: *cambiare, togliere la m.* **3** trattamento con particolari sostanze: *m. delle sementi*

medìceo o †**medicèo** [1611] **agg.** ● della famiglia Medici di Firenze: *discendenza medicea*; *stemma m.* | ***pianeti, satelliti medicei, stelle medicee***, i quattro satelliti di Giove, scoperti da Galileo Galilei e da lui così chiamati in onore dei Medici, signori di Firenze dal XV al XVIII sec.

medicherìa [sec. XIV] **s. f.** ● locale destinato alle medicazioni, in ospedali e sim.

medichéssa [f. di *medico* ✱ av. 1562] **s. f.** **1** (*raro*, *scherz.* o †) dottoressa **2** (*pop.*, *scherz.*) guaritrice

♦**medicìna** [vc. dotta, lat. *medicīna(m)*, da *mĕdicus* 'medico' ✱ 1261 ca.] **s. f.** **1** scienza che si occupa dello studio delle malattie, della loro prevenzione, diagnosi e terapia: *trattato di m.*; *studiare m.*; *la storia della m.* **CFR.** -iatro | ***m. interna***, parte della medicina che prevede cure degli organi interni senza ricorrere a interventi chirurgici **SIN.** clinica medica; (*est.*) reparto ospedaliero per pazienti che necessitano di tali cure | ***m. preventiva***, fondata sulla prevenzione delle malattie | ***m. omeopatica***, omeopatia | ***m. alternativa***, insieme di pratiche terapeutiche (come la pranoterapia, l'agopuntura, l'omeopatia ecc.) che fanno uso di rimedi naturali e metodi curativi non tradizionali | ***m. del sonno***, ramo della neurologia che si occupa di studiare e curare i disturbi del sonno | ***m. molecolare***, applica le tecnologie molecolari in ambito diagnostico e terapeutico | ***m. legale***, disciplina che studia i fatti di interesse medico in relazione alle loro conseguenze giuridiche | ***m. aeronautica***, studia gli effetti fisiopatologici provocati dal volo nell'atmosfera | ***m. spaziale***, studia gli effetti provocati dal volo spaziale e dalla permanenza in ambienti extraterrestri | ***m. fisica***, fisiatria nel sign. 1 **SIN.** fisiatria nel sign. 1 | ***m. radiante***, attuata a mezzo di radiazioni ionizzanti | ***m. rigenerativa***, finalizzata alla rigenerazione di tessuti od organi compromessi e a correggere difetti genetici attraverso le cellule staminali o con sostanze capaci di riprogrammare le cellule somatiche **2** facoltà universitaria che prepara alla professione medica: *studia m. a Bologna*; *si è iscritto a M.* **3** medicinale, farmaco: *prendere la m.* **4** (*est.*) cura, rimedio: *la migliore m. è il riposo*; *la natura ci destinò per medicina di tutti i mali la morte* (G. LEOPARDI) **5** (*fig.*) tutto ciò che reca sollievo, conforto o consolazione (+ *per*): *le tue parole sono una m. per il mio spirito*

SFUMATURE DI SIGNIFICATO

medicina - medicinale

La **medicina** è la scienza che si occupa dello studio delle malattie, della loro prevenzione, diagnosi e terapia; con la stessa parola si designa anche il preparato, altrimenti detto *farmaco* o **medicinale**, che per le sue virtù chimiche o fisiche è dotato di proprietà terapeutiche. Per indicare in senso generale e astratto qualsiasi sollievo o conforto si porti a una persona, o qualsiasi rimedio si ponga a una situazione spiacevole, che addolora, si ricorre ancora al termine *medicina*, mentre del tutto fuori luogo sarebbe l'uso di *medicinale*.

SFUMATURE ➤ ***rimedio***

♦**medicinàle** [vc. dotta, lat. tardo *medicinā-le(m)*, da *medicīna* ✱ av. 1304] **A** **agg.** **1** che ha proprietà curative, che è usato come farmaco: *erba, sostanza m.* | (*lett.*, *est.*) efficace, salutare **2** (*lett.*) relativo alla scienza medica o al medico || †**medicinalménte**, **avv.** **1** con medicine e cure **2** da medico **B** **s. m.** **1** farmaco: *vendita di medicinali all'ingrosso* | ***medicinali orfani***, V. *orfano* **2** †vaso o ampolla per medicine

SFUMATURE ➤ ***medicina***

†**medicinàre** [da *medicina* ✱ av. 1292] **A** **v. tr.** ● medicare, curare | (*fig.*) alleviare, consolare **B** †**medicinàrsi** **v. rifl.** ● curarsi

♦**mèdico** ① [vc. dotta, lat. *mĕdicu(m)*, da *medē-ri* 'curare, aiutare', da una radice indeur. che significa 'riflettere, curare' ✱ 1232] **A** **s. m.** (**f.** †*-a* (**V.**) e *raro*, *scherz.* o † *medichéssa* (**V.**); **pl. m.** *-ci*; **la forma maschile** *medico* **è usata spesso anche in riferimento a donna; V. anche nota d'uso FEMMINILE**) **1** chi professa la medicina **CFR.** -iatra | ***m. condotto***, che ha la responsabilità medica di una condotta | ***m. legale***, che interpreta e definisce gli aspetti legali della medicina | ***m. chirurgo***, un tempo, medico specializzato in chirurgia; oggi, chi ha conseguito la laurea in medicina e ha superato l'esame di abilitazione alla professione | ***m. di base, di famiglia***, medico convenzionato con il Servizio sanitario nazionale, a cui l'assistito ricorre in caso di malattia o per richiedere l'intervento di specialisti | ***m. fiscale***, fiduciario di un'amministrazione incaricato del controllo degli stati di malattia dei dipendenti assenti **2** (*fig.*) chi (o ciò che) solleva lo spirito, lenisce le passioni, consola l'animo: *il tempo è un gran m.* || **medicàccio**, **pegg.** | **medichétto**, **dim.** | **medichino**, **dim.** | **medicóne**, **accr.** (V.) | **medicónzolo**, **pegg.** | (*spreg.*) **medicùccio**, **medicùzzo**, **dim.** **B** **agg.** **1** relativo ai medici o alla medicina: *arte medica*; *parere m.* | (*raro*) ***occhio m.***, occhio clinico | ***certificato m.***, rilasciato dal medico **2** (*raro*) curativo: *le proprietà mediche di una sostanza* || †**medicaménte**, **avv.** da medico

mèdico ② [vc. dotta, lat. *Mēdicu(m)*, gr. *Mēdi-kós*; nel sign. 2, perché originaria della Media ✱ 1476] **agg.** (**pl. m.** *-ci*) **1** della Media, regione dell'Asia Minore **SIN.** medo **2** del popolo dei Medi | (*est.*) persiano **3** (*bot.*) ***erba medica***, V. *erba*

medicóne [accr. di *medico* ✱ av. 1591] **s. m.** (**f.** *-a*) **1** (*fam.*) medico famoso **2** (*pop.*) guaritore

medietà [vc. dotta, lat. *medietāte(m)*, da *mĕ-dius* 'medio' ✱ av. 1535] **s. f. inv.** **1** nella dottrina etica di Aristotele, il giusto mezzo conseguibile tra due termini estremi **2** (*lett.*) condizione di ciò che ha una posizione intermedia **3** †metà

medìetas [vc. lat. da *mĕdiu(m)* 'medio' ✱ 1953] **s. f. inv.** (**pl. lat.** *medietātes*) ● condizione di chi (o di ciò che) manifesta equilibrio e moderazione ed è alieno da eccessi: *la m. di Orazio*

mediẹuropèo o **medioeuropèo** [comp. di *medio* ed *europeo* ✱ 1918] **agg.** ● relativo all'Europa centrale: *stati medieuropei*

medievàle o **medioevàle** [da *Medioevo* ✱ 1868] **agg.** **1** del Medioevo: *storia m.*; *tradizioni medievali* **2** (*fig.*, *spreg.*) di ciò che per arretratezza o limitatezza di vedute richiama il Medioevo: *mentalità m.* **SIN.** retrivo, retrogrado || **medievalménte**, **avv.** in un modo tipico del Medioevo: *E da allora lui ... diventa un teorista medievalmente spietato* (I.

SVEVO) || **medievalità**, **s. f. inv.** caratteristica di ciò che è medievale; l'epoca, il mondo medievale

medievalismo o **medioevalismo** [1905] **s. m.** ● inclinazione o tendenza ad apprezzare o magnificare il Medioevo: *il m. fu tipico dei romantici*

medievalista o **medioevalista** [1932] **s. m. e f. (pl. m. -i)** ● medievista

medievalistica [1963] **s. f.** ● medievistica

medievalistico o **medioevalistico** [1940] **agg. (pl. m. -ci)** ● relativo agli studi sul Medioevo: *storiografia medievalistica*

medievista [da *Medi(o)evo* ✻ av. 1956] **s. m. e f. (pl. m. -i)** ● studioso del periodo medievale SIN. medievalista

medievistica o **medioevistica** [da *medi(o)ev(o)* con il suff. *-istico* ✻ 1986] **s. f.** ● lo studio della civiltà e della cultura del Medioevo

medimno [vc. dotta, lat. *medĭmnu(m)*, dal gr. *médimnos*, di orig. indeur. ✻ av. 1547] **s. m.** ● nell'antica Grecia, misura di capacità corrispondente a circa 52,5 litri

medina [arabo *madīna* 'città' ✻ 1957] **s. f.** ● parte vecchia delle città islamiche, nella quale si trovano il bazar e la moschea

medinense [av. 1758] **agg.** ● relativo alla città di Medina, in Arabia | (*med.*) ***morbo m.***, pediculosi

♦**medio** [vc. dotta, lat. *mĕdiu(m)*, di orig. indeur. ✻ 1282] **A agg. 1** di mezzo, che sta nel mezzo: *parte media*; *punto m.* CFR. meso-, mide- | ***età media dell'uomo***, tra la giovinezza e la vecchiaia | ***intelligenza media***, normale | ***Evo M.***, V. *evo* | ***dito m.***, il terzo della mano | ***alzare il dito m.***, V. *dito* | ***ceto m.***, la piccola e la media borghesia | ***scuola media, scuole medie***, di istruzione secondaria, fra la primaria e l'università | ***scuola media inferiore***, (*per anton.*) ***scuola media***, scuola secondaria | ***scuola media superiore, scuole medie superiori***, ginnasio, licei | ***pesi medi***, nel pugilato, categoria di peso compresa tra quelle dei pesi superwelter e dei pesi mediomassimi | ***termini medi***, in una proporzione, il primo divisore e il secondo dividendo | ***termine m. di un sillogismo***, quello che lega la premessa maggiore alla conseguenza **2** che corrisponde al valore intermedio di varie grandezze: *numero m.* | ***produzione, raccolta media***, calcolata tra la più abbondante e la più scarsa | ***valore, prezzo m.***, stabilito tra il più alto e il più basso del mercato | ***velocità media***, lo spazio percorso in un determinato intervallo di tempo **3** (*ling.*) detto di forma verbale indoeuropea intermedia fra attivo e passivo, con la quale si esprime un'azione che si svolge nella sfera di interessi del soggetto | detto di grado consonantico contraddistinto da media forza e durata **4** (*ling.*) che, nell'evoluzione di una lingua, si colloca nel periodo intermedio tra la fase antica e quella moderna: *m. tedesco*; *m. inglese* || **mediamente**, **avv.** in media, circa **B s. m. 1** verbo medio: *il m. e il passivo* **2** dito medio **3** nel pugilato, atleta appartenente alla categoria dei pesi medi

mediocielo [comp. di *medio* e *cielo* ✻ 1975] **s. m.** ● (*astrol.*) punto di incontro tra l'eclittica e il meridiano celeste, corrispondente nella domificazione alla cuspide tra la nona e la decima casa

♦**mediocre** [vc. dotta, lat. *mediŏcre(m)*, comp. di *mĕdius* 'medio' e *ŏcris* 'rilievo del terreno'; *mediŏcris* è 'ciò che si trova a metà altezza' ✻ av. 1342] **A agg. 1** (*lett.*) medio, intermedio: *Io chiamo distanza m. quella di una lega* (G. GALILEI) **2** inferiore alla media, alla norma: *guadagno m.*; *prestazione m.* | ***men che m.***, decisamente scarso, insufficiente SIN. modesto, piccolo **3** (*est.*) che è di scarso valore, di poco interesse, di qualità scadente, e sim.: *una m. opera di teatro* | ordinario, banale, dozzinale: *indossa abiti di m. fattura* **4** †del ceto medio || **mediocremente**, **avv.** in modo mediocre: *guadagnare mediocremente* **B s. m. e f.** ● chi non eccelle o dimostra attitudini e capacità molto limitate o decisamente scarse: *essere fra i mediocri*; *nel suo lavoro è un m.*

mediocredito [comp. di *medio* (*termine*) e *credito* ✻ 1957] **s. m.** ● (*banca*) credito a medio termine, concesso per un periodo non superiore ai dieci anni

♦**mediocrità** [vc. dotta, lat. *mediocritāte(m)*, da *mediŏcris* 'mediocre' ✻ 1282] **s. f. inv. 1** condizione, caratteristica di mediocre: *vivere nella m.*; *la m. del suo ingegno è provata*; *stomacato e scoraggiato dalla m. che m'assedia e m'affoga* (G. LEOPARDI) **2** (*est.*) persona di ingegno e capacità mediocri **3** (*lett.*) condizione di ciò che è in mezzo rispetto a due estremi | ***aurea m.***, V. *aurea mediocritas*

medioeuropeo ➤ **medieuropeo**

medioevale e deriv. ➤ **medievale** e deriv.

medioevistica ➤ **medievistica**

Medioevo o **Medio Evo** [comp. di *medio* 'di mezzo' ed *evo* ✻ 1813] **s. m.** ● nella periodizzazione storica, età compresa tra l'evo antico e quello moderno, i cui termini sono convenzionalmente fissati tra il 476, data della caduta dell'Impero romano d'occidente, e il 1492, anno della scoperta dell'America | ***Alto M.***, prima dell'anno 1000 | ***Basso M.***, dopo l'anno 1000

mediolatinità [comp. di *medio(evale)* e *latinità* ✻ 1963] **s. f. inv.** ● il complesso delle tradizioni culturali e letterarie del latino medievale

mediolatino [comp. di *medio(evale)* e *latino* ✻ av. 1937] **A agg. (pl. m. *mediolatini*)** ● che concerne il latino medievale: *testi poetici mediolatini* **B s. m.** ● lingua latina parlata o scritta nel Medioevo

medioleggero [comp. di *medio* e *leggero* ✻ 1940] **s. m.; anche agg. (pl. m. -i)** ● nel pugilato, chi (o che) rientra nella categoria che precede immediatamente quella dei pesi medi

mediologia [1986] **s. f. (pl. -gie)** ● accorc. di *massmediologia*

mediologico [1982] **agg. (pl. m. -ci)** ● accorc. di *massmediologico*

mediologo [1985] **s. m. (f. -a; pl. m. -gi)** ● accorc. di *massmediologo*

mediomassimo [comp. di *medio* e *massimo* ✻ 1929] **s. m.; anche agg.** ● nel pugilato, chi (o che) rientra nella categoria di peso compresa tra quelle dei pesi medi e dei pesi massimoleggeri

mediometraggio [comp. di *medio* e *metraggio* ✻ 1963] **s. m.** ● (*cinema*) film di lunghezza intermedia tra il cortometraggio e il lungometraggio

mediominerale [comp. di *medio* e *minerale* ✻ 1957] **agg.** ● detto di acqua minerale che contenga una quantità di sali da 0,2 grammi a 1 grammo per litro

mediopalatale [comp. di *medio* e *palato*, con suff. agg. ✻ 1957] **A agg.** ● (*ling.*) detto di consonante articolata con innalzamento del dorso della lingua verso la parte centrale del palato **B s. f.** ● (*ling.*) suono mediopalatale

mediopassivo [comp. di *medio* e *passivo* ✻ 1952] **agg.; anche s. m.** ● (*ling.*) detto di forma verbale, tipica delle lingue classiche, che ha forma passiva e significato tanto passivo che medio

mediorientale [comp. di *medi(o)* e *orientale* ✻ 1925] **agg.** ● che concerne il Medio Oriente

medioteca ➤ **mediateca**

meditabile [1869] **agg.** ● (*raro*) da meditare, degno di meditazione

meditabondo [vc. dotta, lat. tardo *meditabŭndu(m)*, da *meditāri* 'meditare' ✻ 1812] **agg.** ● immerso in profondi pensieri: *io rimasi più m. che addolorato* (I. NIEVO) | che rivela lo stato d'animo di chi è assorto nei suoi pensieri: *sguardo m.* | (*scherz.*) che assume atteggiamenti pensierosi SIN. cogitabondo

†**meditamento** [sec. XIV] **s. m.** ● progetto, proposito

♦**meditare** [vc. dotta, lat. *meditāri*, intens. di *medēri*. V. *medico*① ✻ 1320] **A v. tr.** (*io mèdito*) **1** considerare a lungo e attentamente, fare oggetto di riflessione: *m. una pagina, una dottrina, i propri errori*; *sono parole da m.*; *il filosofo è il sublime personaggio tutto intento a m. il problema metafisico* (B. CROCE) **2** ripromettersi, progettare (**+ *di* seguito da inf.**): *gli assediati meditavano una rapida sortita*; *aveva meditato a lungo il delitto*; *Meditavo di abbandonare Augusta* (I. SVEVO) **B v. intr. (aus. *avere*) 1** soffermarsi a considerare con attenzione (**+ *su***): *meditava sul mistero dell'infinito* **2** (*assol.*) riflettere: *le tue parole mi inducono a m.*

SFUMATURE ➤ *pensare*

meditativo [vc. dotta, lat. tardo *meditatīvu(m)*, da *meditāri* 'meditare' ✻ 1268] **agg.** ● dedito e disposto alla meditazione: *mente meditativa* || **meditativamente**, **avv.**

meditato **part. pass.** di *meditare*; anche **agg.** ● che è ben ponderato, maturato: *discorso m.*; *parole ben meditate* CONTR. estemporaneo || **meditatamente**, **avv.** con ponderazione; (*est.*) a bella posta

meditatore [vc. dotta, lat. tardo *meditatōre(m)*, da *meditāri* 'meditare' ✻ av. 1786] **agg. e s. m. (f. -trice)** ● (*raro*) che (o chi) medita

♦**meditazione** [vc. dotta, lat. *meditatiōne(m)*, da *meditāri* 'meditare' ✻ sec. XIII] **s. f. 1** profonda riflessione intesa a ricercare la verità, le ragioni, il senso e gli aspetti di qlco. (**+ *su***): *stare in m.*; *un saggio che è frutto di una lunga m. sull'argomento*; *m. sulla vita e sulla morte* **2** pratica religiosa cattolica che consiste nel concentrare il proprio pensiero, illuminato dalla grazia, intorno alle verità della fede **3** considerazione attenta e accurata: *degno di m.*; *essere oggetto di m.* **4** opera, scritto spec. filosofico, che espone il risultato di profonde riflessioni e che invita a meditare **5** (*lett.*) preparazione di un'iniziativa || **meditazioncella**, **dim.**

SFUMATURE ➤ *riflessione*

mediterraneità [da *Mediterraneo* ✻ 1985] **s. f. inv.** ● insieme delle caratteristiche geografiche, storiche e culturali di ciò che (o di chi) appartiene all'area mediterranea: *la m. della Grecia*

mediterraneo [vc. dotta, lat. *mediterrăneu(m)* 'dentro terra, nell'interno di un paese, lontano dal mare', poi (lat. tardo) 'posto in mezzo alle terre', comp. di *mĕdius* 'posto nel mezzo' e *tĕrra*; calco sul gr. *mesógeios* ✻ 1282] **agg. 1** detto di mare quasi completamente circondato da terre | ***il M.***, (*per anton.*) il mare compreso tra i continenti dell'Europa, dell'Asia e dell'Africa, comunicante con l'Atlantico per lo stretto di Gibilterra, col Mar Nero mediante lo stretto dei Dardanelli, col Mar Rosso per il canale di Suez **2** relativo alle terre bagnate dal Mare Mediterraneo: *clima m.* | ***dieta mediterranea***, V. *dieta*① **3** †continentale, che si trova nell'entroterra: *città, regione mediterranea*

†**meditore** ➤ **mietitore**

†**meditullio** o †**meditullo** [vc. dotta, lat. *medītŭlliu(m)*, comp. di *mĕdius* 'posto nel mezzo' e *tĕllus* 'terra' ✻ 1499] **s. m.** ● spazio o elemento di mezzo di qlco.

a b c d e f g h i j k l m n o p q r s t u v w x y z

mèdium① [fr. *médium*, dall'ingl. *medium*, dal nt. sing. dell'agg. lat. *mĕdius* 'che è in mezzo, che è intermedio'; il *medium* è *l'intermediario* tra gli spettatori e gli spiriti ✱ 1870] **s. m. e f. inv.** ● nello spiritismo, chi, in condizione di trance, agisce come tramite fra gli spiriti e i partecipanti a una seduta spiritica | in parapsicologia, sensitivo dotato di poteri paranormali e capace di provocare fenomeni di medianicità

medium② /ˈmidjum, *ingl.* ˈmiːdiəm/ [vc. ingl., propr. 'mezzo', dal lat. *mĕdium* 'mezzo': V. anche *mass media* ✱ 1965] **A** **s. m. inv.** (**pl. lat. e ingl.** *media* (**V.** *mass media* **e** *media*②)) **1** ogni strumento di divulgazione dell'industria culturale, quale la stampa, il cinema, la televisione **2** nella comunicazione visiva, mezzo espressivo, tipo di materiale usato per lavori artistici o grafici **B** **agg. inv.** ● detto di capo di abbigliamento di taglia media **SIMB.** M

mèdley /*ingl.* ˈmɛdlɪ/ [vc. ingl., propr. 'mescolanza, miscuglio' ✱ 1986] **s. m. inv.** ● insieme di brani musicali diversi **SIN.** fantasia, pot-pourri

mèdo [vc. dotta, lat. *mēdu(m)*, dal gr. *mêdos* ✱ av. 1367] **A** **agg.** ● relativo alla Media, regione dell'Asia Minore **B** **s. m.** (**f.** *-a*) ● abitante o nativo della Media **SIN.** medico②

†**medólla** ➤ **midolla**

†**medóllo** ➤ **midollo**

†**medùlla** ➤ **midolla**

medullite [comp. di *medulla* e *-ite*① ✱ 1970] **s. f.** ● (*med.*) processo infiammatorio del midollo osseo o spinale **SIN.** mielite

♦**medùṣa** [vc. dotta, lat. *Medūsa(m)*, dal gr. *Médousa*, part. pres. f. di *médein* 'meditare, governare'; nel sign. 2, così detta perché i tentacoli dell'animale ricordano i serpenti della capigliatura della *Medusa* ✱ 1313] **s. f. 1** nella mitologia classica, una delle Gorgoni, con capelli di serpenti, che pietrificava chi la guardasse | (*fig.*) ***il sorriso, il volto della m.***, ciò che ammalia, seduce, incanta, o anche ciò che incute terrore o rende attonito per il terrore **2** (*zool.*) forma liberamente natante dei Celenterati dal corpo simile a un ombrello con la bocca circondata da tentacoli posta all'estremità del manubrio | ***m. craspedota***, idromedusa

meduṣèo [vc. dotta, lat. *Medusāeu(m)*, agg. di *Medūsa* 'medusa' ✱ av. 1494] **agg. 1** (*lett.*) di Medusa **2** (*lett.*) che ammalia, seduce, incanta | che incute terrore o rende attonito per il terrore

meduṣòide [comp. di *medus(a)* e *-oide* ✱ 1957] **agg.** ● che ha forma di medusa

meeting /ˈmitin(g), *ingl.* ˈmiːtɪŋ/ [vc. ingl., da *to meet* 'incontrarsi', di orig. germ. ✱ 1819] **s. m. inv.** ● riunione, convegno politico o mondano | riunione, incontro sportivo | ***m. point***, punto di ritrovo spec. in congressi, fiere, raduni e sim.: *darsi appuntamento al meeting point*

mefìsto [detto così perché ricorda quello con cui è rappresentato *Mefistofele* (già abbr. in ted. in *Mephisto*) ✱ 1959] **s. m.** (**pl.** *-i* **o inv.**) ● berretto di lana con tre punte, usato spec. un tempo da sciatori e alpinisti | (*est.*) passamontagna

♣**mefistofèlico** [1850] **agg.** (**pl. m.** *-ci*) **1** relativo a Mefistofele, diavolo delle leggende popolari tedesche, passato poi nel mito di Faust come spirito della subdola corruzione **2** (*fig.*) beffardo, cinico, maligno: *sorriso, ghigno m.* ‖ **mefistofelicaménte**, avv.

mefìte① [vc. dotta, lat. *mephīti(m)*, di orig. osca; col sign. di 'inebriatrice' (?) ✱ 1598] **s. f.** ● (*lett.*) puzzo esalato da acque solforose o infette | (*est.*) aria malsana, irrespirabile per il cattivo odore: *un ospitale, dalla cui m. non riesce neppure oggi a noi di trarci fuora* (G. CARDUCCI)

mefìte② [lat. scient. *Mephītis*. V. *mefite*① ✱ 1834] **s. f.** ● (*zool.*) moffetta

♣**mefìtico** [vc. dotta, lat. tardo *mephīticu(m)*, agg. di *mephītis* 'mefite①' ✱ 1499] **agg.** (**pl. m.** *-ci*) **1** fetido, infetto, malsano: *aria mefitica* **2** (*fig.*) che è in preda alla corruzione: *ambiente m.* ‖ **mefiticaménte**, avv.

mèga- [dal gr. *mégas* 'grande'] **primo elemento 1** in parole composte, significa 'grande', 'grosso' o indica sviluppo o grandezza eccessivi: *megacolon, megafono, megamulta, megasala* **2** anteposto a un'unità di misura, la moltiplica per un milione, (cioè per 10^6): *megawatt, megahertz* **SIMB.** M **3** (*inform.*) anteposto a un'unità di misura di quantità di informazioni, la moltiplica per 1024^2: *megabyte* **SIMB.** M

megabyte /megaˈbait/ [comp. di *mega-* e *byte* ✱ 1973] **s. m. inv.** ● (*inform.*) unità di misura della quantità di informazione, pari a 1 048 576 (cioè a 2^{20}) byte **SIMB.** MB

megacardìa [comp. di *mega-* e *-cardia* ✱ 1957] **s. f.** ● (*med.*) abnorme grandezza del cuore **SIN.** megalocardia

megacariocita o **megacariocito** [comp. di *mega-*, *cario-* e *-cita* ✱ av. 1929] **s. m.** (**pl.** *-i*) ● (*biol.*) voluminoso elemento cellulare del midollo osseo; dalla frammentazione del suo citoplasma si formano le piastrine

megàcero [comp. di *mega-* e del gr. *kéras* 'corno' ✱ 1891] **s. m.** ● mammifero fossile simile a un enorme cervide, vissuto nell'era quaternaria (*Megaceros*)

megachìle [comp. di *mega-* e del gr. *chêilos* 'labbro' ✱ 1834] **s. f.** ● ape di forma tozza, giallo-bruna, che con pezzetti di foglie ripiegate a forma di ditale costruisce nidi in cavità di tronchi o del terreno (*Megachile centuncularis*)

Megachiròtteri [comp. di *mega-* e il pl. di *chirottero* ✱ 1934] **s. m. pl.** (**sing.** *-o*) ● (*zool.*) sottordine a cui appartengono i Chirotteri frugivori di grandi dimensioni (*Megachiroptera*)

megacìclo [comp. di *mega-* e *ciclo*] **s. m.** ● unità di misura delle oscillazioni di un fenomeno periodico, pari a un milione di cicli; in radiotecnica è usato impropriamente come unità di misura di frequenza col significato di megaciclo al secondo, ossia megahertz

megacòlon [comp. di *mega-* e *colon* ✱ 1894] **s. m. inv.** ● (*med.*) malformazione del colon con abnorme aumento di volume

megaconcèrto [comp. di *mega-* e *concerto* ✱ 1985] **s. m.** ● spettacolo musicale in cui un cantante o un complesso si esibiscono davanti a un grandissimo numero di persone

†**megacòṣmo** [comp. di *mega-* e *cosmo* ✱ 1374] **s. m.** ● macrocosmo

megacuòre [comp. di *mega-* e *cuore* ✱ 1983] **s. m.** ● (*med.*) cuore di abnorme grandezza

megadèrma [comp. di *mega-* e del gr. *dérma* 'pelle' ✱ 1891] **s. m.** (**pl.** *-i*) ● pipistrello dell'Asia meridionale che si nutre di insetti e piccoli vertebrati ed ha sul muso un'appendice carnosa (*Megaderma*)

megadìna [fr. *mégadyne*, comp. di *méga-* 'mega-' e *dyne* 'dina' ✱ 1935] **s. f.** ● forza pari a 1 milione di dine

megaeṣòfago [comp. di *mega-* ed *esofago* ✱ 1931] **s. m.** (**pl.** *-gi*) ● (*med.*) aumento di volume dell'esofago causato da stenosi del cardias per alterazione congenita

megafonìsta [1957] **s. m. e f.** (**pl. m.** *-i*) ● chi impartisce ordini o diffonde comunicazioni mediante il megafono, in raduni sportivi, manifestazioni di massa e sim.

megàfono [comp. di *mega-* e *-fono* ✱ 1895] **s. m.** ● mezzo di trasmissione elementare, costituito da un cono di lamiera vuoto che rinforza e convoglia la voce a breve distanza | ***m.*** (*elettrico*), fornito di microfono, amplificatore e altoparlante

megagalàttico [comp. di *mega-* e *galattico* ✱ 1985] **agg.** (**pl. m.** *-ci*) **1** (*scherz.*) grandissimo, eccezionale, lussuosissimo ecc.: *una villa megagalattica* **2** (*scherz.*) detto di chi occupa una posizione elevatissima in una scala gerarchica o di valori: *un cantante m.*

megahèrtz /megaˈɛrts/ [comp. di *mega-* e *hertz*] **s. m. inv.** ● unità di misura di frequenza equivalente a un milione di hertz **SIMB.** MHz

megalèṣie [vc. dotta, lat. *Megalēsia*, nt. pl., dal gr. *Megalḗsia*, da *megálē* (*mḗtēr*), (lat. *măgna māter*) 'grande madre', attributo di Cibele ✱ 1834] **s. f. pl.** ● nell'antica Roma, feste celebrate dal 15 al 20 marzo in onore di Cibele, detta la Gran Madre

-megalìa [deriv. di *megalo-*] **secondo elemento** ● in parole composte del linguaggio medico, indica ingrossamento patologico, ipertrofia di una parte o settore del corpo o membra espressi dal primo elemento: *acromegalia, epatomegalia, splenomegalia*

megalìte o **megalìto** [fr. *mégalithe*, comp. di *méga-* 'mega' e *-lithe* '-lito①' ✱ 1934] **s. m.** ● monumento preistorico costituito da grandi blocchi di pietra tagliati grossolanamente

megalìtico [fr. *mégalithique*, agg. di *mégalithe* 'megalite' ✱ 1891] **agg.** (**pl. m.** *-ci*) ● costituito da grossi blocchi di pietra, detto di monumenti preistorici

megalìto ➤ **megalite**

mègalo- [gr. *mégalo-*, da *mégas*, genit. *megálou* 'grande', di orig. indeur.] **primo elemento** ● in parole composte, significa 'grande', 'grandezza': *megalomania, megalotteri*

megaloblàsto [comp. di *megalo-* e *-blasto* ✱ 1957] **s. m.** ● (*biol.*) cellula del midollo osseo progenitrice del globulo rosso, presente nei sangue circolante del feto e nelle forme di anemia perniciosa

megalocardìa [comp. di *megalo-* e *-cardia* ✱ 1891] **s. f.** ● (*med.*) megacardia

megalocefalìa [da *megalocefalo* ✱ 1891] **s. f.** ● (*med.*) ingrossamento del capo

megalocèfalo [vc. dotta, gr. *megaloképhalos*, comp. di *mégalo-* 'megalo' e *-képhalos* '-cefalo' ✱ 1952] **agg. e s. m.** (**f.** *-a*) ● (*med.*) che (o chi) è affetto da megalocefalia

megalocìta o **megalocìto** [comp. di *megalo-* e *-cita* ✱ 1957] **s. m.** (**pl.** *-i*) ● (*med.*) anomalo globulo rosso maturo, riconoscibile in casi di anemia perniciosa

megalografìa [comp. di *megalo-* e *-grafia* ✱ av. 1798] **s. f.** ● (*archeol.*) ciclo di affreschi in cui, con pittura di dimensioni superiori al normale, sono rappresentati personaggi o episodi celebri

megalòmane [fr. *mégalomane*, da *mégalomanie* 'megalomania' ✱ 1892] **agg. e s. m. e f.** ● che (o chi) soffre di megalomania

megalomanìa [fr. *mégalomanie*, comp. di *mégalo-* 'megalo-' e *-manie* '-mania' ✱ 1891] **s. f.** ● opinione e presunzione esagerata delle proprie possibilità che si manifesta in discorsi altisonanti o in atteggiamenti esteriori improntati a grandiosità spropositata

megalòpoli [comp. di *megalo-* e *poli(s)* ✱ 1964] **s. f. inv.** ● vasto agglomerato urbano, spesso formato da diverse entità amministrative, le cui dimensioni sono considerate eccessive

megalopsìa [comp. di *megalo-* e del gr. *ópsis* 'vista' ✱ 1940] **s. f.** ● (*med.*) macropsia

megalopsichìa [vc. dotta, gr. *megalopsychía*, comp. di *mégalo-* 'megalo-' e *psychḗ* 'anima' ✱ 1940] **s. f.** ● (*psicol.*) esagerata fiducia nelle proprie possibilità e forze

megalosplenìa [comp. di *megalo-* e del gr. *splḗn*, genit. *splēnós* 'milza' ✱ 1834] **s. f.** ● (*med.*) splenomegalia

megalosplènico [dal gr. *megalosplánchnos* 'di grosse viscere, di ampio addome', comp. di *mégalo-* 'megalo-' e *splánchnon* 'viscere' ✱ 1983] **agg.** (**pl. m.** *-ci*) ● (*med.*) detto di tipo costituzionale caratterizzato da notevole volume dei visceri e prevalenza dei diametri trasversali su quelli longitudinali

Megalòtteri [comp. di *megalo-* e *-ttero* ✱ 1834] **s. m. pl.** (**sing.** *-o*) ● (*zool.*) ordine di Insetti provvisti di ali membranose, di cerci addominali e apparato boccale masticatore; predatori, vivono per un breve arco di tempo in prossimità delle acque dolci (*Megaloptera*)

megaòhm /mega'ɔm/ [comp. di *mega-* e *ohm*] **s. m. inv.** ● (*elettr.*) unità di misura di resistenza elettrica corrispondente a 1 milione di Ohm **SIMB.** MΩ

megapàrsec /mega'parsek/ [comp. di *mega-* e *parsec*] **s. m. inv.** ● (*astron.*) unità di misura delle distanze stellari pari a un milione di parsec

Megàpodi o **Megapòdidi** [comp. di *mega-* e del gr. *póus*, genit. *podós* 'piede' ✱ 1834] **s. m. pl.** (**sing.** *-e*) ● (*zool.*) famiglia di Uccelli dei Galliformi con coda breve, dita grosse e unghie allungate, buoni camminatori e corridori che vivono nelle zone cespugliose australiane (*Megapodiidae*)

megaprogètto [comp. di *mega-* e *progetto* ✱ 1984] **s. m.** ● progetto per la realizzazione di opere o eventi di eccezionale portata: *il m. del ponte sullo Stretto*

megàrico [vc. dotta, lat. *Megăricu(m)*, dal gr. *Megarikós* ✱ 1566] **A** **agg.** (**pl. m.** *-ci*) ● della città greca di Megara | (*filos.*) ***scuola megarica***, megarismo **B** **s. m.** ● (**spec. al pl.**) filosofo appartenente alla scuola megarica

megarìṣmo [da *megarico* ✱ 1978] **s. m.** ● indirizzo di filosofia post-socratica inaugurato da Euclide di Megara (V-IV sec. a.C.), che identificava il concetto di bene di Socrate con l'ente unico parmenideo

mègaron /gr. 'mɛgaron/ [vc. dotta, gr. *mégaron*, da *mégas* 'grande' (V. *mega-*) ✱ 1940] **s. m. inv.** (**pl. gr.** *mègara*) ● sala del trono e per banchetti nei palazzi dell'età micenea

megaschèrmo (o *-è-*) [comp. di *mega-* e *schermo* ✱ 1985] **s. m.** ● schermo di grandi dimensioni per la visione collettiva di immagini televisive o di film **SIN.** maxischermo

megasclèrico [comp. di *mega-* e del gr. *sklērós* 'duro' (forse di orig. indeur.) ✱ 1983] **agg.** (**pl. m.** *-ci*) ● (*zool.*) detto di animale dotato di grande guscio

megaspòra [comp. di *mega-* e *spora* ✱ 1957] **s. f.** ● (*bot.*) macrospora

megastòre /mega'stɔr, *ingl.* 'mɛgə,stɔː(r)/ [vc. ingl., comp. di *mega-* 'mega-, grande' e *store* (V.) ✱ 1989] **s. m. inv.** ● negozio, generalmente appartenente a una catena, che espone e mette in vendita in spazi molto vasti una grande varietà di articoli

megatenèo [comp. di *meg(a)-* e *ateneo* ✱ 1992] **s. m.** ● università caratterizzata da un elevatissimo numero di iscritti e da eccessivo sovraffollamento

megatèp [comp. di *mega-* e *tep*] **s. m. inv.** ● (*fis.*) unità di misura dell'energia pari a un milione di tep **SIMB.** Mtep

megatèrio [fr. *mégathérium*, comp. di *méga-* 'mega-' e del gr. *thēríon* 'belva' ✱ 1819] **s. m.** ● grande mammifero fossile degli Sdentati vissuto all'inizio dell'era quaternaria (*Megatherium*)

megatèrmo [comp. di *mega-* e *-termo* ✱ 1906] **agg.** ● detto di pianta che richiede per svilupparsi temperature molto alte

mègaton o **megatóne** [ingl. *megaton*, comp. di *mega-* 'mega-' e *ton* 'tonnellata' ✱ 1961] **s. m. inv.** ● (*fis.*) unità di misura di potenza esplosiva nucleare pari a quella di 1 milione di tonnellate di tritolo e cioè a 4,18 · 10^{15} joule **SIMB.** Mton

megatrènd /mega'trɛnd, *ingl.* 'mɛgə,trɛnd/ [vc. ingl., comp. di *mega-* e *trend* (V.) ✱ 1985] **s. m. inv.** ● tendenza fondamentale, orientamento generale, spec. del sistema economico

megàttera [comp. di *mega-* e *-ttero* (nel senso di 'pinna') ✱ 1934] **s. f.** ● balenottera con natatoie pettorali sviluppatissime, che vive in tutti gli oceani portandosi anche vicino alle coste (*Megaptera novaeangliae*)

megavòlt [comp. di *mega-* e *volt*] **s. m. inv.** ● unità di misura di potenziale elettrico pari a 1 milione di volt **SIMB.** MV

mègawatt /'mɛgavat/ [comp. di *mega-* e *watt*] **s. m. inv.** ● (*fis.*) unità di misura di potenza corrispondente a 1 milione di watt **SIMB.** MW

megèra [vc. dotta, lat. *Megăera(m)*, (nome di una delle tre Erinni), dal gr. *Mégaira*, da *megáirein* 'invidiare' ✱ 1342] **s. f.** **1** donna molto brutta, spec. vecchia, di carattere astioso e collerico: *una suocera che è una m.*; *che hai da spartire tu con codesta m.?* (L. Pirandello) **2** farfalla con livrea modesta ed antenne cerchiate di bianco e nero, i cui bruchi vivono sulle Graminacee (*Pararge megaera*)

♦**mèglio** [lat. *mĕlius*, nt. di *mĕlior* 'migliore' ✱ 1229] **A** **avv.** (**sett. o** †**troncato in** *mei*, **spec. in posizione proclitica**) **1** in modo migliore (con riferimento a qualità e valori morali, intellettuali): *cerca di comportarti m. un'altra volta*; *il suo esempio ci sprona a fare sempre m.* **CONTR.** peggio **2** in modo più soddisfacente e più adeguato: *osserva m. i particolari*; *ora gli affari gli vanno m.*; *adesso va m. di prima*; *ora mi sento m.*; *sto m. in poltrona*; *m. di così non potrebbe andare* | ***cambiare in m.***, migliorare | ***andare di bene in m.***, migliorare continuamente (*anche iron.*) | ***per m. dire, o m., m. ancora***, precisa o corregge, come inciso, un'affermazione precedente: *ne sa poco o, per m. dire, quasi nulla*; *scrivimi, o m., telefonami*; *mi piace questo o, m. ancora, quello* **CONTR.** peggio **3** più facilmente: *con questo metodo imparo m.* | più chiaramente, più distintamente: *da qui sento m.*; *vedo m. da lontano* **CONTR.** peggio **4** (*lett.*) più, con maggiore intensità, spec. nelle loc. ***volere, amare, desiderare m.***, preferire **5** più (davanti a un part. pass. forma un compar. di maggioranza, mentre, preceduto da un art. determ., forma un superl. rel.): *sono m. informato di te*; *oggi sei m. preparato*; *sono i ragazzi m. educati del quartiere*; *questo è il lavoro riuscito m.* | ***m. possibile, m. che si può***, nel migliore modo possibile: *cerca di fare il m. che puoi* **CONTR.** peggio **B** **in funzione di agg. inv.** **1** migliore (spec. come predicato di 'essere', 'parere', 'sembrare' e sim.): *questa stoffa è m. dell'altra*; *questa soluzione mi sembra m.*; *sono m. i vostri amici*; *mi pare mille volte m.* | (*centr., merid.*) preceduto dall'art. determ. forma il superl. rel.: *è il m. sarto della città*; *si è radunata la m. gioventù*; *ha scelto la camera m.* | anche con ellissi del sost.: *datemi i m. che avete*; *è brava gente ma ce n'è della m.* | ***alla m., alla bell'e m.***, (*ellitt.*) come si può, il meno male possibile: *dovrete adattarvi alla m.* **CONTR.** peggio **2** preferibile, più opportuno (con valore neutro) (+ *inf.*, + *che* **seguito da congtv.**): *è m. non dirgli niente*; *mi sembra m. che tu non parta*; *ritengo m. tacere* | in espressioni partitive: *possiamo trovare di m.*; *in mancanza di m. ci adatteremo* **CONTR.** peggio **C** **in funzione di s. m. inv.** (**anche f. nel sign. 2**) **1** la cosa migliore (con valore neutro) (+ *che* **seguito da congtv.**): *questo è il m. che tu possa fare*; *veggio 'l m. ed al peggior m'appiglio* (F. Petrarca) | la parte migliore: *hai buttato via il m.*; *non ti ho raccontato il m.* | ***fare del proprio m., fare il m.***, fare tutto ciò che è possibile, mettere tutto il proprio impegno (+ *per* **seguito da inf.**): *fa del suo m. per riuscire simpatico* | ***al m.***, nella maniera migliore; (*borsa*) detto di ordine di compravendita in borsa al miglior prezzo reperibile | ***per il m.***, per il verso migliore, nel modo più vantaggioso: *le cose vanno per il m.*; *speriamo che tutto si metta per il m.* | ***per il tuo, il suo, vostro m.***, e sim., a tuo, a suo, a vostro vantaggio: *per il vostro m., vi consiglio di agire diversamente* | **PROV.** ***il m. è nemico del bene***, per migliorare un risultato, si rischia di comprometterlo **CONTR.** peggio **2** (*lett.* o *pop.*) il migliore: *è la m. di tutte*; *Piglia con te un paio de' m.* (A. Manzoni) **D** **in funzione di s. f. inv.** ● (*ellitt.*) la cosa migliore, la soluzione più vantaggiosa e sim.: *la m. sarà non discuterne più*; *credo che la m. sia partire* | ***avere la m.***, prevalere, riuscire superiore: *alla fine il più forte ebbe la m.*

meglioràre e deriv. ➤ **migliorare** e deriv.

meglioriṣmo ➤ **migliorismo**

mehàri /me'ari/ [dall'arabo *mahārī* 'dromedario', da *Mahra*, n. di una tribù araba ✱ 1931] **s. m. inv.** ● dromedario da sella africano, addestrato alla corsa e alla guerra

meharìsta /mea'rista/ [1927] **s. m.** (**pl.** *-i*) ● soldato indigeno delle truppe coloniali italiane e francesi in Africa montate su mehari

†**mèi** ① ➤ **me'** ②

†**mèi** ② ➤ †**me'** ①

mèio- [dal gr. *méiōn* 'minore'] **primo elemento** ● in parole composte della terminologia scientifica, significa 'minore' o indica diminuzione: *meiopragia*

meiocardìa [comp. di *meio-* e *-cardia* ✱ 1957] **s. f.** ● (*med.*) la massima diminuzione di volume della cavità cardiaca che coincide con la fine della sistole

meiofàuna [vc. dotta, comp. del gr. *meíō(n)* 'più piccolo' e *fauna* ✱ 1995] **s. f.** ● (*zool.*) in un dato ambiente, insieme degli organismi animali di dimensioni comprese tra 0,1 e 1 mm: *m. bentonica*

meiopragìa [comp. di *meio-* e del gr. *prássein* 'fare' (V. *prassi*) ✱ 1934] **s. f.** (**pl.** *-gìe*) ● (*med.*) diminuzione dell'attività funzionale e delle capacità reattive di un organo

meiopràgico [1970] **agg.** (**pl. m.** *-ci*) ● (*med.*) affetto da meiopragia

meiòṣi [vc. dotta, gr. *méiōsis* 'diminuzione', da *meiôun* 'diminuire', da *méiōn* 'minore' ✱ 1932] **s. f. inv.** ● (*biol.*) successione di due divisioni nucleari nelle cellule germinali al termine della quale le cellule figlie hanno un numero di cromosomi che è la metà di quello che aveva la cellula madre

meiòtico [vc. dotta, gr. *meiōtikós* 'atto a diminuire, diminuente', da *méiōsis* 'diminuzione' (V. *meiosi*) ✱ 1949] **agg.** (**pl. m.** *-ci*) ● (*biol.*) della meiosi

meiotterìṣmo [comp. di *meio-* e del gr. *pterón* 'ala' ✱ 1957] **s. m.** ● (*zool.*) riduzione o scomparsa delle ali negli Insetti

meitnèrio (meit-ner-io, meit-ne-rio) [dal n. di L. *Meitner* (1878-1968), fisica svedese di orig. austriaca ✱ 1994] **s. m.** ● elemento chimico transuranico artificiale **SIMB.** Mt **NUM. AT.** 109

mèl ① [prob. da *mille* con la terminazione di *bel* ✱ 1996] **s. m. inv.** ● (*mus.*) unità di percezione dell'altezza musicale

mél ② ➤ **me** nel sign. A 3

♦**méla** [da *melo* ② ✱ 1241] **A** **s. f.** (**pl.** *-e*, †*méla*) **1** frutto tondeggiante del melo, con polpa biancastra e zuccherina e buccia sottile variamente colorita | ***tondo, bianco e rosso, fresco*** e sim. ***come una m.***, di viso pieno, colorito e sano | ***m. marcia***, (*fig.*) l'elemento negativo in un gruppo | ***la Grande M.***, la città di New York (trad. dell'ingl. *The Big Apple*) **2** oggetto di forma tondeggiante, simile a una mela: *la m. dell'annaffiatoio* **3** (*tosc.*) taglio della coscia di bestia macellata **4** (*fig.*, **spec. al pl.**) guancia carnosa e rubiconda **5** (*pop.*, **al pl.**) natiche **B in funzione di agg. inv.** • (posposto al sost.) nella loc. ***verde m.***, detto di una tonalità chiara e delicata di verde || **melétta**, **dim.** | **melìna**, **dim.** | **melóna**, **accr.** | **melùccia**, **melùzza**, **dim.**

melàfiro [comp. del gr. *mélas* 'nero' e *-firo*, ricavato da *porfiro*, variante di *porfido* ✱ 1819] **s. m.** • (*geol.*) roccia effusiva di colore scuro-nerastro, i cui componenti essenziali sono augite, olivina e plagioclasio

melagràna o **melogràna**, (*raro*) **melagranàta** [rifacimento dal lat. *mālum granātum* 'mela granata' ✱ av. 1320] **s. f.** (**pl.** *melagràne* **o** *raro melegràne*) • frutto del melograno, globoso, giallo rossastro, contenente semi rugosi acidulo-dolciastri, racchiusi in compartimenti formati da setti membranosi

melagràno ➤ **melograno**

melaìna [dal gr. *mélas* 'nero' ✱ 1869] **s. f.** • pigmento bruno dell'inchiostro della seppia

melàio① [da *mela* ✱ 1672] **s. m.** (**pl.** *-ai*) • ambiente in cui vengono deposte, dopo la raccolta, alcune varietà di mele perché raggiungano il giusto punto di maturazione

melàio② ➤ **melario**

melalèuca [comp. del gr. *mélas* 'nero' (V. *melano-*) e *leukós* 'bianco', per il contrasto tra il *nero* della corteccia e il *bianco* del legno ✱ 1834] **s. f.** • (*bot.*) caieput

melammìna o **melamìna** [comp. con *melam* (n. di un composto chimico coniato da Liebig, pare arbitrariamente), e *am(m)ina* ✱ 1957] **s. f.** • (*chim.*) ammide dell'acido cianurico, sostanza cristallina che costituisce la materia di partenza per la preparazione di una classe di resine sintetiche

melammìnico o **melamìnico** [1957] **agg.** (**pl. m.** *-ci*) • (*chim.*) che deriva dalla melammina | ***resina melamminica***, resina polimerica ottenuta polimerizzando uno o più monomeri di cui almeno uno costituito da melammina o da un suo derivato

melampirìṣmo [da *melampiro* ✱ 1970] **s. m.** • (*med.*) intossicazione da semi di melampiro

melampìro [vc. dotta, gr. *melámpyron*, comp. di *mélas* 'nero' e *pyrós* 'frumento' ✱ 1563] **s. m.** • pianta erbacea delle Labiate diffusa nei boschi con fiori giallastri o bianchi a brattee verdi, parassita di erbe e di alberi (*Melampyrum pratense*)

melàmpo [vc. dotta, gr. *melámpous* 'dai piedi neri', comp. di *mélas* 'nero' e *póus*, genit. *podós* 'piede' ✱ 1963] **s. m.** • (*zool.*) impala

Melampsoràcee [comp. del n. del genere *Melampsora* (V. *melampsorella*) e *-acee* ✱ 1934] **s. f. pl.** (**sing.** *-a*) • (*bot.*) famiglia di Funghi dei Basidiomiceti, i cui componenti sono parassiti di piante superiori e sono detti ruggini (*Melampsoraceae*)

melampsorèlla [dal n. del genere *Melampsora*, comp. del gr. *mélas* 'nero' (V. *melano-*) e *psōrós* 'ruvido' (della stessa famiglia di *psōrá* 'scabbia'. V. *psoriasi*); detta così per l'aspetto ✱ 1957] **s. f.** • genere di Funghi delle Melampsoracee, parassiti degli abeti, sui rami dei quali determinano escrescenze (*Melampsorella*)

†**melancolìa** e deriv. ➤ **malinconia** e deriv.

melanconìa e deriv. ➤ **malinconia** e deriv.

Melanconiàcee [comp. del gr. *mélas* 'nero' (V. *melano-*), *kónis* 'polvere' (da avvicinare al lat. *cĭnis* 'polvere'), e *-acee*: sono dette così per i loro conidi scuri ✱ 1954] **s. f. pl.** (**sing.** *-a*) • (*bot.*) una delle famiglie dei cosiddetti Funghi imperfetti, saprofiti o parassiti, responsabili di numerose malattie dei vegetali (*Melanconiaceae*)

Melàndridi [comp. di *melan(o)-* e del gr. *drŷs* 'albero' (di orig. indeur.): detti così perché insetti di colore nero che vivono nei vecchi alberi ✱ 1983] **s. m. pl.** (**sing.** *-e*) • (*zool.*) famiglia di piccoli Coleotteri viventi in tessuti vegetali in disfacimento (*Melandriidae*)

melanemìa [comp. di *melano-* ed *-emia*, perché determinata dalla presenza di melanine nel sangue ✱ 1887] **s. f.** • (*med.*) colorazione rosso-brunastra del sangue nella malaria, per presenza di pigmenti derivati dalla distruzione dei globuli rossi

melaneṣiàno [1957] **A agg.** • della Melanesia | ***lingue melanesiane***, gruppo di lingue della famiglia maleopolinesiaca, parlate in Melanesia **B s. m.** (**f.** *-a*) • abitante o nativo della Melanesia

mélange /*fr.* meˈlɑ̃ʒ/ [vc. fr., propr. 'mescolanza', da *mêler* 'mescolare' (stessa etim. dell'it. *mescolare*) ✱ 1875] **A s. m. inv. 1** mescolanza di più colori o (*fig.*) di elementi diversi **2** filato costituito da fibre di vari colori, normalmente bianche e nere o bianche e brune **3** caffè o cioccolato con panna montata **B anche agg. inv.**: *tessuto m.*

melangiàto [fr. *mélangé*, part. pass. di *mélanger* 'mescolare' ✱ 1993] **A agg.** • che presenta una mescolanza di più colori | ***tessuto m.***, tessuto mélange **B s. m.** • tessuto melangiato

melàngola [sec. XIV] **s. f.** • frutto del melangolo

melàngolo [comp. del gr. *mêlon* 'mela' e *ángouron* 'cocomero' (V. *anguria*) ✱ av. 1557] **s. m.** • (*bot.*) arancio amaro

melànico [1891] **agg.** (**pl. m.** *-ci*) • della melanina | nelle scienze naturali, di colore scuro o nero | ***pigmento m.***, melanina

melanìna [da *melano-* ✱ 1869] **s. f.** • pigmento bruno scuro, granulare, della pelle e degli annessi cutanei, che ne determina il colore, particolarmente abbondante nella cute dei gruppi etnici di pelle scura

melanìṣmo [ingl. *melanism*, dal gr. *mélas* 'nero'. V. *melano-* ✱ 1850] **s. m.** • eccesso di pigmentazione che accentua al massimo il colorito bruno spec. dei peli dei Mammiferi e delle penne degli Uccelli | ***m. industriale***, fenomeno per cui, in alcune zone industriali, farfalle chiare hanno assunto un colorito scuro prob. per mimetizzarsi

melanìte [comp. di *melano-* e *-ite*② ✱ av. 1835] **s. f.** • (*miner.*) varietà nera di granato ricca di titanio

melanìttero [comp. di *melano-* e del gr. *pterón* 'ala' ✱ 1957] **s. m.** • (*med.*) forma di ittero con colorazione particolarmente scura della cute

mèlano- [gr. *melan(o)-*, da *mélas*, genit. *mélanos* 'nero', di orig. indeur.] **primo elemento** (*melan-* **davanti a vocale**) • in parole composte della terminologia scientifica e medica, significa 'nero' o indica colorazione bruna, scura: *melanismo, melanoma*

melanoblàsto [comp. di *melano-* e *-blasto* ✱ 1957] **s. m.** • (*biol.*) cellula derivata dal neuroblasto e destinata a evolvere come elemento pigmentato

melanocìta [comp. di *melano-* e *-cita* ✱ 1957] **s. m.** (**pl.** *-i*) • (*biol.*) cellula che trasporta melanina o è capace di sintetizzarla

melanodermìa [dal gr. *melanodérmatos* 'dalla pelle nera', comp. di *melano-* 'melano-' e *dérma*, genit. *dérmatos* 'pelle' ✱ 1912] **s. f.** • pigmentazione bruna scura della pelle per deposizione di melanina e di altri pigmenti scuri

melanòforo [comp. di *melano-* e *-foro* ✱ 1957] **A agg.** • (*biol.*) che contiene pigmento scuro **B s. m.** • (*biol.*) cellula pigmentata i cui granuli determinano il colore della pelle

melanòma [comp. di *melano-* e *-oma* ✱ 1957] **s. m.** (**pl.** *-i*) • (*med.*) tumore caratterizzato dall'accumulo di melanina nelle cellule dell'epidermide

melanòṣi [vc. dotta, gr. *melánōsis* 'il divenir nero', da *mélas* 'nero'. V. *melano-* ✱ 1834] **s. f. inv.** • (*med.*) affezione caratterizzata da aumento della melanina

melanosòma [comp. di *melano-* e il pl. di *-soma* ✱ 1957] **s. m.** (**pl.** *-i*) • insetto dei Crisomelidi le cui larve attaccano vari alberi rodendo le foglie di cui lasciano le sole nervature (*Melanosoma*)

melanterite [vc. dotta, lat. tardo *melantēria(m)*, dal gr. *melantēría* 'tinta nera', da *mélas* 'nero' con suffisso mineralogico *-ite*② V. *melano-* ✱ 1957] **s. f.** • (*miner.*) solfato di ferro idrato, presente spesso in incrostazioni verdi brillanti nelle miniere di pirite

Melantiàcee [comp. di *melanti(o)* e *-acee* ✱ 1836] **s. f. pl.** (**sing.** *-a*) • (*bot.*) famiglia di piante erbacee perenni monocotiledoni, caratteristiche dell'emisfero settentrionale (*Melanthiaceae*)

melàntio [vc. dotta, gr. *melánthion*, comp. di *mélas* 'nero' e *ánthos* 'fiore' ✱ av. 1498] **s. m.** • (*bot.*) agrostemma

melanùria o **melanurìa** [comp. di *melan(o)-* e *-uria* ✱ 1957] **s. f.** • (*med.*) emissione di urine scure per pigmenti di varia natura

melanùro [vc. dotta, lat. *melanūru(m)*, dal gr. *melánouros*, comp. di *mélas* 'nero' (V. *melano-*) e *óura* 'coda' ✱ 1476] **s. m.** • (*zool.*) occhiata

melanẓàna (o **-z-**) [sovrapposizione di *mela* all'arabo *bāḏinǧān* ✱ av. 1557] **s. f.** • pianta delle solanacee di origine asiatica coltivata per i grossi frutti a bacca violacei o bianchi (*Solanum melongena*) **SIN.** petonciano | i frutti di tale pianta, che vengono cucinati in vari modi: *melanzane alla parmigiana*; *melanzane ripiene*

melarància [comp. di *mela* e *arancia* ✱ sec. XIII] **s. f.** (**pl.** *-ce*) • il frutto del melarancio

melaràncio [comp. di *mel(o)* e *arancio* ✱ av. 1400] **s. m.** • (*bot.*) arancio dolce

melardìna [etim. incerta ✱ 1813] **s. f.** • (*bot.*) reseda

melàre [da *mela* ✱ av. 1850] **v. tr.** • (*tosc.*) solo nella loc. ***farsi m.***, farsi prendere a melate; (*fig.*) farsi schernire, burlare

melàrio o **melàio**② [vc. dotta, lat. (*vās*) *mellāriu(m)* '(vaso) da miele', da *mĕl*, genit. *mĕllis* 'miele' ✱ av. 1320] **A s. m.** • cassetta che si sovrappone all'arnia affinché le api possano deporvi il miele **B agg.** • del miele | (*zool.*) ***borsa melaria***, dilatazione del tubo digerente delle api nella quale il nettare viene trasformato in miele

melaròṣa [comp. di *mela* e *rosa* ✱ av. 1556] **s. f.** • (*bot.*) alberello delle Mirtacee con piccoli frutti di colore giallo carico profumati di rosa (*Eugenia jambos*) | il frutto di tale pianta **SIN.** giambo②

♣**melàssa** [fr. *mélasse*, dallo sp. *melaza*, da *mel* 'miele' ✱ 1780] **s. f. 1** liquido denso, bruno che rimane dopo che il succo della canna da zucchero o della barbabietola è stato sottoposto a tutte le operazioni per estrarre lo zucchero cristallizzabile **2** (*fig.*) ciò che è sdolcinato, stucchevole, melenso: *un discorso pieno di m.*

†**melàsso** o †**melàzzo** [1567] **s. m.** • melassa

Melastomàcee [comp. del gr. *mélas* 'nero'

(V. *melano-*), *-stoma* e *-acee* ✱ 1834] **s. f. pl.** (**sing.** *-a*) ● (*bot.*) famiglia di piante dicotiledoni, importanti componenti della vegetazione tropicale sudamericana (*Melastomaceae*)

melàta ① [da *mela* ✱ av. 1767] **s. f.** ● (*raro*) colpo dato con una mela scagliata: *prendere a melate*

melàta ② o **mielàta** [da *miele* ✱ av. 1512] **s. f. 1** liquido zuccherino che si forma sui vegetali naturalmente o in seguito a punture di insetti **2** sostanza zuccherina prodotta e deposta su foglie e rami da alcuni insetti che viene poi succhiata dalle api: *miele di m.*

melàto ① o **mielàto** [da *miele* ✱ sec. XIII] **agg. 1** preparato o addolcito con miele **2** (*fig.*) dolce come miele: *tono m.*; *bagna di pianto e fa' melati i preghi* (T. TASSO) | falsamente lusinghiero, mellifluo o insinuante: *parole melate*

†**melàto** ② [ant. fr. *meslé* 'mescolato' ✱ sec. XIV] **agg.** ● mescolato

melatonìna [comp. del gr. *mélas* (V. *melano-*), del gr. *tónos* 'tensione' e del suff. *-ina* ✱ 1985] **s. f.** ● (*biol.*) ormone, sintetizzato dall'epifisi, che negli Anfibi produce una spiccata decolorazione della pigmentazione cutanea; nei Mammiferi inibisce lo sviluppo delle gonadi e influenza il ciclo estrale; nell'organismo umano, si sostiene che regolarizzi il sonno e ritardi l'invecchiamento

†**melàzzo** ➤ †**melasso**

melchìta [arabo *malakī*, trad. del gr. *basilikós* 'imperiale'; erano detti così perché fedeli all'imperatore ✱ 1608] **A s. m. e f.** (**pl. m.** *-i*) ● cattolico di rito bizantino e di lingua araba **B** anche **agg.**: *Chiesa, liturgia m.*

mèle ➤ **miele**

†**melèa** ➤ †**mislea**

meleàgride [vc. dotta, lat. *meleăgride(m)*, dal gr. *meleagrís*, da *Meléagros* 'Meleagro', mitico eroe greco, le cui sorelle secondo il mito sarebbero state mutate in faraone ✱ 1476] **s. m.** ● (*zool.*) tacchino

meleagrìna [da *Meleagro*, mitico eroe greco ✱ 1828] **s. f.** ● (*zool.*) ostrica perlifera

melèna [vc. dotta, gr. *mélaina*, f. di *mélas* 'nero'. V. *melano-* ✱ 1829] **s. f.** ● (*med.*) emissione di feci scure per presenza di sangue digerito

♣**melensàggine** o †**milensàggine** [1353] **s. f.** ● caratteristica di chi (o di ciò che) è melenso | azione o discorso da melenso **SIN.** balordaggine, sciocchezza

♣**melènso** o †**milènso** [etim. incerta ✱ sec. XIII] **agg. 1** tardo di mente e di modi, goffo nell'aspetto e negli atteggiamenti: *un individuo m.*; *Il vero furbo, in commercio, ... doveva fare in modo di apparire m.* (I. SVEVO) **SIN.** ottuso, rimbambito, stordito **2** insulso, sciocco, banale: *parole melense* | (*raro*) sdolcinato, lezioso ‖ **melensaménte**, **avv.**

meléto [da *melo* ② ✱ av. 1320] **s. m.** ● frutteto di meli

mèlia [gr. *melía* 'frassino', di orig. preindeur. ✱ 1834] **s. f.** ● genere di piante legnose tropicali delle Meliacee che forniscono legni pregiati per il colore, la struttura e il profumo (*Melia*)

-melia [dal gr. *mélos* 'arto'] **secondo elemento** ● in parole composte della terminologia medica, fa riferimento a malformazioni degli arti: *focomelia, macromelia, nanomelia*

meliàca o (*raro*) **melìaca** [lat. *armenĭaca(m)* 'dell'Armenia' ✱ 1550] **s. f.** ● (*bot.*) albicocco

Meliàcee [vc. dotta, comp. di *melia* e *-acee* ✱ 1834] **s. f. pl.** (**sing.** *-a*) ● (*bot.*) famiglia di piante dicotiledoni arboree tropicali con foglie pennate e fiori in infiorescenze tra cui il mogano (*Meliaceae*)

mèlica ① [vc. dotta, lat. *mĕlica(m)*, dal gr. *melikḗ*, f. sost. di *melikós* 'melico' ✱ av. 1574] **s. f.** ● poesia lirica, spec. quella composta per il canto

mèlica ② o **mèliga** [da (*erba*) *medica*, con influsso di *miele* ✱ 1773] **s. f.** ● (*bot.*) mais | saggina

melicèride [vc. dotta, lat. *melicēride(m)*, dal gr. *melikēris*, comp. di *méli* 'miele' e *kērós* 'cera' ✱ 1561] **s. f.** ● (*med.*, *raro*) formazione cistica contenente materiale grasso, giallo chiaro

mèlico [vc. dotta, lat. *mĕlicu(m)*, dal gr. *melikós*, da *mélos* 'canto', di etim. incerta ✱ 1483] **A agg.** (**pl. m.** *-ci*) ● melodioso, musicale, lirico | ***poesia melica***, melica | che compone poesie meliche: *poeta m.* **B s. m.** ● poeta melico

melicóne [da *melica* ② ✱ 1834] **s. m.** ● (*bot.*) mais

melìfaga [comp. del gr. *méli* 'miele' (di orig. indeur.), e di *-fago* ✱ 1829] **s. f.** ● genere di Uccelli australiani cui appartiene una specie con testa e collo neri, e parti inferiori bianche macchiate di nero (*Meliphaga*)

Melifàgidi [comp. di *melifag(a)* e *-idi* ✱ 1895] **s. m. pl.** (**sing.** *-e*) ● (*zool.*) famiglia di Passeriformi australiani con becco sottile e lingua protrattile, che si cibano di miele (*Meliphagidae*)

melìfero ➤ **mellifero**

melifillo [vc. dotta, gr. *melíphyllon*, comp. di *méli* 'miele' e *phýllon* 'foglia' ✱ 1869] **s. m.** ● (*bot.*) melissa

mèliga ➤ **melica** ②

melilite [comp. del gr. *méli* 'miele', per il colore, e *-lite* ✱ 1819] **s. f.** ● (*miner.*) gruppo di silicati, in cristalli corti dimetrici di color giallo miele

melilòto [vc. dotta, lat. *melilōto(n)*, dal gr. *melílōton*, comp. di *méli* 'miele' e *lōtós* 'loto' ✱ sec. XIV] **s. m.** ● pianta erbacea delle Leguminose, buona foraggera, con grappoli allungati di fiori gialli e profumati, ricchi di nettare (*Melilotus officinalis*)

melìna [dal bolognese *fer al zug dla mléina* 'indugiare, cincischiare', di origine incerta ✱ 1961] **s. f.** ● (*gerg.*) spec. nella pallacanestro e nel calcio, gioco ostruzionistico, incentrato sul possesso di palla per conservare un risultato favorevole: *fare m.* | (*fig.*) tattica dilatoria

melinìte [fr. *mélinite*, dal gr. *mḗlinos* 'color di mele, giallastro', da *mêlon* 'mela' ✱ av. 1909] **s. f.** ● esplosivo a base di acido picrico

melìpona [comp. del gr. *méli* 'miele' e *pónos* 'fatica' ✱ 1834] **s. f.** ● ape selvatica priva di pungiglione dell'America tropicale che costruisce il nido nei cavi degli alberi o nel terreno, impastando cera con resina e terra (*Melipona*)

melìṣma o **melìṣmo**, (*raro*) **malìṣmo** [vc. dotta, gr. *mélisma*, da *melízein* 'cantare', da *mélos*. V. *melico* ✱ 1594] **s. m.** (**pl.** *-i*) ● (*mus.*) abbellimento formato da più note eseguite su una sola sillaba

meliṣmàtico [1826] **agg.** (**pl. m.** *-ci*) ● (*mus.*) relativo al melisma | contenente melismi

melìṣmo ➤ **melisma**

melìssa [dal lat. *melissaphўllum*, dal gr. *melissóphyllon*, propr. 'foglia per le api', comp. di *mélissa* 'ape', da *méli* 'miele' e *phýllon* 'foglia' ✱ sec. XIV] **s. f.** ● pianta erbacea delle Labiate, di gradevole odore, con fiori biancastri macchiettati e foglie grandi e pelose, usata in farmacia per le sue proprietà stimolanti, antispasmodiche e carminative (*Melissa officinalis*) **SIN.** appiastro, melifillo

melissòfago [comp. del gr. *mélissa* 'ape', da *méli* 'miele', e *-fago* ✱ 1834] **agg.** (**pl. m.** *-gi*) ● che si nutre di api: ***uccelli melissofagi***

melissografìa [comp. del gr. *mélissa* 'ape', da *méli* 'miele', e *-grafia* ✱ 1834] **s. f.** ● trattato sulle api

melitèa [prob. dal gr. *méli* 'miele' (V. *melifaga*) ✱ av. 1729] **s. f.** ● piccola farfalla dei prati, con livrea giallo-bruna striata di nero (*Melitaea*)

melitènse [vc. dotta, lat. *melitēnse(m)*, da *Mĕlita* 'Malta' ✱ 1543] **A agg. e s. m. e f.** ● (*lett.*) maltese | ***febbre m.***, infezione intestinale causata dalla *Salmonella melitensis* **B s. f.** ● febbre melitense

melitòṣio [fr. *mélitose*, dal gr. *méli*, genit. *mélitos* 'miele', di orig. indeur., col suff. *-ose* '-osio' ✱ 1869] **s. m.** ● (*chim.*) disaccaride contenuto nella manna australiana

melìttide [dal gr. *mélitta* 'ape' (da *méli* 'miele'), perché i suoi fiori forniscono miele alle api ✱ 1834] **s. f.** ● genere di piante delle Labiate cui appartiene la bocca di lupo (*Melittis*)

melittòfilo [comp. del gr. *mélitta* 'ape' (V. *melittide*) e *-filo* ✱ 1857] **agg.** ● detto di pianta impollinata a opera delle api

†**mèlleo** [vc. dotta, lat. *mĕlleu(m)*, agg. di *mĕl*, genit. *mĕllis* 'miele' ✱ av. 1498] **agg.** ● (*lett.*) che ha le caratteristiche del miele: *la fragranza mellea dei fiori* (G. D'ANNUNZIO) | (*fig.*, *lett.*) mellifluo

mellétta [sovrapposizione di *melma* a *belletta* ✱ 1741] **s. f.** ● (*tosc.*) fanghiglia, melma

mellìfago [comp. del lat. *mĕl*, genit. *mĕllis* 'miele' e *-fago* ✱ 1829] **s. m.** (**pl.** *-gi*) ● uccello australiano dei Passeriformi con lunga lingua protrattile sfrangiata come un pennello per raccogliere nettare dai fiori o insetti (*Meliphaga*) **SIN.** mellisuga

mellìfero o (*raro*) **melìfero** [vc. dotta, lat. *mellĭferu(m)*, comp. di *mĕl*, genit. *mĕllis* 'miele', e *-fer* '-fero' ✱ 1485 ca.] **agg.** ● che produce miele: *ape mellifera* | ***pianta mellifera***, che attira le api per i suoi fiori particolarmente ricchi di nettare

mellificàre [vc. dotta, lat. *mellificāre*, comp. di *mĕl*, genit. *mĕllis* 'miele' e *-ficāre* '-ficare' ✱ 1340 ca.] **v. intr.** (*io mellìfico, tu mellìfichi*; **aus.** *avere*) ● produrre il miele, detto delle api ‖ **mellificazióne**, **s. f.**

mellifluità [av. 1799] **s. f. inv.** ● (*fig.*) caratteristica di chi (o di ciò che) è mellifluo

♣**mellìfluo** [vc. dotta, lat. tardo *mellĭfluu(m)*, comp. di *mĕl*, genit. *mĕllis* 'miele' e *flŭere* 'scorrere' (V. *fluire*) ✱ 1340 ca.] **agg. 1** †che serve alla produzione del miele | †dolce come il miele **2** (*lett.*, *fig.*) dolcissimo, delizioso, soave **3** (*fig.*) che denota o esprime una gentilezza insinuante e insincera, spec. allo scopo di ingannare e sim.: *tono m.*; *voce melliflua*; *rivolgersi a qlcu. con fare m.* **SIN.** dolciastro, melato ‖ **mellifluaménte**, **avv.** in modo mellifluo, ipocrita: *sorridere mellifluamente*

mellisùga [comp. del lat. *mĕl*, genit. *mĕllis* 'miele' e *-suga*, ricavato da *sanguisuga* ✱ 1983] **s. f.** ● (*zool.*) mellifago

mellitàto [da *mellitico* ✱ 1957] **s. m.** ● (*chim.*) sale o estere dell'acido mellitico

mellìte [dal lat. *mĕl*, genit. *mĕllis* 'miele', per il colore ✱ 1819] **s. f.** ● (*miner.*) composto organico naturale analogo al sale di alluminio dell'acido mellitico

mellìtico [da *mellite* ✱ 1834] **agg.** (**pl. m.** *-ci*) ● detto di acido aromatico contenente 6 gruppi carbossilici, preparato per ossidazione della grafite o di certi carboni

mellìto [vc. dotta, lat. *mellītu(m)*, da *mĕl*, genit. *mĕllis* 'miele' ✱ 1891] **A agg.** ● (*raro*) zuccherino | (*med.*) ***diabete m.***, dovuto a insufficienza di secrezione di insulina, con eliminazione di urine ricche di zucchero **B s. m.** ● sciroppo medicinale dolcificato col miele

mellìvora [comp. del lat. *mĕl*, genit. *mĕllis* 'miele', e il f. di *-voro*, ricavato da *carnivoro* ✱ 1934] **s. f.** ● mammifero dei Mustelidi, sudafricano, con ruvido pelame grigio, ghiotto di api e miele (*Mellivora capensis*) **SIN.** ratele

†**mellonàggine** [da *mellone* ✱ 1353] **s. f.** ● ottusità, stupidità | sproposito, strafalcione, idiozia

mellóne ➤ **melone**

mèllotron /ˈmelotron, *ingl.* ˈmɛlə,trɒn/ [vc. ingl., comp. di *mello(w)*, detto di suono 'caldo, pieno' ed *(elec)tron(ic)* 'elettronico' ✱ 1992] **s. m. inv.** ● (*mus.*) strumento elettronico che contiene suoni registrati su nastro e li elabora

mélma (o -è-) [vc. di orig. germ. ✱ 1313] **s. f.** **1** terra molle nel fondo di paludi, fiumi, fossi d'acqua, o lasciata dalle piene: *una m. maleodorante* **SIN.** fanghiglia, mota **2** (*fig.*) lordura o bruttura morale, corruzione: *vivere nella m. del vizio* ‖ **melmàccia**, **pegg.** | **melmétta**, **dim.**

melmóso (o -ṣ-) [av. 1698] **agg.** ● pieno di melma: *stagno m.* **SIN.** fangoso ‖ **melmosità**, **s. f. inv.** condizione di ciò che è melmoso

†**mèlo** ① ➤ **melos**

mélo ② [lat. tardo *mēlu(m)*, per il classico *mālu(m)*, dal gr. *mêlon*, vc. di orig. preindeur. ✱ 1268] **s. m.** ● albero delle Rosacee coltivato in molte varietà per i frutti commestibili, con foglie seghettate, inferiormente pelose e fiori bianchi all'interno e rosei esternamente, in corimbi (*Pirus malus*)

mélo /*fr.* meˈlo/ o **melò** [vc. fr., accorc. di *mélodrame* 'melodramma' ✱ 1963] **A** **s. m. inv.** ● situazione, atteggiamento, opera caratterizzata da particolare enfasi e teatralità **B** **anche agg. inv.**: *film, genere m.* **SIN.** melodrammatico

-melo ➤ **me** nel sign. A 3

mèlo- [dal gr. *mélos* 'musica', di orig. indeur.] **primo elemento** ● in parole composte, significa 'canto', 'melodia', 'musica': *melofobo, melologo, meloterapia*

melocotógno [comp. di *melo*② e *cotogno* ✱ 1310] **s. m.** (**pl.** *melicotógni*) ● (*bot.*) cotogno

melòde ① o **melòdo** [vc. dotta, lat. tardo *melōde(m)*, dal gr. *melōidós* 'cantante, poeta lirico' (V. *melodia*) ✱ 1894] **s. m.** ● poeta bizantino che musicava il testo dei propri componimenti liturgici

†**melòde** ② [vc. dotta, lat. tardo *melōde(m)*, da *melōdia* 'melodia', rifatto su *ōde* 'canto' (V. *ode*) ✱ 1321] **s. f.** ● (*poet.*) melodia

♦**melodìa** [vc. dotta, lat. tardo *melōdia(m)*, dal gr. *melōidía*, comp. di *mélos* 'musica' (V. *melos*) e *ōidḗ* 'canto' (V. *ode*) ✱ av. 1292] **s. f.** **1** (*mus.*) sequenza di suoni che producono una frase musicale compiuta, gradevole e orecchiabile | composizione vocale da camera, simile alla romanza, in voga nella Francia del XIX sec. **2** (*est.*) insieme armonioso di suoni o di voci: *la m. dei ruscelli; il secreto usignuolo entro le fronde / empie il vasto seren di m.* (G. CARDUCCI)

melòdica [1952] **s. f.** ● (*mus.*) adattamento di *melodika* (V.)

♦**melòdico** [vc. dotta, gr. *melōidikós*, da *melōidía* 'melodia' ✱ sec. XIV] **agg.** (**pl. m.** *-ci*) **1** di melodia o di melodie: *cantante m.* | che ha caratteristiche di melodia: *musica, canzone melodica* | ***disegno m.***, l'andamento musicale proprio di una melodia **2** (*est.*) melodioso, dolce: *la melodica voce dell'usignolo* ‖ **melodicaménte**, **avv.** ‖ **melodicità**, **s. f. inv.**

melòdika [da *melodia* ✱ 1993] **s. f. inv.** ● (*mus.*) strumento che combina la tastiera del clavicordo e il registro organistico del flauto **CFR.** melodica

melodióso (o -ṣ-) [av. 1328] **agg.** **1** ricco di melodia: *suono, canto m.* **2** armonico e dolcissimo: *voce melodiosa* | (*fig.*) tenero, delicato: *sentiva una melodiosa certezza di compagnia* (E. VITTORINI) ‖ **melodiosaménte**, **avv.** ‖ **melodiosità**, **s. f. inv.**

melodìsta [da *melodia* ✱ 1834] **s. m. e f.** (**pl. m.** *-i*) ● autore di composizioni musicali caratterizzate dalla predominanza della melodia come elemento stilistico

melòdo ➤ **melode**①

melodràmma [fr. *mélodrame*, comp. del gr. *mélos* 'canto' (V. *melos*) e del fr. *drame* 'dramma' ✱ 1714] **s. m.** (**pl.** *-i*) ● genere musicale consistente nella rappresentazione per voci soliste, coro e orchestra di un testo poetico d'argomento cavalleresco, mitologico, storico, fantastico, comico: *la nascita del m.*; *il m. romantico* | ***da m.***, di chi (o di ciò che) è enfatico ed esagerato o di chi tende all'esagerazione dei propri sentimenti: *eroe, personaggio, situazione da m.* ‖ **melodrammàccio**, **pegg.** | **melodrammóne**, **accr.**

melodrammàtico [1714] **agg.** (**pl. m.** *-ci*) **1** del melodramma **2** (*est.*) che manifesta e ostenta atteggiamenti, sentimenti esagerati, intensamente passionali: *tono, gesto m.* **SIN.** teatrale ‖ **melodrammaticaménte**, **avv.** in modo melodrammatico ‖ **melodrammaticità**, **s. f. inv.**

mèloe [etim. incerta ✱ 1821] **s. m.** ● insetto dei Coleotteri con testa piccola, privo di ali, con zampe robuste e livrea scura che, allo stato larvale, divora uova di api e miele; se molestato, emette emolinfa di odore sgradevole e ad azione vescicatoria (*Meloe violaceus*)

melòfago [vc. dotta, gr. *mēlophágos*, comp. di *mêlon* 'pecora' e *-phágos* '-fago' ✱ 1834] **s. m.** (**pl.** *-gi*) ● insetto dei Ditteri con zampe forti e munite di unghie, con le quali si attacca ai peli delle pecore, di cui è parassita (*Melophagus ovinus*)

melòfobo [comp. di *melo-* e *-fobo* ✱ sec. XIX] **s. m.** (**f.** *-a*); **anche agg.** ● chi (o che) odia la musica

melogràna ➤ **melagrana**

melogràno o **melagràno**, (*raro*) **melogranàto** [rifacimento del lat. *mālum granātum* 'mela granata' ✱ 1340 ca.] **s. m.** (**pl.** *melogràni* o *meligràni*) **1** albero delle Punicacee con foglie lanceolate opposte, fiori rossi e frutti commestibili, la cui corteccia ha azione vermifuga (*Punica granatum*) **2** (*impropr.*) frutto di tale albero **SIN.** melagrana

melòlogo [comp. di *melo-* e *-logo* ✱ av. 1926] **s. m.** (**pl.** *-ghi*) ● recitazione di un testo con accompagnamento musicale (genere teatrale diffuso a partire dalla metà del XVIII sec.)

melolónta [vc. dotta, gr. *mēlolónthē* 'scarabeo dorato', di orig. preindeur. ✱ 1869] **s. f.** ● (*zool.*) maggiolino

melòmane [fr. *mélomane*, comp. di *mélos* 'canto' (V. *melos*) e *-mane* '-mane' ✱ 1940] **s. m. e f.** ● chi è estremamente appassionato di musica, spec. lirica

melomanìa [da *melomane* ✱ 1828] **s. f.** ● amore spesso eccessivo per la musica, mania musicale

melonàio [av. 1449] **s. m.** (**pl.** *-ai*) ● terreno coltivato a meloni

melóne o (*merid.*) **mellóne** [lat. tardo *melōne(m)*, nom. *mēlo*, abbr. di *melōpepo*, genit. *melopepōnis*, dal gr. *mēlopépōn*, genit. *mēlopéponos*, comp. di *mêlon* 'mela' e *pépōn*, genit. *péponos* 'popone' ✱ av. 1320] **s. m.** **1** pianta erbacea delle Cucurbitacee a fusto strisciante, diffusamente coltivata per i frutti globosi od ovali con polpa dolce e profumata (*Cucumis melo*) | il frutto commestibile di tale pianta **SIN.** popone | ***m. cantalupo***, V. *cantalupo* | ***m. d'acqua***, cocomero | ***m. dei tropici***, frutto della papaia a polpa burrosa, gialla, zuccherina, di gusto caratteristico **2** (*biol.*) vistosa protuberanza in corrispondenza delle ossa frontali dei Delfini, dovuta all'accumulo dello spermaceti **3** (*fig.*) †uomo sciocco e goffo ‖ **meloncèllo**, **dim.** | **meloncìno**, **dim.**

melopèa [vc. dotta, lat. tardo *melopōeia(m)*, dal gr. *melopoiía*, comp. di *mélos* 'canto' (V. *melos*) e *poiêin* 'fare' (V. *poeta*) ✱ 1728] **s. f.** ● melodia lenta spec. ispirata a motivi liturgici | †arte del contrappunto

meloplàsto [fr. *méloplaste*, comp. del gr. *mélos* 'canto' (V. *melos*) e *-plaste* '-plasto' ✱ 1834] **s. m.** ● (*mus.*) pentagramma vuoto utilizzato per lo studio del solfeggio mediante elementi mobili rappresentanti le note

melopsìttaco [comp. del gr. *mélos* 'canto' (V. *melos*) e *psittakós* 'pappagallo' (V. *Psittaciformi*) ✱ 1934] **s. m.** (**pl.** *-ci*) ● pappagallino australiano con ali lunghe e appuntite, bel piumaggio verde e giallo con screziature nere, facilmente addomesticabile, che in cattività ha dato origine per mutazione a razze di diversi colori (*Melopsittacus undulatus*) **SIN.** pappagallino ondulato, parrocchetto canoro

mèlos o †**mèlo** ① [vc. dotta, lat. *mĕlos*, dal gr. *mélos*, di orig. indeur. ✱ 1477] **s. m.** (**pl. inv.** o † *-i*, (*gr.*) *mèle*) ● (*poet.*) melodia | canto poetico

meloterapìa [comp. di *melo-* e *-terapia* ✱ 1957] **s. f.** ● musicoterapia

melt down /meltˈdaun, *ingl.* ˈmɛlt,daʊn/ o **meltdown** [loc. ingl., dal v. *to melt down* 'sciogliere' ✱ 1986] **loc. sost. m. inv.** **1** (*fis.*) fusione accidentale del nocciolo radioattivo del reattore di una centrale nucleare **2** (*fig.*) crollo, caduta rovinosa: *melt down borsistico*

meltèmi [vc. neogreca, dal turco *meltem* 'monsone' ✱ sec. XIX] **s. m. inv.** ● denominazione in uso in Grecia dei venti etesii

melting pòt /ˈmeltin(g)ˈpɔt, *ingl.* ˈmɛltɪŋ,pɒt/ [loc. ingl., comp. di *melting*, da *to melt* 'fondere', e *pot* 'pentola, marmitta' ✱ 1942] **loc. sost. m. inv.** (**pl. ingl.** *melting pots*) ● mescolanza di diversi elementi, crogiuolo, calderone | miscuglio di gruppi etnici differenti

mèlton [dal n. della città di *Melton* in Inghilterra ✱ 1898] **s. m. inv.** **1** (*tess.*) follone **2** tessuto reso opaco e leggermente peloso da una particolare follatura

†**membraménto** [da *membrare* ✱ sec. XIV] **s. m.** ● ricordo, memoria

membràna [vc. dotta, lat. *membrāna(m)* 'pelle sottile che copre le membra', da *mĕmbrum* 'membro' ✱ av. 1328] **s. f.** **1** (*anat.*) sottile lamina di rivestimento degli organi, con varia struttura e funzione | ***m. del timpano***, formazione dell'orecchio medio, visibile dall'esterno | ***falsa m.***, formazione pellicolare, formata da materiale di essudazione, che si forma sulla mucosa laringea nella infezione difterica | ***membrane oculari***, i tre strati concentrici che compongono il globo oculare **2** (*biol.*) involucro della cellula | ***m. plasmatica***, struttura protoplasmatica periferica differenziata che delimita verso l'esterno il citoplasma **SIN.** plasmalemma **3** sottile pelle di animale conciata, usata un tempo per scrivervi (detta *cartapecora* o *pergamena*), o tesa sui tamburi o altri strumenti a percussione **4** corpo elastico metallico di spessore assai piccolo, che si flette con forze minime, usato spec. in apparecchi elettroacustici **5** (*zool.*) ***m. alare***, patagio

membranàceo [vc. dotta, lat. *membranāceu(m)*, da *membrāna* 'membrana' ✱ av. 1730] **agg.** ● che ha struttura o consistenza di membrana | ***libro, codice m.***, di fogli di pergamena o cartapecora

†**membràneo** o †**membràno** [sec. XIV] **agg.** ● membranaceo

membranifórme [comp. di *membrana* e *-forme* ✱ 1834] **agg.** ● che ha l'aspetto, le caratteristiche di una membrana

†**membràno** ➤ †**membraneo**

membranòfono [comp. di *membrana* e *-fo-*

no ✱ 1957] **agg.** ● detto di ogni strumento musicale formato da una o più pelli tese, che l'esecutore percuote con le mani o con bacchetta

membranóso (o -ṣ-) [vc. dotta, lat. tardo *membranōsu(m)*, da *membrāna* 'membrana' ✱ av. 1698] **agg.** ● costituito, composto da una o più membrane: *corpo m.* | che è simile a membrana

†**membrànza** [provenz. *membransa*, da *membrar* 'membrare' ✱ av. 1250] **s. f.** ● rimembranza, ricordo: *pasco ... / il pensier di desire e di m.* (G.B. MARINO)

membràre [provenz. *membrar*, dal lat. *memorāre*. V. †*memorare* ✱ av. 1250] **v. tr.** (*io mèmbro*) ● (*poet.*) rimembrare, ricordare: *membrando il suo bel viso e l'opre sante* (F. PETRARCA)

membratùra [vc. dotta, lat. *membratūra(m)*, da *mĕmbrum* 'membro' ✱ 1499] **s. f.** **1** le membra umane o animali viste e considerate nel loro complesso: *un uomo di robusta m.* **2** (*archit.*) modanatura o complesso di modanature che costituiscono, spec. unite ad altri elementi architettonici, una parte ben determinata della costruzione

♦**mèmbro** (o -é-) [vc. dotta, lat. *mĕmbru(m)*, di orig. indeur. ✱ av. 1249] **s. m.** (**pl.** *mèmbra*, **f.**, †*mèmbri*, **m.**, †*mèmbre*, **f. con valore collettivo; pl.** *mèmbri*, **m. negli altri casi**) **1** (**spec. al pl.**) arto: *membra superiori, inferiori*; *membra forti, muscolose, elastiche* **2** (*est.*) ogni componente di una collettività o di un gruppo: *i membri del parlamento, del consiglio di amministrazione, del corpo diplomatico*; *m. effettivo, corrispondente, aggiunto* | †subalterno: *quelli che erano i membri, con maggior voglia deponevano le armi che non le pigliavano* (N. MACHIAVELLI) **3** (*est.*) ogni elemento costitutivo di un tutto: *le varie membra della nave, delle fortificazioni, dell'edificio* **4** (*ling.*) parte compiuta di un periodo **5** (*mat.*) ciascuna delle due espressioni di una uguaglianza o di una disuguaglianza collegate dal segno = o da altro segno | ***primo m.***, quello a sinistra nel segno | ***secondo m.***, quello a destra **6** (*archit.*) membratura **7** (*anat.*) ***m.*** (***virile***), pene ‖ **membrétto**, **dim.** | (*lett.*) **membricciuòlo**, **dim.** | (*lett.*) **membrolìno**, **dim.** (V.)

SFUMATURE DI SIGNIFICATO

membro - socio
Ogni componente di una collettività o di un gruppo può essere definito un **membro**. **Socio** è un suo equivalente in rapporto all'appartenenza a un'associazione, ma ha un uso esclusivo in diritto commerciale dove descrive il titolo di chi partecipa con altri a un'attività economica, dando vita a una società con personalità giuridica.

membrolìno [av. 1311] **s. m.** **1** dim. di *membro* **2** (*fig.*) †particella

†**membróso** (o -ṣ-) [vc. dotta, lat. *membrōsu(m)*, da *mĕmbrum* 'membro' ✱ sec. XVII] **agg.** ● membruto

membrùto [1308] **agg.** ● grosso e forte di membra: *un giovane m.*

mème /ˈmeme, *ingl.* miːm/ [vc. ingl. coniata dal biologo ingl. R. Dawkins (1941-), abbr. di *mimeme* dal gr. *mimē(sis)* 'imitazione' ✱ 1979] **s. m.** (**pl.** *mèmi* **o ingl.** *memes*) ● unità fondamentale dell'informazione culturale, per es. un'idea o un determinato comportamento, che si trasmette da un individuo a un altro verbalmente o con l'imitazione

memènto [lat., propr. 'ricòrdati', imperat. di *meminìsse* 'ricordarsi', da una radice indeur. che indica 'memoria' ✱ av. 1420] **s. m. inv.** **1** (con iniziale maiuscola) parte della Messa in cui il celebrante menziona i vivi e i morti | ciascuna delle due preghiere che il celebrante recita in tale parte della Messa **2** (*anche scherz.*) ammonizione da non dimenticare: *dare un m. a qlcu.*

memètica [da *meme* ✱ 1997] **s. f.** ● lo studio dei memi, della loro trasmissione e dei loro effetti culturali e sociali

mémo [vc. ingl. abbr. del lat. *memo(randum)* 'da ricordare' ✱ 1986] **s. m. inv.** ● promemoria

memoràbile [vc. dotta, lat. *memorābile(m)*, da *memorāre* '†memorare' ✱ 1308] **agg.** ● degno di essere ricordato: *avvenimento, fatto m.*; *fu uomo ai tempi nostri m.* (F. GUICCIARDINI) | (*est.*) che non è possibile dimenticare perché straordinario, eccezionale: *un m. successo*; *una catastrofe m.* ‖ **memorabilménte**, **avv.** ‖ **memorabilità**, **s. f. inv.**

SFUMATURE ➤ *storico*

memorabilia [vc. lat., propr. 'cose da ricordare', da *memorābile(m)* 'memorabile' ✱ 1987] **s. m. pl.** ● eventi degni di restare nella memoria | (*est.*) personaggi, opere, prodotti che sono diventati di culto: *i m. del cinema muto*

memoràndo [vc. dotta, lat. *memorāndu(m)*, gerundivo di *memorāre* '†memorare' ✱ 1483] **agg.** ● (*lett.*) che deve essere ricordato: *esempio, giorno m.*

memoràndum [fr. *mémorandum*, gerundivo nt. sing. del lat. *memorāre*. V. *memorando* ✱ av. 1857] **s. m. inv.** (**pl. lat.** *memoranda*) **1** documento contenente l'indicazione dei termini di una questione, o di un fatto verificatosi, o di un accordo raggiunto tra più soggetti spec. di diritto internazionale **2** libretto per annotazioni, appunti e sim.: *segnare un appuntamento, una data sul m.* **3** (*burocr.*) tipo di lettera spec. commerciale per brevi comunicazioni | (*est.*) foglio di carta da lettera di formato ridotto, per tali comunicazioni

†**memoràre** [vc. dotta, lat. *memorāre*, da *mĕmor* 'memore' ✱ av. 1292] **v. tr.** ● (*lett.*) ricordare

memoratìvo [vc. dotta, lat. tardo *memoratīvu(m)*, da *memorāre* '†memorare' ✱ 1374] **agg.** **1** (*lett.*) riguardante la memoria: *virtù memorativa* **2** (*lett.*) che serve a ricordare: *insegna memorativa* SIN. commemorativo, rievocativo

†**memorazióne** [vc. dotta, lat. tardo *memoratiōne(m)*, da *memorāre* '†memorare' ✱ 1336 ca.] **s. f.** ● memoria, ricordo

♣**mèmore** [vc. dotta, lat. *mĕmore(m)*, da una radice indeur. che indica 'ricordo, preoccupazione' ✱ 1483] **agg.** **1** che conserva il ricordo e non si dimentica di qlco. o di qlcu.: *m. di un esperienza passata* | riconoscente: *m. dei benefici ricevuti*; *sono m. di quanto avete fatto per me* **2** (*lett.*) ricco di memorie: *le memori doline del Carso*

†**memorévole** [da *memorabile*, con cambio di suff. ✱ sec. XIII] **agg.** ● memorabile: *celebrato fra gli uomini memorevoli dagl'Istorici Romani* (T. TASSO) | memore

♦**memòria** [vc. dotta, lat. *memŏria(m)*, da *mĕmor* 'memore' ✱ av. 1250] **s. f.** **I** in senso proprio **1** (*psicol.*) funzione della mente consistente nella capacità di conservare, far rinascere e riconoscere l'esperienza passata CFR. -mnesia | ***sapere, imparare, mandare a m.***, conoscere qlco. in modo da ripeterlo alla lettera senza avere il testo davanti | ***disegnare a m.***, senza l'oggetto presente | ***m. visiva, m. iconica***, che fissa nella mente le cose viste | ***m. ecoica***, relativa agli stimoli uditivi | ***il libro della m.***, (*fig.*, *lett.*) la mente | ***cancellare qlcu. o qlco. dalla m.***, dimenticarsene totalmente | ***m. artificiale***, mezzi o espedienti che aiutano la memoria | ***a m. d'uomo***, per quanto si ricordi, da che mondo è mondo | ***rievocare, richiamare alla m.***, far tornare alla mente | ***a futura m.***, (*dir.*) di testimonianza da utilizzare in un futuro processo; (*est.*) di ciò che è destinato a essere utilmente ricordato in futuro: *conservare una lettera a futura m.* | ***rinfrescare la m. a qlcu.***, fargli ricordare qlco., spec. ciò che finge di non rammentare | ***fatto degno di m.***, degno di essere ricordato **2** rappresentazione, immagine e sim. di qlco. che si conserva nella mente: *la m. di un giorno, di un fatto*; *avvenimenti lontani di cui si è perduta ormai la m.* SIN. ricordo | tradizione: *un paese ricco di memorie*; *le memorie degli avi* | ***m. storica***, ciò che costituisce una testimonianza del passato; (*est.*) il ricordo del passato come fondamento dell'identità di un popolo o di un gruppo; (*est.*) persona o insieme di persone che hanno vissuto il passato di un organismo, di un'attività ecc. e ne mantengono viva la tradizione | ***m. collettiva***, insieme di ricordi condivisi da una collettività di persone: *il rapimento di Aldo Moro fa parte della nostra m. collettiva* | ***Giorno della M.***, ricorrenza internazionale (il 27 gennaio di ogni anno) per ricordare lo sterminio del popolo ebraico, le leggi razziali e le vittime del nazismo **3** ricordo o presenza ideale che una persona lascia di sé: *l'imperitura m. delle sue azioni* | ***in m. di qlcu.***, per onorare la memoria di qlcu. | fama: *di gloriosa, infausta, esecrata m.* **4** ciò che ridesta il ricordo e lo fa rivivere nell'animo, nel pensiero: *un museo ricco di preziose memorie* | documento: *sono memorie del secolo scorso* | avvenimento che, grazie al ricordo, rivive nella mente: *le dolci memorie della giovinezza* **5** (*est.*) chi (o ciò che) è degno di essere ricordato: *è diventato una m. nazionale* SIN. gloria **6** (**al pl.**) opera autobiografica in cui si rievocano avvenimenti visti o vissuti: *le memorie del Goldoni* **7** appunto, nota: *prendere m. di qlco.* | (*est.*) monografia, dissertazione o raccolta di dissertazioni relative a un argomento trattato: *l'articolo che cercate è stato pubblicato nelle memorie dell'Accademia delle scienze*; *è una breve m. storica* **8** (*dir.*) atto scritto in cui le parti del processo espongono o integrano le proprie ragioni o istanze **9** †mente | ***perdere m., essere, uscire fuori della m.***, uscir di senno, impazzire | †testa, cranio **10** (*tosc.*) †la nuca, come sede delle facoltà mnemoniche **II** con valore analogico **1** (*mecc.*) organo meccanico, elettrico o elettronico, il quale fa sì che una macchina esegua automaticamente un ciclo predeterminato **2** (*inform.*) ogni dispositivo per la registrazione, la conservazione e la lettura di informazioni | ***m. centrale, m. principale***, quella utilizzata dal processore per l'esecuzione dei programmi | ***m. a sola lettura***, ROM | ***m. ad accesso casuale, m. ad accesso diretto***, RAM | ***m. di massa, m. secondaria***, quella destinata a conservare permanentemente le informazioni (nastri, dischi e sim.) | ***m. cache***, quella ad alta velocità che contiene una copia dei dati correntemente usati dal processore | ***m. di transito***, quella utilizzata per la conservazione temporanea dei dati in ingresso/uscita dal sistema | ***m. virtuale***, area di memoria secondaria utilizzata come memoria centrale per ampliarne temporaneamente le dimensioni **3** (*biol.*) ***m. genetica***, persistenza e trasmissibilità dei caratteri di una popolazione da una generazione a quelle successive **4** (*metall.*) ***m. di forma***, proprietà di una lega metallica di ritornare, sotto certe condizioni, spec. di temperatura, alla forma originaria dopo essere stata deformata ‖ **memoriàccia**, **pegg.** | **memoriétta**, **dim.** | **memoriùccia**, **dim.**

Definizione d'autore
Conservare ed esibire la **memoria** può essere un atto di *pietas*, una rivendicazione di identità, una sfida; è un diritto, ma come ogni diritto va usato con saggezza, perché può alimentare conflitti. La **memoria** è il

contrario della storia. La storia analizza i fatti da tutti i punti di vista, e in modo critico: è fatta per essere condivisa da tutti. La **memoria** è sempre la **memoria** di qualcuno: di una persona, di una famiglia, di una comunità, di un popolo – e non degli altri. Perciò il richiamo, così frequente, alla costruzione di una **memoria** condivisa è illusorio: solo la storia può essere condivisa, la **memoria** è sempre e solo nostra.
Alessandro Barbero

memòrial /me'mɔrjal, *ingl.* mɪ'mɔːrɪəl/ [vc. ingl., propr. 'memoriale' * 1984] **s. m. inv.** **1** monumento commemorativo **2** manifestazione, spec. sportiva o artistica, dedicata alla memoria di un personaggio famoso: *m. Scirea*

memoriàle [vc. dotta, lat. *(libĕllum) memoriāle(m)* '(libretto) di annotazioni', da *memŏria* 'memoria' * av. 1292] **A agg.** ● (*lett.*) che ricorda, che commemora | (*lett.*) che raccoglie notizie, contiene informazioni o richieste: *libro, biglietto m.* **B s. m.** **1** narrazione di avvenimenti importanti o memorabili fatta da persona che vi ha assistito o partecipato: *il m. di S. Elena* | (*est.*) scritto espositivo, spec. a giustificazione o difesa del proprio operato **2** richiesta corredata di ogni elemento o dato informativo, utile a conseguire ciò che si desidera | promemoria **3** †memoria, ricordo, esempio **4** †catalogo

memorialista [fr. *mémorialiste*, da *mémorial* 'memoriale' * 1869] **s. m. e f.** (**pl. m.** *-i*) ● autore di memorie, memoriali, diari, autobiografie e sim.

memorialistica [f. sost. di *memorialistico* * 1978] **s. f.** ● genere letterario comprendente memorie, memoriali, diari, autobiografie e sim.

memorialìstico [da *memoriale* * 1955] **agg.** (**pl. m.** *-ci*) ● relativo alla memorialistica o ai memorialisti

memoriam, in ➤ **in memoriam**

†**memorióso** (o -ṣ-) [vc. dotta, lat. tardo *memoriōsu(m)*, da *memŏria* 'memoria' * 1441] **agg.** ● che ha buona memoria

memoriẓẓàre [fr. *mémoriser*, dal lat. *memŏria* 'memoria' * 1859] **v. tr.** **1** imprimere, fissare nella memoria **2** (*inform.*) registrare qlco. in una memoria ausiliaria ‖ **memoriẓẓazióne**, **s. f.** (V.)

memoriẓẓatóre [da *memorizzare* * 1980] **s. m.** **1** dispositivo in grado di memorizzare **2** apparecchio per la memorizzazione di nozioni

memoriẓẓazióne [1957] **s. f.** **1** il memorizzare, il venire memorizzato **2** (*psicol.*) attività di apprendimento con cui si acquista la capacità di riprodurre immagini o idee definite o di ripetere parole o frasi

mèmory card /'mɛmori kard, *ingl.* 'mɛmərɪ,kɑːd/ [loc. ingl., comp. di *memory* 'memoria' e *card* (V.) * 1983] **loc. sost. f. inv.** (**pl. ingl.** *memory cards*) ● (*inform.*) scheda di memoria (V. *scheda* nel sign. 4)

Memotèl® [comp. di *memo(ria)* e *tel(efono)* * 1997] **s. m. inv.** ● servizio di segreteria telefonica centralizzata della Telecom

memristóre [dall'ingl. *memristor*, comp. di *mem(ory)* 'memoria' e *r(es)istor* 'resistore' * 2008] **s. m.** ● (*inform.*) elemento di un circuito elettronico che integra le funzioni di memoria e di resistore, determinando capacità di immagazzinamento dei dati e velocità di elaborazione elevatissime

mén① ➤ **meno**

mén② ➤ **me** nel sign. A 3

ména (o -è-) [da *menare* * 1260] **s. f.** **1** subdolo intrigo: *è stato vittima di grosse mene politiche* SIN. maneggio **2** †faccenda, affare: *sarebbe lunga m. a dire* (G. VILLANI) **3** †condizione, stato

menabò [vc. milan., propr. 'mena buoi', forse con allusione alla funzione di guida, di assetto * 1931] **s. m. inv.** ● (*edit.*) montaggio dei testi e delle illustrazioni di un libro, di una rivista e sim. eseguito prima della stampa per controllare l'effetto finale e per essere usato come guida nell'impaginazione

menabrìda [comp. di *menare* e *brida* nel sign. 3 * 1957] **s. m. inv.** ● parte del tornio, di forma circolare, che comunica il moto al pezzo da tornire

menabrìglia [comp. di *menare* e *briglia* * 1957] **s. m. inv.** ● (*mecc.*) menabrida

mènade [vc. dotta, lat. *Māenades*, dal gr. *Mainádes*, da *máinesthai* 'essere furioso'. V. *mania*② * 1374] **s. f.** ● (*lett.*) baccante

menadìto [comp. di *menare* e *dito* * 1640] **vc.** ● solo nella loc. avv. ***a m.***, benissimo, perfettamente: *conoscere qlco. a m.*; *sapere, ripetere a m.*

ménage /*fr.* me'naʒ/ [vc. fr., dal lat. parl. **mansionātīcu(m)*, da *mānsio*, genit. *mansiōnis*, V. *magione* * 1895] **s. m. inv.** ● vita in comune di una coppia | (*est.*) andamento quotidiano della vita familiare: *un m. tranquillo* | ***m. à trois***, situazione in cui una persona intrattiene rapporti amorosi con altre due persone, ciascuna delle quali è consapevole e più o meno consenziente CFR. triangolo

†**menagióne** [da *menare* * sec. XIV] **s. f.** ● (*med.*) diarrea | colica

♣**menagràmo** [comp. di *menare* e *gramo* 'cose grame' * 1942] **s. m. e f. inv.** ● (*fam.*) iettatore

menàide o **manàide** [etim. incerta * 1803] **s. f.** **1** rete da pesca alla deriva, rettangolare, con l'orlo inferiore piombato e quello superiore sostenuto da sugheri, usata verticalmente spec. per la pesca di sardine e acciughe **2** (*raro*) barca a scafo lungo e sottile, basso e senza coperta, impiegata per la pesca delle sardine e delle acciughe

†**menàle** [etim. incerta * av. 1400] **s. m.** ● (*mar.*) cavo che passa intorno a un bozzello, per sollevare pesi

menandrèo [vc. dotta, lat. *Menandrēu(m)*, dal gr. *Menándreios*, agg. di *Ménandros* 'Menandro' * 1585] **agg.** ● relativo al commediografo greco Menandro (342-290 a.C.)

menànte **A part. pres.** di *menare*; anche **agg.** ● (*raro, lett.*) che conduce, che guida **B s. m. e f.** ● (*lett.*) copista, amanuense | (*lett.*) nei secc. XVI e XVII, redattore, gazzettiere

menàrca [comp. di *men(o)-* e del gr. *mḗn*, genit. *mēnós* 'mese' (V. e cfr. *menopausa*) e *-arca* (nel senso di 'inizio') * 1957] **s. m.** (**pl.** *-chi*) ● (*fisiol.*) comparsa della prima mestruazione nella pubertà

♦**menàre** [lat. tardo *mināre* 'spingere con minacce', dal classico *minārī* 'minacciare', di etim. incerta * av. 1237] **A v. tr.** (*io méno*) **1** (*lett.* o *region.*) condurre, guidare, portare: *la pastorella mena al piano / la bianca torma che è sotto sua guarda* (M.M. BOIARDO); *una via che mena a Roma*; *le condutture menano le acque ai centri abitati* | ***m. il can per l'aia***, (*fig.*) fare lunghi discorsi evitando di toccare l'argomento che interessa | (*fig.*) ***m. a spasso qlcu.***, prenderlo in giro | (*fig.*) ***m. qlcu. per il naso***, raggirarlo, ingannarlo, prenderlo in giro | ***m. la danza***, dirigerla; (*fig.*) farla da padrone in trattative e sim. | (*est.*) trascinare: *lo menarono al supplizio* | †***m. moglie***, sposarsi | †ordire, tramare: *m. una congiura* **2** trascorrere, passare: *aveva abbandonato moglie e figlioli, per m. una vita randagia* (G. STUPARICH) **3** dare, vibrare, assestare: *m. colpi, legnate, botte da orbi* **4** (*assol., colloq.*) picchiare: *se perde la pazienza comincia a m.* | ***mena!***, dagliele! **5** agitare, dimenare | ***m. la coda***, scodinzolare | (*fig.*) ***m. la lingua***, far maldicenze | ***m. le mani***, picchiare **6** (*lett.*) fare, cagionare: *la cosa mena scalpore, scandalo*; *m. strage di nemici* | ***m. vanto***, vantarsi, gloriarsi | †***m. gioia, allegrezza, dolore*** e sim., gioire, soffrire e sim. **7** †reclutare, assoldare, assumere **8** **menàrla** (con il pron. *la* indeterm.), (*fam.*) infastidire qlcu. in modo insistente: *me l'ha menata per un'ora con le sue storie amorose* | (*fig.*) ***menarla per le lunghe***, tirare in lungo qlco. che si potrebbe fare più rapidamente | nella forma pron. **menàrsela**, (*fam.*) lamentarsi con insistenza, tirare qlco. per le lunghe, ecc.; darsi delle arie, tirarsela **B menàrsi v. rifl. recipr.** ● (*colloq.*) picchiarsi: *menarsi di santa ragione*

menaròla o (*lett.*) **menaruòla** [da *menare* * 1853] **s. f.** ● (*tosc.*) girabacchino

menarròsto [comp. di *menare* e *arrosto* * av. 1793] **s. m.** ● (*sett.*) girarrosto

menaruòla ➤ **menarola**

menàta [1482 ca.] **s. f.** **1** il menare, l'agitare: *una m. di frusta, di coda* **2** (*fam.*) solenne bastonatura: *s'è preso una terribile m.* | †manciata **3** (*fig., sett.*) lunga, insistente e noiosa ripetizione di consigli, rimproveri, richieste e sim.: *una delle sue solite menate* SIN. tiritera | spettacolo, discorso ecc. noioso e lungo: *che m. quel film!* ‖ **menatina**, **dim.**

menatóio [1395] **s. m.** (**pl.** *-ói*) ● strumento per agitare, rimestare o amalgamare sostanze liquide o pastose

†**menatóre** [av. 1348] **s. m.** (**f.** *-trice*); anche **agg.** **1** chi (o che) mena, conduce **2** negoziatore

†**menatùra** [1234] **s. f.** **1** conduzione, trasporto **2** fendente **3** articolazione delle ossa

†**menazióne** [1618] **s. f.** **1** movimento, ripetuto **2** diarrea, colica intestinale

mènchero [etim. discussa: dal lat. *mĕntula* (?). V. *minchione* * 1869] **agg. e s. m.** (**f.** *-a*) ● (*merid.*) sciocco, minchione: *che mi dicevi tu, m., che mi dicevi?* (L. PIRANDELLO)

mèncio [etim. incerta * sec. XV] **agg.** (**pl. f.** *-ce*) ● (*tosc.*) floscio: *cappello m.* | vizzo, cascante: *carni mence*

♣**mènda**① [lat. *mĕnda(m)* (più comune *mĕndum*), di etim. incerta * sec. XII] **s. f.** ● (*lett.*) difetto, macchia, magagna, pecca: *rilevare le mende di qlcu.* | errore: *lavoro pieno di mende* | †peccato: *in remission de le passate mende* (L. ARIOSTO)

†**mènda**② [da *(am)menda* * sec. XIII] **s. f.** ● risarcimento di danno

♣**mendàce** [vc. dotta, lat. *mendāce(m)*, da avvicinare a *mĕndum*. V. *menda*① * 1304] **agg.** ● (*lett.*) bugiardo, menzognero: *parola m.* | ***apparenza, speranza m.***, fallace, ingannevole SIN. falso ‖ **mendaceménte**, **avv.** in modo mendace; con inganno

mendàcia [1566] **s. f.** (**pl.** *-cie*) ● (*lett.*) mendacità SIN. falsità

♣**mendàcio** [vc. dotta, lat. *mendāciu(m)*, da *mendax*, genit. *mendācis* 'mendace' * 1306] **s. m.** ● (*lett.*) bugia, menzogna, falsità

♣**mendacità** [vc. dotta, lat. tardo *mendacitāte(m)*, da *mĕndax*, genit. *mendācis* 'mendace' * 1585] **s. f. inv.** ● (*lett.*) caratteristica di chi (o di ciò che) è mendace

mendàre e deriv. ➤ **emendare** e deriv.

mendelèvio [dal n. del chimico russo D. I. Mendeleev (1834-1907) * 1961] **s. m.** (**pl.** *-i* o *raro -ii*) ● elemento chimico, metallo transuranico artificiale SIMB. Md NUM. AT. 101

mendeliàno [1918] **agg.** ● relativo al biologo boemo Gregor J. Mendel (1822-1884), spec. alle leggi da lui formulate sulla trasmissione dei caratteri ereditari

mendelìṣmo [1929] **s. m.** ● l'insieme dei principi o delle operazioni indicate dalle leg-

m

gi di Mendel, che stanno alla base della genetica

†**mendicàggine** [sec. XIV] **s. f.** ● mendicità

♦**mendicànte** **A** **part. pres.** di *mendicare*; **anche agg.** ● ***ordini mendicanti***, ordini di religiosi come carmelitani scalzi, cappuccini, agostiniani, la cui regola è la povertà e il vivere di elemosina **B** **agg. e s. m. e f.** ● che (o chi) va mendicando o vive mendicando **SIN.** accattone

†**mendicànza** [1268] **s. f.** ● mendicità

mendicàre [vc. dotta, lat. *mendicāre*, da *mendīcus* 'mendico' ✻sec. XII] **A** **v. tr.** (*io méndico* o *raro mendìco*, *tu méndichi* o *raro mendìchi*) **1** elemosinare, questuare: *m. il pane*, *un poco d'acqua* **2** (*fig.*) cercare di procurarsi qlco. con preghiere e sim., in modo anche poco dignitoso o umiliante: *m. un aiuto*; *mendicava inutilmente un po' d'amore* **SIN.** implorare, invocare **3** (*est.*) cercare e trovare con fatica: *sta mendicando scuse e pretesti che lo scagionino* **B** **v. intr.** (**aus.** *avere*) ● chiedere l'elemosina

mendicicòmio [da *mendico*, sul modello di *manicomio* ✻1940] **s. m.** ● (*disus.*) ricovero di mendicità

mendicità [vc. dotta, lat. *mendicitāte(m)*, da *mendīcus* 'mendico' ✻1268] **s. f. inv.** ● condizione di chi vive di elemosina o di persona estremamente povera | ***ricovero, ospizio di m.***, per gli indigenti

mendìco [vc. dotta, lat. *mendīcu(m)*, da *mĕndum*. V. *menda*① ✻1213] **agg. e s. m.** (**f.** *-a*; **pl. m.** *-chi*, †*ci*; **superl.** †*mendichissimo*) **1** (*lett.*) mendicante: *siede il m., cieco e solitario* (U. Saba) **2** †povero, bisognoso, privo ‖ **mendicaménte**, **avv.** da mendico

†**mendicùme** [av. 1400] **s. m.** ● mendicità

†**mèndo**① [da *mendare* ✻av. 1294] **s. m.** **1** correzione **2** risarcimento

†**mèndo**② [V. *menda*① ✻av. 1294] **s. m.** ● vizio, malvezzo, difetto

mendóso (o -ṣ-) [vc. dotta, lat. *mendōsu(m)*, da *mĕndum*. V. *menda*① ✻sec. XIII] **agg.** **1** †errato, difettoso: *tutto quello che in quest'opera è di m.* (G. Galilei) **2** (*anat.*) falso | ***coste mendose***, coste fluttuanti ‖ **mendosaménte**, **avv.**

-mene ▸ **me** nel sign. A 3

menefreghìṣmo [da *me ne frego* ✻1918] **s. m.** ● atteggiamento di ostentata noncuranza o di negligenza strafottente

menefreghìsta [1917] **s. m. e f.**; **anche agg.** (**pl. m.** *-i*) ● chi (o che) agisce o si comporta con menefreghismo

meneghìno [vc. milan., dim. di *Menego* 'Domenico'; n. della maschera milanese del teatro popolare ✻1863] **A** **agg.** ● (*colloq.*) milanese **B** **s. m.** **1** (**f.** *-a*) (*colloq.*) abitante o nativo di Milano **2** (*colloq.*) dialetto milanese

menestrèllo o (*disus.*) **minestrèllo**, (*disus.*) **ministrèllo** [fr. *ménestrel*, dal lat. tardo *ministeriāle(m)* 'uomo incaricato di un servizio', da *ministĕrium* 'servizio'. V. *ministero* ✻sec. XIV] **s. m.** (**f.** *-a*) **1** giullare di corte che recitava accompagnandosi con la musica le composizioni poetiche di trovatori o anche proprie: *i menestrelli medievali* **2** (*est.*, *scherz.*) chi canta con accompagnamento spec. di mandolini o chitarre in luoghi pubblici

ménga [nome di fantasia, prob. originato da un effetto di rima nella pseudo-legge scientifica di ambito goliardico *legge del Menga, chi ce l'ha in quel posto se lo tenga* 'chi ha subito un danno lo deve sopportare' ✻1955] **s. m. inv.** ● (*volg.*) nella loc. ***del m.***, di ciò che risulta pessimo, insopportabile ecc.; del cavolo: *che tempaccio del m.!*

menhìr /me'nir, 'menir/ [vc. brettone, propr. 'pietra lunga', comp. di *men* 'pietra' (fr. *dolmen*) e *hir* 'lungo', dall'ant. irlandese *sīr* 'lungo', di orig. indeur. ✻1927] **s. m. inv.** ● grossa pietra oblunga, piantata nel terreno verticalmente, tipica di alcune civiltà preistoriche

menïàno [lat. *maeniānu(m)*, dal nome del censore romano C. *Maenius* che nel 318 a.C. fece costruire le logge nel foro ✻sec. XIV] **s. m.** **1** (*archit.*) ciascuno dei ripiani anulari che dividono la cavea dei teatri e anfiteatri romani **2** (*archit.*) balcone, ballatoio pensile

Meniantàcee [vc. dotta, comp. di un primo elemento non identificato e del gr. *ánthos* 'fiore', seguiti dal suff. *-acee* ✻1978] **s. f. pl.** (**sing.** *-a*) ● (*bot.*) famiglia di Angiosperme erbacee, acquatiche o palustri, con fiori gamopetali e fusti sotterranei o natanti (*Menyanthaceae*)

menìnge [fr. *méninge*, dal gr. *mênix*, genit. *méningos* 'membrana, meninge', di etim. incerta ✻1491] **s. f.** **1** (*anat.*) ciascuna delle tre membrane che avvolgono l'encefalo e il midollo spinale | ***dura m.***, la più esterna **SIN.** dura madre | ***pia m.***, quella più interna, a diretto contatto con la sostanza nervosa **SIN.** pia madre **2** (*fam.*, **al pl.**) cervello | (*fig.*) ***spremersi le meningi***, scervellarsi su problemi, questioni e sim. difficili e complesse

meningèo o (*raro*) **meningeo** [1828] **agg.** ● (*anat.*) della meninge

meningìṣmo [da *meninge* ✻1900] **s. m.** ● (*med.*) condizione patologica in cui si manifestano segni di sofferenza e di irritazione meningea

meningìte [fr. *méningite*, da *méninge* 'meninge', e *-ite*① ✻1828] **s. f.** ● (*med.*) infiammazione della meninge | ***m. epidemica***, causata dal meningococco, con tendenza alla diffusione epidemica

meningo- [gr. *mênix*, genit. *méningos* 'meninge'] **primo elemento** ● in parole composte della terminologia medica, significa 'meninge' o indica relazione con le meningi: *meningocele*, *meningococco*

meningocèle [comp. di *meningo-* e del gr. *mênix*, genit. *méningos* 'meninge' e *-cele* ✻1834] **s. m.** ● (*med.*) ernia della meninge, più frequente nel tratto spinale

meningocòcco [comp. di *meningo-* e del gr. *mênix*, genit. *méningos* 'meninge' e *cocco*④ ✻1954] **s. m.** (**pl.** *-chi*) ● (*med.*) batterio della meningite epidemica

meningoencefalìte [comp. di *meningo-* e del gr. *mênix*, genit. *méningos* 'meninge' ed *encefalite* ✻1957] **s. f.** ● (*med.*) infiammazione della meninge e dell'encefalo

meningomielìte [comp. di *meningo-* e del gr. *mênix*, genit. *méningos* 'meninge' e *mielite* ✻1957] **s. f.** ● (*med.*) meningite associata a mielite

†**menipossènte** [comp. di *meno* e *possente* ✻av. 1292] **agg. e s. m. e f.** ● che (o chi) ha minor potere

menippèo [1554] **agg.** ● relativo allo scrittore e filosofo greco Menippo di Gàdara (IV e III sec. a.C.) | ***satira menippea***, genere letterario affine alla satira, ma con mescolanza di versi e prosa alla maniera delle satire di Menippo, caratterizzato da estrema varietà stilistica, metrica e tematica

meniscàle [1963] **agg.** ● (*anat.*) relativo al menisco

menìsco [gr. *mēnískos* 'lunetta', dim. di *mḗnē* 'luna', per la forma ✻av. 1677] **s. m.** (**pl.** *-schi*) **1** (*anat.*) formazione fibro-cartilaginea semilunare posta nell'articolazione del ginocchio: *m. interno*; *m. esterno* **2** lente sferica che ha una faccia concava e una convessa **3** in un tubo capillare, superficie convessa o concava della colonna di liquido in esso contenuto

Menispermàcee [comp. del gr. *mḗnē* 'luna', per la forma dei semi, di *sperma*, e *-acee* ✻1865] **s. f. pl.** (**sing.** *-a*) ● (*bot.*) famiglia di piante dicotiledoni tropicali legnose, con piccoli fiori unisessuali e frutto a drupa (*Menispermaceae*)

menispermìna [comp. di *menisperm(acee)* e *-ina* ✻1869] **s. f.** ● alcaloide che si estrae da una pianta ornamentale americana delle Menispermacee

†**ménno** [lat. parl. **mĭnuu(m)* 'minorato', da *minūere* 'diminuire' ✻av. 1367] **A** **agg.** **1** di uomo, impotente, castrato **2** vano, inutile **3** inetto, sciocco **B** **s. m.** **1** eunuco **2** inetto, sciocco

mennonìta [dal ted. *Mennonit*, deriv. dal n. del riformatore frisone *Menno Simons* (1496-1561), con il suff. *-it* e il connettivo *-n-* ✻1834] **s. m. e f.**; **anche agg.** (**pl. m.** *-i*) ● appartenente a una Chiesa anabattista di origine olandese, diffusa spec. in America settentrionale

♦**méno** [lat. *mĭnus*, nt. di *mĭnor* 'minore' ✻1211] **A** **avv.** (**anche troncato in** *men*, **spec. in posizione proclitica**) **1** in minore quantità, in minore misura o grado (si pospone al v. e allora può introdurre una prop. compar.; se è seguito da un agg. o da un avv., forma il compar. di minoranza, mentre se in tali condizioni è preceduto dall'art. determ., forma il superl. rel. di minoranza; il secondo termine di paragone può essere espresso o sottinteso): *devi affaticarti m.*; *puoi applicarti m. di quanto tu ora non faccia*; *questo mi soddisfa m.*; *il viaggio è stato m. lungo di quanto pensassi*; *corri m. forte*; *muoviti m. precipitosamente*; *l'argento è m. prezioso dell'oro*; *ho aspettato m. di quanto temevo*; *questa è la tesi m. convincente*; *sei il m. pronto* | ***più o m.***, ***poco più poco m.***, quasi, circa, pressappoco: *l'affare è più o m. vantaggioso*; *più o m. hanno lo stesso prezzo*; *è un quintale, poco più poco m.* | in correl. con 'più': *chi più chi m. tutti hanno offerto qualcosa* | in correl. con 'più', indica approssimazione: *impiegherò un mese, giorno più giorno m.* | con altri avv. di quantità: *è poco m. di due litri*; *costa molto m.* | ***di m.***, in minor misura: *la settimana scorsa ho lavorato di m.*; *parla di m. e pensa di più* | ***né più né m.***, proprio, per l'appunto, esattamente: *si è dimostrato né più né m. per quello che è* | ***quanto m.***, almeno, perlomeno: *quanto m. potevi avvertirmi* | ***senza m.***, senza dubbio, certamente, infallibilmente: *verrò domani senza m.* | in espressioni correl.: *più ci penso e m. mi convinco*; *m. lo vedo e meglio sto* | V. anche *nemmeno*, *nientedimeno*, *nientemeno*, *nondimeno*, *nulladimeno*, *perlomeno*, †*vie meno* **CONTR.** più **2** ***o m.***, o no, oppure no (in prop. disgiuntive): *comunicateci per tempo se verrete o m.*; *non ricordo se gli ho risposto o m.*; *la legittimità o m. del provvedimento sarà discussa tra breve* | ***tanto m.***, a maggior ragione, ancora meno (dopo una frase negativa): *se non lo vuoi fare tu, tanto m. lo farò io* (V. anche *tanto*② nel sign. A 5) **3** assume valore negativo quando è seguito da un agg. o da un avv. nella loc. avv. ***m. che***: *il tuo aiuto è men che utile*; *ti sei comportato m. che saggiamente* | ***m. che niente***, assolutamente niente: *ricorda che tu qui conti m. che niente* | ***m. che mai***, ***men che meno*** (o, *più raro*, ***meno che meno***), a maggior ragione, assolutamente non (esprime forte negazione): *ora m. che mai vorrà ascoltarmi*; *men che m. mi confiderò con te* **4** nella loc. cong. ***m. male***, ***m. male che***, per fortuna che (esprime una certa soddisfazione): *m. male che te ne sei accorto!* | V. anche *menomale* **5** nella loc. ***venire m.***, mancare: *gli sono venute m. le forze*; *all'ultimo momento il coraggio mi è venuto m.*; *venir m. all'attesa, ai patti, alla parola data, alle promesse*; (***assol.***) svenire, perdere i sensi: *è venuto m. per la fame e la stanchezza*; *improvvisamente mi sono sentito venir m.* | (***lett.***) ***veni-***

re m. a sé stesso, mancare ai doveri verso sé stesso, mostrarsi inferiore alle proprie capacità **6** nella loc. ***essere, mostrarsi da m.*** o (con grafia unita) ***dammeno***, essere, mostrarsi inferiore: *non sono certo da m. di lui*; *è un disonesto, ma gli altri non gli sono da m.*; *non voglio mostrarmi da m.* **7** nella loc. ***fare a m. di qlco. o qlcu.***, (sett.) ***fare di m. di qlco. o di qlcu.***, farne senza, privarsene, astenersene: *se proprio non vorrà aiutarci faremo a m. anche di lui*; *devi fare a m. di fumare*; *non ho potuto fare a m. di dirglielo* **8** indica sottrazione nell'operazione matematica: *dieci m. tre fa sette*; *quattro m. uno è uguale a tre* | indica mancanza nelle misurazioni: *sono cinque kilogrammi m. tre etti*; *è mezzogiorno m. cinque*; *sono le dieci m. un quarto* | nelle misurazioni di temperatura, indica temperature inferiori a zero gradi centigradi: *la minima della notte è stata di m. sei*; *il termometro è sceso a m. venti* | nelle votazioni scolastiche indica che il voto è scarso: *ha preso sette m.* | ***in m., di m.***, indica mancanza rispetto all'aspettativa: *ho avuto una carta di m.*; *mi sono ritrovato con dieci euro in m.* | contrapposto a 'più': *mi tratterrò una settimana, giorno più giorno m.*; *uno più uno m. è la stessa cosa* **CONTR.** più **B** **nelle loc. cong.** ***a m. che (non)*** o (con grafia unita) ***ammenoché, amenoché (non), a m. di (non)*** ● salvo che, eccetto che (introduce una prop. eccettuativa con il v. al congtv. se esplicita, all'inf. se implicita): *la cosa non può mutare a m. che (non) intervenga un fattore imprevisto*; *non lo farò a m. di esserne pregato*; *è così, a m. che non me lo sia sognato* **C** **prep.** ● eccetto, fuorché, tranne: *erano tutti presenti m. lui*; *riceve tutti i giorni m. il giovedì* | anche nella loc. prep. ***m. che***: *provvedo a tutto m. che al vino* **D** **agg. inv.** **1** minore in quantità: *prendi un abito di m. prezzo*; *ho impiegato m. tempo di te*; *ho m. autorità di voi*; *parlo con m. enfasi*; *penso che così la spesa sarebbe m.* | più piccolo: *Maggior difetto men vergogna lava* (DANTE *Inf.* XXX, 142) **CONTR.** più **2** minore di numero, o misura: *oggi c'è m. gente*; *m. persone verranno meglio sarà*; *ha m. scrupoli di me*; *una volta le pretese erano m.* | (*assol.*) in espressioni esclamative: *m. storie!*; *m. chiacchiere!* **3** con valore neutro in espressioni ellittiche: *questo mese ho riscosso m.*; *l'ho acquistato per m.*; *occorre non m. di un mese*; *ho mangiato m. del solito*; *m. di così non si poteva fare* | ***in men che non si dica, in m. di un baleno, in m. di un attimo***, molto rapidamente **CONTR.** più **E** **in funzione di s. m. inv.** **1** la minor cosa (con valore neutro): *questo è il m. che gli poteva capitare*; *questo sarebbe per me il m.*; *è il m. che uno si possa attendere* | la parte minore (contrapposto a 'più'): *abbiamo fatto il m., ora ci resta da fare il più* | ***parlare del più e del m.***, di cose non importanti, passando da un argomento all'altro senza impegno | ***dal più al m.***, all'incirca: *saranno dal più al m. duemila euro* **CONTR.** più **2** il segno '–' che, premesso a un numero assoluto, indica un numero negativo | segno dell'operazione di sottrazione **CONTR.** più **3** la minoranza (sempre preceduto dall'art. determ. al pl.): *gli assenti sono stati i m.* **CONTR.** più

mèno- [gr. *mḗn*, genit. *mēnós* 'mese'] **primo elemento** ● in parole composte della terminologia medica, significa 'mestruazione': *menopausa, menorragia*

mènola [dim. del lat. *māena*, dal gr. *máinē*, di etim. incerta ✱ av. 1536] **s. f.** ● pesce dei Teleostei lungo una ventina di centimetri, comune lungo le nostre coste, con carni poco pregiate (*Maena maena*)

menològio [comp. di *meno-* e lat. mediev. *menolŏgiu(m)*, dal gr. tardo *mēnológion* 'calendario', comp. di *mḗn*, genit. *mēnós* 'mese' e *-lógion*, da *lógos* 'discorso, trattato' (V. *-logo*) ✱ sec. XVII] **s. m.** ● calendario e martirologio delle Chiese greco-orientali

menomàbile [av. 1642] **agg.** ● che si può menomare

menomàle o **méno màle** [da *meno male* ✱ 1842] **inter.** ● esprime sollievo o soddisfazione con il sign. di per fortuna, fortunatamente: *sei arrivato, m.!* | V. anche *meno*

†**menomaménto** [1282] **s. m.** **1** menomazione **2** litote

menomànte **part. pres.** di *menomare*; anche **agg.** **1** che è in decadenza **2** (*lett.*) †***luna m.***, calante

†**menomànza** [da *menomare* ✱ 1237] **s. f.** **1** menomazione, imperfezione **2** avvilimento, abbassamento **3** mancanza **4** ingiuria

menomàre [da *menomo* ✱ 1261 ca.] **A** **v. tr.** (*io mènomo* (o *-é-*)) **1** diminuire, ridurre, abbassare: *m. il pregio di qlco., il prestigio di qlcu.* **2** danneggiare, privando dell'integrità fisica: *m. l'uso delle gambe*; *restare menomato in un incidente* | (*fig.*) avvilire: *m. l'onore, le speranze di qlcu.* **B** **v. intr.** (aus. *essere*) e **menomàrsi** **v. intr. pron.** ● (*lett.*) diminuire, venire meno

menomàto **part. pass.** di *menomare*; anche **agg. e s. m.** (f. *-a*) ● che (o chi) ha subito una menomazione

menomazióne [1904] **s. f.** ● il menomare | diminuzione, danneggiamento fisico o morale: *m. del prestigio, della fama di qlcu.* | danno: *m. fisica*

SFUMATURE ➤ ***minorazione***

mènomo (o *-é-*) [lat. *mĭnimu(m)* 'minimo' ✱ av. 1332] **agg.** ● (*tosc.*) minimo: *per non causarvi il m. disturbo*; *non saper fare una menoma parte di quello che si richiede a rendersi grato alle persone* (G. LEOPARDI) | ***senza il m. dubbio***, con assoluta certezza ‖ **menomaménte**, **avv.** minimamente: *senza menomamente accennare a eventuali difficoltà*

menopàusa [comp. di *meno-* e del gr. *mḗn*, genit. *mēnós* 'mese' e *pâusis* 'cessazione' ✱ 1828] **s. f.** ● (*fisiol.*) nella donna, cessazione fisiologica dell'attività mestruale per ridotta funzione ovarica, accompagnata talvolta da disturbi psichici ed endocrini | ***m. artificiale***, indotta da ovariectomia o da qualsiasi processo che alteri la vascolarizzazione dell'ovaio

menorah /ebr. meno'RA/ [ebr. *m(ĕ)nō(w)rāh* ✱ 1936] **s. f. inv.** (pl. ebr. *menorat*) ● tradizionale candelabro ebraico a sette bracci

menorragìa [comp. di *meno-* e del gr. *mḗn*, genit. *mēnós* 'mese' e di *-ragia* ✱ 1834] **s. f.** (pl. *-gìe*) ● (*med.*) mestruazione molto abbondante

menorrèa [comp. di *meno-* e del gr. *mḗn*, genit. *mēnós* 'mese' e *rêin* 'scorrere' ✱ 1869] **s. f.** ● (*fisiol.*) mestruazione

†**menosdìre** [rifacimento secondo il lat. *mīnus* 'meno' del provenz. *mesdire*, comp. di *mes-* (dal francone *miss-*, particella con valore neg. e pegg.) e del lat. *dīcere* 'dire' ✱ sec. XIV] **v. intr.** ● sparlare

menostàsi [comp. di *meno-* e *stasi* ✱ 1834] **s. f. inv.** ● (*fisiol.*) menopausa

mènsa [vc. dotta, lat. *mēnsa(m)*, dalla stessa radice del v. *metīri* 'misurare' ✱ sec. XII] **s. f.** **1** tavola apparecchiata per mangiare: *m. lussuosamente imbandita*; *sedere a m. con qlcu.*; *a destra ed a sinistra poi ordinate / fôrno le mense* (M.M. BOIARDO) **SIN.** desco | (*lett.*) ***al levar delle mense***, al termine del pasto | (*est.*) altare, piano dell'altare **2** (*est.*) pasto, pranzo, cena: *m. lauta, frugale, parca* | ***M. sacra, eucaristica***, la Comunione | †***prime, seconde mense***, portate di un pranzo | ***m. vescovile, arcivescovile***, rendita o patrimonio di sede vescovile o arcivescovile **3** organizzazione che cura l'allestimento dei pasti all'interno di una collettività: *la m. degli studenti, dei ferrovieri*; *la m. ufficiali* | (*est.*) locale dove si consumano tali pasti: *mangiare, andare alla m.* **4** †banco di mercante ‖ (*lett.*) **mensétta**, **dim.**

†**mensàle** [da *mensa* ✱ 1525] **A** **agg.** ● conviviale **B** **s. m.** ● tovaglia

menscevìco [russo *men'ševik* 'minoritario' ✱ 1918] **agg. e s. m.** (f. *-a*; pl. m. *-chi*) ● appartenente alla corrente riformista e moderata, avversa a quella bolscevica, del partito socialdemocratico russo

menscevìsmo [russo *men'ševizm*, da *men'ševik* (V. *menscevico*) ✱ 1959] **s. m.** ● teoria e prassi della corrente menscevica

♦**mensile** [dal lat. *mēnsis* 'mese' ✱ 1797] **A** **agg.** **1** del mese, di ogni mese: *rivista m.*; *stipendio m.* **2** che ha la durata di un mese: *abbonamento m.* ‖ **mensilménte**, **avv.** ogni mese **B** **s. m.** **1** stipendio che si riscuote ogni mese: *riscuotere il m.* **2** periodico che esce una volta al mese: *un m. illustrato*

mensilità [1939] **s. f. inv.** **1** periodicità mensile: *la m. di un pagamento* **2** somma di denaro pagata o riscossa ogni mese: *distribuire le m.*; *tredicesima m.*

mènsola [vc. dotta, lat. *mēnsula(m)* 'tavolino', dim. di *mēnsa* 'mensa' ✱ 1319] **s. f.** **1** struttura architettonica, talvolta con motivi ornamentali, sporgente da una superficie verticale allo scopo di sostenere una o più strutture sovrastanti **2** supporto in legno, stucco, pietra, marmo e sim., per lo più di forma rettangolare, infisso alla parete di una stanza, talora mediante sostegni, per ornarla o reggere piccoli oggetti e suppellettili d'uso domestico | console[2] **3** (*tecnol.*) sostegno, supporto di varia forma, materia, funzione | piano d'appoggio **4** (*mus.*) nell'arpa, la parte superiore, a forma di S, su cui si fissano le corde, mediante i bischeri che ne regolano la tensione e l'accordatura ‖ **mensolétta**, **dim.** | **mensolìna**, **dim.** | **mensolóna**, **accr.** | **mensolóne**, **accr. m.** (V.)

mensolóne [1550] **s. m.** **1** accr. di *mensola* **2** mensola architettonica di grandi dimensioni, che serve da sostegno spec. a terrazze e balconi

†**mènstruo** e deriv. ➤ **mestruo** e deriv.

mensuàle [vc. dotta, lat. tardo *mensuāle(m)*, da *mēnsis* 'mese'; in 'mensualità', cfr. il fr. *mensualité* ✱ av. 1492] **agg.** ● (*raro*) mensile ‖ **mensualménte**, **avv.** mensilmente ‖ **mensualità**, **s. f. inv.** mensilità

mensuràle [1934] **agg.** ● (*mus.*) fondato sul mensuralismo: *musica m.*

mensuralìsmo [dal lat. *mensūra* 'misura' ✱ 1934] **s. m.** ● (*mus.*) sistema di notazione musicale diffusosi dal sec. XIII al XVI, usato nella musica polifonica, nel quale le note indicano altezza e durata dei suoni

ménta [lat. *mĕnta(m)*, di orig. preindeur. ✱ sec. XIV] **s. f.** **1** genere di piante erbacee perenni delle Labiate, con foglie ovate e seghettate, fiori bianchi o rossi (*Mentha*) | ***m. domestica, ortolana, comune, verde***, varietà spontanea dei luoghi umidi, usata per scopi culinari o come foraggio (*Mentha viridis*) | ***m. piperita, inglese***, varietà ibrida di menta domestica, coltivata a scopo industriale per le foglie officinali d'odore acuto (*Mentha piperita*) | ***m. selvatica***, mentastro | ***essenza di m.***, olio essenziale, contenuto nella menta piperita e composto in gran parte di mentolo; si usa in profumeria, in liquoreria e in medicina **2** sciroppo o liquore a base di essenza di menta | bibita a base di sciroppo di menta | confetto, pasticca di zucchero ed essenza di menta | ***m. glaciale***, ogni prodotto alcolico o dolciario fortemente aromatizzato alla menta, che produce una sensazione di frescura || **mentina**, **dim.** (V.) | **mentino**, **dim. m.** | **mentùccia**, **dim.** (V.)

♦**mentàle**① [dal lat. *mēns*, genit. *mĕntis* 'mente' ✻ av. 1306] **agg. 1** della mente: *condizione m.*; *facoltà mentali* | ***riserva m.***, restrizione tacita del senso o della portata di ciò che si dice | ***età m.***, in psicologia, livello di sviluppo dell'intelligenza mediamente raggiunto dai bambini di una determinata età anagrafica **2** che si fa con la mente, senza parlare né scrivere: *calcolo m.*; *orazione m.* || **mentalménte**, †**mentaleménte**, **avv. 1** a mente, con la mente: *calcolare mentalmente* **2** dal punto di vista mentale: *sono mentalmente affaticato* || **mentalità**, **s. f. inv.** (V.)

mentàle② [da *mento* ✻ 1834] **agg.** ● relativo al mento

mentalismo [comp. di *mentale*① e *-ismo* ✻ 1965] **s. m. 1** concezione filosofica e psicologica che spiega i comportamenti e gli stessi contenuti della conoscenza con stati o processi mentali (motivazioni, intenzioni, desideri ecc.) **2** (*ling.*) denominazione delle teorie linguistiche che considerano l'acquisizione e l'uso del linguaggio come processi cognitivi in cui la mente svolge un ruolo primario

♦**mentalità** [da *mentale*① ✻ 1851] **s. f. inv. 1** (*sociol.*) complesso di opinioni e di rappresentazioni collettive originate da orientamenti di esperienza comune proprie a un gruppo socialmente più o meno omogeneo: *la m. di un popolo, dei giovani* **2** (*gener.*) modo di vedere le cose, di interpretare la realtà, di ragionare e sim.: *una m. aperta, moderna, retriva, retrograda*; *per la sua età, ha una m. troppo infantile*

mentalizzàre [da *mentale* ✻ av. 1852] **v. tr. 1** elaborare con la mente (*spec. assol.*) **2** (*psicol.*) elaborare le acquisizioni sensoriali e gli stimoli emotivi provenienti dall'esterno in modo da non entrare in conflitto con sé stessi o con altri || **mentalizzazióne**, **s. f.**

mentàstro [lat. *mentăstru(m)*, da *mĕnta* 'menta' ✻ sec. XIV] **s. m.** ● pianta delle Labiate con fusti pelosi e ghiandolosi, fiori in capolini e odore aromatico, comune nei luoghi umidi e paludosi (*Mentha aquatica*) **SIN.** menta selvatica

♦**ménte** [vc. dotta, lat. *mĕnte(m)*, da *meminĭsse*. V. *memento* ✻ 1213] **s. f. 1** il complesso delle facoltà intellettive dell'uomo: *m. lucida, chiara, acuta*; *m. calcolatrice, ricettiva, organizzatrice*; *m. nutrita di lunghi studi*; *il lavoro della m.* **CFR.** freno-, -frenia **SIN.** cervello, ingegno | senno, ragione: *è uscito di m.* | ***illuminare, aprire la m. a qlcu.***, mostrargli e fargli capire a fondo qlco. che ignorava del tutto | ***a m. riposata, fresca***, quando è pienamente efficiente, come dopo il riposo | fantasia, immaginazione: *scolpito nella m.* | ***saltare in m.***, passare per la testa | ***venire in m.***, passare per la testa; ricordarsi: *ora non mi viene in m. il suo indirizzo* | ***scappare, passare, uscire di m.***, detto di ciò di cui non ci si ricorda, che viene dimenticato | (*est.*) persona particolarmente dotata d'intelligenza: *è una bella m.* **2** attenzione, pensiero: *rivolgere la m. a qlco.*; *lo stato della mia salute è tale, che non mi lascia applicare la m. a nessun pensiero serio* (G. LEOPARDI) | ***avere la m. a qlco.***, attendervi, pensarvi con assiduità | ***far m. locale***, concentrarsi in un determinato argomento **3** memoria: *sapere, imparare a m.*; *avere, tenere a m.*; *cadere, uscire, passare di m.* | ***levarsi qlco. dalla m.***, non preoccuparsene più, toglierla dal proprio pensiero **4** (*lett.*) intenzione, proposito, intendimento: *conoscere la m. del sovrano* | ***avere m.***, proporsi | ***ficcarsi, mettersi in m. di fare qlco.***, ostinarsi nel volerlo fare | (*burocr.*) ***a m. di***, secondo: *a m. di quanto stabilito dalla legge* **5** (*psicol.*) insieme delle funzioni e dei processi psichici consapevoli e inconsci

SFUMATURE ➤ *ragione*

-ménte [dal lat. *mĕnte*, abl. di *mēns*, genit. *mĕntis*, che, astratto dal suo contesto (come in *firma mĕnte* 'con il pensiero fermo', *constănti mĕnte* 'con opinione costante' e sim.), è stato immediatamente legato all'agg. per formarne il corrispondente avv.] **suff.** ● forma gli avverbi di modo o maniera, aggiunto alla forma femminile degli aggettivi in *-o* e *-a* (*chiaramente, freddamente, poveramente, stoltamente*) oppure all'unica forma singolare degli aggettivi in *-e* (*brevemente, dolcemente, lievemente, tenacemente*) con eliminazione della stessa *-e* finale quando l'ultima sillaba è costituita da *-le* o *-re* (*facilmente, terribilmente, regolarmente, volgarmente*)

mentecattàggine [1353] **s. f.** ● (*lett.*) dissennatezza, demenza | †atto o discorso dissennato

mentecàtto [lat. *mĕnte căptu(m)* (part. pass. di *căpere* 'prendere') 'preso nella mente' ✻ 1308] **agg. e s. m.** (**f.** *-a*) ● squilibrato, sciocco, imbecille, detto spec. in senso ingiurioso: *la vecchia Europa avara e mentecatta* (G. D'ANNUNZIO)

mente Dei, in ➤ **in mente Dei**

mentène [da *mentolo* ✻ 1889] **s. m.** ● (*chim.*) idrocarburo terpenico contenuto in molti oli essenziali, ottenibile anche per disidratazione del mentolo

mentina [da *menta* ✻ 1891] **s. f.** ● pasticca di zucchero e menta

♦**mentire** [vc. dotta, lat. *mentīri* 'immaginare', poi 'fingere', da *mēns*, genit. *mĕntis* 'mente' ✻ av. 1257] **A v. intr.** (*io mènto* (o *-é-*) o *lett. mentìsco, tu mènti* (o *-é-*) o *lett. mentìsci*; **aus.** *avere*) ● dire il falso, il contrario di quello che si pensa essere vero: *m. spudoratamente*; *è incline a m. su tutto*; *mente anche a sé stesso* | (*lett.*) ***m. per la gola***, †***per la strozza***, sfacciatamente: *s'alcun dice che Turpin morisse / in Runcisvalle, mente per la strozza* (L. PULCI) | (*est.*) esprimere il falso, trarre in inganno: *parole, sguardi che mentono* **B v. tr. 1** (*raro*) simulare, fingere: *m. pietà, religione* **2** †smentire, deludere **C in funzione di s. m. solo sing.** ● †menzogna

†**mentita** [da *smentita*, con aferesi ✻ sec. XIV] **s. f.** ● smentita: *vuo' dar una m.* (G.B. MARINO)

mentito **part. pass.** di *mentire*; anche **agg.** ● simulato, falso | ***sotto mentite spoglie***, V. *spoglia*① (*anche fig.*) || **mentitaménte**, **avv.** falsamente

mentitóre [1287] **agg. e s. m.** (**f.** *-trice*) ● che (o chi) mente **SIN.** bugiardo

♦**ménto** [lat. *mĕntu(m)*, da una radice indeur. che significa 'sporgere' ✻ 1310] **s. m.** ● parte inferiore del volto, sotto la bocca, corrispondente alla parte mediana della mandibola **CFR.** genio- | ***doppio m.***, deposito di grasso sotto il mento, pappagorgia | ***onor del m.***, (*scherz.*) la barba | ***far ballare il m.***, (*raro*) mangiare

-ménto [lat. *-mĕntu(m)*, proprio di sost. nt., di orig. indeur.] **suff.** ● forma sostantivi deverbali fondamentalmente astratti (talora anche con valore collettivo), che indicano azione, effetto, risultato: *abbigliamento, cambiamento, miglioramento, nutrimento, parlamento, portamento, sentimento, tradimento*

mentolàto [1957] **agg.** ● che contiene mentolo: *talco m.*

mentòlo [comp. di *menta* e *-olo*① ✻ 1905] **s. m.** ● alcol terpenico secondario, contenuto spec. nell'olio essenziale di menta piperita dal quale si ricava, usato in profumeria, in liquoreria, in medicina come analgesico e antisettico

mentonièra [fr. *mentonnière*, da *menton* 'mento', dal lat. parl. **mentōne(m)*, per il classico *mĕntu(m)* 'mento' ✻ 1957] **s. f.** ● tavoletta di ebano che si applica sul fondo della cassa di risonanza del violino e della viola per agevolare la pressione del mento dell'esecutore sullo strumento stesso

mentonièro [fr. *mentonnier*, agg. di *menton* 'mento' (V. *mentoniera*) ✻ 1957] **agg.** ● (*anat.*) relativo al mento **SIN.** genieno

mentoràto [da *mentore* ✻ 2012] **s. m.** ● adattamento di *mentoring* (V.)

♦**mèntore**, (*evit.*) **mentóre** [da *Mentore*, nome di un personaggio dell'*Odissea* e poi del romanzo 'Le avventure di Telemaco' (1699) di F. Fénelon, al quale Ulisse aveva affidato il figlio prima di partire per la guerra di Troia ✻ av. 1789] **s. m.** ● amico fidato, guida sapiente, compagno fedele

méntoring /ˈmentorin(g), *ingl.* ˈmɛntərɪŋ/ [vc. ingl. 'apprendistato' da *mentor* 'mentore, istruttore' ✻ 1995] **s. m. inv.** ● attività di formazione aziendale in cui si affiancano ai neoassunti persone più esperte | attività di assistenza e guida nei confronti di giovani, spec. di studenti **CFR.** mentorato

mentovàre [ant. fr. *mentevoir*, dal lat. *mĕnte habēre* 'avere in mente' ✻ 1224 ca.] **v. tr.** (*io mèntovo*; **raro nelle forme sdrucciole**) ● (*lett.*) ricordare, far menzione: *nullu homo ène dignu te m.* (FRANCESCO D'ASSISI)

♦**méntre** [dall'ant. it. *domentre*, dal lat. *dŭm ĭnterim* 'mentre intanto' ✻ sec. XII] **A cong. 1** nel tempo, nel momento in cui, intanto che (introduce una prop. temp. con il v. all'indic.): *ciò accadeva m. la nazione era oppressa*; *m. si preparava a partire, ha ricevuto un contrordine*; *è arrivato m. stavamo uscendo*; *non mi ascolti mai m. parlo*; *e m. spunta l'un, l'altro matura* (T. TASSO) | anche nelle loc. cong. ***nel m. che***, (*lett.*) ***m. che***: *appiccherò il fuoco nel m. che noi scavalcheremo la finestra* (G. VERGA); *m. che l'uno spirto questo disse, / l'altro piangea* (DANTE *Inf.* V, 139-140) **2** e invece, laddove (con valore avversativo): *lo credevo sincero m. è un ipocrita*; *ha voluto agire subito, m. avrebbe dovuto aspettare* | con valore rafforz. nella loc. (*colloq.*) ***m. invece***: *è sempre scontento, m. invece non dovrebbe lamentarsi* **3** (*lett.*) finché, per il tempo che, sino a quando (introduce una prop. temp. con il v. all'indic. o al congtv.): *beatissimi voi / m. nel mondo si favelli o scriva* (G. LEOPARDI) | anche nella loc. cong. ***m. che***: *m. che 'l danno e la vergogna dura* (MICHELANGELO) **B in funzione di s. m.** ● nelle loc. ***in quel m.***, †***in questo m.***, in quello, in questo stesso momento: *stavo per uscire e in quel m. è arrivata una visita inaspettata*

mentùccia [av. 1567] **s. f.** (**pl.** *-ce*) **1** dim. di *menta* **2** correntemente, piccola pianta erbacea delle Labiate, pelosa, dall'odore aromatico (*Satureja nepeta*)

♦**menu** /meˈnu*, *fr.* məˈny/ [vc. fr., propr. '(elenco) minuto, particolareggiato'. V. *minuta* ✻ 1866] **s. m. inv. 1** lista dei cibi disponibili in un ristorante: *chiedere il m. al cameriere* | nei ristoranti, insieme di vivande che costituiscono un pasto, proposto a un prezzo predefinito: *scegliere il m. a 20, 30 o 40 euro*; *m. vegetariano, di pesce, per bambini* | ***m. turistico***, che prevede un numero limitato di vivande, a prezzo contenuto | ***m. degustazione***, menu che consente l'assaggio delle varie specialità gastronomiche di un ristorante | (*est.*) insieme di vivande: *servire un m. succulento* **2** (*inform.*) lista di possibili opera-

a b c d e f g h i j k l m n o p q r s t u v w x y z

zioni presentata sullo schermo da un programma in modo che l'utente possa selezionarne una | ***m. a tendina***, quello che appare sullo schermo calando dall'alto, come una tendina che si abbassa

menù [1890] **s. m. inv.** • adattamento di *menu* (V.)

menzionàre [1308] **v. tr.** (*io menzióno*) • far menzione, ricordare, citare: *m. un autore, il brano di un'opera*

♣**menzióne** [vc. dotta, lat. *mentiōne(m)*, da *meminīsse*. V. *memento* ✱ av. 1257] **s. f.** • ricordo, citazione o segnalazione orale o scritta di persona, fatto o cosa: *degno di m.*; *si è fatta m. della differenza d'opinione ... tra Lutero e Zuinglio* (P. SARPI) **CFR.** non menzione

♦**menzógna** [lat. parl. **mentiōnia*, nt. pl., da *mĕntio*, genit. *mentiōnis* 'menzione' ✱ av. 1250] **s. f.** • affermazione, dichiarazione coscientemente falsa (termine più elevato ed enfatico rispetto a bugia): *m. sfacciata, spudorata*; *la m. ha contro di sé l'aborrimento particolare dei moralisti* (B. CROCE) **CONTR.** verità ‖ **menzognétta, dim.**

SFUMATURE DI SIGNIFICATO

menzogna - impostura

Un'affermazione deliberatamente falsa, oltre che di una certa gravità si dice **menzogna. Impostura**, più che una singola falsità, descrive un comportamento fraudolento abituale, prolungato.

SFUMATURE ➤ ***bugia***②

♣**menzognèro** o †**menzognère** [1243] **agg.** • che dice menzogne: *persona menzognera* | che è falso, ingannevole: *scusa menzognera* **CONTR.** veritiero
SFUMATURE ➤ ***insincero***

mèo① [da *(Bartolo)meo*, con allusione a Bartolomeo Colleoni (ant. Coglione) da Bergamo ✱ sec. XIII] **s. m.** • (*tosc.*) minchione: *fare il meo*; *bravo meo*

†**mèo**② ➤ **mio**

mèolo [dal venez. *mèola* 'midollo' ✱ 1834] **s. m.** • (*mar.*) cavetto interno alla balumina della vela usato per irrigidirla e limitarne lo sbattimento

meònio [vc. dotta, lat. *Maeŏniu(m)*, dal gr. *Maiónios* 'della Meonia' ✱ 1532] **agg.** • (*lett.*) della Meonia, nome con cui Omero designa la Lidia, antica regione dell'Asia Minore, presunta patria del poeta | ***il M. Cantore***, Omero

meprobamàto [nome commerciale formato da *me(tile)*, *pro(pile)* e *(car)bam(m)ato* ✱ 1957] **s. m.** • (*chim.*) sostanza organica derivata dall'acido carbammico, comunemente usata in terapia come ansiolitico e come farmaco induttore del sonno

Mèraklon® [marchio registrato ✱ 1961] **s. m. inv.** • fibra tessile artificiale a base di polipropilene

♦**meravìglia** o (*tosc.*, *lett.*) **maraviglia** [lat. *mirabĭlia*, nt. pl. di *mirābilis* 'mirabile' ✱ av. 1250] **s. f. 1** sentimento improvviso di viva sorpresa per cosa nuova e straordinaria, o inattesa: *destare, muovere la m.*; *pieno di m.*; *è del poeta il fin la m.* (G.B. MARINO) | ***far le meraviglie***, mostrare di meravigliarsi | ***mi fa m.***, mi stupisce | ***a m.***, perfettamente **SIN.** ammirazione, stupore **2** cosa o persona che desta ammirazione per la sua straordinarietà o bellezza: *quella villa è una vera m.* | ***le sette meraviglie del mondo***, nell'antichità, il Mausoleo di Alicarnasso, la Piramide di Cheope, il Faro di Alessandria, il Colosso di Rodi, il tempio di Diana in Efeso, il Giove di Olimpia, i giardini pensili di Babilonia | ***l'ottava m.***, cosa eccezionalmente bella (*anche scherz.*) | ***camera delle meraviglie***, in palazzi signorili, locale dove sono raccolti oggetti preziosi, curiosi, esotici o rari **SIN.** wunderkammer | ***dir meraviglie di qlcu. o qlco.***, parlarne molto bene **SIN.** portento, prodigio **3** †***lavorare a meraviglie***, eseguire ricami graziosi

meravigliànte o (*tosc.*, *lett.*) **maravigliànte** **part. pres.** di *meravigliare*; anche **agg. 1** (*lett.*) che prova o esprime meraviglia **2** †meraviglioso

♦**meravigliàre** o (*tosc.*, *lett.*) **maravigliàre** [1250 ca.] **A v. tr.** (*io meravìglio*) **1** destare, indurre meraviglia: *questo fatto meraviglia tutti noi*; *mi meraviglia che lei non lo abbia capito* (I. SVEVO) **SIN.** stupire **2** †guardare con meraviglia e ammirazione **B v. intr.** (*poet.*; aus. *essere*) e **meravigliàrsi v. intr. pron.** • provare meraviglia, stupirsi (+ *di*, anche seguito da inf.; + *che* seguito da congtv.): *mi meraviglio di sentirti dire questo*; *mi meraviglio che tu non abbia capito*; *si meravigliò ... dell'acutezza della propria vista* (I. SVEVO) | ***mi meraviglio!, mi meraviglio di te, di voi!***, espressione di stupore misto a biasimo o sdegno

meravigliàto o (*tosc.*, *lett.*) **maravigliàto** **part. pass.** di *meravigliare*; anche **agg.** • pieno di meraviglia, di stupore e sim.: *essere, rimanere m.*; *quelle parole lasciarono tutti meravigliati*

†**meravigliévole** o †**maravigliévole** [sec. XIV] **agg.** • mirabile, straordinario

♦**meraviglióso** (o -ṣ-) o (*tosc.*, *lett.*) **maraviglióso** (o -ṣ-) [1243] **A agg. 1** che desta meraviglia, ammirazione: *spettacolo m.*; *dottrina, erudizione meravigliosa* **SIN.** magnifico, splendido, stupendo **2** (*lett.*) straordinario, incredibile (anche in senso negativo): *standosi ciascuno nelle sue tende, ciascuno con maravigliose viltà si governava* (N. MACHIAVELLI) | †che incute paura **3** †meravigliato, stupito, attonito ‖ **meravigliosaménte**, **avv. 1** in modo meraviglioso **2** †grandemente, straordinariamente ‖ **meravigliosità**, **s. f. inv. B s. m.** solo sing. • rappresentazione di fatti e fenomeni soprannaturali, divini, diabolici o magici, in un'opera letteraria: *il m. della 'Gerusalemme Liberata'*

†**mercadànte** ➤ †**mercatante**

†**mercantàre** [da *mercante* ✱ sec. XIV] **A v. tr.** • negoziare, contrattare **B v. intr.** • fare il mercante, commerciare

♦**mercànte** [lat. *mercāntes*, part. pres. m. pl. sost. di *mercāri*. V. †*mercare* ✱ av. 1294] **A s. m.** (**f.** †*-éssa* (V.)) • chi esercita un commercio (spec. in riferimento al passato): *ricco m.*; *m. di stoffe*; *m. di vino, di grano, di cavalli* | ***m. d'arte***, chi commercia in opere d'arte antica e moderna e cura i rapporti fra artisti e collezionisti | (*raro*) merciaio | (*fig.*, *spreg.*) chi fa oggetto di mercato di qualsiasi cosa, chi specula su qlco. (V. nota d'uso STEREOTIPO) | (*fig.*) ***far orecchie da m.***, fingere di non sentire | ***m. di schiavi***, negriero | ***m. di carne umana***, negriero; sfruttatore della prostituzione | (*fig.*) ***mercanti del tempio***, coloro che fanno commercio di valori spirituali e morali | ***m. in fiera***, gioco d'azzardo fatto con due mazzi di carte uguali ma con il dorso di colore diverso, dei quali uno viene distribuito ai giocatori mentre dall'altro si estraggono alcune carte che, scoperte alla fine, permetteranno a coloro che hanno le corrispondenti di vincere i premi **B agg.** • †dedito al commercio | †affarista ‖ **mercantìno**, **dim.** | (*lett.*, *spreg.*) **mercantùccio**, **mercantùzzo**, **dim.** | (*spreg.*) **mercantùcolo**, **dim.**

mercanteggiàbile [1970] **agg.** • che si può mercanteggiare

mercanteggiaménto [1940] **s. m.** • negoziazione, contrattazione (*spec. fig.*): *m. di cariche, di voti*

mercanteggiàre [av. 1610] **A v. intr.** (**pres.** *io mercantéggio*; **fut.** *io mercanteggerò*; aus. *avere*) **1** (*lett.*) fare mercato, commerciare: *m. in grano* | ***m. su qlco.***, specularvi sopra **2** contrattare tirando sul prezzo **B v. tr.** • far oggetto di mercato, di contrattazione e sim., detto spec. di ciò che è tradizionalmente escluso dall'ambito commerciale: *m. la coscienza, l'onore, il voto*

mercantésca [f. sost. di *mercantesco*, perché usata nei libri e nei documenti mercantili ✱ 1983] **s. f.** • scrittura usata nei secc. XII e XIV nei documenti e libri commerciali, caratterizzata da un forte arrotondamento e da molte legature

mercantésco [da *mercante* ✱ av. 1405] **agg.** (**pl. m.** *-schi*) **1** di mercante, da mercante (*spec. spreg.*): *attività, avidità mercantesca* **2** †mercantile: *città mercantesca*

†**mercantéssa** [av. 1789] **s. f.** • donna che esercita la mercatura | moglie del mercante

†**mercantévole** [1400 ca.] **agg.** • mercantile

†**mercantìa** ➤ **mercanzia**

mercantìle [av. 1368] **A agg. 1** relativo al commercio: *attività m.* | ***nave, marina m.***, per trasporto di merci **2** di mercante, relativo ai mercanti: *codice m.*; *spirito m.* | (*spreg.*) da mercante: *l'avarizia, la falsità e la perfidia m.* (G. LEOPARDI) | (*raro*) fiorente di traffici: *città, paese m.* ‖ **mercantilménte**, **avv.** alla maniera dei mercanti **B s. m.** • nave mercantile: *un m. inglese*

mercantilìṣmo [comp. di *mercantile* e *-ismo* ✱ av. 1872] **s. m. 1** mentalità, comportamento da mercante **2** teoria e politica economiche dei secc. XVII e XVIII che, partendo dall'identificazione della ricchezza di un Paese con la quantità di metallo prezioso da esso posseduto, propugnavano una politica protezionistica verso l'esterno e lo sviluppo all'interno dell'industria manifatturiera che doveva alimentare l'esportazione e i commerci

mercantilìsta [av. 1937] **A s. m. e f.** (**pl. m.** *-i*) • fautore, seguace del mercantilismo **B agg.** • mercantilistico

mercantilìstico [av. 1937] **agg.** (**pl. m.** *-ci*) **1** relativo al mercantilismo, ai mercantilisti **2** (*raro*, *spreg.*) mercantile

mercanzìa o †**mercantìa** [da *merca(ta)nzia* ✱ 1219] **s. f. 1** †commercio, professione di mercante: *darsi alla m.*; *arte della m.* | †corporazione dei mercanti **2** merce: *un negozio con poca m.*; *m. di scarto* | ***saper vendere la propria m.***, (*fig.*) saper far valere le proprie qualità **3** (*fam.*) roba, per lo più spreg.: *non voglio saperne di codesta m.!* ‖ (*raro*) **mercanzuòla**, (*lett.*) **mercanziuòla**, **dim.**

mercaptàno [ted. *Mercaptan*, dalla locuzione *mer(cŭrium) căptans* 'corpo che trattiene il mercurio' ✱ 1869] **s. m.** • sostanza organica, simile agli alcoli ma con lo zolfo al posto dell'ossigeno, di odore sgradevole, contenuta nel petrolio, usata in alcune sintesi chimiche

†**mercàre** [vc. dotta, lat. *mercāri*, da *mĕrx*, genit. *mĕrcis* 'merce' ✱ 1321] **A v. intr.** • trafficare, mercanteggiare **B v. tr.** • acquistare o far commercio di qlco. | (*fig.*) procacciarsi: *pur lagrime e sospiri e dolor merco* (F. PETRARCA)

mercatàle [sec. XIII] **A s. m.** • †mercato **B agg.** • (*disus.*) di mercato | ***biglietto m.***, in passato, biglietto ferroviario per i giorni di mercato

†**mercatantàre** [1505] **v. intr.** • fare il mercante

†**mercatànte** o †**mercadànte** [propr., part. pres. di *mercatare* ✱ av. 1243] **s. m. e f.** • mercante

†**mercatantésco** [1353] **agg.** • mercantesco

†**mercatantéssa** [av. 1405] **s. f.** ● (*raro*) mercantessa

†**mercatantìa** ▸ †**mercatanzia**

†**mercatantìle** [1337] **agg.** ● mercantile || †**mercatantilménte**, **avv.** mercantilmente

†**mercatanzìa** o †**mercatantìa** [da †*mercatante* ✱ 1287] **s. f.** ● mercanzia

†**mercatàre** [lat. parl. **mercatāre*, da *mercātus* 'mercato' ✱ 1257 ca.] **v. intr.** ● commerciare, trafficare

mercatino [1869] **s. m.** **1** dim. di *mercato* **2** piccolo mercato, spec. rionale | mercato all'aperto, spec. su bancarelle, di roba usata, cianfrusaglie e sim. **3** (*econ.*) mercato ristretto

mercatìṣmo [da *mercato* ✱ 1996] **s. m.** ● (*econ.*) fiducia nel libero mercato e nella sua capacità di regolare efficacemente l'economia **CFR.** liberismo

mercatìsta [1990] **A** **agg.** (**pl. m.** *-i*) ● (*econ.*) relativo al mercatismo **B** **agg.**; anche **s. m. e f.** ● (*econ.*) fautore, sostenitore del mercatismo

mercatìstica [da *mercato* ✱ 1961] **s. f.** ● (*econ., raro*) disciplina che studia la promozione e l'organizzazione dei mercati di sbocco di merci e servizi **SIN.** marketing

♦**mercàto** [lat. *mercātu(m)*, da *mercāri* 'mercare' ✱ 1211] **s. m.** (**pl.** *-i*; †*mercàta* **f.**) **1** luogo destinato alla vendita di merci, spec. di generi alimentari e generi di consumo vari: *m. di frutta e verdura, del bestiame, del pesce* | ***m. coperto***, grande padiglione per mercato di commestibili | riunione periodica di venditori con la loro merce per fare contrattazioni: *giorno di m.*; *tener m. due volte la settimana*; *negli almanacchi sono riportati i mercati e le fiere dei vari paesi* | ***m.*** (***del***) ***contadino***, mercato tenuto da contadini e aziende agricole che vendono direttamente i loro prodotti (calco sull'ingl. *farmer's market*) **2** (*econ.*) movimento delle contrattazioni, operazioni al mercato: *m. fiacco*; *concludere il m.* | ***m. nero***, mercato clandestino nel quale un prodotto, soggetto per legge a restrizioni di quantità o di prezzo, viene acquistato a prezzi più alti di quelli ufficiali | (*borsa*) ***terzo m.***, complesso delle operazioni di compravendita di titoli che avvengono fra operatori non membri di una Borsa valori | ***m. telematico***, quello sul quale gli ordini sono raccolti e incrociati in via automatica | (*borsa*) ***nuovo m.***, listino dei titoli tecnologici | ***prezzo di m.***, quello corrente | ***a buon m.***, a basso prezzo; (*fig.*) senza molti danni: *cavarsela a buon m.* | (*borsa*) ***m. ristretto***, mercato dei titoli azionari non quotati ufficialmente in Borsa | (**al pl.**) il mercato finanziario, anche internazionale: *la reazione dei mercati all'aumento dei tassi* | (*borsa*) ***m. dei blocchi***, insieme delle negoziazioni di strumenti finanziari eseguite al di fuori dei mercati azionari regolamentari **3** complesso degli scambi di un dato prodotto | ***analisi di m.***, ricerca di mercato | ***m. potenziale***, insieme degli eventuali consumatori di un certo bene | ***m. del lavoro***, relativo alla domanda e all'offerta di lavoro **4** complesso degli scambi di tutti i prodotti in un determinato Paese o in una data area | ***economia di m.***, sistema economico basato sulla libera concorrenza | ***m. interno*** o ***nazionale***, il complesso delle vendite di una merce o della totalità delle merci all'interno del Paese di produzione | ***uscire, andare sul m.***, detto di un prodotto, venire messo in commercio | ***m. estero***, il complesso delle vendite di un prodotto o della totalità dei prodotti di un Paese in un'altra nazione | ***m. internazionale***, il complesso degli scambi tra diverse nazioni dei vari prodotti | ***m. mondiale***, il complesso di tutti gli scambi che avvengono nel mondo di un dato prodotto o della totalità dei prodotti | ***M. comune europeo***, zona di unione doganale e d'integrazione economica costituita dal 1957 fra alcuni Paesi europei (trasformatasi in Comunità Economica Europea e, dal 1993, in Unione europea) **5** (*est., spreg.*) traffico illecito, mercimonio: *turpe m.*; *far m. del proprio onore* **6** (*fig.*) chiasso, luogo di grande confusione o di grande affollamento: *che cos'è quel m.?* || **mercatino**, **dim.** (V.) | **mercatóne**, **accr.**

SFUMATURE DI SIGNIFICATO

mercato - fiera - bazar

Mercato è il luogo destinato alla vendita di merci, per lo più generi alimentari o altri prodotti di consumo. In accezione astratta, il termine identifica l'insieme delle contrattazioni e degli scambi, anche di beni finanziari. Un mercato locale periodico con vendita dei più svariati prodotti, tenuto per lo più in occasione di festività religiose si chiama **fiera**. **Bazar** è invece un mercato tipico dei paesi arabi; per estensione, il termine indica un emporio dove si vendono le merci più disparate.

†**mercatóre** [vc. dotta, lat. *mercatōre(m)*, da *mercāri* 'mercare' ✱ av. 1342] **s. m.** **1** trafficante, commerciante **2** intermediario

†**mercatòrio** [vc. dotta, lat. *mercatōriu(m)*, agg. di *mercātor*, genit. *mercatōris* 'mercatore' ✱ av. 1499] **agg.** ● mercantile

mercatùra [vc. dotta, lat. *mercatūra(m)*, da *mercātor*, genit. *mercatōris* 'mercatore' ✱ 1438] **s. f.** ● commercio, attività commerciale (spec. in riferimento alla fine del periodo medievale): *darsi alla m.*; *esercitare la m.*

♦**mèrce** [lat. *mĕrce(m)*, di etim. incerta ✱ 1264] **s. f.** **1** ogni prodotto in quanto oggetto di commercio e destinato alla vendita: *lo scambio delle merci*; *lo scarico delle merci*; *la m. in magazzino*; *spedire, ritirare, rifiutare la m.*; *fattura, distinta delle merci*; *m. vile, preziosa*; *m. nazionale, estera* | (*fig.*) valore, bene: *l'altruismo è diventato una m. rara* **2** (**al pl.**) in espressioni ellittiche | ***Borsa merci***, luogo di borsa in cui si contrattano determinate merci | ***scalo merci***, in una stazione o in un porto, scalo attrezzato per i movimenti delle merci | ***treno merci***, destinato unicamente al trasporto di merci

mercé o †**merzé** [troncamento di *mercede* ✱ 1250 ca.] **A** **s. f. inv.** **1** †mercede, ricompensa: *Non fia sanza m. la tua parola* (DANTE *Purg.* XX, 37) | †merito **2** (*lett.*) aiuto, misericordia, pietà, grazia: *chiedere, implorare m.* | ***stare, rimettersi all'altrui m.***, al suo arbitrio | ***essere, trovarsi alla m. di qlcu.***, in suo potere, balìa | pietà: *domandare m.* | ***la Dio m.***, per grazia di Dio **3** †formula di ringraziamento: *Il proposto tutto lieto disse: 'Madonna, gran m.'* (G. BOCCACCIO) **B** in funzione di **inter.** **1** †esprime invocazione di aiuto, pietà, grazia e sim. **2** †esprime ringraziamento | V. anche †*granmercé* **SIN.** grazie **C** in funzione di **prep.** ● (*lett.*) per merito, per opera, in grazia di (*anche iron.*): *sono riuscito m. il vostro aiuto* | con gli agg. poss.: *I' son fatta da Dio, sua m., tale, / che la vostra miseria non mi tange* (DANTE *Inf.* II, 91-92) | (*lett.*) †anche nelle loc. prep. ***m. di, m. a***, grazie a qlcu. o qlco.: *m. di colei / ch'a l'alto volo ti vestì le piume* (DANTE *Par.* XV, 53-54); *passa tra cavalieri e tra pedoni / m. all'annel* (L. ARIOSTO)

mercedàrio [1799] **A** **agg.** ● dell'ordine religioso di osservanza agostiniana intitolato a Santa Maria della Mercede, fondato a Barcellona nel 1218 **B** **s. m.** (**f.** *-a*) ● religioso appartenente a tale ordine

mercéde (o **-è-**), †**merzéde** (o **-è-**) [lat. *mercēde(m)*, da *mĕrx*, genit. *mĕrcis* 'merce' ✱ 1250 ca.] **s. f.** (troncato in *mercé* (V.)) **1** (*lett.*) retribuzione, salario, paga: *la m. dell'operaio*; *aumento delle mercedi* **2** (*est., lett.*) ricompensa, premio **3** (*poet.*) †merito **4** †pietà, clemenza **5** †mercé

mercenariàto [1974] **s. m.** ● attività di mercenario | fenomeno dei soldati mercenari: *il m. svizzero* | attività di sorveglianza e protezione svolta da professionisti privati in zone di guerra

mercenàrio o †**mercenàio** [vc. dotta, lat. *mercenāriu(m)*, da *mĕrces*, genit. *mercēdis* 'mercede' ✱ 1268] **A** **agg. e s. m.** **1** che (o chi) presta la propria opera per denaro **2** (*spreg.*) che (o chi) agisce solo per denaro o, nelle proprie opere, si dimostra prevalentemente o esclusivamente ispirato da motivi d'interesse economico: *giornalista, scrittore m.*; *i mercenari delle lettere* **3** che (o chi) per denaro esercita il mestiere delle armi: *soldati mercenari*; *un esercito di mercenari*; *i mercenari delle compagnie di ventura*; *i mercenari della Legione straniera* || **mercenariaménte**, **avv.** da mercenario, venalmente **B** **agg.** **1** (*raro*) che è fatto o prestato dietro compenso: *lavoro m.* **2** (*spreg.*) di ciò che è mosso, manifestato o fatto solo per denaro: *animo m.* | ***amore m.***, a pagamento | prezzolato, venale: *penna mercenaria*; *ingegno m.* **3** (*milit.*) proprio dei mercenari: *armi mercenarie* | costituito da mercenari: *esercito m.*

mercenarìṣmo [1955] **s. m.** ● (*stor.*) l'istituto delle milizie mercenarie

merceologìa [comp. di *merce* e *-logia* ✱ 1868] **s. f.** (**pl.** *-gie*) ● studio della natura, composizione, adulterazioni, provenienza e circolazione delle varie merci

merceològico [1934] **agg.** (**pl. m.** *-ci*) ● che concerne la merceologia | ***oro m.***, non monetizzato || **merceologicaménte**, **avv.** sotto l'aspetto merceologico

merceòlogo [1957] **s. m.** (**f.** *-a*; **pl. m.** *-gi*) ● studioso di merceologia

mercerìa [da *merce* ✱ sec. XIV] **s. f.** **1** articoli minuti, spec. quelli concernenti il vestiario come nastri, bottoni, spille, aghi, cotone per cucire, e sim. **2** negozio che vende tali articoli **3** †merce, mercanzia **4** †mestiere del merciaio

merceriẓẓàre [fr. *merceriser*, dal n. del chimico ingl. J. *Mercer* (1791-1866) che inventò il procedimento ✱ 1895] **v. tr.** ● trattare il cotone con una soluzione di soda caustica per conferirgli lucentezza serica, maggior resistenza e facilità di tintura || **merceriẓẓazióne**, **s. f.**

merceriẓẓàto **part. pass.** di *mercerizzare*; anche **agg.** ● detto di tessuto che ha subito mercerizzazione

merceriẓẓatrìce [1924] **s. f.** ● macchina per la mercerizzazione del cotone

merchandiser /mertʃan'daizer, *ingl.* 'mɜːtʃənˌdaɪzə(r)/ [vc. ingl., da *to merchandise* 'commerciare', dal fr. *marchandise* 'mercanzia' ✱ 1983] **s. m. e f. inv.** ● chi si occupa di merchandising

merchandising /mertʃan'daizin(g), *ingl.* 'mɜːtʃənˌdaɪzɪŋ/ [vc. ingl., da *to merchandise* 'commerciare', dal fr. *marchandise* 'mercanzia' ✱ 1971] **s. m. inv.** **1** (*econ.*) l'insieme delle attività che il fornitore o il venditore di una merce svolgono per promuoverne la vendita dopo che essa ha raggiunto il punto di vendita **2** (*dir.*) contratto per la commercializzazione di prodotti, con l'utilizzo di un marchio che contraddistingue abitualmente un prodotto diverso

merchant bànk /mertʃan'bank, *ingl.* 'mɜːtʃən(t),bæŋk/ [loc. ingl., propr. 'banca mercantile', comp. di *merchant* 'mercante' e poi 'mercantile' e *bank* 'banca' ✱ 1979] **loc. sost. f. inv.** (**pl. ingl.** *merchant banks*) ● banca d'affari

merciàio o (*centr.*) †**merciàro** [da *merce* ✱

1342] s. m. (f. -*aia*, pl. m. -*ai*) • chi vende mercerie

merciaiòlo o **merciaiuòlo** [sec. XIV] s. m. (f. -*a*) • (*lett.*) merciaio

†**merciàro** ➤ **merciaio**

mercificàre [1964] **A** v. tr. (*io mercìfico, tu mercìfichi*) • ridurre a merce o a fonte di profitto valori, beni o attività che non hanno di per sé una natura commerciale: *m. la cultura, l'arte, i rapporti umani* **B** **mercificàrsi** v. intr. pron. • ridursi a merce || **mercificazióne**, s. f.: *mercificazione della cultura*; *mercificazione dei rapporti umani*

†**mercimònia** [av. 1511] s. f. • (*raro*) mercimonio

♣**mercimònio** [vc. dotta, lat. *mercimōniu(m)* 'merce, commercio', da *mercāri*. V. †*mercare* ✱ av. 1411] s. m. (pl. -*i* o *lett.* -*ii*) **1** traffico illecito: *fare m. del proprio onore, del proprio ingegno* **2** †attività mercantile

†**mèrco** ① [ant. fr. *merc* 'marchio'. V. *marchiare* ✱ av. 1374] s. m. (pl. -*chi*) • segno di riconoscimento impresso sul bestiame

mèrco ② [dal lat. *amāracu(m)* 'maggiorana' ✱ 1834] s. m. (pl. -*chi*) • (*bot.*) pianta erbacea delle Composite con foglie commestibili dopo cottura (*Urospermum dalechampii*)

♦**mercoledì** o (*fam.*) **mercoldì**, †**mercordì** [lat. tardo *Mĕrcuri dīe(m)* 'giorno di Mercurio' ✱ av. 1348] s. m. inv. • terzo giorno della settimana civile, quarto della liturgica

mercorèlla ➤ **marcorella**

mercuriàle ① [vc. dotta, lat. *Mercuriāle(m)*, agg. di *Mercŭrius* 'Mercurio' ✱ av. 1328] agg. **1** di preparato farmaceutico contenente mercurio: *pomata, unguento m.* **2** (*fig.*, *raro*) scaltro, vivace: *ingegno, carattere m.* || **mercurialità**, s. f. inv. (*raro*) vivacità

mercuriàle ② [fr. *mercuriale*, da *Mercurio*, dio del commercio ✱ 1812] s. f. • listino ufficiale dei prezzi medi correnti, in un certo periodo e luogo, di date merci

mercuriàle ③ [lat. *mercuriāle(m)* 'erba di Mercurio'. V. *marcorella* ✱ av. 1863] s. f. • pianta delle Euforbiacee con foglie lungamente picciolate e ciliate ai margini, fiori maschili in spighe, femminili ascellari (*Mercurialis annua*) SIN. marcorella

mercurialìsmo [da *mercuriale*① ✱ 1939] s. m. • (*med.*) idrargirismo

mercuriàno [1957] **A** agg. • relativo al pianeta Mercurio **B** s. m. (f. -*a*) • ipotetico abitatore del pianeta Mercurio

mercùrico [da *mercurio* ✱ 1869] agg. (pl. m. -*ci*) • detto di composto del mercurio bivalente | *acetato m.*, dotato di proprietà antisettiche e antisifilitiche, usato anche come catalizzatore in sintesi organiche

mercurìfero [comp. di *mercurio* e -*fero* ✱ 1869] agg. • che contiene mercurio

mercùrio [vc. dotta, lat. *Mercŭriu(m)*, n. di una divinità e di un pianeta, di orig. etrusca ✱ 1282] s. m. (*Mercùrio* nel sign. 1) **1** (*astron.*) primo pianeta del sistema solare, in ordine di distanza dal Sole, dal quale dista in media 58 milioni di kilometri, la cui massa è 0,05 volte quella della Terra e del quale non si conoscono satelliti | (*astrol.*) pianeta che domina i segni zodiacali dei Gemelli e della Vergine **2** (*chim.*) elemento chimico, unico metallo liquido a temperatura ambiente, presente in natura spec. come solfuro dal quale si ricava per desolforazione; i suoi vapori sono velenosissimi, scioglie l'oro, l'argento e altri metalli formando amalgami; è usato per antiparassitari, per impregnare il legno, per apparecchi di misura, per raggi ultravioletti e in medicina, sotto forma di sali, per l'azione diuretica, purgativa, antisettica e antiemetica SIMB. Hg NUM. AT. 80 | *m. rosso*, sostanza di composizione segreta che sarebbe impiegata nella fabbricazione di piccole bombe atomiche portatili

mercurocròmo [ingl. *mercurochrome*, comp. di *mercury* 'mercurio' e del gr. *chrôma* 'colore' ✱ 1957] s. m. • (*farm.*) sostanza contenente mercurio, usata in soluzione come antisettico

mercuróso (o -ṣ-) [1869] agg. • (*chim.*) detto di composto del mercurio monovalente

mèrda [lat. *mĕrda(m)*, di etim. incerta ✱ 1305] **A** s. f. **1** (*volg.*) sterco, escremento di persona o di animale **2** (*fig.*, *volg.*) persona o cosa del tutto priva di pregio e di interesse: *che m. di amici hai!*; *questo libro è una m.* | (*volg.*) *di m.*, detto di persona o cosa spregevole: *film di m.* | (*volg.*) ***fare una figura di m.***, una figuraccia | (*volg.*) ***pezzo di m.***, persona spregevole | (*eufem.*) anche nella forma scritta ***di m...*** (o ***di emme***): *hai fatto una figura di m...* **3** (*fig.*, *volg.*) situazione difficile, imbrogliata, pericolosa e sim.: *se n'è andato e ha lasciato tutti nella m.*; *sono nella m. fino al collo* **B** in funzione di inter. • (*volg.*) esprime vivo disappunto, stupore irato, netto rifiuto || **merdàccia**, accr. | **merdìna**, dim. | **merdolina**, dim. | **merdóna**, accr.

merdàio [sec. XIV] s. m. (pl. -*ai*) **1** (*volg.*) luogo pieno di merda **2** (*volg.*, *fig.*) ambiente di costumi immorali o situazione disgustosa

merdaiòlo o (*lett.*) **merdaiuòlo** [av. 1802] s. m. (f. -*a*) **1** chi un tempo aveva il compito di spazzare lo sterco e le immondizie dalle strade **2** (*spreg.*, *raro*) persona spregevole

merdàta [da *merda* ✱ 1550] s. f. • (*volg.*) atto, discorso, opera spregevole o di nessun valore

merdóne [1955] agg. e s. m. (f. -*a*) • (*raro*, *fig.*) pusillanime; persona spregevole

merdóso (o -ṣ-) [1313] agg. **1** (*volg.*) imbrattato di merda: *si graffia con l'unghie merdose* (DANTE *Inf.* XVIII, 131) **2** (*fig.*) spregevole, vile, ignobile || **merdosaménte**, avv. sozzamente

♦**merènda** [lat. *merĕnda(m)*, dal nt. pl. del gerundivo del v. *merēre* 'meritare'; propr.: 'cose da meritare' ✱ 1320] s. f. • spuntino nel pomeriggio, fatto spec. dai ragazzi | il cibo consumato in tale occasione: *portarsi la m. a scuola*; *star senza m. per castigo* || **merendèlla**, dim. | **merendìna**, dim. (V.) | **merendìno**, dim. m. | **merendóna**, accr. | **merendóne**, accr. m. (V.) | **merendùccia**, dim. | (*raro*) **merenduòla**, dim.

merendàre [lat. tardo *merendāre*, da *merĕnda* 'merenda' ✱ av. 1424] v. intr.; (*io merèndo*; aus. *avere*) e †**merendàrsi** v. intr. pron. • (*raro*) fare merenda

merendìna [1989] s. f. **1** dim. di *merenda* **2** prodotto alimentare, per lo più dell'industria dolciaria, destinato spec. alla merenda dei bambini

merendóne [av. 1492] s. m. (f. -*a*) **1** accr. di *merenda* **2** (*fig.*) †scansafatiche, persona dappoco

merengue /sp. me'reŋge/ [n. della danza nello sp. d'America, preso dal creolo haitiano *méringue* ✱ 1986] s. m. inv. • (*mus.*) danza originaria di Haiti e Santo Domingo, a due tempi, simile al samba

mereologìa [vc. dotta, comp. del gr. *méros* 'parte' e -*logia* sul modello dell'ingl. *mereology*, fr. *meréologie* ✱ 1972] s. f. (pl. -*gìe*) • nella logica contemporanea, lo studio delle proprietà formali delle relazioni che intercorrono tra l'intero e le parti

†**meretricàre** [vc. dotta, lat. tardo *meretricā-ri*, da *mĕretrix*, genit. *meretrīcis* 'meretrice' ✱ av. 1290] v. intr. • fare la meretrice

meretrìce [vc. dotta, lat. *meretrīce(m)*, da *merēre* 'guadagnare, farsi pagare'. V. *meritare* ✱ 1261 ca.] s. f. **1** prostituta | †donna dissoluta, adultera **2** nella Divina Commedia, l'invidia

meretrìcio ① [vc. dotta, lat. *meretrīciu(m)*, agg. da *mĕretrix*, genit. *meretrīcis* 'meretrice' ✱ av. 1311] agg. (pl. f. -*cie*) • (*raro*) di meretrice, da meretrice (*anche fig.*): *amore m.*

meretrìcio ② [vc. dotta, lat. *meretrīciu(m)*, s. 'prostituzione', da *mĕretrix*, genit. *meretrīcis* 'meretrice' ✱ 1261 ca.] s. m. **1** prostituzione **2** †luogo, quartiere in cui si esercita la prostituzione

mèrger /'mɛrdʒer, *ingl.* 'mɜːdʒə(r)/ [vc. ingl., propr. 'fusione' ✱ 1957] s. f. inv. • (*econ.*) fusione, detto di società o aziende

†**mèrgere** [vc. dotta, lat. *mĕrgere* 'immergere, affondare'. V. *immergere* ✱ sec. XIV] v. tr. • immergere, tuffare

mèrgo ➤ **smergo**

mèria [da *meriare* ✱ av. 1562] s. f. • (*tosc.*, spec. al pl.) luogo ombroso, fresco, ameno | (*fam.*) ***stare alle merie***, all'aperto o in luogo fresco | ***stare a m.***, all'ombra, detto di pecore

-meria [gr. -*méreia* o -*mería*, collegato con *méiresthai* 'prendere la sua parte (*méros*)', di orig. indeur.] secondo elemento **1** forma parole composte dotte o scientifiche in cui indica formazione in parti, ripetizione di parti, o significa 'suddivisione': *metameria* **2** forma parole che sono in rapporto coi termini composti con -*mero*, di cui indica la condizione: *polimeria*

meriàre (o -**rià**-) [lat. *meridiāre* 'meriggiare' ✱ sec. XV] v. intr. (*io mèrio*; aus. *avere*; usato quasi solo all'inf. pres.) • (*raro*, *tosc.*) meriggiare

mericìsmo [vc. dotta, gr. *mērykismós* 'ruminazione', da *mērykízein* 'ruminare', di etim. discussa: da **merýein* 'avvolgere' (?) ✱ 1834] s. m. • (*med.*) disturbo di origine nervosa della digestione spec. del lattante, in cui si ha il rigurgito degli alimenti dallo stomaco alla bocca

meridiàna ① [da *meridiano* ✱ 1766] s. f. • orologio solare formato da un complesso di linee orarie tracciate su di un muro o pavimento, su cui un'asta detta gnomone proietta la sua ombra durante le varie ore del giorno

meridiàna ② [da (*linea*) *meridiana* ✱ 1564] s. f. • (*astron.*) intersezione del piano meridiano di un luogo coll'orizzonte | ***m. di tempo medio***, curva in forma di otto, sul quadrante solare, che permette di leggere il mezzogiorno medio, tenendo conto dell'equazione di tempo

meridiàno [vc. dotta, lat. *meridiānu(m)*, agg. di *merīdies*. V. †*meridie* ✱ 1282] **A** agg. **1** di mezzogiorno: *il caldo m.*; *le ore meridiane*; *il m. ozio dell'aie* (G. PASCOLI) **2** (*est.*, *poet.*) luminoso, ardente: *meridiana face / di caritate* (DANTE *Par.* XXXIII, 10-11) **3** (*astron.*) ***cerchio m.***, strumento che serve per la misura accurata delle coordinate degli astri, mediante osservazioni fatte in meridiano **B** s. m. **1** (*mat.*) ciascuna delle curve, uguali fra loro, ottenute intersecando una superficie di rotazione con un semipiano uscente dall'asse di rotazione **2** (*geogr.*) ciascuna delle semicirconferenze del globo terrestre passanti per i due poli | ***m. di riferimento, m. iniziale, m. di 0°***, quello di Greenwich e talvolta, in Italia, quello di Monte Mario a Roma | ***m. celeste***, circolo massimo della sfera celeste passante per i poli e lo zenit del luogo di osservazione | ***m. magnetico***, piano verticale in cui giace un ago magnetico orientato secondo il campo magnetico terrestre

†**merìdie** [vc. dotta, lat. *merīdie(m)*, comp. di *mĕdius* 'mezzo' e *dīes* 'giorno, dì', con dissimilazione della -*d*- di *mĕdius* in -*r*-, determinata dalla pre-

senza della *d-* di *dĭes* ✱ 1308] **s. f.** ● mezzodì, meriggio

♦**meridionàle** [vc. dotta, lat. tardo *meridionā-le(m)*, agg. di *merīdies* 'mezzogiorno'. V. †*meridie* ✱ 1282] **A agg. 1** che è posto a sud, a mezzogiorno di un luogo determinato | che è rivolto a Sud: *il versante m. di una collina; il lato m. di un edificio* **CFR.** sud- **2** che è caratteristico dei popoli e delle regioni del meridione: *vivacità, carattere m.* ‖ **meridionalménte**, **avv.** da meridionale, con modi tipicamente meridionali: *Tutto – meridionalmente – molto esagerato* (L. PIRANDELLO) ‖ **meridionalità**, **s. f. inv.** caratteristica di ciò che è meridionale; (*est.*) l'insieme di ciò che, nei costumi, nella mentalità, negli atteggiamenti, contraddistingue tradizionalmente gli abitanti dell'Italia meridionale **B s. m. e f.** ● chi è nativo del meridione di un paese **CFR.** settentrionale

meridionalìsmo [comp. di *meridional(e)* e *-ismo* ✱ 1950] **s. m. 1** voce, locuzione, costrutto o pronuncia propri dell'Italia meridionale **2** atteggiamento di impegno nei confronti dei problemi economici e sociali dell'Italia meridionale visti come problemi essenziali dello Stato italiano: *il m. di Gaetano Salvemini*

meridionalista [av. 1937] **A s. m. e f.** (**pl. m.** *-i*) ● studioso dei problemi economici e sociali specifici dell'Italia meridionale | fautore del meridionalismo **B agg.** ● relativo ai problemi economico-sociali dell'Italia meridionale

meridionalistica [1970] **s. f.** ● studio della cultura e dei problemi dell'Italia meridionale

meridionalìstico [1960] **agg.** (**pl. m.** *-ci*) **1** che è caratteristico del meridione **2** relativo al meridionalismo ‖ **meridionalisticaménte**, **avv.** da un punto di vista meridionalistico

meridionalizzàre [1950] **A v. tr.** ● rendere meridionale, attribuire caratteristiche proprie delle zone meridionali **B meridionalizzàrsi v. intr. pron.** ● assumere i caratteri, gli atteggiamenti, gli usi e sim. tipici del meridione ‖ **meridionalizzazióne**, **s. f.**

♦**meridióne** [da *meridionale*, sul modello del rapporto fra *settentrione* e *settentrionale* ✱ 1536] **s. m. 1** punto cardinale corrispondente al Sud **2** insieme delle terre meridionali di un dato paese, continente e sim.: *il m. d'Italia* | anche con l'iniziale maiuscola: *i problemi del M.*

†**merìgge** ➤ **meriggio**

†**meriggiàno** [lat. *meridiānu(m)* 'meridiano' ✱ av. 1347] **agg.** ● di mezzogiorno

meriggiàre [lat. *meridiāre*, da *merīdies*. V. †*meridie* ✱ sec. XIV] **A v. intr.** (**pres.** *io meriggio*; **fut.** *io meriggerò*; **aus.** *avere*) **1** (*lett.*) riposare, all'ombra e all'aperto, nelle ore del mezzogiorno: *m. pallido e assorto / presso un rovente muro d'orto* (E. MONTALE) **2** †oziare **B v. tr.** ● †far riposare il bestiame nelle ore meridiane: *m. le mandre*

♦**merìggio** o †**merìgge** [lat. parl. **merīdiu(m)*, per il classico *merīdie(m)*. V. †*meridie* ✱ av. 1292] **A s. m. 1** (*lett.*) mezzogiorno e le ore intorno al mezzodì: *di m.*; *nel m.*; *in pieno m.*; *al m. stanca villanella / ... tra l'erbe innocenti adagia il fianco / queta e sicura* (G. PARINI) | **dopo il m.**, nel pomeriggio | (*raro*) **far m.**, meriggiare | (*tosc.*) meria | †meridione **2** (*fig., lett.*) la maturità, l'età adulta | (*fig., lett.*) culmine, apogeo: *Ci si trovava in pieno m. romantico* (G. TOMASI DI LAMPEDUSA) **B agg.** ● †di mezzodì

merìnga [fr. *méringue*, dal polacco *marzynka* 'meringa al cioccolato' ✱ 1850] **s. f. 1** composto di zucchero e chiara d'uovo montata a neve ferma, cotto al forno **2** dolce formato da due mezzi gusci di tale composto farciti di panna montata

meringàta [f. sost. di *meringàto* ✱ 1957] **s. f.** ● torta a base di meringa

meringàto [1978] **agg.** ● fatto di meringa, ricoperto di meringa: *torta meringata*

merino /*sp.* me'rino/ [sp. *merino*, dal n. di una tribù berbera ✱ av. 1811] **A s. m. inv.** (**pl. sp.** *merinos*) **1** la più famosa razza ovina del mondo per la produzione della lana, originaria dell'Africa **2** tessuto di lana merino **B** anche **agg. inv.**: *lana m.*; *pecora m.*

merismàtica [da *meristema* ✱ 1993] **s. f.** ● (*bot.*) tecnica di propagazione mediante tessuti meristematici

meristèma [dal gr. *meristós* 'divisibile', da *merízein* 'dividere', da *merís* 'parte' ✱ 1930] **s. m.** (**pl.** *-i*) ● (*bot.*) tessuto di cellule vegetali capaci di dividersi indefinitamente dando origine a cellule meristematiche o a cellule che si differenziano originando organi e tessuti definitivi | **m. primario**, complesso di cellule meristematiche situate agli apici del germoglio e della radice, di cui assicurano l'accrescimento | **m. secondario**, che deriva da tessuti già adulti le cui cellule perdono la loro differenziazione e riprendono la capacità di divisione cellulare

meristemàtico [1940] **agg.** (**pl. m.** *-ci*) ● (*bot.*) relativo al meristema

†**meritaménto** [da *meritare* ✱ av. 1348] **s. m.** ● ricompensa

♦**meritàre** o (*poet.*) †**mertàre** [vc. dotta, lat. *meritāre*, intens. di *merēre*, da una radice indeur. che significa dapprima 'attrarre la propria parte', poi 'meritare' ✱ 1065] **A v. tr.** (*io mèrito*) **1** essere degno di avere, ottenere, ricevere e sim., in senso positivo ma anche negativo (**qlco.**; + *di* **seguito da inf.**, + *che* **seguito da congtv.**): *m. un premio, una lode, una ricompensa; m. biasimo, un castigo, uno schiaffo; meriti di essere punito; meritavi che ti dessero ascolto; il vostro valor merita che io m'opponga alle sue forze* (G. BOCCACCIO) | **non m.**, non essere degno di qlco.: *non meriti la nostra fiducia; quell'uomo non merita tanto; è un'opera che non merita di essere citata* **2** far ottenere, rendere degno, procurare (+ *a*): *il grande valore dell'opera gli meritò la fama* **3** (*colloq.*) valere: *quel film non merita nemmeno il prezzo del biglietto* **4** †compensare, ricompensare, premiare **B v. intr. impers.** (**aus.** *essere*) ● valere la pena (+ **inf.**, + *che* **seguito da congtv.**): *in questo caso merita fare un passo indietro; merita che ci si mediti sopra; fu singolare, e merita che ne sia fatta memoria, la condizione in cui ... si trovaron quegli uomini* (A. MANZONI) | **non merita**, non vale la pena; *non merita neppure parlarne; non merita che mi occupi di loro* **C v. intr.** (**aus.** *avere*) **1** (*lett.*) essere, rendersi, benemerito, spec. in senso morale (+ *di*): *m. della patria, delle lettere; s'io meritai di voi mentre ch'io vissi* (DANTE *Inf.* XXVI, 80) **2** †ricompensare: *m. dei benefici, del servigio* **D meritàrsi v. tr. pron.** (**aus.** *essere*) ● meritare (con valore intens.): *ti sei meritato un premio; Amico, si è meritata una buona paga* (C. GOLDONI) | **meritàrsela** (con il pron. *la* indeterm.), subire inevitabilmente qlco. di dannoso a causa del proprio comportamento: *è nei guai? francamente, se l'è meritata!*

meritàto **part. pass.** di *meritare*; anche **agg.** ● giustamente ottenuto: *un premio, un castigo m.* ‖ **meritataménte**, **avv.** in modo giusto, a ragione

♦**meritévole** [av. 1332] **agg.** ● che merita: *rendersi m. di lode, di biasimo* **SIN.** degno ‖ **meritevolménte**, **avv.** degnamente, con merito

†**mèrito**① o (*poet.*) **mèrto** [vc. dotta, lat. *mĕritu(m)*, agg., part. pass. di *merēre* 'meritare' ✱ 1336 ca.] **agg.** ● (*lett.*) meritato | †meritevole ‖ †**meritaménte**, **avv.** (*lett.*) meritatamente

♦**mèrito**② o †**mèrto** [vc. dotta, lat. *mĕritu(m)*, s. dal part. pass. di *merēre* 'meritare' ✱ av. 1250] **s. m. 1** diritto alla lode, alla stima, alla ricompensa e sim., dovuto alle qualità, alla capacità o alle opere di una persona: *acquistare m.; farsi m.; perdere m.; negare, togliere il m.; premiare secondo il m.; il m. della vittoria spetta al comandante* | **dare m. a qlcu. di qlco.**, riconoscerla apertamente | **per m. nostro, vostro**, grazie al nostro, al vostro intervento | **andare, tornare a m. di qlcu.**, di ciò che si è realizzato grazie al positivo intervento di qlcu. | **a pari m.**, in gare e sim., detto di due o più concorrenti che vengano giudicati di uguale valore o abilità: *arrivare secondo a pari m.* **2** azione, comportamento, qualità che rende degno di lode, stima, ricompensa e sim.: *avere molti meriti; il suo unico m. è la volontà* | (*est.*) valore, pregio: *un artista di molto, di poco m.; un film di nessun m.; io non m'incomodo mai, quando servo cavalieri di sì alto m.* (C. GOLDONI) **3** ricompensa, premio, spec. nella loc. **rendere m.**: *Dio ve ne renda m.!* **4** sostanza, ragione intrinseca **CONTR.** forma **CFR.** metodo | **entrare nel m. di una questione**, analizzarne gli aspetti più importanti | (*dir.*) **giudizio di m.**, V. *giudizio* | **in m. a**, rispetto a **5** nella denominazione di decorazioni e onorificenze: *cavaliere al m. del lavoro; medaglia al m. militare; stella al m. del lavoro*

meritocràtico [1978] **agg.** (**pl. m.** *-ci*) ● basato sulla meritocrazia: *criteri meritocratici; concezione meritocratica del lavoro* ‖ **meritocraticaménte**, **avv.**

meritocrazìa [comp. di *merito* e *-crazia* ✱ 1966] **s. f.** ● concezione per cui ogni forma di riconoscimento (ricchezza, successo negli studi e nel lavoro, e sim.) è esclusivamente commisurata al merito individuale

meritòrio o †**meritòro** [vc. dotta, lat. *meritōriu(m)* 'che procura guadagno', da *mĕritum* 'ricompensa' ✱ 1305] **agg.** (**pl. m.** *-i* o *raro* *-ii*) ● che dà o costituisce merito: *atto m.; azione, attività meritoria* **SIN.** encomiabile ‖ **meritoriaménte**, **avv.**

†**meritóso** (o *-ṣ-*) [1340] **agg.** ● meritevole

mèrla [f. di *merlo*① ✱ av. 1342] **s. f.** ● femmina del merlo | (*sett.*) **i giorni della m.**, gli ultimi tre del mese di gennaio, solitamente molto rigidi quanto a clima

merlàngo o **merlàno** [dal lat. *mĕrula*, tipo di pesce di orig. indeur., col suff. germ. *-ing* ✱ 1834] **s. m.** (**pl.** *-ghi*) ● pesce dei Gadiformi, slanciato, con muso appuntito, che vive nelle acque costiere dell'Atlantico e del Mediterraneo ed ha carni delicate (*Gadus merlangus*)

merlàre [da *merlo*② ✱ av. 1312] **v. tr.** (*io mèrlo*) ● guarnire di merli una fortificazione

merlàto **part. pass.** di *merlare*; anche **agg. 1** nel sign. del v. **2** (*arald.*) detto di pezze o figure guarnite di merli | **m. alla ghibellina**, con la parte superiore intaccata a coda di rondine | **m. alla guelfa**, con testa piana

merlatùra [da *merlare* ✱ sec. XVI] **s. f.** ● ordine di merli sopra la cima di un'opera fortificata

merlettàia [da *merletto* ✱ 1900] **s. f.** ● artigiana che fa o vende merletti e trine

merlettàre [1812] **v. tr.** (*io merlétto*) ● applicare merletti: *m. la biancheria*

merlettatùra [1963] **s. f.** ● guarnizione di merletto di un capo di biancheria, un abito femminile e sim.

merlétto [da *merlo*② ✱ 1621] **s. m. 1** tessuto in velo o altra stoffa finissima lavorato a nodi o intrecci che realizzano disegni orna-

a b c d e f g h i j k l m n o p q r s t u v w x y z

mentali: *m. ad ago, a tombolo, all'uncinetto, a macchina* SIN. pizzo, trina **2** guarnizione di merletto sull'orlo di biancheria, di indumenti femminili, ecc.

merlìno [fr. *merlin*, dal neerl. *meerling*, da *marren* 'legare' ✻ 1803] **s. m.** ● (*mar.*) cimetta sottile a tre trefoli, per legature e cuciture

♦**mèrlo** ① o (*poet.*) †**mèrolo**, (*poet.*) †**mèrulo** [lat. *mĕrulu(m)*, di orig. indeur. ✻ sec. XIII] **s. m.** (**f.** *-a*) **1** uccello dei Passeriformi, comune ovunque, nero il maschio, bruno-rossastra la femmina, onnivoro, addomesticabile (*Turdus merula*) CFR. chioccolare, fischiare | ***m. acquaiolo***, passeriforme stazionario lungo i torrentelli alpini, dove si immerge per cacciare le prede (*Cinclus cincus*) **2** (*fig.*) persona sciocca e ingenua: *è proprio un m.* | (*scherz.*) ***cercare il m.***, il marito | (*disus.*, *per antifrasi*) persona furba che si finge ingenua || **merlóne**, **accr.** | **merlòtto**, **dim.** (V.)

♦**mèrlo** ② [da *merlo* ①, perché nelle fortificazioni sono disposti come una fila di *merli* ✻ sec. XIII] **s. m.** **1** ciascuno dei tratti di muro regolarmente intervallati da aperture, eretti sul parapetto in cima alle antiche fortificazioni, per dare riparo ai difensori | ***m. guelfo***, a forma di parallelepipedo | ***m. ghibellino***, a coda di rondine **2** †merletto

merlóne [da *merlo* ② ✻ 1561] **s. m.** ● tratto del parapetto di un'opera fortificata interposto tra due cannoniere

Merlot /mer'lo*, -'lɔt, *fr.* mɛʀ'lo/ [vc. fr., prob. da *merle* 'merlo ①', con passaggio semantico poco chiaro ✻ 1894] **s. m. inv.** **1** vitigno originario della regione di Bordeaux, coltivato spec. nell'Italia nordorientale, che dà un'uva di color nero intenso **2** vino rosso dal caratteristico profumo erbaceo che si ottiene da questo vitigno

m

merlòtto [sec. XIV] **s. m.** (**f.** *-a*) **1** dim. di *merlo* ① **2** (*fig.*, *lett.*) persona balorda, sciocca **3** (*arald.*) uccello ad ali chiuse, senza becco e senza zampe

merluzzétto [propr. dim. di *merluzzo* ✻ 1965] **s. m.** ● (*zool.*) mormoro

merlùzzo [provenz. *merlus*, dal lat. *mĕrula(m)*. V. *merlango* ✻ sec. XV] **s. m.** **1** pesce dei Gadiformi con corpo massiccio, squame piccole, barbiglio sotto il mento, tre pinne dorsali, che vive nel Nord dell'Atlantico e la cui pesca ha grande importanza nell'economia umana (*Gadus callarias*) **2** (*merid.*) nasello **3** (*fig.*) persona stupida, impacciata

♣**mèro** ① [vc. dotta, lat. *mĕru(m)*, da una radice indeur. che significa 'chiaro, brillante' ✻ 1321] **agg.** **1** (*lett.*) puro, limpido | (*lett.*) ***vino m.***, non annacquato | †splendente, sfavillante: *vidi le sue luci tanto mere* (DANTE *Par.* XVIII, 55) | †***animo m.***, sincero **2** (*fig.*) che è quale appare, puro e semplice (preposto a un sost. per restringerne il sign.): *trovarsi in un luogo per m. caso; per mera ipotesi, per mera curiosità* | ***la mera possibilità***, la possibilità astratta | ***m. sbaglio, mera svista***, del tutto involontari | ***m. sospetto***, con nessun fondamento || **meraménte**, **avv.** (*raro*) puramente, semplicemente

mèro ② [vc. dotta, gr. *méros* 'parte' poi 'divisione, schiera', da *méiromai* 'ottengo in divisione', di etim. incerta ✻ 1552] **s. m.** ● uno dei corni della falange macedone

mèro- [dal gr. *méros* 'parte', dal v. *méiresthai* 'prendere la propria parte', di orig. indeur.] **primo elemento** ● in parole composte della terminologia scientifica, significa 'parte', 'parziale': *meroblastico, meropia*

-mero [gr. *-merḗs*, da *méros* 'parte' (V. *mero-*)] **secondo elemento** ● in parole composte dotte o della terminologia scientifica, significa 'parte', 'composto, formato di parti': *dimero, isomero, polimero*

meroblàstico [comp. di *mero-* e *-blasto*, con suff. agg. ✻ 1956] **agg.** (**pl. m.** *-ci*) ● (*biol.*) detto di tipo di gamete femminile la cui segmentazione interessa solo una parte del citoplasma | (*biol.*) detto di tipo di segmentazione che interessa solo una parte del citoplasma del gamete femminile CONTR. oloblastico

merocèle [comp. del gr. *mērós* 'coscia, anca' e *-cele* ✻ 1821] **s. f.** ● (*med.*) ernia crurale

†**mèrolo** ➤ **merlo** ①

meronimìa [comp. di *mer(o)-* e *-onimia* ✻ 1990] **s. f.** ● (*ling.*) rapporto tra due parole delle quali l'una designa una parte e l'altra il tutto (es. *petalo* e *fiore*)

merònimo [1990] **s. m.** ● (*ling.*) parola che è in rapporto di meronimia con un'altra

mèrope [vc. dotta, lat. *mĕrope(m)*, dal gr. *mérops*, di orig. preindeur. ✻ av. 1498] **s. f.** ● (*zool.*) gruccione

meropìa [comp. di *mero-* e del gr. *óps*, genit. *opós* 'vista' ✻ 1834] **s. f.** ● (*med.*) parziale offuscamento della vista

†**meróre** [vc. dotta, lat. *maerōre(m)*, da *maerēre* 'essere afflitto', di etim. incerta. V. *mesto* ✻ av. 1332] **s. m.** ● tristezza, afflizione, mestizia

Meròstomi [comp. di *mero-* e *-stoma* ✻ 1934] **s. m. pl.** (**sing.** *-o*) ● (*zool.*) classe di Artropodi acquatici a respirazione branchiale, affini agli Aracnidi

merovìngica [f. sost. di *merovingico*: detta così perché entrata in uso al tempo dei *Merovingi* ✻ 1983] **s. f.** ● scrittura cancelleresca in uso dal sec. VII al IX in tutti i territori sotto l'influenza franca, caratterizzata da un forte allungamento delle lettere e dallo schiacciamento degli occhielli, dalla tendenza ad inclinarsi verso sinistra e dal serpeggiamento delle aste

merovìngico [dal n. del re franco *Meroveo* (morto 457) ✻ 1957] **agg.** (**pl. m.** *-ci*) ● dei Merovingi, dinastia che regnò sui Franchi dal IV all'VIII sec.: *epoca merovingica*

merovìngio [1843] **A agg.** (**pl. f.** *-ge*) ● merovingico **B s. m.** ● appartenente alla dinastia dei Merovingi

meroẓoite [comp. di *mero-* e *-zoite*, da *zoo-* col suff. *-ite*, terminazione propria di alcuni stadi del ciclo di taluni protozoi ✻ 1957] **s. m.** ● (*biol.*) negli Sporozoi, ciascuna cellula che deriva da un trofozoite e che può dare altri trofozoiti o impegnarsi nella produzione di gameti SIN. schizozoite

†**mertàre** e deriv. ➤ **meritare** e deriv.

†**mèrulo** ➤ **merlo** ①

†**merzé** o †**merzè** ➤ **mercé**

†**merzéde** (o *-è-*) ➤ **mercede**

mesa /*sp.* 'mesa/ [sp., propr. 'tavola', dal lat. *mēnsa(m)* 'mensa' ✻ 1957] **s. f.** (**pl. sp.** *mesas*) ● nel Messico e nel Colorado, tipica montagna con pareti ripidissime e sommità piatta

mésalliance /*fr.* meza'ljɑ̃s/ [vc. fr., comp. di *mes-* (V. †*menosdire*) e *alliance* 'alleanza, matrimonio' ✻ 1905] **s. f. inv.** ● matrimonio con persona di condizione inferiore

mesàta (o *-ṣ-*) [da *mese* ✻ 1500] **s. f.** **1** paga, salario mensile: *gli spetta la m. anticipata; andò a riscuotere la propria m.* **2** (*raro*) periodo di tempo della durata di un mese || **mesatìna**, **dim.** | **mesatùccia**, **dim.**

meṣaticèfalo [comp. del gr. *mésatos* 'medio', da *mésos* 'medio', e *-cefalo* ✻ 1884] **s. m.** ● (*med.*) mesocefalo

mescàl [vc. messicana, da *mexcalli*, n. di una pianta locale ✻ 1957] **s. m. inv.** ● liquore messicano ottenuto per fermentazione del succo contenuto nel fusto di alcune specie di agavi | cibo ricavato dalla polpa di alcune specie di agavi

mescalina [dallo sp. *mezcal*, n. di un tipo di agave e quindi del liquore che se ne estrae: da *mexcalli*, vc. indigena del Messico ✻ 1957] **s. f.** ● alcaloide estratto da una cactacea messicana e dotato di proprietà allucinogene

♣**méscere** (o *-è-*) [lat. parl. **mĭscere*, per il classico *miscēre* 'mescolare', di orig. indeur. ✻ av. 1292] **A v. tr.** (**pres.** *io mésco* (o *-è-*), *tu mésci* (o *-è-*); **part. pass.** *mesciùto*) **1** versare qlco. da bere: *m. il vino, un liquore, il caffè, l'acqua* | (*assol.*) servire il vino: *mescine ancora un bicchiere* | (*est.*, *lett.*) versare | anche in forma pron.: *andò a mescersi dell'altro rosolio* (G. VERGA) **2** (*lett.*) mischiare, mescolare: *mesce il mago fellon zolfo e bitume* (T. TASSO) | †***m. battaglia***, iniziare a combattere **B méscersi v. intr. pron.** **1** (*lett.*) mescolarsi: *'l sangue co 'l sudor si mesce* (T. TASSO) **2** (*lett.*) scontrarsi in combattimento

†**meschiàre** e deriv. ➤ **mischiare** e deriv.

†**meschìglia** [da *meschiare* ✻ 1779] **s. f.** ● mescolanza

♣**meschinerìa** [1863] **s. f.** ● meschinità

♣**meschinità** [1550] **s. f. inv.** **1** caratteristica di ciò che è meschino: *la m. di un regalo, di uno stipendio, di una ricompensa* SIN. inadeguatezza, mediocrità **2** grettezza, povertà morale, limitatezza: *m. di idee, di sentimenti, d'animo, di vita* **3** atto, frase, discorso di persona meschina: *non credevo potesse fare simili m.; non dice altro che m.* SIN. meschineria

♣**meschìno** [arabo *miskīn* 'povero' ✻ 1294] **A agg.** **1** (*lett.*, *region.*) che si trova in uno stato di infelicità | ***me m.!***, povero me, me infelice | (*est.*, *lett.*) che si trova in miseria, in povertà SIN. misero **2** che è mediocre, insufficiente, scarso e sim.: *lavoro, guadagno, risultato m.; offerta meschina* | (*raro*, *lett.*) fievole, debole: *ciascuno ascoltava / pianto dirotto con voce meschina* (M.M. BOIARDO) | †che è in cattive condizioni; invalido: *chi morto e chi ferito e chi m.* (L. PULCI) **3** detto di persona, che ha idee, pensieri e sentimenti gretti, angusti e limitati: *in quell'occasione fu veramente m.; non ascoltare ciò che dice quella gente meschina* SIN. tristo | (*est.*) detto di ciò che rivela povertà di spirito: *animo, cuore m.; vita, mentalità, ambizione meschina; idee, scuse, ragioni meschine; malignità, dicerie, voci meschine* | ***una figura meschina, una meschina figura***, brutta e completamente priva di dignità || **meschinaménte**, **avv.** **B s. m.** (**f.** *-a*) **1** (*lett.* o *figure*) persona disgraziata e infelice: *gli si presentò una buona occasione per aiutare quel m.* | †***fare il m.***, girare in su e in giù, senza meta **2** †servo || **meschinèllo**, **dim.** | **meschinétto**, **dim.** | **meschinùccio**, **dim.** | **meschinùzzo**, **dim.**

†**meschìta** [sp. *mezquita*, dall'arabo *másǧid* 'tempio', da *sáǧada* 'prosternarsi' ✻ av. 1367] **s. f.** ● (*lett.*) moschea: *un lungo incendio / ardea palagi, portici e meschite* (L. ARIOSTO)

mesciàcqua [comp. di *mescere* e *acqua* ✻ av. 1859] **s. m. inv.** ● (*tosc.*) brocca usata per versare l'acqua nel lavamano

†**mesciànza** [ant. fr. *mechëance*, comp. di *mes-* (V. †*menosdire*) e *chëance* 'chance' ✻ sec. XIII] **s. f.** ● disgrazia, sventura, accidente: *andarono dove ... era, e trovaronlo molto in gran m.* (F. SACCHETTI)

†**mesciàre** [sovrapposizione di *mischiare* a *mescere* ✻ sec. XIV] **v. tr.** ● mischiare

mesciàto o **mechàto** /meʃ'ʃato/ [da *mesc*, pronuncia del fr. *mèche*, con il suff. *-ato* ① ✻ 1988] **agg.** ● (*colloq.*) che ha le mèche: *capelli mesciati; parrucca mesciata; una ragazza mesciata*

mescìbile [1551] **agg.** ● (*raro*) che si può mescere

mescidànza o (*raro*) **miscidànza** [da *mescidare* ✻ 1871] **s. f.** ● (*lett.*) mescolanza: *m. di stili, di generi letterari*

mescidàre o (*raro*) **miscidàre** [dal lat. tardo *miscitātus* 'ben mescolato', da *miscēre* 'mescolare'. V. *mescere* ✱1320] **v. tr.** (*io méscido*) ● (*lett.*) mischiare, mescolare

†**mesciròba** [arabo *mišraba* 'vaso da bere', da *šariba* 'bere' ✱sec. XIII] **s. m., o f.** (**pl.** *mesciròba*, **m.**; *mesciròbe*, **f.**) ● acquamanile | mesciacqua

méscita (o **-è-**) [da *mescere* ✱1832] **s. f.** **1** il mescere, spec. il vino | ***banco di m.***, quello di osterie, bar e sim., su cui si serve da bere ai clienti **2** (*tosc.*) locale in cui si servono vini e liquori: *aprire una m.*

mescitóre [av. 1342] **s. m.** (**f.** *-trice*) ● chi mesce | chi è addetto a un banco di mescita

méscola ① (o **-è-**) [deriv. di *mescolare* ✱1965] **s. f.** ● (*chim.*) miscela di uno o più polimeri con diverse sostanze, quali cariche rinforzanti, prodotti attivanti, vulcanizzanti, protettivi e plastificanti, impiegata per la produzione di articoli in gomma | (*est.*) mescolanza

†**méscola** ② (o **-è-**) [sovrapp. di *mescolare* a *mestola* ✱sec. XIII] **s. f.** ● (*tosc.*) mestola

mescolàbile [av. 1704] **agg.** ● che può essere mescolato ‖ **mescolabilità s. f. inv.**

mescolàme [av. 1597] **s. m.** ● (*raro*) insieme di cose mescolate

mescolaménto [1362] **s. m.** **1** il mescolare, il mescolarsi **2** (*raro*) mescolanza

mescolànza [av. 1332] **s. f.** **1** il mescolare: *fece la m. dei due liquidi* | insieme delle cose mescolate (**anche fig.**): *m. di liquori, di granaglie; una m. perfetta di vari ingredienti; una m. di caffè e di cognac; m. di suoni, di voci, di stili diversi, di versi e prose* | (*spreg.*) combinazione casuale, guazzabuglio: *il tuo discorso è una m. di sciocchezze* **2** promiscuità di persone (*spec. spreg.*): *un ambiente dove c'è m. di gente di tutte le condizioni* **3** (*tosc.*) specie d'insalata costituita da un misto di varie erbe

♦**mescolàre** [lat. parl. **misculāre*, iter. di *miscēre*. V. *mescere* ✱1268] **A** **v. tr.** (*io méscolo* (o *-è-*)) **1** mettere insieme sostanze diverse, o diverse quantità di una stessa sostanza, in modo da formare una sola massa (+ *a*, + *con*): *m. vari ingredienti; m. l'acqua col vino; m. lo zucchero con il cacao; m il lievito al composto; m. due mucchi di farina* | ***m. i colori***, impastarli insieme, amalgamarli **SIN.** unire **2** (*est.*) rimestare, agitare: *m. il condimento, l'insalata, un impasto* **3** (*est.*) confondere, mettere insieme cose o persone diverse: *m. varie lingue, vari stili; m. prosa e poesia; m. nobili e plebei, vecchi e ragazzi* | ***m. le razze***, in zootecnia, accoppiare razze diverse | ***m. Ebrei e Samaritani***, (*scherz.*) voler unire cose diversissime tra loro | mettere in disordine, alla rinfusa: *m. fogli, schede; il vento ha mescolato i fogli d'appunti sul tavolo* | ***m. le carte***, scozzare; (*fig.*) confondere volutamente le cose **B** **mescolàrsi v. intr. pron., rifl. e rifl. recipr.** **1** unirsi in una sola massa o miscela, in un solo insieme (**anche fig.**) (+ *a*, + *con*, + *in*): *i vari suoni si mescolavano* (G. D'Annunzio); *l'acqua non si mescola con l'olio; i diversi sentimenti si mescolavano in un groviglio inestricabile; influssi orientali si mescolano a quelli del mondo classico* **2** finire insieme senza ordine né distinzione: *i fogli si sono mescolati a causa di un colpo di vento* | confondersi con altri, unirsi ad altri (**anche spreg.**) (+ *tra*, + *con*): *si mescolò tra la folla per non essere notato; non mescolarti con quei delinquenti* **3** (*fig.*) impicciarsi, immischiarsi (+ *in*): *mescolarsi nelle faccende altrui* **4** attaccare battaglia col nemico

SFUMATURE DI SIGNIFICATO
mescolare - amalgamare - confondere
Mescolare è mettere insieme sostanze diverse, o anche oggetti o persone, in modo da formare un tutto omogeneo nel quale le diverse componenti non siano più riconoscibili. **Amalgamare** ha lo stesso significato, ma sottolinea maggiormente la fusione completa dei componenti, che nell'insieme creano qualcosa che prima non esisteva; infatti per lo più si usa in riferimento a materiali pastosi, a colori, a composti alimentari. Anche **confondere** significa mescolare, unire più cose in un tutto, ma richiama fortemente un'idea di disordine.
SFUMATURE ➤ ***mischiare***, ➤ ***unire***

mescolàta [1612] **s. f.** **1** atto del mescolare in una volta: *dare una m. alle carte da gioco; diede una rapida m. ai biglietti* **2** †miscuglio, ammasso ‖ **mescolatina dim.**

mescolàto **A** **part. pass.** di *mescolare*; anche **agg.** **1** mischiato **2** †*alla mescolata*, alla rinfusa | †rimescolato, turbato | †***m. di sangue***, consanguineo ‖ †**mescolataménte avv.** alla rinfusa **B** **s. m.** **1** †mescolanza **2** †stoffa fatta con varie lane

mescolatóre [1868] **s. m.** (**f.** *-trice*); anche **agg.** **1** chi (o che) mescola **2** particolare circuito elettronico che fornisce all'uscita una combinazione dei segnali presenti ai vari ingressi **3** apparecchio, generalmente a bracci rotanti, per mescolare o impastare materiali semisolidi

mescolatrìce [1978] **s. f.** ● apparecchio usato per mescolare sostanze diverse

mescolatùra o (*raro*) **mischiatùra** [sec. XIV] **s. f.** ● il mescolare

mescolazióne [sec. XIV] **s. f.** ● operazione del mescolare

mescolìo [av. 1704] **s. m.** (**pl.** *-ii*) ● mescolamento continuo e frequente

†**mescugliàre** [sec. XVI] **v. tr.** ● fare miscuglio

†**mescùglio** ➤ **miscuglio**

†**mescuràre** [comp. di *mes-* (V. †*menosdire*) e *curare* ✱sec. XIII] **v. tr.** ● trascurare

♦**mése** (o **-ṣ-**) [lat. *mēnse(m)*, da una radice indeur. che significa 'misurare' ✱1193] **s. m.** **1** ciascuna delle 12 parti in cui viene diviso l'anno, all'incirca corrispondente ad una lunazione ed al tempo che il Sole impiega a percorrere un segno zodiacale, di durata varia da 28 a 31 giorni: *il m. entrante, venturo, corrente, passato, scorso; al principio, ai primi, alla metà, agli ultimi, alla fine del m.* | ***m. anomalistico, draconico, tropico, sidereo***, gli intervalli di tempo tra due consecutivi passaggi della Luna al perigeo, rispettivamente ad uno stesso nodo della sua orbita, alla congiunzione col Sole, al punto equinoziale, alla congiunzione con una stessa stella | ***m. mariano***, maggio, così detto perché dedicato a Maria Vergine **2** periodo di tempo della durata di circa trenta giorni: *è già un m. che non piove; gli ha dato un m. di tempo per decidere; è stato via due mesi* | ***per mesi e mesi***, per lunghissimo tempo **3** corrispettivo mensile della prestazione di un'attività lavorativa, del godimento di un immobile locato, e sim.: *il locatore pretese l'immediato pagamento del m.* **4** termine di misura della durata della gravidanza: *essere al sesto m.* | ***ai mesi alti***, agli ultimi mesi di gravidanza ‖ **mesàccio pegg.** | **mesétto dim.** (V.)

meṣencefàlico [1957] **agg.** (**pl. m.** *-ci*) ● che concerne il mesencefalo

meṣencèfalo [comp. di *meso-* ed *encefalo* ✱1871] **s. m.** ● (*anat.*) segmento intermedio dell'encefalo, che comprende i peduncoli cerebrali e la lamina quadrigemina

meṣènchima [comp. di *meso-* e del gr. *énchyma* 'infusione, fluido', da *enchéin* 'versare' ✱1929] **s. m.** (**pl.** *-i*) ● (*biol.*) matrice embrionale, simile a connettivo immaturo, derivata dai tre foglietti embrionali, dalla quale prenderanno origine numerosi tessuti e l'intero apparato circolatorio

meṣenchimàle [1933] **agg.** ● (*biol.*) del mesenchima

meṣentère o **meṣentèrio** [vc. dotta, gr. *mesentérion*, comp. di *mésos* (V. *meso-*) ed *énteron* 'intestino', da *entós* 'dentro' ✱1493] **s. m.** ● (*anat.*) piega del peritoneo a forma di lamina che sostiene l'intestino tenue, contenente i vasi ed i nervi dell'intestino stesso

meṣentèrico [av. 1698] **agg.** (**pl. m.** *-ci*) ● (*anat.*) del mesentere | ***arterie mesenteriche***, arterie viscerali addominali che irrorano l'intestino | ***plesso m.***, del sistema nervoso simpatico, attorno alle arterie mesenteriche

meṣentèrio ➤ **mesentere**

meṣenterite [comp. di *mesenterio* e *-ite* ① ✱1830] **s. f.** ● (*med.*) infiammazione del mesentere: *m. retrattile*

meṣeràico [vc. dotta, gr. *mesaraïkós*, da *mesáraion* 'mesenterio', comp. di *mésos* (V. *meso-*) e *araiós* 'sottile', di etim. incerta ✱1494] **agg.** (**pl. m.** *-ci*) ● (*anat.*) del mesentere | ***tabe meseraica***, grave decadimento generale per alterazione dell'assorbimento intestinale

mèṣero ➤ **mezzero**

meseta /sp. me'seta/ [vc. sp., da *mesa* 'tavola', dal lat. *mēnsa(m)* 'mensa' ✱1929] **s. f.** ● (*geogr.*) ciascuno dei tavolati di scarso rilievo, residui di un altopiano di antica origine, caratteristici della Spagna centrale

mesétto (o **-ṣ-**) [dim. di *mese* ✱av. 1712] **s. m.** ● (*colloq.*) mese scarso: *per un m. sarò in vacanza*

meṣiàle [vc. dotta di etim. incerta ✱1895] **agg.** ● (*anat.*) detto del lato del dente che guarda verso il centro dell'arcata dentaria

meṣitilène [dal gr. *mesítēs* 'intermediario', da *mésos* 'medio' ✱1869] **s. m.** ● idrocarburo della serie aromatica, ottenuto per condensazione di tre molecole di acetone in presenza di acido solforico concentrato, usato in molte sintesi organiche

meṣitìna [dal gr. *mesítēs* 'intermediario', da *mésos* 'medio' (V. *meso-*), perché è miscela isomorfa di due minerali ✱1983] **s. f.** ● minerale costituito da una miscela isomorfa di magnesite e siderite

meṣmèrico [V. *mesmerismo* ✱1790] **agg.** (**pl. m.** *-ci*) ● (*psicol.*) relativo alla dottrina e al metodo di Mesmer

meṣmerìṣmo [1832] **s. m.** ● (*psicol.*) cura delle malattie con il magnetismo animale, secondo il metodo del medico tedesco Franz A. Mesmer (1734-1815)

meṣmeriẓẓàre [V. *mesmerismo* ✱av. 1862] **v. tr.** ● (*psicol.*) curare applicando il magnetismo animale secondo il metodo di Mesmer

mèṣo- [dal gr. *mésos* 'mezzo', 'medio'] **primo elemento** (*mes-* **davanti a vocale**) ● in parole composte della terminologia scientifica, significa 'che sta al centro', 'medio', 'mediano', 'intermedio': *mesencefalo, mesocefalo, mesotorace, mesozoico*

meṣocardìa [comp. di *meso-* e *-cardia* ✱1970] **s. f.** ● (*med.*) alterazione di posizione del cuore con spostamento verso il centro

meṣocàrpo [comp. di *meso-* e *-carpo* ✱1932] **s. m.** ● (*bot.*) secondo strato che forma il frutto, fra epicarpo ed endocarpo, spesso carnoso

meṣocefalìa [comp. di *meso-* e *-cefalia* ✱1952] **s. f.** ● conformazione del cranio intermedia tra la dolicocefalia e la brachicefalia

meṣocèfalo [comp. di *meso-* e *-cefalo* ✱1943] **s. m.** ● (*anat.*) conformazione del cranio con parità dei diametri longitudinale e trasversale

mesocòlon [comp. di *meso-* e *colon* ✱ av. 1771] **s. m. inv.** • (*anat.*) piega del peritoneo che sostiene il colon trasverso, attraversato dai relativi vasi e nervi

mesodèrma [comp. di *meso-* e *derma* ✱ 1932] **s. m.** (**pl.** *-i*) • (*biol.*) foglietto germinativo intermedio dell'embrione, tra ectoderma ed endoderma, da cui derivano tra l'altro i muscoli scheletrici, il cuore, l'apparato uro-genitale

mesodèrmico [1934] **agg.** (**pl. m.** *-ci*) • (*anat.*) del mesoderma

mesodiencèfalo [comp. di *meso-* e *diencefalo* ✱ 1993] **s. m.** • (*anat.*) insieme del mesencefalo e del diencefalo, considerati come un complesso unitario

mesoepitèlio [comp. di *meso-* ed *epitelio* ✱ 1934] **s. m.** (**pl.** *-i* o *raro -ii*) • (*biol.*) tessuto con caratteri epiteliali ma di derivazione mesodermica

mesofàse [ingl. *mesophase*, comp. di *meso-* e di *phase* 'fase' ✱ 1989] **s. f.** • (*chim.*) stato di aggregazione della materia intermedio fra il solido cristallino e il liquido, caratterizzato da un grado d'ordine inferiore rispetto al primo ma superiore rispetto al secondo

mesofillo [comp. di *meso-* e *-fillo* ✱ 1957] **s. m.** • (*bot.*) tessuto che forma la lamina fogliare compresa fra le due epidermidi

mesòfilo [comp. di *meso-* e *-filo* ✱ 1957] **agg.** • (*bot.*) detto di organismo che vive in ambienti con umidità media e poco variabile

mesòfita [comp. di *meso-* e *-fita* ✱ 1933] **s. f.** • pianta che cresce in terreni di umidità media

mesogàstrico [1834] **agg.** (**pl. m.** *-ci*) • (*anat.*) del mesogastrio

mesogàstrio [comp. di *meso-* e *-gastro* ✱ 1929] **s. m.** • (*anat.*) regione dell'addome compresa tra la linea sottocostale e la linea che congiunge le due spine iliache

mesoglèa [comp. di *meso-* e del gr. *glóia* 'colla' (forse di orig. indeur.) ✱ 1957] **s. f.** • (*zool.*) sostanza intercellulare di consistenza gelatinosa, presente nelle Spugne e nei Celenterati

mesolecìtico [comp. di *meso-* e del gr. *lékithos* 'tuorlo' col suff. *-ico* ✱ 1993] **agg.** (**pl. m.** *-ci*) • (*biol.*) detto di gamete femminile dotato di quantità intermedie di deutoplasma

mesolìte [comp. di *meso-* e *-lite* ✱ 1834] **s. f.** • (*miner.*) specie di zeolite fibrosa

mesolìtico [comp. di *meso-* e *-litico*, da *-lito*①. V. *litico*③ ✱ 1938] **A** **s. m.** (**pl.** *-ci*) • periodo preistorico intermedio tra il paleolitico e il neolitico **B** **agg.** • relativo a tale periodo: *cultura mesolitica*; *reperti mesolitici*

mesologìa [comp. di *meso-* e *-logia* ✱ 1886] **s. f.** (**pl.** *-gìe*) • branca della biologia che studia l'ambiente in cui vivono gli organismi, spec. nelle sue caratteristiche fisiche e chimiche

mesomerìa [comp. di *meso-* e del gr. *-mería*, da *méros* 'parte' (V. *mero*②) ✱ 1957] **s. f.** • (*chim.*) fenomeno di oscillazione della struttura di una molecola tra forme elettronicamente isomere

mesòmero [1957] **A** **agg.** • che presenta mesomeria: *composto m.* **B** **s. m.** • (*biol.*) porzione del mesoderma, intermedia tra quella dorsale e quella ventrale, dalla quale derivano la massima parte dell'apparato urinario e una parte minore di quello genitale

mesomòrfico [da *mesomorfo* ✱ 1957] **agg.** (**pl. m.** *-ci*) • (*chim.*) mesomorfo nel sign. 2

mesomòrfo [comp. di *meso-* e *-morfo* ✱ 1957] **agg.** **1** (*zool.*) detto di tipo morfologico di animali con il corpo caratterizzato da rapporti armonici tra i diametri trasversali e la lunghezza **2** (*chim.*) detto di stato intermedio fra lo stato solido cristallino e lo stato liquido, caratterizzato da anisotropia e birifrangenza, e proprio di composti del carbonio con grande massa molecolare e molecole assai lunghe **SIN.** mesomorfico

mesóne [comp. di *meso-* ed *(elettr)one* ✱ 1942] **s. m.** **1** (*fis.*) ogni particella subnucleare con massa non nulla e spin intero | *m. π*, pione | *m. K*, kaone **2** (*fis.*, *disus.*) nome generico di particelle con massa intermedia fra l'elettrone e il protone | ***m. mu***, muone | ***m. tau***, tauone

mesònico [1957] **agg.** (**pl. m.** *-ci*) • dei mesoni, relativo ai mesoni

mesopàusa [comp. di *meso-* e del gr. *pâusis* 'cessazione' (V. *pausa*) ✱ 1963] **s. f.** • (*geofis.*) strato di transizione compreso fra la mesosfera e la ionosfera situato a circa 80-85 km di quota

mesopotàmico [1765] **agg.** (**pl. m.** *-ci*) • della Mesopotamia, regione dell'Asia anteriore compresa fra i fiumi Tigri ed Eufrate

mesoscàla [comp. di *meso-* e *scala*① ✱ 1948] **s. f.** • dimensione spaziale di un sistema meteorologico intermedia tra quella planetaria (diverse migliaia di chilometri) e quella locale (1 km ca.)

mesosfèra [da *meso-*, sul modello di *atmosfera* ✱ 1963] **s. f.** • (*geofis.*) regione dell'atmosfera terrestre compresa fra la stratosfera e la termosfera

mesossàlico [comp. di *meso-* e *ossalico* ✱ 1869] **agg.** (**pl. m.** *-ci*) • (*chim.*) detto di acido bibasico derivante dall'idratazione di un chetoacido

mesòsteno [comp. di *meso-* e del gr. *stenós* 'stretto' (V. *steno-*), perché stretto alla metà del corpo (?) ✱ 1983] **s. m.** • coleottero dei Tenebrionidi tozzo e robusto di colore scuro (*Mesostena angustata*)

mesostèrno [comp. di *meso-* e *sterno* ✱ 1957] **s. m.** • (*anat.*) porzione intermedia dello sterno compresa tra il presterno e il metasterno

mesòstico [comp. di *meso-* e *-stico* ✱ 1957] **s. m.** (**pl.** *-ci*) **1** componimento poetico in cui le iniziali delle parole a metà verso, lette dall'alto in basso, formano una parola o una frase **2** gioco enigmistico consistente nel trovare parole le cui lettere centrali danno, se lette di seguito, un nome o un'intera frase (per es. omBra, alAno, peSca, edEma = BASE) **CFR.** acrostico

mesòstomo [comp. di *meso-* e del gr. *stóma* 'bocca' ✱ 1970] **s. m.** • verme dei Turbellari che vive nelle acque dolci europee, appiattito e trasparente (*Mesostoma ehrembergi*)

mesotèlio [comp. di *meso-* e della seconda parte di *(epi)telio* ✱ 1957] **s. m.** (**pl.** *-i* o *raro -ii*) • (*anat.*) sottile strato cellulare che delimita le cavità del corpo, quali la pleurale, la pericardica e la peritoneale

mesoteliòma [comp. di *meso-*, *(epi)teli(o)* e del suff. *-oma* ✱ 1933] **s. m.** (**pl.** *-i*) • (*med.*) tumore originato dal tessuto mesoteliale (pleura, peritoneo, pericardio)

mesoterapìa [comp. di *meso-* e *terapia* ✱ 1983] **s. f.** • terapia locale a base di iniezioni eseguite con una piastra dotata di numerosi aghi piccolissimi e corti, praticata in caso di malattie quali artrosi, reumatismi, nevriti e sim. || **mesoteràpico**, **agg.** (**pl. m.** *-ci*) relativo a mesoterapia: *infiltrazioni mesoterapiche*

mesotèrmo [comp. di *meso-* e del gr. *thermós* 'caldo' ✱ 1934] **agg.** **1** temperato: *clima m.* **2** detto di pianta a cui è necessaria per vivere una temperatura media annuale di 15-20° C

mesotoràce [comp. di *meso-* e *torace* ✱ 1933] **s. m.** **1** parte mediana del torace **2** secondo segmento del torace degli insetti

mesotòrio [comp. di *meso-* e *torio* ✱ 1915] **s. m.** (**pl.** *-i* o *raro -ii*) **1** prodotto della trasformazione radioattiva del torio per perdita di una particella alfa, usato per il suo minor costo in sostituzione del radio **2** (*disus.*) attinio

mesotrofìa [comp. di *meso-* e *-trofia* ✱ 1936] **s. f.** **1** (*biol.*) condizione di un organismo non completamente autotrofo **2** (*biol.*) condizione di una raccolta d'acqua che, per un moderato apporto di sostanze nutritive, presenta una limitata popolazione di alghe || **mesotròfico**, **agg.** (**pl. m.** *-ci*) che presenta mesotrofia

mesotróne [comp. di *meso-* e *-trone*, ricavato da *elettrone* ✱ 1931] **s. m.** • (*fis.*, *raro*) mesone

Mesozòi [comp. di *meso-* e *-zoo* ✱ 1895] **s. m. pl.** (**sing.** *-zòo*) • (*zool.*) gruppo di organismi animali endoparassiti costituiti da poche cellule non organizzate in veri e propri tessuti (*Mesozoa*)

mesozòico [comp. di *meso-* e *-zoico* ✱ 1875] **A** **s. m. solo sing.** • (gener. con iniziale maiuscola) era geologica caratterizzata da un grande sviluppo dei Rettili, di Ammoniti e Belemniti, e dalla comparsa dei primi Mammiferi, Uccelli, Anfibi anuri, e, fra le piante, delle Angiosperme **B** **agg.** (**pl. m.** *-ci*) • relativo all'era omonima **SIN.** secondario

mesozòna [comp. di *meso-* e *zona* ✱ 1957] **s. f.** • (*geol.*) zona della litosfera che è stata interessata da una trasformazione metamorfica abbastanza intensa

♦**Méssa** ① [dalle parole con cui terminava il rito: *ite, missa est* 'andate, (l'eucaristia) è stata inviata (agli assenti)'. *Mĭssa* è il part. pass. f. di *mĭttere* 'mandare'. V. *mettere* ✱ av. 1292] **s. f.** **1** nella teologia cattolica e ortodossa, sacrificio del corpo e del sangue di Gesù Cristo che, sotto le apparenze del pane e del vino, viene rinnovato dal sacerdote sull'altare | ***M. piana, letta, bassa***, quella ordinaria | ***M. solenne***, cantata | ***M. pontificale***, papale | ***M. dei catecumeni***, parte della Messa che precede l'offertorio a cui, in antico, erano ammessi anche i catecumeni | ***M. dei fedeli***, sequenze della Messa, in origine riservate ai soli battezzati | ***M. novella***, quella celebrata dal nuovo sacerdote per la prima volta | ***M. da Requiem***, celebrata in suffragio di un defunto | ***servir M.***, assistere il celebrante all'altare, secondo la liturgia | ***togliere la M.***, sospendere un ecclesiastico dalla facoltà di celebrar Messa con provvedimento punitivo canonico | ***M. al campo***, celebrata per le truppe all'aperto | ***far dire una M. per qlcu.***, farla celebrare per suffragio di un defunto | ***m. nera***, parodia della Messa in onore del diavolo e fatta con paramenti neri **2** nella teologia delle altre confessioni cristiane che adottano la Messa, rinnovazione memoriale del sacrificio di Gesù Cristo sulla croce e dell'ultima cena, con diverse qualificazioni teologiche della presenza reale nel pane e nel vino **3** (*mus.*) composizione vocale e strumentale sul testo di parti della Messa: *la M. da Requiem di Verdi*; *la M. K 427 di Mozart*

♦**méssa** ② [f. sost. di *messo*① ✱ av. 1363] **s. f.** **1** azione del mettere | ***m. in marcia, in moto***, avviamento di un impianto, di una macchina | ***m. in opera***, collocamento di impianti o apparecchiature nel luogo in cui devono funzionare | ***m. a punto***, ultima revisione di impianti o macchinari prima della messa in marcia; (*fig.*) delineazione dei punti controversi di un problema | ***m. in onda***, emissione di un programma radio-televisivo | ***m. in orbita***, invio in orbita di satellite, capsula spaziale e sim. | ***m. a fuoco***, regolazione di uno strumento ottico o di un apparecchio fotografico che consente di ottenere un'immagine nitida di un dato oggetto nel piano di osservazione; (*fig.*) definizione dei termini esatti di un problema | ***m. a dimora***, trapianto di una piantina dal vivaio alla sua sede definitiva | ***m. in piega***, ondulazione temporanea dei capelli con aria calda e bigodini dopo il lavaggio | ***m. in scena***, V. *messinscena* | ***m. in atto***, attuazione **2** (*dir.*) ***m. in prova***, nel processo penale a carico di minorenni, provvedimento di sospensione del giudizio e di affidamento ai servizi minorili dell'amministrazione della giustizia per lo svolgimento delle attività di osservazione, trattamento e sostegno | ***m. in mora***, costituzione in mora **3** (*raro*) in un gioco, la somma che si punta **SIN.** posta **4** †vivanda

messaggère ➤ **messaggero**

messaggerìa [fr. *messagerie*, da *message* 'messaggio' ✱ 1219] **s. f. 1** †attività, mansione di messaggero, di corriere | messaggio | l'insieme delle persone che recano un messaggio **2** (**spec. al pl.**) attività di trasporto e distribuzione di merci, spec. libri e periodici | la ditta che si occupa di tale attività **3** servizio regolare di linea per comunicazione e trasporto terrestre o marittimo, effettuato un tempo con carrozze, diligenze e sim., ovvero con navi **4** servizio dell'amministrazione postale che, sui treni, cura il servizio di ritiro e consegna della corrispondenza alle stazioni ferroviarie **5** (*inform.*) servizio di distribuzione di messaggi **CFR.** messaggistica

messaggèro o (*raro*) **messaggièro**, (*raro, lett.*) **messaggère**, (*raro, lett.*) **messaggière** [fr. *messager*, da *message* 'messaggio' ✱ 1287] **A s. m. (f. -*a* nei sign. 1 e 2) 1** chi reca un messaggio (*anche fig.*): *Mercurio era il m. degli dei; giunse la colomba, messaggera di pace* **SIN.** nunzio, portatore **2** nell'organizzazione delle Poste, chi è addetto al servizio di messaggeria **3** (*biol.*) ***m. chimico***, molecola che trasmette un impulso nervoso tra due neuroni o un segnale tra due cellule **4** (*mar.*) sagola che segue il percorso poco accessibile di una cima di manovra o che viene lanciata al posto di una cima d'ormeggio per essere in seguito collegata alla cima principale e agevolarne la posa **B agg. 1** (*fig., lett.*) che annunzia: *già l'aura messaggiera erasi desta / a nunziar che se ne vien l'aurora* (T. Tasso) **SIN.** foriero **2** (*biol.*) ***RNA m.***, V. *RNA*

messaggiàre [1998] **A v. tr.** (**pres.** *io messàggio*; **fut.** *io messaggerò*) ● (*colloq.*) inviare un messaggio tramite telefono cellulare o posta elettronica: *messaggiami la tua risposta* **B messaggiàrsi v. intr. pron.** ● (*colloq.*) scambiarsi messaggini

♦**messaggìno** [1996] **s. m. 1** dim. di *messaggio* **2** messaggio leggibile sul visore di un telefono cellulare, inviato da un altro telefono o da un computer **CFR.** sms

♦**messàggio** [fr. *message*, dall'ant. fr. *mes* 'messo' ✱ av. 1250] **s. m. 1** notizia comunicata ad altri con un mezzo di qualsiasi tipo: *stilare, inviare, trasmettere, ricevere, ascoltare un m.; m. telegrafico, postale, radiofonico, telefonico, verbale* | ***m. in*** (o ***nella***) ***bottiglia***, lo scritto invocante soccorso che i naufraghi affidano alle onde racchiudendolo in una bottiglia; (*est.*) ultimo, disperato appello di chi si trovi in frangenti molto difficili | (*lett.*) annuncio **2** discorso solenne pronunciato da un'autorità politica o religiosa: *m. del capo dello Stato; m. del Papa ai fedeli* **3** (*fig.*) concezione innovatrice, suscettibile di futuri sviluppi, nel campo del pensiero, della religione, della scienza: *il m. cristiano; il m. freudiano* | significato trasmesso in modo implicito o esplicito: *il m. di un film* | ***m. pubblicitario***, complesso di informazioni contenute in una comunicazione pubblicitaria **4** nei sistemi di trattamento automatico delle informazioni, insieme di dati corrispondente a un determinato fenomeno da comunicare **5** †messaggero: *il m. subito fu andato, / e l'ambasciata fece bene al re* (M.M. Boiardo) **SIN.** metafonesi || **messaggètto**, **dim.** | **messaggìno**, **dim.** (V.)

messaggìstica [da *messaggio* ✱ 1982] **s. f.** ● (*inform.*) trasmissione di messaggi attraverso una rete informatica **CFR.** messaggeria | ***m. istantanea***, scambio di messaggi di testo o vocali in tempo reale fra due o più interlocutori: *software di m. istantanea* **SIN.** instant messaging

messàle [lat. eccl. *missāle(m)* (*lĭbrum*) 'libro da messa' ✱ 1287] **A s. m. 1** libro liturgico cattolico contenente il testo per la celebrazione della Messa in tutti i giorni dell'anno: *m. romano, ambrosiano* **2** (*scherz.*) libro grande e grosso che si maneggia con difficoltà **B agg.** ● †relativo alla Messa: *paramenti messali* || **messalìno**, **dim.** (V.)

messalìna [dal n. di V. *Messalina* (25-48), imperatrice romana famosa per le sue dissolutezze ✱ 1819] **s. f.** ● donna depravata e immorale (*spec. iron.*)

messalìno [dim. di *messale* ✱ 1966] **s. m.** ● messale di formato più piccolo, destinato all'uso privato dei fedeli

messàpico [av. 1504] **agg.** (**pl. m.** *-ci*) ● relativo ai Messapi, antica popolazione della Puglia

mèsse [vc. dotta, lat. *mĕsse(m)*, da *mĕtere* 'mietere' ✱ 1532] **s. f. 1** (*lett.*) mietitura: *il tempo della m.* | quantità di cereali da mietere: *una m. abbondante* | epoca o periodo in cui si miete: *nei giorni della m.* | il ricavato della mietitura **2** (**spec. al pl.**) insieme di cereali che crescono in un campo: *le messi biondeggianti* **3** (*fig.*) frutto, risultato di un'attività, un lavoro e sim. (*anche assol.*): *il duro lavoro gli è valso un'abbondante m.; quella era m. di tutta una giornata di caccia* (L. Sciascia) | grande abbondanza: *una m. di lodi, di consensi, di adesioni*

messènico [1657] **agg.** (**pl. m.** *-ci*) **1** della Messenia, regione del Peloponneso **2** dei Messeni, abitanti di questa regione: *guerre messeniche*

†**messeràggine** [da *messere* ✱ 1586] **s. f.** ● (*scherz.*) condizione di messere

†**messeràtico** [av. 1449] **s. m.** ● titolo di messere

messère o †**meccère** [provenz. *meser* 'mio signore' ✱ 1227] **s. m. 1** titolo onorifico attribuito un tempo spec. a cavalieri, notai, giudici e gener. ad altri personaggi **2** (*scherz.*) signore: *buon giorno m.!; si accomodi m.!* **3** (*eufem.*) †deretano || **messerìno**, **dim.**

messìa [lat. eccl. *Messīa(m)*, dal gr. *Messías*, dall'ebr. *masciʼah* 'unto'. V. *Cristo* ✱ av. 1306] **s. m. inv.** (*Messia* **nel sign. 1**) **1** nell'Antico Testamento, l'eletto, inviato da Dio a soccorrere il popolo di Israele, che il cristianesimo ha riconosciuto in Gesù Cristo **2** in varie religioni, figura cui è attribuita una missione divina di profondo rinnovamento **3** (*fig.*) persona a lungo attesa la cui venuta si ritiene apporterà positive conseguenze: *la popolazione lo salutò come un m.; farsi credere un m.; atteggiarsi a m.*

messianèṣimo ➤ **messianismo**

messiànico [fr. *messianique*, da *messianisme* 'messianismo' ✱ 1843] **agg.** (**pl. m.** *-ci*) ● relativo al messianismo, al Messia | (*fig.*) che si basa sull'attesa di un radicale, e utopistico, rinnovamento: *attesa, speranza messianica; C'è stato qualcosa … d'irreversibile / e tutto è diventato m.* (M. Luzi) || **messianicaménte**, **avv.** || **messianicità**, **s. f. inv.** carattere messianico

messianìṣmo o **messianèṣimo** [fr. *messianisme*, da *Messie* 'Messia' ✱ 1932] **s. m. 1** credenza nel Messia, propria della religione ebraica | credenza nell'avvento di un messia o di un'epoca di integrale rinnovamento umano e cosmico comune a molte religioni antiche e moderne | spirito di speranza e di attesa che si origina da tale credenza in molti movimenti religiosi **2** (*fig.*) attesa fiduciosa nell'avvento di radicali mutamenti sociali, politici e sim.

♦**messicàno** [av. 1557] **A agg.** ● del Messico **B s. m. 1** (**f.** *-a*) abitante o nativo del Messico **2** involtino di carne di vitello ripieno, servito caldo o anche freddo in gelatina

messìcolo [vc. dotta, comp. del lat. *mĕsse(m)* 'messe' e '-colo' ✱ 1957] **agg.** ● (*bot.*) detto di vegetale che vive nei terreni coltivati a cereali **SIN.** segetale

messidòro [fr. *messidor*, comp. del lat. *mĕssis* 'messe' e del gr. *dôron* 'dono' ✱ 1798] **s. m.** ● decimo mese del calendario rivoluzionario francese, il cui inizio corrispondeva al 19 giugno e il termine al 18 luglio

messinése (o **-ṣe**) [av. 1348] **A agg.** ● di Messina: *dialetto m.* **B s. m. e f.** ● abitante o nativo di Messina

♣**messinscèna** o **mèssa in scèna** [calco sul fr. *mise en scène* ✱ 1862] **s. f.** (**pl.** *messinscène* o *mèsse in scèna*) **1** l'insieme degli elementi visuali nella scena teatrale, quali arredamento, costumi, luci e sim. **SIN.** allestimento | regia **2** (*fig.*) finzione, simulazione, montatura: *il suo pianto e il suo dolore si rivelarono presto una m.; quel comportamento non è altro che una m. per commuovere gli ingenui*

messitìccio [da *messo*① ✱ av. 1698] **s. m.** ● germoglio stentato, debole **SIN.** rimessiticcio

mésso① **part. pass.** di *mettere*; **anche agg.** ● nei sign. del v. | ***ben m.***, ben vestito; robusto, muscoloso | ***m. male***, malridotto; (*lett.*) malriposto: *Io ho la prova che la sua fiducia era messa male* (I. Svevo) | ***essere m.***, (*fam.*) essere in una determinata situazione, spec. in relazione al lavoro, agli impegni ecc.: *come sei m. nel pomeriggio?; domani sono m. male*

♦**mésso**② [lat. *mĭssu(m)*, s. dal part. pass. di *mĭttere* 'mandare'. V. *mettere* ✱ 1219] **s. m. 1** (*lett.*) messaggero | ***m. del Cielo, di Dio***, angelo **2** dipendente di uffici, enti pubblici o privati, incaricato di consegnare lettere, avvisi, cartelle e sim.: *i messi dell'esattoria, del tribunale* **3** †messaggio, annunzio

†**mésso**③ [fr. *mes*, dal lat. tardo *mĭssu(m)* 'portata', propr. part. pass. di *mĭttere* 'mandare'. V. *mettere* ✱ av. 1348] **s. m.** ● vivanda, pietanza: *essendo il Re … di molti messi servito* (G. Boccaccio)

†**messóre** [vc. dotta, lat. *messōre(m)*, da *mĕssus*, part. pass. di *mĕtere* 'mietere' ✱ av. 1544] **s. m.** ● mietitore

†**messòrio** [vc. dotta, lat. *messōriu(m)*, agg. del lat. *mĕssor*, genit. *messōris* 'mietitore'. V. †*messore* ✱ av. 1686] **agg.** ● della mietitura: *falce messoria*

♣**mestàre** [lat. parl. **miscitāre*, intens. di *miscēre* 'mescolare'. V. *mescere* ✱ 1282] **A v. tr.** (*io mésto*) ● agitare mescolando, con la mestola, e sim.: *mesto la calcina prima di usarla; m. la polenta* **B v. intr.** (**aus.** *avere*) ● (*fig.*) adoperarsi intorno a qlco. per intrigare, imbrogliare e sim.

†**mestatóio** [1567] **s. m.** ● strumento per mestare

mestatóre [1618] **s. m.** (**f.** *-trice*, *fam.* *-tóra*) **1** (*raro*) chi mesta **2** (*fig.*) chi si dà da fare tramando imbrogli e creando intrighi: *non è altro che un volgare m. politico* **SIN.** maneggione | agitatore, sobillatore

†**mestiàre** ➤ **mischiare**

mèstica (o -é-) [da *mesticare* ✱ 1550] **s. f.** ● miscela di colori con olio di lino che si stende su tavole o tele per potervi dipingere
SFUMATURE ➤ *tinta*

mesticànza o **misticànza** nel sign. 1 [da *mesticare* ✱ av. 1257] **s. f. 1** (*centr., cucina*) mescolanza di particolari varietà di insalata verde **2** †mestica **3** †mescolanza

mesticàre [lat. parl. **mixticāre*, da *mĭxtus* 'misto' ✱ av. 1306] **v. tr.** (*io mèstico* (o -é-), *tu mèstichi* (o -é-)) **1** mescolare vari colori sulla tavolozza per preparare quello desiderato | dare la mestica sopra una tavola o una tela **2** †mescolare, mischiare

mesticatóre [da *mesticare* ✱ av. 1696] **s. m.** (**f.** *-trice*) ● (*tosc.*) chi prepara e vende colori, vernici e sim.

mesticherìa [da *mesticare* ✱ 1853] **s. f.** ● in Toscana e in Emilia-Romagna, negozio in cui si vendono colori, vernici o altri prodotti per pittori o imbianchini

mestichìno [da *mesticare* ✱ 1681] **s. m.** ● piccola spatola d'acciaio con manico usata per mescolare i colori o per porli sulla tela in sostituzione del pennello

mestieránte [1833] **s. m. e f. 1** (*lett.*) chi esercita un mestiere **2** (*spreg.*) chi esercita una professione o un'altra attività spec. artistica senza impegno e originalità: *il mondo è pieno di mestieranti e di incapaci; quell'attore è solo un m.*

♦**mestière** o †**mestièro**, †**mestièri**, †**mistière**, †**mistièro**, †**mistièri** [ant. fr. *mestier*, dal lat. *ministĕriu(m)* 'ministero' ✱ 1261 ca.] **s. m. 1** attività lavorativa, spec. manuale, frutto di esperienza e pratica, esercitata a scopo di guadagno: *m. di sarto, di fabbro, di calzolaio; un m. brutto, faticoso, pericoloso* | ***conoscere il proprio m.***, essere abile e capace in un determinato lavoro | ***non essere del m.***, mancare di pratica | (*est.*) lavoro, professione: *il m. di architetto, di traduttore* | ***i ferri del m.***, arnesi o strumenti necessari per un dato lavoro; (*fig.*) nozioni, competenze necessarie per svolgere una professione | ***gli incerti del m.***, gli inconvenienti, i rischi connessi con una certa attività | ***i trucchi del m.***, gli espedienti, gli accorgimenti di chi è molto abile in una data attività | ***m. girovago***, che non viene esercitato in un luogo fisso (per es. quelli di giocoliere, ambulante, suonatore ecc.) | (*eufem.*) ***fare il m.***, esercitare la prostituzione **2** (*spreg.*) attività esercitata unicamente a scopo di lucro: *il m. della spia, del lenone; fare della medicina un puro m.* | ***fare tutti i mestieri***, adattarsi a tutto, pur di guadagnare | (*est.*) vita: *il m. del vagabondo* | ***è un rompiscatole di m.***, (*iron.*) lo è abitualmente **3** (*fig.*) insieme di conoscenze e abilità relative a un certo lavoro: *impadronirsi del m.; non è un genio, ma è ricco di m.* **4** (al **pl.**, *sett.*) faccende di casa: *fare i mestieri* **5** †compito, incombenza, incarico **6** †ufficio funebre **7** †bisogno: *quelli solamente retinendo meco, che mistiero mi faranno* (I. SANNAZARO) | †necessità corporale || **mestieràccio**, **pegg.** | **mestierùccio**, **dim.**
SFUMATURE ➤ *arte*

mestièri **s. m. inv. 1** †V. *mestiere* **2** (*lett.*) bisogno, necessità, nelle loc. ***avere m., essere m., fare m.***

†**mestièro** ➤ **mestiere**

♣**mestìzia** [vc. dotta, lat. *maestĭtia(m)*, da *mæstus* 'mesto' ✱ sec. XIII] **s. f.** ● stato d'animo di chi è mesto: *un'ombra di m. apparve nei suoi occhi; non sempre / la m., il silenzio / è segno di viltade* (P. METASTASIO) **SIN.** tristezza, malinconia
SFUMATURE ➤ *malumore*

♣**mèsto** [vc. dotta, lat. *mæstu(m)*, part. pass. di *maerēre* 'essere afflitto', di etim. incerta ✱ 1282] **agg.** ● che è in preda a un'afflizione profonda e malinconica: *animo m.; addolorata e mesta / era madonna* (L. DE' MEDICI) **SIN.** triste | che dimostra, provoca o infonde tale afflizione: *pagine, canzoni meste; un m. addio* | dolente: *guardare con occhi mesti* | (*mus.*) indicazione espressiva che richiede di sottolineare il carattere dolente || **mestaménte**, **avv.** con mestizia

méstola (o -è-) [da *mestare* ✱ av. 1300] **s. f. 1** utensile da cucina più grosso del mestolo, talvolta bucherellato, per schiumare o scolare cibi **2** cazzuola del muratore | attrezzo di legno usato un tempo per battere i panni durante il bucato **3** (*pop.*, **al pl.**) manacce di grandi dimensioni: *se ti dà uno schiaffo con quelle mestole, ti rovina* **4** †persona sciocca, stupida **5** (*bot.*) mestolaccia || **mestolàccia**, **pegg.** (V.) | **mestolétta**, **dim.** | **mestolìna**, **dim.**

mestolàccia [av. 1800] **s. f.** (**pl.** *-ce*) **1** pegg. di *mestola* **2** pianta delle Alismatacee comune nei luoghi palustri, con fusto bulbiforme, foglie a lamina eretta, pannocchia ramosa dai piccoli fiori (*Alisma plantago*) **SIN.** mestola

mestolàio [1869] **s. m.** (**f.** *-aia*, **pl. m.** *-ai*) ● chi faceva o vendeva mestole, mestoli e sim.

mestolàme [sec. XX] **s. m.** ● insieme di mestoli e di altri analoghi arnesi da cucina

mestolàta [1587] **s. f. 1** colpo di mestola o di mestolo **2** quantità di cibo preso in una volta sola con la mestola: *una m. di fagioli*

mestolièra [1940] **s. f.** ● arnese a cui si appendono mestoli o altri utensili da cucina

méstolo (o -è-) [da *mestola* ✱ 1552] **s. m. 1** utensile da cucina in legno a forma di cucchiaio molto spianato con manico di varia lunghezza, usato per rimestare vivande durante la cottura: *m. della polenta* | ***avere il m. in mano***, (*fig.*) spadroneggiare, comandare **2** utensile da tavola o da cucina in metallo o legno a forma di cucchiaio emisferico con manico di varia lunghezza per rimestare, schiumare e versare cibi liquidi e acqua **SIN.** ramaiolo || **mestolino**, **dim.** | **mestolóne**, **accr.** (V.)

mestolóne [1534] **s. m. 1** accr. di *mestolo* **2** (*fig., tosc.*) persona sciocca e goffa nei modi **3** uccello migratore degli Anseriformi, affine all'anatra, con lungo e largo becco appiattito (*Anas clypeata*)

mestóne [da *mestare* ✱ av. 1859] **s. m. 1** mattarello appiattito inferiormente per rimestare la polenta **2** (**f.** *-a*) (*fig.*; *disus.*) intrigante, mestatore

mestrìno [av. 1536] **A** **agg.** ● di Mestre **B** **s. m.** (**f.** *-a*) ● abitante o nativo di Mestre

mestruàle o †**menstruàle** [vc. dotta, lat. *menstruāle(m)* 'mensile', poi (lat. tardo) 'che ha i mestrui, dei mestrui', da *mēnstruus* 'mensile'. V. *mestruo* ✱ av. 1292] **agg.** ● (*biol.*) che concerne la mestruazione | ***ciclo m.***, modificazione ciclica, mensile, della mucosa uterina

mestruàre [da *mestruo* ✱ 1869] **v. intr.** (*io mèstruo, noi mestruiàmo*; **aus.** *avere*) ● avere i flussi mestruali

mestruàto [av. 1342] **agg. 1** (solo **f.** *mestruata*) che ha le mestruazioni, detto di donna **2** (*lett.*) sporco di mestruo: *sei lorda come un panno m.* (G. D'ANNUNZIO)

mestruazióne [da *mestruare* ✱ 1803] **s. f.** ● (**spec. al pl.**) flusso di sangue per via vaginale, dovuto allo sfaldamento dell'epitelio superficiale della mucosa uterina, che si verifica a ogni ciclo ovarico nella donna in età feconda **SIN.** menorrea **CFR.** meno-

mèstruo o †**mènstruo** [vc. dotta, lat. *mēnstruu(m)* 'mensile', agg. di *mēnsis* 'mese' ✱ av. 1320] **A** **s. m.** ● materiale eliminato con la mestruazione **B** **agg.** ● †che avviene, si ripete ogni mese | (*fig., lett.*) effimero

†**mestùra** ➤ **mistura**

†**meşuràre** ➤ **misurare**

†**meşventùra** ➤ †**misventura**

♦**mèta** ① [vc. dotta, lat. *mēta(m)*, di etim. incerta ✱ 1319] **s. f. 1** punto di arrivo, luogo verso cui si è diretti: *m. del viaggio, del cammino; toccare la m.; arrivare alla m.; un pezzo di muricciuolo che divenne la m. delle loro passeggiate* (I. SVEVO) | (*raro*) confine **SIN.** traguardo **2** (*fig.*) scopo o fine che si vuol raggiungere: *proporsi una nobile m.* **SIN.** traguardo **3** presso gli antichi Romani, qualunque costruzione, monte o altro che avesse forma conica o piramidale | (*est.*) la colonna che, nel circo, segnava il punto in cui i cavalli dovevano svoltare per compiere il giro **4** nel rugby, marcatura che si ottiene posando a terra il pallone oltre la linea di meta: *andare in m.; segnare, guadagnare una m.* **5** †calmiere dei prezzi

méta ② [lat. *mēta(m)* 'mucchio', per la forma conica ✱ sec. XIV] **s. f. 1** mucchio di paglia o fieno a forma di cono **2** escremento di un grosso animale: *una m. di bue* | (*raro, est.*) sterco

Mèta® ③ [da *meta(ldeide)*; marchio registrato ✱ 1931] **s. m. o f. inv.** ● denominazione commerciale della metaldeide: *fornellino a m.*

♦**metà** o †**metàde**, †**metàte** [lat. *medietāte(m)*, da *mĕdius* 'medio' ✱ 1193] **A** **s. f. inv. 1** ciascuna delle due parti tra loro uguali che costituiscono un intero: *una m., le due m. di una mela, di una somma di denaro, di un periodo di tempo* **CFR.** emi-, semi-, dico- | ***la prima m. del secolo***, i primi cinquanta anni | ***una buona m.***, un po' più della metà | (*fig.*) ***ridursi la m.***, diventare magrissimo **2** (anche con ellissi della prep. 'di') il punto di mezzo di qlco.: *il pagamento avrà luogo a m. del mese; siamo a m. del film* | ***m. e m.***, indica mescolanza di due cose diverse in parti più o meno uguali: *il vestito è m. bianco e m. nero* | ***per m.***, nel punto di mezzo, in parti uguali; (*fig.*) in parte: *tagliare qlco. per m.; quello che dici è vero solo per m.* | ***a m.***, a mezzo, in parti uguali: *tagliare, dividere qlco. a m.* | ***fare a m.***, spartire qlco. con qlcu. | ***fare, lasciare le cose a m.***, (*fig.*) non portarle a compimento | ***possedere qlco. a m. con qlcu.***, esserne proprietario in comune con un'altra persona | ***dire le cose a m.***, esprimersi con poca chiarezza, lasciando spazio per i sottintesi e gli equivoci **3** (*fam., colloq.*) uno dei due coniugi rispetto all'altro: *è partito con la sua m.* | persona che forma quasi un'anima o un essere solo con un'altra (*anche scherz.*): *ha trovato la sua m. ideale* **B** **in funzione di agg. inv.** ● che è in mezzo, mediano: *ci vediamo a m. settimana; vendere a m. prezzo; incontriamoci a m. strada* | ***m. campo***, nel calcio, centrocampo

mèta- [prep. gr. *metá* (da un indeur. **metí*, presente nel solo germ.) con i sign. fondamentali di 'fra', 'assieme a' e 'oltre, dopo'] **pref. 1** in numerose parole composte, significa 'mutamento', 'trasformazione', 'trasposizione', 'trasferimento' (*metamorfosi, metempsicosi*) o 'successione', 'posteriorità' (*metatarso*) o 'al di là', 'che trascende' (*metapsichica, metastoria*) **2** in chimica, indica un composto che sia polimero, o più complicato, rispetto a quello considerato: *metaldeide* | in chimica inorganica, indica tra due acidi, derivati da una stessa anidride, quello che contiene meno molecole d'acqua: *metasilicico*

metàbaşi [vc. dotta, gr. *metábasis* 'passaggio, transizione', da *metabáinein* 'andare oltre, passare da un argomento a un altro', comp. di *metá* 'oltre' (V. *meta-*) e *báinein* 'andare'. V. *anabasi* ✱ av. 1952] **s. f. inv.** ● (*filos.*) il cambiare metodo critico o oggetto di indagine | nella retorica, passaggio, in un discorso, da uno ad altro argomento

metabiologìa [comp. di *meta-* e *biologia* ✱ 1957] **s. f.** (**pl.** *-gìe*) ● sistema di teorie e di credenze che si basa su principi della biologia, pur esulando dall'ambito scientifico

metabiòsi [comp. di *meta-* e del gr. *bíōsis* 'condotta di vita' ✱ 1957] **s. f. inv.** ● (*biol.*) particolare stato di un organismo che per la propria esistenza richiede un ambiente condizionato da un'altra forma di vita

metabisolfìto [comp. di *meta-* e *bisolfito* ✱ 1957] **s. m.** ● (*chim.*) pirosolfito di un metallo: *m. di sodio, di potassio*

metàbole [vc. dotta, lat. tardo *metăbole(m)*, dal gr. *metabolḗ* 'mutamento, cambiamento', da *metabállein* 'cambiare', comp. di *metá* 'oltre' (V. *meta-*) e *bállein* 'gettare, porre' ✱ 1834] **s. f.** ● (*ling.*) mutamento di qualsiasi tipo nell'uso del linguaggio: variazione di ritmo, trasposizione di parole, cambiamento nell'ordine grammaticale, sintattico e logico della frase

metabòlico [vc. dotta, gr. *metabolikós* 'mutabile', da *metabolḗ* 'mutamento'. V. *metabole* ✱ 1942] **agg.** (**pl. m.** *-ci*) ● (*fisiol.*) relativo al metabolismo ‖ **metabolicaménte**, **avv.** per metabolismo; per ciò che riguarda il metabolismo: *una cellula metabolicamente attiva*

metabolìsmo [dal gr. *metabolḗ* 'cambiamento'. V. *metabole* ✱ 1875] **s. m.** **1** (*fisiol.*) insieme delle trasformazioni chimiche che si verificano in un organismo o in una parte di esso finalizzate alla liberazione di energia dalle sostanze organiche, alla sintesi di costituenti cellulari o al mantenimento del bilancio tra assunzione ed eliminazione di una sostanza | insieme delle modificazioni chimiche subite da una particolare sostanza nella cellula: *m. del glucosio* | ***m. basale***, energia spesa dall'organismo in condizioni di assoluto riposo per sostenere i processi fisiologici di base | ***fare il m.***, (*pop.*) sottoporsi agli esami per la prova del metabolismo basale **2** (*fig.*) trasformazione, ricambio continuo: *il m. di un'azienda*

metabòlita o **metabòlito** [da *metabolismo* ✱ 1957] **s. m.** (**pl.** *-i*) ● prodotto del metabolismo

metabolizzànte **A** **part. pres.** di *metabolizzare*; anche **agg.** **1** nei sign. del v. **2** (*fisiol.*) detto di sostanza o farmaco che è in grado di agire sull'organismo favorendo i processi metabolici **B** anche **s. m.**

metabolizzàre [1957] **A** **v. tr.** **1** (*fisiol.*) fare oggetto di metabolismo | trasformare, impiegare nel metabolismo **2** (*fig.*) assimilare un'idea, un concetto **B** **metabolizzàrsi** **v. intr. pron.** **1** trasformarsi nel metabolismo **2** (*fig.*) trasformarsi, assimilarsi ‖ **metabolizzazióne**, **s. f.**

metabulìa [vc. dotta, gr. *metaboulía*, comp. di *metá* (V. *meta-*) e *boulḗ* 'volontà' (V. *abulia*) ✱ 1957] **s. f.** ● (*psicol.*) alterazione dei desideri

metacarpàle [1957] **agg.** ● (*anat.*) del metacarpo

metacàrpo [vc. dotta, gr. *metakárpion*, comp. di *metá* (V. *meta-*) e *karpós* 'carpo' ✱ 1598] **s. m.** ● (*anat.*) parte ossea della mano tra il carpo e le dita, costituente lo scheletro del palmo

metacèntrico [1937] **agg.** (**pl. m.** *-ci*) ● del metacentro, relativo al metacentro

metacèntro (o **-é-**) [comp. di *meta-* e *centro* ✱ 1869] **s. m.** ● (*fis.*) in un galleggiante, punto d'intersezione tra la retta d'azione della spinta idrostatica e la linea di spinta iniziale

metacinàbro [comp. di *meta-* e *cinabro* ✱ 1957] **s. m.** ● (*miner.*) forma cristallina monometrica del solfuro di mercurio

metacrilàto [comp. di *met(a)-* e *acrilato* ✱ 1955] **s. m.** ● composto organico acrilico da cui si ottengono alcuni polimeri, tra cui resine termoplastiche e incolori usate al posto del vetro

metacrìlico [comp. di *met(a)-* e *acrilico* ✱ 1957] **agg.** (**pl. m.** *-ci*) ● (*chim.*) detto di acido derivato dall'acido acrilico, che ha facilità a polimerizzarsi, costituendo quindi la materia prima per la preparazione di resine artificiali

metacrìtica [comp. di *meta-* e *critica* ✱ 1913] **s. f.** ● (*filos.*) critica della critica

metacromaṣìa [comp. di *meta-* e del gr. *chrôma* 'colore' sul modello del ted. *Metachromasie* ✱ 1957] **s. f.** ● (*biol.*) caratteristica di taluni composti o strutture ricchi di cariche elettriche, i quali si legano a molecole di sostanze coloranti dotate di carica inversa e, provocandone la polimerizzazione, ne modificano il colore

metacromàtico [comp. di *meta-* e *cromatico* ✱ 1957] **agg.** (**pl. m.** *-ci*) ● (*biol.*) detto di sostanza o di struttura caratterizzata da metacromasia

metacromatìṣmo [comp. di *meta-* e *cromatismo* ✱ 1957] **s. m.** ● cambiamento di colore della pelle, dei peli o dei capelli per età o per altre cause

metacronìṣmo [dal gr. *metáchronos* 'anacronistico', comp. di *metá* (V. *meta-*) e *chrónos* 'tempo' ✱ av. 1639] **s. m.** ● (*lett.*) collocazione di un fatto in un tempo diverso da quello a cui logicamente appartiene (anche come procedimento retorico)

metadàti [comp. di *meta-* e del pl. di *dato* ✱ 1997] **s. m. pl.** (**sing.** *raro* *-o*) ● (*inform.*) dati, generalmente strutturati, che descrivono altri dati, al fine di orientare l'utente nel reperimento e nell'identificazione dell'informazione

†**metàde** ▸ **metà**

metadìnamo [comp. di *meta-* e *dinamo* ✱ 1940] **s. f. inv.** ● (*elettr.*) categoria di macchine elettriche speciali a corrente continua, che hanno rotore e collettore del tutto simili a quelli di una dinamo normale, però dotati di un maggior numero di spazzole

metadóne [comp. di *met(ile)*, *a(mmino)*, *d(ifenile)* e *-one*[2] ✱ 1974] **s. m.** ● composto chimico sintetico che possiede proprietà analgesiche e stupefacenti analoghe a quelle della morfina, usato anche nel trattamento delle tossicodipendenze

metadònico [1982] **agg.** (**pl. m.** *-ci*) ● di metadone, a base di metadone: *somministrazione, terapia metadonica*

metaemoglobìna o **metemoglobìna** [comp. di *meta-* ed *emoglobina* ✱ 1957] **s. f.** ● prodotto di ossidazione dell'emoglobina

metaètica [vc. dotta, comp. di *meta-* ed *etica* sul modello dell'ingl. *metaethics* ✱ 1981] **s. f.** ● (*filos.*) teoria che indaga i fondamenti dell'etica | nella filosofia analitica, lo studio delle proposizioni dotate di contenuto etico

metafàṣe [comp. di *meta-* e *fase* ✱ 1948] **s. f.** ● (*biol.*) seconda fase della cariocinesi, nella quale si forma la piastra equatoriale e comincia la divisione longitudinale dei cromosomi

metafìṣica [gr. *metà tà physiká* 'dopo le cose fisiche, naturali'; il n. deriva dal fatto che nella prima edizione delle opere di Aristotele i libri di ontologia erano disposti dopo i trattati di fisica ✱ 1294] **s. f.** **1** (*filos.*) conoscenza teoretica dei princìpi primi della realtà, al di là degli aspetti particolari propri di ogni sua manifestazione | (*est.*) teoria con cui ogni pensatore affronta le questioni fondamentali della speculazione filosofica, che a seconda dei casi può coincidere con l'ontologia, con la gnoseologia, con l'etica ecc.: *la m. di Platone, di Leibniz* **2** (*est., spreg.*) cosa astrusa, difficile a comprendersi, o cosa astratta, priva di rapporti con la realtà concreta

Definizione d'autore

L'opinione comune (quasi sempre "cattiva", cioè *captiva*, prigioniera di se stessa) considera la **metafisica** una sorta di pensiero astratto, che nulla ha a che fare con l'esperienza, se non un gioco vano di parole. Nulla di più stupido. **Metafisica** non significa un "al di là" della *fisica*, ma una radicale riflessione sulle condizioni che ci rendono possibile una conoscenza degli stessi fenomeni, sui limiti di tale conoscenza e quindi, necessariamente, anche su quelle dimensioni dell'esperienza, della vita, delle forme del nostro fare che non possono essere ridotte al sensibile e all'empirico. Il termine **metafisica** ha dunque a che fare essenzialmente con quella insopprimibile esigenza del nostro esserci per la quale ci consideriamo *liberi*, e sulla base di questa idea ci rivolgiamo alle cose, *tà physiká*. L'idea di libertà appare così l'essenza della **metafisica**.

Massimo Cacciari

metafiṣicàre [da *metafisica* ✱ 1669] **v. intr.** (*io metafìṣico, tu metafìṣichi*; **aus.** *avere*) ● (*raro, fig., spreg.*) speculare su problemi eccessivamente sottili e astratti

metafiṣicherìa [1869] **s. f.** ● (*raro*) sottigliezza astrusa e astratta

metafìṣico [1321] **A** **agg.** (**pl. m.** *-ci*) **1** (*filos.*) che concerne la metafisica; che è proprio della metafisica | (*est.*) trascendente, soprannaturale **2** ***pittura metafisica***, corrente pittorica diffusasi in Italia negli anni 1910-20, tesa a rappresentare la realtà al di là delle apparenze | ***poesia metafisica***, corrente poetica inglese del XVII sec., caratterizzata dal ricorso alla speculazione filosofica e dal largo impiego della metafora **3** detto di esponente della pittura e della poesia metafisica **4** (*fig., spreg.*) che è astruso e oscuro, spec. per eccessive sottigliezze: *queste sono elucubrazioni metafisiche!* ‖ **metafiṣicaménte**, **avv.** ‖ **metafiṣicità**, **s. f. inv.** **B** **s. m.** (**f.** *-a*) **1** chi si dedica ai problemi della metafisica **2** pittore o poeta metafisico **3** (*fig., spreg.*) persona che ragiona in modo astruso e astratto, lontano dalla realtà delle cose ‖ †**metafiṣicàstro**, **pegg.**

metàfita [comp. di *meta-* e *-fito* ✱ 1940] **s. f.** ● (*raro*) organismo vegetale pluricellulare

metafonèṣi [comp. di *meta-* e del gr. *phṓnēsis* 'suono'. V. *metafonia* ✱ 1898] **s. f. inv.** ● (*ling.*) metafonia

metafonètico [1978] **agg.** (**pl. m.** *-ci*) ● (*ling.*) di metafonesi, relativo a metafonesi: *dittongo m.*

metafonìa [comp. di *meta-* e *-fonia* ✱ 1934] **s. f.** ● (*ling.*) fenomeno fonetico, diffuso in molti dialetti italiani e in alcune lingue straniere (per es. l'Umlaut tedesco) che consiste nella chiusura della vocale tonica per influsso della vocale (*i, u*) della sillaba seguente; per es. il mutamento da 'e' a 'i' di 'quilli' in: *e vidi ... / cristallo e perle da quilli occhi uscire* (M.M. BOIARDO) **SIN.** metafonesi ‖ **metafònico**, **agg.** (**pl. m.** *-ci*) relativo alla metafonia

metàfora [vc. dotta, lat. *metăphora(m)*, dal gr. *metaphorá* 'trasporto, mutazione, metafora', da *metaphérein* 'trasportare, trasferire', comp. di *metá* (V. *meta-*) e *phérein* 'portare' (V. *-fero*) ✱ av. 1328] **s. f.** ● (*ling.*) figura retorica che consiste nel sostituire una parola o un'espressione con un'altra in base a un rapporto di palese o intuitiva analogia tra i rispettivi significati letterali; per es. in: *la bella bocca angelica, di perle / piena et di rose et di dolci parole* (F. PETRARCA) | ***parlare sotto m.***, ***per***

metafore, in modo allusivo, poco chiaro | ***fuor di m.***, in modo esplicito, senza sottintesi

SFUMATURE ➤ ***similitudine***

metaforeggiàre [1630] **v. intr.** (**pres.** *io metaforéggio*; **fut.** *io metaforeggerò*; **aus.** *avere*) ● far uso di metafore

metafòrico [vc. dotta, gr. *metaphorikós*, da *metaphorá* 'metafora' ✱ av. 1328] **agg.** (**pl. m.** *-ci*) ● di metafora, contenente metafore: *significato m.*; *linguaggio m.* ‖ **metaforicaménte**, **avv.** in modo metaforico, per mezzo di metafore: *parlare metaforicamente* ‖ **metaforicità**, **s. f. inv.** carattere metaforico: *la metaforicità di un testo shakespeariano*

metaforìsmo [da *metafora* ✱ 1869] **s. m.** ● uso di metafore; stile personale nell'usarle: *il m. del Petrarca*

metaforizzàre [av. 1328] **A** **v. intr.** (**aus.** *avere*) ● (*raro*) metaforeggiare **B** **v. tr.** ● (*raro*) esprimere sotto metafora: *m. un'idea, un concetto* ‖ **metaforizzazióne**, **s. f.**

metàfrasi [vc. dotta, lat. *metăphrasi(m)*, dal gr. *metáphrasis*, da *metaphrázein* 'riportare in altre parole o in altra lingua, tradurre' ✱ av. 1597] **s. f. inv.** ● (*letter.*) libera traduzione, riscrittura, adattamento di un'opera letteraria

metafràste [gr. *metaphrastḗs*, da *metaphrázein* 'tradurre' (comp. di *meta-* 'meta-' e *phrázein* 'parlare', di etim. incerta) ✱ 1749] **s. m. e f.** ● (*lett.*) esegeta, commentatore | traduttore

metagalàssia [comp. di *meta-* e *galassia* ✱ 1950] **s. f.** ● (*astron.*) l'insieme di tutte le stelle non appartenenti alla nostra galassia

metagalàttico [comp. di *meta-* e *galattico* ✱ 1957] **agg.** (**pl. m.** *-ci*) ● (*astron.*) attinente alla metagalassia | ***universo m.***, universo siderео

metagènesi [comp. di *meta-* e *-genesi* ✱ 1891] **s. f. inv.** ● (*biol.*) l'alternarsi di generazioni a riproduzione agamica e a riproduzione sessuata in una specie animale o vegetale

metageometrìa [comp. di *meta-* e *geometria* ✱ 1940] **s. f.** ● (*raro*) geometria non euclidea

metagiurìdico [comp. di *meta-* e *giuridico* ✱ 1957] **agg.** (**pl. m.** *-ci*) ● che è irrilevante dal punto di vista giuridico

metagràmma [comp. di *meta-* e *-gramma* ✱ 1930] **s. m.** (**pl.** *-i*) ● gioco enigmistico consistente nel passare da una parola ad un'altra attraverso parole intermedie che si ottengono cambiando ogni volta una sola lettera (per es. Mare, Fare, faCe, fOce, Voce, vIce, viLe)

mètal /'mɛtal, *ingl.* 'mɛt(ə)l/ [1985] **agg. e s. m. inv.** ● accorc. di *heavy metal*

metaldèide [comp. di *meta-* e *aldeide* ✱ 1889] **s. f.** ● polimero dell'aldeide acetica ottenuto aggiungendo acido solforico concentrato all'aldeide acetica e mantenendo la temperatura sotto zero, adoperato sotto forma di tavolette come combustibile per fornelli portatili

metaldetèctor /ˌmetalde'tɛktor, *ingl.* ˌmɛt(ə)ldɪ'tɛktə(r)/ [vc. ingl., comp. di *metal* 'metallo' e *detector* (V.) ✱ 1977] **s. m. inv.** ● dispositivo elettromagnetico, installato in luoghi pubblici quali aeroporti e sim., che permette di individuare la presenza di oggetti metallici nascosti su persone, o in valigie, borse e sim. **SIN.** cercametalli

metalèpsi o **metalèssi** [vc. dotta, lat. *metalēpsi(n)*, dal gr. *metálēpsis* 'il prender parte', da *metalambánein* 'prender parte', comp. di *metá* (V. *meta-*) e *lambánein* 'prendere' ✱ 1559] **s. f. inv.** ● (*ling.*) improprietà nell'uso di un sinonimo determinata dal contesto (frequente nei giochi di parole e, come errore, nei calchi e nelle traduzioni) | figura retorica consistente nell'operare contemporaneamente più di un trasferimento di significato; per es.: *mangiarsi le fatiche delle proprie mani*

metalessicografìa [comp. di *meta-* e *lessicografia* ✱ 1993] **s. f.** ● (*ling.*) studio, analisi che ha per oggetto la lessicografia, i suoi principi e i suoi metodi

metaletteràrio [comp. di *meta-* e *letterario* ✱ 1959] **agg.** **1** che trascende la letteratura, la dimensione letteraria: *considerazioni metaletterarie* **2** relativo a metaletteratura

metaletteratùra [comp. di *meta-* e *letteratura* ✱ 1966] **s. f.** ● testo o genere letterario che hanno per oggetto la creazione di testi letterari o una riflessione sulla funzione della letteratura

metalìmnio [comp. di *meta-* e *limno-* ✱ 1957] **s. m.** ● nei laghi delle regioni temperate, strato spesso una decina di metri, compreso fra l'epilimnio e l'ipolimnio nel quale ha luogo un salto termico ed esistono condizioni favorevoli alla maggior parte dell'ittiofauna

metalìngua [comp. di *meta-* e *lingua* nel sign. II 1 ✱ 1963] **s. f.** ● (*ling.*) metalinguaggio

metalinguàggio [comp. di *meta-* e *linguaggio* ✱ 1949] **s. m.** ● in logica e in linguistica, linguaggio artificiale o naturale con il quale si analizza o descrive lo stesso o un altro linguaggio, detto perciò linguaggio oggetto

metalinguìstica [comp. di *meta-* e *linguistica* ✱ 1957] **s. f.** ● parte teorica della linguistica che ha come scopo la riflessione sui principi, sui metodi, sulle finalità della scienza del linguaggio

metalinguìstico [1957] **agg.** (**pl. m.** *-ci*) ● (*ling.*) detto della funzione della lingua mediante la quale il parlante assume il codice della lingua per riflettere sul codice stesso o per descriverlo ‖ **metalinguisticaménte**, **avv.**

metallàro [da *metallo*, come traduzione di (*heavy*) *metal* ✱ 1983] **A** **s. m.** (**f.** *-a*) ● appartenente a gruppi giovanili sorti negli anni '80 del Novecento, appassionati della musica heavy metal, caratterizzati da un abbigliamento vistoso con guarnizioni metalliche (giubbotto di pelle nera, borchie, catenelle ecc.) **B** **anche agg.**: *un gruppo m.*

metallescènte [dal fr. *métallescent*, da *métal* 'metallo' ✱ 1991] **agg.** ● che presenta riflessi metallici: *vernice m.*

♦**metàllico** [vc. dotta, lat. *metallicu(m)*, dal gr. *metallikós*, agg. di *métallon* 'metallo' ✱ 1483] **agg.** (**pl. m.** *-ci*) **1** di metallo, di metalli: *lega metallica* **2** che ha aspetto e caratteristiche di metallo: *splendore m.* | (*est.*) detto di voce, suono e sim. sonori e limpidi, ma privi d'inflessioni ‖ **metallicaménte**, **avv.** ‖ **metallicità**, **s. f. inv.** **1** caratteristica di ciò che è metallico **2** (*astron.*) presenza di metalli: *stelle a bassa metallicità*

†**metallière** [lat. tardo *metallāriu(m)* 'minatore', da *metăllum* 'metallo' ✱ 1563] **s. m.** ● chi lavora i metalli

metallìfero [vc. dotta, lat. *metallĭferu(m)*, comp. di *metăllum* 'metallo' e *-fer* '-fero' ✱ 1750] **agg.** ● contenente metalli: *suolo m.*

metallìna [da *metallo* ✱ av. 1539] **s. f.** ● miscela che si forma durante l'estrazione di metalli da minerali solforati, costituita spec. da solfuri

†**metallìno** [av. 1320] **agg.** ● metallico

metallìsmo [comp. di *metallo* e *-ismo* ✱ 1957] **s. m.** ● teoria che fa dipendere il valore di una moneta dal suo contenuto metallico

metallizzàre [fr. *métalliser*, da *métal* 'metallo' ✱ 1869] **v. tr.** **1** ricoprire un oggetto con un sottile strato di metallo, a scopo protettivo od ornamentale **2** conferire a qlco. una lucentezza metallica spec. mediante l'uso di particolari vernici ‖ **metallizzazióne**, **s. f.**

metallizzàto **part. pass.** di *metallizzare*; **anche agg.** **1** nei sign. del v. **2** contenente metalli | che ha riflessi metallici | ***vernice metallizzata***, vernice speciale contenente polveri metalliche, usata spec. per carrozzerie di automobili

♦**metàllo** [vc. dotta, lat. *metăllu(m)*, dal gr. *métallon*, di orig. preindeur. ✱ 1257 ca.] **s. m.** **1** elemento chimico, quasi sempre solido allo stato naturale, duttile, malleabile, buon conduttore del calore e dell'elettricità | ***m. nobile***, che si ossida difficilmente, come l'argento, l'oro, il platino | ***m. comune, m. vile***, che si ossida con una certa facilità, come il ferro, il rame, il piombo, lo stagno | ***m. leggero***, avente basso peso specifico | ***m. pesante***, che ha un elevato peso specifico **CFR.** non metallo **2** lega di metalli diversi: *lampada di m.* **3** (*lett.*) oggetto, strumento, arma di metallo | (*est.*) moneta metallica o anche moneta in genere: *il vil m.* **4** (*lett.*, *raro*) ***il m. della voce***, il timbro

metalloceràmica [comp. di *metallo* e *ceramica* ✱ 1957] **s. f.** ● parte della metallurgia che si occupa di prodotti costituiti da un'associazione di materiali di tipo ceramico e metallico, ottenuta mediante sinterizzazione

metalloceràmico [1993] **agg.** (**pl. m.** *-ci*) ● detto di prodotto, per lo più durissimo e con altissimo punto di fusione, ottenuto con i procedimenti della metalloceramica

metallocromìa [comp. di *metallo* e *-cromia* ✱ 1869] **s. f.** ● processo chimico cui si sottopongono oggetti metallici per impartire alla loro superficie un particolare aspetto brunito

metallofagìa [comp. di *metallo* e *-fagia* ✱ 1957] **s. f.** (**pl.** *-gìe*) ● (*psicol.*) tendenza morbosa a trangugiare piccoli pezzi di metallo

metallofobìa [comp. di *metallo* e *-fobia* ✱ 1957] **s. f.** ● (*psicol.*) avversione morbosa per oggetti di metallo, specie se lisci

metallòfono [comp. di *metallo* e *-fono*, sul modello dell'ingl. *metallophone* ✱ 1957] **s. m.** ● (*mus.*) ogni strumento idiofono in metallo

metallografìa [fr. *métallographie*, comp. di *métallo-*, dal gr. *métallon* 'metallo', e *-graphie* '-grafia' ✱ 1834] **s. f.** **1** (*fis.*) disciplina che studia la struttura cristallina dei metalli e delle leghe ed il loro comportamento termico **2** tecnica di riproduzione a stampa mediante lastre metalliche

metallogràfico [1967] **agg.** (**pl. m.** *-ci*) ● relativo a metallografia: *esame m.*

metallògrafo [1957] **s. m.** (**f.** *-a*) ● studioso di metallografia | chi è addetto all'esame dei metalli

metallòide [comp. di *metallo* e *-oide* ✱ 1869] **s. m.** ● (*chim.*, *disus.*) non metallo

metallòidico o **metalloìdico** [1834] **agg.** (**pl. m.** *-ci*) ● di metalloide | che ha aspetto e proprietà di metalloide

metallorgànico [comp. di *metallo* e *organico* ✱ 1957] **agg.** (**pl. m.** *-ci*) ● detto di composto nel quale un atomo di metallo è direttamente unito ad atomi di carbonio di radicali organici

metalloscòpio [comp. di *metallo* e *-scopio* ✱ 1957] **s. m.** ● apparecchio atto ad accertare l'esistenza di eventuali fessure nei pezzi di materiali ferrosi, sfruttando l'elettromagnetismo

†**metallotèca** [comp. di *metallo* e *-teca* ✱ av. 1676] **s. f.** ● collezione di minerali metallici

metalloterapìa [comp. di *metallo* e *-terapia* ✱ 1891] **s. f.** ● nell'antica scienza terapeutica, cura mediante applicazione di pezzi di metallo su parti malate

metallotermìa [comp. di *metallo* e *-termia* ✱ 1957] **s. f.** ● tecnica metallurgica in cui la riduzione degli ossidi metallici si ottiene impiegando come riduttore un altro metallo che abbia maggiore affinità con l'ossigeno; impiegata per la produzione di metalli rari o speciali

metallurgìa [dal gr. *metallourgêin* 'lavorare metalli', comp. di *métallon* 'metallo' ed *érgon* 'lavoro' (V. *ergo-*): attraverso il fr. *métallurgie* ✱ 1761] **s. f.** (**pl.** *-gìe*) ● insieme dei metodi industriali di estrazione dei metalli puri da quelli grezzi, della loro lavorazione e delle loro leghe | ***m. delle polveri***, tecniche e procedimenti produttivi per ottenere, mediante sinterizzazione, prodotti metallici o metalloceramici, durissimi e refrattari

NOMENCLATURA

metallurgia e siderurgia

● *suddivisione*: elettrometallurgia, pirometallurgia, idrometallurgia, metallotermica;
● *strutture*: impianto metallurgico, impianto siderurgico, stabilimento metallurgico, stabilimento siderurgico; fonderia, acciaieria, ferriera; reparto forni, reparto convertitori, reparto trattamenti termici; fucina, magona;
● *operazioni*: fondere, colare, gettare, sbavare, solidificare; massellare, laminare, trafilare; temperare; bianchire, brunire; puddellaggio, amalgamazione, cementazione, cianurazione, nitrurazione, elettrolisi (cfr. chimica); affinazione; scorie, ganghe, loppe;
● *forni*: altoforno, convertitore, cubilotto, forno a crogiolo, forno a riverbero, forno a tino, forno elettrico (ad arco, a induzione, ad alta frequenza, a bassa frequenza), forno di riscaldo; apparecchi soffianti;
● *colata* (in caduta, continua, sotto vuoto): canale di colata, secchione di colata = siviera, getto, lingottiera, lingotto;
● *formatura* (a verde, a secco): anima, cassa, cassa d'anima, conchiglia, forma = stampo, sabbia, terra di fonderia; pressofusione, gettopressatura; fusione, solidificazione, distaffatura, materozza, sbavatura, sabbiatura; addolcimento, bonifica, normalizzazione, ricottura, rinvenimento, tempra; decapaggio; acciaiatura, galvanizzazione, metallizzazione, bronzatura = brunitura, cadmiatura, cromatura, nichelatura, ottonatura, piombatura, stagnatura, zincatura;
● *lavorazioni plastiche dei metalli*: a caldo (fucinatura, stampaggio, laminazione, estrusione, trafilatura); a freddo (fucinatura, laminazione, tranciatura, imbutitura, pallinatura);
● *macchine*: berta, filiera, fucinatrice, laminatoio (continuo, reversibile), maglio, martellatrice, pressa, trafilatrice; banco di trafilatura, treno di lavorazione;
● *prodotti* (semilavorati, finiti): laminati, stampati, trafilati, profilati: lamiera (striata, forata, bugnata, ondulata), bandone, foglio di lamiera, rotolo di lamiera, lamierino, banda; blumo, billetta, bramma, slebo, barra, cavo, cilindro, moietta, nastro, rotaia, putrella, tondino, trave ad H, U, L, I, T, tubo, verga, vergella;
● *personale specializzato*: formatori (animista, distaffatore, formatore, modellista, sabbiatore, staffatore); fonditori e fornisti (alimentatore di forni, bruciaferro, caricaforni, conduttore di forni, fonditore, fornista, imbavatore, lingottista, miscelatore, raffinatore, sbavatore); galvanoplastieri (acidulatore, bronzatore, brunitore, cadmiatore, cromatore, decapatore, galvanista, galvanoplastiere, galvanostegista, nichelatore, ottonatore, piombatore, ramatore, stagnatore, zincatore); laminatori e trafilatori (cesoiatore, estrudatore, filierista, laminatore, mandrinatore, profilatore, trafilatore, trafiliere, tranciatore a caldo, tranciatore a freddo).

metallùrgico [1761] **A agg.** (**pl. m.** *-ci*) ● che concerne la metallurgia: *industria metallurgica* **B s. m.** (**f.** *-a*) ● operaio dell'industria metallurgica

metallurgista [1865] **s. m. e f.** (**pl. m.** *-i*) ● esperto, studioso di metallurgia

metalmeccànico [comp. di *metal(lurgico)* e *meccanico* ✱ 1941] **A agg.** (**pl. m.** *-ci*) ● che concerne la metallurgia e la meccanica: *industria metalmeccanica* **B s. m.** (**f.** *-a*) ● operaio di industrie metallurgiche e meccaniche: *sciopero dei metalmeccanici*

metalmezzàdro [comp. di *metal(meccanico)* e *mezzadro* ✱ 1984] **A s. m.** (**f.** *-a*) ● (*sociol.*) operaio di origini contadine che continua a dedicare parte del tempo libero al lavoro dei campi **B anche agg.**

metalògico [comp. di *meta-* e *logico* ✱ av. 1883] **agg.** (**pl. m.** *-ci*) ● che concerne lo studio delle regole formali di un linguaggio

metamatemàtica [comp. di *meta-* e *matematica* ✱ 1952] **s. f.** ● secondo alcuni autori, teoria delle dimostrazioni matematiche

metamerìa [comp. di *meta-* e *-meria* ✱ 1889] **s. f. 1** (*biol.*) ripetizione, lungo l'asse longitudinale del corpo animale, di segmenti comprendenti unità funzionali di uno o più organi o sistemi organici **2** (*chim.*) tipo di isomeria presentato da ammine o composti contenenti un eteroatomo **SIN.** metamerismo

metamèrico [1934] **agg.** (**pl. m.** *-ci*) ● (*zool.*) che presenta metameria

metamerìsmo [1957] **s. m.** ● (*chim.*) metameria

metamerizzazióne [da *metameria* ✱ 1957] **s. f.** ● (*biol.*) divisione in metameri

metàmero [comp. di *meta-* e *-mero* ✱ 1929] **s. m. 1** (*zool.*) ciascuno dei segmenti che si susseguono in un organismo animale metamerico **2** (*chim.*) composto che presenta metameria

metamìttico [comp. di *meta-* e del gr. *miktós* 'mescolato' col suff. *-ico* ✱ 1957] **agg.** (**pl. m.** *-ci*) ● (*miner.*) detto di minerale radioattivo il cui reticolo cristallino è stato scompaginato dalle radiazioni in modo che, pur essendo la forma esterna immutata, gli atomi all'interno siano disposti in modo caotico come in una sostanza amorfa

metamoràle [comp. di *meta-* e *morale* ✱ 1957] **A agg.** ● (*filos.*) che concerne i fondamenti della morale **B s. f.** ● (*filos.*) teoria dei fondamenti della morale

metamòrfico [fr. *métamorphique*, da *métamorphisme* 'metamorfismo' ✱ 1869] **agg.** (**pl. m.** *-ci*) **1** relativo a metamorfosi **2** (*geol.*) relativo al metamorfismo | che ha subìto metamorfismo

metamorfìsmo [fr. *métamorphisme*, da *métamorphose* 'metamorfosi' ✱ 1891] **s. m.** ● (*geol.*) insieme dei processi di trasformazione delle rocce dovuti all'azione del calore, alla pressione o ad azioni chimiche

metamorfizzàre [da *metamorfosi* ✱ av. 1890] **A v. tr.** ● trasformare, cambiare profondamente **B metamorfizzàrsi v. rifl. e intr. pron.** ● subire una metamorfosi, trasformarsi

metamorfosàre [fr. *métamorphoser*, da *métamorphose* 'metamorfosi' ✱ 1683] **A v. tr.** (*io metamòrfoso*) ● trasformare, provocare un processo di metamorfosi **B metamorfosàrsi v. intr. pron.** ● subire una metamorfosi

metamorfosàto **part. pass.** di *metamorfosare*; **anche agg.** ● che ha subìto una metamorfosi

✦**metamòrfosi** [vc. dotta, lat. *metamorphōsi(m)*, dal gr. *metamórphōsis*, da *metamorphôun* 'trasformare', comp. di *metá* (V. *meta-*) e *morphḗ* 'forma' (V. *morfologia*) ✱ 1499] **s. f. inv. 1** nella mitologia greco-romana, trasformazione di un essere umano o divino in un altro di natura diversa **2** (*biol.*) profonda trasformazione che alcuni animali compiono nella forma e nella struttura per passare dallo stadio di larva a quello di adulto **3** (*fig.*) cambiamento, mutamento radicale: *una grande, profonda, improvvisa m.*; *nella sua mente, Angiolina subì una m. strana* (I. SVEVO) **4** (*bot.*) modificazione subita dall'organo di un vegetale per adattarsi alle condizioni ambientali **5** (*chim.*) trasformazione per allotropia o per spostamento di atomi nella molecola

SFUMATURE ➤ ***trasformazione***

metanàle [ingl. *methanal*, comp. di *methan(e)* 'metano' col suff. aggettivale *-al* '-ale[2]' ✱ 1957] **s. m.** ● (*chim.*) nome scientifico della formaldeide

metanàuplio [comp. di *meta-* e *nauplio* ✱ 1957] **s. m.** ● (*zool.*) stadio larvale di alcuni Crostacei successivo a quello di nauplio

metànico [da *metano* ✱ 1957] **agg.** (**pl. m.** *-ci*) ● relativo al metano

metanièra [1970] **s. f.** ● particolare tipo di nave adibita al trasporto del metano liquido

metanière [1966] **s. m.** (**f.** *-a*) ● chi è occupato nell'industria estrattiva del metano

metanièro [1950] **agg.** ● relativo all'estrazione del metano e alla sua utilizzazione industriale

metanìfero [comp. di *metano* e *-fero* ✱ 1942] **agg.** ● che produce metano

metanizzàre [1945] **v. tr. 1** approvvigionare di metano: *m. una città, un quartiere* | sostituire il metano a un altro tipo di gas per uso domestico: *m. il servizio gas* **2** modificare un veicolo per permetterne il funzionamento a metano || **metanizzazióne**, **s. f.**

metàno [da *met(ile)* col suff. chimico *-ano* ✱ 1889] **s. m.** ● idrocarburo gassoso, primo termine della serie delle paraffine, che si forma nella putrefazione di sostanze organiche, presente in abbondanza nei gas naturali e delle miniere e nei gas di carbonizzazione dei combustibili, ottenibile chimicamente in diversi modi; è impiegato come combustibile industriale e domestico o come materia prima per numerose sintesi chimiche **SIN.** gas delle paludi

metanodótto [comp. di *metano* e *-dotto*, ricavato da *acquedotto* ✱ 1942] **s. m.** ● conduttura che porta il metano dal luogo di estrazione a quello del consumo

metànoia [vc. dotta, gr. *metánoia*, da *metanoêin* 'mutar parere, pentirsi', comp. di *metá* (V. *meta-*) e *noêin* 'pensare', da *nôus* 'mente' (V. *noumeno*) ✱ av. 1956] **s. f. 1** nella terminologia cristiana, pentimento che porta alla salvezza **2** (*est.*) cambiamento radicale del modo di pensare

metanòlo [comp. di *metano* e *-olo*[1] ✱ 1957] **s. m.** ● (*chim.*) il più semplice degli alcoli alifatici saturi contenuto nell'acido pirolegnoso, preparato industrialmente per idrogenazione sotto pressione dell'ossido di carbonio, usato per propergoli, come solvente e come materia prima per l'industria delle sostanze organiche; è tossico e di odore pungente

metapèdio [comp. di *meta-* e del gr. *pedíon* 'metatarso', dalla stessa radice di *póus*, genit. *podós* 'piede' (V. *-pode*) ✱ av. 1673] **s. m.** ● (*anat.*) metatarso

metaplasìa [dal gr. *metáplasis* 'trasformazione', comp. di *metá* (V. *meta-*) e *plássein* 'plasmare, modellare' (V. *plasmare*) ✱ 1954] **s. f.** ● (*med.*) processo di trasformazione di un tessuto in un altro di tipo diverso, fase iniziale dello sviluppo di un tumore

metaplàsma [vc. dotta, lat. *metaplăsmu(m)*, dal gr. *metaplasmós* 'metaplasmo, trasformazione', da *metaplássein* 'trasformare', comp. di *metá* (V. *meta-*) e *plássein* 'plasmare, modellare' ✱ 1929] **s. m.** (**pl.** *-i*) ● (*biol.*) sostanza elaborata dalla cellula che, pur non essendo sostanza vivente, partecipa alla struttura dei tessuti

metaplàsmo [vc. dotta, lat. *metaplăsmu(m)*, dal gr. *metaplasmós* 'metaplasmo, trasformazione', da *metaplássein* 'trasformare', comp. di *metá* (V. *meta-*) e *plássein* 'plasmare, modellare' ✱ 1618] **s.**

m. **1** (*ling.*) mutamento fonetico consistente nell'alterazione di una parola mediante la soppressione, l'aggiunta, la permutazione o la fusione di suoni **2** (*ling.*) nel processo evolutivo delle lingue, passaggio di una parola da una categoria morfologica (*declinazione* o *coniugazione*) a un'altra

metaplàstico [1891] **agg.** (**pl. m.** *-ci*) **1** (*med.*) di metaplasia, che concerne la metaplasia **2** (*ling.*) relativo a metaplasmo

metapsìchica [f. sost. di *metapsichico* ✱ 1908] **s. f.** ● parapsicologia

metapsìchico [comp. di *meta-* e *psichico* ✱ 1918] **agg.** (**pl. m.** *-ci*) ● relativo a metapsichica e a fenomeno psichico paranormale

metapsichìsta [1907] **s. m. e f.** (**pl. m.** *-i*) ● chi si occupa di metapsichica

metapsicologìa [vc. dotta, comp. di *meta-* e *psicologia* ✱ 1957] **s. f.** (**pl.** *-gìe*) ● (*psicol.*) parte della teoria psicoanalitica che riguarda la concezione e descrizione dell'individuo da un punto di vista strettamente teorico

metaromànzo [comp. di *meta-* e *romanzo* ✱ 1966] **s. m.** ● romanzo in cui l'autore narra l'operazione dello scrivere il romanzo stesso

metasemìa [da *meta-*, sul modello di *polisemia* ✱ 1970] **s. f.** ● (*ling.*) cambiamento di significato

metastàbile [comp. di *meta-* e *stabile* ✱ 1906] **agg.** ● (*fis.*) detto di equilibrio di un sistema tale che, sottoposto a piccoli spostamenti, tende a ritornare alla posizione iniziale

metàstasi [vc. dotta, gr. *metástasis* 'mutazione, spostamento', da *methistánai* 'mutare, spostare', comp. di *metá* (V. *meta-*) e *histánai* 'porre' ✱ 1665] **s. f. inv.** **1** (*med.*) riproduzione di un processo tumorale a distanza dal luogo di insorgenza, per migrazione di cellule tumorali | la formazione tumorale così formatasi | (*fig.*) proliferazione di fenomeni o fatti negativi: *m. di episodi delinquenziali* **2** (*ling.*) movimento degli organi articolatori per abbandonare una data posizione

metastasiàno [av. 1795] **agg.** ● relativo al poeta P. Metastasio (1698-1782) o al suo stile

metastàtico [vc. dotta, gr. *metastatikós*, da *metástasis* 'cambiamento' (V. *metastasi*) ✱ 1834] **agg.** (**pl. m.** *-ci*) ● (*med.*) relativo a metastasi: *processo m.* **CFR.** locoregionale, sistemico

metastatizzàre [da *metastatico* ✱ 1957] **v. intr.** (**aus.** *avere*) e **metastatizzàrsi v. intr. pron.** ● (*med.*) produrre metastasi: *il tumore metastatizza* || **metastatizzazióne**, **s. f.**

metastèrno [comp. di *meta-* e *sterno* ✱ 1957] **s. m.** ● (*anat.*) la porzione caudale dello sterno, conformata come un'apofisi ossea a forma di spada **CFR.** mesosterno, presterno

metastòria [comp. di *meta-* e *storia* ✱ 1963] **s. f.** **1** ciò che vi è di costante nel divenire continuo della storia **2** studio delle metodologie usate in storiografia

metastòrico [comp. di *meta-* e *storico* ✱ av. 1956] **agg.** (**pl. m.** *-ci*) **1** detto di ciò che si ritiene non soggetto alla contingenza storica e che presenta caratteri di immutabilità ed eternità **2** relativo alla metastoria nel sign. 2: *analisi metastorica* || **metastoricità**, **s. f. inv.**

metatarsàle [1934] **A agg.** ● (*anat.*) relativo al metatarso **B s. m.** ● (*anat.*) ciascuna delle ossa del metatarso

metatarsalgìa [comp. di *metatars(o)* e *-algia* ✱ 1957] **s. f.** (**pl.** *-gìe*) ● (*med.*) dolore nella regione del metatarso, spesso conseguente ad appiattimento della volta plantare anteriore

metatàrso [comp. di *meta-* e *tarso* ✱ av. 1673] **s. m.** ● (*anat.*) parte ossea del piede tra il tarso e le dita, formata da cinque ossa lunghe parallele **SIN.** metapedio

†**metàte** ▸ **metà**

metateatràle [1954] **agg.** **1** che trascende il teatro, il linguaggio teatrale **2** relativo a metateatro || **metateatralità**, **s. f. inv.**

metateàtro [comp. di *meta-* e *teatro* ✱ 1965] **s. m.** ● testo teatrale che ha per oggetto il teatro stesso o una rappresentazione teatrale (per es. il dramma 'Questa sera si recita a soggetto' di L. Pirandello)

metateorìa [vc. dotta, comp. di *meta-* e *teoria* sul modello dell'ingl. *metatheory* ✱ 1959] **s. f.** ● (*filos.*) analisi che ha per oggetto una teoria | in logica matematica, la teoria dei sistemi formali

metateòrico [da *metateori(a)* col suff. *-ico* ✱ 1983] **agg.** (**pl. m.** *-ci*) ● (*filos.*) relativo, attinente alla metateoria

metàtesi [vc. dotta, lat. tardo *metăthesi(m)*, dal gr. *metáthesis* 'trasposizione', da *metatithénai*, comp. di *metá* (V. *meta-*) e *tithénai* 'porre' ✱ 1561] **s. f. inv.** **1** (*ling.*) inversione nell'ordine di successione dei suoni di una parola; per es.: *padule/palude*; *pan per cofaccia* (F. Sacchetti) **2** gioco enigmistico consistente nel ricavare da una parola data una parola di significato diverso spostando una lettera o una sillaba (per es. Arista, risAta; balistiCA, CAbalisti)

metatèsto [comp. di *meta-* e *testo* ✱ 1965] **s. m.** **1** (*letter.*) parte di un testo che contiene delle riflessioni sul testo stesso **2** in traduttologia, testo che risulta dalla trasposizione di un testo originario in altra lingua

metatestuàle [1974] **agg.** ● di metatesto, che costituisce metatesto: *considerazione m.*

metatètico [da *metatesi* ✱ 1957] **agg.** (**pl. m.** *-ci*) ● (*ling.*) di metatesi, relativo a metatesi || **metateticaménte**, **avv.** per metatesi

metàto [dal lat. *mēta(m)* 'mucchio' ✱ 1779] **s. m.** ● (*tosc.*) costruzione rustica dove si seccano le castagne esponendole su graticci a un moderato calore

metatoràce [comp. di *meta-* e *torace* ✱ 1834] **s. m.** ● (*zool.*) il terzo e ultimo dei tre segmenti del torace degli Insetti

metatrofìa [comp. di *meta-* e *-trofia* ✱ 1957] **s. f.** ● (*biol.*) condizione metabolica di un organismo che richiede carbonio e azoto in forme molecolari complesse

Metazòi [comp. di *meta-* e *-zoo* ✱ 1895] **s. m. pl.** (**sing.** *-zòo*) ● (*zool.*) sottoregno comprendente tutti gli animali pluricellulari, nei quali le cellule, riunite in gruppi, esplicano le diverse funzioni vitali (*Metazoa*)

metèco [vc. dotta, lat. tardo *metœcu(m)*, dal gr. *métoikos* 'emigrato, colono, straniero', da *metoikêin* 'cambiare soggiorno, emigrare', comp. di *metá* (V. *meta-*) e *oikêin* 'abitare', da *ôikos* 'casa' (V. *ecumene*) ✱ 1903] **s. m.** (**pl.** *-ci*) ● nell'antico diritto greco, straniero libero residente stabilmente nel territorio di una città, con limitato godimento di diritti politici, civili e militari

metemoglobìna ▸ **metaemoglobina**

metempìrico [comp. di *meta-* ed *empirico* ✱ 1905] **agg.** (**pl. m.** *-ci*) ● (*filos.*) detto di ciò che va oltre le possibilità della conoscenza empirica **SIN.** metafisico

metempsicòsi [vc. dotta, lat. tardo *metempsychōsi(m)*, dal gr. *metempsýchōsis*, da *metempsychôusthai* 'passare da un corpo a un altro', comp. di *metá-* (V. *meta-*) e *psyché* 'anima' (V. *psiche*①) ✱ 1598] **s. f. inv.** ● in molte religioni, credenza secondo cui l'anima alla morte trasmigrerebbe dal corpo in cui è ospitata in un altro corpo (umano, animale, vegetale o minerale), e così ogni volta finché non si libera da ogni vincolo con la materia

metencèfalo [comp. di *meta-* ed *encefalo* ✱ 1915] **s. m.** ● (*anat.*) seconda porzione del rombencefalo nello sviluppo embriologico dell'encefalo

mèteo [accorc. di *meteorologico* ✱ 1957] **A s. m. inv.** ● rubrica, messaggio o bollettino contenente informazioni meteorologiche, pubblicato sui quotidiani o trasmessi alla tv, alla radio o per radiotelefono | ***m. marina***, destinato alla navigazione marittima | ***m. nave***, trasmesso da una nave in navigazione **B agg. inv.** ● meteorologico: *notizie m.*

meteoecologìa [comp. di *meteo(rologia)* ed *ecologia* ✱ 1978] **s. f.** (**pl.** *-gìe*) ● settore dell'ecologia che studia i rapporti fra l'ambiente e il clima, analizzando in particolare le variazioni climatiche indotte dall'inquinamento

metèora [gr. *metéōra*, nt. pl. sost. dell'agg. *metéōros* 'elevato, posto in alto, nel cielo', comp. di *metá* 'oltre' (V. *meta-*) e *aéirein* 'sollevare' ✱ 1584] **s. f.** **1** (*geogr.*) ogni fenomeno che ha origine e si svolge nell'atmosfera **2** (*astron.*) corpo celeste che, attraversando l'atmosfera terrestre, diviene incandescente per attrito e, nella maggior parte dei casi, si trasforma in gas **SIN.** bolide, stella cadente, stella filante | ***passare come una m.***, (*fig.*) con riferimento a persona che ha suscitato grande interesse e ha goduto grande fama solo per poco tempo, o che è venuta meno troppo presto **3** meteoroide

meteòrico① [1584] **agg.** (**pl. m.** *-ci*) **1** (*geogr.*) relativo ai fenomeni che hanno sede nell'atmosfera terrestre | ***fenomeno m.***, meteora | ***erosione meteorica***, quella della superficie terrestre prodotta dagli agenti atmosferici quali il vento e la pioggia **2** (*astron.*) relativo alle meteoriti **3** (*astron.*) relativo alle meteore, costituito da meteore | ***sciame m.***, gruppo di meteore che viaggiano alla stessa velocità su orbite eliocentriche e che possono dare origine al fenomeno della pioggia delle stelle cadenti

meteòrico② [1834] **agg.** (**pl. m.** *-ci*) ● (*med.*) affetto da meteorismo

meteorìsmo [vc. dotta, gr. *meteōrismós* 'sollevamento, gonfiamento', da *meteōrízein* 'alzare, sollevare', da *metéōros*. V. *meteora* ✱ 1788] **s. m.** ● (*med.*) eccessiva produzione di gas intestinali | (*zool.*) ***m. del rumine***, frequente malattia dei ruminanti che consiste in una abnorme raccolta di gas nel rumine e che può portare a morte l'animale in brevissimo tempo

†**meteorìsta** [da *meteora* ✱ 1673] **s. m. e f.** (**pl. m.** *-i*) (**pl. m.** *-i*) ● meteorologo

meteorìte [comp. di *meteor(o)-* e *-ite*② ✱ 1869] **s. m. o f.** **1** (*miner.*) corpo solido di origine extra-tellurica caduto sulla superficie terrestre, composto in gran parte di ferro e nichel | ***m. litoide***, aerolito **SIN.** bolide **2** meteoroide

meteorìtica [da *meteorite* ✱ 1983] **s. f.** ● studio dei meteoriti **SIN.** meteoroastronomia

meteorìtico [1953] **agg.** (**pl. m.** *-ci*) ● relativo alle meteoriti | ***cratere m.***, provocato da un meteorite

meteorizzàre [fr. *météoriser* (cfr. *meteorismo*) ✱ sec. XIX] **v. tr.** ● (*med.*) provocare meteorismo

meteòro- [da *meteora*] **primo elemento** ● in parole composte della terminologia scientifica, significa 'meteora' o, più spesso, 'meteorologia', o indica relazione con fenomeni meteorologici: *meteorite, meteorografo, meteoropatia*

meteoroastronomìa [comp. di *meteoro-* e *astronomia* ✱ 1983] **s. f.** ● meteoritica

meteorobiologìa [comp. di *meteoro-* e *biologia* ✱ 1978] **s. f.** (**pl.** *-gìe*) ● (*raro*) biometeorologia

meteorodinàmica [comp. di *meteoro-* e *dinamica* ✱ 1957] **s. f.** ● ramo della meteorologia che studia i movimenti delle masse d'aria nell'atmosfera, spec. sotto l'aspetto termodinamico SIN. meteorologia dinamica

meteorografìa [comp. di *meteoro-* e *-grafia* ✱1891] **s. f.** **1** descrizione di un fenomeno meteorologico **2** insieme dei dati caratterizzanti la situazione meteorologica di un luogo o di una regione in un determinato istante o in un determinato intervallo di tempo

meteorogràfico [comp. di *meteoro-* e *-grafico* ✱1887] **agg.** (**pl. m.** *-ci*) **1** relativo alla meteorografia **2** relativo al meteorografo, ottenuto col meteorografo: *registrazione meteorografica* | ***diagramma m.***, meteorogramma

meteorògrafo [comp. di *meteoro-* e *-grafo* ✱1834] **s. m.** ● (*meteor.*) strumento che registra l'andamento di pressione atmosferica, temperatura e umidità dell'aria

meteorogràmma [comp. di *meteoro-* e *-gramma* ✱1967] **s. m.** (**pl.** *-i*) **1** diagramma tracciato mediante un meteorografo **2** meteo

meteoròide [comp. di *meteor(o)-* e *-oide* ✱1978] **s. m.** ● (*astron.*) corpo solido proveniente dagli spazi esterni con dimensioni variabili ma tali da permettere la sua cattura da parte di un corpo più grande quale un pianeta, una stella o un satellite, su cui cade diventando un meteorite SIN. meteorite

meteorologìa (*evit.*) **metereologìa** [vc. dotta, gr. *meteōrología*, comp. di *metéōra* 'cose celesti' (V. *meteora*) e *-logía* '-logia' ✱1542] **s. f.** (**pl.** *-gìe*) ● parte della geofisica che studia i processi che hanno luogo nell'atmosfera e le loro influenze sul clima | ***m. aeronautica***, che studia i fenomeni atmosferici in relazione ai problemi della navigazione aerea | ***m. dinamica***, meteorodinamica

NOMENCLATURA

meteorologia

● *classificazione*: strumentale, sinottica, dinamica, aeronautica, marittima; forense; agrometeorologia; biometeorologia, igrometria, anemologia, barometria, termometria, meteoecologia; previsione del tempo, bollettino meteorologico, servizio meteorologico;

● *termini della meteorologia*: stagione, annata; alba, tramonto; arcobaleno; stato del cielo (precipitazioni, nuvolosità, nubi stratiformi, nubi cumuliformi); variabilità, stabilità, instabilità, zero termico, irruzione fredda, ondata (di caldo, di freddo), miglioramento, peggioramento, umidità (assoluta ⇔ relativa), soleggiamento, radiazione solare; condizioni (stazionarie, evolutive), situazione (anticiclonica, depressionaria), temperatura (in aumento, in diminuzione), perturbazione, alta pressione, bassa pressione, turbolenza, fronte (caldo, freddo); stazione meteorologica = osservatorio;

● *strumenti di misura*: eliofanografo, evaporimetro, termometri a massima e a minima, barometro, barografo, igrometro (a capello o a condensazione), igrografo, termografo, termoigrografo, psicrometro, pluviometro, pluviografo, attinometro, anemometro, anemografo, bussola, nefoscopio, stazione meteorologica automatica in telemisura, radiosonda, radiogoniometro, ionosonda, pallone a idrogeno; trasmettitore a onde corte, radar, satellite, carta meteorologica, climatica (isallobara, isalloterma, isobara, gradiente barico, isoterma, isoipsa, isoieta, area di bassa pressione = depressione = area ciclonica, anticiclone = area di alta pressione, promontorio ⇔ saccatura);

● *fenomeni studiati*: atmosfera, clima, nuvolosità (cfr. nuvola), piovosità (cfr. pioggia), radiazione solare; meteora (idrometeora, fotometeora, elettrometeora, litometeora);

● *persone*: meteorologo; aerologo, climatologo, meteoropatico;

● *azioni*: prevedere, misurare, indicare, informare, trasmettere.

atmosfera

● *suddivisione*: troposfera, stratosfera, ionosfera, esosfera, chemosfera;

● *fenomeni atmosferici*: vento (V.), nube, precipitazioni = idrometeore, pioggia, pioviggine, neve, grandine, tempesta, temporale, nubifragio, uragano, nebbia, foschia, brina, rugiada, scariche elettriche;

● *pressione atmosferica*: alta ⇔ bassa; misurazione della pressione (barometro a mercurio, metallico, olosterico = aneroide, a sifone), altezza barometrica, colonna barometrica, gradiente barico; isobare;

● *caratteristiche*: naturale, fluida, irritante, velenosa, deleteria, asfissiante, opaca, cristallina, limpida, gelida, triste.

clima

● *caratteristiche*: buono ⇔ cattivo, caldo ⇔ freddo, rigido; marittimo ⇔ continentale, umido ⇔ asciutto = secco, arido, salubre, sano ⇔ malsano, insalubre, mite = dolce ⇔ aspro = crudo, clemente ⇔ inclemente, mediterraneo, equatoriale, tropicale, desertico, polare, temperato, torrido, microclima, topoclima, macroclima, temperatura, escursione termica; asprezza, mitezza del clima; stazione, cura climatica, cambiamenti climatici, effetto serra;

● *azioni*: influire; acclimatarsi = acclimarsi, vivere in un nuovo clima, cambiare clima; climatizzare.

tempo

● *caratteristiche*: sereno, mite, splendido, bello ⇔ brutto, da lupi, da cani, maltempo, tempaccio intemperie; clemente ⇔ inclemente, umido ⇔ asciutto, nebbioso, coperto, piovoso, ventoso, burrascoso, nevoso; stabile ⇔ instabile = incostante = incerto = variabile, balordo, pazzo; primaverile, estivo, autunnale, invernale;

● *azioni*: esserci o avere bel tempo o cattivo tempo, rimettersi del tempo, chiudersi del tempo, rompersi del tempo, mettersi al brutto, rincrudire, rabbruscare, rabbuffare, turbarsi, guastarsi, cambiare, rinfrescarsi, rischiararsi, mettersi al bello, mantenersi, racconciare, raddolcire, raddrizzare; coprirsi, vestirsi pesante ⇔ leggero, portare l'ombrello.

meteorològico [vc. dotta, gr. *meteōrologikós*, agg. di *meteōrología* 'meteorologia' ✱1511] **agg.** (**pl. m.** *-ci*) ● relativo alla meteorologia e ai fenomeni da essa studiati: *bollettino m.*; *stazione, previsione meteorologica* | ***carta meteorologica***, che rappresenta le condizioni meteorologiche, indicate con simboli, numeri e linee, relative a un dato periodo sia al suolo che in quota || **meteorologicaménte** **avv.** dal punto di vista meteorologico

meteoròlogo (*evit.*) **metereòlogo** [vc. dotta, gr. *meteōrológos*, comp. di *metéōra* 'cose celesti' (V. *meteora*) e *-lógos* '-logo' ✱av. 1786] **s. m.** (**f.** *-a*; **pl. m.** *-gi*) ● chi si occupa professionalmente di meteorologia | studioso di meteorologia

meteoropatìa (*evit.*) **metereopatìa** [comp. di *meteoro-* e *-patia* ✱1934] **s. f.** ● stato di malessere prodotto da fattori meteorologici || **meteoropàtico** **agg.** (**pl. m.** *-ci*); **anche s. m.** (**f.** *-a*) **nel sign. 2** **1** di meteoropatia, caratterizzato da meteoropatia: *disturbi meteoropatici* **2** che (o chi) soffre di meteoropatia

meteoropatologìa [comp. di *meteoro-* e *patologia* ✱1957] **s. f.** (**pl.** *-gìe*) ● (*med.*) studio delle meteoropatie

meteoroscopìa [comp. di *meteoro-* e *-scopia* ✱av. 1598] **s. f.** ● osservazione e studio delle meteore

Mèteosat [comp. di *meteo(rologico)* e *sat(ellite)* ✱1981] **s. m. inv.** ● satellite artificiale per osservazioni meteorologiche

meter /'miter, *ingl.* 'mi:tə(r)/ [vc. ingl., propr. 'strumento misuratore, contatore', da *to mete* 'misurare' ✱1983] **s. m. inv.** ● strumento elettronico collegato da una parte al televisore e dall'altra, via telefono, a un elaboratore elettronico, usato per il rilevamento dei dati dell'ascolto televisivo

metèssi [vc. dotta, gr. *méthexis* 'partecipazione', da *metéchein* 'partecipare', comp. di *metá* (V. *meta-*) ed *échein* 'avere' (di orig. indeur.) ✱1851] **s. f. inv.** ● nella filosofia di Platone, teoria secondo cui le cose sensibili si pongono in un rapporto di partecipazione con le idee

meticciaménto [da *meticciare* ✱1957] **s. m.** ● (*biol.*) metodo di riproduzione di animali appartenenti a razze diverse di una stessa specie SIN. incrocio

meticciàre [da *meticcio* ✱1878] **A** **v. tr.** (**pres.** *io meticcio*; **fut.** *io meticcerò*) **1** (*biol.*) sottoporre a meticciamento **2** (*fig.*) mescolare elementi eterogenei: *m. tradizioni diverse* **B** **meticciàrsi** **v. intr. pron.** e **v. rifl. recipr.** ● mescolarsi, fondersi con elementi di altra provenienza: *lingue e culture che tendono a meticciarsi*

meticciàto **A** **part. pass.** di *meticciare*; **anche agg.** ● nel sign. del v. **B** **s. m.** **1** incrocio tra popolazioni umane diverse | (*raro*) in zootecnia, incrocio tra razze diverse **2** gruppo sociale costituito da meticci

metìccio [fr. *métis*, dallo sp. *mestizo*, dal lat. tardo *mixtīciu(m)*, da *mīxtus* 'misto' ✱av. 1588] **A** **s. m.** (**f.** *-cia*; **pl. f.** *-ce*) **1** (*biol.*) organismo prodotto dall'incrocio di genitori della stessa specie ma di razza diversa, fecondo SIN. ibrido **2** correntemente, individuo nato da genitori appartenenti a gruppi etnici diversi, spec. da un genitore bianco e uno amerindio **B** **agg.** (**pl. m.** *-ci*) ● relativo a tale organismo o individuo | (*fig.*) che deriva da elementi eterogenei: *culture meticce*

meticolosàggine (o **-ṣ-**) [1869] **s. f.** ● meticolosità noiosa e pedante

✦**meticolóso** (o **-ṣ-**) [vc. dotta, lat. *meticulō-su(m)* 'timido, pauroso', da *mĕtus* 'timore', sul modello di *periculōsus* 'pericoloso' ✱1840] **agg.** **1** che svolge la sua attività in modo molto preciso e scrupoloso: *uomo, impiegato m.* **2** che è curato nei minimi particolari: *pulizia meticolosa* SIN. minuzioso, scrupoloso || **meticolosaménte** **avv.** || **meticolosità** **s. f. inv.** caratteristica di chi (o di ciò che) è meticoloso SIN. scrupolosità, precisione, accuratezza; (*raro*) atto di persona meticolosa

metil- [da *metile*] **primo elemento** ● in parole composte della terminologia chimica, indica la presenza del radicale metile: *metilammina, metilarancio*

metilammìna o **metilamìna** [comp. di *metil-* e *am(m)ina* ✱1889] **s. f.** ● sostanza organica, gas infiammabile dall'odore di ammoniaca che si forma nell'organismo

metilànte [propr. part. pres. di *metilare* ✱1978] **agg.**; **anche s. m.** ● (*chim.*) detto di sostanza idonea a introdurre gruppi metilici in una molecola

metilaràncio [comp. di *metil-* e *arancio* ✱1933] **s. m.** ● colorante azoico di colore giallo-ocra, la cui soluzione è rosa in acidi e gialla in alcali, usato come indicatore nell'analisi chimica

metilàre [da *metile* ✱1957] **v. tr.** ● (*chim.*) introdurre in una molecola uno o più gruppi metilici

metilazióne [1957] **s. f.** ● (*chim.*) operazione del metilare

metilcellulósa (o **-ṣ-**) [da *cellulosa meti-l(ata)* ✱1948] **s. f.** ● cellulosa metilata, usata per la fabbricazione di pellicole, oggetti stampati, come adesivo o legante, come colloide protettivo nella preparazione di emulsioni e sim.

metìle [fr. *méthyle*, da *méthylène* 'metilene' ✱1872] **s. m.** ● radicale monovalente derivante dal metano per perdita di un atomo d'idrogeno | specificazione di alcuni coloranti: *ver-*

de m., violetto di m. | ***arancio di m.***, metilarancio

metilène [fr. *méthylène*, comp. del gr. *méthy* 'bevanda inebriante' e *hýlē* 'legno' ✱ 1891] **s. m.** ● residuo bivalente organico derivante dal metano per perdita di due atomi d'idrogeno | ***blu di m.***, sostanza colorante blu, adoperata per preparati microscopici, per colorazioni istologiche e come blando antisettico

metìlico [fr. *méthylique*, da *méthyle* 'metile' ✱ 1869] **agg.** (**pl. m.** *-ci*) ● detto di composto la cui molecola contiene il radicale metile: *derivato m.* | ***alcol m.***, metanolo

metilpropàno [comp. di *metil-* e *propano* ✱ 1978] **s. m.** ● (*chim.*) isobutano

metionìna [comp. di *me(til)-* e *tio-* ✱ 1947] **s. f.** ● (*chim., biol.*) amminoacido solforato essenziale protettore del fegato ed elemento importante delle proteine del capello e della cute

metòdica [vc. dotta, lat. *methŏdice(m)*, dal gr. *methodikḗ (téchnē)* 'arte del metodo', f. di *methodikós* 'metodico' ✱ 1561] **s. f. 1** metodo, metodologia: *una nuova m.* **2** parte della pedagogia che studia il metodo d'insegnamento; didattica generale **3** †grammatica normativa

metòdico [vc. dotta, lat. tardo *methŏdicu(m)*, dal gr. *methodikós*, agg. di *méthodos* 'metodo' ✱ 1550] **A agg.** (**pl. m.** *-ci*) **1** fatto con metodo: *lavoro m.*; *classificazione metodica* **SIN.** ordinato, sistematico **2** che segue norme e regole stabili: *uomo m.* | ***vita metodica***, uniformemente regolata **SIN.** meticoloso, ordinato, regolare || **metodicaménte**, **avv.** con metodo, secondo regole stabilite: *insegnare metodicamente* || **metodicità**, **s. f. inv.** caratteristica di chi (o di ciò che) è metodico: *lavorare con metodicità*; *la metodicità di una ricerca* **B s. m.** (**f.** *-a*) ● persona metodica

metodìsmo [fr. *méthodisme*, dall'ingl. *methodism*, da *method* 'metodo'; detto così perché voleva insegnare un nuovo *metodo* di perfezione religiosa ✱ 1765] **s. m.** ● dottrina e movimento protestanti che si originano dal rinnovamento evangelico di John (1703-1791) e Charles (1707-1788) Wesley e dalle critiche da loro rivolte al formalismo e alla politicizzazione della Chiesa anglicana, dalla quale si staccarono agli inizi del XVIII sec.

metodista① [fr. *méthodiste*, dall'ingl. *methodist*. V. *metodismo* ✱ 1766] **A s. m. e f.** (**pl. m.** *-i*) ● membro della Chiesa metodista **B agg.** ● metodistico

metodista② [da *metodo* ✱ 1967] **A s. m. e f.** (**pl. m.** *-i*) **1** analista dei metodi di lavorazione **2** chi gioca secondo il metodo del calcolo delle probabilità al lotto, alla roulette, al totocalcio **B anche agg.** ● nel calcio, detto di chi sostiene o pratica la tattica del metodo: *centrocampista m.*

metodìstico [1831] **agg.** (**pl. m.** *-ci*) ● che concerne il metodismo o i metodisti

metodizzàre [1745] **v. tr.** ● regolare in base a un metodo: *m. le scienze umane* || **metodizzazióne**, **s. f.**

♦**mètodo** [vc. dotta, lat. tardo *mĕthodu(m)*, dal gr. *méthodos* 'ricerca, investigazione, metodo', comp. di *meta-* (V. *meta-*) e *hodós* 'strada' ✱ 1545] **s. m. 1** criterio o insieme di criteri direttivi secondo i quali si fa, si realizza o si compie qlco.: *avere un buon m. d'insegnamento*; *osservare, seguire un certo m.*; *è un m. pratico e semplice per risolvere questioni del genere* | ***non aver m.***, procedere con disordine in una determinata attività | procedimento, impostazione: *m. induttivo, deduttivo, sperimentale* | (*est.*) ordine, precisione: *lavora con m.* | (*pedagogia*) ***m. globale***, quello volto all'insegnamento del leggere e dello scrivere basato sulla teoria che il bambino giunga alla conoscenza e quindi all'apprendimento cogliendo prima l'immagine globale che i particolari di ogni oggetto o realtà **SIN.** regola **CFR.** merito **2** modo di agire, di comportarsi: *usare metodi sbrigativi*; *che metodi son questi?* **3** titolo di trattati didattici in cui si espone ordinatamente una determinata disciplina: *m. per lo studio del solfeggio* **4** nel calcio, tattica di gioco praticata all'incirca fino al secondo dopoguerra, caratterizzata dalla disposizione della squadra su tre linee orizzontali, con le mezze ali avversarie controllate dai terzini e le ali dai mediani **CFR.** sistema

metodologìa [fr. *méthodologie*, comp. di *méthode* 'metodo' e *-logie* '-logia' ✱ 1844] **s. f.** (**pl.** *-gìe*) **1** parte della logica che ha per oggetto la ricerca di regole o principi che consentono di ordinare, sistemare, accrescere le nostre conoscenze **2** dottrina filosofica che studia le tecniche di ricerca proprie di un determinato campo del sapere **3** (*est.*) metodo, insieme di metodi: *m. scientifica*; *applicare nuove metodologie*

metodològico [1879] **agg.** (**pl. m.** *-ci*) ● che concerne il metodo, la metodologia || **metodologicaménte**, **avv.** dal punto di vista della metodologia

metodòlogo [av. 1952] **s. m.** (**f.** *-a*; **pl. m.** *-gi*) ● chi si occupa dei problemi della metodologia

metòlo [comp. di *met(ile)* e *(fen)olo* ✱ 1954] **s. m.** ● (*fotogr.*) composto chimico usato come rivelatore nei bagni di sviluppo

metonìmia o **metonimìa** [vc. dotta, lat. tardo *metonȳmia(m)*, dal gr. *metōnymía* 'scambio di nome, metonimia', comp. di *meta-*, col sign. di 'cambiamento' e *ónyma*, variante dial. di *ónoma* 'nome' (V. *onomastico*) ✱ av. 1544] **s. f.** ● (*ling.*) figura retorica che consiste nel trasferire un termine dal concetto cui strettamente si riferisce ad un altro con cui è in rapporto di reciproca dipendenza, generalmente non quantitativa (l'autore invece dell'opera, l'astratto per il concreto, il contenente per il contenuto, ecc.); per es.: *dal ribollir de' tini* (G. Carducci) (dove il 'ribollire' del mosto d'uva è attribuito ai 'tini' che lo contengono)

metonìmico [vc. dotta, lat. tardo *metonȳmicu(m)*, dal gr. *metōnymikós*, da *metōnymía* 'metonimia' ✱ av. 1598] **agg.** (**pl. m.** *-ci*) ● che concerne la metonimia || **metonimicaménte**, **avv.** per metonimia

metònimo [comp. di *met(a)-* e *-onimo*, sul modello di *pseudonimo* ✱ 1957] **s. m.** ● (*ling.*) nuovo cognome assunto per metonomasia

metonomàsia (o **-masìa**) [vc. dotta, gr. *metonomasía* 'mutamento di nome', da *metonomázein* 'chiamare con altro nome', comp. di *meta-*, col sign. di 'mutamento' e *onomázein* 'chiamare per nome', da *ónoma* 'nome' (V. *onomastico*) ✱ 1834] **s. f.** ● (*ling.*) sostituzione di un nome proprio o cognome con la corrispondente traduzione in un'altra lingua, spec. con un adattamento dal greco o dal latino: per es. *Cartesio* per *Descartes* o *Metastasio* per *Trapassi*

mètopa o **mètope** [vc. dotta, lat. *mĕtopa(m)*, dal gr. *metópē* 'spazio che si trova nel mezzo (*metá*) delle aperture (*opaí*)' ✱ 1436] **s. f.** ● (*archit.*) nell'ordine dorico, ciascuna delle lastre pressoché quadrate, talvolta decorate con bassorilievi, che erano poste tra i triglifi del fregio dei templi

metòpico [vc. dotta, gr. *metōpikós*, da *métōpon* 'fronte'. V. *metopa* ✱ 1885] **agg.** (**pl. m.** *-ci*) ● (*anat.*) della fronte | ***sutura metopica***, frontale

metossìle [da *metoss(i)-*, comp. di *met(il)-* e *ossi-*, con il suff. *-ile*② ✱ 1980] **s. m.** ● (*chim.*) gruppo monovalente derivato dall'alcol metilico per eliminazione di un atomo di idrogeno

metossìlico [da *metossil(e)* con il suff. *-ico* ✱ 1989] **agg.** (**pl. m.** *-ci*) ● (*chim.*) relativo a metossile

metracinèsi [comp. di *metro-*① e del gr. *kínēsis* 'movimento' (V. *cinematografo*) ✱ 1983] **s. f. inv.** ● (*med., raro*) inerzia uterina

metràggio [fr. *métrage*, da *mètre* 'metro②' ✱ 1881] **s. m. 1** misurazione a metri **2** quantità di un certo materiale, espressa in metri lineari: *il m. del tessuto è abbondante, scarso* **3** nella ripresa cinematografica, lunghezza della pellicola da usare o già usata | ***film a lungo, a corto m.***, rispettivamente di durata normale o inferiore alla normale | V. anche *cortometraggio, lungometraggio*

metralgìa [comp. di *metro-*① e *-algia* ✱ 1957] **s. f.** (**pl.** *-gìe*) ● (*med.*) dolore uterino **SIN.** metrodinia

metratonìa [comp. di *metro-*① e *atonia* ✱ 1983] **s. f.** ● (*med.*) atonia uterina

metratùra [da *metro*② ✱ 1881] **s. f. 1** lunghezza espressa in metri: *la m. è insufficiente per un abito* **2** area espressa in metri quadrati: *vendono appartamenti di varie metrature* **3** misurazione in metri della lunghezza o in metri quadrati dell'area: *procedere a una esatta m.*

metrèta [vc. dotta, lat. *metrēta(m)*, dal gr. *metrētḗs* 'misuratore', da *metrêin* 'misurare'. V. *metro*② ✱ sec. XIII] **s. f.** ● misura greca di capacità pari a circa 40 litri odierni

-metrìa [dal gr. *-metría*, da *métron* 'misura'] **secondo elemento** ● in parole composte dotte e scientifiche, significa 'misura' o 'misurazione': *geometria, trigonometria*

mètrica [vc. dotta, gr. *metrikḗ (téchnē)* 'arte del metro', f. di *metrikós* 'metrico' ✱ 1586] **s. f. 1** (*ling.*) insieme delle leggi che governano la composizione e struttura dei versi | ***m. quantitativa***, tipica della poesia classica, in cui il ritmo è prodotto dall'alternanza di sillabe lunghe e brevi | ***m. accentuativa***, tipica della poesia moderna, in cui il ritmo è dato dalla disposizione degli accenti tonici **2** insieme dei metri usati in una data epoca, in un ambiente letterario o da un autore: *la m. bizantina*; *la m. del Pascoli* **3** (*mat.*) funzione che a ogni coppia di punti di un insieme associa la loro distanza | sistema di misura di un insieme

metricìsta [1957] **s. m. e f.** (**pl. m.** *-i*) ● chi studia le leggi metriche

mètrico [vc. dotta, lat. *mĕtricu(m)*, dal gr. *metrikós*, agg. di *métron* 'misura, metro' ✱ 1351] **agg.** (**pl. m.** *-ci*) **1** (*mat.*) detto di enti nei quali interviene una nozione di distanza o di misurazione | ***sistema m. decimale***, sistema in cui le unità di misura sono multipli e sottomultipli decimali delle unità fondamentali **2** (*ling.*) del metro, della metrica | ***accento m.***, che cade su determinate sillabe di un verso | ***poesia metrica***, che è fondata sulla quantità delle sillabe, lunghe o brevi | ***prosa metrica***, che presenta in posizioni determinate un regolare alternarsi della quantità delle sillabe **3** (*fis.*) dell'ordine di grandezza del metro | ***onde metriche***, onde hertziane ultracorte || **metricaménte**, **avv.** secondo le regole della metrica

-mètrico [dal gr. *metrikós*, agg. di *métron* 'misura, metro'] **secondo elemento** ● forma aggettivi composti corrispondenti ai sostantivi in *-metria* o in *-metro*: *barometrico, chilometrico, geometrico, perimetrico*

metricologìa [comp. di *metrica* e *-logia* ✱ 1957] **s. f.** (**pl.** *-gìe*) ● studio scientifico della metrica

metricòlogo [1957] **s. m.** (**f.** *-a*; **pl. m.** *-gi*) ● studioso di metricologia

metrìte [fr. *métrite*, dal gr. *mḗtra* 'utero' (V. *metro-*①) ✱ 1819] **s. f.** ● (*med.*) infiammazione della parete uterina

mètro① [vc. dotta, lat. *mĕtru(m)*, dal gr. *métron*, di orig. indeur. ✱ 1313] **s. m. 1** (*ling.*) combinazione di due o più sillabe che costituisce l'unità di misura del verso quantitativo e ne determina il ritmo, coincidendo in qualche caso con il piede metrico | sistema di versificazione caratterizzato dall'uso di un determinato metro **2** (*est.*, *lett.*) verso, poesia: *con paura il metto in m.* (DANTE *Inf.* XXXIV, 10) **3** modo di parlare: *con me devi usare un altro m.*; *hai usato il m. sbagliato*

♦**mètro**② [fr. *mètre*, dal lat. *mĕtru(m)* 'misura'. V. *metro*① ✱ 1798] **s. m. 1** unità di misura della lunghezza nel Sistema Internazionale, originariamente definita come la decimilionesima parte della distanza fra l'equatore terrestre e uno dei poli, e, dal 1983, definita come la lunghezza del tragitto compiuto dalla luce nel vuoto in un intervallo di tempo di 1/299792458 di secondo SIMB. m | ***m. quadrato, quadro***, unità di misura di superficie pari all'area di un quadrato di 1 metro di lato SIMB. m^2 | ***m. cubo***, unità di misura di volume di un cubo di 1 metro di lato SIMB. m^3 **2** strumento per misurazioni della lunghezza di un metro o più, con la divisione in decimetri e centimetri: *misurare qlco. col m.*; *m. a nastro, a nastro metallico, a stecche, a sbarra*; *m. di legno, di metallo*; *porta un doppio m. a stecche* (E. VITTORINI); *m. da sarto, da falegname* **3** (*fig.*) canone o precetto secondo cui si giudica: *non è giusto valutarli con lo stesso m.*; *usare metri diversi*; *valutare con il m. del successo* SIN. criterio **4** †misura | †***senza m.***, smisurato

mètro③ [1925] **s. f. inv.** ● accorc. di *metropolitana*

metrò [dal fr. *métro*, abbr. di *métropolitain* 'metropolitana' ✱ 1931] **s. m. inv.** ● metropolitana: *prendere il m.*

mètro-① [dal gr. *mḗtra* 'utero', da *mḗtēr* 'madre'] **primo elemento** ● in parole composte della terminologia medica, significa 'utero' o indica relazione con l'utero: *metralgia, metratonia*

mètro-② [dal gr. *métron* 'misura'] **primo elemento** ● in parole composte della terminologia scientifica, significa 'misura, misurazione, misuratore': *metrologia, metronomo*

-metro [cfr. *metro-*②] **secondo elemento 1** in parole composte della terminologia scientifica significa 'misura, misurazione': *diametro, perimetro, termometro* CFR. -grafo, -scopio **2** in metrologia, indica multipli e sottomultipli del metro: *kilometro, centimetro*

metrocòrdo [comp. di *metro-*② e *corda* ✱ 1869] **s. m.** ● (*mus.*) strumento che serve a misurare esattamente la grossezza delle corde

metrodinìa [vc. dotta, comp. di *metro-*① e *-odinia* ✱ 1834] **s. f.** ● (*med.*) metralgia

metrologìa [comp. di *metro-*② e *-logia* ✱ 1821] **s. f.** (**pl.** *-gìe*) **1** scienza e tecnica che studia la misura delle diverse grandezze fisiche, i sistemi, gli strumenti e i procedimenti di misurazione **2** studio dei metri poetici

metrològico [1869] **agg.** (**pl. m.** *-ci*) ● che concerne la metrologia || **metrologicaménte**, **avv.**

metròlogo [1945] **s. m.** (**f.** *-a*; **pl. m.** *-gi*) ● studioso di metrologia

metromanìa [fr. *métromanie*, comp. di *mètre* 'metro①' e *-manie* '-mania' ✱ 1818] **s. f.** ● (*lett.*) passione eccessiva di comporre versi

metrònica [comp. di *me(ccanica)* e *(elet)tronica* ✱ 1993] **s. f.** ● meccatronica

metrònomo [fr. *métronome*, comp. di *mètro* 'metro-②' e *-nome* '-nomo' ✱ 1826] **s. m.** ● (*mus.*) apparecchio di misurazione della scansione dei tempi in musica SIN. plessimetro | indicazione agogica del ritmo di un brano musicale, espressa dal compositore numericamente

metronòtte [comp. di *metro(politano)* e *notte* ✱ 1951] **s. m. e f. inv.** ● guardia privata notturna

metropatìa [comp. di *metro-*① e *-patia* ✱ 1957] **s. f.** ● (*med.*) qualsiasi affezione della parete dell'utero

metròpoli [vc. dotta, lat. tardo *metrŏpoli(m)*, dal gr. *mētrópolis* 'città madre, madrepatria', comp. di *mḗtēr* 'madre' e *pólis* 'città' ✱ av. 1342] **s. f. inv. 1** grande città o capitale di uno Stato o di una regione: *una moderna m.* | città di grande importanza, spec. economica, artistica, ecc.: *Firenze, m. del mondo culturale* **2** (*raro*) madrepatria, rispetto ai territori coloniali: *notizie provenienti dalla m.*

metropolìta, (*evit.*) **metropòlita** [vc. dotta, lat. tardo *metropolīta(m)*, dal gr. *mētropolítēs*, da *mētrópolis*. V. *metropoli* ✱ 1533] **A s. m.** (**pl.** *-i*) **1** arcivescovo che presiede a una provincia ecclesiastica **2** †abitante di una grande città **B anche agg.**: *arcivescovo m.*

♦**metropolitàna** [da *ferrovia metropolitana*, calco sul fr. *chemin de fer métropolitain* 'ferrovia della metropoli' ✱ 1932] **s. f.** ● mezzo di trasporto su rotaie, caratteristico delle grandi città, che collega il centro urbano a quello periferico correndo su sede propria in genere sotterranea, talvolta in superficie o sopraelevata | ***m. leggera***, quella che corre quasi sempre in superficie, al centro o ai lati di una strada di grande traffico urbano, e con ridotta capacità di trasporto dei passeggeri

metropolitàno [vc. dotta, lat. tardo *metropolitānu(m)*, da *metrŏpolis*. V. *metropoli* ✱ 1321] **A agg. 1** di una metropoli: *traffico m.* | ***leggenda metropolitana***, V. *leggenda* **2** relativo a un metropolita | ***chiesa metropolitana***, della metropoli, cioè la chiesa principale della provincia **3** della madrepatria (rispetto ai territori coloniali o d'oltremare): *territorio m.* | ***truppe metropolitane***, un tempo, quelle destinate alla difesa del territorio nazionale in contrapposizione alle truppe coloniali **B s. m.** ● (*raro*) vigile urbano, spec. a Roma

metropolìtico [1673] **agg.** (**pl. m.** *-ci*) ● (*raro*) di metropolita

metroptòsi [comp. di *metro-*① e del gr. *ptôsis* 'caduta', da *píptein* 'cadere' ✱ 1957] **s. f. inv.** ● (*med.*) isteroptosi

metrorragìa [comp. di *metro-*① e *-ragia* ✱ 1821] **s. f.** (**pl.** *-gìe*) ● (*med.*) emorragia dall'utero indipendentemente dalla mestruazione

metroscopìa [comp. di *metro-*① e *-scopia* ✱ 1957] **s. f.** ● (*med.*) esame endoscopico dell'utero

metrosessuàle [comp. di *metro(politano)* ed *(etero)sessuale*, sul modello dell'ingl. *metrosexual* ✱ 2003] **A s. m.** ● persona di sesso maschile che cura molto il proprio aspetto esteriore, segue la moda e usa cosmetici **B anche agg.**

metrostenòsi [comp. di *metro-*① e *stenosi* ✱ 1957] **s. f. inv.** ● (*med.*) restringimento dell'utero

metrotomìa [comp. di *metro-*① e *-tomia* ✱ 1917] **s. f.** ● (*chir.*) incisione della parete dell'utero

metrotranvìa o **metrotramvìa** [comp. di *metro(politana)* e *tramvia* ✱ 1993] **s. f.** ● linea tranviaria con velocità e portata simili a quelle di una metropolitana, grazie ad accorgimenti che limitano al minimo le interferenze col traffico automobilistico e pedonale

♦**méttere** [lat. *mĭttere* 'mandare', poi 'mettere', di orig. indeur. ✱ av. 1250] **A v. tr.** (**pres.** *io métto*; **pass. rem.** *io misi*, **pop.**, **tosc.** *méssi*, *tu mettésti*; **part. pass.** *mésso*, **lett.** †*miso*) **1** collocare, porre una persona o una cosa in un determinato luogo (**anche fig.**): *m. un bambino a letto, i polli nel pollaio*; *m. in collegio*; *m. il ladro in prigione, il denaro in tasca, in banca*; *m. i piatti sulla tavola, la lettera nella busta, le mani in tasca*; *m. un'idea in testa a qlcu.* | (*fig.*) ***m. bocca, lingua***, (*fam.*) ***becco in qlco.***, intervenire, intromettersi | ***m. mano a qlco.***, afferrarla; (*fig.*) iniziarla | ***m. il naso in qlco.***, (*fig.*) impicciarsi degli affari altrui | disporre: *m. gli scolari in fila*; *m. i numeri in colonna* | riporre (**anche fig.**): *m. nell'armadio, nel cassetto, nella libreria*; *m. ogni speranza nella giustezza della propria causa* **2** posare: *guarda dove metti i piedi!* **3** conficcare, ficcare: *m. un chiodo nel muro, un dito in bocca* | far entrare, infilare dentro: *m. la chiave nella toppa* | ***m. qlcu. dentro***, imprigionarlo | ***m. nel sacco***, (*fig.*) ingannare | infondere, incutere: *m. forza, allegria, malinconia*; *m. paura, ansia, ribrezzo* | provocare, insinuare: *m. discordia* | (*fig.*) ***m. male***, seminare discordia | (*fig.*) ***m. una pulce nell'orecchio di qlcu.***, insinuargli un sospetto, un dubbio | impiegare: *m. attenzione* | (con uso impers.) ***mette conto***, vale la pena; †conviene: *non mette conto preoccuparsi*; *se ne mettesse conto, si potrebbe anche provare* (A. MANZONI); *deliberò … operare come metteva conto alle cose sue* (P. SARPI) **4** applicare: *m. il francobollo a una cartolina, la museruola al cane, le manette ai polsi* | ***m. insieme***, riunire | appendere, attaccare: *m. un manifesto alla parete, le tende alla portafinestra* | (*colloq.*) installare, impiantare: *m. il telefono, il gas, la luce elettrica* **5** ***mètterci***, mettere in qlco.: *mettici anche un po' di aglio* | dedicare a qlco.: *metterci tutto il proprio impegno, le proprie energie* | impiegare un determinato tempo: *il treno ci mette due ore*; *ce ne hai messo di tempo!*; *ci ha messo sei giorni la letterina ad arrivare* (L. PIRANDELLO) | ***metterci del proprio*** (*del mio, del suo, del loro* ecc.), dare il proprio personale contributo (**anche iron.**): *ci hai messo del tuo nel rovinarmi la serata*; anche, aggiungere particolari soggettivi: *nel descrivere l'accaduto ci ha messo del suo* | ***metterci la faccia***, (*fig.*) esporsi in prima persona | ***metterci la firma***, (*fig.*) accettare qlco. con entusiasmo: *un lavoro così? ci metterei la firma!* | ***mettercela tutta***, impegnarsi al massimo: *speriamo bene, io ce l'ho messa tutta* **6** aggiungere: *metti anche la sveglia nella valigia*; *cameriere, può mettere anche questo sul mio conto?* | scrivere, segnare; apporre: *m. una virgola*; *hai messo la data, la firma?* | inserire: *m. un annuncio sul giornale* **7** indossare, infilare: *m. l'abito nuovo, i guanti, le scarpe* | portare abitualmente: *da due anni mette lo stesso abito* | far indossare: *m. la tutina al bambino* **8** provocare: *questa confusione mette il mal di capo* | emettere: *il cerbiatto mette le corna*; *m. voci, lamenti* | ***m. radice***, abbarbicarsi (**anche fig.**) | ***m. le ali***, (*fig.*) progredire con estrema rapidità | ***m. giudizio, cervello***, (*fig.*) ravvedersi | ***m. su qlco.***, avviare, organizzare, costituire: *m. su un'attività commerciale*; *m. su casa, famiglia* | ***m. su qlcu.***, (*fig.*, *fam.*) sobillarlo: *la fidanzata lo mette su contro la madre* | ***m. su pancia***, ingrassare **9** supporre, ammettere (+ *che* **seguito da congtv.**): *mettiamo (il caso) che il treno non arrivi*; *metti che abbia ragione* | (*colloq.*) immaginare, ipotizzare: *metti una cenetta sulla spiaggia…* | ***vuoi m.?***, vuoi confrontare? (per indicare in realtà che un confronto è impossibile per un'evidente superiorità): *vuoi m. l'interpretazione di Rubinstein?* | ***come la mettiamo?***, come risolviamo la faccenda? (spec. con tono molto critico): *come la mettiamo con quei soldi che mi devi?* **10** imporre: *m. un tributo, una tassa, una multa* **11** ridurre in una determinata condizione: *m. il tema in* bella | ***m. in greco, in latino***, tradurre in tali lingue | ***m. in musica un testo***, musicarlo | ***m. in versi***, versificare **12** in varie locuzioni con la prep. *a*: ***m. al mondo***, generare | ***m. a morte***, far morire | ***m. al muro***, (*fig.*) fucilare | ***m. a ferro e a fuoco***, devastare | ***m. a frutto***, utilizzare qlco. in modo proficuo | ***m. a disposizione qlco.***, offrirne l'uso | ***m. a nudo, allo scoperto***, rivelare | ***m. alla porta***, licenziare bruscamente | ***m. al bando***, bandire | ***m. a confronto***, confrontare | ***m. al corrente***, informare | ***m. agli atti***, di una pratica cui non si vuole dar seguito | ***m. a parte***, far partecipe | ***m. alla prova***, sottoporre a prova | ***m. alle strette, m. nell'angolo qlcu.***, costringerlo in una situazione difficile, con poche vie d'uscita | ***m. ai voti una proposta***, farla votare | ***m. la testa a partito***, metter giudizio | ***m. alla vela, in vela***, spiegare le vele | ***m. a segno***, colpire con precisione, centrare, far centro; (*mar.*) alzare fino al punto dovuto pennone, vela, bandiera | ***m. a fuoco***, regolare uno strumento ottico o un apparecchio fotografico in modo da ottenere una immagine nitida dell'oggetto che si vuole osservare o fotografare; (*fig.*) puntualizzare una questione, un problema e sim. | ***m. a terra***, collegare alla massa terrestre la struttura metallica di un apparecchio elettrico in modo da realizzare, per quanto possibile, la dispersione dell'energia elettrica, per la sicurezza delle persone | ***m. a norma***, V. *norma* nel sign. 5 **13** in varie locuzioni con la prep. *in* | ***m. in atto***, realizzare | ***m. in moto***, per iniziare un movimento; (*fig.*) avviare | ***m. in giro***, diffondere | ***m. in onda***, trasmettere per radio o in televisione | ***m. in rete***, diffondere attraverso Internet | ***m. in croce***, crocifiggere; (*fig.*) tormentare | ***m. in pratica***, attuare | ***m. in rilievo***, rendere più evidente | ***m. in fuga***, far fuggire | ***m. in libertà***, lasciare libero | ***m. in guardia***, sull'avviso | ***m. in cantiere***, cominciare a costruire | ***m. in sicurezza***, V. *sicurezza* nel sign. 1 | ***m. in valore***, valorizzare | ***m. in conto, in preventivo***, (*fig.*) prevedere, preventivare | ***m. in piazza***, (*fig.*) rendere noto a tutti spec. faccende private | ***m. in chiaro***, chiarire | ***m. in forse***, V. *forse* nel sign. B | ***m. in luce***, evidenziare | ***m. in mezzo qlcu.***, (*fig.*) coinvolgerlo, comprometterlo | ***m. in relazione, in rapporto***, collegare | ***m. in campo***, accampare | ***m. in non cale***, trascurare | ***m. qlco. a tacere***, (*lett.*) ***in tacere***, fare in modo che non se ne parli | ***m. a tacere qlcu.***, farlo star zitto; fargli cessare ogni polemica | ***m. in vendita qlco.***, proporla all'acquisto | ***m. su carta, in carta***, scrivere, mettere per iscritto; tracciare su apposita carta quadrettata l'armatura di un tessuto | (*colloq.*) ***metterla giù dura***, parlare di qlco. esagerandone la gravità | (*mar.*) ***m. in forza***, tesare catene e cavi **B** **v. intr.** (**aus.** *avere*) ● sboccare (+ *in*): *ogni fossato che mette in Arno, parea un fiume* (G. VILLANI) | fare capo: *questa strada mette in una valle* | (*raro*) sporgere, dare (+ *su*): *la finestra mette sulla via* **C** **méttersi** **v. tr. pron.** (**aus.** *essere*) **1** porsi: *Si voltò di scatto ... mettendosi le mani tra i capelli* (L. PIRANDELLO) | infilarsi (con valore intens.) (+ *in*): *si mise le mani in tasca* | ***mettersi il cuore in pace***, rassegnarsi | ***mettersi in testa qlco.***, (*fig.*) ritenere vero qlco., convincersi di qlco. (+ *che*): *si è messo in testa che la moglie lo tradisca*; fissarsi in un'idea, in un proposito (+ *di* **seguito da inf.**): *Si son messe in testa di darvi moglie* (G. VERGA) **2** indossare (con valore intens.): *mettersi il cappello*; *fa freddo, mettiti il cappotto* **D** **méttersi** **v. rifl.** **1** assumere una determinata posizione o collocazione: *mettersi a sedere, a tavola, a letto* | ***mettersi in cammino, mettersi per strada***, incamminarsi | ***mettersi in fuga***, fuggire | ***mettersi in piedi***, rizzarsi | ***mettersi al lavoro***, iniziare a lavorare con impegno | ***mettersi sotto***, (*fig., colloq.*) darsi da fare, impegnarsi con decisione in qlco. | ***mettersi in vista***, farsi notare | cacciarsi: *mettersi nei guai, in una situazione difficile* | ***mettersi contro qlcu. o qlco.***, contrapporsi | ***mettersi di traverso***, assumere una posizione che costituisce un ostacolo (*anche fig.*) **2** vestirsi, abbigliarsi (+ *in*): *mettersi in costume, in abito da sera, in maniche di camicia; mettersi in ghingheri* **3** unirsi (+ *con*): *mettersi in società con qlcu.*; *mettersi con gente dabbene* | ***mettersi con qlcu., mettersi insieme***, iniziare una relazione amorosa **E** **méttersi** **v. intr. pron.** **1** volgersi verso un determinato esito: *vediamo come si mettono le cose* | ***si mette male, si mette bene***, la situazione si evolve in senso negativo o positivo | ***il tempo si mette al brutto, al bello***, peggiora, si rasserena | (*colloq.*) **méttercisi**, sopravvenire, intervenire, spec. in senso negativo: *a un certo punto ci si è messa anche la pioggia* **2** cominciare (*anche impers.*) (+ *a* **seguito da inf.**): *mettersi a studiare, a leggere, a giocare, a correre, a cercarlo; si mette a nevicare* | disporsi a fare qlco. (+ *a*): *mettersi all'opera, al lavoro; mettersi alla ricerca di qlcu.*; *mettersi a dieta*

mettibócca [comp. di *mettere* e *bocca* ✶ 1855] **s. m. e f. inv.** ● persona che interviene in tutti i discorsi per dire, a proposito o a sproposito, la propria opinione

mettifòglio o **mettifògli** [comp. di *mettere* e *foglio* ✶ 1937] **s. m.** **1** (*edit.*) dispositivo automatico che immette i fogli sul cilindro di pressione della macchina da stampa **2** operaio che un tempo immetteva a mano i fogli nelle macchine da stampa

†**mettilòro** [da *metti l'oro* ✶ av. 1563] **s. m. inv.** ● indoratore

mettimàle [comp. di *mettere* e *male* ✶ 1842] **s. m. e f. inv.** ● (*fam.*) persona che malignamente cerca di provocare discordie o rancori fra persone

mettiscàndali [comp. di *mettere* e il pl. di *scandalo* ✶ 1849] **s. m. e f. inv.** ● (*lett.*) persona che provoca discordie o scandali fra persone

mettitóre [1353] **s. m.** **1** (*raro*) chi mette o sistema qlco. | †giocatore, scommettitore | ***m. di dadi falsi***, baro al gioco dei dadi **2** †***m. d'oro***, mettiloro

†**mettitùra** [1322] **s. f.** ● esecuzione, emanazione | ***m. d'oro***, indoratura

mettitùtto [comp. imperativale di *mettere* e *tutto* ✶ 1963] **s. m. inv.** ● mobile da cucina in cui si ripongono stoviglie, provviste alimentari e cose varie

meublé /fr. mœ'ble/ [vc. fr., propr. part. pass. di *meubler* 'ammobiliare', da *meuble* 'mobile' ✶ 1914] **A** **s. m. inv.** ● albergo che fornisce l'alloggio e la prima colazione, senza servizio di ristorante **B** **anche agg. inv.**: *hotel m.* **SIN.** garni

MeV /mɛv/ [sigla di *m(ega)e(lectron) V(olt)* 'un milione di voltelettroni' ✶ 1957] **s. m. inv.** ● unità di energia uguale a 1 milione di elettronvolt

†**méve** [sovrapposizione del lat. *tĭbi* 'a te', a *me* ✶ av. 1250] **pron. pers. m. e f. di prima pers. sing.** ● (*raro*) me: *per che sovrana di m. te prese* (C. D'ALCAMO)

Mèvio [vc. dotta, lat. *Mǣviu(m)*, n. proprio di un mediocre poeta lat. ricordato da Orazio e Virgilio ✶ 1869] **s. m.** ● (*lett.*) critico maligno o poeta mediocre

meẓerèo [arabo *māzarīn*, di orig. persiana ✶ 1499] **s. m.** ● pianticella velenosa delle Timeleacee con rami sottili e grigi, fiori odorosi in spiga nuda prima della comparsa delle foglie (*Daphne mezereum*)

mèẓẓa [f. sost. di *mezzo*② ✶ av. 1430] **s. f.** ● (*colloq.*) mezz'ora dopo quella indicata in precedenza: *le sette e m.* | (*assol.*) mezzogiorno e mezzo: *ci vediamo alla m.*

meẓẓacàlza [comp. del f. di *mezzo*② e *calza* ✶ 1967] **s. f.** (**pl.** *mezzecàlze*) **1** (*raro*) calza che arriva a mezza gamba; calzerotto **2** (*fig.*) mezzacalzetta: *fu provveduto poi alla folla delle mezzecalze* (C.E. GADDA) ‖ **mezzacalzétta**, **dim.** (V.)

meẓẓacalzétta o **mèẓẓa calzétta** [comp. del f. di *mezzo*② e del dim. di *calza* ✶ 1905] **s. f.** (**pl.** *meẓẓecalzétte*) **1** (*raro*) dim. di *mezzacalza* **2** (*fig., spreg.*) persona mediocre, da poco: *crede di essere una gran signora, ma è solo una m.*

meẓẓacartùccia o **mèẓẓa cartùccia** [comp. del f. di *mezzo*② e *cartuccia* ✶ 1918] **s. f.** (**pl.** *meẓẓecartùcce*) ● persona con scarsi requisiti fisici o intellettuali

meẓẓacòsta o **mèẓẓa còsta** [comp. del f. di *mezzo*② e *costa* ✶ 1930] **s. f.** (**pl.** *mezzecòste*) ● parte mediana di una pendice montuosa | ***a m.***, a metà di un pendio

meẓẓadrìa [da *mezzadro* ✶ 1592] **s. f.** ● contratto agrario, ora abolito in Italia, secondo cui i prodotti e gli utili vengono divisi tra il proprietario del fondo e il colono | (*est.*) ***a m.***, a metà, in parti uguali

meẓẓadrìle [1910] **agg.** ● relativo alla mezzadria o al mezzadro: *contratto m.*; *attività m.*; *agitazioni mezzadrili*

meẓẓàdro [sovrapposizione del lat. parl. **mediāriu(m)*, da *mĕdius* 'mezzo', al lat. tardo *mediatōre(m)* 'mediatore' ✶ 1520 ca.] **s. m.** (**f.** *-a*) ● coltivatore di un fondo agricolo altrui in base a un contratto di mezzadria

meẓẓagalèra [comp. del f. di *mezzo*② e *galera* ✶ 1889] **s. f.** (**pl.** *meẓẓegalère*) ● (*mar.*) galea di dimensioni ridotte, con venti banchi di rematori invece di trenta, un vogatore invece di cinque per ogni scalmo, armata di cannoni

meẓẓaguàrdia [comp. del f. di *mezzo*② e *guardia* ✶ 1889] **s. f.** ● (*mar.*; *disus.*) gaettone

meẓẓaiòlo o †**meẓẓaiuòlo** [da *mezzo*② ✶ sec. XIII] **s. m.** (**f.** *-a*) ● (*tosc.*) mezzadro

meẓẓàla o **meẓẓ'àla** [comp. del f. di *mezzo*② e *ala* ✶ 1950] **s. f.** (**pl.** *meẓẓàli* o *mèẓẓe àli*) ● nel calcio, ciascuno dei due giocatori della prima linea situati tra le ali e il centrattacco: *m. destra*; *m. sinistra* **SIN.** interno

meẓẓalàna o **mèẓẓa làna** [comp. del f. di *mezzo*② e *lana* ✶ 1312] **s. f.** (**pl.** *meẓẓelàne*) ● stoffa mista, di lana e cotone

meẓẓalùna o **mèẓẓa lùna** [comp. del f. di *mezzo*② e *luna* ✶ av. 1380] **s. f.** (**pl.** *meẓẓelùne*) **1** parte di Luna visibile quando è illuminata dal Sole a metà **2** figura di mezzaluna assunta come emblema dell'islamismo | ***M. Rossa***, organizzazione assistenziale e sanitaria del mondo islamico equivalente alla Croce Rossa **3** tipo di coltello a lama ricurva e doppia impugnatura o pomo, per tritare verdure **SIN.** lunetta **4** mobile a pianta semicircolare **5** ordinamento di battaglia della milizia italiana nel sec. XVII, ad arco di cerchio concavo verso il nemico **6** opera staccata di fortificazione posta davanti all'angolo di un bastione

meẓẓamaiòlica [comp. del f. di *mezzo*② e *maiolica* ✶ 1957] **s. f.** (**pl.** *meẓẓemaiòliche*) ● terracotta ricoperta di un velo di terra bianca e quindi rivestita di vernice

meẓẓamànica [comp. del f. di *mezzo*② e *manica*: dall'uso degli impiegati di un tempo di adoperare in ufficio le mezze maniche ✶ 1956] **s. f.** (**pl.** *meẓẓemàniche*) **1** soprammanica usata spec. un tempo da impiegati, scrivani e sim. **2** (*est., spreg.*) impiegato che svolge mansioni modeste; (al pl.) la categoria impiegatizia

meẓẓàna [f. di *mezzano* ✻av. 1290] **s. f.** **1** (*mar.*) albero a poppavia dell'albero maestro | vela dell'albero di mezzana **2** ruffiana **3** (*lomb.*) operaia di sartoria che aiuta la lavorante **4** †mattone di media grandezza per pavimentazione ‖ **meẓẓanèlla**, **dim.** (V.)

meẓẓanàve [comp. del f. di *mezzo*② e *nave* ✻ 1532] **s. f.** (**pl.** *meẓẓenàvi*) ● direzione perpendicolare alla chiglia sul piano orizzontale, traverso della nave | ***prendere, avere il mare, il vento a m.***, ricevere mare e vento in quella direzione

meẓẓanèlla [1889] **s. f.** **1** dim. di *mezzana* **2** nell'attrezzatura a brigantino, vela di strallo tra l'albero di mezzana e quello di maestra | nell'attrezzatura a yawl, piccolo albero di mezzana; anche la vela portata dall'albero stesso

meẓẓanìa① [da *mezzana* ✻1614] **s. f.** ● (*mar.*) parte centrale di un'imbarcazione lungo l'asse longitudinale

meẓẓanìa② [da *mezzano* ✻1902] **s. f.** **1** (*raro*, *lett.*) senseria **2** (*tosc.*) mezzadria

meẓẓanìno [da *mezzano* ✻1550] **s. m.** **1** piano di un edificio che si trova tra il piano terreno e il primo piano **SIN.** ammezzato **2** (*numism.*) moneta che vale la metà di un'altra moneta tipo

meẓẓanità [av. 1324] **s. f. inv.** **1** (*raro*) carattere intermedio | posizione di mezzo **2** †intercessione | mediazione

meẓẓàno [lat. tardo *mediānu(m)* 'di mezzo', da *mĕdius* 'medio' ✻1250 ca.] **A agg.** **1** medio, intermedio (in una successione, una gradazione ecc.): *velocità, statura, età mezzana* | di media dimensione: *martello m.* **2** (*fig.*, *lett.*) che occupa una posizione intermedia tra nobile e plebeo: *della minuta gente, e forse in gran parte della mezzana* (G. Boccaccio) | (*fig.*) mediocre: *carte di qualità mezzana* | ***stile m.***, nella retorica, medio tra il sublime e l'umile ‖ **meẓẓanaménte**, **avv.** **B s. m.** **1** (**f.** *-a* (V.)) persona che agisce come intermediario | ***†farsi m.***, interporsi **2** (**f.** *-a* (V.)) (*est.*) ruffiano **3** (*tipogr.*) bianco tipografico pari alla quarta parte del carattere adoperato **4** †ammezzato

♦**meẓẓanòtte** [comp. del f. di *mezzo*② e *notte* ✻1282] **s. f.** (**pl.** *meẓẓenòtti*) **1** istante in cui ha inizio il giorno civile | ***m. vera***, l'istante della culminazione inferiore del Sole vero **2** tramontana, Nord, settentrione

meẓẓapàsta [comp. di *mezza* (sottinteso *lavorazione*) e *pasta* in senso tecnico ✻1957] **s. f.** ● (*carta*) prodotto intermedio della fabbricazione della carta, costituito da una pasta fibrosa di stracci, cellulosa, carta

meẓẓapìcca [comp. del f. di *mezzo*② e *picca* ✻1889] **s. f.** (**pl.** *meẓẓepìcche*) ● partigiana, spuntone, sergentina

meẓẓapóppa [comp. del f. di *mezzo*② e *poppa* ✻1571] **s. f.** (**pl.** *meẓẓepóppe*) ● (*mar.*) parte di mezzo della poppa

meẓẓapùnta o **mèẓẓa pùnta** [comp. del f. di *mezzo*② e *punta*① ✻1985] **s. f.** (**pl.** *meẓẓepùnte*) ● (*sport*) nel calcio, attaccante a sostegno delle punte

meẓẓaquarèṣima o **mèẓẓa quarèṣima** [comp. del f. di *mezzo*② e *quaresima* ✻av. 1471] **s. f.** (**pl.** *meẓẓequarèṣime*) ● giovedì della settimana centrale della Quaresima, in cui si sospende l'astinenza e si ritorna per un giorno all'atmosfera del Carnevale

meẓẓ'ària ➤ **aria**① nel sign. 2

mèẓẓaro ➤ **mezzero**

meẓẓaruòta [comp. del f. di *mezzo*② e *ruota* ✻1889] **s. f.** (**pl.** *meẓẓeruòte*) ● (*mar.*; *disus.*) metà della ruota di prua e poppa

meẓẓaséga o **mèẓẓa séga** [comp. del f. di *mezzo*② e *sega* nel sign. di 'masturbazione' ✻ 1951] **s. m. e f.** (**pl.** *meẓẓeséghe*) **1** (*volg.*) persona magra e gracile, dall'aspetto insignificante **2** (*volg.*) persona priva di qualsiasi capacità

meẓẓàsta o **meẓẓ'àsta** ➤ **asta**

meẓẓatàcca o **mèẓẓa tàcca** [comp. del f. di *mezzo*② e *tacca* ✻av. 1767] **s. f.** (**pl.** *meẓẓetàcche*) **1** persona di media o bassa statura **2** (*fig.*) persona di poco valore | nella loc. agg. inv. ***di m.***, mediocre, modesto: *un uomo di m.*

meẓẓatéla [comp. del f. di *mezzo*② e *tela* ✻ 1869] **s. f.** (**pl.** *meẓẓetéle*) ● tessuto misto di lino e cotone

†**meẓẓaterzàna** [comp. del f. di *mezzo*② e *terzana* ✻av. 1758] **s. f.** ● (*med.*) febbre a decorso discontinuo con puntate meno violente di quelle della terzana

meẓẓatìnta [comp. del f. di *mezzo*② e *tinta* ✻ av. 1552] **s. f.** (**pl.** *meẓẓetìnte*) **1** tinta intermedia tra il chiaro e lo scuro | (*fig.*) sfumatura: *è uno scrittore che ama le mezzetinte* **2** (*tipogr.*) immagine riprodotta per la stampa mediante l'uso del retino **3** tipo di incisione che permette di ottenere particolari effetti di chiaroscuro

†**meẓẓatóre** [lat. tardo *mediatōre(m)* 'mediatore' ✻av. 1306] **s. m.** (**f.** *-trice*) ● mediatore

meẓẓèna (o *-é-*) [da *mezzo*② ✻1505 ca.] **s. f.** ● ciascuna delle due parti dell'animale macellato che costituiscono la carcassa

meẓẓerìa① [da *mezzo*② ✻1490] **s. f.** **1** punto, linea mediana **2** linea che divide longitudinalmente in due parti una strada **3** zona centrale di una struttura a trave o ad arco, situata a ugual distanza tra due sezioni vincolate

meẓẓerìa② [da *mezzadria*, con cambio di suff. ✻av. 1760] **s. f.** ● (*tosc.*) mezzadria

mèẓẓero o **mèẓẓaro**, **mèṣero**, **mèṣere** [arabo *mi'zar* 'velo' ✻1795] **s. m.** **1** ampio quadro di stoffa stampato a molti colori, che le donne liguri portavano come uno scialle **2** ampio telo stampato a disegni vivaci, usato come tenda, coperta e sim.

meẓẓétta [da *mezzo* (*boccale*) ✻sec. XIV] **s. f.** **1** mezzo boccale, quarto di fiasco **2** brocca di tipo rustico con un'ansa e bocca trilobata per il servizio a tavola di acqua o vino **3** antica unità di misura di capacità per liquidi e aridi di valore vario a seconda delle regioni

meẓẓìna [da *mezzo*② ✻sec. XIII] **s. f.** ● (*tosc.*) brocca di terracotta o rame

†**meẓẓìno** [sec. XIV] **s. m.** ● mezzina | mezzo boccale | mezzo staio

†**meẓẓità** [da *mezzo*② ✻sec. XIV] **s. f.** ● metà

mézzo① [lat. *mītius*, compar. nt. di *mītis* 'tenero, maturo, mite' ✻av. 1400] **A agg.** **1** detto di frutto vicino a infracidire **2** (*fig.*, *lett.*) corrotto moralmente: *è una persona mezza* **3** (*raro*) bagnato, fradicio: *ho il vestito m.* **B s. m.** ● (*lett.*) belletta

♦**mèẓẓo**② [lat. *mĕdiu(m)*, di orig. indeur. V. *medio* ✻1158] **A agg.** (*poet.* †troncato in *me'*, †*mei*) **1** di ciò che costituisce la metà di un intero: *m. chilo, metro, litro, secolo*; *mezz'ora*; *mezza risma di carta* **CFR.** emi-, semi- | dopo un numerale, ha un uso sostantivato: *tre litri e m.*; *è stato in Francia sei mesi e m.*; *ha nove anni e m.* | nell'indicazione delle ore, concorda al f. (*la traversata dura tre ore e mezza*) o, in funzione avverbiale, rimane invariato, spec. in riferimento a un'ora precisa (*vediamoci alle nove e m.*) | ***mezza festa***, giornata lavorativa soltanto a metà | ***m. lutto***, non stretto | ***m. guanto***, V. *mezzoguanto* | ***m. tondo***, V. *mezzotondo* | ***m. servizio*** o (con grafia unita; *raro*) ***mezzoservizio***, servizio domestico prestato soltanto per una parte del giorno: *lavorare a m. servizio* | ***m. rilievo***, V. *mezzorilievo* | ***mezza figura***, (*fig.*) persona mediocre, priva di personalità | ***mezza calzetta***, (*fig.*, *fam.*) V. *mezzacalzetta* | ***mezza cartuccia***, (*fig.*, *fam.*) V. *mezzacartuccia* | ***mezza pensione***, tipo di trattamento alberghiero comprendente l'alloggio, la prima colazione e un pasto **2** medio, intermedio fra due limiti | ***uomo di mezza taglia***, di media statura; (*fig.*) di scarsa levatura morale | ***essere di mezza età***, tra giovane e vecchio | ***mezza stagione***, primavera e autunno | ***a mezza voce***, né forte né piano | ***m. vino***, vinello | ***a mezz'asta***, V. *asta* | ***senza mezzi termini***, francamente, apertamente | ***mezze misure***, V. *misura* nel sign. 9 **3** quasi completo, quasi totale: *è stato un m. scandalo, un m. insuccesso*; *fare una mezza promessa* | vago, indeterminato: *avere una mezza idea* | ***c'era m. mondo***, moltissima gente **4** (in funzione avverbiale, unito a un agg.) a metà, per circa metà, quasi: *un bicchiere m. pieno*; *una casa m. rovinata*; *due edifici m. distrutti*; *grugnì la Landina mezzo addormentata sulla rocca* (I. Nievo) | frequentemente concorda in genere e numero col sost.: *i suoi amici erano mezzi ubriachi*; *le persiane sono mezze chiuse*; *quella donna è mezza matta* | (*fig.*) ***essere m. morto***, essere malridotto, malandato; essere molto provato: *era m. morto di paura* **B s. m.** **1** parte di un tutto che corrisponde esattamente alla sua metà: *un metro e m.* | ***fare a m.***, dividersi una cosa e (*fig.*) fare insieme **2** parte centrale, punto intermedio: *il m. di un'asta*; *nel m. della strada, della piazza* | momento centrale: *nel bel m. della riunione*; *Nel m. del cammin di nostra vita* (Dante *Inf.* I, 1) | (*lett.*) ***nel dritto m.***, nel centro | ***di m.***, centrale, mediano | ***in m. a***, nel centro; tra; attraverso: *un palco in m. alla sala*; *passa la vita in m. al verde*; *Anna passò in m. alla folla* (G. D'Annunzio) | ***via di m.***, (*fig.*) soluzione intermedia, di compromesso | ***l'età di m.***, il Medioevo | ***l'Italia di m.***, centrale | ***in questo m., in quel m.***, nel frattempo, frattanto | (*lett.*) ***senza m., senza por tempo in m.***, immediatamente | ***andar di m.***, (*fig.*) subire un danno, soffrire le conseguenze | ***mettere in m. qlcu.***, (*fig.*) coinvolgerlo, comprometterlo | ***levare di m. qlco.***, toglierla via | ***levare di m. qlcu.***, allontanarlo a forza; (*fig.*) ucciderlo | ***levarsi, togliersi di m.***, andarsene **3** (*fig.*) misura, moderazione: *tenere il giusto m.* | ***la virtù sta nel m.***, è lontana da ogni eccesso **4** qualsiasi modo, strumento, procedimento o altro di cui ci si vale per raggiungere un fine: *tentare, cercare ogni m.*; *mezzi buoni, cattivi, onesti, illeciti*; *il fine giustifica i mezzi* | ***mezzi di comunicazione***, l'insieme delle risorse tecniche impiegate per la diffusione di notizie o per lo spostamento da uno ad altro luogo di cose o persone | ***mezzi audiovisivi***, cinema, radio, televisione e sim. | ***mezzi di trasporto***, tutti i veicoli che permettono il trasferimento di persone o cose da un luogo a un altro | ***mezzi pesanti***, i camion, gli autotreni e gli autoarticolati | ***mezzi pubblici***, o (*ellitt.*, *colloq.*) ***i mezzi***, mezzi di trasporto di passeggeri a gestione pubblica (autobus, tram, metropolitane): *sciopero dei mezzi pubblici*; *la mia macchina è in officina, userò i mezzi* | ***mezzi di produzione***, l'insieme degli impianti industriali e di altri beni strumentali capaci di fornire un dato prodotto | ***mezzi di pagamento***, denaro o titoli di credito idonei a estinguere un debito pecuniario | ***mezzi pubblicitari***, strumenti usati in pubblicità per trasmettere un messaggio al pubblico | (*gramm.*) ***complemento di m.*** (o ***di m. e strumento***), indica l'essere animato, la cosa o l'elemento astratto mediante il quale si

a b c d e f g h i j k l m n o p q r s t u v w x y z

compie l'azione espressa dal verbo; risponde alle domande *per m. di chi?, di che cosa?*, ed è introdotto dalle prep. *a, con, da, di, in, per, mediante, tramite, via, attraverso* e dalle loc. prep. *per m. di, a opera di, grazie a* e sim. (per es.: *ho risolto il problema con il suo aiuto; arriverò col treno; lo spedisco per posta, tramite corriere, via fax; raggiunse la riva per m. di una zattera; ce l'ho fatta grazie al suo aiuto*) | **per m. di, a m. di**, mediante, con l'aiuto di **5** (*est.*) dote, capacità: *quell'atleta possiede grandi mezzi* **6** (*fis., biol.*) sostanza o ambiente in cui avviene un fenomeno **7** qualunque veicolo da trasporto: *viaggiare con mezzi propri* | ***m. di superficie***, qualsiasi mezzo pubblico che viaggia sulla superficie terrestre (spec. in contrapposizione alla ferrovia sotterranea o all'aereo) | veicolo da combattimento: *m. cingolato, anfibio* | ***mezzi corazzati***, carri armati, semoventi, autoblindo | ***mezzi da sbarco***, natanti idonei al trasporto di truppe e materiali da navi a una costa assalita | ***m. di fortuna***, V. *fortuna* nel sign. 6 **8** †mediatore || (*spreg.*) **meẓẓùccio**, **dim.** (V.) **C** **meẓẓi s. m. pl.** ● denaro, possibilità economiche: *sono privo di mezzi; è gente con molti mezzi*

meẓẓobùsto o **mèẓẓo bùsto** [comp. di *mezzo*② e *busto* ✳ av. 1729] **s. m.** (**anche f. inv. nel sign. 2; pl. m.** *meẓẓibùsti* **o** *mèẓẓi bùsti*) **1** rappresentazione del corpo umano limitata alla sua parte superiore, dalla cintura in su | ***a m.***, detto di quadro, fotografia e sim. che rappresenti solo queste parti **2** (*fig., iron.*) giornalista o annunciatore televisivo che, di solito, appare inquadrato sullo schermo dalla cintola in su

meẓẓocérchio [comp. di *mezzo*② e *cerchio* ✳ 1308] **s. m.** (**pl.** *meẓẓicérchi*) **1** semicerchio **2** nella scherma di fioretto o di spada, movimento del ferro che serve a difendere la parte interna o alta del petto | ***battuta di m., presa di ferro di m.***, movimento di offesa diretto ai suddetti bersagli

meẓẓocièlo [comp. di *mezzo*② e *cielo* ✳ 1957] **s. m.** (**pl.** *meẓẓicièli*) **1** (*astron.*) punto d'incontro tra l'equatore celeste e il meridiano del luogo d'osservazione, corrispondente al punto dell'equatore celeste che ha la massima altezza sull'orizzonte **2** (*astrol., raro*) mediocielo

meẓẓocìrcolo o **mèẓẓo cìrcolo** [comp. di *mezzo*② e *circolo* ✳ 1983] **s. m.** (**pl.** *meẓẓicìrcoli*) ● (*mat.*) metà di un circolo

meẓẓocontràlto o **mèẓẓo contràlto** [comp. di *mezzo*② e *contralto* ✳ 1858] **A** **s. m.** ● registro di voce femminile appartenente alla classe dei contralti, di cui rappresenta il timbro più acuto **B** **s. m. e f.** (**f. inv.; pl. m.** *meẓẓicontràlti* **o** *mèẓẓi contràlti*) ● cantante che ha tale voce

meẓẓodì o (*raro*) **mèẓẓo dì** [comp. di *mezzo*② e *dì* ✳ 1282] **s. m. inv.** ● (*lett.*) mezzogiorno: *era m. e stava ancora seduta davanti la teletta* (A. MORAVIA) | frequente nei nomi di vette montuose: *Guglia, Becco di M.*

meẓẓofondìsta [1940] **s. m. e f.** (**pl. m.** *-i*) ● atleta specialista nelle gare di mezzofondo

meẓẓofóndo [comp. di *mezzo*② e *fondo* 'gara di media lunghezza' ✳ 1940] **s. m.** ● nell'atletica, nel nuoto e sim., gara di media lunghezza | nel ciclismo, gara in pista dietro motori nel tempo di un'ora o sulla distanza di 50 km

meẓẓofòrte [comp. di *mezzo*② e *forte* ✳ av. 1981] **s. m.** ● (*mus.*) indicazione dinamica che richiede un'intensità di suono un poco inferiore al forte SIMB. mf

♦**meẓẓogiórno** [comp. di *mezzo*② e *giorno* ✳ 1275 ca.] **s. m.** **1** le ore 12 del giorno civile: *è appena suonato m.; è m. in punto* | ***m. vero***, l'istante della culminazione superiore del Sole vero **2** direzione cardinale Sud: *casa esposta a m.* | vento che spira da sud **3** parte di una regione geografica posta a sud: *il m. d'Italia* **4** (*assol.*, con iniziale maiuscola) l'Italia Meridionale: *i problemi, la questione del Mezzogiorno*

meẓẓoguànto o **mèẓẓo guànto** [comp. di *mezzo*② e *guanto* ✳ 1870] **s. m.** (**pl.** *meẓẓiguànti* **o** *mèẓẓi guànti*) ● guanto che ricopre il palmo e il dorso della mano lasciando scoperte le dita

†**meẓẓolàno** [da *mezzano* ampliato con l'infisso *-ol-* ✳ av. 1292] **agg.** ● mezzano, medio, mediocre || †**meẓẓolanaménte**, **avv.** mediocremente

meẓẓolìtro o **mèẓẓo lìtro** [comp. di *mezzo*② e *litro* ✳ 1887] **s. m.** (**pl.** *meẓẓilìtri* **o** *mèẓẓi lìtri*) ● bottiglia di vetro legalmente bollata contenente mezzo litro di vino | quantità di vino contenuta in tale bottiglia

meẓẓomarinàro o **meẓẓomarinàio** [comp. di *mezzo*② e *marinaro* ✳ 1815] **s. m.** (**pl.** *meẓẓimarinàri*) **1** (*mar.*) gaffa, alighiero, gancio d'accosto **2** (*disus.*) mozzo

meẓẓopiàno [comp. di *mezzo*② e *piano*① ✳ sec. XX] **s. m. inv.** ● (*mus.*) indicazione dinamica che richiede un'intensità di suono intermedia fra il piano e il mezzoforte SIMB. mp

mèẓẓopùnto o **mèẓẓo pùnto** [comp. di *mezzo*② e *punto* ✳ 1585] **s. m.** (**pl. m.** *mèẓẓipùnti*) **1** antico segno grafico consistente in un punto non seguito da maiuscola, con la funzione degli odierni due punti **2** punto di ricamo eseguito ad ago lanciando il filo obliquamente da sinistra verso destra, usato spec. in tappezzeria per arazzi, cuscini, tappeti e sim.

meẓẓóra o **meẓẓ'óra** [comp. del f. di *mezzo*② e *ora* ✳ 1561] **s. f.** **1** metà di un'ora **2** (*est.*) breve unità indeterminata di tempo: *ti aspetterò una m.* || **meẓẓorétta**, **meẓẓ'orétta**, **dim.**

meẓẓorilièvo o **mèẓẓo rilièvo** [comp. di *mezzo*② e *rilievo* ✳ av. 1537] **s. m.** (**pl.** *meẓẓirilièvi* **o** *mèẓẓi rilièvi*) ● tecnica e rappresentazione scultorea in cui le figure sporgono con diverso stacco dal fondo, emergendone per talune parti di primo piano, rimanendovi aderenti per altre

meẓẓosàngue o **mèẓẓo sàngue** [comp. di *mezzo*② e *sangue* ✳ 1945] **A** **s. m. e f. inv.** **1** meticcio di prima generazione **2** nell'ippica, cavallo che non ha una discendenza da genitori di razza pura **B** **anche agg. inv.**: *bambini m.*

meẓẓoservìzio ➤ **mezzo**② nel sign. A 1

meẓẓosopràno o **mèẓẓo sopràno** [comp. di *mezzo*② e *soprano* ✳ 1720] **A** **s. m.** ● (*mus.*) registro di voce femminile che, come estensione e colore, è intermedio tra il soprano e il contralto **B** **s. m. o f.** (**pl. m.** *meẓẓosopràni* **o** *mèẓẓi sopràni*, **pl. f. inv.**) ● cantante che ha tale voce

meẓẓotenóre [comp. di *mezzo*, come 'intermedio' fra il tenore e il basso, e *tenore* ✳ 1996] **s. m.** (**pl.** *-i* **o** *mèẓẓi tenóri*) ● (*mus.*) baritono

meẓẓotìtolo [comp. di *mezzo*② e *titolo* ✳ 1970] **s. m.** (**pl.** *meẓẓitìtoli*) ● (*tipogr.*; *raro*) occhiello nel sign. 6

meẓẓotóndo o **mèẓẓo tóndo** [da *mezzo*② sul modello di *tuttotondo* ✳ 1561] **s. m. inv.** ● in scultura, tipo di esecuzione in cui il soggetto rappresentato appare non nella pienezza dei suoi volumi, ma come emergente a metà dalla parete a cui si appoggia CFR. tuttotondo

meẓẓovènto [comp. di *mezzo*② e *vento* ✳ av. 1566] **s. m.** ● vento mediano tra gli otto principali

meẓẓùccio [1789] **s. m.** **1** pegg. di *mezzo*② **2** espediente meschino: *ricorrere a mezzucci*

meẓẓùle [da *mezzo*②, perché è la doga di *mezzo* nella parte anteriore del fondo della botte ✳ 1313] **s. m.** ● doga mediana del fondo della botte, con sportello per poterla pulire, dove si applica la cannella per spillare il vino

mhmm ● V. **mm**

mho /'ɛmme akka'ɔ*/ [lettura inversa di *ohm* ✳ 1957] **s. m. inv.** ● (*elettr.*) unità di misura della conduttanza elettrica, pari a 1 $(ohm)^{-1}$; per la stessa unità il nome raccomandato è siemens (V.)

♦**mi**① /mi/ [lat. *mē* ✳ sec. XII] **pron. pers. atono di prima pers. sing.** (**formando gruppo con altri pron. atoni si premette a** *ci, si, ti*: *non mi ci metto; qui mi si vuole imbrogliare; non mi ti accostare*. **Assume la forma** *me* **(V.) davanti ai pron. atoni** *lo, la, le, li* **e alla particella** *ne*) **1** io (come compl. oggetto, enclitico o proclitico): *non mi ha visto; mi verrà a trovare domani; lasciami!; non potete lasciarmi qui* | con valore proclitico e (*lett.* nei modi finiti) enclitico, si usa nelle coniug. dei verbi rifl., intr. pron. e tr. pron.: *io mi lavo; io mi pento; mi concedo una vacanza; accorgendomi dell'errore; Ahi pentirommi, e ... volgerommi indietro* (G. LEOPARDI) | si usa nell'imperat. negativo: *non disturbatemi; non mi toccare!* **2** a me (come compl. di termine enclitico o proclitico): *mi ha raccontato delle storie; mi sembra che non sia giusto; dammi una mano; ditemi pure tutto* **3** esprime (come dativo etico) la partecipazione affettiva, l'interesse, l'adesione psicologica di chi parla o scrive: *ma che mi andate raccontando in giro?; statemi bene!; che cosa mi avete combinato?; mi si sta facendo tardi* **4** (*pleonast.*) con valore rafforz.: *io mi credevo di riuscire; non mi pensavo mai che fosse tanto complicato; I' mi son un che, quando / Amor mi spira, noto* (DANTE *Purg.* XXIV, 52-53) (V. nota d'uso ELISIONE e TRONCAMENTO)

♦**mi**② /mi*, mi/ [lettere iniziali del terzo verso (*mira gestorum*) dell'Inno a S. Giovanni, scelto da Guido d'Arezzo a fondamento della scala musicale ✳ sec. XIV] **s. m. inv.** ● (*mus.*) terza nota della scala musicale di *do* | tono, corda o tasto di mi (V. nota d'uso ACCENTO)

mi③ /mi*/ o (*raro*) **mu** /mu*/ [dal gr. *mŷ* ✳ 1561] **s. f. o m. inv.** ● nome della dodicesima lettera dell'alfabeto greco

mi' o †**me'**③ /me/ [da *mio*] **agg. poss. di prima pers. sing.** ● (*tosc.*) forma tronca di *mio, mia, miei, mie*, in posizione proclitica

miagolaménto [1858] **s. m.** ● il miagolare di continuo

♦**miagolàre** o (*raro*) **miaulàre** [vc. onomat. ✳ av. 1400] **A** **v. intr.** (*io miàgolo*; **aus.** *avere*) **1** emettere il caratteristico verso, fare miao, detto del gatto: *il gatto miagolava davanti alla porta* **2** (*fig., scherz.*) lamentarsi: *smettila di m. in quel modo!* **3** (*fig., lett.*) fischiare, detto dei proiettili **B** **v. tr.** ● (*fig.*) cantare o recitare versi e sim. in modo flebile, lamentoso o affettato

miagolàta [1618] **s. f.** ● miagolio prolungato e insistente (**anche** *fig.*): *una lunga m.*

miagolatóre [1869] **agg. e s. m.** (**f.** *-trice*) ● che (o chi) miagola (**anche** *fig.*)

miagolìo o (*raro*) **miaulìo** [av. 1742] **s. m.** (**pl.** *-ii*) ● verso prolungato e insistente del gatto | (*fig.*) voce lamentosa, piagnucolio | (*fig.*) suono sgraziato o monotono | (*fig.*) sibilo: *il sinistro m. delle pallottole*

miàgolo [da *miagolare* ✳ av. 1636] **s. m.** ● (*raro*) verso del gatto

miagolóne [1945] **s. m.** (**f.** *-a*); **anche agg.** ● chi (o che) miagola molto e spesso (**anche** *fig.*)

mialgìa [comp. di *mi(o)-* e *-algia* ✳ 1895] **s. f.** (**pl.** *-gìe*) ● (*med.*) dolore in corrispondenza di un muscolo: *m. da trauma, da infezione*

miàlgico [1957] **agg.** (**pl. m.** *-ci*) ● (*med.*)

relativo a mialgia

miào o **miàu** [vc. onomat. ✱ av. 1565] **A** **inter.** ● riproduce il miagolio del gatto **B** **in funzione di s. m. inv.** ● miagolio

miàṣi [comp. del gr. *mûia* 'mosca' e *-asi* ✱ 1934] **s. f. inv.** ● (*med.*) infestazione da larve di mosca su piaghe o tessuti necrotici della cute

miàṣma [vc. dotta, gr. *míasma* 'lordura, contaminazione', da *miáinein* 'lordare', di etim. incerta ✱ av. 1730] **s. m.** (**pl.** *-i*) ● malsana esalazione di organismi in putrefazione o di acqua stagnante e impaludata che viziano l'aria | (*est.*) odore fetido e pestilenziale

miaṣmàtico [dal gr. *míasma*, genit. *míasmatos*. V. *miasma* ✱ 1869] **agg.** (**pl. m.** *-ci*) ● di miasma, causato da miasma: *febbre miasmatica*

miastenìa [comp. di *mi(o)-* e *astenia* ✱ 1828] **s. f.** ● (*med.*) affezione caratterizzata da facile esauribilità della capacità contrattile della muscolatura

miastènico [1902] **agg. e s. m.** (**f.** *-a*; **pl. m.** *-ci*) ● (*med.*) che (o chi) è affetto da miastenia

miatonìa [comp. di *mi(o)-* e *atonia* ✱ 1939] **s. f.** ● (*med.*) riduzione o assenza del tono muscolare **SIN.** amiotonia

miatrofìa [1855] ➤ **mioatrofia**

miàu ➤ **miao**

miaulàre e deriv. ➤ **miagolare** e deriv.

mìca ① o (*sett.*) †**mìcca** ① [lat. *mīca(m)* 'briciola', di etim. incerta ✱ av. 1306] **s. f.** ● (*lett.*) briciola, minuzzolo, granellino: *io ho ricolte della vostra mensa / alcune miche da quella cadute* (G. Boccaccio) | (*est.*) quantità minima, granello ‖ **miccichìno**, **dim. m.** | **miccìno**, **dim. m.** | **micèlla**, **dim.** (V.) | (*lett.*) **micòla**, **dim.** | (*lett.*) **micolìno**, **dim. m.**

♦**mìca** ② o (*sett.*) †**mìga** [V. *mica* ① ✱ sec. XII] **avv. 1** (*colloq.*) affatto, per nulla, minimamente (come rafforz. di una negazione, spec. posposto al v.): *non è m. vero*; *non sono m. stato io*; *non costa m. tanto*; *ascoltava quello che non gli era m. occulto* (G. Boccaccio) | non (senza la negazione e con valore intens.): *sono cose vere queste, m. favole*; *m. lo sapevo che ci saresti andato!* | (**sett.**) ***m. male***, niente male (esprime un giudizio favorevole, soddisfazione, ammirazione e sim.): *'come stai?' 'm. male'*; *m. male questo vino*; non poco, alquanto: *guadagna m. male*; *Un giovinotto, occhi neri, capelli neri, nera m. male anche la faccia* (A. Fogazzaro) **2** per caso (in espressioni interr. o escl.): *non ti sarai m. offeso?*; *m. sei arrabbiato con me!, vero?*

mìca ③ [dal lat. *mīca* 'briciola'. V. *mica* ① ✱ 1563] **s. f.** ● (*miner.*) silicato del tipo a strati, contenente alluminio oppure magnesio e ferro e con un catione alcalino; costituisce un gruppo di varie specie facilmente sfaldabili in lamine sottilissime e trasparenti, di colorazione varia

mìca ④ ➤ **micca** ②

micàceo [da *mica* ③ ✱ 1779] **agg.** ● (*miner.*) relativo a mica | simile a mica

micaliẓẓàto [da *mica* ③ e *(metal)lizzato* ✱ 1993] **agg.** ● che contiene pigmenti a base di mica, detto spec. di vernici usate per carrozzerie di automobili

micanìte [vc. ingl., formata con *mica* ③ su *vulcanite* ✱ 1893] **s. f.** ● (*elettr.*) materiale isolante composto da scaglie di mica pressate e cementate in forma di grandi fogli

†**micànte** [vc. dotta, lat. *micānte(m)*, part. pres. di *micāre* 'tremolare, guizzare, scintillare', di orig. indeur. ✱ 1342] **agg.** ● splendente, fulgido: *più che 'l sol belli e micanti* (L. Pulci)

micascisto o **micaschìsto** [comp. di *mica* ③ e *scisto* ✱ 1817] **s. m.** ● roccia a composizione prevalentemente quarzoso-micacea derivante dal metamorfismo di rocce argillose

†**mìcca** ① ➤ **mica** ①

mìcca ② o **mìca** ④ [dal fr. *miche* 'pagnotta' ✱ 1481] **s. f. 1** (*sett.*) pagnotta rotonda abbastanza grande **2** †minestra, pappa, zuppa ‖ **michétta**, **dim.** (V.)

miccétta [1992] **s. f. 1** dim. di *miccia* **2** petardo di piccole dimensioni di forma cilindrica, attivato da una piccola miccia

mìccia [fr. *mèche*, dal lat. parl. **mĭcca(m)*, per il classico *mўxa(m)* 'becco della lampada, luminello', dal gr. *mýxa* 'muco', di orig. indeur., per l'aspetto ✱ av. 1571] **s. f.** (**pl.** *-ce*) **1** cordoncino combustibile che acceso ad un capo propaga la fiamma determinando il brillamento a distanza di cariche esplosive | ***m. detonante***, con l'anima di esplosivo ad alta velocità di detonazione, per ottenere il brillamento pressoché simultaneo di più cariche a essa collegate | ***dare fuoco, appiccare il fuoco alla m.***, (*fig.*) dare il via a rivolte, sommosse e sim. **2** (*mar.*; *disus.*) estremità inferiore di ogni albero ‖ **miccétta**, **dim.**

miccìno [da *micca* ✱ sec. XV] **s. m.** ● (*lett.*, *tosc.*) piccola quantità, minima parte | ***a m.***, in piccola quantità; (*est.*) con estrema misura

mìccio [vc. onomat. ✱ av. 1306] **s. m.** (**f.** *-cia*; **pl. f.** *-ce*) ● (*tosc.*) asino, somaro (*anche fig.*) ‖ **miccétto**, **dim.**

†**micciòlfo** [sovrapposizione di *Marcolfo* a *miccio* (?) ✱ av. 1388] **s. m.** ● ignorante, villano

mìcco [sp. *mico*, da una lingua caribica ✱ sec. XIII] **s. m.** (**pl.** *-chi*) **1** (*zool.*) uistitì **2** (*tosc.*) uomo goffo ma pieno di pretese e impertinenza | bellimbusto **3** (**f.** *-a*) (*fig.*, *centr.*) sciocco, stupido: *guarda che io non sono un m.*

micèlio [dal gr. *mýkēs* 'fungo', di etim. discussa: da avvicinare al lat. *mūcus* 'muco' (?) ✱ 1865] **s. m.** (**pl.** *-i* o *raro -ii*) ● (*bot.*) complesso delle ife che costituiscono la parte vegetativa dei Funghi

micèlla [1917] **s. f. 1** dim. di *mica* ① **2** (*chim.*) particella colloidale formata da un aggregato di molecole relativamente piccole

micenèo [vc. dotta, lat. *Mycenāeu(m)*, dal gr. *Mykēnâios*, da *Mykḗnē* 'Micene' ✱ 1557] **A** **agg.** ● dell'antica Micene | relativo alla civiltà che si irradia dall'antica Micene dal XIV all'XI sec. a.C. **B** **s. m.** (**f.** *-a*) ● abitante o nativo dell'antica Micene **C** **s. m. solo sing.** ● dialetto greco parlato nell'antica Micene

micète ① [dal gr. *mýkēs*, genit. *mýkētos* 'fungo' (V. *micelio*) ✱ 1895] **s. m.** ● (*bot.*) fungo

micète ② [vc. dotta, gr. *mykētḗs* 'muggente', da *mykâsthai* 'muggire', di orig. indeur. ✱ 1875] **s. m.** ● scimmia urlatrice arboricola americana, con coda prensile, barba nerissima e alimentazione vegetariana (*Alouatta caraya*)

micetologìa [comp. di *micete* ① e *-logia* ✱ 1828] **s. f.** (**pl.** *-gìe*) ● (*bot.*) micologia

micetòma [comp. di *micete* ① e *-oma* ✱ 1934] **s. m.** (**pl.** *-i*) ● (*med.*) formazione di aspetto tumorale che colpisce il piede, originata da funghi

michelàccio [da *Michele*, n. molto diffuso, suggerito anche dall'assonanza con *spasso* ✱ 1586] **s. m.** ● (*fam.*) vagabondo, bighellone | ***l'arte, la vita di M.***, mangiare, bere e andare a spasso

michelangiolésco [av. 1764] **agg.** (**pl. m.** *-schi*) ● che concerne Michelangelo Buonarroti (1475-1564) e il suo stile: *opera michelangiolesca* | (*est.*) possente e grandioso: *figura michelangiolesca*; *tocco m.* ‖ **michelangiolescaménte**, **avv.** alla maniera, nello stile di Michelangelo Buonarroti

michelétto [sp. *miquelete*: i micheletti erano detti così perché provenivano dalla regione dei Pirenei dove c'era il santuario di *S. Michele* ✱ 1741] **s. m.** ● soldato spagnolo appartenente in origine a bande mercenarie basche, organizzate poi militarmente nel XVII sec.

michétta [av. 1789] **s. f. 1** dim. di *mica* ④ **2** (*sett.*) panino di forma rotonda

†**micìda** ➤ **omicida**

♣**micidiàle** o †**omicidiàle**, †**umicidiàle** [da †*micidio* ✱ 1250 ca.] **A** **agg. 1** che provoca la morte: *colpo m.* | †assassino: *i Bianchi ritenne presi quella notte, sanza paglia e sanza materassi, come uomini micidiali* (D. Compagni) **2** (*est.*) molto dannoso: *clima m.*; *i micidiali effetti del fumo* | intollerabile, insopportabile: *un freddo m.*; *è una musica m.* | (*iperb.*) formidabile, potente: *un m. tiro di destro* ‖ **micidialménte**, **avv.** ‖ **micidialità**, **s. f. inv.**: *la micidialità di un'arma* **B** **s. m.** ● †omicida

†**micidiàro** [da †*micidio* ✱ av. 1294] **agg.** ● micidiale, omicida

†**micìdio** ➤ **omicidio**

mìcio [vc. onomat. ✱ av. 1584] **s. m.** (**f.** *-cia*; **pl. f.** *-cie* o *-ce*) ● (*fam.*) gatto domestico ‖ **micétto**, **dim.** | **micìno**, **dim.** | **micióne**, **accr.**

mico- [dal gr. *mýkēs* 'fungo'] **primo elemento** ● in parole scientifiche composte, significa 'fungo', o indica relazione con i funghi: *micologia*, *micorriza*

micobattèrio [comp. di *mico-* e *batterio* ✱ 1957] **s. m.** ● nome con cui si indicano circa quaranta specie di batteri tra cui il bacillo tubercolare di Koch

micocellulósa (o *-ṣ-*) [comp. di *mico-* e *cellulosa* ✱ 1965] **s. f.** ● costituente della membrana cellulare dei funghi

micodèrma [comp. di *mico-* e *derma* ✱ 1834] **s. m.** (**pl.** *-i*) ● (*bot.*) genere di Funghi delle Moniliali comprendente importanti lieviti sporigeni (*Mycoderma*)

micologìa [comp. di *mico-* e *-logia* ✱ 1821] **s. f.** (**pl.** *-gìe*) ● ramo della botanica che studia i Funghi **SIN.** micetologia

micològico [1869] **agg.** (**pl. m.** *-ci*) ● relativo alla micologia

micòlogo [comp. di *mico-* e *-logo* ✱ 1869] **s. m.** (**f.** *-a*; **pl. m.** *-gi*) ● studioso di micologia | ***esperto m.***, funzionario dell'ufficio d'igiene che esamina i funghi in vendita nei mercati

micoplàṣma [comp. di *mico-* e del gr. *plásma* 'cosa plasmata' ✱ 1957] **s. m.** (**pl.** *-i*) ● (*biol.*) genere di batteri comprendente specie piccole, sferiche o filamentose, sprovviste di parete, parassite intracellulari, diffuse ampiamente in natura e patogene per l'uomo (polmonite, infezioni urinarie) e per gli animali (*Mycoplasma*)

micorrìẓa [comp. di *mico-* e *-riza* ✱ 1934] **s. f.** ● complesso simbiotico formato dalle ife dei funghi e dalle radici degli alberi

micosferèlla [comp. di *mico-* e del lat. scient. *Sphaerella*, n. di un genere di Funghi, dim. di un ant. genere *Sphaeria*, dal gr. *sphâira* 'sfera' ✱ 1957] **s. f.** ● genere di Funghi degli Ascomiceti parassiti su varie piante (*Mycosphaerella*)

micòṣi [comp. di *mico-* e *-osi* ✱ 1828] **s. f. inv.** ● malattia prodotta da funghi parassiti

micoṣìna [da *mico(cellulo)s(a)* col suff. *-ina* ✱ 1957] **s. f.** ● (*biol.*) micocellulosa

micòtico [1954] **agg.** (**pl. m.** *-ci*) ● (*med.*) relativo a micosi

micotossìna [comp. di *mico-* e *tossina* ✱ 1957] **s. f.** ● (*med.*) tossina prodotta da funghi

micràgna o **migràgna** [lat. *hemicrānia(m)* 'emicrania', in senso iron. ✱ 1908] **s. f. 1** (*centr.*) mancanza persistente di denaro, miseria **2** (*centr.*) avarizia, taccagneria

micragnóso (o *-ṣ-*) o **migragnóso** (o

-ṣ-) [da *micragna* ✱1908] **agg.** **1** (*centr.*) povero, privo di denaro **2** (*centr.*) avaro, taccagno ‖ **micragnosaménte**, **avv.** ‖ **micragnosità**, **s. f. inv.**

micro- [dal gr. *mikrós* 'piccolo'] **primo elemento** **1** in parole composte, spec. della terminologia scientifica e tecnica, significa 'piccolo, che ha sviluppo insufficiente', o fa riferimento a cose, quantità piccole: *microbilancia, microcosmo, microscopio, microcefalia, microcefalo, microeconomia* | in altri casi significa 'microscopico' o indica relazione col microscopio: *microchimica, microcristallino* **2** in parole composte, anteposto a un'unità di misura, la divide per 1 milione, cioè la moltiplica per 10^{-6}: *microampere, micromillimetro* **SIMB.** µ

microàlga [comp. di *micro-* e *alga* ✱1885] **s. f.** ● (*biol.*) alga microscopica acquatica unicellulare a vita solitaria oppure associata in catene o gruppi, di cui sono note oltre 20 000 specie

microampere /mikroam'pɛr/ [comp. di *micro-* e *ampere*] **s. m. inv.** ● unità di misura d'intensità di corrente elettrica equivalente a un milionesimo di ampere **SIMB.** µA

microamperòmetro [comp. di *micro-* e *amperometro* ✱1954] **s. m.** ● strumento che misura in microampere l'intensità di una corrente elettrica

microanàlịsi [comp. di *micro-* e *analisi* ✱1954] **s. f. inv.** ● insieme di procedimenti per la determinazione di sostanze presenti in percentuali minime nei campioni da esaminare

microarchitettùra [comp. di *micro-* e *architettura* ✱1952] **s. f.** **1** (*archit.*) progettazione di abitazioni di dimensioni molto ridotte **2** (*elettron.*) la struttura progettuale delle unità funzionali di un microprocessore

m

microarray /mikroar'rɛi, *ingl.* 'maɪkrəʊə,reɪ/ [vc. ingl., comp. di *micro-* 'micro-' e *array* 'matrice' ✱1989] **s. m. inv.** ● (*biol.*) collezione miniaturizzata di sonde biologiche (DNA, RNA, proteine) fissate a una superficie solida, usata per l'esecuzione in parallelo di esperimenti di ibridazione su uno stesso campione biologico, per es. al fine di valutare l'espressione di geni in un tessuto o organismo | ***microarray a cDNA*** o (*ellitt.*) ***microarray***, che usa sonde di DNA complementari a RNA messaggeri

microbibliografìa [comp. di *micro(film)*, *biblio-* e *-grafia* ✱1957] **s. f.** ● tecnica della riproduzione di libri, documenti, manoscritti e sim. su microfilm

microbicìda [comp. di *microbi(o)* e *-cida* ✱1891] **A** **s. m.** (**pl.** *-i*) ● sostanza capace di uccidere i microbi **B** anche **agg.**: *sostanza m.*

micròbico [1910] **agg.** (**pl. m.** *-ci*) ● relativo a microbo

microbilància [comp. di *micro-* e *bilancia* ✱1957] **s. f.** (**pl.** *-ce*) ● bilancia per microanalisi

micròbio [fr. *microbe*, comp. del gr. *mikrós* 'piccolo' (V. *micro-*) e *bíos* 'vita' (V. *bio-*) prob. attraverso il ted. ✱1878] **s. m.** ➤ **microbo**

microbiologìa [comp. di *microbio* e *-logia* ✱1889] **s. f.** (**pl.** *-gìe*) ● branca della biologia che studia i microrganismi

microbiològico [1894] **agg.** (**pl. m.** *-ci*) ● relativo alla microbiologia ‖ **microbiologicaménte**, **avv.**

microbịòlogo [comp. di *microbio* e *-logo* ✱1957] **s. m.** (**f.** *-a*; **pl. m.** *-gi*) ● studioso di microbiologia

microbirrerìa [comp. di *micro-* e *birreria* ✱1996] **s. f.** ● microbirrificio

microbirrifìcio [comp. di *micro-* e *birrificio* ✱1997] **s. m.** ● birrificio di tipo artigianale, anche con vendita diretta della birra di propria produzione

microblòg /mikro'blɔg, *ingl.* 'maɪkrəʊ,blɒg/ [vc. ingl., comp. di *micro-* 'micro-' e *blog* (V.) ✱2007] **s. m. inv.** ● (*Internet*) blog i cui testi sono obbligatoriamente molto brevi: *i m. di Twitter*

♦**mìcrobo** o (*disus.*) **micròbio** nel sign. 1 [ted. *Mikrobe*, comp. del gr. *mikrós* 'piccolo' (V. *micro-*) e *bíos* 'vita' (V. *bio-*); la forma *mìcrobo*, oggi più diffusa, è una variante sing. retroformata da *micròbi*, pl. di *micròbio*, con successivo spostamento di accento ✱1878] **s. m.** **1** organismo piccolissimo, unicellulare o pluricellulare, visibile solo al microscopio | comunemente, microrganismo capace di provocare una malattia infettiva **2** (*fig.*, *spreg.*) persona meschina e insignificante

microcalcolatóre [comp. di *micro-* e *calcolatore*, sul modello dell'ingl. *microcomputer* ✱1975] **s. m.** ● (*inform.*) elaboratore la cui unità centrale è costituita da un microprocessore **SIN.** microelaboratore, microcomputer

microcàmera [comp. di *micro-* e *camera*② ✱1947] **s. f.** ● apparecchio per formati fotografici inferiori al 24 x 36 mm

microcàr [vc. ingl. propr. 'automobile (*car*) piccola (*micro-*)' ✱1996] **s. f. inv.** ● (*autom.*) quadriciclo **SIN.** minicar

microcassétta [comp. di *micro-* e *cassetta* ✱1983] **s. f.** ● cassetta di dimensioni ridotte per microregistratori

microcèbo [comp. di *micro-* e *cebo* ✱1957] **s. m.** ● genere di lemuri del Madagascar, arboricoli, di piccole dimensioni, con grandi occhi e lunga coda (*Microcebus*)

microcefalìa [da *microcefalo* ✱1841] **s. f.** **1** (*med.*) ridotto sviluppo del cranio e dell'encefalo **2** (*est.*, *scherz.*) stupidità, mancanza di senno, di intelligenza e sim.

microcefàlico [av. 1909] **agg.** (**pl. m.** *-ci*) **1** relativo alla microcefalia **2** microcefalo

microcèfalo [vc. dotta, gr. *mikroképhalos*, comp. di *mikrós* 'piccolo' (V. *micro-*) e *kephalḗ* 'testa' (V. *cefalo-*) ✱1821] **agg. e s. m.** (**f.** *-a*) **1** che (o chi) è affetto da microcefalia **2** (*est.*) idiota, imbecille: *ragionamenti da m.*

microchìmica [comp. di *micro(scopio)* e *chimica* ✱1891] **s. f.** ● chimica riguardante i preparati a strutture microscopiche

microchìp /mikro'tʃip, *ingl.* 'maɪkrəʊ,tʃɪp/ [comp. di *micro-* e *chip* ✱1985] **s. m. inv.** ● (*elettron.*) chip

Microchiròtteri [comp. di *micro-* e il pl. di *chirottero* ✱1934] **s. m. pl.** (**sing.** *-o*) ● (*zool.*) sottordine di Chirotteri comprendente specie per lo più insettivore e di piccole dimensioni (*Microchiroptera*)

microchirurgìa [comp. di *micro-* e *chirurgia* ✱1941] **s. f.** (**pl.** *-gìe*) ● branca della chirurgia che, nell'esecuzione degli interventi, spec. nell'ambito dell'oculistica, dell'otorinolaringoiatria, della neurochirurgia, utilizza uno speciale tipo di microscopio

microcircùito [comp. di *micro-* e *circuito* ✱1970] **s. m.** ● circuito elettronico costituito da componenti miniaturizzati

microcìta o **microcìto** [comp. di *micro-* e del gr. *kýtos* (V. *citofagia*) ✱1939] **s. m.** (**pl.** *-i*) ● (*biol.*) globulo rosso di diametro e volume inferiore alla norma

microcitemìa [comp. di *microcita* ed *-emia* ✱1957] **s. f.** ● (*med.*) forma di anemia con presenza di numerosi microciti nel sangue

microcitèmico [1952] **agg.**; anche **s. m.** (**f.** *-a*; **pl. m.** *-ci*) ● (*med.*) detto di chi è affetto da microcitemia

microcìto ➤ **microcita**

microcitòma [comp. di *micro-*, *cit(o)-* e del suff. *-oma* ✱1957] **s. m.** (**pl.** *-i*) ● (*med.*) tumore del polmone costituito da piccole cellule basofile; si riscontra spec. nei fumatori

microclìma [comp. di *micro-* e *clima* ✱1957] **s. m.** (**pl.** *-i*) ● (*meteor.*) la natura del clima considerata nello strato di atmosfera posto nell'immediata vicinanza del suolo (fino a 2 m di altezza) | condizioni climatiche di una zona ristretta **CONTR.** macroclima

microclimatologìa [comp. di *micro-* e *climatologia* ✱1978] **s. f.** (**pl.** *-gìe*) ● parte della climatologia che studia i microclimi

microclìno [comp. di *micro-* e *-clino*, dal gr. *klínein* 'piegare' ✱1934] **s. m.** ● (*miner.*) feldspato di potassio triclino, caratterizzato dall'intreccio di individui lamellari tra loro geminati

microclịṣma [comp. di *micro-* e *clisma* ✱1993] **s. m.** (**pl.** *-i*) ● (*med.*) clisma di volume ridotto

micrococco [comp. di *micro-* e *cocco*④ ✱1878] **s. m.** (**pl.** *-chi*) ● (*biol.*) batterio a forma di globo

microcomponènte [comp. di *micro-* e *componente* ✱1986] **s. m.** ● (*elettron.*) componente elettronico miniaturizzato

microcomputer /mikrokom'pjuter, *ingl.* 'maɪkrəʊkəm,pjuːtə(r)/ [comp. di *micro-* e *computer* ✱1981] **s. m. inv.** ● (*inform.*) microcalcolatore

microconflittualità [comp. di *micro-* e *conflittualità* ✱1981] **s. f. inv.** ● conflittualità all'interno di un gruppo sociale o di un ambiente di lavoro, che si manifesta con piccoli e frequenti scontri su argomenti circoscritti

microcontèsto [comp. di *micro-* e *contesto* ✱1989] **s. m.** ● (*ling.*) contesto immediato di una parola, costituito gener. dalla parola che precede e da quella che segue

microcontrollóre [comp. di *micro-* e *controllore*, analogo all'ingl. *microcontroller* ✱1996] **s. m.** ● (*inform.*) sistema di controllo a microprocessore che raggruppa in un unico chip le risorse di base necessarie all'esecuzione di una procedura

microcòṣmico [1585] **agg.** (**pl. m.** *-ci*) ● relativo a microcosmo

microcòṣmo [vc. dotta, lat. tardo *microcŏsmu(m)*, comp. del gr. *mikrós* 'piccolo' (V. *micro-*) e *kósmos* 'mondo' (V. *cosmo*) ✱av. 1328] **s. m.** **1** il mondo dell'infinitamente piccolo, gener. riferito al sistema atomico e alle particelle elementari **2** (*filos.*) l'uomo inteso come un insieme che sintetizza in sé l'ordine e la struttura dell'universo **3** (*fig.*, *lett.*) complesso di idee, sentimenti, convinzioni che riflettono l'esperienza di un singolo o di un gruppo di persone: *il m. pascoliano* | (*spreg.*) piccolo mondo, ambito ristretto e limitato: *vive chiuso nel suo m.*

microcrédito [comp. di *micro-* e *credito* ✱1996] **s. m.** ● (*econ.*) erogazione da parte delle banche di piccoli prestiti, in genere a sostegno di attività economiche di modesta entità

microcriminalità [comp. di *micro-* e *criminalità* ✱1985] **s. f. inv.** ● attività criminale spec. di ambito locale, caratterizzata da molti reati di limitata gravità

microcristallìno [comp. di *micro(scopio)* e *cristallo*, con suff. agg. ✱1940] **agg.** ● (*miner.*) di roccia i cui costituenti cristallini sono così piccoli da essere rivelati soltanto dal microscopio

microcurie /mikroku'ri/ [comp. di *micro-* e *curie*] **s. m. inv.** ● unità di misura della radioattività pari a un milionesimo di curie **SIMB.** µCi

microdattilìa [da *microdattilo* ✱1957] **s. f.** ● (*med.*) ridotto sviluppo delle dita dei piedi o delle mani

microdàttilo [comp. di *micro-* e del gr. *dáktylos* 'dito' (V. *dattilografia*) ✱1828] **agg. e s. m.**

(f. *-a*) • che (o chi) è affetto da microdattilia

microdelinquènza [comp. di *micro-* e *delinquenza* ✱1985] s. f. • microcriminalità

microdinamòmetro [comp. di *micro-* e *dinamometro* ✱1957] s. m. • (*mecc.*) dinamometro per la misura di debolissime forze, costituito da una sottile fibra di vetro di silice inflessa dalla forza in esame

microeconomìa [comp. di *micro-* ed *economia* ✱1961] s. f. • parte dell'analisi economica che studia i comportamenti economici dei singoli individui e delle singole famiglie o aziende

microeconòmico [sec. XX] agg. (pl. m. *-ci*) • relativo a microeconomia: *analisi microeconomica*

microelaboratóre [comp. di *micro-* ed *elaboratore* ✱1978] s. m. **1** (*inform.*) microcalcolatore **2** (*inform.*) microprocessore

microeleménto [comp. di *micro-* ed *elemento* ✱1957] s. m. • ogni elemento chimico presente in tracce negli organismi animali e vegetali, essenziale in alcuni processi fisiologici

microelettrònica [comp. di *micro-* ed *elettronica* ✱1966] s. f. • parte dell'elettronica che si occupa della progettazione, della costruzione e delle applicazioni di circuiti elettronici miniaturizzati, in particolare dei circuiti integrati, i cui componenti hanno dimensioni dell'ordine di 1 μm

microelettrònico [1978] agg. (pl. m. *-ci*) • relativo alla microelettronica

microevoluzióne [comp. di *micro-* ed *evoluzione* ✱1974] s. f. • (*biol.*) l'insieme dei processi evolutivi che portano alla scarsa differenziazione di nuovi gruppi sistematici

micròfago [comp. di *micro-* e *-fago* ✱1910] **A** agg. (pl. m. *-gi*) • (*zool.*) detto di animale che si nutre di piccole particelle alimentari **B** s. m. • (*biol.*) cellula fagocitaria del connettivo di dimensioni limitate

microfàrad [comp. di *micro-* e *farad*] s. m. inv. • unità di misura di capacità elettrica equivalente a un milionesimo di farad SIMB. μF

microfàuna [comp. di *micro-* e *fauna* ✱1891] s. f. • (*biol.*) insieme degli animali microscopici e degli organismi a essi assimilabili (Nematodi, Protozoi, ecc.) presenti in un certo ambiente o distretto anatomico

microfessurazióne [comp. di *micro-* e *fessurazione* ✱1988] s. f. • formazione di fessure molto piccole

microfìbra [comp. di *micro-* e *fibra* ✱1989] s. f. • (*tess.*) fibra sintetica usata gener. per la produzione di tessuti, formata da bave di straordinaria finezza, anche inferiore a 0,01 denari

microfiche /*fr.* mikʀɔ'fiʃ/ [vc. fr., comp. di *micro-* e *fiche* 'scheda' ✱1985] s. f. inv. • scheda su supporto trasparente, sulla quale, secondo un ordine prestabilito, sono disposte copie in formato ridotto di documenti, manoscritti e sim. SIN. microscheda

microfilaménto [comp. di *micro-* e *filamento* ✱1990] s. m. **1** (*biol.*) ognuno dei filamenti subcellulari con ruolo meccanico statico, contrattile, o correlato alla funzione delle fibre nervose **2** (*biol.*) ognuno dei filamenti subcellulari contrattili caratterizzati da un diametro assai ridotto

microfìllo [comp. di *micro-* e *-fillo* ✱1957] s. m. • foglia con caratteri di primitività, di piccole dimensioni, con una sola nervatura

microfilm [comp. di *micro-* e *film* ✱1942] s. m. inv. **1** sistema di ripresa fotografica ravvicinata, su negativo di piccolo formato, di pagine di libri o riviste, e gener. documenti scritti su superfici piane **2** bobina di pellicola fotografica contenente delle copie di documenti, manoscritti, stampe o disegni

microfilmàre [1950] v. tr. • riprodurre in microfilm: *m. un manoscritto, un documento*

microfilmatrice [1983] s. f. • microriproduttore

microflòra [comp. di *micro-* e *flora* ✱1940] s. f. • (*biol.*) insieme delle strutture microscopiche vegetali e degli organismi assimilabili (batteri, funghi e alghe) presenti in un certo ambiente o distretto anatomico

microfluìdica [2000] s. f. • (*ing.*) tecnologia che concerne il trasporto e la manipolazione di quantità di liquidi dell'ordine dei nanolitri, impiegata soprattutto in biomedicina

microflùido [comp. di *micro-* e *fluido* ✱1993] s. m. • in microfluidica, quantità ridottissima di liquido circolante in un sistema

microfonàre [1981] v. tr. (*io micròfono*) • nel gergo degli spettacoli radiotelevisivi e musicali, fornire di microfono

microfonicità [1957] s. f. inv. • particolare disturbo che si manifesta in una apparecchiatura elettronica a causa delle vibrazioni dei tubi elettronici

microfònico [1954] agg. (pl. m. *-ci*) • relativo al microfono o alla microfonicità (V.)

microfonista [1960] s. m. e f. (pl. m. *-i*) **1** tecnico di microfoni **2** operaio incaricato del piazzamento e spostamento dei microfoni durante le riprese di un film

♦**micròfono** [comp. di *micro-* e (*tele*)*fono* ✱1828] s. m. **1** apparecchio che trasforma l'energia sonora in energia elettrica in modo da consentire trasmissioni o amplificazioni del suono CFR. radiomicrofono | ***m. spia***, microspia telefonica | ***m.*** (***a***) ***gelato***, V. *gelato* **2** (*impropr.*) microtelefono

microfotografìa [comp. di *micro-* e *fotografia* ✱1882] s. f. • (*fotogr.*) immagine fotografica di un oggetto molto piccolo ingrandito per mezzo di un microscopio che sostituisce l'obiettivo | la tecnica usata per ottenerla

microfotogràfico [1957] agg. (pl. m. *-ci*) • relativo alla microfotografia

microfrattùra [comp. di *micro-* e *frattura* ✱1954] s. f. • (*med.*) frattura minuscola e incompleta o area di discontinuità di un osso che non comporta dislocazione delle parti

microftalmìa [comp. di *micro-* e *oftalmia* ✱1865] s. f. • (*med.*) microftalmo

microftàlmo [comp. di *micro-* e *-oftalmo* ✱1834] s. m. • (*med.*) piccolezza congenita del bulbo oculare

microgenerazióne [comp. di *micro-* e *generazione* ✱1994] s. f. • produzione di energia elettrica mediante impianti di piccole dimensioni, anche da fonti rinnovabili: *m. idroelettrica, eolica, solare, da biomasse*

microglossàrio [comp. di *micro-* e *glossario* ✱1978] s. m. • (*ling.*) lessico che raccoglie i termini di un determinato linguaggio settoriale o i vocaboli di più alta frequenza di un autore

microglòsso [comp. di *micro-* e *-glosso* ✱1891] s. m. • grosso cacatua dell'Australia e della Nuova Guinea, dal piumaggio nero a riflessi verdi e dalla lingua molto lunga e sottile (*Proboscigес aterrimus*)

micrognatìa o **micrognazìa** [comp. di *micro-* e un deriv. del gr. *gnáthos* 'mascella' (V. *prognato*) ✱1954] s. f. • (*med.*) insufficiente sviluppo della mandibola che comporta forte riduzione del mento SIN. micrognatismo

micrognatìșmo [1978] s. m. • (*med.*) micrognatia

micrognazìa ➤ **micrognatia**

micrografìa [comp. di *micro-* e *-grafia* ✱1834] s. f. **1** (*scient.*) esame al microscopio di una sostanza per identificarne le caratteristiche | (*est.*) documentazione fotografica delle immagini rilevate **2** (*raro*) scrittura minutissima

micrograàmmo [comp. di *micro-* e *grammo*] s. m. • unità di misura di massa, equivalente a un milionesimo di grammo SIMB. μg

microgrànulo [comp. di *micro-* e *granulo* ✱1937] s. m. • piccolo granulo | pillola omeopatica di dimensioni molto ridotte | costituente di sostanze di origine vegetale usate in cosmetica come abrasivi

microgravità [comp. di *micro-* e *gravità* ✱1985] s. f. inv. • (*fis.*) condizione di assenza (o quasi assenza) di peso; si ottiene nella caduta libera dei corpi o all'interno di navicelle spaziali

micrọimprésa (o *-ș-*) [1959] s. f. • impresa di piccole dimensioni | (*dir.*) impresa con numero di addetti e fatturato inferiori a tetti stabiliti, che può perciò godere di agevolazioni fiscali e finanziamenti

micrọinfușóre [comp. di *micro-* e un deriv. di *infondere* ✱1983] s. m. • (*med.*) dispositivo per la somministrazione endovena, controllata nel tempo, di sostanza medicamentosa a dosaggi estremamente ridotti: *m. per diabetici*

micrọinterruttóre [comp. di *micro-* e *interruttore* ✱1983] s. m. • (*elettr.*) interruttore per bassa tensione e piccola intensità di corrente, sensibile a piccole forze di azionamento e usato per effettuare l'apertura e la chiusura di circuiti di comando o di circuiti logici in apparecchi quali telefoni, macchine da calcolo per ufficio, registratori del suono

micrọistruzióne [comp. di *micro-* e *istruzione* ✱1995] s. f. • (*inform.*) istruzione elementare usata nella microprogrammazione

microlepidòtteri [comp. di *micro-* e il pl. di *lepidottero* ✱1869] s. m. pl. (sing. *-o*) • (*zool.*) correntemente, denominazione dei Lepidotteri di piccole dimensioni, come le tignole e le tarme

microlettóre [comp. di *micro-* e *lettore* ✱1941] s. m. • apparecchio ottico che consente la lettura dei microfilm SIN. visore

microlìngua [comp. di *micro-* e *lingua* ✱1983] s. f. • linguaggio tipico di un determinato settore specialistico, caratterizzato, rispetto alla lingua comune, da una diversa frequenza di talune strutture morfologico-sintattiche, e dalla completa mancanza di una dimensione stilistica

microlinguìstica [comp. di *micro-* e *linguistica* ✱1974] s. f. • studio dei fenomeni linguistici relativi a singole unità o a piccoli gruppi di unità, sotto il profilo descrittivo e storico

micròlito [comp. di *micro-* e *-lito*① ✱1930] s. m. • (*med.*) piccolo calcolo che si genera nel rene, vescica, fegato

microlìtro [comp. di *micro-* e *litro*] s. m. • unità di misura di capacità equivalente a un milionesimo di litro SIMB. μl

micromacinatóre [comp. di *micro-* e *macinatore* ✱1989] s. m. • micronizzatore

micromàrketing /mikro'marketin(g)/, *ingl.* ˌmaɪkrəʊ'mɑːkɪtɪŋ/ [vc. ingl., comp. di *micro-* 'micro-' e *marketing* ✱1990] s. m. inv. • marketing focalizzato su un gruppo ristretto di consumatori o finalizzato a incrementare le vendite di uno specifico esercizio commerciale

micromelìa [dal gr. *mikromelḗs* 'di piccole membra', comp. di *mikro-* 'micro-' e *mélos* 'membro' ✱1954] s. f. • (*med.*) sviluppo insufficiente di uno o più arti

micrometeorologìa [comp. di *micro-* e *meteorologia* ✱1957] s. f. (pl. *-gìe*) • branca della meteorologia che studia i fenomeni atmosferici a piccola scala, che studia nei particolari i fenomeni atmosferici degli strati più vicini al suolo, su piccole estensioni e per periodi limitati di tempo

micrometrìa [da *micrometro*① ✱ 1861] **s. f.** • misurazione per mezzo del micrometro

micromètrico [1861] **agg.** (**pl. m.** *-ci*) • relativo al micrometro | ***vite micrometrica***, a passo molto fine, che porta una testa formata da un tamburo graduato, che permette avanzamenti anche di frazioni di mm

micròmetro① [comp. di *micro-* e *-metro* ✱ av. 1739] **s. m.** • strumento di misura delle lunghezze o degli spessori di oggetti meccanici, sensibile fino al centesimo di mm, che ha come organo misuratore una vite dotata di un manicotto graduato **SIN.** palmer①

micromètro② [comp. di *micro-* e *metro* ✱ 1749] **s. m.** • unità di misura di lunghezza corrispondente alla milionesima parte di un metro, indicata comunemente con il nome di *micron* **SIMB.** μm oppure μ

micromicète [comp. di *micro-* e *micete*① ✱ 1954] **s. m.** • (*bot.*) fungo microscopico **CONTR.** macromicete

microminiaturizzàre [comp. di *micro-* e *miniaturizzare* ✱ 1974] **v. tr.** • ridurre qlco. a proporzioni estremamente ridotte ‖ **microminiaturizzazióne**, **s. f.**

micromotóre [comp. di *micro-* e *motore* ✱ 1943] **s. m.** • motore di piccola potenza, applicato su biciclette e veicoli simili | (*est.*) il veicolo equipaggiato di tale motore

micromotorìsta [da *micromotore* e *-ista* ✱ 1954] **s. m. e f.** (**pl. m.** *-i*) • chi guida un micromotore

mìcron [gr. *mikrón*, nt. di *mikrós* 'piccolo' ✱ 1869] **s. m. inv.** • unità di misura di lunghezza equivalente a un millesimo di millimetro, a cui, negli usi scientifici, si preferisce il termine *micrometro* **SIMB.** μm oppure μ

micróne [da *micron*, col suff. della fisica *-one*③ ✱ 1957] **s. m.** • (*fis.*) particella visibile al microscopio, di dimensioni inferiori a 0,2 micron

micronesiàno [sec. XX] **A** **agg.** • della Micronesia, arcipelago dell'Oceania **B** **s. m.** (**f.** *-a*) • abitante o nativo della Micronesia

micronìdo [comp. di *micro-* e *nido* ✱ 1976] **s. m.** • nido d'infanzia che accoglie un numero limitato di bambini: *m. aziendale*

micronizzàre [1957] **v. tr.** • ridurre un materiale in particelle minutissime, dell'ordine di grandezza del micron: *m. un prodotto farmaceutico* ‖ **micronizzazióne**, **s. f.**

micronizzàto **part. pass.** di *micronizzare*; anche **agg.** • nel sign. del v.

micronizzatóre [1978] **s. m.** • apparecchio per micronizzare materiali vari **SIN.** micromacinatore

micronutriènte [comp. di *micro-* e *nutriente* ✱ 1989] **s. m.** • (*biol.*) qualsiasi sostanza che l'organismo deve assumere, anche in piccolissima quantità, in quanto indispensabile per il metabolismo, come una vitamina **CONTR.** macronutriente

microónda [comp. di *micro-* e *onda* ✱ 1934] **s. f.** • radiazione elettromagnetica la cui lunghezza d'onda è compresa tra 1 millimetro e 0,3 metri, con frequenza variabile tra 1000 MHz e 300 000 MHz | ***forno a microonde***, (*ellitt.*) ***il microonde***, forno da cucina che utilizza microonde di alta frequenza per la cottura

microorganìsmo ➤ **microrganismo**

micropaleontologìa [comp. di *micro-* e *paleontologia* ✱ 1978] **s. f.** (**pl.** *-gìe*) • (*paleontologia*) settore della paleontologia che studia i resti di microrganismi animali e vegetali

micropàlo [comp. di *micro-* e *palo* ✱ 1989] **s. m.** • (*ing.*) palo d'acciaio, pieno o tubolare, di diametro intorno ai dieci centimetri, lungo anche decine di metri, cementato in fori nel terreno, utilizzato in gruppi per opere di consolidamento permanente del terreno in prossimità di manufatti, gallerie, fondazioni, scarpate e sim.

micropèrla [comp. di *micro-* e *perla* ✱ 1992] **s. f.** • perla di dimensioni molto ridotte | piccolissima sfera di plastica o polistirene per imbottiture: *cuscino a microperle* | perlina di vetro o plastica in decorazioni varie | microgranulo di sostanza vegetale usato in cosmetica

micròpilo [comp. di *micro-* e del gr. *pýlē* 'porta' ✱ 1834] **s. m.** • (*bot.*) piccolissima apertura che si trova nella parte superiore dell'ovulo dei vegetali atta a favorire la penetrazione del budello pollinico

micropólvere [comp. di *micro-* e *polvere* ✱ 1996] **s. f.** • (**spec. al pl.**) insieme di particelle inquinanti di nitrato d'ammonio, più minute delle polveri sottili, che si formano nell'atmosfera spec. per trasformazione fotochimica dei residui della combustione del gas naturale

microporóso (o -s-) [comp. di *micro-* e *poroso* ✱ 1963] **agg.** • detto di materiale che presenta pori piccolissimi ‖ **microporosità**, **s. f. inv.** caratteristica dei materiali microporosi

microprocessóre [ingl. *microprocessor*, comp. di *micro-* 'micro-' e *processor* 'processore, elaboratore' ✱ 1980] **s. m.** • (*inform.*) circuito integrato che esegue le operazioni essenziali di calcolo in un computer o in un'altra apparecchiatura elettronica, costituendo di fatto il cuore del sistema **SIN.** microelaboratore, processore

microprogràmma [comp. di *micro-* e *programma* ✱ 1957] **s. m.** (**pl.** *-i*) • (*inform.*) programma formato di microistruzioni

microprogrammazióne [comp. di *micro-* e *programmazione* ✱ 1978] **s. f.** • (*inform.*) tecnica di realizzazione dell'unità centrale di un sistema di elaborazione, in cui la decodifica e l'esecuzione delle singole istruzioni elementari sono effettuate da una sequenza memorizzata di combinazioni di segnali elettrici

microproiettóre [comp. di *micro-* e *proiettore* ✱ 1957] **s. m.** • (*ottica*) strumento per microproiezione

microproiezióne [comp. di *micro-* e *proiezione* ✱ 1957] **s. f.** • (*ottica*) tecnica di ingrandimento di oggetti molto piccoli mediante proiezione su uno schermo dell'oggetto da esaminare

micropsìa [comp. di *micro-* e del gr. *ópsis* 'vista' ✱ 1895] **s. f.** • (*med.*) difetto visivo per cui gli oggetti appaiono rimpiccioliti

micropsichìa [comp. di *micro-* e del gr. *psychḗ* 'anima' (V. *psiche*①) ✱ 1940] **s. f.** • (*psicol.*) scarsa fiducia nelle proprie possibilità

micropubblicità [comp. di *micro-* e *pubblicità* ✱ 1978] **s. f. inv.** **1** strategia pubblicitaria finalizzata a un gruppo ristretto di consumatori molto motivati all'acquisto **2** messaggio pubblicitario breve

microregistratóre [comp. di *micro-* e *registratore* ✱ 1983] **s. m.** • registratore magnetico tascabile del suono, a microcassetta

microrganìsmo o **microorganìsmo** [comp. di *micro-* e *organismo* ✱ 1904] **s. m.** • forma di vita microscopica a struttura subcellulare (virus), unicellulare procariotica (batterio) o eucariotica (protozoo, lievito, alga), oppure pluricellulare (muffa) | ***m. patogeno***, che, parassitando l'ospite, causa una malattia infettiva | ***m. saprofita***, che vive su materiale organico in decomposizione

microriproduttóre [comp. di *micro-* e *riproduttore* ✱ 1970] **s. m.** • apparecchio fotografico per la ripresa in microfilm di documenti, manoscritti, stampe, disegni e sim.

microsaldatùra [comp. di *micro-* e *saldatura* ✱ 1978] **s. f.** • saldatura di oggetti molto piccoli | il punto in cui si pratica tale saldatura

microschèda [comp. di *micro-* e *scheda* ✱ 1957] **s. f.** • microfiche

microscopìa [da *microscopio* ✱ 1834] **s. f.** • osservazione e studio effettuati tramite il microscopio

microscòpico [1730] **agg.** (**pl. m.** *-ci*) **1** relativo al microscopio o alla microscopia | che si fa col microscopio **2** di dimensioni tanto ridotte che è visibile solo al microscopio: *esseri microscopici* | (*est.*) estremamente piccolo: *un nasino m.* ‖ **microscopicaménte**, **avv.** **1** per mezzo del microscopio: *osservare microscopicamente un organismo* **2** (*est.*) in modo microscopico: *un uovo microscopicamente piccolo* ‖ **microscopicità**, **s. f. inv.**

microscòpio [comp. di *micro-* e *-scopio* ✱ 1625] **s. m.** • (*fis.*) strumento atto a fornire immagini ingrandite di oggetti piccolissimi, che possono essere osservate o fotografate | ***m. ottico***, quello che utilizza la luce emessa da un apparecchio illuminatore, la quale, dopo essere stata trasmessa o diffusa dall'oggetto, attraversa un sistema ottico che forma l'immagine ed è costituito da un obiettivo e un oculare | ***m. semplice***, lente di ingrandimento | ***m. composto***, microscopio ottico che utilizza un sistema ottico di più lenti | ***m. bioculare***, microscopio ottico con un solo obiettivo e due oculari, per facilitare l'osservazione | ***m. binoculare, stereoscopico***, microscopio ottico con due obiettivi e due oculari, per conservare l'aspetto tridimensionale dell'oggetto osservato | ***m. elettronico***, microscopio che utilizza un fascio di elettroni che vengono trasmessi o riflessi dall'oggetto o ne esplorano la superficie e formano l'immagine grazie a un sistema di campi elettromagnetici che sostituiscono le lenti del microscopio ottico | ***m. mineralogico, m. petrografico, m. polarizzante***, microscopio ottico munito di polarizzatore e analizzatore per l'osservazione dei fenomeni d'interferenza della luce nei cristalli | ***guardare, osservare qlco. al m.***, (*fig.*) con estrema minuziosità

microscopìsta [av. 1730] **s. m. e f.** (**pl. m.** *-i*) • chi effettua analisi, osservazioni e sim. al microscopio

microsecóndo [comp. di *micro-* e *secondo*] **s. m.** • unità di misura di tempo equivalente a un milionesimo di secondo **SIMB.** μs

microsfèra [comp. di *micro-* e *sfera* ✱ 1876] **s. f.** • sfera di dimensioni ridottissime | particella sferica di materiale abrasivo usato in operazioni di sabbiatura | elemento sferico minutissimo di materiale inorganico che si aggiunge all'impasto delle resine per aumentarne il volume

microsfigmìa [comp. di *micro-* e del gr. *sphygmós* 'agitazione del polso'. V. *sfigmico* ✱ 1978] **s. f.** • (*med.*) pulsazione arteriosa di piccola ampiezza

microsìsma o **microsìsmo** [comp. di *micro-* e *sisma* ✱ 1983] **s. m.** (**pl.** *-i*) • movimento sismico di lievissima entità

microsìsmico [1932] **agg.** (**pl. m.** *-ci*) • relativo ai microsismi ‖ **microsismicità**, **s. f. inv.** caratteristica di una regione soggetta a microsismi; frequenza di microsismi

microsismògrafo [comp. di *microsismo* e *-grafo* ✱ 1906] **s. m.** • apparecchio per la registrazione di microsismi

microsmàtico [comp. di *micr(o)-* e di un deriv. del gr. *osmân* 'odorare, fiutare' (V. *ormare*)

∗ 1978] **agg.** (**pl. m.** *-ci*) ● (*zool.*) detto di animale dotato di scarsa sensibilità per gli odori, come, per es., un uccello CONTR. macrosmatico

microsociologìa [comp. di *micro-* e *sociologia* ∗ 1978] **s. f.** (**pl.** *-gìe*) ● parte della sociologia che studia le piccole formazioni sociali

microsociològico [1978] **agg.** (**pl. m.** *-ci*) ● relativo alla microsociologia

microsólco [comp. di *micro-* e *solco* ∗ 1955] **A** **s. m.** (**pl.** *-chi*) **1** solco per incisione fonografica di spessore equivalente a un terzo di quello dell'incisione a 78 giri **2** (*est.*) incisione fonografica o disco di grande capacità e durata, che utilizza tale tipo di solco: *m. a 45, 33 giri* **B** anche **agg. inv.**: *dischi m.*

microsomìa [comp. di *micro-* e del gr. *sôma*, genit. *sṓmatos* 'corpo' (V. *somatico*) ∗ 1821] **s. f.** ● (*med.*) ridotto sviluppo corporeo

microsónda [comp. di *micro-* e *sonda* ∗ 1987] **s. f.** ● sonda di ridottissime dimensioni | (*tecnol.*) ***m. elettronica***, dispositivo per l'analisi di campioni di materiali mediante un fascio di elettroni

microspàzio [comp. di *micro-* e *spazio* ∗ 1993] **s. m.** ● (*fis.*) lo spazio fisico considerato nella scala delle dimensioni atomiche o subatomiche

microspìa [comp. di *micro-* e *spia* nel sign. 4 ∗ 1973] **s. f.** ● apparecchio elettronico miniaturizzato usato per intercettazioni telefoniche

microspòra [comp. di *micro-* e *spora* ∗ 1954] **s. f.** ● (*bot.*) la più piccola delle due qualità di spore delle felci, da cui nascono solo protalli maschili

microsporàngio [comp. di *micro-* e *sporangio* ∗ 1934] **s. m.** ● (*bot.*) sporangio che produce le microspore

microsporofillo [comp. di *micro-* e *sporofillo* ∗ 1929] **s. m.** ● (*bot.*) brattea che porta microsporangi

microstampatrìce [comp. di *micro-* e *stampatrice* ∗ 1983] **s. f.** ● macchina che, oltre a proiettare ingranditi su uno schermo i fotogrammi di un microfilm, ne esegue anche la stampa su copie, sempre ingrandite

microstaziòne [comp. di *micro-* e *stazione* ∗ 1978] **s. f.** ● piccola stazione di carabinieri

microstòria [comp. di *micro-* e *storia* ∗ 1983] **s. f.** ● tendenza o corrente storiografica che privilegia lo studio di fatti minuti della storia umana in ambiti circoscritti

microstòrico [da *microstoria* ∗ 1983] **agg.** (**pl. m.** *-ci*) ● relativo a microstoria

microstruttùra [comp. di *micro-* e *struttura* ∗ 1957] **s. f.** ● struttura estremamente piccola: *la m. di un elemento elettronico*

microtelèfono [comp. di *micro-* e *telefono* ∗ 1904] **s. m.** ● componente dell'apparecchio telefonico che consiste in una impugnatura alle cui estremità si trovano la capsula trasmittente e quella ricevente SIN. cornetta

microtèrmo [comp. di *micro-* e *-termo* ∗ 1957] **agg.** ● detto di pianta che vive in regioni a inverni rigidi ed estati miti e si accontenta di temperature medie piuttosto basse

microtìa o **microzìa** [comp. di *micro-* e un deriv. di *oto-* ∗ 1954] **s. f.** ● (*med.*) sviluppo insufficiente del padiglione auricolare

micròtomo [comp. di *micro-* e *-tomo* ∗ 1869] **s. m.** ● strumento tagliente per ottenere sezioni sottilissime di tessuto animale o vegetale da sottoporre a esame microscopico

microtòno [comp. di *micro-* e *-tono* ∗ 1978] **s. m.** ● (*mus.*) intervallo inferiore al semitono, di uso molto antico o novecentesco

microtràuma [comp. di *micro-* e *trauma* ∗ 1963] **s. m.** (**pl.** *-i*) ● (*med.*) trauma di piccolissima entità

micròttero [comp. di *micro-* e *-ttero* ∗ 1834] **agg.** ● (*zool.*) detto di insetto dotato di ali ridotte

microtùbulo [comp. di *micro-* e *tubulo* ∗ 1984] **s. m.** ● (*biol.*) ognuna delle strutture subcellulari simili a microscopici cilindri cavi, diffusi nel citoplasma o aggregati in modo ordinato, con funzioni di supporto statico o cinetico

microvìllo [comp. di *micro-* e *villo* ∗ 1978] **s. m.** ● (*biol.*) minuta estroflessione citoplasmatica, presente sulla superficie libera delle cellule assorbenti

microvòlt [comp. di *micro-* e *volt*] **s. m. inv.** ● unità di misura di potenziale elettrico equivalente a un milionesimo di volt SIMB. μV

microzìa ➤ **microtia**

microẓòlla [comp. di *micro-* e *zolla* ∗ 1983] **s. f.** ● (*geol.*) zolla di superficie paragonabile a una grande isola o penisola, compresa fra due zolle maggiori

mictèria ➤ **mitteria**

mìda [dal n. di *Mida*, re della Frigia, famoso per le sue ricchezze ∗ 1954] **A** **s. f.** ● tartaruga dei mari tropicali, verde olivastra, pesante poco meno di mezza tonnellata, con carni commestibili (*Chelone mydas*) **B** **s. m.** (**pl.** *-i*) ● (*zool.*) edipoda

middle clàss /midel'klas, *ingl.* 'mɪd(ə)l-ˌklɑːs/ [loc. ingl., comp. di *middle* 'medio' e *class* 'classe' ∗ 1964] **loc. sost. f. inv.** (**pl. ingl.** *middle classes*) ● ceto medio, borghesia

middleware /'midelwer, *ingl.* 'mɪdlˌweə(r)/ [vc. ingl., propr. '*(soft)ware* centrale (*middle*)' ∗ 1994] **s. m. inv.** ● (*inform.*) componente hardware o software che fa da interfaccia fra due strutture tipologicamente diverse, consentendo loro di comunicare

midésco [cfr. *mida* ∗ av. 1803] **agg.** (**pl. m.** *-schi*) ● (*lett.*) di Mida, antico re della Frigia | (*fig., lett.*) ***orecchie midesche***, asinine

mìdi [forma ellittica ∗ 1968] **s. f. inv.**; anche **agg. inv.** ● (*raro*) detto di gonna di media lunghezza: *la moda della m.*

midi- [dall'ingl. *mid* 'mediano' (vc. germ. di orig. indeur.)] **primo elemento** ● in parole composte, fa riferimento a dimensioni medie, spec. relativamente a capi d'abbigliamento: *midicappotto, midigonna*

midinette /fr. midi'nɛt/ [vc. fr., propr. 'che fa un piccolo pasto a mezzogiorno'. *Dînette* 'piccolo pasto' è dim. di *dîner* 'desinare' (stessa etim. dell'it. *desinare*); *midi* 'mezzogiorno' è comp. di *mi* 'metà' (dal lat. *mĕdiu(m)*. V. *medio*) e *di*, ricavato dal lat. *dīes* 'giorno' (V. *dì*) ∗ 1905] **s. f. inv.** ● sartina parigina

midólla o †**medólla**, †**medùlla** [lat. *medŭlla(m)*, di etim. incerta ∗ 1310] **s. f.** **1** (*lett.* o *region.*) parte soffice del pane SIN. mollica | †polpa di alcuni frutti | †parte tenera del formaggio **2** †midollo: *non ò medolla in osso o sangue in fibre* (F. PETRARCA) **3** (*fig., lett.*) sostanza, essenza di qlco. ‖ **midollìna**, **dim.**

midollàre [lat. tardo *medullāre(m)* 'penetrante fino al midollo delle ossa', da *medŭlla* 'midolla' ∗ sec. XIII] **A** **agg.** ● (*anat., bot.*) relativo al midollo o alla porzione centrale di un organo dotato di una distinta porzione periferica **B** **s. f.** ● (*anat.*) porzione interna di un organo caratterizzato da una componente corticale evidente: *m. della ghiandola surrenale* CONTR. corticale

midollìno [1982] **s. m.** ● midollo del giunco, che essiccato e opportunamente trattato, fornisce materiale da intreccio per la realizzazione di oggetti, mobili e sim.

midóllo o †**medóllo** [da *midolla* ∗ 1304] **s. m.** (**pl.** *midólla*, **f. o raro** *midólle*, **in senso collettivo e fig.; raro il pl.** *midólli*, **m.**) **1** (*anat.*) tessuto biancastro di consistenza molle CFR. mielo-, -mielia | ***m. allungato***, parte più caudale dell'encefalo, subito al di sopra del midollo spinale SIN. bulbo rachidiano | ***m. spinale***, parte del sistema nervoso centrale contenuta nel canale vertebrale | ***m. osseo***, tessuto emopoietico contenuto nelle cavità delle ossa lunghe e in alcune ossa spugnose | (*fig.*) ***bagnarsi fino al m., alle midolla***, inzupparsi completamente d'acqua | ***penetrare nel m., nelle midolla***, (*fig.*) fino in fondo | (*fig.*) ***essere italiano fino al m., alle midolla***, esserlo in modo totale e integrale **2** (*bot.*) tessuto di riempimento che costituisce la parte centrale dei fusti e delle radici e forma raggi interposti fra gli elementi conduttori **3** canale interno delle fibre di lana **4** la parte interna, più tenera, di un corpo animale o vegetale: *il m. della frutta è polposo* **5** (*fig., lett.*) contenuto, nocciolo, fondamento: *il m. della quistione* (U. FOSCOLO)

midollóso (o **-ṣ-**) [lat. tardo *medullōsu(m)*, da *medŭlla* 'midolla' ∗ sec. XIV] **agg.** ● (*raro*) ricco di midollo o di midolla

mìdrange /ingl. 'mɪdˌreɪndʒ/ [vc. ingl., comp. di *mid* 'medio' (vc. germ. d'orig. indeur.) e *range* 'fila, catena' (cfr. *rango*) ∗ 1983] **s. m. inv.** ● in un impianto di riproduzione del suono ad alta fedeltà, altoparlante per medie frequenze sonore

midrash /ebr. mid'raːʃ/ [vc. ebr., propr. 'commento' dalla radice *drš* 'investigare' ∗ 1934] **s. m. inv.** (**pl. ebr.** *midrashim*) ● (*relig.*) metodo di esegesi delle Sacre Scritture sviluppato dalla tradizione ebraica | (*est.*) le opere che ne sono derivate

midrìaṣi [vc. dotta, gr. *mydríasis* 'dilatazione della pupilla' ∗ 1598] **s. f. inv.** ● (*med.*) dilatazione della pupilla

midriàtico [da *midriasi* ∗ av. 1896] **A** **agg.**; anche **s. m.** (**pl. m.** *-ci*) ● detto di farmaco che produce una forte dilatazione della pupilla, usato in oculistica per l'esame del fondo oculare **B** **agg.**; anche **s. m.** (**f.** *-a*) ● che (o chi) è affetto da midriasi

†**mìe** ➤ **mio**

mielàta ➤ **melata**②

mielàto ➤ **melato**①

mielatrofìa [comp. di *mielo-* e *atrofia* ∗ 1983] **s. f.** ● (*med.*) tabe dorsale

♦**mièle** o (*poet.*) **mèle** [lat. *mĕl*, nom., di orig. indeur. ∗ 1241] **A** **s. m.** **1** sostanza zuccherina di colore che va dal molto chiaro al bruno scuro a seconda dell'origine che le api producono elaborando il nettare tratto dai fiori e da altri succhi dolci delle piante; inizialmente liquido, tende a cristallizzare col tempo | ***m. vergine***, che cola spontaneo dai favi delle api | ***m. selvatico***, di api non allevate | ***dolce come m.***, dolcissimo **2** (*fig.*) dolcezza: *persona tutto m.* | ***parole di m.***, dolcissime | ***essere tutto m.***, molto affettuoso | ***luna di m.***, primo mese, primo periodo di matrimonio **B** **agg. inv.**; anche **s. m. inv.** ● detto di color biondo ambrato, dorato: *una spiaggia di colore m.*; *era affascinato dal m. dei suoi capelli*

mielencèfalo [comp. di *mielo-* ed *encefalo* ∗ 1914] **s. m.** ● (*anat.*) segmento caudale dell'encefalo che dà origine al bulbo spinale

-mielìa [dal gr. *myelós* 'midollo'] **secondo elemento** ● in parole composte della terminologia medica, fa riferimento al midollo spinale: *nanomielia*

mièlico [1970] **agg.** (**pl. m.** *-ci*) ● (*anat.*) midollare

mielìna [comp. di *miel(o)-* e *-ina* ∗ 1902] **s. f.** ● (*anat.*) sostanza lipoide che avvolge i cilindrassi delle fibre nervose

mielìnico [1869] **agg.** (**pl. m.** *-ci*) ● di mielina, costituito da mielina | ***fibra mielinica***, rivestita di mielina

mielìte [comp. di *mielo-* e *-ite*① ∗ 1830] **s. f.** ●

(*med.*) infiammazione del midollo spinale

mièlo- [dal gr. *myelós* 'midollo'] **primo elemento** • in parole composte della terminologia medica, fa riferimento al midollo osseo o a quello spinale: *mielografia, mielopatia*

mieloblàsto [comp. di *mielo-* e *-blasto* ✱ 1954] **s. m.** • (*biol.*) cellula capostipite dei granulociti

mielocìto o **mielocìta** [comp. di *mielo-* e *-cito* (o *-cita*) ✱ 1954] **s. m. (pl. *-i*)** • (*biol.*) cellula progenitrice dei leucociti a granuli neutrofili

mielocitòma [comp. di *mielocit(o)* e *-oma* ✱ 1954] **s. m. (pl. *-i*)** • (*med.*) mieloma

mielografìa [comp. di *mielo-* e *-grafia* ✱ 1934] **s. f.** • (*med.*) esame radiologico del midollo spinale con introduzione di mezzo radiopaco nel canale vertebrale

mielòma [comp. di *mielo-* e *-oma* ✱ 1875] **s. m. (pl. *-i*)** • (*med.*) tumore maligno del midollo osseo caratterizzato da neoformazioni multiple che distruggono il tessuto osseo circostante con conseguenti fratture spontanee **SIN.** mielocitoma

mielomalacìa [comp. di *mielo-* e *malacia* ✱ 1957] **s. f. (pl. *-cìe*)** • rammollimento del midollo spinale

mielomeningìte [comp. di *mielo-*, *mening(e)* e *-ite*① ✱ 1978] **s. f.** • infiammazione delle meningi del midollo spinale

mielopatìa [comp. di *mielo-* e *-patia* ✱ 1886] **s. f.** • ogni affezione del midollo spinale ‖ **mielopàtico, agg. (pl. m. *-ci*); anche s. m. (f. *-a*) nel sign. 2** **1** relativo a mielopatia **2** che (o chi) soffre di mielopatia

mieloplegìa [comp. di *mielo-* e *-plegia* ✱ sec. XIX] **s. f. (pl. *-gìe*)** • paralisi spinale causata da lesione del midollo spinale

mieloscleròṣi o **mielosclèroṣi** [comp. di *mielo-* e *sclerosi* ✱ 1957] **s. f. inv.** • sclerosi del midollo spinale

mielòṣi [comp. di *mielo-* e *-osi* ✱ 1914] **s. f. inv.** **1** (*med.*) lesione degenerativa dei cordoni del midollo spinale **2** (*med.*) qualsiasi proliferazione anomala delle cellule del midollo osseo responsabile del quadro ematologico delle varie leucemie

mielóso (o **-ṣ-**) [da *miele* ✱ 1884] **agg.** • di sapore dolciastro | (*fig.*) mellifluo, sdolcinato: *voce mielosa* ‖ **mielosaménte, avv.** ‖ **mielosità, s. f. inv.** (*fig.*) caratteristica di chi (o di ciò che) è mieloso; (*est.*) atteggiamento mieloso

mielotomìa [comp. di *mielo-* e *-tomia* ✱ 1978] **s. f.** • (*chir.*) incisione chirurgica del midollo spinale

♦**miètere** [lat. *mĕtere*, di orig. indeur. ✱ 1319] **v. tr.** (**pres.** *io mièto*; **pass. rem.** *io mietéi*) **1** tagliare il grano o altri cereali **2** (*fig.*) stroncare, uccidere: *la peste ha mietuto molte vite umane; quanti / colla spada ne miete il valoroso* (V. Monti) **3** (*fig.*) raccogliere, ottenere, spec. come premio a una fatica: *m. una larga massa di consensi* | ***m. allori***, avere grande successo, gloria e sim.

mietilèga [1963] **s. f.** • accorc. di *mietilegatrice*

mietilegatrìce [comp. di *mieti(trice)* e *legatrice* ✱ 1957] **s. f.** • macchina che taglia, riunisce e lega in covoni i culmi di cereali, e li deposita sul terreno

mietitóre o †**meditóre** [av. 1328] **A** **s. m.** (**f.** *-trice*) • chi miete, chi fa il lavoro della mietitura **B** **agg.** • (*raro, fig.*) che uccide, stronca: *morte mietitrice di vittime*

mietitrébbia [1957] **s. f.** • accorc. di *mietitrebbiatrice*

mietitrebbiatrìce [comp. di *mietere* e *trebbiare* ✱ 1947] **s. f.** • macchina che miete e trebbia il grano e altre colture da granella

mietitrìce [f. di *mietitore* ✱ av. 1311] **s. f.** **1** donna che esegue la mietitura **2** macchina che esegue il taglio dei culmi dei cereali

♦**mietitùra** [av. 1292] **s. f.** **1** lavoro del mietere **2** (*est.*) il tempo in cui si miete **3** (*est.*) la messe raccolta: *una m. scarsa, abbondante, mediocre*

†**mìga** ▸ **mica**②

mìgale [vc. dotta, gr. *mygalê*, comp. di *mŷs* 'topo', di orig. indeur. e *galê* 'donnola', di etim. incerta ✱ 1834] **s. m.** • termine con cui correntemente si indicano molte specie di ragni Ortognati, villosi, di grandi dimensioni

†**migliacciàre** [av. 1400] **v. intr.** • mangiare migliacci

migliàccio [lat. tardo *miliăciu(m)*, da *mĭlium* 'miglio' ✱ 1312] **s. m.** **1** sanguinaccio | roventino **2** castagnaccio **3** metallo fuso che si rapprende nel crogiuolo per diminuzione di calore

♦**migliàio** o †**migliàro** [lat. *miliāriu(m)*, da *mĭlia*, pl. di *mĭlle* ✱ av. 1292] **s. m. (pl. *migliàia*, f.)** **1** complesso, serie di mille, o circa mille, unità: *era presente un m. di persone; dieci migliaia di unità* **2** (*iperb.*, **al pl.**) una quantità enorme: *migliaia di animali fuggivano* | ***a migliaia***, in gran numero, in gran quantità | ***migliaia e migliaia***, moltissimi: *migliaia e migliaia di spettatori* **3** †miglio, nel sign. di *miglio*① **4** †peso di mille libbre

miglialsóle [da *miglio del sole* ✱ sec. XIV] **s. m.** • (*bot.*) migliarino

migliàre ▸ **miliare**②

migliarìno [da *miglio*②, che nei sign. 2 e 3 costituisce il nutrimento degli uccelletti ✱ 1869] **s. m.** **1** (*bot.*) pianta erbacea delle Borraginacee, i cui frutti sono piccoli acheni duri e biancastri, comune nelle regioni temperate eurasiatiche (*Lithospermum officinale*) **2** (*zool.*) zigolo **3** (*zool.*) ***m. di palude***, uccelletto dei Passeriformi comunissimo e stazionario in Italia, che si riproduce in vicinanza dell'acqua dove cattura le prede (*Emberiza schoeniclus*)

†**migliàro** ▸ **migliaio**

♦**mìglio**① [lat. *mīlia* 'migliaia', pl. di *mīlle* 'mille' ✱ 1266] **s. m. (pl. *miglia*, *lett.* †*mìlia*, f.)** **1** unità di misura itineraria con valori diversi secondo i Paesi e i tempi **SIMB.** mi | ***m. geografico, marino*** o ***nautico***, lunghezza media di un arco di meridiano terrestre pari a 1′ di latitudine, corrispondente a 1852 m **SIMB.** n mi | ***m. terrestre***, misura inglese e americana corrispondente a 1609,344 m | ***essere lontano un m., cento miglia***, (*lett.*) ***le mille miglia***, (*fig.*) essere lontanissimo | ***si ode lontano un m.***, (*fig.*) fin da molto lontano | ***essere lontano mille miglia dal credere, dal ritenere qlco.*** e sim., (*fig.*) non credervi affatto | (*tel.*) ***ultimo m.***, V. *ultimo* **2** colonna o pietra miliare: *al terzo m., voltate a sinistra* | punto di una strada segnato da una pietra miliare

♦**mìglio**② [lat. *mĭliu(m)*, di orig. indeur. ✱ av. 1367] **s. m.** • graminacea con foglie larghe e pelose, pannocchia di piccolissime spighette, frutti costituiti da granelli rotondi e giallicci, che si utilizzano sia per l'alimentazione umana che come mangime per gli uccelli domestici (*Panicum miliaceum*)

mìglio③ ▸ **milio**

miglionétto [fr. *mignonnette*, dim. f. sost. di *mignon* ✱ 1957] **s. m.** • (*bot.*) reseda

miglioràbile [da *migliora(re)* con il suff. *-abile* ✱ 1835] **agg.** • che può essere migliorato: *risultato, procedura m.* ‖ **migliorabilità, s. f. inv.**

♦**miglioraménto** o (*pop., tosc.*) **miglioraménto** [1219] **s. m.** **1** cambiamento in meglio, progresso: *il m. delle condizioni economiche, dello stato di salute, del profitto scolastico, della condotta; sì fatte accademie sapreste voi dirmi ... quale m. alle lettere apportino?* (L.A. Muratori) **SIN.** avanzamento **2** opera atta a migliorare: *apportare dei miglioramenti a un edificio* **SIN.** miglioria

miglioràndo [da *migliora(re)*, con il suff. *-ando* ✱ 1978] **s. m. inv.** • ordine di borsa limitato, dato con l'impegno di eseguirlo con quantitativi parziali e con progressivi miglioramenti di prezzo

†**migliorànza** o †**megliorànza** [1250 ca.] **s. f.** • condizione migliore

♦**miglioràre** o (*pop., tosc.*) **miglioràre** [lat. tardo *meliorāre*, da *mĕlior*, genit. *meliōris* 'migliore' ✱ 1250 ca.] **A** **v. tr.** (*io miglióro, pop., tosc. mègliоro*) **1** rendere migliore: *m. l'educazione dei giovani con l'esempio; m. la paga, lo stipendio; ha migliorato molto il proprio stile; m. una legge; la dottrina accompagnata co' cervelli deboli o non gli migliora o gli guasta* (F. Guicciardini) | ***m. il terreno***, renderlo più fertile con concimi e sim. | ***m. la razza***, in zootecnia, perfezionarla mediante precisi incroci **CONTR.** peggiorare **2** †guadagnare | †risparmiare o far risparmiare **B** **v. intr.** (**aus.** *essere*, *raro avere* **e solo se riferito a persona**) **1** star meglio in salute: *l'ammalato migliora* | progredire: *lo studente è migliorato in tutte le discipline* **CONTR.** peggiorare **2** diventare migliore: *la nostra situazione sta migliorando* **C** **migliorársi v. rifl.** **1** rendere migliore sé stesso: *La moralità comincia quando uno si migliora* (S. Slataper) **2** †guadagnare, risparmiare

migliorativo [sec. XIV] **agg.** • che serve a far migliorare: *provvedimenti migliorativi; terapie migliorative* ‖ **migliorativaménte, avv.**

miglioratóre [av. 1653] **agg. e s. m.** (**f.** *-trice*) • che (o chi) rende migliore

migliorazióne [lat. tardo *melioratiōne(m)*, da *meliorāre* 'migliorare' ✱ 1766] **s. f.** • (*raro*) miglioramento

♦**miglióre** o †**miglióre** [lat. *meliōre(m)*, di orig. indeur. ✱ sec. XII] **A** **agg.** (**preceduto dall'art. determ. forma il superl. rel.**) **1** compar. di *buono* | più buono: *è m. lui di sua sorella; è il m. uomo del mondo* | più virtuoso: *le sventure lo hanno reso m.* | di maggiori capacità: *occorrono uomini migliori; gli scolari di quest'anno sono migliori di quelli dell'anno passato* **CONTR.** peggiore **2** più utile, vantaggioso, proficuo, comodo e sim.: *risolvere la questione nel modo m.; adottare il sistema m.; subire un trattamento m.* | †***il braccio m.***, il destro **3** più felice, meno disagiato: *sacrificarsi per un avvenire m.; sperare in tempi migliori* | (*lett.*) ***a miglior tempo***, in circostanze più favorevoli | ***passare a miglior vita***, morire ‖ †**migliorménte, avv.** meglio **B** **s. m. e f.** • chi è il più buono, il più stimato e sim., di tutti: *è ritenuta la m.; i migliori saranno premiati* | †***i suoi migliori***, quelli migliori di lui **C** **s. m.** • †meglio | †***per lo m.***, per il meglio **D** **avv.** • †meglio

♦**migliorìa** [da *migliorare* ✱ 1764] **s. f.** **1** ogni miglioramento apportato a fondi, edifici, installazioni e sim.: *apportare delle migliorie* **2** (*lett., raro*) miglioramento di salute

miglioriṣmo o **miglioriṣmo** [comp. di *migliore* e *-ismo* ✱ 1897] **s. m.** **1** (*filos.*) concezione che riconosce nel divenire della realtà aspetti positivi che ne consentono il graduale miglioramento **2** (*raro*) orientamento politico dei migliorìsti

migliorìsta [1985] **A** **agg. e s. m. e f. (pl. m. *-i*)** **1** (*filos.*) seguace del migliorismo **2** nel linguaggio politico, sostenitore, prima nel Partito Comunista Italiano e poi nel Partito Democratico della Sinistra, di una linea di trasformazione graduale e di progressivo miglioramento del sistema economico e sociale esistente **B** **agg.** ● relativo al migliorismo

mìgma [gr. *mîgma* 'mescolanza', da *mignýnai* 'mescolare', di orig. indeur. ✻ 1957] **s. m.** (**pl.** *-i*) ● (*geol.*) miscela di parti rocciose solide e di magma o di materiale mobile, fuso, fluido per le temperature e le pressioni delle profondità della crosta terrestre

migmatìte [comp. del gr. *mígma*, genit. *mígmatos* (V. *migma*) e *-ite*② ✻ 1957] **s. f.** ● (*geol.*) roccia mista, composta da porzioni metamorfiche refrattarie di colore scuro cementate o impregnate da altre, chiare o rosate, che derivano dalla solidificazione di porzioni rifuse per effetto dell'alta temperatura che agisce in profondità nella crosta terrestre

mignàno [lat. *maeniānu(m)*, da C. *Māenius* (III sec. a.C.) che per primo lo introdusse negli edifizi intorno al foro romano ✻ 1837] **s. m.** ● a Roma, ballatoio, balcone, spec. su cortile interno

mignàtta [etim. incerta ✻av. 1321] **s. f.** **1** (*zool.*) sanguisuga | (*fig.*) ***attaccarsi a qlcu. come una m.***, essere insistente e molesto al massimo grado **2** (*fig.*) persona noiosa e importuna che non si leva mai di torno **3** (*fig.*, *spreg.*) usuraio **4** (*est.*) congegno esplosivo che veniva fissato da sommozzatori sotto la carena della nave nemica, usato durante la prima e la seconda Guerra mondiale || **mignattìna**, **dim.** | **mignattóne**, **accr. m.**

mignattàio [da *mignatta* ✻ 1855] **s. m.** (**pl.** *-ai*) ● elegante uccello dei Ciconiformi poco più piccolo dell'ibis sacro (*Plegadis falcinellus*)

mignattìno [da *mignatta* ✻ 1865] **s. m.** ● gabbiano di color cenerino e nero sul capo e sul collo (*Chlidonias nigra*)

†**mignàtto** [sec. XIV] **s. m.** ● lombrico | verme intestinale

mignattóne [detto così perché, secondo le credenze popolari, si ciberebbe di *mignatte* ✻ 1834] **s. m.** ● (*zool.*) rondine di mare

†**mignèlla** [da *mignatta* ✻av. 1588] **s. f.** ● avaro, spilorcio

mìgnola [vc. espressiva (?). V. *mignolo* ✻ av. 1597] **s. f.** ● insieme di boccioli florali dell'ulivo riuniti in racemo

mignolàre [av. 1585] **v. intr.** (*io mìgnolo*; **aus.** *avere*) ● mettere la mignola, detto dell'ulivo

mìgnolo [vc. espressiva ✻ 1362] **s. m.** ● il quinto e più piccolo dito della mano e del piede || **mignolìno**, **dim.**

mignon /*fr.* mi'ɲɔ̃/ [vc. fr. di orig. espressiva, propr. 'piccolo, grazioso' ✻ 1880] **agg. inv.** (**f. fr.** *mignonne*) ● piccolo, ridotto per dimensioni o formato: *lampadine m.*; *bottiglia m.*; *pasticceria m.*

†**mignóne** [dal fr. *mignon* (V.) ✻av. 1306] **A** **agg.** ● carino, grazioso **B** **s. m.** ● cortigiano prediletto | favorito, amico intimo | beniamino

mignonnette /*fr.* miɲɔ'nɛt/, (*evit.*) **mignonette** /*fr.* miɲɔ'nɛt/ [vc. fr., propr. dim. di *mignon* (V.) ✻ 1983] **s. f.** ● piccola bottiglia di liquore che riproduce, in formato molto ridotto, la confezione normale

mignòtta [fr. *mignotte*, f. di *mignot*, da avvicinare a *mignon* ✻ 1791] **s. f.** ● (*centr.*, *volg.*) prostituta | sgualdrina || **mignottìna**, **dim.** | **mignottóna**, **accr.** | **mignottóne**, **accr. m.**

migrabóndo [da *migrare*, sul modello di *errabondo*, *vagabondo* ✻ 1921] **agg. e s. m.** (**f.** *-a*) ● (*lett.*) vagabondo: *è raro che appaia / nella bonaccia muta / tra l'isole dell'aria migrabonde / la Corsica dorsuta o la Capraia* (E. MONTALE)

migràgna e deriv. ➤ **micragna**

migrànte **A** **part. pres.** di *migrare*; anche **agg.** **1** che migra | che emigra **2** (*biol.*) detto di organo, cellula e sim. che per varie cause può spostarsi dalla sede abituale **B** **s. m. e f.** ● emigrante | immigrato

migràre [vc. dotta, lat. *migrāre*, da una radice indeur. che indica 'cambiare' ✻av. 1374] **v. intr.** (**aus.** *essere*) ● lasciare, anche temporaneamente, il luogo d'origine in cerca di condizioni migliori, detto spec. di animali: *molti uccelli migrano nei periodi freddi*; *tribù che migrano*

migratóre [vc. dotta, lat. tardo *migratōre(m)*, da *migrāre* ✻ 1869] **agg. e s. m.** (**f.** *-trice*) ● che (o chi) migra: *uccelli migratori*; *i popoli migratori dell'Asia*

migratòrio [1754] **agg.** (**pl. m.** *-i* o *raro -ii*) ● di migrazione, relativo a migrazione: *movimento m.* | relativo alla emigrazione o agli emigranti: *fenomeno m.* | ***catena migratoria***, fenomeno per cui un immigrato fa arrivare nel Paese di immigrazione parenti e amici

migrazióne [vc. dotta, lat. *migratiōne(m)*, da *migrāre* ✻av. 1544] **s. f.** **1** spostamento di popolazioni, tribù, gruppi sociali e sim. per un periodo molto lungo o in forma definitiva: *le grandi migrazioni dei popoli antichi* **2** (*zool.*) spostamento periodico di molte specie animali lungo gli stessi itinerari, per poi tornare al luogo di origine **3** (*astron.*) ***m. dei poli***, piccolissime variazioni della posizione dei poli sulla sfera terrestre, corrispondenti a oscillazioni dell'asse di rotazione della Terra **4** (*fis.*) nell'elettrolisi, moto degli ioni verso gli elettrodi di segno contrario

SFUMATURE DI SIGNIFICATO

migrazione - emigrazione - esodo - diaspora

Migrazione è lo spostamento di interi popoli o gruppi sociali da un territorio a un altro, per periodi lunghi o per sempre; il termine trova applicazione anche in ambito zoologico, per definire il trasferimento stagionale di molte specie animali. L'**emigrazione** è invece lo spostamento di persone o famiglie dal proprio luogo d'origine a un altro dove sia possibile trovare lavoro e migliori condizioni di vita. Un abbandono in massa forzoso del luogo d'origine per sottrarsi a una catastrofe naturale o alla pressione del nemico si definisce invece **esodo**. **Diaspora**, come *migrazione*, descrive l'abbandono dei luoghi d'origine da parte di un intero popolo, il quale, tuttavia, non si dirige verso un unico luogo ma si disperde in molte direzioni (*la diaspora degli Ebrei*).

mìhrab /'mirab, *arabo* 'mihræːb/ [arabo *miḥrāb*, di orig. oscura ✻ 1878] **s. m. inv.** (**pl. arabo** *maharib*) ● nelle moschee, nicchia nel muro orientata verso la direzione della Mecca

mikàdo /mi'kado, *giapp.* mi.ka.dɔ/ [vc. giapp. di etim. incerta, che in origine designava il palazzo imperiale ✻ 1834] **s. m. inv.** **1** appellativo dell'imperatore del Giappone **2** altro nome dello sciangai **3** tessuto di seta originario del Giappone, di consistenza piuttosto rigida

♦**mìla** o †**mìlia** [sovrapposizione di *mille* al lat. *mīlia*, V. *miglio*① ✻ 1282] **agg. num. card. inv.** **1** in composizione con i numeri semplici interi cardinali, forma la serie delle migliaia: *duemila*, *ventimila*; *per cento milia / perigli siete giunti a l'occidente* (DANTE *Par.* XXVI, 112-113) **2** (*fam.*) migliaia: *gliel'ho detto e ripetuto non so quante m. volte*

milady /mi'ledi, *ingl.* mɪ'leɪdɪ/ [vc. ingl., da *my lady* 'mia signora'. V. *lady* ✻ 1557] **s. f. inv.** (**pl. ingl.** *miladies*) ● lady, spec. in frasi appellative

♦**milanése** (o **-ṣ-**) [av. 1294] **A** **agg.** ● di Milano | ***alla m.***, (*ellitt.*) secondo l'uso dei milanesi | ***risotto alla m.***, riso rosolato nel burro con midollo di manzo, cipolla tritata e zafferano, lasciato cuocere nel brodo e condito con formaggio grana | ***cotoletta alla m.***, cotoletta di vitello infarinata, impanata e fritta nel burro **B** **s. m. e f.** ● abitante o nativo di Milano

milanesità (o **-ṣ-**) [1923] **s. f. inv.** ● condizione, caratteristica di chi (o di ciò che) è milanese, spec. in riferimento alle componenti storico-culturali: *la m. di C. E. Gadda*

milanìsta [1938] **agg. e s. m. e f.** (**pl. m.** *-i*) ● che (o chi) gioca nella squadra di calcio milanese del Milan o ne è sostenitore

†**milènso** e deriv. ➤ **melenso** e deriv.

miler /'mailer, *ingl.* 'maɪlə(r)/ [vc. ingl., 'cavallo allenato a correre sulla distanza del miglio', da *mile* 'miglio', dal lat. *mīlia* (V. *miglio*①) ✻ 1957] **s. m. inv.** ● nell'ippica, cavallo adatto a correre sulla distanza limitata di un miglio

✦**miles gloriòsus** [loc. lat., titolo di una commedia di Plauto, propr. 'il soldato vanaglorioso' ✻ 1905] **loc. sost. m. inv.** (**pl. lat.** *milites gloriosi*) ● fanfarone, spaccone, smargiasso

milèṣio [lat. *Milēsiu(m)*, dal gr. *Milḗsios*, da *Mílētos* 'Mileto' ✻ 1440] **agg.** ● dell'antica città ionica di Mileto | (*filos.*) ***scuola milesia***, scuola ionica. V. *ionico*①

†**mìlia** ➤ **mila**

miliardàrio [fr. *milliardaire*, da *milliard* 'miliardo' ✻ 1877] **A** **agg.** **1** che possiede ricchezze valutabili in uno o più miliardi di unità monetarie: *un industriale m.* | di miliardi: *giro d'affari m.*; *truffa miliardaria* | (*est.*, *iperb.*) molto ricco, sfarzoso, sontuoso: *un arredamento m.* **2** che fa vincere miliardi: *lotteria miliardaria* **B** anche **s. m.** (**f.** *-ia*): *un famoso m.*

miliardèṣimo (o **-é-**) [da *miliardo*] **A** **agg. num. ord.** ● corrispondente al numero un miliardo, in una successione, in una classificazione, in una serie (rappresentabile con 10^9): *la miliardesima parte* **B** **s. m.** ● ciascuna del miliardo di parti uguali in cui può essere divisa una quantità

♦**miliàrdo** [fr. *milliard*, da *million* 'milione', con cambio di suff. ✻ 1797] **s. m.** **1** mille volte un milione, mille milioni, rappresentabile con 10^9: *un m. di dollari*; *quattro miliardi di persone* **CFR.** giga-, nano- **2** (*per anton.*) la somma di denaro corrispondente a un miliardo di unità monetarie (euro, lire, dollari e sim.): *per quest'opera sono stati stanziati parecchi miliardi* **3** (*iperb.*) numero, quantità enorme: *te l'ho detto un m. di volte!* **SIN.** bilione

miliàre① [lat. *miliāriu(m)*, da *mīlia*. V. *miglio*① ✻ 1750] **agg.** ● di colonna o pietra che sulle strade segna il numero progressivo delle miglia o dei kilometri | ***pietra m.***, (*fig.*) grande avvenimento che segna una tappa fondamentale nel cammino della storia

miliàre② o **migliàre** [fr. *miliaire*, dal lat. *miliāriu(m)*, agg. di *mīlium* 'miglio②'; detta così perché si presenta con una eruzione cutanea in forma di granellini di *miglio* ✻ 1657] **agg.** ● (*med.*) detto di un'eruzione cutanea che dà luogo a comparsa di piccole vesciche | ***tubercolosi m.***, processo tubercolare disseminato del polmone in forma di piccoli focolai a grano di miglio

miliàrio [lat. *miliāriu(m)*. V. *miliare*① ✻ 1499] **s. m.** ● colonnina posta dai Romani sulle strade più importanti per indicare la distanza progressiva, in miglia, spec. da Roma

milieu /*fr.* mi'ljø/ [vc. fr., comp. di *mi* 'metà, in mezzo' (V. *midinette*) e *lieu* 'luogo' (dal lat. *lŏcu(m)* 'luogo') ✻ 1905] **s. m. inv.** (**pl. fr.** *milieux*) ● ambiente, àmbito spec. sotto il profilo sociale, culturale e sim. **CFR.** miluogo

mìlio o (*pop.*) **mìglio**③ [vc. dotta, lat. *mīlium* 'grano di miglio' (V. *miglio*②) ✻ 1934] **s. m.** (**pl.** *-i* o *raro -ii*) ● (*med.*) piccola cisti, grande circa come un grano di miglio, che si osserva sulla pelle del viso, spec. se acneica o seborroica

miliòbate [comp. del gr. *mylías* 'mola', di orig. indeur. e *batís* 'razza', di etim. incerta ✻ 1934] **s. f.** ● (*zool.*) pesce cartilagineo dei Batoidei con corpo largo discoidale e coda lunga, sottile (*Myliobatis aquila*) **SIN.** aquila di mare, aquila marina

milionàrio [fr. *millionnaire*, da *million* 'milione' ✻ 1765] **A agg. 1** che dispone di una ricchezza valutabile in uno o più milioni di unità monetarie: *è gente milionaria* | (*est.*) molto ricco, facoltoso **2** che fa vincere milioni: *schedina, lotteria milionaria* | (*est.*) di milioni, valutabile in milioni: *furto m.*; *multa milionaria* **3** (*geogr.*) detto di città che abbia un numero di abitanti superiore a un milione **B anche s. m. (f. *-ia*)**: *conoscere un m.*

♦**milióne** [dal lat. *mīlia*. V. *miglio*① ✻ 1315] **s. m. 1** mille volte un migliaio, mille migliaia, rappresentato da *1 000 000* nella numerazione araba e da $\overline{M}$ in quella romana: *un m. di abitanti*; *un m. di dollari* **CFR.** mega-, micro- **2** (*est.*) grande quantità: *un m. di scuse*; *ho un m. di cose da raccontarti* **3** (*fam.*, *per anton.*) la somma di denaro corrispondente a un milione di unità monetarie: *la spesa sarà di parecchi milioni* | ***fare i milioni a palate***, guadagnare moltissimo | ***nemmeno per un m.!***, a nessun costo ‖ **milioncìno**, **dim.**

milionèṣimo (o *-é-*) [da *milione*] **A agg. num. ord.** ● corrispondente al numero un milione in una successione, in una classificazione, in una serie (rappresentato da $\overline{M}$ *nella numerazione romana, da 1 000 000°* in quella araba): *la milionesima parte* **B s. m.** ● ciascuna delle parti uguali, ottenute dividendo un milione di volte una certa quantità: *un m. di secondo*

♦**militànte A part. pres.** di *militare*①; anche **agg. 1** nei sign. del v. **2** ***critico m.***, che partecipa attivamente alla problematica artistica contemporanea | ***Chiesa m.***, costituita dai fedeli che sono nel mondo e che operano come membri del corpo mistico del Cristo **B s. m. e f. 1** chi, aderendo a un'organizzazione o a un movimento di idee, vi partecipa attivamente: *i militanti della nostra associazione sono numerosissimi* **2** attivista di base di un partito

militantìṣmo [comp. di *militant(e)* e *-ismo* ✻ 1966] **s. m.** ● carattere militante dell'adesione a un movimento culturale, politico o sindacale | atteggiamento tipico del militante

militànza [da *militante* ✻ 1973] **s. f.** ● fattiva e convinta partecipazione alle attività di un movimento politico, ideologico, religioso e sim. di cui si fa parte: *m. femminista, sindacale*; *vanta una m. di molti anni*

♦**militàre**① [vc. dotta, lat. *militāre*, da *mīles*, genit. *mīlitis* 'milite' ✻ av. 1306] **v. intr.** (*io mìlito*; **aus.** *avere*) **1** prestare servizio militare: *m. nell'esercito*; *m. sotto le bandiere di un altro stato* **2** (*fig.*) appartenere o aderire attivamente: *m. nelle fila di un partito*; *m. in una squadra sportiva* **3** (*fig.*) essere di valido appoggio, aiuto e sim.: *diversi argomenti militano a favore della nostra tesi*

♦**militàre**② [vc. dotta, lat. *militāre(m)*, agg. di *mīles*, genit. *mīlitis* 'milite' ✻ 1336 ca.] **A agg.** ● relativo ai soldati e alle forze armate: *comando, carriera m.*; *governo m.*; *onori militari*; *base m.*; *manovre, esercitazioni militari*; *disciplina m.* | ***servizio m.***, quello prestato nelle forze armate, un tempo obbligatorio | ***saluto m.***, fatto portando la mano destra distesa alla visiera | ***zona m.***, riservata esclusivamente alle forze armate per la presenza di apparecchiature belliche o per motivi strategici | ***tribunale m.***, organo giudiziario speciale competente per i reati previsti nelle leggi penali militari e sulle persone alle stesse soggette | ***esattezza, puntualità m.***, rigide e scrupolose | ***alla m.***, (*ellitt.*) conformemente all'uso dei soldati ‖ **militarménte**, **avv. 1** secondo l'uso militare: *salutare militarmente qlcu.*; con le armi: *occupare militarmente un paese*; dal punto di vista militare: *uno Stato militarmente forte* **2** (*est.*) con rigida disciplina: *allevare, educare militarmente qlcu.* **B s. m. e f.** ● chiunque presti servizio militare: ***m. di truppa***, soldato semplice o graduato; ***fare il m.***, prestare servizio militare **C s. m. solo sing.** ● (*fam.*, *ellitt.*) servizio militare

militarésco [1858] **agg.** (**pl. m.** *-schi*) ● (*spec. spreg.*) da militare: *gergo m.* | (*est.*) brusco e autoritario: *tono m.*; *disciplina militaresca* ‖ **militarescaménte**, **avv.** in modo militaresco

militària [vc. lat., 'cose militari', nt. pl. sost. di *militāriu(m)* 'concernente i militari, la guerra' ✻ 1985] **s. f. inv.** ● tutto ciò che attiene agli eserciti ed è oggetto di collezionismo

militarìṣmo [fr. *militarisme*, da *militaire* 'militare②' ✻ 1861] **s. m. 1** esasperazione dello spirito e del formalismo militare **2** preponderanza dei militari e dello spirito militare nella vita di uno Stato

militarìsta [fr. *militariste*, da *militarisme* 'militarismo' ✻ 1905] **A s. m. e f.; anche agg.** (**pl. m.** *-i*) ● fautore, sostenitore del militarismo **B agg.** ● militaristico

militarìstico [1907] **agg.** (**pl. m.** *-ci*) ● del militarismo ‖ **militaristicaménte**, **avv.**

militariẓẓàre [fr. *militariser*, da *militaire* 'militare②' ✻ 1853] **A v. tr. 1** sottoporre a disciplina militare, per ragioni di guerra, categorie di cittadini che svolgono attività di lavoro di interesse collettivo per il Paese: *m. i ferrovieri* | (*fig.*) organizzare con sistemi militari: *m. un collegio* **2** fortificare per esigenze belliche: *m. una costa* **B militariẓẓàrsi v. rifl.** ● dotarsi di installazioni e strutture militari ‖ **militariẓẓazióne**, **s. f.**

militassòlto [da (*servizio*) *milit(are) assolto* ✻ 1980] **agg.; anche s. m.** ● nel gergo degli annunci economici detto di chi aveva già assolto il servizio militare, un tempo obbligatorio

†**militatóre** [da *militare*① (V.) ✻ sec. XIV] **s. m.** ● milite

mìlite [vc. dotta, lat. *mīlite(m)*: di orig. etrusca (?) ✻ 1336 ca.] **s. m. 1** (*lett.*) soldato | appartenente alla Milizia Volontaria per la Sicurezza Nazionale, durante il regime fascista | appartenente ad alcune forze militari dello Stato italiano, quali l'Arma dei Carabinieri e il Corpo della Guardia di Finanza | ***m. ignoto***, soldato non identificato, la cui salma riposa nell'Altare della Patria a Roma quale simbolo di tutti i caduti in guerra **2** membro di corpo o associazione che richiede una partecipazione molto impegnativa: *i militi della Croce Rossa* **3** (*fig.*, *lett.*) chi si batte per qlco., chi lotta attivamente in favore di qlco.: *un m. del lavoro, della scienza* | ***m. di Cristo, della Chiesa***, cristiano che opera intensamente per Cristo, per la Chiesa **4** †cavaliere

militeṣènte [da (*servizio*) *milit(are) esente* ✻ 1918] **agg.; anche s. m.** ● (*burocr.*) quando la leva era obbligatoria, detto di chi era libero da obblighi militari

militeṣènza [da *militesente* ✻ 1981] **s. f.** ● (*burocr.*) condizione di chi è libero da obblighi militari

milìzia [vc. dotta, lat. *militia(m)*, da *mīles*, genit. *mīlitis* 'milite' ✻ 1308] **s. f. 1** l'esercizio del mestiere delle armi | la vita militare: *darsi alla m.* **2** (*est.*) attività svolta con disciplina e rigore al servizio di una causa, di un ideale e sim.: *sobbarcarsi a una dura m.* **SIN.** militanza **3** (**spec. al pl.**) esercito, corpo armato, spec. in riferimento al passato: *le milizie della Serenissima*; *milizie paesane, cittadine* | ***milizie irregolari***, corpi di volontari non appartenenti all'esercito **4** corpo armato e addestrato per fini particolari | ***M. Volontaria per la Sicurezza Nazionale***, organizzazione militare del partito fascista in Italia, fra il 1923 e il 1943 **5** (*est.*) schiera | ***la m. di Cristo***, la Chiesa militante | ***la m. angelica***, l'insieme degli angeli **6** †nel Medioevo, titolo e dignità di cavaliere: *ed el mi cinse de la sua m.* (DANTE *Par.* XV, 140)

miliziàno [fr. *milicien*, da *milice* 'milizia'; nel sign. 2, sp. *miliciano*, da *milicia* 'milizia' ✻ av. 1679] **s. m.** (**f.** *-a*) **1** appartenente a una milizia; civile armato: *i miliziani serbi, croati* **2** (*stor.*) nella guerra civile spagnola (1936-39), combattente repubblicano appartenente alle brigate internazionali

millànta [da *mille* col suff. *-anta*, ricavato da *quaranta*, *cinquanta* ecc. ✻ 1353] **agg. num. card. inv.** ● († o *scherz.*) mille | (*iperb.*) una quantità enorme: *faria una cena di m. vivande* (P. ARETINO)

†**millantaménto** [sec. XIV] **s. m.** ● il millantare, il millantarsi

♣**millantàre** o †**ṣmillantàre** [da *millanta* ✻ sec. XIII] **A v. tr.** ● vantare, lodare esageratamente: *m. la propria abilità, le virtù di qlco.* **SIN.** decantare, vantare **B millantàrsi v. rifl.** ● gloriarsi, vantarsi: *millantarsi di qlco.*; *si millanta ricco*

millantàto **part. pass.** di *millantare*; anche **agg. 1** vantato senza fondamento: *le sue millantate ricchezze* **2** (*dir.*) ***m. credito***, illecito penale di chi, vantando un'influenza inesistente o esagerando quella che ha presso un pubblico ufficiale o un pubblico impiegato che presti un pubblico servizio, ottiene per sé o altri denaro o altra utilità come compenso per la propria attività mediatrice

♣**millantatóre** o †**ṣmillantatóre** [av. 1342] **agg. e s. m.** (**f.** *-trice*) ● smargiasso, spaccone

millantatùra [av. 1681] **s. f.** ● (*raro*) millanteria

♣**millanterìa** [1364] **s. f.** ● vanteria senza fondamento | atto o discorso di chi si vanta: *le sue millanterie ci hanno stancato*; *l'audacia, di cui la m. è la parte comica* (F. DE SANCTIS) | (*est.*) ciò che si vanta o si decanta esageratamente: *è una m. bella e buona, la verità è diversa* **SIN.** smargiassata, spacconata **SFUMATURE** ➤ ***vanto***

†**millànto** [sec. XIV] **s. m.** ● millanteria

♦**mìlle** [lat. *mīlle*, di orig. indeur. ✻ 1219] **agg. num. card. inv.; anche s. m. e f. inv.** (**V. nota d'uso NUMERI E NUMERALI**) ● dieci volte cento, dieci centinaia, rappresentato da *1000* nella numerazione araba, da *M* in quella romana. **I** come agg. ricorre nei seguenti usi **1** rispondendo o sottintendendo la domanda 'quanti?', indica la quantità numerica di mille unità (spec. preposto a un sost.): *ho già versato m. euro*; *lo do vincente uno contro m.*; *m. soldati formano un battaglione*; *per fare un chilometro ci vogliono m. metri*; *le M. Miglia* **CFR.** kilo-, milli- | ***a m. a m., di m. in m.***, mille per volta | (*ellitt.*, *colloq.*) ***metà di m.***, tantissimi (*spec. iron.*): *ha detto che portava alcuni amici ma sono arrivati in metà di m.!* | ***avere una probabilità su m.***, averne pochissime | ***essere a m. miglia da, essere lontano m. miglia da***, essere lontanissimo (*anche fig.*): *era a m. miglia da un'idea simile* | ***un biglietto, una carta da m.***, (*ellitt.*) fino all'introduzione dell'euro, da mille lire | ***contare fino a m.***, (*ellitt.*) fino al numero mille | ***da 'Mille e una notte'***, favoloso, meraviglioso, sontuoso (dal nome di una raccolta araba di novelle redatta dal sec. XII al XVI): *un viaggio da 'Mille e una notte'*

m

| **andare a m.**, (*fig., iperb.*) nel modo migliore, al massimo delle proprie possibilità (ellitt. per *a mille all'ora*): *una squadra che va a m.* **2** (*est.*) moltissimi (per iperbole, con valore indet.): *ha m. idee per la testa*; *m. grazie* (anche, con l'agg. posposto, *grazie m.*); *m. auguri*; *m. baci*; *ha m. pensieri e preoccupazioni*; *ha trovato m. scuse per non venire*; *te l'ho ripetuto m. volte*; *erano in m. contro uno*; *mi sembrano m. anni che non ti vedo* | ***farsi, diventare di m. colori***, (*fig.*) per esprimere l'imbarazzo, l'agitazione, l'ansia o la paura di qlco. | ***m. volte no!***, assolutamente no | con valore approssimativo, anche preceduto dall'art. indef. 'un': *ci saranno state m. persone*; *è caro: costerà un m. euro* **3** rispondendo o sottintendendo la domanda 'quale?', identifica qlco. in una pluralità o in una successione (posposto a un sost.): *l'anno m. a.C.*; *il numero m.* | ***la leggenda dell'anno m.***, della fine del mondo **4** nelle loc. ***uno, due, dieci*** e sim. ***per m.***, V. *per mille* **5** in composizione con altri numeri semplici e composti, forma i numeri superiori: *milleuno* o *mille e uno*; *milledue*; *milletré*; *milleotto*; *millecento*; *milleduecento*; *milleottocento*; *millenovecentottanta* | ***m. e uno***, (*colloq.*) oltre mille, moltissimi: *su questo argomento ho m. e un dubbio*; *tralasciamo i suoi m. e uno difetti* **II** come sost. ricorre nei seguenti usi **1** il numero mille (per ellissi di un sost.): *il cento nel m. ci sta dieci volte*; *il m. a.C.* | ***il Mille***, (*per anton.*) l'XI sec., l'anno 1000 dell'era cristiana | ***i Mille***, (*per anton.*) i circa mille garibaldini che, sollevando la Sicilia contro il governo borbonico, affrettarono l'unità d'Italia **2** il segno che rappresenta il numero mille **3** (*sport, ellitt.* **al pl.**) distanza di mille metri piani sui cui si sviluppa una gara di atletica | (*est.*) la gara stessa: *correre, vincere i m.*; *esordire nei m.*

millecènto o (*raro*) **milleccènto** **A** **agg. num. card. inv.; anche s. m. e f. inv.** (V. nota d'uso NUMERI E NUMERALI) ● undici volte cento, undici centinaia, rappresentato da *1100* nella numerazione araba, da *MC* in quella romana. **I** come agg. ricorre nei seguenti usi **1** rispondendo o sottintendendo la domanda 'quanti?', indica la quantità numerica di millecento unità (spec. preposto a un sost.): *è a m. metri*; *è m. centimetri cubi di cilindrata* **2** rispondendo o sottintendendo la domanda 'quale?', identifica qlco. in una pluralità o in una successione (posposto a un sost.): *l'anno m. d.C.* **II** come sost. ricorre nei seguenti usi **1** il numero millecento (per ellissi di un sost.) | ***il Millecento***, (*per anton.*) il secolo XII **2** il segno che rappresenta il numero millecento **B** **in funzione di s. f.** e *pop.* **m. inv.** ● vettura con circa 1100 cm cubi di cilindrata

millecinquecènto **agg. num. card. inv.; anche s. m. e f. inv.** (V. nota d'uso NUMERI E NUMERALI) ● quindici volte cento, quindici centinaia, rappresentato da *1500* nella numerazione araba, da *MD* in quella romana. **I** come agg. ricorre nei seguenti usi **1** rispondendo o sottintendendo la domanda 'quanti?', indica la quantità numerica di millecinquecento unità (spec. preposto a un sost.): *dista m. metri* **2** rispondendo o sottintendendo la domanda 'quale?', identifica qlco. in una pluralità o in una successione (posposto a un sost.): *l'anno millecinquecento d.C.* **II** come sost. ricorre nei seguenti usi **1** il numero millecinquecento; il valore, la quantità che vi corrisponde (per ellissi di un sost.) | ***il Millecinquecento***, (*per anton.*) *il secolo XVI* **2** il segno che rappresenta il numero millecinquecento **3** (*sport, ellitt.* **al pl.**) nell'atletica e nel nuoto, distanza di millecinquecento metri su cui si svolge una classica gara | (*est.*) la gara stessa: *correre, vincere i m.*

†**millècuplo** [da *mille*, sul modello di *decuplo* ✱ sec. XVI] **A** **agg.** ● che è mille volte maggiore **B** **s. m.** ● quantità, misura mille volte maggiore

millefióri [comp. di *mille* e il pl. di *fiore* ✱ 1780] **A** **agg. inv.; anche s. m. inv.** ● detto di miele ottenuto col polline di diversi tipi di fiori **B** **s. m. inv.** **1** liquore a base di essenze distillate da vari fiori **2** profumo composto di varie essenze di fiori **3** vetro trasparente che include nella sua massa frammenti di vetro di vari colori

millefòglie [comp. di *mille* e il pl. di *foglia* ✱ 1561] **A** **s. m. inv.** **1** (*bot.*) achillea **2** torta di pasta sfoglia a più strati, inframmezzati con crema o altro **B** **anche agg. inv.**: *torta m.*

millefòglio [lat. *millefōliu(m)*, comp. di *mīlle* 'mille' e *fōlium* 'foglia' ✱ sec. XIV] **s. m.** ● (*bot.*) achillea

†**millefórme** [vc. dotta, lat. *millefōrme(m)*, comp. di *mīlle* 'mille' e *-fōrmis* '-forme' ✱ sec. XIV] **agg. inv.** ● multiforme

millenàrio [vc. dotta, lat. tardo *millenāriu(m)*, da *millēni* 'in numero di mille', da *mīlle* 'mille' ✱ 1481] **A** **agg.** **1** che ha mille anni, che esiste da uno o più millenni: *pianta millenaria*; *civiltà millenaria*; *dominio m.* **2** che ricorre ogni mille anni: *feste, celebrazioni millenarie* **B** **s. m.** ● ricorrenza del millesimo anno da un avvenimento memorabile | (*est.*) la cerimonia che si celebra in tale occasione

millenarìṣmo [comp. di *millenario* e *-ismo* ✱ av. 1852] **s. m.** ● movimento eretico e profetico cristiano che, in varie epoche storiche, dedusse da particolari interpretazioni dell'Apocalisse la credenza di un ritorno del Cristo sulla terra per mille anni prima della finale distruzione del mondo | (*est.*) tendenza ad attendersi distruzioni apocalittiche o rivolgimenti radicali: *le varie forme... di rivoluzionarismo politico e sociale e di m. laico* (B. CROCE)

millenarìsta [da *millenarismo* ✱ 1957] **A** **s. m. e f.** (**pl. m.** *-i*) ● seguace del millenarismo **B** **agg.** ● millenaristico

millenarìstico [1957] **agg.** (**pl. m.** *-ci*) ● relativo al millenarismo **SIN.** chiliastico

millènne [comp. di *mille* ed *-enne* ricavato da *decenne* ✱ 1869] **agg.** **1** (*raro*) che ha mille anni: *albero m.* **2** che dura mille anni | (*est.*) che dura da moltissimo tempo: *costituzione m.*

millènnio [comp. di *mille* ed *-ennio*, ricavato da *biennio*, *decennio* ecc. ✱ 1843] **s. m.** (**pl.** *-i* o *raro -ii*) ● periodo di mille anni | ***primo m.***, quello terminato il 31 dicembre 1000 | ***secondo m.***, dal 1° gennaio 1001 al 31 dicembre 2000 | ***terzo m.***, dal 1° gennaio 2001

millepièdi [comp. di *mille* e il pl. di *piede* ✱ 1598] **s. m. inv.** ● ogni artropode dell'ordine dei Diplopodi

Milleporìni [comp. di *mille* e *-pora*, ricavato da *madrepora* ✱ 1957] **s. m. pl.** (**sing.** *-o*) ● (*zool.*) celenterati della classe degli Idrozoi viventi in colonie e dotati di un robusto esoscheletro calcareo (*Milleporina*)

millepròroghe [comp. di *mille* e del pl. di *proroga* ✱ 1993] **A** **agg. inv.** ● solo nella loc. ***decreto m.***, nel linguaggio politico-giornalistico, detto di decreto legge di fine anno che contiene disposizioni urgenti e proroghe di precedenti decreti su svariate materie **B** **anche s. m. inv.**: *approvato il m.*

millerìghe [comp. di *mille* e il pl. di *riga* ✱ av. 1862] **A** **s. m. inv.** ● tessuto a righe sottili ottenute alternando fili di colore diverso nell'ordito o per effetto di piccoli solchi e coste alternati **B** **anche agg. inv.**: *tessuto m.*

milleṣimàle [1953] **agg.** **1** che costituisce la millesima parte: *quote millesimali* | ***tabella m.***, che suddivide in millesimi il valore di una proprietà condominiale **2** (*est.*) minimo, piccolissimo: *quantità millesimali*

milleṣimàto [deriv. di *millesimo* nel sign. B3 ✱ 1978] **agg.** ● detto di bottiglia di vino o di liquore che porta l'indicazione dell'anno di produzione | detto di prodotto editoriale che viene rinnovato ogni anno: *l'edizione millesimata dello Zingarelli*

millèṣimo (o *-é-*) o †**millèṣmo** [vc. dotta, lat. *millēsimu(m)*, da *mīlle* 'mille'] **A** **agg. num. ord.** **1** corrispondente al numero mille in una successione, in una classificazione, in una serie (rappresentato da *M* nella numerazione romana, da 1000° in quella araba): *la millesima parte* | con valore enfat. o indet.: *te lo ripeto per la millesima volta*; *vale la millesima parte di quello che hai pagato* **2** in composizione con altri numerali, semplici o composti, forma gli ordinali superiori: *m. primo*; *centomillesimo*; *diecimillesimo* **B** **s. m.** **1** ciascuna delle mille parti uguali di una stessa quantità: *il millimetro è un m. di metro* | in un condominio, unità di misura per la ripartizione delle spese **2** le cifre delle migliaia nella data di un anno **3** anno, data, secondo l'era volgare: *sul frontespizio manca il m.* **4** millennio

milleùṣi [comp. di *mille* e il pl. di *uso*[2] ✱ 1967] **agg. inv.** ● detto di oggetto, strumento e sim. adatto a numerosi e diversi usi

mìlli- [dal lat. *mīlle*, di orig. indeur.] **primo elemento** ● anteposto a un'unità di misura, la divide per mille, cioè la moltiplica per 10^{-3}: *milligrammo, millimetro* **SIMB.** m

milliampere /milliam'pɛr/ [comp. di *milli-* e *ampere*] **s. m. inv.** ● unità di misura di intensità di corrente elettrica corrispondente a 1 millesimo di ampere **SIMB.** mA

milli̯amperòmetro [comp. di *milliampere* e *-metro* ✱ sec. XX] **s. m.** ● strumento che misura in milliampere l'intensità di una corrente elettrica

millibàr o **mìllibar** [comp. di *milli-* e *bar*[2] ✱ 1930] **s. m. inv.** ● unità di misura della pressione equivalente a un millesimo di bar **SIMB.** mb **SIN.** ettopascal

milligràmmo [fr. *milligramme*, comp. di *milli-* 'milli-' e *gramme* 'grammo'] **s. m.** ● unità di misura di massa, equivalente a un millesimo di grammo **SIMB.** mg

millìlitro, (*evit.*) **millilìtro** [fr. *millilitre*, comp. di *milli-* 'milli-' e *litre* 'litro'] **s. m.** ● unità di misura di capacità equivalente ad un millesimo di litro **SIMB.** ml

millimetràre [1957] **v. tr.** (*io millìmetro*) ● suddividere in millimetri

millimetràto [1936] **part. pass.** di *millimetrare*; **anche agg.** **1** nel sign. del v. **2** ***carta millimetrata***, tipo di carta da disegno che reca stampato un reticolo di linee distanziate di 1 millimetro l'una dall'altra

millimètrico [1869] **agg.** (**pl. m.** *-ci*) **1** di millimetro | diviso in millimetri **2** (*est.*) caratterizzato da estrema precisione: *controllo m.* | di misura: *sorpasso m.*

millìmetro [fr. *millimètre*, comp. di *milli-* 'milli-' e *mètre* 'metro' ✱ 1799] **s. m.** ● unità di misura di lunghezza equivalente a un millesimo di metro **SIMB.** mm

millimìcron [comp. di *milli-* e *micron*] **s. m. inv.** ● unità di misura di lunghezza corrispondente a un millesimo di micron **SIMB.** mμ

millisecóndo [comp. di *milli-* e *secondo*] **s. m.** ● unità di misura di tempo equivalente a un millesimo di secondo **SIMB.** ms

millivòlt [comp. di *milli-* e *volt*] **s. m. inv.** ● unità di misura di potenziale elettrico corrispondente a un millesimo di volt **SIMB.** mV

milofaringèo o (*raro*) **milofarìngeo** [comp. del gr. *mýlē* 'mola', e di *faringe* ✱ 1834] **s.**

m. ● (*anat.*) muscolo connesso al costrittore superiore della faringe

miloioidèo [comp. del gr. *mýlē* 'mola' e di *ioide* ✱ 1834] **s. m.** ● (*anat.*) muscolo che forma il pavimento della bocca

milonga /*sp.* mi'loŋga/ [sp. d'America, propr. 'chiacchiericcio', poi n. di una canzonetta pop. del Rio de la Plata, che si canta al suono della chitarra, e di una danza: vc. di una lingua dell'Angola, pl. di *mulonga* 'parola' ✱ 1957] **s. f.** (**pl.** *milònghe* o **sp.** *milongas*) ● genere di canto con accompagnamento di chitarra tipico delle regioni sudamericane del Rio de la Plata | danza che è una varietà di tango | (*est.*) locale dove si balla il tango

milonìte [ingl. *mylonite*, dal gr. *mylṓn* 'mulino', da *mýlē* 'mola' ✱ 1934] **s. f.** ● roccia dura, di apparenza vetrosa, formata da fenomeni di deformazione o frantumazione di rocce causati da movimenti tettonici

milord /mi'lɔrd, *ingl.* mɪ'lɔːd/ [vc. ingl., da *my lord* 'mio signore'. V. *lord* ✱ 1554] **s. m. inv.** **1** lord, spec. in frasi appellative **2** (*fig.*, *raro*) persona di ricercata eleganza

milòrdo [1584] **s. m.** **1** (*lett.*) adattamento di *milord* (V.) **2** (*zool.*) biacco

miluògo [1287] **s. m.** (**pl.** *-ghi*) ● (*lett.*, *raro*) adattamento di *milieu* (V.)

mìlza [longob. *milzi* ✱ sec. XIII] **s. f.** ● (*anat.*) organo addominale contenuto nella parte alta, a sinistra della cavità peritoneale, strettamente connesso con l'apparato emolinfatico CFR. spleno-

milzadèlla [da *milza*; detta così per le macchie bianche delle foglie che ricordano le parti bianche della milza (?) ✱ 1749] **s. f.** ● pianta erbacea perenne delle Labiate, con foglie opposte cuoriformi simili a quelle dell'ortica e fiori bianchi, usata come astringente e anticatarrale (*Lamium maculatum*)

m

†**mìlzo** [1370] **agg.** ● smilzo

mimàbile [da *mimare* ✱ 1983] **agg.** ● che si può mimare, che è adatto a essere mimato

mimàre [fr. *mimer*, da *mime* 'mimo' ✱ 1938] **A** **v. tr.** ● esprimere qlco. con gesti e atteggiamenti del viso e del corpo, senza parole: *ha mimato tutta la scena, con un effetto comico irresistibile* **B** **v. intr.** (aus. *avere*) ● fare il mimo

mimeografàre [da *mimeografo* ✱ 1957] **v. tr.** (*io mimeògrafo*) ● riprodurre con il mimeografo

mimeografìa [da *mimeografo* ✱ 1983] **s. f.** ● tecnica di riproduzione grafica mediante mimeografo

mimeògrafo [vc. dotta, comp. del gr. *mímē(sis)* 'imitazione' e *-grafo*, sul modello dell'ingl. *mimeograph* ✱ 1917] **s. m.** ● apparecchio per riprodurre scritti, disegni e sim. ottenuti su carta paraffinata da una punta tagliente

mimésco [da *mimo* ✱ 1609] **agg.** (**pl. m.** *-schi*) ● da mimo (*spec. spreg.*)

✦**mimèsi** (o *-ṣ-*) o (*meno comune*) **mìmesi** [vc. dotta, lat. tardo *mimēsi(n)*, dal gr. *mímēsis* 'imitazione', da *mimêisthai* 'imitare', di orig. indeur. (?) ✱ 1598] **s. f. inv.** **1** (*raro*) imitazione **2** (*filos.*) in Platone, il rapporto di somiglianza esistente fra le idee e le cose sensibili | nell'estetica classica, l'imitazione della natura, come compito ed essenza dell'arte

mimeṣìa [da *mimesi* ✱ 1957] **s. f.** ● (*miner.*) fenomeno per cui talvolta cristalli appartenenti a un sistema presentano una simmetria superiore che corrisponde a un altro sistema

mimètica [vc. dotta, gr. *mimētikḗ* (*téchnē*) 'arte dell'imitazione', f. di *mimētikós* 'imitativo', V. *mimetico* ✱ 1728] **s. f.** ● (*raro*) arte dell'imitare

✦**mimètico** [vc. dotta, gr. *mimētikós*, da *mímēsis* 'imitazione'. V. *mimesi* ✱ 1738] **agg.** (**pl. m.** *-ci*) **1** dell'imitazione, relativo all'imitazione: *arte mimetica* **2** che mimetizza o si mimetizza: *il pelame della lepre è m.* | che ha lo scopo di mimetizzare: *telo m.* | ***tuta mimetica***, divisa militare da campo, usata per mimetizzarsi **3** (*biol.*) caratterizzato da mimetismo o che presenta mimetismo **4** (*farm.*) posposto al nome di una sostanza, ne indica l'azione farmacologica di stimolo a un certo sistema: *farmaco simpaticomimetico* ‖ **mimeticaménte**, **avv.**

mimetiṣmo [fr. *mimétisme*, dal gr. *mimētikós* 'mimetico' ✱ 1895] **s. m.** **1** fenomeno grazie al quale alcuni animali, sia terrestri sia acquatici, assumono aspetto o colori tali da confondersi con l'ambiente in cui vivono **2** (*fig.*) tendenza e capacità di mutare il proprio atteggiamento in modo da adattarsi perfettamente all'ambiente e alle idee dominanti: *fenomeni di m. politico, ideologico*

mimetìte [dal gr. *mimētḗs* 'imitatore', da *mimêisthai* 'imitare' (V. *mimesi*), perché è assai simile alla piromorfite ✱ 1957] **s. f.** ● (*miner.*) arseniato di piombo contenente cloro, isomorfo della piromorfite, in cristalli prismatici esagonali di color giallo miele o giallo verde

mimetiẓẓàre [da *mimetico* ✱ 1942] **A** **v. tr.** ● mascherare qlco. confondendola nel colore e nella forma con l'ambiente circostante per necessità di difesa militare: *m. trincee, postazioni d'artiglieria* **B** **mimetiẓẓàrsi** **v. rifl. e intr. pron.** **1** detto di soldati, mascherarsi per necessità di difesa militare **2** detto di animali e piante, partecipare al fenomeno del mimetismo **3** (*fig.*) adeguarsi all'ambiente in cui si vive, cambiando idee e atteggiamenti secondo l'opportunità ‖ **mimetiẓzazióne**, **s. f.**

mimiàmbo [vc. dotta, lat. *mimiămbi*, nom. pl., dal gr. *mimíamboi*, comp. di *mîmos* 'mimo' e *íambos* 'giambo' ✱ 1586] **s. m.** ● (*letter.*) mimo in versi giambici

mìmica [f. sost. di *mimico* ✱ 1669] **s. f.** **1** l'insieme dei gesti espressivi che accompagnano o sostituiscono il linguaggio verbale: *è dotato di una m. eccezionalmente efficace* **2** arte di esprimere sulla scena una gamma di sentimenti mediante gesti e movimenti appropriati del corpo

mìmico [vc. dotta, lat. *mīmicu(m)*, dal gr. *mimikós*, agg. di *mîmos* 'mimo' ✱ 1578] **agg.** (**pl. m.** *-ci*) ● che si esprime coi gesti, coi segni: *azione mimica*; *linguaggio m.* ‖ **mimicaménte**, **avv.** con mimica

mìmicry /*ingl.* 'mɪmɪkrɪ/ [vc. ingl., da *mimic* 'mimico' ✱ 1957] **s. m. o f. inv.** ● (*biol.*) fenomeno affine al mimetismo, per cui alcuni animali imitano nell'aspetto e nel comportamento animali di altra specie

mìmmo [vc. infant. ✱ sec. XVII] **A** **s. m.** (**f.** *-a*) ● (*tosc.*) bimbo **B** **agg.** ● †bambinesco ‖ **mimmìno**, **dim.**

mìmo [vc. dotta, lat. *mīmu(m)*, dal gr. *mîmos* 'imitatore, mimo', da *mimêisthai* 'imitare'. V. *mimesi* ✱ av. 1372] **s. m.** **1** (**f.** *-a*) attore che interpreta azioni sceniche mimate **2** (*letter.*) nella letteratura greca e latina, componimento che rappresenta realisticamente scene di vita quotidiana **3** passeraceo americano simile a un merlo, ma con canto melodioso che imita quello di tutti gli altri uccelli (*Mimus polyglottus*) **4** (*biol.*) animale che imita l'aspetto, il comportamento o il verso di altre specie

mimodràmma [comp. di *mimo* e *dramma* ✱ 1914] **s. m.** (**pl.** *-i*) **1** (*mus.*) pantomima in musica **2** (*psicol.*) azione scenica su tema preordinato, utilizzata nella terapia di gruppo delle malattie mentali per suggerire date regole di comportamento

mimògrafo [vc. dotta, lat. *mimŏgraphu(m)*, dal gr. *mimográphos*, comp. di *mîmos* 'mimo' e *-gráphos* '-grafo' ✱ sec. XIV] **s. m.** ● autore di mimi nell'antichità greco-latina

mimòlogo [vc. dotta, lat. tardo *mimŏlogu(m)*, dal gr. *mimológos*, comp. di *mîmos* 'mimo' e *-lógos* '-logo' ✱ 1978] **s. m.** (**f.** *-a*; **pl. m.** *-gi*) ● chi recitava mimi nell'antichità greco-latina

mimósa (o *-ṣ-*) [da *mimo*, per i movimenti delle foglie quando sono toccate ✱ av. 1712] **s. f.** ● arbusto o alberello delle Mimosacee con foglie pennate, fiori regolari e frutti a legume (*Mimosa*) | correntemente, infiorescenza di piccoli fiori gialli, rotondi di alcune acacie

Mimosàcee (o *-ṣ-*) [vc. dotta, comp. di *mimosa* e *-acee* ✱ 1895] **s. f. pl.** (**sing.** *-a*) ● (*bot.*) famiglia di Dicotiledoni spinose con foglie composte, fiori in infiorescenze e frutti a legume (*Mimosaceae*)

mìmulo [lat. tardo *mīmulu(m)* 'piccolo mimo', dim. di *mīmus* 'mimo': dalla corolla che imiterebbe il muso di alcuni animali (?) ✱ 1869] **s. m.** ● genere di piante erbacee delle Scrofulariacee con fiori gialli macchiati di rosso (*Mimulus*) | ***m. giallo***, originario del Nord America, coltivato per ornamento (*Mimulus guttatus*)

mìna ① [fr. *mine*, di orig. celt. ✱ 1529] **s. f.** **1** anticamente, cunicolo sotterraneo scavato per raggiungere le fortificazioni nemiche e potervi collocare delle cariche esplosive **2** carica esplosiva disposta in una cavità, che viene fatta esplodere allo scopo di abbattere rocce o opere murarie | (*est.*) la cavità stessa **3** ordigno d'uso militare costituito da un corpo esplosivo e da un congegno di accensione azionato con vari sistemi: *m. terrestre, subacquea*; *mine a strappo, a urto, magnetiche, acustiche* | ***m. antiuomo***, impiegata contro le fanterie | ***m. anticarro***, contro carri armati e autoveicoli | (*fig.*) ***m. vagante***, questione non risolta che, alla lunga, può dar luogo a conseguenze pericolose **4** sottile cilindro di grafite incorporato nella matita per scrivere **5** †miniera o galleria di miniera

mìna ② [vc. dotta, lat. *mĭna(m)*, dal gr. *mnâ*, di orig. semitica ✱ sec. XIV] **s. f.** ● unità di misura di peso greca di diverso valore secondo i sistemi, pari a 1/50 o 1/60 del talento e a 100 o 120 dramme

mìna ③ [stessa etim. di *emina* ✱ av. 1347] **s. f.** ● emina ①

†**mìna** ④ [vc. dotta, lat. *mĭnae*, nom. pl. 'minaccia'; il primo sign. era quello di 'sporgenza incombente', dalla stessa radice da cui deriva anche *mōns* 'monte' ✱ 1554] **s. f.** ● minaccia

†**mìna** ⑤ [fr. *mine*, dal bretone *min* 'becco, muso' ✱ av. 1686] **s. f.** ● aspetto, apparenza

minaccévole [av. 1292] **agg.** ● (*lett.*) minaccioso: *un'inquietudine così cupa, un'impazienza così m.* (A. MANZONI) ‖ **minaccevolménte**, **avv.** (*lett.*) minacciosamente

✦**minàccia** [lat. *minăciae*, nom. pl., da *mĭnax*, genit. *minăcis* 'minaccioso'. V. †*minace* ✱ 1261 ca.] **s. f.** (**pl.** *-ce*) **1** atto compiuto per incutere timore o discorso fatto per spaventare: *m. a mano armata*; *profferire minacce di morte, di accusa, di guerra* SIN. intimidazione **2** (*fig.*) pericolo di un male futuro: *silenzio pieno di minacce*; *c'è m. di inondazione*

†**minacciaménto** [sec. XIV] **s. m.** ● minaccia

minacciànte **part. pres.** di *minacciare*; anche **agg.** **1** (*raro*) che minaccia **2** ***muro m.***, pericolante

✦**minacciàre** [da *minaccia* ✱ 1261 ca.] **v. tr.** (**pres.** *io minàccio*; **fut.** *io minaccerò*) **1** spaventare o intimidire qlcu. con minacce (+ *di*, + *con*): *tace perché l'hanno minacciato di morte*; *è stato minacciato con un coltello* | promettere qlco. che incute timore (+ *che* **seguito da fut.**): *m. castighi severissimi*; *minaccia che la testa ad Orrigille e a lui rimarrà mozza* (L. ARIOSTO) **2** mettere in pericolo: *una controversia che minaccia i nostri rap-*

porti; la tempesta minaccia tutte le regioni costiere **3** preannunciare il verificarsi di una cosa temuta o non desiderata (*anche* **impers.**) (+ *di* **seguito da inf.**): *l'infiammazione minaccia di propagarsi; il ciel minaccia / improvvisa tempesta* (P. METASTASIO); *minaccia di piovere* **4** (*fig., lett.*) sovrastare con la propria imponenza e grandezza: *un tetro castello minaccia la vallata*

minacciatóre [av. 1292] **s. m.** (**f.** *-trice*); **anche agg.** ● (*lett.*) chi (o che) minaccia

†**minacciatòrio** [sec. XIV] **agg.** ● minatorio

†**minàccio** [av. 1301] **s. m.** ● (*raro*) minaccia: *tanti minacci di nimici* (N. MACHIAVELLI)

♦**minaccióso** (o -ṣ-) [1427] **agg.** **1** che contiene o esprime minaccia: *sguardo m.; parole, grida, attitudini minacciose; destino poco lieto, ma per nulla m.* (I. SVEVO) **2** che fa paura, che costituisce un grave pericolo: *tempesta minacciosa* | che preannuncia qlco. di negativo o di dannoso: *cielo m.; il rombo m. degli elementi* (G. D'ANNUNZIO) **3** (*fig., lett.*) che sovrasta con imponenza e grandiosità: *una rocca minacciosa apparve sulle alture* ‖ **minacciosaménte**, **avv.** ‖ **minacciosità**, **s. f. inv.** caratteristica di chi (o di ciò che) è minaccioso: *la sua magrezza caricandosi di minacciosità nel buio* (B. FENOGLIO)

†**minàce** [lat. *mināce(m)* 'minaccioso', da *minā-ri* 'minacciare', da *mĭnae*. V. †*mina*④ ✱ av. 1472] **agg.** ● (*poet.*) minaccioso

minàre [fr. *miner*, da *mine* 'mina'. V. *mina*① ✱ av. 1250] **v. tr.** **1** praticare cavità in rocce, opere murarie e sim., collocandovi cariche esplosive: *m. una casa* **2** corredare di mine, a scopo offensivo o difensivo, un terreno, un tratto di mare e sim. **3** (*fig.*) insidiare, compromettere, distruggere poco a poco: *m. la reputazione, il credito di qlcu.; un vizio che mina la salute*

minaréto [fr. *minaret*, dal turco *minare*, dall'arabo *manāra* 'faro' ✱ av. 1764] **s. m.** ● torre annessa alla moschea, dalla quale il muezzin chiama, con canto rituale, i fedeli islamici alla preghiera

minàto **part. pass.** di *minare*; **anche agg.** ● nei sign. del v. | (*fig.*) indebolito, corroso: *un fisico m. dalla malattia* | ***terreno m.***, V. *terreno*②, sign. 3

minatóre [da *minare*, attrav. il fr. *mineur* ✱ 1644] **s. m.** **1** (**f.** *-trice*) chi lavora nelle miniere **2** ***m. continuo***, macchina per lo scavo meccanico continuo di gallerie e di miniere su vasto fronte

minatòrio [vc. dotta, lat. tardo *minatōriu(m)*, da *minārī* 'minacciare'. V. †*minace* ✱ 1483] **agg.** (**pl. m.** *-i* **o** *raro -ii*) ● di minaccia | fatto per minacciare: *lettera minatoria*

mìnbar /'mimbar, *arabo* 'minbar/ [arabo *minbar*, dalla radice *n.b.r.* 'essere alto' ✱ 1957] **s. m. inv.** (**pl. arabo** *manàbir*) ● nelle moschee, pulpito da cui viene guidata la preghiera

mìnchia [lat. *mĕntula(m)* 'pene' ✱ sec. XIV] **A** **s. f.** **1** (*merid., volg.*) pene | (*colloq., volg.*) ***una m.***, nulla: *non capisci una m.!* **2** (*merid., est., volg.*) persona sciocca **B** **in funzione di inter.** ● (*volg.*) esprime stupore, ammirazione, ira, ecc.: *m., che automobile!* | con valore rafforz.: *che m. dici!*

minchiàta [da *minchia* ✱ 1815] **s. f.** ● (*merid., volg.*) stupidaggine, sciocchezza: *fare, dire una m.* **SIN.** cazzata

minchiàte [etim. incerta ✱ av. 1484] **s. f. pl.** ● carte da gioco fiorentine in uso dal sec. XV, il cui mazzo era costituito da 40 figure più una matta | anche, il gioco stesso

minchionàggine [1712] **s. f.** ● (*pop.*) caratteristica di minchione | atto da minchione **SIN.** dabbenaggine

minchionàre [da *minchione* ✱ 1598] **v. tr.** (*io minchióno*) ● (*pop.*) canzonare, prendere in giro: *m. lo sciocco del paese* | (*assol.*) ***non m.***, non scherzare, fare sul serio

minchionatóre [1716] **s. m.** (**f.** *-trice, pop., disus. -tóra*) ● (*pop.*) chi minchiona

minchionatòrio [av. 1704] **agg.** (**pl. m.** *-i* **o** *raro -ii*) ● (*pop.*) fatto per minchionare **SIN.** canzonatorio

minchionatùra [da *minchionare* ✱ av. 1700] **s. f.** ● corbellatura, canzonatura

minchióne [da *minchia* (V.) ✱ av. 1492] **agg. e s. m.** (**f.** *-a*) ● (*pop.*) che (o chi) è troppo ingenuo e sciocco: *è tanto m. che crede a tutto; Zitto tu, m.!* (E. VITTORINI) | ***fare il m.***, lo stupido, lo sprovveduto **SIN.** babbeo, bischero, grullo, semplicione ‖ **minchionàccio**, **pegg.** | **minchioncèllo**, **dim.**

minchionerìa [av. 1535] **s. f.** **1** (*pop.*) stupidità, dabbenaggine **2** (*pop.*) cosa da minchione: *dire, fare una grossa m.* | sproposito | fandonia

mine-detèctor /mainde'tɛktor, *ingl.* 'maɪndɪ,tɛktə(r)/ [vc. ingl., comp. di *mine* 'mina①' (nel sign. 3) e *detector* (V.) ✱ 1957] **s. m. inv.** (**pl. ingl.** *mine-detectors*) ● cercamine

†**minèra** ➤ **miniera**

♦**minerale** [dall'ant. fr. *minière* 'miniera' ✱ av. 1502] **A** **s. m.** ● composto di origine naturale, costituente della litosfera, che generalmente si presenta allo stato solido cristallino | (*gener.*) materiale che si ricava dall'estrazione nelle miniere: *caricarono il m. sui vagoni* **B** **agg.** ● che ha natura di minerale o contiene minerali: *sale m.* | ***acqua m.***, contenente sali in proporzione superiore allo 0,5% | ***regno m.***, una delle tre suddivisioni tradizionali di tutti i corpi ‖ **mineralità**, **s. f. inv.** **C** **s. f.** ● (*ellitt.*) acqua minerale: *una bottiglia di m.; vino e m.* | bottiglia di acqua minerale: *una m. da un litro; una mezza m.*

mineralìsta [da *minerale* ✱ 1697] **s. m. e f.** (**pl. m.** *-i*) ● chi studia mineralogia

mineraliẓẓàre [fr. *minéraliser*, da *minéral* 'minerale' ✱ 1779] **A** **v. tr.** **1** convertire in minerale **2** impregnare di sostanze minerali un materiale organico **B** **mineraliẓẓàrsi** **v. intr. pron.** ● trasformarsi in minerale ‖ **mineraliẓẓazióne**, **s. f.**

mineraliẓẓatóre [fr. *minéralisateur*, da *minéraliser* 'mineralizzare' ✱ av. 1799] **s. m.**; **anche agg.** (**f.** *-trice*) ● agente chimico o fisico che provoca o favorisce la formazione di minerali

mineralogìa [fr. *minéralogie*, comp. di *minéral* 'minerale' e *-logie* '-logia', con aplologia ✱ 1748] **s. f.** (**pl.** *-gìe*) ● scienza che studia i minerali nella loro costituzione fisica e chimica

mineralògico [fr. *minéralogique*, da *minéralogie* 'mineralogia' ✱ 1777] **agg.** (**pl. m.** *-ci*) ● che riguarda i minerali o la mineralogia ‖ **mineralogicaménte**, **avv.**

mineralogìsta [av. 1811] **s. m. e f.** (**pl. m.** *-i*) ● studioso di mineralogia

†**mineràlogo** [da *mineralogia* ✱ 1779] **s. m.** (**f.** *-a*; **pl. m.** *-gi*) ● mineralogista

mineralogràmma [comp. di *mineral(e)* e *-gramma* ✱ 1991] **s. m.** (**pl.** *-i*) ● (*med.*) istogramma della concentrazione delle sostanze minerali inorganiche presenti in un campione biologico, come un capello

mineralometrìa [comp. di *mineral(e)* e *-metria* ✱ 1986] **s. f.** ● (*med.*) insieme delle tecniche impiegate per la misura delle componenti minerali (le sostanze inorganiche) dell'organismo | ***m. ossea***, misura, a scopo diagnostico, del contenuto in sostanza minerale (calcio e fosfato) di un osso

mineralurgìa [comp. di *minerale* con la terminazione *-urgia* deriv. per affinità da *siderurgia* ✱ 1989] **s. f.** (**pl.** *-gìe*) ● (*miner.*) tecnica di trattamento dei minerali grezzi che porta a trasformarli in beni commerciabili, da cui eventualmente estrarre poi i componenti utili **SIN.** minerurgia

mineràrio [da *miniera* ✱ 1850] **agg.** ● delle miniere, dei minerali

minerogènesi [comp. di *miner(ale)* e *genesi* ✱ 1917] **s. f. inv.** ● formazione e sviluppo dei minerali

minerosìntesi [comp. di *miner(ale)* e *sintesi* ✱ 1934] **s. f. inv.** ● (*miner.*) processo con cui in laboratorio si ottengono composti analoghi a minerali partendo o dagli elementi o da composti più semplici

minerurgìa [1993] **s. f.** (**pl.** *-gìe*) ● (*miner.*) mineralurgia

minèrva① [detti così dal marchio di fabbrica originario, che rappresentava la dea *Minerva* ✱ 1932] **s. m. pl.** ● tipo di fiammiferi di sicurezza, con capocchia senza fosforo, intagliati su più file racchiuse in una bustina

minèrva② [detto così perché ricorda la parte superiore della statua di Atena (= Minerva) di Fidia ✱ sec. XX] **s. f.** ● specie di collare ortopedico in gesso o altro materiale rigido per l'immobilizzazione del capo e della colonna cervicale

♦**minèstra** [da *minestrare* ✱ sec. XIII] **s. f.** **1** vivanda di riso o pasta, in brodo con verdura e legumi o cotta in acqua, scolata e condita: *m. asciutta, in brodo* | minestra in brodo: *scodellare la m.; m. d'orzo, di legumi* | ***m. maritata***, tradizionale specialità napoletana, a base di varie carni ed erbe | ***m. riscaldata***, (*fig.*) ciò che è ormai trascorso e si vuol fare rivivere ma che ha perduto validità | ***trovare la m. bell'e pronta***, (*fig.*) ottenere qlco. senza sforzo | porzione di minestra per una persona: *ci porti due minestre* **2** (*est.*) primo piatto **3** (*fig.*) vitto, pagnotta: *lavorare per la m.* **4** (*fig.*) faccenda, operazione: *è una m. che non mi piace* | ***è sempre la solita m.***, la solita storia ‖ **minestràccia**, **pegg.** | **minestrina**, **dim.** (V.) | **minestróna**, **accr.** | **minestróne**, **accr. m.** (V.) | **minestrùccia**, **dim.**

†**minestràre** [lat. *ministrāre* 'servire, servire a mensa', da *minĭster* 'servitore'. V. *ministro* ✱ 1280] **v. tr.** ● servire la minestra, scodellare

minestrèllo ➤ **menestrello**

†**minestrière** ➤ †**ministriere**

minestrìna [av. 1494] **s. f.** **1** dim. di *minestra* **2** minestra in brodo, leggera, spec. per bambini e malati

minestróne [1635] **s. m.** **1** accr. di *minestra* **2** minestra di riso o pasta con legumi, ortaggi, cotenna di maiale o altro, che abbia per base un soffritto di verdure aromatiche e grassi, da mangiarsi anche fredda **3** (*fig.*) strano miscuglio di cose simili o eterogenee: *di tutte le spiegazioni ha fatto un gran m.*

mìngere [lat. *mĭngere*, di orig. indeur. ✱ 1499] **v. intr.** (**pres.** *io mìngo, tu mìngi*; **pass. rem.** *io mìnsi*; rari il **part. pass.** *mìnto* e i **tempi composti**) ● emettere l'urina attraverso l'apparato urinario **SIN.** orinare

♦**mingherlìno** [ant. fr. *mingrelin*, dim. di *mingre* 'infelice', di etim. incerta ✱ av. 1565] **agg.** ● esile, gracile, delicato: *un ragazzo m.* | (*fig.*) scarno, povero, debole: *una teoria piuttosto mingherlina*

♦**mìni** [forma ellittica ✱ 1967] **A** **s. f. inv.** ● minigonna: *portare la m.; la moda della m.; ragazze in m.* **B** **agg. inv.** ● piccolo: *un impianto stereo formato m.; una vacanza m.*

mini- [ricavato dall'ingl. *mini(ature)* 'miniatura' e diffusosi in seguito alla fortuna di *minigolf* e soprattutto di *minigonna*] **primo elemento** ● in parole composte, fa riferimento a dimensioni piccole o ridotte al minimo o a realizzazioni in miniatura: *miniabito, minibus, minispot, minigolf*

miniàbito [comp. di *mini-* e *abito* ✱ 1967] **s. m.** ● abito femminile molto corto

miniacciaierìa [comp. di *mini-* e *acciaieria* ✱ 1989] **s. f.** ● stabilimento siderurgico per la fabbricazione economica di lingotti, profilati, tondini e lamiere di acciaio, utilizzando forni elettrici ad arco di piccole dimensioni e materie prime di basso costo, quali rottami ferrosi e ghisa d'altoforno

minialloggio [comp. di *mini-* e *alloggio* ✱ 1977] **s. m.** ● miniappartamento

miniappartaménto [comp. di *mini-* e *appartamento* ✱ 1973] **s. m.** ● appartamento formato di una stanza, o al massimo due, più i servizi, in genere ridotti all'essenziale **SIN.** minialloggio

miniàre [vc. dotta, lat. *miniāre*, da *mĭnium* 'minio' ✱ av. 1342] **A v. tr.** (*io mìnio*) **1** trattare con la tecnica della miniatura | ornare di miniature **2** (*est.*) ornare, scrivere o descrivere qlco. in modo esatto e con grazia: *m. un paesaggio, la figura del protagonista* **3** (*fig.*) realizzare o eseguire qlco. con estrema precisione e minuzia: *il primattore ha miniato il suo personaggio* **SIN.** cesellare **B miniàrsi v. rifl.** ● (*raro*) imbellettarsi

miniàto **part. pass.** di *miniare*; anche **agg.** ● nei sign. del v. | decorato con miniature: *codice m.*

miniatóre [av. 1328] **s. m.** (**f.** *-trice*) ● chi esegue miniature

♦**miniatùra** [da *miniare* ✱ av. 1342] **s. f. 1** genere di pittura per illustrare codici pergamenacei eseguita col minio e altri colori vivaci, fiorita spec. nel sec. XIII e XIV **2** (*est.*) dipinto di piccole dimensioni per ritratto e decorazione eseguito su carta, avorio, rame e sim. | ***in m.***, in proporzioni ridotte | ***un viso che sembra una m.***, dai lineamenti precisi e aggraziati **3** (*fig.*) lavoro compiuto con grande precisione, ricchezza di particolari e finezza: *quel ricamo è una vera m.* **4** ricostruzione in scala ridotta di un ambiente reale, per usi scenografici || **miniaturìna**, **dim.**

SFUMATURE ➤ *modellino*

miniaturìsta [1906] **s. m.** e **f.** (**pl. m.** *-i*) ● pittore di miniature

miniaturìstico [1932] **agg.** (**pl. m.** *-ci*) **1** che riguarda la miniatura: *tecnica miniaturistica* **2** (*fig.*) caratterizzato da minuziosa cura dei particolari: *un lavoro eseguito con precisione miniaturistica*

miniaturizzàre [1963] **v. tr.** ● (*elettron.*) sottoporre a miniaturizzazione || **miniaturizzazióne**, **s. f.** (V.)

miniaturizzàto **part. pass.** di *miniaturizzare*; anche **agg. 1** nel sign. del v. **2** che ha dimensioni molto piccole

miniaturizzazióne [1963] **s. f.** ● (*elettr.*) tecnica che, avvalendosi dei dispositivi a semiconduttori, mira a ridurre lo spazio occupato dai singoli componenti di un circuito

minibàr /mini'bar/ [comp. di *mini-* e *bar* ✱ 1986] **A s. m. inv.** ● piccolo frigorifero contenente bevande, biscotti o altri prodotti alimentari: *una camera d'albergo con m.* **B agg. inv.** ● nella loc.: ***carrello m.***, servizio di ristoro mobile nei treni

minibàsket [comp. di *mini-* e *basket* ✱ 1964] **s. m. inv.** ● gioco simile alla pallacanestro ma con regole più semplici e canestro più basso, praticato da bambini e ragazzi

mìnibus [comp. di *mini-* e *bus* ✱ 1970] **s. m. inv.** ● autoveicolo simile all'autobus, di ridotte dimensioni, con un numero limitato di posti

minicalcolatóre [comp. di *mini-* e *calcolatore*, sul modello dell'ingl. *minicomputer* ✱ 1983] **s. m.** ● (*inform.*) minielaboratore

minicàr [vc. ingl., comp. di *mini(ature)* 'miniatura' e *car* 'vettura' ✱ 1994] **s. f. inv.** ● (*autom.*) quadriciclo **SIN.** microcar

minicomputer /minikom'pjuter, *ingl.* 'mɪnɪkəm,pjuːtə(r)/ [comp. di *mini-* e dell'ingl. *computer* (V.) ✱ 1983] **s. m. inv.** ● (*inform.*) minielaboratore

minidìsco [comp. di *mini-* e *disco* ✱ 1970] **s. m.** (**pl.** *-schi*) ● (*inform.*) dischetto

minielaboratóre [1983] **s. m.** ● (*inform.*) elaboratore di dimensioni ridotte con unità centrale realizzata in più circuiti **SIN.** minicalcolatore, minicomputer

♦**minièra** o †**minèra** [fr. *minière*, da *mine* 'mina①' ✱ av. 1276] **s. f. 1** insieme di un giacimento di minerali e delle opere realizzate per sfruttarlo: *m. a giorno, a cielo aperto*; *m. di ferro, di rame*; *m. sotterranea*; *gallerie di m.*; *pozzi di m.*; *coltivazione della m.* **2** (*fig.*) fonte copiosa: *una m. di notizie, di informazioni, di aneddoti, di denari*

minigòlf [dall'ingl. *mini(ature)-golf* 'golf in miniatura' ✱ 1963] **s. m. inv.** ● gioco che trae spunto dal golf, da praticarsi su un percorso costituito da piste in cemento o sim., dotate di ostacoli artificiali di vario tipo

minigónna (o *-ò-*) [calco sull'ingl. *miniskirt* 'mini- (V.) gonna' ✱ 1966] **s. f. 1** gonna corta che termina, più o meno abbondantemente, sopra il ginocchio **2** specie di alettone in metallo o plastica che si applicava alla parte inferiore di un'automobile da corsa per migliorarne l'aderenza al terreno | analogo alettone applicato in funzione aerodinamica alla parte inferiore di un'automobile

mìnima [f. sost. di *minimo* ✱ 1561] **s. f. 1** (*mus.*) figura di nota corrispondente a metà della semibreve e cioè a 2/4 **2** grado minimo della temperatura: *la m. di domenica è stata di 15 gradi* **CONTR.** massima **3** (*med.*) pressione arteriosa diastolica

mìnimal /'minimal, *ingl.* 'mɪnɪməl/ [vc. ingl., propr. 'minimo', 'ridotto al minimo' ✱ 1970] **agg. inv.** ● minimalista, nel sign. B: *arredo, abbigliamento m.* | anche in alcune loc. sost. f. inv.: ***m. art***, corrente artistica nata negli Stati Uniti a metà degli anni '60 del Novecento, caratterizzata da forme geometriche elementari, realizzate con materiali d'uso comune che mirano a dare l'impressione dell'impersonalità del prodotto artistico | ***m. music***, minimalismo nel sign. 4

minimàle [ingl. *minimal*, dal lat. *mĭnimus* 'minimo' ✱ 1957] **A agg. 1** che costituisce il limite più basso: *tariffa m.* | (*est.*, *gener.*) minimo **2** tipico del minimalismo; conciso, essenziale: *stile m.*; *usare un linguaggio m.* || **minimalità**, **s. f. inv.** carattere minimale di qlco. **B s. m.** ● punto e limite minimo **CONTR.** massimale

minimalìsmo [ingl. *minimalism*, da *minimal* 'minimo'. V. *minimale* ✱ 1952] **s. m. 1** tendenza ad attuare un programma minimo in campo politico | (*gener.*) tendenza a concentrare gli sforzi su obiettivi minimi e realistici **CONTR.** massimalismo **2** corrente della letteratura americana affermatasi negli anni '80 del Novecento che, spec. in racconti brevi e novelle, descrive la quotidianità con uno stile asciutto, essenziale **3** nelle arti visive, minimal art **4** in musica, tendenza sviluppatasi negli Stati Uniti d'America negli anni '60 del Novecento parallelamente alla minimal art, che fa ricorso a frasi musicali brevi e figure ritmiche semplici ripetute ossessivamente

minimalìsta [1938] **A s. m.** e **f.** (**pl. m.** *-i*) ● seguace del minimalismo **B agg. 1** minimalistico **2** scarno, essenziale, ridotto al minimo: *abbigliamento, arredo m.*

minimalìstico [1985] **agg.** (**pl. m.** *-ci*) ● relativo al minimalismo, ai minimalisti: *correnti minimalistiche*

mìnimal music /'minimal 'mjuzik, *ingl.* ,mɪnɪməl'mjuːzɪk/ [loc. ingl., propr. 'musica minima' sul modello di *minimal art* 'minimalismo' (V.) ✱ 1988] **loc. sost. f. inv.** ● (*mus.*) stile musicale americano che ripete, sovrappone e sfasa ritmicamente elementi ritmico-melodici di proporzioni minime

†**minimaménto** [da *minimare* ✱ sec. XIV] **s. m.** ● diminuzione

†**minimàre** [da *minimo* ✱ av. 1342] **A v. tr.** ● diminuire **B v. intr.** ● abbreviarsi

minimàrket /mini'market, *ingl.* 'mɪnɪ,mɑːkɪt/ [vc. ingl., comp. di *mini-* e *market* (V.) ✱ 1985] **s. m. inv.** ● punto di vendita al dettaglio, con caratteristiche analoghe a quelle dei supermercati ma più piccolo e con un assortimento di prodotti inferiore **SIN.** minimercato

minimàssimo o **minimomàssimo** [comp. di *mini(mo)* e *massimo* ✱ 1957] **s. m.** ● (*mat.*) minimo tra i valori massimi di una funzione

mìnimax [1957] **s. m. inv.** ● (*mat.*) minimassimo

minimercàto [adattamento di *minimarket* (V.) ✱ 1993] **s. m.** ● minimarket

minìmetro [comp. di *mini(mo)* e *-metro* ✱ 1957] **s. m.** ● strumento ad alta precisione per misurare spessori minimi

minimézza [av. 1912] **s. f.** ● (*lett.*) caratteristica di ciò che è minimo; estrema modestia, umiltà

minimìssile [comp. di *mini-* e *missile* ✱ 1989] **s. m.** ● ciascuno dei piccoli missili, trasportati in vicinanza del bersaglio da un missile vettore, che, una volta espulso, si dirige autonomamente sul bersaglio, spec. mezzi corazzati

minimizzàre [fr. *minimiser*, dall'ingl. *to minimize* 'ridurre al minimo', da *minimum* 'minimo' ✱ 1939] **v. tr.** ● ridurre qlco. al minimo: *m. l'importanza dell'avvenimento* | far apparire qlco. di scarso rilievo, interesse e sim.: *m. l'incidente, la polemica* **SIN.** sminuire || **minimizzazióne**, **s. f.**

♦**mìnimo** [vc. dotta, lat. *mĭnimu(m)*, dalla stessa radice di *mĭnus* 'meno' superl. di *mĭnor* 'minore' ✱ av. 1292] **A agg.** L'aggettivo 'minimo' è un superlativo che deriva da un superlativo latino. Non prevede perciò né comparativo né superlativo. Tuttavia, spec. nell'accezione di 'trascurabile, insignificante', è talora percepito come aggettivo di grado positivo e sono usate le forme 'più minimo' e 'minimissimo': *fin nei più minimi particolari*; *vorrà ... frammettersi nei più minimi pettegolezzi* (V. ALFIERI); *una minimissima particella dell'emisferio terrestre* (G. GALILEI) **1** superl. di *piccolo* | piccolissimo: *ogni minima cosa lo disturba*; *da qui alla loro casa la distanza è minima* | ***prezzo m.***, bassissimo | il più piccolo: *ottenere il massimo risultato con il m. sforzo*; *il m. pretesto gli permetterà di accanirsi contro di noi*; *non ho la minima idea sull'identità del colpevole* | trascurabile, insignificante: *avvenne una cosa di minima importanza* (I. SVEVO) | brevissimo: *porgi a me un sol m. giorno / di pace* (A. POLIZIANO) | ***programma m.***, di propositi limitati, sui quali non è possibile transigere | ***ridurre ai minimi termini***, in matematica, trasformare una frazione in un'altra di valore uguale e in cui numeratore e denominatore siano numeri primi fra loro; (*fig.*) ridurre in pessimo stato, allo stremo delle forze o della possibilità e sim. **CFR.** mini- **CONTR.** massimo **2** (*raro*, *lett.*) ultimo, infimo, umilissimo, detto di persona | ***frati minimi, suore minime***, quelli dell'ordine francescano istituito da S. Francesco di Paola nel XV sec. **3** debolissimo, lieve: *il vetro ... per ogni minima picchiata si spezza e fracassa* (L.B. ALBERTI) || **minimaménte**, **avv.** in modo, grado o quantità minima; col valore rafforzativo di 'per nulla', 'affatto', in espressioni negative del tipo: *non ci penso minimamente*; *non mi sento minimamente stanco* **B** **s. m.** **1** la parte più piccola, il grado più ridotto: *condannare qlcu. al m. della pena* | la cosa o quantità più piccola possibile: *non ha un m. di riconoscenza per voi*; *è il m. che poteva capitargli* | ***m. garantito***, retribuzione predeterminata che deve essere comunque corrisposta per una prestazione | ***m. vitale***, cifra che uno Stato considera reddito minimo necessario per garantire la sopravvivenza di una persona | ***come m., al m.***, almeno, perlomeno: *ci vogliono come m. due ore per arrivarci* **CONTR.** massimo **2** in un motore a combustione interna, il più basso limite di giri, e quindi di funzionamento, con minore sviluppo di potenza e consumo di carburante: *motore al m.*; *regolare il m.*; *girare, marciare al m.* **3** (*mat.*) in un insieme ordinato, elemento che precede tutti gli altri **4** (*raro, lett.*) persona di condizione molto umile: *i subalterni e i minimi litigavano sempre tra loro* (I. NIEVO) **5** (*relig.*) frate dell'ordine francescano istituito da S. Francesco di Paola nel XV sec.

minimomàssimo ➤ **minimassimo**

minimósca [comp. di *mini-* e *mosca* nel sign. C ✱ 1983] **s. m. inv.** ● nel pugilato, categoria di peso inferiore a quella dei mosca | atleta appartenente a tale categoria

minimòto [comp. di *mini-* e *moto(cicletta)* ✱ 1987] **s. f. inv.** **1** motocicletta di piccole dimensioni destinata esclusivamente a uso sportivo-agonistico **2** motocicletta in miniatura per bambini con motore elettrico o a scoppio

mìnimum [vc. lat., nt. sost. di *mĭnimus* 'minimo' ✱ 1798] **s. m. inv.** (**pl. lat.** *minima*) ● (*burocr.*) minimo: *non ha ottenuto il m. dei voti per essere eletto*

mìnimum tax /'minimum taks, *ingl.* ˌmɪnɪməm'tæks/ [loc. ingl., propr. 'tassa minima' ✱ 1991] **loc. sost. f. inv.** ● (*dir.*) sistema di imposizione fondato su presunzioni legali, in forza del quale i contribuenti che esercitano attività commerciali, arti o professioni sono tenuti a dichiarare un reddito minimo non inferiore a quello previsto dalla legge | l'imposta dovuta in base a tale sistema

mininvaṣìvo [da *invasivo* preceduto dal lat. *mĭn(us)* 'meno' ✱ 1992] **agg.** ● (*chir.*) detto di trattamento chirurgico che impiega tecniche, quali la laparoscopia e la toracoscopia, tali da ottenere vantaggi anche estetici rispetto alla chirurgia classica || **mininvaṣività**, **s. f. inv.**

mìnio [vc. dotta, lat. *mĭniu(m)*, di orig. preindeur. ✱ 1303] **s. m.** (**pl.** *-i* o *raro -ii*) **1** ossido salino di piombo, di colore rosso vivo, usato per vernici antiruggine e, mescolato con olio di lino, come materiale di tenuta per giunture di tubi e lastre **2** (*raro, lett.*) belletto, rossetto **3** †miniatura

miniriförma [comp. di *mini-* e *riforma* ✱ 1985] **s. f.** ● riforma legislativa o amministrativa che riguarda un settore limitato

minischérmo [comp. di *mini-* e *schermo* ✱ 1974] **s. m.** ● schermo di dimensioni molto ridotte (in telefoni cellulari, tablet, computer palmari e sim.)

minisèrie [comp. di *mini-* e *serie* ✱ 1985] **s. f. inv.** ● sceneggiato televisivo che viene trasmesso in una breve sequenza di puntate

minisìndaco [comp. di *mini-* e *sindaco* ✱ 1997] **s. m.** (**f.** *-a*; **pl. m.** *-ci*; **V. anche nota d'uso FEMMINILE**) **1** nel gergo politico-giornalistico, presidente di una circoscrizione comunale **2** carica attribuita a un ragazzo, facente parte di una comunità, per l'organizzazione e il coordinamento di varie attività

ministeriàle [da †*ministerio* ✱ 1619] **A** **agg.** **1** di un ministro o di un ministero: *circolare m.*; *bilancio m.* | relativo all'ufficio del sacerdote e dell'ecclesiastico **2** (*est.*) governativo: *crisi m.* | ***decreto m.***, emanato dal Governo, firmato dal ministro competente || **ministerialità**, **s. f. inv.** caratteristica di ministeriale: *ministerialità ecclesiale* **B** **s. m. e f.** **1** (*burocr.*) dipendente di un ministero **2** (*stor.*) nel basso Impero e poi nell'alto Medioevo, appartenente a una classe sociale semilibera derivante da quella degli schiavi

♦**ministèro** o †**ministèrio** [lat. *ministĕriu(m)* 'servizio, ufficio', da *minĭster* 'servitore'. V. *ministro* ✱ 1308] **s. m.** **1** (*spec. lett.*) compito o ufficio socialmente e moralmente elevato, svolto a vantaggio della collettività con spiccato senso del dovere: *adempiere, trascurare, tradire il proprio m.*; *il m. dell'educatore, del medico* **SIN.** missione **2** (spesso scritto con iniziale maiuscola) complesso organizzato di uffici, diretto da un ministro, che presiede a un settore della pubblica amministrazione: *Ministero degli Affari Esteri, della Giustizia* **SIN.** dicastero **3** (*est.*) complesso degli organi costituenti il governo dello Stato: *il m. De Gasperi* **4** sede del Ministro: *recarsi al m.* **5** ***Pubblico Ministero***, organo giudiziario che compie attività processuali in veste di parte o di ausiliario di giustizia in processi civili o penali al fine di realizzare il pubblico interesse all'esatta applicazione della legge **6** ufficio e missione propri del sacerdote e dell'ecclesiastico: *sacro m.* **7** (**al pl.**, *relig.*) denominazione degli ordini minori dopo il Concilio Vaticano II **8** (*lett.*) mestiere | servizio: *avreste prestato a quegli innocenti ... il m. che avevan ragione di chieder da voi?* (A. MANZONI) **9** †amministrazione

minìstra [vc. dotta, lat. *minĭstra(m)*, f. di *minĭster* 'servitore'. V. *ministro* ✱ av. 1292] **s. f.** **1** donna che ricopre la carica di ministro **2** (*lett.*) sacerdotessa di un culto pagano | entità astratta, personificazione di donna che governa le vicende umane: *le ore che dianzi meste / ministre eran de' farmachi* (U. FOSCOLO) **3** †ancella, governante

ministrànte **A** **part. pres.** di *ministrare*; **anche agg.** ● (*raro*) nei sign. del v. **B** **s. m.** ● nella terminologia liturgica posteriore al Concilio Vaticano II, laico che compie un servizio in una celebrazione liturgica

ministràre [vc. dotta, lat. *ministrāre* 'servire, offrire', da *minĭster* 'servitore'. V. *ministro* ✱ av. 1292] **A** **v. tr.** **1** (*lett.*) porgere, procurare (*anche fig.*): *e la forza il furor ministra e cresca* (T. TASSO) | (*lett.*) servire, versare **2** †amministrare, governare: *m. la Chiesa, la giustizia* **3** †assistere **B** **v. intr.** (**aus.** *avere*) ● †servire: *m. a Dio, agli ammalati*

†**ministratóre** [vc. dotta, lat. *ministratō-re(m)*, da *ministrāre* 'ministrare' ✱ 1363] **agg. e s. m.** (**f.** *-trice*) ● che (o chi) ministra

†**ministraziòne** [vc. dotta, lat. *ministratiō-ne(m)*, da *ministrāre* 'ministrare' ✱ av. 1292] **s. f.** ● ufficio, ministerio

ministrèllo ➤ **menestrello**

ministréssa [1667] **s. f.** **1** (*scherz.* o *spreg.*) donna che ricopre la carica di ministro **SIN.** ministra **2** (*scherz., raro*) moglie di un ministro **3** †moglie di sacerdote di una confessione riformata

†**ministrière** o †**ministrièro**, †**minestrière** [ant. fr. *menestrier*, da *ménestrel* 'menestrello' ✱ av. 1294] **s. m.** ● menestrello

♦**minìstro** [vc. dotta, lat. *minĭstru(m)* 'servitore', da **minŭster*, comp. di *mĭnus* 'meno' e il suff. *-ter* che indicava opposizione fra due; cfr. *maestro* ✱ av. 1292] **s. m.** (**f.** *-a* (**V.**) o *-éssa* (**V.**); **V. anche nota d'uso FEMMINILE**) **1** membro del governo, che presiede a un dicastero: *m. segretario di stato*; *Consiglio dei ministri*; *i ministri sono nominati dal Presidente della Repubblica*; *m. degli Esteri*; *m. ad interim* | ***m. senza portafoglio***, non preposto ad alcun dicastero | ***Presidente del Consiglio dei ministri, primo m.***, capo del Governo, di cui dirige la politica generale promuovendo e coordinando le attività dei ministri | ***vice-m.***, V. *viceministro* | ***m. plenipotenziario***, agente diplomatico di grado immediatamente inferiore a quello di ambasciatore | ***m. residente***, agente diplomatico di grado immediatamente inferiore a quello di ministro plenipotenziario **2** (*lett.*) chi esegue gli ordini di qlcu. o svolge un ruolo subordinato di servizio o assistenza: *il Nibbio, uno de' più destri e arditi ministri delle sue enormità* (A. MANZONI) | ***m. di Dio***, il sacerdote; l'angelo **3** chi, in virtù dell'ordinazione sacerdotale, amministra i sacramenti | chierico o laico che assiste il celebrante in una funzione liturgica | in alcune congregazioni evangeliche, pastore che amministra il culto | ***m. della Cresima***, il vescovo | (*dir.*) ***m. del culto***, ecclesiastico investito dalle autorità competenti di specifiche funzioni attinenti l'esercizio di un culto religioso e regolato da una legislazione in parte diversa da quella applicata agli altri cittadini, nello stato italiano **4** chi dirige una comunità spec. religiosa: *m. provinciale dei Francescani* **5** (*fig., lett.*) chi agisce come difensore e divulgatore di un ideale, principio e sim.: *m. di pace* | (*raro*) somministratore || **ministrìno**, **dim.** | **ministróne**, **accr.** | (*spreg.*) **ministrùcolo**, **dim.**

minitel® /*fr.* mini'tɛl/ [vc. fr. comp. di *(ter)min(al)* e *tél(éphone)* con l'influenza di *mini-* ✱ 1985] **s. m. inv.** ● in Francia, servizio di telecomunicazione di massa al quale si può accedere con un computer collegato al telefono

minivòlley /mini'vɔllei/ [comp. di *mini-* e *volley* ✱ 1970] **s. m. inv.** ● pallavolo giocata da bambini, con rete più bassa e regole semplificate

Mìnnesang /'minnezang, *ted.* 'mɪnəˌzaŋ/ [vc. ted., comp. di *Minne* 'amore' e *Sang* 'canto' ✱ 1957] **s. m. inv.** (**pl. ted.** *Minnesange*) ● arte dei Minnesänger

Minnesänger /minne'zɛnger, *ted.* 'mɪnəˌzɛŋʌ/ o **Minnesinger** /*ted.* 'mɪnəˌzɪŋʌ/ [vc. ted., da *Minnesang* (V.) ✱ 1905] **s. m. inv.** (**pl. ted. inv.** o *Minnesänge*) ● denominazione dei poeti lirici tedeschi del XII e XIII secolo, che componevano e cantavano per lo più versi d'amore sul modello della lirica trovadorica

minòico [agg. del gr. *Mínōs* 'Minosse' ✱ 1923] **agg.** (**pl. m.** *-ci*) **1** relativo a Minosse, mitico re di Creta **2** relativo alla civiltà che ebbe come centro Creta, fiorita tra l'inizio del terzo millennio e il XV secolo a.C.

♦**minorànza** [da *minore* ✱ 1308] **s. f.** **1** gruppo meno numeroso di persone o cose: *fu udito solo dalla m. dei presenti*; *i giorni festivi sono una m. rispetto a quelli feriali* | ***m. parlamentare***, insieme dei parlamentari di opposizione, esponenti dei partiti che nelle elezioni hanno ottenuto un minor numero di voti **CONTR.** maggioranza **2** complesso dei cittadini di uno Stato, che si differenziano dalla maggioranza per l'etnia, la lingua, la religione o la cultura: *minoranze etniche, linguistiche, religiose, nazionali* **3** inferiorità numerica di voti o di votanti: *essere in m.*; *mettere in m.* | gruppo di persone in numero insufficiente per poter imporre, mediante votazione, la propria volontà | il partito o l'insieme di partiti all'opposizione rispetto alla maggioranza: *relatore di m.* **4** †condizione di minore **5** †diminuzione

a b c d e f g h i j k l m n o p q r s t u v w x y z

Definizione d'autore

Faccio parte di minoranze attive – politiche, sociali, pedagogiche, culturali – da quando avevo 18 anni; sono vicino a quelle religiose e ad alcune grandi organizzazioni (la chiesa cattolica, i socialisti fino al 1963), ma mi definisco da tempo, con Silone, *cristiano senza chiesa, socialista senza partito*. Sono convinto che le minoranze eticamente determinate (insisto sull'*etiche*) sono, debbono essere, il sale di ogni società, ma lo sono solo se operano per la liberazione di "tutti", combattendo le idee, non le persone. Un *tutti* che comprenda e rispetti gli umani e il vivente, non accettando il mondo così com'è, operando per la sua trasformazione, aprendosi e non chiudendosi verso l'altro. Solo così riesco a sentirmi non inutile e (egoisticamente) sereno.

Goffredo Fofi

minoràre [vc. dotta, lat. tardo *minorāre*, da *mĭnor*, genit. *minōris* 'minore' ✱ sec. XIV] **v. tr.** (*io minóro*) ● (*lett.*) rendere minore

minorascàto [da *minorasc(o)* con il suff. *-ato* ✱ 1978] **s. m.** ● (*dir.*) minorasco

minoràsco [da *minore*, sul modello di *maggiorasco* ✱ 1691] **s. m.** (**pl.** *-schi*) ● anticamente, sistema successorio basato sulla preferenza dell'ultimogenito nell'acquisto del patrimonio ereditario

minoratìvo [da *minorato*, part. pass. di *minorare* ✱ av. 1692] **agg. 1** (*raro*) che rende minore, che peggiora **2** †lassativo

minoràto **A** **part. pass.** di *minorare* ● nei sign. del v. **B** **agg. e s. m.** (**f.** *-a*) ● che (o chi) è totalmente o parzialmente privo delle facoltà fisiche o intellettive: *un bambino m. nell'uso delle gambe*; *istituto di rieducazione per minorati* | ***m. di guerra***, mutilato, invalido | ***m. psichico***, che ha limitazioni mentali | (*est.*, *spreg.*) cretino, stupido

minorazióne [vc. dotta, lat. tardo *minoratiō-ne(m)*, da *minorāre* 'minorare' ✱ 1676] **s. f. 1** riduzione, scadimento: *m. dei pezzi, delle spese, della fama* **SIN.** diminuzione **2** diminuzione o perdita delle facoltà fisiche o intellettuali: *ha subito una grave m. nell'uso della parola* **SIN.** menomazione

SFUMATURE DI SIGNIFICATO

minorazione - menomazione - handicap - lesione

Minorazione è la diminuzione o la perdita di facoltà fisiche o intellettuali, per esempio della deambulazione, della parola o della memoria. **Menomazione** ha significato analogo, ma fa riferimento in maniera più concreta all'organo o alla facoltà indebolita o perduta. Con **handicap** si designa in generale una condizione di svantaggio, d'inferiorità rispetto ad altri; in senso concreto e riferito a persona, rappresenta una deficienza fisica o psichica, dunque coincide in questo significato con *menomazione*. **Lesione** come termine giuridico è qualsiasi offesa o violazione a una persona o a un'istituzione, a un valore; nel significato medico ha invece relazione con i termini già considerati perchè indica qualsiasi alterazione anatomica o funzionale indotta da un agente esterno sull'organismo.

♦**minóre** [lat. *minōre(m)*, di orig. indeur. ✱ 1261 ca.] **A** **agg. 1** compar. di *piccolo* | meno grande quanto ad ampiezza, estensione, intensità, altezza e sim.: *scegliere il podere m.*; *il percorso m.*; *il mio giardino è m. del tuo*; *spese, esigenze minori* | ***in tono m.***, (*fig.*) in forma dimessa: *una serata in tono m.* **CFR.** meio- **CONTR.** maggiore **2** (*mat.*) dati in un insieme ordinato due elementi *a*, *b*, si dice che *a* è minore di *b* se lo precede: si scrive $a<b$ (mentre $a \leq b$ significa '*a* è minore o uguale a *b*') | riferito a numeri, s'intende che la relazione d'ordine è il solito ordinamento | ***cerchio, circolo m.***, che non divide la sfera in due parti uguali **3** di importanza secondaria, di rilevanza ridotta, più scarsa: *gli scrittori minori del XVIII secolo* | ***arti minori***, V. *arte* | ***edizione m.***, quella in cui sono state omesse le parti più difficili o di minore importanza: *vocabolario, enciclopedia in edizione m.* | ***Ordini minori***, V. *ordine* | ***frati minori***, appartenenti all'ordine creato da S. Francesco d'Assisi | (*mus.*) detto di uno dei due modi del sistema tonale, contrapposto al maggiore | (*mus.*) ***intervallo m.***, quello contenente un semitono cromatico in meno rispetto all'intervallo maggiore dello stesso nome | (*mus.*) ***accordo perfetto m.***, quello formato da una terza minore e da una quinta | (*mus.*) ***scala m.***, quella caratterizzata dall'intervallo di terza minore partendo dalla tonica | (*sport*) ***campionati minori***, tornei che impegnano squadre appartenenti alle divisioni inferiori **4** di grado inferiore | (*est.*) meno grave: *pena m.*; *il danno è stato m. del previsto* **5** subordinato | ***legge m.***, legge regionale il cui contenuto è sempre delimitato dai principi fondamentali delle leggi nazionali **6** più giovane di età: *fratello, sorella m.* | ***Catone m.***, il più giovane dei due Catoni, contrapposto al più vecchio **CONTR.** maggiore **7** †privo, mancante: *essere m. di qlco.* ‖ **†minorménte**, **avv.** di meno; molto meno: *faticare minormente* **B** **s. m. e f. 1** chi è più giovane d'età rispetto ad altri: *donò la casa di campagna al m. dei suoi figli* **CONTR.** maggiore **2** (*lett.*) persona inferiore di merito o di condizione sociale: *nella città rissavano i maggiori / ed i minori* (G. PASCOLI) **3** (*dir.*) minorenne **4** (**al pl.**) i discendenti

minorènne [comp. di *minore* ed *-enne*, ricavato da *decenne* ✱ 1812] **s. m. e f.; anche agg.** ● (*dir.*) chi (o che) è ancora nella minore età: *tribunale dei minorenni*; *impresa esercitata da un m. emancipato* **SIN.** minore

minorennità [1858] **s. f. inv.** ● (*disus.*) condizione di chi è minorenne

minorìle [da *minore* ✱ 1923] **agg.** ● dei minorenni: *delinquenza m.*

minorìta [da *minore* ✱ av. 1536] **s. m.** (**pl.** *-i*) ● frate francescano appartenente all'ordine dei frati minori

minorità [da *minore* ✱ 1584] **s. f. inv. 1** (*dir.*) età e condizione di minorenne **2** †minoranza: *essere in m.* **3** (*lett.*) condizione inferiore

minoritàrio [fr. *minoritaire*, da *minorité* 'minoranza' (in senso politico calco sull'ingl. *minority*) ✱ 1918] **agg.** ● della minoranza, che è in minoranza: *proposta minoritaria*; *voto m.* | che costituisce una minoranza: *religione minoritaria*

minoritarìsmo [1924] **s. m.** ● condizione di persona o gruppo che è in minoranza, rappresenta una minoranza o tende a sentirsi minoranza

minorìtico [1869] **agg.** (**pl. m.** *-ci*) ● concernente i frati minori

Minòsse [dal n. di *Minosse*, mitico re di Creta posto da Dante all'entrata dell'Inferno per esaminare le colpe dei peccatori e assegnare loro la pena ✱ 1869] **s. m.** ● giudice molto severo

Minotàuro [vc. dotta, lat. *Minotăuru(m)*, gr. *Minṓtauros*, comp. di *Mínōs* 'Minosse' e *tâuros* 'toro', propr. 'toro di Minosse' ✱ 1313] **s. m. 1** nella mitologia greco-romana, mostro con corpo umano e testa taurina nato dall'accoppiamento di Pasifae, moglie di Minosse, con un toro | figura araldica chimerica che lo riproduce **2** (*zool.*, con iniziale minuscola) insetto degli Scarabeidi che vive nei terreni sabbiosi

mìnsi ➤ **mingere**

†minuàle [dal lat. *mĭnus* 'meno' ✱ av. 1332] **agg.** ● di bassa condizione

minuèndo [vc. dotta, lat. *minuĕndu(m)*, gerundivo di *minŭere* 'diminuire'. V. *†minuire* ✱ 1891] **s. m.** ● (*mat.*) primo termine della sottrazione da cui va sottratto il sottraendo

minuétto [fr. *menuet*, dim. di *menu* 'minuto, piccolo', per la brevità dei passi di questa danza ✱ 1709] **s. m. 1** (*mus.*) danza popolare francese in ritmo ternario, divenuta nel XVI sec. danza di corte e di qui introdotta in forma stilizzata a costituire uno dei movimenti nella suite, nella sonata, nella sinfonia e nel quartetto: *i minuetti di Haydn, di Mozart* **2** (*fig.*) scambio di cortesie, di gentilezze estremamente affettate e spesso insincere | comportamento o atteggiamenti molto ricercati o leziosi

minùgia [lat. *minūtia(m)* 'piccola parte'. V. *minuzia* ✱ 1313] **s. f.** (**pl. inv.** o *minùgie*, *minùge*) **1** (*lett.*, **spec. al pl.**) budella, interiora **2** budella di ovini, per corde di strumenti musicali **3** (*med.*) catetere sottile

minùgio [sec. XIV] **s. m.** ● (*lett.*) minugia

†minuìre [vc. dotta, lat. *minŭere*, da *mĭnus* 'meno' ✱ 1312] **v. tr.**, **intr.** e **†minuìrsi** **v. intr. pron.** ● diminuire: *aveagli già amore il sonno tolto / e minuito il cibo* (G. BOCCACCIO)

minùscola [av. 1642] **s. f.** ● lettera o carattere minuscolo dell'alfabeto

♦**minùscolo** [vc. dotta, lat. *minŭsculu(m)*, dim. di *mĭnus*, nt., 'minore'. V. *meno* ✱ 1598] **A** **agg. 1** detto di qualsiasi scrittura o carattere che abbia il corpo delle lettere alfabetiche compreso entro due linee parallele e le aste prolungate al di sopra e al di sotto di esse **2** molto piccolo: *questa casetta è davvero minuscola*; *le ha mandato due minuscoli mazzi di fiori* | (*fig.*) insignificante, irrilevante: *un particolare m.* **B** **s. m.** ● carattere di scrittura minuscolo ‖ **minuscolétto**, **dim.**

minus hàbens /*lat.* minus'abens/ [loc. lat., propr. 'che ha meno', comp. di *mĭnus* 'meno' e *hăbens*, part. pres. di *habēre* 'avere'] **loc. sost. m. e f. inv.** (**pl. lat.** *minus habentes*) **1** (*eufem.*) persona scarsamente dotata dal punto di vista intellettivo **2** chi ha meno diritti di quelli di cui gode la maggior parte dei cittadini

minusvalènza [dal lat. *mĭnus* 'meno', sul modello di *plusvalenza* ✱ 1983] **s. f.** ● (*econ.*) minor valore effettivo di un bene rispetto alla sua valutazione in bilancio

minùta [f. sost. dell'agg. *minuto*①, perché composta in scrittura più piccola (*minuta*) o perché contiene anche i particolari più *minuti*; nel sign. 3, calco sul fr. *menu* (V.) ✱ av. 1419] **s. f. 1** stesura iniziale, ancora da perfezionarsi, di uno scritto: *disse agli alunni di redigere la m.*; *ha completato la m. del contratto* **SIN.** bozza, brutta copia **2** (*lett.*) elenco | †inezia | (*lett.*) ***per la m.***, nei dettagli | (*lett.*) ***non guardare per la m.***, non andare troppo per il sottile **3** (*lett.*, *raro*) menù

SFUMATURE ➤ ***traccia***

minutàggio [da *minuto*② ✱ 1965] **s. m.** ● durata in minuti | conteggio dei minuti, spec. in spettacoli televisivi e sim.

minutàglia [lat. tardo *minutālia*, nt. pl. di *minutālis* 'piccolo', da *minūtus* 'minuto①' ✱ 1561] **s. f. 1** quantità di cose minute e inutili: *buttate questa m.* **2** (*fig.*) piccolo particolare: *badare alle minutaglie* **3** quantità di pesciolini da friggere

minutàme [da *minuto*① ✱ av. 1410] **s. m.** ● (*raro*) minutaglia

minutànte① **A** **part. pres.** di *minutare*①; **anche agg.** ● nei sign. del v. **B** **s. m. e f.** ● chi ha l'incarico di stendere le minute | ***m. pontificio***, funzionario degli organi della curia, in origine addetto alle minute dei brevi **SIN.** abbreviatore

minutànte② [da *minuto*② ✱ 1881] **s. m. e f.** ● (*raro*) commerciante al minuto, dettagliante

minutàre① [da *minuta*① ✱ av. 1536] **v. tr.** ● (*raro*, *burocr.*) stendere la minuta di uno scritto (*anche assol.*)

†**minutàre**② [da *minuto*① ✱ av. 1597] **v. tr.** **1** arare con solchi molto ravvicinati **2** (*raro*) sminuzzare

minutàrio [da *minuta* ✱ 1664] **s. m.** ● (*raro*) copialettere

minutènze [da *minuto*① ✱ 1937] **s. f. pl.** ● (*mar.*) piccole cordicelle che si adoperano nei lavori di attrezzatura

minuterìa [da *minuto*① ✱ 1300] **s. f.** **1** insieme di piccoli oggetti ornamentali, di lavorazione fine e minuta: *negozio di m.* **2** insieme di piccoli componenti di apparecchi, meccanismi ecc., in particolare dei rotismi di orologi meccanci

minutézza [da *minuto*① ✱ 1542] **s. f.** **1** piccolezza: *la m. della sua calligrafia mi affatica la vista* **2** (*raro*) minuzia: *raccontare qlco. con m. di particolari*

minutièra [da *minuto*② ✱ 1937] **s. f.** ● in un orologio, lancetta dei secondi

minutière [da *minuto*① ✱ 1681] **s. m.** (**f.** *-a*) **1** venditore di minuterie **2** chi fa lavori di minuterie

minutìna [da *minuto*① ✱ 1813] **s. f.** ● insalata verde di erbette crude, saporite e odorose

♦**minùto**① [vc. dotta, lat. *minūtu(m)*, part. pass. di *minŭere*. V. †*minuire* ✱ 1241] **A** **agg.** **1** piccolo, esiguo: *granelli minuti*; *macchia, particella, scheggia minuta* | ***legna minuta***, tagliata piccola | ***carbone m.***, in pezzi di ridotte dimensioni | ***pesce m.***, pesciolini | ***denaro m.***, spicciolo | ***pioggia minuta***, che cade a gocce piccole e fitte | ***neve minuta***, nevischio | ***lettere minute***, tracciate piccole, sottili e fitte **2** (*est.*) gracile, mingherlino: *ossatura, costituzione minuta* **SIN.** esile **3** fine, sottile: *torse in anella i crini minuti* (T. TASSO) **4** (*fig.*) di scarso rilievo, di poca importanza: *osservazioncella minuta*; *discussioni pacate ... sulla minuta politica quotidiana* (M. SERAO) | (*est.*) accessorio: *spesa minuta* **5** (*fig., lett.*) di bassa condizione, d'infimo grado: *gente minuta*; *animo, ingegno m.* | ***popolo m.***, nella Firenze medievale, gli artigiani minori **6** (*fig.*) curato nei minimi particolari, minuzioso, preciso: *ragguaglio m.*; *relazione minuta* **SIN.** particolareggiato ‖ **minutaménte**, **avv.** **1** a pezzetti **2** in modo particolareggiato, con precisione ed esattezza **B** **avv.** ● †minutamente **C** **s. m.** **1** (*raro*) parte minima | ***al m.***, in piccola quantità, al dettaglio: *comprare, vendere al m.*; *commercio al m.* **2** (*lett.*) inezia, minuzia | (*lett.*) ***per m.***, †***per il m.***, nei minimi particolari; minuziosamente: *i particolari della strage erano per m. ... descritti e rappresentati* (L. PIRANDELLO) | ***cadere nel m.***, eccedere nella cura dei particolari, perdersi in piccolezze

♦**minùto**② [vc. dotta, lat. *minūtu(m)* 'cosa piccola'. V. *minuto*① ✱ 1354] **s. m.** **1** unità di misura di tempo, corrispondente a sessanta secondi e a un sessantesimo di ora **SIMB.** min | ***m. primo***, erroneamente usato per 'minuto' | ***m. secondo***, erroneamente usato per 'secondo' | (*fig.*) ***spaccare il m.***, essere puntualissimo, detto di persona; essere molto preciso, detto di orologio | ***contare i minuti***, (*fig.*) essere molto impaziente | ***arrivare al m.***, con assoluta puntualità **2** (*fig.*) momento, istante: *sarò da te fra pochi minuti*; *abbia la compiacenza di attendere qualche m.* | ***di m. in m.***, ***a minuti***, da un momento all'altro: *lo aspettiamo di m. in m.*; *arriverà a minuti* | ***in un m.***, in poco tempo, con grande velocità o rapidità | ***non avere un m. di pace, di requie***, non essere mai tranquilli | ***è questione di pochi minuti***, è cosa che non esige molto tempo | ***ogni m., ogni mezzo m.***, sempre o di continuo | ***non avere un m. da perdere***, avere una terribile fretta | ***non c'è un m. da perdere***, bisogna fare in fretta | ***avere i minuti contati***, avere molta fretta; (*fig.*) essere in punto di morte **3** unità di misura di angolo, corrispondente a sessanta secondi e a un sessantesimo di grado **SIMB.** ′ ‖ (*lett.*) **minutèllo**, **dim.** | **minutìno**, **dim.**

♣**minùzia** [vc. dotta, lat. *minūtia(m)*, da *minūtus* 'minuto①' ✱ 1321] **s. f.** **1** †parte molto piccola **2** (**spec. al pl.**) particolare minimo e trascurabile: *non preoccuparti delle minuzie* **SIN.** inezia | nella tecnica di lettura delle impronte digitali, attributo che descrive il particolare andamento delle linee, sul quale si basa l'individualità del disegno **3** minuziosità: *lavoro eseguito con grande m.*

minuziosàggine (o **-ṣ-**) [1869] **s. f.** ● (*spreg.*) minuziosità eccessiva e pedante: *la tua m. è soffocante!* | (*est.*) cavillo: *finiamola con queste minuziosaggini assurde!*

♣**minuzióso** (o **-ṣ-**) [da *minuzia* ✱ av. 1808] **agg.** **1** che cura ogni minimo particolare: *ricercatore m.* **SIN.** meticoloso **2** che è fatto con somma diligenza e precisione, senza trascurare nulla: *indagini, descrizioni minuziose* **SIN.** meticoloso ‖ **minuziosaménte**, **avv.** ‖ **minuziosità**, **s. f. inv.** caratteristica di chi (o di ciò che) è minuzioso; meticolosità, scrupolosità

minuzzàglia [da *minuzzare* ✱ av. 1361] **s. f.** **1** minutaglia: *collezionare minuzzaglie* | †frattaglia **2** (*fig., spreg.*) dettaglio, quisquilia

†**minuzzàre** [lat. parl. *minutĭare*, da *minūtia* 'particella'. V. *minuzia* ✱ av. 1342] **v. tr.** ● sminuzzare

†**minuzzàta** [da *minuzzare* ✱ sec. XV] **s. f.** ● fogliame che si sparge per le strade nei giorni di processione

minùzzo [da *minuzzare* ✱ sec. XIV] **s. m.** ● (*lett.*) minuzzolo

†**minùzzola** [sec. XIV] **s. f.** ● (*raro*) minuzzolo

†**minuzzolàre** ➤ **sminuzzolare**

♣**minùzzolo** [V. *minuzzo* ✱ av. 1292] **A** **s. m.** (**f.** *-a*) **1** pezzettino: *minuzzoli di pane, di carne* | ***ridurre a minuzzoli***, sminuzzare, sbriciolare | (*fig.*) ***m. di tempo***, attimo | ***a minuzzoli***, con cure costanti, con sacrifici e stenti | ***andare in minuzzoli***, in pezzi minutissimi **SIN.** briciola **2** (**f.** *-a*) (*fig.*) bambino o ragazzo minuto, di piccola statura: *è un m., ma è incredibilmente forte* **3** (*raro, fig.*) minuzia, quisquilia **B** **avv.** ● †punto, niente affatto (in prop. negative)

minzionàle [1957] **agg.** ● relativo a minzione | ***residuo m.***, urina residua in vescica dopo la minzione

minzióne [vc. dotta, lat. tardo *minctiōne(m)*, da *mĭngere* 'mingere' ✱ 1689] **s. f.** ● emissione dell'urina **SIN.** orinazione

♦**mìo** o †**mèo**②, (**inv.**) †**mìe** [lat. *mĕu(m)*, di orig. indeur. ✱ 1065] **A** **agg. poss. di prima pers. sing.** (**f.** *mìa*; **pl. m.** *mièi*, **centr.** †*mìa*; **pl. f.** *mìe*, **centr.** †*mìa*; **pop., tosc. troncato in** *mi'*, †*me'*, **in posizione proclitica, per tutti i generi e numeri**: *il mi' babbo*; *la mi' mamma*; *i mi' figlioli*; *le mi' sorelle*; †*mo*, **f.** *ma*, **in posizione enclitica**: *fràtelmo, mògliema*) **1** che appartiene a me (indica proprietà, possesso, anche temporanei): *questa è la mia casa*; *voglio che tu veda il mio giardino*; *qui tengo i miei libri*; *dove sono i miei occhiali?*; *il mio appartamento è in affitto* | (con valore enfat. e rafforz., posposto a un sost.): *Fuori da casa mia!* **2** che è relativo a me, che mi è proprio: *il mio corpo*; *la mia voce*; *il mio braccio*; *la mia anima, la mia volontà*; *i miei pensieri*; *le mie preoccupazioni*; *il mio lavoro*; *Piangete, amanti, insieme, al mie dolore* (A. POLIZIANO) | (*est.*) con riferimento a parole, atti e sim. che provengono da me: *il mio tema*; *il mio ultimo saggio*; *il mio discorso* **3** di me (indica relazioni di parentela, di amicizia, di conoscenza, di dipendenza e sim.): *mio padre*; *la mia patria*; *il mio paese d'origine*; *i miei amici*; *il mio avvocato*; *il mio concorrente*; *la mia padrona*; *il mio maestro*; *i miei dipendenti* | Davanti a nomi di parentela (come 'padre', 'madre', 'figlio', 'zio', 'cugino', 'nonno', 'nipote', 'marito', 'moglie', 'fratello', 'sorella', 'cognato', 'genero', 'nuora' o 'suocero'), richiede sempre l'art. determ. quando il nome che segue è al pl. (*i miei figli*; *i miei nipoti*; *le mie cognate*); richiede inoltre l'art. determ. davanti a un nome alterato o accompagnato da attributi o apposizioni (*la mia zietta*; *il mio buon nipote*; *la mia cara cognata*); negli altri casi respinge gener. l'art. determ. (*mio padre*; *mia nonna*; *mia nipote*), con possibili eccezioni di tipo regionale, spec. nell'uso toscano (*la su' sorella*); fanno eccezione le varianti affettive 'mamma', 'papà', 'babbo', 'figliolo' e 'figliola' che sono gener. preceduti dall'art. determ. (*la mia mamma*; *il mio babbo*; *il mio figliolo*), anche se nel caso di 'mamma' e 'papà' sono frequenti, spec. nell'uso colloquiale, le forme senza art. (*mia mamma*; *mio papà*) | esprimendo paterna o cortese o formale benevolenza: *ragazzi miei, ascoltate ciò che vi dico*; *caro il mio uomo, cercherò di aiutarvi*; *vogliate essere un mio buon amico* | generalmente si pospone al sost. nelle escl.: *mamma mia!*, *Dio mio!* **4** (*fam.*) che mi è abituale, consueto: *dopo pranzo ho bisogno del mio caffè*; *non posso rinunciare alla mia passeggiata serale* **B** **pron. poss. di prima pers. sing.** **1** quello che mi appartiene, che mi è proprio o che comunque è relativo a me (sempre preceduto dall'art. determ.): *il suo appartamento è meglio del mio*; *la tua volontà è anche la mia* **2** (*assol.*) ricorre, con ellissi del sost., in alcune espressioni e locuzioni particolari, proprie del linguaggio colloq. | ***non voglio rimetterci del mio***, ciò che mi appartiene | ***datemi il mio***, ciò che mi spetta di diritto | ***mi accontento del mio***, di ciò che ho | ***ci ho messo del mio***, V. *mettere* nel sign. A 5 | ***non abito più con i miei***, con i miei familiari, parenti | ***quel ragazzo è uno dei miei***, uno dei miei amici o compagni, o dipendenti e sim. | ***voglio anche io dire la mia***, la mia opinione | ***sta, tiene, è, dalla mia***, dalla mia parte, a mio favore | ***quando hai ricevuto l'ultima mia?***, l'ultima mia lettera | ***ho passato anch'io le mie***, le mie disavventure, amarezze e sim. | ***ne ho fatta una delle mie***, una delle mie solite malefatte

mio- [gr. *myo-*, da *mŷs*, genit. *myós* 'topo', poi 'muscolo', di orig. indeur.] **primo elemento** ● in parole composte, spec. della terminologia medica, significa 'muscolo' o indica relazione con i muscoli: *miocardia*, *miopatia*

mioatrofìa o **miatrofìa** [comp. di *mio-* e *atrofia* ✱ 1970] **s. f.** ● (*med.*) amiotrofia ‖ **mioatròfico**, **agg.** (**pl. m.** *-ci*) relativo a mioatrofia

miocardìa [comp. di *mio-* e *-cardia* ✱ 1957] **s. f.** ● (*med.*) affezione del miocardio

miocàrdico [1906] **agg.** (**pl. m.** *-ci*) ● (*anat.*) relativo al miocardio

miocàrdio [comp. di *mio-* e *-cardio* ✱ 1889] **s. m.** ● (*anat.*) parte muscolare del cuore

miocardiopatìa [comp. di *miocardio* e *-patia* ✱ 1939] **s. f.** ● (*med.*) qualsiasi processo patologico del miocardio ‖ **miocardiopàtico**, **agg.** (**pl. m.** *-ci*); **anche s. m.** (**f.** *-a*) **nel sign. 2** **1** relativo a miocardiopatia **2** che (o chi) soffre di miocardiopatia

miocardìte [comp. di *miocardio* e *-ite*① ✱ 1881] **s. f.** ● (*med.*) processo infiammatorio del miocardio

miocardòṣi [comp. di *miocard(io)* e *-osi* ✱

1957] s. f. inv. ● (*med.*) processo degenerativo del miocardio

miocèle [comp. di *mio-* e *-cele* ✱ 1954] s. m. ● (*med.*) ernia muscolare

Miocène [fr. *miocène*, comp. del gr. *méiōn* 'minore' e *-cene*① ✱ 1871] s. m. ● (*geol.*) quarto periodo dell'era cenozoica

miocènico [1875] **A** agg. (pl. m. *-ci*) ● del Miocene, relativo al Miocene **B** s. m. ● (gener. con iniziale maiuscola) Miocene

mioclonìa [vc. dotta, da *mio-* e il gr. *klónos* 'movimento veemente' ✱ 1896] s. f. ● (*med.*) contrazione muscolare brusca, involontaria, singola o ripetitiva

mioddìo ➤ **Dio**①

miodeșopsìa [comp. di due elementi gr., *myoeidês* 'simile a mosca' e *-opsia* ✱ 1995] s. f. ● (*med.*) percezione di punti mobili, noti come "mosche volanti", conseguente ad opacità del cristallino

miodistrofìa [comp. di *mio-* e *distrofia* ✱ 1957] s. f. ● (*med.*) distrofia, congenita o acquisita, dei muscoli, per cui si ha difficoltà a camminare e a stare eretti, fino all'invalidità totale ‖ **miodistròfico**, agg. (pl. m. *-ci*); anche s. m. (f. *-a*) nel sign. 2 **1** relativo a miodistrofia **2** che (o chi) è affetto da miodistrofia

miofascìale [comp. di *mio-* e *fasciale* ✱ 1986] agg. ● (*anat.*) riferito a un muscolo e alla guaina connettivale con la quale è comunque in rapporto: *dolore m.*

miofibrìlla [comp. di *mio-* e *fibrilla* ✱ 1954] s. f. ● (*anat.*, *biol.*) costituente elementare del muscolo striato corrispondente a un fascio di miofilamenti

miofilaménto [comp. di *mio-* e *filamento* ✱ 1978] s. m. ● (*anat.*, *biol.*) ognuna delle sottili strutture filamentose citoplasmatiche responsabili delle proprietà contrattili del muscolo liscio e di quello striato

mioflogòși o **mioflògoși** [comp. di *mio-* e *flogosi* ✱ 1834] s. f. inv. ● (*med.*) infiammazione del tessuto muscolare striato

miògale [vc. dotta, gr. *myogalê*, comp. di *mŷs*, genit. *myós* 'topo' (V. *mio-*) e *galê* 'donnola', di etim. incerta ✱ 1957] s. m. ● (*zool.*) desman

miògeno [comp. di *mio-* e *-geno* ✱ 1957] **A** agg. ● (*med.*) che deriva o è prodotto da tessuto muscolare **B** s. m. ● (*chim.*) soluzione di proteine estraibili dal tessuto muscolare macerato con acqua fredda

mioglobìna [comp. di *mio-* e *glob(ul)ina*, sul modello di *emoglobina* (V.) ✱ 1957] s. f. ● (*chim.*) proteina contenente eme, simile all'emoglobina, presente nel citoplasma delle fibre muscolari dei Vertebrati e di alcuni invertebrati con funzione di riserva di ossigeno

miografìa [comp. di *mio-* e *-grafia* ✱ 1869] s. f. ● (*med.*) registrazione dei movimenti muscolari

miògrafo [comp. di *mio-* e *-grafo* ✱ 1869] s. m. ● strumento per la miografia

miòide [comp. di *mi(o)-* e *-oide* ✱ 1957] agg. ● (*anat.*) detto di struttura che per le proprie caratteristiche morfologiche viene ritenuta capace di attività contrattile

miologìa [comp. di *mio-* e *-logia* ✱ 1803] s. f. (pl. *-gie*) ● parte dell'anatomia che studia i muscoli del corpo

miològico [1869] agg. (pl. m. *-ci*) ● relativo alla miologia

miòma [comp. di *mio-* e *-oma* ✱ 1871] s. m. (pl. *-i*) ● (*med.*) tumore, generalmente benigno, del tessuto muscolare

miomalacìa [comp. di *mio-* e *malacia* ✱ 1957] s. f. (pl. *-cie*) ● (*med.*) rammollimento dei tessuti muscolari

miomectomìa [comp. di *miom(a)* ed *-ectomia* ✱ 1939] s. f. ● (*chir.*) asportazione chirurgica di un mioma

miomètrio [comp. di *mio-* e un deriv. del gr. *mḗtra* 'utero' (V. *metro-*①) ✱ 1957] s. m. ● (*anat.*) parte muscolare liscia dell'utero

mionèma [comp. di *mio-* e del gr. *nêma* 'filamento' (V. *nemato-*) ✱ 1957] s. m. (pl. *-i*) ● (*zool.*) ognuna delle piccole fibrille contrattili di cui sono talvolta dotati i Protozoi, le quali, consentendo al corpo dell'animale di cambiare forma, coadiuvano gli organi locomotori

miopatìa [comp. di *mio-* e *-patia* ✱ 1889] s. f. ● (*med.*) qualsiasi malattia della muscolatura | *m. primitiva*, distrofia muscolare ‖ **miopàtico**, agg. (pl. m. *-ci*); anche s. m. (f. *-a*) nel sign. 2 **1** causato da miopatia: *atrofia miopatica* **2** che (o chi) è affetto da miopatia

mìope [vc. dotta, lat. tardo *myōpe(m)*, dal gr. *mýōps*, comp. di *mýein* 'chiudere' (V. *miosi*), e *ṓps* 'occhio', perché i miopi per guardare socchiudono gli occhi ✱ 1672] **A** agg. **1** che è affetto da miopia **2** (*fig.*) che è privo di lungimiranza, perspicacia e sim.: *il suo è un ingegno m.*; *il partito al governo sta svolgendo una politica m.* **B** s. m. e f. **1** chi è affetto da miopia **2** (*fig.*, *raro*) chi è privo di lungimiranza

miopìa [vc. dotta, gr. *myōpía*, da *mýōps*, genit. *mýōpos* 'miope' ✱ 1749] s. f. **1** (*med.*) vizio di rifrazione dell'occhio per cui l'immagine si forma sul davanti della retina, con visione indistinta degli oggetti lontani SIN. ipometropia **2** (*fig.*) mancanza di lungimiranza, di perspicacia e sim.: *la sua m. gli ha impedito di prevedere le conseguenze dell'intervento*

miòpico [1957] agg. (pl. m. *-ci*) ● (*raro*) relativo a miopia

mioplàstica [comp. di *mio-* e *-plastica* ✱ 1906] s. f. ● (*med.*) plastica muscolare

mioplàstico [1983] agg. (pl. m. *-ci*) ● di mioplastica

miopòtamo [comp. del gr. *mŷs*, genit. *myós* 'topo' (V. *mio-*) e *-potamo*, sul modello di *ippopotamo* ✱ 1834] s. m. ● (*zool.*) nutria

mioressìa [comp. di *mio-* e del gr. *rêxis* 'rottura, frattura', da *rēgnýnai* 'rompere, erompere' ✱ 1834] s. f. ● (*med.*) lacerazione prodotta nei muscoli

miorilassànte [comp. di *mio-* e *rilassante* ✱ 1957] **A** s. m. ● (*med.*) farmaco che esercita azione rilassante sulla muscolatura abolendone il tono e la motilità **B** anche agg.: *farmaco m.* SIN. decontratturante

miosclerò̦si o **miosclèroși** [comp. di *mio-* e *sclerosi* ✱ 1934] s. f. inv. ● (*med.*) sclerosi del tessuto muscolare

miòși [dal gr. *mýein* 'chiudere gli occhi', di orig. straniera, e *-osi* ✱ 1821] s. f. inv. ● (*med.*) restringimento della pupilla

miòșico ➤ **miotico**

mioșina [dal gr. *mŷs*, genit. *myós* 'muscolo' (V. *mio-*) ✱ 1957] s. f. ● (*chim.*) proteina contrattile muscolare con struttura filamentosa ed elevato peso molecolare, principale costituente dei filamenti spessi delle fibrille muscolari CFR. actina

mioșite [dal gr. *mŷs*, genit. *myós* 'muscolo' (V. *mio-*) ✱ 1821] s. f. ● (*med.*) infiammazione del tessuto muscolare

mioșòtide o †**mioșòte**, †**mioșòta** [vc. dotta, gr. *myosōtís*, genit. *myosōtídos*, comp. di *mŷs*, genit. *myós* 'topo' (V. *mio-*) e *ôus*, genit. *ōtós* 'orecchio', perché le foglie assomigliano alle orecchie di un topo ✱ 1476] s. f. ● pianta delle Borraginacee, comune nei luoghi umidi, con piccoli fiori celesti o rosati in infiorescenze (*Myosotis palustris*) SIN. nontiscordardimé, occhio della Madonna

miospașìa [comp. di *mio-* e del gr. *spasmós* 'spasmo' ✱ 1978] s. f. ● (*med.*) contrazione involontaria di un muscolo

miòtico o **miòșico** [da *miosi* ✱ 1895] agg. (pl. m. *-ci*) ● (*med.*) che presenta miosi: *malato m.* | che provoca miosi: *farmaco m.*

miotomìa [comp. di *mio-* e *-tomia* ✱ 1834] s. f. ● (*chir.*) incisione dei muscoli o di fasci muscolari

miòtomo [comp. di *mio-* e *-tomo* ✱ 1957] s. m. ● (*anat.*) porzione di un somite dalla quale deriva un muscolo segmentale del tronco

miotonìa [comp. di *mio-* e un deriv. del gr. *tónos* 'tensione'. Cfr. *atonia* ✱ 1895] s. f. ● malattia congenita caratterizzata da contrazione muscolare persistente anche quando cessa il movimento

miotònico [1934] agg. (pl. m. *-ci*) ● (*med.*) di miotonia | causato da miotonia: *atrofia miotonica*

mìra [da *mirare* ✱ 1344 ca.] s. f. **1** il mirare | determinazione della direzione di un tiro in modo da colpire il bersaglio: *prendere, sbagliare la m.*; *avere la m. buona, cattiva, infallibile*; *fare attenzione alla m.* | ***prendere di m. qlcu.***, (*fig.*) bersagliarlo coi propri scherzi o cercare di nuocergli | ***dirigere, puntare la m. su qlcu., su qlco.***, (*fig.*) farne l'oggetto principale dei propri pensieri o desideri **2** (*raro*) bersaglio verso cui si mira: *cogliere la m.* | (*fig.*) fine, meta, scopo: *la sua unica m. è la ricchezza* | ***aver di m.***, avere come scopo | (*est.*, spec. al pl.) intenzione, proposito talora nascosto: *aver mire ambiziose, alte, lontane*; *la stupida ... serviva alle mire di Raimondo contro il suo proprio interesse* (I. NIEVO) **3** parte del congegno di puntamento di un'arma da fuoco portatile che con il mirino serve per individuare la linea secondo la quale si punta l'arma sul bersaglio **4** (*fotogr.*) disegno marcato e simmetrico a tratti alternati bianchi e neri, per misurare il potere risolutivo di un obiettivo **5** dispositivo utilizzato in topografia per materializzare i punti collegati da una linea ideale, detta linea o asse di collimazione | ***m. a scopo***, asta graduata sulla quale scorre uno scopo quadrato

mirabèlla [fr. *mirabelle*, dal lat. *myrobălanu(m)* 'mirobolano' ✱ av. 1811] s. f. ● varietà di susino a frutto piccolo, di color giallo

♣**miràbile** [vc. dotta, lat. *mirābile(m)*, da *mirāri* 'guardare con meraviglia'. V. *mirare* ✱ 1261 ca.] **A** agg. **1** che è degno di grande ammirazione: *costanza, virtù m.*; *è una persona m. nel dedicarsi agli altri*; *m. opera dell'ingegno umano*; *parve cosa ... m. e quasi miracolosa l'opera della poesia agli antichi greci* (B. CROCE) SIN. ammirevole, meraviglioso | ***m. a vedersi, a dirsi***, di ciò che appare straordinario **2** †straordinario, tremendo | †miracoloso **3** †fiero, efferato: *odio m.* ‖ **mirabilménte**, †**mirabileménte**, avv. **1** in modo mirabile **2** †grandemente ‖ **mirabilità**, s. f. inv. **B** s. m. ● ciò che desta ammirazione o meraviglia: *è proprio del gusto barocco curare oltremodo il m.* SIN. meraviglioso

mirabìlia o **mirabìlie** [vc. dotta, lat. *mirabĭlia*, nt. pl. di *mirābilis* 'mirabile' ✱ av. 1388] s. f. pl. (usato per lo più senza articolo) ● (*scherz.*) cose straordinarie: *raccontare, promettere m.*; *rimedio contro la febbre, di cui il farmacista gli diceva m.* (R. BACCHELLI)

mirabilìte [dal lat. *mirābilis* 'mirabile' ✱ 1934] s. f. ● (*miner.*) solfato di sodio idrato in cristalli incolori o in masse compatte, instabile all'aria

mirabolàno① o **mirobolàno** [fr. *myrobolan*, dal lat. *myrobălanu(m)*, dal gr. *myrobálanos*, comp. di *mýron* 'unguento odoroso' (V. *mironato*) e *bálanos* 'ghianda' ✱ sec. XIII] s. m. ● susino dai frutti piccoli, rossi o gialli a polpa acidula, usato spec. come portainnesto per il susino domestico (*Prunus myrabolanus*) | estratto ricavato dai frutti di tale pianta, usato in conceria

mirabolàno② [da *mirabolano*①, con accostamento pop. e scherz. a *mirabile* ✱ 1891] **agg. e s. m.** ● (*lett.*) fanfarone, spaccone | (*lett., iron.*) che è strabiliante, immaginario

mirabolànte [fr. *mirobolant*, scherz. da *myrobolan* 'mirobolano'. V. *mirabolano*② ✱ 1888] **agg.** ● (*scherz.*) straordinario, stupefacente: *storia m.*

miracolàio [da *miracolo* ✱ 1865] **s. m.** (**f.** -*aia*, **pl. m.** -*ai*); **anche agg.** ● (*raro*) chi (o che) è pronto a vedere il miracolo ovunque | chi (o che) si fa meraviglia di tutto

miracolàre [da *miracolo* ✱ 1924] **v. tr.** (*io miràcolo*) ● guarire, aiutare con un miracolo: *la Madonna di Lourdes ha miracolato un paralitico* | (*est., scherz.*) aiutare, salvare con un intervento eccezionale: *la ha miracolato la vincita alla lotteria*

miracolàto **A** **part. pass.** di *miracolare*; **anche agg.** ● nel sign. del v. **B** **s. m.** (**f.** -*a*) ● chi è stato oggetto di un miracolo o (*fig.*) ha avuto un colpo di fortuna

†**miracoleggiàre** [1570] **v. intr.** ● operare miracoli

miracolismo [1928] **s. m.** ● l'atteggiamento dei miracolisti

miracolìsta [da *miracolo* ✱ 1923] **s. m. e f.** (**pl. m.** -*i*) ● (*raro*) chi crede di ottenere risultati miracolosi mediante l'applicazione di proprie soluzioni, sistemi e sim.

miracolìstico [1966] **agg.** (**pl. m.** -*ci*) ● relativo al miracolismo | tipico dei miracolisti: *facili ricette miracolistiche* ‖ **miracolisticaménte**, **avv.**

♦**miràcolo** [vc. dotta, lat. *mirācŭlu(m)* 'meraviglia, miracolo', da *mirāri*. V. *mirare* ✱ 1282] **s. m.** **1** fenomeno straordinario che avviene al di fuori delle normali leggi della natura e che può riguardare persone o cose | nella teologia cattolica, fatto sensibile operato da Dio, fuori dell'ordine della natura creata e in virtù di un suo diretto intervento | ***gridare al m.***, annunciarlo pubblicamente; (*est.*) far conoscere cose che sembrano incredibili o straordinarie | (*fig.*) ***conoscere, raccontare vita, morte e miracoli di qlcu.***, essere al corrente e riferire ogni minimo particolare della sua vita | ***corte dei miracoli***, in Francia, fino al XVII sec., accolta di malandrini e mendicanti che praticavano l'accattonaggio in nome di pretese e vistose infermità le quali sparivano poi come per miracolo non appena essi rientravano nel loro ricovero; (*est.*) luogo popolato di mendicanti, accattoni e sim. **2** (*fig.*) caso incredibile, inspiegabile, straordinario e sim.: *è un m., un vero m. se sei salvo; gran m. che tu non abbi fatto quello che non hai potuto* (G. LEOPARDI) | ***non si possono fare miracoli***, non si può realizzare l'impossibile | ***che m.!***, che cosa straordinaria (*anche iron.*) | ***far miracoli***, (*fig.*) riuscire in qlco. di molto difficile | ***m. economico***, rapido ed eccezionale sviluppo dell'economia di un Paese | ***per m.***, per un pelo, a fatica, contro ogni aspettativa e sim.: *ci siamo riusciti per m.* **SIN.** portento, prodigio **3** (*fig.*) persona di straordinaria virtù, capacità e sim.: *è un m. di scienza, di virtù* **SIN.** portento | (*fig.*) prodigio: *l'ultimo m. della tecnologia* **4** tipo di sacra rappresentazione il cui epilogo avveniva mediante l'intervento miracoloso della Madonna o di un Santo ‖ **miracolétto**, **dim.** | **miracolìno**, **dim.** | **miracolóne**, **accr.** | **miracolùccio**, **dim.**

miracolóne [1869] **s. m.** (**f.** -*a*) ● miracolaio

miracolóso (o -ṣ-) [da *miracolo* ✱ 1282] **A** **agg.** **1** che fa miracoli: *immagine miracolosa; santo m.* **2** (*fig.*) portentoso, prodigioso: *cura, medicina miracolosa; ha una miracolosa capacità d'apprendimento; è un atleta m.* **SIN.** incredibile, mirabile, straordinario **3** che è o sembra frutto di un miracolo: *guarigione miracolosa; il suo ritorno è m.* **SIN.** prodigioso ‖ **miracolosaménte**, **avv.** in modo miracoloso; †meravigliosamente ‖ **miracolosità**, **s. f. inv.** caratteristica di ciò che è miracoloso **B** **s. m. solo sing.** ● cosa, evento, avvenimento prodigioso: *risultato che ha del m.; il m. è che sia ancora vivo*

†**miradóre** o †**miratóre**② [provenz. *miradór*, da *mirar* 'guardare' ✱ av. 1294] **s. m.** **1** specchio **2** (*fig.*) modello, esempio

♣**miràggio** [fr. *mirage*, da *mirer* 'guardare attentamente, mirare' ✱ 1857] **s. m.** **1** fenomeno ottico dovuto alla rifrazione della luce attraverso strati atmosferici non omogenei, per cui gli oggetti sembrano spostati lateralmente o innalzati sull'orizzonte **SIN.** Fata Morgana **2** (*fig.*) illusione seducente, speranza ingannevole: *il m. di facili guadagni*

miràglio [provenz. *miralh*, da *mirar* 'mirare' ✱ av. 1294] **s. m.** **1** †specchio **2** (*mar.*) elemento di forma geometrica (cono, cilindro, cubo e sim.) disposto sopra una boa di segnalazione per renderla meglio visibile

mirallégro [da (*io*) *mi rallegro* ✱ av. 1742] **s. m.** (**pl. inv.** o *mirallegri*) ● (*raro*) espressione di congratulazione o compiacimento: *dare, fare i mirallegri; si diffuse in mirallegri per il bell'aspetto* (R. BACCHELLI)

†**miràndo** [vc. dotta, lat. *mirāndu(m)*, gerundivo di *mirāri*. V. *mirare* ✱ sec. XIII] **agg.** ● meraviglioso, mirabile

miràre o †**ṣmiràre** [vc. dotta, lat. *mirāri* 'meravigliarsi, ammirare', da *mīrus* 'meraviglioso'. V. *miro* ✱ av. 1250] **A** **v. tr.** **1** (*lett.*) osservare attentamente, guardare con interesse: *m. la bellezza di un quadro; io, ... / lui su raggiante monte assiso miro* (V. ALFIERI) **2** †ammirare, meravigliarsi **3** (*lett., fig.*) considerare con attenzione: *Signor, mirate come il tempo vola* (F. PETRARCA) **B** **v. intr.** (**aus.** *avere*) **1** puntare verso un determinato obiettivo o bersaglio (+ *a*): *m. a una beccaccia; m. al capo, alle gambe, alle gomme* | ***m. al bersaglio grosso***, nel pugilato, cercare di colpire il torace dell'avversario; (*fig.*) puntare all'obiettivo più importante **2** (*fig.*) tendere a qlco., aver l'intenzione di ottenere qlco. (+ *a*, **anche seguito da inf.**): *m. a una cattedra universitaria, al potere, alla tirannia; mira a ottenere la presidenza* **SIN.** aspirare **3** (*raro*) guardare: *mirarsi intorno* **C** **miràrsi** **v. rifl.** ● guardarsi attentamente: *mirarsi allo specchio; Tuda séguita a mirarsi nello specchio* (L. PIRANDELLO)

mirasóle [comp. di *mirare* e *sole*. V. *girasole* ✱ av. 1328] **s. m.** ● (*bot.*) girasole

miràto **part. pass.** di *mirare*; **anche agg.** **1** nei sign. del v. **2** indirizzato, rivolto, diretto a un obiettivo ben determinato (+ *a*, **anche seguito da inf.**): *un intervento m.; prevenzione mirata ai bambini; una scelta mirata a ridurre i costi*

miratóre① [da *mirare* ✱ av. 1667] **s. m.** (**f.** -*trice*) **1** (*raro*) chi mira puntando l'arma: *un m. eccezionale* **2** †testimone oculare, spettatore

†**miratóre**② ➤ †**miradore**

†**miratùra** [da *mirare* ✱ sec. XIV] **s. f.** ● sguardo intenso

†**mirazióne** [vc. dotta, lat. *miratiōne(m)*, da *mirāri* 'ammirare'. V. *mirare* ✱ sec. XIV] **s. f.** ● ammirazione

mirbàna [etim. incerta ✱ 1930] **s. f.** ● nelle loc. ***olio, essenza di m.***, nitrobenzolo

mirétta [etim. sconosciuta ✱ sec. XX] **s. f.** ● attrezzo a forma di bastoncino con occhielli metallici alle estremità, usato per togliere l'argilla in eccesso durante la lavorazione di oggetti

mìria- [dal gr. *myriás* 'miriade, diecimila'] primo elemento ● (*disus.*) anteposto a un'unità di misura, la moltiplica per diecimila, cioè per 10^4: *miriagrammo, miriametro* **SIMB.** ma

mirìade [vc. dotta, lat. tardo *myrĭade(m)*, dal gr. *myriás*, genit. *myriádos* 'diecimila', poi 'miriade', da *myríos* 'infinito', di etim. incerta ✱ 1483] **s. f.** **1** nell'antico sistema numerale greco, dieci migliaia **2** (*est., iperb.*) grande moltitudine: *una m. di ingegni eletti; miriadi di stelle; trovarsi in una m. di guai*

miriagràmmo o (*disus.*) **miriagràmma** [fr. *myriagramme*, comp. di *myria-* 'miria-' e *gramme* 'gramma'] **s. m.** ● (*raro*) unità di misura di massa, equivalente a 10 000 grammi **SIMB.** mag

miriàmetro [fr. *myriamètre*, comp. di *myria* 'miria-' e *mètre* 'metro'] **s. m.** ● (*disus.*) unità di misura di lunghezza equivalente a 10 000 metri **SIMB.** mam

Miriàpodi [comp. del gr. *mýrioi* 'moltissimi' (V. *miria-*) e *póus*, genit. *podós* 'piede' ✱ 1821] **s. m. pl.** (**sing.** -*e*) ● (*zool.*) classe di Artropodi terrestri a corpo allungato e diviso in segmenti ciascuno con uno o due paia di zampe (*Myriapoda* o *Myriopoda*)

mirìca o **mirìce** [vc. dotta, lat. *myrīca(m)*, dal gr. *myríkē*: di orig. semitica (?) ✱ sec. XIV] **s. f.** ● genere di arbusti subtropicali con foglie sempreverdi aromatiche e fiori in spiga; da alcune specie si raccoglie una cera (*Myrica*) | (*lett.*) tamerice

miricìle [comp. di *miric(ina)* e *-ile*② ✱ 1957] **s. m.** ● radicale monovalente, derivato dall'idrocarburo saturo con 30 atomi di carbonio

miricìna [da *mirica*, da cui si estrae ✱ 1869] **s. f.** ● sostanza cristallizzabile ricavata dalla cera d'api

miriìfico [vc. dotta, lat. *mirĭficu(m)*, comp. di *mirus* (V. *miro*) e *-ifico* ✱ 1336 ca.] **agg.** (**pl. m.** -*ci*) ● (*lett.*) meraviglioso, mirabile: *portento m.*

mirìnge [deformazione di *meninge* ✱ 1494] **s. f.** ● (*anat.*) membrana del timpano

miringìte [comp. di *miring(e)* e *-ite*① ✱ 1834] **s. f.** ● (*med.*) infiammazione della miringe

mirìno [da *mira* ✱ 1889] **s. m.** **1** piastrina collocata all'estremità di un'arma da fuoco portatile che ha la funzione, insieme alla mira, di stabilire la direzione del colpo | (*fig.*) ***essere nel m.***, essere oggetto, in un dato momento, dell'attenzione, gener. minacciosa, di qlcu. **2** dispositivo ottico che permette l'osservazione e l'inquadratura del soggetto fotografico

miristàto [1869] **s. m.** ● sale o estere dell'acido miristico

mirìstica [dal gr. *myristikós* 'odoroso', da *myrízein* 'odorare', da *mýron* 'unguento odoroso', di orig. indeur. ✱ 1828] **s. f.** ● albero sempreverde delle Miristicacee con foglie alterne, fiori piccoli gialli, che produce la noce moscata (*Myristica fragrans*)

Miristicàcee [vc. dotta, comp. di *miristica* e *-acee* ✱ 1869] **s. f. pl.** (**sing.** -*a*) ● (*bot.*) famiglia di piante tropicali contenenti essenze aromatiche (*Myristicaceae*)

mirìstico [da *miristina* ✱ 1869] **agg.** (**pl. m.** -*ci*) ● (*chim.*) detto di composti derivati, almeno originariamente, da piante delle Miristicacee: *alcol m.* | ***acido m.***, acido saturo monobasico contenuto nelle noci moscate e nel grasso di spermaceti

miristìna [da *miristica* ✱ 1869] **s. f.** ● (*chim.*) estere della glicerina con tre molecole di acido miristico, contenuto nel burro di noce moscata, di cocco e in altri grassi

miristóne [da *miristico* ✱ 1869] **s. m.** ● (*chim.*) chetone ottenuto per distillazione secca del miristato di calcio

mirliton /fr. mirli'tɔ̃/ [etim. incerta, forse ritornello di antica canzone popolare francese ✱

1942] **s. m. inv.** • strumento etnico membranofono costituito da un tratto di canna chiuso a una delle estremità da una membrana e imboccatura laterale; produce un suono ronzante

mìrmeco- [dal gr. *mýrmēx*, genit. *mýrmēkos* 'formica'] **primo elemento** • in parole composte della biologia e della zoologia, significa 'formica' o indica relazione con formiche: *mirmecologia*

mirmecòbio [comp. di *mirmeco-* e *-bio* ✱ 1934] **s. m.** • genere di Mammiferi australiani dei Marsupiali, delle dimensioni di un grosso ratto, che si nutrono di formiche e termiti (*Myrmecobius*)

Mirmecofàgidi [da *mirmecofago* con *-idi* ✱ 1895] **s. m. pl.** (**sing.** *-e*) • (*zool.*) famiglia di Maldentati sudamericani cui appartengono i formichieri (*Myrmecophagidae*)

mirmecòfago [comp. di *mirmeco-* e *-fago* ✱ 1821] **s. m.** (**pl.** *-gi*) • (*zool.*) formichiere

mirmecofilìa [comp. di *mirmeco-* e *-filia* ✱ 1934] **s. f. 1** (*bot.*) complesso di fenomeni simbiotici con cui una pianta attira e trattiene presso di sé le formiche **2** (*zool.*) complesso di rapporti simbiotici di vario tipo esistenti fra molti Artropodi e formiche

mirmecòfilo [comp. di *mirmeco-* e *-filo* ✱ 1917] **agg.** • di pianta o animale che vive in simbiosi con formiche

mirmecologìa [comp. di *mirmeco-* e *-logia* ✱ 1931] **s. f.** (**pl.** *-gìe*) • studio zoologico delle formiche

mirmecòlogo [1957] **s. m.** (**f.** *-a*; **pl. m.** *-gi*) • studioso di mirmecologia

mìrmica [V. *mirmeco-* ✱ 1869] **s. f.** • genere di formiche nidificanti nel terreno o sotto muschi e foglie, diffuse in tutta Europa (*Mirmica*)

mirmìdone o **mirmidóne** [vc. dotta, lat. *Myrmĭdones*, nom. pl., dal gr. *Myrmidónes*, popolo della Tessaglia ✱ sec. XIV] **s. m. e f.** • appartenente al popolo di leggendarie origini stanziato nell'antica Tessaglia: *Achille era re dei Mirmidoni*

mirmillóne [vc. dotta, lat. *mirmillōne(m)*, dal gr. *mormýros* 'specie di pesce' (di orig. onomat.); questi soldati erano detti così dal pesce che avevano raffigurato sull'elmo ✱ av. 1569] **s. m.** • gladiatore dell'antica Roma che combatteva contro il reziario

mìro [vc. dotta, lat. *mīru(m)*, di etim. incerta ✱ 1321] **agg.** • (*lett.*) ammirabile, meraviglioso: *da la mira visïon percossa* (G. CARDUCCI)

mirobolàno ➤ **mirabolano**①

mironàto [dal gr. *mýron* 'unguento odoroso'. V. *miristica* ✱ 1869] **s. m.** • (*chim.*) sale o estere dell'acido mironico

mirònico [V. *mironato* ✱ 1869] **agg.** (**pl. m.** *-ci*) • (*chim.*) detto di acido organico complesso contenuto sotto forma di sale potassico nei semi della senape nera

mirosìna [fr. *myrosine*, comp. del gr. *mýron* 'unguento' (V. *mironato*), e dei suff. *-ose* '-osio' e *-ine* '-ina' ✱ 1869] **s. f.** • (*chim.*) enzima contenuto nei semi di senape nera, che a contatto con l'acqua sviluppa un'essenza con proprietà revulsive

mìrra [vc. dotta, lat. *mўrrha(m)*, dal gr. *mýrra*, di orig. semitica ✱ sec. XIII] **s. f.** • gommaresina che trasuda dalla corteccia di alcune piante dell'Arabia e dell'Africa; astringente e antisettica, è impiegata in profumeria e farmacia

†**mirràre** [da *mirra* ✱ 1321] **v. tr. 1** ungere con mirra **2** (*fig.*) immortalare, onorare

mìrride [vc. dotta, lat. *mўrride(m)*, dal greco *myrrís*, così chiamata dal nome della 'mirra', *mýrra*, per il suo profumo ✱ 1561] **s. f.** • pianta erbacea aromatica delle Apiacee, con fusto ramoso, foglie grandi, composte e frutti rossi profumati di anice (*Myrrhis odorata*) **SIN.** finocchiella

mirròforo [dal comp. gr. *myrophóros* 'portatore (*-phóros*) di mirra (*myra*)' ✱ 1864] **s. m.** (**f.** *-a*); **anche agg.** • portatore di mirra (usato spec. al femminile e in riferimento a Maria Maddalena)

mìrror /ˈmirror, *ingl.* ˈmirə(r)/ [vc. ingl. propr. 'specchio, riflettore' ✱ 1995] **A s. m. inv. 1** (*inform.*) sistema di backup che duplica contemporaneamente i dati contenuti in un disco rigido su uno o più altri dischi rigidi **2** sito Internet con contenuti identici a un altro sito **B anche agg. inv.**: *sito m.*

mìrrorless /ˈmirrorles, *ingl.* ˈmɪrələs/ [vc. ingl., propr. 'senza (*-less*) specchio (*mirror*)' ✱ 2011] **agg. inv.; anche s. f. inv.** • detto di fotocamera con obiettivo intercambiabile e mirino di tipo elettronico che sostituisce il sistema ottico con specchio ribaltabile

Mirtàcee [vc. dotta, comp. di *mirto* e *-acee* ✱ 1855] **s. f. pl.** (**sing.** *-a*) • (*bot.*) famiglia di Dicotiledoni arboree o arbustive con foglie intere e fiori regolari (*Myrtaceae*)

mìrteo [vc. dotta, lat. *mўrteu(m)*, agg. di *mўrtus* 'mirto' ✱ av. 1475] **agg.** • (*lett.*) di mirto | (*lett.*) di colore scuro

mirtéto [av. 1347] **s. m.** • zona di terreno ricoperta di mirti | bosco di mirti

mirtìllo [fr. *myrtille*, da *myrte* 'mirto' ✱ av. 1320] **s. m.** • piccolo arbusto caducifoglio delle Ericacee, comune su Alpi e Appennini, con frutti commestibili a bacca di colore nero-bluastro (*Vaccinium myrtillus*) | il frutto di tale arbusto: *marmellata, sciroppo, grappa di mirtilli* | ***m. rosso***, arbusto sempreverde con foglie coriacee e bacche di colore rosso (*Vaccinium vitis-idaea*) | ***falso m.***, arbusto caducifoglio di luoghi elevati e ventosi con bacche insapori, prive di valore alimentare, di colore bluastro (*Vaccinium gaultherioides*) | ***m. delle paludi***, arbusto caducifoglio di torbiera, con bacche di colore bluastro simili a quelle del falso mirtillo (*Vaccinium uliginosum*)

mìrto [vc. dotta, lat. *mўrtu(m)*, dal gr. *mýrtos*: di orig. semitica (?) ✱ 1319] **s. m. 1** arbusto ramoso sempreverde delle Mirtacee con foglie ovate e aguzze, fiori bianchi e bacche nere (*Myrtus communis*) **SIN.** mortella | liquore prodotto con le bacche di tale pianta **2** (*lett.*) simbolo della poesia amorosa

mirtòlo [comp. di *mirto* e *-olo*② ✱ 1957] **s. m.** • olio etereo di mirto, balsamico e disinfettante delle vie respiratorie

mis- [originariamente in vc. di orig. fr. (dove *mes-* ripete il francone *miss-*, pref. pegg.), nelle quali è stato inteso come parallelo di altre vc. composte con il lat. *mĭnus* 'meno'] **pref.** • fa assumere alla parola cui è congiunto significato contrario (*misconoscere, miscredente*) oppure peggiorativo (*misfatto*) **CFR.** dis-

†**misàgio** [ant. fr. *mesaise*, comp. di *mes-* 'mis-' e *aise* 'agio' ✱ 1287] **s. m.** • disagio

†**misàlta** [etim. incerta ✱ av. 1449] **s. f. 1** carne fresca di maiale salata **2** (*fig., scherz.*) persona florida | ***uscir di m.***, perdere freschezza

misandrìa [vc. dotta, comp. di *mis(o)-* e *andria* ✱ 1957] **s. f.** • (*psicol.*) avversione morbosa per le persone di sesso maschile **CFR.** misantropia

♣**misantropìa** [fr. *misanthropie*, dal gr. *misanthrōpía*, da *misánthrōpos* 'misantropo' ✱ 1584] **s. f. 1** (*psicol.*) avversione morbosa per il genere umano **CFR.** misandria **2** (*est.*) tendenza a fare vita appartata, a evitare ogni forma di rapporto sociale

misantròpico [1821] **agg.** (**pl. m.** *-ci*) • da misantropo: *abitudini misantropiche* ‖ **misantropicaménte**, **avv.** in modo misantropico

♣**misàntropo** [fr. *misanthrope*, dal gr. *misánthrōpos*, comp. di *misêin* 'odiare' e *ánthrōpos* 'uomo' ✱ av. 1565] **agg. e s. m.** (**f.** *-a*) **1** (*psicol.*) che (o chi) soffre di misantropia **2** (*est.*) che (o chi) è poco socievole e vive ritirato o non ama la compagnia

> **SFUMATURE DI SIGNIFICATO**
> ***misantropo - selvatico***
> Chi è poco socievole, non ama la compagnia e vive ritirato si definisce **misantropo**. Si dice invece **selvatico** chi, oltre a non essere socievole, è anche ruvido, sgarbato, per niente incline a rapportarsi agli altri.
> **SFUMATURE** ➤ ***solitario***

†**misavventùra** [ant. fr. *mesaventure*, comp. di *mes-* 'mis-' e *aventure* 'avventura' ✱ 1261 ca.] **s. f.** • sventura, disavventura

miscànto [vc. dotta, comp. di due elementi gr.: *múschos* 'peduncolo' e *ánthos* 'fiore' ✱ sec. XIX] **s. m. 1** genere delle Graminacee comprendente specie erbacee perenni a distribuzione afro-asiatica, che formano grandi cespi con ampie infiorescenze a pannocchia **2** pianta coltivata per ornamento o per ricavarne fibre o pasta di cellulosa (*Miscanthus sinensis*)

miscèa [dal lat. *miscēre* 'mescolare' (?) ✱ av. 1648] **s. f.** • (*pop., tosc.*) bagattella, inezia | cosa da nulla

♦**miscèla** [f. sost. del lat. *miscĕllus* 'mescolato', da *miscēre* 'mescolare'. V. *mescere* ✱ av. 1758] **s. f. 1** miscuglio omogeneo di due o più sostanze diverse (liquido con liquido, gas con liquido, gas con gas): *m. gassosa* | ***m. frigorifera***, formata di sostanze capaci di produrre e mantenere basse temperature | ***m. combustibile, m. carburante***, quella costituita da aria e carburante, nelle debite proporzioni, per l'alimentazione di motori a combustione interna **2** (*per anton.*) miscuglio di benzina e olio in piccola quantità, che alimenta e nello stesso tempo lubrifica i motori a due tempi **3** mescolanza dosata di chicchi di caffè di qualità diverse | (*disus.*) mescolanza di surrogati di caffè **4** (*fig.*) mescolanza, commistione: *una m. di bene e di male*

miscelàre [da *miscela* ✱ 1935] **v. tr.** (*io miscèlo*) • associare in una miscela, mischiare: *m. uno sciroppo con acqua*; *m. gli ingredienti di un composto*
SFUMATURE ➤ ***mischiare***, ➤ ***unire***

miscelàto **part. pass.** di *miscelare*; **anche agg. 1** non puro, non genuino: *farina miscelata* **2** che è composto di varie sostanze o di qualità diverse della stessa sostanza: *pepe m.*

miscelatóre [1957] **A agg.** (**f.** *-trice*) • che miscela, mischia: *apparecchio m.*; *macchina miscelatrice* **B s. m. 1** (**f.** *-trice*) chi nell'industria è addetto alla preparazione di miscele **2** dispositivo che serve a preparare miscele | in un impianto idrosanitario, rubinetto ad una sola manopola con leva prensile, atto a miscelare acqua calda e fredda **3** recipiente graduato per miscelare gli ingredienti di un cocktail **4** (*elettron.*) dispositivo che consente di eseguire processi di dissolvenza e di controllo di due segnali **SIN.** mixer

miscelatùra [1957] **s. f.** • operazione del miscelare

miscelazióne [1970] **s. f.** • miscelatura

miscellànea [vc. dotta, lat. tardo *miscellānea*, nt. pl. di *miscellāneus*. V. *miscellaneo* ✱ av. 1492] **s. f. 1** mescolanza di cose diverse (*anche fig.*) **2** insieme di articoli, saggi e sim., relativi a uno o più argomenti, scritti da uno o più autori, raccolti in un unico volume **CFR.** varia① | ***m. di opuscoli***, nelle biblioteche, raccolta di opuscoli rilegati in blocco

miscellàneo [vc. dotta, lat. tardo *miscellā̆neu(m)*, da *miscĕllus* 'mescolato'. V. *miscela* * 1545] **agg.** ● che è formato da elementi diversi ed eterogenei | ***codice m.***, manoscritto che raccoglie articoli, componimenti e trattati diversi **SIN.** collettaneo

mìschia o †**méschia** [da *mischiare* * 1266] **s. f. 1** scontro violento e disordinato fra più persone: *entrare, gettarsi, cacciarsi nella m., in mezzo alla m.*; *nel furore della m. molti caddero* **2** (*raro, fig.*) contrasto, lotta: *gettarsi nella m.* | ***essere al di sopra della m.***, tenersi estraneo a una contesa, a una polemica e sim. **3** nel rugby, azione comandata dall'arbitro, in cui gli avanti di entrambe le squadre, curvi e serrati gli uni contro gli altri, si disputano con i piedi il pallone posto in mezzo a loro | nel calcio, situazione confusa in cui diversi giocatori delle due squadre si contendono la palla nell'area di rigore **4** (*tess.*) mescolanza di due o più fibre in un tessuto di natura o qualità differente **5** †confuso insieme di persone o di animali

mischiaménto o †**meschiaménto** [av. 1311] **s. m.** ● (*raro*) il mischiare | mescolanza (*anche fig.*)

♦**mischiàre** o (*tosc.*) **mistiàre**, †**meschiàre**, †**mestiàre** [stessa etim. di *mescolare* * 1268] **A v. tr.** (*io mìschio*) ● mescolare (*anche fig.*) **B mischiàrsi v. rifl. e rifl. recipr.** ● mescolarsi: *perché si mischia il crespo giallo e 'l verde* (DANTE) | confondersi: *mischiarsi alla folla* | (*fig.*) intromettersi, impicciarsi: *Di che si mischiava costui ...?* (R. BACCHELLI) | †scontrarsi, azzuffarsi

SFUMATURE DI SIGNIFICATO
mischiare - miscelare - rimestare
Il mettere insieme sostanze od oggetti diversi si dice **mischiare**. Se il risultato finale risulta omogeneo e non consente di distinguere le singole componenti originarie abbiamo **miscelare**. Se si intende invece porre l'accento sull'azione del mischiare, ossia sul movimento fisico che favorisce l'unione dei vari componenti si usa il verbo **rimestare**.
SFUMATURE ➤ *mescolare*

mischiàta [1726] **s. f.** ● atto del mischiare una sola volta e in fretta: *dare una m. alle carte* ‖ **mischiatìna**, **dim.**

mìschio [da *mischiare* * av. 1374] **A agg.** ● (*raro*) misto | screziato | ***marmo m.***, variegato di colori diversi **B s. m. 1** †mescolanza | ***a m.***, confusamente **2** marmo a screziature di diversi colori

miscìbile [V. *mescibile* * 1584] **agg. 1** che si può mescolare **2** (*chim.*) atto a mescolarsi e a dare un insieme omogeneo con altre sostanze ‖ **miscibilità**, **s. f. inv.**

miscidàre e deriv. ➤ **mescidare** e deriv.

misconoscènte A part. pres. di *misconoscere*; **anche agg.** ● nel sign. del v. **B s. m. e f.** ● (*lett.*) chi non dimostra riconoscenza per il bene ricevuto **SIN.** ingrato

♣**misconóscere** o †**miscognóscere** [ant. fr. *mesconoistre*, comp. di *mes-* 'mis-' e *conoistre* 'conoscere' * av. 1294] **v. tr.** (**coniug. come** *conoscere*) ● non considerare o apprezzare qlcu. o qlco. per quello che è o vale realmente: *hanno misconosciuto la sua virtù e il suo coraggio*; *m. l'arte in quel che ha d'originale* (B. CROCE)

misconosciménto [1928] **s. m.** ● (*raro*) il misconoscere | mancato riconoscimento delle qualità di qlcu. o di qlco.

misconosciùto part. pass. di *misconoscere*; **anche agg.** ● che non è apprezzato nel suo giusto valore: *un artista m.*

♣**miscredènte A part. pres.** di *miscredere*; **anche agg.** ● nel sign. del v. **B s. m. e f. 1** (*relig.*) chi accetta solo in parte, o in modo diverso da come la Chiesa le insegna, le verità della fede **2** (*est.*) chi non è religioso: *una famiglia di miscredenti*

miscredènza [ant. fr. *mescreance*, da *mescreant* 'miscredente' * av. 1292] **s. f.** ● mancanza di fede religiosa

miscrédere [ant. fr. *mescroire*, comp. di *mes-* 'mis-' e *croire* 'credere' * 1250 ca.] **v. intr.** (**coniug. come** *credere*; **aus.** *avere*) ● (*raro, lett.*) essere privo di fede in qlcu. o in qlco.: *m. in Dio*

♣**miscùglio** o †**mescùglio** [da avvicinare a *mischiare* * av. 1292] **s. m. 1** eterogenea mescolanza di elementi diversi: *un m. di gente strana, di idee, di suppellettili* **SIN.** accozzaglia **2** insieme di due o più sostanze le quali conservano sempre invariate le loro proprietà, e sono miscibili, senza dare reazioni chimiche, in qualunque proporzione e separabili con procedimenti fisici: *m. eterogeneo*; *m. omogeneo*

†**misdìre** [ant. fr. *mesdire*, comp. di *mes-* 'mis-' e *dire* 'dire' * av. 1292] **v. tr. e intr.** ● dire male, sparlare | contraddire

mise /fr. miz/ [vc. fr., propr. part. pass. f. di *mettre* 'mettere' * 1874] **s. f. inv.** ● modo di vestire | (*est.*) abito, abbigliamento: *che m. elegante!*

mise en abyme o **mise en abîme** /fr. mizãna'bim/ [loc. fr., propr. 'collocazione (*mise*) in un inserto (*abyme*)' * 1980] **loc. sost. f. inv.** (**pl. fr.** *mises en abyme*) ● in letteratura o nelle arti figurative, inserimento all'interno di un'opera di un riferimento all'opera stessa

mise en place /fr. mizã'plas/ [loc. fr., comp. di *mise* 'collocazione' e *en place* 'sul posto' * 1978] **loc. sost. f. inv.** (**pl. fr.** *mises en place*) ● installazione, allestimento | predisposizione di tovaglie, piatti, stoviglie, bicchieri e in genere di quanto serve per apparecchiare la tavola

†**misèllo** [vc. dotta, lat. *misĕllu(m)*, dim. di *mĭser* 'misero' * av. 1348] **s. m. 1** infelice **2** lebbroso

♣**miseràbile** [vc. dotta, lat. *miserābile(m)* 'degno di compassione', da *miserāri* 'commiserare'. V. *miserando* * 1268] **A agg. 1** che è da commiserare a causa della sua estrema povertà o infelicità: *una famiglia m.*; *vivere in condizioni miserabili*; *l'esempio m. di Prato* (F. GUICCIARDINI) **2** che è da disprezzare per la sua meschinità e bassezza morale: *un m. individuo approfittò della sua buona fede*; *sono azioni veramente miserabili* **SIN.** spregevole **3** di scarsissimo valore o entità (*anche fig.*): *una somma m.* **4** (*lett.*) che muove a pietà: *le raccontò il m. caso* (A. MANZONI) ‖ **miserabilménte**, †**miserabileménte**, **avv.** in modo miserabile ‖ **miserabilità**, **s. f. inv.** (V.) **B s. m. e f. 1** (*raro*) persona estremamente povera o infelice **2** persona abietta e spregevole **SIN.** sciagurato

miserabilità [vc. dotta, lat. tardo *miserabilitāte(m)*, da *miserābilis* 'miserabile' * av. 1778] **s. f. inv. 1** condizione di miseria materiale, di indigenza **SIN.** povertà **2** (*lett.*) commiserabilità, infelicità **3** spregevolezza, meschinità

miseràndo [vc. dotta, lat. *miserăndu(m)*, gerundivo *miserāri*, da *mĭser* 'misero' * av. 1294] **agg.** ● degno di commiserazione, che desta profonda pietà: *esempio, spettacolo, caso m.*

†**miserazióne** [vc. dotta, lat. *miseratiōne(m)* 'commiserazione', da *miserāri* 'commiserare' * 1336 ca.] **s. f.** ● compassione, misericordia

miserère [lat., imperat. di *miserēri* 'aver compassione', da *mĭser* 'misero' * av. 1306] **A s. m. inv. 1** salmo di David, recitato o cantato per invocare il perdono divino | ***cantare il m. a qlcu.***, (*fig.*) considerarlo ormai allo stremo della vita o delle possibilità | ***essere al m.***, (*fig.*) in fin di vita o agli estremi di qlco. **2** (*med., disus.*) ***mal del m.***, atrepsia **B** in funzione di inter. ● (*lett.*) invocazione di misericordia, pietà e sim.

♣**miserévole** [lat. *miserābile(m)* (V. *miserabile*), con cambio di suff. * 1342] **agg. 1** miserando, pietoso: *condizione, fine m.*; *si può facilmente intendere che uomini in ... parti del sapere ben avviati, in altre si raggirino in miserevoli errori* (G. VICO) **2** miserabile, misero: *condurre una vita m.* ‖ **miserevolménte**, **avv.**

†**miserevolézza** [da *miserevole* * av. 1311] **s. f.** ● infelicità

♦**misèria** [vc. dotta, lat. *misĕria(m)*, da *mĭser* 'misero' * 1261 ca.] **s. f. 1** (*lett.*) stato di estrema e totale infelicità: *Nessun maggior dolore / che ricordarsi del tempo felice / ne la m.* (DANTE *Inf.* V, 121-123) **2** povertà estrema: *cadere, ridursi in m.*; *languire nella più squallida m.* | ***piangere m.***, lamentarsi della propria indigenza esagerandola | ***porca m.!***, ***m. ladra!***, imprecazioni di rabbia e sim. | (*est.*) aspetto misero: *vedessi che m. quel povero diavolo!* **3** inezia | somma trascurabile, esigua: *il nostro salario è una vera m.* | ***offrire una m., costare una m.***, pochissimo **4** ristrettezza, meschinità o bruttura morale: *le miserie del mondo*; *la m. umana non ha limiti*; *raccontare, confessare le proprie miserie* **5** †avarizia, grettezza, spilorceria | ***senza m.***, generosamente **6** (*bot.*) pianta erbacea delle Commelinacee con fusto decombente, foglie strette e ovate con una striscia centrale verde e due laterali bianche **SIN.** erba miseria, tradescanzia ‖ **miseriàccia**, **pegg.** | (*lett.*) **miseriòla**, **dim.**

♣**misericòrde** [vc. dotta, lat. *misericŏrde(m)*, comp. di *miserēri* 'aver compassione' (V. *miserere*) e *cŏr*, genit. *cŏrdis* 'cuore' * sec. XIII] **agg.** ● (*lett.*) misericordioso, pietoso

†**misericordévole** o †**misericordiévole** [1308] **agg. 1** misericordioso **2** degno di compassione ‖ †**misericordevolménte**, **avv.**

♦**misericòrdia** o †**misiricòrdia** [vc. dotta, lat. *misericŏrdia(m)*, da *misĕricors*, genit. *misericŏrdis* 'misericorde' * 1065] **A s. f. 1** sentimento che induce alla comprensione, alla pietà e al perdono verso chi soffre o chi sbaglia: *invocare la m. del nemico, del giudice* | ***avere, usare m.***, comprendere, aiutare, perdonare | ***opere di m. corporali e spirituali***, esempi di comportamento meritorio che la Chiesa trae dai Vangeli | ***opera di m.***, (*scherz.*) azione fatta per aiutare qlcu. **SIN.** compassione **2** pietà, perdono: *la m. di Dio* | ***grande come la m. di Dio***, (*scherz.*) illimitato | ***fare qlco. per m.***, per pietà, senza esservi obbligato | ***senza m.***, con estrema durezza, senza alcuna pietà | ***uomo senza m.***, crudele e spietato **3** corta daga o pugnale con lama robusta, usata spec. in epoca medievale e rinascimentale per dare il colpo di grazia al nemico abbattuto **4** assicella, spesso decorata o intagliata, posta negli stalli dei cori per permettere ai sacerdoti anziani o infermi di appoggiarsi o sedersi dando tuttavia l'impressione di essere in piedi **5** confraternita istituita nel tardo Medioevo a Firenze, che ancora oggi in Toscana svolge gratuitamente opera di assistenza e trasporto di malati o feriti e di esequie per i morti | l'ambulanza stessa: *chiamare la m.* **B** in funzione di inter. ● esprime meraviglia, timore, paura: *m., che temporale!*

SFUMATURE DI SIGNIFICATO
misericordia - indulgenza - clemenza
Il sentimento che induce alla comprensione, alla pietà e al perdono del nostro prossimo si definisce **misericordia**, una virtù cristiana per eccellenza. **Indulgenza** definisce un comportamento misericordioso soprattutto in relazione al perdonare o al rinunciare a giudicare con severità le

azioni altrui anche quando siano riprovevoli; nella teologia cattolica è la remissione delle pene temporali che la chiesa concede ai vivi in aggiunta all'assoluzione dei peccati, ai morti a titolo di suffragio. **Clemenza** è sinonimo di *indulgenza* ed è la qualità di chi giudica senza severità, evitando di infierire con una punizione troppo dura nei confronti di chi ha sbagliato; il termine non ha un'accezione teologica specifica.

misericordiàre [sec. XIII] **v. intr.** (*io misericòrdio*; aus. *avere*) • (*raro*) usare misericordia, essere misericordioso

†**misericordiévole** ➤ †**misericordevole**

misericordìna [1986] **A** **agg. f.** • ***suore misericordine***, (*ellitt.*) ***le Misericordine***, suore appartenenti a una congregazione fondata nel 1891 con lo scopo di compiere opere di misericordia spec. in favore di malati e anziani **B** **s. f.** • (anche con iniziale maiuscola) scatola simile a una confezione di medicinali (in quanto 'rimedio per l'anima'), contenente il rosario, distribuita dalla Chiesa cattolica su iniziativa di papa Francesco

misericordióso (o -**ṣo**) [1266] **agg.** • che prova o usa misericordia: *animo, giudice m.* | che dimostra misericordia: *gesto m.* **SIN.** pietoso || **misericordiosaménte**, **avv.** in modo misericordioso, con misericordia

♦**mìṣero** [vc. dotta, lat. *mĭseru(m)*, di etim. incerta ✻ 1065] **A** **agg.** (**superl.** *miṣerissimo* o *miṣerrimo* (V.)) **1** sventurato, infelice: *i miseri mortali* | in frasi escl. che esprimono compassione, compatimento: ***m. me!, o me m.!*** e sim., me infelice | ***o m.!***, o sventurato | che desta pietà, che è degno di compassione: *ecco in quale m. stato siamo ridotti* | ***i miseri resti***, la salma **2** povero, indigente: *una misera esistenza* **3** insufficiente, inadeguato: *un m. stipendio*; *un pranzo m.* **SIN.** magro **4** meschino, spregevole: *una misera scusa*; *una misera figura d'individuo* **5** †indegno, spregevole **6** †tirchio, spilorcio: *m. chiamiamo noi quello che si astiene troppo di usare il suo* (N. MACHIAVELLI) || **miṣeraménte**, **avv.** **1** in modo disgraziato, che suscita compassione: *vivere miseramente*; *piangere miseramente* **2** nella miseria: *vivere, morire miseramente* **3** in modo meschino e spregevole **4** malamente: *il suo piano è miseramente fallito* **B** **s. m.** (**f.** *-a*) **1** chi è afflitto da povertà e sventura: *consolare, aiutare i miseri* **2** †tirchio, spilorcio || **miṣeràccio**, **pegg.** | **miṣerèllo**, **dim.** | **miṣerino**, **dim.**

miṣèrrimo [vc. dotta, lat. *misĕrrimu(m)*, superl. di *mĭser* 'misero' ✻ av. 1420] **agg.** • superl. di *misero* | estremamente misero

†**miṣertà** [da *misero*, sul modello di *povertà* ✻ sec. XIII] **s. f.** **1** avarizia, grettezza: *il cavaliere si rimase nella sua m.* (F. SACCHETTI) **2** povertà, miseria

†**misfacitóre** [comp. di *mis-* e *facitore* ✻ 1618] **s. m.** • malfattore

†**misfàre** [fr. *mesfaire*, comp. di *mes* 'mis-' e *faire* 'fare' ✻ sec. XIII] **v. intr.** • fare il male | (*fig.*) fare torto, ingiuria: *m. al diritto, a un superiore*

misfàtto [ant. fr. *mesfait*, propr. part. pass. di *mesfaire* 'misfare' ✻ av. 1250] **s. m.** • grave delitto, crimine: *commettere un atroce m.*; *incomparabili vizi e misfatti* (G. LEOPARDI)

†**misfattóre** [da *misfatto* ✻ sec. XVI] **s. m.** • malfattore, delinquente

†**miṣgradito** [comp. di *mis-* e *gradito* ✻ av. 1600] **agg.** • sgradito

mìṣi ➤ **mettere**

†**miṣiricòrdia** ➤ **misericordia**

misirìzzi [da *mi si rizzi*, perché il giocattolo tende sempre a rizzarsi in su ✻ av. 1629] **s. m. inv.** • giocattolo a forma di pupazzo, imbottito di piombo alla base in modo che tende sempre a drizzarsi comunque venga collocato

miskìto o **misquito** /mis'kito/ [vc. indigena ✻ 1905] **A** **agg. inv.** (**f. sp.** *miskita*; **pl. m.** *miskitos*; **pl. f.** *miskitas*) • appartenente o relativo a una popolazione amerindia abitante la costa atlantica del Nicaragua e dell'Honduras meridionale **B** **s. m. e f. inv.** • chi appartiene alla popolazione miskito **C** **s. m. solo sing.** • lingua indigena centro-americana parlata dalla popolazione miskito

†**miṣlèa** o †**melèa** [ant. fr. *meslée*, da *mesler* 'mischiare' ✻ av. 1292] **s. f.** • battaglia, baruffa, rissa: *si cominciò una grande zuffa e m.* (G. VILLANI)

†**miṣleàle** [comp. di *mis-* e *leale* ✻ av. 1336] **agg.** **1** sleale, falso | ***donna m.***, infedele **2** adulterato, falsificato

†**miṣlealtà** [da *misleale* ✻ sec. XIV] **s. f.** • slealtà, falsità

†**miṣleànza** [da *misleale* ✻ av. 1250] **s. f.** • perfidia, fellonia

mismatch /miz'mɛtʃ, *ingl.* 'mɪsmætʃ/ [vc. ingl., comp. di *mis-* 'non' e *match* 'accoppiamento' ✻ 1990] **s. m. inv.** • squilibrio, sproporzione, mancata corrispondenza: *il m. tra domanda e offerta di lavoro*

miṣo- [dal gr. *mîsos* 'odio'] **primo elemento** • in parole composte, indica 'odio, avversione' o sim. verso ciò che è espresso dal secondo elemento: *misogino, misologia*

miṣofobìa [comp. del gr. *mýsos* 'sozzura', di etim. incerta, e *-fobia* ✻ 1934] **s. f.** • (*psicol.*) timore ossessivo di insudiciarsi **SIN.** rupofobia || **miṣofòbico**, **agg.** (**pl. m.** *-ci*) **1** relativo a misofobia **2** misofobo || **miṣòfobo**, **agg. e s. m.** (**f.** *-a*) che (o chi) soffre di misofobia

miṣogamìa [comp. di *miso-* e *-gamia* ✻ 1834] **s. f.** • (*psicol.*) avversione per il matrimonio

miṣoginìa [vc. dotta, gr. *misogynía*, da *misógynos* 'misogino' ✻ 1598] **s. f.** • (*psicol.*) avversione morbosa per le donne | (*est.*) disinteresse, avversione per le donne, per le compagnie femminili (*anche scherz.*)

miṣoginìṣmo [av. 1915] **s. m.** • (*psicol.*, *raro*) misoginia

miṣògino [vc. dotta, gr. *misógynos*, comp. di *mîsos* 'odio' (V. *miso-*) e *-gino* ✻ av. 1729] **agg. e s. m.** **1** (*psicol.*) che (o chi) è affetto da misoginia **2** (*est.*) che (o chi) sfugge le compagnie femminili e mostra disinteresse, disprezzo e sim. nei confronti delle donne (*anche scherz.*)

miṣologìa [vc. dotta, gr. *misología*, da *misólogos* 'avverso ai discorsi, alle discussioni', comp. di *mîsos* 'odio' (V. *miso-*) e *lógos* 'ragionamento' (V. *-logo*) ✻ 1957] **s. f.** (**pl.** *-gìe*) • nella filosofia platonica, avversione per i ragionamenti | in Kant, sfiducia nelle possibilità della ragione | in Hegel, rifiuto del pensiero dialettico

miṣoneìṣmo [comp. di *mîsos* 'odio' (V. *miso-*), *néos* 'nuovo' (V. *neo-*) e *-ismo* ✻ 1885] **s. m.** • avversione o diffidenza per le cose nuove **CFR.** neofobia

miṣoneìsta [da *misoneismo* ✻ 1894] **A** **s. m. e f.** (**pl. m.** *-i*) • chi odia le novità **B** **agg.** • misoneistico

miṣoneìstico [1955] **agg.** (**pl. m.** *-ci*) • da misoneista, tipico del misoneista: *atteggiamento m.* | relativo al misoneismo

†**mispregiàre** [ant. fr. *mesprisier*, comp. di *mes-* (V. †*menosdire*) e *priser* 'pregiare' ✻ sec. XIII] **v. tr.** • disprezzare

†**misprèndere** [ant. fr. *mesprendre*, comp. di *mes-* (V. †*menosdire*) e *prendre* 'prendere' ✻ sec. XIII] **A** **v. intr.** • commettere una colpa, peccare **B** **v. intr.** e †**misprèndersi** **v. intr. pron.** • errare, sbagliare

misquito ➤ **miskito**

miss /*ingl.* mɪs/ [vc. ingl., 'signorina', da *mistress* 'signora', dall'ant. fr. *maistresse* 'maestra' ✻ 1764] **s. f. inv.** (**pl. ingl.** *misses*) **1** vincitrice di un concorso di bellezza: *m. universo*; *m. mondo*; *eleggere una m.* **2** signorina, ragazza di nazionalità inglese: *quante m. in giro per Firenze!* **3** (*raro*) istitutrice di origine inglese

missàggio [dall'ingl.-amer. *mixing* 'miscuglio', da *to mix* 'mischiare' (V. *mixer*) ✻ 1938] **s. m.** **1** (*elettron.*) miscelazione di segnali audio o video **2** (*cinema*, *tv*) operazione consistente nella registrazione simultanea, su un unico supporto, di più segnali quali dialogo, rumori, musica e sim. di un film **SIN.** mixeraggio, mixing **3** registrazione su un unico supporto di più parti strumentali o vocali del medesimo brano musicale registrate singolarmente

missàre [ricavato da *missaggio* ✻ 1942] **v. tr.** • (*cinema*, *tv*) eseguire il missaggio **SIN.** mixare

♦**mìssile** [vc. dotta, lat. *mĭssile(m)*, da *mĭssus*, part. pass. di *mĭttere* 'scagliare' (V. *mettere*) ✻ 1835] **A** **agg.** • (*lett.*) da lanciare o scagliare: *asta m.* **B** **s. m.** **1** (*lett.*) arma da lancio **2** (*aeron.*) arma a forma di siluro, autopropulsa, generalmente autoguidata o teleguidata, che può raggiungere velocità supersoniche e distanze enormi, usata per fini militari o scientifici | ***m. tattico, di teatro, a corto raggio***, autotrasportato, a raggio d'azione inferiore ai mille kilometri, a uno o due stadi, con sistema di propulsione a combustibile solido | ***m. a gittata intermedia***, missile balistico con una gittata compresa fra 1000 e 4000 km | ***m. a testata multipla***, missile balistico la cui testata contiene più cariche esplosive nucleari, dirette contro bersagli diversi | ***m. antimissile***, destinato a essere lanciato, mediante lanciatori terrestri, navali o aerei, contro altri missili | ***m. antinave***, destinato a essere lanciato, mediante lanciatori terrestri, navali o aerei, contro bersagli navali | ***m. acqua-aria, acqua-terra, aria-acqua, aria-aria, aria-sott'acqua, aria-spazio, aria-superficie, aria-terra, superficie-aria, superficie-superficie, terra-aria, terra-terra***, V. alle singole voci | ***m. balistico***, provvisto di una testata con una o più cariche esplosive, destinato a essere lanciato contro uno o più bersagli e propulso e guidato nella parte ascendente del volo che prosegue poi lungo una traiettoria balistica | ***m. contraereo***, destinato a essere lanciato, mediante lanciatori terrestri, navali o aerei, contro aeromobili in volo | ***m. controcarro, anticarro***, destinato a essere lanciato, mediante lanciatori terrestri, navali o aerei, contro mezzi corazzati | ***m. filoguidato***, missile controcarro guidato mediante comandi impartiti per mezzo di un filo elettrico collegato al missile stesso | ***m. guidato***, dotato di un sistema di guida, che agisce dopo il lancio, allo scopo di correggerne eventuali perturbazioni dovute a cause interne o esterne | ***m. intercontinentale***, missile balistico avente una gittata compresa fra 8000 e 14 000 km | ***m. monostadio***, costituito da un unico stadio e provvisto di un'unica carica di propellenti | ***m. polistadio, pluristadio***, costituito da più stadi, ciascuno dei quali si distacca dopo avere esaurito la propria carica di propellenti | ***m. strategico***, appartenente alla classe dei missili balistici intercontinentali o a quella dei missili a gittata intermedia | ***m. da crociera***, quello dotato di superfici portanti e di un sistema di navigazione che gli consente di seguire una rotta predeterminata, a bassa quota e a velocità subsonica | ***m. lanciatore***, vettore spaziale destinato alla messa in orbita di satelliti | (*fig.*, *iperb.*) ***quella macchina va come un m.***, è velocissima || **missilìno**, **dim.** | **missilóne**, **accr.**

missilìstica [1957] **s. f.** • scienza e tecnica che hanno per oggetto la progettazione, la costruzione e l'uso dei missili

missilìstico [1950] **agg.** (**pl. m.** *-ci*) ● relativo ai missili: *apparato m.*

missino [da *MSI*, sigla del *M(ovimento) S(ociale) I(taliano)* ✻ 1952] **s. m.** (**f.** *-a*); **anche agg.** **1** fino al 1995, iscritto al Movimento Sociale Italiano **2** (*est.*) neofascista

missiologìa [comp. del lat. *mĭssio* 'missione' e dell'it. *-logia* ✻ 1941] **s. f.** (**pl.** *-gìe*) ● missionologia

mìssion /'miʃʃon, *ingl.* 'mɪʃ(ə)n/ [vc. ingl., propr. 'missione' ✻ 1992] **s. f. inv.** ● insieme degli obiettivi a lungo termine di un'azienda, un ente, un'istituzione e sim.

missionarietà [1957] **s. f. inv.** ● carattere missionario come elemento essenziale dell'impegno della Chiesa, di ogni comunità ecclesiale e dei credenti

missionàrio [da *missione* ✻ 1663] **A s. m.** (**f.** *-ia*) **1** religioso, o anche laico, che svolge attività assistenziali e sociali e opera di proselitismo e propaganda religiosa presso popolazioni non cristiane | (*colloq.*) ***posizione del m.***, V. *posizione* nel sign. 3 **2** (*fig.*) chi dedica con abnegazione la propria esistenza all'affermazione e diffusione di un'idea: *un m. del socialismo* SIN. apostolo **B agg.** **1** relativo ai missionari o alle missioni: *propaganda missionaria*; *giornata missionaria* **2** (*fig.*) da missionario: *lottare con spirito m.*

♦**missióne** [vc. dotta, lat. *missiōne(m)*, da *mĭssus*, part. pass. di *mĭttere* 'mandare' (V. *messo*②) ✻ 1363] **s. f.** **1** mandato, incombenza di chi è inviato presso qlcu. con mansioni, incarichi e sim. particolari: *partire, andare in m.* | (*lett.*) invio di qlcu. o qlco. in un luogo: *le lettere ... della m. di 3 prelati al concilio* (P. SARPI) **2** mandato apostolico di predicazione del Vangelo, soprattutto fra popolazioni non cristiane | ***m. apostolica***, quella imposta da Gesù agli apostoli | (*est.*) sede, istituto, organizzazione di missione in terra non cristiana: *m. cattolica, evangelica* **3** (*est.*) serie di prediche e di esercizi di pietà, organizzati nelle parrocchie, in determinate occasioni, al fine di rinnovare la fede e di indurre a pentimento **4** incarico particolare e delicato da svolgere per conto dello Stato o di privati: *m. informativa*; *affidare una m. a persona di fiducia* | (*burocr.*) trasferta, svolgimento di attività fuori dalla sede abituale: *indennità di m.* | (*milit.*) incarico particolarmente difficoltoso, caratterizzato da segretezza, affidato a un reparto o a un singolo militare: *m. di guerra*; *m. lampo*; *m. compiuta!* **5** compito, dovere o insieme di doveri che competono a qlcu.: *equilibrato è colui che conosce e adempie la sua propria individuale m.* (B. CROCE) | ***m. diplomatica***, insieme delle funzioni che un agente diplomatico svolge nel tempo in cui è accreditato presso un dato Stato | (*est.*) funzione principale di una istituzione: *la m. educatrice della scuola* **6** attività che richiede a chi la pone in essere totale adesione morale, spirito di sacrificio, dedizione assoluta: *ha sempre considerato la professione medica come una m.* **7** gruppo di persone inviate a svolgere compiti determinati: *far parte di una m.*; *la m. italiana all'ONU* **8** nell'antica Roma, congedo che si dava ai soldati per ultimato servizio o per infermità o per espulsione punitiva **9** (*med., raro*) emissione

missionologìa [comp. di *missione* e *-logia* ✻ av. 1937] **s. f.** (**pl.** *-gìe*) ● disciplina che, nelle varie Chiese cristiane, definisce i rapporti ideologici fra il Cristianesimo e le religioni dei Paesi di missione, nonché i limiti pratici dell'azione missionaria

✦**missìva** [dal lat. *mĭssus* 'mandato' (V. *messo*②) ✻ av. 1429] **s. f.** ● lettera, comunicazione epistolare (*anche scherz.*): *una m. amorosa*

missòrio [vc. dotta, lat. tardo *missōriu(m)*, da *mĭssus*, part. pass. di *mĭttere* 'mandare' (V. *mettere*) ✻ 1957] **s. m.** ● durante il tardo impero e in età bizantina, piatto in metallo prezioso dedicato a un personaggio illustre

mìssus domìnicus [loc. lat., propr. 'messo del signore', cioè 'inviato del re' ✻ 1923] **loc. sost. m. inv.** (**pl. lat.** *missi dominici*) ● nei secoli IX e X, funzionario imperiale inviato a ispezionare e controllare una provincia

†**mistà** ➤ †**amistà**

mistagogìa [vc. dotta, gr. *mystagōgía*, da *mystagōgós* 'mistagogo' ✻ 1499] **s. f.** (**pl.** *-gìe*) ● iniziazione ai misteri dell'antica religione greca

mistagògico [1869] **agg.** (**pl. m.** *-ci*) ● relativo a mistagogo e a mistagogia

mistagògo [vc. dotta, lat. *mystagōgu(m)*, dal gr. *mystagōgós*, comp. di *mýstēs* 'iniziato ai misteri', da *mýein* 'essere chiuso', di etim. incerta, e *agōgós* 'guida', da *ágein* 'condurre', di orig. indeur. ✻ 1843] **s. m.** (**pl.** *-ghi*) ● presso gli antichi Greci, sacerdote che iniziava ai misteri e ne dirigeva i culti

mister /'mister, *ingl.* 'mɪstə(r)/ [vc. ingl., propr. 'signore', dall'ant fr. *maistre* (fr. moderno *maître*). V. *maestro* e *mastro* ✻ 1951] **s. m. inv.** **1** vincitore di un concorso di bellezza: *m. muscolo*; *m. universo* **2** nel linguaggio calcistico, appellativo dell'allenatore

mistèrico [1941] **agg.** (**pl. m.** *-ci*) **1** relativo ai misteri nel paganesimo greco-romano: *culto m.* **2** (*est.*) criptico, enigmatico: *gergo m.*

†**mistèrio** ➤ **mistero**

♦**misterióso** (o *-ṣo*) [da †*misterio* ✻ av. 1386] **A agg.** **1** oscuro, inesplicabile: *le origini del male sono misteriose* | ***scrittura misteriosa***, che non si riesce a decifrare: *insegnava ... a formare i caratteri di quella misteriosa scrittura* (D. BARTOLI) **2** che è volutamente avvolto nel mistero, fatto in segreto o nascostamente: *un m. intervento*; *dicono che una misteriosa associazione li sostiene* **3** che desta sospetti o fa sorgere dubbi: *morte misteriosa*; *aspetto m.* | ***uomo m.***, di cui si ignora tutto o quasi tutto e che per questo è considerato con sospetto ‖ **misteriosétto**, **dim.** ‖ **misteriosaménte**, **avv.** ‖ **misteriosità**, **s. f. inv.** **1** caratteristica di chi (o di ciò che) è misterioso **2** (*est., lett.*) ciò che è inspiegabile, incomprensibile: *ci si rizzano davanti agli occhi misteriosità terribili* (L. CAPUANA) **B s. m.** (**f.** *-a*) ● persona che ama nascondere ciò che fa o pensa, che si circonda di mistero: *gli piace fare il m.*

SFUMATURE ➤ *tenebroso*

misterioṣofìa [comp. di *misterio* e del gr. *sophía* 'sapienza'. V. *sofia* ✻ av. 1956] **s. f.** ● scienza iniziatica dei misteri dell'antica Grecia

misterioṣòfico [sovrapposizione di *(filo)sofico* a *misterio* ✻ 1941] **agg.** (**pl. m.** *-ci*) ● misterico, relativo ai misteri e alla misteriosofia dell'antica Grecia

♦**mistèro** o (*poet.*) †**mistèrio** [vc. dotta, lat. *mystēriu(m)*, dal gr. *mystḗrion*, da *mýstēs* 'iniziato ai misteri' (V. *mistagogo*) ✻ av. 1257] **s. m.** **1** fatto o fenomeno inspiegabile razionalmente: *è un m. impenetrabile*; *come ci sia riuscito è ancora un m. per me*; *chiarire il m.*; *par nasconda / un dolore o un m. ogni tuo detto* (U. SABA) | aspetto oscuro, difficilmente comprensibile: *addentrarsi nei misteri della finanza* | ***fare m. di qlco.***, tenerla segreta | ***non se ne fa un m.***, è cosa nota a tutti, di cui tutti parlano | ***qui c'è un m.!***, c'è qualcosa di non spiegato, che solleva dubbi e desta sospetti **2** nella teologia cristiana, verità rivelata da Dio che non si può intendere razionalmente, ma a cui si crede per fede | ***i misteri del Rosario***, i venti avvenimenti della vita di Cristo e della Madonna (5 gaudiosi, 5 luminosi, 5 dolorosi, 5 gloriosi), offerti alla meditazione del fedele nella pratica cattolica del Rosario **3** (**al pl.**) nel mondo antico greco-romano e medio-orientale, forme religiose di varia origine che presuppongono l'iniziazione dell'adepto e hanno carattere segreto, soteriologico ed escatologico: *i misteri di Mitra, Cibele, Dioniso*; *misteri orfici, isiaci, traci* **4** (**spec. al pl.**) rappresentazione scenica di soggetto sacro, di solito in volgare, anche con accompagnamento di musiche, in uso in epoca medievale

> ***Definizione d'autore***
>
> **Mistero** è diverso da enigma. L'enigma è un rompicapo che riguarda l'intelligenza; il **mistero** è una condizione che riguarda la vita. L'enigma è là fuori, il **mistero** è qui dentro. Di fronte a un enigma l'intelligenza si lancia a risolverlo; di fronte al **mistero** la vita sente che deve tacere: non a caso il termine greco *mystérion*, da cui il latino *mysterium*, viene dal verbo *mýo*, che significa «mi chiudo, sono chiuso», detto di occhi e di labbra. La percezione del **mistero** si dà come inquietudine e al contempo come meraviglia. Per quanto mi riguarda, l'esperienza più intensa del **mistero** la provo di fronte al bene e alla gratuità che, in un mondo dove tutto è forza, calcolo e interesse, mi rimanda a una dimensione diversa.
>
> *Vito Mancuso*

mistiàre ➤ **mischiare**

mìstica [f. sost. di *mistico* ✻ av. 1694] **s. f.** **1** dottrina e pratica religiose che intendono determinare un diretto contatto o una comunione dell'uomo con il mondo divino o trascendente: *m. islamica, cristiana, buddistica* **2** (*est.*) letteratura in cui tale dottrina trova la sua espressione concreta **3** atteggiamento di adesione incondizionata a un'ideologia oppure di esaltazione esasperata di un concetto: *m. del materialismo*; *m. fascista*; *la m. del sangue e della terra* (R. BACCHELLI)

misticànza ➤ **mesticanza**

Misticèti [vc. dotta, comp. del gr. *mýstax*, genit. *mýstakos* 'mustacchi' (V.) e *kêtos* 'cetaceo' (V.) ✻ 1834] **s. m. pl.** (**sing.** *-o*) ● (*zool.*) sottordine di Cetacei privi di denti, che, mediante i fanoni, trattengono il plancton per nutrirsi (*Mysticeti*)

misticheggiànte [da *mistico*① ✻ 1940] **agg.** ● che tende verso l'esperienza mistica, che è incline al misticismo: *atteggiamento m.*

misticherìa [da *mistico*① ✻ 1832] **s. f.** ● (*lett., spreg.*) atteggiamento, espressione di superficiale misticismo

✦**misticiṣmo** [da *mistico*① ✻ 1816] **s. m.** **1** disposizione religiosa per cui l'uomo cerca di attingere per vie non razionali, cioè con la meditazione e l'ascesi, l'esperienza del divino | (*est.*) fede fervente **2** (*filos.*) ogni dottrina filosofica che nel processo della conoscenza attribuisca un ruolo predominante al sentimento e all'intuizione

✦**mìstico**① [vc. dotta, lat. *mȳsticu(m)*, dal gr. *mystikós*, da *mýstēs* 'iniziato ai misteri' (V. *mistagogo*) ✻ 1354] **A agg.** (**pl. m.** *-ci*) **1** relativo al misticismo: *unione, vita mistica*; *ascesi mistica* **2** relativo ai misteri della fede cristiana: *teologia mistica* | ***corpo m. del Cristo***, la comunità dei fedeli redenti da Cristo e in lui uniti | ***Rosa mistica***, attributo della Madonna **3** (*fig.*) caratterizzato da profonda spiritualità, da dedizione assoluta: *amore m.*; *slanci mistici* | (*est.*) totale, cieco: *fiducia mistica*; *adesione mistica a un'ideologia* ‖ **misticaménte**, **avv.** ‖ **misticità**, **s. f. inv.** **B s.**

m. (f. -*a*) **1** chi pratica la vita mistica e l'unione con Dio: *i mistici medievali* **2** scrittore di opere di mistica: *i mistici spagnoli*

mìstico② [sp. *místico*, dal turco *mistiko*, tipo di barca ✱ av. 1869] **s. m.** (**pl.** -*ci*) ● antica nave a tre alberi e vele quadre, di piccole dimensioni

misticùme [da *mistico*① ✱ av. 1956] **s. m.** ● (*lett.*, *spreg.*) astruseria da mistico

†**mistière** ▸ **mestiere**

†**mistièri** ▸ **mestiere**

†**mistièro** ▸ **mestiere**

mistificànte part. pres. di *mistificare*; anche **agg.** ● che inganna, che fa apparire qlco. diverso dalla realtà: *un'illusione m.*

✣**mistificàre** [fr. *mystifier*, comp. di *myst(ère)* 'mistero' e *-fier* '-ficare' ✱ 1843] **v. tr.** (*io mistìfico, tu mistìfichi*) **1** falsificare, far apparire qlco. molto diverso dalla realtà: *m. il resoconto dei fatti* **2** (*lett.*) ingannare qlcu.: *dobbiamo essere stati mistificati da gente più furba di noi* (E. Salgari) || **mistificazióne**, **s. f.** (V.)

mistificatóre [fr. *mystificateur*, da *mystifier* 'mistificare' ✱ 1886] **s. m.** (**f.** -*trice*) ● chi mistifica

mistificatòrio [1927] **agg.** (**pl. m.** -*i* o *raro* -*ii*) ● che tende a mistificare, a trarre in inganno: *atto, comportamento, intervento m.* || **mistificatoriaménte**, **avv.** (*raro*) in modo mistificatorio, allo scopo di mistificare

mistificazióne [fr. *mystification*, da *mystifier* 'mistificare' ✱ 1835] **s. f.** **1** inganno, imbroglio **2** interpretazione tendenziosa e deformante **SIN.** travisamento

mistilìneo [comp. di *misto* e *linea*, sul modello di *rettilineo* ✱ 1740] **agg.** ● (*mat.*) che è formato da segmenti di retta e da archi di curva: *contorno m.*

m

mistilìngue [comp. di *misto* e *lingua*, sul modello di *bilingue* ✱ 1942] **agg.** (**pl.** -*i* o **inv.**) ● caratterizzato dalla presenza di due o più lingue diverse: *popolazione, regione m.* | (*est.*) che è scritto o tradotto in più lingue

mistióne [vc. dotta, lat. *mixtiōne(m)*, da *mĭxtus* 'misto' ✱ 1282] **s. f.** ● (*lett.*) mescolanza

misto [vc. dotta, lat. *mĭxtu(m)*, part. pass. di *miscēre* 'mescolare'. V. *mescere* ✱ sec. XIII] **A** **agg.** **1** che è costituito da elementi di qualità diversa: *fritto m.*; *cani di razza mista* | ***pelame m.***, di vari colori | ***matrimoni misti***, fra coniugi di diversa etnia o religione | ***scuola mista***, di alunni maschi e femmine | ***gruppo m.***, gruppo parlamentare cui appartengono deputati o senatori che non aderiscono ad altri gruppi direttamente collegati a partiti o alleanze politiche | ***nave mista, treno m.***, adibiti al trasporto di merci e passeggeri | ***economia mista***, caratterizzata da una consistente presenza dell'intervento statale accanto all'iniziativa privata | ***lingua mista***, che risulta dalla mescolanza di più sistemi linguistici | ***tipo m.***, in astrologia, categoria caratterizzata dal prevalere delle influenze di più segni zodiacali | ***tessuto*** o ***filato m.***, composto da fibre di natura diversa | ***coro m.***, formato di voci maschili e femminili | ***percorso m.***, nel ciclismo, quello su strada con caratteristiche varie per fondo e pendenza | ***200, 400 misti***, nel nuoto, gara effettuata eseguendo i quattro stili (farfalla, dorso, rana, crawl) **2** mescolato con altri elementi (*anche fig.*) (+ *a*, + *con*): *lana mista a seta*; *pianto m. a dolore* | (*fig.*) connesso, frammisto: *bontà mista con ruvidezza* || **mistaménte**, **avv.** (*raro*) in modo misto **B** **s. m.** ● mescolanza (+ *di*): *un m. di guerresco, cavalleresco e lazzaronesco* (F. De Sanctis) | ***un m. di lana e seta***, un tessuto di lana e seta

mistolàna o **misto làna** ▸ **lana**

mistolìno o **misto lìno** ▸ **lino**①

mistoséta o **misto séta** ▸ **seta**①

mistrà [etim. incerta ✱ av. 1886] **s. m. inv.** ● liquore d'anice

mistral /*provenz.* mis'tral, *fr.* mis'tʀal/ [provenz. *mistral* 'maestrale' ✱ 1895] **s. m. inv.** ● maestrale secco, freddo e impetuoso che spira nella Francia meridionale

✣**mistùra** o †**mestùra** [vc. dotta, lat. *mixtūra(m)*, da *mĭxtus* 'misto' ✱ 1308] **s. f.** ● miscuglio di cose o sostanze diverse: *una m. di colori, di terra e sabbia* | (*fig.*) mescolanza, misto: *con una m. ... di malizia e d'ingenuità* (A. Fogazzaro) | intruglio, miscela, pozione e sim.: *un bicchiere a metà pieno d'una m. verdastra* (L. Pirandello) | (*numism.*) ***moneta di m.***, gener. d'argento, coniata in lega con il rame, in cui la quantità di metallo prezioso è inferiore alla quantità del metallo comune | (*disus.*) ***pane di m.***, pane di qualità inferiore, preparato con cereali vari

†**misturàggine** [1563] **s. f.** ● mistura

misturàre [vc. dotta, lat. tardo *mixturāre*, da *mixtūra* 'mistura' ✱ 1563] **v. tr.** ● (*disus.*) mescolare con sostanze diverse | ***m. il vino***, adulterarlo **SIN.** manipolare

♦**mişùra** [lat. *mensūra(m)*, da *mēnsus*, part. pass. di *metīri* 'misurare', di orig. indeur. ✱ 1219] **s. f.** **1** (*mat.*) rapporto fra una grandezza e un'altra, convenzionalmente scelta come unitaria **CFR.** metro-②, -metro, -metria | numero che esprime l'estensione di una quantità rispetto all'unità di misura fissata | (*gramm.*) ***complemento di m.***, V. *quantità* **2** correntemente, l'insieme delle dimensioni di un oggetto: *la m., le misure, di un mobile, di un lenzuolo, di una stanza*; *m. approssimativa*; *oggetti di m. grande, piccola, di una sola m., di tutte le misure*; *devi calcolare la m. del pavimento* **3** estensione in lunghezza e in circonferenza del corpo umano, o di sue parti: *il sarto deve prenderti le misure*; *prendere la m. dei fianchi, della vita, delle spalle* | ***prendere le misure di qlcu.***, (*fig.*) valutarlo in modo adeguato per affrontarlo meglio | ***prendere male le misure***, (*fig.*) sbagliare nel valutare una situazione o sim. | ***su m.***, di capi di abbigliamento tagliati secondo le dimensioni fisiche del singolo cliente, e non secondo lo standard delle confezioni: *camicie, scarpe su m.*; *si confezionano abiti su m.*; (*fig.*) che sembra fatto apposta, che è particolarmente adatto: *è un appartamento (fatto) su m. per loro* | ***stare a m., tornare a m.***, adattarsi perfettamente al corpo di una persona | (*est.*) taglia fisica, corporatura: *questo vestito non è della mia m.*; *tu e io abbiamo le stesse misure, siamo della stessa m.* | ***essere tagliati a una*** (o ***sulla***) ***stessa m.***, (*fig.*, *lett.*) avere le stesse caratteristiche di altri | (*est.*) numero che, nell'industria dell'abbigliamento, distingue i prodotti di uno stesso tipo, a seconda della loro grandezza: *maglie, guanti di prima, di seconda m.*; *che m. porta?*; *per me ci vuole la terza m.* **4** misurazione: *al momento della m. l'appartamento risultò più grande* | ***m. della vista***, complesso di operazioni che permettono di stabilire gli eventuali difetti della vista | modo del misurare: *m. abbondante, giusta, scarsa* **5** strumento usato per misurare: *controllare, verificare le misure*; *pesi e misure* | ***usare due pesi e due misure***, (*fig.*) giudicare due fatti analoghi con criteri diversi e quindi con parzialità | ***m. colma, a colmo***, che supera il bordo dello strumento di misura | ***colmare, avere colmato la m.***, (*fig.*) superare i limiti, non meritare più né comprensione né indulgenza | ***m. rasa, a raso***, ottenuta livellando all'orlo dello strumento di misura il contenuto **6** (*fig.*) valore, capacità, possibilità: *conoscere la propria m.* | proporzione, quantità: *contribuire a qlco. in ugual m. di altri*; *impegnarsi nella m. delle proprie forze* | ***vincere di m., di stretta m.***, con un vantaggio minimo e una certa difficoltà **7** (*fig.*) criterio di valutazione: *la m. sta nell'intelletto*; *Protagora ... affirmava l'uomo essere modo e m. di tutte le cose* (V. Alfieri) **8** (*fig.*) discrezione, moderazione, temperanza (+ *in*, anche seguito da inf.): *nelle cose ci vuole m.*; *agire con m.*; *avere, non avere m. nel mangiare, nel bere*; *essere senza m. nello spendere* | limite: *non conoscere la m.*; *ignorare il senso della m.* | ***passare la m.***, passare i limiti, eccedere | ***non avere né modo né m.***, eccedere facilmente | ***fuor di m., oltre m.***, in modo eccessivo | ***senza m.***, senza regola **9** (*fig.*) provvedimento preso per conseguire un dato fine, spec. per cautelarsi da eventi pericolosi o dannosi: *m. di prevenzione*; *m. precauzionale*; *prendere le opportune misure*; *ricorrere a energiche misure*; *il governo adotterà drastiche misure per contenere l'inflazione* | ***mezze misure***, provvedimenti scarsamente efficaci o poco energici | ***misure di sicurezza***, nella terminologia militare, complesso di predisposizioni e di attività intese a garantire dalla sorpresa, dall'osservazione e dalle offese nemiche impianti militari o unità in marcia o in stazione; (*dir.*) quelle di natura personale o patrimoniale che il giudice ordina con funzione di prevenzione o di rieducazione **10** in varie loc., proporzione, rapporto | ***nella m. in cui***, nella proporzione in cui, in rapporto al fatto che, se: *fallo pure, nella m. in cui lo consideri necessario* | ***a m. di***, che corrisponde a, che è proporzionato, adatto e sim. a: *città a m. d'uomo* | (*raro*) ***a m. che***, man mano, via via: *a m. che passa il tempo ci conosciamo sempre meglio* **11** (*ling.*) unità metrica del verso quantitativo **SIN.** metro **12** nel pugilato e nella scherma, giusta distanza dell'avversario che permette l'attacco e la difesa | ***sotto m.*** (o ***sottomisura***), nel linguaggio calcistico, vicino alla porta avversaria, sotto porta **13** (*mus.*) battuta || **mişurétta**, **dim.** | **mişurina**, **dim.** | **mişurino**, **dim. m.**

SFUMATURE DI SIGNIFICATO

misura - dimensione

Nel linguaggio della matematica e della fisica **misura** è il valore di una grandezza espresso in numeri, che risulta dal rapporto fra la grandezza data e un'altra dello stesso tipo assunta come unità di misura. Nel linguaggio corrente, *misura* è invece l'insieme di larghezza, lunghezza, altezza di un corpo, ed è dunque sinonimo di **dimensione**.

misura - riparo - rimedio - provvedimento - disposizione

Misura è un'iniziativa messa in atto per fronteggiare una determinata situazione o per raggiungere un obiettivo. Più specificamente, se è volta a prevenire un problema o a risolverlo si parla di **riparo**; se si tratta esclusivamente di far fronte a un inconveniente già determinatosi si dice piuttosto **rimedio**. In riferimento a decisioni emanate da organi pubblici il termine più appropriato è **provvedimento**. Se si vuole esprimere il senso di una decisione voluta e ordinata dall'alto e imposta d'autorità si parla invece di **disposizione**.

SFUMATURE ▸ ***moderazione***

mişuràbile [lat. tardo *mensurābile(m)*, da *mensurāre* 'misurare' ✱ av. 1519] **agg.** ● che si può misurare || **mişurabilità**, **s. f. inv.**

mişuracàvi [comp. di *misura(re)* e il pl. di *cavo*② ✱ 1889] **s. m. inv.** ● (*mar.*) strumento per misurare la circonferenza delle gomene e dei canapi

mişuraflùsso [comp. di *misura(re)* e *flusso* ✱ 1895] **s. m.** (**pl.** -*i*) ● idrometro di marea

♦**mişuràre** o †**meşuràre** [lat. tardo *mensurāre*, da *mensūra* 'misura' ✱ 1261 ca.] **A** **v. tr.** **1** determinare il rapporto fra una grandezza e un'altra omogenea assunta come unità di misura: *m. la distanza, il terreno, l'altezza di un muro, la profondità delle acque, l'intensità del suono* | ***m. a occhio***, valutare approssimativamente le misure di qlco. | ***m. la strada***, (*fig.*) percorrerla a passi uguali o ripetutamente | ***m. le scale***, (*fig.*) ruzzolare fino in fondo alle scale | ***m. un colpo, un ceffone***, appiopparlo bene **2** provare o far provare un indumento: *il sarto gli misurò la giacca* **3** (*fig.*) valutare, giudicare: *m. i meriti, i demeriti di qlcu.* | ***m. il valore di qlcu.***, calcolarlo | (*est.*) considerare: *m. gli ostacoli, le difficoltà* **4** (*fig.*) contenere entro precisi limiti: *m. le spese, il vitto* | (*fig.*) ***m. le parole***, soppesarle bene prima di dirle, moderarsi nel parlare **B v. intr.** (**aus.** *avere, raro*) ● essere di una certa misura: *quella torre misura più di cento metri* **C misuràrsi v. tr. pron. 1** misurare su di sé: *misurarsi la febbre* **2** indossare un indumento per provarlo: *mi sono misurata il vestito e mi va a pennello* **D misuràrsi v. rifl. 1** contenersi, moderarsi, regolarsi (+ *in*): *misurarsi nelle spese* **2** (*fig.*) cimentarsi (+ *in*): *misurarsi in una gara* | contendere (+ *con*): *misurarsi con un avversario fortissimo e astuto* **SIN.** gareggiare

misuratézza [da *misurato* ✻ av. 1729] **s. f.** ● (*raro*) moderazione, pacatezza: *esprimersi con m.*

misuràto **part. pass.** di *misurare*; anche **agg. 1** nei sign. del v. **2** equilibrato, ponderato, prudente: *usa parole misurate; un discorso m.* | ***tono m.***, pacato | ***essere m. nel bere***, sobrio **3** regolato, stabilito: *intervento ben m.* || **misurataménte**, **avv.** con moderazione

misuratóre [av. 1292] **s. m. 1** (**f.** *-trice*) chi misura | geometra **2** strumento usato per misurare grandezze fisiche

misuratùra [sec. XIII] **s. f.** ● operazione del misurare: *la m. di un terreno*

misurazióne [vc. dotta, lat. tardo *mensuratiōne(m)*, da *mensurāre* 'misurare' ✻ sec. XIV] **s. f.** ● determinazione del rapporto esistente tra una grandezza e un'altra omogenea, presa come unità di misura nota e costante: *la m. del terreno ha avuto luogo ieri* **CFR.** -metro, -metria

†**misurévole** [1363] **agg.** ● misurabile

misurìno [da *misura* ✻ av. 1841] **s. m.** ● piccolo recipiente di materiale vario, usato per misurare determinate quantità di sostanze liquide, in grani o in polvere

†**misvenìre** [ant. fr. *mesvenir*, comp. di *mes-* (V. †*menosdire*) e *venir* 'venire' ✻ 1353] **v. intr. 1** venir meno **2** (*fig.*) avere esito negativo

†**misventùra** o †**mesventùra** [ant. fr. *mesventure*, comp. di *mes-* (V. †*menosdire*) e *venture* 'ventura' ✻ av. 1347] **s. f.** ● sventura

†**misvenùto** **part. pass.** di †*misvenire*; anche **agg.** ● (*raro*) nei sign. del v.

♦**mite** [vc. dotta, lat. *mīte(m)*, di etim. incerta ✻ 1319] **agg. 1** benevolo, clemente, indulgente: *principe, giudice, esaminatore m.; anima, indole m.; rimproverare con tono m.; sentenza m.* | ***venire a più miti consigli***, moderare le proprie pretese **2** di animale mansueto e tranquillo: *il m. agnello* **3** di clima dolce o temperato: *un m. inverno* **4** accessibile: *prezzo abbastanza m.* | non troppo gravoso: *imposta, interesse m.* || **miteménte**, **avv.** in modo mite

mitèma [da *mit(o)* con il suff. *-ema* sul modello del fr. *mythème* ✻ 1987] **s. m.** (**pl.** *-i*) ● (*antrop.*) unità narrativa elementare, non ulteriormente scomponibile, che in combinazione con altre concorre alla costituzione del racconto mitico

mitèna o **mittèna** [fr. *mitaine*, di etim. incerta ✻ av. 1764] **s. f. 1** guanto femminile senza dita, spec. di pizzo e seta, usato nell'Ottocento **2** nelle antiche armature, manopola

†**mìtera** ➤ **mitra**①

♦**mitézza** [da *mite* ✻ 1615] **s. f.** ● caratteristica di chi (o di ciò che) è mite: *la m. di un carattere, del clima, della pena*

SFUMATURE ➤ ***bontà***

†**miticàre** ➤ **mitigare**

miticizzàre [1950] **v. tr.** ● (*raro*) rendere mitico: *m. un eroe* || **miticizzazióne**, **s. f.**

♦**mìtico** [vc. dotta, gr. *mythikós*, agg. di *mŷthos* 'mito' ✻ av. 1828] **agg.** (**pl. m.** *-ci*) **1** che concerne il mito, che ha carattere di mito: *eroe, personaggio m.; racconti, tempi mitici* | (*est.*) che è quasi diventato un mito, una leggenda: *un'impresa mitica* **2** (*fig.*) illusorio, utopistico: *una società mitica* **3** (*colloq.*) favoloso, meraviglioso, straordinario: *il m. Bogart; una festa mitica* || **miticaménte**, **avv.** || **miticità**, **s. f. inv.**

mitigàbile [av. 1869] **agg.** ● che si può mitigare

mitigaménto [av. 1306] **s. m.** ● (*raro*) il mitigare | alleviamento, mitigazione | ciò che allevia o mitiga

♣**mitigàre** o †**miticàre** [vc. dotta, lat. *mitigāre*, da *mītis* 'mite' ✻ 1261 ca.] **A v. tr.** (*io mìtigo, tu mìtighi*) **1** rendere meno intenso, meno acerbo o aspro: *m. il dolore, la pena, l'odio, la passione; m. i rigori della prigione* **SIN.** calmare, moderare, placare **2** attenuare, diminuire: *m. il freddo; m. i prezzi, le esigenze* **3** †intenerire, blandire **B mitigàrsi v. intr. pron.** ● calmarsi, moderarsi, farsi meno intenso: *la sua ira si mitigò presto*

> **SFUMATURE DI SIGNIFICATO**
>
> ***mitigare - allentare - placare***
>
> **Mitigare** ha il significato di rendere meno intenso, meno aspro, dunque di attenuare, diminuire. **Allentare** ha lo stesso significato di rendere meno rigido, ma suggerisce l'idea di una tensione che si stempera, di una costrizione che diventa meno rigida. **Placare** è rendere calmo, quieto, tranquillo; riferito a sentimenti o a sensazioni equivale a sedare, vincere.

mitigatìvo [vc. dotta, lat. tardo *mitigatīvu(m)*, da *mitigāre* 'mitigare' ✻ av. 1320] **agg.** ● che serve a mitigare

mitigatóre [1336 ca.] **agg. e s. m.** (**f.** *-trice*) ● che (o chi) mitiga

mitigazióne [vc. dotta, lat. *mitigatiōne(m)*, da *mitigāre* 'mitigare' ✻ 1361] **s. f.** ● il mitigare | alleviamento di un dolore | attenuazione di una pena o sim.

†**mitighévole** [sec. XIV] **agg.** ● che mitiga

mitilicoltóre [comp. di *mitilo* e *-coltore* ✻ 1978] **s. m.** (**f.** *-trice*) ● chi alleva mitili

mitilicoltùra [comp. di *mitilo* e *coltura* ✻ 1957] **s. f.** ● allevamento dei mitili

mìtilo [vc. dotta, lat. *mўtilu(m)*, dal gr. *mýtilos*, propr. 'senza corna', da avvicinare a *mistýllein* 'tagliare (la carne), dividere', di orig. indeur. ✻ sec. XV] **s. m.** ● mollusco dei Lamellibranchi con conchiglia oblunga, nera, che si fissa mediante il bisso a corpi sommersi, allevato per le sue carni assai apprezzate (*Mytilus edulis*) **SIN.** cozza, muscolo, peocio

mitizzàre [1916] **A v. tr.** ● rendere simile a un mito, assimilare ai miti: *m. le proprie aspirazioni, il proprio passato, la storia; m. un attore* **B v. intr.** (**aus.** *avere*) ● creare miti **C mitizzàrsi v. rifl.** ● trasformare sé stesso in mito: *cerca di rendersi naturale ... mitizzandosi* (A. GRAMSCI) || **mitizzazióne**, **s. f.**

♦**mìto** [vc. dotta, gr. *mŷthos* 'parola, discorso, narrazione, mito', di orig. espressiva ✻ 1587] **s. m. 1** narrazione sacra di avvenimenti relativi all'origine dell'universo, di imprese, di fondazioni culturali e di gesta e origini di dei e di eroi: *i miti greci; il m. di Prometeo* **2** esposizione di un'idea, di un insegnamento astratto sotto una forma allegorica o poetica: *il m. della caverna in Platone* **3** immagine schematica o semplificata, di un evento, di un fenomeno sociale, di un personaggio, quale si forma o viene recepita presso un gruppo umano: *il m. del Risorgimento; il m. della flemma britannica; il m. di Greta Garbo* | convincimento spesso illusorio che, per il vigore con cui si estrinseca e l'adesione che suscita, provoca mutamenti nel comportamento di un gruppo umano: *il m. del disarmo mondiale; il m. del successo a tutti i costi; il m. dell'arte pura* **4** (*colloq.*) chi (o ciò che) appare dotato di qualità straordinarie o fornisce prestazioni eccellenti: *sei un m.!; questa auto è un m.!*

SFUMATURE ➤ ***leggenda***

mitocondriàle [da *mitocondrio* col suff. *-ale*① ✻ 1957] **agg.** ● (*biol.*) riferito ai mitocondri: *matrice m.*

mitocòndrio [comp. del gr. *mítos* 'filo' (V. *mitosi*) e un deriv. di *chóndros* 'chicco' ✻ 1957] **s. m.** ● (*biol.*) organulo cellulare di forma varia, a struttura submicroscopica altamente differenziata, sede delle reazioni di respirazione e produzione di energia della cellula **SIN.** condriosoma

mitogenètico [comp. di *mito(si)* e *genetico* ✻ 1957] **agg.** (**pl. m.** *-ci*) ● (*biol.*) detto di composto in grado di indurre processi mitotici

mitografìa [vc. dotta gr. *mythographía*, comp. di *mŷthos* 'mito' e *-graphía* '-grafia' ✻ 1844] **s. f.** ● descrizione e studio analitico dei miti

mitògrafo [vc. dotta, gr. *mythográphos*, comp. di *mŷthos* 'mito' e *-gráphos* '-grafo' ✻ av. 1597] **s. m.** (**f.** *-a*) ● espositore e descrittore di miti, riferito spec. agli scrittori classici che hanno raccolto miti greci e romani

mitologèma o **mitologhèma** [gr. *mythológēma* 'racconto favoloso', da *mythologêin* 'raccontare o comporre favole' ✻ 1988] **s. m.** (**pl.** *-i*) **1** nucleo originario di un mito, da cui si sono sviluppati vari miti tradizionali **2** idea, formula, dottrina che assume valore di mito spec. sociale o politico

mitologìa [vc. dotta, gr. *mythología*, comp. di *mŷthos* 'mito' e *-logía* '-logia' ✻ 1598] **s. f.** (**pl.** *-gìe*) **1** studio dei miti nelle singole religioni | in particolare, l'insieme dei miti del mondo antico greco-romano **2** (*fig.*) complesso di idee o convinzioni che non corrispondono alla realtà: *Non vorremmo accettare alcuna m.* (E. MONTALE)

mitològico [vc. dotta, gr. *mythologikós*, da *mythología* 'mitologia' ✻ 1725] **agg.** (**pl. m.** *-ci*) **1** che si riferisce a mito, a mitologia, a mitologo e ad epoca o tempo descritti nei miti **2** (*fig.*) favoloso, leggendario || **mitologicaménte**, **avv.**

mitologìsta [1639] **s. m. e f.** (**pl. m.** *-i*) ● studioso di mitologia

mitòlogo [vc. dotta, gr. *mythológos*, comp. di *mŷthos* 'mito' e *-lógos* '-logo' ✻ 1586] **s. m.** (**f.** *-a*; **pl. m.** *-gi*) ● studioso di mitologia | mitografo

mitòmane [fr. *mythomane*, comp. del gr. *mŷthos* 'mito' e del fr. *-mane* '-mane' ✻ 1950] **A agg.** ● della mitomania **B s. m. e f.**; anche **agg.** ● chi (o che) è affetto da mitomania | (*est.*) visionario, millantatore

mitomanìa [fr. *mythomanie*, comp. del gr. *mŷthos* 'mito' e *-manie* '-mania' ✻ 1930] **s. f.** ● (*psicol.*) tendenza a falsificare la realtà tramite racconti fantasiosi non veritieri per attirare l'attenzione su di sé

mitopoièsi [comp. di *mito* e del gr. *póiēsis* 'produzione, creazione', da *poiêin* 'fare' (V. *poeta*) ✻ 1970] **s. f. inv.** ● attitudine propria dello spirito umano a pensare miticamente, a produrre narrazioni mitiche | fenomeno della formazione dei miti nelle religioni

mitopoiètico [da *mitopoiesi*: la seconda parte è modellata sul gr. *poiētikós* (V. *poetico*) * 1966] **agg.** (**pl. m.** *-ci*) ● relativo a mitopoiesi

mitòsi [ingl. *mitosis*, dal gr. *mítos* 'filo', di etim. incerta * 1895] **s. f. inv.** ● (*biol.*) l'insieme delle trasformazioni nucleari che, nel corso della moltiplicazione cellulare, consente di mantenere costante il numero dei cromosomi nelle cellule figlie SIN. cariocinesi

mitostòrico [vc. dotta, lat. tardo *mythistŏricu(m)*, dal gr. *mythistorikós*, agg. di *mythistoría* 'storia favolosa', comp. di *mŷthos* 'mito' e *historía* 'storia' * 1639] **agg.** (**pl. m.** *-ci*) ● (*raro*) di narrazione mista di storia e favole o miti

mitòtico [da *mitosi* * 1917] **agg.** (**pl. m.** *-ci*) ● (*biol.*) che concerne la mitosi: *divisione mitotica*

mìtra ① o **mìtria**, †**mìtera** [vc. dotta, lat. *mĭtra(m)*, dal gr. *mítra* 'benda, fascia, tiara', di etim. incerta * 1281] **s. f. 1** copricapo alto e diviso nella sommità in due punte, con nastri o strisce che ricadono sulla nuca, portato da vescovi e prelati nelle cerimonie e come insegna di autorità e dignità | (*est.*) dignità vescovile | (*lett.*, *fig.*) vescovo, sacerdote: *E già già tremano / Mitre e corone* (G. CARDUCCI) **2** dispositivo applicato allo sbocco di canne fumarie o di tubi di ventilazione per proteggerli dall'azione del vento, della pioggia o della neve **3** genere di Molluschi dei Gasteropodi oceanici della famiglia Mitridi, con conchiglia allungata dai colori vivaci (*Mitra*)

mìtra ② [abbr. di (*fucile*) *mitra(gliatore)* * 1942] **s. m. inv.** ● fucile o moschetto automatico

mitràglia [fr. *mitraille* 'moneta spicciola', poi 'pezzettini di metallo', dall'ant. fr. *mite* 'monetina di rame', a sua volta da *mite*, insetto (n. di orig. neerl.) * 1747] **s. f. 1** munizione spezzata di pallottole, schegge di ferro e sim., con cui un tempo si caricavano i cannoni e anche altre armi da fuoco per ottenere un tiro falciante ad ampio raggio **2** insieme dei colpi sparati con la mitragliatrice | (*fig.*, *lett.*) sfilza, sequela **3** (*gerg.*) mitragliatrice

mitragliaménto [1889] **s. m. 1** il mitragliare | (*fig.*) sequela incessante: *un m. di domande* **2** tecnica di ripresa fotografica consistente in una rapida successione di scatti relativi a un dato soggetto

mitragliàre [fr. *mitrailler*, da *mitraille* 'mitraglia' * 1797] **v. tr.** (*io mitràglio*) ● colpire con raffiche di mitragliatrice: *m. le fanterie nemiche* | (*fig.*) ***m. qlcu. di domande***, porgli domande rapidissime e continue, senza sosta

mitragliàta [fr. *mitraillade*, da *mitraille* 'mitraglia' * 1872] **s. f.** ● raffica di mitraglia

mitragliatóre [fr. *mitrailleur*, da *mitrailler* 'mitragliare' * 1869] **A agg.** (**f.** *-trice*) ● che mitraglia: *pistola mitragliatrice* | ***fucile m.***, fucile automatico, di impiego analogo a quello della mitragliatrice, ma più leggero e più semplice, munito generalmente di doppio piede anteriore per il tiro da terra **B s. m.** ● soldato armato di fucile mitragliatore

mitragliatrìce [fr. *mitrailleuse*, da *mitrailler* 'mitragliare' * 1869] **s. f.** ● arma da fuoco portatile, automatica, a tiro continuo o intermittente, con cadenza da 800 a 1400 colpi al minuto | ***m. leggera, pesante***, a seconda del calibro e della costituzione | ***nidi di m.***, postazioni campali o in trincea di tali armi | (*fig.*) ***sembrare una m.***, detto di persona che parla moltissimo e in fretta

mitraglièra [da *mitragliare* * 1876] **s. f.** ● mitragliatrice di calibro da 20 a 60 mm per il tiro contraereo ravvicinato, dotata di affusto a piedistallo | ***m. multipla***, a più canne

mitraglière [fr. *mitrailleur*. V. *mitragliatore* * 1918] **s. m.** ● soldato addetto all'impiego delle mitragliatrici

mitragliétta [calco sulla vc. fr. *mitraillette* * av. 1963] **s. f.** ● nel linguaggio corrente, pistola mitragliatrice

mitràico [av. 1956] **agg.** (**pl. m.** *-ci*) ● relativo al dio Mitra, al mitraismo: *culto m.* SIN. mitriaco

mitraìsmo [1934] **s. m.** ● culto del dio iranico Mitra, diffuso in tutto il mondo greco-romano in forma misterica

mitràle [da *mitra*① * 1775] **agg.** ● (*anat.*) detto di struttura simile alla mitra, il copricapo vescovile | ***valvola m.***, che separa l'atrio dal ventricolo sinistro del cuore

mitràlico [1944] **agg.** (**pl. m.** *-ci*) ● (*anat.*) relativo alla valvola mitrale: *vizio m.*; *stenosi mitralica*

mitràre o **mitriàre** [da *mitra*① * 1319] **v. tr. 1** †imporre la mitra | (*est.*) conferire dignità vescovile **2** (*fig.*, *lett.*) onorare, esaltare

mitràto [vc. dotta, lat. *mitrātu(m)*, da *mĭtra* 'mitra①' * av. 1388] **A agg.** ● che porta la mitra o ha il diritto di portarla **B s. m.** ● (*lett.*, **spec. al pl.**) prelato della Chiesa

mitrèo [vc. dotta, gr. *Mithrâion*, da *Míthras* 'Mitra', dio persiano * 1834] **s. m.** ● santuario del dio Mitra

mìtria ➤ **mitra**①

mitrìaco [vc. dotta, lat. tardo *mithrĭacu(m)*, da *Mĭthras* 'Mitra' * 1813] **agg.** (**pl. m.** *-ci*) ● mitraico

mitriàre ➤ **mitrare**

mitridàtico [vc. dotta, lat. *Mithridātĭcu(m)*, dal gr. *Mithridatikós*, agg. di *Mithridátēs* 'Mitridate', re del Ponto * 1589] **agg.** (**pl. m.** *-ci*) **1** di Mitridate, re del Ponto **2** (*med.*) del mitridatismo

mitridatìsmo [da *Mitridate*, re del Ponto (132-63 a.C.), che, per timore di essere avvelenato, si era assuefatto a tutti i veleni * 1910] **s. m.** ● (*med.*) assuefazione ai veleni ottenuta spec. ingerendone piccole dosi progressive

mitridatizzàre [da *Mitridate*. V. *mitridatismo* * 1957] **A v. tr.** ● immunizzare dal veleno **B mitridatizzàrsi v. rifl. 1** immunizzarsi dal veleno **2** (*fig.*) rendersi immune da ogni evento esterno ritenuto lesivo ‖ **mitridatizzazióne**, **s. f.** immunizzazione; (*fig.*) immunità

†**mitridàto** [da *Mitridate*. V. *mitridatismo* * sec. XIV] **s. m.** ● antidoto contro i veleni

Mitrìdi [comp. di *mitra*① nel sign. 2, e *-idi* * 1934] **s. m. pl.** (**sing.** *-e*) ● (*zool.*) famiglia di Molluschi dei Gasteropodi comprendente vari generi, fra cui la mitra (*Mitridae*)

mitteleuropèo [ted. *mitteleuropäisch* 'dell'Europa centrale', da *Mitteleuropa* 'Europa centrale', comp. di *mittel* 'medio' (di orig. indeur.) ed *Europa* 'Europa' * 1942] **agg.** ● relativo all'Europa centrale e alla sua cultura | relativo alla cultura e all'arte fiorita all'interno dell'Impero Asburgico spec. tra la fine del XIX e l'inizio del XX sec.

mittèna ➤ **mitena**

mittènte [vc. dotta, lat. *mittĕnte(m)*, part. pres. di *mĭttere* 'mandare'. V. *mettere* * 1821] **s. m. e f.** ● chi spedisce a mezzo posta lettere, pacchi o altro: *firma e indirizzo del m.*

mittèria o **mictèria** [dal gr. *myktḗr*, genit. *myktêros* 'naso', propr. 'mucosa', dalla stessa radice indeur. da cui anche il lat. *mūcus* 'muco'; detta così dal becco lungo e acuto, come un naso aquilino * 1978] **s. f.** ● grossa cicogna africana bianca e nera con sviluppatissimo becco rosso che alla base ha un'espansione a sella (*Ephippiorhynchus senegalensis*)

mix /*ingl.* mɪks/ [vc. ingl., da *to mix* 'mescolare' (V. *mixer*) * 1981] **s. m. inv.** (**pl. ingl.** *mixes*) ● mescolanza, miscuglio, miscela: *un mix di ingredienti*

mixage /*fr.* mik'saʒ/ [vc. fr., tratta dal v. ingl. *to mix* 'mischiare' col suff. *-age* '-aggio' * 1942] **s. m. inv.** ● (*cinema*) missaggio

mixàre [dall'ingl. *to mix* 'mischiare' (V. *mixer*) * 1949] **v. tr.** ● missare

mixedèma o **mixèdema** [comp. di *mix(o)-* ed *edema* * 1899] **s. m.** (**pl.** *-i*) ● (*med.*) edema diffuso della cute e del tessuto sottocutaneo nell'ipotiroidismo

mixedematóso (o *-s-*) [1957] **agg. e s. m.** (**f.** *-a*) ● (*med.*) che (o chi) è affetto da mixedema

mìxer /'mikser, *ingl.* 'mɪksə(r)/ [ingl., propr. 'che mescola', da *to mix* 'mescolare', ricavato da *mixt* 'misto', che deriva dal fr. *mixte* 'misto' * 1932] **s. m. inv.** (*anche* **f. nel sign. 4**) **1** recipiente graduato per miscelare bevande **2** dispositivo che trita gli alimenti introdotti in un frullatore | (*est.*) piccolo elettrodomestico usato in cucina per tritare finemente e mescolare vari ingredienti CFR. robot **3** (*elettron.*) miscelatore **4** tecnico addetto al missaggio

mixeràggio [dall'ingl. *mixer* 'variatore di frequenza', propr. 'mescolatore' (V. *mixer*) * 1983] **s. m.** ● (*cinema*, *tv*) missaggio

mixing /*ingl.* 'mɪksɪŋ/ [1983] **s. m. inv.** ● (*cinema*, *tv*) missaggio

mìxo- [dal gr. *mýxa* 'muco', di orig. indeur.] **primo elemento** ● in parole composte della terminologia scientifica, significa 'muco, mucillagine': *mixomiceti*, *mixorrea*

mixòma [comp. di *mix(o)-* e *-oma* * 1877] **s. m.** (**pl.** *-i*) ● (*med.*) tumore benigno dei tessuti mucosi

mixomatòsi [comp. di *mixoma* e *-osi* * 1940] **s. f. inv.** ● grave malattia infettiva da virus altamente contagiosa che colpisce soprattutto i conigli

Mixomicèti [comp. di *mixo-* e del gr. *mýkēs*, genit. *mýkētos* 'fungo' (V. *micelio*) * 1895] **s. m. pl.** (**sing.** *-e*) ● (*bot.*) piccolo gruppo di vegetali privi di clorofilla con forme plasmodiali polinucleate anche di notevoli dimensioni, frequenti su foglie morte o legno marcescente (*Myxomycetes*)

mixorrèa [comp. di *mixo-* e *-rea* * 1957] **s. f.** ● (*med.*) abbondante secrezione di muco

mixosarcòma [comp. di *mixo-* e *sarcoma* * 1912] **s. m.** (**pl.** *-i*) ● (*med.*) tumore maligno che si genera dal tessuto mucoso

mixovìrus [comp. di *mixo-* e *virus* * 1957] **s. m. inv.** ● (*biol.*) denominazione comune dei virus a RNA comprendenti gli agenti causali dell'influenza e della parotite (*Orthomyxoviridae* e *Paramyxoviridae*)

Mizostòmidi [comp. del gr. *mýzein* 'succhiare' (della stessa famiglia di *mýdos* 'umidità, viscosità', di orig. indeur.) e *-stoma* * 1965] **s. m. pl.** (**sing.** *-e*) ● (*zool.*) classe di Anellidi marini di piccole dimensioni, parassiti di echinodermi (*Myzostoma*)

mìzzica [vc. sicil., eufem. per *mi(inchia)* * 1986] **inter.** ● (*merid.*) esprime stupore, sorpresa, ammirazione: *m. che pensata!*

mm /əm:/ o **mmh**, **hmm** /m:/, **mhmm** /m:/ [vc. espressiva * 1951] **inter. 1** esprime compiacimento: *mm! che buon odorino*; *mm! che buon dolce!* **2** esprime disappunto o impazienza frenata: *mm! che rabbia!* **3** esprime dubbio: *mm, gatta ci cova!*

mms /'ɛmme 'ɛmme 'ɛsse/ [sigla di *M(ultimedia) M(essaging) S(ervice)*, 'servizio di messaggi multimediali' * 2001] **s. m. inv.** ● (*tel.*) messaggio multimediale che si può inviare e ricevere da un telefono cellulare

mnemo- [gr. *mnēmē* 'memoria'] **primo elemento** ● in parole composte, significa 'memoria', 'relativo alla memoria': *mnemoteca*, *mnemotecnica*

mnemònica [da (*arte*) *mnemonica*. V. *mnemonico* * 1829] **s. f.** ● mnemotecnica

mnemònico [vc. dotta, gr. *mnēmonikós* 'della memoria', da *mnḗmōn* 'memore', dalla stessa radice di *mimnḗskein* 'ricordare' ✻ 1840] **agg.** (**pl. m.** *-ci*) ● della memoria, relativo alla memoria: *facoltà mnemonica* | ***esercizi, mezzi mnemonici***, che servono per sviluppare la memoria | (*est., spreg.*) basato solo sulla memoria: *apprendimento puramente m.* ‖ **mnemonicaménte**, **avv.** in modo mnemonico: *studiare mnemonicamente* ‖ **mnemonicità**, **s. f. inv.**

mnemonismo [da *mnemonico* ✻ 1912] **s. m.** ● preminente importanza data all'apprendimento mnemonico in alcuni sistemi educativi (*spec. spreg.*)

mnemotèca [comp. di *mnemo-* e *-teca* ✻ 1988] **s. f.** ● raccolta di oggetti, testi, manufatti che costituiscono memorie individuali o collettive

mnemotècnica [comp. di *mnemo-* e *tecnica* ✻ 1846] **s. f.** ● (*psicol.*) sistema di regole per organizzare le informazioni in modo da facilitarne il ricordo

-mnesìa **secondo elemento** ● in parole composte, formate sul modello di *amnesia*, significa 'memoria': *paramnesia*

mnèsico o **mnèstico** [dal gr. *-mnēsis*, che si ricava da *anámnēsis* (V. *anamnesi*) ✻ 1957] **agg.** (**pl. m.** *-ci*) ● (*psicol.*) relativo alla memoria: *funzione mnesica; disturbi mnesici*

mo'① /*sett.* mɔ*, *centr., merid.* mo*/ o **mo** /mɔ*, mo*/ [lat. *mŏ(do)* 'ora', V. *modo* ✻ 1250 ca.] **avv.** ATTENZIONE! *mo'* è troncamento di 'modo', si scrive con l'apostrofo (uno dei casi di troncamento con apostrofo), non con l'accento: *la grafia mò* è errata (V. nota d'uso ELISIONE e TRONCAMENTO) **1** (*region.*) ora, adesso: *è accaduto mo'; mo' tu esageri; mo' vengo* | ***pur mo'***, or ora | ***da mo' innanzi***, d'ora in poi | con valore rafforz. nella loc. ***mo' mo'***, or ora, subito | ***da mo'***, da un bel pezzo **2** (*sett.*) un po': *senti mo' che pretese!; guarda mo' che idee!*

mo'② /mɔ*/ [1476] **s. m.** ATTENZIONE! *mo'* è troncamento di 'modo' e si scrive con l'apostrofo, non con l'accento; la grafia 'a mò di' è errata ● forma tronca di *modo*, solo nella loc. prep. ***a mo' di***, a guisa di, a titolo di: *a mo' d'esempio* (V. nota d'uso ELISIONE e TRONCAMENTO)

mòa [ingl. *moa*, vc. coloniale ✻ 1934] **s. m. inv.** ● gigantesco uccello della Nuova Zelanda, simile allo struzzo, estintosi in epoca preistorica (*Dinornis*)

moabìta [vc. dotta, lat. tardo *Moabīte(m)*, dal gr. *Moabítēs* 'abitante del Moab', da *Mōáb*, che è l'ebr. *Mō'ābh*: da *ābh* 'padre' (?) ✻ sec. XIV] **s. m. e f.** (**pl. m.** *-i*) ● abitante o nativo della regione di Moab, sita a oriente del Mar Morto

moabìtico [1957] **agg.** (**pl. m.** *-ci*) ● relativo ai Moabiti

mob /mɔb, *ingl.* mɒb/ [2003] **s. m. inv.** ● accorc. di *flash mob* (V. *flash*)

mòbbing /ˈmɔbin(g), *ingl.* ˈmɒbɪŋ/ [vc. ingl., dal v. *to mob* 'assalire' ✻ 1974] **s. m. inv.** **1** (*biol.*) assalto collettivo che in alcune specie di Passeriformi viene messo in atto come difesa dai rapaci **2** (*est.*) comportamento vessatorio esercitato tramite violenze psicologiche all'interno di un gruppo verso un individuo che si vuole isolare, emarginare o allontanare: *m. nell'ambiente di lavoro; m. familiare*

mobbizzàre [da *mobbing* ✻ 1999] **v. tr.** ● fare oggetto di mobbing

mobìglia e deriv. ● (*evit.*) ➤ **mobilia** e deriv.

♦**mòbile**① [vc. dotta, lat. *mŏbile(m)*, da *movēre* 'muovere' ✻ 1268] **A** **agg.** **1** che si può muovere, spostare dalla sua sede, trasportare da un luogo all'altro e sim.: *ponteggio m.; scrivania con piano m.* | ***bene m.***, ogni cosa materiale trasportabile o in grado di muoversi da sola | ***beni mobili registrati***, autoveicoli, navi, aeromobili i quali devono essere iscritti in un pubblico registro e sono sottoposti a un regime giuridico analogo a quello dei beni immobili | ***ricchezza m.***, un tempo, quella costituita da redditi non derivanti da terreni o fabbricati | ***caratteri mobili***, quelli componibili e scomponibili, per la stampa | ***feste mobili***, che cadono in date diverse, a seconda degli anni (per es. la Pasqua) | detto di reparti o corpi militari in grado di intervenire rapidamente spostandosi con grande rapidità: *colonna m.; difesa m.* | ***Squadra m.***, speciale reparto di agenti della polizia giudiziaria | ***scala m.***, V. *scala*① **2** che è in movimento: *il mare è una massa d'acque mobili* | (*fig.*) vivace: *sguardo, sorriso m.* | (*fig.*) duttile: *ingegno m.* **3** (*fig.*) incostante, volubile: *Femina è cosa mobil per natura* (F. PETRARCA) **SIN.** mutevole **4** (*ling.*) ***nome m.***, che ha una forma per il maschile distinta da quella per il femminile ‖ **mobilménte**, **avv.** ‖ **mobilità**, **s. f. inv.** (V.) **B** **s. m.** **1** qualunque oggetto che per sua natura possa essere spostato o possa muoversi: *i mobili e gli immobili; tutti gli mobili sono egualmente prossimi e lontani al primo e dal primo universal motore* (G. BRUNO) | ***primo m.***, nel sistema tolemaico, il nono cielo che, velocissimo e privo di stelle, gira intorno alla Terra, comunicando il movimento ai cieli sottostanti **2** suppellettile che costituisce l'arredamento di un luogo d'abitazione o di lavoro: *i mobili di casa, dell'ufficio; m. moderno, antico, in noce, in palissandro* | ***m. bar***, quello in cui si tengono liquori e bevande in genere **3** †capitale, denaro, patrimonio | †***far m.***, accumulare ricchezze ‖ **mobilàccio**, **pegg.** | **mobilétto**, **dim.** | **mobilóne**, **accr.** | **mobilùccio**, **dim.** **C** **s. f.** ● (*ellitt.*) squadra mobile: *chiamare la m.; il capo della m.*

mobile② /*fr.* mɔˈbil/ [fr. *mobile* 'che si muove' (stessa etim. dell'it. *mobile*①) ✻ av. 1973] **s. m. inv.** ● scultura mobile, fatta di lamine sospese mediante fili metallici, in modo da oscillare al minimo spostamento d'aria, cambiando così continuamente forma: *i m. di Calder*

mobile- /moˈbail, *ingl.* ˈməʊbaɪl/ [vc. ingl., '(telefono) cellulare'] **primo elemento** ● in parole composte della terminologia economica che indicano un'attività svolta attraverso Internet, significa 'uso di dispositivi mobili': *mobile-commerce, mobile-banking* | anche abbreviato in M: *M-banking*

mobìlia, (*evit.*) **mobìglia** [vc. dotta, lat. *mobĭlia*, nt. pl. di *mŏbilis* 'mobile①' ✻ 1309] **s. f.** ● il complesso dei mobili che arredano una casa o una stanza: *m. ricca, costosa; m. da salotto, da camera da letto* **SIN.** mobilio

mobiliàre①, (*evit.*) **mobigliàre** [da *mobilia* ✻ 1678] **v. tr.** (*io mobìlio*) ● ammobiliare: *m. una casa, un appartamento*

mobiliàre② [fr. *mobiliaire*, da *mobile* 'bene mobile' ✻ av. 1835] **agg.** ● relativo a beni mobili | ***credito m.***, quello a medio termine, concesso con la sottoscrizione di azioni od obbligazioni | ***mercato m.***, quello dei valori mobiliari

mobiliàto, (*evit.*) **mobigliàto** **part. pass.** di *mobiliare*; anche **agg.** ● ammobiliato

mobiliatùra, (*evit.*) **mobigliatùra** [da *mobiliare* ✻ av. 1712] **s. f.** ● (*raro*) fornitura di mobili per una casa o appartamento e sim.: *provvedere alla m.*

mobilière [av. 1910] **s. m.** (**f.** *-a*, *raro*) ● fabbricante, commerciante di mobili

mobilifìcio [comp. di *mobile*① e *-ficio* ✻ 1942] **s. m.** ● fabbrica di mobili

mobìlio, (*evit.*) **mobìglio** [1846] **s. m.** (**pl.** *-i o raro -ii*) ● mobilia

mobilismo [comp. di *mobile*① e *-ismo* ✻ 1926] **s. m.** **1** ogni dottrina filosofica secondo la quale tutto è in continuo divenire: *il m. eracliteo* **2** (*geol.*) teoria per cui la crosta terrestre sarebbe mobile rispetto al mantello

♦**mobilità** [vc. dotta, lat. *mobilitāte(m)*, da *mŏbilis* 'mobile①' agg. ✻ av. 1332] **s. f. inv.** **1** caratteristica di ciò che è mobile oppure si muove con facilità o muta rapidamente: *la m. della Terra; la m. delle onde; la m. degli occhi, dello sguardo* **2** (*med.*) capacità degli organi di compiere spostamenti: *m. articolare* **3** il complesso degli spostamenti delle persone che in una certa area utilizzano mezzi di trasporto individuali o collettivi: *conferenza sulla m.* **4** ***m. del lavoro***, movimento della forza-lavoro da luogo a luogo, da settore a settore, da azienda ad azienda, anche con mansioni e tipo di lavoro diversi | ***m. sociale***, passaggio di individui o gruppi da una categoria sociale a un'altra | (*dir.*) status in cui si trovano i lavoratori licenziati a seguito di una procedura di licenziamento collettivo | ***liste di m.***, elenco dei lavoratori in mobilità | ***indennità di m.***, sussidio a favore dei lavoratori iscritti nelle liste di mobilità **5** (*fig.*) volubilità, incostanza: *la m. dell'animo e dei sentimenti umani*

mobilitàre [vc. dotta, lat. *mobilitāre* 'mettere in moto', da *mŏbilis* 'mobile①' agg. ✻ 1834] **A** **v. tr.** (*io mobìlito*) **1** attuare i provvedimenti necessari per il passaggio di una o più unità, o di tutte le forze armate, dalla condizione di pace a quella di guerra (*anche assol.*): *m. le truppe; gli alleati mobilitano* **2** (*fig.*) mettere in moto, usare con impegno: *m. tutte le proprie forze e capacità; hanno mobilitato i migliori cervelli della nazione* | ***m. la ricchezza, il capitale***, renderli produttivi **B** **mobilitàrsi** **v. rifl.** ● mettersi in moto: *si sono mobilitati tutti per superare il difficile momento*

mobilitàto **part. pass.** di *mobilitare*; anche **agg.** ● nei sign. del v.

♦**mobilitazióne** [1869] **s. f.** **1** il mobilitare, il mobilitarsi | chiamata alle armi | ***m. civile***, complesso di provvedimenti e iniziative volte a mobilitare la popolazione in previsione di una guerra o in tempo di guerra **2** chiamata o appello generale alla partecipazione attiva e produttiva: *si è verificata una m. dell'opinione pubblica, in favore del provvedimento*

mobilizzàre [fr. *mobiliser*, da *mobile* 'mobile①' ✻ 1819] **v. tr.** **1** (*chim.*) rendere più atto a reagire un atomo o un raggruppamento atomico di un composto organico **2** (*med.*) rendere mobile un arto mediante intervento chirurgico | riabilitare un arto o un'articolazione mediante fisioterapia **3** (*raro*) mobilitare ‖ **mobilizzazióne**, **s. f.**

mòblog /ˈmɔblɔg, *ingl.* ˈmɒblɒg/ [vc. ingl. comp. di *mo(bile)* 'telefono cellulare' e *blog* ✻ 2004] **s. m. inv.** ● (*inform.*) blog che oltre al testo pubblica immagini fisse o in movimento acquisite mediante telefono portatile dotato di fotocamera o videocamera

mòca ➤ **moka**

†**mocaiàrdo** [arabo *muḫayyar*, stoffa ruvida ✻ 1561] **s. m.** ● stoffa di pelo di capra

mocassino [fr. *mocassin*, dall'algonchino *móckasin* ✻ 1932] **s. m.** **1** calzatura tipica degli indigeni nordamericani, costituita da pezzi di pelle conciata e ripiegata, spec. di bisonte, renna od orso **2** tipo di scarpa di fabbricazione industriale di cuoio morbido, sfoderato, con suola flessibile, spec. senza allacciatura

†**moccèca** [da *moccio* ✻ av. 1400] **s. m. e f. inv.** ● persona sciocca

moccicàglia [da *moccicare* ✻ av. 1698] **s. f.** ● (*raro*) moccio o materia simile a moccio

moccicàre [da *moccio* ✻ 1691] **v. intr.** (*io*

móccico, tu móccichi; **aus.** *avere*) **1** (*tosc.*) colare moccio dal naso **2** (*est.*) piangere con insistenza e lamentosamente: *un bambino che moccica sempre*

moccichìno [da *moccio* ✱ 1353] **s. m. 1** (*tosc.*) fazzoletto per soffiare il naso **2** (**f.** *-a*) bambino che moccica

móccico [1863] **s. m.** (**pl.** *-chi*) ● (*tosc.*) moccio

moccicóne [da *moccicare* ✱ 1426 ca.] **agg. e s. m.** (**f.** *-a*) ● (*tosc.*) moccioso: *di che hai tu paura, moccicona?* (N. Machiavelli)

†**mocciconerìa** [av. 1527] **s. f.** ● dappocaggine | comportamento o azione da moccicone

moccicóso (o *-ṣ-*) [1342 ca.] **agg. 1** (*tosc.*) che è solitamente sporco di moccio **2** †sciocco, dappoco

móccio [da *mocci*, pl. di *mocco(lo)* ✱ 1441] **s. m.** ● muco delle membrane nasali: *naso pieno di m.* | (*est.*) materia viscosa: *il m. delle lumache*

moccióne [av. 1556] **s. m.** (**f.** *-a*) ● (*tosc.*) moccioso

moccióso (o *-ṣ-*) [av. 1566] **A agg.** ● che è sporco di moccio: *ragazzo m.* **B s. m.** (**f.** *-a*) **1** bambino piccolo, ancora col moccio al naso **2** (*fig., spreg.*) ragazzino pretenzioso, che presume di sé e si dà arie da adulto: *piantala, m.!* ‖ **mocciosétto**, **dim.**

†**moccobèllo** [dall'ant. catalano *mogobell*, dall'arabo *muqābala* 'interesse sul capitale prestato' ✱ sec. XIV] **s. m.** ● baratto, scambio | prezzo del baratto

moccolàia [da *moccolo* ✱ av. 1729] **s. f. 1** ingrossamento che si forma in cima al lucignolo che arde e che carbonizzandosi produce fumo: *fare m.* **2** colatura di cera di una candela stearica

moccolìno [av. 1449] **s. m.** ● dim. di *moccolo* | ***spegnersi come un m.***, (*fig., tosc.*) morire di consunzione

mòccolo (o *-ó-*) [dal lat. *mūccu(m)*, *mūcu(m)*. V. *muco* ✱ 1353] **s. m. 1** (*centr.*) moccolaia | (*est., raro*) residuo di candela parzialmente arsa: *raccogliere i moccoli* **2** candela di dimensioni variabili, ma sempre piuttosto piccola: *accendere un m.* | ***reggere, tenere il m. a qlcu.***, (*fig.*) essere presente alle effusioni di due innamorati **3** (*pop.*) bestemmia: *tirare, mandare moccoli* **4** (*fam.*) moccio: *avere il m. al naso* **5** †punta del naso ‖ **moccolétto**, **dim.** | **moccolìno**, **dim.** (V.) | **moccolóne**, **accr.** (V.) | **moccolòtto**, **accr.**

moccolóne [1779] **s. m. 1** accr. di *moccolo* **2** (**f.** *-a*) (*fig., tosc.*) moccicone

mocétta [vc. valdostana e piemontese ✱ 1931] **s. f.** ● (*cucina*) tipico salume stagionato della Valle d'Aosta gener. di polpa di capra o camoscio; viene fatta stagionare per circa quattro mesi e consumata a fette sottili

mòcheno [etim. sconosciuta ✱ sec. XX] **A agg.** ● relativo a una popolazione di lingua tedesca insediata nella valle del torrente Fersina, in provincia di Trento **B s. m.** (**f.** *-a*) ● ogni appartenente alla popolazione mochena

mochétta [1834] **s. f.** ● adattamento di *moquette* (V.)

Mòcio® [sp. *mocho*, propr. 'mozzo, spuntato' ✱ 1986] **s. m.** (**pl. inv.** o *Mòci*) ● nome commerciale di un particolare tipo di attrezzo per lavare i pavimenti, costituito da un bastone con all'estremità delle strisce di tessuto, e da un apposito secchio | (*est.*) ogni attrezzo con queste caratteristiche

mockumentary /moku'mentari, *ingl.* ˌmɒkjə'mɛntəri/ [vc. ingl., comp. di *mock* 'finto' e *(doc)umentary* 'documentario' ✱ 1996] **s. m. inv.** (**pl. ingl.** *mockumentaries*) ● genere cinematografico o televisivo che si basa su storie o fatti romanzeschi raccontati sotto forma di documentario, dunque con l'apparenza della realtà **CFR.** docufiction

†**mòco** [vc. di orig. preindeur. ✱ 1292] **s. m.** (**pl.** *-chi*) ● inezia

mocòco [vc. malgascia ✱ 1834] **s. m.** (**pl.** *-chi*) ● (*zool.*) maki

mod /mɔd, *ingl.* mɒd/ [vc. ingl., accorc. pop. di *modern* 'moderno, persona moderna' ✱ 1966] **A s. m. e f. inv.** ● appartenente a gruppi giovanili nati in Gran Bretagna negli anni '60 del Novecento, appassionati di musica, spec. blues e jazz, amanti dell'abbigliamento ricercato e delle motociclette, sostenitori di idee anarchiche, contrari all'uso della droga **B** anche **agg. inv.**: *gruppi mod*; *abbigliamento mod*

♦**mòda**① [fr. *mode*, dal lat. *mŏdu(m)* 'modo' ✱ 1648] **s. f. 1** modo corrente del vestire e dell'acconciarsi, legato a una determinata epoca e al gusto di una determinata società: *m. italiana, francese*; *la m. del secolo scorso*; *storia della m.*; *giornale, rivista, articolo di m.*; *m. semplice, ricercata*; *m. femminile, maschile*; *m. per bambini*; *la m. delle gonne corte, dei capelli lunghi*; *solo il grigio e il lilla / si mutano in verde e in rosso per la m.* (A. Bertolucci) **2** (*est.*) l'industria e il commercio degli articoli di abbigliamento, spec. femminili: *lavorare nella m.*; *l'alta m.* | ***m. pronta***, il complesso dei capi di abbigliamento confezionati in serie | (**al pl.**) articoli di abbigliamento femminile: *negozio di mode* **3** modo, costume più o meno duraturo di vivere e di comportarsi: *la m. dei tè letterari, delle trattorie fuori porta* **4** nelle loc. ***di m., alla m., all'ultima m.***, secondo la moda o l'usanza del momento: *questo è il colore di m.*; *quest'anno va (è) di m. il viola*; *le gonne corte non sono (non vanno) più di m.*; *pettinatura, abito all'ultima m.*; *film, libro, ritrovo, vacanze di m.*; *lo choc vitaminico a base B non era ancora di m.* (C.E. Gadda) | ***uscire di m.***, non essere più nel gusto corrente | ***rientrare, ritornare di m.***, essere di nuovo nel gusto dei più ‖ **modàccia**, **pegg.**

SFUMATURE DI SIGNIFICATO

moda - foggia - stile

Moda è un orientamento del gusto, indicazione di un modello da imitare nel vestire e nel comportarsi, proprio di una determinata epoca e una determinata società; in accezione più specifica indica il modo corrente di vestire e di abbigliarsi, soprattutto femminile. La forma e l'aspetto esteriore di un vestito o di un accessorio di moda vengono definiti **foggia** o **stile**; quest'ultimo termine ha tuttavia un ambito d'uso più vasto, connotando sia i modi di una persona, sia un'eleganza del tutto personale e distinta.

SFUMATURE ➤ ***consuetudine***

mòda② [ingl. *mode*, dal lat. *mŏdu(m)* 'modo' ✱ 1957] **s. f.** ● (*stat.*) valore che una variabile statistica assume con frequenza massima in una serie di ripetute osservazioni

modaiòlo [av. 1956] **A agg.** ● (*spreg.*) della moda: *imposizioni modaiole* **B agg. e s. m.** (**f.** *-a*) ● (*raro, spreg.*) che (o chi) segue pedissequamente le indicazioni della moda

Mòdal® [vc. di orig. sconosciuta ✱ sec. XX] **s. m. inv.** ● fibra tessile artificiale di cellulosa rigenerata, caratterizzata da elevata resistenza ed elasticità

modàle① [da *modo* ✱ sec. XV] **agg. 1** (*gramm.*) che concerne il modo | ***proposizione m.***, (*gramm.*) proposizione subordinata che indica il modo in cui avviene quanto enunciato nella reggente; può essere costituita anche dal solo gerundio di un verbo (per es.: *comportati come ritieni più opportuno*; *finirono col litigare*; *uscì sbattendo la porta*); in logica, proposizione che esprime una certa modalità | ***verbo m.***, verbo servile | ***attrazione m.***, nel latino, uso del congiuntivo invece dell'indicativo per influsso del congiuntivo della frase sovraordinata **2** (*mus.*) detto di una composizione più o meno precisamente fondata sulla modalità **3** (*dir.*) detto di negozio giuridico a titolo gratuito col quale è imposto al beneficiario un determinato onere: *donazione m.* ‖ **modalità**, **s. f. inv.** (V.)

modàle② [da *moda*② ✱ 1957] **agg.** ● (*stat.*) detto del valore che una variabile statistica assume con frequenza massima

modalìṣmo [da *modo*, perché questa eresia vedeva nella Trinità tre *modi* della divinità ✱ 1954] **s. m.** ● eresia cristiana secondo la quale nella Trinità vi sono tre modi della medesima ipostasi e non tre distinte persone

♦**modalità** [da *modale*① ✱ 1569] **s. f. inv. 1** modo di essere: *le bizzarre m. delle passioni* (L. Sciascia) | forma e modo particolare: *adempiere i propri impegni secondo le m. prescritte*; *accordarsi sulle m. di consegna* | (*est.*) condizione accessoria: *intendersi, accordarsi sulle modalità dell'accordo*; *è solo una m.* **2** (*dir.*) qualunque elemento accidentale di un negozio giuridico o di un atto amministrativo che regola nel caso concreto il modo degli effetti dello stesso: *la condizione è una m.* **3** (*ling.*) funzione del linguaggio attraverso la quale si manifesta l'atteggiamento del locutore rispetto a un dato enunciato da lui prodotto: si può esprimere grammaticalmente (con i modi del verbo), lessicalmente (con verbi o espressioni modali) o fonologicamente (attraverso l'intonazione) **4** nella logica aristotelica, il modo (realtà, necessità, possibilità) in cui si configura il nesso tra soggetto e predicato **5** (*mus.*) sistema di organizzazione degli intervalli alla base della musica colta occidentale, fino all'avvento della tonalità, e della musica di varie altre aree geografiche

modanàre [da *modano* ✱ 1869] **v. tr.** (*io mòdano*) ● ornare con modanatura

modanàto **part. pass.** di *modanare*; anche **agg.** ● sagomato, ornato con modanature

modanatóre [da *modano* ✱ sec. XIII] **s. m.** (**f.** *-trice*) ● falegname che esegue modanature di mobili

modanatrice [da *modanare* ✱ 1957] **s. f.** ● in falegnameria, macchina fresatrice per operazioni simultanee di profilatura e modanatura di tavole, travetti, listelli e sim.

modanatùra [da *modano* ✱ 1550] **s. f. 1** (*archit.*) elemento decorativo costituito da una superficie sporgente, la cui sezione è composta da segmenti di retta o archi di curva **2** operazione del modanare | elemento sagomato, spec. ornamentale e talora sporgente, di un mobile, di una cornice, della carrozzeria di un'automobile e sim.

mòdano [lat. *mŏdulu(m)* 'misura', dim. di *mŏdus* 'modo' ✱ sec. XV] **s. m. 1** sagoma in grandezza naturale di una cornice o di una membratura architettonica, usata per la costruzione di elementi ornamentali **2** piccolo cilindro di legno che serve a fare le maglie delle reti da pesca **3** antica trina dai disegni ricamati su fondo a rete di maglie quadrate o romboidali

modèlla [f. di *modello* ✱ av. 1829] **s. f. 1** donna che posa da modello nello studio di pittori, scultori o fotografi **2** indossatrice, spec. in quanto posa per fotografie dei giornali di moda

modellàbile [1724] **agg.** ● che si può modellare ‖ **modellabilità**, **s. f. inv.**

modellaménto [1865] **s. m. 1** il modellare **2** (*geogr.*) azione complessiva per effetto della quale parte della superficie terrestre viene distrutta, demolita e perduta attraverso degradazione meteorica, movimenti di massa, erosione e trasporto

modellàre [da *modello* ✱ 1598] **A** **v. tr.** (*io modèllo*) **1** lavorare una sostanza plasmabile per darle la forma voluta: *m. la cera, la creta, l'argilla* | realizzare con materiale plastico: *m. un vaso, una statua* **2** foggiare, sagomare secondo un modello: *m. un cappello* | (*fig.*) conformare a un modello: *m. il proprio stile su quello del Manzoni* **3** mettere in risalto le forme del corpo, detto spec. di abito **B** **modellàrsi** **v. rifl.** ● conformarsi: *l'opera di questo giovane si modella su schemi classici; è difficile modellarsi alle vostre idee*
SFUMATURE ➤ *indirizzare*

modellàto **A** **part. pass.** di *modellare*; anche **agg.** ● nei sign. del v. **B** **s. m.** **1** forma che la mano dell'artista dà alla materia scultorea **2** complesso delle qualità plastiche di una scultura o pittura: *il m. di Raffaello*

modellatóre [av. 1696] **agg. e s. m.** **1** (**f.** *-trice*) che (o chi) modella **2** indumento intimo femminile di tessuto elastico più o meno pesante, che copre il corpo dal seno fino all'inizio delle cosce

modellatùra [da *modellato* ✱ 1869] **s. f.** **1** operazione, tecnica del modellare | l'opera che si ottiene mediante tale tecnica **2** metodo usato dai parrucchieri per dare consistenza e forma ai capelli

modellazióne [1869] **s. f.** **1** modellatura **2** rappresentazione tridimensionale e fotorealistica di un elemento (oggetto, pezzo meccanico, edificio ecc.) disegnato con strumenti assistiti da elaboratore elettronico **SIN.** modellizzazione

modellino [av. 1571] **s. m.** **1** dim. di *modello* **2** riproduzione in miniatura di treni, navi o altro, spec. quella adoperata in cinematografia o in televisione per evitare costose riprese di tali oggetti in grandezza naturale

SFUMATURE DI SIGNIFICATO
modellino - miniatura
Una riproduzione tridimensionale di automobili, treni, altri mezzi di trasporto o strutture architettoniche, di proporzioni estremamente ridotte rispetto all'originale si chiama **modellino**. Proporzioni piccolissime ha anche la **miniatura**, che però è una rappresentazione a due dimensioni, dipinta o disegnata. Rispetto ai modellini, che sono oggetti d'uso industriale o giocattoli, le miniature sono prodotte esclusivamente a fini artistici e decorativi.

modellismo [comp. di *modello* e *-ismo* ✱ 1957] **s. m.** ● attività e tecnica della riproduzione in scala ridotta di particolari oggetti, spec. navi, veicoli, aeroplani | hobby di chi si dedica a tale attività

modellista [1901] **s. m. e f.** (**pl. m.** *-i*) **1** chi disegna e cura la realizzazione di abiti, cappelli, biancheria, scarpe e sim. **2** operaio che esegue i modelli per fonderia o prepara il prototipo **3** chi si occupa di modellismo

modellistica [1957] **s. f.** ● tecnica della realizzazione di modelli di macchine, edifici e sim., spec. a scopo di studio o di esperimento

modellistico [1957] **agg.** (**pl. m.** *-ci*) ● concernente la modellistica

modellizzàre [1978] **v. tr.** ● trarre da una realtà fisica o concettuale complessa un modello che la rappresenti descrivendone gli aspetti sostanziali e le relazioni funzionali ‖ **modellizzazióne**, **s. f.** (V.)

modellizzazióne [1968] **s. f.** **1** il modellizzare, il ricondurre a un modello **2** modellazione nel sign. 2

♦**modèllo** [lat. parl. **modĕllu(m)*, dim. di *mŏdulus* 'modulo' ✱ 1427] **A** **s. m.** (**f.** *-a* (**V.**) **nel sign. 9**) **1** chi (o ciò che) costituisce un esemplare perfetto, degno di essere imitato: *è un m. di virtù, di coerenza, di onestà; quell'uomo è un m. per molti; uno scrittore che si rifà ai modelli classici* | ***proporre a m.***, dare come esempio da seguire | ***prendere a m.***, imitare **CFR.** tipo-, -tipo **2** in fonderia, riproduzione in legno o in metallo della superficie di un oggetto che si vuole ottenere per fusione **3** correntemente, stampo o forma (*anche fig.*): *due vasi dello stesso m.; hanno caratteri così uguali che sembrano fatti sullo stesso m.* **4** originale: *copiare fedelmente un m.* | prototipo industriale, destinato alla riproduzione in serie: *un nuovo m. di frigorifero* **5** abito eseguito su disegno originale: *sfilata di modelli* | ***m. in carta***, formato dai vari pezzi che compongono l'abito, usato per tagliare i vestiti sulla stoffa **6** modulo che si usa per determinate pratiche burocratiche: *m. 101; m. 740* **7** rappresentazione in rilievo su scala ridotta di strutture edilizie, meccaniche, idrauliche e sim.: *il m. della nuova ferrovia, di un edificio, di un motore, di una diga* | (*est.*) riproduzione, generalmente di dimensioni ridotte rispetto all'originale, di opere artistiche: *un m. in bronzo del Colosseo* | riproduzione di organi e strutture anatomiche: *il m. del cuore umano* | riproduzione su scala ridotta di un ambiente naturale, urbano e sim. allo scopo di agevolare lo studio delle sue caratteristiche **8** schema teorico elaborato per rappresentare gli elementi fondamentali di uno o più fenomeni in vari campi: *m. econometrico, m. economico, m. epistemologico* | (*fis.*) ***m. nucleare***, schema di rappresentazione della struttura del nucleo e della disposizione delle particelle che lo costituiscono | ***m. matematico***, relativamente a una teoria matematica individuata da un sistema di postulati, esempio concreto di enti che soddisfino i postulati stessi **9** uomo che posa per pittori, scultori o fotografi **10** (*dir.*) ***m. di utilità***, invenzione che consente di conferire a macchine o utensili maggiore efficacia o comodità di impiego | ***m. ornamentale***, che conferisce a un prodotto industriale particolari qualità estetiche **11** (*disus.*) modulo ‖ **modellàccio**, **pegg.** | **modellétto**, **dim.** | **modellino**, **dim.** (V.) **B** **in funzione di agg. inv.** ● (posposto a un sost.) detto di chi (o di ciò che) è perfetto nel suo genere e quindi degno di essere imitato: *soldato, impiegato, studente m.; sposa m.; scuola m.; podere, orto, frutteto m.*

SFUMATURE DI SIGNIFICATO
modello - originale - archetipo
Modello è un esemplare che si considera perfetto, tanto da essere copiato, riprodotto, imitato. Ciò che viene copiato, e riprodotto anche in molte copie può anche essere chiamato **originale**; per estensione il termine indica anche il primo esemplare di un documento con valore legale del quale sono state fatte copie. Un esemplare tipico e originario di qualcosa, il modello da cui derivano e a cui si conformano cose, fatti, opere successive si chiama **archetipo**; nella filosofia platonica l'archetipo è l'idea universale ed eterna che costituisce il modello trascendente delle cose sensibili; in filologia, è una redazione non conservata di un'opera letteraria, ricostruibile attraverso le testimonianze di manoscritti o stampe da essa derivati, che rappresenta il testo ipoteticamente più simile all'originale perduto.
SFUMATURE ➤ *tipo*

mòdem [comp. di *mo(dulatore)* e *dem(odulatore)* ✱ 1973] **s. m. inv.** ● (*inform.*) dispositivo elettronico che converte i segnali digitali in uscita da un elaboratore in segnali modulati e viceversa, permettendo la comunicazione tra due elaboratori tramite una linea telefonica

modenése (o *-ș-*) [lat. *Mutinēnse(m)*, da *Mŭtina* 'Modena' ✱ av. 1478] **A** **agg.** ● di Modena | *pozzo m.*, pozzo artesiano **B** **s. m. e f.** ● abitante o nativo di Modena

moderàbile [vc. dotta, lat. *moderābile(m)* 'moderato', da *moderāri* 'moderare' ✱ 1598] **agg.** ● che si può moderare | (*lett.*) che si deve moderare

moderaménto [vc. dotta, lat. tardo *moderămentu(m)* 'lenimento', da *moderāri* 'moderare' ✱ av. 1292] **s. m.** ● (*lett.*) moderazione

†**moderànza** [vc. dotta, lat. mediev. *moderăntia(m)*, dal v. *moderāre* 'moderare' ✱ 1268] **s. f.** ● (*lett.*) moderazione, misura: *m. raffrena tutti i vizi* (LEONARDO)

♦**moderàre** [vc. dotta, lat. *moderāri*, da *mŏdus* 'moderazione, modo' ✱ 1268] **A** **v. tr.** (*io mòdero*) **1** †governare, regolare, reggere **2** contenere entro i dovuti limiti: *m. il rigore, il lusso* | limitare: *m. le spese* | misurare: *m. i termini, le parole, l'entusiasmo, gli eccessi* **B** **moderàrsi** **v. rifl.** ● usare prudenza e misura in qlco.: *moderarsi nei piaceri della tavola*
SFUMATURE ➤ *reprimere*

moderatézza [1557] **s. f.** ● caratteristica di chi (o di ciò che) è moderato, sobrio, prudente

moderatismo [comp. di *moderato* e *-ismo* ✱ 1794] **s. m.** ● atteggiamento politico proprio dei moderati

moderativo [1363] **agg.** ● (*raro*) che serve a moderare

♦**moderàto** **A** **part. pass.** di *moderare*; anche **agg.** **1** temperato, corretto, regolato: *libertà moderata dai freni della legge* | contenuto: *prezzi moderati* | (*est.*) parco, misurato: *essere m. nel bere* **2** (*polit.*) che è su posizioni aliene da estremismi, da radicalismi: *tendenze moderate* **CFR.** progressista **3** (*mus.*) detto di movimento fra l'andante e l'allegro | posto dopo una prima indicazione ne riduce la velocità: *allegro m.* ‖ **moderataménte**, **avv.** con moderazione: *bere, mangiare moderatamente* **B** **s. m.** (**f.** *-a*) ● fautore di idee politiche moderate, aliene da estremismi ‖ (*spreg.*) **moderatùcolo**, **dim.**
SFUMATURE ➤ *conservatore*

moderatóre [vc. dotta, lat. *moderatōre(m)*, da *moderāri* 'moderare' ✱ 1308] **A** **agg.** (**f.** *-trice*) ● che modera: *saggezza moderatrice dell'impazienza giovanile* **B** **s. m.** **1** (**f.** *-trice*) chi modera **2** (**f.** *-trice*) chi presiede, dirige e coordina una discussione, un dibattito, una tavola rotonda e sim. **3** (*relig.*) nella Chiesa cattolica capo di un'associazione di fedeli o superiore di una casa religiosa | ***m. supremo***, superiore generale di un istituto di vita consacrata | (**f.** *-tora*) in alcune Chiese protestanti e presbiteriane, presidente della massima autorità collegiale **4** (*fis.*) particolare sostanza che ha la possibilità di rallentare i neutroni nei reattori nucleari

♦**moderazióne** [vc. dotta, lat. *moderatiōne(m)*, da *moderāri* 'moderare' ✱ 1308] **s. f.** **1** il moderare: *la m. dei prezzi, delle spese* **SIN.** contenimento, limitazione **2** senso della misura, rispetto dei dovuti limiti: *agire, parlare, esprimersi con m.; ci vuole un po' di m.*

SFUMATURE DI SIGNIFICATO
moderazione - misura - equilibrio - prudenza - temperanza
La **moderazione** è un tratto del carattere che nasce dalla coesistenza di varie attitudini: la **misura**, intesa come capacità di regolare i propri comportamenti in base a criteri di opportunità, buon gusto e discrezione; l'**equilibrio**, che è la capacità di valutare con obiettività la realtà e sé stessi; la **prudenza**, che è una certa cautela nell'agire e nel giudicare, valutando le conseguenze delle proprie azioni; la **temperanza**, cioè la capacità di regolare e moderare gli impulsi e i desideri.
SFUMATURE ➤ *buonsenso*

modernariàto [da *moderno*, sul modello di *antiquariato* ✻ 1976] **s. m.** ● raccolta per fini commerciali o collezionistici di oggetti (mobili, suppellettili, elettrodomestici, libri e sim.) appartenenti al XX sec., dagli anni '30 in avanti | insieme di tali oggetti: *mostra del m.*

mòdern dance /ˈmɔdern dɛns, *ingl.* ˈmɒdən,dæ:ns/ [loc. ingl., propr. 'danza moderna' ✻ 1978] **loc. sost. f. inv.** ● danza artistica contemporanea, nata in America, caratterizzata da un'assoluta libertà nei confronti delle norme accademiche e da una certa vicinanza agli orientamenti delle arti figurative contemporanee

modernìṣmo [fr. *modernisme*, da *moderne* 'moderno' ✻ 1883] **s. m. 1** tendenza al rinnovamento di ideologie, metodi, sistemi e sim., in vista di un loro corretto adeguamento alle esigenze del mondo moderno **2** movimento cattolico sviluppatosi tra il XIX e il XX sec., che auspicava una nuova interpretazione della dottrina e della tradizione in accordo con le correnti filosofiche e sociali del mondo moderno e i risultati della più recente esegesi biblica; fu condannato da Pio X nel 1907 **3** termine che definisce varie esperienze di rinnovamento che interessarono le letterature iberoromanze tra la fine del XIX e gli inizi del XX secolo | nell'architettura e nel design, movimento moderno (V. *moderno*)

modernìsta [fr. *moderniste*, da *moderne* 'moderno' ✻ 1906] **A s. m. e f. (pl. m. -*i*) 1** chi mostra idee e tendenze innovatrici: *il padrone invece si dava delle arie da m.* (P. LEVI) **2** fautore del modernismo in religione **B agg.** ● modernistico: *idee moderniste*

modernìstico [1908] **agg. (pl. m. -*ci*)** ● relativo al modernismo, ai modernisti ‖ **modernisticaménte**, **avv.**

♦**modernità** [av. 1519] **s. f. inv. 1** caratteristica di ciò che è moderno: *l'eccessiva m. di certi arredamenti mi convince poco* | attualità: *la m. di Epicuro* **2** aspetto e spirito nuovo della civiltà, nuovo modo di vivere e pensare conforme alle condizioni, alle aspirazioni ed esigenze odierne: *essere nemici della m.*

moderniẓẓàre [fr. *moderniser*, da *moderne* 'moderno' ✻ 1844] **A v. tr.** ● rendere moderno | adeguare ai tempi moderni: *m. la legislazione sociale, il proprio linguaggio* **B moderniẓẓàrsi v. rifl.** ● conformarsi al mondo moderno: *bisogna modernizzarsi e scuotersi di dosso tutto questo vecchiume* ‖ **moderniẓẓazióne**, **s. f. Ammodernamento, svecchiamento**

♦**modèrno** [vc. dotta, lat. tardo *modĕrnu(m)*, da *mŏdo* 'or ora'. V. *mo'*① ✻ 1308] **A agg. 1** che si colloca nel presente, introdotto o cominciato da poco: *il pensiero m.*; *le invenzioni moderne* | di oggi: *l'uomo m.*; *la gioventù moderna* | tipico dell'epoca attuale o di un periodo recente, spec. in contrapposizione a ciò che è stato prodotto in passato: *un mobile m.*; *i moderni sistemi di comunicazione* | ancora pienamente attuale: *la ... Commedia, poema modernissimo* (G. CARDUCCI) | ***storia moderna***, che studia l'evo moderno, il periodo che convenzionalmente va dalla scoperta dell'America (1492) al Congresso di Vienna (1815) | ***italiano m.***, contrapposto all'italiano antico | (*archit.*) ***movimento m.***, negli anni fra le due guerre mondiali, tendenza dell'architettura e del design a una progettazione di tipo funzionalista e a un'organizzazione della produzione edilizia su base industriale CFR. liberty **2** aggiornato, avanzato: *le più moderne tecnologie* | aperto al progresso e alle innovazioni: *idee moderne*; *ambiente culturale m.* CONTR. antico ‖ **modernaménte**, **avv.** in modo moderno; nei tempi moderni **B s. m. 1 (f. -*a*) (spec. al pl.)** chi vive nell'età moderna o contemporanea: *le scienze si perfezionano, e i moderni sono in esse superiori agli antichi* (G. LEOPARDI) **2 (solo sing.)** ciò che è del nostro tempo o ne esprime i gusti, le esigenze e sim. (spec. in contrapposizione ad *antico*): *preferire il m.*; *non capire il m. nell'arte*

mòdern style /ˈmɔdern ˈstail, *ingl.* ˈmɒdən,staɪl/ [loc. ingl., propr. 'stile moderno' ✻ 1942] **loc. sost. m. inv.** ● in Gran Bretagna, ma anche in Francia e in Belgio, denominazione dello stile liberty

modèstia [vc. dotta, lat. *modĕstia(m)*, da *modĕstus* 'modesto' ✻ 1268] **s. f. 1** virtù di chi rifugge dall'ostentazione o dal vanto dei propri meriti: *parla di sé con grande m.*; *vera, falsa m.* | ***scusate la m.***, (*iron.*) di chi si vanta di qlco. | ***m. a parte***, (*scherz.*) nel riferimento di fatti che tornano a lode di chi li racconta | ***non peccare di m.***, (*iron.*) essere vanitoso | (*gramm.*) ***plurale di m.***, V. *plurale* SIN. umiltà **2** moderazione, parsimoniosità nel modo di vivere, di vestire, ecc.: *m. nel vestire* | mediocrità, scarsità: *m. di un impiego, delle entrate* **3** pudore, ritegno: *fanciulla piena di m.*; *offendere la m.*

♦**modèsto** [vc. dotta, lat. *modĕstu(m)*, da *mŏdus* 'limite'. V. *modo* ✻ av. 1292] **agg. 1** di chi evita l'ostentazione e il vanto dei propri meriti: *un ragazzo geniale e m.* | ***troppo m.***, (*iron.*) di chi affetta modestia SIN. umile CONTR. vanitoso **2** che ha il senso del pudore, della riservatezza, della moderazione: *ragazza modesta*; *contegno, sguardo m.* SIN. costumato CONTR. sfacciato **3** umile, semplice: *modeste apparenze*; *parlava con la modesta saggezza di chi ne ha viste tante* (I. CALVINO) **4** mediocre: *desiderio, ingegno m.*; *aspirazioni, domande, pretese modeste* SIN. limitato **5** privo di sfarzo, di vistosa ricchezza: *casa, accoglienza modesta*; *presentarsi in abiti modesti* | povero: *una modesta sepoltura*; *un pranzo m.* CONTR. sfarzoso ‖ **modestino**, **dim.** ‖ **modestaménte**, **avv. 1** in modo modesto: *vivere, vestire modestamente* **2** con valore attenuativo o (*per antifrasi*) enfatico, spec. per simulare un atteggiamento di finta modestia: *modestamente, ho ottenuto un buon risultato*; *modestamente, il migliore sono io*

SFUMATURE DI SIGNIFICATO

modesto - umile - dimesso

Modesto e **umile** sono termini i cui significati in parte si sovrappongono: entrambi denotano l'atteggiamento di chi non nutre presunzione di sé, né si fa vanto dei propri meriti. Ma se il modesto non ostenta i propri meriti, non necessariamente rinuncia a essere bravo e meritevole, laddove l'umile non ha particolari doti né aspira ad averle. Condiviso fra i due termini è lo slittamento di significato verso il concetto di scarsità di mezzi materiali (*casa modesta, abiti umili*). In questa accezione, essi sono vicini a **dimesso**, che accentua tuttavia gli aspetti di trascuratezza e povertà. *Modesto* tuttavia estende i suoi significati in due altre direzioni che *umile* non condivide: quella di pudore, ritegno, in riferimento soprattutto a una giovane donna; e quella di scarsità, se in riferimento a cosa (*uno stipendio modesto*), o di mediocrità, se si riferisce a persona (*uno scrittore modesto*).

♦**mòdico** [vc. dotta, lat. *mŏdicu(m)*, da *mŏdus* 'limite'. V. *modo* ✻ 1336 ca.] **agg. (pl. m. -*ci*)** ● piuttosto esiguo: *con modica fortuna*; *spesa modica*; *prezzo m.* ‖ **modicaménte**, **avv.** in maniera modica ‖ **modicità**, **s. f. inv.**

♦**modìfica** [1848] **s. f.** ● cambiamento, rettifica parziale: *apportare delle modifiche a un contratto, a una legge* | miglioria: *introdurre lievi modifiche a un motore* SIN. modificazione

modificàbile [1832] **agg.** ● che si può modificare ‖ **modificabilità**, **s. f. inv.**

†**modificaménto** [av. 1466] **s. m.** ● modificazione

modificànte part. pres. di *modificare*; anche **agg. 1** nei sign. del v. **2** ***avverbi modificanti***, di modo

♦**modificàre** [vc. dotta, lat. *modificāre*, comp. di *mŏdus* 'misura' (V. *modo*) e *-ficāre* '-ficare' ✻ 1353] **A v. tr.** (*io modìfico, tu modìfichi*) **1** mutare in parte o completamente: *m. le leggi, le condizioni di un contratto, il proprio punto di vista, la propria condotta* SIN. cambiare **2** †temperare, moderare **B modificàrsi v. intr. pron.** ● subire modifiche o alterazioni: *la dimensione del delta del fiume si modifica di anno in anno* | trasformarsi: *i gusti dei consumatori vanno modificandosi* SIN. cambiare ‖ **modificazióne**, **s. f.** (V.)

SFUMATURE DI SIGNIFICATO

modificare - ristrutturare - rivoluzionare

Modificare è mutare in parte o completamente qualcosa introducendo dei cambiamenti ritenuti utili o necessari. Se le modifiche sono profonde e riguardano l'assetto stesso di ciò su cui si interviene si ha **ristrutturare**, che si riferisce in particolare ai lavori di riassetto di costruzioni in muratura. Con **rivoluzionare** si fa riferimento a delle modifiche che trasformano completamente lo stato originario e danno luogo a realtà del tutto diverse.

SFUMATURE ➤ *correggere*

modificatìvo [1673] **agg.** ● che serve a modificare

modificàto part. pass. di *modificare*; anche **agg.** ● nei sign. del v.

modificatóre [vc. dotta, lat. *modificatōre(m)*, da *modificātus* 'modificato' ✻ 1584] **agg. e s. m. 1 (f. -*trice*)** che (o chi) modifica **2** (*ling.*) elemento linguistico che, nella struttura di un gruppo o sintagma, precede o segue la parola principale del gruppo da cui dipende

modificazióne [vc. dotta, lat. *modificatiōne(m)* (che aveva però il sign. di 'struttura, assettamento'), da *modificātus*. V. *modificato* ✻ av. 1455] **s. f.** ● cambiamento, variazione, trasformazione: *essere soggetto a m.*; *apportare alcune modificazioni*

modiglianésco [1983] **agg. (pl. m. -*schi*)** ● tipico dello stile del pittore A. Modigliani (1884-1920)

modiglióne [lat. parl. **mutiliōne(m)*, da *mŭtulus*. V. *mucchio*① ✻ av. 1328] **s. m. 1** (*archit.*) nell'ordine corinzio, mensola che sostiene la cornice, generalmente decorata con foglia di acanto e volute laterali **2** elemento architettonico con forma caratteristica a S che ha funzione di sostegno reale o apparente o di decorazione, spec. nei mobili del XVI sec. **3** (*mus.*) mensola dell'arpa

mòdio [vc. dotta, lat. *mŏdiu(m)*. V. *moggio* ✻ sec. XIV] **s. m. (pl. -*i* o *raro* -*ii*)** ● nell'antica Roma, misura di capacità per aridi, costituita da 16 sestari e corrispondente a circa 8,75 l

modìolo [vc. dotta, dal lat. *modĭolu(m)* 'piccolo vaso', dim. di *mŏdiu(m)* 'moggio', così chiamato per la forma ✻ 1834] **s. m.** ● (*anat.*) asse scheletrico intorno al quale si sviluppa la coclea ossea nell'orecchio interno dei Mammiferi SIN. columella

modìṣmo [sp. *modismo* 'idiotismo', da *modo* (*di dire*) e *-ismo* ✻ 1978] **s. m. 1** (*ling.*) modo di esprimersi, locuzione tipici di un determinato linguaggio o di una particolare categoria sociale **2** (*ling.*) sintagma nominale o verbale i cui elementi presentano una stretta coesione (per es. *'aver luogo'* o *'correre il pericolo'*)

modìsta [fr. *modiste*, da *mode* 'moda' ✱ 1818] **s. f.** ● donna che confeziona e vende cappelli femminili

modisterìa [1872] **s. f. 1** laboratorio di modista **2** mestiere della modista

♦**mòdo** [lat. *mŏdu(m)* 'misura, regola', di orig. indeur. ✱ 1261 ca.] **s. m. 1** caratteristica particolare dell'essere, dell'operare, del sentire: *pensare, leggere, parlare, comportarsi in un certo m.*; *ha un curioso m. di ridere* | (*gramm.*) ***avverbio di m.***, avverbio o loc. avverbiale che indica il modo in cui si svolge l'azione espressa dal verbo (per es.: *velocemente, facilmente, bene, male*; *in un baleno, di buon grado*) | (*gramm.*) ***complemento di m. o maniera***, indica il modo in cui si fa o avviene l'azione espressa dal verbo; risponde alle domande *come?*, *in che modo?*, ed è introdotto dalle prep. *a*, *con*, *da*, *di*, *per*, *su*, *tra*, *secondo*, *senza*, ecc. e dalle loc. prep. *alla maniera di*, *a guisa di*, e sim. o dalla loc. prep. (con valore di litote) *non senza*; può essere costituito anche solo da un avverbio o da una loc. avverbiale (per es.: *studia con diligenza*; *agire secondo giustizia*; *pizza alla napoletana*; *ha accettato, non senza qualche perplessità*; *hai giudicato da saggio, saggiamente*; *se n'è andato in gran fretta*) | ***in m. giusto***, giustamente | ***in m. strano***, stranamente | ***in special m.***, specialmente | ***in questo m.***, così | nella loc. cong. ***di m. che, in m. da, in m. che***, così da | ***fare in m. che, di***, (*raro*) ***da***, procurare, cercare: *fa' in m. che non se ne parli*; *fece in m. di non incontrarla* | ***in m. da***, così da: *coprendosi la bocca con la mano in m. da non farsi sentire* (P. Levi) | ***m. di dire***, locuzione tipica di un certo sistema linguistico | ***m. di vedere***, opinione, punto di vista | ***per m. di dire***, per esempio | ***grosso m.***, V. *grossomodo* **SIN.** maniera **2** espediente, mezzo, opportunità: *troveremo il m. d'uscire di qui*; *non c'è m. di convincerlo*; *non mancano i modi!* | ***dar m.***, fornire il mezzo, l'occasione | ***non aver m.***, non potere, non essere in condizione di | procedimento: *m. corretto, disordinato*; *secondo i modi della legge* | ***in, ad ogni m.***, comunque | ***in ogni m.***, con tutti i mezzi disponibili | ***in qualche m., in un m. o nell'altro***, come si può | ***in qualunque m.***, a tutti i costi | ***in tutti i modi***, comunque sia | ***in nessun m.***, per nessuna ragione, assolutamente no **SIN.** maniera **3** (**spec. al pl.**) maniera di comportarsi, contegno: *modi villani, cortesi, garbati*; *che modi sono questi!* | ***m. di fare***, comportamento, atteggiamento: *ha un m. di fare che non mi piace* | ***in malo m.***, sgarbatamente o con violenza | ***in m. amichevole***, con gentilezza, garbo e sim. | ***c'è m. e m.***, le cose cambiano aspetto a seconda del tono usato per dirle, della maniera con cui si fanno o si presentano e sim. | abitudine, usanza, stile: *è un m. di vita tipicamente nordico*; *scrive al m. degli americani*; *vestire al m. dei contadini* | ***a m. di***, †***per m. di***, alla maniera di, come | ***a m. mio***, secondo la mia volontà, le mie preferenze: *desidero fare a m. mio* **SIN.** maniera **4** (*lett.*) frase o locuzione caratteristica: *i modi toscani*; *un m. elegante, improprio* **5** limite, regola: *trovare, adottare il giusto m.* | ***far le cose con m. e misura***, senza esagerare | ***senza m.***, eccessivamente | (*lett.*) ***sopra m.***, V. *soprammodo* | ***oltre m.***, V. *oltremodo* | ***a m.***, nella maniera e misura giuste, secondo le regole | ***una persona a m.***, V. *ammodo* | †moderazione **6** (*gramm.*) nella coniugazione del verbo, categoria che esprime la maniera in cui il parlante presenta l'azione enunciata: *m. indicativo, congiuntivo, imperativo* **7** (*mus.*) nella musica medievale, insieme di intervalli che gravitano attorno a uno o più suoni di un certo rilievo: *gli otto modi gregoriani, quattro autentici e quattro plagali* | nella musica tonale, diversa disposizione degli intervalli nella scala | ***m. maggiore***, due toni, un semitono, tre toni, un semitono | ***m. minore***, un tono, un semitono, due toni, un semitono, due toni **SIN.** tono **8** (*dir.*) nei negozi giuridici gratuiti, obbligo posto a carico del beneficiario che non condiziona gli effetti del negozio all'adempimento dello stesso: *m. apposto a una donazione, a una disposizione testamentaria* **SIN.** onere ‖ **modàccio**, **pegg.** | **modìno**, **dim.**

modulàbile [vc. dotta, lat. *modulābile(m)*, da *modulāri* 'modulare①' ✱ av. 1590] **agg.** ● che si può modulare ‖ **modulabilità**, **s. f. inv.**

modulànte **part. pres.** di *modulare*①; anche **agg.** ● nei sign. del v.

modulàre① [vc. dotta, lat. *modulāri* 'regolare, misurare secondo scadenza', da *mŏdulus*, dim. di *mŏdus* 'regola'. V. *modo* ✱ 1483] **v. tr.** (*io mòdulo*) **1** variare regolarmente, armonicamente il canto, la voce, il suono | (*lett.*) declamare, recitare variando l'inflessione di voce | (*lett.*) comporre opere letterarie **2** (*mus.*) usare modulazione | †mettere in musica **3** (*fig.*) elaborare, esprimere in modo articolato e flessibile: *m. una proposta* **4** (*fis.*) sovrapporre, con tecniche particolari, a un'oscillazione elettrica ad alta frequenza un'altra a frequenza molto più bassa e che rappresenta il segnale da trasmettere

modulàre② [da *modulo*① ✱ 1957] **agg.** ● relativo a modulo; basato su un modulo, un modello di riferimento | ***aritmetica m.***, V. *aritmetica* ‖ **modularità**①, **s. f. inv.**

modulàre③ [da *modulo*② ✱ 1973] **agg.** ● detto di struttura composta di singoli elementi, separabili e interscambiabili: *scaffale m.* | ***sistema m.***, basato su moduli | ***architettura, composizione m.***, costituita da elementi indipendenti | (*inform.*) ***programmazione m.***, tecnica di programmazione basata sull'impiego di moduli autonomi ‖ **modularità**②, **s. f. inv.**

modulàrio [da *modulo*① ✱ av. 1947] **s. m.** ● raccolta di moduli

modularità① ➤ **modulare**②

modularità② ➤ **modulare**③

modulàto **part. pass.** di *modulare*①; anche **agg.** ● nei sign. del v. | ricco di modulazioni: *canto m.* ‖ **modulataménte**, **avv.** con modulazione

modulatóre [vc. dotta, lat. *modulatōre(m)*, da *modulāri* 'modulare①' ✱ 1614] **s. m. 1** (**f.** *-trice*) chi modula | †compositore **2** (*fis.*) dispositivo che opera la modulazione | ***m. di luce***, strumento che permette di variare il valore del flusso luminoso in relazione all'intensità della corrente ricevuta

modulazióne [vc. dotta, lat. *modulatiōne(m)*, da *modulāri* 'modulare①' ✱ av. 1342] **s. f. 1** (*mus.*) variazione regolata | ***m. armonica***, passaggio da una ad altra tonalità, o modo, mediante speciali processi tecnici ed estetici **2** (*fis.*) trasformazione di un segnale elettrico a bassa frequenza (*segnale modulante*) in variazioni di un'onda ad alta frequenza (*onda modulata* o *portante*) **CFR.** demodulazione | ***m. di ampiezza***, in cui l'onda modulata ha frequenza costante e ampiezza variabile in modo proporzionale al segnale modulante | ***m. difesa***, in cui l'onda modulata ha ampiezza costante e fase variabile in modo proporzionale al segnale modulante | ***m. di frequenza***, in cui l'onda modulata ha ampiezza costante e frequenza variabile in modo proporzionale al segnale modulante

modulìstica [da *modulo*① nel sign. 2 ✱ 1983] **s. f.** ● (*org. az.*) tecnica relativa alla impostazione, allestimento e stampa di moduli d'ufficio, contabili e sim. | raccolta, insieme organico di moduli d'ufficio

♦**mòdulo**① [vc. dotta, lat. *mŏdulu(m)*, dim. di *mŏdus* 'misura, modo' ✱ sec. XIV] **s. m. 1** forma tipica e invariabile prevista per la stesura di certi documenti: *il m. classico delle citazioni in giudizio* **2** schema stampato che contiene parti invariabili e appositi spazi per i dati variabili: *m. di versamento* | ***m. blu***, compilato e sottoscritto dopo un incidente stradale dalle parti che addivengono a una constatazione amichevole delle responsabilità **3** (*fig.*) canone, norma: *seguire vecchi moduli stilistici* **4** (*archit.*) misura del raggio della colonna, mediana nell'architettura greca o basale nell'architettura romana, assunta come unità di grandezza alla quale si riferiscono le dimensioni delle altre parti di un edificio **5** (*numism.*) diametro di una moneta **6** (*idraul.*) unità di misura dell'acqua corrente o concessa a scopo irriguo o industriale, equivalente a 100 l/s **7** in varie tecnologie, intensità, ampiezza o valore numerico di una certa grandezza | ***m. di elasticità***, rapporto fra deformazione e sforzo | ***m. di dilatazione termica***, rapporto fra allungamento e temperatura | ***m. di ruota dentata***, rapporto fra il diametro primitivo e il numero dei denti **8** (*mat.*) ***m. di un numero complesso***, radice quadrata della somma dei quadrati della parte reale e del coefficiente dell'immaginario | ***m. di un numero reale***, il valore assoluto del numero **9** (*sport*) schema tattico di gioco ‖ **modulétto**, **dim.** | **modulìno**, **dim.**

♦**mòdulo**② [da *modulo*①; calco sull'ingl. *module* ✱ 1970] **s. m. 1** parte, porzione, reparto di un complesso organico, concepito come separato o separabile, con riferimento ad apparecchiature elettroniche, veicoli spaziali o a parti di mobili o di strutture edilizie: *m. di comando, di servizio, di propulsione*; *m. lunare* | ***m. abitativo***, struttura prefabbricata trasportabile usata spec. per situazioni di emergenza **2** (*est.*) elemento singolo di una struttura: *m. di una libreria* | unità organizzativa, relativamente autonoma, parte di un organismo complesso: *i nuovi moduli nella scuola primaria* | (*inform.*) parte autonoma di un programma per l'esecuzione di una specifica funzione

modulòmetro [comp. di *modulo* e *-metro* ✱ 1957] **s. m.** ● (*tel.*) strumento per la misura istantanea della differenza tra il valore modulato di un'onda e il corrispondente valore della portante prima della modulazione

✦**mòdus operàndi** [loc. lat., propr. 'modo di operare'] **loc. sost. m. inv.** (**pl. lat.** *raro modi operandi*) ● maniera di fare, di agire nello svolgimento di una determinata attività

✦**mòdus vivèndi** [loc. lat., propr. 'modo di vivere' ✱ 1872] **loc. sost. m. inv.** (**pl. lat.** *modi vivendi*) **1** nel diritto internazionale, accordo a carattere economico provvisorio, destinato a disciplinare rapporti internazionali in attesa che sia chiarita una situazione controversa o durante le trattative diplomatiche per la conclusione di un accordo a carattere stabile **2** correntemente, accomodamento

moèna [variante dial. di *murena* ✱ 1978] **s. f.** ● (*zool.*, *ligure*) murena

moféta (o *-è-*) [V. *mefite*① ✱ 1754] **s. f.** ● fessura o apertura del suolo da cui escono vapore acqueo, anidride carbonica e altri gas di origine vulcanica a bassa temperatura

moffétta [da *mofeta*, per il cattivo odore che emette ✱ 1869] **s. f.** ● carnivoro dei Mustelidi del Nord America con pelliccia nera striata di bianco, fornito di ghiandole perianali con cui può lanciare contro i nemici il liquido secreto, denso, oleoso, di odore sgradevolissimo (*Mephitis mephitis*) **SIN.** skunk, mefite

mògano [da *mohogoni*, vc. di una lingua indiana dell'America del Nord ✱ 1764] **A** **s. m. 1** al-

a b c d e f g h i j k l m n o p q r s t u v w x y z

bero delle Meliacee originario dell'America centrale e delle Indie Occidentali (*Swietenia mahogani*) SIN. acagiù | il legno pregiato, rosso-bruno, ricavato da tale pianta | ***m. africano***, legno di un albero delle Meliacee, spontaneo nell'Africa tropicale, simile al mogano (*Khaya senegalensis*) | ***m. del Capo***, legno di un albero sudafricano delle Meliacee simile al mogano (*Pteroxylon obliquum*) | ***m. giallo***, legno giallo di consistenza simile al mogano, di un albero brasiliano delle Mimosacee (*Platynemia reticulata*) **2** (*miner.*) ***m. di montagna***, varietà di ossidiana, con striature brune o grigie **B** in funzione di agg. inv. ● (posposto a un sost.) che ha il colore marrone rossiccio tipico del legno omonimo: *capelli m.*

mòggio [lat. *mŏdiu(m)*, da *mŏdus* 'misura'. V. *modo* ✱ 1238] **s. m.** (**pl.** *mòggia* **f.**, †*mògge* **f.**, *mòggi* **m.** *raro*) **1** antica misura di capacità per aridi **2** recipiente usato per le misure di capacità | (*fig.*) ***mettere la fiaccola sotto il m.***, nascondere una verità, una dote, un merito (espressione di origine biblica) | (*fig., lett.*) gran quantità: *con un m. di fiori finti in testa* (G. VERGA) **3** antica misura di superficie corrispondente in media a un terzo di ettaro ‖ (*raro*) **moggétto**, **dim.**

mogigrafìa [comp. del gr. *mógis* 'a malapena', da *mogêin* 'affaticarsi', di etim. incerta, e *-grafia* ✱ 1957] **s. f.** ● (*med.*) crampo degli scrivani SIN. grafospasmo

♣**mògio** [vc. sett., dal lat. *mŏllius*, compar. nt. di *mŏllis* 'molle' ✱ av. 1388] **agg.** (**pl. f.** *-ge* o *-gie*) ● avvilito e abbattuto: *come mai sei così m.?*; (*anche iter.*) *se ne stava m. m. in un angolo*

†**móglia** ➤ **moglie**

†**mogliàzzo** [da *moglie* ✱ 1287] **s. m.** ● matrimonio

†**moglicìda** [comp. di *mogli(e)* e *-cida* ✱ 1554] **s. m.** (**pl.** *-i*) ● uxoricida

♦**móglie** o †**móglia** [lat. *mŭlier*, nom., 'donna', di etim. incerta ✱ sec. XII] **s. f.** ● il coniuge di sesso femminile: *il marito e la m.*; *un'ottima m.*; *essere geloso della propria m.* | ***prender m.***, sposarsi | ***dar m.***, far sposare: *hanno fatto il diavolo per darmi m., né mai l'ho voluta* (C. GOLDONI) | ***riprendere m.***, risposarsi | ***la m. di Cesare***, (*fig.*) persona su cui non deve cadere il benché minimo sospetto (con riferimento al fatto che Cesare, pur ritenendo innocente la moglie Pompea, la ripudiò, non ritenendo ammissibile il solo fatto che fosse sospettata di infedeltà) | **PROV.** ***tra m. e marito non mettere il dito***, è bene non intromettersi nei rapporti coniugali; ***m. e buoi dei paesi tuoi***, è bene trovare la donna da sposare e ciò che serve per il lavoro all'interno del proprio ambiente SIN. sposa ‖ **mogliàccia**, **pegg.** | †**mogliarèlla**, **dim.** | **mogliétta**, **mogliettìna**, **dim.**

†**mògliema** o †**mògliama** [comp. di *moglie*, †*moglia*, e dell'enclitico *-ma*, dal lat. *mĕu(m)* 'mia' ✱ 1353] **s. f.** ● mia moglie: *Lasciatemi castigar m.* (P. ARETINO)

moglièra o †**moglière** [lat. *mulĭere(m)* 'donna'. V. *moglie* ✱ sec. XII] **s. f.** ● (*raro, merid.*) moglie (*anche scherz.*): *essere stata cinque anni sua m.* (F. SACCHETTI) | (*est.*) donna

†**mòglieta** o †**mògliata** [comp. di *moglie*, †*moglia*, e dell'enclitico *-ta*, dal lat. *tŭu(m)* 'tua' ✱ 1353] **s. f.** ● tua moglie: *quella è m. che ti viene a ritrovare* (N. MACHIAVELLI)

mogòl [persiano *mugāl* 'mongolo' ✱ 1598] **s. m. inv.** ● imperatore dei Mongoli | ***Gran m.***, titolo del sovrano dell'India abolito nel 1869, celebrato per le sue ricchezze

mohair /fr. mɔ'ɛːr/ o **mohaire** /fr. mɔ'ɛʀ/ [vc. fr., dall'ingl. *mohair*. V. *moire* ✱ 1868] **s. m. inv.** **1** pelo soffice, lungo, lucente della capra d'angora, usato come fibra tessile lanosa **2** stoffa morbida a pelo coricato con fondo a intreccio lento, ottenuta con fibre di mohair

mohicàno /moi'kano/ o **moicàno** [ingl. *mohican*, dal n. indigeno della tribù ✱ 1890] **agg. e s. m.** (**f.** *-a*) ● appartenente a una delle tribù indigene, oggi estinte, che occupavano le sponde dell'alto Hudson nello stato di New York, nell'America settentrionale | (*fig.*) ***l'ultimo dei mohicani***, chi rimane fedele a idee o comportamenti ormai superati (con riferimento al romanzo omonimo (1836) di J. F. Cooper (1789-1851))

mòho /'mɔo/ [dal n. dello scopritore, il geofisico istriano A. *Mohorovičić* (1857-1936) ✱ 1989] **s. f. inv.** ● (*geofis.*) termine usuale per indicare la *discontinuità di Mohorovicic* (V. *discontinuità*)

mohur /mo'ur, *persiano* mo'huːr/ [persiano *muhur*, dall'ant. indiano *mudra* 'sigillo, moneta' ✱ 1895] **s. m. inv.** ● unità monetaria un tempo circolante in Nepal

mòia [lat. *mŭria(m)* 'salamoia', di etim. incerta ✱ av. 1555] **s. f.** ● (*tosc.*) nella zona di Volterra, pozzo di acqua salata, dalla quale si estrae il sale | l'acqua salata contenuta in tale pozzo

moicàno ➤ **mohicano**

moiétta [fr. *moyette*, dim. dell'ant. fr. *moie* 'mola', dal lat. *mēta(m)*. V. *meta*① nel sign. 3 ✱ 1954] **s. f.** ● nastro metallico per imballaggi e lavori di carpenteria

♣**moìna** [vc. infant. ✱ 1441] **s. f.** **1** (**spec. al pl.**) carezza insistente, affettuosa lusinga: *fa le moine a sua madre per farsi perdonare* **2** (*est.*, **spec. al pl.**) atteggiamento, comportamento o gesto affettato, lezioso; smanceria: *basta con queste sciocche moine* SIN. sdolcinatura, vezzo

†**moinerìa** [da *moina* ✱ av. 1712] **s. f.** ● civetteria, moina | grazia, leggiadria

mòira [gr. *Môira*, da *méiresthai* 'avere in sorte' ✱ 1813] **s. f.** (*Moira* **nel sign. 1**) **1** nella mitologia greca, forza misteriosa e irresistibile che dominava su ogni cosa e a cui dovevano piegarsi anche gli dei | ciascuna delle tre divinità che personificavano tale forza e che presiedevano al corso della vita umana **2** (*est.*) destino, fato

moire /fr. mwaʀ/ [vc. fr., dall'ingl. *mohair*, dall'arabo *muḫayyar*, V. †*mocaiardo* ✱ av. 1704] **s. m. o f. inv.** ● amoerro

moiré /fr. mwa'ʀe/ [vc. fr., da *moire* 'amoerro' (V.) ✱ 1895] **agg. inv.** ● marezzato, detto di tessuto o carta

mojito /sp. mo'xito/ [vc. sp. di etim. incerta ✱ 1973] **s. m.** (**pl.** *mojiti* **o sp.** *mojitos*) ● cocktail di origine cubana a base di rum, succo di lime, zucchero, menta e soda

mòka o **mòca** [da *Mokhā*, città dello Yemen ✱ 1856] **A** **s. m. inv.** ● caffè molto pregiato, proveniente dall'omonima città araba | la bevanda che se ne ricava: *bersi un m. fumante* **B** **s. f. inv.** ● macchinetta a pressione per il caffè espresso, di uso domestico

mol ➤ **mole**②

mòla① [lat. *mŏla(m)*, dalla stessa radice di *mŏlere* 'macinare', di orig. indeur. ✱ av. 1306] **s. f.** **1** macina del mulino o del frantoio **2** disco di pietra arenaria o di materiale abrasivo che si fa girare come una ruota per affilare coltelli e sim., levigare e lucidare superfici | macchina usata per dare a una lente da occhiali la forma corrispondente all'anello della montatura **3** (*fig., lett.*) gruppo circolare di persone: *a rotar cominciò la santa m.* (DANTE *Par.* XII, 3)

mòla② [da *mola*①, per la forma ✱ 1653] **s. f.** ● grosso pesce tropicale con corpo alto e compresso, quasi discoidale e pinna caudale breve e fusa con la dorsale e l'anale (*Mola mola*) SIN. ortagorisco, pesce luna

mòla③ [da *mola*① ✱ sec. XIV] **s. f.** ● (*med.*) tumore uterino che insorge dopo la gravidanza per dilatazione dei villi coriali in vescicole

molàle [da *mole*② ✱ 1957] **agg.** ● (*chim.*) relativo alla mole | ***soluzione m.***, soluzione la cui concentrazione è espressa in termini di molalità | ***concentrazione m.***, molalità

molalità [da *molale* ✱ 1957] **s. f. inv.** ● (*chim.*) concentrazione di una soluzione espressa dal numero di moli di soluto per kilogrammo di solvente

molàre① [lat. tardo *molāre* 'macinare', da *mŏla* 'mola①' ✱ sec. XIV] **v. tr.** (*io mòlo*) ● lavorare un oggetto, una superficie, un materiale e sim. con la mola, allo scopo di conferir loro forma, lucentezza, levigatezza: *m. uno specchio, un pavimento, un blocco di marmo* | (*est.*) affilare lame

molàre② [vc. dotta, lat. *molāre(m)*, da *mŏla* 'mola①'. Il dente è chiamato così, già nel lat. tardo, perché serve a macinare il cibo ✱ 1957] **A** **agg.** **1** di mola | ***pietra m., sasso m.***, usati per fabbricare mole da mulini; (*est.*) grosso macigno: *il molar sasso infranse / l'ettoreo scudo* (V. MONTI) | ***selce m.***, molto dura **2** (*anat.*) ***dente m.***, ognuno dei denti situati nella parte posteriore delle mascelle dell'uomo e dei Mammiferi, fondamentali per la masticazione **B** **s. m.** ● (*anat.*) dente molare

molàre③ [da *mole*② ✱ 1447] **agg.** ● (*chim.*) relativo alla mole | ***soluzione m.***, contenente in un litro la mole di un composto | ***concentrazione m.***, molarità | ***calore m.***, capacità termica di una mole di sostanza ‖ **molarità**, **s. f. inv.**

molarità [da *mole*② ✱ 1957] **s. f. inv.** ● (*chim.*) concentrazione di una soluzione espressa dal numero di moli di un soluto presente in un litro di soluzione

molàssa [detta così perché serve a far *mole* ✱ 1890] **s. f.** ● (*geol.*) varietà di arenaria friabile, a debole cementazione calcarea

molàto **part. pass.** di *molare*①; **anche agg.** ● sottoposto a molatura | affilato

molatóre [1957] **s. m.** (**f.** *-trice*) ● chi esegue lavorazioni di molatura

molatrìce [1922] **s. f.** ● macchina che esegue la molatura facendo passare la mola, dotata di un moto rotatorio veloce intorno al suo asse, sul pezzo da molare, o viceversa

molatùra [da *molare*① ✱ 1922] **s. f.** ● lavorazione effettuata con la mola o con la molatrice | il contorno molato di uno specchio

molàzza [da *mola*① ✱ 1901] **s. f.** **1** macina **2** macchina che serve a macinare e impastare, sia a secco che a umido; è formata da una vasca metallica all'interno della quale ruotano mole di acciaio o altro materiale

molazzatóre [1957] **s. m.** (**f.** *-trice*) ● operaio addetto a una molazza

mólcere (o *-ò-*) o (*raro*) **mùlcere** [lat. *mulcēre*, di orig. indeur. ✱ av. 1374] **v. tr.** (**pres.** *io mólco, tu mólci*; **pass. rem.** *io mólsi, tu molcésti*; **difett. del part. pass. e dei tempi composti**) ● (*lett.*) allietare, dilettare: *e 'l lusinghiero aspetto e 'l parlar dolce / di fuor s'aggira e solo i sensi molce* (T. TASSO) | (*lett.*) lenire, placare: *il pianto ... molce il più fiero dolore* (R. BACCHELLI)

molcìre o †**mulcìre** [1612] **v. tr.** (**coniug.** come *addolcire*) ● (*lett.*) molcere

♦**moldàvo** o **moldòvo** [1548] **A** **agg.** ● della Moldavia (o Moldovia o Moldova), regione storica della Romania | dell'omonimo Stato attuale **B** **s. m.** (**f.** *-a*) ● abitante o nativo della Moldavia **C** **s. m. solo sing.** ● lingua del gruppo romanzo parlata in Moldavia

mòle① [lat. *mŏle(m)*, di orig. indeur. ✱ 1334] **s. f.** **1** massa enorme e imponente: *la m. superba del Monte Bianco*; *la m. di un pachi-*

derma | edificio grandioso: *le moli egizie; quell'alta m. / ch'a quel gran monte in su la cima siede* (T. Tasso) | ***M. Adriana***, mausoleo dell'imperatore Adriano a Roma, più noto come Castel Sant'Angelo | ***M. Antonelliana***, costruzione monumentale caratterizzata da cuspide di notevole altezza, costruita a Torino nella seconda metà del XIX secolo dall'architetto A. Antonelli | ***la città della M.***, (*per anton.*) Torino | ***all'ombra della M.***, (*per anton., fig.*) a Torino **2** dimensione, taglia: *un libro di notevole, di piccola m.* **3** (*fig.*) quantità, entità: *la m. del lavoro da svolgere mi spaventa* **4** †molecola

mòle② o **mol** /mɔl/ [ricavato da *molecola* ✻ 1957] **s. f.** ● (*fis.*) unità di misura nel Sistema Internazionale della quantità di sostanza, definita come la quantità di sostanza di un sistema che contiene tante entità elementari (atomi, molecole, ioni, elettroni e sim.) quanti sono gli atomi in 0,012 kilogrammi di carbonio-12 **SIMB.** mol

molècola [dim. del lat. *mōles* 'mole' ✻ 1681] **s. f. 1** (*chim.*) la più piccola parte di ogni composto o elemento chimico, costituita da atomi uguali o diversi fra loro tenuti assieme da forze di natura elettrica, capace di esistenza indipendente e nella quale si ritrovano conservate la composizione e le proprietà chimiche caratteristiche del composto o dell'elemento | ***m. gigante***, macromolecola **2** (*est.*) minima parte di qlco.

molecolàre [1850] **agg.** ● (*chim.*) di molecola, relativo a molecola | ***peso m.***, pari alla somma dei pesi degli atomi che compongono la molecola | ***calore m.***, calore specifico di un composto per il suo peso molecolare | ***biologia m.***, V. *biologia* | ***filtro m.***, atto a separare composti in soluzione, sfruttando la diversità delle dimensioni molecolari | (*fig.*) ***società m.***, V. *società* nel sign. 2 ‖ **molecolarità**, **s. f. inv.** (*chim.*) numero di particelle, quali molecole, ioni e sim., che interagiscono in una reazione chimica: *reazione con molecolarità due*

molènda o †**mulènda** [lat. *molĕnda*, gerundivo nt. pl. di *mŏlere* 'macinare'. V. *mola*① ✻ av. 1363] **s. f.** ● (*raro*) prezzo in denaro o in natura pagato per la macinatura del grano e delle olive: *il bottegaio rincara la roba, e il mugnaio aumenta la m.* (R. Bacchelli)

†**molendàre** [lat. tardo *molendāre* 'macinare', da *molĕndus*, gerundio di *mŏlere*. V. *molenda* ✻ 1808] **v. tr.** ● riscuotere come molenda

molestaménto [av. 1349] **s. m.** ● (*raro*) il molestare | molestia

molestàre [vc. dotta, lat. *molestāre*, da *molĕstus* 'molesto' ✻ 1287] **v. tr.** (*io molèsto*) **1** infastidire, importunare: *una tosse insistente mi molesta; smetti di m. gli amici con le tue sciocchezze* | fare oggetto di molestie sessuali: *m. una ragazza* **2** †recare grave tormento, fare gran male

SFUMATURE ➤ *seccare*

molestatóre [1427] **s. m.** (**f.** *-trice*) ● chi molesta

✦**molèstia** [vc. dotta, lat. *molĕstia(m)*, da *molĕstus* 'molesto' ✻ av. 1292] **s. f. 1** noia, fastidio, incomodo: *la m. del caldo, del vento, delle mosche; subire molestie insopportabili, incessanti, continue* **2** atto che reca danno o disturbo: *non la finirete più con questa m.?* | ***m. sessuale***, ogni atto o discorso che offende la dignità di una persona sotto il profilo sessuale | (*dir.*) atto o comportamento che reca turbativa a terzi: *molestie di fatto, di diritto*

SFUMATURE ➤ *incomodo*②

✦**molèsto** [vc. dotta, lat. *molĕstu(m)*, dalla stessa radice di *mōles* 'mole①' ✻ 1268] **A agg. 1** che provoca fastidi e danni, che è sgradito e sgradevole: *un vicino, un creditore m.; un insetto m.; riuscire, essere m. a qlcu.; daremo le cose moleste e gravi a' nostri inimici* (L.B. Alberti) **SIN.** fastidioso, importuno, noioso **2** †gravoso, difficile da sopportare: *sete molesta* ‖ **molestaménte**, **avv. B s. m.** ● †molestia

molétta① [milan. *moletta*, da *molà* 'affilare, arrotare' (V. *molare*①) ✻ 1905] **s. m. inv.** ● (*sett.*) arrotino

molétta② [fr. *molette*, propr. dim. di *meule* 'mola①' ✻ sec. XX] **s. f. 1** cilindro d'acciaio munito di disegno a rilievo, che, premuto contro un cilindro di rame, lo incide rendendolo adatto a stampare tessuti **2** grossa puleggia che dalla sommità del castelletto rinvia la fune alla gabbia di estrazione, nei pozzi di miniera

molettàre [da *moletta*② ✻ 1970] **v. tr.** (*io molétto*) ● incidere cilindri di rame per stampa di tessuti, mediante la moletta

mòli [vc. dotta, lat. *mōly*, dal gr. *mōly*, di orig. straniera ✻ av. 1498] **s. m. inv.** ● erba delle Amarillidacee con bulbo bruno nerastro e fiori bianchi ritenuta dagli antichi Greci un rimedio contro incantesimi e fattucchierie (*Allium nigrum*)

molibdàto [dal gr. *mólybdos* 'piombo' ✻ 1819] **s. m.** ● sale dell'acido molibdico

molibdenìte [fr. *molybdénite*, dal gr. *molýbdaina*. V. *molibdeno* ✻ 1817] **s. f.** ● (*miner.*) solfuro di molibdeno, in cristalli lamellari color grigio piombo, usato o come lubrificante o per l'estrazione del metallo

molibdèno [dal gr. *molýbdaina* 'solfuro di piombo', da *mólybdos* 'piombo' ✻ 1809] **s. m.** ● elemento chimico, metallo bianco-argenteo molto duttile ricavato dalla molibdenite, usato per leghe, acciai speciali e in elettronica **SIMB.** Mo **NUM. AT.** 42

molìbdico [1819] **agg.** (**pl. m.** *-ci*) ● detto di composto del molibdeno trivalente o esavalente | ***acido m.***, acido bibasico del molibdeno esavalente, usato spec. come pigmento, catalizzatore e per smalti

molinàio ➤ **mulinaro**

molinàro ➤ **mulinaro**

Molinàte® [marchio registrato ✻ 1987] **s. m.** ● (*chim.*) anticrittogamico utilizzato come diserbante per il trattamento selettivo delle risaie

molinèllo ➤ **mulinello**

molinìsmo [av. 1831] **s. m.** ● sistema teologico cattolico del XVI sec. basato sulle teorie del gesuita Luis de Molina (1535-1600), che si proponeva di conciliare l'azione della grazia divina con il libero arbitrio dell'uomo

molinìsta [1751] **s. m. e f.** (**pl. m.** *-i*) ● seguace del molinismo

molinìstico [av. 1755] **agg.** (**pl. m.** *-ci*) ● relativo a molinismo e a molinista

molino ➤ **mulino**①

✦**molisàno** [1860] **A agg.** ● del Molise: *dialetto m.; costumi molisani* **B s. m.** (**f.** *-a*) ● abitante o nativo del Molise **C s. m. solo sing.** ● dialetto italiano meridionale, parlato nel Molise

molìto [vc. dotta, lat. *mŏlitu(m)*, part. pass. di *mŏlĕre* 'macinare', con l'accento spostato. V. *mola*① ✻ 1956] **agg.** ● sottoposto a molitura: *olive molite*

molitóre [vc. dotta, lat. tardo *molitōre(m)*, da *mŏlitus*, part. pass. di *mŏlere* 'macinare'. V. *mola*① ✻ 1942] **s. m. 1** (**f.** *-trice*) operaio addetto alla molitura del grano o alla pilatura del riso **2** macchina per la molitura

molitòrio [dal lat. *mŏlitus*, part. pass. di *mŏlere* 'macinare'. V. *mola*① ✻ 1924] **agg.** (**pl. m.** *-i* o *raro -ii*) ● relativo alla macinazione dei cereali: *industria molitoria*

molitùra [dal lat. *mŏlitus*, part. pass. di *mŏlere* 'macinare', V. *mola*① ✻ 1739] **s. f.** ● macinazione dei cereali o delle olive, e in generale di qualunque altra sostanza spec. in granuli

mòlla [da *mollare*① ✻ av. 1519] **s. f. 1** organo meccanico che presenta in grado elevato la caratteristica di deformarsi elasticamente sotto carico, riprendendo la primitiva configurazione al cessare del carico stesso: *poltrona, materasso a molle; la m. dell'orologio; le molle della carrozza* | ***m. di flessione***, sottoposta a carichi che la sollecitano flettendola | ***m. di torsione***, sottoposta a carichi che la sollecitano torcendola | ***m. a balestra***, quella semiellittica composta di più foglie o lame, usata per la sospensione dei veicoli | ***cappello a m.***, gibus **2** (*fig.*) ciò che costituisce il motivo determinante di un'azione: *la cupidigia è la m. di ogni sua attività; base e m. della tirannide ... è la sola paura* (V. Alfieri) **SIN.** stimolo **3** (**al pl.**) attrezzo per afferrare i tizzoni: *attizzare il fuoco con le molle* | ***da prendere con le molle***, (*fig.*) si dice di cosa o persona difficile da trattare o poco raccomandabile ‖ **mollétta**, **dim.** (V.) | **mollóne**, **accr. m.** (V.)

mollacchióne [da *molle* nel sign. A 6 e *-accione* ✻ 1977] **s. m.** (**f.** *-a*) ● persona tarda, pigra e fiacca

mollàme [da *molle* ✻ av. 1292] **s. m. 1** (*lett.*) morbidume **2** parti molli, carnose, di animale macellato

✦**mollàre**① [da *molle* ✻ sec. XIII] **A v. tr.** (*io mòllo*) **1** allentare o lasciar andare: *m. la presa* | (*mar.*) allentare, lasciar libera di scorrere una manovra | ***m. gli ormeggi***, sciogliere le cime di ormeggio o recuperare l'ancora per partire | ***m. le vele***, sciogliere per tenerle pronte a essere bordate | ***molla!***, voce di comando di allentare, lasciar andare, liberare **2** (*fig., colloq.*) dare, appioppare: *m. una sberla a qlcu.* **3** (*colloq.*) abbandonare, lasciare qlco.: *ha mollato il lavoro ed è partito* | ***m. qlcu.***, liberarsene, piantarlo: *ha mollato il fidanzato* **B v. intr.** (**aus.** *avere*) **1** cedere, desistere: *resisti, non m.!* | ***fare a tira e molla***, (*fig.*) essere indeciso, non sapersi risolvere (V. anche *tiremmolla*) **2** (*fig., colloq.*) cessare, finirla: *quando incomincia a telefonare, non (la) molla più* **C mollàrsi v. rifl. recipr.** ● (*colloq.*) lasciarsi, troncare una relazione amorosa: *si sono mollati dopo poco che stavano insieme* **SIN.** piantarsi

SFUMATURE ➤ *liberare*

mollàre② [da *mollo* ✻ sec. XIII] **A v. tr.** (*io mòllo*) ● (*pop.*) bagnare, immergere: *m. il pane nel brodo* **B v. intr. e mollàrsi v. intr. pron.** (**aus.** *essere*) ● (*pop.*) ammorbidirsi stando a bagno

✦**mòlle** [lat. *mŏlle(m)*, di orig. indeur. ✻ av. 1250] **A agg. 1** che cede facilmente alla pressione, al tatto: *un cuscino di molli piume; lo scultore plasma la m. creta* | (*anat.*) ***tessuti molli***, insieme dei tessuti connettivi lassi che circondano un organo | che non è troppo duro: *un tipo di cuoio m. e flessibile* **SIN.** morbido **2** (*ling.*) detto di suono palatalizzato **3** (*enol.*) detto di vino privo di corpo, di gusto e carattere poco spiccati **CONTR.** nervoso **4** (*lett.*) che si flette, si piega: *il ligustro e il m. acanto* (L. Ariosto) **5** (*fig.*) mite, dolce, carezzevole: *le molli aure di primavera; la m. cadenza della voce* **CONTR.** aspro **6** (*fig.*) privo di forze, decisione, energia e sim.: *governo m.; punizione troppo m.; ha un temperamento troppo m.* | ***pappa m.***, V. *pappamolla* | fiacco, debole: *vita, educazione m.* **SIN.** moscio **7** (*lett.*) bagnato, inzuppato, intriso: *occhi molli di pianto; m. / fosse del sangue mio quest'alma terra* (G. Leopardi) ‖ **mollemènte**, **avv.** in modo molle; con languore, abbandono: *stava mollemente sdraiato sui*

cuscini **B** **avv.** • †mollemente **C** **s. m.** **1** ciò che è soffice, morbido: *riposare sul m.* **2** (**lett.**) acqua o altro liquido in cui si tiene immerso qlco.: *col fodero tutto fradicio, che pareva stato in m.* (A. MANZONI) **CFR.** mollo | terreno umido, bagnato: *camminare sul m.* || **mollàccio**, **pegg.** | **mollacciòne**, **pegg.** (V.)
SFUMATURE ➤ ***morbido***

mollèca o **mollècca**, (*tosc.*) **molèca** [venez. *moleca*, da *molo* 'molle', perché quando ha abbandonato la vecchia crosta diventa molliccio ✻ av. 1389] **s. f.** • denominazione del granchio comune come si presenta subito dopo la muta, cioè con il tegumento tenero

†**mollécchio** [lat. *mollĭculu(m)*, da *mŏllis* 'molle' ✻ 1561] **agg.** • molliccio

molleggiaménto [1803] **s. m.** **1** movimento ritmico ed elastico di una parte del corpo: *la ragazza camminava accentuando i molleggiamenti delle anche* **2** movimento alterno e ripetuto: *il m. della macchina*

molleggiàre [da *molla* ✻ 1609] **A** **v. intr.** (**pres.** *io molléggio*; **fut.** *io molleggerò*; **aus.** *avere*) • essere elastico, morbido: *un letto che molleggia molto* | muovere con elasticità il corpo: *i passeri neri su lo spalto / corrono, molleggiando* (G. PASCOLI) **B** **v. tr.** • rendere elastico, fornendo di molle e sim.: *m. un divano, un sedile* **C** **molleggiàrsi** **v. rifl.** • muoversi o camminare mollemente: *molleggiarsi con eleganza sulle gambe* | nella ginnastica, eseguire l'esercizio con molleggio

molleggiàto **part. pass.** di *molleggiare*; anche **agg.** **1** fornito di molleggio **2** elastico, flessuoso: *andatura molleggiata* || **molleggiataménte**, **avv.**

molléggio [da *molleggiare* ✻ 1942] **s. m.** **1** sistema di molle, sospensioni e sim. che rendono elastico un oggetto: *il divano ha un ottimo m.* **2** elasticità dovuta a un adeguato sistema di molle: *il m. lascia a desiderare* **CONTR.** rigidità **3** esercizio ginnico eseguito in rapida successione con breve ed elastico movimento del corpo

mollènte [da *molle* (?) ✻ 1983] **s. m.** • zona d'acqua quasi ferma di un canale all'uscita di una lanca

mollésco [da *molle* per il suo guscio tenero ✻ 1989] **agg.** (**pl. m.** *-chi*) • (*agric.*) detto di mandorlo con il frutto (drupa) a endocarpo molle **CFR.** catera

mollétta ① [1638] **s. f.** **1** dim. di *molla*: *tormentando con le mollette i tizzoni che ardevano nel caminetto* (U. FOSCOLO) **2** piccolo arnese a molla per fissare o fermare qlco.: *m. per i capelli, per la biancheria* **3** pinzetta per prendere zollette di zucchero o cubetti di ghiaccio **4** coltello a serramanico con lama a scatto azionata da una molla **5** (*mus.*) chiave degli strumenti a fiato || **mollettìna**, **dim.** | **mollettóna**, **accr.** | **mollettóne**, **accr.** **m.** grossa molletta per capelli

mollétta ② [da *molle* ✻ 1940] **s. f.** • (*veter.*) rigonfiamento molle del nodello del cavallo e di altri animali domestici

mollettàre [da *molletta* ① ✻ 1868] **v. tr.** (*io mollétto*) • (*tess.*) ripassare un panno, togliendogli la borra con mollette o pinzette

mollettatùra [1834] **s. f.** • operazione del mollettare

mollettièra [fr. *mollettière*, da *mollet* 'polpaccio', dal lat. *mŏllis* 'molle' ✻ 1921] **s. f.** • indumento militare, oggi in disuso, costituito da strisce di stoffa che i soldati avvolgevano attorno alle gambe, dalle caviglie al ginocchio

mollettóne [fr. *molleton*, dal lat. *mŏllis* 'molle' ✻ 1765] **s. m.** • tessuto pesante di lana o cotone, morbido, felpato, messo spec. sotto la tovaglia per proteggere la tavola dal calore di piatti e tegami

mollézza [lat. *mollĭtia(m)*, da *mŏllis* 'molle' ✻ 1282] **s. f.** **1** caratteristica di ciò che è molle: *la m. di un giaciglio* | (*fig.*) fiacchezza: *m. di carattere* **2** (**spec. al pl.**) agiatezza e comodità esagerate: *l'hanno allevato nelle mollezze*
SFUMATURE ➤ ***rilassatezza***

mollìca, (*evit.*) **mòllica** [lat. parl. **mollīca(m)*, da *mŏllis* 'molle' ✻ 1377] **s. f.** **1** la parte molle del pane all'interno della crosta **2** (**spec. al pl.**) briciola | (*fig.*, *lett.*) inezie **3** †sproposito **4** †nulla, spec. in prop. negativa: *non stimare una m.* || **mollichèlla**, **dim.** | **mollichìna**, **dim.** | **mollìcola**, **dim.**

mollìcchio [V. †*mollecchio* ✻ 1869] **s. m.** • (*lett.*) pantano

†**mollicchióso** (o -ṣ-) [da *mollicchio* ✻ 1563] **agg.** • molle, viscido

mollìccio [av. 1400] **A** **agg.** (**pl. m.** *-ci*; **pl. f.** *-ce*) • alquanto molle, bagnato o floscio: *terra molliccia*; *materiale m.* | (*fig.*) fiacco, privo di nerbo: *carattere m.* **B** **s. m.** • ciò che è alquanto molle, spec. perché bagnato: *sentirsi del m. sotto i piedi*

mollicùme [da *mollica* ✻ 1891] **s. m.** • quantità di briciole

mollificàre [vc. dotta, lat. tardo *mollificāre*, comp. di *mŏllis* 'molle' e *-ficāre* '-ficare' ✻ av. 1320] **A** **v. tr.** (*io mollìfico, tu mollìfichi*) **1** (*raro*) rendere molle: *m. la cera indurita* **2** (*fig.*, *lett.*) mitigare, addolcire: *era necessario ... m. gli animi de' suoi, malcontenti delle obligazioni* (F. GUICCIARDINI) **B** **mollificàrsi** **v. intr. pron.** • (*lett.*) diventare molle || **mollificazióne**, **s. f.**

mollificatìvo [sec. XIII] **agg.** • (*med.*) emolliente

†**mollìre** [lat. *mollīre*, da *mŏllis* 'molle' ✻ 1505] **v. tr.** • rendere molle (*anche fig.*): *aspetterò che la pietà mollisca / quel duro gielo, che d'intorno al core / le ha ristretto il vigor dell'onestade* (T. TASSO)

mollìzia o †**mollìzie** [stessa etim. di *mollezza* ✻ 1374] **s. f.** • (*lett.*, *fig.*) mollezza: *disprezzatore d'ogni cibo delicato e d'ogni altra m.* (N. MACHIAVELLI)

mòllo [var. pop. o region. di *molle* ✻ av. 1320] **A** **agg.** **1** (*pop.*) bagnato, intriso d'acqua **2** (*sett.*) allentato, poco teso **3** (*raro*) morbido, molle | ***pappa molla***, V. *pappamolla* **B** **s. m. solo sing.** • acqua o altro liquido in cui si tiene immerso qlco., spec. nelle loc. ***mettere***, ***tenere a m.***: *mettere a m. delle prugne secche*; *tenere i piedi a m. nell'acqua* **SIN.** (*lett.*) molle **CFR.** ammollo | ***a m.***, (*colloq.*) sotto l'acqua, sotto la pioggia: *il Piemonte a m. da due giorni*

mollóne [1899] **s. m.** **1** accr. di *molla* **2** la molla principale dell'acciarino o congegno di sparo delle armi antiche da fuoco portatili

†**mollóre** [sec. XV] **s. m.** • mollume

mollùme [da *molle* ✻ av. 1320] **s. m.** • (*lett.*) umidità provocata dalla pioggia

Mollùschi [pl. di *mollusco* ✻ 1792] **s. m. pl.** (**sing.** *-sco*) • (*zool.*) tipo di animali invertebrati, per lo più acquatici, con corpo molle, spesso protetto da una conchiglia secreta dal mantello (*Mollusca*) **CFR.** malaco-

molluschicoltóre [comp. di *mollusco* e *-coltore* ✻ 1993] **s. m.** (**f.** *-trice*) • chi pratica la molluschicoltura

molluschicoltùra [comp. di *mollusco* e *coltura* ✻ 1957] **s. f.** • tecnica dell'allevamento di molluschi commestibili

mollùsco [lat. (*nŭcem*) *mollŭsca(m)* '(noce) dal guscio molle', da *mŏllis* 'molle' ✻ 1792] **s. m.** (**pl.** *-schi*) **1** ogni animale appartenente al tipo dei Molluschi **2** (*fig.*, *spreg.*) persona moralmente fiacca e debole **3** (*med.*) ***m. contagioso***, tumore cutaneo benigno causato da virus

Molluscòidi [comp. di *mollusco* e del pl. di *-oide* ✻ 1875] **s. m. pl.** (**sing.** *-e*) • nella vecchia tassonomia animale, gruppo sistematico nel quale venivano riuniti Briozoi, Brachiopodi e Foronidei

mòlo [gr. biz. *môlos*, dal lat. *mōles* 'mole①' ✻ sec. XIII] **s. m.** **1** opera muraria di difesa del porto dal moto ondoso, con solide fondazioni nel terreno o sul fondo, accessibile, munita all'interno di fronti murate d'approdo **2** (*est.*) negli aeroporti, opera muraria di forma analoga a quella di un molo marittimo

mòloch o **mòloc** [lat. *Mŏloc*, dal gr. *Molóch*, dall'ebr. *Molek*, da *melek* 're' ✻ 1594] **s. m. inv.** **1** dio semitico cui si sacrificavano vittime umane **2** (*fig.*) essere o entità di mostruosa e malefica potenza **3** sauro australiano inoffensivo, il cui corpo goffo e tozzo è coperto di spine, corna e tubercoli cornei (*Moloch horridus*) **SIN.** diavolo del deserto, diavolo spinoso

†**molóne** [da *molo* ✻ av. 1574] **s. m.** • merlone

molòsso ① [lat. *Molŏssu(m)*, dal gr. *Molossós* 'del paese dei Molossi', antico popolo dell'Epiro ✻ av. 1556] **s. m.** • cane basso, tozzo, dal pelame fulvo e muso nero

molòsso ② [V. *molosso*①; detto così perché usato dai *Molossi* in canti guerreschi ✻ av. 1597] **s. m.** • (*ling.*) piede metrico della poesia greca e latina, formato da tre sillabe lunghe

molossòide [da *molosso*① ✻ 1984] **agg.** • (*zool.*) detto di cane simile a un molosso per la sua taglia massiccia

mòlotov [dal n. di V. M. *Molotov* (1890-1986), uomo politico sovietico ✻ 1964] **s. f. inv.** • rudimentale bomba incendiaria costituita da una bottiglia piena di benzina, con innesco: *le molotov lanciate dai dimostranti*

mòlotro [errore di trascrizione dal gr. *molobrós* 'ghiottone', di etim. incerta ✻ 1875] **s. m.** • uccello dei Passeriformi che si ciba dei parassiti annidati nel pelame dei bovini e cavalli (*Molothrus ater*)

moltéplice o (*lett.*) **moltìplice**, †**multìplice** [vc. dotta, lat. *multĭplice(m)*, comp. di *mŭltus* 'molto' e *-plex* 'che piega', dalla stessa radice di *plicāre* 'piegare' ✻ av. 1332] **agg.** **1** costituito da molte parti o elementi: *forma m.*; *struttura m.* | ***fiore m.***, doppio **2** (**spec. al pl.**) numeroso: *errori, significati molteplici* **SIN.** vario **3** (*lett.*) che si presenta in molti modi: *M'infiltro nella vita ... così bella e così m.* (S. SLATAPER) **SIN.** multiforme || **moltepliceménte**, **avv.** in molti modi

molteplicità o (*raro*) **moltiplicità**, †**multiplicità** [vc. dotta, lat. tardo *multiplicitāte(m)*, da *mŭltiplex*, genit. *multĭplicis* 'molteplice' ✻ 1282] **s. f. inv.** **1** condizione o caratteristica di molteplice: *la m. delle sensazioni confonde l'anima* (G. LEOPARDI) **2** (*mat.*) nell'intersezione di due o più varietà algebriche, numero intero positivo che indica quanti punti siano da intendersi coincidenti nel punto comune alle varietà considerate

mólti- ➤ **multi-**

moltìccio [da avvicinare a *mota* ✻ av. 1400] **s. m.** **1** (*lett.*, *tosc.*) fango, fanghiglia: *venuto il giorno ... si levarono e uscirono dal m.* (F. SACCHETTI) **2** †liquame in cui si conciavano le pelli

molticolóre ➤ **multicolore**

moltifórme ➤ **multiforme**

†**moltifrónte** [comp. di *molti-* e *fronte* ✻ av. 1566] **agg.** • che si dimostra sotto vari aspetti

moltilìngue ➤ **multilingue**

moltiloquènza ➤ **multiloquenza**

moltilòquio ➤ **multiloquio**

†**moltinomàto** [comp. di *molti-* e *nome* ✻ av. 1729] **agg.** • (*poet.*) che ha molti nomi

moltìpara ➤ **multipara**

♦**moltìplica** [da *moltiplicare* ✻ 1812] **s. f.** **1** rapporto fra il numero dei denti della ruo-

m

ta centrale e il numero dei denti del pignone della bicicletta **2** ruota dentata centrale della bicicletta sulla quale scorre la catena **3** (*pop.*) moltiplicazione

moltiplicàbile [vc. dotta, lat. *multiplicābile(m)*, da *multiplicāre* 'moltiplicare' ✻ 1584] **agg.** ● che si può moltiplicare ‖ **moltiplicabilità**, **s. f. inv.**

moltiplicaménto o †**multiplicaménto** [1308] **s. m.** ● (*raro*) moltiplicazione

moltiplicàndo [vc. dotta, lat. *multiplicăndu(m)*, gerundivo di *multiplicāre* 'moltiplicare' ✻ 1803] **s. m.** ● (*mat.*) numero da moltiplicare

moltiplicànte o †**multiplicànte** **part. pres.** di *moltiplicare*; **anche agg.** ● nei sign. del v.

♦**moltiplicàre** o †**multiplicàre** [vc. dotta, lat. *multiplicāre*, da *mŭltiplex*, genit. *multĭplicis* 'molteplice' ✻ av. 1250] **A** **v. tr.** (*io moltìplico, tu moltìplichi*) **1** rendere molto numeroso, accrescere nel numero: *m. le cure, gli sforzi, le parole, i tentativi* **SIN.** aumentare **2** (*mat.*) eseguire una moltiplicazione (*anche assol.*) **3** †arricchire **B** **v. intr.** (**aus.** *essere*) ● †crescere (*spec. fig.*): *cominciò per questo l'odio a m.* (D. COMPAGNI) | ***m. in novelle, in parole***, dilungarsi in chiacchiere **C** **moltiplicàrsi** **v. intr. pron.** **1** aumentare sempre più: *i casi di contagio si moltiplicano a migliaia; le spese si vanno moltiplicando di giorno in giorno* **2** riprodursi, accrescendo nel numero gli individui di una stessa specie (+ *per*): *moltiplicarsi per gemmazione; con l'umidità i funghi si moltiplicano in modo stupefacente*

moltiplicatìvo [vc. dotta, lat. tardo *multiplicatīvu(m)*, da *multiplicāre* 'moltiplicare' ✻ sec. XIV] **agg.** ● (*mat.*) proprio della moltiplicazione | ***numerali moltiplicativi***, che indicano quante volte viene moltiplicata una unità

moltiplicàto o †**multiplicàto** **part. pass.** di *moltiplicare*; **anche agg.** ● nei sign. del v. | aumentato, accresciuto: *lavorare con m. ardore* | (*mat.*) indica l'operazione della moltiplicazione (e si rende graficamente con il segno '×' oppure '·'): *sette m. (per) sette* ‖ **moltiplicataménte**, **avv.** (*lett.*) con molto accrescimento, in quantità maggiore

moltiplicatóre o †**multiplicatóre** [vc. dotta, lat. tardo *multiplicatōre(m)*, da *multiplicāre* 'moltiplicare' ✻ sec. XIV] **A** **agg.** (**f.** *-trice*) ● che moltiplica **B** **s. m.** **1** (*mat.*) numero che moltiplica **2** qualsiasi strumento o procedura che genera l'effetto di moltiplicare un valore di partenza | ***m. di frequenza***, in radiotecnica, il dispositivo che dà in uscita una frequenza multipla di quella in entrata **3** (*econ.*) coefficiente che esprime la variazione di un valore macroeconomico in relazione all'incremento di un altro elemento del sistema **4** (*fotogr.*) dispositivo costituito da un gruppo di lenti che, posto tra il corpo della macchina e l'obiettivo, moltiplica la lunghezza focale di quest'ultimo **5** accessorio del calcio di una rivoltella che serve ad aumentare lo spazio dell'impugnatura allo scopo di rendere meno violento il rinculo

moltiplicazióne o †**multiplicazióne** [vc. dotta, lat. *multiplicatiōne(m)*, da *multiplicāre* 'moltiplicare' ✻ av. 1328] **s. f.** **1** accrescimento, aumento: *m. della popolazione* | (*biol.*) ***m. vegetativa***, per via agamica con rizomi, bulbi, tuberi, talee, propaggini, margotte, innesti | ***m. sessuale***, con semi o spore **2** (*mat.*) una delle quattro operazioni fondamentali dell'aritmetica, che a due numeri naturali associa la somma di più addendi uguali al primo in numero uguale al secondo ‖ **moltiplicazioncìna**, **dim.**

moltìplice e deriv. ➤ **molteplice** e deriv.

†**moltìplico** o †**multìplico** [da *moltiplicare* ✻ av. 1647] **s. m.** (**pl.** *-chi*) ● moltiplicazione | ***dare a m.***, a interesse

†**moltisènso** ➤ **multisenso**

moltisonànte ➤ **multisonante**

moltitùdine o †**multitùdine** [vc. dotta, lat. *moltitūdine(m)*, da *mŭltus* 'molto' ✻ 1261 ca.] **s. f.** **1** grande quantità di cose o animali: *una m. di libri, di erbe, di piante; moltitudini di zanzare* **2** numeroso insieme di persone: *una m. di ragazzi, di soldati, di pellegrini* **SIN.** frotta, stuolo | (*lett.*) folla, massa (*anche spreg.*): *i passi di una m. si udirono nel salone* (G. VERGA); *nessuna cosa essere più vana e insolente della m.* (N. MACHIAVELLI) | ***le moltitudini***, le vaste masse di popolo: *le moltitudini che ancora soffrono la fame*

SFUMATURE DI SIGNIFICATO

moltitudine - schiera - turba - frotta - sciame

Si dice **moltitudine** un insieme numerosissimo di persone assembrate nello stesso luogo. Se la disposizione è ordinata come avviene in un reparto militare si può parlare di **schiera**. Con **turba** si connota invece il carattere disordinato e vociante di gente per lo più volgare. **Frotta** e **sciame** sottolineano il movimento di molte persone che si spostano disordinatamente, come un branco disordinato di cavalli o una schiera di api.

SFUMATURE ➤ ***folla***

moltivago ➤ **multivago**

♦**mólto** [lat. *mŭltu(m)*, di orig. indeur. ✻ av. 1250] **A** **avv.** (**superl.** *moltissimo*) **1** in grande misura, grandemente: *parla m. e combina poco; sono stato m. in ansia; ho viaggiato m.; l'ho m. gradito; mi è piaciuto m.* **CFR.** multi-, poli-, pluri- | seguito da avv. o loc. avv.: *ciò è accaduto m. prima; si trova m. avanti; sei capitato m. a proposito* | a lungo, per lungo tempo: *a camminare m. mi stanco; è uno spettacolo che dura m.* | rafforza un agg. o un avv. compar.: *così è m. meglio; ne voglio m. meno; è m. più elegante; è m. peggio di prima; è m. meno educata* | (*lett.*) rafforza un superl.: *m. piacevolissimo uomo* (F. SACCHETTI) | ***non m.***, poco, pochissimo: *non lavora m.* | (*enfat.*) ***m. m.***, (*fam.*) ***m. ma m.***, moltissimo: *lo desidero m. m.; sono m. ma m. stanco* | (*tosc.*) ***di m.***, V. dimolto | ***poco o m.***, sia quanto sia: *poco o m. questo ti basti; o poco o m., qualcosa si è concluso* | ***né m. né poco***, affatto, punto, per nulla, in nessun modo: *ciò non mi riguarda né m. né poco; questo non c'entra né poco né m.* **2** premesso ad agg. qualificativi e ad avv. di modo, dà loro valore di superl.: *m. buono; m. cattivo; m. bello; m. brutto; hai fatto m. male; canta m. bene; lo farò m. volentieri* | (*fam.*) premesso a un sost.: *è m. signore* | (*enfat.*) posposto a un agg.: *è bella m.* | anche preceduto dall'art. determ.: *al m. illustre dottore; il m. reverendo padre* **3** (*per antifrasi*) poco, per nulla: *importa m. a me tutto ciò!; ne so m. io dei tuoi affari!* **B** **agg. indef.** **1** che è in grande quantità o misura, o in numero notevole: *ho m. denaro; c'è molta acqua; non hanno m. pane; ho molti libri; c'erano molti ragazzi; molte persone lo sanno* | seguito da 'più': *voglio m. più denaro; ho molta più fame di ieri; tu hai molti più libri di tutti noi* | con riferimento alla forza o all'intensità: *oggi fa m. caldo; c'è m. vento* | (*iter.*) ***molto e molto***, moltissimo: *dopo molti e molti sforzi* **CONTR.** poco **2** grande: *possiede molta volontà; è un uomo di m. ingegno; mi è stato di m. aiuto; lo farò con m. piacere* | lungo (con riferimento a tempo e a spazio): *per m. tempo non si è visto; lo vidi da molta distanza; dopo m. cercare l'ho trovata* | †***molta notte***, †***m. giorno***, per gran parte della notte o del giorno | †***essere m. di qlcu.***, esserne amico, familiare **3** troppo: *tre kilogrammi sono molti per noi* **4** con valore neutro in espressioni ellittiche: *non mi fermerò m.; da casa mia a casa tua c'è m.; ho speso m.; mangio e dormo m.; non ci vuole m. a capirlo; non c'è m. da dire con ciò; oggi ho m. da fare; sa m.; legge m.; è già m. se riuscirà a farlo venire* | ***or non è m.***, poco tempo fa | ***fra non m.***, fra breve tempo | ***a dir m.***, al massimo, tutt'al più | †***da m.***, di molto valore, di alta qualità: *uomini valorosi e da m.* (G. BOCCACCIO) **C** **pron. indef.** ● che è in grande quantità o misura o numero: *ci vuole pazienza e io ne ho molta; quanti libri avrà? non lo so, ma sono molti* | (**al pl.**) molte persone: *molti ritengono giusta questa opinione; siamo in molte a partecipare; molti di noi erano assenti* **CONTR.** poco **D** **in funzione di s. m. solo sing.** ● grande quantità: *bisogna valutare il m. e il poco* **CONTR.** poco

†**moltòspito** [comp. di *molto* e *ospite* ✻ av. 1729] **agg.** ● molto ospitale

molucchése (o **-ṣ-**) [1873] **A** **agg.** ● delle Molucche, isole dell'Indonesia **B** **s. m. e f.** ● abitante o nativo delle isole Molucche

mòlva [vc. normanno-bretone (?) ✻ av. 1557] **s. f.** ● pesce osseo dei Gadiformi, con corpo quasi cilindrico e muso aguzzo (*Molva molva*)

momentàccio [pegg. di *momento* ✻ 1882] **s. m.** ● situazione sfavorevole, spec. economicamente: *per lui è proprio un m.* | contingenza poco opportuna: *son venuto in un brutto m.?* (G. VERGA)

momentàneo [vc. dotta, lat. tardo *momentāneu(m)*, da *momĕntum* 'momento' ✻ av. 1328] **agg.** **1** che ha breve o brevissima durata: *piacere, dolore m.; gioia momentanea* **SIN.** effimero, passeggero | (*ling.*) ***aspetto m.***, di azione vista in un momento del suo sviluppo **CONTR.** durativo **2** †che agisce rapidamente: *veleno m.* **3** (*ling.*) detto delle consonanti che comportano una chiusura completa seguita da una brusca apertura del canale orale, come le occlusive e le vibranti ‖ **momentaneaménte**, **avv.** in questo momento, al momento: *il capufficio è momentaneamente assente*

SFUMATURE ➤ ***breve***

momentìno [dim. di *momento* ✻ 1842] **s. m.** ● frazione brevissima di tempo: *Renzo si fermò un m. sulla riva* (A. MANZONI) | (*fam.*) ***un m.***, un poco: *abbiate un m. di pazienza*

♦**moménto** [lat. *momĕntu(m)*, da **movimĕntu(m)*, da *movēre* 'muovere'; il *momĕntum* è un 'piccolo spazio di tempo' ✻ av. 1292] **s. m.** (**pl.** *-i*, †*momenta*, **f.**) **1** minima frazione di tempo: *durare un m.; aspetta un m., per favore; in un m. la casa è crollata; fammi felice per un m. di tempo* (G. LEOPARDI) | (*fig.*) ***non vedere il m. di***, essere impaziente | ***da un m. all'altro***, molto presto: *deve arrivare da un m. all'altro*; improvvisamente, inopinatamente: *ha cambiato idea da un m. all'altro* | ***non stare fermo, quieto un m.***, muoversi o agitarsi continuamente | ***arrivare all'ultimo m.***, con molto ritardo | ***gli ultimi momenti***, gli ultimi istanti di vita | ***gloria, piacere di un m.***, effimeri | ***di m. in m.***, in rapida successione; prestissimo | ***al m. di***, nell'istante in cui, sul punto di | ***per il m., al m.***, per ora, ora come ora: *al m. non ne abbiamo notizia* | ***a momenti***, tra poco: *sarà qui a momenti*; per poco: *a momenti cadevo* | ***tutti i momenti***, sempre, continuamente | ***ciò che occorre al m.***, nell'urgenza del caso | ***un m.!***, detto pregando o comandando di attendere | ***fino a questo m.***, fino a ora | ***al primo m.***, dapprima | ***sul m.***, immediatamente; lì per lì: *sul m. non seppi che cosa rispondere* | ***l'uomo, il fatto del m.***, di cui si parla ovunque | ***i bisogni, le esigenze del m.***, di oggi | ***l'entusiasmo del m.***, intenso ed effimero | ***dal m. che***, dato che **SIN.** attimo, istante **2** contingenza, congiuntura: *mi trovo in un m. difficile, felice, favorevole, problematico; sono brutti* *momenti per tutti; passato questo m. di crisi, molte cose miglioreranno* **3** occasione: *capitare nel m. buono; saper cogliere il m. opportuno, favorevole; è il tuo m.; è il m. di agire* | ***m. sì, m. no***, (**colloq.**) situazione particolarmente positiva o negativa | ***m. magico***, quello particolarmente favorevole e significativo, spesso irripetibile: *la squadra sta vivendo il suo m. magico* **4** (**lett.**) peso, importanza, rilievo: *cosa di poco m.; le cose di maggiore m. non senza il parere suo si deliberavano* (F. GUICCIARDINI) | †***di molto m.***, di grande importanza **5** (**fam.**) poco: *abbiate un m. di pazienza, per favore* **6** (**fis.**) ***m. di una forza rispetto a un punto***, prodotto della forza per il braccio, cioè per la distanza della sua retta d'azione dal punto | ***m. di una coppia***, prodotto dell'intensità di una delle forze della coppia per il braccio | ***m. angolare***, il prodotto della quantità di moto di un corpo in rotazione per la distanza tra il corpo e il centro di rotazione | ***m. d'inerzia***, in un sistema di punti materiali ruotanti attorno a un asse, somma dei prodotti della massa di ciascun punto per il quadrato della sua distanza dall'asse; indica la tendenza del sistema a non modificare la propria velocità di rotazione per effetto dell'applicazione di una coppia | ***m. magnetico***, grandezza che caratterizza le proprietà magnetiche dei corpi | ***m. di rotazione***, momento di coppie di forze esterne rispetto a un punto o a un asse fisso, che provoca la rotazione di un corpo **7** ***m. musicale***, breve composizione pianistica: *i Momenti musicali di Schubert* **8** (**stat.**) ***m. ennesimo***, in una distribuzione statistica, media aritmetica delle potenze di ordine *n* degli scarti dei valori dalla media aritmetica | ***m. secondo***, varianza ‖ **momentàccio**, **pegg.** (V.) | **momentìno**, **dim.** (V.)

mómmo [vc. infant. ✻ 1734] **s. m.** ● (**tosc.**) cosa da bere, da succhiare | (**scherz.**) vino

móna① [prob. vc. di orig. gr. ✻ 1534] **A s. f.** ● (**volg.**, **sett.**) organo genitale femminile | (**fig.**) ***andare, mandare in m.***, andare, mandare al diavolo ‖ **monìna**, **dim.** **B s. m. inv.** ● (**fig.**) idiota, babbeo

†**móna**② (o **-ò-**) ➤ †**monna**②

mònaca① [vc. dotta, lat. eccl. *mŏnacha(m)*. V. *monaco*① ✻ 1279] **s. f.** ● religiosa che professa le regole e gli statuti di qualche ordine approvato dalla Chiesa: *m. benedettina, clarissa* **SIN.** suora ‖ **monacèlla**, **monachèlla**, **dim.** (V.) | **monachétta**, **dim.** | **monachìna**, **dim.** (V.) | **monacùccia**, **dim.**

mònaca② [V. *monaco*② ✻ 1983] **s. f.** ● (**tosc.**) scaldaletto **SIN.** monaco, prete

mònaca③ [etim. incerta ✻ 1869] **s. f.** ● (**disus.**) vacca sterile per ermafroditismo o per essere nata da un parto gemellare

mònaca④ [dal colore delle ali che ricorda quello dell'abito di una *monaca* ✻ 1978] **s. f.** ● farfalla notturna il cui bruco è dannosissimo a molti alberi, soprattutto alle conifere (*Lymanthria monacha*) | ***m. di mare***, foca monaca

mònaca⑤ [dal colore che ricorda quello dell'abito di una *monaca* ✻ 1834] **s. f.** ● (**zool.**) smergo

♦**monacàle** [vc. dotta, lat. mediev. *monachāle(m)*, da *mŏnachus* 'monaco①' ✻ av. 1328] **agg.** **1** di monaco o di monaca: *abito m.* **2** (**fig.**) caratterizzato da una semplicità austera: *condurre una vita m.* ‖ **monacalménte**, **avv.**

monacàndo [da *monaca(re)*, con il suff. *-ando* ✻ 1623] **s. m.** (**f.** *-a*) ● chi è in procinto di monacarsi

monacànto [comp. del gr. *mónos* 'uno' (V. *mono-*) e *ákantha* 'spina', di etim. incerta ✻ 1934] **s. m.** ● pesce litoraneo di mari tropicali che ha la prima pinna dorsale trasformata in spina (*Monacanthus ciliatus*)

monacàre [da *monaca*① ✻ 1260] **A v. tr.** (*io mònaco, tu mònachi*) ● (**raro**) fare monaca: *m. una ragazza* **B monacàrsi v. rifl.** ● farsi monaca o monaco

monacàto [vc. dotta, lat. tardo *monachātu(m)*, da *mŏnachus* 'monaco①' ✻ sec. XIV] **s. m.** **1** stato monastico **2** l'insieme dei monaci o delle monache

monacazióne [da *monacato* ✻ sec. XIII] **s. f.** ● cerimonia dell'essere ammessi a far parte di un ordine monastico

monàcchia [sovrapposizione di *cornacchia* a un deriv. del lat. *monēdula* 'gazza', di etim. incerta (?) ✻ av. 1440] **s. f.** ● (**centr.**) corvo

monacèlla o **monachèlla** [1353] **s. f.** **1** dim. di *monaca*① **2** agganciatura per orecchini composta di un filo d'oro da infilare nel lobo dell'orecchio e da una levetta a molla per chiusura

monacènse o **monachése** (o **-ṣ-**) [da *Monaco* (di Baviera) con il suff. *-ense* ✻ 1860] **A agg.** ● (**lett.**) della città di Monaco di Baviera **B s. m. e f.** ● (**lett.**) abitante o nativo di Monaco di Baviera

monachèlla① [dal colore che ricorda quello dell'abito di una *monaca* ✻ 1561] **s. f.** ● passeriforme bianco con coda e ali nere (*Oenanthe hispanica*)

monachèlla② [dalla posizione delle zampe anteriori per cui sembra pregare come una *monaca* ✻ av. 1730] **s. f.** ● (**zool.**) mantide religiosa

monachése (o **-ṣ-**) ➤ **monacense**

monachéṣimo o (**raro**) **monachìṣmo** [da *monaco*① ✻ 1584] **s. m.** ● fenomeno comune a molte religioni, per cui taluni individui si ritirano dalla vita sociale per cercare la realizzazione di un ideale di perfezione ascetica, andando a vivere in piena solitudine o in piccole comunità: *m. buddista, cristiano* | l'insieme delle istituzioni monastiche, delle loro regole, della loro storia: *il m. occidentale*

monachétto [1681] **s. m.** **1** dim. di *monaco*① **2** (**fig.**, **al pl.**) faville, monachine **3** elemento sporgente in cui entra il saliscendi di una porta **SIN.** nasello, nasetto **4** (**mar.**, **disus.**) piccola bitta, solidamente sistemata in coperta, per darvi volta a cime e cavi di non grande spessore

monachìcchio [vc. merid., da *monaco*①, per il cappuccio con cui viene immaginato, col suff. *-icchio* ✻ 1945] **s. m.** ● (**merid.**) folletto scherzoso e dispettoso

†**monachìle** [sec. XIV] **agg.** ● monacale

monachìna [nel sign. 3 forse per la somiglianza con le monache che si affrettano nei corridoi ciascuna col suo lume in mano; nel sign. 4, per la somiglianza col copricapo di certi ordini di suore; nel sign. 5, perché fatto dalle monache; nel sign. 6, dal colore che ricorda quello dell'abito di una monaca ✻ av. 1590] **s. f.** **1** dim. di *monaca*① **2** (**fig.**, **spreg.**, **raro**) santarellina **3** (**fig.**, **al pl.**) faville: *il cielo formicolava di stelle, che parevano le monachine quando corrono sul fondo nero della padella* (G. VERGA) **4** cappello di paglia di Firenze a tesa molto larga e morbida **5** dolce con panna, tipico di Napoli **6** (**zool.**) avocetta

monachìno [da *monaco*①; nei sign. A, B2 e B3, per il colore che ricorda quello dell'abito di un ordine di monache ✻ 1353] **A agg.** ● †di colore scuro, tendente al rosso: *panno m.* **B s. m.** **1** dim. di *monaco*① | giovane monaco **2** †ecchimosi, lividura **3** (**zool.**) ciuffolotto

monachìṣmo ➤ **monachesimo**

♦**mònaco**① [vc. dotta, lat. tardo *mŏnachu(m)*, dal gr. *monachós* 'unico', poi 'monaco', da *mónos* 'solo' (V. *mono-*) ✻ 1279] **s. m.** (**pl.** *-ci*, †*-chi*) ● chi si consacra a Dio dedicandosi alla preghiera nella solitudine o in una comunità religiosa, praticando l'ascesi e la contemplazione: *m. buddista, cattolico* | (**generic.**) frate | ***farsi m.***, entrare in un ordine, pronunciandone i voti ‖ **monacèllo**, **monachèllo**, **dim.** | **monachétto**, **dim.** (V.) | **monachìno**, **dim.** (V.) | **monacùccio**, **dim.**

mònaco② [da *monaco*① perché fa un'azione buona riscaldando il letto (?) ✻ 1925] **s. m.** (**pl.** *-ci*) ● scaldaletto **SIN.** monaca, prete

mònaco③ [detto così perché isolato come un *monaco* (?) ✻ 1550] **s. m.** (**pl.** *-ci*) ● (**archit.**) asta verticale incastrata fra i due puntoni al vertice della capriata tradizionale in legno

mònade [lat. tardo *mŏnade(m)*, nom. *mŏnas*, dal gr. *monás*, da *mónos* 'unico'. V. *mono-* ✻ 1525] **s. f.** ● (**filos.**) presso i pitagorici, unità che è il principio delle cose materiali e spirituali | per Leibniz, sostanza semplice, indivisibile, inestesa e di natura spirituale che costituisce l'elemento ultimo delle cose

monadèlfia [da *monadelfo* ✻ 1813] **s. f.** ● (**bot.**) nella classificazione linneana, classe di vegetali che comprendeva le piante con fiori a stami saldati

monadèlfo [comp. di *mono-* e del gr. *adelphós* 'fratello' ✻ 1834] **agg.** ● (**bot.**) detto di fiore con stami riuniti in un fascetto unico

monàdico [1843] **agg.** (**pl. m.** *-ci*) **1** (**filos.**) relativo alla monade, alle monadi **2** in logica matematica, detto di predicato riferibile a singoli individui

monadìṣmo [comp. di *monade* e *-ismo* ✻ 1905] **s. m.** ● qualsiasi dottrina filosofica che concepisce il mondo come costituito da una pluralità di monadi

monadìsta [1869] **s. m. e f.** (**pl. m.** *-i*) ● chi, in opposizione all'atomismo democriteo, segue o sostiene il monadismo

monadologìa [comp. di *monade* e *-logia* ✻ av. 1852] **s. f.** (**pl.** *-gìe*) ● la dottrina filosofica delle monadi, così come fu esposta da G. W. Leibniz (1646-1716)

monàndria [vc. dotta, gr. *monandría*, da *mónandros*. V. *monandro* ✻ 1813] **s. f.** ● (**bot.**) nella classificazione linneana, classe di vegetali comprendente le piante monandre

monàndro [vc. dotta, gr. *mónandros* 'che ha un solo marito', comp. di *mónos* 'mono-' e *anḗr*, genit. *andrós* 'uomo', in botanica 'stame' ✻ 1821] **agg.** ● (**bot.**) detto di pianta con fiori a un solo stame

monantèro [comp. di *mono-* e *antera* ✻ 1978] **agg.** ● (**bot.**) detto di stame con una sola antera

monàrca [vc. dotta, gr. *monárchēs*, comp. di *mónos* 'mono-' e *árchein* 'comandare' ✻ 1304] **s. m. e f.** (**f. anche** *monarchéssa*, **scherz.**; **pl. m.** *-chi*) ● capo di uno Stato retto a monarchia | sovrano, re, imperatore | ***l'Eterno M.***, Dio

†**monarcàle** [1342] **agg.** ● monarchico

monarcàto [sec. XV] **s. m.** **1** (**lett.**) monarchia **2** †regno

monarchésco [1765] **agg.** (**pl. m.** *-schi*) ● (**lett.**, **spreg.**) da monarca

monarchìa [vc. dotta, lat. *monărchia(m)*, dal gr. *monarchía*, comp. di *mónos* 'mono-' e *-archía* '-archia' ✻ 1308] **s. f.** ● regime politico in cui il potere è accentrato nelle mani di una sola persona, che lo riceve gener. per via ereditaria e lo detiene a vita | ***m. assoluta***, che accentra ogni potere nelle mani del monarca | ***m. costituzionale***, in cui il potere sovrano appartiene al monarca e ad altri organi rappresentativi dei sudditi

monarchianìṣmo [dal gr. *monarchía(n)* nel senso etim. di 'comando di uno solo (*mónos*)' ✻ 1929] **s. m.** ● (**relig.**) corrente del pensiero cristiano antico incentrata sull'affermazione dell'unità di Dio contro la distinzione delle tre persone

m

monàrchico [vc. dotta, gr. *monarchikós*, da *monarchía* 'monarchia' ✱ av. 1610] **A** **agg.** (**pl. m.** *-ci*) **1** della monarchia: *regime m.* **2** che sostiene, favorisce la monarchia: *partito m.* **3** che è retto a monarchia: *Stato m.* ‖ **monarchicaménte**, **avv.** in modo monarchico, in forma monarchica **B** **s. m.** (**f.** *-a*) **1** sostenitore della monarchia **2** iscritto a un partito monarchico

monarchìșmo [fr. *monarchisme*, da *monarchie* 'monarchia' ✱ av. 1801] **s. m.** ● (*raro*) teoria e atteggiamento politico di chi è favorevole alle istituzioni monarchiche

monarcòmaco [comp. del gr. *mónarchos* 'monarca' e *-machos*, da *máchesthai* 'combattere' (V. *gigantomachia*) ✱ 1765] **agg. e s. m.** (**pl. m.** *-chi*) ● (*raro, lett.*) che (o chi), spec. in àmbito protestante, nei secc. XVI-XVII si opponeva alle monarchie assolute | (*est., lett.*) oppositore della monarchia

monarmònico [comp. di *mono-* e *armonico* ✱ av. 1647] **agg.** (**pl. m.** *-ci*) ● di strumento che rende una sola armonia e tono

monàșa [etim. incerta ✱ 1875] **s. f.** ● uccelletto brasiliano dei Passeriformi (*Monasa fusca*)

monasteriàle [vc. dotta, lat. tardo *monasteriāle(m)*, da *monastērium* 'monastero' ✱ 1673] **agg.** ● (*raro*) di monastero, relativo a monastero

monastèro o †**monastèrio**, †**monistèro**, †**monistèrio**, †**munistèro**, †**munistèrio** [vc. dotta, lat. tardo *monastēriu(m)*, dal gr. *monastḗrion*, da *monastḗs* 'monaco①', da *monázein* 'vivere da solo', da *mónos*. V. *mono-* ✱ 1231] **s. m.** **1** edificio o insieme di edifici in cui vive una comunità religiosa cattolica di monaci o di monache | (*est.*) la comunità che vi risiede | (*est.*) convento di frati o suore **2** (*raro*) edificio di una comunità non cristiana: *m. tibetano* | †dimora di un anacoreta **3** (*lett., fig.*) condizione di isolamento

monàstico [vc. dotta, lat. tardo *monăsticu(m)*, dal gr. *monastikós*, da *monastḗs* 'monaco'. V. *monastero* ✱ av. 1342] **agg.** (**pl. m.** *-ci*) **1** di monaco o monaca | che concerne un monastero: *regola monastica; beni monastici* **2** (*est.*) di austera semplicità: *abbigliamento, stile m.* | ***vita monastica***, (*fig.*) ritiratissima ‖ **monasticaménte**, **avv.** (*raro*) in modo monastico

monàtto [vc. milan. di etim. incerta ✱ av. 1584] **s. m.** ● addetto al trasporto dei malati e dei morti, ai tempi delle epidemie di peste

monàulo [vc. dotta, lat. *monăulu(m)*, dal gr. *mónaulos* 'flauto semplice', comp. di *mónos* 'mono-' e *aulós* 'flauto' (V. *aulete*) ✱ 1562] **s. m.** ● (*mus.*) tibia semplice, strumento della famiglia dei flauti e delle siringhe in uso spec. ad Alessandria nel periodo ellenistico

monaẓite [comp. del gr. *monázein* 'stare solo', da *mónos* 'solo' (V. *mono-*) e *-ite②*; detta così perché minerale raro ✱ 1934] **s. f.** ● (*miner.*) fosfato di cerio in cristalli prismatici monoclini di colore bruno-giallastro

†**moncàre** [da *monco* ✱ av. 1494] **v. tr.** ● (*raro, lett.*) mozzare: *monca il manco braccio e tutto 'l scuto* (M.M. BOIARDO)

moncherìno [da *monco* ✱ sec. XIII] **s. m.** **1** braccio cui siano stati asportati traumaticamente o chirurgicamente la mano o l'avambraccio **2** (*raro, est.*) tronco di asta, bastone e sim. spezzati

†**monchézza** [av. 1673] **s. f.** ● menomazione di chi è monco

mónco [sovrapposizione di *tronco* a *manco* ✱ 1313] **A** **agg.** (**pl. m.** *-chi*) **1** mozzato, troncato: *braccio m. della mano* **2** di persona priva di una o di entrambe le mani e braccia: *un uomo m. del braccio destro* **3** (*fig.*) mancante in parte, privo di completezza: *notizie, frasi monche* | ***libro m.***, incompleto **B** **s. m.** (**f.** *-a*) ● persona monca

moncóne [da *monco* ✱ 1481] **s. m.** **1** parte restante di un arto, dopo l'asportazione di una parte **2** ciò che resta di un oggetto troncato: *il manico s'è rotto e gli è rimasto in mano il m.*

mónda [da *mondare* ✱ 1918] **s. f.** ● (*sett.*) diserbaggio delle risaie

mondàbile [av. 1594] **agg.** ● che si può mondare

mondàna [f. sost. di *mondano* ✱ av. 1367] **s. f.** ● (*eufem., disus.*) prostituta

mondaneggiàre [1950] **v. intr.** (**pres.** *io mondanéggio*; **fut.** *io mondaneggerò*; **aus.** *avere*) ● (*raro*) condurre vita mondana | (*est.*) ostentare atteggiamenti in uso nel bel mondo

mondanità [1524] **s. f. inv.** **1** (*raro*) caratteristica di ciò che è mondano **2** ciò che è mondano: *non amo le mondanità* | vita brillante tipica delle classi più agiate: *la sua norma di vita è l'opposto della m.* **3** il complesso degli appartenenti all'alta società: *era presente tutta la m. della capitale*

mondàno [vc. dotta, lat. *mundānu(m)*, da *mŭndus* 'mondo②' ✱ 1266] **A** **agg.** **1** (*lett.*) del mondo, inteso come parte dell'universo **2** del mondo, inteso come materialità: *felicità mondana; i piaceri mondani* **SIN.** terreno **CONTR.** spirituale **3** di persona frivola e gaudente: *ha degli amici alquanto mondani* | elegante, brillante, raffinato: *vita mondana; abitudini mondane* | (*est.*) tipico delle classi sociali più agiate: *una serata piuttosto mondana* ‖ **mondanaménte**, **avv.** in modo mondano; secondo le usanze e le esigenze del mondo: *vivere mondanamente* **B** **s. m.** (**f.** *-a* (**V.**)) **1** chi fa vita galante, di società: *i mondani dicono che è un ritrovo giù di moda* **2** †laico

SFUMATURE ➤ ***profano***

♦**mondàre** [lat. *mundāre*, da *mŭndus* 'mondo①' ✱ av. 1294] **A** **v. tr.** (*io móndo*) **1** privare qlco. della buccia, del guscio o della scorza: *m. la frutta prima di mangiarla; m. l'uovo sodo; una ingente quantità di piselli ... in attesa di essere mondata* (A.M. ORTESE) | ***m. dalla corteccia***, scortecciare | ***m. il grano***, separarlo dalla pula **2** (*tosc., lett.*) pulire, nettare: *m. le verdure prima di cuocerle* | (*fig., lett.*) purificare: *m. l'anima dal peccato* | ***m. il campo, la vigna e sim.***, toglierne le erbacce **B** **mondàrsi** **v. rifl.** ● (*fig., lett.*) purificarsi: *O creatura che ti mondi / per tornar bella a colui che ti fece* (DANTE *Purg.* XVI, 31-32)

mondarìso [comp. di *monda(re)* e *riso* ✱ 1905] **s. f. e m. inv.** ● chi lavora alla monda del riso

mondatóio [da *mondare* ✱ 1958] **s. m.** (**pl.** *-ói*) ● (*agric.*) apparecchio per la sfogliatura e la cernita delle olive

mondatóre [vc. dotta, lat. tardo *mundatōre(m)*, da *mundāre* 'mondare' ✱ av. 1320] **agg. e s. m.** (**f.** *-trice*) ● che (o chi) monda (*anche fig.*)

mondatùra [1293] **s. f.** **1** operazione, lavoro del mondare: *procedere alla m. delle piantagioni* **2** ciò che si toglie e si getta dopo aver mondato qlco.: *la m. della frutta* | ***la m. del grano***, pula

†**mondazióne** [vc. dotta, lat. tardo *mundatiōne(m)*, da *mundāre* 'mondare' ✱ sec. XIV] **s. f.** ● il mondare | (*fig.*) purificazione, espiazione

mondézza① o (*raro*) **mondizia**, †**mundizia** [dal lat. *mundĭtia(m)*, da *mŭndus* 'mondo①' ✱ 1306] **s. f.** ● (*lett.*) pulizia | (*fig.*) purezza

mondézza② o (*roman.*) **monnézza** [da *im(mondezza)* ✱ av. 1556] **s. f.** ● (*centr., merid.*) sporcizia, spazzatura

mondezzàio o **mondezzàro**, (*roman.*) **monnezzàro** nel sign. 3 [da *mondezza②* ✱ 1598] **s. m.** (**pl.** *-ai*) **1** luogo dove si getta la spazzatura | ammasso di sudiciume **2** (*fig., disus.*) insieme di cose o persone spregevoli **3** (**f.** *-aia*) (*roman.*) netturbino

♦**mondiàle** [vc. dotta, lat. tardo *mundiāle(m)* 'mondano', da *mŭndus* 'mondo②' ✱ 1308] **agg.** **1** del mondo, di tutti o quasi tutte le nazioni del mondo: *guerra m.* | ***fama m.***, pressoché universale | ***campionato m.***, ***campionati mondiali***, o (*ellitt.*) ***il m.***, ***i mondiali***, gara o complesso di gare di un determinato sport a cui partecipano atleti o squadre di varie nazioni per la conquista del titolo di campione del mondo **2** (*fig., iperb.*) eccezionale, straordinario: *una trovata m.* ‖ **mondialménte**, **avv.** in tutto il mondo: *uno studioso mondialmente noto* ‖ **mondialità**, **s. f. inv.** carattere globale e multiculturale del mondo contemporaneo

mondialìșmo [da *mondiale* ✱ 1963] **s. m.** ● tendenza ad affrontare i problemi politici, sociali e culturali in una prospettiva che comprende le nazioni del mondo nel loro complesso e non soltanto una o alcune di esse

mondialista [1885] **A** **s. m. e f.** (**pl. m.** *-i*) ● chi è fautore del mondialismo **B** **agg.** ● mondialistico

mondialìstico [1978] **agg.** (**pl. m.** *-ci*) ● del mondialismo | ispirato al mondialismo: *politica estera di tipo m.*

mondialiẓẓàre [da *mondiale* ✱ 1971] **A** **v. tr.** ● diffondere, estendere su scala mondiale: *m. un conflitto, una crisi economica* **B** **mondialiẓẓàrsi** **v. intr. pron.** ● estendersi su scala mondiale ‖ **mondialiẓẓazióne**, **s. f.** (V.)

mondialiẓẓazióne [1985] **s. f.** ● situazione per cui i grandi problemi politici, sociali, economici e sim. vengono a investire il mondo intero, rendendo quindi necessaria una loro risoluzione a livello mondiale

†**mondificàre** [vc. dotta, lat. tardo *mundificāre*, comp. di *mŭndus* 'mondo①' e *-ficāre* '-ficare' ✱ sec. XIII] **A** **v. tr.** ● purificare, nettare, pulire **B** **mondificàrsi** **v. rifl.** ● †purificarsi (*spec. fig.*) ‖ †**mondificazióne**, **s. f.**

†**mondificatìvo** [da *mondificare* ✱ sec. XIV] **agg.** ● che ha virtù di purgare, detergere

mondìglia [da *mondare* ✱ 1313] **s. f.** ● ciò che resta dopo aver mondato qlco.: *spazzare la m. delle castagne* | (*est.*) scorie

mondìna① [da *mondare* ✱ 1908] **s. f.** (*raro* **m.** *-o*) ● operaia che fa la monda nelle risaie **SIN.** mondariso

mondìna② [da *mondare* ✱ 1863] **s. f.** ● (*tosc.*) castagna mondata e poi lessata

mondìzia ➤ **mondezza①**

móndo① [vc. dotta, lat. *mŭndu(m)* di etim. incerta ✱ 1268] **agg.** **1** (*tosc.*) spogliato del guscio o della corteccia: *pere monde* | ripulito: *verdura monda* **2** (*fig., lett.*) privo di peccato, mondato d'ogni macchia: *anima, coscienza monda* **SIN.** puro **3** †limpido: *acque monde* | †non manipolato: *vino m.* ‖ **mondaménte**, **avv.** (*raro*) in modo puro, limpido

♦**móndo②** [lat. *mŭndu(m)*, da *mŭndus* 'ordinato' (V. *mondo①*) ✱ sec. XII] **s. m.** (**pl.** *-i*, †*móndora*, **f.**) **I** inteso in senso astronomico e geografico **1** cosmo, universo: *è gran dubio se 'l m. fu fatto di nulla o delle rovine d'altri mondi o del caos* (T. CAMPANELLA) **CFR.** cosmo-, -cosmo | ***la fine del m.***, secondo alcune religioni e teorie scientifiche e filosofiche, la rottura dell'ordine cosmico, che porrebbe fine all'esistenza della Terra; (*fig.*) situazione di estremo disordine, confusione e sim.; (*fam., iperb.*) cosa bellissima, eccezionale: *quella collana è la fine del m.!* | ***non è la fine del m.***, (*fig.*) non è un male irreparabile | ***da che***

a b c d e f g h i j k l **m** n o p q r s t u v w x y z

m. è m., da sempre | ***caschi, cascasse il mondo***, in ogni caso, qualunque cosa accada **2** (*spec. lett.*) corpo celeste: *mondi lontanissimi e sconosciuti; vide / sotto l'etereo padiglion rotarsi / più mondi, e il sole irradiarli immoto* (U. Foscolo) | (*fig.*) ***vivere nel m. della luna***, fuori dalla realtà **3** la Terra: *fare il giro del m.* | ***in capo al m.***, lontanissimo | ***come è piccolo il m.!***, si dice incontrando qlcu. che si credeva lontano o difficilmente rintracciabile | ***girare, vedere, conoscere mezzo m.***, viaggiare molto | ***il m. è grande***, c'è posto per tutti | (*fig.*) ***crede d'essere il padrone del m.***, si dice di chi vuole imporre la propria volontà | ***il più bello, il più bravo, il migliore, il peggiore del m.***, di tutti | (*fig.*) ***nessuno al m.***, mai nessuno | (*fig.*) ***per tutto l'oro del m.***, a nessun costo | (*fig.*) ***essere fuori del m.***, essere distaccato dalla realtà | (*est.*) zona, plaga, continente: *il m. conosciuto dagli antichi* | ***il Nuovo M.***, il continente americano | ***il M. Antico***, l'Asia, l'Africa e l'Europa | (*polit.*) ***il Terzo M.***, V. *terzo* | (*polit.*) ***il Quarto M.***, V. *quarto* | **PROV.** ***il m. non fu fatto in un giorno***, V. *giorno*; ***il m. è bello perché è vario***, V. *vario* **4** una delle figure nel gioco dei tarocchi **II** inteso come sede della vita **1** complesso organizzato di elementi che accolgono, determinano o rendono possibile la vita in genere o una particolare forma di essa: *questo nostro m.*; *il m. in cui viviamo*; *l'inesplorato m. degli abissi marini* | ***il m. dell'al di là, delle ombre*** e sim., la sede della vita ultraterrena | ***l'altro m.***, quello che ci attende dopo la morte, contrapposto a quello in cui viviamo | ***cose dell'altro m.***, (*fig.*) straordinarie, incredibili, assurde **2** insieme di esseri di una stessa specie o di specie diverse: *il m. vegetale, minerale, animale*; *il meraviglioso m. delle api* **III** inteso come sede del genere umano **1** la totalità degli uomini, il consorzio umano: *le lodi, il biasimo del m.*; *non preoccuparsi del m.*; *far ridere il m.*; *dare esempio a tutto il m.*; *si empie facilmente el m. di opinioni erronee e vane* (F. Guicciardini) | ***il m. presente***, l'umanità d'oggi | ***il m. civile***, gli uomini che vivono civilmente | ***il gran, il bel m.***, l'alta società **2** la vita umana: *questo m. gramo, amaro, doloroso* | ***dare, mettere al m.***, far nascere | ***venire al m.***, nascere | ***togliere dal m., dalla scena del m.***, far morire | ***lasciare il m.***, morire | (*fig.*) ***saper stare al m.***, sapersi abilmente destreggiare fra le difficoltà della vita | ***tornare al m.***, (*fig.*) rinascere **3** la società umana: *avere esperienza del m.*; *così va il m.* | ***uomo, donna di m.***, che ha molta esperienza della vita | ***trovarsi in un m. nuovo***, in un ambiente diverso da quello solito | ***il m. d'oggi***, il presente | ***prendere il m. come viene***, sapersi adattare alla realtà | **PROV.** ***il m. è fatto a scale, chi le scende e chi le sale***, la vita è sempre un alternarsi fra chi guadagna e chi perde **4** (*lett.*) la mondanità, contrapposta alla vita di meditazione e di preghiera: *amare il m.* | ***fuggire dal m.***, entrare in convento | ***rinunciare al m.***, scegliere la vita conventuale, claustrale **5** civiltà e sue forme: *il m. romano*; *il m. classico*; *un pensatore che è estraneo al nostro m.* **6** ambiente sociale, civile, umano: *il m. politico, cristiano*; *il m. musicale, letterario*; *i riti invernali del m. contadino* | ceto, categoria: *il m. dei piccoli produttori* **7** complesso di un ordine di fatti, cose, idee, che hanno diretto rapporto con l'uomo: *m. reale, ideale, possibile, soprannaturale*; *il m. della poesia, dell'arte* | universo poetico, culturale, intellettuale: *il m. di Dante* | ***il m. interiore***, il complesso di idee e sentimenti che costituiscono la vita spirituale di un individuo **8** (*fig.*) grande quantità: *avere un m. di noie, brighe, guai, faccende, pensieri*; *c'era un m. di gente*; *ricevemmo un m. di cortesie* | ***mezzo m.***, (*fig., iperb.*) moltissima gente | ***un m.***, moltissimo: *si divertiva un m. a farlo arrabbiare* (L. Pirandello) **9** nelle loc. inter. ***m. cane!, m. birbone!, m. ladro!*** e sim., per esprimere disappunto, ira ‖ **mondàccio**, **pegg.**

mondoàldo ➤ **mundoaldo**

mondoviṣióne [comp. di *mondo*② e *(tele)visione* ✻ 1962] **s. f.** ● collegamento televisivo intercontinentale

mondụàldo ➤ **mundoaldo**

monegàsco [dalla forma del dialetto locale *munegascu*, da *Munegu* 'Monaco' col suff. -*asco* ✻ 1917] **A agg.** (**pl. m.** -*schi*) ● del Principato di Monaco **B s. m.** (**f.** -*a*) ● abitante o nativo del Principato di Monaco **C s. m. solo sing.** ● dialetto ligure parlato nel Principato di Monaco

monèl [da A. *Monell*, presidente della Canadian Copper Company ✻ 1934] **s. m. inv.** ● lega, con buona resistenza agli acidi, composta essenzialmente di nichel e di rame, usata per turbine a vapore, per tubi di condensatori, per recipienti e rivestimenti vari

monellerìa [1803] **s. f.** ● azione o comportamento da monello, da discolo **SIN.** malefatta

monellésco [av. 1704] **agg.** (**pl. m.** -*schi*) ● da monello: *comportamento m.* ‖ **monellescaménte**, **avv.**

♦**monèllo** [vc. espressiva di orig. gerg. ✻ 1534] **s. m.** (**f.** -*a*) **1** ragazzo di strada, chiassoso e indisciplinato: *le grida dei monelli* | (*est.*) ragazzo vivace, impertinente e birichino: *sei proprio un m.* **2** †briccone, malfattore ‖ **monellàccio**, **pegg.** | **monellino**, **dim.** | **monellùccio**, **dim.**

monèma [da *mono-*, sul modello di *fonema* ✻ 1965] **s. m.** (**pl.** -*i*) ● (*ling.*) la più piccola unità linguistica dotata di significato o di funzione grammaticale: *m. lessicale* (o *lessema*); *m. grammaticale* (o *morfema*)

Monère [vc. dotta, tratta dal gr. *monḗrēs* 'unico', 'singolo' ✻ 1866] **s. f. pl.** ● (*biol.*) nelle classificazioni degli esseri viventi, regno sistematico comprendente gli organismi procarioti (batteri)

monergòlo ➤ **monoergolo**

♦**monéta** [lat. *monēta(m)* 'zecca, moneta', dal tempio di *Jūno* ('Giunone') *Monēta* che serviva da zecca, di etim. discussa: di orig. fenicia (?) ✻ av. 1250] **s. f. 1** bene economico intermediario negli scambi quale misura di valore e mezzo di pagamento: *alcuni popoli primitivi usano conchiglie come m.* **2** disco di metallo coniato per le necessità degli scambi, che ha lega, titolo, peso e valore stabiliti | mezzo di pagamento garantito da uno Stato e consistente in biglietti di banca, monete metalliche, titoli di credito ecc. | ***m. debole***, quella il cui valore nominale è superiore a quello intrinseco o metallico | ***m. forte***, quella il cui valore nominale è inferiore a quello intrinseco o metallico | ***m. divisionaria***, sottomultiplo dell'unità monetaria | ***m. cartacea***, cartamoneta | ***m. a corso forzoso***, quella cartacea che non può essere convertita in oro | ***m. di conto, scritturale***, non coniata ma assunta come unità puramente contabile | ***m. legale***, quella le cui caratteristiche sono definite per legge e che conserva il carattere legale entro i limiti dello Stato che la emette | ***m. di necessità***, quella coniata irregolarmente nel corso di avvenimenti bellici o in periodi nei quali scarseggia il circolante | ***m. ossidionale***, V. *ossidionale* | ***m. contromarcata***, quella che sul diritto o sul rovescio porta una contromarca che ne cambia il valore o ne segnala l'autenticità | ***m. calda***, nel linguaggio giornalistico, capitali liquidi che vengono spostati velocemente da un paese all'altro (calco sull'ingl. *hot money*) | ***m. elettronica***, sistema di pagamento per mezzo di carta di credito e sim., senza trasferimento di banconote o assegni **3** (*est.*) complesso dei crediti, beni, depositi bancari, titoli di credito e sim. facilmente e sicuramente realizzabili sotto forma di denaro **4** correntemente, soldi, denaro | ***pagare in m. sonante***, in contanti | ***prendere qlco. per buona m., per m. contante***, (*fig.*) accettare per vero | ***fare m. falsa per qlco.***, (*fig.*) essere disposto anche ad azioni disoneste pur di riuscire nel proprio intento | ***pagare qlcu. con la sua stessa m.***, (*fig.*) rendergli ciò che si merita, trattarlo come ci ha trattato **5** denaro spicciolo: *non ho m. per darle il resto*; *può darmi degli euro in m.?* **6** †zecca ‖ **monetàccia**, **pegg.** | **monetina**, **dim.** (V.) | **monetóna**, **accr.** | **monetóne**, **accr. m.** | **monetùccia**, **monetùzza**, **dim.**

NOMENCLATURA

moneta

● *caratteristiche*: metallica, cartacea; falsa = contraffatta, spicciola, contante = corrente, sonante, liquida, effettiva; di riserva, di necessità, convertibile, nazionale, estera, legale ⇔ abusiva, immaginaria = ideale = di conto ⇔ reale, forte ⇔ debole, svalutata, deprezzata, buona ⇔ cattiva, perfetta ⇔ imperfetta, divisionaria, fiduciaria, di grosso taglio ⇔ di piccolo taglio; in circolazione, privata = consuetudinaria, di base;

● *parti della moneta*: esergo, leggenda, campo, granitura, perline, effigie, modulo, contorno, diritto = recto ⇔ rovescio = verso;

● *produzione e circolazione della moneta*: tondello = tondino, conio, controconio, coniatura = coniazione, torsello, zigrinatura; zecca, emissione, istituto di emissione, circolazione, corso (legale ⇔ forzoso); valore (intrinseco, estrinseco, commerciale); disaggio; demonetizzazione, signoraggio, potere d'acquisto, deflazione ⇔ inflazione (endogena ⇔ esogena), slittamento, svalutazione, svalutazione mascherata, valuta dumping; unione monetaria, sistema monetario (a cambio aureo, a carta moneta inconvertibile), riserva aurea, unità monetaria; cambio (corrente = del giorno, vantaggioso ⇔ svantaggioso, favorevole ⇔ sfavorevole, diretto ⇔ indiretto, certo = fisso ⇔ incerto = variabile, fluttuante, ufficiale ⇔ libero, esterno ⇔ interno, fuori mercato = parallelo; sotto la pari ⇔ sopra la pari), aggio, ancoraggio, apprezzamento, deprezzamento, adeguamento, allineamento; carta moneta, carta valori, banconota = biglietto di banca; moneta elettronica = carta di credito, moneta calda; petrodollaro; denaro, soldi, quattrini, grana, conquibus, peculio, pecunia, palanche, bezzi, sghei; somma, ammontare, cifra, importo; malloppo, gruzzolo, mancia; mazzetta, bustarella, tangente, fondi neri, denaro sporco, riciclato; obolo, offerta, elemosina, carità.

monetàbile [av. 1776] **agg. 1** che si può monetare **2** (*est.*) che si può valutare in moneta, cioè in denaro

monetàggio [1558] **s. m.** ● l'insieme dei costi relativi alla produzione e alla distribuzione della moneta

monetàle [vc. dotta, lat. *monetāle(m)*, da *monēta* 'moneta' ✻ 1775] **agg.** ● di moneta, relativo a moneta

monetàre [da *moneta* ✻ sec. XIV] **v. tr.** (*io monéto*) ● trasformare in moneta un metallo e sim., dandogli la forma e il valore stabiliti: *m. l'oro, la carta filigranata*

monetàrio① [da *moneta* ✻ 1720] **agg.** ● di moneta, relativo alla moneta: *un grave problema m.* | ***circolazione monetaria***, complesso di mezzi di pagamento esistenti in un dato momento in un paese

†**monetàrio**② [vc. dotta, lat. tardo *monetāriu(m)*, da *monēta* 'moneta' ✻ av. 1536] **s. m.** ● monetiere

monetarịṣmo [da *monetario*① ✻ 1956] **s.**

m. ● (*econ.*) teoria secondo cui la moneta svolge, rispetto ad altri strumenti di politica economica, una funzione essenziale nel determinare le fluttuazioni economiche, spec. per evitare situazioni di inflazione o deflazione

monetarìsta [1979] **s. m. e f.** (**pl. m.** *-i*) ● chi sostiene il monetarismo

monetarìstico [1979] **agg.** (**pl. m.** *-ci*) ● relativo al monetarismo

monetàto **part. pass.** di *monetare*; anche **agg.** **1** nel sign. del v. **2** ***oro m., carta monetata***, cui è stato attribuito valore di moneta

monetazióne [da *monetare* ✱ av. 1776] **s. f.** ● fabbricazione della moneta

monetière [av. 1347] **s. m.** **1** †coniatore di monete | (*est.*) †falsificatore di monete **2** mobile a cassetti per conservare monete e medaglie

monetìna [av. 1694] **s. f.** **1** dim. di *moneta* **2** quella che l'arbitro di una partita di calcio lancia in aria prima dell'inizio dell'incontro per la scelta del campo e l'assegnazione del calcio d'inizio

monetiẓẓàbile [1992] **agg.** **1** di attività o bene trasformabili in moneta con la vendita: *obbligazioni facilmente monetizzabili* | (*fig.*) di ciò che può essere scambiato con denaro: *la sicurezza sul lavoro non è m.* **2** che può essere valutato nel suo equivalente in denaro: *danno difficilmente m.* ‖ **monetiẓẓabilità**, **s. f. inv.**

monetiẓẓàre [fr. *monétiser*, dal lat. *monēta* 'moneta' ✱ av. 1861] **v. tr.** **1** valutare un bene nel suo equivalente in denaro **2** realizzare sotto forma di denaro contante crediti, beni e sim. ‖ **monetiẓẓazióne**, **s. f.**

money /'mani, *ingl.* 'mʌnɪ/ [vc. ingl., propr. 'denaro' ✱ 1984] **s. m. inv.** ● denaro | nella loc. sost. m. inv. ***m. exchange***, cambio di valuta; anche, locale dove si svolge questa attività | nella loc. sost. m. inv. ***m. transfer***, servizio che consente di spedire e ricevere denaro in tutto il mondo | nella loc. sost. m. e f. inv. ***m. manager***, chi in un'azienda o per conto di terzi gestisce ingenti somme di denaro

monferrìna [da *monferrino* ✱ 1802] **s. f.** ● ballo tradizionale piemontese, costituito da una sestupla di crome a movimento vivace

monferrìno [1548] **A** **agg.** ● del Monferrato **B** **s. m.** (**f.** *-a* (V.)) ● abitante o nativo del Monferrato

mongolfièra [fr. *montgolfière*, dal n. dei fratelli *Montgolfier* che la inventarono nel 1782 ✱ 1812] **s. f.** ● pallone aerostatico dotato di una larga apertura inferiore sostentato dall'aria calda contenuta nel suo interno, prodotta un tempo da un fuoco che veniva acceso sotto l'apertura e oggi da un bruciatore a gas

mongòlia [dal n. della regione della *Mongolia* ✱ 1973] **s. f.** ● pelliccia di montone o agnello orientale a pelo folto e molto riccio

mongòlico [1843] **agg.** (**pl. m.** *-ci*) **1** relativo ai Mongoli e alla Mongolia: *lingue mongoliche* **2** (*est.*) che ha caratteristiche simili a quelle dei Mongoli: *occhi mongolici*

mongòlide o **mongolide** [1941] **agg. e s. m. e f.** **1** appartenente o relativo a un ceppo formato da Tungusi, Cinesi e Sudmongolici **2** (*med.*) mongoloide

mongolìṣmo [così detto perché tale sindrome conferisce un aspetto che ricorda quello dei *Mongoli* ✱ 1907] **s. m.** ● (*med.*) termine desueto per indicare la sindrome di Down

mòngolo [dal mongolo *mongol*, in orig. n. di una piccola tribù ✱ 1787] **A** **agg. e s. m.** (**f.** *-a*) ● appartenente a popolazioni dell'Asia Centrale con caratteristiche razziali comuni: *il gran Lama dei Mongoli*; *l'invasione dei Mongoli in Europa* | (*cucina*) ***pentola*** (o ***fonduta***) ***mongola***, specialità della Cina settentrionale simile alla fondue bourguignonne, a base di carne, pesce o verdura fatti bollire dentro una speciale marmitta in brodo di pollo o acqua e conditi con vari tipi di salsa **B** **s. m. solo sing.** ● lingua della famiglia altaica parlata dai Mongoli

mongolòide [comp. di *mongolo* e *-oide* ✱ 1895] **A** **agg.**; anche **s. m. e f.** ● detto di gruppo umano che si ritiene originario della Mongolia i cui individui presentano caratteri quali capelli dritti, naso leggermente largo, pelle giallo-bruna | appartenente al ramo mongoloide CFR. europoide **B** **agg.**; anche **s. m. e f.** ● che (o chi) è affetto da mongolismo

mongoloidìṣmo [1978] **s. m.** ● (*med.*) mongolismo

mongòmeri [1962] **s. m. inv.** ● adattamento di *montgomery* (V.)

monìle o †**manìle** [vc. dotta, lat. *monīle*, di orig. indeur. ✱ 1362] **s. m.** ● ornamento prezioso che si porta al collo: *un m. di perle* | (*est.*) vezzo, gioiello

monìlia [da *monile*, per la disposizione dei conidi ✱ 1934] **s. f.** ● denominazione adottata in passato per indicare miceti caratterizzati da conidi disposti a catenelle, attualmente classificati nel genere fungino *Candida*

Monilìàli [vc. dotta, comp. di *monilia* e *-ali* ✱ 1967] **s. f. pl.** (**sing.** *-e*) ● (*bot.*) ordine di Funghi dei Deuteromiceti parassiti e saprofiti (*Moniliales*) SIN. Ifomiceti

monilìaṣi [da *monilia* ✱ 1958] **s. f. inv.** ● (*med.*) candidosi | ***m. orale***, mughetto

†**moniménto** ➤ **monumento**

monìṣmo [ted. *Monismus*, dal gr. *mónos* 'solo, unico'. V. *mono-* ✱ 1745] **s. m.** ● dottrina filosofica che riconduce a un unico principio l'apparente molteplicità dell'esperienza

monìsta [av. 1744] **s. m. e f.** (**pl. m.** *-i*) ● chi segue o si ispira al monismo

†**monistèrio** ➤ **monastero**

†**monistèro** ➤ **monastero**

monìstico [da *monismo* ✱ 1884] **agg.** (**pl. m.** *-ci*) ● (*filos.*) relativo al monismo o ai monisti | basato sul monismo

mònito [vc. dotta, lat. *mŏnitu(m)*, da *monēre* 'ammonire', dalla stessa radice di *mēns* 'mente' ✱ 1483] **s. m.** ● severo e solenne ammonimento: *rivolgere un m. a qlcu.*; *essere, servire di m.*

♦**mònitor** /'mɔnitor, *ingl.* 'mɒnɪtə(r)/ [vc. ingl., propr. 'avvisatore', dal lat. *mŏnitor*, nom. V. *monitore*① ✱ 1963] **s. m. inv.** ● apparecchio di segnalazione o controllo qualitativo dell'andamento di un fenomeno | (*tv*) apparecchio che riproduce su un cinescopio le immagini riprese dalle telecamere | apparecchio che rende visibili i dati di un sistema elettronico

monitoràggio [da *monitor* ✱ 1979] **s. m.** ● controllo frequente dell'andamento di fenomeni fisici, chimici, biologici, ambientali e sim. mediante apparecchiature (es. monitor) o tecniche analitiche: *m. ambientale* | (*med.*) ***m. permanente***, controllo continuo delle condizioni di malati considerati a rischio, in modo da consentire ai medici di intervenire tempestivamente | (*est.*) osservazione, controllo sistematico di una situazione, di un fenomeno e sim.: *m. dei prezzi*

monitoràre [denominale di *monitor* ✱ 1985] **v. tr.** (*io monìtoro*) ● effettuare un monitoraggio: *m. un malato grave*; *m. l'inquinamento ambientale*

monitóre① [vc. dotta, lat. *monitōre(m)*, da *monēre* 'ammonire'. V. *monito* ✱ av. 1406] **s. m.** (**f.** *-trice*) **1** †ammonitore, guida, consigliere **2** (*elvet.*) istruttore sportivo: *m. di sci*

monitóre② [calco sul fr. *moniteur* ✱ 1798] **s. m.** ● in passato, titolo di giornali e riviste

monitóre③ [ingl. *monitor* 'avvisatore', dal lat. *mŏnitor*, nom. V. *monitore*① ✱ 1866] **s. m.** **1** nave da guerra ormai disusata, caratterizzata da elevata protezione, modesto pescaggio, modesta velocità, armata con cannoni di grosso calibro in torre, e destinata ad azioni costiere **2** apparecchio per abbattere ghiaie, sabbie, argille e altri materiali poco compatti nelle cave, per mezzo di violenti getti d'acqua

monitòrio [vc. dotta, lat. *monitōriu(m)*, agg. di *mŏnitor*, genit. *monitōris* 'ammonitore' ✱ av. 1527] **A** **agg.** (**pl. m.** *-i* o *raro -ii*) ● che ammonisce **B** **s. m.** ● lettera con la quale l'autorità ecclesiastica impone a chi ne abbia cognizione di rendere palese un fatto, prescrivendo pene per i reticenti

monitoriẓẓàre [da *monitor* ✱ 1986] **v. tr.** ● sottoporre a monitoraggio | attrezzare, dotare di monitor

monizióne [vc. dotta, lat. *monitiōne(m)*, da *monēre* 'ammonire'. V. *monito* ✱ 1320] **s. f.** **1** †ammonizione **2** (*relig.*) nella liturgia cattolica, breve avvertenza o informazione data dal celebrante o dal commentatore per introdurre i fedeli a una fase del rito

mon-khmèr /mɔnk'mɛr/ [comp. di *mon*, n. di una popolazione della Birmania, e *khmer* (V.) ✱ sec. XX] **A** **s. m. inv.** ● famiglia di lingue dell'Asia sudorientale **B** anche **agg. inv.**: *lingue mon-khmer*

mònna① [da *m(ad)onna* ✱ 1294] **s. f.** **1** (*lett.*) †signora, come appellativo di rispetto, di cortesia **2** (*tosc.*) appellativo scherzoso o confidenziale di donna

†**mónna**② (o *-ò-*), †**móna**② [sp. *mona*, di etim. discussa: abbr. di *mamona*, var. di *maimón*, dall'arabo *maymūn* 'scimmia' (?). V. *mammone*① ✱ 1547] **s. f.** ● (*tosc.*) scimmia, bertuccia ‖ †**monnìna**, **dim.**

monnézza e deriv. ➤ **mondezza**② e deriv.

mòno- [dal gr. *mónos* 'solo'] **primo elemento** ● in parole composte della terminologia scientifica o della lingua dotta, significa 'uno', 'uno solo', 'costituito da uno solo': *monogamo, monografia, monoteismo, monoscopio, monotipo, monoposto*

monoàlbero [comp. di *mono-* e *albero* ✱ 1965] **agg. inv.** ● (*mecc.*) detto di un motore alternativo a combustione interna che ha un solo albero a camme in testa

monoansàto [comp. di *mono-* e *ansa* ✱ 1978] **agg.** ● detto di vaso con una sola ansa

monoàsse [comp. di *mono-* e *asse*② ✱ 1917] **agg. inv.** **1** (*scient.*) che ha un solo asse (ottico, di simmetria e sim.) **2** (*autom.*) detto di carrello o rimorchio con un solo asse, cioè con due sole ruote

monoatòmico [comp. di *mono-* e *atomo* ✱ 1871] **agg.** (**pl. m.** *-ci*) ● (*fis.*) detto di sostanza la cui molecola è costituita da un solo atomo: *elemento m.*

monoauràle [comp. di *mono-* e del lat. *āuris* 'orecchia' (V. *orecchio*) col suff. *-ale*① ✱ 1959] **agg.** **1** che riguarda un solo orecchio **2** (*fis.*) monofonico

monobactàmico [1993] **agg.** (**pl. m.** *-ci*) ● (*farm.*) relativo, pertinente a una classe di antibiotici monociclici beta-lattamici

monobàṣico [comp. di *mono-* e *basico* ✱ 1875] **agg.** (**pl. m.** *-ci*) ● (*chim.*) detto di acido, inorganico od organico, in cui un solo atomo di idrogeno è sostituibile da un metallo o da un radicale organico

monoblòcco [comp. di *mono-* e *blocco* ✱ 1917] **A** **agg. inv.** ● che è composto di un solo blocco: *apparecchiatura m.* **B** **s. m.** (**pl.** *-chi*) **1** (*mecc.*) blocco di ghisa nel quale sono ricavati i cilindri del motore a combustione interna alternativa **2** apparecchiatura che riunisce in un unico blocco l'impianto idraulico e gli elettrodomestici necessari in una cucina

monocàlibro [comp. di *mono-* e *calibro* ✱ 1937] **agg. inv.** ● detto di nave militare con grossi cannoni di calibro uguale

monocàmera [comp. di *mono-* e *camera* ✱ 1964] **s. f.; anche agg. inv.** ● appartamentino costituito in genere da una sola camera attrezzata per vari usi, più i servizi ridotti all'essenziale **SIN.** monolocale

monocameràle [comp. di *mono-* e *camerale* ✱ 1978] **agg.** ● (*polit.*) detto di sistema parlamentare basato su una sola camera legislativa **SIN.** unicamerale

monocameralismo [comp. di *monocameral(e)* e *-ismo* ✱ 1978] **s. m.** ● sistema parlamentare in cui il potere legislativo è affidato a una sola Camera **SIN.** unicameralismo **CFR.** bicameralismo

monocànna [comp. di *mono-* e *canna* ✱ 1970] **A s. m. inv.** ● fucile da caccia a una sola canna **B anche agg. inv.**: *fucile m.*

monocarbossìlico [comp. di *mono-* e *carbossilico* ✱ 1957] **agg.** (**pl. m.** *-ci*) ● (*chim.*) detto di acido la cui molecola contiene un solo gruppo carbossilico

monocàrpico [comp. di *mono-* e *-carpo* ✱ 1875] **agg.** (**pl. m.** *-ci*) ● (*bot.*) detto di pianta che fiorisce e fruttifica una sola volta nella sua vita e poi muore

monocàsio [comp. di *mono-* e del gr. *chásis* 'separazione', da *cháskein* 'aprirsi', di orig. indeur. ✱ 1917] **s. m.** ● (*bot.*) tipo di ramificazione in cui solo un ramo laterale si ramifica

†**monòcchio** [vc. dotta, lat. tardo *monŏculu(m)*, comp. del gr. *mónos* 'mono-' e del lat. *ŏculus* 'occhio' ✱ av. 1336] **agg. e s. m.** ● monocolo

monocèfalo [vc. dotta, gr. *monoképhalos* 'che ha una sola testa', comp. di *mono-* 'mono-' e *-képhalos* '-cefalo' ✱ 1875] **s. m.** ● (*med.*) malformazione dello sviluppo fetale gemellare con formazione di un'unica testa

monocellulàre [comp. di *mono-* e *cellula* ✱ 1934] **agg.** ● (*biol.*) unicellulare ‖ **monocellularità**, **s. f. inv.**

monocèntrico [comp. di *mono-* e *-centrico* ✱ 1917] **agg.** (**pl. m.** *-ci*) ● che ha un solo centro **CONTR.** pluricentrico

monochìna [comp. di *mono-* e del gr. *kínēsis* 'movimento' col suff. *-ina*, sul modello di *citochina* ✱ 1989] **s. f.** ● (*biol.*) ciascuna sostanza proteica solubile e biologicamente attiva che, rilasciata da monociti o macrofagi, influenza l'attività di altre popolazioni cellulari

monocìclo [comp. di *mono-* e *ciclo*② ✱ 1882] **s. m.** ● veicolo a pedali con una sola ruota, usato spec. negli spettacoli di circo equestre

monocilìndrico [comp. di *mono-* e *cilindrico* ✱ 1955] **agg.** (**pl. m.** *-ci*) ● (*mecc.*) detto di motore che ha un solo cilindro e di veicolo fornito di tale motore: *motocicletta monocilindrica*

monocìto o **monocìta** [fr. *monocyte*, comp. di *mono-* 'mono-' e *-cyte* '-cito' ✱ 1917] **s. m.** (**pl.** *-i*) ● (*biol.*) grosso leucocito del sangue con spiccata attività fagocitaria

monocitòsi [comp. di *monocit(o)* e del suff. *-osi* ✱ 1926] **s. f. inv.** ● (*med.*) aumento dei monociti nel sangue che si riscontra in molte malattie infettive quali malaria, tubercolosi, mononucleosi e in alcune neoplasie

monoclamidàto [comp. di *mono-* e un deriv. di *clamide* ✱ 1875] **agg.** ● (*bot.*) detto di fiore il cui perianzio è formato o solo dal calice o solo dalla corolla **SIN.** monoclamideo

Monoclamìdee [comp. di *mono-* e *clamide* ✱ 1940] **s. f. pl.** (**sing.** *-a*) ● (*bot.*) gruppo di piante legnose delle Dicotiledoni con perianzio assente o poco sviluppato (*Monochlamydeae*) **SIN.** Apetale

monoclamìdeo [1958] **agg.** ● (*bot.*) monoclamidato

monoclàsse [comp. di *mono-* e *classe* ✱ 1950] **agg. inv.** ● che ha una sola classe: *scuola m.*

monoclinàle [comp. di *mono-* e del gr. *klínein* 'inclinare, piegare' ✱ 1956] **A s. f.** ● (*geol.*) regione in cui gli strati rocciosi presentano direzione costante e pendenza simile, immergendosi nella stessa direzione **B anche agg.**: *regione m.*

monoclìno① [comp. di *mono-* e del gr. *klínē* 'letto', da *klínein* 'inclinare' ✱ 1828] **agg.** ● (*bot.*) detto di pianta con fiori ermafroditi, e di tali fiori

monoclìno② [comp. di *mono-* e del gr. *klínein* 'inclinare, piegare' ✱ sec. XIX] **agg.** ● (*miner.*) detto di sistema cristallino in cui esiste un solo piano di simmetria contenente due assi cristallografici che si intersecano con un angolo qualsiasi, e un solo asse perpendicolare al piano di simmetria

monoclonàle [comp. di *mono-* e *clonale* ✱ 1983] **agg.** ● (*biol.*) che deriva da una singola cellula o è relativo a un solo clone | ***anticorpo m.***, secreto da un singolo clone linfocitario; si produce nell'organismo in alcuni tipi di mieloma e artificialmente, per uso diagnostico e terapeutico, da ibridomi ottenuti per fusione di linfociti di topo con cellule tumorali (mieloma) che si riproducono in vitro illimitatamente

monòcolo① o †**monòculo** [V. †*monocchio* ✱ sec. XIV] **agg. e s. m.** ● (*lett.*) che (o chi) è cieco di un occhio: *vide un soldato m.*; *il vecchio era m.* (G. D'ANNUNZIO) | che ha un occhio solo: *i Ciclopi erano monocoli*

monòcolo② [fr. *monocle*. V. *monocolo*① ✱ 1821] **s. m. 1** lente che si porta davanti a un solo occhio per correggere difetti di vista **2** piccolo cannocchiale provvisto di un'unica canna | ***m. a cannoncino***, strumento ottico usato da orologiai e orefici, costituito da un piccolo cilindro che si incastra nell'orbita oculare

monocolóre [comp. di *mono-* e *colore* ✱ 1950] **A agg. inv. 1** (*raro*) di un solo colore: *ritratto su sfondo m.* **2** (*polit.*) detto di governo formato da ministri provenienti tutti dallo stesso partito **B s. m.** ● (*polit.*) governo monocolore: *formare un m.*; *un m. democristiano*

monocoltùra [comp. di *mono-* e *coltura* ✱ av. 1937] **s. f. 1** (*agric.*) coltivazione di una sola specie o varietà di piante, effettuata continuativamente sullo stesso terreno **2** (*est.*) sistema economico di un Paese caratterizzato dalla prevalenza di un solo prodotto, agricolo o industriale, su cui viene concentrato lo sforzo produttivo nazionale spec. ai fini dell'esportazione

monocomàndo [comp. di *mono-* e *comando*① ✱ 1958] **A agg. inv. 1** che ha un unico dispositivo di comando: *rubinetto m.* **2** detto di velivolo con un solo posto di pilotaggio **B s. m. inv.** ● velivolo monocomando

monocomponènte [comp. di *mono-* e *componente* ✱ 1985] **agg.** ● che è formato di un solo componente, di un unico elemento: *struttura m.*

monocòrde [da *monocordo*, rifatto su *concorde*, *discorde* ecc. ✱ 1913] **agg.** ● privo di varianti: *scritto m.*; *musica m.*; *stile m.* **SIN.** monotono, uniforme

monocòrdo [vc. dotta, lat. tardo *monochŏrdo(n)*, dal gr. *monóchordon*, comp. di *mónos* 'mono-' e *chordḗ* 'corda' ✱ sec. XIV] **s. m.** ● (*mus.*) strumento dotato di una sola corda e di una cassa di risonanza, usato da pitagorici e studiosi medievali per misurare il rapporto fra lunghezza della corda e altezza dei suoni | nella tecnica violinistica, esecuzione di un passaggio o di un intero brano su una sola corda

monocoriàle [comp. di *mono-* e *corion*, con suff. aggettivale ✱ 1932] **agg.** ● (*biol.*) che deriva da un solo corion, il quale produce un solo gruppo di annessi: *gemelli monocoriali*

monocòrnia [da *mono-* sul modello di *bicornia* ✱ 1958] **s. f.** ● incudine a una sola punta, tipica dei calderai

monocotilèdone [comp. di *mono-* e *cotiledone* ✱ 1813] **agg.** ● detto di pianta nel cui seme è contenuto un solo cotiledone

Monocotilèdoni [1813] **s. f. pl.** (**sing.** *-e*) ● (*bot.*) classe di piante il cui embrione è fornito di un solo cotiledone e verticilli fiorali costituiti generalmente da tre pezzi (*Monocotyledones*)

monocottùra [comp. di *mono-* e *cottura* ✱ 1983] **s. f. inv.** ● prodotto ceramico usato spec. per pavimenti e rivestimenti, ottenuto con una cottura contemporanea del supporto e dello smalto, caratterizzato da una bassa porosità che gli conferisce maggior resistenza rispetto alla ceramica tradizionale | tecnica di produzione di tali ceramiche: *piastrelle, pavimento in m.*

monocràtico [dal gr. *monokratía* 'dominio di uno solo', comp. di *mono-* 'mono-' e *-kratía* '-crazia' ✱ 1862] **agg.** (**pl. m.** *-ci*) ● (*dir.*) detto di organo giudicante costituito da una sola persona

monocrazìa [gr. *monokratía*, comp. di *mono-* 'mono-' e *-kratía* '-crazia' ✱ 1895] **s. f.** ● (*lett.*) forma di governo, regime in cui tutto il potere è detenuto da una sola persona o da un unico organismo

monocristallìno [da *monocristallo* ✱ 1958] **agg.** ● (*miner.*) costituito da un monocristallo, relativo a un monocristallo

monocristàllo [comp. di *mono-* e *cristallo* ✱ 1978] **s. m.** ● (*miner.*) individuo cristallino unico, di dimensioni relativamente grandi rispetto ai singoli elementi che costituiscono un aggregato policristallino

monocromàtico [comp. di *mono-* e *cromatico* ✱ av. 1793] **agg.** (**pl. m.** *-ci*) **1** (*fis.*) di un solo colore | detto della luce non decomponibile mediante prismi | (*est.*) detto di qualsiasi radiazione elettromagnetica che ha un'unica lunghezza d'onda | (*est.*) detto di qualsiasi radiazione corpuscolare costituita da particelle omogenee aventi la stessa energia **2** (*med.*) detto di occhio affetto da monocromatismo ‖ **monocromaticità**, **s. f. inv.** (*fis.*) proprietà di ciò che è monocromatico

monocromatismo [da *monocromatico* ✱ 1869] **s. m. 1** unità di colore **2** (*med.*) acromatopsia

monocromatizzàre [1958] **v. tr.** ● rendere monocromatica la luce

monocromàto [da *monocromo* ✱ 1481] **A s. m.** ● dipinto, stampa e sim. in cui prevale un solo colore **B anche agg.**: *dipinto m.*

monocromatóre [da *monocromatico* ✱ 1958] **s. m.** ● (*fis.*) dispositivo atto a isolare un fascio di luce monocromatica, di lunghezza d'onda prescelta, da un fascio luminoso policromatico: *m. a riflessione*; *m. ad assorbimento*; *m. a dispersione* | (*est.*) dispositivo atto a isolare un fascio monocromatico da un fascio policromatico di radiazioni elettromagnetiche qualsiasi o di radiazioni corpuscolari

monocromìa [comp. di *mono-* e *-cromia* ✱ 1958] **s. f.** ● stampa o pittura con un solo colore

monòcromo o **monocròmo** [vc. dotta, gr. *monóchrōmos*, comp. di *mónos* 'mono-' e *chrôma* 'colore'. V. *cromo-* ✱ 1598] **agg.** ● monocolore: *dipinto m.*

monoculàre [comp. di *mon(o)-* e *oculare* ✱ 1869] **agg. 1** relativo a un solo occhio | di visione che avviene con un solo occhio **CFR.** binoculare **2** di cannocchiale o lente che serve

m

per un solo occhio ‖ **monocularità**, s. f. inv.

†**monòculo** ➤ **monocolo**①

monocultùra [comp. di *mono-* e *cultura* ✱ 1983] **s. f.** ● (*antrop.*) effetto di processi storici che tendono ad annullare le differenze tra culture diverse fino a produrre un unico modello culturale

monocuspidàle [comp. di *mono-* e *cuspide*, con suff. agg. ✱ 1891] **agg.** ● che ha una sola cuspide

monodìa [vc. dotta, lat. tardo *monōdia(m)*, dal gr. *monōidía*, comp. di *mónos* 'mono-' e *ōidḗ* 'canto'. V. *ode* ✱ 1568] **s. f.** ● (*mus.*) canto a una sola voce dapprima senza, poi con accompagnamento strumentale, ma sempre con un'unica linea melodica CONTR. polifonia

monòdico [vc. dotta, gr. *monōdikós*, da *monōidía* 'monodia' ✱ av. 1647] **agg.** (**pl. m.** *-ci*) ● di monodia, caratterizzato da monodia: *musica monodica* ‖ **monodicaménte**, avv.

monodimensionàle [comp. di *mono-* e *dimensionale* ✱ 1946] **agg.** ● (*mat.*) unidimensionale ‖ **monodimensionalità**, s. f. inv.

monodirezionàle [comp. di *mono-* e *direzionale* ✱ 1947] **agg.** ● che è orientato o diretto in un'unica direzione (*anche fig.*): *pista ciclabile m.*; *polemica, interpretazione m.* SIN. unidirezionale ‖ **monodirezionalità**, s. f. inv.

monodìsco [comp. di *mono-* e *disco* ✱ 1958] **agg. inv.** ● (*fis.*) detto di un tipo di frizione in cui il moto viene trasmesso con un solo disco piano, compresso tra due superfici: *autovettura con frizione m.*

monodòse [comp. di *mono-* e *dose* ✱ 1983] **agg. inv.** ● (*farm.*) unidose

monòdromo [comp. di *mono-* e del gr. *drómos* 'corso' (V. *-dromo*) ✱ 1954] **agg.** ● (*mat.*) che ha un solo valore | ***funzione monodroma***, funzione univoca

monoèlica [comp. di *mono-* ed *elica* ✱ 1970] **agg. inv.** ● che presenta una sola elica: *aereo m.*

monoergòlo o **monergòlo** [da *mono-*, sul modello di *propergolo* ✱ 1958] **s. m.** ● (*chim.*) monopropellente

monofagìa [comp. di *mono-* e *-fagia* ✱ 1958] **s. f.** (**pl.** *-gìe*) ● tipo di alimentazione basata quasi esclusivamente su un solo alimento

monofamiliàre [comp. di *mono-* e *familiare* ✱ 1989] **agg.** ● unifamiliare

monofàse [comp. di *mono-* e *fase* ✱ 1917] **agg.** (**pl.** *-i* o **inv.**) ● (*mecc.*) che ha una sola fase | di circuito le cui forze elettromotrici non presentano differenze di fase

monofasìa [comp. di *mono-* e di un deriv. del gr. *phásis* 'voce' ✱ 1917] **s. f.** ● (*psicol.*) disturbo del linguaggio caratterizzato dall'incapacità di pronunciare più di una parola o frase

monofilàre [comp. di *mono-* e di un deriv. di *filo* ✱ 1954] **agg.** ● (*elettr.*) unifilare

monofilètico [dal gr. *monóphylos* 'di una sola tribù, di una sola razza', comp. di *mónos* 'mono-' e *phylḗ* 'tribù', di orig. indeur. ✱ 1895] **agg.** (**pl. m.** *-ci*) ● (*biol.*) detto di un insieme di categorie tassonomiche derivanti da uno stesso capostipite

monofiletìsmo [da *monofiletico* ✱ 1958] **s. m.** ● teoria evoluzionistica che spiega l'origine di tutti gli esseri viventi da un unico centro di diffusione

monofillo [vc. dotta, gr. *monóphyllos*, comp. di *mónos* 'mono-' e *phýllon* 'foglia' ✱ av. 1725] **agg.** ● (*bot.*) che ha una sola foglia | ***calice m.***, gamosepalo

monofiodònte [comp. del gr. *monophyḗs* 'semplice' (comp. di *mono-* 'mono-' e un deriv. di *phýein* 'far nascere', d'orig. indeur.) e *-odonte* ✱ 1917] **agg.** ● (*zool.*) detto di mammifero caratterizzato da un'unica dentizione permanente

monofiodontìa [da *monofiodonte* ✱ 1958] **s. f.** ● (*zool.*) condizione dei Mammiferi monofiodonti

monofisìsmo [da *monofisita* ✱ 1821] **s. m.** ● dottrina eretica cristiana che ammette l'esistenza della sola natura divina in Gesù Cristo

monofisìta [comp. di *mono-* e del gr. *phýsis* 'natura' (V. *fisico*) ✱ 1828] **A** **s. m. e f.** (**pl. m.** *-i*) ● seguace del monofisismo | copto, fedele della Chiesa egiziana ed etiopica **B** **agg.** ● relativo ai seguaci del monofisismo

monofisìtico [1965] **agg.** (**pl. m.** *-ci*) ● relativo a monofisita o monofisismo

monòfito [comp. di *mono-* e *-fito* ✱ 1954] **agg.** **1** di pianta parassita che compie il suo ciclo su un solo ospite **2** detto di area coltivata con una sola specie o di coltivazione di una sola specie

monofobìa [comp. di *mono-* e *-fobia* ✱ 1895] **s. f.** ● (*psicol.*) paura di trovarsi solo ‖ **monofòbico**, **agg.** (**pl. m.** *-ci*); **anche s. m.** (**f.** *-a*) **nel sign. 2** **1** relativo a monofobia **2** che (o chi) soffre di monofobia

monofonditrìce [comp. di *mono(type)* e *fonditrice* ✱ 1970] **s. f.** ● (*tipogr.*) macchina tipografica che, nel sistema monotype, fondeva un carattere per volta in base alle informazioni registrate su un nastro perforato

monofonemàtico [comp. di *mono-* e *fonematico* ✱ 1978] **agg.** (**pl. m.** *-ci*) ● (*ling.*) che è costituito da un solo fonema: *desinenza monofonematica*

monofònico [comp. di *mono-* e *-fonico* ✱ 1963] **agg.** (**pl. m.** *-ci*) ● (*fis.*) detto di sistema non stereofonico di registrazione e riproduzione dei suoni e di componente di tale sistema: *giradischi, registratore, disco m.* SIN. monoaurale

monòfora [comp. di *mono-* e *-fora*, dal lat. *fŏre(m)* 'porta, apertura', sull'es. di *bifora* ✱ 1928] **A** **s. f.** ● finestra con una sola apertura **B** **anche agg. solo f.**

monoftalmìa [comp. di *mon(o)-* e *oftalmia* ✱ 1895] **s. f.** ● (*med.*) ciclopismo

monoftàlmo [comp. di *mon(o)-* e *-oftalmo* ✱ 1958] **A** **agg.** ● (*med.*) che ha un solo occhio, ciclope **B** **anche s. m.**

monofùne [comp. di *mono-* e *fune* ✱ 1954] **agg. inv.** ● detto di impianto di teleferica in cui le cabine sono sospese a un'unica fune con azione traente e portante

monogamìa [vc. dotta, lat. tardo *monogămia(m)*, dal gr. *monogamía*, da *monógamos* 'monogamo' ✱ sec. XIV] **s. f.** **1** vincolo coniugale che unisce un solo uomo a una sola donna: *da secoli in occidente vige la m.* CONTR. poligamia **2** (*est.*) tendenza dei maschi di alcune specie animali ad accoppiarsi con una sola femmina

monogàmico [1829] **agg.** (**pl. m.** *-ci*) ● di monogamia, relativo a monogamia: *istituto, accoppiamento m.*; *tradizioni monogamiche*

monògamo [vc. dotta, lat. tardo *monŏgamu(m)*, dal gr. *monógamos*, comp. di *mónos* 'mono-' e *gámos* 'nozze'. V. *-gamo* ✱ sec. XIV] **agg. e s. m.** (**f.** *-a*) ● che (o chi) pratica la monogamia: *popolo, animale m.*; *un m. convinto* | (*est., scherz.*) chi rispetta la fedeltà in un rapporto amoroso

monogènesi [comp. di *mono-* e *genesi* ✱ 1891] **s. f. inv.** **1** (*biol.*) monofiletismo **2** (*biol.*) monogonia **3** (*biol.*) teoria che attribuisce progenitori unicellulari a tutti gli organismi **4** (*biol.*) comparsa di prole costituita da organismi tutti dello stesso sesso o con uno o più caratteri identici **5** (*ling.*) ***m. del linguaggio***, origine unica di tutte le lingue

monogenètico [1869] **agg.** (**pl. m.** *-ci*) ● caratterizzato da monogenesi ‖ **monogeneticaménte**, avv.

monogènico [1869] **agg.** (**pl. m.** *-ci*) ● (*biol.*) detto di carattere genetico specificato da un solo gene CFR. poligenico

monogenìsmo [da *monogenesi* ✱ 1891] **s. m.** ● (*biol.*) monofiletismo

monogenitoriàle [comp. di *mono-* e *genitoriale* ✱ 1989] **agg.** ● monoparentale SIN. unigenitoriale CFR. bigenitoriale, biparentale ‖ **monogenitorialità**, s. f. inv.

monoginìa [comp. di *mono-* e *-ginia* ✱ 1958] **s. f.** ● (*zool.*) caratteristica delle società degli Insetti nelle quali è presente una sola femmina feconda, denominata regina

monoglòttico [comp. di *mono-* e del gr. *glôtta* 'lingua' ✱ 1891] **agg.** (**pl. m.** *-ci*) ● relativo a una sola lingua: *fenomeno m.* | scritto, redatto in una sola lingua: *iscrizione monoglottica* | che parla una sola lingua o in cui si parla una sola lingua: *comunità monoglottica*; *area, zona monoglottica* SIN. monolingue

monogonìa [comp. di *mono-* e *-gonia* ✱ 1895] **s. f.** ● (*biol.*) processo riproduttivo realizzato da un solo individuo, come avviene nella riproduzione asessuata e nella partenogenesi SIN. monogenesi

monografìa [comp. di *mono-* e *-grafia* ✱ 1828] **s. f.** **1** dissertazione, scritto e sim. su un unico e ben determinato argomento: *m. su Machiavelli*; *m. sulla Resistenza italiana* **2** documento che raccoglie i dati scientifici relativi a un farmaco inserito nella farmacopea

monogràfico [1829] **agg.** (**pl. m.** *-ci*) ● di monografia: *studio m.* | ***corso m.***, corso universitario su un argomento specifico ‖ **monograficaménte**, avv.

monogràmma [vc. dotta, lat. tardo *monogrămma*, dal gr. *monográmmatos* 'di una sola lettera', comp. di *mónos* 'mono-' e *grámma* 'lettera'. V. *-gramma* ✱ 1716] **s. m.** (**pl.** *-i*) ● intreccio delle iniziali o di alcune lettere di un nome proprio, usato come simbolo del nome stesso: *ricamare il proprio m. sulla biancheria* SIN. cifra

SFUMATURE ➤ ***sigla***

monogrammàtico [1869] **agg.** (**pl. m.** *-ci*) ● di monogramma, a monogramma: *marchio m.* ‖ **monogrammaticaménte**, avv. con un monogramma

monogùsto [comp. di *mono-* e *gusto* ✱ 1997] **agg. inv.** ● che è di un solo gusto: *gelato m.*

monoicìsmo [da *monoico* ✱ 1934] **s. m.** **1** (*biol.*) ermafroditismo **2** (*bot.*) nelle piante, presenza contemporanea dei fiori maschili e femminili in uno stesso individuo

monòico [comp. di *mono-* e del gr. *ôikos* 'casa, sede' (di orig. indeur.) ✱ 1809] **agg.** (**pl. m.** *-ci*) ● (*biol., bot.*) caratterizzato da monoicismo

monòide [comp. di *mono-* e *-ide* ✱ 1913] **s. m.** ● (*mat.*) insieme caratterizzato dalla presenza di un elemento che in un determinato rapporto associativo con gli altri si comporta in maniera neutra (per es. l'insieme dei numeri naturali rispetto alla moltiplicazione, perché moltiplicando qualsiasi numero per 1 il risultato è il numero stesso)

monoideìsmo [comp. di *mono-*, *idea* e *-ismo* ✱ 1944] **s. m.** ● (*psicol.*) attenzione della mente a una sola idea o a gruppo di idee dominanti

monokìni [da *bikini*, in cui la prima parte è stata interpretata come *bi-* 'due' e quindi mutata in *mono-* 'solo, unico' ✱ 1964] **s. m. inv.** ● costume da bagno femminile costituito soltanto dalla parte inferiore del bikini

monolatrìa [comp. di *mono-* e *-latria* ✱ 1934] **s. f.** ● adorazione di una sola divinità

monolingue [da *mono-*, sul modello di *bilingue* ✱ 1966] **agg.** (**pl.** *-i* o **inv.**) **1** detto di chi conosce una sola lingua: *individuo m.*; *sog-*

a b c d e f g h i j k l **m** n o p q r s t u v w x y z

getto parlante m. **2** detto di ciò che è redatto in una sola lingua: *iscrizioni monolingui* | ***dizionario m.***, che raccoglie parole appartenenti a una sola lingua **SIN.** monoglottico

monolinguìsmo [comp. di *monolingu(e)* e *-ismo* ✱ av. 1966] **s. m. 1** uso di una sola lingua o del solo dialetto locale da parte di un individuo o di una comunità **2** uso di un solo tipo di linguaggio, di un solo stile da parte di un autore o di una corrente letteraria: *il m. petrarchesco*

monolìte ➤ **monolito**

✱**monolìtico** [da *monolito* ✱ av. 1916] **agg.** (**pl. m.** *-ci*) **1** di ciò che è costituito da un solo blocco di materiale: *cupola monolitica* **2** (*fig.*) di assoluta compattezza, totalmente privo di fratture o divisioni: *un partito m.* ‖ **monoliticaménte**, **avv.** ‖ **monoliticità**, **s. f. inv.**

monolitìsmo [fr. *monolithisme*, da *monolithe* 'monolito' ✱ 1965] **s. m.** ● (*fig.*) carattere monolitico

monolìto o, etim. più corretto ma meno diffuso, **monòlito** o **monolìte** [vc. dotta, lat. *monŏlithu(m)*, dal gr. *monólithos*, comp. di *mónos* 'mono-' e *líthos* 'pietra'. V. *-lito*① ✱ av. 1798] **s. m. 1** grosso blocco roccioso in un unico pezzo **2** struttura architettonica od ornamentale costituita da un blocco unico di materiale **3** nella terminologia alpinistica, guglia rocciosa isolata e di modeste dimensioni

monolocàle [comp. di *mono-* e *locale*② ✱ 1978] **s. m.** ● appartamento costituito da un unico locale più i servizi **SIN.** monocamera

monologàre [da *monologo* ✱ 1890] **v. intr.** (*io monòlogo, tu monòloghi*; **aus.** *avere*) **1** (*raro*) parlare da solo, con sé stesso **2** recitare un monologo

monològico [1831] **agg.** (**pl. m.** *-ci*) ● relativo a monologo | che ha carattere di monologo

✱**monòlogo** [fr. *monologue*, comp. di *mono-* 'mono-' e *-logue* '-logo' ✱ 1803] **s. m.** (**pl.** *-ghi*) **1** in un lavoro teatrale o cinematografico, parte recitata da un unico attore: *i monologhi alfieriani* | breve opera teatrale scritta per un solo attore | ***m. interiore***, tecnica narrativa che consente di presentare i pensieri più intimi che si agitano nel subconscio di un personaggio **2** (*est.*) soliloquio: *lo trovò tutto solo impegnato in un m.* ‖ **monologhétto**, **dim.**

monolùcido [comp. di *mono-* e *lucido* ✱ 1925] **agg.** ● detto di carta o cartoncino lucido su un solo lato

monomandatàrio [comp. di *mono-* e *mandatario* ✱ 1983] **s. m.; anche agg.** ● (**f.** *-a*) (*comm.*, *org. az.*) agente di vendita che opera per conto di una sola azienda **SIN.** unimandatario

monòmane [comp. di *mono-* e *-mane* ✱ 1850] **agg. e s. m. e f.** ● (*psicol.*) monomaniaco

monomanìa [comp. di *mono-* e *-mania* ✱ 1824] **s. f.** ● (*psicol.*) particolare forma di idea ossessiva unica e costante **SIN.** fissazione

monomaniacàle [da *monomania*, formato su *maniacale* ✱ 1985] **agg.** ● di monomania: *atteggiamenti monomaniacali* ‖ **monomaniacalità**, **s. f. inv.**

monomanìaco [1834] **agg. e s. m.** (**f.** *-a*; **pl. m.** *-ci*) ● (*psicol.*) che (o chi) è affetto da monomania **SIN.** monomane

monomàrca [comp. di *mono-* e di *marca* nel senso di 'prodotto proprio di una ditta' ✱ 1985] **agg. inv.** ● detto di esercizio commerciale che vende articoli di una sola marca: *boutique m.*; *negozi m.*

monòmero [vc. dotta, gr. *monomerḗs* 'di una sola parte', comp. di *mónos* 'mono-' e *méros* 'parte' ✱ 1957] **s. m.** ● (*chim.*) molecola gener. di basso peso molecolare che può reagire con molecole uguali o diverse per dare origine a polimeri o a copolimeri

monometallìsmo [comp. di *mono-* e *metallo* ✱ 1891] **s. m.** ● sistema monetario in cui l'unità monetaria è definita dalla legge in termini di un solo metallo, per lo più d'oro

monomètrico [comp. di *mono-* e un deriv. di *-metria* ✱ 1895] **A agg.** (**pl. m.** *-ci*) ● (*miner.*) detto di gruppo cristallino in cui i tre assi cristallografici formano parametri uguali **B s. m.** ● (*miner.*) gruppo monometrico

monòmetro [vc. dotta, lat. tardo *monŏmetru(m)*, dal gr. *monómetros*, comp. di *mónos* 'mono-' e *métron* 'metro' ✱ 1599] **A s. m.** ● nella metrica classica, componimento in un solo metro **B anche agg.**: *componimento m.*

monomiàle [1965] **agg.** ● (*mat.*) proprio di un monomio

monòmio [da *mono-*, sul modello di *binomio* ✱ 1803] **A s. m.** ● (*mat.*) espressione algebrica ottenuta eseguendo sulle variabili e sui coefficienti soltanto l'operazione di moltiplicazione e di elevazione a potenza con esponente intero | espressione algebrica costituita da un solo termine **B anche agg.**: *espressione monomia*

monomorfìsmo [comp. di *mono-* e *-morfismo* ✱ 1963] **s. m.** ● (*mat.*) omomorfismo iniettivo

monomotóre [comp. di *mono-* e *motore* ✱ 1929] **agg. e s. m.** ● che ha un solo motore, detto spec. di velivoli: *aereo m.*

mononucleàre [comp. di *mono-* e *nucleo*, con suff. agg. ✱ 1954] **agg. 1** (*biol.*) mononucleato **2** detto di famiglia formata da una sola persona

mononucleàto [comp. di *mono-* e un deriv. di *nucleo* ✱ 1958] **A agg.** ● (*biol.*) dotato di un solo nucleo **B s. m.** ● forma particolare di globulo bianco del sangue

mononucleòsi [comp. di *mono-*, *nucleo* e *-osi* ✱ 1954] **s. f. inv. 1** monocitosi **2** ***m. infettiva***, malattia infettiva acuta, di natura virale, trasmessa spec. mediante la saliva, caratterizzata dall'ingrossamento dei linfonodi e della milza e da una elevata quantità di monociti nel sangue **SIN.** malattia del bacio, malattia dei fidanzati

monoovulàre ➤ **monovulare**

monopàla [comp. di *mono-* e *pala* ✱ 1978] **agg. inv.** ● (*aeron.*) dotato di una sola pala: *elica, rotore m.*

monoparentàle [comp. di *mono-* e *parentale*, sul modello dell'ingl. *one-parent* ✱ 1986] **agg.** ● detto di famiglia in cui è presente un solo genitore **SIN.** unigenitoriale, monogenitoriale **CFR.** bigenitoriale, biparentale ‖ **monoparentalità**, **s. f. inv.**

monopartìtico [comp. di *mono-* e *partitico* ✱ 1985] **agg.** (**pl. m.** *-ci*) ● caratterizzato da monopartitismo

monopartitìsmo [da *mono-* sul modello di *bipartitismo* ✱ 1983] **s. m.** ● sistema politico caratterizzato dalla presenza al governo di un solo partito

monopàttino [comp. di *mono-* e *pattino* ✱ 1939] **s. m.** ● veicolo, usato spec. un tempo come giocattolo, costituito da una stretta base con due rotelle e da un manubrio; il movimento si ottiene appoggiandovi sopra un piede e puntando l'altro a terra per dare la spinta

monopètalo [comp. di *mono-* e *petalo* ✱ 1749] **agg.** ● (*bot.*) gamopetalo

monopètto [comp. di *mono-* e *petto* ✱ 1942] **A s. m. inv.** ● abito la cui giacca ha una sola fila di bottoni: *m. sportivo* **B anche agg. inv.**: *abito m.*

monopèzzo [comp. di *mono-* e *pezzo* ✱ 1964] **A agg. inv.** ● che è costituito da un solo pezzo, detto spec. di costume da bagno femminile **B anche s. m. inv.**

Monoplacòfori [comp. di *mono-* e *placofori* ✱ 1963] **s. m. pl.** (**sing.** *-o*) ● (*zool.*) classe di Molluschi fossili cui appartiene una unica specie vivente fornita di una conchiglia conica (*Monoplacophora*)

monoplàno [fr. *monoplan*, comp. di *mono-* 'mono-' e *plan* 'piano' ✱ 1909] **s. m.** ● velivolo con un solo piano alare

monoplegìa [comp. di *mono-* e *-plegia* ✱ 1895] **s. f.** (**pl.** *-gìe*) ● (*med.*) paralisi di un arto o gruppo muscolare o di un solo muscolo

monopodiàle [da *monopodico*, con cambio di suff. ✱ 1917] **agg.** ● (*bot.*) monopodico

monopòdico [comp. di *mono-* e *-podio*, con suff. aggettivale ✱ 1958] **agg.** (**pl. m.** *-ci*) ● (*bot.*) detto di ramificazione in cui l'asse principale si sviluppa maggiormente rispetto ai laterali **SIN.** monopodiale

monopolàre [da *monopolo* ✱ 1985] **agg.** ● (*elettr.*) unipolare ‖ **monopolarità**, **s. f. inv.**

Monòpoli® [dall'ingl. *monopoly*, da *monopoly money* 'moneta di monopolio', perché si gioca con monete che non hanno corso legale ✱ 1937] **s. m. inv.** ● gioco che si svolge fra due o più giocatori, muniti ciascuno di un contrassegno che, previo lancio dei dadi, viene spostato a turno su un tabellone quadrato suddiviso in caselle corrispondenti a terreni, appartamenti, alberghi e sim., acquistabili con il denaro distribuito da una apposita banca, per cui vince il giocatore che riesce a impadronirsi di tutti i beni e i soldi circolanti

monopòlio [vc. dotta, lat. *monopŏliu(m)*, dal gr. *monopṓlion*, comp. di *mónos* 'solo' e *pōléin* 'vendere', di orig. indeur. ✱ 1337] **s. m.** (**pl.** *-i* o *raro -ii*) **1** (*econ.*) regime di mercato in cui un determinato prodotto o servizio è fornito da un solo operatore economico: *il m. dei tabacchi* | ***m. bilaterale***, regime di mercato caratterizzato dalla presenza di un solo produttore-venditore e di un solo acquirente **2** impresa che produce e vende un dato bene in regime di monopolio **3** (*fig.*) privilegio, prerogativa: *si arroga il m. del comando*; *la serenità è il m. di pochi*

monopolìsta [1618] **s. m. e f.** (**pl. m.** *-i*) ● chi ha un monopolio

monopolìstico [1911] **agg.** (**pl. m.** *-ci*) ● relativo a monopolio o a monopolista | che opera in regime di monopolio: *cartello m.* ‖ **monopolisticaménte**, **avv.**

✱**monopolizzàre** [fr. *monopoliser*, da *monopole* 'monopolio' ✱ 1812] **v. tr. 1** avere il monopolio di un dato mercato **2** (*fig.*) accentrare su di sé, volere per sé solo: *m. l'attenzione generale*; *m. una persona* ‖ **monopolizzazióne**, **s. f.**

monopolizzatóre [fr. *monopolisateur*, da *monopoliser* 'monopolizzare' ✱ 1853] **agg. e s. m.** (**f.** *-trice*) ● che (o chi) monopolizza (*anche fig.*)

monopòlo [comp. di *mono-* e *polo*① ✱ 1978] **s. m.** ● (*fis.*) ipotetica particella magnetica dotata di un unico polo

monoporzióne [comp. di *mono-* e *porzione* ✱ 1983] **s. f.** ● monorazione

monopósto [comp. di *mono-* e *posto* ✱ 1929] **agg. inv.; anche s. m. o f. inv.** ● che ha un solo posto, spec. riferito a mezzo di trasporto: *aereo, vettura m.*; *cabina m.*

monoprogrammazióne [comp. di *mono-* e *programmazione* ✱ 1978] **s. f.** ● (*inform.*) modalità operativa di un elaboratore elettronico, nella quale viene eseguito un programma alla volta **CFR.** multiprogrammazione

monopropellènte [comp. di *mono-* e *pro-*

m

pellente ✱ 1974] **s. m.** ● (*chim.*) propellente liquido costituito da un solo composto capace di liberare prodotti gassosi per mezzo di reazioni esotermiche

monopsichiṣmo [comp. di *mono-* e *psichismo* ✱ 1903] **s. m.** ● (*filos.*) dottrina filosofica che sostiene l'esistenza di un unico spirito universale di cui le singole anime individuali sarebbero la manifestazione

monopsònio [comp. di *mono-* e *-psonio* ✱ 1958] **s. m.** ● forma di mercato caratterizzata dall'esistenza, di fronte a un numero indefinito di venditori, di un solo compratore di un dato bene o servizio

monòptero [vc. dotta, gr. *monópteros*, comp. di *mónos* 'mono-' e *pterón* 'ala' ✱ 1758] **agg.** ● detto di tempio circolare con una sola serie di colonne attorno alla cella

monoràrio [comp. di *mon(o)-* e *orario* ✱ 2005] **agg.** ● che prevede un'unica fascia oraria: *contratto m.* | che ha un unico prezzo in tutte le ore del giorno: *tariffa monoraria dell'elettricità* **CFR.** biorario, multiorario

monorazióne [comp. di *mono-* e *razione* ✱ 1977] **s. f.** ● nella ristorazione collettiva, pasto preconfezionato contenuto in una vaschetta d'alluminio a più scomparti, sigillata **SIN.** monoporzione

monòrchide [vc. dotta, gr. *mónorchis*, comp. di *mónos* 'mono-' e *órchis* 'testicolo' (V. *orchi-*) ✱ 1834] **agg. e s. m.** ● che (o chi) ha un solo testicolo

monorchidìa [comp. di *mono-*, del gr. *orchídion* 'testicolo' e del suff. *-ia*② ✱ 1958] **s. f.** ● (*med.*) condizione caratterizzata dalla presenza di un solo testicolo nello scroto per mancato sviluppo o mancata discesa del secondo testicolo **SIN.** monorchidismo

monorchidiṣmo [1958] **s. m.** ● (*med.*) monorchidia

monoreattóre [comp. di *mono-* e *reattore* ✱ 1956] **s. m.** ● aereo con un solo motore a reazione

monorèddito [comp. di *mono-* e *reddito* ✱ 1981] **agg. inv.** ● che ha un solo reddito, che vive del reddito proveniente dal lavoro di una sola persona: *famiglie m.*

monorifrangènte [comp. di *mono-* e *rifrangente* ✱ 1940] **agg.** ● (*fis.*) detto di cristallo in cui avviene il fenomeno della monorifrangenza

monorifrangènza [comp. di *mono-* e *rifrangenza* ✱ 1958] **s. f.** ● (*fis.*) fenomeno per cui un raggio luminoso viene rifratto da un cristallo senza subire polarizzazione né sdoppiamento **CFR.** birifrangenza

monorimo [comp. di *mono-* e *rima* ✱ 1875] **agg.** ● (*letter.*) che ha una sola rima: *versi monorimi*

monoritmico [1869] **agg. (pl. m. -ci)** ● monoritmo

monoritmo [comp. di *mono-* e *ritmo* ✱ 1834] **agg.; anche s. m.** ● (*letter.*) detto di opera in versi composta interamente con un solo ritmo

monorotàia [comp. di *mono-* e *rotaia* ✱ 1934] **A s. f. 1** ferrovia a una sola rotaia **2** (*est.*) ferrovia sopraelevata | rotaia aerea che consente il trasporto di vagoncini, bilancini, paranchi e sim. agganciati a carrelli che scorrono sulla rotaia stessa, spec. in stabilimenti industriali **B anche in funzione di agg. inv.**: *ferrovie m.*

monorotóre [comp. di *mono-* e *rotore* ✱ 1970] **agg.** ● (*mecc.*) che ha un solo rotore: *elicottero m.*

monosaccàride [comp. di *mono-* e *saccaride* ✱ 1902] **s. m.** ● (*chim.*) glucide formato da una sola molecola di zucchero semplice

monoscàfo [comp. di *mono-* e *scafo* ✱ 1985] **s. m.** ● (*mar.*) tipo di imbarcazione costituita da un solo scafo **CFR.** multiscafo

monoscì o **monoskì** [comp. di *mono-* e *sci* ✱ 1965] **s. m. inv.** ● attrezzo per lo sci d'acqua o lo sci alpino, costituito da un solo sci di dimensioni maggiorate, sul quale si sistemano entrambi i piedi | (*est.*) lo sport praticato con tale attrezzo

monoscòcca [comp. di *mono-* e *scocca* ✱ 1970] **A agg. inv.** ● detto di automobile in cui la scocca è costituita da un unico pezzo con funzione portante **B s. f. inv.** ● automobile monoscocca

monoscòpio [comp. di *mono-* e *-scopio* ✱ 1952] **s. m.** ● (*tv*) immagine fissa sullo schermo trasmessa in assenza di programmazione, che può essere impiegata per tarare l'apparecchio

monosemìa [comp. di *mono-* e *-semia* ✱ 1972] **s. f.** ● (*ling.*) condizione di un segno linguistico che ha un solo significato

monosèmico [da *monosemia* ✱ 1972] **agg. (pl. m. -ci)** ● (*ling.*) detto di morfema o parola che ha un solo significato

monosessuàle [comp. di *mono-* e *sessuale* ✱ 1934] **agg.** ● (*biol.*) unisessuale

monosessuàto [comp. di *mono-* e *sessuato* ✱ 1978] **agg.** ● (*raro*) detto di comunità, spec. scolastica, formata da individui dello stesso sesso **CONTR.** misto

†**monosillaba** [comp. di *mono-* e *sillaba* ✱ 1500 ca.] **s. f.** ● monosillabo

monosillàbico [vc. dotta, gr. *monosyllabikós*, da *monosýllabos* 'monosillabo' ✱ 1819] **agg. (pl. m. -ci)** ● (*ling.*) che è formato da una sola sillaba | ***lingua monosillabica***, composta essenzialmente di monosillabi, come, per es., il cinese

monosìllabo [vc. dotta, lat. tardo *monosўllabu(m)*, dal gr. *monosýllabos*, comp. di *mónos* 'mono-' e *syllabḗ* 'sillaba' ✱ av. 1406] **A agg.** ● (*ling.*) che presenta una sola sillaba **B s. m.** ● (*ling.*) parola formata da una sola sillaba (per es. *qui, tre, sì*) | (*fig.*) ***parlare, rispondere a monosillabi***, con estrema concisione, dicendo il minimo indispensabile

monosillogiṣmo [comp. di *mono-* e *sillogismo* ✱ 1978] **s. m.** ● ragionamento che si articola in un solo sillogismo

monòṣio [comp. di *mon(o)-* e *-osio* ✱ 1954] **s. m.** ● (*chim.*) monosaccaride

monoskì ➤ **monoscì**

monosomìa [comp. di *mono-* e *-somia* ✱ 1978] **s. f.** ● (*biol.*) condizione di un organismo con corredo genetico diploide in cui manca uno dei cromosomi della serie aploide

monospàlla [comp. di *mono-* e *spalla* ✱ 1982] **agg. inv.; anche s. m. e f. inv.** ● detto di abito o indumento che copre una sola spalla | detto di zaino con un solo spallaccio o di borsa con tracolla che si appoggia su una spalla

monospecìfico [comp. di *mono-* e *specifico* ✱ 1989] **agg. (pl. m. -ci)** ● (*biol.*) nella tassonomia biologica, detto di genere, o di categoria tassonomica superiore, comprendente una sola specie

monospermìa [comp. di *mono-* e di un deriv. di *sperma* ✱ 1958] **s. f.** ● (*biol.*) modalità di fecondazione di una cellula uovo da parte di un solo spermatozoo

monospèrmo [comp. di *mono-* e del gr. *spérma* 'seme'. V. *sperma* ✱ 1813] **s. m.** ● (*bot.*) frutto con un solo seme

monòssido [comp. di *mon(o)-* e *ossido* ✱ 1865] **s. m.** ● (*chim.*) composto binario, la cui molecola contiene un solo atomo di ossigeno | ***m. di carbonio***, correntemente, ossido di carbonio

monòssilo ➤ **monoxilo**

monostàbile [comp. di *mono-* e *stabile* ✱ 1974] **agg.** ● (*elettron.*) detto di circuito o dispositivo che ha un solo stato di equilibrio stabile **CFR.** astabile, bistabile

monostàdio [comp. di *mono-* e *stadio* nel sign. 5 ✱ 1958] **agg. inv.** ● (*milit.*) detto di missile costituito da un unico stadio e provvisto di un'unica carica di propellenti

monòstico [vc. dotta, lat. tardo *monŏstichu(m)*, *monostĭchiu(m)*, dal gr. *monóstichos*, comp. di *mónos* 'mono-' e *stíchos* 'verso' (V. *sticomitia*) ✱ av. 1651] **A s. m. (pl. -ci)** ● componimento poetico non strofico costituito da una serie di versi uguali **B anche agg.**: *componimento m.*

monostròfico [vc. dotta, gr. *monostrophikós*, comp. di *mono-* 'mono-' e *strophḗ* 'strofa', con suff. aggettivale ✱ 1834] **agg. (pl. m. -ci)** ● che ha una sola strofa: *componimento poetico m.*

monoteiṣmo [da *monoteista* ✱ 1829] **s. m.** ● religione fondata sull'esistenza di un solo dio

monoteìsta [comp. di *mono-*, del gr. *theós* 'dio' e *-ista* ✱ 1834] **A s. m. e f. (pl. m. -i)** ● chi professa il monoteismo **B agg.** ● monoteistico

monoteìstico [1869] **agg. (pl. m. -ci)** ● del monoteismo: *religione monoteistica*; *culto m.*

monoteliṣmo [da *monotelita* ✱ 1834] **s. m.** ● (*relig.*) eresia che sosteneva l'esistenza in Cristo di due nature e di una sola volontà

monotelìta [comp. di *mono-* e del gr. *thélēsis* 'volontà', da *thélein* 'volere', di orig. indeur. ✱ av. 1342] **s. m. e f. (pl. m. -i)** ● seguace del monotelismo

monotemàtico [comp. di *mono-* e *tema*, con suff. agg. (sul modello di *tematico*) ✱ 1965] **agg. (pl. m. -ci) 1** detto di composizione musicale imperniata su un solo tema **2** (*est.*) che tratta un unico argomento: *film, libro m.* ‖ **monotematicaménte**, **avv.** ‖ **monotematicità**, **s. f. inv.**

monotematiṣmo [comp. di *monotemat(ico)* e *-ismo* ✱ 1978] **s. m.** ● procedimento compositivo consistente nell'imperniare un brano musicale su un solo tema

monotipìa [V. *Monotype* ✱ 1925] **s. f.** ● tecnica tipografica realizzata mediante la Monotype

monotipìsta [da *monotipo*②, *monotipia* ✱ 1942] **s. m. e f. (pl. m. -i)** ● operaio che lavora alle monotype

monotìpo① [comp. di *mono-* e *-tipo* ✱ 1937] **agg. inv.** ● nella vela, detto d'imbarcazione per la quale sono fissate dimensioni sia per lo scafo che per velatura, attrezzatura e materiali da impiegarsi, a seconda delle varie classi

monotìpo② **s. m.** ● adattamento di *Monotype* (V.)

monòtipo③ [comp. di *mono-* e *-tipo* ✱ 1942] **s. m.** ● stampa in esemplare unico, a uno o più colori, ricavata da un disegno non permanente eseguito su lastra metallica

Monotocàrdi [comp. del gr. *mónōtos* 'che ha un solo orecchio' (V. *mono-* e *oto-*) e *-cardio* ✱ 1958] **s. m. pl. (sing. -io)** ● (*zool.*) gruppo di Molluschi dei Gasteropodi caratterizzati da un'unica branchia (o ctenidio) (*Monotocardia*)

monotonìa [vc. dotta, gr. *monotonía*, da *monótonos* 'monotono' ✱ av. 1647] **s. f.** ● noiosa uniformità: *la m. di un suono, del lavoro, della vita*; *la m. di un paesaggio*; *che m. questo film!* | (*raro*) senso di noia, di tedio provocato da esperienze monotone: *Era tanta la gioia ... che non sentivo m.* (C. PAVESE)

♦**monòtono**① [vc. dotta, gr. *monótonos*, comp. di *mónos* 'mono-' e *tónos* 'tono①' ✱ 1803] **agg. 1** che ha tono privo di variazioni: *canto m.*;

musica monotona **2** (*est.*) che è sempre uguale e uniforme, privo di varietà o cambiamenti: *vita monotona; discorsi monotoni; una pioggerella monotona, triste, che aveva accompagnato il dolore di Emilio* (I. SVEVO) | noioso: *un film m.* **3** detto di persona che fa o dice sempre le stesse cose: *come sei m. con questi discorsi!* || **monotonaménte**, avv.

monotòno② [comp. di *mono-* e *tono* ✱ 1932] **agg.** ● (*mat.*) detto di funzione che si mantiene sempre non crescente o sempre non decrescente

Monotrèmi [comp. di *mono-* e del gr. *trêma* 'orifizio', di orig. indeur. ✱ 1832] **s. m. pl.** (**sing.** *-o*) ● (*zool.*) ordine di Mammiferi degli Aplacentati, ovipari, dal corpo tozzo, occhi piccoli, muso terminante con un becco, privi di denti, che allattano la prole (*Monotremata*)

monòtrofo [comp. di *mono-* e *-trofo* ✱ 1958] **agg.** ● (*biol.*) detto di un organismo legato a un unico tipo di nutrimento **CFR.** politrofo

monòtropa [dal gr. *monótropos* 'di un unico carattere, semplice', comp. di *mono-* 'mono-' e *-tropos* '-tropo' ✱ 1834] **s. f.** ● pianta perenne delle Pirolacee, parassita, priva di clorofilla e di stami e foglie ridotte a squame (*Monotropa hypopytis*)

monottongàre [1938] **A v. tr.** (*io monottòngo, tu monottònghi*) ● (*ling.*) trasformare in monottongo **B v. intr.** (**aus.** *avere*) **e intr. pron.** ● (*ling.*) subire una monottongazione: *il dittongo latino 'ae' si monottonga nell'italiano 'e'*

monottongazióne [da *monottongo*, come *dittongazione* da *dittongo* ✱ 1938] **s. f.** ● (*ling.*) trasformazione di un dittongo o di un trittongo in un monottongo

monottòngo [vc. dotta, gr. *monóphthongos* 'di un suono solo', comp. di *mono-* 'mono-' e *phthóngos* 'suono' (V. *dittongo*) ✱ 1938] **s. m.** (**pl.** *-ghi*) ● (*ling.*) articolazione vocalica di timbro uniforme, rispetto al dittongo (per es. la *o* di *core* rispetto al dittongo *uo* di *cuore*) **CFR.** trittongo, quadrittongo

Monotype® /mono'taip, *ingl.* 'mɒnə,taɪp/ [vc. ingl., comp. di *mono-* 'mono' e *type* 'carattere tipografico, tipo' ✱ 1904] **A s. f. inv.** ● (*tipogr.*) macchina per la composizione tipografica che produceva un nastro perforato contenente in codice tutte le istruzioni necessarie al funzionamento della monofonditrice **B in funzione di agg. inv.**: *sistema, carattere m.* **CFR.** monotipo②

monoùso [comp. di *mono-* e *uso* ✱ 1983] **agg. inv.** ● detto di ciò che si usa una sola volta, e poi si getta: *siringa m.*

monovalènte [comp. di *mono-* e *valente* ✱ 1879] **agg.** **1** (*chim.*) detto di atomo o raggruppamento atomico che può combinarsi con un solo atomo d'idrogeno | di composto che ha un solo gruppo funzionale: *acido, alcol, ammina m.* **2** di farmaco efficace contro una sola malattia: *siero m.*

monovèrbo [comp. di *mono-* e del lat. *vĕrbum* 'parola' (V. *verbo*) ✱ 1895] **s. m.** ● tipo di crittografia la cui soluzione è data da un'unica parola (per es. Chi andò dal maestro. Soluzione: prese lezione = preselezione)

monovitìgno® [marchio registrato delle distillerie Nonino, comp. di *mono-* e *vitigno* ✱ 1977] **s. m.** ● vitigno unico | ***grappa di*** (o ***raro da***) ***m.***, ottenuta dalle vinacce di un singolo vitigno

monovoltinìṣmo [comp. parasintetico di *volta*①, col pref. *mono-* ✱ 1983] **s. m.** ● (*biol.*) univoltinismo

monovoltìno [comp. parasintetico di *volta*①, col pref. *mono-* ✱ 1957] **agg.** ● (*biol.*) univoltino

monovolùme [comp. di *mono-* e *volume* ✱ 1985] **A agg. inv.** ● detto di automobile con carrozzeria aerodinamica che racchiude in un solo volume il vano motore, l'abitacolo, il bagagliaio e dispone di uno spazio interno molto vasto **B s. m. o f. inv.** ● automobile monovolume

monovulàre o **monoovulàre** [comp. di *mon(o)-* e *ovulare* ✱ 1957] **agg.** ● (*biol.*) che deriva da un singolo uovo | ***gravidanza gemellare m.***, provocata dalla fecondazione di un unico uovo da parte di un solo spermatozoo, con successivo sdoppiamento dell'uovo **SIN.** monozigotico, uniovulare **CFR.** dizigotico

monòxilo o **monòssilo** [comp. di *mono-* e *-xilo* ✱ 1483] **agg.** ● detto di imbarcazione primitiva costituita da un unico gigantesco tronco d'albero, adeguatamente scavato: *piroga monoxila*

monoẓigòte [comp. di *mono-* e *zigote* ✱ 1978] **agg.; anche s. m.** ● (*biol.*) detto di ogni individuo nato da un unico uovo fecondato

monoẓigòtico [1958] **agg.** (**pl. m.** *-ci*) ● (*biol.*) che deriva da un singolo uovo fecondato: *gemelli monozigotici*

monregalése (o **-ṣ-**) [da *Mons Regalis*, forma lat. mediev. del n. di Mondovì ✱ 1860] **A agg.** ● di Mondovì **B s. m. e f.** ● abitante o nativo di Mondovì

monsignoràto [av. 1704] **s. m.** ● (*raro*) dignità e grado di monsignore

monsignóre [fr. *monseigneur* 'mio signore' ✱ sec. XIII] **s. m.** **1** titolo spettante a vescovi, arcivescovi e a ecclesiastici insigniti di precise dignità | titolo attribuito un tempo a re, imperatori, papi e in certi Paesi agli eredi al trono, membri della famiglia reale o principi **2** (*fig., scherz.*) persona importante, di alto rango: *darsi arie da m.* || **monsignorìno**, **dim.**

monsiù ➤ **monsù**

monsóne [sp. *monzón*, dall'arabo *mawsim* 'stagione' ✱ 1582] **s. m.** ● (*meteor.*) vento stagionale tipico dell'Asia sudorientale, secco d'inverno quando soffia dal continente verso l'oceano e umido d'estate quando soffia in senso contrario, portando piogge ripetute e intense; è originato dal diverso riscaldamento degli oceani e dei continenti

monsònico [1934] **agg.** (**pl. m.** *-ci*) ● che è proprio, che concerne i monsoni: *clima m.; brezza monsonica*

monstre /*fr.* 'mɔ̃stʀ/ [vc. fr., propr. 'mostro' ✱ 1858] **agg. inv.** ● (posposto a un sost.) di dimensioni gigantesche, di portata eccezionale, di straordinaria rilevanza: *una cifra m.*

†**mónstro** ➤ **mostro**②

♣**mónstrum** [vc. lat., propr. 'prodigio', 'fatto o cosa portentosa'] **s. m. inv.** (**pl. lat.** *monstra*) ● fatto, fenomeno o personaggio eccezionale, in senso positivo o negativo

monsù o **monsiù** [fr. *monsieur* 'signore' (propr. 'mio signore'), secondo la pronuncia fr. ✱ 1525] **s. m. inv.** ● (*piemontese*) signore; (*lett.*) titolo di rispetto rivolto a persone di rango, spec. legate alla Francia

mónta [da *montare* ✱ av. 1597] **s. f.** **1** accoppiamento fra animali, spec. d'allevamento: *toro da m.* | (*est.*) luogo in cui avviene tale accoppiamento: *stazione di m.; m. equina, taurina* **2** nello sport, modo e atto di cavalcare, montare un cavallo | (*est.*) fantino prescelto a montare un cavallo in gara **3** freccia di arco o di volta in architettura

montacàrichi o **montacàrico** [calco sul fr. *montecharge* ✱ 1917] **s. m. inv.** ● apparecchio di sollevamento verticale a funzionamento intermittente adibito esclusivamente al trasporto di merci e materiali

montacàsca [comp. di *monta(re)* e *cascare* ✱ 1614] **s. m. inv.** ● (*disus.*) nel canottaggio, movimento alterno del rematore che spinge il corpo in avanti e indietro facendo gravare il peso del corpo sul remo

montàggio [fr. *montage*, da *monter* 'montare' ✱ 1908] **s. m.** **1** operazione del montare le parti di un meccanismo, una struttura e sim. | fissaggio del pezzo sulla macchina utensile per poterlo lavorare | ***catena di m.***, metodo usato nelle lavorazioni in serie, consistente nel far scorrere davanti ai montatori il prodotto in corso di lavorazione, in modo che ciascuno aggiunga il particolare stabilito **2** (*cinema, tv*) l'operazione di selezionare le scene girate e metterle in sequenza, creando così la narrazione **3** (*tipogr.*) operazione consistente nel posizionare opportunamente sulla pagina i diversi elementi che la compongono, quali testo, immagini e altro **4** (*mus.*) fase finale della composizione elettronica in cui si miscelano i vari elementi da registrare su nastro

montaggista [1990] **s. m. e f.** (**pl. m.** *-i*) ● (*tipogr.*) tecnico addetto al montaggio tipografico

♦**montàgna** [lat. parl. **montānia(m)*, da *montānus* 'montano' ✱ 1266] **s. f.** **1** rilievo della superficie terrestre, spec. di proporzioni vaste e grandiose, costituito da una serie di monti: *bassa, alta m.* | monte: *una m. altissima; scalare una m.; montagne alpine* | ***essere grande come una m., sembrare una m.***, (*fig.*) avere dimensioni enormi | ***pesare come una m.***, (*fig.*) moltissimo | ***tappa di m.***, nel ciclismo, tappa che presenta notevoli dislivelli da superare | ***la m. ha partorito il topolino***, (*fig.*) quando a un'enorme attesa corrisponde un esito mediocre (con riferimento a una favola di Esopo) | ***montagne russe***, nei luna park, ferrovia in miniatura con tracciato a forti dislivelli; (*fig.*) situazione che vede un continuo alternarsi di alti e bassi: *titoli azionari sulle montagne russe* **CFR.** ottovolante **2** paese, zona, regione montuosa: *andare in m.; villeggiare in m.; la m. appenninica; un piccolo villaggio di m.* | (*med.*) ***mal di m.***, l'insieme di disturbi (tachicardia, nausea ecc.) che colgono chi è sottoposto a un forte e repentino aumento di altitudine (e quindi a una diminuzione della pressione atmosferica) **3** (*fig.*) ingente quantità di cose: *c'è una m. di piatti da lavare* **SIN.** mucchio || **montagnétta**, **dim.** | **montagnòla**, **montagnuòla**, **dim.** | **montagnóne**, **accr. m.**

NOMENCLATURA

montagna

● *caratteristiche*: monte, collina = colle; a picco = a strapiombo, rocciosa, franosa, a pieghe, a pan di zucchero, seghettata, asimmetrica, vulcanica, isolata, digradante: impervia ⇔ accessibile, tondeggiante = a mammellone = a cupola ⇔ aguzza;
● *descrizione della montagna*: orografia, orogenesi, sistema orografico; altimetria, altimetro, altitudine = altezza = quota, altura, altopiano, sommità; cima = vetta (a corno, a dente, a cupola, a cono, a gobba, a tavola, a piatto, a pettine), curvatura, dosso, pendenza, salita, discesa, declivio, strapiombo, dirupo, placca, balza, gradino, gola = forra, salto, fessura, profilo, dorsale; gruppo = massiccio, sistema, catena, giogaia, rilievo, crinale, cresta, forcella, dente, picco, cengia, croda, pala, guglia, piramide, torre, campanile, spuntone, spalla, dorso, cornice, sporgenza, tetto; piede = base, falda, pendio, fianco, versante, costa, muraglione, spelonca, grotta, nicchia, canalone, canalino, camino, colatoio, ghiaione, parete, anfiteatro (glaciale, morenico), slargo vallivo, conca, circo, pieghe, strati, acrocoro, tavolato, falsopiano, pianoro, ghiacciaio, nevaio, roccia, contrafforte; strada, sentiero, mulattiera, pista; passo, valico, sella;
● *azioni*: estendersi, elevarsi, svettare, strapiombare; valicare, salire, scendere, costeggiare;
● *vegetazione montana*: di bosco, di prato, di roccia; latifoglie, conifere (abete, pino, leccio, larice, pino mugo), felce, ginepro; sassifraghe, mu-

schi, alghe, licheni; pascolo, alpeggio;
• *flora alpina*: erioforo = piumino rotondo, giglio di monte, mughetto, anterico, stellina dorata, giglio rosso, giglio martagone, dente di cane, colchico, croco, bucaneve, narciso, nigritella, salice erbaceo, salice reticolato, romice = lapazio, erba serpentina, licnide delle Alpi, saponaria, garofano dei ghiacciai, botton d'oro, atragene delle Alpi, rosa di Natale, peonia, anemone delle Alpi, ranuncolo, aquilegia, aconito, papavero delle Alpi, rosa alpina; potentilla = cinquefoglie, maggiociondolo, trifoglio delle Alpi, geranio, violetta, rododendro, azalea delle Alpi, erica, mirtillo, orecchia d'orso, primula, androsace, soldanella, ciclamino, genziana, salvia, miosotide = non ti scordar di me, veronica, linaria, digitale, valeriana, fiteuma, campanula, amello = astro, stella alpina = edelweiss, antennaria, achillea, borsa da pastore, sempre vivo, margherita, genepì, arnica, senecio, fiordaliso di monte;
• *costruzioni montane*: baita, malga = casera = alpe, maso, chalet, capanna, rifugio, ricovero, bivacco, tenda, ospizio;
• *mezzi di trasporto*: funivia, seggiovia, cabinovia, ovovia, slittovia, sciovia = skilift, skipass, teleferica (pilone, puleggia, campata, vagoncino, carrello, carrucola, cabina, stazione motrice, fune di soccorso, fune portante, fune traente), cremagliera, slitta, motoslitta, gatto delle nevi; funicolare (puleggia, fune di trazione, funi di sicurezza, rulli di sostegno, rotaie).

montagnàrdo [fr. *montagnard*, da *montagne* 'montagna'; i giacobini più accesi erano detti così perché alla Convenzione sedevano nei banchi posti più in alto ✱av. 1907] **s. m.** • deputato francese dell'epoca rivoluzionaria, appartenente all'ala estremista dei giacobini, chiamata la Montagna

†**montagnése** (o -**ṣ**-) [sp. *montañés*, da *montana* 'montagna' ✱1660] **agg.** • di montagna

†**montagnino** ▸ **montanino**

montagnòlo o †**montagnuòlo** [1539] **A agg.** • (*raro*) di montagna: *animale m.*; *parlata montagnola* **B s. m.** (**f.** *-a*) • (*raro*) montanaro

montagnóso (o -**ṣ**-) [lat. tardo *montaniōsu(m)*, da **montānia* 'montagna' ✱sec. XIV] **agg.** • montuoso

†**montagnuòlo** ▸ **montagnolo**

†**montaimbànco** ▸ †**montambanco**

montaliàno [1931] **agg.** • del poeta E. Montale (1896-1981): *versi montaliani* | relativo alle opere, all'arte di Montale: *studi montaliani*

†**montambànco** o †**montaimbànco**, †**montimbànco** [ant. fr. *monteinbanque* 'monta in banco' ✱1584] **s. m.** • saltimbanco, ciarlatano

montanarésco [av. 1646] **agg.** (**pl. m.** *-schi*) • (*lett.*) montanaro

montanàro [da *montano* ✱1319] **A agg.** • di montagna: *popolazione montanara*; *canzoni montanare* | caratteristico di chi vive in montagna: *semplicità montanara* **B s. m.** **1** (**f.** *-a*) chi è nato o vive in montagna (con riferimento alle caratteristiche ritenute tipiche delle persone di montagna): *un robusto m.*; *testardo d'un m.!* (A. Manzoni) **2** (*zool.*) *falcone m.*, gheppio

montanèllo [da *montano*, perché nidifica in montagna ✱av. 1375] **s. m.** • (*zool.*) fanello

†**montanésco** [da *montano* ✱sec. XIV] **agg.** • montagnoso | di montagna

montanino o †**montagnino** [da *montano* ✱1309 ca.] **A agg.** **1** (*tosc.*) di montagna: *ciliegie montanine* | montanaro: *o vaghe montanine pastorelle* (F. Sacchetti) | *sale m.*, salgemma **2** (*raro, fig.*) incolto, rozzo **B s. m.** (**f.** *-a*) • (*tosc.*) montanaro

montaniṣmo [da *montanista* ✱1891] **s. m.** • eresia cristiana che predicava l'imminente ritorno del Cristo e la necessità di ricorrere a penitenze e ad austerità

montanìsta [da *Montano* (II sec.), fondatore della setta ✱1619] **A s. m. e f.** (**pl. m.** *-i*) • eretico seguace del montanismo **B agg.** • montanistico

montanìstico [1965] **agg.** (**pl. m.** *-ci*) • relativo a montanismo, a montanista

montàno [vc. dotta, lat. *montānu(m)*, agg. di *mōns*, genit. *mŏntis* 'monte' ✱1340] **agg.** • di montagna, caratteristico di monte o montagna: *paesaggio, paese m.*; *regioni, erbe, piante montane*

montànte **A part. pres.** di *montare*; anche **agg.** • che sale (*anche fig.*): *marea m.*; *protesta m.* **B s. m.** **1** in una struttura, elemento verticale rigido, con funzione di sostegno | elemento verticale di intelaiatura di porta o finestra **2** (*sport*) ciascuno dei supporti verticali che sostengono il corrente o gli staggi, negli attrezzi della ginnastica artistica | nel calcio e in altri sport, ciascuno dei pali verticali della porta: *colpire, sfiorare il m.* **3** nel pugilato, colpo portato dal basso verso l'alto, a braccio flesso, al mento o al busto | nella scherma di sciabola, movimento diagonale dell'arma dal basso in alto **4** (*mat.*) somma del capitale più l'interesse da questo prodotto **5** (*econ.*) *m. compensativo*, nell'ambito dell'Unione europea, integrazione finanziaria corrisposta agli esportatori di prodotti agricoli per neutralizzare l'effetto delle fluttuazioni monetarie sugli scambi agricoli intercomunitari **6** (*lett.*) montatoio, predellino

montapànna [comp. imperativale di *montare* e *panna*① ✱1983] **s. m. inv.** • utensile da cucina per montare la panna

♦**montàre** [lat. parl. **montāre*, da *mōns*, genit. *mŏntis* 'monte' ✱1211] **A v. intr.** (*io mónto*; aus. *essere*) **1** andare o salire su qlco.: *m. sul campanile, in cima alle scale, in bicicletta, a cavallo, in sella, in groppa a un elefante* | (*assol.*) salire a cavallo: *monti chi è a piè, chi non è armato s'armi* (L. Ariosto) | ***m. in cattedra, in pulpito***, (*fig.*) fare il saccente | (*fig.*) ***m. in collera***, arrabbiarsi | (*fig.*) ***m. in furore***, infuriarsi | (*fig.*) ***m. in bestia***, imbestialirsi | (*fig.*) ***gli è montata la mosca al naso***, ha avuto uno scatto d'ira | (*fig.*) ***gli è montato il sangue alla testa***, ha perso la ragione, la lucidità per l'ira **2** cavalcare: *monta in modo meraviglioso* **3** aumentare o innalzarsi di livello, grado, tono e sim.: *la marea monta rapidamente*; *il suono montava poco a poco* | (*fig.*) crescere di intensità: *intanto continuava a m. il malcontento del popolo* | ***il Sole, la Luna monta***, sorge e s'innalza sull'orizzonte **SIN.** salire **4** essere di turno, entrare in servizio: *m. di guardia*; *la guardia giurata monta (in servizio) alle sette* **CONTR.** smontare **5** †ammontare, assommare **6** †valere, importare | ***non monta***, non importa **B v. tr.** **1** salire: *m. le scale, i gradini* **2** comporre qlco. riunendone e collegandone le varie parti nel modo dovuto: *per m. il trenino elettrico bisogna seguire attentamente le istruzioni* | (*est.*) mettere nel posto dovuto: *m. le tende, la libreria* **3** gonfiare, aumentare (*anche fig.*) | ***m. la panna, la chiara d'uovo***, farla salire, sbattendola | (*fig.*) ***m. una notizia, un particolare***, dare loro un'evidenza o un'importanza del tutto sproporzionate, spec. nel riferirli | (*fig.*) ***m. qlcu.***, farne una figura di primo piano; montargli la testa; sobillarlo contro qlcu. | (*fig.*) ***m. la testa a qlcu.***, esaltarlo con allettamenti, lusinghe e sim. | anche in forma pron., nella loc. ***montarsi la testa***, esaltarsi da sé, insuperbirsi **4** (*zootec.*) coprire, fecondare, negli accoppiamenti di animali: *far m. le giumente da stalloni purosangue* **5** incastonare le pietre preziose in un gioiello **6** (*mar.*; *raro*) doppiare, girare: *m. un promontorio* **7** comporre un film eseguendo l'operazione di montaggio **8** ***m. la guardia***, stare di guardia, di sentinella **C montàrsi v. intr. pron.** • insuperbirsi, esaltarsi

montaròzzo [da *monte* ✱1948] **s. m.** • (*centr.*) cumulo di terra, di detriti o di rifiuti: *bisognava entrare nel prato, tutto di montarozzi, gobbe, immondezza* (P.P. Pasolini)

montascàle [comp. di *monta(re)* e il pl. di *scala* ✱1991] **A s. m. inv.** • apparecchio, impianto per trasportare su una o più rampe di scale persone che hanno difficoltà motorie **B** anche **agg. inv.**: *impianto m.*

montascéndi (o **-è-**) [comp. di *monta(re)* e *scendere* ✱1808] **s. m. inv.** • (*disus.*) sentiero per scendere e salire sopra un argine, e sim.

montàṣio [dal n. del monte Jôf di *Montâs* (Giogo di *Montasio*), nelle Alpi Giulie occidentali ✱1931] **s. m.** • formaggio a pasta semicotta e dura, tipico del Friuli

montàta [sec. XIII] **s. f.** **1** (*raro*) salita | ***m. dei salmoni, delle anguille***, il loro risalire i fiumi per la riproduzione | (*fisiol.*) ***m. lattea***, lattogenesi **2** (*raro*) salita, erta

montàto **A part. pass.** di *montare*; anche **agg.** **1** nei sign. del v. | ***panna montata***, V. *panna*① **2** (*fig.*) altezzoso, pieno di sé: *quel ragazzo è un po' m.* **B s. m.** • †montata

montatóio [da *montato* ✱1803] **s. m.** (**pl.** *-ói*) • predellino di vettura, carrozza e sim.

montatóre [1491] **agg. e s. m.** (**f.** *-trice*) • che (o chi) monta, sale | operaio addetto a lavori di montaggio

montatùra [1598] **s. f.** **1** il montare | montaggio **2** ciò che costituisce la struttura di sostegno di un oggetto: *la m. degli occhiali*; *anello con m. in oro* **3** guarnizione di un cappello da donna **4** (*fig.*) premeditata esagerazione del valore e dell'interesse di qlco.: *una m. della stampa*; *è tutta una m.* **SIN.** gonfiatura

montavivànde [comp. di *monta(re)* e il pl. di *vivanda* ✱1940] **s. m. inv.** • piccolo montacarichi, con o senza apparato motore, per trasporto verticale di vivande

♦**mónte** [lat. *mŏnte(m)*, da una radice indeur. che indica 'sporgenza' ✱1219] **s. m.** **1** rilievo naturale della superficie terrestre, che si leva a un'altezza superiore ai 500 metri sul livello del mare, raramente isolato, per lo più inserito in catene, sistemi, giogaie e sim.: *il m. Bianco, Rosa*; *fra monti e valli* **CFR.** oro-② | ***a m.***, verso la sommità, nella parte più alta; (*fig.*) in ciò che precede, che costituisce la premessa di qualcosa: *le vere ragioni di quanto è successo vanno cercate a m.* **CONTR.** a valle | ***a m. di***, nella parte più prossima alla sorgente, detto di fiume o di una zona, località e sim., considerata rispetto a quello | (*fig.*) ***promettere mari e monti***, V. *mare* | (*fig.*) ***muovere, smuovere mari e monti***, V. *mare* **2** (*fig.*) grande ammasso, ingente quantità, abbondanza: *un m. di cartaccia, di stracci, di grano, di frutta*; *un m. di denaro*; *un m. di gente*; *un m. di gentilezze*; *un m. di seccature*; *ho lasciato tutto quel m. di pacchi e pacchetti in deposito alla stazione* (L. Pirandello) | ***un m. di botte, di bastonate***, un sacco, un fracco **SIN.** mucchio **3** mucchio di carte scartate al gioco | mucchietto di carte che in alcuni giochi avanzano dopo la distribuzione | ***mandare a m.***, (*fig.*) far fallire | ***andare a m.***, (*fig.*) non riuscire, mancare **4** gruppo omogeneo ordinato di valori spec. contabili | ***m. premi***, V. *montepremi* | ***m. cedole***, complesso degli importi relativi alle cedole dei titoli per qualsivoglia motivo depositati presso una banca al momento della maturazione della cedola stessa | ***m. ore***, nel linguaggio sindacale, complesso delle ore a disposizione di organismi o di lavoratori per determinate attività (come assemblee, corsi di aggiornamento ecc.) **5** ente pubblico che esercita funzioni bancarie: *M. dei Paschi* | istituzione dotata di beni patrimoniali, con fini benefici e assistenziali | ***m. di pietà, m. pio, m. dei pegni***, istituzione benefica o assistenziale che accorda prestiti su pegno di beni mobili, senza fini di lucro: *menommi al M. e fecemi spendere quindici grossoni* (MICHELANGELO) | ***m. frumentario***, V. *frumentario* **6** ciascuna delle lievi protuberanze del palmo della mano che, in chiromanzia, indicano determinate strutture caratteriologiche del soggetto **7** (*anat.*) ***m. di Venere, m. del pube***, prominenza adiposa coperta di peli, sopra la vulva **8** ***m. veronese***, formaggio a pasta semicotta, preparato con latte vaccino intero o parzialmente scremato, tipico della parte settentrionale della provincia di Verona || **monticciòlo**, **dim.** | **monticèllo**, **dim.** | (*lett.*) **monticino**, **dim.** | (*lett.*) **monticolo**, **dim.**

montebiànco [fr. *montblanc* 'monte bianco', per l'aspetto e il colore ✱ 1942] **s. m.** (**pl.** *-chi*) ● dolce di castagne, lessate e passate, e panna montata

montébore [dal n. del luogo di produzione, *Montebore*, frazione di Dernice (AL) ✱ 1999] **s. m. inv.** ● formaggio fresco o stagionato tipico di alcune valli in provincia di Alessandria, prodotto con latte crudo vaccino e ovino e preparato in formelle sovrapposte di diametro progressivamente inferiore

montenegrino [1780] **A** **agg.** ● del Montenegro **B** **s. m.** (**f.** *-a*) ● abitante o nativo del Montenegro

monteprèmi [comp. di *monte* e il pl. di *premio* ✱ 1958] **s. m. inv.** ● somma da ripartire tra i vincitori di una lotteria, di un concorso e sim.

Montepulciàno [dal nome della città toscana della cui zona è originario ✱ 1666] **s. m. inv.** **1** ***Vino Nobile di M.***, pregiato vino di colore rosso granato e dal profumo elegante, ottenuto in Toscana da vitigno Sangiovese e altri vitigni locali, tra cui il Canaiolo **2** vitigno coltivato nell'Italia centro-meridionale (spec. Marche e Abruzzo), che dà vini rossi dal profumo vinoso | vino rosso ottenuto da tale vitigno: *M. delle Marche* | ***M. d'Abruzzo***, vino di color rosso rubino intenso, dal profumo gradevole e dal sapore asciutto ottenuto dalle uve omonime con aggiunta di Sangiovese

montessoriàno [1965] **agg.** ● che concerne Maria Montessori (1870-1952) o i suoi metodi pedagogici: *scuola montessoriana*

montgòmery /mon'gɔmeri, *ingl.* mənt'gʌməri/ [dal n. del generale ingl. B.L. *Montgomery* (1887-1976) che lo adoperava ✱ av. 1945] **s. m. inv.** ● giaccone a tre quarti, di lana piuttosto ruvida, con cappuccio, chiuso da alamari e bottoni di legno a olivetta **CFR.** mongomeri

montiàno [1862] **agg.** ● relativo al poeta V. Monti (1754-1828) e alla sua arte

monticàre [da *monte* ✱ 1950] **v. intr.** (*io móntico, tu móntichi*; aus. *avere*) ● (*sett.*) stare all'alpeggio, detto del bestiame | tenere il bestiame all'alpeggio **SIN.** alpeggiare

monticazióne [da *monticare* ✱ 1917] **s. f.** ● (*sett.*) migrazione estiva del bestiame dal fondo valle ai pascoli montani

monticellite [chiamato così in onore del naturalista T. *Monticelli* (1759-1845) ✱ 1958] **s. f.** ● (*miner.*) silicato di calcio e magnesio affine all'olivina

†**montimbànco** ➤ †**montambanco**

montmorillonite [dalla località di *Montmorillon* in Francia ✱ 1847] **s. f.** ● (*miner.*) silicato idrato di magnesio e alluminio del tipo a strati che forma masse biancastre a grana finissima d'aspetto argilloso; si usa nella depurazione delle acque per la sua forte capacità di scambio ionico

montmorillonitico [1983] **agg.** (**pl. m.** *-ci*) ● (*miner.*) che ha natura di montmorillonite: *argilla montmorillonitica*

montonàta [da *montone*① ✱ 1869] **s. f.** ● (*sport*) nell'ippica, salto del montone

montonàto [da *montone*③ ✱ 1958] **agg.** ● detto di roccia arrotondata

montoncino [av. 1907] **s. m.** **1** dim. di *montone*① **2** pelle di montone

montóne① [lat. parl. **multōne(m)*, di orig. gallica, avvicinato a *montare*; nel sign. 3, dal colore biancastro come quello del vello dei montoni ✱ 1289] **s. m.** **1** maschio della pecora **SIN.** ariete | la carne di tale animale macellata o cucinata | (*sport*) ***salto del m.***, nell'ippica, movimento che il cavallo compie di sua volontà, di sorpresa, per disarcionare il cavaliere o come vivace espressione di gaiezza **2** (*est., colloq.*) giaccone o cappotto confezionato con la pelle dell'animale omonimo **3** (**spec. al pl.**) ciascuna delle onde minori ai fianchi di un maroso **4** (*fig.*) †persona sciocca e stupida: *considerando che Amor l'avesse di m. fatto tornar uomo* (G. BOCCACCIO) || **montoncino**, **dim.** (V.)

montóne② [calco sul fr. *mouton*, moneta d'oro fatta coniare da S. Luigi, che aveva l'immagine dell'agnello pasquale (*montone*) con la leggenda 'Ecce Agnus Dei' ✱ sec. XIII] **s. m.** ● moneta d'oro francese

montóne③ [accr. di *monte* ✱ 1983] **s. m.** ● (*geol.*) roccia cui l'azione dei ghiacciai ha conferito una forma tondeggiante

†**montonino** [da *montone*① ✱ av. 1292] **agg.** ● relativo a montone | simile a montone

montuosità (o -ṣ-) [da *montuoso* ✱ 1632] **s. f. inv.** **1** caratteristica di ciò che è montuoso: *la mancanza di buone coltivazioni è dovuta alla m. della regione*; *m. e disegualità della Luna* (G. GALILEI) **2** punto più elevato del terreno: *si notano numerose m.*

♦**montuóso** (o -ṣ-) [vc. dotta, lat. *montuō-su(m), montōsu(m)*, da *mōns*, genit. *mōntis* 'monte' ✱ 1282] **agg.** ● che è caratterizzato dalla presenza di monti o rilievi: *regione montuosa* | (*lett.*) che ha forma di monte: *la montuosa nube* (G. D'ANNUNZIO) || **montuosità**, **s. f. inv.** (V.)

montùra [fr. *monture*, da *monter* 'montare, assettare' ✱ 1677] **s. f.** ● (*lett.*) divisa, uniforme: *ufficiali in m.*

monturàto [1883] **s. m.**; anche **agg.** ● (*disus.*) chi (o che) indossa la montura

♦**monumentàle** [vc. dotta, lat. tardo *monumentāle(m)*, da *monumĕntum* 'monumento' ✱ av. 1837] **agg.** **1** di monumento: *iscrizione m.* **2** (*est.*) di gran mole, imponente, grandioso: *costruzione m.* | (*fig.*) enorme: *un trattato m.*; *una m. collezione di francobolli* **3** che è ricco di monumenti: *città m.*; *cimitero m.* || **monumentalità**, **s. f. inv.** caratteristica, aspetto di ciò che è monumentale

SFUMATURE ➤ ***imponente***

monumentalismo [1950] **s. m.** ● monumentalità | caratteristica di ciò che è imponente, grandioso, talora in modo eccessivo o pomposo (*anche fig.*) | (*archit.*) tendenza della prima metà del Novecento a ispirarsi a modelli architettonici classici o neoclassici di grande imponenza

monumentàre [av. 1907] **v. tr.** (*io monuménto*) ● (*raro, lett.*) onorare la memoria di qlcu. con un monumento | effigiare qlcu. in un monumento

♦**monuménto** o †**moniménto** [vc. dotta, lat. *monumĕntu(m)* 'ricordo', da *monēre* 'far ricordare'. V. *monito* ✱ av. 1292] **s. m.** **1** opera, spec. di scultura o di architettura, che serve a ricordare un personaggio o un avvenimento di particolare importanza: *erigere un m. a qlcu.*; *inaugurare un m.*; *m. commemorativo* **2** (*est.*) opera architettonica di importanza notevole: *i monumenti antichi*; *i monumenti della nostra epoca* | ***m. nazionale***, edificio messo sotto tutela per il suo alto valore artistico o storico | (*fig.*) opera artistica di importanza storica: *amava e venerava i sacri monumenti delle lettere* (B. CASTIGLIONE) | ***un m. di dottrina, di sapere***, detto di persona o di opera scritta estremamente ricca di scienza **3** (*lett.*) sepolcro | (*per anton.*) sepolcro di Cristo in Gerusalemme || **monumentino**, **dim.** | **monumentóne**, **accr.**

monzése (o -ṣ-) [1609] **A** **agg.** ● di Monza **B** **s. m. e f.** ● abitante o nativo di Monza

mood /*ingl.* mu:d/ [vc. ingl., propr. 'stato d'animo, umore', di orig. germ. ✱ 1957] **s. m. inv.** ● stato d'animo, umore: *il m. del momento* | (*mus.*) ***m. style***, nel jazz, stile orchestrale degli anni 1920-'30, con accordi alterati e sound particolarmente intenso

Moog® /*ingl.* məug/ [vc. ingl., dal n. dell'ingegnere americano R. A. *Moog*, che lo inventò negli anni '60 del Novecento ✱ 1973] **s. m. inv.** ● tipo di sintetizzatore

Moon boot® /mun'but, *ingl.* 'mu:n,bu:t/ [loc. ingl., propr. 'stivale lunare', comp. di *moon* 'luna' e *boot* 'stivale', per analogia di forma con gli stivali indossati dagli astronauti ✱ 1983] **loc. sost. m. inv.** (**pl. ingl.** *Moon boots*) ● denominazione di speciali calzature fabbricate in materiale isolante per camminare sulla neve

Moplèn® [da *Mo(ntecatini Polipro)p(i)len(e)* ✱ 1957] **s. m. inv.** ● (*chim.*) materia plastica, prodotta per polimerizzazione del propilene e/o dell'etilene; usata per stampaggio di oggetti vari

Mops /*ted.* mɔps/ [ted., dal neerl. *mops*, da *moppen* 'fare un viso arcigno' ✱ 1905] **s. m. inv.** (**pl. ted.** *Möpse*) ● carlino②

moquettàto /moket'tato/ [da *moquette* ✱ 1982] **agg.** ● detto di superficie ricoperta di moquette

♦**moquette** /*fr.* mɔ'kɛt/ [vc. fr., etim. incerta ✱ 1885] **s. f. inv.** ● tipo di tessuto in lana ruvida o fibre sintetiche, per rivestire pavimenti di ambienti interni | (*est.*) il pavimento così rivestito: *fece cadere la cenere sulla m.* **CFR.** mochetta

mòra① [da *moro*② ✱ sec. XIII] **s. f.** ● frutto formato da un sincarpio sugoso del gelso bianco e del gelso nero | frutto del rovo, nero, lucente, commestibile | †***non valere una m.***, non valere nulla | †***essere più lontano da qlco. che gennaio dalle more***, esserne lontanissimo

mòra② [da *mora*①. V. *morula* ✱ 1983] **s. f.** ● (*biol.*) morula

mòra③ [vc. dotta, lat. *mŏra(m)*, di etim. incerta ✱ av. 1306] **s. f.** **1** (*dir.*) ingiustificato ritardo nell'adempimento di una obbligazione o prestazione dovuta: *essere, cadere in m.* | ***m. del debitore***, ritardo ingiustificato ad adempiere, accertato nelle forme di legge | ***interessi di m.***, nelle obbligazioni pecuniarie, interessi che il debitore deve dal giorno in cui è costituito in mora sino al perdurare della stessa | ***m. del creditore***, rifiuto senza legittimo motivo del creditore di ricevere il pagamento offertogli nei modi di legge dal debitore | ***costituire in m.***, compiere le formalità atte ad accertare la mora della controparte **2** correntemente, somma di denaro dovuta per il ritardo nel compimento di un atto **3** (*fig., lett.*) indugio, intervallo, pausa | ***nelle more di qlco.***, negli indugi di qlco.; durante qlco.: *nelle more della colazione, lo Sforza ha scritto la protesta* (B. CROCE) **4** nella metrica classica, unità di misura del ritmo corrispondente convenzionalmente alla lunghezza di una sillaba breve

mòra④ ➤ **morra**

mòra⑤ [vc. di orig. sconosciuta ✻ 1958] **s. f.** • pesce mediterraneo e atlantico dei Gadiformi, di colore marrone (*Mora mora*)

†**mòra**⑥ [vc. di orig. preindeur. ✻ 1319] **s. f.** • mucchio, massa di pietre

Moràcee [vc. dotta, comp. di *mora*① e *-acee* ✻ 1895] **s. f. pl.** (**sing.** *-a*) • (*bot.*) famiglia di Dicotiledoni arboree ricche di latice (*Moraceae*)

moraiòlo [da *mora*① ✻ av. 1512] **s. m.** • varietà di ulivo dal frutto nero-violaceo a maturazione, apprezzata per la buona resa in olio SIN. morellino

♦**moràle** [vc. dotta, lat. *morāle(m)*, da *mōs*, genit. *mōris* 'costume', di etim. incerta ✻ 1268] **A agg. 1** che concerne il comportamento umano in relazione alle categorie del bene e del male: *giudizio, precetto, massima, legge m.*; *progresso m.*; *le dottrine morali* | ***senso m.***, intima percezione di ciò che è bene o male | ***coscienza m.***, consapevolezza del significato etico delle proprie azioni | ***responsabilità m.***, relativa agli effetti del comportamento pratico | ***danno m.***, V. *danno*① | ***ente m.***, fondazione che persegue uno scopo non lucrativo **2** conforme ai principi di ciò che è buono e giusto: *libro, discorso m.* | castigato, non licenzioso: *spettacolo m.* | onesto, retto: *è una persona m.* **3** relativo al mondo dello spirito, della coscienza: *forza, fiacchezza m.*; *mi ha dato un aiuto m.* | ***scienze morali***, le scienze filosofiche, giuridiche, storiche e sim., in contrapposizione alle scienze fisiche e matematiche | ***autorità m.***, che deriva dalla stima o dall'affetto | ***certezza m.***, basata più su intima persuasione che su prove materiali | (*fig.*) ***schiaffo m.***, offesa, umiliazione bruciante | ***capitale m. di una nazione***, la città più importante pur non essendo la capitale | ***vincitore m.***, chi, in una gara e sim., è stato sconfitto pur avendo meritato di vincere ‖ **moralménte**, **avv. 1** secondo la morale: *comportarsi moralmente* **2** dal punto di vista morale: *mi sento moralmente responsabile* **3** relativamente al morale, alle condizioni psicologiche: *è moralmente distrutto* ‖ **moralità**, **s. f. inv.** (V.) **B s. f. 1** parte della filosofia che studia i problemi relativi alla condotta dell'uomo SIN. etica **2** complesso di consuetudini e norme che regolano la vita pubblica e privata: *m. individuale, collettiva*; *è un uomo senza m.* **3** ***la m. della favola***, l'insegnamento che si può trarre da un fatto o da un racconto: *la m. della favola è che hai sbagliato tutto* | ***m. della favola***, (*fig., anche scherz.*) in conclusione: *perciò, m. della favola, ho pagato tutto io* **C s. m.** • stato d'animo, condizione psicologica: *avere il m. alto, alle stelle*; *essere giù di m.*; *avere il m. sotto i tacchi*

SFUMATURE DI SIGNIFICATO

morale - deontologia - etica

Il complesso di consuetudini e norme che una persona o una collettività considerano come giuste e necessarie, e dunque accettano e propongono come modello da seguire nella vita pubblica e privata, in un'attività e simili si definisce **morale**. Il complesso dei principi morali e dei doveri inerenti a una particolare categoria professionale si dice invece **deontologia**. Un altro termine per identificare l'insieme delle norme di comportamento di un singolo o di un gruppo umano è **etica**. Nel linguaggio filosofico si tende a differenziare i due termini, preferendo il termine *morale* per indicare l'insieme di valori, norme e costumi di un individuo o di un gruppo, e riservando la parola *etica* alla speculazione filosofica sul comportamento umano, cioè alla morale intesa come disciplina.

SFUMATURE ➤ ***giusto***①

moraleggiànte **part. pres.** di *moraleggiare*; anche **agg.** • (*spesso spreg.*) che tende al moralismo: *atteggiamenti, sentenze moraleggianti*

moraleggiàre [av. 1642] **v. intr.** (**pres.** *io moraléggio*; **fut.** *io moraleggerò*; **aus.** *avere*) • fare osservazioni, ragionamenti di natura morale (*spesso spreg.*): *m. su tutto*

moralìsmo [comp. di *morale* e *-ismo* ✻ 1913] **s. m. 1** ogni dottrina filosofica che attribuisca alla norma morale un valore prioritario rispetto a ogni altro aspetto della vita spirituale: *il m. di Kant, di Fichte* **2** eccessiva intransigenza in campo morale

moralìsta [comp. di *morale* e *-ista* ✻ av. 1492] **A s. m. e f.** (**pl. m.** *-i*) **1** (*filos.*) seguace di una dottrina filosofica fondata sulla norma morale | scrittore che nelle sue opere tratta prevalentemente di questioni morali, facendo riflessioni sui costumi, le abitudini e i comportamenti degli uomini: *Montaigne e Pascal furono grandi moralisti* **2** chi giudica gli altri con estrema intransigenza, talvolta alla luce di astratti principi morali **B agg.** • moralistico

moralìstico [1886] **agg.** (**pl. m.** *-ci*) **1** (*filos.*) relativo al moralismo o ai moralisti **2** da moralista; che rivela eccessiva intransigenza morale: *giudizi moralistici*; *chiacchiere moralistiche* ‖ **moralisticaménte**, **avv.**

moralità [vc. dotta, lat. tardo *moralitāte(m)*, da *morālis* 'morale'; nel sign. 3 attraverso il fr. *moralité* ✻ 1308] **s. f. inv. 1** conformità alle norme morali: *m. di costumi*; *persona di dubbia m.* **2** morale, spec. in quanto attuazione pratica delle norme morali: *m. pubblica, privata* | (*lett.*) insegnamento che si può trarre da un discorso o da una favola **3** nel Medioevo, rappresentazione teatrale, spesso allegorica, con fini edificanti, tipica spec. della letteratura francese

moralizzàbile [1745] **agg.** • (*raro*) che si può moralizzare

moralizzàre [av. 1406] **A v. tr.** • rendere conforme ai principi morali: *m. la vita politica, la pubblica amministrazione* **B v. intr.** (**aus.** *avere*) • (*raro*) moraleggiare **C moralizzàrsi v. rifl.** • conformarsi ai principi morali ‖ **moralizzazióne**, **s. f.**: *la moralizzazione dei costumi*

moralizzatóre [1841] **s. m.** (**f.** *-trice*); anche **agg.** • chi (o che) moralizza

mòral suasion /ˈmɔral suˈeʒon, *ingl.* ˌmɒr(ə)lˈsweɪʒ(ə)n/ [loc. ingl., propr. 'persuasione (*suasion*) morale (*moral*)', nel senso di 'non forzata' ✻ 1985] **loc. sost. f. inv.** • (*polit.*) opera di persuasione esercitata da un'autorità su un ente sotto il suo controllo per indirizzarne le scelte e i comportamenti

†**moràre** [vc. dotta, lat. *morāri* 'indugiare', da *mŏra* 'indugio'. V. *mora*③ ✻ av. 1306] **v. intr.** • indugiare, stare

moràto [da *mora*① ✻ sec. XIII] **agg.** • che ha un colore nero tendente al bruno o con sfumature brune

moratòria [f. sost. di *moratorio* ✻ 1528] **s. f. 1** (*dir.*) provvedimento legislativo per cui resta sospesa la scadenza delle obbligazioni, spec. pecuniarie **2** (*est.*) dilazione, sospensione: *il nemico propone una m. dei combattimenti*

moratòrio [lat. tardo *moratōriu(m)*, da *morāri* 'indugiare'. V. †*morare* ✻ 1673] **agg.** (**pl. m.** *-i* **o raro** *-ii*) • (*dir.*) relativo a mora: *interessi moratori*

moràvo o **mòravo** [1532] **A agg.** • della Moravia, regione della Repubblica Ceca **B s. m.** (**f.** *-a*) • abitante o nativo della Moravia **C s. m. solo sing.** • lingua del gruppo slavo parlata in Moravia

mòrbida [f. sost. di *morbido* ✻ 1940] **s. f.** • stato di regime intermedio dei corsi d'acqua, che si verifica quando le acque si gonfiano per piogge o disgelo senza raggiungere i livelli di piena

morbidèllo [da *morbido* ✻ 1729] **s. m.** • (*bot.*) valerianella

morbidézza o (*pop., tosc.*) **morvidézza** [av. 1311] **s. f. 1** caratteristica di ciò che è morbido: *la m. delle carni, di un tessuto* | (*fig.*) docilità, malleabilità: *m. di carattere* SIN. sofficità **2** nelle arti figurative, insieme di elementi, quali l'armonia dei colori, la delicatezza delle sfumature, la leggerezza dei tratti, dei contorni e sim., per cui un dipinto o una scultura suggeriscono sensazioni di particolare dolcezza e soavità **3** (*lett.*, **spec. al pl.**) mollezza, raffinatezza, lascivia

morbidìccio [1869] **agg.** (**pl. m.** *-ci*; **pl. f.** *-ce*) • alquanto morbido, molle (*anche spreg.*)

♦**mòrbido** o (*pop., tosc.*) **mòrvido** [vc. dotta, lat. *mŏrbidu(m)* 'malato, indisposto, malsano', da *mŏrbus* 'morbo' ✻ av. 1250] **A agg. 1** che ha consistenza soffice, cedevole o leggermente molle: *guanciale m.*; *cera, creta morbida* | tenero: *la morbida erbetta*; *materiale m. come il burro* | ***metallo m.***, malleabile | ***marmo m.***, che si lavora con facilità CONTR. duro **2** dolce, liscio e delicato al tatto: *stoffa, seta, pelle morbida* | detto di vino dal sapore equilibrato, gradevole, non aggressivo CONTR. ruvido **3** leggero, sfumato, vaporoso: *morbidi contorni* | ***linea morbida***, non aderente, detto di abito spec. femminile **4** nelle arti figurative, caratterizzato da morbidezza **5** (*lett., fig.*) estremamente raffinato e molle: *vita morbida*; *costumi morbidi* CONTR. rigido **6** (*fig.*) delicato, lieve: *colpire la palla con un tocco m.* | (*fig.*) conciliante, arrendevole: *carattere m.*; *non è un tipo m.*; *atteggiamento m.* CONTR. duro | (*fig.*) sfumato, delicato, attenuato: *luci, colori, suoni morbidi* | ***allunaggio m.***, V. *allunaggio* SIN. soft **7** (*med., impropr.*) morboso ‖ **morbidaménte**, **avv.** in modo morbido, con morbidezza **B s. m.** • ciò che è morbido: *sedere sul m.* ‖ **morbidétto**, **dim.** | **morbidìno**, **dim.** | **morbidóne**, **accr.** | **morbidòtto**, **alter.**

SFUMATURE DI SIGNIFICATO

morbido - soffice - molle

Morbido è ciò che è cedevole al tatto, tenero, non rigido, talora liscio, levigato; si può dire di un tessuto, della pelle, ma anche della linea di un vestito. In **soffice** la morbidezza si riferisce a un oggetto o a un materiale che ha un certo spessore, nel quale si affonda facendovi sopra una pressione, ma che torna allo stato naturale quando la pressione è cessata. **Molle** invece è ciò che ha poca consistenza, si comprime, si deforma o è flaccido, floscio, acquoso; è per questi suoi significati che soltanto *molle*, tra i tre, definisce figuratamente una persona debole, fiacca, priva di energia.

morbidóso (o *-ṣ-*) [da *morbid(o)* con il suff. *-oso*③ in funzione scherz. ✻ 1994] **agg.** • (*colloq.*) che è particolarmente e piacevolmente morbido: *un golf m.*

morbidùme [comp. di *morbido* e *-ume* ✻ 1869] **s. m.** • (*raro, spreg.*) insieme di cose mollicce

morbìfero [vc. dotta, lat. *morbĭferu(m)*, comp. di *mŏrbus* 'morbo' e *-fer* '-fero' ✻ av. 1698] **agg. 1** †che provoca una malattia **2** (*raro*) morbigeno

morbìgeno [comp. di *morbo* e *-geno* ✻ 1898] **agg.** • che costituisce causa di malattia: *lavorazioni industriali morbigene*

morbiglióne [da *morbillo* ✻ av. 1715] **s. m.** • specie di vaiolo benigno

morbilità [da *morbo*, sul modello di *sterilità*, *virilità* ecc. ✻ 1900] **s. f. inv.** • misura della quantità di giornate lavorative perse a causa di una patologia | ***coefficiente di m.***, rapporto fra le giornate lavorative perse per malattia e il totale delle giornate lavorative

morbillo [dim. del lat. *mŏrbus* 'morbo' ✻ av. 1750] **s. m.** ● malattia virale dell'infanzia caratterizzata da febbre alta, irritazione delle mucose e da un esantema a macchie piccole e rossastre

morbillóso (o **-ṣ-**) [1757] **A** **agg.** ● del morbillo, relativo al morbillo: *esantema m.* **B** **agg. e s. m.** (**f.** *-a*) ● che (o chi) è affetto da morbillo

morbino [da *morbio*, forma ant. di *morbido*, nel senso di 'allegro' ✻ 1512] **s. m.** ● (*sett.*) euforia, vivacità o eccitazione: *avere il m.*; *dovresti un po' calmarti il m.*

morbinóso (o **-ṣ-**) [av. 1536] **agg.** ● (*sett.*) molto vivace, pieno di morbino

✣**mòrbo** [vc. dotta, lat. *mŏrbu(m)*, da una radice indeur. che significa 'consumare' ✻ av. 1306] **s. m.** **1** malattia: *un terribile m.*; *un m. contagioso* | ***m. blu***, ogni cardiopatia congenita che, per insufficiente ossigenazione del sangue, dà origine a intensa cianosi | ***m. celiaco***, celiachia | ***m. giallo***, febbre gialla | ***m. di Addison***, grave insufficienza surrenale per lo più di natura tubercolare **SIN.** mal bronzino | ***m. di Alzheimer***, demenza presenile progressiva a eziologia sconosciuta | ***m. di Basedow***, ipertiroidismo per alterata secrezione tiroidea | ***m. di Buerger***, malattia delle arterie e delle vene di tipo degenerativo che colpisce prevalentemente nella giovane età | ***m. di Down***, mongolismo | ***m. di Flaiani, m. di Pott***, carie tubercolare della colonna vertebrale | ***m. di Hansen***, lebbra | ***m. di Lou Gehrig***, sclerosi laterale amiotrofica | ***m. di Parkinson***, malattia del sistema nervoso centrale, caratterizzata da rigidità muscolare e tremore diffuso **SIN.** paralisi agitante | ***m. di Raynaud***, disturbo ischemico che interessa spec. le dita delle mani; compare con l'esposizione al freddo o per emozioni **2** (*fig.*) malanno, piaga: *un m. sociale* **3** †vizio, colpa: *il m. delle adulazioni* (G. Vasari) **4** †odore pestilenziale: *m. di carogne* ‖ **morbétto**, **dim.**

SFUMATURE ➤ *malattia*

✣**morbosità** (o **-ṣ-**) [vc. dotta, lat. tardo *morbositāte(m)* 'insalubrità', da *morbōsus* 'malsano'. V. *morboso* ✻ sec. XV] **s. f. inv.** **1** caratteristica di ciò che (o di chi) è morboso **2** studio delle malattie in una determinata popolazione | ***quoziente di m.***, rapporto fra il numero degli individui colpiti da una data malattia e la popolazione media in un intervallo di tempo definito

✣**morbóso** (o **-ṣ-**) [vc. dotta, lat. *morbōsu(m)*, da *mŏrbus* 'morbo' ✻ 1441] **agg.** **1** (*med.*) relativo a morbo: *sintomi morbosi, manifestazioni morbose* **2** (*est.*) eccessivo, esasperato, malsano, tanto da risultare quasi patologico: *amore m.*; *gelosia, sensibilità, curiosità morbosa* | detto di chi prova sentimenti o ha atteggiamenti esasperati, eccessivi, ossessivi: *io, fatta sensibile e morbosa da straordinarie commozioni* (E. Morante) ‖ **morbosaménte**, **avv.** ‖ **morbosità**, **s. f. inv.** (V.)

morchèlla [ted. *Morchel*; perché simile alla carota (ted. *Möhre*) (?) ✻ 1813] **s. f.** ● (*bot.*) spugnola

mòrchia [lat. parl. *amŭrcula(m)*, dim. di *amŭrca*, dal gr. *amóargē* 'morchia', da *amérgein* 'cogliere, estrarre': da avvicinare a *omorgnýnai* 'pulire' (?) ✻ sec. XIV] **s. f.** **1** deposito lasciato dall'olio per chiarificazione spontanea o a seguito del lavaggio **2** fondo o sedimento untuoso e sudicio: *l'ingranaggio è pieno di m.* **SIN.** ralla① | (*est.*) feccia: *la m. del catrame* | (*est.*) gruma della pipa o del bocchino ‖ **morchióne**, **accr. m.** (V.)

morchióne [propr. accr. m. di *morchia* ✻ 1958] **s. m.** ● feccia delle olive lavorate, usata come concime

morchióso (o **-ṣ-**) [1340 ca.] **agg.** ● (*raro*) pieno di morchia | (*est.*) †lurido

morchiùme [1869] **s. m.** ● (*spreg.*) quantità di morchia

mordàcchia [da *mordere* ✻ av. 1685] **s. f.** **1** museruola | specie di morsa che si mette alla bocca del cavallo per costringerlo a lasciarsi ferrare **2** morsa che immobilizzava la lingua dei bestemmiatori e dei condannati a morte durante il supplizio | ***mettere la m. a qlcu.***, (*fig.*) costringerlo a tacere

✣**mordàce** [vc. dotta, lat. *mordāce(m)*, da *mordēre* 'mordere' ✻ av. 1292] **agg.** **1** che è pronto a mordere, che morde con facilità: *cane m.* | ***tenaglie mordaci***, che stringono forte | †aspro, piccante, acre **2** (*fig.*) sarcastico, caustico, pungente: *sapore m.*; *lingua, satira m.*; *parole, persone mordaci* **3** †corrosivo, mordente ‖ **mordacétto**, **dim.** ‖ **mordaceménte**, **avv.**

mordàcia [da *mordace* ✻ 1813] **s. f.** ● (*raro*) mordacità

mordacità [vc. dotta, lat. *mordacitāte(m)*, da *mŏrdax*, genit. *mordācis* 'mordace' ✻ 1340 ca.] **s. f. inv.** **1** †natura di animale mordace | †proprietà corrosiva **2** (*fig.*) caratteristica di chi (o di ciò che) è mordace **SIN.** sarcasmo, causticità | (*lett.*) maldicenza, acrimonia

mordènte **A** **part. pres.** di *mordere*; anche **agg.** ● che morde | (*fig.*) mordace **B** **s. m.** **1** sostanza che serve a fissare il colorante sulla fibra, usata in tintoria | sostanza usata per l'incisione su lastre metalliche | sostanza usata per pulire superfici metalliche **2** (*fig.*) spirito combattivo, grinta: *essere privo di m.*; *avere molto m. nelle competizioni sportive* | efficacia, incisività: *commedia, satira priva di m.* **3** (*mus.*) abbellimento musicale che si realizza alternando rapidamente alla nota reale la nota immediatamente superiore o inferiore e tornando poi alla nota reale

mordenzànte **part. pres.** di *mordenzare*; anche **agg. e s. m.** ● nel sign. del v.

mordenzàre [da *mordente* ✻ 1958] **v. tr.** (*io mordènzo*) ● trattare con mordente

mordenzatùra [1958] **s. f.** ● operazione del mordenzare

✦**mòrdere** [vc. dotta, lat. parl. *mŏrdere, per il classico *mordēre*, di orig. indeur. ✻ 1268] **A** **v. tr.** (**pass. rem.** *io mòrsi, tu mordésti*; **part. pass.** *mòrso*, †*mordùto*) **1** addentare con forza, stringere con i denti: *m. la mela, il pane*; *stai tranquillo: è un cane che non morde* | (*fig.*) ***m. il terreno, la polvere***, giacere prono e sconfitto a terra dopo un combattimento; (*fig.*) essere sconfitto in modo umiliante | (*fig.*) ***m. il freno***, subire controvoglia disciplina e costrizioni, essere impazienti di acquistare la propria libertà | (*assol.*, *est.*) pungere, pizzicare: *come mordono questi insetti!* | nella loc. agg. inv. ***mordi e fuggi***, nel linguaggio giornalistico, detto di esperienza consumata velocemente: *turismo mordi e fuggi* **SIN.** morsicare **2** stringere in una morsa o come in una morsa: *le tenaglie mordevano il ferro incandescente* **3** intaccare penetrando con forza: *lame taglienti mordevano le zolle*; *l'ancora morse il fondo e il battello s'arrestò* | (*fig.*, *assol.*) essere critico, pungente: *una commedia satirica incapace di m.* | ***m. l'asfalto***, (*fig.*) detto di pneumatici e sim. che vi aderiscono perfettamente, quando il veicolo è lanciato a forte velocità | ***m. la strada***, nel ciclismo, pedalare a strappi, stando ritto sui pedali **4** corrodere: *un acido che morde il ferro* | †bruciare, detto del fuoco **5** (*fig.*) dare una sensazione pungente con la propria asprezza (*anche assol.*): *un vino che morde le labbra*; *una brezza gelida che mordeva il viso* | **PROV.** ***can che abbaia non morde***, V. *cane*① **6** (*fig.*) assalire, tormentare: *m. qlcu. con motti, ingiurie, allusioni*; *il rimorso mi morde la coscienza* **B** **mòrdersi** **v. tr. pron.** (**aus.** *essere*) ● mordere una parte del proprio corpo: *mordersi la lingua mangiando* | ***mordersi la lingua, le labbra***, (*fig.*) costringersi a tacere o pentirsi di ciò che si è appena detto: *Appena ebbe proferite queste parole, si morse la lingua* (A. Manzoni) | ***mordersi le mani, le dita***, (*fig.*) provare angoscia, rabbia, rimorso e sim., talora per essersi fatta sfuggire un'occasione favorevole

mordicàre [vc. dotta, lat. tardo *mordicāre*, da *mordēre* 'mordere' ✻ 1612] **v. tr.** (*io mòrdico*) **1** †corrodere, intaccare | †irritare **2** (*lett.*) mordicchiare

mordicchiàre [1869] **A** **v. tr.** (*io mordìcchio*) ● mordere leggermente e con insistenza: *m. una matita* **B** anche **mordicchiàrsi** **v. tr. pron.** (**aus.** *essere*): *La zitellona si mordicchiava le labbra sottili* (F. De Roberto)

mordigallìna [comp. di *mordere* e *gallina* ✻ sec. XIII] **s. f.** ● (*bot.*) anagallide

mordiglióne [da *mordere* ✻ 1958] **s. m.** ● (*edil.*) attrezzo usato per piegare le barre d'acciaio destinate alle strutture di cemento armato

†**mordiménto** [da *mordere* ✻ av. 1306] **s. m.** **1** il mordere | morso **2** (*fig.*) critica pungente

morditóre [sec. XIII] **s. m.** (**f.** *-trice*) **1** (*lett.*) chi morde **2** (*fig.*, *lett.*) motteggiatore | critico, detrattore

mordorè [fr. *maure-doré* 'bruno dorato' ✻ av. 1797] **agg. inv.** ● di color marrone con riflessi dorati: *pelle m.*

mordvino [russo *mordvinskij (jazyk)* '(lingua) mordvina' ✻ 1802] **s. m. solo sing.** ● lingua della famiglia uralica parlata soprattutto in Mordovia, repubblica della Federazione Russa

moréccio [dim. di *moro*① ✻ av. 1802] **s. m.** ● (*bot.*, *tosc.*) porcino nero, bronzino

†**morèlla**① ➤ **muriella**

morèlla② [lat. tardo *morĕlla(m)*, da *māurus* 'moro①', per il colore oscuro ✻ sec. XIII] **s. f.** ● (*bot.*) pianta erbacea delle Solanacee, con fiori bianchi o violacei in infiorescenze e bacche generalmente di colore nero (*Solanum nigrum*)

Morellìno [1605] **s. m.** **1** dim. di *morello* **2** moraiolo **3** (gener. con iniziale maiuscola) vino di colore rosso rubino intenso, dal profumo elegante, prodotto nella provincia di Grosseto da un vitigno Sangiovese locale: *M. di Scansano*

morèllo [dim. di *moro*① ✻ 1278] **A** **agg.** **1** detto di colore tendente al nero: *fa sopra seta candida e morella / tesser ricamo di finissimo oro* (L. Ariosto) **2** detto di mantello equino i cui peli sono di colore scuro, quasi nero **SIN.** corvino **B** **s. m.** (**f.** *-a*) ● cavallo dal mantello morello ‖ **morellino**, **dim.** (V.)

✣**mòre maiòrum** [loc. lat., propr. 'secondo il costume (*mōre*, abl. di *mōs*) degli antenati (*maiōrum*, genit. pl. di *māior*)'] **loc. avv.** ● come usavano gli avi, secondo la tradizione

morèna [fr. *moraine*, di orig. preindeur. ✻ 1860] **s. f.** ● accumulo di materiale roccioso disgregato da un ghiacciaio dalle pendici montuose circostanti o dal suo fondo e trascinato a valle | ***m. frontale*** o ***terminale***, quella accumulata al termine di un ghiacciaio | ***m. laterale***, quella depositata sui fianchi di un ghiacciaio

morèndo [da *morire* ✻ sec. XIX] **s. m. inv.** ● (*mus.*) indicazione dinamica che richiede il progressivo smorzamento di un suono finale **SIN.** perdendosi

morènico [fr. *morainique*, da *moraine* 'morena' ✻ 1871] **agg.** (**pl. m.** *-ci*) ● di morena, dovuto a morena | (*geogr.*) ***cordone m., cerchia morenica***, rilievo allungato costituito dai detriti di un ghiacciaio

morènte o (*lett.*) **morïènte** **A** **part. pres.** di *morire*; **anche agg.** ● che muore | (*fig.*) che declina, che si va spegnendo: *un canto m.* | ***sole m.***, che tramonta **B** **s. m. e f.** ● chi sta per morire: *il pallore dei morenti* **SIN.** moribondo

morésca [da *moresco* ✻ sec. XV] **s. f.** ● danza diffusa in Europa nel Rinascimento, di origine incerta, poi stilizzata in forme varie: *la m. dell'Orfeo di Monteverdi*

morésco [da *moro*[1] ✻ av. 1455] **agg.** (**pl. m.** *-schi*) ● dei Mori, relativo ai Mori | ***arte moresca***, araba, spec. di Spagna e d'Africa | ***arco m.***, a ferro di cavallo

✦mòre sòlito [lat., propr. 'secondo il solito costume' ✻ 1868] **loc. avv.** ● come al solito, spec. per indicare il ripetersi sgradevole di un atteggiamento, di un comportamento, di una situazione

morétta [f. di *moretto* ✻ av. 1742] **s. f.** **1** ragazza di pelle nera | (*est.*) ragazza di colorito e capelli bruni **2** anatra nera sul dorso e bianca sul ventre, con caratteristico ciuffo sulla nuca (*Aythya fuligula*) **3** (*ven.*) piccola maschera da carnevale di colore scuro che copre la parte superiore del viso ‖ **morettina**, **dim.**

morétto [1542] **s. m.** **1** dim. di *moro* **2** (**f.** *-a*) ragazzo di pelle nera | (*est.*) ragazzo di colorito e capelli scuri **3** (*fig.*) spec. nell'Italia giolittiana, galoppino **SIN.** ascaro ‖ **morettino**, **dim.**

✦mòre uxòrio [lat., propr. 'secondo il costume matrimoniale' ✻ 1958] **loc. avv.; anche loc. agg. inv.** ● in riferimento alla condizione di due persone legate da un rapporto amoroso che convivono senza aver contratto matrimonio

morfallàssi [ingl. *morphallaxis*, comp. di *morpho-* 'morfo-' e del gr. *állaxis* 'mutamento' (da *állos* 'altro, diverso', di orig. indeur.) ✻ 1958] **s. f. inv.** ● (*biol.*) fenomeno rigenerativo che comporta un processo di sdifferenziamento esteso a tutti i tessuti interessati alla ricostituzione della parte mancante

morfèa [dal gr. *amorphía* 'deformità', comp. di *a-*[1] e *morphḗ* 'forma'. V. *morfo-* ✻ sec. XIV] **s. f.** ● (*med., veter.*) piccola macchia bianca, depigmentata, di forma circolare, che si rinviene, isolata o confluente con altre, nelle parti del corpo dove la pelle è più delicata

morfèma [da *morfo-* col suff. *-ema*, sul modello di *fonema* ✻ 1934] **s. m.** (**pl.** *-i*) **1** (*ling.*) unità linguistica minima dotata di significato | ***m. lessicale***, parte della parola che porta il significato di base della stessa (per es. il morfema lessicale *am-* porta il significato di base di parole come *amare, amore, amico* ecc.) | ***m. grammaticale***, parte della parola che esprime una funzione grammaticale (per es. il morfema grammaticale *-erò* esprime il futuro della prima persona singolare in parole come *canterò, loderò, giocherò*) **CFR.** monema **2** secondo alcune scuole linguistiche, ogni singola unità di informazione grammaticale contenuta in un morfo

morfemàtico [da *morfema* ✻ 1958] **agg.** (**pl. m.** *-ci*) ● (*ling.*) di morfema, relativo a morfema

morfèmico [da *morfema* ✻ 1969] **agg.** (**pl. m.** *-ci*) ● (*ling.*) morfematico

-morfìa [da *-morfo*] **secondo elemento** ● forma parole composte della terminologia scientifica, che costituiscono l'astratto dei corrispondenti aggettivi in *-morfo*: *antropomorfia*

morfìna [fr. *morphine*, da *Morphée* 'Morfeo', dio del sonno, per le proprietà soporifiche di questa sostanza ✻ 1821] **s. f.** ● alcaloide estratto dall'oppio, usato in medicina, spec. sotto forma di cloridrato, per la sua forte azione analgesica

morfinìsmo [fr. *morphinisme*, da *morphine* 'morfina' ✻ 1881] **s. m.** ● intossicazione cronica da morfina

morfinòmane [fr. *morphinomane*, comp. di *morphine* 'morfina' e *-mane* '-mane' ✻ 1893] **agg. e s. m. e f.** ● che (o chi) è affetto da morfinomania

morfinomanìa [fr. *morphinomanie*, comp. di *morphine* 'morfina' e *-manie* '-mania' ✻ 1893] **s. f.** ● abitudine morbosa all'assunzione di morfina, con conseguenti fenomeni di intossicazione cronica

morfìsmo [deriv. dal gr. *morphḗ* 'forma' con suff. *-ismo* ✻ 1963] **s. m.** ● (*mat.*) funzione tra un insieme matematico dotato di una struttura e un altro, che conserva del primo le proprietà strutturali

-morfìsmo **secondo elemento** ● usato nella composizione di sostantivi corrispondenti a termini in *-morfo*: *isomorfismo*

mòrfo [dall'ingl. *morph*, tratto da *morpheme* 'morfema' ✻ 1971] **s. m.** ● (*ling.*) unità morfologica minima risultante dalla segmentazione di una specifica parola, che può rappresentare uno o più morfemi (per es. il morfo *-erò* di *parlerò* include il morfema di futuro, di prima persona e di singolare)

mòrfo-, -mòrfo [gr. *morpho-*, da *morphḗ* 'forma', di orig. incerta] **primo e secondo elemento** ● in parole composte della terminologia scientifica, significa 'forma', 'che ha forma di': *morfologia, morfofonologia; antropomorfo, teriomorfo*

morfofonèma [comp. di *morfo-* e *fonema* ✻ 1949] **s. m.** (**pl.** *-i*) ● (*ling.*) fonema che ha funzione distintiva anche sul piano morfologico

morfofonemàtica [comp. di *morfo-* e *fonematica* ✻ 1970] **s. f.** ● (*ling.*) studio della struttura fonologica dei morfemi, delle modificazioni combinatorie nei gruppi di morfemi, e dei mutamenti fonici che hanno un ruolo morfologico

morfofonologìa [comp. di *morfo-* e *fonologia* ✻ 1949] **s. f.** (**pl.** *-gìe*) ● morfofonematica

morfogènesi [comp. di *morfo-* e *genesi* ✻ 1934] **s. f. inv.** **1** (*biol.*) stadio dello sviluppo embrionale successivo alla gastrula, in cui ha inizio la formazione del corpo e dei suoi vari organi **2** (*geol.*) la formazione delle strutture della crosta terrestre, come rilievi, bacini, pianure ecc., per effetto di cause endogene o esogene

morfogenètico [1907] **agg.** (**pl. m.** *-ci*) ● (*biol.*) relativo alla morfogenesi

morfolìna [ingl. *morpholine*, da *morphine* 'morfina' a cui si credeva fosse chimicamente correlata ✻ 1958] **s. f.** ● (*chim.*) composto del carbonio che si presenta come una sostanza liquida altamente tossica, infiammabile e facilmente esplosiva; trova impiego in molte lavorazioni industriali (solventi, prodotti detergenti, pesticidi, ecc.)

morfologìa [ted. *Morphologie*, comp. di *morpho-* 'morfo-' e *-logie* '-logia' ✻ 1847] **s. f.** (**pl.** *-gìe*) **1** (*ling.*) studio delle regole che reggono la struttura interna delle parole nella loro formazione e nella loro flessione **2** disciplina diretta allo studio delle forme esterne e delle strutture interne degli organismi viventi e dei minerali | (*est.*) ***m. sociale***, branca della sociologia che indaga le forme della vita sociale

morfològico [1864] **agg.** (**pl. m.** *-ci*) ● che concerne la morfologia ‖ **morfologicaménte**, **avv.** dal punto di vista della morfologia

morfonèma [comp. di *morfo-* e *(fo)nema* ✻ sec. XX] **s. m.** (**pl.** *-i*) ● (*ling.*) morfofonema

morfonemàtica [comp. di *morfo-* e *(fo)nematica* ✻ 1970] **s. f.** ● (*ling.*) morfofonematica

morfonologìa [comp. di *mor(fo)-* e *fonologia* ✻ sec. XX] **s. f.** (**pl.** *-gìe*) ● (*ling.*) morfofonologia

morfòsi [gr. *mórphōsis* 'conformazione', da *morphḗ* 'forma' (V. *morfo-*) ✻ 1967] **s. f. inv.** ● (*biol.*) modifica della forma di un organismo o di una sua parte, provocata da un agente esterno

morfosintàssi [comp. di *morfo(logia)* e *sintassi* ✻ 1976] **s. f. inv.** ● (*ling.*) studio unitario delle varie forme e delle varie funzioni che le parole assumono nella frase

morfosintàttico [1975] **agg.** (**pl. m.** *-ci*) ● (*ling.*) relativo alla morfosintassi: *analisi morfosintattica* ‖ **morfosintatticaménte**, **avv.** dal punto di vista morfosintattico

morganàtico [dal ted. *Morgengabe* 'dono del mattino', comp. di *Morgen* 'mattino' e *Gabe* 'dono'; era il dono dello sposo alla sposa dopo la prima notte di nozze ✻ 1855] **agg.** (**pl. m.** *-ci*) ● (*dir.*) detto del matrimonio contratto da un sovrano o da un nobile con persona non nobile in cui il coniuge e i figli sono esclusi dai diritti di successione dinastica ‖ **morganaticaménte**, **avv.**

morganìte [da J. P. *Morgan* (1837-1913), cui è stata dedicata ✻ 1958] **s. f.** ● (*miner.*) varietà rosa di berillo usata come gemma

morgue /fr. 'mɔʀg/ [vc. fr., da *morguer* 'sfidare, affrontare (la morte)', dal lat. parl. **murricāre* 'fare smorfie, fare il broncio'. Cfr. provenz. *mourre* 'muso' ✻ 1867] **s. f. inv.** ● obitorio

morìa [ant. fr. *morie*, dal lat. *mŏri* 'morire' ✻ av. 1362] **s. f.** **1** elevata mortalità di animali o piante, dovuta spec. a malattie epidemiche | (*lett.*) epidemia che provoca un'elevata mortalità: *per reagire contro lo spavento della m.* (F. De Roberto) **2** (*bot.*) malattia fungina che attacca spec. i gelsi, gli olmi, gli abeti e le piantine nei semenzai

moribóndo [vc. dotta, lat. *moribŭndu(m)*, da *mŏri* 'morire' ✻ 1342] **A** **agg.** ● che sta per morire (**anche fig.**): *istituzione moribonda* **B** **anche s. m.** (**f.** *-a*): *assistere i moribondi*

†morìccia ➤ **†muriccia**

morïènte ➤ **morente**

†morigeràre [vc. dotta, lat. *morigerāri* 'compiacere', da *morĭgerus* 'compiacente', comp. di *mōs*, genit. *mōris* 'costume' (V. *morale*) e *gĕrere* 'portare' ✻ av. 1699] **v. tr.** (**difett. usato solo alla terza pers. sing. del pres. indic.** *morigera* **e al part. pass.**) ● educare alla morigeratezza

✦morigeratézza [1682] **s. f.** ● caratteristica di morigerato **SIN.** moderatezza, sobrietà

✦morigeràto **part. pass.** di *†morigerare*; **anche agg.** ● che conduce una vita onesta e rispettosa dei buoni costumi: *uomo m.* | sobrio, moderato: *condurre una vita morigerata* ‖ **morigerataménte**, **avv.** con moderazione e temperanza: *vivere, mangiare, bere morigeratamente*

morigiàna [etim. incerta ✻ 1831] **s. f.** ● (*zool.*) fischione

moriglióne [fr. *morillon*, da *morel* 'morello, moro', per il colore ✻ 1803] **s. m.** **1** uccello acquatico degli Anseriformi, quasi cosmopolita, gregario, pessimo camminatore, ma volatore veloce, che predilige acque profonde e può essere addomesticato (*Aythya ferina*) **2** smeraldo grezzo piccolissimo

morìnda [comp. di *mor(o)*[2] e *ind(i)a(no)* ✻ 1834] **s. f.** ● genere di piante dicotiledoni delle Rubiacee, alberi o arbusti spesso rampicanti, alcune specie del quale forniscono sostanze coloranti (*Morinda*) | ogni individuo di tale specie

morindìna [da *morinda* ✻ 1869] **s. f.** ● glucoside contenuto nella scorza della radice di una specie (*Morinda tinctoria*) del genere Morinda

morindóne [da *morindina* ✱ 1869] **s. m.** ● colorante rosso antrachinonico, ottenibile per idrolisi acida della morindina

morìnga [vc. di orig. tamil ✱ 1813] **s. f.** ● albero africano che fornisce, per pressione dei semi, l'olio di been (*Moringa arabica*)

Moringàcee [vc. dotta, comp. di *moringa* (V.) e *-acee* ✱ 1958] **s. f. pl.** (**sing.** *-a*) ● (*bot.*) famiglia di piante arboree delle regioni tropicali con il solo genere *Moringa*, comprendente alcune specie (*Moringaceae*) **CFR.** been

morìngico [da *moringa* ✱ 1869] **agg.** (**pl. m.** *-ci*) ● detto di acido grasso saturo, monovalente contenuto come gliceride, insieme ad altri acidi omologhi, nell'olio di been

morióne① [sp. *morrion*, da *morra* 'cocuzzolo' ✱ 1559] **s. m.** ● elmo leggero, con cresta alta e tese rialzate su fronte e nuca, usato nel XVI e XVII sec. e ancora oggi, in qualche occasione, dalle Guardie svizzere della Città del Vaticano

morióne② [fr. *morion*, dal lat. *(mor)moriōne(m)*, di orig. gr. ✱ 1476] **s. m.** ● (*miner.*) varietà nera di quarzo

♦**morìre** [lat. parl. **morīre*, per il class. *mŏri*, di orig. indeur. ✱ 1219] **A** **v. intr.** (**pres.** *io muòio*, **pop.** *mòio*, **centr., merid.** *mòro*, *tu muòri*, **pop.** *mòri*, *egli muòre*, **pop.** *mòre*, *noi moriàmo*, *voi morìte*, *essi muòiono*, **pop.** *mòiono*, **centr., merid.** *mòrono*; **pass. rem.** *io morìi*, *tu moristi*, *egli morì*, †*morìo*; **fut.** *io morirò* **o lett.** *morrò*; **pres. congtv.** *io muòia*, **pop.** *mòia*, **centr., merid.** *mòra*, *noi moriàmo*, *voi moriàte*, *essi muòiano*, **pop.** *mòiano*, **centr., merid.** *mòrano*; **condiz. pres.** *io morirèi*, **lett.** *morrèi*; **part. pass.** *mòrto*, †*morùto*; **aus.** *essere*) **1** cessare di vivere, detto di uomini, animali, piante (+ *di*, + *per*): *e quella volta morì davvero* (C. COLLODI); *il gran freddo ha fatto m. le viti*; *m. di malattia, di crepacuore, di vecchiaia, di morte naturale*; *m. per un grande dolore, per una caduta*; *m. per la patria, per la giustizia*; *m. annegato, avvelenato, ammazzato*; *m. ricco, nell'indigenza*; *m. giovane, vecchissimo*; *m. in una rissa, in battaglia*; *m. in esilio, in carcere, all'ospedale* | ***m. come un cane***, solo, abbandonato da tutti | ***far m. qlcu.***, causarne la morte | (*fig.*) ***m. al mondo***, ritirarsi a vita claustrale | ***va a m. ammazzato!***, escl. d'imprecazione | ***voglio m., che io muoia se...***, formule di giuramento usate nella conversazione | **PROV.** ***chi muore giace e chi vive si dà pace***, gli uomini si rassegnano e continuano la loro vita anche dopo la morte di qlcu. **SIN.** decedere, perire, trapassare **2** (*fig.*) soffrire intensamente (+ *di*, + *da*, + *per*): *mi sento m.*; *m. di* (o *dalla*) *fame*; *m. di stanchezza, di* (o *dalla*) *noia, di* (o *dal*) *sonno*; *moriva per la disperazione di non aver più di che aiutare i poverelli* (I. NIEVO) | ***m. dalla voglia***, desiderare fortemente: *muore dalla voglia di partire* | (*iperb.*) ***da m.***, moltissimo, in modo esagerato: *ho un caldo da m.*; *mi piace da m.* | ***m. di rabbia***, essere arrabbiatissimo | ***m. dalle risa***, ridere smodatamente | ***m. per una donna, per un uomo***, spasimare **3** (*fig.*) cessare di esistere, estinguersi, dileguarsi: *m. un poco alla volta*; *la speranza è ormai morta*; *muoiono le città, muoiono i regni* (T. TASSO) | di luce o voce, affievolirsi, smorzarsi lentamente: *la candela sta morendo* | ***m. nel ricordo, nella memoria, nel cuore***, essere dimenticato **4** (*fig.*) terminare, fermarsi (+ *in*): *il pendio d'un poggio ... va dolcemente a m. nel piano* (D. BARTOLI); *la ferrovia muore qui* | di acque, sfociare, impaludirsi: *il torrente muore nel lago*; *il fosso muore nella sabbia* **B** **v. tr.** ● †ammazzare: *fu nella battaglia morto e il suo esercito sconfitto e disperso* (G. BOCCACCIO) **C** **morìrsi** **v. intr. pron.** **1** (*lett.*) cessare di vivere: *ella già sente / morirsi, e 'l piè le manca egro e languente* (T. TASSO) | (*iperb.*, *lett.*) soffrire molto **2** (*fig.*) †finire: *che paia il giorno pianger che si more* (DANTE *Purg.* VIII, 6) **3** **morìrsene**, morire (con valore intens.): *la poverina se ne morì in solitudine* | (*lett.*) morire a causa di qlco.: *si accorò di dolore e fra brevissimo tempo se ne morì* (G. VASARI) **D** **morìrsi** **v. rifl.** ● (*lett.*) uccidersi: *il cadavere del figliuolo mortosi per amore* (G. CARDUCCI)

moritùro [vc. dotta, lat. *moritūru(m)*, part. fut. di *mŏri* 'morire' ✱ sec. XIV] **agg. e s. m.** (**f.** *-a*) ● (*raro, lett.*) che (o chi) sta per morire o è destinato a morire

morlàcco [gr. biz. *mauróblachoi*, m. pl. 'Valacchi mori' ✱ 1536] **A** **agg.** (**pl. m.** *-chi*) ● della Morlacchia, regione della Dalmazia **B** **s. m.** (**f.** *-a*) ● abitante o nativo della Morlacchia

mormòlice [vc. dotta, gr. *mormolýkē* 'spettro', da *mormṓ* 'spauracchio' ✱ 1895] **s. m.** ● genere di Coleotteri carabidi asiatici caratterizzati da sviluppo eccessivo delle elitre, che li rende simili a foglie secche (*Mormolyce*)

mormóne [ingl. *Mormons* 'Mormoni', dal n. di *Mormon*, ultimo re dei Nefiti e preteso autore delle lastre d'oro su cui sarebbero stati incisi i fondamenti dottrinari delle comunità ✱ 1861] **A** **s. m. e f.** (**f. raro anche** *-a*) ● membro di una chiesa cristiana fondata negli Stati Uniti nel XIX sec. i cui adepti seguono fondamentalmente le norme etiche del Nuovo Testamento, aggiornate alla luce di un testo che sarebbe stato scritto da Mormon **B** **anche agg.**: *Chiesa m.*

mormònico [1869] **agg.** (**pl. m.** *-ci*) ● relativo ai mormoni e al mormonismo

mormonìṣmo [1869] **s. m.** ● dottrina sociale e religiosa dei Mormoni

mórmora [lat. *mŏrmyre(m)*, dal gr. *mormýros*, di orig. preindeur. ✱ 1925] **s. f.** ● pesce osseo commestibile comune sui fondi sabbiosi, con fasce trasversali nerastre sui fianchi (*Lithognathus mormyrus*)

mormoracchiàre [intens. di *mormorare* ✱ av. 1700] **v. intr.** (*io mormoràcchio*; **aus.** *avere*) ● (*raro*) mormorare sottovoce, a intervalli: *che avete da m. voi due?* (A. MANZONI)

mormoraménto [av. 1306] **s. m.** ● (*lett.*) mormorio | diceria, voce corrente: *egli è certo m. / ch'un de' baroni impicca Carlo Mano / questa mattina* (L. PULCI)

♦**mormoràre** [lat. *murmurāre*, da *mŭrmur* 'mormore' ✱ 1268] **A** **v. intr.** (*io mórmoro*; **aus.** *avere*) **1** produrre un rumore lieve e continuo, detto di acque correnti, delle fronde mosse dal vento e sim.: *chiara fontana ... acque fresche e dolci / spargea soavemente mormorando* (F. PETRARCA) **2** parlare sommessamente: *m. tra i denti* **SIN.** bisbigliare, sussurrare **3** (*est.*) brontolare, lagnarsi: *il pubblico cominciò a m.* **4** sparlare di qlcu.: *la gente mormora alle tue spalle, contro di te, sui tuoi comportamenti* **B** **v. tr.** ● dire a bassa voce: *mi mormorò alcune parole all'orecchio* **SIN.** bisbigliare, sussurrare | ***si mormora che***, si va dicendo che, gira voce che: *si mormorava che fossero amanti*

mormoratóre [lat. tardo *murmuratōre(m)*, da *murmurāre* 'mormorare' ✱ av. 1342] **agg. e s. m.** (**f.** *-trice*) ● che (o chi) mormora, sparla, calunnia oppure (*lett.*) mugugna, protesta e sim.

mormorazióne o †**murmurazióne** [lat. *murmuratiōne(m)*, da *murmurāre* 'mormorare' ✱ 1268] **s. f.** ● (*lett.*) protesta, lagnanza | (*lett.*) maldicenza: *le mormorazioni della gente*; *la murmurazion di servitori* (G. BRUNO)

†**mórmore** [lat. *mŭrmure(m)*, di orig. onomat. ✱ sec. XIV] **s. m.** ● mormorio: *fremiti di furor, mormori d'ira* (T. TASSO)

mormoreggiàre [intens. di *mormorare* ✱ sec. XIII] **v. intr.** (**pres.** *io mormoréggio*; **fut.** *io mormoreggerò*; **aus.** *avere*) ● (*lett.*) mormorare: *vieni a quest'ombra, alla dolce auretta / che fa m. ogni arbuscello* (L. DE' MEDICI) | (*lett.*, *raro*) brontolare, mugugnare

†**mormorévole** [av. 1375] **agg.** ● (*lett.*) che mormora

♣**mormorìo** [da *mormorare* col suff. *-io*① ✱ *1300 ca.*] **s. m.** (**pl.** *-ii*) **1** rumore lieve e continuo di acque correnti, fronde mosse dal vento e sim.: *il m. dell'onde* **2** suono confuso e leggero prodotto dal mormorare fra loro di più persone: *un m. di approvazione, di disapprovazione* **SIN.** bisbiglio, brusio, sussurro | (*fig.*, *lett.*) diceria, chiacchiera **3** (*lett.*) lagnanza, recriminazione: *non curar de' disonesti mormorii del popolazzo* (G. BOCCACCIO)

mórmoro [V. *mormora* ✱ 1825] **s. m.** ● pesce osseo dei Gadiformi, con carni abbastanza pregiate, che vive fino a tre-quattrocento metri di profondità (*Gadus capelanus*)

♦**mòro**① [lat. *Māuru(m)* 'abitante della Mauritania' ✱ av. 1470] **A** **s. m.** **1** (**f.** *-a*) abitante o nativo della Mauritania | abitante o nativo dell'Etiopia o di altre regioni dell'Africa settentrionale | (*est.*) saraceno, musulmano **2** (**f.** *-a*) (*est.*) persona bruna di carnagione e di capelli: *un m.*; *una bella mora* **3** arancio moro **4** tipo di tabacco trinciato da pipa, forte e scuro **B** **agg.** **1** (*raro*) relativo ai Mori: *popolo m.*; *schiavi mori* **2** di persona che ha carnagione e capelli bruni: *un ragazzetto m. e sottile*; *bruno ciglio, occhio scuro e guancia mora* (G.B. MARINO) **3** di animale che ha pelame scuro: *cavalli mori* | ***razza mora***, razza di Suini con setole nere o fulve **4** (*agric.*) ***arancio m.***, varietà di arancio coltivata nella Sicilia orientale, i cui frutti hanno polpa e buccia di color rosso molto intenso **5** nella loc. agg. inv. ***testa di m.***, detto di color marrone scuro dalla tonalità molto calda: *un cappotto (color) testa di m.*; *accessori testa di m.* ‖ **moràccio**, **pegg.** | **moraccióne**, **pegg.** | **morèllo**, **dim.** (V.) | **morétto**, **dim.** (V.)

SFUMATURE ➤ ***nero***

mòro② [lat. *mōru(m)*, di orig. preindeur. ✱ 1380 ca.] **s. m.** ● (*bot.*) gelso: *m. bianco, nero*

morosità (o *-ṣ-*) [da *moroso*① ✱ 1749] **s. f. inv.** **1** (*dir.*) condizione, stato di chi è in mora **2** percentuale o quantità di persone morose

moróso① (o *-ṣ-*) [vc. dotta, lat. tardo *morōsu(m)* 'lento', da *mŏra* 'indugio'. V. *mora*③ ✱ 1689] **agg. e s. m.** (**f.** *-a*) ● (*dir.*) che (o chi) è in mora: *debitore, creditore m.*; *soprattassa dovuta dai morosi* ‖ **morosità**, **s. f. inv.** (V.)

moróso② (o *-ṣ-*) [aferesi di *amoroso* ✱ av. 1294] **s. m.** (**f.** *-a*) ● (*sett.*) innamorato, fidanzato: *egli pensa alla morosa ... io penso alla pelle* (A. MANZONI) ‖ **morosìno**, **dim.**

morotèo [da n. di Aldo *Moro*, sul modello di *doroteo* nel sign. B ✱ 1960] **agg. e s. m.** (**f.** *-a*) ● (*polit.*) negli anni 1960-'90, appartenente a una importante corrente di centro-sinistra del partito della Democrazia Cristiana che si riferiva alla figura e al pensiero di A. Moro (1916-1978)

mòrphing /ˈmɔrfin(g), *ingl.* ˈmɔːfɪŋ/ [vc. ingl. tratta da *(meta)morph(osis)* 'metamorfosi' ✱ 1994] **s. m. inv.** ● (*inform.*) tecnica di elaborazione grafica con la quale un'immagine viene trasformata in un'altra attraverso successive modifiche

mòrra o **mòra**④ [etim. incerta ✱ sec. XV] **s. f.** ● antico gioco popolare, in cui due giocatori stendono alcune dita della mano e nello stesso tempo gridano un numero da due a dieci, tentando di indovinare la somma delle dita esibite da entrambi | ***m. cinese***, gioco simile al precedente in cui, invece di gridare i numeri, vengono usati dei simboli e cioè le forbici (indice e medio distesi e divaricati) che tagliano la carta (mano aperta) che avvolge il sasso (pugno chiuso) che, a sua volta, spunta le forbici

mòrsa [f. sost. di *morso*② ✱ 1582] **s. f. 1** attrezzo fissato al tavolo da lavoro, costituito da una ganascia fissa e una ganascia mobile, le quali bloccano, mediante un dispositivo a vite, il pezzo da lavorare: *m. parallela; m. a coda; m. a piede* **2** (*fig.*) stretta forte e tenace: *la m. dei ghiacci* | (*fig.*) situazione di grande disagio, di costrizione: *la m. del freddo; una m. d'angoscia* **3** (**spec. al pl.**) ciascuno dei mattoni o delle pietre vive lavorate che si lasciano sporgere sul finimento verticale di un muro per potervi eventualmente collegare un nuovo muro di continuazione: *afferrarsi alle morse per salire* **CFR.** addentellato **4** (*lett.*) mordacchia ‖ **morsétta**, **dim.** | **morsétto**, **dim. m.** (V.)

Mòrse /mɔrs, *ingl.* mɔːs/ [dal n. dell'inventore, l'americano S. *Morse* (1791-1872) ✱ 1956] **agg. inv.** ● ***alfabeto, codice M.***, sistema di comunicazione in cui lettere e numeri sono rappresentati da punti e linee, un tempo usato per la trasmissione di messaggi telegrafici

morsecchiàre e deriv. ➤ **morsicchiare** e deriv.

morseggiàre [1480 ca.] **v. tr.** (**pres.** *io morséggio*; **fut.** *io morseggerò*) **1** †morsicchiare **2** (*fig., lett.*) criticare in modo sarcastico, punzecchiare: *morseggiano co' bei motti* (G. Carducci)

†**morsellàre** [av. 1388] **v. tr.** ● piluccare

morsèllo [dim. di *morso*② ✱ sec. XIII] **s. m.** ● (*lett.*) boccone: *un m. di pane* | †pezzetto ‖ **morsellétto**, **dim.** | **morsellìno**, **dim.**

morsetterìa [1978] **s. f.** ● (*elettr.*) l'insieme degli accessori utilizzati per eseguire connessioni di conduttori elettrici

morsettièra [1958] **s. f.** ● supporto con una serie di morsetti per collegamenti elettrici

morsétto① [dim. di *morsa* ✱ 1803] **s. m. 1** attrezzo per afferrare pezzi, spec. piccoli, azionato da vite o da ganasce accostabili che stringono il pezzo | ***m. micrometrico***, per misurare lo spessore di lamine o il diametro di fili metallici | ***m. gobbo***, a bocche obliquamente allungate, senza maschiettatura né vite **2** dispositivo usato per eseguire connessioni di conduttori elettrici tra loro o a un sostegno **SIN.** serrafilo **3** nell'attrezzatura dei subacquei, stringinaso

morsétto② [dim. di *morso*② ✱ av. 1499] **s. m. 1** piccolo morso: *mangiando una banana ... a morsetti piccoli* (A. Moravia) **2** †morsello, boccone ‖ **morsettìno**, **dim.**

♦**morsicàre** [lat. tardo *morsicāre*, intens. di *mordēre* 'mordere' ✱ 1300 ca.] **A v. tr.** (*io mòrsico, tu mòrsichi*) ● mordere: *mi ha morsicato un cane* | (*fam.*) pungere: *è stato morsicato dalle zanzare* **B morsicàrsi v. tr. pron.** (**aus.** *essere*) ● mordersi: *morsicarsi le unghie; si morsicava le labbra dal dispetto* (G. Verga)

morsicatùra [1521] **s. f.** ● il morsicare: *la m. di una vipera* | segno che ne rimane: *un braccio pieno di morsicature di zanzare*

morsicchiàre o (*raro*) **morsecchiàre** [da *morso*② col suff. *-icchiare* ✱ av. 1334] **A v. tr.** (*io morsicchio*) ● mordicchiare | (*est.*) mangiare a piccoli morsi: *m. una pesca* **B morsicchiàrsi v. tr. pron.** (**aus.** *essere*) ● mordicchiarsi: *morsicchiarsi i baffi*

morsicchiatùra o (*raro*) **morsecchiatùra** [av. 1325] **s. f.** ● il morsicchiare | segno lasciato da un piccolo morso

mòrso① **part. pass.** di *mordere*; anche **agg.** ● nei sign. del v.

♦**mòrso**② [lat. *mŏrsu(m)*. V. *morso*① ✱ 1268] **s. m. 1** atto del mordere: *dare un m. a una mela; il m. del lupo; il velenoso m. della serpe; fu tanto potente e crudo il m. / che ad un tratto finì la vita* (A. Poliziano) | ***dar di m.***, mordere; (*fig., lett.*) biasimare; (*lett.*) offendere **2** pezzetto di qlco., spec. di cibo, che si stacca coi denti in una sola volta: *un m. di pane* **SIN.** boccone① **3** ferita e cicatrice o segno lasciato da un morso: *guarda quanti morsi di zanzare; il m. mi fa male* **4** (*fig.*) †sapore aspro o forte: *il m. del vino, dell'aceto* **5** (*fig.*) sensazione di intensità quasi dolorosa, che assale all'improvviso: *i morsi della fame; sentire il m. dell'invidia* | crampo: *sentire un m. allo stomaco* **6** (*fig., lett.*) assalto, attacco, danno: *subire i morsi della maldicenza; il m. della morte* **7** nei finimenti del cavallo, tipo di imboccatura a cui si attaccano le redini: *occhi del m.; m. dolce, grosso, duro* | (*fig.*) ***mettere il m. a qlcu.***, imporsi a qlcu. | ***stringere, allentare il m.***, (*fig.*) aumentare o diminuire il proprio controllo o dominio su qlcu. | ***delicato, dolce di m.***, di cavallo che sente molto il morso **8** (*bot.*) ***m. di rana***, pianta galleggiante delle Idrocaritacee, con fusto rizomatoso, lunghe radici e foglie reniformi (*Hydrocharis morsus ranae*) **9** ciascuna delle due ganasce della tenaglia ‖ **morsèllo**, **dim.** (V.) | **morsétto**②, **dim.** (V.)

morsùra [da *morso*② ✱ av. 1311] **s. f. 1** nelle incisioni e nelle arti grafiche, operazione d'intaccare la lastra metallica con un acido per asportare le parti non desiderate **2** †morso

mòrta [da (*acqua*) *morta* ✱ av. 1710] **s. f. 1** alveo abbandonato da un fiume che si è aperto una nuova via, caratterizzato da folta vegetazione acquatica **2** zona di un fiume dove la corrente è meno forte o dove l'acqua scorre in direzione contraria al corso del fiume **3** (*fig.*) stasi, inattività: *il turismo è in una fase di m.*

mortàcci [vc. dial., pl. di *mortaccio*, spreg. di *morto* ✱ 1880] **s. m. pl.** ● (*roman., spreg.*) i morti, i defunti (come imprecazione) | spec. in funzione di inter.: *m. suoi!* | anche nella loc. inter. ***i mortacci*** (**roman. li mortacci**)*!: i m. loro!; "Ma li m. tua" sbottò a urlare* (P.P. Pasolini)

mortadèlla [dal lat. *murtātus* 'condito con mirto', da *mŭrtus* 'mirto' ✱ sec. XIV] **s. f.** ● grosso salume fatto di carne di maiale tritata impastata con pezzetti di lardo e aromi vari ‖ **mortadellìna**, **dim.**

mortàio o †**mortàro** [lat. *mortāriu(m)* 'mortaio', di etim. incerta ✱ 1268] **s. m.** (**pl.** *-ai*) **1** recipiente usato per frantumare o polverizzare, mediante il pestello, sostanze varie | (*fig.*) ***pestar l'acqua nel m.***, fare cosa vana **2** pezzo di artiglieria a bocca da fuoco corta e a traiettoria molto curva | ***m. di fanteria***, arma a tiro curvo, semplice e maneggevole, per il lancio di bombe di grande potenza distruttiva | ***m. leggero, pesante***, in relazione al calibro **3** buca quadrata o grande vaso in cui si terminava la concia delle pelli **4** (*mar.*) ***m. della bussola***, il recipiente contenente il liquido in cui è immersa la rosa della bussola ‖ **mortaiétto**, **dim.** | **mortaióne**, **accr.**

mortaìsta [1954] **s. m.** (**pl.** *-i*) ● soldato addetto all'impiego e al funzionamento di un mortaio

♦**mortàle** [vc. dotta, lat. *mortāle(m)*, da *mŏrs*, genit. *mŏrtis* 'morte' ✱ 1250 ca.] **A agg. 1** che è soggetto a morire: *il corpo è m.; gli uomini sono mortali* | ***cose mortali***, soggette a finire, a perire **2** che è proprio dell'essere umano: *lingua mortal non dice / quel ch'io sentiva in seno* (G. Leopardi) | ***la vita m.***, (*poet.*) ***il corso m.***, la vita umana **3** che provoca o può provocare la morte: *ferimento, colpo, malattia m.* | ***salto m.***, V. *salto*① | di combattimento e sim. che ha o tende ad aver termine con la morte o distruzione di uno degli avversari: *duello m.; a guerra mortal ... vi sfido* (T. Tasso) | ***nemico m.***, che vuole la morte dell'altro; (*iperb.*) nemico acerrimo | ***offesa, ingiuria m.***, che si può riparare soltanto con la morte dell'offensore; (*iperb.*) offesa gravissima | (*iperb.*) che dà grave sofferenza: *noia, dolore, angoscia m.* **4** di morte, tipico della morte (**spec. iperb.**): *pallore, languore m.* | ***spoglie mortali***, cadavere umano **5** nella morale cattolica, detto di peccato grave che comporta la perdita della grazia e la dannazione eterna **CONTR.** veniale ‖ **mortalménte**, †**mortaleménte**, **avv. 1** in modo mortale: *cadde ferito mortalmente* **2** (*fig.*) gravemente, irreparabilmente: *offendere qlcu. mortalmente*; (*iperb.*) intensamente, grandemente: *annoiarsi mortalmente* ‖ **mortalità**, **s. f. inv.** (V.) **B s. m.** e (*raro*) **f.** ● (**spec. al pl.**) uomo, considerato come soggetto alla morte: *il destino dei mortali; un semplice m.; poveri mortali, come son caduche le nostre felicità!* (I. Nievo) **C s. m.** ● parte mortale dell'uomo, rispetto all'anima

mortalétto ➤ **mortaretto**

mortalità [vc. dotta, lat. *mortalitāte(m)*, da *mortālis* 'mortale' ✱ av. 1292] **s. f. inv. 1** (*lett.*) condizione di chi (o di ciò che) è mortale **2** (*stat.*) numero dei decessi in un determinato periodo | ***quoziente di m.***, rapporto fra il numero dei decessi in una popolazione e il numero dei suoi componenti | ***m. antenatale***, insieme degli aborti e degli estratti morti dopo qualsiasi durata della gravidanza | ***m. anteneonatale***, numero dei nati morti e di morti nella prima settimana di vita | ***m. neonatale***, numero dei morti nelle prime quattro settimane di vita | ***m. infantile***, mortalità che colpisce i nati vivi nel primo anno di vita | (*fig.*) ***m. scolastica***, indice della quantità dei soggetti in età dell'obbligo scolastico che abbandonano la scuola prima di aver concluso l'iter previsto dalla legge

mortandèla [var. locale, con altro sign. di *mortadella* ✱ sec. XX] **s. f.** ● salume tipico del Trentino, fatto con carne e fegato di suino macinati, conditi con spezie e vino rosso o bianco e impastati a mano, confezionato in forma di grossa polpetta

mortarétto o **mortalétto** [da †*mortaro* ✱ sec. XIII] **s. m. 1** †piccolo recipiente o vaso **2** involucro cilindrico di cartone ripieno di polvere pirica, che si fa esplodere in spettacoli pirotecnici o comunque in segno di gioia

†**mortarìa** [da *morte* ✱ av. 1566] **s. f.** ● mortalità

†**mortàro** ➤ **mortaio**

mortàṣa o (*raro*) **mortéṣa**, (*raro*) **mortìṣa** [fr. *mortaise*: dall'arabo *murtazza*, part. pass. del v. *razza* 'introdurre una cosa in un'altra' (?) ✱ 1813] **s. f.** ● intaglio praticato in un pezzo di legno allo scopo di potervi incastrare un altro pezzo, detto tenone

mortaṣàre o (*raro*) **morteṣàre** [fr. *(em)mortaiser*, da *mortaise* 'mortasa' ✱ 1939] **v. tr.** ● eseguire una mortasa

mortaṣatóre o (*raro*) **morteṣatóre** [1958] **s. m.** (**f.** *-trice*) ● falegname che manovra la mortasatrice

mortaṣatrìce o (*raro*) **morteṣatrìce** [1939] **s. f.** ● macchina per mortasare

♦**mòrte** [lat. *mŏrte(m)*, di orig. indeur. ✱ 1224 ca.] **s. f. 1** cessazione della vita, di uomo, animale, pianta: *m. accidentale, improvvisa, lenta, prematura; affrontare, cercare la m.; essere fra la vita e la m.; pallore, sudore, languore di m.; il gelo causa la m. delle giovani piante; non è ver che sia la m. / il* *peggior di tutti i mali* (P. METASTASIO) **CFR.** necro-, tanato- **SIN.** decesso, trapasso | ***mettere a m.***, uccidere | ***venire a m.***, morire | ***darsi la m.***, uccidersi | ***essere in punto di m.***, stare per morire | ***scherzare con la m.***, esporsi avventatamente ai pericoli | ***sino alla m.***, per tutto il resto della vita | ***in caso di m.***, nell'eventualità che uno muoia | ***in m. di***, in occasione della morte di qlcu.; anche come titolo di composizioni poetiche: *'In m. del fratello Giovanni'*, *di Ugo Foscolo* | ***la m. del giusto***, in perfetta pace e serenità | ***una buona m.***, coi conforti religiosi | ***m. dolce, dolce m.***, (*eufem.*) eutanasia | ***questione di vita o di m.***, gravissima, decisiva | ***avere la m. nel cuore, nell'anima***, essere assai addolorato | ***silenzio di m.***, profondo e terribile | ***a m.***, mortalmente (*anche fig.*): *colpire qlcu. a m.*; *offendere, insultare qlcu. a m.* | ***avercela a m. con qlcu.***, odiarlo profondamente | (*fig.*) ***far la m. del topo***, restare intrappolato o morire senza avere avuto possibilità di scampo | (*med.*) ***m. cerebrale, m. clinica***, condizione clinica, documentata dal tracciato dell'elettroencefalogramma, della completa cessazione di ogni attività elettrica del cervello | ***m. encefalica***, condizione di interruzione irreversibile delle funzioni encefaliche per morte di tutte le cellule nervose dell'encefalo | ***m. blu***, nel linguaggio giornalistico, morte per asfissia provocata dall'ossido di carbonio | ***m. bianca***, quella che sopravviene per asfissia da ossido di carbonio, per assideramento o in conseguenza di un'anestesia; nel linguaggio giornalistico, quella provocata da un incidente sul lavoro; quella improvvisa di un bambino | (*dir.*) ***m. civile***, perdita dei diritti civili a seguito della condanna all'ergastolo | ***cerchio, giro della m.***, acrobazia spettacolare di motociclisti o ciclisti che percorrono una pista circolare elevata verticalmente; in aeronautica, gran volta **2** personificazione della morte: *bella Morte, pietosa / tu sola al mondo dei terreni affanni* (G. LEOPARDI) | immagine della morte raffigurata o come uno scheletro umano che tiene in mano una falce o come un teschio sovrastante due tibie incrociate | (*tosc.*) ***m. secca***, raffigurazione della morte, spec. come scheletro | ***aver visto la m. in faccia***, (*fig.*) aver corso un grave pericolo | (*fig.*) ***m. in vacanza***, (*fam.*) di persona magrissima | (*fig.*) ***essere il ritratto della m.***, detto di persona malridotta | ***brutto come la m.***, bruttissimo | (*est.*) ciò che uccide **3** una delle figure nel gioco dei tarocchi **4** pena capitale: *sentenza di m.*; *condannare a m.* **5** (*fig.*) rovina, distruzione, fine: *la m. di una industria*; *la m. di una istituzione, di un regno* **6** in culinaria, il modo più adatto e gustoso per preparare una vivanda: *la m. della lepre è in salmì o alla cacciatora* **7** (*lett.*) tramonto del sole, di una costellazione; fine di una stagione: *La m. dell'estate era tranquilla* (G. GOZZANO)

m

mortèlla [dim. del lat. *mŭrtus* 'mirto' ✱ 1336 ca.] **s. f.** ● (*bot.*) mirto | ***m. bianca, m. nera***, secondo il colore più o meno scuro delle foglie

mortésa e deriv. ➤ **mortasa** e deriv.

mortìccio [da *morto* ✱ av. 1472] **agg.** (**pl. m.** *-ci*; **pl. f.** *-ce*) ● (*lett.*) flaccido | (*lett.*) cadaverico, pallido | (*lett.*) stagnante: *lago m.*

morticìno ① **s. m.** (**f.** *-a*) **1** dim. di *morto* **2** bambino morto

morticìno ② [lat. *morticīnu(m)*, da *mŏrs*, genit. *mŏrtis* 'morte' ✱ 1280] **agg.** ● detto di animale morto per cause naturali | ***legname m.***, che si secca sul terreno

mortìfero [vc. dotta, lat. *mortĭferu(m)*, comp. di *mŏrs*, genit. *mŏrtis* 'morte' e *-fer* '-fero' ✱ av. 1328] **agg.** **1** (*lett.*) apportatore di morte, capace di dare la morte: *veleno, dardo m.*; *pestilenza mortifera* **SIN.** mortale **2** (*fig.*) assai dannoso, rovinoso, insopportabile: *la noia, madre per me di mortifere malinconie* (G. LEOPARDI) ‖ **mortiferaménte**, **avv.** (*raro*) in modo mortifero

†**mortificaménto** [av. 1342] **s. m.** ● mortificazione

mortificànte **part. pres.** di *mortificare*; anche **agg.** ● che mortifica: *un'accusa m.* **SIN.** avvilente, umiliante ‖ **mortificanteménte**, **avv.**

✦**mortificàre** [vc. dotta, lat. eccl. *mortificāre* 'far morire, mortificare', comp. di *mŏrs*, genit. *mŏrtis* 'morte' e *-ficāre* '-ficare' ✱ av. 1304] **A** **v. tr.** (*io mortìfico, tu mortìfichi*) **1** indurre in qlcu. un senso di vergogna e di umiliazione mediante offese al suo amor proprio, giudizi negativi, rimproveri e sim.: *m. un amico*; *mi mortifica, mi avvilisce, e mi fa conoscere la sua costanza e la mia debolezza* (C. GOLDONI) | ***m. la carne, i sensi***, reprimere gli impulsi dei sensi con la penitenza **SIN.** ferire **2** (*med.*) necrotizzare **3** (*lett.*) far morire **B** **mortificàrsi** **v. rifl.** **1** punire sé stesso **2** (*relig.*) praticare penitenze corporali | reprimere le passioni e gli stimoli dei sensi **C** **mortificàrsi** **v. intr. pron.** ● sentire dispiacere e vergogna ‖ **mortificazióne**, **s. f.** (V.)

†**mortificatìvo** [av. 1320] **agg.** **1** che danneggia **2** (*fig.*) avvilente

✦**mortificàto** **part. pass.** di *mortificare*; anche **agg.** ● nei sign. del v. | umiliato, avvilito, dispiaciuto: *scusami, sono m.*

mortificatóre [da *mortificato* ✱ 1869] **agg. e s. m.** (**f.** *-trice*) ● (*raro*) che (o chi) mortifica

✦**mortificazióne** [vc. dotta, lat. eccl. *mortificatiōne(m)* 'morte, distruzione', da *mortificāre* 'mortificare' ✱ sec. XIV] **s. f.** **1** umiliazione che induce un sentimento di vergogna, avvilimento, dispiacere e sim.: *dare, ricevere, subire una m.*; *che m.!* **SIN.** avvilimento, umiliazione **2** (*relig.*) pratica delle penitenze corporali | repressione delle passioni e degli stimoli dei sensi **3** (*med.*) necrotizzazione

SFUMATURE ➤ ***repressione***

†**mortìna** [dim. del lat. *mŭrtus* 'mirto' ✱ 1303] **s. f.** ● (*bot.*) mortella

mortìsa ➤ **mortasa**

mortìzza [da (*acqua*) *morta* ✱ av. 1710] **s. f.** ● tratto paludoso dell'alveo di un fiume

♦**mòrto** **A** **part. pass.** di *morire*; anche **agg.** **1** che ha cessato di vivere | ***cadere, cascare m.***, morire di morte improvvisa | ***clinicamente m.***, detto di persona in cui è sopravvenuta la morte clinica | ***a babbo m.***, V. *babbo* | (*iperb.*) ***stanco m.***, stanchissimo | (*iperb.*) ***essere m.*** (o ***mezzo m.***) ***di paura***, essere terrorizzato **2** (*fig.*) privo di animazione, di vita: *è una città morta*; *una festa morta*; *stagione morta* | passato, trascorso del tutto, di tempo, età: *e mi sovvien l'eterno, / e le morte stagioni* (G. LEOPARDI) | non più vitale: *consuetudine morta* | ***lingua morta***, non più parlata **3** (*fig.*) inerte: *peso, corpo m.* (V. anche *peso* ① nel sign. 1) | (*mar.*) ***corpo m.***, grossa àncora cui può ormeggiarsi una nave recuperandone la catena, la cui testa è fissata con un cavo di acciaio a un gavitello o alla banchina | ***acqua, aria morta***, stagnante | ***mare m.***, quando vi siano onde lente e assenza di vento | ***opera morta***, la parte emersa dello scafo | ***denaro m.***, non investito | ***capitale m.***, infruttifero | ***terreno m.***, sterile | ***angolo m.***, rientrante; (*mar.*) quello di circa 60° intorno alla direzione dalla quale proviene il vento in cui le imbarcazioni a vela non possono navigare di bolina (V. anche *angolo* nel sign. 1) | ***essere lettera morta***, di disposizione e sim. che nessuno osserva | ***giungere a un punto m.***, di situazione priva di soluzione | ***binario m.***, V. *binario* nel sign. **B** **4** (*fig.*) inutilizzabile | ***tempi morti***, pause, interruzioni in un'attività | ***pallone m., palla morta***, che non è in gioco, che non si può giocare | ***capo m.***, residuo non utilizzabile di una lavorazione industriale, spec. chimica ‖ †**mortaménte**, **avv.** **1** (*raro*) come morto **2** debolmente **B** **s. m.** **1** (**f.** *-a*) persona morta: *cassa da m.*; *piangere, seppellire il m.*; *pregare per i poveri morti* | ***giorno dei Morti***, il 2 novembre, giorno in cui si commemorano i defunti | ***libro dei morti***, registro parrocchiale, istituito dal Concilio di Trento, in cui venivano iscritti tutti i fedeli defunti | ***il mondo, il regno dei morti***, l'oltretomba | ***suonare a m.***, detto delle campane, suonare a rintocchi lenti per la morte di qlcu. | ***fare il m.***, restare immobile o galleggiare sull'acqua disteso supino sul dorso | ***pallido come un m.***, pallidissimo | ***sembrare un m. che cammina***, di persona assai magra e sparuta | ***un m. di fame***, (*fig.*) un miserabile | ***un m. di sonno***, (*fig.*) persona fiacca, indolente od ottusa | ***farebbe resuscitare un m.***, detto di brodo eccellente, cibo appetitoso, bevanda forte e sim. | ***fave dei morti***, dolcetti croccanti a base di mandorle, farina, zucchero e uova che si mangiano tradizionalmente nel giorno dei Morti **SIN.** defunto, estinto, trapassato **2** (*scherz.*, *lett.*) denaro nascosto, tesoro: *arrivati, trovarono effettivamente, invece del m., la buca aperta* (A. MANZONI) **3** nel gioco del bridge, il compagno del dichiarante, che gli gioca le carte scoperte sul tavolo | ***giocare col m.***, in alcuni giochi di carte, essere soltanto in tre, ma distribuire le carte come se si fosse in quattro ‖ **mortàccio**, **pegg. spreg.** | **morticìno**, **dim.** (V.)

mortòrio o †**mortòro** [da *morto*, sul modello di *Purgatorio*, *refettorio* ✱ av. 1348] **s. m.** (**pl.** *-i* o *raro -ii*) **1** (*lett.*) funerale: *m. modesto* | (*lett.*) corteo funebre **2** (*fig.*) festa, cerimonia, spettacolo e sim. che si svolgono senza allegria o con scarso concorso di gente: *il ballo sembrava un m.* **3** †ammasso di cadaveri | (*lett.*) cimitero, sepolcro

†**mortuàle** [vc. dotta, lat. *mortuālia*, nt. pl. 'vesti da lutto, canti funebri', da *mŏrtuus* 'morto' ✱ av. 1755] **agg.** ● funebre

mortuàrio [vc. dotta, lat. *mortuāriu(m)*, da *mŏrtuus* 'morto' ✱ sec. XIV] **agg.** (**pl. m.** *-i* o *raro -ii*) ● concernente i defunti: *camera mortuaria*

mòrula [dim. latineggiante di *mora* ①; detta così dalla forma delle cellule ✱ 1895] **s. f.** ● (*biol.*) primo stadio dello sviluppo embrionale che precede la blastula ed è formato da un semplice ammasso di cellule

mòrva [fr. *morve*, di etim. discussa: lat. *mŏrbu(m)* 'morbo' (?) ✱ 1771] **s. f.** ● (*veter.*) malattia infettiva, contagiosa, cronica, degli equini, raramente trasmissibile all'uomo, caratterizzata da scolo nasale, noduli, ulcere, cicatrici alle prime vie respiratorie e sulla pelle, con esito gener. letale

mòrvido e deriv. ➤ **morbido** e deriv.

mosaicàto [1935] **agg.** ● fatto a mosaico, ornato di mosaico

mosaicìsta o **musaicìsta** [1736] **s. m. e f.** (**pl. m.** *-i*) ● artista o artigiano che esegue lavori di mosaico

mosàico ① o (*raro*) **musàico** [lat. mediev. *musăicu(m)* (*ŏpus*) 'opera delle Muse', da *Mūsa* 'Musa' ✱ 1282] **s. m.** (**pl.** *-ci*) **1** composizione decorativa di parete o pavimento, a tasselli di pietra, ceramica o vetro variamente colorati e tra loro connessi con mastice o cemento: *pavimento a m.* | ***aiuola a m.***, di erbe e fiori di colori diversi, disposti con senso geometrico e accostati con gusto artistico **2** componimento letterario, musicale o altra opera artistica risultante dall'unione di elementi diversi SIN. centone **3** (*fig.*) mescolanza di elementi eterogenei: *un m. di nozioni; la popolazione di queste zone è un m. di razze* **4** malattia che colpisce alcune piante, spec. il tabacco, conferendo alle foglie un aspetto variegato **5** (*biol.*) organismo caratterizzato dalla presenza di cellule con genomi diversi in stretta contiguità CFR. chimera

moṣàico② [av. 1306] **agg.** (**pl. m.** *-ci*) ● relativo a Mosè, ai libri biblici a lui attribuiti, alla legge da lui trasmessa al popolo ebraico

moṣaicoltùra [comp. di *mosaico*① e *coltura* ✱1934] **s. f.** ● coltivazione di piante erbacee disposte a mosaico

moṣaịsmo [da *mosaico*② ✱av. 1852] **s. m.** ● dottrina e legge religiosa di Mosè | religione giudaica

♦**mósca** [lat. *mŭsca(m)*, di orig. indeur. ✱1266] **A** **s. f.** **1** insetto dei Ditteri cosmopolita, che predilige i climi caldi e si alimenta di qualsiasi sostanza organica, diventando veicolo di germi patogeni di varie specie (*Musca domestica*) CFR. ronzare | ***m. del carbonchio***, pericolosa piccola mosca che punge mammiferi, soprattutto cavalli, per suggere sangue, e può trasmettere i germi del carbonchio e di altre malattie (*Stomoxys calcitrans*) | ***m. tse-tse***, grossa mosca grigiastra dell'Africa tropico-equatoriale che trasmette all'uomo e ai Mammiferi il tripanosoma della malattia del sonno (*Glossina palpalis*) | ***m. della carne, m. carnaria***, dittero più grosso e slanciato della mosca, con occhi rossi, le cui larve si sviluppano nella carne guasta (*Sarcophaga carnaria*) | ***m. delle olive***, piccola mosca che si nutre di nettare, ma le cui larve rodono la polpa delle olive (*Dacus oleae*) | ***m. della frutta***, piccola mosca cosmopolita, dannosissima, che si nutre di nettare e le cui larve si alimentano con la polpa del frutto in cui sono state deposte le uova (*Ceratitis capitata*) | ***m. del formaggio***, le cui larve si nutrono di qualunque sostanza mangereccia di origine animale, spec. se ricca di grassi (*Piophila casei*) | ***m. cavallina, m. ragno dei cavalli***, ippobosca | ***m. scorpione***, panorpa | ***non farebbe male a una m.***, (*fig.*) di persona particolarmente buona | (*fig.*) ***m. bianca***, persona dalle qualità molto rare | ***si sentirebbe volare una m.***, (*fig.*) c'è un grande silenzio | (*fig.*) ***restare con un pugno di mosche in mano***, vedere fallire o naufragare i propri sforzi, progetti e sim. | (*fig.*) ***far saltare la m. al naso a qlcu.***, provocarlo e fargli perdere la calma | ***m.!, zitto e m.!***, silenzio! **2** (*fig.*) persona insopportabile, noiosa e sim. | ***m. cocchiera***, (*fig.*) persona priva di importanza che crede e vuol far credere di avere un ruolo di direzione, di responsabilità (come la mosca sul carro nella favola di Fedro) **3** amo ricoperto di piccole piume, peli, fili di lana e sim., usato come esca artificiale **4** finto neo che le dame di un tempo si applicavano al viso o alla spalla per civetteria **5** pizzetto di barba sotto il labbro inferiore **6** chicco di caffè tostato aggiunto nel bicchiere in cui si servono alcuni liquori: *sambuca con la m.* **7** ***m. cieca***, V. *moscacieca* **B** **in funzione di agg. inv.** ● (posposto al sost.) solo nella loc. ***peso m.***, nel pugilato, detto di categoria di peso compresa tra quelle dei pesi minimosca e dei pesi gallo **C** **s. m. inv.** ● nel pugilato, atleta appartenente alla categoria dei pesi mosca: *combattere tra i m.* ‖ **moscàccia**, **pegg.** | **moschétta**, **dim.** (V.) | **moschìna**, **dim.** | **moschino**, **dim. m.** (V.) | **moscóna**, **accr.** | **moscóne**, **accr. m.** (V.)

moscacièca o **mósca cièca** [1483] **s. f. solo sing.** ● gioco di ragazzi, uno dei quali, bendato, deve cercare di afferrare un compagno e riconoscerlo al tatto; colui che è preso e identificato viene poi a sua volta bendato

†**moscàdo** e deriv. ➤ **moscato** e deriv.

moscàio [lat. *muscāriu(m)*, agg. di *mŭsca* 'mosca' ✱av. 1642] **s. m.** (**pl.** *-ai*) **1** grande quantità di mosche, luogo con molte mosche: *che m.!* **2** †accozzaglia di persone noiose **3** †situazione noiosa | †baccano

moscaiòla o (*lett.*) **moscaiuòla** [av. 1698] **s. f.** **1** telaio che regge un velo fitto o una rete metallica a maglie minute, usato per difendere i cibi dalle mosche: *ripose la carne nella m.* **2** (*raro*) trappola per catturare le mosche

moscardino [da *moscato* 'che odora di muschio'; nel sign. 4, cfr. il fr. *muscadin*, termine usato a causa della predilezione di quei giovani per il profumo di muschio ✱1598] **s. m.** **1** (*zool.*) piccolo roditore simile a un ghiro, giallo fulvo sul dorso, che predilige nocciole e frutti secchi (*Muscardinus avellanarius*) SIN. nocciolino **2** mollusco dei Cefalopodi simile a un polpo di piccole dimensioni, così chiamato per l'odore di muschio che emana (*Ozaena muschata*) **3** pasticca di muschio e aromi vari, un tempo usata per profumare l'alito **4** (*stor.*) durante la Rivoluzione francese, giovane sostenitore della reazione monarchica dopo il 9 termidoro 1794 | (*disus., fig.*) bellimbusto, zerbinotto

moscàrdo [da *mosca*, per le piccole macchie che ha sulle penne del petto ✱1336 ca.] **s. m.** ● (*zool.*) sparviero

moscatèllo [dim. di *moscato* ✱av. 1348] **A** **s. m.** ● (gener. con iniziale maiuscola) varietà di Moscato bianco, sia come vitigno che come vino **B** **agg.** **1** del vitigno Moscatello **2** detto di frutto che abbia il sapore dell'uva prodotta dal vitigno omonimo: *mela moscatella*

moscàto o †**moscàdo** [dal lat. tardo *mŭscus* 'muschio' ✱sec. XIII] **A** **s. m.** **1** (gener. con iniziale maiuscola) vitigno molto diffuso che dà uve, bianche o nere, da tavola e da vino dall'aroma di muschio **2** (gener. con iniziale maiuscola) denominazione di numerosi vini gener. bianchi, spesso da dessert, dal sapore dolce e dal profumo aromatico, ottenuti dal vitigno omonimo: *M. spumante; M. d'Asti; M. giallo, rosa; M. dell'Elba, di Pantelleria* **3** †muschio **B** **agg.** **1** del vitigno Moscato: *uva moscata* **2** che ha profumo di muschio | ***noce moscata***, frutto aromatico, simile a una noce, usato per rendere i cibi più saporiti ‖ **moscatèllo**, **dim.** (V.)

moscatùra [da *mosca* (in quanto il ciuffetto di peli neri ricorda una mosca) ✱1958] **s. f.** ● l'insieme dei ciuffetti di peli neri, simili a mosche, disseminati sul mantello chiaro, spec. grigio, di un cavallo

moscerìno o (*raro*) **moscherìno** [da *mosca* ✱1481] **s. m.** **1** nome comune di varie specie di insetti dei Ditteri, lunghi pochi millimetri, modesti volatori, amanti di ambienti umidi | ***m. dell'aceto***, attirato da frutta in fermentazione, mosto e sostanze zuccherine, utilizzato per importanti ricerche sulla eredità (*Drosophila melanogaster*) **2** (*fig., scherz.* o *spreg.*) persona di corporatura minuscola: *che vuole quel m.?* | persona di nessun valore: *è tutta boria quel m.!*

moscézza [da *moscio* ✱1954] **s. f.** ● (*raro*) caratteristica di ciò che è moscio

♦**moschèa** [arabo *masğid* 'luogo di culto' ✱av. 1470] **s. f.** ● luogo di adorazione, casa di culto, edificio sacro dell'Islam

moschèra o **moschièra** [da *mosca* ✱1882] **s. f.** ● (*pesca*) attrezzo costituito da una lenza con un finale su cui sono montate più mosche artificiali

moscherìno ➤ **moscerino**

moschétta [1590] **s. f.** **1** dim. di *mosca* (*anche fig.*) **2** †dardo, freccia **3** †arma da fuoco simile a un grosso archibugio ‖ **moschettina**, **dim.**

moschettàre [da *moschetto* ✱av. 1678] **v. tr.** (*io moschétto*) ● (*lett.*) fucilare | uccidere col moschetto

moschettàta [1552] **s. f.** ● colpo di moschetto

moschettàto [da †*moschetto*, dim. di *mosca* ✱av. 1798] **agg.** ● picchiettato di macchioline nere, simili a mosche: *un cane dal pelo m.*

moschettatùra [da *moschettato* 'picchiettato' ✱1856] **s. f.** ● picchiettatura a macchioline nere su fondo chiaro

moschetterìa [1612] **s. f.** ● scarica di moschetti | reparto di soldati armati di moschetto

moschettièra [1915] **s. f.** ● nella loc. agg. inv. ***alla m.***, alla maniera, secondo l'uso, degli antichi moschettieri di Francia | ***guanti alla m.***, lunghi fin quasi al gomito | ***cappello alla m.***, ampio e ornato da un ciuffo di piume ricadenti

moschettière [1602] **s. m.** **1** negli eserciti di un tempo, milite a piedi armato di moschetto **2** in Francia sotto i regni di Luigi XIII e XIV, gentiluomo della casa del Re, incorporato in due compagnie a cavallo costituenti guardia del corpo | nel Regno sardo, corpo istituito per il compito di custodia dei condannati alla reclusione militare **3** (*sport*) appellativo di atleti che gareggiano nella rappresentativa nazionale: *i moschettieri azzurri*

moschétto [da *moschetta* nel sign. 2 ✱av. 1563] **s. m.** **1** pesante archibugio usato in Italia alla fine del XV secolo **2** arma da fuoco moderna in tutto analoga al fucile ma più corta e più leggera, in dotazione a corpi speciali: *m. a ripetizione, automatico*

moschettóne① [detto così perché serviva a reggere il *moschetto* ✱1869] **s. m.** **1** gancio a molla mediante il quale le truppe a cavallo sospendevano alla bandoliera la carabina **2** gancio metallico di forma ovale, trapezoidale e sim., e di grandezza diversa secondo gli usi, con un lato dotato di un sistema a molla che ne rende sicura la chiusura: *il m. del ciondolo, dell'orologio; i moschettoni dell'alpinista*

moschettóne② [V. *moscardo* ✱1834] **s. m.** ● (*zool.*) pittima reale

moschicìda [comp. di *mosca* e *-cida* ✱1861] **A** **agg.** (**pl. m.** *-i*) ● che serve a uccidere le mosche: *liquido, veleno, preparato m.* | ***carta m.***, spalmata di sostanze a cui le mosche rimangono attaccate **B** **s. m.** ● insetticida

moschièra ➤ **moschera**

moschinàto [detto così perché picchiettato di puntini neri che sembrano *mosche* ✱1779] **agg.** ● (*geol.*) detto di alabastro punteggiato di nero

moschìno① o (*raro*) **moscìno** [av. 1571] **s. m.** (**f.** *-a*) **1** dim. di *mosca* **2** moscerino

moschìno② [detto così perché picchiettato di puntini neri che sembrano *mosche* ✱1869] **s. m.** ● cane dal pelo picchiettato di nero

moschìto **s. m.** ● adattamento dello sp. *mosquito* (V.)

mosciàme o **musciàme** [ant. sp. *moxama* 'pesce, tonno salato', dall'arabo *mušamma'* 'seccato, incerato' ✱av. 1704] **s. m.** ● carne di tonno o di delfino che, tagliata in strisce lunghe e massicce, salata e fatta seccare all'aria, viene consumata come antipasto

mosciarèlla [da *moscio* ✱1958] **s. f.** ● (*centr.*) castagna secca

moscìno ➤ **moschino**①

♦**móscio** [lat. *mŭsteu(m)* 'simile a mosto, fresco, recente', da *mŭstum* 'mosto' ✱av. 1508] **agg.** (**pl. m.** *-sci*; **pl. f.** *-sce*) **1** floscio: *cappello m.* |

a b c d e f g h i j k l m n o p q r s t u v w x y z

vizzo, appassito: *carni mosce* **2** (*fig.*) abbattuto, depresso: *aspetto m.*; *se ne stava m. m. in un angolo* **3** *erre moscia*, V. *erre* || **moscétto**, **dim.** || **mosciaménte**, **avv.**

moscióne① [da *moscio* * 1869] **s. m.; anche agg.** (**f.** *-a*) • (*tosc.*) castagna secca

moscióne② [lat. tardo *mustiōne(m)*, da *mŭstum* 'mosto' * 1282] **s. m. 1** moscerino frequente intorno ai tini contenenti mosto **2** (*fig.*) †gran bevitore **3** †persona assillante

mòsco [gr. *móschos* 'rampollo, animale giovane', di orig. indeur. * 1737] **s. m.** (**pl.** *-schi*) • ruminante delle montagne asiatiche simile al capriolo, privo di corna, il cui maschio ha nella regione inguinale ghiandole che versano in una piccola borsa un prodotto odorosissimo (*Moschus moschiferus*)

†**moscoleàto** [comp. di *muschio* e *olio*, sul modello del gr. *moschélaion* 'olio profumato di muschio' * 1353] **agg.** • (*lett.*) profumato di muschio

móscolo o **mùscolo** [lat. *mŭsculu(m)*, dim. di *mūs* 'topo'. Cfr. *testuggine* * av. 1292] **s. m.** • antica macchina da assedio, costruita con grosse travi, per superare i fossati o comunque avvicinarsi alle mura, al coperto dalle offese degli assediati

mosconàta [da *moscone*, che è, al fig., la 'rapida e fruttuosa operazione di borsa' * 1986] **s. f.** • (*banca*) operazione speculativa di Borsa consistente nell'acquisto di azioni e nella loro successiva vendita a brevissimo termine

moscóne [1313] **s. m. 1** accr. di *mosca* **2** nome comune di varie specie di grossi insetti dei Ditteri | ***m. della carne***, simile a una grossa mosca blu metallico, le cui larve sono dette vermi della carne (*Calliphora erythrocephala*) **CFR.** ronzare | ***moscon d'oro***, cetonia **3** (*fig.*) corteggiatore: *e lei, signora, non hanno principiato a ronzarle intorno de' mosconi?* (A. MANZONI) **4** imbarcazione a remi formata da due galleggianti e da uno o due sedili **SIN.** pattìno② **5** (*giornalismo, disus.*) piccola notizia spesso a pagamento, gener. inserita nella cronaca del giornale, per informare di nozze, lauree, onorificenze e sim. || **mosconàccio**, **pegg.**

moscovìta [da *Moscovia*, ant. n. di *Mosca* * 1500] **A agg.** (**pl. m.** *-i*) • di Mosca: *la metropolitana m.* **B s. m. e f.** • abitante o nativo di Mosca

mosh /mɔʃ*, *ingl.* mɒʃ/ [vc. ingl., forse var. di *mash*, propr. 'miscuglio' * 1993] **s. m. inv.** (**pl. ingl.** *moshes*) • ballo scomposto caratterizzato da spinte e salti

mosquito /*sp.* mos'kito/ [sp. dim. di *mosca* 'mosca' * 1875] **s. m. inv.** (**pl. sp.** *mosquitos*) **1** zanzara tropicale portatrice di varie malattie, spec. della febbre gialla **2** ***Mosquito***®, marchio registrato di un piccolo motore applicabile alle biciclette | (*est.*) il ciclomotore così ottenuto

♦**mòssa** [da *mosso* * av. 1705] **s. f. 1** movimento isolato e brusco del corpo o di una parte di esso: *spostò il bicchiere con una rapida m.*; *si volse a noi con una m. improvvisa* | (*est.*) movimento o spostamento di qlco., spec. movimento tattico di una unità o di un reparto militare: *si possono ancora notare mosse sospette nella zona franosa*; *spiare le mosse del nemico* **2** atto, gesto, movenza: *una m. aggraziata, gentile, subdola*; *le ridicole mosse dei pagliacci* | ***imitare le mosse di qlcu.***, rifargli il verso | colpo d'anca eseguito facendo ondeggiare tutto il bacino e fermandosi poi di colpo, compiuto da ballerine, attrici di avanspettacolo e sim.: *fare la m.*; *vogliamo la m.!* **3** (*fig.*) iniziativa rivolta a uno scopo; intervento, passo: *è stata una m. intelligente, felice, precipitosa*; *è uomo di mosse accorte* | ***fare una m. falsa***, agire in modo errato, controproducente **4** partenza dei cavalli in una gara, in particolare al Palio di Siena **5** (*fig.*) principio o fase iniziale di qlco.: *la m. dei negoziati si presenta difficile* | ***essere sulle mosse***, sul punto di o pronto alla partenza: *il cardinale era anche lui sulle mosse per continuar la sua visita* (A. MANZONI) | ***prender le mosse da***, cominciare da **6** (*fig., lett.*) impulso, spinta: *dare la m. giusta* | (*fam.*) ***darsi una m.***, mettersi in movimento, rompere gli indugi **7** nel gioco degli scacchi e della dama, spostamento di un pezzo da una casella a un'altra: *dare scacco in tre mosse* | (*fig.*) ***fare la prima m.***, prendere l'iniziativa | ***m. del cavallo***, V. *cavallo* || **mossàccia**, **pegg.** | **mossétta**, **dim.** (V.) | **mossùccia**, **dim.**

SFUMATURE ➤ *gesto*

mossétta [sec. XIV] **s. f. 1** dim. di *mossa* **2** atto, movimento aggraziato e lezioso, spec. per attirare l'attenzione: *I primi gridolini, certe mossette piene di grazia di Ninnì lo facevano impazzire dalla gioja* (L. PIRANDELLO) | (*est.*, **al pl.**) versi, moine || **mossettìna**, **dim.**

mossière [da *mossa* * 1898] **s. m.** (**f.** *-a*) • chi dà il segnale di partenza di una corsa **SIN.** starter

mòsso **part. pass.** di *muovere*; **anche agg. 1** che ha subito un movimento o che è in movimento | ***terra mossa***, arata o scavata di fresco | ***mare m.***, agitato | ***paesaggio m.***, vario | ***capelli mossi***, ondulati | ***fotografia mossa***, quella che, a causa di un movimento impresso alla macchina fotografica al momento dello scatto, risulta poco nitida **2** animato, veloce (**anche fig.**): *un ritmo alquanto m.*; *prosa mossa e spiritosa* **3** (*mus.*) indicazione agogica che richiede velocità di esecuzione, spesso usata come specificazione di altre: *allegro m.*

†**mostàcchio** ➤ **mustacchio**

†**mostacciàta** [da *mostaccio* * av. 1556] **s. f.** • schiaffo

mostaccìno [milan. *mostasìn*, V. anche *mostacciolo* * av. 1769] **s. m.** • (*lomb.*) biscotto speziato

mostàccio [lat. parl. **mustāceu(m)*, dal gr. *mýstax*, genit. *mýstakos* 'labbro superiore', da avvicinare a *mástax* 'bocca'. V. *masticare* * sec. XIV] **s. m. 1** (*lett., spec. spreg.*) viso, muso: *rompere il m. a qlcu.* **2** (*pop.*) mustacchio || **mostaccióne**, **accr.** (V.)

mostacciòlo [lat. *mustāceu(m)*, da *mŭstum* 'mosto' * av. 1548] **s. m.** • dolce di farina impastata con miele o mosto cotto, cioccolato, uva passa, fichi secchi, mandorle tritate

mostaccióne [av. 1470] **s. m. 1** accr. di *mostaccio* **2** †schiaffone: *fu sì grande questo m., / che morto cadde il gigante boccone* (L. PULCI)

mostàio [lat. *mustāriu(m)*, agg. di *mŭstum* 'mosto' * av. 1597] **agg.** (**pl. m.** *-ai*) **1** ricco di mosto: *ottobre m.* **SIN.** mostoso **2** †***uva mostaia***, varietà di uva ricca di succo

mostàrda [ant. fr. *moustarde*, dal lat. *mŭstu(m)* 'mosto', che ne è uno degli ingredienti * 1310] **s. f.** • salsa densa a base di senape e aceto, con aromi vari | in Sicilia, mosto cotto impastato con farina e aromatizzato: *una torta di m.* | ***m. di Cremona***, conserva di frutta candita in sciroppo di zucchero o in mosto d'uva bollito, con senape

mostardièra [da *mostarda* * 1869] **s. f.** • piccolo recipiente con manico e coperchio usato per servire in tavola la mostarda

mostimetro [comp. di *mosto* e *-metro* * 1869] **s. m.** • apparecchio per la determinazione del contenuto in zucchero del mosto **SIN.** gleucometro, glucometro

mósto [lat. (*vīnum*) *mŭstu(m)* 'vino nuovo', di etim. incerta * 1260] **s. m. 1** succo ottenuto dalla pigiatura dell'uva che, fermentando, si trasforma in vino | ***m. cotto***, messo a bollire prima che fermenti | ***m. concentrato***, mediante calore o congelamento | ***m. oleoso***, ottenuto per pressione della pasta di olive **2** (*est.*) qualsiasi succo zuccherino o che può subire fermentazione alcolica: *m. di mele* **3** (*raro*) vino nuovo

mostóso (o *-ṣo*) [av. 1494] **agg. 1** che dà molto mosto: *uva mostosa* **2** (*lett.*) di odore simile a quello del mosto

♦**móstra** [av. 1292] **s. f. 1** il mostrare | esibizione spec. vanitosa, sfoggio: *gli piace far m. di sé, del proprio sapere*; *far gran m. di carità* | ***oggetto che fa bella m. di sé***, che si presenta bene | ***mettersi in m.***, farsi avanti, farsi notare | ***mettere in m.***, ostentare **2** finta, finzione: *fare qlco. per m.* | ***far m. di***, fingere **3** ordinata rassegna di oggetti o animali esposta o presentata al pubblico: *m. campionaria, di macchine agricole, del bestiame ovino e bovino* | esposizione, rassegna di opere artistiche o di interesse storico, archeologico e sim.: *m. di quadri, di codici miniati, di sculture etrusche*; *organizzare una m. personale, collettiva, antologica*; *una importante m. cinematografica* | (*est.*) luogo, sede di tale manifestazione: *l'autista mi ha portato fino alla m.* **4** comparsa che all'epoca della cavalleria facevano i cavalieri prima di combattere in torneo, seguiti dai loro scudieri e paggi | †rassegna, rivista o sfilata militare **5** (*raro*) vetrina di un negozio o sim.: *guarda che m. originale!* **6** (*disus.*) campione, saggio: *una m. di stoffe, di caffè, di olio* **7** incorniciatura che riquadra il vano di una porta o di una finestra **8** risvolto del bavero, in tessuto diverso da quello dell'abito | mostrina | mostreggiatura **9** quadrante dell'orologio || **mostrina**, **dim.** (V.)

mostràbile [lat. *monstrābile(m)* 'notevole, cospicuo', da *monstrāre* 'mostrare' * av. 1535] **agg.** • che si può o che è lecito mostrare: *lettera non m.*

†**mostraménto** [1261 ca.] **s. m.** • (*lett.*) il mostrare | palesamento

mostra-mercàto [1984] **s. f.** (**pl.** *móstre-mercàto*) • manifestazione organizzata allo scopo di esporre e vendere al pubblico e agli operatori economici merci e prodotti di uno o più settori commerciali

†**mostrànza** [av. 1250] **s. f.** • palesamento, sembianza, apparenza

♦**mostràre** [lat. *monstrāre*, da *mōnstrum* 'segno'. V. *mostro*② * 963] **A v. tr.** (**pres.** *io móstro*; **part. pass.** *mostràto*, **tosc.** o **lett.** *móstro*) **1** sottoporre alla vista, all'attenzione altrui: *m. un libro*; *gli mostrò il parco* | ***m. la lingua***, al medico perché la esamini; fare le boccacce | ***m. i pugni***, fare un gesto di minaccia | ***m. i denti***, digrignare i denti; (*fig.*) farsi vedere ben deciso a reagire agli attacchi altrui | ***m. il viso***, farsi vedere in pubblico; (*fig.*) opporsi coraggiosamente | ***m. la fronte***, (*fig.*) non vergognarsi | ostentare, mettere in mostra: *m. i gioielli*; *m. le gambe*; *mostrò con orgoglio i regali ricevuti* | esibire qlco. a qlcu. perché questi osservi, controlli, accerti: *m. il biglietto al controllore*; *m. un documento d'identità* **2** fare vedere con un cenno, indicando: *gli mostrò la strada più breve*; *m. una lapide, un quadro* | ***m. a dito***, additare | ***essere mostrato a dito***, (*fig.*) essere assai conosciuto per le meritevoli o disoneste azioni compiute **3** spiegare, esporre, dimostrare: *gli ha mostrato il modo giusto di procedere*; *m. il funzionamento di una macchina*; *m. l'infondatezza dell'accusa*; *le mostrò come aveva fatto* | (*lett.*) attestare, provare: *tanto è spietata la mia sorte e dura, / che mostrar non lo pon rime né versi* (M.M. BOIARDO) **4** rendere manifesto, far ve-

m

dere: *mostrò subito quali erano le sue intenzioni; le case mostrano ancora i segni del terremoto* | dimostrare (+ *di* **seguito da inf.**, + *che*): *mostrò di essersi pentito; la sua reazione mostra che la lezione gli è servita* | palesare, rivelare: *m. soddisfazione, comprensione, simpatia; m. molta riconoscenza* | ***m. la propria pazienza***, darne prova **5** lasciar credere, fingere (+ *di* **seguito da inf.**): *mostrava di ignorare il fatto; mostrò di non accorgersi di quanto stava accadendo* **B v. intr. impers.** ● †sembrare, parere: *mostra che voglia piovere; come mostra che voi vogliate fare* (G. Boccaccio) **C mostràrsi v. rifl. 1** farsi vedere, apparire: *mostrarsi in pubblico* **2** rivelarsi o dimostrarsi: *mostrarsi affaticato, lieto, nervoso; si mostrò entusiasta del programma; non intendo mostrarmi da meno* | fingersi: *si mostrò ignaro di ciò che sapeva* **D mostràrsi v. intr. pron.** ● apparire: *dal finestrino gli si mostrò un bellissimo paesaggio*

†**mostratìvo** [lat. tardo *monstratīvu(m)*, da *monstrāre* 'mostrare' ✱ av. 1349] **agg.** ● dimostrativo

mostratóre [lat. *monstratōre(m)*, da *monstrāre* 'mostrare' ✱ av. 1292] **agg. e s. m.** (**f.** *-trice*) ● (*raro, lett.*) che (o chi) mostra

mostravènto [comp. di *mostra(re)* e *vento* ✱ 1834] **s. m. inv.** ● (*mar.*) banderuola girevole posta sull'albero o striscia di tessuto fissata al sartiame per indicare la direzione del vento

mostreggiàto [av. 1842] **agg.** ● (*raro*) di vestito che ha mostre o mostreggiature

mostreggiatùra [da *mostrare* ✱ 1865] **s. f.** ● distintivo di arma, corpo o specialità, costituito da due lembi di panno o altro materiale, di varia forma e colore, applicati simmetricamente ai lati del collo della giubba | (*est.*) risvolto ornamentale, di colore o tessuto diversi, applicato a colli, polsi, tasche di indumenti non militari

mostriciàttolo [da *mostr(o)* con *-iciattolo* ✱ 1894] **s. m.** (**f.** *-a*) **1** pegg. di *mostro* **2** persona dall'aspetto deforme

mostrificàre [da *mostro*② ✱ 1852] **v. tr.** (*io mostrìfico, tu mostrìfichi*) **1** rappresentare con fattezze mostruose | (*est.*) rendere molto brutto: *m. un ambiente naturale* **2** (*fig.*) far apparire qlcu. come un individuo maligno e perverso: *m. un imputato, un avversario politico* **CFR.** demonizzare ‖ **mostrificazióne**, **s. f.**

mostrìna [dim. di *mostra* ✱ 1923] **s. f.** ● striscia di stoffa o di metallo variamente colorata, cucita sul bavero o sulla manica dell'uniforme militare, quale distintivo d'arma, di corpo o di reparto

mostrìno① [da *mostrare* ✱ 1863] **s. m.** ● piccolo quadrante degli orologi, situato nella parte inferiore del quadrante maggiore, con una lancetta che segna i secondi

mostrìno② [da *mostra* ✱ av. 1956] **s. m. 1** (*raro*) piccola vetrina di negozi **2** specie di vassoio, generalmente di velluto, usato nelle gioiellerie per tenervi esposti i preziosi in vendita

móstro① **part. pass.** di *mostrare*; anche **agg.** ● (*tosc.* o *lett.*) nei sign. del v.

♦**móstro**② o †**mònstro** [lat. *mōnstru(m)* 'segno degli dei, fenomeno contro natura, prodigio', di orig. indeur. ✱ 1282] **s. m. 1** personaggio mitologico o leggendario che presenta forme strane e innaturali: *i mostri delle religioni antiche; i centauri sono mostri della mitologia greca* | (*est.*) creatura fantastica di aspetto orribile o spaventoso: *i mostri delle fiabe; incubi popolati di visioni e di mostri* **CFR.** terato- **2** essere umano o animale di conformazione assolutamente anormale: *m. di natura; partorire un m.; m. con due teste; m. marino* **3** (*fig.*) persona molto brutta (*anche scherz.*): *un m. d'uomo, di donna; che mostri di amiche hai!* **4** (*fig.*) persona che possiede determinate caratteristiche, positive o negative, in sommo grado: *un m. di scienza, di bontà, di crudeltà, di perfidia; è un'arca di scienza, è un m. di virtù* (C. Goldoni) | ***m. sacro***, persona la cui eccellenza nella propria attività, spec. artistica, è universalmente riconosciuta | chi si è macchiato di crimini particolarmente efferati, spec. a sfondo sessuale: *il m. ha ucciso ancora; la polizia ha finalmente arrestato il m.* **5** (*lett.*) prodigio, portento ‖ **mostriciàttolo**, **pegg.** (V.) | **mostricìno**, **dim.**

mostruosità (o *-osi-*) [1550] **s. f. inv. 1** caratteristica di chi (o di ciò che) è mostruoso **2** azione degna di un mostro: *commettere una m.* **3** (*fig.*) straordinaria malvagità: *la m. di Nerone è passata alla storia*

mostruóso (o *-so*) [vc. dotta, lat. *monstruōsu(m)*, da *mōnstrum* 'mostro②' ✱ 1282] **agg. 1** di mostro, che ha le caratteristiche di un mostro: *un essere m.; le mostruose creazioni della sua mente malata* **2** (*fig.*) di aspetto, natura e sim. fuori dell'ordinario (*anche scherz.*): *naso m.; astuzia mostruosa; ha un'intelligenza mostruosa* **3** (*arald.*) detto di animale con membra proprie di altra specie **4** (*fig.*) eccezionalmente iniquo, malvagio, corrotto e sim.: *vizio m.; sentenza mostruosa* ‖ **mostruosaménte**, **avv.** in modo mostruoso; in modo straordinario, assurdo, irragionevole: *è mostruosamente egoista* ‖ **mostruosità**, **s. f. inv.** (V.)

SFUMATURE ➤ ***grottesco***

♣**mòta** [lat. *măltha(m)*. V. *malta* ✱ av. 1328] **s. f.** ● (*tosc.* o *lett.*) fango, melma: *strade piene di m.; si imbrattò di m.* ‖ **motàccia**, **pegg.** | **motàccio**, **pegg. m.**

Motacìllidi [vc. dotta, comp. del lat. *motacĭlla(m)*, n. della 'cutrettola', e del suff. di famiglia zoologica *-idi* ✱ 1831] **s. m. pl.** (**sing.** *-e*) ● (*zool.*) famiglia di Uccelli dei Passeriformi, caratterizzati da modeste dimensioni e da ampia diffusione (*Motacillidae*)

motèl /mo'tɛl, *ingl.* məʊ'tɛl/ [amer., comp. di *mot(or)* 'automobile' (propr. 'motore') e *(ho)tel* (V.) ✱ 1955] **s. m. inv.** ● albergo con parcheggio, ubicato su grandi vie di comunicazione e frequentato soprattutto da automobilisti

motèlla [fr. *motelle*, dal lat. *mustēla(m)* 'donnola' e n. di pesce. V. *mustela* ✱ 1875] **s. f.** ● grosso pesce dei Teleostei, commestibile, con tre barbigli sul muso, di color bruno rossastro maculato di scuro (*Onos tricirratus*)

motétto ➤ **mottetto**

motìcchio [da *mota* col suff. *-icchio* ✱ 1869] **s. m.** ● (*tosc.* o *lett.*) leggero strato di fango appiccicoso

motilità [ingl. *motility*, deriv. di *motile* 'capace di movimento', dal lat. *mōtus*, part. pass. di *movēre* 'muovere' ✱ 1834] **s. f. inv. 1** (*biol.*) proprietà di un organismo vivente di muoversi, cioè di modificare la propria posizione, o quella di una sua parte, nei confronti dell'ambiente **2** l'insieme delle manifestazioni motorie di un individuo

motion capture /*ingl.* 'məʊʃ(ə)nˌkæptʃə(r)/ [loc. ingl., propr. 'cattura (*capture*) del movimento (*motion*)' ✱ 1987] **loc. sost. f. inv.** (**pl. ingl.** *motion captures*) ● (*inform.*) tecnica di animazione digitale che cattura il movimento di persone o animali reali e lo applica a entità virtuali analoghe, riproducendolo con assoluta fedeltà

†**motìva** [av. 1348] **s. f.** ● (*raro*) motivo

motivàbile [1975] **agg.** ● che può essere motivato; di cui si può trovare un motivo, una spiegazione, una giustificazione: *una presa di posizione difficilmente m.*

motivàre [da *motivo* ✱ 1634] **v. tr. 1** giustificare o spiegare qlco. esponendo i motivi che l'hanno determinata: *m. una decisione* **2** causare: *ti spiego le perplessità che hanno motivato il suo rifiuto* **3** stimolare qlcu. a compiere una determinata attività fornendogli le giuste motivazioni (+ *a*, **anche seguito da inf.**): *m. un giovane allo studio, a proseguire gli studi* **SIN.** incentivare **4** †proporre: *m. un negozio*

motivàto **part. pass.** di *motivare*; anche **agg. 1** spiegato, giustificato: *un parere m.* | fondato su validi motivi: *una reazione, una protesta motivata* **2** che ha la motivazione a fare qlco., a raggiungere un obiettivo: *un ragazzo molto m. nello studio* **3** (*ling.*) detto di segno linguistico la cui originaria motivazione è ancora avvertibile da parte del parlante **SIN.** trasparente ‖ **motivataménte**, **avv.**

motivatóre [1901] **agg. e s. m.** (**f.** *-trice*) ● che (o chi) ha la capacità di motivare gli altri a raggiungere un obiettivo

motivazionàle [1958] **agg.** ● che concerne i motivi o le ragioni di qlco. | ***ricerca m.***, studio delle motivazioni del consumatore, rivolto ad accertare i motivi, spec. nascosti, che possono indurlo a comprare, o i motivi che devono essere evitati affinché non si rifiuti di comprare

♦**motivazióne** [da *motivato* ✱ 1841] **s. f. 1** formulazione dei motivi che hanno indotto a compiere un atto o ne hanno determinato il contenuto: *non ha fornito alcuna m. del suo atteggiamento* **2** (*psicol.*) complesso dei fattori interni propri di un individuo, che determinano in parte le sue azioni indipendentemente dagli stimoli esterni | (*est.*) forte interesse, stimolo, impulso a fare qlco.: *cercare nuove motivazioni nel proprio lavoro* **3** (*ling.*) rapporto, gener. arbitrario, che lega significato e significante di un segno linguistico

SFUMATURE ➤ ***motivo***

motivétto [av. 1917] **s. m. 1** dim. di *motivo* **2** breve motivo musicale, facile e orecchiabile **3** (*raro*) piccolo elemento decorativo

motìvico [1978] **agg.** (**pl. m.** *-ci*) ● (*mus.*) relativo al motivo: *sviluppo m.*

♦**motìvo** [vc. dotta, lat. tardo *motīvu(m)*, da *mōtus* 'moto' ✱ 1282] **A s. m. 1** ragione, causa: *non è m. sufficiente per rifiutare l'incarico; ha ben m. di piangere; motivi urgenti mi richiamano in patria; motivi di salute, di famiglia* | ***per questo m.***, perciò | ***m. per cui***, ragione per la quale | ***dar m.***, creare determinate condizioni, causare: *dar m. di scandalo, dar m. di lagnarsi* | ***a m. di***, a causa di | ***senza m.***, inspiegabile, irragionevole | ***motivi infondati***, scuse e pretesti | †***di proprio m.***, spontaneamente | (*dir.*) ragione soggettiva che induce un soggetto a un negozio **2** (*mus.*) brevissimo frammento che costituisce il germe della melodia | la parte più orecchiabile di un brano; (*est.*) il brano stesso: *un m. di facile ascolto* | ***m. conduttore***, quello che, ricorrendo, caratterizza un brano; (*est.*) l'argomento, il tema fondamentale di un film, di un'opera letteraria e sim. **3** (*est.*) elemento, tema che serve da riferimento determinante in un'opera letteraria o sim.: *il m. della provvidenza nella produzione manzoniana* **4** nelle arti figurative, nell'abbigliamento, nell'arredamento e sim., elemento con valore decorativo ripetuto più volte: *tessuto con un m. geometrico; tavolo con un m. floreale sul bordo* **5** †assalto, attacco: *m. di febbre* **B agg. 1** †che muove | †che induce a un dato comportamento: *cause motive* | (*dir.*) ***errore m.***, quello che ha inciso sulla formazione della volontà di porre in essere un dato negozio giuridico **SIN.** errore, vizio **2** †del moto: *la potenza motiva infinita* (G. Bruno) ‖ **motivétto**, **dim.** (V.)

a b c d e f g h i j k l m n o p q r s t u v w x y z

SFUMATURE DI SIGNIFICATO

motivo - motivazione - causa

Per **motivo** si intende il perché una cosa si dice o si fa. **Motivazione** intende invece una ragione più ampia, articolata, complessa, soprattutto se dichiarata, tanto è vero che in uso estensivo può indicare le parole stesse che la espongono. **Causa** ha maggiore affinità con *motivo* che non con *motivazione*, ma indica una ragione più stringente, più determinante.

SFUMATURE ➤ ***ragione***

♦**mòto**① [vc. dotta, lat. *mōtu(m)*, part. pass. di *movēre* 'muovere' ✱ 1294] **s. m. 1** (*fis.*) stato contrario alla quiete | ***m. rettilineo***, avente per traiettoria una retta | ***m. curvilineo***, avente per traiettoria una curva | ***m. composto***, risultante dalla sovrapposizione di due moti contemporanei | ***m. periodico***, nel corso del quale un corpo o un punto ritorna nella posizione iniziale a intervalli regolari di tempo | ***m. rotatorio***, di un corpo i cui punti descrivono cerchi o archi di cerchi concentrici | ***m. uniforme***, la cui velocità ha intensità costante nel tempo | ***m. alternativo***, che percorre una traiettoria prima in un senso e poi in quello inverso | ***m. vario***, la cui velocità varia col variare del tempo | ***m. uniformemente vario***, la cui velocità varia con uniformità, cioè con accelerazione costante | ***m. uniformemente accelerato, ritardato***, a seconda che l'accelerazione sia positiva o negativa | ***m. perpetuo***, meccanismo o sistema ideale in grado di produrre lavoro senza sottrarre energie ad alcuna sorgente; V. anche sign. 7 **2** (*generic.*) movimento: *il m. delle acque, degli astri, degli animali*; *m. ondoso* | ***m. diretto***, in astronomia, quello che si svolge da occidente verso oriente, come quello del Sole e della Luna nelle loro orbite | (*med.*) ***m. peristaltico***, caratteristico modo di contrarsi della muscolatura liscia degli organi cavi, che determina un movimento di progressione del contenuto in un sol senso | (*gramm.*) ***verbi di m.***, che indicano movimento (per es. *andare* e *correre*) | ***complemento di m. a luogo, da luogo, per luogo***, V. *luogo* nel sign. 1 | ***mettere in m.***, avviare: *mettere in m. una macchina*; (*fig.*) spingere qlcu. ad agire | ***mettersi in m.***, (*fig.*) adoperarsi spec. nell'interesse di altri | ***essere in m.***, muoversi | (*raro*) agitazione: *nella strada v'era gran m.* **3** attività del camminare, spec. considerata come esercizio salutare: *ha bisogno di fare del m.*; *col poco m. che fa si è molto ingrassato* **4** atto, gesto, mossa: *m. volontario, involontario*; *ebbe un m. di impazienza*; *assentì con un m. degli occhi*; *con un m. convulso scoppiò a piangere* **5** impulso: *un m. di simpatia, di affetto, di collera, di sdegno* | (*lett.*) commozione: *quali insoliti moti / al partir di costei prova il mio core!* (P. METASTASIO) **6** tumulto popolare, sommossa: *i moti carbonari*; *i moti per l'indipendenza greca*; *i moti per il pane del 1898* **7** (*mus.*) andamento delle parti in una composizione | ***m. retto***, se le parti vocali o strumentali ascendono o discendono insieme | ***m. obliquo***, se una parte ascende o discende e l'altra sta ferma | ***m. contrario***, se una parte ascende e l'altra discende | nella loc. ***con m.***, indicazione agogica che richiede velocità e fluidità, spesso usata come specificazione di altre: *andante con m.* | (*mus.*) ***m. perpetuo***, composizione virtuosistica in cui una figurazione semplice viene ripetuta continuamente e senza pause: *il m. perpetuo di Paganini*

†**mòto**② **part. pass.** di *muovere*; anche **agg.** ● nei sign. del v.

♦**mòto**③ [1931] **s. f. inv.** ● accorc. di *motocicletta* | ***m. d'acqua***, mezzo nautico a motore simile a una motocicletta

mòto- [abbr. di *motore*] **primo elemento** ● in parole composte, indica funzionamento a motore (*motocicletta, motofalciatrice, motoveicolo*) o fa riferimento a operazione, attività compiuta con mezzi meccanici (*motonautica*) | in altri casi è accorciamento di *motocicletta*, o fa riferimento al motociclismo: *motocarrozzetta, motoleggera, motoraduno*

motoagrìcola [comp. di *moto-* e (*macchina*) *agricola* ✱ 1981] **s. f.** ● veicolo a motore usato per compiere lavori agricoli e per trasportare prodotti e attrezzature agricole

motoaliànte [comp. di *moto-* e *aliante* ✱ 1941] **s. m.** ● aliante dotato di motore e dei doppi comandi di guida, da utilizzare in caso di emergenza

motoalpinịsmo [comp. di *moto*③ e *alpinismo* ✱ 1993] **s. m.** ● attività sportiva che consiste nel compiere, con la motocicletta, lunghi percorsi accidentati su strade e piste di montagna

motoaratóre [comp. di *moto-* e *aratore* ✱ 1970] **s. m.** (**f.** *-trice*) ● chi è addetto alla guida di un mezzo meccanico per l'aratura

motoaratrìce [comp. di *moto-* e *aratrice* ✱ 1920] **s. f.** ● macchina semovente impiegata solo per l'aratura, oggi sostituita dal trattore

motoaratùra [comp. di *moto-* e *aratura* ✱ 1918] **s. f.** ● aratura eseguita col mezzo meccanico

motobàrca [comp. di *moto-* e *barca* ✱ 1921] **s. f.** ● barca a motore

motobómba [comp. di *moto(cicletta)* e *bomba*, sul modello di *autobomba* ✱ 1995] **s. f.** (**pl.** *motobómbe*) ● motocicletta carica d'esplosivo fatta esplodere a distanza in un attentato o lanciata da un terrorista suicida contro un obiettivo

motocampèstre [da (*corsa*) *moto(ciclistica) campestre* ✱ 1970] **A agg.** ● di motocross: *corsa m.* **B** anche **s. f.**: *correre una m.* **SIN.** motocross

motocannonièra [comp. di *moto-* e *cannoniera* ✱ 1958] **s. f.** ● unità veloce della marina da guerra, armata con una o più mitragliere pesanti e un cannone

motocarrèllo [comp. di *moto-* e *carrello* ✱ 1941] **s. m.** ● carrello a motore adibito al trasporto di personale o di materiale sul luogo di impiego, in alcuni casi completato da particolari attrezzature | autocarrello

motocarrịòla [comp. di *moto-* e *carriola* ✱ 1958] **s. f.** ● piccolo veicolo a motore a tre ruote, dotato di un manubrio posteriore

motocarrìsta [comp. di *motocarr(o)* e *-ista* ✱ 1958] **s. m. e f.** (**pl. m.** *-i*) ● chi guida motocarri

motocàrro [comp. di *moto-* e *carro* ✱ 1941] **s. m.** ● motofurgone con vano di carico a cassone

motocarrozzétta [comp. di *moto-* e *carrozzetta* ✱ 1931] **s. f.** ● motocicletta con carrozzino laterale il cui telaio appoggia su una terza ruota

♦**motociclétta** [comp. di *moto-* e *(bi)cicletta* ✱ 1890] **s. f.** ● veicolo veloce a due ruote, mosso da un motore a scoppio, che può trasportare una o due persone

NOMENCLATURA

motocicletta

● *caratteristiche*: da gran turismo, da sport, da motocross; motociclo = ciclomotore = motorino = motoretta, motorscooter = scooter; motociclismo;

● *competizioni*: velocità, speedway, gare su strada, gran prix, formula 1, formula 2, su pista, su circuiti misti, motoball, hill-clumbing, gare di regolarità, enduro, trial, cross, motocross = gara motociclistica fuori strada (impennata, salto, guado), gara in salita, record, gimkana; motodromo, motoraduno;

● *persone*: motociclista, scooterista, motocrossista.

motociclịsmo [comp. di *motociclo* e *-ismo* ✱ 1908] **s. m.** ● sport delle corse in motocicletta

motociclìsta [da *motociclo* ✱ 1908] **A s. m. e f.** (**pl. m.** *-i*) ● chi va in motocicletta | chi pratica lo sport del motociclismo **B** anche **agg.**: *corridore m.*

motociclìstico [da *motociclista* ✱ 1905] **agg.** (**pl. m.** *-ci*) ● relativo al motociclismo e ai motociclisti: *industria, corsa motociclistica*

motocìclo [comp. di *moto-* e *ciclo* ✱ 1905] **s. m.** ● motocicletta, motoleggera o altro veicolo simile

motocistèrna [comp. di *moto-* e *cisterna* ✱ 1937] **s. f.** ● nave cisterna con motore a combustione interna

motocolónna (o **-ò-**) [comp. di *moto-* e *colonna* ✱ 1942] **s. f.** ● colonna di truppe motorizzate

motocoltivatóre [comp. di *moto-* e *coltivatore* ✱ 1919] **s. m.** ● (*agric.*) trattore di piccola potenza al quale si applicano svariati attrezzi per compiere operazioni colturali leggere

motocoltùra [comp. di *moto-* e *coltura* ✱ 1914] **s. f.** ● coltivazione del terreno eseguita con macchine

motocompressóre [comp. di *moto-* e *compressore* ✱ 1938] **s. m.** ● (*mecc.*) gruppo formato da un compressore e dal motore che lo aziona per la produzione di aria compressa

motocorazzàto [comp. di *moto-* e *corazzato* ✱ 1955] **agg.** ● detto di reparto militare costituito da mezzi motorizzati e corazzati

motocròss /moto'krɔs, *ingl.* 'məutəˌkrɒs/ [vc. ingl., comp. di *moto(rcycle)* 'motocicletta' e *cross(-country)* 'corsa campestre' ✱ 1948] **s. m. inv.** ● gara motociclistica che si svolge su apposita pista di terreno accidentato

motocrossịsmo [1954] **s. m.** ● sport del motocross

motocrossìsta [1948] **s. m. e f.** (**pl. m.** *-i*) ● motociclista che prende parte alle gare di motocross

motòdromo, (*evit.*) **motodròmo** [comp. di *moto-* e *-dromo* ✱ 1917] **s. m.** ● impianto sportivo per gare motociclistiche

motoèlica [comp. di *moto-* ed *elica* ✱ 1958] **s. f.** ● elica azionata da uno o più motori alternativi

motofàlce [comp. di *moto-* e *falce* ✱ 1981] **s. f.** ● macchina agricola costituita da una barra falciante azionata da un piccolo motore

motofalciatrìce [comp. di *moto-* e *falciatrice* ✱ 1952] **s. f.** ● macchina a motore, a barra frontale, impiegata per la falciatura

motofurgóne [comp. di *moto-* e *furgone* ✱ 1942] **s. m.** ● veicolo a tre ruote per trasporto di cose, azionato in genere da motore di motocicletta, di struttura molto simile ai motocicli, il cui vano di carico può essere chiuso o a cassone

motogeneratóre [comp. di *moto-* e *generatore* ✱ 1958] **s. m.** ● (*elettr.*) gruppo elettrogeno costituito da un motore, generalmente a combustione interna, accoppiato a un generatore elettrico

motolància [comp. di *moto-* e *lancia*② ✱ 1937] **s. f.** (**pl.** *-ce*) ● (*mar.*) lancia a motore

motoleggèra [comp. di *moto*③ e il f. di *leggero* ✱ 1934] **s. f.** ● motocicletta di piccola cilindrata

motomeccanizzàre [comp. di *moto-* e *meccanizzare* ✱ 1963] **v. tr.** ● (*milit.*) dotare un reparto di mezzi a motore per il trasporto delle truppe, per il traino delle artiglierie, per il combattimento

motomèzzo [comp. di *moto-* e *mezzo*② ✱ 1950] **s. m.** ● motoveicolo

motomondiàle [comp. di *moto*③ e *mondiale* ✱ 1983] **s. m.** ● (*sport*) campionato mondiale di motociclismo su pista, articolato in vari Gran Premi

motonàuta [comp. di *moto-* e *nauta*, sul modello di *aeronauta* ✱ 1917] **s. m. e f.** (**pl. m.** *-i*) ● chi pratica lo sport della motonautica

motonàutica [comp. di *moto-* e *nautica* ✱ 1934] **s. f. 1** sport praticato con scafi a motore, in acque dolci o di mare **2** tecnica relativa alla costruzione e alla guida di motoscafi

motonàutico [comp. di *moto-* e *nautico* ✱ 1923] **agg.** (**pl. m.** *-ci*) ● relativo alla motonautica: *calendario m.*; *gare motonautiche*

motonàve [comp. di *moto-* e *nave* ✱ 1921] **s. f.** ● nave mercantile con apparato motore a combustione interna, per trasporto di merci o di passeggeri

motoneuróne [comp. di *moto* 'movimento' e *neurone* ✱ 1988] **s. m.** ● (*anat.*) ognuna delle cellule nervose del mesencefalo, del mielencefalo e delle corna ventrali del midollo spinale, che controllano muscoli e ghiandole

motopàla [comp. di *moto-* e *pala* ✱ 1985] **s. f.** ● pala meccanica, di dimensioni ridotte, gener. priva di motore proprio e azionata ad aria compressa, usata spec. nelle gallerie per lo smaltimento del materiale di scavo

motopésca [comp. di *moto-* e *pesca* ✱ 1934] **A s. f.** ● pesca praticata con imbarcazioni a motore **B s. m.** e (*raro*) **f.** (**pl. m. inv.**) ● motopeschereccio

motopescheréccio [comp. di *moto-* e *peschereccio* ✱ 1932] **s. m.** ● peschereccio a motore SIN. motopesca nel sign. 2

motopìsta [comp. di *moto*③ e *pista* ✱ 1963] **s. f.** ● corsia stradale riservata alle motociclette

motopómpa [comp. di *moto-* e *pompa* ✱ 1935] **s. f.** ● gruppo formato da una pompa e dal motore che la aziona

motopròprio ➤ **motuproprio**

motopropulsóre [comp. di *moto-* e *propulsore* ✱ 1930] **agg. m.** (**difett. del f.**); **anche s. m.** ● detto di gruppo costituito da un motore e un propulsore: *apparato, sistema m.*

motoràdio [comp. di *moto-* e *radio*④ ✱ 1983] **s. m. inv.** ● radioricevitore atto a essere montato su un motoveicolo

motoradùno [comp. di *moto*③ e *raduno* ✱ 1935] **s. m.** ● convegno di motociclisti a scopo turistico o sportivo

motorcàravan /motor'karavan, *ingl.* ˌməʊtə(r)'kærəvæn/ [vc. ingl., comp. di *motor* 'motore' e *caravan* (V.) ✱ 1981] **s. m. inv.** ● autocaravan

♦**motóre** [vc. dotta, lat. *motōre(m)* 'che muove', da *movēre* 'muovere' ✱ 1308] **A agg.** (**f.** *-trice*) ● che muove, che imprime o consente il moto: *organo, impulso m.*; *forza motrice* | ***albero m.***, che trasmette il moto | ***nervo m.***, che determina contrazione muscolare **B s. m. 1** nella filosofia aristotelico-scolastica, il principio del movimento delle sfere celesti | ***primo m.***, ***m. immobile***, Dio, in quanto atto puro e causa prima di ogni movimento **2** (*fig.*) causa, movente: *il fattore economico fu il vero m. della guerra* | (*fig.*) elemento propulsore: *il polo tecnologico sarà un m. dell'innovazione* **3** (*lett.*) †fautore, promotore: *senza ... punire i motori dello scandalo* (N. MACHIAVELLI) **4** meccanismo capace di trasformare in lavoro meccanico un'energia di altra natura CFR. moto- | ***m. lineare, rotativo***, il cui lavoro si compie con un moto lineare, rotatorio | ***m. alternativo***, il cui lavoro si compie con un moto alterno lineare, eventualmente trasformato poi in moto rotatorio | ***m. elettrico***, che trasforma energia elettrica | ***m. idraulico***, che sfrutta l'energia cinetica o di pressione dell'acqua o di altro fluido | ***m. pneumatico***, che sfrutta l'energia di aria compressa o altro gas | ***m. termico***, che utilizza l'energia termica di combustione di una sostanza | ***m. a combustione esterna***, quando la sostanza è bruciata esternamente, come nei motori a vapore, a stantuffi o a turbina | ***m. a combustione interna***, che utilizza l'energia di pressione sviluppata nel suo interno dalla combustione di vapori di benzina, nafta, metano e sim. | ***m. a scoppio*** o ***a carburazione***, in cui la miscela combustibile d'aria e benzina, metano o altro carburante, compressa dallo stantuffo nel cilindro, viene accesa da una scintilla elettrica e scoppia, espandendosi e producendo lavoro utile tramite lo stantuffo e gli organi che trasformano in rotatorio il moto di questo | ***m. Diesel*** o ***a iniezione***, in cui il combustibile, nafta od olio pesante, è iniettato direttamente nei cilindri dove, miscelandosi con l'aria, si accende spontaneamente per effetto della pressione e del calore | ***m. a quattro tempi***, a scoppio o Diesel, in cui per ottenere un effetto utile della miscela esplosiva è necessario che lo stantuffo compia quattro corse, secondo la sequenza di aspirazione, compressione, esplosione ed espansione, scarico | ***m. a due tempi***, in cui le quattro fasi si compiono in due corse dello stantuffo che, nel suo movimento, apre e chiude le luci di ammissione e di scarico praticate generalmente sulle pareti del cilindro | ***m. a razzo***, endoreattore a propellente solido, sistema motopropulsore tipico dei razzi | ***volo a m.***, quello degli aerei a motore, in contrapposizione al volo a vela | ***volo con m.***, volo propulso, cioè usando i motori, in contrapposizione al volo librato o senza motore **5** (*inform.*) programma che costituisce il nucleo centrale di un sistema informatico | ***m. di ricerca***, quello in grado di estrarre informazioni da un archivio strutturato secondo diverse chiavi di ricerca | ***m. inferenziale***, quello che, in un sistema esperto, è in grado di trarre una conclusione da alcune premesse **6** (*est.*) veicolo funzionante a motore | ***sport del m.***, ogni sport che venga effettuato con mezzi a motore | ***corsa dietro motori***, nel ciclismo, gara di mezzofondo in pista, o anche su strada, in cui i corridori stanno alla ruota di una motocicletta opportunamente attrezzata **C in funzione di inter.** ● ordine dato dal regista ai tecnici affinché sia messo in moto il motore della macchina da presa, all'inizio di ogni ripresa: *m., ciac, si gira!* ‖ **motorino**, **dim.** (V.)

motoreattóre [comp. di *moto-* e *reattore* ✱ 1970] **s. m.** ● (*aeron.*) termoreattore il cui compressore è azionato da un motore alternativo

motorétta [da *motore* ✱ 1954] **s. f.** ● motocicletta di piccola cilindrata con carenatura e ruota di diametro ridotto

motorhóme /moto'rom, *ingl.* 'məʊtə(r)ˌhəʊm/ [vc. ingl., comp. di *motor* 'motore' e *home* 'casa' (d'orig. germ.) ✱ 1978] **s. m. inv.** ● camper

motoriduttóre [comp. di *moto(re)* e *riduttore* ✱ 1981] **s. m.** ● (*tecnol.*) gruppo formato da un motore elettrico e da un riduttore di velocità

♦**motorìno** [1917] **s. m. 1** dim. di *motore* | ***m. d'avviamento***, piccolo motore elettrico montato su un motore a scoppio, spec. d'autoveicolo, per metterlo in moto **2** (*colloq.*) micromotore, ciclomotore

motòrio [vc. dotta, lat. tardo *motōriu(m)*, da *mōtor*, genit. *motōris* 'motore' ✱ av. 1573] **agg.** (**pl. m.** *-i* o *raro -ii*) **1** del moto, atto al moto: *nervo, centro m.* **2** †vivace, animato: *commedia motoria*

motorìșmo [comp. di *motore* e *-ismo* ✱ 1905] **s. m.** ● complesso degli sport che si effettuano con mezzi a motore

motorìsta [da *motore* ✱ 1916] **s. m. e f.** (**pl. m.** *-i*) ● meccanico specializzato nella riparazione e messa a punto dei motori, spec. a combustione interna

motorìstica [da *motorista* ✱ 1942] **s. f.** ● attività diretta alla progettazione e alla costruzione di motori e mezzi meccanici spec. per competizioni sportive

motorìstico [1929] **agg.** (**pl. m.** *-ci*) ● relativo agli sport effettuati con mezzi a motore: *gare motoristiche*

motorizzàre [fr. *motoriser*, dal lat. *mōtor*, genit. *motōris* 'motore' ✱ 1931] **A v. tr. 1** munire di motore una macchina, un veicolo e sim. **2** provvedere qlcu. di uno o più veicoli a motore: *m. un reparto di soldati* **B motorizzàrsi v. rifl.** ● (*fam.*) acquistare un automezzo ‖ **motorizzazióne**, **s. f.** (V.)

motorizzàto **part. pass.** di *motorizzare*; **anche agg. 1** munito di motore, che funziona a motore **2** che ha un veicolo a motore | ***reparto m.***, interamente dotato di automezzi

motorizzazióne [fr. *motorisation*, da *motoriser* 'motorizzare' ✱ 1931] **s. f. 1** il motorizzare **2** complesso delle attività e dei problemi organizzativi, tecnici e sim. inerenti l'uso dei veicoli a motore | l'organismo che se ne occupa: *rivolgersi alla M.*

motorsailer /motor'seiler, *ingl.* 'məʊtə(r)ˌseɪlə(r)/ [vc. ingl., comp. di *motor* 'motore' e *sailer* 'veliero, nave a vela' (da *to sail* 'far vela', da *sail* 'vela', d'orig. germ.) ✱ 1983] **s. m. inv.** ● (*mar.*) imbarcazione da diporto a vela dotata di motore di notevole potenza in rapporto alla superficie velica

motorscooter /motor'skuter, *ingl.* 'məʊtə(r),skuːtə(r)/ [vc. ingl., comp. di *motor* 'motore' e *scooter* 'monopattino', da *to scoot* (*fam.*) 'guizzar via', di orig. scandinava ✱ 1949] **s. m. inv.** ● scooter nel sign. 1 CFR. motoscooter

motoscafìsta [da *motoscafo* ✱ 1936] **s. m. e f.** (**pl. m.** *-i*) ● chi guida un motoscafo

♦**motoscàfo** [comp. di *moto-* e *scafo* ✱ 1916] **s. m.** ● imbarcazione a motore di piccole o medie dimensioni, spec. veloce, non cabinata e con chiglia planante

motoscooter /moto'skuter/ o **motoscùter** [1951] **s. m. inv.** ● adattamento di *motorscooter* (V.)

motoscooterìșmo /motoskute'rizmo/ o **motoscuterìșmo** [1970] **s. m.** ● ogni attività relativa al motorscooter

motoscooterìsta /motoskute'rista/ o **motoscuterìsta** [1955] **s. m. e f.** (**pl. m.** *-i*) ● chi va in motorscooter

motoséga [comp. di *moto-* e *sega* ✱ 1973] **s. f.** ● sega azionata da un motore, usata spec. per il taglio di alberi

motoseminatrìce [comp. di *moto-* e *seminatrice* ✱ 1958] **s. f.** ● seminatrice a motore

moto-sidecar /moto'saidkar, *ingl.* 'məʊtəˌsaɪdkɑː(r)/ [comp. di *moto-* e *sidecar* ✱ 1958] **s. m. inv.** ● motocarrozzetta

motosilurànte [comp. di *moto-* e *silurante* ✱ 1941] **s. f.** ● piccola e velocissima nave da guerra, armata con siluri

motoșlìtta [comp. di *moto-* e *slitta* ✱ 1958] **s. f. 1** tipo di slitta con motore a elica **2** motociclo munito di uno o più cingoli e un pattino da neve

motóso (o *-ș-*) [da *mota* ✱ av. 1519] **agg.** ● (*tosc.* o *lett.*) fangoso, melmoso: *acqua motosa* | sporco di mota: *scarpe motose* | (*fig.*) †turpe

mototorpedinièra [comp. di *moto-* e *torpediniera* ✱ 1937] **s. f.** ● torpediniera propulsa da un apparato motore endotermico

mototrazióne [comp. di *moto-* e *trazione* ✻ 1941] **s. f.** ● trazione ottenuta a mezzo di un motore

mototurismo [comp. di *moto-* e *turismo* ✻ 1992] **s. m.** ● turismo effettuato viaggiando in motocicletta

mototurista [1992] **s. m. e f.** (**pl. m.** *-i*) ● chi pratica il mototurismo

mototuristico [1993] **agg.** (**pl. m.** *-ci*) ● relativo al mototurismo o ai mototuristi: *associazioni mototuristiche*

motovariatóre [comp. di *moto(re)* e *variatore* ✻ 1981] **s. m.** ● (*tecnol.*) gruppo formato da un motore elettrico e da un variatore di velocità

motovedétta [comp. di *moto-* e *vedetta*① nel sign. 3 ✻ 1937] **s. f.** ● nave piccola e veloce, adibita a servizi di polizia sul mare: *una m. della finanza*

motoveìcolo [comp. di *moto-* e *veicolo* ✻ 1963] **s. m.** ● qualsiasi veicolo a motore a due o tre ruote

motovelièro [comp. di *moto-* e *veliero* ✻ 1923] **s. m.** ● nave a motore dotata anche di alberi e attrezzatura velica

motovelòdromo, (*evit.*) **motovelodròmo** [comp. di *moto*③ e *velodromo* ✻ 1917] **s. m.** ● impianto sportivo per la disputa di gare motociclistiche e ciclistiche

motovettùra [comp. di *moto-* e *vettura* ✻ 1958] **s. f.** ● motoveicolo a tre ruote, carrozzeria chiusa, per trasporto di persone | autoveicolo a quattro ruote, leggero, simile a un motoveicolo

motozàppa (o *-z-*) [comp. di *moto-* e *zappa* ✻ 1981] **s. f.** ● macchina agricola a motore, usata per zappare e sarchiare

motozàttera [comp. di *moto-* e *zattera* ✻ 1950] **s. f.** ● barcone con fondo piatto, prua e poppa quadrate, per trasporto di materiale anche in navigazioni di altura

motrìce [f. sost. di *motore* ✻ 1869] **s. f.** ● qualsiasi veicolo a motore che traina un rimorchio: *m. a vapore, elettrica; tranviaria, ferroviaria*

motricità [da *motrice*, sul modello del fr. *motricité* ✻ 1875] **s. f. inv.** ● (*biol., psicol.*) capacità dei centri nervosi di comandare la contrazione muscolare anche in relazione agli impulsi e alle necessità connesse con le esperienze mentali e comportamentali

motrìglia [sovrapposizione di *poltiglia* a *mota* ✻ 1831] **s. f.** ● (*tosc.*) fanghiglia

motrìglio [av. 1850] **s. m.** ● motriglia

†**mòtta** [vc. preindeur. (?) ✻ sec. XIV] **s. f.** ● (*sett.*) frana, smottatura | (*sett.*) grossa zolla | (*ven.*) isolotto fluviale o lagunare

motteggévole [da *motteggiare* ✻ 1342] **agg.** ● (*lett.*) faceto, burlevole, satirico

motteggiaménto [1468] **s. m.** ● (*lett.*) il motteggiare | discorso o motto arguto o ironico

motteggiàre [1338 ca.] **A v. intr.** (**pres.** *io mottéggio*; **fut.** *io motteggerò*; **aus.** *avere*) **1** (*lett.*) dire motti di spirito, celiare: *incominciarono con lui a m. del suo novello amore* (G. Boccaccio) **SIN.** scherzare **2** †conversare **B v. tr.** ● (*lett.*) canzonare con motti maliziosi: *lo motteggia di continuo* **SIN.** beffare, burlare **C motteggiàrsi v. rifl. recipr.** ● (*lett.*) schernirsi, prendersi in giro

motteggiatóre [sec. XIII] **s. m.** (**f.** *-trice*); anche **agg.** ● (*lett.*) chi (o che) motteggia **SIN.** burlone, schernitore

✦**mottéggio** [av. 1498] **s. m.** ● (*lett.*) il motteggiare | (*est.*) le parole, i gesti e sim. con cui si motteggia: *fare qlco. per m.*; *fu fatto segno al m. generale* **SIN.** burla, celia, scherzo

mottettìsta [1958] **s. m. e f.** (**pl. m.** *-i*) ● autore o compositore di mottetti

mottettìstico [1958] **agg.** (**pl. m.** *-ci*) ● relativo al mottetto

✦**mottétto** o, nei sign. 2 e 3, **motétto** [sec. XIV] **s. m. 1** dim. di *motto* **2** breve componimento in rima di tono arguto **3** (*mus.*) forma polifonica nata nel XIII sec. e poi adattata ai diversi stili, gener. su testi latini e d'uso sacro

✦**mòtto** [lat. parl. **mŭttu(m)*, da *muttīre* 'borbottare, parlare a bassa voce', di orig. onomat. ✻ av. 1250] **s. m. 1** detto arguto e spiritoso: *m. garbato, pronto; riuscì il m. argutissimo e risibile* (B. Castiglione) **SIN.** facezia **2** breve frase sentenziosa: *'provando e riprovando' era il m. dell'Accademia del Cimento* | ***m. popolare***, frase proverbiale | nell'araldica militare, frase che, posta sotto lo stemma di un corpo, ne esprime l'impresa **SIN.** massima **3** (*lett.*) parola, frase, accenno: *uscì e non fece m.* | (*lett.*) ***accennare un m.***, dire qlco. | †***a m. a m., di m. in m.***, parola per parola **4** †breve componimento poetico, testo di un canto ‖ **mottétto**, **dim.** (V.)

SFUMATURE DI SIGNIFICATO

motto - facezia - barzelletta - freddura

Motto è una frase breve, anche di pochissime parole, che unita a un'immagine allegorica viene assunta come emblema nello stemma di una famiglia, di un ente, di un corpo militare, ecc.; ma più correntemente *motto*, o meglio *motto di spirito*, è una frase arguta, spiritosa. La **facezia** è invece un breve raccontino che si conclude in genere con una frase spiritosa; il termine è d'uso letterario e definisce in letteratura uno specifico genere, vivo soprattutto in età rinascimentale. Un equivalente attuale di *facezia* è **barzelletta**, che è una storiella spiritosa e divertente. **Freddura** è invece una battuta spiritosa consistente in un gioco di parole o un doppio senso.
SFUMATURE ➤ *adagio*②

motuléso [comp. con il lat. *mōtu*, abl. di *mōtus* 'movimento' (V. *moto*①) e *leso* ✻ 1947] **agg. e s. m.** (**f.** *-a*) ● che (o chi) ha subìto lesioni tali da avere ridotte o impedite le capacità motorie: *centro di riabilitazione per motulesi*

motupròprio o (*raro*) **motopròprio** [lat., propr. 'di propria iniziativa' ✻ av. 1556] **s. m. inv.** ● decreto pontificio emesso dalla fine del sec. XV per provvedimenti amministrativi del potere temporale, usato successivamente anche da sovrani spec. per concessione di onorificenze e titoli nobiliari

mou /fr. mu/ [vc. fr., propr. 'molle', riduzione di *caramel mou* 'caramella molle' in contrapposizione a *caramel dur* 'caramella dura' ✻ 1942] **A s. f. inv.** ● tipo di caramella tenera a base di latte **B** anche **agg. inv.**: *caramella mou*

mouillette /fr. mu'jɛt/ [vc. fr., dal v. *mouiller* 'bagnare, inumidire' ✻ 1991] **s. f. inv.** ● sottile cartoncino inumidito con profumo o su cui spruzzare il profumo da testare

mouliné /fr. muli'ne/ [vc. fr., propr. part. pass. di *mouliner* 'torcere (la seta)', propr. 'macinare', da *moulin* 'molino' ✻ 1938] **A s. m. inv.** ● filato molto ritorto a due o più capi spec. di colori diversi e contrastanti **B** anche **agg. inv.**: *filato, cotone m.*

mountain bike /ˌmauntəm'baik, ingl. 'maʊntɪnˌbaɪk/ [loc. ingl., propr. 'bicicletta (*bike*) da montagna (*mountain*)' ✻ 1987] **loc. sost. f. inv.** (**pl. ingl.** *mountain bikes*) ● bicicletta con cambio a molte velocità, telaio resistente e grossi pneumatici, adatta per percorrere salite molto ripide e terreni accidentati fuori strada

♦**mouse** /ingl. maʊs/ [vc. ingl., propr. 'topo' (vc. germ. d'orig. indeur.), prob. per la forma ✻ 1978] **s. m. inv.** (**pl. ingl.** *mice* o *mouses*) ● (*inform.*) dispositivo per personal computer che, mosso su un piano orizzontale, consente di spostare sullo schermo un cursore di puntamento e di dare un comando attraverso i pulsanti di cui è dotato **CFR.** trackball

mousse /fr. mus/ [vc. fr., propr. 'schiuma' (dapprima 'muschio'): dal germ. **mosa*, a cui si sovrappose il lat. *mŭlsa* 'idromele' (V. †*mulsa*) ✻ 1940] **s. f. inv. 1** (*cucina*) composto normalmente freddo a base di un passato di tonno, prosciutto, fegato o altro, con guarnizione di gelatina | (*cucina*) dolce al cucchiaio a base di tuorli d'uovo, panna montata, cioccolato, fragole, caffè e sim. **2** prodotto cosmetico di consistenza schiumosa: *m. da bagno*; *m. per capelli*

movènte **A part. pres.** di *muovere*; anche **agg. 1** (*lett.*) che muove: *la forza m.* (G. Galilei) | che si muove: *architettura m. delle nuvole* (R. Bacchelli) **2** (*lett.*) che proviene, che è originato: *l'altre disonestà moventi da quella [l'avarizia]* (G. Boccaccio) **B s. m. 1** impulso, stimolo, motivo, consapevole o inconsapevole, che induce l'individuo a compiere un'azione o un atto spec. illecito: *il vero m. della lite fu il denaro*; *scoprire il m. di un crimine* **2** (*mecc.*) organo conduttore

SFUMATURE DI SIGNIFICATO

movente - ragione - impulso

Il motivo che spinge una persona a commettere un'azione, specialmente se delittuosa, si dice **movente**. A differenza di **ragione**, che descrive qualsiasi causa o motivo che determina consapevolmente un'azione, il movente è un **impulso**, uno stimolo interiore, consapevole o inconsapevole ma comunque non elaborato intellettualmente, a compiere un determinato atto.

✦**movènza** [da *movere*, var. di *muovere* ✻ 1499] **s. f.** ● modo di muoversi, atteggiamento che si assume nel muoversi: *una ballerina dalle movenze flessuose* | ***la m. di un canto***, (*fig.*) la sua modulazione | (*fig.*) andamento che caratterizza lo stile di uno scritto: *un poema … che ha m. archilochea* (G. Pascoli)

mòvere ➤ **muovere**

movìbile [da *movere* ✻ av. 1356] **agg.** ● che si muove o può muoversi: *pezzi movibili e pezzi fissi* ‖ **movibilità**, **s. f. inv.**

movìda /mo'vida, sp. mo'βiða/ [vc. sp., dal v. *mov(er)* 'muovere' con il suff. d'azione *-ida* ✻ 1985] **s. f.** (**pl.** *movìde* o **inv.** o **sp.** *movìdas*) ● in Spagna, negli anni '80 del Novecento, stile di vita anticonformista e spregiudicato: *la sfrenatezza della m. madrilena* | (*est.*) animata vita notturna, spec. di una grande città: *i music bar della m. romana*

movie /ingl. 'mu:vɪ/ [vc. ingl., propr. 'pellicola, film'. V. *moviola* ✻ 1979] **s. m. inv.** ● opera cinematografica, film, in alcune loc. sost. m. inv. | ***blue movie***, film pornografico (comp. con *blue* 'indecente, osceno') | ***B-movie***, film (e relativo genere cinematografico) che ha scarse pretese artistiche e sfrutta spec. il filone horror o della fantascienza (comp. con *B* 'di seconda categoria') | ***cult movie***, film che ha un valore eccezionale per il pubblico degli spettatori appassionati (comp. con *cult* 'culto') | ***instant movie***, film su un avvenimento di grande risonanza, girato e fatto uscire entro un tempo brevissimo dal verificarsi dell'avvenimento stesso (comp. con *instant* 'istantaneo') | ***road movie***, film (e relativo genere cinematografico) imperniato sulla tematica del viaggio, dell'avventura e della ricerca della realizzazione di sé stessi (comp. con *road* 'strada') | ***teen movie***, film concepito e prodotto per un pubblico di adolescenti (comp. con *teen*, accorc. di *teenager* (V.)) | ***action movie***, film d'azione (V. *film*) | ***snuff movie***, film pornografico per il mercato clandestino, contenente riprese con persone torturate o uccise (comp. con l'ingl. amer. (*to*) *snuff* 'uccidere') | ***tv-movie***, film tv (V. *film*)

movière [da *m(u)overe*, sul modello di *aviere*,

m

carabiniere ecc. ✻ 1956] **s. m.** ● militare incaricato di regolare il traffico degli automezzi in una zona di manovre | (*est.*) operaio che svolge analoga funzione in un tratto di strada dove è aperto un cantiere

Movil® [marchio registrato ✻ 1963] **s. m. inv.** ● fibra sintetica costituita principalmente da cloruro di polivinile

♦**movimentàre** [fr. *mouvementer*, da *mouvementé* 'movimentato' ✻ 1916] **v. tr.** (*io moviménto*) **1** rendere animato e vivace: *quel gioco movimentò tutta la festa* | nel linguaggio finanziario, creare occasioni di movimento incrementando gli scambi, gli investimenti, le compravendite: *m. un portafoglio titoli* **2** organizzare e coordinare movimenti e spostamenti di merci, mezzi, persone: *m. un magazzino, uno scalo merci*

movimentàto [1905] **part. pass.** di *movimentare*; anche **agg.** ● animato, vivace, talvolta caratterizzato da episodi imprevisti: *una serata movimentata*; *un viaggio alquanto m.*

movimentazióne [da *movimento* ✻ 1911] **s. f. 1** il movimentare **2** spostamento, rimozione spec. con mezzi meccanici: *macchine per m. di terra*; *m. di cassonetti dell'immondizia* | organizzazione del movimento di cose o persone, spec. di merci in entrata e uscita da un magazzino

movimentìsmo [da *movimento* ✻ 1974] **s. m.** ● tendenza ad appoggiare, nell'ambito di un'organizzazione politica o sindacale, le iniziative spontanee della base dei militanti rispetto alle scelte decisionali degli organi direttivi

movimentìsta [1905] **A s. m. e f.**; anche **agg.** (**pl. m.** *-i*) **1** chi (o che) sostiene il movimentismo: *l'ala m. di un partito* **2** ferroviere addetto al controllo della circolazione dei treni **B agg.** ● movimentistico

movimentìstico [1985] **agg.** (**pl. m.** *-ci*) ● del movimentismo, dei movimentisti

♦**moviménto** [deriv. di *muovere* ✻ 1250 ca.] **s. m. 1** atto del muovere o del muoversi: *m. muscolare*; *fare un m. con le braccia, col busto*; *avere movimenti agili, disinvolti*; *essere impedito nel m.* | esercizio fisico, attività fisica: *il medico gli ha consigliato di fare del m.* | condizione di ciò che è tolto dallo stato di quiete, si sposta da un luogo a un altro e sim.: *direzione, natura del m.*; *mettere qlco. in m.*; *controllare il m. di una macchina, dell'orologio* CFR. cinesi-, -cinesi | spostamento | ***m. di treni***, in una stazione, l'arrivo, la partenza o il transito dei treni | ***m. di terra, m. terra***, complesso delle operazioni di sterro o riporto di terra connesse al tracciamento di strade, scavo di fondazioni e sim. | ***macchine per m. terra***, quelle usate nella realizzazione di tali operazioni, quali bulldozer, dumper, pala caricatrice | ***gioco di m.***, nel calcio, gioco impostato su continui e rapidi spostamenti dei giocatori | ***m. della popolazione***, in demografia, processo di rinnovamento continuo a cui è sottoposta la popolazione per effetto delle nascite, delle morti e delle migrazioni | ***m. del capitale***, passaggio di capitali da uno ad altro possessore | ***m. di cassa***, in contabilità, insieme delle entrate e delle uscite | ***m. di macchina***, in cinematografia, insieme degli spostamenti eseguiti dalla macchina cinematografica durante una ripresa | (*milit.*) manovra, spostamento: *movimenti di truppe, di mezzi corazzati* | nella marina militare, cambio di destinazione per il personale | ***m. di impiegati, di prefetti***, spostamento da una sede all'altra **2** affollamento, traffico di veicoli e sim.: *per la strada c'era un gran m.*; *nelle grandi città c'è un m. caotico* | animazione, divertimento: *una cittadina moderna, piena di m.* **3** nelle arti figurative, impressione del movimento ottenuta dall'artista mediante la posizione delle figure, il gioco dei chiaroscuri, dei vuoti e dei pieni e delle ricerche prospettiche | ***m. moderno***, V. *moderno* | nelle opere letterarie, andamento ritmico di un testo **4** (*mus.*) velocità di esecuzione di un brano, indicata al suo inizio, e le cui variazioni nel corso dello stesso sono prescritte dalle indicazioni dinamiche | parte in cui sono suddivise le varie forme strumentali, quali sonata, sinfonia, quartetto e sim. | ***primo, secondo, terzo, quarto m.***, nella tradizione classica, un allegro, un andante o adagio, un minuetto o scherzo, un rondò originale SIN. tempo **5** (*mat.*) isometria di un piano o di uno spazio tridimensionale su sé stesso tale che due figure corrispondenti si possano sovrapporre l'una all'altra **6** (*fig.*) corrente culturale, artistica e sim., generalmente ispirata da idee innovatrici: *m. letterario, artistico*; *m. nucleare*; *m. spaziale* | corrente politica i cui appartenenti si riconoscono comuni basi ideologiche e un comune programma d'azione: *m. operaio*; *m. studentesco*; *m. pacifista*; *m. di liberazione della donna* | (*est.*) denominazione di alcuni partiti politici: *Movimento Sociale Italiano* | ***M. 5 Stelle***, movimento politico fondato nel 2009 dal comico genovese B. Grillo, fautore di istanze di radicale rinnovamento rispetto alla politica dei partiti tradizionali CFR. grillino **7** (*fam.*) incontro, affare amoroso, spec. quando sia avvolto da segretezza **8** (*impropr.*) meccanismo semplice: *il m. di un orologio* **9** †moto, inclinazione dell'animo | †***di suo m.***, spontaneamente **10** †mutamento: *cose ... noiose sono i movimenti vari della fortuna* (G. BOCCACCIO) **11** (*lett.*) sommossa, tumulto

moviòla [dal n. di una ditta statunitense fondata nel 1924, deriv. dall'ingl. *movie* 'film, pellicola' ✻ 1930] **s. f. 1** apparecchiatura per il montaggio cinematografico, che permette di fermare la pellicola in qualunque momento e di farla scorrere avanti e indietro a diverse velocità **2** (*tv*) apparecchiatura che permette di fermare o rallentare le immagini di una registrazione, usata per rivedere e analizzare spec. riprese sportive: *per la m. il rigore non c'era* ‖ **moviolóna**, accr. | **moviolóne**, accr. m.

moviolìsta [1991] **s. m. e f.** (**pl. m.** *-i*) ● (*tv*) chi lavora con una moviola | commentatore di eventi sportivi visti alla moviola

†**movitìva** [da †*movitivo* ✻ av. 1363] **s. f.** ● mossa, iniziativa

†**movitóre** [da *movere* ✻ av. 1328] **agg. e s. m.** (**f.** *-trice*) ● che (o chi) muove, fa muovere

mòxa [dal giapp. *mokusa* (*mol kusa*) 'erba che brucia' ✻ 1834] **s. f. 1** (*med.*) piccolo rotolo di foglie di *Artemisia*, usato nella moxibustione **2** (*med.*) moxibustione

moxibustióne [comp. di *moxa* e *(com)bustione*, come nell'ingl. e fr. *moxibustion* ✻ 1989] **s. f.** ● (*med.*) tecnica di alleviamento del dolore della medicina tradizionale orientale, che si basa sugli stessi principi dell'agopuntura impiegando il calore per stimolare particolari punti del corpo SIN. ignipuntura, moxa

moẓabìti o **mẓabìti** [dalla regione sahariana dello *Mzab* ✻ 1910] **s. m. pl.** (**sing.** *-a*) ● popolazione della regione sahariana dello Mzab

moẓabìtico o **mẓabìtico** [1981] **A agg.** (**pl. m.** *-ci*) ● relativo ai Mozabiti **B s. m.** solo **sing.** ● dialetto berbero parlato nella regione sahariana dello Mzab

moẓambicàno [1985] **A agg.** ● del Mozambico **B s. m.** (**f.** *-a*) ● abitante o nativo del Mozambico

moẓaràbico [fr. *mozarabique*, agg. dallo sp. *mozárabe*, di orig. araba (*mustá'rib*, part. del v. *ista'rab* 'arabizzarsi') ✻ 1834] **agg.** (**pl. m.** *-ci*) ● relativo ai Mozarabi, cristiani che all'epoca del dominio arabo sulla Spagna restarono fedeli alla loro religione

mozartiàno (mo-zart-ia-no, mo-zar-tia-no) [1952] **A agg.** ● del compositore W. A. Mozart (1756-1791): *sinfonie mozartiane* | relativo all'opera, allo stile di Mozart: *studi mozartiani* **B s. m.** (**f.** *-a*) ● seguace, imitatore, ammiratore di Mozart

mozióne (1) [vc. dotta, lat. *motiōne(m)*, da *mōtus* 'moto' ✻ sec. XIV] **s. f. 1** †movimento: *bisogna nella cosa mossa distinguere in qualche modo il principio efficiente della m.* (G. GALILEI) | (*fig.*) †slancio, impulso emotivo | ***m. degli affetti***, nell'antica oratoria, il tentare di commuovere i giudici e gli uditori; (*est.*) ricorso ad argomenti che determinino commozione **2** †agitazione, tumulto

♦**mozióne** (2) [fr. *motion*, dall'ingl. *motion* ✻ 1789] **s. f.** ● atto inteso a promuovere la deliberazione di un'assemblea, spec. del Parlamento, su una data questione, e che pertanto va sottoposto al voto dell'assemblea stessa: *presentare, votare una m. di censura* | ***m. di fiducia, di sfiducia***, con la quale il Parlamento concede o nega la propria approvazione al programma politico del governo, determinandone così la stabilità o la crisi | ***m. d'ordine***, con la quale si richiede all'assemblea il voto immediato su di una modifica all'ordine dei lavori

†**mózza** [f. sost. di *mozzo* (1) ✻ av. 1481] **s. f.** ● formaggio fresco chiuso in una vescica, con una legatura di giunco

mozzafiàto [comp. di *mozza(re)* e *fiato* ✻ 1963] **agg. inv.** ● (*colloq.*) che impressiona, colpisce vivamente: *spettacolo m.*; *le corse m. sull'autostrada*

mozzaménto [av. 1396] **s. m. 1** (*raro*) il mozzare | mutilazione **2** (*ling., disus.*) sincope

mozzaorécchi ➤ **mozzorecchi**

mozzàre [da *mozzo* (1) ✻ 1306] **A v. tr.** (*io mózzo*) ● troncare, recidere con un colpo netto e deciso: *m. un ramo*; *m. il capo a un condannato*; *al giovane furono mozzate le mani* (R. BACCHELLI) | (*fig.*) interrompere bruscamente: *m. il discorso* | (*fig.*) ***m. le parole in bocca a qlcu.***, impedirgli di continuare a parlare | (*fig.*) ***da m. il fiato***, da impedire il respiro; mozzafiato: *una paura, una bellezza, un finale da m. il fiato* **B mozzàrsi v. tr. pron.** (**aus.** *essere*) ● troncarsi: *per impedirgli di mozzarsi la lingua coi denti* (G. D'ANNUNZIO)

SFUMATURE ➤ *recidere*

mozzarèlla [da *mozza*, per la forma ✻ 1570] **s. f.** ● caratteristico formaggio di origine campana di latte di bufala, oggi preparato anche industrialmente con latte di vacca, in forme rotondeggianti, da consumarsi freschissimo | ***m. di Puglia, m. affumicata***, provola | ***m. in carrozza***, fette di pane e mozzarella accoppiate, spruzzate di latte, infarinate, passate nell'uovo sbattuto e fritte in olio d'oliva o strutto ‖ **mozzarellina**, dim.

mozzaspìghe [comp. di *mozza(re)* e il pl. di *spiga* ✻ 1958] **s. m. inv.** ● piccolo coleottero di forma allungata, nero, le cui larve rodono il culmo del grano (*Calamobius filum*)

mozzatóre [1869] **s. m.**; anche **agg.** (**f.** *-trice*) ● (*raro*) chi (o che) mozza

mozzatùra [av. 1374] **s. f.** ● il mozzare | parte mozzata, tronca, di qlco.: *mozzature di sigari*

mozzétta [dim. di (*veste*) *mozza* ✻ 1550] **s. f.** ● corta mantellina con piccolo cappuccio degli ecclesiastici | ***m. rossa***, del Papa e dei cardinali | ***m. viola***, dei vescovi

mozzicàre [da *mozzare* ✻ 1292] **v. tr.** (*io mózzico, tu mózzichi*) **1** †smozzicare

2 (*merid.*) mordere

mózzico [da *mozzicare* ✱ sec. XVII] **s. m.** (**pl.** *-chi*) ● (*merid.*) morso: *non mangiare il pane a mozzichi!* ‖ **mozzichìno**, **dim.** | **mozzicóne**, **accr.** (V.)

mozzicóne [sec. XIV] **s. m.** **1** accr. di *mozzico* **2** piccolo pezzo che resta di una cosa mozzata, troncata, consumata, bruciata e sim.: *m. di candela, di sigaro*

mozzìno [dim. di *mozzo*① ✱ 1892] **s. m.** ● (*tipogr.*) pagina non interamente riempita dalla composizione

mózzo① [lat. parl. **mŭtiu(m)*, da avvicinare a *mŭtilus* 'mutilo' ✱ av. 1276] **agg.** **1** che è stato privato di una parte terminale: *capo m.*; *testa mozza* | ***fiato, respiro m.***, interrotto, affannoso per fatica, emozione o paura | ***parole mozze***, brevi, tronche | (*lett.*) †***via mozza***, scorciatoia **2** (*fig.*) †disgiunto, separato ‖ †**mozzaménte**, **avv.** (*raro, fig.*) con parole mozze

mózzo② [sp. *mozo*, dal lat. *mŭsteu(m)* 'simile a mosto, giovane, nuovo', da *mŭstum* 'mosto' ✱ 1602] **s. m.** (**f.** *scherz.* -*a*) **1** ragazzo dai 7 ai 15 anni arruolato un tempo a bordo dei velieri | marinaio dell'attuale marina mercantile che non ha superato i 18 anni di età e ha meno di due anni di navigazione **2** ***m. di stalla***, garzone di scuderia **3** †servo addetto alle faccende più umili, garzone

mòẓẓo③ [lat. *mŏdiu(m)* 'moggio, misura' ✱ av. 1502] **s. m.** **1** (*mecc.*) parte centrale della ruota o di altro elemento rotante, che lo accoppia con l'albero e nel quale sono fissati i raggi | ***m. dell'elica***, blocco centrale calettato sull'albero motore, sul quale sono fissate le pale **2** ceppo in cui è incastrato il manico della campana e che la tiene sospesa **3** (*tosc.*) pezzo: *un m. d'oro* | (*tosc.*) zolla: *mi chinai in terra, e presi un m. di terra* (B. CELLINI)

mozzóne [da *mozzo*① ✱ av. 1539] **s. m.** **1** (*raro*) funicella munita di nodi posta all'estremità della frusta **2** (*centr., merid.*) mozzicone, spec. di sigaro e sigaretta

mozzorécchi o **mozzaorécchi** [comp. di *mozzare* e il pl. di *orecchio*, per l'uso antico di punire i malviventi mozzando loro la parte superiore delle orecchie ✱ av. 1604] **s. m. inv.** **1** (*disus.*) furfante, malandrino **2** (*raro, spreg.*) avvocato ignorante e disonesto, di pochi scrupoli

mps /ɛmmeppi'ɛsse/ [vc. ingl., sigla di *m(ulti) p(urpose) s(ail)*, 'vela multiuso' ✱ 1997] **s. m. inv.** ● (*mar.*) vela di prua non inferita, asimmetrica, usata dalle imbarcazioni da diporto nelle andature dal traverso al gran lasco

Mp3 /emmepit'tre*/ [sigla ingl. di *m(oving) p(icture) (experts group)-(layer)3*, n. completo del formato ✱ 1997] **s. m. inv.** ● (*inform.*) metodo di compressione di file musicali che permette di mantenere una elevata qualità sonora, utilizzato spec. per diffondere brani musicali tramite Internet

mu ➤ **mi**③

mucàto [da *mucico* ✱ 1834] **s. m.** ● (*chim.*) sale o estere dell'acido mucico

♦**mùcca** [etim. discussa: sovrapposizione di *vacca* a *muggire* (?) ✱ av. 1533] **s. f.** ● vacca che produce latte CFR. muggire | ***m. pazza***, nel linguaggio giornalistico, bovino colpito da encefalopatia spongiforme bovina; (*est.*) la stessa encefalopatia

mucchiétto [av. 1665] **s. m.** **1** dim. di *mucchio* **2** piccola quantità: *un m. di casupole*

♦**mùcchio**① [lat. *mūtulu(m)* 'pietra sporgente' ✱ 1313] **s. m.** **1** insieme di cose riunite, spec. disordinatamente: *un m. di carte, di pietre, di libri, di rovine*; *un acciottolio secco di mucchi immensi di cocci* (G. VERGA) | (*lett.*) gruppo di persone: *Vidi ... un m. di signore e signori milanesi* (G. CARDUCCI) | ***m. di uccelli***, stormo, frotta | ***m. di gente***, folla | ***mettere tutti in un m.***, (*fig.*) non fare distinzione per nessuno | ***sparare nel m.***, (*fig.*) colpire indiscriminatamente con accuse e sim. un gruppo o una categoria di persone | ***fare m.***, ammucchiarsi; (*colloq.*) aumentare il numero di persone che fanno qlco. insieme: *verrò anch'io, ma solo per fare m.* **2** (*est.*) notevole quantità: *dire un m. di bugie, di spropositi, di sciocchezze*; *avere un m. di quattrini* | ***a mucchi***, in gran quantità SIN. cumulo ‖ **mucchierèllo**, **dim.** | **mucchiétto**, **dim.** (V.) | **mucchióne**, **accr.**

mùcchio② [lat. tardo *bŭculu(m)*, propr. 'giovenco', dim. di *bōs*, genit. *bŏvis* 'bue' ✱ 1958] **s. m.** ● (*zool.*) pastinaca

†**mucciàre** [lat. parl. **mukyāre*, di orig. gallica ✱ av. 1306] **A** **v. intr.** ● scappare, svignarsela | (*est.*) cercare di sottrarsi a qlco. **B** **v. tr.** ● sfuggire, schivare **C** **v. tr. e intr.** ● burlare, farsi beffe

mùcco e deriv. ➤ **muco** e deriv.

mùci [vc. onomat. ✱ av. 1400] **inter.** ● si usa per chiamare il gatto (*spec. iter.*)

mùcico [dal lat. *mūcus* 'muco' ✱ 1832] **agg.** (**pl. m.** *-ci*) ● (*chim.*) detto di ossiacido organico bibasico, ottenuto industrialmente per ossidazione idrolitica di un'emicellulosa e usato per la sintesi del pirrolo

mùcido [vc. dotta, lat. *mūcidu(m)*, da *mūcus* 'muco' ✱ 1364] **A** **agg.** ● (*raro*) ammuffito, stantio: *cibo, pane m.*; *carne mucida*; *m. tanfo di chiostri monastici* (G. CARDUCCI) **B** **s. m.** ● (*raro*) muffa: *sapere di m.* | umidità: *odore di m.*

mucidùme [1958] **s. m.** ● (*raro*) quantità di cose ammuffite

mucillàgine o (*raro*) **mucillàggine**, (*disus.*) **mucilàggine**, (*disus.*) **mucilàgine** [lat. tardo *mucilāgine(m)*, da *mūcus* 'muco' ✱ sec. XIV] **s. f.** ● prodotto organico ad alto peso molecolare che si forma spontaneamente nelle piante, spec. nelle radici, corteccia e semi, e si gonfia a contatto con l'acqua; trova applicazione in medicina, in farmacia, nella preparazione dei cosmetici, nell'industria alimentare, nell'industria tessile e della gomma

mucillaginóso (o -ṣ-) o (*raro*) **mucillagginóso** (o -ṣ-), (*disus.*) **mucilagginóso** (o -ṣ-), (*disus.*) **mucilaginóso** (o -ṣ-) [1563] **agg.** ● che ha natura, aspetto, consistenza e sim. di mucillagine | ricco di mucillagine

mucìna [dal lat. *mūcus* 'muco' ✱ 1869] **s. f.** ● (*chim., biol.*) glicoproteide, presente in certe secrezioni ghiandolari, che ha la funzione di lubrificare e proteggere i tessuti da agenti chimici e battericidi

mucìparo [comp. di *muco* e *-paro* ✱ 1958] **agg.** **1** (*biol.*) che produce muco: *cellule mucipare* **2** (*bot.*) che produce mucillagine

mùco o (*raro*) **mùcco** [lat. *mūcu(m)*, di orig. indeur. ✱ sec. XIV] **s. m.** (**pl.** *-chi*) ● (*biol.*) prodotto di secrezione filante delle ghiandole mucose, talvolta in risposta a processi infiammatori | ***m. cervicale***, quello prodotto in corrispondenza del collo uterino CFR. bleno-, mixo-

mucolìtico [comp. di *muco* e *-litico*② ✱ 1981] **A** **agg.** (**pl. m.** *-ci*) ● (*farm.*) detto di qualsiasi agente o farmaco capace di fluidificare il muco **B** anche **s. m.**

mucopolisaccàride [comp. di *muco* e *polisaccaride* ✱ 1981] **s. m.** ● (*chim.*) polisaccaride acido complesso, in genere composto da catene polimeriche SIN. glicosamminoglicano

mucopolisaccaridòṣi [da *mucopolisaccaride* con il suff. *-osi* ✱ 1981] **s. f. inv.** ● (*med.*) gruppo di malattie ereditarie causate da un difetto enzimatico che comporta un accumulo di mucopolisaccaridi nei tessuti, spec. cartilagini, fegato, milza e linfonodi

mucoproteìna [comp. di *muco* e *proteina* ✱ 1981] **s. f.** ● (*chim.*) proteoglicano

mucopùs [comp. di *muco* e *pus* ✱ 1875] **s. m. inv.** ● (*med.*) essudato caratteristico di membrane mucose infiammate, formato di muco catarrale con molti globuli bianchi

mucósa (o -ṣ-) o (*raro*) **muccósa** (o -ṣ-) [f. sost. di *mucoso* ✱ 1869] **s. f.** ● (*anat.*) membrana epiteliale che riveste la superficie interna di organi cavi

mucosità (o -ṣ-) o (*raro*) **muccosità** (o -ṣ-) [da *mucoso, mucosa* ✱ av. 1698] **s. f. inv.** **1** (*med.*) sostanza simile a muco **2** (*raro*) caratteristica di ciò che è mucoso

mucóso (o -ṣ-) o (*raro*) **muccóso** (o -ṣ-) [vc. dotta, lat. tardo *mucōsu(m)*, da *mūcus* 'muco' ✱ av. 1698] **agg.** **1** (*anat.*) della mucosa **2** relativo o simile al muco ‖ **mucosità**, **s. f. inv.** (V.)

mucoviscidòṣi [comp. di *muco* e *viscido*, con il suff. medico *-osi* ✱ 1973] **s. f. inv.** ● (*med.*) malattia ereditaria a carattere recessivo che colpisce spec. i bambini, caratterizzata da un'anormale secrezione di muco denso e viscoso da parte delle ghiandole esocrine, spec. il pancreas e le ghiandole bronchiali

mucronàto [vc. dotta, lat. *mucronātu(m)*, da *mūcro*, genit. *mucrōnis* 'mucrone' ✱ 1499] **agg.** **1** †che finisce a punta; pungente **2** (*anat.*) ***cartilagine mucronata***, ensiforme | (*bot.*) ***foglia mucronata***, che termina all'apice con una punta dura

mucróne [vc. dotta, lat. *mucrōne(m)*, di etim. incerta ✱ 1483] **s. m.** **1** †punta acuminata di spada, coltello e sim. **2** (*anat., raro*) punta del cuore **3** (*bot.*) formazione apicale, rigida, appuntita, di organi vegetali

mùda [provenz. *muda*, da *mudar* 'mutare' ✱ 1287] **s. f.** **1** negli uccelli, rinnovamento annuo delle penne SIN. muta **2** luogo buio dove si mettevano gli uccelli da richiamo durante la muda **3** (*est.*) †prigione angusta, tetra **4** †cambiamento

†**mudàre** [provenz. *mudar* 'mutare' ✱ av. 1292] **v. intr.** ● cambiare le penne, detto di uccelli

mudéjar /sp. mu'ðexar/ [vc. sp., adattamento dell'arabo *mudağğan*, nella var. volg. *mudéggen*, con sostituzione di suff. ✱ 1950] **A** **s. m. inv.** (**pl. sp.** *mudéjares*) ● musulmano di Spagna che continuò a vivere secondo i propri costumi e rimase fedele alla propria religione anche dopo la riconquista cristiana **B** **agg.** ● detto dell'arte sviluppata dai musulmani di Spagna nel periodo successivo alla riconquista cristiana, caratterizzata da forme che si ricollegano allo stile moresco

muesli ➤ **müsli**

muèẓẓin o **mueẓẓìno** [turco *muezzin*, dall'arabo *mu'aḏḏin* 'colui che invita alla preghiera' ✱ 1602] **s. m. inv.** ● nelle moschee islamiche, persona che, dal minareto, invita, con canto rituale e nelle ore prescritte, i fedeli alla preghiera, e che provvede ad altre incombenze rituali, con ufficio spesso ereditario

mùffa [etim. discussa: di orig. espressiva (?) ✱ av. 1311] **s. f.** **1** formazione fungina, di colore biancastro o verdognolo e di odore particolare, che si sviluppa su svariate sostanze: *odore di m.* | ***m. grigia***, botrite | ***prendere, fare la m.***, ammuffire; (*fig.*) rimanere nell'ozio, nell'inattività e sim. | ***far fare la m. a qlco.***, (*fig.*) non usarla mai o usarla molto raramente **2** (*fig., tosc.*) superbia: *che m.!* | ***aver la m. al naso***, darsi delle arie ‖ **muffétta**, **muffettìna**, **dim.**

muffàre [1351] **v. intr.** (**aus.** *essere*) ● (*raro*) muffire

†**mùffido** [1508] **agg.** ● muffito

muffin /ingl. 'mʌfɪn/ [vc. ingl., prob. dal basso ted. *muffen* 'tortine' ✱ 1841] **s. m. inv.** ● focaccina leggermente dolce, servita calda accompagnata con burro, marmellata e miele, tipica della tradizione britannica | piccolo dolce a forma di panettoncino, talora guarnito con cioccolato, mirtilli o frutta, specialità statunitense

†**muffióne** ➤ **muflone**

muffire [av. 1557] **v. intr.** (*io muffisco, tu muffisci*; aus. *essere*) ● fare la muffa, ammuffire (*spec. fig.*): *non ho voglia di stare a m. in casa*

mùffo [part. pass. contratto di *muffare* ✱ av. 1449] **agg.** ● (*centr.*) che ha fatto la muffa, ammuffito: *pane m.* | (*fig.*) antiquato

mùffola [dal fr. *moufle* 'guanto, manicotto', di orig. germ. ✱ 1550] **s. f.** **1** particolare modello di guanto in cui solo il pollice è diviso dalle altre dita **SIN.** manopola **2** parte cava del forno, circondata da calore, dove si mettono a cuocere, senza diretto contatto col fuoco, oggetti da smaltare: *forno a m.* | cavità semicilindrica nel forno, per la coppellazione **3** (*elettr.*) astuccio di protezione delle giunture nei cavi elettrici e telefonici, spec. interrati

muffolista [1958] **s. m. e f.** (**pl. m.** *-i*) ● operaio addetto ai forni a muffola

mùffolo [fr. *mufle*, a sua volta dal ted. *Muffel* 'muso, grugno' ✱ 1981] **s. m.** ● (*zool.*) musello

muffóso (o *-ṣ-*) [da *muffa* ✱ 1560] **agg.** **1** (*lett.*) pieno di muffa: *stanzaccia, polverosa e muffosa* (R. Bacchelli) **2** (*fig., tosc.*) sprezzante, borioso: *che gente muffosa!* ‖ **muffosità**, **s. f. inv.** (*raro*) caratteristica di ciò che è muffoso; (*fig., tosc.*) alterigia

muflóne o †**muffióne** o †**mufióne** [lat. tardo *mufrōne(m)*, di etim. incerta ✱ 1598] **s. m.** ● pecora selvatica che vive solo in Sardegna e in Corsica, con corna sviluppatissime solo nei maschi, peli corti e lisci (*Ovis musimon*)

muftì o (*raro*) **mùfti** [arabo *muftī* 'colui che dà un responso legale' ✱ 1529] **s. m. inv.** ● giureconsulto musulmano che emette giudizi in materia teologica e di diritto religioso

†**mugàvero** [arabo *muġāwir* ✱ av. 1348] **s. m.** ● nei secc. XIII e XIV, soldato catalano armato alla leggera | specie di dardo usato da tale soldato

muggènte **part. pres.** di *muggire*; anche **agg.** **1** (*lett.*) che muggisce: *[i] muggenti bovi* (G. Pascoli) **2** (*lett., fig.*) che rimbomba, che rumoreggia: *le onde muggenti*

mugghiaménto [av. 1292] **s. m.** ● (*raro*) muggito ripetuto

mugghiànte **part. pres.** di *mugghiare*; anche **agg.** **1** (*lett.*) muggente: *le mugghianti greggia* (G. Carducci) **2** (*fig.*) che rimbomba, che rumoreggia

mugghiàre [lat. parl. **mugulāre*, da *mugīre* 'muggire' ✱ av. 1292] **v. intr.** (*io mùgghio*; aus. *avere*) **1** (*lett.*) muggire forte e lungamente, detto dei buoi: *nella campagna assolata si udivano i buoi m.* | (*est., raro*) ruggire del leone **2** (*est., lett.*) lanciare urla spaventose, per dolore, ira e sim. **3** (*fig.*) rumoreggiare cupamente, detto spec. del tuono, del mare, del vento: *mugghia come fa mar per tempesta* (Dante *Inf.* V, 29)

♣**mùgghio** [av. 1292] **s. m.** (**pl.** *-i*, †*mùgghia*, **f.** *raro*) ● (*lett.*) il mugghiare (*anche fig.*): *come un inno lieto / il m. nel sereno aer si perde* (G. Carducci); *un m. di dolore*; *il pauroso m. del vento*

mùggine [lat. *mūgile(m)*, da avvicinare a *mulgēre* 'mungere'; il primo sign. dev'essere quello di 'pesce vischioso' ✱ sec. XIV] **s. m.** ● cefalo

mugginièra [1937] **s. f.** ● rete per pescare muggini

†**muggiolàre** ➤ **mugolare**

♣**muggìre** [lat. *mugīre*, di orig. onomat. ✱ av. 1327] **v. intr.** (*io muggìsco, tu muggìsci, egli muggìsce* o *mùgge*; aus. *avere*) **1** emettere muggiti: *di tanto in tanto i buoi muggiscono* **2** (*fig., lett.*) rumoreggiare del mare, del vento, del tuono: *il vento muggìa nella foresta / e muggìa tra le nubi il tuono errante* (G. Leopardi)

♣**muggìto** [lat. *mugītu(m)*, da *mugīre* 'muggire' ✱ av. 1311] **s. m.** **1** verso caratteristico dei bovini **2** (*fig., lett.*) rumore del mare agitato, del vento, del tuono: *freme il mare un fèr m.* (L. de' Medici)

mughétto [fr. *muguet*, alterazione di (*noix*) *muscade* 'noce moscata', per il profumo ✱ av. 1597] **s. m.** **1** erba perenne delle Convallariacee con foglie ovali e piccoli fiori bianchi a campanula, profumatissimi (*Convallaria majalis*) **SIN.** giglio delle convalli | ***m. giapponese***, nel linguaggio dei giardinieri, pianta ornamentale delle Ruscacee (*Ophiapogon japonicus*) **2** (*med.*) micosi del cavo orale causata da funghi del genere *Candida*, frequente nei lattanti e caratterizzata da placche biancastre **SIN.** moniliasi orale

mugìc o **mugìco**, **mugìcco**, **mugìk**, **muzìk** /russo mu'ʒik/ [russo *mužìk* 'contadino' ✱ 1866] **s. m. inv.** ● contadino russo

Mugilifórmi [comp. del lat. *mūgil* 'muggine' e del pl. di *-forme* ✱ 1965] **s. m. pl.** (**sing.** *-e*) ● (*zool.*) ordine di Pesci ossei marini e d'acqua dolce cui appartengono i cefali e i latterini (*Mugiliphormes*)

†**mugiolàre** ➤ **mugolare**

mugliàre [av. 1375] **v. intr.** (*io mùglio*; aus. *avere*) ● (*tosc.*) muggire: *il tauro ... altiero e mugliando erra* (L. Ariosto)

mùglio [av. 1367] **s. m.** ● (*tosc.*) muggito: *col ... profondo / m.* (G. Pascoli)

mugnaiàccio [da *mugnaio*, perché sembra infarinato ✱ av. 1871] **s. m.** ● grosso gabbiano oceanico, voracissimo, con poderoso becco ricurvo e piumaggio bianco, con dorso e ali nere (*Larus marinus*)

♦**mugnàio** o †**mugnàro** [lat. tardo *molinārium*, da *molīnum* 'molino' ✱ sec. XII] **s. m.** (**pl.** *-ai*) **1** (**f.** *-aia*) chi è addetto a macinare grano o granaglie al mulino | proprietario o gerente di un mulino | (*cucina*) nella loc. ***alla mugnaia***, detto di pesce cucinato con burro e farina: *sogliola alla mugnaia* **2** (*zool.*) mugnaiaccio ‖ **mugnaino**, **dim.**

†**mùgnere** ➤ **mungere**

mùgo [vc. di orig. preindeur. ✱ 1426 ca.] **s. m.** (**pl.** *-ghi*) ● albero delle Conifere, con fusto sdraiato, basso e contorto, che cresce al limite superiore della foresta e dai cui rami giovani si distilla il mugòlio (*Pinus montana*)

mugolaménto [av. 1584] **s. m.** ● (*raro*) il mugolare | mugolio

mugolànte **part. pres.** di *mugolare*; anche **agg.** **1** che mugola | che si lamenta: *... m., umiliata d'amore* (C. Pavese) **2** rantolante

mugolàre o †**muggiolàre**, †**mugiolàre** [stessa etim. di *mugghiare* ✱ sec. XIV] **A** **v. intr.** (*io mùgolo*; aus. *avere*) **1** emettere suoni indistinti e lamentosi tenendo la bocca chiusa, detto spec. del cane **2** (*est.*) lamentarsi, gemere: *m. di dolore, di piacere* **B** **v. tr.** ● mormorare, borbottare (*anche assol.*): *mugolava tra sé strane parole*; *che cosa stai mugolando?*

mugòlio① [comp. di *mugo* e *olio* ✱ 1934] **s. m.** ● olio essenziale estratto dalle foglie fresche del mugo, impiegato come balsamico delle vie respiratorie

♣**mugolìo**② [da *mugolare* col suff. *-io*① ✱ 1688] **s. m.** (**pl.** *-ii*) ● un mugolare continuo e frequente; gemito: *si udiva il m. lontano di un cane*; *mugolii di dolore, di piacere*

†**mùgolo** [av. 1604] **s. m.** ● mugolamento

mugolóne [1869] **A** **s. m.** (**f.** *-a*) **1** animale, spec. cane, che mugola di continuo **2** (*scherz.*) persona brontolona **B** anche **agg.**: *cane, vecchio m.*

mugugnàre [da *mugugno* ✱ 1905] **A** **v. intr.** (coniug. come *segnare*; aus. *avere*) ● (*colloq.*) brontolare **B** **v. tr.** ● (*colloq.*) bofonchiare, borbottare

♣**mugùgno** [genovese *mugugnu*, di orig. onomat. ✱ 1884] **s. m.** ● (*colloq.*) brontolio

mujaheddin /muʒaid'din, *arabo* mudʒæhɪd'dɪn/ o **mujahiddin** /muʒaid'din, *arabo* mudʒæhɪd'dɪn/, **mujahedin** [vc. araba, pl. di *muǧāhid* 'combattente (per la fede)', part. attivo del v. *ǧāhada*, da una radice *jhd* che indica lo sforzo ✱ 1985] **s. m. e f. inv.** **1** combattente musulmano impegnato nella guerra santa contro i nemici dell'unità islamica **2** guerrigliero del movimento nazionale islamico dell'Afghanistan

mùla [f. di *mulo* ✱ 1361] **s. f.** ● femmina del mulo ‖ **mulétta**, **dim.** | **mulóna**, **accr.**

mulàcchia [sovrapposizione di *monacchia* a *mula* ✱ sec. XIV] **s. f.** ● (*zool.*) cornacchia grigia

mulàggine [da *mulo* ✱ 1834] **s. f.** ● (*lett.*) caparbietà, ostinazione

†**mulàre** [vc. dotta, lat. tardo *mulāre(m)*, da *mūlus* 'mulo' ✱ av. 1729] **agg.** ● di mulo

mulattièra [da *mulattiere* ✱ 1869] **s. f.** ● strada di montagna per la quale passano solo muli o altre bestie da soma

mulattière [da *mulo*, sul modello di *carrettiere* ✱ av. 1342] **s. m.** ● chi guida i muli: *il m. vuol sapere dove deve scaricare* (L. Pirandello)

mulattièro [av. 1400] **agg.** **1** da mulo: *via, strada mulattiera* **2** relativo ai muli e al loro allevamento

mulàtto [sp. *mulato*, da *mulo* 'mulo', perché incrocio come il *mulo* ✱ av. 1557] **s. m.** (**f.** *-a*); anche **agg.** ● chi (o che) è nato da genitori di gruppo etnico diverso, uno bianco e uno nero

mùlcere ➤ **molcere**

mulching /'maltʃin(g), *ingl.* 'mʌltʃɪŋ/ [vc. ingl. 'pacciamatura', da *to mulch* 'pacciamare' ✱ 1921] **s. m. inv.** ● (*agric.*) tipo di pacciamatura realizzata con scarti vegetali (foglie secche, erba tagliata ecc.), con funzione protettiva e fertilizzante

†**mulcìre** ➤ **molcire**

†**mulènda** ➤ **molenda**

mulésco [da *mulo* ✱ av. 1478] **agg.** (**pl. m.** *-schi*) ● (*raro, lett.*) di mulo, da mulo (*spec. fig.*): *caparbietà mulesca*

muleta /*sp.* mu'leta/ [sp., propr. 'gruccia (che sostiene il drappo)', poi passata a indicare il drappo stesso; uso metaforico di *muleta* 'mula' ✱ 1873] **s. f. inv.** (**pl. sp.** *muletas*) ● drappo rosso di cui nella corrida si serve il matador per aizzare o sviare il toro

mulettista [1996] **agg.**; anche **s. m. e f.** (**pl. m.** *-i*) ● addetto a un muletto (nel sign. 3)

mulétto [propr., dim. di *mulo* ✱ 1981] **s. m.** **1** (*gerg.*) nelle corse automobilistiche, macchina di riserva usata nelle gare o durante le prove **2** (*fam.*) mulo meccanico **3** carrello elevatore

♣**mulièbre** o (*poet.*) **muliè̀bre** [vc. dotta, lat. *mulĭebre(m)*, agg. di *mŭlier* 'donna' (V. *moglie*) ✱ sec. XIV] **agg.** **La forma (di uso poetico) 'muliè̀bre', con *-è-*, non è corretta nell'uso comune** ● relativo alla donna: *sesso, tenerezza, lavoro m.* | ***figura, statua m.***, di donna **SIN.** femminile

muliebrità [vc. dotta, lat. tardo *muliebritāte(m)*, da *muliĕbris* 'muliebre' ✱ 1869] **s. f. inv.** ● (*lett.*) femminilità

mulinàio ➤ **mulinaro**

mulinàre [da *mulino*① ✻ 1517] **A** **v. tr. 1** far roteare: *m. la sciabola* **2** (*fig.*) architettare, macchinare: *mulinava cupi propositi di rivolta* **B** **v. intr.** (aus. *avere*) **1** far mulinello: *vicino alla cascata l'acqua mulina vorticosamente* **2** (*fig.*) agitarsi insistentemente, detto di pensieri, idee e sim.: *un'immagine dolorosa gli mulinava nel cervello* | fantasticare: *rimase a m. su quel che avrebbe detto*

mulinàro o **molinàro**, **mulinàio**, (*raro*) **molinàio** [lat. tardo *molinārĭu(m)*, da *molīnum* 'mulino①' ✻ sec. XIII] **s. m.** (**f.** *-a*) ● (*centr.*, *merid.*) mugnaio

mulinèllo o **molinèllo** [da *mulino*① ✻ av. 1363] **s. m. 1** vortice d'acqua, di vento e sim.: *mulinelli di vento sollevavano le foglie* | ***volo a m.***, tipico degli uccelli che si gettano in picchiata con moto vorticoso SIN. turbine **2** (*generic.*) attrezzo o strumento costituito da un'elica che ruota su un perno | ***m. idrometrico***, congegno per misurare la velocità di un fluido | piccolo ventilatore inserito in porte o finestre per aerare l'ambiente **3** attrezzo per la pesca che, applicato all'impugnatura della canna, consente di lanciare lontano l'esca e di recuperarla avvolgendola a una bobina o tamburo **4** (*mar.*, *disus.*) argano destinato al recupero delle ancore, usato per salpare **5** (*sport*) nella scherma di sciabola, ciascuno dei movimenti circolari basati sull'articolazione del gomito, per vibrare determinati colpi di taglio nelle varie direzioni | in ginnastica artistica, esercizio al cavallo con maniglie | in ginnastica, movimento eseguito con la clavetta **6** (*aeron.*) manovra acrobatica consistente in un movimento elicoidale dell'aereo **7** giocattolo consistente in due ali di carta imperniate in una canna | filetto

SFUMATURE ➤ *gorgo*

♦**mulìno**① o **molìno** [lat. tardo *molīnu(m)*, da *mŏla* 'mola①' ✻ 1238] **s. m. 1** edificio in cui si macinano il grano o altri cereali, e la macchina per tale operazione: *m. a vento, ad acqua, a vapore, elettrico* | ***m. natante*** o ***galleggiante***, installato un tempo su chiatte, per sfruttare la corrente del fiume | ***m. da olio***, frantoio | ***m. a martelli***, macchina per triturare minerali, provvista di masse pendolari sporgenti, in acciaio, che girando urtano violentemente contro i frammenti di minerale, sbriciolandoli | (*fig.*) ***tirare l'acqua al proprio m.***, badare solo al proprio utile | ***combattere contro i mulini a vento***, (*fig.*) combattere contro nemici immaginari (con riferimento a Don Chisciotte che, scambiati i mulini a vento per giganti, li volle assalire e combattere) | PROV. ***chi va al m. s'infarina***, chi frequenta determinati ambienti o compagnie ne rimane influenzato **2** (*geol.*) ***m. glaciale***, grande buca sulla superficie di un ghiacciaio nella quale precipita parte dell'acqua di fusione della lingua glaciale **3** †banderuola che indica la direzione del vento **4** †aspo ‖ **mulinètto**, **dim.**

†**mulìno**② [da *mulo* ✻ sec. XV] **agg.** ● di mulo

mullàghera [etim. incerta ✻ 1813] **s. f.** ● (*bot.*) afaca

mullah /mul'la*, *ingl.* 'mʌlə, *persiano* mol'lɒ:/ [dal persiano *mullā*, a sua volta dall'arabo *mawlā* 'tutore, signore' ✻ av. 1652] **s. m. inv.** ● cultore delle scienze religiose islamiche

Müller Thùrgau /'mjuller 'turgau, *ted.* 'mʏlʌ 'tu:(r)gao/ [comp. del n. di H. *Müller* che mise a punto tale incrocio alla fine dell'Ottocento e di *Thurgau*, cantone svizzero in cui questi era nato ✻ 1986] **s. m. inv.** ● vitigno derivante da un incrocio di Riesling e Sylvaner, coltivato spec. in Trentino-Alto Adige, Friuli e Oltrepò pavese | vino bianco di color giallo paglierino, profumo fruttato e aroma elegante, ottenuto dal vitigno omonimo

Mùllidi [comp. del lat. *mŭllus*, n. di pesce che prob. significa 'dal colore rosso', e *-idi* ✻ 1891] **s. m. pl.** (**sing.** *-e*) ● (*zool.*) famiglia di Perciformi marini cui appartengono le triglie (*Mullidae*)

♦**mùlo**① [lat. *mūlu(m)*, di orig. preindeur. ✻ 1266] **s. m.** (**f.** *-a* (**V.**)) **1** animale equino, ibrido non fecondo ottenuto dall'incrocio di un asino con una cavalla, più simile al padre, robustissimo, molto parco, usato da soma e per cavalcatura spec. su sentieri di montagna: *i calci del m.*; *a dorso di m.*; *ostinato, caparbio, come un m.* | (*fig.*) ***essere un m.***, ***fare il m.***, detto di persona cocciuta o che si addossa lavori faticosi | ***il calcio del m.***, (*fig.*) V. *calcio*① | ***m. meccanico***, veicolo a motore a quattro ruote usato dalle truppe alpine per spostamenti in zone montagnose **2** (*spreg.*) †figlio illegittimo SIN. bastardo ‖ **mulàccio**, **pegg.** | **mulétto**, **dim.** (V.) | **mulòtto**, **accr.**

mùlo② [vc. veneta, da *mulo*①, attrav. il sign. di 'bastardo' ✻ 1950] **s. m.** (**f.** *-a*) ● (*sett.*) ragazzo

†**mulomedicìna** [vc. dotta, lat. tardo *mulomedicīna(m)*, comp. di *mūlus* 'mulo' e *medicīna* 'medicina'] **s. f.** ● veterinaria

†**mùlsa** [vc. dotta, lat. tardo (*ăquam*) *mŭlsa(m)* 'acqua mielata', da avvicinare a *mĕl* 'miele' ✻ 1340 ca.] **s. f.** ● (*raro*) mulso

†**mùlso** [vc. dotta, lat. *mŭlsu(m)*. V. †*mulsa* ✻ sec. XIV] **s. m.** ● vino mielato | idromele

♦**mùlta** [vc. dotta, lat. *mŭlta(m)*, di orig. indeur. ✻ sec. XIV] **s. f. 1** (*dir.*) pena pecuniaria prevista per determinati reati: *infliggere una m.* | correntemente, ammenda: *pagare una m.*; *m. per divieto di sosta* **2** †pena, punizione, castigo

multànime [comp. di *mult(i)-* e *anima* ✻ 1892] **agg.** ● (*raro*, *lett.*) che ha molte anime

multàre [vc. dotta, lat. *multāre*, da *mŭlta* 'multa' ✻ 1387] **v. tr.** ● condannare a una multa o, comunemente, a un'ammenda (+ *di*, + *per*): *è stato multato di 60 euro*; *è stato multato per aver superato i limiti di velocità*

mùlti- o (*raro*) **mólti-** [lat. *mŭlti-*, da *mŭltus* 'molto'] **primo elemento** ● in parole composte, significa 'di molti', 'che ha molti' o indica genericamente abbondanza: *multicolore, multiforme, multilaterale, multilingue, multimilionario*

multibànda [comp. di *multi-* e *banda*② ✻ 1969] **agg. inv.** ● (*radio*, *elettron.*) che trasmette o riceve su più bande di frequenza: *segnale m.*

multibàse [comp. di *multi-* e *base* nel sign. A 6 ✻ 1983] **agg. inv.** ● (*mat.*) detto di sistema di numerazione non decimale: *calcolo m.* | ***materiale m.***, qualsiasi abaco in base diversa da 10

multicanàle [comp. di *multi-* e *canale* ✻ 1955] **agg. inv. 1** (*tecnol.*) detto di tecnica di registrazione e riproduzione del suono su più canali, che dà all'ascoltatore un effetto spaziale migliore della stereofonia | di apparecchio o impianto di riproduzione del suono multicanale **2** detto di attività che si esplica attraverso l'utilizzazione di canali diversi (di comunicazione, di collegamento, di vendita ecc.): *pubblicità m.*; *distribuzione m. di un servizio*; *banca m.* ‖ **multicanalità**, **s. f. inv.** caratteristica di ciò che è multicanale: *la multicanalità di una campagna pubblicitaria, dell'offerta di servizi bancari*

multicapsulàre [comp. di *multi-* e un deriv. di *capsula* ✻ 1834] **agg.** ● detto di frutto a molte capsule

multicàule [vc. dotta, lat. *multicăule(m)*, comp. di *mŭlti-* 'multi-' e *cāulis* 'caule' ✻ 1813] **agg.** ● che porta molti steli: *pianta m.*

multicellulàre [comp. di *multi-* e *cellulare* ✻ 1875] **agg.** ● pluricellulare

multicèntrico [comp. di *multi-* e *-centrico* ✻ 1990] **agg.** (**pl. m.** *-ci*) ● che ha molti centri SIN. policentrico

multicolóre o (*raro*) **molticolóre** [vc. dotta, lat. *multicolōre(m)*, comp. di *mŭlti-* 'multi-' e *cŏlor*, genit. *colōris* 'colore' ✻ av. 1799] **agg.** ● di molti colori: *vestito m.*; *lampadine multicolori*; *il multicolor zanni leggiadro* (G. PARINI)

multicomponènte [comp. di *multi-* e *componente* ✻ 1981] **agg.** ● (*scient.*) detto di sistema formato da più componenti

multiculturàle [comp. di *multi-* e *culturale* ✻ 1985] **agg.** ● che riguarda più culture | relativo a multiculturalismo, ispirato a multiculturalismo: *politica m.* ‖ **multiculturalità**, **s. f. inv.** caratteristica di ciò che è multiculturale CFR. multiculturalismo

multiculturalìsmo [da *multiculturale* ✻ 1984] **s. m. 1** appartenenza a più culture **2** politica che mira a tutelare l'identità culturale dei vari gruppi etnici di un Paese CFR. assimilazionismo, multiculturalità

multidisciplinàre [comp. di *multi-* e *disciplinare*② ✻ av. 1980] **agg.** ● che riguarda più discipline, più materie, più campi di studio: *insegnamento, ricerca m.* SIN. pluridisciplinare ‖ **multidisciplinarità**, (*evit.*) **multidisciplinarietà**, **s. f. inv.** caratteristica di ciò che è multidisciplinare

multieffètto [comp. di *multi-* ed *effetto* ✻ 1996] **agg. inv.** ● detto di dispositivo in grado di assolvere diverse funzioni

multiètnico [comp. di *multi-* ed *etnico* ✻ 1987] **agg.** (**pl. m.** *-ci*) ● che riguarda più etnie, che è formato da diversi gruppi etnici: *società multietnica* ‖ **multietnicità**, **s. f. inv.**: *la multietnicità di Londra*

multifattoriàle [comp. di *multi-* e *fattoriale* ✻ 1986] **agg.** ● dovuto o connesso a più fattori e alle loro interazioni: *malattie multifattoriali, analisi m.* ‖ **multifattorialità**, **s. f. inv.** presenza di una molteplicità di fattori che concorrono a determinare un fenomeno

multìfido [vc. dotta, lat. *multĭfidu(m)*, comp. di *mŭlti-* 'multi-' e *-fidus*, da *findere* 'fendere' ✻ 1561] **agg.** ● che è diviso in più parti: *organo m.*; *foglie multifide*

multiflash /multi'flɛʃ*, *ingl.* 'mʌltɪˌflæʃ/ [vc. ingl., comp. di *multi-* e *flash* ✻ 1993] **agg. inv.** ● detto di fotografie in cui il soggetto viene illuminato con una successione di flash

multiflòro [vc. dotta, lat. tardo *multiflōru(m)*, comp. di *mŭlti-* 'multi-' e *flōs*, genit. *flōris* 'fiore' ✻ 1813] **agg.** ● (*bot.*) che porta molti fiori

multifocàle [comp. di *multi-* e *focale* ✻ 1963] **agg.** ● in ottica, che ha molti fuochi: *lenti multifocali*

multifórme o (*raro*) **moltifórme** [vc. dotta, lat. *multifŏrme(m)*, comp. di *mŭlti-* 'multi-' e *-fōrmis* '-forme' ✻ sec. XIV] **agg.** ● che ha varie forme: *specie, popolo m.*; *porre principio di filosofia il corpo … formato e diviso in parti multiformi* (G. VICO) | che si manifesta sotto molteplici aspetti: *attività m.* | versatile, poliedrico: *ingegno, personalità m.* SIN. proteiforme

multifrequènza [comp. di *multi-* e *frequenza* ✻ 1980] **A** **s. f. 1** (*elettron.*) compresenza di segnali a frequenze diverse sullo stesso conduttore o dispositivo **2** (*tel.*) modalità di selezione mediante toni di frequenze diverse, emessi gener. con la tastiera del telefono **B** **agg. inv.** ● detto di dispositivo che funziona a frequenze diverse

multifunzionàle [comp. di *multi-* e *funzionale* ✻ 1978] **agg.** ● che svolge contemporaneamente più funzioni: *macchine multifunzionali* ‖ **multifunzionalità**, **s. f. inv.**

multifunzióne [1984] **agg. inv.** ● multifunzionale

multigènere [comp. di *multi-* e *genere* ✻ 1896] **agg.** ● relativo a molti generi o tipologie: *animazione musicale m.*; *fiori multigeneri* CFR. unigenere

multigènico [sec. XX] **agg.** (**pl. m.** *-ci*) ● (*biol.*) poligenico

multigrade /multi'gre(i)d, *ingl.* 'mʌltɪˌgreɪd/ [vc. ingl., comp. di *multi-* 'multi-' e *grade* 'grado' (stessa etim. dell'it. *grado*) ✻ 1961] **agg. inv.** ● detto di olio lubrificante per autoveicoli la cui viscosità non è molto influenzata dalla temperatura e può essere pertanto usato in condizioni ambientali diverse

multijet /multi'dʒɛt, *ingl.* 'mʌltiˌdʒɛt/ [comp. di *multi-* e *jet* 'getto' ✻ 1999] **agg. inv.; anche s. m. inv.** ● (*autom.*) detto di motore diesel alimentato da un sistema a iniezione multipla

multilaterale [fr. *multilatéral*, comp. con *multi-*, sul modello di *unilatéral* 'unilaterale' ✻ 1858] **agg. 1** che ha molti lati **2** (*est.*) che ha molteplicità di connessioni e di riferimenti: *accordo, scambio m.* | (*ling.*) ***opposizione m.***, quella che intercorre tra due fonemi che si distinguono per diversi tratti **3** (*dir.*) plurilaterale: *contratto m.* ‖ **multilateralità**, **s. f. inv.** caratteristica di ciò che è multilaterale CFR. multilateralismo

multilateralismo [da *multilaterale*, sul modello dell'ingl. *multilateralism* ✻ 1985] **s. m. 1** (*raro*) multilateralità **2** sistema economico o politico basato su una pluralità di scambi e di rapporti **3** spec. nel settore dei rapporti internazionali, concezione e linea di condotta di chi tiene conto degli interessi delle varie parti in causa, senza privilegiare il proprio punto di vista CONTR. unilateralismo

multilàtero [vc. dotta, lat. tardo *multilăteru(m)*, comp. di *mŭlti-* 'multi-' e *lătus*, genit. *lăteris* 'lato' ✻ sec. XV] **s. m.** ● (*mat.*) figura costituita da un numero finito di rette, dette lati, solitamente complanari | ***m. completo piano***, i cui lati non passano a tre a tre per un medesimo punto, e del quale si considerano come vertici tutte le intersezioni dei lati a due a due | ***m. semplice***, i cui lati sono ordinati circolarmente in modo che tre consecutivi non passino per il medesimo punto, e del quale si considerano come vertici le intersezioni di lati consecutivi

multilével màrketing /multi'level-'marketin(g), *ingl.* 'mʌltɪˌlɛv(ə)l'maːkɪtɪŋ/ [loc. ingl., propr. 'vendita (*marketing*) multi-livello (*multilevel*)' ✻ 1994] **loc. sost. m. inv.** ● marketing multilivello

multilingue o (*raro*) **moltilingue** [comp. di *multi-* e il pl. di *lingua* ✻ 1843] **agg.** (**pl.** *-i* **o inv.**) **1** che parla varie lingue: *popolo, paese, zona m.* SIN. poliglotta **2** (*raro*) che possiede molte lingue: *una mostruosa divinità m.*

multilinguismo [da *multilingue* ✻ 1985] **s. m.** ● uso di più lingue da parte di un individuo o di una comunità SIN. plurilinguismo

multilobàto [1834] **agg.** ● (*bot.*) multilobo

multilobo o **multilòbo** [comp. di *multi-* e *lobo* ✻ 1834] **agg.** ● detto di foglia divisa in molti lobi

multiloculàre [comp. di *multi-* e un deriv. di *loculo* ✻ 1834] **agg.** ● (*bot.*) pluriloculare

multiloquènza o (*raro*) **moltiloquènza** [vc. dotta, lat. tardo *multiloquĕntia(m)*, da *multĭloquus* 'multiloquo' ✻ 1869] **s. f.** ● (*raro*) facondia, multiloquio

multilòquio o (*raro*) **moltilòquio** [vc. dotta, lat. *multilŏquiu(m)*, da *multĭloquus* 'multiloquo' ✻ av. 1342] **s. m.** ● (*raro*) eccessiva loquacità, logorrea

multiloquo [vc. dotta, lat. *multĭloquu(m)*, comp. di *mŭlti-* 'multi-' e *lŏqui* 'parlare' (V. *loquela*) ✻ 1834] **agg.** ● (*raro*) eccessivamente loquace

multilùstre [comp. di *multi-* e *lustro*③ ✻ 1532] **agg.** ● (*lett.*) che dura da molti lustri: *amicizia, conoscenza m.* | (*lett.*) che ha molti anni, anziano (*spec. scherz.*): *con atroce implacabile ironia / cara a le belle multilustri* (G. PARINI)

multimèdia /multi'mɛdja, *ingl.* 'mʌltɪˌmiːdiə/ [vc. ingl., comp. di *multi-* 'multi-' e *media* 'mezzi di comunicazione' (V. *mass media*) 'dispositivi per l'elaborazione di informazioni' ✻ 1972] **A agg. inv.** ● multimediale **B s. m. inv.** ● l'insieme dei sistemi e delle tecniche multimediali

multimediàle [1979] **agg. 1** detto di forma di comunicazione che integra tecniche espressive diverse, come testo, grafica, animazione, suono: *enciclopedia m., spettacolo m.* **2** che utilizza diversi strumenti di comunicazione: *pubblicità m.* CFR. transmediale ‖ **multimedialità**, **s. f. inv.** impiego contemporaneo di diversi mezzi di comunicazione, spec. per scopi didattici, informativi, artistici

multìmetro [comp. di *multi-* e *-metro* ✻ 1958] **s. m.** ● (*elettr.*) strumento indicatore, gener. portatile, per misure di tensione, intensità di corrente e resistenza SIN. analizzatore universale, strumento universale, tester, voltamperometro

multimiliardàrio [comp. di *multi-* e *miliardario* ✻ 1931] **agg. e s. m.** (**f.** *-ia*) ● che (o chi) possiede molti miliardi

multimilionàrio [comp. di *multi-* e *milionario* ✻ 1914] **agg. e s. m.** (**f.** *-ia*) ● che (o chi) possiede molti milioni

multimodàle [comp. di *multi-* e *modale*①, sul modello dell'ingl. *multimodal* ✻ 1964] **agg.** ● che avviene o si compie in vari modi | ***trasporto m.***, trasporto intermodale ‖ **multimodalità**, **s. f. inv.** molteplicità di modi in cui avviene o si compie qlco.: *multimodalità della comunicazione, del trasporto*

multimòdo o †**moltimòdo** nel sign. 1 [comp. di *multi-* e *modo* ✻ av. 1600] **agg. inv. 1** †che si presenta in modi diversi: ... *che lo ente sia più che uno, ma moltimodo e moltiforme* (G. BRUNO) **2** (*ottica, elettr.*) detto di particolari emissioni, da parte di laser e di altri dispositivi, di onde composte da diverse frequenze in cui ogni frequenza corrisponde a un diverso modo di oscillazione del dispositivo stesso | detto della sovrapposizione di più modi di oscillazione nella propagazione di un'onda elettromagnetica in una guida d'onda

♦**multinazionàle** [comp. di *multi-* e *nazione*, con suff. agg. ✻ 1966] **A agg.** ● che riguarda più nazioni: *forze armate multinazionali* | che si estende in molte nazioni | ***azienda, società m.***, grande società industriale, commerciale o bancaria che ha importanti attività produttive, commerciali e finanziarie dislocate in vari Paesi del mondo ‖ **multinazionalità**, **s. f. inv. B s. f.** ● (*ellitt.*) società multinazionale: *le multinazionali americane, europee, giapponesi*

multinomiàle [comp. di *multi-* e *(bi)nomiale* ✻ 1958] **agg.** ● (*stat.*) detto di distribuzione statistica definita su più variabili che costituisce estensione della distribuzione binomiale al caso in cui i risultati delle prove indipendenti possano essere più di due

multinucleàto [comp. di *multi-* e *nucleato* ✻ 1970] **agg.** ● (*bot.*) plurinucleato

multioràrio [comp. di *multi-* e *orario* ✻ 1981] **agg.** ● che prevede più di due fasce orarie: *contratto m.*; *contatore m.* | che varia di prezzo in base a più di due differenti fasce orarie: *tariffe multiorarie* CFR. biorario, monorario

multipara o (*raro*) **moltipara** [comp. di *multi-* e del lat. *-parus*, da *părere* 'partorire' ✻ 1565] **s. f.; anche agg. solo f.** ● donna, e (*est.*) femmina di animale, che ha avuto più parti, o che ha partorito più figli in un unico parto

multiparità [1958] **s. f. inv.** ● condizione di chi è multipara

multipartitismo [comp. di *multi-* e *partito*①, con suff. sost., sul modello di *bipartitismo* ✻ 1985] **s. m.** ● pluripartitismo

multipiàno o (*raro*) **multipiàni** [comp. di *multi-* e *piano*② ✻ 1986] **agg. inv.** ● detto di edificio, costruzione, struttura e sim. a più piani: *parcheggio m.*

multipiattafórma [comp. di *multi-* e *piattaforma* ✻ 1998] **agg. inv.** ● (*inform.*) detto di applicazione in grado di funzionare su diverse piattaforme

multiplanàre [comp. di *multi-* e *planare*① ✻ 1991] **agg. 1** che si articola su più piani: *visualizzazione m.*; *ecografia m.* **2** (*est., fig.*) che può essere esaminato o interpretato sotto diversi aspetti ‖ **multiplanarità**, **s. f. inv.**

multiplàno [da *multi-*, sul modello di *biplano* e *monoplano* ✻ 1910] **s. m.** ● pluriplano

multiplatóre [da *multiplo*, come adattamento dell'ingl. *multiplexer* ✻ 1981] **s. m.** ● (*tel.*) multiplexer

multiplayer /multi'plejer, *ingl.* ˌmʌltɪ'pleɪə(r)/ [vc. ingl. comp. di *multi-* 'multi-' e *player* 'giocatore' ✻ 1997] **agg. inv.** ● detto di videogioco in rete che consente la partecipazione di più giocatori contemporaneamente

multiplazióne [da *multiplex* ✻ 1981] **s. f.** ● (*radio*) tecnica di trasmissione tramite multiplex

multiplétto [ingl. *multiplet*, comp. di *multi-* e *(dou)blet* 'doppietto' ✻ 1981] **s. m.** ● (*fis.*) insieme di linee spettroscopiche molto vicine tra loro, ma distinguibili | complesso di particelle simili, ordinate sulla base dei loro numeri quantici

mùltiplex [vc. lat., propr. 'di più parti' ✻ 1938] **s. m. inv. 1** (*tel.*) dispositivo che permette di realizzare simultaneamente più vie di comunicazione su un unico canale **2** edificio nel quale vengono allestite più sale cinematografiche

multiplèxer /multi'plɛkser, *ingl.* 'mʌltɪˌplɛksə(r)/ [vc. ingl., da *multiplex* (V.) ✻ 1989] **s. m. inv.** ● (*elettron.*) dispositivo elettronico di commutazione alla cui unica linea di uscita viene collegata una sola delle molteplici linee in ingresso, selezionata tramite un codice SIN. multiplatore

multiplèxing /multi'plɛksin(g), *ingl.* 'mʌltɪˌplɛksɪŋ/ [vc. ingl., dal v. *to multiplex*. V. *multiplex* ✻ 1993] **s. m. inv.** ● (*elettron.*) tecnica che consente di realizzare più comunicazioni contemporanee sullo stesso collegamento

†**multiplicàre** e deriv. ➤ **moltiplicare** e deriv.

†**multìplice** e deriv. ➤ **molteplice** e deriv.

mùltiplo [vc. dotta, lat. tardo *mŭltiplu(m)*, da *mŭltiplex* 'molteplice' ✻ 1741] **A s. m. 1** (*mat.*) numero che si ottiene moltiplicando un numero naturale per un altro numero naturale | ***minimo comune m.***, il minore fra i multipli comuni ai numeri dati **2** (*arte*) opera realizzata dall'artista in modo da poter essere riprodotta in serie, così da ottenerne numerosi esemplari identici, gener. numerati e firmati **B agg. 1** (*mat.*) che conta più volte, secondo criteri opportuni **2** che è composto di più parti, elementi e sim. | ***frutto m.***, composto di molti acheni parzialmente fusi | ***stella multipla***, insieme di due o più stelle che orbitano intorno al comune baricentro | ***vettura multipla***, utilizzabile indifferentemente per trasportare soli passeggeri, sole merci o passeggeri e merci

multipolàre [comp. di *multi-* e *polare* ✻ 1913] **agg. 1** (*fis., elettr.*) fornito di più poli **2** detto di situazione internazionale o di politica basata su più poli d'influenza CFR. bipolare ‖ **multipolarità**, **s. f. inv.** condizione o proprietà di ciò che è multipolare

multipòlo [comp. di *multi-* e *polo* ✱ 1971] **A** **agg. inv.** ● (*scient.*) che ha più di due poli **B** **s. m.** **1** (*elettr.*) congegno fornito di più poli | sistema che utilizza più terminali **2** (*fis.*) nello sviluppo in serie di un potenziale elettromagnetico, termine di ordine superiore al secondo

multipotènte [1999] **agg.** ● (*biol.*) detto di cellula staminale capace di differenziarsi solo in certi tipi di linee cellulari adulte

multiprocessóre [comp. di *multi-* e *processore* ✱ 1977] **s. m.** ● (*inform.*) sistema di elaborazione dati nel quale l'esecuzione dei programmi è distribuita tra più processori uguali

multiprogrammazióne [comp. di *multi-* e *programmazione* ✱ 1974] **s. f.** ● (*inform.*) modalità di operazione di un elaboratore elettronico in cui l'unità centrale esegue in successione gruppi di istruzioni di due o più programmi diversi **CFR.** monoprogrammazione

multiproprietà [comp. di *multi-* e *proprietà*, sul modello del fr. *multipropriété* ✱ 1967] **s. f. inv.** **1** (*dir.*) forma di comproprietà, spec. di case di villeggiatura, in cui l'uso del bene è limitato a una frazione di tempo ogni anno **2** (*burocr.*) condominio

multiprotèico [comp. di *multi-* e *proteico* ✱ 1958] **agg.** (**pl. m.** *-ci*) ● (*biol.*) costituito dall'associazione funzionale di più subunità proteiche

multirazziàle [comp. di *multi-* e *razziale* ✱ 1963] **agg.** ● relativo a più razze | che riconosce la presenza di più etnie, in completa eguaglianza fra loro: *società m.* ‖ **multirazzialità**, **s. f. inv.** caratteristica di ciò che è multirazziale; presenza di più etnie in una società o in un sistema politico

multiruòlo [comp. di *multi-* e *ruolo* ✱ 1985] **agg. inv.** ● che ricopre più ruoli, che assolve diversi compiti o funzioni: *società m.*; *unità navale m.*

multisàla o **multisàle** nel sign. B [comp. di *multi-* e *sala* ✱ 1980] **A** **s. f.** (**pl.** *multisàle*) ● cinema che dispone di varie sale in cui si proiettano contemporaneamente diversi film **B** **anche agg.**: *cinema multisala*; *cinema multisale*

multiscàfo [comp. di *multi-* e *scafo* ✱ 1983] **s. m. inv.**; **anche agg. inv.** ● (*mar.*) tipo di imbarcazione, quali catamarano e trimarano, costituita da più scafi paralleli variamente collegati fra loro **CFR.** monoscafo

multisecolàre [comp. di *multi-* e *secolare* ✱ 1986] **agg.** ● antico di molti secoli

multisènso o †**moltisènso** [comp. di *multi-* e *senso* ✱ av. 1786] **agg. inv.** (**f.** †*-a*) ● (*raro*) che ha più significati

multisensoriàle [comp. di *multi-* e *sensoriale* ✱ 1987] **agg.** ● che riguarda più organi di senso: *percezione m.*

multisèrvice /multi'sɛrvis, *ingl.* ˌmʌltɪ'sɜːvɪs/ [vc. ingl., propr. 'multi-servizio' ✱ 2000] **agg. inv.** ● detto di azienda, organizzazione, struttura in grado di fornire prestazioni di molteplice natura in un determinato settore: *agenzia, rete m.*

multisettoriàle [comp. di *multi-* e *settoriale* ✱ 1985] **agg.** ● che riguarda vari settori: *attività, programmi multisettoriali* ‖ **multisettorialità**, **s. f. inv.** caratteristica di ciò che è multisettoriale; presenza di più settori

multisonànte o (*raro*) **moltisonànte** [comp. di *multi-* e *sonante* ✱ 1723] **agg.** ● (*raro, lett.*) fragoroso, rumoreggiante: *l'oceano m.*

multistàdio [comp. di *multi-* e *stadio* nel sign. 5 ✱ 1974] **agg. inv.** ● detto di apparecchio, spec. missile, a più stadi

multistràto [comp. di *multi-* e *strato* ✱ 1985] **agg. inv.** ● costituito da più strati | ***pannello m.***, formato da più fogli di legno sovrapposti

multitàsking /multi'taskin(g), *ingl.* ˌmʌltɪ'tɑːskɪŋ/ [vc. ingl., comp. di *multi-* 'multi-' e *tasking*, dal v. *to task* 'assegnare un compito' o, più precisamente, un 'programma' ✱ 1985] **s. m. inv.** **1** (*inform.*) multiprogrammazione **2** (*est., colloq.*) attitudine a svolgere più attività simultaneamente

multiterminàle [comp. di *multi-* e *terminale* ✱ 1992] **agg.** ● (*inform.*) detto di sistema di elaborazione dati dotato di più terminali

multitouch /multi'tatʃ, *ingl.* 'mʌltɪˌtʌtʃ/ [vc. ingl., comp. di *multi-* 'multi-' e *touch* 'tocco' ✱ 2003] **agg. inv.** ● (*inform.*) si dice di schermo tattile in grado di rispondere a comandi impartiti toccando più zone contemporaneamente

multitràccia [comp. di *multi-* e *traccia* ✱ 1983] **agg. inv.** ● (*tecnol.*) di registrazione del suono che risulta dalla sincronizzazione di più tracce indipendenti

multitrapiànto [comp. di *multi-* e *trapianto* ✱ 1986] **s. m.** ● (*chir.*) trapianto di più organi in uno stesso paziente

†**multitùdine** ➤ **moltitudine**

multiùso o **multiùsi** [comp. di *multi-* e di *uso*② ✱ 1980] **agg. inv.** ● detto di oggetto, strumento e sim. adatto a numerosi e diversi usi

multiutènte [comp. di *multi-* e *utente* ✱ 1988] **agg. inv.** ● (*inform.*) detto di sistema che consente l'accesso contemporaneo a più utenti

multiutènza [comp. di *multi-* e *utenza* ✱ 1990] **s. f.** ● insieme di più tipi di utenza

multiutìlity /multiu'tiliti, *ingl.* ˌmʌltɪjuː'tɪlɪti/ [vc. ingl., propr. 'multi-servizio' ✱ 1998] **agg. inv.**; **anche in funzione di s. f. inv.** ● (*econ.*) detto di azienda che eroga servizi pubblici di diversa natura (per es. fornitura di elettricità, gas e acqua, oppure telefonia e tv satellitare, ecc.)

multìvago o (*raro*) **moltìvago** [vc. dotta, lat. *multĭvagu(m)*, comp. di *mŭlti-* 'multi-' e *văgus* 'vago, errante' ✱ 1829] **agg.** (**pl. m.** *-ghi*) ● (*raro, lett.*) che vaga per molti luoghi: *il m. viandante*

multivèrso [dall'ingl. *multiverse*, tratto da *universe* 'universo' con sostituzione di *uni-* con l'opposto *multi-* ✱ 1991] **s. m.** ● secondo una teoria astrofisica, l'insieme possibile di una molteplicità di universi, dei quali il nostro sarebbe solo uno dei tanti

multivibratóre [comp. di *multi-* e *vibratore* ✱ 1958] **s. m.** ● (*fis.*) dispositivo elettronico, costituito da due amplificatori accoppiati in modo che l'uscita dell'uno sia collegata all'ingresso dell'altro e viceversa, usato come generatore di impulsi o di segnali elettrici periodici

multivìdeo [comp. di *multi-* e *video* ✱ 1986] **A** **s. m. inv.** ● schermo su cui vengono proiettati simultaneamente più diapositive o filmati mediante diversi proiettori **B** **anche agg. inv.**: *schermo m.*

multivisióne [comp. di *multi-* e *visione*, sul modello dell'ingl. *multivision* ✱ 1986] **s. f.** ● proiezione simultanea di più diapositive o filmati mediante diversi proiettori

multivitamìnico [comp. di *multi-* e *vitaminico* ✱ 1994] **agg.** (**pl. m.** *-ci*) ● (*farm.*) detto di preparato addizionato con più vitamine o costituito da una miscela di vitamine diverse: *complesso m.*

multìvolo [vc. dotta, lat. *multĭvolu(m)*, comp. di *mŭlti-* 'multi-' e *vŏlo* 'io voglio' ✱ av. 1747] **agg.** ● (*raro, lett.*) che vuole molte cose: *i multivoli ardori* (G. Carducci)

multizonàle [comp. di *multi-* e *zonale* ✱ 1983] **agg.** ● che riguarda più zone | detto di struttura pubblica che serve diverse zone di una circoscrizione amministrativa: *presidio, ospedale m.*

mùmble /'mumble, *ingl.* 'mʌmb(ə)l/ [vc. ingl., propr. 'borbottio', dal v. onomat. *to mumble* ✱ 1980] **inter.** ● nel linguaggio dei fumetti, voce che riproduce il rumore di chi rimugina borbottando sommessamente

mùmmia [arabo *mūmiyā*, n. della sostanza usata per imbalsamare ✱ av. 1449] **s. f.** **1** cadavere imbalsamato o disseccato: *le mummie egiziane* **2** (*fig.*) persona molto anziana e dall'aspetto rinsecchito, o ancorata a idee anguste e sorpassate: *un viso da m.*; *cosa vuoi che capisca, ormai è una vecchia m.!*

mummificàre [fr. *momifier*, comp. di *momie* 'mummia' e *-fier* '-ficare' ✱ 1834] **A** **v. tr.** (*io mummìfico, tu mummìfichi*) ● sottoporre a mummificazione | (*fig.*) trasformare qlcu. o qlco. in uno stereotipo fisso, rigido **SIN.** imbalsamare **B** **mummificàrsi** **v. intr. pron.** **1** subire la mummificazione **2** (*fig.*) incartapecorirsi: *sembrava che il cadavere della vecchia si fosse mummificato* | (*fig.*) fossilizzarsi, sclerotizzarsi: *il partito si è mummificato* ‖ **mummificazióne**, **s. f.** (V.)

mummificatóre [1875] **agg. e s. m.** (**f.** *-trice*) ● (*raro*) che (o chi) mummifica

mummificazióne [fr. *momification*, da *momifier* 'mummificare' ✱ 1832] **s. f.** **1** trattamento dei cadaveri praticato, spec. nell'antico Egitto, con vari sistemi (imbalsamazione, essiccamento e sim.), allo scopo di assicurare la loro conservazione il più a lungo possibile **2** (*biol.*) processo di essiccamento, fisiologico o patologico, dei tessuti organici **3** (*fig.*) fossilizzazione, inaridimento e sim.

mundial /*sp.* mun'djal/ [vc. sp., propr. 'mondiale', entrata nell'uso dopo la vittoria della squadra italiana al campionato mondiale di calcio del 1982 svoltosi in Spagna ✱ 1983] **s. m. inv.** ● campionato mondiale di calcio o anche di altro sport

mùndio [vc. di orig. germ. ✱ av. 1750] **s. m.** ● nell'antico diritto germanico, signoria esercitata dal capofamiglia su tutte le persone e le cose di un gruppo familiare

†**mundìzia** ➤ **mondezza**①

mundoàldo o **mondoàldo**, **mundualdo**, **mondualdo** [longob. *mundwald*, da *mund* 'tutela' ✱ av. 1348] **s. m.** ● nell'antico diritto germanico, il titolare del mundio

†**muneràre** [vc. dotta, lat. *munerāre* 'dare in dono (*mūnu(m)*)' ✱ 1584] **v. tr.** ● remunerare, ricompensare

♦**mùngere** o †**mùgnere** [lat. parl. **mŭngere*, per il classico *mulgēre*, di orig. indeur. ✱ 1288] **v. tr.** (**pres.** *io mùngo, tu mùngi*; **pass. rem.** *io mùnsi, tu mungésti*; **part. pass.** *mùnto*) **1** spremere il latte dalle mammelle di un animale (***anche assol.***): *m. le mucche, le pecore, le capre*; *m. il latte*; *secchia da m.* **2** (*fig.*) sfruttare, spillare soldi: *m. la borsa di qlcu.*; *tutti quelli che conosco o gli ho già munti o ne hanno meno di me* (G. Carducci) **SIN.** spremere, succhiare

mungitóio [da *mungere* ✱ 1935] **s. m.** (**pl.** *-ói*) ● luogo, locale dove si esegue la mungitura | recipiente in cui si raccoglie il latte munto

mungitóre [1869] **s. m.** (**f.** *-trice*) ● chi munge

mungitrìce [1917] **s. f.** ● macchina per la mungitura meccanica

mungitùra [1862] **s. f.** ● operazione del mungere: *m. a mano*; *m. meccanica* | ***m. a giostra***, quella eseguita facendo salire le mucche su un piano rotante che le porta a turno al mungitore | ***m. alla posta***, quella tradizionale eseguita lasciando la mucca al proprio posto nella stalla | il latte munto: *m. scarsa*

mùngo [stessa etim. di *mangusta* ✱ 1875] **s. m.** (**pl.** *-ghi*) ● mammifero dei Carnivori con ruvida pelliccia macchiettata, che attacca i serpenti velenosi e i topi (*Herpestes mungo*) **SIN.** mangusta indiana

municipàle [vc. dotta, lat. *municipāle(m)*, da *municĭpium* 'municipio'; in 'municipalità', cfr. il fr. *municipalité* ✱ 1312] **agg.** **1** del municipio, del comune: *guardia m.*; *consiglio m.* **2** (*spreg.*) ristretto all'angusta cerchia delle mura cittadine: *fama m.*; *rivalità municipali* ‖ **municipalménte**, **avv.** (*raro*) dal punto di vista municipale: *trattare municipalmente una questione d'interesse generale* ‖ **municipalità**, **s. f. inv.** **1** (*raro*) caratteristica di ciò che è municipale **2** complesso delle autorità preposte al municipio

municipalésco [1880] **agg.** (**pl. m.** *-schi*) ● (*raro*, *spreg.*) campanilistico | (*disus.*) municipale

municipalismo [comp. di *municipale* e *-ismo* ✱ 1851] **s. m.** **1** tendenza a instaurare o sostenere le istituzioni autonome locali **2** attaccamento eccessivo al proprio municipio e tendenza a interessarsi esclusivamente delle situazioni locali

municipalista [av. 1907] **A** **s. m. e f.** (**pl. m.** *-i*) ● fautore, sostenitore del municipalismo **B** **agg.** ● municipalistico

municipalìstico [av. 1952] **agg.** (**pl. m.** *-ci*) ● di municipalismo

municipalizzàre [fr. *municipaliser*, da *municipal* 'municipale' ✱ av. 1799] **v. tr.** ● trasferire la proprietà di un'azienda privata di interesse pubblico al comune interessato ‖ **municipalizzazióne**, **s. f.** (V.)

municipalizzàta [1957] **s. f.** ● (*ellitt.*) azienda municipalizzata

municipalizzàto **part. pass.** di *municipalizzare*; anche **agg.** ● nel sign. del v. | ***azienda municipalizzata***, azienda pubblica comunale che ha in gestione un servizio pubblico

municipalizzazióne [fr. *municipalisation*, da *municipaliser* 'municipalizzare' ✱ 1899] **s. f.** **1** il municipalizzare **2** il complesso delle aziende municipalizzate di un dato territorio

†**munìcipe** [vc. dotta, lat. *munĭcipe(m)*, comp. di *mūnia* 'doveri' e *căpere* 'prendere' ✱ sec. XIV] **s. m.** ● cittadino del municipio

♦**munìcipio** [vc. dotta, lat. *munĭcĭpiu(m)*, da *mūniceps*, genit. *munĭcipis* 'municipe' ✱ av. 1338] **s. m.** (**pl.** *-i* o *raro -ii*) **1** nell'antichità, città che si reggeva con leggi proprie e i cui abitanti godevano della cittadinanza romana **2** comune, amministrazione comunale | sede di tale amministrazione **3** in alcune città, ripartizione del territorio comunale dotata di propri organi elettivi; circoscrizione

munificènte [vc. dotta, lat. **munificĕnte(m)*, da *munĭficus* 'munifico' ✱ 1483] **agg.** ● (*lett.*) munifico ‖ **munificenteménte**, **avv.** con munificenza

♦**munificènza** o †**munificènzia** [vc. dotta, lat. *munificĕntia(m)*, da **munĭficens*, genit. **munificĕntis* 'munificente' ✱ sec. XIV] **s. f.** **1** generosità nello spendere e nel donare: *la famosa m. di quel principe* **2** dono, atto munifico: *si conquistò i sudditi con liberalità e munificenze*

♦**munìfico** [vc. dotta, lat. *munĭficu(m)* 'che compie il proprio dovere', comp. di *mūnia* 'doveri' e *-ifico* ✱ 1483] **agg.** (**pl. m.** *-ci*; come **superl.** *munificentissimo*) **1** detto di chi è generoso e liberale nello spendere e nel donare: *principe, signore, mecenate m.* **2** che dimostra generosità: *offerta munifica* ‖ **munificaménte**, **avv.** ‖ **munificità**, **s. f. inv.**

> **SFUMATURE DI SIGNIFICATO**
> ***munifico - magnifico***
> Chi è generoso nel donare è detto **munifico**, termine utilizzato soprattutto in riferimento ad azioni di mecenatismo. **Magnifico** aggiunge alla munificenza una sfumatura di eccellenza, di grande eleganza, di bellezza.

♦**munìre** [vc. dotta, lat. *munīre*, da *mūnis* 'obbligato, riconoscente', di orig. indeur. ✱ 1420] **A** **v. tr.** (*io munìsco, tu munìsci*) **1** provvedere di mezzi offensivi o difensivi (+ *di*): *m. una città di torri, di palizzate*; *m. un fortino di cannoni*; *m. un guerriero di corazza* | fortificare: *m. i luoghi più esposti di un paese* **2** (*est.*) fornire, dotare di ciò che è necessario alla realizzazione di determinati scopi (+ *di*): *m. un fiume di argini, l'esercito di vettovaglie*; *m. qlcu. di passaporto, di licenza*; *m. un quadro di un gancio*; *m. una porta di serratura* | (*burocr.*) fornire un atto e sim. dei requisiti di validità: *m. un documento del bollo, della firma* **3** (*fig.*, *lett.*) proteggere, difendere: *vago è … di m. / di sì dolce presidio la vecchiaia* (T. Tasso) **B** **munìrsi** **v. rifl.** ● premunirsi (*anche fig.*) (+ *di*): *munirsi di un bastone, di un documento*; *munirsi contro le sorprese*

†**munistèrio** › **monastero**

†**munistèro** › **monastero**

munìto **part. pass.** di *munire*; anche **agg.** **1** fortificato: *città munita* **2** dotato, fornito: *una finestra munita di inferriate* | (*fig.*) provvisto: *m. di buona volontà*; *m. dei conforti religiosi*

munizionaménto [da *munizionare* ✱ 1881] **s. m.** ● quantitativo di cartucce che per ogni arma portatile è assegnata come dotazione base ad ogni combattente e reparto | complesso delle varie specie di proiettili necessari per far funzionare un'arma da fuoco o un pezzo d'artiglieria | attività diretta a rifornire qlcu. o qlco. di munizioni

munizionàre [da *munizione* ✱ 1574] **v. tr.** (*io munizióno*) ● (*raro*) fornire di armi e munizioni

munizióne [vc. dotta, lat. *munitiōne(m)*, da *munīre* 'munire' ✱ 1363] **s. f.** **1** †insieme di armi e vettovaglie necessarie a un esercito | †ogni fortificazione o riparo: *non lasciando uscire alcuno delle munizioni del campo* (N. Machiavelli) | †***soldato di m.***, a guardia permanente della città e dei forti | †riserva di viveri | ***munizioni da bocca***, (*raro*, *scherz.*) viveri, vettovaglie | (*disus.*) ***pane di m.***, la pagnotta che un tempo costituiva la razione giornaliera data ai soldati **2** (**spec. al pl.**) correntemente, tutto ciò che serve per caricare un'arma da fuoco: *abbiamo finito le munizioni* | ***munizioni da caccia***, cartucce, pallini e sim. per i fucili da caccia **3** †calibro **4** (*edil.*) materiale sistemato nei cantieri in vista di future utilizzazioni

munizionière [1609] **s. m.** ● chi era addetto alla distribuzione delle munizioni o dei viveri ai soldati

†**mùno** [vc. dotta, lat. *mūnus* ✱ 1321] **s. m.** ● dono, premio: *ad ogne merto saria giusto m.* (Dante *Par.* XIV, 33)

mùnsi › **mungere**

mùnto **part. pass.** di *mungere*; anche **agg.** ● nei sign. del v.

muòio › **morire**

muóne [comp. di *mu* e *-one*③ ✱ 1958] **s. m.** ● (*fis.*) leptone avente massa circa 207 volte maggiore di quella dell'elettrone, soggetto all'interazione elettromagnetica e a quella debole **SIN.** mesone mu

muòri › **morire**

♦**muòvere** o (*pop.*, *lett.*) **mòvere** [lat. parl. **mŏvere*, per il class. *movēre*, di orig. indeur. ✱ 1219] **A** **v. tr.** (**pres.** *io muòvo*, **pop.** o **tosc.** *mòvo*; **pass. rem.** *io mòssi, tu movésti*; **part. pass.** *mòsso*, †*mòto*; in tutta la coniug. di *movere* la *o* dittonga preferibilmente in *uo* se tonica) **1** togliere qlco. dallo stato di quiete, spostare qlco. da un luogo a un altro, da una posizione a un'altra: *il vento muove le foglie*; *muovi il libro da quel tavolo*; *m. un peso, un macigno* | †***m. il campo***, lasciare un accampamento | ***m. una pedina***, nel gioco degli scacchi o della dama, spostarla da una casella a un'altra; (*fig.*) interessare ai casi propri una persona autorevole | ***m. i piedi, le gambe***, (*fam.*) camminare, fare del moto | ***m. i primi passi***, cominciare a camminare, detto di bambino o di malato convalescente; (*fig.*) iniziare un'attività | †***m. le penne***, volare (*anche fig.*) | ***non m. un dito***, (*fig.*) non voler far nulla per aiutare qlcu. **2** dare impulso, mettere in azione: *m. una ruota, una macchina* | ***m. causa a qlcu.***, intentarla | ***m. guerra***, dichiararla e iniziarla | (*fig.*) rivolgere: *m. un'accusa* | ***m. un rimprovero***, rimproverare | dare origine: *Dio muove tutte le cose* **3** suscitare un sentimento: *m. il riso, il pianto, la compassione, l'orrore, i sospiri, la paura, l'invidia, la discordia*; *Deh fosse men lontano / chi move il pianto* (G. Stampa) | eccitare, incitare: *lo stimolo esterno muove i sensi*; *m. qlcu. a ira, a sdegno*; *m. gli animi a compassione*; *m. i sudditi al tumulto* | (*lett.*) commuovere: *il pianto della donna muoveva l'animo*; *uno spettacolo che muoverebbe anche le pietre* | (*lett.*) indurre, spingere, persuadere: *m. qlcu. a scrivere, a partire, a chiedere ragione*; *è mosso da una grande ambizione*; *era mosso da uno ereditario odio* (N. Machiavelli) | distogliere: *non c'è modo di muoverlo dal suo proposito* **4** (*assol.*) nel gioco degli scacchi o della dama, spostare un pezzo o una pedina da una casella all'altra **B** **v. intr.** (**aus.** *essere* o *avere*) **1** partire: *il treno muoveva da Napoli* | avanzare: *il convoglio muoveva alla volta del confine*; *la fanciulla mosse incontro al padre*; *l'esercito muoveva contro il nemico* **2** cominciare: *la strada muove dalla valle* | (*fig.*) derivare, prender motivo: *le sue parole muovono da un ragionamento errato*; *il suo comportamento muove da un animo invidioso* **3** (*tosc.*) mettere il germoglio, detto di piante: *in collina le viti muovono prima* **4** †spuntare, detto dei denti **C** **muòversi** **v. rifl.** **1** mettersi in movimento: *muoversi con lentezza, con precauzione*; *per il dolore non poté muoversi* | ***nessuno si muova!***, fermi tutti! | allontanarsi, spostarsi: *muoversi da casa, dal proprio paese*; *il povero malato non può muoversi dal letto* | (*fig.*) desistere: *è deciso a non muoversi dal suo proposito* | (*fig.*) risolversi ad agire: *nessuno poteva pensare che quel piccolo Stato si sarebbe mosso per primo* **2** adoperarsi, darsi da fare: *in quest'occasione dobbiamo muoverci tutti*; *i soldati si mossero in aiuto del popolo* | (*raro*) muoversi al soccorso, accorrere | affrettarsi, sbrigarsi: *muovetevi!*; *se non ti muovi, arriveremo in ritardo*; *vi decidete a muovervi?* **3** (*fig.*) agitarsi, sollevarsi: *il popolo si mosse a tumulto*; *i contadini si mossero contro il padrone* **D** **muòversi** **v. intr. pron.** **1** essere in movimento: *nel firmamento si muovono innumerevoli corpi celesti*; *eppur si muove* (G. Galilei) **2** (*lett.*) commuoversi: *muoversi a pietà, a sdegno, a compassione*

mùra① [sp. *amura*, da *amurar* 'cazzare le mure delle vele per navigare di bolina', da *muro* nel senso di 'parete laterale dell'imbarcazione' ✱ 1822] **s. f.** ● (*mar.*) angolo inferiore verso prua di un fiocco o una randa | nell'attrezzatura a vele quadre, ciascuna delle manovre usate per tesare verso prua gli angoli inferiori delle vele e orientarle al vento | ***mure a dritta***,

mure a sinistra, a seconda che l'imbarcazione riceva il vento dal lato destro o sinistro | ***cambiare le mure***, virare di bordo

mùra② [ant. forma di pl. di *muro* ✱ av. 1444] **s. f.** ● muro di cinta

muràglia [lat. *murālia*, nt. pl. di *murālis*, agg. di *mūrus* 'muro' ✱ sec. XIV] **s. f. 1** muro particolarmente solido e imponente, posto come riparo esterno a città, luoghi fortificati e sim. | ***Grande M.***, quella, lunga oltre 6000 km, che chiude a settentrione la Cina **2** (***est.***) parete rocciosa verticale **3** parete dello zoccolo del cavallo || **muraglióne**, **accr. m.** (V.)

muraglióne [1699] **s. m. 1** accr. di *muraglia* **2** (***mar.***) aggiunta che, nelle imbarcazioni a vela latina, si fa alla base della vela maestra tra il gratile e la coperta per aumentare la superficie

muraiòla① [f. sost. di *muraiolo*, perché cresce sui *muri* ✱ 1813] **s. f.** ● erba delle Urticacee, pelosa, con fiori riuniti in piccoli gruppi ascellari, comune nei luoghi incolti (*Parietaria officinalis*) **SIN.** erba vetriola

muraiòla② [etim. incerta: forse da *moro*① 'scuro', per il colore ✱ 1585] **s. f.** ● moneta di billone coniata dal XVI sec. in poi nelle zecche pontificie dell'Emilia

muraiòlo [da *muro* ✱ 1856] **agg.** ● detto di animale o pianta che si arrampica sui muri

muràle① [vc. dotta, lat. *murāle(m)*, agg. di *mūrus* 'muro' ✱ av. 1472] **agg. 1** relativo a un muro | ***carta m.***, grande carta geografica o topografica che si appende al muro | ***giornale m.***, che si affigge a un muro, per consentirne a tutti la lettura | ***pittura m.***, eseguita su muro | ***pianta m.***, che cresce sui muri **2** di tutto ciò che riguarda difesa e offesa di mura fortificatorie | ***artiglieria m.***, usata per abbattere le mura | ***macchina m.***, ariete, testuggine

muràle② [sp. *mural* (V. *murale*①) ✱ 1972] **s. m.** (**usato spec. al pl. sp.** *murales*) **La forma** *murales* **è il plurale spagnolo di** *mural*, **perciò non va usata in riferimento al singolare: la frase 'un murales' è scorretta** ● grande dipinto eseguito sulle facciate esterne di edifici, o su pannelli posti in luoghi pubblici, in cui sono riprodotte scene particolarmente significative della vita sociale o politica di una comunità, un quartiere, un paese

muralìsta [1968] **s. m. e f.** (**pl. m.** *-i*) ● chi è autore di murales

muraménto [da *murare*① ✱ av. 1367] **s. m.** ● (***raro, lett.***) il murare | opera muraria, muro

muràre① [vc. dotta, lat. tardo *murāre*, da *mūrus* 'muro' ✱ 1238] **A v. tr. 1** chiudere un vano con un muro: *m. una porta, una finestra, una stanza* | fissare in un muro con calcina, cemento e sim.: *m. un gancio, una staffa* | chiudere in un muro, dopo avervi praticato un'apertura, una cavità: *m. un tesoro, dei gioielli*; *m. una cassaforte* | ***m. qlcu.*** (***vivo***), rinchiuderlo in un luogo chiuso da una muratura o (***est.***) in una cella, in un monastero e sim.; (***fig.***) tener segregato: *ha murato la figlia in casa* | ***m. a secco***, senza calcina | (***assol.***) costruire muri **2** nella pallavolo, ostacolare un avversario facendo muro **B murarsi v. rifl.** ● (***fig.***) rinchiudersi in un luogo: *si è murato in casa e nessuno lo vede più*

muràre② [da *mura*① ✱ 1815] **v. tr.** ● (***mar.***) fissare la mura di una vela allo scafo | cazzare le mure per tesare le vele quadre

muràrio [da *muro* ✱ 1869] **agg.** ● relativo al murare o alla muratura: *lavoro m.*; *opera muraria* | ***arte muraria***, quella del muratore | ***cinta muraria***, cerchia di mura di una città, un castello, una fortezza e sim.

muràta① [da *mura*② ✱ 1602] **s. f.** ● ciascuno dei due fianchi della nave al di sopra della linea di galleggiamento | parte interna laterale della nave

†**muràta**② [da *mura*② ✱ av. 1363] **s. f. 1** cittadella, maschio della fortezza **2** muraglia

muràto **A** **part. pass.** di *murare*①; anche **agg.** ● nei sign. del v. **B** **s. m.** ● †muro

♦**muratóre** [da *murato* ✱ 1250] **s. m.** (**f.** *-trice*) **1** operaio addetto alla costruzione di opere in muratura | ***franco m.***, massone, frammassone **2** (***zool.***) ***picchio m.***, vivace uccelletto dei Passeriformi che nidifica in cavità dei tronchi e restringe l'ingresso al nido con un muretto di fango (*Sitta europaea*)

muratòrio [1551] **agg.** (**pl. m.** *-i* o *raro -ii*) ● (***lett.***) relativo ai muratori, alle opere murarie e sim. | (***lett.***) massonico

muratùra [da *murare* ✱ 1279] **s. f. 1** lavoro del murare: *gli addetti alla m.*; *la m. è a buon prezzo* **2** (***edil.***) aggregato più o meno regolare di elementi naturali o artificiali con interposizione o meno di agglomeramenti: *m. di mattoni, di pietre da taglio*; *m. a secco*; *m. in calcestruzzo* | ***m. a opera incerta***, tipo di muratura costituita da frammenti irregolari di pietre o mattoni uniti con sostanze cementanti particolarmente resistenti | ***m. a una testa***, di spessore equivalente alla larghezza di un mattone | ***m. a due, a tre, a quattro teste***, di spessore equivalente alla larghezza, rispettivamente, di due, tre, quattro mattoni | ***m. in foglio***, quella di mattoni disposti per ritto

murazzàno [dalla località di produzione, *Murazzano*, in provincia di Cuneo ✱ 1992] **s. m. inv.** ● (***cucina***) formaggio a pasta morbida e cruda, di latte ovino spesso misto a latte vaccino, tipico delle Langhe e della zona di Alba

muràzzo [vc. venez., da *muro* 'muro' ✱ av. 1856] **s. m. 1** (***lett.***) diga: *un gregge confuso d'anfibie catapecchie ... difese contro il mare da un m.* (I. NIEVO) | (***lett.***) muro, muraglia **2** (**al pl.**) l'insieme delle dighe costiere che proteggono alcuni tratti del litorale meridionale della laguna veneta dall'azione del mare | (**al pl.**) a Torino, gli argini e le arcate in muratura del Po, usati un tempo per il rimessaggio delle barche

†**murèlla** [da *muro* ✱ av. 1665] **s. f.** ● muretto | pilastro o pilone di ponte

murèna [vc. dotta, lat. *murāena(m)*, dal gr. *mýraina*, di etim. incerta ✱ av. 1292] **s. f.** ● pesce di scogliera degli Anguilliformi, che può raggiungere oltre 1 m di lunghezza; con carni molto apprezzate; è dotata di muso acuto con bocca, priva di lingua, munita di denti appuntiti il cui morso è pericoloso a causa delle ghiandole velenose presenti nel palato (*Muraena helena*)

murétto [1353] **s. m. 1** dim. di *muro* **2** muro basso, per lo più a secco, usato come recinzione o per sistemare a balze un terreno da coltivare posto in forte pendenza **3** parapetto di un ponte || **murettino**, **dim.**

mùrgia [lat. *mūrice(m)* 'murice', poi 'sasso acuminato' (V. *murice*) ✱ av. 1806] **s. f.** (**pl.** *-ge*) ● (***merid.***) altopiano calcareo

†**mùria** [lat. *mūria(m)*. V. *moia* ✱ 1340 ca.] **s. f.** ● salamoia

muriàtico [vc. dotta, lat. *muriātica*, nt. pl., 'carni in salamoia', da *mūria* 'salamoia'. V. †*muria* ✱ av. 1642] **agg.** (**pl. m.** *-ci*) ● ***acido m.***, (***pop.***) acido cloridrico

†**muriàto** [da *muria* ✱ av. 1799] **s. m.** ● cloruro

†**murìccia** o †**morìccia** [da *muro* ✱ sec. XIII] **s. f.** (**pl.** *-ce*) ● maceria | muro a secco di sassi

murìccio [da *muro* ✱ 1681] **s. m.** ● (***edil.***) muro di spessore sottile, usato per suddividere gli spazi interni di una costruzione

muricciolàio [av. 1803] **s. m.** (**f.** *-aia*, **pl. m.** *-ai*) ● (***raro, lett.***) rivenditore di libri usati esposti sui muriccioli o sulle bancarelle

muricciòlo o (***lett.***) **muricciuòlo** [1524] **s. m. 1** dim. di *muro* **2** muro basso di cinta | (***lett.***) muretto o bancarella dove sono esposti libri usati

mùrice [vc. dotta, lat. *mūrice(m)*, di orig. preindeur. ✱ sec. XIV] **s. m.** ● correntemente, mollusco marino dei Gasteropodi con conchiglia robusta, rugosa, fornita di spine (*Murex*)

murìcolo [comp. di *mur(o)* e *-colo* ✱ 1989] **agg.** ● (***bot.***) detto di vegetale che vive sui muri

Mùridi [comp. del lat. *mūs*, genit. *mūris* 'topo', di orig. indeur., e *-idi* ✱ 1934] **s. m. pl.** (**sing.** *-e*) ● (***zool.***) famiglia di Mammiferi dei Roditori con muso aguzzo e coda lunga coperta di squame con pochi peli, cui appartengono i topi (*Muridae*)

murièlla o †**morèlla**① [da avvicinare a *mora*④ ✱ av. 1472] **s. f.** ● (***tosc.***) piastrella usata nei giochi dei ragazzi: *giocare alle murielle*

murìno [vc. dotta, lat. *mūrīnu(m)* 'di topo', da *mūs*, genit. *mūris* 'topo', di orig. indeur. ✱ av. 1568] **agg.** ● (***lett.***) che riguarda i topi

†**murmurazióne** ➤ **mormorazione**

mùrmure [vc. dotta, lat. *mŭrmure(m)*, di orig. onomat. ✱ 1499] **s. m. 1** (***lett.***) mormorio: *con grato m. cadea / l'acqua di fuore* (L. ARIOSTO) **2** (***med.***) ***m. vescicolare***, suono polmonare normale prodotto dall'entrata dell'aria negli alveoli polmonari

♦**mùro** [lat. *mūru(m)*, di orig. indeur. ✱ av. 1292] **s. m.** (**pl.** *mùri*, **m. nei sign. 1, 2, 3, 4, 5,** *mùra*, **f. nel sign. 8**) **1** costruzione le cui dimensioni longitudinali e di altezza prevalgono in genere sullo spessore; è realizzato mediante sovrapposizione di elementi come mattoni, pietre naturali e squadrate, con o senza leganti: *m. bianco, pulito, intonacato*; *puntellare il muro*; *attaccare un quadro al m.* | ***m. di sassi, a secco***, senza calce | ***m. maestro***, il principale di un edificio, che va dalle fondamenta al tetto | ***m. divisorio***, che separa case o appartamenti contigui | ***m. di tramezzo***, ***m. sottile***, muriccio | ***m. cieco***, privo di vani | ***m. a tenuta***, con intonaco di cemento idraulico | ***m. d'accompagnamento***, che completa le fronti dei ponti raccordandoli col corpo stradale | ***m. di testa***, quello posto in corrispondenza di ciascun lato dei ponti ad arco in muratura, di cui sorregge il coronamento | ***m. d'ala***, muro d'accompagnamento costruito sul prolungamento della spalla del manufatto, che tronca le scarpate del terreno secondo piani verticali normali alle fronti del ponte | ***m. d'ambito***, ciascuno dei muri perimetrali della scala | ***m. d'anima***, muro interno di sostegno della scala | ***m. di risvolto***, tratto di muro parallelo alla fronte del manufatto stradale, che inizia alla fine del muro d'ala | ***m. di spina***, in alcuni tipi di costruzioni a pianta rettangolare, quello, posto lungo un asse centrale, che serve da sostegno alle strutture orizzontali e alle coperture | ***M. del pianto***, a Gerusalemme, muraglia formata da resti di mura risalenti, secondo la leggenda, al tempio di Salomone, dove è tradizione che si rechino a pregare gli Ebrei | ***M. di Berlino***, quello fatto costruire nel 1961 dal governo della Repubblica Democratica Tedesca che, fino al 1989, ha diviso la zona orientale della città, posta sotto il suo controllo, da quella occidentale controllata invece dalla Repubblica Federale Tedesca | ***a m.***, detto di oggetti inseriti o incassati in un muro: *armadio a m.* | ***batterie da m.***, bocche da fuoco poste dietro parapetti di muro, destinate alla difesa di opere fortificate e di costa | ***palla a m.***, V. *pallamuro* | ***mettere qlcu. al m.***, fucilarlo | ***parlare al*** *m.*, (*fig.*) a chi non vuole ascoltare | ***battere la testa nel m.***, (*fig.*) in segno di rabbiosa disperazione | ***è come urtare contro il m.***, (*fig.*) di persona che non si lascia convincere o situazione difficile da risolvere | (*fig.*) ***m. contro m.***, in contrapposizione frontale, netta e irriducibile | ***mettere qlcu. con le spalle al m.***, (*fig.*) costringerlo a fare o dire qlco.; costringerlo a tener fede ai propri impegni | (*lett.*) ***mettere, puntare i piedi al m.***, (*fig.*) impuntarsi in un proposito | (*fig.*) ***i muri parlano***, c'è sempre pericolo che qlcu. riferisca un segreto | (*fig.*) ***qui anche i muri hanno orecchie***, c'è sempre qlcu. che ascolta **2** (*est.*) ciò che per densità, compattezza, altezza o altri elementi caratteristici può ricordare un muro: *un m. di nebbia*; *un m. d'acqua si abbatté sul villaggio* **3** (*est.*) riparo, difesa (*anche fig.*): *un m. di ghiaccio li proteggeva dal vento*; *un m. d'orgoglio nasconde la sua timidezza* **4** (*fig.*) barriera, ostacolo: *un m. d'odio, d'incomprensione* | (*fig.*) ***m. di gomma***, atteggiamento di distaccata indifferenza e di assoluto disinteresse, tale da scoraggiare qualsiasi iniziativa o richiesta | ***m. del suono***, resistenza dell'aria, che aumenta molto sensibilmente quando un aereo raggiunge o supera la velocità del suono **5** (*sport*) nella pallavolo, azione difensiva attuata da uno, due o tre giocatori affiancati che si oppongono saltando con le braccia tese in alto alla schiacciata degli avversari, talvolta andando a punto direttamente sulla respinta; (*est.*) l'insieme dei giocatori che effettuano tale azione | ***fare m.***, (*est.*) difendere qlcu. o qlco. facendo barriera; (*fig.*) opporsi decisamente e in modo compatto a qlco.: *i sindacati fanno m. contro le proposte del governo* | nell'equitazione, tipo di ostacolo usato nei concorsi ippici costituito da leggeri mattoni di legno sovrapposti | nello sci, tratto di pista in notevole pendenza | nel ciclismo, salita molto ripida **6** (*mar.*) †ciascuna delle parti esterne rotonde di dritta e sinistra della prua **7** (*geol.*) letto di uno strato di roccia | ***m. di faglia***, parete inferiore di una faglia inclinata **8** (al pl.) insieme di opere murarie, spec. quelle che cingono un agglomerato urbano: *mura merlate, turrite*; *assalire, scalzare, demolire le mura*; *prima, seconda cerchia di mura*; *edificare entro, fuori le mura* | ***chiudersi fra quattro mura***, (*fig.*) condurre una vita eccessivamente ritirata || (*lett.*) **murèllo**, dim. | **murètto**, dim. (V.) | **muricciòlo**, (*lett.*) **muricciuòlo**, dim. (V.)

mùrra [vc. dotta, lat. *mŭrra(m)*, di orig. orient. ✱ av. 1712] **s. f.** ● pietra di gran pregio probabilmente costituita di fluorite o spato fluoro, usata anticamente per coppe, vasi e sim.

murrìna [da *murrino* ✱ av. 1557] **s. f.** ● oggetto di vetro ottenuto fondendo tra loro più sezioni affiancate di canne vitree monocrome o variamente colorate

murrìno [vc. dotta, lat. *murrĭnu(m)*, da *mŭrra* 'murra' ✱ av. 1564] **agg.** ● detto di oggetto o suppellettile, spec. vaso, di murra

mùṣa ① [vc. dotta, lat. *Mūsa(m)*, dal gr. *Môusa*, di etim. incerta ✱ 1294] **s. f. 1** (spesso con iniziale maiuscola spec. al pl.) ciascuna delle nove dee che, nella mitologia greco-romana, proteggono le arti e le scienze (Calliope, poesia elegiaca ed epica; Clio, storia; Erato, poesia amorosa e mimica; Euterpe, flauto, lirica, musica; Melpomene, tragedia; Polimnia, pantomima; Talia, commedia; Tersicore, danza; Urania, poesia didascalica e astronomia) | ***alunno delle Muse***, il poeta | (*fig.*) ***la decima m.***, il cinema **2** (*est.*) ispirazione poetica: *essere visitato dalla m.* | la poesia stessa: *m. epica, lirica, tragica*; *la m. di Omero, di Virgilio, di Dante* **3** chi (o ciò che) ispira il poeta: *Laura, la m. del Petrarca*; *la natura fu la sua m.* **4** (*fig.*, *lett.*) poeta

mùṣa ② [arabo *mūza* 'banana' ✱ av. 1405] **s. f.** ● genere delle Musacee con specie perenni caratterizzate da foglie molto grandi a nervatura centrale, stipite formato dalla base dei piccioli, infiorescenza a grappolo con fiori unisessuati, cui appartiene il banano (*Musa*)

†**muṣacchìno** [dalla forma che ricordava quella del *muso* di un animale ✱ 1339] **s. m.** ● ornamento dello spallaccio dell'armatura, a forma di muso di leone, drago e sim.

Muṣàcee [vc. dotta, comp. di *musa*② e *-acee* ✱ 1865] **s. f. pl.** (**sing.** *-a*) ● (*bot.*) famiglia di Monocotiledoni delle Zingiberali comprendente specie erbacee e legnose, con foglie molto grandi, infiorescenza a spiga o a pannocchia, frutto a capsula o a bacca allungata (*Musaceae*)

muṣagète o **muṣàgete** [vc. dotta, lat. tardo *musāgete(m)*, dal gr. *mousēgétēs*, comp. di *Môusa* 'musa①' e *ágein* 'condurre', di orig. indeur. ✱ 1586] **agg. m.**; anche **s. m.** ● (*lett.*) appellativo di Apollo, guida e capo delle Muse

muṣàico e deriv. ➤ **mosaico**① e deriv.

muṣànga [sp. *musanga*, di orig. orient. ✱ 1934] **s. f.** ● mammifero notturno delle Viverre, asiatico, con arti assai corti e coda sviluppatissima, divoratore di frutta e devastatore di pollai (*Paradoxurus hermaphroditus*) **SIN.** paradossuro

muṣaràgno [lat. tardo *musarāneu(m)*, comp. di *mūs* 'topo' (V. *Muridi*) e *arāneus* 'ragno' ✱ 1834] **s. m.** ● (*zool.*) toporagno

muṣàre [da avvicinare a *muso* ✱ sec. XIII] **v. intr. 1** †allungare il muso, detto di animale **2** †attardarsi a guardare: *Ma tu chi se' che 'n su lo scoglio muse?* (DANTE *Inf.* XVIII, 43) **3** (*lett.*) curiosare, lanciare sguardi: *La gente passava ..., s'indugiava, musava* (R. BACCHELLI) | †cercare

muṣaròla ➤ **museruola**

muṣàta [da *muso* ✱ 1865] **s. f. 1** colpo dato col muso o battendo il muso: *scappando, il cane dette una m. contro il muro* **2** (*raro*) smorfia

mùscari [gr. moderno *moschári* 'giacinto a grappolo', dal gr. classico *móschos* 'muschio②' ✱ 1813] **s. m. inv.** ● genere di piante delle Giacintacee comprendente specie erbacee perenni con bulbi tunicati, foglie basali glabre e lanceolate, fiori azzurri in racemi terminali (*Muscari*)

muscarìna [detta così perché estratta dal fungo velenoso *amanita muscaria*, chiamato così perché peloso come una *mosca* (lat. *mŭsca*) ✱ 1875] **s. f.** ● alcaloide estremamente tossico, contenuto in taluni funghi non commestibili

muscarinìṣmo [da *muscarina* ✱ 1958] **s. m.** ● (*med.*) intossicazione cronica da muscarina

Mùschi [pl. di *muschio* ✱ 1869] **s. m. pl.** (**sing.** *-chio*) ● (*bot.*) classe delle Briofite, viventi in luoghi umidi, comprendente piantine prive di radici, con fusticini molto esili e sottili, con sporangi terminali (*Musci*)

muschiàto o (*pop.*, *tosc.*) **mustiàto** [da *muschio*① ✱ 1494] **agg. 1** che ha odore di muschio: *essenza muschiata* **2** che emette muschio: *bue, topo m.*

muschìllo [vc. napol., propr. 'moscerino', dal lat. *mŭsca(m)* 'mosca' con suff. dim. ✱ 1985] **s. m.** ● (*napol.*) bambino assoldato dalla malavita organizzata spec. per spacciare droga

mùschio ① [persiano *musk* ✱ sec. XIV] **s. m.** ● sostanza dal forte odore, secreta da speciali ghiandole di vari Mammiferi o prodotta artificialmente, usata spec. come fissativo in profumeria

♦**mùschio** ② o **mùsco** [vc. dotta, lat. *mŭscu(m)*, di orig. indeur. ✱ 1282] **s. m. 1** (*bot.*) ogni individuo appartenente alla classe dei Muschi | ***m. quercino***, comune sul terreno e sulle rocce nei boschi di montagna **CFR.** brio- **2** (*est.*) insieme di piantine di muschi usate a scopo ornamentale: *decorare il presepe col m.*

muschióso ➤ **muscoso**

musciàme ➤ **mosciame**

muscìcapa [comp. del lat. *musca* 'mosca' e *căpere* 'prendere' ✱ av. 1871] **s. f.** ● (*zool.*) pigliamosche

Muscicàpidi [comp. di *muscicap(a)* e *-idi* ✱ av. 1871] **s. m. pl.** (**sing.** *-e*) ● (*zool.*) famiglia di Uccelli dei Passeriformi migratori e sedentari, con becco leggermente uncinato nella punta, zampe sottili, piumaggio abbondante chiaro in alcuni individui, di colori brillanti in altri (*Muscicapidae*) **SIN.** pigliamosche

Mùscidi [comp. del lat. *musc(a)* 'mosca', e *-idi* ✱ 1869] **s. m. pl.** (**sing.** *-e*) ● (*zool.*) famiglia di Insetti dei Ditteri di piccole o medie dimensioni, con antenne brevi, corto addome, zampe robuste e apparato boccale succhiatore o succhiatore pungente (*Muscidae*)

muscìpula [V. *muscipulo* ✱ 1813] **s. f.** ● pianta erbacea perenne delle Droseracee con rizoma sotterraneo, foglie con picciolo appiattito, lamina terminale bilobata con setole sui margini, la quale, con appropriati movimenti, riesce a catturare gli insetti che vi si posano (*Dionaea muscipula*)

muscìpulo [lat. *muscĭpulu(m)*, propr. 'trappola per topi', dalla base *mūs* 'topo' ✱ 1958] **agg.** ● detto di organismo vegetale capace di catturare insetti

mùsco ➤ **muschio**②

muscolàre [av. 1698] **A agg. 1** (*anat.*) di muscolo, relativo a muscolo: *tessuto m.*; *sistema m.* | ***fibra m.***, V. *fibra* **2** che ostenta, esibisce la propria forza fisica: *atleta m.* | (*fig.*, *spreg.*) che tende ad affrontare e risolvere le questioni usando la violenza e l'aggressività: *una logica m.*; *polemica m.* | (*fig.*) detto di opera letteraria o artistica che si impone per il vigore stilistico: *un film m.*; *le bizzarrie muscolari e sanguigne delle 'Canzoni pietrose'* (G. CARDUCCI) || **muscolarménte**, **avv.** relativamente ai muscoli || **muscolarità**, **s. f. inv. 1** caratteristica di ciò che è muscolare; forza muscolare **2** (*est.*) ostentazione di forza fisica; (*fig.*) esibizione talora ostentata di energia, di aggressività e sim. **B s. m. e f.**; anche **agg.** ● culturista

muscolatùra [av. 1642] **s. f.** ● insieme dei muscoli

muscolìna [detta così perché si estrae dai *muscoli* ✱ 1869] **s. f.** ● sostanza albuminoide sciolta nel liquido sanguigno della carne

♦**mùscolo** [vc. dotta, lat. *mŭsculu(m)*, dim. di *mūs* 'topo' (V. *Muridi*); detto così perché le contrazioni dei muscoli ricordano il guizzare dei topi ✱ 1340 ca.] **s. m. 1** (*anat.*) insieme di fibre muscolari che costituisce un organo autonomo per forma e funzione: *i muscoli del collo*; *tendere i muscoli* **CFR.** mio- | ***m. volontario***, formato da fibre striate soggette al controllo del sistema nervoso volontario | ***m. involontario***, formato dalle fibrocellule o dalle fibre striate del miocardio, soggette al controllo del sistema nervoso vegetativo | ***m. liscio***, muscolo involontario non striato, costituito da fibrocellule | ***m. striato***, muscolo volontario, o il miocardio, con fibre a striatura trasversale **2** (al pl., *fig.*) vigoria fisica, spec. contrapposta all'attività intellettuale o spirituale: *gli rendono più i muscoli che il cervello*; *c'è gente che guadagna solo coi muscoli* | (*fig.*) ***essere tutto muscoli***, essere robusto, scattante e privo di grasso superfluo | (*fig.*) ***avere muscoli di ferro, d'acciaio***, molto forti e saldi | (*fig.*, *lett.*) nerbo, vigore espressivo | (*fig.*) ***mostrare i muscoli***, dare una dimostrazione di forza, tenere un atteggiamento energico **3** polpa della carne macellata **4** (*zool., sett.*) mitilo, cozza **5** V. *moscolo* ‖ **muscolàccio**, **pegg.** | **muscolétto**, **dim.** | **muscolìno**, **dim.** | **muscolóne**, **accr.**

muscolocutàneo [comp. di *muscolo* e *cutaneo* ✻ 1834] **agg.** ● concernente i muscoli e la cute

muscololacunàre [comp. di *muscolo* e un deriv. di *lacuna* ✻ 1958] **agg.** ● (*med.*) detto di ernia che s'insinua attraverso una lacuna muscolare

muscolomembranóso (o **-ṣo**) [comp. di *muscolo* e *membranoso* ✻ 1958] **agg.** ● (*anat.*) detto di membrana che contiene fibre muscolari

muscolóso (o **-ṣo**) [vc. dotta, lat. tardo *muscolōsu(m)*, da *mūsculus* 'muscolo' ✻ av. 1320] **agg.** ● che ha muscoli forti e rilevati: *uomo m.*; *gambe muscolose* ‖ **muscolosità**, **s. f. inv.** caratteristica di chi (o di ciò che) è muscoloso

muscolùto [1891] **agg.** ● (*raro*) muscoloso

muscóne [comp. del lat. *mŭscus* 'musco', e *-one*② ✻ 1954] **s. m.** ● (*chim.*) composto chetonico liquido, denso e odoroso, principio attivo del muschio, usato in profumeria

muscóso (o **-ṣo**) o (*raro*) **muschióso** (o **-ṣo**) [vc. dotta, lat. *muscōsu(m)*, da *mŭscus* 'musco' ✻ 1340] **agg.** ● coperto di muschio: *alto e m. faggio* (A. Poliziano)

muscovadìte [etim. incerta ✻ 1958] **s. f.** ● roccia eruttiva-intrusiva delle noriti, con origine da scisti alluminiferi

muscovìte [ingl. *Muscovy* (*glass*) 'vetro di Moscovia' (Moscovia = Mosca); V. *moscovita* e *-ite*② ✻ 1895] **s. f.** ● (*miner.*) mica di alluminio e potassio, chiara o incolore, in individui lamellari a contorno esagonale, caratterizzati da una facilissima sfaldatura e da una viva lucentezza, costituente fondamentale di molte rocce metamorfiche

muṣeàle [da *museo* ✻ 1954] **agg.** ● di museo, relativo a museo

muṣeificàre [1963] **v. tr.** (*io muṣeìfico, tu muṣeìfichi*) **1** (*raro*) collocare in un museo, detto di opere d'arte **2** (*fig.*) rendere antiquato, superato: *m. un'istituzione* ‖ **muṣeificazióne**, **s. f.**

muṣèllo [ant. fr. *musel* 'muso' ✻ 1282] **s. m.** ● superficie esterna del labbro superiore dei bovini e dei bufali

♦**muṣèo** [vc. dotta, lat. *musēu(m)*, dal gr. *mouseîon* 'tempio delle Muse', da *Môusa* 'Musa' ✻ 1499] **s. m.** ● luogo in cui sono raccolti, ordinati e custoditi oggetti d'interesse storico, artistico, scientifico, etnico e sim.: *m. archeologico, di antichità, etrusco, egiziano, cristiano, zoologico, mineralogico, anatomico, etnografico* | ***m. diffuso***, insieme di più siti museali sullo stesso territorio, fra loro coordinati | ***m. virtuale***, museo reale visitabile a distanza sfruttando le tecnologie della realtà virtuale; sito Internet che mette in mostra opere dislocate in luoghi diversi | (*fig.*) ***m. degli orrori***, raccolta di oggetti o testimonianze che suscitano orrore; (*iron.*) condensato di cose brutte, sgradevoli | ***pezzo, roba da m.***, (*fig.*) persona o cosa vecchia o antiquata

muṣeografìa [comp. di *museo* e *-grafia* ✻ 1939] **s. f.** ● teoria e tecnica relativa alla costruzione, all'ordinamento e alla manutenzione, con criteri razionali, dei musei

muṣeogràfico [1958] **agg.** (**pl. m.** *-ci*) ● di museografia

muṣeologìa [comp. di *museo* e *-logia* ✻ 1958] **s. f.** (**pl.** *-gìe*) ● (*raro*) museografia

muṣeotècnica [comp. di *museo* e *tecnica* ✻ 1950] **s. f.** ● tecnica di ordinamento di un museo

muṣeruòla o (*pop.*) **muṣeròla**, (*pop.*) **muṣaròla** [da *muso* ✻ 1554] **s. f.** ● oggetto a forma di piccola gabbia, costituito da strisce di cuoio o da fili metallici intrecciati, che si applica al muso dei cani perché non mordano: *è pericoloso far circolare i cani senza m.* | ***metter la m. a qlcu.***, (*fig.*) impedirgli di parlare | (*est.*) oggetto analogo di vimini o cuoio che si applica sul muso ai buoi, cavalli e sim., perché non mordano o non mangino | (*est.*) nei finimenti del cavallo, parte della testiera che passa sopra le narici

muṣétta① [fr. *musette* (V.) ✻ 1853] **s. f.** ● sacchetto con la biada che si appende sotto il muso del cavallo, del mulo e sim. **SIN.** sacchetta

muṣétta② **s. f.** ● adattamento di *musette* (V.)

musette /*fr.* my'zɛt/ [vc. fr., propr. dim. di *muse*, a sua volta deriv. di *muser* 'suonare la musette' (propr. 'restare con il muso in aria') ✻ 1722] **A** **s. f. inv.** **1** strumento musicale simile alla cornamusa, costituito da una sacca di cuoio in cui sono inseriti un cannello a sei buchi e uno a tre zufoli **2** danza e composizione musicale di carattere pastorale in tempo binario o ternario **B** **in funzione di agg. inv.** ● (posposto a un sost.) detto di ballo che si danza al suono della fisarmonica o della musette: *valzer m.*

muṣétto [av. 1712] **s. m.** **1** dim. di *muso*; *Nenè gli strofinò il m. ... sulla camicia di seta cruda* (L. Sciascia) **2** viso, spec. femminile, grazioso e capriccioso: *che bel m.!* **3** taglio di carne del muso dell'animale macellato | insaccato di carne del muso del maiale, specialità friulana **4** (*autom.*) la parte anteriore della carrozzeria delle automobili da corsa ‖ **muṣettìno**, **dim.**

mushing /'maʃʃin(g), *ingl.* 'mʌʃɪŋ/ [vc. ingl., dal v. *to mush* 'viaggiare su slitta' ✻ 1993] **s. m. inv.** ● lo spostarsi su una slitta trainata da cani, anche come pratica sportiva

♦**mùṣica** [vc. dotta, lat. *mūsica(m)*, dal gr. *mousikḗ* (*téchnē*) 'arte delle Muse', da *Môusa* 'Musa' ✻ 1261 ca.] **s. f.** **1** arte di combinare più suoni in base a regole definite, diverse a seconda dei luoghi e delle epoche: *m. antica, moderna*; *m. orientale*; *dedicarsi alla m.*; *studiare m.*; *maestro di m.* **CFR.** melo-, musico- **2** ogni produzione di tale arte: *m. polifonica, dodecafonica*; *m. sacra*; *pezzo di m.* | ***m. da camera***, anticamente, musica profana distinta da quella liturgica; più tardi, tipo di composizione e di esecuzione, adatta a essere eseguita in una piccola sala, in cui ogni parte è affidata a un solo esecutore, escludendo la pratica del raddoppio propria di coro e orchestra | ***m. sinfonica***, per orchestra di ampie dimensioni | ***m. colta***, musica d'autore con strutture formali codificate, contrapposta alla musica popolare | ***m. leggera***, V. *leggero* | ***m. classica***, V. *classico* | ***m. popolare***, V. *popolare*② | ***m. seriale***, V. *seriale* | ***m. concreta***, tipo di musica del Novecento che consiste nella registrazione su nastro elettromagnetico dei suoni della natura e della vita quotidiana | ***m. stocastica***, musica sperimentale novecentesca basata sulla totale indipendenza dei suoni e della loro durata all'interno di una rigorosa struttura probabilistica | ***m. dance***, V. *dance music* | ***m. elettronica***, quella che sfrutta anche, o solo, gli effetti sonori di apparecchiature elettroniche | ***m. informatica***, che si ottiene da un elaboratore opportunamente programmato | ***m. di scena***, che accompagna uno spettacolo teatrale di prosa | ***m. concerto***, basata sulla elaborazione elettroacustica di elementi sonori già concretamente esistenti in natura e registrati | composizione musicale: *scrivere una m.*; *ascoltare, eseguire una m.* | ***far m.***, suonare, cantare e sim. | ***leggere la m.***, eseguire un brano, leggendone le note su un apposito spartito | ***carta da m.***, quella su cui è tracciato il pentagramma, che consente la scrittura delle note e di ogni altra annotazione musicale | ***mettere in m.***, musicare un testo poetico **3** banda, fanfara: *stasera in piazza ci sarà la m.*; *la m. del reggimento suonava per le vie*; *la m. seguiva il funerale* | (*raro*) orchestra, filarmonica **4** (*fig.*) suono melodioso e gradevole all'udito: *la dolce m. di quei versi*; *l'arcana m. dell'onde* (G. D'Annunzio) | ***m. per le mie*** (***tue***, ecc.) ***orecchie***, (*fig.*) parole che mi (o ti, ecc.) sono particolarmente gradite | (*per antifrasi*) suono spiacevole e fastidioso: *che m. fanno i gatti!*; *i vicini stanno litigando, senti che m.!* **5** (*est.*) cosa monotona e prolungata: *è sempre la stessa m.*; *è la solita m.*; *è ora di cambiar m.*; *basta con questa m.!* | †***metterla in m.***, perdere tempo, indugiare **6** (*raro*) imbroglio, garbuglio | ***questa è un'altra m.***, un'altra faccenda ‖ **muṣicàccia**, **pegg.** | **muṣichétta**, **dim.** | **muṣichina**, **dim.** | (*spreg.*) **muṣicùccia**, **dim.**

NOMENCLATURA

musica

● *caratteristiche*: colorita, ariosa, cadenzata, ballabile; diatonica, espressionistica, dodecafonica, elettronica; operistica, teatrale, scenica, cinematografica, da ballo, da camera, di chiesa; sacra ⇔ profana, comica ⇔ tragica, tonale ⇔ atonale, polifonica ⇔ monodica, classica ⇔ leggera; strumentale, solistica, orchestrale, sinfonica, vocale; descrittiva, popolare = folcloristica, jazz;

● *notazione e composizione*: chiavi (di violino = di sol, di basso = di fa, di contralto = di do), accidenti (diesis, bemolle, bequadro), note (do, re, mi, fa, sol, la, si), valori (semibreve = intero, minima = metà, semiminima = quarto, croma = ottavo, semicroma = sedicesimo, biscroma = trentaduesimo), pause, tono, semitono, scala (cromatica, diatonica, maggiore, minore, pentatonica), accordo, arpeggio, ritmo, tempo, intervallo, partitura, spartito (pentagramma, graffa, rigo, punto, accollatura, stanghetta di battuta = misura, doppia stanghetta), legato, legatura, acciaccatura, appoggiatura, abbellimento (nota di grazia), solfeggio (parlato, cantato); tema, melodia, armonizzazione, arrangiamento, orchestrazione, moto, accompagnamento; movimento (accelerando, allargando, adagio, lento, presto, prestissimo, allegretto, allegro, amoroso, andantino, andante, moderato, animato, appassionato, sforzando, capriccioso, mosso, con brio, con fuoco, forte, fortissimo, furioso, mezzo-forte, mezzo-piano, crescendo, diminuendo, glissando, grave = largo, piano, pianissimo, ritardando, rubato, sincopato, spiccato), cadenza, ostinato, modulazione, attacco, ripresa, obbligato, contrappunto, frase, semifrase, basso ostinato, fuga; coda;

● *concerto*: sinfonico, vocale, corale, strumentale, solistico; concerto grosso; sinfonia, poema sinfonico; divertimento, fantasia, intermezzo, preludio, ouverture, studio, rapsodia, notturno, scherzo, rondò, capriccio, parodia, ciaccona, centone; sala da concerto = auditorium; bacchetta, leggio, spartito, partitura, metronomo; banda, orchestra, coro;

● *musica sacra*: liturgica, bizantina, responsoriale, ambrosiana, gregoriana; cantilena, sequenza, canone, organum, mistero, laude, conductus, lamento, requiem, miserere, preghiera, passione, litania, salmo, oratorio, sacra rappresentazione;

● *azioni*: cantare Messa, cantare il mattutino, mattinare, suonare il vespro, salmodiare, litaniare, intonare un inno;

● *musica popolare*: frottola, villotta, maggiolata, strambotto, brunette, berceuse, villanella (alla napoletana, bergamasca, giustiniana), barcarola, stornello (romanesco, fiorentino, satirico), stornellata, pasquetta, serenata, nenia, pastorale, partita, marcia, ritornello, treno = canto funebre, ro-

manza, bruscello, zingana, mattinata, song, Leitmotiv;
- *musica jazz*: cool jazz, hot jazz, straight jazz, ragtime, gospel, spiritual, blues, swing; jazz band; rock, hard rock, beat, calipso, country, pop music, new wave, boogie-woogie, disco-music, folk, punk, reggae, soul, heavy metal, rap, scat, rhythm and blues, funk, videomusic;
- *opera*: lirica, buffa = comica, da camera, operetta, zarzuela, melodramma; preludio, ouverture, introduzione, intermezzo, interludio, finale;
- *persone*: maestro, maestro concertatore, direttore d'orchestra, orchestrali, complesso, quartetto, duo, trio; musicista, strumentista, librettista, compositore, concertista; tenore, baritono, basso, soprano, mezzosoprano, contralto; ballerino, corpo di ballo, coreografo;
- *canto*: a solo, sottovoce, a mezza voce, recitativo, in falsetto, a gorgheggio, a vocalizzo, staccato, picchettato; aggraziato ⇔ sgraziato, intonato ⇔ stonato;
- *canzone*: strumentale, vocale, popolare, spirituale; melodica, ritmica, napoletana, all'italiana, americana, della montagna, western, beat, di protesta, ballabile; festival della canzone; cantante, cantautore, canzonettista, cantastorie, trovatore;
- *coro*: polifonico, maschile ⇔ femminile, a voci pari ⇔ a voci dispari, di voci bianche, concertante;
- *azioni*: cantare (ad aria, a orecchio, di maniera, a squarciagola, del gallo), canticchiare, canterellare, gorgheggiare, trillare, modulare, vocalizzare, smorzare, gridare, berciare, stornellare, declamare.

muṣicàbile [1426 ca.] **agg.** • che si può musicare: *versi difficilmente musicabili* ‖ **muṣicabilità**, **s. f. inv.**

musical /'mjuzikol, *ingl.* 'mju:zɪk(ə)l/ [vc. ingl., da *musical (comedy)* 'commedia musicale' ✱ 1958] **s. m. inv.** • genere di spettacolo misto di balletti e di canzoni, con una tenue trama narrativa, nato in Gran Bretagna alla fine dell'Ottocento e poi affermatosi spec. negli Stati Uniti: *i m. italiani degli anni Sessanta*

♦**muṣicàle** [av. 1304] **agg. 1** di musica, relativo alla musica: *composizione m.*; *serata m.*; *accordo, concerto, trattenimento m.*; *strumento m.* | ***istituto, liceo m.***, dove si studia musica | ***arte m.***, musica | ***dramma m.***, melodramma **2** che ha o dimostra inclinazione, sensibilità e sim. per la musica: *orecchio m.*; *senso m.* **3** che ha le caratteristiche della musica, per armonia, sonorità e sim.: *verso m.*; *lingua m.* | (*ling.*) ***accento m.***, quello ottenuto con una intonazione più alta della voce ‖ **muṣicalménte**, **avv. 1** in modo musicale **2** dal punto di vista musicale: *un pubblico musicalmente poco colto* (I. SVEVO) ‖ **muṣicalità**, **s. f. inv.** caratteristica di ciò che è musicale: *la musicalità di una melodia, di un verso, di una lingua*

muṣicànte [da *musica* ✱ 1810] **A agg.** • che esegue musica, che suona: *angeli musicanti* **B s. m. e f. 1** suonatore, spec. di una banda: *le uniformi scure dei musicanti* **2** (*spreg.*) chi compone o esegue musica mediocre

muṣicàre [sec. XIV] **A v. tr.** (*io mùṣico, tu mùṣichi*) • mettere in musica un testo poetico destinato al canto: *m. una commedia, un dramma, un inno* **B v. intr.** (**aus.** *essere*) • †eseguire una musica

musicarèllo [da *musica* ✱ 1992] **s. m.** • genere di film musicali italiani degli anni 1950-60 interpretati da cantanti famosi: *i musicarelli di Gianni Morandi*

muṣicassétta [comp. di *musi(cale)* e *cassetta* ✱ 1970] **s. f.** • caricatore di nastro magnetico con musiche preregistrate **SIN.** fonocassetta

music bar /mjuzik'bar, *ingl.* 'mju:zɪk,bɑ:(r)/ [loc. ingl. comp. di *music* 'musica' e *bar* 'bar' ✱ 1992] **loc. sost. m. inv.** (**pl. ingl.** *music bars*) • bar dove si esegue musica dal vivo

music-hall /mjuzik'ɔl, *ingl.* 'mju:zɪk,hɔ:l/ [vc. ingl., propr. 'sala da musica' ✱ 1894] **s. m. inv.** (**pl. ingl.** *music-halls*) • teatro dove si eseguono spettacoli di varietà musicale | lo spettacolo che vi si rappresenta

†**muṣichévole** [1629] **agg.** • musicale | incline alla musica

muṣichière [av. 1536] **s. m.** (**f.** *-a* **nel sign. 2**) **1** †musico, cantante **2** (*raro*) autore della musica di una canzone **CFR.** paroliere

♦**muṣicista** [1866] **s. m. e f.** (**pl. m.** *-i*) **1** chi compone musica **2** chi esegue musica

SFUMATURE DI SIGNIFICATO

musicista - compositore - esecutore
Musicista è la parola più generica per indicare chi compone o chi esegue musica. Altri termini, invece, designano in maniera più specifica l'attività del musicista. Così, un **compositore** è l'autore di una canzone o di un'opera musicale, mentre un **esecutore** è colui che esegue una composizione scritta da altri.

mùṣico [vc. dotta, lat. *mūsicu(m)*, dal gr. *mousikós*, da *Môusa* 'Musa' ✱ 1308] **A agg.** (**pl. m.** *-ci*) • (*lett.*) musicale: *tra il suon d'argute trombe ... e d'ogni musica armonia* (L. ARIOSTO) | ***mano musica***, esperta nell'eseguire una musica | (*poet.*) melodioso, detto del canto di un uccello: *di m. cigno il flebil canto* (T. TASSO) | ***il m. augel***, l'usignolo **B s. m.** (**f.** *†muṣichéssa*, *scherz.* **nel sign. 1**) **1** (*lett.*) musicista | (*lett.*) suonatore, esecutore **2** †cantante evirato, sopranista ‖ †**muṣichino**, **dim.**

mùṣico- primo elemento • in parole composte, fa riferimento alla musica: *musicologo, musicomania*

muṣicòfilo [comp. di *musico-* e *-filo* ✱ 1785] **s. m.** (**f.** *-a*) • amante, cultore di musica

muṣicògrafo [comp. di *musico-* e *-grafo* ✱ 1834] **s. m.** (**f.** *-a*) • chi scrive su argomenti musicali

muṣicologìa [comp. di *musico-* e *-logia* ✱ 1917] **s. f.** (**pl.** *-gìe*) • insieme delle discipline che hanno per oggetto il fenomeno musicale in ogni suo aspetto

muṣicològico [1942] **agg.** (**pl. m.** *-ci*) • relativo alla musicologia e ai musicologi

muṣicòlogo [comp. di *musico-* e *-logo* ✱ 1789] **s. m.** (**f.** *-a*; **pl. m.** *-gi*) • studioso di musicologia

muṣicòmane [comp. di *musico-* e *-mane* ✱ 1839] **s. m. e f.** • chi ha un eccessivo amore per la musica, chi è maniaco per la musica (*anche scherz.*)

muṣicomanìa [comp. di *musico-* e *-mania* ✱ 1829] **s. f.** • eccessiva passione per la musica (*spec. scherz.*)

muṣicoterapìa [comp. di *musico-* e *terapia* ✱ 1935] **s. f.** • (*med.*) impiego della musica a scopo terapeutico, in anestesia e in psichiatria **SIN.** meloterapia

muṣino [1585] **s. m. 1** dim. di *muso* **2** viso, spec. femminile, grazioso e delicato

muṣìvo [vc. dotta, lat. tardo *musīvu(m)* (*ŏpus*) 'lavoro delle muse', dal gr. *móuseios*, agg. di *Môusa* 'Musa' ✱ 1869] **agg.** • di mosaico, relativo a mosaico | eseguito a mosaico: *opera musiva* | (*chim.*) ***oro m.***, solfuro stannico in polvere o in scaglie gialle splendenti, impiegato spec. a scopo decorativo

müsli /*ted.* 'my:sli/ o **muesli** /*ted.* 'my:ɛsli/ [vc. del dialetto svizzero-ted., dal ted. *Mus* 'passato, purè, pappa' ✱ 1943] **s. m. inv.** (**pl. ted.** *Müslis*) • alimento costituito da una miscela di cereali, frutta secca, miele e altri ingredienti, che si mangia gener. nel latte o nello yogurt

muṣmè [giapp., propr. 'fanciulla, figlia' ✱ 1905] **s. f. inv.** • giovane donna giapponese

♦**mùṣo** [vc. di orig. preindeur. ✱ 1313] **s. m. 1** parte anteriore della testa degli animali: *m. di cane, di pecora, di asino*; *il m. della rana, del topo* **2** (*scherz.*, *spreg.*) viso umano: *m. sporco, sudicio*; *lavati il m.!*; *rompere, spaccare il m. a qlcu.* | ***brutto m.***, persona arcigna o che ispira antipatia | ***a m. duro***, ***a brutto m.***, con decisione, con asprezza | (*lett.*) ***torcere il m.***, in segno di contrarietà o fastidio | ***dire qlco. sul m.***, con assoluta franchezza | broncio: *m. lungo*; *mettere su il m.* | ***avere il m.***, (*fam.*) essere imbronciato | ***tenere il m. a qlcu.***, (*fam.*) avere un atteggiamento di risentimento, di ostilità nei confronti di qlcu. **SIN.** ceffo, grugno **3** (*est.*) oggetto, struttura e sim. la cui forma allungata ricorda il muso di un animale | ***il m. dell'automobile***, la parte anteriore della carrozzeria | ***m. di un aereo***, la parte anteriore della fusoliera, dal punto in cui si accentua la rastremazione ‖ **muṣàccio**, **pegg.** | **muṣétto**, **dim.** (V.) | **muṣino**, **dim.** (V.) | **muṣóne**, **accr.** (V.)

†**muṣolièra** [fr. *muselière*, da *musel* 'muso' ✱ av. 1580] **s. f.** • museruola

muṣóne [accr. di *muso* ✱ 1618] **s. m. 1** (**f.** *-a*) persona imbronciata e poco socievole: *è impossibile stare con quel m.* **2** nelle antiche fortificazioni, orecchione **3** (*mar.*) ferramenta montata all'estrema prua di un'imbarcazione che riunisce cubie, passacavi e puleggia dell'ancora **SIN.** puntale

muṣonerìa [av. 1850] **s. f.** • caratteristica di chi è musone

†**muṣórno** [da *muso* ✱ 1266] **agg. e s. m.** • triste, imbronciato | ***fare tanto di m.***, di broncio

mussànte **part. pres.** di *mussare*①; anche **agg.** • frizzante, effervescente | (*lett.*) vivace, estroso

mussàre① [fr. *mousser*, da *mousse* 'schiuma', dal lat. *mŭlsa(m)* ✱ 1701] **v. intr.** (**aus.** *avere*) • spumeggiare, detto di vino o altre bevande

†**mussàre**② [lat. *mussāre*, di orig. onomat. ✱ sec. XIV] **v. intr.** • parlare sommessamente

†**mussitàre** [vc. dotta, lat. *mussitāre*, intens. di *mussāre* 'mussare②' ✱ av. 1342] **v. intr.** • parlare sottovoce

mussitazióne [vc. dotta, lat. tardo *mussitatiōne(m)*, da *mussitāre* 'mussitare' ✱ sec. XIV] **s. f. 1** †mormorio **2** (*med.*) movimento delle labbra senza emissione di suoni

mùssola [da *Mōsul*, città irachena ✱ 1819] **s. f.** • tessuto trasparente di seta, di lana o di cotone

mussolìna [1706] **s. f.** • mussola

mussolinìàno [1915] **agg.** • di Benito Mussolini (1883-1945), delle sue idee o della sua politica

mussolìno [da *mussola* ✱ 1674] **s. m.** • (*tosc.*) mussola

mùssolo① [sec. XVI] **s. m.** • (*lett.*) mussola

mùssolo② [lat. *mŭsculu(m)* 'arsella', propr. dim. di *mūs* 'topo' (V. *Muridi*) ✱ 1792] **s. m.** • (*sett.*) mollusco dei Lamellibranchi, affine ai mitili, commestibile, comune nell'Adriatico (*Arca noae*)

mussulmàno e deriv. ➤ **musulmano** e deriv.

must /mast, *ingl.* mʌst/ [vc. ingl., dal v. *must* 'dovere' ✱ 1963] **A s. m. inv.** • ciò che si deve necessariamente fare, vedere, leggere, indossare, spec. per essere alla moda o dimostrare di essere aggiornati: *è un m. della letteratura americana* **B** nella loc. sost. m. inv. ***must have***, ciò che si deve assolutamente avere, possedere: *quei sandali sono un m. have dell'abbigliamento femminile* (comp. con *have* 'avere')

mustacchìno [detto così perché ha i *mustacchi* ✱ av. 1865] **s. m.** • (*zool.*) basettino

mustàcchio o **mustàccio**, †**mostàcchio** [V. *mostaccio** 1507] **s. m. 1** (spec. al pl.) baffo folto e lungo: *tirarsi, arricciarsi i mustacchi* **2** (*mar.*) ciascuna delle sartie orizzontali che, partendo dalla punta del bompresso e tesate sui masconi di prua, servono a tenere fermo il bompresso stesso ‖ **mustacchiétto**, **dim.** | **mustacchióne**, **accr.**

mùstang /'mustan(g), *ingl.* 'mʌstæŋ/ [sp. *mestengo* 'di sangue misto' * av. 1873] **s. m. inv.** ● cavallo inselvatichito degli Stati Uniti e del Messico, discendente dai cavalli domestici importati dai colonizzatori

mustèla [vc. dotta, lat. *mustēla(m)*: dim. di *mūs* 'topo' (?). V. *Muridi** av. 1367] **s. f.** ● genere di piccoli Mammiferi carnivori dei Mustelidi con corpo sottile e allungato, muso breve e aguzzo, coda sottile (*Mustela*)

Mustèlidi [comp. di *mustel(a)* e *-idi** 1895] **s. m. pl.** (**sing.** *-e*) ● (*zool.*) famiglia di Mammiferi carnivori, di taglia piccola, con dentatura molto robusta e bella pelliccia (*Mustelidae*)

musteriàno [dal n. della località di *Le Moustier*, nella regione francese della Dordogna * 1940] **agg.** ● detto di una cultura preistorica del Paleolitico medio

mustiàto ➤ **muschiato**

mustiòlo [Cfr. *muschio*① * 1875] **s. m.** ● piccolissimo mammifero insettivoro, di indole feroce, con muso appuntito e pelliccia delicatissima (*Pachyura etrusca*)

musulmanèṣimo [da *musulmano** 1869] **s. m.** ● islamismo

♦**musulmàno** o **mussulmàno** [persiano *muslimān*, pl. di *muslim* 'appartenente all'Islam' * 1525] **agg. e s. m.** (**f.** *-a*) ● islamico

mùta① [da *mutare** av. 1363] **s. f. 1** cambio, avvicendamento: *la m. dei cavalli, della sentinella* | ***m. del vino***, travaso | ***dare, darsi la m.***, il cambio | †***a m. a m.***, a vicenda **SIN.** turno **2** (*zool.*) rinnovamento periodico della pelle o delle formazioni cutanee di rivestimento, quali peli, penne, squame, che si verifica in molti animali, sia invertebrati che vertebrati | ***m. dei bachi da seta***, metamorfosi che si verifica a ogni dormita, e tempo in cui ciò avviene | ***m. degli uccelli***, muda **3** gruppo di soldati che si avvicendano nel turno di guardia **4** corredo completo di oggetti utili per un determinato scopo, che sostituiscono altri già usati, deteriorati e sim.: *m. di abiti, di biancheria*; *m. di vele* **5** tuta aderente, in gomma o neoprene espanso, per immersioni subacquee

♣**mùta**② [fr. *meute*, dal lat. parl. **mŏvita(m)*, part. pass. di *movēre** av. 1685] **s. f.** ● gruppo di cani messi insieme per una battuta di caccia: *sguinzagliare la m.* | (*raro*) ***una m. di cavalli***, quelli accoppiati per tirare una carrozza

mutàbile [vc. dotta, lat. *mutābile(m)*, da *mutāre* 'mutare' * av. 1292] **agg. 1** che può mutare: *quantità, temperatura m.* **SIN.** variabile **2** (*est.*) incostante, volubile: *carattere, umore m.*; *nel mondo m. e leggiero / costanza è spesso il variar pensiero* (T. Tasso) ‖ **mutabilménte**, **avv.** ‖ **mutabilità**, **s. f. inv.** (V.)

mutabilità [vc. dotta, lat. *mutabilitāte(m)*, da *mutābilis* 'mutabile' * av. 1292] **s. f. inv. 1** caratteristica, condizione di chi (o di ciò che) è mutabile **SIN.** variabilità **2** (*est.*) incostanza, volubilità: *la m. delle cose del mondo*

mutàcico [1958] **agg.** (**pl. m.** *-ci*) ● relativo a mutacismo

mutacìṣmo① [vc. dotta, lat. tardo *metacĭsmu(m)*, forma scorretta per *mytacĭsmu(m)*, dal gr. *mytakismós*, dalla lettera *mŷ* (m), sul modello di *lambdakismós* 'lambdacismo' * 1832] **s. m.** ● disturbo del linguaggio che consiste nella difficoltà di pronunciare le consonanti labiali

mutacìṣmo② [da *muto* col suff. *-ismo* * 1958] **s. m.** ● (*psicoan.*) mutismo dovuto al rifiuto della comunicazione orale come manifestazione di ostilità; è caratteristico di alcune psicosi

mutagèneṣi [comp. di *muta(zione)* e *genesi* * 1984] **s. f. inv.** ● (*biol.*) insieme dei processi, naturali o indotti, che portano alla comparsa di una mutazione nel genoma di un organismo **CFR.** mutazione

mutàgeno [comp. di *muta(zione)* (nel sign. 3) e *-geno** 1958] **A agg.** ● detto di agente fisico o chimico capace di indurre mutazioni genetiche **B** anche **s. m.**

†**mutagióne** ➤ **mutazione**

mutaménto [da *mutare* * 1268] **s. m.** ● cambiamento: *m. di stagione, di condotta, di salute, di indirizzo politico, di governo* | ***m. sociale***, trasformazione che si produce in un determinato periodo nella struttura di una società | (*ling.*) ***m. linguistico***, insieme delle modificazioni che una lingua subisce nel corso della sua evoluzione storica | (*ling.*) ***m. fonetico***, trasformazione subita da un suono

mutànde [lat. *mutăndae*, nom. pl. f. '(vesti) da cambiare', gerundivo di *mutāre* 'mutare' * sec. XIV] **s. f. pl.** (**sing.** *raro -a*) ● indumento intimo maschile o femminile che copre il corpo dalla vita all'inguine o alle cosce: *m. lunghe da uomo*; *m. a calzoncino*; *m. sgambate* | ***lasciare qlcu. in mutande, rimanere in mutande***, (*fig.*, *fam.*) senza un soldo **CFR.** boxer, culottes, slip, tanga ‖ **mutandine**, **dim.** (V.) | **mutandóne**, **accr.** | **mutandóni**, **accr. m.** (V.)

mutandìne [1891] **s. f. pl.** (**sing.** *raro -a*) **1** dim. di *mutande* **2** mutande da donna o da bambino **3** costume da bagno per uomo o bambino | parte inferiore del costume femminile a due pezzi **SIN.** slip

mutandóni [1892] **s. m. pl.** (**sing.** *-e*) **1** accr. di *mutande* **2** mutande larghe e lunghe fino alla caviglia, usate un tempo dalle donne | mutande di lana lunghe e aderenti, indossate d'inverno

mutànte **A** **part. pres.** di *mutare*; anche **agg.** ● nei sign. del v. **B** **s. m.** ● (*biol.*) gene che ha subìto una mutazione | individuo portatore di una mutazione genetica **C** **s. m. e f.** ● nella fantascienza, chi, spec. un alieno, presenta mutazioni genetiche

†**mutànza** [av. 1276] **s. f.** ● mutamento, cambiamento

♦**mutàre** [vc. dotta, lat. *mutāre*, di orig. indeur. * 1219] **A** **v. tr. 1** cambiare qlco. o qlcu. con altri che abbiano caratteristiche analoghe o del tutto diverse: *m. il governo, le leggi, idea, proposito, volontà*; *vi bisognò del buono a fargli mutar opinione* (G. Vasari); *m. compagnia, partito, padrone*; *m. paese, città, aria, clima*; *m. gli abiti, la camicia* | ***m. il pelo, le penne***, (*assol.*) ***mutare***, far la muta, di animali | (*lett.*) trasferire: *hai paura … di mutarli di posto* (F. De Roberto) | ***m. il vino***, travasarlo | †***m. la guardia***, dare il cambio ai soldati che l'hanno fatta **2** trasformare (+ *in*): *la recente esperienza lo ha mutato*; *m. il dubbio in paura, il sospetto in certezza* | alterare: *m. aspetto, viso* | ***m. colore***, perdere il colore originario; di persona, impallidire o arrossire **3** (*lett.*) †tradurre **B** **v. intr.** (aus. *essere*) ● diventare diverso (+ *di*, + *in*): *la scena muta*; *la situazione è mutata*; *m. di idee, di principi, di opinioni*; *m. in peggio, in meglio* **SIN.** cambiare **C** in funzione di **s. m. solo sing.** ● mutamento, cambiamento: *col m. delle stagioni*; *Mutano i saggi col mutar dei tempi* (C. Dossi) **D** **mutàrsi** **v. intr. pron. 1** trasformarsi (+ *in*): *il tempo si è completamente mutato*; *la pioggia si mutò in neve*; *talvolta l'uomo si muta in bestia* **2** cambiarsi (+ *di*): *mutarsi d'abito* **3** (*lett.*) †trasferirsi da un luogo all'altro

♣**mutàtis mutàndis** [lat., propr. 'mutato ciò che è da mutare' * av. 1742] **loc. avv.** ● dopo che sono mutati alcuni elementi di un discorso o di una realtà di fatto; si usa per indicare che la sostanza di qlco. resta comunque invariata: *mi pare che Carlo, mutatis mutandis, debba affrontare lo stesso tipo di problema*

mutatìvo [av. 1440] **agg. 1** †mutevole **2** relativo a mutazione

mutàto [vc. dotta, lat. *mutātu(m)*, part. pass. di *mutāre*] **part. pass.** di *mutare*; anche **agg.** ● cambiato: *in seguito alle mutate circostanze*

mutatóre [vc. dotta, lat. *mutatōre(m)*, da *mutātus* 'mutato' * av. 1292] **A** **agg. e s. m.** (**f.** *-trice*) ● (*raro*) che (o chi) muta **B** **s. m.** ● (*elettr.*) raddrizzatore a vapori di mercurio, usato per grandi potenze

mutatùra [sec. XIV] **s. f.** ● (*raro*) cambiamento, cambio

mutazionàle [1983] **agg.** ● (*biol.*) relativo a mutazione

mutazióne o †**mutagióne** [vc. dotta, lat. *mutatiōne(m)*, da *mutātus* 'mutato' * 1282] **s. f. 1** (*lett.*, *elvet.*) mutamento, modifica, cambiamento: *queste sono le mutazioni da apportare*; *le mutazioni delle stagioni*; *le guerre, li incendi, le mutazioni delle lingue e delle leggi, li diluvi dell'acque hanno consumato ogni antichità* (Leonardo) | trasformazione: *mutazioni climatiche* **2** †metamorfosi **3** (*biol.*) alterazione accidentale nel patrimonio genetico che porta una modificazione nella sintesi delle proteine e nei caratteri ereditari di un individuo animale o vegetale, i quali possono risultare variati rispetto alla norma **4** (*ling.*) nelle lingue celtiche, cambio fonetico della consonante iniziale di una parola per effetto della parola che precede **5** (*letter.*) nella ballata, piede **6** (*mus.*) nel sistema musicale esacordale, cambiamento di esacordo richiesto dall'estendersi della melodia oltre l'àmbito dell'esacordo originario

SFUMATURE ➤ ***trasformazione***

mutazionìṣmo [comp. di *mutazione* e *-ismo* * 1942] **s. m.** ● (*biol.*) teoria evoluzionistica secondo la quale le mutazioni rappresentano i fenomeni essenziali dell'evoluzione dei viventi

mutazionìsta [1981] **s. m. e f.** (**pl. m.** *-i*) ● (*biol.*) chi segue la teoria del mutazionismo

mutazionìstico [1983] **agg.** (**pl. m.** *-ci*) ● (*biol.*) relativo al mutazionismo

♣**mutévole** [V. *mutabile* * 1320] **agg. 1** che muta con facilità: *tempo, stagione m.* **SIN.** variabile **2** (*est.*) volubile, incostante: *un uomo dal carattere m.* | †***animo m.***, docile ‖ **mutevolménte**, **avv.**

mutevolézza [1653] **s. f. 1** caratteristica, condizione di ciò che è mutevole: *m. dell'aspetto, della natura* **2** (*est.*) incostanza, variabilità: *la m. dell'umore*

mutézza [da *muto* * av. 1306] **s. f.** ● (*raro*) mutismo (*anche est.*)

mùtico [vc. dotta, lat. *mŭticu(m)* 'mutilo, (spiga) mutila (delle reste)', da avvicinare a *mŭtilus* 'mutilo, mozzo' * 1803] **agg.** (**pl. m.** *-ci*) ● detto di una varietà coltivata di grano con le spighe senza reste

mutilaménto [av. 1673] **s. m.** ● (*raro*) mutilazione

mutilàre [vc. dotta, lat. *mutilāre*, da *mŭtilus* 'mozzo'① * 1387] **A** **v. tr.** (*io mùtilo*) **1** privare di una parte del corpo: *lo mutilarono di un braccio*; *la ruota gli mutilò una gamba* **2** (*est.*) privare qlco. di uno o più elementi, sì da renderla incompleta: *mutilò il dramma per obbedire alla censura*; *il tempo e le intemperie hanno mutilato le statue del parco* **B** **mutilàrsi** **v. rifl.** ● provocarsi una mutilazione: *le Amazoni … col ferro si mutilarono* (G. D'ANNUNZIO)

mutilàto **A** **part. pass.** di *mutilare*; anche **agg.** ● che ha subito una mutilazione (*anche fig.*): *un testo m.* ‖ **mutilataménte**, **avv.** (*fig.*) in modo incompleto: *mi raccontò le cose mutilatamente* **B** **s. m.** (**f.** *-a*) ● chi ha perso un organo o un arto del proprio corpo nel corso di gravi incidenti, guerre e sim.: *i mutilati di guerra e del lavoro*; *gli invalidi e i mutilati di guerra* ‖ **mutilatìno**, **dim.**

mutilatóre [av. 1694] **agg. e s. m.** (**f.** *-trice*) ● (*raro*) che (o chi) mutila: *l'intervento m. della censura*

mutilazióne [vc. dotta, lat. tardo *mutilatiōne(m)*, da *mutilāre* 'mutilare' ✻ 1673] **s. f.** ● il mutilare, il venire mutilato di una parte del corpo: *dovette sottoporsi alla m. dell'arto* | (*fig.*) privazione, perdita di uno o più elementi essenziali

mutìlla [dal lat. *mūtus* 'muto' ✻ 1875] **s. f.** ● genere di Insetti degli Imenotteri con zampe spinose e villose, livree variegate e fasciate di rosso, bianco, giallo, nero (*Mutilla*)

mùtilo [vc. dotta, lat. *mŭtilu(m)*, di etim. incerta ✻ 1485 ca.] **agg.** ● mutilato, monco: *tauro in selva con le corna mutile* (I. SANNAZARO) | (*est.*) mancante di una parte: *codice, libro, manoscritto m.*

muting /'mjutin(g), *ingl.* 'mju:tɪŋ/ [vc. ingl., da *to mute* 'mettere la sordina', da *mute* 'muto' ✻ 1983] **s. m. inv.** ● negli amplificatori, comando che abbassa di una quantità fissa il volume d'ascolto | nei sintonizzatori, filtro che riduce il rumore di fondo durante la ricerca delle stazioni

mutìṣmo [fr. *mutisme*, dal lat. *mūtus* 'muto' col suff. *-isme* '-ismo' ✻ 1860] **s. m.** **1** (*med.*) incapacità a emettere suoni distinti e parole articolate in pazienti con normale livello di coscienza **2** (*est.*) silenzio deliberato e ostinato: *si chiuse in un ostinato m.*

♦**mùto** o †**mùtto** [lat. *mūtu(m)*, di orig. onomat. ✻ 1266] **A** **agg.** **1** che non parla perché affetto da mutismo | †*alla muta*, (*ellitt.*) senza parlare **2** (*est.*) che rimane silenzioso, che non parla: *alle domande di lei, rimase m.* (E. MORANTE) | che resta senza parola in seguito a una forte emozione, un violento sentimento e sim. (+ *di*, + *per*): *tanta bellezza lo rese m.*; *m. di rabbia, di paura, di dolore*; *restar m. per la vergogna, per lo stupore* | ***essere m. come un pesce***, evitare di parlare **3** che non trova espressione nelle parole: *ammirazione, emozione, simpatia muta*; *immensa doglia muta / nel cor* (V. ALFIERI) | ***domanda muta***, inespressa: *il lungo sguardo pieno di appassionate domande mute* (A. FOGAZZARO) **SIN.** tacito **4** privo di suoni, silenzioso | (*fig., lett.*) privo di vita: *parla di me col tuo cenere m.* (U. FOSCOLO) | ***scena muta***, (*raro*) in cui gli attori usano solo la mimica | ***fare scena muta***, (*fig.*) non rispondere a nessuna delle domande che vengono poste, spec. in una interrogazione scolastica | ***luogo m.***, immerso nel silenzio | ***cinema m., arte muta***, il cinema privo di colonna sonora, quale fu nei primi decenni della sua invenzione | ***carta geografica muta, atlante m.***, senza la denominazione dei luoghi rappresentati **5** (*enol.*) detto di mosto addizionato con alcol o anidride solforosa per impedirne la fermentazione **6** nell'uso comune, di lettera dell'alfabeto a cui non corrisponde nella lingua alcun suono (per es. la *h* in italiano) ‖ **mutaménte**, **avv.** in maniera muta, senza parlare **B** **s. m.** (**f.** *-a*) ● chi è affetto da mutismo: *un povero m.*; *fingersi m.*; *parlare ai muti* | ***linguaggio dei muti***, fatto a gesti ‖ **mutìno**, **dim.**

†**mutolàggine** [da *mutolo* ✻ sec. XIV] **s. f.** ● mutolezza

mutolézza [da *mutolo* ✻ 1612] **s. f.** ● (*lett.*) mutismo: *vorrei … interpretare la sua m. con la mia tristezza* (G. D'ANNUNZIO)

mùtolo [lat. parl. **mūtulu(m)*, dim. di *mūtus* 'muto' ✻ sec. XIII] **agg. e s. m.** (**f.** *-a*) ● (*lett.*) muto: *per vergogna quasi m. divenuto, niente diceva* (G. BOCCACCIO) ‖ **mutolìno**, **dim.**

mutóne [ingl. *muton*, da *mut(ation)* 'mutazione' ✻ 1981] **s. m.** ● (*biol.*) la più piccola unità mutazionale del materiale genetico

mùtria [etim. incerta ✻ 1825] **s. f.** ● (*lett.*) viso accigliato e improntato a sdegno o a superbia: *la m. d'una marchesa del Seicento* (G. CARDUCCI) | (*raro*) sfrontatezza

mutrióne [1858] **s. m.** (**f.** *-a*) ● (*lett.*, *raro*) persona che ha la mutria: *È troppo serio – mi rispose – i mutrioni gli aborrisco* (L. CAPUANA)

†**mùtto** ➤ **muto**

mùtua [f. sost. di *mutuo*① ✻ 1869] **s. f.** **1** ente associativo che assicura ai partecipanti determinate prestazioni in caso di particolari eventi **2** spec. prima della riforma sanitaria, ente preposto all'assistenza sanitaria, denominato poi Servizio Sanitario Nazionale | ***essere, mettersi in m.***, nelle condizioni di essere assistito; (*est.*) essere assente dal lavoro per malattia

mutuàbile① [da *mutua* ✻ 1981] **agg.** ● detto di ciò che ha i requisiti necessari per godere dell'assistenza prestata dagli istituti previdenziali statali: *medicinali, analisi cliniche mutuabili* ‖ **mutuabilità**①, **s. f.**

mutuàbile② [da *mutuo*② ✻ 1983] **agg.** ● (*econ.*) che può essere dato in prestito, che può essere fatto oggetto di prestito ‖ **mutuabilità**②, **s. f.**

mutuàle [fr. *mutuel*, dal lat. *mūtuus* 'mutuo①' ✻ 1363] **agg.** ● mutuo ‖ **mutualménte**, **avv.** scambievolmente ‖ **mutualità**, **s. f. inv.** (V.)

mutualìṣmo [fr. *mutualisme*, da *mutuel* 'mutuale' ✻ 1895] **s. m.** **1** (*biol.*) tipo di convivenza in cui entrambi gli organismi traggono vantaggi **2** (*raro*) mutualità

mutualìstico [da *mutualismo* ✻ 1928] **agg.** (**pl. m.** *-ci*) **1** relativo alla mutualità **2** relativo alla mutua: *ente m.*; *assistenza mutualistica* **3** (*biol.*) relativo al mutualismo ‖ **mutualisticaménte**, **avv.**

mutualità [fr. *mutualité*, da *mutuel* 'mutuale' ✻ 1867] **s. f. inv.** **1** forma di aiuto scambievole tra i cittadini per garantire agli stessi uguali diritti dopo adempiuti uguali doveri | (*est.*) complesso di istituzioni fondate su tale forma di aiuto **2** nel settore del lavoro, la ripartizione fra più soggetti degli oneri previdenziali

mutuànte **A** **part. pres.** di *mutuare*; anche **agg.** ● nei sign. del v. **B** **s. m. e f.** ● (*dir.*) in un contratto di mutuo, la parte che consegna al mutuatario una data quantità di beni fungibili

mutuàre [vc. dotta, lat. *mutuāre*, da *mūtuus* 'mutuo①' ✻ av. 1494] **v. tr.** (*io mùtuo, noi mutuiàmo*) **1** (*dir.*, *raro*) dare o ricevere in mutuo: *m. una somma di denaro* **2** (*fig.*) riprendere, trarre, ricavare: *il latino ha mutuato molte parole dal greco*

mutuatàrio [da *mutuare* ✻ 1673] **s. m.** (**f.** *-ia*) ● (*dir.*) chi riceve in mutuo una data quantità di cose fungibili

mutuàto① **part. pass.** di *mutuare*; anche **agg.** **1** concesso o ricevuto in mutuo o in prestito **2** (*fig.*) derivato, desunto, tratto: *un termine m. dal gergo giovanile*; *un concetto m. dalla filosofia hegeliana*

mutuàto② [da *mutua* ✻ 1950] **s. m.** (**f.** *-a*) ● chi riceve assistenza da una mutua

mutuazióne [av. 1311] **s. f.** ● (*lett.*) scambio vicendevole

mùtulo [V. *mutilo* ✻ 1499] **s. m.** **1** (*archit.*) nell'ordine dorico, elemento quadrangolare disposto sulla faccia inferiore del gocciolatoio, spesso in corrispondenza delle metope e dei triglifi **2** (*archit.*) testata della trave sporgente

♣**mùtuo**① [vc. dotta, lat. *mūtuu(m)*, da avvicinare a *mutāre* 'mutare' ✻ 1308] **agg.** ● scambievole, vicendevole, reciproco: *m. consenso, dissenso*; *m. affetto*; *m. insegnamento*; *società di m. soccorso* | (*elettr.*) ***mutua induzione***, comparsa di una forza elettromotrice in un circuito, al variare della intensità di corrente in un circuito vicino ‖ **mutuaménte**, **avv.** in modo reciproco

♦**mùtuo**② [vc. dotta, lat. *mūtuu(m)*, nt. sost. di *mūtuus* 'mutuo①' ✻ 1427] **s. m.** **1** (*dir.*) contratto con cui una parte riceve dall'altra una data quantità di denaro o di altre cose fungibili, obbligandosi a restituirne altrettante della stessa specie e qualità **2** correntemente, prestito a lunga scadenza: *dare, consegnare a m.*; *chiedere, accendere un m.*; *fare un m. per costruirsi la casa* | ***m. ipotecario***, con garanzia ipotecaria

mùtuus dissènsus [loc. lat., propr. 'mutuo dissenso'] **loc. sost. m. inv.** (**pl. lat.** *mutui dissensus*) ● nel diritto romano, lo scioglimento, di comune accordo, del contratto consensuale

muuh [vc. onomat. ✻ sec. XX] **inter.** ● riproduce il muggito dei bovini

muzik ➤ **mugic**

myosòtis /*lat.* mio'zɔtis/ [V. *miosotide* ✻ 1865] **s. m. o f. inv.** (**pl. lat.** *myosotides*) ● (*bot.*) miosotide

mystery /*ingl.* 'mɪst(ə)rɪ/ [vc. ingl., propr. 'mistero' ✻ 1985] **s. m. inv.** (**pl. ingl.** *mysteries*) ● genere cinematografico o letterario a carattere giallo, poliziesco | film, opera letteraria appartenente a tale genere

mẓabìti ➤ **mozabiti**

mẓabìtico ➤ **mozabitico**

n, N

Il suono principale rappresentato in italiano dalla lettera *N* è quello della consonante nasale alveolare /n/, che come tutte le nasali è sonora. Può essere, secondo i casi, semplice (per es. *tòno* /ˈtɔno/, *fórse no* /ˈforse ˈnɔ*/; *tónto* /ˈtonto/, *no* /nɔ*/, *un bèl no* /umbɛlˈnɔ*/) oppure geminata (per es. *tónno* /ˈtonno/, *perché no* /perkenˈnɔ*/). Seguìta da un'altra consonante, ne prende il punto d'articolazione e quindi può non essere alveolare; queste diverse articolazioni (compresa la più distante, che è la velare davanti ad altra velare, per es. *cìnque* /ˈtʃiŋkwe/, *in gàra* /iŋˈgara/, *tónfo* /ˈtoɱfo/, *in vétta* /iɱˈvetta/, *un bàcio* /umˈbatʃo/) non sono fonemi indipendenti, ma varietà di posizione di un solo fonema, però è conveniente usarli per scopi contrastivi. La lettera *N* fa poi parte del digramma *gn*, che rappresenta in italiano il suono della consonante nasale palatale /ɲ/, anch'essa sonora. Questo suono può essere semplice (per es. *Gargnàno* /garˈɲano/, *èsser gnòmi* /ɛssereˈɲɔmi/) o, tra due vocali (o tra vocale e /w/), geminato (per es. *pégno* /ˈpeɲɲo/, *èrano gnòmi* /ɛranoɲˈɲɔmi/, *pign(u)òlo* /piɲˈɲ(w)ɔlo/).

n, (*maiusc.*) **N** [av. 1375] **s. f. o m. inv.** ● quattordicesima lettera dell'alfabeto italiano (nome per esteso *ènne*): *n minuscola, N maiuscolo* | nella compitazione spec. telefonica it. *n come Napoli*; in quella internazionale *n come New York* | (sempre con iniziale maiuscola) sigla di Nord: *vento da NO* | (*mat.*) simbolo per indicare un qualsiasi numero intero | (*burocr.*) *N.N.*, non nominato, sconosciuto | ***figlio di N.N.***, di padre ignoto, di genitori sconosciuti (dicitura, ora non più usata, che compariva nei documenti anagrafici); (*est.*) non attribuibile a nessuno: *un'iniziativa figlia di n.n.*

nàa o **nàaa** [alterazione espressiva di *noo* 'no' ✻1988] **avv.** ● (*colloq.*) no, detto con intonazione canzonatoria, insofferente o infastidita **CFR.** noo②

naan /*hindi* naːn/ [vc. hindi, nota anche con la variante *nan* ✻1992] **s. m. inv.** (**pl.** *hindi* **inv.**) ● pane rotondo e schiacciato, di pasta di farina bianca con l'aggiunta di yogurt e uova, leggermente lievitato, tipico della cucina indiana

✦**nabàbbo** o (*raro*) **nabàb** nel sign. 1 [fr. *nabab*, dall'arabo *nawwāb*, pl. di *nā'ib* 'luogotenente' ✻1708] **s. m.** **1** titolo che, nell'India musulmana, veniva attribuito a principi e alti dignitari **2** (**f.** *-a*) (*est.*) persona ricchissima che ostenta i propri averi e ama la vita lussuosa

nabatèo [vc. dotta, lat. *Nabataēu(m)*, dal gr. *Nabatâio* ✻1516] **s. m.** (**f.** *-a*); **anche agg.** ● appartenente a un'antica popolazione originaria della penisola arabica, insediatasi a sud-est del Mar Morto, dove diede vita a un regno con capitale Petra, assoggettato dai Romani nel 106 d.C.

†**nabìsso** ▸ **abisso**

nàbla [vc. ingl. di orig. gr. (*nábla*) 'strumento a corda', la cui forma ricorda il simbolo adottato ✻1981] **s. m. inv.** ● (*mat.*) operatore vettoriale costituito dalla somma delle derivate prime parziali della grandezza cui è applicato rispetto alle tre coordinate spaziali, moltiplicate per i rispettivi versori; è usato per esprimere il gradiente e la divergenza **SIMB.** ∇

nàbuk /ˈnabuk/ [adattamento dell'ingl. *nubuck* pronunciato come se fosse *new buck* 'nuovo vitello, vitello nato da poco' ✻1991] **s. m. inv.** ● pellame bovino di aspetto scamosciato, usato nell'abbigliamento e in pelletteria

nàcchera o †**nàccara**, †**gnàcchera** [arabo *naqqāra* 'timpano', dal curdo *nakera* 'conchiglia della madreperla' ✻1340] **s. f.** **1** strumento a percussione formato da due pezzi di bosso o avorio, incavati come conchiglie, che, tenuti nel palmo della mano, si battono velocemente l'uno contro l'altro per accompagnare i passi o movimenti di alcune danze popolari, spec. spagnole **SIN.** castagnetta, castagnola **2** antico strumento saraceno costituito da due tamburi di rame coperti di pelli, che venivano battuti con due bacchette **3** (*bot.*) crotalaria **4** †madreperla **5** (*zool.*) voluminoso mollusco dei Lamellibranchi con conchiglia le cui valve sono lunghe sino a 1 m (*Pinna nobilis*) **SIN.** pinna② ‖ **naccherétta**, **dim.** | **naccherìno**, **dim. m.** (V.) | **naccheróne**, **accr. m.**

naccherìno [av. 1348] **s. m.** **1** dim. di *nacchera* **2** (**f.** *-a*) (*lett.*) suonatore di nacchere **3** (*fig.*) †bambino grazioso

†**nàcchero** [sec. XIV] **s. m.** ● nacchera

nàchero [etim. incerta ✻av. 1915] **s. m.** (**f.** *-a*); **anche agg.** ● (*tosc.* o *lett.*) chi (o che) è piccolo di statura e sgraziato

nàcqui ▸ **nascere**①

nacrìte [dal fr. *nacre* 'madreperla'. V. *nacchera* ✻1819] **s. f.** ● (*miner.*) silicato argilloso appartenente al gruppo della caolinite

nadir o **nàdir** [arabo *naẓīr* 'uguale, opposto', cioè 'opposto allo zenit' ✻av. 1313] **s. m. inv.** ● (*astron.*) intersezione con la sfera celeste della semiretta verticale condotta per un punto della Terra e orientata verso il basso

nadiràle [1958] **agg.** ● (*astron.*) relativo al nadir | ***angolo n.***, angolo verticale che una direzione forma col nadir

nàfta [fr. *naphte*, dal lat. *năphtha(m)*, dal gr. *náphtha*, 'bitume' di orig. orient. ✻sec. XIV] **s. f.** **1** (*chim.*) insieme delle frazioni petrolifere ottenute per distillazione fra 60 e 240 °C, usate come solventi o come materie prime per lavorazioni successive | ***n. solvente***, insieme delle frazioni petrolifere ottenute per distillazione entro i 160 °C | ***n. vergine***, insieme delle frazioni petrolifere ottenute per distillazione semplice primaria dell'olio minerale grezzo **2** correntemente, olio combustibile | correntemente, gasolio | ***forno a n.***, quello alimentato con olio combustibile | ***impianto di riscaldamento a n.***, quello alimentato con olio combustibile o gasolio | ***motore a n.***, motore endotermico, gener. diesel, alimentato con gasolio od olio combustibile

naftalène [ingl. *naphtalene*, comp. di *naphtal(ine)* 'naftalina' e del suff. *-ene* ✻1954] **s. m.** ● (*chim.*) nome scientifico della naftalina

naftàlico [dall'ingl. *naphtalic*, da *naphtalene* 'naftalene' e con sostituzione del suff. *-ene* con *-ic* '-ico' ✻1958] **agg.** (**pl. m.** *-ci*) ● (*chim.*) detto di ognuno degli acidi e delle anidridi che si ottengono per ossidazione del naftalene e trovano spesso impiego nella produzione di coloranti

naftalìna [fr. *naphtaline*, da *naphte* 'nafta' ✻1869] **s. f.** ● (*chim.*) idrocarburo aromatico ottenuto industrialmente dal catrame di carbon fossile, materia prima nella fabbricazione di intermedi per coloranti e di prodotti farmaceutici; si usa comunemente come tarmicida **SIN.** naftalene | (*fig.*) ***mettere, tenere qlco. in n.***, ***sotto n.***, conservarla con una cura anche eccessiva; metterla in disparte: *tenere una proposta in n.*

naftenàto [ingl. *naphtenate*, da *naphtenic* 'naftenico' con sostituzione del suff. *-ic* '-ico' con *-ate* '-ato' ✻1958] **s. m.** ● (*chim.*) sale o estere di un acido naftenico | ***n. di rame***, usato come fungicida | ***n. di piombo***, usato come siccativo di vernici e lubrificante

naftène [dall'ingl. *naphtene*, comp. di *naphta* 'nafta' e del suff. *-ene*, sovrapposto a un anteriore *naphtene*, di orig. fr. e di diverso sign. ✻1927] **s. m.** ● (*chim.*) cicloparaffina

naftènico [dal fr. *napthténique*, comp. di *naphtène* 'naftene' e del suff. *-ique* '-ico' ✻1958] **agg.** (**pl. m.** *-ci*) ● (*chim.*) derivato da un naftene | ***acidi naftenici***, acidi monocarbossilici presenti nel petrolio da cui si ricavano; usati per la flottazione e per l'estrazione dei metalli dalle soluzioni acquose

naftilammìna [comp. di *naftalina* e *ammina* ✻1869] **s. f.** ● (*chim.*) ammina della naftalina in cui uno o più atomi d'idrogeno sono stati sostituiti con altrettanti gruppi amminici

naftìle [comp. di *naft(a)* e *-ile*② ✻1958] **s. m.** ● (*chim.*) residuo monovalente derivante dalla naftalina per perdita di un atomo d'idrogeno

naftochinóne [comp. di *naft(alene)* e *chinone* ✻1988] **s. m.** ● (*chim.*) chinone derivato dal naftalene; si può presentare in più isomeri che costituiscono diversi pigmenti naturali colorati; è il precursore degli analoghi di sintesi della vitamina K

naftòlo [fr. *naphtol*, da *naphte* 'nafta' ✻1875] **s. m.** ● (*chim.*) denominazione dei derivati della naftalina ottenuti sostituendo uno o più atomi di idrogeno con altrettanti ossidrili, con proprietà simili a quelle dei fenoli

nagàica o **nagàika** [russo *nagajka* ✻1908] **s. f.** ● staffile cosacco fatto di una correggia di cuoio attaccata a un breve manico

nagàna [dallo zulu *ngana* 'debole, fragile' ✱ 1957] **s. f.** ● tripanosmiasi diffusa nell'Africa centrale causata da *Tripanosoma brucei* che colpisce animali domestici ed è trasmessa dalla mosca tse-tse (genere *Glossina*)

Nàgra® [nome dell'azienda costruttrice, scelto prob. dal fondatore S. Kudelski, che lo chiamò così dal v. polacco *nagrac* 'registrare' ✱ 1983] **s. m. inv.** ● registratore portatile usato spec. dai giornalisti nelle interviste

nahuàtl /na'watl, *ingl.* na:'wa:t(ə)l/ o **nàhua** [n. indigeno della lingua ✱ 1927] **A** **s. m. e f. inv.** ● individuo appartenente a una popolazione dell'America centrale che comprende gli indiani messicani e gli Aztechi **B** **s. m. inv.** ● lingua che costituiva la lingua ufficiale dell'impero azteco ed è ancora viva nel Messico **C** anche **agg. inv.**: *lingua n.*

nàia ① [ingl. *naja*, dall'indostano *nāğ* 'serpente' ✱ 1803] **s. f.** ● (*zool.*) cobra

nàia ② [av. 1803] ➤ **naja**

Naiadàcee [vc. dotta, comp. di *naiade* e *-acee* ✱ 1895] **s. f. pl.** (**sing.** *-a*) ● (*bot.*) famiglia di Monocotiledoni comuni nelle acque dolci dove vivono allo stato sommerso (*Najadaceae*)

✦**nàiade** o (*poet.*) **nàide** nel sign. 1 [vc. dotta, lat. *Nāiade(m)*, nom. *Nāias*, dal gr. *Naïás*, da *nân* 'scorrere', di etim. incerta ✱ 1319] **s. f.** **1** nella mitologia greco-romana, ninfa delle sorgenti e delle fonti **2** (*est.*, *lett.*) giovane donna attraente e sensuale **3** genere di piante annue acquatiche delle Naiadacee, con foglie rigide dentate e fiori piccoli (*Najas*) **4** (*zool.*) stadio larvale acquatico di molti insetti

†**nàibi** [sp. *naipe*, dall'arabo *la'ib* 'gioco' ✱ 1376] **s. m. pl.** ● carte da gioco

nàide [dal gr. *náis* 'naiade' ✱ 1834] **s. f.** **1** V. *naiade* nel sign. 1 **2** piccolo anellide oligocheto delle acque dolci, lungo circa un cm, con i segmenti del corpo forniti di lunghe setole (*Nais elinguis*)

naïf /fr. na'if/ [vc. fr., propr. 'ingenuo, popolare'. V. *nativo* ✱ 1821] **A** **agg. inv.** (**f. fr.** *naïve*, **pl. m.** *naïfs*, **pl. f.** *naïves*) **1** detto di una forma d'arte istintiva, priva di scuola, che rappresenta gli aspetti comuni della realtà quotidiana visti secondo un'ottica semplice e ingenua, ma ricca di particolare suggestione poetica: *quadro n.*; *lo stile n. del doganiere Rousseau*; *mostra di pittori n.* **2** (*est.*) genuino, naturale | ingenuo, semplice **B** **s. m. e f. inv.** ● pittore naïf

nail bar /neil'bar, *ingl.* 'neɪl,bɑ:(r)/ [loc. ingl., comp. di *nail* 'unghia' e *bar* ✱ 1999] **loc. sost. m. inv.** (**pl. ingl.** *nail bars*) ● locale che offre la possibilità di consumare cibi e bevande e contemporaneamente usufruire di trattamenti estetici delle mani e talora anche dei piedi

nàilon [1942] **s. m. inv.** ● adattamento di *nylon* (V.)

naïveté /fr. naiv'te/ [vc. fr., da *naïf* (V.), f. *naïve* ✱ 1703] **s. f. inv.** ● ingenuità, candore, semplicità

nàja o **nàia** ② [dal veneto (*sot la*) *naia* 'sotto la genia, la gentaglia (= i superiori)'; *naia* è il lat. *natālia* (nt. pl. di *natālis* 'che appartiene alla nascita, alla stirpe'. V. *natale*) e significava dapprima 'nascita', poi 'razza', poi 'genia' ✱ 1918] **s. f.** ● (*gerg.*) servizio militare: *avere finito la n.* | la vita di chi è sotto le armi, vista spec. come notevole sforzo fisico e dura disciplina: *tre anni sotto la n.*

naloxóne [ingl. *naloxone* da *N-al(lylnor)ox(ymorph)one* ✱ 1987] **s. m.** ● (*chim.*) sostanza utilizzata in farmacologia come antagonista della morfina e di altri analgesici narcotici

namibiàno [sec. XX] **A** **agg.** ● della Namibia **B** **s. m.** (**f.** *-a*) ● abitante o nativo della Namibia

naming /'nɛmin(g), *ingl.* 'neɪmɪŋ/ [vc. ingl. da *to name* 'dare il nome' ✱ 1981] **s. m. inv.** ● nel marketing, scelta del nome di un nuovo prodotto o servizio

nanchìno [dalla città cinese di *Nanchino*, da cui proviene ✱ 1819] **s. m.** ● tessuto chiaro e leggero di cotone, per abiti estivi

nandrolóne [comp. di *n-* per 'normale' e *andro(steno)lone* ✱ 1988] **s. m.** ● (*farm.*) steroide sintetico utilizzato in medicina come farmaco anabolizzante, considerato sostanza dopante nella pratica sportiva

nandù [vc. guaranì ✱ 1838] **s. m. inv.** ● uccello americano dei Reiformi simile allo struzzo ma con tre dita e penne cascanti che formano un soffice mantello (*Rhea americana*) **SIN.** struzzo d'America

naneròttolo [1691] **s. m.** (**f.** *-a*) **1** dim. di *nano* **2** (*spreg.*) persona di statura molto bassa **3** (*fig.*, *spreg.*) persona che ha scarse qualità, doti, attitudini

†**nànfa** o **lànfa** [arabo *nafḥa* 'profumo' ✱ 1353] **A** **s. f.** ● acqua profumata, distillata dai fiori d'arancio **B** anche **agg.**: *acqua n.*

nanìsmo [comp. di *nano* e *-ismo* ✱ 1860] **s. m.** **1** anomalia dell'accrescimento caratterizzata da un arresto della crescita | ***n. ipofisario***, armonico, per scarso sviluppo corporeo | ***n. tiroideo***, disarmonico, da ridotta secrezione tiroidea | ***n. disarmonico***, caratterizzato da disomogeneità fra le parti corporee | ***n. insulare***, sviluppo limitato dei grossi animali (per es. i mammiferi) per incrocio fra organismi geneticamente affini, come si verifica nelle isole, in valli isolate o in foreste inaccessibili **2** sviluppo limitato di animali o piante

nanizzànte [da *nano*, sul modello di *fertilizzante* ✱ 1970] **agg.** ● di prodotto capace di limitare lo sviluppo delle piante

nànna [vc. infant. ✱ 1319] **s. f.** ● (*infant.*) il dormire, il sonno: *andare, mettere a n.* | ***fare la n.***, addormentarsi, dormire | (*lett.*) cantilena, ninna nanna ‖ **nannìna**, **dim.**

nannoplàncton [comp. del gr. *nánnos*, var. di *nânos* 'di eccessiva piccolezza' (V. *nano-*), e di *plancton* ✱ 1958] **s. m. inv.** ● (*biol.*) l'insieme dei più piccoli organismi costituenti il plancton

nannùfaro ➤ **nenufaro**

nannùfero ➤ **nenufaro**

✦**nàno** [lat. *nānu(m)*, dal gr. *nânos*, di etim. incerta ✱ 1282] **A** **agg.** **1** detto di chi è affetto da nanismo o (*est.*) è di piccolissima statura | di animale o pianta che ha statura o dimensioni più piccole rispetto alla norma: *oca nana*; *fico n.*; *allevamento di razze nane* | (*med.*) detto di chi presenta nanismo **2** (*astron.*) ***stella nana***, (*ellitt.*) ***nana***, di dimensioni e luminosità inferiori a quella del Sole | ***stella nana bianca***, di dimensioni ancora più ridotte, bassa luminosità, da cui il colore bianco, e altissima densità | ***pianeta n.***, corpo celeste di forma sferoidale orbitante intorno a una stella che, a differenza dei pianeti veri e propri, ha in prossimità della sua orbita altri corpi celesti di dimensioni confrontabili, ma che non sono suoi satelliti **B** **s. m.** (**f.** *-a*) **1** (*med.*) individuo che presenta nanismo **2** (*est.*) persona di piccolissima statura | essere fantastico di piccola statura, personaggio mitico di favole e leggende europee, spec. nordiche: *i sette nani di Biancaneve* **CONTR.** gigante ‖ **nanerèllo**, **dim.** | **naneròttolo**, **dim.** (V.) | **nanètto**, **dim.** | **nanìno**, **dim.**

nàno- [gr. *nânos* 'di eccessiva piccolezza', vc. espressiva di orig. incerta] **primo elemento** **1** in parole composte della terminologia biologica, indica dimensioni o sviluppo molto ridotti rispetto al normale: *nanocefalo* **2** anteposto a un'unità di misura, la divide per un miliardo, cioè la moltiplica per 10^{-9}: *nanosecondo* **SIMB.** n **3** anteposto a parole della terminologia scientifica, significa 'che ha il nanometro come ordine di grandezza delle misure': *nanotecnologia*, *nanoelettronica* | (*est.*) in parole composte della terminologia tecnica, significa 'miniaturizzato', 'di dimensioni piccolissime' o che è in relazione con strutture estremamente piccole: *nanotubo*; *nanotecnologia* **CFR.** micro

nanocefalìa [da *nanocefalo* ✱ 1875] **s. f.** ● (*med.*) insufficiente sviluppo della testa

nanocèfalo [comp. di *nano-* e *-cefalo* ✱ 1981] **agg. e s. m.** (**f.** *-a*) ● (*med.*) che (o chi) presenta nanocefalia

nanocurie /nanoky'ri*/ [comp. di *nano-* e *curie*] **s. m. inv.** ● (*fis.*) unità di misura dell'attività di una sostanza radioattiva pari a un miliardesimo di curie **SIMB.** nCi

nanoelettrònica [comp. di *nano-* ed *elettronica* ✱ 1983] **s. f.** ● parte dell'elettronica che si occupa della progettazione, della costruzione e delle applicazioni di circuiti elettronici miniaturizzati in cui le dimensioni dei componenti si misurano in nanometri

nanofàrad /nano'farad/ [vc. ingl., comp. di *nano-* e *farad*] **s. m. inv.** ● (*elettr.*) unità di misura della capacità elettrica pari a un miliardesimo di farad **SIMB.** nF

nanomelìa [comp. di *nano-* e *-melia* ✱ 1875] **s. f.** ● (*med.*) estrema piccolezza degli arti

nanomètro o **nanòmetro** [comp. di *nano-* e *metro* ✱ 1981] **s. m.** ● (*fis.*) unità di misura di lunghezza pari a 10^{-9} m **SIMB.** nm

nanomielìa [comp. di *nano-* e *-mielia* ✱ 1954] **s. f.** ● (*med.*) insufficiente sviluppo del midollo spinale

nanoparticèlla [comp. di *nano-* e *particella* ✱ 1990] **s. f.** ● (*fis.*) particella costituita da aggregati atomici o molecolari di dimensione dell'ordine dei nanometri

nanopólvere [comp. di *nano-* e *polvere* ✱ 2003] **s. f.** ● polvere formata da particelle dell'ordine dei nanometri che ha origine da fenomeni naturali (eruzioni vulcaniche, fulmini ecc.) o da inquinamento (motori a scoppio, inceneritori ecc.)

nanopublishing /nano'pabliʃʃin(g), *ingl.* 'nænəʊ,pʌblɪʃɪŋ/ [comp. di *nano-* e *publishing* ✱ 2005] **s. m. inv.** ● (*Internet*) attività editoriale realizzata nei blog

nanosciènza [comp. di *nano-* e *scienza* ✱ 1999] **s. f.** ● scienza che studia oggetti di dimensioni dell'ordine dei nanometri

nanosecóndo [comp. di *nano-* e *secondo*①] **s. m.** ● unità di misura di tempo corrispondente a un miliardesimo di secondo **SIMB.** ns

nanostruttùra [comp. di *nano-* e *struttura* ✱ 1996] **s. f.** ● struttura di una sostanza o di un materiale le cui dimensioni sono dell'ordine di grandezza dei nanometri

nanotecnologìa [vc. dotta, comp. di *nano-* e *tecnologia* ✱ 1989] **s. f.** (**pl.** *-gìe*) ● (*tecnol.*) tecnologia dei materiali e delle strutture in cui l'ordine di grandezza delle misure è il nanometro

nanotùbo [comp. di *nano-* e *tubo* ✱ 1997] **s. m.** ● (*tecnol.*) struttura cilindrica di carbonio con dimensione dell'ordine dei nanometri derivata dalla grafite, che trova applicazioni sperimentali nell'elettronica per la costruzione di transistor di dimensioni ridottissime, nella neurochirurgia, nell'industria aerospaziale ecc.

†**nànte** [aferesi di *innante* ✱ av. 1294] **A** **avv.** ● innanzi | prima **B** anche **prep.**

nanùfero ➤ **nenufaro**

†**nànzi** [aferesi di *innanzi* ✱ 1266] **A** **avv.** ● innanzi | prima **B** anche **prep.**

nàos [vc. dotta, gr. *naós* 'tempio'. V. *pronao* ✱ 1937] **s. m. inv.** • cella del tempio greco che custodiva il simulacro della divinità

nàpalm o **napàlm** [comp. di *na(ftene)* e un deriv. di *(olio di) palma* ✱ 1958] **s. m. inv.** • materiale incendiario a base di sali organici di alluminio, usato per bombe e lanciafiamme

napèa [vc. dotta, lat. *napāea(m)*, dal gr. *napâia*, da *nápē* 'bosco', di etim. incerta ✱ av. 1406] **s. f.** • nella mitologia greca e latina, ninfa dei boschi

napèllo [da un dim. del lat. *nāpus* 'napo' ✱ sec. XIV] **s. m.** • (*bot.*) aconito

nàpo [vc. dotta, lat. *nāpu(m)*, dal gr. *nâpy*, di orig. straniera ✱ 1340 ca.] **s. m.** • (*bot.*) ravizzone

napoleóne [1809] **s. m. 1** moneta d'oro da 20 franchi coniata da Napoleone I e poi da Napoleone III **2** solitario tra i più diffusi, con le carte da gioco **3** bicchiere per cognac, panciuto e con stelo

napoleònico [av. 1816] **agg.** (**pl. m.** *-ci*) • relativo a Napoleone I (1769-1821) e alla sua epoca: *un cimelio n.* | (*est.*) eccezionale, grandioso | (*fig.*) autoritario

napoleònide [1844] **s. m. e f.** • appartenente alla famiglia di Napoleone I

napoletàna [f. sost. di *napoletano* ✱ 1829] **s. f. 1** tipo di caffettiera, costituita da una coppia di recipienti cilindrici, spec. di alluminio, sovrapposti e da un doppio filtro contenente il caffè macinato; si capovolge quando l'acqua del recipiente inferiore arriva a ebollizione **2** nel tressette, e in vari altri giochi di carte, combinazione di asso, due e tre dello stesso seme

napoletanismo [1627] **s. m.** • parola o locuzione tipica del dialetto napoletano entrata nella lingua italiana

napoletanità [1888] **s. f. inv.** • il complesso dei valori spirituali, culturali e tradizionali caratteristici di Napoli e della sua gente

n

♦**napoletàno** o (*raro*) **napolitàno** [lat. *Neapolitānu(m)*, da *Neāpolis* 'Napoli' ✱ av. 1348] **A agg.** • di Napoli: *accento n.*; *scugnizzi napoletani*; *canzoni napoletane* | ***alla napoletana***, (*ellitt.*) alla maniera dei napoletani, secondo l'uso napoletano | ***pizza alla napoletana***, con pomodoro, mozzarella, acciughe e altri ingredienti ‖ **napoletanaménte**, **avv. B s. m. 1** (**f.** *-a*) abitante o nativo di Napoli **2** †sigaro forte **3** (**spec. al pl.**) pasta per minestra simile ai vermicelli **C s. m. solo sing.** • dialetto parlato a Napoli

nàpoli [dal n. della città di *Napoli* ✱ av. 1950] **A s. m. inv.** • (*sett.*, *spreg.*) napoletano | (*est.*) abitante o nativo dell'Italia meridionale, spec. se emigrato nell'Italia settentrionale (V. nota d'uso STEREOTIPO) **B s. f. inv.** • (*colloq.*) pizza alla napoletana

nàppa [da *mappa*, con dissimilazione ✱ 1459] **s. f. 1** mazzetto di fili di lana o seta posto all'estremità di cordoni o applicato ai bordi di tende, drappi, bandiere e sim. per ornamento: *le nappe del berretto, di una tenda, della poltrona*; *la multiplice in fronte ai palafreni / pendente n.* (G. PARINI) **2** pellame molto morbido adatto per abbigliamento e guanteria, ottenuto per lo più da pelli ovine o caprine conciate al cromo **3** nella liturgia cattolica, tovaglia d'altare **4** (*fam.*, *scherz.*) naso grosso **5** (*bot.*) ***n. di cardinale***, amaranto ‖ **nappétta**, **dim.** | **nappina**, **dim.** (V.)

nappàre[1] [da *nappa* ✱ sec. XX] **v. tr.** • conciare al cromo pelli ovine o caprine in modo da ottenere un pellame molto morbido adatto per guanti, borsette e altri capi d'abbigliamento

nappàre[2] [dal fr. *napper* 'coprire con uno strato' (*nappe*) ✱ 1992] **v. tr.** • (*cucina*) ricoprire con salsa, sugo o fondo di cottura

nappina [1726] **s. f. 1** dim. di *nappa* **2** fiocchetto riunito a bottone e a ghiandina, con passamani di filigrane, spec. per ornamento di copricapi militari e distintivi d'arma e di corpo

nàppo [vc. di orig. germ. ✱ sec. XIII] **s. m. 1** (*lett.*) coppa, tazza, bicchiere: *volevagli ... donare due bellissimi nappi* (G. BOCCACCIO) **2** (*tosc.*) recipiente di latta con beccuccio per attingere l'olio dall'orcio **3** †vassoio, bacino

†**naràncio** ➤ **arancio**

narbonése (o **-ṣ-**) [vc. dotta, lat. *Narbonēnse(m)*, da *Narbōna*, città della Gallia ✱ av. 1347] **A agg.** • di Narbona, città della Francia meridionale | (*stor.*) ***Gallia n.***, provincia romana intorno a Narbona, colonia romana dal 118 a.C. **B s. m. e f.** • abitante o nativo di Narbona

narceìna [dal gr. *nárkē* 'torpore', di orig. indeur. ✱ 1869] **s. f.** • alcaloide presente nell'oppio, dotato di debole azione narcotica

narciṣiṣmo [da *Narciso*, personaggio mitologico che si era innamorato della propria immagine riflessa nell'acqua ✱ 1923] **s. m. 1** (*psicoan.*) concentrazione dell'energia psichica su alcuni aspetti di sé in contrapposizione agli oggetti esterni **2** (*est.*) ammirazione eccessiva di sé stessi o apprezzamento esagerato delle proprie qualità: *l'ironia attenua il suo n.* (L. ROMANO)

narciṣìsta [1954] **s. m. e f.** (**pl. m.** *-i*) • chi è affetto da narcisismo

narciṣìstico [1954] **agg.** (**pl. m.** *-ci*) • che rivela narcisismo: *atteggiamento n.* | (*psicoan.*) ***ferita narcisistica***, situazione dolorosa derivante da offese all'autostima o all'amor proprio ‖ **narciṣisticaménte**, **avv.** in modo narcisistico, con narcisismo

narciṣo[1] o (*raro*) **narcisso** [lat. *narcīssu(m)*, dal gr. *nárkissos*, di orig. preindeur. ✱ 1340] **s. m.** • pianta erbacea perenne delle Amarillidacee con bulbo fusiforme, foglie piane, fiori bianchi profumatissimi, comune in primavera sui prati di montagna (*Narcissus poeticus*)

♣**narciṣo**[2] [V. *narcisismo* ✱ av. 1613] **s. m.** (**f.** *-a*) • (anche con iniziale maiuscola) persona fatua e vanesia: *qual vuoi sceglier per te de' due narcisi?* (L. DA PONTE) ‖ (*vezz.*) **narciṣétto**, **dim.**

narcìssico [1958] **agg.** (**pl. m.** *-ci*) • (*raro*, *lett.*) narcisistico

narcìsso ➤ **narciso**[1]

nàrco /'narko, *sp.* 'narko/ [vc. ispano-amer., accorc. di *narcotraficante* 'narcotrafficante' ✱ 1989] **s. m. inv.** (**pl. sp.** *narcos*) • (**spec. al pl.**) narcotrafficante

nàrco-[1] [gr. *nárkē* (*narkō-* nei deriv.) 'torpore', di orig. indeur.] **primo elemento** • in parole composte della terminologia scientifica, significa 'sonno' o indica relazione col sonno: *narcoanalisi*, *narcoipnosi*

nàrco-[2] [dall'ingl. d'America *narco(tic)* 'narcotico'] **primo elemento** • in parole composte formate modernamente, spec. del linguaggio giornalistico, indica relazione con gli stupefacenti: *narcodollaro*, *narcotrafficante*

narcoanàliṣi [comp. di *narco-*[1] e *analisi* ✱ 1950] **s. f. inv.** • trattamento psicoterapeutico dei disturbi psichici con l'ausilio di farmaci che provocano nel soggetto uno stato di torpore vicino al sonno

narcoanalìtico [1981] **agg.** (**pl. m.** *-ci*) • di narcoanalisi, relativo a narcoanalisi: *trattamento n.*

narcodòllaro [comp. di *narco-*[2] e *dollaro* ✱ 1984] **s. m.** • (**spec. al pl.**) dollaro proveniente dal traffico di stupefacenti

narcoipnòṣi [comp. di *narco-*[1] e *ipnosi* ✱ 1970] **s. f. inv.** • suggestione operata su un paziente in sonno ipnotico

narcolessìa [da *narco-*[1], sul modello di *catalessia* e sim. ✱ 1899] **s. f.** • malattia caratterizzata da improvvise crisi di sonno invincibile

narcolèttico [1991] **A agg.** (**pl. m.** *-ci*) • (*med.*) che riguarda la narcolessia **B agg. e s. m.** (**f.** *-a*) • che (o chi) è affetto da narcolessia: *paziente n.*

Narcomedùṣe [comp. di *narco-*[1] e il pl. di *medusa* ✱ 1981] **s. f. pl.** (**sing.** *-a*) • nella tassonomia animale, sottordine di Idrozoi con meduse caratterizzate da un'ombrella a margine lobato (*Narcomedusae*)

narcosàla [comp. di *narco*[2] e *sala* ✱ 1999] **s. f.** • in alcuni Paesi, locale dove, sotto controllo medico, i tossicodipendenti assumono sostanze stupefacenti, seguendo un programma di progressiva diminuzione delle dosi

narcòṣi [vc. dotta, gr. *nárkōsis*, da *nárkē* 'torpore'. V. *narceina* ✱ 1821] **s. f. inv. 1** (*med.*) stato di incoscienza o sonno profondo indotto da farmaci oppioidi e da sostanze chimiche **2** (*chir.*) anestesia generale

narcosìnteṣi [comp. di *narco-*[1] e *sintesi* ✱ 1981] **s. f. inv.** • (*psicol.*) trattamento delle nevrosi in cui la psicoterapia è preceduta da un'iniezione di barbiturici

narcoterapìa [comp. di *narco-*[1] e *-terapia* ✱ 1958] **s. f.** • terapia del sonno

narcoterroriṣmo [comp. di *narco-*[2] e *terrorismo* ✱ 1984] **s. m.** • terrorismo finanziato e messo in atto da organizzazioni di narcotrafficanti

narcoterrorìsta [comp. di *narco-*[2] e *terrorista* ✱ 1985] **s. m. e f.; anche agg.** (**pl. m.** *-i*) • chi (o che) compie azioni di terrorismo finanziato da narcotraffici

narcotèst [comp. di *narco-*[2] e *test* ✱ 1979] **s. m. inv.** • test farmacologico che accerta l'assunzione di stupefacenti da parte di una persona

narcòtico [vc. dotta, gr. *narkōtikós* 'che fa intorpidire', da *nárkōsis* 'torpore'. V. *narcosi* ✱ av. 1313] **A agg.** (**pl. m.** *-ci*) • relativo alla narcosi o capace di produrla **B s. m.** • farmaco capace di indurre narcosi | stupefacente

narcotìna [da *narcotico* ✱ 1821] **s. f.** • alcaloide contenuto nell'oppio, ad azione simile a quella della morfina, ma più debole e meno tossica

narcotiẓẓàre [da *narcotico* ✱ 1892] **A v. tr. 1** sottoporre a narcosi **2** (*fig.*) stordire; intorpidire, rendere insensibile: *n. l'opinione pubblica* **B narcotiẓẓàrsi v. rifl.** • (*fig.*) stordirsi, intontirsi ‖ **narcotiẓẓazióne**, **s. f.**

narcotrafficànte [comp. di *narco-*[2] e *trafficante* ✱ 1984] **s. m. e f.** • trafficante di stupefacenti

narcotràffico [comp. di *narco-*[2] e *traffico* ✱ 1984] **s. m.** (**pl.** *-ci*) • traffico di stupefacenti, spec. a livello internazionale

nàrdo [vc. dotta, lat. *nărdu(m)*, dal gr. *nárdon*, di orig. orient. ✱ 1313] **s. m.** • (*bot.*) denominazione di varie piante odorose | ***n. comune***, spigo | ***n. selvatico***, asaro | ***n. sottile***, cervino | ***n. celtico***, piccola pianta alpina delle Valerianacee con fiori giallastri rosati esternamente, foglie intere e allungate (*Valeriana celtica*) | ***n. frastagliato***, piccola pianta erbacea delle Valerianacee che cresce nelle zone mediterranee aride (*Centranthus calcitrapa*)

†**nàre** ➤ **nari**

naretìno ➤ **neretino**

narghilè [fr. *narguilé*, dal persiano *narguileh*, deriv. di *narguîl* 'noce di cocco', perché la parte che contiene l'acqua era fatta con una noce di cocco ✱ 1868] **s. m. inv.** • pipa orientale costituita da un recipiente con acqua e da due tubi, uno rigido con un fornelletto a braci per bruciare le foglie di tabacco, l'altro flessibile che termina con un bocchino per aspirare il fumo passato attraverso l'acqua

nàri o †**nàre** [vc. dotta, lat. *nāres*, pl., di orig. indeur. ✱ 1261 ca.] **s. f. pl.** (**sing.** *raro -e*) o †**s. m. pl.** ● (*lett.*) narici

narìce [vc. dotta, lat. parl. **narīcae*, nom. pl., da *nāres* 'nari' ✱ av. 1463] **s. f.** ● (*anat.*) ciascuno dei due orifizi nasali per cui l'aria penetra nelle vie respiratorie

narìna [da un nome di donna, in lingua ottentotta ✱ 1875] **s. f.** ● uccello arboricolo dei Trogoniformi, africano, con lunga coda e piumaggio dai colori splendenti (*Apaloderma narina*)

narràbile [vc. dotta, lat. *narrābile(m)*, da *narrāre* 'narrare' ✱ 1786] **agg.** ● che si può narrare: *mie ... / non narrabili angosce* (V. Alfieri) ‖ **narrabilità**, **s. f. inv.**

narrànte **A** **part. pres.** di *narrare*; anche **agg.** ● che narra, racconta | (*letter.*) ***io n.***, il personaggio che narra in prima persona le vicende di un racconto **CFR.** narrato **B** **s. m. e f.** ● chi narra: *pendere dalle labbra del n.* **CFR.** narratario

♦**narràre** [lat. *narrāre*, da *(g)nārus* 'esperto'. V. *ignaro* ✱ 1261 ca.] **A** **v. tr.** ● raccontare, esporre accuratamente un fatto o una serie di fatti, reali o fantastici, seguendo un determinato ordine temporale: *n. a voce, per iscritto*; *n. una favola, gli ultimi avvenimenti*; *il libro narra la vita di Napoleone*; *la sua storia d'amore a me narrando / sparger la vidi una lacrima sola* (U. Saba) | ***si narra che ...***, si dice che ... **B** **v. intr.** (**aus.** *avere*) ● parlare su qlco. (+ *di*): *mi ha narrato dei suoi viaggi* | raccontare: *il libro narra di una giovane donna, di un viaggio, di un amore*

SFUMATURE DI SIGNIFICATO

narrare - raccontare - riportare

Esporre a voce o per iscritto fatti e situazioni reali o fantastici si dice **narrare**. *Narrare* ha lo stesso significato di **raccontare**, ma rispetto a questo è di uso più elevato, e di solito riferito a esposizioni di un certo rilievo; in riferimento a fatti della vita quotidiana o a eventi del tutto normali si preferisce *raccontare*. Nel significato specifico di comunicare, diffondere qualcosa di cui si è venuti a conoscenza si usa preferibilmente **riportare**, che in altra accezione designa il fatto di riferire a qualcuno qualcosa che sarebbe più opportuno tenere riservato.

SFUMATURE ➤ ***esporre***

narratage /*ingl.* 'nærətɪdʒ/ [vc. ingl., da *to narrate* 'narrare, raccontare' ✱ 1960] **s. m. inv.** ● (*cinema*) tecnica cinematografica consistente nel far narrare l'azione che si svolge sullo schermo da uno dei personaggi o da una voce fuori campo

narratàrio [1989] **s. m.** (**f.** *-ia*) ● nel linguaggio della critica letteraria, il destinatario di una narrazione **CFR.** narrante

narrativa [f. sost. di *narrativo* ✱ 1515] **s. f.** **1** genere letterario in cui rientrano il racconto, la novella, il romanzo **2** †narrazione **3** (*dir.*) parte di un atto processuale in cui sono esposte le questioni di cui si contende in giudizio

narrativìsmo [da *narrativ(o)* col suff. *-ismo* ✱ 1938] **s. m.** ● concezione secondo la quale la storiografia usa modelli esplicativi ispirati alla narrazione letteraria, piuttosto che agli schemi deterministici delle scienze naturali

narrativo [vc. dotta, lat. tardo *narratīvu(m)*, da *narrāre* 'narrare' ✱ av. 1463] **agg.** ● che narra | di opera scritta in cui l'autore espone avvenimenti reali, storici e sim., oppure fantastici e immaginari: *testo n.* | ***genere n.***, narrativa | che è tipico del narrare, della narrativa: *stile, procedimento n.* | (*gramm.*) ***infinito n.***, V. *infinito* nel sign. C 2 ‖ **narrativaménte**, **avv.** **1** (*raro*) secondo una narrazione: *costruire un testo narrativamente* **2** dal punto di vista narrativo: *un film narrativamente ben costruito* ‖ **narratività**, **s. f. inv.** (*letter.*) l'insieme delle caratteristiche che qualificano un testo come narrativo

narràto **part. pass.** di *narràre*; anche **agg.** ● nei sign. del v. | (*letter.*) ***io n.***, il personaggio del narratore mentre vive i fatti **CFR.** narrante

narratologìa [calco sul fr. *narratologie* ✱ 1977] **s. f.** (**pl.** *-gìe*) ● in semiotica, teoria e metodologia critica delle forme narrative

narratològico [1979] **agg.** (**pl. m.** *-ci*) ● relativo alla narratologia: *analisi narratologica*

narratòlogo [1988] **s. m.** (**f.** *-a*; **pl. m.** *-gi*) ● studioso di narratologia

narratóre [lat. tardo *narratōre(m)*, da *narrāre* 'narrare' ✱ 1294] **s. m.** (**f.** *-trice*) ● chi narra | scrittore di opere di narrativa

narratòrio [vc. dotta, lat. tardo *narratōriu(m)*, da *narrātor*, genit. *narratōris* 'narratore' ✱ av. 1348] **agg.** ● (*raro*) narrativo

narrazióne [vc. dotta, lat. *narratiōne(m)*, da *narrāre* 'narrare' ✱ 1261 ca.] **s. f.** **1** atto del narrare: *interrompere la n.* | modo di narrare: *una n. precisa, minuta, reticente* **SIN.** racconto **2** racconto, esposizione verbale o scritta: *n. storica* | (*est.*) modo di presentare, di interpretare una vicenda oppure una storia personale **CFR.** storytelling **3** (*dir.*) parte del documento, spec. pubblico, in cui vengono esposte le circostanze immediate dell'azione giuridica in esso contenuta ‖ **narrazioncèlla**, **dim.**

nartèce [vc. dotta, gr. *nárthēx*, genit. *nárthēkos*, di orig. preindeur. ✱ 1669] **s. m.** **1** (*archit.*) specie di vestibolo esterno o interno delle chiese, dove si trattenevano i catecumeni, durante la parte sacrificale della Messa **2** †cofanetto per unguenti

narvàlo [fr. *narval*, dal danese *narhval*, comp. di *nār* 'corpo' e *hvalr* 'balena' ✱ 1745] **s. m.** ● mammifero cetaceo artico, lungo fino a 6 m, con due soli denti, uno dei quali, nel maschio, si sviluppa sino a raggiungere i 2 m di lunghezza, sporgendo orizzontale e diritto davanti al capo (*Monodon monoceros*)

nasàle (o **-ṣ-**) [av. 1566] **A** **agg.** **1** del naso: *cartilagine, osso, setto n.* **2** (*ling.*) detto di suono della voce umana caratterizzato, dal punto di vista articolatorio, dalla risonanza dell'aria, proveniente dalla laringe, nelle fosse nasali, grazie all'abbassamento dell'ugola | (*est.*) ***voce n., di timbro n.***, che risuona particolarmente nel naso ‖ **nasalménte**, **avv.** ‖ **nasalità**, **s. f. inv.** (*ling.*) risonanza nasale dovuta al passaggio dell'aria laringale attraverso le fosse nasali, durante l'articolazione di una vocale o di una consonante **B** **s. f.** ● (*ling.*) consonante nasale (in italiano la *m*, la *n* e la *gn*) **C** **s. m.** ● nelle antiche armature, appendice del casco, fissa o mobile, a protezione del naso

nasalizzàre (o **-ṣ-**) [1929] **A** **v. tr.** ● (*ling.*) far risuonare nelle fosse nasali un suono articolato | pronunciare con voce nasale **B** **nasalizzàrsi** **v. intr. pron.** ● (*ling.*) diventare nasale, detto di fonema ‖ **nasalizzazióne**, **s. f.** (V.)

nasalizzàto (o **-ṣ-**) **part. pass.** di *nasalizzare*; anche **agg.** ● (*ling.*) detto di suono articolato accompagnato da risonanza nasale: *vocali nasalizzate*

nasalizzazióne (o **-ṣ-**) [1923] **s. f.** ● (*ling.*) la risonanza nasale che accompagna un'articolazione orale

nasàrdo (o **-ṣ-**) [da *naso* ✱ 1826] **s. m.** ● (*mus.*) registro dell'organo che ha suono nasale

nasàre (o **-ṣ-**) [da *naso* ✱ av. 1552] **v. tr.** ● (†, *centr.*, *sett.*) annusare (*anche fig.*)

nasàta (o **-ṣ-**) [1662] **s. f.** ● colpo dato urtando col naso | colpo al naso

nascènte **part. pres.** di *nascere*; anche **agg.** **1** nei sign. del v. (*spec. fig.*): *la n. repubblica* | ***sole n.***, simbolo storico di partiti socialisti | (*fig.*) ***astro n.***, V. *astro* **2** (*chim.*) detto di elemento, spec. gassoso, al momento della sua formazione

†**nascènza** [lat. tardo *nascĕntia(m)*, da *nāscens*, genit. *nascĕntis* 'nascente' ✱ 1353] **s. f.** ● nascita, nascimento

♦**nàscere**① [lat. parl. **nāscere*, per il classico *nāsci*, da *nātus* 'nato' ✱ sec. XII] **v. intr.** (**pres.** *io nàsco, tu nàsci*; **pass. rem.** *io nàcqui*, †*nascètti, tu nascésti*; **part. pass.** *nàto*, †*nasciùto*; **aus.** *essere*) **1** venire alla luce, al mondo, detto di persone o animali: *è nato prematuro*; *nacque nel 1936 a Roma*; *n. da poveri genitori*; *n. ricco, povero, nobile*; *questo è il Nilo / che mi ha visto / n. e crescere* (G. Ungaretti); *alla cagna sono nati quattro cuccioli* | ***n. bene***, da famiglia nobile e ricca | (*fig.*) ***n. vestito, con la camicia***, essere fortunato (V. *camicia* nel sign. 7) | ***essere nato sotto cattiva stella***, essere sfortunato nella vita | (*fig.*) ***n. poeta, soldato*** e sim., essere portato per la poesia, per la vita militare e sim. | ***aver visto n. qlcu.***, (*fig.*) conoscerlo fin da piccolo | ***essere nato con gli occhi aperti***, (*fig.*) essere furbo, scaltro | ***non sono nato ieri***, non sono ingenuo **CONTR.** morire **2** (*est.*) germogliare, spuntare, detto di piante: *erba che nasce spontanea* | ***n. come funghi***, spuntare rapidamente e in grande quantità | mettere, spuntare, crescere, detto di denti, peli, capelli e sim.: *gli è nato un nuovo dentino* | manifestarsi, detto di mali fisici: *gli nascevano pustole* | apparire all'orizzonte, sorgere, detto di astri: *il sole nasce alle cinque* | scaturire, detto di corsi d'acqua: *l'Arno nasce dal Falterona* | elevarsi, detto di edifici: *in quel quartiere sono nate molte villette* | (*raro*) schiudersi, detto di uova **3** (*fig.*) cominciare a operare, produrre, funzionare, detto di un'attività: *è nata una nuova scuola, un'industria moderna* | avere inizio: *la filosofia nacque con Talete* **4** (*fig.*) avere origine, derivare: *non si sa da dove sia nata quella guerra*; *i miei sospiri, che nascon della mente ov'è Amore* (G. Cavalcanti) | ***da cosa nasce cosa***, V. *cosa* nel sign. 8 | verificarsi, insorgere: *sono nati forti sospetti*; *mi nasce un dubbio* | provenire, essere stato costruito la prima volta: *la cetra nacque in Grecia* **SIN.** derivare, venire

nàscere② [da *nascere*① ✱ 1336 ca.] **s. m.** solo **sing.** **1** inizio, esordio, avvio: *il n. del giorno*; *il n. di una civiltà* **2** nella loc. avv. ***sul n.***, al primo manifestarsi: *la rivolta fu soffocata sul n.*

nasciménto [av. 1250] **s. m.** **1** (*lett.*) nascita: *una figlia femmina ... avea di quasi due anni preceduto il mio n.* (V. Alfieri) **2** (*est.*, *lett.*) natali, lignaggio, condizione sociale

♦**nàscita** [1427] **s. f.** **1** il nascere | venuta al mondo, alla luce: *una n. laboriosa*; *anniversario di n.*; *sordo dalla n.* | ***atto di n.***, documento che attesta la nascita di una persona e ne indica i dati anagrafici; (*fig.*) ciò che costituisce l'inizio ufficiale di qlco.: *l'atto di n. di un partito*; *quella tavola a colori rappresenta l'atto di n. del fumetto* **2** famiglia, stirpe: *essere di umile n.* **SIN.** lignaggio **3** (*est.*) lo spuntare, l'apparire di qlco.: *la n. di un fiore, del sole* **4** (*fig.*) origine, principio: *la n. della nostra amicizia*

SFUMATURE DI SIGNIFICATO

nascita - lignaggio - stirpe - discendenza

Nascita in un'accezione particolare può riferirsi all'insieme di persone da cui ognuno di noi discende, considerato rispetto al ceto e al censo. L'origine di popoli, famiglie e individui, si definisce anche **lignaggio**, usato soprattutto in riferimento a famiglie nobili, o **stirpe**, ma quest'ultimo termine è più comune, seppure in usi ironici, per descrivere un complesso di individui che risale a uno stesso capostipite. **Discendenza** è termine più neutro per identificare il complesso degli individui che discendono da antenati comuni.
SFUMATURE ➤ *stirpe*

nascitùro [vc. dotta, lat. *nascitūru(m)*, part. fut. di *nāsci* 'nascere' ✱av. 1511] **A** agg. ● che dovrà nascere: *i figli nascituri* **B** s. m. (f. *-a*) ● chi sta per nascere

Nàsco [vc. di orig. celtica ✱1907] s. m. (pl. *-schi*) ● antico vitigno sardo che dà un'uva di color giallo dorato | elegante vino bianco, dal profumo delicato, prodotto nei tipi secco, dolce o liquoroso nella Sardegna sudoccidentale: *N. di Cagliari*

nascondarèlla o **nasconderèlla** [da *nascondere* ✱1883] s. f. ● nascondino, rimpiattino

nascondarèllo [1958] s. m. ● nascondino

♦**nascóndere** [comp. di *in-*① e del lat. *abscŏndere*, comp. di *ăbs* 'via da' e *cŏndere* 'raccogliere, riporre' (V. †*condito*①) ✱1266] **A** v. tr. (pass. rem. *io nascósi, tu nascondésti*; part. pass. *nascósto*, †*nascóso*) **1** mettere qlco. in un luogo dove non possa essere facilmente trovata, sottraendola così alla vista ed, eventualmente, alle ricerche altrui: *n. un tesoro sotto terra*; *n. le armi in soffitta*; *n. una lettera nella tasca* | tenere celato qlcu. per sottrarlo alla vista o alle ricerche di un altro o di altri: *n. il malvivente alla polizia* SIN. celare, occultare **2** (*est.*) impedire alla vista: *muro che nasconde il panorama*; *la casetta era nascosta dal fitto bosco* **3** (*fig.*) tenere celato dentro di sé, dissimulare (+ *di* seguito da inf., + *che*): *n. il malumore*; *n. i propositi di vendetta*; *gli nascose di essere madre*; *perché m'avete nascosto che ne avevate qua un altro?* (L. PIRANDELLO) | ***non nascondere***, rivelare, confessare: *non ti nascondo la mia amarezza, di essere deluso, che sono molto avvilito* | tacere per non rivelare qlco.: *n. la verità, una notizia* | tenere segreto: *n. la propria identità agli altri* **B** **nascóndersi** v. tr. pron. (aus. *essere*) **1** sottrarre alla vista una parte del proprio corpo: *si nascose il viso nel cortinaggio* (G. VERGA) | ***nascondersi la faccia, il viso tra le mani***, per dolore, vergogna o altro **2** (*fig.*) tacere, occultare a sé stesso (+ *che*): *non mi nascondo le difficoltà dell'impresa*; *non mi nascondo che ci vorrà molta pazienza* **C** **nascóndersi** v. rifl. ● sottrarsi alla vista: *nascondersi in cantina, tra i rami*; *nascondersi dietro il paravento, sotto le coperte* | ***vai a nasconderti!***, (*fam.*) vergognati! | (*fig.*) ***nascondersi dietro un dito***, rifiutarsi di affrontare una situazione critica o risolvere un problema difficile accampando pretesti inconsistenti **D** **nascóndersi** v. intr. pron. **1** celarsi, non rivelarsi: *che cosa si nasconde dietro queste parole?* **2** (*lett.*) fingere, simulare

nasconderèlla ➤ **nascondarella**

nascondévole [av. 1549] agg. **1** †che serve a nascondere **2** (*lett.*) che nasconde

♦**nascondìglio** [av. 1364] s. m. ● luogo che serve a nascondere o a nascondersi: *cercare un n.*; *il n. della lepre*

nascondiménto [1308] s. m. **1** (*lett.*) il nascondere, il nascondersi (*anche fig.*) **2** †nascondiglio

nascondìno [1923] s. m. ● rimpiattino: *giocare, fare a n.*

nasconditóre [1374] s. m. (f. *-trice*) **1** (*raro*) chi nasconde **2** (*lett., fig.*) chi simula, finge qlco.

†**nascóso** (o **-ṣo**) part. pass. di *nascondere*; anche agg. ● nascosto

♦**nascósto** part. pass. di *nascondere*; anche agg. **1** sottratto alla vista, occultato: *un plico n.* | (*est.*) isolato, appartato: *uno chalet n. nel verde* **2** (*fig.*) che non si rivela, che non è evidente: *virtù nascoste*; *verità nascosta* CFR. cripto- | ***di n.***, senza farlo sapere, capire, vedere e sim. ad altri (+ *da*): *agire, incontrarsi di n.*; *leggeva il libro di n. dall'insegnante* ‖ **nascostaménte**, avv. di nascosto; segretamente

nasèllo① (o **-ṣ-**) [sovrapposizione di *naso* al lat. *asĕllus* 'asinello', dim. di *ăsinus* 'asino' ✱1684] s. m. ● pesce osseo marino dei Gadiformi simile al merluzzo, con mandibola più lunga della mascella, carni delicate, bianche e pregiate, argenteo sul ventre e scuro sul dorso (*Merluccius merluccius*)

nasèllo② (o **-ṣ-**) [da *naso* ✱1804] s. m. **1** elemento sporgente nello stipite della porta in cui si incastra la stanghetta del saliscendi SIN. monachetto **2** parte dell'otturatore di una carabina **3** (*mus.*) nasetto **4** punto di appoggio degli occhiali sul naso

nasétto (o **-ṣ-**) [av. 1566] s. m. **1** dim. di *naso* **2** †persona dal naso piccolo **3** (*mus.*) elemento a cui sono fissati i crini dell'archetto degli strumenti ad arco SIN. bietta **4** monachetto ‖ **nasettìno**, dim.

nàshi /ˈnaʃʃi, *giapp.* na.ɕi/ [vc. giapp., propr. 'pera' ✱1991] s. m. inv. ● (*bot.*) pianta ottenuta dall'ibridazione di specie asiatiche del genere *Pyrus* | il frutto di tale pianta

nasìca (o **-ṣ-**) [lat. *nasīca(m)* 'nasuto', da *nāsus* 'naso' ✱1954] s. m. inv. ● scimmia catarrina della foresta di Borneo, con naso a forma di proboscide dilatabile e pelame che si allunga a formare una barba sotto il muso (*Nasalis larvatus*)

nasièra (o **-ṣ-**) [da *naso* ✱1829] s. f. ● anello a pinza che si mette alle narici dei buoi per guidarli

♦**nàso** (o **-ṣ-**) [lat. *nāsu(m)*, di orig. indeur. ✱1266] s. m. **1** parte prominente del volto dell'uomo e del muso di alcuni animali, posta tra la fronte e la bocca, sede dell'inizio delle vie respiratorie e protezione dell'organo dell'olfatto: *n. diritto, storto, greco, aquilino, all'ingiù*; *soffiarsi il n.*; *avere il n. chiuso* CFR. rino-, -rino | ***n. all'insù, n. alla francese***, con la punta leggermente verso l'alto | ***stare con il n. all'insù***, guardare verso l'alto: *questa sera, tutti con il n. all'insù a guardare le stelle cadenti* | ***essere con il n. all'insù***, (*fig.*) essere schizzinosi, altezzosi e sim. | ***dare di n. in qlcu.***, imbattersi in qlcu., urtarlo incontrandolo | ***affilare il n.***, dimagrire | ***arricciare, torcere il n.***, provare contrarietà, disgusto | ***non vedere più in là del proprio n.***, avere la vista corta; (*fig.*) essere poco lungimirante | ***non ricordarsi dal n. alla bocca***, (*fig.*) essere smemorato | ***ficcare, mettere il n. in qlco., dappertutto***, occuparsi a sproposito di qlco., impicciarsi degli affari altrui | (*fig.*) ***far saltare la mosca al n. a qlcu.***, farlo arrabbiare | (*fig.*) ***avere la puzza sotto il n.***, essere superbo, altezzoso | ***menare qlcu. per il n.***, raggirarlo, ingannarlo, prenderlo in giro | ***rimanere con un palmo, con tanto di n.***, restare deluso, insoddisfatto o ingannato | ***bagnare il n. a qlcu.***, (*fig., sett.*) superarlo, umiliarlo: *non voglio farmi bagnare il n. dalla concorrenza* | ***col n. ritto***, con atteggiamento impertinente | (*raro*) ***fare il n.***, abituarlo a un odore | ***fare qlco. turandosi il n.***, (*fig.*) controvoglia, considerandola il male minore **2** (*fig.*) faccia, volto: *sbattere la porta sul n. a qlcu.* | ***mettere il n. fuori***, uscire di casa, affacciarsi | ***allungare il n.***, sporgersi per vedere | ***mettere sotto il n.***, davanti agli occhi | ***avere il n. per aria***, essere distratto, svagato **3** (*est.*) il senso dell'olfatto | fiuto: *un cane che ha buon n.*; *tabacco da n.* | (*est.*) chi per professione crea profumi miscelando essenze: *i nasi dell'industria profumiera* | (*tecnol.*) ***n. elettronico***, dispositivo dotato di sensori in grado di percepire odori e trasformarli in impulsi elettrici che vengono analizzati e descritti da un computer **4** (*fig.*) intuito, perspicacia: *aver buon n.*; *avere n. per gli affari* | ***andare, giudicare a n., a lume di n.***, in base al proprio intuito **5** (*raro*) parte sporgente di alcuni oggetti: *il n. dell'arcolaio, della sella* **6** (*mecc.*) parte anteriore del mandrino, sulle macchine utensili, di forma internamente tronco-conica ed esternamente cilindrica e filettata, su cui si avvita la piattaforma o il disco menabrida, per il montaggio del perno ‖ **nasàccio**, pegg. | **nasétto**, dim. (V.) | **nasino**, dim. | **nasóne**, accr. (V.) | **nasùccio**, dim.

NOMENCLATURA

naso (cfr. odore, olfatto)
● *caratteristiche*: piccolo ⇔ grande, corto = a patata ⇔ lungo, sottile ⇔ grosso = a pallottola, fine ⇔ rigonfio, appuntito = a punta = aguzzo, affilato ⇔ spugnoso; retto = diritto = greco ⇔ storto, schiacciato = piatto = camuso = rincagnato, arcuato = aquilino = adunco, bitorzoluto; alla francese = all'insù; rubicondo = rubizzo;
● *parti del naso*: radice, setto, dorso, pinne = alette, narici = (*lett., scherz.*) froge, fossa nasale, coana, seno paranasale, seno sfenoidale, seno etmoidale, seno frontale, regione olfattoria, meato superiore, meato medio, meato inferiore; muco;
● *azioni*: fiutare = annusare = odorare; arricciare, grattare, pulire, nettare, soffiare, soffiarsi il naso tappare, smocciare, smoccolare, mettere le dita nel naso, tirare su col naso, sgocciolare, avere la goccia al naso, storcere il naso; respirare, starnutire.

nasobiànco (o **-ṣ-**) [comp. di *naso* e *bianco* ✱1954] s. m. (pl. *nasibiànchi*) ● scimmia africana dei Cercopitecidi caratterizzata da una macchia candida sul naso nero (*Cercopithecus nictitans*)

nasofaringèo (o **-ṣ-**) o (*raro*) **nasofarìngeo** (o **-ṣ-**) [comp. di *naso* e *faringe*, con suff. agg. ✱1875] agg. ● (*anat.*) relativo al naso e alla faringe

nasolabiàle (o **-ṣ-**) [comp. di *naso* e *labiale* ✱1954] agg. ● (*anat.*) pertinente al naso e al labbro

nasóne (o **-ṣ-**) [av. 1566] s. m. **1** accr. di *naso* **2** (f. *-a*) (*scherz.*) persona con un grosso naso

nasopalatìno (o **-ṣ-**) [comp. di *naso* e *palato*, con suff. agg. ✱1834] agg. ● (*anat.*) pertinente al naso e al palato

nàspo [comp. di *(i)n* e *aspo* ✱av. 1306] s. m. ● aspo

nàssa [lat. *năssa(m)*, di etim. incerta ✱av. 1320] s. f. **1** cesta di giunco, vimini o rete metallica, di forma conica, chiusa a un'estremità e con imboccatura a imbuto, per la quale il pesce entra facilmente senza poterne poi uscire **2** trappola di rete a imbuto per uccelli **3** †piccola ampolla di vetro con beccuccio, usata un tempo dai farmacisti **4** mollusco gasteropode del Mediterraneo, carnivoro, con conchiglia ovale e appuntita (*Nassa mutabilis*)

nastìa [dal gr. *nastós* 'calcato', da *nássein* 'calcare', di etim. incerta ✱1925] s. f. ● (*bot.*) movimento di un organo vegetale che si curva in una direzione predeterminata dalla struttura dell'organo e indipendentemente dalla direzione dello stimolo

nàstico [1954] **agg.** (**pl. m.** *-ci*) ● (*bot.*) di nastia

nastràio [av. 1840] **s. m.** (**f.** *-aia*, **pl. m.** *-ai*) ● chi fa o vende nastri

nastràre [da *nastro* ✱ 1958] **v. tr.** ● applicare manualmente o meccanicamente il nastro sugli imballaggi o il nastro isolante intorno ai conduttori elettrici

nastratrìce [1970] **s. f.** ● macchina che esegue la nastratura

nastratùra [1958] **s. f.** ● operazione del nastrare

†**nastrièra** [av. 1704] **s. f.** ● ornamento di nastri

nastrifórme [comp. di *nastro* e *-forme* ✱ 1906] **agg.** ● che ha forma di nastro

nastrìno [av. 1698] **s. m.** **1** dim. di *nastro* **2** piccola striscia di stoffa propria di una decorazione od onorificenza, che si porta per distintivo sul petto o all'occhiello **3** piccolo nastro da appuntare sul vestito o sul cappello a testimonianza dell'adesione a un partito, un'associazione o una battaglia ideale **4** piccola strisciolina d'oro usata nell'oreficeria per fare aggiornature, filettature, alveoli **5** (*bot.*) pianta erbacea delle Agavacee, appartenente al genere *Chlorophytum*, originaria del Sudafrica, di uso ornamentale **SIN.** falangio **6** (**al pl.**) tipo di pasta da minestra, più sottile dei nastri

♦**nàstro** [got. *nastilo* 'correggia' ✱ 1321] **s. m.** **1** tessuto sottile, stretto e di varia lunghezza, per guarnizioni e legature: *n. di seta, di cotone*; *n. a spina, a maglia*; *orlare con n.*; *il n. del cappello* | ***n. elastico***, tessuto per bretelle e giarrettiere, in cotone e fili di gomma elastica | ***n. di decorazione, onorificenza***, di vario colore, per appendere al petto o cingere al collo la medaglia o la croce | ***n. di lutto***, di color nero, che si porta al cappello, alla manica o al bavero in segno di lutto | ***n. azzurro***, quello che sostiene la decorazione italiana al valor militare; (*est.*) la decorazione stessa; riconoscimento un tempo conferito alla nave di linea che deteneva il primato di velocità nella traversata dell'Atlantico del Nord **2** (*est.*) tutto ciò che ha forma di nastro | ***n. adesivo***, striscia di cellophane spalmata d'adesivo su un lato | ***n. isolante***, striscia di tessuto gommato o di materia plastica, adoperato per ricoprire e isolare conduttori elettrici | ***n. metrico***, striscia di tessuto, metallo o nylon per prendere misure | ***n. dattilografico***, nelle macchine per scrivere, nastro di cotone, di seta o di altro materiale impregnato d'inchiostro | (*inform.*) ***n. perforato***, V. *perforato* | ***n. magnetico***, (*ellitt.*) ***nastro***, nastro di plastica, carta o altro materiale ricoperto o impregnato di materiale ferromagnetico, usato per la registrazione di suoni, immagini o dati per elaborazione | ***n. programmi***, nastro magnetico nel quale sono registrati una serie di programmi | ***n. discografico***, nastro per la registrazione che verrà riversata sulla matrice | ***n. trasportatore***, piano scorrevole che, nei grandi stabilimenti, porta davanti all'operaio l'oggetto su cui deve lavorare | ***n. a tazze***, in alcuni tipi di draghe, catena continua con recipienti a forma di tazza per scavare e trasportare materiale terroso | ***n. di mitragliatrice***, supporto metallico, o di tela, che unisce in serie le cartucce presentandole in posizione di sparo all'arma | (*mat.*) ***n. di Möbius***, in topologia, superficie non orientabile, unilatera, che si ottiene congiungendo i due lati minori di una striscia piana dopo aver impartito a uno di essi una rotazione di 180° | ***nastri di partenza***, serie di lunghi elastici che vengono sollevati per dare il via ai cavalli nelle corse al trotto | (*fig.*) ***essere ai nastri*** (o ***al n.***) ***di partenza***, essere in procinto di iniziare un'attività | (*fig.*) ***n. stradale, d'asfalto***, strada, strada asfaltata **3** in ginnastica ritmica, attrezzo costituito da un bastoncino unito con uno snodo a un nastro di sei metri circa; (*est.*) la specialità stessa **4** (**al pl.**) tipo di pasta alimentare a forma di nastro ‖ **nastrìno**, **dim.** (V.) | **nastrùccio**, **dim.**

nastrotèca [comp. di *nastro* e *-teca* ✱ 1961] **s. f.** ● raccolta organica e sistematica di nastri magnetici registrati | luogo dove tali nastri sono conservati **SIN.** registroteca

nastùrzio [lat. *nastŭrtiu(m)*, di etim. incerta: 'che fa storcere il naso (per l'odore piccante)' (?) ✱ av. 1320] **s. m.** ● crocifera perenne molto comune nei luoghi umidi, con foglie profondamente divise e fiori gialli, coltivata in parecchie varietà (*Nasturtium silvestre*) | ***n. indiano***, cappuccina

nàsua (o **-ṣ-**) [vc. del lat. scient., da *nāsus* 'naso', perché caratterizzato da un naso prominente molto mobile ✱ 1869] **s. f.** ● genere di Mammiferi dei Carnivori, con muso molto allungato e mobilissimo, pelliccia fitta e morbida (*Nasua*)

nasùto (o **-ṣ-**) [vc. dotta, lat. *nasūtu(m)*, da *nāsus* 'naso' ✱ 1319] **agg.** **1** che ha un naso lungo e grosso | †che ha un odorato molto acuto **2** †sagace, perspicace nei giudizi **3** †beffatore, schernitore

natàbile [vc. dotta, lat. tardo *natābile(m)* 'che può galleggiare', da *natāre* (V. †*natare*) ✱ 1983] **agg.** ● detto di tratto d'acqua in cui si può navigare

♦**natàle** [lat. *natāle(m)*, da *nātus* 'nato' ✱ 1296] **A** **s. m.** (*Natàle* **nel sign. 2**) **1** (*raro*) giorno della nascita | (*raro, lett.*) anniversario del giorno della nascita: *Oggi il mio genitor [...] celebrava il n.* (T. Tasso) | ***n. di Roma***, celebrazione della data in cui sarebbe stata fondata Roma (il 21 aprile del 753 a.C.) **2** solennità liturgica dell'anno cristiano, in cui si ricorda la natività di Gesù Cristo, il 25 dicembre | ***mese di Natale***, dicembre | ***albero di N.***, V. *albero* | ***durare da Natale a S. Stefano***, pochissimo | ***per lui è Natale***, è una festa grande | ***Babbo N.***, personaggio fantastico in figura di vecchio che i bimbi credono venga la notte di Natale a portar loro regali | **PROV.** ***N. coi tuoi, Pasqua con chi vuoi*** **3** (*lett.*, **al pl.**) nascita: *i suoi natali sono molto oscuri* | (*est.*) stirpe, prosapia **B** **agg.** **1** della nascita, attinente alla nascita: *giorno n.* | ***terra n.***, la patria **SIN.** natio **2** (*raro*) natalizio ‖ **natalità**, **s. f. inv.** (V.)

natalìṣmo // [comp. di *natal(ità)* e *-ismo* ✱ 1965] **s. m.** ● spec. nel linguaggio politico e giornalistico, concezione e politica favorevoli a un incremento della natalità

natalìsta // [1967] **A** **agg.** ● relativo a natalismo **B** **agg.**; anche **s. m. e f.** (**pl. m.** *-i*) ● fautore, sostenitore del natalismo: *politiche, misure nataliste*

natalità [fr. *natalité*, da *natal* 'natale' ✱ 1881] **s. f. inv.** ● (*stat.*) l'insieme delle nascite di un determinato luogo considerate nel loro aspetto quantitativo | ***quoziente generico di n.***, rapporto tra il numero assoluto dei nati vivi e l'ammontare della popolazione | ***quoziente specifico di n.***, rapporto tra il numero assoluto di nati vivi e il numero di uomini o donne in età feconda

♦**natalìzio** [vc. dotta, lat. *natalĭciu(m)*, da *natālis* 'natale' ✱ av. 1553] **A** **agg.** **1** del Natale: *feste natalizie* **2** relativo al giorno della nascita di qlcu. **SIN.** natale **B** **s. m.** ● (*lett.*) compleanno, genetliaco: *celebrare il n.*

natànte **A** **part. pres.** di †*natare*; anche **agg.** **1** nei sign. del v. **2** che galleggia **B** **s. m.** ● struttura galleggiante spec. di piccole dimensioni, in grado di spostarsi sull'acqua anche con mezzi propri in aree limitate, azionata a remi, a vela o a motore | ***n. da diporto***, quello con lunghezza fuori tutto inferiore a 7,5 metri se a motore o a 10 metri se a vela **CFR.** scafo, -scafo
SFUMATURE ➤ ***imbarcazione***

†**natàre** [lat. *natāre*, intens. di *nāre*, di orig. indeur. ✱ sec. XIII] **v. intr.** ● (*poet.*) nuotare

natatóia [da †*natare* ✱ 1869] **s. f.** ● (*zool.*) organo atto al moto dei Mammiferi acquatici, come i Cetacei e i Pinnipedi

natatóio [dalla vc. dotta *natare* 'nuotare' ✱ 1958] **s. m.** (**pl.** *-ói*) ● (*bot.*) cavità contenente aria, spesso localizzata nel picciolo fogliare, che consente alle Angiosperme acquatiche il galleggiamento totale o parziale

†**natatóre** [lat. *natatōre(m)*, da *natāre* 'natare' ✱ sec. XIV] **s. m.** (**f.** *-trice*) ● nuotatore

natatòrio [vc. dotta, lat. tardo *natatōriu(m)*, da *natāre* 'natare' ✱ 1381] **agg.** (**pl. m.** *-i* o *raro -ii*) ● che riguarda il nuoto o il nuotatore: *gare natatorie* | (*zool.*) ***vescica natatoria***, organo idrostatico posto sotto alla colonna vertebrale di cui sono provvisti molti pesci

natazióne [vc. dotta, lat. *natatiōne(m)* 'il nuotare, nuoto', da *natāre* (V. †*natare*) ✱ 1468] **s. f.** ● (*disus.*) il nuoto

Nàtel® [sigla ted. della società *N(ationales) A(uto)Tel(efon)* 'Telefoni per automobile Nazionali' ✱ 1995] **s. m. inv.** ● (*elvet.*) servizio di telefonia cellulare | apparecchio telefonico cellulare, telefonino

nàtica ① [vc. dotta, lat. parl. **nătĭcae*, nom. pl., da *nătes* 'natiche', di orig. indeur. ✱ sec. XIII] **s. f.** ● (*anat.*) ciascuna delle due masse muscolari formate dai glutei

nàtica ② [da *natica*① , con allusione alla forma ✱ 1981] **s. f.** ● mollusco gasteropode commestibile con forte conchiglia globosa, comune nel Mediterraneo sulla rena a piccole profondità (*Natica millepunctata*)

naticùto [da *natica*① ✱ 1364] **agg.** ● (*lett., scherz.*) che ha grosse natiche

natimortalità [da *nati morti* (pl. di *nato morto*), sul modello di *mortalità* ✱ 1921] **s. f. inv.** ● (*stat.*) rapporto fra il numero dei nati morti in un anno e il numero complessivo dei nati vivi e morti dello stesso anno

natìo ➤ **nativo**

nativiṣmo [da *nativo* ✱ 1895] **s. m.** ● (*filos.*) innatismo

natività [vc. dotta, lat. tardo *nativitāte(m)*, da *natīvus* 'nativo' ✱ sec. XII] **s. f. inv.** **1** (*lett., raro*) nascita **2** commemorazione di nascita di Gesù o della Vergine o di santo **3** rappresentazione iconografica o statuaria della nascita di Gesù o della Vergine

natìvo o **natìo** nei sign. A1 e A2 [vc. dotta, lat. *natīvu(m)*, da *nātus* 'nato' ✱ av. 1311] **A** **agg.** **1** della nascita | relativo al luogo di nascita: *dialetto n.*; *aria nativa*; *fuggo dal mi' natio dolce aere tosco* (F. Petrarca) | che è nato in un determinato luogo: *essere n. di Siena* | ***terra nativa***, il paese in cui si è nati | ***il tetto natio***, la casa in cui si è nati **2** (*raro*) naturale, innato: *nativa fierezza*; *il n. odio, il dubbio e la paura* (L. Ariosto) | (*est.*) schietto, spontaneo: *una nativa eleganza* **3** (*miner.*) detto di elemento che si trova non combinato con altri in natura: *ferro n.* ‖ **natività**, **s. f. inv.** (V.) **B** **s. m.** (**f.** *-a*) ● chi è oriundo, originario di un determinato luogo: *i nativi della Giamaica* **SIN.** indigeno | (*fig.*) ***n. digitale***, V. *digitale*③

♦**nàto** **A** **part. pass.** di *nascere*; anche **agg.** **1** venuto al mondo: *un bambino appena n.* | ***cieco, sordo n.***, chi è cieco, sordo dalla nascita | ***n. per qlco.***, che ha particolari attitudini per qlco.: *n. per vincere*; (*anche assol.*) *è un pittore n.* | ***n. ieri***, (*fig.*) inesperto, ingenuo: *Per chi mi prendi? Mi credi n. ieri?* (P. Levi) | (*fig., fam.*) ***n. stanco***, indolente, pigro | (*fam., intens.*) ***essere qlcu. n. e sputato***, assomigliare moltissimo a qlcu. | ***n. morto***, detto di chi è già morto al momento di venire alla luce; (*fig.*) detto di iniziativa, progetto, impresa e sim. che già in partenza non ha alcuna possibilità di riuscita | (*lett.*) ***uomo n., anima nata***, essere umano, persona: *col cessare di comandare ... ad uomini nati tuoi pari* (V. ALFIERI) **2** detto di donna, indica il cognome di nascita rispetto a quello aggiunto con il matrimonio: *Maria Rossi nata Bianchi* **B** **s. m.** (**f.** *-a*) **1** figlio, figliolo: *il mio ultimo n.; gli uomini lo avrebbero inseguito là dentro, scoprendo i suoi nati* (D. BUZZATI) **2** chi è nato in un determinato anno o periodo storico: *i nati nel dopoguerra; i nati durante la Rivoluzione*

nàtola [etim. incerta ✱ 1889] **s. f.** ● (*mar.*) incavo a forcella della scalmiera dove si colloca il remo, senza uso di stroppo

natrìce [vc. dotta, lat. *natrīce(m)*, di orig. indeur. ✱ sec. XIV] **s. f.** ● rettile degli Ofidi, non velenoso, con corpo lungo coperto di grandi squame lucide di color verde grigiastro (*Natrix natrix*)

natriemìa o **natremìa** [vc. dotta, comp. del lat. *natri(um)* 'sodio' ed *-emia* ✱ 1981] **s. f.** ● (*chim.*) quantità di sodio nel sangue

natrolìte [comp. di *natro(n)* e *-lite* ✱ 1819] **s. f.** ● (*miner.*) zeolite di sodio in cristalli fibrosi, bianchi o rosei, di aspetto vitreo

natròmetro [comp. di *natro(n)* e *-metro* ✱ 1875] **s. m.** ● (*fis.*) densimetro a doppia scala per misurare la quantità di soda contenuta nella potassa

nàtron [arabo *naṭrūn* ✱ 1786] **s. m. inv.** ● (*miner.*) carbonato idrato di sodio che si presenta sotto forma di incrostazioni o efflorescenze nelle zone aride

nàtta① [etim. incerta ✱ sec. XIV] **s. f.** ● (*med.*; *disus.*) cisti sebacea del cuoio capelluto

†**nàtta**② [fr. *natte*, dal lat. tardo *nătta(m)*, variante di *mătta(m)*, vc. di orig. straniera ✱ av. 1347] **s. f.** ● (*mar.*) stuoia per foderare le cale contro l'umidità

†**nàtta**③ [etim. incerta ✱ sec. XIII] **s. f.** ● burla, beffa

♦**natùra** [vc. dotta, lat. *natūra(m)*, da *nātus* 'nato' ✱ av. 1250] **s. f. 1** tutto ciò che esiste (uomini, animali, piante, cose inanimate), considerato nel suo divenire fenomenico, nelle sue leggi, nel suo ordine: *le meraviglie, i segreti della n.; lo studio della n.; l'arte imita la n.* CFR. fisio- | l'ambiente, il paesaggio, spec. se poco modificato dall'uomo: *vivere, ricrearsi nella n.* | ***i tre regni della n.***, animale, vegetale, minerale | ***in n.***, nell'ordine naturale | ***senso, sentimento della n.***, profondo e genuino piacere che si trae dalla contemplazione della natura (elemento fondamentale per es. nella poetica del Romanticismo) | ***il libro della n.***, la natura come arricchimento delle esperienze e del sapere umano **2** energia, forza generatrice dell'universo: *la n. madre di tutte le cose; la n. creatrice; il riposo, il ravvivarsi della n.; i figli della Natura; madre n.* | ***n. naturante***, in teologia, il Dio creatore (dalla loc. latina *n. naturans*, propr. 'natura generante') CFR. physis | ***n. naturata***, in teologia, l'insieme delle manifestazioni della sostanza infinita (in origine loc. latina, propr. 'natura generata') **3** essenza costitutiva di uomini e cose: *l'intima n. di qlcu., di qlco.; riflettere sulla n. del bello, del male; la n. de' popoli prima è cruda, di poi severa, quindi benigna, appresso dilicata, finalmente dissoluta* (G. VICO) | carattere, tendenza, disposizione degli esseri umani non acquisite con l'educazione: *la n. dell'uomo; la salute è un dono di n.* | ***avere una seconda n.***, possedere una capacità acquisita a tal punto che sembra innata: *suonare il violino è per lui quasi una seconda n.* | ***mutare n.***, cambiare modo di essere | ***rendere, pagare il tributo alla n.***, morire | (*est.*) indole, carattere: *è una n. malinconica, collerica, esuberante; seguire la propria n.; un comportamento proprio della sua n.* | carattere specifico di qlco.: *è nella n. delle cose; la n. di una istituzione, di un discorso* | (*est.*) specie, tipo: *cose di n. delicata* **4** l'uomo, come prodotto della natura: *è una n. ipocrita; ogni n. ha il suo istinto* | ***la n. umana***, il genere umano, gli uomini viventi **5** ***natura morta***, genere di pittura che ritrae oggetti, fiori, frutta, vivande, selvaggina, considerato tra le prime manifestazioni del realismo nelle arti figurative | opera appartenente a tale genere: *le nature morte del Caravaggio* **6** (*eufem.*) parti genitali esterne, spec. femminili **7** †nascita, lignaggio: *nobile per n.* | †***da n.***, dalla nascita ‖ **naturàccia**, pegg.

♦**naturàle** [vc. dotta, lat. *naturāle(m)*, da *natūra* 'natura' ✱ av. 1250] **A** **agg. 1** di natura, della natura, attinente alla natura: *ordine n.; bellezze naturali del paesaggio; filosofia n.* | ***ricchezza n.***, quella del suolo, dei prodotti della natura | ***scienze naturali***, quelle che studiano gli aspetti della natura, come fisica, chimica, botanica, geologia, zoologia e sim. **2** conforme alla natura, secondo l'ordine della natura: *corso n. degli avvenimenti* | ***grandezza n.***, V. *grandezza* nel sign. 1 | ***diritto n.***, diritto ideale, corrispondente a una superiore giustizia | (*est.*) ordinario, logico, ovvio (+ *che* **seguito da congtv.**): *sono cose naturali; è n.!; è n. che i bambini siano attratti dai giochi; conseguenza n.* | anche come risposta affermativa: *"Vieni anche tu?" "N.!"* **3** dato dalla natura, che si ha per natura: *bisogni naturali dell'uomo; affetto n. per la famiglia; generosità n.; la natural ambizione dell'umana superbia* (G. VICO) | ***morte n.***, dovuta a cause naturali; (*est.*) non violenta | ***vita natural durante***, per tutta la vita | ***figlio n.***, V. *figlio* | ***giudice n.***, competente, legittimo **4** (*est.*) non artefatto o alterato: *vino, cibo n.; capelli naturali* | ***eloquenza n.***, che non è frutto di studio o affettazione | (*est.*) spontaneo, schietto, semplice: *gli viene n. fare così; una posa n.; essere n. nel parlare* | ***un atteggiamento n.***, disinvolto | nella loc. avv. ***al n.***, così com'è in natura, senza interventi, modificazioni e sim.: *verdura, frutta al n.*; (*est.*) con esattezza e fedeltà: *imitare, copiare al n.* | †***stare al n.***, posare, fare da modello **5** (*mus.*) detto di suono non alterato da accidenti: *do n.* | ***scala n.***, scala minore senza alterazioni, contrapposta a scala minore armonica o melodica | detto di alcuni strumenti a fiato che producono solo suoni armonici naturali **6** †indigeno: *gente n. del paese* ‖ **naturalménte**, †**naturaleménte**, **avv. 1** per natura, secondo la propria natura: *è una persona naturalmente buona* **2** (*est.*) senza affettazione, con spontaneità: *scrivere, muoversi naturalmente* **3** secondo l'ordine della natura: *fenomeni susseguitisi naturalmente* **4** ovviamente, come è logico, prevedibile: *avete scritto e naturalmente vi abbiamo risposto* **5** certamente, sicuramente, sì: *'tornerete domani?' 'naturalmente!'* ‖ **naturalità**, **s. f. inv.** (V.) **B** **s. m. 1** (*lett.*) indole, istinto, tendenza innata: *è n. degli uomini che in loro possa ... tanto più la speranza che il timore* (F. GUICCIARDINI) **2** (**spec. al pl.**) †chi è nativo, indigeno di un luogo: *i naturali dell'isola* **3** †stato di natura

SFUMATURE ➤ ***spontaneo***

naturaleggiàre [1639] **v. tr.** (**pres.** *io naturaléggio*; **fut.** *io naturaleggerò*) ● (*lett.*) rappresentare al naturale, nell'arte

naturalézza [da *naturale* ✱ 1589] **s. f. 1** caratteristica di ciò che è conforme alla natura: *la n. di una scena, di una rappresentazione artistica* **2** assenza di affettazione, ricercatezza, artificio: *mancare di n.; recitare con n., con la massima n.* CONTR. affettazione, artificio, ricercatezza **3** †disposizione naturale | †***per sua n.***, seguendo la sua indole **4** †natura

naturalìșmo [fr. *naturalisme*, dal lat. *naturālis* 'naturale' ✱ 1849] **s. m. 1** dottrina filosofica secondo cui non esiste realtà al di fuori della natura e pertanto tutto quello che accade si spiega esclusivamente con leggi fisiche, prescindendo da ogni trascendenza **2** teoria estetica secondo la quale l'arte è tenuta a riprodurre fedelmente la realtà escludendo ogni intromissione soggettiva, idealizzante o deformante: *il n. di Zola*

naturalìsta [fr. *naturaliste*, dal lat. *naturālis* 'naturale' ✱ 1395] **s. m. e f.** (**pl. m.** *-i*) **1** studioso di scienze naturali **2** seguace della filosofia o dell'estetica del naturalismo

naturalìstico [1881] **agg.** (**pl. m.** *-ci*) **1** relativo alla filosofia o all'estetica del naturalismo **2** che riguarda le scienze naturali **3** che riguarda la natura, gli ambienti naturali: *guida naturalistica* ‖ **naturalisticaménte**, **avv.** secondo i principi del naturalismo

naturalità [vc. dotta, lat. tardo *naturalitāte(m)*, da *naturālis* 'naturale' ✱ av. 1288] **s. f. inv. 1** condizione di ciò che è naturale | conformità alla natura, alle leggi naturali **2** (*est.*, *lett.*) naturalezza, disinvoltura **3** (*dir.*, *disus.*) naturalizzazione

♣**naturàliter** [avv. lat., propr. 'naturalmente, per natura' ✱ 1933] **avv.** ● naturalmente, intrinsecamente, per propria natura: *dimentica così di votare ... per un partito che n. non ama* (L. SCIASCIA)

naturalizzàre [fr. *naturaliser*, dal lat. *naturālis* 'naturale' ✱ av. 1620] **A** **v. tr. 1** (*dir.*) concedere la cittadinanza a uno straniero **2** detto di animali, imbalsamare **B** **naturalizzàrsi** **v. rifl.** ● (*dir.*) chiedere e ottenere la cittadinanza, detto di uno straniero: *naturalizzarsi italiano* **C** **naturalizzàrsi** **v. intr. pron.** ● (*biol.*) adattarsi a vivere e a riprodursi in un ambiente diverso da quello originario, detto di pianta o animale ‖ **naturalizzazióne**, **s. f.** (V.)

naturalizzàto **part. pass.** di *naturalizzare*; **anche agg.** ● nel sign. del v.: *straniero n.*

naturalizzazióne [fr. *naturalisation*, da *naturaliser* 'naturalizzare' ✱ av. 1602] **s. f. 1** (*dir.*) concessione della cittadinanza a uno straniero **2** (*biol.*) adattamento di pianta o animale in un ambiente diverso da quello originario

naturamortìsta [comp. di *natura morta* e *-ista* ✱ 1952] **s. m. e f.** (**pl. m.** *-i*) ● pittore di nature morte

naturans, natura ➤ **natura** nel sign. 2

naturànte **part. pres.** di †*naturare*; **anche agg. 1** nei sign. del v. **2** ***natura n.***, V. *natura* nel sign. 2

†**naturàre** [da *natura* ✱ av. 1292] **A** **v. tr.** ● generare, formare, creare **B** †**naturàrsi** **v. intr. pron.** ● formarsi | abituarsi, compenetrarsi

naturàto **part. pass.** di †*naturare*; **anche agg. 1** nei sign. del v. **2** ***natura naturata***, V. *natura* nel sign. 2

nature /fr. na'tyʀ/ [vc. fr., propr. 'natura' ✱ 1959] **in funzione di agg. inv.** ● detto di ciò che appare così com'è in natura, senza modificazioni o sofisticazioni: *fragole n.; una bellezza n.*

naturìșmo [fr. *naturisme*, da *nature* 'natura' ✱ 1875] **s. m. 1** movimento d'opinione che propugna un modo di vivere in armonia con la natura, caratterizzato anche dalla pratica della nudità comune, il cui fine è il rispetto di sé stessi, del prossimo e dell'ambiente naturale: *Il n. è del resto una scelta* (L. ROMANO) **2** (*med.*) dottrina per cui ogni virtù curativa è attribuita alla natura **3** nella storia delle religioni, teoria che vede le divinità dei primitivi come inconscia personificazione di forze naturali, sentite come estranee al controllo umano

naturìsta [fr. *naturiste*, da *nature* 'natura' ✻ 1875] **A** s. m. e f. (pl. m. *-i*) ● aderente, seguace del naturismo **B** agg. ● naturistico

naturìstico [1859] agg. (pl. m. *-ci*) **1** relativo al naturismo: *campeggio n.* **2** (*raro*) naturalistico: *percorso n.*

naturopatìa [da *natur(a)* e *patia*, sul modello di *omeopatia* ✻ 1964] s. f. ● sistema terapeutico che esclude qualsiasi tipo di farmaco e che utilizza fattori naturali come l'acqua, il calore, la luce, l'aria, i massaggi ‖ **naturopàtico**, agg. (pl. m. *-ci*) relativo alla naturopatia ‖ **naturòpata**, s. m. e f. (pl. m. *-i*); anche agg. chi (o che) cura con metodi di medicina naturale

nauclèa [comp. del gr. *nâus* 'nave' e *kléos* 'gloria', di orig. indeur., per la forma a carena di nave della corolla ✻ 1834] s. f. ● pianta delle Rubiacee da cui si ricava un legno pregiato (*Nauclea grandiflora*)

naucòride [comp. del gr. *nâus* 'nave' e *kóris*, genit. *kóridos* 'cimice' ✻ 1834] s. m. ● insetto emittero acquatico a corpo ovale e depresso, ottimo nuotatore, carnivoro, caratterizzato da odore intenso e sgradevole (*Naucoris cimicoides*)

♦**naufragàre** [vc. dotta, lat. tardo *naufragāre*, da *naufrăgium* 'naufragio' ✻ av. 1332] v. intr. (*io nàufrago, tu nàufraghi*; aus. *essere* o, spec. riferito a persone, *avere*) **1** subire un naufragio, detto di imbarcazione: *il veliero è naufragato doppiando il capo di Leuca* | essere coinvolto in un naufragio, detto di persona o cosa: *hanno naufragato al largo della Sardegna* SIN. affondare **2** (*fig.*) fallire, avere cattivo esito o non trovare buona accoglienza: *il suo disegno naufragò miseramente*; *tutte le nostre proposte sono naufragate* **3** (*lett.*) smarrirsi, perdersi: *e il naufragar m'è dolce in questo mare* (G. LEOPARDI)

♦**naufràgio** [vc. dotta, lat. *naufrăgiu(m)*, comp. di *nāvis* 'nave' e *-frăgium*, da *frăngere* 'spezzare'. V. *frangere* ✻ 1264] s. m. **1** perdita parziale o totale di un'imbarcazione causata da un incidente marittimo: *n. per tempesta, per urto contro un iceberg* | ***fare n.***, naufragare SIN. affondamento **2** (*fig.*) rovina, fallimento: *il n. di tutte le sue speranze*; *eppure qualcosa... ci sorregge e ci allontana dal n.* (P. LEVI) | ***fare n.***, (*fig.*) andare in rovina

nàufrago [vc. dotta, lat. *nāufragu(m)*, da *naufrăgium* 'naufragio' ✻ 1342] s. m. (f. *-a*; pl. m. *-ghi*) ● chi ha fatto naufragio, chi si è salvato da un naufragio: *soccorrere i naufraghi*; *i naufraghi approdarono in un'isola*; *trarre in salvo i naufraghi*

naumachìa [vc. dotta, lat. *naumăchia(m)*, dal gr. *naumachía*, comp. di *nâus* 'nave' e *-machía*, da *máchestai* 'combattere' ✻ sec. XIV] s. f. ● spec. nell'antica Roma, spettacolo che, in laghetti naturali o artificiali, riproduceva una battaglia navale | (*est.*) impianto, arena utilizzata per tale spettacolo

naupatìa [comp. del gr. *nâus* 'nave' e *-patia* ✻ 1927] s. f. ● (*med.*) mal di mare

nàuplio [lat. scient. *Nauplius*, dal n. mitologico gr. *Náuplios*, figlio di Poseidone ✻ 1831] s. m. ● (*zool.*) forma larvale iniziale, con un solo occhio mediano, tipica dei Crostacei Entomostraci

♦**nàuṣea** [vc. dotta, lat. *nāusea(m)*, dal gr. *nausía* 'mal di mare', da *nâus* 'nave' ✻ 1310] s. f. **1** (*med.*) senso di ripugnanza per il cibo **2** (*est.*) impulso, propensione a vomitare: *avere la n.*; *provare un senso di n.*; *cibo, odore che dà la n.* | ***le nausee***, (*fam.*) sintomi della gestante **3** (*fig.*) repulsione, avversione, disgusto: *discorsi che danno n.*; *provo un fastidio, se sapesse, una n.* (L. PIRANDELLO) | ***fino alla n.***, fino alla saturazione

✶**nauṣeabóndo** [vc. dotta, lat. *nauseabŭndu(m)*, da *nāusea* 'nausea' ✻ 1499] agg. **1** che provoca nausea: *sapore n.* **2** (*fig.*) che procura ripugnanza: *proposte nauseabonde*

nauṣeànte part. pres. di *nauseare*; anche agg. ● che dà la nausea: *un odore n.* | (*fig.*) disgustoso, ripugnante: *uno spettacolo n.*

nauṣeàre [vc. dotta, lat. *nauseāre*, da *nāusea* 'nausea' ✻ 1634] v. tr. (pres. *io nàuṣeo*; fut. *io nauṣeerò*) **1** dare la nausea: *questo odore mi nausea* **2** (*fig.*) ripugnare, disgustare (*anche assol.*): *il suo comportamento mi ha nauseato*; *discorsi che nauseano* **3** †avere a nausea (*anche fig.*): *n. un cibo, l'ipocrisia*

nauṣeàto part. pass. di *nauseare*; anche agg. ● che prova nausea (+ *da*): *n. da un cibo* | (*fig.*) disgustato (+ *da*, + *di*, anche seguito da inf.): *essere n. da una situazione, di una scena*; *nauseata di vedere il Re divorare a quel modo* (L. CAPUANA) | (*fig.*) stanco, tediato: *essere n. di tutto*

nauṣeóso (o -ṣo) [vc. dotta, lat. *nauseōsu(m)*, da *nāusea* 'nausea' ✻ av. 1311] agg. ● (*lett.*) nauseabondo, nauseante (*anche fig.*) ‖ **nauṣeosaménte**, avv. (*raro, lett.*) con nausea, fastidio

nàuta [vc. dotta, lat. *nāuta(m)*, dal gr. *náutēs*, da *nâus* 'nave' ✻ 1475] s. m. (pl. *-i*) ● (*lett.*) marinaio, nocchiero: *sedea al governo quel pratico n.* (L. ARIOSTO)

-nàuta [V. *nauta*] secondo elemento ● in parole composte derivate dal greco e dal latino, oppure formate modernamente, significa 'navigante', 'pilota': *astronauta, cosmonauta*

nàutica [f. sost. di *nautico* ✻ sec. XVI] s. f. **1** scienza e pratica della navigazione **2** complesso delle imbarcazioni da diporto e di tutto quanto è a esse connesso: *salone della n.*

nàutico [vc. dotta, lat. *nāuticu(m)*, dal gr. *nautikós*, da *náutēs* 'nauta' ✻ 1374] agg. (pl. m. *-ci*) ● relativo alla navigazione: *strumenti nautici*

nàutilo [gr. *nautílos* 'navigante', da *náutēs* 'nauta' ✻ av. 1498] s. m. ● nome comune di alcune specie di Molluschi dei Cefalopodi appartenenti al genere *Nautilus*, caratterizzati da numerosi tentacoli e da una conchiglia madreperlacea avvolta a spirale e divisa in sezioni, delle quali l'animale occupa solo l'ultima

navàho ➤ **navajo**

navàja /na'vaja, *sp.* na'βaxa/ [vc. sp., lat. tardo *novācula(m)*, da una radice indeur. che significa 'grattare' ✻ 1559] s. f. inv. (pl. sp. *navajas*) ● grande coltello a serramanico dalla lama leggermente ricurva

navàjo /na'vajo, *sp.* na'βaxo/ o **navàho** /na'vaho, *ingl.* 'nævə,həʊ/ [dallo sp. d'America *apaches de navajó*, dal tewa *navahú* 'largo campo' ✻ 1890] **A** s. m. e f. inv.; anche agg. inv. (pl. sp. *navajos*) ● appartenente a una popolazione amerindia originaria dell'America settentrionale e oggi stanziata in riserve dell'Arizona e del Nuovo Messico **B** s. m. solo sing. ● lingua parlata dai Navajo

navàle [lat. *navāle(m)*, da *nāvis* 'nave' ✻ av. 1328] **A** agg. ● relativo alle navi | ***Accademia N.***, scuola di ufficiali della Marina Militare **B** s. m. ● †cantiere navale

†**navalèstro** [da *navale* ✻ 1612] s. m. **1** traghettatore **2** barcone spinto con una pertica, usato per traghettare

navalìṣmo [comp. di *naval(e)* e *-ismo* ✻ 1918] s. m. ● nella politica militare di uno Stato, tendenza a privilegiare il potenziamento e l'efficienza delle forze navali

navalìstico [1958] agg. (pl. m. *-ci*) ● relativo al navalismo

navalmeccànica [f. sost. di *navalmeccanico* ✻ 1958] s. f. ● tecnica relativa alla progettazione e alla costruzione di parti meccaniche destinate alle navi

navalmeccànico [comp. di *naval(e)* e *meccanico* ✻ 1942] **A** agg. (pl. m. *-ci*) ● che riguarda la meccanica navale **B** s. m. (f. *-a*) ● operaio dell'industria navalmeccanica

navàrca o **navàrco** [vc. dotta, lat. *navărchu(m)*, dal gr. *náuarchos*, comp. di *nâus* 'nave' e *árchein* 'comandare'. V. *-archia* ✻ 1499] s. m. (pl. *-chi*) **1** (*lett.*) nell'antica Grecia, comandante di nave o di flotta **2** †nocchiero

navarrése (o -ṣ-) [1266] **A** agg. ● della Navarra, regione della Spagna settentrionale **B** s. m. e f. ● abitante o nativo della Navarra

navarrìno [1585] agg. e s. m. (f. *-a*) ● navarrese

navàssa o **navàzza**, **navàscia** [da *nave*, per la forma ✻ 1756] s. f. ● (*sett.*) recipiente con un falso fondo a griglie mobili, usato per pigiare l'uva coi piedi

navàta ① [da *nave*, per l'ampiezza della chiesa ✻ av. 1502] s. f. ● (*archit.*) spazio interno di un edificio di tipo basilicale, in particolare di una chiesa, compreso tra due file longitudinali di colonne o di pilastri | ***n. centrale***, alla cui estremità è posto l'altar maggiore ‖ **navatèlla**, dim.

navàta ② [da *nave* ✻ sec. XIV] s. f. ● (*raro*) carico che può portare la nave in una volta

†**navàto** [sec. XV] agg. ● fatto a forma di nave

navàzzo [1940] s. m. ● (*sett.* o *lett.*) navassa

♦**nàve** [lat. *nāve(m)*, di orig. indeur. ✻ av. 1250] s. f. **1** costruzione, spec. di notevoli dimensioni, adatta alla navigazione e adibita al trasporto di cose e persone galleggiando, navigando in profondità (sommergibile) o scivolando sopra la superficie (aliscafo): *n. di legno, a vela, a elica, n. da carico, n. passeggeri, n. ospedale, n. corsara, n. da guerra* | ***abbandonare la n.***, (*fig.*) ritirarsi da un'impresa | ***n. traghetto***, attrezzata anche per il trasporto di automezzi o di veicoli ferroviari | ***n. officina***, impiegata per riparazioni, anche in alto mare | ***n. cisterna***, attrezzata per il trasporto di liquidi | ***n. fattoria***, quella particolarmente attrezzata per la lavorazione immediata in mare del pesce pescato e la conservazione dei vari prodotti ricavabili dalle balene | ***n. ammiraglia***, su cui è imbarcato l'ammiraglio di una flotta | ***n. scuola***, V. *scuola* | ***n. appoggio***, V. *appoggio* | ***n. scorta***, unità militare per protezione di convogli | ***n. sussidiaria***, unità, spec. militare, per servizi speciali | ***n. civetta***, unità militare mascherata per guerra di corsa o lotta antisommergibili | ***n. da sbarco***, unità militare attrezzata per operazioni anfibie | ***n. da diporto***, unità caratterizzata da lunghezza fuori tutto superiore a 24 metri | ***n. spaziale***, astronave | (*fig.*) ***n. del deserto***, cammello **2** †barca, piccola imbarcazione: *n. che per torrente giù discende* (DANTE *Par.* XVII, 42) **3** (*poet., fig.*) in varie loc. per indicare la vita di un individuo o di una comunità, in quanto avventurosa o bisognosa di guida: *passa la n. mia colma d'oblio* (F. PETRARCA); *la n. dello Stato* **4** ***n. da latte***, nei caseifici, vasca di ferro stagnato in cui si lascia riposare il latte da scremare **5** (*archit., raro*) navata ‖ **navétta**, dim. (V.) | **navicèlla**, dim. (V.) | **navicèllo**, dim. m. (V.)

SFUMATURE DI SIGNIFICATO

nave - piroscafo - traghetto - chiatta - battello - transatlantico - cargo - veliero

Nave è parola generica che identifica qualsiasi mezzo galleggiante di grandi dimensioni dotato di un proprio sistema di propulsione, utilizzato per il trasporto di persone o cose su mare, laghi e fiumi. A seconda poi della funzione d'uso le navi hanno nomi particolari: **piroscafo** è una nave mercantile alimentata a vapore; **traghetto** è una nave destinata al trasporto di passeggeri e autoveicoli che effettua un servizio di collegamento spec. fra isole e terraferma; un natante a fondo piatto usato per il trasporto fluviale di merci e materiali si chiama **chiatta**; se invece esso è adibito al trasporto di passeggeri su fiumi, canali, laghi o lagune prende il nome di **battello**; una nave destinata al trasporto di persone che effettua rotte transoceaniche si chiama **transatlantico**; una nave da carico è un **cargo**. Si chiama invece genericamente **veliero** un'imbarcazione di grandi dimensioni a vela; il termine è oggi usato più comunemente in riferimento a navi antiche.

SFUMATURE ➤ ***imbarcazione***

NOMENCLATURA

nave

● *tipi di nave*: a remi, a vela, a motore, a vapore = steamer, a combustione interna, a energia nucleare = a propulsione atomica, a reazione d'acqua, a elica, a turbina; marittima, costiera, fluviale, lacuale, atlantica, mediterranea, transatlantica, da passeggeri, da carico, nave traghetto, roll-on roll-off, mista, da cabotaggio, da lungo corso, cargo, nave vagabonda = tramp, bastimento, mercantile, vinacciera, da guerra, militare (incrociatore, ammiraglia, lanciamissili, mezzo da sbarco, spazzamine, cacciasommergibili, torpediniera, cacciatorpediniere, corazzata, silurante, sottomarino = sommergibile, portaerei, dragamine); nave scuola, nave cisterna, motocisterna, turbocisterna, nave carbonaia, nave ospedale, nave fattoria, nave oceanografica, batiscafo, nave frigorifero, nave da pesca, pirata, corsara; portacontainer, posacavi, hovercraft, rimorchiatore, peschereccio, petroliera, metaniera, rompighiaccio, guardacoste, baleniera; vapore, motonave, turbonave, piroscafo, ferry-boat, aliscafo, alinave, idroplano, idroscafo; veliero, yacht, battello, vascello, goletta; flotta, flottiglia;

● *marina*: mercantile, militare, da guerra, civile, industriale, da pesca, da diporto; commercio marittimo, traffico marittimo, trasporto marittimo, nolo marittimo, embargo;

● *tipi di navigazione e caratteristiche*: libera, di linea, costiera, di lungo corso; interna, fluviale, lacustre, sottomarina, remica, a vela, a vapore, a motore; stimata, astronomica, radionavigazione; cabotaggio, crociera, traversata, circumnavigazione, periplo; imbarco, sbarco, beccheggio, rollio, naufragio; portata lorda, portata netta, stazza lorda, stazza netta, tonnellaggio, carico, armamento, cabotaggio, abbrivio, deriva, miglio, nodo, lungo corso, collisione; stivaggio, reimbarco, alaggio, accosto, approdo, attracco, ormeggio, scalo tecnico; rotta (di bussola, magnetica, vera, assistita, di collisione), via = angolo di rotta;

● *strumenti e fasi di navigazione*: bussola, deviazione, declinazione magnetica, scarroccio, batimetrica, solcometro = scandaglio, compasso = bussola magnetica, girobussola = bussola giroscopica, tracciatore = registratore di rotta, punto nave, giropilota = pilota automatico, ecografo = ecometro = ecoscandaglio, sonar = ecogoniometro = asdic, grafometro, sestante, telemetro, astrolabio, notturlabio, meda, boa, gavitello, galleggiante, faro, radar, radiobussola, indicatore di rotta, carte nautiche (latitudine, longitudine, scala, miglio marittimo = nautico), carteggio, registro di bordo, giornale nautico, di navigazione, di bordo, giornale di chiesuola, costituto, portolano, passavanti, avviso ai naviganti, ordinativo di imbarco, manifesto di carico, di partenza; ortodromica, lossodromica, prua;

● *azioni*: mutare la rotta, fare rotta, allestire, attrezzare, armare, stivare, imbarcare, reimbarcare, prendere a bordo, imbarcarsi, andare, salire a bordo, levare, bittare = abbittare, traversare l'ancora, disancorare la nave, disormeggiare la nave, largare, prendere il mare = il largo, rimorchiare una nave, tonneggiare, alare, mettere, tirare in secco una barca, condurre, guidare, pilotare, governare, manovrare, ammutinarsi, navigare (a remo, a vela, a motore, a vapore, di conserva, in convoglio, al largo, lungo la costa, in mare aperto, col vento in poppa, sottovento, sopravento), incrociare, tenersi al largo andare per mare, fendere i flutti = le onde, veleggiare, bordeggiare, far vela, spigare le vele al vento, rondeggiare, costeggiare, tenersi sottocosta, a ridosso, cabotare, ridossare, circumnavigare, doppiare, rimontare, scapolare, navigare alla cappa = cappeggiare, beccheggiare = tangheggiare, rollare, guizzare = guinare, abboccare, approdare, accostare, toccare terra, essere, stare alla fonda, ancorare, gettare, affondare, distendere, dar fondo all'ancora, girare sull'ancora, afforcare, ammarare, imbozzare, fare scalo in un porto, debordare, sbarcare, esaurire, aggottare = sgottare con la sassola, affondare, naufragare.

● *persone*: armatore, capitano, comandante, ufficiale di coperta, comandante in seconda, direttore di macchina, ufficiale macchinista, nostromo, equipaggio, sottufficiale nocchiero, pilota = ufficiale di rotta, timoniere, marinaio, fochista, macchinista, mozzo.

†**naveràre** [fr. *navrer*, dall'ant. norreno *nafarra* 'forare', da *nafarr* 'trivella' ✻sec. XIII] **v. tr.** ● ferire, colpire con arma da punta

navétta [dim. di *nave*; nel sign. B, cfr. l'ingl. *shuttle* ✻sec. XV] **A s. f. 1** nave di piccole dimensioni **2** pietra preziosa di forma ovalizzante appuntita alle estremità | tipo di taglio di pietra preziosa **3** parte del telaio per tessitura, a forma di parallelepipedo, di lunghezza variabile, appuntito alle estremità, contenente all'interno la spola col filato di trama | ***fare la n.***, (*fig.*) fare la spola **4** (*aeron.*) ***n. spaziale***, veicolo spaziale pilotato da un equipaggio e in grado di compiere ripetuti viaggi **SIN.** space shuttle **B in funzione di agg. inv.** ● detto di mezzo di trasporto che compie continui viaggi di andata e ritorno su percorsi fissi e piuttosto brevi: *aereo, battello, treno, autobus n.* | anche ellitt.: *prendere la n. tra la stazione e l'aeroporto* | ***treno n.***, che trasporta automobili su vagoni a piani sovrapposti lungo percorsi fissi altrimenti difficoltosi

navette /fr. na'vɛt/ [vc. fr., *navette*, dim. di *nef* 'nave', per la forma ✻1938] **s. f. inv.** ● (*tess.*) spola

†**navicàre** e deriv. ➤ **navigare** e deriv.

♦**navicèlla** [vc. dotta, lat. tardo *navicĕlla(m)*, dim. di *nāvis* 'nave' ✻sec. XIII] **s. f. 1** dim. di *nave* | (*fig.*) ***la n. di Pietro***, la Chiesa **2** piccola imbarcazione lacustre e fluviale **3** (*aeron.*) parte di un aeromobile o aerostato per alloggiare l'equipaggio | carlinga | ***n. spaziale***, veicolo spaziale **4** (*chim.*) piccolo recipiente, in generale di porcellana o metallo, contenente le sostanze che vengono portate a combustione per scopi analitici **5** (*relig.*) vassoio di forma simile a quella di una barchetta, in cui si conserva l'incenso **6** (*cucina*) lamina bucherellata della pesciera usata per togliere da questa il pesce lessato **7** repertorio che contiene un breve profilo biografico di ogni eletto al Parlamento italiano (con riferimento all'immagine che il volume ha in copertina) **8** (*lett.*) navetta per tessitura

navicellàio [av. 1565] **s. m.** (**f.** *-aia*, **pl. m.** *-ai*) ● (*mar., disus.*) chi guida il navicello

navicellàta [av. 1698] **s. f.** ● (*mar., disus.*) carico che può portare un navicello in una volta

navicèllo [sec. XIV] **s. m. 1** dim. m. di *nave* **2** (*raro*) piccolo veliero, in uso sul litorale toscano, a due alberi, il primo dei quali, molto a pruavia, è fortemente inclinato in avanti

navicert /ingl. 'nævɪˌsɜːt/ [vc. ingl., da *navi(gation) cert(ificate)* 'certificato di navigazione' ✻1942] **s. m. inv.** ● dichiarazione rilasciata dal console di un Paese belligerante a nave neutrale in partenza da porto neutrale, per attestare che il carico imbarcato non è destinato al nemico

navichière o **navichièro** [da *navicare*, sul modello di *nocchiere* ✻1374] **s. m.** ● (*lett.*) marinaio, nocchiero: *i navichieri cantavano* (G. Pascoli)

navicolàre [vc. dotta, lat. tardo *naviculā-re(m)*, da *navĭcula*, dim. di *nāvis* 'nave' ✻1494] **agg.** ● che ha forma di navicella | (*anat.*) ***osso n.***, scafoide | (*anat.*) ***fossetta n.***, nome di varie depressioni anatomiche

navìcula [sec. XIII] **s. f.** ● genere di alghe unicellulari, di acqua dolce o marina, con involucro silicizzato (*Navicula*)

navigàbile [vc. dotta, lat. *navigābile(m)*, da *navigāre* ✻sec. XIV] **agg. 1** che si può navigare: *canale n.* **2** (*raro*) che è in grado di navigare: *battello n.* **3** (*inform.*) detto di immagine digitale visibile sullo schermo da varie angolazioni a seconda di dove si punta il mouse: *foto n.* ‖ **navigabilità**, **s. f. inv.** (V.)

navigabilità [da *navigabile* ✻1799] **s. f. inv. 1** con riferimento a una nave o a un aereo, il possesso dei requisiti necessari per poter navigare o volare in condizioni di sicurezza **2** condizione di fiumi, canali e sim. navigabili

†**navigaménto** [av. 1292] **s. m.** ● navigazione

navigànte o †**navicànte A part. pres.** di *navigare*; **anche agg. 1** nei sign. del v. **2** nella loc. ***personale n.***, l'insieme delle persone che prestano servizio a bordo di una nave o di un aereo **B s. m. e f. 1** chi naviga **CFR.** -nauta **SIN.** navigatore **2** (*autom.*) navigatore

♦**navigàre** o †**navicàre** [vc. dotta, lat. *navigā-re*, da *nāvis* 'nave' ✻1282] **A v. intr.** (*io nàvigo, tu nàvighi*; **aus.** *avere*) **1** percorrere un tragitto muovendosi sull'acqua o nell'acqua, detto di nave o imbarcazione: *n. a remi, a vela, a motore*; *n. di conserva, in convoglio*; *n. lungo la costa, in mare aperto*; *carte per n.* | (*est.*) percorrere uno spazio aereo, detto di aeromobili | stabilire e mantenere una rotta: *n. calcolando la direzione del vento* **2** (*est.*) viaggiare con un mezzo nautico o aereo, come passeggero o come membro dell'equipaggio: *n. su un transatlantico, un veliero, una petroliera, una nave da guerra*; *un vecchio lupo di mare che naviga da molti anni*; *sono stanco di n.*; *presto smetteremo di n.* | ***n. col vento in poppa***, (*fig.*) essere in un periodo fortunato, felice | ***n. tra gli scogli, in cattive acque***, (*fig.*) attraversare momenti difficili, spec. trovarsi in difficoltà economiche | ***n. a ogni vento***, (*fig.*) adattarsi a tutte le circostanze **3** (*est.*) essere trasportato per nave, detto di merci e sim.: *il petrolio naviga con le petroliere* **4** in Internet o in altro sistema ipertestuale, passare da un'unità d'informazione a un'altra **B v. tr. 1** percorrere navigando: *ha navigato tutti gli oceani*; *navigò per primo il Rio delle Amazzoni* **2** †trasportare per mare

navigàto o †**navicàto part. pass.** di *navigare*; **anche agg. 1** nei sign. del v. **2** percorso da navi: *un mare n.* **3** (*raro*) che ha trascorso molto tempo navigando e quindi è molto esperto della navigazione: *marinaio n.* **4** (*fig.*) che ha intensamente vissuto, che ha grande esperienza della vita: *uomo n.* | che ha avuto molte esperienze amorose: *donna navigata* | (*est.*) accorto, furbo: *affarista n.* **5** trasportato con nave: *vino n.*

♦**navigatóre** o †**navicatóre** [vc. dotta, lat. *navigatōre(m)*, da *navigāre* 'navigare' ✻sec. XIII] **A agg.** (**f.** *-trice*) ● che naviga, dedito alla navigazione **B** s. m. (f. *-trice* nei sign. 1 e 2) **1** chi naviga | (*per anton.*) ***l'Ardito N.***, Cristoforo Colombo | ***n. solitario***, V. *solitario* **2** chi traccia le rotte nella navigazione aerea o marittima | ***n. spaziale***, astronauta | (*est.*) nei rally, la persona che, a fianco del guidatore, fornisce a questi informazioni sul percorso da compiere, sull'andamento della gara e sim. **3** ***n. satellitare***, strumento che indica il percorso da seguire per raggiungere una meta, basandosi sul sistema GPS e su una banca dati cartografica **4** (*Internet*) browser

navigatòrio [1561] **agg.** (**pl. m.** *-i* o *raro -ii*) ● della navigazione: *arte navigatoria*

navigazióne [vc. dotta, lat. *navigatiōne(m)*, da *navigāre* 'navigare' ✱ 1308] **s. f. 1** attività, pratica, arte del navigare: *esperto della n.*; *n. aerea, spaziale*; *n. a vapore*; *n. sottomarina, di cabotaggio, interna, fluviale, lacustre* | ***n. mista***, quella praticata un tempo a vela e vapore **2** tecnica e pratica che consentono di stabilire e mantenere una rotta | ***n. astronomica***, utilizzando gli astri per determinare il punto | ***n. piana***, carteggio | ***n. stimata***, utilizzando il cammino che si stima aver percorso lungo la rotta seguita | ***n. strumentale***, quella che si avvale dell'ausilio di vari strumenti | ***n. satellitare***, quella che ricorre all'ausilio di satelliti | ***n. inerziale***, quella basata sulla misurazione ed elaborazione delle accelerazioni del velivolo o del natante | (*fig.*) corso, percorso, iter: *la n. di una legge, di un affare* **3** (*Internet*) ***n. ipertestuale***, esplorazione di reti telematiche o ipertesti

navìgero [vc. dotta, lat. *navĭgeru(m)*, comp. di *nāvis* 'nave' e *gĕrere* 'portare' (V. *gestione*) ✱ 1822] **agg.** ● (*raro, lett.*) solcato da navi: *mare n.*

navìglio o **navìlio** nei sign. 1 e 2, **navile** nei sign. 1 e 2, †**navigio** nel sign. 1 [dal lat. *navĭgiu(m)*, da *navigāre*, con cambio di suff. ✱ av. 1292] **s. m. 1** (*raro*) imbarcazione **2** l'insieme di tutte le navi destinate a un uso o uno scopo comune: *n. mercantile, peschereccio, da diporto* **3** (*raro*) flotta: *de Algeri uscì del porto fuore / il gran n.* (M.M. Boiardo) **4** (*sett.*) canale navigabile

navimodellìsmo [comp. di *nave, modello* e *-ismo* ✱ 1981] **s. m.** ● attività consistente nel costruire o collezionare modellini di navi e natanti in genere

navoncèlla [da *navone* ✱ 1965] **s. f.** ● farfalla simile alla cavolaia, il cui bruco attacca il ravizzone (*Pieris napi*)

navóne [accr. di *napo*, attraverso i dial. sett. ✱ av. 1320] **s. m.** ● (*bot.*) pianta erbacea delle Crocifere, annua o bienne, simile al ravizzone, con radice ingrossata commestibile (*Brassica napus napobrassica*)

nazarèno o **nazzarèno** [vc. dotta, lat. tardo *Nazarēnu(m)*, dal gr. *Nazarēnós* 'di Nazaret' ✱ sec. XIII] **A** **agg.** ● di Nazaret, città della Galilea: *Gesù n.* | ***capelli alla nazarena***, che scendono fino alle spalle | ***barba alla nazarena***, come quella portata da Gesù nelle immagini che lo ritraggono **B** **s. m.** ● ***il Nazareno***, (*per anton.*) Gesù Cristo

nàzi [1938] **agg. e s. m. e f.** ● accorc. di *nazista*

nazifascìsmo [comp. di *nazi(smo)* e *fascismo* ✱ 1944] **s. m.** ● unione del fascismo italiano e del nazionalsocialismo tedesco nell'ultima fase della seconda Guerra mondiale

nazifascista [da *nazifascismo* ✱ 1943] **A** **s. m. e f.** (**pl. m.** *-i*) ● fautore del nazifascismo **B** **agg.** ● del nazifascismo: *violenza n.*

nazificàre [da *nazi(sta)* ✱ 1938] **v. tr.** (*io nazìfico, tu nazìfichi*) ● imporre l'ideologia nazista a organi politici, culturali e sim. ‖ **nazificazióne**, **s. f.**

nazionalcomunìsmo [comp. di *nazional(e)* e *comunismo* ✱ 1945] **s. m. 1** in epoca post-staliniana, tendenza ad adeguare il comunismo a esigenze e situazioni nazionali **2** dopo la caduta dei regimi comunisti, tendenza da parte di alcuni gruppi dirigenti ex comunisti dell'Est europeo ad assumere posizioni nazionaliste

nazionalcomunìsta [da *nazionalcomunismo* ✱ 1983] **s. m. e f.** (**pl. m.** *-i*) ● sostenitore, seguace del nazionalcomunismo

nazionalcomunìstico [1981] **agg.** (**pl. m.** *-ci*) ● relativo al nazionalcomunismo

♦**nazionàle** [1488] **A** **agg. 1** della nazione: *lingua, letteratura n.* | ***sentimento n.***, coscienza di appartenere alla stessa nazione, patriottismo | nazionalistico: *la morale eroica e la lirica civile e n. nel d'Annunzio* (B. Croce) **2** della nazione in quanto organismo economico e politico: *industria, reddito n.*; *sciopero n.*; *museo n.* | ***monumento n.***, V. *monumento* | ***prodotti nazionali***, non venuti da Paesi stranieri | ***strada n.***, statale **CONTR.** estero ‖ **nazionalménte**, **avv. 1** relativamente alla nazione, in tutta la nazione: *un artista nazionalmente noto* **2** (*raro*) con sentimento nazionale ‖ **nazionalità**, **s. f. inv.** (V.) **B** **s. m. e f. 1** (*raro*) connazionale **2** atleta incluso in una squadra nazionale **C** **s. f. 1** squadra di atleti che rappresenta la propria nazione in competizioni internazionali per una determinata specialità: *la n. italiana di calcio* **2** nome commerciale di una sigaretta italiana **3** strada nazionale

nazionalìsmo [fr. *nationalisme*, da *national* 'nazionale' ✱ 1858] **s. m. 1** tendenza e prassi politica fondata sull'esaltazione dell'idea di nazione e del principio di nazionalità **2** (*est.*) esaltazione eccessiva delle caratteristiche particolari della cultura e delle consuetudini della propria nazione

nazionalìsta [fr. *nationaliste*, da *nationalisme* 'nazionalismo' ✱ 1850] **A** **s. m. e f.** (**pl. m.** *-i*) ● fautore del nazionalismo **B** anche **agg.**: *politica n.*

nazionalìstico [1907] **agg.** (**pl. m.** *-ci*) ● relativo al nazionalismo o ai nazionalisti | basato sul nazionalismo: *movimenti nazionalistici* ‖ **nazionalisticaménte**, **avv.** in modo, con spirito, nazionalistico

nazionalità [fr. *nationalité*, da *national* 'nazionale' ✱ 1673] **s. f. inv. 1** condizione di ciò che è nazionale | ***principio di n.***, principio, sorto verso la fine del Settecento e sviluppatosi nell'Ottocento, in base al quale ogni nazione dovrebbe costituirsi in unità politica indipendente **2** appartenenza alla propria nazione: *difendere la propria n.*; *perdere la n. tedesca* **3** nazione: *popoli di diverse nazionalità*

nazionalizzàre [fr. *nationaliser*, da *national* 'nazionale' ✱ 1798] **v. tr.** ● rendere di proprietà statale un'attività economica gestita da privati: *n. le ferrovie* ‖ **nazionalizzazióne**, **s. f.**

nazionalpopolàre o **nazionàle-popolàre** [comp. di *nazional(e)* e *popolare* ✱ av. 1937] **agg. 1** termine usato da A. Gramsci (1891-1937) per indicare, e auspicare, una cultura che fosse radicata in un popolo e nelle sue più autentiche tradizioni storiche: *In Dostojevschij c'è il potente sentimento nazionale-popolare* (A. Gramsci) **2** nel linguaggio giornalistico, detto di opera che asseconda i gusti di un pubblico poco esigente (talora con connotazione negativa): *un varietà televisivo n.*

nazionalsocialìsmo [calco sul ted. *Nationalsozialismus* ✱ 1933] **s. m.** ● ideologia formulata da Adolf Hitler e posta a base del corrispondente movimento politico nella Germania fra le due guerre, fondata prevalentemente sul concetto di popolo inteso come unità etnica e culturale, sul razzismo, il militarismo e l'imperialismo

nazionalsocialìsta [1932] **A** **s. m. e f.** (**pl. m.** *-i*) ● aderente al nazionalsocialismo **B** **agg.** ● nazionalsocialistico

nazionalsocialìstico [1945] **agg.** (**pl. m.** *-ci*) ● del nazionalsocialismo, relativo al nazionalsocialismo

♦**nazióne** [vc. dotta, lat. *natiōne(m)* 'nascita', poi 'popolazione', da *nātus* 'nato' ✱ av. 1294] **s. f. 1** il complesso degli individui legati da una stessa lingua, storia, civiltà, interessi, aspirazioni, spec. in quanto hanno coscienza di questo patrimonio comune: *la n. russa è molto fiera delle sue tradizioni*; *la dignità, l'unità, l'indipendenza di una n.*; *messaggio alla N.* **2** (*est.*) stato: *le nazioni sudamericane*; *Organizzazione delle Nazioni Unite* **3** insieme di persone che appartengono a una stessa stirpe: *gente di ogni n.* **4** †nascita, origine, stirpe

SFUMATURE DI SIGNIFICATO

nazione - stato - popolo

Col termine **nazione** ci si riferisce principalmente a un complesso di individui legati da una stessa lingua, storia, civiltà, interessi, aspirazioni, che sono anche coscienti detentori di questo patrimonio comune. In accezione più ristretta, e nell'uso corrente, *nazione* viene utilizzato come sinonimo di **Stato**, termine che tecnicamente identifica un'entità collettiva giuridica e politica caratterizzata da un ordinamento autonomo esercitato su un territorio e su una popolazione; in questa accezione la parola *Stato* viene spesso scritta con l'iniziale maiuscola; comunemente il termine è impiegato anche per indicare il solo territorio (e si preferisce allora l'iniziale minuscola). **Popolo** indica il complesso degli abitanti di uno stato, una zona, una città o, in generale, delle persone che abitano un luogo qualsiasi; nel caso in cui le persone condividano un patrimonio linguistico, storico e culturale il concetto di *popolo* si identifica con quello di *nazione*. Il termine *popolo* è anche usato per riferirsi esclusivamente alle persone appartenenti ai ceti economicamente e socialmente meno elevati.

SFUMATURE ➤ ***patria***

nazireàto [da *nazireo* ✱ 1607] **s. m.** ● condizione del nazireo

nazirèo [ebr. *nazīr* 'che si astiene' ✱ 1607] **s. m.** ● presso gli antichi Ebrei, chi faceva voto di rinunciare alla cura della propria persona, in particolare al taglio dei capelli, e all'uso del vino

naziskin /nattsi'skin, *ingl.* 'nɑːtsi,skɪn/ o **nazi-skin** [vc. ingl., comp. di *Nazi* 'nazista' e *skin(head)* ✱ 1989] **s. m. e f. inv.** ● ciascuno degli appartenenti a gruppi e bande giovanili di ispirazione nazista e razzista, che portano la testa rasata a zero e compiono atti di teppismo e di violenza

nazìsmo [abbr. di *nazionalsocialismo* ✱ 1934] **s. m.** ● nazionalsocialismo

nazìsta [1934] **A** **s. m. e f.** (**pl. m.** *-i*) **1** chi aderisce al nazismo **2** (*fig., spreg.*) chi si comporta in modo particolarmente feroce e crudele: *questi sono metodi da n.* **B** anche **agg.**: *movimento n.*

nazìstico [av. 1952] **agg.** (**pl. m.** *-ci*) ● del nazismo, dei nazisti | (*spreg.*) da nazista: *sistemi nazistici*

nazzarèno ➤ **nazareno**

'ndràngheta o **'ndrànghita** [vc. calabrese, prob. da *'ndranghiti* 'balordo' (in molti gerghi i ladri si chiamano balordi o qualcosa di simile) ✱ 1968] **s. f.** ● organizzazione calabrese di tipo mafioso

'ndranghetìsta // [1976] **A** **agg.** ● relativo alla 'ndrangheta **B** **agg. e s. m. e f.** (**pl. m.** *-i*) ● appartenente alla 'ndrangheta

'ndrìna // [vc. calabrese, prob. dim. di *'ndrangheta* ✱ 1958] **s. f.** ● cosca della 'ndrangheta

'ndùja [vc. calabrese, forse dal fr. *andouille* 'salsicciotto' ✱ 1977] **s. f.** ● salume spalmabile tipico della Calabria a base di frattaglie e parti grasse del maiale tritate, condite con molto peperoncino

♦**ne**① /ne/ o †**en**② /en/, †**ènde** [lat. *(i)n(d)e* 'di lì' ✱ sec. XII] **A** **particella pron. atona m. e f. sing. e pl.** (quando forma gruppo con altri pron. atoni, si pospone sempre a questi: *te ne parlerò; devo parlargliene*; si può elidere davanti a parole che cominciano per vocale: *non ve n'abbiate a male*) **1** di lui, di lei, di loro (come compl. di specificazione e di argomento in posizione sia enclitica sia proclitica): *sono bravi ragazzi e ne apprezziamo molto i meriti; tua sorella è buona e tutti ne parlano bene; da molto tempo non vedo tuo zio, parlamene* | (*pleonast.*) di te, di voi: *di te ne ho abbastanza* **2** di questo, di quello, di questa, di quella, di questi, di quelli, di queste, di quelle (come compl. di specificazione, di argomento o di causa o con valore partitivo in posizione sia enclitica sia proclitica): *mi ha fatto un dispetto ma se n'è già pentito; che bei fiori! raccogline qualcuno!; 'un po' di tè?' 'no grazie, ne ho ancora'; è una brutta storia e io non ne voglio sapere; Quando nacqui mia madre ne piangeva* (U. SABA) | (*pleonast.*) con valore enfat.: *ne ha di coraggio!; ne dice di bugie!* | in espressioni ellittiche: *ne ho sentite e viste di belle; me ne ha fatte di tutti i colori; gliene ha date di santa ragione; gliene ho dette un sacco; chi più ne ha, più ne metta* **3** di ciò (con valore neutro, in posizione sia enclitica sia proclitica, riferito a un'intera frase o a un concetto già espresso): *non ne vedo la necessità; se ne riparlerà domani; cercheremo di farne a meno; me ne rincresce; non me ne importa nulla; non volermene per questo; se n'è avuto a male* **4** da ciò, da questo (con valore neutro, in posizione sia enclitica sia proclitica, indicando conseguenza, derivazione da un concetto già espresso): *ne consegue che avete tutti torto; ne verrebbe un gran danno; non se ne può trarre altra conclusione* **B** **avv.** **1** di lì, di là, di qui, di qua (indica allontanamento da un luogo e (*fig.*) da una situazione, da uno stato e sim., in posizione sia enclitica sia proclitica): *ne vengo ora; me ne vado subito; se ne andò insoddisfatto; non sono più capace di uscirne; vattene!; è una brutta faccenda ma vorrei venirne fuori con onore* **2** (*pleonast.*) con valore intens. (accompagnato da un pron. pers. atono, e in posizione sia enclitica sia proclitica): *se ne veniva bel bello; come puoi startene lì seduto senza far niente?; te ne stai sempre tutto solo; Non le dispiacque; ma sì se ne rise* (DANTE *Par.* X, 61) | (*lett.*) in posizione enclitica anche con il v. di modo finito: *vassen volando sanza muover penne* (A. POLIZIANO)

†**ne**② /ne/ [lat. *nōs* 'noi' ✱ 1224 ca.] **pron. pers. atono di prima pers. pl.** **1** (*poet.*) noi (come compl. oggetto in posizione sia enclitica sia proclitica): *Andiam, ché la via lunga ne sospigne* (DANTE *Inf.* IV, 22) **2** (*poet.*) a noi (come compl. di termine in posizione sia enclitica sia proclitica): *tu ne vestisti / queste misere carni, e tu le spoglia* (DANTE *Inf.* XXXIII, 62-63); *Rendine la patria* (G. CARDUCCI)

♦**ne**③ /ne/ [da *(i)n i(llum)*, V. *in*① e *il, lo, la*① ✱ sec. XIII] **prep.** ● forma che la prep. *in* assume seguita dagli art. determ. nella formazione delle prep. articolate sia con grafia unita (*nel, nella, nelle, nelli, nello, nei, negli*) sia con grafia separata, dell'uso lett. e poet. (*ne 'l, ne la, ne le, ne li, ne lo, ne i*, o **tosc.** *ne'*, *ne gli*) | si usa talvolta anche nelle citazioni di titoli di opere che cominciano con l'articolo: *le descrizioni ne 'I promessi Sposi'* (ma anche: *le descrizioni nei 'Promessi Sposi'*)

♦**né** /ne*/ o (*poet.*) †**ned** /ned/ [lat. *nĕc*, da *nĕ* 'non' ✱ sec. XII] **cong.** (può assumere la forma eufonica lett. *ned* davanti a parole che cominciano per vocale: *presso a queste navi / ned or né poscia più ti colga io mai* (V. MONTI)) **1** con funzione negativa, coordina due o più elementi di una proposizione che hanno la stessa funzione sintattica: *non ho visto né Carlo né Maria; non verremo né io né lui; non mi ha detto né sì né no; non riesce a dormire né di giorno né di notte; né del vulgo mi cal né di fortuna* (F. PETRARCA) | ***non mi fa né caldo né freddo***, (*fig.*) non me ne importa nulla | ***né punto né poco***, niente affatto: *non mi interessa né punto né poco* | ***né più né meno***, esattamente, proprio: *ha detto né più né meno quello che mi aspettavo* **2** col sign. di 'e non' coordina due o più proposizioni negative: *non mi ha scritto né mi ha telefonato; non posso aiutarti né darti un consiglio* | con valore enfat. anche nella proposizione iniziale: *né mi ha scritto né mi ha telefonato* **3** col sign. di 'e non' coordina una proposizione positiva con una negativa: *ha deciso così, né io posso ostacolarlo; sempre sospira / né d'altro parla che di morire* (P. METASTASIO) | (*lett.*) all'inizio di una proposizione con funzione negativa: *né più mai toccherò le sacre sponde / ove il mio corpo fanciulletto giacque* (U. FOSCOLO) | con valore rafforz. †***né non***: *né fiamma d'esto incendio non m'assale* (DANTE *Inf.* II, 93) **4** †neanche: *se la donna s'affligge e si lamenta / né di Ruggier la mente è più quieta* (L. ARIOSTO) **5** †affinché non (introduce una prop. finale con il v. al congtv.) (V. nota d'uso ACCENTO)

ne' /ne/ **prep. art. m. pl.** ● forma tronca della prep. art. *nei*

♦**neànche** o (*raro*) **né ànche**, †**neànco** [comp. di *né* e *anche* ✱ av. 1328] **A** **avv.** **1** assolutamente non, assolutamente no, in nessun caso (aggiunge un'ulteriore negazione a quanto di negativo è già stato espresso o sottinteso o sta per essere espresso): *se tu non vieni, n. io parteciperò alla manifestazione; non ammetto queste cose e n. le ammetterò mai!; n. mi sfiora una simile idea!; non ci penso n.!* | assol. si usa in risposte negative con valore rafforz.: *'tu vieni?' 'no' 'e suo fratello?' 'n.!'* | ***n. per sogno!, n. per idea!***, risposta che esclude recisamente qlco.: *'vorresti farlo tu?' ' n. per sogno!'* **2** rafforza una negazione: *non ho in tasca n. un centesimo; non posso n. pensare a una simile eventualità* **3** persino non (escludendo qualsiasi possibilità): *n. un bambino lo farebbe* **B** **cong.** ● non anche, se pure non (introduce una prop. concessiva sia implicita con il v. al gerund. o all'inf., sia esplicita seguita da 'se' e il v. al congtv. o all'indic.): *n. a intervenire subito avremmo potuto salvarlo; n. pagandolo a peso d'oro farebbe una cosa simile; n. se volesse potrebbe entrare; non ci cavi niente n. se lo tratti con ogni riguardo* | (*colloq., ellitt.*) come non sarebbe, non farebbe o sim., ...nemmeno se: *la sua foto incorniciata in tutti gli uffici (...) n. fosse stato Gesù Cristo* (P. LEVI) | ***n. a farlo apposta***, come se succedesse apposta (*spesso iron.*): *n. a farlo apposta, la rivide il giorno precedente al suo matrimonio*

neandertaliàno [da *Neandertal*, valle ted. del fiume Düssel dove, nel 1856, furono trovati i resti di un antichissimo scheletro umano ✱ 1958] **agg.** ● appartenente alla cultura preistorica che si ritiene tipica del cosiddetto Uomo di Neandertal, di epoca paleolitica

neànide [vc. dotta, dal gr. *neânis*, genit. *neânidos* 'giovane' ✱ 1958] **s. f.** ● (*zool.*) in alcuni Insetti, forma immatura che si libera dall'involucro dell'uovo e che presenta un aspetto più o meno simile a quello dell'adulto

♦**nébbia**① o †**nèbula** [lat. *nĕbula(m)*, di orig. indeur. ✱ av. 1292] **s. f.** **1** sospensione nell'aria e presso il suolo di microscopiche goccioline formatesi per condensazione del vapore acqueo intorno a nuclei di pulviscolo atmosferico, tale da ridurre la visibilità orizzontale a meno di 1 km: *n. fitta, densa, leggera; le nebbie del Nord; banco di n.; è calata la n.; la n. si dilegua, si dissolve* | (*fig.*) ***dileguarsi come n. al sole***, scomparire rapidamente | ***n. artificiale***, prodotta artificialmente con speciali apparecchiature, spec. a fini bellici **2** (*fig.*) ciò che costituisce un offuscamento per la comprensione, l'intelligenza e sim.: *la n. dell'ignoranza, della superstizione* **3** (*bot.*) malattia del grano e di altre Graminacee (orzo, segala, avena), dovuta a un fungo parassita delle Erisifacee **4** (*med.*) macchia biancastra, trasparente, della cornea, che può offuscare la vista ‖ **nebbiàccia**, **pegg.** | **nebbiarèlla**, **dim.** | **nebbiétta**, **nebbiettìna**, **dim.** | (*lett.*) **nebbiòla**, **dim.** | **nebbiolìna**, **dim.** | **nebbióne**, **accr. m.** (V.) | (*lett.*) **nebbiùzza**, **dim.**

SFUMATURE DI SIGNIFICATO

nebbia - foschia - caligine - bruma

La **nebbia** è la sospensione nell'aria di minuscole goccioline, formatesi per condensazione del vapore acqueo intorno a nuclei di pulviscolo atmosferico, che riduce la visibilità orizzontale a meno di 1 km. La **foschia** invece è un'atmosfera opalescente, grigiastra, causata dall'addensamento locale di particelle liquide in sospensione, fumo o polveri, con visibilità orizzontale compresa tra 1 e 10 km. Non dipendente direttamente da fenomeni meteorologici, tuttavia favorita dall'assenza di vento, è la **caligine**, la quale è causata dalla concentrazione superiore al normale di pulviscolo finissimo, quali polveri, ceneri, o altre scorie, che rende l'aria meno limpida e trasparente. **Bruma** è infine un termine d'uso letterario che si usa per definire sia la foschia che la nebbia.

nébbia② [dal colore, come *annebbiato* ✱ 1869] **s. f.** ● pianta perenne delle Diantacee, sottile e ramosa, coltivata spec. come pianta ornamentale per completare i mazzi di fiori (*Gypsophila elegans*)

†**nebbiatìccio** [1542] **s. m.** ● tempo nebbioso

nebbiògeno [comp. di *nebbia* e *-geno* ✱ 1932] **A** **agg.** ● che produce nebbia: *impianto n.* **B** **s. m.** ● sostanza chimica che produce nebbia artificiale, a scopo di occultamento all'osservazione

Nebbiòlo o **Nebiòlo** [dall'aspetto degli acini che sembrano ricoperti di *nebbia* ✱ 1606] **s. m.** **1** antico e pregiato vitigno piemontese, da cui si producono celebri vini come il Barolo e il Barbaresco; prende il nome di Chiavennasca in Valtellina e di Spanna nelle zone di Novara e Vercelli **2** vino rosso, asciutto, dal tenue profumo di viola, prodotto dal vitigno omonimo nelle province di Asti e di Cuneo: *N. d'Alba*

nebbióne [av. 1472] **s. m.** **1** accr. di *nebbia* **2** nebbia molto fitta

♦**nebbióso** (o -ṣ-) [lat. *nebulōsu(m)*, da *nĕbula* 'nebbia' ✱ av. 1320] **agg.** **1** coperto, pieno di nebbia: *valle nebbiosa* **2** (*fig.*) confuso, poco chiaro: *ricordo n.* **SIN.** nebuloso ‖ **nebbiosaménte**, **avv.** in modo confuso, indistinto ‖ **nebbiosità**, **s. f. inv.** caratteristica di ciò che è nebbioso: *la nebbiosità di una giornata*; (*fig.*) oscurità, vaghezza: *la nebbiosità di un ragionamento*

Nebiòlo ➤ **Nebbiolo**

nèbride [vc. dotta, lat. tardo *nĕbride*, abl. di *nĕbris*, dal gr. *nebrís*, da *nebrós* 'cerbiatto' ✱ 1476] **s. f.** ● (*relig.*) veste di pelle di cervo, capra o leopardo, indossata dal dio Dioniso nelle sue antiche raffigurazioni, e poi da suoi seguaci e sacerdoti nelle cerimonie dionisiache

nèbula [lat. *nĕbula(m)*. V. *nebbia*① ✱ 1294] **s.**

f. **1** †V. *nebbia*① **2** (*lett.*) †nuvola **3** †macchia | (*fig.*) colpa | (*fig.*) difficoltà di comprensione **4** (*astron.*) nebulosa ‖ **†nebulétta**, **dim.**

nebulàre [sec. XIII] **agg.** ● (*astron.*) attinente alle nebulose | di aspetto simile a una nebulosa

nebulizzàre [ingl. *to nebulize*, dal lat. *nĕbula* 'nebbia' ✱ 1915] **v. tr.** ● ridurre un liquido in minutissime goccioline disperse nell'aria a formare una nebbia ‖ **nebulizzazióne**, **s. f.**

nebulizzatóre [da *nebulizzare* ✱ 1915] **s. m.** ● apparecchio o dispositivo che serve a ridurre un liquido in minutissime gocce **SIN.** atomizzatore

†nebulóne [vc. dotta, lat. *nebulōne(m)*, propr. 'che vive nella nebbia', da *nĕbula* 'nebbia' ✱ sec. XIV] **s. m.** ● buono a nulla, fannullone, cialtrone: *ch'io spegna / questo ... nebulon, che grida / ch'io del Sol non vedrò più l'aurea luce* (V. MONTI)

nebulósa (o -ṣ-) [f. sost. di *nebuloso* ✱ sec. XIV] **s. f.** **1** (*astron.*) addensamento di materia interstellare che all'osservazione telescopica appare come una tenue nuvoletta | ***n. lucida, luminosa***, che emette luce per fluorescenza provocata dalle stelle vicine | ***n. oscura***, che non emette luce, ma occulta le stelle più distanti che si trovano nella medesima direzione **2** (*fig.*) insieme confuso, indeterminato: *la n. dei gruppi giovanili*

nebulosità (o -ṣ-) [vc. dotta, lat. tardo *nebulositāte(m)* (V. *nebbioso*) ✱ 1375 ca.] **s. f. inv.** **1** caratteristica, condizione di ciò che è nebuloso: *la n. del cielo* | (*meteor.*) nuvolosità **2** (*fig.*) indeterminatezza di ciò che è vago, incerto: *la n. di un progetto*

✦**nebulóso** (o -ṣ-) [vc. dotta, lat. *nebulōsu(m)*. V. *nebbioso* ✱ 1313] **agg.** **1** caliginoso, fosco | (*meteor.*) nuvoloso **2** (*fig.*) poco chiaro, vago, incerto: *ricordo n.*; *immagine nebulosa* ‖ **nebulosaménte**, **avv.** in modo nebuloso, poco chiaro ‖ **nebulosità**, **s. f. inv.** caratteristica di ciò che è nebuloso; (*meteor.*) nuvolosità; (*fig.*) indeterminatezza di ciò che è vago, incerto: *la nebulosità di un progetto*

néccio o **nìccio** [da avvicinare all'ant. lucchese *castagniccio*, deriv. di *castagna* ✱ av. 1587] **A** **s. m.** ● (*tosc.*) schiacciata di farina di castagne, cotta tra due dischi di pietra roventi **B** **agg.** (**pl. m.** *-ci*; **pl. f.** *-ce*) ● (*tosc.*) di castagne, nella loc. ***farina neccia***

nécessaire /fr. nese'sɛʀ/ [vc. fr., propr. 'necessario' ✱ 1877] **s. m. inv.** ● astuccio o valigetta contenente tutto ciò che occorre per un determinato scopo: *n. da viaggio*; *un n. da tavolo*; *un n. da toeletta*

necessarietà [1899] **s. f. inv.** ● caratteristica, requisito di ciò che è necessario: *la n. di un provvedimento* | ***non n.***, condizione di ciò che non è necessario: *la non n. di un collaudo*

✦**necessàrio** [vc. dotta, lat. *necessāriu(m)*, da *necĕsse* 'necessario', comp. di *ne-* 'non' e *cēdere* 'ritirarsi' (V. *cedere*); quindi 'che non può essere ritirato, mosso' ✱ 1261 ca.] **A** **agg.** (**pl. m.** *-i* o *lett.* *-ii*) **1** detto di ciò di cui non si può assolutamente fare a meno (+ *a*): *cose necessarie alla vita*; *pezzo n. a una macchina*; *documenti necessari* | indispensabile, essenziale (+ **inf.**, + *che* **seguito da congtv.**): *è n. decidere quanto prima*; *è n. che tu parta subito*; *ritengo necessaria la sua presenza* | ***non è n.***, se ne può fare a meno | (*est.*) ***conseguenza necessaria***, inevitabile, certa **CONTR.** superfluo **2** che serve, è utile, occorre a qlcu. o qlco.: *il tempo n. per scrivere*; *la necessaria chiarezza del discorso*; *una presenza necessaria*; *prenditi il tempo n. a concludere il lavoro* **3** (*filos.*) che non può non essere, né essere altrimenti da ciò che è **CONTR.** contingente **4** (*dir.*) disposto da norma inderogabile: *domicilio n.*; *erede n.*; *sospensione necessaria del processo* ‖ **necessariaménte**, **avv.** **1** per necessità, per forza, inevitabilmente: *con la macchina guasta abbiamo dovuto necessariamente prendere un taxi*; *non necessariamente la loro storia doveva finire così* **2** (*raro*) in maniera evidente, incontrovertibile **B** **s. m.** **1** (**solo sing.**) ciò che occorre di necessità per un determinato scopo: *provvedere del n.*; *il puro, lo stretto n.* | ***non avere il n.***, non avere di che vivere **SIN.** indispensabile **CONTR.** superfluo **2** †parente: *vendere i figliuoli e altri suoi necessarii senza taglia* (N. MACHIAVELLI) **3** (*eufem.*) †ritirata | vaso da notte

necèsse [lat. V. *necessario* ✱ 1321] **agg. e s. m. inv.** ● (*lett.*) necessario

✦**necessità** [vc. dotta, lat. *necessitāte(m)*, da *necĕsse*. V. *necessario* ✱ 1268] **s. f. inv.** **1** carattere, condizione di ciò che è necessario: *la n. del nutrirsi, del riposarsi*; *non capisco la n. di tanta urgenza* | ***di n.***, necessariamente | †***è n.***, è necessario | bisogno: *avere n. di un po' di riposo* **2** forza superiore alla volontà dell'uomo che ne determina l'agire: *l'ineluttabile n.*; *piegarsi, ribellarsi alla n.* | (*dir.*) ***stato di n.***, V. *stato*②, sign. 10 | ***fare di n. virtù***, sottomettersi a una circostanza inevitabile, cercando, se possibile, di trarne qualche vantaggio | (*est.*) fato, destino: *la n. ha voluto così* **3** ciò che è necessario, indispensabile: *le necessità della vita* | †***dare la n.***, provvedere al sostentamento | (*eufem.*, **spec. al pl.**) bisogno fisiologico: *le n. naturali, corporali*; *ho una n. urgente* **4** (*filos.*) carattere di ciò che è e che non può non essere **CONTR.** contingenza **5** povertà, miseria: *trovarsi in n.* | carestia, penuria: *n. di denaro, di uomini* **6** †parentela, familiarità

necessitànte **part. pres.** di *necessitare*; anche **agg.** ● (*raro*) che determina, che ha un effetto costrittivo

necessitàre [da *necessità* ✱ sec. XIV] **A** **v. tr.** (*io necèssito*) ● costringere, rendere necessario, indispensabile: *sono cose che necessitano tutta la nostra attenzione*; *le opposizioni fattemi ... mi necessitarono in tal maniera a pensarvi sopra* (G. GALILEI) **B** **v. intr.** (**aus.** *avere* **nel sign. 1**, *essere* **nel sign. 2**) **1** aver bisogno (+ *di*): *n. di molte sovvenzioni*; *l'edificio necessita di manutenzione* **2** essere necessario: *necessita la vostra sincerità* | anche impers. (+ *che* **seguito da congtv.**): *necessita che il lavoro sia terminato al più presto*

necessitàto **part. pass.** di *necessitare*; anche **agg.** ● obbligato, costretto: *sentirsi n. a intervenire*

necessitiṣmo [comp. di *necessità* e *-ismo* ✱ 1974] **s. m.** ● (*filos.*) determinismo

necessitóso (o -ṣo) [sec. XIII] **agg.** ● (*lett.*) che si trova in necessità, bisognoso | (*lett.*) difficile, duro: *tempi necessitosi*

neck /ingl. nɛk/ [vc. ingl., propr. 'collo', vc. di orig. germ. ✱ 1932] **s. m. inv.** ● (*geol.*) antico condotto vulcanico riempito di materiale piroclastico o di lave raffreddate

nècro- [dal gr. *nekrós* 'morto'] **primo elemento** ● in parole composte, significa 'defunto', 'cadavere', 'morte', o si riferisce a processi necrotici: *necrofilia*, *necropoli*; *necrobiosi*

necrobacillòsi [comp. di *necro-* e *bacillosi* ✱ 1958] **s. f. inv.** ● (*veter.*) processo morboso che colpisce gli animali domestici ed è caratterizzato da fenomeni necrotici localizzati

necròbia [comp. di *necro-* e *-bio* ✱ 1834] **s. f.** ● insetto dei Coleotteri le cui larve pelose, con robusto apparato masticatore, si nutrono di altre larve di insetti (*Necrobia ruficollis*)

necrobiòsi [comp. di *necro-* e *-bio*, con il suff. medico *-osi* ✱ 1875] **s. f. inv.** ● (*biol.*) lento processo di necrosi delle cellule o di tessuti

necrobiòtico [1900] **agg.** (**pl. m.** *-ci*) ● relativo a necrobiosi

necrofagìa [comp. di *necro-* e *-fagia* ✱ 1965] **s. f.** (**pl.** *-gìe*) ● il nutrirsi di cadaveri, proprio di vari animali

necròfago [vc. dotta, gr. *nekrophágos*, comp. di *nekro-* 'necro-' e *-phágos* '-fago' ✱ 1821] **agg.** (**pl. m.** *-gi*) ● di animale che si nutre di cadaveri

necrofilìa [comp. di *necro-* e *-filia* ✱ 1899] **s. f.** ● (*psicol.*) perversione sessuale consistente nell'attrazione verso i cadaveri

necròfilo [comp. di *necro-* e *-filo* ✱ 1911] **agg. e s. m.** (**f.** *-a*) ● che (o chi) è affetto da necrofilia

necrofobìa [comp. di *necro-* e *-fobia* ✱ 1865] **s. f.** ● (*psicol.*) paura ossessiva dei cadaveri | paura ossessiva della morte **CFR.** tanatofobia ‖ **necrofòbico**, **agg.** (**pl. m.** *-ci*); anche **s. m.** (**f.** *-a*) **nel sign. 2** **1** relativo a necrofobia **2** necrofobo ‖ **necròfobo**, **agg. e s. m.** (**f.** *-a*) che (o chi) soffre di necrofobia

necròforo [vc. dotta, gr. *nekrophóros*, comp. di *nekro-* 'necro-' e *-phóros* '-foro' ✱ 1834] **s. m.** **1** (**f.** *-a*) becchino **2** nome comune attribuito a numerose specie di Insetti dei Coleotteri appartenenti al genere *Necrophorus*, che seppelliscono piccoli animali morti dopo aver deposto nelle loro carni putrescenti le proprie larve

necrologìa [comp. di *necro-* e *-logia* ✱ 1819] **s. f.** (**pl.** *-gìe*) ● cenno orale o breve annuncio scritto in onore di persone morte **SIN.** necrologio

necrològico [1804] **agg.** (**pl. m.** *-ci*) ● relativo alla necrologia

necrològio [da *necro-*, sul modello di *martirologio* ✱ 1714] **s. m.** **1** annuncio funebre, spec. sui quotidiani | necrologia **2** obituario

necrologista [1891] **s. m. e f.** (**pl. m.** *-i*) ● chi pronuncia o scrive una necrologia

necromanzìa ➤ **negromanzia**

necroormóne o **necrormóne** [comp. di *necro-* e *ormone* ✱ 1954] **s. m.** ● (*fisiol.*) sostanza che, liberata durante le lesioni tessutali, stimola la moltiplicazione cellulare nella zona lesa

necròpoli [vc. dotta, gr. *nekrópolis*, comp. di *nekro-* 'necro-' e *pólis* 'città'. V. *polis* ✱ 1820] **s. f. inv.** **1** luogo dedicato alla sepoltura e venerazione dei defunti, riemerso da scavi archeologici: *n. di Spina* **2** (*est.*) cimitero

necropsìa [da *necro-*, sul modello di *autopsia* ✱ 1895] **s. f.** ● (*med.*) necroscopia

necrormóne ➤ **necroormone**

necroṣàre [da *necrosi* ✱ 1927] **v. tr.** (*io necròṣo*) ● (*biol.*) necrotizzare

necroscopìa [comp. di *necro-* e *-scopia* ✱ 1829] **s. f.** ● (*disus.*) autopsia

necroscòpico [1859] **agg.** (**pl. m.** *-ci*) ● di necroscopia, che concerne la necroscopia ‖ **necroscopicaménte**, **avv.** mediante la necroscopia

necròscopo [1865] **s. m.** (**f.** *-a*) ● medico che constata la morte di una persona ed, eventualmente, ne accerta le cause

necròṣi o (*meno comune*) **nècroṣi** [vc. dotta, lat. tardo *necrōsi(m)*, dal gr. *nékrōsis*, da *nekrós* 'morto'. V. *necro-* ✱ 1821] **s. f. inv.** ● (*biol.*) processo che porta alla morte di singole cellule o di tessuti di organismi viventi

necròtico [vc. dotta, gr. *nekrōtikós* 'mortificante', da *nékrōsis* 'mortificazione, necrosi' ✱ 1869] **agg.** (**pl. m.** *-ci*) ● di necrosi, caratterizzato da necrosi: *tessuto n.*; *processo n.*

necrotizzànte **A** **part. pres.** di *necrotizzare*; anche **agg.** ● nel sign. del v. **B** **s. m.** ● agente che provoca la necrosi dei tessuti viventi

necrotiẓẓàre [da *necrotico* ✱ 1914] **A** **v. tr.** ● indurre a necrosi, provocare necrosi: *n. un tessuto* **B** **necrotiẓẓàrsi** **v. intr. pron.** ● essere colpito da necrosi: *cellule che si necrotizzano* ‖ **necrotiẓẓazióne**, **s. f.**

necrotiẓẓàto **part. pass.** di *necrotizzare*; **anche agg.** ● colpito da necrosi: *tessuto n.*

necrotomìa [comp. di *necro-* e *-tomia* ✱ 1895] **s. f.** **1** (*disus.*) autopsia **2** (*med.*) procedura che consente la rimozione di un sequestro osseo

nècton o **nèkton** [vc. dotta, gr. *nēktón*, nt. di *nēktós* 'che nuota', da *nḗchein* 'nuotare', di orig. indeur. ✱ 1927] **s. m. inv.** ● (*biol.*) l'insieme degli animali capaci di muoversi attivamente nell'ambiente acqueo **CFR.** plancton

nectònico [1981] **agg.** (**pl. m.** *-ci*) ● relativo al necton, appartenente al necton: *specie nectonica*

nèctria [dal gr. *nḗktōr* 'nuotatore', da *nḗchein* 'nuotare', di orig. indeur. ✱ 1958] **s. f.** ● fungo dei Discomiceti, dannoso parassita di svariati alberi, sui quali forma cuscinetti rosei duri e carnosi (*Nectria cinnabarina*)

†**ned** ● V. **né**

nederlandése ➤ **neerlandese**

neem /*hindi* neːm/ [dalla denominazione hindi *nīm*, deriv. dal suo n. sanscrito *nimba* ✱ 1992] **s. m. inv.** ● (*bot.*) albero delle Meliacee, delle regioni tropicali e subtropicali, pregiato per il legno da intaglio (*Azadirachta indica*) | ***olio di n.***, estratto dai semi di tale pianta, di uso tradizionale in India come repellente per gli insetti e come unguento nella medicina ayurvedica; si usa in cosmetica

†**neènte** ➤ **niente**

neerlandése (o **-ṣ-**) o **nederlandése** (o **-ṣ-**) [da *Néerlande*, forma fr. di *Nederland* 'Paesi Bassi' ✱ 1834] **A** **agg. e s. m. e f.** ● (*raro*) olandese **B** **s. m. solo sing.** ● lingua comprendente sia l'olandese sia il fiammingo

n

Neet /*ingl.* niːt/ [vc. ingl., sigla di *Not in Employment, Education or Training* 'non occupato né studente né in formazione' ✱ 2008] **A** **s. m. e f. inv.** ● giovane al di sotto dei 30 anni che non frequenta un istituto di istruzione, non lavora e non segue corsi di formazione professionale **B** **anche in funzione di agg. inv.**: *generazione N.*

✤**nefandézza** [1602] **s. f.** **1** caratteristica di chi (o di ciò che) è nefando **SIN.** scelleratezza, turpitudine **2** atto, discorso turpe, vergognoso **3** †sodomia

†**nefandìgia** [av. 1600] **s. f.** ● nefandezza, turpitudine

nefandità [av. 1686] **s. f. inv.** ● (*lett.*) nefandezza

✤**nefàndo** [vc. dotta, lat. *nefāndu(m)* 'di cui non si può parlare', comp. di *ne-* 'non' e *fāndus*, gerundivo di *fāri* 'parlare' (V. *favola*) ✱ 1336 ca.] **agg.** ● abominevole, turpe, esecrabile: *opera, ingordigia nefanda; accusa nefanda; discorso n.* ‖ **nefandaménte**, **avv.** (*raro*) in modo nefando

nefàrio [vc. dotta, lat. *nefāriu(m)*, da *nĕfas* 'illecito', contr. di *fās* 'lecito' ✱ 1364] **agg.** ● (*lett.*) scellerato, iniquo, detto di persona | (*lett.*) empio, abominevole, detto di cosa: *per qualche via scellerata e nefaria si ascende al principato* (N. MACHIAVELLI) ‖ †**nefariaménte**, **avv.** scelleratamente

nèfas [vc. dotta, lat. *nĕfas*, 'illecito', dalla loc. *nĕ* 'non' e *fās* 'fas' (V.) ✱ 1584] **s. m. inv.** ● ciò che è illecito, spec. nella loc. avv. ***per fas e per n.***, in tutti i modi possibili, leciti e illeciti: *chi cerca per fas e per n. di guadagnare, trovasi alla fine scoperto, punito e precipitato* (C. GOLDONI) **CONTR.** fas

✤**nefàsto** [vc. dotta, lat. *nefāstu(m)*, comp. di *ne-* 'non' e *fāstus* 'fasto①' ✱ sec. XIV] **A** **agg.** **1** nell'antica Roma, detto di giorno non adatto all'amministrazione della giustizia e al compimento di determinate opere religiose o civili, avendo i sacerdoti divinatori tratto presagi di cattivo augurio **2** (*est.*) di giorno funesto, luttuoso, pieno di disgrazie: *i giorni nefasti aveva poi la compiacenza di stare chiuso in un camerino* (I. NIEVO) **3** di cattivo augurio, infausto: *un n. presagio* | (*scherz.*) di chi è causa di danno o rovina per qlcu.: *un individuo n.* **4** †scellerato, infame, nefando ‖ **nefastaménte**, **avv.** **B** **nefàsti** **s. m. pl.** ● avvenimenti tristi o luttuosi: *i fasti e i nefasti del secolo XX*

SFUMATURE DI SIGNIFICATO

nefasto - funesto - esiziale
Nefasto era nell'antichità il giorno in cui non si esercitavano funzioni pubbliche, avendo i sacerdoti tratto cattivi presagi; da qui i significati attuali di infausto, sfavorevole. **Funesto** definisce ciò che è fonte di lutti, di gravi danni o ne è caratterizzato. Negli usi estensivi tuttavia i due termini si scambiano i significati, per cui diventano di fatto sostituibili. **Esiziale**, come i precedenti solo di uso letterario, fa riferimento esclusivamente a un danno irrimediabile, mortale.

nefèlide [1954] **s. f.** ● (*med.*) nefelio

nefelìna [dal gr. *nephélē* 'nuvola', di orig. indeur., per il colore biancastro ✱ 1819] **s. f.** ● (*miner.*) alluminosilicato di sodio e potassio in cristalli prismatici esagonali bianchi o grigio-verdastri

nefèlio [vc. dotta, gr. *nephélion*, propr. dim. di *nephélē* 'nuvola'. V. *nefelina* ✱ 1828] **s. m.** **1** (*bot.*) litchi nel sign. 1 **2** (*med.*) nubecola

nefelògrafo [comp. di *nephelo-* di provenienza fr. e di orig. gr., da *nephélē* 'nuvola' e *-grafo* ✱ 1981] **s. m.** ● (*chim.*) strumento per l'analisi chimica, che misura la luce diffusa da sostanze in sospensione, per determinarle quantitativamente **SIN.** nefelometro registratore

nefelometrìa [da *nefelometro* ✱ 1948] **s. f.** ● (*chim.*) misurazione della torbidità di un liquido | determinazione del grado di dispersione di un colloide

nefelomètrico [1958] **agg.** (**pl. m.** *-ci*) ● concernente la nefelometria: *analisi nefelometrica*

nefelòmetro [comp. del gr. *nephélē* 'nebbia, nuvola' (V. *nefelina*), e *-metro* ✱ 1954] **s. m.** **1** (*chim.*) apparecchio per l'analisi nefelometrica | ***n. registratore***, nefelografo **2** (*meteor.*) nefoscopio

nefologìa [comp. del gr. *néphos* 'nuvola' e *-logia*] **s. f.** ● branca della meteorologia che studia la formazione delle nuvole e i fenomeni a esse collegate

nefoscopìa [comp. del gr. *néphos* 'nuvola', di orig. indeur., e *-scopia* ✱ 1958] **s. f.** ● (*meteor.*) osservazione e misurazione del movimento delle nubi

nefoscòpio [comp. del gr. *néphos* 'nuvola', di orig. indeur., e *-scopio* ✱ 1869] **s. m.** ● (*meteor.*) strumento per l'osservazione a vista della direzione di movimento delle nubi e della loro velocità angolare **SIN.** nefelometro

nefralgìa [comp. di *nefr(o)-* e *-algia* ✱ 1828] **s. f.** (**pl.** *-gìe*) ● (*med.*) dolore di origine renale

nefrectomìa [comp. di *nefr(o)-* e del gr. *ektomḗ* 'amputazione' (V. *-tomia*) ✱ 1888] **s. f.** ● (*chir.*) asportazione chirurgica del rene

nefrìdio [dal gr. *nephrós* 'rene' col suff. dim. *-idion* ✱ 1880 ca.] **s. m.** (**pl.** *-i* o *raro* *-ii*) ● (*zool.*) organo escretore presente in molti gruppi di organismi invertebrati

nefrite① [vc. dotta, lat. tardo *nephrītis*, nom., dal gr. *nephrîtis*, da *nephrós* 'rene'. V. *nefro-* ✱ av. 1698] **s. f.** ● (*med.*) infiammazione del tessuto renale

nefrite② [dal gr. *nephrós* 'rene' (V. *nefro-*) perché ritenuta rimedio contro le malattie renali ✱ 1817] **s. f.** ● (*miner.*) varietà compatta di anfibolo colorata in diversi toni di verde usata per oggetti ornamentali a imitazione della giada

nefrìtico [vc. dotta, lat. tardo *nephrīticu(m)*, dal gr. *nephritikós*, da *nephrîtis* 'nefrite①' ✱ av. 1626] **A** **agg.** (**pl. m.** *-ci*) ● (*med.*) che concerne la nefrite **B** **agg. e s. m.** (**f.** *-a*) ● (*med.*) che (o chi) è affetto da nefrite

nèfro- [dal gr. *nephrós* 'rene'] **primo elemento** (*nefr-*, **davanti a vocale**) ● in parole composte della terminologia medica e zoologica, significa 'rene': *nefrite, nefropatia*

nefrocèle [comp. di *nefro-* e *-cele* ✱ 1958] **s. m.** ● (*med.*) ernia del rene

nefrografìa [comp. di *nefro-* e *-grafia* ✱ 1981] **s. f.** ● (*med.*, *raro*) urografia

nefrogràfico [sec. XX] **agg.** (**pl. m.** *-ci*) ● (*med.*) relativo a nefrografia

nefròide [vc. dotta, gr. *nephroeidḗs*, comp. di *nephrós* 'rene' (V. *nefro-*) e *-eidḗs* '-oide' ✱ 1958] **agg.** ● (*anat.*) che ha struttura simile a quella del rene

nefrolitìaṣi [comp. di *nefro-* e *litiasi* ✱ 1828] **s. f. inv.** ● (*med.*) calcolosi renale | comparsa di calcoli del rene

nefròlito [comp. di *nefro-* e *-lito*① ✱ 1828] **s. m.** ● (*med.*) calcolo renale

nefrologìa [comp. di *nefro-* e *-logia* ✱ 1828] **s. f.** (**pl.** *-gìe*) ● ramo della medicina che studia il rene dal punto di vista morfologico, fisiologico, patologico e sim. | (*est.*) reparto ospedaliero per pazienti che necessitano di cure per le patologie renali

nefrològico [1989] **agg.** (**pl. m.** *-ci*) ● di nefrologia, relativo a nefrologia

nefròlogo [comp. di *nefro-* e *-logo* ✱ 1981] **s. m.** (**f.** *-a*; **pl. m.** *-gi*) ● specialista di nefrologia

nefróne [da *nefro-* col suff. *-one*④ ✱ 1958] **s. m.** ● (*anat.*) unità strutturale e funzionale del rene

nefropatìa [comp. di *nefro-* e *-patia* ✱ 1895] **s. f.** ● (*med.*) qualsiasi malattia del rene ‖ **nefropàtico**, **agg. e s. m.** (**f.** *-a*) che (o chi) soffre di nefropatia

nefròpe [propr. 'che ha l'aspetto di un rene', comp. di *nefro-* e del gr. *ṓps*, genit. *ōpós* 'aspetto, vista', da *horân* 'vedere', di orig. indeur. ✱ 1875] **s. m.** ● (*zool.*) scampo

nefropèssi o **nefropessìa** [comp. di *nefro-* e *pessi* ✱ 1958] **s. f. inv.** ● intervento chirurgico di sostegno del rene per la correzione della nefroptosi

nefropessìa ➤ **nefropessi**

nefroplegìa [comp. di *nefro-* e *-plegia* ✱ 1834] **s. f.** (**pl.** *-gìe*) ● (*med.*) paralisi funzionale del rene

Nefropsìdi [comp. di *nefro-* e del gr. *ṓps* 'occhio' (di orig. indeur.); detti così per gli occhi reniformi ✱ 1834] **s. m. pl.** (**sing.** *-e*) ● (*zool.*) famiglia di Crostacei dei Decapodi con addome allungato, cui appartengono gli scampi (*Nephropsidae*)

nefroptòṣi [comp. di *nefro-* e *ptosi* ✱ 1940] **s. f. inv.** ● (*med.*) abbassamento del rene dalla sua sede normale

nefrorrafìa [comp. di *nefro-* e un deriv. del gr. *ráptein* 'cucire', di orig. indeur. ✱ 1906] **s. f.** ● (*chir.*) sutura di lesione del rene

nefrorragìa [comp. di *nefro-* e *-ragia* ✱ 1828] **s. f.** (**pl.** *-gìe*) ● (*med.*) emorragia di origine renale

nefroscleròṣi o **nefrosclèroṣi** [comp. di *nefro-* e *sclerosi* ✱ 1931] **s. f. inv.** ● (*med.*) processo di indurimento del rene per aumento del tessuto connettivo interstiziale

nefròṣi [comp. di *nefr(o)-* e *-osi* ✱ 1900] **s. f. inv.** ● (*med.*) affezione di carattere degenerativo del rene

nefròṣico [1981] **A** **agg.** (**pl. m.** *-ci*) ● (*med.*) che concerne la nefrosi **B** **agg. e s. m.** (**f.** *-a*) ● (*med.*) che (o chi) è affetto da nefrosi **SIN.** nefrotico

nefrostomìa [comp. di *nefro-* e *-stomia* ✱ 1937] **s. f.** ● (*chir.*) intervento chirurgico per inserire un tubicino nella pelvi o nei calici renali così da drenare l'urina verso l'esterno in caso di ostruzione delle vie urinarie

nefròtico [1926] **agg. e s. m.** (**f.** *-a*; **pl. m.** *-ci*) ● nefrosico

nefrotomìa [comp. di *nefro-* e *-tomia* ✱ av. 1714] **s. f.** ● (*chir.*) incisione del rene

nefròtomo [comp. di *nefro-* e *-tomo* ✱ 1958] **s. m.** ● (*anat.*) componente metamerica del mesomero coinvolta nella formazione dei reni embrionali

nefrotòssico [comp. di *nefro-* e *tossico*① ✱ 1903] **agg.** (**pl. m.** *-ci*) ● (*med.*) che provoca lesioni ai tessuti renali: *farmaco n., agente n.* ‖ **nefrotossicità**, **s. f. inv.** proprietà di una sostanza nefrotossica

negàbile [1745] **agg.** ● che si può negare: *verità difficilmente n.* ‖ **negabilità**, **s. f. inv.**

†**negaménto** [da *negare* ✱ 1268] **s. m.** ● rifiuto

♦**negàre** [lat. *negāre*, da *nĕc* 'né' ✱ 1250 ca.] **A** **v. tr.** (*io négo* o *nègo*, †*niègo*, *tu néghi* o *nèghi*, †*nièghi*) **1** dichiarare non vero qlco. (+ *di* **seguito da inf.**, + *che* **seguito da congtv.**): *n. tutte le insinuazioni dei nemici; nego di averlo detto; n. l'esistenza di Dio; nego che Luigi sia timido; non può n. che nelle cose umane la fortuna ha grandissima potestà* (F. GUICCIARDINI) | ***n. una possibilità***, non ammetterla | ***n. l'evidenza di qlco.***, non riconoscerla | ***non lo nego***, lo ammetto, lo riconosco **SIN.** contestare, smentire **2** (*assol.*) rispondere di no: *gli domandarono se era responsabile e lui negò* | (*est.*) non confessare: *gli indiziati si ostinavano a n.* **CONTR.** affermare **3** non concedere (+ *a*): *n. il permesso, la grazia; n. a qlcu. una soddisfazione* | ***n. fede a qlcu.***, non credere a qlcu. **SIN.** ricusare, rifiutare **4** †rinnegare | †***n. sé stesso***, rinunciare ai propri diritti e (*est.*) mortificarsi **B** **negàrsi** **v. tr. pron.** (**aus.** *essere*) ● non concedere a sé stesso: *negarsi una soddisfazione* **C** **negàrsi** **v. rifl.** **1** (*raro*) rifiutarsi a un amplesso amoroso **CONTR.** concedersi **2** mostrarsi indisponibile a incontrare qlcu. o a fare qlco. | ***negarsi al telefono***, rifiutare, evitare di rispondere a una telefonata non gradita
SFUMATURE ➤ *ritrattare*③

negativa [vc. dotta, lat. tardo *negatīva(m)*, f. sost. di *negatīvus* 'negativo' ✱ sec. XV] **s. f.** **1** rifiuto: *stare sulla, nella n.* **CONTR.** affermativa **2** risposta, dichiarazione con la quale si nega qlco. **3** (*fotogr.*) immagine negativa

negativiṣmo [comp. di *negativ(o)* e *-ismo* ✱ 1954] **s. m.** **1** (*psicol.*) comportamento che tende alla negazione, alla polemica, alla repulsione e all'ostilità | ***n. infantile***, rifiuto sistematico del bambino alle richieste dell'adulto **2** (*est.*) atteggiamento di costante polemica, di radicale scetticismo nei confronti di qualsiasi situazione, proposta ecc.

negatività [1846] **s. f. inv.** **1** caratteristica di ciò che è negativo: *la n. di una risposta, di un giudizio* **2** (*est.*) caratteristica di chi ha sempre un atteggiamento negativo, pessimistico e sim.

negativiẓẓàrsi [da *negativo* ✱ 1986] **v. intr. pron.** ● diventare negativo al test sierodiagnostico per uno specifico microrganismo da parte di un soggetto sieropositivo

negativiẓẓazióne [1965] **s. f.** ● (*med.*) processo che in un'infezione microbica porta un soggetto sieropositivo a non presentare più anticorpi specifici rilevabili con test sierodiagnostico

♦**negatìvo** [vc. dotta, lat. tardo *negatīvu(m)*, da *negāre* 'negare' ✱ 1306] **A** **agg.** **1** che nega, contiene una negazione o serve a negare: *risposta negativa; particella negativa; proposizioni negative* **CONTR.** affermativo | ***argomento n.***, che si fonda non sulla prova diretta della verità, ma sulla negazione di ciò che a essa è contrario | ***teologia negativa***, che consente di giungere a Dio, utilizzando un processo dialettico di negazioni (non corporeo, non finito, ecc.) **2** che si limita a negare il valore di qlco., senza proporre alternative valide, soluzioni nuove e sim.: *ideologia negativa; critica puramente negativa* **3** contrario, sfavorevole: *intervento, effetto n.; parere n.* | che non trova ciò che si cercava, che accerta l'assenza di qlco.: *risultato n. di un'indagine, di un'analisi; l'esito dell'esame è stato n.* | che costituisce un danno, uno svantaggio, un difetto: *ecco l'aspetto n. del suo carattere; questo è l'unico lato n. della faccenda* | avverso, non propizio: *una giornata negativa* **CONTR.** positivo **4** che proibisce di fare qlco.: *comando n.* **5** in varie scienze e tecnologie, detto convenzionalmente di qlco. in opposizione a ciò che, altrettanto convenzionalmente, è definito positivo: *cariche elettriche negative; polo n.; ione n.* | ***catalizzatore n.***, quello che ritarda il compiersi della reazione **6** (*mat.*) detto di numero minore di zero **7** (*fotogr.*) detto di immagine fotografica nella quale la disposizione delle luci e delle ombre è inversa rispetto a quella dell'oggetto fotografato, utilizzata per la stampa di copie positive ‖ **negativaménte**, **avv.** **1** con una negazione: *rispondere negativamente* **2** in modo negativo, contrario alle aspettative o sfavorevole, dannoso e sim.: *la trattativa si è conclusa negativamente; i guai fisici hanno influito negativamente sul rendimento dell'atleta* ‖ **negatività**, **s. f. inv.** (V.) **B** **s. m.** ● (*fotogr.*) immagine negativa **C** **in funzione di avv.** ● no (nelle comunicazioni via radio): *'Avete avvistato il relitto?' 'N.!'* | (*est.*) anche nel gergo giovanile: *'Ci vediamo in discoteca?' 'N.!'*

negativoscòpio [comp. di *negativo* nel sign. B e *-scopio* ✱ 1935] **s. m.** ● (*med.*) negatoscopio

negàto **part. pass.** di *negare*; anche **agg.** **1** nei sign. del v.: *permesso n.* **SIN.** rifiutato **2** che non ha alcuna attitudine per qlco.: *un ragazzo n. per la matematica*

negatóne ➤ **negatrone**

negatóre [vc. dotta, lat. tardo *negatōre(m)*, da *negātus* 'negato' ✱ 1304 ca.] **s. m.** (**f.** *-trice*); **anche agg.** ● chi (o che) nega: *i negatori di Dio; uno Stato totalitario n. dei diritti civili*

negatòria [vc. dotta, lat. tardo (*actiōnem*) *negatōria(m)*, dal lat. tardo *negātor*, genit. *negatōris* 'negatore' ✱ 1935] **s. f.** ● (*dir.*) azione negatoria

negatòrio [rifatto sul lat. tardo *negatōria*. V. *negatoria* ✱ 1673] **agg.** **1** (*raro*) che concerne la negazione **2** (*dir.*) detto di azione che il proprietario può esercitare per farsi dichiarare dall'autorità giudiziaria l'inesistenza di diritti affermati da altri sulla cosa propria

negatoscòpio [comp. di *negat(iv)o* e *-scopio* ✱ 1950] **s. m.** **1** (*fotogr.*) dispositivo per esaminare le negative o le diapositive, illuminandole in trasparenza **2** (*med.*) lastra di vetro illuminata posteriormente, usata in radiologia per esaminare in trasparenza i negativi radiografici

negatróne o **negatóne** [comp. di *negat(ivo)* e *-trone*, ricavato da *elettrone* ✱ 1942] **s. m.** ● (*fis.*) elettrone

negazióne [vc. dotta, lat. *negatiōne(m)*, da *negātus* 'negato' ✱ 1308] **s. f.** **1** atto del negare: *la n. è il contrario dell'affermazione* | dichiarazione, espressione che nega: *una n. esplicita, implicita; oppone una n. recisa* | protesta, rifiuto: *un popolo oscillante tra l'ipocrisia e la n.* (F. DE SANCTIS) **CONTR.** affermazione **2** ciò che è l'opposto dei princìpi ai quali dovrebbe conformarsi: *quel documentario è la n. dell'obiettività* **3** (*ling.*) modo della frase di base che consiste nel negare il predicato della frase | elemento linguistico (avverbio, congiunzione, pronome e sim.) che esprime una negazione **4** †abnegazione, mortificazione: *n. di sé medesimo* **5** (*psicoan.*) processo per cui l'individuo, nel formulare desideri o pensieri rimossi, se ne difende negando che gli appartengano **6** ***n. booleana***, operazione che inverte fra 'vero' e 'falso' il valore di una variabile booleana

SFUMATURE DI SIGNIFICATO

negazione - diniego - ripulsa

Negazione è il rispondere di no, il non concedere, il non permettere, oppure il dichiarare non vera una cosa. **Diniego** ha gli stessi significati, ma è di uso più elevato. Anche in **ripulsa** è implicita l'idea di rifiuto, ma vi si aggiunge un sentimento di avversione, di rigetto.
SFUMATURE ➤ *smentita*

negazioniṣmo [comp. di *negazion(e)* e *-ismo* ✱ 1992] **s. m.** ● forma di revisionismo storico che nega la veridicità di avvenimenti della storia moderna, spec. del periodo nazista e fascista

negazionìsta [1990] **A** **s. m. e f.** (**pl. m.** *-i*) ● sostenitore o esponente del negazionismo **B** **agg.** ● relativo, ispirato al negazionismo: *teoria, posizione n.*

†**negghiènza** [lat. *negligĕntia(m)* 'negligenza' ✱ 1308] **s. f.** **1** V. *negligenza* **2** nelle loc. ***avere in n., mettere, porre a n.***, trascurare, tenere in nessun conto

neghittosità (o **-ṣ-**) [av. 1705] **s. f. inv.** ● (*lett.*) caratteristica di chi è neghittoso **SIN.** infingardaggine, pigrizia
SFUMATURE ➤ *pigrizia*

♣**neghittóso** (o **-ṣ-**) o †**nighittóso** [dal lat. *neglĕctus* 'negletto' col suff. *-oso*③ ✱ 1266] **A** **agg.** **1** (*lett.*) pigro, indolente, infingardo | che rivela pigrizia, indolenza: *indole neghittosa* **2** †oscuro, incerto, vago ‖ **neghittosaménte**, **avv.** (*raro*) in modo neghittoso ‖ **neghittosità**, **s. f. inv.** (V.) **B** **s. m.** (**f.** *-a*) ● (*lett.*) chi è pigro: *tu al fin de l'opra i neghittosi affretta* (T. TASSO)

♣**neglètto** [vc. dotta, lat. *neglĕctu(m)*, part. pass. di *neglĭgere* 'negligere' ✱ 1319] **agg.** ● (*lett.*) trascurato, trasandato | non considerato, non tenuto nel debito conto: *uno scrittore n.* | non curato, disprezzato: *Siede in terra negletta e sconsolata* (G. LEOPARDI) ‖ **neglettaménte**, **avv.**

†**neglezióne** [vc. dotta, lat. *neglectiōne(m)*, da *neglĕctus* 'negletto' ✱ 1551] **s. f.** ● negligenza, trascuratezza

♦**négli** o (*poet.*) **ne gli**, (*poet.*) †**nélli**, (*poet.*) †**ne li** **prep. art. m. pl. comp.** di *ne*③ e *gli*① ➤ **gli**① per gli usi ortografici

négligé /fr. negli'ʒe/ [vc. fr., part. pass. di *négliger* 'negligere' ✱ 1787] **s. m. inv.** ● vestaglia femminile gener. succinta e trasparente

†**negligentàre** [da *negligente* ✱ 1669] **v. tr.** ● trascurare

♦**negligènte** [vc. dotta, lat. *negligĕnte(m)*, part. pres. di *neglĭgere* 'negligere' ✱ av. 1294] **A** **agg.** **1** che è svogliato e trascurato nell'adempiere i propri compiti o doveri (+ *in*, **anche seguito da inf.**): *impiegato, scolaro n.; essere n. nel lavoro* | (*raro*) lento, pigro, tardo: *essere n. nel cercare una pratica* **2** di ciò che rivela trasandatezza, poca cura: *atteggiamento, abbigliamento n.* **3** †sprezzante, noncurante ‖ **negligenteménte**, **avv.** **1** con negligenza: *lavorare, studiare negligentemente* **2** senza accuratezza: *vestire negligentemente* **B** **s. m. e f.** ● persona negligente **SFUMATURE** ➤ ***trascurato***

negligènza o †**negligènzia**, †**negghiènza** [vc. dotta, lat. *neglĕgĕntia(m)*, da *nĕgligens*, genit. *neglĭgĕntis*, 'negligente' ✱ 1261 ca.] **s. f. 1** condizione di chi (o di ciò che) è negligente: *la n. degli scolari; la n. del suo abbigliamento; tanta è la n., la dappocaggine, la tristizia degli uomini* (F. GUICCIARDINI) **SIN.** svogliatezza, trascurataggine **2** comportamento o atto negligente, trascurato: *non fa altro che commettere negligenze*

neglìgere [vc. dotta, lat. *neglĭgere*, comp. di *nĕc* 'non' e *lĕgere* 'raccogliere' ✱ 1363] **v. tr.** (**pass. rem.** *io neglèssi, tu negligésti*; **part. pass.** *neglètto*; **oggi difett. dell'indic. pres., dell'imperat., del congtv. pres.**) ● (*raro, lett.*) trascurare, omettere di fare: *fa sembianti / d'aver negletto ciò che far dovea* (DANTE *Purg.* VII, 91-92) | non considerare

†**nègo** (o -**è**-), †**nièɡo** [da *negare* ✱ sec. XIII] **s. m.** ● risposta, dichiarazione, negativa | ***far n.***, rifiutare | ***mettersi al n.***, prepararsi, disporsi a negare

negòssa [sovrapposizione di *nassa* a *negozio* (nel sign. 1) ✱ av. 1320] **s. f.** ● rete da pesca a forma di borsa aperta montata su una lunga pertica

negòtium /*lat.* ne'gɔttsjum/ [vc. lat., comp. di *nĕc* 'non' e *ōtium* 'ozio' ✱ 1855] **s. m. inv.** (**pl. lat.** *negòtia*) ● presso gli antichi Romani, attività, lavoro, affare: *dedicarsi al n.* **CFR.** otium

negoziàbile [1855] **agg.** ● che si può negoziare: *accordo n.* ‖ **negoziabilità**, **s. f. inv.**

negoziàle [vc. dotta, lat. *negotiāle(m)*, da *negōtium* 'negozio' ✱ 1261 ca.] **agg. 1** che concerne un negoziato, una trattativa: *volontà n.* **2** (*dir., raro*) di negozio forense o civile ‖ **negozialménte**, **avv.** tramite negoziato ‖ **negozialità**, **s. f. inv. 1** possibilità di negoziare, di condurre trattative con probabilità di successo **2** (*dir.*) condizione di ciò che è negoziale

†**negoziaménto** [av. 1578] **s. m.** ● il negoziare

♦**negoziànte** **A** **part. pres.** di *negoziare* ● (*raro*) nei sign. del v. **B** **s. m. e f.** ● proprietario o gestore di negozio per la vendita di merci al pubblico: *n. al minuto, all'ingrosso, di tessuti*

negoziàre [vc. dotta, lat. *negotiāri*, da *negōtium* 'negozio, affare' ✱ av. 1348] **A** **v. tr.** (*io negòzio*) **1** trattare affari, contrattare | ***n. valute, assegni***, cambiare valute o assegni **2** (*est.*) trattare, spec. per arrivare a un accordo su qlco.: *n. la pace, l'alleanza* | (*assol.*) condurre una trattativa: *n. con una delegazione di manifestanti* **B** **v. intr.** (**aus.** *avere*) ● (*raro*) esercitare un commercio, commerciare: *n. in articoli di chincaglieria*

negoziàto **A** **part. pass.** di *negoziare*; **anche agg.** ● nei sign. del v. **B** **s. m.** ● l'insieme delle trattative necessarie per stipulare patti, accordi, trattati e sim.: *i negoziati per l'armistizio*

negoziatóre [vc. dotta, lat. *negotiatōre(m)*, da *negotiāri* 'negoziare' ✱ 1343] **s. m.** (**f.** *-trice*) **1** chi conduce trattative per la conclusione di un accordo spec. politico internazionale **2** †chi esercita il commercio

negoziazióne [vc. dotta, lat. *negotiatiōne(m)*, da *negotiāri* 'negoziare' ✱ av. 1328] **s. f.** ● trattativa: *avviare le negoziazioni*

♦**negòzio** [vc. dotta, lat. *negōtiu(m)*, comp. di *nĕc* 'non' e *ōtium* 'ozio' ✱ 1321] **s. m. 1** affare, impresa commerciale: *fare, concludere un buon, un cattivo n.* | (*fam.*) ***bel n.!***, bella cosa! **2** (*dir.*) ***n. giuridico***, manifestazione di volontà di un soggetto mirante ad uno scopo che consiste nella costituzione, modificazione o estinzione di una situazione giuridicamente rilevante: *n. unilaterale* (per es. un testamento), *plurilaterale* (per es. un contratto); *n. patrimoniale, non patrimoniale* **3** locale gener. a pianterreno e direttamente accessibile dalla strada, dove si espongono e si vendono merci al dettaglio: *aprire un n. di gioielliere; n. ricco, ben fornito* **SIN.** bottega **4** (*lett.*) lavoro, occupazione, attività: *gli uomini si rimuovono dai negozi della vita il più che si possa* (G. LEOPARDI) **5** †faccenda, briga, commissione **6** (*scherz., tosc.*) oggetto, aggeggio, marchingegno ‖ **negoziétto**, **dim.** | **negoziùccio**, **dim.**

SFUMATURE DI SIGNIFICATO

negozio - bottega - emporio - spaccio

Negozio è un locale, generalmente a piano terra e con ingresso su strada, destinato alla vendita di prodotti. **Bottega** ha lo stesso significato, ma oggi identifica perlopiù un negozio modesto o il locale dove un artigiano svolge la sua attività. **Emporio** è un locale di dimensioni molto maggiori rispetto al negozio, e destinato alla vendita di merci dei generi più disparati. **Spaccio** è un piccolo negozio di generi alimentari o di consumo all'interno di grandi strutture o comunità (campeggi, ospedali, caserme); recentemente il termine è di frequente usato per designare i locali, generalmente adiacenti alla fabbrica, dove un'azienda manifatturiera vende direttamente al pubblico i suoi prodotti.

SFUMATURE ➤ ***supermercato***

NOMENCLATURA

negozio

● *caratteristiche*: attrezzato, fornito, bene avviato = accorsato, fallimentare; frequentato; accreditato ⇔ screditato; occasione, forfait, listino; appalto, gerenza; ordinativo, scorta = provvista, marca, imitazione;

● *tipi di negozio*: bottega, spaccio, emporio, mercato (all'ingrosso, coperto, rionale, delle pulci, ortofrutticolo, zootecnico, del pesce), ortomercato, minimarket, supermarket = supermercato, ipermercato, deposito, laboratorio, fondaco, magazzino, grande magazzino, discount, self-service, centro commerciale = shopping center, punto vendita, negozio a catena, negozio in franchising, duty-free shop, rivendita, esercizio, boutique, bazar, bancarella, chiosco, distributore automatico, mostra mercato;

● *parti di un negozio*: entrata (ingresso libero, orario di apertura), insegna luminosa, cartello, imposte, serranda, vetrina, mostra, esposizione, illuminazione al neon, slogan; banco, bancone, cassa, registratore di cassa, scontrino fiscale, bilancia, scaffale, bacheca, espositori; mercanzia, merce, scampolo, assortimento; magazzino, deposito, retrobottega, ripostiglio, succursale;

● *persone*: bottegaio, commerciante, esercente, negoziante, conduttore, titolare, gerente, venditore, rivenditore, rivendugliolo, rigattiere, mercante, merciaio, ambulante, piazzista, affarista, grossista; fattorino, garzone, apprendista, inserviente, commesso, banconiere = banchista, cassiere, vetrinista; avventore, compratore = acquirente, cliente;

● *azioni*: andare a bottega, tenere bottega, mandare avanti la bottega, chiudere bottega; aprire un negozio, gestire = esercire un negozio, avviare un commercio, negoziare, commerciare, mercanteggiare, contrattare, patteggiare, mediare, trafficare, maneggiare, trattare; scambiare, barattare, smerciare, speculare, fare affari, accaparrare; impacchettare, servire, vendere (all'ingrosso, al dettaglio = al minuto); guadagnare, perdere, liquidare, vendere a rimessa; prezzare, collocare, alzare, abbassare il prezzo (fisso, unico, d'occasione), allestire la vetrina, fare la concorrenza; corrispondere la provvigione = percentuale; approvvigionare, scegliere, scontare, saldare; fare compere, fare shopping, andare per negozi, essere giorno di mercato, andare al mercato.

†**negozióso** (o -**ṣ**-) [vc. dotta, lat. *negotiōsu(m)*, da *negōtium* 'negozio' ✱ sec. XIV] **agg. 1** attinente a negozio, affare, trattato **2** zelante, attivo

negreggiàre ➤ **nereggiare**

†**negrézza** [sec. XIV] **s. f.** ● natura, aspetto di ciò che è nero: *vedendo la carta tutta macchiata dalla oscura n. dell'inchiostro, di quello si dole* (LEONARDO)

négride o **negrìde** [da *negro* ✱ 1933] **agg.; anche s. m. e f.** ● che (o chi) appartiene a un gruppo etnico di neri africani

negrière [V. *negriero* ✱ 1869] **s. m.** ● negriero

negrièro [fr. *négrier*, da *nègre* 'negro' ✱ 1797] **A** **agg.** ● relativo alla tratta dei negri o (*est.*) degli schiavi: *nave negriera* **B** **s. m. 1** trafficante di schiavi negri | (*est.*) mercante di schiavi **SIN.** negriere **2** (**f.** *-a*) (*fig.*) chi sfrutta o tratta molto duramente i propri dipendenti

negrìllo [sp., dim. di *negro* 'nero' ✱ 1942] **s. m.** (**f.** *-a*) ● (*raro*) pigmeo africano

negrità [1963] **s. f. inv.** ● negritudine

negrito /*sp.* ne'grito/ [sp., propr. dim. di *negro* 'negro, nero' ✱ av. 1735] **s. m.** (**f. sp.** *-a*, **pl. m.** *-os*, **pl. f.** *-as*) ● ogni appartenente al popolo dei pigmei asiatici continentali o insulari

negritùdine [fr. *négritude*, da *nègre* 'negro', sul modello di *béatitude* 'beatitudine' e sim. ✱ 1960] **s. f.** ● il complesso dei valori etnici e culturali caratteristici delle popolazioni nere | (*est.*) consapevolezza della propria condizione da parte delle popolazioni nere

♦**négro** [sp. *negro*, dal lat. *nĭgru(m)* 'negro' ✱ 1532] **A** **agg. 1** che appartiene a gruppi etnici di pelle nera **2** relativo alle popolazioni di tali gruppi etnici **3** V. *nero* **B** **s. m.** (**f.** *-a*) **1** persona che appartiene a gruppi etnici di pelle scura o nera (il termine è talora inteso come spregiativo e spesso gli si preferisce *nero*): *le condizioni di vita dei negri d'America* | ***lavorare come un n.***, molto duramente, con riferimento allo stato di schiavitù in cui erano tenuti i negri in America nei secoli scorsi | ***fare il n.***, lavorare molto e duramente **2** (*scherz.*) scrittore che redige per altri discorsi e testi in genere, rimanendo anonimo **SIN.** ghost-writer ‖ **negrétto**, **dim.**

SFUMATURE DI SIGNIFICATO

negro - nero

Negro definisce chi appartiene al gruppo umano caratterizzato da pelle nera o scura, capelli molto ricci, naso piatto; il termine è oggi percepito perlopiù come offensivo e sostituito da **nero** o dalla locuzione *di colore*, considerati più corretti.

negroafricàno [comp. di *negro* e *africano* ✱ 1981] **agg.** ● (*raro*) relativo alle popolazioni nere dell'Africa

negroamericàno [comp. di *negro* e *americano* ✱ 1936] **agg.** ● (*raro*) relativo alle popolazioni nere americane **SIN.** afroamericano

negrofùmo ➤ **nerofumo**

negròide [comp. di *negro* e *-oide* ✱ 1862] **agg. e s. m. e f.** ● appartenente a un gruppo etnico i cui individui presentano caratteri in tutto o in parte uguali a quelli della popolazione nera

negromànte [vc. dotta, gr. *nekrómantis*, comp. di *nekro-* 'necro-' e *mántis* 'indovino' (V. *-mante*) ✱ sec. XIII] **s. m. e f.** ● chi esercita la negromanzia

negromantésco [1711] **agg.** (**pl. m.** *-schi*) ● relativo a negromanzia e a negromante

negromàntico [da *negromante* ✱ av. 1328] **agg.** (**pl. m.** *-ci*) ● relativo a negromanzia e a negromante

negromanzìa o **necromanzìa** nel sign. 1 [vc. dotta, lat. tardo *necromantīa(m)*, dal gr. *ne-*

n

kromantéia, comp. di *nekro-* 'necro-' e *mantéia* '-manzia' ✱ sec. XIII] **s. f. 1** antica arte dell'evocazione degli spiriti e degli spettri dei morti, fondata su pratiche occulte, per predire il futuro o conoscere l'ignoto **2** (*est.*) magia

negróre [lat. *nigrōre(m)*, da *nĭger* 'nero' ✱ sec. XIV] **s. m.** ● (*lett.*) nerezza: *sabbia quasi rosea fluisce / scabra di rughe e sparsa di n.* (G. D'Annunzio)

negùndo [fr. *négundo*, di orig. indiana ✱ 1585] **s. m.** ● piccolo acero con foglie pennate di color verde brillante, chiazzate di bianco, seghettate e lobate in modo diseguale (*Acer negundo*) **SIN.** acero americano

nègus [etiopico, propr. 'sovrano' ✱ av. 1557] **s. m. inv.** ● (*stor.*) appellativo dell'imperatore d'Etiopia

negussìta [1942] **agg.** (**pl. m.** *-i*) ● del Negus

neh /nɛː/ [da *non è* ✱ 1508] **inter.** ● (*sett., fam.*) pronunciato spec. in tono interrogativo esprime dubbio, possibilità, lieve speranza o sorpresa o serve semplicemente a richiamare l'attenzione su qlco. o a chiedere conferma di ciò che si dice: *neh, che te ne pare?*; *fa bel tempo, neh?*; *tu cosa faresti, neh?*

♦**néi** o (*poet.*) **ne i**, (*poet.*) †**nélli**, (*poet.*) †**ne li** **prep. art. m. pl.** comp. di *ne*③ e *i*② ➤ **i**② per gli usi ortografici

neissèria [dal n. del biologo ted. A. *Neisser* (1869-1938) ✱ 1981] **s. f.** ● (*biol.*) genere di batteri della famiglia Neisseriacee comprendente le specie patogene *Neisseria meningitidis*, agente della meningite epidemica, e *Neisseria gonorrhoeae*, agente della blenorragia e della congiuntivite gonococcica dei neonati (*Neisseria*)

Neisseriàcee [dal genere di batteri *Neisseria* ✱ 1958] **s. f. pl.** (**sing.** *-a*) ● (*biol.*) famiglia di batteri aerobi, gram-negativi, a forma di cocco o di bastoncello, immobili, gener. parassiti o patogeni di animali a sangue caldo (*Neisseriaceae*)

nèkton ➤ **necton**

♦**nel** /nel/ o (*poet.*) **ne 'l** **prep. art. m. sing.** comp. di *ne*③ e *il* ➤ **il** per gli usi ortografici

ne la ➤ **nella**

ne le ➤ **nelle**

†**ne li** ➤ **negli** e *nei*

♦**nélla** o (*poet.*) **ne la** **prep. art. f. sing.** comp. di *ne*③ e *la*① ➤ **la**① per gli usi ortografici

♦**nélle** o (*poet.*) **ne le** **prep. art. f. pl.** comp. di *ne*③ e *le*① ➤ **le**① per gli usi ortografici

†**nélli** ➤ **negli** e *nei*

♦**néllo** o (*poet.*) **ne lo** **prep. art. m. sing.** comp. di *ne*③ e *lo* ➤ **lo** per gli usi ortografici

nelùmbo o **nelùmbio** [senegalese *nelembi* ✱ 1754] **s. m.** ● (*bot.*) loto indiano

nèma- ➤ **nemato-**

nemaspèrmio o **nemaspèrma** [comp. di *nema(to)-* e *sperma* ✱ 1884] **s. m.** ● (*biol.*) spermatozoo

Nematelmìnti [comp. di *nemato-* ed *elminti* ✱ 1895] **s. m. pl.** (**sing.** *-o* o *-a*) ● (*zool., disus.*) Nematodi

nemàtico [dal gr. *nēmatikós* 'tessuto', da *nêma*, genit. *nḗmatos* 'filamento' (V. *nemaspermio*) ✱ 1958] **agg.** (**pl. m.** *-ci*) ● (*chim.*) detto di stato mesomorfo in cui le molecole, disposte in filamenti, possono scorrere facilmente l'una sull'altra, conferendo alla sostanza un'elevata fluidità

nèmato- o **nèma-** [gr. *nêma*, genit. *nḗmatos* 'filo, filamento', da *nêin* 'filare', di orig. indeur.] **primo elemento** ● in parole composte della terminologia scientifica, significa 'filo, filamento': *nemaspermio, nematelminti, nematodi*

Nematòceri [comp. di *nemato-* e del gr. *kéras* 'corno' ✱ 1834] **s. m. pl.** (**sing.** *-o*) ● (*zool.*) sottordine di Insetti dei Ditteri con antenne sottili e filiformi e corpo slanciato con lunghissime zampe (*Nematocera*)

nematocìda [comp. di *nemato-* e *-cida* ✱ 1970] **s. m.** (**pl.** *-i*) ● farmaco usato contro i nematodi, parassiti dell'uomo e degli animali

nematocìsti [comp. di *nemato-* e *cisti* ✱ 1927] **s. f. inv.** ● (*zool.*) capsula contenente un filamento urticante degli Cnidari o Celenterati

Nematòdi [vc. dotta, gr. *nēmatṓdes* 'in filamenti', da *nêma*, genit. *nḗmatos* 'filo' (V. *nemato-*) ✱ 1865] **s. m. pl.** (**sing.** *-e*) ● (*zool.*) tipo di invertebrati vermiformi con corpo non segmentato e rivestito di una sottile cuticola chitinosa, fra i quali si annoverano numerose specie parassite (*Nematoda*)

Nematòfori [comp. di *nemato-* e *-foro* ✱ sec. XX] **s. m. pl.** (**sing.** *-o*) ● (*zool.*) gruppo di Diplopodi muniti di ghiandole sericigene (*Nematophora*)

nembìfero [vc. dotta, lat. *nimbĭferu(m)*, comp. di *nĭmbus* 'nembo' e *-fer* '-fero' ✱ av. 1788] **agg.** ● (*raro, poet.*) apportatore di nembi

♣**némbo** o (*poet.*) †**nìmbo** nel sign. 1 [lat. *nĭmbu(m)*, da avvicinare a *nūbes* 'nube' ✱ sec. XIII] **s. m. 1** (*meteor.*) nube bassa oscura generalmente apportatrice di pioggia o anche grandine **2** (*lett.*) pioggia: *largo n. / di ... rugiada preziosa e pura* (T. Tasso) **3** (*fig., lett.*) grossa schiera di persone, denso sciame di animali spec. in movimento: *un n. di armati*

nembóso (o *-ṣ-*) o (*lett.*) **nimbóso** (o *-ṣ-*) [lat. *nimbōsu(m)*, da *nĭmbus* 'nembo' ✱ av. 1566] **agg. 1** (*raro, lett.*) avvolto, coperto da grosse nubi **2** †procelloso, tempestoso

nembostràto [comp. di *nembo* e *strato* ✱ 1965] **s. m.** ● (*meteor.*) nube bassa (al di sotto dei 3000 m) compatta e di colore grigio scuro, dai contorni frastagliati, apportatrice di pioggia o neve **SIN.** stratonembo

†**né méno** ➤ **nemmeno**

neméo [vc. dotta, lat. *Nemeāeu(m)* o *Nemēu(m)*, dal gr. *Nemeâios* o *Néméios* ✱ 1340] **agg.** ● di Nemea, valle dell'antica Argolide, in Grecia | ***leone n.***, belva leggendaria che viveva nella foresta di Nemea e che fu uccisa da Ercole | ***Feste nemee***, feste nazionali greche che si celebravano ogni due anni a Nemea in onore di Zeus

Nemertini [da *Nemerte*, n. di una delle Nereidi ✱ 1927] **s. m. pl.** (**sing.** *-o*) ● (*zool.*) tipo di Metazoi simili ai Platelminti, dal corpo allungato, muniti di apertura anale, sistema circolatorio e una proboscide estroflessibile annessa alla bocca (*Nemertini*)

♣**nèmeṣi** [vc. dotta, lat. *Nĕmesi(m)*, dal gr. *Némesis*, nome della dea greca della giustizia distributrice, da *némein* 'distribuire', di orig. indeur. ✱ 1550] **s. f. inv.** ● evento, situazione negativa che segue a periodi eccessivamente fortunati, quasi a titolo di giusta compensazione: *la campagna di Russia fu la n. di Napoleone* | ***n. storica***, giustizia riparatrice di torti e delitti, che colpisce non i responsabili, ma i loro discendenti | (*est., colloq.*) punizione, espiazione; chi simboleggia tale espiazione

†**nemichévole** [da *nemico* ✱ av. 1292] **agg. 1** avverso, ostile **2** odioso | nocivo: *i nemichevoli appetiti* (D. Bartoli) ‖ †**nemichevolménte**, **avv.** in modo di nemico

†**nemicìzia** ➤ †**nimicizia**

♦**nemìco** o (*lett.*) **inimìco**, †**nimìco** [lat. *(i)nimīcu(m)*, comp. di *in-*③ e *amīcus* 'amico' ✱ 1213] **A** **agg.** (**pl. m.** *-ci*) **1** che nutre sentimenti di avversione, odio, rancore contro qlcu., ne desidera il male, e cerca di farglielo: *essere n. di tutti*; *farsi n. qlcu.* | (*raro*) detto di ciò che rivela inimicizia, avversione, ostilità: *contegno, discorso n.*; *giornale n. del governo* **SIN.** ostile **2** che detesta qlco.: *è diventato n. della musica* | ***essere n. dell'acqua***, bere solo vino o non lavarsi mai **SIN.** avverso, contrario **3** relativo al Paese o all'esercito con il quale si è in guerra: *la strategia nemica* **4** (*fig.*) dannoso, nocivo: *il gelo è n. delle, alle, piante* ‖ **nemicaménte**, **avv.** (*raro*) da nemico **B** **s. m.** (**f.** *-a*) **1** chi è ostile, avverso a qlcu. o a qlco.: *un n. implacabile*; *acerrimo n. della verità* | ***i nemici politici***, gli avversari politici | **PROV.** ***a n. che fugge ponti d'oro***, è bene agevolare la strada all'avversario in fuga | (*poet.*) †***la nemica***, la donna amata, che fa soffrire **SIN.** avversario **2** chi appartiene all'esercito o allo Stato con cui si è in guerra: *arrendersi ai nemici* | perlopiù con valore collettivo: *l'avanzata del n.*
SFUMATURE ➤ *rivale*①

†**nemistà** ➤ †**nimistà**

♣**nemmànco** o **né mànco** [comp. di *né* e *manco* ✱ 1441] **A** **avv.** ● (*lett.* o *centr.*) neanche, neppure **B** **anche cong.**

♦**nemméno** o †**né méno** [comp. di *né* e *meno* ✱ av. 1535] **A** **avv.** ● neanche, neppure **B** **anche cong.**

Nemopterìdi [vc. dotta, comp. di *nem(at)o-*, *-pter(o)-* e *-idi* ✱ 1954] **s. m. pl.** (**sing.** *-e*) ● (*zool.*) famiglia di Neurotteri con ali colorate e allungate posteriormente, simili a quelle delle farfalle (*Nemopteridae*)

nemoràle [vc. dotta, lat. *nemorāle(m)*, da *nĕmus*, genit. *nĕmoris* 'bosco', vc. del culto, di orig. indeur. ✱ 1499] **agg. 1** †dei boschi: *ombra n.* **2** (*bot.*) di pianta per lo più erbacea che cresce nei boschi

nemorènse [vc. dotta, lat. *nemorēnse(m)*, da *nĕmus*, genit. *nĕmoris* 'bosco; bosco sacro' ✱ av. 1828] **A** **agg. 1** attributo della dea Diana, in quanto venerata nel tempio che si trovava nel bosco di Ariccia **2** (*lett.*) della città laziale di Nemi **B** **s. m. e f.** ● (*lett.*) abitante o nativo di Nemi

†**nèncio** [da *Lorenzo* ✱ av. 1556] **agg.** ● sciocco, stupido

nènfro [etim. incerta ✱ 1929] **s. m.** ● (*geol.*) roccia vulcanica molto compatta, di natura tufacea, di colore grigio o rosso scuro, diffusa nel Lazio, usata come pietra da costruzione fin dall'epoca degli Etruschi

♣**nènia** [vc. dotta, lat. *nēnia(m)*, di orig. onomat. ✱ av. 1530] **s. f. 1** canto lugubre, che si faceva con accompagnamento di flauto nel seppellimento di un morto **2** canzone monotona, cantilena **3** (*fig.*) discorso monotono, conversazione interminabile e noiosa

nenùfaro o **nenùfero**, **nanùfero**, **nanùfero**, **nannùfaro** [arabo *nīlūfar* ✱ av. 1347] **s. m.** ● (*bot.*) ninfea gialla

nèo① [da *nevo* ✱ 1320] **s. m. 1** (*med.*) malformazione circoscritta della cute a forma di chiazza o puntino di colore scuro che può comparire in diverse parti del corpo **SIN.** nevo **2** macchiolina che per civetteria le donne si applicano o si dipingono sul volto **3** (*fig.*) piccola imperfezione, difetto appena visibile: *ottimo lavoro, a parte qualche piccolo neo*
SFUMATURE ➤ *mancanza*

nèo② ➤ **neon**

nèo- [dal gr. *néos* 'nuovo'] **primo elemento** ● in parole composte, significa 'nuovo', 'recente', 'moderno' (*neocapitalismo, neogotico, neolitico, neolatino, neofascismo, neorealismo*), o fa riferimento a ciò che è nuovo (*neofilia*)

neoaccadèmico [comp. di *neo-* e *accademico* ✱ 1956] **agg. e s. m.** (**pl. m.** *-ci*) ● appartenente alla media e nuova accademia platonica

neoacquìsto [comp. di *neo-* e *acquisto* ✱ 1986] **s. m.** ● (*sport*) giocatore acquistato di

a b c d e f g h i j k l m n o p q r s t u v w x y z

recente da una squadra sportiva

neoàntropo [comp. di *neo-* e del gr. *ánthrōpos* 'uomo' (V. *antropico*) ✱1956] **s. m.** ● tipo umano fossile dell'*Homo sapiens*

neoassùnto [comp. di *neo-* e *assunto*① ✱ 1961] **agg. e s. m.** (**f.** *-a*) ● che (o chi) è stato assunto da poco in un'azienda, in una ditta e sim.

neoàttico [comp. di *neo-* e *attico* ✱1955] **agg.** (**pl. m.** *-ci*) ● detto dell'ultima fase dell'arte greca ellenista contrassegnata da un ritorno alle forme dell'arte classica

neoavanguàrdia o **neo-avanguàrdia** [comp. di *neo-* e *avanguardia* nel sign. 2 ✱1962] **s. f.** ● denominazione di correnti artistiche o letterarie contemporanee, sviluppatesi negli anni '60 del Novecento, che si richiamavano, per certi elementi, alle avanguardie storiche del primo dopoguerra

neobaròcco [comp. di *neo-* e *barocco* ✱av. 1970] **A s. m.** ● stile che riprende modi e forme dell'età barocca, spec. con riferimento all'architettura della seconda metà dell'Ottocento **B agg.** (**pl. m.** *-chi*) ● relativo allo stile, alla concezione del neobarocco: *opere neobarocche*; *estetica neobarocca*

neocapitalìşmo [comp. di *neo-* e *capitalismo* ✱1919] **s. m.** ● fase del capitalismo, iniziata dopo la seconda Guerra mondiale, caratterizzata dal crescente intervento dello Stato nell'economia, dalla progressiva concentrazione del potere nelle grandi società per azioni e dalla dilatazione dei consumi

neocapitalìsta [comp. di *neo-* e *capitalista* ✱1963] **A s. m. e f.** (**pl. m.** *-i*) **1** imprenditore o dirigente industriale che conduce l'impresa secondo i criteri del neocapitalismo **2** seguace, sostenitore delle teorie del neocapitalismo **B agg.** ● neocapitalistico

neocapitalìstico [1962] **agg.** (**pl. m.** *-ci*) ● relativo al neocapitalismo

neocatecumenàle [comp. di *neo-* e *catecumenale* ✱1976] **A agg.** ● detto di un movimento interno alla Chiesa cattolica, organizzato in piccole comunità, che promuove un'attività di evangelizzazione proponendo un cammino di fede che ripercorre le fasi attraversate dai catecumeni nella chiesa primitiva **B s. m. e f.** ● chi aderisce al movimento neocatecumenale

neoclassicìşmo [da *neoclassico* ✱1882] **s. m. 1** tendenza, sorta tra la fine del sec. XVIII e l'inizio del XIX, che ripropone in arte e in letteratura lo studio e l'imitazione dei classici greco-romani **2** (*econ.*) insieme di dottrine che propugnano un ritorno all'economia classica

neoclassicìsta [1882] **s. m. e f.** (**pl. m.** *-i*) ● seguace del neoclassicismo

neoclàssico [comp. di *neo-* e *classico* ✱ 1865] **A agg.** (**pl. m.** *-ci*) ● del neoclassicismo: *mobile, arredamento n.* ‖ **neoclassicaménte**, **avv.** **B s. m. 1** seguace del neoclassicismo **2** gusto, stile neoclassico

neocolonialìşmo [comp. di *neo-* e *colonialismo* ✱1960] **s. m.** ● politica di predominio e intervento negli affari interni delle ex colonie e dei Paesi sottosviluppati in genere, da parte di antiche potenze coloniali e di altre grandi potenze, spec. tramite il controllo dell'economia

neocolonialìsta [comp. di *neo-* e *colonialista* ✱1961] **A s. m. e f.** (**pl. m.** *-i*) ● chi pratica o sostiene il neocolonialismo **B agg.** ● neocolonialistico

neocolonialìstico [1965] **agg.** (**pl. m.** *-ci*) ● relativo al neocolonialismo

neocomunìsta [comp. di *neo-* e *comunista* ✱1968] **s. m. e f.**; anche **agg.** (**pl. m.** *-i*) ● aderente a una formazione politica di ispirazione marxista, spec. con riferimento ai Paesi dell'Est europeo dopo il crollo dei regimi comunisti

neocòn /neo'kɔn, *ingl.* ˌniːəʊ'kɒn/ [1995] **agg. inv. e s. m. e f. inv.** ● accorc. di *neoconservatore*

neoconiazióne [comp. di *neo-* e *coniazione* ✱sec. XX] **s. f.** ● (*ling.*) neoformazione

neoconservatóre [dall'ingl. *neoconservative*, comp. di *neo-* e *conservative* 'conservatore' ✱ 1965] **A agg. inv.** ● detto di un movimento ideologico politico e culturale, diffuso spec. negli Stati Uniti, che si distingue dal conservatorismo tradizionale per il proposito di instaurare nel mondo regimi democratici e di diffondere idee liberali servendosi di ogni mezzo politico e anche militare **B s. m. e f.** ● aderente al movimento neoconservatore

neocorporativìşmo [comp. di *neo-* e *corporativismo* ✱1985] **s. m. 1** prassi politico-sociale affermatasi in vari Paesi occidentali a partire dal secondo dopoguerra, tendente a risolvere i conflitti tra lo Stato e le organizzazioni delle forze produttive attraverso la partecipazione dei sindacati e delle associazioni degli imprenditori al processo di formazione delle scelte politico-economiche **2** tendenza delle associazioni spontanee di lavoratori ad avanzare rivendicazioni limitate al proprio settore, senza collocarle all'interno di un contesto generale

neocortéccia [comp. di *neo-* e *corteccia*, in lat. scient. *neocŏrtex* ✱1987] **s. f.** (**pl.** *-ce*) ● (*anat.*) complessa corteccia nervosa caratteristica del neopallio, preposta a coordinare attività integrative, sensoriali e motorie

neocriticìşmo [comp. di *neo-* e *criticismo* ✱ 1905] **s. m.** ● indirizzo filosofico nato in Germania nella seconda metà del XIX secolo, che in opposizione al positivismo e al materialismo proponeva un ritorno alla filosofia di Kant **SIN.** neokantismo

néodada /*fr.* neoda'da/ [vc. fr., comp. di *néo-*, equivalente all'it. *neo-*, e *dada* ✱1960] **s. m. inv.** ● neodadaismo

neodadaìşmo [comp. di *neo-* e *dadaismo* ✱ 1959] **s. m.** ● corrente artistica d'avanguardia che si riallaccia al dadaismo **SIN.** new dada

neodarwinìşmo o **neodarvinìşmo** [comp. di *neo-* e *darwinismo* ✱1927] **s. m.** ● teoria evoluzionistica formulata nella prima metà del Novecento, che integra le tesi del darwinismo con i principi della genetica e del mutazionismo

neodìmio [comp. di *neo-* e *(di)dimio* (dal gr. *dídymos* 'doppio'. V. *didimo*①) ✱1920] **s. m.** ● elemento chimico, metallo del gruppo delle terre rare **SIMB.** Nd **NUM. AT.** 60

neodiplomàto [comp. di *neo-* e *diplomato* ✱ 1985] **agg. e s. m.** (**f.** *-a*) ● che (o chi) ha da poco conseguito un diploma scolastico

neoebràico [comp. di *neo-* ed *ebraico* ✱ 1954] **A agg.** (**pl. m.** *-ci*) ● detto della lingua ebraica dopo il III sec. d.C., divenuta lingua ufficiale dello Stato d'Israele | relativo a tale lingua **B s. m. solo sing.** ● lingua neoebraica

neoegiziàno [comp. di *neo-* ed *egiziano* ✱ 1954] **A agg.** ● detto della lingua egiziana dalla XVIII dinastia al periodo dei Tolomei, cioè dal XVI al IV sec. a.C. | relativo a tale lingua **B s. m. solo sing.** ● lingua neoegiziana

neoelètto [comp. di *neo-* ed *eletto* ✱1898] **agg. e s. m.** (**f.** *-a*) ● che (o chi) è stato da poco eletto a una carica: *i deputati, i senatori neoeletti*

neoellènico [comp. di *neo-* ed *ellenico* ✱ 1936] **A agg.** (**pl. m.** *-ci*) ● relativo alla lingua e alla letteratura della Grecia moderna **B s. m. solo sing.** ● lingua della Grecia moderna **SIN.** neogreco

neoevoluzionìşmo [comp. di *neo-* ed *evoluzionismo* ✱1987] **s. m.** ● (*antrop.*) corrente antropologica sviluppatasi negli Stati Uniti alla metà del XX sec. che riprende l'idea, già dell'evoluzionismo del secolo precedente, secondo cui le società e le culture sarebbero ordinabili in base a un criterio di crescente complessità organizzativa

neofascìşmo [comp. di *neo-* e *fascismo* ✱ 1945] **s. m.** ● movimento politico che, dopo il 1945, ha ripreso le dottrine e le finalità politiche del fascismo

neofascìsta [comp. di *neo-* e *fascista* ✱ 1943] **A s. m. e f.** (**pl. m.** *-i*) ● aderente al neofascismo **B agg.** ● del neofascismo, dei neofascisti

neofascìstico [1956] **agg.** (**pl. m.** *-ci*) ● (*raro*) neofascista

neofilìa [comp. di *neo-* e *-filia* ✱1900] **s. f.** ● amore del nuovo e dei cambiamenti improvvisi

✦**neòfita** [vc. dotta, lat. tardo *neŏphytu(m)*, dal gr. *néophytos* 'piantato di recente', poi 'convertito di recente', comp. di *néos* 'nuovo' (V. *neo-*) e *-phytos* '-fito' ✱av. 1602] **s. m. e f.** (**pl. m.** *-i*) **1** chi da poco si è convertito a una religione **2** (*est.*) chi da poco ha aderito a un'idea o a un movimento, o è entrato a far parte di un'organizzazione: *neofiti del liberalismo* **SFUMATURE** ➤ ***proselito***

neòfito [1304] **s. m.** (**f.** *-a*) ● (*lett.*) neofita

neofobìa [comp. di *neo-* e *fobia* ✱1863] **s. f.** ● paura delle novità **CFR.** misoneismo ‖ **neofòbico**, **agg.** (**pl. m.** *-ci*); anche **s. m.** (**f.** *-a*) nel sign. 2 **1** relativo a neofobia **2** neofobo ‖ **neòfobo**, **agg. e s. m.** (**f.** *-a*) che (o chi) soffre di neofobia

neoformazióne [comp. di *neo-* e *formazione* ✱1884] **s. f. 1** formazione nuova o recente: *una n. politica* **2** (*med.*) qualsiasi produzione di tessuti anomala, benigna o maligna **3** (*ling.*) vocabolo o frase di recente formazione **SIN.** neoconiazione

neofreudiàno /neofroi'djano/ [comp. di *neo-* e *freudiano* ✱1964] **A agg.** ● (*psicoan.*) relativo al neofreudismo **B s. m.** (**f.** *-a*) ● psicoanalista seguace del neofreudismo

neofreudìşmo /neofroi'dizmo/ [comp. di *neo-* e *freudismo* ✱sec. XX] **s. m.** ● (*psicoan.*) scuola psicoanalitica spec. statunitense che accentua l'importanza dei fattori socioculturali e interpersonali nella formazione della personalità

neofrontìşmo [comp. di *neo-* e *frontismo* ✱ 1987] **s. m.** ● tendenza a riproporre alleanze fra partiti di sinistra che riproducano le caratteristiche del frontismo postbellico

Neògene o **Neogène** [vc. dotta, gr. *neogenḗs* 'nato da poco', comp. di *neo-* 'neo-' e *-genḗs* '-geno' ✱1895] **s. m.** ● (*geol.*) seconda parte dell'era Cenozoica comprendente il Miocene e il Pliocene

neoghibellinìşmo [comp. di *neo-* e *ghibellinismo* ✱1844] **s. m.** ● movimento ideologico e politico che, durante il Risorgimento, si contrappose al neoguelfismo, richiamandosi a ideali unitari e repubblicani e alle concezioni antipapali dei ghibellini medievali

neoghibellìno [comp. di *neo-* e *ghibellino* ✱ 1844] **A agg.** ● del neoghibellinismo **B s. m.** (**f.** *-a*) ● fautore, seguace del neoghibellinismo

neogòtico [comp. di *neo-* e *gotico* ✱1895] **A s. m.** (**pl.** *-ci*) ● movimento e stile artistico ispirato all'arte medievale e gotica sviluppatosi in Inghilterra nel XVIII sec. e diffusosi in Europa **B** anche **agg.**: *stile n.*

neogrammàtica [da *neogrammatico* ✱ 1956] **s. f.** ● dottrina e scuola di linguisti tedeschi della fine del sec. XIX, che si fonda sul principio della ineccepibilità delle leggi fonetiche

neogrammàtico [comp. di *neo-* e *grammatico*: calco sul ted. *Junggrammatiker*, comp. di *jung* 'giovane, nuovo' e *Grammatiker* 'grammatico' ✻ 1885] **A** agg. (pl. m. *-ci*) ● della neogrammatica **B** s. m. (f. *-a*) ● (spec. al pl.) linguista appartenente alla scuola neogrammatica o sostenitore dei suoi princìpi

neogrèco [comp. di *neo-* e *greco* ✻ 1858] **A** agg. (pl. m. *-ci*) ● della Grecia moderna: *letteratura neogreca* **B** s. m. solo sing. ● lingua della Grecia moderna SIN. neoellenico

neoguelfìsmo [comp. di *neo-* e *guelfismo* ✻ 1861] s. m. ● movimento ideologico e politico, sostenitore di un rinnovamento democratico del cattolicesimo che, nel Risorgimento, propugnava una confederazione di Stati italiani sotto la presidenza onoraria del Papa

neoguèlfo [comp. di *neo-* e *guelfo* ✻ 1844] **A** agg. ● del neoguelfismo **B** s. m. ● fautore, seguace del neoguelfismo

neohegeliàno /neoege'ljano, -ohe-/ [comp. di *neo-* e *hegeliano* ✻ 1958] **A** agg. ● relativo al neohegelismo **B** s. m. (f. *-a*) ● chi segue o si ispira all'indirizzo filosofico del neohegelismo

neohegelìsmo /neoege'lizmo, -ohe-/ [comp. di *neo-* e *hegelismo* ✻ 1907] s. m. ● nome generico di alcuni indirizzi filosofici sviluppatisi fra XIX e XX sec. sul fondamento della filosofia di Hegel

neoidealìsmo [comp. di *neo-* e *idealismo* ✻ 1904] s. m. ● neohegelismo

neoidealista [1898] s. m. e f. (pl. m. *-i*) ● seguace del neoidealismo

neoimpressionìsmo [comp. di *neo-* e *impressionismo* ✻ 1914] s. m. ● movimento pittorico sviluppatosi in Francia nel XIX sec. e con l'intento di sviluppare i principi dell'impressionismo

neoindustriàle [comp. di *neo-* e *industriale* ✻ 1990] agg. ● detto di società in cui la produzione industriale è quasi del tutto automatizzata

neokantiàno (ne-o-kant-ia-no, ne-o-kan--tia-no) [comp. di *neo-* e *kantiano* ✻ 1884] **A** agg. ● relativo al neokantismo **B** s. m. (f. *-a*) ● chi segue o s'ispira all'indirizzo filosofico del neokantismo

neokantìsmo (ne-o-kant-i-smo, ne-o-kan--ti-smo) [comp. di *neo-* e *kantismo* ✻ 1896] s. m. ● (*filos.*) neocriticismo

neolalìa [comp. di *neo-* e *-lalia* ✻ 1930] s. f. ● (*med.*) tendenza, tipica di alcune malattie mentali, a usare spesso parole inventate nel discorso

neolamarckìsmo /neolamar'kizmo/ [comp. di *neo-* e *lamarckismo* ✻ 1927] s. m. ● (*biol.*) ogni teoria riconducibile all'ipotesi che l'ambiente può determinare modificazioni ereditarie degli organismi

neolatìno [comp. di *neo-* e *latino* ✻ 1865] agg. ● detto di un gruppo di lingue derivate dal latino, e di ciascuna di esse: *il francese è una lingua neolatina* | ***letteratura neolatina***, scritta in una di tali lingue | ***popolo n.***, che parla una di queste lingue

neolaureàto [comp. di *neo-* e *laureato* ✻ av. 1875] agg. e s. m. (f. *-a*) ● che (o chi) si è appena laureato: *medico n.*; *concorso per neolaureati*

neoliberalìsmo [comp. di *neo-* e *liberalismo* ✻ av. 1952] s. m. **1** (*econ.*) neoliberismo **2** indirizzo politico manifestatosi nel movimento liberale subito dopo la seconda Guerra mondiale, basato su un concetto di liberalismo progressista e anticonservatore

neoliberìsmo [comp. di *neo-* e *liberismo* ✻ 1985] s. m. ● indirizzo di pensiero economico che denuncia le violazioni della concorrenza generate da concentrazioni monopolistiche e auspica interventi statali tendenti solo a ripristinare l'effettiva libertà di mercato

neoliberty [comp. di *neo-* e *liberty* ✻ 1969] **A** s. m. inv. ● tendenza dell'architettura italiana degli anni 1950-1960, caratterizzata dalla ripresa di elementi dello stile liberty **B** anche agg. inv.: *architettura n.*

neolinguìstica [comp. di *neo-* e *linguistica* ✻ 1925] s. f. ● corrente linguistica della prima metà del Novecento, che si oppone ai princìpi della scuola neogrammatica e formula alcune leggi tendenti a stabilire il rapporto cronologico tra diverse fasi linguistiche, sulla base della distribuzione areale dei fenomeni linguistici

neolìtico [comp. di *neo-* e *-lito*①, con suff. agg. ✻ 1874] **A** s. m. (pl. *-ci*) ● ultimo periodo dell'età della pietra nel quale le armi e gli utensili erano accuratamente levigati **B** agg. ● relativo a tale periodo: *cultura neolitica*; *reperti neolitici*

neologìa [comp. di *neo-* e *-logia* ✻ 1765] s. f. (pl. *-gìe*) ● (*ling.*) processo di formazione di nuove unità lessicali

neològico [1825] agg. (pl. m. *-ci*) ● (*ling.*) che ha funzione di neologismo

neologìsmo [fr. *néologisme*, da *néologue* 'chi fa frequente uso di termini nuovi', comp. del gr. *néos* 'nuovo' e *-lógos* '-logo' ✻ 1771] s. m. ● (*ling.*) vocabolo o locuzione di recente creazione, o presi in prestito da poco tempo da un'altra lingua | ogni nuova accezione di una parola già in uso

neologìsta [1880] s. m. e f. (pl. m. *-i*) **1** chi, scrivendo o parlando, fa largo uso di neologismi **2** chi studia i neologismi

neologìstico [ingl. *neologistic*, da *neologist*, deriv. di *neology* 'neologia' ✻ 1981] agg. (pl. m. *-ci*) ● (*ling.*) che concerne i neologismi o ha funzione di neologismo: *formazioni neologistiche*

neomalthusianèṣimo o **neomaltusianèṣimo** ➤ **neomalthusianismo**

neomalthusianìṣmo (ne-o-mal-thus-ia--ni-smo, ne-o-mal-thu-sia-ni-smo) (o **-uṣi-**) o **neomalthusianèṣimo**, (*raro*) **neomaltusianìṣmo** (o **-uṣi-**) [comp. di *neo-* e *malthusianismo* ✻ av. 1937] s. m. ● (*econ.*) tendenza a limitare la natalità attraverso la diffusione di metodi contraccettivi

neomalthusiàno (ne-o-mal-thus-ia-no, ne-o-mal-thu-sia-no) /neomaltu'zjano/ (o **-ṣ-**) o **neomaltusiàno** (o **-ṣ-**) [comp. di *neo-* e *malthusiano* ✻ 1900] **A** agg. ● relativo al neomalthusianismo **B** s. m. ● seguace del neomalthusianismo

neomelòdico [comp. di *neo-* e *melodico* ✻ 1993] agg. (pl. m. *-ci*) ● detto di genere musicale melodico-sentimentale, nato negli anni '90 del Novecento nei quartieri popolari di Napoli, che aspira ad aggiornare la grande tradizione della canzone napoletana: *cantante n.*

neomembràna [comp. di *neo-* e *membrana* ✻ 1865] s. f. ● (*anat.*) membrana di recente formazione

neomenìa [vc. dotta, lat. tardo *neomēnia(m)*, dal gr. *neomēnía*, comp. di *neo-* 'neo-' e *mḗn*, genit. *mēnós* 'mese' (V. *menopausa*) ✻ sec. XIV] s. f. ● nell'antico calendario greco, novilunio

neomercantilìṣmo [comp. di *neo-* e *mercantilismo* ✻ 1987] s. m. ● politica economica che sostiene il ritorno ai principi del mercantilismo, proponendo forme di protezionismo e di incentivazione alle esportazioni

neomercantilìstico [1981] agg. (pl. m. *-ci*) ● relativo al neomercantilismo, basato sul neomercantilismo

neomicìna [da *neo-*, sul modello di *streptomicina* ✻ 1950] s. f. ● (*farm.*) antibiotico amminoglicosidico ad ampio spettro, ad attività batteriostatica e battericida, ottenuto dal batterio *Streptomyces fradiae*

nèon o **nèo**② [dal gr. *néon*, nt. di *néos* 'nuovo'. V. *neo-* ✻ 1898] s. m. inv. ● elemento chimico, gas nobile usato per lampade tubolari e, soprattutto, per insegne luminose: *luce al n.*; *lampada al n.* | (*est.*) lampada, insegna al neon: *la piazza illuminata dai n. intermittenti* SIMB. Ne NUM. AT. 10

neonatàle [comp. di *neo-* e *natale* nel sign. B, sul modello del fr. *néonatal* ✻ 1931] agg. ● riguardante il neonato: *vita n.* ‖ **neonatalità**, s. f. inv. (*raro*) neonatologia

♦**neonàto** [comp. di *neo-* e *nato* ✻ sec. XV] **A** agg. ● che è appena nato o che è nato da poco: *bambino n.* | (*est.*) formato, sorto da poco: *una neonata associazione* **B** s. m. (f. *-a*) ● bambino nato da poco

neonatologìa [comp. di *neonato* e *-logia* ✻ 1977] s. f. (pl. *-gìe*) ● (*med.*) parte della pediatria che si occupa dell'assistenza ai neonati, spec. delle cure di cui hanno bisogno i prematuri | (*est.*) reparto ospedaliero per l'assistenza e la cura dei neonati

neonatòlogo [1981] s. m. (f. *-a*; pl. m. *-gi*) ● specialista in neonatologia

neonazìṣmo [comp. di *neo-* e *nazismo* ✻ 1970] s. m. ● movimento politico che, dopo il 1945, ha ripreso le dottrine e le finalità politiche del nazismo

neonazìsta [comp. di *neo-* e *nazista* ✻ 1950] **A** agg. e s. m. e f. (pl. m. *-i*) ● fautore, seguace del neonazismo **B** agg. ● del neonazismo: *gruppo n.*

neonìsta [da *neon* ✻ 1963] s. m. e f. (pl. m. *-i*) ● chi fabbrica o monta insegne al neon

neopaganèṣimo [comp. di *neo-* e *paganesimo* ✻ av. 1952] s. m. ● nella terminologia delle Chiese cristiane, tendenza, nella società contemporanea, consistente nell'abbandono della fede religiosa e nel sorgere di una pseudo-religione basata sull'esaltazione di valori materiali ed edonistici che riprendono caratteristiche del mondo pagano

neopàllio [comp. di *neo-* e *pallio* ✻ 1958] s. m. ● (*anat.*) porzione del pallio del telencefalo esclusiva dei Mammiferi, caratterizzata da una complessa corteccia nervosa

neopatentàto [comp. di *neo-* e *patentato* ✻ 1985] agg. e s. m. (f. *-a*) ● che (o chi) ha appena ottenuto la patente di guida

neopentecostalìṣmo [comp. di *neo-* e *pentecostalismo* ✻ sec. XX] s. m. ● (*relig.*) movimento religioso di derivazione metodista diffuso negli Stati Uniti

neopitagòrico [comp. di *neo-* e *pitagorico* ✻ 1850] **A** agg. (pl. m. *-ci*) ● relativo al neopitagorismo **B** s. m. (f. *-a*) ● chi segue o si ispira al neopitagorismo

neopitagorìṣmo [comp. di *neo-* e *pitagorismo* ✻ av. 1905] s. m. ● movimento filosofico-religioso del I secolo a.C. che si ispirava al pitagorismo antico, riprendendo anche elementi platonici e stoici

neoplaṣìa [comp. di *neo-* e del gr. *plásis* 'formazione' (V. *-plasto*) ✻ 1875] s. f. ● (*med.*) neoformazione patologica; il termine viene riferito abitualmente allo sviluppo tumorale benigno o maligno CFR. cancro, tumore

neoplàṣico [1973] agg. (pl. m. *-ci*) ● (*med.*) relativo a neoplasia

neoplàṣma [comp. di *neo-* e del gr. *plásma* 'formazione' (V. *-plasto*) ✻ 1865] s. m. (pl. *-i*) ● (*med.*) tumore

neoplasticìṣmo [comp. di *neo-* e *plasticismo* ✻ 1954] s. m. ● teoria delle arti figurative del primo Novecento, basata sull'esclusione di ogni legame analogico con la realtà e su di una purezza plastica ottenibile mediante l'uso di piani perpendicolari, di composizioni geometriche e dei colori primari

neoplàstico [1905] **agg.** (**pl. m.** *-ci*) ● (*med.*) di neoplasia, che costituisce neoplasia: *tessuto n.*

neoplatònico [comp. di *neo-* e *platonico* ✱ 1845] **A agg.** (**pl. m.** *-ci*) ● relativo al neoplatonismo **B s. m.** (**f.** *-a*) ● chi segue o si ispira al neoplatonismo

neoplatonișmo [comp. di *neo-* e *platonismo* ✱ 1871] **s. m.** ● indirizzo filosofico sviluppatosi tra il III e il VI secolo d.C. dalla contaminazione della filosofia platonica con l'ebraismo e altre dottrine di età ellenistica; elaborò un concetto dell'Uno come sommo bene, del quale tutte le cose sarebbero emanazione: *il n. di Plotino* | (*est.*) qualsiasi movimento filosofico, artistico o letterario ispirato dal platonismo: *il n. rinascimentale*

neopoșitivișmo [comp. di *neo-* e *positivismo* ✱ 1906] **s. m.** ● indirizzo di pensiero sorto a Vienna negli anni '20 del Novecento, che negando ogni metafisica riconduce la pratica della filosofia ad analisi del linguaggio scientifico, dal quale desumere una logica con cui formulare le regole di qualsiasi altro linguaggio, anche quello comune **SIN.** empirismo logico

neopoșitivìsta [comp. di *neo-* e *positivista* ✱ 1958] **A s. m. e f.** (**pl. m.** *-i*) ● seguace del neopositivismo **B agg.** ● neopositivistico

neopoșitivìstico [1904] **agg.** (**pl. m.** *-ci*) ● del neopositivismo: *tendenze neopositivistiche*

neopovertà [comp. di *neo-* e *povertà* ✱ 1992] **s. f. inv.** ● (**spec. al pl.**) nuova forma di povertà e di emarginazione in società economicamente sviluppate

Neoprène® [da *neo-*, sul modello di *isoprene* ✱ 1938] **s. m.** ● gomma sintetica resistente all'azione nociva degli agenti atmosferici

neopromòssa [1985] **s. f.** ● (*ellitt.*, *sport*) squadra neopromossa

neopromòsso [comp. di *neo-* e *promosso* ✱ 1986] **agg. 1** che è appena stato promosso o nominato a un nuovo incarico: *il n. questore di Bari* **2** (*sport*) detto di squadra che nell'ultimo campionato è stata promossa alla serie o categoria superiore

neopurișmo [comp. di *neo-* e *purismo* ✱ 1938] **s. m.** ● (*ling.*) orientamento linguistico contemporaneo, che accetta i neologismi purché siano rispondenti alle reali esigenze di una lingua e conciliabili con la sua tradizionale struttura

neopurìsta [comp. di *neo-* e *purista* ✱ 1938] **s. m. e f.** (**pl. m.** *-i*) ● seguace del neopurismo

neoqualunquișmo [comp. di *neo-* e *qualunquismo* ✱ 1978] **s. m.** ● (*spreg.*) nuova forma di qualunquismo

neorealișmo [comp. di *neo-* e *realismo* ✱ 1931] **s. m. 1** indirizzo filosofico sviluppatosi tra XIX e XX sec. che, in reazione all'idealismo, rivaluta l'oggettività del reale, indipendentemente dal soggetto conoscente **2** tendenza della letteratura, dell'arte e del cinema, che si affermò in Italia negli anni compresi tra il 1930 e i primi anni '50, favorevole a una rappresentazione realistica della vita quotidiana, anche a fini di denuncia sociale **CFR.** neoverismo | (*est.*) ogni tendenza letteraria, cinematografica, artistica che miri a una rappresentazione realistica della vita quotidiana

neorealìsta [comp. di *neo-* e *realista* ✱ 1948] **A s. m. e f.** (**pl. m.** *-i*) ● chi segue il neorealismo o si ispira ad esso **B agg.** ● neorealistico

neorealìstico [1949] **agg.** (**pl. m.** *-ci*) ● del neorealismo, dei neorealisti | che si ispira al neorealismo ‖ **neorealisticaménte**, **avv.**

neorìcco [comp di *neo-* e *ricco* ✱ 1986] **A s. m.** (**f.** *-a*; **pl. m.** *-chi*) ● chi è diventato ricco | nuovo ricco (V. *nuovo* nel sign. A 1) **SIN.** parvenu **B** (*raro*) **anche agg.**

Neornìti [comp. di *neo-* e del gr. *órnis*, genit. *órnithos* 'uccello' (V. *ornito-*) ✱ 1954] **s. m. pl.** (**sing.** *-e*) ● (*zool.*) sottoclasse di Uccelli che comprende tutte le forme viventi (*Neornithes*)

neoromanticișmo [comp. di *neo-* e *romanticismo* ✱ 1915] **s. m.** ● tendenza artistica e letteraria che si ricollega al gusto, alla sensibilità, alla poetica del romanticismo

neoscolàstica [comp. di *neo-* e *scolastica* ✱ 1903] **s. f.** ● (*filos.*) neotomismo

neoscolàstico [comp. di *neo-* e *scolastico* ✱ 1891] **A agg.** (**pl. m.** *-ci*) ● relativo alla neoscolastica **B s. m.** (**f.** *-a*) ● chi segue la, o si ispira alla neoscolastica

neosemìa [comp. di *neo-* e *-semia* ✱ 2005] **s. f.** ● (*ling.*) nuovo significato attribuito a una parola già esistente

neostòma o **neòstoma** [comp. di *neo-* e del gr. *stóma* 'bocca' (V. *stoma*) ✱ 1958] **s. m.** (**pl.** *-i*) ● (*chir.*) apertura di un organo cavo allo scopo di metterlo in comunicazione con un altro organo analogo, o con l'esterno

neostomìa [comp. di *neo-* e *-stomia* ✱ 1958] **s. f.** ● (*chir.*) intervento consistente nell'aprire un organo cavo per metterlo in comunicazione con un altro organo analogo o con l'esterno

neotenìa [comp. di *neo-* e di un deriv. del gr. *téinein* 'tendere' (di orig. indeur.) ✱ 1929] **s. f.** ● (*biol.*) fenomeno per cui, in certe specie animali, alcuni o tutti gli individui permangono alla fase larvale, pur raggiungendo la maturità sessuale **CFR.** pedogenesi

neotènico [1968] **agg.** (**pl. m.** *-ci*) ● di neotenia, relativo a neotenia

neotèrico [vc. dotta, lat. tardo *neotĕricu(m)*, dal gr. *neōterikós*, da *neṓteros*, compar. di *néos* 'nuovo' (V. *neo-*) ✱ 1563] **A agg.** (**pl. m.** *-ci*) **1** dei poeti latini di età ciceroniana che s'ispiravano ai poeti greci **2** (*est.*, *lett.*) nuovo, moderno nei temi o nel linguaggio: *indirizzo poetico n.* **B s. m.** ● poeta neoterico

neoterișmo [vc. dotta, gr. *neōterismós*, da *neṓteros*. V. *neoterico* ✱ 1840] **s. m.** ● corrente poetica e gusto stilistico dei neoterici

neotestamentàrio [comp. di *neo-* e un deriv. di *testamento* ✱ av. 1956] **agg.** ● del Nuovo Testamento

neotomișmo [comp. di *neo-* e *tomismo* ✱ 1905] **s. m.** ● indirizzo filosofico sorto nella seconda metà del XIX secolo, che rivendica l'attualità della filosofia scolastica, e di S. Tommaso in particolare, come alternativa sia al positivismo sia all'idealismo

neotomìsta [comp. di *neo-* e *tomista* ✱ 1881] **A agg.** (**pl. m.** *-i*) ● relativo al neotomismo **B s. m. e f.** ● chi segue o si ispira al neotomismo

neotomìstico [1904] **agg.** (**pl. m.** *-ci*) ● del neotomismo

neòtrago [comp. di *neo-* e del gr. *trágos* 'capro' (V. *trago*) ✱ 1954] **s. m.** (**pl.** *-ghi*) ● genere di antilopi africane di piccole dimensioni caratterizzate da piccola corna rivolte all'indietro (*Neotragus*)

neòttero [comp. di *neo-* e *-ttero* ✱ sec. XX] **agg.** ● (*zool.*) detto di insetto che è in grado di ripiegare all'indietro le ali

neottòlemo [dal n. di *Neottolemo*, figlio di Achille ✱ 1895] **s. m.** ● grossa farfalla americana con dimorfismo sessuale spiccato, i cui maschi sono caratterizzati dalle ali di color azzurro metallico splendente (*Morpho neoptolemus*)

neoverișmo [comp. di *neo-* e *verismo* ✱ 1957] **s. m.** ● tendenza letteraria ispirata al verismo italiano della fine del XIX sec. | neorealismo, spec. nel campo letterario

neoverìsta [comp di *neo-* e *verista* ✱ 1879] **A agg.** (**pl. m.** *-i*) ● relativo al neoverismo **B agg. e s. m. e f.** ● che (o chi) si ispira al neoverismo

neozelandése (o *-ș-*) [1863] **A agg.** ● della Nuova Zelanda **B s. m. e f.** ● abitante o nativo della Nuova Zelanda

neozòico [comp. di *neo-* e *-zoico* ✱ 1879] **A s. m. solo sing.** ● (*geol.*, gener. con iniziale maiuscola) era quaternaria **SIN.** Quaternario **B agg.** (**pl. m.** *-ci*) ● relativo all'era omonima

nèpa [lat. *nĕpa(m)*: di orig. africana (?) ✱ 1869] **s. f.** ● insetto dei Nepidi comune negli stagni, con zampe anteriori a pinza lunghe e sottili (*Nepa cinerea*) **SIN.** scorpione acquatico

nepalése (ne-pa-le-se, ne-pal-e-se) (o *-ș-*) [1934] **A agg.** ● del Nepal **B s. m. e f.** ● abitante o nativo del Nepal **C s. m. solo sing.** ● lingua indoeuropea parlata in Nepal

nepàli [da *Nepal*, n. del paese dove è parlato ✱ 1962] **s. m. solo sing.** ● lingua del gruppo indoario parlata in Nepal

Nepentàcee [vc. dotta, comp. di *nepent(e)* e *-acee* ✱ 1869] **s. f. pl.** (**sing.** *-a*) ● (*bot.*) famiglia di piante carnivore delle Dicotiledoni comprendente la nepente (*Nepenthaceae*)

nepènte [vc. dotta, gr. *nēpenthḗs* 'che toglie il dolore', comp. di *nē* 'non' e *pénthos* 'dolore', da *páschein* 'soffrire', di etim. incerta ✱ av. 1600] **s. f. 1** pianta carnivora delle Nepentacee, indo-malese, lianosa, con ascidi a secrezione zuccherina e foglie a sacchetto (*Nepenthes*): *O roride nepenti!* (A. BOITO) **2** bevanda cui gli antichi Greci attribuivano il potere di togliere il dolore o dare l'oblio | (*fig.*, *lett.*) tutto ciò che lenisce le pene e gli affanni

nèper /'neper, *ingl.* 'ni:pə(r)/ [vc. ingl., dal n. del matematico scozzese J. *Neper* o *Napier* (1550-1617) ✱ 1942] **s. m. inv.** ● (*fis.*) unità di misura di guadagno o di attenuazione, pari al logaritmo naturale del rapporto fra la grandezza in esame e un livello di riferimento **SIMB.** Np

neperiàno [1927] **agg.** ● (*mat.*) relativo al matematico Neper e alle sue teorie | ***logaritmo n.***, in base $e = 2{,}71828\ldots$

nèpeta [lat. *nĕpeta(m)*, di orig. preindeur. ✱ av. 1500] **s. f.** ● (*bot.*) gattaia

nepetèlla ➤ **nepitella**

Nèpidi [vc. dotta, comp. di *nep(a)* e *-idi* ✱ 1834] **s. m. pl.** (**sing.** *-e*) ● (*zool.*) famiglia di Insetti degli Eterotteri con antenne segmentate e zampe raptatorie (*Nepidae*)

nepitèlla o **nepetèlla**, **nipitèlla** [dim. dal lat. *nepĕta* ✱ sec. XIV] **s. f.** ● (*bot.*) calaminta

nepóte ➤ **nipote**

nepotișmo o (*raro*) **nipotișmo** [da *nepote* ✱ av. 1667] **s. m. 1** spec. nei secoli XV e XVI, tendenza di certi papi a favorire i propri familiari con prebende, cariche e sim. **2** (*est.*) favoreggiamento nei confronti di parenti o amici per fare sì che ottengano cariche, uffici e sim.

nepotìsta [da *nepotismo* ✱ 1846] **A s. m. e f.** (**pl. m.** *-i*) ● chi favorisce gli amici o i parenti abusando del proprio potere **B agg.** ● (*raro*) nepotistico

nepotìstico [da *nepotismo* ✱ 1958] **agg.** (**pl. m.** *-ci*) ● relativo al nepotismo o ai nepotisti; caratterizzato da nepotismo: *comportamento n.* ‖ **nepotisticaménte**, **avv.**

♦**neppùre** o (*lett.*) **né pure** [comp. di *né* e *pure* ✱ 1313] **avv. e cong.** ● neanche

†**nequità** o †**niquità** [aferesi di *iniquità*; il cambiamento della *-i-* in *-e-* è dovuto all'accostamento paretimologico a *nequizia* ✱ 1268] **s. f.** ● iniquità

†nequitànza o **†niquitànza** [da *nequità* ✱ av. 1306] **s. f.** ● iniquità

†nequitóso (o **-ṣ-**) o **†niquitóso** [da *nequità* ✱ 1268] **agg.** ● malvagio, iniquo | infuriato: *verso de Orlando n. torna / per vendicare il colpo ricevuto* (M.M. BOIARDO) || **†nequitosaménte**, **avv.**

nequìzia [vc. dotta, lat. *nequĭtia(m)*, da *nēquam* 'malvagio' ✱ av. 1292] **s. f. 1** iniquità, malvagità **2** azione malvagia | †delitto, peccato **3** †rabbia, sdegno: *si consumava di n., veggendo i modi fecciosi della moglie d'Ugolino* (F. SACCHETTI)

neràstro [da *nero* ✱ av. 1730] **agg.** ● che tende al nero: *sfumature nerastre*; *il viso era leggermente roseo, le labbra nerastre* (A. FOGAZZARO)

nerazzùrro [comp. di *nero* e *azzurro* ✱ 1903] **A agg. 1** che è di color nero con riflessi azzurri: *marmo n.* **2** che è di color nero alternato all'azzurro: *le maglie nerazzurre dei giocatori dell'Inter* **B agg. e s. m.** (**f.** *-a*) ● che (o chi) gioca nella squadra di calcio milanese dell'Inter, o ne è sostenitore: *giocatori, tifosi nerazzurri*; *i nerazzurri giocano in trasferta*

nerbàre [da *nerbo* ✱ av. 1749] **v. tr.** (*io nèrbo*) ● (*raro*) percuotere con un nerbo | (*raro, est.*) bastonare

nerbàta [av. 1665] **s. f.** ● colpo di nerbo, staffilata | (*est.*) botta: *vuoi assaggiare le nerbate ...?* (G. VERGA) || **nerbatìna**, **dim.**

nerbatùra [1855] **s. f.** ● (*raro*) il nerbare

✦nèrbo [lat. *nĕrvu(m)* 'nervo' ✱ 1282] **s. m.** (**pl.** *-i*, †*nèrbora* **f.**) **1** †V. *nervo* **2** fibra cervicale di buoi e cavalli disseccata e adoperata come staffile **3** (*fig.*) parte più forte e valida di qlco.: *il n. delle forze, dell'esercito* | (*est.*) forza, vigoria: *stile senza n.* || **nerbétto**, **dim.** | (*raro*) **nerbolìno**, **dim.**

✦nerborùto [da *nerbora*, ant. pl. di *nerbo* ✱ av. 1348] **agg.** ● muscoloso, robusto, gagliardo: *due braccia nerborute la tenevano come conficcata nel fondo della carrozza* (A. MANZONI)

nerbùto [da *nerbo* ✱ av. 1430] **agg.** ● (*raro*) forte, nerboruto

nèrchia [vc. pisana, dal lat. *nĕrvus* 'nervo' ✱ 1849 ca.] **s. f. 1** (*centr.*) bastone nodoso **2** (*volg., centr.*) pene

nerd /nɛrd, *ingl.* nɜːd/ [vc. ingl., di etim. discussa ✱ 1988] **s. m. e f. inv.** ● giovane intelligente, appassionato di computer e tecnologie, talora dall'aspetto goffo, imbranato, spec. nei rapporti con l'altro sesso

nereggiaménto [1612] **s. m.** ● (*raro*) il nereggiare

nereggiànte **part. pres.** di *nereggiare*; anche **agg. 1** che ha un colore nero o bruno **2** (*est.*) gremito di gente: *una piazza n. di folla* **3** (*fig., lett.*) irato, eccitato: *n. di collera il cuore* (G. PASCOLI)

nereggiàre o **negreggiàre** [da *nero* ✱ av. 1519] **A v. intr.** (**pres.** *io neréggio*; **fut.** *io nereggerò*; **aus.** *avere*) **1** (*lett.*) apparire di colore nero, scuro: *il cielo cominciava a n.*; *Le vette dei grandi abeti che nereggiavano ... in un giardino* (A. FOGAZZARO) **2** (*raro*) tendere al nero **3** (*est.*) essere gremito, brulicare **B v. tr.** ● (*raro*) dare sfumature, colorare di nero

nerèide [vc. dotta, lat. *Nerĕide(m)*, dal gr. *Nēreís*, propr. 'figlia di Nereo', da *Nēreús* 'Nereo' ✱ av. 1406] **s. f. 1** nella mitologia greca, ninfa del mare **2** (*zool.*) anellide marino dei Policheti con corpo vermiforme, cirri tentacolari e livrea vistosa (*Nereis diversicolor*)

neretìno o **naretìno** [dal n. lat. della città: *Nērētum* ✱ sec. XX] **A agg.** ● di Nardò, località in provincia di Lecce **B s. m.** (**f.** *-a*) ● nativo, abitante di Nardò

nerétto [1925] **s. m. 1** dim. di *nero* **2** (*edit.*) carattere tipografico con asta più scura e marcata del consueto, usato per dare evidenza a titoli, parole, frasi **SIN.** grassetto **3** articolo di giornale in neretto per attirare l'attenzione di chi legge

nerézza o **†negrézza** [lat. *nigrĭtia(m)*, da *nĭger* 'nero' ✱ av. 1320] **s. f.** ● (*raro*) caratteristica, aspetto di ciò che è nero: *occhi ... neri di quella chiara e dolce negrezza* (B. CASTIGLIONE)

nericàre [lat. *nigricāre*, da *nĭger* 'nero' ✱ 1612] **v. intr.** (*io nérico, tu nérichi*; **aus.** *avere*) ● (*raro, lett.*) nereggiare

nerìccio [1550] **agg.** (**pl. m.** *-ci*; **pl. f.** *-ce*) ● che tende al nero o è quasi nero

nerìgno [1563] **agg.** ● (*raro, lett.*) nericcio

nerìta [vc. dotta, lat. *nerīta(m)*, dal gr. *nērítēs*, di etim. incerta ✱ sec. XV] **s. f.** ● mollusco gasteropode con conchiglia globosa e massiccia (*Nerita polida*)

nerìtico [vc. dotta, da *nerita* (V.) con suff. agg. ✱ 1930] **agg.** (**pl. m.** *-ci*) ● detto di zona di mare compresa fra 0 e 200 m di profondità, di fauna pelagica vivente in tale zona e di formazione geologica presente in tale zona

✦néro o (*raro, lett.*) **négro**, (*lett.*) **†nìgro** [lat. *nĭgru(m)*, di etim. incerta ✱ av. 1257] **A agg. 1** correntemente, che ha un colore simile a quello del carbone o della pece: *occhi, capelli neri*; *velo, drappo n.*; *vernice nera*; *essere n. come l'ebano, come l'inchiostro, come l'ala di un corvo*; *vedova sconsolata in veste negra* (F. PETRARCA) **CFR.** melano- | ***caffè n.***, senza latte | ***pane n.***, integrale | ***uva nera, vino n.***, di colore rosso più o meno scuro **CONTR.** bianco | ***oro n.***, il petrolio | ***occhiali neri***, con lenti scure | ***notte nera***, molto buia **CONTR.** chiaro | ***bandiera nera***, quella degli anarchici | (*aeron.*) ***scatola nera***, V. *scatola*, sign. 3 | (*bot.*) ***pioppo n.***, pioppo comune | (*med.*) ***vomito n.***, contenente sangue, tipico della febbre gialla **2** (*fis.*) detto di corpo la cui superficie assorbe completamente ogni radiazione, quali che siano la sua lunghezza d'onda, lo stato di polarizzazione e l'angolo di incidenza **3** che appartiene a gruppi etnici originari del continente africano caratterizzati da pelle scura o nera, capelli crespi, talora prognatismo **4** (*est.*) sudicio, molto sporco: *polsini neri*; *quel vestito è tutto n.*; *mani, unghie nere* | ***pozzo n.***, specie di vasca interrata, chiusa, che raccoglie le acque di rifiuto di un edificio **5** con riferimento al nero inteso come simbolo di morte e di lutto: *paramenti neri*; *vesti nere*; *cravatta nera* **6** fascista: *brigate nere*; *governo n.* | ***Camicia nera***, aderente al partito fascista durante l'epoca del suo governo in Italia; nello stesso periodo, appartenente alla Milizia Volontaria per la Sicurezza Nazionale: *un raduno di camicie nere* **7** (*fig.*) clericale: *aristocrazia nera* **8** (*fig.*) caratterizzato da sventure, dolori, avversità e sim.: *giorni neri*; *questo è un periodo n. per me* | ***vedere tutto n.***, prevedere dolori e sciagure | (*est.*) improntato a tristezza, malinconia, pessimismo: *umore n.*; *pensieri neri*; *essere n. in volto*; *che faccia nera hai oggi!* | molto negativo: *il giovedì n. della Borsa* | (*est.*) caratterizzato dal macabro, dal mistero, dalla violenza, detto spec. di genere letterario: *romanzo n.*; *umorismo n.* **9** (*fig.*) caratterizzato da disonestà, illegalità, mancato rispetto delle leggi: *lavoro n.* | ***mercato n., borsa nera***, mercato clandestino, spec. in tempo di guerra o di dopoguerra | ***fondi neri***, V. *fondo* | ***libro n.***, elenco di persone sospette, pericolose o nemiche | (*est.*) detto di compenso, emolumento e sim. non assoggettato a ritenute fiscali e previdenziali: *contabilità nera* **10** (*fig.*) caratterizzato da crudeltà, perfidia, scelleratezza: *anima nera*; *Cosa puoi dire, / Dopo azion sì nera?* (L. DA PONTE) | ***bestia nera***, persona o cosa che ossessiona, che costituisce un incubo | ***pecora nera***, persona che si distingue dagli altri per le sue cattive qualità | ***cronaca nera***, (*ellitt.*) ***nera***, nei quotidiani, quella che tratta di gravi incidenti e fatti di sangue **11** (*fig.*) che ha relazione con il demonio: *magia nera*; *messa nera* **12** (*stor.*) detto di molte fazioni cittadine durante l'età comunale: *guelfo di parte nera* **B s. m. 1** colore nero: *capelli, occhi di un n. cupo*; *tingere in, di n.*; *vestire di n.* | (*fig.*) ***mettere n. su bianco***, mettere per iscritto, con riferimento a un accordo, a un'intesa e sim. | ***non distinguere il n. dal bianco***, non cogliere le differenze, anche vistose | ***vestirsi, mettersi in n.***, vestirsi di nero in segno di lutto o per un'occasione elegante **2** ogni sostanza di colore nero, o che colora in nero | ***n. di alizarina, n. di anilina***, coloranti organici sintetici | ***n. animale***, carbone animale | ***n. fumo***, V. anche *nerofumo* | ***n. di rodio, n. di palladio, n. di platino***, polvere nera dei rispettivi metalli finemente suddivisi, con forti proprietà catalitiche | (*zool.*) ***n. di seppia***, liquido nero secreto da un'apposita ghiandola delle seppie e di altri Cefalopodi, usato per inchiostri e colori o in preparazioni gastronomiche **3** (*est.*) nel gioco degli scacchi e della dama, il giocatore che manovra i pezzi neri contro quelli bianchi: *il n. muove e vince in tre mosse* | combinazione al gioco della roulette: *puntare sul n.* **4** (**f.** *-a*) (*est.*) individuo di pelle nera o scura: *i neri d'America* **CFR.** negro **5** (**f.** *-a*) fascista: *un gruppo di neri* | clericale: *governo dei neri* **6** (*banca, econ.*) posizione di credito o di non debito in un conto, contrapposto a *rosso* | ***in n.***, in attivo | ***in n.***, (*colloq.*) detto di attività economiche nascoste, spec. per evadere il fisco: *pagamenti in n.*; *assumere qlcu. in n.*; *lavorare in n.* **7** (*bot.*) fumaggine **8** (*enol.*) ***N. d'Avola***, vino di color rubino intenso, molto profumato, prodotto in Sicilia con uve del vitigno omonimo || **nerèllo**, **dim.** | **nerétto**, **dim.** (V.)

> **SFUMATURE DI SIGNIFICATO**
>
> ***nero - corvino - moro - ebano***
>
> In fisica, si definisce **nero** un corpo la cui superficie assorbe completamente ogni radiazione; correntemente, l'aggettivo descrive ciò che ha colore scurissimo. Esistono poi parole utili a specificare le sfumature e il grado di intensità del colore: un nero lucido che ricorda il colore delle penne del corvo si dice **corvino**; un nero che tende al marrone si definisce invece **moro**; **ebano**, usato come aggettivo, descrive un nero intenso simile a quello del legno dell'ebano.
>
> **SFUMATURE** ➤ ***illegale***, ➤ ***negro***[2]

neròfide o **nerofìdio** [comp. di *nero* e *ofide* ✱ 1834] **s. m.** ● pesce dei Signatiformi con corpo allungatissimo e una sola pinna dorsale (*Nerophis ophidion*)

nerofùmo o **néro fùmo**, **negrofùmo** [comp. di *nero* e *fumo* ✱ av. 1574] **s. m. solo sing.** ● carbone finemente suddiviso ottenuto condensando i vapori della combustione incompleta di varie sostanze organiche; si usa per inchiostri da stampa, carta carbone, lucidi da scarpe e sim.

neróngolo (o **-ò-**) [da *nero* ✱ 1769] **agg.** ● nericcio, nerastro

nèrola [av. 1712] **s. f.** ● (*chim.*) neroli

nèroli [dal n. della principessa di A. M. di *Nerola* (comune in provincia di Roma) che ne introdusse l'uso nel 1680 ca. ✱ av. 1712] **s. m. inv.** ● essenza estratta per distillazione dai fiori d'arancio, usata in profumeria

neróne [da *Nerone*, imperatore romano, noto per la sua crudeltà ✱ av. 1292] **s. m.** ● (*per anton.*) persona malvagia o collerica

neroniàno [vc. dotta, lat. *neroniānu(m)*, agg.

di *Nĕro*, genit. *Nerōnis* 'Nerone' (6 d.C.-31) * 1554] **agg.** ● di Nerone: *governo n.* | (*est.*) spietato, crudele

+**nerùme** [da *nero* * av. 1342] **s. m.** **1** strato nero o macchia nera che ricopre oggetti: *il n. dell'argenteria* **2** (*est.*) complesso di cose nere **3** (*bot.*) malattia fungina dei cereali caratterizzata dall'annerimento della spiga

nervàto [sec. XV] **agg.** **1** provvisto di nervature o di nervi **2** †robusto, forte

nervatùra [da *nervo* * av. 1519] **s. f.** **1** l'insieme dei nervi costituenti un organismo animale e la loro disposizione **2** (*zool.*) filamento più resistente che rinforza la membrana alare degli insetti **3** (*bot.*) traccia dei fasci fibrovascolari sulla lamina fogliare **4** (*archit.*) parte, spec. sporgente, di una struttura architettonica di sostegno | negli edifici con volta a crociera, l'insieme delle cordonature che limitano le sezioni delle volte stesse **5** piccolissima piega cucita in rilievo e usata come guarnizione di abiti **6** rilievo a cordoncino sul dorso dei libri rilegati

nervazióne [dal latinismo ingl. *nervation* 'nervatura' * 1865] **s. f.** ● (*bot.*) disposizione delle nervature in una foglia

nèrveo [av. 1684] **agg.** ● (*disus.*) che concerne i nervi

nervétto [propr. dim. di *nervo* * 1690] **s. m.** ● (**spec. al pl.**, *sett.*) pietanza fredda formata da cartilagini di vitello lessate e tagliuzzate, miste a fagioli, cipolline e sottaceti || **nervettìno**, **dim.**

†**nervìgno** [da *nervo* * av. 1654] **agg.** ● vigoroso, nervoso: *gambe nervigne*

nervìno [vc. dotta, lat. tardo *nervīnu(m)*, da *nĕrvus* 'nervo' * 1865] **agg.** **1** relativo a nervo o a sistema nervoso **2** detto di farmaco o sostanza (per es. la camomilla) che agisce particolarmente sul sistema nervoso | ***gas n.***, ciascuno dei gas tossici prodotti a scopo bellico, con effetto paralizzante sul sistema nervoso e respiratorio

♦**nèrvo** o †**nèrbo** [lat. *nĕrvu(m)*, di orig. indeur. * av. 1292] **s. m.** **1** (*anat.*) formazione anatomica allungata costituita da più filamenti di cellule nervose e rivestita da particolari membrane; collega il sistema nervoso centrale alle diverse parti del corpo con funzione motoria o sensitiva: *n. motorio, sensitivo, misto* **CFR.** neuro- | ***dare ai nervi, sui nervi, far venire i nervi, urtare i nervi a qlcu.***, irritarlo, infastidirlo | ***attacco, crisi di nervi***, manifestazione di violenta eccitazione nervosa | ***tensione di nervi***, sforzo della volontà, ansia eccitata | ***avere i nervi***, essere di cattivo umore | ***avere i nervi scoperti, a fior di pelle***, essere in stato di grande eccitazione nervosa | ***avere i nervi a pezzi***, essere al limite dell'esaurimento nervoso | ***che nervi!***, esclamazione di rabbia, di disappunto | ***nervi a posto!***, calma! | ***avere i nervi saldi***, essere padrone di sé | (*fig.*) ***guerra dei nervi***, conflitto in cui si cerca di logorare psicologicamente l'avversario **2** (*fam.*, *impropr.*) tendine, muscolo **3** (*lett.*, *fig.*) forza, vigoria: *stile senza n.* | parte più consistente e forte di una organizzazione: *il n. degli eserciti sanza alcun dubbio sono le fanterie* (N. MACHIAVELLI) **SIN.** nerbo **4** (*bot.*) nervatura delle foglie | filamento, filo: *n. dei fagiolini* **5** staffile, nerbo: *n. di bue* **6** corda di strumento musicale, minugia | corda dell'arco: *tendere il n.* || **nervétto**, **dim.** (V.) | (*lett.*) **nerviciuòlo**, **dim.**

nervosìşmo (o **-oşi-**) [da *nervoso* * 1862] **s. m.** ● stato di eccitazione, di tensione nervosa: *un momento, uno scatto di n.* | (*est.*) agitazione, tensione: *n. tra le forze politiche*; *n. in Borsa*; *nell'aria oggi c'è molto n.*
SFUMATURE ▸ *concitazione*

nervosità (o **-ş-**) [vc. dotta, lat. *nervositā-te(m)*, da *nervōsus* 'nervoso' * av. 1320] **s. f. inv.** **1** (*raro*) nervosismo **2** (**al pl.**, *lett.*) atti o discorsi da persona nervosa: *sotto quelle stramberie e n. c'erano fatti solidi, reali* (A. MORAVIA) **3** (*fig.*) vigorosità, incisività, spec. di stile: *la n. della prosa moderna*

♦**nervóso** (o **-ş-**) [vc. dotta, lat. *nervōsu(m)*, agg. di *nĕrvus* 'nervo' * av. 1320] **A** **agg.** **1** (*anat.*) che riguarda le strutture destinate: *cellule nervose* | ***sistema n.***, insieme delle strutture destinate al controllo rapido delle funzioni dell'organismo | ***sistema n. centrale***, nevrasse | ***sistema n. periferico***, insieme delle strutture specializzate per connettere il nevrasse con organi di senso o effettori | ***sistema n. autonomo, sistema n. vegetativo***, insieme delle strutture coinvolte nel controllo delle funzioni involontarie dell'organismo | ***sistema n. volontario***, complesso delle strutture centrali e periferiche, coinvolte nel controllo delle funzioni coscienti dell'organismo **2** (*med.*) detto di processo patologico che coinvolge il sistema nervoso: *esaurimento n.*; *malattia nervosa* **3** che è in stato di notevole eccitabilità, agitazione, irritazione: *oggi sei troppo n.*; *questi rumori mi rendono nervosa* | detto di ciò che rivela nervosismo: *risata nervosa* | (*est.*) agitato, instabile: *Borsa nervosa* **4** privo di grasso superfluo, vigoroso e asciutto, detto del corpo umano o delle sue parti: *braccia, gambe nervose* | ***andatura, camminata nervosa***, rapida e scattante **5** (*fig.*) stringato, conciso, efficace: *stile n.*; *prosa nervosa*; *un disegno n. ed essenziale* **6** (*bot.*) detto di foglia, legno e sim. con numerose nervature in rilievo **7** (*enol.*) detto di vino in cui la morbidezza è arricchita da brio e vivacità **CONTR.** molle, piatto || **nervosétto**, **dim.** || **nervosaménte**, **avv.** || **nervosità**, **s. f. inv.** **B** **s. m.** ● stato di notevole eccitazione e irritabilità: *avere il n.*; *far venire il n. a qlcu.*; *farsi venire il n.*; *farsi prendere dal n.*

nervùto [av. 1574] **agg.** **1** †robusto **2** (*lett.*) che ha fitte nervature **3** (*fig.*) †conciso, vigoroso

nèsci [dal lat. *nescīre*, comp. di *ne-* 'non' e *scīre* 'sapere' (V. *scienza*) * av. 1612] **s. m. e f. inv.** ● (*tosc.*) solo nella loc. ***fare il n.***, fingere di non sapere **SIN.** gnorri

†**nesciènte** [vc. dotta, lat. *nesciĕnte(m)*, part. pres. di *nescīre*. V. *nesci* * av. 1294] **agg.** ● ignorante, incolto | ignaro || †**nescienteménte**, **avv.** da ignorante

nesciènza [vc. dotta, lat. tardo *nesciĕntia(m)*, da *nĕsciens*, genit. *nesciĕntis* 'nesciente' * av. 1294] **s. f.** ● (*raro*, *lett.*) ignoranza

†**nèscio** [lat. *nĕsciu(m)*, appartenente alla famiglia di *nescīre*. V. *nesci* * sec. XIII] **agg.** ● ignaro, ignorante: *tu di mobil natura, e n. di quel che fai, mi tormenti oltre al dovere* (G. BOCCACCIO) | sciocco

nèspola [da *nespolo* * av. 1320] **s. f.** **1** frutto commestibile del nespolo, di forma globosa, color ruggine, con polpa bianco rosata e pochi piccoli semi | ***n. del Giappone***, frutto commestibile del nespolo del Giappone di forma ovale e di colore arancio, con polpa gialla dal sapore lievemente acidulo e grossi semi bruni (*Eriobotrya japonica*) | **PROV.** ***col tempo e con la paglia maturano le nespole***, occorre saper aspettare, perché ogni cosa evolve in base alla sua natura | (*fig.*) †***contraffar le nespole***, dormire sulla paglia **2** (*fig.*, *fam.*) colpo, percossa, dati spec. con le mani: *ho preso certe nespole!*

nèspole [pl. di *nespola* * 1707] **inter.** ● (*fam.*) esprime grande meraviglia, sorpresa e sim.

nèspolo [lat. *mĕspilu(m)*, dal gr. *méspilon*, di orig. preindeur. * av. 1320] **s. m.** ● arbusto delle Rosacee con rami spinosi, foglie verde cupo, inferiormente pelose (*Mespilus germanica*) | ***n. del Giappone***, albero delle Rosacee, asiatico, con foglie lucide, oblunghe e persistenti e bei fiori bianchi e profumati (*Eryobotrya japonica*)

nèssile [vc. dotta, lat. *nĕxile(m)*, da *nĕxus* 'nesso' * av. 1714] **agg.** ● (*lett.*) che si annoda, s'intreccia

+**nèsso** (o **-é-**) [vc. dotta, lat. *nĕxu(m)*, da *nĕctere* 'collegare', di orig. indeur. * sec. XV] **s. m.** **1** connessione, collegamento, legame: *il n. logico*; *cercare il n. tra due fatti*; *in questo discorso manca il n., non c'è alcun n.* **2** (*dir.*) ***n. causale***, rapporto di causa ed effetto | ***n. psichico***, coscienza e volontà dell'autore di un reato **3** in paleografia, fusione di uno o più tratti di due lettere alfabetiche successive

♦**nessùno** o †**nissùno** [lat. *n(ĕ) ĭps(e) ūnus*, nom. 'neppure uno' * av. 1250] **A** **agg. indef.** (**pl. solo lett. m.** *-i*, **f.** *-e*; **superl.** *nessunissimo*) Come agg. f. si elide davanti a parola che comincia per vocale; come agg. m. si tronca davanti a nomi che cominciano per vocale e per consonante che non sia *gn, ps, s impura, x, z* (per l'uso davanti a *pn* e davanti a *i, y* e *j* seguiti da vocale, V. *uno*): *n. verrà*; *non verrà n.*; *nessun'altra*; *nessun'impiegata*; *nessun altro*; *nessun ostacolo*; *nessun vantaggio*; in usi arcaici e lett. si può trovare la forma tronca *nessun* davanti a nomi che cominciano con *s impura*: *nessun scrittore*. Come pron. si tronca solo nell'uso lett.: *nessun di servitù gianmai si dolse* (F. PETRARCA). (V. nota d'uso UNO) **1** non uno, neanche uno (con valore negativo e, se posposto al v., accompagnato da altra negazione): *non fare nessuna spesa*; *per nessun motivo lo farei*; *non vedo n. scopo*; *non ho nessun dubbio*; *non voglio nessuna ricompensa*; *sono cose di nessun valore, di nessuna importanza*; *nessuna professione è sì sterile come quella delle lettere* (G. LEOPARDI) | con valore rafforz. e intens.: *non c'è nessuna fretta*; *non c'è nessun bisogno che tu venga* | anche al superl., con valore rafforz.: *per nessunissima ragione cambierò idea*; *non ho nessunissima intenzione di incontrarlo* | (*enfat.*) preceduto dall'art. determ. per sottolineare l'assoluta mancanza di qlco.: *la nessuna cura che ha delle sue cose fa di lui una persona sciatta* | (*enfat.*) posposto a un sost.: *votanti sessanta, astensioni nessuna* **2** qualche (spec. in prop. interr. o dubitative): *fammi sapere se ti serve nessun aiuto*; *rientrando volete che vi porti nessun giornale?*; *guarda se ci fosse nessun libro interessante* **B** **pron. indef.** **1** non uno, neanche uno (riferito a persona o cosa e accompagnato da altra negazione se posposto al v.): *n. osò contraddirlo*; *n. può crederti*; *non è ancora arrivato n.*; *non ubbidisce a n.*; *n. di noi può decidere*; *non dirlo a n.*; *n. si muova!*; *"Qualche domanda?" "Nessuna"* | ***roba, terra di n.***, abbandonata, senza possessori | ***terra di n.***, la zona neutra fra due eserciti in guerra | ***figli di n.***, abbandonati dai genitori, trovatelli | (*iron.*) ***signor N.***, V. *signore* nel sign. A 4 | (*iter.*) con valore rafforz.: *non c'era nessuno nessuno* **2** qualcuno (riferito a persona o cosa, spec. in prop. interr. o dubitative): *hai visto n.?*; *è venuto n. a cercarmi?* **C** in funzione di **s. m. e f. inv.** ● persona di nessun valore, che non conta nulla: *si dà tante arie ma non è n.*; *devi convincerti che qui tu non sei n.*; *e io chi sono, n.?*; *sono proprio dei n.* **CONTR.** qualcuno

nestàia [da *nesto* * av. 1597] **s. f.** ● (*agric.*) piantonaio

nèsting /ingl. 'nɛstɪŋ/ [vc. ingl., propr. 'nidificazione', da *nest* 'nido' * 2001] **A** **s. m. inv.** ● tendenza a vivere nell'intimità domestica | tendenza a creare nell'arredamento ambienti intimi e accoglienti che suggeriscano l'idea del nido CFR. cocooning **B** anche in funzione di agg. inv. (posposto a un sost.): *casa n.*; *angolo n.*

nèsto [da *(in)nesto* ✱ 1539] **s. m.** **1** (*agric.*) parte della pianta, gemma o marza, che si inserisce sul soggetto **2** (*sett.*) innesto

nèstore [dal n. dell'eroe omerico ✱ 1727] **s. m.** ● pappagallo neozelandese col ramo superiore del becco arcuato e molto più lungo dell'inferiore e la lingua finemente laciniata, carnivoro (*Nestor meridionalis*)

nestorianéṣimo o **nestorianiṣmo** [da *Nestorio* (IV sec.-451), patriarca di Costantinopoli ✱ av. 1712] **s. m.** ● dottrina eretica cristiana secondo la quale nel Cristo coesistono due persone e nature, senza unione ipostatica

nestoriàno [1310] **A** **agg.** ● relativo a nestorianesimo e a Nestorio **B** **s. m.** (**f.** *-a*) ● seguace del nestorianesimo

net /ingl. nɛt/ [vc. ingl., cfr. *net-* ✱ 1905] **s. m. inv.** ● nel tennis e nel ping-pong, servizio nullo in quanto la palla tocca il bordo superiore della rete prima di giungere nel settore di servizio avversario

net- [vc. ingl. di orig. germ., propr. 'rete'] **primo elemento** ● in parole composte, fa riferimento a Internet: *net-art, net-company, net-economy, net-generation*

netbook /ingl. 'nɛt,bʊk/ [vc. ingl., comp. di *net-* e *(note)book* (V.) ✱ 2008] **s. m. inv.** ● (*inform.*) computer portatile di piccole dimensioni e prestazioni ridotte che consente la navigazione in Internet

netiquètte /neti'kɛt, *ingl.* 'nɛtɪ,kɛt/ [vc. ingl., comp. di *net* 'rete informatica' ed *(et)iquette* 'galateo' ✱ 1994] **s. f. inv.** ● (*Internet*) complesso delle norme di comportamento per gli utenti, spec. nello scambio di messaggi tramite posta elettronica

nètizen /'nɛtidzen, *ingl.* 'nɛtɪzən/ [vc. ingl., comp. di *net-* e *(cit)izen* 'cittadino' ✱ 1996] **s. m. e f. inv.** ● (*Internet*) persona impegnata con assiduità nelle attività della rete (blog, social network e sim.)

netstrike /ingl. 'nɛtstraɪk/ [vc. ingl., propr. 'sciopero (*strike*) della rete (*net*)' ✱ 1998] **s. m. inv.** ● forma di protesta che consiste nell'accesso contemporaneo di numerosi utenti Internet allo stesso sito web così da rallentare o impedire il collegamento al server in cui tale sito risiede SIN. corteo telematico

netsùke /net'tsuke, *giapp.* nɛ.tsɯ.kɛ/ [vc. giapp., comp. di *ne* 'legno' e *tsuke* 'bottone' ✱ 1885] **s. m. inv.** ● piccola scultura in legno o in avorio, originariamente usata nella cintura del kimono come contrappeso di piccoli contenitori

nettamìna [comp. di *netta(re)*② e *mina*① ✱ 1869] **s. f.** ● lunga bacchetta di ferro terminante in cucchiaio rivoltato usata dai minatori per ripulire i fori di mina prima di porvi la carica

†**nettapànni** [comp. di *netta(re)*② e il pl. di *panno* ✱ av. 1673] **s. m. inv.** ● lavandaio

nettapénne [comp. di *netta(re)*② e il pl. di *penna* ✱ 1880] **s. m. inv.** ● strisce o dischetti di stoffa cuciti insieme, usati un tempo per pulire i pennini dall'inchiostro

nettapièdi [comp. di *netta(re)*② e il pl. di *piede* ✱ 1948] **s. m. inv.** ● zerbino①

nettapìpe [comp. di *netta(re)*② e il pl. di *pipa*① ✱ 1970] **s. m. inv.** ● curapipe

♦**nèttare**① [vc. dotta, lat. *nĕctari*, abl. di *nĕctar*, dal gr. *néktar*, di etim. incerta ✱ 1319] **s. m.** **1** (*bot.*) liquido dolce secreto dal nettario per attirare gli insetti impollinatori **2** bevanda degli dei, secondo la mitologia classica SIN. ambrosia **3** (*est.*) bevanda dolce, vino squisito: *questo infuso è un n.* **4** nell'industria alimentare, prodotto non fermentato ottenuto mediante aggiunta d'acqua e zucchero al succo e polpa di frutta

♦**nettàre**② [da *netto* ✱ av. 1306] **A** **v. tr.** (*io nétto*) **1** (*tosc.*) rendere netto, pulito, togliendo scorie, marciume e sim.: *n. l'insalata* | fare scomparire macchie o sudiciume da qlco.: *n. i panni* SIN. pulire **2** eliminare erbe infestanti, rami morti, foglie e sim.: *n. colture, alberi* **B** **v. intr.** (**aus.** *essere*) ● †fuggire, andarsene in gran fretta **C** **nettàrsi** **v. tr. pron.** (**aus.** *essere*) ● pulirsi (*anche fig.*): *nettarsi le unghie, i denti*; *Nel desiderio di nettarsi la coscienza* (I. SVEVO)

nettàreo [vc. dotta, lat. *nectăreu(m)*, dal gr. *nektáreos*, agg. di *néktar*, genit. *néktaros* 'nettare①' ✱ av. 1514] **agg.** ● (*lett.*) del nettare | (*est.*) che è dolce e squisito come il nettare: *de' tuoi labbri onora / la nettarea bevanda* (G. PARINI)

nettarìna [dal *nettare* dei fiori in cui trova alimento ✱ 1927] **s. f.** **1** (*agric.*) varietà di pesca a buccia liscia SIN. nocepesca, pescanoce **2** piccolissimo uccello africano dei Passeriformi con becco sottile, lingua protrattile, piume dai colori metallici (*Nectarinia*)

nettarìno [da *nettare*① ✱ 1935] **agg.** ● (*bot.*) *pesca nettarina*, nocepesca, pescanoce

nettàrio [da *nettareo* ✱ 1801] **s. m.** ● (*bot.*) ghiandola situata nel fiore, ma anche sulle foglie e sui rami, di varie piante, destinata alla secrezione del nettare

nettarocónca [comp. di *nettare* e *conca* ✱ 1958] **s. f.** ● (*bot.*) cavità del fiore dove si raccoglie il nettare

nettarostègio [comp. di *nettare*① e del gr. *stégē* 'tetto, copertura', di orig. indeur. ✱ 1958] **s. m.** ● (*bot.*) ciascuno dei peli o squame disposti ad anello che funzionano come meccanismi atti alla difesa del nettario

nettarotèca [comp. di *nettar(e)* e *-teca* ✱ 1829] **s. f.** ● (*bot., disus.*) nettaroconca

nettarovìa [comp. di *nettare*① e *via* ✱ 1933] **s. f.** ● (*bot.*) organo del fiore atto a guidare gli insetti impollinatori dall'apertura del fiore alla nettaroconca

nettatóia [da *nettare*② ✱ 1834] **s. f.** ● frettazzo da muratore

nettatóio [sec. XV] **s. m.** (**pl.** *-ói*) ● qualsiasi strumento che serve per ripulire

nettatùra [1427] **s. f.** **1** ripulitura | mondatura **2** ciò che si elimina pulendo

nettézza [da *netto* ✱ 1282] **s. f.** **1** stato, condizione di ciò che è pulito: *la n. della casa, della strada* | ***n. urbana***, servizio municipale che ha il compito di mantenere la pulizia delle strade e di raccogliere i rifiuti SIN. pulizia **2** (*fig.*) integrità morale: *la n. del suo agire* **3** nitore, esattezza: *la n. di un contorno* | (*fig.*) integrità, onestà: *la n. dei suoi propositi* | (*est.*) precisione, chiarezza: *n. di forme, di stile*

nétto [lat. *nĭtidu(m)* 'nitido' ✱ 1250 ca.] **A** **agg.** **1** (*lett.* o *raro*) privo di macchie, di sudiciume, di brutture: *lenzuolo n.*; *casa netta* | (*raro*) ***aria netta***, cielo senza nuvole | (*fig.*) integro, puro, schietto: *vita netta* | ***coscienza netta***, senza colpa o peccato SIN. pulito CONTR. sporco, sudicio **2** esatto, preciso (*anche fig.*): *è passato un anno n.*; *un pensiero, un significato n.*; *non potere pigliare partito che sia n. e perfetto da ogni parte* (F. GUICCIARDINI) | nitido, deciso (*anche fig.*): *contorni netti*; *taglio n.* | chiaro, marcato, inequivocabile: *una vittoria netta*; *un n. rifiuto*; *un n. miglioramento* | ***di n.***, di colpo e con precisione; bruscamente: *si girò di n.* (A. FOGAZZARO) | (*sport*) ***percorso n.***, in equitazione, quello senza penalità di ostacoli **3** (*lett.*) libero da elementi negativi, danni o rischi: *andare n.* | †***uscire n. da qlco., farla netta***, non rimetterci | †***avere netta la vittoria***, non avere perdite **4** detto di capitale, importo, rendita, guadagno e sim. da cui sono state detratte tutte le spese, le imposte o altri oneri: *stipendio, utile, profitto n.*; *prezzo al n. dell'IVA* | ***peso n.***, dal quale è stata detratta la tara | ***al n.***, fatte le dovute detrazioni: *al n. delle spese* CONTR. lordo **5** (*enol.*) detto di vino dal profumo e dall'aroma particolarmente marcati, ben individuabili CONTR. neutro ‖ **nettaménte**, **avv.** **1** (*raro*) con nettezza e pulizia **2** con precisione, esattezza: *distinguere nettamente*; decisamente: *è nettamente favorevole* **B** **avv.** ● chiaramente, senza reticenza: *parlare n.*; *dire qlco. chiaro e n.* **C** **s. m.** **1** (*raro*) ciò che è pulito **2** ammontare risultante dopo che sono state effettuate trattenute o detrazioni **3** †significato sostanziale, autentico di qlco.: *afferrare il n.*

nettuniàno [dal lat. *Neptūnius*, agg. di *Neptūnus* 'Nettuno', dio del mare e delle acque ✱ 1828] **agg.** **1** relativo al pianeta Nettuno **2** (*geol.*) detto di roccia formatasi in seguito a sedimentazione marina

nettùnio [ingl. *neptunium*, dal n. di *Nettuno*, dio del mare nella mitologia romana ✱ av. 1566] **A** **agg.** ● (*lett.*) relativo al dio Nettuno | (*lett.*) marino: *la tempesta ha divelto con furore / i pascoli nettunii* (G. D'ANNUNZIO) **B** **s. m.** ● elemento chimico, metallo transuranico ottenuto nelle pile atomiche come prodotto intermedio nella produzione di plutonio da uranio SIMB. Np NUM. AT. 93

nettuniṣmo [da *Nettuno*. V. *nettuniano* ✱ av. 1869] **s. m.** ● teoria geologica storica secondo cui anche le rocce eruttive, a eccezione delle lave attuali, si sarebbero formate come sedimenti di un ipotetico oceano magmatico primitivo

nettunìsta [1818] **A** **agg.** (**pl. m.** *-i*) ● relativo al nettunismo | ***teoria n.***, teoria secondo la quale tutte le rocce deriverebbero dall'azione dell'acqua **B** **s. m. e f.** ● sostenitore del nettunismo

Nettùno [dal n. di *Nettuno*, dio del mare nella mitologia romana ✱ 1313] **s. m.** **1** (*astron.*) ottavo pianeta in ordine di distanza dal Sole, dal quale dista in media 4499 milioni di km, la cui massa è 17,2 volte quella della Terra e del quale si conoscono due satelliti | (*astrol.*) pianeta che domina il segno zodiacale dei Pesci **2** (*raro, poet.*) mare

netturbìno [da *nett(ezza) urb(ana)* col suff. *-ino* di alcuni mestieri (per es. *spazzino*) ✱ 1942] **s. m.** (**f.** *-a*) ● persona incaricata della nettezza urbana, denominato anche operatore ecologico SIN. spazzino

nètwork /'nɛtwork, *ingl.* 'nɛt,wɜːk/ [vc. ingl., propr. 'struttura a rete, rete' ✱ 1980] **s. m. inv.** **1** accordo multilaterale tra entità diverse per operare congiuntamente su un mercato integrando le funzioni specifiche di ciascuna: *n. di imprese, finanziario* | ***n. radiotelevisivo***, rete di emittenti radiotelevisive collegate tra loro così da coprire un'area più vasta con la stessa programmazione | ***n. pubblicitario***, accordo tra più emittenti radiotelevisive o testate giornalistiche per operare congiuntamente sul mercato pubblicitario **2** (*inform.*) rete di comunicazione | ***local area n.***, rete locale | ***social n.***, sito che consente di stabilire relazioni interpersonali intorno ad argomenti di comune interesse (amicizie, hobby, professioni ecc.) (comp. con *social* (V.))

networking /net'workin(g), *ingl.* 'nɛt,wɜːkɪŋ/ [vc. ingl., da *network* (V.) ✱ 1981] **s. m.** **1** attività coordinata di più soggetti integrati in un network **2** (*inform.*) collegamento in rete di due o più computer

nèuma [vc. dotta, gr. *néuma* 'segno', da *néuein* 'fare cenno', dalla stessa radice del lat. *nūmen* 'nume' ✱ 1757] **s. m.** (**pl.** *-i*) ● (*mus.*) segno dell'antica notazione del canto gregoriano

neumàtico [dal gr. *nêuma*, genit. *néumatos*. V. *neuma* ✱ 1869] **agg.** (**pl. m.** *-ci*) ● appartenente a neuma | ***canto n.***, fermo

†**neùno** ➤ **niuno**

neuràle [da *neuro-* ✱ 1927] **agg. 1** (*anat.*) concernente il sistema nervoso centrale: *tubo n.* **2** (*inform.*) ***rete n.***, modello informatico e matematico per l'interconnessione dei dati, sviluppato emulando parzialmente le modalità associative della struttura cerebrale

neuralgìa ➤ **nevralgia**

neuràlgico ➤ **nevralgico**

neuràsse ➤ **nevrasse**

neurassìte ➤ **nevrassite**

neurastenìa ➤ **nevrastenia**

neurastènico ➤ **nevrastenico**

neurectomìa [comp. di *neuro-* e del gr. *ektomḗ* 'amputazione' (V. *-tomia*) ✱ 1888] **s. f.** ● (*med.*) asportazione parziale o totale di un nervo

nèuri- ➤ **neuro-**

neurilèmma ➤ **nevrilemma**

neurìna [ingl. *neurine*, da *neuro-* 'neuro-' ✱ 1927] **s. f.** ● composto organico azotato velenoso, che si genera nella putrefazione di sostanze proteiche

neurinòma [comp. di *neuro-* e del gr. *ís*, genit. *inós*, 'fibra, nervo, muscolo' (di orig. indeur.) col suff. *-oma* ✱ 1929] **s. m.** (**pl.** *-i*) ● (*med.*) tumore benigno che si sviluppa dalla guaina di un nervo

neurìte① e deriv. ➤ **nevrite** e deriv.

neurìte② [comp. di *neuro-* e *-ite*③ ✱ 1931] **s. m.** ● (*anat.*) cilindrasse

neurìtico ➤ **nevritico**

nèuro [1983] **s. f. inv.** ● accorc. di *clinica neurologica*

nèuro- o **nèvro-**, **nèuri-**, **nèvri-** [dal gr. *nêuron* 'nervo'] **primo elemento** ● in parole composte della terminologia scientifica, significa 'nervo', 'nervoso', 'che ha relazione col sistema nervoso' e sim., o anche 'neurone': *neurochirurgia, neurologia, nevrosi; neurosecernente*

neuroanatomìa [comp. di *neuro-* e *anatomia* ✱ 1981] **s. f.** ● (*anat.*) branca dell'anatomia che studia il sistema nervoso

neurobalìstico o **nevrobalìstico** [comp. del gr. *nêuron* 'nervo, corda' (V. *neuro-*) e *balistico* ✱ 1895] **agg.** (**pl. m.** *-ci*) ● (*milit.*) detto di antica macchina bellica da getto, quale la balista, che lanciava il proiettile sfruttando l'energia liberata dal rapido svolgimento di una corda di fibre vegetali o nervi animali

neuròbica [dall'ingl. *neurobics*, comp. di *neuro-* 'neuro-' e *(aero)bics* 'aerobica' ✱ 1993] **s. f.** ● in neurofisiologia, ginnastica mentale per combattere l'invecchiamento del cervello, basata su esercizi che, obbligando a uscire da comportamenti e logiche abituali, stimolano la capacità di ragionamento e invenzione

neurobiologìa [comp. di *neuro-* e *biologia* ✱ 1974] **s. f.** (**pl.** *-gìe*) ● branca della biologia che studia i processi chimici, fisiologici, endocrinologici del funzionamento del sistema nervoso centrale

neurobiològico [sec. XX] **agg.** (**pl. m.** *-ci*) ● relativo alla neurobiologia

neurobiòlogo [1983] **s. m.** (**f.** *-a*; **pl. m.** *-gi*) ● chi è specializzato in neurobiologia

neuroblàsto [comp. di *neuro-* e *-blasto* ✱ 1895] **s. m. 1** (*biol.*) ciascuna delle cellule nervose embrionali da cui si differenziano i neuroni **2** porzione dell'ectoderma dal quale si differenzia il sistema nervoso centrale

neuroblastòma [comp. di *neuro-* e *blastoma* ✱ 1968] **s. m.** (**pl.** *-i*) ● (*med.*) neoplasia del sistema nervoso formata da neuroblasti che insorge prevalentemente a livello del surrene o del simpatico addominale ed è tipica dell'infanzia

neurochìmica [comp. di *neuro-* e *chimica* ✱ 1974] **s. f.** ● (*biol.*) ramo delle scienze biologiche che studia le sostanze e i processi chimici implicati nel funzionamento del sistema nervoso

neurochirurgìa [comp. di *neuro-* e *chirurgia* ✱ 1935] **s. f.** (**pl.** *-gìe*) ● ramo della chirurgia che si occupa degli interventi operatori sul sistema nervoso centrale e periferico | (*est.*) reparto ospedaliero per pazienti che necessitano di tali interventi

neurochirùrgico [1949] **agg.** (**pl. m.** *-ci*) ● (*med.*) relativo alla neurochirurgia: *intervento n.*

neurochirùrgo [comp. di *neuro-* e *chirurgo* ✱ 1943] **s. m.** (**f.** *raro* *-a*; **pl. m.** *-ghi* o *-gi*) ● chirurgo specializzato in neurochirurgia

neurocìto [comp. di *neuro-* e *-cito* ✱ 1895] **s. m.** ● (*anat.*) neurone

neurocrànio [comp. di *neuro-* e *cranio* ✱ 1950] **s. m.** ● (*anat.*) complesso scheletrico che nei Vertebrati protegge l'encefalo e gli organi di senso cefalici

neurocrinìa [comp. di *neuro-* e di un deriv. del v. gr. *krínein* 'separare, dividere' ✱ 1958] **s. f.** ● (*biol.*) neurosecrezione

neurodegeneratìvo [comp. di *neuro-* e *degenerativo* ✱ 1940] **agg.** ● (*med.*) caratterizzato da degenerazione nervosa | relativo a degenerazione nervosa

neurodelìri [comp. di *neuro-* e il pl. di *delirio* ✱ 1941] **s. m.** o **f. inv.** ● (*pop.*) ospedale psichiatrico, manicomio

neurodermatìte [comp. di *neuro-* e *dermatite* ✱ 1958] **s. f.** ● (*med.*) neurodermite

neurodermìte [comp. di *neuro-* e *dermite* ✱ 1907] **s. f.** ● (*med.*) alterazione cutanea di origine psicosomatica, diffusa o localizzata, caratterizzata da prurito **SIN.** neurodermatite

neurodinìa [comp. di *neuro-* e del gr. *odýnē* 'dolore' (V. *pleurodinia*) ✱ 1834] **s. f.** ● (*med.*) dolore localizzato ai tronchi nervosi

neurodiversità [comp. di *neuro-* e *diversità* ✱ 2010] **s. f. inv.** ● (*med.*) termine generico per indicare disturbi dello sviluppo neuropsichico quali autismo, dislessia, disordini del comportamento o disturbo da deficit di attenzione con iperattività

neuroeconomìa [dall'ingl. *neuroeconomics*, comp. di *neuro-* 'neuro-' ed *economics* 'economia'] **s. f.** ● disciplina che studia i comportamenti economici individuali sulla base della neurofisiologia, riferendoli ai centri cerebrali responsabili dell'adattamento evolutivo alla fiducia e alla cooperazione

neuroendòcrino [comp. di *neuro-* ed *endocrino* ✱ 1988] **agg. 1** (*biol.*) relativo alla neuroendocrinologia **2** (*biol.*) neurormonale

neuroendocrinologìa [comp. di *neuro-* ed *endocrinologia* ✱ 1986] **s. f.** (**pl.** *-gìe*) ● (*med.*) ramo dell'endocrinologia che studia i rapporti tra sistema nervoso e sistema endocrino

neuroestètica [dall'ingl. *neuroaesthetics*, comp. di *neuro-* 'neuro-' ed *aesthetics* 'estetica' ✱ 2002] **s. f.** ● branca della neurobiologia che studia le aree del cervello coinvolte nella percezione estetica, tentando di definire i meccanismi biologici che ne sono alla base

neuroètica [comp. di *neuro-* ed *etica* ✱ 2002] **s. f.** ● l'insieme delle riflessioni di natura etica sollecitate dagli sviluppi delle neuroscienze e dalle ricerche sulle funzioni del cervello

neurofarmacologìa [comp. di *neuro-* e *farmacologia* ✱ 1989] **s. f.** (**pl.** *-gìe*) ● (*farm.*) ramo della farmacologia che ricerca farmaci attivi sul sistema nervoso e studia il loro meccanismo di azione

neurofibrìlla [comp. di *neuro-* e *fibrilla* ✱ 1908] **s. f.** ● (*anat.*, *biol.*) fascio di neurofilamenti riconoscibili al microscopio ottico

neurofibromatòṣi [comp. di *neuro-*, *fibroma* e del suff. *-osi* ✱ 1930] **s. f. inv.** ● (*med.*) ogni affezione ereditaria caratterizzata da macchie cutanee pigmentate, fibromi cutanei, alterazioni scheletriche

neurofilaménto [comp. di *neuro-* e *filamento* ✱ 1981] **s. m.** ● (*biol.*) ognuno dei filamenti citoplasmatici presenti nel pirenoforo e nel cilindrasse

neurofiṣìna [vc. dotta, comp. di *neuro(ipo)-fis(i)* e del suff. *-ina* ✱ 1989] **s. f.** ● (*biol.*) proteina di trasporto di ormoni prodotti nell'ipotalamo

neurofiṣiologìa [comp. di *neuro-* e *fisiologia* ✱ 1954] **s. f.** (**pl.** *-gìe*) ● branca della fisiologia che studia le funzioni del sistema nervoso

neurofiṣiològico [1953] **agg.** (**pl. m.** *-ci*) ● (*biol.*) relativo a neurofisiologia | che concerne il funzionamento del sistema nervoso

neurofiṣiòlogo [sec. XX] **s. m.** (**f.** *-a*; **pl. m.** *-gi*) ● biologo, medico, specializzato in neurofisiologia

neurogenètica [comp. di *neuro-* e *genetica* ✱ sec. XX] **s. f.** ● (*biol.*) ramo della genetica che studia i geni e le varianti genetiche che influenzano lo sviluppo e il funzionamento del sistema nervoso

neurogl̀ia ➤ **nevroglia**

neuroimmàgine [comp. di *neuro-* e *immagine* ✱ 1980] **s. f.** ● (*med.*) tecnica diagnostica non invasiva (come TAC, risonanza magnetica, PET) che consente di rappresentare la struttura fisica del cervello (*n. strutturale*) o l'andamento di processi cerebrali (*n. funzionale*)

neuroipòfiṣi [comp. di *neuro-* e *ipofisi* ✱ 1918] **s. f. inv.** ● (*anat.*) parte dell'ipofisi che deriva dall'ipotalamo e che si mantiene in connessione con tale regione diencefalica **CFR.** adenoipofisi

neurolàbile [1972] **agg.** e **s. m.** e **f.** ● che (o chi) è predisposto a turbe funzionali neurologiche o neurovegetative

neurolèttico [da *neuro-*; per la seconda parte V. *organolettico* ✱ 1963] **A s. m.** (**pl.** *-ci*) ● farmaco che ha forte azione sedativa sul sistema nervoso **B** anche **agg.**: *farmaco n.*

neurolinguìstica [comp. di *neuro-* e *linguistica* ✱ 1979] **s. f.** ● disciplina che studia i rapporti fra i disturbi del linguaggio e le lesioni delle strutture cerebrali che essi implicano

neurologìa [comp. di *neuro-* e *-logia* ✱ av. 1764] **s. f.** (**pl.** *-gìe*) ● branca della medicina che si occupa dell'anatomia, della fisiologia e della patologia del sistema nervoso | (*est.*) reparto ospedaliero per pazienti che necessitano di cure per tali patologie

neurològico [1958] **agg.** (**pl. m.** *-ci*) ● relativo a neurologia: *clinica neurologica* || **neurologicaménte**, **avv.**

neuròlogo [1958] **s. m.** (**f.** *-a*; **pl. m.** *-gi*) ● medico specializzato in neurologia

neuròma [comp. di *neuro-* e *-oma* ✱ 1834] **s. m.** (**pl.** *-i*) ● (*med.*) tumore costituito da una massa di fibre nervose; può essere congenito o acquisito | ***n. acustico***, tumore dell'orecchio interno che origina dal nervo acustico

neuromediatóre [comp. di *neuro-* e *mediatore* ✱ 1983] **s. m.** ● (*biol.*) neuromodulatore

neuròmero [comp. di *neuro-* e *-mero* ✱ 1954] **s. m.** ● (*anat.*) ognuno dei segmenti funzionali in cui nel corso dello sviluppo viene secondariamente ripartito il nevrasse

neuromimètico [comp. di *neuro-* e *mimetico*, analogo all'ingl. *neuromimetic* ✱ 1999] **agg.** (**pl. m.** *-ci*) ● (*farm.*) che produce effetti simili a quelli prodotti dalla stimolazione di un nervo

neuromodulatóre [comp. di *neuro-* e *modulatore* ✻ 1987] **s. m.** ● (*biol.*) composto chimico che inibisce o stimola la risposta della membrana neuronale all'impulso nervoso **SIN.** neuromediatore

neuromotòrio [comp. di *neuro-* e *motorio* ✻ 1987] **agg.** (**pl. m.** *-i* o *raro -ii*) **1** (*fisiol.*) relativo al controllo nervoso sull'attività contrattile dei muscoli **2** (*anat.*) neuromuscolare

neuromuscolàre [comp. di *neuro-* e *muscolare* ✻ 1934] **agg.** ● (*anat.*) relativo ai nervi e ai muscoli nel loro complesso **SIN.** neuromotorio

neuronàle [1974] **agg.** ● di neurone, relativo a neurone: *rete n.*

neuróne [ingl. *neuron*, da *neuro-* ✻ 1899] **s. m.** ● (*anat.*) unità funzionale del sistema nervoso, formata dal corpo cellulare pirenoforo e dai suoi prolungamenti | (**al pl.**) ***neuroni specchio***, gruppi di neuroni presenti in diverse aree cerebrali che si attivano quando il soggetto compie una determinata azione oppure quando osserva un altro che la compie

neuropatìa o **nevropatìa** [comp. di *neuro-* e *-patia* ✻ 1828] **s. f.** ● (*med.*) qualsiasi malattia del sistema nervoso ‖ **neuropàtico**, **agg.** (**pl. m.** *-ci*); **anche s. m.** (**f.** *-a*) **nel sign. 2** **1** relativo a neuropatia **2** che (o chi) soffre di neuropatia

neuropatologìa [comp. di *neuro-* e *patologia* ✻ 1829] **s. f.** (**pl.** *-gìe*) ● branca della medicina che si occupa delle affezioni del sistema nervoso

neuropatòlogo [1910] **s. m.** (**f.** *-a*; **pl. m.** *-gi*) ● medico specialista in neuropatologia

neuropeptìde [comp. di *neuro-* e *peptide*, analogo all'ingl. *neuropeptide* ✻ 1987] **s. m.** ● (*chim.*) peptide con attività di neurotrasmettitore o neuromodulatore

neuroplègico [comp. di *neuro-* e un deriv. di *-plegia* ✻ 1958] **A** **s. m.** (**pl.** *-ci*) ● farmaco capace di sopprimere particolari funzioni nervose, efficace soprattutto negli stati di agitazione e aggressività **B** **anche agg.**: *farmaco n.*

neuropòdio [comp. di *neuro-* e *-podio* (qui nel sign. di 'appendice') ✻ 1958] **s. m.** (**pl.** *-i* o *raro -ii*) ● (*zool.*) ramo ventrale del parapodio degli Anellidi Policheti

neuropròteṣi [comp. di *neuro-* e *protesi* ✻ 2001] **s. f. inv.** ● (*med.*) dispositivo in grado di attivare specifiche funzioni del sistema nervoso mediante stimolazione elettrica

neuropsichiàtra [comp. di *neuro-* e *psichiatra* ✻ 1946] **s. m. e f.** (**pl. m.** *-i*) ● medico specializzato in neuropsichiatria

neuropsichiatrìa [1921] **s. f.** ● ramo della medicina che diagnostica e cura le malattie nervose e mentali

neuropsìchico [comp. di *neuro-* e *psichico* ✻ 1912] **agg.** (**pl. m.** *-ci*) ● (*med.*) che riguarda, o interessa, il sistema nervoso e la sfera psichica contemporaneamente: *disturbo n.*

neuropsicologìa [comp. di *neuro-* e *psicologia* ✻ 1948] **s. f.** (**pl.** *-gìe*) ● studio delle relazioni tra sistema nervoso centrale e reazioni comportamentali

neurormonàle [comp. di *neur(o)-* e *ormonale* ✻ 1958] **agg.** ● (*biol.*) relativo a neurormone **SIN.** neuroendocrino

neurormóne [comp. di *neuro-* e *ormone* ✻ 1958] **s. m.** ● (*biol.*) ormone prodotto dalla neurocrinia

neurorrafìa [vc. dotta, comp. di *neuro-* e del gr. *raphís* 'ago', da *ráptein* 'cucire', di orig. indeur. ✻ 1954] **s. f.** ● (*chir.*) riallacciamento mediante sutura di due monconi di nervo

neurosciènze [comp. di *neuro-* e del pl. di *scienza* ✻ 1985] **s. f. pl.** ● insieme delle scienze che studiano il funzionamento del sistema nervoso dal punto di vista anatomico, biochimico, fisiologico, genetico e psicologico

neurosecernènte [comp. di *neuro-* e *secernente*, part. pres. di *secernere* ✻ 1983] **agg.** ● (*biol.*) detto di neurone capace di esplicare attività secretoria

neurosecrèto [comp. di *neuro-* e *secreto*, part. pass. di *secernere* ✻ 1983] **s. m.** ● (*biol.*) qualsiasi sostanza prodotta e rilasciata da un neurone

neurosecrezióne [comp. di *neuro-* e *secrezione* ✻ 1956] **s. f.** **1** (*biol.*) particolare attività endocrina di alcuni gruppi di neuroni del sistema nervoso centrale, in particolare dell'ipotalamo, capaci di produrre e di rilasciare nel sangue composti di natura ormonale **SIN.** neurocrinia | produzione di neurosecreto **2** (*biol.*) neurosecreto

neurosedativo [comp. di *neuro-* e *sedativo* ✻ 1958] **A** **s. m.** ● sedativo che riporta alle condizioni normali l'aumentata eccitabilità del sistema nervoso **B** **anche agg.**: *farmaco n.*

neurosensoriàle [comp. di *neuro-* e *sensoriale* ✻ 1988] **agg.** ● (*biol.*) relativo ai componenti sensoriali del sistema nervoso

neuròṣi ➤ **nevrosi**

neurospàṣmo [comp. di *neuro-* e *spasmo* ✻ 1895] **s. m.** ● contrazione muscolare repentina di origine nervosa

neurospòra [comp. di *neuro-* e *spora* ✻ 1958] **s. f.** ● (*bot.*) genere di Ascomiceti con corpi fruttiferi a peritecio, saprofiti su diversi substrati vegetali, utilizzati nell'industria farmaceutica, nelle ricerche genetiche e di enzimologia (*Neurospora*)

neuròtico ➤ **nevrotico**

neurotomìa [comp. di *neuro-* e *-tomia* ✻ 1834] **s. f.** ● (*chir.*) incisione di un nervo

neurotònico [comp. di *neuro-* e *tonico* ✻ 1958] **A** **s. m.** (**pl.** *-ci*) ● sostanza o farmaco che ha azione tonica sul sistema nervoso **B** **anche agg.**: *farmaco n.*

neurotòssico [comp. di *neuro-* e *tossico*[1] ✻ 1958] **agg.**; **anche s. m.** (**pl. m.** *-ci*) ● detto di sostanza che ha azione tossica per il tessuto nervoso: *gas n.* ‖ **neurotossicità**, **s. f. inv.** proprietà di una sostanza neurotossica

neurotossina [comp. di *neuro-* e *tossina* ✻ 1930] **s. f.** ● tossina che agisce selettivamente sui neuroni alterandone la funzionalità: *n. tetanica, n. botulinica*

neurotraṣmettitóre [comp. di *neuro-* e *trasmettitore* ✻ 1985] **s. m.** ● (*biol.*) neurosecreto che svolge il ruolo di mediatore chimico della trasmissione nervosa in corrispondenza delle sinapsi

neurotraṣmissióne [comp. di *neuro-* e *trasmissione* ✻ 1989] **s. f.** ● (*fisiol.*) trasmissione dell'impulso nervoso lungo un neurone e da un neurone a un altro, attraverso la sinapsi

neurotròfico [comp. di *neuro-* e *-trofico* ✻ 1908] **agg.** (**pl. m.** *-ci*) **1** (*med.*) relativo all'influenza del sistema nervoso sul trofismo dei tessuti **2** (*biol.*) che influenza il trofismo dei neuroni o del tessuto nervoso

neurotropiṣmo [comp. di *neuro-* e *tropismo* ✻ 1954] **s. m.** ● (*med.*) tendenza di alcuni microrganismi, quali il virus della rabbia e della poliomielite, di alcuni farmaci e di alcuni nutrienti ad agire selettivamente sul tessuto nervoso

neuròtropo [comp. di *neuro-* e *-tropo* ✻ 1937] **A** **s. m.** ● farmaco che agisce elettivamente sul sistema nervoso centrale e periferico **B** **anche agg.**: *farmaco n.*

Neuròtteri o **Nevròtteri** [comp. di *neuro-* e *-ttero* ✻ 1834] **s. m. pl.** (**sing.** *-o*) ● (*zool.*) ordine di Insetti con organi boccali atti a rompere e masticare e quattro grandi ali, leggere e con venatura caratteristica (*Neuroptera*)

neurovegetativo [comp. di *neuro-* e *vegetativo* ✻ 1954] **agg.** ● (*anat.*) che concerne il sistema nervoso vegetativo

nèurula [vc. dotta, dim. del gr. *nêuron* 'nervo' ✻ 1958] **s. f.** ● (*biol.*) stadio embrionale successivo a quello di gastrula presente nei Cordati

nèuston [dal gr. *neustós* 'che galleggia, che naviga', deriv. di *nêin* 'nuotare' (di etim. incerta) ✻ 1958] **s. m. inv.** ● (*biol.*) insieme dei microrganismi che vivono sulla superficie delle acque stagnanti

nèustria [etim. incerta ✻ 1925] **s. f.** ● farfalla di color giallo ocra, con due strisce trasversali bruno-rossicce sulle ali anteriori, il cui bruco è nocivo agli alberi da frutta (*Gastropacha neustria*)

†**neutoniàno** ➤ **newtoniano**

♦**neutràle** [vc. dotta, lat. *neutrāle(m)*, da *nĕuter* 'né l'uno, né l'altro' ✻ av. 1442] **A** **agg.** **1** (*dir.*) che è in stato di neutralità: *stato n.* **2** che non parteggia per nessuno dei contendenti, in una discussione, vertenza, disputa e sim.: *restare, dichiararsi n.* **3** (*chim.*) neutro ‖ **neutralménte**, **avv.** **1** in maniera neutrale **2** (*chim., fis.*) al neutro, in forma neutra ‖ **neutralità**, **s. f. inv.** (V.) **B** **s. m.** (**anche f. nel sign. 1**) **1** chi non parteggia, chi è imparziale **2** (*dir.*) stato in condizione di neutralità: *indire un'assemblea dei neutrali*

SFUMATURE ➤ ***obiettivo***

neutraliṣmo [comp. di *neutrale* e *-ismo* ✻ 1915] **s. m.** ● tendenza a mantenere la neutralità in un conflitto | politica diretta a non impegnarsi militarmente nei conflitti internazionali

neutralìsta [1870] **A** **s. m. e f.**; **anche agg.** (**pl. m.** *-i*) ● chi (o che) è sostenitore del neutralismo o della neutralità **B** **agg.** ● neutralistico

neutralìstico [1915] **agg.** (**pl. m.** *-ci*) ● del neutralismo, dei neutralisti | caratterizzato dal neutralismo

♦**neutralità** [1513] **s. f. inv.** **1** (*dir.*) condizione di uno Stato che non partecipa a una guerra in atto, o dichiara che non parteciperà a una guerra eventuale, fra altri Stati: *proclamare, conservare, osservare la n.*; *nel 1914 la Germania ha violato la n. del Belgio*; *la n. nelle guerre d'altri è buona a chi è potente* (F. GUICCIARDINI) | ***uscire dalla n.***, intervenire in guerra | ***n. armata***, quella di uno Stato disposto o preparato a reagire con le armi alla violazione dei propri diritti di neutrale da parte di uno Stato belligerante **2** (*est.*) condizione di chi non parteggia per nessuno dei contendenti in una discussione, vertenza, disputa e sim.: *la n. del governo nelle trattative sindacali in corso*; *la n. di un giornale* **3** (*chim.*) condizione, proprietà di un composto neutro

neutralizẓàbile [1958] **agg.** ● che si può neutralizzare | (*ling.*) ***opposizione n.***, che conserva il suo valore in alcune posizioni e lo perde in altre

neutralizẓànte **A** **part. pres.** di *neutralizzare*; **anche agg.** ● nei sign. del v. **B** **s. m.** ● (*chim.*) sostanza che toglie acidità o alcalinità a una soluzione

neutralizẓàre [fr. *neutraliser*, dal lat. *neutrālis* 'neutrale' ✻ 1797] **A** **v. tr.** **1** rendere neutro o neutrale **2** (*chim.*) togliere acidità o alcalinità a una soluzione: *n. una soluzione acida con soda* **3** (*milit.*) impedire temporaneamente l'attività del nemico mediante tiro di artiglieria **4** (*fig.*) rendere vana un'azione o impedire un effetto: *n. gli sforzi di qlcu.* **5** (*sport*) in una gara a tempo, effettuare una neutralizzazione **B** **neutralizẓàrsi** **v. rifl. recipr.** ● annullarsi a vicenda: *virtù e vizi che s'intrecciano, ... si neutralizzano reciprocamente* (C. DOSSI) ‖ **neutralizẓazióne**,

s. f. (V.)

neutralizzàto part. pass. di *neutralizzare*; anche agg. **1** nei sign. del v. **2** (*ling.*) ***opposizione neutralizzata***, che scompare in determinate posizioni della parola **3** (*sport*) ***percorso n.***, tratto di corsa non considerato ai fini del tempo o della classifica ottenuti dai corridori **4** (*dir.*) che è in stato di neutralizzazione

neutralizzazióne [fr. *neutralisation*, da *neutraliser* 'neutralizzare' ✱ 1797] **s. f. 1** il neutralizzare **2** (*sport*) in una gara a tempo, sospensione in corsa per un tempo uguale per tutti, decisa per dare modo ai concorrenti di fare il rifornimento, o effettuata per cause di forza maggiore **3** (*fis.*) metodo per la determinazione della potenza di una lente, che consiste nell'accoppiare alla lente data un'altra lente avente potenza opportuna, e di segno opposto alla prima, in modo che il sistema delle due lenti abbia potenza nulla **4** (*fis.*) operazione per evitare gli effetti indesiderati, le oscillazioni, dovuti alla retroazione negli amplificatori elettronici **5** (*ling.*) il venir meno di un'opposizione fonematica in determinate posizioni della parola **6** (*dir.*) dichiarazione di neutralità | condizione giuridica che uno Stato si è assunto nei confronti degli altri Stati, consistente nell'obbligo di non muovere guerra e, in caso di conflitto, di mantenere una posizione di neutralità | (*est.*) smilitarizzazione

neutrìno [comp. di *neutr(o)* e *-ino* ✱ 1933] **s. m.** ● (*fis.*) leptone di carica nulla e massa molto piccola, ancora non definita; può essere di tre tipi corrispondenti ai leptoni carichi: *n. elettrone*, *n. muone*; *n. tauone* | ***oscillazione di n.***, processo di trasformazione di un neutrino in un neutrino di altro tipo

♦**nèutro** [vc. dotta, lat. *nĕutru(m)* 'nessuno dei due', comp. di *ne-* neg. e *ŭter* 'entrambi', comp. col suff. *-ter* che indica opposizione (cfr. *maestro* e *ministro*) ✱ av. 1328] **A agg. 1** che non è né l'una né l'altra di due entità o condizioni opposte o in contrasto fra loro | ***essere n.***, essere neutrale, non parteggiare per nessuno: *a me s'appartiene essere n.* (B. CELLINI) | ***partita in campo n.***, incontro su un campo di gioco che non appartiene a nessuna delle due squadre contendenti **2** di ciò che non risulta definibile o distinguibile in base a riferimenti, caratteristiche, aspetti spiccati: *colore n.* | ***stile n.***, poco personale, incolore | (*zool.*) ***animale n.***, fra gli insetti, quello non capace di riprodursi | (*ling.*) ***vocale neutra***, vocale intermedia fra le posizioni cardinali | (*gramm.*) ***genere n.***, genere grammaticale che, in una classificazione a tre generi, si oppone al maschile e al femminile **3** (*fis.*) che non manifesta attività elettrica | ***atomo n.***, atomo in cui protoni ed elettroni si fanno equilibrio | ***corpo n.***, corpo i cui atomi sono inerti **4** (*fis.*) detto di conduttore o punto di circuito elettrico dove il potenziale è nullo **5** (*chim.*) detto di composto o soluzione che non mostra carattere acido o basico **6** (*enol.*) detto di vino dal profumo e dall'aroma privi di particolari caratteristiche CONTR. netto **7** (*biol.*) non sessuato **8** (*fis.*) detto di vetro incolore o grigio, avente coefficiente di assorbimento approssimativamente costante per tutte le radiazioni dello spettro | detto di lente, di sistema ottico di potenza nulla **9** (*mat.*) ***elemento n.***, elemento di un insieme dotato di un'operazione, che lascia invariato ogni elemento con il quale è componibile **B s. m. 1** (*elettr.*) nei sistemi polifase, conduttore che collega il centro stella degli utilizzatori con il centro stella dei generatori **2** (*gramm.*) genere neutro

neutrofilìa [comp. di *neutrofil(o)* e del suff. *-ia*② ✱ 1927] **s. f.** ● (*med.*) aumento dei leucociti neutrofili nel sangue periferico

neutròfilo [comp. di *neutro* e *-filo* ✱ 1954] **agg. 1** (*biol.*) di organismo atto a vivere in ambiente né acido né alcalino **2** (*biol.*) di cellula, sostanza e sim. che mostra affinità per i coloranti neutri: *granulocita n.*

♦**neutróne** [da *neutro*, sul modello di *elettrone* ✱ 1920] **s. m.** ● (*fis.*) particella neutra formata da quark e costituente il nucleo dell'atomo | ***bomba al n.***, bomba atomica che genera relativamente poco calore e molta radioattività, in particolare a opera di neutroni | ***stella di neutroni***, V. *stella*

neutrònico [1970] **agg.** (pl. m. *-ci*) ● di neutrone, relativo al neutrone

neutropenìa [comp. di *neutro(filo)* e *-penía* ✱ 1956] **s. f.** ● (*biol.*) diminuzione nel sangue dei leucociti neutrofili

nevàia [1891] **s. f.** ● (*tosc.*) neviera

nevàio [da *neve* ✱ av. 1449] **s. m.** (pl. *-ai*) **1** in alta montagna, estensione di terreno coperta di neve che, per fenomeni atmosferici tipici della zona o per la sua ubicazione, rimane sul suolo senza sciogliersi e senza dar luogo alla formazione di un ghiacciaio **2** accumulo di neve che ricopre tale terreno

nevàle ➤ **nivale**

†**nevàre** [da *neve* ✱ 1308] **v. intr. impers.** ● nevicare

nevàta [da *neve* ✱ sec. XIV] **s. f. 1** †nevicata **2** (*poet.*) nevaio

nevàto A part. pass. di †*nevare* ● †nei sign. del v. **B agg. 1** (*lett.*) coperto di neve: *monte n.* **2** (*lett.*) candido come la neve | ***bianco n.***, color latte **3** †rinfrescato con la neve: *acqua nevata* **C s. m.** ● campo di accumulo della neve nella parte più alta di un ghiacciaio, al di sopra del limite delle nevi perpetue | campo di alimentazione di un ghiacciaio

♦**néve** o †**niève** [lat. *nĭve(m)*, di orig. indeur. ✱ av. 1250] **A s. f. 1** precipitazione solida in forma di cristalli regolari, a struttura esagonale, stellare o prismatica i quali, acquistato un certo peso, scendono verso il suolo, mantenendosi isolati se la temperatura è di molti gradi sotto lo zero, riunendosi in fiocchi o falde se la temperatura è prossima a zero gradi: *cade la n.*; *la n. fiocca, turbina*; *tempesta, valanga di n.*; *campo, distesa di n.*; *n. farinosa, molle, bagnata, compatta, dura, gelata*; *fare a palle di n.* | ***nevi perenni, persistenti***, in alta montagna, quelle che durante l'anno non fondono mai del tutto | ***sport della n.***, gli sport invernali | ***da n.***, adatto ad ambienti innevati: *guanti, racchette, pneumatici da n.* | ***bollettino della n.***, raccolta dei dati relativi all'altezza e allo stato della neve a uso degli sciatori | ***n. artificiale*** o ***programmata***, quella prodotta dai cannoni sparaneve | (*chim.*) ***n. carbonica***, ghiaccio secco | (*ecologia*) ***n. di mare***, massa di alghe gelatinose o mucillagini che infestano il mare, dove assumono l'apparenza di fiocchi sospesi nell'acqua | (*bot.*) ***palle di n.***, pallone di maggio, viburno **2** (*fig.*, *lett.*) candore, bianchezza: *la n. del collo* | ***capelli sparsi di n.***, (*fig.*) capelli quasi bianchi, o bianchi del tutto | ***bianco come la n.***, bianchissimo | ***montare a n.***, sbattere, frullare chiara d'uovo o panna di latte sino a farne un insieme spumoso **3** (*gerg.*) cocaina **B in funzione di agg. inv.** ● (posposto al sost.) nella loc. ***effetto n.***, apparizione sullo schermo televisivo di puntini biancastri dovuto a debolezza del segnale video o a guasto dell'apparecchio ricevente, accompagnato spesso da un rumore sull'audio come di continue scariche

NOMENCLATURA

neve

● *caratteristiche*: soffice, farinosa, gelata; persistente, perenne, alta, densa, fitta, fresca, sciolta, molle, umida, bagnata, granulosa, ventata, dura, veloce, scivolosa, artificiale; ghiacciaio, nevaio, nevischio, sinibbio, nevicata; gelo; valanga, palla di neve, fantoccio di neve, manto di neve; nevoso o nivale, nevosità, innevamento; fiocco, cristallo, falda, distesa, strato, mucchio, lenzuolo di neve; tormenta, slavina; bollettino della neve, nivometro;

● *azioni*: fioccare, nevicare, imbiancare, infarinare, cadere, mulinare; accumularsi, sciogliersi = squagliarsi; spalare, spazzare, togliere, turbinare, nevischiare, innevare, sgomberare, battere la pista;

● *oggetti*: sgombraneve = spazzaneve, spartineve, gatto delle nevi, pneumatici chiodati o da neve, catene, sport della neve, cannone sparaneve; pupazzo di neve, palla di neve;

● *persone*: spalatore, sciatore.

n'è véro ➤ **nevvero**

♦**nevicàre** o †**nevigàre** [lat. parl. **nivicāre*, intens. di *nĭvere* 'nevicare', da *nĭx*, genit. *nĭvis* 'neve' ✱ 1353] **A v. intr. impers.** (*névica*; aus. *essere* o *avere*) ● venire giù, cadere al suolo, detto della neve: *nevica a larghe falde*; *in montagna è nevicato*; *aveva nevicato tutta la mattina* (A. MORAVIA) | (*fig.*, *lett.*) ***n. in testa, n. al monte***, incanutire SIN. fioccare **B v. intr.** (aus. *essere*) ● †mandare la neve: *… a Giove; / il qual or tona, or nevica ed or piove* (F. PETRARCA) | (*lett.*) cadere, o far cadere, al suolo come neve: *una pioggia di fiori neviga dagli alberi* (G. CARDUCCI); *Il vento soffia e nevica la frasca* (G. PASCOLI) **C v. tr.** ● †versare

nevicàta [f. sost. di *nevicato* ✱ av. 1872] **s. f.** ● il cadere della neve: *la n. durò tutta la notte* | (*est.*) la neve caduta: *il sole sciolse la n.*

nevicàto① **part. pass.** di *nevicare*; anche **agg. 1** (*lett.*) coperto di neve **2** †nevoso

nevicàto② [1983] **agg.** ● (*zool.*) detto di mantello equino scuro, cosparso di peli bianchi riuniti in piccoli fiocchi

nèvico [da *nevo*, variante di *neo*① ✱ 1937] **agg.** (pl. m. *-ci*) ● (*med.*) di neo, che riguarda i nei: *cellule neviche*; *tumore n.*

†**nevicóso** (o *-ṣ-*) [da *nevicare*, sul modello di *nevoso* ✱ av. 1400] **agg.** ● nevoso: *mal tempo, freddo e n.* (F. SACCHETTI) | innevato

nevièra [da *neve* ✱ 1681] **s. f.** ● grotta o costruzione in muratura in cui si ammassava neve da usare poi d'estate per tenere al fresco cibi e bevande

†**nevigàre** ➤ **nevicare**

nevischiàre [da *nevischio*, sul modello di *nevicare* ✱ av. 1604] **v. intr. impers.** (aus. *essere* o *avere*) ● venire giù, cadere al suolo, detto del nevischio

nevìschio o (*tosc.*) **nevìstio** [sovrapposizione del lat. *nĭx*, genit. *nĭvis* 'neve' a *pulvĭsculus* 'pulviscolo' ✱ 1442] **s. m.** ● (*meteor.*) precipitazione di granuli di ghiaccio opachi con diametro generalmente inferiore al mm

nèvo [lat. *nāevu(m)* di etim. incerta ✱ 1516] **s. m.** ● (*med.*) neo

nèvola [lat. *nĕbula(m)* 'nebbia', passato poi a indicare nel lat. mediev. una focaccia sottile ✱ 1560 ca.] **s. f.** ● cialda di farina e mosto cotto, specialità abruzzese

nevòmetro ➤ **nivometro**

nevosità (o *-ṣ-*) [av. 1320] **s. f. inv.** ● andamento delle precipitazioni nevose su di una zona in un certo periodo di tempo | quantità di neve caduta | condizione, stato della neve

nevóso① (o *-ṣ-*) [lat. *nivōsu(m)*, da *nĭx*, genit. *nĭvis* 'neve' ✱ av. 1320] **agg. 1** di neve: *manto n.* | ***tempo n.***, condizioni atmosferiche favorevoli a una caduta di neve **2** (*est.*) che è coperto di neve: *montagne, cime nevose* | ***stagione nevosa***, in cui cade, o è solita cadere, la neve **3** (*lett.*) candido come la neve ‖ **nevosità**, s. f. inv. (V.)

nevóso② (o *-ṣ-*) [calco sul fr. *nivôse* ✱ 1831] **s. m.** ● quarto mese del calendario rivoluzionario francese, il cui inizio corrispondeva al 21 dicembre e il termine al 19 gennaio

nevralgìa o (*raro*) **neuralgìa** [comp. di *nevro-* e *-algia* ✱1828] **s. f.** (**pl.** *-gìe*) ● (*med.*) dolore locale per irritazione di particolari nervi sensitivi: *n. facciale, del trigemino*

nevràlgico o (*raro*) **neuràlgico** [av. 1912] **agg.** (**pl. m.** *-ci*) ● (*med.*) di nevralgia | ***punto n.***, in cui il dolore è maggiore; (*fig.*) la fase, il punto più delicato, più difficile: *il punto n. di una questione; un punto n. per il traffico*

nevràsse o **neuràsse** [comp. di *nevro-* e *asse*② ✱1895] **s. m.** ● (*anat.*) parte del sistema nervoso contenuta nella cavità cranica e nel canale vertebrale **SIN.** asse encefalospinale, sistema nervoso centrale

nevrassìte o **neurassìte** [comp. di *nevrasse* e *-ite*① ✱1954] **s. f.** ● (*med.*) processo infiammatorio che colpisce sezioni diverse del nevrasse

nevrastenìa o (*raro*) **neurastenìa** [comp. di *nevro-* e *astenia* ✱1828] **s. f.** ● (*med.*) disturbo funzionale caratterizzato da senso di debolezza e da un abbassamento generale del tono corporale e mentale

nevrastènico o (*raro*) **neurastènico** [1886] **A agg.** (**pl. m.** *-ci*) ● di nevrastenia **B s. m.** (**f.** *-a*) **1** chi è affetto da nevrastenia **2** correntemente, persona irritabile, molto nervosa

nevrilèmma o **neurilèmma** [comp. di *nevr(o)-* e del gr. *eílēma* 'copertura', da *eílen* 'chiudere' ✱1840] **s. m.** (**pl.** *-i*) ● (*anat.*) sottile membrana connettivale avvolgente alcuni tipi di fibre nervose

nevrìte o **neurìte**① [comp. di *nevr(o)-* e *-ite*① ✱1865] **s. f.** ● (*med.*) processo infiammatorio che colpisce un tronco nervoso, dovuto a traumi, infezioni, intossicazioni

nevrìtico o **neurìtico** [1958] **agg.** (**pl. m.** *-ci*) ● di nevrite, causato da nevrite: *dolore n.*

nèvro- ➤ **neuro-**

nevrobalìstico ➤ **neurobalistico**

nevroglìa o **neuroglìa** [comp. di *nevro-* e del gr. *glía* 'colla', di orig. indeur. ✱1875] **s. f.** ● (*biol.*) complesso di elementi cellulari di origine ectodermica che ha stretti rapporti con i neuroni ma che è funzionalmente distinto dal tessuto nervoso vero e proprio **SIN.** glia

nevropatìa e deriv. ➤ **neuropatia** e deriv.

nevròṣi o **neuròṣi** [comp. di *nevro-* e *-osi* ✱1788] **s. f. inv.** **1** (*psicoan.*) disturbo psichico che non ha una base organica ed è determinato da un conflitto fra un desiderio e le difese messe in atto dall'Io | ***n. ossessiva***, psicastenia **SIN.** psiconevrosi **2** correntemente, frenesia, stress

nevròtico o **neuròtico** [1821] **A agg.** (**pl. m.** *-ci*) ● di nevrosi **B s. m.** (**f.** *-a*) ● chi è affetto da nevrosi | (*est.*) persona molto irritabile, nervosa e sim. ‖ **nevroticaménte**, **avv.** ‖ **nevroticità**, **s. f. inv.**

nevrotiżżànte **part. pres.** di *nevrotizzare*; anche **agg.** ● che provoca uno stato di nevrosi o (*est.*) di nervosismo, di stress e sim.: *un ambiente di lavoro n.*

nevrotiżżàre [da *nevrotico* ✱1962] **A v. tr.** ● rendere nevrotico **B nevrotiżżàrsi v. intr. pron.** ● diventare nevrotico ‖ **nevrotiżżazióne**, **s. f.**

nevrotiżżàto **part. pass.** di *nevrotizzare*; anche **agg.** ● reso o diventato nevrotico o (*est.*) nervoso, stressato e sim.

Nevròtteri ➤ **Neurotteri**

nevvéro o (*raro*) **n'è véro** [da *non è vero?* ✱1538] **inter.** ● (*sett.*) si usa in tono interrogativo per chiedere conferma o per sottolineare quanto si dice: *bello, n.?; un'altra volta starai più attento, n.?; questa osservazione mi sembra, n., molto giusta; e si mantiene n'è vero? si mantiene* (A. MANZONI)

new age /*ingl.* ˌnjuːˈeɪdʒ/ [propr. 'età (*age*) nuova (*new*)' ✱1987] **A loc. sost. f. inv.** **1** movimento culturale, sviluppatosi negli anni '80 del Novecento negli Stati Uniti, caratterizzato dal rifiuto di molti aspetti della cultura occidentale tradizionale, dall'interesse per la spiritualità, il misticismo e la ricerca di un rapporto armonico tra uomo e natura **2** (*mus.*) stile musicale, spec. strumentale, caratterizzato da semplici melodie rilassanti che mescolano elementi della musica etnica e riproducono suoni della natura **B** anche **loc. agg. inv.**: *musica new age*

newco /*ingl.* ˌnjuːˈkɔː/ [abbr. ingl. di *new co(mpany)* 'nuova compagnia, nuova società' ✱1994] **s. f. inv.** ● (*econ.*) denominazione convenzionale di una società da costituire di cui non si è ancora deciso il nome | impresa che opera nel settore della nuova economia

new dada /*ingl.* ˌnjuːˈdɑːdɑː/ [loc. ingl., comp. di *new* 'nuovo' e del fr. *dada* (V.) ✱1960] **loc. sost. m. inv.** ● neodadaismo

new deal /*ingl.* ˌnjuːˈdiːl/ [loc. ingl., propr. 'nuovo accordo' ✱1935] **loc. sost. m. inv.** **1** piano di riforma sociale ed economica elaborato dal presidente degli Stati Uniti F.D. Roosevelt per fronteggiare la grave depressione verificatasi dopo la crisi del 1929 **2** (*est.*) qualsiasi riforma riguardante spec. il sistema economico

new ecònomy /nju eˈkɔnomi, *ingl.* njuː ɪˈkɒnəmɪ/ [loc. ingl., propr. 'nuova economia' ✱1988] **loc. sost. f. inv.** (**pl. ingl.** *new economies*) ● (*econ.*) nuova economia (V. *economia*)

new èntry /*ingl.* ˌnjuːˈɛntrɪ/ [loc. ingl., propr. 'nuova entrata' ✱1985] **loc. sost. f. inv.** (**pl. ingl.** *new entries*) ● disco entrato per la prima volta nella classifica delle canzoni o dei brani musicali di maggior successo | (*est., colloq.*) riferito anche a persone, libri, aziende ecc.: *una new entry nei salotti romani*

new glòbal /njuˈglɔbal, *ingl.* ˌnjuːˈgləʊb(ə)l/ [loc. ingl. propr. 'nuovo (*new*) global' ✱2001] **A loc. agg. inv.** ● detto di un movimento ideologico e politico che contrappone alla mondializzazione dell'economia e del mercato un progetto alternativo di globalizzazione, fondato sulla cooperazione e la solidarietà, per uno sviluppo che riduca gli squilibri tra paesi ricchi e poveri e tuteli l'ambiente **B loc. sost. m. e f. inv.** (**pl. ingl.** *new globals*) ● chi aderisce al movimento new global

New Jèrsey /njuˈdʒersi, *ingl.* ˌnjuːˈdʒɜːzɪ/ [loc. ingl., dal n. dello Stato americano che per primo l'ha adottata negli anni 1950-1960 ✱1988] **A loc. sost. m. inv.** ● barriera in cemento posta ai margini delle strade o usata come spartitraffico, dotata della caratteristica di rinviare al centro della carreggiata in modo non brusco il veicolo che la urta **B** anche **agg. inv.**: *barriere New Jersey*

new look /*ingl.* ˌnjuːˈlʊk/ [pseudoanglicismo comp. delle vc. ingl. *new* 'nuovo' e *look* 'aspetto', coniato in Francia dal sarto Christian Dior per lanciare una moda nel secondo dopoguerra ✱1948] **loc. sost. m. inv.** (**pl. ingl.** *new looks*) ● nuovo modo di essere o apparire in comportamenti personali o collettivi, in fenomeni sociali e sim., caratterizzati da radicali mutamenti

new media [loc. ingl., comp. di *new* 'nuovi' e *media* 'mezzi (di comunicazione)'] ➤ **media**②

newquel /ˈnjukwel/ [vc. pseudo-ingl., da *(se)quel* con sostituzione della prima sillaba con *new* 'nuovo' ✱2006] **s. m. inv.** ● (*cinema*) film che ripropone lo stesso argomento di un film precedente, senza esserne né l'antefatto né la continuazione **CFR.** sequel, prequel

news /*ingl.* njuːz/ [vc. ingl., propr. 'notizie, novità' ✱1983] **s. f. pl.** ● notizie, informazioni fornite da un notiziario | ***breaking news***, notizie dell'ultima ora che interrompono un programma radiotelevisivo

newsgroup /njuzˈgrup, *ingl.* ˈnjuːzˌgruːp/ [vc. ingl., propr. 'gruppo (*group*) di discussione, scambio di notizie (*news*)' ✱1994] **s. m. inv.** ● (*Internet*) gruppo di discussione

newslètter /njuzˈlɛtter, *ingl.* ˈnjuːzˌlɛtə(r)/ [vc. ingl., comp. di *news* 'notizie' e *letter* 'lettera' ✱1985] **s. f. inv.** ● bollettino d'informazioni, notiziario

newsmagazine /*ingl.* njuːz ˌmægəˈziːn/ [vc. ingl., comp. di *news* 'notizie' e *magazine* 'rivista' ✱1967] **s. m. inv.** ● settimanale d'informazione

newton /ˈnjuton, *ingl.* ˈnjuːt(ə)n/ [dal n. del fisico I. *Newton* (1642-1727) ✱1950] **s. m. inv.** ● (*fis.*) unità di misura della forza nel Sistema Internazionale definita come la forza che, applicata a un corpo di massa 1 kg, gli imprime un'accelerazione di 1 m/s^2 **SIMB.** N

newtoniàno (new-ton-ia-no, new-to-nia-no) /njutoˈnjano/ o †**neutoniàno** [1746] **agg.** ● di Newton, relativo a Newton, ai suoi studi, alle sue teorie

new wave /*ingl.* ˌnjuːˈweɪv/ [loc. ingl., propr. 'nuova ondata' ✱1962] **loc. sost. f. inv.**; anche **loc. agg. inv.** ● detto di ogni movimento o corrente culturale che, spec. nel campo dell'arte e della cultura, si prefigge obiettivi anticonformistici di rinnovamento rispetto alle idee tradizionali | nella musica rock, l'avanguardia degli anni 1980-1990

newyorkése (new-york-e-se, new-yor-ke-se) /njujorˈkese, -ze/ o **newyorchése** /njujorˈkese, -ze/, **nuovayorkése** /nwɔvajorˈkese, -ze/, **nuovayorchése** (o -ṣ-), **nuovaiorchése** (o -ṣ-) [1911] **A agg.** ● di New York **B s. m. e f.** ● abitante o nativo di New York

ni① /ni*/ [sovrapposizione di *sì* a *no* ✱1899] **A avv.** ● (*fam., scherz.*) né sì né no (si usa come risposta incerta, indecisa fra il sì e il no): *'sì o no?' 'ni!'* **B** in funzione di **s. m. inv.** ● (*fam.*) risposta incerta: *cosa sono tutti questi ni?*

ni② /ni*/ o **nu** /nu/ [dal gr. *nŷ* ✱1561] **s. f. o m. inv.** ● nome della tredicesima lettera dell'alfabeto greco

niacìna [comp. di *ni(cot)ina* e *ac(ido)* ✱1956] **s. f.** ● (*chim.*) acido nicotinico

niacinamìde [adattamento dall'ingl., comp. di *ni(cotinic) ac(id)* 'acido nicotinico' con il suff. della chim. *-in* '-ina' e *amide* ✱1980] **s. m.** ● (*chim.*) vitamina PP **SIN.** nicotinamide

Niagàra [dalle cascate omonime, note per la loro portata ✱1992] **s. m. inv.** ● (*iperb.*) enorme quantità, profluvio, sequela: *prima delle elezioni un N. di promesse*

nìbbio① [lat. tardo *nībulu(m)*: da **mīlvulus*, dim. di *mīlvus* 'milvo' ✱1250 ca.] **s. m.** ● uccello rapace dei Falconiformi con coda biforcuta, ali lunghissime, becco assai adunco (*Milvus milvus*)

nìbbio② [da *ebbio* ✱1303] **s. m.** ● (*bot.*) ebbio

nibelùngico [1953] **agg.** (**pl. m.** *-ci*) **1** relativo ai Nibelunghi | ***ciclo n.***, gruppo di antiche saghe che narrano le vicende di Crimilde e dell'eroe Sigfrido **2** (*fig., lett.*) feroce, cupamente tragico, come le vicende del poema dei Nibelunghi

nibelùngo [ted. mediev. *Nibelunc*, pl. *Nibelunge*, dal norreno *Niflungar* ✱1864] **s. m.** (**f.** *-a*; **pl. m.** *-ghi* o *raro* *-gi*) **1** chi apparteneva ai Nibelunghi, la stirpe reale germanica dei Burgundi **2** nella mitologia nordica, ciascuno dei mitici nani che custodiscono il tesoro dei Burgundi

nicaraguènse o **nicaraguégno** (o -è-), (*raro*) **nicaraguése** (o -ṣ-) [1981] **A agg.** ●

del Nicaragua **B** **s. m. e f.** • abitante o nativo del Nicaragua

♦**nìcchia** [da *nicchiare* (?) ✱ 1550] **s. f. 1** cavità ricavata nello spessore di un muro, di forma semicilindrica ad asse verticale, con funzione decorativa nelle costruzioni e di deposito o riparo nelle gallerie stradali o ferroviarie **2** vano praticato nelle mura delle antiche fortificazioni per dare ricovero ai difensori, munito o meno di saettiera per consentire il tiro attraverso il muro stesso **3** nel linguaggio alpinistico, rientranza più o meno pronunciata in una formazione rocciosa, che si presta a essere utilizzata per un bivacco **4** (*pop., tosc.*) conchiglia **5** (*biol.*) ***n. ecologica***, il posto che un organismo vivente occupa in un dato ambiente, determinato dall'insieme delle sue relazioni complesse con l'ambiente biologico e fisico circostante **6** (*econ.*) ***n. di mercato***, segmento di mercato in cui la concorrenza è più scarsa | (*econ.*) ***prodotto di n.***, quello che è diretto a una nicchia di mercato **7** (*fig.*) luogo riparato, tranquillo e sicuro | (*lett.*) occupazione, sistemazione poco impegnativa, tranquilla: *s'è fatta la n. [...] in biblioteca* (R. BACCHELLI) || **nicchiétta**, **dim.** | **nicchióne**, **accr. m.**

nicchiaménto [sec. XIV] **s. m.** • (*raro*) tentennamento

♦**nicchiàre** [lat. parl. **nidiculāre* 'stare nel nido', da *nīdus* 'nido' ✱ 1313] **v. intr.** (*io nìcchio*; aus. *avere*) **1** †gemere, lamentarsi, spec. di partoriente che si lamenta per le doglie **2** (*fig.*) tentennare, esitare di fronte a qlcu. o qlco.: *al momento di fissare la data, nicchiava* (I. SILONE) **SIN.** tergiversare, titubare **3** †scricchiolare

nìcchio [lat. *mȳtulu(m)* 'mitilo', avvicinato a *nicchia* ✱ 1282] **s. m. 1** (*tosc.*) conchiglia di un mollusco **2** (*tosc.*) lucerna a tre beccucci **3** piccolo copricapo a tre punte usato un tempo dai preti **4** salame bollito simile allo zampone, a tre punte **5** †nicchia | ***farsi un n.***, (*fig.*) rannicchiarsi || **nicchiétto**, **dim.** | **nicchiolino**, **dim.**

niccianéṣimo ➤ **nietzschianesimo**

niccianìṣmo ➤ **nietzschianesimo**

nicciàno ➤ **nietzschiano**

nìccio ➤ **neccio**

niccolìte [dal lat. scient. *niccolum* 'nichel' ✱ 1930] **s. f.** • minerale costituito da arseniuro di nichel, che si presenta in masse compatte dalle quali si estrae il nichel

nicèno [vc. dotta, lat. tardo *Nicǣnu(m)*, da *Nicǣa* 'Nicea' ✱ 1475] **agg.** • di Nicea, antica città della Bitinia, nell'odierna Turchia; spec. in riferimento al primo Concilio ecumenico del 325 | ***Simbolo n.***, formula nella quale il Concilio di Nicea raccoglie le verità fondamentali cristiane | ***Credo n.***, professione di fede cristiana, contenuta nel Simbolo niceno in forma estesa e comunemente recitata nella forma breve

nicése ➤ **nizzese**

nìchel o **nichèlio** [svedese *nickel*, dal ted. *Kupfernickel*, comp. di *Kupfer* 'rame' e *Nickel* 'genio maligno'; il n. venne dato dai minatori che dicevano fosse un genio maligno a non far trovar loro il rame in questo metallo ✱ 1795] **s. m. inv.** • elemento chimico, metallo bianco splendente ottenuto spec. dalla pentlandite, usato per leghe e acciai speciali, e nella nichelatura di oggetti vari **SIMB.** Ni **NUM. AT.** 28

nichelàre o (*pop.*) **nichellàre** [da *nichel* ✱ 1891] **v. tr.** (*io nìchelo, pop. nichèllo*) • sottoporre a nichelatura | dare aspetto e colore di nichel a un metallo

nichelatóre [1936] **s. m.** (**f.** *-trice*) • operaio specializzato in lavori di nichelatura

nichelatùra [da *nichel* ✱ 1895] **s. f.** • processo, spec. elettrochimico, mediante il quale si ricoprono di uno strato sottile di nichel altri metalli

nichelcròmo o **nichel-cròmo** [1949] **s. m.** • lega formata spec. da nichel e cromo, molto resistente agli agenti chimici, usata spec. per resistenze elettriche

nichèlico [1869] **agg.** (**pl. m.** *-ci*) • (*chim.*) detto di composto del nichel trivalente

nichelìna [1875] **s. f.** • lega costituita essenzialmente di rame con notevole quantità di zinco e di nichel, usata per fabbricare resistenze per fornelli elettrici

nichelìno o **nichellìno** [1905] **s. m. 1** moneta di nichel **2** moneta di nichel del valore di 20 centesimi, in circolazione in Italia negli anni antecedenti la seconda Guerra mondiale **SIN.** ventino

nichèlio ➤ **nichel**

nichellàre ➤ **nichelare**

nichellìno ➤ **nichelino**

nichelóso (o **-ṣ-**) [1958] **agg.** • (*chim.*) detto di composto del nichel bivalente

nichilìṣmo o (*raro*) **nihilìṣmo** /nii'lizmo/ [comp. del lat. *nĭhil* 'nulla' e *-ismo*. *Nĭhil* è comp. di *nē* 'non' e *hīlum* 'un filo, un nonnulla' ✱ 1869] **s. m. 1** atteggiamento filosofico che, negando l'esistenza di qualsiasi valore o verità, svaluta il senso stesso del vivere | (*est.*) atteggiamento negativo di chi non crede in nulla **SIN.** nullismo **2** ***n. russo***, nella Russia del secondo Ottocento, movimento politico e culturale che esprimeva una rivolta radicale contro il potere e gli assetti sociali costituiti, in nome di un individualismo privo di regole

nichilìsta o (*raro*) **nihilìsta** [1878] **A** **s. m. e f.** (**pl. m.** *-i*) • seguace o sostenitore del nichilismo **B** **agg. 1** del nichilismo, dei nichilisti **2** (*est.*) chi mostra un atteggiamento negativo, pessimista e sim. | anarchico

nichilìstico [av. 1952] **agg.** (**pl. m.** *-ci*) • relativo al nichilismo | che si basa sul nichilismo

†**nichilità** o †**nichilitàte** [dal lat. *nĭhil* 'nulla'. V. *nichilismo* ✱ av. 1306] **s. f.** • nullità, piccolezza

nick /ingl. nɪk/ [1997] **s. m. inv.** • (*Internet*) accorc. di *nickname*

nìckel /'nikel, *svedese* 'niːkəl/ [V. *nichel* ✱ 1869] **s. m. inv.** • (*chim.*) nichel

nickname /ingl. 'nɪkneɪm/ [vc. ingl., 'soprannome', in medio ingl. *nekename* per scorretta divisione di *an eke name* 'un nome aggiuntivo' ✱ 1996] **s. m. inv.** (**pl. ingl.** *nicknames*) • soprannome | nome spec. di fantasia con il quale un utente di Internet accede a determinati servizi o a una chat line

nicodemìṣmo [1954] **s. m. 1** atteggiamento proprio dei nicodemiti **2** (*est.*) comportamento di chi nasconde le proprie convinzioni religiose, politiche, ideologiche, adeguandosi esteriormente alle opinioni dominanti

nicodemìta [dal n. del fariseo *Nicodemo*, che, secondo il vangelo di Giovanni, si recò in segreto a visitare Gesù ✱ 1958] **s. m. e f.** (**pl. m.** *-i*) • chi, nel XVI sec., aderiva alle dottrine della riforma protestante nascondendo per timore di persecuzioni le proprie convinzioni e manifestando esteriormente ossequio al cattolicesimo

niçoise /fr. ni'swaz/ [vc. fr., propr. 'di Nizza, nizzarda', sottinteso *salade* 'insalata' ✱ 1974] **A** **s. f. inv.** • (*cucina*) insalata mista di verdure crude con aggiunta di olive verdi o nere, uova sode, filetti di acciuga dissalati, tonno sott'olio e condita con sale, aceto, olio e foglie di basilico **B** **anche agg. f. inv.**: *insalata n.*

nìcol [dal n. dell'inventore, il fisico W. *Nicol* (1768-1851) ✱ 1930] **s. m. inv.** • (*fis.*) parallelepipedo formato da due opportuni prismi di calcite, incollati con balsamo del Canada, usato per ottenere da una radiazione naturale una radiazione polarizzata, o per analizzare il piano di polarizzazione di una radiazione già polarizzata

nicolaìṣmo [dal n. del diacono *Nicola* (I sec.), a cui risale la dottrina ✱ 1954] **s. m.** • (*relig.*) insieme delle correnti gnostico-cristiane derivate dalle dottrine sulla promiscuità sessuale che alcuni passi del Nuovo Testamento attribuiscono a un diacono Nicola

nicolaìta [sec. XIII] **s. m. e f.** (**pl. m.** *-i*) • seguace del nicolaismo

nicotìna [fr. *nicotine*, dal n. del medico J. *Nicot* (1530-1600) che importò il tabacco in Francia ✱ 1857] **s. f.** • principale alcaloide contenuto nelle foglie del tabacco, dotato di azione molto complessa sul sistema nervoso, sul cuore, sui vasi sanguigni, sui muscoli

nicotinamìde [comp. di *nicotin(a)* e *amide* ✱ 1941] **s. f.** • (*chim.*) vitamina PP **SIN.** niacinamide

nicotinammìde [comp. di *nicotina* e *(a)mmide* ✱ 1956] **s. f.** • (*chim.*) ammide dell'acido nicotinico

nicotìnico [1895] **agg.** (**pl. m.** *-ci*) • relativo a nicotina o acido nicotinico: *ammide nicotinica* | ***acido n.***, acido organico monobasico, derivante dalla piridina, ottenuto per ossidazione della nicotina, dotato di attività vasodilatatrice e vitaminica

nicotinìṣmo [fr. *nicotinisme*, da *nicotine* 'nicotina' ✱ 1899] **s. m.** • (*med.*) intossicazione cronica da nicotina

Nictaginàcee [dal n. del genere *Nyctago*, comp. del gr. *nýx*, genit. *nyktós* 'notte', col suff. di *plantāgo* 'piantaggine' ✱ 1895] **s. f. pl.** (**sing.** *-a*) • (*bot.*) famiglia di piante a foglie opposte e intere con fiori tubulari avvolti da brattee (*Nyctaginaceae*)

nictàlope ➤ **nictalopo**

nictalopìa o **nittalopìa** [vc. dotta, lat. tardo *nyktalōpia(m)*, dal gr. *nyktálōps* 'nictalopo', attrav. il fr. *nyctalopie* ✱ 1821] **s. f.** • (*med.*) cecità notturna, ovvero mancata o imperfetta visione di notte o a una luce fioca | (*impropr.*) buona capacità visiva nelle ore notturne

nictàlopo o **nictàlope**, **nittàlopo**, **nittàlope** [gr. *nyktálōps*, genit. *nyktálōpos* 'che è cieco di notte', comp. di *nykt-* 'nicto-', *alaós* 'cieco' (d'orig. oscura) e *ṓps*, genit. *ōpós* 'vista' (da *horân* 'vedere', d'orig. indeur.), interpretato poi già in greco come se fosse composto di *nykt-* e *ṓps*, quindi 'che ci vede di notte' ✱ 1840] **agg. e s. m.** (**f.** *-a*) • che (o chi) presenta nictalopia

nictemeràle ➤ **nittemerale**

nìcti- ➤ **nicto-**

nictìcora ➤ **nitticora**

nictipitèco [comp. di *nicti-* e del gr. *píthēkos* 'scimmia', di orig. indeur. ✱ 1875] **s. m.** (**pl.** *-chi* o *-ci*) • scimmia tipicamente notturna, agile, snella, diffusa nell'America centro-meridionale (*Aotes*)

nictitànte ➤ **nittitante**

nictitazióne ➤ **nittitazione**

nìcto- o **nìcti-**, **nìtti-**, **nìtto-** [dal gr. *nýx*, genit. *nyktós* 'notte', di orig. indeur.] **primo elemento** • in parole composte della terminologia scientifica, significa 'notte, oscurità', o indica relazione con la notte: *nictalopia, nictofobia, nicturia*

nictofobìa [comp. di *nicto-* e *-fobia* ✱ 1899] **s. f.** • (*psicol.*) paura ossessiva dell'oscurità notturna || **nictofòbico**, **agg.** (**pl. m.** *-ci*); **anche s. m.** (**f.** *-a*) **nel sign. 2 1** relativo a nictofobia **2** che (o chi) soffre di nictofobia

nictògrafo [comp. di *nicto-* e *-grafo* ✱ 1956] **s. m.** • apparecchio utile a guidare la mano di chi scrive nell'oscurità, usato spec. da ciechi e ipovedenti

nictùria o **nicturìa** [comp. di *nicto-* e *-uria* ✱

1929] **s. f.** ● (*med.*) necessità di urinare nelle ore notturne

nidiàceo o **nidiàce** [lat. parl. **nidāce(m)*, da *nīdus* 'nido', avvicinato a *nidio* ✱ av. 1449] **agg.** **1** detto di uccello giovane che sta ancora nel nido **2** (*poet.*) attinente al nido

nidiàndolo [da *nidio*, variante di *nido* ✱ 1869] **s. m.** ● uovo, vero o finto, lasciato nel pollaio affinché le galline facciano le uova sempre nello stesso posto SIN. endice, guardanidio

♣**nidiàta** [da *nidio*, variante di *nido* ✱ 1342] **s. f.** **1** tutti gli uccellini nati da una covata, in un nido **2** (*est.*) tutti i piccoli nati da un animale: *una n. di topolini* | (*fig.*) gruppo di bambini, spec. figli degli stessi genitori; (*est.*) gruppo di persone affini: *una n. di poeti* (G. CARDUCCI)

nidìcolo [comp. di *nido* e *-colo* ✱ 1958] **agg.** ● (*zool.*) detto di uccello che per un periodo più o meno lungo rimane nel nido dove viene nutrito dai genitori essendo, alla schiusa, implume e incapace di camminare o volare CFR. nidifugo

nidificàre [vc. dotta, lat. *nidificāre*, comp. di *nīdus* 'nido' e *-ficāre* '-ficare' ✱ av. 1320] **v. intr.** (*io nidìfico, tu nidìfichi; aus. avere*) **1** fare il nido **2** (*raro, fig.*) stabilire la propria dimora ‖ **nidificazióne**, **s. f.** il nidificare; stagione in cui si costruisce il nido

nidifórme [comp. di *nido* e *-forme* ✱ 1981] **agg.** ● che è a forma di nido

nidìfugo [comp. di *nido* e *-fugo* ✱ 1958] **agg.** (**pl. m.** *-ghi*) ● (*zool.*) detto di uccello in grado di abbandonare il nido e di nutrirsi autonomamente poco dopo la schiusa CFR. nidicolo

♦**nìdo** o (*pop., tosc.*) **nìdio** [lat. *nīdu(m)*, di orig. indeur. ✱ av. 1257] **A** **s. m.** **1** ricovero che molti uccelli costruiscono per deporre le uova e allevare la prole o per svernare | (*est.*) luogo dove animali trovano riparo, si radunano o depongono le uova: *un n. di vespe, di serpi, di topi* | ***far n.***, nidificare **2** (*fig.*) la propria casa, dove si è nati o si ha la famiglia: *abbandonare, tornare al n.* | (*est.*) patria: *uscire dal proprio n.* | PROV. ***a ogni uccello il suo n. è bello*** | (*spreg.*) covo: *n. di briganti* | ***n. di vipere***, (*fig.*) ambiente di persone infide, maligne **3** (*fig.*) luogo in cui si trova qlcu. o qlco. | ***n. di mitragliatrici***, postazione di mitragliatrici, sistemate in un luogo strategicamente opportuno **4** ciò che ha forma di nido o è fatta di parti simili a nidi | ***n. di uccello***, orchidea saprofita con rizoma corto e delicato, foglie ridotte a guaina, fiori a grappolo (*Neottia nidus avis*) | ***n. d'ape***, tessuto di cotone per asciugamani, a cellette simili a quelle di un favo | punto di ricamo a cellette | tipo di pasta lunga avvolta a forma di nido **5** (*raro, est.*) tutti gli uccelli di un nido: *il n. è stato catturato* **6** (*colloq.*) asilo nido **B** **in funzione di agg. inv.** ● solo nella loc. ***asilo n.***, V. *asilo* ‖ **nidétto**, **dim.** | **nidiétto**, **dim.** | **nidino**, **dim.** | **nidùccio**, **dim.**

nidóre [vc. dotta, lat. *nidōre(m)* 'fumo, odore', di orig. indeur. ✱ 1499] **s. m.** ● (*lett.*) puzzo, fetore di cose marce

†**niègo** ➤ †**nego**

niellàre [da *niello* ✱ av. 1537] **v. tr.** (*io nièllo*) ● mettere il niello ridotto in polvere sulle lastre incise, fonderlo nei solchi fatti dal bulino e togliere il superfluo per ritrovare il disegno | lavorare a niello

niellàto **A** **part. pass.** di *niellare*; **anche agg.** ● nei sign. del v. **B** **s. m.** ● oggetto d'oro o d'argento lavorato a niello

niellatóre [av. 1810] **s. m.** (**f.** *-trice*) ● orafo che esegue lavori di niello

niellatùra [1925] **s. f.** ● lavorazione, decorazione a niello

nièllo [lat. tardo *nigĕllu(m)* 'nerastro', dim. di *nĭger* 'nero' ✱ av. 1460] **s. m.** ● ramo dell'arte orafa consistente nel riempire con una lega di stagno, argento e zolfo, di color nero, fusibile a bassa temperatura, i solchi incisi a bulino su lastra d'oro o d'argento per rendere più evidente il disegno | (*est.*) la lega nera usata per questo lavoro | (*est.*) oggetto di metallo prezioso niellato

♦**niènte** o †**neènte** [lat. mediev. *nĕc ĕnte(m)* 'nemmeno una cosa'. V. *ente* ✱ 1250 ca.] **A** **pron. indef.** **1** nessuna cosa (con valore neutro e, se posposto al v. come soggetto o come complemento oggetto, accompagnato da altra negazione): *n. può fermarlo; non ha visto né sentito n.; n. ancora è stato deciso; non ha paura di n.; non lo contraddicono mai in n.; non c'è n. di più facile; n. di rotto!; n. di male!; n. da eccepire!* | ***di n.!, n. di che!***, formula di cortese risposta a chi ringrazia, si scusa e sim.: *'grazie molte' 'Di n.!'* | ***non essere buono a n.***, non valere nulla | ***lavorare, fare qlco. per n.***, con nessuno o poco guadagno o senza risultato: *nessuno fa n. per n.; ha lavorato due mesi per n.* | ***non poter farci n.***, non poter porre rimedio | ***non mancare di n.***, avere tutto in abbondanza | ***finire in n.***, svanire | ***non farsi n.***, non farsi male: *sono caduto senza farmi n.* | ***fare finta di n.***, fingere di non accorgersi di qlcu. o qlco. | ***non fa n.***, (*sett.*) ***fa n.***, non ha importanza | ***le cure non gli hanno fatto n.***, non hanno avuto effetto alcuno | ***non se ne fa n.***, la cosa va a monte, non si fa | ***e a me n.?***, (*ellitt.*) a me non date nulla, non tocca nessuna cosa? | ***non avere n. a che fare con qlcu.***, non avere rapporti con lui | ***non avere n. a che fare con qlco.***, non esserne partecipi | con valore rafforz. ed enfat. nelle loc. ***n. e poi n., meno che n., n. di n.***, niente nel modo più assoluto | ***non per n.***, espressione attenuativa che introduce una affermazione, un'osservazione o una domanda indiscreta o inopportuna: *non per n., ma potevi almeno avvisarmi; non per n., ma lo sanno già tutti!*; non a caso, non senza un perché: *certo che è bravo: non per n. ha ricevuto il primo premio* | PROV. ***con n. si fa n.*** **2** poca cosa, inezia: *il nostro danno è n. rispetto al loro; questo quadro costa n. in rapporto al suo valore; spende grosse cifre come n. fosse; e questo ti pare n.!; se la prende proprio per n.*; (*per antifrasi*) *hai detto n.!* | ***cosa da n.***, di nessuno o poco valore o importanza | ***uomo, persona da n.***, debole, inetto | ***essere, contare n.***, riferito a persona, non essere importante: *fino a poco tempo fa era n., ora controlla e comanda tutti* **3** qualcosa (spec. in prop. interr. o dubitative): *c'è n. di nuovo?; avete saputo n.?; ti ha detto n.?; vedi n.?; mi chiese se avevo n. da dargli; non so se hai n. in contrario; avete bisogno di n.?* **B** **agg. indef. inv.** ● (*fam.*) nessuno, nessuna: *non ho n. voglia* | (*ellitt.*) ***n. paura!***, coraggio, non abbiate nessuna paura | †***essere n.***, non essere possibile **C** **in funzione di s. m.** (**pl.** *lett.* †*nièntì*) **1** nessuna cosa: *non ti do n.; Dio ha creato il mondo dal n.* | ***finire in n.***, (*fig.*) non avere nessun seguito, nessun risultato: *la cosa è finita in n.* | ***ridursi al n.***, perdere ogni cosa, rovinarsi economicamente | ***essere un n.***, essere una nullità | ***venire su dal n.***, avere umili origini, venire da modeste condizioni | ***un bel n.***, proprio nulla (con valore intens.): *non ti do un bel n.* | ***un bel n.!***, no, affatto (in risposte negative: *'sei contento?' 'un bel n.!'*) **2** poca cosa: *ci manca un n. e poi siamo a posto; l'abbiamo acquistato per un n.; basta un n. per farmi felice; consideriamo il n. che noi siamo* **D** **avv.** **1** non affatto, punto: *non è n. bello; non m'importa n. di te!* | anche nella loc. avv. ***per n.***: *non si è visto per n.; non ci penso per n.; non è per n. vero* | (*rafforz.*) ***n. affatto, n. del tutto*** (anche in risposte recisamente negative): *non lo trovo nient'affatto interessante; 'ti è piaciuto lo spettacolo?' 'nient'affatto!'* | in espressioni ellittiche sostituisce un verbo o un'espressione negativa: *ho provato a convincerlo, ma lui n.!; io gridavo, gridavo, e loro n.!, neanche mi sentivano* | ***n. male***, (con valore attenuativo) abbastanza bene: *'Come stai?' 'N. male'*; (con valore attributivo) abbastanza bello, buono: *una ragazza n. male; n. male questo vino* **2** molto poco: *non ci mette n. a risponderci sgarbatamente* | (*iter.*) ***niente niente***, se appena: *se niente niente ti avvicini, ti sistemo io*; forse, per caso: *niente niente hai deciso di partire?* **E** **in funzione di inter.** ● (*pleonast., colloq.*) con un valore discorsivo simile a 'ecco', 'beh' o sim., sia al momento di rispondere a una domanda che come inciso in una frase: *'Mi volevi parlare?' 'N., dovrei chiederti un favore'; l'ho incontrata e, n., le ho chiesto se veniva a cena con me*

†**nientedimànco** [comp. di *niente, di* e *manco* ✱ 1434] **avv.** ● nientedimeno

♣**nientediméno** o **niènte di méno** [comp. di *niente, di* e *meno* ✱ av. 1292] **A** **avv.** ● addirittura, persino (spesso seguito da *che* o *di*): *pensa n. di poter diventare direttore; costa n. che mille euro* | (*assol.*) esprime, in tono enfatico, sorpresa, stupore e sim.: *'ha ereditato un palazzo' 'n.!'; n. venti euro per questa sciocchezza?; vuoi fare tre mesi di vacanza?, n.!* **B** **cong.** ● †tuttavia, nondimeno (con valore avversativo)

†**nientemànco** [comp. di *niente* e *manco* ✱ av. 1557] **avv.** ● nientedimeno

♣**nientethéno** o **niènte méno** [da *niente* (*di*) *meno* ✱ av. 1328] **A** **avv.** **1** nientedimeno, addirittura: *'Dice che vuol fare due mesi di vacanza' 'N.!'* **2** (*lett.*) anche, ugualmente, nello stesso modo **B** **cong.** ● †tuttavia, nondimeno (con valore avversativo)

nientepopodiméno o (*raro*) **niènte po' po' di méno** [da *niente po(i) po(i) di meno* ✱ 1958] **avv.** ● (*scherz.*) nientedimeno

niet /russo njet/ [trascrizione della pronuncia della vc. russa *net* 'no' ✱ 1963] **s. m. inv.** ● nei decenni successivi alla seconda Guerra mondiale, risposta negativa, rifiuto espresso da autorità sovietiche nei confronti di proposte formulate dai governi occidentali | (*est.*) rifiuto categorico

nietzschianéşimo (nietzsch-ia-ne-si-mo, nietz-schia-ne-si-mo) /nittʃa'nezimo/ o **niccianéşimo**, **niccianişmo** [1915] **s. m.** ● la filosofia di Nietzsche

nietzschiàno (nietzsch-ia-no, nietz-schia-no) /nit'tʃano/ o **nicciàno** [1896] **A** **agg.** ● relativo al filosofo tedesco Friedrich Nietzsche (1844-1900) o alla sua filosofia **B** **s. m.** (**f.** *-a*) ● chi segue o si ispira alla filosofia di Nietzsche

†**niève** ➤ **neve**

†**nièvo** [vc. veneta, lat. *nĕpos*, nom., 'nipote' ✱ sec. XIII] **s. m.** ● nipote: *odo se' n. a Buovo d'Agrismonte* (L. PULCI)

nìfe [comp. di *ni(chel)* e *fe(rro)* ✱ 1930] **s. m.** ● (*geol., raro*) nucleo terrestre, così chiamato per la sua ipotetica composizione di nichel, ferro e loro derivati

†**nìffa** [basso ted. *nif* 'becco' ✱ sec. XIII] **s. f.** ● muso, ceffo

†**nìffo** o †**nifo** [V. †*niffa* ✱ sec. XIII] **s. m.** **1** parte del muso del bue intorno alle narici | (*est.*) proboscide **2** (*fig., spreg.*) viso umano, muso | broncio

†**nìffolo** [sec. XIV] **s. m.** ● (*raro*) niffo

†**nifo** ➤ †**niffo**

nigèlla [lat. tardo *nigĕlla(m)*, dim. f. di *nĭger* 'nero' ✱ av. 1320] **s. f.** ● (*bot.*) fanciullaccia

♦**nigeriàno** [1958] **A** **agg.** ● della Nigeria, Stato dell'Africa centro-occidentale, a sud del Niger **B** **s. m.** (f. *-a*) ● abitante o nativo della Nigeria

nigerino [1834] **A** **agg.** ● del Niger, Stato dell'Africa occidentale, a sud di Algeria e Libia **B** **s. m.** (f. *-a*) ● abitante o nativo del Niger

†**nighittóso** ➤ **neghittoso**

night /*ingl.* naɪt/ [1960] **s. m. inv.** (pl. *nights*) ● accorc. di *nightclub*

nightclub /nait'klab, -ɛb, -ub, *ingl.* 'naɪt-ˌklʌb/ [vc. ingl., comp. di *night* 'notte' (vc. germ. di orig. indeur.), e *club* ✱ 1914] **s. m. inv.** ● locale notturno

nightglow /*ingl.* 'naɪtˌglәʊ/ [vc. ingl., comp. di *night* 'notte' e *glow* 'splendore' ✱ 1989] **s. m. inv.** ● (*geofis.*) diffusa luminescenza notturna del cielo, dovuta alla liberazione dell'energia solare assorbita nell'alta atmosfera dall'ossigeno

†**nigrànte** [vc. dotta, lat. *nigrănte(m)*, part. pres. di *nigrāre* 'essere nero', da *nĭger* 'nero' ✱ av. 1512] **agg.** ● (*lett.*) nereggiante

nigricànte [vc. dotta, lat. *nigricănte(m)*, part. pres. di *nigricāre* 'nereggiare', da *nĭger* 'nero' ✱ 1499] **agg.** ● (*lett.*) che tende al nero

nigritèlla [dal lat. *nĭger* 'nero' ✱ 1876] **s. f.** ● genere di piante erbacee tuberose, montane, delle Orchidacee, con fiori piccoli rosei o rossi, profumati (*Nigritella*)

nigrìzia [av. 1726] **s. f.** ● (*raro*) nerezza | (*lett.*) negritudine

†**nìgro** ➤ **nero**

nihilìṣmo e deriv. ➤ **nichilismo** e deriv.

nihilo, ex ➤ **ex nihilo**

nìhil òbstat /*lat.* 'niil 'ɔbstat/ [loc. lat., propr. 'nulla osta'. V. *nullaosta*] **loc. sost. m. inv.** ● assenza di difficoltà, di impedimenti al compimento di un'azione, allo svolgimento di un'attività | (*est.*) autorizzazione, nullaosta

nilgàu o **nilgài** [persiano *nīlgāw*, dall'indostano *nīlgay* ✱ 1895] **s. m. inv.** ● ruminante selvaggio dell'India, poco più piccolo di un cavallo, con capo grande e corna presenti nei due sessi (*Boselaphus tragocamelus*)

nilìaco [vc. dotta, lat. *Nilĭacu(m)*, agg. di *Nīlus* 'Nilo' ✱ av. 1796] **agg.** (**pl. m.** *-ci*) ● relativo alle regioni bagnate dal Nilo

nilòta [gr. *Neilṓtēs*, da *Nêilos* 'Nilo' ✱ 1942] **s. m. e f.** (**pl. m.** *-i*) ● chi appartiene a una grande famiglia etnica dell'Africa centro-orientale, caratterizzata dal punto di vista somatico da statura molto alta, costituzione longilinea, marcata dolicocefalia, pelosità scarsa, colore della pelle molto scuro

nilòtico [vc. dotta, lat. *Nilōticu(m)*, da *Nīlus* 'Nilo' ✱ 1869] **agg.** (**pl. m.** *-ci*) ● relativo alle regioni lungo le quali scorre il Nilo o ai loro abitanti | ***lingue nilotiche***, famiglia di lingue appartenenti al ceppo sudanese, parlate in Sudan e in altri Stati africani lungo il corso del Nilo

nimbàto [vc. dotta, lat. *nimbātu(m)* 'simile a nube, vaporoso, inconsistente', da *nĭmbus* 'nembo' ✱ av. 1906] **agg.** ● (*lett.*) circondato da aureola

nìmbo [vc. dotta, lat. *nĭmbu(m)*. V. *nembo* ✱ 1340] **s. m.** **1** V. *nembo* nel sign. 1 **2** (*lett.*) sfolgorio di luce | aureola che sta intorno o sulla testa dei santi

nimbóso ➤ **nemboso**

Nìmby /*ingl.* 'nɪmbi/ [vc. ingl., sigla di *N(ot) I(n) M(y) B(ack)Y(ard)* 'non nel giardino dietro casa mia' ✱ 1990] **A** **s. m. inv.** ● atteggiamento di chi, pur essendo favorevole alla realizzazione di opere pubbliche come discariche, inceneritori, centrali elettriche, e sim., o di strutture come centri per immigrati o campi per i rom, ne contesta l'installazione vicino alla propria abitazione: *è prevalsa la logica del N.* **B** **anche in funzione di agg. inv.**: *fattore N.*; *effetto N.*; *sindrome (di) N.* **C** **s. m. e f. inv.** (**pl. ingl.** *Nimbies*) ● chi adotta tale atteggiamento

†**nimicìzia** o †**nemicìzia** [aferesi di *inimicizia* ✱ 1268] **s. f.** ● inimicizia

†**nimìco** e deriv. ➤ **nemico** e deriv.

†**nimistà** o †**nemistà** [provenz. *enemistat*, dal lat. parl. **inimicitāte(m)*, da *inimīcus* 'nemico' ✱ 1268] **s. f.** ● inimicizia, avversità, ostilità: *nacque tra una nazione e l'altra grandissima n., e acerba, e continua guerra* (G. Boccaccio)

†**nimistànza** [1266] **s. f.** ● nimistà

†**nìmo** [sec. XIII] **agg. e pron. indef.** ● nessuno: *han la taglia soda / più che n. altri* (G. Pascoli)

nìnfa [vc. dotta, lat. *nȳmpha(m)*, dal gr. *nýmpha* 'sposa, ninfa', di etim. incerta ✱ 1319] **s. f.** **1** nella mitologia greco-romana, giovane dea appartenente a una delle schiere di divinità minori femminili che popolano le acque, il mare, i boschi, i monti **2** (*fig.*, *lett.*) fanciulla di grande bellezza | (*scherz.*) ***n. Egeria***, detto di chi ispira, suggerisce ad altri idee, consigli e sim. (dal nome della ninfa che Numa Pompilio diceva essere la sua ispiratrice) **3** (*zool.*) momento dello sviluppo degli Insetti a metamorfosi completa in cui si compie la trasformazione da larva ad adulto **4** (*anat.*, **spec. al pl.**) ciascuna delle piccole labbra della vulva ‖ **ninfétta**, **dim.** (V.)

ninfàle [vc. dotta, lat. tardo *nymphāle(m)* 'di sorgente', da *nȳmpha* 'ninfa' ✱ 1344] **A** **agg.** **1** (*lett.*) relativo a ninfa **2** (*zool.*) ***sonno n.***, condizione di immobilità e di morte apparente in cui si trova la ninfa degli Insetti | ***stadio n.***, la condizione di ninfa **B** **s. m.** **1** ornamento del capo delle ninfe **2** racconto o poema delle ninfe: *il n. di Ameto* **3** specie di piccolo organo portatile usato fino al XVII sec.

ninfèa [vc. dotta, lat. *nymphaea(m)*, dal gr. *nymphaía* 'pianta della ninfa', da *nýmphē* 'ninfa' ✱ sec. XIII] **s. f.** ● genere di piante acquatiche delle Ninfeacee (*Nymphaea*) | ***n. bianca***, (*assol.*) ***n.***, con rizoma strisciante nella melma e foglie rotonde emergenti, coriacee, con lunghissimo picciolo e con grandi fiori bianco-rosati (*Nymphaea alba*) SIN. carfano, giglio d'acqua, loto bianco d'Egitto | ***n. gialla***, molto simile alla precedente, con fiori più piccoli, gialli (*Nuphar luteum*) SIN. nenufaro

Ninfeàcee [vc. dotta, comp. di *ninfea* e *-acee* ✱ 1869] **s. f. pl.** (**sing.** *-a*) ● (*bot.*) famiglia di piante acquatiche perenni dai fiori grandi con numerosi petali e stami (*Nymphaeaceae*)

†**ninfeggiàre** [da *ninfa* ✱ 1617] **v. intr.** ● fare atti leziosi | amoreggiare

ninfèo [vc. dotta, lat. *nymphaeu(m)*, dal gr. *nymphaîon*, da *nýmphē* 'ninfa' ✱ 1499] **s. m.** **1** piccolo tempio o grotta consacrati al culto delle ninfe, in Roma antica **2** grande fontana dedicata alle ninfe, spesso posta nelle vicinanze delle terme

†**ninfèrno** ➤ **inferno**②

ninfétta [dim. di *ninfa*; la vc. si diffuse con il romanzo *Lolita* di V. Nabokov ✱ 1959] **s. f.** ● lolita

†**nìnfo** [da *ninfa* ✱ av. 1356] **s. m.** ● fauno

ninfòmane [da *ninfomania* ✱ 1894] **s. f.** ● donna affetta da ninfomania

ninfomanìa [comp. del gr. *nýmphē* 'clitoride' (V. *ninfa*) e *-mania* ✱ 1783] **s. f.** ● (*psicol.*) desiderio sessuale esageratamente forte nella donna SIN. andromania CFR. satiriasi

ninfóne [da *ninfa* ✱ 1828] **s. m.** ● piccolo artropode marino dei Pantopodi, gracile, trasparente, di colore roseo con zampe lunghissime (*Nymphon gracile*)

ninfòṣi [da *ninfa* ✱ 1940] **s. f. inv.** ● (*zool.*) processo di trasformazione della larva di un insetto in ninfa

nìni [vc. infant. ✱ 1858] **s. m. e f. inv.** ● (*fam.*, *vezz.*) bambino: *corri, vieni qui, n.*

nìnna [vc. infant. ✱ sec. XV] **s. f.** ● (*infant.*) il sonno, il dormire | ***fare la n.***, addormentarsi, dormire

nìnna nànna o **ninnanànna** [vc. infant.: V. *ninna* e *nanna* ✱ 1643] **loc. sost. f.** (**pl.** *nìnne nànne* o *ninnenànne*) **1** cantilena per addormentare i bambini, spec. cullandoli: *cantare la ninna nanna* **2** breve componimento musicale per ninnananna: *una ninna nanna di Mozart* SIN. berceuse

ninnàre [vc. infant. ✱ 1441] **v. tr.** ● conciliare il sonno a un bambino con la cantilena della ninna nanna | cullare: *ninnava ai piccini la culla* (G. Pascoli)

ninnolàre [intens. di *ninnare* ✱ 1869] **A** **v. tr.** (*io nìnnolo*) ● trastullare con ninnoli **B** **ninnolàrsi** **v. intr. pron.** ● (*raro*, *fig.*) perdere tempo inutilmente SIN. gingillarsi

♣**nìnnolo** [da *ninnolare* ✱ av. 1642] **s. m.** **1** trastullo, giocattolo **2** fronzolo, gingillo: *abbigliarsi con molti ninnoli* ‖ **ninnolétto**, **dim.** | **ninnolìno**, **dim.**

ninnolóne [da *ninnolare* ✱ 1856] **s. m.** (f. *-a*); **anche agg.** ● (*raro*) chi (o che) si trastulla sempre o spreca tempo in cose vane

nìno [da *Giovannino*, o vc. infant. ✱ 1863] **s. m.** (f. *-a*) ● (*vezz.*) bambino

Niño ➤ **el Niño**

niobàto [da *niobio* ✱ 1869] **s. m.** ● (*chim.*) sale dell'acido niobico

niòbico [1869] **agg.** (**pl. m.** *-ci*) ● (*chim.*) di composto del niobio pentavalente | ***acido n.***, acido ossigenato del niobio

niòbio [da *Niobe*, figlia di Tantalo, perché l'elemento fu a lungo identificato col tantalio ✱ 1869] **s. m.** ● elemento chimico metallo sempre associato in natura al tantalio, ottenuto spec. dalla columbite, usato per leghe e acciai speciali SIMB. Nb NUM. AT. 41

niobìte [da *niob(io)* con il suff. *-ite*② ✱ 1932] **s. f.** ● columbite

nip [sigla ingl. di *n(ot) i(mportant) p(erson)* 'persona non importante' ✱ 1996] **s. m. e f. inv.** ● (*iron.*) in contrapposizione a vip, persona che non ha alcuna notorietà

nìpio- [dal gr. *nḗpios* 'infante', di etim. incerta] **primo elemento** ● in parole composte della terminologia scientifica, spec. medica, significa 'infante, infanzia' o indica relazione con l'infanzia: *nipiologia, nipiosupposta*

nipiologìa [comp. di *nipio-* e *-logia* ✱ 1928] **s. f.** (**pl.** *-gìe*) ● ramo della pediatria che studia lo sviluppo e le affezioni del bambino nei primi mesi di vita

nipiològico [1958] **agg.** (**pl. m.** *-ci*) ● concernente la nipiologia

nipiòlogo [1934] **s. m.** (f. *-a*; **pl. m.** *-gi*) ● medico specializzato in nipiologia

nipiosuppósta [comp. di *nipio-* e *supposta* ✱ 1983] **s. f.** ● supposta appositamente studiata per lattanti e bambini fino a 4 anni

nipitèlla ➤ **nepitella**

♦**nipóte** o (*lett.*, *pop.*) **nepóte** [lat. *nepōte(m)*, di orig. indeur. ✱ sec. XII] **s. m. e f.** **1** figlio del figlio o della figlia: *nonno e n.*; *suo n.*; *il vostro n.* | figlio del fratello o della sorella: *zio, zia e n.* **2** (*est.*) il coniuge del nipote o della nipote | il figlio del cugino o della cugina **3** (**al pl.**, *fig.*) discendenti, posteri ‖ (*fam.*) **nipotàstro**, **pegg.** | **nipotèllo**, **dim.** | **nipotìno**, **dim.** | **nipotóne**, **accr.**

nipoterìa [1927] **s. f.** ● (*raro*, *scherz.*) l'insieme dei nipoti

n

nipotìṣmo ➤ **nepotismo**

nìpplo [ingl. *nipple* 'capezzolo, protuberanza', poi 'raccordo filettato, rubinetto di regolazione', dim. di *neb* 'becco, punta, estremità', vc. di orig. germ. ✱ 1958] **s. m. 1** (*mecc., tecnol.*) elemento filettato all'interno, che serve da collegamento fra due tubi di diametro uguale o diverso **2** dado a vite per fissare ai cerchioni di una bicicletta o di un motoveicolo i raggi di collegamento con il mozzo

nippo- [cfr. *nipponico*] **primo elemento** ● in parole composte, significa 'giapponese': *conflitto nippo-cinese*

nippònico [da *Nippon*, n. indigeno del Giappone, che significa 'sol levante' ✱ 1908] **A agg.** (**pl. m.** *-ci*) ● del Giappone, relativo al Giappone **B s. m.** (**f.** *-a*) ● (*raro*) giapponese

nipponìṣmo [da *Nippon* (V. *nipponico*) ✱ av. 1952] **s. m.** ● (*ling.*) parola o locuzione propria della lingua giapponese passata in un'altra lingua

niqab /ni'kab, *arabo* ni'qa:b/ [1987] **s. m. inv.** (**pl. arabo** *nùqub* **o** *raro ànqiba*) ● lungo velo con cui le donne islamiche coprono la testa e le spalle lasciando solo una fessura per gli occhi **CFR.** anti-velo

SFUMATURE ➤ ***velo***

†**niquità** e deriv. ➤ †**nequità** e deriv.

nirvàna [sanscrito *nirvāna* 'estinzione' ✱ av. 1869] **s. m. inv. 1** nel buddismo, fine ultimo della via ascetica, nel quale, distrutta ogni illusione del pensiero e dei sensi, si raggiunge, a seconda delle dottrine delle varie scuole, la realtà ultima, il nulla o la beatitudine eterna nel Budda **2** (*fig.*) beatitudine, tranquillità, spec. di chi si astrae dal mondo

nirvànico [1890] **agg.** (**pl. m.** *-ci*) ● relativo a nirvana

nìsba [deformazione gergale del ted. *nichts* 'niente' ✱ 1961] **avv.** ● (*sett.*) nulla, niente, spec. in risposte recise o conclusive: *'Hai qualcosa da aggiungere?' 'N.'*

nissèno ① [da *Nissa*, ant. n. di Caltanissetta ✱ 1659] **A agg.** ● di Caltanissetta **B s. m.** (**f.** *-a*) ● abitante o nativo di Caltanissetta

nissèno ② [da *Nissa* ✱ 1585] **A agg.** ● relativo all'antica città asiatica di Nissa **B s. m.** (**f.** *-a*) ● abitante o nativo di Nissa

†**nissùno** ➤ **nessuno**

nistàgmico [1981] **agg.** (**pl. m.** *-ci*) ● (*med.*) relativo a nistagmo

nistàgmo [vc. dotta, gr. *nystagmós* 'sonnolenza', da *nystázein* 'sonnecchiare', di orig. indeur. ✱ 1821] **s. m.** ● (*med.*) movimento involontario rapido dei globi oculari in una direzione, per spasmo dei muscoli dell'occhio

nìstalo [vc. dotta, gr. *nýstalos* 'sonnacchioso', da *nystázein* 'sonnecchiare', di orig. indeur. ✱ 1875] **s. m.** ● (*zool.*) monasa

nistatìna [da *New York State Health Laboratory* 'Laboratorio di Sanità dello Stato di New York' in cui fu scoperta ✱ 1963] **s. f.** ● (*farm.*) antibiotico prodotto da ceppi di *Streptomyces noursei* ad azione antimicotica, utilizzato nel trattamento e nella profilassi delle micosi della pelle e delle mucose

nit [dal lat. *nĭt(idus)* 'brillante'. V. *nitido* ✱ 1958] **s. m. inv.** ● (*fis.*) unità di misura della radianza, o luminosità | unità di misura della brillanza, o splendore | unità di brillanza, pari a 1 candela al metro quadro **SIMB.** nt

nitèlla [lat. tardo *nitēla(m)* 'splendore', da *nitēre* 'risplendere'. V. *nitente* ✱ 1895] **s. f.** ● genere di alghe delle Caracee di acque dolci o salmastre, fisse mediante rizoidi e con rametti verticillati (*Nitella*)

nitènte [vc. dotta, lat. *nitĕnte(m)*, part. pres. di *nitēre* 'risplendere', di orig. indeur. ✱ 1499] **agg.** ● (*lett.*) levigato e lucente

⬥**nitidézza** [av. 1328] **s. f. 1** caratteristica di ciò che è nitido (*anche fig.*): *la n. del vetro; una letteratura efficace a educare il popolo italiano alla n. del pensare* (B. CROCE) **2** precisione, nettezza: *n. di contorni*

⬥**nìtido** [vc. dotta, lat. *nĭtidu(m)* 'splendente', da *nitēre* 'risplendere'. V. *nitente* ✱ 1321] **agg. 1** pulito e lucente: *specchio n.* | limpido: *trovorno / una fontana assai nitida e fresca* (L. PULCI) **2** (*fig.*) ben delineato nei contorni: *stampa nitida; profilo n.* **3** (*fig.*) chiaro: *stile n.* | preciso: *ricordo n.* | lucido, lineare: *ragionamento n.* ‖ **nitidaménte**, **avv.** con chiarezza e limpidezza

SFUMATURE ➤ ***limpido***

Nitidùlidi [dal lat. *nitĭdulus*, propr. dim. di *nĭtidus* 'splendente' (V. *nitido*) ✱ 1931] **s. m. pl.** (**sing.** *-e*) ● (*zool.*) famiglia di piccoli Coleotteri dal corpo ovale dannosi sia da adulti sia da larve a piante coltivate o a depositi di sostanze vegetali (*Nitidulidae*)

Nitinol® [vc. ingl., comp. di *ni(ckel)*, *ti(tanium)* e di *N(aval) O(rdnance) L(aboratory)*, n. del laboratorio statunitense dove è stato inventato ✱ sec. XX] **s. m. inv.** ● (*metall.*) lega costituita da nichel e titanio, dotata di eccellenti caratteristiche di memoria di forma e biocompatibilità, che trova numerose applicazioni in campo industriale

⬥**nitóre** [vc. dotta, lat. *nitōre(m)* 'splendore', da *nitēre* 'risplendere'. V. *nitente* ✱ 1499] **s. m. 1** nitidezza e splendore: *il n. della cucina pulita* **2** (*fig.*) chiarezza elegante: *il n. della sua prosa*

SFUMATURE DI SIGNIFICATO

nitore - forbitezza

Riferito a uno scritto o a un discorso, **nitore** ne descrive la chiarezza elegante, la limpidezza formale. **Forbitezza** è parola che esprime con enfasi maggiore il senso di una grande accuratezza formale, di una eleganza raffinata nello scrivere e nel parlare.

nitràre [da *nitro-* ✱ 1958] **v. tr.** ● (*chim.*) sottoporre a nitrazione

nitratàre [da *nitrato* ✱ 1958] **v. tr.** ● concimare con nitrati: *n. il grano*

nitratazióne [da *nitratare* ✱ 1958] **s. f.** ● (*agric.*) operazione del nitratare

nitratìna [da *nitrato* ✱ 1895] **s. f.** ● (*miner.*) sodanitro

nitràto [da *nitro* ✱ 1694] **A agg.** ● (*chim.*) sottoposto a nitrazione **B s. m.** ● (*chim.*) sale o estere dell'acido nitrico

nitratóre [1934] **s. m. 1** apparecchiatura in cui si compie la nitrazione **2** (**f.** *-trice*) tecnico addetto alla nitrazione

nitratùra [forma aplologica di *nitra(ta)tura* ✱ 1958] **s. f.** ● (*agric.*) nitratazione

nitrazióne [1932] **s. f.** ● (*chim.*) processo chimico consistente nella sostituzione in una molecola organica di uno o più atomi d'idrogeno con altrettanti gruppi nitrici

nìtrico [da *nitro-* ✱ 1795] **agg.** (**pl. m.** *-ci*) ● (*chim.*) di composto dell'azoto pentavalente: *anidride nitrica* | ***acido n.***, acido ossigenato monobasico dell'azoto ottenuto industrialmente per ossidazione dell'ammoniaca, molto corrosivo e tossico; è usato nella produzione di intermedi per l'industria chimica, nella produzione di nitrocellulosa, nitroglicerina, di fertilizzanti e di numerosi composti organici

nitrièra [da *nitro* ✱ 1550] **s. f.** ● cumulo di sostanze organiche azotate mescolate con ceneri di legno, torba e abbandonate alla putrefazione per utilizzarle come concime o per ricavarne il salnitro

nitrificànte **part. pres.** di *nitrificare*; *anche* **agg. 1** nel sign. del v. **2** (*biol.*) detto di batterio che opera la nitrificazione

nitrificàre [da *nitro* ✱ av. 1803] **v. tr.** (*io nitrìfico, tu nitrìfichi*) ● (*biol.*) sottoporre a nitrificazione (V.)

nitrificazióne [1834] **s. f.** ● (*biol.*) trasformazione, a opera di speciali batteri, dell'azoto ammoniacale delle spoglie organiche del terreno in azoto nitrico necessario allo sviluppo delle piante

nitrìle [comp. di *nitro-* e *-ile*② ✱ 1875] **s. m.** ● (*chim.*) estere dell'acido cianidrico

⬥**nitrìre** [lat. parl. *(*hin*)*nitrīre*, intens. di *hinnīre* 'nitrire', da *hinnītus* 'nitrito', di orig. onomat. ✱ 1476] **v. intr.** (*io nitrìsco, tu nitrìsci*; aus. *avere*) ● emettere uno o più nitriti

⬥**nitrìto** ① [da *nitrire* ✱ 1581] **s. m.** ● grido, verso caratteristico del cavallo: *il puledro … scorazzava per greppi del monte, con lunghi nitriti lamentevoli* (G. VERGA)

nitrìto ② [da *nitro* ✱ 1795] **s. m.** ● (*chim.*) sale dell'acido nitroso

nìtro [vc. dotta, lat. *nĭtru(m)*, dal gr. *nítron*, di orig. orient. ✱ av. 1342] **s. m.** ● (*miner.*) nitrato di potassio, che si trova in cavità nel calcare o come efflorescenze e incrostazioni | ***n. del Cile***, sodanitro, nitratina

nitro- [gr. *nítron* (*nitro-* nei comp.), di orig. orient.] **primo elemento** ● in parole composte della terminologia scientifica, spec. chimica, indica relazione con l'azoto o con il radicale nitrico: *nitrobenzolo, nitroglicerina*

nitrobattèrio [comp. di *nitro-* e *batterio* ✱ 1925] **s. m.** ● batterio capace di ossidare l'ammoniaca del terreno ad acido nitroso e acido nitrico

nitrobenẓène [comp. di *nitro-* e *benzene* ✱ 1834] **s. m.** ● (*chim.*) nitroderivato aromatico, prodotto industrialmente per nitrazione del benzene con miscela solfonitrica, importante intermedio dell'industria chimica **SIN.** nitrobenzolo

nitrobenẓòlo [comp. di *nitro-* e *benzolo* ✱ 1907] **s. m.** ● (*chim.*) nitrobenzene

nitrocellulósa (o **-ṣ-**) [comp. di *nitro-* e *cellulosa* ✱ 1875] **s. f.** ● (*chim.*) cellulosa nitrata che, secondo il grado di nitrazione, si distingue in fulmicotone e in cotone collodio

nitroderivàto [comp. di *nitro-* e *derivato* ✱ 1895] **A s. m.** ● (*chim.*) composto organico della serie alifatica o aromatica, contenente uno o più gruppi nitrici con l'azoto direttamente unito al carbonio **B** *anche* **agg.**: *esplosivi nitroderivati*

nitrofilìa [comp. di *nitro-* e *-filia* ✱ 1958] **s. f.** ● (*biol.*) condizione di piante che richiedono per la loro crescita terreni ricchi di azoto in forma di nitrato

nitrofosfàto [comp. di *nitro-* e *fosfato* ✱ 1895] **A agg.** ● (*chim.*) di composto contenente il gruppo nitrico e fosforico **B s. m.** ● concime ottenuto per attacco delle fosforiti con acido nitrico e formato da un miscuglio di fosfati e nitrato di calcio

nitrògeno [comp. di *nitro-* e *-geno* ✱ 1828] **s. m.** ● (*chim., raro*) azoto

nitroglicerìna [comp. di *nitro-* e *glicerina* ✱ 1875] **s. f.** ● (*chim.*) glicerina nitrata, estremamente esplosiva che, stabilizzata con farina fossile, costituisce la base di dinamiti ed esplosivi vari **SIN.** trinitrina, trinitroglicerina

nitroglìcol o **nitroglìcole** [comp. di *nitro-* e *glicol* ✱ 1989] **s. m. inv.** ● (*chim.*) potente esplosivo, chimicamente simile alla nitroglicerina, utilizzato per la preparazione di proiettili

nitròmetro [comp. di *nitro-* e *-metro* ✱ 1927] **s. m.** ● apparecchio per la determinazione quantitativa diretta dell'acido nitrico e dei nitrati

nitrònio [da *nitr(o)-* e il suff. *-onio* tratto da (*amm*)*onio* ✱ 1981] **s. m.** (**pl.** *-i* **o** *raro -ii*) ● (*chim.*) ione monovalente, costituito da un atomo di azoto con carica positiva legato a due atomi di ossigeno

nitrósa (o -ṣ-) [da *nitro-* ✻ 1895] **s. f.** ● (*chim.*) acido solforico saturo di vapori nitrosi, che si forma negli impianti che producono acido solforico col metodo delle camere di piombo

nitrosazióne (o -ṣ-) [da *nitroso* ✻ 1927] **s. f.** ● (*chim.*) reazione chimica in cui avviene l'introduzione di un gruppo nitroso in una molecola organica

nitrosìle (o -ṣ-) [ingl. *nitrosyl*, comp. di *nitros(e)* 'nitroso' e del suff. *-yl* '-ile②' ✻ 1981] **s. m.** ● (*chim.*) raggruppamento atomico costituito da un atomo di azoto e uno di ossigeno, presente in vari composti azotati **SIN.** nitrosonio

nitróso (o -ṣ-) [vc. dotta, lat. *nitrōsu(m)*, da *nĭtrum* 'nitro' ✻ 1585] **agg.** ● (*chim.*) di composto dell'azoto trivalente | ***acido n.***, acido monobasico dell'azoto, meno ossigenato dell'acido nitrico, noto solo in soluzione acquosa mentre sono stabili i suoi sali

nitrosònio (o -ṣ-) [da *nitro-* ✻ sec. XX] **s. m.** (**pl.** *-i* o *raro -ii*) ● (*chim.*) nitrosile

nitrurazióne [da *nitruro* ✻ 1933] **s. f.** ● trattamento a caldo degli acciai con ammoniaca gassosa al fine di indurirne la superficie

nitrùro [da *nitro-* ✻ 1925] **s. m.** ● (*chim.*) composto fra azoto elementare e un metallo decomponibile in acqua con formazione di ammoniaca e dell'idrato del metallo **SIN.** azoturo

nittàlope ➤ **nictalopo**

nittalopìa ➤ **nictalopia**

nittàlopo ➤ **nictalopo**

nittemeràle o **nictemeràle** [comp. di *nitto-* (o *nicto-*) e del gr. *ēméra* 'giorno', con suff. agg. ✻ 1983] **agg.** ● (*med.*) relativo alla successione del giorno e della notte | di fenomeno che presenta variazioni durante l'arco di tempo di 24 ore

nitterìbia o **nitteròbia** [comp. del gr. *nykterís* 'pipistrello', propr. '(uccello) notturno' (da *nýx*, genit. *nyktós* 'notte', V. *nicto-*) e di un deriv. di *bíos* 'vita' (cioè 'vivente') ✻ 1834] **s. f.** ● insetto dei Ditteri privo di ali, con arti lunghi terminati da uncini, parassita dei pipistrelli ai quali succhia il sangue (*Nycteribia biarticulata*)

nitti- ➤ **nicto-**

nittìcora o **nicticora** [vc. dotta, gr. *nyktikórax* 'gufo', comp. di *nýx*, genit. *nyktós* 'notte' (V. *nicto-*) e *kórax* 'corvo' ✻ 1834] **s. f.** ● uccello dei Ciconiformi, cosmopolita notturno, che si nutre di animaletti acquatici (*Nycticorax nycticorax*)

nittitànte o **nictitànte** [part. pres. di un intens. del lat. *nictāre* 'battere le palpebre', di orig. indeur. ✻ 1687] **agg.** ● (*zool.*) detto della membrana che riveste l'occhio di molti Vertebrati, simile a una terza palpebra

nittitazióne o **nictitazióne** [V. *nittitante* ✻ 1899] **s. f.** ● (*fisiol.*) ammiccamento

nitto- ➤ **nicto-**

niùbbo [adattamento dell'ingl. *newbie* 'neofita, novellino' ✻ 1998] **A** **s. m.** (**f.** *-a*) ● nel gergo di Internet, persona inesperta che in un gruppo di discussione non osserva le regole di comportamento in uso tra i partecipanti **B** **agg.** ● tipico di tale persona: *domanda niubba*

niùno o **niùno**, †**ignùno**, †**neùno** [lat. *nē ūnu(m)* 'neppure uno' ✻ 1219] **agg. e pron. indef.** (**spesso troncato in** *niùn*) ● (*lett.*) nessuno: *n. vide che lacero / fuggivo gli occhi prossimi* (G. PASCOLI); *Niun mi tema!* (A. BOITO)

nivàle o (*raro*) **nevàle** [vc. dotta, lat. *nivāle(m)*, agg. di *nĭx*, genit. *nĭvis* 'neve' ✻ 1474] **agg.** **1** della neve | ***flora n., fauna n.***, che vivono nella zona delle nevi permanenti **2** (*lett.*) nevoso: *il n. / tempio de' monti innalzasi* (G. D'ANNUNZIO)

nivazióne [dal lat. *nĭve(m)* 'neve' col suff. *-zione* ✻ 1929] **s. f.** ● (*geol.*) insieme dei fenomeni di modificazione del suolo determinati dalla neve e dal gelo

nìveo [vc. dotta, lat. *nĭveu(m)*, agg. di *nĭx*, genit. *nĭvis* 'neve' ✻ sec. XIV] **agg.** ● (*lett.*) candido come la neve: *collo n.*; *Tu, più che giglio nivea, Galatea* (U. FOSCOLO)

SFUMATURE ➤ ***candido***

nivologìa [comp. del lat. *nĭve(m)* 'neve' e *-logia* ✻ 1995] **s. f.** (**pl.** *-gìe*) ● (*meteor.*) disciplina che si occupa dello studio della precipitazione nevosa e dei fenomeni a essa correlati, come per es. le valanghe

nivòmetro o **nevòmetro** [comp. del lat. *nĭx*, genit. *nĭvis*, 'neve' e *-metro* ✻ 1841] **s. m.** ● strumento per misurare la quantità di neve caduta

nix [ted. *nichts* 'niente'. V. *nisba* ✻ 1870] **avv.** ● (*scherz.*) no, niente affatto (usato interiettivamente come negazione recisa, perentoria)

nizzàrda [da *nizzardo* ✻ av. 1576] **s. f.** ● danza popolare simile alla monferrina, originaria di Nizza

nizzàrdo [av. 1576] **A** **agg.** ● di Nizza, città della Francia meridionale | ***l'eroe n.***, (*per anton.*) Giuseppe Garibaldi **B** **s. m.** (**f.** *-a*) ● abitante o nativo di Nizza

nizzése (o -ṣ-) o **nicése** (o -ṣ-) [1850] **A** **agg.** ● di Nizza Monferrato, cittadina del Piemonte **B** **s. m. e f.** ● abitante o nativo di Nizza Monferrato

♦**no** /nɔ*/ o (*tosc.*, *enfat.*) **nòe** nel sign. A 1 [stessa etim. di *non* ✻ av. 1250] **A** **avv.** **1** si usa come negazione di ciò che viene domandato o proposto, ed ha valore olofrastico, cioè equivalente al significato di un'intera frase: *'hai risposto alla lettera?' 'no, ma lo farò subito'*; *'li avete avvertiti?' 'no, non ancora'*; *'oggi potresti uscire?' 'no, non ne ho voglia'*; *'accetti la mia offerta?' 'no!'* | con valore intens. accompagnato da rafforzativi: *proprio no*; *certamente no*; *no certo*; *no di certo*; *no di sicuro*; *no davvero*; *oh no!*; *no e poi no*; *no, no e poi ancora no*; *ma no!* | ***forse (che) sì, forse (che) no***, può darsi (come risposta che esprime incertezza) | ***più sì che no***, probabilmente sì | ***più no che sì***, probabilmente no | ***dire, rispondere, accennare, fare di no***, negare, rifiutare, fare segno di negare: *ha fatto di no con la testa*; *devi dirmi o sì o no* | ***non dico di no***, lo ammetto, posso anche ammetterlo: *l'impresa era difficile, non dico di no* | ***non sapere dire di no***, concedere, consentire sempre, non sapere rifiutare nulla: *a sua figlia non sa dire mai di no* | ***pare di no***, sembra che non sia vero | ***speriamo di no***, speriamo che non sia vero, che non sia così, che non accada | ***come no!, perché no?***, certamente!: *'vieni al cinema?' 'perché no?'*; *'vuoi aiutarmi?' 'come no!'* | ***se no***, altrimenti, in caso contrario: *affrettati se no perderai il treno*; *che la cosa non si ripeta, se no, ... poveri noi!* (V. anche *sennò*) | ***anzi che no***, V. *anzichenò* **2** con valore enfat. e intens. (anticipando una prop. negativa): *no, non può essere vero!*; *no, non dirmelo*; *questo no, non lo voglio pensare neppure*; *ma no, non è questo il vero motivo*; *ti scrivo, anzi, no, ti telefono domani*; *no che non voglio venire!* | ***ma no!***, (*assol.*) esprime meraviglia o incredulità: *'li ho visti di nuovo insieme' 'ma no!'* | anche seguendo una prop. negativa: *non scese, no, precipitò di sella* (T. TASSO) **3** con funzione olofrastica negativa in una prop. disgiuntiva o in contrapposizione con un altro termine: *dimmi se ti piace o no*; *vogliamo andare o no?*; *volete smetterla, sì o no?*; *matto o no, è una persona di grande ingegno*; *entrarono tutti, autorizzati e no*; *tutti, esperti e no* (o, **ellitt.**, *e non*), *hanno appoggiato la proposta* | ***uno sì e uno no***, uno ogni due, alternativamente (con valore distributivo) | ***sì o no?***, esprime impazienza: *ti muovi sì o no?* | ***sì e no***, a mala pena, neanche: *c'erano sì e no quaranta persone* **4** si usa in frasi interr. o con tono interr. con il sign. di 'vero?' 'è vero?', attendendo e sollecitando una risposta affermativa o, come intercalare, per richiamare o tenere viva l'attenzione di qlcu.: *verresti volentieri con me, no?*; *ti piace, no, la mia nuova casa?*; *saresti contento, no, di avere la sua fiducia*; *ve l'ho già detto, no?, che non dovete preoccuparvi!* **5** si usa nelle contrapposizioni invece di 'non' quando è posposto al termine che si vuole negare: *difficile no, ma piuttosto laborioso*; *spesso no, solo qualche volta*; *io farti il lavoro no, ma se vuoi posso darti un aiuto* **6** con valore di prefisso e con il significato di 'opposizione a qlco.' in slogan o in denominazioni di movimenti di protesta: *no Ponte*; *no Mose* | ***no Tav***, V. *Tav* **B** **s. m. inv.** **1** rifiuto, risposta negativa: *se è no per voi, è no anche per noi*; *non mi aspettavo un no*; *il loro no ci è veramente dispiaciuto*; *la risposta è stata un bel no*; *gli ha detto un no chiaro e tondo*; *che sì e no nel capo mi tenciona* (DANTE *Inf.* VIII, 111) | ***essere, stare tra il sì e il no***, essere incerto, indeciso | ***concludere, decidere, risolversi per il no***, decidere di non fare qlco. | come espressione di contrarietà, di opposizione a qlco.: *no ai tagli alla sanità!*; *no a nuove tasse!* | anche ellitt.: *no nuove tasse!* **2** (**spec. al pl.**) voto contrario: *ci sono stati cento no e duecento sì*; *i no sono stati più dei sì*; *c'è stato un solo no* **C** **in funzione di agg. inv.** ● (posposto a un sost.) negativo, sfavorevole: *giornata, momento no* **CONTR.** sì (V. nota d'uso ACCENTO)

No /giapp. nɔ/ [giapp. *nō* 'talento' ✻ 1950] **s. m. inv.** ● forma drammatica del teatro giapponese, mista di canto, recitativo, danza e musica, composta di brevi trame liriche dai personaggi fortemente stilizzati **CFR.** kabuki

nòa [vc. polinesiana ✻ 1950] **s. m. inv.** ● in etnologia, ciò che non è tabù

noàchide [dall'ebr. *Noah* 'Noè' ✻ av. 1835] **agg. e s. m.** ● che (o chi) è discendente dal patriarca biblico Noè

noàntri [1933] **pron. pers. m. di prima pers. pl.** (**f.** *noantre*) ● (*roman.*) noialtri, spec. nella loc. agg. inv. ***de noantri***, di noialtri, casereccio, alla buona (*spec. iron.*): *un Robin Hood de n.*

Nobèl o, più diffuso ma etim. meno corretto, **Nòbel** [dal n. del chimico svedese A. B. *Nobel* (1833-1896), istitutore del premio omonimo ✻ 1895] **s. m. inv.** **1** ***Premio N.***, (*ellitt.*) ***Nobel***, premio che viene conferito annualmente a coloro che si sono distinti nel campo della fisica, della chimica, della fisiologia e medicina, delle lettere, della pace e delle scienze economiche **2** persona insignita del Premio Nobel: *il N. Rita Levi Montalcini*

nobèlio [dal n. di A. B. *Nobel* (1833-1896) ✻ 1963] **s. m.** (**pl.** *-i* o *raro -ii*) ● elemento chimico, metallo transuranico artificiale **SIMB.** No **NUM. AT.** 102

nobildònna o **nòbil dònna** [da *nobil(e) donna* ✻ sec. XIV] **s. f.** ● donna discendente da famiglia nobile, ma priva di titoli nobiliari specifici: *n. lunga, arcigna e di breve discorso* (I. NIEVO)

♦**nòbile** [vc. dotta, lat. *nōbile(m)* 'noto, conosciuto', da *nōscere* 'conoscere' ✻ av. 1257] **A** **agg.** **1** della nobiltà, che appartiene alla nobiltà: *famiglia n.*; *essere di n. stirpe*; *n. di nascita* | ***di sangue n.***, (***anche fig.***) di famiglia illustre **2** di ciò che denota nobiltà: *maniere nobili*; *modo di vivere n.* | (*est.*) dignitoso, decoroso, distinto, elegante: *aspetto, figura n.* | ***piano n.***, nei palazzi gentilizi, il piano più elegante, posto solitamente sopra l'ammezzato

3 (*est.*) di ciò che eccelle su altro dello stesso genere perché prezioso o raro: *pietra, pianta n.* | ***animale n.***, di buona razza | ***selvaggina n.***, quella cacciata con il cane da ferma | (*enol.*) detto di vino o vitigno di qualità superiore (V. anche *Montepulciano*) **4** (*fig.*) che manifesta elevatezza morale, finezza di spirito, ecc.: *ingegno n.*; *sentimento n.*; *nobili doti* | (*fig.*) generoso, magnanimo: *perdono n.*; *n. ardire* SIN. alto, eletto, elevato **5** (*chim.*) che reagisce con difficoltà | ***gas n.***, elemento gassoso, quale il neon, l'argo e sim. che non ha tendenza a reagire | ***metallo n.***, che si ossida difficilmente, come il platino, l'oro e l'argento ‖ **nobilménte**, **avv.** **1** (*raro*) secondo il costume dei nobili; (*est.*) con magnificenza, ricchezza SIN. signorilmente **2** (*fig.*) con nobiltà, elevatezza d'animo: *perdonare nobilmente* **B** **s. m. e f.** ● chi appartiene a una categoria di persone in possesso di titoli che le differenziano dalle altre, discendenti storicamente da una classe che, negli antichi ordinamenti monarchici, fruiva di particolari privilegi per nascita o per concessione del sovrano: *i nobili della corte di Francia* ‖ **nobilàccio**, **pegg.** | **nobilàstro**, **pegg.** | **nobilóne**, **accr.** | **nobilòtto**, **alter.** | **nobilùccio**, **dim.**

SFUMATURE ➤ ***cavalleresco***

nobilèa [da *nobile* ✻ 1848] **s. f.** ● (*lett.*, *spreg.*, *iron.*) gente della nobiltà

nobilésco [av. 1767] **agg.** (**pl. m.** *-schi*) ● di grado nobile: *stemma n.* | (*spreg.*) da nobile: *fare, piglio n.*

nobiliàre [fr. *nobiliaire*, dal lat. *nōbilis*. V. *nobile* ✻ 1848] **agg.** ● di nobile: *titolo n.* | della nobiltà: *almanacco n.*

†**nobilitàde** ➤ **nobiltà**

nobilitàre [vc. dotta, lat. *nobilitāre*, da *nōbilis* 'nobile' ✻ 1282] **A** **v. tr.** (*io nobilito*) **1** insignire di titolo nobiliare **2** (*fig.*) rendere nobile, eletto, pieno di dignità: *n. il proprio nome con una vita onesta*; *il lavoro nobilita l'uomo* **3** riferito a un prodotto industriale, conferirgli delle caratteristiche o mettere in evidenza degli aspetti che lo rendono più appetibile sul mercato **B** **nobilitàrsi** **v. rifl.** ● rendersi insigne per l'eccellenza delle proprie opere: *egli si può nobilitare e anche sublimare colla semplice grandezza del nome e delle cose da lui … operate* (V. ALFIERI)

†**nobilitàte** ➤ **nobiltà**

nobilitàto **part. pass.** di *nobilitare*; anche **agg.** **1** nei sign. del v. **2** (*tecnol.*) ***pannello n.***, pannello truciolare la cui faccia a vista è rivestita con un'impiallacciatura di legni fini, un foglio di carta impregnata con resine sintetiche, o una pellicola di resine sintetiche

nobilitazióne [1819] **s. f.** ● il nobilitare

nobiltà o †**nobilitàde**, †**nobilitàte** [lat. *nobilitāte(m)*, da *nōbilis* 'nobile' ✻ 1250 ca.] **s. f. inv.** **1** condizione riconosciuta di nobile: *patente di n.*; *antica, nuova n.* | ***n. di spada***, quella acquisita originariamente per servizi militari resi al sovrano | ***n. di toga***, quella acquisita per avere ricoperto certe cariche politiche, giudiziarie, amministrative | ***i quarti di n.***, le parti di ascendenza nobiliare, in una famiglia nobile **2** l'insieme e il ceto dei nobili: *la n. napoletana* **3** eccellenza, superiorità: *la n. degli studi filosofici*; *o mente che scrivesti ciò ch'io vidi, / qui si parrà la tua nobilitate* (DANTE *Inf.* II, 8-9) **4** (*fig.*) distinzione di tratto, elevatezza d'animo: *la n. del suo portamento, del suo ingegno, dei suoi pensieri*

SFUMATURE DI SIGNIFICATO

nobiltà - distinzione - eccellenza

Una particolare raffinatezza e signorilità di modi si definisce **nobiltà**, termine che suggerisce, oltre a buona educazione, elevatezza morale, generosità. **Distinzione** ha un significato più ristretto, e si riferisce esclusivamente a una eleganza di modi e di aspetto, a una raffinatezza esteriore. **Eccellenza** è invece la superiorità assoluta, il più alto grado di perfezione che una persona o una cosa possa raggiungere.

SFUMATURE ➤ ***maestà***

nobilùme [comp. di *nobil(e)* e *-ume* ✻ av. 1850] **s. m.** ● (*spreg.*) ceto dei nobili

nobiluòmo o **nòbil uòmo** [da *nobil(e) uomo* ✻ av. 1597] **s. m.** (**pl.** *nobiluòmini*) ● uomo discendente da famiglia nobile, ma privo di titoli nobiliari specifici

noblesse oblige /fr. nɔ'blɛs ɔ'bliʒ/ [loc. fr., propr. 'nobiltà (*noblesse*) obbliga (*oblige*)' ✻ 1866] **loc. inter.** ● si usa per commentare il comportamento di chi agisce secondo i doveri o le consuetudini che si ritengono propri di coloro che hanno una posizione sociale elevata

nòcca [longob. *knohha* 'giuntura' ✻ av. 1502] **s. f.** **1** ciascuna delle giunture delle dita delle mani e dei piedi: *battere, bussare con le nocche*; *far scrocchiare le nocche* **2** (*mecc.*) articolazione snodata **3** nodello del cavallo

nòcchia [forma dial. di *nocciola* ✻ sec. XV] **s. f.** ● (*centr.*) nocciola

nocchière o **nocchièro**, †**nocchièri** [lat. *nauclēru(m)*, dal gr. *náuklēros* 'padrone di nave, nocchiero', comp. di *nâus* 'nave' e *-klēros*, da una radice che significa 'punta': propr. 'colui che sta sulla punta della nave' ✻ av. 1250] **s. m.** (**f.** *-a*) **1** (*lett.*) chi governa e guida una nave: *quelli che s'innamorano di pratica senza scienza son come 'l nocchieri ch'entra in navilio sanza timone o bussola* (LEONARDO) **2** nella marina militare, personale addetto ai servizi marinareschi di bordo, ovvero alla manovra

nocchierùto [sec. XIV] **agg.** ● cosparso di nocchi: *bastone n.*

nocchìno [da *nocca* ✻ 1855] **s. m.** ● (*tosc.*) colpo dato con le nocche a pugno chiuso

nòcchio [lat. tardo *nōdulu(m)*, dim. di *nōdus* 'nodo' ✻ sec. XIII] **s. m.** **1** nodo del legno di una pianta **2** indurimento, piccola nodosità in frutti e sim. | (*est.*, *fam.*) ***i nocchi della schiena***, le vertebre

nocchióso (o **-ṣ-**) [1340 ca.] **agg.** ● nocchieruto | (*est.*) robusto, nerboruto

nocchiùto [av. 1470] **agg.** ● nocchieruto, nodoso | che ha le nocche sporgenti, in evidenza: *Sollevò un pugno n.* (E. DE AMICIS)

nòccio ➤ **nuocere**

♦**nocciòla** o (*lett.*) **nocciuòla** [lat. parl. **nuceŏla(m)*, dim. f. di *nŭceus*, agg. di *nŭx*, genit. *nŭcis* 'noce' ✻ 1309] **A** **s. f.** ● frutto del nocciolo, con un involucro membranoso verde e dentellato, contenente un seme commestibile e oleoso: *cioccolato alle nocciole*; *gelato alla n.* **B** **in funzione di agg. inv.** ● (posposto a un sost.) che ha il colore marrone chiaro caratteristico del guscio della nocciola: *un soprabito n.* **C** **s. m. inv.** ● il colore nocciola ‖ **nocciolétta**, **dim. f.** | **nocciolina**, **dim. f.** (V.)

nocciolàia [detta così perché rompe facilmente le *nocciole* per prenderne il seme ✻ 1803] **s. f.** ● uccello dei Corvidi, bruno macchiettato, con robusto becco, che vive nelle foreste di conifere e si nutre di pinoli, nocciole, ghiande (*Nucifraga caryocatactes*) SIN. nucifraga

nocciolàio [1891] **s. m.** (**f.** *-aia*, **pl. m.** *-ai*) ● venditore di nocciole, noccioline americane e sim.

nocciolàto [1966] **s. m.** ● cioccolato con nocciole intere o pasta di nocciole

noccioléto [1895] **s. m.** ● terreno coltivato a noccioli

♦**nocciolìna** [1923] **s. f.** **1** dim. di *nocciola* **2** ***n. americana***, arachide **3** (**al pl.**) pasta da minestra a forma di mezzo guscio di nocciola **4** (*fig.*, **spec. al pl.**) cosa di poco conto, quantità trascurabile: *non si tratta di noccioline*

nocciolìno [dalle *nocciole* di cui si nutre ✻ 1895] **s. m.** ● (*zool.*) moscardino

nocciòlo ① o (*lett.*) **nocciuòlo** [da *nocciola* ✻ 1353] **s. m.** ● alberetto o arbusto delle Betulacee con foglie dentellate, inferiormente pelose, con lunghi amenti (*Corylus avellana*) SIN. avellano

nocciòlo ② [così chiamato per le macchie sulla pelle che hanno forma e colore di nocciola ✻ av. 1698] **s. m.** ● (*zool.*) grosso squalo | palombo

nòcciolo ③ [lat. *nŭcleu(m)*, da *nŭx*, genit. *nŭcis* 'noce' ✻ av. 1320] **s. m.** **1** (*bot.*) parte interna legnosa che protegge il seme dei frutti a drupa | (*lett.*) ***due anime in un n.***, due amici intimi, due persone molto unite **2** (*est.*) parte centrale di un congegno, una struttura e sim. | ***n. di un reattore nucleare***, la parte interna, in cui si verificano le reazioni di fissione **3** (*fig.*) punto centrale, significato sostanziale: *il n. della questione*; *le indicò il n. dell'opera* (I. SVEVO) **4** (*fig.*) ***n. duro***, la parte, l'elemento che nel corso del tempo si presenta come più saldo, più affidabile, più tenace: *il n. duro di un partito*; (*econ.*) gruppo di azionisti che controlla una società per azioni SIN. nucleo ‖ **nocciolétto**, **dim.** | **nocciolino**, **dim.**

nocciuòla ➤ **nocciola**

nocciuòlo ➤ **nocciolo** ①

nòccola [av. 1636] **s. f.** ● nocca, nei sign. 1 e 2

noccolière [comp. di *noccol(a)* e *-iere*] **s. m.** ● tirapugni

noccolùto [1891] **agg.** ● (*raro*) che ha grosse nocche

♦**nóce** [lat. *nŭce(m)*, di orig. indeur. ✻ 1282] **A** **s. m.** **1** grande albero delle Juglandacee con foglie imparipennate, fiori che si sviluppano prima delle foglie, frutto secco racchiuso in un involucro esterno carnoso, prima verde poi nero (*Juglans regia*) **2** legno duro e compatto di tale albero, usato spec. per la fabbricazione di mobili **B** **s. f.** **1** frutto del noce, formato da una parte esterna carnosa e una interna legnosa che racchiude i semi, composti da due cotiledoni oleosi e commestibili, detti gherigli: *raccogliere, schiacciare, mangiare le noci* | ***il mallo della n.***, la parte esterna | ***il guscio della n.***, la parte intermedia | ***guscio di n.***, (*fig.*, *scherz.*) imbarcazione piccola, fragile, leggera **2** (*est.*) pianta che produce frutti in qualche modo simili alla noce | ***n. moscata***, albero delle Miristicacee, asiatico, dioico, il cui frutto contiene un seme fortemente aromatico (*Myristica fragrans*) | ***n. vomica***, albero indiano delle Loganiacee, con grosso frutto a bacca e voluminosi semi piatti, amari, stimolanti ed eupeptici (*Strychnos nux vomica*) | †***n. d'India***, cocco | (*est.*) il frutto di tali piante: *n. moscata*; *n. vomica* **3** (*est.*) frutto, o parte del frutto, di varie piante, in qualche modo simile a una noce | ***n. di acagiù***, frutto dell'anacardio | ***n. di cocco***, grosso nocciolo del frutto del cocco, con polpa commestibile e succo dolce, lattiginoso | ***n. pecan***, il frutto del pecan (V.) **4** (*fig.*) pezzetto di qlco., delle dimensioni di una noce: *una n. di burro* **5** parte interna della coscia del bue e del vitello macellati, posta sotto il girello, usata spec. per arrosti SIN. rosa **6** pezzo rotante imperniato nel teniere della balestra, per bloccare la corda in tensione **7** (*pop.*) malleolo ‖ **nocétta**, **nocettìna**, **dim. f.** | **nocìna**, **dim. f.** **C** **in funzione di agg. inv.** ● (posposto a un sost.) che ha il colore caratteristico del legno del noce: *un cappotto n. scuro*

nocèbo [dal lat. *nocēbo*, propr. 'nuocerò', da *nocēre* 'nuocere', sul modello di *placebo* ✻ 1988] **s.**

a b c d e f g h i j k l m **n** o p q r s t u v w x y z

m. inv. ● (*farm.*) sostanza farmacologicamente inerte che provoca in chi la assume effetti avversi causati dall'aspettativa che essa sia inefficace o dannosa **CFR.** placebo | in funzione appositiva, nelle loc. ***test n.***, ***effetto n.***

nocèlla [lat. tardo *nucĕlla(m)*, dim. di *nŭx*, genit. *nŭcis* 'noce' ✻ av. 1449] **s. f. 1** (*anat.*) protuberanza ulnare del polso **2** (*biol.*) tessuto interno dell'ovulo che dà origine al sacco embrionale **3** giuntura dei bracci del compasso **4** (*tosc.*) nocciola ‖ **nocellina**, **dim.**

nocènte **A** **part. pres.** di *nuocere*; **anche agg.** ● (*lett.*) nocivo, pernicioso **B** **s. m. e f.**; **anche agg.** ● †colpevole: *drizza l'arme talor contra i nocenti* (T. TASSO)

†**nocènza** [*nocĕntia(m)*, da *nŏcens*, genit. *nocĕntis*, part. pres. di *nocēre* 'nuocere' ✻ av. 1292] **s. f.** ● colpa, peccato

nocepèsca [comp. di *noce* e *pesca*① ✻ av. 1597] **s. f.** (**pl.** *nocipèsche* o *nocepèsche*) ● (*bot.*) nettarina

nocepèsco [comp. di *noce* e *pesco*, calco sul lat. *nucipĕrsicum* ✻ av. 1597] **s. m.** (**pl.** *nocipèschi*) ● varietà di pesco con frutto piccolo e liscio **SIN.** pesconoce

nòcere ➤ **nuocere**

nocéto [lat. *nucētu(m)*, da *nŭx*, genit. *nŭcis* 'noce' ✻ av. 1884] **s. m.** ● terreno piantato a noci

nocétta [da *noce*; per il sign. 3, Cfr. il fr. *noisette* ✻ 1940] **s. f. 1** noce, nel sign. 5 **2** noce, nel sign. 6 **3** (*raro*) colore nocciola

nocévole [V. †*nocibile* ✻ av. 1292] **agg.** ● (*lett.*) nocivo ‖ **nocevolménte**, **avv.** (*raro*) in modo nocevole

nocevolézza [1832] **s. f.** ● (*raro*, *lett.*) nocività

noch /nɔk, *ted.* nɔx/ [vc. ted., 'ancóra' ✻ 1895] **agg. inv.**; **anche s. m. inv.** ● detto di un tipo di contratto di borsa (V. *contratto*② nel sign. 3)

†**nocìbile** [vc. dotta, lat. tardo *nocībile(m)*, da *nocēre* 'nuocere' ✻ av. 1332] **agg.** ● nocivo

nocicettìvo [1981] **agg.** ● (*biol.*) relativo a nocicettore

nocicettóre [comp. del lat. *nocēre* 'nuocere' e di *(re)cettore* ✻ 1981] **s. m.** ● (*biol.*) tipo di recettore atto a raccogliere gli stimoli dolorosi

nocicezióne [1983] **s. f.** ● (*biol.*) capacità dei nocicettori di raccogliere stimoli dolorosi

nocìfero [vc. dotta, lat. tardo *nucĭferu(m)*, comp. di *nŭx*, genit. *nŭcis* 'noce' e *-fer* '-fero' ✻ 1759] **agg.** ● che produce noci

nocìfraga ➤ **nucifraga**

†**nociménto** [da *nocere* ✻ 1266] **s. m.** ● nocumento

nocìno [da *noce* ✻ 1824] **s. m. 1** gioco infantile consistente nel tirare una noce contro un castellino di quattro noci **2** liquore ottenuto lasciando macerare nell'alcol le noci ancora verdi, complete del mallo

nocipatìa [comp. del lat. *nocēre* 'nuocere' e *-patia* ✻ 1989] **s. f.** ● (*med.*) qualsiasi patologia in cui predomina il sintomo dolore

†**nocitóre** [sec. XIII] **s. m.**; **anche agg.** ● chi (o che) nuoce

nociùto **part. pass.** di *nuocere* ● nei sign. del v.

♦**nocìvo** [vc. dotta, lat. *nocīvu(m)*, da *nocēre* 'nuocere' ✻ av. 1292] **agg.** ● che procura danno: *clima n.*; *insetti nocivi*; *sentire fuggire ciò che fusse n.* (L.B. ALBERTI) **SIN.** dannoso **CONTR.** innocuo ‖ **nocivaménte**, **avv.** ‖ **nocività**, **s. f. inv.** dannosità; complesso di fattori nocivi in un dato ambiente
SFUMATURE ➤ ***dannoso***

no còmment /no'kɔmment, *ingl.* ˌnəu'kɒment/ [loc. ingl., propr. 'nessun commento' ✻ 1963] **loc. sost. m. inv.** ● rifiuto di rispondere o di fare commenti a una domanda durante conferenze-stampa, interviste e sim.: *il ministro si è limitato a un no comment, si è trincerato dietro un no comment*

no còntest /no'kɔntest, *ingl.* ˌnəu'kɒntɛst/ [loc. ingl., propr. 'nessuna competizione' ✻ 1987] **loc. sost. m. inv.** ● (*sport*) nel pugilato, verdetto con cui l'arbitro dà per non avvenuto il combattimento già iniziato, in seguito a cause di forza maggiore, squalifica o fuori combattimento di entrambi i pugili

nòcqui ➤ **nuocere**

noctilùca o **nottilùca** [dal lat. *noctilūca(m)* 'luna', 'lucerna', cioè 'ciò che risplende (dal v. *lucēre*) di notte (*nŏcte(m)*)' ✻ 1834] **s. f.** ● (*zool.*) genere di Flagellati che concorre alla luminescenza marina con la propria emissione di energia luminosa (*Noctiluca*)

nocuménto [vc. dotta, lat. tardo *nocumĕntu(m)*, da *nocēre* 'nuocere' ✻ av. 1313] **s. m.** ● (*lett.*) danneggiamento: *caccia gl'infami nocumenti, ne' quali l'animo se medesimo senza pro affatica* (G. BOCCACCIO) | male, danno: *essere di n. a qlcu., a qlco.*

†**nòcuo** [vc. dotta, lat. *nŏcuu(m)*, da *nocēre* 'nuocere' ✻ av. 1472] **agg.** ● nocivo

nodàle [1869] **agg. 1** relativo a un nodo **2** (*anat.*) ***tessuto n.***, tessuto miocardico destinato alla conduzione dell'eccitamento **3** (*astron.*) ***linea n.***, la retta secondo la quale il piano contenente un'orbita taglia quello di riferimento **4** (*fis.*) ***punto n.***, punto di un'onda stazionaria su una linea nel quale l'ampiezza di oscillazione è costantemente nulla **5** (*ferr.*) ***punto n.***, di incrocio o coincidenza fra due linee **6** ***piano n.***, ciascuno dei due piani normali all'asse di un sistema ottico e passanti per i nodi **7** (*tel.*) ***centrale n.***, in cui convergono linee di collegamento con altre centrali **8** (*fig.*) di fondamentale importanza: *questo è il punto n. del problema*

nodèllo [dim. di *nodo* ✻ av. 1498] **s. m. 1** regione degli arti dei quadrupedi compresa tra quelle dello stinco e della pastoia **2** (*lett.*) articolazione, nocca **3** ciascuno degli ingrossamenti anulari lungo il fusto di una canna

noderóso (o **-ṣ-**) o †**nodoróso** [da *nodo*, sul modello di *poderoso* ✻ av. 1328] **agg.** ● (*lett.*) pieno di nodi | nocchieruto

†**noderùto** [1287] **agg.** ● nodoso

nodìno [1834] **s. m. 1** dim. di *nodo* | piccolo nastro, fiocchetto usato come ornamento **2** punto di ricamo che si esegue avvolgendo il filo intorno all'ago e fissandolo poi al tessuto **3** (*sett.*) costata di vitello

♦**nòdo** [vc. dotta, lat. *nōdu(m)*, di orig. indeur. ✻ sec. XIII] **s. m. 1** legatura di filo, nastro, fune e sim. fatta per stringere o fermare: *fare il n. alla cravatta* | ***fare un n. al fazzoletto***, per ricordare qlco. | (*arald.*) ***n. d'amore***, ***n. di Savoia***, intreccio del laccio d'amore | ***n. di Gordio***, ***gordiano***, V. *gordiano* | (*sport*) ***n. delle guide***, in alpinismo, il più semplice dei modi per legarsi in cordata, consistente in una legatura semplice intorno alla vita, o fissata alla imbracatura | (*mar.*) ***n. Margherita***, ***n. di Savoia***, usati per accorciare o ingrossare un cavo | (*mar.*) ***n. piano***, ***n. vaccaio***, usati per tenere insieme due o più cavi | (*mar.*) ***n. a bocca di lupo***, ***n. parlato***, usati per imbragare un oggetto, assicurare cavi d'ormeggio e sim. **2** (*fig.*, *lett.*) legame, vincolo sentimentale: *n. indissolubile*; *quelle trecce d'or che m'hanno il core / legato e stretto all'amoroso n.* (G. BOCCACCIO) **3** (*fig.*) difficoltà, ostacolo: *il n. delle pensioni nella trattativa sindacale*; *rimangono alcuni nodi irrisolti* | punto fondamentale, sostanza, nocciolo: *il n. della questione* | **PROV.** ***tutti i nodi vengono al pettine***, i problemi irrisolti prima o poi vengono alla luce **4** (*est.*) groviglio, viluppo: *avere dei nodi nei capelli* | (*fig.*) ***avere un n. alla gola***, provare un senso di soffocamento, spec. per commozione | (*lett.*) ***un n. di tosse***, un accesso **5** (*fig.*) intreccio, trama: *n. dell'azione, di un dramma* **6** punto d'intersezione di due o più linee: ***n. stradale*** | ***n. orografico***, punto in cui si saldano varie catene di montagne | ***n. elettrico***, punto di unione di più rami di un circuito elettrico | ***n. ferroviario***, località in cui convergono più linee di comunicazione | ***n. di un diagramma ad albero, di un grafo***, ognuno dei punti da cui si dipartono i rami del diagramma o i lati del grafo | ***n. di un reticolo***, punto d'intersezione di due o più rette del reticolo **7** (*astron.*) ciascuno dei due punti in cui la linea nodale incontra la sfera celeste **8** (*fis.*) luogo di una corda vibrante e sim., dove le particelle del corpo sonoro rimangono in quiete **9** (*anat.*) agglomerato di cellule (o di strutture correlate), che può costituire un rilievo più o meno accentuato rispetto alla superficie di un organo **10** (*bot.*) punto del fusto, generalmente ingrossato, in cui sono inserite una o più foglie **CFR.** internodo **11** (*mar.*) unità di misura della velocità, spec. di una nave o del vento, pari a un miglio marino internazionale all'ora, ossia a 1852 metri all'ora (il nome deriva dai nodi con i quali si suddivideva la sagola del solcometro a barchetta) **SIMB.** kn **12** †gruppo, drappello di soldati **13** ***punto a n.***, punto di ricamo che si esegue avvolgendo il filo intorno all'ago e fissandolo poi al tessuto ‖ **nodèllo**, **dim.** (V.) | (*lett.*) **nodétto**, **dim.** | (*lett.*) **nodicìno**, **dim.** | **nodino**, **dim.** (V.)

†**nodoróso** ➤ **noderoso**

nodosità (o **-ṣ-**) [vc. dotta, lat. tardo *nodositāte(m)*, da *nodōsus* 'nodoso' ✻ av. 1320] **s. f. inv. 1** condizione di ciò che è nodoso | (*est.*) nodo: *le n. di un tronco* **2** (*med.*) qualsiasi rilievo della pelle o indurimento tondeggiante di tessuti profondi

nodóso (o **-ṣ-**) [vc. dotta, lat. *nodōsu(m)*, agg. di *nōdus* 'nodo' ✻ av. 1306] **agg. 1** pieno di nodi: *bastone n.*; *surge robusto el cerro ed alto el faggio, / n. el cornio, e 'l salcio umido e lento* (A. POLIZIANO) **2** (*fig.*, *lett.*) aspro, difficile ‖ **nodosità**, **s. f. inv.** (V.)

†**nodrìre** e deriv. ➤ **nutrire** e deriv.

nodulàre [1936] **agg.** ● (*med.*) di nodulo, relativo a nodulo | costituito da noduli: *formazione n.* ‖ **nodularità**, **s. f. inv.** (*med.*) presenza di noduli

nodulectomìa [comp. di *nodul(o)* ed *-ectomia* ✻ sec. XX] **s. f.** ● (*chir.*) asportazione chirurgica di un nodulo: *n. mammaria*

nòdulo [vc. dotta, lat. tardo *nŏdulu(m)*, dim. di *nōdus* 'nodo' ✻ 1767] **s. m. 1** (*miner.*) concentrazione di un minerale in masse sferoidali o lenticolari presente in una roccia a diversa composizione **2** (*med.*) indurimento, formazione tondeggiante ‖ **nodulétto**, **dim.** | **nodulino**, **dim.**

nodulóso (o **-ṣ-**) [1958] **agg.** ● pieno di noduli

nòe ● V. **no**

Noè [Patriarca biblico che morì vecchissimo ✻ 1853] **s. m. inv.** ● (*per anton.*) persona vecchissima o vissuta in tempi remotissimi | ***arca di Noè***, (*fig.*) insieme di molti animali diversi riuniti; (*fig.*) luogo in cui sono riunite persone d'ogni tipo | ***ai tempi di Noè***, (*fig.*) immemorabili, lontanissimi

noèma [vc. dotta, gr. *nóēma* 'pensiero, percezione', da *noêin* 'pensare'. V. *noumeno* ✻ 1958] **s. m.** (**pl.** *-i*) **1** nella filosofia di Aristotele, l'oggetto dell'intuizione intellettiva allo stato puro | nella filosofia di Husserl (1859-1938), la modalità oggettiva dell'apparire della cosa nell'esperienza vissuta **2** (*ling.*) significato di un glossema

noemàtico [dal gr. *nóēma*, genit. *noḗmatos*.

V. *noema* ✻ 1970] **agg. (pl. m. -*ci*)** ● relativo al noema **SIN.** noemico

noèmico [1991] **agg. (pl. m. -*ci*)** ● (*ling.*) noematico

noèṣi [vc. dotta, gr. *nóēsis* 'percezione, intendimento', da *noêin* 'pensare'. V. *noumeno* ✻ 1958] **s. f. inv.** ● nella filosofia di Aristotele, la conoscenza intellettiva immediata | nella filosofia di Husserl, l'atto del pensare

noètico① [vc. dotta, gr. *noētikós*, da *nóēsis*. V. *noesi* ✻ 1912] **agg. (pl. m. -*ci*)** ● (*filos.*) relativo alla noesi

noètico② [1680] **agg. (pl. m. -*ci*)** ● di Noè, relativo a Noè

no-fly zone /no'flaizon, *ingl.* nəʊ'flaɪzəʊn/ [loc. ingl., propr. 'zona (*zone*) con divieto (*no*) di volo (*fly*)' ✻ 1992] **loc. sost. f. inv. (pl. ingl. *no-fly zones*)** ● spazio aereo nel quale è imposto un divieto assoluto di volo

no fròst /no'frɔst, *ingl.* ˌnəʊ'frɒst/ [loc. ingl., propr. 'nessuna brina' ✻ 1989] **A** **loc. sost. m. inv.** ● sistema di sbrinamento automatico che impedisce la formazione di strati di ghiaccio sulle pareti interne di un frigorifero o di un congelatore **B** **loc. agg. inv.** ● detto di frigorifero o congelatore fornito di tale sistema di sbrinamento automatico

no glòbal [loc. ingl., *no global(ization)*, propr. 'no alla globalizzazione' ✻ 2001] **loc. sost. m. e f. inv.; anche loc. agg. inv.** ● antiglobalizzatore: *un corteo dei no global* **SIN.** antiglobal

♦**nói** o (*poet.*) †**nùi** [lat. *nōs*, di orig. indeur. ✻ sec. XII] **A** **pron. pers. m. e f. di prima pers. pl.** **1** è usato (come soggetto) dalla persona che, parlando, si riferisce a sé stesso e insieme a un'altra o ad altre persone: *noi non lo sappiamo*; *nui / chiniam la fronte al Massimo / Fattor* (A. MANZONI) | generalmente omesso quando la persona è chiaramente indicata dal verbo, si esprime invece per rendere esplicito il soggetto; nelle contrapposizioni; in unione con 'stesso', 'medesimo', 'anche', 'nemmeno', 'proprio', 'neppure', 'appunto' e sim.; nelle esclamazioni; dopo 'come' e 'quanto' nelle comparazioni; dopo i verbi 'essere', 'sembrare', 'parere' e sim. con valore predicativo e, in generale, quando si vuole dare al soggetto particolare evidenza: *noi italiani abbiamo abitudini diverse*; *voi potete permettervelo, noi no*; *noi stessi lo ammettiamo*; *anche noi crediamo nella giustizia*; *proprio noi l'abbiamo detto*; *non lo sappiamo nemmeno noi*; *poveri noi!*; *voi valete quanto noi*; *quei due sembrano noi* | ***noi altri***, V. *noialtri* | posposto al v. con valore enfat.: *te lo spieghiamo noi!*; *siamo qua noi!*; *siamo noi che dobbiamo ringraziare* | (**enfat.** e **intens.**) in principio di frase: *noi dire queste cose?*; *noi fortunati? ma tu ti sbagli!* | (**iter.**) rafforza un'affermazione: *noi vi andremo, noi!* | (**colloq.**) generalmente omesso, è usato talora come soggetto in riferimento alla seconda pers. sing. o pl.: *come siamo permalosi!* **2** si usa (come complemento oggetto e come complemento di termine preceduto dalla prep. 'a') invece delle forme 'ci' e 'ce' quando gli si vuole dare particolare rilievo: *ha chiamato noi*; *vuole proprio noi*; *preferisce noi, non voi!*; *dovete ringraziare noi se la cosa è finita così*; *proprio a noi lo dite!*; *neppure a noi interessa* | ***veniamo, torniamo a noi***, veniamo, torniamo al punto, all'argomento in questione | ***a noi!***, escl. di esortazione ad agire tutti insieme, a raccogliersi, a combattere e sim. | (**lett.**) †come complemento di termine senza la prep. 'a'; *fa noi grazia* (DANTE *Purg.* XXXI, 136) **3** si usa nei vari complementi retti da prep.: *venite con noi*; *hanno parlato di noi*; *decidete anche per noi*; *non sta in noi concludere l'affare*; *ci siamo accordati fra noi*; *su noi ne hanno dette di tutti i colori* | ***da noi***, a casa nostra, nella nostra famiglia, nel nostro Paese e sim.: *venite a mangiare da noi*; *da noi queste cose non succedono*; *da noi il clima è ottimo*; *da noi in Italia si usa diversamente* **4** si usa (come soggetto) seguito da un sost. sing. collettivo: *noi gente di campagna, siamo semplici* | (**tosc.**) regge un v. al sing. con costruzione impers.: *noi si va in villeggiatura in giugno*; *noi questa sera si balla* **5** si usa (come soggetto) con valore impers.: *quando noi consideriamo quanta miseria vi sia al mondo*; *quando noi vediamo gente che non ha da mangiare* **6** si usa (come soggetto e complemento) come plurale maiestatico spec. da parte di sovrani, pontefici e altre personalità, e come plurale di modestia spec. da parte di scrittori, oratori, relatori e sim. in luogo delle forme sing. 'io' e 'me': *noi Enrico, re, decretiamo...*; *gli autori da noi citati sono molti* **B** **in funzione di s. m. inv.** ● il pronome 'noi': *giacchè il noi anche ... in latino e in greco, si usava in senso singolare* (G. LEOPARDI) | (**ling.**) ***noi allocutivo***, il pronome 'noi', sottinteso, usato al posto del 'tu', del 'voi' o del 'lei', per attenuare un'affermazione: *via, non esageriamo!*; *Oh, zia Ninfa, non facciamo storie!* (L. PIRANDELLO); oppure per indicare un atteggiamento di simpatia, di partecipazione: *allora, come andiamo?*; *'Come stai d'appetito?' ... 'E a danari, come stiamo?'* (A. MANZONI)

♦**nòia** [provenz. *(e)noja*, da *enojar* 'annoiare' ✻ sec. XII] **s. f.** **1** senso di fastidio e di insoddisfazione dovuto all'inattività, alla mancanza d'interesse o alla ripetizione monotona delle stesse azioni: *essere sommerso dalla n.*; *ripetere qlco. fino alla n.*; *morire di n.*; *vincere la n.* | ***avere a n.***, considerare molto fastidioso | ***venire a n.***, diventare insopportabile **SIN.** tedio, uggia **2** molestia, disgusto, senso di avversione: *il vino gli dà n.* | seccatura, fastidio, guaio: *ha avuto delle noie con i vicini*; *avere delle noie con la legge, la giustizia*; *la macchina ha qualche n. al motore*; *le noie del lavoro non erano poche* (I. SVEVO) **3** chi (o ciò che) dà noia: *il suo amico è una vera n.*; *che n. quel film!* **4** (**lett.**) dolore, pena, angoscia: *Don Abbondio fece di tutto per nascondere la n., che dico? l'affanno e l'amaritudine* (A. MANZONI)

SFUMATURE DI SIGNIFICATO

noia - tedio - uggia

Noia è un senso di insoddisfazione dovuto all'inattività, alla mancanza di interesse o alla ripetizione delle stesse azioni. Una noia particolarmente profonda e opprimente si definisce **tedio**. Se invece la noia si mischia a irritazione e tristezza, termine appropriato, seppure di uso letterario, è **uggia**.

SFUMATURE ➤ ***incomodo***②

noiàltri o **nói àltri** [comp. di *noi* e il pl. di *altro* ✻ av. 1356] **pron. pers. m. di prima pers. pl. (f. *noialtre*)** ● (con valore rafforz.) noi (indica contrapposizione): *n. siamo decisi ad agire*; *mentre n. discutiamo, voialtri andate a fare un sopralluogo*; *n. vecchi, abbiamo più esperienza*

†**noiàre** [sec. XII] **A** **v. tr.** ● annoiare **B** **v. intr.** ● riuscire dannoso, molesto | rincrescere, rammaricare

†**noiévole** [da *noia* ✻ 1340] **agg.** ● sgradevole, noioso | increscioso, doloroso

noiosàggine (o **-ṣ-**) [1853] **s. f.** ● noiosità | fastidio, molestia

♦**noióso** (o **-ṣ-**) [provenz. *enojos*, dal lat. parl. **inodiōsu(m)*. V. *annoiare* ✻ sec. XII] **A** **agg.** **1** che procura noia: *vita noiosa*; *discorsi noiosi* **2** fastidioso, molesto: *un n. mal di denti*; *un n. disguido* **3** †doloroso, penoso, tormentoso: *da mille noiosi pensieri angosciata e stimolata e trafitta* (G. BOCCACCIO) | †crudele ‖ **noiosétto**, **dim.** | **noiosino**, **dim.** | **noiosóne**, **accr.** ‖ **noiosaménte**, **avv.** ‖ **noiosità**, **s. f. inv.** caratteristica di chi (o di ciò che) è noioso; (**est.**) ciò che procura noia, molestia: *le noiosità della vita quotidiana* **B** **s. m. (f. -*a*)** ● persona noiosa: *sei un gran n.* **C** **s. m. solo sing.** ● (**lett.**) ciò che è fastidioso, insistente e sim.: *la pioggia, benché grossa si metteva al n. più che al furioso* (R. BACCHELLI)

noir /*fr.* nwaʀ/ [vc. fr., propr. 'nero' ✻ 1960] **A** **agg. inv. (f. fr. *noire*; pl. m. *noirs*; pl. f. *noires*)** ● detto di genere narrativo o cinematografico che ricorre spec. al macabro, al mistero e alla violenza, unendo elementi del giallo e del thrilling | detto di opera appartenente a tale genere: *film, romanzo n.* **B** **s. m. inv.** ● genere noir | film, romanzo noir

noisette /*fr.* nwa'zɛt/ [vc. fr., 'nocciola', dim. di *noix* 'noce' ✻ 1896] **A** **agg. inv.** ● che ha color nocciola **B** **s. m. inv.** ● il color nocciola

nol /nol/ ➤ **non**

nolàre [dal lat. mediev. *nolarium* 'campanile', deriv. del lat. tardo *nŏla(m)* 'campanello' e poi 'campana' ✻ 1989] **agg.** ● (**archit.**) delle campane | ***torre n.***, tiburio a torre che ospita le campane, collocato all'incrocio della navata con il transetto, caratteristico delle abbazie cistercensi e cluniacensi

noleggiaménto [sec. XIV] **s. m.** ● (**raro**) noleggio

noleggiànte **A** **part. pres.** di *noleggiare*; anche **agg.** ● nei sign. del v. **B** **s. m. e f.** ● chi dà a noleggio una nave o un aeromobile | correntemente, chi noleggia beni mobili di trasporto

noleggiàre [da *nolo* ✻ 1397] **v. tr.** (**pres.** *io noléggio*; **fut.** *io noleggerò*) ● prendere o dare a noleggio: *n. una nave, un aeromobile*

noleggiatóre [1396] **s. m. (f. -*trice*)** ● chi prende a noleggio una nave o un aeromobile | correntemente, chi dà in locazione beni mobili: *n. di biciclette*

noléggio [da *noleggiare* ✻ 1570] **s. m.** **1** contratto con cui una persona si obbliga a far compiere alla sua nave o al suo aeromobile, nell'interesse di un'altra persona e dietro corrispettivo, uno o più viaggi | correntemente, locazione di beni mobili: *prendere, dare a n. una bicicletta*; *n. di abiti da lavoro*; *n. di film* **2** (**est.**) prezzo pagato per noleggiare qlco. **3** (**est.**) luogo o locale dove si danno a nolo veicoli: *un n. di biciclette*

♣**nolènte** [vc. dotta, lat. *nolĕnte(m)*, part. pres. di *nŏlle* 'non volere', comp. di *nĕ* 'non' e *vĕlle* 'volere' ✻ 1476] **agg.** ● (**lett.**) che non vuole | ***volente o n.***, che voglia o no

nòli me tàngere o **nolimetàngere** [lat., propr. 'non mi toccare', dalle parole rivolte dal Cristo risorto alla Maddalena ✻ 1813] **A** **loc. sost. f. inv.** ● piantina delle Balsaminacee con fiori pendenti gialli e frutti a capsule con valve che, giunte a maturità, se toccate si aprono di scatto e scagliano lontano i semi (*Impatiens noli-tangere*) **B** **loc. agg. e sost. m. e f. inv.** ● (**scherz.**) detto di persona sussiegosa o schifiltosa

no limits /no'limits, *ingl.* ˌnəʊ'lɪmɪts/ [loc. ingl., propr. 'senza (*no*) limiti (*limits*)' ✻ 1991] **loc. agg. inv.; anche loc. sost. m. inv. nel sign. 1** **1** detto di attività estrema, rischiosa, scelta per mettere alla prova il coraggio, lo spirito di avventura ecc.: *sport, viaggi no limits*; *gli amanti del no limits* | relativo a tale attività: *abbigliamento no limits* **2** (**est.**) senza limitazioni, sfrenato: *un festino no limits*

nòlo [lat. tardo *nāulu(m)*, dal gr. *nâulon*, da *nâus* 'nave' ✻ av. 1342] **s. m.** **1** (**dir.**) nel noleggio, corrispettivo dovuto da chi utilizza temporaneamente un mezzo di trasporto o un bene mobile | ***mercato dei noli***, che determina il livello dei prezzi di noleggio per le navi mercantili **2** prezzo del trasporto su navi e aerei

3 correntemente, noleggio: *n. auto*; *dare, prendere a n.*

no lògo ➤ **logo**③

nolontà [vc. dotta, lat. tardo *noluntāte(m)*, da *nōlle* 'non volere', sul modello di *volŭntas*, genit. *voluntātis* 'volontà' ✻ 1930] **s. f. inv.** ● (*filos.*) nel pensiero di S. Tommaso, atto di volontà in base al quale si fugge il male | in Schopenhauer (1788-1860), soppressione del desiderio che porta al rifiuto della vita

nòma [gr. *nomḗ* 'corrosione' ✻ 1583] **s. m.** (**pl.** *-i*) ● (*med.*) processo cancrenoso della guancia che colpisce di preferenza bambini molto deperiti, provocato da associazione di più batteri

✦**nòmade** [vc. dotta, lat. *nŏmade(m)*, dal gr. *nomás* 'che erra per mutare pascoli', da *némein* 'pascolare', di orig. indeur. ✻ av. 1367] **A agg.** ● detto di popolazione che non ha dimora fissa e stabile, e vive spec. esercitando la caccia e la pastorizia: *tribù n.*; *popoli nomadi* | *vita n.*, (*fig.*) di chi muta spesso luogo di residenza **B s. m. e f. 1** appartenente a popolazione nomade | zingaro **2** (*fig.*) chi non ha un domicilio fisso: *quell'attore è un n.*

SFUMATURE ➤ *vagabondo*

nomadìsmo [da *nomade* ✻ 1872] **s. m. 1** caratteristica di alcuni popoli o gruppi etnici di spostarsi continuamente, senza prendere dimora stabile in un luogo: *il n. dei pigmei, dei mongoli* **2** (*est.*) tipo di vita caratteristico di chi cambia spesso residenza

nomàre [da *nome* ✻ av. 1276] **A v. tr.** (*io nòmo* o *nómo*) **1** (*lett.*) dare il nome a qlcu. o qlco. **2** (*lett.*) chiamare per nome | (*raro*) invocare: *nelle paure della veglia bruna / Te noma il fanciulletto* (A. MANZONI) **3** †eleggere **B nomàrsi v. intr. pron. 1** (*lett.*) chiamarsi | (*lett.*) trarre il proprio nome **2** †essere noto, celebre, famoso

nom de plume /fr. ˌnɔ̃d(ə)plym/ [loc. fr., propr. 'nome di penna' ✻ 1910] **loc. sost. m. inv.** (**pl. fr.** *noms de plume*) ● pseudonimo usato da uno scrittore o da un giornalista

✦**nóme** (o *-ò-*) [vc. dotta, lat. *nōme(n)*, di orig. indeur. ✻ av. 1250] **s. m. 1** parola con la quale si designano gli esseri animati (persone, animali e vegetali), gli oggetti, i sentimenti, le caratteristiche, i fenomeni | (*gramm.*) parte del discorso che varia nel genere e nel numero (in alcune lingue anche nel caso), come il sostantivo, l'aggettivo e le parti nominali del verbo (infinito, gerundio, participio) | in senso più specifico, sostantivo: *n. concreto, astratto, collettivo* | ***n. comune***, che si riferisce a ogni elemento di insiemi omogenei (per es. *fratello, cane, monumento*) | ***n. proprio***, che si riferisce solo a un essere o a una cosa per distinguerli (per es. *Luigi, Fido, Colosseo*) CFR. -onimo | ***n. di genere comune***, nome che ha un'unica forma per il maschile e per il femminile (per es. *custode, pianista, preside*) | ***n. di genere promiscuo***, nome di animale con un'unica forma per il maschio e per la femmina (per es. *mosca, serpente, volpe*) | ***chiamare le cose col loro n.***, (*fig.*) parlare senza reticenza né eufemismi | ***ingiurie, atti senza n.***, inqualificabili, innominabili | ***sotto n. di***, sotto specie, apparenza di | ***in n. della legge***, V. *legge* nel sign. A 5 | ***in n. di Dio, del Cielo***, invocazione a Dio con cui si scongiura qualcuno di fare o non fare qlco.: *in n. di Dio, aiutami!* | ***a n. di dote***, a titolo di dote | ***essere qlco. solo di n.***, esserlo solo nominalmente e non realmente | ***n. commerciale***, quello distintivo di un prodotto o di un servizio | ***n. depositato***, marchio registrato **2** nome proprio che aggiunto al cognome identifica una persona; è detto anche *n. di battesimo o primo n.*: *una ragazza di n. Maria* | l'insieme di nome e cognome: *il suo n. è Mario Rossi* | ***n. (di famiglia)***, cognome, casato | ***avere n., fare di n.***, chiamarsi | ***a n. di, in n. di***, da parte di, con l'autorità di, in rappresentanza di: *parlo a n. del direttore generale* | ***fare un n.***, rivelarlo: *hanno fatto il n. del complice* | ***fare il n. di qlcu.***, presentarsi usando come introduzione il nome di una terza persona: *fai pure il mio n.* | ***n. di battaglia***, nome fittizio adottato in genere da chi combatte clandestinamente | ***n. d'arte***, pseudonimo, adottato da attori, cantanti e artisti | ***n. di penna***, V. *nom de plume* | ***n. di caccia***, nello scoutismo, totem | (*Internet*) ***n. utente***, quello che identifica l'utente in una procedura di login | ***avere un bel n.***, appartenere a una famiglia ragguardevole | ***opera senza n.***, anonima **3** (*fig.*) fama, rinomanza, reputazione: *aver buon, cattivo n.*; *cose per quali il tuo ingegno ... s'acquista perpetua fama e n.* (L.B. ALBERTI) | ***farsi un n.***, diventare noto: *si è fatto un n. nella medicina sportiva* | ***avere un n. nell'arte***, essere famoso in quel campo | †***dar n.***, far credere **4** †parola d'ordine | motto, spec. nome di un santo, che un tempo si gridava come segnale per iniziare il combattimento | ***n. di guerra***, soprannome preso dai soldati delle antiche compagnie di ventura **5** (*lett.*) ***giorno del n.***, quello dell'onomastico ‖ **nomàccio**, pegg.

SFUMATURE DI SIGNIFICATO

nome - cognome

Un **nome** è una parola con la quale si designa ogni persona, animale o cosa concreta e astratta; il *nome comune* si riferisce a ogni elemento di un insieme omogeneo, mentre il *nome proprio* è specifico del singolo individuo. In particolare, il nome proprio di persona contraddistingue la persona singola in sé, come individuo, e precede il nome della famiglia, cioè il **cognome**; correntemente con *nome* si intende anche l'insieme di nome e cognome.

SFUMATURE ➤ *pseudonimo*, ➤ *soprannome*

nomèa [da *nome* ✻ av. 1363] **s. f.** ● (*spec. spreg.*) fama, rinomanza: *avere la n. di bugiardo*; *avere una brutta n.*

SFUMATURE ➤ *reputazione*

nomenclatóre [vc. dotta, lat. *nomenclatōre(m)* 'schiavo che accompagnava il padrone per la strada per ricordargli i nomi dei clienti', comp. di *nōmen* 'nome' e *calāre* 'chiamare, convocare' ✻ sec. XIV] **A s. m.** (**f.** *-trice*) ● studioso che si occupa di nomenclatura **B agg.** ● che fornisce la nomenclatura relativa a una scienza o una disciplina: *registro, libro n.*

nomenclatùra [vc. dotta, lat. *nomenclatūra(m)* 'elenco di nomi'. V. *nomenclatore* ✻ av. 1556] **s. f.** ● l'insieme dei nomi che vengono dati in modo sistematico agli oggetti concernenti una data attività: *la n. dei pezzi di una macchina*; *n. chimica, zoologica*

nomenklatùra /nomenkla'tura, russo nʌmjɪŋkla'tuɾurʌ/ [vc. russa, dal lat. *nomenclatūra* 'elenco di nomi' ✻ 1971] **s. f.** (**pl.** *nomenklatùre* o **russo** *nomenklatury*) ● in Unione Sovietica, elenco degli incarichi più importanti del partito comunista e dello Stato, con cui si identificava il vertice del regime | (*est.*) l'insieme delle alte cariche del governo e della pubblica amministrazione in altri Paesi | (*est., spec. spreg.*) gruppo dirigente di un'organizzazione

-nomìa [gr. *-nomía*, da *nómos* 'norma, legge', da *némein* 'distribuire (secondo una regola)', di orig. indeur.] **secondo elemento** ● in parole composte, significa 'norma', 'governo', 'amministrazione', 'distribuzione razionale': *agronomia, autonomia, biblioteconomia, economia*

-nòmico **secondo elemento** ● forma aggettivi che corrispondono ai sostantivi in *-nomia*: *astronomico, economico*

nomìgnolo [da *nome* con i suff. dim. *-ign(o)* e *-olo*④ ✻ av. 1406] **s. m.** ● soprannome particolare, che spesso allude a qualità fisiche o morali: *appioppare un n. offensivo*

SFUMATURE ➤ *soprannome*

nòmina [da *nominare* ✻ av. 1590] **s. f.** ● atto del destinare qlcu. a un ufficio, una carica o dell'investire qlcu. di un grado, una dignità: *conferire, ricevere una n.*; *decreto di n.*; *n. ministeriale*

SFUMATURE ➤ *elezione*

nominàbile [vc. dotta, lat. tardo *nominābile(m)*, da *nomināre* 'nominare' ✻ 1612] **agg.** ● che si può nominare CONTR. innominabile | ***atto, parola non n.***, inqualificabile, indegno ‖ **nominabilità**, **s. f. inv.**

nominàle [vc. dotta, lat. *nominăle(m)*, da *nōmen*, genit. *nōminis* 'nome' ✻ 1552] **agg. 1** del nome, che riguarda il nome | ***appello n.***, chiamata per nome delle persone segnate in una lista **2** (*ling.*) che appartiene alla categoria del nome: *suffisso, predicato n.* | ***frase n.***, frase costruita senza verbo **3** che è tale, che ha valore, solo di nome: *autorità, governo n.* CONTR. reale **4** (*econ.*) ***valore n. della moneta***, quello attribuitole dall'autorità statale, indipendentemente dal suo valore intrinseco | ***capitale sociale n.*** o ***capitale n.***, l'ammontare dei conferimenti in società, indipendentemente dal fatto che siano stati interamente versati o no, e che risultano dall'iscrizione nel registro delle imprese **5** in varie tecnologie, detto del valore di una grandezza che corrisponde al normale funzionamento di un apparecchio: *tensione n.* ‖ **nominalménte**, **avv.** soltanto di nome e non di fatto ‖ **nominalità**, **s. f. inv.**

nominalìsmo [comp. di *nominale* e *-ismo* ✻ 1843] **s. m.** ● dottrina filosofica medievale, secondo la quale soltanto gli individui costituiscono realtà concrete, mentre i concetti universali non sono altro che nomi ai quali non corrisponde alcuna realtà

nominalìsta [da *nominale* ✻ 1843] **A s. m. e f.** (**pl. m.** *-i*) ● chi segue o si ispira al nominalismo **B agg.** ● (*raro*) nominalistico

nominalìstico [1905] **agg.** (**pl. m.** *-ci*) **1** (*filos.*) relativo al nominalismo (*est., spreg.*) Formalistico, astratto: *disputa nominalistica* **2** (*dir.*) ***principio n.***, quello per cui i debiti monetari si devono adempiere con moneta avente corso legale al tempo delle scadenze e per il suo valore nominale

nominalizzàre [comp. di *nominal(e)* e *-izzare*, sul modello dell'ingl. *to nominalize* ✻ 1974] **v. tr.** ● (*ling.*) trasformare un verbo o un aggettivo in un nome | trasformare una frase in un sintagma nominale ‖ **nominalizzazióne**, **s. f.**

nominalizzatóre [1973] **agg.** (**f.** *-trice*) ● (*ling.*) detto di affisso che permette la trasformazione di un verbo o di un aggettivo in un nome (per es. *-ismo, -tura*)

nominànza [da *nominare* ✻ av. 1257] **s. f.** ● (*lett.*) rinomanza, fama: *buona, cattiva n.*

✦**nominàre** [vc. dotta, lat. *nomināre*, da *nōmen*, genit. *nōminis* 'nome' ✻ 1261 ca.] **A v. tr.** (*io nòmino*) **1** attribuire, dare il nome: *n. una pianta, una malattia* **2** chiamare per nome, pronunciare il nome, denominare: *non si può neppure nominarlo*; *non è da n. galantuomo* | rammentare, menzionare: *n. tutti i papi avignonesi* **3** scegliere per un ufficio o una carica, investire di una dignità, designare: *n. qlcu. cavaliere, senatore, presidente*; *n. membro della commissione* **4** (*gerg., tv*) proporre qlcu. per la nomination: *il concorrente X è stato nominato* **B nominàrsi v. rifl.** ● (*raro*) dire il proprio nome, qualificarsi **C nominàrsi v. intr. pron.** ● †avere nome

†**nominàta** [f. sost. di *nominato* ✻ sec. XIII] **s. f.** ● nomea, fama

nominataménte [dal lat. *nominātim* 'per

nome', da *nomināre* 'nominare' (V.), sul modello degli avv. it. in *-mente* ✱ av. 1294] **avv. 1** per nome, a nome, a uno a uno: *citare, indicare n.* **2** espressamente, esplicitamente: *ordinare, prescrivere n. qlco.*

nomination /nomiˈneʃʃon, *ingl.* ˌnɒmɪˈneɪʃən/ [vc. ingl.: V. *nominazione* ✱ 1960] **s. f. inv. 1** negli Stati Uniti, designazione di un candidato a una carica politica, spec. a quella di presidente **2** (*est.*) candidatura, designazione (*anche scherz.*): *le n. per il premio Oscar; la n. per il più imbranato della compagnia* | (*gerg., tv*) in un reality show, proposta di eliminazione di un concorrente; (*Internet*) in giochi condivisi in rete, indicazione di chi debba continuare il gioco

nominatìvo [vc. dotta, lat. *nominatīvu(m)*, da *nomināre* 'nominare' ✱ av. 1348] **A agg. 1** che serve a nominare: *caso n.* (V. sign. B2) **2** che contiene uno o più nomi: *elenco n.* **3** (*banca*) che è intestato al suo proprietario: *titolo n.; libretto n. di risparmio* ‖ **nominativaménte**, **avv.** nominatamente ‖ **nominatività**, **s. f. inv.** caratteristica di ciò che è nominativo; (*econ.*) regime che comporta l'intestazione dei titoli azionari a chi ne è proprietario **B s. m. 1** (*burocr.*) designazione di una persona col suo nome e cognome **SIN.** nome **2** (*ling.*) caso della declinazione indoeuropea che esprime la funzione grammaticale del soggetto **3** sigla di lettere e cifre, o segnale, che contraddistingue ogni nave, aeromobile, stazione marittima e radiotrasmittente

nominàto **part. pass.** di *nominare*; anche **agg. 1** nei sign. del v. | denominato | chiamato per nome, menzionato, sunnominato **2** designato, scelto **3** celebre, noto, rinomato ‖ †**nominataménte**, **avv. 1** per nome **2** specialmente

nominatóre [vc. dotta, lat. tardo *nominatōre(m)*, dal part. pass. di *nomināre* 'nominare' ✱ av. 1406] **s. m.** (**f.** *-trice*); **anche agg.** ● (*raro*) chi (o che) nomina

nominazióne [vc. dotta, lat. *nominatiōne(m)*, dal part. pass. di *nomināre* 'nominare' ✱ 1342] **s. f.** ● (*raro*) il nominare | designazione, nomina: *si doveva tralasciar anco la n. del li presidenti* (P. Sarpi)

nòmo① [vc. dotta, gr. *nomós* 'provincia, distretto, regione', di orig. indeur. ✱ 1834] **s. m. 1** (*stor.*) distretto amministrativo dell'Egitto faraonico, tolemaico e romano **2** circoscrizione amministrativa della Grecia moderna, equivalente a una provincia

nòmo② [vc. dotta, gr. *nómos* 'cantilena, melodia', di orig. indeur. ✱ av. 1565] **s. m.** ● composizione poetica di argomento austero o religioso, cantata a solo con accompagnamento di cetra, tipica della letteratura greca antica

nòmo- [dal gr. *nómos* 'legge, regola', di orig. indeur.] **primo elemento** ● in parole composte della terminologia scientifica, significa 'norma', 'legge': *nomogramma*

-nomo **secondo elemento** ● forma nomi designanti persone che svolgono le attività indicate dai sostantivi in *-nomia*: *agronomo, economo*

nomofilàce o **nomofilace** [vc. dotta, gr. *nomophýlax*, genit. *nomophýlakos*, comp. di *nómos* 'legge' (V. *nomo-*) e *phýlax*, genit. *phýlakos* 'guardiano', di etim. incerta ✱ 1834] **s. m.** ● nella magistratura greca antica, chi aveva il compito di custodire il testo originale delle leggi

nomofilachìa o **nomofilacìa** nel sign. 2 [gr. *nomophylakía*, deriv. di *nomophýlax* 'nomofilace' ✱ 1958] **s. f. 1** incarico del nomofilace **2** (*dir.*) garanzia dell'uniforme interpretazione della legge

nomofilàttico [da *nomofilachia* ✱ 1981] **agg.** (**pl. m.** *-ci*) ● (*dir.*) relativo alla nomofilachia | ***funzione nomofilattica della Corte di Cassazione***, compito di garantire l'uniforme interpretazione delle leggi

nomofìllo [comp. di *nomo-* e *-fillo* ✱ 1932] **s. m.** ● (*bot.*) foglia normale con clorofilla

nomofobìa [comp. dell'ingl. *no-mo(bile)* 'senza telefono cellulare' e *-fobia* ✱ 2008] **s. f.** ● timore ossessivo di non poter disporre del telefono cellulare, perché non lo si ha con sé o ci si trova in una zona priva di campo ‖ **nomofòbico**, **agg.** (**pl. m.** *-ci*); **anche s. m.** (**f.** *-a*) **nel sign. 2 1** relativo a nomofobia **2** nomofobo ‖ **nomòfobo**, **agg. e s. m.** (**f.** *-a*) che (o chi) soffre di nomofobia

nomografìa [vc. dotta, gr. *nomographía* 'il dar leggi scritte, legislazione', comp. di *nómos* 'legge' (V. *nomo-*) e *-graphía* '-grafia' ✱ 1892] **s. f.** ● studio dei nomogrammi e di questioni connesse

nomogràmma [comp. di *nomo-* e *-gramma* ✱ 1942] **s. m.** (**pl.** *-i*) ● (*mat.*) rappresentazione grafica di una funzione di due o più variabili, o di un'equazione in tre o più variabili

nomologìa [comp. di *nomo-* e *-logia* ✱ 1813] **s. f.** (**pl.** *-gie*) ● (*filos.*) nella filosofia del XIX sec., scienza delle leggi

nomològico [ingl. *nomological*, da *nomology* 'studio (*-logy* '-logia'), che riguarda la norma (*nomo-* 'nomo-') dei fenomeni mentali' ✱ 1892] **agg.** (**pl. m.** *-ci*) ● (*filos.*) detto di un'asserzione valida per tutti gli oggetti o i fenomeni a cui si riferisce, che ha dunque valore di legge

nòmos [vc. gr., propr. 'legge, usanza' ✱ 1780] **s. m. inv.** (**pl. gr.** *nomoi*) ● nell'antica Grecia, legge, norma, regola | usanza, tradizione

nomotèta [gr. *nomothétēs*, comp. di *nómos* 'legge' e *thétēs* 'colui che pone, stabilisce (dal v. *tithénai* 'mettere stabilmente, collocare')', l'uno e l'altro di orig. indeur. ✱ 1828] **s. m.** (**pl.** *-i*) ● nell'antica Atene, membro di un consiglio che approvava o rifiutava le modifiche proposte alla legislazione

nomotètico [vc. dotta, calco sul ted. *nomothetisch*, comp. del gr. *nómos* 'legge' (V. *nomo-*) e *theticós* 'atto a stabilire, a formare' (V. *nomoteta*) ✱ 1907] **agg.** (**pl. m.** *-ci*) ● (*filos.*) nel pensiero di Kant, normativo | detto di scienza in grado di formulare delle leggi generali sui fenomeni

nomparìglia o †**nonparìglia** /nompaˈriʎʎa/ [fr. *nonpareil* 'senza pari', comp. di *non* e *pareil* 'pari, simile', dal lat. parl. **paricŭlu(m)*, da *păr*, genit. *păris* 'pari' ✱ 1695] **s. f.**; **anche s. m. inv. nel sign. 2 1** †nastro molto stretto **2** antica denominazione del più piccolo carattere di stampa, corrispondente all'attuale corpo 6

♦**non** /non/ [lat. *nōn*, da **nē ōinu(m)* 'non uno' ✱ sec. XII] **avv.** (**davanti al pron.** *lo*, **la** *n* **finale dell'avverbio si assimila dando luogo per troncamento a** *nol*, **poet.**: *venite a noi parlar, s'altri nol niega!* (Dante *Inf.* V, 81); *nol concede il mestissimo rito* (A. Manzoni)) **1** nega o esclude il concetto espresso dal verbo cui è premesso o serve a esprimere diversità dal concetto stesso: *non sono riuscito a trovarlo; non voglio; non è venuto; mi ha consigliato di non rifiutare; mi rispose che non poteva farlo; non ci vado; non andarci; non ti muovere; non muoverti; non ce n'è* | con valore rafforz. con un pron. negativo: *non c'è nessuno; non lo dice nessuno; non possiedono niente; non ho visto nulla* | ***che è, che non è***, improvvisamente, chissà come | ***non c'è di che!***, formula di cortese risposta a chi ringrazia o si scusa di qlco. | ***in men che non si dica***, molto rapidamente | ***non potere non fare qlco.***, doverla fare assolutamente, non poter farne a meno: *non posso non credergli; non possiamo non andare* | con valore rafforz. in unione con 'affatto', 'punto', 'mica': *non lo stimano affatto; non ci credo punto; non ci vado mica* | ***un certo non so che***, V. *non so che* **2** si usa per negare uno dei termini nelle contrapposizioni (anche con ellissi del v.): *non sarà bello ma è ricco; sarà intelligente ma non simpatico; lui, non tu, deve provvedere; non domani, oggi dovevo venire* | nelle prop. disgiuntive: *venga o non venga; voglia o non voglia; gli piaccia o non gli piaccia; mi credano o non mi credano* | (*impropr.*) con ellissi del secondo termine: *venga o non* | con ellissi del v.: *giovane o non giovane, queste cose deve capirle; raccomandato o non raccomandato per me sono tutti uguali* **3** (*enfat., lett.*) né (esclude, in una numerazione, ciascuno dei termini cui viene premesso): *Non avea catenella, non corona, / non gonne contigiate, non cintura* (Dante *Par.* XV, 100-101) **4** si usa nelle prop. interr. retoriche, dirette o indirette, che aspettano risposta affermativa: *non avevi detto che l'avresti fatto subito?; non ti pare che sarebbe meglio aspettare?; mi chiedo se non sia il caso di rinunciare; ho ragione io, non è vero?; non sei forse il fratello di Mario?; chi non avrebbe subito fiutato l'imbroglio?* | ***non è che, non sarà che***, con valore dubitativo: *non è che magari si è seccato?; non sarà che se n'è dimenticato?* **5** (*pleonast.*) in alcune prop. dipendenti introdotte da locuzioni particolari: *non appena mi vide, mi corse incontro; mancò poco che non cadesse; a meno che tu non voglia rinunciare* | (*pleonast.*) in espressioni escl. ellittiche: *le meraviglie che non ho visto!* | (*pleonast.*) in prop. temporali introdotte da 'finché' e nelle compar.: *ho atteso finché non fosse partito; è molto più difficile di quel che tu non pensi* | (*lett., pleonast.*) dopo verbi di timore, impedimento, dubbio in prop. con valore dubitativo: *è meglio sorvegliare l'ovile per impedire che le pecore non scappino; dubito che non venga più* **6** nega il concetto espresso dal sost., agg., pron., avv. o da altra parte del discorso cui è premesso, spec. dando luogo a una litote: *per lui è stato non un fratello ma un padre; è stata un'impresa non riuscita; una stella non visibile ad occhio nudo; non pochi lo affermano; ha pianto non poco; l'ho fatto non senza fatica; non tutti sono d'accordo; non sempre si ottiene ciò che si vuole; una spesa non indifferente; non uno degli invitati è venuto; si è rimesso non completamente* | talora con ellissi del sost. che segue: *possono entrare tutti, abbonati e non* (V. anche *no* nel sign. A 3) | ***non altrimenti che***, così come, allo stesso modo | ***non che***, (*ellitt.*) non è che: *non che sia uno sciocco, ma è superficiale* | ***se non***, altro che, altra cosa che: *non è se non un disgraziato* | V. anche *nondimeno, nonostante, nonpertanto, se non che* **7** nega o esclude il concetto del sost. che lo segue formando con questo un tutt'uno, talvolta anche un'unica parola, quasi fosse un prefisso: *i non credenti; i non belligeranti; i non cattolici; il non intervento; il non essere; il non io; un nonsenso; un non problema; una non notizia*

nòna [da (*ora*) *nona* ✱ 1287] **s. f. 1** nella divisione del tempo in uso presso gli antichi Romani, nona ora del giorno, contando dopo le sei del mattino, corrispondente circa alle ore quindici **2** (*relig.*) ora canonica corrispondente alle ore quindici **3** (*tosc., fig.*) †***fare suonare le none***, anticipare un rifiuto, prevenendo la richiesta **4** (*mus.*) intervallo costituito dalla somma di un intervallo di ottava più uno di seconda | accordo dissonante, dato da un suono fondamentale cui si sovrappongono quattro terze

nonagenàrio [vc. dotta, lat. tardo *nonagenāriu(m)*, da *nonagēni* 'in numero di novanta', da *nonagĭnta* 'novanta' ✱ 1573] **agg.**; **anche s. m.** (**f.** *-ia*) ● che (o chi) ha novant'anni, detto di cosa e di persona: *ulivo n.*; *un arzillo n.*

nonagèșimo (o -é-) [vc. dotta, lat. *nonagēsimu(m)*, da *nonagīnta* 'novanta' ✱sec. XIV] **A agg. num. ord.**; anche **s. m.** ● (*raro*) novantesimo **B s. m.** ● (*astron.*) il punto dell'eclittica più alto sull'orizzonte

non aggressióne [comp. di *non* e *aggressione* ✱1950] **loc. sost. f.** ● in diritto internazionale, principio in base al quale due o più Stati si impegnano a non aggredirsi reciprocamente: *patto di non aggressione*

nonàgono [da *nono*, sul modello di *pentagono*, ecc. ✱av. 1587] **s. m.** ● poligono con nove lati

non allineaménto [1961] **loc. sost. m.** ● (*polit.*) la condizione dei Paesi non allineati

non allineàto [comp. di *non* e *allineato* ✱1961] **loc. agg.** ● (*polit.*) nel secondo dopoguerra, detto di Paese non schierato con il blocco occidentale né con quello orientale

nonàno [comp. di *non(o)* e *-ano*②✱1895] **s. m.** ● (*chim.*) idrocarburo alifatico saturo a nove atomi di carbonio, contenuto nel petrolio

†**nonàrio** [da *nono* ✱av. 1499] **agg.** ● di nove

non belligerànte [comp. di *non* e *belligerante*] **A loc. agg.** ● detto di Stato che si trova nella condizione di non belligeranza **B loc. sost. m.** ● stato non belligerante

non belligerànza [comp. di *non* e *belligeranza* ✱1939] **loc. sost. f.** ● in diritto internazionale, condizione di uno Stato intermedia fra la neutralità e lo stato di guerra

nonchalance /fr. nɔ̃ʃa'lɑ̃s/ [vc. fr., da *nonchalant*, part. pres. dell'ant. *nonchaloir* 'trascurare', comp. di *non* e *chaloir* 'importare', dal lat. *calēre* 'avere caldo' e fig. 'inquietarsi, essere sui carboni ardenti' ✱1960] **s. f. inv.** ● atteggiamento di distacco unito a indifferenza, noncuranza

♦**nonché** o **non che**, spec. nel sign. 2 [comp. di *non* e *che*② ✱av. 1294] **cong. 1** e anche, e inoltre, come pure (con valore aggiuntivo): *gli ho sempre dato quanto era necessario, n. qualcosa in più*; *è un lavoro lungo n. complesso* | (*raro*) tanto più, tanto meno: *non lo si può consigliare, n. aiutare* | oltre a, oltre che: *n. egoista, è anche malvagio* **2** (*lett.*) non solo (spec. in correl. con una cong. avversativa, come *ma, piuttosto* ecc.): *nulla speranza li conforta mai, / non che di posa, ma di minor pena* (DANTE *Inf.* V, 44-45) | (*lett.*) non solo non: *non che gli approvi, io piuttosto gli abbomino* (G. LEOPARDI)

non collaborazióne [comp. di *non* e *collaborazione* ✱av. 1926] **loc. sost. f.** ● forma di lotta sindacale consistente nell'esatto adempimento dei compiti assegnati al lavoratore, e nel rifiuto, da parte di questo, di compiere qualsiasi prestazione che esorbiti da essi

nonconformìșmo o **non conformìșmo** [1981] **s. m.** ● atteggiamento proprio di chi è nonconformista

nonconformìsta o **non conformista** [calco sull'ingl. *non conformist* ✱av. 1712] **agg. e s. m. e f.** (**pl. m.** *-i*) ● che (o chi) non si conforma al modo di agire e di pensare della maggioranza: *spirito n.*; *un n. intransigente*

†**noncovèlle** [comp. di *non* e *covelle* ✱av. 1553] **pron. indef. inv.** ● nulla

non credènte [comp. di *non* e *credente* ✱1612] **loc. sost. m. e f.** ● persona che, con piena consapevolezza, rifiuta qualsiasi religione

♣**noncurànte** o (*raro*) **non curànte** [comp. di *non* e *curante* ✱1353] **agg. 1** che non si preoccupa (+ *di*): *essere n. del pericolo* | indifferente: *n. dei giudizi altrui* **2** che rivela disinteresse, indifferenza, talvolta un certo sussiego: *avere un'aria n.*; *si sforzava di mostrarsi n.* **3** †sprezzante

SFUMATURE ➤ *incurante*

♣**noncurànza** o (*raro*) **non curànza** [da *noncurante* ✱av. 1604] **s. f. 1** mancanza di cura, attenzione e sim. nei confronti di qlcu. o qlco.: *la n. dei propri doveri* SIN. negligenza, trascuratezza **2** atteggiamento che rivela indifferenza, distacco, sussiego e sim.: *rispondere con n.*; *assumere un'aria di n.* SIN. disinteresse

non deambulànte [comp. di *non* e *deambulante* ✱1990] **loc. agg.**; anche **loc. sost. m. e f.** ● (*burocr.*) che (o chi) ha ridotte capacità motorie: *posti riservati a passeggeri non deambulanti*

non détto ➤ **detto**

†**nondimànco** o †**non di mànco** [comp. di *non, di* e *manco* ✱av. 1363] **cong.** ● nondimeno

♦**nondiméno** o **non di méno** [comp. di *non, di* e *meno* ✱1308] **cong.** ● tuttavia, eppure, ciò nonostante (con valore avversativo): *non credo di essere capace, n. tenterò*; *non se lo meritava proprio, n. è stato aiutato* | in correl. con le cong. concessive 'benché', 'quantunque', 'sebbene' e sim., rafforza il valore concessivo di tutto il periodo: *quantunque tu sia contrario, n. dovrai collaborare*; *come che tu ... nell'armi esercitato ti sii, non dovevi di meno conoscere quello che gli ozi e le dilicatezze possano* (G. BOCCACCIO)

non docènte [comp. di *non* e *docente* ✱1974] **A loc. sost. m. e f.** ● (*burocr.*) chi lavora nella scuola e non appartiene ai ruoli docenti o direttivi **B** anche **loc. agg.**: *personale non docente*

nòne① [vc. dotta, lat. *nōnae*, nom. pl. f. di *nōnus* 'nono'; dette così perché cadevano il *nono* giorno prima delle Idi ✱sec. XIV] **s. f. pl.** ● nell'antico calendario romano, quinto giorno del mese, eccetto quelli di marzo, maggio, luglio e ottobre, in cui era il settimo giorno

nòne② [da *no* o *no(n)* con componente rafforzativa ✱1268] **avv. 1** (con valore rafforz.) †non **2** (con valore rafforz.) †no | come risposta negativa oggi usato nei dialetti centr. e merid.

non èssere o **non-èssere** [1622] **loc. sost. m. inv.** ● (*filos.*) ciò che non è, il nulla, contrapposto all'essere

nonétto [da *nono*, sul modello di *quartetto*, *quintetto* ecc. ✱1895] **s. m.** ● (*mus.*) composizione da camera per nove strumenti solisti | (*est.*) l'insieme degli esecutori di tale composizione

non èxpedit [loc. lat., propr. 'non giova, non conviene' ✱1878] **loc. sost. m. inv.** ● (*stor.*) formula con cui nel 1874 la Santa Sede sconsigliò ai cattolici la partecipazione alle elezioni e alla vita politica del nuovo Stato italiano: *attenersi al non expedit* | (*est.*) formula con cui si afferma che non è utile, non è il caso, di fare qlco.: *alla mia proposta hanno replicato con una sorta di non expedit* | anche come loc. verbale: *non expedit in modo alcuno ch'io lodi chi non mi giova* (T. TASSO)

non food /non'fud, *ingl.* ˌnɒn'fuːd/ [loc. ingl., propr. 'non cibo' (*food*) ✱1989] **loc. sost. m. inv.** ● nella grande distribuzione, il settore non alimentare CFR. food

non fumatóre [comp. di *non* e *fumatore* ✱1975] **loc. sost. m.** (**f.** *-trice*); anche **loc. agg.** ● chi (o che) non fuma: *camere d'albergo riservate ai non fumatori*

non garantito [comp. di *non* e *garantito* ✱1986] **loc. agg.**; anche **loc. sost. m.** (**f.** *-a*) ● che (o chi) non è adeguatamente tutelato sul piano sociale ed economico: *ceti non garantiti*

non giòco [comp. di *non* e *gioco*] **loc. sost. m. inv.** ● (*sport*) tattica che mira solo a impedire alla squadra avversaria di sviluppare il suo gioco

nonìlico [da *nonano* ✱1895] **agg.** (**pl. m.** *-ci*) ● (*chim.*) detto di acido monobasico del nonano

non intervènto [comp. di *non* e *intervento* ✱1871] **loc. sost. m.** ● principio secondo cui a nessuno Stato è permesso intervenire nella politica interna di altri Stati

nònio [da *Nonius*, n. latinizzato di Pedro *Nunes* (1502-1578) che lo inventò ✱1845] **s. m.** (**pl.** *nòni* o *nònii*) ● (*fis.*) dispositivo che permette di leggere una data frazione di intervallo di una scala graduata

non ìo o **non-io** [comp. di *non* e *io* ✱1845] **loc. sost. m. inv.** ● (*filos.*) in Fichte, ciò che viene pensato dall'Io al di fuori di sé stesso

nonluògo ➤ **luogo** nel sign. 3

non menzióne [comp. di *non* e *menzione* ✱1981] **loc. sost. f.** ● (*dir.*) beneficio previsto dalla legge penale che consiste nella mancata iscrizione della condanna nel certificato del casellario giudiziario

non metàllo [ingl. *non-metal*, giustapposizione di *non* negativo e *metal* 'metallo' ✱1981] **loc. sost. m.** ● (*chim.*) elemento privo di caratteristiche metalliche

nònna [lat. tardo *nŏnna(m)* 'nutrice, balia', vc. infant. ✱1353] **s. f. 1** madre del padre o della madre nei confronti dei figli di questi **2** (*fam.*) donna anziana, spec. come appellativo affettuoso ‖ **nonnétta**, **dim.** | (*vezz.*) **nonnina**, **dim.**

nonnìșmo [da *nonno*, fra i militari l''anziano' ✱1985] **s. m.** ● comportamento prepotente e intimidatorio che i soldati prossimi al congedo assumono nei confronti delle reclute, sottoponendole a scherzi anche feroci e pretendendo particolari privilegi | (*est.*) comportamento vessatorio dei più anziani nei confronti dei più giovani: *il n. nelle scuole*

♦**nònno** [lat. tardo *nŏnnu(m)* 'balio', vc. infant. ✱av. 1528] **s. m. 1** padre del padre o della madre nei confronti dei figli di questi | ***i nonni***, il nonno e la nonna o i due nonni o le due nonne; (*est.*) gli avi, gli antenati | (*fam.*) ***sì, mio n.!, sì, mio n. in carriola!***, esprime incredulità o scetticismo di fronte a un'affermazione ritenuta esagerata o iperbolica **2** (*fam.*) uomo anziano, spec. come appellativo affettuoso **3** nel gergo militare, soldato ormai prossimo al congedo, cui tradizionalmente vengono riconosciuti particolari privilegi dai commilitoni con minore anzianità di leva ‖ **nonnétto**, **dim.** | (*vezz.*) **nonnino**, **dim.** | **nonnóne**, **accr.** | (*lett.*, *vezz.*) **nonnùccio**, **dim.**

nonnòtto [da *nonno* ✱1865] **s. m.** ● (*zool.*) tarabusino

nonnùlla [lat. *nonnūlla* 'alcune cose', nt. pl. di *nonnūllus*, comp. di *nōn* 'non' e *nūllus* 'nessuno' (V. *nulla*) ✱sec. XIV] **s. m. inv.** ● cosa da nulla, di importanza trascurabile: *litigare per un n.*; *un n. basta a farlo contento*

♦**nòno** [lat. *nōnu(m)*, da *nŏvem* 'nove' ✱1294] **A agg. num. ord.** ● corrispondente al numero nove in una successione o in una classificazione (rappresentato da IX nella numerazione romana, da 9° in quella araba): *è arrivato n.*; *la nona parte di un numero*; (*ellitt.*) *tre alla nona*; *la nona sinfonia di Beethoven*; *il papa Pio IX*; *il re Luigi IX* | ***il secolo IX***, gli anni dall'801 al 900 d.C. **B s. m.** ● ciascuna delle nove parti uguali di una stessa quantità: *calcolare i due noni di un numero*

♦**nonostànte** o (*lett.*) **non ostànte** [comp. di *non* e †*ostante*, part. pres. di *ostare* ✱1308] **A prep.** ● malgrado, a dispetto di, senza curarsi di: *sono riuscito n. tutti gli ostacoli*; *l'ho fatto n. il vostro divieto*; *n. il freddo è uscito senza cappotto*; *n. tutto ce l'ho fatta*; *n. ciò sono contento* | V. anche *ciononostante* | anche nelle loc. prep. †***n. a***, †***n. di***: *aspettarono il medico, n. a questo, più dì* (F. SACCHETTI) **B cong. 1** benché, quantunque (introduce una prop. concessiva con il v. al congtv.): *non ho avuto l'animo di insistere, n. fosse necessario* | anche nella loc. cong. ***n. che***: *non si è concluso ancora nulla, n. che la maggioranza fosse d'accordo* **2** (*raro*) nella loc. cong. ***pur n.***, tuttavia (con valore avversativo): *era tardi, pur n. abbiamo terminato il lavoro* **C** **avv.** ● (*lett.*) tuttavia: *Non ostante si mise a mangiare con grand'appetito* (A. MANZONI)

†**nonparìglia** ➤ **nompariglia**

♣**nonpertànto** /nomper'tanto/ o **non pertànto, non per tànto** [comp. di *non* e *pertanto* ✱sec. XIII] **cong.** ● (*lett.*) tuttavia, nondimeno (con valore avversativo, spesso rafforzato da 'ma'): *ma non per tanto, senza mutar colore, ..., disse* (G. BOCCACCIO)

♣**non plus ùltra** [lat., propr. 'non più oltre', motto che, secondo la leggenda, sarebbe stato scritto sulle colonne d'Ercole ✱av. 1642] **loc. sost. m. inv.** ● il livello massimo a cui sia possibile pervenire: *il non plus ultra della tecnica, della precisione, della funzionalità; il non plus ultra dell'incompetenza, della trascuratezza, dell'ignoranza*

†**nonpòssa** /nom'pɔssa/ [comp. di *non* e *possa*① ✱1319] **s. f.** ● impossibilità, impotenza

non pòssumus [loc. lat., propr. 'non possiamo', ricorrente nella storia della Chiesa, suggerita dall'espressione con cui gli apostoli Pietro e Giovanni si rifiutarono di obbedire al divieto dei capi del popolo di parlare nel nome di Gesù ✱av. 1893] **loc. sost. m. inv.** **1** rifiuto espresso da un'autorità ecclesiastica e spec. da un pontefice, motivato dall'osservanza di leggi divine o canoniche **2** (*est.*) rifiuto netto, deciso

non professionàle [comp. di *non* e *professionale* ✱1980] **loc. agg.** ● detto di qualsiasi attività svolta a livello amatoriale, dilettantistico: *cinema non professionale*

non pròfit /nom'prɔfit, *ingl.* nɒn'prɒfɪt/ o **no pròfit** /no'prɔfit, *ingl.* ˌnəʊ'prɒfɪt/ [loc. ingl., propr. 'senza, assenza (*non*) lucro, guadagno, profitto (*profit*)' ✱1989] **A** **loc. agg. inv.** ● (*dir.*) detto di ente o associazione che svolge attività senza scopo di lucro, spec. per fini benefici o di solidarietà **B** **loc. sost. m. inv.** ● il settore economico che comprende tali enti o associazioni

non proliferazióne [comp. di *non* e *proliferazione*, per calco sull'ingl. *non-proliferation* ✱1966] **loc. sost. f.** ● tendenza a limitare, con accordi diplomatici, la produzione e diffusione delle armi spec. nucleari: *trattato di non proliferazione*

nònsense /'nonsens, *ingl.* 'nɒnsəns/ [vc. ingl., comp. di *non* e *sense* 'senso' ✱1968] **A** **s. m. inv.** **1** nonsenso **2** breve testo o composizione poetica caratterizzata da un umorismo paradossale, surreale **B** anche **agg. inv.**: *poesia n.*

♣**nonsènso** o **non sènso** [comp. di *non* e *senso* ✱1754] **s. m.** ● ciò che è privo di senso comune, che è assurdo o illogico: *anche le case tranquille sembravano un non senso* (C. ALVARO) **SIN.** assurdità

non so che /nonsɔk'ke*, non'sɔ ke*/ o (*raro*) **nonsoché** [comp. di *non, so* (prima pers. del pres. indic. di *sapere*) e *che*② ✱1353] **A** **loc. agg. indef. inv.** ● indica qualità indeterminata e difficilmente esprimibile: *sento non so che imbarazzo a parlargli* **B** **loc. sost. m. inv.** ● ciò che non si percepisce chiaramente, che non si sa definire: *un non so che di losco; un certo non so che*

non stop o **nonstop** /non'stɔp, *ingl.* ˌnɒn'stɒp/ o **no-stòp** [vc. ingl., propr. 'senza fermata' ✱1959] **A** **agg. inv.** ● senza interruzione, senza sosta: *volo non stop; spettacolo non stop* **B** **s. f. inv.** ● (*ellitt.*) trasmissione radio-televisiva o spettacolo senza pause: *una non stop sui risultati elettorali*

non tessùto [comp. di *non* e *tessuto*② ✱1978] **loc. agg.; anche loc. sost. m.** ● detto di prodotto tessile costituito da un fondo di fibre o fili naturali o sintetici, legato con mezzi chimici o meccanici ed eventualmente rinforzato da un supporto; è usato per la confezione di coperte, tessuti per arredamento, rivestimenti di pavimenti, imbottiture e sim. e di articoli destinati a essere gettati via dopo il primo uso, per es. articoli sanitari, strofinacci, sacchi per imballaggio

nontiscordardimé o **non ti scordàr di me** [da *non ti scordar(e) di me* ✱1856] **s. m. inv.** ● (*bot.*) miosotide

non udènte [comp. di *non* e *udente* ✱1986] **loc. sost. m. e f.; anche loc. agg.** ● (*eufem.*) sordo

nònuplo [da *nono*, sul modello di *quadruplo* ecc. ✱1499] **A** **agg.** ● (*raro*) che è nove volte maggiore, relativamente ad altre cose analoghe **B** **s. m.** ● quantità, misura nove volte maggiore

non valóre [comp. di *non* e *valore* ✱av. 1806] **loc. sost. m.** ● (*filos.*) disvalore, valore negativo

non vedènte [comp. di *non* e *vedente* ✱1970] **loc. sost. m. e f.; anche loc. agg.** ● (*eufem.*) cieco

non violènto o **nonviolènto** [comp. di *non* e *violento* ✱1965] **loc. sost. m.** (**f.** *-a*); anche **loc. agg.** ● chi (o che) professa la non violenza, o si ispira alla non violenza

non violènza o **nonviolènza** [comp. di *non* e *violenza* ✱1930] **loc. sost. f.** ● (*polit.*) rifiuto di impiegare la violenza come forma di lotta politica anche quando il potere viene esercitato in forme antidemocratiche e vessatorie **CFR.** satyagraha

nòo① ➤ **nous**

nòo② o **nòoo** [1894] **avv.** ● (*colloq.*) no, detto con intonazione che esprime incredulità, meraviglia o disappunto **CFR.** naa

no-òil /no'ɔil, *ingl.* ˌnəʊ'ɔɪl/ o **non-oil** [vc. ingl., propr. 'senza petrolio' ✱1988] **A** **agg. inv.** **1** che non utilizza il petrolio o i suoi derivati: *impresa no-oil* **2** che è contrario all'uso del petrolio come fonte di energia; (*est.*) che è favorevole all'utilizzo di fonti energetiche rinnovabili: *comitato no-oil* **3** detto di cosmetico privo di grassi: *balsamo per capelli no-oil* **B** **s. m. inv.** ● vendita di prodotti che non utilizzano il petrolio o suoi derivati: *la diffusione del non-oil*

noologìa [comp. del gr. *nóos* 'mente' e *-logia* ✱1933] **s. f.** (**pl.** *-gìe*) **1** (*filos.*) disciplina che studia le funzioni conoscitive dell'intelletto **2** (*ling.*) teoria linguistica elaborata da L. J. Prieto, che analizza un enunciato in tratti semantici

noosfèra [dal fr. *noosphère*, termine introdotto da Teilhard de Chardin (1881-1955) per indicare la 'sfera (*sphère*) della conoscenza (*noo-*, dal gr. *nóos* 'mente')' ✱1950] **s. f.** ● (*filos.*) nel pensiero di Pierre Teilhard de Chardin, il mondo immateriale della mente e del pensiero, inteso come intelligenza collettiva che esercita una profonda influenza sulle cose materiali

noòtropo [comp. di *noo* e *-tropo* ✱1989] **agg.; anche s. m.** ● (*farm.*) detto di sostanza che attiva o stimola l'attività mentale **CFR.** smart drug

no pròfit ➤ **non profit**

nòr- [sigla del ted. *N ohne Radical* 'N (azoto) senza radicale'] **primo elemento** ● in parole composte della terminologia chimica, indica molecola organica avente, a parità di struttura chimica, un metile o un metilene in meno rispetto alla molecola dalla quale deriva: *noradrenalina*

nòra ➤ **nuora**

noradrenalìna [comp. di *nor-* e *adrenalina* ✱1958] **s. f.** ● (*chim.*) catecolamina che agisce da neurotrasmettitore del sistema nervoso simpatico, precursore dell'adrenalina nella parte midollare della ghiandola surrenale **SIN.** norepinefrina

norcinerìa [da *norcino* ✱1925] **s. f.** ● (*centr.*) luogo in cui si uccidono i maiali e se ne lavorano le carni | macelleria in cui si vende carne di maiale

norcìno [da *Norcia*, città umbra da cui provenivano molti esperti nel lavorare la carne di maiale ✱1566] **A** **agg.** ● di Norcia **B** **s. m.** (**f.** *-a*) **1** abitante o nativo di Norcia **2** (*centr.*) chi macella i maiali e ne lavora le carni | chi vende carni suine

♦**nord** /nɔrd/ o †**nòrte** [sp. *norte*, dall'ingl. ant. *north* ✱1534] **A** **s. m. inv.** **1** (*geogr.*; anche con iniziale maiuscola) principale punto cardinale, rilevato mediante puntamento astronomico sulla stella polare | ***N. magnetico***, punto della Terra al quale si volge l'ago calamitato della bussola **2** (*est.*) zona settentrionale di un paese, un continente e sim.: *città del n.; gente del n.; il N. dell'Italia, dell'Europa* | l'insieme dei Paesi industrializzati ed economicamente sviluppati, situati per lo più nell'emisfero boreale: *il N. del mondo; la contraddizione Nord-Sud* **3** nel bridge, posizione del giocatore che, al tavolo da gioco, si colloca di fronte al giocatore in posizione Sud col quale fa coppia **B** in funzione di **agg. inv.** ● (posposto a un sost.) settentrionale, spec. nelle loc. ***fascia n., parete n., zona n.*** e sim.

nord- /nɔrd/ **primo elemento** ● in aggettivi e sostantivi etnici o geografici, significa 'settentrionale', 'del Nord': *nordamericano*

nordafricàno [1967] **A** **agg.** ● dell'Africa settentrionale **B** **s. m.** (**f.** *-a*) ● abitante o nativo del Nord Africa

nordamericàno [1842] **A** **agg.** ● dell'America del Nord, spec. degli Stati Uniti d'America **B** **s. m.** (**f.** *-a*) ● abitante o nativo dell'America del Nord, o degli Stati Uniti d'America

nordatlàntico [1969] **agg.** (**pl. m.** *-ci*) ● relativo all'Oceano Atlantico settentrionale

nordcoreàno [1984] **A** **agg.** ● della Corea del Nord **B** **s. m.** (**f.** *-a*) ● abitante o nativo della Corea del Nord **CFR.** sudcoreano

nordèst o **nord-èst** [1561] **s. m. inv.** ● punto dell'orizzonte posto a uguale distanza dal Nord e dall'Est | la zona nordorientale di un Paese o di un continente: *l'economia del N. in Italia; il N. degli Stati Uniti*

nordestìno [1973] **A** **agg.** **1** relativo a una vasta regione geografica del Nordest del Brasile comprendente nove Stati **2** relativo alla parte nordorientale d'Italia, costituita dal Veneto, il Trentino-Alto Adige e il Friuli-Venezia Giulia: *la piccola industria nordestina* **B** **s. m.** (**f.** *-a*) ● abitante o nativo del Nordest del Brasile o dell'Italia

nordeuropèo [1958] **A** **agg.** ● del Nord dell'Europa **B** **s. m.** (**f.** *-a*) ● abitante o nativo del Nord dell'Europa

nòrdico [1575] **A** **agg.** (**pl. m.** *-ci*) ● relativo al Nord | (*est.*) relativo alle regioni dell'Europa del Nord: *paesi, popoli nordici; lingue, leggende, usanze nordiche* | (*sport*) ***sci n.***, V. *sci* | ***combinata nordica***, V. *combinata* ‖ **nordicità**, **s. f. inv.** **B** **s. m.** (**f.** *-a*) ● abitante o nativo di un paese nordico

nordic walking /nordik'wɔlkin(g), *ingl.* ˌnɔːdɪk'wɔːkɪŋ/ [loc. ingl., propr. 'camminata (*walking*) nordica (*nordica*)' ✱2003] **loc. sost. m. inv.** ● (*sport*) camminata nordica (V. *camminata*①)

nordirlandése (o -ṣ-) [1985] **A** **agg.** **1** dell'Ulster, provincia del Regno Unito nell'Irlanda nordorientale: *autonomia n.* **2** dell'Irlanda settentrionale **B** **s. m. e f.** ● abitante o nativo dell'Ulster o dell'Irlanda settentrionale

nordìsmo // [1903] **s. m.** ● concezione che privilegia le tradizioni e le caratteristiche dei territori settentrionali di un Paese o di un continente nei confronti di quelli meridionali CFR. sudismo

nordìsta [1950] **A** **s. m. e f. (pl. m. -*i*)** **1** soldato o fautore degli stati del Nord nella guerra di secessione americana (1861-65) **2** abitante o nativo della parte settentrionale di una nazione politicamente divisa in due **B** **agg.** **1** relativo agli stati del Nord degli Stati Uniti durante la guerra di secessione: *vittoria n.* **2** relativo alla parte settentrionale di un Paese politicamente suddiviso in due parti: *governo n. della Corea*

nordoccidentàle o **nord-occidentàle** [comp. di *nord* e *occidentale* ✱ 1979] **agg.** ● che si trova, è posto a nordovest: *regioni nordoccidentali* | che proviene da nordovest: *venti nordoccidentali*

nordorientàle o **nord-orientàle** [comp. di *nord* e *orientale* ✱ 1952] **agg.** ● che si trova, è posto a nordest: *regioni nordorientali* | che proviene da nordest: *venti nordorientali*

nordòvest o **nord-òvest** [1504] **s. m. inv.** **1** punto dell'orizzonte posto a uguale distanza dal Nord e dall'Ovest | la zona nordoccidentale di un Paese o di un continente: *l'industria del N. d'Italia; il maltempo ha interessato il N.* **2** cappello di tela incerata con falda abbassata sul collo, usato spec. da marinai

norepinefrìna [comp. di *nor-* ed *epinefrina* ✱ 1981] **s. f.** ● (*chim.*) noradrenalina

nòri /giapp. nɔ.ri/ [vc. giapp., propr. 'muschio dell'oceano' ✱ 1907] **s. f. inv.** ● alga rossa distribuita su varie coste dell'emisfero meridionale, usata come alimento nelle cucine orientali (*Porphyra tenera*)

nòria [sp. *noria*, dall'arabo *nā'ūra* ✱ sec. XVIII] **s. f.** **1** elevatore per liquidi o materiali terrosi, composto di vasche unite a catena in moto circolare **2** (*mar.*) elevatore di munizioni a moto continuo dalla santabarbara alle armi da fuoco, sulle navi militari

norìte [da *Nor(way)*, n. ingl. della Norvegia, dove questa roccia si trova ✱ 1930] **s. f.** ● (*geol.*) roccia intrusiva, scarsamente diffusa, di composizione simile a quella del gabbro ma contenente enstatite

nòrma [vc. dotta, lat. *nŏrma(m)* 'squadra', di etim. incerta ✱ 1266] **s. f.** **1** regola, esempio, modello al quale, in determinati casi, ci si deve attenere: *proporsi una n. di vita; operare secondo una n.* CFR. nomo- | ***per tua n.*** (***e regola***), espressione usata, spec. con tono di rimprovero, per richiamare al rispetto di determinate regole: *per tua n. e regola, in questa casa si cena alle otto, non alle dieci!* | ***a n. di***, in conformità: *a n. di legge* **2** informazione, avvertenza, istruzione, sulla via e i criteri da seguire: *le norme per l'uso* | ***dettare norme***, imporre regole, linee da seguire | uso, consuetudine che, in certi casi, diventa costante; regola: *n. lessicale; seguire la n.* | ***di n.***, abitualmente | ***nella n.***, di ciò che è ritenuto normale, che non rivela anomalie, patologie ecc.: *valori ematici nella n.* **3** (*dir.*) regola di condotta che ha la funzione di disciplinare l'attività pratica dell'uomo imponendo doveri di comportamento: *norme giuridiche; n. consuetudinaria; n. scritta* **4** (*ling.*) insieme di istruzioni che definiscono ciò che dev'essere scelto fra gli usi di una data lingua, se ci si vuole conformare a un determinato ideale estetico o socioculturale | modello linguistico di uso comune in una determinata comunità **5** (*tecnol.*) tipo standard di un materiale, di un prodotto, di un impianto e sim. | ***mettere a n.***, rendere rispondente a tale tipo standard: *mettere a n. la caldaia, l'impianto elettrico* **6** †squadra a L di scalpellini, muratori, falegnami: *fare tutto a n. e corda* **7** (*mat.*) estensione del concetto di modulo di un numero agli elementi di uno spazio vettoriale

♦**normàle** [vc. dotta, lat. *normāle(m)*, da *nŏrma* 'norma' ✱ av. 1683] **A** **agg.** **1** che è conforme a una regola o all'andamento consueto di un determinato processo: *situazione n.; polso n.; condurre una vita n.; secondo le normali procedure* CFR. normo- | ordinario, usuale (+ inf., + *che* **seguito da congtv.**): *è n. essere preoccupati prima di un esame; è n. che un genitore si preoccupi del futuro dei figli* | ***individuo n.***, che è in buone condizioni psicofisiche; che non ha comportamenti stravaganti | ***tariffa n.***, al cui pagamento sono assoggettati i viaggiatori che non usufruiscono di speciali riduzioni | ***stato n.***, quello in cui si trova un organo o un organismo quando tutte le funzioni sono regolari | ***via n.***, nell'alpinismo, l'itinerario più frequentemente seguito per raggiungere la vetta di un monte **2** che serve a dare una norma | (*burocr.*) ***lettera n.***, indirizzata da un organo centrale dell'amministrazione statale a quelli periferici per coordinarne e uniformarne l'operato | (*fis.*) ***strumento n.***, che, per la sua esattezza, serve a controllare e a regolarne altri **3** (*mat.*) ortogonale, perpendicolare: *retta n. a un piano* **4** (*chim.*) detto di soluzione che contiene in un litro un grammo equivalente di una sostanza **5** ***scuola n.***, rivolta un tempo alla formazione professionale degli insegnanti di scuola elementare, poi sostituita dall'istituto magistrale e dal liceo delle scienze umane | ***Scuola N. Superiore*** (o, *ellitt.*, ***la N.***), a Pisa, collegio di alti studi universitari e di corsi aggiuntivi di specializzazione o perfezionamento ‖ **normalménte**, **avv.** **1** secondo la norma, in modo normale: *il decorso post operatorio procede normalmente* **2** abitualmente, di solito: *normalmente ceniamo alle otto* **3** (*mat.*) perpendicolarmente ‖ **normalità**, **s. f. inv.** (V.) **B** **s. f.** **1** (*mat.*) retta ortogonale, perpendicolare **2** (*sport*) itinerario usato più di frequente in una scalata: *seguire la n. del Cervino* **3** (*burocr.*) circolare: *una n. del ministero* **C** **s. m. solo sing.** ● ciò che è normale; normalità: *valori ematici al di sopra del n.; capacità fuori del n.*

normalìsta [da (*scuola*) *normale* ✱ 1853] **s. m. e f. (pl. m. -*i*)** ● allievo di scuola normale | chi è o è stato studente presso la Scuola Normale Superiore di Pisa

normalità [av. 1853] **s. f. inv.** ● condizione di ciò che è normale: *la n. di un comportamento* | situazione normale, regolare, consueta: *tornale alla n.; rientrare nella n. dopo un periodo burrascoso*

normalizzàre [1927] **A** **v. tr.** **1** rendere o fare ritornare normale | nel linguaggio politico, riportare a una situazione di ordine, spec. con metodi repressivi da parte di un regime autoritario: *dopo i disordini, la capitale è stata normalizzata* **2** effettuare la normalizzazione dei prodotti industriali: *n. la produzione* **3** (*mat.*) determinare opportunamente degli elementi a priori variabili di un ente e di una sua espressione **B** **normalizzàrsi** **v. intr. pron.** ● rientrare nella normalità: *la situazione va normalizzandosi* ‖ **normalizzazióne**, **s. f.** (V.)

normalizzàto **part. pass.** di *normalizzare*; **anche agg.** **1** nei sign. del v. **2** (*burocr.*) detto di buste per corrispondenza che nel formato e nelle dimensioni sono conformi alle norme stabilite dall'amministrazione postale

normalizzatóre [1924] **agg. e s. m. (f. -*trice*)** ● che (o chi) normalizza

normalizzazióne [1924] **s. f.** **1** il normalizzare, il normalizzarsi: *la n. delle relazioni fra due Paesi; la n. della temperatura corporea* **2** (*mat.*) operazione del normalizzare **3** trattamento termico di metallo e leghe metalliche **4** (*org. az.*) attività di regolamentazione dei prodotti industriali svolta da un'azienda per fissare un insieme di norme e requisiti che essi devono soddisfare SIN. normazione

normànno [propr. 'uomo del Nord', comp. del germ. *north* 'nord' e *man* 'uomo' ✱ 1310] **A** **agg.** **1** relativo ai gruppi di popolazioni vichinghe che, a partire dall'VIII sec. d.C., occuparono parte della Francia estendendosi poi ad altri Paesi d'Europa: *le invasioni normanne; castelli normanni; i monumenti normanni della Sicilia* **2** della Normandia: *cavalli normanni* **B** **s. m.** **1** (**f.** -*a*) ogni appartenente alle popolazioni normanne **2** carattere tipografico con asta molto piena, forte chiaroscuro e grazie sottilissime

normàre [da *norma* ✱ 1958] **v. tr.** (*io nòrmo* o *nórmo*) ● ridurre, conformare a una norma

normatìva [f. sost. di *normativo* ✱ 1937] **s. f.** ● l'insieme delle norme relative a un determinato argomento

normativìsmo [comp. di *normativ(o)* e *-ismo* ✱ 1981] **s. m.** **1** tendenza alla definizione e accettazione di norme: *n. linguistico* **2** nella filosofia del diritto, concezione del diritto come insieme di norme

normatìvo [da *norma* ✱ 1798] **agg.** **1** che stabilisce, che istituisce norme: *trattato n.* | che emana norme: *potere n.* | ***grammatica normativa***, insieme di regole e definizioni fondate su di uno stato di lingua considerato corretto **2** che contiene delle norme, e ha pertanto valore di legge: *accordo n.* ‖ **normativaménte**, **avv.** **1** secondo le norme; sotto l'aspetto della normativa **2** in modo normativo ‖ **normatività**, **s. f. inv.** carattere normativo

normatóre [da *normare* ✱ 1914] **agg. e s. m. (f. -*trice*)** ● (*raro*) che (o chi) dà norme e regole, disciplinando una certa attività

normazióne [da *norma* ✱ 1973] **s. f.** **1** attività intesa a stabilire norme | (*est.*) conformazione a una norma **2** (*org. az.*) normalizzazione

nórmo- [da *norm(almente)*] **primo elemento** ● in parole composte, spec. della terminologia medica, significa 'normale': *normoteso*

normoblàsto [comp. di *normo-* e *-blasto* ✱ 1954] **s. m.** **1** (*biol.*) piccola cellula nucleata capostipite della linea dei globuli rossi **2** (*biol.*) qualsiasi elemento precursore dei globuli rossi

normocìta o **normocìto** [comp. di *normo-* e *-cita* ✱ 1954] **s. m. (pl. -*i*)** ● (*biol.*) globulo rosso maturo, caratterizzato da parametri morfologici e dimensionali nella norma

normodotàto [comp. di *normo-* e *dotato* ✱ 1966] **agg. e s. m. (f. -*a*)** ● (*psicol.*) che (o chi) è nella gamma della normodotazione

normodotazióne [da *normodotato* ✱ 1981] **s. f.** ● (*psicol.*) livello medio di intelligenza misurato dai test

normògrafo [comp. di *normo-* e *-grafo* ✱ 1954] **s. m.** ● strumento costituito da una sagoma di celluloide con intagliati i segni occorrenti per una scrittura rapida con caratteri uniformi

normolettóre [comp. di *normo-* e *lettore* nel sign. A 1 'persona che legge' ✱ 2006] **s. m. (f. -*trice*)** ● lettore che non presenta problemi di dislessia, di capacità visiva, e sim.

normolìneo [da *normale*, sul modello di *curvilineo, rettilineo* e sim. ✱ 1973] **agg.; anche s. m. (f. -*a*)** ● (*med.*) detto di tipo costituzionale che presenta misure corporee tra loro proporzionate

normopéso (o -ṣ-) [comp. di *normo-* e *peso* ✱ 1981] **agg. inv.; anche s. m. inv.** ● (*med.*) detto di tipo costituzionale che presenta un peso corporeo normale

normotensióne [comp. di *normo-* e *tensione* ✱ 1954] **s. f.** ● (*med.*) pressione arteriosa normale

normotermìa [comp. di *normo-* e *-termia* ✱ 1958] **s. f.** ● (*fisiol.*) condizione di normale temperatura corporea

normotéso (o -ṣ-) [comp. di *normo-* e *teso*, sullo schema di *iperteso* e *ipoteso* ✱ 1958] **agg. e s. m.** (**f.** *-a*) ● (*med.*) che (o chi) ha una pressione arteriosa normale

normotìpo [comp. di *norm(ale)* e *tipo* ✱ 1937] **s. m.** ● (*med.*) tipo normolineo

nòrna [ant. nordico *norn*, dallo svedese dial. *norna, nyrna* 'comunicare segretamente', di orig. onomat. ✱ 1895] **s. f.** ● nella mitologia nordica, ciascuna delle tre dee che, come le Parche della mitologia classica, presiedono al destino dell'uomo e pongono termine alla sua vita

norrèno [nordico *norrön* 'settentrionale' ✱ 1765] **A agg.** ● relativo alla lingua e alla letteratura norvegese e islandese fino al XIV sec. **B s. m. solo sing.** ● antica lingua diffusa in Norvegia e in Islanda

†**nòrte** ➤ **nord**

♦**norvegése** (o -ṣ-) [1765] **A agg.** ● della Norvegia e dei suoi abitanti: *fiordi norvegesi; usi e costumi norvegesi* | ***alla n.***, (*ellitt.*) alla maniera dei norvegesi, spec. per indicare un particolare stile di abbigliamento sportivo: *maglione alla n.* **B s. m. e f.** ● abitante o nativo della Norvegia **C s. m. solo sing.** ● lingua del gruppo germanico parlata in Norvegia

†**nòsco** (o -ó-) [lat. parl. **nōbiscu(m)*, per il classico *nobīscu(m)*, comp. di *nōbis*, abl. di *nōs* 'noi', e *cŭm* 'con' ✱ 1308] **forma pron.** ● (*poet.*) con noi | fra noi, nel nostro paese: *quando rimembro con Guido da Prata, / Ugolin d'Azzo, che vivette n.* (DANTE *Purg.* XIV, 104-105)

noṣèma [gr. *nósēma* 'malattia', deriv. da *nósos* 'malattia' (di orig. sconosciuta) ✱ 1895] **s. m.** (**pl.** *-i*) ● (*zool.*) protozoo parassita del baco da seta, di cui invade tutto il corpo provocando la pebrina (*Nosema bombycis*)

no signóre ➤ **nossignore**

nòṣo- [dal gr. *nósos* 'malattia', di orig. sconosciuta] **primo elemento** ● in parole composte, spec. della terminologia medica, significa 'malattia': *nosofobia, nosografia, nosologia*

noṣocomiàle [1806] **agg.** ● di nosocomio, relativo a nosocomio | ***malattia n.***, che si contrae per la permanenza in ospedale

noṣocòmio [vc. dotta, lat. tardo *nosocŏmiu(m)*, dal gr. *nosokomêion*, comp. di *nósos* 'malattia' (V. *noso-*) e *-komêion* '-comio' ✱ 1582] **s. m.** ● ospedale

noṣofobìa [comp. di *noso-* e *-fobia* ✱ 1875] **s. f.** ● (*psicol.*) paura morbosa delle malattie ‖ **noṣofòbico**, **agg.** (**pl. m.** *-ci*); **anche s. m.** (**f.** *-a*) **nel sign. 2** **1** relativo a nosofobia **2** che (o chi) soffre di nosofobia

noṣogèneṣi [comp. di *noso-* e *genesi* ✱ 1834] **s. f. inv.** ● (*med.*) patogenesi

noṣografìa [comp. di *noso-* e *-grafia* ✱ 1821] **s. f.** ● (*med.*) descrizione delle malattie e delle loro manifestazioni

noṣogràfico [1818] **agg.** (**pl. m.** *-ci*) ● (*med.*) di nosografia

noṣologìa [comp. di *noso-* e *-logia* ✱ 1754] **s. f.** (**pl.** *-gìe*) ● (*med.*) classificazione sistematica delle malattie

noṣològico [1754] **agg.** (**pl. m.** *-ci*) ● (*med.*) di nosologia, relativo a nosologia

noṣomanìa [comp. di *noso-* e *mania*② ✱ 1875] **s. f.** ● (*psicol.*) disturbo caratterizzato dalla tendenza a sentire i sintomi di molte malattie

noṣoterapìa [comp. di *noso-* e *-terapia* ✱ 1954] **s. f.** ● cura delle malattie

noṣotròpico [comp. di *noso-* e *-tropico* ✱ 1981] **agg.** (**pl. m.** *-ci*) ● (*farm.*) che è diretto contro i sintomi di una malattia: *terapia nosotropica; medicamento n.* **CFR.** causale

nossignóre o **no signóre** /nossiɲ'ɲore/ [comp. di *no* e *signore* ✱ 1842] **avv.** (**anche nelle forme** *nossignóri, nossignóra, nossignóre* **se ci si rivolge a più persone maschili o a una o più persone femminili**) **1** si usa come forma rispettosa o cortese di negazione con superiori o persone di riguardo: *n.! non ho trovato niente* **2** (*enfat.* o *iron.*) esprime disappunto, dispetto e sim.: *n.! la ragione è sempre sua; questa volta, nossignori, dovete arrangiarvi da soli; n.! n.!, mai una volta che risponda di sì!*

♦**nostalgìa** [comp. del gr. *nóstos* 'ritorno' e *-algia*: propr. 'dolore per il ritorno' ✱ 1751] **s. f.** (**pl.** *-gìe*) ● desiderio intenso e doloroso di persone, cose, luoghi a cui si vorrebbe tornare, di situazioni già trascorse che si vorrebbero rivivere e sim. (**+** *di*, **+** *per*): *soffrire di n.; avere la n. di qlcu.; sentire n. del proprio paese; n. per il cinema in bianco e nero, per il buon tempo antico; ricordare qlcu., qlco. con n.*

Definizione d'autore

Mio padre, siciliano, ha vissuto più di cinquant'anni in Svizzera, ogni anno dicendo di voler tornare, l'anno dopo, al suo paese. La **nostalgia** è un turbamento, talvolta molto grave, dell'immaginazione, una vera e propria malattia, non è lo *spleen* romantico, non è l'inutile rimpianto di un passato perduto: è il dolore provocato da una separazione irrimediabile, fisica, sentimentale, cognitiva. Si può avere **nostalgia** anche di un luogo desiderato e mai visto. È l'incapacità di adattarsi in una società in cui invece bisognerebbe per forza integrarsi. Che si tratti di una malattia (forse della malattia) del nostro tempo – tempo di immigrazioni, di mutamenti repentini e dunque di spaesamenti ontologici – è fuori discussione.

Paolo Di Stefano

♦**nostàlgico** [1834] **A agg.** (**pl. m.** *-ci*) **1** di nostalgia, caratterizzato da nostalgia: *sentimento n.; abbandono, rimpianto n.* | che manifesta nostalgia: *sguardo n.* **2** di persona che soffre di nostalgia: *una ragazza nostalgica* **B agg. e s. m.** (**f.** *-a*) ● che (o chi) rimpiange un regime politico ormai passato: *tendenze nostalgiche; un ritrovo di nostalgici* ‖ **nostalgicaménte**, **avv.** con nostalgia

nostalgìṣmo [da *nostalgia* ✱ 1942] **s. m.** **1** tendenza a ricordare con nostalgia i tempi passati **2** atteggiamento di chi rimpiange un regime politico passato

nòstoc [n. creato da Paracelso; etim. incerta ✱ 1813] **s. m. inv.** ● (*bot.*) spuma di primavera (V. *spuma* nel sign. 3)

no-stòp ➤ **non stop**

nòstos [gr. *nóstos* 'ritorno' ✱ 1866] **s. m. inv.** (**pl. gr.** *nostoi*) ● (*lett.*) ritorno in patria: *il n. di Ulisse*

nostràle [da *nostro* ✱ 1313] **agg.** ● del nostro paese: *olio, produzione n.* | ***alla n.***, (*ellitt.*) all'usanza nostra ‖ **nostralménte**, **avv.** secondo il nostro uso

nostràno [da *nostro* ✱ av. 1303] **agg.** ● che non è straniero, ma del nostro paese: *formaggio, vino n.* | ***alla nostrana***, (*ellitt.*) come usa da noi, nel nostro paese

nòstras [vc. lat., propr. 'del nostro paese', da *nŏster* 'nostro' ✱ 1954] **agg. inv.** (**pl. lat.** *nostrates*) ● (*med.*) di forma patologica con sintomatologia analoga a quella delle malattie tropicali

nostràtico [vc. dotta, ted. *nostratisch*, dal lat. *nŏstras*, genit. *nostrātis* 'nostrale, nostrano, del nostro paese' ✱ 1954] **agg.** (**pl. m.** *-ci*) ● (*ling.*) ***lingue nostratiche***, secondo il linguista danese H. Pedersen, insieme di famiglie linguistiche legate da rapporti di parentela | ***lingua nostratica***, secondo il linguista francese A. Cuny, presunta lingua madre da cui ebbero origine l'indoeuropeo e il camito-semitico

♦**nòstro** [lat. *nŏstru(m)*, comp. di *nōs* 'noi' e il suff. *-ter* che indica opposizione fra due ✱ 1196] **A agg. poss. di prima pers. pl.** (**f.** *nostra*; **pl. m.** *nostri*; **pl. f.** *nostre*) **1** che appartiene a noi (indica proprietà, possesso anche temporanei): *questa è la nostra casa; la nostra nuova automobile va che è una meraviglia; il n. appartamento è in affitto; con il n. denaro facciamo quello che vogliamo* | con valore enfat. e rafforz., posposto a un sost.: *giù le mani dalla roba nostra!; vattene da casa nostra!* **2** che è relativo a noi, che ci è proprio: *il n. corpo; la nostra volontà; le nostre debolezze; i nostri desideri; tutti abbiamo i nostri difetti; il n. lavoro ci dà soddisfazione; Nel mezzo del cammin di nostra vita* (DANTE *Inf.* I, 1) | (*est.*) con riferimento a parole, atti e sim. che provengono da noi: *cerca di seguire i nostri consigli; la n. ultima conferenza ha avuto poco successo; non ha ancora ricevuto la nostra lettera* | ***la nostra lingua***, quella che parliamo | ***il n. pianeta***, la Terra | ***i nostri tempi***, i tempi in cui viviamo; (*est.*) i tempi in cui eravamo giovani **3** di noi (indica relazione di parentela, di amicizia, di conoscenza, di dipendenza e sim.): *n. padre; la nostra patria; il n. paese; i nostri amici; il n. insegnante; i nostri colleghi; il n. avvocato* | Davanti a nomi di parentela (come 'padre', 'madre', 'figlio', 'zio', 'cugino', 'nonno', 'nipote', 'marito', 'moglie', 'fratello', 'sorella', 'cognato', 'genero', 'nuora' o 'suocero'), si comporta come l'agg. 'mio' (V. *mio* nel sign. A 3): *i nostri figli; le nostre zie; nostra cognata; la nostra cugina; la nostra cara sorella; la nostra mamma; nostra mamma; n. nonno; il n. nonno* | ***Nostro Signore, Nostra Signora***, (*lett.*) ***Nostra Donna***, appellativi di Gesù Cristo e Maria Vergine | generalmente posposto al sost. nelle escl.: *Madre nostra!; Padre n.!; Signore n.!* **4** (*fam.*) che ci è abituale, consueto: *beviamoci il n. bravo caffè; facciamoci il n. sonnellino; ... e ora leggiamo pure il n. giornale* | con valore reciproco: *la nostra amicizia; il n. affetto; il n. amore; la nostra collaborazione* **5** (*lett.*) mio (come pl. maiestatico o di modestia): *la Maestà Nostra; nell'ultima nostra enciclica; come già affermammo nel n. articolo* | ***il n. eroe***, il personaggio di cui stiamo parlando **B pron. poss. di prima pers. pl.** **1** quello che ci appartiene, che ci è proprio o che comunque è relativo a noi (sempre preceduto dall'art. determ.): *le vostre idee sono diverse dalle nostre; la vostra volontà è anche la nostra; il vostro bambino e il n. non vanno d'accordo* **2** (*assol.*) ricorre, con ellissi del sost., in alcune espressioni e locuzioni particolari, proprie del linguaggio colloq.: ***non vogliamo rimetterci, spendere del n.***, del nostro avere, di ciò che ci appartiene | ***dateci il n. e ce ne andremo***, il nostro avere, ciò che ci spetta di diritto | ***abbiamo messo in gioco molto del n. in quel lavoro***, della nostra reputazione | ***ci accontentiamo del n.***, di ciò che abbiamo | ***ci abbiamo messo del n.***, V. *mettere* nel sign. A 5 | ***il Nostro*** o ***il n.***, l'autore o il personaggio di cui si sta trattando | ***i nostri***, i nostri genitori, familiari, parenti e (*est.*)

amici o persone che partecipano di qlco. con noi: *abbiamo fatto le vacanze con i nostri*; *oggi sarai dei nostri e ti fermerai a pranzo*; *vuoi essere anche tu dei nostri?* | ***la vittoria è stata dei nostri***, dei nostri soldati, del nostro esercito o anche del nostro partito, della nostra squadra e sim. | ***arrivano i nostri!***, espressione con cui si saluta l'arrivo dei soldati del nostro esercito o (**est.**) l'arrivo, sul luogo di battaglia, al termine di tanti film western, dei soldati americani o dei rappresentanti della legge, o (**scherz.**) l'arrivo di qlcu. che toglie dai guai | ***vogliamo dire la nostra***, la nostra opinione | ***abbiamo anche noi avuto le nostre!***, le nostre disavventure, contrarietà, amarezze e sim. | ***ne abbiamo fatta una delle nostre!***, una delle nostre malefatte | ***avete ricevuto l'ultima nostra?***, l'ultima nostra lettera

nostròmo [sp. *nostramo* 'nostro padrone' (comp. di *nuestro* 'nostro' e *amo* 'padrone'), cui si sovrappose *(u)omo* ✱ 1614] **s. m.** ● nella marina mercantile, ruolo equiparato a caposervizio | nella marina militare del passato, grado equivalente a quello di maresciallo nell'esercito

♦**nòta** [lat. *nŏta(m)*, di etim. incerta ✱ sec. XIII] **s. f. 1** segno, contrassegno che serve a distinguere o a ricordare qlcu. o qlco.: *n. distintiva*; *n. comune a più individui* **2** (**mus.**) simbolo grafico che individua il suono musicale nella sua altezza, secondo la posizione sul pentagramma, e nella sua durata, secondo la figura che assume: *note alte, acute, di passaggio*; *le sette note* | ***trovare la n. giusta***, (**fig.**) trovare il tono, la misura giusta | ***portare, conferire una n. allegra, triste***, (**fig.**) rallegrare, rattristare | ***una n. stonata in un discorso***, (**fig.**) una frase poco opportuna | (**est.**) parola, accento | ***le dolenti note***, la parte meno piacevole di un fatto | ***a chiare note***, chiaramente, apertamente **3** appunto, annotazione scritta: *prendere, tenere n.*; *taccuino per le note* | (**fig.**) ***degno di n.***, notevole, rilevante, che merita considerazione | †***far n.***, notare, porre mente **4** citazione, osservazione complementare per chiarire o meglio fissare alcuni punti di un testo: *le note dell'Eneide*; *corredare di note*; *note a piè di pagina*; *trattato irto di note* **SIN.** chiosa, postilla **5** memoriale, osservazione, comunicazione a carattere ufficiale: *n. diplomatica* **6** lista, conto, fattura: *la n. della sarta, delle spese* | elenco: *la n. dei libri di testo, degli intervenuti* | ***mettersi in n.***, inserire il proprio nome in un elenco; (**est.**) prenotarsi **7** osservazione, cenno, giudizio sul modo di agire o le particolari caratteristiche di qlcu. o qlco.: *note caratteristiche, di biasimo*; *con riputazione e sanza n. alcuna di cupidità* (F. Guicciardini) | (**per anton.**) comunicazione gener. negativa scritta dall'insegnante sul registro di classe o sul diario di uno studente (un tempo *n. di biasimo, di merito*) | (**elvet.**) voto scolastico (calco sul fr. *note*) | ***note informative***, cenni redatti a determinate scadenze da un superiore o da un datore di lavoro sulla resa lavorativa di un dipendente **8** (**raro**) carattere, scrittura: *note tironiane* **9** (**filos.**) in logica, ciascun elemento che costituisce il contenuto di un concetto **10** (**dir.**) atto scritto, attestante date circostanze, redatto da un soggetto per essere inserito in un pubblico registro per fini costitutivi o di pubblicità | ***n. di pegno***, documento emesso dai magazzini generali per merci in essi depositate, che permette di dare in pegno la merce a garanzia di prestiti | ***n. di mediazione***, documento redatto dal mediatore in triplice copia, contenente gli estremi del contratto | ***n. di commissione***, documento redatto dal rappresentante, contenente gli estremi del contratto da stipulare col suo intervento | ***n. di consegna***, documento emesso a prova della consegna della merce al compratore **11** †marchio d'infamia || **notarèlla**, **noterèlla**, **noterellìna**, **dim.** | **noticìna**, **dim.** | **notìna**, **dim.**

SFUMATURE ➤ ***interpretazione***

Definizione d'autore

Le note, forse, hanno una loro tinta. Il Do è biancastro, il Do diesis (o, enarmonicamente, il Re bemolle) è nero, Il Re è marron chiaro, il Mi bemolle è celeste, il Mi è verde scuro, il Fa è rosso, il Fa diesis marron scuro, il Sol è bianco, il La bemolle è rosso scuro, il La è prune, il Si bemolle è bleu marine, il Si è nero. Per simili folli motivi, Chopin è bordeaux, nero e indaco, Mozart è rosso chiaro, Bach e Schumann mogano, ecc. ecc.

Paolo Conte

nòta bène o (*raro*) **notabène** [comp. di *nota* (imperat. di *notare*①) e *bene* (avv.) ✱ 1818] **loc. sost. m. inv.** ● avvertenza, richiamo, spec. in fondo a uno scritto: *aggiungere un nota bene*

notabilàre [1968] **agg.** ● relativo ai notabili: *legami notabilari* | (**spreg.**) tipico dei notabili: *arroganza n.*

notabilàto [1971] **s. m.** ● insieme di notabili: *c'era tutto il notabilato locale*

notàbile [vc. dotta, lat. *notābile(m)*, da *notāre* 'notare①' ✱ 1268] **A agg.** ● (**lett.**) degno di essere notato, segnalato, ricordato o tenuto in considerazione: *differenza n.*; *sentenza n.* | (**est.**) pregevole, insigne, importante: *persona n.* | rilevante: *notabil danno del ben commune* (P. Sarpi) **SIN.** considerevole, notevole || **notabilménte**, **avv.** (**raro**) notevolmente, considerevolmente, molto || **notabilità**, **s. f. inv.** (V.) **B s. m. e f.** ● persona autorevole: *assemblea dei notabili*; *i notabili della città*

notabilità [1745] **s. f. inv. 1** condizione di chi (o di ciò che) è notabile **SIN.** ragguardevolezza, rilevanza **2** (**spec. al pl.**, **lett.**) persona autorevole, importante: *tutte le n. si sono riunite*

Notacàntidi [vc. dotta, comp. di *notacanto* e *-idi* ✱ 1927] **s. m. pl.** (**sing.** *-e*) ● (**zool.**) famiglia di Pesci ossei di profondità con corpo compresso lateralmente, bocca ventrale e spine dorsali (*Notacanthidae*)

notacànto [comp. del gr. *nôton* 'dorso' (V. *noto-*), e *ákantha* 'spina' ✱ 1834] **s. m.** ● pesce marino dei Notacantidi, molto slanciato, con pinna dorsale formata da brevi spine (*Notacanthus sexspinis*)

†**notaiésco** ➤ **notaresco**

notàio o (*lett.*) **notàro** [lat. *notāriu(m)* 'stenografo, segretario', da *notāre* 'notare①' ✱ av. 1250] **s. m.** (**f.** *-aia*, **pl. m.** *-ai*; **V. nota d'uso FEMMINILE**) ● professionista e pubblico ufficiale incaricato di ricevere gli atti tra vivi (per es. contratti, compravendite ecc.) o relativi a ultime volontà, di attribuire loro pubblica fede, di conservarli, autenticarli, rilasciarne copia, certificati o estratti

notalgìa [comp. di *noto-* e *-algia* ✱ 1834] **s. f.** (**pl.** *-gìe*) ● (**med.**) dolore alla regione dorsale

notaménto [da *notare*① ✱ 1499] **s. m.** ● (**raro**, **lett.**) annotazione | nota

†**notàndo** [vc. dotta, lat. *notăndu(m)*, gerundivo di *notāre* 'notare①' ✱ av. 1500] **agg.** ● degno di essere segnalato, notato

♦**notàre**① [lat. *notāre*, da *nŏta* 'nota' ✱ 1268] **v. tr.** (*io nòto*) **1** segnare, contraddistinguere mediante un segno: *n. gli errori*; *n. qlco. in margine* **2** scrivere, registrare, prendere nota: *n. le spese*; *n. le entrate e le uscite* **3** osservare: *n. i difetti di qlcu.* | ***nota bene***, osserva, fa' attenzione | ***farsi n.***, richiamare su di sé l'altrui attenzione | constatare qlco., accorgersi di qlco. (+ *di* **seguito da inf.**, + *che*): *notammo qlco. di nuovo*; *notò di essere seguito, che qualcuno lo seguiva* | considerare: *è utile n. quel particolare* | ***nota che***, tieni presente che: *nota che lui già lo sapeva!* **4** rilevare qlco., metterla in evidenza: *la trama del film non regge, come ha notato la critica* | ***è da n. che ...***, è da sottolineare che ... **5** (**lett.**) tacciare, accusare: *n. di falso* **6** †cantare

SFUMATURE DI SIGNIFICATO

notare - constatare - considerare

Notare è osservare facendo caso a degli aspetti che l'attenzione mette a fuoco ma che in genere non sono di per sé evidenti. **Constatare** è rendersi conto di persona di qualcosa che si supponeva di trovare, ma che viene accertata come reale solo al momento dell'osservazione. Rispetto ai due termini precedenti **considerare** fa riferimento alle valutazioni successive che possono essere fatte su quanto si è notato o constatato.

notàre② e deriv. ➤ **nuotare** e deriv.

notarésco o †**notaiésco** [da *notaro*, var. di *notaio* ✱ 1606] **agg.** (**pl. m.** *-schi*) ● (**lett.**) notarile

†**notarìa** o †**noterìa** [1324] **s. f.** ● notariato

notariàto [da *notaio*, sul modello del lat. *notārius* (V. *notaio*) ✱ 1550] **s. m.** ● funzione, ufficio di notaio: *aspirare al n.*; *esercitare il n.*

notarìle [da *notaro*, var. di *notaio* ✱ 1772] **agg. 1** di notaio: *studio, archivio n.*; *copia n.* | ***procura n.***, rilasciata mediante atto pubblico, in presenza di un notaio | ***Consiglio n.***, collegio di notai con funzioni di sorveglianza nell'ambito di un distretto, sull'esercizio della professione di notaio **2** (**fig.**) detto di comportamento che si limita alla verifica della correttezza formale di un'attività, trascurandone gli aspetti sostanziali || **notarilménte**, **avv.**

notàro ➤ **notaio**

notàto **part. pass.** di *notare*①; anche **agg.** ● nei sign. del v. || †**notataménte**, **avv.** apposta, segnatamente

notatóre [da *notato* ✱ av. 1722] **s. m.** (**f.** *-trice*) ● (**raro**) chi nota, osserva

no tàx àrea /no'taks 'area, *ingl.* ˌnəʊ'tæks 'eərɪə/ [loc. ingl., propr. 'zona (*area*) esente (*no*) da tassa (*tax*)' ✱ 1999] **loc. sost. f. inv.** (**pl. ingl.** *no tax areas*) ● fascia di reddito molto bassa entro la quale non si applica alcuna imposta

notazióne [vc. dotta, lat. *notatiōne(m)*, da *notātus*, part. pass. di *notāre* 'notare①' ✱ av. 1306] **s. f. 1** il notare | ***n. delle pagine***, numerazione | annotazione, segnatura: *testo pieno di notazioni* **2** (**fig.**) considerazione, osservazione: *acuta n. filologica* **3** (**mat.**) insieme di simboli e formule **4** (**mus.**) rappresentazione delle note e loro disposizione **5** (**miner.**) simboleggiatura usata per indicare le singole facce di un cristallo **6** †etimologia

nòtebook /'nɔtebuk, *ingl.* 'nəʊt̮bʊk/ [vc. ingl., comp. di *note* 'nota, appunto' e *book* 'libro, libretto' ✱ av. 1981] **s. m. inv. 1** (**raro**) libretto, taccuino per appunti **2** (**inform.**) computer portatile, di piccole dimensioni, apribile a libro **CFR.** netbook, tablet

†**noterìa** ➤ †**notaria**

notes /'nɔtes, *fr.* nɔt/ [vc. fr., propr. 'note' ✱ 1905] **s. m. inv.** ● taccuino per appunti

♦**notévole** [stessa etim. di *notabile* ✱ 1308] **agg. 1** degno di nota, di considerazione: *fenomeno n.* | (**est.**) pregevole: *un quadro n.* **2** che ha dimensioni, peso, valore, importanza e sim., considerevoli: *una distanza n.*; *valore n.*; *persona di n. intelligenza* || **notevolménte**, **avv.** in misura considerevole, rilevante; molto: *la temperatura è salita note-*

volmente; quel negozio ha prezzi notevolmente più bassi

notìdano [comp. di *noto-* e del gr. *idanós* 'bello', da *idêin* 'vedere', di orig. indeur. ✱ 1958] **s. m.** ● squalo di profondità, con sette fessure branchiali, pelle molto ruvida e corpo fusiforme (*Heptranchias perlo*)

notìfica [1804] **s. f.** ● (*burocr.*) notificazione, comunicazione

notificàbile [1989] **agg.** ● che si può notificare ‖ **notificabilità**, **s. f. inv.**

†**notificaménto** [1356] **s. m.** ● notificazione

notificàndo [vc. dotta, lat. *notificăndu(m)*, gerundivo di *notificāre* 'notificare' ✱ 1958] **s. m.** (**f.** *-a*) ● (*dir.*) persona cui deve essere presentata una notificazione

notificàre [vc. dotta, lat. *notificāre*, comp. di *nōtus* 'noto①' e *-ficāre* '-ficare' ✱ 1294] **v. tr.** (*io notìfico, tu notìfichi*) **1** (*dir.*) rendere noto mediante notificazione: *n. l'impugnazione*; *n. un atto di citazione*; *n. al debitore la cessione del credito* **2** denunciare, dichiarare, palesare: *n. il proprio cognome* **3** †spiegare **4** †denunciare all'autorità ‖ **notificazióne**, **s. f.** (V.)

notificatóre [sec. XIV] **s. m.** (**f.** *-trice*); anche **agg.** ● (*raro*) chi (o che) notifica, dichiara, denuncia qlco.

notificazióne [av. 1332] **s. f.** **1** atto del notificare: *la n. di una sentenza* **2** (*dir.*) meccanismo processuale atto alla comunicazione solenne e integrale di un atto scritto | (*est.*) attività mediante la quale una manifestazione di volontà di natura extra processuale è portata a conoscenza del destinatario

SFUMATURE DI SIGNIFICATO

notificazione - citazione

Nel linguaggio giuridico, amministrativo e burocratico, una comunicazione che porta a conoscenza diretta dell'interessato qualcosa che lo riguarda (atto giudiziario, sanzione amministrativa, ecc.) si chiama **notificazione**. Sempre nel linguaggio giuridico, **citazione** è invece più specificamente l'atto giudiziario con cui si intima a qualcuno di presentarsi in giudizio a una determinata udienza.

SFUMATURE ➤ ***comunicazione***

notìsta [comp. di *not(a)* e *-ista* ✱ 1970] **s. m. e f.** (**pl. m.** *-i*) ● estensore di note, spec. politiche, su giornali, riviste e sim.

notitia crìminis /*lat.* no'tittsja 'kriminis/ [loc. lat., propr. 'notizia (*notitia(m)*) di un reato (*crīmen*, genit. *crīminis*)' ✱ 1958] **loc. sost. f. inv.** (**pl. lat.** *notitiae criminis*) ● (*dir.*) notizia di reato

♦**notìzia** [vc. dotta, lat. *notĭtia(m)*, da *nōtus* 'noto①' ✱ 1319] **s. f.** **1** (*lett.*) cognizione, conoscenza: *acquistare, portare a n.*; *non avere n. di qlco.* | ***degno di n.***, di essere conosciuto | ***per vostra n.***, perché sappiate | †***avere in n. qlcu. o qlco.***, conoscerlo; esserne al corrente **2** nozione: *le prime notizie di una scienza* **3** informazione relativa a un fatto spec. recente: *n. fresca, attendibile, infondata*; *n. telegrafica, telefonica*; *essere senza notizie*; *ultime notizie*; *notizie sportive* | ***non n.***, notizia che in realtà non è tale, o perché già nota o perché irrilevante: *quella delle sue dimissioni è una non n.* | ***n. lampo***, V. *lampo* **SIN.** comunicato, novità **4** informazione, ragguaglio, spec. su riviste tecniche o specialistiche: *esaurienti notizie bibliografiche*; *una n. sui recenti congressi di sociologia* **5** (*dir.*) ***n. di reato***, informazione che il pubblico ministero o l'autorità giudiziaria acquisisce in merito a fatti penalmente rilevanti **6** nell'alto Medioevo, documento probatorio di un'azione giuridica perfetta in sé stessa ‖ **notiziàccia**, **pegg.** | **notiziétta**, **dim.** | **notiziòla**, (*lett.*) **notiziuòla**, **dim.** | **notizióna**, **accr.** | **notizióne**, **accr. m.**

SFUMATURE ➤ ***informazione***

Definizione d'autore

La **notizia** è la manifestazione notoria di un fatto, di un avvenimento, di un atto di interesse pubblico. Finché un avvenimento è conosciuto soltanto da chi ne è protagonista, è certamente un fatto, ma non è ancora una **notizia**. Per diventare tale è necessario che sia portato a conoscenza di altre persone, di gruppi, di tutti coloro che hanno interesse a sapere quanto è avvenuto. La **notizia** ha dunque bisogno che sia accaduto qualcosa, e che qualcuno con qualsiasi mezzo appropriato lo renda noto: dal passaparola alla comunicazione ufficiale, ai mass media: giornali, radio, tv, Internet, social network. Una **notizia** è l'elemento fondamentale dell'informazione – il meccanismo che elabora la **notizia**, la inserisce nell'attualità, la inquadra in un contesto e la mette in relazione con una realtà più ampia, consentendo al cittadino di essere informato e dunque consapevole.

Ezio Mauro

notiziàbile [da *notiziare* ✱ 1985] **agg.** ● detto di argomento o fatto che incontra un interesse giornalistico ‖ **notiziabilità**, **s. f. inv.**

notiziàre [da *notizia* ✱ av. 1803] **v. tr.** (*io notìzio*) ● (*lett.*) informare

notiziàrio [da *notizia* ✱ av. 1806] **s. m.** **1** rubrica di notizie gener. brevi su giornali o in trasmissioni radio-televisive: *n. regionale*; *n. economico* | bollettino periodico di un'associazione, un istituto e sim. **2** complesso delle notizie che vengono pubblicate su un giornale

♦**nòto**① [vc. dotta, lat. *nōtu(m)*, part. pass. di *nōscere* 'conoscere' ✱ 1261 ca.] **A** **agg.** **1** conosciuto (+ *a*): *fatto n.*; *l'episodio è n. a quanti si interessano di cronaca nera*; *nella borgata marina il Ciunna era n. a tutti* (L. Pirandello) | conosciuto molto bene: *nome n.* | ***rendere n.***, diffondere, divulgare | ***è n. che ...***, tutti sanno che ... | ***com'è n.***, come tutti sanno | ***tristemente n.***, famigerato | †***mal n.***, non ben conosciuto, spec. nei suoi lati positivi: *la mia mal nota e peregrina forma* (G.B. Marino) **2** †pratico, esperto **B** **s. m.** ● ciò che è conosciuto, o di cui si ha nozione: *dal n. all'ignoto*

SFUMATURE ➤ ***celebre***

nòto② [vc. dotta, lat. *Nŏtu(m)*, dal gr. *Nótos* di orig. incerta ✱ av. 1292] **s. m.** **1** (*lett.*) austro **2** (*est.*, *poet.*) vento

†**nòto**③ [vc. dotta, lat. *nŏthu(m)*, dal gr. *nóthos* 'bastardo', di etim. incerta] **s. m.** ● figlio naturale, illegittimo

nòto- [dal gr. *nôton* 'dorso', di etim. incerta] **primo elemento** ● in parole composte della terminologia scientifica, significa 'dorso, schiena': *notalgia*, *notocorda*

notocòrda [comp. di *noto-* e *corda* nel sign. 5 ✱ 1875] **s. f.** ● (*zool.*) corda dorsale

Notocordàti [da *notocorda* ✱ 1958] **s. m. pl.** (**sing.** *-o*) ● (*zool.*) cordati

Notodòntidi [comp. di *noto-*, *-odonto* e *-idi* ✱ 1924] **s. m. pl.** (**sing.** *-e*) ● (*zool.*) famiglia di farfalle tozze e massicce con corpo peloso e larve spesso mimetiche (*Notodontidae*)

notomelìa [da *notomelo* ✱ 1958] **s. f.** ● (*med.*) mostruosità fetale caratterizzata da inserzione degli arti al dorso

notòmelo [comp. di *noto-* e del gr. *mélos* 'membro' ✱ 1875] **s. m.** ● (*med.*) feto mostruoso con uno o due arti inseriti nel dorso

†**notomìa** ➤ **anatomia**

†**notomista** ➤ **anatomista**

†**notomìstico** [1716] **agg.** ● anatomico

†**notomizzàre** ➤ **anatomizzare**

notonètta [comp. di *noto-* e del gr. *nḗktēs* 'nuotatore', da *nḗchein* 'nuotare', di orig. indeur. ✱ 1828] **s. f.** ● insetto emittero, carnivoro, con corpo oblungo e liscio di colore giallo-verdastro, che abbonda negli stagni nuotando agilmente con i battiti delle zampe posteriori, molto più lunghe delle anteriori (*Notonecta glauca*)

notopòdio [comp. di *noto-* e *-podio* (qui nel sign. di 'appendice') ✱ 1958] **s. m.** (**pl.** *-i* o *raro -ii*) ● (*zool.*) ramo dorsale del parapodio degli Anellidi Policheti

Notorìctidi [comp. del gr. *nótos* 'sud' (di etim. incerta) e *orýktēs* 'scavatore' (da *orýssein* 'scavare', prob. di orig. indeur.) ✱ 1958] **s. m. pl.** (**sing.** *-e*) ● (*zool.*) famiglia di Marsupiali australiani, scavatori, simili a talpe, privi di padiglione auricolare (*Notoryctidae*)

notorietà [1619] **s. f. inv.** **1** stato, condizione di ciò che è notorio, conosciuto | (*dir.*) ***atto di n.***, atto pubblico contenente una dichiarazione resa da più persone circa la conoscenza di fatti giuridicamente rilevanti **2** (*est.*) celebrità, fama: *personaggio di grande n.*

SFUMATURE ➤ ***gloria***①

♦**notòrio** [vc. dotta, lat. *notōriu(m)*, da *nōtus* 'noto①' ✱ 1320] **agg.** (**pl. m.** *-i* o *raro -ii*) **1** che è noto a tutti, che è di pubblico dominio: *un fatto n.*; *la sua falsità è notoria*; *è n. che ...* **2** (*dir.*) ***atto n.***, atto di notorietà ‖ **notoriaménte**, **avv.** in modo notorio; come tutti sanno: *la Svizzera è notoriamente pulita*

Notòstraci [comp. di *noto-* e del gr. *óstrakon* 'conchiglia' (V. *ostracione*) ✱ 1930] **s. m. pl.** (**sing.** *-co*) ● (*zool.*) ordine di Crostacei dei Fillopodi con carapace a scudo, comuni nelle acque dolci (*Notostraca*)

†**notricàre** e deriv. ➤ †**nutricare** e deriv.

†**notrìce** ➤ **nutrice**

nottambulìsmo [1842] **s. m.** ● tendenza a far vita da nottambulo

nottàmbulo [da *notte*, sul modello di *funambolo* ✱ 1685] **A** **s. m.** (**f.** *-a*) **1** persona a cui piace andare in giro e divertirsi di notte: *una compagnia di allegri nottambuli*; *I nottambuli sbarravano gli occhi dietro quel tassì* (I. Calvino) **2** †sonnambulo **B** anche **agg.**: *gente nottambula*

nottànte [part. pres. di †*nottare* ✱ 1855] **s. m. e f.** ● infermiere notturno

†**nottàre** [da *notte* ✱ sec. XIV] **v. intr.** ● annottare

nottàta [1534] **s. f.** ● spazio di una notte: *durare una n.* | la notte, con riferimento alle condizioni atmosferiche, agli avvenimenti che si sono verificati, al modo in cui la si è trascorsa: *una n. piovosa, fredda, calda*; *una n. di sofferenza*; *una n. insonne, agitata*; *ho passato la n. a studiare* | ***far n.***, restare tutta la notte senza dormire | (*fig.*) ***deve passare la n.***, prima o poi questo periodo negativo finirà (dalla frase napoletana 'ha da passà 'a nuttata!', battuta finale di 'Napoli milionaria' (1945) di Eduardo De Filippo) ‖ **nottatìna**, **dim.** | **nottatàccia**, **pegg.** (V.)

nottatàccia [pegg. di *nottata* ✱ 1883] **s. f.** (**pl.** *-ce*) **1** nottata di forte maltempo: *Per l'appunto era una n. d'inverno. Tuonava forte forte* (C. Collodi) **2** nottata particolarmente spiacevole o faticosa | nottata in cui non si riesce a dormire bene: *Una n. caro professore! Il caldo, forse...* (L. Pirandello)

♦**nòtte** [lat. *nŏcte(m)*, di orig. indeur. ✱ av. 1250] **s. f.** **1** tempo durante il quale una località non è illuminata né dal Sole né dalla luce solare diffusa dall'atmosfera terrestre **CFR.** nicto- | ***la n. sulla domenica***, quella fra il sabato e la domenica | ***la n. della domenica***, ***domenica n.***, quella tra la domenica e il lunedì | ***la n. santa***, quella di Natale | ***si fa n.***,

a b c d e f g h i j k l m **n** o p q r s t u v w x y z

annotta | ***sul far della n.***, all'imbrunire | ***di prima n.***, nelle prime ore della notte | ***prima n.***, (*per anton.*) quella che i coniugi trascorrono insieme dopo il loro matrimonio | †***un'ora di n.***, un'ora dopo il tramonto | ***l'una, le due di n.***, un'ora, due ore dopo la mezzanotte | ***nel cuore della n.***, †***a gran n.***, a notte fonda, inoltrata | ***di n.***, durante la notte | ***a n.***, quando è scesa la notte | ***da n.***, da usare nella notte: *camicia da n.* | ***giorno e n.***, continuamente | ***peggio che andar di n.***, di male in peggio, detto spec. di imprese, avventure sempre più pericolose | ***ci corre quanto dal giorno alla n.***, c'è una grande diversità | ***n. dei lunghi coltelli***, (*stor.*) quella del 30 giugno 1934 in cui vennero sterminati ad opera delle SS naziste i capi delle formazioni paramilitari SA (ted. Sturmabteilungen); (*fig.*) episodio di vendetta o lotta tra fazioni rivali all'interno di un partito, movimento, azienda e sim. **2** con riferimento alle condizioni atmosferiche delle ore notturne, agli avvenimenti che in esse si sono verificati, al modo in cui si sono trascorse: *una n. buia, stellata, piovosa, tempestosa*; *trascorrere una n. movimentata, insonne, tranquilla*; *ha passato bene la n.*; *il malato non passerà la n.*; *n. di angoscia, di dolore* | ***n. in bianco, n. bianca***, insonne (i cavalieri medioevali nella notte precedente l'investitura vegliavano vestiti di bianco, in segno di purezza) | ***n. bianca***, nel periodo di fine primavera e inizio estate, fenomeno che si verifica nelle zone prossime ai Circoli polari per cui il cielo rimane chiaro anche dopo il tramonto (dal titolo del racconto 'Le notti bianche' (1848) di F. Dostoevskij); (*est.*) notte in cui vengono organizzati spettacoli o manifestazioni culturali e rimangono aperti negozi, locali, musei e sim. | ***far di n. giorno***, vegliare | ***fare il turno di n.***, (*colloq.*) ***fare la n.***, lavorare in orario notturno | ***n. brava***, V. *bravo*, sign. A 3 | ***buona n.!***, escl. augurale rivolta a chi va a dormire; (*fig.*) esclamazione per indicare qlco. di ormai concluso | (*scherz.*) ***buona n. al secchio***, è finita, non se ne parla più **3** (*fig., lett.*) tenebre, oscurità, buio: *una nube che porta n.* | (*fig.*) ***la n. dei tempi***, tenebre che avvolgono gli avvenimenti remoti: *fatti che si perdono nella n. dei tempi* | (*fig.*) ignoranza, barbarie: *la n. del Medioevo* **4** (*fig.*) cecità: *essere condannato alla n. perpetua*

†**notteggiàre** [av. 1787] **v. intr.** • fare il nottambulo

♦**nottetèmpo** [comp. di *notte* e *tempo* ✱ av. 1292] **avv.** • di notte, durante la notte: *arrivare, partire n.* | anche nella loc. avv. ***di n.***

nottilùca ➤ **noctiluca**

nottilucènte [comp. di *notte* e *lucente* ✱ av. 1729] **agg.** • (*meteor.*) nella loc. ***nubi nottilucenti***, tenui nubi di altissima quota (75-85 km di altezza), simili a cirri e fluorescenti perché ancora illuminate dalla luce del sole al crepuscolo, visibili d'estate alle elevate latitudini, prob. costituite da piccole particelle ghiacciate

nottìvago [vc. dotta, lat. *noctĭvagu(m)*, comp. di *nŏx*, genit. *nŏctis* 'notte' e *văgus* 'vagante'. V. *vago*① ✱ 1499] **agg.** (**pl. m.** *-ghi*) • (*lett.*) che va in giro la notte: *farfalla nottivaga* (G. D'Annunzio) | nottambulo

nòttola [vc. dotta, lat. tardo *nŏctula(m)*, dim. di *nŏctua* 'nottola', da *nŏx*, genit. *nŏctis* 'notte' ✱ av. 1336] **s. f. 1** pipistrello europeo, con fitto mantello rossastro (*Nyctalus noctula*) **2** †civetta **3** saliscendi di legno a forma di becco d'uccello ‖ **nottolina**, **dim.** (V.) | **nottolìno**, **dim. m.** (V.) | **nottolóne**, **accr. m.** (V.)

nottolàta [1550] **s. f.** • (*lett.*) nottata, spec. trascorsa divertendosi

nottolìna [av. 1571] **s. f. 1** dim. di *nottola* **2** nottolino

nottolìno [av. 1571] **s. m. 1** dim. di *nottola* | piccolo saliscendi | (*tosc.*) ***fare di una trave un n.***, ridurre a niente qlco. di notevoli dimensioni; (*fig.*) non ottenere nulla da qlco. **2** (*mecc.*) in un arpionismo, dente metallico che s'impegna nella ruota dentata, impedendole un senso di rotazione

nottolóne [1563] **s. m. 1** accr. di *nottola* **2** (*zool.*) caprimulgo **3** (**f.** *-a*) (*tosc.*) persona grande e grossa, ma tarda di mente

nòttua [cfr. *nottola* ✱ 1584] **s. f.** • (*zool.*) denominazione generica di molte specie di Lepidotteri dannosi alle colture: *n. dei cavoli, del granturco, dei legumi, delle messi*

Nottùidi [vc. dotta, comp. di *nottu(a)* e *-idi* ✱ 1932] **s. m. pl.** (**sing.** *-e*) • (*zool.*) famiglia di farfalle con corpo grosso, ali anteriori triangolari e allungate, posteriori più corte e più larghe, colori scuri (*Noctuidae*)

†**nòttulo** [av. 1367] **s. m.** • nottola

notturlàbio [dal lat. tardo *nocturnālis* 'notturno', sul modello di *astrolabio* ✱ 1803] **s. m.** • antico strumento navale che permetteva la rilevazione della latitudine mediante la rilevazione della distanza angolare esistente tra la stella polare e lo zenit della nave

nottùrna [f. sost. di *notturno* ✱ 1955] **s. f.** • incontro sportivo, spec. di calcio, che viene disputato di sera: *partita in n.*

♦**nottùrno** [vc. dotta, lat. *noctŭrnu(m)*, da *nŏctu*, abl. di *nŏx* 'notte' ✱ av. 1306] **A agg.** • della notte, che avviene di notte: *riposo n.*; *quiete notturna*; *fonte se' or di lagrime notturne* (F. Petrarca) | che si compie, si svolge di notte: *servizio, lavoro, spettacolo n.* | che è aperto durante la notte: *locale n.*; *farmacia notturna* | che si usa durante la notte: *il campanello n. di un garage, di una farmacia* | ***animale n.***, che è attivo soprattutto di notte: *uccelli rapaci notturni* **B s. m. 1** ufficio canonico di mattutino, originariamente recitato o cantato nelle ore notturne **2** (*mus.*) composizione strumentale destinata all'esecuzione all'aperto nelle ore notturne | (*est.*) composizione ispirata alla notte: *un n. di Chopin* **3** rappresentazione in fotografie, quadri e sim. di una scena che avviene di notte

nòtula [vc. dotta, lat. tardo *nŏtula(m)*, propr. 'piccolo segno, puntino', dim. di *nŏta* 'nota' ✱ 1499] **s. f. 1** †piccola annotazione **2** nota dell'onorario dovuto a un professionista

nougat /fr. nu'ga/ [vc. provenzale, che risale a un lat. parl. *nucātu(m)* 'fatto con noci' (da *nŭx*, genit. *nŭcis*) ✱ 1942] **s. m. inv.** • dolce a base di mandorle o nocciole tritate e zucchero caramellato

noumènico [da *noumeno* ✱ av. 1846] **agg.** (**pl. m.** *-ci*) • (*filos.*) relativo al noumeno ‖ **noumenicità**, **s. f. inv.**

noùmeno [vc. dotta, gr. *noóumenon* 'ciò che è pensato', part. pres. passivo di *noêin* 'pensare', da *nôus* 'mente' ✱ 1845] **s. m.** • (*filos.*) in Platone, ciò che è concepito dall'intelletto indipendentemente dall'esperienza | in Kant, l'essenza pensabile della realtà, non ricavabile dall'esperienza cfr. fenomeno

nous /nus/ o **nòo**① [vc. gr., 'mente'. V. *noumeno* ✱ 1843] **s. m. inv.** • nella filosofia greca, mente ordinatrice del mondo | (*est.*) la ragione sia divina sia umana

nouveau roman /fr. nu,vorɔ'mɑ̃/ [loc. fr., propr. 'nuovo romanzo' ✱ 1960] **loc. sost. m. inv.** • corrente letteraria nata in Francia negli anni '50 del Novecento, tendente al rinnovamento del romanzo tradizionale, attraverso una narrazione che dissolve la struttura della trama, elimina ogni analisi psicologica dei personaggi e descrive la realtà in modo freddo, impersonale, minuzioso

nouveaux philosophes /fr. nu,vofilɔ'zɔf/ [loc. fr., propr. 'nuovi (*nouveaux*) filosofi (*philosophes*)' ✱ 1977] **loc. sost. m. pl.** • gli appartenenti al gruppo di intellettuali che negli anni 1970-80 hanno operato una critica delle tradizioni culturali dominanti nella Francia del secondo dopoguerra, come il marxismo e lo strutturalismo

nouvelle critique /fr. nu,vɛlkʀi'tik/ [loc. fr., propr. 'nuova critica' ✱ 1981] **loc. sost. f. inv.** • orientamento letterario affermatosi in Francia negli anni 1960-70, tendente al rinnovamento dell'attività critica mediante il rifiuto dei metodi d'analisi tradizionali e l'utilizzazione di scienze quali la psicanalisi, la sociologia, la linguistica, la semiologia, l'antropologia

nouvelle cuisine /fr. nu,vɛlkɥi'zin/ [loc. fr., propr. 'nuova cucina' ✱ 1984] **loc. sost. f. inv.** • cucina sorta in Francia negli anni '70 del Novecento che, staccandosi dalla elaborata tecnica della grande tradizione, esalta la libera creazione da parte del cuoco e si basa su cibi leggeri, cotture semplici, inediti accostamenti di ingredienti

nouvelle vague /fr. nu,vɛl'vag/ [loc. fr., propr. 'nuova (*nouvelle*, V. *novello*) onda (*vague*, dall'ant. scandinavo **vâgr*)' ✱ 1959] **loc. sost. f. inv. 1** il complesso dei giovani registi francesi che, negli anni 1950-60, con opere innovatrici rispetto alla tradizione, illustrarono le difficoltà e la vita della gioventù contemporanea **2** (*fig.*) le nuove leve, le ultime generazioni

nòva [da (*stella*) *n(u)ova* ✱ 1931] **s. f.** • (*astron.*) stella che, a causa di una violentissima esplosione, mostra un rapido e imponente aumento della sua luminosità e poi lentamente ritorna all'incirca alle condizioni iniziali

novàle [vc. dotta, lat. *novāle*, da *novāre* 'rinnovare', da *nŏvus* 'nuovo' ✱ av. 1320] **A s. m. o f.** • campo messo a coltura dopo il riposo | maggese lavorato mediante quattro arature praticate in tempi diversi **B anche agg.**

♦**novànta** [sovrapposizione di *nove* al lat. *nonagĭnta* 'novanta' ✱ 1268] **agg. num. card. inv.** (**si elide davanti ad** *anni*: *novant'anni*); **anche s. m. e f. inv.** (**V. nota d'uso NUMERI E NUMERALI**) • nove volte dieci, nove decine, rappresentato da *90* nella numerazione araba, da *XC* in quella romana. **I** come agg. ricorre nei seguenti usi **1** rispondendo o sottintendendo la domanda 'quanti?', indica la quantità numerica di novanta unità (spec. preposto a un sost.): *ha compiuto oggi novant'anni*; *pesa quasi n. chili* | ***avere n. probabilità su cento***, (*est.*) averne molte | con valore indet.: *te l'ho detto e ripetuto n. volte!* **2** rispondendo o sottintendendo la domanda 'quale?', identifica qlco. in una pluralità, in una successione, in una sequenza (posposto a un sost.): *studiate al paragrafo n.* | ***i n. numeri***, quelli del lotto e della tombola | ***gli anni N.***, in un secolo, spec. il XX, quelli compresi fra novanta e novantanove **3** in composizione con altri numeri semplici o composti, forma i numeri superiori: *novantuno*; *novantadue*; *novantatré*; *novantotto*; *duecentonovanta* **II** come sost. ricorre nei seguenti usi **1** il numero novanta (per ellissi di un sost.): *il cinque nel n. sta diciotto volte*; *ha il n. per cento di probabilità* | ***la paura fa n.***, nella cabala del lotto corrisponde al numero novanta; (*fig.*) la paura costringe a fare cose inconsuete o rende eccessivamente timorosi | (*fig.*) ***pezzo da n.***, in un'organizzazione mafiosa, chi gode di grande autorità e prestigio; (*est.*) persona importante e potente | ***essere sui n.***, avere circa novant'anni di età | ***nel '90***, nel 1990 o nel 1890, nel 1790, ecc. **2** il segno che rappresenta il numero novanta

novantamìla [comp. di *novanta* e *mila*] **agg. num. card. inv.; anche s. m. e f. inv. (V. nota d'uso NUMERI E NUMERALI)** ● novanta volte mille, novanta migliaia, rappresentato da *90 000* nella numerazione araba, da $\overline{XC}$ in quella romana. **I** come agg. ricorre nei seguenti usi **1** rispondendo o sottintendendo la domanda 'quanti?', indica la quantità numerica di novantamila unità (spec. preposto a un sost.): *la popolazione non arriva a n. anime* **2** rispondendo o sottintendendo la domanda 'quale?', identifica qlco. di una pluralità, in una successione, in una sequenza (posposto a un sost.): *il numero n.* **II** come sost. ricorre nei seguenti usi **1** il numero novantamila (per ellissi di un sost.) **2** il segno che rappresenta il numero novantamila

novantènne [da *novanta* col suff. *-enne*, ricavato da *decenne* ✱ 1858] **A agg. 1** che ha novant'anni **2** che dura da novant'anni **B s. m. e f.** ● chi ha novant'anni d'età

novantènnio [da *novanta* col suff. *-ennio*, ricavato da *biennio*, *decennio*, ecc. ✱ 1925] **s. m. (pl. *-i* o *raro* *-ii*)** ● periodo di novant'anni

novantèṣimo (o *-é-*) **A agg. num. ord. 1** corrispondente al numero novanta in una successione o in una classificazione (rappresentato da *XC* nella numerazione romana, da *90°* in quella araba): *la novantesima parte; è riuscito n. nel concorso* **SIN.** (*lett.*) nonagesimo | (*sport*) ***n. minuto***, nel calcio, conclusione dell'incontro **2** in composizione con altri numerali, semplici o composti, forma gli ordinali superiori: *novantesimoprimo*; *centonovantesimo*; *milleduecentonovantesimo* **B s. m.** ● ciascuna delle novanta parti uguali di una stessa quantità: *otto novantesimi; un n. del totale*

novantìna [av. 1556] **s. f. 1** complesso, serie di novanta o circa novanta unità: *una n. di kilometri* **2** i novant'anni d'età: *ha passato la n.; mia nonna è già arrivata alla n.*

novantùno [comp. di *novanta* e *uno*] **agg. num. card. inv.; anche s. m. e f. inv. (V. nota d'uso NUMERI E NUMERALI)** ● nove volte dieci o nove decine, più un'unità, rappresentato da *91* nella numerazione araba, da *XCI* in quella romana. **I** come agg. ricorre nei seguenti usi **1** rispondendo e sottintendendo la domanda 'quanti'?, indica la quantità numerica di novantuno unità (spec. preposto a un sost.): *ha battuto il record per novantun centesimi di secondo* **2** rispondendo o sottintendendo la domanda 'quale?', identifica qlco. in una pluralità, in una successione, in una sequenza (posposto a un sost.): *abita in via Roma, numero n.; fai l'esercizio numero n.* **II** come sost. ricorre nei seguenti usi **1** il numero novantuno (per ellissi di un sost.): *abito al n. di via Roma* | (*scherz.*) ***il n. fa miseria***, perché nella tombola tale numero non c'è, terminando i numeri, e quindi la fortuna, al novanta **2** il segno che rappresenta il numero novantuno **3** (*milit.*) modello di fucile a ripetizione di piccolo calibro, con caricatore a sei cartucce, fabbricato a partire dal 1891, un tempo in uso nell'esercito italiano

novàre [vc. dotta, lat. *novāre*, da *nŏvus* 'nuovo' ✱ 1612] **v. tr.** (*io nòvo*) **1** †rinnovare **2** (*dir.*) estinguere un'obbligazione concludendo una novazione

novarése (o *-ṣ-*) [av. 1405] **A agg.** ● di Novara **B s. m. e f.** ● abitante o nativo di Novara

novatìvo [da *novato*, part. pass. di *novare* ✱ 1970] **agg.** ● (*dir., raro*) che ha la funzione di novare: *accordo n.*

novatóre [vc. dotta, lat. tardo *novatōre(m)*, da *novātus*, part. pass. di *novāre* ✱ 1554] **s. m. (f. *-trice*); anche agg.** ● chi (o che) è innovatore in qualche campo o promotore di nuove idee: *un geniale n.; idee novatrici*

novazióne [vc. dotta, lat. tardo *novatiōne(m)*, da *novātus*, part. pass. di *novāre* 'novare' ✱ av. 1328] **s. f. 1** (*dir.*) estinzione di una obbligazione mediante accordo tra le parti di sostituire alla precedente una nuova obbligazione **2** (*raro*) innovazione

♦**nòve** [lat. *nŏve(m)*, di orig. indeur. ✱ 1211] **agg. num. card. inv.; anche s. m. e f. inv. (V. nota d'uso NUMERI E NUMERALI)** ● numero naturale successivo di otto, rappresentato da *9* nella numerazione araba, da *IX* in quella romana. **I** come agg. ricorre nei seguenti usi **1** rispondendo o sottintendendo la domanda 'quanti?', indica la quantità numerica di nove unità (spec. preposto a un sost.): *le n. Muse; i n. mesi della gestazione; è stato all'estero per n. anni; calcolare i n. decimi di un numero* | ***a n. a n., di n. in n.***, nove per volta **2** rispondendo o sottintendendo la domanda 'quale?', identifica qlco. in una pluralità, in una successione, in una sequenza (posposto a un sost.): *leggi al paragrafo n.; prendi l'autobus numero n.; abita al numero n. di via Verdi* **3** in composizione con altri numeri semplici, forma i numeri superiori: *ventinove*; *novecento*; *milleseicentonove* **II** come sost. ricorre nei seguenti usi **1** il numero nove (per ellissi di un sost.): *ho uno sconto del n. per cento; il n. nel ventisette sta tre volte; abito al n. di piazza Roma; dov'è la fermata del n.?* | nella valutazione scolastica, il voto inferiore di un punto a quello massimo: *ha preso un bel n.; ha la pagella piena di n.* | ***la prova del n.***, prova aritmetica per verificare l'esatto risultato di una operazione aritmetica elementare; (*est.*) dimostrazione, verifica di qlco.: *quella reazione nervosa è stata la prova del n. della sua malafede* **2** il segno che rappresenta il numero nove: *scrivo il n. e riporto il due*

novecentésco [1932] **agg. (pl. m. *-schi*)** ● del Novecento, del XX secolo: *arte, estetica novecentesca*

novecentèṣimo (o *-é-*) **A agg. num. ord.** ● corrispondente al numero novecento in una successione o in una classificazione (rappresentato da *CM* nella numerazione romana, da *900°* in quella araba): *la novecentesima parte di un numero* **B s. m.** ● ciascuna delle novecento parti uguali di una stessa quantità

novecentìṣmo [da *novecento* ✱ 1936] **s. m. 1** movimento artistico, letterario, estetico, sviluppatosi in Italia nel XX secolo **2** tendenza artistica alla funzionalità e alla razionalità, spec. in architettura

novecentìsta [1826] **A s. m. e f. (pl. m. *-i*)** ● autore vissuto nel Novecento, nel XX secolo | seguace del novecentismo in letteratura, arte e sim. **B agg.** ● novecentistico

novecentìstico [1953] **agg. (pl. m. *-ci*)** ● relativo a tendenze e correnti artistiche proprie del Novecento

novecènto [comp. di *nove* e *cento* ✱ 1321] **agg. num. card. inv.; anche s. m. e f. inv. (V. nota d'uso NUMERI E NUMERALI)** ● nove volte cento, nove centinaia, rappresentato da *900* nella numerazione araba, da *CM* in quella romana. **I** come agg. ricorre nei seguenti usi **1** rispondendo o sottintendendo la domanda 'quanti?', indica la quantità numerica di novecento unità (spec. preposto a un sost.): *un viaggio di n. kilometri; costa circa n. euro; la fabbrica dà lavoro a n. operai* **2** rispondendo o sottintendendo la domanda 'quale?', identifica qlco. in una pluralità, in una successione, in una sequenza (posposto a un sost.): *questo avvenne nell'anno n. d.C.; leggete a pagina n.* | ***stile, architettura, palazzo, mobile n.***, e sim., del XX secolo **II** come sost. ricorre nei seguenti usi **1** il numero novecento (per ellissi di un sost.): *divido il n. per tre; circa nel n. d.C.* | ***il Novecento***, (*per anton.*) il secolo XX: *l'arte del Novecento; nella prima metà del Novecento* **2** il segno che rappresenta il numero novecento

novèla /no'vɛla, *portog.* nu'vɛlʌ, -la/ [1983] **s. f. (pl. *novele* o portog. *novelas*)** ● accorc. di *telenovela*

novèlla [f. sost. di *novello* ✱ 1260] **s. f. 1** racconto, narrazione di una vicenda reale, verosimile o immaginaria, di lunghezza variabile, ma inferiore a quella del romanzo: *le novelle del Boccaccio* **2** (*lett.*) nuova, notizia, spec. recente **3** (*dir.*) norma, o insieme di norme, che ne sostituisce una già in vigore mantenendone l'inquadramento sistematico **4** †discorso, ragionamento | †ciancia, chiacchiera, diceria: *sono tutte novelle* | (**spec. al pl.**) †maldicenza: *spargere novelle* | †***mettere in novelle***, burlare **5** †rumore, schiamazzo | †diverbio **6** †ambasciata ‖ **novellàccia**, **pegg.** | **novellétta**, **dim.** (V.) | **novellìna**, **dim.** | **novellùccia**, (*lett.*) **novellùzza**, **dim.**

SFUMATURE ➤ *favola*, ➤ *romanzo*②

†**novellàio** [1539] **agg.** ● (*tosc.*) chiacchierone, pettegolo | novelliere

novellàme [comp. di *novello* e *-ame* ✱ 1942] **s. m.** ● l'insieme dei piccoli di molte specie animali, spec. dei pesci

novellànte A part. pres. di *novellare* ● (*raro, lett.*) nei sign. del v. **B s. m. e f.** ● (*spec. spreg.*) †novellatore, narratore

novellàre [da *novella* ✱ av. 1292] **A v. intr.** (*io novèllo*; aus. *avere*) **1** (*lett.*) raccontare novelle **2** (*lett.*) raccontare | †chiacchierare **B v. tr.** ● (*dir.*) modificare tramite una novella

†**novellàta** [da *novella* ✱ av. 1571] **s. f.** ● racconto poco credibile: *in mentre che diceva queste sue novellate* (B. CELLINI)

novellatóre [da *novellare*① ✱ sec. XIII] **s. m. (f. *-trice*) 1** (*lett.*) chi racconta novelle **2** †fanfarone

novellazióne [da *novella* ✱ 1988] **s. f.** ● (*dir.*) atto del novellare

novelleggiàre [av. 1870] **v. intr. (pres.** *io novelléggio*; **fut.** *io novelleggerò*; aus. *avere*) ● (*raro*) novellare

novellétta [1353] **s. f. 1** dim. di *novella* **2** composizione musicale per piano a carattere narrativo

novellière [av. 1342] **s. m. 1** (**f. *-a***) narratore, scrittore di novelle: *i novellieri del Cinquecento* **2** raccolta di novelle **3** †chiacchierone, maldicente **4** †messo, ambasciatore

novellìno [dim. di *novello* ✱ av. 1587] **A agg.** ● nuovo, primaticcio: *insalata novellina* **B agg. e s. m. (f. *-a*)** ● che (o chi) è inesperto in un'attività, un lavoro e sim., avendoli da poco iniziati

novellìsta [da *novella* ✱ 1640] **s. m. e f. (pl. m. *-i*) 1** (*raro*) scrittore di novelle | †gazzettiere **2** †maldicente

novellìstica [1908] **s. f.** ● genere e arte delle novelle | la produzione di novelle di un dato periodo o ambiente: *la n. del Quattrocento; n. borghese*

novellìstico [1885] **agg. (pl. m. *-ci*)** ● che riguarda la novella: *produzione novellistica*

†**novellìzia** [da *novello* ✱ sec. XIV] **s. f.** ● primizia | novità

novelliẓẓazióne [adattamento dell'ingl. *novelization*, da *to novelize* 'ridurre in forma di romanzo (*novel*)' ✱ 1983] **s. f.** ● rielaborazione di una sceneggiatura cinematografica o televisiva in modo da ottenere un testo narrativo autonomo

♦**novèllo** [vc. dotta, lat. *novĕllu(m)*, dim. di *nŏvus* 'nuovo' ✱ av. 1250] **agg. 1** venuto, sorto, nato da poco: *patate novelle; pollo n.; eran d'intorno violette e gigli / fra l'erba verde, e* *vaghi fior novelli* (A. Poliziano) | ***vino novello***, (*ellitt.*) ***novello***, vino ottenuto con una particolare tecnica di fermentazione e imbottigliato un mese e mezzo o due dopo la vendemmia, così da risultare particolarmente profumato e fragrante anche se inadatto all'invecchiamento | (*poet.*) ***la stagione novella***, la primavera | (*poet.*) ***l'età novella***, la giovinezza | (*ellitt.*) †***di n., per n.***, per la prima volta, di nuovo **SIN.** nuovo, recente **2** detto di persona che si trova da poco tempo in un determinato stato o condizione: *sposo n.*; *sacerdote n.* **3** (*lett.*) di chi (o di ciò che) ha le stesse caratteristiche di qualcun altro o qualche cosa d'altro: *un n. Michelangelo* **4** †novizio, inesperto, novellino **5** (*lett.*) rinnovato, ripetuto | †non veduto prima, strano **6** (*mar.*) †di manovra o corda secondaria da usarsi in sostituzione della primaria ‖ **novellaménte**, avv. **1** †da poco, ultimamente: *tornato novellamente in patria* **2** (*raro*) in modo nuovo **3** †da principio **4** †da ultimo, infine ‖ **novellino**, dim. (V.)

♦**novèmbre** [lat. *novĕmbre(m)*, da *nŏvem* 'nove', perché era il nono mese del calendario romano arcaico ✶ 1211] **s. m.** ● undicesimo e penultimo mese dell'anno nel calendario gregoriano, di 30 giorni

novembrìno [1856] **agg.** ● del mese di novembre: *nebbia, pioggia novembrina*

novemìla [comp. di *nove* e *mila*] **agg. num. card. inv.; anche s. m. e f. inv. (V. nota d'uso NUMERI E NUMERALI)** ● nove volte mille, nove migliaia, rappresentato da *9000* nella numerazione araba, da $\overline{IX}$ in quella romana. **I** come agg. ricorre nei seguenti usi **1** rispondendo o sottintendendo la domanda 'quanti?', indica la quantità numerica di novemila unità (spec. preposto a un sost.): *la macchina costa n. euro*; *sono raccolti in questa sala più di n. volumi* **2** rispondendo o sottintendendo la domanda 'quale?', identifica qlco. in una pluralità, in una successione, in una sequenza (posposto a un sost.): *abbonato numero n.* **3** in composizione con altri numeri semplici e composti, forma i numeri superiori: *novemilauno*; *novemiladue*; *novemilatré*; *novemilaotto*; *novemilaundici*; *novemilaottanta*; *novemilacento* **II** come sost. ricorre nei seguenti usi **1** il numero novemila (per ellissi di un sost.): *moltiplica il n. per cento* **2** il segno che rappresenta il numero novemila

novèna [vc. dotta, lat. *novēni*, nom., 'a nove a nove', da *nŏvem* 'nove' ✶ av. 1685] **s. f.** ● pratica cattolica consistente in un ciclo di preghiere e di pii esercizi della durata di nove giorni in onore di un santo o a scopo di devozione e per ottenere grazie: *n. di Natale, n. della Madonna*

novenàrio [vc. dotta, lat. *novenāriu(m)*, da *novēni*. V. *novena* ✶ av. 1869] **A s. m.** ● nella metrica italiana, verso la cui ultima sillaba accentata è l'ottava; è composto di nove sillabe se termina con parola piana; per es.: *Dov'era la luna? ché il cielo* (G. Pascoli) (V. nota d'uso ACCENTO) **B** anche **agg.**: *verso n.*

novendiàle [vc. dotta, lat. *novendiāle(m)* 'che dura nove giorni', comp. di *nŏvem* 'nove' e *dies* 'giorno' (V. *dì*) ✶ 1483] **A agg.** ● (*lett.*) che ha la durata di nove giorni **B s. m.** ● presso gli antichi Romani, rito che durava nove giorni **C Novendiàli s. m. pl.** ● nella liturgia cattolica romana, riti funebri in suffragio di un Papa defunto, celebrati per nove giorni consecutivi

novennàle [da *nove*, sul modello di *biennale* ✶ av. 1694] **A agg. 1** che dura nove anni **2** che ricorre ogni nove anni: *cerimonia n.* **B** anche **s. m.**

novènne [vc. dotta, lat. tardo *novĕnne(m)*, comp. di *nŏvem* 'nove' e *ănnus* 'anno' ✶ 1809] **A agg. 1** che ha nove anni **2** che dura da nove anni **B s. m. e f.** ● chi ha nove anni d'età

novènnio [da *novenne* ✶ 1723] **s. m.** (**pl.** *-i* o *raro -ii*) ● periodo di nove anni

noveràre [lat. *numerāre*. V. *numerare* ✶ 1306] **v. tr.** (*io nòvero*) **1** (*lett.*) contare, annoverare **2** (*est., poet.*) rievocare, ricordare

†**noverazióne** [da *noverare* ✶ sec. XIV] **s. f.** ● menzione, enumerazione

†**novèrca** [vc. dotta, lat. *novĕrca(m)*, da *nŏvus* 'nuovo' ✶ 1321] **s. f.** ● matrigna: *la spietata e perfida n.* (Dante *Par.* XVII, 47)

†**novercàle** [vc. dotta, lat. *novercāle(m)*, da *novĕrca* 'noverca' ✶ av. 1640] **agg.** ● di noverca

♦**nòvero** [lat. *nūmeru(m)* 'numero' ✶ sec. XIII] **s. m. 1** †numero **2** categoria, classe, gruppo: *essere, trovarsi nel n. dei fortunati*

novicòrdo [comp. di *nove* e *corda* ✶ av. 1597] **s. m.** ● (*mus.*) sistema o strumento a nove corde

novilùnio [vc. dotta, lat. tardo *novilūniu(m)*, comp. di *nŏvus* 'nuovo' e *lūna* 'luna' ✶ sec. XIV] **s. m.** (**pl.** *-i* o *raro -ii*) ● fase iniziale della lunazione nella quale la luna resta invisibile

nòvio [vc. di orig. sconosciuta ✶ 1983] **s. m.** ● coccinella rosso-sangue utilizzata per la lotta biologica contro le cocciniglie degli agrumi (*Rodolia cardinalis*)

novìssimo [vc. dotta, lat. *novĭssimu(m)*, superl. di *nŏvus* 'nuovo, ultimo' ✶ 1268] **A agg.** ● (*lett.*) ultimo **B Novissimi s. m. pl.** ● (*relig.*) nella dottrina cattolica, i quattro ultimi eventi cui l'uomo va incontro al termine della vita e cioè: morte, giudizio, Inferno o Paradiso

♦**novità** o †**novitàde**, †**novitàte** [vc. dotta, lat. *novitāte(m)*, da *nŏvus* 'nuovo' ✶ 1282] **s. f. inv. 1** caratteristica, condizione di ciò che è nuovo: *la n. del caso, di un metodo* | †***n. della mente***, lucidità | (*lett.*) singolarità, stranezza **2** cosa nuova, inventata, introdotta, fatta conoscere di recente: *è una n. assoluta*; *n. letteraria, musicale*; *correre dietro alle n.* | ***nemico delle n.***, misoneista | prodotto nuovo, appena presentato: *negozio di n. sportive* | †cosa strana, straordinaria **3** fatto, avvenimento nuovo, recente: *le n. del giorno* | notizia di fatti, avvenimenti recenti: *sentire qualche n.* **4** innovazione, riforma: *propugnatori di n.* | (*lett.*) rivolta, sommossa: *Verona, creduta fino allora la città più restia a far n.* (I. Nievo) | †***far n. contro qlcu.***, protestare, ostacolarlo

novìzia o (*sett.*) **novìzza** nel sign. 3 [f. di *novizio* ✶ 1287] **s. f. 1** aspirante monaca nel periodo del noviziato e prima della professione dei voti **2** (*lett.*) sposa novella

noviziàle [av. 1611] **agg.** ● di novizio, relativo a novizio

noviziàto [sec. XIV] **s. m. 1** condizione, stato di chi è novizio | periodo durante il quale si è in tale stato | collegio per la preparazione dei novizi **2** periodo di tirocinio per acquistare esperienza in qlco.: *il n. è difficile per tutti* | ***scontare il n.***, commettere errori per inesperienza

novìzio o (*sett.*) **novìzzo** nel sign. A 3 [vc. dotta, lat. *novīcu(m)*, da *nŏvus* 'nuovo' ✶ av. 1342] **A s. m.** (**f.** *-ia* (V.)) **1** chi non ha ancora pronunciato i voti e attende di entrare a far parte di un ordine religioso **2** (*est.*) chi è nuovo nell'esercizio di una professione o di un lavoro e non è quindi molto pratico: *istruzione dei novizi* **B agg.** ● (*raro*) inesperto, novellino, principiante: *impiegato, commesso n.*
SFUMATURE ➤ ***principiante***

novìzza ➤ **novizia**

novìzzo ➤ **novizio**

nòvo ➤ **nuovo**

nòvo, ex ➤ **ex novo**

novocaìna [comp. di *novo* 'nuovo' e *(co)caina* ✶ 1911] **s. f.** ● sostanza bianca cristallina, ottenuta per via di sintesi, usata spec. come anestetico locale

nozionàle① [1584] **agg.** ● di nozione, relativo a nozione

nozionàle② [dall'ingl. *notional* 'ipotetico, convenzionale' ✶ 1991] **agg.** ● (*econ.*) detto del valore nominale su cui si calcola il rendimento di uno strumento finanziario, e del rendimento che ne consegue

nozióne [lat. *notiōne(m)* 'l'imparare a conoscere', da *nōtus*, part. pass. di *nōscere* 'conoscere' ✶ av. 1563] **s. f. 1** conoscenza, cognizione: *non avere la n. del tempo*; *non avere n. dei fatti* **2** (**spec. al pl.**) elemento fondamentale per la conoscenza di una scienza, una disciplina, un argomento: *nozioni di chimica* ‖ **nozioncèlla**, dim. | **nozioncìna**, dim.
SFUMATURE ➤ ***idea***

nozionìsmo [comp. di *nozion(e)* e *-ismo* ✶ 1950] **s. m.** ● conoscenza basata sull'apprendimento di molte nozioni senza coordinazione e approfondimento

nozionìsta [1965] **s. m. e f.** (**pl. m.** *-i*) ● sostenitore, fautore del nozionismo

nozionìstico [1958] **agg.** (**pl. m.** *-ci*) ● fondato sul nozionismo: *insegnamento n.* ‖ **nozionisticaménte**, avv.

♦**nòzze** [lat. *nūptiae*, nom. pl., dal part. pass. di *nūbere* 'sposarsi', V. *nubile* ✶ 1268] **s. f. pl. 1** sposalizio, matrimonio: *celebrare le n.*; *regali, doni di n.*; *viaggio di n.* **CFR.** -gamia, gamo-, -gamo | ***n. d'argento, d'oro, di diamante***, anniversario del venticinquesimo, cinquantesimo, sessantesimo anno di matrimonio | ***andare a n.***, (*fig.*) prepararsi a fare una cosa molto desiderata **2** festa, cerimonia, convito nuziale: *imbandire le n.*; *pranzo, torta di n.* | ***lista di n.***, V. *lista*, sign. 2 | ***invitare a n.***, (*fig.*) proporre di fare qlco. di molto gradito | ***n. con i fichi secchi***, (*fig., scherz.*) cosa fatta con molto risparmio **3** nella terminologia mistica cattolica, unione con Cristo: *n. mistiche* | ***n. con Gesù***, voti religiosi **4** (*biol.*) fenomeno di fecondazione dei vegetali | ***n. palesi***, delle Fanerogame che hanno fiori | ***n. segrete***, delle Crittogame prive di fiori

nu ➤ **ni**②

nuance /nu'ans, *fr.* nɥɑ̃s/ [vc. fr., da *nue* 'nuvola', con allusione ai riflessi sfumati delle nuvole ✶ 1832] **s. f. inv.** ● sfumatura, leggera differenza (***anche fig.***): *una n. di colore, di tono*

♦**nùbe** [lat. *nūbe(m)*, da una radice indeur. che indica 'coprire' ✶ 1319] **s. f. 1** (*meteor.*) insieme visibile di particelle liquide, solide o miste in sospensione nell'atmosfera, prevalentemente composto da goccioline di acqua e cristalli di ghiaccio, classificato in vari generi secondo la forma e l'altezza rispetto al suolo | ***nubi alte***, cirri, cirrocumuli, cirrostrati | ***nubi medie***, altostrati, altocumuli, nembostrati | ***nubi basse***, strati, stratocumuli | ***nubi a sviluppo verticale***, cumuli, cumulonembi | (*geol.*) ***n. vulcanica***, nuvola di vapori, gas e ceneri emessi da un vulcano in eruzione | ***n. ardente***, miscela di gas, frammenti, materiale lavico incandescente che discende dai fianchi di un vulcano | (*astron.*) ***n. cosmica***, nebulosa oscura; massa di materia cosmica assorbente, assai rarefatta, presente in vaste regioni di spazio internebulare | (*fis.*) ***n. elettronica***, in un tubo elettronico, l'insieme di elettroni liberi emessi dal catodo e che lo circondano; l'insieme degli elettroni, in numero pari al numero atomico di un nucleo, che si trovano distribuiti intorno al nucleo stesso in un atomo neutro | (*chim.*) ***n. ionica***, l'insieme di ioni che circonda e accompagna uno ione, una molecola o una micella nel suo moto attraverso un liquido | (*meteor.*) ***n. madreperlacea***, nube di aspetto iridescente che si osserva nella stratosfera alle alte latitudini, costituita da goccioline d'acqua o sferette di ghiaccio che diffrangono la luce solare conferendo alla nube il suo aspetto | (*ecologia*) ***n. radioattiva***, massa d'aria che contiene prodotti radioattivi provenienti da esplosioni nucleari e si muove come una nube ordinaria | (*astron.*) ***n. stellare***, apparente agglomerato stellare di aspetto nebuloso, di varia forma ed estensione, osservabile spec. nelle regioni celesti del Sagittario, del Cigno e dello Scudo **2** (*est.*) ciò che ha forma di nube: *una n. di polvere*; *sgombra / la fronte dalla n. dei capelli* (E. MONTALE) | (*fig.*) ciò che costituisce un impedimento alla conoscenza di qlco.: *una fitta n. di mistero* **3** (*fig.*) ciò che turba la serenità o che manifesta un turbamento: *una n. di tristezza, di malinconia* **SIN.** ombra, velo | indizio di contrasti, di peggioramento nei rapporti, e sim.: *è solo una n. passeggera*

NOMENCLATURA

nube = nuvola

● *caratteristiche*: bigia = grigia = cenerognola, dorata, infuocata, rossastra; minacciosa, procellosa; sparsa, vagabonda; a cappuccio, lenticolare, a bandiera, a imbuto, orografica, a sviluppo verticale (alta ⇔ bassa; cumulo, cumulonembo), alta (cirro, cirrostrato, cirrocumulo = a pecorelle) media (altostrato, altocumulo), bassa (nembostrato, banco di nubi, cumulo, strato, stratocumulo), nottilucente; radioattiva, ardente, bianca, livida, nera, carica di pioggia, madreperlacea; nuvolosità, grado di nuvolosità, annuvolamento; nube = nuvola = nembo, nuvolo, nuvolaglia; nube di fumo, nembo di polvere; cielo nuvoloso = coperto, cielo poco nuvoloso = semicoperto, cielo senza nubi = chiaro = sereno;

● *azioni*: addensarsi; annuvolarsi, intorbidarsi, rabbuiarsi, rabbruscarsi, rompere, rasserenarsi, sgombrarsi, aprirsi, squarciare, dissipare, schiarirsi;

● *strumenti*: nefelometro = nefoscopio.

nubècola [vc. dotta, lat. *nubĕcula(m)*, dim. di *nūbes* 'nube' ✱ 1587] **s. f. 1** (*raro, lett.*) piccola nube **2** (*astron.*) nebulosa di piccole dimensioni **3** (*chim.*) aspetto fumoso di un precipitato solido disperso in un liquido **4** (*med.*) piccola cicatrice biancastra, più o meno opaca, della cornea **SIN.** nefelio

nubecolàre [1958] **agg.** ● di nubecola, simile a nubecola

nubèndo [dal lat. *nūbere* 'sposarsi' (V. *nubile*) ✱ 1891] **s. m.** (**f.** *-a*) ● chi è prossimo alle nozze, chi è in procinto di sposarsi

nubiàno [sec. XIV] **agg.** ● della Nubia, regione dell'Africa nord-orientale: *deserto n.*

†**nubifendènte** [comp. di *nube* e il part. pres. di *fendere* ✱ 1782] **agg.** ● (*poet.*) che fende le nubi

nubìfero [vc. dotta, lat. *nubĭferu(m)*, comp. di *nūbes* 'nube' e *-fer* '-fero' ✱ 1499] **agg.** ● (*poet.*) avvolto da nubi: *dal mugghiante / su i nubiferi gioghi equoreo flutto* (G. LEOPARDI)

nubifràgio [da *nube*, sul modello di *naufragio* ✱ 1883] **s. m.** ● precipitazione abbondante, violenta, talora temporalesca, che può provocare in poche ore straripamenti di fiumi, allagamenti e frane

nubilàto [1950] **s. m.** ● (*raro*) stato, condizione della donna nubile | ***abbandonare il n.***, sposarsi

♦**nùbile** [vc. dotta, lat. *nūbile(m)*, da *nūbere* 'sposarsi', dalla stessa radice di *nūbes* 'nube' perché la sposa veniva velata ✱ sec. XIV] **A agg. 1** detto di donna non sposata | (*est., lett.*) che è in età da marito: *la figlia d'un iddio / non ancor n.* (G. D'ANNUNZIO) | (*est., lett.*) relativo a una donna non maritata: *la testimonianza del suo stato n.* (V. MONTI) **2** (*lett.*) appena sbocciato o spuntato, detto di fiore, pianta e sim. **B s. f.** ● donna non sposata

SFUMATURE DI SIGNIFICATO

nubile - signorina - zitella - single

Il termine neutro, d'uso prevalentemente burocratico, per indicare una donna non sposata è **nubile**. **Signorina** ha lo stesso significato, ma è parola usata sempre più raramente, per cui, tranne che in riferimento a donna molto giovane, viene perlopiù percepita come ironica o scherzosa. Altro termine scherzoso o spregiativo per identificare una donna nubile, soprattutto se non più giovane, è **zitella**, che quasi sempre allude anche a un carattere umorale, bisbetico. **Single**, infine, è in questo gruppo la voce più moderna e socialmente corretta; a differenza delle altre, inoltre, può essere usata anche in riferimento a persona di sesso maschile.

nùbilo [V. *nuvolo* ✱ 1224 ca.] **agg. e s. m.** ● (*lett.*) nuvoloso; *et per aere et n. et sereno et onne tempo* (FRANCESCO D'ASSISI)

nubilóso (o **-ṣ-**) [vc. dotta, lat. tardo *nubilōsu(m)*, da *nūbilus* 'nuvoloso' ✱ 1282] **agg. 1** (*lett.*) nuvoloso, nebuloso **2** (*fig., poet.*) fosco, tormentoso: *la nubilosa e turbida tristizia* (B. CASTIGLIONE)

nùca [arabo *nuḫā* 'midollo spinale' ✱ 1313] **s. f. 1** (*anat.*) regione cervicale posteriore | (*est.*) parte posteriore del collo: *colpire qlcu. alla n.*; *dare un colpo alla n.* **CFR.** occipite **2** †colonna vertebrale

nucàle [1958] **agg.** ● (*anat.*) della nuca: *linea n.* | ***traslucenza n.***, V. *traslucenza*

nuce, in ➤ **in nuce**

nucìfraga o (*disus.*) **nocìfraga** [comp. del lat. *nūx*, genit. *nŭcis* 'noce' e *-fragus*, da *frāngere* 'spezzare'. V. *frangere* ✱ 1831] **s. f.** ● (*zool.*) nocciolaia

nucleàle [1957] **agg.** ● (*lett.*) pertinente al nucleo, alla parte essenziale o fondamentale di qlco.

♦**nucleàre** [1906] **A agg. 1** di nucleo, relativo a nucleo, che costituisce un nucleo | (*fis.*) del nucleo | ***fisica n.***, parte della fisica che studia la struttura del nucleo degli atomi | ***centrale n.***, impianto per la conversione di energia nucleare in energia termica o elettrica | ***armi nucleari***, quelle che sfruttano l'energia nucleare | ***energia n.***, quella liberata attraverso i processi di fissione o di fusione nucleare | ***potenza n.***, Stato che dispone di armamenti nucleari | ***era n.***, quella in cui viviamo, caratterizzata dall'impiego dell'energia nucleare | ***guerra n.***, quella condotta con armi nucleari | ***medicina n.***, quella che applica l'energia nucleare a scopi diagnostici o terapeutici **2** ***pittura, arte n.***, corrente artistica, sorta negli anni '50 del Novecento, che si propone di riflettere l'angoscia della società contemporanea in forme ispirate alla disgregazione della materia **3** (*biol.*) relativo al nucleo cellulare | ***biochimica n.***, parte della chimica che studia la struttura del nucleo delle cellule | ***divisione n.***, cariocinesi **4** (*ling.*) pertinente al nucleo della frase | ***frase n.***, nella prima formulazione della grammatica generativa, la frase attiva, dichiarativa e affermativa, costituita da sintagma nominale e sintagma verbale ridotti ai loro elementi essenziali **5** (*antrop.*) ***famiglia n.***, quella ristretta al nucleo fondamentale formato da genitori e figli, caratteristica della società industrializzata ‖ **nuclearità**, **s. f. inv. B s. m.** ● l'energia nucleare e l'insieme delle sue utilizzazioni spec. tecnologiche e militari

NOMENCLATURA

nucleare (energia)

● *terminologia attinente*: il nucleare, l'elettronucleare; industria nucleare; reazione nucleare di fissione non controllata ⇔ controllata, di fusione non controllata ⇔ controllata, fusione fredda;

● *energia nucleare da fissione*: reattore nucleare a fissione (reattore di ricerca, di produzione, di potenza, a neutroni termici = termico, a neutroni veloci = veloce, a uranio naturale, a uranio arricchito, a plutonio; reattore autofertilizzante = breeder reactor; BWR = boiling water reactor = reattore moderato e refrigerato ad acqua naturale bollente; PWR = pressurized water reactor = reattore moderato e refrigerato ad acqua naturale in pressione; GCR = gas cooled reactor = reattore moderato e refrigerato con anidride carbonica; nocciolo; moderatore; fluido refrigerante; impianto nucleare; sicurezza del reattore);

● *combustibile nucleare per reattori a fissione*: isotopi fissili; uranio naturale, arricchito; arricchimento dell'uranio; isotopi fertili; ciclo del combustibile; barra di combustibile;

● *energia nucleare da fusione*: reattore nucleare a fusione (plasma; confinamento, riscaldamento, diagnostica del plasma; bottiglia magnetica; TOKAMAK, STELLARATOR, JET = Joint European Torus, reattore a fusione a laser);

● *combustibile nucleare per reattori a fusione*: deuterio, tritio, litio;

● *utilizzazione dell'energia nucleare*: impieghi civili (produzione di energia elettrica, di acqua dolce, di calore, di idrogeno; propulsione navale), impieghi militari (bomba atomica, aggressivi nucleari).

nuclearista [1985] **agg. e s. m. e f.** (**pl. m.** *-i*) ● che (o chi) è favorevole all'impiego dell'energia nucleare e alla costruzione delle centrali nucleari

nuclearizzàre [comp. di *nuclear(e)* e *-izzare*, sul modello dell'ingl. *to nuclearize* ✱ 1984] **A v. tr.** ● dotare, fornire di energia nucleare **B nuclearizzàrsi v. intr. pron. 1** dotarsi dell'energia nucleare **2** suddividersi in nuclei, in gruppi distinti ‖ **nuclearizzazióne**, **s. f.**

nucleàṣi [comp. di (*acido*) *nucle(ico)* e *-asi* ✱ 1910] **s. f. inv.** ● (*chim.*) qualsiasi enzima che catalizza la scissione, parziale o totale, di una molecola di acido nucleico nei nucleotidi costituenti

nucleàto [1953] **agg.** ● (*biol.*) fornito di nucleo

nucleazióne [ingl. *nucleation*, dal v. *to nucleate* 'crescere dal nucleo' ✱ 1981] **s. f.** ● (*miner.*) processo di formazione di germi cristallini, precedente all'accrescimento

nuclèico [1958] **agg.** (**pl. m.** *-ci*) ● (*biol.*) detto dell'acido presente nelle cellule animali e vegetali, sotto forma di DNA o RNA; gli acidi nucleici sono polimeri lineari costituiti da uno zucchero (riboso o desossiriboso), fosfato inorganico e basi puriniche o pirimidiniche **CFR.** DNA, RNA

nucleìna [1883] **s. f.** ● (*biol.*) sostanza organica proteica che contiene fosforo, parte importante del nucleo della cellula

nucleìnico [1927] **agg.** (**pl. m.** *-ci*) ● (*biol.*) nucleico

♦**nùcleo** [vc. dotta, lat. *nŭcleu(m)* 'nocciolo', dim. di *nŭx*, genit. *nŭcis* 'noce' ✱av. 1674] **s. m. 1** parte centrale di qlco. | primo elemento, organismo che dà inizio ad altri, che si formano attorno a esso: *il n. originario di una città* | (*fig.*) elemento centrale, costitutivo: *il n. di un'ideologia, di un racconto* | (*fig.*) ***n. fondante***, l'insieme dei concetti fondamentali su cui si basa una disciplina **2** (*fis.*) parte centrale dell'atomo, costituita da protoni e neutroni, attorno alla quale ruotano gli elettroni **3** (*biol.*) formazione presente nella cellula contenente i cromosomi e delimitata da una membrana, di importanza fondamentale per la regolazione delle funzioni cellulari e per la trasmissione dei caratteri ereditari **CFR.** cario- | ***n. nervoso***, insieme di cellule nervose destinate a una medesima funzione **4** (*astron.*) la parte più stabile di una cometa, costituita da un insieme di corpi solidi **5** (*miniere, disus.*) campione cilindrico di roccia prelevato dalla sonda SIN. carota **6** (*geol.*) involucro più interno del globo terrestre, sotto il mantello, fra 2900 e 6370 km **7** (*paletnologia*) grosso pezzo di selce da cui, per lavorazione dell'uomo, sono state staccate lame o schegge **8** (*chim.*) ***n. benzenico***, anello benzenico **9** (*fig.*) piccolo gruppo di persone che promuovono un'impresa o costituiscono un sodalizio di varia natura: *un n. di ricercatori* | reparto specializzato, squadra: *n. investigativo, n. antidroga* | gruppo di persone la cui unione iniziale ha dato origine a successivi sviluppi, ampliamenti e sim.: *il n. originario di un partito, di un'organizzazione*

nucleòfilo [comp. di *nucleo* e *-filo* ✱ 1981] **agg.** ● (*chim.*) detto di reagente della chimica organica ricco di elettroni, dotato di una elevata affinità verso specie chimiche povere di elettroni

nuclèolo [vc. dotta, lat. *nuclĕolu(m)*, dim. di *nŭcleus* 'nucleo' ✱ 1875] **s. m.** ● (*biol.*) ciascuno dei corpuscoli sferoidali contenenti proteine legate ad acido ribonucleico, sospesi nel nucleo di una cellula a formare accumuli di riserva

nucleóne [da *nucleo* col suff. *-one*③ ✱ 1958] **s. m.** ● (*fis.*) particella costituente il nucleo atomico (protone o neutrone)

nucleònica [da *nucleone* ✱ 1950] **s. f.** ● ingegneria nucleare

nucleoplàsma [comp. di *nucleo* e *plasma* ✱ 1906] **s. m.** (**pl.** *-i*) ● (*biol.*) parte del protoplasma contenuta nel nucleo

nucleoproteìna [comp. di *nucleo* e *proteina* ✱ 1932] **s. f.** ● (*chim.*) qualsiasi proteina coniugata con acidi nucleici, in particolare col DNA nucleare, con cui forma la struttura di base della cromatina SIN. nucleoprotide

nucleoprotìde o **nucleoproteìde** [comp. di *nucleo* e *protide* ✱ 1927] **s. m.** ● (*chim.*) nucleoproteina

nucleoṣìde [comp. di *nucleo* e della seconda parte di *(glico)side* ✱ 1933] **s. m.** ● (*chim.*) composto organico formato da una molecola di zucchero unito a una base azotata, in genere purinica o pirimidinica

nucleotermoelèttrico [comp. di *nucleo* e *termoelettrico* ✱ 1981] **agg.** (**pl. m.** *-ci*) ● (*fis.*) relativo alla produzione di energia termoelettrica mediante reattori nucleari: *centrale nucleotermoelettrica*

nucleotìde [comp. di *nucleo* e del suff. *-ide*, orig. erroneamente tratto da *(ox)ide*, con inserzione eufonica o analogica di *-t-* ✱ 1958] **s. m.** ● (*chim.*) composto organico formato da una molecola di zucchero unita a una base azotata, in genere purinica o pirimidinica, e a una o più molecole di acido fosforico

nucleotìdico [1981] **agg.** (**pl. m.** *-ci*) ● (*chim.*) relativo a nucleotide | che contiene nucleotidi

nuclìde [da *nucleo* ✱ 1958] **s. m.** ● (*fis.*) specie di nucleo, caratterizzato dal numero di protoni e dal numero di neutroni

nuculànio [dal lat. *nŭcula*, dim. di *nŭx*, genit. *nŭcis* 'noce' ✱ 1834] **s. m.** ● (*bot.*) drupa a due o più carpelli, contenenti due o più noccioli

nudàre [lat. *nudāre*, da *nūdus* 'nudo' ✱ av. 1306] **A v. tr. 1** (*lett.*) spogliare delle vesti, denudare **2** (*raro, fig.*) privare **B** **nudàrsi v. rifl. e intr. pron.** ● (*lett.*) spogliarsi (*anche fig.*)

nude-look /*ingl.* 'nju:d,luk/ [vc. ingl., propr. 'aspetto nudo', comp. di *nude* 'nudo' e *look* 'sguardo, aspetto' (vc. di orig. germ.) ✱ 1969] **s. m. inv.** ● foggia di abito femminile con la parte superiore trasparente che lascia intravedere il corpo, spec. il seno: *la moda del nude-look; una signora in nude-look*

nudézza [av. 1533] **s. f.** ● (*raro, lett.*) nudità

Nudibrànchi [comp. di *nudo* e *branchia* ✱ 1834] **s. m. pl.** (**sing.** *-chio*) ● (*zool.*) denominazione di numerosi Molluschi dei Gasteropodi privi di conchiglia, con branchia esterna e livrea dai colori bellissimi, che vivono nel mare strisciando sul fondo (*Nudibranchia*)

nudicàule [comp. di *nudo* e *caule* ✱ 1954] **agg.** ● (*bot.*) detto di pianta con fusto privo di foglie

nudiṣmo [da *nudo* ✱ 1929] **s. m.** ● movimento d'opinione naturista che propugna e pratica l'abolizione degli indumenti, e il rifiuto dei principi etici che condannano la nudità, nell'ambito di un ritorno individuale o comunitario all'ambiente naturale

nudìsta [1935] **A s. m. e f.** (**pl. m.** *-i*) ● chi pratica il nudismo: *un campeggio di nudisti* **B agg.** ● che riguarda il nudismo, del nudismo: *campo n.; teoria n.*

nudità [vc. dotta, lat. tardo *nuditāte(m)*, da *nūdus* 'nudo' ✱ av. 1306] **s. f. inv. 1** stato di chi è nudo: *la n. dei selvaggi* | (*est.*) mancanza di vegetazione: *la n. di una montagna* **2** (**spec. al pl.**) parte del corpo lasciata nuda: *coprire le proprie n.; le n. della moda* **3** (*fig.*) sobrietà, semplicità: *un discorso efficace nella sua n.*

♦**nùdo** [lat. *nūdu(m)*, di orig. indeur. ✱ 1261 ca.] **A agg. 1** privo di ogni vestito o indumento, detto del corpo umano o delle sue parti: *stare n. al sole; essere completamente n.; avere le braccia, le gambe nude; petto n.; stare a torso n.* CFR. gimno- | ***mezzo n.***, quasi nudo | ***n. nato, come un verme, come mamma l'ha fatto***, completamente nudo | ***andare a testa nuda***, senza cappello | ***a piedi nudi***, scalzo | ***a mani nude***, senza usare attrezzi | (*est.*) non sufficientemente coperto dagli abiti: *fa freddo, non andare fuori così n.!* **2** (*est.*) non rivestito del suo involucro naturale: *osso n.* | privo di rivestimento, di copertura: *montagne nude; terra nuda di vegetazione* | ***dormire sulla nuda terra***, a diretto contatto col suolo | ***spada nuda***, sguainata: *colle spade nude in mano, ... giurarono* (L.A. MURATORI) | ***a occhio n.***, senza l'aiuto di strumenti ottici: *stella visibile a occhio n.* | ***nuda proprietà***, V. *proprietà*, sign. 3 **3** (*est.*) privo di orpelli, di ornamenti: *appartamento n.; casa nuda e spoglia* | ***pareti nude***, senza quadri né tappezzeria | ***pavimento n.***, senza tappeti **4** (*fig.*) schietto, palese, senza nessun elemento che possa mascherare la realtà: *i nudi fatti; una nuda confessione; la verità nuda e cruda* | (*fig.*) ***mettere a n.***, rivelare interamente, senza reticenze o finzioni: *mettere a n. il proprio cuore, il proprio animo* **5** (*lett.*) inerme, indifeso: *povera e nuda vai, filosofia* (F. PETRARCA) **6** (*bot.*) aclamide ‖ **nudaménte**, **avv. 1** (*fig.*) in modo semplice **2** (*fig.*) senza reticenza, in modo schietto: *raccontare nudamente* **B s. m.** ● corpo umano nudo, inteso sia come oggetto di studio che come rappresentazione nelle arti figurative: *scuola, lezione di n.; disegnare, dipingere un n.* | (*est.*) disegno, pittura, scultura raffigurante un corpo umano nudo: *i nudi di Michelangelo* ‖ **nudino**, **dim.**

nudrìre e deriv. ➤ **nutrire** e deriv.

†**nugatòrio** [vc. dotta, lat. *nugatōriu(m)*, dal part. pass. di *nugāri* 'scherzare', da *nūgae* 'inezie' ✱ sec. XVI] **agg.** ● frivolo

nùgola ➤ **nuvola**

✦**nùgolo** [var. di *nuvolo* (V.) ✱ sec. XIII] **s. m. 1** (*lett.*) nuvolo **2** (*fig.*) grande quantità, moltitudine: *un n. di gente; nugoli di mosche* ‖ **nugolétto**, **dim.** | **nugolóne**, **accr.**

†**nùi** ➤ **noi**

nu jazz /nju'dʒɛts*, *ingl.* 'nu:,dʒæz/ [loc. ingl., comp. di *nu*, grafia della pronuncia amer. di *new* 'nuovo', e *jazz* ✱ 2000] **loc. sost. m. inv.** ● genere musicale nato alla fine degli anni '90 del Novecento, che contamina il jazz tradizionale con sonorità elettroniche proprie di altri generi

♦**nùlla** [lat. *nūlla*, nt. pl. di *nūllus*. V. *nullo* ✱ av. 1250] **A pron. indef. inv.** ● niente: *n. si crea e n. si distrugge; non so n.; non ho paura di n.* | qualcosa (spec. in prop. interr.): *ti ha detto n.?; hai n. in contrario?* | ***non fa n.***, non importa | ***da n.***, che ha poca rilevanza: *una faccenda, una cosa da n.*; che vale poco: *un regalino da n.*; (*spreg.*) detto di chi è un incapace: *un uomo da n.* | ***di n.***, formula di cortese risposta a chi ringrazia, si scusa e sim.: *'grazie molte' 'di n.!'* | ***non per n.***, non per niente; non senza una ragione | ***essere un buono a n.***, un inetto | ***fare finta di n.***, fingere di non accorgersi di qlco. | ***per n.***, per niente; in nessun modo, niente affatto: *non mi sento per n. stanco* | ***come n. fosse***, con noncuranza, con indifferenza | ***n. da dire***, nessuna obiezione | ***n. osta***, V. *nullaosta* **B in funzione di s. m. inv. 1** ciò che non esiste: *creare una cosa dal n.; vagar mi fai co' miei pensieri su l'orme / che vanno al n. eterno* (U. FOSCOLO) | ***ritornare al n.***, morire | ***un n.***, quantità piccolissima, minimo valore, nonnulla; *te lo cedo per un n.; si scandalizza per un n.* | (*colloq.*) ***un bel n.***, assolutamente nulla (con valore intens.): *il tuo esempio non spiega un bel n.!* | ***sparire, svanire nel n.***, scomparire, volatilizzarsi **2** (*filos.*) il non essere | in logica matematica, insieme vuoto **3** nella loc. sost. m. inv. ***nulla di fatto***, assenza di risultati: *il negoziato si è concluso con un n. di fatto*; nel calcio, pareggio senza reti: *la partita si è chiusa con un n. di fatto* **C avv.** ● niente: *non contare n.* | nella loc. avv. ***per n.***, per niente, in nessun modo, niente affatto: *non mi sento per n. stanco*

†**nulladimànco** [comp. di *nulla*, *di* e *manco* ✱ av. 1544] **cong.** ● nondimeno, tuttavia

✦**nulladiméno** [comp. di *nulla*, *di* e *meno* ✱ 1525] **cong.** ● (*lett.*) nondimeno, tuttavia

nullafacènte [comp. di *nulla* e *facente*, sul modello di *nullatenente* ✱ 1858] **agg. e s. m. e f.** ● che (o chi) non svolge nessuna attività o professione; che (o chi) vive oziosamente SIN. sfaccendato | (*est.*) che (o chi), pur avendo un'occupazione, lavora poco, col minimo impegno

nullafacènza [da *nullafacente* ✱ 1982] **s. f.** ● caratteristica o atteggiamento di chi è nullafacente SIN. inoperosità, oziosità

nullàggine [1840] **s. f. 1** incapacità, inettitudine di chi non vale nulla: *ha dimostrato la sua n.; questa borghesia ... gonfia di vanità, gonfia di n.* (M. SERAO) **2** cosa o persona che non ha nessun valore, spec. morale: *sei una n.* SIN. nullità

†**nullaméno** [comp. di *nulla* e *meno* ✱ 1363] **A cong.** ● nondimeno **B avv. 1** ugualmente **2** no

nullaòsta o **nùlla òsta** [comp. di *nulla* e *ostare*, sul modello del lat. *nĭhil ŏbstat* ✱ 1869] **s. m. inv.** ● atto mediante il quale l'amministrazione rimuove limiti posti dalla legge alla esplicazione di una attività o attesta che nulla si oppone al compimento della stessa: *il n. del ministero*

nullatenènte [comp. di *nulla* e il part. pres. di *tenere* ✱ 1797] **agg. e s. m. e f.** ● che (o chi) non possiede nulla: *famiglia n.; le richieste dei nullatenenti*

nullatenènza [1877] **s. f.** ● stato, condizione di chi è nullatenente: *certificato di n.*

†**nullézza** [sec. XIV] **s. f.** ● nullità

nullificàre [vc. dotta, lat. tardo *nullificāre*, comp. di *nūllus* 'nessuno' (V. *nullo*) e *-ficāre* '-ficare' ✱ 1920] **A v. tr.** (*io nullìfico, tu nullìfichi*) ● rendere nullo, ridurre a nulla **B** **nullificàrsi v. intr. pron.** ● ridursi a nulla ‖ **nullificazióne**, **s. f.**

nullìpara [comp. del lat. *nūllus* 'nessuno' (V. *nullo*) e *-para*, da *pārere* 'generare' (V. *partorire*) ✱ 1927] **s. f.; anche agg. solo f.** ● (*med.*) donna che non ha avuto parti

nulliparità [1958] **s. f. inv.** ● (*med.*) stato di chi è nullipara

Nullìpore [dal lat. *nūllus* 'nessuno', sul modello di *madrepora* ✱ 1834] **s. f. pl.** (**sing.** *-a*) ● (*bot.*) famiglia di alghe marine che fissano il carbonato di calcio e formano grandi ammassi sul fronte delle scogliere rivolto verso il mare (*Nulliporae*)

nullìṣmo [da *nulla* ✱ 1843] **s. m.** **1** nichilismo: *il n. del Leopardi* (G. CARDUCCI) **2** incapacità ad agire, a realizzare qlco.

nullisomìa [comp. di *nullo* e *(cromo)soma* ✱ 1983] **s. f.** ● (*biol.*) anormale assenza di una coppia di cromosomi omologhi in un individuo

nullìsta [da *nullismo* ✱ 1869] **agg.; anche s. m. e f.** (**pl. m.** *-i*) ● che (o chi) dà prova di nullismo

nullìstico [da *nulla* ✱ 1958] **agg.** (**pl. m.** *-ci*) ● (*raro*) che non approda ad alcun risultato, che si rivela di nessuna utilità: *atteggiamenti nullistici*

nullità [da *nulla* ✱ av. 1306] **s. f. inv.** **1** condizione, caratteristica di ciò che è nullo, privo di validità o di efficacia: *la n. delle tue ragioni; la n. delle richieste* **2** cosa o persona che non ha nessun valore: *i vostri superiori sono delle n.* **3** (*dir.*) invalidità di un atto o negozio giuridico per contrarietà a norme imperative di legge o per mancanza di taluno dei requisiti essenziali richiesti dalla legge

♦**nùllo** [vc. dotta, lat. *nūllu(m)* 'nessuno', comp. di *nē* 'non' e *ūllus* 'qualcuno', dim. di *ūnus* 'uno' ✱ av. 1250] **A agg.** **1** non valido, che presenta la condizione di nullità: *la sentenza giudiziaria è stata nulla; esame n.; scheda elettorale nulla* CONTR. valido **2** (*sport*) nella loc. ***match n.***, pari, che termina con lo stesso punteggio per ambedue gli atleti o le squadre contendenti **3** che non ha valore o rilevanza | assente, inesistente: *n. è dunque oggidì l'interesse della Gerusalemme* (G. LEOPARDI) **B agg. indef.** ● (*lett.*) nessuno: *n. martiro, fuor che la tua rabbia, / sarebbe al tuo furor dolor compito* (DANTE *Inf.* XIV, 65-66) || †**nullaménte**, **avv.** per nulla: *li gradi della luce, la quale nullamente è nelle tenebre* (G. BRUNO) **C pron. indef.** ● (*lett.*) nessuno: *colui ... / che da tutti servito a n. serve* (G. PARINI)

nùme [vc. dotta, lat. *nūme(n)* 'cenno fatto col capo', poi 'ordine, volere divino', da **nūere* 'fare un cenno', di orig. indeur. ✱ 1321] **s. m.** **1** (*lett.*) volontà, potenza divina e sua presenza nel mondo: *Vergine santa, che mirabil pruove / mostri del tuo gran n. in cielo e 'n terra* (A. POLIZIANO) **2** divinità, spec. in riferimento al mondo greco-romano | ***santi numi!***, escl. di impazienza, rabbia e sim. **3** (*fig.*, *anche iron.*) persona potente, che ha una funzione di guida | ***n. tutelare***, (*fig.*) persona molto influente che assume una funzione di protezione: *Luisa era sempre il suo n. tutelare* (A. FOGAZZARO)

numeràbile [vc. dotta, lat. *numerābile(m)*, da *numerāre* 'numerare' ✱ sec. XII] **agg.** **1** che si può numerare **2** (*mat.*) detto di insieme che si possa porre in corrispondenza biunivoca con l'insieme dei numeri naturali || **numerabilità**, **s. f. inv.**

numeràle [vc. dotta, lat. *numerāle(m)*, da *nŭmerus* 'numero' ✱ av. 1328] **A agg.** ● del numero, dei numeri **B s. m.** ● (*gramm.*) aggettivo o sostantivo che indica una quantità | ***n. cardinale***, che determina una quantità (per es. *uno, due* ecc.) | ***n. ordinale***, che determina il posto occupato in una serie (per es. *primo, secondo* ecc.)

numeràndo [vc. dotta, lat. *numerāndu(m)*, gerundivo di *numerāre* 'numerare' ✱ av. 1332] **agg.** ● (*raro*) che deve essere numerato

numeràre [vc. dotta, lat. *numerāre*, da *nŭmerus* 'numero' ✱ 1308] **v. tr.** (*io nùmero*) **1** segnare con un numero progressivamente: *n. le pagine di un registro; n. le case di una strada* **2** (*raro*) calcolare, considerare: *numera l'arte magica tra le scienze vane!* (G. BRUNO) | †annoverare, enumerare, elencare **3** †contare il denaro | †pagare, versare

numeràrio [vc. dotta, lat. tardo *numerāriu(m)*, da *numerāre* 'numerare' ✱ 1801] **A agg.** ● (*raro*) che riguarda i numeri, dei numeri SIN. numerale **B s. m.** **1** (*banca*) denaro contante **2** nel basso impero romano, funzionario dell'amministrazione civile o militare con mansioni di contabile

numeràto **part. pass.** di *numerare*; **anche agg.** **1** nei sign. del v. **2** ***posto n.***, ***sedie numerate***, in teatri, stadi e sim., posti distinti da un numero d'ordine | ***collo n.***, segnato per essere spedito || **numerataménte**, **avv.** (*raro*) secondo la successione dei numeri

numeratóre [vc. dotta, lat. tardo *numeratōre(m)* 'colui che conta', dal part. pass. di *numerāre* 'numerare' ✱ sec. XIV] **A s. m.** **1** (**f.** *-trice*) chi numera **2** (*mat.*) primo termine della coppia d'interi o di quantità, che definisce la frazione indicando, nel primo caso, quante parti dell'unità si devono considerare CFR. denominatore **3** meccanismo per numerare le pagine dei registri o i giri di una macchina **4** (*elettron.*) ***n. elettronico***, tubo elettronico atto a fornire un'indicazione visibile del numero di impulsi contato da uno stadio demoltiplicatore **B agg.** ● che numera (V. nota d'uso FRAZIONE)

numeratrìce [da *numerare* ✱ 1966] **s. f.** ● (*cinema*) macchina, usata per il montaggio, che imprime una numerazione progressiva sul negativo di una pellicola cinematografica e sulla corrispondente copia positiva

numerazióne [vc. dotta, lat. *numeratiōne(m)*, dal part. pass. di *numerāre* 'numerare' ✱ sec. XIV] **s. f.** **1** operazione del numerare **2** sistema per scrivere qualsiasi numero intero con dei segni prefissati | ***n. decimale***, che fa uso di dieci segni | ***n. binaria***, che fa uso di due segni (0 ed 1) **3** sequenza di numeri progressivi attribuita a una serie di cose per ordinarle, contraddistinguerle, individuarle e sim.: *n. stradale; n. delle pagine di un libro*

numèrica [f. sost. di *numerico* ✱ 1834] **s. f.** ● (*mus.*) intavolatura usata nei metodi di apprendimento rapido della chitarra d'accompagnamento, che rappresenta con numeri gli accordi e gl'intervalli

numèrico [1640] **agg.** (**pl. m.** *-ci*) **1** attinente ai numeri: *calcolo n.* **2** di numero, dei numeri: *serie numerica* | (*inform.*) ***carattere n.***, nei sistemi di trattamento automatico delle informazioni, quello che rappresenta una cifra decimale **3** digitale || **numericaménte**, **avv.** **1** tramite numeri, con numeri **2** relativamente al numero, alla quantità: *truppe numericamente inferiori* || **numericità**, **s. f. inv.**

♦**nùmero** [vc. dotta, lat. *nŭmeru(m)*, di orig. indeur. (?) ✱ 1266] **s. m.** **1** (*mat.*) ente matematico che caratterizza un insieme di cose o persone | elemento di un insieme nel quale sono definite le operazioni fondamentali (con le proprietà commutativa, associativa e distributiva della moltiplicazione rispetto all'addizione), e solitamente una relazione d'ordine | ***n. naturale***, numero intero positivo: 1, 2, 3, ... | ***n. intero relativo***, maggiore o minore di zero, zero compreso: ... −2, −1, 0, 1, 2, ... | ***n. cardinale***, numero che dice quanti elementi vi sono in un insieme | ***n. ordinale***, numero che indica l'ordine relativo tra gli elementi di un insieme | ***n. primo***, divisibile solo per 1 e per sé stesso | ***n. pari, dispari***, divisibile o no per 2 | ***n. razionale***, ogni numero intero, decimale, frazionario, esprimibile come rapporto tra due numeri interi | ***n. irrazionale***, reale non razionale | ***n. frazionario***, frazione | ***n. reale***, espressione in forma decimale di tipo qualsiasi | ***n. immaginario***, radice quadrata di un numero negativo | ***n. complesso***, somma di un numero reale e di un numero immaginario | ***n. algebrico, trascendente***, numero reale o complesso che sia o no radice di un'equazione algebrica con coefficienti razionali | (*fis.*) ***n. atomico di un elemento***, il numero d'ordine che esso occupa nel sistema periodico degli elementi e che coincide col numero di protoni presenti nel nucleo del suo atomo | (*chim.*) ***n. di coordinazione***, il numero di legami di coordinazione che il coordinante di uno ione complesso può formare | (*fis.*) ***n. di massa***, numero di nucleoni presenti nel nucleo di un atomo | (*fis.*) ***n. di Mach***, numero che esprime il rapporto tra la velocità di una corrente fluida o di un corpo mobile e la velocità del suono nel fluido considerato | (*fis.*) ***n. barionico***, quello pari al numero di barioni meno il numero di antibarioni di un sistema | (*fis.*) ***n. quantico***, ciascun numero che individua i caratteri, o lo stato, di una particella elementare, di un atomo, di una molecola e sim. | (*fis.*) ***n. leptonico***, numero caratteristico delle generazioni di leptoni | (*chim.*) ***n. d'ottano***, V. *ottano* | (*chim.*) ***n. di Avogadro***, numero di molecole contenute in una grammo-molecola di qualunque sostanza | (*stat.*) ***n. indice***, numero di una serie statistica che registra aumenti o diminuzioni rispetto a una quantità base fatta uguale a cento | ***legge dei grandi numeri***, legge per cui in una serie di prove, eseguite tutte nelle stesse condizioni, la frequenza di un evento è circa uguale alla probabilità dell'evento stesso, e l'approssimazione è generalmente tanto maggiore quanto più grande è il numero delle prove eseguite | (*fotogr.*) ***n. guida***, valore espresso in cifra per indicare il diaframma da usare in base a una determinata distanza e potenza di luce | (*mar.*) ***n. di bordo***, assegnato sulle navi militari a ogni uomo dell'equipaggio, e formato da quattro cifre, di cui la prima indica la squadra, la seconda il reparto, la terza la serie, l'ultima il posto nella serie | ***n. di matricola***, quello corrispondente all'iscrizione di persona o cosa in un registro, elenco e sim. **2** figura, segno del numero: *numeri romani; numeri arabi* SIN. cifra **3** cosa, persona indicata con un numero: *abito al n. 3 di via Boccaccio* | ***n. verde***, linea telefonica con addebito del costo all'utente che riceve la chiamata | ***n. ripartito***, linea telefonica con addebito del costo suddiviso, secondo diverse modalità, tra chi chiama e chi riceve la chiamata | l'abbonato al telefono che ha l'apparecchio con il numero indicato: *parla il n. 8345672* | chi, in un albergo, occupa la camera indicata con quel determinato numero: *il n. trenta è uscito* **4** (*fig.*) moltitudine, quantità indeterminata: *venire in gran n.* | ***senza n.***, innumerevole, infinito | ***far n.***, accrescere, spec. far apparire più numeroso un gruppo di persone | ***fare solo n.***, contare solo come presenza, senza partecipare | quantità determinata, computata: *il n. dei soci, delle regioni* | ***n. chiuso***, V. *chiuso* | ***n. legale***, il minimo di presenti perché sia valida un'assemblea | ***due di n., tre di n.***, soltanto due, soltanto tre **5** (*lett.*) categoria, novero: *il quale pare che fosse nel n. de' suoi amici* (A. MANZONI) | ***nel n. dei più***, fra i defunti | posto, grado: *arrivare al n. uno* | ***un medico n. uno***, che si distingue su tutti per la perizia e la competenza | ***un atleta n. uno***, un campione | ***nemico pubblico n. uno***, chi è considerato, da una comunità o da un individuo, particolarmente pericoloso **6** ciascuno dei numeri di lotto, lotteria, tombola | ***i numeri estratti***, i cinque che, nel lotto, determinano l'estratto semplice o situato, l'ambo, il terno, la quaterna e la cinquina | ***n. situato***, con assegnazione dell'ordine in cui uscirà, se il 1°, 2°, 3°, 4° o 5° | (*colloq.*) ***dare i numeri***, di persona che dice cose strane, vaghe o di senso oscuro **7** in merceologia e commercio, grossezza, misura, qualità di un prodotto: *portare scarpe n. 42; indossare giacche n. 50; maglie n. 5* **8** esibizione, parte autonoma di spettacolo di varietà | (*est., colloq.*) persona o scena particolarmente singolari, buffe, divertenti: *che n. tuo fratello!; anche oggi hai fatto il tuo n.* | il gruppo di artisti che sostengono un numero di varietà | (*est.*) spec. nel calcio, giocata o gesto atletico di gran classe, spettacolare e sim.: *all'inizio del secondo tempo, gran n. di Totti* **9** fascicolo, dispensa di giornale o rivista: *l'ultimo n. di "Studi storici"* | ***n. unico***, foglio o fascicolo a stampa che si pubblica una sola volta per avvenimento o ricorrenza **10** (*gramm.*) proprietà grammaticale di alcune parti del discorso, come nome, articolo, aggettivo, pronome e verbo, che distingue il singolo dal molteplice: *n. singolare, plurale* | ***n. duale***, distingue la dualità in aggiunta al singolo e al molteplice, per es. nel greco antico **11** (*lett.*) ritmo: *il n. della prosa ciceroniana* | (*lett.*) metro, verso, piede **12** (al **pl.**) qualità, capacità, requisiti: *quel ragazzo ha dei numeri; ha tutti i numeri per vincere* **13** (*relig.*) ***Libro dei Numeri***, (*ellitt.*) ***I Numeri***, nella Bibbia, quarto libro del Pentateuco, in cui si riportano vari dati relativi a censimenti della popolazione israelitica || **numeràccio**, **pegg.** | **numerèllo**, **dim.** | **numerétto**, **dim.** | **numerino**, **dim.** | **numeróne**, **accr.**

n

Definizione d'autore

Che cos'è il ***numero***, *che l'uomo lo può conoscere? E che cos'è l'uomo, che può conoscere il* ***numero***?, si domandava Warren McCulloch nel 1960. Alla prima domanda aveva già risposto Pitagora 2500 anni fa: *il* ***numero*** *è la misura di tutte le cose*, e permette di descrivere quantitativamente la natura. Alla seconda domanda risponde oggi la neurofisiologia, insegnando che il **numero** è la misura del sistema nervoso. Sia le cose che l'uomo sono dunque radicati nel **numero**, che costituisce la trama in cui è tessuto l'universo.

Piergiorgio Odifreddi

NOTA D'USO

numeri e numerali

I numeri cardinali e ordinali si possono scrivere sia in lettere (*uno, due, cinque...; primo, ottavo*) che in cifre (*1, 2, 5...; 1° o I, 8° o VIII...*).

I **numeri cardinali**, che indicano una quantità numerica determinata, si scrivono generalmente in lettere in un normale contesto discorsivo: *ci vediamo alle due; andiamo a fare quattro passi; te l'ho detto mille volte; hai fatto ben sette errori; le parti del discorso sono nove; gli anni Sessanta.* Si scrivono preferibilmente in cifre (che si chiamano 'arabe' in quanto inventate dagli Arabi e portate in Europa durante il Medioevo) per evitare parole eccessivamente lunghe (*l'anno bisestile comprende 366 giorni; gli alunni sono 627*) e, soprattutto, nell'uso matematico, tecnico e scientifico: *3,14; 6 × 8 = 48; 43° Latitudine N; pagina 7; 2221 m s.l.m.; 5,3%; 4/5 dell'ipotenusa.* Si scrivono generalmente in cifre anche le età (*Luigi ha 43 anni*) e le date: *20 settembre 2006.* In certi casi il numero del giorno si può scrivere in lettere, specialmente in riferimento ad avvenimenti storici o festività (talvolta anche con l'iniziale maiuscola; V. nota d'uso MAIUSCOLA): *Il Cinque Maggio, il Quattro Novembre.*

I **numerali cardinali**, aggettivi e sostantivi che indicano un numero cardinale, sono sempre invariabili (tranne *uno*, che ha il femminile *una*, e *zero*, che ha il plurale *zeri*); come sostantivi assumono il genere, maschile o femminile, e il numero, singolare o plurale, del sostantivo sottinteso: *il* (numero) *7; la* (rete) *7; i 7* (uomini) *dell'Orsa maggiore; le* (ore) *7.*

I **numeri ordinali**, che indicano l'ordine di successione in una serie, si scrivono generalmente in lettere se sono minori di 10 o in contesti linguistici discorsivi o di significato convenzionale: *frequenta la prima classe del Liceo; un abito di seconda mano; è arrivato appena quarto; abita al settimo piano; la sera della prima alla Scala; il secondo tempo della partita; un cambio con la quinta marcia.* Si scrivono invece con le cifre romane negli altri casi e in particolare: per indicare nomi di imperatori, re, papi o discendenti di particolari famiglie: *Carlo V, Luigi XVI, papa Benedetto XVI, Paul Getty IV*; oppure di imbarcazioni e veicoli particolari: *Biancaneve III* (barca), *Mariner IV* (sonda spaziale). I numeri romani si usano anche per indicare i secoli: *secolo XIV* (che si può anche indicare con il numero cardinale in lettere e la maiuscola: *il Trecento*); o certi particolari giorni del mese che si riferiscono a ricorrenze storiche: *il XX Settembre, il XXV Aprile*; negli indici o nelle citazioni: *capitolo XVIII; Dante, Inferno, XXVIII*; in particolari classificazioni: *la mia classe è la III F; atto I, scena II.* Negli altri casi si preferisce usare, al posto del numero romano, il numero arabo con l'esponente (°) o (ª): *il 23° giorno di sciopero; sei la 87ª in graduatoria* (ma **non** *papa Paolo 6°* o *Napoleone 3°* bensì *Paolo VI, Napoleone III*). ATTENZIONE: è opportuno ricordare che l'esponente (°) va segnato a fianco del numero arabo ma **non** a fianco del numero romano. Quindi bisogna scrivere *Vittorio Emanuele II* (e **non** *II°*).

I **numerali ordinali**, aggettivi che indicano un numero ordinale, concordano nel genere (maschile o femminile) e nel numero (singolare o plurale) con il sostantivo cui si riferiscono: *il quarto potere; la settima arte; i quinti Mondiali; le sedicesime Olimpiadi.* (V. anche la nota d'uso FRAZIONE e PERCENTUALE.)

numerologìa [comp. di *numero* e *-logia* per calco sull'ingl. *numerology* ✱ 1939] **s. f.** (**pl.** *-gìe*) ● arte di trovare nei numeri proprietà curiose e soprattutto significati magici e mistici

numeròlogo [1939] **s. m.** (**f.** *-a*; **pl. m.** *-gi*) ● studioso, esperto di numerologia

numerosità (o **-ṣ-**) [vc. dotta, lat. tardo *numerositāte(m)*, da *numerōsus* 'numeroso' ✱ sec. XIV] **s. f. inv. 1** condizione di ciò che è numeroso **2** (*lett.*) armonia, ritmicità

♦**numeróso** (o **-ṣ-**) [vc. dotta, lat. *numerōsu(m)*, da *nŭmerus* 'numero' ✱ av. 1328] **agg. 1** costituito, composto da molte unità: *pubblico n.; famiglia numerosa; molti sono che godono assai più dell'applauso n. del popolo, che dell'assenso dei pochi non volgari* (G. Galilei) **SIN.** molteplice **2** (al **pl.**) molti: *sono pervenute numerose proteste; hanno partecipato numerosi studenti* **3** (*lett.*) armonioso, ritmico || **numerosaménte**, **avv.** in gran numero, in grande quantità || **numerosità**, **s. f. inv.** (V.)

nùmida① [vc. dotta, lat. *Nŭmida(m)*, da *Nŏmas*, genit. *Nŏmadis* 'nomade' ✱ 1342] **A agg.** (**pl. m.** *-i*) ● della Numidia, regione storica dell'Africa nordoccidentale **B s. m. e f.** ● abitante o nativo della Numidia

nùmida② [da *numida*①, in quanto originaria dell'Africa settentrionale ✱ 1869] **s. f.** ● (*zool.*) gallina faraona

numìdico [1442] **agg.** (**pl. m.** *-ci*) ● della Numidia, dei Numidi: *popoli numidici*

numinóso (o **-ṣ-**) [ted. *numinos*, dal lat. *nūmen*, genit. *nūminis* 'potenza, nume' ✱ av. 1952] **agg.** ● (*lett.*) relativo a numinosità | ***sentimento del n.***, sentimento del sacro, che è a fondamento dell'esperienza religiosa | (*lett.*) soprannaturale, che incute spavento e reverenza | (*lett., fig.*) arcano, irreale || **numinosità**, **s. f. inv.** nella tipologia religiosa, carattere di potenza, di tremendo e di soprannaturale che è proprio di un dio o del sacro impersonalmente inteso

†**numìṣma** [vc. dotta, lat. *nomĭsma*, dal gr. *nómisma* 'uso, consuetudine', poi 'moneta', da *nomízein* 'avere per consuetudine', da *nómos* 'legge' (V. *nomofilace*); la *-u-* è dovuta all'avvicinamento con *nŭmmus* 'nummo' ✱ 1585] **s. m.** (**pl.** *-i*) ● moneta, medaglia

numiṣmàtica [da (*scienza*) *numismatica*, f. sost. di *numismatico* ✱ av. 1810] **s. f.** ● scienza che studia sotto tutti gli aspetti le monete e le medaglie di ogni epoca e di ogni Stato

numiṣmàtico [da †*numisma* ✱ 1745] **A agg.** (**pl. m.** *-ci*) ● che riguarda la numismatica **B s. m.** (**f.** *-a*) ● studioso, cultore di numismatica

nùmmo [vc. dotta, lat. *nŭmmu(m)*, da avvicinare a *nŭmerus* 'numero' ✱ av. 1338] **s. m. 1** †moneta, denaro: *quel che 'l Maestro suo per trenta nummi / diede a' Iudei* (L. Ariosto) **2** unità di peso usata anticamente dai Greci dell'Italia meridionale

nummolària o **nummulària** [f. sost. dell'agg. lat. tardo *nummulārius* 'che riguarda le monete', da *nŭmmus* 'numero'; detta così perché le foglie rotonde sembrano monete ✱ 1563] **s. f.** ● primulacea comune nei luoghi freschi, con i fusti sdraiati che emettono radici avventizie e fiori gialli ascellari (*Lysimachia nummularia*)

nummulària ➤ **nummolaria**

nummulìte [dal lat. *nŭmmulus*, dim. di *nŭmmus* 'moneta' (V. *nummo*) ✱ 1834] **s. f.** ● genere di Protozoi foraminiferi fossili del Terziario, di notevoli dimensioni, provvisti di guscio calcareo a forma di disco, che ricorda quella di una moneta (*Nummulites*)

nummulìtico [da *nummulite* ✱ 1895] **A agg.** (**pl. m.** *-ci*) ● detto di roccia che contiene nummuliti **B s. m.** ● (*geol.*; gener. con iniziale maiuscola) Paleogene

†**nunciàre** e deriv. ➤ †**nunziare** e deriv.

nuncupatìvo [vc. dotta, lat. tardo *nuncupatīvu(m)*, che aveva però il sign. di 'cosiddetto, preteso', da *nuncupātus*, part. pass. di *nuncupāre* 'chiamare, nominare', comp. di *nōmen* 'nome' e *căpere* 'prendere' (V. *capzioso*) ✱ 1389] **agg.** ● (*dir.*) nel diritto romano, detto di testamento in cui il testatore nomina oralmente l'erede ed esprime le sue volontà in presenza di testimone o notaio

nuncupazióne [vc. dotta, lat. *nuncupatiōne(m)*, da *nuncupātus*. V. *nuncupativo* ✱ 1673] **s. f.** ● nel diritto romano, declamazione solenne di determinate formule, avente valore giuridico

nundinàle [vc. dotta, lat. *nundināle(m)*, agg. di *nŭndinae* 'nundine' ✱ 1834] **agg.** ● relativo alle nundine

nùndine [vc. dotta, lat. *nŭndinae*, nom. f. pl. sost. dell'agg. *nŭndinus* 'pertinente a nove giorni', comp. di *nŏvem* 'nove' e *dĭes* 'giorno' (V. *dì*) ✱ 1476] **s. f. pl.** ● presso gli antichi Romani, intervallo di nove giorni intercorrente tra un mercato e un altro, paragonabile nel loro ordinamento civile alla nostra settimana

†**nunziàre** o †**nunciàre** [vc. dotta, lat. *nuntiāre*, da *nūntius* 'nunzio' ✱ sec. XIII] **v. tr.** ● annunciare: *vattene al campo e la battaglia fella / nunzia* (T. Tasso)

†**nunziatóre** [vc. dotta, lat. tardo *nuntiatōre(m)*, da *nuntiātus*, part. pass. di *nuntiāre* 'nunziare' ✱ av. 1311] **s. m.** (**f.** *-trice*) **1** nunzio **2** (*fig.*) indizio

nunziatùra [dal part. pass. di †*nunziare* ✱ 1602] **s. f.** ● carica, ufficio e sede del nunzio | ***n. apostolica***, rappresentanza permanente della Santa Sede in uno Stato estero

†**nunziazióne** [vc. dotta, lat. *nuntiatiōne(m)*, da *nuntiātus*, part. pass. di *nuntiāre* 'nunziare' ✱ sec. XIV] **s. f.** ● annunciazione

nùnzio o †**nùncio** [vc. dotta, lat. *nūntiu(m)*, dalla stessa radice di **nūere* 'fare un cenno'. V. *nume* ✱ 1304 ca.] **s. m. 1** (**f.** *-a*) (*lett.*) messaggero, ambasciatore **2** ambasciatore legato della Santa Sede presso un governo straniero: *n. apostolico, pontificio* **3** (**f.** *-a*) (*dir.*) colui che riferisce al destinatario una volontà negoziale altrui **4** (*zool.*) ***n. della morte***, coleottero dei Tenebrionidi, innocuo, puzzolente, privo di ali, nero, che di notte si nutre di qualunque sostanza organica, anche putrescente (*Blaps mortisaga*) **5** (*lett.*) annuncio, notizia: *Così percossa, attonita / la terra al n. sta* (A. MANZONI) **6** (*lett.*) indizio, segnale

nuòcere o (*lett.*, *tosc.*) **nòcere** [lat. parl. **nŏcere*, per il classico *nocēre*, dalla stessa radice di *nĕx*, genit. *nĕcis* 'morte, uccisione' ✱ av. 1250] **v. intr.** (**pres.** *io nuòccio* o *nòccio*, †*nuòco*, *tu nuòci*, **pop.** *nòci*, *egli nuòce*, **pop.** *nòce*, *noi nuociàmo* o *nociàmo*, *voi nuocéte* o *nocéte*, *essi nuòcciono* o *nòcciono*, †*nuòcono*; **imperf.** *io nuocévo* o *nocévo*; **pass. rem.** *io nòcqui*, †*nocètti*, *tu nocésti* o *nuocésti*; **fut.** *io nuocerò* o *nocerò*; **congtv. pres.** *io nuòccia* o *nòccia*, †*nuòca*; **congtv. imperf.** *io nuocéssi* o *nocéssi*; **condiz. pres.** *nuocerèi* o *nocerèi*; **imperat.** *nuòci*, **pop.** *nòci*; **part. pres.** *nocènte* o *nuocènte*; **part. pass.** *nociùto* o *nuociùto*; **gerund.** *nocèndo* o *nuocèndo*; aus. *avere*) ● recare danno, fare del male (+ *a*): *La verità ... come può n.?* (G. LEOPARDI); *quell'impresa ha nociuto al suo prestigio*; *il gelo nuoce alle piante* | anche nei **PROV.** ***tentar non nuoce***; ***non tutto il male viene per n.***, V. *male*②

♦**nuòra** o (*pop.*) **nòra** [lat. parl. **nŏra(m)*, per il classico *nŭru(m)*, di orig. indeur. ✱ av. 1306] **s. f. 1** moglie del figlio nei confronti dei genitori di questo | **PROV.** ***dire a n. perché suocera intenda***, rivolgersi a qlcu. perché altri senta e capisca **CFR.** genero, suocero | ***suocera e n.***, (*fig.*, *tosc.*) oliera composta di due ampolle, una per l'olio e l'altra per l'aceto, che sono a contatto ma con i beccucci rivolti in direzioni opposte **2** (*lett.*) giovane sposa, promessa sposa | (*lett.*) giovane donna

nuorése (o **-ṣ-**) [1937] **A agg.** ● di Nuoro **B s. m. e f.** ● abitante o nativo di Nuoro

♦**nuotàre** o (*raro*) **notàre**② [lat. parl. **notāre*, per il classico *natāre*, di orig. indeur. ✱ av. 1311] **A v. intr.** (*io nuòto*; **in tutta la coniug. di** *notare* **la** *o* **dittonga di solito in** *uo* **anche se atona per evitare l'ambiguità con** *notare*①; aus. *avere*) **1** muoversi in acqua con movimenti coordinati: *n. sott'acqua, controcorrente*; *insegnare a qlcu. a n.*; *imparare a n.*; *n. a rana, a farfalla, a crawl, sul dorso*; *n. in piscina, in acque poco profonde* **2** (*est.*) galleggiare: *una cassa che nuotava in mare* | (*fig.*) ***n. in un mare di guai***, essere in grande difficoltà | (*fig.*) ***n. nell'abbondanza, nell'oro***, essere forniti di tutto, ricchi oltre misura | (*fig.*) ***n. nel sudore***, essere tutto sudato **B v. tr. 1** coprire una distanza a nuoto: *n. i quattrocento metri* **2** †passare a nuoto

nuotàta o (*raro*) **notàta** [part. pass. f. sost. di *nuotare* ✱ 1923] **s. f. 1** (*raro*) modo di nuotare **2** il periodo in cui si resta in acqua per nuotare: *fare una lunga n.* ‖ **nuotatina**, **dim.**

nuotatóre o (*raro*) **notatóre** [dal part. pass. di *nuotare*, sul modello del lat. *natātor*, genit. *natatōris* 'nuotatore', da *natāre*. V. *nuotare* ✱ sec. XIV] **s. m.** (**f.** *-trice*) ● chi nuota | chi pratica lo sport del nuoto

♦**nuòto** [da *nuotare* ✱ sec. XIII] **s. m.** ● il complesso dei movimenti che consentono di spostarsi nell'acqua o sott'acqua (anche come tecnica e come pratica sportiva): *scuola di n.*; *campione di n.*; *corso di n. subacqueo*; *traversamento a n. di un fiume* | ***gettarsi a n.***, tuffarsi e cominciare a nuotare | ***n. sincronizzato***, disciplina sportiva per lo più femminile, consistente nell'esecuzione di figure ed evoluzioni su base musicale (V. *sincro*)

NOMENCLATURA

nuoto

● *caratteristiche*: scomposto, sul petto, sul dorso, sul fianco, sincronizzato; bracciata, guizzo, immersione, fondo, sforbiciata, virata, allungo, respirazione, slancio, ritmo, crampo; annegamento;
● *stili*: libero = crawl, a rana, a delfino, a farfalla, dorso, alla marinara, a mulinello, all'australiana;
● *piscina* (bordo, corsia, scaletta d'immersione, vasca, funicella con galleggiante, base di partenza): olimpionica; attrezzatura per tuffi (trampolino, scaletta, piattaforma), scivolo.
● *tuffo*: acrobatico, mortale, spettacolare, perpendicolare, di testa, di pancia, in piedi, raggruppato, carpiato, da grande altezza; di partenza, da 3, 5, 10 metri.
● *pallanuoto* = water polo: porta, portiere, pallone, terzino, centrattacco, pallanuotista.

nuòva [f. sost. di *nuovo* ✱ sec. XIII] **s. f.** ● notizia di fatto o avvenimento accaduto di recente: *dare nuove di sé*; *una pessima n.*; *quali nuove?*; *Mi voglio far loro innanzi ... per aver n. di Tindaro* (A. CARO) | **PROV.** ***nessuna n., buona n.***, l'assenza di notizie è segno che le cose vanno bene

nuovaiorchése ➤ **newyorkese**

nuovayorkése ➤ **newyorkese**

nuovìşmo [da *nuovo*, con *-ismo* ✱ 1989] **s. m.** ● corrente d'opinione che, talora in modo acritico, è favorevole al nuovo nei confronti di ciò che è ritenuto vecchio o superato

nuovìsta [1990] **A s. m. e f.** (**pl. m.** *-i*) ● chi ha concezioni o assume atteggiamenti improntati a nuovismo **B agg.** ● di nuovismo | basato su nuovismo

♦**nuòvo** o (*pop.*, *poet.*) **nòvo** [lat. *nŏvu(m)*, di orig. indeur. ✱ 1211] **A agg. 1** che è stato fatto, conosciuto o è successo da poco, di recente: *vino, vestito n.*; *notizia nuova* | ***casa nuova***, appena costruita | ***automobile nuova***, non usata | ***n. di zecca***, nuovissimo | ***n. ricco***, chi è arricchito da poco conservando talvolta una certa grossolanità di modi | ***essere come n.***, di oggetto poco usato | ***le nuove generazioni***, i giovani | ***il Nuovo Mondo***, (*per anton.*) il continente americano | ***tempi, uomini nuovi***, moderni | ***addobbato a n.***, ornato di nuovi addobbi | ***di n.***, nuovamente, ancora, un'altra volta | (*poet.*) ***tempo n.***, la primavera **CFR.** neo- **CONTR.** vecchio **2** che inizierà tra poco il suo corso: *anno n.* | **PROV.** ***anno n. vita nuova*** **3** che è la prima volta che si vede, si conosce o si prova: *faccia nuova*; *una nuova scoperta*; *un sentimento n.* | ***non mi riesce n.***, mi pare di averlo già visto o conosciuto | innovativo, originale: *uno stile n.*; *nuova cucina* | inedito, sconosciuto: *durante l'inchiesta è venuto alla luce un fatto n.* | insolito, inconsueto: *il suo atteggiamento mi sembra n.* | (*est.*) strano, curioso, comico: *questa è nuova* **4** rimesso a nuovo, rifatto come nuovo: *il n. arredamento del suo negozio* | (*ellitt.*) ***rimettere a n.***, rifare, rinnovare; (*fig.*) rimettere in buona forma: *la convalescenza al mare lo ha rimesso a n.* **SIN.** rinnovato **5** altro, ulteriore, che si aggiunge al precedente: *un n. dolore* | che sostituisce il precedente: *ho acquistato una nuova automobile* | che ricorda un'altra persona per caratteristiche simili: *è considerata la nuova Callas* **6** che da poco ha cominciato ad adempiere una data funzione: *il n. insegnante*; *il n. vescovo*; *il n. Ministero* | ***essere n. alla vita militare***, averla iniziata da poco | ***essere n. di un ambiente, di una città, di un mestiere***, non conoscerli, essere arrivato da poco | (*lett.*) ignaro, inesperto: *essere n. del mondo*; *de questo amor voria ancor esser novo* (C. ANGIOLIERI) **7** †che da poco si è inurbato ‖ **nuovaménte**, **avv. 1** di nuovo, un'altra volta: *provare nuovamente* **2** (*raro*) poco fa, da poco **B s. m. solo sing. 1** ciò che è nuovo, novità: *il vecchio e il n.*; *non dire niente di n.* **CONTR.** vecchio **2** in contrapposizione a usato, l'insieme dei prodotti industriali o artigianali che vengono messi in vendita per la prima volta: *il prezzo del n.*

Definizione d'autore

Nuovo è un aggettivo incantatore: rende attraente ogni sostantivo. **Nuovo** è fresco, giovane, moderno, intatto, sorprendente, vitale e trabocca di promesse. Appare (salvo rari casi: "una nuova seccatura") bello e migliore. **Nuovo** fa notizia: ha un valore commerciale a cui *vecchio* non può ambire, se non come antico e raro. In forma di sostantivo è un miraggio circonfuso di un'aura luminosa. Del resto, è ciò che è **nuovo** (o sa rinnovarsi) a fare il giro del mondo, e sono le idee nuove a cambiarlo. Ma **nuovo** ha in sé la propria nemesi: invecchia subito. Sfuggirà all'oblio solo a patto di risultare, secondo il paradigma della creatività, anche appropriato, efficace, consistente. Utile, insomma.

Annamaria Testa

SFUMATURE DI SIGNIFICATO

nuovo - recente - attuale

Ciò che è fatto, avvenuto, conosciuto da poco tempo si definisce **nuovo**; *nuovo* può essere inoltre ciò che si presenta come moderno e originale. Nella prima accezione *nuovo* si avvicina a **recente**; nella seconda piuttosto ad **attuale**, termine che, nel suo primo significato, identifica ciò che appartiene o ha relazione con il momento presente.

n-upla ➤ **ennupla**

nuràghe [vc. di orig. preindeur. ✱ 1843] **s. m.** (**pl. inv.** o *-ghi*) ● caratteristico monumento preistorico tipico della Sardegna, costruito, in forma tronco-conica, con grossi massi sovrapposti a secco; imponente e poderoso, era adibito a dimora fortificata

nuràgico [1910] **agg.** (**pl. m.** *-ci*) ● appartenente alla cultura protostorica dei nuraghi, in Sardegna

†**nùro** [vc. dotta, lat. *nŭru(m)*. V. *nuora* ✱ 1321] **s. f.** ● nuora

nurse /'nurs, *ingl.* nɜːs/ [vc. ingl., dal lat. *nutrice(m)* 'nutrice' ✱ 1905] **s. f. inv.** ● bambinaia, governante | infermiera

nùrsery /'nursəri, *ingl.* 'nɜːsrɪ/ [vc. ingl., deriv. di *nurse* (V.) ✱ 1877] **s. f. inv.** (**pl. ingl.** *nurseries*) ● ambiente dotato di particolari attrezzature in cui vengono custoditi i bambini, spec. piccoli: *la n. di una clinica, di una fabbrica*

nùrsing /'nursin(g), *ingl.* 'nɜːsɪŋ/ [1973] **s. m. inv.** ● assistenza infermieristica

nut /nat, *ingl.* nʌt/ [vc. ingl., propr. 'noce' e (*est.*, *mecc.*) 'dado' ✱ 1983] **s. m. inv.** ● in alpinismo, insieme di dadi, blocchetti, prismi metallici di varia forma e dimensione, collegati a un cavetto d'acciaio o a un cordino, che vengono incastrati nelle fessure o in buchi della roccia per assicurazione o progressione

nutazionàle [1958] **agg.** ● relativo a nutazione

nutazióne [vc. dotta, lat. *nutatiōne(m)*, da *nutāre* 'oscillare', intens. di **nūere* 'fare un cenno', di orig. indeur. ✻ 1749] **s. f. 1** (*med.*) oscillazione abituale e involontaria del capo **2** (*astron.*) lieve oscillazione del piano dell'eclittica, dovuta a effetti secondari dell'attrazione lunisolare sul rigonfiamento equatoriale della Terra

Nutèlla® [marchio registrato della Ferrero, dall'ingl. *nut* 'nocciola' ✻ 1964] **s. f. inv.** ● nome commerciale di una crema spalmabile a base di cacao e nocciole

†nùto [vc. dotta, lat. *nūtu(m)*, da **nūere*. V. *nume* ✻ av. 1492] **s. m.** ● cenno

nutracèutico [ingl. *nutraceutic*, comp. di *nutr(itious)* 'nutriente' e *(pharm)aceutic* 'farmaceutico' ✻ 1996] **agg.** (**pl. m.** *-ci*); **anche s. m.** ● detto di alimento naturale che associa componenti nutrizionali a proprietà curative | di prodotto naturale arricchito con principi attivi utili alla salute, come il latte vitaminizzato | di farmaco che contiene gli stessi principi in forma concentrata

nùtria [sp. *nutria*, deformazione del lat. *lŭtra* 'lontra' (V.) ✻ 1564] **s. f. 1** mammifero roditore lungo mezzo metro, con coda da topo, capo e tronco da castoro, originario delle zone umide del Sud America (*Myocastor coypus*) SIN. castorino **2** (*est.*) pelliccia pregiata dell'animale omonimo

nutrìbile o **†nudrìbile**, **†nodrìbile** [vc. dotta, lat. tardo *nutrībile(m)*, da *nutrīre* 'nutrire' ✻ 1308] **agg. 1** (*raro*) che può essere nutrito **2** †nutriente

†nutricaménto o **†notricaménto** [da *nutricare* ✻ av. 1250] **s. m.** ● (*lett.*) nutrimento, alimento

†nutricàre o **†notricàre** [vc. dotta, lat. *nutricāre*, da *nūtrix*, genit. *nutrīcis* 'nutrice' ✻ sec. XII] **v. tr. 1** (*lett.*) allevare, allattare | (*raro*, *poet.*) nutrire, mantenere, alimentare: *l'alba nutrica d'amoroso nembo / gialle sanguigne e candide vïole* (A. POLIZIANO) **2** (*lett.*) coltivare, curare, detto di pianta **3** (*lett.*, *fig.*) educare

†nutricatóre o **†notricatóre** [av. 1292] **s. m.** (**f.** *-trice*) ● chi nutrica

†nutricazióne [vc. dotta, lat. tardo *nutricatiōne(m)*, da *nutricātus*, part. pass. di *nutricāre* 'nutricare' ✻ av. 1419] **s. f.** ● alimentazione, nutrizione

✦nutrìce o (*lett.*) **nudrìce**, **†notrìce**, **†nodrìce** [vc. dotta, lat. *nutrīce(m)*, da *nutrīre* 'nutrire' ✻ av. 1294] **s. f. 1** donna che, col suo latte, nutre un bambino: *madre e n.* SIN. balia **2** (*fig.*, *lett.*) chi produce, alimenta: *n. di civiltà*; *questa patria … n. ed ospite delle Muse* (U. FOSCOLO)

†nutrìcio [vc. dotta, lat. *nutrīciu(m)*, da *nūtrix*, genit. *nutrīcis* 'nutrice' ✻ sec. XIV] **s. m.** (**f.** *-a*) **1** chi nutre, alleva | balio **2** tutore, educatore

nutriènte **A** **part. pres.** di *nutrire*; **anche agg.** ● sostanzioso, che ha potere nutritivo: *un cibo, uno spuntino n.* | detto di sostanza o prodotto cosmetico che serve a mantenere il trofismo della pelle o a rinforzare capelli, labbra, unghie, ecc.: *crema, balsamo n.* **B** **s. m.** ● sostanza nutritiva

nutrigenòmica [comp. di *nutri(zionistica)* e *genomica*, analogo all'ingl. *nutrigenomics* ✻ 2002] **s. f.** ● disciplina che, applicando la genetica alla nutrizionistica, studia le relazioni fra alimentazione, metabolismo e malattie facendo riferimento al patrimonio genetico del soggetto, in modo da programmare diete su misura

nutriménto o **†nudriménto**, **†nodriménto** [vc. dotta, lat. *nutrimĕntu(m)*, da *nutrīre* 'nutrire' ✻ 1266] **s. m. 1** (*raro*) il nutrire | sostentamento, mantenimento **2** sostanza costituita da principi nutritivi come proteine, glucidi, grassi, suscettibile di essere utilizzata dagli organismi viventi SIN. alimento, cibo, vitto **3** (*fig.*) ciò che mantiene vivo o fa crescere sentimenti, affetti, aspirazioni e sim.: *la speranza è un n. essenziale*

> **SFUMATURE DI SIGNIFICATO**
>
> ***nutrimento - alimento***
>
> **Nutrimento** è una cosa che nutre, che alimenta, cioè che serve a tenere in vita o far crescere; in senso figurato è anche ciò che mantiene vivi o fa crescere sentimenti, affetti, aspirazioni e sim. **Alimento** è invece più specificamente una sostanza contenente dei principi nutritivi, come vitamine, proteine, grassi ecc., in grado di essere utilizzati dagli organismi viventi; in senso figurato anche *alimento* indica ciò che serve a mantenere vivo qualcosa di immateriale, come un interesse, l'intelligenza, una polemica.

✦nutrìre o (*lett.*) **nudrìre**, **†nodrìre** [vc. dotta, lat. *nutrīre*, di orig. indeur. ✻ 1268] **A** **v. tr.** (*io nùtro* o *lett.* *nutrìsco*, *tu nùtri* o *lett.* *nutrìsci*) **1** somministrare gli alimenti necessari alla crescita e alla sopravvivenza: *n. un malato, un cucciolo* | (*raro*) alimentare: *l'olio nutre la fiamma* | (*est.*) mantenere: *n. una famiglia a proprie spese* | (*assol.*) dare alimento: *un cibo che non nutre* | conservare il trofismo della pelle, detto di prodotto cosmetico **2** (*fig.*) arricchire, alimentare spiritualmente (+ *di*): *n. la mente di buone letture*; *voi ch'ascoltate in rime sparse il suono / di quei sospiri, ond'io nudriva il core* (F. PETRARCA) **3** (*lett.*) allattare | †allevare, educare **4** (*fig.*) serbare, custodire, provare, detto di sentimenti: *n. un grande affetto*; *n. un odio profondo* **B** **nutrìrsi** **v. rifl.** ● prendere alimento, cibarsi (*anche fig.*) (+ *di*, + *con*): *si nutrono male*; *nutrirsi solo di carne*; *nutrirsi con cibi naturali*; *si nutriva con poco, masticando molto* (L. PIRANDELLO); *nutrirsi di buoni studi*

nutriterapìa [comp. di *nutri(zionale)* e *terapia* ✻ 1996] **s. f.** ● (*med.*) terapia che mira a prevenire e curare le malattie con un'opportuna alimentazione

nutritìvo [av. 1320] **agg.** ● che concerne la funzione dell'alimentazione: *potere n. di un prodotto* SIN. nutriente | ***valore n. di un alimento***, rapporto tra il peso di un alimento e le sostanze utili all'organismo che esso contiene

nutritìzio [av. 1712] **agg.** ● (*biol.*) che nutre | nutritivo

nutrìto o **†nudrìto**, **†nodrìto** **part. pass.** di *nutrire*; **anche agg. 1** nei sign. del v. | ***ben n.***, forte, robusto | ***mal n.***, V. *malnutrito* **2** (*fig.*) fitto, intenso: *nutriti consensi*; *una nutrita scarica di artiglieria* ‖ **nutritaménte**, **avv.**

nutritóre o **†nudritóre**, **†nodritóre** [vc. dotta, lat. *nutritōre(m)*, da *nutrītus*, part. pass. di *nutrīre* 'nutrire' ✻ sec. XIII] **s. m. 1** (**f.** *-trice*) (*lett.*) chi nutre (*anche fig.*) **2** apparecchiatura destinata a contenere e distribuire mangime per animali

†nutritùra [vc. dotta, lat. tardo *nutritūra(m)*, da *nutrītus*, part. pass. di *nutrīre* 'nutrire' ✻ av. 1320] **s. f. 1** nutrimento: *nutriture vili e facili a procacciare* (G. LEOPARDI) **2** (*fig.*) educazione

nutrizionàle [1886] **agg.** ● (*med.*) relativo alla nutrizione

nutrizióne [vc. dotta, lat. tardo *nutritiōne(m)*, da *nutrītus*, part. pass. di *nutrīre* 'nutrire' ✻ av. 1535] **s. f. 1** (*biol.*) funzione mediante la quale gli esseri viventi assumono dall'esterno sostanze utili per accrescersi e per svolgere le attività vitali CFR. -trofia, trofo-, -trofo | ***scienza della n.***, quella che si occupa dei problemi connessi alla nutrizione, spec. degli animali superiori **2** (*est.*) alimentazione: *la n. dei piccoli* **3** cibo, alimento: *n. abbondante, scarsa*

nutrizionìsta [1963] **s. m. e f.** (**pl. m.** *-i*) ● medico che studia e applica i principi della nutrizionistica

nutrizionìstica [da *nutrizion(e)* con il suff. *-istico* sostantivato al f. ✻ 1963] **s. f.** ● disciplina che studia i problemi generali della nutrizione e, in particolare, il valore degli alimenti in quanto fonti di energia

nutrizionìstico [1992] **agg.** (**pl. m.** *-ci*) ● relativo alla nutrizionistica | relativo alla nutrizione SIN. nutrizionale

nutum, ad ➤ **ad nutum**

✦nùvola o (*lett.*) **nùgola** [lat. parl. **nūbula*, per il classico *nūbila*, nt. pl. di *nūbilus* 'nuvolo' (agg.) ✻ av. 1292] **s. f. 1** nube: *davanti alla luna una cavalcata fantastica di nuvole stracciate* (P. LEVI) | ***cascare dalle nuvole***, (*fig.*) rimanere inaspettatamente e profondamente meravigliato | ***vivere nelle nuvole***, ***avere la testa nelle nuvole***, (*fig.*) essere distratto o in preda a fantasticherie, vivere fuori dalla realtà **2** (*est.*) ciò che ha forma di nuvola e nasconde la vista di qlco. (*anche fig.*): *una n. di polvere*; *una n. d'odio* | (*fig.*) minaccia incombente, grave motivo di preoccupazione: *nuvole nere sul governo* **3** (*inform.*) insieme di risorse hardware e software di server remoti che ospitano i programmi e i dati di un utente SIN. cloud **4** (*med.*) †cataratta ‖ **nuvolàccia**, **pegg.** | **nuvolétta**, **dim.** (V.) | **nuvolìna**, **dim.**

nuvolàglia [1612] **s. f.** ● massa estesa di nubi di forma ineguale: *una fitta n. copriva il cielo*

nuvolàto [aferesi di *annuvolato* ✻ 1336 ca.] **A** **agg. 1** (*centr.*, *lett.*) nuvoloso, rannuvolato **2** detto di carta da parati o per legatoria, a tinta unita con zone di colore più scuro simili a nuvolette **B** **s. m. 1** (*lett.*) gran cumulo di nuvole: *siamo sotto il n.* (G. D'ANNUNZIO) | †addensamento di fumo, di vapori **2** (*lett.*) guazzabuglio

nuvolétta [1294] **s. f. 1** dim. di *nuvola* **2** nei giornali a fumetti, disegno a forma di piccola nuvola che racchiude le parole o i pensieri dei personaggi: *Ogni figura avrà la sua n. con le parole che dice, o con i rumori che fa* (I. CALVINO)

nùvolo [lat. parl. **nūbulu(m)*, per il classico *nūbilu(m)*, dalla stessa radice di *nūbes* 'nube' ✻ 1268] **A** **agg.** ● (*sett.*) nuvoloso: *cielo n.* **B** **s. m. 1** tempo nuvoloso **2** (*lett.*) nembo, nuvola: *conosceva … di che colore sia il n. quando sta per nevicare* (G. VERGA) **3** (*fig.*, *raro*) nugolo ‖ (*lett.*) **nuvolàccio**, **pegg.** | (*lett.*) **nuvolétto**, **dim.** | **nuvolóne**, **accr.**

nuvolosità (o *-ṣ-*) [da *nuvoloso* ✻ av. 1519] **s. f. inv.** ● presenza di nubi | quantità di nubi che coprono il cielo | frazione di cielo coperto da nubi, misurata in ottavi | ***n. otto ottavi***, cielo coperto interamente da nubi

✦nuvolóso (o *-ṣ-*) [da *nuvola*, sul modello del lat. tardo *nubilōsus*, agg. di *nūbilum* 'nuvolo' ✻ av. 1276] **agg. 1** coperto di nubi: *cielo n.* **2** (*fig.*, *lett.*) appannato | (*lett.*) turbato, preoccupato: *volto n.* ‖ **nuvolosità**, **s. f. inv.** (V.)

nuziàle [vc. dotta, lat. *nuptiāle(m)*, da *nŭptiae* 'nozze' ✻ av. 1342] **agg.** ● delle nozze, attinente alle nozze: *velo, corteo, abito n.*; *contratto n.* | ***giorno n.***, delle nozze SIN. matrimoniale ‖ **†nuzialménte**, **avv.** in modo adatto alle nozze ‖ **nuzialità**, **s. f. inv.** (*stat.*) entità numerica dei matrimoni in un certo periodo; ***quoziente generico di nuzialità***, rapporto fra il numero di matrimoni e la popolazione media di un dato periodo SIN. matrimonialità

nylon /ˈnailon, *ingl.* ˈnaelɒn/ [etim. incerta; in origine marchio registrato ✻ 1942] **s. m. inv. 1** (*chim.*) nome commerciale frequentemente usato come sinonimo di poliammide CFR. nailon **2** (*est.*) tessuto di tale fibra **3** correntemente, ogni fibra sintetica a struttura poliammidica

n

o, O

I suoni rappresentati in italiano dalla lettera *O* sono quelli delle due vocali posteriori o velari di media apertura: l'*O* chiusa o stretta /o/, che tende verso la vocale più chiusa di questa serie /u/, e l'*O* aperta o larga /ɔ/, che tende invece verso la vocale più aperta di tutte /a/. La distinzione tra le due *O* si ha regolarmente solo in sillaba accentata (es. *tòga* /ˈtɔga/, *tòlta* /ˈtɔlta/, *cuòre* /ˈkwɔre/, *farò* /faˈrɔ*/, di fronte a *vóga* /ˈvoga/, *mólta* /ˈmolta/, *fióre* /ˈfjore/); in sillaba non-accentata si ha solo un'*O* chiusa (es. *gènio* /ˈdʒɛnjo/, *poté* /poˈte*/, *togàto* /toˈgato/, *vogàre* /voˈgare/), tranne che nei composti i cui primi elementi, se isolati, hanno /ɔ/ (es. *coprilètto* /kɔpriˈlɛtto/). In sillaba accentata, la lettera può portare un accento scritto, obbligatorio per le vocali accentate finali di determinati monosillabi e di tutte le parole polisillabe (es. *può* /pwɔ*/, *landò* /lanˈdɔ*/), raro e facoltativo negli altri casi (es. *cómpito* /ˈkompito/, volendo distinguere da *compìto* /komˈpito/). L'accento è sempre grave se l'*O* è aperta, è invece acuto se l'*O* è chiusa; ma è tuttora diffusa una più antica accentazione uniformemente grave, ma da evitare in quanto antifonetica (es. **còmpito*, con lo stesso segno d'accento di *può, landò, farò*, nonostante la diversa pronuncia); e del resto le voci che potrebbero portare nella grafia ordinaria un'*o* con l'accento acuto sono pochissime, perché tutte le *o* accentate finali sono aperte e quindi in tutti i casi in cui è obbligatorio l'accento sull'*O* è grave.

o①, (*maiusc.*) **O** /ɔ*/ **[**av. 1250**] s. f. o m. inv.** ● quindicesima lettera dell'alfabeto italiano: *o minuscola, O maiuscolo* | nella compitazione spec. telefonica it. *o come Otranto*; in quella internazionale *o come Oscar* | (sempre con iniziale maiuscola) sigla di Ovest: *vento da SO* | ***tondo come l'o di Giotto***, di ciò che è perfettamente rotondo

♦**o**② /o*/ o (*raro*) **od** /od/ **[**lat. *ăut*, da **ăuti*, di orig. indeur. ✱ av. 1249**] cong. (può assumere la forma eufonica** *od*, **raro o lett., davanti a parola che comincia per vocale, spec. per** *o*: *dimenticanza od oblio*) **1** con valore disgiuntivo, coordina due o più elementi di una prop. che abbiano la stessa funzione (sostantivi, aggettivi, predicati, pronomi, avverbi, complementi) oppure due o più proposizioni della stessa specie, che si escludono o si contrappongono tra loro, o che esprimono un'alternativa: *adesso o mai più*; *per amore o per forza devi farlo*; *di buona o cattiva voglia ci andrò*; *contento o no ormai è fatta*; *prendere o lasciare*; *verrò domani o ti telefonerò*; *sbrighiamoci o faremo tardi*; *cose ch'han molti secoli o un anno / o un'ora* (G. Pascoli) | con valore inclusivo: *ti telefonerò lunedì o martedì*; *in genere bevo vino bianco o birra* **CFR.** e/o | con valore intens. si ripete la cong. davanti a ogni elemento: *rispondi: o sì o no*; *o mi aiuti o mi lasci in pace*; *o Roma o morte*; *o la borsa o la vita*; *o la va o la spacca*; *o vengo o ti telefono o ti scrivo* | con valore rafforz. seguito da 'invece': *non so se accettare o invece rifiutare* | se gli elementi coordinati sono uniti a coppie, la cong. si ripete solo fra i termini di ciascuna coppia: *bello o brutto, simpatico o antipatico bisogna invitare anche lui* | V. anche *oppure, ovvero, ovverosia* **2** con valore esplicativo, indica una equivalenza fra due o più termini, ed equivale a 'ossia', 'ovvero', 'vale a dire', 'cioè': *la filosofia, o amore di sapienza*; *la glottologia o linguistica* | con valore rafforz. seguito da 'anche', 'vuoi', 'meglio' e sim.: *la numida, o meglio gallina faraona, è originaria dell'Africa*

o③ /o/ **[**lat. *ō* ✱ av. 1250**] inter. 1** si usa come rafforzativo del vocativo spec. nelle invocazioni (ed è chiamato anche *o vocativo*) e in alcune espressioni esclamative: *o Signore, aiutateci!* | (*enfat.*, *lett.*) rivolgendo il discorso a qlcu.: *da chiuso morbo combattuta e vinta, / perivi, o tenerella* (G. Leopardi) **2** (*tosc.*) si usa introducendo una frase esclamativa o interrogativa: *o quell'uomo!*; *o tu! vuoi sbrigarti?*; *O il padrone della capanna dov'è?* (C. Collodi)

o④ /o*/ **[**da *o(ra)* ✱ 1842**] inter.** ● (*pleonast.*, *tosc.*) si usa in esortazioni, domande retoriche, espressioni di meraviglia o stupore: *o mi dica un po' lei che farebbe!*; *o dunque, vogliamo muoverci?*; *o che succede costì?*; *o che non si salutano più gli amici?*; *o questa poi!*

oaks /oks, *ingl.* əuks/ **[**vc. ingl., da *The Oaks*, n. di una località presso Epsom, nel Surrey ✱ 1930**] s. f. pl.** ● nell'ippica italiana, corsa al galoppo sulla distanza di 2400 m, riservata alle femmine di tre anni

♦**òaṣi** o (*disus.*) **oàṣi** **[**vc. dotta, gr. *óasis*, di orig. egiziana ✱ 1819**] s. f. inv. 1** (*geogr.*) zona di territorio, spec. nei deserti dell'Africa settentrionale, fornita di sorgenti o pozzi e quindi fertile e abitata: *il verde, la frescura di un'o.* **2** (*fig.*) luogo particolarmente piacevole, riposante, distensivo e sim. in confronto ad altri: *questa casa è un'o. di pace e di serenità*; *questo paesino è una vera o. di silenzio* **3** (*est.*) zona riservata | ***o. di protezione faunistica***, terreno costituito in bandita per proteggere la selvaggina e permetterne la riproduzione

obamiàno **[**2006**]** **A** **agg.** ● relativo a Barack H. Obama (1961-), presidente degli Stati Uniti dal 2009, alle sue idee, alla sua politica **B** **agg.; anche s. m.** (**f.** *-a*) ● sostenitore di B. H. Obama

♦**obbediènte** o **ubbidiènte**, †**obbidiènte**, †**obediènte**, †**ubbidènte**, †**ubidiènte** **part. pres. di** *obbedire*; **anche agg. 1** che obbedisce: *essere o. alle leggi* **2** che abitualmente obbedisce, che esegue in ogni caso, docilmente, gli ordini impartiti: *bambino buono e o.*; *scolaro o. e disciplinato*; *cavallo o. alla briglia, al morso* | (*est.*) docile: *carattere o.* | (*fig.*, *lett.*) che non oppone resistenza: *isola a' venti e all'acqua o.* (U. Foscolo) ‖ **obbedientemènte** o **ubbidientemènte**, **avv.** con obbedienza

obbediènza o **ubbidiènza**, †**obediènza**, †**ubbidènzia**, †**ubbidiènzia**, †**ubidènzia** **[**lat. *oboediĕntia(m)*, da *obŏediens*, genit. *oboediĕntis* 'obbediente' ✱ av. 1250**] s. f. 1** atto dell'obbedire: *essere tenuti, obbligati all'o.*; *si deve o. ai superiori, ai genitori, alle leggi* | ***o. cieca, passiva, pronta, assoluta***, accettazione supina e incondizionata della volontà e degli ordini altrui **CONTR.** disobbedienza **2** atteggiamento o comportamento abituale di chi obbedisce: *la sua o. è encomiabile*; *sei un presuntuoso e ignori cosa sia l'o.* | (*est.*) docilità **3** (*lett.*) sottomissione: *fare atto d'o. al sovrano*; *negare, giurare, dare, promettere o.*; *tenere in o.*; *stare all'o.* | ***ridurre qlcu. all'o.***, sottometterlo alla propria autorità **4** nel linguaggio ecclesiastico, sottomissione della propria volontà a quella dei superiori | ***voto di o.***, uno di quelli professati dal clero regolare

♦**obbedìre** o **ubbidìre**, †**obedìre**, †**ubidìre** **[**lat. *oboedīre*, comp. di *ŏb-* 'di fronte, opposto', di orig. indeur., e *audīre* 'udire' ✱ av. 1250**]** **A** **v. intr.** (*io obbedìsco, tu obbedìsci*; **aus.** *avere*) **1** fare ciò che altri vuole, eseguire gli ordini, i consigli, i suggerimenti di qlcu. (**+** *a*): *o. spontaneamente*; *essere costretto a o.*; *devi imparare a o.*; *o. alle leggi, ai genitori, ai superiori* **CONTR.** disobbedire **2** (*est.*) fare ciò che un impulso, un istinto e sim. comandano (**+** *a*): *o. alle leggi della natura*; *o. alla voce della coscienza* **3** essere docile, detto di animali (**+** *a*): *cavallo che obbedisce al morso*; *il cane obbedisce al fischio del padrone* **4** (*est.*) corrispondere in modo adeguato a sollecitazioni, stimoli e sim., detto di macchine, strumenti o parti del corpo umano (**+** *a*): *la nave ubbidì docilmente al timoniere*; *un motore che obbedisce al minimo colpo di pedale*; *l'aereo non obbedisce più ai comandi*; *i nervi ubbidiscono all'anima* (I. Nievo) **5** (*fig.*) assecondare o piegarsi all'ispirazione, all'opera, alla fatica di qlcu. (**+** *a*): *la materia obbedisce all'artista*; *la realtà ubbidisce al volere dell'uomo* **6** (*fig.*) rassegnarsi, adeguarsi a determinate situazioni di fatto (**+** *a*): *o. alla necessità, al bisogno, alle esigenze familiari* **7** (*lett.*) essere suddito, soggetto a una potestà: *i popoli che ubbidivano all'Austria, alle potenze coloniali* **B** **v. tr.** ● (*raro*) attenersi, conformarsi alla volontà altrui: *ché d'ubbidire Iddio nel cor tutto ardo* (L. Pulci) | (*disus.*) ***per obbedirla!***, escl. di cortesia, per sottolineare la propria adesione a un ordine, a un desiderio e sim.

SFUMATURE DI SIGNIFICATO

obbedire - adempiere - attenersi - sottomettersi - essere docili - corrispondere

Obbedire significa fare ciò che un altro vuole, eseguirne gli ordini, i suggerimenti. L'azione di portare a termine il compito assegnato o imposto si definisce **adempiere**. Anche **attenersi** indica il conformarsi strettamente alle indicazioni e alle regole stabilite da qualcun altro, ma rispetto ai verbi precedenti suggerisce una maggiore volon-

tarietà. **Sottomettersi** indica al contrario un atto di ubbidienza, una rinuncia alla propria volontà, in genere in conseguenza di una costrizione. Se riferito ad animali, il verbo corrisponde al loro **essere docili**, cioè arrendevoli e mansueti; in relazione invece a macchine, veicoli, strumenti, indica il loro reagire in modo adeguato a manovre, sollecitazioni ed è dunque sinonimo di **corrispondere**.
SFUMATURE ➤ *rassegnare*

obbedìsco [da *obbedire* col suff. incoativo *-isco* proprio del presente; storica risposta data il 9 agosto 1866 da G. Garibaldi al generale La Marmora che gli intimava la cessazione delle operazioni militari ✱av. 1936] **s. m. inv.** ● atto di obbedienza, di sottomissione: *sofferto o. del sindaco alle decisioni del governo*

obbiàda [fr. *oblade*, dall'ant. provenz. *ublada*, dal lat. *oculāta(m)*, da *ŏculus* 'occhio', a causa dei suoi grandi occhi ✱sec. XX] **s. f.** ● (*zool.*) occhiata

†**obbidiènte** ➤ **obbediente**

obbiettàre ➤ **obiettare**

obbiettìvo e deriv. ➤ **obiettivo** e deriv.

†**obbiètto** ➤ †**obietto**

obbiettóre ➤ **obiettore**

obbiezióne ➤ **obiezione**

†**obbióso** ➤ **ubbioso**

obbliàre e deriv. ➤ **obliare** e deriv.

†**obblìco** ➤ **obliquo**

obbligànte① **part. pres.** di *obbligare*; anche **agg.** ● che vincola con un obbligo

obbligànte② [calco sul fr. *obligeant* ✱1650] **agg.** ● detto di ciò che, per la sua deferenza e gentilezza, obbliga a un comportamento analogo: *modi, maniere obbliganti* | (*lett.*) detto di chi è affabile, premuroso ‖ **obbligantemènte**, **avv.** (*raro*) in modo obbligante

♦**obbligàre** o †**obligàre**, †**ubbligàre** [lat. *obligāre* 'legare a, obbligare', comp. di *ŏb-* intens. e *ligāre* 'legare' ✱1268] **A v. tr.** (*io òbbligo, tu òbblighi*) **1** vincolare con un obbligo giuridico o morale (+ *a*, **anche seguito da inf.**): *lo Stato obbliga il cittadino a pagare le tasse; il senso del dovere mi obbliga al silenzio* **2** costringere: *nessuno ti obbliga, puoi scegliere liberamente; la malattia lo obbliga a osservare un totale riposo; cento volte mi hanno voluto o. a bere qualche cosa, o a mangiare* (C. GOLDONI); *Mi obbligavano di trascurare un'opera tanto utile* (I. SVEVO) | (*est.*) indurre con la propria insistenza, con maniere pressanti e sim.: *mi hanno obbligato ad ascoltare le loro lamentele* **3** (*lett.*) impegnare: *o. la fede, la parola* **4** rendere debitore verso qlcu., per cortesie e favori ricevuti: *il trattamento usatomi mi obbliga* **B obbligàrsi v. rifl. 1** (*dir.*) vincolarsi mediante obbligazione (+ *a* **seguito da inf.**): *obbligarsi a dare, a fare; obbligarsi in solido, come fideiussore* **2** impegnarsi (+ *con*; + *a* **seguito da inf.**): *obbligarsi con qlcu.; obbligarsi a restituire un libro, a consegnare un quadro, ad aiutare qlcu.; Ma io mi voglio obbligare di portarvi dinanzi a Dio* (CATERINA DA SIENA) **3** costringersi
SFUMATURE ➤ *costringere*

obbligatàrio [1958] **s. m.** (**f.** *-ia*) ● (*dir.*) soggetto che ha diritto all'esecuzione di una prestazione da parte di un altro soggetto

obbligatìssimo [superl. di *obbligato* ✱1615] **agg.** ● (*disus.*) formula di ringraziamento orale o scritta: *o.!; o. servitore*

obbligàto A part. pass. di *obbligare*; anche **agg.** (**superl.** *obbligatissimo* (**V.**)) **1** vincolato da un obbligo (+ *a*, **anche seguito da inf.**): *non sei o. a una scelta; non sentirti o. ad accettare la proposta* **2** vincolato da riconoscenza o gratitudine: *riconoscersi, sentirsi o. verso qlcu.* | *o.!*, (*disus.*) in espressioni di cortesia **3** che non è possibile evitare o cambiare: *passaggio o.* | obbligatorio, non libero: *è una scelta obbligata* | ***rime obbligate***, sulle quali devono essere composti i versi | ***strumento o.***, nella musica dei secc. XVII e XVIII, quello che non poteva essere omesso o sostituito nell'esecuzione | (*sport*) ***discesa obbligata***, V. *discesa* **4** (*biol.*) detto di parassita che, a causa di esasperate degenerazioni anatomiche e fisiologiche, può vivere solo a carico dell'ospite ‖ **obbligatamènte**, **avv.** per obbligo **B s. m.** (**f.** *-a*) ● (*dir.*) soggetto passivo di una obbligazione

†**obbligatóre** [av. 1704] **agg. e s. m.** (**f.** *-trice*) ● che (o chi) obbliga

obbligatorietà [1877] **s. f. inv.** ● caratteristica di ciò che è obbligatorio: *l'o. della legge, di un comportamento, di un negozio giuridico*

♦**obbligatòrio** [vc. dotta, lat. tardo *obligatōriu(m)*, da *obligātus* 'obbligato' ✱av. 1363] **agg.** (**pl. m.** *-i* o *raro -ii*) **1** di ciò che costituisce un obbligo: *vaccinazione obbligatoria; istruzione obbligatoria* | ***materie obbligatorie***, che costituiscono il nucleo non modificabile dell'insegnamento scolastico **CONTR.** facoltativo **2** (*dir.*) che è imposto dalla legge: *assunzione obbligatoria; tentativo o. di conciliazione; foglio di via o.* | che produce obbligazione o che a essa si riferisce: *donazione obbligatoria* | ***rapporto o.***, che intercorre fra i soggetti parti di una obbligazione ‖ **obbligatoriamènte**, **avv.** per obbligo, come obbligo

obbligazionàrio [1938] **agg.** ● (*econ.*) di obbligazione, quale titolo di credito: *titolo o.* | rappresentato da obbligazioni: *credito o.*

obbligazióne [vc. dotta, lat. *obligatiōne(m)*, da *obligātus* 'obbligato' ✱1308] **s. f. 1** obbligo, impegno a cui si è tenuti anche in ragione di un dovere morale | (*est.*) debito morale, gratitudine, riconoscenza: *Ne crescerà la molta o. mia verso di te* (G. CARDUCCI) **2** (*dir.*) vincolo giuridico in forza del quale un soggetto debitore è tenuto a una prestazione valutabile economicamente a favore di un soggetto creditore | (*est.*) documento che attesta tale vincolo **3** (*econ.*) titolo di credito emesso all'atto dell'accensione di un debito da parte di un ente pubblico o privato, rappresentativo di una quota del debito più il relativo interesse esigibile a scadenza dal creditore

obbligazionìsta [1876] **s. m. e f.** (**pl. m.** *-i*) ● titolare di titoli obbligazionari emessi da una società

♦**òbbligo** o †**òbligo** [da *obbligare* ✱av. 1342] **s. m.** (**pl.** *-ghi*) **1** dovere imposto a qlcu. o impegno vincolante assunto volontariamente da qlcu.: *è o. del padre mantenere i figli; ho degli obblighi precisi nei suoi confronti* | ***obblighi militari***, stabiliti in passato dalla legge di reclutamento, consistenti in quelli di leva e di servizio | ***o. di soggiorno***, V. *soggiorno* | ***o. scolastico***, periodo di istruzione obbligatoria e gratuita, impartita per almeno otto anni | ***scuola dell'o.***, quella che ogni ragazzo, entro limiti d'età stabiliti dalla legge, è tenuto a frequentare | ***avere obblighi con qlcu.***, riconoscersi obbligato nei suoi confronti | ***essere in o. di, avere l'o. di***, essere obbligato | ***sentirsi in o.***, ritenersi obbligato | ***fare o. a qlcu. di qlco.***, imporre qlco. a qlcu. | ***farsi un o.***, imporsi | ***d'o.***, obbligatoriamente prescritto: *è d'o. l'abito da sera* | ***parole d'o.***, di circostanza | ***è nostro, suo o.***, è nostro, suo dovere: *il suo o. sarebbe stato di tenerla con sé* (I. SVEVO) | ***fare il proprio o.***, ciò che si deve **2** (*dir.*) dovere cui è tenuto il soggetto passivo di un rapporto obbligatorio

SFUMATURE DI SIGNIFICATO
obbligo - vincolo - dovere
Se si è tenuti a un determinato comportamento in ragione di una norma morale o giuridica, ciò costituisce un **obbligo**. Un impegno, una promessa che impone al soggetto di agire in un certo modo è invece un **vincolo**, termine che in accezione giuridica definisce perlopiù la limitazione di un diritto in favore di un altro soggetto. Anche **dovere** definisce ciò che si è tenuti a fare per legge o per una norma morale, una convenzione, ma implica una certa adesione del soggetto, mentre *obbligo* porta con sé una sfumatura costrittiva.

obblìo e deriv. ➤ **oblio** e deriv.

†**obblìquo** e deriv. ➤ **obliquo** e deriv.

obblivióne e deriv. ➤ **oblivione** e deriv.

♣**obbròbrio** o †**oppròbrio**, †**bròbbio** [lat. *opprŏbriu(m)*, comp. di *ŏb-* intens. e *prŏbrum* 'rimprovero, azione vergognosa, infamia'. *Prŏbrum* deriva da un **probheros* 'messo avanti', comp. di *prō* 'davanti' e dalla radice di *fĕrre* 'portare' (V. *-fero*) ✱av. 1294] **s. m.** (**pl.** *-i* o *lett. -ii*) **1** disonore, infamia, vergogna: *conoscere l'o. del tradimento; essere l'o. del nome, della famiglia* **2** ciò che per la sua bruttezza offende il senso estetico: *il nuovo palazzo è un vero o.; che o. il suo ultimo film!* **3** (*lett.*) insulto, ingiuria | ***in o. di***, (*lett.*) con l'intento dichiarato di offendere, di disonorare
SFUMATURE ➤ *infamia*

obbrobrióso (o *-ṣ-*) [da *obbrobrio*, sul modello del lat. tardo *opprobriōsus*, da *opprŏbrium*. V. *obbrobrio* ✱av. 1328] **agg. 1** che costituisce o causa grande infamia o disonore: *l'o. comportamento dei suoi aguzzini; un o. tradimento* **SIN.** infame, vergognoso **2** (*est.*) oltremodo brutto: *edificio, quadro, spettacolo o.* **3** (*lett.*) oltremodo offensivo: *schernito per tutto, dove arrivava, con obbrobriose parole* (F. GUICCIARDINI) ‖ **obbrobriosamènte**, **avv.** ‖ **obbrobriosità**, **s. f. inv.** (*raro*) infamia, vergogna

obcordàto [comp. del lat. *ŏb-* intens. e *cordātus*, agg. di *cŏr*, genit. *cŏrdis* 'cuore' ✱1834] **agg.** ● (*bot.*) detto di organo, frutto o foglia con due lobi allargati alla base e ristretto all'apice come un cuore delle carte rovesciato

obduràre [vc. dotta, lat. *obdurāre* 'persistere, star saldo', comp. di *ŏb-* rafforzativo e *durāre*. V. *durare* ✱av. 1342] **A v. tr.** ● †rendere insensibile, spietato | †rendere ostinato **B v. intr.** (**aus.** *avere*) ● (*lett.*) perseverare ostinatamente

obduzióne [vc. dotta, lat. *obductiōne(m)*, da *obdūcere* 'coprire' ✱1833] **s. f. 1** (*geol.*) processo tettonico di scorrimento di parti di litosfera a una elevata densità sopra la crosta oceanica **CFR.** subduzione **2** in medicina legale, ispezione del cadavere prima del seppellimento

†**obediènte** ➤ **obbediente**

†**obediènza** ➤ **obbedienza**

†**obedìre** ➤ **obbedire**

obelìsco [vc. dotta, lat. *obelĭscu(m)*, dal gr. *obelískos*, dim. di *obelós* 'spiedo', di orig. indeur. ✱1464] **s. m.** (**pl.** *-schi*) **1** monumento commemorativo egizio a forma di colonna quadrangolare assottigliata verso l'alto, con punta piramidale **2** obelo

òbelo [vc. dotta, gr. *obelós* 'spiedo'. V. *obelisco* ✱1585] **s. m.** ● segno usato dai grammatici antichi per annotazioni o richiami

oberàre [tratto da *oberato*, nel sign. 2 ✱1894] **v. tr.** (*io òbero*) ● sovraccaricare: *o. qlcu. di lavoro, impegni, responsabilità*

♣**oberàto** [vc. dotta, lat. *obaerātu(m)* comp. di *ŏb-* 'per' e *āes*, genit. *āeris* 'denaro' e (attraverso la formula *āes aliēnum* 'denaro altrui') 'debito' ✱1806] **agg. 1** (*dir.*) detto del debitore insolvente, che, presso gli antichi Romani, diveniva schiavo del creditore **2** (*fig.*) gravato (+ *da*, + *di*): *essere o. dai (o di) debiti; essere o. dalle tasse* | sovraccarico (+ *di*, + *da*): *essere o. di impegni, di lavoro; o. dagli affari*

O

♦**obeṣità** [vc. dotta, lat. *obesitāte(m)*, da *obēsus* 'obeso' ✱av. 1758] **s. f. inv.** **1** (*med.*) abnorme aumento di peso per eccesso di tessuto adiposo SIN. adiposi **2** correntemente, pinguedine o grassezza eccessiva

♦**obèṣo** (o **-é-**) [vc. dotta, lat. *obēsu(m)*, comp. di *ŏb-* 'per' ed *ĕdere* 'mangiare'. V. *edace* ✱1499] **agg. e s. m.** (**f.** *-a*) ● che (o chi) è affetto da obesità SIN. grasso, pingue

òbi /'ɔbi, *giapp.* ɔ.bi/ [vc. giapp. ✱1918] **s. m. inv.** ● nel costume tradizionale giapponese, grande fascia di seta che si avvolge attorno alla vita del kimono formando dietro la schiena un nodo voluminoso

òbice ① [ted. *Haubitze*, dal ceco *houfnice* 'frombola' ✱av. 1786] **s. m.** ● pezzo d'artiglieria che, per struttura e impiego, ha caratteristiche intermedie tra cannone e mortaio

†**òbice** ② [vc. dotta, lat. *ōbices*, nom. pl., 'sbarra, ostacolo', da *obĭcere*. V. *obiettare* ✱1499] **s. m.** ● intoppo, impaccio

♦**obiettàre** o **obbiettàre** [vc. dotta, lat. *obiectāre* 'gettare contro, imporre', intens. di *obĭcere* 'gettare contro', comp. di *ŏb-* (V. *obbedire*) e *iăcere* 'scagliare'. V. *gettare* ✱1640] **v. tr.** (*io obiètto*) ● rispondere opponendo ragioni, considerazioni e sim. contrastanti con quelle espresse da altri (**+** *di* **seguito da inf.**, **+** *che*; **anche assol.**): *obiettò di non essere interessato alla proposta*; *la minoranza obiettò che mancava un'alta percentuale di votanti*; *non ho nulla da o.*; *su questo si può o.* SIN. eccepire

obiettivàbile [1958] **agg.** ● (*med.*) detto di ciò che è possibile obiettivare

obiettivàre o **obbiettivàre** [da *obiettivo* ✱1848] **A v. tr.** **1** (*raro*) oggettivare **2** (*med.*) rendere palese all'esame clinico: *o. un'ottusità* **B** **obiettivàrsi v. rifl.** ● (*lett.*) assumere un atteggiamento oggettivo

obiettivazióne o **obbiettivazióne** [av. 1869] **s. f.** ● (*raro*) l'obiettivare | (*raro*) oggettivazione

♦**obiettivo** o **obbiettivo** [lat. mediev. *obiectīvu(m)* 'che riguarda l'oggetto', da *obiĕctus*. V. *oggetto* ✱av. 1565] **A agg.** **1** che si basa su un comportamento imparziale, alieno da interessi personali, preconcetti e sim.: *giudizio o.*; *fornire un quadro o. della situazione* | (*med.*) ***esame o.***, osservazione diretta del malato effettuata mediante la palpazione, l'auscultazione e sim. al fine di accertarne le condizioni fisiche generali **2** (*raro*) oggettivo ‖ **obiettivaménte**, **avv.** **1** in modo obiettivo, imparziale **2** in base ai dati di fatto; oggettivamente, in base alla realtà: *la squadra, obiettivamente, non era in grado di vincere* ‖ **obiettività**, **s. f. inv.** caratteristica di chi (o di ciò che) è obiettivo: *giudicare, decidere con obiettività*; *critiche caratterizzate da grande obiettività* SIN. imparzialità **B s. m.** **1** sistema ottico costituito da un sistema di lenti o di specchi sferici che consentono l'osservazione diretta della realtà, in genere ingrandita, oppure trasferiscono un'immagine reale su una pellicola fotografica o un supporto digitale: *l'o. del telescopio, del microscopio, della macchina fotografica* | ***o. a focale variabile***, zoom **2** (*milit.*) scopo di un'azione militare | luogo, elemento, posizione da conquistare o distruggere con azioni militari | bersaglio su cui dirigere il fuoco | ***o. sensibile***, nel linguaggio delle forze di polizia, edificio, struttura o persona particolarmente a rischio sul piano della sicurezza **3** (*est.*) scopo o fine che si vuole raggiungere: *gli obiettivi di una campagna pubblicitaria*; *obiettivi didattici*

Definizione d'autore

Obiettivo, essere obiettivo: questo conta per chi fa il mio mestiere. Libertà, indipendenza, equidistanza sono sostantivi importanti per un giornalista. Ma hanno sempre bisogno di uno o più punti di riferimento. Libero e indipendente rispetto all'editore, o ai "poteri forti", equidistante tra questo e quel protagonista. L'**obiettività** invece non è relativa: è un modo di essere rispetto ai fatti, alle situazioni, alle persone. Se sei obiettivo sai anche di non essere depositario della verità: puoi inquadrare la realtà che vedi, ma fuori campo resta sempre qualcosa che non sei riuscito a cogliere. Ti restano però, per avvicinarti il più possibile al risultato di informare degnamente, la competenza, l'esperienza e la buona fede.

Enrico Mentana

SFUMATURE DI SIGNIFICATO

obiettivo - equo - imparziale - neutrale

Un comportamento o un giudizio alieni da interessi personali o preconcetti, basati su una valutazione equilibrata di tutti gli aspetti di un fatto o di una questione si definisce **obiettivo**. **Equo** è ciò o chi, oltre ad essere giusto e obiettivo, dà prova di senso della misura e di moderazione; in riferimento a richieste economiche sottolinea l'adeguatezza, la corrispondenza del prezzo con il valore reale del prodotto o del servizio. **Imparziale** è invece chi, chiamato a giudicare una controversia di qualunque tipo, opera o valuta in modo equanime, senza favorire nessuna delle parti; per estensione è chi o ciò che mostra equità di giudizio. Anche **neutrale** è chi in una discussione, in una vertenza o in una disputa non parteggia per nessuno dei contendenti, rifiutando di entrare attivamente nella contesa al fianco di una parte o dell'altra.

SFUMATURE ➤ *oggettivo*

†**obiètto** o †**obbiètto** [lat. *obiĕctu(m)*. V. *oggetto* ✱av. 1306] **A s. m.** ➤ **oggetto** **B agg.** ● †messo davanti, di fronte

obiettóre o **obbiettóre** [vc. dotta, lat. tardo *obiectōre(m)*, da *obiĕctus*, part. pass. di *obĭcere*. V. *obiettare* ✱1942] **A s. m.** (**f.** *-trice*) **1** chi fa obiezione **2** ***o. di coscienza***, (*ellitt.*) ***obiettore***, quando la leva era obbligatoria, chi, per motivi religiosi o morali, rifiutava di svolgere il servizio militare in armi | medico o paramedico che per motivi religiosi o morali rifiuta di praticare o di partecipare alla pratica di aborti | ***o. etnico***, chi vivendo in una zona multietnica rifiuta di dichiarare l'appartenenza a una specifica etnia | ***o. fiscale***, chi rifiuta di pagare un tributo per motivi ideologici **B** **in funzione di agg.**: *medico o.*

♦**obiezióne** o **obbiezióne** [vc. dotta, lat. tardo *obiectiōne(m)* 'il mettere davanti, l'opporre', da *obiĕctus*, part. pass. di *obĭcere*. V. *obiettare* ✱1374] **s. f.** **1** argomento sollevato per contraddire in tutto o in parte le affermazioni di altri (**+** *a*): *una o. di natura tecnica, formale, sostanziale*; *respingere l'o.*; *rispondere alle obiezioni*; *fecero molte o. alla nostra proposta* SIN. rilievo | (*est.*) contestazione, opposizione: *non ho obiezioni alla sua decisione* | ***fare, muovere o.***, obiettare **2** ***o. di coscienza***, rifiuto di adempiere a obblighi legislativi, amministrativi, fiscali o professionali per motivi morali, religiosi o ideologici

SFUMATURE DI SIGNIFICATO

obiezione - opposizione - osservazione

L'**obiezione** è un argomento proposto per contraddire in tutto o in parte le affermazioni di altri. L'**opposizione**, in quanto posizione contraria, opposta, contrastante, è la forma più decisa di obiezione. L'**osservazione** è invece una riflessione critica, l'espressione di un giudizio personale non necessariamente negativo e che in ogni caso, diversamente da *opposizione*, dimostra una considerazione attenta delle affermazioni altrui.

SFUMATURE ➤ *contestazione*, ➤ *osservazione*, ➤ *rilievo*

òbito [vc. dotta, lat. *ŏbitu(m)*, part. pass. di *obīre* 'andare incontro', comp. di *ŏb-* e *īre* ✱1304] **s. m.** ● (*lett.*) morte

obitoriale [1967] **agg.** **1** relativo a obitorio: *servizio o.*; *struttura o.* **2** (*fig.*, *raro*) che evoca un'atmosfera di morte SIN. funebre, macabro

obitòrio [da *obito* ✱1933] **s. m.** ● locale dove sono conservati i cadaveri in attesa dell'autopsia o della loro identificazione

obituàrio [dal lat. *ŏbitus* 'obito' (V. *obito*) ✱1869] **s. m.** ● (*stor.*) libro in cui le parrocchie registravano i decessi | (*est.*) qualsiasi registro o rubrica che annota nome e data di persone morte

obiurgàre [vc. dotta, lat. *obiurgāre* 'rimproverare', comp. di *ŏb-* (V. *obbediente*) e *iurgāre* 'altercare', da *iūs* 'diritto'. V. *giusto*① ✱1866] **v. tr.** (*io obiùrgo, tu obiùrghi*) ● (*lett.*) rimproverare vivamente

obiurgazióne [vc. dotta, lat. *obiurgatiōne(m)*, da *obiurgāre* 'obiurgare' ✱av. 1342] **s. f.** **1** (*lett.*) accusa, biasimo **2** nell'antica retorica, invettiva oratoria rivolta a una moltitudine

objet trouvé /*fr.* ɔb'ʒɛ tru've/ [loc. fr., comp. di *objet* 'oggetto' e *trouvé* 'trovato' ✱1964] **loc. sost. m. inv.** (**pl. fr.** *objets trouvés*) ● oggetto di scarto o di origine naturale, recuperato e utilizzato da un artista come opera d'arte o inserito in collage, installazioni e sim.

oblàbile [1958] **agg.** ● (*dir.*) che può essere estinto mediante oblazione: *reato o.*

oblàre [da *oblazione* ✱1981] **v. tr.** (*io òblo*) ● (*dir.*) estinguere il reato mediante oblazione

oblàta [f. sost. di *oblato* ✱1748] **s. f.** ● nell'antica liturgia cristiana, offerta di pani che servivano alla consacrazione e alla distribuzione

oblativo [vc. dotta, lat. *oblatīvu(m)*. V. *oblato* ✱1957] **agg.** ● (*psicol.*) detto di chi si dedica totalmente alle esigenze degli altri, privilegiandole rispetto alle proprie | (*est.*) altruista, disinteressato ‖ **oblatività**, **s. f. inv.** (*psicol.*) caratteristica, condizione di chi (o di ciò che) è oblativo; (*est.*) altruismo, disinteresse

oblàto [vc. dotta, lat. *oblātu(m)*, part. pass. di *offĕrre* 'offrire' ✱1483] **A s. m.** (**f.** *-a*) **1** membro di alcune congregazioni religiose, maschili o femminili, dedite all'apostolato e all'assistenza **2** (*dir.*) destinatario di un'offerta o proposta **B** **anche agg.**: *laico o.*; *dama oblata*

oblatóre [vc. dotta, lat. tardo *oblatōre(m)*, da *oblātus*, part. pass. di *offĕrre* 'offrire' ✱1618] **s. m.** (**f.** *-trice*) **1** chi fa un'oblazione, un'offerta SIN. offerente **2** (*dir.*) chi effettua un'oblazione **3** (*raro*) chi risponde a una vendita all'asta

oblatòrio [da *oblatore* ✱1723] **agg.** (**pl. m.** *-i* **o raro** *-ii*) ● (*relig.*) relativo a offerta od oblazione

†**oblatratóre** [vc. dotta, lat. tardo *oblatratōre(m)*, da *oblatrāre* 'abbaiare contro', comp. di *ŏb-* 'contro' e *latrāre* 'abbaiare' ✱av. 1642] **s. m.** (**f.** *-trice*) ● maldicente, denigratore: *quando ei volesse con giusta libra pesare il suo demerito, non mi daria titolo di o.* (G. GALILEI)

oblazionàbile [1980] **agg.** ● (*dir.*, *raro*) detto di reato che può essere estinto mediante oblazione

oblazionàto [1988] **agg.** ● (*dir.*) detto di reato estinto mediante oblazione

oblazióne [vc. dotta, lat. tardo *oblatiōne(m)*, da *oblātus*, part. pass. di *offĕrre* 'offrire' ✱av.

1292] **s. f. 1** offerta spec. in denaro, a titolo di elemosina, beneficenza e sim.: *fare un'o.*; *raccogliere le oblazioni* **2** (*relig.*) offerta del pane e del vino nella Messa **3** (*dir.*) causa di estinzione del reato prevista per le contravvenzioni punite con la sola pena dell'ammenda o con la pena alternativa dell'arresto e dell'ammenda, e consistente nel pagamento volontario di una determinata somma di denaro entro termini processuali previsti dalla legge

†**oblia** [sec. XIII] **s. f.** ● oblio

obliàbile [da *obliare* ✻ 1869] **agg.** ● (*lett.*) dimenticabile

obliànza o †**obbliànza** [da *obliare* ✻ av. 1250] **s. f.** ● (*lett.*) dimenticanza, oblio

✦**obliàre** o (*lett.*) **obbliàre**, †**ubbliàre** [ant. fr. *oblier*, dal lat. parl. **oblitāre*, da *oblītus*, part. pass. di *oblivīsci* 'dimenticare', comp. di *ŏb-* rafforz. e **līvere* 'cancellare', di orig. indeur. ✻ av. 1250] **A v. tr.** (*io oblìo*) ● (*lett.*) dimenticare: *e sì l'umilia, ch'ogni offesa oblia* (DANTE) **B obliàrsi v. rifl.** ● (*lett.*) dimenticare sé stessi | ***obliarsi in qlcu.***, abbandonarglisi col pensiero, pensare solo a lui

†**obliatóre** [av. 1519] **agg. e s. m.** (**f.** *-trice*) ● che (o chi) oblia

†**obligàre** e deriv. ➤ **obbligare** e deriv.

✦**oblìo** o (*lett.*) **obblìo** [da *obliare* col suff. *-io*[①] ✻ av. 1250] **s. m.** (**pl.** *-ii*) **1** (*lett.*) totale dimenticanza: *un dolce o. che cancelli le tristi memorie*; *involve / tutte cose l'obblio nella sua notte* (U. FOSCOLO) | ***cadere nell'o.***, essere dimenticato | ***mettere, porre nell'o.***, dimenticare o far dimenticare | ***sepolto nell'o.***, non più ricordato | ***sottrarre all'o.***, richiamare alla memoria | ***il fiume dell'o.***, il Lete, le cui acque cancellavano ogni ricordo in chi vi si immergeva **2** (*dir.*) ***diritto all'o.***, principio giuridico che riconosce a ciascuno il diritto di non essere ricordato pubblicamente per fatti non più attuali di cui è stato protagonista negativo

✦**obliόso** (o *-ṣ-*) o †**obbliόso** [da *oblio* ✻ 1275] **agg. 1** (*lett.*) dimentico, immemore **2** (*lett.*) che fa dimenticare || **obliosaménte**, **avv.**

O

obliquàngolo [comp. di *obliqu(o)* e *angolo* ✻ av. 1647] **agg.** ● (*mat.*) detto di figura geometrica con angoli non retti

obliquàre o †**obbliquàre** [vc. dotta, lat. *obliquāre* 'volgere obliquamente, dirigere trasversalmente', da *oblīquus* 'obliquo' ✻ av. 1406] **A v. tr.** (*io oblìquo, noi obliquiàmo*) ● †dirigere o piegare per linea obliqua **B v. intr.** (**aus.** *avere*) ● (*raro*) avanzare o tagliare trasversalmente, diagonalmente **C obliquàrsi v. rifl. e intr. pron.** ● †piegarsi o collocarsi diagonalmente

✦**obliquità** o †**obbliquità** [vc. dotta, lat. *obliquitāte(m)*, da *oblīquus* 'obliquo' ✻ 1282] **s. f. inv.** ● caratteristica di ciò che è obliquo: *moto curvo dell'acqua è quello, col quale scorre il fiume infra diverse o. d'argine* (LEONARDO) | (*fig., lett.*) malignità, inganno, doppiezza: *l'o. dei suoi propositi era ben mascherata* | (*astron.*) ***o. dell'eclittica***, la sua inclinazione rispetto all'equatore celeste

♦**oblìquo** o †**obblìquo**, †**obblìco** [vc. dotta, lat. *oblīquu(m)*, di etim. incerta ✻ av. 1328] **agg. 1** (*mat.*) detto di figura che possegga angoli non retti **2** correntemente, detto di tutto ciò che è inclinato rispetto alla superficie su cui poggia o a ciò cui si fa riferimento: *muro o.*; *taglio o.* CFR. plagio- SIN. sghembo **3** (*fig.*) indiretto: *notizia filtrata per vie oblique* | (*ling.*) ***casi obliqui***, nella declinazione del nome e dell'aggettivo, i casi diversi dal nominativo e dall'accusativo CFR. retto **4** (*fig.*) falso, subdolo: *sguardo o.*; *parole oblique*; *fini obliqui* **5** (*lett.*) avverso **6** (*anat.*) detto di muscolo la cui azione si svolge non parallelamente all'asse di simmetria del corpo: *muscoli obliqui del capo, dell'occhio* || **obliquaménte**, **avv.**

†**oblìre** [da *oblio* ✻ av. 1293] **v. tr.** ● obliare

obliterànte **part. pres.** di *obliterare*; anche **agg.** ● nei sign. del v.: *tromboangioite o.*

obliteràre [vc. dotta, lat. *obliterāre*, propr. 'togliere le lettere', comp. di *ŏb-* e *lĭttera* 'lettera' ✻ 1468] **A v. tr.** (*io oblìtero*) **1** (*lett.*) cancellare uno scritto, o renderlo illeggibile **2** (*burocr.*) annullare, con un timbro o un'apposita macchina, francobolli, marche da bollo, biglietti per mezzi pubblici e sim. **3** (*fig., lett.*) far dileguare, far dimenticare: *o. un ricordo d'infanzia*; *ogn'altra melodia del cor mi oblitera* (I. SANNAZARO) **4** (*med.*) provocare una obliterazione **B obliteràrsi v. intr. pron.** ● (*med.*) occludersi a causa di un'obliterazione

obliteratóre [vc. dotta, lat. tardo *obliteratōre(m)*, da *obliterātus* 'obliterato' ✻ 1925] **agg.** (**f.** *-trice*) ● che annulla | ***macchina obliteratrice***, (*ellitt.*) ***obliteratrice***, (*burocr.*) che provvede all'annullo automatico di francobolli e biglietti per mezzi di trasporto e locali pubblici

obliterazióne [vc. dotta, lat. *obliteratiōne(m)*, da *obliterāre* 'obliterare' ✻ 1834] **s. f. 1** l'obliterare | (*lett.*) dimenticanza **2** annullo **3** (*med.*) ostruzione di una cavità o di un organo canalicolare: *o. arteriosa*

†**oblìto** **part. pass.** di †*oblire*; anche **agg.** ● (*poet.*) dimenticato | (*lett.*) ***o. di***, dimentico

✦**oblivióne** o (*raro*) **obblivióne** [vc. dotta, lat. *obliviōne(m)*, da *oblivīsci*. V. *obliare* ✻ 1308] **s. f.** ● (*lett.*) profondo oblio

oblivióso (o *-ṣ-*) o (*raro*) **obblivióso** (o *-ṣ-*) [vc. dotta, lat. *obliviōsu(m)*, da *oblivīsci*. V. *obliare* ✻ av. 1406] **agg. 1** (*raro, lett.*) dimentico, immemore **2** (*raro, lett.*) che fa dimenticare

oblò [fr. *hublot*, dall'ant. fr. *huve* 'berretto', di orig. francone ✻ 1854] **s. m. inv.** ● finestrino circolare nelle navi, fornito di robusto cristallo girevole che si apre all'interno e si chiude con chiavistelli a vite | finestrino negli aerei | (*est.*) sportello circolare: *l'o. della lavatrice*

oblomoviàno [1956] **agg.** ● che manifesta oblomovismo; apatico, indolente: *della ... secolare incuria russa, della negligenza oblomoviana* (P. LEVI)

oblomovìṣmo [da *Oblomov*, n. del protagonista del romanzo omonimo di I. A. Gončarov (1812-1891) ✻ 1895] **s. m.** ● apatico e fatalistico modo di vivere e pensare, attribuito alla borghesia russa della seconda metà dell'Ottocento

✦**oblùngo** [lat. *oblŏngu(m)*, comp. di *ŏb-* 'verso', e *lŏngus* 'lungo' ✻ 1566] **agg.** (**pl. m.** *-ghi*) ● detto di ciò che è più lungo che largo: *avevo tutta quest'opera ristretta in un quadro o.* (B. CELLINI) SIN. bislungo

obnubilaménto o (*raro*) **onnubilaménto** [da *obnubilare* ✻ 1951] **s. m. 1** (*lett.*) annebbiamento **2** (*psicol.*) offuscamento delle facoltà sensitive

✦**obnubilàre** o (*raro*) **onnubilàre** [vc. dotta, lat. *obnubilāre*, comp. di *ŏb-* 'davanti' e *nubilāre* 'essere nuvoloso', da *nūbilus* 'nuvolo' ✻ 1506] **v. tr.** (*io obnùbilo*) e **obnubilàrsi v. intr. pron.** ● (*lett.*) offuscare, offuscarsi (*anche fig.*): *o. la vista, i sensi*; *ho visto ... il chiaro pensiero obnubilarsi e dissolversi nella stanchezza* (C.E. GADDA)

obnubilàto **part. pass.** di *obnubilare*; anche **agg.** ● offuscato, ottenebrato

obnubilazióne [vc. dotta, lat. tardo *obnubilatiōne(m)*, da *obnubilātus*, part. pass. di *obnubilāre* 'obnubilare' ✻ 1908] **s. f.** ● (*psicol.*) obnubilamento

obnuziàle [comp. del lat. *ŏb-* 'a causa di' e *nuziale* ✻ 1950] **agg.** ● (*dir., raro*) fatto in funzione o in occasione di un matrimonio: *donazione o.*

òboe o †**oboè**, †**uboè** [fr. *hautbois*, propr. 'legno (*bois*) dal suono alto (*haut*)' ✻ 1696] **s. m.** ● strumento musicale a fiato del gruppo dei legni, munito di una doppia ancia, il cui tubo, che termina in una apertura leggermente svasata, è provvisto di un numero variabile di buchi | ***o. basso***, corno inglese | ***o. degli Abruzzi***, cennamella

oboìsta [1834] **s. m. e f.** (**pl. m.** *-i*) ● suonatore di oboe

✦**òbolo** [vc. dotta, lat. *ŏbolu(m)*, n. di una piccola moneta greca, dal gr. *obolós* 'pezzo di metallo adoperato come moneta'. Cfr. *obelós* 'spiedo' (V. *obelisco*) ✻ sec. XIV] **s. m. 1** antica moneta greca di argento o di bronzo, sesta parte della dramma **2** (*est.*) piccola offerta in denaro: *date il vostro o.*; *un o. per i poveri* | ***o. di San Pietro***, offerta in denaro fatta alla Santa Sede dai fedeli SIN. elemosina || **obolétto**, **dim.**

SFUMATURE ➤ *elemosina*

obovàto [dall'ingl. *obovate*, comp. di *ob-* 'opposto, contrario' e *ovate* 'ovato' ✻ 1834] **agg.** ● (*bot.*) detto di organo, spec. di foglia, ristretto alla base e allargato all'apice, come un uovo rovesciato

obrettìzio o **orrettìzio** [vc. dotta, lat. tardo *obreptĭciu(m)*, da *ŏb-* 'verso, contro', sul modello di *subreptĭcius* 'surrettizio' ✻ av. 1667] **agg.** ● (*dir., raro*) di atto fraudolento o comunque falso

obrezióne o **orrezióne** [cfr. *obrettizio* ✻ 1664] **s. f.** ● (*dir., raro*) condizione di un atto obrettizio

†**obrìẓẓo** o **òbriẓẓo** [vc. dotta, lat. tardo *obryzu(m)* (*āurum*) 'oro provato, di coppella', dal gr. *óbryzon* (*chrysíon*), di etim. incerta ✻ sec. XIV] **A s. m.** ● oro puro, fine **B agg.** ● fine, puro, detto spec. di metalli preziosi

†**obsecràre** e deriv. ➤ †**ossecrare** e deriv.

†**obsediàre** o †**ossediàre**, †**obsidiàre** [sovrapposizione di *assediare* al lat. *obsidēre* (V. *assedio*) ✻ sec. XIV] **v. tr.** ● assediare

†**obsèquie** [deformazione di *esequie*, secondo il lat. *obsĕquia*, pl. di *obsĕquium* 'ossequio' ✻ 1355] **s. f. pl.** ● esequie

†**obsidiàre** ➤ †**obsediare**

†**obsidióne** ➤ †**ossidione**

obsolescènte [dal lat. *obsolēscens*, genit. *obsolescĕntis*, part. pres. di *obsolēscere*. V. *obsoleto* ✻ 1970] **agg.** ● che è in fase di obsolescenza SIN. obsoleto

obsolescènza [da *obsolescente* ✻ 1958] **s. f. 1** (*lett.*) lento ma progressivo invecchiamento **2** (*econ.*) invecchiamento dei mezzi produttivi, quali macchine, attrezzature e impianti, dovuto al sopraggiungere di altri mezzi tecnicamente ed economicamente più evoluti | ***o. programmata***, politica industriale che programma il tempo medio di durata di un prodotto, oltre il quale diventerà obsoleto o si usurerà

✦**obsolèto** [vc. dotta, lat. *obsolētu(m)*, da *obsolēscere* 'cadere in disuso, logorarsi', da avvicinare a *solēre* 'essere solito' ✻ av. 1494] **agg. 1** antico, disusato, vieto: *termine o.*; *tradizioni ormai obsolete* **2** (*econ.*) che ha subìto obsolescenza: *impianti obsoleti*

†**obstàre** ➤ **ostare**

†**obtemperàre** e deriv. ➤ **ottemperare** e deriv.

✦**obtòrto còllo** [loc. lat., propr. 'col collo piegato', comp. di *obtŏrtus* (part. pass. di *obtorquēre* 'girare, torcere', comp. di *ŏb* 'verso, davanti' e *torquēre* 'torcere') e *cŏllum* 'collo' ✻ av. 1936] **loc. avv.** ● (*lett.*) malvolentieri, controvoglia, a malincuore: *dovetti, obtorto collo, adeguarmi alle nuove regole*

†**obtrettatóre** [vc. dotta, lat. *obtrectatōre(m)*,

da *obtrectātus*, part. pass. di *obtrectāre* 'avversare, denigrare', comp. di *ŏb-* 'contro' e *tractāre* 'tirare'. V. *trattare* ✱ av. 1472] **s. m.** ● detrattore

†**obtrettazióne** [vc. dotta, lat. *obtrectatiōne(m)*, da *obtrectātus*. V. †*obtrettatore* ✱ av. 1472] **s. f.** ● detrazione, maldicenza

†**obumbràre** [lat *obumbrāre*, comp. di *ŏb-* 'davanti' e *umbrāre* 'ombreggiare', da *ŭmbra* 'ombra' ✱ 1294] **v. tr. 1** coprire d'ombra | (*fig., lett.*) attenuare | (*fig.*) †pervadere, circonfondere **2** (*fig.*) †sminuire, mettere in ombra

oc /*provenz.* ɔk/ [provenz. antico 'sì', dal lat. *hōc* 'ciò' ✱ 1308] **s. m. inv.** ● solo nella loc. ***lingua d'oc***, il provenzale antico e i dialetti tuttora usati nella Francia meridionale

♦**òca** [lat. tardo *āuca(m)*, da **ăvica*, dim. di *ăvis* 'uccello', di orig. indeur. ✱ av. 1292] **s. f. 1** correntemente, uccello degli Anseriformi con gambe corte, dita del piede palmate, nuotatore, con abbondante piumaggio, allevata per la carne e il piumino | ***oca selvatica***, anseriforme con ali robuste e becco dai margini dentellati, ristretto verso l'apice | ***oca marina***, smergo | ***porca l'oca!***, escl. d'ira e sim. | ***penna d'oca***, penna delle ali dell'oca, che, opportunamente temperata, serviva un tempo per scrivere | ***pelle d'oca***, aspetto della pelle, provocato dal freddo o dall'emozione, per cui sulla superficie si formano dei piccoli rilievi per azione dei muscoli erettori dei peli: *avere, far venire, la pelle d'oca* | ***a becco d'oca***, di oggetto curvato a foggia di S orizzontale | ***passo dell'oca***, particolare modo di marciare in parata a cadenza, tipico spec. delle armate della Germania nazista | ***gioco dell'oca***, praticato con due dadi e una tavola suddivisa in 63 o 90 caselle figurate e numerate progressivamente | ***giro dell'oca***, (*fig., colloq.*) giro inutile che si conclude nel punto di partenza: *un giro dell'oca burocratico* **2** (*fig.*) persona, spec. di sesso femminile, sciocca e sbadata, o anche priva di intelligenza e cultura: *non si può parlare con quell'oca* | ***oca giuliva***, V. *giulivo* ‖ **ocarina**, **dim.** | **ocherèlla**, **dim.** | **ochétta**, **dim.** (V.) | **ochìna**, **dim.** | **ocóna**, **accr.** | **ocóne**, **accr. m.**

ocàggine [da *oca* (in senso figurato) ✱ 1910] **s. f.** ● stupidità, dabbenaggine

ocarìna [dall'imboccatura simile a un becco d'*oca* ✱ 1895] **s. f.** ● strumento musicale a fiato di piccole dimensioni, in terracotta, di forma ovoidale, munito di imboccatura laterale e di una decina di fori: *le ocarine di Budrio*

ocarinìsta [1940] **s. m. e f.** (**pl. m.** *-i*) ● suonatore di ocarina

òcca [arabo *uqqa* ✱ av. 1347] **s. f.** ● antica unità di misura di peso, pari a circa 1,25 kg, ancora in uso in Paesi del Medio Oriente

occamìṣmo [1935] **s. m.** ● indirizzo filosofico ispirato al pensiero di Guglielmo di Occam (1280-1349), caratterizzato da una posizione critica nei confronti dell'aristotelismo

occamìsta [1911] **s. m. e f.** (**pl. m.** *-i*) ● chi segue l'occamismo, o a esso si ispira

occamìstico [1970] **agg.** (**pl. m.** *-ci*) ● che concerne l'occamismo e gli occamisti

occaṣionàle [1363] **agg. 1** che costituisce o fornisce l'occasione di qlco.: *causa o.* **2** fortuito: *motivo del tutto o.*; *un o. incontro* **SIN.** accidentale, casuale **3** saltuario: *lavoro, prestazione o.* ‖ **occaṣionalménte**, **avv. 1** per caso: *Alchieri ci era andato ... e così aveva salutato Maller occasionalmente* (I. SVEVO) **2** in modo occasionale, di tanto in tanto: *ci vediamo occasionalmente a teatro* **CONTR.** abitualmente, regolarmente ‖ **occaṣionalità**, **s. f. inv.** caratteristica di ciò che è occasionale

SFUMATURE ➤ ***casuale***

occaṣionalìṣmo [comp. di *occasionale* e *-ismo* ✱ 1865] **s. m. 1** dottrina filosofica sorta in Francia nel XVII sec. in opposizione al cartesianesimo, secondo la quale Dio è la causa di tutte le cose e le cause naturali dei fenomeni sono esclusivamente occasioni: *l'o. di Malebranche* **2** (*ling.*) parola o espressione occasionale, effimera, destinata a non durare

occaṣionàre [da *occasione* ✱ 1549] **v. tr.** (*io occaṣióno*) ● cagionare, determinare o far nascere qlco., spec. in modo diretto o immediato: *o. la rivolta, la guerra, l'intervento* **SIN.** causare, provocare

♦**occaṣióne** [vc. dotta, lat. *occasiōne(m)*, da *occāsum*, supino di *occĭdere* 'cadere', comp. di *ŏb-* 'davanti' e *cădere* 'cadere' ✱ 1268] **s. f. 1** caso favorevole od opportuno, momento o situazione particolarmente adatta a qlco.: *da tempo aspettava l'o. di mettersi in luce*; *alla prima o. vi manderò ciò che vi devo*; *perdere un'o. così è un vero peccato* | ***all'o.***, se si verificherà il caso favorevole, eventualmente, all'occorrenza | ***cogliere l'o.***, sapersene servire al momento giusto | ***d'o.***, detto di prodotto posto in vendita a condizioni particolarmente buone: *articoli d'o.*; *automobile d'o.* | **PROV.** ***l'o. fa l'uomo ladro*** **2** (*est.*) oggetto, articolo e sim. che si può acquistare a un prezzo particolarmente vantaggioso: *quella pelliccia è un'o., una vera o.*; *vetrina delle occasioni* **3** causa, motivo, pretesto: *dare, fornire l'o.*; *prendere o. da qlco.* | ***a o. di***, a motivo, a causa di | ***con l'o.***, col motivo **4** avvenimento, circostanza, situazione: *un abito adatto a tutte le occasioni*; *in quell'o. si comportò da perfetto villano*; *per l'o. ci presenteremo nei nostri panni migliori*; *è un'o. solenne* | ***in o. delle nozze***, per il matrimonio | ***discorso d'o.***, convenzionale | ***poesia d'o.***, legata a certi avvenimenti, motivata da particolari circostanze ‖ **occaṣioncèlla**, **dim.** | **occaṣioncìna**, **dim.**

SFUMATURE ➤ ***opportunità***

occaṣionìssima [da *occasione* nel sign. 2 con il suff. *-issima* dei superl. ✱ 1936] **s. f.** ● (*colloq.*) occasione particolarmente favorevole o vantaggiosa: *hai perso un'o. per farti valere*; *quell'appartamento è un'o.!* | nel linguaggio sportivo, eccezionale opportunità di segnare un gol

occàṣo [vc. dotta, lat. *occăsu(m)*, da *occāsum*, supino di *occĭdere*. V. *occasione* ✱ 1319] **s. m. 1** (*lett.*) tramonto: *come questo o. è pien di voli* (G. CARDUCCI) **2** (*lett.*) occidente, ponente **3** (*fig., lett.*) morte, fine

occhiàccio [av. 1472] **s. m. 1** pegg. di *occhio* **2** occhio che guarda con severità, con espressione irata e sim. | ***fare gli occhiacci***, esprimere con occhiate la riprovazione, rimproverare qlcu. con sguardo duro e cattivo

occhiàia [da *occhio* ✱ 1319] **s. f. 1** cavità del cranio in cui sono accolti i globi oculari **2** (**spec. al pl.**) macchia livida e infossata sotto gli occhi: *la stanchezza si nota dalle profonde occhiaie* **SIN.** calamaro

occhialàio [1551] **s. m.** (**f.** *-aia*, **pl. m.** *-ai*) ● (*disus.*) chi fabbrica, ripara e vende occhiali, lenti e sim. **SIN.** ottico

occhiàle [da *occhio* ✱ 1306] **A agg.** ● †dell'occhio, relativo all'occhio **B s. m. 1** †cannocchiale **2** (**spec. al pl.**) montatura contenente una coppia di lenti che poggia sul naso davanti agli occhi per correggere eventuali difetti della vista o per proteggerli da luce troppo intensa o da agenti esterni nocivi: *occhiali da vista, da sole, da neve*; *occhiali da motociclista*; *occhiali subacquei*; *occhiali a stanghetta, a pince-nez*; *un o. sportivo* | ***occhiali bifocali***, che montano lenti bifocali | ***occhiali progressivi***, con lenti progressive | ***occhiali polarizzanti***, con lenti polarizzanti | ***serpente dagli occhiali***, (*pop.*) cobra **3** (**al pl.**) nel gioco della dama, posizione di una dama tra due dame o pedine avversarie, una delle quali sarà certo eliminata **4** (*pop.*) caramella, occhialetto ‖ **occhialàccio**, **pegg.** | **occhialétto**, **dim.** (V.) | **occhialino**, **dim.** (V.) | **occhialóne**, **accr.** (V.)

occhialerìa [1958] **s. f.** ● settore industriale che si occupa della produzione e della commercializzazione di occhiali | (*raro*) negozio in cui si vendono o si riparano occhiali

occhialétto [1840] **s. m. 1** dim. di *occhiale* **2** occhiale per signora, con una o due lenti, non fisso sul naso ma fornito di manico **3** (*raro*) caramella, monocolo

occhialino [1690] **s. m. 1** dim. di *occhiale* **2** occhialetto

occhialóne [1890] **s. m. 1** accr. di *occhiale* **2** pesce marino degli Sparidi con corpo gibboso, muso corto e grandi occhi, colorazione grigio-rossa a riflessi aurati (*Pagellus centrodontus*)

occhialùto [1867] **agg.** ● (*scherz.*) che porta occhiali, spec. molto grandi: *un giovanotto magro e o.*

occhiàre [da *occhio* ✱ 1552] **v. tr.** (*io òcchio*) ● (*lett., raro*) adocchiare

♦**occhiàta** ① [da *occhio* ✱ 1427] **s. f. 1** sguardo rapido ma spesso particolarmente intenso e significativo: *con un'o. si rese conto della situazione*; *si scambiarono un'o. d'intesa, di traverso, in cagnesco*; *occhiate scrutatrici* | ***dolci occhiate***, amorose | ***dare un'o.***, guardare o controllare rapidamente: *dai un'o. al latte sul fuoco* **2** †vista ‖ **occhiatàccia**, **pegg.** (V.) | (*lett.*) **occhiatèlla**, **dim.** | **occhiatina**, **dim.**

occhiàta ② [lat. *oculāta(m)* 'provvista di occhi', da *ŏculus* 'occhio' ✱ av. 1893] **s. f.** ● pesce degli Sparidi con occhi grandi, bocca piccola e denti taglienti, comune nel Mediterraneo (*Oblada melanura*) **SIN.** melanuro, obbiada

occhiatàccia [1817] **s. f.** (**pl.** *-ce*) ● pegg. di *occhiata* | rapido sguardo che rivela ostilità, riprovazione, ira e sim.: *gli rispose con un'o.*; *impauriti da un'o. del loro padrone* (C. COLLODI)

occhiàto [av. 1320] **agg.** ● detto di ciò che ha macchie di colore o buchi tondeggianti simili a occhi: *tessuto, formaggio o.* | ***brodo o.***, con macchie tonde di grasso

occhiatùra [da *occhiato* ✱ 1958] **s. f.** ● caratteristica dei formaggi di tipo emmental, che si presentano costellati di buchi

occhiaẓẓùrro [comp. di *occhi(o)* e *azzurro*; calco sul gr. *glaukôpis* ✱ av. 1729] **agg.** ● (*lett.*) che ha occhi azzurri

occhibendàto [comp. di *occhi(o)* e *bendato* ✱ av. 1704] **agg.** ● (*lett.*) che ha gli occhi bendati

occhicerùleo [comp. di *occhi(o)* e *ceruleo*; cfr. *occhiazzurro* ✱ av. 1796] **agg.** ● (*lett.*) occhiazzurro

occhieggiàre [comp. di *occhio* e *-eggiare* ✱ 1584] **A v. tr.** (**pres.** *io occhiéggio*; **fut.** *io occhieggerò*) ● guardare di tanto in tanto, ma con intenzione o desiderio: *o. gli oggetti esposti nelle vetrine*; *Turiddu seguitava a passare e ripassare per la stradicciuola, ... occhieggiando le ragazze* (G. VERGA) **B v. intr.** (**aus.** *avere*) ● apparire qua e là: *grappoli dorati occhieggiano tra le fronde* **C occhieggiàrsi v. rifl. recipr.** ● scambiarsi occhiate

occhiellàio [1869] **s. m.** (**f.** *-aia*, **pl. m.** *-ai*) **1** (*raro*) chi confeziona occhielli per le vele **2** (**spec. f.**) chi fa occhielli per abiti, a livello artigianale o industriale

occhiellatrìce [1925] **s. f.** ● macchina per applicare occhielli su stoffa, cuoio e sim. | macchina per applicare occhielli metallici

occhiellatùra [1846] **s. f. 1** lavoro del

praticare occhielli in qlco., del provvedere qlco. di occhielli **2** insieme di occhielli fatti su qlco. | parte di un oggetto in cui si trovano gli occhielli: *l'o. del cappotto*

occhièllo [1356] **s. m.** **1** (*raro*) dim. di *occhio* **2** asola | (*est.*) apertura simile a un'asola su scarpe, borse o altro | (*fig.*, *raro*) ferita: *fare un o. nel ventre a qlcu.* | (*pesca*) parte dell'amo a cui viene annodato il finale **3** (*mar.*) foro, rinforzato con un orlo o un anello metallico, praticato nella vela per passarvi le cime **4** accessorio dell'imballaggio a forma di piccolo anello **5** (*tipogr.*) in un articolo di giornale, frase di lunghezza non superiore a una riga e di giustezza e corpo inferiori al titolo che la segue SIN. soprattitolo **6** (*tipogr.*) pagina che riporta il titolo di un libro se posta prima del frontespizio, o il titolo di un capitolo o sim. se posta all'interno SIN. (*raro*) mezzotitolo

occhièra [da *occhio* ✱ 1942] **s. f.** • (*med.*) occhino

occhiètto [av. 1484] **s. m.** **1** dim. di *occhio* **2** occhio piccolo e vivace: *ha due occhietti neri e penetranti* | ***fare l'o.***, strizzare l'occhio in segno di intesa, ammiccare; fare l'occhiolino **3** (*tipogr.*) nella composizione di libri e giornali, occhiello || **occhiettino**, **dim.**

occhino [av. 1607] **s. m.** **1** dim. di *occhio* **2** (*med.*) piccola coppetta per lavature oculari SIN. occhiera

♦**òcchio** [lat. *ŏculu(m)*, di orig. indeur. ✱ av. 1250] **s. m.** **I** in relazione alla sua natura e alle sue funzioni anatomiche e fisiologiche **1** organo della vista, diversamente complesso e strutturato negli Invertebrati e nei Vertebrati, costituito nell'uomo da una formazione sferoidale contenuta in ognuna delle cavità orbitarie del cranio CFR. oculo-, opto-, oftalmo-, -oftalmo | ***o. composto***, organo visivo degli Artropodi, formato da centinaia di ommatidi | ***o. artificiale***, protesi che sostituisce nell'uomo il globo oculare mancante | ***guardare con la coda dell'o.***, senza voltarsi, senza farsi notare | ***avere gli occhi***, vederci benissimo | ***dove hai gli occhi?***, (*fig.*) ci vedi o non ci vedi? | (*fig.*) ***avere gli occhi fuori dalle orbite***, essere stravolto, infuriato e sim. | ***sbarrare, spalancare, strabuzzare gli occhi***, aprirli completamente per meraviglia e sim. | ***avere ancora qlco. davanti agli occhi***, ricordarla perfettamente | ***sfregarsi, stropicciarsi gli occhi***, con la mano, in segno di sonnolenza, o quasi per accertarsi delle proprie facoltà visive davanti a cose incredibili | ***guardarsi negli occhi***, fissarsi | ***cavarsi gli occhi***, (*fig.*) stancarsi eccessivamente la vista leggendo e sim. | ***si caverebbero gli occhi***, di persone che si odiano | ***in un batter d'o.***, (*fig.*) in un attimo | ***strizzare l'o.***, ammiccare | ***aprire gli occhi***, sollevare le palpebre o svegliarsi; (*fig.*) accorgersi finalmente di qlco. | ***aprire gli occhi alla luce***, venire al mondo, nascere | ***aprire gli occhi a qlcu.***, (*fig.*) metterlo al corrente di qlco. | ***a occhi aperti***, (*fig.*) con grande attenzione | ***non riuscire a tenere gli occhi aperti***, avere molto sonno | ***chiudere gli occhi***, abbassare le palpebre; (*est.*) dormire; (*est.*) morire; (*fig.*) non volersi accorgere di qlco. | ***chiudere gli occhi a qlcu.***, (*fig.*) assisterlo in punto di morte e vederlo morire | ***chiudere un o.***, (*fig.*) passare qlco. sotto silenzio, essere indulgente | ***non potere chiudere o.***, soffrire d'insonnia | ***a occhi chiusi***, (*fig.*) con tutta sicurezza | (*fig.*) ***guardare con tanto d'occhi***, con estrema meraviglia | (*lett.*) ***dar d'o.***, ammiccare | ***come il fumo negli occhi***, (*fig.*) di persona o cosa insopportabile, molesta | ***fino sopra gli occhi***, (*fig.*) troppo, in modo o quantità eccessiva | (*fig.*) ***essere un pugno in un o.***, detto di ciò che è molto sgradevole a vedersi, di pessimo gusto, e sim.: *quell'enorme edificio in cima alla collina è un vero pugno nell'o.* | (*fig.*, *fam.*) ***avere gli occhi foderati di prosciutto***, non rendersi conto delle cose più evidenti | ***avere gli occhi umidi (di pianto)***, portare i segni di un pianto recente | ***avere le lacrime agli occhi***, essere sul punto di piangere | ***a quattr'occhi***, in due, in tutta intimità | ***a vista d'o.***, molto rapidamente: *il livello del fiume cresceva a vista d'o.* | ***o. per o., dente per dente***, formula secondo la quale la legge mosaica prescrive la legge del taglione **2** sguardo, vista: *avere l'o. annebbiato per la stanchezza* | ***stare con gli occhi bassi, a terra*** e sim., con lo sguardo abbassato per vergogna e sim. | ***volgere, alzare gli occhi al cielo***, lo sguardo verso l'alto per pregare e sim. | ***a me gli occhi!***, formula con cui l'ipnotizzatore invita la persona che sta per sottoporre a ipnosi a fissarlo e a concentrare l'attenzione su di lui | (*fig.*) ***aguzzare gli occhi***, cercare di vedere il meglio possibile | ***tenere gli occhi su qlcu. o su qlco.***, non distoglierne lo sguardo | ***dare nell'o.***, attirare l'attenzione | ***fare l'o. a***, assuefare la vista | ***salta agli occhi***, (*fig.*) di cosa molto evidente | (*fig.*) ***a perdita d'o.***, fin dove può giungere lo sguardo | (*fig.*) ***non avere né occhi né orecchie***, non voler vedere né udire | ***a o. nudo***, solo con lo sguardo, con la vista | ***a o.***, approssimativamente: *così, a o., mancheranno cinque kilometri* | (*fig.*) ***tenere, non perdere d'o.***, sorvegliare di continuo | ***colpo d'o.***, veduta d'insieme, prima impressione | ***non credere ai propri occhi***, essere stupefatti per ciò che si vede | ***gettare la polvere negli occhi***, (*fig.*) ingannare con false apparenze | ***voler vedere con i propri occhi***, volere constatare di persona | (*fig.*) ***a o. e croce***, all'incirca | (*fig.*) ***gettar l'o.***, dare un rapido sguardo | ***seguire con l'o.***, con lo sguardo | ***andare con l'o.***, percorrere con lo sguardo | (*fig.*) ***mangiarsi qlco. o qlcu. con gli occhi***, riferito a cosa o persona che si apprezza oltremodo e si continua a guardare | (*fig.*) ***mettere gli occhi addosso***, adocchiare e desiderare | ***avere un o. di riguardo per qlcu.***, trattarlo con particolare favore | ***non levar gli occhi di dosso***, guardare con insistenza | (*fig.*) ***costare un o. (della testa)***, moltissimo, una esagerazione | PROV. ***lontano dagli occhi, lontano dal cuore***, V. *lontano*; ***occhio non vede, cuore non duole***, quel che non si sa non procura dispiacere **II** considerato in relazione alle attività intellettuali o spirituali dell'uomo **1** (*fig.*) senso estetico, gusto del bello: *una vista che rallegra, appaga, soddisfa l'o.* | (*fig.*) ***anche l'o. vuole la sua parte***, bisogna soddisfare anche le esigenze estetiche | (*fig.*) ***rifarsi l'o., gli occhi***, rallegrarsi per qlco. di bello, di piacevole **2** (*fig.*) espressione, stato d'animo espresso dallo sguardo: *occhi torvi, umili, feroci*; *mi guardava con occhi tristi, gioiosi, sereni* | (*fig.*, *lett.*) ***far l'o. di triglia***, guardare languidamente | (*fig.*) ***fare gli occhi dolci a qlcu.***, dimostrargli amore | (*fig.*) ***occhi che parlano***, che riescono a esprimere molte cose | (*fig.*) ***parlare con gli occhi***, far capire i propri desideri, sentimenti e sim. mediante l'espressione degli occhi | ***fare certi occhi***, avere un'espressione molto intensa: *la guardava con certi occhi che parlavano chiaro* (I. NIEVO) **3** (*fig.*) capacità di comprendere, capire, intuire, giudicare e sim.: *gli occhi della mente, dell'intelletto, della fede*; *il suo o. filosofico sa penetrare nell'intimo delle cose* | ***o. clinico***, del medico capace di fare una buona diagnosi al solo esame visivo del paziente; (*fig.*) di chi sa riconoscere subito la natura o le cause di qlco. | (*fig.*) ***gli occhi del mondo***, il giudizio del mondo, l'opinione pubblica | ***essere sotto gli occhi di tutti***, essere evidente a tutti: *le difficoltà del segretario sono sotto gli occhi di tutti* | ***agli occhi dei profani, dei malevoli***, secondo il giudizio dei profani, dei cattivi | †***nei suoi occhi***, a suo giudizio | ***perdere il lume degli occhi***, la capacità di ragionare per ira e sim. | (*fig.*) ***aver buon o.***, saper scegliere | ***che o.!***, che precisione, che abilità | ***vedere di buon o. o di mal o.***, giudicare favorevolmente o sfavorevolmente | ***aver la benda agli occhi***, (*fig.*) essere offuscato da passione e sim. **4** (*fig.*) attenzione: *o. alle mani, alle curve!* | (*fig.*) ***essere tutt'occhi***, fare grande attenzione | (*fig.*) ***aver l'o. a tutto***, fare attenzione a tutto | (*escl.*) ***o.!***, attenzione! **III** con valore analogico **1** ciò che per le sue caratteristiche ricorda un globo oculare | ***o. del ciclone***, zona centrale di un ciclone tropicale, caratterizzata da venti deboli e da diminuzione della nuvolosità | ***essere, trovarsi nell'o. del ciclone***, (*fig.*) nel punto più critico, nella situazione più pericolosa e sim. | ***fagioli dall'o.***, con l'ilo che assomiglia a un occhio | ***occhi della patata***, gemme che si trovano sul tubero, e servono per moltiplicare la pianta | ***occhi del brodo***, chiazze di grasso sulla sua superficie | ***occhi del pavone***, macchie sferiche di colore sulle penne della coda | ***o. magico***, particolare tubo elettronico, utilizzato spec. come indicatore luminoso di sintonia negli apparecchi radio, nei registratori e sim. | ***o. di gatto***, rifrangente di forma rotonda applicato a intervalli regolari sulla mezzeria di una strada per fare risaltare meglio, spec. nelle ore notturne, la linea di demarcazione dei due sensi di marcia **2** foro o apertura tondeggiante: *il manico della padella ha un o. per appenderla* | ***o. del martello***, foro in cui entra il manico | ***o. di un chiodo***, nell'alpinismo, foro all'estremità di un chiodo in cui si infila il moschettone | ***occhi delle forbici***, i due anelli per infilarvi le dita | ***occhi del formaggio***, buchi nella pasta dell'emmental, del gruviera e sim. | (*mar.*) foro circolare od ovale generalmente praticato per il passaggio di cavi o catene | ***o. di bigotta***, per il passaggio del cavo | ***o. di cubia***, per il passaggio della catena dell'ancora | ***o. di un cavo***, cappio a forma anulare | ***filare per o.***, lasciare un ancoraggio abbandonando sul fondo l'ancora e la catena, manovra di emergenza cui si ricorre quando sia indispensabile far presto a partire **3** in tipografia, lettera o segno inciso a rovescio e in rilievo nella superficie superiore del fusto del carattere | ***o. medio***, la parte centrale di una lettera dell'alfabeto, aste ascendenti e discendenti escluse **4** (*bot.*) gemma | ***innesto a o.***, nel quale la marza è rappresentata da una gemma | ***o. della Madonna***, miosotide | ***o. di cimice, di diavolo***, adonide, fior d'Adone | ***o. di bue***, buftalmo **5** (*zool.*) ***o. di pavone***, farfalla le cui ali presentano quattro macchie simili a ocelli (*Inachis io*) **6** ***o. di bue***, in architettura, finestrino circolare od ovale sopra una porta, nel centro di una cupola e sim.; (*est.*) piccola apertura tonda od ovale praticata in una parete o in una porta; in marina, foro sulla murata o sul ponte, permanentemente chiuso da un robusto vetro per dar luce a un locale interno; in cinematografia, proiettore a fascio di luce concentrato adoperato per illuminare scene cinematografiche dall'alto in basso | (*cucina*) ***all'o. di bue***, detto di uova fritte in un tegame in modo che il tuorlo rimanga intero **7** ***o. di pernice***, nell'industria tessile, disegno di un tessuto a puntini chiari su sfondo piuttosto scuro; (*est.*, *pop.*) formazione callosa delle dita dei piedi **8** (*fotogr.*) ***o. di pesce***, tipo di obiettivo grandangolare dotato di un angolo di campo molto grande SIN. fish eye **9** (*miner.*) ***o. di gatto, o. di tigre***, varietà di quarzo di colore variabile dal grigio-verdastro al giallo, usate come gemme, caratterizzate dal fenomeno del gatteggiamento ‖ **occhiàccio**, **pegg.** (V.) | **occhièllo**, **dim.** (V.) | **occhiètto**, **dim.** (V.) | **occhìno**, **dim.** (V.) | **occhiolìno**, **dim.** (V.) | **occhióne**, **accr.** (V.) | **occhiùccio**, (*lett.*) **occhiùzzo**, **dim.**

NOMENCLATURA

occhio (cfr. vista, colore)
• *caratteristiche*: piccolo ⇔ grande, a mandorla, incavato = infossato, segnato = pesto = gonfio = cerchiato = livido, sanguigno, rosso = arrossato = irritato, asciutto ⇔ lacrimoso = lucido = lustro = umido, velato, cisposo, storto, guercio, stralunato, attonito, spiritato, fiero, ardente = acceso = fiammeggiante = iniettato di sangue, assassino; vigile = vivo = vivace = vispo ⇔ spento = assonnato = pesante; espressivo ⇔ inespressivo = fisso = immobile = vitreo = vacuo, artificiale; mite = mansueto, materno, paterno, dolce = innamorato = amoroso = languido = di triglia = seducente = ammaliatore, voluttuoso, avido, furbo, malizioso ⇔ innocente = puro, gelido = duro = d'acciaio = pungente = acuto = penetrante ⇔ imbambolato = smarrito = da pesce lesso, bovino; pietoso = supplice; chiaro = limpido ⇔ cupo, sereno ⇔ torvo = bieco = truce = grifagno; aperto = sgranato = sbarrato ⇔ chiuso = semichiuso = socchiuso; nero, castano, marrone, nocciola, grigio, ceruleo, blu, cesio, azzurro, verde, cangiante;
• *parti dell'occhio*: globo = bulbo oculare, orbita sopracciglia, palpebre, ciglia; iride, congiuntiva, caruncola lacrimale, sclera, cristallino (accomodazione), retina, corpo vitreo, umore acqueo, nervo ottico;
• *azioni*: aprire, spalancare = sbarrare = sgranare = dilatare ⇔ chiudere = serrare, tappare; strizzare, stralunare = strabuzzare; abbassare ⇔ alzare, fare l'occhietto (o l'occhiolino), accennare = ammiccare, adocchiare = occhiare = occhieggiare; girare; stropicciarsi; lacrimare, bruciare; luccicare, brillare; togliere ⇔ mettere le lenti a contatto, togliere ⇔ mettere, infilare, inforcare gli occhiali; leggere, riposare, stancare, avere le occhiaie; inarcare = aggrottare le sopracciglia; battere le palpebre, fare gli occhiacci;
• *anomalie*: acoria, albinismo, afachia; esoftalmo, macroftalmia, ciclopismo (ciclopia), cheratocono, panno, trichiasi, ectoprion = ectropio ⇔ entropion = entropio, glaucoma, nittitazione, nistagmo, albugine = leucoma, impressione entottica, oftalmia (congiuntivite, blefarite, cheratite, retinite, sclerite), distacco della retina, cataratta = caligine, ipoftalmia, cheratoplastica, cheratotomia, enucleazione, cispa, epicanto, orzaiolo, calazio, pterigio, stafiloma, cecità;
• *oculistica*: oculista; midriasi ⇔ miosi; ottotipi, collirio, benda, occhiali (da vista, da miope, da presbite, da riposo, bifocali, da sole, da neve, subacquei, polarizzanti, da motociclista, a stanghetta, pince-nez, occhialetto = caramella = monocolo, binocolo, lenti, lenti a contatto = lenti corneali (dure o rigide, morbide, semirigide, colorate);
• *persone*: non vedente = cieco, guercio, strabico, miope, presbite.

occhiocòtto [comp. di *occhio* e *cotto*; detto così dal colore rosso mattone dell'occhio ✻ 1865] **s. m.** • uccello dei Passeriformi di zone aperte e arbustive con occhi rosso-arancio circondati da un anello rosso vivo (*Sylvia melanocephala*)

occhiolìno [1518] **s. m.** **1** dim. di *occhio* **2** *fare l'o.*, ammiccare in segno d'intesa o con malizia **3** piccola macchia simile a un occhio: *fagioli con l'o.*

occhióne ① [1554] **s. m.** **1** accr. di *occhio* **2** anello metallico posto all'estremità dell'affusto del pezzo di artiglieria per l'ancoraggio al gancio di traino del trattore | ***o. di traino***, il foro all'estremità del timone del rimorchio che serve ad agganciarlo alla motrice

occhióne ② [detto così per gli *occhi* molto grossi ✻ 1831] **s. m.** • uccello dei Caradriformi, dalle zampe lunghe e dal becco piuttosto breve, di colore bruno con macchie e strie nere sul dorso e bianco nelle parti inferiori (*Burhinus oedicnemus*)

occhiorósso [comp. di *occhio* e *rosso* ✻ av. 1871] **s. m.** (**pl.** *occhiróssi*) • (*zool.*) occhiocotto

occhiùto [1336 ca.] **agg.** **1** (*lett.*) che ha molti occhi: *l'o. Argo* **2** pieno di macchie simili a occhi: *l'occhiuta coda del pavone* **3** (*raro*) ricco di occhi o gemme: *i tralci occhiuti della vite* **4** (*fig.*) che non si lascia sfuggire nulla, che è attento, vigile

♦**occidentàle** [vc. dotta, lat. *occidentāle(m)*, agg. di *ŏccidens*, genit. *occidēntis* 'occidente' ✻ 1282] **A** **agg.** • dell'occidente, della parte di occidente | posto a occidente: *Europa o.*; *Indie occidentali* | ***civiltà o.***, europea o derivata da quella europea, contrapposta alla civiltà asiatica | ***Paesi, nazioni occidentali***, quelli dell'Europa occidentale e dell'America del Nord, che hanno istituzioni democratiche di tipo liberale ‖ **occidentalménte**, **avv.** a occidente; secondo gli usi occidentali ‖ **occidentalità**, **s. f. inv.** **B** **s. m. e f.** • abitante o nativo dell'Europa e dell'America del Nord

occidentalişmo [comp. di *occidentale* e *-ismo* ✻ 1905] **s. m.** **1** tendenza culturale di chi considera preminente o esclusivo il contributo dato dall'Occidente allo sviluppo della civiltà **2** nella Russia del XIX sec., movimento politico che si proponeva la riforma della società russa in base ai valori politici e culturali dell'Europa occidentale **3** orientamento politico contemporaneo volto a difendere, anche con alleanze militari, la civiltà e le tradizioni dell'Occidente

occidentalista [av. 1937] **s. m. e f.** (**pl. m.** *-i*) • fautore dell'occidentalismo

occidentalìstico [1950] **agg.** (**pl. m.** *-ci*) • che concerne l'occidentalismo e gli occidentalisti

occidentaliẓẓàre [1923] **A** **v. tr.** • conformare alle idee, ai costumi e sim., dell'Occidente: *o. l'Asia* **B** **occidentaliẓẓàrsi** **v. intr. pron.** • assumere gli aspetti più tipici della civiltà occidentale: *popolazioni asiatiche che si sono occidentalizzate* ‖ **occidentaliẓẓazióne**, **s. f.**

♦**occidènte** [vc. dotta, lat. *occidēnte(m)* (*sōlem*) '(sole) che tramonta', part. pres. di *occĭdere* 'tramontare'. V. *occasione* ✻ av. 1250] **A** **s. m.** **1** parte del cielo dove tramonta il sole: *navigare verso o.*; *guardare a o.* **SIN.** occaso, Ovest, ponente | (*est.*) punto geografico situato a ovest rispetto a un altro: *la Francia è a o. dell'Italia* **2** (*est.*) regione geografica situata a occidente, spec. con riferimento alle regioni europee opposte alle asiatiche: *l'o. cristiano* | ***l'O.***, (*per anton.*) i Paesi dell'Europa occidentale e dell'America del Nord, rispetto a quelli asiatici, oppure (in senso più politico, fino alla fine degli anni '80) rispetto ai Paesi dell'Europa orientale a regime comunista; spesso con particolare riferimento alla comune matrice storico-culturale cristiana e liberale rispetto a culture diverse **B** **agg.** • †che cade, tramonta | ***sole o.***, che tramonta

†**occìdere** e deriv. ➤ **uccìdere** e deriv.

occìduo [vc. dotta, lat. *occĭduu(m)*, da *occĭdere* 'tramontare'. V. *occasione* ✻ 1499] **agg.** • (*lett.*) che tramonta: *vedi con che desio quei colli tendono / le braccia al sole o.* (G. CARDUCCI) | occidentale

-òccio [lat. parl. *-ŏceu(m)*, creato per analogia con la serie dei suff. *-āceu(m)*, *-īciu(m)*, *-īciu(m)*, *-ŭciu(m)* (?)] **suff.** • conferisce ad aggettivi valore attenuativo, diminutivo-vezzeggiativo e tono talora scherzoso: *belloccio*, *grassoccio*

occipitàle [1659] **agg.** • (*anat.*) dell'occipite: *foro, nervo o.* | ***osso o.***, osso impari mediano posteriore del cranio

occìpite [vc. dotta, lat. *occĭpiti*, abl. di *ŏcciput*, comp. di *ŏb-* 'contro' e *căput*, genit. *căpitis* 'capo' ✻ 1583] **s. m.** • (*anat.*) parte posteriore e inferiore del cranio, al di sopra del collo **CFR.** nuca

†**occipìzio** [vc. dotta, lat. *occipĭtiu(m)*, da *ŏcciput*, genit. *occĭpitis* 'occipite' ✻ 1494] **s. m.** • occipite

occitànico [da *Occitania*, da *oc* (V.), sul modello di *Aquitania* ✻ av. 1827] **A** **agg.** (**pl. m.** *-ci*) • relativo all'Occitania, cioè alla Francia meridionale: *lingue occitaniche* | relativo alla lingua d'oc: *letteratura occitanica* **B** **s. m. solo sing.** • lingua, dialetto provenzale **SIN.** occitano

occitàno [av. 1913] **A** **agg. e s. m.** (**f.** *-a*) • appartenente a una minoranza di lingua provenzale: *gli occitani di alcune vallate del Piemonte* **B** **s. m. solo sing.** • occitanico

occlùdere [vc. dotta, lat. *occlūdere*, comp. di *ŏb-* rafforz. e *claudere* 'chiudere' ✻ 1770] **v. tr.** (**pass. rem.** *io occlùşi, tu occludésti*; **part. pass.** *occlùşo*) **1** ostruire: *i rifiuti occlusero le fognature* **SIN.** otturare **2** †includere

occluşàle [da *occluso* ✻ 1927] **agg.** • (*anat.*) detto della parte del dente impegnata nella masticazione

occluşióne [vc. dotta, lat. tardo *occlusiōne(m)*, da *occlūsus*, part. pass. di *occlūdere* 'occludere' ✻ 1895] **s. f.** **1** chiusura di un condotto, di un transito | (*med.*) ***o. intestinale***, arresto della progressione del contenuto intestinale per ostruzione del lume o per paralisi della muscolatura intestinale **SIN.** intasamento, ostruzione **2** penetrazione di gas in un solido poroso **3** (*meteor.*) fenomeno per cui un fronte freddo, più veloce, raggiunge un fronte caldo generando un fronte avente caratteristiche intermedie tra i due tipi di fronte **4** (*ling.*) chiusura completa e momentanea del canale vocale **5** (*anat.*) rapporto che intercorre fra le superfici masticatorie dei denti mascellari e quelle dei denti mandibolari quando le mascelle sono chiuse

occluşìva [1938] **s. f.** • (*ellitt.*) consonante occlusiva

occluşìvo [da *occluso* ✻ 1938] **agg.** • che è relativo a occlusione o è causato da un'occlusione | (*ling.*) ***consonante occlusiva***, consonante la cui articolazione consiste in una occlusione del canale vocale seguita da una brusca apertura (in italiano, per es. *p, b, t, d*)

occlùşo **part. pass.** di *occludere*; anche **agg.** • nei sign. del v. | ostruito

occluşóre [1983] **s. m.** **1** (*med.*) dispositivo finalizzato a occludere un setto aperto, un forame, un vaso e sim. **2** disco di gomma o sim. posto su una delle lenti degli occhiali, spec. di bambini, per impedire l'uso di un occhio migliorando così la vista dell'altro

occorrènte **A** **part. pres.** di *occorrere*; anche **agg.** • che serve per un dato scopo: *il materiale o.* **B** **s. m.** **1** ciò che è necessario per fare qlco.: *l'o. per scrivere, per disegnare*; *portare con sé tutto l'o.* **2** (*lett.*) ciò che accade, avviene, si verifica

occorrènza [da *occorrere* con il suff. *-enza*; nel sign. 3, calco sull'ingl. *occurrence* ✻ av. 1478] **s. f.** **1** bisogno o necessità eventuale: *le occorrenze della vita*; *mi sono premunito per ogni o.* | ***secondo le occorrenze***, le necessità | ***all'o.***, secondo la necessità del momento, se sarà il caso **SIN.** evenienza **2** (*lett.*) occasione, circostanza **3** (*ling.*, *stat.*) ciascuno dei casi in cui si ripresenta un determinato elemento, fatto o fenomeno: *le occorrenze della congiunzione 'e' nell'opera dantesca*

♦**occórrere** [lat. *occŭrrere* 'correre incontro', comp. di *ŏb-* 'contro' e *cŭrrere* 'correre' ✻ 1287] **v.**

intr. (coniug. come *correre*; aus. *essere*: anche impers. nel sign. 1) **1** essere necessario: *occorrono medicinali e generi di prima necessità; a un buon narratore occorre la chiarezza* | anche impers. (+ *che* seguito da congtv.; + inf.): *occorre che venga al più presto; non occorreva che ti disturbassi; occorre decidere rapidamente* | ***non occorre!***, è inutile, grazie | ***occorrendo***, se sarà necessario SIN. bisognare **2** (*lett.*) accadere, verificarsi: *occorse un caso strano; mai o rado occorre che alcuna repubblica o regno, sia da principio, ordinato bene* (N. MACHIAVELLI) | (*lett.*) presentarsi, ricorrere: *Osserverò che il detto fenomeno occorre molto più difficilmente nelle poesie … del Settentrione … che nelle meridionali* (G. LEOPARDI) **3** (*lett.*) venire in mente **4** †farsi incontro: *un vecchio al duca occorre* (L. ARIOSTO) | †soccorrere, aiutare

occórso ① **A** part. pass. di *occorrere*; anche agg. ● nei sign. del v. | accaduto **B** s. m. ● (*lett.*) evento

†**occórso** ② [lat. *occŭrsu(m)*, da *occŭrsum*, supino di *occŭrrere*. V. *occorrere* ✱ av. 1374] s. m. ● incontro: *nel mio primo o. onesta e bella / veggiola* (F. PETRARCA)

occultàbile [1863] agg. ● che si può occultare ‖ **occultabilità**, s. f. inv.

occultaménto [sec. XIII] s. m. ● l'occultare, il venire occultato: *o. della refurtiva, di mezzi corazzati; o. di prove*

✤**occultàre** [vc. dotta, lat. *occultāre*, intens. di *occŭlere* 'nascondere', comp. di *ŏb-* rafforzativo e **cŏlere* 'velare', da avvicinare a *celāre* ✱ av. 1306] **A** v. tr. (*io occùlto*) **1** nascondere, tenere nascosto (spesso per scopi illeciti): *o. un tesoro, oggetti preziosi; o. un fatto, l'accaduto, i preparativi, i movimenti delle truppe* **2** (*astron.*) provocare un'occultazione **B** **occultàrsi** v. rifl. ● nascondersi: *occultarsi alla vista del nemico*

occultatóre [vc. dotta, lat. *occultatōre(m)*, da *occultātus*, part. pass. di *occultāre* 'occultare' ✱ 1336 ca.] agg. e s. m. (f. *-trice*) ● (*raro*) che (o chi) occulta

occultazióne [vc. dotta, lat. *occultatiōne(m)*, da *occultātus*, part. pass. di *occultāre* 'occultare' ✱ av. 1328] s. f. **1** (*raro*) occultamento **2** (*astron.*) eclisse di una stella o di un pianeta prodotta dalla Luna

†**occultézza** [av. 1332] s. f. ● condizione di ciò che è occulto SIN. segretezza

occultìsmo [da *occulto* ✱ 1890] s. m. ● insieme di pratiche e di conoscenze legate alla convinzione dell'esistenza di forze naturali che sfuggono alle normali osservazioni scientifiche

SFUMATURE ➤ ***magia***

occultista [1899] s. m. e f. (pl. m. *-i*) ● chi studia o pratica l'occultismo

occultìstico [1908] agg. (pl. m. *-ci*) ● relativo all'occultismo e agli occultisti

✤**occùlto** [vc. dotta, lat. *occŭltu(m)*, part. pass. di *occŭlere*. V. *occultare* ✱ 1308] **A** agg. **1** (*lett.*) nascosto alla vista: *mirale o. un rossignuol, e ascolta / silenzioso* (U. FOSCOLO) **2** segreto: *pensieri occulti; cause, ragioni occulte* | arcano, non conoscibile: *virtù, potenza occulta; forze occulte* | ***scienze occulte***, quelle che studiano i fenomeni non spiegabili scientificamente, ai fini pratici, come teosofia, spiritismo, pratiche magiche e sim. ‖ **occultaménte**, avv. SIN. nascostamente **B** s. m. **1** ciò che è relativo all'occultismo **2** †segreto | †***in o.***, celatamente

SFUMATURE ➤ ***tenebroso***

occupàbile [1788] agg. ● che si può occupare: *posto, suolo o.* ‖ **occupabilità**, s. f. inv.

†**occupaménto** [sec. XIII] s. m. ● occupazione

occupànte **A** part. pres. di *occupare*; anche agg. ● che occupa: *l'esercito o.* **B** s. m. e f. **1** chi si trova in un luogo od occupa un posto: *gli occupanti di un pullman* **2** chi si installa abusivamente in un luogo: *gli occupanti di un edificio da demolire*

♦**occupàre** [vc. dotta, lat. *occupāre*, comp. di *ŏb-* rafforz. e *căpere* 'prendere' ✱ 1250 ca.] **A** v. tr. (*io òccupo* o *poet.* †*occùpo*) **1** prendere possesso di un luogo e installarvisi più o meno temporaneamente e legalmente: *gli operai hanno occupato la fabbrica; il nemico occupò i punti strategici* | ***o. un appartamento***, abitarvi, risiedervi | ***o. una sedia***, sedervisi | ***o. un sedile, un posto***, in locali, o mezzi di trasporto, pubblici SIN. prendere **2** ricoprire un ufficio, una carica e sim.: *o. la direzione, la presidenza, il posto di segretario; da parecchi anni occupa la cattedra di medicina legale* **3** riempire uno spazio: *le macchine ferme occupavano l'intera corsia di destra* | ***o. troppo spazio***, prendere troppo posto | (*fig.*) ***o. la vista***, impedirla con un ostacolo SIN. impedire **4** impiegare o utilizzare qlco.: *o. la mente con giochi enigmistici, il proprio tempo libero con lo sport; occupo la mia giornata coi lavori domestici* **5** tenere impegnato qlcu.: *lo studio lo occupa molto* | trattenere: *cercate di occuparli con i preliminari delle trattative* **6** impiegare o collocare qlcu. in un lavoro: *l'hanno occupato in una banca cittadina; è una fabbrica che occupa centinaia di operai* **7** †sorprendere, prendere, cogliere **8** †corrompere **9** (*lett.*) affliggere **B** **occupàrsi** v. intr. pron. **1** dedicarsi a qlco. in modo approfondito e continuativo, per lavoro o per coltivare interessi e inclinazioni (+ *di*): *si occupa dei rapporti coi clienti; occuparsi di botanica, di cinema; lo sento proprio desiderio di occuparmi in qualche cosa* (I. SVEVO) | prendersi cura: *ti puoi occupare tu dei bambini?* **2** farsi assumere (+ *in*): *occuparsi in un'azienda commerciale, in un ente parastatale; si è occupato come segretario* **3** impicciarsi (+ *di*): *occuparsi dei fatti altrui; non occuparti di ciò che non ti riguarda*

SFUMATURE ➤ ***conquistare***

♦**occupàto** **A** part. pass. di *occupare*; anche agg. **1** nei sign. del v.: *Paese o.; territori occupati; scuola occupata* **2** preso e tenuto a disposizione di qlcu.: *sedie occupate; posti occupati; telefono o., che dà il segnale di o.* CONTR. libero **3** affaccendato: *sono molto o. e posso concederti pochi minuti* | che ha un'occupazione (+ *in*): *i lavoratori occupati nei servizi* **B** s. m. (f. *-a*) ● chi ha un'occupazione regolare (+ *in*): *diminuiscono gli occupati nell'agricoltura* CONTR. disoccupato

occupatóre [av. 1324] agg. e s. m. (f. *-trice*) ● che (o chi) occupa: *truppe occupatrici; gli occupatori si ritirano lentamente*

occupazionàle [da *occupazione* ✱ 1963] agg. ● relativo all'occupazione, spec. di mano d'opera: *livello o.* | (*med.*) ***terapia o.***, ergoterapia

♦**occupazióne** [vc. dotta, lat. *occupatiōne(m)*, da *occupātus*, part. pass. di *occupāre* 'occupare' ✱ 1301] s. f. **1** l'occupare | presa di possesso: *l'o. delle terre da parte dei braccianti; procedere all'o. di uno stabile abbandonato* **2** lavoro, impiego, ufficio: *cercare un'o. ben retribuita* | attività abituale anche non lavorativa: *avere molte occupazioni; la sua o. preferita è la pesca* **3** insieme dei lavoratori occupati di una data regione o di un determinato Paese | ***piena o.***, pieno impiego **4** (*ling.*) preterizione **5** (*dir.*) acquisto della proprietà su una cosa mobile non appartenente ad alcuno mediante presa di possesso materiale della stessa ‖ **occupazioncèlla**, dim. | **occupazioncìna**, dim.

SFUMATURE DI SIGNIFICATO

occupazione - impiego - professione

L'insieme delle attività abituali, non necessariamente lavorative, di una persona si definisce **occupazione**; correntemente il termine è però utilizzato per identificare un'attività retribuita e regolata da un rapporto di lavoro di tipo subordinato o parasubordinato. In questa accezione il significato di *occupazione* coincide in parte con quello di **impiego**, parola che tuttavia designa più precisamente un posto di lavoro stabile, generalmente di tipo impiegatizio, all'interno di un ufficio. **Professione** è invece un'attività lavorativa di tipo intellettuale, di solito svolta autonomamente, che si esercita dopo aver conseguito la laurea o un'altra abilitazione.

SFUMATURE ➤ ***arte***, ➤ ***lavoro***

oceanàuta [comp. di *ocea(no)* e *-nauta*, sul modello di *aeronauta* ✱ 1963] s. m. e f. (pl. m. *-i*) ● chi vive sul fondo marino, in laboratori o veicoli adatti, per lunghi periodi di tempo, allo scopo di compiere studi ed esperimenti

oceanìano [1958] **A** agg. ● dell'Oceania **B** s. m. (f. *-a*) ● abitante o nativo dell'Oceania

oceànico [vc. dotta, lat. tardo *oceănicu(m)*, da *Ocĕanus* 'Oceano' ✱ av. 1789] agg. (pl. m. *-ci*) **1** relativo all'oceano, agli oceani: *tempeste oceaniche* **2** (*fig.*) immenso, dilagante: *adunata oceanica*

oceanìna [da *oceano* ✱ av. 1729] s. f. ● nella mitologia greco-romana, ninfa del mare

oceanìno [1728] agg. ● (*lett.*) dell'oceano, che vive nell'oceano

♦**ocèano** o (*poet.*) **oceàno** [vc. dotta, lat. *Ocĕanu(m)*, dal gr. *Ōkeanós*, di etim. incerta ✱ av. 1328] s. m. **1** vasta distesa d'acqua che circonda i continenti: *O. Pacifico, Atlantico, Indiano* | (*fig.*) ***essere una goccia d'acqua nell'o.***, di ciò che non ha importanza, valore o rilievo **2** (*lett.*) mare **3** (*fig.*) distesa o quantità enorme: *un o. d'erba* SIN. immensità

oceanografìa [comp. di *oceano* e *-grafia* ✱ 1895] s. f. ● (*geogr., geol.*) scienza che studia gli oceani e i mari, la loro morfologia, le loro caratteristiche, i fenomeni che vi hanno luogo SIN. oceanologia, talassologia, talassografia

oceanogràfico [1906] agg. (pl. m. *-ci*) ● che concerne l'oceanografia

oceanògrafo [av. 1916] s. m. (f. *-a*) ● studioso di oceanografia

oceanologìa [comp. di *oceano* e *-logia* ✱ 1976] s. f. (pl. *-gìe*) ● oceanografia

ocellàto [1875] agg. **1** detto di animale fornito di ocelli **2** detto di animale che presenta ocelli: *il pelame o. del giaguaro*

ocèllo [vc. dotta, lat. *ocĕllu(m)*, dim. di *ŏculus* 'occhio' ✱ 1875] s. m. **1** (*zool.*) piccolo occhio semplice che gli artropodi possono avere oltre ai caratteristici occhi composti **2** (*zool.*) macchia circondata da anello di altro colore, tipica delle ali di certe farfalle e delle penne di pavone

ocelot /fr. ɔs(ə)'lo/ [vc. sp. di orig. azteca ✱ av. 1803] s. m. inv. **1** (*zool.*) mammifero dei Felidi, detto anche gattopardo americano **2** (*est.*) la pregiata pelliccia dell'animale omonimo, con fondo chiaro e macchie scure di varie tonalità

ocheggiàre [da *oca* ✱ 1723] v. intr. (*io ochéggio*; fut. *io ocheggerò*; aus. *avere*) ● (*colloq.*) comportarsi da persona sciocca, sbadata, superficiale e sim.: *un'attrice che ama o.*

ochésco [da *oca* ✱ 1989] agg. (pl. m. *-schi*) ● che è caratteristico delle oche | (*fig.*) che procede con lentezza, pesantezza: *l'andamento o. di quella che era la lirica del tempo* (G. CARDUCCI) | (*fig.*) da oca, da sciocca: *moine ochesche*

ochétta [1947] s. f. **1** dim. di *oca* | (*fig.*) giovane donna piuttosto sprovveduta, sciocchina e sim. | (*est., fam.*) ***far le ochette***, detto del mare mosso quando la cresta delle onde si frange per il vento in una spuma bianca **2** recipiente provvisto di beccuccio tubolare con cui si somministrano cibi liquidi agli ammalati

òcimo [vc. dotta, gr. *ṓkimon* 'basilico', di orig. preindeur. ✱ av. 1498] s. m. ● (*bot.*) basilico

ocimòide [vc. dotta, gr. *ōkimoeidḗs* 'simile al basilico', comp. di *ṓkimon* 'basilico' (V. *ocimo*) e *-eidḗs* '-oide' ✱ 1563] s. f. ● (*bot.*) saponaria

ocìpode [gr. *ōkypódēs* 'dai piedi veloci', comp. di *ōkýs* 'veloce' (di orig. indeur.) e *póus*, genit. *podós* 'piede' (V. *podo-*) ✱ 1834] s. m. ● genere di granchi agilissimi e veloci, con carapace largo e quadrangolare, occhi peduncolati e chele robuste, che vivono sulle spiagge tropicali (*Ocypoda*)

Ocipòdidi [comp. di *ocipod(e)* e *-idi* ✱ 1954] s. m. pl. (sing. *-e*) ● (*zool.*) famiglia di Crostacei decapodi dei Brachiuri cui appartiene l'ocipode (*Ocypodidae*)

oclocràtico [1806] agg. (pl. m. *-ci*) ● relativo all'oclocrazia

oclocrazìa [dal fr. *ochlocratie*, di orig. gr.: *ochlokratía* 'governo della plebe', da *óchlos* 'plebe' e *-kratía* 'potere, governo' ✱ av. 1550] s. f. ● (*lett.*) governo della plebe o di un tiranno sostenuto dalla plebe

oclologìa [comp. del gr. *óchlos* 'folla, moltitudine' (V. *oclocrazia*) e *-logia* ✱ 1958] s. f. (pl. *-gìe*) ● studio del comportamento della folla

ocotòna [vc. di orig. mongola ✱ 1935] s. m. inv. ● genere di piccoli roditori europei e asiatici, con pelame morbido e fitto, che emettono suoni simili a un breve fischio (*Ochotona*)

✦**òcra** [vc. dotta, lat. *ŏchra(m)*, dal gr. *ṓchra*, da *ōchrós* 'giallo', di orig. indeur. ✱ av. 1347] **A** s. f. ● minerale polverulento costituito da ossido idrato di ferro, frequentemente impuro, usato come colorante **B** in funzione di agg. inv. (posposto a un sost.) ● che ha il colore variabile dal giallo al rosso-bruno caratteristico del minerale omonimo: *cipria o.*; *vernice color o.*; *giallo o.* **C** s. m. inv. ● colore giallo rossastro

ocràceo [1806] agg. **1** che contiene ocra: *sabbie ocracee* **2** che è di colore uguale o simile a quello dell'ocra: *giallo o.*

òcrea [vc. dotta, lat. *ŏcrea(m)* 'gambiera', di etim. incerta ✱ 1483] s. f. **1** nelle antiche armature, schiniere **2** (*bot.*) stipola a forma di guaina che avvolge il fusto delle Poligonacee

òcta- ➤ otta-

octàstilo ➤ ottastilo

octodràmma ➤ ottodramma

Octòpodi ➤ Ottopodi

òctopus [vc. dotta, gr. *oktṓpous* 'che ha otto (*oktṓ*) piedi (*poús*, sing.)' ✱ 1871] s. m. inv. ● (*zool.*) genere di Molluschi dei Cefalopodi che annovera numerose e diffuse specie di varie dimensioni, tra le quali il polpo comune (*Octopus vulgaris*)

oculàre [vc. dotta, lat. tardo *oculāre(m)*, da *ŏculus* 'occhio' ✱ 1499] **A** agg. ● dell'occhio: *muscolo, bulbo, globo o.* | ***testimone o.***, che ha visto coi propri occhi ciò che riferisce ‖ **ocularménte**, avv. con la propria vista, per mezzo degli occhi: *osservare ocularmente* **B** s. m. ● (*fis.*) lente o sistema di lenti a cui si accosta l'occhio per osservare l'immagine data dall'obiettivo di uno strumento ottico composto, quale il cannocchiale o il microscopio

✦**oculatézza** [av. 1686] s. f. ● caratteristica di chi (o di ciò che) è oculato SIN. avvedutezza, circospezione
SFUMATURE ➤ *saggezza*

✦**oculàto** [vc. dotta, lat. *oculātu(m)*, da *ŏculus* 'occhio' ✱ 1308] agg. **1** †che è fornito di occhi | †che ha visto con i propri occhi: *con oculata fede vedemmo e sapemmo la veritade* (G. VILLANI) **2** (*fig.*) che agisce o procede con avvedutezza e circospezione: *critico, medico, giudice o.* | che è frutto di attenta e prudente indagine, di approfondito esame e sim.: *una critica molto oculata* SIN. attento, avveduto ‖ **oculataménte**, avv. con oculatezza; †ocularmente

oculifórme [comp. del lat. *ŏculus* 'occhio', e *-forme* ✱ 1865] agg. ● che ha forma di occhio: *chiazze oculiformi*

oculìsta [fr. *oculiste*, dal lat. *ŏculus* 'occhio' ✱ 1598] s. m. e f. (pl. m. *-i*) ● specialista delle malattie dell'occhio SIN. oftalmologo

oculìstica [fr. *oculistique*, da *oculiste* 'oculista' ✱ 1834] s. f. ● parte della medicina che si occupa dell'apparato visivo | oftalmologia | (*est.*) reparto ospedaliero per pazienti che necessitano di cure per le patologie dell'apparato visivo

oculìstico [1857] agg. (pl. m. *-ci*) ● relativo a oculista e oculistica | ***strumentario o.***, cassetta contenente un corredo di lenti di vario tipo e potenza e altri accessori che servono per la misura della vista

òculo- [dal lat. *ŏculum*, di orig. indeur.] primo elemento ● in parole composte della terminologia medica, fa riferimento all'occhio: *oculomotore, oculorinite*

oculomotóre [comp. di *oculo-* e *motore* nel sign. A ✱ 1929] agg. (f. *-trice*); anche s. m. ● detto di nervo o di muscolo cranico che presiede ai movimenti dei muscoli oculari

oculomozióne [comp. di *oculo-* e *mozione* ✱ 1958] s. f. ● (*anat.*) motilità dell'occhio

oculorinìte [comp. di *oculo-*, *rino-* e *-ite*① ✱ 1958] s. f. ● (*med.*) infiammazione della congiuntiva e della mucosa delle fosse nasali

od ➤ o②

†**òda**① ➤ ode

òda② ➤ udire

odalìsca [fr. *odalisque*, dal turco *odalïk* 'cameriera', da *oda* 'camera' ✱ 1680] s. f. ● nell'Impero ottomano, schiava dell'harem | (*est.*) concubina del sultano o del pascià

odassìsmo [vc. dotta, gr. *odaxēsmós* 'prurito', da *odaxân* 'irritare', da avvicinare a *odáx* 'coi denti, mordendo', di etim. incerta ✱ 1834] s. m. ● (*med., raro*) prurito gengivale che precede l'eruzione dei denti

oddìo [comp. di *o*③ e *Dio* ✱ 1509] inter. **1** esprime dispiacere, rincrescimento, rammarico, disappunto e sim. (a seconda dell'intonazione con cui è pronunciato o del contesto in cui è inserito): *o., che ho fatto!* | esprime dubbio, incertezza, titubanza, perplessità: *o.! … non saprei* | in sostituzione di oh, esprime sorpresa, meraviglia, soddisfazione: *o., che bello!* **2** si usa per attenuare la perentorietà di un'affermazione: *era un bel film, o., niente di eccezionale!*

òde o †**òda**① [vc. dotta, gr. *ōidḗ* 'canto', da *aéidein* 'cantare', di etim. incerta ✱ av. 1375] s. f. ● componimento poetico lirico di metro, schema strofico e tema assai variabili, originario della poesia greca e diffuso nella letteratura europea ‖ (*lett.*) **odicìna**, dim.

odèon o **òdeon** o **odèo** [vc. dotta, dal gr. *ōidêion*, da *ōidḗ* 'canto'. V. *ode* ✱ 1598] s. m. inv. ● nel mondo greco-romano, teatro coperto per concerti

odepòrico [vc. dotta, gr. *hodoiporikós* 'da viaggio', comp. di *hodós* 'via', di orig. indeur., e *poréia* 'viaggio', dalla stessa radice di *péirein* 'attraversare da parte a parte', di orig. indeur. ✱ av. 1660] **A** agg. (pl. m. *-ci*) ● (*raro, lett.*) attinente a viaggio: *diario o.* **B** s. m. ● (*raro, lett.*) descrizione di viaggio

odessìta [1983] agg. (pl. m. *-i*) ● della città ucraina di Odessa

odiàbile [1308] agg. ● degno di odio | da odiare

†**odiàle** [sec. XIV] agg. ● odiatore ‖ †**odialménte**, avv. con odio

✦**odiàre** [da *odio* ✱ 1213] **A** v. tr. (*io òdio*) ● avere in odio: *o. qlcu. mortalmente*; *non sapere o.*; *farsi o.* | (*est.*) avere in antipatia, considerare con disprezzo e avversione: *o. i pregiudizi, le superstizioni, le meschinità* SIN. abominare, aborrire, detestare **B** **odiàrsi** v. rifl. ● odiare sé stesso: *mi odio per il male che ti ho fatto* **C** **odiàrsi** v. rifl. recipr. ● provare un reciproco sentimento di odio: *si odiano a morte*

odiàto part. pass. di *odiare*; anche agg. ● oggetto di odio: *l'o. usurpatore*

odiatóre [sec. XIII] agg. e s. m. (f. *-trice*) ● (*raro*) che (o chi) odia

†**odìbile** [vc. dotta, lat. *odībile(m)*, da *odīsse* 'odiare' ✱ 1308] agg. ● odioso, esecrabile

✦**odièrno** [vc. dotta, lat. *hodiĕrnu(m)*, da *hŏdie* 'oggi' ✱ 1321] agg. **1** di oggi: *lezione, festa, seduta odierna* **2** del tempo presente: *le odierne condizioni sociali*; *i problemi odierni* SIN. attuale ‖ **odiernaménte**, avv. nel tempo presente, al presente

†**odiévole** [stessa etim. di *odiabile* ✱ av. 1347] agg. ● detestabile, odioso

odigìtria o **odighìtria** [dal gr. *odēgḗtria*, propr. 'colei che guida', dal v. *odēgéin* 'condurre, guidare' ✱ 1988] agg. solo f. ● appellativo della Madonna relativo all'immagine di lei che sorregge il Bambino, diffuso in Italia nelle aree storicamente di maggior contatto con il mondo greco-bizantino, come Venezia, la Calabria, la Sicilia e il Salento

-odinìa [gr. *-odynía*, da *odýnē* 'dolore' (prob. di orig. indeur.)] secondo elemento ● in parole composte della terminologia medica, significa 'dolore': *glossodinia*

odìno- [dal gr. *odýnē* 'dolore' (V. *-odinia*)] primo elemento ● in parole composte della terminologia medica, significa 'dolore', 'doloroso': *odinometro*

odinofagìa [comp. di *odino-* e *-fagia* ✱ 1958] s. f. (pl. *-gìe*) ● (*med.*) deglutizione dolorosa

odinofobìa [comp. di *odino-* e *-fobia* ✱ 1905] s. f. ● (*psicol.*) timore morboso del dolore ‖ **odinofòbico**, agg. (pl. m. *-ci*) relativo a odinofobia ‖ **odinòfobo**, agg. e s. m. (f. *-a*) che (o chi) soffre di odinofobia

odinòlisi [comp. di *odino-* e *-lisi* ✱ 1970] s. f. inv. ● (*med.*) scomparsa, riduzione del dolore

odinòmetro [comp. di *odino-* e *-metro* ✱ 1954] s. m. ● (*med.*) strumento per la registrazione delle reazioni ad un determinato stimolo doloroso

✦**òdio** [vc. dotta, lat. *ŏdiu(m)*, da *odīsse* 'odiare', di orig. indeur. ✱ 1219] s. m. (pl. *òdi* o *òdii*) **1** totale e intensissima avversione verso qlcu., di cui si desidera ogni male: *o. inveterato, bieco, feroce*; *avere, nutrire, portare, serbare, covare, concepire un o. mortale per qlcu., contro qlcu., nei confronti di qlcu.*; *alimentare, fomentare, rinfocolare, accendere gli odi di razza, di casta, di classe* | ***avere in o. qlcu.***, odiarlo: *ho in o. me stesso ed amo altrui* (F. PETRARCA) | ***essere, venire in o. a qlcu.***, farsi odiare, essere odiato **2** (*est.*) senso di profonda intolleranza, sentimento di forte insofferenza verso qlco.: *avere in o. le cerimonie, i pettegolezzi* | ***in o. a qlco., a qlcu.***, contro qlco., qlcu. | ***in o. alla legge***, contro la legge CFR. miso- SIN. ripugnanza

SFUMATURE DI SIGNIFICATO

odio - aborrimento - esecrazione

L'**odio** è una intensissima avversione o, in usi enfatici, una profonda antipatia nei confronti di

qualcuno; per estensione la parola indica un senso di contrarietà o intolleranza verso qualcosa. **Aborrimento** è parola d'uso letterario, che esprime un sentimento di odio misto a disprezzo e ripugnanza. Un estremo orrore misto a disprezzo nei confronti di qualcosa o qualcuno si dice invece **esecrazione**.
SFUMATURE ➤ ***avversione***

†**odiosàggine** (o -ṣ-) [av. 1311] **s. f.** ● odiosità

odiosamàto (o -ṣ-) [comp. di *odios(o)* e *amato* ✱ 1803] **agg.** ● (*raro*) amato e odiato insieme

odiosità (o -ṣ-) [1476] **s. f. inv. 1** natura e caratteristica di chi (o di ciò che) è odioso: *l'o. di un discorso, di un'insinuazione malevola* **2** (*raro*) atto o comportamento odioso: *commettere un'o.* | (*lett.*) ostilità: *attirarsi l'o. dei potenti*

odióso (o -ṣ-) [vc. dotta, lat. *odiōsu(m)*, da *ŏdium* 'odio' ✱ av. 1257] **agg. 1** estremamente molesto, degno di essere odiato e disprezzato: *contegno, comportamento o.*; *leggi, parole, insinuazioni odiose*; *i paragoni sono sempre odiosi* **SIN.** detestabile | sgradevole, inviso: *la giustizia qualche volta è odiosa a molti* (T. Tasso) **2** pieno d'odio: *animo o.* ‖ **odiosètto**, **dim.** ‖ **odiosaménte**, **avv.** ‖ **odiosità**, **s. f. inv.** (V.)
SFUMATURE ➤ ***insopportabile***, ➤ ***spiacevole***

†**odìre** e deriv. ➤ **udire** e deriv.

♣**odissèa** [vc. dotta, gr. *Odýsseia*, titolo del poema omerico in cui si narrano le peripezie di Ulisse dopo la conquista di Troia; da *Odysséus* 'Odisseo, Ulisse' ✱ 1813] **s. f.** ● serie di vicissitudini dolorose, di amare esperienze e sim.: *tutta la sua giovinezza fu un'incredibile o.*

òdo ➤ **udire**

odògrafo [comp. del gr. *hodós* 'via' (V. *odeporico*) e *-grafo* ✱ 1895] **s. m.** ● (*fis.*) traiettoria seguita dall'estremo di un vettore applicato a un punto X ed equipollente alla velocità di un punto mobile su una data curva

odologìa [comp. del gr. *hodós* 'via' (V. *odeporico*), e *-logia* ✱ 1958] **s. f.** (**pl.** *-gìe*) ● (*med.*) studio anatomico delle vie nervose del sistema nervoso centrale

odòmetro [fr. *odomètre*, comp. del gr. *hodós* 'via' (V. *odeporico*) e *-mètre* '-metro' ✱ 1660] **s. m.** ● (*mecc.*) strumento che, applicato alla ruota di un veicolo, misura la lunghezza del percorso compiuto

Odonàti [dal gr. *odṓn* 'dente' (var. di *odóus*, V. *odonto-*): detti così perché provvisti di un notevole apparato boccale masticatore ✱ 1834] **s. m. pl.** (**sing.** *-o*) ● (*zool.*) ordine arcaico di Insetti potenti volatori, con livree dai colori vistosi, diurni, acquatici negli stati larvali e terrestri da adulti, cui appartengono le libellule (*Odonata*)

odonimìa [vc. dotta comp. del gr. *hodós* 'via' e di un deriv. di *ónyma*, var. di *ónoma* 'nome' ✱ 1950] **s. f.** ● odonomastica

odònimo [comp. del gr. *hodós* 'strada' e di *-onimo*, sul modello di *toponimo* ✱ 1964] **s. m.** ● (*ling.*) nome di strada o di piazza

odonomàstica [dal gr. *hodós* 'strada' (V. *odeporico*), sul modello di *toponomastica* ✱ 1950] **s. f. 1** insieme dei nomi delle strade e delle piazze **2** disciplina che studia tali nomi **SIN.** odonimia

odonomàstico [1950] **agg.** (**pl. m.** *-ci*) ● che concerne l'odonomastica

odontalgìa [vc. dotta, gr. *odontalgía*, comp. di *odóus*, genit. *odóntos* 'dente' e *-algía* '-algia' ✱ 1778] **s. f.** (**pl.** *-gìe*) ● (*med.*) dolore dentario

odontàlgico [da *odontalgia* ✱ 1821] **A agg.** (**pl. m.** *-ci*) **1** relativo a odontalgia: *attacco o.* **2** che calma il dolore ai denti: *preparato o.* **B** anche **s. m.** nel sign. 2

-odónte [V. *odonto-*] secondo elemento ● in parole composte della terminologia scientifica, spec. zoologica, significa 'dente' o fa riferimento ai denti: *ipsodonte, tecodonte*

odónto-, -odónto [dal gr. *odóus*, genit. *odóntos* 'dente'] primo e secondo elemento (*odont-*, davanti a vocale) ● in parole composte della terminologia scientifica e medica, significa 'dente' o fa riferimento ai denti: *odontalgia, odontotecnico, parodonto*

odontoblàsto [comp. di *odonto-* e *-blasto* ✱ 1895] **s. m.** ● (*biol.*) ognuna delle cellule di derivazione mesenchimale dell'abbozzo del dente, impegnate nella produzione della dentina

Odontocèti [comp. di *odonto-* e del gr. *kêtos* 'cetaceo' ✱ 1895] **s. m. pl.** (**sing.** *-o*) ● (*zool.*) famiglia di Cetacei privi di fanoni, con denti per lo più omodonti in numero vario in una bocca relativamente stretta (*Odontocetae*)

odontogèneṣi [comp. di *odonto-* e *genesi* ✱ 1931] **s. f. inv.** ● (*fisiol.*) processo di formazione embrionaria dei denti

odontoglòsso [comp. di *odonto-* e *-glosso* ✱ 1930] **s. m.** ● (*bot.*) genere delle Orchidacee, comprendente varie specie con lunghe infiorescenze coltivate per ornamento (*Odontoglossum*)

Odontognàti o (*raro*) **Odontògnati** [comp. di *odonto-* e del gr. *gnáthos* 'mascella' (V. *gnato-*, *-gnato*) ✱ 1834] **s. m. pl.** (**sing.** *-o*) ● superordine di Uccelli fossili del Cretaceo provvisti di denti (*Odontognatha*)

odontoiàtra [comp. di *odonto-* e *-iatra* ✱ 1906] **s. m. e f.** (**pl. m.** *-i*) ● medico specializzato nella cura delle affezioni dentarie

odontoiatrìa [comp. di *odonto-* e *-iatria* ✱ 1887] **s. f.** ● branca della medicina che si occupa della patologia, cura e prevenzione delle affezioni e malformazioni del cavo orale **SIN.** odontostomatologia

odontoiàtrico [1888] **agg.** (**pl. m.** *-ci*) ● di odontoiatria: *gabinetto o.*; *clinica odontoiatrica*

odontòlito [comp. di *odonto-* e *-lito*① ✱ 1834] **s. m.** ● (*med.*) tartaro dentario

odontologìa [comp. di *odonto-* e *-logia* ✱ 1803] **s. f.** (**pl.** *-gìe*) ● (*med.*) studio delle affezioni dentarie

odontològico [1876] **agg.** (**pl. m.** *-ci*) ● (*med.*) relativo a odontologia

odontòma [comp. di *odont(o)-* e *-oma* ✱ av. 1883] **s. m.** (**pl.** *-i*) ● (*med.*) tumore benigno proveniente dai tessuti dentari, costituito da dentina, smalto e cemento in proporzioni diverse dal dente normale

odontòmetro [comp. di *odonto-* e *-metro* ✱ 1930] **s. m.** ● misuratore della grandezza e della distanza dei dentelli dei francobolli

odontopatìa [comp. di *odonto-* e *-patia* ✱ 1958] **s. f.** ● (*med.*) qualsiasi affezione a carico dei denti

odontoscòpio [comp. di *odonto-* e *-scopio* ✱ 1958] **s. m.** ● odontometro

odontostomatologìa [comp. di *odonto-* e *stomatologia* ✱ 1957] **s. f.** (**pl.** *-gìe*) ● odontoiatria

odontotècnica [comp. di *odonto-* e *tecnica* ✱ 1895] **s. f.** ● (*med.*) ramo dell'odontoiatria che si occupa prevalentemente della preparazione delle protesi dentarie

odontotècnico [comp. di *odonto-* e *tecnico* ✱ 1934] **A agg.** (**pl. m.** *-ci*) ● che concerne l'odontotecnica **B s. m.** (**f.** *-a*) ● tecnico specializzato nella costruzione di protesi dentarie

odoràbile [vc. dotta, lat. tardo *odorābile(m)*, da *odorāri* 'odorare' ✱ 1499] **agg. 1** (*raro*) che si può odorare **2** †relativo all'olfatto

†**odoraménto** [vc. dotta, lat. *odoramĕntu(m)*, da *odorāri* 'odorare' ✱ av. 1332] **s. m. 1** l'odorare **2** odore | sostanza profumata

odorànte **part. pres.** di *odorare*; anche **agg. 1** nei sign. del v. **2** (*chim.*) ***sostanza o.***, composto volatile che determina la sensazione di un odore

†**odorànza** [da *odorante* ✱ sec. XIV] **s. f.** ● (*lett.*) odore gradevole

odoràre [vc. dotta, lat. *odorāri*, da *ŏdor*, genit. *odōris* 'odore' ✱ 1261 ca.] **A v. tr.** (*io odóro*) **1** percepire con l'olfatto un odore, fiutare qlco. per sentirne l'odore: *o. i fiori, un flacone d'essenza*; *il cane odora la pista* **SIN.** annusare, fiutare **2** (*fig.*) presentire, intuire, indovinare: *o. un buon affare, una speculazione vantaggiosa, un intrigo* | (*fig.*) ***o. il vento infido***, accorgersi del pericolo imminente **SIN.** fiutare **3** rendere odoroso: *o. la biancheria con lavanda e spigonardo*; *il basilico odora le salse* **SIN.** profumare **B v. intr.** (aus. *avere*) **1** mandare odore (+ *di*): *o. di muschio, di lavanda, di incenso* **2** (*fig.*) dare indizio o sentore (+ *di*): *o. di santità*; *la faccenda odora d'imbroglio*

†**odoratìvo** [vc. dotta, lat. tardo *odoratīvu(m)*, da *odorātus*, part. pass. di *odorāri* 'odorare' ✱ av. 1558] **agg.** ● olfattivo

odoràto① **part. pass.** di *odorare*; anche **agg.** ● (*lett.*) odoroso, profumato

odoràto② [vc. dotta, lat. *odorātu(m)*, da *odorāri* 'fiutare l'odore' ✱ av. 1292] **s. m.** ● olfatto, fiuto: *avere un o. fino, delicato, acutissimo* | ***organo dell'o.***, il naso

♦**odóre** [lat. *odōre(m)*, di orig. indeur. ✱ 1282] **s. m. 1** sensazione provocata dal contatto di molecole di sostanze volatili con recettori olfattivi: *sentire un o.*; *non sentire nessun o.*; *o. buono, buon o.*; *o. cattivo, sgradevole*; *o. forte, acuto, penetrante, disgustoso*; *qui c'è uno strano o., un o. inconfondibile* | (*est.*) esalazione particolare: *o. di gas, di fiori, di muffa*; *o. di cucina, di farmacia, di chiuso, di fogna* **2** (*lett.*) essenza odorosa | (*lett.*) ***acqua d'o.***, profumo **3** (*fig.*) indizio, sentore: *qui c'è o. di guerra, di discordia* | ***morire in o. di santità***, con fama di santo | ***o. di morte***, (*fig.*) presentimento della morte | ***sentire o. di polvere***, (*fig.*) presentire un pericolo imminente **4** (**al pl.**) erbette odorose per condimento, quali prezzemolo, basilico, menta, salvia, origano ‖ **odoràccio**, **pegg.** | **odorétto**, **dim.** | **odorino**, **dim.** (V.) | **odorùccio**, (*lett.*) **odorùzzo**, **dim.**

NOMENCLATURA

odore (cfr. naso, olfatto)
● *tipi di odore*: effluvio, esalazione; profumo, aroma, profumino = odorino, olezzo, fragranza; puzza = puzzo = fetore = lezzo, tanfo, miasma; leppo, nidore, afrore, zaffata, sentore;
● *caratteristiche*: acre, aspro, acido, acidulo, agliaceo, rancido; acuto = pungente = forte = penetrante; stagnante = di chiuso; di fumo, di bruciato; di buono, di pulito = di bucato, fragrante, di primavera, di cibo, di erba bagnata, di fiori, di gomma bruciata, di ospedale; delizioso, gradevole ⇔ sgradevole, soave ⇔ nauseante = nauseabondo = disgustoso = stomachevole = ripugnante = rivoltante = fetido = ammorbante, balsamico = aromatico ⇔ putrido = mefitico = graveolente; sottile;
● *azioni*: aulire = deodorare = profumare, aromatizzare; mandare, spandere, emanare = olezzare, odorizzare, puzzare = intanfire, ammorbare = appestare, ristagnare; percepire, sentire = avvertire un odore, odorare = fiutare, sniffare inalare; aleggiare, tanfare = fetere, impuzzolentire, avvelenare l'aria;

odorìfero [vc. dotta, lat. *odorĭferu(m)*, comp. di *ŏdor*, genit. *odōris* 'odore' e *-fer* '-fero' ✱ 1282] **agg.** ● (*lett.*) che manda odore: *l'aura si sente / d'un fresco et o. laureto* (F. Petrarca)

†**odorìfico** [comp. di *odor(e)* e *-ifico* ✱ sec. XIII] **agg.** ● profumato

odorìgeno [comp. di *odore* (*odori-* nei comp.) e *-geno* ✱sec. XX] **agg.** ● (*scient.*) che emette odore, generalmente sgradevole: *inquinamento o.*

odorìmetro [comp. di *odore* e *-metro* ✱ 1958] **s. m.** ● olfattometro

odorìno [1615] **s. m.** **1** dim. di *odore* **2** odore delicato e gradevole, spec. di cibo: *un delizioso o. di arrosto* **3** (*iron.*) fetore

†**odorìsta** [av. 1704] **s. m. e f.** (**pl. m.** *-i*) ● intenditore di profumi

odorizzànte **A** **part. pres.** di *odorizzare*; **anche agg.** ● nel sign. del v. **B** **s. m.** ● sostanza chimicamente inerte, spec. composto organico dello zolfo o dell'azoto, usata nelle operazioni di odorizzazione

odorizzàre [da *odore* ✱1958] **v. tr.** ● sottoporre a odorizzazione (V.): *o. un gas*

odorizzazióne [1958] **s. f.** ● operazione industriale che consiste nell'aggiungere a sostanze inodori o quasi altre sostanze dotate di odore penetrante, spec. allo scopo di rendere individuabile la presenza delle prime: *l'o. del gas domestico*

odoróso (o -ṣ-) [1320] **agg.** ● che emana gradevole odore: *fiore, bucato o.*; *acqua, essenza odorosa* | pieno di odori: *era il maggio o.* (G. LEOPARDI) | che emette un odore particolare: *una stalla odorosa di fieno* (I. NIEVO) | ***vino o.***, aromatico **SIN.** profumato ‖ **odorosétto**, **dim.** ‖ †**odorosaménte**, **avv.**

oè ● V. **uè**

oècio [comp. del gr. *ô(i)ón* 'uovo' (prob. di orig. indeur.) e *oikíon* 'abitazione' (di orig. indeur.) ✱ 1954] **s. m.** ● (*zool.*) nicchia incubatrice del corpo dei Briozoi

oersted /'ɛrsted, *danese* 'œʌstɛd/ [dal n. del fisico danese H. C. *Oersted* (1777-1851) ✱1937] **s. m. inv.** ● (*elettr.*) unità di intensità del campo magnetico nel sistema elettromagnetico assoluto, definita come intensità del campo in un punto nel quale un polo magnetico unitario è soggetto alla forza di una dina **SIMB.** Oe

ofelimità [dal gr. *ophélimos* 'vantaggioso', da *óphelos* 'utilità, vantaggio, guadagno', della stessa famiglia di *ophéllein* 'gonfiare, accrescere', di orig. indeur. ✱1896] **s. f. inv.** ● (*econ.*) secondo l'economista V. Pareto (1848-1923), importanza che viene attribuita a un bene da un individuo, che non dipende necessariamente dalle qualità intrinseche del bene stesso

ofèlimo [dal gr. *ophéllimos*. V. *ofelimità* ✱ 1906] **agg.** ● (*econ.*) relativo a ofelimità | ***bene o.***, soggettivamente ambito e importante

off /ɔf, *ingl.* ɒf/ [vc. ingl., propr. 'giù, fuori funzione' (di etim. incerta) ✱1967] **agg. inv.** **1** non in funzione, non attivato, in diciture apposte su varie apparecchiature **CONTR.** on **2** detto di forme di spettacolo alternative e (*est.*) di chi le realizza e delle strutture che ne permettono l'esistenza: *cinema, teatro off*; *film off*; *regista off*; *circuito, locale, sala off*

òffa [vc. dotta, lat. *ŏffa(m)*, di etim. incerta ✱ av. 1498] **s. f.** **1** nell'antica Roma, focaccia di farro **2** (*est.*, *raro*) schiacciata, focaccia **3** (*lett.*, *fig.*) dono o promessa che si dà o fa a qlcu. per placarlo o invogliarlo: *gettare, dare l'o.*

†**offèlla** [lat. *ofĕlla(m)*, dim. di *ŏffa* (V. *offa*) ✱ av. 1548] **s. f.** ● focaccina dolce, di pasta sfoglia: *Dorate le offelle col rosso d'uovo e mandatele al forno* (P. ARTUSI)

offellerìa [da †*offella* ✱av. 1797] **s. f.** ● (*sett.*, *disus.*) pasticceria

offellière [da †*offella* ✱1857] **s. m.** (**f.** *-a*) ● (*sett.*, *disus.*) pasticciere

♦**offèndere** [lat. *offĕndere*, comp. di *ŏb-* 'contro' e *-fĕndere* 'urtare' (V. *difendere*) ✱1200 ca.] **A** **v. tr.** (**pass. rem.** *io offési, tu offendésti*; **part. pass.** *offéso*, †*offènso*) **1** ferire gravemente la dignità, l'onore, la reputazione e sim. di qlcu., con parole o con atti: *o. una persona nell'onore*; *o. l'onore di una persona*; *o. qlcu. con parole ingiuriose, con insulti* | (*est.*) urtare la suscettibilità, l'amor proprio altrui: *se non accetti, mi offendi*; *vorrei dargli una mancia, ma temo di offenderlo* **2** violare, trasgredire: *o. la legge, la libertà, la giustizia*; *il tuo comportamento offende il pudore*; *sono cose che offendono il buon senso* **3** danneggiare, ledere, ferire: *la luce troppo forte offende la vista*; *il proiettile non ha offeso i centri vitali*; *se medesimo in una gamba gravemente offese* (N. MACHIAVELLI) **4** provocare sensazioni sgradevoli: *un tipo di musica che offende l'orecchio*; *sono colori che offendono la vista* **5** †assalire, aggredire: *o. il nemico* **6** †affliggere **B** **v. intr.** ● †essere di offesa, di oltraggio: *o. a qlcu., contro qlcu.* **C** **offèndersi** **v. rifl. recipr.** ● ingiuriarsi a vicenda: *si sono offesi a sangue durante il litigio* **D** **offèndersi** **v. intr. pron.** ● impermalirsi per qlco. che si ritiene offensivo (+ *per*, *lett.* + *di*): *non c'è motivo di offendersi*; *offendersi per un'allusione*; *offendersi per il mancato saluto*; *non può offendersi delle parole mie* (L. PIRANDELLO) **SIN.** risentirsi

†**offendévole** [av. 1328] **agg.** ● atto a offendere: *ferro o.* ‖ †**offendevolménte**, **avv.** in modo da recare offesa

†**offendìbile** [av. 1444] **agg.** ● che può essere assalito o (*fig.*) abbattuto

offendìcula [vc. dotta, lat. *offendĭcula*, pl. di *offendĭculum* 'piccolo intoppo', da *offĕndere* 'urtare contro, inciampare' (V. *offendere*) ✱1958] **s. m. pl.** (**sing. lat.** *offendiculum*) ● qualunque mezzo, in grado di causare lesioni o sim., predisposto con lo scopo di difendere un bene immobile, per es. vetri taglienti alla sommità di muri di cinta, filo di ferro spinato e sim.

†**offendiménto** [av. 1294] **s. m.** ● l'offendere | offesa

†**offenditóre** [sec. XIII] **agg. e s. m.** (**f.** *-trice*) ● che (o chi) offende

offenditrìce ➤ **offensore**

†**offènsa** ➤ **offesa**

†**offensióne** [vc. dotta, lat. *offensiōne(m)* 'l'urtare, l'inciampare', da *offēnsus* 'offeso' ✱1219] **s. f.** **1** offesa: *la parte selvaggia / caccerà l'altra con molta o.* (DANTE *Inf.* VI, 65-66) **2** vendetta, punizione **3** inciampo

offensiva [f. sost. di *offensivo* ✱av. 1556] **s. f.** **1** forma della lotta armata che mira a imporre al nemico la propria iniziativa e ad annullarne la capacità operativa | V. anche *controffensiva* **2** (*est.*) azione organizzata e decisa condotta allo scopo di ottenere qlco.: *sferrare l'o.*; *la nuova o. sindacale* | ***o. di pace***, (*fig.*) forte pressione sull'opinione pubblica internazionale per il raggiungimento della pace

SFUMATURE ➤ *assalto*

offensivìṣmo [da *offensivo* ✱1986] **s. m.** ● (*sport*) tattica sportiva basata sul gioco d'attacco **CFR.** difensivismo

offensivìsta [1985] **s. m. e f.** (**pl. m.** *-i*) ● (*sport*) fautore, sostenitore dell'offensivismo

offensìvo [da †*offenso* ✱av. 1328] **agg.** **1** che reca ingiuria, oltraggio e sim.: *parole offensive*; *i vostri modi sono decisamente offensivi* **SIN.** ingiurioso, irriverente, oltraggioso **2** in grado di ledere, ferire e sim.: *arnesi taglienti e quindi offensivi* **3** concepito o realizzato per offendere, per attaccare l'avversario: *armi offensive*; *guerra offensiva* **CONTR.** difensivo ‖ **offensivaménte**, **avv.** in modo offensivo ‖ **offensività**, **s. f. inv.**

†**offènso** ➤ **offeso**

offensóre [vc. dotta, lat. tardo *offensōre(m)*, da *offēnsus* 'offeso' ✱av. 1328] **s. m.** (**f.** *offenditrìce*, **pop.** *-sóra*) **1** chi offende | chi infligge un danno **2** †assalitore, aggressore

offerènte **A** **part. pres.** di *offrire*; **anche agg.** ● nei sign. del v. **B** **s. m. e f.** **1** chi offre: *il nome dell'o.* **SIN.** donatore **2** chi propone un prezzo nelle vendite all'incanto: *aggiudicazione al miglior o.*

†**offerére** [av. 1311] **v. tr.** e †**offerérsi** **v. rifl. e intr. pron.** ● offrire, offrirsi: *offerendosi prontissimamente a tutti i pericoli, non lasciarono indietro cosa alcuna* (F. GUICCIARDINI)

offerìre ➤ **offrire**

offeritóre [da †*offerire* ✱av. 1347] **s. m.** (**f.** *-trice*) ● (*lett.*) chi offre

†**offeritòrio** [da †*offeritore* ✱av. 1348] **agg.** ● che contiene un'offerta

♦**offèrta** [f. sost. di *offerto* ✱1261 ca.] **s. f.** **1** l'offrire: *fare un'o.*; *o. volontaria di viveri e medicinali*; *o. agli dei* | (*est.*) ciò che si offre: *accettare, raccogliere, respingere le offerte in denaro* | donazione: *un'o. meschina, generosa*; *offerte per i poveri* **SIN.** dono, obolo | proposta (+ *di*): *o. di matrimonio, di lavoro*; *hanno disprezzato l'o. dei nostri servigi* **2** (*econ.*) messa a disposizione di beni o servizi sul mercato | (*est.*) quantità di beni o servizi che può essere venduta in un certo mercato, a un prezzo definito, in un'unità di tempo determinata: *equilibrio instabile tra domanda e o.* | ***o. speciale***, (*ellitt.*) ***offerta***, vendita promozionale a prezzi ribassati di beni di largo consumo: *oggi i pomodori in scatola sono in o. speciale* | ***o. pubblica d'acquisto***, V. *Opa* | ***o. pubblica di vendita***, V. *opv* | (*dir.*) proposta di prezzo in una vendita all'incanto, in un negozio, in una gara d'appalto: *o. in busta chiusa* | ***o. reale***, eseguita tramite notaio o altro pubblico ufficiale con le modalità previste dalla legge **3** (*relig.*) nella Messa, atto dell'offrire il pane e il vino che divengono corpo e sangue di Gesù Cristo | (*est.*) il pane e il vino medesimi come specie dell'offerta ‖ **offertina**, **dim.** | **offertóna**, **accr.**

SFUMATURE ➤ *elemosina*

offèrto **A** **part. pass.** di *offrire*; **anche agg.** ● nei sign. del v. **B** **s. m.** ● †oblato

offertoriàle [1974] **agg.** ● (*relig.*) relativo all'offertorio | ***processione o.***, durante la celebrazione della Messa, processione dei fedeli che, al termine della preghiera comune, recano all'altare l'offerta del pane e del vino

Offertòrio [vc. dotta, lat. tardo *offertōriu(m)* 'luogo dove si fa un'offerta, un sacrificio', da *offĕrre* 'offrire' ✱sec. XIV] **s. m.** (**pl.** *-i* o *raro -ii*) ● (*relig.*) parte della Messa, dopo il Vangelo, in cui il sacerdote presenta in offerta a Dio il pane e il vino | antifona e preghiera che accompagnano l'offerta

offésa (o -ṣ-) o †**offènsa** [lat. *offēnsa(m)*, f. sost. di *offēnsus* 'offeso' ✱av. 1250] **s. f.** **1** danno morale, oltraggio; atto o espressione che provoca tale danno (*anche fig.*): *fare, ricevere un'o.*; *vendicare un'o.*; *vendicarsi di un'o.*; *un'o. al buon gusto, al pudore*; *perdonare, dimenticare le offese ricevute* **2** danno materiale: *temere le offese del tempo, dell'età*; *liberi e sicuri dalle offese dei fulmini e delle grandini* (G. LEOPARDI) | (*raro*) lesione fisica: *l'incidente gli procurò una grave o. alla gamba* **3** attacco, assalto: *guerra di o.*; *prevenire, temere l'o.*; *portare l'o. nel territorio nemico* **4** (*dir.*) comportamento antigiuridico, elemento costitutivo di specifici reati: *o. alla bandiera di Stato estero*

SFUMATURE DI SIGNIFICATO

offesa - sfregio - vilipendio

Offesa è un insulto, un'aggressione morale a una persona o a un'istituzione. Se l'offesa è di particolare gravità ed è un attacco alla dignità della persona animato da intento profondamente malevolo si parla di **sfregio**. **Vilipendio** è invece parola del linguaggio giuridico che descrive il reato commesso da chi con atti, scritti o parole manifesta il proprio disprezzo verso persone, cose, istituzioni a cui la collettività attribuisce un alto valore morale.

♦**offéso** (o -ṣ-) o †**offènso** nel sign. A **A** **part. pass.** di *offendere*; **anche agg. 1** che è risentito per aver ricevuto un'offesa: *se n'è andato mostrandosi o.* **2** detto di arto o di un organo, leso, ferito: *un braccio, un polmone o.* **B** **s. m.** (**f.** *-a*) ● chi ha subito un'offesa: *domandò chi fosse l'o.* | ***fare l'o.***, mostrarsi indispettito come se si fosse ricevuta un'offesa

òffice /'ɔffis, *ingl.* 'ɒfɪs/ [vc. ingl., stessa etim. dell'it. *ufficio* ✱ 1926] **s. m. inv.** ● locale di servizio, intermedio tra la cucina e la sala da pranzo

òffice automation /'ɔffis auto'meʃʃon, *ingl.* 'ɒfɪs ˌɔːtə'meɪʃən/ [loc. ingl., propr. 'automazione dell'ufficio' ✱ 1983] **loc. sost. f. inv.** ● complesso dei metodi e delle tecniche destinati a migliorare lo svolgimento delle attività d'ufficio attraverso la computerizzazione di procedimenti e dispositivi

†**officiàle** o †**offiziàle**, †**oficiàle**, †**ofiziàle** [1319] **agg. e s. m.** ● ufficiale

officiànte **A** **part. pres.** di *officiare*; **anche agg.** ● nel sign. del v. **B** **s. m.** ● chi presiede una cerimonia religiosa **SIN.** celebrante

officiàre o †**offiziàre**, †**oficiàre**, †**ofiziàre** [da *officio* ✱ av. 1342] **A** **v. intr.** (**pres.** *io officio*; **fut.** *io officerò*; **aus.** *avere*) ● celebrare l'ufficio divino | celebrare una funzione religiosa **B** **v. tr.** ● nella loc. ***o. una chiesa***, celebrare le funzioni

officiatóre [av. 1328] **agg. e s. m.** (**f.** *-trice*) ● (*raro*) officiante

officiatùra **s. f.** ● ufficiatura

♦**officìna** [vc. dotta, lat. *officīna(m)*, dall'arcaico *opificīna(m)*, da *ŏpifex*, genit. *opĭficis* 'artefice', comp. di *ŏpus* 'opera, lavoro' e *-fex*, da *fàcere* 'fare' ✱ av. 1342] **s. f. 1** locale o complesso di locali attrezzati artigianalmente o industrialmente per la trasformazione del grezzo o del semilavorato in prodotto commerciale | ***o. di riparazione***, in cui si riparano autoveicoli, motocicli e sim. **2** †bottega | laboratorio: *o. medica* | †spezieria, profumeria **3** (*fig.*) ambiente in cui si producono opere culturali, si elaborano nuove idee, e sim.: *o. letteraria*; *o. di eloquenza, di giovani scrittori* | ***o. massonica***, loggia

officinàle [da *officina* nel sign. 2 ✱ av. 1758] **agg.** ● farmaceutico | ***farmaco, preparato o.***, medicamento a composizione costante, preparato secondo i metodi suggeriti dalla farmacopea ufficiale | ***pianta o.***, che serve a scopi farmaceutici

offìcio ➤ **ufficio**

officióso (o -ṣ-) o (*raro*) **offizióso** (o -ṣ-), †**oficióso**, †**ofizióso** [vc. dotta, lat. *officiōsu(m)*, 'zelante, servizievole', da *officium* 'dovere, obbligo'. V. *ufficio* ✱ av. 1320] **agg. 1** (*lett.*) premuroso, servizievole **2** (*raro*) ufficioso ‖ **officiosaménte**, **avv.** ‖ **officiosità**, **s. f. inv.** (*lett.*) cortesia; (*raro*) ufficiosità

†**offiziàle** ➤ †**officiale**

†**offiziàre** ➤ **officiare**

offìzio [1342] **s. m. 1** †V. *ufficio* **2** V. *uffizio*

offizióso ➤ **officioso**

off-làbel /of'label, *ingl.* ˌɒf'leɪb(ə)l/ [vc. ingl., propr. 'fuori (*off*) etichetta (*label*)' ✱ 2001] **agg. inv.**; **anche s. m. inv.** ● (*farm.*) detto di farmaco usato per scopi terapeutici diversi da quelli per cui è stato registrato **SIN.** fuori indicazione

off-lìmits /of'limits, *ingl.* 'ɒfˌlɪmɪts/ [vc. ingl., propr. 'fuori dei limiti' (V. *off*) ✱ 1950] **agg. inv. 1** di luogo in cui sono proibiti l'entrata, il transito, il passaggio e sim.: *queste stanze sono off-limits* **2** (*fig.*) proibito, vietato: *parole, atteggiamenti off-limits*

offline o **off line** /of'lain, *ingl.* 'ɒfˌlaɪn/ [vc. ingl., propr. 'fuori linea', comp. di *off* 'fuori' (V. *off*) e *line* 'linea' (vc. germ. d'orig. indeur.) ✱ 1980] **A** **agg. inv.** ● (*inform.*) detto di apparecchio non direttamente collegato all'unità centrale di un elaboratore | che non è collegato alla rete Internet **CONTR.** online **B** **anche avv.**: *consultare offline un sito*

♦**offrìre** o (*lett.*) **offerìre** [lat. parl. **offerīre*, per il classico *offĕrre*, comp. di *ŏb-* rafforz. e *fĕrre* 'portare' (V. *-fero*) ✱ av. 1294] **A** **v. tr.** (**pres.** *io òffro*, **lett.** *offerìsco, tu òffri, lett. offerìsci*; **pass. rem.** *io offrìi* **od** *offèrsi, tu offrìsti*; **part. pass.** *offèrto*, †*offerìto*) **1** mettere a disposizione di qlcu. ciò che si ritiene gli sia utile, vantaggioso o gradito: *o. i propri servigi, la propria mediazione, la collaborazione di un tecnico, aiuti morali e materiali*; *o. ospitalità, cibo, cure*; *o. una cattedra, un impiego, la presidenza di una società, la candidatura al Senato*; *ti offre la mano di sua figlia* | (*est.*) fornire: *o. appiglio, appoggio, pretesto*; *ti offriamo un'ultima opportunità*; *gli offrirono una favorevole occasione di cui non seppe approfittare* | ***o. il destro***, fornire la possibilità, l'occasione **SIN.** proporre **2** dare o dichiararsi disposto a dare: *o. in dono, in pegno, in ostaggio, in garanzia* | pagare: *posso offrirti un aperitivo, un caffè?*; *oggi offro io* | promettere: *offrono di pagare il tutto in quindici rate mensili* | concedere: *la situazione ci offre innegabili vantaggi* **3** (*est.*) donare, regalare: *o. un mazzo di fiori, una targa ricordo* **4** esibire, esporre, presentare (**anche fig.**): *o. il proprio dolore alla vista di tutti*; *hanno offerto uno spettacolo di grande interesse artistico* | ***o. il fianco***, esporsi a un pericolo; (*fig.*) concedere occasione di critica e sim.: *o. il fianco alle critiche, alle maldicenze* **5** mettere in vendita: *o. ogni genere di merce*; *offrono una bella casa per una cifra ragionevole* **6** poter dare o produrre: *una regione che offre vino, grano e olio in quantità*; *la piazza, il mercato non offre nulla di meglio* **7** †dire, pronunciare **B** **offrìrsi** **v. rifl. 1** dichiararsi disposto (+ *a*; + *di* **seguito da inf.**; + *per*, **anche seguito da inf.**): *offrirsi ai servigi, ai comandi di qlcu.*; *offrirsi come baby sitter, come mediatore*; *offrirsi in ostaggio al posto di qlcu.*; *si offre di fornirci ogni prova richiesta*; *offrirsi per un lavoro, per una collaborazione*; *mi offro di* (o *per*) *andare in vece vostra* | (*fig.*) ***offrirsi in pasto al pubblico***, esporsi alla curiosità del pubblico | (*lett.*) mostrarsi disposto a un rapporto amoroso: *penso che la ragazza si offrisse* **2** (*lett.*) esporsi a un pericolo, a un sacrificio e sim. **C** **offrìrsi** **v. intr. pron.** ● presentarsi: *ci si offre una favorevole occasione* | presentarsi alla vista: *il panorama che si offre di lassù è stupendo* | (*lett.*) comparire

òffset /'ɔfset, *ingl.* 'ɒfˌset/ [vc. ingl., comp. dell'avv. *off*, che indica direzione, e *to set* 'porre'; propr. significherebbe 'trasporto' ✱ 1911] **A** **s. m. inv.** ● (*edit.*) procedimento industriale di stampa indiretta derivato dalla litografia, in cui l'immagine viene trasferita dalla matrice, costituita da una lastra di metallo, alla carta, mediante un tessuto gommato | la macchina, il reparto o lo stabilimento tipografico basato sul procedimento omonimo **B** **anche agg. inv.**: *stampa o.*

offshòre /of'ʃɔr, *ingl.* 'ɒfˌʃɔː(r)/ [vc. ingl., propr. 'lontano (*off*) dalla costa (*shore*)' ✱ 1957] **A** **agg. inv. 1** detto di gara motonautica che si svolge su lunghi percorsi in alto mare e ad alte velocità, con appositi motoscafi entrobordo | (*est.*) relativo a questo tipo di gare: *imbarcazioni o.*; *pilota o.*; *campionato o.* **2** detto di ricerche petrolifere effettuate in mare da piattaforme fisse o navi appositamente attrezzate **3** detto di società finanziaria che ha sede in Paesi con regimi fiscali particolarmente vantaggiosi **B** **s. m. inv.** ● motonautica d'altura: *l'o. italiano*

offside /of'said, *ingl.* 'ɒfˌsaɪd/ [vc. ingl., propr. 'fuori gioco', comp. di *off* 'fuori' (V. *offset*) e *side* 'lato' (di orig. germ.) ✱ 1905] **A** **s. m. inv.** ● nel calcio, fuorigioco **B** **anche avv.**: *trovarsi, finire o.*

offuscaménto [1582] **s. m.** ● l'offuscare, l'offuscarsi: *o. del cielo*; *o. della vista* | (*fig.*) confusione: *o. della ragione* **SIN.** annebbiamento, oscuramento, ottenebrazione

♦**offuscàre** [vc. dotta, lat. tardo *offuscāre*, comp. di *ŏb-* 'davanti' e *fŭscus* 'fosco' ✱ av. 1306] **A** **v. tr.** (*io offùsco, tu offùschi*) **1** rendere fosco, oscuro, opaco e sim.: *o. la luce del sole, la lucentezza del metallo*; *le brume autunnali offuscano l'orizzonte* | ***o. la vista***, annebbiarla | ***o. la voce***, diminuirne la limpidezza o la sonorità **SIN.** oscurare, ottenebrare **2** (*fig.*) privare di chiarezza: *o. la mente*; *le passioni offuscano l'intelletto* **SIN.** annebbiare | (*fig.*) rendere meno bello, importante, rilevante e sim.: *o. i meriti, la fama di qlcu.*; *chi di gloria troppo / è carco già, deh! non la offuschi* (V. ALFIERI) **SIN.** sminuire, appannare **B** **offuscàrsi** **v. intr. pron.** ● annebbiarsi, ottenebrarsi: *il giorno s'offusca* | (*fig.*) confondersi, obnubilarsi: *la memoria si offusca col passare degli anni*

offuscàto **part. pass.** di *offuscare*; **anche agg.** ● nei sign. del v.

offuscatóre [av. 1676] **agg. e s. m.** (**f.** *-trice*) ● che (o chi) offusca

†**offuscazióne** [vc. dotta, lat. tardo *offuscatiōne(m)*, da *offuscātus* 'offuscato' ✱ av. 1328] **s. f.** ● offuscamento

òfi- ➤ **ofio-**

oficàlce [vc. dotta, comp. del gr. *óphis* 'serpente' e *calce*① ✱ 1819] **s. f.** ● (*geol.*) roccia metamorfica composta da frammenti di serpentina verde cementati da calcite bianca, molto usata nei monumenti

†**oficiàle** ➤ †**officiale**

†**oficiàre** ➤ **officiare**

†**ofìcio** ➤ **ufficio**

†**oficióso** ➤ **officioso**

oficlèide [fr. *ophicléide*, comp. di *ophi-* 'ofi-' e del gr. *kléis*, genit. *kleidós* 'chiave', di orig. indeur. ✱ 1834] **s. m.** ● (*mus.*) strumento a fiato della famiglia degli ottoni a forma di serpente con voce di basso

Ofìdi [dal lat. scient. *Ophīdia*, dal gr. *óphis* 'serpente' ✱ 1821] **s. m. pl.** (**sing.** *-e*) ● (*zool.*) sottordine di Rettili degli Squamati caratterizzati dalla completa assenza di arti, per cui la locomozione avviene con rapida ondulazione del corpo; sono comunemente detti serpenti

ofìdio [vc. dotta, gr. *ophýdion* 'serpentello', dim. di *óphis* 'serpente' ✱ 1476] **s. m.** (**pl.** *-i* o *raro -ii*) ● pesce degli Anacantini con corpo serpentiforme contornato da una pinna continua bassa e delicata, che vive sui bassi fondali ricchi di vegetazione (*Ophidium barbatum*)

ofidiofobìa [vc. dotta, comp. di *Ofidi* e *-fobia* ✱ 1980] **s. f.** ● (*psicol.*) paura patologica dei serpenti ‖ **ofidiofòbico**, **agg.** (**pl. m.** *-ci*); **anche s. m.** (**f.** *-a*) nel sign. **2 1** relativo a ofidiofobia **2** ofidiofobo ‖ **ofidiòfobo**, **agg. e s. m.** (**f.** *-a*) che (o chi) soffre di ofidiofobia

ofidìsmo [da *ofidi* ✱ 1935] **s. m.** ● (*med.*) avvelenamento per morso di serpente

òfio- o **òfi-** [dal gr. *óphis* 'serpente'] **primo elemento** ● in parole composte della terminologia scientifica, significa 'serpente' o fa riferimento ai serpenti: *ofiologia, ofiodonti, ofisauro*

ofiocèfalo [comp. di *ofio-* e *-cefalo* ✻ 1834] **s. m.** ● pesce tropicale commestibile degli Scorpeniformi con corpo cilindrico, capace di resistere anche mesi nella melma disseccata e di muoversi per ore all'asciutto (*Ophiocephalus striatus*)

ofiolatrìa [comp. di *ofio-* e *-latria* ✻ 1834] **s. f.** ● culto religioso dei serpenti

ofiolìte [comp. di *ofio-* e *-lite* ✻ 1819] **s. f.** ● (*geol.*) roccia metamorfica ritenuta un residuo dell'originaria base della crosta sotto un oceano

ofiologìa [comp. di *ofio-* e *-logia* ✻ 1834] **s. f.** (**pl.** *-gìe*) ● parte della zoologia che si occupa dello studio dei serpenti

ofiotossìna ➤ **ofitossina**

ofisàuro [comp. di *ofi-* e del gr. *sâuros* 'lucertola' (V. *Sauri*) ✻ 1834] **s. m.** ● grande sauro serpentiforme di colore bruno, lungo un metro e più, con arti anteriori mancanti e posteriori ridotti (*Ophisaurus apodus*)

ofişùro [comp. del gr. *óphis* 'serpente' (V. *ofio-*) e *-ura* ✻ 1834] **s. m.** ● pesce marino a corpo allungatissimo, privo di pinna caudale, caratterizzato dal morso doloroso e dalla coda robustissima (*Ophisurus serpens*)

ofìte [vc. dotta, gr. *ophýtēs* (*líthos*) '(pietra) serpentina', da *óphis* 'serpente' ✻ 1476] **s. f.** ● (*geol.*) varietà di serpentina verde con abbondanti chiazze bianche di calcite

ofìtico [1834] **agg.** (**pl. m.** *-ci*) ● (*miner.*) che ha i caratteri dell'ofite | ***struttura ofitica***, di una roccia in cui appare nettamente invertito l'ordine normale di cristallizzazione dei minerali che la compongono

ofitossìna o **ofiotossìna** [comp. di *ofi-* e *tossina* ✻ 1954] **s. f.** ● sostanza contenuta nel veleno del cobra

ofiùra [comp. di *ofi-* e *-ura* ✻ 1828] **s. f.** ● genere di Echinodermi degli Ofiuroidi con corpo a disco tondo o pentagonale e cinque braccia serpentine non ramificate e flessibili (*Ophiura*)

Ofiuròidi [comp. di *ofiur(a)* e *-oide* ✻ 1958] **s. m. pl.** (**sing.** *-e*) ● (*zool.*) classe di Echinodermi marini presenti nel Mediterraneo, che vivono sia presso la superficie che a notevole profondità (*Ofiuroidae*)

†**ofiziàle** ➤ †**officiale**

†**ofiziàre** ➤ **officiare**

†**ofìzio** ➤ **ufficio**

†**ofizióso** ➤ **officioso**

òfride [dal lat. *ŏphrys*, dal gr. *ophrýs* 'palpebra', di orig. indeur. ✻ 1834] **s. f.** ● genere di Orchidacee comprendente specie erbacee perenni con fusto eretto, foglie in rosetta basale, fiori sessili con labello largo, radici un tempo usate in medicina (*Ophrys*)

oftalmìa [vc. dotta, lat. tardo *ophthălmia(m)*, dal gr. *ophthalmía*, da *ophthalmós* 'occhio'. V. *oftalmo-* ✻ av. 1320] **s. f.** ● (*med.*) infiammazione dell'occhio **SIN.** oftalmite

oftàlmico [vc. dotta, lat. tardo *ophthălmicu(m)*, dal gr. *ophthalmikós*, da *ophthalmía* 'oftalmia' ✻ sec. XIV] **agg.** (**pl. m.** *-ci*) ● (*med.*) pertinente all'occhio | ***lente oftalmica***, lente correttiva dei difetti della vista

oftalmìte [1823] **s. f.** ● (*med.*) oftalmia

oftàlmo-, -oftàlmo [dal gr. *ophthalmós* 'occhio', di orig. indeur.] **primo e secondo elemento** (*oftalm-*, **davanti a vocale**) ● in parole composte della terminologia medica, significa 'occhio' o indica relazione con gli occhi: *oftalmologia, oftalmoscopio, esoftalmo*

oftalmoblenorrèa [comp. di *oftalmo-* e *blenorrea* ✻ 1834] **s. f.** ● (*med.*) congiuntivite acuta purulenta, spesso provocata da gonococco

oftalmoiàtra [comp. di *oftalmo-* e *-iatra* ✻ 1821] **s. m. e f.** (**pl. m.** *-i*) ● (*raro*) chi cura le malattie oculari

oftalmoiatrìa [comp. di *oftalmo-* e *-iatria* ✻ 1821] **s. f.** ● (*raro*) cura delle malattie oculari

oftalmologìa [comp. di *oftalmo-* e *-logia* ✻ 1821] **s. f.** (**pl.** *-gìe*) ● (*med.*) oculistica | (*est.*) reparto ospedaliero di oculistica

oftalmològico [1940] **agg.** (**pl. m.** *-ci*) ● relativo all'oftalmologia

oftalmòlogo [comp. di *oftalmo-* e *-logo* ✻ 1895] **s. m.** (**f.** *-a*; **pl. m.** *-gi*) ● (*med.*) studioso di oftalmologia

oftalmometrìa [comp. di *oftalmo-* e *-metria* ✻ 1958] **s. f.** ● (*med.*) misurazione del grado di curvatura della cornea e del suo indice di rifrazione mediante l'oftalmometro

oftalmòmetro [comp. di *oftalmo-* e *-metro* ✻ 1834] **s. m.** ● (*med.*) strumento per la misurazione della curvatura corneale

oftalmoplegìa [comp. di *oftalmo-* e *-plegia* ✻ 1891] **s. f.** (**pl.** *-gìe*) ● (*med.*) paralisi dei muscoli oculari

oftalmoscopìa [comp. di *oftalmo-* e *-scopia* ✻ 1821] **s. f.** ● (*med.*) esame del fondo dell'occhio mediante l'oftalmoscopio

oftalmoscòpio [comp. di *oftalmo-* e *-scopio* ✻ 1869] **s. m.** ● (*med.*) strumento che permette di esaminare la retina e il fondo dell'occhio

oftalmospàşmo [comp. di *oftalmo-* e *spasmo* ✻ 1895] **s. m.** ● (*med.*) spasmo dei muscoli palpebrali

oftalmòstato [comp. di *oftalmo-* e *-stato* ✻ 1834] **s. m.** ● (*med.*) strumento per mantenere aperte le palpebre e bloccare i movimenti del bulbo oculare durante gli interventi sull'occhio

oftalmoterapìa [comp. di *oftalmo-* e *-terapia* ✻ 1829] **s. f.** ● (*med.*) cura delle malattie oculari

oftalmòtropo [comp. di *oftalmo-* e *-tropo* ✻ 1869] **s. m.** ● (*med.*) strumento per la misurazione del grado di strabismo e delle possibilità funzionali dei muscoli oculari

ofùro ➤ **furo**②

oggettìstica [da *oggetto* ✻ 1983] **s. f.** ● insieme di oggetti da regalo o per l'arredamento: *un negozio di o.* | (*est.*) settore commerciale che si occupa di tali oggetti

oggettivàre [da *oggettivo* ✻ av. 1855] **A v. tr.** ● rendere oggettivo, concreto, tangibile: *o. il frutto della propria fantasia* | esprimere in forme concrete: *in quel dipinto è riuscito a o. tutta la sua passione* **B oggettivàrsi v. intr. pron.** ● diventare estrinseco o concreto: *sentimenti, stati d'animo, che si oggettivano*

oggettivazióne [av. 1855] **s. f. 1** l'oggettivare | espressione in forme concrete di pensieri, fantasie, sentimenti: *l'o. dei ricordi* **2** (*psicol.*) processo per cui un contenuto soggettivo viene vissuto come oggettivo

oggettivìşmo [comp. di *oggettivo* e *-ismo* ✻ 1867] **s. m.** ● qualsiasi dottrina filosofica che sostiene l'esistenza e la validità universale della realtà indipendentemente dalle percezioni e valutazioni individuali **SIN.** realismo **CONTR.** soggettivismo, idealismo

oggettivìsta [av. 1855] **s. m. e f.**; anche **agg.** (**pl. m.** *-i*) ● chi (o che) segue o si ispira all'oggettivismo

oggettivìstico [1913] **agg.** (**pl. m.** *-ci*) ● (*filos.*) relativo all'oggettivismo, proprio dell'oggettivismo ‖ **oggettivisticaménte**, **avv.**

oggettività [av. 1855] **s. f. inv. 1** natura, caratteristica di ciò che è oggettivo **2** obiettività, imparzialità: *giudicare con o.*; *apprezzare l'o. di una critica*

oggettivo [av. 1667] **A agg. 1** che concerne l'oggetto, che si fonda sulla realtà: *fondare la propria esperienza sui dati oggettivi* | ***realtà oggettiva***, esistenza concreta dei fatti **2** (**gramm.**) ***proposizione oggettiva***, proposizione subordinata che ha la funzione di complemento oggetto della reggente; può essere costituita anche dal solo infinito di un verbo (per es.: *ti dico che è la verità*; *afferma di non saperne nulla*; *sento il cellulare suonare*) | ***genitivo o.***, V. *genitivo* **3** (**filos.**) che esiste di per sé, indipendentemente dalla percezione soggettiva **4** obiettivo: *essere o. nell'emanare giudizi*; *fece un'oggettiva descrizione dei fatti* **SIN.** spassionato, imparziale ‖ **oggettivaménte**, **avv. 1** in modo oggettivo, con oggettività: *cerca di descrivere l'accaduto oggettivamente* **2** in base alla realtà, ai dati di fatto; realmente: *l'impresa è oggettivamente rischiosa*; a dire il vero: *oggettivamente, le speranze non sono molte* **3** di per sé, in sé: *la cosa ha grande importanza sia oggettivamente che soggettivamente* **4** (**gramm.**) con valore di complemento oggetto: *nella frase 'per amor suo', l'aggettivo 'suo' è usato oggettivamente* ‖ **oggettività**, **s. f. inv.** (V.) **B s. m.** ● (*raro*) scopo

SFUMATURE DI SIGNIFICATO

oggettivo - impersonale - spassionato

Oggettivo è ciò che si fonda sulla realtà così come viene percepita secondo parametri universalmente validi, che ha una natura, caratteristiche che non si prestano a interpretazioni, fraintendimenti, valutazioni soggettive. Un giudizio scevro da condizionamenti psicologici, preferenze e preconcetti individuali si dice anche **impersonale** o **spassionato**, termine che sottolinea l'indipendenza del giudizio da ogni influenza di tipo emotivo o affettivo.

SFUMATURE ➤ ***obiettivo***

♦**oggètto** o (*poet.*) †**obbiètto**, (*poet.*) †**obiètto** [lat. *obiĕctu(m)* 'cosa gettata contro, posta innanzi', part. pass. nt. di *obĭcere* 'gettare contro', comp. di *ŏb-* 'contro' e *iăcere* 'gettare'. V. *getto*① ✻ av. 1250] **A s. m. 1** (*filos.*) tutto ciò che il soggetto conoscente intende come diverso da sé; tutto ciò che sussiste di per sé, indipendentemente dalla conoscenza **2** correntemente, ogni cosa, spec. solida, che può essere percepita dai sensi e in particolare mediante la vista o il tatto: *vedere gli oggetti posti a distanza*; *un o. ruvido, liscio, colorato, profumato* | (*est.*) cosa ottenuta mediante lavorazione di un materiale grezzo: *o. di legno*; *oggetti preziosi, inutili, antichi* **3** (*dir.*) bene, cosa in senso giuridico: *l'o. dell'obbligazione* | contenuto: *l'o. di una sentenza* | ***o. giuridico del reato***, bene o interesse che la norma penale intende tutelare e che viene in particolare offeso dal reato | ***o. materiale del reato***, la persona o la cosa su cui cade l'attività del reo | ***o. sociale***, attività economica che una società può esercitare in base al suo statuto **4** (*inform.*) ogni elemento di una classe in quanto dotato di proprietà e funzioni | ***programmazione a oggetti***, V. *programmazione* **5** ciò verso cui è diretto un sentimento o che costituisce lo scopo di un'attività, un comportamento e sim.: *o. desiderato, amato, sognato*; *la sua ricerca ha per o. la scoperta della verità*; *non so quale sia l'o. del loro viaggio*; *espose quale era l'o. della proposta*; *o. di ammirazione, di scherno* | (*est.*) persona o cosa verso cui sono rivolti un'azione, un pensiero o un sentimento: *è stata o. di persecuzione*; *è lei l'o. del suo amore, di tutti i suoi pensieri* **6** materia, argomento: *o. di un trattato, di un discorso*; *qual è l'o. del suo studio?* | il tema trattato in una lettera, in un messaggio di posta elettronica e sim. | ***in o.***, di cui si sta parlando o scrivendo: *contestare le inesattezze del verbale in o.* | ***o. del conto***, in contabilità, voce alla quale il conto è intestato **B in funzione di agg. inv.** (**posposto al sost.**) **1** che è considerato al pari di una cosa, come strumento di possesso, di dominio o di godimento: *donna o.*; *uomini o.* **2** (*gramm.*) nella loc. ***complemento o.***, il sintagma nominale complemento diretto di un verbo transitivo, che indica l'oggetto dell'azione espressa dal verbo (per es. *ho comprato un cellulare*; *ha ricevuto un insulto*) | ***complemento (dell') o. interno***, quando dipende da un verbo intransitivo e ha un significato affine a quello del verbo (per es. *dormire sonni tranquilli*; *piangere lacrime amare*) | ***complemento o. partitivo***, quando è preceduto da una delle forme articolate della preposizione 'di' (per es.: *ho comprato dell'insalata e dei panini*) || **oggettìno**, **dim.** | **oggettùccio**, **dim.**

oggettuàle [1958] **agg.** **1** dell'oggetto **2** (*psicoan.*) attinente al rapporto con l'oggetto CONTR. soggettuale || **oggettualità**, **s. f. inv.** caratteristica di ciò che è oggettuale; (*est.*) tutto ciò che è oggettuale CONTR. soggettualità

oggettualizzàre [1949] **v. tr.** ● (*raro*) rendere oggetto, considerare come un oggetto || **oggettualizzazióne**, **s. f.**

♦**òggi** [lat. *hŏdie*, da *hōc dĭe* 'in questo giorno'. V. *dì* ✱ sec. XII] **A** **avv.** **1** nel giorno presente, in questo giorno: *arrivano o. nel pomeriggio*; *o. è giovedì*; *o. è il quindici*; *quanti ne abbiamo o.?* | con valore rafforz.: *o. stesso*; *proprio o.*; *quest'oggi* | ***o. a otto, o. a quindici, o. a un mese, o. a un anno***, tra otto giorni, tra quindici giorni, tra un mese, tra un anno esatti contando anche la giornata presente | ***o. è*** (o ***fa***) ***un anno, un mese, una settimana***, è, si compie esattamente un anno, un mese, una settimana **2** (*est.*) al presente (con valore più generico in contrapposizione al passato o al futuro): *è un ragazzo volubile, o. vuole una cosa, domani un'altra*; *o. credo più che mai che tu avessi ragione*; *gli ho dato ascolto, ma o. ne sono pentito* | ***o. come oggi***, per il momento: *o. come o. non possiamo prender nessuna decisione* | attualmente, nell'epoca moderna: *sono cose che succedono o.*; *o. il mondo è molto cambiato!* **3** (*tosc.*) nel pomeriggio della giornata presente: *ora non ho tempo, rimando il colloquio a o.* **B** **s. m. inv.** **1** il giorno corrente: *questo è il giornale di o.*; *per o. basta così*; *la consegna va fatta entro o.*; *da o. in poi le cose cambiano*; *ha studiato tutt'o.* | ***al giorno d'o.***, oggigiorno | ***a tutt'o.***, fino ad oggi: *a tutt'o. non abbiamo alcuna notizia* | ***dall'o. al domani***, da un giorno all'altro, improvvisamente: *ha deciso dall'o. al domani* **2** l'epoca attuale: *gli uomini di o.*; *la moda d'o.*; *l'onta dell'o. e la vendetta dei secoli* (G. CARDUCCI)

oggidì o †**òggi dì** [comp. di *oggi* e *dì* ✱ av. 1292] **A** **avv.** ● oggigiorno: *o. una lingua per essere universale ha bisogno di essere arida e geometrica* (G. LEOPARDI) **B** **s. m. inv.** ● il tempo presente: *sono cose d'o.*

oggidiàno [da *oggidì* ✱ 1623] **agg.** ● (*raro*) del giorno d'oggi; odierno

♦**oggigiórno** [comp. di *oggi* e *giorno* ✱ av. 1581] **A** **avv.** ● al giorno d'oggi, nel tempo presente, adesso: *o. certi metodi non valgono più* SIN. oggidì **B** **s. m.** ● il tempo presente (sempre con riferimento ad aspetti del passato): *i giovani d'o. sono più esigenti* SIN. oggidì

oggimài [comp. di *oggi* e *mai* ✱ 1268] **avv.** **1** (*lett.*) ormai, oramai: *padre mio, voi siete o. vecchio* (G. BOCCACCIO) **2** †ora, dunque | (*lett.*) infine **3** (*lett.*) oggi

ogiva [fr. *ogive*, dallo sp. *aljibe* 'cisterna', dall'arabo *al-ǧubb* 'pozzo' ✱ 1857] **s. f.** **1** nell'architettura gotica, arco diagonale della volta a crociera | ***arco, volta a o.***, a sesto acuto del tipo gotico **2** in balistica, parte strutturale o carenatura in forma ogivale, per migliorare la penetrazione aerodinamica: *o. di proiettile, di missile*; *o. nucleare* | ***o. di un'elica***, la carenatura che racchiude il mozzo come in un involucro

ogivàle [1843] **agg.** **1** che presenta arco acuto: *bifora o.* **2** che è tipico dell'arte gotica: *stile o.*; *Tetro e o. è l'antico palazzo dei vescovi* (D. BUZZATI)

†**ogliènte** ➤ **olente**

ogm /odʒi'ɛmme/ [sigla di *o(rganismo) g(eneticamente) m(odificato)* ✱ 1997] **s. m. inv.** ● (*biol.*) organismo vivente il cui patrimonio genetico è stato modificato artificialmente mediante sostituzione o aggiunta di nuovo materiale genetico

ógna ➤ **unghia**

♦**ógni** (o **ò-**), †**ógne**, †**ònne**, †**ònni** [lat. *ŏmne(m)*, di etim. incerta ✱ 1219] **agg. indef. sing. e** †**pl.** (†**f.** *-a*) (**lett., si può elidere davanti a parola che comincia per** *i* **e** †**davanti a parola che comincia per altra vocale:** *d'ogn'intorno*; *ogn'erba si conosce per lo seme* (DANTE *Purg.* XVI, 114)) **1** ciascun elemento, considerato singolarmente, di un insieme omogeneo: *ogni uomo ha il suo destino*; *o. cittadino deve compiere il suo dovere*; *in o. quartiere c'è un ufficio postale*; *bisogna stare attenti ad o. particolare*; *o. lingua divien tremando muta* (DANTE) | con sign. generico (equivalendo, con valore collettivo, a 'tutti'): *o. giorno va a fare una passeggiata*; *Dio è in o. luogo*; *hanno portato via o. cosa*; *è adatto per o. uso*; *ti auguro o. bene, o. felicità* CFR. onni-, panto- | qualsiasi (ponendo in rilievo la differenza fra i singoli elementi): *era presente gente d'o. grado, categoria, condizione sociale*; *abbiamo tentato con o. mezzo* | (*fam.*) ***di o.***, (*ellitt.*) di qualunque genere, di qualunque tipo: *gliene ha dette, gliene ha fatte di o.* | ***con o. attenzione, cura, riguardo, studio, diligenza*** e sim., con la massima attenzione, cura, ecc. possibile | ***o. momento***, sempre, continuamente: *si muove o. momento* | ***fuori d'o. dubbio***, in modo certissimo | ***oltre o. dire, oltre o. credere***, più di quanto sia possibile dire o credere, moltissimo: *è furba oltre o. dire* | ***in o. caso***, comunque, in qualsiasi eventualità | ***in o. modo***, a qualunque costo: *verrò in o. modo* | ***ad*** (o ***in***) ***o. modo, ad o. buon conto***, comunque (con valore limitativo): *ad o. modo fai come credi meglio* | ***in*** (o ***per***) ***o. dove***, dappertutto (V. anche *ognidove*) | (*lett.*) ***d'o. intorno***, da ogni luogo circostante | ***ad*** (o ***a***, *raro* ***per***) ***o. buon conto***, per sicurezza, per precauzione: *ad o. buon conto il denaro lo terrò io* | †con il verbo al pl.: *come desinato ebbero ogn'uomo* (G. BOCCACCIO) **2** con valore distributivo: *o. tre parole ne storpia una*; *viene o. due giorni*; *mi scrive o. sei mesi*; *una persona o. cento ha la possibilità di riuscire* | ***o. tanto***, di tanto in tanto: *lo vedo o. tanto* | (***lett.***) ***o. poco***, continuamente: *le veniva o. poco in mente il suo aspo* (A. MANZONI)

ognidóve o **ògni dóve** [comp. di *ogni* e *dove* ✱ 1751] **A** **avv.** ● ovunque: *la seguiva o.* **B** **s. m. inv.** ● (*raro*) qualunque luogo | ***in*** (o ***per***) ***ogni dove***, dappertutto **C** **cong.** ● (*lett.*) in qualunque luogo in cui: *ognidove gareggia con Negri … lo vince* (C. DOSSI) SIN. dovunque

†**ognindì** o †**ognidì** [comp. di *ogni* e *dì*, con inserzione della *-n-* ✱ av. 1292] **avv.** ● ogni giorno, quotidianamente

†**ognintórno** [comp. di *ogni* e *intorno* ✱ 1516] **vc.** ● solo nella loc. avv. ***d'o.***, da tutte le parti intorno

†**ogniόra** ➤ **ognora**

†**ógni óra** ➤ **ognora**

♣**ogniqualvòlta** o **ógni qual vòlta**, (*raro*) **ógni qualvòlta** [comp. di *ogni*, *quale* e *volta* ✱ av. 1698] **cong.** ● ogni volta che, tutte le volte che (introduce una prop. temp. con valore iter. e con il v. al congtv. o all'indic.): *rimproveralo o. tu lo riterrai opportuno*; *agite così o. sia necessario*

Ognissànti [lat. *ŏmnes sănctī* 'tutti i santi' ✱ 1284 ca.] **s. m. inv.** ● festa cattolica di tutti i Santi, che si celebra il 1° novembre

ognitèmpo [comp. di *ogni* e *tempo*, per calco sull'ingl. *all-weather* ✱ 1975] **agg. inv.** ● detto di aeromobili o imbarcazioni, spec. militari, costruiti ed equipaggiati in modo da poter svolgere la propria funzione in qualsiasi condizione meteorologica, sia di giorno sia di notte

†**ogniùno** ➤ **ognuno**

-ógnolo (o **-ò-**) [dal lat. *-ōneu(m)*, di orig. indeur. Cfr. *-aneo* da *-āneu(m)*] **suff.** ● forma aggettivi che indicano tonalità, gradazione di colore, somiglianza con quanto espresso dal termine di derivazione (gener. con una sfumatura che esprime una qualità impura, sbiadita): *azzurrognolo*, *giallognolo*, *nerognolo*, *verdognolo*, *amarognolo*

♣**ognóra** o †**ogniόra**, †**ogn'óra**, †**ógni óra** /oɲ'ɲora, oɲ'ɲora/ [comp. di *ogn(i)* e *ora* ✱ av. 1250] **A** **avv.** (*poet.* **troncato in** *ognor*) ● (*lett.*) sempre, ogni volta: *me lo ripete o.*; *io povero Medor ricompensarvi / d'altro non posso, che d'ognior lodarvi* (L. ARIOSTO) | (*lett.*) sempre più: *le mie parole … o. crescenti né unici obbrobri* (G. BOCCACCIO) **B** **nella loc. cong.** †***o. che***, ogni volta che (introduce una prop. temp. con il v. all'indic.): *ogn'ora ch'io mi specchio* (G. BOCCACCIO)

♦**ognùno** o †**ogniùno**, †**ogn'ùno** [comp. di *ogn(i)* e *uno* ✱ 1266] **A** **pron. indef. solo sing.** (*poet.* **troncato in** *ognun*, **davanti a parola che comincia per vocale o consonante che non sia** *gn*, *ps*, *s impura*, *x*, *z*: *ognun avrà ciò che il fatto ha deciso*). (**V. nota d'uso ELISIONE e TRONCAMENTO**) ● ogni persona, ciascuno: *o. può esprimere il suo pensiero*; *ormai o. lo sa*; *o. è artefice del proprio destino*; *o. cerca il proprio vantaggio*; *o. ha diritto di essere ascoltato* | seguito dal partitivo: *o. degli interpellati ha risposto prontamente*; *o. di noi sa quello che vuole*; *ognuna delle allieve avrà un premio* | PROV. ***o. per sé e Dio per tutti***, ciascuno pensi ai propri interessi, lasciando che a quelli degli altri ci pensi Dio; ***ad o. la sua croce***, V. *croce* **B** **agg. indef.** ● †ogni: *ognuna persona … dica* (L. ARIOSTO)

♦**oh** /ɔ:/ [vc. onomat. ✱ av. 1294] **inter.** ● esprime, a seconda dell'intonazione con cui è pronunciato, compassione, desiderio, dolore, dubbio, meraviglia, noia, piacere, sdegno, timore e sim.: *oh povero ragazzo!*; *oh! come faremo adesso?*; *oh, guarda chi si rivede!*; *oh, che schifo!*; *oh, che felicità!*; *oh venturose e care e benedette / l'antiche età …* (G. LEOPARDI); *'Oh povero me! Aspetti: era ammalata molto?'* (A. MANZONI); *oh gran bontà de' cavalieri antiqui!* (L. ARIOSTO)

ohé o **óhe** [vc. onomat. ✱ 1362 ca.] **inter.** ● (*fam.*) si usa per richiamare l'attenzione altrui o come avvertimento, anche minaccioso: *ohé, tu!*; *ohé, vieni qui!*; *ohé, c'è nessuno?*; *ohé, di casa!*; *ohé, attenzione a quello che fate!*; *ohé, con me non si scherza!*; *non le chiedo niente del suo: ohe!* (A. MANZONI)

♦**òhi** o (*raro*) **òi** [vc. onomat. ✱ 1250 ca.] **inter.** **1** esprime dolore, sospetto, disappunto e talora anche meraviglia o impazienza: *ohi, qui la situazione si fa difficile!*; *ohi, che dolore!* **2** nella loc. inter. ***ohi là***, V. *ohilà* **3** unito ai pronomi pers. esprime dolore, sconforto, disperazione e sim. ed è oggi usato spec. in tono scherz.: *ohi te!*; *ohi lui!*; *ohi noi!*; *ohi voi!* | V. anche *ohimè*

ohibò o **oibò** [vc. onomat. ✱ 1524] **inter.** ● esprime disapprovazione, disprezzo, sdegno, nausea e sim.: *o., che roba!*; *o.!, che coraggio a dire certe cose!* | con valore di negazione: *o., non lo farò mai!*

ohilà o **oilà**, **ohi là**, **oi là** [da *ohi* e *là* * 1896] **inter.** • si usa per richiamare l'attenzione di qlcu., o come avvertimento anche minaccioso: *ohilà! come ti chiami?*; *ohilà, adesso basta!*; *ohilà, queste cose non si fanno!*

ohimè /oi'mɛ*/ o **ohimé**, **oimè** [comp. di *ohi* e *me* * 1250 ca.] **A** **inter.** • esprime dolore, sconforto, disperazione e sim. con il sign. di 'povero me!', 'me infelice!' e sim.: *o., che disgrazia!*; *o., che ho fatto!* **B** **in funzione di s. m. inv.** • lamento, esclamazione di dolore: *un o. penoso gli uscì di bocca*; *basta con questi o.!*

ohm /ɔm, *ted.* oːm/ [dal n. del fisico ted. G. S. *Ohm* (1787-1854) * 1892] **s. m. inv.** • unità di misura di resistenza elettrica, corrispondente alla resistenza di un conduttore che, soggetto alla differenza di potenziale costante di un volt, viene percorso da una corrente di un ampere SIMB. Ω

òhmetro ➤ **ohmmetro**

òhmico /'ɔmiko/ [da *ohm* * 1930] **agg.** (**pl. m.** *-ci*) • (*elettr.*) detto di conduttore elettrico per cui vale la legge di Ohm | detto di circuito elettrico o suo elemento che siano puramente resistivi, o di grandezza elettrica che li descrive

òhmmetro /'ɔmmetro/ o **òhmetro** /'ɔmetro/ [comp. di *ohm* e *-metro* * 1884] **s. m.** • (*fis.*) strumento indicatore che misura la resistenza di un conduttore

òi ➤ **ohi**

oibò ➤ **ohibò**

-òico [da acido *(benz)oico*, terminazione usata poi autonomamente] **suff.** • in chimica organica, indica un acido carbossilico (*acido benzoico*) o una aldeide aromatica (*aldeide benzoica*)

-òide [lat. *-oīde(m)*, dal gr. *-oeidḗs*, da *êidos* 'forma', 'modello'] **suff.** • in numerose parole composte, indica somiglianza, analogia, affinità o attenuazione rispetto a quanto indicato dal termine cui è aggiunto (talora con valore spreg.): *anarcoide, genialoide, intellettualoide, mastoide, ellissoide, socialistoide*

-oidèe [da *-oide* nella forma pl. del f. proprio del lat. scient.] **suff. f. pl.** (**sing.** *-oidea*) • nella sistematica botanica, indica una sottofamiglia: *Bambusoidee*

-oidèi o **-òidi** [pl. di *-oide*, come adattamento di *-oidea*, che, nei nomi lat. scientifici, rappresenta il nt. pl.] **suff. m. pl.** (**sing.** *-oideo*) • nella sistematica zoologica, indica un sottordine: *Lemuroidei*

-oidèo [suff. agg. corrispondente ai s. in *-oide*] **suff.** • forma aggettivi derivati da termini in *-oide*, spec. in medicina: *mastoideo, tipoideo*

-òidi ➤ **-oidei**

oìdio [dal gr. *ōión* 'uovo', di orig. indeur. * 1869] **s. m.** (**pl.** *-i* o *raro -ii*) **1** (*bot.*) fungo delle Erisifacee parassita di piante su cui provoca il mal bianco **2** (*bot.*) frammento di micelio dei Funghi ascomiceti, capace di diffondere il fungo stesso per via vegetativa

oïl /*fr.* ɔjl/ [ant. fr. 'sì', dal lat. *hŏc ĭlle* 'ciò egli (fa)' * av. 1576] **s. m. inv.** • solo nella loc. ***lingua d'oïl***, il francese antico, cioè la lingua letteraria della Francia settentrionale

oilà ➤ **ohilà**

oimè o **oimé** ➤ **ohimè**

oinochoe /oino'kɔe/ [gr. *oinochóē*, da *óinos* 'vino' e *chêin* 'versare' * 1885] **s. f.** • vaso di produzione arcaica greca a forma di brocca, usato per attingere e mescere il vino

oitànico [da *oïl*, sul modello di *occitanico* * 1963] **agg.** (**pl. m.** *-ci*) • relativo alla lingua d'oïl

ok o **OK** /o'kɛi, *ingl.* əʊ'keɪ/ [1945] **inter.**; anche **s. m. inv.** • okay (V.): *dare l'ok alla firma di un contratto*

okàpi [vc. di orig. bantu * 1932] **s. m. inv.** • mammifero africano degli Artiodattili, poco più piccolo di un cavallo, con arti zebrati e corpo nerastro (*Okapia johnstoni*)

okay /o'kei, *ingl.* əʊ'keɪ/ [vc. amer., lettura della sigla *O.K.*: dal n. del comitato *O(ld) K(inderhook Club)* 'circolo democratico del vecchio di Kinderhook', di Nuova York (?) * 1931] **A** **inter.** • va bene, d'accordo **B** **s. m. inv.** (**pl. ingl.** *okays*) • benestare, approvazione: *ho avuto l'o. del mio capo* | (*aeron.*) visto apposto su un biglietto aereo che attesta la disponibilità del posto per il passeggero **C** **con valore predicativo** nella loc. ***essere o.***, essere a posto, essere in buone condizioni

ola /*sp.* 'ola/ [vc. sp., propr. 'onda' * 1984] **s. f.** (**pl.** *ole* o **sp.** *olas*) • movimento che i tifosi compiono negli stadi alzandosi in piedi uno dopo l'altro per dare l'impressione del moto di un'onda: *fare la ola*

olà [comp. di *oh* e *là* * 1509] **inter.** • si usa in tono autoritario o di minaccia (*anche scherz.*), come richiamo o avvertimento: *olà, fermi tutti!*; *olà! smettetela!*

olànda [dall'*Olanda*, da cui proviene * 1561] **s. f.** • tela di lino assai robusta e resistente, originariamente prodotta in Olanda

♦**olandése** (o **-ṣ-**) [av. 1557] **A** **agg.** **1** dell'Olanda: *costume o.*; *zoccoli olandesi* | ***razza o.***, razza bovina da latte allevata in tutto il mondo **2** detto di rilegatura con copertina flessibile **B** **s. m.** (**anche f. nel sign. 1**) **1** abitante o nativo dell'Olanda **2** tipo di formaggio di forma rotonda, rosso all'esterno, originario dell'Olanda **3** estratto di cicoria, usato come surrogato del caffè **4** (*sport*) ***o. volante***, flying dutchman ‖ **olandesino**, **dim.** **C** **s. f.** **1** macchina usata nelle cartiere per triturare e ridurre in pasta gli stracci **2** macchina per lavare i fiocchi di lana, simile alla omonima macchina usata per preparare la pasta da carta **D** **s. m. solo sing.** • lingua parlata dagli olandesi CFR. neerlandese

olandesìṣmo (o **-eṣi-**) [da *olandese*, con *-ismo* * 1983] **s. m.** • parola o locuzione propria dell'olandese entrata in un'altra lingua

old ecònomy /old e'kɔnomi, *ingl.* əʊld ɪ'kɒnəmɪ/ [loc. ingl., propr. 'vecchia (*old*) economia (*economy*)' * 2000] **loc. sost. f. inv.** (**pl. ingl.** *old economies*) • l'economia tradizionale, in contrapposizione alla nuova economia (o *new economy*)

old fashion /old'fɛʃʃon, *ingl.* ˌəʊld'fæʃən/ [loc. ingl., propr. 'vecchia moda' * 1984] **A** **loc. sost. m. inv.** • moda o stile d'altri tempi **B** **anche loc. agg. inv.**: *cravatte old fashion*

olé /*sp.* o'le*/ [vc. espressiva * 1765] **A** **inter.** • usata in tono scherzoso, spec. per sottolineare un gesto o un'azione **B** **s. m. inv.** • danza solistica andalusa in tre ottavi con ritmo scandito dalle nacchere

Oleàcee [comp. del lat. *ŏle(a)* 'ulivo' e *-acee* * 1875] **s. f. pl.** (**sing.** *-a*) • (*bot.*) famiglia di piante legnose delle Dicotiledoni con foglie intere e opposte e frutti a drupa o a bacca (*Oleaceae*)

oleàceo [vc. dotta, lat. tardo *oleāceu(m)*, da *ŏleum* 'olio' * 1499] **agg.** • (*raro*) oleoso

oleaginóso (o **-ṣ-**) [sovrapposizione di *oleoso* al lat. *oleagĭneus* 'simile all'ulivo', da *ŏlea* 'ulivo' * 1563] **agg.** • che contiene olio: *seme o.* | †oleoso

oleandrìna [fr. *oléandrine*, da *oléandre* 'oleandro' * 1875] **s. f.** • (*chim.*) glucoside, estratto dalle foglie dell'oleandro, dotato di proprietà cardiotoniche

oleàndro o (*poet.*) **leàndro** [etim. incerta * 1499] **s. m.** • arbusto o alberello ornamentale sempreverde delle Apocinacee con foglie lanceolate e bei fiori rosei, bianchi o gialli, ricco di un succo amaro e velenoso (*Nerium oleander*)

oleàre ➤ **oliare**

oleàrio [vc. dotta, lat. *oleāriu(m)*, da *ŏleum* 'olio' * 1794] **agg.** • dell'olio: *mercato o.*; *produzione olearia*

oleàstro o **oliàstro** [vc. dotta, lat. *oleăstru(m)*, da *ŏlea* 'ulivo' * av. 1340] **s. m.** • (*bot.*) olivastro

oleàto [var. di *oliato*, ricostruita sul lat. *ŏleum* 'olio' * 1707] **agg.** **1** V. *oliato* **2** detto di carta impregnata di sostanze atte a renderla impermeabile

oleatóre ➤ **oliatore**

oleatùra ➤ **oliatura**

olecrànico [1834] **agg.** (**pl. m.** *-ci*) • (*anat.*) dell'olecrano

olecràno o **olècrano** [vc. dotta, gr. *ōlékranon*, comp. di *ōlénē* 'gomito', di orig. indeur., e *kraníon* 'estremità, cranio' * av. 1673] **s. m.** • (*anat.*) apofisi, a forma di prisma, dell'estremità prossimale dell'ulna

olefìna [rifacimento del fr. *oléfiant* 'che produce olio', comp. di *olé-* (dal lat. *ŏleum* 'olio') e *fiant* 'che fa' (corrispondente all'it. *-ficante*, part. pres. di *-ficare*: cfr. *lubrificante* ecc.) * 1889] **s. f.** • (*chim.*) alchene

olefìnico [1889] **agg.** (**pl. m.** *-ci*) • (*chim.*) relativo alla olefina: *legame o.*

olèico [dal lat. *ŏleum* 'olio' * 1829] **agg.** (**pl. m.** *-ci*) • relativo a olio; oleifero: *lino o.* | (*chim.*) ***acido o.***, acido organico monobasico contenente un doppio legame della serie alifatica, presente spec. come oleina negli oli di oliva e di mandorle, e nei grassi di riserva degli erbivori; è usato per fabbricare saponi e detersivi

oleìcolo [comp. del lat. *ŏlea* 'ulivo' e *-colo* * 1958] **agg.** • (*raro*) olivicolo

oleicoltóre [dal lat. *ŏlea* 'ulivo' (V.), sul modello di *frutticoltore* * 1942] **s. m.** (**f.** *-trice*) • olivicoltore

oleicoltùra [comp. del lat. *ŏlea* 'ulivo' e *coltura* * 1942] **s. f.** • (*raro*) olivicoltura

oleìfero [comp. del lat. *ŏleum* 'olio', e *-fero* * 1793] **agg.** • di seme o pianta che dà o contiene olio

oleifìcio [comp. del lat. *ŏleum* 'olio' e *-ficio* * 1881] **s. m.** • stabilimento per l'estrazione e il raffinamento dell'olio

oleìna [dal lat. *ŏleum* 'olio' * 1834] **s. f.** • (*chim.*) glicerina dell'acido oleico, uno dei principali componenti dei grassi animali e vegetali | nella terminologia industriale, acido oleico allo stato greggio

olènte o †**gliènte** **part. pres.** di †*olire*; anche **agg.** • (*lett.*) nel sign. del v. | (*poet.*) profumato

†**olènza** [vc. dotta, lat. tardo *olĕntia(m)*, dal v. *olēre* 'emanare odore, profumare' * 1513] **s. f.** • (*lett.*) odore: *un balsamo divino / empié quell'aria di soave o.* (V. MONTI)

òleo- [dal lat. *ŏleum* 'olio'] **primo elemento** • in parole composte della terminologia scientifica e tecnica, significa 'olio, sostanza grassa', o vi fa riferimento: *oleoacidimetro, oleochimica, oleometro*

oleoacidìmetro [comp. di *oleo-*, *acidi(tà)* e *-metro* * 1950] **s. m.** • strumento per misurare il grado di acidità dell'olio

oleobromìa [comp. di *oleo-* e un deriv. di *brom(uro)* * 1958] **s. f.** • bromolio

oleochìmica [comp. di *oleo-* e *chimica* * 1970] **s. f.** • settore dell'industria chimica riguardante la fabbricazione di prodotti intermedi a partire dai grassi

oleodinàmico [comp. di *oleo-* e *dinamico* * 1958] **agg.** (**pl. m.** *-ci*) • detto di dispositivo, impianto e sim. che viene azionato mediante olio in pressione

oleodótto [comp. di *oleo-* e *-dotto*, sul modello di *acquedotto* ✱ 1931] **s. m.** ● conduttura nella quale gli oli minerali vengono pompati dai luoghi di estrazione a quelli di imbarco o di raffinazione

oleografìa [comp. di *oleo-* e *-grafia* ✱ 1868] **s. f. 1** riproduzione a stampa di un quadro a olio, ottenuta mediante il sistema della litografia **2** (*fig.*, *spreg.*) opera pittorica di scarso valore | (*est.*) rappresentazione o descrizione della realtà che riprende schemi espressivi scontati, senza originalità

✱**oleogràfico** [1888] **agg.** (**pl. m.** *-ci*) **1** dell'oleografia | realizzato mediante l'oleografia: *riproduzione oleografica* **2** (*fig.*, *spreg.*) banale, privo di originalità: *dipinto o.*; *descrizione oleografica* ‖ **oleograficaménte**, **avv.** (*raro*) in modo oleografico; per mezzo dell'oleografia

SFUMATURE ➤ ***convenzionale***

oleografìṣmo [comp. di *oleografia* e *-ismo* ✱ 1938] **s. m.** ● (*spreg.*) convenzionalismo, mancanza di originalità nell'arte

oleomargarìna [comp. di *oleo-* e *margarina* ✱ 1875] **s. f. 1** grasso giallo butirroso ottenuto per spremitura del sego e adoperato nella preparazione di surrogati del burro **2** surrogato del burro

oleòmetro [comp. di *oleo-* e *-metro* ✱ 1869] **s. m.** ● strumento per misurare la densità dei vari oli, allo scopo di sventare eventuali frodi

oleopneumàtico [comp. di *oleo-* e *pneumatico* ✱ 1958] **agg.** (**pl. m.** *-ci*) ● detto di dispositivo, impianto e sim. che funziona mediante olio in pressione e aria compressa

oleorèṣina [comp. di *oleo-* e *resina* ✱ 1875] **s. f.** ● sostanza più o meno densa che trasuda dalle piante, costituita da resine miste a oli volatili: *la trementina è una o.*

oleóso (o **-ṣ-**) o (*raro*) **olióso** (o **-ṣ-**) [vc. dotta, lat. *oleōsu(m)*, agg. di *ŏleum* 'olio' ✱ 1476] **agg. 1** che contiene olio: *semi oleosi* **2** che ha le caratteristiche proprie dell'olio: *essenza oleosa* | (*est.*) untuoso, grasso **3** (*enol.*) detto di vino al tempo stesso piacevolmente morbido e passante | detto di vino scialbo e vischioso, affetto dalla malattia del filante ‖ **oleosità** o (*raro*) **oliosità**, **s. f. inv.** caratteristica, consistenza o aspetto di ciò che è oleoso

òleum [lat. *ŏleum* 'olio' ✱ 1927] **s. m. inv.** ● (*chim.*) miscela di acido solforico e disolforico contenente quantità variabili di anidride solforica, molto usata nelle fabbriche di coloranti e di esplosivi

oleẓẓànte (o **-zz-**) **part. pres.** di *olezzare*; anche **agg.** ● (*lett.*) profumato

oleẓẓàre (o **-zz-**) [lat. parl. **olidiāre*, da *ŏlidus* 'che ha odore', da *olēre* 'aver odore', dalla stessa radice di *ŏdor* 'odore' ✱ 1319] **v. intr.** (*io oléẓẓo*; **aus.** *avere*) **1** (*lett.*) mandare piacevole odore: *l'un margo, e l'altro del bel fiume adorno / di vaghezze e di odori olezza e ride* (T. TASSO) **2** (*iron.*, *per antifrasi*) mandare cattivo odore: *senti come olezza!*

✱**oléẓẓo** (o **-zz-**) [da *olezzare* ✱ 1635] **s. m. 1** (*lett.*) profumo: *gli piace l'o. della resina dei pini* **2** (*iron.*) puzzo: *che o.!*

†**olfàre** [lat. *olfăcere*, comp. di *olēre* (V. *olente*) e *făcere* 'fare' ✱ sec. XIV] **v. tr.** ● fiutare, odorare

olfattìvo [1834] **agg.** ● dell'olfatto: *sensibilità olfattiva* | (*anat.*) ***nervo o.***, il primo paio di nervi cranici **SIN.** olfattorio

olfàtto [vc. dotta, lat. *olfăctu(m)*, da *ol(e)făcere*. V. †*olfare* ✱ 1340] **s. m.** ● senso che permette di percepire e distinguere gli odori, i quali vengono raccolti dalle fosse nasali, cioè dalle due cavità situate nel naso, una a destra e l'altra a sinistra del setto mediano **SIN.** odorato

NOMENCLATURA

olfatto (cfr. naso, odore)
● *caratteristiche*: sviluppato, fine = acuto ⇔ ottuso;
● *azioni*: fiutare = annusare = odorare, sniffare, inalare; emettere = esalare = emanare = effondere = promanare;
● *misurazione dell'olfatto*: olfattometro, olfattometria;
● *anomalie*: anosmia.

olfattòmetro [comp. di *olfatto* e *-metro* ✱ 1927] **s. m.** ● strumento per misurare il grado della sensibilità olfattiva

olfattòrio [vc. dotta, lat. tardo *olfactōriu(m)* 'profumato', agg. di *olfăctus* 'olfatto' ✱ 1678] **agg.** (**pl. m.** *-i* o *raro -ii*) ● (*anat.*) olfattivo

oliàndolo [da *olio* col suff. *-(ve)ndolo* (cfr. *erbivendolo*, *fruttivendolo*) (?) ✱ 1286] **s. m.** (**f.** *-a*) ● (*tosc.*) rivenditore d'olio al minuto | addetto a un frantoio di olive

olìare o **oleàre** [da *olio* ✱ 1565] **v. tr.** (*io òlio*) **1** ungere con olio: *bisogna o. lo stampo prima di versarvi l'impasto*; *fate o. il motore* **2** (*raro*) condire con olio **3** (*fig.*, *colloq.*) versare somme di denaro a qlcu. per corromperlo

olìàrio [vc. dotta, lat. *oleāriu(m)*, da *ŏleum* 'olio' ✱ av. 1502] **s. m. 1** magazzino dell'oleificio, con le botti dell'olio appena spremuto **2** †in una casa rurale, locale in cui si conservava l'olio

oliàstro ➤ **oleastro**

oliàta ① [1869] **s. f.** ● quantità d'olio ottenuta in un'annata

oliàta ② [da *oliare* ✱ 1981] **s. f.** ● atto del lubrificare o del condire con olio ‖ **oliatìna**, **dim.**

oliàto o **oleàto** **part. pass.** di *oliare*; anche **agg. 1** lubrificato con olio | (*fig.*) efficiente: *un meccanismo ben o.* | (*fig.*, *colloq.*) reso accondiscendente dietro compenso **2** condito con l'olio **3** †detto dell'oliva che contiene olio perché già matura

oliatóre o **oleatóre** [da *oliato* ✱ 1925] **s. m. 1** piccolo recipiente munito di un lungo becco, usato per immettere olio lubrificante in meccanismi, congegni e sim. **2** (*mecc.*) dispositivo, composto da un piccolo serbatoio e da un tubicino, destinato a far arrivare l'olio lubrificante alle parti in movimento di una macchina, un congegno o parti di essi

oliatùra o **oleatùra** [1927] **s. f.** ● l'oliare | lubrificazione

olìbano [dal gr. *líbanos* 'incenso', dall'ebr. *lebōnāh* ✱ sec. XIV] **s. m.** ● (*raro*, *lett.*) incenso: *O fumo degli olibani!* (A. BOITO)

olièra [da *olio* ✱ 1640] **s. f.** ● recipiente con beccuccio usato a tavola per versare l'olio | accessorio da tavola costituito da due ampolline contenenti olio e aceto e dal loro supporto, spesso con l'aggiunta di saliera e pepiera

olifànte [ant. fr. *olifant*, var. di *éléphant* 'elefante', perché il corno era d'avorio ✱ 1334] **s. m.** ● corno d'avorio usato per la caccia nel Medioevo: *l'o. dei paladini di Francia*

oligàrca [vc. dotta, gr. *oligárchēs*, da *oligarchía* 'oligarchia' ✱ av. 1797] **s. m.** (**pl.** *-chi*) ● membro di una oligarchia

oligarchìa [vc. dotta, gr. *oligarchía*, comp. di *olígoi* 'pochi' e *-archía* '-archia' ✱ sec. XIV] **s. f.** ● forma di governo in cui il potere è concentrato nelle mani di un ristretto gruppo di persone | piccolo gruppo di persone che detiene il potere in un'istituzione, in un partito, in un'associazione e sim.

oligàrchico [vc. dotta, gr. *oligarchikós*, agg. di *oligarchía* 'oligarchia' ✱ 1600] **A** **agg.** (**pl. m.** *-ci*) ● di oligarchia, che ha carattere di oligarchia: *regime o.* **B** **s. m.** (**f.** *-a*) ● fautore dell'oligarchia ‖ **oligarchicaménte**, **avv.** in forma di oligarchia

oligìsto [vc. dotta, gr. *olígistos*, superl. di *olígos* 'poco', detto così perché contiene poco ferro ✱ 1817] **s. m.** ● (*miner.*) varietà di ematite in bei cristalli

òligo- [dal gr. *olígos* 'poco'] **primo elemento** (*olig-* **davanti a vocale**) ● in parole composte, significa 'poco', 'pochi' o indica scarsità: *oligarchia*, *oligocene*, *oligominerale*, *oligopolio*

Oligocène [fr. *oligocène*, comp. del gr. *olígos* (V. *oligo-*) e *-cene*① ✱ 1911] **s. m.** ● (*geol.*) terzo periodo dell'era cenozoica

Oligochèti [comp. di *oligo-* e del gr. *chăítē* 'setola', di orig. indeur.; detti così perché ricoperti di poche setole ✱ 1883] **s. m. pl.** (**sing.** *-o*) ● (*zool.*) classe di Anellidi ermafroditi, terrestri o di acqua dolce, con evidente metameria esterna (*Oligochaeta*)

oligocitemìa o **oligocitòemia** [comp. di *oligo-*, *cito-* ed *-emia* ✱ 1895] **s. f.** ● (*med.*) riduzione del numero dei globuli rossi nel sangue circolante, come si verifica nell'anemia

oligoclàṣio [comp. di *oligo-* e *-clasio*, dal tipo di sfaldatura ✱ av. 1875] **s. m.** ● (*miner.*) plagioclasio sodico-calcico, in bei cristalli bianchi o grigiastri

oligocrazìa [comp. di *oligo-* e *-crazia* ✱ 1895] **s. f.** ● (*raro*) oligarchia

oligodendrocìta o **oligodendrocìto** [comp. di *oligo-*, *dendro-* e *-cita* ✱ 1958] **s. m.** (**pl.** *-i*) ● (*biol.*) ognuno degli elementi della nevroglia responsabili della produzione della mielina nel nevrasse

oligodinàmico [comp. di *oligo-* e *dinamico* ✱ 1954] **agg.** (**pl. m.** *-ci*) ● (*biol.*) detto di elemento chimico che, in quantità minime, serve per lo svolgimento di specifiche funzioni di un organismo

oligoeleménto [comp. di *oligo-* ed *elemento* ✱ 1956] **s. m.** ● (*biol.*) elemento oligodinamico

oligoemìa [comp. di *oligo-* ed *-emia* ✱ 1834] **s. f.** ● (*med.*) diminuzione della quantità totale di sangue **SIN.** anemia

oligoèmico [da *oligoemia* ✱ 1940] **agg. e s. m.** (**pl. m.** *-ci*) ● anemico

oligòfito [comp. di *oligo-* e *-fito* ✱ 1958] **agg.** ● (*agric.*) detto di area coltivata con un numero ridotto di specie vegetali

oligofrenìa [comp. di *oligo-* e *-frenia* (V. *schizofrenia*) ✱ 1935] **s. f.** ● (*psicol.*) stato di insufficiente sviluppo delle facoltà mentali, spesso a carattere ereditario

oligofrènico [1958] **A** **agg.** (**pl. m.** *-ci*) ● di oligofrenia, relativo a oligofrenia **B** **agg. e s. m.** (**f.** *-a*) ● che (o chi) è affetto da oligofrenia

oligoidràmnio [comp. di *oligo-* e *idramnio* ✱ 1958] **s. m.** ● (*med.*) scarsa quantità di liquido amniotico

oligolecìtico [comp. di *oligo-* e del gr. *lékithos* 'tuorlo' (di orig. sconosciuta) ✱ 1954] **agg.** (**pl. m.** *-ci*) ● (*biol.*) detto di gamete femminile povero di deutoplasma **CONTR.** telolecitico

oligomenorrèa [comp. di *oligo-* e *menorrea* ✱ 1930] **s. f.** ● (*med.*) diminuzione nella frequenza delle mestruazioni

oligomèrico [1993] **agg.** (**pl. m.** *-ci*) ● (*chim.*) detto di composto derivante dall'unione di poche molecole di monomero

oligòmero [comp. di *oligo-* e *-mero* ✱ 1895] **s. m.** ● (*chim.*) polimero di basso peso molecolare formato dall'unione di poche molecole di monomero

oligominerale [comp. di *oligo-* e *minerale* ✱ 1929] **agg.** ● detto di acqua minerale da bevanda che contenga una quantità di sali non superiore a 0,2 grammi per litro

oligopòlio [comp. di *oligo-* e *-polio* ✱ 1958] **s. m.** (**pl.** *-i* o *raro -ii*) ● (*econ.*) forma di mercato caratterizzata dall'esistenza, di fronte a un numero imprecisato di compratori, di un numero limitato di venditori di un dato bene o servizio

oligopolìsta [1958] **s. m. e f.; anche agg.** (**pl. m.** *-i*) ● venditore in regime di oligopolio

oligopolìstico [1970] **agg.** (**pl. m.** *-ci*) ● di oligopolio, relativo a oligopolio

oligopsònio [comp. di *oligo-* e *-psonio* ✱ 1958] **s. m.** ● (*econ.*) forma di mercato caratterizzata dall'esistenza, di fronte a un numero imprecisato di venditori, di un numero limitato di compratori di un dato bene o servizio

oligopsonìsta [1958] **s. m. e f.** (**pl. m.** *-i*) ● (*econ.*) compratore in un mercato oligopsonistico

oligopsonìstico [1981] **agg.** (**pl. m.** *-ci*) ● (*econ.*) di oligopsonio, relativo a oligopsonio

oligosaccàride [comp. di *oligo-* e *saccaride* ✱ 1958] **s. m.** ● (*chim.*) polisaccaride formato da poche molecole di zuccheri semplici

oligosaccarìdico [1993] **agg.** (**pl. m.** *-ci*) ● (*chim.*) relativo a oligosaccaride

oligospermìa [comp. di *oligo-* e un deriv. di *sperma* ✱ 1834] **s. f. 1** (*biol.*) ridotta quantità di spermatozoi nello sperma **2** (*bot.*) condizione di un frutto che contiene un numero ridotto di semi

oligotrofìa [comp. di *oligo-* e *-trofia* ✱ 1834] **s. f. 1** (*fisiol.*) stato di scarsa o insufficiente nutrizione dei tessuti **2** (*biol.*) condizione di un ambiente acquatico oligotrofico ‖ **oligotròfico**, **agg.** (**pl. m.** *-ci*) (*biol.*) detto di ambiente acquatico povero di elementi nutritivi e quindi inadatto allo sviluppo di forme di vita **CONTR.** eutrofico

oligùria o **oligurìa** [comp. di *oligo-* e *-uria* ✱ 1911] **s. f.** ● (*med.*) ridotta eliminazione di urina

olimpìaco [vc. dotta, lat. *Olympĭacu(m)*, dal gr. *Olympiakós*, agg. di *Olympía* 'Olimpia' ✱ 1340] **agg.** (**pl. m.** *-ci*) ● (*lett.*) olimpico

♦**olimpìade** [vc. dotta, lat. *Olympĭade(m)*, dal gr. *Olympiás*, da *Olympía* 'Olimpia' ✱ av. 1367] **s. f.** (*Olimpìadi* **nel sign. 2**) **1** nell'antica Grecia, complesso di feste e gare atletiche in onore di Zeus, che aveva luogo ogni quattro anni nella città di Olimpia | intervallo di tempo fra due olimpiadi **2** (**spec. al pl.**) manifestazione sportiva contemporanea che dal 1896 si svolge ogni quattro anni in una città diversa, con la partecipazione di atleti di tutte le nazioni praticanti sport olimpici | ***Olimpiadi invernali***, dedicate agli sport invernali

♣**olìmpico** [vc. dotta, lat. *Olўmpicu(m)*, dal gr. *Olympikós*, agg. di *Ólympos* 'Olimpo' e di *Olympía* 'Olimpia' ✱ sec. XIV] **agg.** (**pl. m.** *-ci*) **1** olimpio **2** (*fig.*) imperturbabile: *calma, serenità olimpica* **3** relativo alle Olimpiadi antiche e moderne: *giochi olimpici*; *comitato o.*; *stadio o.* | ***sport o.***, quello riconosciuto dal Comitato Internazionale Olimpico | ***spirito o.***, atteggiamento di sportività e lealtà, che privilegia la partecipazione rispetto al risultato, tipico dei giochi olimpici ‖ **olimpicaménte**, **avv.** (*fig.*) con serenità olimpica ‖ **olimpicità**, **s. f. inv.** serenità olimpica, imperturbabilità

olìmpio [vc. dotta, lat. *Olўmpiu(m)*, dal gr. *Olýmpios*, agg. di *Ólympos* 'Olimpo' ✱ 1374] **agg. 1** (*lett.*) del monte Olimpo: *le abitatrici olimpie* (U. FOSCOLO) **2** di Olimpia: *feste olimpie*

olimpiònico [vc. dotta, gr. *Olympiónikos*, comp. di *Olympía* 'Olimpia' e *níkē* 'vittoria' ✱ av. 1494] **agg. e s. m.** (**f.** *-a*; **pl. m.** *-ci*) **1** che (o chi) ha vinto una gara alle Olimpiadi nell'antica Grecia **2** che (o chi) ha vinto una gara alle Olimpiadi moderne: *campione o.* | (*est.*) che (o chi) partecipa alle Olimpiadi moderne: *squadra olimpionica*; *gli olimpionici di atletica*

♣**olìmpo** [vc. dotta, lat. *Olўmpu(m)*, dal gr. *Ólympos*, di orig. preindeur. ✱ 1319] **s. m.** (*Olimpo* **nei sign. 1 e 2**) **1** (*lett.*) cielo, come sede di Dio: *La mia sorella ... triunfa lieta / ne l'alto Olimpo* (DANTE *Purg.* XXIV, 13-15) **2** (*fig.*) aristocrazia, élite di una determinata categoria: *uno scrittore entrato nell'O. della narrativa* **3** (*fig., iron.*) condizione di superiorità: *scese dal suo o. per ascoltarci*

-olino [allargamento con l'infisso *-ol-* del suff. dim. *-ino*] **suff.** ● forma sostantivi e aggettivi alterati con valore diminutivo o vezzeggiativo: *freddolino, magrolino, mazzolino, pesciolino, sassolino, bestiolina, fogliolina*

♦**òlio** [lat. *ŏleu(m)*, dal gr. *élaion*, di orig. preindeur. ✱ 1287] **s. m.** (**pl.** *òli* **o** *òlii*) **1** sostanza liquida, untuosa, di composizione e proprietà assai variabili, insolubile in acqua | ***o. vegetale***, ottenuto per estrazione dai semi o frutti vegetali: *o. di mais, di arachide, di girasole* **CFR.** oleo-, elaio- | ***o. vergine d'oliva***, ottenuto esclusivamente per spremitura, senza manipolazioni | ***o. d'oliva rettificato***, olio vergine che ha subìto manipolazioni chimiche | ***o. d'oliva***, miscela d'olio vergine e rettificato | ***o. animale***, ottenuto per estrazione dalle parti grasse degli animali: *o. di pesce, di balena, di fegato di merluzzo* | ***oli essenziali***, sostanze oleose profumate secrete dai vegetali | ***o. lubrificante***, usato per la lubrificazione di macchine, congegni e sim. | ***o. di argan***, V. *argan* | ***o. di been***, olio commestibile, estratto dalla pianta *Moringa oleifera*, utilizzato come lubrificante e in cosmetica | ***o. di vaselina***, paraffina liquida | ***o. paglierino***, miscela a base di olio di vaselina usata per lucidare i mobili | ***o. di vetriolo***, (*pop.*) acido solforico | ***oli minerali***, idrocarburi liquidi ottenuti sia direttamente da sorgenti naturali, come il petrolio greggio, sia dalla lavorazione di questo | ***oli combustibili***, distillati petroliferi pesanti o residui di raffineria usati come combustibili per produrre calore o energia meccanica, per es. in motori endotermici | ***oli eterei***, oli essenziali | ***o. di ricino***, usato come purgante | ***quadro, pittura a o.***, eseguiti utilizzando colori trattati con oli vegetali (per es. olio di semi di lino) | ***andare liscio come l'o.***, (*fig.*) procedere senza ostacoli, senza intoppi | ***calmo come l'o.***, di superficie marina o lacustre del tutto priva di onde | ***gettare o. sul fuoco***, (*fig.*) attizzare le ire e sim. | ***stare, tornare a galla come l'o.***, (*fig.*) detto di ciò che non si riesce a tenere nascosto | (*fig.*) ***o. di gomito***, lena, impegno nel lavoro manuale **2** ***o. santo***, quello consacrato dal vescovo e usato per l'amministrazione dei sacramenti del battesimo, della cresima e degli Infermi | (*est.*) estrema unzione, sacramento degli Infermi | ***essere all'o. santo***, (*fig.*) agli estremi **3** cosmetico liquido a base di sostanze grasse o comunque di consistenza oleosa: *o. da bagno*; *o. di mandorla* | ***o. solare***, per proteggere la pelle durante l'esposizione al sole e favorire l'abbronzatura

SFUMATURE ➤ ***quadro***②

olióso e deriv. ➤ **oleoso** e deriv.

olìre [lat. parl. **olīre*, per il classico *olēre*. V. *olezzare* ✱ av. 1276] **v. intr.** (*io olìsco, tu olìsci, egli olìsce*, †*òle*; **difett. usato solo nell'indic. pres., nell'imperf. indic., nell'imperf. congtv.** *olìsca*, **nell'inf. e nel part. pres.** *olènte*) ● (*poet.*) profumare, olezzare: *I pingui incensi olivano* (G. D'ANNUNZIO) | (*fig.*) †richiamare, suscitare una determinata immagine: *il nostro parlare ... molto più oliva di contado che di città* (P. BEMBO)

olìsmo [dal gr. *ólos* 'tutto, intero' ✱ 1963] **s. m.** ● (*biol.*) teoria secondo cui l'organismo costituisce una totalità organizzata non riconducibile alla semplice somma delle parti componenti

olìstico [1963] **agg.** (**pl. m.** *-ci*) ● (*biol.*) di olismo, relativo a olismo

♦**olìva** o (*lett.*) **ulìva** [lat. *olīva(m)*, dal gr. *eláia*, di orig. preindeur. ✱ av. 1257] **A s. f. 1** frutto dell'ulivo, costituito da una piccola drupa ovale ricchissima di olio commestibile: *olio d'o.* | ***olive da mensa***, per il consumo diretto | ***olive dolci***, in salamoia | ***olive farcite***, svuotate del nocciolo e riempite di capperi o altro | ***a o.***, di ciò che ha forma ovoidale, come quella di un'oliva **2** (*lett.*) ulivo | ramo d'ulivo: *cinto d'o.* **3** ***o. di mare***, mollusco dei Gasteropodi con conchiglia giallo-rossiccia, delicata, leggera e flessibile e piede espanso in due lamine atte al nuoto (*Acera bullata*) **B in funzione di agg. inv.** ● (posposto a un sost.) che ha il colore verde spento caratteristico del frutto omonimo quando non è completamente maturo: *verde o.*; *vestito* (*color*) *o.* ‖ **olivétta**, **dim.** (V.) | **olivóna**, **accr.**

olivàceo [1819] **agg.** ● che è di colore verde spento simile a quello dell'oliva

olivàgno [gr. *eláiagnos*, comp. di *élaios* 'ulivo' e *ágnos* 'agnocasto', con accostamento a *ulivo* ✱ av. 1590] **s. m.** ● (*bot.*) eleagno

olivàio [1935] **s. m.** (**pl.** *-ai*) ● locale dell'oleificio dove si conservano le olive prima della lavorazione

olivàre [1499] **agg.** ● che ha forma simile a quella dell'oliva

olivàstro① o **ulivàstro** [da *oliva* col suff. *-astro* che troviamo in *biancastro, giallastro, nerastro* ecc. ✱ 1525] **agg.** ● di colore bruno verdognolo: *carnagione olivastra*

olivàstro② [sovrapposizione di *ulivo* a *oleastro* ✱ sec. XIV] **s. m.** ● ulivo selvatico che cresce sul litorale italiano, cespuglioso, con foglie piccole e dure su rami pungenti, fitti e angolosi (*Olea europaea* varietà *oleaster*) **SIN.** oleastro

olivàto o **ulivàto** [da *oliva* ✱ 1308] **agg.** ● (*raro*) di terreno piantato a ulivi

olivèlla① o **ulivèlla** [da *oliva* ✱ av. 1564] **s. f.** ● (*mecc., disus.*) ingegno della chiave di forma ovoidale | cuneo a forma di oliva

olivèlla② [da *ulivo* ✱ 1499] **s. f.** ● (*bot.*) mezereo

olivenìte [dal colore (*verde*) *oliva* ✱ sec. XIX] **s. f.** ● (*miner.*) arseniato idrato di rame

olivéta o **ulivéta** [sec. XIV] **s. f.** ● (*lett.*) oliveto: *la selva, il prato, l'o. e l'orto* (G. PASCOLI)

olivetàno [av. 1595] **A s. m.** ● monaco della congregazione benedettina del Monte Oliveto (in provincia di Siena), fondata nel XIV sec. **B anche agg.**: *monaco o.*; *regola olivetana*

olivéto o **ulivéto** [lat. *olivētu(m)*, da *olīva* 'olivo' ✱ sec. XIV] **s. m.** ● terreno piantato a olivi

olivétta [av. 1755] **s. f. 1** dim. di *oliva* **2** pezzetto di legno a forma di oliva usato come bottone negli alamari e, ricoperto di seta, come ornamento di vesti, tende, cuscini

olivìcolo [1911] **agg.** ● relativo alla olivicoltura

olivicoltóre o **ulivicoltóre** [comp. di *olivo* e *coltore* ✱ 1907] **s. m.** (**f.** *-trice*) ● coltivatore di olivi

olivicoltùra o **ulivicoltùra** [comp. di *olivo* e *coltura* ✱ 1894] **s. f.** ● coltivazione dell'olivo

olivìgno o **ulivìgno** [da *oliva* ✱ av. 1348] **agg. 1** (*lett.*) olivastro: *ella sentiva il colore o. del suo proprio volto* (G. D'ANNUNZIO) **2** †di legno d'ulivo

olivìna [dal colore (*verde*) *oliva* ✱ 1817] **s. f.** ● (*miner.*) gruppo di silicati di ferro e magnesio, di colore verde oliva; alcune varietà, quali il crisolito e il peridoto, sono usate come pietre semipreziose

olìvo e deriv. ➤ **ulivo** e deriv.

✣**òlla** [vc. dotta, lat. *ōlla(m)*, di orig. indeur. ✱ sec. XIII] **s. f. 1** (*lett.*) pentola: *vasi vi son, che chiaman olle* (L. Ariosto) **2** recipiente privo di anse, per lo più in terracotta o in rozza pietra, usato per cuocere o conservare commestibili o, presso antiche civiltà e popoli primitivi, per custodire le ceneri di un defunto

òlla podrìda /ˈɔʎʎa poˈdrida, *sp.* ˈoʎa poˈðriða, ˈoja/ [sp., propr. 'pentola (V. *olla*) imputridita' ✱ 1609] **loc. sost. f.** (**pl.** *olle podride* o **sp.** *ollas podridas*) ● saporoso piatto unico spagnolo, con brodo, pezzi di carne, lardo e legumi serviti contemporaneamente

ollàre [vc. dotta, lat. *ollāre(m)*, agg. di *ōlla* 'olla'; detto così perché serve a fare vasi ✱ 1819] **agg.** ● (*miner.*) nella loc. ***pietra o.***, roccia metamorfica scistosa di colore verde scuro, tenera, squamosa, facilmente lavorabile per farne vasellame; è usata anche per la fabbricazione di piastre per la cottura dei cibi

Olmàcee ➤ **Ulmacee**

olmàia [1803] **s. f.** ● olmeto

olmària ➤ **ulmaria**

olmèco [dallo sp. *olmeca*, pl. del n. locale dell'abitante della zona *olmecatl* ✱ sec. XX] **agg.** (**pl. m.** *-chi*); **anche s. m.** (**f.** *-a*) ● appartenente a una popolazione precolombiana stanziatasi nel Messico meridionale e che, tra il 1000 e il 300 a.C., diede vita alla più antica civiltà amerindia documentata

olméto [lat. tardo *ulmētu(m)*, da *ŭlmus* 'olmo' ✱ av. 1320] **s. m.** ● terreno piantato a olmi

òlmio o **hòlmio** /ˈɔlmjo/ [da *olmia*, n. dell'ossido di *olmio*, così chiamato dallo scopritore svedese, dal n. latinizzato di Stoccolma (*Holmia*) ✱ 1930] **s. m.** (**pl.** *-i* o *raro -ii*) ● elemento chimico, metallo del gruppo delle terre rare **SIMB.** Ho **NUM. AT.** 67

ólmo [lat. *ŭlmu(m)*, di orig. indeur. ✱ 1336 ca.] **s. m.** ● grande albero delle Ulmacee con foglie ovate e scure, piccoli fiori verdi e frutti a samara (*Ulmus campestris*)

òlo- [dal gr. *hólos* 'tutto'] **primo elemento** ● in parole composte dotte o della terminologia scientifica, significa 'tutto', 'intero', 'totale', 'interamente' e sim.: *olocene, olofrastico*

-òlo① [da *(alc)ol* o *(fen)olo*, per la presenza dell'ossidrile alcolico, o fenolico] **suff.** ● in chimica organica, indica la presenza del gruppo funzionale ossidrilico –OH alcolico o fenolico: *metanolo, naftolo*

-òlo② [dal lat. *ŏleum* 'olio'] **suff.** ● in chimica, indica relazione con un olio o con le caratteristiche fisiche di una sostanza oleosa: *benzolo, pirrolo*

-òlo③ o (*lett.*) **-uòlo** [lat. *-ŭlu(m)*, di orig. indeur., usato anche per neoformazione] **suff. 1** forma sostantivi alterati, con valore diminutivo o vezzeggiativo: *bestiola, montagnola, querciolo* **2** assume valore derivativo in sostantivi e aggettivi che indicano condizione, origine: *campagnolo, montagnolo, spagnolo*

-olo④ [lat. *-ŭlu(m)*, di orig. indeur.] **suff.** ● forma sostantivi alterati sdruccioli, con valore diminutivo: *mostriciattolo, nomignolo, viottolo*

oloblàstico [da *oloblasto* ✱ 1883] **agg.** (**pl. m.** *-ci*) **1** (*biol.*) detto di gamete femminile totalmente interessato dai processi di segmentazione **2** (*biol.*) detto di tipo di segmentazione che interessa totalmente la cellula uovo **CONTR.** meroblastico

oloblàsto [comp. di *olo-* e *-blasto* ✱ 1983] **s. m.** ● (*miner.*) individuo cristallino formato durante il metamorfismo, che non contiene relitti di minerali preesistenti

olocàusto [vc. dotta, lat. tardo *holocāustu(m)*, dal gr. *holókauston* 'cosa completamente bruciata', comp. di *hólos* 'tutto' (V. *olo-*) e *kaustós* 'bruciato' (V. anche *caustico*) ✱ 1321] **A s. m. 1** nelle liturgie antiche, sacrificio nel quale la vittima veniva arsa completamente **2** (*est.*) sacrificio totale, completo, anche di sé stesso: *fare o. della propria vita*; *offrirsi in o.* **3** (*est.*) uccisione di massa, genocidio di intere popolazioni o gruppi religiosi | ***l'O.***, (*per anton.*) il genocidio degli Ebrei nei campi di sterminio nazisti, durante la seconda Guerra mondiale **SIN.** Shoah **B agg.** ● (*lett.*) offerto in sacrificio

Olocèfali [comp. di *olo-* e *cefalo* ✱ 1895] **s. m. pl.** (**sing.** *-o*) ● (*zool.*) gruppo di Condroitti con caratteri arcaici, caratterizzati da una porzione caudale del tronco filiforme e da una copertura cutanea della camera branchiale (*Holocephali*)

Olocène [comp. di *olo-* e del gr. *kainós* 'recente' (V. *Oligocene*) ✱ 1932] **s. m.** ● (*geol.*) il più recente intervallo di tempo della storia geologica, successivo alle glaciazioni **SIN.** Postglaciale

olocènico [1958] **agg.** (**pl. m.** *-ci*) ● (*geol.*) relativo all'Olocene

olocèntro (o *-é-*) [comp. di *olo-* e del gr. *kéntron* 'pungiglione', da *kentêin* 'pungere', di orig. indeur. ✱ 1834] **s. m.** ● pesce osseo ricchissimo di spine, che vive fra gli scogli, le alghe e i coralli delle isole giapponesi (*Holocentrus spinosissimus*)

olocristallìno [comp. di *olo-* e *cristallino* ✱ 1940] **agg.** ● (*miner.*) detto di roccia con struttura interamente cristallina

oloèdrico [comp. di *olo-* e del gr. *hédra* 'base, faccia' (V. *poliedrico*) ✱ 1895] **agg.** (**pl. m.** *-ci*) ● (*miner.*) detto di cristallo in cui sono presenti le facce che si possono ricavare mediante tutti gli elementi di simmetria esistenti nel sistema cui appartiene

olofonìa [comp. di *olo-* e *-fonia* ✱ 1981] **s. f.** ● (*fis.*) tecnica di registrazione e riproduzione del suono che dà un effetto tridimensionale nell'ascolto ‖ **olofònico**, **agg.** (**pl. m.** *-ci*) relativo all'olofonia

olofràstico [comp. di *olo-* e del gr. *phrastikós* 'esplicativo, dichiarativo', da *phrásis* 'espressione' (V. *frase*) ✱ 1925] **agg.** (**pl. m.** *-ci*) ● (*ling.*) detto di parola che ha significato equivalente a quello di un'intera frase (per es. *sì* o *no* in una risposta)

ologèneṣi [comp. di *olo-* e *genesi* ✱ 1909] **s. f. inv.** ● (*biol.*) teoria evolutiva secondo la quale ogni specie vivente si trasforma progressivamente fino a scindersi dicotomicamente in due specie figlie

ologenètico [1958] **agg.** (**pl. m.** *-ci*) ● (*biol.*) relativo all'ologenesi

olografìa [comp. di *olo-* e *-grafia* ✱ 1970] **s. f.** ● (*fis.*) tecnica fotografica per registrare figure di interferenza prodotte dalla sovrapposizione di due fasci laser, uno riflesso dall'oggetto interessato e l'altro proveniente direttamente dalla sorgente stessa o da uno specchio per riflessione

ologràfico [1971] **agg.** (**pl. m.** *-ci*) ● relativo all'olografia ‖ **olograficaménte**, **avv.**

ològrafo [vc. dotta, lat. tardo *holŏgraphu(m)*, dal gr. *hológraphos*, comp. di *hólos* (V. *olo-*) e *-graphos* '-grafo' ✱ 1803] **agg.** ● (*dir.*) detto del testamento scritto per intero, datato e sottoscritto di pugno dal testatore

ologràmma [comp. di *olo-* e *-gramma* ✱ 1969] **s. m.** (**pl.** *-i*) ● (*fis.*) lastra fotografica, che può dare immagini tridimensionali, impressionata dalle figure di interferenza prodotte mediante l'olografia | l'immagine così ottenuta

olometàbolo [comp. di *olo-* e del gr. *metabolḗ* 'mutamento' (V. *metabolismo*) ✱ 1927] **agg.** ● (*zool.*) detto di insetto a metamorfosi completa, con adulto di aspetto del tutto diverso dalla larva

olóna [da *Olonne*, città della Francia dove questa tela si fabbrica ✱ 1813] **A s. f.** ● tela robusta e resistente di cotone usata per vele, zaini, brande e sim. **B anche agg. solo f.**: *tela o.*

†**olóre** [vc. dotta, lat. *olōre(m)*, da *olēre* (V. *olezzare*) ✱ sec. XIII] **s. m.** ● odore

†**oloróso** (o *-ṣ-*) [da †*olore* ✱ sec. XIII] **agg.** ● odoroso: *la sera andandosi a letto sentivano le lenzuola non essere olorose* (F. Sacchetti)

†**olosèrico** [vc. dotta, lat. tardo *holosēricu(m)*, dal gr. *holosērikós*, comp. di *hólos* (V. *olo-*) e *sērikós* 'serico' ✱ 1628] **agg.** (**pl. m.** *-ci*) ● che è fatto completamente di seta

olostèrico [comp. di *olo-* e un deriv. del gr. *stereós* 'solido' (di orig. indeur.): detto così in contrapposizione ai barometri a liquido ✱ 1895] **agg.** (**pl. m.** *-ci*) ● (*fis.*) detto di barometro formato da una scatola metallica chiusa, in cui è praticato il vuoto, che, al variare della pressione, subisce deformazioni elastiche segnalate da un indice

olotìpo [comp. di *olo-* e *tipo* ✱ 1981] **s. m.** ● (*zool.*) individuo sul quale viene basata la descrizione di una nuova specie animale

olotùria [vc. dotta, lat. *holothūria*, nt. pl., dal gr. *olothóurion*, comp. di *hólos* (V. *olo-*) e *thóurios* 'impetuoso', di etim. incerta; detta così perché, se maltrattata, espelle i visceri ✱ av. 1799] **s. f.** ● genere di Echinodermi degli Oloturoidei, dal corpo cilindrico munito di numerosi e brevi pedicelli, e bocca circondata da 20 tentacoli composti a ombrello (*Holothuria*) **SIN.** cetriolo di mare

Oloturoidèi [da *oloturia*, con un deriv. di *-oide* ✱ 1932] **s. m. pl.** (**sing.** *-èo*) ● (*zool.*) classe di Echinodermi con corpo allungato, per lo più subcilindrico, viventi sui fondali marini, cui appartengono le oloturie (*Holothuroidea*)

òlpe [vc. dotta, gr. *ólpē*, di orig. indeur. ✱ 1909] **s. f.** ● vaso panciuto con una sola ansa e collo stretto

†**óltra** ➤ **oltre**

óltra- ➤ **oltre-**①

oltracciò [av. 1332] **avv.** ● (*lett.*) oltre a ciò, inoltre

oltracotànte [provenz. *oltracuidan*, propr. 'che pensa al di là (dei limiti)', comp. di *ŭltra* 'oltre' e *cogitānte(m)*, part. pres. di *cogitāre* 'cogitare' ✱ 1823] **agg.** ● (*lett.*) arrogante

oltracotànza [provenz. *oltracuidanza*, da *oltracuidan* 'oltracotante' ✱ sec. XIII] **s. f.** ● (*lett.*) arrogante presunzione

†**oltracotàto** [da *oltracotante* ✱ 1321] **agg.** ● insolente, presuntuoso

oltraggiàbile [1723] **agg.** ● esposto a oltraggio

oltraggiaménto [1834] **s. m.** ● (*raro*) l'oltraggiare

✣**oltraggiàre** [da *oltraggio* ✱ av. 1328] **v. tr.** (**pres.** *io oltràggio*; **fut.** *io oltraggerò*) ● offendere con oltraggi: *o. l'onore di qlcu.*

oltraggiatóre [1575] **agg. e s. m.** (**f.** *-trice*) ● che (o chi) oltraggia

✣**oltràggio** [ant. fr. *oltrage*, da *oltre* 'oltre, al di là (del lecito)' ✱ av. 1250] **s. m. 1** offesa o ingiuria molto grave arrecata all'onore o alla dignità di qlcu. con le parole o con gli atti: *fare, recare o.*; *subire, ricevere un o.*; *vendicare l'o. subito*; *vendicarsi di un o.*; *queste parole sono un o. al nostro buon nome* | (*est.*) ciò che è del tutto contrario a un principio, una regola e sim.: *quello che dici è un o. al buon senso* | (*est.*) danno: *gli oltraggi del tempo* **2** (*dir.*) reato di chi offende l'onore o il prestigio di un corpo politico, amministrativo o giudiziario, di una pubblica autorità costituita in collegio o di un magistrato in udienza **3** †ciò che oltrepassa i limiti del lecito o della norma | ciò che va al di là delle capacità umane di comprensione: *e cede la memoria a tanto o.* (DANTE *Par.* XXXIII, 57)

♦**oltraggióso** (o **-ş-**) [ant. fr. *oltrageux*, da *oltrage* 'oltraggio' ✱ 1287] **agg. 1** che costituisce oltraggio: *parole oltraggiose; comportamento o.; quelle redarguizioni in pubblico erano veramente oltraggiose* (I. SVEVO) **SIN.** ingiurioso, insolente, offensivo **2** †eccessivo, esagerato ‖ **oltraggiosaménte**, avv. **1** in modo oltraggioso **2** †passando i limiti ‖ **oltraggiosità**, s. f. inv.

oltràlpe o (*raro*) **oltr'àlpe** [comp. di *oltra-* e *alpe* ✱ av. 1388] **A** avv. ● di là delle Alpi, rispetto all'Italia (con riferimento generico agli Stati che si trovano oltre la catena alpina, spec. alla Francia): *andare, emigrare o.* **B** in funzione di s. m. solo sing. ● (anche con iniziale maiuscola) Paese straniero situato al di là delle Alpi rispetto all'Italia: *popolazione d'o.; avvenimenti, novità, idee d'O.*

†**oltramaraviglióso** ➤ †**oltremaraviglioso**

†**oltramàre** ➤ **oltremare**

†**oltramarino** ➤ **oltremarino**

oltramiràbile ➤ **oltremirabile**

†**oltramişùra** ➤ **oltremisura**

†**oltramişuràto** [comp. di *oltra-* e *misurato* ✱ av. 1646] **agg.** ● (*raro*) smisurato

†**oltramòdo** ➤ **oltremodo**

†**oltramondàno** ➤ **oltremondano**

oltramontàno o **oltremontàno**, **ultramontàno**① [comp. di *oltra-* e *montano* ✱ 1312] **agg.** ● che è al di là dei monti, spec. delle Alpi, o ne proviene: *un prodotto o.*

oltramónte ➤ **oltremonti**

oltramónti ➤ **oltremonti**

oltranaturàle ➤ **oltrenaturale**

♦**oltrànza** [fr. *outrance*, da *outre* 'oltre' ✱ 1562] **s. f. 1** (*lett.*) eccesso | **a o.**, sino all'estremo limite, alle estreme conseguenze: *combattere, resistere a o.; sciopero a o.; guerra a o.* | fino alla conclusione: *le trattative proseguono a o.* **2** †oltraggio

oltranzìşmo [comp. di *oltranza* e *-ismo* ✱ 1942] **s. m.** ● totale intransigenza, massimalismo, spec. in politica

oltranzìsta [1918] **A** s. m. e f.; anche agg. (pl. m. *-i*) ● chi (o che) dà prova di oltranzismo **B** agg. ● caratterizzato da oltranzismo: *atteggiamento o.*

oltranzìstico [1958] **agg.** (pl. m. *-ci*) ● oltranzista ‖ **oltranzisticaménte**, avv.

†**oltrapassàre** ➤ **oltrepassare**

oltrapossènte ➤ **oltrepossente**

†**oltràrsi** [da *oltre* ✱ 1321] **v. intr. pron.** ● avanzare: *movendo l'ali tue, credendo oltrarti* (DANTE *Par.* XXXII, 146)

♦**óltre** o †**óltra** [lat. *ŭltra* 'al di là di', da *ŭls* 'al di là', dalla stessa radice di *ĭlle* 'egli, quello' ✱ 1250 ca.] **A** avv. **1** più in là, più in qua, più in avanti (*anche fig.*): *andare, venire, passare o.; ha proseguito o. senza salutare; quando ella volle sgattaiolare o., la riconobbe* (I. SVEVO); *se continui così, non andrai molto o.* | **andare troppo o.**, (*fig.*) oltrepassare i limiti del giusto o del conveniente | (*lett.*) **farsi o.**, avanzare, farsi avanti | **passare o.**, a un altro argomento **2** più, di più, ancora (con valore temporale): *non ho intenzione di aspettare o.; non abuserò più o. della vostra cortesia; ci vorranno dieci anni e o.* | **essere o. negli anni, con l'età**, essere avanti negli anni **B** prep. **1** di là da, dall'altra parte di (con valore locativo) (*anche fig.*): *o. la strada; la casa è o. il fiume; è passato o. i confini stabiliti; non gettate sassi o. il muro; è andato o. il giusto* | **o. ogni limite, ogni dire, ogni credere**, (*fig.*) più di quanto consentano i limiti, più di quanto si possa dire o credere: *è andato o. ogni limite con la sua maleducazione; è arrogante o. ogni dire* | con i nomi geografici anche senza l'art. determ.: *si trova o. oceano* **2** più di (con valore temporale): *è o. un mese che è all'estero; vi aspetto da o. un'ora; ha pazientato per o. vent'anni; starò via non o. un anno* | con valore quantitativo: *il paese dista o. due chilometri* | **deve essere o. la settantina**, deve avere più di settant'anni **3** in aggiunta a, in più di: *o. quello che ho già detto, vi devo comunicare un'altra cosa; o. il vitto e l'alloggio sono pagati anche gli extra* | anche nelle loc. prep. e cong. **o. a, o. di**: *o. all'essere un bravo figliolo, è anche molto ricco; ha ricevuto o. alle sue aspettative, o. a non studiare, è anche maleducato; o. di ciò* | V. anche *oltreché* **4** all'infuori di, eccetto (spec. nella loc. prep. **o. a**): *o. a noi nessun altro ne è al corrente; non ne darò a nessun altro o. a te; non so niente o. a quanto ho già detto*

óltre-① o **óltra-** [dal lat. *ŭltra* 'al di là'] primo elemento (*oltr-*, davanti a vocale) ● in parole composte, significa 'oltre, al di là' di un determinato luogo, limite o termine: *oltremare, oltretomba, oltralpe*

óltre-② primo elemento ● in composti aggettivali di valore superlativo e tono enfatico, ha il valore di *ultra-*: *oltremirabile*

oltreché o **óltre che** /oltre'ke*, 'oltre ke*/ [comp. di *oltre-*① e *che*② ✱ 1528] **cong.** ● oltre al fatto che (con valore aggiuntivo): *o. non essere venuto, non ha nemmeno avvertito*; (con ellissi del v.) *o. confortevole, quell'hotel è anche economico; è un ragazzo intelligente, oltre che simpatico*

oltreciélo [comp. di *oltre-*① e *cielo* ✱ 1946] **s. m.** ● (*lett.*) lo spazio oltre il cielo: *è l'autunno, è l'inverno, è l'o. / che ti conduce e in cui mi getto* (E. MONTALE)

oltreconfìne o **óltre confìne** [comp. di *oltre-*① e *confine* ✱ 1955] **A** agg. inv. ● che è situato al di là dei confini del proprio Stato: *regioni o.* **B** avv. ● al di là dei confini del proprio Stato, all'estero: *andare, vivere, trovarsi o.* **C** s. m. solo sing. ● territorio situato al di là del confine: *Paesi d'o.*

oltrecortìna o **óltre cortìna** [comp. di *oltre-*① e *cortina (di ferro)* ✱ 1950] **A** avv. ● oltre la cortina di ferro (V. *cortina*①) **B** agg. inv. ● situato al di là della cortina di ferro: *i Paesi o.* **C** s. m. solo sing. ● l'insieme dei Paesi situati al di là della cortina di ferro: *la politica d'o.*

oltrefrontièra o **óltre frontièra** [comp. di *oltre-*① e *frontiera* ✱ 1983] **A** agg. inv. ● che è situato al di là della frontiera: *territori o.* **B** avv. ● al di là della frontiera: *andare o.* **C** s. m. solo sing. ● territorio situato al di là della frontiera: *Paesi d'o.*

oltremànica o **óltre Mànica** [comp. di *oltre-*① e *(canale della) Manica* ✱ av. 1866] **A** avv. ● (spesso con iniziale maiuscola) che è situato al di là del canale della Manica: *la moda dilagante o.; vivere O.* | (*est.*) in Gran Bretagna **B** anche s. m. solo sing.: *le tradizioni d'O.*

†**oltremaraviglióso** (o **-ş-**) o †**oltramaraviglióso** [comp. di *oltre-*② e *maraviglioso* ✱ sec. XIII] **agg.** ● straordinariamente meraviglioso

oltremàre o (*raro*) **óltre màre**, †**oltramàre** [comp. di *oltre-*① e *mare* ✱ av. 1250] **A** avv. ● al di là del mare (con riferimento generico ai territori o Paesi che vi si trovano, e anticamente con riferimento alla Terra Santa o ai Paesi del Mediterraneo orientale): *andare, emigrare o.* **B** s. m. solo sing. **1** paese, territorio e sim. situato al di là del mare: *venire, ritornare d'o.; gente d'o.* | (*lett.*) **passaggio, conquisto d'o.**, la crociata in Terrasanta **2** colore azzurro ottenuto calcinando un miscuglio di caolino, soda, zolfo e carbone, usato in pittura, per inchiostri da stampa, e per correggere in bianco il tono gialliccio di sostanze come amido, carta, paraffina **3** †lapislazzuli **C** in funzione di agg. inv. ● che ha colore azzurro intenso: *blu o.*

oltremarìno o **ultramarìno**, †**oltramarìno** [da *oltremare* ✱ sec. XIII] **agg. 1** d'oltremare: *territorio o.; vengono oggi ne' nostri conviti le confezioni oltremarine* (G. BOCCACCIO) **2** che ha colore azzurro intenso: *azzurro o.*

oltremiràbile o **oltramiràbile** [comp. di *oltre-*② e *mirabile* ✱ sec. XIII] **agg.** ● (*lett.*) straordinariamente mirabile: *ha dalla natura avuto arte e ingegno o.* (D. BARTOLI) ‖ †**oltremirabilménte**, avv. in modo assai mirabile

oltremişùra o **óltre mişùra**, †**oltramişùra** [comp. di *oltre-*① e *misura* ✱ sec. XII] **avv.** ● moltissimo | troppo, esageratamente: *è turbato o.*

♦**oltremòdo** o (*raro*) **óltre mòdo**, †**oltramòdo** [comp. di *oltre-*① e *modo* ✱ av. 1328] **avv. 1** moltissimo, straordinariamente: *ciò mi fa o. piacere; sono o. lieto* **2** (*lett.*) in modo esagerato, troppo

oltremondàno o **ultramondàno**, †**oltramondàno** [vc. dotta, lat. tardo *ultramundānu(m)*, comp. di *ŭltra* 'oltre' e *mundānus* 'mondano' ✱ av. 1565] **agg.** ● relativo all'altro mondo, che è al di là di questo mondo | **regno o.**, l'aldilà

oltremontàno ➤ **oltramontano**

oltremónti o **oltremónte**, (*raro*) **oltramónti**, (*raro*) **oltramónte** [comp. di *oltre-*① e *monti* ✱ av. 1311] **A** avv. ● (*lett.*) di là dai monti (gener. riferito a territori o regioni): *andare, trovarsi o.* **B** s. m. solo sing. ● (*lett.*) paese o territorio situato al di là dei monti

oltrenaturàle o **oltranaturàle** [comp. di *oltre-*① e *naturale* ✱ av. 1685] **agg.** ● (*lett.*) soprannaturale

oltreocèano [comp. di *oltre-*① e *oceano* ✱ av. 1912] **A** avv. ● di là dell'oceano (con riferimento agli Stati e alle terre che si trovano al di là dell'oceano, spec. agli Stati Uniti): *andare, emigrare o.* **B** s. m. inv. ● paese, territorio situato al di là dell'oceano: *notizie d'o.; il cinema d'o.*

oltrepassàbile [1838] **agg.** ● che si può oltrepassare

oltrepassàre o †**oltrapassàre** [comp. di *oltre-*① e *passare* ✱ av. 1557] **v. tr. 1** passare oltre, passare al di là: *o. il confine; l'acqua oltrepassa il livello ordinario* | (*fig.*) eccedere, superare; *o. i limiti della decenza* **2** (*mar.*) doppiare

oltrepossènte o **oltrapossènte** [comp. di *oltre-*② e *possente* ✱ av. 1729] **agg.** ● (*lett.*) estremamente forte | †onnipotente

oltretómba [comp. di *oltre-*① e *tomba* ✱ 1883] **s. m. inv.** ● il mondo dei trapassati: *pensare all'o.* **SIN.** aldilà

♦**oltretùtto** o **óltre tùtto** [comp. di *oltre-*① e *tutto* ✱ 1823] **avv.** ● in aggiunta a quanto già avvenuto: *o. non mi hai mai restituito il mio libro* | in aggiunta a quanto già detto; tra l'altro: *o. a quell'ora devo essere al lavoro* | per giunta, per di più: *una rispostaccia, data o. a freddo*

oltreumàno [comp. di *oltre-*① e *umano* ✱ av. 1705] **agg.** ● (*lett.*) che trascende i limiti umani

-òma [gr. *-ōma*, dal suff. *-ma* aggiunto ai temi verbali in *-óō*] **suff. 1** nella terminologia medica, indica affezioni infiammatorie (*micetoma*) o tumefazioni (*ematoma*) o tumori

a b c d e f g h i j k l m n o p q r s t u v w x y z

(*adenoma, epitelioma*) **2** nella terminologia della biologia e della botanica, indica un complesso di organi o di apparati che formano un'unità anatomica: *condrioma*

omàccio [av. 1471] **s. m. 1** pegg. di *uomo* | uomo di grossa corporatura o anche rozzo, sgradevole, che incute timore | (*fam.*) ***un buon o.***, un buon diavolo **2** (*est.*) donna di fattezze grossolane e maschili, di modi rudi e sim. ‖ (*lett.*) **omaccétto**, **dim.** | (*lett.*) **omaccìno**, **dim.** | **omaccióne**, **accr.** (V.)

omaccióne [av. 1543] **s. m. 1** accr. di *omaccio* **2** uomo imponente e di grossa corporatura, ma affabile e bonario

omaggiàre [1855] **v. tr.** (**pres.** *io omàggio*; **fut.** *io omaggerò*) ● riverire od onorare con omaggi | rendere oggetto di omaggio

♦**omàggio** [fr. ant. *omage* (fr. moderno *hommage*), da *ome* 'uomo', nel senso di 'uomo di un signore feudale', quindi 'vassallo' ✱ 1287] **A s. m. 1** (*stor.*) nel Medioevo, atto di sottomissione del vassallo al suo signore **2** espressione di rispetto, considerazione, stima e sim. nei confronti di qlcu. o di qlco.: *rendere o. a un famoso scienziato, alla memoria di qlcu.* | ***in o. alla tradizione***, secondo ciò che vuole la tradizione | ***in o. alla verità***, a onore del vero | (*est.*) offerta, dono: *un piccolo o.*; *il libro è stato distribuito in o. a tutti gli iscritti* **3** prodotto offerto in regalo a scopo pubblicitario **4** (**spec. al pl.**) dichiarazione di ossequio, espressione di cortesia: *presentare gli omaggi di qlcu.*; *vogliate gradire i nostri omaggi* | ***omaggi!***, ossequi **B in funzione di agg. inv.** ● (posposto a un sost.) detto di ciò che è offerto gratuitamente, in dono, per motivi spec. pubblicitari: *buono o.*; *confezione o.*

SFUMATURE ➤ ***regalo***

omàgra [comp. del gr. *hômos* 'spalla', di orig. indeur. e *ágra* (V. *podagra*) ✱ 1821] **s. f.** ● (*med.*) dolore alla spalla, spec. di origine gottosa

omài [da *o(ggi)mai* ✱ av. 1250] **avv.** ● (*lett.*) ormai: *Per correr miglior acque alza le vele / o. la navicella del mio ingegno* (DANTE *Purg.* I, 1-2); *ben torni o.* (G. CARDUCCI)

O

omanìta [1992] **A agg.** (**pl. m.** *-i*) ● dello Stato arabo dell'Oman, situato nell'estremità sudorientale della penisola araba **B s. m. e f.** ● abitante o nativo dell'Oman

omarìno [1869] **s. m.** ● dim. di *uomo* | uomo piccolo, di aspetto insignificante e di scarso valore

òmaro [danese *hummer* ✱ 1905] **s. m.** ● (*zool.*) astice

omàso, (*evit.*) **òmaso** [lat. *omāsu(m)* 'trippa di bue', di orig. gallica ✱ 1561] **s. m.** ● (*zool.*) terza cavità dello stomaco dei ruminanti **SIN.** centopelle, foglietto **CFR.** abomaso, reticolo, rumine

†**ombè** o †**umbè** [da *orbe(ne)* ✱ 1479] **cong.** ● orbene

ombelicàle o **ombilicàle**, (*lett.*) **umbilicàle** [1494] **agg.** ● (*anat.*) dell'ombelico: *regione o.* | (*med.*) ***ernia o.***, che fuoriesce attraverso la regione ombelicale | ***cordone o.***, formazione allungata che collega il feto alla placenta materna; (*fig.*) forte legame di dipendenza; (*est.*) cavo che collega al veicolo spaziale l'astronauta uscito nello spazio

ombelicàto o **ombilicàto**, (*lett.*) **umbilicàto** [vc. dotta, lat. *umbilicātu(m)*, da *umbilīcus* 'ombelico' ✱ 1723] **agg. 1** detto di un oggetto circolare con la parte centrale rigonfia **2** (*bot.*) detto di organo vegetale laminare che presenta una depressione più o meno centrale

ombelìco o (*raro*) **ombilìco**, (*raro*) **umbilìco**, (*pop.*) **ombellìco**, (*pop.*, *fam.*) **bellìco**[2] [lat. *umbilīcu(m)*, di orig. indeur. ✱ 1282] **s. m.** (**pl.** *-chi*) **1** (*anat.*) cicatrice introflessa al centro della parete addominale, nell'area di inserzione del cordone ombelicale | (*fig.*) ***contemplarsi, guardarsi l'o.***, rimanere inattivo rimuginando sui propri problemi **CFR.** onfalo- **2** (*fig.*) parte centrale, punto di mezzo: *Delfi, secondo gli antichi, era l'o. del mondo* **3** (*raro*) umbone dello scudo **4** (*bot.*) ***o. di Venere***, erba grassa delle Crassulacee che nasce fra le crepe dei muri con rizoma tuberoso perenne, foglie a scodellina e fiori penduli (*Cotyledon umbilicus veneris*) **5** (*zool.*) ognuna delle due aperture del calamo delle penne e delle piume, una superiore e una inferiore

ombilìco e deriv. ➤ **ombelico** e deriv.

♦**ómbra** [lat. *ŭmbra(m)*, di orig. indeur. ✱ 1250 ca.] **A s. f. 1** zona di minore luminosità prodotta da un corpo opaco posto tra la sorgente di luce e l'oggetto o la parte illuminata: *è una pianta che ama l'o. e l'umidità*; *nell'o. fitta dei boschi*; *la luce e l'o.* | ***all'o.***, dove non giunge la luce del sole | ***camminare, sedere, dormire, riposarsi all'o.***, al riparo dai raggi del sole | (*est.*) oscurità, tenebre: *l'orizzonte sfumava nell'o. della sera*; *nascondersi nell'o. della notte*; *una figura indistinta avanzava avvolta nell'o.* | ***nell'o.***, (*fig.*) nascostamente: *agire, tramare nell'o.* | (*fig.*) ***vivere nell'o.***, appartati, senza far parlare di sé | (*fig.*) ***restare nell'o.***, non farsi notare | (*fig.*) ***lasciare nell'o.***, nell'anonimato, nel silenzio | (*fig.*) ***trarre dall'o.***, rendere noto, far sapere | (*fig.*) ***linea d'o.***, fase di incertezza, difficoltà e disagio spec. nel passaggio dalla giovinezza all'età matura (con riferimento all'omonimo racconto di J. Conrad (1857-1924)) **2** (*fis.*) in ottica, parte non illuminata di una superficie, dovuta all'interposizione di un oggetto fra la sorgente luminosa e la superficie stessa | ***o. propria***, parte dell'ostacolo non illuminata | ***o. portata***, contorni dell'ostacolo, proiettati sullo schermo | ***cono d'o.***, in astronomia, quello proiettato da ogni corpo del sistema solare in direzione opposta al sole; (*fig.*) situazione poco chiara o mediocre **3** correntemente, sagoma scura proiettata da ogni corpo opaco se esposto a una sorgente di luce: *le lunghe ombre dei cipressi*; *le ombre dei passanti* | ***aver paura della propria o.***, (*fig.*) essere timoroso di tutto | (*fig.*) ***essere l'o. di qlcu., seguire qlcu. come un'o.***, essere inseparabile da lui, restargli sempre appresso | ***ombre cinesi***, ombre raffiguranti animali o persone, proiettate su parete o schermo, con opportuni movimenti delle mani **4** (*est.*) zona più scura, di varia origine, su una superficie bianca o colorata: *hanno tolto le macchie di grasso, ma l'o. è rimasta* **5** (*arald.*) figura disegnata a tratti che lascia intravvedere il campo | sagoma di leone a smalto pieno | raffigurazione del sole senza lineamenti umani **6** figura indistinta, avvolta dall'oscurità: *tre ombre attendevano immobili dietro l'angolo* | ***allenamento, allenarsi contro l'o.***, nel pugilato, boxare fingendo di avere dinanzi un avversario **7** fantasma, spettro, spirito: *le ombre dei morti*; *evocare le ombre* | ***il Regno delle ombre***, il mondo dei defunti **8** (*fig.*) vana apparenza: *in realtà egli aveva perduto ogni potere e non era che l'o. di un re* | ***dare corpo alle ombre***, dare importanza a cose che non ne hanno, preoccuparsi di pericoli o minacce immaginari | ***correre dietro alle ombre***, perdersi in cose futili o irreali | ***essere, sembrare l'o. di sé stesso***, di persona ridotta a estrema magrezza o che ha perduto tutte le proprie capacità, la vivacità e sim. **9** (*est.*) leggera parvenza, piccolissima quantità: *non c'è o. di verità in quanto ha detto*; *vogliamo salvaguardare almeno un'o. di legalità*; *non ha più l'o. di un quattrino* | ***senz'o. di dubbio***, sicuramente | ***senz'o. di sospetto***, in piena buonafede | ***senz'o. di timore***, con piena fiducia o coraggio **10** (*fig.*) manifestazione esteriore non pienamente espressa di turbamento, dolore, sospetto e sim.: *un'o. di dolore gli velava lo sguardo*; *sentii un'o. nella sua voce* **SIN.** velatura, velo **11** (*fig.*) difesa, protezione, riparo: *crescere all'o. dell'amore materno, della fama paterna*; *fannolo principe per potere, sotto la sua o., sfogare l'appetito loro* (N. MACHIAVELLI) | (*scherz.*) ***all'o. del Cupolone, di San Pietro, delle Due Torri*** e sim., a Firenze, a Roma, a Bologna ecc. **12** (*fig.*) elemento o particolare poco chiaro, che genera fraintendimenti, sospetti, timori e sim.: *qualche o. ha turbato la loro lunga amicizia* | (*fig.*) ***prendere o.***, adombrarsi, indispettirsi | ***dare o.***, (*fig.*) dare motivo di fastidio, di sospetto, di gelosia e sim: *ogni successo della sorella le dà o.* | ***fare o. a qlcu.***, causargli molestia, essergli d'intralcio e sim. | ***zona d'o.***, V. *zona* | ***levare, dissipare le ombre***, chiarire le cause di inquietudine o timore, appianare una situazione turbata da sospetti e sim. **13** (*lett.*) pretesto, giustificazione: *sotto o. di ben coprir il mal vero* (T. TASSO) **14** antico gioco a carte di origine spagnola, che si svolge solitamente fra tre giocatori **15** (*ven.*) un ottavo di litro di vino; bicchiere di vino **16** (*psicoan.*) nella teoria di G.C. Jung, il lato oscuro, inferiore e indifferenziato della personalità **B in funzione di agg. inv.** (**posposto a un sost.**) **1** nelle loc. ***bandiera o.***, quella di navi, yacht e sim. che vogliono evadere determinate imposizioni fiscali | ***governo, gabinetto o.***, gruppo di esponenti politici che svolge, in seno all'opposizione, un'attività critica, basata su proposte alternative rispetto alle iniziative dei ministri del governo in carica **2** nella loc. ***punto o.***, delicato punto di ricamo che si esegue spec. su stoffe trasparenti, sulle quali crea effetti di chiaroscuro ‖ **ombrétta**, **dim.** | †**ombrìna**, **dim.**

†**ombràcolo** o †**umbràcolo** [vc. dotta, lat. *umbrăculu(m)*, da *ŭmbra* 'ombra' ✱ sec. XIV] **s. m. 1** pergolato **2** (*fig.*) difesa, protezione

ombràre [lat. *umbrāre*, da *ŭmbra* 'ombra' ✱ av. 1333] **A v. tr.** (*io ómbro*) **1** (*lett.*) coprire d'ombra, difendere con l'ombra: *l'inchiostro … con un poco d'acqua fa una tinta dolce, che lo vela ed ombra* (G. VASARI) | (*fig.*, *lett.*) abbozzare | (*fig.*, *lett.*) offuscare **2** sfumare le ombre per dare rilievo a figure disegnate **B v. intr.** (**aus.** *essere*) **e ombràrsi v. intr. pron. 1** (*lett.*) diventare ombroso, coprirsi d'ombra **2** (*fig.*, *lett.*) †adombrarsi, insospettirsi, intimorirsi

ombràtile ➤ **umbratile**

ombràto A part. pass. di *ombrare*; anche **agg.** ● nei sign. del v. **B s. m.** ● ombratura

ombratùra [da *ombrato* ✱ av. 1406] **s. f.** ● chiazza o sfumatura più cupa in una determinata superficie: *ombrature dovute al sudiciume, all'umidità, alla scarsa omogeneità del colore*

ombreggiaménto [av. 1597] **s. m.** ● l'ombreggiare | ombreggiatura

ombreggiàre [da *ombra* ✱ 1342] **A v. tr.** (**pres.** *io ombréggio*; **fut.** *io ombreggerò*) **1** rendere fresco e ombroso, riparare o proteggere dalla luce, spec. del sole: *ogni tanto una quercia frondosa ombreggiava parte del cammino* | lasciare o mettere in ombra: *una visiera gli ombreggiava gli occhi* **2** tratteggiare o sfumare leggermente: *o. un disegno* **B** anche **ombreggiàrsi v. tr. pron.** (**aus.** *essere*): *si ombreggiò gli zigomi con un velo di rossetto* | darsi l'ombretto: *ombreggiarsi le palpebre*

ombreggiàto part. pass. di *ombreggiare*; anche **agg. 1** coperto d'ombra, ombroso: *viale o.* **2** detto di carattere tipografico in cui una speciale deformazione fa apparire le singole lettere come accompagnate dalla loro ombra

ombreggiatùra [1862] **s. f.** ● in pittura, in cartografia e sim., uso del chiaroscuro e del tratteggio allo scopo di conferire rilievo e profondità

ombréggio [da *ombreggiare* ✻ 1758] **s. m.** ● (*raro*) ombra | ombreggiatura

ombrèlla o **umbrèlla** nel sign. 2, **umbèlla** [da *ombra*, sul modello del lat. *umbĕlla* 'parasole', da *ŭmbra* 'ombra' ✻ 1478] **s. f. 1** (*sett.*) ombrello **2** (*bot.*) tipo di infiorescenza in cui i fiori hanno pedicelli inseriti nello stesso punto da cui s'irradiano come le stecche di un ombrello | *o. composta*, grande ombrella costituita da ombrellette più piccole **3** (*zool.*) parte principale del corpo delle meduse dalla caratteristica forma a ombrello **4** (*fig.*, *lett.*) cupola frondosa degli alberi, che fa ombra ‖ **ombrellétta**, **dim.** | (*lett.*) **ombrellìna**, **dim.**

ombrellàio [1738] **s. m.** (**f.** *-aia*, **pl. m.** *-ai*) ● chi fabbrica, vende o ripara ombrelli

ombrellàta [1841] **s. f.** ● colpo dato con un ombrello: *prendere qlcu. a ombrellate*

ombrellièra [da *ombrello* ✻ 1891] **s. f.** ● (*raro*) portaombrelli

†**ombrellière** [1691] **s. m. 1** ombrellaio **2** valletto che portava l'ombrello per i gentiluomini

Ombrellìfere o **Umbellìfere** [comp. di *ombrella* e *-fero* ✻ 1825] **s. f. pl.** (**sing.** *-a*) ● (*bot.*) Apiacee

ombrellifìcio [comp. di *ombrello* e *-ficio* ✻ 1963] **s. m.** ● fabbrica d'ombrelli

ombrellifórme [comp. di *ombrella* nel sign. 2 e *-forme* ✻ 1813] **agg.** ● (*bot.*) detto di infiorescenza che ha forma di ombrella

ombrellìno [1803] **s. m. 1** dim. di *ombrello* **2** parasole elegante portato un tempo dalle signore **3** piccolo ombrello a baldacchino che, nel rito cattolico, il chierico porta sopra il Sacramento, nelle processioni

♦**ombrèllo** [V. *ombrella* ✻ 1481] **s. m. 1** oggetto per ripararsi dal sole o dalla pioggia, costituito da un manico più o meno lungo alla cui sommità sono inserite a raggiera numerose stecche ricoperte di tessuto: *aprire, chiudere l'o.*; *ripararsi sotto l'o.* | ***gesto dell'o.***, gesto volgare di spregio compiuto appoggiando una mano nell'incavo dell'altro braccio piegato: *'tiè!', disse, facendo il gesto dell'o.* **SIN.** (*lett.*) manichetto **2** (*fig.*) oggetto o insieme di elementi riuniti in modo da ricordare un ombrello: *stare sotto un fresco o. di rami* **3** (*milit.*) apparato difensivo | ***o. aereo***, l'insieme degli aerei che proteggono un reparto militare o una formazione navale | ***o. nucleare, atomico***, l'insieme degli apparati di difesa, radar o missilistici, che possono proteggere dagli attacchi nucleari ‖ **ombrellàccio**, **pegg.** | **ombrellétto**, **dim.** | **ombrellìno**, **dim.** (V.) | **ombrellóne**, **accr.** (V.) | **ombrellùccio**, **dim.**

ombrellóne [1869] **s. m. 1** accr. di *ombrello* **2** grande ombrello, spec. da piantare in terra o da fissare su un apposito piedestallo, usato sulla spiaggia, nei giardini, nei bar all'aperto e sim., come riparo dal sole

ombrétto [da *ombra* ✻ 1942] **s. m.** ● cosmetico per ombreggiare le palpebre

†**ombrévole** [sec. XIV] **agg.** ● ombroso, oscuro

ombrìa [sec. XIII] **s. f.** ● (*lett.*) zona ombrosa, luogo d'ombra: *vien nell'o. la voce pia* (G. PASCOLI) | ombra

ombrìfero o (*lett.*) **umbrìfero** [vc. dotta, lat. *umbrĭferu(m)*, comp. di *ŭmbra* 'ombra' e *-fer* '-fero' ✻ av. 1328] **agg.** ● (*lett.*) che fa ombra, che difende dalla luce | (*fig.*) †che adombra, che allude

†**ombrilùngo** [comp. di *ombra* e *lungo*; calco sul gr. *dolichóskios* ✻ 1785] **agg.** ● che getta lunga ombra: *lancia ombrilunga*

ombrìna [dal lat. *ŭmbra* 'ombra', detto così dalle strisce che gli ombreggiano i fianchi ✻ av. 1380] **s. f.** ● pesce dell'ordine dei Perciformi, comune nel Mediterraneo, che può pesare fino ad una quindicina di kili, con corto cirro sul mento, carni bianche, sode, di ottimo sapore (*Umbrina cirrosa*)

ombrinàle [dal gr. *ómbrinos* 'pluviale', agg. di *ómbros* 'pioggia' (V. *ombro-*) ✻ 1803] **s. m.** ● (*mar.*) ciascuno dei fori praticati nelle murate per lo scarico delle acque dalla coperta

ombrinòtto [1970] **s. m.** ● maschio dell'ombrina, di sapore meno delicato

ómbro- [dal gr. *ómbros* 'pioggia', di orig. indeur.] **primo elemento** ● in parole composte della terminologia scientifica, significa 'pioggia', o indica relazione con la pioggia: *ombrofilo, ombrografo, ombrometro*

ombrofilìa① [comp. di *ombra* e *-filia* ✻ 1958] **s. f.** ● (*med.*) morbosa attrazione per l'ombra

ombrofilìa② [comp. di *ombro-* e *-filia* ✻ 1936] **s. f.** ● (*bot.*) l'essere ombrofilo

ombròfilo [comp. di *ombro-* e *-filo* ✻ 1936] **agg.** ● (*bot.*) detto di pianta che resiste bene alle piogge

ombrofobìa① [comp. di *ombra* e *-fobia* ✻ 1958] **s. f.** ● (*psicol.*) timore morboso dell'ombra ‖ **ombrofòbico**, **agg.** (**pl. m.** *-ci*) relativo a ombrofobia ‖ **ombròfobo**①, **agg. e s. m.** (**f.** *-a*) che (o chi) soffre di ombrofobia

ombrofobìa② [comp. di *ombro-* e *-fobia* ✻ 1936] **s. f.** ● (*bot.*) caratteristica delle piante che non sopportano la pioggia ‖ **ombròfobo**②, **agg.** detto di tali piante

ombrògrafo [comp. di *ombro-* e *-grafo* ✻ 1958] **s. m.** ● pluviografo

ombròmetro [comp. di *ombro-* e *-metro* ✻ 1834] **s. m.** ● pluviometro

♣**ombróso** (o *-ṣ-*) [lat. *umbrōsu(m)*, agg. di *umbra* 'ombra' ✻ av. 1328] **agg. 1** ricco d'ombra, coperto d'ombra: *luoghi ombrosi*; *valle ombrosa*; *m'han fatto abitator d'o. bosco* (F. PETRARCA) | che dà ombra: *la quercia ombrosa* **2** †opaco, scuro | (*fig.*) †malinconico, schivo **3** (*fig.*) di cavallo che s'impaurisce o s'adombra con facilità | (*est.*) di persona che si offende o s'impermalisce per un nonnulla: *avere un carattere o.* ‖ **ombrosaménte**, **avv.** (*raro*) in modo ombroso ‖ **ombrosità**, **s. f. inv.** caratteristica di ciò che è ombroso: *l'ombrosità dei luoghi montani*; (*fig.*) suscettibilità, permalosità: *ombrosità di carattere*

òmbudsman /*svedese* ˈombədsˌman, *ingl.* ˈɒmbʊdzmən/ [vc. svedese, 'rappresentante pubblico' ✻ 1963] **s. m. inv.** ● (*dir.*) difensore civico

omèga o **òmega** [gr. *ō méga* 'o grande' (V. *mega-*) ✻ 1321] **s. f. o m.** (**pl.** *omèga*, *pop.* †*omèghi* **solo m.**) **1** nome della ventiquattresima e ultima lettera dell'alfabeto greco **2** (*fig.*) fine, compimento di qlco. | ***dall'alfa all'o.***, dal principio alla fine **3** (*biol.*) ***o. 3, o. 6***, sigle che indicano acidi grassi polinsaturi

†**omèi** [da *o(i)mè* con la desinenza di plurale ✻ av. 1327] **s. m. pl.** ● lamenti: *dopo tanti sospiri e tanti o.* (L. DE' MEDICI)

omelétta **s. f.** ● (*raro*) adattamento di *omelette* (V.)

omelette /*fr.* ɔmˈlɛt/ [vc. fr., alterato di *alumette*, da *lamelle* 'piccola lama', per il suo sottile spessore ✻ 1877] **s. f. inv.** ● frittata sottile, ripiegata, spesso farcita: *o. con erbe, con prosciutto, con marmellata*

omelìa o (*raro*) **omilìa** [lat. tardo *homilīa(m)*, dal gr. *homilía* 'compagnia, società, conversazione', da *hómilos* 'folla, moltitudine', di etim. incerta ✻ av. 1311] **s. f. 1** (*relig.*) nella liturgia cattolica, spiegazione e commento di passi delle Sacre Scritture che il predicatore rivolge ai fedeli per ammaestramento, spec. durante la celebrazione della Messa | (*est.*) ogni predica sacra | ***con tono di o.***, (*fig.*) tra il sentenzioso e il moraleggiante **2** testo scritto di un'omelia | genere letterario costituito dalle omelie **3** (*est.*, *scherz.*) discorso di ammonimento, di esortazione **SIN.** sermone

omeliàrio o **omiliàrio** [vc. dotta, lat. mediev. *homiliāriu(m)*, dal lat. tardo *homilīa(m)* 'omelia' ✻ av. 1498] **s. m.** ● antico libro liturgico cattolico contenente omelie

omelìsta [da *omelia* ✻ 1870] **s. m. e f.** (**pl. m.** *-i*) ● chi compone o pronuncia omelie

omentàle [1869] **agg.** ● (*anat.*) dell'omento

oménto [vc. dotta, lat. *omĕntu(m)*, di etim. incerta ✻ 1561] **s. m.** ● (*anat.*) duplicatura formata dall'unione di due foglietti peritoneali **SIN.** epiploon | ***grande o.***, duplicatura del peritoneo che, inserita tra stomaco e colon trasverso, pende nella cavità peritoneale | ***piccolo o.***, duplicatura peritoneale interposta tra stomaco e fegato

omeo- o **omeò-** [dal gr. *hómoios* 'simile'] **primo elemento** ● in parole composte dotte o della terminologia scientifica, significa 'simile', o indica uguaglianza, identità: *omeopatia, omeopatico, omeoteleuto, omeopata*

omeomerìa [vc. dotta, gr. *homoioméreia*, comp. di *hómoios* 'omeo-' e *méros* 'parte' (V. *mero*②) ✻ av. 1704] **s. f.** ● nella filosofia greca, ciascuna delle particelle elementari infinitamente piccole che, aggregandosi in rapporti quantitativi diversi, definiscono la differente qualità dei corpi

omeomorfìṣmo [da *omeomorfo* ✻ 1958] **s. m.** ● (*mat.*) biiezione fra due spazi topologici tale che tanto essa che la sua inversa siano continue | isomorfismo della struttura di spazio topologico

omeomòrfo [comp. di *omeo-* e *-morfo* ✻ 1875] **agg.** ● (*mat.*) corrispondente in un omeomorfismo

omeopatìa [comp. di *omeo-* e *-patia*; metodo terapeutico fondato da S. Hahnemann (1755-1843) ✻ 1826] **s. f.** ● sistema di cura in cui le malattie sono trattate con dosi infinitesimali di medicamenti che, se somministrati in dosi maggiori a individui sani, provocherebbero sintomi simili a quelli della malattia da debellare **CFR.** allopatia ‖ **omeopàtico**, **agg.** (**pl. m.** *-ci*) che concerne l'omeopatia: *metodo omeopatico*; *rimedi omeopatici* ‖ **omeopaticaménte**, **avv.** con il metodo omeopatico; dal punto di vista dell'omeopatia ‖ **omeòpata**, **s. m. e f.** (**pl. m.** *-i*) medico che cura con l'omeopatia

omeopatìsta [da *omeopatia* ✻ 1834] **s. m. e f.** (**pl. m.** *-i*) ● (*med.*) seguace delle teorie omeopatiche

omeopolàre o **omopolàre** [comp. di *omeo-* e *polare* ✻ 1931] **agg.** ● (*chim.*) covalente

omeorìtmo [comp. di *omeo-* e *ritmo* ✻ 1869] **agg.** ● (*lett.*) che ha ritmi simili e omogenei

omeòṣi [vc. dotta, gr. *homoíōsis*, deriv. di *hómoios* 'simile' ✻ 1875] **s. f. inv.** ● (*filos.*) nella filosofia di Platone, il rapporto di somiglianza tra le idee e le cose sensibili

omeoṣmòtico [comp. di *omeo-* e *(o)smotico* ✻ 1958] **agg.** (**pl. m.** *-ci*) ● (*zool.*) detto di animale che ha una concentrazione salina interna costante

omeòstaṣi o **omeostàṣi** [comp. di *omeo-* e *-stasi* ✻ 1958] **s. f. inv.** ● (*biol.*) capacità di un organismo o di un insieme di organismi di mantenere in un relativo equilibrio stabile le caratteristiche del proprio ambiente interno

omeostàtico [1958] **agg.** (**pl. m.** *-ci*) ● (*biol.*) relativo a omeostasi: *meccanismo o.*

omeòstato o **omeostàto** [comp. di *omeo-* e *-stato* ✱ 1981] **s. m.** ● (*biol.*) organismo che possiede omeostasi

omeotelèuto o **omotelèuto**, **omoiotelèuto** [vc. dotta, gr. *homoiotéleutos*, comp. di *hómoios* 'omeo-' e *teletḗ* 'fine', da *têle* 'lontano', di orig. indeur. ✱ av. 1565] **A** **agg.** ● (*ling.*) che ripete la stessa desinenza: *frasi omeoteleute* **B** **s. m.** ● ripetizione di sillabe omofone alla fine di più parole della stessa frase; per es. la terminazione *-tori* in: *Io n'ho de' miei dì mille veduti vagheggiatori, amatori, visitatori* (G. Boccaccio)

omeotermàle [comp. di *omeo-* e *termale* ✱ 1958] **agg.** ● detto di acqua minerale che sgorga da una sorgente a una temperatura compresa fra 30 e 40 °C

omeotermìa [comp. di *omeo-* e *-termia* ✱ 1954] **s. f.** ● (*fisiol.*) condizione degli omeotermi **CONTR.** eterotermia

omeotèrmico [da *omeotermia* ✱ 1994] **agg.** (**pl. m.** *-ci*) ● (*fisiol.*) riferito agli omeotermi **CONTR.** eterotermico

omeotèrmo [comp. di *omeo-* e *-termo* ✱ 1927] **agg. e s. m.** ● (*zool.*) detto di organismo animale con temperatura corporea costante, o perché non varia quella del suo ambiente o grazie ai propri dispositivi fisiologici di regolazione termica **CONTR.** eterotermo

omeotònico [comp. di *omeo-* e *tonico* ✱ 1895] **agg.** (**pl. m.** *-ci*) ● (*mus.*) che ha suono, tonalità simile

omeràle o (*raro*) **umeràle** [1727] **A** **agg.** ● (*anat.*) riferito all'omero: *testa o.* **B** **s. m.** ● larga fascia che il celebrante cattolico porta sulle spalle, con le parti anteriori della quale si copre le mani per evitare che tocchino direttamente l'ostensorio e il calice

omèrico [vc. dotta, lat. *Homēricu(m)*, dal gr. *Homērikós*, agg. di *Hómēros* 'Omero' ✱ 1442] **agg.** (**pl. m.** *-ci*) **1** di Omero, relativo a Omero: *poemi omerici*; *letteratura, questione omerica* **2** (*fig.*) grandioso, degno dei personaggi di Omero: *appetito o.*; *risate omeriche* || **omericaménte**, **avv.** secondo lo stile di Omero

òmero (o **ó-**), (*lett.*) †**ùmero** [lat. *ŭmeru(m)*, di orig. indeur. ✱ 1313] **s. m.** **1** (*anat.*) osso lungo che va dalla spalla al gomito **2** (*lett.*) spalla (*anche fig.*): *che ne conceda i suoi omeri forti* (Dante *Inf.* XVII, 42) | (*est.*) †lato, verso **3** (*fig.*) †dorsale di un monte

♦**omertà** [forma merid. di *umiltà*, per indicare la sottomissione alle regole della camorra (?) ✱ 1871] **s. f. inv.** ● solidale intesa che vincola i membri della malavita alla protezione vicendevole, tacendo o mascherando ogni indizio o prova utile per l'individuazione dei colpevoli: *l'o. rende impossibile ogni indagine*; *spezzare il muro dell'o.* | (*est.*) atteggiamento di chi rifiuta od omette di fornire indicazioni su colpa o atti illeciti altrui, per paura, solidarietà, difesa di interessi personali, e sim.

omertóso (o **-ṣ-**) [1983] **agg.** ● che si basa sull'omertà, che deriva da omertà: *complicità omertosa* || **omertosaménte**, **avv.** || **omertosità**, **s. f. inv.**

omésso o †**omméssso** **part. pass.** di *omettere*; anche **agg.** ● nei sign. del v.

ométtere o †**omméttere** [lat. *omĭttere*, comp. di *ŏb* 'via da' e *mĭttere* 'mandare' (V. *mettere*) ✱ sec. XIII] **v. tr.** (**coniug. come** *mettere*) ● non eseguire, non compiere (+ *di* **seguito da inf.**): *o. una denuncia*; *hanno omesso di inserire la clausola* | tralasciare di dire, di riferire, di menzionare, e sim.: *o. un particolare*; *o. il nome dell'autore di una citazione riscontrate* | ***salvo errori ed omissioni***, nota cautelativa posta in calce a documenti e sim. | ***peccato di o.***, quello che consiste nel trascurare gli atti e i doveri imposti dalla legge divina **SIN.** tralasciamento **2** (*dir.*) ***reato d'o.***, quello di chi si astiene dal compiere atti ai quali è obbligato dalla legge o da un contratto: *o. di atti d'ufficio* | ***o. di soccorso***, V. *soccorso*②

ométto [1551] **s. m.** **1** dim. di *uomo* **2** (*fig.*) bambino giudizioso: *il mio o.*; *un bravo o.* **3** in alpinismo, piramide di pietre innalzata come segnale **4** birillo del biliardo **5** (*fam.*) portabiti || **omettìno**, **dim.**

omicciàtto ➤ **omiciatto**

omicciàttolo ➤ **omiciattolo**

omiciàtto o (*raro*) **omicciàtto** [av. 1400] **s. m.** ● omiciattolo

omiciàttolo o **omicciàttolo** [da *(u)om(o)* con il suff. *-iciattolo* ✱ av. 1400] **s. m.** **1** pegg. di *uomo* **2** uomo da poco, per aspetto fisico e qualità morali

omicìda o †**micìda** [vc. dotta, lat. *homicīda(m)*, comp. di *hŏmo* 'uomo' e *-cida* (V.) ✱ av. 1294] **A** **s. m. e f.** (**pl. m.** *-i*) ● chi ha commesso un omicidio **B** **agg.** **1** che dà o ha dato la morte: *arma o.*; *mano o.* **2** da assassino: *sguardo o.*; *intenzione, istinto o.*

†**omicidiàle** ➤ **micidiale**

omicìdio o †**micìdio** [vc. dotta, lat. *homicīdiu(m)*, comp. di *hŏmo* 'uomo' e *-cīdium* '-cidio' ✱ 1266] **s. m.** (**pl.** *-i* o *raro* *-ii*) **1** (*dir.*) illecito penale di chi provoca la morte di una o più persone | ***o. premeditato***, preceduto da una lunga e accurata preparazione | ***o. preterintenzionale***, quando la morte è provocata da atti diretti soltanto a percuotere o ledere | ***o. colposo***, quando è commesso per colpa ma involontariamente **2** (*est.*) uccisione di una persona: *o. rituale* | ***o. bianco***, la morte di operai sul lavoro, causata dalla mancanza di adeguate misure di sicurezza **3** †strage

òmicron [dal gr. *ŏ mikrón* 'o piccolo' (V. *micro-*) ✱ 1561] **s. f. o m. inv.** ● nome della quindicesima lettera dell'alfabeto greco

omilèta [da *omelia*: cfr. *omiletico* ✱ av. 1956] **s. m.** (**pl.** *-i*) ● (*lett.*) chi compone omelie

omilètica [f. sost. di *omiletico* ✱ 1895] **s. f.** ● arte del comporre omelie

omilètico [vc. dotta, lat. tardo *homilēticu(m)*, dal gr. *homilētikós*, agg. di *omilía*. V. *omelia* ✱ 1869] **agg.** (**pl. m.** *-ci*) ● relativo a omelia o a omiletica: *stile o.* | ***libri omiletici***, che contengono omelie

omilìa ➤ **omelia**

omiliàrio ➤ **omeliario**

ominazióne [vc. dotta, deriv. del lat. *hŏmine(m)* 'uomo' ✱ 1929] **s. f.** ● (*biol.*) processo di evoluzione del genere *Homo* a partire da Primati ancestrali

ominìcchio [dal lat. *hŏmine(m)* 'uomo' con il suff. dim. *-icchio* ✱ 1961] **s. m.** ● (*spreg.*) uomo mediocre, da poco: *l'umanità ... scende ancora più giù, agli ominicchi* (L. Sciascia)

Omìnidi [dal lat. *hŏmo*, genit. *hŏminis* 'uomo' ✱ 1890] **s. m. pl.** (**sing.** *-e*) ● (*zool.*) famiglia di Primati bipedi a perfetta deambulazione verticale, con pelosità corporea ridotta ed encefalo molto sviluppato, diffusa in tutto il mondo almeno dal Pleistocene, cui appartiene l'uomo (*Hominidae*)

omìno [av. 1596] **s. m.** **1** dim. di *uomo* **2** uomo di statura molto bassa: *un o. piccolo, piccolo* **3** (*est.*, *raro*) bambino, ragazzino **4** (*fam.*) uomo di modesta personalità o di umili condizioni | uomo che svolge mansioni umili || †**ominìno**, **dim.**

ominóso (o **-ṣ-**) [vc. dotta, lat. *ominōsu(m)*, da *ōmen*, genit. *ōminis* 'presagio', di etim. incerta ✱ av. 1540] **agg.** ● (*lett.*) di cattivo augurio

omìṣi ➤ **omettere**

omissìbile [1958] **agg.** ● che si può omettere: *particolari omissibili* || **omissibilità**, **s. f. inv.**

omissióne o †**ommissióne** [vc. dotta, lat. tardo *omissiōne(m)*, da *omĭssus* 'omesso' ✱ av. 1342] **s. f.** **1** l'omettere: *l'o. di una virgola, di una parola*; *l'involontaria o. di un particolare importante* | cosa omessa, tralasciata o taciuta: *ignoro l'importanza delle omissioni*

omìssis [dalla loc. latina *cēteris rebus omĭssis* 'omesse le altre cose'. V. *omesso* ✱ 1869] **s. m. inv.** ● si usa, nella trascrizione, nella riproduzione o nelle copie di documenti, atti notarili e sim., per indicare l'omissione di parole o frasi tralasciate perché non necessarie o ritenute segreti di Stato | (*est.*) parte omessa: *una relazione contenente troppi o.*

omissìvo [dal lat. *omĭssus* 'omesso' ✱ 1970] **agg.** ● (*dir.*) di omissione, relativo a omissione | detto del dolo consistente nell'omissione di una azione dovuta || **omissività**, **s. f. inv.**

ommatìdio [comp. del gr. *ómma*, genit. *ómmatos* 'occhio' (della stessa famiglia di *ophthalmós* 'occhio'. V. *oftalmo-*) e *-idio* ✱ av. 1965] **s. m.** (**pl.** *-i* o *raro* *-ii*) ● (*zool.*) ciascuno degli elementi che formano gli occhi composti degli Insetti e di altri Artropodi

†**omméttere** e deriv. ➤ **omettere** e deriv.

†**ommissióne** ➤ **omissione**

òmni- ➤ **onni-**

òmnibus [fr. *omnibus*, dal lat. *ŏmnibus* '(carrozza) per tutti', dativo pl. di *ŏmnis* 'ogni' ✱ 1836] **A** **s. m. inv.** **1** grande carrozza pubblica a cavalli, per il trasporto di passeggeri nelle grandi città, prima dell'avvento del tram **2** (*disus.*) treno locale **B** **in funzione di agg. inv.** ● (*dir.*) che vincola una serie indeterminata di soggetti o per una serie indeterminata di obbligazioni: *legge o.*; *fideiussione o.*

omnidirezionàle o **onnidirezionàle** [comp. del lat. *ŏmnium*, genit. pl. di *ŏmnis* 'ogni', e *direzionale* ✱ 1963] **agg.** ● (*raro*) orientato verso tutte le direzioni

omnipervaṣìvo ➤ **onnipervasivo**

omnisciènza e deriv. ➤ **onniscienza** e deriv.

†**omnìscio** ➤ †**onniscio**

òmnium [fr. *omnium*, dall'ingl. *omnium*, dal lat. *ŏmnium*, genit. pl. di *ŏmnis* 'ogni' ✱ 1895] **s. m. inv.** ● (*sport*) gara di corsa cui sono ammessi concorrenti senza distinzione di provenienza, di età, di categoria | nel ciclismo, corsa individuale o a squadre, su pista, comprendente più prove

omnìvoro ➤ **onnivoro**

òmo① ➤ **uomo**

òmo② [ricavato da *omosessuale* ✱ 1972] **agg. e s. m. e f. inv.** ● (*gerg.*) omosessuale **CFR.** etero

òmo- [dal gr. *homós* 'uguale, simile'] **primo elemento** ● in parole composte, significa 'uguale', 'simile', 'che ha lo stesso ...', o indica identità: *omofono, omogeneo, omografo, omonimo, omosessualità*

omoaffettivo [comp. di *omo-* ed *affettivo* ✱ 1958] **agg. e s. m.** (**f.** *-a*) ● che (o chi) manifesta affettività verso persone del proprio sesso, anche senza coinvolgimento sessuale

omocèntrico [comp. di *omo-* e *-centrico* ✱ av. 1557] **agg.** (**pl. m.** *-ci*) ● (*fis.*) detto di un fascio di raggi luminosi passanti per uno stesso punto

omocèrco [comp. di *omo-* e del gr. *kérkos* 'coda' ✱ 1927] **agg.** (**pl. m.** *-chi*) ● (*zool.*) detto della coda dei pesci, quando la pinna caudale è simmetrica

omocìclico [comp. di *omo-* e *ciclico* ✱ 1932] **agg.** (**pl. m.** *-ci*) ● (*chim.*) detto di composto organico ciclico contenente un anello formato da atomi dello stesso elemento, in generale carbonio

omocinètico [comp. di *omo-* e *cinetico* ✱ 1958] **agg. (pl. m. -*ci*)** ● (*mecc.*) detto di giunto che realizza l'uguaglianza nella trasmissione di movimento tra l'albero motore e l'albero condotto

omocodìa [vc. dotta, comp. di *omo-* e *cod(i-ce)* con il suff. *-ia*② ✱ 1989] **s. f.** ● (*burocr.*) circostanza per cui a due o più persone è attribuito il medesimo codice spec. fiscale

omocromìa [dal gr. *homóchrōmos* 'dello stesso colore', comp. di *homo-* 'omo-' e *chrôma* 'colore' (V. *cromo-*) ✱ 1934] **s. f.** ● (*zool.*) somiglianza del colore di un animale con quello dell'ambiente **SIN.** mimetismo

omocròmo [vc. dotta, gr. *homóchrōmos*, comp. di *homo-* 'omo-' e *chrôma* 'colore' ✱ 1958] **agg.** ● (*zool.*) riferito a omocromia

omodiegètico [fr. *homodiégétique*, comp. di *homo-* 'omo-' e *diégétique* 'diegetico' ✱ 1993] **agg. (pl. m. -*ci*)** ● detto di narrazione in cui il narratore compare come personaggio della storia che racconta

omodónte [comp. di *omo-* e *-odonte* ✱ 1927] **agg.** ● detto di animale i cui denti sono tutti simili fra loro, non differenziati per svolgere varie funzioni **CONTR.** eterodonte

omodontìa [1958] **s. f.** ● (*zool.*) condizione dell'animale omodonte

omoeròtico [av. 1975] **agg. (pl. m. -*ci*)** ● (*raro*) omosessuale

omoerotìṣmo [comp. di *omo-* ed *erotismo* ✱ 1975] **s. m.** ● (*raro*) omosessualità

omofagìa [vc. dotta, lat. tardo *omophăgia(m)*, dal gr. *ōmophagía*, comp. di *ōmós* 'crudo', di orig. indeur., e *-phagía* '-fagia' ✱ 1828] **s. f. (pl. -*gìe*)** ● uso di mangiare la carne cruda, sia come abitudine di popoli primitivi, sia come rito religioso

omòfago [1834] **agg. (pl. m. -*gi*)** ● che pratica l'omofagia: *tribù omofaga*

omofilìa [comp. di *omo-* e *-filia* ✱ 1958] **s. f. 1** (*eufem.*) omosessualità **2** (*biol.*) condizione di somiglianza tra strutture, organi o interi organismi, correlata a una comune origine

omòfilo [comp. di *omo-* e *-filo* ✱ 1980] **A agg.; anche s. m.** ● (*eufem.*) omosessuale **B agg.** ● (*biol.*) detto di struttura, di organo o di intero organismo che presenta omofilia

omofobìa [comp. di *omo(sessuale)* e *-fobia* ✱ 1967] **s. f.** ● avversione per l'omosessualità e gli omosessuali ‖ **omofòbico**, **agg. (pl. m. -*ci*)** di omofobia, che denota omofobia ‖ **omòfobo**, **agg. e s. m. (f. -*a*)** che (o chi) dimostra omofobia: *atteggiamento omofobo*

omofonìa [vc. dotta, gr. *homophōnía*, comp. di *homo-* 'omo-' e *-phōnía* '-fonia' ✱ 1821] **s. f. 1** (*mus.*) emissione della medesima nota da parte di due o più voci o strumenti | tecnica di comporre a più voci, facendo coincidere in senso verticale le sillabe del canto **CONTR.** polifonia **2** (*ling.*) identità fonica tra due o più unità significative, oppure tra due o più segni grafici (per es. *anno* e *hanno*) ‖ **omofònico**, **agg. (pl. m. -*ci*)** relativo all'omofonia; caratterizzato da omofonia

omòfono [vc. dotta, gr. *homóphōnos*, comp. di *homo-* 'omo-' e *-phōnos* '-fono' ✱ 1695] **A agg.** ● (*mus.*) detto di brano musicale o cantato che presenta omofonia **B agg.; anche s. m.** ● (*ling.*) detto di parola che presenta la stessa pronuncia di un'altra, ma significato diverso (per es. *agro* 'aspro', e *agro* 'campagna') | detto di segno grafico che trascrive lo stesso fonema di un altro, o di più altri (V. nota d'uso ACCENTO)

omogamìa [comp. di *omo-* e *-gamia* ✱ 1958] **s. f. 1** (*bot.*) in un fiore monoclino, contemporanea maturazione del polline e dello stigma **2** (*biol.*) nelle specie polimorfe, tendenza ad accoppiarsi con individui dai caratteri affini

omogenàto [ingl. *homogenate* 'omogeneizzato' (V. *omogeneizzare*) ✱ 1960] **s. m.** ● (*biol.*) materiale ottenuto mediante omogeneizzazione, in particolare di un tessuto biologico **CFR.** omogeneizzato

omogeneità [av. 1597] **s. f. inv.** ● caratteristica o condizione di ciò che è omogeneo **SIN.** affinità **CONTR.** eterogeneità

omogeneiżżàre o **omogeniżżàre** [1956] **A v. tr. 1** rendere omogeneo: *o. una soluzione* | sottoporre a omogeneizzazione: *o. un alimento* **2** (*fig.*) uniformare, conformare **B omogeneiżżàrsi** o **omogeniżżàrsi v. intr. pron.** ● (*fig.*) uniformarsi, conformarsi: *omogeneizzarsi ai gusti prevalenti* ‖ **omogeneiżżazióne** o **omogeniżżazióne**, **s. f.**

omogeneiżżàto o **omogeniżżàto A part. pass.** di *omogeneizzare*; **anche agg. 1** reso omogeneo **2** *latte o.*, latte i cui globuli di grasso sono stati suddivisi e dispersi uniformemente **B s. m.** ● (**spec. al pl.**) prodotto alimentare destinato spec. all'infanzia, ottenuto per intima mescolanza di alimenti diversi finemente suddivisi

omogeneiżżatóre o **omogeniżżatóre** [1954] **s. m.** ● apparecchio usato per omogeneizzare

♦**omogèneo** [vc. dotta, gr. *homogenḗs* 'della stessa famiglia, razza', comp. di *homo-* 'omo-' e *génos* 'razza', di orig. indeur. ✱ av. 1535] **agg. 1** dello stesso genere, specie o natura (+ *a*, + *con*): *tessuti omogenei*; *materie omogenee*; *i dati regionali sono omogenei a quelli nazionali*; *l'opera risulta omogenea con le altre dello stesso autore*; *La regola ... debbe essere omogenea col regolato* (P. SARPI) **SIN.** affine **CONTR.** eterogeneo **2** costituito da elementi tra loro affini e uniformi o uniformemente connessi: *composto o.*; *una pasta morbida e omogenea* | (*fig.*) armonico: *insieme o. di colori e di suoni* **3** (*mat.*) detto di funzione di più variabili reali o complesse il cui valore, moltiplicando ciascuna di esse per un numero, resta moltiplicato per una potenza di quel numero | detto di polinomio i cui monomi sono tutti di ugual grado ‖ **omogeneaménte**, **avv.**

SFUMATURE DI SIGNIFICATO

omogeneo - uniforme

Omogeneo identifica cose dello stesso genere, della stessa specie o natura; in altra accezione si usa in riferimento a ciò che è costituito da elementi tra loro simili o strettamente connessi. In questo secondo significato si avvicina a **uniforme**, che indica ciò che è privo di variazioni, discontinuità, difformità.

omogenitoriàle [comp. di *omo-* e *genitoriale* ✱ 2005] **agg.** ● detto di nucleo familiare costituito da una coppia dello stesso sesso e da uno o più figli | relativo a tale nucleo familiare: *coppie omogenitoriali* ‖ **omogenitorialità**, **s. f. inv.**

omogeniżżàre e deriv. ➤ **omogeneizzare** e deriv.

omogentìṣico [vc. dotta, comp. di *omo-*, (acido) *gentisico* e dal suff. *-ico* ✱ 1981] **agg. (pl. m. -*ci*)** ● (*chim.*) detto di acido aromatico che costituisce un prodotto intermedio del metabolismo di alcuni aminoacidi, e che viene rapidamente metabolizzato dall'organismo umano

omografìa [comp. di *omo-* e *-grafia* ✱ 1895] **s. f. 1** (*ling.*) rapporto tra parole o fonemi omografi **2** (*mat.*) proiettività fra due forme geometriche fondamentali del medesimo tipo | biiezione fra due spazi numerici omogenei, rappresentata dalle equazioni $x_i' = \Sigma a_{ki}x_k$

omogràfico [1932] **agg. (pl. m. -*ci*)** ● (*ling.*, *mat.*) relativo all'omografia

omògrafo [comp. di *omo-* e *-grafo* ✱ 1891] **agg.; anche s. m.** ● (*ling.*) detto di parola che presenta la stessa scrittura (e talvolta anche la stessa pronuncia) di un'altra, rispetto alla quale ha però significato diverso (per es. *àncora* e *ancóra*) (V. nota d'uso ACCENTO)

omogràmma [comp. di *omo-* e *-gramma* ✱ 1970] **s. m. (pl. -*i*)** ● (*ling.*) parola che ha la stessa grafia di un'altra di origine differente (per es. *dolo*① e *dolo*②)

omoiotelèuto ➤ **omeoteleuto**

omoiuṣìa [comp. del gr. *hómoios* 'simile' (V. *omeo-*) e *ousía* 'sostanza', da *ôusa*, part. pres. f. di *êinai* 'essere' ✱ 1965] **s. f.** ● (*relig.*) eresia ariana secondo cui il Padre e il Figlio avevano fra loro, nella Trinità, solo un rapporto di somiglianza e non natura identica **CONTR.** omousia

omolìṣi [comp. di *omo-* e *-lisi* ✱ 1981] **s. f. inv.** ● (*chim.*) scissione di una molecola con conseguente formazione di radicali liberi

omolìtico [1981] **agg. (pl. m. -*ci*)** ● (*chim.*) di omolisi, relativo a omolisi

omologàbile [1967] **agg.** ● che si può omologare: *un primato o.* ‖ **omologabilità**, **s. f. inv.**

omologàre [vc. dotta, gr. *homologêin*, da *homólogos* 'omologo' ✱ av. 1565] **A v. tr.** (*io omòlogo, tu omòloghi*) **1** (*dir.*) emanare, da parte dell'autorità giudiziaria, un provvedimento di omologazione **2** (*burocr.*) riconoscere come regolari una prova o un risultato e quindi ratificarli, renderli validi: *o. una partita, un primato* **3** (*fig.*) rendere omogenei e uniformi modi di pensare, agire ed esprimersi, adeguandoli a modelli accolti e accettati da tutti: *la televisione ha omologato la lingua* **B omologàrsi v. intr. pron.** ● (*fig.*) adeguarsi a modelli dominanti (+ *a*): *una minoranza che ha sempre rifiutato di omologarsi*; *omologarsi alla mentalità dominante*

omologàto part. pass. di *omologare*; **anche agg. 1** nei sign. del v. | regolare, valido: *casco o.*; *vittoria omologata* **2** (*fig.*) conforme ai modelli correnti, scarsamente autentico, appiattito: *comportamento o.*; *cultura omologata*

omologazióne [1828] **s. f. 1** (*dir.*) approvazione da parte dell'autorità giudiziaria di atti compiuti da altri soggetti, previo un controllo di legalità o di merito degli stessi: *sentenza di o.* **2** convalida, ratifica: *o. di una partita, di un primato* **3** (*fig.*) uniformazione rispetto a un modello comune, prevalente: *il mondo si avvia verso un'o. globale*

omologìa [vc. dotta, gr. *homología*, da *homólogos* 'omologo' ✱ 1598] **s. f. (pl. -*gìe*) 1** caratteristica o condizione di ciò che è omologo **SIN.** conformità **2** (*mat.*) omografia di un piano, o di uno spazio, proiettivo su sé stesso, dotata di una retta, o rispettivamente di un piano, di punti uniti | una delle relazioni d'equivalenza fondamentali della topologia algebrica **3** (*biol.*) corrispondenza fra strutture in organismi derivanti da una forma ancestrale comune, a prescindere dalla funzione

omològico [1869] **agg. (pl. m. -*ci*)** ● (*raro*) relativo a omologia

♦**omòlogo** [vc. dotta, gr. *homólogos*, comp. di *homo-* 'omo-' e *lógos* 'discorso' (V. *-logo*) ✱ av. 1642] **A agg. (pl. m. -*ghi*) 1** che ha le stesse caratteristiche di un altro: *casi omologhi* | (*bot.*, *zool.*) detto di organo o struttura che ha la stessa origine embrionale di uno o più altri, anche se funzioni diverse | ***fecondazione omologa***, V. *fecondazione* **2** (*mat.*) associato nella relazione d'omologia **3** (*est.*) conforme, corrispondente (+ *a*): *una traduzione omologa alla poesia originale* ‖ **omologaménte**, **avv.** **B s. m. (f. -*a*)** ● chi (o ciò

a b c d e f g h i j k l m n **o** p q r s t u v w x y z

che) ha le stesse caratteristiche o funzioni rispetto ad altri: *il ministro delle Finanze ha incontrato il suo o. francese*
SFUMATURE ➤ *analogo*

omomorfìa [comp. di *omo-* e *-morfia* ✱ 1958] **s. f.** ● (*biol.*) presenza di somiglianze tra strutture, organi, apparati od organismi appartenenti a gruppi sistematici non prossimi, dovuta ad adattamenti convergenti

omomorfismo [comp. di *omo-* e *-morfismo* ✱ 1958] **s. m.** ● (*mat.*) morfismo di strutture algebriche | *o. biiettivo*, isomorfismo

omomòrfo [comp. di *omo-* e *-morfo* ✱ 1895] **agg.** ● (*zool.*) caratterizzato da omomorfia

omomorfòsi [comp. di *omo-* e *morfosi* ✱ 1958] **s. f. inv.** ● (*biol.*) particolare processo di rigenerazione in seguito al quale la porzione rigenerata è uguale a quella perduta

omóne [1930] **s. m.** **1** accr. di *uomo* **2** uomo molto alto e di grossa corporatura: *un pezzo d'o. sanguigno, con gli occhiali d'oro e la barba nera* (L. PIRANDELLO)

omonimìa [vc. dotta, lat. tardo *homonȳmia(m)*, dal gr. *homōnymía*, da *homṓnymos* 'omonimo' ✱ av. 1574] **s. f.** **1** situazione in cui si trovano due persone o due cose con lo stesso nome: *un caso di o.*; *l'o. dei due ristoranti genera confusione* **2** (*ling.*) identità fonica (omofonia) e/o identità grafica (omografia) di due morfemi che per altro non hanno lo stesso significato (per es. *verso* di una poesia e *verso* prep.)

omonìmico [1966] **agg.** (**pl. m.** *-ci*) ● (*ling.*) di omonimia

omònimo [vc. dotta, lat. tardo *homōnymu(m)*, dal gr. *homṓnymos*, comp. di *homo-* 'omo-' e *ónoma* 'nome' (V. *onomastico*) ✱ av. 1544] **agg.**; anche **s. m.** **1** (**f.** *-a*) che (o chi) ha lo stesso nome, si chiama nello stesso modo: *due alberghi omonimi*; *in città ha molti omonimi* **2** (*ling.*) detto di parola che si pronuncia o si scrive come un'altra della quale non ha però lo stesso significato (per es. *verso* di una poesia e *verso* prep.)

omoparentàle [comp. di *omo-* e *parentale* ✱ 2004] **agg.** ● omogenitoriale: *adozioni omoparentali* ‖ **omoparentalità**, **s. f. inv.**

omoplaṣìa [comp. di *omo-* e *-plasia* ✱ 1981] **s. f.** ● (*biol.*) corrispondenza tra parti od organi, dovuta a fenomeni di convergenza

omoplàta [vc. dotta, gr. *ōmoplátē*, comp. di *ômos* 'spalla', di orig. indeur. e *platýs* 'largo', di orig. indeur. ✱ 1734] **s. f.** ● (*anat.*) scapola

omopolàre [1958] **agg.** **1** (*chim.*) V. *omeopolare* **2** (*elettr.*) unipolare

†**omóre** ➤ **umore**

omorgànico o **omòrgano** [comp. di *omo-* e *organo* ✱ 1938] **agg.** (**pl. m.** *-ci*) ● (*ling.*) detto di due o più suoni che hanno uno stesso punto di articolazione, pur differendo per altri elementi

omoritmìa [comp. di *omo-* e un deriv. di *ritmo* ✱ 1970] **s. f.** ● (*mus.*) uguaglianza di ritmo | stile polifonico con parti melodicamente diverse ma di ritmo uguale | nel contrappunto, nota contro nota

omosessuàle [ingl. *homosexual*, comp. del pref. *homo-* 'omo-' e *sexual* 'sessuale' ✱ 1895] **A** **agg.** ● relativo a omosessualità, caratterizzato da omosessualità: *tendenze omosessuali*; *rapporto, legame, amore o.* **B** **agg.** e **s. m. e f.** ● che (o chi) prova attrazione sessuale per persone del proprio sesso CFR. bisessuale, eterosessuale ‖ **omosessualità**, **s. f. inv.** (V.)

omosessualità [ingl. *homosexuality*, da *homosexual* 'omosessuale' ✱ 1900] **s. f. inv.** ● inclinazione sessuale di chi è attratto da persone del proprio sesso CFR. eterosessualità SIN. omoerotismo

omosèx [1972] **agg.** e **s. m. e f. inv.** ● omosessuale

omosfèra [da *omo-*, sul modello di *atmosfera* ✱ 1963] **s. f.** ● (*geofis.*) regione dell'atmosfera compresa fra la superficie terrestre e gli 80-100 km di altezza

omotelèuto ➤ **omeoteleuto**

omotetìa [comp. di *omo-* e un deriv. del gr. *thetós* 'posto', part. pass. di *tithénai* 'porre', di orig. indeur. ✱ 1891] **s. f.** ● (*mat.*) omologia fra due piani o spazi nella quale gli elementi impropri siano uniti | dilatazione o contrazione intorno a un punto

omotipìa [comp. di *omo-* e *-tipia* ✱ 1875] **s. f.** ● (*anat.*) condizione di identità tra due componenti del corpo disposte specularmente rispetto al piano di simmetria

omotonìa [dal gr. *homótonos*, comp. di *homo-* 'omo-' e *tónos* 'tono①' ✱ av. 1729] **s. f.** ● (*mus.*) uguaglianza di suono

omotònico [da *omotonia* ✱ 1970] **agg.** (**pl. m.** *-ci*) ● (*mus.*) che ha tono uguale

omotopìa [comp. di *omo-* e un deriv. del gr. *tópos* 'luogo', di orig. indeur. ✱ 1958] **s. f.** ● (*mat.*) relazione che associa due mappe continue trasformabili l'una nell'altra con continuità ‖ **omotòpico**, **agg.** (**pl. m.** *-ci*) **1** (*mat.*) associato nella relazione d'omotopia **2** (*ling.*) in fonetica, detto di articolazione che si realizza nello stesso luogo di un'altra

omotossicologìa [comp. di *omo-* e *tossicologia* ✱ 1987] **s. f.** ● (*med.*) metodo terapeutico che costituisce un'evoluzione della medicina omeopatica; si fonda sul presupposto che ogni malattia sia una reazione all'aggressione di un agente tossico (*omotossina*), dunque curabile depurando l'organismo

omotossìna [comp. di *omo-* e *tossina* ✱ 1980] **s. f.** ● (*med.*) molecola tossica derivante da vaccinazioni, assunzione di farmaci, stress, alimentazione errata ecc., che si presume possa accumularsi nell'organismo in seguito ad alterazioni dei normali processi di elaborazione o al blocco delle vie naturali di eliminazione

omotrapiànto [comp. di *omo-* e *trapianto* ✱ 1966] **s. m.** ● (*chir.*) allotrapianto

Omòtteri [vc. dotta, gr. *homópteros* 'ugualmente alato', comp. di *homo-* 'omo-' e *pterón* 'ala' (V. *-ttero*) ✱ 1828] **s. m. pl.** (**sing.** *-o*) ● (*zool.*) sottordine degli Emitteri con apparato boccale atto a pungere e succhiare, ali che in riposo sono disposte come i pendenti di un tetto, tegumento capace di secernere cera (*Homoptera*)

omouṣìa [comp. di *omo-* e del gr. *ousía* 'sostanza' (V. *omoiusia*) ✱ 1927] **s. f.** ● (*relig.*) identità di sostanza e di natura del Padre e del Figlio nella Trinità, affermata dai cattolici contro gli ariani CONTR. omoiusia

omoẓigòṣi [da *omozigote* ✱ 1958] **s. f. inv.** ● (*biol.*) fenomeno per cui i caratteri degli individui si trasmettono identici alla discendenza

omoẓigòte [comp. di *omo-* e *zigote* ✱ 1918] **s. m.**; anche **agg.** ● (*biol.*) individuo derivato dall'unione di gameti a fattori ereditari uguali

omoẓigòtico [1929] **agg.** (**pl. m.** *-ci*) ● (*biol.*) detto di individuo che produce gameti dello stesso tipo

omùncolo [lat. *homŭnculu(m)*, dim. di *hŏmo*, genit. *hŏminis* 'uomo' ✱ sec. XV] **s. m.** **1** uomo di modesta levatura sia fisica che intellettuale **2** essere dotato di poteri straordinari o soprannaturali, che gli antichi alchimisti presumevano di ottenere per alchimia **3** (*fisiol.*) rappresentazione schematica proporzionale delle funzioni motorie o sensitive relative a varie regioni della corteccia cerebrale umana

on /ɔn, *ingl.* ɒn/ [vc. ingl., propr. 'su, in funzione' (vc. germ. di orig. indeur.) ✱ 1974] **agg. inv.** ● in funzione, attivato, in diciture apposte su varie apparecchiature CONTR. off

Onagràcee [vc. dotta, lat. *onăgra(m)*, dal gr. *onágra* 'oleandro', con il suff. *-acee* ✱ sec. XX] **s. f. pl.** (**sing.** *-a*) ● (*bot.*) famiglia di piante delle Dicotiledoni, con specie prevalentemente erbacee, talvolta arbustive, con fiori a quattro petali e capsula, noce o bacca come frutto (*Onagraceae*)

ònagro o **onàgro** [vc. dotta, lat. *ŏnagru(m)*, dal gr. *ónagros*, comp. di *ónos* 'asino', e *ágrios* 'selvatico', da *agrós* 'campo'; nel sign. 2, perché lancia sassi, come un asino quando tira calci (l'uso metaforico era già in lat. tardo) ✱ av. 1292] **s. m.** **1** asino selvatico asiatico, agile e veloce, probabile capostipite delle razze domestiche, che nelle zone fredde ha pelo lungo durante l'inverno (*Equus onager*) **2** antica macchina da guerra per lanciare grosse pietre, simile al mangano

onaniṣmo [da *Onan*, personaggio biblico punito da Dio perché disperdeva il proprio seme ✱ 1778] **s. m.** **1** nella teologia cattolica, ogni pratica atta a consentire il rapporto sessuale tra uomo e donna evitando il concepimento **2** masturbazione maschile | (*est.*) ogni forma o atto di masturbazione sia maschile che femminile **3** (*fig.*) velleitario, morboso autocompiacimento

onanìsta [1863] **s. m. e f.** (**pl. m.** *-i*) ● chi pratica l'onanismo

onatùra [dall'ingl. *honing* 'affilatura, lisciatura', gerund. di *to hone* 'affilare' (vc. d'orig. germ.) ✱ 1983] **s. f.** ● (*tecnol.*, *gerg.*) lisciatura

óncia o **ónza**②, †**úncia** [lat. *ŭncia(m)* 'dodicesima parte di un asse', da *ūnus* 'uno' ✱ 1241] **s. f.** (**pl.** *-ce*) **1** unità di misura di peso usata in Italia e in altri paesi, prima dell'adozione del sistema metrico decimale, con valori diversi, ma per lo più intorno ai 30 grammi SIMB. oz **2** (*fig.*) minima quantità: *non avere un'o. di giudizio* | (*lett.*) ***a o. a o.***, a poco a poco **3** unità di misura di peso romana uguale alla dodicesima parte della libbra | moneta romana repubblicana di bronzo, dodicesima parte dell'asse con la testa di Bellona (dea della guerra) sul dritto | moneta d'oro coniata da Carlo III di Borbone a Palermo dal XVIII sec. | moneta d'argento del valore di 6 ducati coniata a Napoli dal XVIII sec. **4** (*fig.*) minimo spazio: *S'io fossi pur di tanto ancor leggero / ch'i' potessi in cent'anni andare un'o.* (DANTE *Inf.* XXX, 82-83) | ***non cedere di un'o.***, di un passo

onciàle o †**unciàle** [lat. *unciāle(m)* 'di un'oncia', agg. di *ŭncia* 'oncia'; la scrittura è detta così perché alta un'*oncia* ✱ 1499] **A** **agg.** ● detto di un tipo di scrittura a tracciato spiccatamente arrotondato, in uso dal sec. IV all'VIII in tutta l'Europa occidentale **B** anche **s. f.**: *le eleganti onciali di un'iscrizione*

onciàrio [da *oncia*, unità di misura secondo cui venivano stimati i terreni ✱ 1741] **s. m.** ● catasto nel Regno di Napoli sino al sec. XVIII

†**oncìno** e deriv. ➤ **uncino** e deriv.

ònco [vc. dotta, gr. *ónkos* 'mole, peso', da *enenkêin* 'portare', di orig. indeur. ✱ 1869] **s. m.** (**pl.** *-chi*) ● (*med.*) tumore

ònco- [dal gr. *ónkos* 'massa', 'tumore' (V. *onco*)] **primo elemento** ● in parole composte della terminologia medica, significa 'tumore' o 'volume', 'massa': *oncologia, oncogenesi*

oncocerchìaṣi [1993] **s. f. inv.** ● oncocercosi

oncocercòṣi [da *Onchocerc(a)* col suff. *-osi* ✱ 1958] **s. f. inv.** ● (*med.*) malattia causata dal nematode *Onchocerca volvulus* e caratterizzata dalla presenza nella cute, nei tessuti sottocutanei e negli occhi di noduli fibrosi contenenti i parassiti adulti SIN. oncocerchiasi

oncogène [comp. di *onco-* e *gene* ∗ 1985] **s. m.** ● (*biol.*) forma alterata di un gene normale (protooncogene), in grado di indurre, se trascritto e tradotto in proteina, la trasformazione neoplastica della cellula interessata

oncogènesi [comp. di *onco-* e *genesi* ∗ 1941] **s. f. inv.** ● (*med.*) formazione e sviluppo dei tumori benigni o maligni **CFR.** cancerogenesi

oncògeno [comp. di *onco-* e *-geno* ∗ 1913] **agg.** ● (*med.*) capace di generare tumore: *virus o., radiazioni oncogene*

oncologìa [comp. di *onco-* e *-logia* ∗ 1891] **s. f. (pl. *-gìe*)** ● (*med.*) studio e cura dei tumori: *i progressi dell'o.* | (*est.*) reparto ospedaliero per pazienti che necessitano di cure per patologie tumorali

oncològico [1924] **agg. (pl. m. *-ci*)** **1** (*med.*) di oncologia: *ricerca oncologica* **2** che è affetto da una patologia tumorale: *malato, paziente o.*

oncòlogo [comp. di *onco-* e *-logo* ∗ 1942] **s. m. (f. *-a*; pl. m. *-gi*)** ● (*med.*) medico specialista in oncologia

oncoproteìna [vc. dotta, comp. di *onco-* e *proteina* ∗ 1989] **s. f.** ● (*chim.*) proteina codificata da un oncogene

oncosfèra [comp. di *onco-* e *sfera* ∗ 1954] **s. f.** ● (*zool.*) larva esacanta

oncosoppressóre [vc. dotta, comp. di *onco-* e *soppressore* ∗ 1991] **agg. (f. *oncosoppritrice*)** ● (*biol.*) detto di gene cellulare eucariotico i cui prodotti pongono freni alla proliferazione cellulare: *gene o.* **CFR.** antioncogene

oncoterapìa [comp. di *onco-* e *terapia* ∗ 1914] **s. f.** ● (*med.*) cura dei tumori

oncotomìa [comp. di *onco-* e *-tomia* ∗ 1834] **s. f.** ● (*chir.*) incisione di un tumore

oncotròfico [comp. di *onco-* e *trofico* ∗ 1981] **agg. (pl. m. *-ci*)** ● (*med.*) che concerne l'accrescimento di un tumore

♦**ónda** [lat. *ŭnda(m)*, di orig. indeur. ∗ 1250 ca.] **s. f.** **1** oscillazione dell'acqua di mari, laghi e sim., prodotta da forza esterna (spec. il vento, oppure un terremoto): *o. lunga, alta; costa battuta dalle onde; l'o. che fugge e s'appressa* (DANTE *Purg.* X, 9) | ***essere in balia delle onde***, subirne la violenza senza potervisi opporre | ***seguire l'o.***, (*fig.*) seguire l'andazzo generale | ***all'o.***, (*fig.*) detto di piatto che va servito con salsa non troppo densa | ***essere sulla cresta dell'o.***, (*fig.*) attraversare un momento di grande successo | ***o. lunga***, (*fig.*) fenomeno che si protrae nel tempo | (*est.*) ***o. nera***, vastissima chiazza di nafta, petrolio o residui oleosi, fuoriusciti da petroliere o raffinerie, che galleggia sulla superficie delle onde con gravi effetti inquinanti sull'ambiente marino e costiero | ***o. anomala***, quella di eccezionali dimensioni provocata dal sincronismo di fase di più onde che avanzano a velocità diverse lungo la stessa direzione oppure da terremoti sottomarini; (*fig.*) evento imprevisto e repentino che provoca effetti sconvolgenti **SIN.** flutto **2** (*lett.*) acque marine, fluviali o lacustri | (*poet.*) mare: *si spera in terra e 'n o. / pace più ferma* (V. COLONNA) **3** (*fig.*) impeto, flusso di sentimenti e sim.: *l'o. dei ricordi lo sommerse; l'o. dei vizi, della superbia; un'o. di orgoglio gli gonfiò il petto* (I. SVEVO) | grande quantità: *un'o. di popolo avanzava minacciosa; un'o. di pianto sommerse le sue ultime parole* **4** (*fig.*) linea o traccia sinuosa e serpeggiante, simile al profilo di un'onda d'acqua: *distribuire il colore a onde; onde verdi e blu si sovrappongono creando un effetto cangiante* | ***l'o. dei capelli***, piega morbida, più larga di un ricciolo **5** (*fig.*) ondata: *l'o. della folla* | movimento fluttuante: *le verdi onde della prateria* | (*lett.*) ***andare a onde***, barcollando **6** (*fis.*, **spec. al pl.**) movimento periodico oscillatorio e vibratorio che si propaga in un mezzo continuo: *onde sonore, termiche, luminose* | ***o. portante, o. vettrice***, nelle telecomunicazioni, onda elettromagnetica sinusoidale che si ha in assenza di modulazione e che, opportunamente modulata, costituisce il supporto usato per trasmettere a distanza le informazioni | ***onde sferiche***, che si propagano da ogni punto in ogni direzione | ***onde longitudinali***, con vibrazioni dirette nel senso della propagazione | ***onde trasversali***, in cui le vibrazioni sono perpendicolari alla direzione della propagazione | ***onde d'urto***, onde di compressione di grande ampiezza, caratterizzate da brusche variazioni di pressione, densità e velocità, generate da oggetti che si muovono a velocità supersonica | ***onde elettromagnetiche, hertziane***, oscillazioni elettriche e magnetiche che si propagano nello spazio con velocità finita | ***onde corte***, onde hertziane con frequenza compresa fra 1,6 e 30 MHz | ***onde medie***, onde hertziane con frequenza compresa fra 550 e 1600 kHz | ***onde lunghe***, onde hertziane con frequenza compresa fra 150 e 550 kHz | (*tv*) ***mettere, mandare in o.***, trasmettere con mezzi radiotelevisivi | (*tv*) nella loc. sost. m. inv. ***fuori o.*** o (con grafia unita) ***fuorionda***, sequenza di immagini di personaggi in attesa di collegamento televisivo ripresi a loro insaputa mentre parlano liberamente tra loro **7** ***o. verde***, sistema automatico per far scorrere il traffico urbano lungo un itinerario in cui i semafori siano sincronizzati in modo da assicurare ai veicoli un costante incontro con il verde; trasmissione radiofonica sulla viabilità ‖ (*raro*) **ondètta**, **dim.** | **ondicèlla**, **dim.** | (*raro*) **ondicìna**, **dim.** | **ondìna**, **dim.** | **ondóna**, **accr.**

†**ondaménto** o †**undaménto** [da *onda* ∗ sec. XIV] **s. m.** ● onda, ondata | (**spec. al pl.**) ruga del volto

ondàmetro [comp. di *onda* e *-metro* ∗ 1930] **s. m.** ● (*fis.*) apparecchio per misurare la frequenza delle radioonde

ondànte **part. pres.** di †*ondare*; **anche agg.** **1** (*lett.*) ricco d'acqua | (*fig.*) scorrevole **2** (*lett.*) fluttuante | (*fig.*) travolgente **3** (*lett.*) ondeggiante, oscillante: *Oh dolce idilio ne la barca o.* (G. D'ANNUNZIO)

ondàre [lat. *undāre*, da *ŭnda* 'onda' ∗ av. 1533] **A** **v. tr.** (*io óndo*) ● (*lett.*) inondare **B** **v. intr.** ● (*lett.*) ondeggiare **C** **ondàrsi** **v. intr. pron.** ● (*lett.*) incresparsi

ondàta [da *onda* ∗ av. 1600] **s. f.** **1** colpo di mare provocato da un'onda: *essere travolto da un'o.; le ondate flagellavano il molo* **2** (*fig.*) afflusso, effusione: *un'o. di sangue al cervello; un'o. di fumo* | (*fig.*) manifestazione intensa di un fenomeno atmosferico: *un'o. di maltempo; ondate di caldo, di freddo* | (*fig.*) moto improvviso: *un'o. di entusiasmo; un'o. di amarezza* | (*fig.*) accesso, attacco: *finisce con la testa sul banco per una o. di sonno* (L. SCIASCIA) | (*fig.*) serie ripetuta, sequela: *un'o. di arresti, di attentati; un'o. di rincari* **3** (*fig.*) insieme massiccio di persone o cose che si muovono in fasi successive: *ondate di folla* | ***a ondate***, con movimenti ripetuti e regolari **4** (*raro*, **spec. al pl.**) motivo ornamentale a onde

ondàto [lat. *undātu(m)*, da *undāre*. V. *ondare* ∗ av. 1519] **agg.** ● (*lett.*) ondulato

ondàtra [vc. di orig. amer. ∗ 1823] **s. f.** ● grosso roditore con pelame finissimo e fitto che vive nelle zone d'acqua americane, ma è facilmente allevato (*Ondatra zibethicus*) **SIN.** topo muschiato

†**ondazióne** [lat. tardo *undatiōne(m)* 'spuma', da *undātus* 'ondato' ∗ av. 1406] **s. f.** **1** movimento ondeggiante: *le ondazioni dell'acqua, e le vibrazioni dell'aria non si rassomigliano in ogni cosa* (D. BARTOLI) | vibrazione, oscillazione **2** impulso: *o. di vento*

♦**ónde** o †**ùnde** [lat. *ŭnde* 'da dove', da avvicinare a *ĭnde* 'indi' ∗ av. 1250] **A** **avv.** **1** (*lett.*) da dove, da quale luogo (in prop. interr., dirette e indirette): *o. arrivate?; nessuno sa o. venissero* | (*est.*) da chi, da quale fonte: *o. l'avete appreso?; o. gli viene tanta sicurezza?* | perché, come mai: *ond'è 'l pianto e lamento* (F. PETRARCA) **2** (*lett.*) dal quale, da cui, nel luogo da cui (con valore rel.): *c'è un'altura o. si ammira uno splendido panorama; ritornate là o. siete venuti* | attraverso cui, per dove: *rivedo i luoghi o. siamo passati* | ***o. che sia***, da qualunque luogo | (*lett.*) †***per o.***, attraverso cui **3** (*lett.*) dalla qual cosa, da cui (con valore causale per indicare una conseguenza): *o. si deduce quanto fosse infelice* | ***avere o., averne ben o., averne ben d'o.***, (*ellitt.*) buone e fondate ragioni: *Or ti fa lieta, ché tu hai ben o.* (DANTE *Purg.* VI, 136); *Tu tremi (il Dio mi dice) e n'hai ben d'o.* (V. ALFIERI) **4** (*poet.*) di cui, da cui, con cui, per cui (con valore rel.): *sospiri ond'io nutriva il core* (F. PETRARCA); *le cose o. gioiamo sono poche; i molti mali o. siamo afflitti non sono incurabili* **B** **cong.** **1** (*lett.* o *burocr.*) affinché, perché (introduce una prop. finale con il v. al congtv. o con il v. all'inf.): *te lo ripeto o. tu capisca bene; ho insistito o. tutti si convincessero; attendiamo vostre precise indicazioni o. provvedere alla consegna; Venne a vivere in famiglia, o. esserle maestra* (M. D'AZEGLIO) **2** (*raro*, *lett.*) per la qual cosa, sicché, cosicché (con valore conclusivo): *o. sovente / di me medesmo meco mi vergogno* (F. PETRARCA)

†**ondeché** o †**ónde che** [comp. di *onde* e *che*② ∗ av. 1363] **A** **avv.** ● (*lett.*) da qualunque luogo (con valore rel.) **B** **cong.** ● (*lett.*) cosicché, per la qual cosa (con valore conclusivo e il v. all'indic.)

ondeggiaménto [1554] **s. m.** **1** l'ondeggiare: *l'o. di un canotto, delle vesti, della moltitudine; mise nelle selve uno strepito sordo e profondo con un vasto o. delle loro cime* (G. LEOPARDI) | (*fig.*) esitazione, tentennamento **2** (*mus.*) alternanza di piano e forte | negli strumenti ad arco, tecnica dell'arco per ottenere aumento e diminuzione dell'intensità dei suoni nella medesima arcata

ondeggiànte **part. pres.** di *ondeggiare*; **anche agg.** **1** che ondeggia **2** (*fig.*) titubante, incerto, incostante: *atteggiamento o.*

ondeggiàre [da *onda* ∗ av. 1328] **v. intr.** (**pres.** *io ondéggio*; **fut.** *io ondeggerò*; **aus.** *avere*) **1** muoversi con moto ondoso: *l'acqua del mare ondeggia; la superficie del lago ondeggiava* | oscillare seguendo il movimento delle onde: *le barche ondeggiano alla fonda* **2** (*fig.*) muoversi come le onde: *le spighe ondeggiano al vento; alte lingue di fuoco ondeggiavano nell'oscurità* | fluttuare: *veli, vesti che ondeggiano* | agitarsi con movimento alterno (***anche fig.***): *la folla ondeggiò paurosamente poi dilagò nella piazza; ne' petti ondeggia or questo or quel pensiero* (A. POLIZIANO) **3** (*fig.*) barcollare, essere malfermo: *l'alto edificio ondeggiò un attimo prima di crollare a terra; camminava ondeggiando sulle gambe malferme* **4** (*fig.*) essere incerto, dubbioso: *o. tra opposti desideri* **SIN.** tentennare, titubare

ondeggiàto **part. pass.** di *ondeggiare*; **anche agg.** **1** (*lett.*) mosso dalle onde **2** (*raro*) ondulato

on demànd /ondə'mand, *ingl.* ˌɒndɪ'mænd/ [loc. ingl., propr. 'su domanda, su richiesta' ∗ 1993] **loc. agg. inv.** ● detto di funzione, servizio, oggetto e sim. che vengono attivati o prodotti su richiesta di un consumatore: *televisione on demand, libro on demand*

ónde Martenot /'onde marte'no*/ [denominazione data in onore del musicista M. *Martenot* (1898-1980) ✱ 1992] **loc. sost. f. pl.** ● (*mus.*) strumento elettronico a tastiera che sfrutta la differenza di frequenza di due generatori

ondìna [ted. *Undine*, dal lat. umanistico di Paracelso *undina*, da *ŭnda* 'onda' ✱ 1869] **s. f.** **1** leggendario personaggio femminile delle tradizioni folcloristiche germaniche, abitante di fiumi e laghi **2** (*fig.*) nuotatrice particolarmente brava

ondinatànte [comp. di *onda* e *natante* ✱ av. 1827] **agg.** ● (*raro, poet.*) che naviga sulle onde

ondisonànte [comp. di *onda* e *sonante* ✱ av. 1638] **agg.** ● (*raro, poet.*) che rumoreggia per le onde

ondìsono [vc. dotta, lat. *undĭsonu(m)*, comp. di *ŭnda* 'onda' e *-sonus*, da *sonāre* 'suonare' ✱ 1499] **agg.** ● (*raro, lett.*) che rumoreggia per le onde

✦**ondìvago** [vc. dotta, lat. tardo *undĭvagu(m)*, comp. di *ŭnda* 'onda' e *vāgus* 'vago' ✱ 1810] **agg.** (**pl. m.** *-ghi*) **1** (*lett.*) che erra sul mare, sulle onde: *noi ... promettiam ritorno / su l'ondivaghe prore al patrio lido* (V. Monti) **2** (*fig.*) oscillante, incerto: *atteggiamento o.* | (*lett.*) impreciso, vago

ondògrafo [comp. di *onda* nel sign. 6, e *-grafo* ✱ 1958] **s. m.** ● (*fis.*) strumento che disegna la forma d'onda di una tensione alternata mediante una successione di gradini

ondoleggiàre [intens. di *ondulare* ✱ av. 1755] **v. intr.** (**pres.** *io ondoléggio*; **fut.** *io ondoleggerò*; **aus.** *avere*) ● (*lett.*) ondeggiare leggermente

ondoscòpio [comp. di *onda* nel sign. 6, e *-scopio* ✱ 1983] **s. m.** ● (*fis.*) tubo a scarica a bagliore usato per rivelare la presenza di radiazione ad alta frequenza

ondóso (o **-ṣ-**) [lat. *undōsu(m)*, agg. di *ŭnda* 'onda' ✱ 1336 ca.] **agg.** **1** delle onde, relativo alle onde: *moto o.* **2** pieno di onde (**anche** *fig.*): *mare o.*; *un giovine dalla bella chioma ondosa* (G. D'Annunzio) **3** †bagnato, asperso **4** (*lett.*) ondulato: *chioma ondosa*; *pianura ondosa* **5** (*lett.*) ondeggiante: *Come allodola ondosa* (G. Ungaretti) ‖ **ondosità**, **s. f. inv.** condizione di ciò che è ondoso

ondulaménto [da *ondulare* ✱ 1872] **s. m.** ● lieve oscillazione, lento fluttuare, ondeggiamento

ondulànte **part. pres.** di *ondulare*; **anche agg.** **1** nei sign. del v. **2** (*med.*) ***febbre o.***, in cui si alternano punte alte e basse, come nella febbre maltese

ondulàre [dal lat. tardo *ŭndula*, dim. di *ŭnda* 'onda' ✱ 1820] **A** **v. tr.** (*io óndulo* **od** *òndulo*) ● incurvare a onda, dare sinuosità di onda: *o. la lamiera* | anche in forma pron.: *ondularsi i capelli* **B** **v. intr.** (**aus.** *avere*) ● (*lett.*) muoversi ondeggiando: *le spighe ondulavano al vento*

ondulàto **part. pass.** di *ondulare*; **anche agg.** **1** nei sign. del v. **2** (*est.*) irregolare, mosso: *superficie ondulata*; *terreno o.* | serpeggiante: *traiettoria ondulata*

ondulatóre [da *ondulato* ✱ 1954] **s. m.** **1** apparecchio elettrico che trasforma una corrente continua in alternata **2** apparecchio che registra le correnti elettriche variabili

ondulatòrio [da *ondulato* ✱ 1835] **agg.** (**pl. m.** *-i* o *raro -ii*) ● che si propaga a onde: *movimento o.* | ***terremoto o.***, a scosse orizzontali **CONTR.** sussultorio | (*fis.*) ***teoria ondulatoria***, teoria sulla natura della luce che, in contrapposizione alla teoria corpuscolare, spiega i fenomeni ottici in base all'emissione e propagazione di onde, non di corpuscoli

ondulazióne [da *ondulato* ✱ 1754] **s. f.** **1** oscillazione o vibrazione come di onde **2** andamento ondulato: *l'o. delle colline* **3** acconciatura dei capelli femminili piegati a onde: *o. a caldo, a freddo*; *o. permanente*

†**ondùnque** [comp. di *onde* e *-unque*, ricavato da *dovunque* ✱ 1525] **avv.** **1** da qualunque luogo **2** dovunque

ondurégno (o **-è-**) ➤ **honduregno**

-óne ① [lat. *-one(m)*, suff. individualizzante, che indicava la qualità caratteristica di una persona] **suff.** **1** forma sostantivi e aggettivi (anche sostantivati) alterati, con valore accrescitivo e varie sfumature di tono: *pigrone, zoticone, cavallone, donnone, fanciullone* **2** assume valore derivativo in nomi che, in una persona, indicano abitudine o eccesso nel fare l'azione espressa dal verbo da cui sono tratti (*brontolone, chiacchierone, dormiglione, imbroglione, mangione, predone*) oppure in sostantivi comuni (*capellone, terrone*)

-óne ② [gr. *-ṓnē*, patronimico f., assunto per i comp. derivati dal gruppo *(chet)one*] **suff.** ● in chimica organica, indica la presenza di un gruppo chetonico –CO–: *acetone, chetone*

-óne ③ [gr. *-on*, desinenza del nt. degli agg. in *-os*] **suff.** ● in fisica, indica entità elementari (*bosone, elettrone, mesone*)

-óne ④ **suff.** ● in biologia molecolare e anatomia, indica unità morfologica o funzionale costituita dall'associazione di più unità elementari: *introne, esone, osteone, nefrone*

onèiro- ➤ **oniro-**

oneirologìa ➤ **onirologia**

oneiromanzìa ➤ **oniromanzia**

one-man show /wam'mɛnʃo*, *ingl.* ˌwʌnmæn'ʃəʊ/ ➤ **show**

oneràre [vc. dotta, lat. *onerāre*, da *ŏnus*, genit. *ŏneris* 'onere' ✱ av. 1420] **v. tr.** (*io ònero*) **1** gravare di un onere: *o. i cittadini di tasse* **2** (*fig.*) gravare di un obbligo o di una responsabilità

oneràrio [vc. dotta, lat. *onerāriu(m)*, agg. di *ŏnus*, genit. *ŏneris* 'onere' ✱ sec. XIV] **agg.** ● da carico, da trasporto, spec. in riferimento alle navi degli antichi Romani

oneràto **A** **part. pass.** di *onerare*; **anche agg.** ● nei sign. del v. **B** **s. m.** ● (*dir.*) donatario, erede o legatario in quanto tenuti all'adempimento di un onere | (*est.*) erede o legatario in quanto tenuti all'adempimento di un legato

✦**ònere** [vc. dotta, lat. *ŏnere*, abl. di *ŏnus* 'peso', di orig. indeur. ✱ 1548] **s. m.** **1** (*dir.*) comportamento imposto dalla legge a un soggetto per il conseguimento di effetti giuridici a lui favorevoli | ***oneri fiscali***, complesso dei tributi che gravano su un determinato soggetto o su determinati altri | ***oneri sociali***, complesso dei contributi previdenziali ed assicurativi che gravano in parte sul datore di lavoro ed in parte sul lavoratore | ***o. della prova***, imposizione a chi intende avvalersi di un fatto in giudizio, di dimostrarne l'esistenza | (*est.*) obbligo, peso **2** (*fig.*) peso o responsabilità gravosa: *assumersi un o.* | ***gli onori e gli oneri***, i vantaggi, i privilegi e insieme i pesi, le responsabilità di un incarico, di una situazione

SFUMATURE ➤ ***responsabilità***

✦**oneróso** (o **-ṣ-**) [vc. dotta, lat. *onerōsu(m)*, agg. di *ŏnus*, genit. *ŏneris* 'onere' ✱ sec. XIV] **agg.** **1** (*dir.*) che comporta un onere, non gratuito: *cessione a titolo o.* **2** (*fig.*) pesante, gravoso: *pena onerosa*; *patto, contratto, obbligo o.* ‖ **onerosaménte**, **avv.** ‖ **onerosità**, **s. f. inv.** caratteristica di ciò che è oneroso, gravoso

✦**onestà** o †**onestàde** [vc. dotta, lat. *honestāte(m)*, da *honĕstus* 'onesto' ✱ 1261 ca.] **s. f. inv.** **1** caratteristica di chi (o di ciò che) è onesto: *uomo di specchiata o.*; *o. di vita, di costumi, di intenzioni*; *l'o. di un magistrato, di un commerciante* **SIN.** dirittura, probità, rettitudine **2** †decoro: *atti ornati di tutte onestadi* (Dante *Par.* XXXI, 51) | †modestia

onestàre [vc. dotta, lat. *honestāre* 'onorare', da *honĕstus* 'dignitoso, onesto' ✱ 1374] **v. tr.** (*io onèsto*) **1** (*lett.*) far apparire onesto, giustificare, legittimare **2** †abbellire, ornare | †nobilitare **3** (*lett.*) motivare: *fornire materia sufficiente per o. la sua denuncia* (R. Bacchelli)

one-stèp /wan'stɛp, *ingl.* 'wʌnˌstɛp/ [vc. ingl., propr. 'un passo', comp. di *one* 'uno' e *step* 'passo', vc. germ. di orig. indeur. ✱ 1921] **s. m. inv.** ● ballo di origine nordamericana, il cui movimento è simile a una marcia ritmica

✦**onèsto** [vc. dotta, lat. *honĕstu(m)*, da *hŏnos*, genit. *honōris* 'onore' ✱ 1261 ca.] **A** **agg.** **1** che si astiene dal compiere atti malvagi, illegali o illeciti, sia per osservanza di principi giuridici o morali, sia per radicato senso della giustizia: *è gente onesta*; *è un giovane povero ma o.* **SIN.** probo, retto **2** detto di ciò che è consono alla rettitudine, conforme alla legge morale: *pensieri, propositi onesti*; *ho agito con intenzioni oneste* | onorevole, onorato: *il suo è un o. desiderio*; *lavoro o.* | (**lett.**) nobile, elevato: *i leggiadri atti e l'accoglienze oneste* (P. Bembo) **3** casto, puro (riferito, spec. un tempo, a donna): *una fanciulla onesta* **4** giusto, decoroso, conveniente: *linguaggio o.*; *una politica onesta* | equo, proporzionato: *mi sembra che offrano un prezzo molto o.* | ***critica onesta***, obiettiva e corretta **5** (**lett.**) dignitoso: *colla chioma arruffata e polverosa, / e d'o. sudor bagnato il volto* (A. Poliziano) **6** †bello, confacente a persona nobile: *abito o.* ‖ **onestaménte**, **avv.** **1** con onore, rettitudine, probità: *vivere, lavorare onestamente* **2** in tutta sincerità e franchezza: *onestamente, non so che decisione prendere*; *cerca di considerare onestamente la tua posizione* **3** (**lett.**) con decoro e decenza; †con eleganza e bellezza **B** **avv.** ● †onestamente | †onorevole e cortese: *O Tosco che per la città del foco / vivo ten vai così parlando o.* (Dante *Inf.* X, 22-23) **C** **s. m.** **1** (**f.** *-a*) persona che vive e agisce rettamente: *i giusti e gli onesti condanneranno le tue decisioni* **2** (**solo sing.**) ciò che è conforme alla rettitudine, all'onestà: *mantenersi entro i limiti dell'o.* **SIN.** giusto

SFUMATURE DI SIGNIFICATO

onesto - retto - intemerato

Chi è **onesto** vive nel rispetto della legge ed è incapace di compiere atti illeciti o che danneggiano altri, sia per osservanza di principi morali, sia per un radicato senso della giustizia. Chi a queste caratteristiche aggiunge bontà d'animo, lealtà e sincerità si definisce **retto**. **Intemerato** è un'altra parola, scarsamente diffusa, per definire chi o ciò che è puro, integro, incorrotto.

SFUMATURE ➤ ***giusto*** ①, ➤ ***leale***, ➤ ***probo***, ➤ ***scrupoloso***

onestuòmo o **onest'uòmo** [comp. di *onest(o)* e *uomo* ✱ 1820] **s. m.** (**pl.** *onestuòmini*) ● galantuomo, uomo per bene

onfacìte [ted. *Omphazit*, comp. del gr. *ómphax*, genit. *ómphakos* 'grappolo acerbo' (per il colore), e del suff. mineralogico *-ite* ② ✱ 1834] **s. f.** ● (*miner.*) pirosseno di calcio e sodio con alluminio e magnesio, in granuli di colore verde pallido

onfalìte [comp. di *onfalo-* e *-ite* ① ✱ 1834] **s. f.** ● (*med.*) infiammazione dell'ombelico

ònfalo [vc. dotta, gr. *omphalós* 'ombelico' (V. *onfalo-*) ✱ 1834] **s. m.** ● (*anat.*) ombelico

ònfalo- [dal gr. *omphalós* 'ombelico', di orig. indeur.] **primo elemento** ● in parole composte della terminologia medica, significa 'ombelico': *onfalite, onfalocele, onfalorragia*

onfalocèle [comp. di *onfalo-* e *-cele* ✱ 1834] **s. m.** ● (*med.*) ernia ombelicale

onfalorragìa [comp. di *onfalo-* e *-ragia* ✱ 1828] **s. f.** (**pl.** *-gìe*) ● (*med.*) emorragia proveniente dall'ombelico

onfalorrèa [comp. di *onfalo-* e *-rea* ✱ 1958] **s. f.** ● (*med.*) fuoriuscita di sostanza sierosa dall'ombelico

onfalotomìa [vc. dotta, gr. *omphalotomía*, comp. di *omphalós* 'ombelico' (V. *onfalo-*) e *-tomía* '-tomia' ✱ 1834] **s. f.** ● (*chir.*) resezione del cordone ombelicale

Ong /oenne'dʒi/ [sigla di *O(rganizzazione) N(on) G(overnativa)* ✱ 1987] **s. f. inv.** ● associazione senza fini di lucro che opera a livello internazionale e promuove interventi a carattere sociale, umanitario e sim.: *le Ong che operano in Africa*

†**ongarése** ➤ **ungherese**

†**óngaro** ➤ **ungaro**

-óni [suff. di non chiara orig.] **suff.** ● forma avverbi che indicano modalità o condizione, spec. del corpo umano nella sua varia collocazione rispetto alla terra: *bocconi, carponi, cavalcioni, gattoni, ginocchioni, penzoloni, saltelloni, tentoni* | è presente anche in alcune forme locutive avverbiali, semplici o raddoppiate: *a cavalcioni, a tentoni; barcollon barcolloni, gatton gattoni*

ònice [vc. dotta, lat. *ŏnycha*, dal gr. *ónyx* 'unghia', di orig. indeur., per il colore simile a quello delle unghie ✱ sec. XIV] **s. f.** ● (*miner.*) varietà di calcedonio zonato | calcare concrezionale oppure traslucido gener. di colore giallo-verdastro, usato per piccoli intagli e per vasi

onichìa [da *onico-* ✱ 1834] **s. f.** ● (*med.*) onicosi

ònico- [dal gr. *ónyx*, genit. *ónychos* 'unghia', di orig. indeur.] **primo elemento** ● in parole composte della terminologia medica e zoologica, significa 'unghia': *onicofagia, onicofori, onicosi*

onicofagìa [comp. di *onico-* e *-fagia* ✱ 1895] **s. f.** (**pl.** *-gìe*) ● (*med.*) tendenza nevrotica a rosicchiarsi le unghie

onicòfago [av. 1956] **agg. e s. m.** (**f.** *-a*; **pl. m.** *-gi*) ● che (o chi) soffre di onicofagia

Onicòfori [comp. di *onico-* e *-foro* ✱ 1883] **s. m. pl.** (**sing.** *-o*) ● (*zool.*) gruppo di Metazoi metamerici con appendici ambulatorie non articolate e corpo molliccio, per molti aspetti intermedi fra gli Anellidi e gli Artropodi (*Onycophora*)

onicogrifòṣi [comp. di *onico-* e *grifosi* ✱ 1834] **s. f. inv.** ● (*med.*) alterazione per cui la lamina dell'unghia s'ispessisce e si allunga notevolmente

onicomicòṣi [comp. di *onico-* e *micosi* ✱ 1895] **s. f. inv.** **1** (*med.*) malattia di una o più unghie, spec. delle mani, causata da funghi patogeni **2** (*veter.*) malattia dello zoccolo degli equini, per cui lo zoccolo perde resistenza, si deforma e non regge più la ferratura **SIN.** formicaio

onicorrèssi [comp. del gr. *ónyx*, genit. *ónychos* 'unghia' e *réseis* 'frattura' ✱ 1954] **s. f. inv.** ● (*med.*) alterazione per cui la lamina dell'unghia tende a sfaldarsi e a scheggiarsi

onicòṣi [comp. di *onic(o)-* e *-osi* ✱ 1930] **s. f. inv.** ● (*med.*) malattia delle unghie in generale

-onimìa **secondo elemento** ● forma sostantivi astratti corrispondenti alle parole in *-onimo*: *anonimia, omonimia*

-ònimo [gr. *-ónymos*, da *ónyma*, variante dial. di *ónoma* 'nome'] **secondo elemento** ● in parole composte, significa 'nome': *anonimo, omonimo, pseudonimo, toponimo*

oniomanìa [comp. del gr. *ōnêisthai* 'comprare', di orig. indeur., e *-mania* ✱ 1970] **s. f.** ● impulso morboso agli acquisti

oniomanìaco [1970] **agg. e s. m.** (**f.** *-a*; **pl. m.** *-ci*) ● che (o chi) è affetto da oniomania

†**onìre** [ant. fr. *honnir*, dal francone *haunjan* ✱ 1288] **v. tr.** ● disonorare, offendere

✦**onìrico** [dal gr. *óneiros* 'sogno', di orig. indeur. ✱ 1899] **agg.** (**pl. m.** *-ci*) ● relativo o simile ai sogni: *visione onirica*; *la sua avventura onirica gli risultava, al ricordo, piuttosto lunga e vasta* (E. MORANTE) ‖ **oniricaménte**, **avv.** ‖ **oniricità**, **s. f. inv.**: *l'oniricità di un testo letterario*

onirìṣmo [dal gr. *óneiros* 'sogno' (V. *onirico*) ✱ 1936] **s. m.** ● (*med.*) stato alterato della coscienza caratterizzato da intensa produzione fantastica e perdita del senso di realtà

onìro- o (*raro*) **onèiro-** [dal gr. *óneiros* 'sogno', di orig. indeur.] **primo elemento** ● in parole composte dotte, significa 'sogno' o indica relazione con i sogni: *onirologia, oniromanzia*

onirocrìtica [comp. di *oniro-* e *critica* ✱ 1561] **s. f.** ● teoria e tecnica dell'interpretazione dei sogni: *l'o. rinascimentale*

onirologìa o **oneirologìa** [comp. di *oniro-* e *-logia* ✱ 1828] **s. f.** (**pl.** *-gìe*) ● ramo della psicologia che studia i sogni

oniromanzìa o (*raro*) **oneiromanzìa** [comp. di *oniro-* e *-manzia* ✱ 1834] **s. f.** ● tecnica divinatoria che trae presagi dall'interpretazione dei sogni

onìsco [vc. dotta, gr. *onískos* 'asinello', dim. di *ónos* 'asino', di orig. straniera ✱ 1792] **s. m.** (**pl.** *-schi*) ● piccolo crostaceo degli Isopodi comune sotto i sassi e nel terriccio, che si avvolge a palla quando è toccato (*Oniscus murarius*)

Oniscoidèi [gr. *óniskos* 'millepiedi', da *ónos* 'asino' (di orig. non indeur.) ✱ 1958] **s. m. pl.** (**sing.** *-èo*) ● (*zool.*) sottordine di Crostacei degli Isopodi comprendente specie terrestri o anfibie, a segmenti toracici quasi tutti liberi (*Oniscoidea*)

onìssi [da *onico-* ✱ 1834] **s. f. inv.** ● (*med.*) onicosi di origine infiammatoria

online o **on line** /on'lain, *ingl.* 'ɒn,laɪn/ [vc. ingl., propr. 'in linea', comp. di *on* 'su, in' (d'orig. germ.) e *line* 'linea' (V. *offline*) ✱ 1983] **A** **agg. inv.** **1** (*inform.*) di apparecchio collegato direttamente all'unità centrale di un elaboratore | che è collegato alla rete Internet **CONTR.** offline **2** (*est.*) che è accessibile o disponibile tramite collegamento telefonico o telematico: *servizio interbancario online* **B** **anche avv.**: *essere online*

Ònlus [sigla di *O(rganizzazione) N(on) L(ucrativa) di U(tilità) S(ociale)* ✱ 1995] **s. f. inv.** ● organizzazione senza fini di lucro che si occupa di attività sociali

†**ònne** ➤ **ogni**

†**ònni** ➤ **ogni**

ònni- o (*raro*) **òmni-** [dal lat. *ŏmnis* 'tutto'] **primo elemento** ● in parole composte dotte, significa 'tutto', 'ogni cosa' o 'dappertutto': *onnicomprensivo, onnipossente, onnipresente, onnivoro*

onnicomprensìvo [comp. di *onni-* e *comprensivo* ✱ 1950] **agg.** ● che comprende in sé ogni elemento di un insieme: *cifra, bolletta onnicomprensiva*; *accordo o.* | (*burocr.*) detto di edificio o centro scolastico che ospita scuole superiori di vari indirizzi

onnidirezionàle ➤ **omnidirezionale**

onninaménte [dal lat. *omnīno* 'del tutto', da *ŏmnis* 'ogni' ✱ sec. XIV] **avv.** ● (*lett.*) interamente, totalmente, in tutto e per tutto

onnipervaṣìvo o (*raro*) **omnipervaṣìvo** [comp. di *onni-* e di *pervasivo* ✱ 1985] **agg.** ● che si può estendere ovunque: *rete telematica onnipervasiva*

onnipossènte [comp. di *onni-* e *possente*, sul modello di *onnipotente* ✱ 1525] **agg.** ● (*lett.*) onnipotente

onnipotènte [vc. dotta, lat. *omnipotĕnte(m)*, comp. di *ŏmnis* 'ogni' e *pŏtens*, genit. *potĕntis* 'potente' ✱ 1224 ca.] **A** **agg.** ● che può tutto, spec. riferito a Dio: *Dio o.* | (*est.*, *iperb.*) di persona che detiene un grande potere: *essere o. nel mondo dell'industria*; *riconoscere la mano o. di qlcu.* ‖ **onnipotenteménte**, **avv.** (*raro*) in modo onnipotente **B** **s. m.** ● (*per anton.*) dio: *pregare l'O.*

onnipotènza [vc. dotta, lat. tardo *omnipotĕntia(m)*, da *omnĭpotens*, genit. *omnipotĕntis* 'onnipotente' ✱ 1304] **s. f.** ● condizione o natura di chi (o di ciò che) è onnipotente: *l'o. di Dio*; *l'o. della ricchezza* | (*psicol.*) ***delirio di o.***, disturbo caratterizzato dal bisogno di controllare il mondo circostante con rituali di tipo magico; (*est.*) convinzione di poter esercitare un grande potere su tutto e su tutti

onnipreṣènte [comp. di *onni-* e *presente* ✱ av. 1800] **agg.** **1** che è presente in ogni luogo, spec. riferito a Dio: *Dio è o.* **2** (*fig.*, *scherz.*) di persona che si incontra sempre e dovunque

onnipreṣènza [av. 1764] **s. f.** **1** il trovarsi o il potersi trovare contemporaneamente in più luoghi **2** (*fig.*, *scherz.*) caratteristica di chi si incontra sempre e dovunque

✦**onnisciènte** o (*raro*) **omnisciènte** [comp. del lat. *ŏmnis* 'ogni' e *sciens*, genit. *sciĕntis*, part. pres. di *scīre* 'sapere' (V. *sciente*) ✱ av. 1745] **agg.** ● che sa tutto riguardo a ogni cosa, spec. riferito a Dio: *Dio è o.*; *nessun uomo è o.* | (*est.*) che presume di sapere tutto

✦**onnisciènza** o (*raro*) **omnisciènza** [sec. XV] **s. f.** ● conoscenza di tutte le cose

†**onnìscio** o †**omnìscio** [vc. dotta, lat. tardo *omnĭsciu(m)*, comp. di *ŏmnis* 'ogni' e *-scĭus*, da *scīre* (V. *onnisciente*) ✱ av. 1675] **agg.** ● onnisciente

onnivalènte [vc. dotta, comp. di *onni-* e *valente* ✱ 1913] **agg.** ● (*scient.*) che vale in ogni caso, efficace in tutti gli usi: *vaccino o.*

onniveggènte [comp. di *onni-* e *veggente* ✱ 1810] **agg.** ● che vede o può vedere tutto | (*est.*) che non si lascia sfuggire nulla

onniveggènza [1840] **s. f.** ● virtù di chi è onniveggente: *l'o. divina*

✦**onnìvoro** o (*raro*) **omnìvoro** [vc. dotta, lat. *omnĭvoru(m)*, comp. di *ŏmnis* 'ogni' e *-vorus*, da *vorāre* 'divorare' ✱ 1598] **agg.** **1** che mangia di tutto: *un animale o.* **2** (*fig.*, *scherz.*) che recepisce tutto, senza preferenze: *lettore o.* | (*spreg.*) che accetta passivamente ogni prodotto culturale: *masse di turisti onnivori*

onnubilàre e deriv. ➤ **obnubilare** e deriv.

onocèfalo [vc. dotta, gr. *onoképhalos*, comp. di *ónos* 'asino' (V. *onisco*) e *-kĕphalos* '-cefalo' ✱ 1963] **agg.** ● (*lett.*) che ha la testa di asino

onomanzìa [comp. del gr. *ónoma* 'nome', di orig. indeur., e *-manzia* ✱ 1561] **s. f.** ● tecnica divinatoria che trae presagi dall'interpretazione del valore etimologico, numerico o simbolico dei nomi delle persone

onomaṣiologìa [comp. del gr. *onomasía* 'denominazione', da *onomázein* 'nominare' (V. *onomastico*) e *-logia* ✱ 1904] **s. f.** (**pl.** *-gìe*) ● ramo della linguistica che studia le diverse attuazioni lessicali di una stessa idea o immagine all'interno di una o più lingue **CFR.** semasiologia

onomaṣiològico [1960] **agg.** (**pl. m.** *-ci*) ● di onomasiologia: *trattato o.*

onomaṣiòlogo [1950] **s. m.** (**f.** *-a*; **pl. m.** *-gi*) ● studioso di onomasiologia

onomàstica [vc. dotta, gr. *onomastikḗ*, f. sost. di *onomastikós* 'onomastico' ✱ 1911] **s. f.** **1** (*ling.*) insieme dei nomi propri di una lingua o di una regione **2** studio dell'origine di tali nomi: *o. dell'Italia, della Francia*

onomàstico [vc. dotta, gr. *onomastikós* 'denominativo, atto a denominare', da *onomázein* 'nominare', da *ónoma* 'nome', di orig. indeur. ✱ 1813] **A** **agg.** (**pl. m.** *-ci*) **1** (*ling.*) relativo all'onomastica: *lessico o.*; *ricerche onomastiche* **2** detto del giorno in cui si celebra la festa della santa o del santo di cui si porta il nome **B** **s. m.** ● giorno onomastico: *festeggiare il proprio o.*; *oggi è il mio o.*

onomatomanìa [comp. del gr. *ónoma*, genit. *onómatos* 'nome', di orig. indeur., e *-mania* ✱ 1834] **s. f.** ● (*psicol.*) fissazione morbosa su un nome o una parola

onomatopèa o **onomatopèia** [vc. dotta, lat. *onomatopōeia(m)*, dal gr. *onomatopoiía*, comp. di *ónoma*, genit. *onómatos* 'nome' e *poiêin* 'fare' (V. *poeta*) ✱ av. 1498] **s. f.** ● (*ling.*) formazione di parole che riproducono o suggeriscono rumori e suoni naturali; per es.: *Nei campi / c'è un breve gre gre di ranelle* (G. Pascoli) | parola o gruppo di parole il cui suono ne richiama il significato; per es.: *miao, cri cri, tic tac*

onomatopèico [1639] **agg.** (**pl. m.** *-ci*) ● (*ling.*) di onomatopea, che costituisce onomatopea **SIN.** imitativo

onomaturgìa [dal gr. *onomatourgós* 'coniatore di parole', comp. di *ónoma*, genit. *onómatos* 'nome' (V. *onomanzia*) e un deriv. di *érgon* 'opera, lavoro' (di orig. indeur.) ✱ 1975] **s. f.** (**pl.** *-gìe*) ● studio linguistico che accerta la data e l'autore relativi alla coniazione di una parola | coniazione di parole nuove, di neologismi

onomatùrgo [1975] **s. m.** (**f.** *-a*; **pl. m.** *-gi*, *-ghi*) ● studioso di onomaturgia | coniatore di parole nuove, di neologismi

onònide [vc. dotta, gr. *onōnís*, genit. *onōnídos*, di etim. incerta ✱ 1476] **s. f.** ● pianta erbacea delle Papilionacee con rami spinosi e fiori ascellari di color rosa intenso (*Ononis spinosa*)

onoràbile [vc. dotta, lat. *honorābile(m)*, da *honorāre* 'onorare' ✱ 1320] **agg.** **1** degno di essere onorato: *nome o.* **2** †che fa onore: *esequie onorabili* ‖ **onorabilménte**, **avv.** con onore ‖ **onorabilità**, **s. f. inv.** (V.)

onorabilità [1363] **s. f. inv.** **1** caratteristica, condizione di chi (o di ciò che) è onorabile: *la sua o. è fuori discussione* **2** buon nome, buona fama: *offendere, ledere l'o. di qlcu.*

onoràndo [vc. dotta, lat. *honorāndu(m)*, gerundivo di *honorāre* 'onorare' ✱ av. 1324] **agg.** ● (*lett.*) che deve essere onorato, che è degno di riverenza

onorànza o †**onrànza**, †**orrànza** [da *onorante* ✱ av. 1250] **s. f.** **1** (*raro*) onore **2** (**spec. al pl.**) celebrazione o festeggiamento in onore di qlcu.: *gli furono tributate solenni onoranze* | ***estreme onoranze, onoranze funebri***, esequie, funerali **3** (*lett.*) omaggio, donazione | †tributo, tassa

onoràre o †**onràre**, †**orràre** [vc. dotta, lat. *honorāre*, da *hŏnos*, genit. *honōris* 'onore' ✱ av. 1257] **A** **v. tr.** (*io onóro*) **1** trattare con onore, celebrare od ossequiare con atti e comportamenti che dimostrino ammirazione, stima e sim.: *o. la memoria dei grandi*; *onorarono i caduti con un bellissimo monumento* | ***o. il padre e la madre***, trattarli con particolare venerazione e rispetto | ***o. qlcu. con, di un titolo, una nomina, un incarico di fiducia*** e sim., conferirglieli in segno di massima stima e considerazione | ***o. qlcu. della propria amicizia, di una visita, di una pronta risposta*** e sim., dimostrargli con tali sentimenti o azioni la propria alta considerazione | ***o. i defunti***, celebrarne con solennità la memoria | (*est., lett.*) accogliere in modo deferente, pieno di riguardo **2** (*relig.*) prestare culto esteriore, venerare e adorare con atti: *o. Dio, la Vergine, i santi* **3** rendere degno della massima stima e considerazione, conferire prestigio, lustro e sim.: *le sue gesta onorano la patria*; *o. la scienza con opere di grande valore* **4** adempiere un obbligo, tener fede a un impegno: *o. una promessa di pagamento* | ***o. la propria firma***, pagare la somma stabilita | ***o. una cambiale, una tratta***, pagarla **B** **onoràrsi** **v. rifl.** ● fregiarsi, pregiarsi: *mi onoro della vostra amicizia*

SFUMATURE ➤ ***adempiere***

onoràrio ① [vc. dotta, lat. *honorāriu(m)*, da *hŏnos*, genit. *honōris* 'onore' ✱ av. 1667] **agg.** **1** fatto o conferito a titolo d'onore: *monumento o.*; *cittadinanza onoraria* | ***colonna onoraria***, grande colonna eretta dagli antichi Romani per commemorare le gesta dei grandi imperatori **2** insignito di una carica, di un ufficio e sim., solo a titolo d'onore, senza gli obblighi e i diritti relativi alle stesse: *socio, membro, cittadino, professore o.* **CONTR.** effettivo ‖ **onorariaménte**, **avv.**

onoràrio ② [vc. dotta, lat. tardo *honorāriu(m)*. V. *onorario* ① ✱ 1585] **s. m.** ● corrispettivo spettante a un professionista per l'attività esplicata

SFUMATURE DI SIGNIFICATO

onorario - emolumento - parcella - spettanze

I primi tre termini identificano tutti un compenso per prestazioni di carattere professionale: **onorario** si usa di preferenza per riferirsi al corrispettivo dovuto per una prestazione occasionale; **emolumento** definisce un compenso corrisposto in genere per una prestazione continuativa; **parcella** è la nota dei compensi accompagnata dall'elenco delle spese sostenute dal professionista in relazione allo svolgimento di un incarico. Un altro termine per indicare la retribuzione dovuta per un'attività professionale è **spettanze**, che tuttavia può anche identificare il compenso dovuto per attività di altro genere.

SFUMATURE ➤ ***paga***, ➤ ***retribuzione***

onoratézza [da *onorato* ✱ 1723] **s. f.** ● (*lett.*) onorabilità, buona reputazione

onoratìssimo [1438] **agg.** **1** superl. di *onorato* **2** felicissimo, spec. in frasi o formule di cortesia: *o. di fare la sua conoscenza*

onoràto o †**onràto**, †**orràto** **part. pass.** di *onorare*; anche **agg.** (**superl.** *onoratissimo* (V.)) **1** degno di stima, di rispetto: *famiglia onorata* | ***sentirsi, reputarsi o. di o per qlco.***, trarne motivo di soddisfazione | ***l'onorata società***, la camorra napoletana e (*est.*) la mafia o altre analoghe associazioni **2** onorevole: *morte, sepoltura onorata*; *è andato in pensione dopo vent'anni di o. servizio* **3** in frasi di cortesia, molto felice: *o. di conoscerla* ‖ **onorataménte**, **avv.** in modo onorato, con onore: *vivere onoratamente*

onoratóre [1374] **agg.** (**f.** *-trice*) ● (*raro, lett.*) che onora o rende onore

♦**onóre** [vc. dotta, lat. *honōre(m)*, di etim. incerta ✱ 1080] **s. m.** **I** inteso come attributo della personalità umana **1** integrità di costumi che deriva dal costante rispetto dei principi morali: *ledere l'o. di qlcu.*; *non transigerò mai sul mio o.*; *difendere a ogni costo il proprio o.* | buon nome, dignità personale, buona reputazione: *è gelosissimo dell'o. suo e della famiglia*; *è una questione d'o. e va risolta con molto tatto* | ***impegnarsi, giurare, garantire sul proprio o.***, dandolo come garanzia assoluta e indiscutibile di quanto si promette o si afferma | ***parola d'o.!***, detto per garantire sul proprio onore | ***ne va dell'o., è in gioco l'o.***, detto a proposito di situazioni che possono compromettere l'onorabilità di una persona | ***debito d'o.***, quello derivante da un obbligo non giuridico | in alcune società, valore attribuito alla verginità della donna e alla fedeltà coniugale; dignità della famiglia in relazione a tale valore: *difendere, vendicare l'o. di una fanciulla, di una sposa, di un vincolo coniugale* | (*dir.*) ***causa d'o.***, movente o scopo di taluni reati contro la persona, diretti a celare o vendicare offese all'onore sessuale, un tempo rilevante come circostanza attenuante per il colpevole **2** (*lett.*) gloria, fama, vanto: *un artista che è l'o. del nostro secolo*; *l'o. è 'l più nobile stimolo del valor militare* (G. Vico) | ***tenere alto l'o. della patria, della famiglia*** e sim., comportarsi in modo da aumentarne la fama, da recar loro vanto e gloria **3** consapevolezza radicata della propria dignità personale e volontà di mantenerla intatta comportandosi come si conviene: *ho fatto ciò che l'o. mi imponeva* | ***punto d'o.***, questione sulla quale non si può transigere, senza venir meno ai propri principi | ***uomo d'onore***, galantuomo; (*gerg.*) chi è affiliato alla mafia, chi non tradisce le regole mafiose | alta soddisfazione: *ho l'o. di proporvi un generoso intervento*; *ho l'o. di presentarvi il più famoso dei nostri letterati* **4** consapevolezza della dignità e del valore altrui e conseguente stima: *avere, tenere qlcu. in o., in grande o.* **II** inteso come fattore del pregio esteriore di un individuo, di un gruppo o di una istituzione **1** tutto ciò che conferisce o può conferire dignità, maestà, decoro a qlcu. o a qlco.: *cercare, procurare, perseguire l'o. della patria, della famiglia*; *è meritevole di ogni o.* | omaggio, ossequio: *col suo gesto ha inteso rendere o. alla memoria dei caduti* | ***onori funebri***, esequie | ***o. delle armi***, resi dal vincitore all'avversario vinto che ha dato prova di straordinario valore (*anche fig.*) | ***onori militari***, dovuti a determinati alti gradi o simboli, secondo le modalità prescritte dai regolamenti | ***compagnia d'o.***, assegnata a grandi personalità | ***scorta, guardia, picchetto d'o.***, concessi a dignitari, ministri e sim. | ***salve d'o.***, salve di artiglieria, quale solenne saluto ad altissime personalità o in occasione di particolari cerimonie celebrative | ***posto d'o.***, riservato alle persone di maggior riguardo | ***socio d'o.***, onorario | (*fig.*) ***a onor del vero***, in verità, in omaggio alla verità **2** culto e rito di adorazione, di venerazione: *o. a Dio, ai Santi* **3** carica, dignità o ufficio molto elevato: *rifiutò ogni o. e si ritirò a vivere in campagna*; *fu elevato ad alti onori* | ***onori accademici***, titoli | ***l'o. della porpora***, la dignità di cardinale | ***l'o. della corona***, la dignità regale o imperiale | ***l'o. degli altari***, la dichiarata santità | (*est.*) condizione insigne, che suscita rispetto e procura distinzione: *dal nulla seppe pervenire a grande o.* | (*lett.*) ***gli onori del mondo***, i successi mondani **4** trattamento non comune, riservato a cose particolarmente pregevoli o a persone di grande fama e dignità: *il suo libro ebbe l'o. di numerose riedizioni*; *ricevette dovunque onori eccelsi*; *fu sepolto con grandi onori* | ciò che è concesso come riconoscimento di tale pregio o dignità: *medaglia d'o.*; *menzione d'o.* | ***troppo o.!***, espressione usata per ringraziare di aver ricevuto un premio, una lode e sim. (*anche iron.*) | ***piazza d'o.***, il secondo posto in una classifica, nell'arrivo di una gara e sim. | ***giro d'o.***, V. *giro*, sign. A 1 **5** dignità, decoro: *mantenersi con o.*; *la situazione era scabrosa, ma ne è uscito con o.* **6** (*lett.*) ornamento esteriore: *l'alloro fu o. di imperatori e di poeti* | ***l'onor del mento***, la barba | (*est.*) pompa, gala: *fu accolto con onori regali* **7** nei paesi anglosassoni, titolo attribuito ad alti personaggi, spec. a giudici e magistrati: *vostro O.* (traduzione dell'ingl. *Your Honour*) **8** in unione con il v. *fare*, seguito da vari complementi, dà origine a molte loc. | ***fare o.***, detto di qlcu. che dimostra di essere degno di qlco., o di essere motivo di vanto, di

O

orgoglio e sim.: *ha fatto o. alla sua fama; fa o. alla sua patria* | ***bell'o. s'è fatto!***, detto di persona che si comporta in modo tutt'altro che onorevole | ***farsi o. in qlco.***, comportarsi, agire o riuscire egregiamente in qlco. | ***fare a qlcu. l'o. di***, onorarlo con atti o parole a lui dirette | ***non gli fa o.!***, di ciò che torna a scapito o a disonore di qlcu. | ***fare o. agli ospiti, agli invitati*** e sim., accoglierli e trattarli con i dovuti riguardi | ***fare gli onori di casa***, di persona che riceve e intrattiene gli ospiti | ***fare o. al pranzo, alla festa*** e sim., mostrare di gradirli molto | ***fare o. alla propria firma, al proprio nome, alla propria parola***, pagare puntualmente ciò che si deve o mantenere comunque ciò che s'è promesso **9** carta di valore particolare, nel gioco del tressette e del bridge

✦**onorévole** o †**orrévole** [da *onorabile*, con cambio di suff. ✱ 1294] **A agg. 1** degno di onore: *famiglia, stirpe o.; il molto o. signor Tal dei Tali* **2** appellativo spettante ai parlamentari, spec. ai deputati: *l'o. ministro dell'Interno* **3** che costituisce un onore, che fa onore: *gesta, imprese onorevoli* | decoroso, dignitoso: *impiego o.; accettare condizioni e patti onorevoli; avete preso il solo partito o., conveniente, che vi rimanesse* (A. MANZONI) **4** (*lett.*) nobile, aristocratico | †sontuoso, sfarzoso || **onorevolménte**, †**onorevolménte**, **avv. 1** con onore: *accogliere qlcu. onorevolmente; l'hanno sepolto onorevolmente* **2** in modo degno, decoroso: *sono riusciti ad accordarsi onorevolmente* **B s. m. e f.** ● parlamentare, spec. deputato

onorevolézza o †**orrevolézza** [av. 1328] **s. f.** ● (*lett.*) caratteristica di chi (o di ciò che) è onorevole

onorificènza [vc. dotta, lat. tardo *honorificĕntia(m)*, da *honorĭficus* 'onorifico' ✱ av. 1311] **s. f.** ● carica, titolo, decorazione e sim. concessa in segno d'onore: *o. cavalleresca; essere avido di onorificenze*

onorìfico [vc. dotta, lat. *honorĭficu(m)*, comp. di *hŏnos*, genit. *honōris* 'onore' e *-ifico* ✱ av. 1328] **agg.** (**pl. m.** *-ci*) ● attribuito a titolo d'onore: *carica, menzione onorifica* | che costituisce un riconoscimento formale ma non prevede retribuzione né effettivo esercizio di un potere: *un incarico puramente o.* || **onorificaménte**, **avv.** in modo onorifico; onorevolmente

onoterapìa [comp. del gr. *ónos* 'asino' e *terapia* ✱ 1993] **s. f.** ● (*psicol.*) impiego dell'asino come strumento terapeutico per pazienti con problemi relazionali e comportamentali

†**onràre** e deriv. ➤ **onorare** e deriv.

ónta [ant. fr. *honte*, dal francone *haunitha* ✱ sec. XII] **s. f. 1** vergogna, disonore, infamia: *un'o. incancellabile* | ***avere o.***, vergognarsi **2** affronto, oltraggio, ingiuria: *vendicare l'o. sofferta; cancellare l'o. col sangue* | ***ad o. di***, a dispetto di, malgrado | (*lett.*) ***in o. a***, contro; nonostante | (*lett.*) ***ad o. che***, benché, quantunque: *Ad o. che i soldati fossero stanchissimi, sforzammo ... le marce* (I. NIEVO)

SFUMATURE ➤ *vergogna*

ontanéta [1855] **s. f.** ● bosco di ontani

ontanéto [av. 1424] **s. m.** ● ontaneta

ontàno [lat. tardo *alnetānu(m)*, da *alnētum* 'ontaneto', da *ălnus* 'alno, ontano' ✱ 1298] **s. m.** ● albero delle Betulacee, a foglie ovate, vischiose da giovani, comune nei luoghi umidi e paludosi, il cui legno è molto usato per costruzioni (*Alnus glutinosa*) **SIN.** alno

on the road /ondə'roud, *ingl.* ˌɒnðə'rəʊd/ [loc. ingl., propr. 'sulla strada', dal titolo di un romanzo del 1957 dello scrittore statunitense J. Kerouac (1922-1969) ✱ 1980] **A loc. agg. inv.** ● detto di film o racconto che ha per tema un lungo viaggio compiuto da personaggi estranei a modi di vita tradizionali | (*est.*) detto di stile di vita anticonformista, con aspirazioni libertarie **B anche loc. avv.**: *vivere on the road*

on the ròcks /onde'rɔks, *ingl.* ˌɒnðə'rɒks/ [loc. anglo-amer., propr. 'sulle rocce, sui sassi'; *rock* ha la stessa etim. dell'it. *roccia* ✱ 1963] **A loc. agg. inv.** ● detto di whisky o bevanda alcolica versata in un bicchiere contenente cubetti di ghiaccio **B anche loc. avv.**: *aperitivo da servire on the rocks*

òntico [da *onto-* ✱ 1953] **agg.** (**pl. m.** *-ci*) ● (*filos.*) che concerne ciò che esiste nei suoi caratteri fenomenici **CFR.** ontologico || **onticità**, **s. f. inv.**

ònto- [gr. *ṓn*, genit. *óntos* 'ente', nel senso gramm. di part. pres. del v. *êinai* 'essere'] **primo elemento** ● in parole composte della terminologia filosofica, significa 'essere', 'esistenza', 'ente': *ontologia* | in biologia, significa 'organismo vivente': *ontogenesi*

ontogènesi [comp. di *onto-* e *genesi* ✱ 1895] **s. f. inv.** ● (*biol.*) il complesso delle fasi successive di sviluppo nel ciclo vitale di un organismo

ontogenètico [1898] **agg.** (**pl. m.** *-ci*) ● (*biol.*) che concerne l'ontogenesi: *sviluppo o.; processo o.*

ontologìa [comp. di *onto-* e *-logia* ✱ 1739] **s. f.** (**pl.** *-gìe*) ● (*filos.*) parte della filosofia che studia le modalità dell'essere in sé, indipendentemente dalle sue determinazioni particolari o fenomeniche

ontològico [av. 1749] **agg.** (**pl. m.** *-ci*) ● (*filos.*) relativo all'ontologia; relativo all'essere in sé, non alle sue determinazioni fenomeniche **CFR.** ontico | ***prova ontologica dell'esistenza di Dio***, fondata sull'idea stessa di Dio, sulla perfezione del suo concetto || **ontologicaménte**, **avv.** dal punto di vista ontologico || **ontologicità**, **s. f. inv.**

ontologìsmo [comp. di *ontologia* e *-ismo* ✱ 1843] **s. m.** ● (*filos.*) dottrina filosofica secondo la quale alla base della conoscenza si pone l'intuizione immediata e intuitiva di Dio o dell'Essere

ontologìsta [1843] **A s. m. e f.** (**pl. m.** *-i*) ● chi segue o si ispira all'ontologismo **B agg.** ● relativo all'ontologismo

†**ontóso** (o *-ṣ-*) [ant. fr. *honteux*, da *honte* 'onta' ✱ 1288] **agg. 1** ingiurioso, offensivo: *gridandosi anche loro o. metro* (DANTE *Inf.* VII, 33) | disonorevole, vergognoso **2** che prova, sente vergogna **3** sdegnato **4** ignobile, abietto

ontoteologìa [vc. dotta, comp. di *onto-* e *teologia* ✱ 1909] **s. f.** (**pl.** *-gìe*) ● nella filosofia di Kant, teologia che deduce concettualmente l'esistenza di Dio, senza ricorso ai dati dell'esperienza | nella filosofia e nella teologia contemporanee, modalità d'indagine che unisce in sé il discorso sull'essere (ontologia) e il discorso su Dio (teologia)

onuṣiàno [dalla sigla ONU 'Organizzazione delle Nazioni Unite' col suff. *-iano* e inserimento della *-s-* per motivi eufonici, sul modello del fr. *onusien* ✱ 1986] **agg.** ● dell'ONU, relativo all'ONU: *forze militari onusiane*

✦**onùsto** [vc. dotta, lat. *onŭstu(m)*, da *ŏnus*, genit. *ŏneris* 'onere' ✱ 1340] **agg.** ● (*lett.*) carico: *vecchio o. di anni; né dal gran peso è la persona onusta* (T. TASSO)

†**ónza** ① [ant. fr. *once*, da *lonce* 'lonza', con la caduta della *l-* iniziale sentita come art. Cfr. *azzurro, usignolo* ecc. ✱ sec. XIII] **s. f.** ● lonza, leopardo

ónza ② ➤ **oncia**

-ónzolo [ampliamento di suff. dim. con l'infisso spreg. *-onzo-*] **suff.** ● conferisce ad alcuni sostantivi valore peggiorativo: *mediconzolo, paperonzolo*

òo- /ɔo/ o (*raro*) **òvo-** [dal gr. *ō(i)ón* 'uovo'] **primo elemento** ● in parole composte della terminologia biologica e botanica, significa 'uovo', 'gamete femminile' o indica relazione o somiglianza di forma con l'uovo: *oomiceti, ooteca*

ooblàsto [comp. di *oo-* e *-blasto* ✱ 1895] **s. m.** ● (*biol.*) uovo fecondato

oocìsti [comp. di *oo-* e *cisti* ✱ 1934] **s. f. inv.** ● (*zool.*) involucro contenente lo zigote presente in molti sporozoi

oocìta o **oocìto**, **ovocìta**, **ovocìto** [comp. di *oo-* e *-cito* ✱ 1904] **s. m.** (**pl.** *-i*) ● (*biol.*) elemento precursore della cellula uovo degli animali, destinato a impegnarsi in processi meiotici ed eventualmente a completarli, di regola in seguito alla fecondazione

ooforìte [comp. di *oo-* e un deriv. di *-foro* ✱ 1834] **s. f.** ● (*med.*) infiammazione dell'ovaio **SIN.** ovarite

oòforo [comp. di *oo-* e *-foro* ✱ 1895] **A agg.** ● (*zool.*) che contiene, che porta le uova: *follicolo o.* **B s. m. 1** (*anat.*) ovaia **2** (*bot.*) ovario

oogamìa o **ovogamìa** [comp. di *oo-* e *-gamia* ✱ 1927] **s. f.** ● (*biol.*) condizione di marcata eterogamia

oogènesi [comp. di *oo-* e *genesi* ✱ 1932] **s. f. inv.** ● (*biol.*) processo di formazione e maturazione delle cellule uovo nell'ovaio

oogònio o **ovogònio** [comp. di *oo-* e *-gonio* ✱ 1883] **s. m.** (**pl.** *-i* o *raro -ii*) **1** (*biol.*) cellula germinale che nei Vertebrati precede l'oocita nel processo di maturazione dei gameti femminili **2** (*bot.*) organo femminile delle alghe e dei Funghi, che contiene l'oosfera

oolìte [comp. di *oo-* e *-lite* ✱ 1797] **s. m.** ● (*geol.*) granulo roccioso minutissimo di natura calcarea e forma approssimativamente sferica, accresciutosi intorno a un nucleo minerale o di origine organica

oologìa [comp. di *oo-* e *-logia* ✱ 1840] **s. f.** (**pl.** *-gìe*) ● branca della zoologia che studia i caratteri delle uova degli uccelli, spec. a scopo di classificazione

Oomicèti [comp. di *oo-* e del gr. *mýkēs*, genit. *mýkētos* 'fungo' (V. *micelio*) ✱ 1954] **s. m. pl.** (**sing.** *-e*) ● (*bot.*) ordine di Funghi dei Ficomiceti comprendente specie la cui riproduzione sessuata si compie mediante la formazione di oospore che germinano grazie alla fecondazione da parte degli anteridi (*Oomycetes*)

ooplàṣma o **ovoplàṣma** [comp. di *oo-* e *plasma* ✱ 1954] **s. m.** (**pl.** *-i*) ● (*biol.*) citoplasma della cellula uovo dei Vertebrati

oosfèra [comp. di *oo-* e *sfera* ✱ 1883] **s. f.** ● (*bot.*) cellula femminile aploide delle piante cormofite da cui dopo la fecondazione si sviluppa l'embrione **SIN.** gemmula

oospòra [comp. di *oo-* e *spora* ✱ 1883] **s. f.** ● (*bot.*) spora che si forma nelle piante tallofite per copulazione di spermatozoidi o nuclei spermatici con cellule uovo

ootèca o **ovotèca** [comp. di *oo-* e *teca* ✱ 1927] **s. f. 1** (*biol.*) involucro che racchiude le uova in alcuni gruppi animali come nei Molluschi e negli Artropodi **2** (*biol.*) tratto dilatato dell'ovidotto degli Anfibi dell'ordine degli Anuri, destinato a raccogliere le uova prima dell'amplesso

oòtide [comp. di *oo-* e della seconda parte di *(sperma)tide* ✱ 1981] **s. m.** ● (*biol.*) gamete femminile che ha portato a termine la meiosi in seguito alla fecondazione e che non ha ancora fuso il proprio nucleo con quello dello spermatozoo

ootìpo [comp. di *oo-* e *tipo* ✱ 1958] **s. m.** ● (*zool.*) organo cavo di molti Platelminti nel quale le uova vengono circondate da un guscio

Òpa [sigla di *o(fferta) p(ubblica)* (di) *a(cquisto)*

✱ 1974] **s. f. inv.** ● (*borsa*) comunicazione pubblica agli azionisti di una società quotata in Borsa dell'intenzione di comprare i loro titoli azionari a un prezzo superiore al valore corrente al fine di raggiungere o mantenere il controllo di tale società | ***lanciare un'Opa***, dichiarare tale intenzione

opacaménto [1958] **s. m.** ● (*raro*) l'opacare, l'opacarsi | intorbidamento

opacìmetro [comp. di *opaci(tà)* e *-metro* ✱ 1958] **s. m.** ● strumento che misura l'opacità di un liquido o di un gas; è usato spec. per determinare il coefficiente di inquinamento dei gas di scarico dei motori

opacità [vc. dotta, lat. *opacitāte(m)*, da *opācus* 'opaco' ✱ av. 1519] **s. f. inv. 1** proprietà, caratteristica di ciò che è opaco: *la quale o. è atta a ricevere e ripercuotere il lume del sole* (G. Galilei) **2** (*fig.*) mancanza di vivacità, di espressività e sim.: *l'o. degli occhi, dell'ingegno; discorsi, frasi di incredibile o.* **3** (*lett.*) ombrosità, frescura **4** (*lett.*) oscurità: *l'o. della notte*

opaciẓẓànte **A** **part. pres.** di *opacizzare*; anche **agg.** ● nei sign. del v. **B** **s. m.** ● sostanza che appanna la trasparenza di un corpo o di una superficie

opaciẓẓàre [1958] **A** **v. tr. 1** rendere opaco: *o. le fibre tessili* **2** (*med.*) rendere opaco ai raggi X: *o. lo stomaco* **B** **opaciẓẓàrsi** **v. intr. pron.** ● diventare opaco: *il vetro si è opacizzato* || **opaciẓẓazióne**, **s. f.** (V.)

opaciẓẓazióne [1958] **s. f. 1** operazione dell'opacizzare: *l'o. dello stomaco, dell'intestino* | l'opacizzarsi **2** nell'industria tessile, operazione mediante la quale si rendono opache le fibre lucide e trasparenti

♦**opàco** [vc. dotta, lat. *opācu(m)*, di orig. indeur. ✱ av. 1328] **agg.** (**pl. m.** *-chi*, †*-ci*; **superl.** *opacissimo*, †*opachissimo*) **1** che non lascia passare la luce: *vetro o.* **CONTR.** trasparente **2** che non si lascia attraversare dalle radiazioni: *corpo o.* **3** privo di lucentezza: *metallo o.*; *vernice opaca*; *sul lor capo era l'opaca notte / piena di stelle* (G. Pascoli) **CONTR.** lucido **4** (*fig.*) detto di ciò che manca di acutezza, chiarezza, espressività e sim.: *suono o.*; *voce opaca*; *sguardo o.* | mediocre, scialbo, privo di brillantezza: *la squadra ha fornito una prova opaca* **5** (*lett.*) ombroso, oscuro **6** (*ling.*) demotivato || **opacaménte**, **avv.** (*raro*) ombrosamente

opàla [1476] **s. f.** ● (*raro*) opale

opàle [fr. *opale*, dal lat. *ŏpalu(m)*, dal gr. *opállios*: dal sanscrito *upalas* 'pietra preziosa' (?) ✱ av. 1498] **s. m. o f. 1** (*miner.*) varietà di silice idrata amorfa, usata come pietra dura nei tipi più belli | ***o. nobile***, di colore bianco azzurro, lattiginoso e ricco di iridescenze | ***o. di fuoco***, di colore rosso | ***o. arlecchino***, screziato di vari colori su un fondo gener. nero **2** (*lett.*) colore bianco azzurro, lattiginoso, simile a quello dell'opale nobile: *La sera è di o., d'oro, d'ambra* (G. D'Annunzio)

opalescènte [da *opale* sul modello di *iridescente* ✱ 1869] **agg.** ● che ha le iridescenze dell'opale nobile: *una luminosità o.* | (*fig., lett.*) latteo, pallido | (*fig., lett.*) vago

opalescènza [1788] **s. f.** ● aspetto latteo, talvolta anche iridescente, di una sostanza solida o liquida

opalìna [da *opale*, per il colore ✱ 1895] **s. f. 1** tipo di vetro opalescente, traslucido **2** tipo di cartoncino lucido **3** stoffa di cotone leggera e semitrasparente **4** (*zool.*) protozoo ciliato parassita nell'intestino posteriore degli Anfibi (*Opalina ranarum*)

opalìno [1806] **agg.** ● di opale, simile all'opale: *biancore o.*; *riflessi opalini* | (*fig., lett.*) latteo, pallido

opaliẓẓàto [da *opale* ✱ 1869] **agg.** ● reso cangiante e iridescente come l'opale

òpalo ① [1585] **s. m.** ● opale

òpalo ② [V. *oppio* ② ✱ 1970] **s. m.** ● (*bot.*) oppio

op art /op'(p)art, *ingl.* 'ɒp,ɑːt/ [1965] **loc. sost. f. inv.** ● accorc. di *optical art*

òpe lègis [loc. del lat. moderno, propr. 'in forza di legge', comp. dell'abl. di *ŏps*, genit. *ŏpis* 'ricchezza' (V. *inope*) e di *lēgis*, genit. di *lēx* 'legge'] **loc. agg. inv. e avv.** ● per effetto di una legge, in forza di una legge

open /'open, *ingl.* 'əʊp(ə)n/ [vc. ingl., propr. 'aperto' (vc. di orig. germ.) ✱ 1953] **A** **agg. inv. 1** (*sport*) detto di competizione sportiva cui possono partecipare sia i professionisti che i dilettanti: *torneo o. di golf, di tennis* **2** detto di biglietto di viaggio in cui la data di questo, al momento della vendita, non è ancora precisata **B** **anche s. m. inv. nel sign. 1**: *iscriversi a un o.*

open day /open'dɛi, *ingl.* 'əʊp(ə)n,deɪ/ [loc. ingl. comp. di *open* 'aperto' e *day* 'giorno' ✱ 1992] **loc. sost. m. inv.** (**pl. ingl.** *open days*) ● giornata in cui scuole, istituzioni o strutture varie sono aperte al pubblico per informare sulle attività previste e sulle opportunità offerte, o per consentire una visita: *open day al liceo Berchet; l'open day del Museo di Storia Naturale*

open-ended /*ingl.* 'əʊp(ə)n,ɛndɪd/ [vc. ingl., propr. 'a terminazione aperta', perché le quote aperte possono essere realizzate in qualsiasi momento ✱ 1994] **agg. inv.** ● (*econ.*) detto di fondi comuni aperti, cioè che emettono e riscattano quote in via continuativa | detto di emissione di titoli obbligazionari che non prefissa l'ammontare complessivo del prestito, pur contenendolo entro un tetto massimo

†**openióne** ➤ **opinione**

open source /open'surs, *ingl.* 'əʊpən,sɔːs/ [loc. ingl., propr. '(codice) sorgente (*source*) aperto (*open*)' ✱ 1999] **A** **loc. agg. inv.** ● (*inform.*) detto di software il cui codice sorgente è leggibile e suscettibile di miglioramenti e sviluppi da parte degli utenti **B** **loc. sost. m. inv.** ● il settore della produzione di tale software

open space /open'spe(i)s, *ingl.* 'əʊpən,speɪs/ [loc. ingl., propr. 'spazio aperto' ✱ 1984] **loc. sost. m. inv.** (**pl. ingl.** *open spaces*) ● (*archit.*) ampio spazio aperto creato all'interno di uffici o abitazioni eliminando le pareti divisorie, in modo da favorire la vita in comune e il lavoro di gruppo

open toe /open'tɔu, *ingl.* ,əʊpən'təʊ/ [loc. ingl., propr. '(scarpa) con le dita (*toe*) fuori (*open*)' ✱ 2008] **loc. agg. e sost. f. inv.** ● detto di scarpa da donna con apertura sul davanti che lascia intravedere le dita **CFR.** peep toe, spuntato ①

♦**òpera** o (*poet.*) †**òpra**, (*poet.*) †**òvra**, †**òvera** [lat. *ŏpera(m)*, propr. pl. di *ŏpus*, genit. *ŏperis* 'opera', di orig. indeur. ✱ av. 1257] **s. f.** **I** con valore ampio e generico **1** attività posta in essere con un preciso intento, diretta a un fine determinato o atta a produrre certi effetti: *la sua o. politica va giudicata con cautela; l'o. creatrice di Dio; l'o. educatrice della scuola, della famiglia; l'o. del vento e della pioggia ha modificato nei millenni la superficie terrestre* | ***fare o. di pace, di discordia***, e sim., agire per conservare e riportare la pace, la discordia e sim. | ***fare o. di persuasione***, cercare di persuadere | ***per o. sua***, grazie a lui o per colpa sua | ***con l'o. di***, mediante **SIN.** azione **2** azione umana, spec. in riferimento alla sua rilevanza morale: *fare, compiere, realizzare buone opere; giudicatelo dalle opere e non dalle parole; un'o. nefanda, meritoria* | ***compiere la propria o.***, realizzare quanto ci si è prefisso o raggiungere il proprio scopo o effetto | nella teologia cristiana, ciascuno degli atti determinati dalla libera volontà umana **3** risultato di un'attività genericamente intesa o di una specifica azione: *la distruzione dell'intero raccolto fu o. delle alluvioni; tutti questi guai sono o. della sua maldicenza; non prendetevela con me, perché il danno non è o. mia* | ***per completare l'o.***, per giunta | effetto, efficacia: *l'o. dei farmaci risulta troppo blanda* **II** con valore specifico e determinato **1** attività lavorativa in genere: *presterò la mia o. anche gratuitamente; valersi dell'o. di qlcu.* | ***vedere qlcu. all'o.***, mentre svolge la sua attività | ***voglio vederlo all'o.***, aspetto a giudicarlo quando passerà all'attività pratica | ***mettersi all'o.***, cominciare un'attività | **PROV.** ***chi ben comincia è alla metà dell'o.*** **SIN.** lavoro **2** lavoro materiale: *l'o. dello scalpellino, del meccanico* | (*lett.*) ***opere servili***, i lavori più umili | (*lett.*) ***opere fabbrili***, del muratore, falegname e sim. | ***contratto d'o.***, quello per cui una persona si obbliga a compiere un'opera o un servizio con lavoro prevalentemente proprio e senza vincolo di subordinazione nei confronti del committente | †***mettere o. a qlco.***, mettervi mano | lavoro a giornata: *stare a o.* | (*raro*) giornata di lavoro: *le opere saranno pagate settimanalmente* | ***mano d'o.***, V. *manodopera* **3** risultato concreto o prodotto di un lavoro materiale: *ecco l'o. delle mie mani* | costruzione: *o. di muratura, legname, terra; o. in ferro, cemento* | ***mettere in o.***, collocare al posto giusto le parti, i pezzi della costruzione; montare impianti, macchine e sim. nel luogo stabilito in modo che siano in grado di poter funzionare | (*fig.*) ***mettere in o. un proposito***, attuarlo | ***in corso d'o.***, V. *corso* ② nel sign. 7 | ***a piè d'o.***, detto di materiali o macchinari portati sul luogo del montaggio | ***in o., fuori o.***, detto di materiali o macchinari portati rispettivamente all'interno o all'esterno del luogo del montaggio | ***opere d'arte***, insieme dei manufatti quali strade, ponti, gallerie, ecc. | ***opere pubbliche***, infrastrutture finanziate dallo Stato o da altri enti pubblici | (*mar.*) ***o. morta***, nelle costruzioni navali, parte dello scafo situata sopra la linea di galleggiamento | (*mar.*) ***o. viva***, carena | (*milit.*) fortificazione: *o. interna, esterna, bassa, alta; opere campali* **4** lavoro intellettuale: *la vostra o. non ha prezzo; è o. difficile analizzare tutti questi dati* | fatica: *una lunga o. ci attende; non vedo il fine di quest'o. così gravosa* **5** prodotto di un lavoro intellettuale o di un'attività artistica: *l'o. dello scultore, del pittore, del poeta, del musicista* | ***o. d'arte***, frutto della creazione artistica; prodotto artistico di grande pregio: *quel quadro è una vera o. d'arte* **SIN.** capolavoro | ***o. prima***, quella di esordio: *l'o. prima di un regista al Festival del cinema* | ***o. dell'ingegno***, creazione letteraria e artistica oggetto del diritto d'autore | libro, volume: *una raccolta di opere classiche; catalogo delle opere e degli autori; o. giuridica, medica, scientifica, matematica, filosofica* | ***o. postuma***, pubblicata dopo la morte dell'autore **6** ente di assistenza e beneficenza: *opere pie; O. nazionale mutilati e invalidi civili* | ***o. universitaria***, ente che ha il compito di promuovere le varie forme di assistenza agli studenti universitari **7** (*tosc.*) fabbriceria: *è stata costituita una nuova o. destinata a una chiesa parrocchiale* **8** figurazione geometrica, vegetale o animale su stoffa: *tessuto a o.* **9** (*mus.*) composizione e rappresentazione teatrale il cui testo può essere interamente cantato o in parte parlato, con accompagnamento orchestrale: *o. lirica; le opere di Verdi, di Rossini; libretto d'o.* | ***o. seria***, quella in voga nei secc. XVII e XVIII, ispirata all'epoca classica greco-romana | ***o. buffa***, quella di carattere comico e buffonesco, in voga in Italia nei secc. XVIII e XIX, contrapposta all'opera seria | ***o. dei pupi***, teatro delle marionette **10** (*est.*) teatro adibito alla rappresentazione di tali composizioni: *stasera andiamo all'Opera* ‖ **operàccia**, pegg. | (*lett.*) **operèlla**, dim. | **operétta**, dim. (V.) | **opericciòla**, (*lett.*) **opericciuòla**, dim. | **operìna**, dim. | **operóna**, accr. | (*lett.*) **operóne**, accr. m. | **operùccia**, dim.

SFUMATURE ➤ *manufatto*

opéra-ballet /*fr.* ope'raba'le/ [giustapposizione fr. di *opéra* 'opera' e *ballet* 'balletto' ✱ 1993] **s. m. inv.** ● (*mus.*) genere di opera, tipicamente francese, in voga tra il XVII e XVIII sec., con alternanza di canto e danza

operàbile [av. 1463] **agg. 1** attuabile, praticabile: *un accordo, un piano o.* **2** (*med.*) che si può operare: *malato o.*; *tumore o.* ‖ **operabilità**, s. f. inv.

♦**operàio** o †**operàrio** [lat. *operāriu(m)*, da *ŏpera* 'opera' ✱ av. 1308] **A** s. m. (f. *-aia*, pl. m. *-ai*) **1** chi esplica un'attività lavorativa manuale alle dipendenze di qlcu.: *operai agricoli, metalmeccanici, edili, tessili*; *un abilissimo o.*; *la disoccupazione degli operai*; *o. qualificato, specializzato* **2** (*est.*) lavoratore in genere | (*lett.*) lavoratore agricolo **3** †soprintendente, amministratore di un'opera o fabbriceria | †magistrato addetto a grandi opere pubbliche **B** agg. **1** degli operai: *salario o.*; *partito o.*; *Cosa diciamo ... / noi, da contadini e piccoli borghesi divenuti tutti / aristocrazia operaia?* (P.P. PASOLINI) | ***classe operaia***, il proletariato industriale e, in genere, il complesso dei lavoratori dipendenti | ***movimento o.***, l'insieme organizzato dei lavoratori dipendenti e spec. del proletariato industriale | ***azionariato o.***, partecipazione azionaria dei dipendenti di un'impresa **2** (*zool.*) ***api, formiche operaie***, femmine non feconde che svolgono tutti i lavori necessari alla vita della società

operaìsmo [1925] **s. m.** ● tendenza che, all'interno del movimento operaio, propugna l'assoluta centralità delle esigenze dei lavoratori dell'industria

operaìsta [1943] **A** s. m. e f.; anche agg. (pl. m. *-i*) ● fautore, sostenitore dell'operaismo **B** agg. ● relativo a operaismo; caratterizzato da operaismo: *posizioni operaiste*

operaìstico [1957] **agg.** (pl. m. *-ci*) ● relativo a operaismo

†**operaménto** [1266] **s. m.** ● modo di fare, di operare: *ed han diversi loro operamenti* (G. GUINIZZELLI)

operàndo [da *opera(re)*, con il suff. *-ando* ✱ 1981] **s. m. 1** (f. *-a*) (*raro*) chi sta per essere sottoposto a un intervento chirurgico **2** (*inform.*) in un'operazione, dato da cui, per mezzo di determinati procedimenti, si ottiene il risultato

operànte o (*poet.*) †**oprànte** **A** part. pres. di *operare*; anche agg. ● vigente, attuale: *una legge tuttora o.* | che produce i suoi effetti: *un farmaco o. anche in casi disperati* | ***diventare o.***, entrare nella fase della realizzazione pratica, dell'applicazione concreta | (*psicol.*) ***condizionamento o.***, V. *condizionamento* **B** s. m. e f. **1** †chi opera; autore **2** operaio, lavoratore

òpera òmnia [loc. lat., 'tutte le opere', V. *opera* e *ogni* ✱ 1925] **loc. sost. f. inv.** ● il complesso delle opere di un solo autore, raccolte insieme: *pubblicare l'opera omnia del Foscolo*

♦**operàre** o (*poet.*) †**opràre**, (*poet.*) †**ovràre**, †**overàre** [vc. dotta, lat. *operāri*, da *ŏpus*, genit. *ŏperis* 'opera' ✱ av. 1257] **A** v. tr. (*io òpero*) **1** fare, realizzare, porre in essere: *o. il bene, il male*; *o. miracoli*; *o. la rovina della patria, della famiglia*; *la natura non opera con molte cose quello che può operar con poche* (G. GALILEI) **2** sottoporre a intervento chirurgico (*anche assol.*): *o. un malato*; *o. qlcu. d'urgenza*; *o. qlcu. ai reni, allo stomaco, al cuore*; *o. qlcu. di peritonite, di ernia*; *il chirurgo sta operando* **3** †manifatturare, lavorare: *o. l'oro, il rame* **4** †adoperare, usare: *o. malizia, ingegno* **5** tessere disegni su stoffa: *o. la seta, il velluto* **B** v. intr. (aus. *avere*) **1** agire, fare: *o. bene, male, lealmente, con sotterfugi*; *o. con l'ingegno, con la parola*; *o. contro qlcu., a favore di qlcu.*; *sono solito o. secondo i dettami della coscienza* | svolgere una determinata attività: *o. in borsa*; *la ditta opera nel settore dei trasporti* **2** influire, avere effetto: *è un clima che opera negativamente su certe coltivazioni*; *l'avvenimento operò in senso positivo sul suo animo* **3** (*milit.*) condurre operazioni belliche in campo tattico e strategico: *o. allo scoperto* **4** (*mat.*, *raro*) eseguire operazioni, calcoli: *o. con le frazioni* **C** **operàrsi** v. intr. pron. **1** realizzarsi, verificarsi: *un mutamento radicale si operò nella sua mente* **2** sottoporsi a intervento chirurgico (+ *a*, + *di*): *operarsi allo stomaco, di appendicite*; *mi opero domani*

†**operàrio** ➤ **operaio**

operativìsmo [comp. di *operativo* e *-ismo* ✱ 1958] **s. m.** ● (*filos.*) operazionismo

operatìvo [vc. dotta, lat. tardo *operatīvu(m)*, da *operātus*, part. pass. di *operāri* 'operare' ✱ 1308] **agg. 1** che ha la capacità di operare: *efficacia operativa* **2** che ha fini pratici: *scienza operativa* **3** che opera, che produce i suoi effetti: *disposizione, norma operativa*; *un accordo già o.* | ***ciclo o.***, periodo che trascorre tra la messa in moto di un processo produttivo e la realizzazione del prodotto finito | (*inform.*) ***sistema o.***, programma o insieme di programmi che predispongono un sistema di elaborazione dei dati all'esecuzione dei programmi richiesti dagli utenti **4** (*milit.*) che attiene alle operazioni: *piano o.* | ***scacchiere o.***, parte di un teatro di operazioni nel quale le operazioni di guerra sono condotte unitariamente | ***sala operativa, centro o.***, preposti a raccogliere informazioni, dirigere operazioni, trasmettere ordini, e sim. **5** (*raro*) operatorio: *atto o. del chirurgo* ‖ **operativaménte**, avv. relativamente ai fini pratici, alle azioni concrete; dal punto di vista operativo ‖ **operatività**, s. f. inv. validità, efficacia; (*est.*) possibilità di operare, di agire

operàto **A** part. pass. di *operare*; anche agg. **1** nei sign. del v. **2** detto di tessuto a disegni, non stampati ma ottenuti con l'intreccio di fili | detto di carta, cuoio o altro materiale, lavorati a disegni in rilievo: *cuoio o.* **B** s. m. **1** opera, azione, comportamento: *render conto ad altri del proprio o.* **2** (f. *-a*) chi è stato sottoposto a un intervento chirurgico

operatóre [vc. dotta, lat. tardo *operatōre(m)*, da *operāri* 'operare' ✱ av. 1294] **A** agg. (f. *-trice*) ● che opera: *mano, carità operatrice* | che svolge specifiche operazioni: *macchina operatrice* **B** s. m. **1** (f. *-trice*) chi agisce, chi compie determinate azioni: *o. d'inganni, d'iniquità* **2** †operaio, lavoratore **3** (f. *-trice*) chi è addetto al funzionamento, alla manovra, alla utilizzazione di macchine, impianti, congegni e sim.: *o. televisivo, cinematografico* | ***o. del suono***, tecnico che si occupa della registrazione di suoni | (*tv*, *raro*) ***o. di ripresa***, cameraman | (*inform.*) tecnico addetto al funzionamento di un sistema per l'elaborazione dei dati **4** (f. *-trice*) (*econ.*) chi interviene sul mercato come venditore o compratore per conto proprio o altrui: *o. economico* **5** (f. *-trice*) chi presta la propria opera in un determinato settore spec. dei servizi: *o. sanitario, scolastico* | ***o. sociale***, persona addetta ai servizi sociali | ***o. penitenziario***, chi lavora alle dipendenze dell'Amministrazione penitenziaria | ***o. carcerario***, agente di polizia penitenziaria (V. *agente*) | ***o. ecologico***, netturbino | ***o. finanziario***, persona o ente che opera nell'ambito delle attività finanziarie | ***o. turistico***, tour operator **6** (*mat.*) funzione, applicazione | funzione il cui argomento è costituito da una o più funzioni | ***o. differenziale***, quello che si esprime attraverso derivate | ***o. vettoriale***, che si applica a vettori | ***o. binario***, che opera su due elementi | ***o. unario***, che opera su un solo elemento | ***o. booleano, logico***, che determina la congiunzione (AND), l'inclusione (OR) o la negazione (NOT) di variabili booleane

operatòrio [vc. dotta, lat. tardo *operatōriu(m)*, da *operāri* 'operare' ✱ 1834] **agg.** (pl. m. *-i* o *raro -ii*) **1** relativo a un'operazione chirurgica: *letto o.*; *sala operatoria* | ***intervento o.***, operazione chirurgica **2** (*mat.*) relativo alle operazioni **3** (*raro*) operativo

operazionàle [ingl. *operational*, da *operation* 'operazione', dal fr. *opération* (stessa etim. dell'it. *operazione*) ✱ 1958] **agg. 1** (*mat.*) proprio di una operazione o delle operazioni **2** operativo: *ricerca o.* ‖ **operazionalménte**, avv. (*raro*) in modo operazionale

operazionalìsmo [1958] **s. m.** ● (*filos.*) operazionismo

♦**operazióne** [vc. dotta, lat. tardo *operatiōne(m)*, da *operāri* 'operare' ✱ 1261 ca.] **s. f.** **1** azione gener. complessa eseguita in base a determinati procedimenti per raggiungere uno scopo: *o. manuale, mentale* **2** azione che tende a produrre un effetto preciso: *un'abilissima o. diplomatica*; *o. bancaria* **3** intervento chirurgico: *una difficile o.*; *subire un'o.*; *o. allo stomaco*; *o. di ernia* **4** (*milit.*) insieme di attività e avvenimenti militari, sia in periodo bellico sia in tempo di pace: *operazioni navali*; *cessare le operazioni*; *o. con mezzi corazzati*; *base di o.* | ***linea di o.***, complesso di vie di comunicazione, lungo il quale operano le forze di uno scacchiere operativo | ***teatro di operazioni***, area geografica comprendente più scacchieri operativi e nella quale si svolgono operazioni di guerra sotto un unico comando e con un unico scopo strategico | ***zona di operazioni***, territorio in cui si svolgono operazioni belliche **5** (*est.*) serie di iniziative coordinate di vasta portata: *o. 'prezzi ribassati'* **6** (*mat.*) legge che da uno o più enti noti permette di ottenerne un altro | ***operazioni fondamentali dell'aritmetica***, addizione, sottrazione, moltiplicazione, divisione su numeri | ***o. in un insieme A***, applicazione del prodotto cartesiano A × A (o di un suo sottinsieme) in A ‖ **operazioncèlla**, dim. | **operazioncìna**, dim.

operazionìsmo [ingl. *operationism*, da *operation* 'operazione' ✱ 1958] **s. m.** ● (*filos.*) dottrina epistemologica del Novecento secondo la quale un concetto scientifico si definisce attraverso una serie sperimentale di operazioni logiche e matematiche, con esclusione dunque di ogni assunto assoluto o metafisico

opercolàto [da *opercolo* ✱ 1834] **agg.** ● fornito di opercolo

opèrcolo [vc. dotta, lat. *opĕrculu(m)* 'coperchio', da *operīre* 'coprire' (V.) ✱ 1779] **s. m.** **1** (*bot.*) formazione che chiude l'apertura di organi vegetali produttori di spore o semi, che cade con la deiscenza | lamina che chiude gli aschi | membrana che chiude l'urna dei muschi **2** (*zool.*) lamina ossea che nei Pesci si trova a protezione della camera branchiale **3** strato sottile di cera che chiude ogni cella dell'alveare **4** sottile lamina che chiude l'orifizio di tubetti di dentifricio, colori, medicinali ecc., e che viene forata al momento dell'apertura **5** (*anat.*) struttura più o meno rigida che chiude come un coperchio aperture dell'organismo: *o. di muco che chiude l'utero gravido* **6** (*farm.*) capsula, spec. di materiale gelatinoso, contenente sostanze medicinali in polvere da assumere per via orale

operétta [av. 1292] **s. f. 1** dim. di *opera* **2** componimento letterario di breve estensione, in prosa o in versi **3** genere di teatro musicale di contenuto leggero e frivolo, costituito da dialoghi alternati a parti cantate, sorto nel XIX secolo | (*fig.*) ***da o.***, detto di avvenimento o personaggio ridicolo, superficiale, privo di serietà: *matrimonio da o.*; *principe da o.*

operettìsta [1908] **s. m. e f.** (**pl. m.** *-i*) ● autore di operette musicali

operettìstico [1917] **agg.** (**pl. m.** *-ci*) **1** dell'operetta musicale **2** (*fig.*, *spreg.*) frivolo, fatuo, superficiale ‖ **operettisticaménte**, **avv.**

operìsta [1797] **s. m. e f.** (**pl. m.** *-i*) ● autore di opere musicali

operìstico [1797] **agg.** (**pl. m.** *-ci*) ● dell'opera musicale: *musica operistica*

operóne [vc. ingl., da *oper(ator)* 'operatore' ✱ 1983] **s. m.** ● (*biol.*) entità operativa genetica costituita da uno o più geni (*geni strutturali*), associati a un gene operatore che ne controlla l'attività

operosità (o **-ṣ-**) [vc. dotta, lat. *operositāte(m)*, da *operōsus* 'operoso' ✱ 1598] **s. f. inv.** ● caratteristica di chi (o di ciò che) è operoso: *l'o. delle formiche*; *l'o. dei traffici* **SIN.** industriosità, laboriosità **CONTR.** oziosità

SFUMATURE ➤ ***impegno***, ➤ ***industria***

operóso (o **-ṣ-**) [vc. dotta, lat. *operōsu(m)*, da *ŏpera* 'opera' ✱ 1363] **agg.** ● che svolge il proprio lavoro con grande impegno, con costante attività: *famiglia operosa*; *città operosa* | pieno, ricco di attività: *vita operosa* | (*lett.*) impegnativo, faticoso: *abitudini operose e franche* (A. MANZONI) **CONTR.** ozioso ‖ **operosaménte**, **avv.** ‖ **operosità**, **s. f. inv.** (V.)

-opìa [gr. *-ōpía*, da *ōps*, genit. *ōpós* 'occhio, vista, aspetto', di orig. indeur.] **secondo elemento** ● in parole composte della terminologia medica, significa 'vista' o fa riferimento alla vista: ***ambliopia***, ***miopia***, ***presbiopia***

opiànico ➤ **oppianico**

†**opìfice** [vc. dotta, lat. *opĭfice(m)*, comp. di *ŏpus* 'opera' e *-fex*, da *făcere* 'fare' ✱ av. 1342] **s. m.** ● artefice, creatore

opifìcio [vc. dotta, lat. *opifĭciu(m)*, da *ŏpifex*, genit. *opĭficis* 'opifice' ✱ 1525] **s. m.** ● stabilimento industriale, fabbrica

Opiliònidi o **Opiliòni** [etim. incerta ✱ 1891] **s. m. pl.** (**sing.** *-e*) ● (*zool.*) ordine di Aracnidi con corpo compatto, addome segmentato, munito di organi copulatori maschili e femminili (*Opilionida*)

✦**opìmo** [vc. dotta, lat. *opīmu(m)*, da avvicinare a *ōps* 'ricchezza', di orig. indeur. ✱ 1321] **agg.** **1** (*lett.*) grasso, pingue: *ci ungemmo i corpi di quel grasso o.* (L. ARIOSTO) **2** (*lett.*) copioso, ricco | ***spoglie opime***, ricco bottino di guerra, spec. le spoglie del re nemico vinto da un condottiero romano **3** (*fig.*, *lett.*) fertile

✦**opinàbile** [vc. dotta, lat. *opinābile(m)*, da *opinări* 'opinare' ✱ sec. XIV] **A agg.** ● detto di ciò che comporta un'opinione personale, non un giudizio oggettivo: *soluzione o.* | discutibile: *questa è materia o.*; *quello che dici è o.* **CONTR.** incontrovertibile ‖ **opinabilménte**, **avv.** (*raro*) in modo opinabile ‖ **opinabilità**, **s. f. inv.** (V.) **B s. m.** ● ciò su cui si può avere ed esprimere un'opinione personale: *in campo scientifico l'o. dovrebbe ridursi al minimo*

opinabilità [1585] **s. f. inv.** ● condizione di ciò che è opinabile **SIN.** discutibilità, controvertibilità

†**opinaménto** [1499] **s. m.** ● opinione, congettura

✦**opinàre** [vc. dotta, lat. *opināri*: dalla stessa radice di *optāre* (?) ✱ av. 1328] **A v. tr.** ● (*lett.*) ritenere, supporre: *opinava che avesse ragione lui* | ritenere opportuno **B v. intr.** (**aus.** *avere*) ● (*lett.*) pensare, argomentare

opinatìvo [vc. dotta, lat. tardo *opinatīvu(m)*, da *opinātus* 'opinato' ✱ av. 1332] **agg.** ● (*raro*, *lett.*) che si fonda su congetture | opinabile

♦**opinióne** o †**oppinióne**, †**openióne**, †**oppenióne** [vc. dotta, lat. *opiniōne(m)*, da *opinări* 'opinare' ✱ av. 1250] **s. f.** o †**m. 1** idea, giudizio o convincimento soggettivo: *farsi un'o.*; *esprimere la propria o.*; *è mia precisa o. che tu stia sbagliando*; *è un uomo privo di opinioni* | ***essere dell'o. di***, pensare di | ***la matematica non è un'o.***, è una cosa obiettivamente certa | ***è o. che***, si crede, si pensa | ***non avere opinioni***, essere privo di idee personali su qlco. | ***l'o. corrente, dominante, generale***, quella della maggioranza: *fu dunque il segretario dell'o. dominante, il poeta del buon successo* (F. DE SANCTIS) | ***l'o. pubblica, la pubblica o.***, il giudizio che la maggior parte dei cittadini ha o dà di qlcu. o di qlco.; (*est.*) il pubblico e la collettività in quanto pensano e giudicano **SIN.** avviso, parere **2** considerazione o stima sia pubblica che privata: *avere buona, cattiva o. di qlcu., di qlco.*; *scadere nell'o. dei più, degli uomini, del prossimo* | ***avere grande o. di sé***, stimarsi oltremodo, ritenersi gran cosa | ***godere buona o.***, essere stimato ‖ **opinionàccia**, **pegg.**

opinionìsta [da *opinione* ✱ 1981] **s. m. e f.** (**pl. m.** *-i*) ● chi (spec. un giornalista) in articoli o trasmissioni televisive commenta eventi politici o di costume

opìnion leader /o'pinjon'lider, *ingl.* ə,pɪnjən'li:də(r)/ [loc. ingl., comp. di *opinion* 'opinione' e *leader* (V.) ✱ 1985] **loc. sost. m. e f. inv.** (**pl. ingl.** *opinion leaders*) **1** chi, per l'autorità e il prestigio di cui gode, ha una funzione di guida nei confronti dell'opinione pubblica **2** nel marketing, chi è in grado di orientare i consumatori nella scelta di un prodotto

opinion maker /,opinjən'me(i)ker, *ingl.* ə,pɪnjən'meɪkə(r)/ [loc. ingl., comp. di *opinion* 'opinione' e *maker* 'fabbricante, artefice' (di orig. germ.) ✱ 1979] **loc. sost. m. e f. inv.** (**pl. ingl.** *opinion makers*) ● chi, in virtù del proprio prestigio, esercita un'influenza determinante sull'opinione pubblica formandola e indirizzandola nelle scelte politiche, commerciali e sim.

opìsto- [dal gr. *ópisthen* 'indietro', di orig. straniera] **primo elemento** ● in parole composte della terminologia scientifica, significa 'che sta indietro, che sta nella parte posteriore': ***opistosoma***

Opistobrànchi [comp. di *opisto-* e del gr. *bránchion* 'branchia' ✱ 1932] **s. m. pl.** (**sing.** *-chio*) ● (*zool.*) sottoclasse di Molluschi dei Gasteropodi marini dotati di una sola branchia posta dietro al cuore (*Opisthobranchia*)

Opistòcomi [comp. di *opisto-* e del gr. *kómē* 'chioma' ✱ 1834] **s. m. pl.** (**sing.** *-o*) ● (*zool.*) ordine di Uccelli simili ai gallinacei, cui appartiene una sola specie che vive lungo fiumi tropicali e nidifica sulla vegetazione sovrastante l'acqua (*Opisthocomi*)

opistòdomo [vc. dotta, gr. *opisthódomos*, comp. di *ópisthen* 'indietro' (V. *opisto-*) e *dómos* 'stanza, tempio', di orig. indeur. ✱ av. 1798] **s. m.** ● parte posteriore del tempio greco opposta al pronao

opistògrafo [comp. di *opisto-* e *-grafo* ✱ 1925] **agg.** ● detto di papiro o di pergamena di cui siano state utilizzate per la scrittura entrambe le facciate

opistosòma [comp. di *opisto-* e *-soma* ✱ 1958] **s. m.** (**pl.** *-i*) ● (*zool.*) addome dei Chelicerati

opistòtono [vc. dotta, gr. *opisthótonos* 'tirato indietro', comp. di *ópisthen* 'indietro' (V. *opisto-*) e *-tonos*, da *téinein* 'tendere' ✱ 1563] **s. m.** ● (*med.*) posizione supina con forte inarcamento del capo e del tronco per contrattura della muscolatura posteriore, caratteristica spec. del tetano diffuso

opitergìno [lat. *Opitergīnu(m)*, abitante della città di *Opitĕrgiu(m)* ✱ 1567] **A agg.** ● di Oderzo **B s. m.** (**f.** *-a*) ● abitante o nativo di Oderzo

op là /op'la*, ɔ-/ o **oplà**, **hoplà** /op'la*, ɔp-/, **opplà**, **óppla**, (*raro*) **hop là**, (*raro*) **oppe là** /oppe'la*, ɔ-/, (*raro*) **oppelà**, (*raro*) **óppela** [comp. dell'ingl. *hop* 'salto' di orig. germ., e dell'it. *là* ✱ 1891] **loc. inter.** ● si usa per incitare a compiere un salto o come voce ritmica con cui se ne accompagna l'esecuzione | si usa per incoraggiare un bimbo che cade a terra

oplepiàno [da *Oplepo*, sigla di 'OPificio di LEtteratura POtenziale' ✱ 1990] **agg.** ● relativo all'Oplepo, tendenza di letteratura sperimentale che continua in Italia l'esperienza del francese Oulipo **CFR.** oulipiano

oplìte o **oplita** [vc. dotta, lat. *hoplīta(m)*, dal gr. *hoplítēs*, da *hóplon* 'arma', da *hépein* 'preparare (le proprie armi)' di orig. indeur. ✱ 1642] **s. m.** ● nell'antica Grecia, soldato di fanteria provvisto di armatura pesante

oplologìa [comp. del gr. *hóplon* 'arma' e *-logia* ✱ 1983] **s. f.** (**pl.** *-gìe*) ● studio delle armi e delle armature antiche

oplostèto [detto così perché ha il petto (gr. *stêthos*) armato (gr. *hóplon* 'arma') di aspre squame (?) ✱ 1970] **s. m.** ● pesce osseo di profondità, rosso, a muso arrotondato e grandi occhi rotondi (*Hoplostethus mediterraneus*)

oplotèca [comp. del gr. *hóplon* 'arma' e *-teca* ✱ 1892] **s. f.** ● raccolta di armi e armature: *museo storico con o.*

opopònaco o **opopànaco** [vc. dotta, lat. *opopănace(m)*, dal gr. *opopánax*, comp. di *opós* 'succo', di orig. indeur., e *pánax* 'panacea' ✱ av. 1347] **s. m.** (**pl.** *-ci*) **1** pianta rizomatosa delle Apiacee, contenente un succo giallastro (*Opopanax chironium*) **2** gommoresina ricavata da tale pianta

opòssum [ingl. *opossum*, dall'algonchino *āpāsūm* ✱ 1771] **s. m. inv. 1** marsupiale dell'America con coda prensile, arti brevi, bellissima pelliccia grigio-chiara (*Didelphis virginiana*) **2** (*est.*) la pelliccia conciata dell'animale omonimo: *una giacca, un collo di o.*

opoterapìa [comp. del gr. *opós* 'succo', di orig. indeur., e *terapia* ✱ 1898] **s. f.** ● (*med.*) cura basata sulla somministrazione di estratti di organi animali, spec. di ghiandole endocrine **SIN.** organoterapia ‖ **opoteràpico**, **agg.** (**pl. m.** *-ci*) relativo a opoterapia; ***preparato opoterapico***, estratto di organo animale

oppegnoràre ➤ **oppignorare**

óppela (o **ò-**) ➤ **op là**

oppelà ➤ **op là**

oppe là ➤ **op là**

†**oppenióne** ➤ **opinione**

oppiàceo [1834] **agg.**; anche **s. m.** ● detto di sostanza o preparato che contiene oppio o un suo derivato: *farmaco o.*

oppiànico o **opiànico** [da *oppio*① ✱ 1869] **agg.** (**pl. m.** *-ci*) ● (*chim.*) detto di acido monocarbossilico della serie aromatica ottenibile per ossidazione sia della idrastina che della narcotina

oppiàre [da *oppio*① ✱ av. 1320] **v. tr.** (*io òppio*) **1** (*raro*) mescolare con oppio **2** drogare qlcu. somministrandogli oppio | (*fig.*) stordire

oppiàto A part. pass. di *oppiare*; anche agg. ● nei sign. del v. | mescolato con oppio: *l'odor del tabacco o. e zuccherato* (R. BACCHELLI) B s. m. ● preparato farmaceutico contenente oppio: *I 'dottori dell'anima' ... non sanno che consigliarmi i bagni e gli oppiati* (G. GOZZANO)

†**òppido** [vc. dotta, lat. *ŏppidu(m)*: di orig. indeur. (?) ✱ 1342] s. m. ● città fortificata

oppignoràre o **oppegnoràre** [lat. *oppignerāre* 'dare in pegno', comp. di *ŏb-* 'contro, verso' e *pignerāre* 'dare in pegno' (V. *pignorare*) ✱ 1683] v. tr. (coniug. come *pignorare*) ● (*disus.*) pignorare

oppilàre [vc. dotta, lat. *oppilāre*, comp. di *ŏb-* 'contro, verso' e *pilāre* 'calcare', da *pīla* 'pilastro'. V. *pila*① ✱ sec. XIII] v. tr. ● (*lett.*, *raro*) ostruire, occludere | (*fig.*) †ottundere

†**oppilatìvo** [da *oppilare* ✱ sec. XIV] agg. ● che occlude i canali anatomici

†**oppilazióne** [1313] s. f. ● occlusione

†**oppinióne** ➤ **opinione**

òppio① o †**allòppio** [vc. dotta, lat. *ŏpiu(m)*, dal gr. *ópion* 'succo di papavero', da *opós* 'succo', di orig. indeur. ✱ av. 1347] s. m. **1** droga contenente numerosi alcaloidi con proprietà ipnotiche e stupefacenti, costituita dal latice che cola da incisioni praticate nelle capsule immature del papavero bianco **2** (*fig.*) ciò che ottenebra la mente, offusca le capacità intellettuali e sim.

òppio② [lat. *ŏpulu(m)*, di orig. preindeur. ✱ 1282] s. m. ● (*bot.*) acero campestre | (*tosc.*) pioppo nero | (*tosc.*) pallone di maggio

oppiofagìa [comp. di *oppio*① e *-fagia* ✱ 1970] s. f. (pl. *-gìe*) ● abitudine di ingerire oppio

oppiòide [comp. di *oppio*① e *-oide* ✱ 1989] A agg. ● (*farm.*) detto di sostanza con effetti simili a quelli degli alcaloidi dell'oppio B anche s. m.

oppiòmane [comp. di *oppio*① e *-mane* ✱ 1920] agg. e s. m. e f. ● che (o chi) è affetto da oppiomania

oppiomanìa [comp. di *oppio*① e *-mania* ✱ 1932] s. f. ● tossicomania consistente nell'ingerire o fumare oppio | demenza dei fumatori d'oppio

óppla (o **ò-**) ➤ **op là**

opplà ➤ **op là**

opponènte A part. pres. di *opporre*; anche agg. ● che oppone | che si oppone B s. m. e f. **1** (*raro*) oppositore **2** (*dir.*) chi fa opposizione: *l'o. presenterà a suo tempo i documenti richiesti* SIN. oppositore

†**oppónere** [1268] v. tr., intr. e †**oppónersi** v. intr. pron. ● (*lett.*) opporre, opporsi

opponìbile [1864] agg. **1** che può essere opposto: *il segreto di stato è talora o. al giudice* | (*dir.*) detto di ciò contro cui si può fare opposizione: *provvedimento o.* **2** (*fisiol.*) ***dito o.***, il pollice, caratterizzato dal fatto di potersi opporre alle altre dita consentendo la presa || **opponibilità**, s. f. inv.

♦**oppórre** [vc. dotta, lat. *oppōnere*, comp. di *ŏb-* 'contro' e *pōnere* 'porre' ✱ av. 1292] A v. tr. (coniug. come *porre*) **1** addurre, porre o presentare qlco. contro altro o altri: *o. ragioni, dubbi, argomenti*; *oppose un netto rifiuto alle nostre proposte*; *contra la natura delle cose presumono d'o. il senno loro* (G. BOCCACCIO) | ***non aver nulla da o.***, non disporre di argomenti negativi, di opinioni contrarie e sim. | (*est.*) eccepire, obiettare (+ *che*): *alle nostre domande, oppose che non era stato testimone degli avvenimenti*; *non temete, ho vari dati da opporgli* **2** schierare contro, contrapporre (+ *a*): *opponemmo ai nemici un esercito agguerrito* **3** mettere in atto per impedire, ostacolare e sim. (+ *a*): *o. una feroce resistenza* | ergere un ostacolo materiale: *opposero alla piena numerosi argini di fortuna* B v. intr. (aus. *avere*) ● †contraddire, obiettare C **oppórsi** v. intr. pron. **1** fare opposizione, porsi contro (+ *a*): *opporsi ai disegni, alle ambizioni di qlcu.*; *opporsi al nemico con tutte le proprie forze* | essere contrario (+ *a che* seguito da congtv.): *il padre si oppone a che lui diventi attore* **2** (*raro*) essere o stare di fronte, in opposizione (+ *a*): *archi che si oppongono a un lungo colonnato*; *il pollice si può opporre alle altre dita*

♦**opportunìsmo** [fr. *opportunisme*, da *opportun* 'opportuno' ✱ 1864] s. m. **1** comportamento consistente nell'agire senza tener conto di principi o ideali, adattandosi alla situazione o alle esigenze del momento in modo da trarne il massimo utile: *o. politico* **2** spec. nel linguaggio sportivo, capacità di sfruttare le occasioni favorevoli

♦**opportunìsta** [fr. *opportuniste*, da *opportunisme* 'opportunismo' ✱ 1850] A s. m. e f. (pl. m. *-i*) **1** chi agisce con opportunismo (nel sign. 1) **2** chi dà prova di opportunismo (nel sign. 2) B agg. ● opportunistico: *microrganismo patogeno o.*

opportunìstico [1903] agg. (pl. m. *-ci*) ● da opportunista | tipico dell'opportunismo | ***patogeno o.***, microrganismo ambientale o parassita scarsamente patogeno che può causare malattia infettiva in pazienti particolarmente deperiti o immunodepressi || **opportunisticaménte**, avv.

♦**opportunità** [vc. dotta, lat. *opportunitāte(m)*, da *opportūnus* 'opportuno' ✱ 1308] s. f. inv. **1** caratteristica di ciò che è opportuno (+ *di*, anche seguito da inf., + *che* seguito da congtv.): *è dubbia l'o. del nostro intervento*; *si è ragionato sull'o. di dare impulso alle opere pubbliche*; *ho dei dubbi sull'o. che sia lui il candidato* SIN. convenienza, adeguatezza | (*lett.*) posizione favorevole, vantaggiosa: *chi non sa che cosa sia l'Italia? provincia regina di tutte le altre, per l'o. del sito* (F. GUICCIARDINI) **2** circostanza od occasione favorevole, luogo e tempo adatto (+ *di* seguito da inf.): *cogliere l'o.*; *approfittare dell'o.*; *avere il senso dell'o.*; *non ho ancora avuto l'o. di parlargli*; *il che dava o. di fare una guerra* (A. MANZONI) | ***pari o.***, complesso di disposizioni legislative volte a eliminare le disparità tra uomo e donna nella formazione scolastica e professionale, nell'accesso al lavoro e nella progressione di carriera: *commissione, Ministero per le pari o.* **3** (*raro*) utilità: *valutare l'o. politica* **4** (*lett.*) necessità, bisogno

SFUMATURE DI SIGNIFICATO

opportunità - occasione - possibilità

Opportunità è una circostanza favorevole che si presenta e che una persona può cogliere o rifiutare. **Occasione** ha lo stesso significato, ma accentua maggiormente il carattere casuale, dunque non facilmente ripetibile, della circostanza favorevole. Con **possibilità** l'opportunità che si presenta non è vista propriamente come un'occasione da cogliere ma come una scelta fra tante.

♦**opportùno** [vc. dotta, lat. *opportūnu(m)*, propr. 'che spinge verso il porto', comp. di *ŏb-* 'verso' e *portūnus*, agg. di *pŏrtus* 'porto' ✱ 1336 ca.] agg. **1** adeguato o conveniente a un certo momento, situazione, circostanza e sim. (+ *a*, + *per*, anche seguiti da inf., + *che* seguito da congtv.): *mezzi, provvedimenti, ordini opportuni*; *prescrivere la cura più opportuna al caso specifico*; *non ha scelto il momento più o. per la partenza*; *è una scelta opportuna per ripristinare un clima di fiducia*; *o. a l'insidie il loco è molto* (T. TASSO); *instrumento molto o. a turbare il regno di Napoli* (F. GUICCIARDINI); *giudicò fra sé o. di sostar ancora qualche tempo* (I. NIEVO); *fu o. che io mi partissi* (G. BOCCACCIO) | ***tempo o. a, per qlco.***, momento adatto, favorevole | ***a tempo o.***, a suo tempo, quando sarà il momento **2** detto di chi giunge nel momento più adatto: *O. e grato arrivi* (T. TASSO) SIN. favorevole, propizio || **opportunaménte**, avv.

SFUMATURE ➤ *appropriato*, ➤ *debito*①

oppositìvo [da *opposito* ✱ 1978] agg. ● di opposizione, che fa opposizione: *rapporto, termine o.*

†**oppòsito** [vc. dotta, lat. *oppŏsitu(m)*, part. pass. di *oppōnere* 'opporre' ✱ sec. XIII] agg. ● (*lett.*) opposto || †**oppositaménte**, avv. oppostamente

oppositóre [da *opposito* ✱ av. 1535] s. m. (f. *-trice*); anche agg. ● chi (o che) fa opposizione, spec. sostenendo idee, principi, dottrine, scelte e sim. contrarie a quelle di un altro: *fiero, accanito o.*

SFUMATURE ➤ *rivale*①

♦**opposizióne** [vc. dotta, lat. tardo *oppositiōne(m)*, da *oppŏsitus* 'opposto' ✱ 1282] s. f. **1** posizione o situazione contraria, opposta, contrastante: *idee in o.*; *l'o. di due concetti* CFR. enantio- **2** (*filos.*) relazione di esclusione tra due enunciati o proposizioni **3** (*astron.*) posizione di due pianeti distanti tra loro 180° **4** atteggiamento contrario, contrastante e sim. (+ *a*): *l'o. della famiglia al loro matrimonio sarà vinta difficilmente*; *una sterile, vana, inutile o.*; *una fortissima, ostinata o.* | ***muovere, fare o.***, opporsi **5** (*polit.*) l'insieme delle forze politiche contrarie al Governo (o a una Giunta locale) e alla maggioranza che lo sostiene: *o. di destra, di sinistra*; *un deputato, un senatore, un consigliere dell'o.*; *i banchi dell'o.* | l'attività di tali forze: *essere, passare all'o.* CONTR. maggioranza **6** (*dir.*) atto giudiziale o estragiudiziale con cui un soggetto manifesta una volontà di resistenza a un atto altrui tendendo a ostacolarne il compimento o a determinarne l'inefficacia: *o. alla costituzione della parte civile nel processo penale* **7** (*ling.*) relazione esistente fra due elementi linguistici appartenenti allo stesso paradigma (per es., due forme dello stesso verbo, la forma del singolare e del plurale) | ***o. fonologica***, particolarità fonetica distintiva di due fonemi (per es., l'opposizione sorda-sonora, velare-dentale, ecc.)

SFUMATURE DI SIGNIFICATO

opposizione - contrapposizione - contraddizione

Opposizione è l'atto di chi si oppone con le parole o con i fatti alla volontà o all'agire altrui ed ha nella dialettica politica la sua connotazione più pertinente, dove può anche definire lo schieramento che contrasta quello di governo. **Contrapposizione** esprime in questo ambito di significati la volontà di opporsi in maniera dichiarata a una determinata tesi, così da configurare un contrasto insanabile non solo fra opinioni ma anche fra soggetti. **Contraddizione** fa riferimento a una contrapposizione dialettica in relazione a uno specifico argomento.

SFUMATURE ➤ *obiezione*, ➤ *protesta*

♦**oppósto** A part. pass. di *opporre*; anche agg. **1** che sta di fronte (+ *a*): *il marciapiede o.*; *la sponda opposta del lago*; *sul lato opposto all'ingresso vedete un mosaico*; *Agnese si avviò ... verso l'angolo della casa o. a quello dietro cui erano in agguato i due giovani* (A. MANZONI) **2** contrario (+ *a*): *si dibatteva tra opposti sentimenti*; *le sue idee erano opposte alle nostre* | ***diametralmente o.***, (*fig.*) totalmente contrario o divergente **3** messo di mezzo (+ *a*): *ostacoli, impedimenti opposti a qlcu., alla realizzazione di qlco.* **4** (*filos.*) detto di enunciato o di proposizione in opposizione con un altro enunciato o proposizione **5** (*mat.*) detto di ciascuno

a b c d e f g h i j k l m n o p q r s t u v w x y z

dei due angoli aventi il vertice in comune, e i lati a due a due opposti | detto di elemento che, sommato al dato, dà per risultato zero **6** (*bot.*) detto di organo posto di fronte a un altro uguale o diverso: *foglie opposte; stami opposti ai petali* ‖ **oppostaménte**, **avv.** in modo opposto, contrario **B** **s. m.** ● il contrario, ciò che è contrario: *accadde l'o. di ciò che avevamo previsto; la civiltà, che è l'o. delle barbarie* (G. LEOPARDI) | ***tutto l'o.***, ciò che è assolutamente contrario | ***all'o.***, al contrario, invece

†**oppressàre** [da *oppresso* ✱ av. 1324] **v. tr.** ● opprimere, soffocare

†**oppressatóre** [da *oppressare* ✱ av. 1363] **s. m.; anche agg.** ● chi (o che) opprime

oppressióne [vc. dotta, lat. *oppressiōne(m)*, da *opprĕssus* 'oppresso' ✱ av. 1348] **s. f. 1** l'opprimere | imposizione di abusi, arbitri, maltrattamenti e sim.: *la tirannica o. degli invasori* | condizione di chi è sottoposto a imposizioni, vessazioni e sim.: *scuotere il giogo dell'o.; liberare qlcu. dall'o.* **SIN.** giogo **2** (*fig.*) sensazione sgradevole di peso o impedimento fisico: *sentire una forte o. al petto* | impressione angosciosa, senso di prostrazione: *i suoi nervi non sopporteranno ancora a lungo una simile o.*

oppressìvo [da *oppresso* ✱ 1765] **agg.** ● che opprime o serve a opprimere: *regime poliziesco e o.* | (*lett.*) opprimente ‖ **oppressivaménte**, **avv.**

opprèsso **A** **part. pass.** di *opprimere*; **anche agg. 1** che subisce un'oppressione: *popoli oppressi* | (*fig.*) oberato: *essere o. dai debiti* | afflitto, affranto: *animo o. dall'angoscia* **2** (*lett.*, *raro*) grave, faticoso: *avere il respiro o.* **B** **s. m.** (**f.** *-a*) ● chi è costretto a subire imposizioni, vessazioni e sim., da chi è più forte o più potente: *difendere i deboli e gli oppressi*

oppressóre [vc. dotta, lat. *oppressōre(m)*, da *opprĕssus* 'oppresso' ✱ 1363] **s. m.; anche agg.** (**f.** *opprimitrice, oppressóra*) ● chi (o che) opprime con vessazioni d'ogni sorta, chi impone con la forza il proprio dominio: *ribellarsi all'o.; scacciare gli oppressori*

oppressùra [da *oppresso* ✱ 1340] **s. f.** ● (*lett.*) oppressione (*anche fig.*)

opprimènte **part. pres.** di *opprimere*; **anche agg.** ● (*fig.*) insopportabile, pesante: *caldo o.; che persona o.!*

opprìmere [vc. dotta, lat. *opprimere*, comp. di *ŏb-* 'contro, verso' e *prĕmere* 'premere, schiacciare' ✱ av. 1257] **v. tr.** (**pass. rem.** *io opprèssi* o *raro* *oppriméi, tu opprimésti*; **part. pass.** *opprèsso*, †*oppremùto*) **1** costituire un peso, gravare in modo fastidioso: *un cibo che opprime lo stomaco; il gran carico lo opprimeva* | (*fig.*) affliggere, angustiare; *mille doveri mi opprimono* | (*est.*) estenuare, spossare: *il caldo mi opprime* **2** provocare disagio, fastidio, angoscia: *non opprimermi con questi discorsi; è una persona che opprime* **3** sottoporre a vessazioni, angherie o ingiustizie, spec. di natura economica e sociale: *o. il popolo con imposte esose, con leggi inique* **SIN.** angariare, tiranneggiare

†**oppròbrio** ➤ **obbrobrio**

oppugnàbile [1885] **agg.** ● che si può contrastare, contestare ‖ **oppugnabilménte**, **avv.** ‖ **oppugnabilità**, **s. f. inv.**

✦**oppugnàre** [vc. dotta, lat. *oppugnāre*, comp. di *ŏb-* 'contro' e *pugnāre* 'pugnare, combattere' ✱ sec. XIV] **v. tr.** (**coniug. come** *segnare*) **1** †assaltare, attaccare | assediare **2** (*fig.*, *lett.*) confutare, contrastare: *o. un'opinione, una teoria, una dottrina*

oppugnatóre [vc. dotta, lat. *oppugnatōre(m)*, da *oppugnātus* 'oppugnato' ✱ av. 1405] **agg. e s. m.** (**f.** *-trice*) **1** †che (o chi) combatte **2** (*fig.*, *lett.*) che (o chi) si oppone

oppugnazióne [vc. dotta, lat. *oppugnatiōne(m)*, da *oppugnātus* 'oppugnato' ✱ sec. XIV] **s. f. 1** (*lett.*) assedio | (*lett.*) attacco **2** (*fig.*, *lett.*) confutazione, obiezione

✦**oppùre** o †**o pùre** [comp. di *o*② e *pure* ✱ av. 1328] **cong. 1** o, o invece (con valore disgiuntivo): *o tu non ti spieghi chiaramente o. sono io che non capisco; vuoi farlo subito o. preferisci rimandare a domani?* **2** se no, in caso contrario, altrimenti: *andate presto, o. non troverete più niente; se sei sicuro parla, o. taci; deve decidersi adesso o. sarà troppo tardi* | in principio di frase prospettando un'altra ipotesi o avanzando un'ulteriore proposta: *o. non potrei andare io da solo?*

†**òpra** ➤ **opera**

†**opràre** e deriv. ➤ **operare** e deriv.

†**oprìre** [sovrapposizione di *coprire* ad *aprire* ✱ av. 1306] **v. tr.** ● aprire

ops /ɔps, ɔps/ o **oops**, **ooops** [vc. ingl. di orig. onomat. ✱ 1989] **inter.** ● esclamazione di sorpresa o di scuse se si urta qlcu. o qlco., si combina un guaio o si fa un errore: *ops, che sbadato!*

-opsìa [dal gr. *ópsis* 'vista' (di orig. indeur.)] **secondo elemento** ● in parole composte della terminologia medica, fa riferimento alla vista o a disturbi visivi (*eritropsia*), o significa 'visione, esame visivo' (*necropsia*)

opsònico [1910] **agg.** (**pl. m.** *-ci*) ● (*med.*) relativo alla opsonina | ***indice o.***, grado di immunità

opsonìna [dal gr. *ópson* 'cibo', di etim. incerta ✱ 1910] **s. f.** ● (*med.*, **spec. al pl.**) sostanza iniettabile, estratta da sieri immuni, che ha la capacità di attivare la fagocitosi di batteri da parte dei leucociti

Òptacon® /ˈɔptakon, *ingl.* ˈɒptəkɒn/ [vc. ingl., sigla di *op(tical) ta(ctile) con(verter)* 'convertitore da ottico a tattile' ✱ 1974] **s. m. inv.** ● apparecchio che, convertendo i segni grafici in segnali tattili, permette ai ciechi di leggere un testo stampato

✦**optàre** o †**ottàre** [vc. dotta, lat. *optāre* 'scegliere, desiderare', di orig. indeur. ✱ av. 1389] **v. intr.** (*io òpto*; **aus.** *avere*) **1** scegliere tra due o più possibili soluzioni, tra due o più alternative: *optai per il liceo classico, visto che ero debole in matematica* **2** (*borsa*) acquistare con un'opzione **3** †desiderare

optàto **part. pass.** di *optare*; **anche agg.** ● nei sign. del v.

òptical /ˈɔptikal, *ingl.* ˈɒptɪk(ə)l/ [vc. ingl., propr. 'ottico' ✱ 1981] **A** **agg. inv. 1** relativo all'op art **2** nel linguaggio della moda, detto di abbigliamento caratterizzato da linee e figure geometriche di colore bianco e nero che creano effetti di illusione ottica **B** **s. m. inv.** ● abbigliamento optical: *la moda dell'o.*

òptical art /ˈɔptikal art, *ingl.* ˌɒptɪk(ə)lˈɑːt/ [loc. ingl., 'arte ottica' ✱ sec. XX] **loc. sost. f. inv.** ● forma artistica d'avanguardia che, sfruttando il fenomeno ottico della persistenza delle immagini sulla retina e l'uso di forme geometriche in pochi colori contrastanti, crea effetti ottici e illusioni percettive; in sigla op art

òptimist /ˈɔptimist, *ingl.* ˈɒptɪmɪst/ [vc. ingl., propr. 'ottimista' ✱ sec. XX] **s. m. inv.** ● (*mar.*) piccola deriva con carena a spigolo e randa, utilizzata spec. per insegnare lo sport della vela ai bambini

òptimum [vc. lat., propr. 'ottimo' ✱ 1942] **s. m. inv.** (**pl. lat.** *optima*) ● il massimo livello a cui sia possibile pervenire in un dato settore: *l'atleta ha raggiunto l'o. della forma*

òption /ˈɔpʃon, *ingl.* ˈɒpʃən/ [vc. ingl., propr. 'opzione, scelta' ✱ 1895] **s. f. inv.** ● (*econ.*) opzione nel sign. 2

òptional /ˈɔpʃonal, *ingl.* ˈɒpʃən(ə)l/ [vc. ingl., da *option* 'opzione, scelta' ✱ 1942] **s. m. inv.** ● accessorio o sim. che, in autoveicoli, imbarcazioni o anche elettrodomestici, non è compreso nella dotazione di serie, ma viene fornito, previa maggiorazione del prezzo, a richiesta dell'acquirente | (*est.*) scelta, possibilità ulteriore | (*fig.*, *iron.*) ciò che è considerato non necessario: *per lui la puntualità è un o.*

òpto- [dal gr. *optós* 'visibile' (V. *ottico*)] **primo elemento** ● in parole composte della terminologia scientifica e medica, indica relazione con l'ottica, con la vista: *optoelettronica, optografia, optometria, optotipo*

optoelettrònica [comp. di *opto-* ed *elettronica* ✱ 1974] **s. f.** ● parte dell'elettronica che si unisce all'ottica per la realizzazione di dispositivi di vario genere

optoelettrònico [1974] **agg.** (**pl. m.** *-ci*) ● relativo alla optoelettronica: *dispositivi optoelettronici*

optografìa [comp. di *opto-* e *-grafia* ✱ 1958] **s. f.** ● (*med.*) fissazione dell'immagine sulla retina

optogràmma [comp. di *opto-* e *-gramma* ✱ 1930] **s. m.** (**pl.** *-i*) ● (*med.*) immagine sulla retina di un oggetto illuminato osservata attraverso la pupilla dilatata

optometrìa [comp. di *opto-* e *-metria* ✱ 1930] **s. f.** ● (*med.*) pratica professionale consistente nella misurazione dell'acutezza della vista, con individuazione di difetti visivi e scelta del tipo di lenti per la loro correzione

optomètrico [1963] **agg.** (**pl. m.** *-ci*) ● relativo all'optometria: *esame o. della vista*

optometrìsta [1979] **s. m. e f.** (**pl. m.** *-i*) ● ottico diplomato che misura la vista

optòmetro [comp. di *opto-* e *-metro* ✱ 1869] **s. m.** ● (*med.*) strumento per l'optometria

optòtipo e deriv. ➤ **ottotipo** e deriv.

✦**opulènto** [vc. dotta, lat. *opulĕntu(m)*, da *ŏps*, genit. *ŏpis* 'ricchezza'. V. *opimo* ✱ sec. XIV] **agg. 1** che è ricco, che abbonda di qlco.: *campagne, città opulente* | ***donna opulenta***, formosa | ***forme opulente***, giunoniche | ***società opulenta***, quella in cui i consumi di beni durevoli hanno raggiunto alti livelli e diffusione in tutte le classi sociali **2** (*fig.*) eccessivamente carico od ornato: *stile o.* **3** (*lett.*) fertile ‖ **opulenteménte**, **avv.**

SFUMATURE ➤ *abbondante*

✦**opulènza** [vc. dotta, lat. *opulĕntia(m)*, da *ŏpulens*, genit. *opulĕntis*, forma secondaria di *opulĕntus* 'opulento' ✱ 1470] **s. f.** ● dovizia, ricchezza | (*fig.*) ridondanza

opùnzia [dal lat. *Opūntius*, dal gr. *Opóuntios*, da *Opôus*, genit. *Opôuntos* 'Opunte', capitale della Locride, in Grecia ✱ av. 1498] **s. f. 1** genere di piante delle Cactacee, comprendente circa trecento specie con tipiche spine solitarie o riunite in mazzetti e fiori dai colori vistosi (*Opuntia*) **2** (*per anton.*) ficodindia

†**o pùre** ➤ **oppure**

✦**òpus** [lat. *ŏpus*, nt. 'opera, lavoro' ✱ 1935] **s. m. inv.** (**pl. lat.** *opera*) **1** nell'architettura romana e medievale, paramento murario o superficie pavimentale con particolari caratteristiche: *o. caementicium; o. latericium; o. tassellatum* | ***o. incertum***, muratura costituita di pezzi irregolari di pietra a vista | ***o. reticulatum***, muratura rivestita di blocchetti squadrati di pietra disposti diagonalmente | ***o. alexandrinum***, mosaico eseguito con frammenti di marmo di due soli colori, bianco e nero | ***o. commissum***, intarsio eseguito con frammenti di marmi antichi, vetri colorati e dorati | ***o. mixtum***, muratura a fasce di pietrame squadrato o no, o di ciottoli a spina di pesce, alternati a file di mattoni pieni | ***o. musivum***, comune mosaico da pavimenti | ***o. sectile***, mosaico fatto con piccole lastre regolari di marmo disposte in modo da formare disegni geometrici | ***o. spicatum***, muratura a mattoni pieni o pietre di forma regolare disposti a spina di pesce | ***o. tassellatum***, mosaico fatto con dadi regolari, detti tasselli o tessere musive | ***o. vermiculatum***, mosaico eseguito con pezzi di pietra molto piccoli, di colori diversi, disposti secondo linee curve per far risaltare la forma dell'oggetto rappresentato simulando la pittura **2** (*mus.*) termine che, spesso abbreviato in *op.*, si usa nei cataloghi cronologici delle opere di un autore, accompagnato dal numero del posto occupato nella serie: *il numero d'o.*; *l'op. V di Corelli* CFR. opera omnia

opùscolo [vc. dotta, lat. *opŭsculu(m)*, dim. di *ŏpus*, genit. *ŏperis* 'opera' ✱ av. 1328] **s. m.** ● libretto di poche pagine, gener. di carattere divulgativo o pubblicitario ‖ **opuscolétto**, **dim.** | **opuscolino**, **dim.**

SFUMATURE DI SIGNIFICATO
opuscolo - fascicolo - libretto
Un **opuscolo** è un libro di poche pagine. Correntemente come sinonimo di *opuscolo* si usa il termine **fascicolo**, che tuttavia in senso proprio definisce ogni numero di una pubblicazione periodica o a dispense. Ugualmente interscambiabile con *opuscolo* è **libretto**, che in accezione più specifica designa il testo di un'opera lirica o il fascicoletto dove questa è stampata.

opv /ɔppiv'vi, ɔppiv'vu/ [sigla di o(fferta) p(ubblica) (di) v(endita) ✱ 1985] **s. f. inv.** ● (*borsa*) comunicazione pubblica nella quale una società dichiara di essere disposta a vendere a un prezzo stabilito una quota delle proprie azioni

opzionàle [ingl. *optional*, da *option* 'opzione', dal fr. *option* (stessa etim. dell'it. *opzione*) ✱ 1963] **agg. 1** che è oggetto di opzione, che è affidato alla libera scelta: *diritto o.* SIN. facoltativo **2** che non è compreso nella dotazione di serie: *accessori opzionali* ‖ **opzionalità**, **s. f. inv.** ‖ **opzionalménte**, **avv.**

opzionàre [1983] **v. tr.** (*io opzióno*) ● sottoporre a una opzione o a una prelazione

✦**opzióne** [vc. dotta, lat. *optiōne(m)*, dalla stessa radice di *optāre* 'optare' ✱ 1676] **s. f. 1** libera scelta fra due o più possibili soluzioni, alternative e sim.: *esercitare l'o.* | (*dir.*) patto in base al quale una parte di un contratto rimane vincolata alla propria proposta mentre l'altra è libera di accettarla o meno | (*inform.*) scelta tra le varie voci o strumenti di un menu | (*dir.*) ***diritto di o.***, diritto di prelazione degli azionisti ad acquistare entro un tempo determinato un certo numero di nuove azioni **2** (*econ.*) contratto che, in considerazione del pagamento di un premio, conferisce all'acquirente la facoltà di decidere, entro una data di scadenza, se effettuare una compravendita di titoli, valute o future | ***o. call***, quella che conferisce la facoltà di effettuare un acquisto | ***o. put***, quella che conferisce la facoltà di effettuare una vendita | ***o. europea***, quella che consente la decisione solo alla data di scadenza | ***o. americana***, quella che consente la decisione in un qualunque momento entro la scadenza | ***o. Bermuda***, quella che consente la decisione in alcune date fisse entro la scadenza **3** nel diritto internazionale, in caso di cessione territoriale, potere del singolo abitante di scegliere tra la cittadinanza dello Stato cessionario e quella dello Stato cedente
SFUMATURE ➤ *scelta*

or /or/ [av. 1250] **avv.** ● forma tronca di *ora*②

✦**óra**① [lat. *hōra(m)*, dal gr. *hṓra* 'stagione', di orig. indeur. ✱ sec. XII] **s. f. 1** ventiquattresima parte del giorno medio o del giorno siderale: *ora media*; *ora siderale, siderea* SIMB. h | ***ora locale***, riferita al meridiano del luogo in cui si trova o che si considera | ***ora civile***, tempo medio del meridiano centrale del fuso orario in cui si trova l'osservatore | ***ora solare***, calcolata in base al passaggio del Sole sul meridiano centrale del fuso orario | ***ora legale***, ora media determinata dal governo per ogni nazione **2** correntemente, periodo di tempo di 60 minuti, corrispondente alla ventiquattresima parte del giorno: *un intervallo di un'ora*; *la proiezione dura un'ora e mezza*; *essere a un'ora di cammino da un luogo*; *un quarto d'ora* | ***mezz'ora***, V. *mezzora* | particolare momento del giorno, calcolato a partire dalla mezzanotte oppure dal mezzogiorno: *che ore sono?*; *che ora è?*; *mi sveglio sempre alle sette*; *lo spettacolo inizia alle quindici*; *sono le ore otto, le ore venti* | (*lett.*) ***ora prima, terza, sesta, nona***, circa le sei e, rispettivamente, le nove, le dodici, le quindici | ***un'ora d'orologio***, esatta e intera | ***segnare, battere, suonare le ore***, si dice di orologio o altro strumento che misuri il tempo | ***la lancetta delle ore***, che indica le ore, in un orologio, cioè la più corta | ***ora lavorativa***, periodo di tempo riconosciuto legalmente, equivalente a un'ora ai fini della retribuzione | ***pagare a ore***, un tanto per ogni ora di lavoro e sim. | (*per anton.*) ***le 150 ore***, corsi sperimentali di scuola primaria e secondaria per adulti | (*est.*) parte della giornata: *le prime ore del giorno, della notte*; *risonava la selva intorno / soavemente all'ôra mattutina* (A. POLIZIANO); *vediamoci alla solita ora* | ***un'ora insolita***, inopportuna, una parte del giorno non indicata per qlco. | ***di buon'ora***, la mattina presto | ***alla buon'ora!, era ora!***, finalmente | ***a tarda ora***, la sera tardi | ***l'ultima ora***, quella del tramonto; detto di persona, quella della morte | ***ore piccole***, da mezzanotte alle tre circa del mattino | ***fare le ore piccole***, andare a letto tardi | ***non avere ora fissa***, di persona che non rispetta un preciso orario **3** (*est.*) momento: *l'ora della rivolta, della riscossa*; *non avere un'ora di pace* | ***un brutto quarto d'ora***, un brutto momento | ***l'ora della verità***, (*fig.*) il momento decisivo | ***non veder l'ora***, attendere con ansia il verificarsi di qlco. | il momento opportuno: *è giunta l'ora*; *è l'ora di finirla!*; *sarebbe ora che si mettesse a studiare!* | ***quando arriverà la sua ora***, quando morirà | ***all'ultima ora***, all'ultimo momento | ***notizie, avvenimenti*** e sim. ***dell'ultima ora***, recentissimi | ***di ora in ora***, da un momento all'altro | ***minuti che paiono ore***, momenti che sembrano lunghissimi a chi li vive | ***l'ora X, l'ora zero***, il momento in cui ha inizio spec. un'operazione militare | ***ore di punta***, quelle in cui attività, movimento, traffico cittadino, consumo di energia e sim. raggiungono la massima intensità | tempo: *è ora di partire, di andarsene* | ***ogni ora***, sempre, continuamente | ***da un'ora all'altra***, in brevissimo tempo | ***anzi ora***, anzi tempo, prima del tempo | (*lett.*) ***ad ora ad ora***, di tempo in tempo | ***ore rubate*** (***al lavoro, alla famiglia*** e sim.), ritagli di tempo | ***in, alla mal'ora***, V. *malora* | ***a un'ora, a una stessa ora***, contemporaneamente | ***è un'ora che aspetto!***, escl. di chi è da troppo tempo in attesa | ***impiegare, metterci un'ora, per fare*** o ***dire qlco.***, impiegare troppo tempo **4** (*relig.*) ***ora canonica***, ciascuna delle ore della giornata destinate dai canoni agli atti liturgici; (*est.*) il momento consueto, opportuno, in cui si fa o avviene qlco.: *l'ora canonica del pranzo, del telegiornale, dell'aperitivo* | ***ora media***, salmodia recitata durante le ore canoniche e suddivisa in terza, sesta, nona | (*est.*) la preghiera da recitarsi in determinate ore: *dire le ore* | ***libro d'ore***, quello che conteneva le orazioni proprie delle varie ore ‖ **orétta**, **dim.** (V.) | †**orùccia**, **orùzza**, **dim.**

✦**óra**② [lat. *hōra*, abl. di *hōra* 'ora①' ✱ sec. XII] **A avv.** (troncato in *or* in alcune loc. e nell'uso lett. e poet.: *or è un mese*; *or via*; *or dunque*; *or ora*) **1** in questo momento, adesso: *ora non mi è possibile uscire*; *ora posso finalmente riposare*; *dovrebbe arrivare ora*; *ora sto meglio*; *ora, più che mai, dobbiamo stare attenti* | prontamente, subito: *devi farlo tu, e devi farlo ora!* | con valore enfat.: *ora stai fresco*; *ora arrivo io!*; *e ora, cosa succederà?* | nel tempo, nell'epoca presente: *ora tutto sembra più facile che nel passato* | poco fa (con riferimento a un passato vicinissimo): *l'ho lasciato ora* | ***or ora***, da pochissimo: *ho finito or ora* | fra poco, tra un attimo (con riferimento a un futuro immediato): *ora vengo!*; *ora vedrà di cosa sono capace!* | ***e ora?***, e adesso?, e a questo punto?: *e ora? cosa facciamo?* | ***per ora***, per il momento, attualmente: *per ora è sufficiente*; *grazie, per ora* | ***ora come ora***, date le circostanze, considerata la situazione: *ora come ora non possiamo decidere nulla* | ***d'ora in poi, d'ora innanzi, d'ora in avanti***, a partire da questo momento: *d'ora in poi cambierò metodo* | ***prima d'ora***, prima di questo momento (spec. rafforz. da 'mai'): *mai prima d'ora avevo visto una cosa simile* | (*lett.*) ***or è un anno, or sono otto giorni***, e sim., è passato un anno, son passati otto giorni (V. anche *or sono*) | ***or non è molto***, poco tempo fa | V. anche *fin d'ora*, *finora* e *oramai* **2** (con valore correl.) un momento, … un altro momento, una volta, … un'altra volta: *ora piange, ora ride*; *ora dice sì, ora no*; *vuole ora questo ora quello* **B cong. 1** ma, invece (con valore avversativo): *tu credi a queste storie, ora io ti dimostrerò che sono assurdità* **2** dunque, allora (riprendendo o sviluppando un discorso o un racconto): *ora dovete sapere che il ragazzo era ammalato*; *ora avvenne che i due si incontrarono*; *ora, si consideri la mia posizione* | (*rafforz.*) seguito da 'appunto', 'dunque', 'via', e sim.: *Ora appunto la molta scienza ci toglie la naturalezza* (G. LEOPARDI) | (*rafforz.*) in un'interrogazione, un'esortazione e sim.: *Or se' tu morta?* (DANTE) | V. anche *orbene*, *ordunque*, *orsù*, *or via* **C** nella **loc. cong.** ***ora che***, adesso che (introduce una prop. temp. o causale con il v. all'indic.): *ora che mi ricordo, le cose stanno proprio così*; *ora che lo so, le cose cambieranno*

†**òra**③ ➤ **aura**

oracolàre① [da *oracolo* ✱ 1843] **agg.** ● (*raro*) di oracolo, da oracolo: *tono o.* ‖ **oracolarità**, **s. f. inv.**

†**oracolàre**② [da *oracolo* ✱ av. 1729] **v. intr.** ● sentenziare

oracolarità ➤ **oracolare**①

oracoleggiàre [da *oracol(o)* ✱ 1822] **v. intr.** (**pres.** *io oracoléggio*; **fut.** *io oracoleggerò*; **aus.** *avere*) **1** (*lett.*) vaticinare, profetare **2** (*iron.*) sentenziare

oracolìstico [1950] **agg.** (**pl. m.** *-ci*) ● relativo a un oracolo o alle sue profezie

✦**oràcolo** [vc. dotta, lat. *orāculu(m)*, da *orāre* 'parlare' (V. *orare*) ✱ 1362] **s. m. 1** nelle antiche religioni mediterranee, responso, spesso in forma breve e ambigua, dato dagli dei, interrogati per conoscere il futuro; (*est.*) il luogo in cui si dava l'oracolo; (*est.*) la divinità stessa: *o. delfico, libico, di Apollo*; *interrogare l'o.* **2** (*fig., iron.*) responso sentenzioso di persona che si ritiene molto saggia e sapiente | (*est.*) la persona che dà questo responso: *ha parlato l'o.!*

oràda ➤ **orata**

òrafo [lat. *aurifex*, nom. V. *orefice* ✱ 1211] **A s. m.** (**f.** *-a*) **1** artista o artefice che esegue oggetti di oreficeria **2** (*lett.*) orefice **B agg.** ● relativo a orefice od oreficeria: *arte orafa*

oràle [dal lat. *ōs*, genit. *ōris* 'bocca', di orig. indeur. ✱ av. 1793] **A agg. 1** della bocca: *ca-*

vità o. CFR. oro-① | ***per via o.***, per bocca: *medicina da somministrarsi per via o.* SIN. per os | (*anat.*) ***arco o.***, il complesso della mascella e della mandibola **2** (*ling.*) detto di suono la cui articolazione è limitata alla cavità orale **3** espresso con le parole, con la voce: *testimonianza o.*; *esame o.* | ***tradizione o.***, comunicata a voce da una generazione all'altra CONTR. scritto **4** (*psicoan.*) ***fase o.***, la prima fase dello sviluppo psicosessuale del bambino, in cui la fonte principale del piacere è la bocca ‖ **oralménte**, avv. a voce ‖ **oralità**, s. f. inv. caratteristica di ciò che è trasmesso a voce; condizione di ciò che è orale **B** s. m. • prova d'esame consistente in una serie di domande cui si deve rispondere a voce: *l'o. non mi preoccupa eccessivamente*; *quando finiranno gli orali?*

oramài ➤ **ormai**

orangìsta [dal fr. *orangiste*, a sua volta dall'ingl. *orangeman* ✻ av. 1855] **s. m. e f.; anche agg. (pl. m. -*i*) 1** nel XVII sec., seguace di religione protestante del re inglese Guglielmo III d'Orange-Nassau contro la dinastia degli Stuart, di religione cattolica **2** oggi, appartenente a un movimento protestante dell'Irlanda del Nord fedele al Regno Unito e contrario all'unificazione con la Repubblica d'Irlanda

oràngo o **uràngo** [ingl. *orang-outang*, dal malese *ōrange* 'creatura umana' e *ūtan* 'selvaggia' ✻ av. 1800] **s. m. (pl. -*ghi*)** • scimmia antropomorfa vegetariana di Borneo e Sumatra con lunghi arti anteriori, bruno-rossiccia, faccia circondata, nei maschi, da due cuscinetti adiposi laterali (*Pongo pygmaeus*)

orangutàn o **orangutàno**, **rangutàn**, **rangutàno** [1770] **s. m. inv.** • (*zool.*) orango

orànte **A** part. pres. di *orare*; anche agg. • (*lett.*) nel sign. del v. **B** s. m. e f. • (*lett.*) chi prega

oràre [vc. dotta, lat. *orāre* 'parlare', poi 'pregare', da *ōs*, genit. *ōris* 'bocca', di orig. indeur. ✻ sec. XII] **A** v. tr. e intr. (*io òro*; aus. *avere*) • (*lett.*) pregare: *udia gridar: 'Maria, òra per noi'* (DANTE *Purg.* XIII, 50); *andò alla chiesa, e orò al Salvatore* (L. ARIOSTO) | (*lett.*) implorare con la preghiera: *orando grazia conven che s'impetri / grazia da quella che puote aiutarti* (DANTE *Par.* XXXII, 147-148) **B** v. intr. (aus. *avere*) • (*lett.*) tenere un discorso, pronunciare un'arringa: *orarono maestosamente dinanzi alle supreme assemblee* (I. NIEVO)

♦**oràrio** [da *ora*① ✻ av. 1574] **A** agg. **1** relativo all'ora, alle ore o al tempo in generale: *tavola, tabella oraria* | ***velocità oraria***, calcolata in base all'unità di tempo di 1 ora | ***segnale o.***, mediante il quale si comunica, spec. alla radio o alla televisione, una determinata ora: *il segnale o. delle ore 13* | ***disco o.***, dispositivo che indica l'ora di arrivo di un veicolo in una zona a sosta limitata **2** che avviene, si verifica e sim. ogni ora: *mutazioni orarie* | che è calcolato a ore: *paga oraria* **3** ***senso o.***, senso di rotazione delle lancette dell'orologio CONTR. antiorario **4** (*astron.*) ***circolo o.***, circolo massimo della sfera celeste passante per i poli | ***angolo o.***, tra il circolo orario di una stella e il meridiano del luogo d'osservazione | ***linea oraria***, che indica l'ora negli orologi solari **B** s. m. **1** distribuzione organica di una serie di attività in un certo periodo di tempo: *seguire, rispettare l'o.* | tempo previsto per l'inizio o lo svolgimento di qlco.: *fissare l'o. delle manifestazioni, delle lezioni*; *il mio o. d'ufficio è piuttosto pesante* | ***o. flessibile***, sistema per cui, in un'azienda, i dipendenti hanno la possibilità di scegliere il momento d'inizio e di termine del lavoro entro limiti preventivamente concordati, fermo restando l'obbligo di effettuare le ore lavorative fissate dal contratto | ***o. d'apertura, di chiusura***, ora in cui banche, negozi o luoghi pubblici in genere aprono e chiudono | ***essere in o.***, nella scadenza di tempo stabilita: *essere in anticipo, in ritardo sull'o.* | ***non avere o.***, non rispettare regolari scadenze di tempo nell'ambito della propria vita quotidiana **2** tabella che indica sistematicamente i tempi di svolgimento di determinate attività: *l'o. dei treni, delle corriere*; *o. ferroviario*; *consultare l'o.*

oràta o **oràda** [lat. *aurāta(m)*, f. sost. di *aurātus* 'dorato', da *āurum* 'oro'; detta così dalle strisce dorate che ha sul corpo ✻ av. 1375] **s. f.** • pregiato pesce degli Sparidi con i fianchi dorati a strisce scure, vorace, predilige fondali ricchi di vegetazione (*Sparus auratus*)

†**oràto** ➤ **aurato**

oratóre [vc. dotta, lat. *oratōre(m)*, da *orāre* 'parlare'. V. *orare* ✻ av. 1294] **s. m. (f. -*trice*) 1** persona particolarmente eloquente, parlatore abile ed efficace: *un grande, un brillante o.* | chi tiene un discorso in pubblico: *congratularsi con l'o.*; *applaudire, fischiare l'o.* | ***o. sacro***, predicatore **2** (*stor.*) ambasciatore, messo: *gli oratori della repubblica fiorentina* **3** (*lett.*, *raro*) retore **4** †chi prega

oratòria [vc. dotta, lat. *oratōria(m)* 'arte oratoria', f. sost. di *oratōrius* 'oratorio①' ✻ av. 1565] **s. f.** • arte e tecnica del parlare in pubblico: *o. greca, romana*; *o. sacra, politica, forense* | insieme degli oratori di una determinata epoca: *l'o. latina del periodo aureo*

oratoriàle [da *oratorio*③ ✻ 1958] **agg.** • (*mus.*) che concerne l'oratorio

oratoriàno [1869] **A** agg. • relativo alla Congregazione dell'Oratorio **B** s. m. • sacerdote o fratello laico appartenente alla Congregazione dell'Oratorio, fondata da San Filippo Neri (1515-1595) SIN. filippino②

♣**oratòrio**① [vc. dotta, lat. *oratōriu(m)*, agg. di *orātor*, genit. *oratōris* 'oratore' ✻ av. 1328] **agg. (pl. m. -*i* o *raro* -*ii*) 1** dell'oratore, dell'eloquenza: *arte, forma oratoria* | ***genere o.***, eloquenza **2** (*est.*) retorico, ampolloso: *tono, stile o.* ‖ **oratoriaménte**, avv. da oratore, in modo eloquente

oratòrio② [vc. dotta, lat. tardo *oratōriu(m)*, nt. sost. di *oratōrius* 'oratorio①' ✻ 1294] **s. m. (pl. -*i* o *raro* -*ii*) 1** piccolo edificio, spesso annesso a chiese o a conventi, per le riunioni dedicate alla preghiera | (*est.*) denominazione di alcune associazioni religiose: *l'o. di S. Bernardino* **2** presso molte chiese parrocchiali, luogo, complesso di ambienti e sim. destinati alle attività ricreative di giovani e ragazzi

oratòrio③ [da *oratorio*② ✻ av. 1698] **s. m. (pl. -*i* o *raro* -*ii*)** • (*mus.*) composizione musicale drammatica ma senza azione scenica, per chiesa e anche per teatro: *un o. di Carissimi, di Bach*

oraziàno [vc. dotta, lat. *Horatiānu(m)*, agg. di *Horātius* 'Orazio' ✻ 1585] **agg.** • relativo al poeta latino Q. Orazio Flacco (65-8 a.C.): *odi oraziane*

♣**orazióne** [vc. dotta, lat. *oratiōne(m)*, da *orāre* 'parlare, pregare'. V. *orare* ✻ sec. XII] **s. f. 1** preghiera: *dire, recitare le orazioni* | ***O. dominicale, del Signore***, il Paternostro **2** discorso di stile eloquente, tenuto in pubblico: *o. politica, accademica*; *una commossa o.*; *le orazioni di Cicerone* | ***o. sacra***, predica | ***o. funebre***, elogio in onore di un defunto | (*lett.*, *generic.*) discorso: *con questa orazion picciola* (DANTE *Inf.* XXVI, 122) ‖ **orazioncèlla**, dim. | **orazioncìna**, dim.

orbàce [stessa etim. di *albagio* ✻ 1895] **s. m. 1** tessuto di lana grezza fatto a mano, tipico della Sardegna, usato spec. per i costumi locali: *tutto ricoperto da un gabbano d'o. foderato di scarlatto* (G. DELEDDA) **2** la divisa fascista confezionata in orbace nero: *indossare l'o.*

orbàco [lat. *lāuri bāca(m)* 'bacca di alloro'; la *l-* iniziale fu sentita come articolo (**l'orbacca*; cfr. *azzurro* e *usignolo*) ✻ 1362] **s. m. (pl. -*chi*)** • (*lett.*) alloro, lauro

orbàre [vc. dotta, lat. *orbāre*, da *ŏrbus* 'privo'. V. *orbo* ✻ av. 1294] **v. tr.** (*io òrbo*) **1** (*lett.*) privare per sempre qlcu. di una persona cara: *la povera donna fu orbata del figlio* **2** †rendere cieco

òrbe [vc. dotta, lat. *ŏrbe(m)* 'cerchio', poi 'mondo', di etim. incerta ✻ 1282] **s. m. 1** (*lett.*) cerchio, circolo, orbita: *essendo l'o. suo inferiore a quel di Saturno* (G. GALILEI) **2** (*lett.*) sfera, globo | ***l'o. terracqueo, terrestre***, la Terra | (*fig.*) mondo: *l'o. cattolico*

orbèllo [dim. del lat. *ŏrbis* 'cerchio' (V. *orbe*), per la forma rotonda del manico ✻ av. 1859] **s. m.** • antico utensile per spianare il cuoio

♦**orbène** o **or bène** [comp. di *ora*② e *bene*① ✻ 1353] **cong.** • dunque (con valore conclusivo o esortativo, sempre al principio di frase): *o., eccoli finalmente arrivati*; *o., vuoi deciderti?*

orbettìno [dim. di *orbo*, perché si credeva che fosse cieco ✻ 1875] **s. m.** • rettile delle Lacerte, privo di zampe, rivestito di squamette lucidissime e brune, oviparo, innocuo (*Anguis fragilis*)

†**orbézza** [da *orbo* ✻ 1505] **s. f.** • (*lett.*) perdita di un familiare

orbicolàre o †**orbiculàre** [vc. dotta, lat. tardo *orbiculāre(m)*, da *orbĭculus* 'orbicolo' ✻ sec. XIV] **agg. 1** che ha forma di cerchio, di circolo: *tracciato o.* | (*anat.*) ***muscolo o.***, simile per forma e funzione allo sfintere, ma situato intorno ad aperture più grandi, come la bocca e la rima oculare: *muscolo o. della bocca, delle palpebre* **2** (*lett.*) circolare **3** (*bot.*) detto di organo vegetale laminare a contorno quasi circolare

orbicolàto o †**orbiculàto** [vc. dotta, lat. *orbiculātu(m)*, da *orbĭculus* 'orbicolo' ✻ 1483] **agg.** • (*raro*) circolare

†**orbìcolo** [vc. dotta, lat. *orbĭculu(m)*, dim. di *ŏrbis* 'cerchio'. V. *orbe* ✻ 1556] **s. m.** • cerchietto | apertura circolare, foro

†**orbiculàre** e deriv. ➤ **orbicolare** e deriv.

òrbita [vc. dotta, lat. *ŏrbita(m)*, da *ŏrbis* 'cerchio'. V. *orbe* ✻ 1319] **s. f. 1** (*fis.*) linea descritta da un punto nel suo movimento SIN. traiettoria **2** (*astron.*) traiettoria descritta da un astro intorno al suo centro di gravitazione | ***o. di parcheggio***, nelle missioni spaziali, traiettoria percorsa più volte, in attesa di fasi successive | ***mettere, lanciare in o.***, (*fig.*) avviare al successo un'iniziativa **3** (*fig.*) ambito, limite: *restare nella propria o.*; *uscire dall'o. delle istituzioni, della legalità, del lecito* | zona d'influenza: *vivere nell'o. di un uomo politico* **4** (*anat.*) cavità piramidale nella parte antero-superiore del cranio, che contiene l'occhio e i suoi annessi | ***avere gli occhi fuori dalle orbite***, (*fig.*) spalancati per meraviglia, ira o emozione violenta in genere **5** (*lett.*) †linea tracciata da una ruota

orbitàle [1865] **A** agg. **1** (*fis.*) relativo all'orbita di un punto, una particella, un corpo celeste: *moto, velocità o.* **2** (*anat.*) orbitario ‖ **orbitalménte**, avv. **B** s. m. • (*chim.*) la distribuzione della densità di carica creata da un elettrone intorno al nucleo in un atomo o in una molecola: *orbitali atomici, molecolari*

orbitànte part. pres. di *orbitare*; anche agg. • che descrive un'orbita | che è in orbita | (*fig.*) che gravita intorno a qlcu. o qlco.

orbitàre [da *orbita* ✻ 1953] **v. intr.** (*io òrbito*; aus. *essere*) **1** (*astron.*) descrivere un'orbita **2** (*fig.*) gravitare

orbitàrio [1896] **agg.** • (*anat.*) relativo al-

O

l'orbita: *regione orbitaria* | ***cavità orbitaria***, l'orbita

òrbiter /ˈɔrbiter, *ingl.* ˈɔːbɪtə(r)/ [vc. ingl., da *orbit* 'orbita' ✱ 1981] **s. m. inv.** ● (*aeron.*) in una navetta spaziale, il veicolo alato pilotato da un equipaggio, che trasporta i passeggeri e il carico utile, ed è destinato a raggiungere e percorrere l'orbita programmata e a ritornare quindi a terra per essere riutilizzato in una missione successiva

òrbo [vc. dotta, lat. *ŏrbu(m)*, di orig. indeur. (cfr. *orfano*) ✱ av. 1294] **A agg.** **1** (*lett.*) privo: *stette la spoglia immemore / orba di tanto spiro* (A. MANZONI) | (*lett.*) privo di una persona cara **2** privo della vista: *essere o. da un occhio* | (*est.*) che vede poco o male, che ha la vista difettosa **B s. m.** (**f.** *-a*) **1** persona priva della vista: *un povero o.* | ***botte da orbi***, (*fig.*) violentissime e date alla cieca **SIN.** cieco **2** (*fig.*, *lett.*) persona di scarsa intelligenza ‖ **orbétto**, **dim.** | (*lett.*) **orbìno**, **dim.**

òrca ① [vc. dotta, lat. *ŏrca(m)* 'balena', di orig. preindeur. ✱ 1476] **s. f.** **1** mammifero dell'ordine dei Cetacei Odontoceti, diffuso in tutti gli oceani, di color bianco e nero, voracissimo e feroce carnivoro dotato di dentatura formidabile con la quale aggredisce anche le balene (*Orcinus orca*) **2** favoloso mostro marino che esigeva vittime umane

òrca ② (o **ó-**) [neerl. *hulk* ✱ 1578] **s. f.** ● veliero olandese largo e a fondo piatto, con tre alberi e bompresso usato per trasporto

òrca ③ ➤ **urca**

†**orcellerìa** [da *orcello*, dim. di *orcio* ✱ sec. XV] **s. f.** ● fabbrica di orci

orceolàto ➤ **urceolato**

orchéssa [da *orco* ✱ av. 1475] **s. f.** **1** nelle fiabe, moglie dell'orco **2** (*fig.*) donna orribile

orchèstica [vc. dotta, gr. *orchēstikḗ*, f. sost. di *orchēstikós* 'orchestico' ✱ 1586] **s. f.** ● (*lett.*) arte della danza | coreografia

orchèstico [vc. dotta, gr. *orchēstikós*, da *orchêisthai* 'danzare'. V. *orchestra* ✱ av. 1597] **agg.** (**pl. m.** *-ci*) ● (*lett.*) attinente alla danza

♦**orchèstra** [vc. dotta, lat. *orchēstra(m)*, dal gr. *orchḗstra* 'spazio per le evoluzioni del coro', da *orchêisthai* 'danzare' ✱ 1556] **s. f.** **1** nel teatro classico greco e romano, lo spazio, gener. semicircolare, davanti alla scena riservato alle danze e al coro **2** nei moderni teatri lirici, la parte della sala in cui sono sistemati gli strumentisti **3** complesso di strumenti e strumentisti necessari all'esecuzione di una composizione musicale, diverso a seconda delle epoche, degli stili e dei generi | ***o. d'archi***, comprendente violini, viole, violoncelli e contrabbassi | ***o. sinfonica***, comprendente gli strumenti ad arco, gli strumenti a fiato in legno e in ottone, e gli strumenti a percussione | ***o. da camera***, comprendente gli strumenti ad arco e alcuni strumenti a fiato, spec. i legni **4** (*fig.*, *scherz.*) insieme di voci e rumori, spec. poco gradevoli, che colpiscono con intensità: *senti che o.!* ‖ **orchestrìna**, **dim.** (V.) | **orchestróna**, **accr.** | **orchestróne**, **accr. m.**

orchestràle [1869] **A agg.** ● che concerne l'orchestra | ***massa o.***, dei suonatori **B s. m. e f.** ● chi suona in un'orchestra

SFUMATURE ➤ ***suonatore***

orchestràre [da *orchestra* ✱ 1895] **v. tr.** (*io orchèstro*) **1** (*mus.*) modo di combinare fra loro i diversi timbri degli strumenti, assegnando loro le diverse parti della composizione e scrivendole **SIN.** strumentare **2** (*fig.*) organizzare qlco. predisponendone e prevedendone le modalità di svolgimento: *o. il gioco delle alleanze politiche*; *o. una campagna di stampa*

orchestratóre [1916] **agg. e s. m.** (**f.** *-trice*) ● che (o chi) orchestra (*anche fig.*)

orchestraziòne [1869] **s. f.** ● l'orchestrare | (*mus.*) combinazione delle parti dei vari strumenti musicali in una partitura, in un'esecuzione | (*fig.*) opportuna preparazione

orchestrìna [1929] **s. f.** **1** dim. di *orchestra* **2** piccola orchestra di musica leggera: *una o. da caffè concerto*

òrchi- [dal gr. *órchis*, genit. *órcheōs* 'testicolo', di orig. indeur.] **primo elemento** ● in parole composte della terminologia medica, significa 'testicolo': *orchialgia*, *orchite*

orchialgìa [comp. di *orchi-* e *-algia* ✱ 1958] **s. f.** (**pl.** *-gìe*) ● (*med.*) qualsiasi dolore localizzato nella regione testicolare

Orchidàcee [vc. dotta, comp. di *orchidea* e *-acee* ✱ 1869] **s. f. pl.** (**sing.** *-a*) ● (*bot.*) famiglia di piante erbacee delle Monocotiledoni, terrestri o epifite, con fiore asimmetrico a labello molto esteso e vistoso e particolari adattamenti per l'impollinazione entomofila (*Orchidaceae*)

orchidèa [vc. dotta, gr. *orchídion* 'testicolo' e n. di pianta, dim. di *órchis* 'testicolo' (V. *orchi-*), per la forma delle radici a tubero ✱ 1821] **s. f.** ● correntemente, ogni pianta delle Orchidacee, con radici tuberose, foglie parallelinervie allungate o lobate, fiori di forma molto variabile e strana, generalmente coltivata in serre calde e ricercata per i grandi e variopinti fiori ornamentali

orchidopessìa ➤ **orchiopessia**

orchiectomìa [comp. di *orchi-* e del gr. *ektomḗ* 'amputazione' (V. *-tomia*) ✱ 1803] **s. f.** ● (*chir.*) asportazione del testicolo

orchiepididimìte [comp. di *orchi-* ed *epididimite* ✱ 1954] **s. f.** ● (*med.*) processo infiammatorio che interessa contemporaneamente il testicolo e l'epididimo

orchiopessìa o **orchidopessìa** [dal lat. *orchidopēxia*, dal gr. *órchis* 'testicolo' e *-pessia* ✱ 1916] **s. f.** ● (*chir.*) fissazione chirurgica in sede scrotale di un testicolo non disceso

orchiotomìa [comp. di *orchi-* e *-tomia* ✱ 1834] **s. f.** ● (*med.*) incisione del testicolo

orchìte [comp. di *orch(i)-* e *-ite (1)* ✱ 1821] **s. f.** ● (*med.*) qualsiasi processo infiammatorio dei testicoli che si presentano dolenti e tumefatti: *o. da parotite*

orciàia [da *orcio* ✱ 1751] **s. f.** ● locale dell'oleificio in cui si conservano gli orci pieni di olio di oliva appena estratto

orciàio [1891] **s. m.** (**f.** *-aia*, **pl. m.** *-ai*) ● fabbricante o venditore di orci

orciaiòlo [1970] **s. m.** (**f.** *-a*) ● orciaio

órcio (o **ò-**) [lat. *ŭrceu(m)*, di orig. preindeur. ✱ 1252] **s. m.** (**pl.** *-i*, †*orcia*, **f.**) **1** vaso di terracotta, talvolta anche smaltata e decorata, con corpo panciuto, generalmente a due manici e bocca ristretta: *Una donna… appariva … a fare i servizi, portare l'acqua nell'o. dalla fonte …* (C. ALVARO) **2** antica misura per liquidi, pari a un terzo di barile ‖ **orcétto**, **dim.** | **orciòlo**, (*lett.*) **orciuòlo**, **dim.** (V.)

orciolàio [1441] **s. m.** (**f.** *-aia*, **pl. m.** *-ai*) ● (*tosc.*) orciaio

orciòlo o (*lett.*) **orciuòlo** [lat. parl. **urceŏlu(m)*, per il classico *urcĕolu(m)*, dim. di *ŭrceus* 'orcio' ✱ sec. XIII] **s. m.** **1** dim. di *orcio* **2** brocca, boccale ‖ **orciolétto**, **dim.** | **orciolìno**, **dim.**

†**orcipòggia** [comp. di *orcia*, variante antica di *orza*, e *poggia* ✱ av. 1348] **s. f. inv.** ● (*mar.*) paranco di riserva nelle imbarcazioni a vela latina

orciuòlo ➤ **orciolo**

òrco (o **ó-**) [lat. *Ŏrcu(m)* 'regione dei morti', poi 'dio dell'Averno', di etim. incerta ✱ sec. XIII] **s. m.** (**f.** *orchéssa*; **pl. m.** *-chi*) **1** (spec. con iniziale maiuscola) nella mitologia greco-romana, Inferno, Ade **2** nelle leggende popolari europee, mostro malvagio, gigantesco, divoratore di uomini e, in particolare, di bambini: *aver paura dell'o.*; *vattene, figlio, / che l'o. non ti senta, e non t'ingoi* (L. ARIOSTO) **3** (*fig.*) persona brutta da far paura: *chi è quell'o.?*; *sembra un o.* | ***voce da o.***, cavernosa **4** nel linguaggio giornalistico, pedofilo **5** (*zool.*) ***o. marino***, uccello nero degli Anseriformi, con un tubercolo sul becco, buon volatore, raro in Italia (*Melanitta fusca*)

òrda [turco *ordu* 'esercito' ✱ 1520] **s. f.** **1** temporaneo raggruppamento di persone unitesi per scopi di guerra, caccia o migrazione, anche senza legami di sangue: *le orde degli Unni* | (*est.*) gruppi disordinati di armati che compiono razzie, saccheggi e sim: *orde barbariche* **2** (*scherz.* o *spreg.*) torma, frotta: *un'o. di ragazzini schiamazzanti*; *orde di turisti*

ordàlia o **ordalìa** [dal fr. *ordalie*, in lat. mediev. *ordalium*, di orig. germ. (francone) ✱ 1874] **s. f.** ● (*stor.*) nel Medioevo, prova fisica spesso cruenta, in uso spec. presso i popoli germanici, a cui era sottoposto un accusato e il cui esito veniva ritenuto un responso divino sulla sua innocenza o colpevolezza **SIN.** giudizio di Dio

ordàlico [1942] **agg.** (**pl. m.** *-ci*) ● che concerne l'ordalia

ordìgno o (*centr.*, *sett.*) †**ordégno** [lat. parl. **ordĭniu(m)*, da *ōrdo*, genit. *ōrdinis* 'ordine' ✱ 1313] **s. m.** **1** attrezzo o congegno piuttosto complesso: *non riesco a capire come funzioni questo o.* | congegno esplosivo, bomba: *l'esplosione di un o.* | (*est.*) oggetto strano: *dove hai trovato questo o.?* **2** (*lett.*) maneggio, intrigo **3** †struttura, disposizione

ordiménto [sec. XIV] **s. m.** ● (*raro*) l'ordire | (*fig.*) macchinazione

ordinàbile [vc. dotta, lat. tardo *ordinābile(m)* 'ordinato', da *ordināre* 'ordinare' ✱ sec. XIV] **agg.** ● che si può ordinare ‖ **ordinabilità**, **s. f. inv.**

ordinàle [vc. dotta, lat. tardo *ordināle(m)*, da *ōrdo*, genit. *ōrdinis* 'ordine' ✱ 1612] **A agg.** **1** (*mat.*) detto di numero che indica la posizione di un elemento in un insieme ben ordinato **2** (*gramm.*) ***aggettivi numerali ordinali***, gli aggettivi che esprimono la posizione di qlcu. o qlco. in una serie ordinata **3** †ordinario, comune ‖ **ordinalménte**, **avv.** secondo un ordine **B s. m.** **1** (*mat.*) numero ordinale **2** (*gramm.*) aggettivo numerale ordinale **3** (*relig.*) rituale della Chiesa anglicana

ordinaménto [da *ordinare* ✱ 1219] **s. m.** **1** disposizione ordinata, sistema coerente: *l'o. del mondo, dei cieli* | sistemazione, organizzazione | ordine, disposizione **CFR.** tassi-, -tassi **2** disposizione o complesso di disposizioni, leggi o norme in generale che reggono o regolano qlco.: *o. scolastico, giudiziario*; *l'o. degli studi, dei musei* | legislazione, normativa: *un caso non contemplato nell'o. italiano* | ***gli ordinamenti civili, militari*** e sim., il complesso delle istituzioni su cui si fonda la vita civile, militare e sim. **3** (*mat.*) operazione consistente nel disporre gli elementi di un insieme in una sequenza crescente o decrescente rispetto a una loro caratteristica: *o. numerico*; *o. alfabetico* **4** (*miner.*) processo per cui gli atomi di un cristallo, distribuiti a caso ad alta temperatura, assumono posizioni preferenziali durante il raffreddamento, provocando cambiamenti nelle proprietà fisiche

ordinàndo [da *ordina(re)*, con il suff. *-ando* ✱ 1475] **s. m.** (**f.** *-a*) ● chi deve ricevere gli ordini sacri

ordinànte **A part. pres.** di *ordinare*; anche **agg.** ● (*raro*) nei sign. del v. **B s. m. e f.** **1** (*ra-*

ro) chi ordina, provvede, istituisce e sim. | chi ha fatto un'ordinazione **2** chi conferisce gli ordini sacri

ordinànza [fr. *ordonnance*, da *ordonner* 'ordinare' ✱ 1287] **s. f. 1** (*dir.*) tipo di provvedimento giurisdizionale che l'autorità giudiziaria emana nel corso del processo civile o penale **2** (*dir.*) atto normativo emanato da una autorità amministrativa: *o. ministeriale; o. prefettizia; potere di o. del Sindaco* **3** nell'ambiente militare, qualsiasi prescrizione | ***marciare in o.***, in schiera | ***ufficiale d'o.***, nell'ordinamento militare italiano del passato, quello che, al servizio di un generale o ammiraglio, espletava incarichi d'ufficio | ***soldato d'o.***, (*ellitt.*) ***ordinanza***, quello designato giornalmente per mansioni di pulizia, riordino e sim. | ***d'o.***, di tutto ciò che è in conformità alle norme: *uniforme d'o.* | ***fuori o.***, di tutto ciò che è eccezionale: *silenzio fuori o.* **4** †schiera di soldati posta in ordine di battaglia | ***spiegare le ordinanze***, schierare le truppe | ***milizia d'o.***, un tempo, quella civile contrapposta alla stanziale o mercenaria **5** †ordine, disposizione: *l'o. del discorso*

♦**ordinàre** [vc. dotta, lat. *ordināre*, da *ōrdo*, genit. *ōrdinis* 'ordine' ✱ 1219] **A v. tr.** (*io órdino*) **1** mettere in ordine, in regola, in assetto e sim.: *o. la biblioteca, la tavola, gli schedari, i libri sullo scaffale; o. la propria situazione finanziaria; lasciatemi o. con precisione i concetti* | †istituire fondando su determinate norme: *nello o. le repubbliche, nel mantenere li stati, nel governare e regni* (N. Machiavelli) **2** (*mat.*) dotare un insieme di una relazione d'ordine **3** (*lett.*) disporre o predisporre a un fine | concertare, ordire **4** comandare (+ *di* **seguito da inf.**, + *che*): *gli ordinarono di accertare i fatti e le responsabilità; le ordinò che avvertisse di ciò la badessa* (A. Manzoni) | prescrivere: *o. una medicina, una cura; il medico mi ha ordinato il riposo assoluto* | disporre: *o. una serie di interventi finanziari in favore dell'agricoltura; Dio ordina e provvede* | commissionare, richiedere: *o. una partita di caffè, di carni congelate; o. un libro; siamo in attesa della merce che è stata ordinata* | in locali pubblici, chiedere ciò che si desidera consumare (*anche assol.*): *o. un caffè, una birra; ho ordinato spaghetti per quattro; avete già ordinato?* | anche in forma pron. (con valore intens.): *mi ordinai una porzione di lasagne; Vado dal sarto! Mi ordino un abito da pompa funebre* (L. Pirandello) **5** conferire gli ordini sacri: *lo hanno ordinato sacerdote* **6** †investire di una carica, funzione o ufficio: *o. qlcu. ambasciatore, nunzio, magistrato* **SIN.** nominare, eleggere **B ordinàrsi v. rifl.** e **intr. pron. 1** disporsi secondo un certo ordine: *i soldati si ordinarono in due file* **2** (*lett.*) prepararsi

SFUMATURE DI SIGNIFICATO

ordinare - intimare - imporre

Ordinare significa dare, impartire, emanare un ordine, un comando, una disposizione, cioè chiedere fermamente e con autorità che una determinata cosa venga fatta. L'*ordinare* in modo particolarmente perentorio si definisce **intimare**, verbo usato soprattutto in ambito militare e burocratico. *Comandare*, *intimare* può dirsi anche **imporre**, verbo che suggerisce un senso di particolare costrizione nei confronti di chi deve eseguire l'ordine.

SFUMATURE ➤ ***comandare***

ordinariàto [1869] **s. m. 1** grado, ufficio di professore ordinario nei ruoli dello Stato: *ambire all'o.* | concorso per il conseguimento di tale grado e ufficio **2** ufficio di vescovo

ordinarietà [1983] **s. f. inv.** ● caratteristica di ciò che è ordinario: *o. di un provvedimento* | qualità scadente

♦**ordinàrio** [vc. dotta, lat. *ordināriu(m)*, da *ōrdo*, genit. *ōrdinis* 'ordine' ✱ av. 1328] **A agg.** (**pl. m.** *-i* o *lett.* *-ii*) **1** che rientra nell'ambito della norma, della consuetudine: *faccende, spese, preoccupazioni ordinarie; seduta, riunione ordinaria* | ***tariffa ordinaria***, normale, senza aggiunte né diminuzioni | ***bollo o.***, carta bollata | ***parte ordinaria del bilancio***, relativa alle spese consuete | ***ordinaria amministrazione***, quella che tende unicamente alla gestione di un complesso patrimoniale, senza intaccarne la consistenza | ***assemblea ordinaria***, che delibera su questioni di ordinaria amministrazione | ***cose di ordinaria amministrazione***, (*fig.*) che non eccedono la normalità, di tutti i giorni **SIN.** consueto, solito **CONTR.** straordinario **2** che non ha particolare valore, che rivela qualità scadente: *tessuto, materiale o.; è roba ordinaria; questa stoffa è troppo ordinaria per farne un vestito* | di persona, che ha comportamento, modo di sentire e sim., rozzo e grossolano: *gente ordinaria; che modi ordinari!; il volgo ed ordinaria gente* (G. Bruno) **3** che è parte del ruolo organico: *assistente universitario o.; professore o.* **4** (*dir.*) che è proponibile contro un provvedimento giurisdizionale non ancora passato in giudicato: *impugnazione ordinaria; mezzo o. d'impugnazione* **5** (*relig.*) ***tempo o.***, il tempo liturgico che va dall'Epifania alla Quaresima, e dalla Pentecoste all'Avvento ‖ **ordinariaménte**, **avv. 1** di solito: *ordinariamente non ci sono obiezioni*; comunemente **2** nei modi e coi mezzi ordinari: *procedere, agire ordinariamente* **B s. m. 1** (**solo sing.**) consuetudine, normalità: *problemi che escono, che non escono dall'o.* | ***per l'o.***, di solito | ***pagare meno, più dell'o.***, meno o più del solito | ***d'o.***, normalmente | ***fuori dell'o.***, che è insolito, straordinario e sim. **2** (**f.** *-ia*) professore di ruolo: *è diventato o. in un liceo; l'o. di medicina legale nella nostra università* **3** vescovo titolare di una diocesi o che ha giurisdizione su una particolare comunità di fedeli | ***O. militare***, vescovo cui compete la direzione del servizio religioso cattolico nelle forze armate

ordinàta① [da *ordinare* ✱ 1940] **s. f.** ● (*fam.*) il mettere in ordine, a posto, spec. sommariamente: *dare un'o. alla casa*

ordinàta② [f. sost. di *ordinato* ✱ av. 1742] **s. f. 1** (*mat.*) in un sistema di riferimento cartesiano, lunghezza del segmento perpendicolare all'asse x avente il primo estremo sull'asse x, o sul piano $x\ z$, se l'ambiente è lo spazio tridimensionale, ed il secondo nel punto **CFR.** ascissa **2** (*aeron.*) elemento trasversale della struttura di una fusoliera, scafo e sim., con funzioni di forma e di forza: *o. di riferimento; o. maestra; o. rinforzata* **3** (*mar.*) ciascuno degli elementi strutturali dello scafo posti trasversalmente alla chiglia da prua a poppa

ordinatàrio [da *ordinato* ✱ 1930] **s. m.** (**f.** *-ia*) ● beneficiario di un titolo di credito all'ordine (per es. di una cambiale)

ordinativo [vc. dotta, lat. tardo *ordinatīvu(m)*, da *ordinātus* 'ordinato' ✱ av. 1535] **A agg.** ● che serve a ordinare, a regolare, a disporre: *principi ordinativi* | (*gramm.*) †***nomi ordinativi***, aggettivi numerali ordinali **B s. m.** ● commissione, richiesta di merci | ***o. di imbarco***, nel contratto di trasporto marittimo, documento che il vettore rilascia al caricatore come prova dell'avvenuta consegna delle merci

♦**ordinàto** **part. pass.** di *ordinare*; **anche agg. 1** nei sign. del v. **2** che agisce con ordine: *persona, famiglia ordinata* | che si svolge con ordine: *vita ordinata* | tenuto in ordine: *una camera ordinata* **3** (*arald.*) detto di figure simili, poste in fila secondo l'andamento di una pezza, specialmente fascia, banda, sbarra, palo **4** (*mat.*) detto di insieme nel quale sia assegnata una relazione d'ordine | ***ben o.***, di insieme totalmente ordinato, tale che ogni sottoinsieme ammetta un elemento minimo | ***parzialmente o., totalmente o.***, dotato di una relazione d'ordine parziale o totale ‖ **ordinatino**, **dim.** detto di chi tiene molto all'ordine, alla precisione, talora fino alla pedanteria ‖ **ordinataménte**, **avv.** con ordine, secondo il giusto ordine: *parlare ordinatamente*; secondo la scala gerarchica: *procedere ordinatamente*

ordinatóre [vc. dotta, lat. *ordinatōre(m)*, da *ordinātus* 'ordinato'; nel sign. B3, dal fr. *ordinateur* ✱ sec. XIII] **A agg.** (**f.** *-trice*) ● che ordina: *il pensiero umano, o. dei concetti* | che riordina, che riorganizza: *la commissione ordinatrice della pubblica amministrazione* **B s. m. 1** (**f.** *-trice*) chi ordina: *l'o. dello Stato, della finanza pubblica* **2** (**f.** *-trice*) nelle biblioteche, impiegato addetto alla catalogazione dei libri **3** (*raro*) elaboratore elettronico

ordinatòrio [da *ordinato* ✱ 1673] **agg.** (**pl. m.** *-i* o *raro -ii*) ● (*dir.*) che contiene un ordine | ***provvedimento o.***, che disciplina lo svolgimento del processo e non ha carattere decisorio | ***termine o.***, che può essere abbreviato o prorogato prima della scadenza e la cui inosservanza non determina l'invalidità dell'atto compiuto in violazione dello stesso **CONTR.** perentorio

ordinazióne① [da *ordinare* ✱ 1308] **s. f. 1** (*raro*) ordinamento **2** incarico dato a una persona, una ditta e sim. di fornire una data quantità di merce o di eseguire un determinato lavoro: *quel falegname lavora solo su o.; fare, ricevere un'o.*

ordinazióne② [vc. dotta, lat. *ordinatiōne(m)*, da *ordinātus* 'ordinato' ✱ av. 1342] **s. f.** ● conferimento dell'ordine sacro

♦**órdine** [lat. *ōrdine(m)* 'fila, disposizione', di etim. incerta ✱ 1261 ca.] **s. m.** (*Ordine* **nel sign.** 10) **1** assetto, disposizione o sistemazione razionale e armonica di qlco. nello spazio o nel tempo secondo esigenze pratiche o ideali: *l'o. delle pagine, delle parti di un discorso; l'o. interno di una famiglia, dello Stato; narrando ha variato qua e là l'o. dei fatti* | ***persona d'o.***, che ama l'ordine, che è ordinata | ***ritirarsi in buon o.***, di truppe che si ritirano senza sbandamenti; (*fig.*) di persona che recede spontaneamente da un proposito e sim. | (*est.*) condizione o stato di ciò che è in regolare e razionale assetto: *tenere, mantenere, mettere in o.; l'o. del mondo voluto da Dio; è nell'o. naturale delle cose* | ***fare o.***, pulire e riordinare un ambiente | ***essere in o.***, di cose ordinate o di persone vestite e acconciate con proprietà | ***essere nell'o. delle cose***, essere possibile, realistico | ***o. pubblico***, il normale svolgersi della vita sociale, nel rispetto delle leggi e delle istituzioni dello Stato: *turbare l'o. pubblico; forze dell'o.* | ***richiamare all'o.***, sollecitare a rispettare le regole; rimproverare | (*est.*) criterio che ordina o coordina: *disporre gli oggetti con o. ascendente, discendente; andare, procedere per o. gerarchico; o. alfabetico; esporre i fatti secondo un o. cronologico* | ***con, per, in o.***, secondo tale criterio | ***fuori dall'o.***, si dice di ciò che eccede la norma, la normalità **2** (*milit.*) ordinanza, formazione, disposizione di forze: *in o. di battaglia, di marcia; o. sottile, profondo, aperto, serrato, retto, parallelo, obliquo* | ***in o. sparso***, detto di soldati che avanzano a distanza l'uno dall'altro; (*est.*) separatamente | ***o. chiuso***, indica l'istruzione a piedi per l'addestramento ai movimenti di parata **3** categoria, serie o sistema di cose (*anche fig.*): *il teatro è esaurito in* *ogni o. di posti; bisogna considerare vari ordini di fatti e le loro conseguenze; ciò non rientra nel nostro o. d'idee* | ***o. architettonico***, o (*assol.*) ***ordine***, nell'architettura classica, ogni sistema architettonico contraddistinto da un determinato stile (delle colonne, del capitello, della trabeazione, ecc.): *o. ionico, dorico, corinzio* | ***o. di denti***, fila | ***o. di peri, meli*** e sim., filare | ***o. di beati, di santi***, schiera | (*est.*) successione, classifica: *l'o. d'arrivo dei corridori, dei cavalli* | ***o. di battuta***, nella pallavolo, il susseguirsi dei giocatori al servizio | ***o. di beccata***, nel comportamento di alcuni animali, ordinamento gerarchico di precedenza secondo cui un individuo predominante sugli altri ha diritto a mangiare prima degli individui a lui sottomessi e a punire chi tenti di opporglisi **4** ceto, classe, categoria professionale: *l'o. dei magistrati, dei nobili, dei liberi professionisti; la società romana si componeva di due ordini, la plebe e il patriziato* | ***o. professionale***, associazione di chi esercita determinate professioni regolamentate per legge: *l'o. degli avvocati, dei medici, degli ingegneri* **5** associazione di religiosi che pronunciano voti solenni di povertà, castità, obbedienza: *l'o. dei benedettini; gli ordini mendicanti* **6** gruppo sistematico usato nella classificazione degli organismi vegetali o animali e comprendente una o più famiglie affini **7** (*fig.*) piano, ambito, settore: *fenomeni che appartengono all'o. soprannaturale* | ***o. di idee***, punto di vista, ottica: *entrare in un certo o. di idee* | carattere, natura, indole: *problemi, questioni d'o. pratico, tecnico* | livello, importanza, qualità | ***di prim'o.***, di cosa eccellente, di persona abilissima, molto dotata o importante | ***albergo di prim'o.***, di lusso | ***di second'o., di terz'o., di quart'o., d'infimo o.***, di qualità scadente, mediocre, cattiva, pessima: *una locanda d'infimo o.; debbo constatare da per me che sono uno scrittore di quart'o.* (B. Fenoglio) | ***in o. a***, per quanto riguarda, relativamente a **8** comando orale o scritto: *o. dell'autorità; o. di mobilitazione generale; ubbidire agli ordini; gli ordini non si discutono; dare, impartire, emanare un o.; prendere, ricevere, accettare ordini da qlcu.* | ***ordini di scuderia***, V. *scuderia* | ***o. di pagamento***, mandato | (*banca*) ***o. permanente***, disposizione data dal cliente alla banca di effettuare per suo conto pagamenti ricorrenti, come affitti, canoni e sim. | ***o. di protezione***, provvedimento emanato dal giudice nei confronti di un coniuge o convivente quando la sua condotta è di grave pregiudizio all'integrità fisica o morale o alla libertà dell'altro coniuge o convivente | ***fino a nuovo o.***, fino a che non saranno date nuove disposizioni | ***ai vostri ordini***, a vostra completa disposizione | ***parola d'o.***, segreta, di riconoscimento | prescrizione: *l'o. del medico* | disposizione, direttiva: *ho l'o. di non lasciare passare nessuno; è partito senza lasciare ordini precisi* | ***o. del giorno***, elenco degli argomenti di cui si tratterà in una data seduta; nella terminologia militare, foglio giornaliero che il comandante di corpo compila per registrare e rendere noti i turni di servizio in caserma e quant'altro interessi i soldati | (*fig.*) ***all'o. del giorno***, detto di ciò che è consueto, frequente: *i piccoli furti sono all'o. del giorno*; d'attualità: *le preoccupazioni per l'ambiente sono sempre all'o. del giorno* **9** (*banca*) commissione, ordinazione | ***all'o.***, detto di titolo di credito trasferibile per girata | ***clausola all'o.***, accordo che consente il trasferimento del titolo mediante girata **10** nel cattolicesimo e in alcune altre confessioni cristiane, sacramento che conferisce la grazia e il carattere sacerdotale | ogni singolo grado della gerarchia cattolica | ***Ordini minori***, di ostiario, lettore, esorcista e accolito, dopo il Concilio Vaticano II chiamati ministeri e ridotti soltanto al lettore e all'accolito, uffici affidati ora anche ai laici | ***Ordini maggiori***, di suddiacono, soppresso dopo il Concilio Vaticano II, diacono e sacerdote | ***O. episcopale***, quello che eleva all'ufficio e alla dignità di vescovo | ***terzo o.***, pia associazione o sodalizio di laici che, sotto la guida di un ordine religioso, si propongono lo scopo di raggiungere la perfezione cristiana secondo le regole dell'ordine a cui aderiscono **11** (*mat.*) numero distintivo di complessità o di grandezza | ***equazioni del primo, del secondo o.***, con una o due variabili | ***o. di una matrice quadrata***, il numero delle sue righe o colonne **12** (*mat.*) relazione riflessiva, transitiva e antisimmetrica usata per definire l'ordinamento degli elementi di un insieme ‖ **ordinétto**, **dim.** | (*lett.*) **ordinùzzo**, **dim.**

SFUMATURE DI SIGNIFICATO

ordine - livello - rango

Ordine è la categoria, la classe, il ceto di appartenenza. **Livello** identifica la collocazione di una persona o di un elemento all'interno di un ordine gerarchico. Ha lo stesso significato **rango**, che in genere restringe l'ambito d'impiego a una gerarchia militare o alla scala sociale.

ordine - precetto - ingiunzione

Il fatto di intimare risolutamente a qualcuno di fare o non fare qualcosa si dice genericamente **ordine**. Nel caso in cui l'*ordine* sia formulato in modo ufficiale e riguardi adempimenti giudiziari o amministrativi che comportano ammende e sanzioni in caso di non osservanza, si ha un **precetto**. In un registro elevato, un ordine particolarmente esplicito e deciso si definisce **ingiunzione**, termine che appartiene anche al linguaggio giuridico e amministrativo.

SFUMATURE ➤ ***categoria***, ➤ ***intimazione***

ordìre [lat. *ordīri*, da avvicinare a *ŏrdo*, genit. *ŏrdinis* 'ordine' ✱ 1300] **v. tr.** (*io ordisco, tu ordisci*) **1** disporre su un telaio i fili dell'ordito | (*mar.*) ***o. la cima tra due taglie***, passarla da un bozzello all'altro per formare potenza, paranco **2** †intrecciare | lavorare a intreccio **3** (*fig., lett.*) disporre, apprestare | (*lett.*) abbozzare **4** (*fig.*) preparare e organizzare in segreto qlco. di illecito, o comunque di dannoso per altri: *o. una congiura, un attacco improvviso, un colpo di stato; alcuna finzione alcuno inganno / … ordisce e trama* (L. Ariosto)

ordìto **A** **part. pass.** di *ordire*; anche **agg.** ● nei sign. del v. **B** **s. m.** **1** (*tess.*) insieme dei fili destinati a formare la lunghezza di un tessuto, tesi parallelamente sul telaio | ***piede dell'o.***, estremità ripiegata del filo, in cui s'infilza la bacchetta che lo ferma al telaio | ***croce dell'o.***, l'estremità opposta al piede | ***riempire l'o.***, aggiungervi la trama **2** (*fig.*) intreccio: *un o. di menzogne* | trama di una narrazione: *l'o. del Pulci è ridicolo in se stesso* (F. De Sanctis)

orditóio [sec. XIV] **s. m.** (**pl.** *-ói*) ● (*tess.*) macchina che serve alla preparazione dell'ordito per la tessitura, generalmente composta da una rastrelliera che porta le bobine o rocche di filo, e da un cilindro sul quale si arrotola l'insieme dei fili tenuti a distanza mediante il passaggio tra i denti di un pettine

orditóre [1309] **s. m.** (**f.** *-trice*, **pop., disus.** *-tora*) **1** operaio tessile addetto all'orditura **2** (*fig.*) chi trama inganni e sim.

orditùra [1395] **s. f.** **1** operazione dell'ordire: *o. della tela* | ordito **2** (*edil.*) complesso delle strutture che sostengono il materiale di copertura di un tetto **3** (*fig.*) schema o struttura fondamentale di un'opera: *l'o. del poema* **4** (*fig.*) trama, macchinazione

†**òrdo** [lat. *hŏrridu(m)* 'orrido' ✱ av. 1348] **agg.** ● orribile, brutto

Ordoviciàno [dal n. lat. della tribù degli *Ordŏvices*, stanziati in Britannia ✱ 1927] **s. m.** ● (*geol.*) secondo periodo del Paleozoico (500-440 milioni di anni fa)

ordùnque o **or dùnque** [comp. di *or(a)*② e *dunque* ✱ 1250 ca.] **cong.** ● (*lett.*) dunque, quindi: *Or dunque arrivai a Bologna coi nervi tutti offesi* (I. Nievo)

†**ordùra** [da †*ordo* ✱ 1342] **s. f.** ● sozzura, bruttezza | (*fig.*) vizio

öre /*svedese* ˉœ:rə/ o **øre** /*danese* 'ø:ʌ, *norvegese* ˌœ:rə/ [vc. svedese, danese e norvegese, dal lat. *āureu(m)* 'aureo' (V.) ✱ 1895] **s. m. inv.** (**pl. svedese inv.**) ● moneta divisionale svedese, danese e norvegese, pari alla centesima parte della corona

oreàde [lat. *orēada*, nom. *ōreas*, dal gr. *oreiás*, da *óros* 'monte' (V. *oro-*②) ✱ av. 1367] **s. f.** ● nella mitologia greco-romana, ninfa dei monti

♦**orécchia** o †**récchia**② [lat. *aurĭcula(m)*, propr. dim. di *āuris* 'orecchia', di orig. indeur. ✱ 1268] **s. f.** **1** orecchio **2** (*fig.*) sporgenza la cui forma ricorda quella di un orecchio | ***le orecchie dell'anfora***, le anse | ***fare le orecchie alle pagine***, ripiegarne gli angoli, spec. come segnalibro | ***cotoletta a o. di elefante***, V. *cotoletta* **3** (*zool.*) ***o. marina, o. di mare***, aliotide ‖ **orecchiétta**, **dim.** (V.) | **orecchìna**, **dim.** | (*vezz.*) **orecchiùccia**, **dim.**

orecchiàbile [da *orecchiare* ✱ 1924] **agg.** ● detto di motivo musicale che si può imparare o ripetere facilmente: *musica, canzone o.* ‖ **orecchiabilménte**, **avv.** ‖ **orecchiabilità**, **s. f. inv.**

orecchiàle [av. 1639] **s. m.** ● nell'aerofono, ciascuno degli amplificatori che si applicano alle orecchie

orecchiànte **A** **part. pres.** di *orecchiare*; anche **agg.** ● (*raro*) che tende l'orecchio per sentire i discorsi altrui **B** **agg. e s. m. e f.** **1** che (o chi) canta o suona a orecchio **2** (*est.*) che (o chi) parla di qlco. senza conoscerla seriamente, limitandosi a ripetere ciò che ha sentito dire | che (o chi) giudica senza approfondire, in base a nozioni o notizie superficiali

orecchiàre [da *orecchio* ✱ av. 1367] **A** **v. intr.** (*io orécchio*; aus. *avere*) ● tendere l'orecchio per cercare d'ascoltare **B** **v. tr.** **1** udire per caso **2** ripetere a orecchio | (*est.*) conoscere in modo superficiale: *o. un po' di tedesco*

orecchiàto [da *orecchio* ✱ 1958] **agg.** ● (*arald.*) animale fornito di orecchie

orecchiétta [av. 1730] **s. f.** **1** dim. di *orecchia* **2** (*anat.*) atrio del cuore: *o. destra, sinistra* **3** tipo di pasta alimentare di grano duro, di forma simile a quella di un piccolo orecchio, da fare asciutta: *le orecchiette baresi* **4** (*bot.*) gelone

orecchinàrsi [1912] **v. rifl.** ● ornarsi con orecchini o (*est.*) con qlco. che si usa a mo' di orecchini: *le rosse ciliege carnose (…) con cui t'orecchinavi deliziato del loro fresco* (S. Slataper)

♦**orecchìno** [da *orecchio* ✱ 1475] **s. m.** **1** monile che si porta alle orecchie: *orecchini d'oro, di brillanti; orecchini a clip* **2** (*mar.*; *raro*, **al pl.**) bozzelli che pendono lateralmente da albero, pennone, antenna

♦**orécchio** o †**urécchio** [lat. *aurĭcula(m)*, dim. di *āuris* 'orecchia', di orig. indeur. ✱ 1268] **s. m.** (**pl.** *orécchi*, **m.**, *orécchie*, †*orécchia*, **f. solo nei sign. 1, 2 e 4 spec. in alcune loc. fig.**) **1** (*anat.*) organo di senso recettore dei suoni: *l'o. destro e quello sinistro; gli esseri umani hanno due orecchie; essere sordo da un o.* **CFR.** oto- | ***o. esterno***, formato dal padiglione e dal condotto uditivo | ***o. medio***, cavità scavata nell'osso temporale, contenente tre ossicini | *o. interno*, costituito dal labirinto | ***avere le orecchie lunghe***, (*fig.*) essere un ignorante (con riferimento alle lunghe orecchie dell'asino) | (*fig.*) ***stare con l'o. teso***, essere intento ad ascoltare | (*fig.*) ***aprire bene le orecchie***, stare molto attenti | (*fig.*) ***porgere l'o.***, dare ascolto: *porgea gli orecchi al suon della tua voce* (G. Leopardi) | (*fig.*) ***dare, prestare o.***, ascoltare con attenzione | ***turarsi le orecchie, gli orecchi***, chiuderli per non sentire; (*fig.*) non voler ascoltare | (*fig.*) ***essere tutt'orecchi***, prestare estrema attenzione | ***da questo o. non ci sento***, (*fig.*) non voglio sentir parlare di ciò, non ne voglio sapere | ***dire qlco. all'o.***, bisbigliarla per impedire che altri sentano | ***confidare qlco. in un o.***, dirla in tutta segretezza | (*fig.*) ***mettere una pulce nell'o.***, insinuare dubbi, sospetti e sim. | (*fig.*) ***anche i muri hanno orecchi***, si dice di luogo o ambiente in cui vi siano spie e sim. pronte a carpire ogni confidenza o segreto | (*fig.*) ***entrare da un o. e uscire dall'altro***, si dice di cosa udita e subito cancellata dalla memoria | (*fig.*) ***avere gli orecchi, le orecchie foderate di prosciutto***, non sentire o non voler sentire | (*fig.*) ***fare orecchie da mercante***, fingere di non capire **2** (*est.*) udito: *essere delicato, debole d'o.*; *suono gradito all'o.* | ***duro d'o.***, (*eufem.*) sordo o che sente molto poco; (*fig.*) che non vuole capire | ***lacerare, straziare l'o., le orecchie***, di suono sgradevolissimo o troppo forte | ***stordire, intronare le orecchie, gli orecchi***, di suono o rumore rimbombante, intensissimo **3** (*fig.*) particolare sensibilità per la musica: *avere buon o.* | ***avere o.***, essere intonato | ***non avere o.***, essere stonato | ***suonare, cantare a o.***, senza conoscere la musica o senza leggerla **4** (*per anton.*) padiglione auricolare: *avere le orecchie grandi, piccole, a sventola*; *prendere qlcu. per un o.* | ***tirare le orecchie a qlcu.***, (*fig.*) rimproverarlo aspramente **5** (*est.*) oggetto o cosa la cui forma ricorda quella di un orecchio: *fare le orecchie alle pagine di un libro* | (*bot.*) ***o. d'orso***, auricola | ***o. di topo, di sorcio***, (*pop.*) pelosella | ***o. di Giuda***, fungo dei Basidiomiceti, parassita su tronchi di sambuco, con gambo cortissimo e corpo fruttifero a forma di orecchio, lobato e viscido (*Auricularia auricola-Judae*) **6** versoio dell'aratro || **orecchióne**, accr. (V.)

NOMENCLATURA

orecchio (cfr. udito, rumore, suono, voce)
• *parti dell'orecchio*: padiglione (lobo, conca), condotto uditivo, membrana del timpano, martello, incudine, staffa, coclea, nervo acustico, canale tubarico;
• *caratteristiche*: delicato = fine ⇔ duro = ottuso, a sventola, piccolo ⇔ grande, lungo;
• *azioni*: alzare = drizzare = rizzare = tendere ⇔ abbassare, turare = tappare = chiudere ⇔ aprire, ascoltare = sentire, orecchiare = origliare; tirare, piegare;
• *termini medici*: otorino, otorinolaringoiatra, otoiatria; otografia, otoscopia, otoscopio; otopatia, otalgia, otite, otorrea = otorragia, otoematoma, otolite, otomeningite, otosclerosi, acufene, condrite, parotite epidemica = gattoni = orecchioni, labirintite, mastoidite, paracusia; otoplastica; cerume;
• *oggetti*: orecchini; paraorecchi; cuffia, auricolare; tappi antirumore, cornetto acustico, Cotton fioc.

orecchióne① [av. 1698] **s. m. 1** accr. di *orecchio* **2** nelle fortificazioni, parte sporgente e arrotondata dei fianchi del bastione, destinata a riparare i difensori dal tiro delle artiglierie | in artiglieria, ciascuno dei due perni simmetrici sporgenti lateralmente dalla bocca da fuoco per darle appoggio sull'affusto **3** (*raro*, **spec. al pl.**) ciascuno dei guancialetti laterali, imbottiti, che fanno parte della spalliera di alcune poltrone **4** (*merid.*, *volg.*) omosessuale, pederasta **SIN.** recchione **5** (*bot.*) gelone

orecchióne② [da *orecchio* ∗ 1890] **s. m.** • mammifero dei Chirotteri, molto simile al pipistrello, dotato di enormi padiglioni auricolari che raggiungono la lunghezza del corpo (*Plecotus auritus*)

orecchióni [detti così perché fanno infiammare le ghiandole vicine agli *orecchi* ∗ av. 1858] **s. m. pl.** • (*fam.*) parotite epidemica

orecchionièra [da *orecchione*① ∗ sec. XVII] **s. f.** • (*milit.*) ciascuno dei due incavi dell'affusto di una bocca da fuoco su cui girano i due perni cilindrici, detti orecchioni, che consentono la rotazione della bocca da fuoco rispetto all'affusto

orecchiùto [da *orecchio* ∗ 1342] **agg. 1** che ha grandi orecchie: *coniglio, asino o.* **2** (*lett.*, *fig.*) di persona molto ignorante

oréfice [lat. *aurĭfice(m)*, comp. di *āurum* 'oro' e *-fex*, da *făcere* 'fare' ∗ av. 1328] **s. m. e f. 1** chi vende oggetti di oreficeria **2** artigiano che lavora i metalli preziosi traendone spec. gioielli **3** †arte dell'oreficeria

oreficerìa o †**orificerìa** [1566] **s. f. 1** arte di lavorare metalli preziosi per farne oggetti di uso e di ornamento: *dedicarsi all'o.* **2** negozio o laboratorio dell'orefice: *recarsi in un'o.* **3** insieme di oggetti d'oro o d'altro metallo purché preziosamente lavorati: *negozio di o.*

†**oreggiàre** [1628] **v. intr.** • risplendere come oro | (*fig.*) primeggiare

†**oréglia** [fr. *oreille* (stessa etim. dell'it. *orecchia*) ∗ av. 1294] **s. f.** • orecchia

orèmus [vc. lat., propr. 'preghiamo', prima pers. congtv. pres. di *orāre* ∗ 1534] **s. m. inv.** • nella liturgia delle Chiese cristiane occidentali, ogni orazione che comincia con l'invito *preghiamo* | momento della Messa in cui il sacerdote invita i fedeli alla preghiera

oreodòssa [comp. di *oreo-*, deriv. del gr. *óros* 'montagna' e del gr. *dóxa* 'gloria, splendore' perché domina i monti dove cresce con la sua lussuosa presenza ∗ 1828] **s. f.** • (*bot.*) genere di Palme delle regioni tropicali e subtropicali americane (*Oreodoxa*) | ***o. regale***, palma cubana, simbolo dell'isola, coltivata in alcune regioni tropicali per ornamento (*Oreodoxa regia*) | ***o. alimentare***, con apici vegetativi commestibili, foglie pennate usate per l'imballaggio del tabacco e frutti da cui si estrae olio (*Oreodoxa oleracea*) **CFR.** cavolo palmizio

oreòtrago [comp. del gr. *óros* 'monte' (V. *oro-*②) e *trágos* 'capro', di etim. incerta ∗ 1828] **s. m.** (**pl.** *-ghi*) • (*zool.*) saltarupe

orerìa [da *oro* ∗ sec. XIV] **s. f. 1** (*raro*) lavorazione di oro o altri metalli preziosi **2** (**spec. al pl.**) complesso di oggetti in oro

oressìa [dal gr. *órexis* 'desiderio, appetito' ∗ 1934] **s. f.** • (*med.*) senso dell'appetito

orétta [1536] **s. f. 1** dim. di *ora* **2** spazio di tempo della durata di un'ora scarsa: *fra un'o. sarò di ritorno* (I. Svevo) || **orettìna**, **dim.**

†**orézza** [1319] **s. f.** • brezza

†**orezzaménto** [da *orezzare* ∗ av. 1570] **s. m.** • brezza

†**orezzàre** [lat. parl. **auridiāre*, da *āura* 'aura' ∗ av. 1597] **v. intr. 1** soffiare dolcemente, del vento **2** godersi il fresco

†**orézzo** ➤ **rezzo**

orfanèllo [sec. XIV] **s. m.** (**f.** *-a*) **1** dim. di *orfano* **2** bambino orfano

orfanézza [av. 1306] **s. f.** • (*raro*) condizione di chi è orfano

orfanità [vc. dotta, lat. tardo *orphanitāte(m)*, da *ŏrphanus* 'orfano' ∗ av. 1406] **s. f. inv.** • (*raro*) orfanezza

♦**òrfano** [lat. tardo *ŏrphanu(m)*, dal gr. *orphanós*, dalla stessa radice indeur. del lat. *ŏrbus* 'orbo' ∗ 1261 ca.] **A agg. 1** che è privo di uno o di entrambi i genitori, detto spec. di bambini: *essere, restare o. di padre, di madre* **2** in apicoltura, detto di alveare rimasto privo della regina **3** (*fig.*, *lett.*) privo, sprovvisto **4** farmaco orfano, V. *farmaco* **5** ***opera orfana***, opera dell'ingegno non di pubblico dominio, ma di cui non si conosce il titolare dei diritti **B s. m.** (**f.** *-a*) **1** bambino o ragazzo privo di uno o di entrambi i genitori: *gli orfani di guerra*; *collegio per orfani* **2** (*fig.*) chi è rimasto privo di guida o sostegno || **orfanèllo**, **dim.** (V.)

orfanotròfio [vc. dotta, lat. tardo *orphanotrophīu(m)*, dal gr. *orphanotrophêion*, comp. di *orphanós* 'orfano' e *trophḗ* 'nutrimento', di orig. indeur. ∗ 1803] **s. m.** • istituto in cui vengono raccolti e allevati gli orfani

òrfico [vc. dotta, lat. *Ŏrphicu(m)*, dal gr. *Orphikós*, da *Orphéus* 'Orfeo' ∗ av. 1375] **A agg.** (**pl. m.** *-ci*) **1** di Orfeo, mitico poeta e cantore greco: *inni orfici*; *musica orfica* **2** relativo all'orfismo **3** (*fig.*) misterioso **B s. m.** • chi è iniziato ai misteri orfici

orfìsmo [da *Orfeo*, ritenuto il fondatore di tale dottrina misterica ∗ 1913] **s. m. 1** nella Grecia antica, movimento filosofico-religioso di carattere iniziatico che attraverso l'ascesi e la metempsicosi proponeva agli adepti un ideale di progressivo affrancamento dell'anima dal corpo **2** (*fig.*) concezione dell'arte come espressione di un'intensità lirica assoluta | ***o. della parola***, la sua forza rivelatrice, evocatrice

organàio ➤ **organaro**

†**organàle** [sec. XIII] **agg.** • (*mus.*, *raro*) di organo | per organo

organaménto [1843] **s. m.** • (*lett.*) organizzazione

organàre [da *organo* ∗ 1319] **v. tr.** (*io òrgano*) **1** †dare organi, formare organi | (*lett.*) ordinare, disporre secondo un preciso criterio **2** †comporre, suonare in forma diafonica: *o. un canto gregoriano*

organàrio [av. 1889] **agg.** • relativo agli organi e a chi li costruisce: *arte organaria*

organàro o (*raro*) **organàio** [1604] **s. m.** (**f.** *-a*) • chi fabbrica o aggiusta organi

organatóre [1843] **agg. e s. m.** (**f.** *-trice*) • (*lett.*) organizzatore

orgàndi o **orgàndis**, (*tosc.*) **organdìsse** [fr. *organdi*: stessa etim. dell'it. *organzino* ∗ 1835] **s. m. inv.** • organza

organétto [dim. di *organo*; nel sign. 3, detto così per il continuo canto che emette nel mese di maggio ∗ av. 1400] **s. m. 1** piccolo organo **2** strumento meccanico mobile, a canne e ad aria, azionato da una manovella: *o. di Barberia*; *suonare l'o. per le strade* | (*pop.*) armonica a bocca | (*pop.*) fisarmonica **3** uccelletto dei Passeriformi, affine al cardellino ma più piccolo, di color rosso vivo al di sopra del capo (*Carduelis flammea*)

orgànica [f. sost. di *organico* ∗ 1924] **s. f.** • branca dell'arte militare che si occupa del reclutamento e dell'organizzazione delle forze armate e della dotazione tecnica dei reparti

organicàre [1958] **v. tr.** (*io orgànico, tu orgànichi*) • (*biol.*) convertire mediante organicazione

organicazióne [1958] **s. f.** • (*biol.*, *chim.*) processo per cui organismi autotrofi trasformano elementi chimici inorganici in composti organici: *l'o. del carbonio nelle fotosintesi*

organicìsmo [comp. di *organico* e *-ismo* ∗

1869] **s. m. 1** qualunque dottrina filosofica che interpreti la natura e la realtà sociale alla stregua di un organismo vivente **2** (*med.*) teoria secondo la quale tutti i sintomi sono riconducibili a disturbi organici | (*psicol.*) tendenza a ricollegare le patologie psichiche a disfunzioni organiche

organicìsta [1907] **s. m. e f.** (**pl. m.** *-i*) ● fautore, sostenitore dell'organicismo

organicìstico [1928] **agg.** (**pl. m.** *-ci*) ● relativo all'organicismo: *dottrine organicistiche*

organicità [1907] **s. f. inv.** ● caratteristica di ciò che è organico | connessione ordinata e razionale delle varie parti di un tutto

orgànico [vc. dotta, lat. *orgănicu(m)*, dal gr. *organikós*, agg. di *órganon* 'strumento'. V. *organo* ✱ 1308] **A agg.** (**pl. m.** *-ci*) **1** relativo al mondo animale o vegetale: *regno o.*; *natura organica* **CONTR.** inorganico | ***composto o.***, costituito essenzialmente da carbonio e idrogeno, presente per lo più negli animali e nei vegetali | ***chimica organica***, riguardante lo studio di quasi tutti i composti del carbonio | ***acido o.***, caratterizzato da uno o più gruppi carbossilici **2** (*fisiol.*, *med.*) relativo agli organi o agli organismi, e spec. a una loro alterazione: *funzioni organiche*; *vizio, difetto o.*; *disfunzione organica* **CFR.** funzionale **3** (*fig.*) formato di più elementi o parti coordinate a uno stesso fine: *complesso o.*; *unità organica di lavoro* | (*est.*) armonico, omogeneo: *la facciata costituisce un tutto o. di elementi architettonici ed ornamentali*; *la nostra attività rientra nel quadro o. degli aiuti alle zone depresse* | strutturale, complessivo: *una riforma organica del fisco* **4** che è parte integrante, che è funzionale a una data struttura (+ *a*): *un piano o. al territorio* | ***intellettuale o.***, V. *intellettuale* **5** (*gramm.*) detto di forma comparativa o superlativa costituita da un'unica parola autonoma rispetto al corrispondente aggettivo di grado positivo (per es. *migliore*, *minore*, *pessimo*) **SIN.** sintetico **6** (*milit.*) che si riferisce alla struttura di un'unità, di un reparto regolare e sim.: *tabella organica* **7** (*lett.*) dotato di organi, costituito da organi: *l'essere o.*; *corpo o.* ‖ **organicaménte**, **avv. 1** in modo organico **2** per ciò che concerne gli organi del corpo, l'organismo ‖ **organicità**, **s. f. inv.** (V.) **B s. m.** ● complesso di persone addette a determinate attività, funzioni e sim., in uffici, aziende, amministrazioni e sim.: *aumentare l'o.*; *l'o. è ormai insufficiente* | (*milit.*) composizione di un determinato reparto | insieme dei componenti di un'orchestra, di una compagnia teatrale, di una squadra sportiva, e sim.

organigràmma o **organogràmma** [comp. di *organo* e *-gramma* ✱ 1962] **s. m.** (**pl.** *-i*) ● rappresentazione grafica delle funzioni dei singoli organi di un'azienda, di un partito e sim., con riferimento alla loro posizione gerarchica

organìno [1825] **s. m. 1** dim. di *organo* **2** organetto: *o. di Barberia*

♦**organìṣmo** [fr. *organisme*, da *organe* 'organo' ✱ 1708] **s. m. 1** ogni essere vivente, animale o vegetale, inteso come insieme di parti specializzate in grado di svolgere funzioni coordinate (per es. la riproduzione) | (*per anton.*) corpo umano: *o. sano, forte, robusto, malaticcio, debole* **2** (*fig.*) insieme di elementi o strutture organiche e organizzate: *l'o. statale*; *gli organismi amministrativi, sindacali*

organìsta [av. 1405] **s. m. e f.** (**pl. m.** *-i*) ● suonatore di organo

organìstico [1950] **agg.** (**pl. m.** *-ci*) ● (*mus.*) relativo all'organo, alla musica per organo o agli organisti: *concerto o.*

organìstrum [vc. lat. mediev., da *ŏrganum* 'organo' ✱ 1935] **s. m. inv.** (**pl. lat.** *organistra*) ● strumento medievale formato da corde tese su una cassa armonica piatta, nel quale il suono era ottenuto mediante lo sfregamento contro le corde di una ruota azionata da una manovella

organizer /orgə'naizer, 'ɔːgə,naɪzə(r)/ [vc. ingl. da *to organize* 'organizzare' ✱ 1991] **s. m. inv. 1** agenda ad anelli di piccole dimensioni con fogli intercambiabili **2** (*inform.*) programma che riproduce su computer le funzioni di un'agenda | computer palmare con funzioni di agenda elettronica

†**organiẓẓaménto** [1623] **s. m.** ● l'organizzare

♦**organiẓẓàre** [1552] **A v. tr. 1** coordinare, disporre vari elementi in modo da raggiungere un fine: *o. un'azienda, un'attività*; *o. il proprio lavoro* | predisporre quanto è necessario per la buona riuscita di qlco.: *o. una festa all'aperto*; *o. una partita di caccia* | anche nella forma pron. **organiẓẓàrsi**, organizzare per sé: *organizzarsi la giornata, le vacanze, la vita* **2** (*biol.*) indurre la formazione di organi e la loro differenziazione istologica e morfologica negli esseri viventi **B organiẓẓàrsi v. rifl. 1** disporsi o predisporsi a o per qlco., prendere una serie di misure opportune (+ *in*): *prima di dare inizio a tale attività dobbiamo organizzarci*; *organizzarsi in gruppi di lavoro, in sindacati* **2** (*biol.*) formarsi, svilupparsi nel complesso dei propri organi in qualità di essere vivente ‖ **organiẓẓazióne**, **s. f.** (V.)

organiẓẓatìvo [1922] **agg.** ● relativo a organizzazione: *capacità organizzative* | di organizzazione: *fase organizzativa* ‖ **organiẓẓativaménte**, **avv.** sotto l'aspetto organizzativo

organiẓẓàto A part. pass. di *organizzare*; **anche agg.** ● predisposto in base a criteri razionali: *un viaggio o.* | ordinato, coeso, funzionale: *un gruppo ben o.*; *un esercito male o.* **B s. m.** (**f.** *-a*) ● chi fa parte di un'organizzazione

organiẓẓatóre [fr. *organisateur*, da *organiser* 'organizzare' ✱ 1800 ca.] **A agg. e s. m.** (**f.** *-trice*) ● che (o chi) organizza: *principio, comitato o.*; *gli organizzatori della festa* **B s. m.** ● (*biol.*) ognuna delle parti di tessuto che, nelle prime fasi dello sviluppo embrionale, provocano il differenziarsi di altri tessuti

♦**organiẓẓazióne** [fr. *organisation*, da *organiser* 'organizzare' ✱ sec. XIV] **s. f. 1** attività e modalità dell'organizzare: *l'o. di una banca, dell'esercito, dell'attività amministrativa*; *chi si occuperà dell'o.?* | ***o. aziendale***, impostazione dell'attività aziendale e relativo assetto organizzativo, sulla base di alcuni principi fondamentali e di un complesso di norme, procedure e modalità specifiche **2** complesso organizzato di persone e beni, dotato o meno di personalità giuridica: *organizzazioni sindacali, politiche, economiche* | ***o. internazionale***, associazione volontaria di soggetti di diritto internazionale, concretatasi in un ente a carattere stabile che attraverso l'attività dei propri organi attua finalità comuni a tutti i consociati: *l'ONU, l'OECE, la NATO sono organizzazioni internazionali*

♦**òrgano** [vc. dotta, lat. *ŏrganu(m)*, dal gr. *órganon*, dalla stessa radice di *érgon* 'lavoro, opera', V. *erg*① ✱ av. 1292] **s. m. 1** (*anat.*) ogni parte del corpo umano, animale, o vegetale, formata da più tessuti, con funzione particolare e definita: *o. di senso*; *organi sessuali*; *gli organi della locomozione* | ***o. elettrico***, capace di emettere scariche elettriche anche molto potenti, caratteristico di alcuni pesci | ***o. luminoso***, fotoforo **2** (*est.*) parte che, in un complesso, adempie a una precisa funzione coordinata con quella delle altre parti: *gli organi del motore* | (*mecc.*) ***o. condotto***, organo di macchina al quale è applicata la resistenza utile e che riceve il moto dall'organo conduttore al quale è applicata l'azione motrice | (*mecc.*) ***o. conduttore***, organo di macchina la cui azione motrice è applicata all'organo condotto **3** (*fig.*, *lett.*) strumento, tramite | †dispositivo **4** complesso di funzionari, mezzi, servizi e uffici preposto a funzioni specifiche nell'ambito dello Stato o di altro ente pubblico o privato: *o. individuale, collegiale*; *o. di controllo*; *organi direttivi*; *organi giurisdizionali, costituzionali, del partito, del parlamento, della magistratura* | ***o. di vigilanza***, preposto al controllo delle attività bancarie | ***organi di leva***, per mezzo dei quali il ministero della difesa provvede e sovrintende a tutte le operazioni della leva | ***organi collegiali***, nell'ordinamento scolastico italiano, quelli creati al fine di realizzare la partecipazione degli studenti e delle loro famiglie alla gestione della scuola, quali il consiglio di classe o interclasse e il consiglio d'istituto **5** (*fig.*) pubblicazione periodica che espone e sostiene le idee di gruppi o correnti politiche, letterarie e sim.: *l'o. ufficiale del sindacato, della confederazione*; *è il principale o. dell'opposizione*; *l'o. dei neo-romantici* | ***o. di stampa***, giornale **6** (*mus.*) strumento costituito da una serie di canne metalliche verticali in cui viene immessa aria da un mantice, e funzionante mediante serie di tastiere e di pedali | ***o. idraulico***, inventato e usato dagli antichi Greci e azionato da un sistema idraulico | ***o. elettrico, Hammond***, con tastiere agenti per mezzo di scariche elettromagnetiche | ***o. elettronico***, funzionante per mezzo di oscillatori elettronici **7** antica arma da fuoco a più canne ‖ **organétto**, **dim.** (V.) | **organìno**, **dim.** (V.)

organogèneṣi [comp. di *organo* e *genesi* ✱ 1875] **s. f. inv.** ● (*biol.*) studio della formazione embrionale e dello sviluppo dei vari organi

organògeno [comp. di *organ(ico)* e *-geno* ✱ 1954] **agg.** ● (*geol.*) di origine organica: *sedimenti, frammenti organogeni*

organografìa [comp. di *organo* e *-grafia* ✱ 1853] **s. f.** ● (*biol.*) descrizione morfologica o strutturale di organi di animali o piante

organogràfico [1869] **agg.** (**pl. m.** *-ci*) ● (*biol.*) relativo all'organografia

organogràmma ➤ **organigramma**

organolèttico [comp. di *organo* e del gr. *lēptós* 'che si può prendere', da *lambánein* 'prendere' ✱ 1841] **agg.** (**pl. m.** *-ci*) ● che può essere percepito e valutato dai sensi: *proprietà organolettiche* | ***esame o.***, compiuto per valutare la qualità di alimenti, vini, oli ecc. relativamente al sapore, all'odore, al colore e sim. ‖ **organoletticaménte**, **avv.** dal punto di vista organolettico ‖ **organoletticità**, **s. f. inv.**

organologìa [comp. di *organo* e *-logia* ✱ 1834] **s. f.** (**pl.** *-gìe*) **1** (*biol.*) studio della struttura e funzione degli organi **2** studio degli strumenti musicali

organològico [1940] **agg.** (**pl. m.** *-ci*) ● relativo a organologia

organòlogo [1958] **s. m.** (**f.** *-a*; **pl. m.** *-gi*) ● studioso di organologia

organometàllico [comp. di *organ(ico)* e *metallico* ✱ 1875] **agg.** (**pl. m.** *-ci*) ● relativo a organometallo: *composto o.*

organometàllo [comp. di *organ(ico)* e *metallo* ✱ 1970] **s. m.** ● (*chim.*) composto nel quale un atomo di carbonio di un radicale organico è direttamente unito a un metallo

organopatìa [comp. di *organo* e *-patia* ✱ 1844] **s. f.** ● (*med.*) malattia di un organo

organopatìṣmo [da *organopatia* ✱ 1875] **s. m.** ● (*med.*) teoria che spiega le malattie come lesioni di organi

organoscopìa [comp. di *organo* e *-scopia* ✱ 1834] **s. f.** ● (*med.*) esame diretto o indiretto con strumenti ottici degli organi

organoterapìa [comp. di *organo* e *-terapia* ✱ 1897] **s. f.** ● (*med.*) opoterapia

orgànulo [dim. di *organo* ✱ 1958] **s. m.** ● (*biol.*) ognuna delle strutture contenute nel citoplasma, caratterizzate da autonomia funzionale e da morfologia definita, che concorrono all'attività cellulare

òrganum [vc. lat. mediev. V. *organo* ✱ 1970] **s. m. inv.** (**pl. lat.** *organa*) ● (*mus.*) primitiva forma di polifonia, in cui la voce principale è accompagnata da un'altra voce che la segue parallelamente alla distanza di una quarta

orgànza [stessa etim. di *organzino* ✱ 1950] **s. f.** ● tessuto leggero di cotone, trasparente e semirigido, più fine della mussola, usato spec. per abiti femminili e per guarnizioni

organzìno [dalla città di *Urgenc'* nel Turchestan, da dove proveniva ✱ 1567] **s. m.** ● filo di seta formato da due o più fili ritorti dapprima uno per uno e poi assieme | tessuto fabbricato con filo di organzino

orgasmàre [da *orgasmo* ✱ 1977] **v. intr.** (**aus.** *avere*) ● (*raro*) raggiungere l'orgasmo durante l'atto sessuale

orgàsmico [da *orgasmo*: prob. la vc. fu coniata in ted. ✱ av. 1963] **agg.** (**pl. m.** *-ci*) ● relativo all'orgasmo sessuale

♦**orgàsmo** [vc. dotta, gr. *orgasmós*, da *orgân* 'essere pieno di desiderio', da *orgé* 'sentimento, passione', dalla stessa radice di *érgon* 'lavoro'. V. *erg*① ✱ 1700] **s. m. 1** stato di massima eccitazione sessuale **SIN.** climax **2** (*est.*) stato di estrema agitazione, ansia e sim.: *essere in o. per l'arrivo di qlcu.*; *vivere in continuo o.* **SIN.** eccitazione, irrequietezza

orgàstico [da *orgasmo*: prob. la vc. fu coniata in ted. ✱ 1927] **agg.** (**pl. m.** *-ci*) ● (*raro*) relativo all'orgasmo

òrgia① [vc. dotta, lat. *òrgia*, nt. pl., dal gr. *órgia*, nt. pl., dalla stessa radice di *orgé*. V. *orgasmo* ✱ 1374] **s. f.** (**pl.** *-ge* o *-gie*) **1** nel mondo greco-romano, festa in onore di Dioniso o Bacco, di Orfeo, di Cibele e di altre divinità misteriche | nella tipologia generale religiosa, riunione festiva che conclude determinati cicli del calendario, e ha carattere di licenza sessuale e di infrazione volontaria delle regole comportamentali **2** correntemente, riunione di più persone in cui si dà libero sfogo a ogni istinto o desiderio sessuale: *fare un'o.*; *darsi alle orge*; *notte di o.* **3** (*fig.*) grande quantità di sensazioni molto intense o di fenomeni atti a provocarle, che stordisce, eccita e sim.: *un'o. di colori, di suoni, di luci*; *o. di piaceri, di sangue* ‖ **orgétta**, **dim.**

†**òrgia**② [vc. dotta, gr. *órgyia* 'misura di due braccia distese', da *orégein* 'distendere', di orig. indeur. ✱ 1585] **s. f.** (**pl.** *-gie*) ● misura di lunghezza equivalente a circa m 1,80

orgiàsta [vc. dotta, gr. *orgiastés*, da *orgiázein* 'celebrare le orge', deriv. di *órgia* 'orgia①' ✱ 1758] **s. m. e f.** (**pl. m.** *-i*) ● nell'antichità, chi partecipava alle orge o le celebrava

orgiàstico [vc. dotta, gr. *orgiastikós*, da *órgia* 'orgia①' ✱ av. 1597] **agg.** (**pl. m.** *-ci*) **1** relativo alle antiche orgie | (*est.*) caratterizzato da sfrenatezze o stravizi: *le risse notturne dopo gli orgiastici conviti* (R. BACCHELLI) **2** (*fig.*) che stordisce, che inebria, che eccita: *nel delirio o. della musica* ‖ **orgiasticaménte**, **avv.**

†**orgogliàre** [da *orgoglio* ✱ av. 1250] **v. intr. e** †**orgogliàrsi v. intr. pron.** ● inorgoglire, insuperbire

♦**orgóglio** (o *-ò-*) [provenz. *orgolh*, dal francone *orgōlī* ✱ av. 1250] **s. m. 1** esagerata valutazione dei propri meriti e qualità per cui ci si considera superiori agli altri: *essere pieno d'o.*; *il suo o. è veramente smisurato*; *peccare d'o.* | (*est.*) alterigia, baldanza: *l'o. dei potenti* **SIN.** boria, superbia **CONTR.** umiltà **2** legittima consapevolezza e giustificata fierezza dei propri meriti, delle proprie capacità e sim.: *non nascondere il proprio o.* | (*est.*) argomento o ragione di vanto: *essere l'o. della patria, della famiglia* **3** †rigoglio ‖ **orgogliàccio**, **pegg.** | **orgogliétto**, **dim.** | (*lett.*) **orgogliùzzo**, **dim.**

SFUMATURE DI SIGNIFICATO

orgoglio - amor proprio - superbia

Una considerazione, una valutazione molto positiva di sé si definisce **orgoglio**. Se tale orgoglio è legittimo, fondato e misurato e si traduce in una condotta che esige dagli altri rispetto e da sé stessi impegno e responsabilità si parla di **amor proprio**. Si dice invece **superbia** una considerazione eccessiva dei propri meriti, che si manifesta in atteggiamenti sprezzanti di superiorità e sicurezza.

♦**orgogliόso** (o *-ṣ-*) [av. 1250] **agg. 1** altero, superbo, borioso: *Orgogliosi! guardano la miseria per insultarla* (U. FOSCOLO) **2** di chi è pieno d'orgoglio, fierezza o giusto vanto (+ *di*): *uomo o.*; *essere o. del proprio nome*; *sono o. di te* | †*cavallo o.*, vivace **SIN.** fiero **3** di ciò che mostra orgoglio, fierezza o profonda soddisfazione: *parole, affermazioni, orgogliose* **CONTR.** umile | †*vino o.*, gagliardo **4** †impetuoso, tempestoso: *mare, torrente o.* ‖ **orgogliosétto**, **dim.** ‖ **orgogliosaménte**, **avv. 1** (*raro, lett.*) con alterigia, con superbia **2** con orgoglio, con fierezza ‖ †**orgogliosità**, **s. f. inv.** alterigia, arroganza

†**orgoglìre** [da *orgoglio* ✱ sec. XIV] **v. intr. e** †**orgoglìrsi v. intr. pron.** ● inorgoglire

orgóne [comp. di *org(asmo)* e *(orm)one*: prob. la vc. fu coniata in ted. ✱ 1953] **s. m.** ● (*psicoan.*) termine usato da W. Reich (1897-1957) per indicare l'energia cosmica presente in natura, che l'essere umano assorbirebbe e scaricherebbe in ogni sua attività, spec. in quella sessuale

orgònico [da *orgone* ✱ 1962] **agg.** (**pl. m.** *-ci*) ● (*psicoan.*) relativo all'orgone

orgonomìa [comp. di *orgo(ne)* e *-nomia* ✱ 1970] **s. f.** ● (*psicol.*) teoria elaborata da W. Reich (1897-1957), fondata sull'ipotesi dell'esistenza dell'energia orgonica

†**oriafiàmma** ➤ **orifiamma**

oriàna [variante di un precedente *orellana*, detta così perché la pianta si trova nell'America tropicale esplorata da F. de *Orellana* (1511-1546) ✱ av. 1800] **s. f.** ● sostanza colorante rosso aranciato usata un tempo in tintura

òribi [ingl. *oribi*, vc. di orig. africana ✱ 1958] **s. m. inv.** ● piccola antilope africana, il cui maschio ha corna rivolte in avanti (*Ourebia ourebi*)

oricàlco [vc. dotta, lat. *orichălcu(m)*, dal gr. *oréichalkos*, propr. 'rame di monte', comp. di *óros* 'monte' (V. *oro-*②) e *chalkós* 'rame' (V. *calcografia*) ✱ av. 1313] **s. m.** (**pl.** *-chi*) **1** varietà di bronzo simile all'oro, composta principalmente di rame e da piccole quantità di stagno, piombo e zinco **SIN.** crisocalco **2** (*lett.*) ottone: *ch'e' par fiorin d'or, ed è d'o.* (C. ANGIOLIERI) **3** (*lett.*) strumento musicale a fiato, ottone, tromba

†**oricànno** [etim. incerta ✱ 1353] **s. m.** ● bottiglina o vasetto, spec. di metallo prezioso, per profumi

òrice① o **òrige** [vc. dotta, lat. *ŏrige(m)*, dal gr. *óryx*, di orig. straniera, avvicinata a *óryx* 'zappa', da *orýssein* 'scavare, raspare', di etim. incerta ✱ 1534] **s. m.** ● antilope africana con lunghissime corna acute e diritte e lunga coda con ciuffo terminale (*Orix beisa*)

†**orìce**② [da *oricello*① ✱ 1309] **s. m.** ● cimosa

oricèllo① [dim. del lat. *ōra* 'orlo'. V. *orlare* ✱ sec. XIX] **s. m.** ● (*raro*) orliccio

oricèllo② [etim. incerta ✱ av. 1347] **s. m.** ● sostanza colorante estratta dalla roccella

orichìcco o **orochìcco** [da *chicco (d')oro* ✱ sec. XIV] **s. m.** (**pl.** *-chi*) ● (*raro*) latice che stilla dalle Rosacee, usato nell'appretto dei tessuti

orichiomàto [comp. di *oro* e *chiomato*: calco sul lat. *auricomus*, a sua volta calco sul gr. *chrysókomos* ✱ av. 1817] **agg.** ● (*raro, poet.*) che ha chioma del colore dell'oro

†**oricrinìto** [comp. di *oro* e *crinito*. V. *orichiomato* ✱ av. 1673] **agg.** ● orichiomato

orientàbile [1929] **agg.** ● che si può orientare: *strumento o. in varie direzioni* ‖ **orientabilità**, **s. f. inv.**

♦**orientàle** [vc. dotta, lat. tardo *orientāle(m)*, agg. di *ŏriens*, genit. *oriĕntis* 'oriente' ✱ av. 1250] **A agg. 1** dell'oriente, della parte di oriente | posto a oriente: *paesi, mari orientali* | ***venti orientali***, che soffiano da oriente **2** che proviene dai paesi dell'oriente: *perle, piante orientali*; *tappeto o.* | ***pietra o.***, varietà di corindone e di altre gemme | che è tipico degli abitanti dei Paesi orientali: *quella maschera d'indifferenza o. che è la dignità del contadino siciliano* (G. VERGA) | ***Chiesa o.***, Chiesa cattolica ortodossa | ***lingue orientali***, l'insieme delle lingue semitiche persiane, indiane, cinesi e giapponese | ***blocco o.***, quello che, fino al 1991, era costituito dai Paesi dell'Europa orientale aderenti al patto di Varsavia e soggetti all'influenza politica dell'Unione Sovietica ‖ **orientalità**, **s. f. inv.** ‖ **orientalménte**, **avv.** a oriente; secondo gli usi orientali **B s. m. e f.** ● abitante o nativo dei paesi orientali

orientaleggiànte [da *orientale* ✱ 1958] **agg.** ● che tende verso forme o caratteri orientali: *gusto, stile o.*

orientalìsmo [fr. *orientalisme*, da *oriental* 'orientale' ✱ 1832] **s. m.** ● indirizzo pittorico e architettonico caratterizzato dalla rappresentazione di soggetti orientali | (*lett.*) ammirazione per la civiltà e il gusto dell'Oriente

orientalìsta [fr. *orientaliste*, da *oriental* 'orientale' ✱ 1818] **s. m. e f.** (**pl. m.** *-i*) **1** studioso di orientalistica **2** seguace dell'orientalismo

orientalìstica [f. sost. di *orientalistico* ✱ 1950] **s. f.** ● complesso di discipline che hanno come oggetto lo studio scientifico delle lingue, delle letterature, delle civiltà e delle religioni orientali

orientalìstico [1917] **agg.** (**pl. m.** *-ci*) **1** relativo ai popoli e ai paesi dell'Oriente, alle loro lingue, religioni e letterature | relativo all'orientalistica **2** relativo all'orientalismo

orientalizzànte **part. pres.** di *orientalizzare*; anche **agg. 1** nei sign. del v. **2** orientaleggiante | ***arte o.***, l'arte greca e italica nel VII e VI sec. a.C., caratterizzata dalla produzione di oggetti che imitavano quelli importati dall'Oriente

orientalizzàre [1927] **A v. tr.** ● arricchire di elementi o caratteristiche orientali, assimilare all'Oriente: *o. una regione* **B v. intr.** (**aus.** *avere*) ● (*raro*) tendere a forme e caratteri propri dell'Oriente **C orientalizzàrsi v. intr. pron.** ● assumere elementi o caratteristiche orientali ‖ **orientalizzazióne**, **s. f.**

orientaménto [1871] **s. m. 1** determinazione della posizione dei punti cardinali sull'orizzonte del luogo in cui ci si trova | collocazione in una certa direzione, spec. rispetto ai punti cardinali: *l'o. di un edificio* | (*sport*) orienteering | ***senso di o.***, facoltà istintiva di orientarsi, tipica di molti animali e presente, in una certa misura, anche nell'uomo | ***perdere l'o.***, (*fig.*) sviarsi, sbanda-

O

re, disorientarsi **2** (*fig.*) indirizzo: *scuole di o. professionale, tecnico* | *o.* ***scolastico***, quello volto a indirizzare l'allievo verso forme di insegnamento o tipi di scuola più consone alle sue reali attitudini, capacità e aspirazioni | ***o. professionale***, quello volto ad aiutare l'individuo a scegliere l'attività professionale più consona sia alle sue attitudini, capacità e aspirazioni, sia alle possibilità e bisogni della società **3** (*fig.*) tendenza culturale, ideologica o politica: *un circolo di o. liberale; un presidente di o. riformista*

♦**orientàre** [da *oriente* ✱ 1803] **A** **v. tr.** (*io orïènto*) **1** (*raro*) rivolgere a oriente **2** situare in una certa posizione o direzione, avendo riguardo ai punti cardinali: *le finestre sono orientate a Sud, a Nord* | (*est.*) dirigere **3** (*mat.*) dotare d'orientazione **4** (*fig.*) avviare a determinate scelte: *stiamo cercando di orientarlo verso un'occupazione interessante e redditizia* | indirizzare: *un opuscolo per o. i consumatori* **B** **orientàrsi** **v. rifl.** **1** disporsi in un certo modo rispetto ai punti cardinali | (*est.*) stabilire la propria esatta posizione: *non riesco a orientarmi* | (*fig.*) raccapezzarsi (+ *in*, + *tra*): *è una questione intricata in cui non è facile orientarsi; orientarsi fra le molte testimonianze* **2** (*fig.*) indirizzarsi (+ *su*, + *verso*): *la maggioranza si è orientata su un candidato; penso di orientarmi verso una facoltà umanistica*

orientatìvo [1923] **agg.** ● che ha la funzione di orientare (*spec. fig.*): *esame o. delle attitudini di qlco.* | approssimativo: *prezzo o.* ‖ **orientativaménte**, **avv.** in modo orientativo, a mo' di orientamento; indicativamente, grosso modo: *orientativamente arriveremo entro la mattinata*

orientàto **part. pass.** di *orientare*; anche **agg.** ● nei sign. del v. | che ha una data orientazione: *villa con la facciata orientata a sud-ovest* | (*fig.*) propenso a rivolgersi in una determinata direzione (+ *a*, **anche seguito da inf.**): *governo o. a destra, a sinistra; è o. ad accettare la mia proposta*

orientatóre [1889] **A** **agg.** (**f.** *-trice*) ● che orienta, che dà l'orientamento **B** **s. m.** **1** (*tecnol.*) dispositivo per dare un determinato orientamento ai pezzi che entrano in una macchina ad alimentazione continua **2** ***o. magnetico***, organo del tacheometro, costituito da un cilindro contenente un ago magnetico, che serve per orientare lo strumento secondo il meridiano

orientazióne [1879] **s. f.** **1** orientamento, posizione spec. di un edificio rispetto al sole, alla luce **2** (*mat.*) in un insieme che si possa dotare di due ordinamenti totali fra loro opposti, la scelta di uno di tali ordinamenti | ***o. di un piano***, scelta di un verso di rotazione da considerarsi positivo

♦**oriènte** [vc. dotta, lat. *oriënte(m)*, part. pres. di *orīri* 'sorgere', di orig. indeur. ✱ 1266] **A** **agg.** ● (*lett.*) che nasce, che sorge **B** **s. m.** **1** parte del cielo dove sorge il sole: *navigare verso o.; guardare a o.* **SIN.** Est, levante | (*est.*) zona, luogo posto a est rispetto a un altro preso come riferimento: *l'Adriatico è a o. dell'Italia* | ***Impero*** (***romano***) ***d'o.***, parte orientale dell'Impero romano che formò uno stato indipendente dal 395 d.C. **2** (*per anton.*) l'insieme dei Paesi asiatici, rispetto a quelli europei: *l'O. musulmano; i profumi dell'o.* | ***Vicino O.***, l'insieme dei Paesi dell'Asia occidentale, dal Mediterraneo all'Iran | ***Medio O.***, vicino oriente; (*meno comune*) l'Asia centro-meridionale cioè Iran e subcontinente indiano | ***Estremo O.***, Cina, Giappone e Paesi limitrofi **3** luogo dove opera una loggia massonica | ***Grande O.***, loggia centrale costituita dai rappresentanti delle diverse logge di una nazione e presieduta da un gran maestro **SIN.** Gran Loggia **4** caratteristica traslucidità delle perle naturali, dovuta a un fenomeno di scomposizione della luce **5** †luogo di nascita

orienteering /orjen'tierin(g), *ingl.* ˌɔːrɪen'tɪərɪŋ/ [vc. ingl., da *to orient* 'orientare' sul modello dello svedese *orientering* ✱ 1953] **s. m. inv.** ● sport nato nei Paesi scandinavi agli inizi del Novecento, nel quale i concorrenti, servendosi di una carta topografica e di una bussola, devono raggiungere nel minor tempo possibile un determinato luogo passando attraverso una serie di punti segnati su una cartina **SIN.** orientamento

orifiàmma o †**oriafiàmma** [fr. *oriflamme*, comp. di *orie* 'd'oro' e *flamme* 'fiamma, giglio' ✱ 1321] **s. f.** ● gonfalone di seta rossa a due o tre punte, con stelle ricamate e fiamme d'oro dipinte, anticamente insegna dei re di Francia | (*est.*) gonfalone, stendardo di parata
SFUMATURE ➤ ***gonfalone***

orifìzio o **orifìcio** [vc. dotta, lat. tardo *orificiu(m)*, comp. di *ōs*, genit. *ōris* 'bocca', di orig. indeur., e *-ficium* '-ficio' ✱ 1395] **s. m.** **1** angusta apertura, spec. di vasi, tubi e sim. **CFR.** poro-, -poro **2** (*anat.*) foro di entrata o di uscita di un organo canaliforme: *o. anale*

origàmi o **orìgami** [vc. giapp. ✱ 1964] **s. m. inv.** ● arte e tecnica di ottenere figure varie (persone, animali, fiori, oggetti) piegando, secondo precisi schemi geometrici, dei fogli di carta di formato regolare, senza usare né forbici né colla | (*est.*) l'oggetto ottenuto con tale tecnica

origamìsta [1974] **s. m. e f.** (**pl. m.** *-i*) ● esperto di origami

orìgano [vc. dotta, lat. *orĭganu(m)*, dal gr. *orí-ganon*, di orig. straniera ✱ av. 1320] **s. m.** ● erba aromatica perenne delle Labiate, mediterranea, pelosa e rossastra, con infiorescenze rosee, usata in culinaria (*Origanum vulgare*)

òrige ➤ **orice**①

origenìsta [vc. dotta, lat. tardo *Origenĭsta(m)*, da *Orĭgenes* 'Origene' (183-253), filosofo cristiano del III sec. ✱ sec. XIV] **s. m.** (**pl.** *-i*) ● seguace delle dottrine di Origene

♦**originàle** [vc. dotta, lat. *originăle(m)*, agg. di *orĭgo*, genit. *orĭginis* 'origine' ✱ av. 1292] **A** **agg.** **1** (*raro*) relativo alle origini; originario: *il significato o. di una parola* | ***peccato o.***, quello di disobbedienza a Dio, compiuto da Adamo e da Eva e trasmesso a tutti gli uomini **2** che è scritto, composto o comunque realizzato direttamente dall'autore; che non costituisce una copia, un'imitazione, un rifacimento: *manoscritto, calco, spartito o.; una prima edizione con note e commenti originali a margine* | detto della lingua usata dall'autore di un'opera, che non costituisce una traduzione: *la lingua o. del poema è il catalano* | ***edizione o.***, la prima stampa di un'opera **3** che proviene direttamente dal luogo d'origine, di produzione: *tessuto o. americano; seta indiana originale* **SIN.** autentico **4** che è nuovo e non si richiama a nulla di simile o di precedente: *teoria, musica o.; un'idea o.* | ***impronta o.***, carattere, segno di novità | (*est.*) strano, stravagante: *un tipo o. e un po' pazzo; si veste in maniera troppo o.; pettinatura, acconciatura o.* **SIN.** bizzarro ‖ **originalménte**, **avv.** **1** in modo originale **2** †originariamente ‖ **originalità**, **s. f. inv.** **B** **s. m.** **1** opera di mano dell'autore, da cui vengono tratte copie, riduzioni e sim.: *l'o. è andato perduto; riscontrare una copia con l'o.; una traduzione poco, molto fedele all'o.* | (*est.*) esemplare di atto o documento, redatto in forma e materia genuina da una cancelleria, da un ufficio o da un notaio, per essere consegnato al destinatario: *l'o. è in carta bollata; o. autenticato; copia conforme all'o.* **2** opera creata originariamente per le trasmissioni radiofoniche o televisive: *o. radiofonico, televisivo* | l'opera letteraria rispetto a sue riduzioni o adattamenti filmici o teatrali **3** lingua originale: *leggere l'Iliade in o.* **4** modello reale riprodotto in un'opera d'arte: *l'o. è più bello del ritratto* **C** **s. m. e f.** ● persona di abitudini bizzarre, di comportamento o idee singolari e stravaganti: *ve l'ho dato per un brav'uomo, ma non per un o., come si direbbe ora* (A. MANZONI) ‖ **originalóne**, accr.

SFUMATURE DI SIGNIFICATO
originale - estroso - pazzo
Ciò o chi non segue le norme comuni di comportamento, si discosta dai gusti correnti si definisce **originale**. **Estroso** ha lo stesso significato e aggiunge una sfumatura di fantasia e inventiva. **Pazzo**, utilizzato in senso esteso, indica originalità, estro, stravaganza al massimo grado.
SFUMATURE ➤ ***autentico***, ➤ ***modello***

originalità [av. 1519] **s. f. inv.** **1** caratteristica di chi (o di ciò che) è originale: *idee che hanno il pregio dell'o.; è da sottolineare l'o. dell'opera; il marchio garantisce l'o. del tessuto* **2** atto, comportamento e sim., strano, bizzarro: *abituarsi, assuefarsi alle originalità di qlcu.* | stravaganza: *le originalità della moda*

origináre [da *origine* ✱ 1499] **A** **v. tr.** (*io orìgino*) **1** dare origine, far nascere: *il suo intervento originò una serie di atti violenti* **SIN.** cagionare, produrre **2** †spiegare l'origine di qlco. | (*est.*) †spiegare **B** **v. intr.** (**aus.** *essere*) e **originàrsi** **v. intr. pron.** ● avere origine, derivare: *la lunga guerra originava da cause remote; il problema si origina da vecchie questioni rimaste insolute* **SIN.** dipendere, nascere

originàrio [vc. dotta, lat. tardo *originārïu(m)*, da *orīgo*, genit. *orīginis* 'origine' ✱ av. 1540] **agg.** **1** che è nativo o proveniente da un determinato luogo: *il gelso è o. della Cina; siamo tutti originari di Roma* | che ha dato le origini a qlco. o qlcu.: *il suo Paese originario è la Polonia* **2** primitivo, dell'origine: *la facciata originaria è andata distrutta dai bombardamenti; il restauro ridarà al dipinto il suo o. splendore* | ***cittadinanza originaria***, che appartiene al singolo fin dalla nascita | ***acquisto di un diritto a titolo o.***, quando un diritto è acquisito da un soggetto indipendentemente dal fatto che esso spettasse ad altri **CFR.** derivativo | autentico: *il testo o. è stato irrimediabilmente danneggiato* ‖ **originariaménte**, **avv.** in origine, dapprincipio
SFUMATURE ➤ ***primitivo***

originatóre [da *originare* ✱ av. 1571] **s. m.** (**f.** *-trice*) ● (*lett., raro*) chi (o ciò che) dà origine

♦**orìgine** o (*poet.*) †**orìgo** [vc. dotta, lat. *origine(m)*, da *orīri* 'sorgere'. V. *oriente* ✱ 1308] **s. f.** **1** momento o fase iniziale di qlco., prima apparizione di qlco.: *l'o. del mondo, della vita vegetale, del linguaggio, dell'uomo; periodo delle origini di qlco.* | ***l'o. di una città***, la sua fondazione | ***risalire alle origini***, indagare sulla fase iniziale di qlco., ricercandone cause, motivi e sim. | ***in o.***, al principio | ***aver o.***, iniziare | ***dare o.***, far iniziare, provocare, causare **CFR.** -gonia, -ctono **SIN.** nascita **2** (*mat.*) punto d'intersezione degli assi cartesiani | ***o. di una semiretta, di un semipiano, di un semispazio***, il punto o, rispettivamente, la retta o il piano che individua la semiretta, il semipiano o il semispazio **3** punto in cui una cosa ha il suo inizio materiale: *l'o. di un'arteria, di un fascio muscolare, di un segmento* | ***l'o. di un fiume***, la sua sorgente **4** provenienza, derivazione: *luogo di o.; certificato di o.; l'o. mitica, favolosa, leg-*

gendaria della stirpe umana; *le misteriose origini di un fenomeno*; *denominazione di o. protetta* | condizione sociale, estrazione: *una famiglia di o. contadina*; *una persona di umili origini* | ***di dubbia o.***, di ciò di cui non si sa da dove o da cosa provenga, e che quindi dà adito a dubbi e sospetti | ***l'o. delle parole***, la loro etimologia | ***di o. celtica, asiatica*** e sim., di stirpe celtica, asiatica e sim. **5** insieme di cause che hanno determinato l'insorgere di qlco.: *non è facile chiarire le origini di questa annosa questione*; *le origini del problema meridionale*
SFUMATURE ➤ *causa*, ➤ *fonte*

origliàre [ant. fr. *oreiller*, da *oreille* 'orecchia' ✻ av. 1405] **A** **v. intr.** (*io orìglio*; aus. *avere*) ● stare a sentire di nascosto: *o. alla porta*; *ebbi la tentazione di o. dietro l'uscio* (G. Verga) **B** **v. tr.** ● ascoltare di nascosto: *o. i discorsi di qlcu.*

origlière [ant. fr. *oreiller*, da *oreille* 'orecchia' ✻ av. 1338] **s. m.** ● (*lett.*) guanciale: *postagli la testa sopra uno o.* (G. Boccaccio)

†**orìgo** ➤ **origine**

Orimùlsion® /ori'mulʃon, *ingl.* ˌɔrɪ'mʌlʃ(ə)n/ [nome commerciale comp. di *Ori(noco)* ed *(e)mulsion* '(e)mulsione' ✻ 1995] **s. f. inv.** ● bitume estratto dal bacino del fiume Orinoco ed emulsionato con acqua, usato come combustibile nelle centrali termoelettriche

orìna ➤ **urina**

orinàle o **urinàle** [da *orina* ✻ av. 1337] **s. m.** **1** recipiente usato per orinare, vaso da notte **2** †vaso, boccia ‖ **orinalétto**, **dim.** | **orinalìno**, **dim.**

orinàre o (*spec. nell'uso med.*) **urinàre** [da *orina* ✻ sec. XIV] **A** **v. intr.** (aus. *avere*) ● emettere attraverso l'apparato urinario l'urina: *o. con dolore, con difficoltà* **SIN.** mingere **B** **v. tr.** ● emettere con l'urina: *o. sangue, pus*

orinàrio ➤ **urinario**

orinàta o (*raro*) **urinàta** [1734] **s. f.** ● (*raro*) atto dell'orinare

orinatìvo [da *orinare* ✻ 1834] **agg.** ● (*disus.*) diuretico

orinatóio [1846] **s. m.** (**pl.** *-ói*) ● luogo pubblico, destinato agli uomini, appositamente attrezzato per orinare al riparo della vista altrui **SIN.** vespasiano

orinazióne o **urinazióne** [1875] **s. f.** ● (*raro*) l'urinare

†**orìnci** [comp. di *ora* e *quinci* ✻ av. 1543] **vc.** ● solo nelle loc. avv. ***in orinci***, lontanissimo: *andare in o.*; ***da o.***, da molto lontano: *venire da o.*

ò-ring /'orin(g), *ingl.* 'əʊˌrɪŋ/ [vc. ingl., propr. 'anello (*ring*) a *o*' ✻ 1961] **s. m. inv.** ● (*tecnol.*) guarnizione ad anello che deformata per compressione fra due parti meccaniche in contatto ne garantisce la perfetta tenuta

orinóso ➤ **urinoso**

oriolàio [da *oriolo*① ✻ av. 1584] **s. m.** (**f.** *-aia*, **pl. m.** *-ai*) ● (*raro, tosc.*) orologiaio

oriòlo① o †**oriuòlo**, †**orivòlo** [lat. parl. **horariŏlu(m)*, dal lat. tardo *horārium* 'orologio', deriv. di *hōra* 'ora①' ✻ 1321] **s. m.** ● (*tosc.*) orologio ‖ **oriolétto**, **dim.**

oriòlo② [lat. *aurĕolu(m)*, propr. 'dorato', da *āurum* 'oro', per il colore delle penne ✻ sec. XVII] **s. m.** ● (*zool.*) rigogolo

oristanése (o **-ṣe**) [sec. XX] **A** **agg.** ● di Oristano **B** **s. m. e f.** ● abitante o nativo di Oristano

orittèropo [comp. del gr. *oryktḗr*, genit. *oryktêros* 'scavatore', da *orýssein* 'scavare' (V. *oritto-*), e *póus*, genit. *podós* 'piede' (V. *-podo*) ✻ 1828] **s. m.** ● mammifero africano dei Tubulidentati con corpo tozzo, muso lunghissimo, pelle spessa e bruna, vorace divoratore di termiti e formiche (*Orycteropus afer*)

orìtto- [dal gr. *oryktós* 'scavato', da *orýssein* 'scavare', di etim. incerta] **primo elemento** ● in parole composte della terminologia geologica, significa 'fossile', o indica relazione coi fossili: *orittogenia, orittognosia, orittologia*

orittogenìa [comp. di *oritto-* e *-genia* ✻ av. 1856] **s. f.** ● (*geol.*) origine dei fossili

orittognoṣìa [comp. di *oritto-* e del gr. *gnôsis* 'conoscenza' (V. *gnosi*) ✻ 1821] **s. f.** ● (*geol.*) studio scientifico dei fossili

orittologìa [comp. di *oritto-* e *-logia* ✻ 1779] **s. f.** (**pl.** *-gìe*) ● (*geol.*) orittognosia

oriùndo [vc. dotta, lat. *oriŭndu(m)*, gerundio di *orīri* 'nascere'. V. *oriente* ✻ 1641] **agg. e s. m.** (**f.** *-a*) **1** che (o chi) è originario di un dato luogo: *o. di Napoli, dell'Africa equatoriale* **2** (*disus.*) atleta, spec. giocatore di calcio, di nazionalità straniera ma di origine italiana, che gioca in una squadra italiana

†**oriuòlo** ➤ **oriolo**①

†**orivòlo** ➤ **oriolo**①

†**orizzòn** ➤ **orizzonte**

†**orizzónta** ➤ **orizzonte**

orizzontàle [agg. di *orizzonte* ✻ av. 1578] **A** **agg.** **1** che è parallelo alla linea dell'orizzonte o a un piano scelto convenzionalmente come tale: *superficie o.*; *posizione o.* **CONTR.** verticale **2** (*fig.*) detto di strutture o sim. situate allo stesso livello: *organismi sindacali orizzontali* | (*econ.*) ***concentrazione o.***, quella posta in essere da accordi tra imprese allo stesso stadio produttivo ‖ **orizzontalménte**, **avv.** in posizione o in direzione orizzontale ‖ **orizzontalità**, **s. f. inv.** caratteristica di ciò che è orizzontale; direzione, sviluppo in senso orizzontale **B** **s. f.** **1** (**spec. al pl.**) parola di cruciverba collocata nelle caselle in senso orizzontale **2** (*sport*) posizione del ginnasta il cui asse longitudinale è parallelo al terreno: *o. in avanti, indietro, laterale*

orizzontalizzàre [1914] **A** **v. tr.** **1** disporre, organizzare secondo un sistema orizzontale **CONTR.** verticalizzare **2** (*econ.*) organizzare le fasi parallele di un ciclo di produzione integrandole tra loro **3** nel calcio, sviluppare il gioco in senso prevalentemente orizzontale: *o. la manovra* **B** **orizzontalizzàrsi** **v. intr. pron.** ● assumere una caratteristica orizzontale (*spec. fig.*) ‖ **orizzontalizzazióne**, **s. f.**

orizzontaménto [1812] **s. m.** **1** (*raro*) orientamento **2** (*edil.*) qualunque struttura edilizia destinata a coprire un ambiente o parte di esso e a portare pavimenti o coperture

orizzontàre [da *orizzonte* ✻ 1798] **A** **v. tr.** (*io orizzónto*) ● mettere in una certa posizione rispetto all'orizzonte | (*est.*) orientare **B** **orizzontàrsi** **v. rifl.** **1** stabilire con sufficiente esattezza la propria posizione rispetto ai quattro punti cardinali: *prima di ripartire cerchiamo di orizzontarci* **SIN.** orientarsi **2** (*fig.*) raccapezzarsi: *con tutta questa confusione non mi orizzonto più*

♦**orizzónte** o (*poet.*) †**orizzòn**, (*poet.*) †**orizzónta** [vc. dotta, lat. *horizŏnta*, nom. *hŏrizon*, dal gr. *horízōn* '(circolo) che delimita', part. pres. di *horízein* 'delimitare', da *hóros* 'confine', di etim. incerta ✻ 1282] **s. m.** **1** linea grossolanamente circolare che limita la zona visibile da un dato punto di osservazione, e lungo la quale sembra che il cielo si congiunga con la terra o con il mare: *apparire, profilarsi, scomparire all'o.* | ***o. artificiale***, strumento che, in marina, serve a misurare l'altezza degli astri sull'orizzonte, e, in aeronautica, a controllare l'assetto di un aeromobile in voli senza visibilità **2** (*astron.*) ***o. celeste***, circolo massimo della sfera celeste che la divide in due emisferi, uno superiore (visibile da un determinato punto di osservazione) e uno inferiore (invisibile dallo stesso punto di osservazione) **3** (*geol.*) ciascuno dei diversi livelli in cui può venire suddiviso un suolo in base alla pedogenesi **4** (*archeol.*) termine impiegato per indicare un'unità stratigrafica comprendente più strati: *o. neolitico* **5** (*fig.*) insieme delle conoscenze, delle aspirazioni e delle idee di una persona o di un gruppo di persone: *un uomo di o. limitato*; *i nuovi orizzonti che si aprivano all'anima mia* (I. Nievo) **6** (*fig.*) quadro generale, complesso di fatti, situazioni e sim.: *gravi complicazioni turbano l'o. politico internazionale* | ***fare un giro d'o.***, (*fig.*) esaminare rapidamente una situazione nel suo complesso **7** (*fig.*) limite raggiunto o da raggiungere, prospettiva: *i vastissimi orizzonti della scienza moderna*; *nuovi orizzonti si aprono davanti a noi, grazie alla ricerca scientifica*

orlàre [lat. parl. **orulāre*, da **ōrula*, dim. di *ōra* 'orlo', da *ōs*, genit. *ōris* 'bocca', di orig. indeur. ✻ 1266] **v. tr.** (*io órlo*) ● fornire di orlo: *o. un fazzoletto, la manica, la gonna* | (*fig.*) formare un orlo, contornare: *nella striscia d'ombra che orlava il marciapiedi* (G. Verga) | (*fig.*) †***o. il cappello***, beffare

orlàto **part. pass.** di *orlare*; anche **agg.** **1** fornito di orlo: *una tazzina orlata d'oro* **2** segnato, contornato: *tra due alte rive orlate di macchie* (A. Manzoni) | ***unghie orlate di nero***, sudicie

orlatóre [da *orlare* ✻ 1891] **s. m.** **1** (**f.** *-trice* (V.)) chi per mestiere esegue orli: *o. di scarpe* **2** accessorio della macchina da cucire che ripiega la stoffa da orlare **3** orlatrice nel sign. 3

orlatrìce [av. 1869] **s. f.** **1** operaia che in un laboratorio di confezioni esegue gli orli **2** macchina per ripiegare il bordo di una lamiera **3** macchinetta a leva per fare l'orlo o la chiusura delle cartucce da caccia

orlatùra [av. 1543] **s. f.** **1** esecuzione, confezione di un orlo **2** orlo | striscia di tessuto o altro con cui si orla qlco.

orleanìsta [fr. *orléaniste* 'seguace della casa di Orléans' ✻ 1799] **A** **agg.** (**pl. m.** *-i*) ● relativo alla casa d'Orléans e ai suoi membri: *politica o.* **B** **s. m. e f.** ● sostenitore, fautore della casa d'Orléans

orléans /*fr.* ɔʀle'ɑ̃/ [vc. fr., dalla città di *Orléans* ✻ 1883] **s. m. inv.** ● tessuto leggero e lucido in mezza lana, con ordito di cotone, usato spec. per la confezione di giacche estive

†**orlìccia** [sec. XV] **s. f.** ● orliccio

orlìccio [da *orlo* ✻ av. 1492] **s. m.** **1** (*tosc.*) crosta di pane **2** †orlo, estremità | bordo irregolare

†**orlìqua** ➤ **reliquia**

†**orlìquia** ➤ **reliquia**

órlo [lat. parl. **ōrulu(m)*, dim. di *ōra* 'orlo' (V. *orlare*) ✻ 1313] **s. m.** **1** margine estremo, limite di qlco.: *l'o. del fosso, del burrone, del bicchiere* | ***pieno fino all'o.***, di recipiente colmo | (*fig.*) ***essere sull'o. della pazzia, della disperazione*** e sim., avere raggiunto il limite estremo della sopportazione, essere in procinto di impazzire | ***essere, trovarsi sull'o. del precipizio***, (*fig.*) essere in condizioni disperate, in procinto di commettere gravissimi errori e sim. | (*mar.*) ***o. della vela***, ralinga **2** ripiegatura del tessuto prima di essere cucito | ***o. a giorno***, V. *giorno* nel sign. 5 | ***o. arrotolato***, molto sottile, per fazzoletti, tovagliolini e sim. | ***o. a festone***, ricamato a smerlo | (*est.*) ripiegatura e ribattitura del bordo di una lamiera **3** (*bot.*) margine rilevato di una ferita cicatrizzata sul tronco di un vegetale **4** (*fig.*) †l'ultimo istante: *l'o. della vita* ‖ **orlétto**, **dim.** | **orlìno**, **dim.** | **orlùccio**, **dim.**

Òrlon® [marchio registrato ✻ 1960] **s. m. inv.** ● fibra tessile sintetica resistente, ottenuta

per polimerizzazione del nitrile acrilico

órma [da *ormare* ✱ av. 1294] **s. f. 1** traccia di piede o di zampa che l'uomo o gli animali lasciano sul terreno camminandovi: *seguirono le orme della pantera attraverso la boscaglia; sui terreni rocciosi non restano orme* | ***ricalcare le proprie orme***, tornare sui propri passi | ***fiutare le orme***, detto di cani che seguono una pista umana o animale | ***mettersi sulle orme di qlcu.***, cercarlo, pedinarlo **2** (*fig.*) impronta, segno, traccia: *lasciare, imprimere un'o. indelebile nel campo della ricerca scientifica; le tragiche esperienze hanno impresso un'o. dolorosa nella sua anima* | ***ricalcare, seguire, le orme di qlcu.***, (*fig.*) imitarlo, seguirne l'esempio | (**al pl.**, *fig.*) vestigia: *le orme romane nelle antiche colonie iberiche*
SFUMATURE ➤ *impronta*①

♦**ormài** o **oramài** [comp. di *or* e *mai* ✱ av. 1250] **avv. 1** già, a questo punto (con valore enfat.): *o. è tardi; o. è quasi buio; o. è un mese che aspetto; questo vestito è o. vecchio; ti sarai o. convinto* | già, quasi (con riferimento a un futuro assai prossimo e certo): *siamo o. arrivati; o. ce l'hai fatta!; ancora un po' e o. abbiamo finito* **2** stando così le cose, giunti a questo punto (con valore conclusivo): *è solo questione di tempo o.; o. era da prevedere che sarebbe finita così!* **3** a questo punto, ora (esprimendo rinuncia o rassegnazione per l'irrimediabilità, l'inevitabilità di qlco.): *o. non c'è più niente da fare; o. non ci resta che ritirarci; o. quello che è fatto è fatto; nel declino o. dell'ora silenziosa / un sopore mi piega le palpebre* (E. MORANTE) | (*anche assol.*): *o.!, per quello che mi importa!*

ormàre [dal gr. *osmân* 'odorare, fiutare', da *osmḗ* 'odore', da *ózein* 'mandare odore', di orig. indeur. ✱ 1481] **v. tr.** (*io órmo*) **1** †inseguire **2** (*lett.*) imitare: *Il Monti (...) proprio dove meglio gli riesce di o. Dante fa ridere* (R. BACCHELLI)

ormeggiàre① [intens. di *ormare* ✱ av. 1817] **v. tr.** (**pres.** *io orméggio*; **fut.** *io ormeggerò*) • (*raro, lett.*) ormare

ormeggiàre② [gr. *hormízein*, da *hórmos* 'rada', di etim. incerta ✱ 1322] **A v. tr.** (**pres.** *io orméggio*; **fut.** *io ormeggerò*) • fermare una nave in un porto, impedendo con ancore, catene e cime che venti, moto ondoso e correnti possano spostarla | attaccare, assicurare alla riva, alla banchina, alle bitte | (*est.*) fissare un velivolo al suolo per proteggerlo dagli spostamenti causati dal vento **B ormeggiàrsi v. intr. pron.** • fissarsi con ormeggi, detto di una nave

ormeggiatóre [da *ormeggiare*② ✱ 1889] **s. m.** (**f.** *-trice*) • marinaio addetto all'ormeggio

orméggio [da *ormeggiare*② ✱ sec. XIV] **s. m. 1** serie di operazioni necessarie a ormeggiare un'imbarcazione o (*est.*) un velivolo **2** luogo dove si ormeggia una nave: *andare all'o.* | modo di ormeggiare: *o. di prua, affiancato, alla boa* | ***o. a barba di gatto***, ancoraggio afforcato con le due linee di ancoraggio divaricate di circa 100° **3** (**al pl.**) cavi e catene che servono per ormeggiare: *levare, mollare gli ormeggi*

ormèsi [vc. dotta, dal gr. *hormēsis* 'movimento rapido' ✱ 1980] **s. f. inv.** • (*biol.*) condizione di stress moderato come quello risultante dall'esposizione a basse dosi di sostanze tossiche o a un leggero digiuno, che stimola positivamente la risposta dell'organismo

†**ormesìno** ➤ **ermisino**

†**orminìaco** [lat. *armenĭacu(m)*, dal gr. *armeniakós* 'dell'Armenia' ✱ 1550] **s. m.** • mistura viscosa usata come mordente per dorare cuoio, drappi e sim.

†**ormisìno** ➤ **ermisino**

ormonàle [da *ormone*, sul modello dell'ingl. *hormonal* ✱ 1957] **agg.** • (*biol.*) di ormoni, relativo agli ormoni: *equilibrio, disfunzione o.* | contenente ormoni, a base di ormoni: *preparato o.; terapia o.* | (*fig., colloq.*) ***tempesta o.***, V. *tempesta*

ormóne [ingl. *hormone*, dal gr. *hormôn* 'che eccita', part. pres. di *hormân* 'eccitare', da *hormḗ* 'attacco, impulso', di orig. indeur. ✱ 1923] **s. m.** • (*biol.*) prodotto di ghiandole a secrezione interna che attraverso il circolo sanguigno raggiunge uno specifico tessuto, od organo bersaglio, regolandone l'attività fisiologica | ***ormone somatotropo***, ormone della crescita, V. *somatotropo* | ***o. luteinizzante***, luteina | (*bot.*) ***o. vegetale***, fitormone

ormònico [1955] **agg.** (**pl. m.** *-ci*) • (*biol.*) ormonale

ormonoterapìa [comp. di *ormone* e *terapia* ✱ 1940] **s. f.** • (*med.*) terapia a base di ormoni

ornamentàle [1839] **agg.** • di ornamento: *disegno o.* | che serve da ornamento: *fregi ornamentali* ‖ **ornamentalità**, **s. f. inv.**

ornamentazióne [da *ornamento* ✱ 1883] **s. f.** • l'ornare SIN. ornamento, decorazione | insieme di elementi ornamentali

ornaménto [vc. dotta, lat. *ornamĕntu(m)*, da *ornāre* 'ornare' ✱ av. 1250] **s. m.** (**pl.** *lett.* †*ornaménta*, **f.**) **1** l'ornare: *occuparsi dell'o. di una sala* SIN. decorazione **2** tutto ciò che serve per ornare: *ornamenti muliebri, sacerdotali, architettonici, musicali; essere carico, sovraccarico di ornamenti* | ***o. dello stile***, finezza linguistica **3** (*fig., lett.*) dote spirituale o morale: *le virtù sono l'o. dei saggi* **4** (*mus.*) abbellimento

ornàre [vc. dotta, lat. *ornāre*, da *ōrdo*, genit. *ōrdinis* 'ordine' ✱ 1261 ca.] **A v. tr.** (*io órno*) **1** rendere bello o più bello aggiungendo uno o più elementi decorativi: *o. l'abito con nastri; o. una sala, la facciata di un edificio con festoni e luminarie* | (*fig.*) impreziosire: *o. lo stile* | anche in forma pron.: *ornarsi i capelli con dei fiori* SIN. abbellire, decorare **2** (*fig., lett.*) rendere più ricco o più dotato di virtù e sim.: *o. la mente di cognizioni, il cuore di nobili sentimenti* **B ornàrsi v. rifl.** • abbellirsi: *non ama ornarsi di troppi gioielli*

ornatézza [1639] **s. f.** • condizione di ciò che è ornato | eleganza: *l'o. dello stile*

ornatìsta [da *ornato*② ✱ av. 1810] **s. m. e f.** (**pl. m.** *-i*) • artista che esegue lavori di ornamentazione

ornatìvo [vc. dotta, lat. tardo *ornatīvu(m)*, da *ornātus* 'ornato①' ✱ 1816] **agg.** • (*raro*) esornativo | decorativo

ornàto① **part. pass.** di *ornare*; anche **agg. 1** adorno **2** elegante: *linguaggio, stile o.; prosa ornata* ‖ **ornataménte**, **avv.** con ornamenti; con eleganza

ornàto② [vc. dotta, lat. *ornātu(m)*, s. del part. pass. di *ornāre* 'ornare' ✱ av. 1553] **s. m. 1** (*archit.*) l'insieme di risalti che si usano in architettura e che si sovrappongono al corpo principale per abbellimento **2** nello studio del disegno, parte che insegna a eseguire ornati

ornatóre [vc. dotta, lat. tardo *ornatōre(m)*, da *ornātus* 'ornato②' ✱ 1342] **s. m.** (**f.** *-trice*) **1** chi orna **2** chi è specializzato nella confezione di oggetti ornamentali

ornatùra [vc. dotta, lat. tardo *ornatūra(m)*, da *ornātus* 'ornato②' ✱ av. 1306] **s. f.** • l'ornare | insieme di ornamenti

orneblènda [ted. *Hornblende*, comp. di *Horn* 'corno' e *Blende* 'blenda', dalla forma dei cristalli ✱ 1817] **s. f.** • (*miner.*) specie molto diffusa di anfibolo in cristalli prismatici allungati di colore scuro

ornièllo o **ornèllo** [dim. di *orno* ✱ 1554] **s. m.** • pianta arborea delle Oleacee, con foglie composte e grandi corimbi di fiori odorosi, il cui tronco, se inciso, secerne la manna (*Fraxinus ornus*) SIN. avorniello, laburno, orno

ornìtico [vc. dotta, gr. *ornithikós*, agg. di *órnis*, genit. *órnithos* 'uccello' ✱ 1927] **agg.** (**pl. m.** *-ci*) • (*zool.*) relativo agli Uccelli: *fauna ornitica* | ***arto o.***, il caratteristico arto inferiore degli Uccelli, con l'articolazione della caviglia localizzata a livello del tarso

Ornitìschi [vc. dotta, comp. di *ornit(o)* e *ischio* ✱ 1982] **s. m. pl.** (**sing.** *-sco*) • (*zool.*) gruppo di Arcosauri estinti, caratterizzati da una cintura pelvica simile a quella degli Uccelli (*Ornithischia*)

ornìto- o **òrnito-** [dal gr. *órnis*, genit. *órnithos* 'uccello'] **primo elemento** • in parole composte dotte o della terminologia scientifica, significa 'uccello' o fa riferimento agli uccelli: *ornitologia*

ornitòfilo [comp. di *ornito-* e *-filo* ✱ 1927] **agg.** • detto di piante in cui l'impollinazione avviene a opera degli uccelli

ornitògalo [vc. dotta, gr. *ornithógalon*, comp. di *ornitho-* 'ornito-' e *gála* 'latte' (V. *galassia*): detto così perché il bulbo, di color latteo, viene adoperato come cibo per gli uccelli ✱ av. 1498] **s. m.** • pianta erbacea delle Giacintacee con infiorescenze bianche o gialle a grappolo (*Ornithogalum*)

ornitologìa [comp. di *ornito-* e *-logia* ✱ 1706] **s. f.** (**pl.** *-gìe*) • parte della zoologia che studia gli uccelli

ornitològico [av. 1807] **agg.** (**pl. m.** *-ci*) • che riguarda l'ornitologia | ***stazione ornitologica***, per l'osservazione e lo studio degli uccelli

ornitòlogo [vc. dotta, gr. *ornithológos*, comp. di *ornitho-* 'ornito-' e *-lógos* '-logo' ✱ 1803] **s. m.** (**f.** *-a*; **pl. m.** *-gi*) • studioso di ornitologia

ornitomanzìa [vc. dotta, gr. *ornithomantéia*, comp. di *ornitho-* 'ornito-' e *-mantéia* '-manzia' ✱ av. 1803] **s. f.** • tecnica divinatoria che trae presagi dalla forma, dall'apparizione e dai movimenti degli uccelli

ornitomìa [comp. di *ornito-* e del gr. *mýia* 'mosca', di orig. indeur. ✱ 1828] **s. f.** • insetto dei Ditteri parassita di uccelli cui succhia sangue (*Ornithomya avicularia*)

ornitorìnco [comp. di *ornito-* e del gr. *rýnchos* 'becco', di orig. indeur.: detto così perché ha il muso a *becco* d'uccello ✱ 1821] **s. m.** (**pl.** *-chi*) • mammifero australiano dei Monotremi; coperto di soffice pelo bruno, è dotato di un becco largo e appiattito in cui si aprono le narici, ha arti molto brevi e piedi palmati, depone uova da cui nascono i piccoli i quali succhiano il latte che cola dal ventre materno (*Ornithorhynchus*)

ornitòsi [comp. di *ornito-* e *-osi* ✱ 1958] **s. f. inv.** • (*med.*) malattia batterica causata da *Chlamydia psittaci*, tipica dei volatili e, occasionalmente, dell'uomo; si manifesta con infezioni generalizzate o respiratorie CFR. psittacosi

órno [lat. *ŏrnu(m)*, di orig. indeur. ✱ av. 1333] **s. m.** • (*bot.*) orniello

♦**òro** o †**àuro** [lat. *āuru(m)*, di orig. indeur. ✱ av. 1250] **A s. m.** (*poet.* troncato in *or*) **1** elemento chimico, metallo nobile giallo, duttile e malleabile, presente in natura spec. allo stato nativo, usato in lega col rame per monili e monete SIMB. Au NUM. AT. 79 CFR. auri-, criso- | ***oro bianco***, lega d'oro e palladio | ***oro falso***, lega imitante l'oro composta essenzialmente di rame | ***oro fino***, puro o quasi | ***oro musivo***, solfuro stannico in scagliette gialle splendenti usate per mosaici | ***oro rosso***, contenente forti quantità di rame | ***oro verde***, con-

tenente molto argento | ***legare in oro***, incastonare in oro una pietra preziosa | ***lavaggio dell'oro***, per separare le pepite dalla sabbia | ***oro in foglia***, per indorare | ***dare l'oro***, indorare | ***tintura d'oro***, cloruro di oro sciolto per indorare | ***oro in polvere***, usato per dorature | ***oro falso, oro matto***, similoro | ***d'oro, in oro***, fatto d'oro | ***occhiali d'oro***, con montatura in oro | ***medaglia d'oro***, (*ellitt.*) ***oro***, quella data in premio al primo classificato in una competizione sportiva | ***d'oro***, (*fig.*) prezioso come l'oro; nel linguaggio giornalistico, detto di ciò che è esageratamente abbondante, ricco, oppure fornisce occasione di profitti illeciti: *lo scandalo degli stipendi d'oro, delle lenzuola d'oro* | (*fig.*) ***affare d'oro***, molto favorevole, vantaggioso | (*fig.*) ***cuore d'oro***, grande bontà e generosità | (*fig.*) ***parole d'oro***, di estrema saggezza | (*fig.*) ***consiglio d'oro***, prezioso e disinteressato | ***albo d'oro***, V. *albo*② | ***libro d'oro***, V. *libro* nel sign. 5 | ***nozze d'oro***, V. *nozze* | (*fig.*) ***prendere tutto per oro colato***, credere a tutto, essere credulo e ingenuo | ***vale tant'oro quanto pesa***, (*fig.*) di cosa molto preziosa o di persona dotata di grandi meriti, virtù o capacità | ***vendere qlco. a peso d'oro***, (*fig.*) a carissimo prezzo | ***oro nero***, (*fig.*) il petrolio | ***oro blu***, (*fig.*) l'acqua | PROV. ***non è tutto oro quello che luccica***, non è tutto positivo ciò che all'apparenza sembra tale **2** moneta aurea: *pagare in oro* | (*est.*) denaro, ricchezza: *è schiavo dell'oro* | (*fig.*) ***per tutto l'oro del mondo***, a nessun prezzo, a nessun costo | (*fig.*) ***nuotare nell'oro***, essere ricchissimo **3** colore giallo brillante, tipico dell'oro: *capelli d'oro; mosca d'oro* **4** (**spec. al pl.**) oggetto d'oro: *gli ori e gli argenti del museo* **5** (**al pl.**) seme delle carte da gioco napoletane **B** **in funzione di agg. inv.** ● (posposto a un sost.) detto di una particolare tonalità di giallo che più si avvicina a quella dell'oro: *giallo oro*

òro-① [dal lat. *ōs, ōris* 'bocca', di orig. indeur.] **primo elemento** ● in parole composte della terminologia scientifica, equivale a 'orale': *orofaringe*

òro-② [dal gr. *óros* 'monte'] **primo elemento** ● in parole composte della terminologia geologica e geografica, significa 'monte', 'montagna', o fa comunque riferimento ai rilievi montuosi: *orogenesi, orografia*

Orobancàcee [comp. di *orobanc(he)* e *-acee* ✱ 1895] **s. f. pl.** (**sing.** *-a*) ● (*bot.*) famiglia di piante dicotiledoni parassite, prive di clorofilla, con foglie squamiformi e vistosi fiori in spighe (*Orobanchaceae*)

orobànche [vc. dotta, lat. *orobănche(m)*, dal gr. *orobánchē*, propr. 'che stringe, soffoca i legumi', comp. di *órobos* 'legume' (prob. vc. mediterranea) e *ánchein* 'soffocare' (di orig. indeur.) ✱ 1476] **s. f. inv.** ● genere appartenente alle Orobancacee, parassita di piante superiori, spec. Leguminose (*Orobanche*)

oròbico [da *orobio* ✱ 1822] **agg. e s. m.** (**f.** *-a*; **pl. m.** *-ci*) **1** relativo agli Orobi, popolazione romana, di probabile origine celtica, stanziata attorno al lago di Como | (*lett.*) bergamasco **2** giocatore della squadra di calcio dell'Atalanta

oròbio [dal lat. *orŏbĭu(m)* ✱ av. 1796] **agg.** (**pl. m.** *-i* o *raro -ii*) ● (*raro*) orobico: *prealpi orobie*; (*ellitt.*) *le Orobie* | (*lett.*) bergamasco: *Certi suoi modi orobii, certe familiarità ruvide* (A. FOGAZZARO)

orochìcco ➤ **orichicco**

orofarìnge [comp. di *oro-*① e *faringe* ✱ 1958] **s. f.** ● (*anat.*) porzione di faringe posta in corrispondenza con la cavità orale

orofaringèo o (*raro*) **orofarìngeo** [comp. di *oro-*① e *faringeo* ✱ 1993] **agg.** ● (*anat.*) relativo all'orofaringe

orogènesi [comp. di *oro-*② e *genesi* ✱ 1895] **s. f. inv.** ● (*geol.*) processo di deformazione delle parti mobili della crosta terrestre che porta al corrugamento e al sollevamento delle catene montuose, degli archi insulari, delle dorsali

orogenètico [1935] **agg.** (**pl. m.** *-ci*) ● relativo o contemporaneo all'orogenesi | causato dall'orogenesi

orografìa [comp. di *oro-*② e *-grafia* ✱ 1829] **s. f. 1** studio delle catene montuose **2** distribuzione delle catene montuose in una data regione **3** rappresentazione delle catene montuose sulle apposite carte

orogràfico [1843] **agg.** (**pl. m.** *-ci*) ● relativo all'orografia

oroidrografìa [comp. di *oro-*② e *idrografia* ✱ 1881] **s. f.** ● descrizione delle catene montuose di una data regione e dei fiumi che da esse derivano

oroidrogràfico [1958] **agg.** (**pl. m.** *-ci*) ● che concerne l'oroidrografia

orologerìa [da *orologio* ✱ 1770] **s. f. 1** arte di costruire o riparare gli orologi **2** negozio in cui si vendono gli orologi **3** ***congegno a o.***, dispositivo che provoca l'innesco di una carica esplosiva | ***bomba a o.***, (*fig.*) detto di situazione destinata a degenerare in modo dirompente al momento opportuno

orologiàio o (*centr.*) **orologiàro** [1562] **s. m.** (**f.** *-aia*, **pl. m.** *-ai*) ● chi fabbrica, ripara o vende orologi

orologièro [1950] **agg.** ● concernente la fabbricazione o la vendita degli orologi: *industria orologiera*

♦**orològio** [vc. dotta, lat. *horolŏgiu(m)*, dal gr. *hōrológion*, propr. 'quello che dice l'ora', comp. di *hṓra* 'ora①' e *-lógion*, da *légein* 'dire'. V. *-logo* ✱ 1321] **s. m. 1** strumento di misurazione del tempo, con l'indicazione delle ore e delle frazioni di ora, costituito tradizionalmente da un meccanismo che fa ruotare delle lancette su un quadrante graduato | ***o. analogico***, l'orologio tradizionale, fornito di lancette | ***o. digitale*** o (*raro*) ***o. numerico***, quello a cristalli liquidi, senza lancette, in cui l'indicazione dell'ora e delle sue frazioni è visualizzata mediante cifre | ***o. solare***, meridiana | ***o. ad acqua*** o ***a sabbia***, clessidra | ***o. floreale***, aiuola composta da piante che sbocciano a ore diverse | ***o. a ruote***, con meccanismo a più ruote dentate di diverso diametro che ingranano tra loro | ***o. da torre***, a ruote con peso | ***o. a pendolo***, a ruote con peso o con molla e un pendolo regolatore | ***o. a ripetizione***, che, a una pressione su di un gambo nella direzione del suo asse, fa suonare le ore e i quarti appena trascorsi | ***o. a sveglia***, con una suoneria che è messa in azione all'ora precedentemente segnata da una lancetta SIN. sveglia | ***o. elettrico***, mosso da una elettrocalamita | ***o. da tasca***, che si ripone in una tasca SIN. cipolla | ***o. di precisione***, cronometro | ***o. da controllo, marcatempo***, che registra l'ora di ingresso e di uscita dei dipendenti di una fabbrica o di un'azienda | ***o. atomico***, strumento nel quale si utilizza il periodo di oscillazione delle molecole di ammoniaca come unità di tempo | ***o. a scatto***, in cui l'ora è indicata direttamente da cifre impresse su lamina che scattano a intervalli periodici | ***un'ora di o.***, intera e precisa | ***stare con l'o. alla mano***, (*fig.*) essere puntualissimo o esigere estrema puntualità | (*fig.*) ***un o. che spacca il minuto***, precisissimo | (*fig.*) ***essere un o.***, metodico, preciso e puntuale all'eccesso | (*fig.*) ***funzionare come un o.***, detto di meccanismo precisissimo, di organo che funziona perfettamente e sim. **2** (*biol.*) ***o. biologico***, fattore interno non identificato che nelle piante e negli animali regola il ritmo delle attività biologiche dell'organismo **3** (*zool.*) ***o. della morte***, rumore ritmico prodotto da un coleottero xilofago (*Anobium punctatum*) nello scavare gallerie nel legno di mobili e travi, interpretato come presagio di sventura | (*impropr.*) il coleottero stesso || **orologétto**, **dim.** | **orologino**, **dim.** | **orologióne**, **accr.**

oronasàle (o-s-) [comp. di *oro-*① e *nasale* ✱ sec. XX] **agg.** ● (*anat.*) relativo alla cavità orale e al naso

oronimìa [da *oronimo* ✱ 1972] **s. f.** ● (*ling.*) branca della toponomastica che studia i nomi dei monti e delle catene montuose

orònimo [da *oro-*② col suff. *-onimo*, sul modello di *pseudonimo, toponimo* ecc. ✱ 1972] **s. m.** ● (*ling.*) nome di monte o di catena montuosa

oroscopìa [vc. dotta, gr. *hōroskopía*, da *hōroskópos* 'oroscopo' ✱ 1821] **s. f.** ● tecnica astrologica del trarre e scrivere oroscopi

oroscòpico [vc. dotta, lat. tardo *horoscŏpicu(m)*, dal gr. *hōroskopikós*, da *hōroskópos* 'oroscopo' ✱ 1869] **agg.** (**pl. m.** *-ci*) ● relativo a oroscopo e a oroscopia

oròscopo [vc. dotta, lat. tardo *horŏscopu(m)*, dal gr. *hōroskópos*, propr. 'che osserva l'ora (della nascita)', comp. di *hṓra* 'ora①' e *-skópos*, da *skopêin* 'guardare'. V. *-scopio* ✱ sec. XIV] **s. m. 1** nell'astrologia, osservazione del cielo e della posizione degli astri nel momento della nascita di una persona, e predizione sulla vita e sul carattere di questa tratte da tale osservazione | testo scritto o schema disegnato che contengono la predizione astrologica | ***o. cinese***, quello caratteristico della cultura cinese in cui i segni astrologici, riferiti all'anno lunare e rappresentati da animali, influiscono sul carattere e sul destino dei nati durante l'anno, a differenza di quello occidentale in cui l'influsso si esercita sui nati durante il mese **2** (*est.*) pronostico, previsione

orosolùbile [comp. di *oro-*① e *solubile* ✱ 1993] **agg.** ● (*farm.*) detto di medicinale che può sciogliersi in bocca

†**orpellàio** [da *orpello* ✱ sec. XIV] **s. m.** ● artigiano che dorava i cuoi

†**orpellaménto** [1536] **s. m.** ● l'orpellare | (*fig.*) indoramento

orpellàre [da *orpello* ✱ 1481] **v. tr.** (*io orpèllo*) **1** (*lett.*) coprire od ornare con foglia di orpello | fare false dorature **2** (*lett., fig.*) nascondere ciò che è brutto o sgradevole sotto false e gradevoli apparenze: *o. e coprir le sue colpe* (L. PULCI) | (*est.*) †ingannare

orpellatùra [av. 1686] **s. f. 1** (*lett.*) l'orpellare **2** (*raro, fig.*) finzione

♣**orpèllo** [provenz. *auripel*, dal lat. *āurea(m) pĕlle(m)* 'pelle d'oro' ✱ 1427] **s. m. 1** lega di rame, zinco, stagno in foglia, per false dorature SIN. oro falso, similoro **2** (*fig.*) falsa apparenza, esteriorità illusoria: *la sua onestà è solo un o.* **3** (**spec. al pl.**) ornamento inutile e vistoso, fronzolo: *s'è caricata d'orpelli credendo di essere elegante* | (*fig.*) artificio retorico: *stile gonfio e pieno d'orpelli*

orpiménto [fr. *orpiment*, dal lat. *āuri pigmĕntu(m)* 'pigmento d'oro' ✱ av. 1320] **s. m.** ● (*miner.*) solfuro di arsenico in cristalli di color giallo oro

†**orràre** e deriv. ➤ **onorare** e deriv.

orrendézza [da *orrend(o)* con il suff. *-ezza* ✱ 1940] **s. f.** ● (*raro*) caratteristica di ciò che è orrendo

orrèndo [vc. dotta, lat. *horrĕndu(m)*, gerundivo di *horrēre* 'essere irto, inorridire', di orig. indeur. ✱ av. 1420] **agg. 1** che suscita orrore e raccapriccio: *mostro o.; guerra, strage, visione orrenda* SIN. orribile, spaventoso, terribile **2** (*est.*) estremamente brutto: *un'orrenda megera; una musica orrenda* || **orrendaménte**, **avv.**

†**orrére** [vc. dotta, lat. *horrēre*. V. *orrendo* ✱ av.

1250] **v. tr.** ● avere in odio

orrettìzio ➤ **obrettizio**

†**orrévole** e deriv. ➤ **onorevole** e deriv.

orrezióne ➤ **obrezione**

♦**orrìbile** [vc. dotta, lat. *horrĭbile(m)*, da *horrēre* 'inorridire, aver orrore'. V. *orrendo* ✱ 1268] **agg.** **1** che fa inorridire, che causa tremendo turbamento: *mostro, delitto o.*; *Orribil furon li peccati miei* (DANTE *Purg.* III, 121); *fiera, ferocia o.*; *una scena o. si presentò ai nostri occhi* | ***o. a dirsi***, che suscita orrore o disgusto persino nel dirlo **SIN.** atroce, spaventoso, terribile **2** (*fig.*) pessimo: *fa un tempo o.*; *un odore o. emanava dalle fogne* **3** estremamente brutto: *corpo o.*; *viso o.* ‖ **orribilménte**, †**orribileménte**, **avv.** ‖ **orribilità**, **s. f. inv.** (V.)

orribilità [sec. XIV] **s. f. inv.** ● (*lett.*) caratteristica di ciò che è orribile | cosa o azione orribile

orridézza [1625] **s. f.** ● (*raro*) caratteristica o aspetto di chi (o di ciò che) è orrido | orrore

†**orridità** [vc. dotta, lat. *horriditāte(m)*, da *hŏrridus* 'orrido' ✱ av. 1628] **s. f.** ● orridezza

♣**òrrido** [vc. dotta, lat. *hŏrridu(m)*, da *horrēre* 'aver orrore'. V. *orrendo* ✱ 1338 ca.] **A** **agg.** **1** che fa orrore o ribrezzo: *vista, visione orrida*; *fu gettato in un o. carcere* **SIN.** orribile, spaventoso **2** (*est.*) di luogo selvaggio ed estremamente pericoloso: *dirupo, precipizio, scoglio o.* **3** (*est.*) disgustoso, sgradevolissimo alla vista, all'udito, al gusto e sim.: *aspetto, suono, sapore o.*; *da una nuova, e orrida voce svegliato* (L. DE' MEDICI) | (*lett.*) irto: *la chioma rabbuffata orrida e mesta* (L. ARIOSTO) ‖ **orridaménte**, **avv.** **B** **s. m.** **1** (solo **sing.**) ciò che suscita orrore, disgusto **2** forra dirupata, spec. con caduta d'acqua: *l'o. di Bellano, del Verone*

orrìfico [comp. di *orri(do)* e *-fico* ✱ 1810] **agg.** (**pl. m.** *-ci*) ● (*lett.*) orripilante **CFR.** orrorifico

orripilànte **part. pres.** di *orripilare*; anche **agg.** ● raccapricciante, orribile: *una scena o.* | (*est.*) molto brutto, sgradevole e sim. ‖ **orripilanteménte**, **avv.**

orripilàre [vc. dotta, lat. tardo *horripilāre* 'avere il pelo irto', poi 'essere preso da spavento', comp. di *horrēre* (V. *orrendo*) e *pĭlus* 'pelo' ✱ 1959] **A** **v. intr.** (*io orrìpilo*; **aus.** *essere*) ● (*lett.*) provare orrore, raccapriccio **B** **v. tr.** ● (*lett.*) far inorridire

orripilazióne [vc. dotta, lat. tardo *horripilatiōne(m)* 'arricciamento dei peli (per lo spavento)', da *horripilāre*. V. *orripilante* ✱ 1494] **s. f.** ● (*med.*) erezione dei peli con conseguente formazione di piccoli rilievi sulla pelle, in corrispondenza dei follicoli piliferi, causata dal freddo o da violente emozioni

†**orrire** [V. †*orrere* ✱ sec. XIII] **v. intr. e tr.** ● inorridire, avere in orrore

♦**orróre** [vc. dotta, lat. *horrōre(m)*, da *horrēre*. V. *orrendo* ✱ 1294] **s. m.** **1** forte sensazione di ribrezzo, ripugnanza o raccapriccio: *la sanguinosa strage ha destato profondo o. in tutti noi*; *sento o. per il sangue*; *ho o. del sangue* | ***avere in o. qlcu. o qlco.***, detestare | (*est.*) ciò che provoca tale sensazione: *gli orrori della guerra*; *un luogo pieno d'orrori* | ***film, romanzo dell'o.***, quello il cui contenuto è prevalentemente costituito da immagini, scene e situazioni che provochino paura, raccapriccio, ripugnanza **2** (*lett.*) timore profondo: *tremito d'o.*; *un o. superstizioso* | ***sacro o.***, reverenziale timore relativo alla divinità e a certe sue manifestazioni **3** (*fig.*) sentimento di rifiuto, di avversione: *ho o. della miseria* | (*iperb.*) persona o cosa molto sgradevole o brutta: *che o. quel film!* **4** (*poet.*) tenebrosità, oscurità: *raro un silenzio, un solitario o. / d'ombrosa selva mai tanto mi piacque* (F. PETRARCA)

SFUMATURE DI SIGNIFICATO

orrore - ribrezzo - fobia

Orrore è una sensazione violenta di ripugnanza, di raccapriccio dinanzi a fatti o cose che turbano profondamente la sensibilità. Significato analogo ha **ribrezzo**, termine che esprime tuttavia una ripugnanza che è conseguenza più di una reazione di schifo che non di rigetto morale. **Fobia** è propriamente una paura che appare eccessiva e immotivata, ma in questo contesto si richiama piuttosto per il suo significato di forte avversione verso qualcuno o qualcosa.

SFUMATURE ➤ ***paura***, ➤ ***sgomento***①

orrorìfico [comp. di *orror(e)* e *-fico* ✱ 1961] **agg.** (**pl. m.** *-ci*) ● che suscita sensazioni di paura, di raccapriccio: *un film o.* | (*raro*) orribile **CFR.** orrifico

orroróso (o *-ṣ-*) [sec. XIX] **agg.** ● (*lett.*) pieno di scene, particolari, racconti e sim. che suscitano orrore ‖ **orrorosaménte**, **avv.**

órsa [lat. *ŭrsa(m)*. V. *orso* ✱ sec. XIII] **s. f.** (*Órsa* nel sign. 2) **1** femmina dell'orso **2** (*astron.*) ***O. maggiore, O. minore***, costellazioni nell'emisfero celeste boreale

♦**orsacchiòtto** [1613] **s. m.** **1** dim. di *orso* **2** piccolo orso di stoffa, velluto o peluche, tradizionale giocattolo per bambini

orsàggine [da *orso*, nel sign. 2 ✱ av. 1914] **s. f.** ● caratteristica di chi è poco socievole e burbero

orsànte [da *orso* ✱ sec. XX] **s. m. e f.** ● artista girovago che, fino all'inizio del sec. XX, allestiva spettacoli nelle strade con un orso addestrato: *gli orsanti della val di Taro*

orsàtto [dim. di *orso* ✱ 1313] **s. m.** **1** (*lett.*) cucciolo d'orso **2** (*fig., poet.*) nella Divina Commedia, membro della famiglia Orsini: *e veramente fui figliuol de l'orsa, / cupido sì per avanzar li orsatti, / che sù l'avere, e qui me misi in borsa* (DANTE *Inf.* XIX, 70-72)

orsétto [av. 1517] **s. m.** **1** dim. di *orso* **2** cucciolo dell'orso **3** pelliccia di gatto selvatico o stoffa che la imita **4** (*zool.*) ***o. lavatore***, procione

Orsifórmi [comp. di *orso* e il pl. di *-forme* ✱ 1983] **s. m. pl.** (**sing.** *-e*) ● (*zool.*) sottordine di Carnivori cui appartengono i Canidi, i Mustelidi e gli Ursidi (*Arctoidea*) **SIN.** Arctoidi

orsìno [vc. dotta, lat. *ursīnu(m)*, agg. di *ŭrsus* 'orso' ✱ sec. XIV] **agg.** ● di orso

♦**órso** [lat. *ŭrsu(m)*, di orig. indeur. ✱ av. 1294] **s. m.** (**f.** *-a*) **1** correntemente, ogni mammifero della famiglia degli Ursidi **CFR.** bramire, grugnire, ringhiare, rugliare, arcto- | ***o. americano***, baribal | ***o. bruno***, europeo e asiatico, con pelame folto e ispido, corpo tozzo e forte, ottimo corridore e arrampicatore, feroce, ma addomesticabile da giovane (*Ursus arctos*) | ***o. bianco***, polare, ottimo nuotatore, con le dita riunite da una membrana (*Thalarctos maritimus*) | ***o. del bambù***, panda gigante | ***o. grigio***, del Nord America, grizzly | ***o. lavatore***, procione | ***o. malese***, a pelame raso, arrampicatore agilissimo sugli alberi, vivente in India e Indonesia (*Helarctos malayanus*) | ***l'o. russo***, (*fig.*) nel linguaggio giornalistico, la Russia come potenza mondiale | ***muoversi, ballare come un o.***, (*fig.*) in modo goffo e sgraziato | ***vendere la pelle dell'o. prima di averlo ucciso***, (*fig.*) fare dei calcoli su qualcosa che ancora non si ha; (*est.*) confidare con leggerezza nel successo **2** (*fig.*) persona burbera e poco socievole: *è un o. e non esce quasi mai di casa*; *non fare l'o. e cerca d'essere un po' gentile!* **3** (*gerg.*) nel linguaggio di borsa, ribassista | (*gerg.*) situazione del mercato azionario caratterizzata da una fase di continuo ribasso **CONTR.** toro ‖ (*lett.*) †**orsàcchio**, **dim.** | **orsacchiòtto**, **dim.** (V.) | **orsàccio**, **pegg.** | (*lett.*) **orsàtto**, **dim.** (V.) | **orsétto**, **dim.** (V.)

†**orsóio** [dal lat. *ōrsus* 'trama, ordito', propr. part. pass. di *ordīre* 'ordire, fare una trama' ✱ 1533] **s. m.** ● organzino

orsolìna [da *S. Orsola* ✱ av. 1828] **s. f.** ● appartenente a una delle numerose congregazioni religiose che si rifanno alla regola della compagnia di dimesse di S. Orsola, fondata a Brescia nel 1535 da S. Angela Merici (1474-1540) per l'educazione scolastica femminile

♦**or sóno** o **orsóno** [comp. di *or(a)* e *sono*, terza pers. pl. del pres. indic. di *essere* ✱ av. 1613] **loc. avv.** ● indica la distanza di tempo dal passato al momento attuale (per un numero di anni, mesi o sim. superiore a uno): *due secoli or sono*; *tre anni or sono*; *le signore ch'io conobbi or sono dodici anni* (U. FOSCOLO) **SIN.** addietro, fa

orsù o (*raro*) **or su** [comp. di *or* e *su* ✱ 1335 ca.] **inter.** ● esprime esortazione, incitamento, incoraggiamento e sim.: *o., bisogna farsi coraggio!*; *o., animo! racconta!*; *o., andiamo!* **SIN.** suvvia

ortàggio [da *orto*① ✱ 1525] **s. m.** ● ogni pianta erbacea coltivata negli orti a scopo alimentare

ortàglia [1561] **s. f.** **1** terreno tenuto a orto **2** (*tosc.*) ortaggio

ortagorìsco [vc. dotta, lat. *orthagorīscu(m)*, dal gr. *orthagorískos* 'porcellino', di etim. incerta ✱ 1476] **s. m.** (**pl.** *-schi*) ● (*zool.*) mola②

†**ortàle** [da *orto*① ✱ av. 1363] **s. m.** ● orto, giardino

ortatòrio [vc. dotta, lat. tardo *hortatōriu(m)* 'incoraggiante' dal v. *hortāri* 'esortare' ✱ 1619] **agg.** ● (*lett.*) esortativo: *quel giudizio ... a me piace ... per la sua forza ammonitrice e ortatoria* (B. CROCE) | ***lettera ortatoria***, o (*ellitt.*) ***ortatoria***, lettera di esortazione o di ammonizione

ortènse [vc. dotta, lat. *hortēnse(m)*, agg. di *hŏrtus* 'giardino, orto' ✱ sec. XIV] **agg.** ● (*raro*) di orto, che cresce negli orti: *pianta, coltura o.*

ortènsia [fr. *hortensia*, chiamata così in onore di *Hortense* Barré Lepeaute ✱ 1813] **s. f.** ● pianta delle Sassifragacee, a foglie larghe e fiori in infiorescenza globosa, azzurri o rosei, coltivata come pianta ornamentale (*Hydrangea hortensia*)

òrteṣi [dal gr. *orthós* 'diritto' (V. *orto-*), sul modello di *protesi* ✱ sec. XX] **s. f. inv.** ● (*med.*) apparecchio applicabile al corpo come correttivo funzionale ma non sostitutivo di parti mancanti

òrthicon ➤ **orticon**

ortìca o (*raro*) **urtìca** [lat. *urtīca(m)*, di etim. incerta ✱ 1268] **s. f.** **1** erba bienne delle Urticacee, rizomatosa, a foglie dentellate, ricca di peli urticanti contenenti un liquido caustico; ha proprietà medicinali ed è usata anche in preparazioni gastronomiche: *risotto alle ortiche* (*Urtica dioica*) | ***o. bianca***, ramiè | ***luogo in cui crescono le ortiche***, abbandonato | ***gettare qlco. alle ortiche***, V. *gettare* | †***conosciuto come l'o.***, di persona nota spec. per le sue malefatte **2** fibra tessile estratta dalla pianta omonima **3** (*zool.*) ***o. di mare***, acalefe **4** (*fig.*) bruciore: *Di penter sì mi punse ivi l'o.* (DANTE *Purg.* XXXI, 85)

Orticàcee ➤ **Urticacee**

orticàio o (*raro*) **urticàio** [1604] **s. m.** (**pl.** *-ai*) ● luogo pieno di ortiche

orticànte ➤ **urticante**

orticària o **urticària** [da *ortica* ✱ 1869] **s. f.** ● (*med.*) affezione cutanea caratterizzata da fugace apparizione di piccoli noduli rilevati, bianco-rossastri, estesi e pruriginosi | (*fig., fam.*) ***far venire l'o.***, provocare fastidio, acuta irritazione: *una notizia che fa venire l'o.*

orticèllo [1344] **s. m.** **1** dim. di *orto*: *coltivava, anzi dissodava l'o. d'Agnese* (A. MAN-

ZONI) **2** (*fig.*) ambito privato, talvolta ristretto e limitato: *vivere chiuso nel proprio orticello*

†**orticheggiàre** [av. 1400] **v. tr.** • percuotere con l'ortica (come punizione) | (*fig.*) punzecchiare

†**ortichéto** [sec. XIV] **s. m.** • orticaio

ortìcolo [da *orto*①, sul modello di *agricolo* ✱ 1869] **agg.** • di orto, che riguarda l'orto: *mostra orticola*

orticoltóre o **orticultóre** [da *orto*①, sul modello di *agricoltore* ✱ 1846] **s. m.** (**f.** -*trice*) • chi si occupa di orticoltura

orticoltùra o **orticultùra** [da *orto*①, sul modello di *agricoltura* ✱ 1829] **s. f.** • coltivazione degli orti

òrticon o **òrthicon** /'ɔrtikon, *ingl.* 'ɔːθɪˌkən/ [ricavato da *orticonoscopio* ✱ 1983] **s. m. inv.** • (*elettr.*) tubo elettronico da presa, che utilizza, per l'analisi dell'immagine, elettroni a bassa velocità

orticonoscòpio [comp. di *ort(o)-* e *iconoscopio* ✱ 1949] **s. m.** • (*elettr.*) orticon

orticultóre ➤ **orticoltore**

orticultùra ➤ **orticoltura**

ortifrutticultóre ➤ **ortofrutticoltore**

ortìvo① [da *orto*① ✱ 1389] **agg. 1** coltivato a orto o prevalentemente a orto: *vaste zone ortive circondano l'abitato* **2** detto di pianta adatta alla coltivazione in orto: *carote, zucchine, fagiolini sono piante ortive*

ortìvo② [vc. dotta, lat. tardo *ortīvu(m)*, agg. di *ŏrtus* 'il sorgere, lo spuntare'. V. *orto*② ✱ av. 1642] **agg.** • relativo al sorgere del sole o di un astro

♦**òrto**① [lat. *hŏrtu(m)*, di orig. indeur. ✱ av. 1250] **s. m.** (**pl.** -*i*, †*ortora*, **f.**) **1** appezzamento di terreno, di solito cintato, dove si coltivano gli ortaggi | ***o. forestale***, vivaio per piante da rimboschimento | ***o. botanico***, grande giardino con piante anche esotiche, serra, laboratorio e scuola per lo studio della botanica | ***o. secco***, erbario | ***coltivare il proprio o.***, (*fig.*) pensare soltanto agli affari propri | ***star coi frati e zappare l'o.***, (*fig.*, *disus.*) affidarsi alle decisioni altrui **2** (*lett.*) giardino: *Nel muto o. solingo / Rinverdì tutto or ora* (G. CARDUCCI) ‖ **orticèllo**, **dim.** (V.) | **orticìno**, **dim.** | (*raro*) **ortìno**, **dim.**

O

òrto② [vc. dotta, lat. *ŏrtu(m)*, propr. part. pass. di *orīri* 'sorgere'. V. *oriente* ✱ 1321] **s. m.** • (*lett.*) il sorgere del sole o di un altro astro nel cielo: *dal che ne seguirebbe mutazione circa gli orti, e gli occasi delle stelle fisse* (G. GALILEI) | oriente

†**òrto**③ [vc. dotta, lat. *ŏrtu(m)*, part. pass. di *orīri* 'sorgere, nascere'. V. *oriente* ✱ av. 1400] **agg.** • (*raro*) nato

òrto- [dal gr. *orthós* 'diritto'] **primo elemento** • in parole composte della terminologia scientifica, significa 'corretto', 'esatto', 'giusto': *ortocromatico*, *ortodonzia*

ortocèntrico [1954] **agg.** (**pl. m.** -*ci*) • (*mat.*) relativo all'ortocentro

ortocèntro (o -**é**-) [comp. di *orto-* e *centro* ✱ 1937] **s. m.** • (*mat.*) punto d'intersezione delle altezze di un triangolo

ortoclàṣio [comp. di *orto-* e *-clasio*; detto così perché ha due piani di sfaldatura ortogonali fra loro ✱ 1875] **s. m.** • (*miner.*) feldspato potassico in cristalli prismatici o tabulari bianchi, oppure rosei, costituente fondamentale di numerose rocce eruttive, intrusive e metamorfiche

ortoclinoscòpio [comp. di *orto-*, un deriv. del gr. *klínein* 'piegare, inclinare' (di orig. indeur.) e *-scopio* ✱ 1958] **s. m.** • (*med.*) parte dell'apparecchiatura radiografica consistente in una specie di tavolo orientabile in senso verticale e orizzontale, per consentire l'esame del paziente sia in piedi che prono o supino

ortocromàtico [comp. di *orto-* e *cromatico* ✱ 1904] **agg.** (**pl. m.** -*ci*) • (*fotogr.*) detto di emulsione la cui sensibilità è estesa a tutti i colori escluso il rosso e, in parte, l'arancione

ortodermìa [comp. di *orto-* e *-dermia* ✱ 1989] **s. f.** • trattamento della pelle secondo i princìpi della cosmetica

ortodontìa ➤ **ortodonzia**

ortodòntico [1942] **agg.** (**pl. m.** -*ci*) • (*med.*) che concerne l'ortodontia

ortodontìsta o **ortodonzìsta** **s. m.** e **f.** (**pl. m.** -*i*) • medico specialista in ortodonzia

ortodonzìa o **ortodontìa** [comp. di *orto-* e un deriv. di *-odonto* ✱ 1875] **s. f.** • (*med.*) ramo dell'odontoiatria che si occupa di studiare e correggere le malocclusioni e i difetti di posizione dei denti SIN. ortognatodonzia

ortodossìa [vc. dotta, gr. *orthodoxía*, da *orthódoxos* 'ortodosso' ✱ 1551] **s. f. 1** (*relig.*) conformità alle dottrine e ai dogmi ufficialmente insegnati | nel cristianesimo, dottrina e confessione della Chiesa ortodossa **2** (*est.*) adesione stretta e rigorosa ai principi teorici e alla prassi di una dottrina o corrente filosofica, politica, artistica o scientifica: *l'o. marxista, neopositivista, fenomenologica* CONTR. eterodossia

ortodòsso [vc. dotta, lat. tardo *orthodŏxu(m)*, dal gr. *orthódoxos*, comp. di *ortho-* 'orto-' e *dóxa* 'opinione' (V. *dossologia*②) ✱ 1478] **A agg. 1** (*relig.*) che aderisce integralmente ai dogmi ufficialmente insegnati | ***Chiesa ortodossa***, l'insieme delle Chiese orientali separatesi da Roma con lo scisma del 1054 **2** (*est.*) che accetta integralmente i principi e la pratica di una dottrina, di un'ideologia ecc.: *un pensatore, un critico o.* | che è conforme alle regole, alle convenzioni comunemente accettate: *un ragionamento o.*; *un comportamento poco o.*; *opinioni poco ortodosse* | ***metodi poco ortodossi***, metodi spregiudicati o talora brutali CONTR. eterodosso **B s. m.** (**f.** -*a*) • chi appartiene alla Chiesa ortodossa

ortodromìa [dal gr. *orthodromêin* 'correre diritto', comp. di *ortho-* 'orto-' e *drómos* 'corsa' (V. *dromografo*) ✱ 1803] **s. f.** • (*geogr.*) la più breve distanza fra due punti sulla superficie terrestre, misurata sull'arco di circolo massimo che li congiunge

ortodròmica [1834] **s. f.** • (*ellitt.*) linea ortodromica

ortodròmico [1889] **agg.** (**pl. m.** -*ci*) • che concerne l'ortodromia | ***linea ortodromica***, ortodromia

ortoepìa [vc. dotta, gr. *orthoépeia* 'pronuncia corretta, lingua corretta', comp. di *ortho-* 'orto-' e *épos* 'parola' (V. *epos*) ✱ 1829] **s. f.** • (*ling.*) parte della grammatica che definisce la pronuncia corretta dei suoni di una lingua

ortoèpico [1869] **agg.** (**pl. m.** -*ci*) • (*ling.*) che concerne l'ortoepia | ***dizionario o.***, che indica l'esatta pronuncia delle parole ‖ **ortoepicaménte**, **avv.**

ortofloricoltùra o **ortofloricultùra** [comp. di *orto*① e *floricoltura* ✱ 1992] **s. f.** • coltivazione di ortaggi e fiori

ortoflorofrutticolo [inserimento di *floricolo* in *ortofrutticolo* ✱ 1973] **agg.** • che riguarda l'orticoltura, la floricoltura e la frutticoltura: *mercato o.*

ortoflorofrutticoltùra o **ortoflorofrutticultùra** [comp. di *ortoflorofrutti(colo)* e *-coltura* ✱ 1941] **s. f.** • coltivazione di ortaggi, fiori e frutta

ortofonìa [comp. di *orto-* e *-fonia* ✱ 1862] **s. f. 1** (*med.*) correzione o riabilitazione delle anomalie nell'articolazione della parola **2** (*ling.*) pronuncia normale e corretta di un suono o di una parola **3** (*fis.*) riproduzione fedele del suono ‖ **ortofònico**, **agg.** (**pl. m.** -*ci*) (*med.*, *ling.*, *fis.*) relativo all'ortofonia

ortofonìsta [1967] **s. m.** e **f.** (**pl. m.** -*i*) • (*med.*) specialista di ortofonia

ortofrenìa [comp. di *orto-* e *-frenia* (V. *schizofrenia*) ✱ 1894] **s. f.** • (*pedagogia*) metodo didattico per soggetti affetti da ritardo mentale

ortofrènico [1905] **agg.** (**pl. m.** -*ci*) • (*pedagogia*) relativo alla ortofrenia

ortofrùtta [comp. di *orto*① e *frutta* ✱ 1985] **s. f. inv.** • insieme degli ortaggi e della frutta: *negozio di o.*; *il settore dell'o.*

ortofrutticolo [comp. di *orto*①, *frutto* e *-colo* ✱ 1931] **agg.** • che riguarda sia l'orticoltura che la frutticoltura: *prodotti ortofrutticoli, mercato o.*

ortofrutticoltóre o **ortofrutticultóre**, **ortifrutticultóre** [comp. di *orto*①, *frutto* e *coltore* ✱ 1970] **s. m.** (**f.** -*trice*) • chi coltiva ortaggi e frutta

ortofrutticoltùra o **ortofrutticultùra** [comp. di *orto*①, *frutto* e *coltura* ✱ 1940] **s. f.** • coltivazione di ortaggi e frutta

ortofrutticultóre ➤ **ortofrutticoltore**

ortofrutticultùra ➤ **ortofrutticoltura**

ortogèneṣi [comp. di *orto-* e *genesi* ✱ 1932] **s. f. inv.** • (*biol.*) rilievo sempre maggiore di certi caratteri organici tali che le generazioni di una specie vegetale o animale si modifichino sempre nella stessa direzione

ortogenètico [1935] **agg.** (**pl. m.** -*ci*) • (*biol.*) che concerne l'ortogenesi

Ortognàti o (*raro*) **Ortògnati** [comp. di *orto-* e il pl. di *-gnato* ✱ sec. XX] **s. m. pl.** (**sing.** -*o*) • (*zool.*) sottordine di ragni comprendente le forme in cui gli artigli dei cheliceri sono fra loro paralleli (*Orthognatha*)

ortognatìṣmo [da *ortognato*, sul modello di *prognatismo* ✱ 1905] **s. m.** • (*anat.*) profilo facciale caratterizzato da notevole ampiezza dell'angolo mandibolare

ortognàto o *raro* **ortògnato** [comp. di *orto-* e *-gnato* ✱ 1929] **agg.** • (*antrop.*) caratterizzato da ortognatismo

ortognatodonzìa [comp. di *orto-* e *-gnato*, sul modello di *ortodonzia* ✱ 1958] **s. f.** • (*med.*) ortodonzia

ortogṇèiss /ortog'nɛis, -ɔɲ'ɲɛ-/ [comp. di *orto-* e *gneiss* ✱ 1932] **s. m. inv.** • roccia metamorfica costituita in prevalenza da quarzo, feldspato e mica, derivante da trasformazione di rocce eruttive intrusive o effusive

ortogonàle [dal lat. tardo *orthogōnus* 'ad angoli retti', dal gr. *orthogṓnios*, comp. di *ortho-* 'orto-' e *gōnía* 'angolo' (V. *goniometria*) ✱ 1583] **agg.** • (*mat.*) che forma un angolo retto con qualche altro elemento: *rette, piani, direzioni, giaciture ortogonali* SIN. perpendicolare ‖ **ortogonalménte**, **avv.** in posizione ortogonale ‖ **ortogonalità**, **s. f. inv.** (*mat.*) proprietà di enti geometrici ortogonali

ortografìa [vc. dotta, lat. *orthogrăphia(m)*, dal gr. *orthographía*, comp. di *ortho-* 'orto-' e *-graphía* '-grafia' ✱ av. 1449] **s. f. 1** (*ling.*) scrittura normale e corretta | studio della scrittura corretta **2** maniera corretta di scrivere una lingua: *errori di o.*; *l'o. italiana, francese*

ortogràfico① [da *ortografia* ✱ 1585] **agg.** (**pl. m.** -*ci*) • relativo all'ortografia | ***dizionario o.***, che indica la corretta scrittura delle parole ‖ **ortograficaménte**, **avv.** dal punto di vista dell'ortografia

ortogràfico② [da *orto(gonale)* e *-grafico* ✱ 1895] **agg.** (**pl. m.** -*ci*) • in una rappresentazione cartografica, detto di proiezione geografica prospettica nella quale il punto di osservazione è supposto a distanza infinita

†**ortografiẓẓàre** [av. 1600] **v. tr.** • scrivere o correggere secondo le regole dell'ortografia

ortolàno [lat. tardo *hortulānu(m)*, da *hŏrtulus*, dim. di *hŏrtus* 'orto①' ✱ 1282] **A s. m. 1** (**f.** -*a*) chi coltiva e cura un orto: *l'o. del convento* | venditore di ortaggi **2** uccelletto dei Passeriformi di passo estivo in Italia, che ha canto armonioso ma monotono (*Emberiza hortulana*) **B** **agg.** • di orto: *prodotti ortolani*

ortologìa [vc. dotta, gr. *orthología* 'correttezza (V. *orto-*) di linguaggio (V. *-logia*)' ✱ 1828] **s. f.** (**pl.** *-gìe*) • (*ling., disus.*) ortoepia

ortomercàto [comp. di *orto(frutticolo)* e *mercato* ✱ 1965] **s. m.** • mercato ortofrutticolo

ortomètrico [comp. di *orto(gonale)* e *-metrico* ✱ 1958] **agg.** (**pl. m.** *-ci*) • (*scient.*) riferito alla misura di una grandezza eseguita lungo linee perpendicolari a una superficie di riferimento: *livello o., quota ortometrica*

Ortonèttidi [comp. di *orto-* e del gr. *nḗktēs* 'nuotatore' (V. *Pleuronettidi*) ✱ 1958] **s. m. pl.** (**sing.** *-e*) • (*zool.*) gruppo di Mesozoi parassiti su vermi, Molluschi ed Echinodermi (*Orthonectida*)

ortònimo [comp. di *ort(o)-* e *-onimo* ✱ 1964] **A** **s. m.** • il proprio vero nome con il quale uno scrittore pubblica delle opere, spec. quando in altre opere usa un eteronimo o uno pseudonimo: *Fernando Pessoa è l'o., Ricardo Reis uno dei suoi eteronimi* **B** **agg.** • detto di autore che pubblica un'opera con il suo vero nome | (*est., raro*) detto di tale opera

ortopanoràmica [1993] **s. f.** • (*ellitt.*) radiografia ortopanoramica

ortopanoràmico [comp. di *orto-* e *panoramico* ✱ 1993] **agg.** (**pl. m.** *-ci*) • (*med.*) in odontoiatria, detto di radiografia della cavità orale con cui si ottiene un'immagine completa dell'arcata dentaria

ortopedìa [fr. *orthopédie*, comp. di *ortho-* 'orto-' e un deriv. del gr. *pâis*, genit. *paidós* 'bambino' (V. *pedagogia*) ✱ 1803] **s. f.** **1** branca della medicina che ha per oggetto le alterazioni, e la relativa terapia, del sistema osseo e delle articolazioni | (*est.*) reparto ospedaliero per pazienti che necessitano di cure per tali alterazioni **2** tecnica della costruzione di apparecchi per la correzione delle malformazioni articolari

ortopèdico [fr. *orthopédique*, da *orthopédie* 'ortopedia' ✱ 1840] **A** **agg.** (**pl. m.** *-ci*) • che concerne l'ortopedia: *istituto o.* | ***scarpe ortopediche, busto o.***, apparecchi destinati a correggere particolari malformazioni ‖ **ortopedicaménte**, **avv.** dal punto di vista dell'ortopedia **B** **s. m.** (**f.** *-a*) **1** medico specialista in ortopedia **2** chi fabbrica o vende apparecchi ortopedici

ortopnèa [comp. di *orto-* e del gr. *pnêin* 'respirare', di orig. indeur. ✱ sec. XVIII] **s. f.** • (*med.*) forma di dispnea che costringe il malato alla posizione eretta

ortopràssi [vc. dotta, comp. di *orto-* 'diritto, retto' e *prassi* (V.) ✱ 1935] **s. f. inv.** • (*relig.*) l'agire in modo retto, in conformità a dottrine o principi religiosi

ortoressìa [vc. dotta, comp. di *ort(o)-* e *oressia* ✱ 2001] **s. f.** • (*med.*) ossessione maniacale per una alimentazione sana e salutare

ortoròmbico [comp. di *orto-* e *rombico* ✱ 1895] **agg.** (**pl. m.** *-ci*) • (*miner.*) ***sistema o.***, sistema cristallino del gruppo trimetrico, caratterizzato da tre assi cristallografici ortogonali e da tre parametri tutti diversi tra loro

ortoscopìa [comp. di *orto-* e *-scopia* ✱ 1958] **s. f.** **1** (*med.*) esame dell'occhio eseguito per mezzo dell'ortoscopio **2** (*med.*) esame radioscopico eseguito su paziente in posizione eretta **3** (*ottica*) proprietà di un sistema ottico che non presenta né distorsione né aberrazione sferica **4** (*miner.*) tecnica di osservazione al microscopio che si avvale di luce polarizzata perpendicolare al preparato, gener. ridotto a lamina sottile

ortoscòpio [comp. di *orto-* e *-scopio* ✱ 1906] **s. m.** **1** strumento usato per valutare un'alterata percezione dell'immagine nei due occhi **2** strumento per la radioscopia con paziente in posizione eretta

ortosimpàtico [comp. di *orto-* e *simpatico*②✱ 1954] **s. m.** (**pl.** *-ci*) • (*anat.*) simpatico

ortostàtico [dal gr. *orthóstatos* 'eretto', comp. di *ortho-* 'orto-' e *-statos* '-stato' ✱ 1934] **agg.** (**pl. m.** *-ci*) • (*med.*) detto di fenomeno che è in relazione con la posizione eretta del corpo

ortostatismo [da *ortostatico* ✱ 1954] **s. m.** • (*med.*) posizione eretta del corpo **CONTR.** clinostatismo

ortòstica [comp. di *orto-* e del gr. *stíchos* 'fila' (V. *distico*②) ✱ 1958] **s. f.** • (*bot.*) linea retta, parallela all'organo sessile che porta le foglie, che congiunge i punti di inserzione delle foglie sovrapposte

ortòtomo [dal gr. *orthotomêin* 'tagliare in linea retta', comp. di *ortho-* 'orto-' e *-tomêin*, da *-tomos* '-tomo'; detto così dal volo ✱ 1875] **s. m.** • uccelletto asiatico dei Passeriformi, color verde oliva, che si prepara il nido cucendo a cartoccio con fili vegetali una foglia grande e robusta (*Orthotomus sutorius*) **SIN.** uccello sarto

ortòtono [comp. di *orto-* e *-tono* ✱ 1954] **s. m.** • (*med.*) contrazione spasmodica o tetanica della muscolatura della colonna vertebrale che comporta un irrigidimento del corpo in linea retta

ortotòpico [1985] **agg.** (**pl. m.** *-ci*) • (*med.*) detto di organo, viscere o trapianto posizionato nella sua sede anatomica naturale **CFR.** eterotopico

Ortòtteri [comp. di *orto-* e *-ttero* ✱ 1821] **s. m. pl.** (**sing.** *-o*) • (*zool.*) ordine di Insetti degli Pterigoti diurni, con apparato boccale masticatore, zampe atte al salto, ali posteriori, se presenti, pieghettate a ventaglio (*Orthoptera*)

ortòttica [comp. di *orto-* e *ottica* ✱ 1958] **s. f.** • parte dell'oculistica che si interessa della cura dello strabismo

ortòttico① [comp. di *orto(gonale)* e *ottico* ✱ 1965] **agg.** (**pl. m.** *-ci*) • relativo a ortottica

ortòttico② [comp. di *ort(ogonale)* e *ottico* ✱ 1954] **agg.** (**pl. m.** *-ci*) • (*mat.*) relativo al luogo dei punti del piano in cui le due tangenti a una curva data si intersecano formando un angolo retto

ortottìsta [da *ortottica*, sul modello di *oculista* ✱ 1963] **s. m. e f.** (**pl. m.** *-i*) • specialista di ortottica

ortovivaìsmo [comp. di *orto*① e *vivaismo* ✱ 1983] **s. m.** • attività combinata di coltivazione di ortaggi e di produzione di piante da trapiantare

or vìa o **orvìa** [comp. di *or(a)*② e *via*② ✱ 1353] **loc. inter.** • (*lett.*) suvvia, orsù: *Or via ... sii buona* (G. CARDUCCI)

orvietàno [av. 1400] **A** **agg.** • della città di Orvieto **B** **s. m.** (**f.** *-a*) • abitante o nativo di Orvieto

Orvièto [dal nome della città umbra, che è dal lat. *ŭrbs vĕtus*, nom., 'città vecchia'. V. *urbe* e *vieto* ✱ 1869] **s. m.** • vino bianco di color paglierino, prodotto nei tipi secco o abboccato con uva di diversi vitigni (Malvasia, Trebbiano e altri) coltivati nel comprensorio di Orvieto

òrza (o *-z-*) [etim. incerta ✱ 1319] **s. f.** **1** (*mar.*) lato di sopravvento di una nave **2** (*mar.*) nelle imbarcazioni a vela latina, cima fissata all'antenna e impiegata per portare la vela sopravvento | ***andare all'o.***, orzare **CONTR.** poggia

orzaiòlo o †**orzaiuòlo**, (*evit.*) **orzaròlo** [da *(chicco d')orzo*, a cui assomiglia ✱ sec. XIV] **s. m.** • (*med.*) suppurazione delle piccole ghiandole contenute nello spessore delle palpebre

orzàre (o *-z-*) [da *orza* ✱ av. 1477] **v. intr.** (*io òrzo*; aus. *avere*) • (*mar.*) dirigere la prua verso la direzione da cui proviene il vento **CONTR.** poggiare

orzaròlo • (*evit.*) ➤ **orzaiolo**

orzàta① [da *orzo* ✱ av. 1311] **s. f.** **1** bibita a base di sciroppo di latte di mandorla | semata **2** spec. in passato, bevanda di farina d'orzo stemperata in acqua

orzàta② (o *-z-*) [da *orza* ✱ sec. XVI] **s. f.** • (*mar.*) manovra dell'orzare

orzàto [da *orzo* ✱ 1308] **agg.** • fatto con farina d'orzo: *pane o.*

orzièro (o *-z-*) [da *orza* ✱ 1865] **agg.** • (*mar.*) detto di imbarcazione che tende eccessivamente all'orza **CFR.** poggiero

òrzo [lat. *hŏrdeu(m)*, di orig. indeur. ✱ sec. XII] **s. m.** • graminacea annua a foglie ruvide e spiga con spighette disposte in quattro file verticali a resta molto lunga; usata per biada, per panificazione, per fabbricare la birra e nell'alimentazione umana: *zuppa d'o.* (*Hordeum vulgare*) | ***o. nudo***, specie con cariossidi prive, a maturità, di glumelle | ***o. mondo***, privato soltanto delle glumelle, usato per minestre | ***o. perlato***, privato del pericarpo mediante brillatura | ***o. abbrustolito***, usato come surrogato del caffè

orzòla o **orzuòla** [1625] **s. f.** • specie di orzo con i semi disposti su due file

os, per ➤ **per os**

osàbile [1986] **A** **agg.** • che può essere osato, tentato **B** **anche s. m.**: *osare l'o.*

osànna [ebr. *hōshīʿāh-nna* 'salvaci' ✱ 1294] **A** **inter.** • esprime grande gioia ed esultanza: *il mio popolo, vedete, è in visibilio, / e canta Osanna o.!* (G. CARDUCCI) **B** **in funzione di s. m. inv.** • grido di esultanza: *gli o. della folla*

osannàre [da *osanna* ✱ 1321] **A** **v. intr.** (aus. *avere*) **1** (*lett.*) cantare osanna: *Io sentiva osannar di coro in coro* (DANTE *Par.* XXVIII, 94) **2** (*est.*) levare grandi lodi a qlcu. o a qlco.: *o. al vincitore* **B** **v. tr.** • lodare con entusiasmo, acclamare, esaltare: *è stato osannato dalla critica*

osannàto **part. pass.** di *osannare*; anche **agg.** • esaltato, celebrato, acclamato: *è il calciatore più o.*

♦**osàre** [lat. parl. **ausāre*, per il classico *audēre*, da *ăvidus* 'avido' ✱ av. 1250] **v. tr.** (*io òso*) • avere l'audacia, il coraggio (gener. seguito da verbo all'inf., talora preceduto dalla prep. *di*): *o. parlare, presentarsi, compiere un'azione*; *non posso o. tanto*; *non o. di contraddirmi!* | tentare: *o. il tutto per tutto*; *o. l'impossibile* | (*est.*) avere l'impudenza: *come osa parlarmi così?*; *come osate?* **SIN.** ardire | azzardarsi (a dire): *oserei anche dire che ha bevuto acqua sterilizzata* (A. FOGAZZARO)

†**osbèrgo** ➤ **usbergo**

Òscar® [da un equivoco: il segretario dell'Accademia, vedendo l'uomo che portava la statuetta, lo scambiò per il proprio zio, di nome Oscar, che egli in quel momento stava aspettando: un giornalista, sentendolo dire 'ecco *Oscar*', annunciò che i premi si chiamavano così ✱ 1950] **s. m. inv.** **1** statuetta annualmente assegnata come premio dall'Accademia statunitense delle arti e delle scienze cinematografiche ai migliori attori, registi, sceneggiatori, fotografi, ecc. **2** (*fig.*) il primo premio di una qualunque manifestazione, culturale o non: *l'O. della danza*; *l'O. del commercio è stato assegnato a...* | (*fig., anche scherz.*) il massimo: *l'O. della cortesia, della sfortuna*

♦**oscenità** [vc. dotta, lat. *obscenitāte(m)*, da *obscēnus* 'osceno' ✱ sec. XIV] **s. f. inv.** **1** carattere, natura di ciò che è osceno: *l'o. di un libro* | atto osceno, impudico: *compiere un'o.* **SIN.**

impudicizia, indecenza **2** opera molto brutta: *quel film è veramente un'o.*

♦**oscèno** [vc. dotta, lat. *obscēnu(m)* 'di cattivo augurio'; poi 'sudicio, stomachevole', di etim. incerta ✱ av. 1311] **agg. 1** che, secondo il comune sentimento, offende il pudore: *atto o.*; *pubblicazioni e spettacoli osceni* **CFR.** porno- **SIN.** impudico, indecente **2** ripugnante per la sua bruttezza: *essere vestito in modo o.*; *un dipinto artisticamente o.* | (**lett.**) orribile: *mille modi da morire osceni* (G. Boccaccio) ‖ **oscenaménte**, **avv.**

SFUMATURE DI SIGNIFICATO

osceno - sconcio - pornografico

Ciò che secondo il comune sentimento offende il pudore viene definito **osceno**. Stesso significato ha **sconcio**, che tuttavia aggiunge una sfumatura di ulteriore bruttezza morale, di maggiore indecenza. A differenza di *osceno* e *sconcio*, che pur riferendosi prevalentemente alla sfera sessuale possono indicare talvolta un'offesa alla morale in senso più ampio, **pornografico** si usa esclusivamente per definire scritti, immagini o film in cui l'argomento erotico è svolto in modo volutamente esplicito, senza alcuna mediazione o finalità di tipo estetico, e in genere volgare.

SFUMATURE ➤ ***boccaccesco***

oscillànte **part. pres.** di *oscillare*; **anche agg. 1** che oscilla | (**fig.**) alterno, variabile: *l'andamento o. di una moneta* | (**fig.**) indeciso, incostante: *un popolo o. fra l'ipocrisia e la negazione* (F. De Sanctis) **2** (**elettr.**) ***corrente o.***, alternata, periodica | (**elettr.**) ***circuito o.***, percorso da correnti oscillanti

♦**oscillàre** [vc. dotta, lat. tardo *oscillāre*, da *oscĭllum* 'maschera', dim. di *ōs*, genit. *ōris* 'bocca'; dal fatto che le maschere appese oscillavano ✱ 1766] **v. intr.** (**aus.** *avere*) **1** muoversi alternativamente in due opposte direzioni: *un ragno oscillava appeso al filo* | (**est.**) vibrare **SIN.** dondolare, ondeggiare **2** (**fig.**) variare, fluttuare alternativamente fra due estremi: *i prezzi oscillano*; *valori che oscillano* **3** (**fig.**) essere indeciso nello scegliere: *o. fra due possibilità* **SIN.** tentennare

oscillatóre [da *oscillare* ✱ 1897] **s. m.** ● (**elettr.**) apparecchio generatore di correnti elettriche oscillanti

oscillatòria [dall'*oscillazione* dei loro filamenti nell'acqua ✱ 1844] **s. f.** ● genere di alghe azzurre in colonie pluricellulari filamentose con parete gelatinosa, comune nelle acque dolci stagnanti (*Oscillatoria*)

oscillatòrio [da *oscillare* ✱ av. 1730] **agg.** (**pl. m.** *-i* o *raro -ii*) ● di oscillazione, relativo all'oscillazione | (**fis.**) ***moto o.***, consistente in uno spostamento che avviene alternativamente in due versi opposti

oscillazióne [vc. dotta, lat. tardo *oscillatiōne(m)* 'altalena'. V. *oscillare* ✱ av. 1742] **s. f. 1** variazione periodica di una grandezza fisica, matematica e sim.: *o. di forza, di frequenza*; *le oscillazioni della febbre, della temperatura, dei prezzi* | (**elettr.**) ***oscillazioni elettriche***, correnti e tensioni i cui valori variano con continuità e periodicità | (**geogr.**) ***oscillazioni glaciali***, alternanza di avanzate e ritiri dei ghiacciai dovuta a variazioni di clima **2** movimento che avviene alternativamente in due direzioni diverse: *le oscillazioni del pendolo, di una nave* **3** esercizio ginnico consistente in oscillazioni pendolari del corpo o parte di esso eseguite agli attrezzi o a corpo libero **CFR.** slancio **4** (**fig.**) variazione di orientamento, di tendenza: *l'o. del gusto nell'arte* | incertezza, esitazione

oscillografìa [comp. di *oscill(azione)* e *-grafia* ✱ 1958] **s. f.** ● registrazione di fenomeni, spec. clinici, mediante l'oscillografo

oscillogràfico [1946] **agg.** (**pl. m.** *-ci*) ● relativo all'oscillografo | compiuto mediante l'oscillografo: *esame o.*

oscillògrafo [comp. di *oscill(azione)* e *-grafo* ✱ 1895] **s. m.** ● (**fis.**) apparecchio per la registrazione continua di grandezze elettriche variabili

oscillogràmma [comp. di *oscill(azione)* e *-gramma* ✱ 1935] **s. m.** (**pl.** *-i*) ● registrazione di una grandezza elettrica ottenuta mediante oscillografo

oscillometrìa [comp. di *oscill(azione)* e *-metria* ✱ 1958] **s. f.** ● (**med.**) misurazione di vari tipi di oscillazioni, in particolare quelle delle pareti arteriose in relazione all'attività sistolica e diastolica del cuore

oscillòmetro [comp. di *oscill(azione)* e *-metro* ✱ 1915] **s. m. 1** (**fis.**) strumento elettronico impiegato per misurare vari tipi di oscillazione, in particolare quelle delle pareti arteriose **2** (**mar.**) strumento per misurare il rollio **SIN.** rollometro

oscilloscòpio [comp. di *oscill(azione)* e *-scopio* ✱ 1958] **s. m.** ● (**fis.**) apparato costituito da un tubo a raggi catodici sul cui schermo si può osservare l'andamento nel tempo di qualunque fenomeno elettrico

Òscini [vc. dotta, tratta dal lat. *oscine(s)* 'uccelli, dal cui canto (dal v. *canĕre* preceduto dal pref. *obs-*) gli auguri traevano auspici' ✱ 1875] **s. m. pl.** (**sing.** *-o*) ● (**zool.**) vastissimo sottordine di Uccelli dei Passeriformi, caratterizzati per lo più da notevoli capacità di canto

oscitànte [vc. dotta, lat. *oscitănte(m)*, part. pres. di *oscitāre* 'sbadigliare', da *ōs*, genit. *ōris* 'bocca', di orig. indeur. ✱ sec. XIV] **agg.** ● (**lett.**, *raro*) negligente, trascurato | (**lett.**, *raro*) spalancato, che sbadiglia: *bocca o.*

oscitànza [da *oscitante* ✱ 1602] **s. f.** ● (**lett.**, *raro*) negligenza, trascuratezza | †indecisione, indifferenza

òsco [vc. dotta, lat. *Ŏscu(m)*: adattamento del gr. *Opikói* 'Opici' (?) ✱ 1483] **A** **agg. e s. m.** (**f.** *-a*; **pl. m.** *-sci* o *-schi*) ● appartenente a un'antica popolazione italica stanziatasi nella regione corrispondente all'odierna Campania **B** **s. m. solo sing.** ● lingua antica del gruppo italico, parlata dagli Osci

òsco-ùmbro [1935] **A** **agg.** (**pl. m.** *òsco-ùmbri*) ● detto di un gruppo linguistico indoeuropeo che comprende la lingua degli antichi Umbri, dei Sanniti e sim. **B** **anche s. m. solo sing.**: *iscrizione in osco-umbro*

osculàre [vc. dotta, lat. *osculāri* 'baciare', da *ōsculum* 'bacio'. V. *osculo* ✱ av. 1492] **v. tr.** (*io òsculo*) e **oscularsi** **v. rifl. recipr. nel sign. 2** **1** (**lett.**) baciare, baciarsi **2** (**mat.**) avere un contatto multiplo d'intersezione non inferiore a 3: *un cerchio oscula una curva*; *superfici osculantisi*

osculatóre [dal lat. *osculātus*, part. pass. di *osculāri* 'baciare', da *ōsculum* 'bacio'. V. *osculo* ✱ av. 1742] **agg.** (**f.** *-trice*) ● (**mat.**) che ha intersezione multipla e non inferiore a 3, con una curva, una superficie, un solido e sim., in un punto: *cerchio, piano o.*; *sfera osculatrice*

osculazióne [vc. dotta, lat. *osculatiōne(m)* 'il baciare', da *osculātus*. V. *osculatore* ✱ 1834] **s. f.** ● (**mat.**) contatto di ordine superiore al primo, cioè con molteplicità d'intersezione non inferiore a 3: *tra una conica e un cerchio può esserci o.*

òsculo [vc. dotta, lat. *ōsculu(m)*, propr. dim. di *ōs*, genit. *ōris* 'bocca', di orig. indeur. ✱ sec. XIV] **s. m. 1** †bacio **2** (**zool.**) orifizio sulla superficie della spugna che costituisce sbocco della cavità gastrale **3** (**bot.**, *raro*) poro germinativo di una spora

oscuràbile [av. 1328] **agg.** ● che si può oscurare ‖ **oscurabilità**, **s. f. inv.**

oscuraménto [av. 1292] **s. m. 1** l'oscurare, l'oscurarsi | (**fig.**, **lett.**) indebolimento, decadimento, decadenza culturale, e sim. **2** in periodi bellici, eliminazione o diminuzione nelle ore serali e notturne delle sorgenti luminose di una città, per proteggerla dagli attacchi nemici, spec. aerei | sospensione o interruzione dell'attività di un'emittente televisiva **SIN.** blackout

oscurantìsmo [fr. *obscurantisme*, da *obscurant* 'oscurante' ✱ 1819] **s. m. 1** nel XVIII sec., il complesso delle ideologie avverse all'Illuminismo **2** (**spreg.**) opposizione a qualunque forma di progresso sociale e di innovazione culturale

oscurantìsta [fr. *obscurantiste*, da *obscurantisme* 'oscurantismo' ✱ 1847] **A** **s. m. e f.**; **anche agg.** (**pl. m.** *-i*) ● seguace, fautore dell'oscurantismo **B** **agg.** ● oscurantistico

oscurantìstico [1848] **agg.** (**pl. m.** *-ci*) ● tipico dell'oscurantismo o degli oscurantisti

oscuràre o †**scuràre** [vc. dotta, lat. *obscurāre*, da *obscūrus* 'oscuro' ✱ 1266] **A** **v. tr. 1** rendere oscuro: *ammassi di nubi oscurano l'orizzonte* | superare in luminosità: *il Sole oscura la Luna, durante il giorno* | interrompere le trasmissioni o impedire la ricezione di un'emittente televisiva **2** (**fig.**) rendere poco chiaro: *si affanna a spiegare le sue parole ma in realtà le oscura sempre più* **SIN.** offuscare **3** (**fig.**) far impallidire: *o. la fama, la gloria di qlcu.* | denigrare: *o. il buon nome di qlcu.* **B** **v. intr.** (**lett.**; **aus.** *essere*) e **oscuràrsi** **v. intr. pron.** ● diventare oscuro: *il sole si oscurò improvvisamente*; *pareami vedere lo sole oscurare* (Dante) | (**fig.**) ***oscurarsi in volto***, accigliarsi

oscuràto **part. pass.** di *oscurare*; **anche agg.** ● nei sign. del v. | scuro, buio: *in quell'aria dolce e già oscurata dal tramonto* (A. Moravia) ‖ †**oscurataménte**, **avv.** in modo non chiaro

oscuratóre [av. 1645] **A** **agg. e s. m.** (**f.** *-trice*) ● che (o chi) oscura **B** **s. m.** ● (**mar.**) portello interno dell'oblò che impedisce il passaggio della luce

oscurazióne [vc. dotta, lat. *obscuratiōne(m)*, da *obscurātus* 'oscurato' ✱ 1282] **s. f.** ● (**lett.**) oscuramento

†**oscurézza** [av. 1574] **s. f. 1** oscurità **2** (**fig.**) mancanza di chiarezza nelle idee o nel modo di esprimerle

♦**oscurità** o †**scurità** [vc. dotta, lat. *obscuritāte(m)*, da *obscūrus* 'oscuro' ✱ 1282] **s. f. inv.** **1** assenza di luce, buio, tenebre: *vedea per l'ampia o. scintille / balenar d'elmi e di cozzanti brandi* (U. Foscolo) **CFR.** nicto-, scoto- | (**fig.**) ottenebramento: *o. di mente, della vista* **2** (**fig.**) mancanza di intelligibilità, di chiarezza: *l'o. di un discorso* | espressione, frase difficile, astrusa: *un articolo di legge pieno di o.* **3** (**fig.**) mancanza di notorietà, scarsa fama: *vivere nell'o.*

SFUMATURE DI SIGNIFICATO

oscurità - buio - tenebra

I termini **oscurità** e **buio** identificano entrambi l'assenza di luce: ma se l'oscurità può essere anche parziale, la mancanza di luce del buio è sempre totale (nell'uso è infatti accompagnato spesso da attributi che ribadiscono la completa oscurità: *buio pesto, fitto, totale*). Il significato di **tenebra** è sovrapponibile sia a quella di *oscurità* sia a quella di *buio*, ma è di registro letterario e trova impiego perlopiù al plurale.

♦**oscùro** [vc. dotta, lat. *obscūru(m)*: di orig. indeur. (?) ✱ av. 1257] **A** **agg. 1** privo, completamente o parzialmente, di luce: *notte, selva oscura*; *cielo o.* | poco illuminato: *andito, passaggio, corridoio o.*; *una viuzza stretta e oscura* | ***camera oscura***, V. *camera*[1] nei sign. 3 e 5 **SIN.** buio **CONTR.** chiaro **2** (**fig.**) di ciò che è difficile da intendere, capire o interpretare: *passo, testo, discorso o.*; *profezia oscura*; *la vicenda presenta molti lati oscuri* | che crea perplessità, inquietudine:

un o. episodio | ***secoli oscuri***, (*fig.*) periodi storici travagliati, difficili, vergognosi e sim. | †***verità oscura***, nascosta **CONTR.** chiaro **3** (*fig.*) privo di notorietà: *uomo, nome o.*; *vita, morte oscura* | ***oscuri natali***, umili origini | ***oscure ragioni***, che si preferisce restino nascoste, che non sono note **SIN.** ignoto **4** (*fig.*) bieco, fosco, triste: *pensieri oscuri*; *gli si presenta un avvenire o.*; *partissi al fin con un sembiante o.* (T. TASSO) | (*fig.*) cattivo, tristo: *propositi oscuri*; *anima oscura* ‖ **oscuraménte**, **avv. 1** in modo oscuro, poco chiaro: *scrivere oscuramente* **2** in modo appartato, senza notorietà: *vivere oscuramente* **B** **s. m. solo sing. 1** buio: *camminare all'o.* **2** (*fig.*) ignoranza | ***essere all'o. di qlco.***, non esserne minimamente informato | ***tenere qlcu. all'o. di qlco.***, non informarlo ‖ **oscurétto**, **dim.**

SFUMATURE ➤ ***enigmatico***

osé /fr. o'ze/ [vc. fr., propr. part. pass. di *oser* 'osare' ✱ 1966] **agg. inv.** ● spinto, audace, che può scandalizzare: *battuta, complimento osé*; *film osé*

oşèlla [f. del venez. *osèl* 'uccello', perché creata in sostituzione di un donativo in uccelli che si faceva prima ✱ 1521] **s. f.** ● medaglia veneziana d'argento o d'oro coniata dal 1521, con carattere commemorativo, e inviata all'inizio dell'anno dal doge ai membri della nobiltà veneziana

osfialgìa [comp. del gr. *osphŷs* 'lombo', di etim. incerta, e *-algia* ✱ 1834] **s. f. (pl. *-gìe*)** ● (*med.*) sciatica

osfràdio [gr. tardo *osphrádion* 'di olfatto fine', da *osphráinesthai* 'percepire un odore' (di etim. incerta) ✱ 1890] **s. m.** ● (*zool.*) organo chemiorecettore dei Molluschi

-òşi [gr. *-ōsis*, orig. proprio di sost. tratti da v. in *-óun*, poi da altri sost. e agg.] **suff.** ● nella terminologia della medicina e della botanica, indica una condizione, uno stato (*ipnosi*) o una malattia (*dermatosi, nevrosi, clorosi*)

o sìa ➤ **ossia**

o sìano ➤ **ossia**

-òşio o **-òşo**② [dalla desinenza di *(gluc)osio* (V.)] **suff.** ● in chimica organica, indica un carboidrato: *fruttosio, glucosio*

oşmànico [var. turca del n. arabo *'Otmān*. V. *ottomano* ✱ 1868] **agg. (pl. m. *-ci*)** ● dei Turchi ottomani

oşmànli [turco *osmanli*, dal n. arabo *'Otmān*. V. *ottomano* ✱ av. 1861] **A** **agg. inv.** ● ottomano **B** **s. m. inv.** ● turco dell'Anatolia **C** **s. m. solo sing.** ● lingua turca osmanica

oşmiàto [1869] **s. m.** ● (*chim.*) sale ossigenato dell'osmio esavalente, ottenuto fondendo il metallo con alcali e nitrati

oşmidròşi [comp. del gr. *osmḗ* 'odore' (V. *ormare*) e *hidrṓs*, genit. *hidrôtos* 'sudore', di orig. indeur. ✱ 1875] **s. f. inv.** ● (*med.*) secrezione di sudore con odore non gradevole

òşmio [dal gr. *osmḗ* 'odore' (V. *ormare*), perché l'ossido di questo metallo ha un odore pungente ✱ 1819] **s. m. (pl. *-i* o *raro -ii*)** ● elemento chimico, metallo nobile che possiede la più alta densità conosciuta, usato in istologia per la sua proprietà di venir ridotto selettivamente dai grassi colorandoli in bruno, e per indurire leghe, spec. quelle del platino **SIMB.** Os **NUM. AT.** 76

oşmòforo [comp. del gr. *osmḗ* 'odore', e *-foro* ✱ 1954] **agg.**; anche **s. m.** ● (*chim.*) detto di raggruppamento atomico che, introdotto nella molecola di una sostanza organica, conferisce a questa particolare odore

oşmòmetro [comp. di *osmo(si)* e *-metro* ✱ 1936] **s. m.** ● (*chim.*) apparecchio atto a misurare la pressione osmotica

oşmòşi [dal gr. *ōsmós* 'spinta', da *ōthêin* 'spingere', di orig. indeur. ✱ 1865] **s. f. inv. 1** (*fis.*) fenomeno di diffusione tra due liquidi miscibili attraverso membrane semipermeabili | (*tecnol.*) ***o. inversa***, filtraggio delle acque attraverso membrane semipermeabili che trattengono sali, colloidi e altre sostanze disciolte, impiegata nei processi di dissalazione e depurazione, nell'industria alimentare per concentrare succhi nella vinificazione ecc. **2** (*fig.*) passaggio reciproco di elementi, notizie e sim.: *o. fra culture diverse*

oşmotattìşmo [comp. del gr. *ōsmós* 'spinta' (V. *osmosi*) e *tattismo* ✱ 1958] **s. m.** ● (*biol.*) negli organismi inferiori, orientamento dovuto a stimoli di natura osmotica

oşmòtico [1875] **agg. (pl. m. *-ci*)** ● (*fis.*) relativo a osmosi | ***pressione osmotica***, differenza tra i livelli di una soluzione e del solvente puro separati da una membrana semipermeabile ‖ **oşmoticità**, **s. f. inv.**

oşmùnda [fr. *osmonde*, di etim. incerta ✱ 1813] **s. f.** ● grande felce degli ambienti umidi, la più grande che si trovi in Italia, con grandi foglie composte a lobi oblunghi e picciolati, sori riuniti in pannocchia terminale (*Osmunda regalis*)

òşo [lat. *ăusu(m)*, part. pass. di *audēre* 'osare' (V.) ✱ 1308] **agg.** ● (*lett.*) ardito, audace: *deh, figliuol mio, non essere tropp'oso* (G. D'ANNUNZIO) | (*lett.*) ***esser oso***, osare

-òso① (o **-ş-**) **suff.** ● in chimica, indica quei composti di un elemento in cui l'elemento stesso compare con valenza o valenze minori: *solforoso, ipocloroso*

-òşo② ➤ **-osio**

-òso③ (o **-ş-**) o **-uóso** (o **-ş-**) [lat. *-ōsu(m)*; orig. col senso di 'avere odore (**odos* = *ōdor*)' e poi 'essere pieno'] **suff.** (la variante *-uoso* compare in aggettivi derivanti da sostantivi latini della quarta declinazione con desinenza *-ūs*) ● forma aggettivi di derivazione latina o tratti da nomi o da verbi, che indicano dotazione, abbondanza, pienezza, accentuata caratterizzazione: *amoroso, arioso, formoso, maestoso, delittuoso, affettuoso, fruttuoso* | forma aggettivi arcaici o di recente formazione tratti da altri aggettivi: *robustoso*; *morbidoso*

òsol (o **-ş-**) [da *o(ssidi) sol(furi)* ✱ 1970] **s. m. inv.** ● (*geol.*) zona interna del globo terrestre, costituita da ossidi e solfuri, che avvolge il nucleo terrestre

♦**ospedàle** o (*pop., tosc.*) **spedàle**, †**ospitàle**② [lat. *hospitāle(m)*, agg. di *hŏspes*, genit. *hŏspitis* 'ospite' ✱ 1219] **A** **s. m. 1** complesso di edifici e attrezzature destinati al ricovero e alla cura dei malati: *o. civile*; *o. militare*; *o. psichiatrico* | ***o. psichiatrico giudiziario***, istituto che accoglie soggetti prosciolti per infermità psichica, intossicazione da alcol o stupefacenti, sordomutismo **CFR.** -comio | ***o. da campo***, formazione sanitaria campale mobile per il ricovero e la cura dei feriti e ammalati in zone di guerra o in caso di calamità naturali | ***mandare qlcu. all'o.***, causare a una persona ferite o sim. tali da renderne necessario il suo ricovero all'ospedale | (*fig.*) ***è un o. ambulante***, di persona sempre piena di acciacchi **2** †ospizio, ricovero per pellegrini, orfanotrofio **B** **in funzione di agg. inv.** ● (posposto a un sost.) detto di vari mezzi di locomozione o trasporto con attrezzatura ospedaliera: *nave o.*; *treno o.* ‖ **ospedalétto**, **dim.** | **ospedalìno**, **dim.** ‖ **ospedalità**, **s. f. inv.** ➤ **spedalità**

ospedalièro o **ospedalière**, **spedalière**, †**ospitalière**, †**ospitalièro** [av. 1574] **A** **agg.** ● relativo all'ospedale, agli ospedali: *assistenza ospedaliera*; *inserviente o.* **B** **s. m. (f. *-a*) 1** dipendente di un ospedale: *clinici e ospedalieri* **2** in passato, membro di ordini religiosi o di congregazioni che si dedicavano alla cura e all'assistenza dei malati: *gli Ospedalieri di San Giovanni di Gerusalemme*

ospedalìşmo [da *ospedale* ✱ 1968] **s. m. 1** (*psicol.*) sindrome individuata da René Spitz (1887-1974), presente nei bambini ricoverati in brefotrofio e caratterizzata da ritardo di sviluppo e disturbi dell'affettività **2** (*med.*) insieme dei disturbi o delle malattie che possono insorgere durante un lungo ricovero in ospedale

ospedalità ➤ **spedalità**

ospedalizzàre o (*raro*) **spedalizzàre** [1911] **v. tr.** ● ricoverare in un ospedale ‖ **ospedalizzazióne**, **s. f.**

ospitàle① [vc. dotta, lat. *hospitāle(m)*, agg. di *hŏspes*, genit. *hŏspitis* 'ospite' ✱ 1543] **agg.** ● di persona che riceve gli ospiti con cortesia: *un amico o.* | di luogo accogliente: *un paese o.* ‖ **ospitalménte**, **avv.** ‖ **ospitalità**, **s. f. inv.** (V.)

†**ospitàle**② ➤ **ospedale**

†**ospitalière** ➤ **ospedaliero**

†**ospitalièro** ➤ **ospedaliero**

ospitalità [vc. dotta, lat. *hospitalitāte(m)*, da *hospitālis* 'ospitale' ✱ av. 1342] **s. f. inv. 1** caratteristica di chi è ospitale: *l'o. degli abitanti di quel paese è proverbiale* **2** accoglienza, spec. nella propria casa: *ringraziamo per la generosa o. offertaci*; *i doveri dell'o.* | accoglienza in una città, in un Paese e sim.: *gli esuli trovarono o. in Francia* **3** accettazione e pubblicazione di articoli e sim. in una rivista o giornale: *hanno concesso o. al nostro ultimo saggio*

ospitànte **A** **part. pres.** di *ospitare*; anche **agg. 1** nei sign. del v. **2** ***squadra o.***, nel gioco del calcio, quella nel cui campo si svolge l'incontro **B** **s. m. e f.** ● chi dà ospitalità

♦**ospitàre** [vc. dotta, lat. *hospitāri*, da *hŏspes*, genit. *hŏspitis* 'ospite' ✱ 1687] **v. tr.** (*io òspito*) **1** accogliere qlcu. nella propria casa, città, Paese e sim., fornendogli ciò di cui ha bisogno: *abbiamo ospitato tre studenti di passaggio*; *l'Italia ospita ogni anno milioni di turisti* | ***o. una squadra, un avversario***, nel linguaggio sportivo, gareggiare contro di loro sul proprio campo di gioco, in una partita di calcio e sim. **2** alloggiare, ricevere: *l'hotel può o. sessanta persone* | contenere, presentare: *la galleria ospita quadri molto pregiati*

ospitàta [da *ospit(are)* con il suff. *-ata* ✱ 1992] **s. f.** ● (*gerg.*) partecipazione di un personaggio noto a una trasmissione televisiva per pubblicizzare un proprio spettacolo, libro, disco ecc.: *un attore sempre in cerca di ospitate*

♦**òspite** [vc. dotta, lat. *hŏspite(m)*, di etim. incerta ✱ av. 1342] **A** **s. m. e f. 1** persona che ospita: *un o. accogliente* **2** persona che viene ospitata: *un o. importuno* | persona invitata a intervenire a uno spettacolo o a una trasmissione radiotelevisiva | cliente di un albergo | ***andarsene insalutato o.***, senza dir nulla a nessuno | **PROV.** ***l'o. è come il pesce, dopo tre giorni puzza***, l'ospite dopo qualche tempo è di peso **3** (*biol.*) nel parassitismo, l'organismo a spese del quale il parassita vive | ***o. intermedio***, quello in cui un parassita si limita ad accrescersi o a raggiungere la maturità sessuale | ***o. definitivo***, quello in cui un parassita si riproduce **4** asciugamano di piccole dimensioni **B** **agg. 1** che dà ospitalità: *la famiglia o.* | (*lett.*) ospitale: *nell'o. suolo ov'io ti lasso* (E. MONTALE) **2** che riceve ospitalità | ***squadra o.***, nel linguaggio sportivo, quella che in un incontro di calcio e sim. gioca sul campo dell'avversario

ospìzio [vc. dotta, lat. *hospĭtiu(m)*, da *hŏspes*, genit. *hŏspitis* 'ospite' ✱ 1313] **s. m. 1** istituto per il ricovero spec. di persone anziane e di bisognosi **CFR.** -comio | (*fig.*) ***finire all'o.***, ridursi alla miseria da vecchi **2** luogo destina-

a b c d e f g h i j k l m n **o** p q r s t u v w x y z

to un tempo ad accogliere pellegrini, viaggiatori e sim.: *lungo le grandi vie di comunicazione sorsero gli ospizi; l'o. del Gran S. Bernardo* **3** (*lett.*) dimora, alloggio | ***doloroso o.***, (*fig.*) l'Inferno | ***o. di Cesare***, (*fig.*) la corte imperiale **4** †ospitalità: *offrire o.*

ospodaràto [1869] **s. m.** ● titolo e dignità d'ospodaro

ospodàro [slavo *gospodar* 'padrone' ✱ 1764] **s. m.** ● governatore degli antichi principati danubiani: *o. di Moldavia e Valacchia*

ossalàto [comp. di *ossal(ico)* e *-ato* ✱ 1834] **s. m.** ● (*chim.*) sale o estere dell'acido ossalico | ***o. di ferro***, usato come riducente in fotografia | ***o. di potassio***, usato in tintoria e per togliere le macchie di ruggine | ***o. di sodio***, usato in chimica analitica per titolare il permanganato

ossàlico [fr. *oxalique*, dal lat. *ŏxalis* 'acetosella', dal gr. *oxalís*, genit. *oxalídos*, da *oxýs* 'acuto', di etim. incerta ✱ 1834] **agg.** (**pl. m.** *-ci*) ● (*chim.*) detto di acido organico bibasico, presente in natura come ossalato, usato in tintoria e nella stampa dei tessuti, in conceria, nella preparazione di inchiostri, nella sintesi di coloranti

Ossalidàcee ➤ **Oxalidacee**

ossàlide [vc. dotta, lat. *oxălide(m)*, nom. *ŏxalis*. V. *ossalico* ✱ 1476] **s. f.** ● (*bot.*) acetosella

ossalùria o **ossaluria** [comp. di *ossal(ico)* e *-uria* ✱ 1875] **s. f.** ● (*med.*) presenza di ossalati nelle urine

ossàme [da *ossa*, pl. di *osso* ✱ 1313] **s. m.** **1** (*lett.*) mucchio di ossa **2** (*mar.*) corbame

ossammìde [comp. di *oss(alato)* e *ammide* ✱ 1869] **s. f.** ● (*chim.*) diammide dell'acido ossalico ottenuta per disidratazione dell'ossalato neutro d'ammonio

ossàrio [vc. dotta, lat. tardo *ossāriu(m)*, da *ŏs*, genit. *ŏssis* 'osso' ✱ 1834] **s. m.** **1** edificio cimiteriale, cappella o sim. in cui si conservano le ossa dei defunti **2** costruzione funeraria per raccogliere e comporre le ossa di morti in una battaglia, generalmente di notevole imponenza architettonica: *l'o. di Redipuglia*

ossatùra [da *ossa*, pl. di *osso* ✱ 1499] **s. f.** **1** (*anat.*) costruzione, forma e ordine delle ossa **2** (*est.*) struttura fondamentale: *l'o. del ponte è in cemento armato precompresso; si debbe fare un'armadura di ferro, la quale serve per l'o. della statua* (B. CELLINI) **3** (*fig.*) schema, intelaiatura di un'opera letteraria o artistica in genere: *l'o. di un romanzo, di un poema* **4** †ossame

†**ossecràre** o †**obsecràre** [vc. dotta, lat. *obsecrāre* 'supplicare', comp. di *ŏb-* 'verso' e *sacrāre* 'consacrare' ✱ sec. XIV] **v. tr.** ● scongiurare, supplicare

†**ossecraziόne** o †**obsecraziόne** [vc. dotta, lat. *obsecratiōne(m)*, da *obsecrāre* 'ossecrare' ✱ av. 1321] **s. f.** ● fervida preghiera

ossedére [lat. *obsidēre* 'assediare'. V. *assedio* ✱ sec. XIV] **v. tr.** **1** †assediare **2** (*lett.*) ossessionare: *un complesso di immagini e di figurazioni ossedenti* (C.E. GADDA)

†**ossediàre** ➤ †**obsediare**

†**ossèdio** [lat. *obsĭdiu(m)* 'assedio' (V.) ✱ sec. XV] **s. m.** ● assedio

†**ossediόne** ➤ †**ossidione**

osseìna [da *osseo* ✱ 1869] **s. f.** ● (*biol.*) sostanza proteica che entra come componente principale nella costituzione della parte organica delle ossa

òsseo [vc. dotta, lat. *ŏsseum(m)*, agg. di *ŏs*, genit. *ŏssis* 'osso' ✱ 1499] **agg.** **1** di osso, delle ossa: *parti ossee; tessuto o.* **2** (*est.*) simile a osso, duro come l'osso: *durezza, consistenza ossea*

ossequènte o, più diffuso ma etim. meno corretto, **ossequiènte** [vc. dotta, lat. *obsequĕnte(m)*, part. pres. di *ŏbsequi* 'accondiscendere', comp. di *ŏb-* 'verso' e *sĕqui* 'seguire' ✱ 1441] **agg.** ● che porta ossequio o lo dimostra: *cittadino o. alle leggi; essere o. ai cenni, ai desideri, al volere di qlcu.* | ubbidiente e rispettoso: *un giovanotto o.* ‖ **ossequenteménte**, **avv.**

ossequènza o, più diffuso ma meno corretto, **ossequiènza** [da *ossequente* ✱ 1576] **s. f.** ● (*raro*) atteggiamento di grande rispetto e riverenza per qlcu.

ossequiàre [1618] **v. tr.** (*io ossèquio*) ● fare oggetto di ossequio, riverire: *un'immensa folla ossequiò le sue spoglie*

ossequiènte e deriv. ➤ **ossequente** e deriv.

♣**ossèquio** [vc. dotta, lat. *obsĕquiu(m)*, da *ŏbsequi* 'accondiscendere'. V. *ossequente* ✱ 1336 ca.] **s. m.** **1** profondo rispetto verso persone e istituzioni considerate di grande dignità e merito: *calorosa manifestazione di o.* | atto o comportamento che dimostra tale rispetto: *scoprirsi il capo in o., per o. a qlcu.* | ***in o. a qlco.***, in obbedienza **SIN.** deferenza **2** (**spec. al pl.**) riverente saluto (in formule di cortesia): *gradiscano i miei profondi ossequi* **SIN.** omaggio **3** †esequie

SFUMATURE ➤ *rispetto*

ossequióso (o -ṣo) [vc. dotta, lat. *obsequiōsu(m)*, da *obsĕquium* 'ossequio' ✱ sec. XIV] **agg.** ● pieno di ossequio, che esprime o dimostra ossequio: *individuo o.; cerimonia ossequiosa* **SIN.** deferente, rispettoso, riverente ‖ **ossequiosaménte**, **avv.** ‖ **ossequiosità**, **s. f. inv.** atteggiamento di chi è ossequioso: *l'ossequiosità di un usciere*

osservàbile [vc. dotta, lat. *observābile(m)*, da *observāre* 'osservare' ✱ 1504] **A** **agg.** ● che si può osservare | (*fis.*) ***grandezza o.***, quella per la quale si conosce una tecnica di misura ‖ **osservabilménte**, **avv.** in modo notevole ‖ **osservabilità**, **s. f. inv.** **B** **s. f.** ● (*fis.*) nella meccanica quantistica, grandezza fisica che può essere misurata

osservànte **A** **part. pres.** di *osservare*; anche **agg.** ● che osserva | che rispetta o che segue una norma, un precetto e sim. (+ *di*): *essere o. delle leggi* ‖ **osservanteménte**, **avv.** con osservanza **B** **agg. e s. m. e f.** ● che (o chi) osserva fedelmente i precetti di una religione: *cattolico o.* | ***frati osservanti***, (*ellitt.*) ***gli osservanti***, i frati minori francescani che seguono la stretta osservanza della prima regola di S. Francesco

osservànza o †**osservànzia** [vc. dotta, lat. *observāntia(m)*, da *obsĕrvans*, genit. *observāntis* 'osservante' ✱ av. 1292] **s. f.** **1** rispettosa e scrupolosa obbedienza: *curare l'o. della legge, dei precetti religiosi; la o. delle buone leggi e buoni ordini* (F. GUICCIARDINI) | (*burocr.*) ***in o. a***, in conformità a | ***di stretta o.***, detto di ciò che, o di chi, è del tutto conforme alle norme codificate **2** ossequio, spec. in formule epistolari: *con profonda o.* **3** (*relig.*) movimento riformatore in senso rigoristico che tra i secc. XIV e XV interessò vari ordini religiosi | ***Osservanza***, nome di una famiglia francescana riformata riconosciuta ufficialmente nel 1517 **4** (**al pl.**) †riti religiosi

♦**osservàre** [vc. dotta, lat. *observāre*, comp. di *ŏb-* 'verso' e *servāre* 'serbare' ✱ 1065] **A** **v. tr.** (*io ossèrvo*) **1** guardare o esaminare con attenzione, considerare con cura: *o. la struttura di un corpo, il corso degli astri, un frammento di roccia* **2** rilevare, notare, constatare (+ *che*): *osservammo che si trattava di un grossolano errore* | obiettare: *sulla tua proposta non ho nulla da o.* | notare, rilevare: *ti faccio o. che sei in ritardo* **3** curare attentamente, seguire con cura: *o. l'ordine, la disciplina, il silenzio; non avete osservato i patti; o. il riposo festivo, il digiuno prescritto* **4** mantenere, adempiere, non trasgredire: *o. un patto, una condizione, le legge, gli ordini* **5** †riverire, ossequiare **B** **v. intr.** (**aus.** *avere*) ● (*lett.*, *raro*) notare, rilevare, fare riferimento a qlco.

SFUMATURE DI SIGNIFICATO

osservare - esaminare - rilevare

Osservare è guardare con attenzione qualcosa per coglierne gli aspetti rilevanti e ha valore più generico rispetto a **esaminare**, che comporta un'indagine minuziosa e competente che dovrà concludersi con un giudizio. **Rilevare** comporta anch'esso delle considerazioni finali, ma queste possono anche riguardare aspetti particolari dell'oggetto o del fenomeno osservato e non dar luogo a una valutazione complessiva.

SFUMATURE ➤ ***vedere***①

osservatìvo [1832] **agg.** ● che serve ad osservare

osservàto **A** **part. pass.** di *osservare*; anche **agg.** ● nei sign. del v. **B** **s. m.** (**f.** *-a*) ● chi è fatto oggetto di attento esame: *il giovane stilista era l'o. speciale della serata* ‖ **osservataménte**, **avv.** con particolare attenzione

osservatóre [vc. dotta, lat. *observatōre(m)*, da *observātus* 'osservato' ✱ 1377] **A** **agg.** (**f.** *-trice*) **1** che osserva | che ha spirito di osservazione: *mente acuta e osservatrice* | ***ufficiale o.***, che effettua l'osservazione del tiro di artiglieria per aggiustarlo e dirigerlo | ***pilota o.***, aviatore addestrato a fare rilievi, osservazioni, segnali, fotografie in volo **2** (*raro*) che adempie | †osservante, obbediente **B** **s. m.** (**f.** *-trice*) **1** chi ha capacità di osservazione: *è un acuto o.* **2** chi partecipa a convegni, congressi e sim. limitandosi ad assistere, senza apportarvi comunicazioni: *intervenire a una conferenza come o., in veste di o.* | (*dir.*) inviato o delegato di un soggetto di diritto internazionale presso una organizzazione o una conferenza internazionale di cui esso non è parte o presso uno Stato per assistere al compimento di fatti giuridici: *o. dell'ONU* **3** (*lett.*) chi tiene fede alla parola data, all'impegno preso e sim.: *un fedele o. dei patti*

osservatòrio [av. 1642] **s. m.** (**pl.** *-i* o *-ii*) **1** luogo adatto a osservare ciò che interessa | ***o. astronomico, astrofisico***, istituto scientifico destinato allo studio dei fenomeni del cosmo | (*est.*) luogo o istituzione adatti a rilevare, analizzare e sim.: *Hong Kong è stata un importante o. della realtà cinese; o. dei prezzi* **2** (*milit.*) località scelta e organizzata con personale e mezzi adeguati, per tenere sotto osservazione un determinato settore e riferirne i risultati | ***o. di artiglieria***, per l'osservazione del tiro **3** istituzione che ha la funzione di controllare l'andamento di settori economici o sociali: *o. dell'occupazione*

osservazionàle [1960] **agg.** ● (*scient.*) basato su una serie di osservazioni dirette: *studio o. di una patologia*

♦**osservazióne** [vc. dotta, lat. *observatiōne(m)*, da *observātus* 'osservato' ✱ av. 1328] **s. f.** **1** l'osservare | attento esame, accurata valutazione, e sim.: *o. scientifica, accurata, diligente; la quotidiana o. degli astri* | ***tenere, trattenere in o.***, di ammalato che viene ricoverato al fine di eseguire esami e controlli | indagine, studio, ricerca: *strumenti d'o. clinica; il fenomeno è degno d'o.* **CFR.** -scopia, -scopio **2** complesso delle operazioni riguardanti la rilevazione e la descrizione di un fenomeno: *o. meteorologica* | ***o. partecipante***, in etnografia, tecnica di indagine che comporta la partecipazione per un lungo periodo del ricercatore alla vita del gruppo sociale studiato **3** considerazione, espressione di giudizio relativa a qlcu. o qlco.: *le sue osservazioni su quel testo sono state assai acute;*

O

a b c d e f g h i j k l m n **o** p q r s t u v w x y z

è un'o. molto intelligente SIN. rilievo, riflessione **4** appunto, rimprovero: *ricevere un'o.* | obiezione: *il testo è approvato senza osservazioni* **5** †adempimento, osservanza ‖ **osservazioncèlla**, dim. | **osservazioncìna**, dim.

SFUMATURE DI SIGNIFICATO

osservazione - rimprovero

Osservazione è l'espressione di un giudizio personale, una riflessione critica relativa a qualcosa o qualcuno. Nel caso in cui l'osservazione consista in un giudizio negativo sul comportamento di una persona, alla quale si manifesta chiaramente la propria disapprovazione, si ha un **rimprovero**.

SFUMATURE ➤ ***obiezione***, ➤ ***rilievo***

ossessionànte part. pres. di *ossessionare*; anche agg. ● che dà ossessione, che rappresenta un'ossessione: *ritmo, musica o.*; *idee ossessionanti* ‖ **ossessionanteménte**, avv.

ossessionàre [da *ossessione* ✱ 1923] v. tr. (*io ossessióno*) **1** tormentare la coscienza di qlcu. producendo turbamenti, incubi e sim.: *quel ricordo lo ossessiona* SIN. perseguitare **2** (*fig.*) infastidire in modo assillante: *smetti di ossessionarmi con le tue lamentele*

ossessióne [vc. dotta, lat. *obsessiōne(m)* 'assedio', da *obsĕssus* 'assediato'. V. *ossesso* ✱ 1834] s. f. **1** (*psicol.*) idea prevalente, a contenuto per lo più assurdo, che disturba il corso normale del pensiero, accompagnata da ansia SIN. anancasmo **2** (*est.*) preoccupazione angosciosa e persistente: *ha l'o. di quel debito* SIN. incubo **3** (*raro*) invasamento demoniaco SFUMATURE ➤ ***complesso***③

ossessìvo [da *ossessione* ✱ 1933] agg. ● che dà ossessione, che costituisce un'ossessione: *idea, paura ossessiva*; *manifestazioni ossessive*; *pensiero o.* | assillante, tormentoso: *un suono o.* ‖ **ossessivaménte**, avv. in modo ossessivo ‖ **ossessività**, s. f. inv. condizione di chi (o di ciò che) è ossessivo

ossèsso [vc. dotta, lat. *obsĕssu(m)*, part. pass. di *obsidēre* 'assediare' ✱ av. 1342] agg. e s. m. (f. *-a*) **1** che (o chi) è invasato dal demonio SIN. indemoniato, spiritato **2** (*fig.*) che (o chi) è preda di violente crisi di eccitazione, ira e sim.

ossèta [russo *Osetin*, dal n. georgiano della regione *Oset'i* ✱ 1834] **A** s. m. e f. (pl. m. *-i*) **1** ogni appartenente a una popolazione di stirpe indoeuropea stanziata nel Caucaso centrale **2** (*est.*) abitante o nativo dell'Ossezia, regione storica della Russia, oggi ripartita tra la Federazione Russa e la Georgia **B** agg. ● relativo all'Ossezia e ai suoi abitanti

ossètico [1925] **A** agg. (pl. m. *-ci*) ● relativo alla popolazione caucasica degli Osseti | ***lingua ossetica***, lingua indoeuropea della famiglia iranica **B** s. m. solo sing. ● lingua ossetica

òssi- [dal gr. *oxýs* 'acuto' (di etim. incerta)] primo elemento di parole composte della terminologia chimica **1** in chimica inorganica, indica la presenza di ossigeno: *ossidrico* **2** in chimica organica, indica la presenza di uno o più gruppi ossidrilici: *ossibenzene*

♦**ossia** o *lett.* **o sia** /os'sia/ o, davanti a un pl., *lett.* **o siano** /os'siano/ o *lett.* **ossiano** [comp. di *o*② e *sia* ✱ sec. XIII] cong. ● cioè, o per meglio dire, o per maggior precisione o chiarezza (introduce una spiegazione, un chiarimento e, in generale, un elemento che meglio determina il primo): *ho spedito il pacco tre giorni fa, o. lunedì*; *la zoologia, o. la scienza che studia gli animali*; *Torquato Tasso, o. l'autore della 'Gerusalemme liberata'* | (*raro, lett.*) o meglio (per correggere quanto si è già detto): *parto subito, o. no, parto stasera* SIN. ovvero

ossiacànta [vc. dotta, gr. *oxyákantha*, comp. di *oxýs* 'acuto' (V. *ossalico*) e *ákantha* 'spina' ✱ 1563] s. f. ● (*bot.*) biancospino

ossiacetilènico [comp. di *ossi-* e *acetilenico* ✱ 1914] agg. (pl. m. *-ci*) ● (*chim.*) relativo alla combustione di acetilene e ossigeno | ***fiamma ossiacetilenica***, ottenuta bruciando l'acetilene in corrente di ossigeno, prodotta dal cannello ossiacetilenico | ***cannello ossiacetilenico***, formato da due tubi concentrici alla cui estremità si mescolano acetilene e ossigeno che vengono fatti bruciare; si usa per saldare

ossiàcido [comp. di *ossi-* e *acido* ✱ 1834] s. m. ● nella chimica inorganica, ogni acido contenente ossigeno | nella chimica organica, composto nelle cui molecole sono presenti gruppi carbossilici e uno o più gruppi ossidrilici alcolici o fenolici SIN. idrossiacido

ossianésco [da *Ossian*, leggendario bardo dell'Alta Scozia del III sec. d.C., a cui furono attribuiti dei canti pubblicati dal Macpherson nel 1765 ✱ 1835] agg. (pl. m. *-schi*) ● detto di ciò che ricorda lo stile del bardo scozzese Ossian

ossiànico [V. *ossianesco* ✱ 1822] agg. (pl. m. *-ci*) ● che concerne il bardo scozzese Ossian

ossìano ➤ **ossia**

ossibenzène [comp. di *ossi-* e *benzene* ✱ 1983] s. m. ● (*chim.*) fenolo

ossicino [1935] s. m. **1** dim. di *osso* **2** (*anat.*) ciascuna delle tre piccole ossa dell'orecchio medio

ossidàbile [fr. *oxydable*, da *oxyder* 'ossidare' ✱ 1795] agg. ● di sostanza che può subire l'ossidazione ‖ **ossidabilità**, s. f. inv.

ossidànte **A** part. pres. di *ossidare*; anche agg. ● nel sign. del v. **B** s. m. ● (*chim.*) sostanza o elemento capace di ossidarne altri

ossidàre [fr. *oxyder*, da *oxyde* 'ossido' ✱ 1834] **A** v. tr. (*io òssido*) ● provocare ossidazione | far perdere a un metallo la lucentezza **B** **ossidàrsi** v. intr. pron. ● subire un processo di ossidazione | detto di un metallo, perdere la lucentezza a causa del contatto con l'aria

ossidàsi [da *ossido* ✱ 1904] s. f. inv. ● (*chim.*) enzima che catalizza reazioni di ossidoriduzione in cui gli elettroni provenienti dall'ossidazione di un substrato vengono trasferiti direttamente sull'ossigeno molecolare

ossidativo [1958] agg. ● (*raro*) ossidante

ossidàto part. pass. di *ossidare*; anche agg. ● nel sign. del v.

ossidazióne [fr. *oxydation*, da *oxyder* 'ossidare' ✱ 1795] s. f. **1** reazione chimica per la quale una sostanza o un elemento si combina con l'ossigeno | reazione con la quale si sottrae idrogeno da un composto | reazione nella quale un atomo di un elemento aumenta la sua valenza positiva o diminuisce quella negativa CFR. riduzione **2** in un metallo, perdita di lucentezza e formazione di una patina di ossido

ossidiàna [fr. *obsidienne*, dal lat. *obsidiāna(m)* (*pētram*), lezione errata dei codici pliniani per *obsiāna(m)*, secondo Plinio da un certo *Obsio* che la avrebbe scoperta ✱ av. 1498] s. f. ● vetro vulcanico effusivo di colore nero lucente, con cui gli uomini preistorici fabbricarono arnesi taglientissimi

ossidimetrìa [comp. di *ossido* e *-metria* ✱ 1954] s. f. ● (*chim.*) metodo analitico quantitativo basato su un processo di ossidazione

ossidionàle [vc. dotta, lat. tardo *obsidionāle(m)*, agg. di *obsĭdio*, genit. *obsidiōnis* 'assedio'. V. †*ossidione* ✱ sec. XIV] agg. ● (*lett.*) relativo ad assedio | ***corona o.***, quella che si donava al condottiero liberatore di un assedio | ***moneta o.***, moneta provvisoria coniata in tempo di assedio | ***linee ossidionali***, lavori di circonvallazione e di controvallazione che si facevano nel porre assedio a una città o a una grande fortezza

†**ossidióne** o †**obsidióne**, †**ossedióne** [vc. dotta, lat. *obsidiōne(m)*, da *obsidēre* 'assediare'. V. *assedio* ✱ 1340] s. f. ● assedio

òssido [fr. *oxyde*, dal gr. *oxýs* 'acuto, acido' (V. *ossalico*) ✱ 1795] s. m. ● (*chim.*) combinazione di un elemento con l'ossigeno: *o. di nichel, di magnesio, di azoto* | ***o. salino***, ossisale | ***o. di bario***, barite | ***o. di calcio***, calce viva | ***o. di carbonio***, gas velenoso che si forma quando il carbonio o suoi composti bruciano in difetto di ossigeno

ossidoriduzióne o **ossido-riduzióne** [comp. di *ossido* e *riduzione* ✱ 1929] s. f. ● (*chim.*) reazione chimica in cui si verifica l'ossidazione di una specie chimica e contemporaneamente la riduzione di una seconda specie

ossìdrico [comp. di *ossi-* e *idr(ogeno)* ✱ 1895] agg. (pl. m. *-ci*) ● (*chim.*) che è composto di ossigeno e di idrogeno | ***fiamma ossidrica***, ottenuta bruciando l'idrogeno in un flusso di ossigeno | ***cannello o.***, formato da due tubi concentrici alle cui estremità si mescolano idrogeno e ossigeno che vengono fatti bruciare

ossidrìle [comp. di *oss(igeno)* e *idr(ogeno)* ✱ 1889] s. m. ● (*chim.*) gruppo funzionale monovalente caratteristico degli alcoli, dei fenoli, degli idrossidi, degli ossiacidi, rappresentato con la formula –OH

ossidrìlico [1931] agg. (pl. m. *-ci*) ● (*chim.*) relativo a ossidrile

ossìdulo [comp. di *ossi(do)* e *(aci)dulo* ✱ 1834] s. m. ● (*chim.*) protossido

ossiemoglobìna [comp. di *ossi-* ed *emoglobina* ✱ 1883] s. f. ● (*biol.*) emoglobina combinata con l'ossigeno

ossìfero [comp. del lat. *ŏs*, genit. *ŏssis* 'osso' e *-fero* ✱ 1864] agg. ● (*paleontologia*) che contiene ossa

ossificàre [comp. del lat. *ŏs*, genit. *ŏssis* 'osso' e *-ficare* ✱ av. 1673] **A** v. tr. (*io ossìfico, tu ossìfichi*) ● trasformare in tessuto osseo **B** **ossificàrsi** v. intr. pron. ● subire il processo di ossificazione (V.)

ossificazióne [comp. del lat. *ŏs*, genit. *ŏssis* 'osso' e *-ficazione* ✱ 1727] s. f. ● (*biol.*) processo di trasformazione di un tessuto, spec. cartilagineo, in osso

ossifluènte [comp. di *osso* e il part. pres. di *fluire* ✱ 1875] agg. ● (*med.*) che si diffonde lungo le ossa o le fasce che le ricoprono | ***ascesso o.***, tipico delle forme di osteite tubercolare delle vertebre

ossìfraga [vc. dotta, lat. *ossifraga(m)*, comp. di *ŏs*, genit. *ŏssis* 'osso' e *-fraga*, da *frāngere* 'rompere, spezzare' ✱ av. 1498] s. f. ● procellaria lunga fino a 90 cm, volatrice poderosa, che vive sugli oceani antartici, cibandosi di pesci, carni di balene, rifiuti delle navi (*Macronectes giganteus*)

ossigenàre [fr. *oxygéner*, da *oxygène* 'ossigeno' ✱ 1834] **A** v. tr. (*io ossìgeno*) **1** trattare con ossigeno, arricchire di ossigeno **2** decolorare con acqua ossigenata **3** (*fig.*) incrementare con forze nuove, aiutare con contributi finanziari: *o. un'azienda con un prestito* **B** **ossigenàrsi** v. rifl. e tr. pron. (aus. *essere*) **1** decolorarsi i capelli con l'acqua ossigenata **2** respirare aria ricca di ossigeno: *andare in montagna a ossigenarsi* **C** **ossigenàrsi** v. intr. pron. ● (*chim.*) arricchirsi di ossigeno

ossigenàto part. pass. di *ossigenare*; anche agg. **1** nei sign. del v. **2** addizionato di ossigeno in misura superiore alla norma | ***acqua ossigenata***, V. *acqua* nel sign. A 6 | ***aria ossigenata***, ricca di ossigeno, e quindi salubre | di persona che ha i capelli decolorati con acqua ossigenata: *bionda ossigenata; ragazza ossigenata*

ossigenatóre [1961] **s. m.** ● apparecchio che eroga ossigeno

ossigenatùra [1965] **s. f.** ● decolorazione dei capelli con acqua ossigenata

ossigenazióne [fr. *oxygénation*, da *oxygéner* 'ossigenare' ✱ av. 1795] **s. f.** ● l'ossigenare, l'ossigenarsi

♦**ossìgeno** [fr. *oxygène*, comp. del gr. *oxýs* 'acuto, acido' (V. *ossalico*) e *-gène* '-geno', perché generatore di acidi ✱ 1795] **s. m.** ● elemento chimico, gas indispensabile alla vita organica, che costituisce un quinto dell'aria, ottimo ossidante, ottenuto per distillazione frazionata dell'aria liquida; è usato in metallurgia, nell'industria chimica in genere e in medicina nelle difficoltà di respirazione **SIMB.** O **NUM. AT.** 8 | ***tenda a o.***, apparato che crea attorno all'ammalato un ambiente ricco di ossigeno | ***somministrare o. a un malato***, facilitargli la respirazione | ***dare o.***, (*fig.*) confortare, sollevare o prestare aiuto finanziario | ***essere all'o.***, alla fine, allo stremo | ***aver bisogno di o.***, (*fig.*) di denaro

ossigenoterapìa [comp. di *ossigeno* e *terapia* ✱ 1955] **s. f.** ● (*med.*) terapia dell'anossia con somministrazione di ossigeno ad alte concentrazioni

ossìmetro [comp. di *ossi-* e *-metro* ✱ 1821] **s. m.** ● (*med.*) apparecchio per la misurazione della quantità di ossigeno legato all'emoglobina

ossìmoro o **ossimòro** [vc. dotta, gr. *oxýmōron*, nt. sost. di *oxýmōros* 'acuto sotto un'apparenza di stupidità', comp. di *oxýs* 'acuto' (V. *ossalico*) e *mōrós* 'stupido' (di etim. incerta) ✱ 1598] **s. m.** ● (*ling.*) figura retorica che consiste nel riunire in modo paradossale due termini contraddittori in una stessa espressione; per es.: *un silenzio assordante*; oppure l'espressione 'colme di nulla' in: *con le braccia colme di nulla, / farò da guida alla felicità* (G. Ungaretti)

ossìna [da *ossi(geno)* ✱ 1954] **s. f.** ● (*chim.*) perossido risultante dall'addizione di ossigeno sul doppio legame di un olio insaturo

ossiopìa [vc. dotta, gr. *oxyōpía* 'vista acuta', comp. di *oxýs* 'acuto' (V. *ossalico*), e *-opia* ✱ 1821] **s. f.** ● (*med.*) acutezza visiva

ossirìno [vc. dotta, comp. del gr. *oxýs* 'acuto' e del suff. *-rino* ✱ 1954] **s. m.** ● (*zool.*) pescecane dei Lamniformi, frequente nei mari italiani, di colore grigio scuro con ventre bianco, lungo fino a 4 m (*Isurus oxyrhyncus*)

ossisàle [comp. di *ossi-* e *sale* ✱ 1875] **s. m.** ● (*chim.*) ossido a carattere di sale, del tipo del minio

ossitàglio [comp. di *ossi-* e *taglio* ✱ 1973] **s. m.** ● taglio di lamiera eseguito mediante il cannello ossiacetilenico

ossitocìa ➤ **oxitocia**

ossitòcico ➤ **oxitocico**

ossitocìna ➤ **oxitocina**

ossitonizzàre [da *ossitono* ✱ 1983] **v. tr.** ● (*ling.*) far cadere l'accento di intensità sull'ultima sillaba: *il francese ossitonizza le parole di altre lingue*

ossìtono [vc. dotta, gr. *oxýtonos*, propr. 'dall'accento acuto', comp. di *oxýs* 'acuto' (V. *ossalico*) e *tónos* 'accento' (V. *tono*①) ✱ 1828] **agg.** ● (*ling.*) nella grammatica greca, detto di parola con accento acuto sull'ultima sillaba | (*est.*) detto di parola con accento sull'ultima sillaba, cioè tronca **CFR.** tronco①

ossiuriàsi o **ossiuràsi** [comp. di *ossiuro* e *-iasi* ✱ 1935] **s. f. inv.** ● (*med.*) infestazione intestinale da ossiuri, con intenso prurito anale

ossiùro [comp. del gr. *oxýs* 'acuto' (V. *ossalico*) e *-uro*② ✱ 1821] **s. m.** ● piccolo verme filiforme dei Nematodi, parassita intestinale non pericoloso, ma molesto specie nei bambini (*Enterobius vermicularis*)

ossìvoro [da *ossa* sul modello di *carnivoro*, *idrovoro*, *onnivoro* ecc. ✱ 1929] **agg.** ● detto di strumento usato in interventi chirurgici sulle ossa: *pinza ossivora*

†**ossizzàcchera** (o -zz-) ➤ **suzzacchera**

♦**òsso** [lat. tardo *ŏssu(m)*, per il classico *ŏs*, genit. *ŏssis*, di orig. indeur. ✱ 1261 ca.] **s. m.** (**pl.** *òssa*, †*òsse*, **f. con riferimento a quelle del corpo e con sign. collettivo;** *òssi*, **m. con riferimento a parti ossee di animali o con sign. traslato o fig.**) **1** (*anat.*) organo costitutivo dello scheletro dell'uomo e degli altri Vertebrati, formato da un particolare tessuto di consistenza rigida, ricco di sali di calcio **CFR.** osteo- | ***ossa lunghe***, in cui prevale il diametro longitudinale, come in quelle degli arti | ***ossa piatte***, come quelle della volta cranica | ***ossa corte***, come quelle costituenti il polso | ***ridursi pelle e ossa***, (*fig.*) dimagrire moltissimo, diventare scarno | ***avere le ossa rotte***, (*fig.*) essere stanchissimo | ***essere di carne e d'ossa***, (*fig.*) essere, come ogni uomo, soggetto a passioni, errori e sim. | ***in carne e ossa***, personalmente, di persona | ***un sacco d'ossa***, (*fig.*) di persona molto magra | ***rompersi l'o. del collo***, rompersi il collo; (*fig.*) farsi molto male | ***rimetterci l'o. del collo***, (*fig.*) rovinarsi | (*fig.*) ***essere un o. duro da rodere***, essere una persona o un ostacolo difficile da contrastare o da superare | ***aver le ossa peste***, (*fig.*) sentirsi indolenzito | ***farsi le ossa***, (*fig.*) fare esperienza, impratichirsi in qlco. | ***essere bagnato fino alle ossa***, (*fig.*) completamente | (*fig.*) ***essere guasto, corrotto nelle ossa***, essere completamente guasto | ***fino all'o.***, (*fig.*) nell'intimo, nel profondo: *scettico fino all'o.* (A. Fogazzaro) | (*fig.*) ***fare economia fino all'o.***, fino all'estremo limite | (*fig.*) ***essere, ridurre all'o.***, al minimo possibile **2** (**al pl.**) resti mortali: *le ossa biancheggianti nel deserto*; *qui giacciono le ossa dei caduti* **3** osso di bestia macellata | ***o. buco***, V. *ossobuco* | ***carne senz'o.***, tutta polpa commestibile | ***posa l'o.!***, (*fig.*) esortazione a restituire ciò che si è preso indebitamente o a lasciare stare ciò che non ci spetta e sim. | ***ossi di morto***, fave dei morti **4** osso animale lavorato: *bottoni d'o.*; *ombrello con manico d'o.* **5** formazione o struttura con funzioni analoghe a quella dell'osso | ***o. di seppia***, conchiglia interna | ***o. di balena***, fanone **6** (*pop.*) nocciolo: *l'o. della pesca, della prugna* **7** ossatura, armatura ‖ **ossàccio**, **pegg.** | **ossétto**, **dim.** | (*raro*) **ossicèllo**, **dim.** | **ossicino**, **dim.** (V.) | **ossùccio**, **dim.**

ossobùco o **òsso bùco** [adattamento del milan. *os büs* 'osso bucato' ✱ av. 1869] **s. m.** (**pl.** *ossibùchi*) ● taglio di carne bovina ricavato dal garretto, a forma di disco con tutto l'osso e il midollo, che si cucina in umido o con salsa a base di vino bianco e scorza di limone, talvolta con l'aggiunta di pomodoro: *o. alla milanese*

ossocòllo [adattamento del ven. e ladino *osocòl*, friulano *socòl*, comp. di *os(so)* e *col(lo)* ✱ 1913] **s. m.** ● salume realizzato con la carne che si trova intorno all'osso del collo del maiale, specialità veneta e friulana

ossoniènse ➤ **oxoniense**

ossóso (o -so) [sec. XIV] **agg.** **1** †osseo **2** (*lett.*) ossuto

ossuàrio [vc. dotta, lat. tardo *ossuāriu(m)*, nt. sostantivato dell'agg. *ossuārius* 'che concerne le ossa', da *ŏs*, genit. *ŏssis* 'osso' ✱ 1779] **s. m.** ● (*archeol.*) vaso funerario usato per contenere i resti cremati di una persona defunta: *o. biconico villanoviano*

ossùto [da *osso* ✱ 1359] **agg.** ● che, essendo molto magro, ha ossa prominenti e visibili: *un vecchio o.*; *mani ossute*

†**òsta** [etim. incerta ✱ 1561] **s. f.** ● (*mar.*) ciascuna delle due manovre legate alla penna di ogni antenna latina per tenerla a segno nel navigare

ostacolàre [da *ostacolo* ✱ 1866] **A** **v. tr.** (*io ostàcolo*) ● rendere difficile o laborioso, frapponendo ostacoli o impedimenti: *è inutile che ostacoliate i miei progetti* **SIN.** contrastare, impedire, intralciare **B** **ostacolàrsi** **v. rifl. recipr.** ● intralciarsi, disturbarsi a vicenda

SFUMATURE ➤ *intralciare*

ostacolìsta [1938] **s. m. e f.** (**pl. m.** *-i*) ● atleta specialista nelle corse a ostacoli | cavallo che gareggia nelle prove a ostacoli

♦**ostàcolo** [vc. dotta, lat. *obstăculu(m)*, da *obstāre* 'stare davanti, opporsi', comp. di *ŏb-* 'davanti, contro' e *stāre* 'stare' ✱ av. 1328] **s. m.** **1** tutto ciò che costituisce un intralcio, un impedimento (*anche fig.*): *un sentiero nella foresta pieno di ostacoli*; *cercò di frapporre degli ostacoli alla nostra iniziativa* | ***aggirare l'o.***, (*fig.*) V. *aggirare* **SIN.** contrasto, difficoltà, inciampo **2** (*milit.*) elemento del terreno od opera di fortificazione destinati a inibire o a ritardare il movimento del nemico **3** nell'atletica, ognuno dei cavalletti posti lungo la pista in alcune gare di corsa per aumentarne la difficoltà: *correre i 110 (metri) ostacoli, i 400 (metri) ostacoli* | negli sport equestri, qualsiasi tipo di impedimento, naturale o artificiale, situato sulla pista o sul prato, che il cavallo deve superare saltando | ***corsa, percorso a*** (o ***ad***) ***ostacoli***, (*fig.*) iniziativa, attività e sim. che comporta il superamento di numerose difficoltà

ostàggio o †**stàggio**③ [ant. fr. *hostage*, da *hôte* 'ospite' ✱ sec. XIII] **s. m.** **1** persona tenuta in proprio potere dal nemico come pegno dell'adempimento di determinati obblighi o allo scopo di evitare atti ostili **2** (*est.*) persona rapita e sequestrata da criminali allo scopo di garantirsi l'incolumità o la fuga, o per ottenere un riscatto in denaro o l'accoglimento di determinate richieste: *i rapinatori si coprirono la fuga con un ostaggio*

†**ostàle** [provenz. *ostal*; stessa etim. dell'ant. fr. *ostel* 'ostello' ✱ av. 1294] **s. m.** ● ostello | (*fig.*, *lett.*) ricetto

ostalgìa [adattamento del ted. *Ostalgie*, sovrapposizione di *Ostdeutschland* 'Germania dell'Est' e *nostalgie* 'nostalgia' ✱ 1994] **s. f.** (**pl.** *-gie*) ● rimpianto nelle popolazioni dell'Est europeo per alcuni aspetti dei passati regimi comunisti

ostànte **part. pres.** di *ostare*; **anche agg.** ● (*lett.*) che si oppone, che è d'ostacolo: *sì che nulla le puote essere o.* (Dante *Par.* XIV, 24); *bellissimo ancora, non ostanti l'età e la calvizie* (L. Pirandello) | spec. in costruzioni assol.: *Nulla o. io lo chiedeva spesso della salute della Pisana* (I. Nievo); *ostanti cotanti e così fatti avversarii* (G. Boccaccio) | (*lett.*) ***ciò nulla o.***, ciononostante | ***non o.***, V. *nonostante*

♣**ostàre** o †**obstàre** [vc. dotta, lat. *obstāre*. V. *ostacolo* ✱ 1287] **v. intr.** (*io òsto*; **raro tempi composti; aus.** *avere*) ● essere d'ostacolo: *nulla osta al trasferimento dell'impiegato*; *nulla osta a che l'impiegato sia trasferito* | ***nulla osta***, V. *nullaosta*

†**ostàtico** [lat. parl. **hospitātĭcu(m)*, da *hŏspes*, genit. *hŏspitis* 'ospite' ✱ 1280 ca.] **s. m.** ● ostaggio

ostatìvo [da *ostare* ✱ 1803] **agg.** ● (*dir.*) che è d'impedimento | ***errore o.***, errore per cui un soggetto dichiara una cosa diversa da quella voluta ‖ **ostatività**, **s. f. inv.**

òste① o †**òsto** [ant. fr. *oste*, dal lat. *hŏspite(m)* 'ospite' ✱ 1238] **s. m.** (**f.** *-éssa* (**V.**), †*-a*, **nel**

sign. 1) **1** gestore di un'osteria | ***fare i conti senza l'o.***, (*fig.*) fare piani senza considerare eventuali difficoltà, contrarietà e sim. **2** †padrone del podere **3** †ospite

òste② [lat. *hŏste(m)* 'nemico', di orig. indeur. ✱ 1246] **s. f. o m. 1** (*raro, lett.*) esercito schierato in campo | †***bandire l'o.***, dichiarare la guerra | †***stare a o.***, essere in guerra | †***fare o.***, guerreggiare | †***porre l'o.***, accamparsi, mettere l'assedio **2** †nemico: *contro i crudeli osti, per lo bene della città, s'apparecchiavano con le taglienti spade d'aspramente combattere* (G. Boccaccio) **3** †accampamento militare **4** †***o. di mare***, flotta militare

ostealgìa [comp. di *osteo-* e *-algia* ✱ 1834] **s. f. (pl. -***gìe***)** ● (*med.*) dolore di origine ossea

†**osteggiaménto** [da *osteggiare* ✱ av. 1540] **s. m. 1** accampamento **2** azione militare

osteggiàre [da *oste*② ✱ av. 1328] **A v. tr.** (**pres.** *io ostéggio*; **fut.** *io osteggerò*) **1** avversare, contrastare: *o. il ministero, la proposta delle minoranze, i tentativi di ribellione* **2** †assalire, attaccare **B v. intr.** (**aus.** *avere*) **1** †guerreggiare **2** †accamparsi

osteggiatóre [av. 1861] **agg. e s. m. (f. -***trice***)** ● (*raro*) che (o chi) osteggia

osteìte [comp. di *osteo-* e *-ite*① ✱ 1834] **s. f.** ● (*med.*) infiammazione dell'osso

Osteìtti [comp. di *oste(o)-* e un deriv. del gr. *ichthýs* 'pesce' (V. *ittio-*) ✱ 1967] **s. m. pl. (sing. -***io***)** ● (*zool.*) classe di Pesci con scheletro osseo (*Osteichthyes*)

†**ostellàggio** [da *ostello* ✱ 1287] **s. m. 1** acquartieramento di truppe | locanda **2** magazzinaggio

ostèllo [ant. fr. *ostel*, moderno *hôtel* (V.) ✱ 1287] **s. m. 1** (*lett.*) alloggio, albergo | (*lett.*) ***il paterno o.***, la casa paterna: *d'in su i veroni del paterno o.* (G. Leopardi) | (*fig.*) sede, ricetto: *Ahi, serva Italia, di dolore o.* (Dante *Purg.* VI, 76) **2** ***o. della gioventù***, albergo che con modica spesa ospita i giovani turisti

†**ostendàle** [da *ostendere* ✱ 1319] **s. m.** ● stendardo, insegna

†**ostèndere** [vc. dotta, lat. *ostĕndere*, comp. di *ŏbs-* 'verso, contro' e *tĕndere* 'tendere' ✱ av. 1294] **v. tr.** ● mostrare | (*fig.*) spiegare, far notare

ostenditrìce ➤ **ostensore**

ostensìbile [dal lat. *ostēnsus*, part. pass. di *ostĕndere* '†ostendere' ✱ av. 1644] **agg. 1** (*burocr.*) che si può mostrare: *documento o.* **2** (*lett.*) che può essere visto | (*lett.*) che può essere addotto || **ostensibilménte**, **avv.** || **ostensibilità**, **s. f. inv.**

ostensióne [vc. dotta, lat. tardo *ostensiōne(m)*, da *ostēnsus* (V. *ostensibile*) ✱ av. 1420] **s. f. 1** (*lett.*) esibizione, esposizione: *l'o. delle reliquie* **2** (*fig., lett.*) enunciazione, spiegazione

ostensìvo [vc. dotta, lat. tardo *ostensīvu(m)*, da *ostēnsus* (V. *ostensibile*) ✱ av. 1342] **agg. 1** (*lett.*) che tende a mostrare o a spiegare qlco. | ostensibile **2** (*filos.*) di proposizione o dimostrazione che prova la verità di una tesi in modo diretto, senza il ricorso a prove indirette (per assurdo, a contrario ecc.) **3** (*ling.*) detto di definizione che consiste nel mostrare l'oggetto che la parola denota invece di descriverlo || **ostensivaménte**, **avv.**

✱**ostensóre** [vc. dotta, lat. tardo *ostensōre(m)*, da *ostēnsus* (V. *ostensibile*) ✱ av. 1492] **s. m. (f.** *ostenditrìce***)** ● (*lett.*) chi mostra o presenta qlco.: *l'o. di una lettera* **SIN.** latore

ostensòrio [da *ostensore* ✱ av. 1696] **s. m.** ● arredo liturgico costituito da un piedistallo sormontato da una piccola teca che contiene l'ostia consacrata da mostrare ai fedeli

†**ostentaménto** [1350 ca.] **s. m.** ● l'ostentare | ostentazione

✱**ostentàre** [vc. dotta, lat. *ostentāre*, da *ostĕndere* '†ostendere' ✱ 1440] **v. tr.** (*io ostènto*) **1** mostrare intenzionalmente qlco. con affettazione e sussiego: *o. le proprie ricchezze* **SIN.** sbandierare, sfoggiare **2** simulare, fingere: *o. superiorità, indifferenza, disinvoltura; ostentarono di non badare a Cosimo* (I. Calvino)

ostentatìvo [1612] **agg.** ● (*raro*) che ostenta

ostentàto **part. pass.** di *ostentare*; anche **agg.** ● nel sign. del v. | messo in mostra con compiacimento: *Il suo corpo era snello ..., il petto o.* (M. Rigoni Stern) | detto di ciò che viene esibito in modo intenzionalmente esagerato: *i suoi ostentati meriti; un'ostentata sicurezza* || **ostentataménte**, **avv.** in modo ostentato, con ostentazione

ostentatóre [vc. dotta, lat. *ostentatōre(m)*, da *ostentātus*, part. pass. di *ostentāre* 'ostentare' ✱ 1441] **agg. e s. m. (f. -***trice***)** ● che (o chi) ostenta

ostentazióne [vc. dotta, lat. *ostentatiōne(m)*, da *ostentātus*, part. pass. di *ostentāre* 'ostentare' ✱ 1395] **s. f. 1** l'ostentare | esibizione, sfoggio: *o. di ricchezza* | simulazione, affettazione: *o. di tranquillità, di indifferenza, di sicurezza* | ***con o.***, con sussiego e vanità **2** †dimostrazione di forza: *debbe uno quando ... assalta una città ... fare tutte le sue ostentazioni terribili* (N. Machiavelli)

SFUMATURE DI SIGNIFICATO

ostentazione - affettazione - posa

L'esibizione di qualcosa che si possiede per imporsi sugli altri o per vanteria si chiama **ostentazione**, parola che indica anche il comportamento di chi finge di possedere cose o capacità. **Affettazione** è il modo di fare innaturale, artificioso di chi vuole mostrare qualità che non possiede; il comportamento costruito che ne risulta si definisce **posa**.

SFUMATURE ➤ ***affettazione***, ➤ ***vanto***

†**ostènto** [vc. dotta, lat. *ostĕntu(m)*, propr. part. pass. di *ostĕndere* '†ostendere' ✱ sec. XIV] **s. m.** ● prodigio, miracolo

†**ostentóso** (o **-ṣo**) [da *ostento* ✱ av. 1472] **agg.** ● vanitoso

òsteo- [dal gr. *ostéon* 'osso'] **primo elemento** ● in parole composte della terminologia medica, significa 'osso', 'osseo': *osteoclasia, osteologia, osteomielite*

osteoarticolàre [comp. di *osteo-* e *articolare*② ✱ 1954] **agg.** ● (*anat.*) riferito alle strutture ossee e alle relative articolazioni

osteoartrìte [comp. di *osteo-* e *artrite* ✱ 1930] **s. f.** ● (*med.*) affezione cronica delle articolazioni, caratterizzata da degenerazione della cartilagine articolare, formazione di osteofiti, alterazioni delle sinovie e limitazione funzionale dell'articolazione

osteoblàsto [comp. di *osteo-* e *-blasto* ✱ 1875] **s. m.** ● (*biol.*) cellula del tessuto osseo che dà origine a nuova formazione di osso

osteocìta o **osteocìto** [comp. di *osteo-* e *-cita* ✱ 1954] **s. m. (pl. -***i***)** ● (*biol.*) ognuno degli elementi cellulari caratteristici del tessuto osseo

osteoclaṣìa [comp. di *osteo-* e *-clasia* ✱ 1834] **s. f.** ● (*chir.*) frattura ossea attuata chirurgicamente per correggere deformità

osteoclàste [1875] **s. m.** ● (*chir.*) strumento per l'osteoclasia

osteoclàsto [comp. di *osteo-* e del gr. *klastós* (V. *-clastia*) ✱ 1929] **s. m.** ● (*biol.*) grossa cellula del tessuto osseo che ha la funzione di riassorbire e rinnovare il tessuto osseo stesso durante la sostituzione del tessuto cartilagineo

osteocondrìte [comp. di *osteo-* e *condrite*① ✱ 1930] **s. f.** ● (*med.*) processo infiammatorio che coinvolge sia l'osso che la cartilagine articolare

osteodistrofìa [comp. di *osteo-* e *distrofia* ✱ 1954] **s. f.** ● (*med.*) difettosa formazione del tessuto osseo con conseguenti deformità scheletriche || **osteodistròfico**, **agg. (pl. m. -***ci***)** relativo a osteodistrofia, caratterizzato da osteodistrofia

osteòfita o **osteòfito** [comp. di *osteo-* e *-fita* ✱ 1883] **s. m. (pl. -***i***)** ● (*med.*) neoformazione ossea di natura benigna che rappresenta una reazione a processi degenerativi o irritativi cronici del tessuto osseo

osteofitòṣi [comp. di *osteofit(a)* e *-osi* ✱ 1958] **s. f. inv.** ● (*med.*) condizione caratterizzata dalla formazione di osteofiti

osteogèneṣi [comp. di *osteo-* e *genesi* ✱ 1834] **s. f. inv.** ● (*biol.*) processo di costruzione del tessuto osseo **SIN.** osteosintesi

Osteoglòssidi [comp. di *osteo-* e del gr. *glôssa* 'lingua' (V. *glossa* nel sign. 4) ✱ 1967] **s. m. pl. (sing. -***e***)** ● (*zool.*) famiglia di Pesci d'acqua dolce, tropicali, carnivori, con pinne dorsali e anale simmetriche, talvolta di grandi dimensioni (*Osteoglossidae*)

osteòide [comp. di *oste(o)-* e *-oide* ✱ 1883] **agg.** ● (*anat.*) detto di aspetto e struttura simili a quelle del tessuto osseo

osteolìṣi [comp. di *osteo-* e *lisi* ✱ 1875] **s. f. inv.** ● (*med.*) processo di riassorbimento del tessuto osseo, spec. dei componenti minerali

osteolìte [comp. di *osteo-* e *-lite* ✱ 1834] **s. f.** ● (*geol.*) roccia sedimentaria costituita prevalentemente da fosfato calcico terroso

osteologìa [comp. di *osteo-* e *-logia* ✱ 1687] **s. f. (pl. -***gìe***)** ● branca dell'anatomia che studia l'apparato osseo

osteològico [1843] **agg. (pl. m. -***ci***)** ● concernente l'osteologia

osteòlogo [comp. di *osteo-* e *-logo* ✱ 1957] **s. m. (f. -***a***; pl. m. -***gi***)** ● studioso di osteologia

osteòma [comp. di *osteo-* e *-oma* ✱ 1875] **s. m. (pl. -***i***)** ● (*med.*) tumore benigno del tessuto osseo

osteomalacìa [comp. di *osteo-* e *malacia* ✱ 1834] **s. f. (pl. -***cìe***)** ● (*med.*) rammollimento per decalcificazione delle ossa

osteomielìte [comp. di *osteo-* e *mielite* ✱ 1865] **s. f.** ● (*med.*) infiammazione del midollo osseo con possibile diffusione all'osso circostante

osteomielìtico [1935] **agg. (pl. m. -***ci***)** ● (*med.*) di osteomielite

osteóne [deriv. di *oste(o)-* col suff. *-one*④ ✱ 1958] **s. m.** ● (*anat.*) unità morfologica e funzionale dell'osso lamellare compatto; di forma cilindrica, comprende componenti cellulari (osteociti) ed extracellulari (lamelle ossee)

osteopatìa [comp. di *osteo-* e *-patia* ✱ 1902] **s. f. 1** (*med.*) ogni malattia che colpisce le ossa **2** metodo terapeutico che si avvale di tecniche fisioterapiche e della manipolazione, basato sul presupposto che gran parte delle malattie siano causate da alterazioni strutturali del corpo umano || **osteopàtico**, **agg. (pl. m. -***ci***)** relativo a osteopatia || **osteòpata**, **s. m. e f. (pl. m. -***i***)** specialista in osteopatia come metodo terapeutico

osteoperiostìte [comp. di *osteo-* e *periostite* ✱ 1875] **s. f.** ● (*med.*) processo infiammatorio dell'osso e del periostio

osteoporòṣi [comp. di *osteo-*, del gr. *póros* 'passaggio' (V. *poro*) e *-osi* ✱ 1828] **s. f. inv.** ● (*med.*) processo di rarefazione e indebolimento dell'osso, frequente spec. nelle persone anziane

osteoporòtico [1954] **A agg. (pl. m. -***ci***)** ● (*med.*) pertinente alla osteoporosi **B agg. e s. m. (f. -***a***)** ● (*med.*) che (o chi) è affetto da osteoporosi

osteopsatiròṣi [vc. dotta, comp. di *osteo-* e del gr. *psathyrós* 'fragile' ✱ 1834] **s. f. inv.** ● (*med.*) malattia ereditaria del tessuto connettivo caratterizzata spec. da fragilità delle ossa che risultano soggette a fratture multiple

osteosarcòma [comp. di *osteo-* e *sarcoma* ✱ 1834] **s. m.** (**pl.** *-i*) ● (*med.*) tumore maligno del tessuto osseo

osteoscleròṣi o **osteosclèroṣi** [comp. di *osteo-* e *sclerosi* ✱ 1883] **s. f. inv.** ● (*med.*) ispessimento del tessuto osseo

osteòṣi [comp. di *oste(o)-* e del suff. *-osi* ✱ 1834] **s. f. inv.** ● (*med.*) abnorme infiltrazione ossea del tessuto connettivale

osteosinteṣi [comp. di *osteo-* e *sintesi* ✱ 1939] **s. f. inv.** ● (*biol.*) osteogenesi

osteotomìa [comp. di *osteo-* e *-tomia* ✱ 1771] **s. f.** ● (*chir.*) sezione chirurgica di un osso eseguita spec. per correggere un atteggiamento viziato: *o. nel ginocchio varo*

osteotòmico [1983] **agg.** (**pl. m.** *-ci*) ● (*chir.*) relativo a osteotomia: *intervento o.*

osteòtomo [comp. di *osteo-* e *-tomo* ✱ 1875] **s. m.** ● (*chir.*) strumento per praticare l'osteotomia

osterìa [da *oste*① ✱ av. 1363] **s. f. 1** locale pubblico dove si servono vino e altre bevande, talvolta con servizio di trattoria: *bere un bicchiere di vino all'o.* | bettola, taverna: *passa le sue serate all'o.* | ***o.!***, (*pop.*) esclamazione di meraviglia, ammirazione, disappunto ecc. **2** †albergo, locanda ‖ **osteriàccia**, **pegg.** | **osteriétta**, **dim.** | **osteriòla**, **dim.** | **osteriùccia**, **dim.**

osterìggio [ingl. *steerage* 'alloggio di terza classe', da *to steer* 'dirigere, guidare' ✱ 1846] **s. m.** ● (*mar.*) copertura a lucernario a tenuta stagna che chiude le aperture praticate sul ponte

ostéssa [f. di *oste*① ✱ av. 1484] **s. f. 1** donna che gestisce un'osteria **2** moglie dell'oste

ostètrica [vc. dotta, lat. *obstetrīce(m)*, da *obstāre* 'stare davanti (alle partorienti per soccorrerle)'. V. *ostacolo* ✱ av. 1794] **s. f.** (**m.** *-o*) ● figura paramedica che assiste la donna in tutte le fasi della maternità, dalla gravidanza al parto e al puerperio, inclusa la cura del neonato

ostetrìcia [vc. dotta, lat. *obstetrīcia*, nt. pl. di *obstetrīcius*, agg. di *ŏbstetrix*, genit. *obstetrīcis* 'ostetrica' ✱ 1765] **s. f.** (**pl.** *-cie*) ● ramo della medicina che si occupa dell'assistenza alla donna durante la gravidanza, il parto e il puerperio, e della cura delle relative malattie | (*est.*) reparto ospedaliero per l'assistenza e la cura delle gestanti

ostètrico [1761] **A** **agg.** (**pl. m.** *-ci*) ● di ostetricia: *clinica ostetrica* **B** **s. m.** (**f.** *-a*) ● medico specializzato in ostetricia

òstia① [vc. dotta, lat. *hŏstia(m)* 'vittima', di etim. incerta. Il nome passò poi a indicare la particola che si trasforma in corpo di Cristo e successivamente qualsiasi dischetto di pasta ✱ av. 1311] **A** **s. f. 1** (*lett.*) vittima sacrificale | sacrificio: *fare o. di un toro alla divinità della guerra* **2** nella terminologia cristiana, Gesù che si offre in sacrificio per redimere il genere umano | (*est.*) disco sottile di farina azzima che il sacerdote consacra nella Messa e dà in comunione ai fedeli **3** pasta di fior di farina, in sottile sfoglia e in forma di disco o quadrata, in cui si chiudono polveri medicinali per favorirne la deglutizione **B** **in funzione di inter.** ● (*volg.*) esprime sorpresa, ammirazione o disappunto

†**òstia**② [vc. dotta, lat. *ōstia*, pl. di *ōstium* 'imboccatura, porta' da *ōs*, genit. *ōris* 'bocca', di orig. indeur. ✱ av. 1549] **s. f.** ● foce, bocca di fiume

ostiariàto [da *ostiario* ✱ 1619] **s. m.** ● (*relig.*) uno degli ordini minori nella gerarchia sacerdotale cattolica, soppresso dopo il Concilio Vaticano II

ostiàrio [vc. dotta, lat. *ostiāriu(m)* 'portinaio', poi (lat. tardo) 'sagrestano', da *ōstium* 'porta'. V. †*ostia*② ✱ av. 1328] **s. m. 1** (*relig.*) chierico che aveva ricevuto l'ostiariato e al quale era data facoltà di aprire e chiudere le porte della chiesa e custodirla **2** (*lett.*) custode, portiere, usciere

ostichézza [1639] **s. f.** ● (*lett.*) carattere di ciò che è ostico

♣**òstico** [vc. dotta, lat. *hŏsticu(m)*, agg. di *hŏstis* 'nemico'. V. *oste*② ✱ sec. XIV] **agg.** (**pl. m.** *-ci*) **1** (*lett.*) ripugnante al gusto, di sapore sgradevole **2** (*fig.*) gravoso, spiacevole: *un compito o.* | difficile da apprendere: *questa è una materia ostica per me* ‖ **osticità**, **s. f. inv.**: *l'osticità di un argomento*

ostiènse [1321] **agg.** ● di Ostia: *scavi ostiensi*

†**ostière**① o †**ostièro** [da *oste*① ✱ 1340] **s. m. 1** oste, locandiere **2** ospite **3** osteria, locanda **4** alloggio, palazzo

†**ostière**② [da *oste*② ✱ av. 1595] **s. m.** ● accampamento nemico

♣**ostìle** [vc. dotta, lat. *hostīle(m)*, agg. di *hŏstis* 'nemico'. V. *oste*② ✱ av. 1306] **agg. 1** (*lett.*) del nemico in guerra: *l'esercito o.*; *le macchine ostili* | nemico: *le forze ostili erano superiori alle nostre* **2** avverso, contrario (+ *a*): *propositi ostili*; *mostrarsi o. a qlco., a qlcu.*; *tenere un atteggiamento o.*; *Sul partito o. a Garibaldi s'erano accumulati molti sospetti* (F. De Roberto) ‖ **ostilménte**, **avv.**

ostilità [vc. dotta, lat. tardo *hostilitāte(m)*, da *hostīlis* 'ostile' ✱ 1617] **s. f. inv. 1** avversione, inimicizia, malanimo: *vincere l'o. dell'ambiente* **2** (**spec. al pl.**) azione di guerra, attività bellica: *le ostilità furono sospese per tre giorni* | (**al pl.**) la guerra: *scoppio, cessazione delle o.*

ostinàre [vc. dotta, lat. *obstināre*, comp. di *ŏb-* 'contro', e **stanāre*, da *stāre* 'stare, resistere' ✱ av. 1540] **A** **v. tr.** ● †rendere ostinato **B** **ostinàrsi** **v. intr. pron.** ● persistere in un proposito o in un atteggiamento con tenacia spesso irragionevole o inopportuna (+ *a* **seguito da inf.**; + *in*, + *su*): *non ostinarti così!*; *si ostina a sostenere quella tesi*; *si ostina di vendicare una privata sua offesa* (G. Vico); *si ostinano nella ricerca, su un dettaglio* **SIN.** impuntarsi, intestarsi

ostinatézza [1758] **s. f.** ● (*lett.*) caparbietà, testardaggine: *non c'è modo di vincere la sua o.* | (*lett.*) perseveranza: *o. di propositi, di opinioni*

♦**ostinàto** [vc. dotta, lat. *obstinātu(m)*, part. pass. di *obstināre* ✱ 1308] **A** **agg. 1** di persona tenace e risoluta nei suoi propositi, ferma e irriducibile nella volontà: *individuo, nemico o.* | caparbio, pervicace: *un peccatore o.* **2** di ciò che rivela una tenacia irriducibile e talora eccessiva: *difesa, guerra, opposizione ostinata*; *si chiuse in un o. silenzio* | detto di ciò che persiste, che pare non voler finire: *tosse ostinata*; *piogge ostinate, seguite da una siccità ancor più ostinata* (A. Manzoni) **3** (*mus.*) di figura melodica incessantemente ripetuta: *basso o.* ‖ **ostinataménte**, **avv.** in modo ostinato, con ostinazione **B** **s. m. 1** (**f.** *-a*) persona ostinata e caparbia: *non fare l'o. e ascolta i nostri consigli* **2** (*mus.*) breve figurazione melodica costantemente ripetuta nel corso di una composizione ‖ **ostinatèllo**, **dim.**

SFUMATURE ▸ *caparbio*

♦**ostinazióne** [vc. dotta, lat. *obstinatiōne(m)*, da *obstinātus* 'ostinato' ✱ av. 1328] **s. f. 1** persistenza in un proposito o in un atteggiamento, con tenacia a volte ingiustificata: *perseguire i propri fini con o.* **SIN.** caparbietà, cocciutaggine, perseveranza, pertinacia **2** (*fig.*) persistenza molesta di qlco.: *l'o. del maltempo*

SFUMATURE ▸ *costanza*

òstio [vc. dotta, lat. *ōstiu(m)* 'porta' (V. †*ostia*②) ✱ sec. XV] **s. m.** ● (*anat.*) orifizio: *o. vaginale* | ***o. arterioso***, orifizio che fa comunicare il ventricolo destro del cuore con l'arteria polmonare, e il ventricolo sinistro con l'aorta

ostìolo [vc. dotta, lat. *ostĭolum*, dim. di *ōstium* 'porta'. V. *ostio* ✱ av. 1511] **s. m.** ● (*bot.*) apertura attraverso la quale gli organi riproduttori delle crittogame comunicano con l'esterno

†**òsto** ▸ **oste**①

ostolàre ▸ **ustolare**

Ostpolitik /*ted.* 'ɔstpoliˌtiːk/ [vc. ted., comp. di *Ost(en)* 'oriente, est' e *Politik* 'politica' ✱ 1970] **s. f. solo sing.** ● politica avviata negli anni intorno al 1970 dalla Repubblica Federale Tedesca (e poi perseguita anche da altri Paesi occidentali), tendente a migliorare i rapporti con i Paesi comunisti dell'Europa orientale

ostracióne [dal gr. *ostrákion* 'piccola conchiglia', dim. di *óstrakon* 'conchiglia', di orig. indeur. ✱ 1834] **s. m.** ● pesce di scogliera, tropicale, con corpo quadrangolare, rivestito di placche ossee rigide (*Ostracion*)

♣**ostracìṣmo** [vc. dotta, gr. *ostrakismós*, da *ostrakízein* 'bandire (con l'ostracismo)', da *óstrakon* (V.) ✱ 1521] **s. m. 1** esilio, della durata di 5 o 10 anni, cui potevano essere condannati nell'antica Atene i cittadini ritenuti sospetti dal popolo **2** (*est.*) esclusione di qlcu. o di qlco. da un certo ambiente, luogo e sim. | ***dare l'o.***, mettere al bando | ***fare o. a qlcu., a qlco.***, avversarlo, osteggiarlo

ostraciẓẓàre [vc. dotta, gr. *ostrakízein*. V. *ostracismo* ✱ av. 1604] **v. tr.** ● (*lett.*) dare l'ostracismo ‖ **ostraciẓẓazióne**, **s. f.**

òstraco [gr. *óstrakon* 'conchiglia' (V. *ostracione*) ✱ 1983] **s. m.** (**pl.** *-ci*) ● (*zool.*) strato calcareo della conchiglia dei Molluschi

Ostracòdi [gr. *ostrakṓdēs* 'che assomiglia a una conchiglia', comp. di *óstrakon* 'conchiglia' (V. *ostracione*) e *-oeidḗs* '-oide' ✱ 1828] **s. m. pl.** (**sing.** *-e*) ● (*zool.*) ordine di piccoli Crostacei marini o d'acqua dolce, con arti ridotti, muniti di un carapace bivalve (*Ostracoda*)

òstracon **s. m. inv.** ● (*archeol.*) adattamento di *ostrakon* (V.)

òstrakon /*gr.* 'ɔstrakon/ [vc. gr. (*óstrakon*), propr. 'conchiglia' e poi 'coccio' ✱ 1551] **s. m. inv.** (**pl. gr.** *ostraka*) ● (*archeol.*) frammento di terracotta o di calcare usato anticamente come materiale per scrivere | frammento di terracotta su cui gli Ateniesi scrivevano il nome del cittadino che intendevano condannare all'ostracismo

ostràlega [comp. del lat. *ŏstrea* 'ostrica', dal gr. *óstreon* (V. *ostreaceo*) e *lĕgere* 'raccogliere' ✱ 1767] **s. f.** ● (*zool.*) beccaccia di mare

ostreàceo [dal gr. *óstreon* 'ostrica', di orig. indeur. ✱ 1632] **s. m.** ● (*zool.*) testaceo

ostreàrio [vc. dotta, lat. *ostreāriu(m)* da *ŏstrea(m)* 'ostrica' ✱ 1995] **agg.** ● (*raro*) relativo alle ostriche

òstrega [vc. veneta, propr. 'ostrica', variante eufem. di *ostia* ✱ 1953] **inter.** ● (*ven.*) esprime sorpresa, meraviglia, talora stizza o disappunto, ma anche affermazione o conferma

òstria [lat. scient. *Ostrya*, dal gr. *ostrýa* 'carpino' ✱ 1804] **s. f.** ● (*bot.*) genere (*Ostrya*) delle Betulacee, che comprende alcune specie di piccoli alberi con fiori penduli e frutti legnosi **CFR.** carpinella, carpino nero

òstrica o (*ven.*) **òstrega** (V.) [dal gr. *óstreon* 'ostrica' (V. *ostreaceo*) ✱ av. 1294] **s. f.** ● mollusco dei Lamellibranchi a conchiglia esternamente rugosa, privo di piede, frutto di mare pregiato (*Ostrea edulis*) | ***o. perlifera***, a valve grandi, piane, esternamente nerastre, noto con quattro specie per la produzione delle perle (*Meleagrina*) | ***stare attaccato a qlcu.***

o a qlco. come l'o. allo scoglio, (*fig.*) non lasciarsene mai separare ‖ **ostrichétta**, **dim.** | **ostrichìna**, **dim.** | **ostricóne**, **accr. m.**

ostricàio o (*centr.*) **ostricàro** [1730] **s. m.** (**pl.** *-ai*) **1** (**f.** *-aia*) venditore di ostriche **2** luogo dove si allevano ostriche

†**òstrico** [da *ostro*① ✻ av. 1556] **agg.** ● purpureo

ostricoltóre [comp. di *ostri(ca)* e *coltore* ✻ 1954] **s. m.** (**f.** *-trice*) ● chi alleva ostriche

ostricoltùra [comp. del gr. *óstreon* 'ostrica' (V. *ostreaceo*) e *coltura* ✻ 1879] **s. f.** ● allevamento di ostriche, a scopo alimentare o per la produzione di perle coltivate

ostriéto [1931] **s. m.** ● (*bot.*) bosco di carpinelle

òstro① [vc. dotta, lat. *ŏstru(m)* 'porpora', dal gr. *óstreon* 'ostrica (V.), conchiglia', poi 'porpora', che si estrae da questa conchiglia ✻ 1340] **s. m.** **1** (*lett.*) porpora: *sempre il tuo sangue splende come l'o.* (G. D'ANNUNZIO) | (*est.*) veste, tessuto, drappo tinto di porpora **2** (*lett.*) colore roseo della carnagione

òstro② [stessa etim. di *austro* ✻ 1561] **s. m.** **1** (*lett.*) austro **2** (*lett.*) il Sud, come punto cardinale

ostrogòtico [1869] **agg.** (**pl. m.** *-ci*) ● degli Ostrogoti, relativo agli Ostrogoti

ostrogòto [comp. di un tema germ. **austra-* 'orientale' e *goto* ✻ av. 1332] **A** **s. m.** (**f.** *-a*) ● ogni appartenente alla popolazione dei Goti orientali **B** **s. m. solo sing.** ● lingua parlata dagli Ostrogoti | ***parlare o., in o.***, (*fig.*) in modo assolutamente incomprensibile **C** **agg.** **1** degli Ostrogoti **2** (*fig.*) barbaro, incivile: *usanze ostrogote*

ostruènte **A** **part. pres.** di *ostruire*; anche **agg.** ● che ostruisce **B** **agg. e s. f.** ● (*ling.*) detto di consonante la cui articolazione presenta un grado di ostacolo maggiore di altre: *le occlusive sono ostruenti*

†**ostrùere** ➤ **ostruire**

†**ostruiménto** [da *ostruire* ✻ 1649] **s. m.** ● ostruzione

ostruìre o †**ostrùere** [lat. *obstrŭere*, comp. di *ŏb-* 'davanti' e *strŭere* 'costruire, innalzare'. V. *struttura* ✻ 1525] **A** **v. tr.** (**pres.** *io ostruìsco, tu ostruìsci*; **part. pass.** *ostruìto*, **raro** *ostrùtto*) ● chiudere un passaggio, un condotto e sim.: *un mucchio di pietre ostruisce la strada* **SIN.** occludere **B** **ostruìrsi** **v. intr. pron.** ● chiudersi, detto di passaggio, condotto e sim.

SFUMATURE ➤ ***ingombrare***

ostruìto **part. pass.** di *ostruire*; anche **agg.** ● chiuso, otturato, intasato

ostruttivo [da *ostrutto* ✻ 1618] **agg.** ● che ostruisce

ostrùtto **part. pass.** di *ostruire*; anche **agg.** ● (*raro*) ostruito

ostruzióne [vc. dotta, lat. *obstructiōne(m)*, da *obstrŭctus* 'ostruito' ✻ 1598] **s. f.** **1** chiusura, occlusione: *la frana ha provocato l'o. di una strada, di un passaggio* **2** ciò che ostruisce, impedisce e sim.: *l'o. del porto è di origine ignota* | (***fig.***, ***raro***) ostruzionismo nel sign. 1 | (*sport*) ***fallo di o.***, nel calcio e in altri sport, ostruzionismo **3** (*milit.*) ostacolo artificiale costituito da accumulo di materiali vari, terra, pietrame e sim., per ostruire vie di comunicazione **4** (*med.*) occlusione di un condotto organico

ostruzionìsmo [ingl. *obstructionism*, da *obstruction* 'ostruzione' ✻ 1894] **s. m.** **1** azione o comportamento che in modo voluto e sistematico intralcia e ostacola qlco.: *un industriale che si è affermato malgrado il feroce o. dei concorrenti* **2** (*polit.*) impedimento dell'attività di un'assemblea operato dalle minoranze con lunghi discorsi, incidenti continuati, e ogni mezzo regolamentare affinché riesca impossibile deliberare **3** (*sport*) nel rugby, irregolarità che consiste nell'effettuare un'opposizione o un velo | nel calcio e in altri sport, opposizione irregolare volta a impedire che l'avversario giunga in possesso del pallone o svolga o prosegua la propria azione

ostruzionìsta [ingl. *obstructionist*, da *obstruction* 'ostruzione' ✻ 1884] **A** **s. m. e f.** (**pl. m.** *-i*) ● chi fa ostruzionismo **B** **agg.** ● ostruzionistico: *politica o.*

ostruzionìstico [1908] **agg.** (**pl. m.** *-ci*) ● di ostruzionismo, relativo all'ostruzionismo: *manovre ostruzionistiche* ‖ **ostruzionisticaménte**, **avv.**

†**ostupéscere** [vc. dotta, lat. *obstupēscere*, comp. di *ŏb-* rafforzativo e *stupēscere*, incoativo di *stupēre* 'stupire' ✻ av. 1306] **v. intr.** ● stupire

†**osùra** ➤ **usura**①

otàku /o'taku, *giapp.* ɔ.ta.ku/ [vc. giapp., propr. 'la sua casa' ✻ 1992] **s. m. e f. inv.** (**pl. giapp. inv.**) ● giovane che vive isolato, nutre passioni maniacali per determinati oggetti o attività (videogame, film d'animazione, hobby vari) e comunica col mondo esterno quasi esclusivamente tramite computer e sim.

otalgìa [vc. dotta, gr. *ōtalgía*, comp. di *ōto-* 'oto-' e *-algía* '-algia' ✻ 1749] **s. f.** (**pl.** *-gìe*) ● (*med.*) dolore dell'orecchio in assenza di lesioni evidenti

otàlgico [vc. dotta, gr. *ōtalgikós*, da *ōtalgía* 'otalgia' ✻ sec. XIV] **agg.** (**pl. m.** *-ci*) ● (*med.*) di otalgia

otàrda o **ottàrda** [fr. *outarde*, dal lat. *ăve(m) tărda(m)* 'uccello lento' ✻ 1668] **s. f.** ● grosso uccello dei Gruiformi con becco corto, piede senza dito posteriore, piumaggio bruno-giallastro sul dorso e bianco sul ventre (*Otis tarda*)

otària [vc. dotta, gr. *ōtárion* 'piccola orecchia', dim. di *ôus*, genit. *ōtós* 'orecchio' (V. *oto-*), dalla forma caratteristica del padiglione dell'orecchio di questo animale ✻ 1875] **s. f.** ● mammifero dei Pinnipedi che vive nell'emisfero australe e che, a differenza delle foche, ha padiglioni auricolari e può usare le zampe posteriori per la locomozione (*Otaria*)

òtico [gr. *ōtikós*, da *ôus*, genit. *ōtós* 'orecchio' (V. *oto-*) ✻ 1839] **agg.** (**pl. m.** *-ci*) ● (*anat.*) relativo all'orecchio: *nevralgia otica*

-òtico **suff.** ● forma aggettivi per lo più derivati da sostantivi in *-osi*: *nevrotico, ipnotico, aneddotico* | talora con valore spreg.: *cervellotico*

otiorìnco ➤ **oziorinco**

otìte [comp. di *oto-* e *-ite*① ✻ 1828] **s. f.** ● (*med.*) processo infiammatorio dell'orecchio

otìtico [1958] **agg.** (**pl. m.** *-ci*) ● (*med.*) relativo all'otite

òtium /*lat.* 'ɔttsjum/ [vc. lat. di etim. incerta ✻ 1855] **s. m. inv.** (**pl. lat.** *otia*) ● presso gli antichi Romani, tempo libero dal lavoro e dalle occupazioni quotidiane, dedicato spec. alla riflessione, allo studio, alla lettura **CFR.** ozio, negotium

òto- [dal gr. *ôus*, genit. *ōtós* 'orecchio'] **primo elemento** ● in parole composte della terminologia scientifica, spec. medica, significa 'orecchio' o fa riferimento all'orecchio: *otoiatra, otorinolaringoiatria, otoscopio*

otoacùstico [comp. di *oto-* e *acustico* ✻ 1989] **agg.** (**pl. m.** *-ci*) ● che concerne la sordità: *centro o.*

otocióne [comp. di *oto-* e del gr. *kýōn*, genit. *kynós* 'cane' (V. *cinico*) ✻ 1930] **s. m.** ● mammifero carnivoro africano dei Canidi caratterizzato dalle orecchie sviluppatissime (*Otocyon megalotis*)

otocìsti [comp. di *oto-* e del gr. *kýstis* 'vescica' (V. *cisti*) ✻ 1927] **s. f. inv.** ● (*anat.*) nei Vertebrati, abbozzo embrionale del labirinto membranoso dell'orecchio interno

otoematòma [comp. di *oto-* ed *ematoma* ✻ 1897] **s. m.** (**pl.** *-i*) ● (*med.*) raccolta di sangue e siero nello spessore del padiglione auricolare per trauma

otògeno [comp. di *oto-* e *-geno* ✻ 1958] **agg.** ● (*med.*) che ha origine dall'orecchio: *ascesso o.*

otoiàtra [comp. di *oto-* e *-iatra* ✻ 1954] **s. m. e f.** (**pl. m.** *-i*) ● medico che cura le malattie dell'orecchio

otoiatrìa [comp. di *oto-* e *-iatria* ✻ 1871] **s. f.** ● branca della medicina che si occupa delle malattie dell'orecchio e della loro cura

otoiàtrico [1954] **agg.** (**pl. m.** *-ci*) ● di otoiatria, relativo a otoiatria: *visita otoiatrica*

otolìte [comp. di *oto-* e *-lite* ✻ 1865] **s. m.** ● (*med.*) concrezione delle vie uditive

otologìa [comp. di *oto-* e *-logia* ✻ 1834] **s. f.** (**pl.** *-gìe*) ● (*med.*) ramo della medicina che si occupa dello studio e della terapia delle malattie dell'orecchio

otomeningìte [comp. di *oto-* e *meningite* ✻ 1954] **s. f.** ● (*med.*) meningite che consegue a processi infiammatori dell'orecchio

otomicòsi [comp. di *oto-* e *micosi* ✻ 1930] **s. f. inv.** ● (*med.*) infezione micotica a carico dell'orecchio, spec. del meato acustico esterno

otopatìa [comp. di *oto-* e *-patia* ✻ 1839] **s. f.** ● (*med.*) qualsiasi affezione dell'orecchio ‖ **otopàtico**, **agg.** (**pl. m.** *-ci*); anche **s. m.** (**f.** *-a*) **nel sign. 2** **1** relativo a otopatia **2** che (o chi) soffre di otopatia

otoplàstica [comp. di *oto-* e *-plastica* ✻ 1865] **s. f.** ● chirurgia plastica riparatrice dell'orecchio esterno

otorìno [1958] **s. m. e f.** (**pl. m. inv.** o *-i*; **pl. f. inv.**) ● accorc. fam. di *otorinolaringoiatra*

otorinolaringoiàtra [comp. di *oto-*, *rino-*, *laringe* e *-iatra* ✻ 1905] **s. m. e f.** (**pl. m.** *-i*) ● medico specialista in otorinolaringoiatria

otorinolaringoiatrìa [comp. di *oto-*, *rino-*, *laringe* e *-iatria* ✻ 1907] **s. f.** ● branca della medicina che si occupa delle malattie dell'orecchio, del naso e della gola | (*est.*) reparto ospedaliero per pazienti che necessitano di cure per tali malattie

otorinolaringoiàtrico [1899] **agg.** (**pl. m.** *-ci*) ● di otorinolaringoiatria

otorragìa [comp. di *oto-* e *-ragia* ✻ 1834] **s. f.** (**pl.** *-gìe*) ● (*med.*) emorragia dall'orecchio

otorrèa [comp. di *oto-* e *-rea* ✻ 1834] **s. f.** ● (*med.*) fuoriuscita di materiale, soprattutto purulento, dall'orecchio

otosclerò̀si o **otosclèrosi** [comp. di *oto-* e *sclerosi* ✻ 1930] **s. f. inv.** ● (*med.*) processo di sclerosi dell'apparato labirintico dell'orecchio che conduce a sordità

otoscopìa [comp. di *oto-* e *-scopia* ✻ 1891] **s. f.** ● (*med.*) esame diretto del condotto uditivo esterno e della membrana del timpano mediante apparecchio di illuminazione artificiale

otoscòpio [comp. di *oto-* e *-scopio* ✻ 1839] **s. m.** ● (*med.*) apparecchio per l'otoscopia

ótre (o **ò-**) o (*poet.*) †**òtro**, †**ùtre** [lat. *ŭtre(m)*: dal gr. *hydría* 'vaso per l'acqua', dalla stessa radice di *hýdōr* 'acqua' (V. *idrico*), attraverso l'etrusco (?) ✻ av. 1348] **s. m.** ● recipiente costituito da una pelle intera, spec. di capra, usato per contenere e portare liquidi: *un o. d'olio, di vino* | (*lett.*) ***l'o. della zampogna***, la parte su cui si innestano le canne | (***fig.***, ***lett.***) ***o. di vento***, persona boriosa | ***pieno come un o.***, di chi ha mangiato molto ‖ †**otrèllo**, **dim.** | **otricèllo**, **dim.** (V.)

†**otrìaca** ➤ **triaca**

†**otriàre** ➤ †**ottriare**

otricèllo [sec. XIII] **s. m.** **1** dim. di *otre* **2** †zampogna **3** (*bot.*) otricolo

otricolàre o **utricolàre** [da *otricolo* ✱ 1868] **agg. 1** (*anat.*) relativo all'otricolo **2** che ha forma di otre

otricolària [da *otricolo* ✱ 1865] **s. f.** • (*bot.*) erba vescica

otrìcolo o **utrìcolo** [vc. dotta, lat. *utrĭculu(m)*, dim. di *ŭter*, genit. *ŭtris* 'otre' ✱ 1694] **s. m. 1** (*anat.*) cavità dell'orecchio interno, la cui forma ricorda quella di un piccolo otre **2** (*bot.*) piccola vescica dell'otricolaria, con apertura a valvola, per la cattura di insetti e piccoli crostacei **SIN.** otricello

†**ótro** ➤ **otre**

†**òtta** [etim. incerta ✱ av. 1292] **s. f. 1** ora: *s'addormenta per le taverne, poscia torna a quest'o.* (G. Boccaccio) **2** tempo | ***a o. a o.***, di quando in quando | ***a pazz'o.***, a tempo inopportuno | ***a o.***, in tempo | ***a un'o.***, al tempo stesso | ***a bell'o.***, giusto in tempo | ***ogni o.***, ogni volta

òtta- o **òcta-** [gr. *okta-*, da *oktṓ* 'otto', di orig. indeur., passato anche in comp. lat., come *octa-* e *octi-*] **primo elemento** • in parole composte dotte o della terminologia scientifica, significa 'otto': *ottaedro, ottagono* | in chimica, indica la presenza di 8 atomi o raggruppamenti atomici uguali: *ottano*

ottacòrdo [vc. dotta, gr. *oktáchordos* 'di otto corde', comp. di *oktṓ* 'otto' e *chordḗ* 'corda' ✱ 1774] **s. m.** • (*mus.*) strumento a otto corde | nella musica greca, sistema armonico di otto suoni

ottaèdrico [1681] **agg.** (**pl. m.** *-ci*) • che ha forma di ottaedro

ottaèdro [vc. dotta, lat. *octăhedru(m)*, dal gr. *oktáedros* 'a otto facce', comp. di *oktṓ* 'otto' e *hédra* 'base, faccia' (V. *poliedro*) ✱ av. 1597] **s. m. 1** (*mat.*) poliedro con otto facce solitamente triangolari | ***o. regolare***, poliedro le cui facce sono otto triangoli equilateri uguali, tali che da ciascun vertice ne escano quattro **2** (*miner.*) forma cristallina semplice delimitata da 8 facce triangolari equilatere uguali

ottagèṣimo (o *-é-*) o †**ottuagèṣimo** [vc. dotta, lat. *octogēsimu(m)* 'ottantesimo', con la *-a-* di *quadragēsimus* 'quarantesimo', *quinquagēsimus* 'cinquantesimo' ecc. ✱ 1585] **agg. num. ord.**; anche **s. m.** • (*raro, lett.*) ottantesimo

ottagonàle [av. 1555] **agg.** • che ha forma di ottagono

ottàgono [vc. dotta, lat. *octagōno(n)*, dal gr. *oktágōnos*, comp. di *oktṓ* 'otto' e *gōnía* 'angolo' (V. *goniometro*) ✱ av. 1492] **s. m.** • (*mat.*) poligono con otto vertici

ottàle [da *ott(o)* col suff. agg. *-ale*① ✱ 1974] **agg.** • (*mat.*) detto di sistema di numerazione che ha per base il numero otto **CFR.** binario, decimale, duodecimale, esadecimale

ottàmetro [vc. dotta, lat. *octămetru(m)*, dal gr. *oktámetros*, comp. di *oktṓ* 'otto' e *métron* 'metro, misura' ✱ 1781] **s. m.** • (*letter.*) verso di otto piedi nella poesia classica

ottàndria [comp. di *otto* e *-andria* ✱ 1821] **s. f.** • (*bot.*) presenza di otto stami nel fiore

ottangolàre [av. 1465] **agg.** • (*lett.*) ottagonale

ottàngolo [vc. dotta, lat. tardo *octăngulu(m)*, comp. di *ŏcto* 'otto' e *ăngulus* 'angolo' ✱ av. 1519] **s. m.** • (*raro*) ottagono

ottànico [1950] **agg.** (**pl. m.** *-ci*) • (*chim.*) relativo all'ottano | che contiene ottano

ottànio [ingl. *Octanium*, nome di una lega metallica di colore blu-grigio usata in penne stilografiche della Parker ✱ 1994] **A agg. inv.** • che è di un colore tra il verde, il grigio e il blu, con riflessi metallici **B s. m.** • colore ottanio

ottaniẓẓàre [1958] **v. tr.** • aumentare, mediante adeguati trattamenti, il numero di ottano di una benzina

†**ottannàta** [comp. di *otto* e *annata* ✱ 1583] **s. f.** • periodo di otto anni

ottàno [fr. *octane*, dal lat. *ŏcto* 'otto'; detto così dal numero degli atomi di carbonio ✱ 1889] **s. m.** • (*chim.*) idrocarburo saturo con 8 atomi di carbonio | ***numero di o.***, valore numerico che indica il potere antidetonante di una benzina, considerato 100 per l'isoottano, e 0 per l'eptano

♦**ottànta** [da *otto*, sul modello di *quaranta* ✱ 1268] **agg. num. card. inv.** (**si elide davanti ad** *anni*: *ottant'anni*); **anche s. m. e f. inv.** (**V. nota d'uso NUMERI E NUMERALI**) • otto volte dieci, otto decine, rappresentato da *80* nella numerazione araba, da *LXXX* in quella romana. **I** come agg. ricorre nei seguenti usi **1** rispondendo o sottintendendo la domanda 'quanti?', indica la quantità numerica di ottanta unità (spec. preposto a un sost.): *ha già compiuto gli o. anni*; *è distante da qui o. chilometri*; *ho o. probabilità su cento di riuscire*; *o. centesimi di secondo* **2** rispondendo o sottintendendo la domanda 'quale?', identifica qlco. in una pluralità, in una successione, in una sequenza (posposto a un sost.): *leggi a pagina o.*; *l'anno o. a.C.*; *vai al numero o. di piazza Cavour* | ***gli anni O.***, in un secolo, spec. il XX, quelli compresi fra ottanta e ottantanove **3** in composizione con altri numeri semplici o composti, forma i numeri superiori: *ottantuno*; *ottantadue*; *ottantatré*; *ottantotto*; *centottanta*, *ottantamila*; *novecentottanta* **II** come sost. ricorre nei seguenti usi **1** il numero ottanta (per ellissi di un sost.): *il dieci nell'o. sta otto volte esatte*; *nell'o. a.C.*; *l'o. non esce da diverse settimane* | ***gli o.***, gli ottant'anni nell'età di un uomo | ***essere sugli o.***, avere circa ottant'anni di età **2** il segno che rappresenta il numero ottanta

ottantamìla [comp. di *ottanta* e *mila*] **agg. num. card. inv.**; **anche s. m. e f. inv.** (**V. nota d'uso NUMERI E NUMERALI**) • ottanta volte mille, ottanta migliaia, rappresentato da *80 000* nella numerazione araba, da $\overline{LXXX}$ in quella romana. **I** come agg. ricorre nei seguenti usi **1** rispondendo o sottintendendo la domanda 'quanti?', indica la quantità numerica di ottantamila unità (spec. preposto a un sost.): *una distanza di o. chilometri*; *una popolazione di o. abitanti* **2** rispondendo o sottintendendo la domanda 'quale?', identifica qlco. in una pluralità, in una successione, in una sequenza (posposto a un sost.): *la macchina con targa o.* **II** come sost. ricorre nei seguenti usi **1** il numero ottantamila (per ellissi di un sost.): *moltiplicando l'o. per dieci si ha l'ottocentomila* **2** il segno che rappresenta il numero ottantamila

ottantanòve **A agg. num. card. inv.** • otto volte dieci, otto decine più nove unità, rappresentato da *89* nella numerazione araba, da *LXXXIX* in quella romana **B in funzione di s. m. inv. 1** il numero ottantanove (per ellissi di un sost.) e il segno che lo rappresenta: *abito all'o. di via Veneto* **2** l'anno 1789, in cui ebbe inizio la Rivoluzione francese | ***i princìpi dell'o.***, quelli di libertà, uguaglianza e fraternità, proclamati appunto nel 1789

ottànte [fr. *octant*, dal lat. *octănte(m)* 'ottava parte', da *ŏcto* 'otto' ✱ 1813] **s. m. 1** strumento usato dai naviganti e munito di un cerchio graduato di 45° cioè pari ad un ottavo della circonferenza **2** (*mat.*) ognuna delle otto regioni nelle quali tre piani, con un punto in comune, dividono lo spazio

ottantènne [da *ottanta*, sul modello di *decenne* ✱ 1858] **A agg. 1** che ha ottant'anni **2** (*raro*) che dura da ottant'anni **B s. m. e f.** • chi ha ottant'anni d'età

ottantènnio [comp. di *ottant(a)* ed *-ennio* ✱ 1958] **s. m.** (**pl.** *-i* o **raro** *-ii*) • periodo di ottanta anni

ottantèṣimo (o *-é-*) **A agg. num. ord. 1** corrispondente al numero ottanta in una sequenza, in una successione (rappresentato da LXXX nella numerazione romana, da 80° in quella araba): *essere o. in una graduatoria*; *è stato celebrato l'o. anniversario della fondazione*; *l'ottantesima parte di un numero* **SIN.** (*lett.*) ottagesimo **2** in composizione con altri numerali, semplici o composti, forma gli ordinali superiori: *ottantesimoprimo*; *centottantesimo*; *millecentottantesimo* **B s. m.** • ciascuna delle ottanta parti uguali di una stessa quantità: *un o. del totale*; *sette ottantesimi*

ottantìgrado [1983] **agg.** • diviso in ottanta gradi, detto spec. della scala termometrica Réaumur

ottantìna [da *ottanta* ✱ 1863] **s. f. 1** complesso, serie di ottanta o circa ottanta unità: *un'o. di chilometri* **2** gli ottant'anni d'età: *ha passato l'o.*; *è sull'o.*

ottàrda ➤ **otarda**

†**ottàre** [lat. *optāre*. V. *optare* ✱ 1640] **A v. tr. 1** desiderare **2** (*raro*) chiedere, domandare **B v. intr. 1** aspirare a qlco. **2** V. *optare*

-ottàre [dal suff. nom., di valore attenuativo-iterativo, *-otto*] **suff.** • conferisce ad alcuni verbi valore diminutivo e frequentativo: *borbottare, parlottare, pizzicottare*

ottàstilo o **octàstilo** [vc. dotta, lat. *octastȳlu(m)*, dal gr. *oktástylos*, comp. di *oktṓ* 'otto' e *-stilo* (V. *stilobate*) ✱ av. 1798] **agg.** • (*archeol.*) di edificio, spec. tempio, con otto colonne frontali

ottatìvo [vc. dotta, lat. tardo *optatīvu(m)*, da *optātus*, part. pass. di *optāre* 'desiderare'. V. *optare* ✱ sec. XIV] **A s. m.** • (*ling.*) modo finito del verbo greco, e di altre lingue indoeuropee, che esprime il desiderio e la possibilità **B** anche **agg.**: *modo o.*; *forma ottativa*

Ottattìnie [comp. di *otto*, perché provviste di otto tentacoli, e *attinia* ✱ 1927] **s. f. pl.** • (*zool.*) Alcionari

ottàva [propr. f. di *ottavo* ✱ 1284 ca.] **s. f. 1** (*relig.*) nella Chiesa cattolica, serie delle cerimonie che, per otto giorni, precedono o seguono una solennità **2** (*mus.*) ottavo grado della scala | intervallo di otto gradi della scala, comprendente i dodici semitoni del sistema temperato **3** (*letter.*) stanza di otto endecasillabi, i primi sei con rima alternata, gli ultimi con rima baciata **4** nel linguaggio di borsa, settimana: *o. di borsa* **5** (*sport*) atteggiamento schermistico: *invito, legamento di o.* ‖ **ottavìna**, **dim.** (V.)

ottavàrio [da *ottava* ✱ 1685] **s. m.** • (*relig.*) nella Chiesa cattolica, serie di otto giorni dedicati a cerimonie e a preghiere prima o dopo una solennità religiosa

ottavìna [1958] **s. f. 1** dim. di *ottava* **2** (*letter.*) componimento poetico formato da stanze di otto versi **3** nel gioco del biliardo, colpo che manda la palla dell'avversario in mezzo al castello dei birilli dopo aver toccato per otto volte le sponde

ottavìno [dim. di *ottava* ✱ 1801] **s. m. 1** (*mus.*) corto e piccolo flauto i cui suoni superano di un'ottava quelli corrispondenti del flauto **SIN.** flauto piccolo **2** nella terminologia commerciale, provvigione pari a un ottavo per cento

♦**ottàvo** [lat. *octāvu(m)*, da *ŏcto* 'otto' ✱ 1268] **A agg. num. ord. 1** corrispondente al numero otto in una sequenza, in una successione (rappresentato da VIII nella numerazione romana, da 8° in quella araba): *si è classificato o.*; *è all'o. mese di vita*; *Carlo VIII*; *Bonifacio VIII*; *due all'ottava*, (*ellitt.*) | ***ottava rima***, in metrica, l'ottava | ***l'ottava meraviglia***, (*scherz.*) cosa eccezionalmente bella e grandiosa, con riferimento alle antiche celebri sette meraviglie del mondo **2** in composizione con altri numerali, semplici o composti, forma gli ordinali superiori: *decimottavo*; *centesimottavo* **B** **s. m.** **1** ciascuna delle otto parti uguali di una stessa quantità: *ha diritto ai tre ottavi della somma*; *un o. di vino* | ***in o.***, detto del formato che si ricava piegando tre volte il foglio di carta disteso, convenzionato per usi bibliografici in circa 20 cm e di ogni edizione le cui dimensioni rientrano in tali limiti **2** (*sport*) ***ottavi di finale***, nelle gare a eliminazione, quartultima fase della competizione che impegna i concorrenti che hanno superato i sedicesimi di finale e qualifica quelli che disputeranno i quarti: *entrare negli ottavi di finale*; *superare gli ottavi di finale*

ottemperànte o †**obtemperànte** **part. pres.** di *ottemperare*; **anche agg.** ● nel sign. del v. | che obbedisce a una prescrizione o a una richiesta ‖ **ottemperanteménte**, **avv.** (*raro*) con ottemperanza

ottemperànza [da *ottemperante* ✱ 1640] **s. f.** ● osservanza, adempimento, conformità: *in o. a una disposizione, a un decreto*

♣**ottemperàre** o †**obtemperàre** [vc. dotta, lat. *obtemperāre*, comp. di *ŏb-* 'davanti' e *temperāre* 'moderare, moderarsi'. V. *temperare* ✱ 1468] **v. intr.** (*io ottèmpero*; **aus.** *avere*) ● adempiere, conformarsi od obbedire a ciò che è stato prescritto o richiesto (+ *a*): *o. a una disposizione, a una legge*

ottenebraménto [1586] **s. m.** ● offuscamento (*spec. fig.*) **SIN.** oscuramento

ottenebràre o †**attenebràre** [vc. dotta, lat. tardo *obtenebrāre*, comp. di *ŏb-* 'davanti' e *tenebrāre* ✱ av. 1306] **A** **v. tr.** (*io ottènebro*) ● (*lett.*) coprire o velare di tenebre | (*fig.*) offuscare, obnubilare: *le superstizioni ottenebrano la mente* **B** **ottenebràrsi** **v. intr. pron.** ● oscurarsi, offuscarsi (*anche fig.*): *il cielo si ottenebrò d'improvviso*; *gli si è ottenebrata la vista*

SFUMATURE ➤ *accecare*

ottenebràto **part. pass.** di *ottenebrare*; **anche agg.** ● oscuro: *alla parte della Terra ottenebrata e macchiata dall'ombra lunare* (G. GALILEI) | (*fig.*) confuso, annebbiato: *mente ottenebrata dal vino*

ottenebraziòne [vc. dotta, lat. tardo *obtenebratiōne(m)*, da *obtenebrāre* 'ottenebrare' ✱ av. 1640] **s. f.** ● (*lett.*) ottenebramento

♦**ottenére** [lat. *obtinēre*, propr. 'tener fermo davanti', comp. di *ŏb-* 'davanti' e *tenēre* 'tenere' ✱ 1308] **v. tr.** (**coniug. come** *tenere*) **1** riuscire ad avere qlco. che si desidera o a cui si ha diritto (+ *di* **seguito da inf.**, + *che* **seguito da congtv.**): *o. un premio, la vittoria, un incarico, un permesso*; *chiese ed ottenne di tornare a vivere con la madre*; *ottenne che si facesse tregua per cinque anni* (F. GUICCIARDINI) | conquistare (+ *con*): *o. con le armi, con la forza* **SIN.** conseguire, raggiungere **2** ricavare mediante lavorazioni apposite (+ *da*): *la benzina si ottiene dal petrolio*

ottenìbile [av. 1712] **agg.** ● che si può ottenere ‖ **ottenibilità**, **s. f. inv.**

otteniménto [av. 1547] **s. m.** ● conseguimento

ottenitóre [1568] **s. m.** (**f.** *-trice*) **1** †chi ottiene **2** (*agric.*) chi ha ottenuto una nuova varietà di pianta

ottènne [vc. dotta, lat. tardo *octēnne(m)*, comp. di *ŏcto* 'otto' e *ănnus* 'anno' ✱ 1869] **A** **agg.** **1** che ha otto anni **2** (*raro*) che dura da otto anni **B** **s. m. e f.** ● chi ha otto anni d'età

ottènnio [vc. dotta, lat. tardo *octēnniu(m)*, da *octēnnis* 'ottenne' ✱ 1831] **s. m.** (**pl.** *-i* o *raro -ii*) ● (*raro*) periodo di otto anni

ottentòtto [neerl. *hottentot*, n. di orig. onomat. per indicare un popolo rozzo che non sa parlare (cfr. *barbaro*) ✱ 1750] **A** **s. m.** (**f.** *-a*) **1** appartenente a una popolazione indigena dell'Africa meridionale, di bassa statura e con pelle bruno-giallastra, un tempo assai numerosa (e ora ridotta a poche migliaia di individui) **2** (*fig., spreg.*) persona rozza e incivile (V. nota d'uso STEREOTIPO) **B** **s. m. solo sing.** ● lingua africana parlata dagli ottentotti **C** **agg.** ● relativo agli Ottentotti: *usanza ottentotta*

ottétto [da *otto*, sul modello di *duetto, terzetto*, ecc. ✱ 1895] **s. m.** **1** (*mus.*) composizione da camera per otto strumenti solisti | (*est.*) l'insieme degli esecutori di tale genere di composizione **2** (*chim.*) secondo alcune teorie, gruppo di 8 elettroni che costituiscono o vengono a costituire, durante la formazione di molecole, lo strato elettronico più esterno di un atomo conferendogli stabilità

òttica [vc. dotta, lat. *ŏptice(m)*, dal gr. *optikḗ* (*téchnē*) 'arte ottica', f. di *optikós* 'ottico' ✱ 1598] **s. f.** **1** parte della fisica che studia i fenomeni luminosi **CFR.** opto- | (*est.*) parte della fisica che studia tutto ciò che è relativo alle radiazioni elettromagnetiche | ***o. geometrica***, studia i fenomeni e le leggi relative alla propagazione rettilinea della luce | ***o. fisica***, studia i fenomeni associati alla natura ondulatoria della luce | ***o. fisiologica***, studia l'anatomia e la fisiologia degli organi della vista | ***o. elettronica***, studia l'interazione tra fasci di elettroni e campi elettrici e magnetici | ***o. a fibre***, studia l'applicazione delle fibre ottiche **2** tecnica di fabbricazione degli strumenti ottici: *laboratorio, negozio di o.* **3** complesso di lenti, specchi, prismi, diaframmi e sim. che fanno parte di un apparecchio ottico: *l'o. di una macchina da presa* **4** (*fig.*) modo di vedere, prospettiva, punto di vista: *il problema va considerato secondo una nuova o.*; *tutto ciò è valido in un'o. particolare*

òttico [vc. dotta, gr. *optikós* 'visivo, ottico', da *optós* 'visibile', dal fut. di *horân* 'vedere', di orig. indeur. ✱ av. 1463] **A** **agg.** (**pl. m.** *-ci*) **1** (*anat.*) relativo alla vista o agli organi della vista: *nervo o.* **2** (*fis.*) relativo all'ottica, che è proprio dell'ottica | ***sistema o.***, insieme di lenti, specchi, prismi, diaframmi e sim. | ***strumento, apparecchio o.***, strumento, apparecchio destinato a produrre o a sfruttare particolari fenomeni ottici | ***sistema o. centrato***, in cui le superfici del sistema sono sferiche e con i centri allineati | ***asse o.***, la retta su cui sono allineati i centri di un sistema ottico centrato ‖ **otticaménte**, **avv.** dal punto di vista ottico; secondo i principi propri dell'ottica **B** **s. m.** (**f.** *-a*) ● chi confeziona e vende al pubblico occhiali e lenti

ottìle [da *ott(ano)* col suff. *-ile*② ✱ 1958] **s. m.** ● (*chim.*) radicale alchilico monovalente derivante dall'ottano per perdita di un atomo d'idrogeno

ottimàle [da *ottimo* ✱ 1904] **agg.** ● che rappresenta quanto di meglio si possa determinare relativamente a date esigenze: *temperatura o.*; *condizioni ottimali*

ottimalizzàre [1965] **v. tr.** ● in una organizzazione, una produzione, un impianto e sim., calcolare e raggiungere il modulo ottimale ‖ **ottimalizzazióne**, **s. f.**

ottimàre [da *ottimo* ✱ 1965] **v. tr.** (*io òttimo*) ● (*raro*) ottimizzare

ottimàte [vc. dotta, lat. *optimāte(m)*, da *ŏptimus* 'ottimo' ✱ av. 1484] **s. m.** ● nella Roma antica, l'appartenente al ceto nobiliare o a un gruppo familiare predominante in campo politico | (*est., lett.*) cittadino che eccelle per nobiltà, potenza e ricchezza | ***governo degli ottimati***, aristocrazia

ottimazióne [1971] **s. f.** ● ottimizzazione

ottimìsmo [fr. *optimisme*, dal lat. *ŏptimus* 'ottimo' col suff. *-isme* '-ismo' ✱ 1759] **s. m.** **1** attitudine a cogliere gli aspetti positivi delle cose, ad avere fiducia del futuro: *un o. che rasenta l'ingenuità* **CONTR.** pessimismo **2** ogni dottrina filosofica che vede nel mondo il prevalere del bene sul male | nel pensiero di Leibniz, la concezione secondo la quale Dio avrebbe creato per l'uomo il migliore dei mondi possibili

ottimìsta [fr. *optimiste*, da *optimisme* 'ottimismo' ✱ 1778] **A** **s. m. e f.** (**pl. m.** *-i*) ● chi affronta e giudica le cose con ottimismo **CONTR.** pessimista **B** **agg.** ● ottimistico: *un ragazzo o.*; *carattere o.*

ottimìstico [1901] **agg.** (**pl. m.** *-ci*) ● di ottimismo, che rivela ottimismo talora eccessivo: *valutazione ottimistica dei danni* **CONTR.** pessimistico ‖ **ottimisticaménte**, **avv.** in modo ottimistico, con ottimismo

ottimizzàre [comp. di *ottim(o)* e *-izzare*, sul modello dell'ingl. *to optimize* ✱ av. 1963] **v. tr.** ● ricercare quella soluzione di un problema in cui siano ridotti al minimo i rischi e i fattori negativi ed esaltati al massimo i vantaggi e i fattori positivi ‖ **ottimizzazióne**, **s. f.**

ottimizzatóre [da *ottimizzare* ✱ 1991] **s. m.** (**f.** *-trice*) ● chi, in un'azienda, ha il compito di ricercare e trovare le soluzioni per utilizzare in modo ottimale i mezzi e le persone a disposizione

♦**òttimo** [vc. dotta, lat. *ŏptimu(m)*, da *ŏps* 'ricchezza' (V. *opimo*) ✱ av. 1257] **A** **agg.** ● superl. di *buono* | buonissimo, eccellente, in riferimento sia a qualità morali, a capacità, a condizioni generali, che ad aspetti materiali, di resa, di funzionamento e sim.: *vino, cibo o.*; *o. legname da costruzione*; *godiamo ottima salute*; *un o. governo*; *un'ottima persona*; *le informazioni su di te sono ottime* | ***o. lavoro***, fatto in modo perfetto | bellissimo: *ha un o. aspetto*; *tempo o.* **CONTR.** pessimo ‖ **ottimaménte**, **avv.** **1** nel modo migliore; perfettamente: *l'intervento è riuscito ottimamente* **2** si usa come escl. per esprimere piena soddisfazione; benissimo: *hai già trovato i biglietti? Ottimamente!* **B** **in funzione di escl.** ● esprime grande soddisfazione e approvazione: *'Abbiamo risolto il problema' 'Ottimo!'* **C** **s. m.** **1** ciò che è o viene considerato ottimo: *in quella zona vi è l'o. delle condizioni climatiche per la sua salute*; *l'o. della produzione granaria non è stato raggiunto* **2** massima qualifica di merito data spec. come valutazione scolastica

-ottìno [doppio suff. alterativo comp. di *-otto* e *-ino*] **suff.** ● conferisce ad alcuni aggettivi valore diminutivo e vezzeggiativo: *bassottino, pienottino*

ottìsta [da *otto* ✱ 2002] **s. m. e f.** (**pl. m.** *-i*) ● (*gerg.*) studente che, avendo conseguito la media dell'otto alla fine del penultimo anno di scuola secondaria superiore, può accedere all'esame di maturità senza frequentare l'ultimo anno

♦**òtto** [lat. *ŏcto*, di orig. indeur. ✱ 1211] **agg. num. card. inv.**; **anche s. m. e f. inv.** (**V. nota d'uso NUMERI E NUMERALI**) ● numero naturale successivo di sette, rappresentato da *8* nella numerazione araba, da *VIII* in quella romana. **I** come agg. ricorre nei seguenti usi **1** rispondendo o sottintendendo la domanda 'quanti?', indica la quantità numerica di otto unità (spec. preposto a un sost.): *lungo o. metri*; *distante o. chilometri*; *abito qui da o. anni*; *ha appena o. mesi*; *di qui a o. giorni* **CFR.** otta- | ***dare gli o. giorni***, annunciare il licenziamento dando un preavviso di otto giorni | ***in quattro e quattr'o.***, (*fig.*) prestissimo; (*est.*) senza fatica: *faccio in quattro e quattr'o.!* **2** rispondendo o sottintendendo la domanda 'quale?', identifica qlco. in una pluralità, in una successione, in una sequenza (posposto a un sost.): *abito al numero o. di via Garibaldi; prendi l'autobus numero o.; le ore o. del mattino; le ore o. di sera* | ***corpo o.***, carattere la cui forza di corpo è di otto punti tipografici, usato per le intercalazioni o per composizioni richiedenti un occhio piccolo **3** in composizione con altri numeri, semplici o composti, forma i numeri superiori: *ventotto; ottocento; ottomila; ottocentomila; ottomilaottocentotto* **II** come sost. ricorre nei seguenti usi **1** il numero otto (per ellissi di un sost.): *pagamento all'o. del mese; uno sconto dell'o. per cento; ho giocato l'o. di fiori; l'o. nel sedici sta due volte; l'o. giugno* | ***oggi a o.***, tra otto giorni, comprendendo quello in cui ci si trova fissando la data | nella valutazione scolastica, voto molto buono, inferiore di soli due punti al massimo: *ha preso un o. in italiano; è stato promosso con la media dell'o.* | ***il G8***, l'insieme dei Paesi più industrializzati del mondo (Canada, Francia, Germania, Giappone, Italia, Regno Unito, Russia e Stati Uniti) i cui rappresentanti si riuniscono periodicamente **2** il segno che rappresenta il numero otto: *scrivo l'o. e riporto il due* **3** percorso, tracciato a forma di otto | ***o. volante***, V. *ottovolante* **4** (*sport*) tipo di imbarcazione impiegata nelle gare di canottaggio, con equipaggio di otto vogatori, che azionano un remo ciascuno, e un timoniere

-òtto [forma secondaria del suff. *-etto*] **suff.** ● conferisce a nomi e aggettivi alterati valori e toni vari | ha valore diminutivo: *aquilotto, leprotto, passerotto; cosciotto, isolotto, pellicciotto* | ha valore attenuativo, con il significato di 'un po'', 'alquanto': *anzianotto, pienotto, bassotto* | ha un valore approssimativo, talora accrescitivo: *camiciotto, salsicciotto* | ha valore spregiativo, spesso con il sign. di 'di scarso rilievo', 'di poca importanza': *ragazzotto, industrialotto, signorotto, contadinotto* | forma aggettivi e nomi etnici: *candiotto, chioggiotto, rovigotto, valsuganotto* | può formare nomi di zone geografiche attorno a un capoluogo: *Varesotto, Mendrisiotto*

ottobràta [1879] **s. f.** ● scampagnata d'ottobre: *le ottobrate romane* | giornata d'ottobre particolarmente mite e luminosa

♦**ottóbre** [lat. *octōbre(m)*, da *ŏcto* 'otto', perché era l'ottavo mese del calendario romano arcaico ✱ 1211] **s. m.** ● decimo mese dell'anno nel calendario gregoriano, di 31 giorni

ottobrino [1873] **agg.** ● di ottobre, che matura in ottobre

ottocentésco [da *ottocento* ✱ 1927] **agg.** (**pl. m.** *-schi*) ● che è del XIX secolo o ne ha i caratteri: *poesia ottocentesca; gusto o.*

ottocentèṣimo (o **-é-**) **A** **agg. num. ord.** ● corrispondente al numero ottocento in una sequenza, in una successione (rappresentato da DCCC nella numerazione romana, da 800° in quella araba): *è stato l'o. iscritto; l'ottocentesima parte di mille* **B** **s. m.** ● ciascuna delle ottocento parti uguali di una stessa quantità: *un o.*

ottocentista [1846] **s. m. e f.** (**pl. m.** *-i*) **1** scrittore, artista del sec. XIX, dell'Ottocento **2** studioso specializzato in studi ottocenteschi **3** atleta che gareggia nella corsa degli 800 metri piani

ottocentìstico [av. 1907] **agg.** (**pl. m.** *-ci*) ● che concerne il XIX sec., l'Ottocento

ottocènto [comp. di *otto* e *cento* ✱ av. 1348] **agg. num. card. inv.; anche s. m. e f. inv.** (**V. nota d'uso NUMERI E NUMERALI**) ● otto volte cento, otto centinaia, rappresentato da *800* nella numerazione araba, da *DCCC* in quella romana. **I** come agg. ricorre nei seguenti usi **1** rispondendo o sottintendendo la domanda 'quanti?', indica la quantità numerica di ottocento unità (spec. preposto a un sost.): *un raggio di o. chilometri; spenderò circa o. euro; una fabbrica con o. operai* **2** rispondendo o sottintendendo la domanda 'quale?', identifica qlco. in una pluralità, in una successione, in una sequenza (posposto a un sost.): *l'anno o. dell'era volgare* **II** come sost. ricorre nei seguenti usi **1** il numero ottocento (per ellissi di un sost.): *nell'o. circa a.C.* | ***l'Ottocento***, (**per anton.**) il sec. XIX: *le rivoluzioni dell'Ottocento; i pittori dell'Ottocento; mentalità, idee dell'Ottocento* **2** il segno che rappresenta il numero ottocento **3** (*sport*, *ellitt.* **al pl.**) distanza di ottocento metri piani su cui si sviluppa una classica corsa | (*est.*) la gara stessa: *correre gli o.; vincere gli o.*

ottocìfre [da avvicinare a *otto* per la forma (?) ✱ 1965] **s. m. inv.** ● strumento a forma di 8, tipico dell'orologiaio, usato spec. per raddrizzare il bilanciere

ottodràmma o **octodràmma** [rifacimento sull'it. *otto*, del gr. *oktádrachmos* 'di otto dramme', comp. di *oktṓ* 'otto' e *drachmḗ* 'dracma' ✱ 1954] **s. f.** ● moneta greca del valore di otto dramme coniata dai Tolomei in Egitto

†**ottogenàrio** ➤ **ottuagenario**

ottomàna [fr. *ottomane*, detta così perché usata dagli *Ottomani* ✱ 1797] **s. f.** ● divano alla turca con materasso o cuscini per spalliera, trasformabile in letto: *posava nello sfarzo di un'o. rossa* (D. CAMPANA)

ottomàno [arabo *'otmānī*, da *'Oṯmān* (644-656), capostipite di una dinastia musulmana ✱ 1540] **agg. e s. m.** (**f.** *-a*) ● turco: *Impero o.* | ***tessuto o.***, con armatura a larghe cannellature

ottomìla [comp. di *otto* e *mila*] **agg. num. card. inv.; anche s. m. e f. inv.** (**V. nota d'uso NUMERI E NUMERALI**) ● otto volte mille, otto migliaia, rappresentato da *8000* nella numerazione araba, da $\overline{VIII}$ in quella romana. **I** come agg. ricorre nei seguenti usi **1** rispondendo o sottintendendo la domanda 'quanti?', indica la quantità numerica di ottomila unità (spec. preposto a un sost.): *è stata fatta una stima di circa o. euro; possiede circa o. volumi; ha raggiunto gli o. metri di altezza* **2** rispondendo o sottolineando la domanda 'quale?', identifica qlco. in una pluralità, in una successione, in una sequenza (posposto a un sost.): *abbonamento numero o.* **3** in composizione con altri numeri semplici e composti, forma i numeri superiori: *ottomilauno; ottomiladue; ottomilatré; ottomilaotto; ottolaundici; ottomilaottanta; ottomilacento* **II** come sost. ricorre nei seguenti usi **1** il numero ottomila (per ellissi di un sost.) **2** il segno che rappresenta il numero ottomila **3** (*sport*) ciascuna delle 14 cime di montagna che superano gli ottomila metri di quota e che, per le difficoltà che oppongono allo scalatore, costituiscono un obiettivo prestigioso dell'alpinismo himalayano

ottonàio [da *ottone* ✱ 1470] **s. m.** (**f.** *-aia*, **pl. m.** *-ai*) ● artigiano od operaio che lavora l'ottone | venditore di oggetti d'ottone

ottonàme [1863] **s. m.** ● lavori, oggetti in ottone

ottonàre [1869] **v. tr.** (*io ottóno*) ● ricoprire una superficie metallica con uno strato di ottone

ottonàrio [vc. dotta, lat. *octonāriu(m)*, da *octōni* 'a otto a otto', da *ŏcto* 'otto' ✱ av. 1566] **A** **s. m.** **1** nella metrica italiana, verso la cui ultima sillaba accentata è la settima; è composto di otto sillabe se termina con parola piana: *Su 'l castello di Verona* (G. CARDUCCI) (V. nota d'uso ACCENTO) **2** nella metrica classica, verso costituito da otto piedi: *o. anapestico, o. giambico, o. trocaico* **B** **anche agg.**: *verso o.*

ottonatùra [da *ottonare* ✱ 1869] **s. f.** ● procedimento dell'ottonare | rivestimento di ottone

ottóne [arabo *lāṭūn* 'rame', con la caduta della *l-* iniziale sentita come articolo (*lottone* è diventato *l'ottone*) ✱ 1271] **s. m.** **1** lega contenente rame e zinco ed eventualmente, in quantità secondarie, altri metalli; è molto impiegato nell'industria anche per la buona resistenza alla corrosione **2** (*mus.*, **al pl.**) strumenti a fiato in ottone, quali corni, trombe, tromboni, tube **3** (*est.*, **spec. al pl.**) insieme di oggetti di ottone, quali maniglie, bocchette per serrature e sim.: *pulire, lucidare gli ottoni*

ottoniàno [1865] **agg.** ● relativo alla dinastia degli Ottoni, re di Germania e imperatori della casa di Sassonia | ***arte ottoniana***, arte promossa dagli Ottoni, caratterizzata dalla ripresa di elementi classicistici

Ottòpodi o **Octòpodi** [vc. dotta, gr. *oktṓpous*, genit. *oktṓpodos* 'che ha otto piedi', comp. di *oktṓ* 'otto' e *póus*, genit. *podós* 'piede' (V. *-pode*) ✱ 1834] **s. m. pl.** (**sing.** *-e*) ● (*zool.*) ordine di Molluschi dei Cefalopodi dotati di otto tentacoli muniti di ventose, privi di conchiglia, con bocca munita di robusti astucci cornei (*Octopoda*)

ottosìllabo [vc. dotta, lat. tardo *octosȳllabu(m)*, da *ŏcto* 'otto', sul modello di *hendecasȳllabus* 'endecasillabo' ✱ av. 1550] **A** **agg.** ● che è composto di otto sillabe: *parola ottosillaba* **B** **s. m.** ● (*raro*) verso ottonario

ottotìpico o **optotìpico** [da *ottotipo* ✱ 1942] **agg.** (**pl. m.** *-ci*) ● detto di tavola usata per la misurazione dell'acutezza visiva | ***tavola ottotipica***, ottotipo

ottòtipo o **optòtipo** [comp. del gr. *optikós* 'visivo, ottico' (V. *ottico*) e *-tipo* ✱ 1895] **s. m.** ● cartellone o quadro luminoso su cui sono impressi caratteri neri di opportune forme e dimensioni, destinati alla misurazione della vista

ottovolànte o **òtto volànte** [comp. di *otto* e *volante*①, per la forma ✱ 1940] **s. m.** ● nei luna park, incastellatura a forma di otto orizzontale, con forti dislivelli, dotata di binari su cui corrono dei vagoncini; (*fig.*) situazione che vede alternarsi continui alti e bassi: *le Borse europee sull'o.* CFR. montagne russe

†**ottriàre** o †**otriàre** [ant. fr. *otreier* (moderno *octroyer*), dal lat. parl. **auctoridiāre* 'accordare', da *ăuctor*, genit. *auctōris* 'garante'. V. *autore* e *autorizzare* ✱ sec. XIII] **v. tr.** ● concedere, elargire ai sudditi da parte dell'autorità sovrana

ottriàto **part. pass.** di †*ottriare*; **anche agg.** **1** †concesso dall'autorità sovrana **2** (*dir.*) detto di carta costituzionale o statuto concessi dall'autorità sovrana

ottuagenàrio o †**ottogenàrio** [sovrapposizione di *settuagenario* al lat. *octogenārius* 'ottogenario', da *octogēni* 'a ottanta per volta' ✱ 1598] **agg.; anche s. m.** (**f.** *-ia*) ● che (o chi) ha ottant'anni di età, detto di persona

†**ottuagèṣimo** (o **-é-**) ➤ **ottagesimo**

♣**ottùndere** [vc. dotta, lat. *obtŭndere*, comp. di *ŏb-* 'contro' e *tŭndere* 'colpire, percuotere', di orig. indeur. ✱ sec. XIV] **A** **v. tr.** (**pass. rem.** *io ottùṣi, tu ottundésti*; **part. pass.** *ottùṣo*) **1** (*lett.*) arrotondare qlco. privandola della punta o del taglio **2** (*fig.*) rendere tardo, lento, inetto: *o. l'ingegno, la mente, la memoria* **B** **ottùndersi** **v. intr. pron.** ● (*lett.*) perdere la sensibilità | (*lett.*) offuscarsi, intorpidirsi

ottundiménto [1883] **s. m.** ● (*lett.*) l'ottundere | (*fig.*) intorpidimento, offuscamento

ottuplicàre [da *ottuplo* ✱ 1640] **v. tr.** (*io ottùplico, tu ottùplichi*) ● moltiplicare per otto, accrescere di otto volte

ottùplice [vc. dotta, lat. tardo *octŭplice(m)*, da *ŏcto* 'otto', sul modello di *dŭplex*, genit. *dŭpli-*

cis 'duplice' ✱ 1970] **agg.** ● (*raro*) che si compone di otto parti, anche diverse fra loro

òttuplo [vc. dotta, lat. *ŏctuplu(m)*, da *ŏcto* 'otto', sul modello di *dŭplus* 'doppio' ✱ av. 1565] **A agg.** ● che è otto volte maggiore, relativamente ad altra cosa analoga: *rendimento o.* **B s. m.** ● quantità, misura otto volte maggiore

otturaménto [vc. dotta, lat. *obturamĕntu(m)*, da *obturāre* 'otturare' ✱ av. 1739] **s. m.** ● (*lett.*, *raro*) l'otturare | chiusura, blocco

otturàre [vc. dotta, lat. *obturāre*, comp. di *ŏb-* 'contro' e **turāre*, di etim. incerta ✱ av. 1327] **A v. tr.** ● turare, chiudere, ostruire: *o. un'apertura, una cavità* | ***o. un dente***, inserire l'apposito amalgama nell'incavo prodotto dalla carie **B otturàrsi v. intr. pron.** ● chiudersi, intasarsi: *il condotto idraulico si è otturato*

otturàto part. pass. di *otturare*; anche **agg.** ● intasato, chiuso, ostruito: *scarico o.* | ***dente o.***, che ha un'otturazione

otturatóre [av. 1673] **A agg.** (f. *-trice*) ● che ottura **B s. m. 1** nelle macchine fotografiche e nelle cineprese, dispositivo che apre e richiude il passaggio della luce regolando il tempo di esposizione della pellicola | in cinematografia, dispositivo che si trova sia nella macchina da presa sia nel proiettore, che ha la funzione di interrompere il fascio di raggi luminosi durante la fase di trasporto della pellicola **2** congegno mobile della culatta delle armi da fuoco a retrocarica, che consente l'introduzione del proiettile e la successiva chiusura ermetica della culatta per resistere all'espansione dei gas della carica di lancio **3** (*idraul.*) dispositivo che interrompe il flusso liquido in una condotta d'acqua **4** strumento del dentista usato nell'esecuzione delle otturazioni

otturazióne [vc. dotta, lat. tardo *obturatiōne(m)*, da *obturātus* 'otturato' ✱ 1891] **s. f. 1** l'otturare: *o. di una cavità* | il fatto di otturarsi, di essere otturato: *l'o. di uno scarico* **2** (*est.*) il materiale con cui è stata otturata un'apertura | l'amalgama con cui viene chiusa la cavità prodotta in un dente dalla carie: *mi è saltata via l'o.*

ottuṣàngolo [vc. dotta, lat. tardo *obtusiăngulu(m)*, comp. di *obtūsus* 'ottuso' e *ăngulus* 'angolo' ✱ av. 1615] **agg.** ● detto di triangolo che ha un angolo ottuso

†**ottuṣézza** [da *ottuso* ✱ av. 1617] **s. f.** ● (*fig.*) ottusità

†**ottuṣióne** [vc. dotta, lat. tardo *obtusiōne(m)*, da *obtūsus* 'ottuso' ✱ av. 1634] **s. f.** ● fiacchezza, svogliatezza

ottuṣità [vc. dotta, lat. tardo *obtusitāte(m)*, da *obtūsus* 'ottuso' ✱ 1632] **s. f. inv. 1** (*raro*) caratteristica di ciò che è ottuso **2** (*fig.*) caratteristica di chi (o di ciò che) è ottuso, lento, poco perspicace: *o. di mente* | ***o. d'orecchio***, durezza, sordità **3** (*raro*, *lett.*) stordimento

✦**ottùṣo** [vc. dotta, lat. *obtūsu(m)*, part. pass. di *obtŭndere* 'ottundere' ✱ 1282] **agg. 1** (*raro*) detto di ciò che non è tagliente, che ha perduto la punta o il filo: *spada ottusa*; *coltello o.* **2** (*fig.*) che manca di acutezza mentale, che è lento e tardo nel comprendere: *ingegno o.*; *mente ottusa*; *sguardo o.* | (*est.*) detto di organo di senso che ha perso in parte la sua capacità: *gusto, olfatto o.* **3** (*fig.*) detto di suono sordo, dotato di poca risonanza: *voce ottusa* **4** (*mat.*) detto di angolo maggiore di un angolo retto e minore di un angolo piatto **CFR.** acuto ‖ **ottuṣaménte**, **avv.** in modo ottuso, con ottusità

SFUMATURE ➤ *tardo*

ouguiya /u'gija/ [vc. araba, prob. forma dial. di *uqqiyya*, diminutivo di *uqqa*, V. *occa* ✱ 1993] **s. f. inv.** ● (*econ.*) unità monetaria della Mauritania

oulipiàno /uli'pjano/ [dal fr. *Oulipo*, accorc. del n. prescelto dal gruppo di scrittori che hanno dato vita all'*Ou(vroir de) Li(ttérature) Po(tentielle)* 'laboratorio di letteratura potenziale' ✱ 1985] **agg.** ● relativo a un indirizzo letterario novecentesco che sottopone la produzione artistica a particolari regole e vincoli, quale l'uso di un'unica vocale, allo scopo di creare nuovi meccanismi ludici e nuove forme espressive **CFR.** oplepiano

out /*ingl.* aʊt/ [vc. ingl., propr. 'fuori', di orig. indeur. ✱ 1905] **A avv. e agg. inv.** ● detto di chi (o di ciò che) è ormai superato dal punto di vista della moda, del comportamento, dei modelli prevalenti: *un personaggio ormai out*; *le parole che usi sono out* **CONTR.** in② **B s. m. inv. 1** nel tennis, lo spazio al di fuori del campo di gioco | nel calcio, lo spazio oltre le linee laterali del campo: *mandare la palla in out* **2** la parola che l'arbitro di un incontro di pugilato pronuncia per annunciare il verdetto di fuori combattimento

outbound /aut'baund, *ingl.* 'aʊtˌbaʊnd/ [vc. ingl., 'diretto (*bound*) all'esterno (*out-*)' ✱ 1999] **agg. inv.; anche s. m. inv.** ● detto del servizio di chiamata del call center di un'azienda a clienti potenziali o già acquisiti per operazioni rispettivamente di vendita telefonica o di assistenza **CFR.** inbound

outdoor /aut'dɔr, *ingl.* 'aʊtˌdɔː(r)/ [vc. ingl., comp. di *out* 'fuori' (V. *out*) e *door* 'porta' (d'orig. germ.) ✱ 1964] **agg. inv.** ● detto di gara, incontro sportivo o attività ricreativa che si svolgono all'aperto **CONTR.** indoor

outfit /*ingl.* 'aʊtfɪt/ [vc. ingl., propr. 'corredo, tenuta' ✱ 1988] **s. m. inv.** ● (*colloq.*) abbigliamento, compresi gli accessori, scelto per una determinata occasione: *decidere il proprio o. per un colloquio di lavoro* **CFR.** dress code

outing /'autin(g), *ingl.* 'aʊtɪŋ/ [vc. ingl., propr. 'escursione', 'uscir fuori (*out*)' ✱ 1991] **s. m. inv.** ● rivelazione pubblica dell'omosessualità di una persona senza il suo consenso preventivo | (*est.*) pubblica ammissione di un fatto privato **CFR.** coming out

outlet /'autlet, *ingl.* 'aʊtlet, -lɪt/ [vc. ingl., propr. 'sbocco, scarico' ✱ 1997] **s. m. inv.** ● organizzazione commerciale che vende a prezzi scontati prodotti di note aziende: *un o. di articoli di moda* **CFR.** stock house

outlook /aut'luk, *ingl.* 'aʊtˌlʊk/ [vc. ingl. 'prospettiva', comp. di *out* 'fuori' e *look* 'vista' ✱ 1987] **s. m. inv.** ● previsione sull'andamento di un fenomeno spec. economico: *un o. stabile, negativo, positivo*

outplacement /*ingl.* aut'pleɪsmənt/ [vc. ingl., propr. 'collocamento (*placement*) fuori (*out*)' ✱ 1987] **s. m. inv.** ● (*org. az.*) ricollocazione in altra attività del personale in esubero di un'azienda **CFR.** ricollocazione

output /*ingl.* 'aʊtˌpʊt/ [vc. ingl., propr. 'produzione, rendimento', poi specializzatosi in altri sign., comp. di *out* 'fuori' (V. *out*) e *to put* 'mettere, porre, collocare' (di orig. germ.) ✱ 1957] **s. m. inv. 1** (*org. az.*) ognuno degli elementi finali che concludono certi procedimenti quali dati, informazioni e sim. **2** (*inform.*) trasferimento dei dati prodotti da un elaboratore elettronico a un apposito dispositivo, quale monitor, stampante, memoria di massa | l'insieme dei dati così prodotti **CFR.** input

outrigger /aut'riger, *ingl.* 'aʊtˌrɪɡə(r)/ [vc. ingl., comp. di *out* 'fuori' (V. *out*) e *to rig* 'attrezzare, allestire', di orig. scandinava ✱ 1889] **s. m. inv. 1** armatura metallica sporgente dal bordo di un'imbarcazione a remi che all'estremità reca montata la scalmiera **2** (*est.*) nel canottaggio, imbarcazione con tale tipo di scalmiera in cui i vogatori, in numero pari, manovrano ciascuno un solo remo

outsider /aut'saider, *ingl.* 'aʊtˌsaɪdə(r)/ [vc. ingl., propr. 'di fuori, esterno', comp. di *out* 'fuori' (V. *out*) e *side* 'parte, lato', di orig. germ. ✱ 1895] **s. m. e f. inv. 1** in una competizione sportiva, concorrente che non risulta tra i favoriti | (*est.*) in campo politico, professionale e sim., chi ha una posizione marginale **2** chi, pur non essendo tra i favoriti o pur avendo una posizione marginale, riesce a ben figurare o a imporsi in una competizione o a emergere in un'attività

outsourcing /aut'sursin(g), *ingl.* ˌaʊt'sɔːsɪŋ/ [vc. ingl. da *to outsource* 'appaltare' ✱ 1992] **s. m. inv.** ● (*org. az.*) terziarizzazione nel sign. 2

ouverture /*fr.* uvɛʀ'tyʀ/ [vc. fr., dal lat. parl. **opertūra(m)*, per il classico *apertūra(m)* 'apertura' ✱ 1825] **s. f. inv.** ● (*mus.*) composizione strumentale di introduzione a un melodramma, a una cantata, a un oratorio, formata a volte con temi dell'opera cui è preposta

ouzo /*gr. moderno* 'uzo/ [gr. moderno *oûzo*, forse dalla loc. it. '*(all')uso (di)*' ✱ 1986] **s. m. inv.** (pl. gr. *ouza*) ● liquore all'anice, tipico della Grecia

ovàia [lat. tardo *ōvariu(m)*, da *ōvum* 'uovo' ✱ av. 1597] **s. f.** ● (*anat.*) ognuna delle due ghiandole a secrezione interna che costituiscono l'organo riproduttore femminile, nel quale si sviluppano le cellule uovo **SIN.** ovaio

ovàio [lat. tardo *ovāriu(m)*, da *ōvum* 'uovo' ✱ 1604] **A s. m.** (pl. *-ai*) ● (*anat.*) ovaia **B agg.** ● (*disus.*) che produce molte uova, ricco di uova: *gennaio o.*

ovaiòlo o (*disus.*) **ovaiuòlo** [da *ovaio* ✱ 1868] **A agg.** ● ***gallina ovaiola***, (*ellitt.*) ***ovaiola***, gallina che produce molte uova **B s. m. 1** (f. *-a*) venditore di uova **2** (*disus.*) portauovo

ovalàre [da *ovale* ✱ 1875] **agg.** ● (*biol.*) che ha forma ovale | che ha forma simile a quella di un uovo: *area, zona o.*

✦**ovàle** [dalla forma a *ovo* ✱ av. 1455] **A agg.** ● detto di ciò che ha una forma ellittica simile a quella di un uovo di gallina: *linea o. del volto*; *tavolino o.* | ***palla o.***, rugby | ***foglia o.***, con forma quasi ellittica ‖ **ovalità**, **s. f. inv.** **B s. m. 1** ciò che ha forma ovale: *la parete è ornata di ovali dipinti* **2** forma ovale: *l'o. di un tavolo* | linea di contorno di un volto: *il suo bell'o. era incorniciato da riccioli* | (*ellitt.*) campo di gara, pista di pattinaggio o sim., che hanno questa forma: *il concorso ippico nell'o. di Piazza di Siena* **C s. f.** ● (*mat.*) curva piana chiusa che sia incontrata da una retta qualsiasi in due punti al più

ovalifórme [comp. di *ovale* e *-forme* ✱ 1993] **agg.** ● che ha forma ovale: *foglie ovaliformi*

ovaliẓẓàre [1958] **A v. tr.** ● rendere ovale, dare forma ovale **B ovaliẓẓàrsi v. intr. pron.** ● diventare ovale | (*mecc.*) subire ovalizzazione ‖ **ovaliẓẓazióne**, **s. f.** (V.)

ovaliẓẓàto part. pass. di *ovalizzare*; anche **agg. 1** raffigurato in forma ovale: *un volto o.* **2** (*mecc.*) che ha subito ovalizzazione: *cilindro o.*

ovaliẓẓazióne [1924] **s. f.** ● l'ovalizzare, l'ovalizzarsi | (*mecc.*) deformazione delle camicie dei cilindri dei motori a combustione interna, dovuta a irregolare movimento del pistone a seguito di usure interne

†**ovànte** [vc. dotta, lat. *ovănte(m)*, part. pres. di *ovāre* 'esultare, essere festante': di orig. onomat. (?) ✱ sec. XIV] **agg.** ● esultante, trionfante

ovar̤ialgìa [comp. del lat. tardo *ovārium* 'ovaia' e *-algia* ✱ 1930] **s. f.** (pl. *-gìe*) ● (*med.*) sensazione dolorosa di origine ovarica

ovàrico [1865] **agg.** (pl. m. *-ci*) **1** (*anat.*) relativo all'ovaia: *cisti ovarica* **2** (*bot.*) relativo all'ovario

ovariectomìa [comp. di *ovari(o)* ed *-ectomia* ✱ 1893] **s. f.** ● (*chir.*) asportazione di una o di entrambe le ovaie

a b c d e f g h i j k l m n **o** p q r s t u v w x y z

ovariectomiẓẓàre [da *ovariectomia* ✱ 1983] **v. tr.** ● (*chir.*) sottoporre a ovariectomia

ovariectomiẓẓàta [f. sost. del part. pass. di *ovariectomizzare* ✱ 1983] **agg. solo f.; anche s. f.** ● (*med.*) che (o chi) ha subìto un intervento di ovariectomia

ovàrio [vc. dotta, lat. tardo *ovāriu(m)*, da *ōvum* 'uovo' ✱ 1813] **s. m. 1** (*bot.*) parte inferiore del pistillo a forma dilatata e contenente gli ovuli | ***o. libero***, quando è separato dal calice | ***o. aderente***, quando è saldato al calice **2** (*anat.*) ovaia

ovariocèle [comp. del lat. tardo *ovārium* 'ovaia' e *-cele* ✱ 1875] **s. f.** ● (*med.*) ernia dell'ovaia

ovariocìsti [comp. del lat. tardo *ovārium* 'ovaia' e *cisti* ✱ 1970] **s. f. inv.** ● (*med.*) cisti dell'ovaia

ovariotomìa [comp. di *ovario* e *-tomia* ✱ 1872] **s. f.** ● (*chir.*) incisione dell'ovaia

ovarìte [da *ovario* col suff. *-ite*① ✱ 1834] **s. f.** ● (*med.*) infiammazione di una o di entrambe le ovaie **SIN.** ooforite

ovàto [vc. dotta, lat. *ovātu(m)* 'ovale', da *ōvum* 'uovo' ✱ 1499] **agg.** ● (*raro*) ovale | ***foglie ovate***, quasi tonde

ovàtta [fr. *ouate*, di etim. incerta ✱ 1674] **s. f.** ● falda sottile di cotone cardato in fiocchi, usata per imbottiture e, dopo un'ulteriore lavorazione e sterilizzazione, anche per usi igienici e sanitari | ***vivere, tenere, allevare nell'o.***, (*fig.*) con ogni riguardo, nella mollezza

ovattàre [da *ovatta* ✱ 1834] **v. tr. 1** imbottire o riempire di ovatta: *o. le spalle di una giacca* **2** (*fig.*) attutire, attenuare: *la nebbia ovattava i rumori*

♣**ovattàto** **part. pass.** di *ovattare*; **anche agg.** **1** imbottito di ovatta **2** (*fig.*) attutito, attenuato: *suono o.* | (*fig.*) quasi isolato dalla realtà, riparato (spesso in modo illusorio o fittizio): *atmosfera ovattata*

ovattatùra [1925] **s. f.** ● imbottitura di ovatta

♣**ovazióne** [vc. dotta, lat. tardo *ovatiōne(m)*, da *ovāre*. V. †*ovante* ✱ sec. XIV] **s. f. 1** nell'antica Roma, forma di onore inferiore al trionfo, in cui il duce vittorioso aveva l'onore della corona di mirto, e sacrificava in Campidoglio, dove si recava a piedi o a cavallo **2** manifestazione di grande e generale consenso, con grida e applausi prolungati: *una calorosa o.*; *le ovazioni della folla*

♦**óve** /'ove*, 'ove/ o (*poet.*) **'ve** /ve*, ve/ in proclisi [lat. *ŭbi*, di orig. indeur. ✱ av. 1250] **A** **avv.** **1** (*lett.*) dove (indica stato in luogo o moto a luogo con valore rel. o in prop. interr. dirette e indirette): *do lode / alla ragion, ma corro ove al cor piace* (U. FOSCOLO); *ponmi / ove 'l Sole occide i fiori e l'erba* (F. PETRARCA); *vegno del loco ove tornar disio* (DANTE *Inf.* II, 71) **2** (*lett.*) dovunque: *so che sempre, ove io sia, l'amerò morto* (L. PULCI) | anche nella loc. avv. ***ove che***: *tal la mi trova al petto, ove ch'io sia* (F. PETRARCA) **B** **cong.** **1** (*lett.*) se mai, nel caso che, qualora (introduce una prop. condiz. con il v. al congtv.): *ove fosse necessaria la mia presenza, telefonatemi*; *ove occorresse partirei immediatamente* | anche nella loc. cong. ***ove mai*** o (con grafia unita) ***ovemai***: *ove mai l'ipotesi si confermasse, la vicenda sarebbe chiusa* **2** (*lett.*) mentre, invece (con valore avversativo): *volete agire precipitosamente ove, per contro, necessita molta riflessione*

ovemài ➤ **ove**

óver① /'over, *ingl.* 'əuvə(r)/ [vc. ingl., da *over* (*arm*), propr. 'sopra braccio', vc. germ. di orig. indeur. ✱ 1935] **s. m. inv.** ● in passato, stile di nuoto che si eseguiva sul fianco, con la testa sopra il pelo dell'acqua, usando un braccio a pagaia e muovendo le gambe a rana **SIN.** nuoto alla marinara

óver② /'over, *ingl.* 'əuvə(r)/ [vc. ingl. propr. 'sopra' ✱ 1986] **agg. inv.; anche s. m. e f. inv.** ● detto di chi ha superato una data età: *atleti o. 15*; *dirigenti o. cinquanta*; *prevenzione indirizzata agli o. sessanta* **CONTR.** under

óver- /'over, *ingl.* 'əuvə(r)/ [pref. ingl., da *over* 'sopra'] **primo elemento** ● in parole composte inglesi, entrate nella nostra lingua, significa 'sopra, che sta sopra' (*overcoat*) o 'che supera la norma, eccessivo, troppo' (*overbooking, overdose*)

†**òvera** ➤ **opera**

†**overàre** ➤ **operare**

overbooking /over'bukin(g), *ingl.* ˌəuvə'bʊkɪŋ/ [vc. ingl., da *to overbook* 'fare più prenotazioni dei posti disponibili', comp. di *over-* e *to book* 'prenotare' ✱ 1981] **s. m. inv.** ● eccedenza di prenotazioni accettate da una compagnia aerea o da un albergo rispetto al numero dei posti effettivamente disponibili

overboost /over'bust, *ingl.* ˌəuvə'bu:st/ [vc. ingl., comp. di *over* 'sopra' e *boost* 'spinta' ✱ 1986] **s. m. inv.** ● (*autom.*) dispositivo che provvede a sovralimentare un motore turbo, potenziandolo in fase di accelerazione

overcoat /'overkot, *ingl.* 'əuvəˌkəut/ [vc. ingl., comp. di *over-* e *coat* 'abito' ✱ 1905] **s. m. inv.** ● soprabito

overdesign /overde'zain, *ingl.* ˌəuvədɪ'zaɪn/ [vc. ingl., comp. di *over-* (V.) e *design* (V.) ✱ 1993] **s. m. inv.** ● progettazione eccessivamente complessa, che provoca difficoltà nella messa a punto e aumento dei costi di sviluppo

overdòse /over'doze, over'doz, *ingl.* 'əuvəˌdəus/ [vc. ingl., comp. di *over-* 'troppo' e *dose* 'dose' ✱ 1979] **s. f. inv.** ● dose di droga, spec. di eroina, eccessiva rispetto alle capacità di assunzione dell'organismo, e quindi causa di morte: *morire per un'o.*; *uccidersi con un'o.* | (*est.*) quantità eccessiva: *una o. di film*

overdrive /over'draiv, *ingl.* 'əuvəˌdraɪv/ [vc. ingl., da *to overdrive* 'stancare con eccessivo lavoro, sfruttare troppo', comp. di *over-* 'troppo' e *to drive* 'trascinare, cacciare', di orig. germ. ✱ 1965] **s. m. inv.** ● (*mecc.*) dispositivo interposto nella trasmissione di un'automobile per moltiplicare i giri delle ruote o ridurre quelli del motore, allo scopo di diminuire consumi e usure

overfishing /over'fiʃʃin(g), *ingl.* 'əuvəˌfɪʃɪŋ/ [vc. ingl., comp. di *over-* 'sopra' e *fishing* 'pesce' (da *to fish* 'pescare', vc. germ. d'orig. indeur.) ✱ 1981] **s. m. inv.** ● eccesso di pesce pescato in un corso d'acqua o in mare tale da depauperare, spesso irrimediabilmente, le capacità riproduttive dell'ambiente ittico

overflow /over'flo, *ingl.* ˌəuvə'fləu/ [vc. ingl., propr. 'straripamento', 'che scorre (*to flow*) sopra (*over*)' ✱ 1995] **s. m. inv.** ● (*inform.*) superamento delle capacità di una memoria o di un suo registro che determina uno stato di errore

overlay /over'lei, *ingl.* ˌəuvə'leɪ/ [vc. ingl., propr. 'sovrapposizione', 'che si pone (*to lay*) sopra (*over*)' ✱ 1996] **s. m. inv.** ● (*inform.*) modalità di gestione della memoria di un elaboratore elettronico nella quale vengono caricati successivamente in memoria centrale solo i moduli di programma necessari all'esecuzione

overnight /over'nait, *ingl.* ˌəuvə'naɪt/ [vc. ingl., propr. nel corso della 'notte' ✱ 1985] **agg. inv.** ● (*econ.*) detto di prestito contratto sul mercato monetario al termine della giornata e restituibile all'apertura della giornata successiva: *prestito, tasso o.* | (*est.*) detto di operazione di durata inferiore alle ventiquattro ore o che si svolge nell'arco della nottata: *spedizioni o.*

†**o véro** o †**ovéro** ➤ **ovvero**

overruling /over'rulin(g), *ingl.* ˌəuvə'ru:lɪŋ/ [vc. ingl., comp. di *over-* 'sopra' e *ruling* 'decisione, decreto' (da *rule* 'regola', dal lat. *rēgula(m)*, attraverso l'ant. fr. *riule*) ✱ 1957] **s. m. inv.** ● (*dir.*) cambio di orientamento degli organi giurisprudenziali sull'interpretazione di una norma di diritto

oversize /over'saiz, *ingl.* ˌəuvə'saɪz/ [vc. ingl., comp. di *over-* 'sopra, oltre' e *size* 'misura, dimensione' (d'orig. incerta) ✱ 1978] **s. m. inv.** ● capo di abbigliamento di taglia superiore a quella propria di chi lo indossa

òver the counter /'ɔver de'kaunter, *ingl.* ˌəuvəðe'kauntə(r)/ [loc. ingl., propr. 'sul (*over*) banco (*counter*)' ✱ 1961] **loc. agg. inv.** **1** (*econ.*) detto di mercato borsistico i cui titoli vengono negoziati fuori dalle borse ufficiali **2** detto di farmaco da banco

♦**òvest** [fr. *ouest*, dall'ingl. *west*, dalla stessa radice del lat. *vĕsper* 'vespero' ✱ av. 1557] **A** **s. m.** **1** (*geogr.*; anche con iniziale maiuscola) punto cardinale nella cui direzione si vede tramontare il sole nei giorni degli equinozi **2** (*est.*) parte dell'orizzonte dove il sole tramonta | (*est.*) territorio, paese e sim. situato in direzione dell'ovest rispetto a un punto stabilito: *l'O. dell'Europa* **CFR.** West **3** nel bridge, posizione del giocatore che, al tavolo da gioco, si colloca di fronte al giocatore in posizione est con cui fa coppia **B** **in funzione di agg. inv.** ● (posposto a un sost.) occidentale, spec. nelle loc. ***fascia o., parete o., zona o.*** e sim.

ovétto [comp. di *ov(o)* e del suff. dim. *-etto* ✱ 1911] **s. m.** (**pl.** *-i* o *raro -e*, **f.**) **1** dim. di *uovo* | piccolo uovo di cioccolato: *ovetti di Pasqua* **2** specie di lettino di forma ovoidale per il trasporto di neonati

òvi- ➤ **ovo-**

o via ➤ **ovvia**

ovidepórre [comp. di *ovo* e *deporre* ✱ 1983] **v. intr.** (**coniug. come** *deporre*; **aus.** *avere*) ● (*zool.*) deporre le uova

ovidepoṣizióne [comp. di *ovo* e *deposizione* ✱ 1983] **s. f.** ● (*zool.*) deposizione delle uova

ovidótto o **ovidùtto** [da *ovo* sul modello di *acquedotto* ecc. ✱ av. 1698] **s. m.** ● (*anat.*) canale attraverso il quale le uova sono condotte dall'ovaia all'esterno o in un altro organo

ovifórme [comp. di *ovo* e *-forme* ✱ av. 1730] **agg.** ● (*lett.*) che ha forma d'uovo

ovìle [vc. dotta, lat. *ovīle*, da *ŏvis* 'pecora', di orig. indeur. ✱ av. 1306] **s. m.** ● fabbricato rurale destinato al ricovero di pecore e capre | ***tornare, ricondurre all'o.***, (*fig.*) a casa o nel proprio ambiente

Ovìni [1891] **s. m. pl.** (**sing.** *-o*) ● (*zool.*) sottofamiglia di Bovidi con specie caratterizzate da muso peloso e stretto, corna rugose e ricurve all'indietro nei maschi, più piccole o assenti nelle femmine, cui appartengono il camoscio, la capra e la pecora (*Ovinae*)

ovìno [vc. dotta, lat. tardo *ovīnu(m)*, agg. di *ŏvis* 'pecora'. V. *ovile* ✱ sec. XIV] **A** **agg.** ● di pecora: *carne ovina* **B** **s. m.** ● (*zool.*) ogni individuo appartenente alla sottofamiglia degli Ovini

oviparìṣmo [da *oviparo* ✱ 1989] **s. m.** ● (*zool.*) tipo di riproduzione che comporta la deposizione di uova e, conseguentemente, uno sviluppo embrionale al di fuori del corpo materno

oviparità [1958] **s. f. inv.** ● (*zool.*) caratteristica degli animali ovipari

ovìparo [vc. dotta, lat. tardo *ovĭparu(m)*, comp. di *ōvum* 'uovo' e *-parus*, da *pārere* 'partorire'. V. *parto*① ✱ av. 1694] **A** **s. m.** ● animale che si riproduce per oviparismo **CFR.** ovoviviparo, viviparo **B** **anche agg.**: *animale o.*

ovisàcco [comp. di *ovo* e *sacco* ✱ 1875] **s. m.** (**pl.** *-chi*) ● (*anat.*) epitelio che racchiude l'ovulo

òvo ➤ **uovo**

òvo- o **òvi-**, (*raro*) **òo-** [dal lat. *óvu(m)* 'uovo'] **primo elemento** ● in parole composte della terminologia scientifica, significa 'uovo': *ovidotto, ovopositore*

ovocèllula [comp. di *ovo-* e *cellula* ✱ 1950] **s. f.** ● (*biol.*) gamete femminile

ovocìta o **ovocìto** ➤ **oocita**

ovodonazióne [comp. di *ovo-* e *donazione* ✱ 1985] **s. f.** ● (*fisiol.*) donazione, da parte di una femmina, di una cellula uovo destinata a essere fecondata artificialmente e impiantata nell'utero di un'altra femmina

ovogamìa ➤ **oogamia**

ovogènesi [comp. di *ovo-* e *genesi* ✱ 1932] **s. f. inv.** ● (*biol.*) insieme dei fenomeni di maturazione dell'ovocellula

ovogònio ➤ **oogonio**

ovoidàle [1869] **agg.** ● a forma di ovoide

ovòide [comp. di *ovo-* e *-oide* ✱ 1772] **A** **agg.** ● che ha forma simile a quella di un uovo: *frutto o.* **B** **s. m.** ● corpo che ha forma simile a quella di un uovo

ovolàccio [da *ovolo* ✱ 1892] **s. m.** ● fungo velenoso delle Agaricacee dal cappello superiormente scarlatto con scagliette bianche e con lamelle bianche, che cresce nei boschi di conifere (*Amanita muscaria*) **SIN.** ovolo malefico

ovolàio [av. 1826] **s. m.** (**pl.** *-ai*) ● appezzamento di terreno dove si piantano in primavera gli ovoli degli ulivi

ovolìna [da *ovolo*, per la sua forma ✱ 1969] **s. f.** ● piccola mozzarella di dimensioni simili a quelle di un uovo: *o. di bufala*

òvolo o **òvulo**, †**uòvolo**, †**vuòvolo** [dim. del lat. *ŏvum* 'uovo', per la forma ✱ 1499] **s. m.** **1** ingrossamento del ceppo dell'ulivo usato per la moltiplicazione agamica **SIN.** puppola **2** elemento architettonico costituito da un ordine continuo di ornamenti ovoidali in aggetto, disposti lungo una membratura orizzontale rettilinea, per lo più accompagnati da listelli | ciascun ornamento stesso dell'ovolo **3** fungo delle Agaricacee dal cappello superiormente giallo aranciato e con lamelle giallo uovo, commestibile e pregiato (*Amanita caesarea*) | *o. malefico*, ovolaccio **4** V. *ovulo*

ovònica [dall'ingl. *ovonics*, comp. del nome dello scopritore R. *Ov(shinsky)* e del suff. ingl. *-onics*, sul modello di *electronics* ✱ 1983] **s. f.** ● tecnica di commutazione elettronica basata sulle proprietà di strati sottili di elementi semiconduttori

ovònico [1983] **agg.** (**pl. m.** *-ci*) ● relativo all'ovonica

ovoplàsma ➤ **ooplasma**

ovopositóre [comp. di *ovo-* e *positore* 'che depone', da *pŏsitus*, part. pass. di *pōnere* 'porre' ✱ av. 1916] **s. m.; anche agg.** ● (*zool.*) organo addominale presente nelle femmine di alcuni insetti adibito alla deposizione delle uova

ovotèca ➤ **ooteca**

ovovìa [da *ovo-* (per la forma ovale), sul modello di *funivia* ✱ 1975] **s. f.** ● tipo di funivia continua caratterizzata da piccole cabine di forma ovale

ovoviviparìsmo [da *ovoviviparo* ✱ 1989] **s. m.** ● (*zool.*) meccanismo di riproduzione (per es. della vipera) con sviluppo della prole nel corpo materno; in assenza di qualsiasi tipo di placenta l'individuo in formazione utilizza le riserve dell'uovo e assimila i secreti materni

ovoviviparità [1958] **s. f. inv.** ● (*zool.*) caratteristica degli animali ovovivipari

ovovivìparo [comp. di *ovo-* e *viviparo* ✱ 1935] **A** **agg.** ● (*zool.*) detto di animale che si riproduce per ovoviviparismo **CFR.** oviparo, viviparo **B** **s. m.** ● animale ovoviviparo

†**òvra** ➤ **opera**

†**ovràre** ➤ **operare**

†**ovrèro** o †**ovrière** [da †*ovra* ✱ av. 1294] **s. m.** (**f.** *-a*) ● operaio, artigiano

ovulàre ① [da *ovulo* ✱ 1958] **agg.** **1** (*bot.*) relativo all'ovulo **2** che ha forma ovale

ovulàre ② [da *ovulazione* ✱ 1962] **v. intr.** (*io òvulo*; **aus.** *avere*) ● (*fisiol.*) avere l'ovulazione

ovulatòrio [sec. XX] **agg.** ● (*biol.*) relativo a ovulazione: *ciclo o.*

ovulazióne [da *ovulo* ✱ 1846] **s. f.** ● (*biol.*) scoppio del follicolo ooforo, e messa in libertà dell'ovocellula in esso contenuta | (*est.*) periodo in cui avviene tale fenomeno

òvulo [1834] **s. m.** **1** V. *ovolo* **2** (*anat.*) gamete femminile, spec. nei Mammiferi **3** (*bot.*) nelle piante a semi, parte delle strutture riproduttive contenente il gametofito femminile che, a fecondazione avvenuta, originerà il seme **4** (*farm.*) medicamento contenuto in una capsula di forma ovoidale che si introduce nella vagina ‖ **ovulétto**, **dim.** | **ovulìno**, **dim.**

♦**ovùnque** [comp. del lat. *ŭbi* (V. *ove*) e *ŭnquam* 'talvolta' ✱ av. 1292] **avv. e cong.** ● dovunque: *lo ha cercato o.*; *andrò o. sia necessario*; *mi strugge 'l core o. sol mi trovo* (DANTE)

♦**ovvéro** o †**o véro**, †**ovéro** [comp. di *o* ② e *vero* ✱ 1261 ca.] **cong.** **1** ossia: *sarò da te fra quattro giorni, o. venerdì sera* **2** oppure (con valore disgiuntivo): *siasi questa o giustizia, ovver perdono* (T. TASSO)

♣**ovverosìa** o **ovverossìa** [comp. di *ovvero* e *sia* (V. *ossia*) ✱ 1858] **cong.** ● (*raro*) ossia

ovvìa o **o vìa** [da *or via* ✱ 1622] **inter.** ● (*tosc.*) esprime esortazione, incoraggiamento, incitamento e sim.: *o., smettila!*; *o., andiamocene!*

ovviàbile [av. 1937] **agg.** ● che si può ovviare, rimediare: *un inconveniente non o.*

ovviàre [vc. dotta, lat. tardo *obviāre* 'andare incontro, opporsi, ovviare', da *vĭa*, col pref. *ŏb-* 'contro' ✱ 1340] **A** **v. intr.** (*io ovvìo*, (*evit.*) *òvvio*; **aus.** *avere*) ● rimediare, porre rimedio (+ *a*): *o. a una difficoltà, a un inconveniente, a un errore*; *poi che né con l'autorità né con le armi poteva o. a quel che gli era molesto* (F. GUICCIARDINI) **B** **v. tr.** **1** (*lett.*, *raro*) evitare, impedire: *per o. gli scandali* (D. BARTOLI); *ovviando con futili pretesti l'assidua costernazione mia* (L. PIRANDELLO) **2** †incontrare qlcu., spec. per onorarlo: *ma Radamanto venne ad o. / il fiero Niso* (G. BOCCACCIO)

♣**ovviètà** [1957] **s. f. inv.** **1** caratteristica di ciò che è ovvio **SIN.** evidenza **2** osservazione, discorso banale: *dire, scrivere o.* **SIN.** banalità

♦**òvvio** [vc. dotta, lat. *ŏbviu(m)* 'che va incontro', comp. di *ŏb-* 'contro, verso' e *vĭa* ✱ 1672] **agg.** (**pl. m.** *-i* o *raro -ii*) ● che si presenta alla mente in modo chiaro e indiscutibile: *una deduzione ovvia* | logico, evidente: *è un fatto o.* | scontato, banale: *una considerazione ovvia* | *è o.*, è cosa logica, normale | anche come risposta affermativa: *'Verrai anche tu?' 'O.!'* ‖ **ovviaménte**, **avv.** **1** (*raro*) in modo ovvio **2** naturalmente, com'è ovvio: *ovviamente, la cosa resti tra noi*

SFUMATURE ➤ ***banale***

Oxalidàcee o **Ossalidàcee** [da *oxalide*, variante dotta di *ossalide* ✱ 1865] **s. f. pl.** (**sing.** *-a*) ● (*bot.*) famiglia di piante delle Dicotiledoni con fiori ermafroditi, le cui parti verdi sono ricche di ossalato di potassio (*Oxalidaceae*)

òxer /ˈɔkser, *ingl.* ˈɒksə(r)/ [vc. ingl., propr. 'staccionata di recinto per bovini', da *ox* 'bue', vc. germ. di orig. indeur. ✱ 1953] **s. m. inv.** ● nell'equitazione, ostacolo largo costituito da due piani con in mezzo elementi riempitivi (siepi, muri, cataste)

òxford /ˈɔksford, *ingl.* ˈɒksfəd/ [vc. ingl., dalla città di *Oxford* ✱ 1905] **s. m. inv.** ● tessuto di cotone, usato spec. per camicie da uomo, i cui fili di trama e ordito hanno tinte diverse e creano col loro intreccio l'effetto di un fondo di colore puntinato

oxitocìa o **ossitocìa** [dal gr. *oxýs* 'veloce' e *tókos* 'parto' ✱ 1958] **s. f.** (**pl.** *-cìe*) ● (*med.*) parto che si verifica in modo rapido

oxitòcico o **ossitòcico** [comp. del gr. *oxýs* 'acuto, rapido' (V. *ossalico*) e *tókos* 'parto' (della stessa famiglia di *tíktein* 'generare', di orig. indeur.), con suff. agg. ✱ 1875] **agg.** (**pl. m.** *-ci*) ● (*med.*) detto di sostanza che stimola le contrazioni espulsive della muscolatura uterina usata per accelerare il parto e controllare le emorragie post-parto: *farmaco o.* **SIN.** ecbolico

oxitocìna o **ossitocìna** [da *oxitocico* ✱ 1958] **s. f.** ● ormone ipotalamico depositato nell'ipofisi posteriore che promuove le contrazioni uterine durante il parto e stimola la secrezione lattea delle ghiandole mammarie

oxoniàno [adattamento dell'ingl. *Oxonian*, da *Oxonia*, antico nome lat. della città di Oxford ✱ 1976] **agg.** ● (*lett.*) oxoniense

oxoniènse o **ossoniènse** [da *Oxonia*, V. *oxoniano* ✱ 1958] **agg.** ● (*lett.*) della città e delle attività culturali di Oxford: *biblioteca o.*; *filosofia o.*

ozelòt [vc. di orig. azteca, attrav. lo sp. *ocelote* ✱ 1935] **s. m. inv.** ● (*zool.*) ocelot

ozèna [vc. dotta, gr. *ózaina*, da *ózein* 'mandare odore', di orig. indeur. ✱ sec. XIV] **s. f.** ● malattia cronica delle cavità nasali, con atrofia della mucosa e secrezione purulenta di intenso fetore

oziàre [vc. dotta, lat. *otiāri*, da *ōtium* 'ozio' ✱ av. 1306] **v. intr.** (*io òzio*; **aus.** *avere*) ● stare in ozio, passare il tempo nell'ozio: *ha oziato tutto il giorno* **SIN.** bighellonare, ciondolare, poltrire

ozieggiàre [1640] **v. intr.** (**pres.** *io oziéggio*; **fut.** *io ozieggerò*; **aus.** *avere*) ● (*lett.*, *raro*) oziare

òzio [vc. dotta, lat. *ōtiu(m)* (V.) ✱ av. 1294] **s. m.** (**pl.** *òzi* o *òzii*) **1** inattività, inoperosità conseguente a indolenza o a un impedimento: *poltrire, giacere nell'o.*; *chi nel diletto de la carne involto / s'affaticava e chi si dava a l'o.* (DANTE *Par.* XI, 8-9); *la malattia lo ha costretto a un o. forzato* | **in o.**, senza far nulla | **ozi di Capua**, (*fig.*) ozioso e lungo indugio, spec. fra agi e mollezze (con riferimento al periodo di inattività che l'esercito di Annibale trascorse a Capua dal 216 al 215 a.C. in attesa di rinforzi da Cartagine, perdendo così il momento favorevole per marciare su Roma) | **PROV.** ***l'o. è il padre dei vizi*** **SIN.** poltroneria **CFR.** otium **2** (*lett.*) tempo libero, periodo di riposo dalle attività quotidiane: *gli ozi estivi*; *godere un po' d'o.*

SFUMATURE DI SIGNIFICATO

ozio - oziosità

Ozio è l'inattività abituale di chi è pigro, indolente e svogliato, mentre **oziosità** è la caratteristica di chi per natura ama l'ozio.

SFUMATURE ➤ ***inerzia***, ➤ ***pigrizia***, ➤ ***poltroneria***

oziorìnco o **otiorìnco** [comp. del gr. *ōtíon*, dim. di *ôus*, genit. *ōtós* 'orecchio' e *rýnchos* 'muso' ✱ 1958] **s. m.** (**pl.** *-chi*) ● insetto dei Coleotteri che vive sulla vite e su alberi da frutta (*Otiorrhynchus corruptor*)

oziosàggine (o -ṣ-) [da *ozioso* ✱ av. 1799] **s. f.** ● inerzia, pigrizia

oziosità (o -ṣ-) [vc. dotta, lat. tardo *otiositā-te(m)*, da *otiōsus* 'ozioso' ✱ 1308] **s. f. inv. 1** carattere o natura di chi è ozioso **2** superfluità, inutilità: *l'o. di una domanda*

SFUMATURE ➤ *ozio*

✦**ozióso** (o -ṣ-) [vc. dotta, lat. *otiōsu(m)*, da *ōtium* 'ozio' ✱ 1261 ca.] **A agg. 1** che ama starsene in ozio, sfaccendato: *persona oziosa*; *molto è meglio o. stare, che male adoperare* (G. Boccaccio) **SIN.** bighellone, fannullone, poltrone **2** inoperoso: *una giornata oziosa* | (*lett.*) pigro **3** di cosa vana, inutile, superflua: *parole oziose* | (*lett.*) che favorisce l'ozio: *Le oziose lane* (G. Parini) **4** (*mecc.*) ***ruota oziosa***, in una trasmissione con ruote dentate, quella che, inserita tra la ruota conduttrice e la ruota condotta, non altera il rapporto di trasmissione ma inverte il senso di rotazione dalla ruota condotta ‖ **oziosaménte**, **avv.** in modo ozioso; senza far nulla ‖ **oziosità**, **s. f. inv.** (V.) **B s. m.** (**f.** *-a*) ● persona oziosa ‖ **oziosàccio**, **pegg.** | **oziosétto**, **dim.**

oẓocerìte o **oẓocherìte** [comp. del gr. *ózein* 'mandare odore' (V. *ozena*) e *kērós* 'cera①' ✱ 1895] **s. f.** ● cera fossile presente nelle località di giacimenti petroliferi, di colore giallo bruno, molle e plastica

oẓònico [1869] **agg.** (**pl. m.** *-ci*) ● di ozono

oẓoniẓẓàre [fr. *ozoniser*, da *ozone* 'ozono' ✱ 1908] **v. tr.** ● trattare con ozono | ***o. l'acqua***, sterilizzarla con ozono per renderla potabile ‖ **oẓoniẓẓazióne**, **s. f.**

oẓoniẓẓatóre [da *ozonizzare* ✱ 1935] **s. m.** ● apparecchio nel quale mediante scariche elettriche o per irradiazione ultravioletta si produce ozono

✦**oẓòno** [dal gr. *ózein* 'mandare odore'. V. *ozena* ✱ 1865] **s. m.** ● (*chim.*) forma allotropica dell'ossigeno, ossidante energico, prodotto nell'atmosfera dalle scariche elettriche dei temporali o dai raggi ultravioletti, di odore caratteristico; è usato spec. per disinfettare e per conservare gli alimenti | ***buco nell'o.***, nel gergo giornalistico, l'impoverimento della concentrazione di ozono nell'ozonosfera che si rileva sopra l'Antartide spec. nei mesi di settembre-ottobre, ritenuto uno degli effetti potenzialmente più pericolosi dell'inquinamento atmosferico

oẓonometrìa [comp. di *ozono* e *-metria* ✱ 1869] **s. f.** ● determinazione quantitativa dell'ozono

oẓonomètrico [1861] **agg.** (**pl. m.** *-ci*) ● pertinente all'ozonometria

oẓonòmetro [comp. di *ozono* e *-metro* ✱ 1869] **s. m.** ● apparecchio atto a determinare la percentuale di ozono presente nell'ossigeno dell'aria

oẓonosfèra [da *ozono*, sul modello di *atmosfera* ✱ 1958] **s. f.** ● (*geofis.*) regione della stratosfera posta a un'altezza dal suolo tra i 20 e i 50 km, caratterizzata dalla presenza di ozono

oẓonoterapìa [comp. di *ozono* e *terapia* ✱ 1958] **s. f.** ● uso dell'ozono nella cura e nella prevenzione di determinate malattie

-òzzo [equivale al suff. *-occio*, secondo una variante sett.] **suff.** ● conferisce a sostantivi alterati valore accrescitivo attenuato e tono scherzoso: *gargarozzo, predicozzo*

p, P

Il suono rappresentato in italiano dalla lettera *P* è quello della consonante occlusiva bilabiale non-sonora /p/. Questa consonante può essere, secondo i casi, semplice (es. *rùpe* /'rupe/, *còpio* /'kɔpjo/, *reprìmere* /re'primere/, *in quànto possìbile* /iŋ'kwanto pos'sibile/; *tèmpra* /'tɛmpra/, *possìbile* /pos'sibile/, *neppùr possìbile* /nep'pur pos'sibile/) oppure geminata (es. *rùppe* /'ruppe/, *scòppio* /s'kɔppjo/, *opprìmere* /op'primere/, *purché possìbile* /pur'kep pos'sibile/).

p, (*maiusc.*) **P** [1516] **s. f. o m. inv.** ● sedicesima lettera dell'alfabeto italiano (nome per esteso *pi*): *p minuscola, P maiuscolo* | nella compitazione spec. telefonica it. *p come Padova*; in quella internazionale *p come Paris* | (*mat.*) π, ***p greco***, simbolo con cui si rappresenta il numero 3,14159 ..., definito come rapporto fra la lunghezza della circonferenza e quella del proprio diametro | ***vitamina P, vitamina PP,*** V. *vitamina*

pa' /pa*/ [av. 1742] **s. m. inv.** ● (*fam.*) forma tronca di *papà*

pàbbio [lat. *pābulu(m)* 'foraggio, pascolo' ✱ 1813] **s. m.** ● (*tosc.*) pianta erbacea annua delle Graminacee, spontanea nei campi, con fiori riuniti in pannocchia (*Aira flexuosa*)

†**pabulóso** (o **-ṣ-**) [sec. XIV] **agg. 1** ricco di pascolo **2** (*est.*) ubertoso, ferace

pàca [portog. *paca*, dal tupi *paca* ✱ 1563] **s. m. inv.** ● roditore delle foreste dell'America centrale e meridionale, dotato di abitudini notturne, privo di coda e con pelame ispido (*Cuniculus paca*)

♣**pacàre** [vc. dotta, lat. *pacāre* 'pacificare', da *pāx*, genit. *pācis* 'pace' ✱ 1483] **A v. tr.** (*io pàco, tu pàchi*) ● (*raro*) acquietare, calmare **B pacàrsi v. intr. pron.** ● calmarsi, placarsi: *pacatasi la furia del vento, l'imbarcazione riprese il largo*

pacatézza [1670] **s. f.** ● caratteristica di pacato: *rispondere, replicare con p.* **SIN.** calma, tranquillità

pacàto **part. pass.** di *pacare*; anche **agg. 1** (*lett.*, *raro*) calmato, pacificato **2** che dimostra calma e serenità, spec. nel modo di parlare: *tono, discorso p.*; *voce pacata* ‖ **pacataménte**, **avv.**

pàcca① [vc. di orig. onomat. ✱ av. 1665] **s. f. 1** colpo amichevole dato a mano aperta: *gli diede una p. sulle spalle* **SIN.** manata **2** schiaffo, botta: *ha buscato certe pacche!*; *mi ha dato una p. da lasciare il segno* **3** (*fig.*, *fam.*) danno, umiliazione **4** nella loc. ***nuovo di p.***, spec. nel linguaggio giovanile, del tutto nuovo, nuovissimo (espressione di origine incerta): *ha perso il cellulare nuovo di p.* ‖ **pacchétta**, **pacchettina**, **dim.** | **pacchina**, **dim.**

pàcca② [prob. dal longob. *pakka* ✱ sec. XIV] **s. f. 1** (*centr.*) pezzo, parte **2** (*merid.*) natica

paccàre① [dalla loc. *(tirare un) pacco* ✱ 2003] **v. tr.** (*io pàcco, tu pàcchi*) ● (*gerg.*) nel linguaggio giovanile, imbrogliare, tirare un bidone | non presentarsi a un appuntamento con qlcu.

paccàre② [da *pacca*① ✱ 1902] **A v. tr.** (*io pàcco, tu pàcchi*) ● (*centr.*, *merid.*) tastare, palpare spec. le natiche **B v. intr.** (aus. *avere*) ● (*centr.*, *merid.*) pomiciare

paccàta① [da *pacco* ✱ 1994] **s. f.** ● spec. nel linguaggio giovanile, gran quantità, mucchio: *paccate di libri*; *una p. di soldi*

paccàta② [da *paccare*② ✱ 1955] **s. f.** ● (*centr.*, *merid.*; *volg.*) pomiciata

pàcchero [dal v. napol. *paccarià* 'dare delle pacche' ✱ 1931] **s. m.** ● (**spec. al pl.**) tipo di pasta alimentare a cannelli vuoti e larghi, di sezione irregolarmente circolare, che si mangia asciutta **SIN.** schiaffone

♦**pacchétto** [1529] **s. m. 1** dim. di *pacco* **2** piccola scatola o sacchetto: *un p. di sigarette, di noccioline americane* **3** insieme di più parti o elementi affini considerati come unità: *p. di documentari sugli animali* | (*econ.*) ***p. azionario***, complesso delle azioni di una società appartenenti allo stesso proprietario | (*est.*) in trattative o controversie, spec. politiche, complesso organico di soluzioni da accettare o rifiutare in blocco: *p. di richieste, di concessioni* | insieme di proposte, di offerte: *un p. volo più albergo* **4** nel rugby, l'insieme degli otto avanti, quando effettuano la mischia **5** (*tipogr.*) blocco di un certo numero di righe tutte di uguale giustezza **6** (*armi*) ***caricatore a p.***, speciale contenitore metallico di cartucce che consente di rifornire i serbatoi delle armi automatiche con un'unica operazione e che, una volta vuoto, viene espulso **7** (*inform.*) insieme di programmi destinati alla risoluzione di un determinato problema applicativo **SIN.** package | ***p. integrato***, insieme coordinato di programmi destinati alla risoluzione di problemi applicativi diversi ‖ **pacchettìno**, **dim.** | **pacchettóne**, **accr.**

♣**pàcchia** [da *pacchiare* ✱ 1559] **s. f.** ● (*colloq.*) situazione particolarmente felice, per la mancanza di difficoltà o preoccupazioni e l'abbondanza di beni materiali: *vivere così è una vera p.*; *che p., ragazzi!*

SFUMATURE ➤ *cuccagna*

†**pacchiaménto** [da *pacchiare* ✱ av. 1311] **s. m.** ● ingorda mangiata

pacchianàta [1920] **s. f.** ● comportamento, discorso e sim. da pacchiano **SIN.** cafonata

pacchianerìa [av. 1914] **s. f.** ● caratteristica di chi (o di ciò che) è pacchiano **SIN.** cafonaggine

pacchiàno [etim. incerta ✱ 1607] **A agg. 1** †goffo, sciocco, babbeo **2** privo di buon gusto, vistoso e volgare: *vestirsi in modo p.*; *un uomo di modi pacchiani* **SIN.** cafone, grossolano, rozzo ‖ **pacchianòtto**, **alter.** ‖ **pacchianaménte**, **avv. B s. m.** (**f.** *-a*) ● (*merid.*) contadino che indossa il costume tradizionale, ricco di colori vistosi

pacchiàre [vc. di orig. onomat. ✱ sec. XIV] **v. intr.** (*io pàcchio*; **aus.** *avere*) ● (*lett.*, *raro*) mangiare ingordamente | (*lett.*, *raro*) degustare il vino

pacchieròtto [da *pacchiare* ✱ av. 1566] **s. m.** (**f.** *-a*) ● (*tosc.*, *scherz.*) giovane paffuto e un po' goffo

†**pàcchio** [av. 1556] **s. m.** ● pasto abbondante | baldoria

†**pacchióne** [da *pacchia* ✱ av. 1600] **s. m.** (**f.** *-a*) ● chi mangia molto e con ingordigia | bonaccione

pacciamàre [denominale di *pacciame*] **v. tr.** ● (*agric.*) effettuare la pacciamatura di un terreno

pacciamatùra [da *pacciame* ✱ 1958] **s. f.** ● (*agric.*) copertura del terreno realizzata in passato mediante materiali quali paglia, erba, strame e sim., attualmente mediante fogli spec. di polietilene o biodegradabili (cellulosa) di colore gener. nero, allo scopo di accelerare la vegetazione delle colture

pacciàme o **paccìume** [vc. di orig. onomat. ✱ av. 1597] **s. m.** ● ammasso di residui vegetali in decomposizione

pacciùgo ➤ **paciugo**

♦**pàcco** [neerl. *pak*, originariamente 'balla di lana', di etim. incerta ✱ 1804] **s. m.** (**pl.** *-chi*) **1** insieme costituito da un involucro, generalmente di carta, cartone, plastica e sim., talvolta legato con corda o nastro, e dal suo contenuto: *fare, confezionare, disfare un p.*; *spedire, inviare, ricevere un p.*; *un p. di libri* | ***p. postale***, collo, cassetta, involto da spedire a mezzo posta del peso non superiore a 20 kg | ***p. viveri, dono***, distribuito con viveri e donativi da enti assistenziali o di beneficenza | ***p. bomba***, pacco o plico contenente esplosivo destinato a esplodere nel momento in cui viene aperto **2** corredo di oggetti destinato a una determinata funzione: *p. di medicazione* **3** (*fam.*) fregatura, raggiro | ***fare, tirare il p., un p.***, (*fig.*) mancare a un appuntamento **SIN.** bidone ‖ **pacchétto**, **dim.** (V.) | **paccóne**, **accr.** | **paccòtto**, **accr.**

♣**paccottìglia** o **pacotiglia**, (*raro*) **paccotìglia** [fr. *pacotille*, dallo sp. *pacotilla*, della stessa etim. di *pacchetto* ✱ 1765] **s. f. 1** merce scadente | (*est.*) insieme di oggetti di pessimo gusto e di nessun valore **2** (*mar.*) piccola quantità di mercanzia che, un tempo, i membri dell'equipaggio di una nave potevano portare con sé come bagaglio e commerciare in proprio: *diritto di p.*

♦**pàce** [lat. *pāce(m)*, da una radice indeur. che significa 'pattuire, fissare'. V. *pala*① ✱ 1224 ca.] **s. f. 1** assenza di lotte e conflitti armati tra popoli e nazioni, periodo di buon accordo internazionale: *una p. duratura*; *la p. è in pericolo*; *anelare, desiderare, volere la p.* | (*est.*) conclusione di una guerra: *gli sconfitti chiesero la p.*; *ai vinti fu imposta una p. gravosa* | ***firmare la p.***, l'atto che sancisce la fine delle ostilità | ***trattato di p.***, accordo internazionale con cui due o più Stati convengono di porre termine allo stato di guerra esistente tra loro CONTR. guerra **2** buona concordia, serena tranquillità di rapporti: *in famiglia manca la p.*; *vivere, essere, stare, lavorare in p. con tutti* | ***metter p.***, sanare un disaccordo tra due o più persone | ***far p. con qlcu.***, rappacificarsi | ***giudice di p.***, V. *giudice* CONTR. disaccordo **3** tranquillità e serenità interiore: *avere nell'animo una p. infinita*; *ritrovare la propria p. dopo giorni d'angoscia* | ***darsi, non darsi p.***, rassegnarsi o non rassegnarsi | ***mettere, porre in p.***, appagare, tranquillizzare, rasserenare | ***sopportare in p.***, con equilibrio e forza d'animo | ***mettersi il cuore, l'animo in p.***, rasserenarsi; rassegnarsi | ***non trovare mai p.***, essere perennemente irrequieto e insoddisfatto | ***con buona p. di qlcu.***, senza volerlo offendere; che lo voglia o meno | ***santa p.!***, escl. d'impazienza | ***p. dei sensi***, V. *senso* nel sign. 3 CONTR. irrequietezza, turbamento **4** nel linguaggio religioso, felicità eterna, beatitudine | ***il Regno della p.***, il Paradiso | ***essere nella p. di Cristo***, di chi muore santamente | ***riposi in p.***, nelle preghiere per chi è defunto | ***andate in p.***, espressione di commiato al termine della celebrazione della Messa **5** stato di tranquillità e benessere fisico, assenza di fastidi e seccature: *amo starmene in p. in casa mia* | ***lasciare in p.***, non disturbare, non infastidire | ***non dare p.***, perseguitare, assillare | situazione di calma, di silenzio, di quiete: *che p. in questo bosco!*; *la p. della montagna* | (*est.*) ***la p. eterna***, la morte **6** patena d'oro o d'argento, spesso artisticamente decorata, che l'officiante della Messa dava a baciare al momento dell'Agnus Dei

SFUMATURE DI SIGNIFICATO
pace - pacificazione
Nella sua accezione più generica il vocabolo **pace** si riferisce alla concordia, all'armonia nelle relazioni, nei rapporti tra le persone. **Pacificazione** è invece il riportare nuovamente alla pace, alla calma dopo un litigio, uno scontro, un'agitazione.
SFUMATURE ➤ *quiete*

pace car /pe(i)s'kar, *ingl.* 'peɪs,kɑ:(r)/ [loc. ingl., propr. 'autovettura (*car*) al passo (*pace*)' ✱ 1992] **loc. sost. f. inv. (pl. ingl.** *pace cars***)** ● (*sport*) safety car

†**pacefìcàre** ➤ **pacificare**

pacemaker /pe(i)z'meker, *ingl.* 'peɪs,meɪkə(r)/ o **pace maker** [vc. ingl., propr. 'chi fa il passo', comp. di *pace* 'passo' (dal fr. *pas* 'passo') e *maker* 'che fa' (da *to make* 'fare', di orig. germ.) ✱ 1963] **s. m. inv. 1** tessuto biologico, sostanza o congegno finalizzati a provocare e mantenere la velocità o il ritmo di un processo | (*anat.*) ***p. cardiaco***, sede anatomica da cui si origina il ritmo cardiaco, rappresentata normalmente dal nodo senoatriale | (*med.*) ***p. cardiaco artificiale***, generatore di impulsi elettrici che può essere impiantato e che controlla e stimola il battito cardiaco, destinato a individui in cui la pulsatilità cardiaca è compromessa | ***p. nucleare***, in cui la sorgente di energia è un generatore termoelettrico costituito da una capsula sigillata contenente un isotopo radioattivo **2** (*chim.*) sostanza la cui velocità di reazione regola quella di una catena di reazioni collegate

†**pacènza** ➤ **pazienza**

†**pacènzia** ➤ **pazienza**

pacère ➤ **paciere**

pacfòng **s. m. inv.** ● adattamento di *packfong* (V.)

pachànga /pa'tʃanga, *sp.* pa'tʃaŋga/ [vc. sp. di etim. incerta ✱ 1965] **s. f. inv. (pl. sp.** *pachangas***)** ● ballo simile al cha cha cha, d'origine cubana

pachidèrma o (*raro*) **pachidèrmo** [vc. dotta, gr. *pachýdermos* 'dalla pelle grossa', comp. di *pachýs* 'pingue', di orig. indeur., e *dérma* 'pelle' (V. *derma*) ✱ 1821] **s. m. (pl. -*i*) 1** denominazione generica, e non usata in zoologia, di tutti i Mammiferi a pelle molto spessa, come gli elefanti, i rinoceronti, gli ippopotami **2** (*fig.*) persona grossa e pesante di corpo o tarda di mente

pachidermìa [vc. dotta, gr. *pachydermía* 'grossezza della pelle', da *pachýdermos*. V. *pachiderma* ✱ 1899] **s. f.** ● (*med.*) abnorme ispessimento della cute

pachidèrmico [1914] **agg. (pl. m. -*ci*)** ● da pachiderma (*spec. fig.*)

pachidèrmo ➤ **pachiderma**

pachimenìnge [comp. del gr. *pachýs* 'pingue' (V. *pachiderma*) e *meninge* ✱ 1939] **s. f.** ● (*anat.*) duramadre

pachimeningìte [comp. del gr. *pachýs* 'pingue' e *meningite* ✱ 1895] **s. f.** ● (*med.*) infiammazione della duramadre

pachìno [dal luogo siciliano di produzione ✱ 1999] **s. m. (pl. inv. o -*i*)** ● pomodoro ciliegino particolarmente pregiato che si coltiva a Pachino, in Sicilia

pachipleurìte [comp. del gr. *pachýs* 'pingue' e *pleurite* ✱ 1958] **s. f.** ● (*med.*) infiammazione delle pleure con ispessimento fibroso e aderenze fra le superfici pleuriche

pachistàno ➤ **pakistano**

†**paciàle** [av. 1375] **A agg.** ● che porta pace | pacifico **B s. m.** ● paciere

†**paciàre** [da *pace* ✱ av. 1348] **v. tr.** ● conciliare, pacificare

†**paciàro** [av. 1312] **s. m.; anche agg.** ● paciere

†**paciènza** ➤ **pazienza**

pacière o (*raro*) **pacère** [sec. XIV] **s. m. (f. -*a*)** ● mediatore di pace: *far da p.* SIN. conciliatore

†**pacìfero** [vc. dotta, lat. *pacĭferu(m)*, comp. di *pāx*, genit. *pācis* 'pace' e *-fer* '-fero' ✱ 1321] **agg.** ● che porta pace, che simboleggia la pace

pacificàbile [1686] **agg.** ● che si può pacificare: *controversia p.*

†**pacificaménto** [1395] **s. m.** ● pacificazione

pacificàre o †**pacefìcàre** [vc. dotta, lat. *pacificāre*, comp. di *pāx*, genit. *pācis* 'pace' e *-ficāre* '-ficare' ✱ 1284 ca.] **A v. tr.** (*io pacìfico, tu pacìfichi*) **1** riconciliare: *riuscì a p. i due nemici, i contendenti* SIN. amicare **2** mettere in pace, riportare alla pace: *p. gli animi, la nazione* SIN. calmare, sedare **B pacificàrsi v. rifl. recipr.** ● riconciliarsi, rappacificarsi: *non vogliono assolutamente pacificarsi* **C pacificàrsi v. intr. pron. 1** trovare pace: *gli animi di tutti si sono pacificati* **2** fare pace: *mi sono pacificato con mio fratello* || **pacificazióne**, **s. f.** (V.)

pacificatìvo [da *pacificato* ✱ sec. XIV] **agg.** ● che serve a calmare, a mettere pace

pacificàto **part. pass.** di *pacificare*; **anche agg.** ● nei sign. del v. | riportato a una condizione di pace: *come il fanciullo che p. si riposa al petto della madre* (CATERINA DA SIENA)

pacificatóre [vc. dotta, lat. *pacificatōre(m)*, da *pacificātus* 'pacificato' ✱ av. 1337] **agg. e s. m. (f. -*trice*)** ● che (o chi) pacifica: *agire con spirito p.*; *come p. non vale molto*; *potere in ogni occasione essere amico p.* (T. TASSO)

pacificatòrio [1984] **agg. (pl. m. -*i* o *raro* -*ii*)** ● che mira, tende a pacificare: *incontro, intervento p.*

pacificazióne [vc. dotta, lat. *pacificatiōne(m)*, da *pacificātus* 'pacificato' ✱ av. 1420] **s. f. 1** riconciliazione: *la p. di due contendenti* | soluzione di disaccordi, di contrasti e sim: *la p. di un Paese* **2** raggiungimento di uno stato di quiete, di serenità: *p. dello spirito*
SFUMATURE ➤ *pace*

♦**pacìfico** [vc. dotta, lat. *pacĭficu(m)*, comp. di *pāx*, genit. *pācis* 'pace' e *-ifico* ✱ 1268] **A agg. (pl. m. -*ci*) 1** che è incline alla pace, che rifugge da atti di violenza o di guerra: *una nazione pacifica*; *uno Stato p.* | che non ha propositi violenti: *un corteo p.* **2** di chi ha carattere tranquillo e rifugge da ogni litigio e violenza: *è un uomo p., che non farebbe male a una mosca* CONTR. violento | di ciò che dimostra tale carattere: *vita pacifica*; *aspetto p.* **3** (*fig.*) accettato da tutti, non soggetto a discussione: *questa interpretazione del testo è ormai pacifica* | ***è p. che***, è incontrovertibile, è ovvio che: *è p. che sarai nostro ospite* **4** (*geogr.*) dell'Oceano Pacifico || **pacificaménte**, **avv. 1** con mezzi pacifici: *risolvere pacificamente una controversia* **2** in modo pacifico; in santa pace: *un grosso corvo, che se ne stava pacificamente a covar le uova* (L. PIRANDELLO) **B s. m. (f. -*a*)** ● persona pacifica

pacifìsmo [fr. *pacifisme*, da *pacifique* 'pacifico' ✱ 1906] **s. m. 1** (*raro*) atteggiamento di chi ama la pace, il quieto vivere **2** movimento a favore dell'abolizione della guerra come mezzo di soluzione delle controversie internazionali

♦**pacifìsta** [fr. *pacifiste*, da *pacifique* 'pacifico' ✱ 1905] **A s. m. e f. (pl. m. -*i*)** ● fautore, sostenitore del pacifismo CONTR. guerrafondaio **B agg.** ● del pacifismo, dei pacifisti: *teoria pacifista*; *atteggiamento p.*

pacifìstico [av. 1952] **agg. (pl. m. -*ci*)** ● relativo al pacifismo o ai pacifisti: *concezioni pacifistiche*

pacioccóne [da *pace* ✱ 1891] **A s. m. (f. -*a*)** ● (*fam.*) persona grassoccia e di carattere gioviale e bonario **B in funzione di agg.** ● bonario: *ha un fare p.* SIN. bonaccione

pacióne [da *pace* ✱ 1853] **A s. m. (f. -*a*)** ● persona pacifica e amante del quieto vivere **B in funzione di agg.** ● tranquillo, indolente: *è gente paciona*

pacióso (o **-ṣ-**) [da *pace* ✱ av. 1767] **agg.** ● pacifico e quieto: *Non sono un bullo, anzi ho un carattere p.* (A. MORAVIA) || **paciosaménte**, **avv.** || **paciosità**, **s. f. inv.** atteggiamento di chi ha un'indole calma e tranquilla

paciscènte [vc. dotta, lat. *paciscĕnte(m)*, dal v. *pacīsci* 'pattuire', della stessa radice di *pāce(m)* 'pace' ✱ av. 1769] **s. m. e f.; anche agg.** ● (*dir.*) chi (o che) contrae un patto o un accordo avente valore giuridico

paciugàre [da *paciugo* ✱ 1968] **v. intr.** (*io paciùgo, tu paciùghi*; **aus.** *avere*) ● (*sett., fam.*) rimestare in sostanze liquide o semiliquide, nel fango e sim.: *p. nelle pozzanghere* | (*est.*) far confusione, pasticciare

paciùgo o **pacciùgo** [prob. vc. di orig. espressiva, da avvicinare a *spiaccicare* ✱ 1940] **s. m. (pl. -*ghi*) 1** (*sett., fam.*) insieme appiccicoso di sostanze varie, liquide e semiliquide: *hai fatto un gran p. nel piatto* | fango, fanghiglia (*anche fig.*): *la povera gente è tutta nel 'pacciugo'* (R. BACCHELLI) | (*fig., fam.*) disordine, confusione, pasticcio: *guarda che p. hai fatto!* **2** (*sett.*) gelato cremoso con frutta, sciroppo e panna montata, originario della Liguria

paciùli o **paciulì** **s. m. inv.** ● adattamento di *patchouli* (V.)

pack /pak, *ingl.* pæk/ [vc. ingl., abbr. di *pack-ice*, propr. 'ghiaccio in pacco'; *pack* è di orig. germ.: cfr. *pacco* ✱ 1887] **s. m. inv.** ● distesa di frammenti della banchisa polare, galleggianti sul mare e sospinti dalle correnti e dal vento

pàckage /*ingl.* 'pækɪdʒ/ [vc. ingl., propr. 'pacco, imballaggio', da *pack* 'pacco' ✱ 1972] **s. m. inv.**

● (*inform.*) pacchetto nel sign. 7

pàckaging /*ingl.* 'pækɪdʒɪŋ/ [vc. ingl., da *to package* 'impacciare' ✱ 1985] **s. m. inv.** ● nel marketing, modalità di imballaggio e confezione di un prodotto, studiata per razionalizzare il trasporto e per attirare i consumatori | la confezione stessa

packfòng /pak'fɔng/ o **packtòng**, **paktòng** [vc. ingl. *packfong*, var. di *paktong*, comp. del cinese *peh* 'bianco' e *t'ung* 'rame' ✱ 1840] **s. m. inv.** ● argentone, alpacca CFR. pacfong

pacotìglia ➤ **paccottiglia**

padanità [da *padano* ✱ 1958] **s. f. inv.** ● complesso di elementi distintivi della Valle padana e dei suoi abitanti

padàno [vc. dotta, lat. *padānu(m)*, agg. di *Pădus* 'Po' ✱ 1878] **A agg. 1** del Po, della Valle del Po: *pianura padana*; *la bassa padana*; *nebbie padane*; *grana p.* **2** (*polit.*) nel linguaggio del movimento politico Lega Nord, relativo all'Italia settentrionale (chiamata Padania perché in gran parte coincide con il bacino del Po) **B agg. e s. m.** (**f.** *-a*) ● sostenitore o appartenente alla Lega Nord

pàdda [ingl. *paddy* 'uccello che becca il riso', dal malese *pādī* 'riso' ✱ 1839] **s. m. inv.** ● piccolo uccello malese dei Passeriformi, di colore grigio con capo nero (*Padda oryzivora*)

pàddock /'paddok, *ingl.* 'pædək/ [vc. ingl., propr. 'recinto', di etim. incerta ✱ 1749] **s. m. inv. 1** (*zootec.*) recinto esterno annesso a una stalla, in cui gli animali (bovini, suini ed equini) possono rimanere all'aperto **2** recinto all'interno dell'ippodromo, dove i fantini montano in sella e passeggiano coi loro cavalli prima della corsa **3** (*autom.*) negli autodromi, recinto dove i meccanici lavorano alle automobili da corsa

♦**padèlla** [lat. *patĕlla(m)*, dim. di *pătera* 'tazza, coppa'. V. *patera*① ✱ 1305] **s. f. 1** utensile da cucina, costituito da un recipiente di forma circolare, poco profondo e munito di un lungo manico, usato spec. per friggere: *pesce, funghi in p.* | ***p. da caldarroste***, bucherellata | (*est.*) padellata: *una p. di patate fritte* | (*fig.*) ***cadere dalla p. nella brace***, passare dal male al peggio **2** un tempo, scaldaletto in rame, con coperchio bucherellato e lungo manico **3** vaso di terracotta con sego e lucignolo, un tempo usato come lampada **4** recipiente di forma piatta, con manico, usato per far evacuare a letto i malati impossibilitati ad alzarsi **5** crogiuolo da vetraio **6** (*sett.*) macchia, spec. d'unto, su abiti e sim.: *una gonna piena di padelle* **7** (*gerg.*) colpo grossolanamente mancato da un cacciatore | ***fare p.***, ***fare una p.***, sbagliare il bersaglio ‖ **padellàccia**, **pegg.** | **padellétta**, **dim.** | **padellìna**, **dim.** (V.) | **padellìno**, **dim. m.** | **padellóna**, **accr.** | **padellóne**, **accr. m.** (V.) | **padellòtto**, **alter. m.**

padellàio o †**padellàro** [1262] **s. m.** (**f.** *-aia*, **pl. m.** *-ai*) ● chi fa o vende padelle

padellàre [1959] **v. tr.** (*io padèllo*) **1** nel linguaggio della gastronomia, ripassare un cibo, spec. pasta asciutta, in padella, velocemente e a fuoco vivo **2** V. *spadellare*

†**padellàro** ➤ **padellaio**

padellàta [av. 1424] **s. f. 1** quantità di cibo che si cucina in una volta nella padella: *una p. di frittelle* **2** colpo dato con la padella: *si buscò una p. in testa*

padellìna [1598] **s. f. 1** dim. di *padella* **2** dischetto concavo di cristallo o metallo, che si applica a candelieri e sim. per evitare che la cera sgoccioli **3** vasetto di terracotta con sego e stoppino, per illuminazione

padellóne [da *padella*; i sign. fig. si riferiscono alla sua forma tondeggiante ✱ 1942] **s. m. 1** accr. di *padella* **2** (*fig.*, *gerg.*) nel teatro e nel cinema, riflettore usato per illuminare la scena o il teatro di posa

padiglióne o †**pavigliόne**① [lat. *papiliōne(m)* 'farfalla' (V. †*papiglione*), poi (lat. tardo) 'tenda militare' (per l'aspetto delle tende di un accampamento che viste dall'alto sembrano tante farfalle) ✱ 1266] **s. m. 1** edificio isolato che fa parte di una serie di altri simili, intorno a uno principale: *i padiglioni della Fiera di Milano*; *il p. di un ospedale* | ***tetto a p.***, a quattro falde ugualmente inclinate su pianta rettangolare | costruzione gener. elegante in parchi, giardini e sim. **2** vasta e sontuosa tenda da campo, che anticamente s'innalzava negli accampamenti militari per alloggio o ritrovo dei capi e dei personaggi elevati **3** †accampamento: *far i padiglioni alla romana con steccati e fosse intorno* (T. CAMPANELLA) **4** specie di baldacchino da letto: *letto a p.* | (*raro*) baldacchino ornamentale di porte e finestre **5** il tetto dell'automobile con i suoi montanti **6** (*anat.*) ***p. auricolare***, parte esterna e visibile dell'orecchio dei mammiferi, fissa nell'uomo, generalmente mobile negli animali, destinata a raccogliere le onde sonore e a convogliarle nel condotto uditivo **7** parte inferiore, faccettata, delle pietre preziose **8** (*mus.*) parte terminale di uno strumento a fiato SIN. campana **9** (*fig.*, *lett.*) volta celeste ‖ **padiglioncìno**, **dim.**

padìna [etim. incerta ✱ 1954] **s. f.** ● alga mediterranea delle Feoficee con tallo a forma di ventaglio, incrostato di calcare (*Padina pavonia*)

padiscià [fr. *padischah*, dal persiano *pādišāh*, comp. di *pād* 'protettore' (cfr. *pascià*) e *šāh* 're' (V. *scià*) ✱ av. 1529] **s. m. inv.** ● titolo dei sultani dell'Impero ottomano

padovàna o **paduàna** [f. sost. di *padovano* ✱ av. 1590] **s. f.** ● danza del sec. XVI, a ritmo binario, simile alla pavana

padovanèlla [da *padovano* ✱ 1839] **s. f. 1** calessino monoposto a due ruote **2** (*fig.*, *gerg.*) carrettella nel sign. 3

padovàno [1312] **A agg.** ● di Padova | ***gallina padovana***, gallina caratterizzata da un abbondante ciuffo di penne in testa **B s. m.** (**f.** *-a*) ● abitante o nativo di Padova

♦**pàdre** o †**pàtre**, †**pàte** [lat. *pătre(m)*, di orig. indeur. ✱ sec. XII] **s. m.** (*fam.* **troncato in** *pa'*) **1** uomo che ha generato uno o più figli, considerato rispetto ai figli stessi: *essere, diventare p.*; *il p. e la madre*; *essere orfano di p.*; *essere un buon p., un cattivo p.* | ***p. adottivo***, che ha adottato un figlio | ***p. putativo***, che è ritenuto, ma non è padre di qlcu. | ***di p. in figlio***, di generazione in generazione | ***rendere p.***, di una donna, dare un figlio a un uomo | ***p. di famiglia***, uomo che ha moglie e figli, con tutte le responsabilità e i doveri connessi | ***diligenza del buon p. di famiglia***, V. *diligenza*① | ***fare da p.***, comportarsi come tale verso qlcu., pur non essendolo | ***amare, venerare, considerare qlcu. un p., come un p.***, detto di chi nutre sentimenti filiali per qlcu., che a lui ha dato assistenza, amore, cure e sim. | ***per via di p.***, in linea paterna | ***fare le veci del p.***, sostituirlo in tutto o in parte nelle sue funzioni | PROV. ***tale il p. tale il figlio***, i figli hanno le stesse caratteristiche dei padri **2** (*est.*) uomo che assume nei confronti di qlcu. un ruolo di guida, fornendogli appoggi, insegnamenti e consigli: *per me è stato un p.*; *in lui ha trovato un p.*; *è più un p. che un amico* | (*fig.*) ***p. spirituale***, religioso che segue da vicino la vita spirituale di qlcu. facendogli da guida | (*fig.*) ***p. della Patria***, titolo concesso dai Romani a chi avesse grandi benemerenze politiche e usato successivamente in altre epoche: *Vittorio Emanuele II fu chiamato p. della Patria* | ***Padri costituenti***, ***Padri della Costituzione***, membri di un'assemblea costituente | (*fig.*) ***Padri della Chiesa***, scrittori dei primi secoli che hanno definito le dottrine fondamentali del cristianesimo **3** animale di sesso maschile che ha generato figli: *il p. del nostro cane è di razza purissima* **4** (**spec. al pl.**) antenato, progenitore: *i loro padri erano ancora nomadi*; *voi, palme e cipressi ... / proteggete i miei padri* (U. FOSCOLO) | fondatore di una stirpe: *il p. Romolo* | ***il Primo P.***, Adamo **5** (*fig.*) maestro, iniziatore di una disciplina, di un'arte: *è considerato il p. della fisica moderna* | (*fig.*) origine | PROV. ***l'ozio è il p. dei vizi*** **6** titolo proprio di sacerdoti e regolari, spec. di frati: *reverendo p.*, *p. cappuccino*, *p. benedettino* | ***p. del bel morire***, camillino | ***p. del deserto***, anacoreta | ***Santo, Beatissimo Padre***, il Papa | ***padri conciliari***, religiosi che partecipano a un concilio **7** (**al pl.**) denominazione di congregazioni religiose: *i Padri della Fede* **8** (*fig.*) creatore: *Dio è il Padre di tutti gli uomini*; *Dio Padre* | nella teologia cattolica, la prima persona della Trinità: *il Padre, il Figlio e lo Spirito Santo* | ***P. Eterno***, V. *padreterno* | ***Padre Nostro***, V. *Padrenostro* **9** nell'antica Roma, patrizio | ***p. coscritto***, senatore **10** ***p. nobile***, nel teatro drammatico dell'Ottocento e del primo Novecento, ruolo di uomo maturo **11** ***p. padrone***, padre molto autoritario; (*est.*) persona dispotica o che esercita un potere quasi assoluto ‖ **padràccio**, **pegg.** | (*lett.*) **padrùccio**, **dim.**

> ***Definizione d'autore***
>
> A cosa servono le malattie dei figli? A rendere esplicito il senso della loro procreazione. Infatti, quando regna la salute, il genitore si assolve troppo in fretta. Non si dovrebbe mai dimenticare che fare un figlio significa lasciare una persona di notte, per strada, con una gomma a terra. Il minimo che si possa fare, è insegnargli a cambiarla – perché se tutto va bene, noi ce ne andremo prima, lasciando quel poveretto in mezzo ai guai. Impossibile, allora, negare l'evidenza di aver convocato dal nulla, estraendolo a sorte, qualcuno che non aveva la minima intenzione di venire al mondo (*Mio* ***padre*** *mi inflisse la vita*, Chateaubriand). *Remember*, siamo stati noi ad averlo tirato in ballo, trascinandolo suo malgrado in mezzo a questa pista arroventata. Comportiamoci di conseguenza.
>
> *Valerio Magrelli*

†**padrefamìglia** [lat. *pătre(m) famĭlias* 'padre della famiglia' ✱ sec. XIV] **s. m.** (**pl.** *padrifamìglia*) ● padre di famiglia

padreggiàre [V. *patrizzare* ✱ 1612] **v. intr.** (**pres.** *io padréggio*; **fut.** *io padreggerò*; **aus.** *avere*) ● somigliare al padre fisicamente e moralmente

Padrenòstro o **Pàdre nòstro** [1281] **s. m.** (**pl.** *Padrenòstri*) ● Paternostro

padretèrno o **Pàdre Etèrno** nel sign. 1 [av. 1380] **s. m.** (**solo sing. e con l'iniziale maiuscola nel sign. 1; pl.** *padretèrni* **nel sign. 2**) **1** Dio, Dio padre **2** (*fig.*) persona molto potente, influente e importante: *si crede un p.*; *atteggiamenti da p.* | (*fig.*) persona particolarmente abile in un'attività SIN. domineddio

padrìgno ➤ **patrigno**

padrinàggio [da *padrino* nel senso di 'capo mafioso' ✱ 1984] **s. m.** ● autorità esercitata sulle persone e sul territorio da capi mafiosi o da influenti personaggi conniventi con la mafia

padrìno o **patrìno** [lat. mediev. *patrīnu(m)*, da *păter* 'padre' ✱ 1250 ca.] **s. m. 1** nel cattolicesimo e in altre confessioni cristiane, chi presenta al sacerdote un battezzando in cerimonia solenne o un cresimando e, trovandosi nelle condizioni canoniche, contrae con lui la parentela spirituale **2** chi assiste qlcu.

a b c d e f g h i j k l m n o **p** q r s t u v w x y z

in un duello cavalleresco, in qualità di procuratore e testimone | ***mandare a qlcu. i propri padrini***, sfidarlo a duello SIN. secondo **3** (*gerg.*) il capo supremo di una organizzazione mafiosa **4** (*est.*, *spec. spreg.*) personaggio che esercita un controllo assoluto su un determinato settore di attività

†**padronàggio** [av. 1363] **s. m.** ● dominio, condizione di padrone

padronàle [lat. tardo *patronāle(m)*, agg. di *patrōnus* 'patrono', rifatto su *padrone* ✱ 1673] **agg. 1** del padrone, relativo al padrone, al proprietario: *casa, giardino, automobile p.* **2** relativo al datore o ai datori di lavoro (spec. con connotazione polemica): *sindacato p.* ‖ **padronalménte**, **avv.** da padrone; (*spreg.*) in una logica padronale

♣**padronànza** [av. 1594] **s. f. 1** (*raro*) autorità e diritto di padrone: *aver la p. di un bene* **2** controllo, dominio: *acquistare la p. dei propri nervi* **3** conoscenza profonda: *aver p. della lingua tedesca; ha una completa p. della materia trattata*

padronàto [lat. tardo *patronātu(m)*, da *patrōnus* 'patrono' ✱ 1550] **s. m. 1** (*raro*) condizione di chi è padrone | ***di p.***, padronale **2** spec. nel linguaggio sindacale, la categoria dei padroni, dei datori di lavoro: *lotte contro il p.* **3** (*tosc.*) podere **4** †patronato | †protezione

padroncìno [av. 1566] **s. m.** (**f.** *-a*) **1** dim. di *padrone* **2** piccolo imprenditore, proprietario di una piccola azienda **3** chi è proprietario di un solo taxi, da lui stesso guidato **4** chi è proprietario di uno o più camion, con cui lavora in proprio nel settore del trasporto delle merci

♦**padróne** o †**patróne** [lat. *patrōnu(m)* 'patrono', rifatto sui sostantivi in *-one* ✱ sec. XIII] **A s. m.** (**f.** *-a*) **1** chi è proprietario di qlco.: *p. del podere, della vigna, di una casa; erano pochi i padroni di quel territorio* | (*scherz.*) ***p. del vapore***, chi detiene un grande potere economico | ***p. di casa***, il proprietario rispetto all'affittuario; chi ospita qlcu. | PROV. ***l'occhio del p. ingrassa il cavallo***, la cura diretta dei propri affari li fa prosperare **2** spec. nel linguaggio sindacale e con tono polemico, datore di lavoro, imprenditore: *gli operai hanno scioperato contro le imposizioni del p.* | ***andare a p.***, a servizio | ***cercar p.***, cercare lavoro, impiego | ***essere senza p.***, essere disoccupato | ***non aver p., padroni***, essere libero, non dipendere da nessuno | ***essere a p., lavorare sotto p.***, alle dipendenze di qlcu. **3** assoluto dominatore, unico arbitro delle sorti di qlco. o di qlcu.: *è ormai p. di tutto il paese; Dio è p. del mondo* | ***credersi p. del mondo***, (*fig.*) presumere di sé, della propria importanza o potenza | ***essere, non essere p. in casa propria***, (*fig.*) potere o non potere disporre liberamente della propria vita privata | (*fig.*) ***essere, non essere p. di sé***, avere o non avere il controllo dei propri nervi, delle proprie reazioni e sim. | ***fare il p. in casa d'altri***, disporre e comandare come in casa propria | ***farla da p.***, spadroneggiare | chi è libero di agire come meglio crede: *sei p. di andartene o di restare* **4** (*fig.*) profondo conoscitore: *essere p. di una materia, di una lingua* **5** (*lett.*) appellativo rispettoso: *padre Cristoforo, padron mio colendissimo* (A. MANZONI) **6** (*mar.*) marittimo abilitato al comando di nave di piccolo cabotaggio | marinaio più anziano o più esperto, al comando di un peschereccio o di una qualsiasi imbarcazione con armamento | armatore **7** †patrono, protettore **B** in funzione di **agg.** ● (posposto al sost.) nella loc. ***serva padrona***, (*scherz.*) che ama comandare | ***padre p.***, V. *padre*, sign. 11 ‖ **padronàccio**, **pegg.** | **padroncìno**, **dim.** (V.)

SFUMATURE DI SIGNIFICATO

padrone - proprietario - detentore

Il termine **padrone** ha una gamma di significati piuttosto estesa, definendo la condizione sia di chi ha la proprietà di un bene mobile o immobile (o anche di animali) e la esercita, sia di chi agisce a proprio arbitrio limitando la libertà di altri a lui soggetti; per questa ragione è usato con intenti polemici o almeno fortemente espressivi in locuzioni come *stare sotto padrone, non avere padroni, credersi il padrone del mondo* ecc. **Proprietario** ha invece significato più neutro, definendo il titolare giuridico della proprietà di un bene, senza tuttavia marcare l'esercizio di una specifica autorità. **Detentore** è invece chi detiene, cioè ha in possesso, in via definitiva o temporanea, un bene immateriale che sia dotato di valore economico (*detentore dei diritti di sfruttamento del marchio*) o anche ne sia privo (*detentore di un primato, di un titolo*).

padroneggiàre [av. 1370] **A v. tr.** (**pres.** *io padronéggio*; **fut.** *io padroneggerò*) **1** (*lett.*, *raro*) comandare, signoreggiare come un padrone **2** (*fig.*) controllare, dominare: *p. i propri sentimenti* | ***p. la folla***, di oratore che la domina con le sue parole **3** (*fig.*) conoscere molto bene, con grande precisione, in profondità: *p. una materia, un'arte* **B padroneggiàrsi v. rifl.** ● dominarsi, controllarsi: *è molto impulsivo e non sempre riesce a padroneggiarsi*

†**padronerìa** [da *padrone* ✱ sec. XIII] **s. f.** ● possedimento

padronésco [av. 1562] **agg.** (**pl. m.** *-schi*) ● (*raro*, *spreg.*) da padrone: *atteggiamenti padroneschi* ‖ **padronescaménte**, **avv.** (*lett.*) in modo autoritario, prepotente

padronìssimo [da *padrone* col suff. *-issimo* dei superl. ✱ 1747] **s. m.** (**f.** *-a*) ● (*colloq.*) chi può prendere qualunque decisione in modo del tutto autonomo: *sei p. di credermi, di andare, di restare*

paduàna ➤ **padovana**

padùle [metatesi di *palude* ✱ 1282] **s. m.** o †**f. 1** (*tosc.*) palude, acquitrino | (*fig.*, *lett.*) ambiente corrotto **2** †fossa di letame ‖ **padulétto**, **dim.**

†**paduléscoo** ➤ †**paludesco**

†**padulóso** ➤ **paludoso**

paèlla /pa'ɛʎʎa, *sp.* pa'eʎa, -ʒa/ [vc. sp., dall'ant. fr. *paele* (moderno *poele*): stessa etim. dell'it. *padella* ✱ 1927] **s. f. inv.** (**pl. sp.** *paellas*) ● riso cucinato alla maniera di Valenza, con verdure, zafferano, pesce, pollo e maiale

♦**paeṣàggio** [da *paese*, sul modello del fr. *paysage* ✱ 1552] **s. m. 1** area territoriale caratterizzata da un determinato complesso di elementi fisici, biologici e antropici: *p. alpino, lacustre, fluviale* **2** parte di territorio che si abbraccia con lo sguardo: *restammo ad ammirare quell'incantevole p.* SIN. panorama | (*est.*) aspetto tipico di una regione ricca di bellezze naturali: *la difesa del p. costiero amalfitano* **3** pittura, foto e sim. che ritrae un paesaggio ‖ **paeṣaggétto**, **dim.** | **paeṣaggìno**, **dim.**

SFUMATURE ➤ *panorama*

Definizione d'autore

Paesaggio è l'equilibrio fra natura e cultura. Fra spiagge, monti, colline, pianure come furono un tempo e come sono, popolati di città, di villaggi, di cascine. Ogni **paesaggio** ha la sua storia: fatta di creatività e di distruzioni (guerre, terremoti, barbarie); di meraviglie e di errori. Questa diversità rispecchia quel che siamo (come il volto di ciascuno è "lo specchio dell'anima"): perciò ognuno ha il **paesaggio** che si merita. L'Italia fu il "giardino d'Europa", dove *l'architettura è una seconda natura, indirizzata a fini civili* (Goethe). Prima al mondo, ha posto la tutela del **paesaggio** tra i suoi principi fondamentali (Costituzione, art. 9). Ma a questi valori siamo sempre meno fedeli. Quale **paesaggio** lasceremo in eredità alle generazioni future?

Salvatore Settis

paeṣaggìṣmo [da *paesaggi(o)* col suff. *-ismo* ✱ 1919] **s. m.** ● stile pittorico e letterario che predilige la rappresentazione di paesaggi

paeṣaggìsta [da *paesaggio* ✱ 1895] **s. m.** e **f.** (**pl. m.** *-i*) **1** chi dipinge, disegna o fotografa paesaggi SIN. paesista **2** chi studia e progetta la creazione di giardini e parchi o il rimboschimento e la forestazione di un'area di territorio agricolo o arboricolo per conseguire sia effetti decorativi sia fini di equilibrio ottimale fra le piante già esistenti e quelle messe a dimora

paeṣaggìstica [da *paesaggio* ✱ 1983] **s. f.** ● in pittura e fotografia, arte e tecnica di riprodurre paesaggi | (*est.*) l'insieme delle opere prodotte

paeṣaggìstico [da *paesaggista* ✱ 1952] **agg.** (**pl. m.** *-ci*) ● relativo al paesaggio, spec. come soggetto di riproduzioni artistiche ‖ **paeṣaggisticaménte**, **avv.** dal punto di vista del paesaggio

paeṣanìṣmo [comp. di *paesan(o)* e *-ismo* ✱ 1954] **s. m.** ● carattere di ciò che è paesano nel gusto o nel carattere: *il p. di uno scrittore, di un artista*

paeṣàno [1261 ca.] **A agg.** ● del paese, proprio o caratteristico di un paese: *usanze paesane; vino, formaggio, dialetto p.* | ***alla paesana***, (*ellitt.*) secondo l'usanza del paese ‖ **paeṣanaménte**, **avv. B s. m.** (**f.** *-a*) **1** abitante o nativo di un paese: *sembra un cittadino, ma è un p.* | abitante o nativo della campagna, contadino **2** (*merid.*) compaesano, compatriota: *i nostri paesani emigrarono agli inizi del secolo* CFR. paisà ‖ **paeṣanèllo**, **dim.** | **paeṣanòtto**, **alter.**

†**paeṣànte** [da *paese* ✱ sec. XIV] **s. m.** ● paesista

♦**paéṣe** [lat. parl. **pagēnse(m)*, da *pāgus* 'villaggio', in orig. 'cippo di confine fissato in terra', dalla stessa radice di *pāngere* 'ficcare'. V. *pala*① ✱ av. 1250] **s. m. 1** territorio piuttosto esteso, gener. abitato e coltivato: *p. settentrionale, meridionale; p. fertile, arido; p. ricco, povero* CFR. -landia | ***mandare qlcu. a quel p.***, mandarlo al diavolo **2** (spesso scritto con iniziale maiuscola) nazione, Stato: *un grande P.; un P. libero, democratico; essere al servizio del p.; P. nemico, invasore, amico, alleato* | (*est.*) il complesso dei cittadini di una nazione o di uno stato: *il p. quest'anno voterà due volte* | ***p. legale***, il governo e la classe politica | ***p. reale***, l'insieme dei cittadini, la società civile | (*est.*) patria: *amare il proprio P.; lottare, sacrificarsi, combattere per il proprio P.* | V. anche *Bel Paese* **3** centro abitato di limitate proporzioni: *il p. natio; gente di p.; usanze, storie, chiacchiere, fiere di p.* | ***il p. dei balocchi, della cuccagna***, V. *balocco, cuccagna* | PROV. ***tutto il mondo è p.***, certe caratteristiche si ritrovano ovunque (spec. come commento negativo); ***p. che vai, usanza che trovi***, ogni Paese ha i suoi usi e costumi ‖ **paeṣàccio**, **pegg.** | **paeṣèllo**, **dim.** (V.) | **paeṣétto**, **dim.** | **paeṣìno**, **dim.** | **paeṣóne**, **accr.** | **paeṣòtto**, **accr.** | **paeṣùccio**, **dim.** | **paeṣùcolo**, **dim.**

SFUMATURE ➤ *patria*

paeṣèllo [av. 1535] **s. m. 1** dim. di *paese*: *casa sua, ch'era in fondo del p.* (A. MANZONI) **2** (*per anton.*) il paese natale: *come se rivedesse col pensiero il p. lontano* (L. PIRANDELLO)

paeṣìsta [da *paese* ✱ 1678] **s. m.** e **f.** (**pl. m.** *-i*) ● paesaggista

paeșìstico [da *paesista* ✱ 1905] **agg.** (**pl. m.** *-ci*) **1** relativo al paesaggio: *vincolo p.* **2** relativo alla pittura o al disegno di paesaggi: *gusto p.* ‖ **paeșisticaménte**, **avv.** per ciò che riguarda il paesaggio: *zone vincolate paesisticamente*

paf o **pàffete** [vc. onomat. ✱ 1867] **inter.** ● riproduce il rumore di uno schiaffo o di un colpo battuto da qlco. o qlcu. che cade a terra | ***pif e paf, piffete e paffete***, riproducono il rumore di due schiaffi dati sonoramente spec. sulle guance

paffutézza [1855] **s. f.** ● caratteristica di chi è paffuto

♦**paffùto** [vc. espressiva ✱ 1364] **agg.** ● florido e grassoccio: *viso, bambino p.* ‖ **paffutèllo**, **dim.**

♦**pàga** [da *pagare* ✱ av. 1294] **A** **s. f.** **1** salario, stipendio: *p. giornaliera, oraria*; *una buona p.*; *questo mese avremo doppia p.* | ***giorno di p.***, in cui lo stipendio è corrisposto | ***p. base***, compenso minimo, al netto di qualsiasi assegno integrativo, corrisposto a una data categoria di lavoratori, per una prestazione stabilita **2** (*fig.*) ricompensa: *bella p. ho ricevuto dopo tanti sacrifici!* | (*fam.*) sconfitta al gioco **B** **s. m. e f. inv.** ● (*disus.*) chi paga: *essere il p. della compagnia* (E. De Amicis) | ***una cattiva p.***, un cattivo pagatore **C** **s. m.** ● †soldato mercenario **D** **in funzione di agg. inv.** ● (posposto a un sost.) nelle loc. ***libro p.***, registro in cui sono obbligatoriamente annotati i nominativi dei lavoratori impiegati nell'azienda e la retribuzione da essi percepita | ***ufficio p.***, ufficio dove vengono eseguiti i pagamenti | ***busta p.***, contenente la retribuzione di un lavoratore dipendente, insieme con l'indicazione delle varie trattenute ‖ **paghétta**, **dim.** (V.)

SFUMATURE DI SIGNIFICATO

paga - salario - stipendio - pagnotta

Paga è la somma di denaro dovuta al lavoratore per una prestazione di lavoro. Specificamente, si chiama **salario** la retribuzione del lavoro degli operai, **stipendio** la retribuzione degli impiegati. Un equivalente espressivo di *paga*, utilizzato familiarmente per definire il guadagno derivato da un lavoro che si svolge per assicurarsi il mantenimento quotidiano, è **pagnotta**.

SFUMATURE ➤ ***onorario***②, ➤ ***retribuzione***

pagàbile [av. 1446] **agg.** ● che si può pagare ‖ **pagabilità**, **s. f. inv.**

pagàia [fr. *pagaie*, dal malese *pengajoeh* ✱ 1769] **s. f.** ● remo a pala generalmente lanceolata od ovale, con il quale si voga senza appoggiarlo allo scalmo | ***p. doppia***, remo con pale alle due estremità, con il quale si voga alternativamente sui due lati

pagaiàre [da *pagaia* ✱ 1889] **v. intr.** (*io pagàio*; **aus.** *avere*) ● vogare, remare con la pagaia

♦**pagaménto** [da *pagare* ✱ 1260] **s. m.** **1** corresponsione, versamento della somma spettante a qlcu.: *provvedere al p. di qlco.*; *pattuire diverse forme di p.*; *p. in contanti, in natura*; *ricevuta di p.* **2** somma che si paga o si deve pagare: *ricevere, inviare il p.* **3** (*raro*, *fig.*) ricompensa

paganeggiànte **part. pres.** di *paganeggiare*; anche **agg.** **1** nel sign. del v. **2** che si ispira al paganesimo, spec. alle sue caratteristiche edonistiche e materialistiche, in contrapposizione ai principi religiosi e morali del Cristianesimo

paganeggiàre [av. 1571] **v. intr.** (**pres.** *io paganéggio*; **fut.** *io paganeggerò*; **aus.** *avere*) ● (*lett.*) pensare e vivere secondo modi pagani

paganèllo [forse da avvicinare a *pagano*, con passaggio semantico poco chiaro ✱ 1609] **s. m.** ● nome comune di varie specie marine di ghiozzo, di color bruno giallastro, comune lungo le coste italiane (*Gobius paganellus*)

paganésco [sec. XV] **agg.** (**pl. m.** *-schi*) ● (*lett.*) da pagano: *atteggiamento p.*

paganéșimo o †**paganéșmo**, †**paganìșmo** [vc. dotta, lat. *paganĭsmu(m)*, da *pagānus* 'pagano' ✱ av. 1311] **s. m.** **1** insieme delle religioni e della civiltà del mondo antico greco-romano, spec. nella sua opposizione al Cristianesimo **2** (*est.*) culto, religione, credenza non cristiani

paganìa [sec. XIII] **s. f.** **1** (*lett.*; spec. con iniziale maiuscola) i Paesi abitati da pagani | la gente pagana **2** (*lett.*) la religione dei pagani

pagànico [sec. XIV] **agg.** (**pl. m.** *-ci*) ● (*lett.*) pagano ‖ †**paganicaménte**, **avv.** paganamente

†**paganìșmo** ➤ **paganesimo**

paganità [vc. dotta, lat. tardo *paganitāte(m)*, da *pagānu(m)* 'pagano' ✱ 1609] **s. f. inv.** **1** condizione di chi (o di ciò che) è pagano **2** insieme delle nazioni e delle genti pagane, spec. nel mondo antico

paganiẓẓàre [1314] **A** **v. tr.** ● ridurre al paganesimo **B** **v. intr.** (**aus.** *avere*) ● †paganeggiare **C** **paganiẓẓàrsi** **v. intr. pron.** ● diventare pagano ‖ **paganiẓẓazióne**, **s. f.**

♦**pagàno** [vc. dotta, lat. *pagānu(m)* 'abitante del villaggio', da *pāgus* 'villaggio' (V. *paese*); quelli che non aderirono al Cristianesimo vennero chiamati 'pagani' perché gli abitanti dei villaggi si convertirono molto dopo gli abitanti delle città ✱ sec. XII] **A** **agg.** **1** relativo al paganesimo **2** (*est.*) che ignora i principi religiosi e morali del cristianesimo, o vi si oppone ‖ **paganaménte**, **avv.** da pagano; in modo non cristiano **B** **s. m.** (**f.** *-a*) **1** ogni fedele di una religione pagana **2** (*est.*) chi respinge gli insegnamenti cristiani

pagànte **A** **part. pres.** di *pagare*; anche **agg.** ● che paga: *spettatori paganti* **B** **s. m. e f.** ● chi paga: *su cinquanta presenti i paganti sono venticinque*

♦**pagàre** [lat. *pacāre* 'pacificare'. V. *pacare* ✱ 1211] **A** **v. tr.** (*io pàgo, tu pàghi*) **1** remunerare o retribuire qlcu. dandogli il denaro che gli spetta: *p. l'idraulico, il sarto, i propri dipendenti*; *p. bene, lautamente, profumatamente* | ***p. in natura***, non con denaro, ma con beni di consumo, spec. prodotti agricoli | corrompere: *ha pagato un funzionario per avere l'autorizzazione* | soddisfare un impegno, un onere e sim., versando una somma di denaro: *p. un vaglia, una cambiale, un'indennità, le imposte, il dazio*; *ha l'abitudine di non p. i propri debiti* | **PROV.** ***a p. e a morire si è sempre in tempo***, non bisogna avere fretta di pagare, come non la si ha di morire **2** versare il prezzo pattuito per avere qlco.: *p. l'albergo, la merce, la consumazione*; *p. qlco. alla consegna, anticipato*; *p. qlco. a rate* | ***p. qlco. caro, un occhio, un occhio della testa, salato*** e sim., a un prezzo elevatissimo | ***p. qlco. a buon mercato***, ottenere qlco. per una cifra conveniente | (*fig.*) ***quanto pagherei per ...***, per esprimere il vivo desiderio di ottenere qlco. **3** †adempiere: *p. il voto* **4** (*colloq.*) offrire qlco. a qlcu., addossandosi le spese: *p. un caffè, un libro*; *p. da bere a qlcu.* **5** (*fig.*) ricompensare, ripagare: *p. qlcu. di, con, la più nera ingratitudine* | ***p. di mala moneta***, (*fig.*) essere ingrato | (*est.*) castigare, punire **6** (*assol.*) portare utilità, vantaggio e sim.: *il delitto non paga*; *l'accordo fra i due partiti ha pagato* **7** (*fig.*) scontare, espiare: *p. la pena* | ***p. il fio***, espiare una colpa | ***p. caro qlco.***, espiare, scontare: *pagherai cara la tua arroganza!*; *ha pagato cara la sua negligenza*; *l'amor vostro mi fece pagar cari questi miei difetti* (I. Nievo) | **pagàrla** (con il pron. *la* indeterm.), scontare duramente una colpa, un errore e sim.: *me la pagherai!*; *me la pagherai a caro prezzo!* | ***farla p. cara a qlcu.***, fargli espiare duramente errori e sim. | ***p. di persona***, subire direttamente e personalmente le conseguenze negative di qlco. | ***p. col sangue, col proprio sangue***, scontare con la vita | (*fig.*) ***pagа Pantalone***, è il singolo cittadino, o la collettività dei cittadini, a sopportare, pagando le tasse, le conseguenze di una cattiva gestione dello Stato **8** †appagare, contentare **B** **pagàrsi** **v. tr. pron.** (**aus.** *essere*) ● pagare per sé: *lavora per pagarsi le vacanze*; *Dove trovare i denari per pagarsi il viaggio?* (E. De Amicis) **C** **pagàrsi** **v. intr. pron.** **1** ottenere la somma dovuta **2** †accontentarsi

SFUMATURE ➤ ***spendere***

†**pagarìa** o †**pagherìa** [da *pagare* ✱ 1313] **s. f.** ● mallevadoria | (*raro*) pagamento

pagàto **part. pass.** di *pagare*; anche **agg.** ● nei sign. del v.

pagatóre [1260] **agg. e s. m.** (**f.** *-trice*, raro *-tóra*) **1** che (o chi) paga | ***ufficiale p.***, graduato incaricato dei pagamenti **2** †mallevadore

pagatorìa [1697] **s. f.** ● ufficio dei pagamenti a carico dell'erario

†**pagatùra** [av. 1306] **s. f.** **1** redenzione **2** punizione

page, à la ➤ **à la page**

pagèlla [vc. dotta, lat. *pagĕlla(m)*, dim. di *pāgina* 'pagina' ✱ 1823] **s. f.** ● documento su cui si segnano i voti riportati da un alunno nel corso dei vari trimestri, quadrimestri o agli esami: *avere una buona, una cattiva p.* | attualmente, nella scuola dell'obbligo, scheda di valutazione | (*est.*) giudizio, valutazione espressa con voti, sul modello della pagella scolastica: *le pagelle dei calciatori* ‖ **pagellìna**, **dim.** | **pagellìno**, **dim. m.** (V.) | **pagellóne**, **accr. m.**

pagellìno [1975] **s. m.** **1** dim. di *pagella* | pagella rilasciata agli studenti delle scuole medie a metà del trimestre o del quadrimestre **2** (*est.*) breve valutazione relativa a qlcu. o qlco. sul modello della pagella scolastica: *il p. finale di una partita*

pagèllo [lat. parl. **pagĕllu(m)*, dim. di *phăger*, dal gr. *phágros*: da *phágros* 'pietra per affilare', di orig. indeur., a cui assomiglierebbe (?) ✱ sec. XV] **s. m.** ● pesce osseo dei Percoidi di colore argentato, che vive sui fondali rocciosi e sabbiosi e ha carni pregiate (*Pagellus acarne*)

pager /'pe(i)dʒər, *ingl.* 'peɪdʒə(r)/ [vc. ingl., propr. 'valletto', dal v. *to pager* 'far da valletto' ✱ 1994] **s. m. inv.** ● cercapersone

page view /ped3'vju, *ingl.* ˌpeɪdʒ'vjuː/ [loc. ingl., propr. 'vista (*view*) di pagina (*page*)' ✱ 2001] **loc. sost. f. inv.** (**pl. ingl.** *page views*) ● (*inform.*) richiesta di visualizzazione di una pagina web | numero di volte che una pagina web viene visualizzata in un arco di tempo

†**paggerìa** [av. 1681] **s. f.** **1** l'insieme dei paggi di una corte **2** condizione di paggio

paggétto [av. 1363] **s. m.** (**f.** *-a*) **1** dim. di *paggio* **2** ciascuno dei bambini che hanno il compito di sorreggere lo strascico della sposa in occasione di cerimonie nuziali solenni

pàggio [etim. discussa: fr. *page*, dal lat. *păthicu(m)*, dal gr. *pathikós* 'cinedo', agg. di *páthos* 'ciò che si subisce' (V. *pathos*) (?) ✱ 1287] **s. m.** **1** giovane nobile che in passato veniva avviato ai gradi superiori della cavalleria e alle cariche di corte | ***capelli alla p.***, corti e con frangia **2** bambino che, nelle cerimonie nuziali, tiene sollevato lo strascico dell'abito della sposa ‖ **paggétto**, **dim.** (V.)

†**pagherìa** ➤ †**pagaria**

pagherò [prima pers. fut. indic. di *pagare* ✱ 1673] **s. m. inv.** ● cambiale, titolo di credito all'ordine ed esecutivo, contenente la promessa di pagare una determinata somma alla scadenza a favore del legittimo portatore SIN. vaglia cambiario

paghétta [av. 1527] **s. f. 1** dim. di *paga* **2** (*colloq.*) piccola somma di denaro corrisposta periodicamente dai genitori ai figli ancora bambini o adolescenti SIN. mancetta

♦**pàgina** [vc. dotta, lat. *pāgina(m)*, che in orig. significava 'pergolato di viti', poi 'colonna di scrittura, pagina', da *pāngere* 'ficcare'. V. *pala*① ✱ 1464] **s. f. 1** ogni facciata di un foglio di libri, quaderni e sim.: *un volumetto di circa 100 pagine; numerare le pagine* | (**est.**) foglio: *mancano tre pagine* | ***andare in p.***, essere stampato | ***licenziare una p.***, dare il nulla osta per la stampa | ***terza p.***, nei quotidiani, quella un tempo dedicata agli articoli di cultura | ***Pagine Gialle***®, elenco degli abbonati telefonici ripartiti per categorie di attività lavorativa | ***Pagine Bianche***®, elenco che riporta nomi, indirizzi e numeri telefonici degli abitanti di una città, una provincia o un gruppo di province | ***voltare p.***, (*fig.*) cambiare discorso; apportare un cambiamento radicale **2** ciò che è scritto in una pagina: *una p. di musica, di calcoli* | (**est.**) brano di un testo: *rilessi più volte le pagine migliori del romanzo; raccolta di pagine scelte* SIN. brano **3** (*fig.*) vicenda o episodio di particolare rilievo: *una p. gloriosa, indimenticabile del nostro Risorgimento; sarebbe ... una bella p. nella storia della famiglia* (A. MANZONI) | (*fig.*) ***scrivere una bella p., una p. immortale*** e sim., compiere un'azione gloriosa **4** (**bot.**) una delle due facce della lamina fogliare: *p. inferiore, p. superiore* **5** (**inform.**) blocco comprendente un determinato numero di informazioni che viene trasferito dalla memoria ausiliaria alla memoria principale o viceversa, oppure, più in generale, fra due qualsiasi unità di un elaboratore | ***p. web***, ciascuna delle videate che contengono le informazioni di un sito Internet ‖ **paginétta**, **dim.** | **paginóne**, **accr. m.** (V.) | **paginùccia**, **dim.**

paginàta [da *pagina* ✱ 1931] **s. f.** ● pagina densa di informazioni, di notizie: *quel giornale ha una p. di interviste sul carovita* | (**al pl.**) gran numero di pagine: *paginate di compiti; lo scandalo si è guadagnato titoloni e paginate sui giornali*

paginatùra [1849] **s. f.** ● (*raro*) paginazione

paginazióne [da *pagina* ✱ 1896] **s. f. 1** numerazione delle pagine | numero di pagine di un libro o di un giornale **2** (*raro*) impaginazione

paginóne [1976] **s. m. 1** accr. di *pagina* **2** nei quotidiani, pagina, talvolta doppia, interamente riservata a un unico argomento o settore: *p. della cultura, dei motori* | nelle riviste, doppia pagina centrale, talora anche ripiegata, dedicata a servizi o ritratti fotografici

♦**pàglia** [lat. *pălea(m)*, di orig. indeur. ✱ 1262] **A s. f. 1** stelo o insieme di steli di cereali e di leguminose dopo la trebbiatura: *balla di p.* | ***p. di legno***, trucioli da imballaggio | ***p. di ferro***, paglietta | ***pasta di p.***, usata per la fabbricazione di carta poco pregiata | ***sedie di p.***, impagliate | ***p. e fieno***, (*fig.*) mescolanza di tagliatelle gialle e verdi cotte insieme e variamente condite | ***leggero come la p.***, leggerissimo | (*fig.*) ***è una p.***, di persona magra e minuta, che pesa pochissimo, o di cosa molto leggera | ***bruciare come la p.***, con gran facilità e con alte fiamme di breve durata | ***mettere p. al fuoco***, (*fig.*) esporre qlcu. a pericoli, tentazioni e sim. | ***fuoco di p.***, (*fig.*) passione molto intensa, ma di breve durata | (*fig.*) ***uomo di p.***, prestanome, comparsa | ***avere la coda di p.***, nascondere qlco., sentirsi colpevole di qlco. ed essere quindi sospettoso e suscettibile **2** oggetto lavorato in paglia: *le paglie di Firenze* | ***p. di Vienna***, trafilato di giunco intrecciato che costituisce la seduta e talora anche lo schienale di sedie, divanetti e sim. **3** (*gerg.*) sigaretta; spinello: *farsi, fumarsi una p.* **4** (*metall.*) striatura alla superficie di un pezzo metallico, per cattiva cottura del lingotto **5** (*mar.*) ***p. di bitta***, barra trasversale posta sulla bitta per impedire che una cima sfugga verso l'alto **B in funzione di agg. inv.** ● (posposto a un sost.) detto di una tonalità chiara del giallo: *capelli color p.; biondo p.* ‖ **pagliétta**, **dim.** (V.) | (*raro*) **pagliòla**, **dim.** | **paglióne**, **accr. m.** (V.) | (*lett.*) **pagliùcola**, **dim.** | **pagliùzza**, **dim.** (V.)

pagliaccésco [1919] **agg.** (**pl. m.** *-schi*) ● da pagliaccio: *mosse pagliaccesche* | (*fig.*) buffonesco: *comportamento p.* ‖ **pagliaccescaménte**, **avv.**

pagliaccétto [1942] **s. m. 1** dim. di *pagliaccio* **2** indumento intimo femminile che riunisce in un pezzo solo corpetto e mutandine CFR. body **3** indumento analogo portato dai bambini

pagliaccìata [1827] **s. f.** ● azione poco seria: *lo pregammo di non fare pagliacciate* SIN. buffonata

♦**pagliàccio** [da *paglia*, perché il vestito ricordava la fodera di un pagliericcio ✱ 1547] **s. m. 1** (**f.** *-a*) buffone di circo **2** (**f.** *-a*) (*fig.*) persona poco seria, che si comporta in modo ridicolo o sulla quale non si può fare affidamento: *fa sempre il p.; non vorrai dare un incarico del genere a quel p.!* SIN. buffone **3** †pagliericcio **4** †paglia trita | ***bruciare il p.***, (*fig.*) mancare a una promessa, a un appuntamento e sim. ‖ **pagliaccétto**, **dim.** (V.) | **pagliaccióne**, **accr.**

pagliàio o (*merid.*) **pagliàro** [lat. *paleāriu(m)*, da *pălea* 'paglia' ✱ av. 1342] **s. m.** (**pl.** *-ai*) **1** grande ammasso conico o tondeggiante di paglia, all'aperto | ***cane da p.***, (*fig.*) di nessun pregio, bastardo | ***cercare un ago nel p.***, (*fig.*) V. *ago*, sign. A 1 **2** †capanna, ricovero di paglia, sostenuto da pertiche **3** costruzione in cui si ammassa la paglia

†**pagliàrdo** [ant. fr. *paillard* 'vagabondo che dorme sulla paglia' (da *paille* 'paglia'), poi 'libertino, lussurioso' ✱ 1481] **s. m. 1** miserabile: *p., e' ti convien morire* (L. PULCI) **2** libertino

pagliaréccia [dal colore giallo come un *pagliaio* ✱ 1958] **s. f.** (**pl.** *-ce*) ● (*zool.*) zigolo

pagliarésco [1504] **agg.** (**pl. m.** *-schi*) ● (*lett.*) di paglia, fatto di paglia: *le pagliaresche case* (I. SANNAZARO)

pagliàro ➤ **pagliaio**

pagliaròlo [dal colore giallo come un *pagliaio* ✱ av. 1871] **s. m.** ● passeriforme che vive in mezzo alla densa vegetazione palustre, fulvo sul dorso, con una macchia nera per ogni penna (*Acrocephalus paludicola*)

pagliàta① [da *paglia* ✱ 1788] **s. f.** ● paglia tritata con altre erbe, usata come alimento per il bestiame

pagliàta② o (*roman.*) **pajàta** [etim. incerta ✱ 1931] **s. f.** ● la parte superiore dell'intestino di vitello da latte, cotta in tegame con varie erbe aromatiche, oppure alla griglia, specialità della cucina romana

pagliàto [1652] **agg.** ● di color della paglia SIN. paglierino

paglierìccio [da *paglia* ✱ 1353] **s. m. 1** saccone riempito di paglia, foglie secche di mais e sim., usato come materasso SIN. paglione, stramazzo② **2** †paglia trita e minuta

paglierìno [1799] **agg.** ● di color giallo chiaro

pagliétta [1889] **s. f. 1** dim. di *paglia* **2** cappello di paglia per uomo, con tesa e cupola rigida **3** (*spreg.*, *merid.*) legale cavilloso, di scarso valore **4** piccola matassa di lunghi trucioli metallici usata per pulire tegami, pavimenti in legno e sim. SIN. paglia di ferro **5** (*bot.*) piccola brattea membranosa inserita sul peduncolo del fiore delle Graminacee **6** (*raro*) lustrino **7** (*elettr.*) particolare tipo di terminale, cui vengono saldati i fili nelle apparecchiature elettroniche

pagliétto [dalla *paglia*, con cui era fatto: attraverso il fr. *paillet* (?) ✱ 1835] **s. m. 1** (*mar.*) fodera grossolana di stuoia, stoppa o corde per proteggere dall'attrito e dagli urti gomene, pennoni e sim. | ***p. penzolo***, pendente dal bordo esterno | ***p. turafalle***, usato per turare piccole falle SIN. piumaccio **2** (**al pl.**) insieme di materiali vari, come cordami e sim., chiusi in reti o cassoni, in uso un tempo nella marina militare come parabordo o come protezione contro proiettili leggeri e schegge

paglìno [da *paglia* ✱ 1871] **A s. m.** ● piano di paglia di una sedia **B agg.** ● paglierino

pagliolàia [dal lat. *pălea* 'bargiglio', di etim. incerta ✱ av. 1292] **s. f.** ● giogaia dei bovini

pagliolàto [1889] **s. m.** ● (*mar.*) pavimento di tavole o lamiere che copre il fondo interno di un'imbarcazione

pagliòlo o (*lett.*) **pagliuòlo** [detto così perché in orig. era coperto di *paglia* (?) ✱ 1602] **s. m. 1** (*mar.*) ciascuna delle tavole o lamiere che costituiscono il pagliolato | (**est.**) il pagliolato stesso **2** pavimento di tavole o lamiere che copre il fondo delle stive | pavimento dei locali macchina e caldaia

paglióne [av. 1749] **s. m. 1** accr. di *paglia* **2** (*raro*) paglia tritata **3** (*sett.*) pagliericcio | ***bruciare il p.***, (*fig.*) mancare a una promessa o a un appuntamento; (**est.**) andarsene alla chetichella

pagliùca [sovrapposizione di *festuca* a *paglia* ✱ av. 1557] **s. f.** ● (*tosc.*) pagliuzza

pagliuòlo ➤ **pagliolo**

pagliùzza [1551] **s. f. 1** dim. di *paglia* **2** fuscellino di paglia: *un nido costruito con le pagliuzze* | (*fig.*) ***vedere la p. nell'occhio altrui e non vedere la trave nel proprio***, censurare i difetti altrui, anche se lievi, senza guardare i propri, spesso peggiori (espressione usata nei Vangeli) **3** minutissima particella d'oro o di altro metallo brillante presente in una massa di minerale o terrosa

pagnòtta [provenz. *panhota*, dal lat. *pānis* 'pane①' ✱ 1400 ca.] **s. f. 1** pane di forma rotonda e di grandezza varia **2** (*fig.*, *fam.*) quanto serve per il mantenimento quotidiano: *lavorare per la p.* ‖ **pagnottèlla**, **dim.** (V.) | **pagnottìna**, **dim.** | **pagnottóna**, **accr.**

SFUMATURE ➤ ***paga***

pagnottèlla [av. 1889] **s. f. 1** dim. di *pagnotta* **2** (*roman.*) panino, spec. ripieno

pagnottìsta [da *pagnotta* ✱ 1857] **s. m. e f.** (**pl. m.** *-i*) ● (*raro*, *lett.*) chi compie un lavoro solo per la paga | chi cerca impieghi comodi e redditizi

♦**pàgo**① [da *pagato* ✱ av. 1294] **agg.** (**pl. m.** *-ghi*) ● appagato, soddisfatto: *ritenersi p. di qlco.; di sé solo ei p. / lungi dall'aure popolar s'invola* (G. PARINI) | ***far p., rendere p.***, appagare

†**pàgo**② [da *pagare* ✱ av. 1566] **s. m.** (**pl.** *-ghi*) ● pagamento, mercede, ricompensa

pàgo③ [vc. dotta, lat. *pāgu(m)* 'villaggio'. V. *paese* ✱ sec. XIV] **s. m.** (**pl.** *-gi*) **1** nell'antica Roma, distretto rurale **2** †borgo rurale

pagòda [portog. *pagode*, dal pracrito *bhagodī* 'divina', dal sanscrito *bhagavatī* 'beata' ✱ 1554] **s. f. 1** monumento sacro o edificio di culto buddista, generalmente a forma di torre che va gradatamente aumentando di ampiezza verso la base, divisa in vari piani, ognuno dei quali con tetto a falde spioventi: *le pagode indiane, birmane, cinesi, giapponesi* | ***tetto a p.***, a falde spioventi e a linee curve **2** statuina di porcellana cinese o indiana spesso con testa mobile **3** moneta d'oro indiana del XVIII sec.

†**pagonàzzo** ➤ **paonazzo**

†**pagóne** ➤ **pavone**

pàgro [vc. dotta, lat. *phăgru(m)*, dal gr. *phágros*. V. *pagello* ✻ av. 1498] **s. m.** ● pesce osseo degli Sparidi di color rosa-argenteo, pinne rosate, carni bianche pregiatissime (*Pagrus pagrus*) SIN. manfrone

pagùro [vc. dotta, lat. *pagūru(m)*, dal gr. *págouros*, propr. 'la cui coda è composta di ghiaccio', con riferimento alla durezza della parte posteriore del corpo: comp. di *ourá* 'coda' (V. *-uro*②) e *págos* 'ghiaccio', da *pēgnýnai* 'rendere sodo', di orig. indeur. ✻ 1499] **s. m.** ● crostaceo marino dei Decapodi con addome molle e ricurvo che l'animale infila nella conchiglia vuota di un gasteropode, mimetizzandosi poi con attinie o spugne (*Eupagurus bernhardus*) SIN. Bernardo l'eremita

pàia① ➤ **parere**①

pàia② ➤ **paio**①

paiàmo ➤ **parere**①

paidèia /gr. pai'dɛja/ [vc. dotta, gr. *paideía* 'educazione dei bambini (*paîs*, genit. *paidós*)' ✻ 1960] **s. f.** (**pl. gr.** *paideiai*) ● (*raro*) educazione, formazione

paidèutico [dal gr. *paideutikós*, dal v. *paidéuein* 'educare, istruire', da *pâis*, genit. *paidós* 'fanciullo' (V. *pedagogia*) ✻ 1954] **agg.** (**pl. m.** *-ci*) ● educativo, pedagogico

paidocentrişmo e deriv. ➤ **pedocentrismo** e deriv.

paidologia ➤ **pedologia**①

paillard /fr. pa'jaʀ/ [vc. fr. dal cognome del proprietario di un ristorante parigino della belle époque, ma non usata in questo sign. in Francia ✻ 1943] **s. f. inv.** ● fettina di vitello cotta ai ferri

paillette /fr. pa'jɛt/ [vc. fr., propr. dim. di *paille* 'paglia' ✻ 1900] **s. f. inv.** ● lustrino

paìno [etim. discussa: lat. *patavīnu(m)* 'padovano' (V. *patavino*) (?) ✻ 1850] **s. m.** ● (*centr.*) bellimbusto, damerino

paintball /'pein(t)bol, *ingl.* 'peɪnt,bɔːl/ [vc. ingl., propr. 'palla (*ball*) di vernice (*paint*)' ✻ 1996] **s. m. inv.** ● gioco di squadra che simula un'azione di guerra, il cui fine è di colpire l'avversario con pallini di gelatina riempiti di vernice colorata sparati da fucili ad aria compressa

♦**pàio**① o †**pàro**①, *lett.* o *pop.* troncato in **par** [dal pl. *paia*, dal lat. *pāria*, nt. pl. di *pār* 'pari' ✻ 1262] **s. m.** (**pl.** *pàia*, **f.**, o †*pàra*, **f.**) ● coppia di cose, persone o animali: *un p. d'amici, di buoi, di bicchieri* | ***un p.***, (*fig.*) un numero limitato, all'incirca due: *tra un p. d'ore*; *in un par d'ore*; *un p. di settimane* | ***un altro p. di maniche***, (*fig.*) un'altra cosa, tutt'altra cosa | ***una coppia e un p.***, (*disus.*) di persone molto simili (*anche spreg.*) | ***fare il p.***, di persone o cose che si assomigliano (*anche spreg.*) | (*est.*) oggetto composto di due unità inscindibili: *un p. di scarpe, di guanti, di forbici*; *lo pregava mandargli da Venezia due para d'occhiali* (C. GOLDONI) ‖ **paiétto**, **dim.**

pàio② ➤ **parere**①

paiòla o **paiuòla** [da *paio* (1) ✻ 1389] **s. f.** ● (*tosc.*) insieme di più decine o dozzine di fili d'ordito, avvolti a spirale sul bindolo

paiolàta o (*lett.*) **paiuolàta** [1640] **s. f.** ● quantità di cibo contenuta in un paiolo: *una p. di polenta*

paiolìna [1868] **s. f. 1** dim. di *paiolo* **2** (*tosc.*) pentolina

paiolìno [1871] **s. m. 1** dim. di *paiolo* **2** (*tosc.*, *scherz.*) cappello di feltro che ricorda la forma di un paiolo

paiòlo o (*lett.*) **paiuòlo** [lat. parl. **pariŏlu(m)*, di orig. gallica ✻ 1182] **s. m. 1** recipiente da cucina in rame a forma di vaso tondo e fondo, con manico arcato e mobile, che si appende al gancio della catena del camino: *fare la polenta nel p.* **2** paiolata **3** tavolato o lastricato usato un tempo sulla piazzola di un pezzo d'artiglieria per facilitarne gli spostamenti e il servizio ‖ **paiolìna**, **dim. f.** (V.) | **paiolìno**, **dim.** (V.) | **paiolóne**, **accr.**

pàiono ➤ **parere**①

pàisa [dal n. hindī e urdu *paisā*, di orig. sanscrita ✻ sec. XX] **s. m. inv.** ● moneta divisionale di India, Pakistan, Bangladesh e Nepal corrispondente a un centesimo di rupia

paisà [vc. merid. '(com)paesano' ✻ 1946] **s. m. inv.** ● (*merid.*) paesano, compaesano (forma vocativa)

paiuòlo e deriv. ➤ **paiolo** e deriv.

pajàta ➤ **pagliata**②

♦**pakistàno** o **pachistàno** [1958] **A agg.** ● del Pakistan **B s. m.** (**f.** *-a*) ● abitante o nativo del Pakistan

paktòng ➤ **packfong**

♦**pàla**① [lat. *pāla(m)*, propr. 'quella che si pianta, si affonda', dalla stessa radice di *pāngere* 'conficcare' e di *pāx*, genit. *pācis* 'pace' ✻ av. 1292] **s. f. 1** attrezzo a mano per smuovere, ammucchiare, caricare terra e materiali, costituito da un ferro piatto e largo con un lungo manico di legno | attrezzo simile, in un unico pezzo di legno, per infornare e sfornare il pane | ***p. meccanica***, ***p. caricatrice***, veicolo a ruote o a cingoli, provvisto di una benna mobile, usato nei cantieri di costruzione per scavare e trasportare materiale terroso | ***con la p.***, (*fig.*, *disus.*) a palate, con eccessiva prodigalità o abbondanza **2** (*est.*) parte esterna, allargata e spianata, di diversi organi o attrezzi: *la p. del remo, del timone* **3** (*est.*) ciascuno degli elementi piani di varia forma e dimensione, fissati a un organo rotante e atti a imprimere un movimento: *ruota a pale*; *le pale dell'elica, della turbina* **4** parte terminale del bastone da cricket **5** ***p. d'altare***, o (*ellitt.*) ***pala***, nelle chiese, tavola dipinta o scolpita collocata sopra il piano dell'altare SIN. ancona CFR. retablo ‖ **palétta**①, **dim.** (V.) | **palóne**, **accr. m.** | **palòtto**, **dim. m.**

†**pàla**② [vc. dotta, lat. *păla(m)* 'palesemente': di orig. indeur. (?) ✻ 1250 ca.] **avv.** ● solo nelle loc. ***fare p.***, mostrare, palesare; offrire, donare; ***venire in p.***, diventare palese, manifesto

pàla③ [vc. di orig. preindeur. ✻ 1892] **s. f.** ● scoscesa formazione rocciosa dal largo sviluppo trasversale: *le Pale di S. Martino*

palacìnca o **palacinka** [vc. croata ✻ 1993] **s. f.** ● (**spec. al pl.**) (*cucina*) crespella dolce o salata a base di farina e uova, specialità della cucina croata diffusa, in Italia, in Venezia Giulia

palacongrèssi [da *pala(zzo per) congressi* ✻ 1987] **s. m. inv.** ● edificio ideato per ospitare congressi

paladinésco [1542] **agg.** (**pl. m.** *-schi*) ● (*lett.*) di paladino, da paladino (*anche iron.*)

paladìno [lat. *palatīnu(m)* 'imperiale'. V. *palatino*① ✻ 1213] **A s. m. 1** cavaliere che faceva parte del gruppo di dodici nobili scelti da Carlo Magno come propria guardia del corpo **2** (**f.** *-a*) (*fig.*) difensore, sostenitore: *un p. della fede, della libertà* | ***farsi p.***, ergersi a difensore **B agg.** ● †generoso, intrepido: *cuore p.*

palafìtta [part. pass. di **palafiggere*, comp. di *palo* e *figgere* ✻ av. 1320] **s. f. 1** insieme di pali di legno, ferro o cemento armato, infissi nel terreno e collegati superiormente, usati spec. come fondazione **2** (*est.*) ogni costruzione su palafitte **3** capanna costruita su una piattaforma lignea sostenuta da pali conficcati nel terreno, spec. in zone paludose o lacustri: *villaggi preistorici di palafitte*

palafittàre [da *palafitta* ✻ 1681] **v. tr.** ● rafforzare con palafitte

palafittìcolo [comp. di *palafitta* e *-colo* ✻ 1905] **A agg.** ● relativo alle palafitte, costruito su palafitte: *villaggio p.* **B agg. e s. m.** (**f.** *-a*) ● che (o chi) abita in palafitte

palafrenière o **palafreniéro** [1353] **s. m. 1** chi governava un palafreno | staffiere, scudiero **2** chi addestrava all'equitazione allievi di scuole militari

palafréno (o **-è-**) [lat. tardo *paraverēdu(m)* 'cavallo da posta' (comp. di *para-* e *verēdus* 'cavallo da posta', di orig. gallica), con accostamento pop. a *freno* ✻ sec. XIII] **s. m.** ● cavallo usato dai cavalieri medievali per viaggi e non per il combattimento o la corsa

palaghiàccio [da *pala(zzo per gare su) ghiaccio* ✻ 1987] **s. m.** (**pl. inv.** o *-i*) ● impianto sportivo coperto, dotato di tribune e di una pista ghiacciata per lo svolgimento di gare di hockey e pattinaggio, utilizzata anche da pattinatori dilettanti

palàgio ➤ **palazzo**

palàia① [catalano *palaya*, dal gr. *pelagikós* 'marino', agg. di *pélagos* 'mare'. V. *pelago* ✻ av. 1557] **s. f.** ● (*merid.*) sogliola

palàia② [lat. tardo *palāria*, nt. pl. di *palāris*, agg. di *pālus* 'palo' ✻ av. 1597] **s. f.** ● bosco ceduo, spec. di castagno, utilizzato per trarne pali

palamedèa [da *Palamede*, eroe greco ✻ 1871] **s. f.** ● massiccio uccello degli Anseriformi dell'Amazzonia con larga apertura alare, becco corto, fornito di un'appendice cornea sul capo (*Anhima cornuta*)

palaménto [da *palare*① ✻ av. 1328] **s. m.** ● (*raro*) insieme di pale: *il p. dell'elica* | complesso dei remi di una imbarcazione

palamidóne [etim. incerta ✻ 1750] **s. m. 1** †mantello o soprabito molto lungo e largo **2** (*disus.*) uomo allampanato e sciocco

palamìta [dal gr. *palamís*, genit. *palamídos*. Il n. del pesce era *pēlamýs*, comp. di *pēlós* 'melma' (di etim. incerta) e *amýs* 'tartaruga di acqua dolce' (contaminazione di *emýs* 'tartaruga di acqua dolce' e *amía* 'tonno', entrambi di etim. incerta), e poi per etim. pop. è diventato *palamís* che significava 'talpa' ✻ sec. XV] **s. f.** ● nome comune del pesce *Sarda sarda* della famiglia degli Scombridi

palàmito o **palàmite** [dal gr. *polýmitos* 'formato di molti fili', comp. di *polýs* 'molto' (V. *poli-*) e *mítos* 'filo', di etim. incerta ✻ av. 1698] **s. m.** ● attrezzo da pesca costituito da una lunga corda con molte lenze impiegata nella pesca di superficie o di fondo SIN. palangaro | (*est.*) la barca usata per tale tipo di pesca

palànca① [lat. parl. **palănca(m)*, dal gr. *phálanga*, acc. di *phálanx* 'tronco, bastone', di etim. incerta ✻ av. 1411] **s. f. 1** grossa trave o palo: *sollevare qlco. facendo leva con una p.* **2** (*mar.*) tavola che serve da ponte volante tra un natante e la terra, o tra due natanti contigui **3** tipo di riparo con travoni e terra, usato nell'antica fortificazione ‖ **palanchìno**, **dim. m.** (V.)

palànca② [prob. dallo sp. *blanca* 'bianca', nome di una moneta ✻ 1863] **s. f. 1** (*pop.*) moneta da un soldo usata un tempo in alcune regioni italiane | (*est.*) moneta **2** (*sett.*, **al pl.**) soldi, quattrini: *far palanche* ‖ **palancóne**, **accr. m.**

palancàto [da *palanca*① ✻ av. 1292] **s. m.** ● steccato o riparo di tavole attorno a qlco.: *un robusto p. circonda l'edificio, il cantiere*

palanchìno① **s. m. 1** dim. di *palanca*①

2 asta di ferro con un'estremità appiattita, usata come leva per sollevare pesi

palanchìno② [dal portog. *palanquim* ✻ av. 1602] **s. m.** ● portantina usata in Oriente per trasportare personaggi importanti

palànco [da *paranco* ✻ 1612] **s. m.** (**pl.** *-chi*) ● argano

palàncola [da *palanca*① ✻ av. 1590] **s. f.** **1** tavola di legno gettata come ponte rudimentale su fossato, canale e sim. **2** specie di tavola o palo a punta piantato nel terreno a schiera con altri uguali per formare paratie

palàndra① [av. 1388] **s. f.** ● (*lett.*) palandrana

palàndra② [fr. *balandre*, dal neerl. *bijlander* per *binnenlander* '(imbarcazione per la navigazione) interna' ✻ av. 1449] **s. f.** ● grossa barca a vela con fondo piatto, per navigazione fluviale | nave fiamminga del secolo XVI armata con bombarde

✦**palandràna** [ant. fr. *(houp)pelande*, di etim. incerta ✻ 1534] **s. f.** **1** veste da camera per uomo ampia e lunga **2** (*scherz.*) veste lunga e larga **SIN.** gabbana

palàngaro o **palàngreṣe** [dal gr. *polyánkistron* 'che ha molti ami', comp. di *polýs* 'molto' (V. *poli-*) e *ánkistron* 'amo', da una radice indeur. che indica oggetti uncinati ✻ 1937] **s. m.** ● (*pesca*) palamito

palàre① [vc. dotta, lat. *palāre*, da *pālus* 'palo' ✻ av. 1328] **v. tr.** ● munire di pali, rafforzare con pali: *p. le viti*

palàre② [da *pala*① ✻ 1583] **v. tr.** ● (*raro*) rimuovere con la pala

palaspòrt [comp. di *pala(zzo)* e *sport* ✻ 1961] **s. m. inv.** ● palazzo dello sport

palàta [da *pala*① ✻ 1563] **s. f.** **1** quantità di materiale che sta nella pala | ***a palate***, (*fig.*) in abbondanza, in grande quantità **2** colpo dato con la pala **3** nel canottaggio, ciclo completo della vogata | complesso dei colpi di un intero equipaggio | azione utile sviluppata dalla remata

palatàbile [calco sull'ingl. *palatable* 'appetitoso' ✻ 1965] **agg.** **1** piacevole al gusto, appetitoso **2** (*fig.*) accettabile

palatàle [1870] **A agg.** **1** (*anat.*) del palato: *volta p.* **2** (*ling.*) detto di suono nella cui articolazione il dorso della lingua batte contro il palato duro **B s. f.** ● suono palatale

palataliẓẓàre o **palatiẓẓàre** [1929] **A v. tr.** ● (*ling.*) provocare la palatalizzazione di un suono **B palataliẓẓàrsi v. intr. pron.** ● (*ling.*) diventare palatale ‖ **palataliẓẓazióne**, **s. f.** (V.)

palataliẓẓazióne o **palatiẓẓazióne** [1888] **s. f.** ● (*ling.*) particolare fenomeno di assimilazione che subiscono alcune vocali o alcune consonanti a contatto con un fonema palatale

palatènda [comp. di *pala(zzo)* e *tenda* ✻ 1985] **s. m. inv.** ● installazione fissa coperta da una tensostruttura per spettacoli e manifestazioni di vario genere

†**palatìna** [fr. *palatine*, dal n. della principessa *Palatina*, cognata di Luigi XIV ✻ 1695] **s. f.** ● pelliccia da collo portata dalle donne nel XVI sec. in Francia

palatinàto [vc. dotta, deriv. di *palatin(o)* con il suff. *-ato*① ✻ 1557] **s. m.** ● territorio posto sotto il dominio di un conte palatino | la funzione e le prerogative del conte palatino

palatìno① [vc. dotta, lat. *palatīnu(m)*, da *palātium* 'palazzo imperiale' ✻ av. 1482] **agg.** ● del palazzo o corte reale: *biblioteca palatina*; *chiese palatine* | ***cappelle palatine***, a Roma, nel palazzo del Quirinale | ***guardia palatina***, guardia d'onore del Papa, ora soppressa | ***conte p.***, ***elettore p.***, titolo degli alti dignitari franchi, poi passato ai prìncipi del Sacro Romano Impero | (*est.*) appellativo di luoghi o istituzioni che godevano del patrocinio del sovrano: *biblioteca palatina*

palatìno② [vc. dotta, lat. *Palatīnu(m)* da *Palātium* 'colle Palatino', a Roma, da **pala* 'rotondità'. V. *pala*③ ✻ 1554] **agg.** ● del Palatino, colle di Roma: *edifici palatini*

palatìno③ [da *palato*② ✻ av. 1694] **agg.** ● (*anat.*) del palato | ***lato p.***, faccia posteriore del dente

palatìte [comp. di *palat(o)*② e *-ite*① ✻ 1875] **s. f.** ● (*veter.*) stomatite dei puledri

palatiẓẓàre e deriv. ➤ **palatalizzare** e deriv.

palàto① **part. pass.** di *palare*①; anche **agg.** ● munito di pali di sostegno

palàto② [vc. dotta, lat. *palātu(m)*, di orig. oscura ✻ 1268] **s. m.** **1** (*anat.*) parte superiore del cavo orale, tra la bocca e la cavità nasale | ***p. molle***, la parte posteriore **SIN.** velopendulo, velo del palato | ***p. duro***, la parte anteriore **2** (*fig.*) senso del gusto, sensibilità ai sapori: *non ha p. e non distingue un cibo buono da uno mediocre* | ***p. fine, delicato***, che sa assaporare e valutare i sapori

palàto③ [da *palo* nel sign. 6 ✻ 1895] **A agg.** ● (*arald.*) detto del campo di scudo, costituito da pali, di solito sei, a smalti alternati **B** anche **s. m.**

palatoalveolàre [comp. di *palat(ale)* e *alveolare* ✻ 1958] **agg.** ● (*ling.*) detto di suono con articolazione intermedia tra quella palatale propriamente detta e quella alveolare

palatoglòsso [comp. di *palato*② e *-glosso* ✻ 1958] **agg.** ● (*anat.*) relativo alla zona compresa tra il palato e la lingua: *arco p.*

palatografìa [comp. di *palato*② e *-grafia* ✻ 1963] **s. f.** ● (*ling.*) in fonetica sperimentale, tecnica per la rappresentazione grafica dei processi di articolazione dei suoni linguistici effettuata rilevando i punti di contatto della lingua col palato

palatogràmma [comp. di *palato*② e *-gramma* ✻ 1959] **s. m.** (**pl.** *-i*) ● (*ling.*) diagramma, che si ottiene con la palatografia, rappresentante l'andamento dei processi di articolazione dei suoni linguistici

palatoplàstica [comp. di *palato*② e *-plastica* ✻ 1895] **s. f.** ● intervento correttivo delle malformazioni del palato

palatoschìṣi [comp. di *palato*② e del gr. *schísis* 'fenditura', da *schízein* 'separare' (V. *scisma*) ✻ 1954] **s. f. inv.** ● (*med.*) malformazione congenita con fessurazione del palato

palatùra [da *palare*① ✻ av. 1425] **s. f.** ● operazione del piantare i pali a sostegno di fruttiferi, viti, piante da orto e da giardino

palazzétto [av. 1895] **s. m.** **1** dim. di *palazzo* **2** edificio adibito a ospitare manifestazioni, gener. sportive: *p. dello sport*

palazzìna [1830] **s. f.** **1** dim. di *palazzo* **2** casa signorile, per lo più con giardino

palazzinàro [da *palazzina* ✻ 1978] **s. m.** (**f.** *-a*) ● (*spreg.*) costruttore edile che si è arricchito con la speculazione edilizia

✦**palàzzo** o (*lett.*) **palàgio** [lat. *Palātiu(m)* 'monte Palatino' poi 'palazzo imperiale' che ivi sorgeva. V. *palatino*② ✻ 1266] **s. m.** **1** edificio imponente per dimensioni e valore architettonico, un tempo adibito a residenza signorile, ora spesso sede di enti pubblici, musei e sim.: *p. Pitti* **2** (*est.*) corte principesca o regia: *si tennero molte feste a p.* | ***congiura di p.***, ordita ai danni del re dagli uomini della corte o (*est.*) ai danni di un personaggio della politica o dell'economia ad opera spec. dei suoi principali collaboratori | ***dama di p.***, dama di corte **3** sede di governo, di pubblici uffici e sim. | (*est.*) simbolo del potere politico centrale: *voci provenienti dal P.* | ***P. Chigi***, (*per anton.*) la presidenza e il Presidente del Consiglio dei ministri italiano, che hanno sede in tale palazzo a Roma | ***P. di Giustizia***, luogo in cui l'autorità giudiziaria esplica normalmente la propria funzione | ***P. di vetro***, (*per anton.*) la sede dell'Organizzazione delle Nazioni Unite | ***p. dello sport***, impianto sportivo per manifestazioni ginniche, atletiche, di pugilato e sim. | ***p. del ghiaccio***, palaghiaccio **4** (*lett.*, *per anton.*) tribunale: *tutto pesto e tutto rotto il trassero dalle mani e menaronlo a p.* (G. BOCCACCIO) **5** edificio piuttosto grande di civile abitazione: *un p. di dieci piani*; *i palazzi del centro, della periferia* ‖ **palazzàccio**, **pegg.** ***il Palazzaccio***, (*pop.*, *per anton.*) a Roma, il Palazzo di Giustizia | **palazzétto**, **dim.** (V.) | **palazzìna**, **dim. f.** (V.) | **palazzìno**, **dim.** | **palazzóne**, **accr.** | **palazzòtto**, **dim.** (V.)

palazzòtto [av. 1540] **s. m.** **1** dim. di *palazzo* **2** palazzo non grande, ma solido e massiccio: *il p. di Don Rodrigo sorgeva isolato* (A. MANZONI)

palcàto [da *palco* ✻ 1723] **agg.** ● (*raro*) impalcato

palchettìsta [1858] **s. m. e f.** (**pl. m.** *-i*) ● chi occupa un palchetto a teatro per abbonamento o quale proprietario

palchétto [av. 1320] **s. m.** **1** dim. di *palco* | uno dei palchi teatrali posti nelle file superiori, di minor pregio rispetto a quelli situati vicino alla platea **2** ripiano, mensola di mobile o scaffale **3** nei giornali, pezzo incorniciato di non grandi proporzioni e impaginato in basso in modo da dargli rilievo ‖ **palchettìno**, **dim.** | **palchettóne**, **accr.**

palchìsta [1855] **s. m. e f.** (**pl. m.** *-i*) ● palchettista

✦**pàlco** [longob. *balk* 'trave'. V. *balcone* ✻ 1290] **s. m.** (**pl.** *-chi*, †*pàlcora* **f.**) **1** piano di assi e travi (o altri materiali, come tubi e sim.) rialzato da terra, usato come impalcatura provvisoria per lavori murari, come tribuna, come ripiano soprelevato per cacciatori, ecc.: *il p. di un comizio*; *il p. delle autorità* | (*lett.*) patibolo **2** struttura, originariamente in legno, che serve da copertura a un ambiente, una stanza e sim.: *Alzò gli occhi al p.: un parato di ragnateli* (A. MANZONI) | soppalco | ripiano | tavolato e sim. elevato da terra e destinato a vari usi: *rizzare un p.*; *la forca era posta su di un p.* | ***p. di salita***, nelle palestre, impianto costituito da staffe bloccate al muro che sostengono una trave alla quale sono fissate funi e pertiche per gli esercizi di arrampicata | ***giardino in p.***, pensile | scaffale **3** (*raro*) strato, piano: *disporre la frutta a palchi* **4** ciascuno dei vani aperti verso la sala teatrale su diversi piani, costruiti in modo da accogliere piccoli gruppi di spettatori **5** (*mar.*) coperta di parte della nave **6** (*zool.*) ciascuna delle due strutture ossee caduche e variamente ramificate che corredano il cranio dei Cervidi **7** (*bot.*) in un albero, serie di rami che si dipartono quasi alla stessa altezza ‖ **palchétto**, **dim.** (V.) | **palcóne**, **accr.** | **palcùccio**, **dim.**

✦**palcoscènico** [comp. di *palco* e *scenico* ✻ 1813] **s. m.** (**pl.** *-ci*) **1** pedana di legno sulla quale agiscono gli attori | settore della sala teatrale occupato da tale pedana e dalla scena **2** (*fig.*) arte del teatro: *la passione del p.*; *darsi al p.*; *battere, calcare il p.*

pàlea [dal lat. *pălea(m)*, propr. 'paglia' per la caratteristica forma laminare ✻ 1972] **s. f.** ● (*bot.*) brattea laminare, di consistenza membranacea, presente nel fiore delle Graminacee

paleàntropo o **paleoàntropo** [comp. di *pale(o)-* e *-antropo* ✻ 1942] **s. m.** ● secondo una delle classificazioni antropologiche, ogni uomo fossile vissuto nel Pleistocene medio, corrispondente, secondo altre classificazioni, all'uomo di Neandertal

paleàrtico o **paleoàrtico** [comp. di *paleo-* e *artico* ✻ 1932] **agg. (pl. m. *-ci*)** ● (*geogr.*) relativo alla regione geografica e biogeografica che si estende dalle terre artiche sino alle regioni mediterranea, arabica e siberiana e che corrisponde all'incirca alle aree conosciute nel mondo antico

paleggiaménto [1835] **s. m.** ● (*raro*) il paleggiare

paleggiàre [da *pal(a)*① ✻ av. 1294] **v. tr.** (**pres.** *io paléggio*; **fut.** *io paleggerò*) ● (*raro*) rimuovere con la pala: *p. il grano nell'aia*

paléggio [1958] **s. m.** ● (*raro*) paleggiamento

paleìno [dim. di *paleo*② ✻ 1813] **s. m.** ● graminacea perenne comune anche nei prati di montagna, con fiori in spighe giallastre, profumata e ottima foraggera (*Anthoxanthum odoratum*)

palèlla [dim. di *pala*① ✻ 1835] **s. f. 1** rilievo a forma di piccola pala su un pezzo di costruzione, per incastrarlo con un altro **2** ferro del calafato per pressare la stoppa senza tagliarla

palellàre [da *palella* ✻ 1889] **v. tr.** (*io palèllo*) **1** (*mar.*) calettare a palelle **2** (*mar.*) spingere la stoppa con la palella

palèmone o **palemóne** [da *Palemone*, divinità marina del mondo greco ✻ 1871] **s. m.** ● gamberetto marino e d'acqua dolce (*Palaemonetes varians*)

palèo① [etim. incerta ✻ 1280 ca.] **s. m. 1** trottola, in uso fino al XVI sec., che si lanciava con una corda e si faceva girare con una sferza: *e giuocano al p. / colle teste da morto* (A. BORTO) **2** nell'hockey su ghiaccio, disco

palèo② [etim. incerta ✻ av. 1375] **s. m.** ● graminacea con infiorescenza allargata, comune nei prati (*Festuca pratensis*) | ***p. peloso***, graminacea a foglie piatte e pelose ed infiorescenza a pannocchia (*Bromus mollis*) ‖ **paleìno**, **dim.** (V.)

palèo- o **pàleo-** [dal gr. *palaiós* 'antico', da *pálai* 'un tempo, tempo fa' (di etim. incerta)] **primo elemento** ● in parole dotte composte significa 'antico' o fa riferimento a una fase antica, originaria, relativamente a ciò che è indicato dal secondo componente: *paleoantropo, paleocristiano, paleografia, paleolitico*

paleoàntropo ➤ **paleantropo**

paleoantropologìa [comp. di *paleo-* e *antropologia* ✻ 1895] **s. f. (pl. *-gìe*)** ● disciplina che studia i reperti fossili umani al fine di stabilire l'evoluzione e la distribuzione degli uomini sulla Terra in epoche arcaiche **SIN.** paleontologia umana

paleoàrtico ➤ **paleartico**

paleoasiàtico [comp. di *paleo-* e *asiatico* ✻ 1929] **agg. (pl. m. *-ci*)** ● detto di un gruppo di popolazioni mongoliche dell'Asia nord-orientale, caratterizzate dall'uso di lingue non associabili a una famiglia linguistica determinata

paleoavanguàrdia [comp. di *paleo-* e *avanguardia* ✻ 1972] **s. f.** ● nome complessivo dato a quei movimenti artistici e culturali, spec. di inizio Novecento, che rompono con la tradizione del passato, facendosi portatori di nuove forme espressive | avanguardia storica

paleobiogeografìa [comp. di *paleo-* e *biogeografia* ✻ 1958] **s. f.** ● studio della distribuzione geografica degli organismi nelle varie epoche e nei vari periodi geologici

paleobiologìa [comp. di *paleo-* e *biologia* ✻ 1954] **s. f. (pl. *-gìe*)** ● (*biol.*) ramo della paleontologia che considera i fossili come vestigia di organismi piuttosto che come elementi della storia geologica

paleobotànica [comp. di *paleo-* e *botanica* ✻ 1954] **s. f.** ● disciplina che ha come oggetto di studio le piante fossili o estinte **CFR.** fitopaleontologia

paleobotànico [1958] **A agg. (pl. m. *-ci*)** ● relativo alla paleobotanica **B s. m. (f. *-a*)** ● studioso di paleobotanica

paleocapitalìsmo [comp. di *paleo-* e *capitalismo* ✻ 1966] **s. m. 1** la fase più antica del capitalismo, coincidente con la prima rivoluzione industriale **2** (*spreg.*) sistema capitalistico rozzo e poco efficiente, ancorato a schemi gestionali e produttivi antiquati

paleocapitalìsta [comp. di *paleo-* e *capitalista* ✻ 1968] **A s. m. e f. (pl. m. *-i*) 1** imprenditore protagonista della fase del paleocapitalismo storico **2** (*spreg.*) capitalista che ha idee superate e anacronistiche in fatto di gestione aziendale **B agg.** ● paleocapitalistico

paleocapitalìstico [comp. di *paleo-* e *capitalistico* ✻ 1965] **agg. (pl. m. *-ci*)** ● relativo al paleocapitalismo o ai paleocapitalisti: *sistema p.* ‖ **paleocapitalisticaménte**, **avv.**

Paleocène [comp. di *paleo-* e *-cene*① ✻ 1931] **s. m.** ● (*geol.*) primo periodo e sistema del Paleogene

paleoclimatologìa [comp. di *paleo-* e *climatologia* ✻ 1984] **s. f. (pl. *-gìe*)** ● (*geogr.*) parte della paleogeografia che studia la distribuzione e la successione dei climi nel corso delle ere geologiche

paleocortéccia [comp. di *paleo-* e *corteccia* ✻ sec. XX] **s. f. (pl. *-ce*)** ● (*anat.*) corteccia cerebrale a pochi strati del paleopallio

paleocristiàno [comp. di *paleo-* e *cristiano* ✻ 1958] **agg.** ● relativo al cristianesimo antico, dei primi secoli: *arte paleocristiana*

paleoecologìa [comp. di *paleo-* ed *ecologia* ✻ 1958] **s. f. (pl. *-gìe*)** ● disciplina che studia e ricostruisce gli ambienti del passato, sia per mezzo delle associazioni faunistiche e vegetali che vi si insediavano, sia attraverso l'interpretazione di minerali

paleoecològico [1958] **agg. (pl. m. *-ci*)** ● relativo alla paleoecologia

paleoetnologìa ➤ **paletnologia**

Paleògene [comp. di *paleo-* e del gr. *génos* 'generazione' (V. *-geno*) ✻ 1895] **s. m.** ● (*geol.*) prima parte dell'era cenozoica che comprende Paleocene, Eocene e Oligocene **SIN.** Nummulitico

paleogeografìa [comp. di *paleo-* e *geografia* ✻ 1911] **s. f.** ● (*geol.*, *geogr.*) disciplina che studia le condizioni geografiche della Terra nei vari periodi della storia geologica

paleogeogràfico [1935] **agg. (pl. m. *-ci*)** ● relativo alla paleogeografia

paleografìa [comp. di *paleo-* e *-grafia* ✻ av. 1729] **s. f.** ● disciplina che studia le antiche scritture, analizzandone le forme e l'evoluzione storica: *p. latina, greca*

paleogràfico [1819] **agg. (pl. m. *-ci*)** ● relativo alla paleografia ‖ **paleograficaménte**, **avv.** sotto l'aspetto paleografico

paleògrafo [comp. di *paleo-* e *-grafo* ✻ 1843] **s. m. (f. *-a*)** ● studioso di paleografia

paleoindustriàle [comp. di *paleo-* e *industriale* ✻ 1975] **agg.** ● relativo allo stadio arcaico del processo di industrializzazione, o comunque a fasi tecnologicamente superate di sviluppo industriale (***anche spreg.***): *opificio p.*

paleolìtico [comp. di *paleo-* e *-litico*① ✻ 1892] **A s. m.** ● il periodo più antico dell'età della pietra, che termina con la fine dell'ultima glaciazione, caratterizzato dall'uso di materie prime quali pietra e osso nella fabbricazione di armi e strumenti **B agg. (pl. m. *-ci*)** ● relativo a tale periodo

paleomagnetìsmo [comp. di *paleo-* e *magnetismo* ✻ 1974] **s. m. 1** (*geol.*) studio dell'orientamento e dell'intensità del campo magnetico terrestre nel corso del tempo geologico, in base ai dati forniti dal magnetismo delle rocce vulcaniche **2** magnetismo delle rocce

paleontogràfico [comp. di *paleo-*, *onto-* e *grafico* ✻ 1871] **agg. (pl. m. *-ci*)** ● (*geol.*) relativo alla descrizione dei fossili

paleontologìa [fr. *paléontologie*, comp. di *paléo-* 'paleo-', *onto-* 'onto-' e *-logie* '-logia' ✻ 1841] **s. f. (pl. *-gìe*)** ● scienza che si occupa dello studio dei resti organici fossili, della loro origine, evoluzione e distribuzione sia geografica che temporale, stabilendone una classificazione | ***p. umana***, paleoantropologia

paleontològico [fr. *paléontologique*, da *paléontologie* 'paleontologia' ✻ 1857] **agg. (pl. m. *-ci*)** ● relativo alla paleontologia ‖ **paleontologicaménte**, **avv.** sotto l'aspetto paleontologico

paleontòlogo [fr. *paléontologue*, da *paléontologie* 'paleontologia' ✻ 1865] **s. m. (f. *-a*; pl. m. *-gi*)** ● studioso di paleontologia

paleopàllio [comp. di *paleo-* e *pallio* ✻ 1958] **s. m.** ● (*anat.*) porzione laterale del pallio, caratterizzata da una corteccia a pochi strati

paleopatologìa [comp. di *paleo-* e *patologia* ✻ 1989] **s. f. (pl. *-gìe*)** ● disciplina che si occupa dello studio delle patologie rintracciabili su reperti archeologici costituiti da resti umani, animali e vegetali

paleoslàvo [comp. di *paleo-* e *slavo* ✻ 1915] **A s. m. solo sing.** ● (*ling.*) lingua slava meridionale attestata per la prima volta nella traduzione dei Vangeli operata da Cirillo e Metodio nel IX sec. d.C., e diventata poi lingua ufficiale della Chiesa ortodossa **SIN.** slavo ecclesiastico **B anche agg.**: *lingua paleoslava*

paleotettònica [comp. di *paleo-* e *tettonica* ✻ 1983] **s. f.** ● (*geol.*) studio delle strutture e dell'assetto tettonico di una regione in un determinato intervallo della sua storia geologica

paleòttero [comp. di *paleo-* e *-ttero* ✻ 1983] **agg.** ● (*zool.*) detto di insetto appartenente agli ordini arcaici degli Efemeroidei e degli Odonati, le cui ali durante il riposo non possono venire rivolte all'indietro e poggiate sul dorso

paleozòico [comp. di *paleo-* e *-zoico* ✻ 1856] **A s. m. (pl. *-ci*)** ● (gener. con iniziale maiuscola) prima era della storia geologica, preceduta dalle ere precambriane, caratterizzata dalla comparsa delle prime forme di vita **B anche agg.**: *era paleozoica* **SIN.** primario

paleozoologìa [comp. di *paleo-* e *zoologia* ✻ 1829] **s. f. (pl. *-gìe*)** ● branca della paleontologia che studia gli animali scomparsi nel corso delle ere geologiche

palerìa [da *palo* ✻ 1983] **s. f. 1** assortimento di pali di varia grossezza usati in agricoltura e in edilizia, ottenuti dalla potatura degli alberi nei boschi cedui **2** insieme di pali di vario materiale e varia funzione: *la p. di una tenda da campeggio*

♦**palermitàno** [av. 1348] **A agg.** ● di Palermo **B s. m. (f. *-a*)** ● abitante o nativo di Palermo

palesaménto [av. 1328] **s. m.** ● (*lett.*) il palesare, il palesarsi | rivelazione, svelamento

palesàre [da *palese* ✻ 1266] **A v. tr.** (*io paléso*) ● manifestare, rendere palese: *p. un segreto*; *pensò di non p. ad alcuna persona chi fossero* (G. BOCCACCIO) **SIN.** rivelare, svelare **CONTR.** celare, nascondere **B palesàrsi v. intr. pron. e rifl.** ● manifestarsi, rivelarsi, farsi conoscere: *le difficoltà si palesarono più gravi del previsto*; *disse il conte a Perotto che era in pensiero di palesarsi* (G. BOCCACCIO) | (*raro*) mostrarsi

SFUMATURE DI SIGNIFICATO

palesare - propalare - vociferare - esternare

Il rendere noto e manifesto qualcosa che prima era nascosto o taciuto si dice **palesare**. Se l'informazione viene diffusa con lo scopo di renderla nota a quante più persone è possibile si può impiegare **propalare**. **Vociferare** si utilizza invece per definire un modo particolare del diffondere una notizia, che è quello della comunicazione ufficiosa, del pettegolezzo, talora dell'insinuazione. Nel caso in cui ad essere manifestati siano invece propri progetti, idee, sentimenti, su cui si è meditato ma che non si sono mai condivisi con gli altri, si può utilizzare il verbo **esternare**.

SFUMATURE ➤ ***confidare***

paleṣàto **part. pass.** di *palesare*; anche **agg.** • rivelato, fatto sapere: *le parole [...] / mai palesate, mai scritte, / mai dette per intero* (E. Montale)

paleṣatóre [1504] **agg. e s. m.** (**f.** *-trice*) • (*raro, lett.*) che (o chi) palesa

♣**paléṣe** [dal lat. *pălam* 'palesemente'. V. †*pala*②
∗ 1193] **A agg.** • che si manifesta, appare e sim. in modo chiaro ed evidente: *errore p.*; *sei in p. contraddizione*; *la debolezza mia / p. almen non sia* (P. Metastasio) **CONTR.** celato, nascosto | ***fare, rendere p.***, palesare | ***voto p., votazione p.***, votazione in cui è possibile individuare come ha votato ogni singolo votante **CONTR.** segreto || **paleṣeménte** o (*lett.*) **paleṣaménte**, **avv.** in modo aperto; chiaramente, evidentemente: *era palesemente in imbarazzo* **B avv.** • (*lett.*) apertamente, esplicitamente, anche nella loc. ***in palese***: *Lavora in occulto e in palese* (R. Bacchelli)

♦**palestinéṣe** (o **-ṣe**) [1953] **A agg.** • della Palestina **B s. m. e f.** • abitante o nativo della Palestina

♦**palèstra** [vc. dotta, lat. *palăestra(m)*, dal gr. *paláistra*, da *paláiein* 'lottare' ∗ 1336 ca.] **s. f.** **1** presso gli antichi Greci e Romani, luogo, spec. all'aperto, destinato agli esercizi ginnici **2** ampio locale chiuso, opportunamente attrezzato per l'esecuzione di esercizi ginnici, di allenamenti sportivi e sim. **3** (*est.*, *sport*) ***p. di roccia***, breve tratto di parete rocciosa di comodo accesso, talora ricostruita artificialmente in locale chiuso, su cui sono tracciate, a scopo di allenamento o addestramento, vie di arrampicata munite degli opportuni chiodi di protezione **4** (*est.*) attività motoria che si pratica in palestra: *fa ogni mattina un'ora di p.* **5** (*fig.*) esercizio per rafforzare o provare le capacità intellettuali o morali: *la scuola è p. di vita* | (*fig.*) gioco: *quanto è dubbioso nella p. d'amore entrare* (G. Boccaccio) || **palestrìna**, **dim.** | **palestróne**, **accr. m.**

†**palestràle** [av. 1375] **agg.** • praticato nella palestra

palestràto [da *palestra* ∗ 1989] **agg.**; anche **s. m.** (**f.** *-a*) • (*iron.*) spec. nel linguaggio giornalistico o giovanile, detto di chi frequenta assiduamente una palestra e rivela una grande cura per il proprio vigore fisico | detto di ciò che manifesta tale cura: *un ragazzo dall'aria palestrata*

†**palèstrico** [vc. dotta, lat. *palăestricu(m)*, dal gr. *palaistrikós*, da *paláistra* 'palestra' ∗ av. 1375] **agg.** • della palestra

palestrìta [vc. dotta, lat. *palaestrīta(m)*, dal gr. *palaistrítēs*, da *paláistra* 'palestra' ∗ av. 1539] **s. m. e f.**; anche **agg.** (**pl. m.** *-i*) • (*lett.*) lottatore | †addetto alla palestra

paletnologìa o (*raro*) **paleoetnologìa** [comp. di *paleo-* ed *etnologia* ∗ 1865] **s. f.** (**pl.** *-gìe*) • disciplina che, in base a reperti archeologici, studia le culture di popoli o di tipi umani estinti

paletnològico [1954] **agg.** (**pl. m.** *-ci*) • che concerne la paletnologia || **paletnologicaménte**, **avv.** sotto l'aspetto paletnologico

paletnòlogo [1927] **s. m.** (**f.** *-a*; **pl. m.** *-gi*) • studioso di paletnologia

paletot /fr. pal'to/ [vc. fr., dall'ingl. medio *paltok* 'giacca' ∗ 1838] **s. m. inv.** • cappotto, soprabito **CFR.** paltò

palétta① [1303] **s. f.** **1** dim. di *pala*①: *p. da gelato, da dolce* **2** attrezzo domestico a forma di piccola pala, per vari usi: *p. da cucina*; *p. per la spazzatura*; *p. per la brace* | giocattolo per bambini, di forma analoga **3** disco con manico usato dal capostazione per dare il segnale di partenza ai treni o dalle forze di polizia per intimare l'alt ai veicoli **4** (*mecc.*) elemento costitutivo del distributore o della girante delle turbine **5** (*anat.*) scapola, rotula **6** parte posteriore della sella del cavallo **7** (*pesca*) parte dell'amo che serve per legare il finale || **palettìna**, **dim.** | **palettóne**, **accr. m.**

palétta② [ingl. *palette* 'tavolozza', dal fr. *palette*, dim. di *pale* 'pala (di remo)' ∗ 1748] **s. f.** • (*inform.*) tavolozza di colori resi disponibili da un software

palétta③ [1957] **s. f.** • adattamento di *pallet* (V.)

palettàre [da *paletto* ∗ av. 1597] **v. tr.** (*io palétto*) • munire di paletti, per sostegno: *p. il vigneto*

palettàta [da *paletta* ∗ 1534] **s. f.** **1** quantità di roba che sta in una paletta: *sollevò una p. di cenere*; *lo ha coperto con una p. di terra* **2** colpo di paletta: *ricevette una p. sulla nuca*

palettatùra [1946] **s. f.** • (*mecc.*) nelle macchine a fluido rotativo, quali compressori, turbine e sim., il complesso delle pale o delle palette disposte sulle parti mobili o fisse

palettiẓẓàbile o **pallettiẓẓàbile** [1983] **agg.** • detto di imballaggio di spedizione avente forma di parallelepipedo tale da permettere l'utilizzazione della superficie di carico di uno dei pallet unificati

palettiẓẓàre o **pallettiẓẓàre** [da *pallet*, sul modello dell'ingl. to *palletize* ∗ 1970] **v. tr.** • disporre in pila su pallet, detto di merci imballate || **palettiẓẓazióne** o **pallettiẓẓazióne**, **s. f.**

palétto [av. 1342] **s. m.** **1** dim. di *palo* **2** leva di ferro o altro materiale, spec. da infiggere nel terreno per vari usi | asta, con uno snodo alla base, infissa nella neve per indicare il tracciato nelle gare di sci alpino: *inforcare un p.* | (*fig.*) punto fermo, vincolante: *indicare, mettere una serie di paletti* **3** chiavistello di porta o finestra costituito da una sbarra di ferro scorrevole entro staffette || **palettìno**, **dim.** | **palettóne**, **accr.**

paletuvière [fr. *palétuvier*, dal tupi *apareiba*, comp. di *apara* 'curvato' e *iba* 'albero' ∗ 1771] **s. m.** • (*bot.*) mangrovia

pàli [sanscrito *pāli*, propr. 'linea, serie', con riferimento alla serie dei testi canonici ∗ av. 1869] **s. m. solo sing.**; anche **agg. inv.** • (*ling.*) lingua letteraria e religiosa indoeuropea, medio-indiana, in cui è scritto il canone buddista di Ceylon

pàli- ➤ **palin-**

palificàre [da *palo* ∗ av. 1519] **A v. tr.** (*io palìfico, tu palìfichi*) • rinforzare con pali o con una palizzata: *p. un argine* **B v. intr.** (aus. *avere*) • †costruire una palizzata || **palificazióne**, **s. f.** (V.)

†**palificàta** [da *palificare* ∗ av. 1502] **s. f.** • palizzata: *se vuoi riparare all'argine ruinato, fa prima una p.* (Leonardo)

palificazióne [1554] **s. f.** **1** operazione del palificare | insieme dei pali che consolidano le fondamenta di un edificio **2** insieme dei pali che sorreggono linee telegrafiche, telefoniche o elettriche

paligrafìa [comp. di *pali-* e *-grafia* ∗ 1958] **s. f.** • (*med.*) disturbo del linguaggio scritto consistente nella ripetizione monotona di sillabe, parole o frasi

palilalìa [comp. di *pali-* e *-lalia* ∗ 1958] **s. f.** • (*med.*) disturbo del linguaggio consistente nel ripetere spontaneamente, e più volte di seguito, una frase, una parola o una sequenza di sillabe

palilàlico [1983] **agg.** (**pl. m.** *-ci*) • (*med.*) di palilalia, relativo a palilalia

Palìlie [vc. dotta, lat. *Palīlia*, nt. pl., 'feste in onore della dea Pale' (lat. *Păles*) ∗ av. 1600] **s. f. pl.** • presso gli antichi Romani, feste del Natale di Roma, in onore della dea Pale

palilogìa [vc. dotta, lat. tardo *palillŏgia(m)*, dal gr. *palillogía*, comp. di *pali-* e *-logia* ∗ 1639] **s. f.** (**pl.** *-gìe*) • (*ling.*) nella retorica, ripetizione

palimbacchèo o **palimbacchìo**, **palimbàcchio** [vc. dotta, lat. *palimbacchīu(m)*, dal gr. *palimbákcheios*, comp. di *palin-* e *bakchêios* 'baccheo' ∗ 1561] **s. m.** • (*ling.*) piede metrico della poesia greca e latina formato da due sillabe lunghe e da una breve

palimpsèsto ➤ **palinsesto**

pàlin- o **pàli-** [dal gr. *pálin* 'all'indietro' e 'di nuovo'] **primo elemento** • in parole composte, indica ripetizione, ritorno o persistenza: *palilalia, palindromo*

palìna [da *palo* ∗ 1598] **s. f.** **1** nei rilevamenti topografici, asta di legno che si conficca nel terreno per individuare un punto **2** palo di sostegno di linee elettriche o telefoniche oppure di segnaletica | nella laguna veneta, palo usato spec. come ormeggio **CFR.** briccola **3** paletta segnaletica **4** †bosco ceduo di alberi destinati a fornire pali (per es. il castagno)

palinàre [da *palina* nel sign. 1 ∗ 1983] **v. tr.** • rendere visibili a distanza, mediante paline, uno o più punti di riferimento sul terreno

palindròmico [1983] **agg.** (**pl. m.** *-ci*) • palindromo: *verso p.*

palìndromo [vc. dotta, gr. *palíndromos* 'che corre indietro, ritorna', comp. di *palin-* e *drómos* 'corsa' (V. *dromografo*) ∗ 1695] **A s. m.** • parola, frase, verso, cifra, che si possono leggere sia da sinistra che da destra: *"Anna" è un p.* **B** anche **agg.**: *frase palindroma* **SIN.** palindromico **CFR.** bifronte

palingèneṣi [vc. dotta, lat. tardo *palingenĕsia(m)*, dal gr. *palingenesía* 'ritorno alla vita, risurrezione, rinnovamento', comp. di *palin-* e *génesis* 'nascita' (V. *genesi*) ∗ 1809] **s. f. inv.** **1** nelle religioni messianiche ed escatologiche, rinnovamento finale del mondo dopo la distruzione | nel cristianesimo, restaurazione finale del regno di Dio **2** (*fig.*) rinnovamento radicale di istituti, concezioni, e sim.: *p. politica* **3** (*geol.*) formazione di un magma per fusione di rocce, dovuta alle temperature e alle pressioni elevate nelle parti profonde della crosta terrestre

SFUMATURE ➤ ***trasformazione***

palingeneṣìaco [1843] **agg.** (**pl. m.** *-ci*) • (*lett.*, *raro*) palingenetico

palingenètico [av. 1862] **agg.** (**pl. m.** *-ci*) **1** relativo alla palingenesi **2** (*est.*) che ha carattere di palingenesi, di radicale rinnovamento || **palingeneticaménte**, **avv.** mediante una palingenesi

palinodìa [vc. dotta, lat. tardo *palinōdia(m)*, dal gr. *palinōidía*, comp. di *palin-* e *ōidḗ* 'canto' (V. *ode*) ∗ av. 1516] **s. f.** **1** componimento poetico scritto per ritrattare quanto affermato in opera precedente **2** (*est.*) scritto o discorso con cui si smentiscono precedenti affermazioni: *sta preparando una p.*

palinografìa [comp. del gr. *palýnein* 'spargere la farina' (da *pálē* 'fior di farina', d'etim. incerta) e *-grafia* ✱ 1958] **s. f.** ● (*bot.*) descrizione dei pollini e delle spore

palinologìa [comp. del gr. *palýnein* (V. *palinografia*) e *-logia* ✱ 1958] **s. f.** (**pl.** *-gìe*) ● (*bot.*) disciplina che studia i pollini e le spore, la loro classificazione e la loro distribuzione verticale nei sedimenti

palinsèsto o (*raro*) **palimpsèsto** [vc. dotta, lat. *palimpsēstu(m)*, dal gr. *palímpsēstos* 'raschiato di nuovo (per scrivervi ancora)', comp. di *palin-* e *psân* 'raschiare', di orig. indeur. ✱ 1618] **s. m. 1** manoscritto antico su pergamena, nel quale la scrittura sia stata sovrapposta ad altra precedente raschiata o comunque cancellata **2** (*lett.*, *scherz.*) vecchio scritto leggibile con difficoltà perché pieno di cancellature e correzioni **3** (*tv*) schema grafico delle trasmissioni radiofoniche e televisive previste in programmazione, suddiviso per ore, giorni e settimane **4** (*est.*) programma | catalogo

palinùro [da *Palinuro*, n. del timoniere di Enea ✱ 1871] **s. m.** ● genere di Crostacei dei Decapodi cui appartiene l'aragosta (*Palinurus*)

pàlio [V. *pallio* ✱ 1308] **s. m.** (**pl.** *-i* o *raro -ii*) ● drappo ricamato o dipinto che in epoca medievale (e ancora oggi in alcune manifestazioni tradizionali) si dava come premio al vincitore di una gara, in occasione di grandi feste pubbliche | la gara stessa: *correre il p.* | ***P. di Siena***, gara equestre fra le contrade di questa città, che si corre fin dal sec. XIII | (*fig.*, *lett.*) ***mandare al p. qlco.***, palesarla | (*fig.*) †***andare al p.***, venire scoperto | ***mettere qlco. in p.***, promettere come premio di gara e sim. | ***essere in p.***, costituire il premio di una gara o sim. ‖ **paliétto**, **dim.**

paliòtto [deriv. di *palio* ✱ 1483] **s. m.** ● paramento che copre la parte anteriore dell'altare cristiano, in stoffa, legno, marmo, avorio o materiali preziosi variamente ornati

palischérmo (o **-è-**), †**paliscàlmo** [vc. dotta, gr. *polýskalmos* 'dai molti remi', comp. di *polýs* 'molto' (V. *poli-*) e *skalmós* 'scalmo', con accostamento pop. a *palo* e *schermo* ✱ av. 1347] **s. m. 1** un tempo, grossa imbarcazione a remi o a vela a servizio di una nave **2** barca che nelle tonnare è posta sui lati lunghi della camera della morte

palissàndro [neerl. *palissander*, da una vc. della Guiana ✱ 1770] **s. m.** ● legno pregiato di color violaceo scuro, pesante, ricavato da alberi dell'America meridionale e dell'India orientale, usato per mobili e per lavori fini di ebanisteria | ***p. del Congo***, wengé

palìsta [da *pala* ✱ 1986] **s. m. e f.** (**pl. m.** *-i*) ● operaio addetto a una pala meccanica

paliùro [vc. dotta, lat. *paliūru(m)*, dal gr. *palíouros*, di etim. incerta ✱ 1476] **s. m.** ● genere di arbusti delle Ramnacee, cui appartengono specie simili alla marruca (*Paliurus*)

palizzàta [da *palizzo* ✱ av. 1304] **s. f. 1** serie di pali infissi nel terreno, per recingere, proteggere, rafforzare e sim.: *alzare una p.*; *rafforzare la p.* **SIN.** steccato **2** (*bot.*) ***tessuto a p.***, tessuto posto al di sotto dell'epidermide superiore nella foglia, formato da cellule ricche di clorofilla, allungate e ordinatamente affiancate

†**palìzzo** [da *palo* ✱ 1312] **s. m.** ● palizzata: *la terra afforzarono di fossi e di palizzi* (D. Compagni)

♦**pàlla**① [vc. longob. V. *balla* ✱ 1287] **A s. f. 1** oggetto o corpo di forma sferica: *una p. di neve*; *sassi simili a palle* | ***palle marine***, masse sferiche, formate dagli avanzi macerati di alcune piante marine delle Dicotiledoni, che vengono depositate dalle onde sulle spiagge mediterranee | (*fam.*) ***p. dell'occhio***, globo oculare | ***p. di lardo***, (*fig.*, *fam.*) persona molto grassa | recipiente di forma sferica: *il liquore era contenuto in una p. di vetro* **2** sfera da gioco in gomma, cuoio o altro materiale | in particolare, il pallone nel gioco del calcio: *tenere p.*; *rubare p.*; *perdere p.*; *p. al centro* | ***la p. è rotonda***, spec. nel gergo del calcio, nulla è deciso, tutto è sempre possibile | ***passare la p.***, effettuare un passaggio; (*fig.*) dare ad altri un incarico, un'incombenza o un compito impegnativo | ***alzare la p.***, nella pallavolo, passare la palla a un compagno in modo da consentirgli la schiacciata; (*fig.*) offrire a qlcu. un'occasione favorevole | attrezzo della ginnastica ritmica; (*est.*) la specialità stessa | ***p. zavorrata***, pallone di vario peso di cuoio imbottito e con impugnatura, usato per esercizi di lancio | ***p. basca***, pelota | ***p. avvelenata***, gioco a squadre in cui si cerca di colpire un giocatore avversario, che viene così eliminato | ***p. prigioniera***, gioco a squadre in cui si cerca di prendere al volo la palla lanciata da un giocatore avversario, che in questo modo diventa 'prigioniero' | ***p. base***, V. *pallabase* | ***p. a maglio***, V. *pallamaglio* | ***p. a mano***, V. *pallamano* | ***p. a muro***, V. *pallamuro* | ***p. a nuoto***, V. *pallanuoto* | ***p. ovale***, V. *pallovale* | ***p. a volo***, V. *pallavolo* | ***p. a sfratto***, V. *pallasfratto* | ***p. buona***, giocata valida | ***p. gol***, nel calcio, occasione favorevole, palla che può essere facilmente messa in rete | ***p. inattiva***, nel calcio, calcio di punizione o calcio d'angolo e azione che immediatamente ne consegue: *quella difesa incassa troppi gol su palle inattive* | ***dare del tu alla p.***, (*gerg.*) nel calcio, essere dotato di grande tecnica, spec. nel palleggio | ***non essere in p.***, (*fig.*) non essere in buona giornata, in forma | ***sentirsi in p.***, (*fig.*) in forma | ***prendere la p. al balzo***, (*fig.*) cogliere l'occasione favorevole **3** peso che un tempo i carcerati portavano attaccato ai piedi con una catena: *p. del forzato* | ***mettere la p. al piede a qlcu.***, (*fig.*) ostacolarlo | ***essere una p. al piede per qlcu.***, (*fig.*) rappresentare per lui un ostacolo, un grosso peso | (*fig.*) ***una p.***, persona, cosa, evento noioso, pesanti da sopportare: *questa festa è una vera p.* **4** proiettile delle artiglierie antiche, di forma sferica, di varia grandezza e peso a seconda dei calibri e di varia composizione: *p. di pietra, di bronzo, di ferro* | proiettile proprio dei cannoni di grosso calibro, da costa e delle navi, destinato a perforare mezzi molto resistenti | ***sparare a palle incatenate***, anticamente, usare come proiettili palle legate a coppia, con effetti distruttivi spec. sulle vele e l'alberatura di imbarcazioni nemiche; (*fig.*) criticare con estrema durezza **5** correntemente, proiettile di arma da fuoco: *una p. di fucile, di pistola* | ***come una p. di schioppo, a palla***, (*fig.*) a tutta velocità | (*fam.*) ***musica a p.***, a tutto volume **6** un tempo, sferetta di legno, bianca o nera, per votazioni | ***p. nera***, voto contrario | ***p. bianca***, voto favorevole **7** (*volg.*, **spec. al pl.**) testicolo | ***rompere, far girare le palle a qlcu.***, (*fig.*) infastidirlo, seccarlo, irritarlo | ***averne piene le palle di qlcu. o qlco.***, (*fig.*) non poterne più | ***stare sulle palle***, (*fig.*) non essere gradito, essere fortemente antipatico: *sta sulle palle a tutti* | (*pop.*) ***che palle!, due palle!***, che noia, che seccatura! | ***levarsi, togliersi dalle palle***, (*fig.*) andarsene, smettere di importunare qlcu. | ***togliersi qlcu. o qlco. dalle palle***, (*fig.*) liberarsene | ***avere le palle, avere le palle quadre***, (*pop.*, *fig.*) avere grinta; dimostrarsi capace **8** (*colloq.*) fandonia, frottola, balla **9** (**al pl.**; *bot.*) ***palle di neve***, pallone di maggio **B** **in funzione di agg. inv.** ● (posposto al sost.) nella loc. ***pesce p.***, V. *pesce* ‖ **pallétta**, **pallettìna**, **dim.** | **pallìna**, **dim.** (V.) | **pallìno**, **dim. m.** (V.) | **pallóne**, **accr. m.** (V.) | **pallòtta**, **dim.** (V.) | **pallòttola**, **dim.** (V.)

NOMENCLATURA

pallacanestro = basket
● *campo*: canestro = basket, centine di sostegno, specchio, castello; linea di fondo, linea laterale, linea di centro campo, cerchio centrale, area di tiro libero = lunetta, area dei tre punti, parquet, tabellone;
● *persone*: esterno, ala, pivot, playmaker, post, cestista; cronometrista, segnapunti; riserve = rincalzi;
● *tecnica e fasi di gioco*: palleggio, passaggio, rimbalzo, taglio, elevazione, gancio, assist, difesa (marcatura a uomo, a zona), pressing; rimbalzo, schiacciata, tap-in, stoppata, velo, smarcamento, passi, personale, cambio, time-out, panchina (corta, lunga), tecnico, campo.

pallavolo = volley
● *campo*: linea di fondo, area di battuta, linea laterale, zona di difesa, linea di attacco, zona di attacco, linea centrale, rete; zona di rispetto;
● *disposizione sul campo e tecnica*: alzatore, servente, giocatori alla rete (di prima linea), giocatori di appoggio (di seconda linea); battuta, alzata, schiacciata, bagher, taglio, muro, palleggio, pallonetto; ricezione, rotazione, cambio palla, doppio tocco, fallo di rete, palla trattenuta; sostituzione; partita = set, tie-break, time-out = sospensione.

pallamano = handball
● linea di porta, linea dei quattro metri, linea dei sei metri o linea dell'area di porta, linea dei sette metri o linea di rigore, linea dei nove metri o linea di punizione, linea di cambio dei giocatori, linea mediana, linea dei tredici metri.

pàlla② [vc. dotta, lat. *pălla(m)*, di orig. preindeur. ✱ sec. XIV] **s. f.** ● veste ampia e lunga delle dame romane, delle divinità e degli attori e musicisti greci, costituita da un telo rettangolare

pàlla③ [da *palla*② ✱ 1313] **s. f.** ● quadrato di lino bianco che copre il calice o la patena durante la Messa

pallabàse o **pàlla bàse**, (*raro*) **pàlla a bàse** [calco sull'ingl. *baseball* ✱ 1963] **s. f. inv.** ● baseball

♦**pallacanèstro** [comp. di *palla*① e *canestro*; calco sull'ingl. *basketball* ✱ 1920] **s. f. inv.** ● gioco di origine statunitense fra due squadre di cinque elementi ciascuna, che cercano di inviare la palla, giocata solo con le mani, nel canestro fissato a un tabellone posto in alto all'estremità del settore avversario del campo **SIN.** basket

pallacòrda o †**pallaccòrda** [comp. di *palla*① e *corda* ✱ av. 1535] **s. f. inv.** ● antico gioco d'origine italiana, da cui deriva il tennis, consistente nel lanciare la palla sopra una corda tesa sul terreno | (*est.*) luogo dove si praticava questo gioco

palladiàna [f. sost. di *palladiano* ✱ 1958] **s. f.** ● pavimentazione a mosaico, di grandi lastre irregolari, in marmo o pietra

palladiàno [av. 1793] **agg.** ● relativo all'architetto A. Palladio (1508-1580) e al suo stile: *ville palladiane*

pallàdico [da *palladio*③ ✱ 1871] **agg.** (**pl. m.** *-ci*) ● (*chim.*) di composto del palladio tetravalente

pallàdio① [vc. dotta, lat. *Pallădiu(m)*, dal gr. *Palládion* 'statua di Pallade', da *Pallás*, genit. *Palládos* 'Pallade'; la statua di Pallade che era venerata a Troia aveva il potere di rendere inespugnabile la città ✱ 1313] **s. m.** (**pl.** *-i* o *raro -ii*) **1** statua che raffigura Pallade Atena: *il p. di Troia* **2** (*fig.*, *lett.*) ciò che rappresenta una difesa, una protezione e sim. per un paese, una società e sim.

pallàdio② [vc. dotta, lat. *Pallădiu(m)*, dal gr. *Palládios*, agg. di *Pallás*, genit. *Palládos* 'Pallade' ✱ 1342] **agg.** ● (*lett.*) di Pallade Atena | (*lett.*) ***la palladia fronda***, l'ulivo

pallàdio③ [dal n. del pianetino *Pallade* ✱ 1817] **s. m.** (**pl.** *-i* o *raro -ii*) ● elemento chimico, metallo nobile, bianco-argenteo, che può adsorbire notevoli quantità d'idrogeno, usato in reazioni catalitiche, per parti delicate di strumenti di precisione e, in lega con l'oro, per monili **SIMB.** Pd **NUM. AT.** 46

pallàio [da *palla*① ✱ 1869] **s. m.** (**pl.** *-ai*) ● (*tosc.*) campo di bocce

pallamàglio o **pàlla a màglio** [comp. di *palla*① e *maglio* (con cui si lanciava la palla) ✱ sec. XV] **s. f.** o (*raro*) **m. solo sing.** ● antico gioco di origine rinascimentale, che si giocava con un maglio e una palla di legno

pallamàno o **pàlla a màno** [comp. di *palla*① e *mano* ✱ 1950] **s. f. inv.** ● gioco simile al calcio e alla pallacanestro, rispettivamente per obiettivo e regole, disputato fra due squadre di sette giocatori che si contendono la palla esclusivamente con le mani **SIN.** handball

pallamùro o **pàlla a mùro** [da *palla*① *a muro* ✱ 1958] **s. f. inv.** ● gioco di palla di antiche origini, che si pratica fra due squadre i cui componenti devono lanciare o ribattere una palla di gomma contro un muro, valendosi delle mani o di una paletta

pallanuotista o (*raro*) **pallanotista** [1942] **s. m. e f.** (**pl. m.** *-i*) ● chi pratica lo sport della pallanuoto

pallanuòto o (*raro*) **pàlla a nuòto** [comp. di *palla*① e *nuoto*; calco sull'ingl. *water-polo* ✱ 1927] **s. f. inv.** ● gioco che si pratica in acqua tra due squadre, di sette elementi ciascuna, che cercano di segnare punti tirando la palla nella porta avversaria

pallapùgno [comp. di *palla*① e *pugno* ✱ 2001] **s. f. inv.** ● nome ufficiale del gioco detto tradizionalmente *pallone elastico* (V. *pallone*)

†**pallàre** [da *palla*① ✱ sec. XIII] **A v. tr.** ● palleggiare, brandire **B v. intr.** ● giocare a palla

pallasfràtto o **pàlla a sfràtto** [da *palla*① *a sfratto* ✱ 1958] **s. f. inv.** ● gioco in cui ciascuno dei cinque componenti la squadra deve lanciare la palla al di là della linea, detta di sfratto, che delimita il fondo del campo

pallàta [av. 1584] **s. f.** ● colpo dato con una palla lanciata o calciata: *ha ricevuto una p. di neve nella schiena*

pallatamburèllo [comp. di *palla* e *tamburello* ✱ 1980] **s. f. inv.** ● gioco fra due squadre di cinque elementi su un campo rettangolare diviso a metà da una striscia segnata sul terreno, la cui finalità è di rinviare col tamburello la palla nella metà campo avversaria prima che tocchi terra

pallavolista [1964] **s. m. e f.** (**pl. m.** *-i*) ● chi pratica lo sport della pallavolo **SIN.** volleista

♦**pallavólo** o **pàlla a vólo** [da *palla*① *a volo* ✱ 1920] **s. f. inv.** ● gioco fra due squadre, di sei elementi ciascuna, che cercano, con qualunque parte del corpo e spec. con le mani, di mandare la palla oltre la rete, facendola cadere nel rettangolo di gioco, in modo che la squadra avversaria non riesca a rinviarla o non possa evitare che tocchi terra **SIN.** volley

palleggiaménto [1875] **s. m. 1** il palleggiare | palleggio **2** (*fig.*) scambio, attribuzione reciproca: *p. di responsabilità*

palleggiàre [comp. di *palla*① e *-eggiare* ✱ 1441] **A v. intr.** (**pres.** *io palléggio*; **fut.** *io palleggerò*; **aus.** *avere*) ● fare rimbalzare la palla con le mani, con la testa o con i piedi, da soli o fra due o più giocatori **B v. tr.** ● far oscillare con piccoli movimenti: *palleggiava la lancia prima di scagliarla*; *p. un fanciullo tenendolo fra le braccia* **C palleggiàrsi v. tr. pron.** (**aus.** *essere*) ● (*fig.*) (con valore reciproco) attribuirsi scambievolmente colpe, responsabilità e sim.: *si stanno palleggiando il fastidio di redigere il verbale*

palleggiatóre [1871] **s. m.** (**f.** *-trice*) ● chi palleggia | giocatore esperto nel palleggio | nella pallavolo, alzatore

palléggio [1804] **s. m.** ● attività, esercizio del palleggiare | (*fig.*) palleggiamento: *il p. delle accuse*

†**pallènte** [vc. dotta, lat. *pallĕnte(m)*, part. pres. di *pallēre* 'essere pallido', di orig. indeur. ✱ av. 1332] **agg.** ● (*poet.*) pallido, smorto

†**pallerìno** [av. 1621] **s. m.** ● chi gioca a palla

pallésco [dalle sei *palle* dello stemma di casa Medici ✱ sec. XV] **A agg.** (**pl. m.** *-schi*) ● a Firenze nei secc. XV-XVI, relativo alla fazione medicea **B s. m.** ● sostenitore dei Medici **CFR.** piagnone

pallestesìa [comp. del gr. *pállein* 'vibrare' e *aísthēsis* 'sensibilità' col suff. *-ia*② ✱ 1954] **s. f.** ● (*fisiol.*) percezione delle vibrazioni

pàllet /'pallet, *ingl.* 'pælɪt/ [vc. ingl., propr. 'piatto', dall'antico francese *palette* 'piccola pala', dim. di *pale* 'pala①' ✱ 1958] **s. m. inv.** ● piattaforma di legno, di metallo o di materiale plastico, trasportabile con carrelli elevatori, sopra la quale vengono disposti a pila imballaggi di spedizione o altri oggetti **SIN.** bancale **CFR.** paletta②

pallético ➤ **parletico**

pallettàta [da *palletta*, dim. di *palla*① ✱ 1982] **s. f.** ● (*gerg.*) nel tennis, colpo teso e veloce | ***prendersi a pallettate***, eseguire un tipo di gioco basato più sulla violenza dei colpi che sulla tecnica tennistica

pallettizzàre e deriv. ➤ **palettizzare** e deriv.

pallettóne [accr. di *palletta*, a sua volta deriv. di *palla*① ✱ 1886] **s. m.** ● (**spec. al pl.**) ciascuno dei grossi pallini di cartucce per fucili da caccia per selvaggina di una certa mole

palliàle [da *pallio* col suff. *-ale*① ✱ 1958] **agg.** ● (*anat.*, *biol.*) riferito al pallio

†**palliaménto** [da *palliare* ✱ sec. XIV] **s. m.** ● dissimulazione

palliàre [vc. dotta, lat. tardo *palliāre* 'coprire (col pallio)', da *palliātus* 'palliato' ✱ av. 1342] **A v. tr.** (*io pàllio*) **1** (*lett.*) dissimulare sotto falsa apparenza: *p. la propria invidia, una menzogna*; *riproduce la scuola dei trovatori … in una forma eletta e vezzosa che li pallia* (F. DE SANCTIS) **2** †in pittura, velare **B palliàrsi v. rifl.** ● †cercare di scusarsi

palliàta [vc. dotta, lat. *palliāta(m fābulam)*, f. sost. di *palliātus* (V. *palliato*②): detta così perché gli attori la rappresentavano indossando il pallio ✱ 1639] **s. f.** ● nel teatro romano antico, commedia di derivazione greca

palliativìsta [deriv. di *palliativo* ✱ 1999] **agg.**; anche **s. m. e f.** (**pl. m.** *-i*) ● detto di medico o infermiere addetto alla prescrizione o alla somministrazione di cure palliative

palliatìvo [da *palliato*, part. pass. di *palliare* nel senso di 'mascherare, coprire', perché non guarisce il male ma si limita a mitigarlo ✱ 1681] **A s. m. 1** rimedio che attenua i sintomi della malattia, senza intervenire direttamente sulla causa **2** (*fig.*) rimedio momentaneo e apparente, che attenua gli effetti di qlco. lasciando intatte le cause: *cercarono di ovviare alla crisi con vari palliativi* **B** anche **agg.**: *rimedio p.* | ***cure palliative***, volte ad alleviare il dolore e controllare l'evoluzione di alcuni sintomi

palliàto① **part. pass.** di *palliare*; anche **agg.** ● (*lett.*) falsato, dissimulato ‖ **palliataménte**, **avv.** (*raro*) copertamente

palliàto② [da *pallium*, V. *pallio* ✱ av. 1332] **agg.** ● vestito col pallio | ***commedia palliata***, palliata (V.)

palliazióne [da *palliare* ✱ av. 1328] **s. f. 1** †dissimulazione **2** (*med.*) utilizzo di cure palliative

pallidàstro [da *pallido* ✱ av. 1653] **agg.** ● (*lett.*) di un pallore quasi livido

pallidézza [da *pallido* ✱ 1338 ca.] **s. f. 1** (*lett.*) pallore: *smarrisce il bel volto in un colore / che non è p., ma candore* (T. TASSO) **2** (*lett.*) tonalità chiara | (*lett.*) scarsa luminosità

pallidìccio [av. 1597] **agg.** (**pl. m.** *-ci*; **pl. f.** *-ce*) **1** pegg. di *pallido* **2** alquanto pallido

†**pallidità** o †**palliditàde**, †**palliditàte** [da *pallido* ✱ av. 1406] **s. f.** ● (*lett.*) pallore

♦**pàllido** [vc. dotta, lat. *pāllidu(m)*, da *pallēre* 'essere pallido'. V. †*pallente* ✱ 1282] **agg. 1** privo del suo colorito naturale, sbiancato: *volto p.*; *faccia pallida* | ***p. di timore, d'ira***, per il timore, per l'ira | ***p. come un morto, un cadavere***, cereo, pallidissimo: *sconvolto … p. come un cadavere, con le mani scarne e tremanti* (G. VERGA) | ***diventare p.***, impallidire | ***viso p.***, V. *viso*②, sign. 1 **SIN.** bianco, cereo, smorto **CONTR.** colorito **2** (*est.*) tenue, scialbo: *blu, azzurro p.*; *sole p.* **CONTR.** intenso **3** (*fig.*) debole, evanescente: *luce pallida*; *una pallida immagine della realtà* | ***non avere la più pallida idea di qlco.***, non saperne assolutamente nulla | (*fig.*) mediocre, scialbo: *una pallida imitazione* ‖ (*lett.*) **pallidàstro**, **pegg.** (V.) | **pallidétto**, **dim.** | **pallidìccio**, **pegg.** (V.) | **pallidìno**, **dim.** | **pallidùccio**, **dim.** ‖ **pallidaménte**, **avv.** in modo pallido; (*fig.*) in modo vago, appena accennato: *Silvia sorrideva pallidamente* (L. PIRANDELLO)

SFUMATURE ➤ *bianco*, ➤ *cereo*①

†**pallidóre** [da *pallido* ✱ av. 1347] **s. m.** ● pallore: *il p. de' moribondi* (D. BARTOLI)

†**pallidùme** [da *pallido* ✱ sec. XIV] **s. m.** ● livido pallore

pallìna [1585] **s. f. 1** dim. di *palla*①: *p. da ping pong* **2** sferetta di vetro o terracotta con cui giocano i bambini **SIN.** bilia **3** elemento di scrittura, mobile e intercambiabile, di forma rotonda, per macchine per scrivere

pallinàre [da *pallino* ✱ 1935] **v. tr.** ● sottoporre a pallinatura

pallinatùra [da *pallinare* ✱ 1958] **s. f.** ● trattamento superficiale dei metalli eseguito tramite un getto di sferette metalliche allo scopo di aumentarne la durezza

pallìno [1640] **s. m. 1** dim. di *palla*① **2** la più piccola delle bilie da biliardo | nel gioco delle bocce, boccino | (*fig.*, *colloq.*) ***andare a p.***, andare a vuoto o avere cattivo esito: *il nostro progetto è andato a p.* | (*fig.*) ***capitare a p.***, al momento opportuno | (*fig.*) ***mantenere il p., avere il p. in mano***, svolgere un ruolo preminente in un'attività **3** (**spec. al pl.**) ciascuna delle piccole sfere di piombo con cui vengono caricate le cartucce per fucili da caccia **4** ciascuno dei dischi di varia grandezza e colore, stampati o tessuti su stoffa: *una camicetta a pallini* **SIN.** pois **5** (*fig.*) fissazione, mania: *ha il p. di viaggiare* | (*est.*) forte inclinazione naturale: *ha il p. della fisica*

pàllio [vc. dotta, lat. *pălliu(m)*, di orig. preindeur. ✱ 1342] **s. m. 1** mantello di lana di forma quadrata o rettangolare portato dagli antichi Greci e Romani **2** sottile stola di lana d'agnello, ornata di sei croci e frange, che il Papa impone agli arcivescovi metropoliti quale simbolo della potestà che essi, in comunione con la Chiesa di Roma, acquisiscono nella propria provincia **3** (*anat.*) struttura nervosa di aspetto mantellare che delimita dorsalmente, medialmente e lateralmente ognuno dei due ventricoli del telencefalo nell'uomo e nella maggioranza dei Vertebrati

pallocclóso ➤ **pallottoloso**

pallonàio o (*centr.*) **pallonàro** [da *pallone* ✱ 1576] **s. m.** (**f.** *-aia*, **pl. m.** *-ai*) **1** fabbrican-

p

te o venditore di palloni **2** (*fig., centr.*) chi dice fandonie: *non credergli perché è un pallonaro* **SIN.** fanfarone

pallonàta [av. 1816] **s. f. 1** colpo di pallone: *ricevette una p. in una gamba* **2** (*fig., fam.*) bugia, esagerazione: *dice troppe pallonate*

♦**palloncìno** [av. 1698] **s. m. 1** dim. di *pallone* **2** globo colorato di membrana elastica, gonfiato con gas più leggero dell'aria e attaccato a un filo, per il divertimento dei bambini | (*est.*) ***prova del p.***, alcoltest | nel linguaggio giornalistico, etilometro **3** lampioncino di carta per illuminazione, spec. in occasioni festive: *aveva illuminato la sala con palloncini rossi* **4** (*bot.*) alchechengi

♦**pallóne** [1555] **s. m. 1** accr. di *palla* **2** grossa palla gonfiata con aria: *il pianto del bambino / a cui fugge il p. tra le case* (E. MONTALE) | ***gonfio come un p.***, di chi (o di ciò che) è tondo o quasi per grassezza, gonfiore e sim. | ***p. gonfiato***, (*fig.*) persona boriosa e di nessun valore | (*fig., fam.*) ***avere, sentirsi la testa come un p.***, essere intontito per la stanchezza e sim. | (*fig., colloq.*) ***essere, andare nel p.***, essere, diventare confuso e frastornato **3** (*sport*) palla di grosse dimensioni usata in vari giochi, costituita da un involucro esterno di materiale resistente, come il cuoio, e da una camera d'aria gonfiata a pressione all'interno | ***gioco del p.***, (*per anton.*) gioco del calcio | (*fig.*) ***p. d'oro***, nel calcio, premio istituito nel 1956 dalla rivista francese France Football assegnato ogni anno al miglior giocatore mondiale; (*est.*) calciatore che ha vinto tale premio | ***p. elastico***, gioco che contrappone due squadre che si lanciano, secondo determinate regole, un pallone di gomma, colpendolo con la mano coperta da una fascia **SIN.** pallapugno | ***p. a bracciale***, in cui il pallone di cuoio viene colpito con un bracciale di legno che protegge mano e polso **4** aerostato a gas senza motore | ***p. frenato***, ancorato con una o più funi al suolo per servire da osservatorio, segnale o altro | ***p. libero***, privo di organi di direzione | ***p. sonda***, V. *sonda* nel sign. B | ***p. stratosferico***, con navicella a pressione, per ascensioni a scopo scientifico **5** (*bot.*) ***p. di maggio***, arbusto delle Caprifoliacee, spontaneo nelle siepi e nei boschi umidi, con foglie triangolari lobate e grandi infiorescenze bianche rotondeggianti (*Viburnum opulus*) **SIN.** palle di neve **6** (*chim.*) recipiente di vetro di forma sferica **7** ***copertura a p.***, (*ellitt.*) ***pallone***, grande cupola in tessuto plastificato, sostenuta dall'aria compressa immessa al suo interno, utilizzata per coprire piscine, campi da tennis e sim. ‖ **pallonàccio**, **pegg.** | **palloncino**, **dim.** (V.) | **pallonétto**, **dim.** (V.)

pallonétto [1930] **s. m. 1** dim. di *pallone* **2** nel calcio e nella pallanuoto, tiro spiovente effettuato per scavalcare un giocatore o il portiere quando è lontano dai pali **CFR.** cucchiaio, palombella | nel tennis, tiro a parabola alta per scavalcare l'avversario portatosi sotto rete

♦**pallóre** [vc. dotta, lat. *pallōre(m)*, da *pallēre* 'essere pallido', V. †*pallente* ✱ av. 1243] **s. m. 1** colore smorto ed esangue, spec. del viso: *avea sul volto / il pallor della morte e la speranza* (U. FOSCOLO) **SIN.** pallidezza **2** (*fig.*) luce tenue, fioca: *il p. del cielo*

pallóso (o **-ṣ-**) [da *palla*①, prob. nel sign. di 'testicolo' ✱ 1977] **agg.** ● (*fam.*) noioso, pesante da sopportare, detto di persona e di cosa: *che amici pallosi hai!*; *film, libro p.* ‖ **pallosaménte**, **avv.** ‖ **pallosità**, **s. f. inv.** (*fam.*) caratteristica di chi (o di ciò che) è palloso

pallòtta [1298] **s. f. 1** dim. di *palla*① | (*lett.*) ballotta per votazioni **2** †palla di artiglieria ‖ **pallottìna**, **dim.** | **pallottóne**, **accr. m.**

pallòttola [sec. XIII] **s. f. 1** dim. di *palla*① **2** pallina di materiale solido: *una p. di carta*; *io mi trovo sotto il tavolo dove giuoco con delle pallottole* (I. SVEVO) | ***naso a p.***, con la punta rotonda e grossa **3** proiettile lanciato dalle armi da fuoco portatili: *p. di pistola*; *p. incendiaria, tracciante* ‖ **pallottolétta**, **dim.** | **pallottolìna**, **dim.** | **pallottolìno**, **dim. m.**

†**pallottolàio** [av. 1675] **s. m.** ● campo per giocare alle bocce o, un tempo, a pallamaglio

†**pallottolièra** [da *pallottola* ✱ av. 1527] **s. f.** ● rinforzo nel mezzo della corda di arco o balestra dove s'incoccava il dardo

pallottolière [da *pallottola* ✱ 1841] **s. m. 1** piccolo telaio con sbarrette in cui sono infilate pallottole di colore vario disposte in più ordini; utile per semplici operazioni aritmetiche, era usato in passato per insegnare ai bambini le prime nozioni di aritmetica **2** segnapunti per il gioco del biliardo

pallottolóso (o **-ṣ-**) o **palloccolóso** (o **-ṣ-**) [da *pallottola* ✱ 1847] **agg. 1** (*tosc.*) pieno di pallottole, di grossi grumi: *crema pallottolosa* **2** (*tosc., fig.*) complicato o fastidioso: *su, non farla tanto pallottolosa!*

pallovàle o **pàlla ovàle** [comp. di *palla*① e *ovale* ✱ 1942] **s. f. inv.** ● rugby

palm /'palm, *ingl.* pɑːm/ **s. m. inv.** ● accorc. di *palmtop*

♦**pàlma**① [lat. *pălma(m)*; V. *palma*② ✱ 1310] **s. f.** ● la superficie interna della mano (opposta al *dorso*), compresa tra la fine del polso e l'attaccatura delle dita: *battere le palme*; *alta vittoria / che s'acquistò con l'una e l'altra p.* (DANTE *Par.* IX, 122-123) **CFR.** palmo | ***giungere le palme***, in atto di preghiera | ***portare, tenere qlcu. in p. di mano***, (*fig.*) considerarlo, stimarlo moltissimo | †***battersi a palme***, prendersi a schiaffi per disperazione

♦**pàlma**② [lat. *pălma(m)* 'palma della mano', poi 'parte del tronco' (in particolare dell'albero di palma), dalla stessa radice indeur. da cui *plānus* 'piano' ✱ 1306] **s. f. 1** correntemente, pianta delle Monocotiledoni, per lo più a fusto non ramificato, con foglie grandi, laciniate o pennate o raggiate | ***p. da datteri***, alta oltre 10 metri, con frutti a bacca bruna con un seme duro, utilissima nelle aree desertiche (*Phoenix dactylifera*) | ***p. da cocco***, cocco | ***p. dum***, comune in Eritrea, con stipite ramificato, utile per le foglie che forniscono una fibra tessile e per i semi da cui si ottiene l'avorio vegetale (*Hyphaene thebaica*) | ***cuore di p.***, midollo edule dell'apice vegetativo del fusto di alcune palme (*Euterpe edulis, Orbignya martiana*) **SIN.** palmito **2** ramo di palma o d'ulivo che, benedetto nella domenica delle Palme, è distribuito ai fedeli, a memoria dell'entrata di Gesù in Gerusalemme e come segno di pace cristiana | ***domenica delle Palme***, quella che precede la domenica di Pasqua **3** corona o ramo di palma che gli antichi Greci e Romani assegnavano in segno di vittoria | (*fig.*) premio, vittoria: *conseguire, riportare la p.*; *non lauro, o p., ma tranquilla oliva / Pietà mi manda* (F. PETRARCA) | ***p. del martirio***, segno di gloria che Dio concede ai martiri per la fede **4** (*mar.*) ciascuna delle parti singolari e piane alle estremità delle marre ‖ **palmèlla**, **dim.** (V.) | **palmétta**, **dim.** (V.)

palmàre [vc. dotta, lat. *palmāre(m)*, da *pălmus* 'palmo' ✱ av. 1673] **A** **agg. 1** (*anat.*) del palmo: *fascia p.*; *muscolo p.* **CFR.** volare② **2** delle dimensioni di un palmo | che può essere contenuto in un palmo: *computer p.* **3** (*fig.*) che appare evidente: *errore p.*; *è incorso in una p. contraddizione* **SIN.** lampante ‖ **palmarménte**, **avv.** **B** **s. m.** ● (*inform.*) personal computer portatile che può essere contenuto nel palmo della mano **SIN.** palmtop ‖ **palmarìno**, **dim.**

palmarès /*fr.* palma'rɛs/ [vc. fr., deriv. dal pl. (*palmāres*) del lat. *palmāre(m)* 'degno della palma della vittoria' ✱ 1985] **s. m. inv. 1** elenco, classifica dei premiati in una gara, un concorso, un festival e sim.: *il p. del festival del cinema di Cannes '98* | (*est.*) albo d'oro, lista completa dei vincitori passati di una competizione: *il p. del torneo di Wimbledon* **2** (*fig.*) ristretto gruppo di persone al vertice di un determinato settore: *entrare nel p. delle top model* **SIN.** gotha **3** elenco dei riconoscimenti e dei premi ottenuti nel corso di una carriera spec. sportiva o artistica: *avere un p. assai prestigioso*

palmàrio [vc. dotta, lat. tardo *palmāriu(m)* 'onorario dell'avvocato che ha vinto la causa', da *pălma* 'palma②', simbolo di vittoria ✱ 1737] **s. m.** ● (*raro*) compenso corrisposto o promesso dal cliente all'avvocato per l'esito favorevole di una vertenza

palmàta [da *palma*① ✱ sec. XIII] **s. f. 1** percossa con riga e sim. sulla palma della mano che il maestro dava ai ragazzi indisciplinati **2** (*disus.*) tangente, bustarella **3** †stretta di mano che sottolinea l'avvenuta conclusione di un contratto **4** (*lett.*) colpo dato col palmo della mano: *si diede una gran p. nella fronte* (I. NIEVO)

palmatìfido [comp. di *palmato* e *-fido* (dal lat. *-fidus*: V. *bifido*) ✱ 1983] **agg.** ● (*bot.*) detto di foglia palmata divisa fino a metà della distanza fra il margine e il picciolo

palmàto [vc. dotta, lat. *palmātu(m)*, da *pălma* 'palma①' ✱ 1804] **agg.** ● che ha forma di palma | (*zool.*) ***piede p.***, che ha le dita unite da una membrana | (*bot.*) ***foglia palmata***, composta di foglioline tutte inserite a uno stesso livello e disposte a ventaglio

palmatòria [detta così perché viene portata sulla *palma* della mano ✱ 1954] **s. f.** ● piccolo candelabro manuale usato, nelle funzioni e nella lettura dei libri liturgici, dai cardinali, dai vescovi e dagli abati

palmatosètto [comp. di *palmato* e *-setto* (da *setto*②) ✱ 1958] **agg.** ● (*bot.*) detto di foglia palmata divisa fino al picciolo

Pàlme [pl. di *palma*② ✱ 1895] **s. f. pl.** (**sing.** *-a*) ● (*bot.*) nella tassonomia vegetale, famiglia di piante delle Monocotiledoni, dioiche, con fiori in infiorescenze e frutto a bacca o a drupa (*Palmae*)

†**palmeggiàre** [da *palma*①. V. *impalmare*① ✱ 1536] **v. tr. 1** maritare **2** accarezzare con la palma della mano

palmèlla [dim. di *palma*② ✱ 1808] **s. f.** ● alga delle Cloroficee che produce piccole masse mucose sulla terra e nell'acqua (*Palmella*)

palménto [etim. incerta ✱ 1268] **s. m. 1** macina del mulino | insieme delle macine e dell'attrezzatura di un mulino; (*est.*) edificio o locale che ospita tali macine | ***mangiare, macinare a quattro palmenti***, (*lett.*) ***a due palmenti***, (*fig.*) mangiare avidamente; (*lett.*) guadagnare molto, o procurarsi guadagni, anche illeciti, da più fonti **2** nell'Italia meridionale, ampia vasca per la pigiatura dell'uva e la fermentazione del mosto; (*est.*) locale in cui è posta tale vasca: *non avevan le chiavi né dei magazzini, né del p., né della cantina* (L. PIRANDELLO)

pàlmer① [dal n. dell'inventore ✱ 1958] **s. m. inv.** ● micrometro

pàlmer② [dal n. dell'inventore (?) ✱ 1983] **s. m. inv.** ● speciale pneumatico per biciclette da corsa

palméto [vc. dotta, lat. *palmētu(m)*, da *pălma*. V. *palma*② ✱ av. 1499] **s. m.** ● piantagione di palme

palmétta [1758] **s. f.** **1** dim. di *palma*② **2** forma di potatura di piante da frutto per cui, in allevamenti a spalliera, si lasciano sviluppare i rami a destra e a sinistra del fusto principale **3** antico elemento decorativo di tipo vegetale costituito da lobi o petali variamente stilizzati e in numero dispari ‖ **palmettina, dim.**

†**palmière** [ant. fr. *palmier*, da *palme* 'palma②', perché portava come insegne le palme della Terra Santa ✱ av. 1321] **s. m.** ● pellegrino di Terra Santa

palmìfero [comp. di *palma*② e *-fero* ✱ 1749] **agg.** ● (*lett.*) che produce palme

palmifórme [av. 1800] **agg.** ● che ha forma di palma: *colonne palmiformi*

palminèrvio [comp. di *palma* (della mano) e *nervo*; dalle nervature che si diramano come le dita di una mano ✱ 1875] **agg.** ● (*bot.*) detto di foglia con le nervature che irradiano dalla base della lamina divergendo a ventaglio

palmìpede [vc. dotta, dal lat. *palmĭpede(m)*, comp. di *palma*① e *-pede* ✱ 1499] **A** **s. m.** ● denominazione generica di tutti gli uccelli dotati di piedi palmati, con abitudini più o meno acquatiche **B** **anche agg.**: *uccello p.*

palmìsti [fr. *palmiste*, da *palme* 'palma②' ✱ 1927] **s. m. inv.** ● denominazione dei semi della palma da olio | ***olio di p.***, olio grasso estratto dai semi di palma, usato nell'industria alimentare e chimica

palmitàto [da *palmitico* ✱ 1871] **s. m.** ● (*chim.*) sale o estere dell'acido palmitico

pàlmite [vc. dotta, lat. *pălmite(m)*, da *pălma* 'palma②' ✱ 1340 ca.] **s. m.** **1** (*lett.*) tralcio della vite | la vite stessa **2** (*raro, lett.*) tralcio di pianta rampicante

palmìtico [da *palmitina* ✱ 1871] **agg.** (**pl. m.** *-ci*) ● (*chim.*) detto di acido organico o dei composti che ne derivano: *anidride palmitica* | ***acido p.***, acido grasso saturo monobasico, principale costituente degli acidi grassi dell'olio di palma, usato con l'acido stearico nella fabbricazione di candele

palmitìna [dall'(*olio di*) *palma*, da cui viene ricavata ✱ 1871] **s. f.** ● (*chim.*) gliceride dell'acido palmitico

palmìto [vc. sp., da *palma* 'palma②' ✱ 1978] **s. m.** (**pl. sp.** *palmitos*) ● nome con cui è noto commercialmente il cuore di palma (V. *palma*②)

palmìzio [vc. dotta, lat. tardo *palmĭceu(m)*, agg. di *pălma* 'palma②' ✱ av. 1311] **s. m.** **1** palma da datteri **2** ramo grande e intrecciato di palma o d'ulivo che si benedice in chiesa nella funzione della domenica delle Palme

pàlmo [lat. *pălmu(m)*, da *pălma*. V. *palma*① ✱ 1312] **s. m.** **1** distanza compresa tra le estremità del pollice e del mignolo della mano aperta e distesa | (*fig.*) ***restare con un p. di naso***, deluso | ***con un p. di lingua fuori***, ansimante per la corsa | (*a*) ***p. a p.***, gradualmente, a poco a poco; (*fig.*) perfettamente, nei minimi particolari | (*fig.*) ***contrastare a p. a p.***, con grande accanimento **SIN.** spanna **2** (*tosc.*) palma della mano: *mi grattavo con una mano il p. dell'altra* (L. Pirandello) | ***portare, tenere qlcu. in p. di mano***, (*fig.*) considerarlo, stimarlo moltissimo **3** antica misura di lunghezza corrispondente all'incirca a un quarto del metro, cioè a cm 25

pàlmola [vc. dotta, lat. *pălmula(m)*, dim. di *pălma* 'palma①', per la forma ✱ 1868] **s. f.** ● (*tosc.*) forca a due o più rebbi, per paglia e strame

palmóso (o **-ṣ-**) [vc. dotta, lat. *palmōsu(m)*, agg. di *pălma* 'palma②' ✱ av. 1566] **agg.** ● (*lett.*) ricco di palme

pàlmtop /ˈpalmtop, *ingl.* ˈpɑːmˌtɒp/ [vc. ingl., propr. 'cima (*top*) del palmo della mano (*palm*)' ✱ 1991] **s. m. inv.** ● (*inform.*) personal computer portatile di dimensioni tascabili **SIN.** palmare

♦**pàlo** [lat. *pālu(m)*; stessa etim. di *pala*① ✱ 1130] **s. m.** **1** lungo legno a sezione tondeggiante, appuntito a un'estremità, che si conficca nel suolo per recingere, sostenere e sim.: *le piante giovani sono sostenute da pali* | ***dritto come un p.***, di persona che sta rigida e impettita | (*fig.*) ***ha ingoiato un p.***, di chi cammina o sta in posizione rigida | ***saltare di p. in frasca***, (*fig.*) cambiare argomento in modo del tutto illogico e imprevedibile | ***restare, rimanere al p.***, nell'ippica, detto di cavallo che, al momento del via, si rifiuta di partire; (*fig.*) restare fermo mentre gli altri progrediscono | strumento per il supplizio dell'impalamento; (*est., lett.*) il supplizio stesso **2** sostegno verticale o inclinato, in metallo, cemento armato e sim., esteso in lunghezza, usato in fondazioni o come struttura di linee elettriche | ***p. trivellato***, elemento di una fondazione ottenuto eseguendo un getto di calcestruzzo in una profonda cavità praticata nel terreno **3** (*fig., gerg.*) chi sta di guardia mentre i compagni compiono un furto, una rapina e sim.: *fare il p., da p.* **4** nel gioco del calcio, ciascuno dei due montanti che, con la traversa, costituiscono la porta: *colpire un p.* | ***incrocio dei pali***, punto di intersezione fra un palo e la traversa **5** (*mar.*) albero a vele auriche, addizionale a quelli tradizionali di un determinato tipo di veliero: *nave a p.* **6** (*arald.*) pezza che occupa verticalmente la terza parte dello scudo **7** nel bridge, l'insieme delle carte dello stesso seme possedute da un giocatore ‖ **palétto, dim.** (V.) | **palettóne, accr.** | (*lett.*) **paliccìuòlo, dim.**

palómba [f. di *palombo* nel sign. 2 ✱ av. 1511] **s. f.** ● (*zool.*) colombaccio ‖ **palombèlla, dim.** (V.)

palombàccio [sec. XVII] **s. m.** ● (*zool.*) colombaccio

palombàro [etim. incerta ✱ 1314] **s. m.** **1** (**f.** *-a*) operaio specializzato che esegue lavori sott'acqua munito di scafandro e di apposite attrezzature **2** †marinaio che nuotava dalla nave a terra per legare il canapo di manovra all'ormeggio

palombèlla [dim. di *palomba*; nel sign. 2, per la somiglianza tra il volo di questo uccello e la traiettoria del colpo ✱ 1982] **s. f.** **1** piccola palomba **2** (*sport*) pallonetto dalla traiettoria molto arcuata e spiovente, spec. nella pallanuoto **SIN.** colombella

palómbo [vc. dotta, lat. *palŭmbu(m)*, di orig. indeur. ✱ 1440] **s. m.** **1** squalo di piccole dimensioni, mediterraneo, snello, con piccola pinna caudale, pelle ruvida e senza squame, carni commestibili (*Mustelus*) **2** colombo selvatico

palosànto [vc. sp., propr. 'legno santo' ✱ 1992] **s. m.** ● (*bot.*) piccolo albero delle Asteracee, dell'America centro-meridionale, da cui si ricava un'essenza con proprietà analgesiche, antisettiche, toniche e antinfiammatorie (*Gochnatia palosanto*) | ***linfa di p.***, miscela di olio di mandorle dolci ed essenza di palosanto, lenitiva per l'epidermide

✣**palpàbile** [vc. dotta, lat. tardo *palpābile(m)*, da *palpāre* 'palpare' ✱ av. 1342] **agg.** **1** che si può palpare, toccare **CONTR.** impalpabile, intoccabile **2** (*fig.*) che è evidente, manifesto: *un p. errore*; *il suo nervosismo era p.*; *ragioni tanto evidenti e tanto palpabili* (F. Guicciardini) ‖ **palpabilménte, avv.** in modo palpabile (*spec. fig.*) ‖ **palpabilità, s. f. inv.**

palpaménto [vc. dotta, lat. tardo *palpamĕntu(m)*, da *palpāre* 'palpare' ✱ av. 1681] **s. m.** ● (*raro*) il palpare | toccamento

♦**palpàre** [lat. *palpāre*; stessa etim. di *pălpebra* 'palpebra' ✱ 1268] **A** **v. tr.** **1** tastare: *p. il collo, la schiena di un animale*; *p. un tessuto per accertarne la consistenza* | accarezzare, spec. a scopo erotico **2** (*med.*) esaminare con la palpazione | anche in forma pron.: *palparsi un braccio, il fegato* **3** (*fig.*) †lusingare, adulare **B** **v. intr.** (**aus.** *avere*) ● †andare a tentoni

SFUMATURE ➤ ***toccare***

palpàta [1584] **s. f.** ● l'atto del palpare una volta e in fretta: *dare una p. a qlco.* ‖ **palpatìna, dim.**

palpatóre [vc. dotta, lat. *palpatōre(m)*, da *palpātus* 'palpato' ✱ av. 1364] **agg. e s. m.** (**f.** *-trice*) ● (*raro*) che (o chi) palpa | (*fig.*) †lusingatore

palpatòrio [1958] **agg.** (**pl. m.** *-i* o *raro -ii*) ● (*med.*) relativo alla palpazione, rilevabile alla palpazione

palpazióne [vc. dotta, lat. *palpatiōne(m)*, da *palpātus* 'palpato' ✱ sec. XIV] **s. f.** **1** palpamento **2** (*med.*) esame di un organo mediante le percezioni tattili e termiche delle mani

pàlpebra o †**palpèbra** [vc. dotta, lat. *pălpebra(m)*, da un v. **pălpere* 'battere delle ciglia', di orig. onomat. V. *palpare* ✱ av. 1292] **s. f.** ● (*anat.*) ognuna delle due pieghe cutaneo-mucose che ricoprono il bulbo oculare: *p. superiore, inferiore* **CFR.** blefaro-

palpebràle [vc. dotta, lat. tardo *palpebrāle(m)*, da *pălpebra* 'palpebra' ✱ 1829] **agg.** ● (*anat.*) della palpebra | ***rima p.***, l'apertura fra le due palpebre

palpebràre [vc. dotta, lat. tardo *palpebrāre*, da *pălpebra* 'palpebra' ✱ av. 1420] **v. intr.** (*io pàlpebro*; **aus.** *avere*) **1** (*lett.*) muovere spesso le palpebre: *Tutti guardavano alla pianura, quasi senza p.* (B. Fenoglio) **2** (*fig., lett.*) risplendere a tratti: *il cristallo dell'azzurro palpebra* (E. Montale)

palpeggiaménto [av. 1604] **s. m.** ● un palpeggiare prolungato

palpeggiàre [intens. di *palpare* ✱ sec. XIV] **v. tr.** (**pres.** *io palpéggio*; **fut.** *io palpeggerò*) **1** palpare a lungo e con insistenza, ma senza premere troppo: *non palpeggiate la frutta matura* | accarezzare, toccare spec. a scopo erotico **2** (*fig.*) †adulare

palpeggiàta [av. 1861] **s. f.** ● (*raro*) palpata prolungata ‖ **palpeggiatìna, dim.**

†**palpitaménto** [1612] **s. m.** ● palpitazione

palpitànte **part. pres.** di *palpitare*; anche **agg.** **1** che palpita: *cuore palpitante*; *le carni ancora palpitanti delle vittime*; *guardavati / il seno p. tra i veli* (G. D'Annunzio) **2** (*fig.*) fremente, eccitato (+ *di*): *essere p. d'amore, di paura*; *cuore p. d'odio*; *ancora p. per quella sua disperata audacia* (A. Fogazzaro) | (*lett.*) sofferente: *scrivo con un cuore così chiuso e p. dalla disperazione* (G. Leopardi) | ***notizia di p. attualità***, di grande e vivo interesse

✣**palpitàre** [vc. dotta, lat. *palpitāre*, intens. di *palpāre* 'palpare' ✱ av. 1333] **v. intr.** (*io pàlpito*; **aus.** *avere*) **1** sussultare per frequenti e irregolari movimenti: *il cuore gli palpitava violentemente* **SIN.** pulsare **2** (*fig.*) essere in preda a sentimenti o sensazioni molto intense (+ *di*): *p. di gioia, di timore, di angoscia*; *l'aure, che ascolto intorno, / mi fanno palpitar* (P. Metastasio); *non sa più p. per una cosa che conosce vana* (G. Leopardi) | ***p. per qlcu.***, essere in ansia per lui; esserne innamorato **3** (*lett.*) ondeggiare

palpitazióne [vc. dotta, lat. *palpitatiōne(m)*, da *palpitāre* 'palpitare' ✱ 1583] **s. f.** **1** (*med.*) aumento della frequenza dei battiti cardiaci con spiacevole sensazione precordiale di contrazione **2** (*fig.*) viva commozione o emozione: *che p. mi ha dato il rivederlo!* **3** (*lett.*) ondeggiamento | (*lett.*) lampeggio

palpitìo [da *palpitare* col suff. *-io*① ✱ 1932] **s.**

m. (pl. *-ii*) ● un palpitare veloce e frequente

✦**pàlpito** [da *palpitare* ✱ sec. XV] **s. m. 1** singolo battito del cuore **2** (*lett.*) sussulto | (*lett.*) folata di vento, sventolio | (*lett.*) scintillio **3** (*fig.*) agitazione viva dovuta a intensi sentimenti o emozioni: *i palpiti dell'amore*; *avere un p. di odio*

pàlpo [da *palpare* ✱ 1895] **s. m.** ● (*zool.*) appendice articolata con funzioni sensoriali, posta presso la bocca di molti Artropodi

pàlta [dalla stessa base prelatina *palta*, alla quale risale *pantano* ✱ av. 1936] **s. f.** ● (*sett.*) fanghiglia, melma, pantano

paltò [1838] **s. m. inv.** ● adattamento di *paletot* (V.) || **paltoncino**, **dim.** (V.)

paltoncìno [1876] **s. m. 1** dim. di *paltò* | cappotto corto, leggero **2** cappotto per bambino | soprabito per signora

†**paltóne** [da †*paltoniere* ✱ av. 1306] **s. m.** ● paltoniere

†**paltonière** [ant. fr. *pautonier* 'uomo spregevole', di etim. incerta ✱ 1312] **s. m.** (**f.** *-a*); anche **agg. 1** mendico, accattone: *non è da maravigliarsi se volentier dimoran con paltonieri* (G. Boccaccio) **2** canaglia

paludaménto [vc. dotta, lat. *paludamĕntu(m)* 'mantello militare'; stessa etim. di *paludātus* 'paludato' ✱ sec. XIV] **s. m. 1** mantello militare usato spec. dai generali dell'antica Roma **2** (*est.*) abito ampio e regale | (*spreg.*) abito di cattivo gusto, eccessivamente ornato o ricco: *aveva addosso uno strano p.* **3** (*fig.*, **spec. al pl.**) ornamento eccessivo, fronzolo: *paludamenti stilistici*

paludàre [ricavato da *paludato* ✱ 1958] **A v. tr. 1** vestire con il paludamento | (*est.*) ammantare | (*spreg.*) vestire con abiti eccessivamente ricchi o ampi **2** (*fig.*) riempire di fronzoli **B paludàrsi v. rifl.** ● (*fam.*) vestirsi con abiti sontuosi ma di gusto discutibile: *vedessi come si è paludato per l'occasione!*

✦**paludàto** [vc. dotta, lat. *paludātu(m)*, da *Palūda*, epiteto di Minerva, di orig. sconosciuta ✱ sec. XIV] **agg. 1** vestito con abiti importanti o comunque vistosi, spesso di cattivo gusto: *usciva paludata in un mantello rosso*; *arrivano le signore tutte paludate a festa* **2** (*fig.*) solenne, ampolloso: *stile, discorso p.* || **paludataménte**, **avv.**

♦**palùde** [vc. dotta, lat. *palūde(m)*, di orig. indeur. ✱ 1310] **s. f. 1** tratto di terreno depresso di solito ricoperto di acqua stagnante e poco profonda **2** (*fig.*) situazione stagnante, di inerzia e sim.: *la p. del conformismo*

SFUMATURE DI SIGNIFICATO

palude - acquitrino - stagno

Palude è un tratto di terreno depresso in genere di ampie dimensioni, ricoperto di acqua stagnante e poco profonda. **Acquitrino** identifica invece l'acqua che stagna e solo per traslato il terreno che la contiene. Una distesa d'acqua ferma poco profonda, dolce o salmastra, di dimensioni ridotte si definisce **stagno**.

†**paludésco** o †**padulésco** [da *palude* ✱ sec. XIV] **agg.** ● palustre

paludìcolo [comp. del lat. *pălus*, genit. *palūdis* 'palude' e *-colo* ✱ av. 1803] **agg.** ● detto di animale che vive, o di pianta che cresce, nei terreni paludosi

paludìna [dalla *palude*, in cui vive ✱ 1871] **s. f.** ● mollusco gasteropode erbivoro di acqua dolce, con conchiglia bruna globosa (*Paludina vivipara*)

paludìșmo [fr. *paludisme*, da *palus* 'palude' ✱ 1899] **s. m.** ● (*raro*) malaria

paludóso (o **-ș-**) o †**padulóso** [vc. dotta, lat. *paludōsu(m)*, agg. di *pălus*, genit. *palūdis* 'palude' ✱ 1340 ca.] **agg. 1** di palude: *acque paludose* **2** caratterizzato da paludi | ricco di paludi: *terreno p.*; *zona paludosa* **3** (*fig.*, *lett.*) mediocre, inerte, torpido e sim. || **paludosità**, **s. f. inv.**

palùstre [vc. dotta, lat. *palūstre(m)*, agg. di *pălus*, genit. *palūdis* 'palude' ✱ av. 1374] **agg. 1** di palude: *terreno, uccello, vegetazione p.* | *febbre p.*, malaria **2** †paludoso: *valle ima e p.* (F. Petrarca)

palveșàrio [da †*palvese* ✱ av. 1405] **s. m.** ● soldato medievale armato di grande scudo di vimini, detto palvese o pavese

†**palvése** ➤ **pavese**①

pam o **pàmfete** nel sign. 2 [vc. onomat. ✱ 1869] **inter. 1** riproduce il suono di uno sparo di rivoltella o fucile | V. anche *pim* **2** riproduce il rumore prodotto da qlco. che sbatte violentemente o viene colpito con forza o cade a terra pesantemente

pamèla [dal n. della protagonista dell'omonimo romanzo di S. Richardson (1689-1761) ✱ 1856] **s. f.** ● tipo di cappello femminile di paglia

pàmfete ➤ **pam**

pàmpa [vc. sp., dal quechua *pampa* 'pianura' ✱ 1834] **s. f.** (**pl. sp.** *pampas*; **pl. it.** *lett.*, *raro -e*) ● vasta pianura stepposa nel Perù, nella Bolivia e nell'Argentina

pàmpana [var. di *pampano* ✱ sec. XIV] **s. f.** ● (*tosc.*) pampino

pàmpano ➤ **pampino**

pampeàno [sp. *pampeano*, da *pampa* 'pampa' ✱ 1929] **agg.** ● della pampa: *fauna pampeana*

pampepàto ➤ **panpepato**

pamphlet /pan'flɛ*, *fr.* pɑ̃'flɛ/ [vc. fr., dall'ingl. *pamphlet*, da *Pamphilet*, n. di una commedia pop. lat. in versi del sec. XII ✱ av. 1764] **s. m. inv.** ● scritto di tono polemico o satirico **CFR.** libello

SFUMATURE ➤ ***libello***

pamphlettìsta /panflet'tista/ o (*raro*) **panflettìsta** [da *pamphlet* ✱ 1895] **s. m. e f.** (**pl. m.** *-i*) ● autore di pamphlet

pamphlettìstica /panflet'tistika/ o (*raro*) **panflettìstica** [agg. sostantivato f. di *pamphlettistico* ✱ 1983] **s. f.** ● il genere letterario dei pamphlet | la produzione di pamphlet di un'epoca, di un autore o riguardante un determinato argomento

pamphlettìstico /panflet'tistiko/ o (*raro*) **panflettìstico** [av. 1937] **agg.** (**pl. m.** *-ci*) ● (*raro*) relativo ai pamphlet | tipico della pamphlettistica

pampìneo [vc. dotta, lat. *pampĭneu(m)*, agg. di *pămpinus* 'pampino' ✱ av. 1472] **agg. 1** (*lett.*) ricco di pampini: *pur con pampinee fronde Apollo scaccia* (A. Poliziano) **2** (*lett.*) adorno di pampini: *il p. tirso* (G. D'Annunzio)

pampinìfero [comp. di *pampino* e *-fero* ✱ 1728] **agg.** ● (*lett.*) che produce viti | (*est.*) ornato di pampini: *giovine dio p.* (G. D'Annunzio)

pàmpino o (*tosc.*) **pàmpano** [vc. dotta, lat. *pămpinu(m)*, di orig. preindeur. ✱ av. 1320] **s. m. 1** foglia della vite **2** (*lett.*, **spec. al pl.**) vite

pampinóso (o **-ș-**) [vc. dotta, lat. *pampinōsu(m)*, agg. di *pămpinus* 'pampino' ✱ 1504] **agg.** ● (*lett.*) che è ricco o ornato di pampini | (*est.*) pieno di viti: *Sedea sul colle il p. autunno* (I. Pindemonte)

pamplegìa [comp. di *pan-* e *-plegia* ✱ 1895] **s. f.** (**pl.** *-gìe*) ● (*med.*) paralisi generale con particolare riferimento ai quattro arti

pamporcìno ➤ **panporcino**

pampsichìșmo ➤ **panpsichismo**

pan- [gr. *pan-*, nt. (*pân*) dell'agg. *pâs* 'tutto', di orig. incerta] **primo elemento** (*pam-*, **davanti a parola che comincia per bilabiale**) Nella divisione sillabica di alcune parole composte con *pan-* è ammesso considerare il prefisso come prima sillaba anche in violazione delle usuali regole di divisione: ***pan-a-ra-bo*** e ***pan-ot-ti-co*** sono corrette come ***pa-na-ra-bo*** e ***pa-not-ti-co***. Si noti che la divisione con *pan-* in genere si legge più facilmente e meglio corrisponde alla pronuncia effettiva (che di solito introduce una breve pausa dopo il prefisso). ● in parole composte dotte o della terminologia scientifica, significa 'tutto', 'interamente', con particolari determinazioni a seconda del termine cui è aggiunto: *panarabismo, pangermanesimo, panorama, panteismo*

†**panàccia** [var. di *panacea* (?) ✱ sec. XIV] **s. f.** ● miscuglio di aloe, incenso, mirra, meliloto, spigonardo, amomo, anticamente usato per conservare i vini

✦**panacèa** [vc. dotta, lat. *panacēa(m)*, dal gr. *panákeia*, propr. 'che cura tutti i mali', comp. di *pân* 'tutto' (V. *pan-*) e *akêisthai* 'curare, guarire' ✱ 1483] **s. f.** ● rimedio che guarisce tutti i mali o (*fig.*) risolve tutti i problemi: *un tempo certe erbe erano considerate panacee*; *credono d'aver trovato una p. per sanare la crisi dell'economia* **SIN.** toccasana

panachage /*fr.* pana'ʃaʒ/ [vc. fr., deriv. di *panache* 'pennacchio di vari colori', dal lat. tardo *pinnăculu(m)* 'pinnacolo': il suo denominale *panacher* ha così il sign. fig. di 'mettere in una lista elettorale nomi di appartenenti a diversi partiti' ✱ 1919] **s. m. inv.** ● (*polit.*) sistema di votazione che dà all'elettore la possibilità di esprimere preferenze per candidati appartenenti a liste diverse

panache /*fr.* pa'naʃ/ [vc. fr., propr. 'pennacchio', dall'it. *pennacchio* ✱ 1905] **s. m. inv.** ● pennacchio | *far p.*, nell'ippica, detto del capovolgimento di cavallo e cavaliere su un ostacolo

panafricanìșmo [comp. di *panafricano* e *-ismo* ✱ 1963] **s. m.** ● movimento politico che mira a riunire solidalmente tutti gli Stati e i popoli dell'Africa

panafricanìsta [1983] **s. m. e f.** (**pl. m.** *-i*) ● seguace, sostenitore del panafricanismo

panafricàno [comp. di *pan-* e *africano* ✱ 1965] **agg.** ● che concerne tutti i popoli dell'Africa in unione solidale

†**panàggio**① [da *pane*① ✱ av. 1363] **s. m.** ● provvista di pane

†**panàggio**② ➤ **appannaggio**

pànama [dal n. dello Stato di *Panama* ✱ 1858] **s. m. inv.** ● cappello maschile di paglia bianca pregiatissima intrecciata finemente con fibre di una palma dell'America centrale

panamégno (o **-è-**) [1970] **agg. e s. m.** ● panamense

panamènse [1860] **A agg.** ● di Panama **B s. m. e f.** ● abitante o nativo di Panama

panamericanìșmo [comp. di *panamericano* e *-ismo* ✱ 1935] **s. m.** ● movimento politico che mira a collegare stabilmente gli Stati e i popoli dell'intera America

panamericàno [comp. di *pan-* e *americano* ✱ av. 1937] **agg.** ● che concerne l'intera America: *congresso p.*

panarabìșmo [comp. di *panarabo* e *-ismo* ✱ 1929] **s. m.** ● movimento tendente all'unificazione politica fra tutti i popoli arabi

panàrabo [comp. di *pan-* e *arabo* ✱ 1963] **agg.** ● che concerne tutti i popoli arabi: *movimento p.* | fautore del panarabismo

panàre [da *pane*① ✱ 1819] **v. tr.** ● impanare: *p. carne da friggere*

panarèccio ➤ **patereccio**

panàrio [da *pane*① ✱ 1835] **agg.** ● del pane: *industria panaria*

panartrìte [comp. di *pan-* e *artrite* ✱ 1929] **s. f.** ● (*med.*) infiammazione articolare con estensione alle parti molli circostanti e alle formazioni ossee

panașiàtico [comp. di *pan-* e *asiatico* ✱

a b c d e f g h i j k l m n o p q r s t u v w x y z

1965] **agg.** (**pl. m.** *-ci*) • che concerne tutti i popoli asiatici o è relativo al panasiatismo: *politica panasiatica*

panasiatìsmo [comp. di *panasiatico* e *-ismo* ✻ 1929] **s. m.** • movimento che tende alla unificazione dei popoli asiatici su basi politiche, economiche, culturali

panàta [da *pane*① ✻ av. 1389] **s. f.** • minestra preparata con pane raffermo, talvolta grattugiato, bollito in acqua con l'aggiunta di burro e, spesso, di un uovo ‖ **panatèlla**, **dim.**

panatenàico [vc. dotta, lat. *Panathenāicu(m)*, dal gr. *Panathēnaikós*, da *Panathḗnaia* 'Panatenee' ✻ av. 1498] **agg.** (**pl. m.** *-ci*) • relativo alle Panatenee

Panatenèe [vc. dotta, gr. *Panathḗnaia* 'Panatenee', comp. di *pan-* 'pan-' e *Athēnâ* 'Atena' ✻ 1728] **s. f. pl.** • feste solenni, che nell'antica Atene si celebravano nei mesi di luglio e agosto in onore della dea Atena e che culminavano in una processione verso l'Acropoli

panàtica [da *pane*① ✻ av. 1348] **s. f. 1** (*raro*) scorta di pane su un'imbarcazione **2** (*mar., disus.*) vitto fornito al marinaio di una nave mercantile, o l'equivalente in denaro **3** †vettovagliamento **4** (*lett.*) cibo, vivanda

panàto **part. pass.** di *panare*; anche **agg.** • impanato

†**panattièra** [1598] **s. f.** • vassoio per il pane

†**panattière** e deriv. ➤ **panettiere** e deriv.

panatùra [1995] **s. f.** • impanatura

♦**pànca** [longob. *panka*. V. *banco* ✻ sec. XIII] **s. f. 1** sedile per più persone, solitamente costituito da un'asse orizzontale che poggia su quattro piedi | ***scaldare le panche***, (*fig.*) stare in ozio o frequentare la scuola di mala voglia | attrezzo di legno, anche con imbottitura, sul quale si eseguono esercizi ginnici e di sollevamento pesi **SIN.** scanno **2** parte della staffa su cui si appoggia il piede ‖ **pancàccia**, **pegg.** (V.) | **pancàccio**, **pegg. m.** (V.) | **panchétta**, **dim.** (V.) | **panchétto**, **dim. m.** (V.) | **panchìna**, **dim.** (V.) | **pancóne**, **accr. m.** (V.) | (*raro*) **pancùccia**, **dim.**

pancàccia [av. 1527] **s. f.** (**pl.** *-ce*) • pegg. di *panca* | (*tosc.*) ***stare alle pancacce***, star seduti all'osteria o al caffè, oziando e chiacchierando

pancàccio [av. 1802] **s. m. 1** pegg. di *panca* **2** tavolaccio: *i reclusi dormivano sul p.*

pàncake /pan'ke(i)k, *ingl.* 'pæn͵keɪk/ [vc. ingl., propr. 'frittella', comp. di *pan* 'tegame, padella' e *cake* 'dolce rotondo', l'una e l'altra vc. di orig. e area germ. ✻ 1942] **s. m. inv. 1** frittella dolce o salata servita con limone e zucchero, marmellata o salse, tipica specialità anglosassone **2** cosmetico solido da spalmare sul viso per dare un colore e un aspetto uniforme alla pelle

pancàle [da *panca* ✻ 1353] **s. m.** • (*lett.*) drappo con cui si ornavano le panche

pancardìte [comp. di *pan-* e *cardite* ✻ 1958] **s. f.** • (*med.*) coinvolgimento infiammatorio di tutte le componenti cardiache

pancarrè o **pancarré** [comp. di *pan(e)*① e del fr. *carré* 'quadrato', per la forma ✻ 1956] **s. m. inv.** • pane in cassetta

pancàta [da *panca* ✻ av. 1498] **s. f. 1** colpo di panca **2** (*raro*) insieme di persone sedute su una panca **3** †serie di filari di vite

pancèra ➤ **panciera**

pancétta [av. 1548] **s. f. 1** dim. di *pancia* **2** (*fam.*) ventre piuttosto pronunciato, per adipe | ***metter su la p.***, ingrassare **3** parte adiposa della regione ventrale del suino con striature di tessuto magro, salata o affumicata anche insieme alla cotenna | ***p. affumicata***, bacon | ***p. di tonno***, ventresca **4** ***p. di lepre***, pelliccia che si ottiene dal ventre delle lepri **5** †panciera ‖ **pancettìna**, **dim.**

panchétta [av. 1375] **s. f. 1** dim. di *panca* **2** sgabello, poggiapiedi ‖ **panchettìna**, **dim.**

panchétto [1618] **s. m. 1** dim. di *panca* **2** sgabello ‖ **panchettìno**, **dim.**

♦**panchìna** [1789] **s. f. 1** dim. di *panca* **2** sedile in ferro, legno o pietra per più persone: *le panchine della stazione, dei giardini* **3** sedile ai bordi di un campo di gioco riservato all'allenatore, ai tecnici e alle riserve | ***sedere, stare in p.***, (*fig.*) guidare una squadra come allenatore o commissario tecnico | (*est.*) allenatore di calcio, pallacanestro e sim.: *le decisioni della p.* | negli sport a squadre in cui si possono effettuare sostituzioni durante le partite, i giocatori di riserva che restano a disposizione | ***p. lunga***, (*fig.*) ampia disponibilità di giocatori di riserva **4** (*geol.*) varietà di calcare arenaceo misto a tritume di gusci di conchiglie **5** †banchina

panchinàro [da *panchina* col suff. region. *-aro* (V. *-aio*②) ✻ 1982] **s. m.** (**f.** *-a*) • (*gerg.*) atleta di riserva, relegato abitualmente in panchina e impiegato solo occasionalmente

♦**pància** o (*centr., merid.*) **pànza** [lat. *pănticе(m)*, di etim. incerta ✻ 1287] **s. f.** (**pl.** *-ce*) **1** (*colloq.*) ventre: *aver male di p., alla p.* | ***mettere su p.***, ingrassare | ***avere la p.***, essere grasso; detto di donna, essere incinta | ***a p. piena, vuota***, dopo aver mangiato, senza mangiare | ***a p. all'aria***, supino | ***grattarsi la p.***, (*fig.*) oziare | ***tenersi la p. dalle risa***, sbellicarsi dalle risate | ***mal di pancia***, (*fig.*) sensazione di fastidio e di imbarazzo spec. verso iniziative su cui si nutrono forti dubbi e perplessità **2** (*fig.*) rigonfiamento che si forma su superfici lisce: *il muro ha fatto la p.* | parte rigonfia e tondeggiante di recipienti e sim.: *la p. del fiasco, della damigiana* | la parte arrotondata di alcune lettere dell'alfabeto, quali la *a*, la *d*, ecc. ‖ **pancétta**, **dim.** (V.) | **pancìna**, **dim.** | **pancìno**, **dim. m.** | **panciόna**, **accr.** | **panciόne**, **accr. m.** (V.) | (*fam.*) **panciòtta**, **accr.**

panciafichìsmo [da *panciafichista* ✻ 1915] **s. m.** • (*spreg.*) all'epoca della prima Guerra mondiale, pacifismo vile e opportunista

panciafichìsta [da *pacifista* con alterazione sarcastica suggerita dall'espressione 'salvare la *pancia* per i *fichi*' (non esporsi a rischi) ✻ 1915] **s. m. e f.** (**pl. m.** *-i*) • (*spreg.*) all'epoca della prima Guerra mondiale, pacifista vile e rinunciatario

panciàta [1640] **s. f. 1** urto della pancia contro una superficie, per caduta o altro: *dare una p. in terra, in acqua* **2** scorpacciata

pancièra o **pancèra**, †**panzièra** [da *pancia* ✻ 1268] **s. f. 1** maglia tubolare in lana o tessuto elastico, per proteggere l'addome dal freddo o per contenere la parete addominale **2** parte dell'armatura a difesa del ventre **3** †pancia ‖ **pancerìna**, (*raro*) **pancierìna**, **dim.**

panciòlle [da *pancia* col suff. *-olle* ricavato da molti nomi di luogo toscani ✻ sec. XV] **vc.** • solo nella loc. avv. ***in p.***, †***a p.***, a pancia all'aria; (*est.*) in ozio, con tutta comodità: *se ne sta in p. a guardare la televisione*

panciόne o (*centr., merid.*) **panzόne** [av. 1566] **s. m. 1** accr. di *pancia* | ***una donna con il p.***, che è agli ultimi mesi di gravidanza **2** (**f.** *-a*) (*fam.*) persona con una grossa pancia: *guarda quel p.* **3** (*zool.*) rumine

panciòtto [da *pancia* ✻ 1804] **s. m.** • gilet

panciùto o (*centr., merid.*) **panzùto** [av. 1494] **agg. 1** di persona che ha una grande pancia: *uomo p.* **2** (*est.*) di cosa che ha forma arrotondata e sporgente: *vaso p.*; *bottiglia panciuta* ‖ **panciutèllo**, **dim.** | **panciutìno**, **dim.**

panclastìte [comp. di *pan-* e del gr. *klastós* 'spezzato' (V. *-clastia*), con suff. aggettivale ✻ 1884] **s. f.** • miscela esplosiva, preparata al momento dell'uso, formata da ipoazotide e sostanze combustibili quali petrolio, benzolo, olio di catrame, e sim.

pancόne [av. 1452] **s. m. 1** accr. di *panca* **2** grossa asse di legno, spec. il ripiano del banco di falegname o altro artigiano **3** strato di terreno rado e compatto, situato a diversa profondità: *incontrare un p. durante lo sterro* **4** (*mus.*) somiere del pianoforte

pancòtto [comp. di *pan(e)*① e *cotto* ✻ 1478] **s. m.** • minestra preparata con pane bollito in acqua e condito con sale, burro, formaggio grattugiato e, talvolta, salsa di pomodoro

pancràtico [dal gr. *pankratḗs* 'signore di tutto, onnipotente', comp. di *pan-* 'pan-' e *krátos* 'forza' (V. *-crazia*) ✻ 1871] **agg.** (**pl. m.** *-ci*) • detto di sistema ottico, realizzato con lenti, che permette di formare su di un piano fisso degli ingrandimenti variabili dell'immagine di un oggetto | ***cannocchiale p.***, cannocchiale terrestre a ingrandimento variabile con continuità

pancraziàste [vc. dotta, lat. *pancratiăste(n)*, dal gr. *pankratiastḗs*, da *pankrátion* 'pancrazio' ✻ 1551] **s. m.** • atleta partecipante al pancrazio

pancràzio① [vc. dotta, lat. *pancrătiu(m)*, dal gr. *pankrátion*, comp. di *pan-* 'pan-' e *krátos* 'forza' (V. *-crazia*) ✻ av. 1604] **s. m.** • presso gli antichi Greci, competizione che comprendeva la lotta e il pugilato

pancràzio② [dal gr. *pankrátion*, deriv. dell'agg. *pankratḗs* 'onnipotente' ✻ 1585] **s. m.** • (*bot.*) genere delle Amarillidacee, a grandi bulbi, foglie lineari e infiorescenze con fiori bianchi profumati; alcune specie sono spontanee nelle regioni mediterranee e in India (*Pancratium*) | ***p. marino***, comune sulle coste mediterranee (*Pancratium maritimum*) **SIN.** giglio marino

pàncreas [vc. dotta, gr. *pánkreas*, comp. di *pan-* 'pan-' e *kréas* 'carne', di orig. indeur. ✻ av. 1568] **s. m. inv.** • (*anat.*) ghiandola addominale annessa all'apparato digerente, situata nell'angolo duodenale, che ha una secrezione esterna di succo pancreatico e una interna di insulina

pancreàtico [1684] **agg.** (**pl. m.** *-ci*) • del pancreas: *dotto p.* | ***succo p.***, contenente numerosi enzimi digestivi

pancreatìna [dal gr. *pánkreas*, genit. *pánkreatos* (V. *pancreas*) ✻ 1871] **s. f.** • ormone secreto dalla mucosa duodenale, che promuove la secrezione del pancreas

pancreatìte [comp. di *pancreas* e *-ite*① ✻ 1829] **s. f.** • (*med.*) infiammazione del pancreas

pancristiàno [comp. di *pan-* e *cristiano* ✻ 1928] **agg.** • detto di movimento che tende a ricostituire l'unità delle Chiese cristiane

pancromàtico [comp. di *pan-* e *cromatico* ✻ 1930] **agg.** (**pl. m.** *-ci*) • (*fotogr.*) detto di emulsione sensibile a luce di tutte le lunghezze d'onda visibili dall'occhio umano

pancronìa [comp. di *pan-* e un deriv. di *chrónos* 'tempo' (V. *crono-*) ✻ 1967] **s. f.** • carattere dei fatti (storici, linguistici ecc.) considerati da un punto di vista universale, indipendentemente da limiti di spazio e di tempo **CFR.** diacronia ‖ **pancrònico**, **agg.** (**pl. m.** *-ci*) relativo a pancronia; ***linguistica pancronica***, studio dei fatti linguistici che prescinde dall'aspetto spaziale o temporale

pànda [vc. del Nepal ✻ 1875] **A** **s. m. inv.** • mammifero carnivoro delle montagne himalayane, simile a un grosso gatto, con pelliccia delicatissima e pregiata, nera sul ventre, ruggine sul dorso (*Ailurus fulgens*) **SIN.** ailuro, panda minore | ***p. gigante***, panda tibetano, bianco e nero, grande quanto un orso e con coda brevissima, che si nutre in prevalenza di germogli e foglie di bambù (*Ailuropoda melanoleuca*); specie protetta perché a rischio di estinzione SIN. orso del bambù **B agg. inv.; anche s. m. e f. inv.** ● (*fig.*) che (o chi) rischia di scomparire e deve perciò essere salvaguardato, protetto: *negozio p.*; *una trasmissione culturale considerata un p.*

Pandanàcee [vc. dotta, comp. di *pandano* e *-acee* ✱ 1829] **s. f. pl. (sing. *-a*)** ● (*bot.*) famiglia di piante delle Monocotiledoni arboree e arbustive con foglie intere, spinose, inserite a elica (*Pandanaceae*)

pandàno [vc. malese ✱ 1829] **s. m.** ● genere di alberi delle Pandanacee coltivati nelle zone tropicali per i frutti simili ad ananas commestibili e per le fibre tessili che si ricavano dalle foglie (*Pandanus*)

pandèiro /pan'deiro, *portog.* pan'deiru/ [vc. portog., dall'arabo *bandar* 'tamburo' ✱ 1980] **s. m. inv. (pl. portog. *pandeiros*)** ● strumento a percussione simile a un tamburello, tipico della musica popolare brasiliana, con dischetti metallici inseriti nel cerchio di legno che tende la membrana

pandemìa [vc. dotta, gr. *pandēmía* 'tutto il popolo', comp. di *pan-* 'pan' e *dêmos* 'popolo' (V. *democrazia*) ✱ 1821] **s. f.** ● (*med.*) epidemia a larghissima estensione, senza limiti di regione o di continente

pandèmico [1966] **agg. (pl. m. *-ci*)** ● (*med.*) detto di malattia epidemica (per es. l'influenza o il colera) che tende a diffondersi rapidamente e ovunque

pandèmio [vc. dotta, gr. *pandḗmios* 'di tutto il popolo, comune', da *pandēmía* 'tutto il popolo'. V. *pandemia* ✱ 1818] **agg.** ● (*lett.*) che appartiene a tutti | ***venere pandemia***, (*lett.*, *eufem.*) prostituta | (*lett.*) sensuale

♣**pandemònio** [ingl. *pandemonium*, vc. creata da J. Milton, nel suo poema *Paradiso perduto*, per indicare la capitale dell'inferno, comp. del gr. *pân* (V. *pan-*) e *daimónion* 'demonio' ✱ 1730] **s. m. (pl. *-i* o raro *-ii*)** **1** (*raro*, *lett.*) raduno di demoni | (*lett.*) luogo di corruzione: *le tristi arti della finzione e la falsità in quel p. della Capitale* (L. PIRANDELLO) **2** (*fig.*) grande e rumoroso disordine, tremenda confusione: *fare, scatenare un p.* SIN. diavoleto, frastuono | protesta clamorosa

†**pàndere** [vc. dotta, lat. *pandere* 'stendere, spiegare', di etim. incerta ✱ 1321] **v. tr. (difett. usato solo al pres. indic. e raro nei tempi derivati dal pres.)** ● manifestare: *quando il colombo si pone / presso al compagno, l'uno a l'altro pande, / girando e mormorando l'affezione* (DANTE *Par.* XXV, 19-21)

pandètte (o **-é-**) [vc. dotta, lat. tardo *Pandĕctae*, nom. pl., dal gr. *pandéktai*, propr. 'che comprendono tutto', comp. di *pan-* 'pan-' e *déchesthai* 'ricevere, accogliere', di orig. indeur. ✱ 1585] **s. f. pl.** **1** ampie trattazioni di diritto romano pubblicate da antichi giureconsulti: *le pandette di Ulpiano, di Modestino* **2** (*per anton.*) il Digesto di Giustiniano

pandettìsta [1895] **s. m. e f. (pl. m. *-i*)** ● (*dir.*) autore o studioso di pandette

pandettìstica [1941] **s. f.** ● (*dir.*) studio delle pandette

pandiatonicìsmo [da *pandiatonic(o)* con il suff. *-ismo* ✱ 1991] **s. m.** ● (*mus.*) tecnica compositiva della prima metà del Novecento, basata sull'uso libero dei sette gradi della scala diatonica con esclusione dei cromatismi

pandiatònico [comp. di *pan-* e *diatonico* ✱ 1989] **agg. (pl. m. *-ci*)** ● (*mus.*) proprio del pandiatonicismo

pandiculazióne [ingl. *pandiculation*, dal lat. *pandiculāri* 'distendersi, allungarsi', da *pandere* 'stendere, spiegarsi'. V. †*pandere* ✱ 1835] **s. f.** ● (*med.*) il complesso degli stiramenti muscolari che generalmente accompagnano lo sbadiglio

pandispàgna o **pan di Spàgna** [da *Spagna*, luogo vero o presunto di provenienza del dolce ✱ 1765] **s. m. inv.** ● dolce a base di farina, fecola di patate, uova e zucchero, talvolta con l'aggiunta di un po' di burro

pàndit [indostano *paṇḍit*, dal sanscrito *paṇḍitáḥ*, di etim. incerta ✱ 1819] **s. m. inv.** ● in India, titolo attribuito ai dotti, spec. agli studiosi di lingua e letteratura sanscrita

pandólce [comp. di *pane*① e *dolce* ✱ av. 1872] **s. m.** ● dolce natalizio tipico di Genova, in forme tondeggianti, il cui impasto è simile a quello del panettone

pandòra ➤ **pandura**

pandorìna [dal n. mitico *Pandora* ✱ 1930] **s. f.** ● alga delle Cloroficee che forma colonie sferoidali con ciglia superficiali per il movimento (*Pandorina morum*)

pandòrio [av. 1625] **s. m.** ● (*mus.*) pandura

pandòro [da *pan(e)*① *d'oro* ✱ 1927] **s. m.** ● dolce tipico di Verona, di color giallo dorato molto lievitato, dalla caratteristica forma a tronco di cono

pandùra o **pandòra** [vc. dotta, lat. *pandūra(m)*, dal gr. *pandoûra*, di etim. incerta ✱ 1561] **s. f.** ● (*mus.*) specie di liuto a tre corde di origine mesopotamica, che fu accolto dalla civiltà greco-romana e in modelli similari è documentato anche nel Medio Evo SIN. tricordo

pandùro [dal croato *pàndūr*, n. di una milizia creata per difendere i confini della Croazia dai Turchi, forse dal lat. mediev. *banděriu(m)* 'appartenente a una banda' ✱ av. 1782] **s. m.** **1** appartenente alle milizie dei signori feudali ungheresi | a partire dal sec. XVII, soldato di origine ungherese appartenente a speciali reparti delle truppe austro-ungariche schierati ai confini meridionali dell'Impero **2** (*lomb.*, *ven.*) persona rozza e violenta

♦**pàne**① [lat. *pāne(m)*, dalla stessa radice di *pāscere* 'pascere' ✱ 1158] **s. m.** **1** alimento che si ottiene cuocendo al forno un impasto di farina, solitamente di frumento, e acqua, condito con sale e fatto lievitare: *impastare, lievitare, infornare, cuocere, sfornare il p.* | ***p. caldo***, sfornato da poco | ***p. fresco***, di giornata | ***p. raffermo***, non fresco ma neppure stantio | ***p. stantio***, duro e ammuffito | ***p. bianco***, di farina di frumento | ***p. di segale, avena, orzo***, di farina di tali cereali con aggiunta di farina di frumento | ***p. misto, di mistura***, di una miscela di farine | ***p. inferigno***, di farina di cruschello | ***p. nero, integrale***, con farina non abburattata, contenente cioè anche la crusca | ***p. di semola***, di fior di farina | ***p. di glutine***, di farina senz'amido, per diabetici | ***p. giallo***, o ***di meliga***, con farina di granturco e segale | ***p. biscottato***, croccante anche nell'interno per lunga e lenta cottura | ***p. azzimo***, senza lievito né sale | ***p. arabo***, V. *arabo* | ***p. condito***, all'olio, al burro, al latte | ***pan grattato***, V. *pangrattato* | ***pan unto***, V. *panunto* | ***pan biscotto***, V. *biscotto* nel sign. A 2 | ***mettere qlcu. a p. e acqua***, punire qlcu. con tale limitazione del vitto | ***gli manca il p.***, è all'estremo limite della miseria | ***per un tozzo di p.***, (*fig.*) per pochissimo, a bassissimo prezzo | ***buono come il p.***, (*fig.*) si dice di persona d'ottimo carattere | (*fig.*) ***essere p. e cacio***, essere legati da intima amicizia | ***se non è zuppa è pan bagnato***, fra le due cose non c'è una gran differenza | (*fig.*) ***rendere pan per focaccia***, vendicarsi | (*fig.*) ***dire p. al p. e vino al vino***, parlare apertamente, senza mezzi termini | (*fig.*) ciò in cui si riesce meglio: *le imitazioni sono il suo p.* | (*fig.*) ***non è p. per i suoi denti***, è cosa superiore alle sue capacità o possibilità | (*fig.*) ***trovar p. per i propri denti***, avere dinanzi un ostacolo o un avversario molto duro | (*est.*) vitto o mezzo di sostentamento: *il nostro p. quotidiano* | anche, spec. un tempo, come obiettivo di rivendicazione sociale: *il popolo vuole p.*; *p. e giustizia!* | ***perdere il p.***, restare senza lavoro | ***togliere, togliersi il p. di bocca***, V. *bocca* nel sign. 3 | ***mangiare il p. a ufo, a tradimento***, vivere facendosi mantenere e senza lavorare | ***misurare il p.***, dar poco da mangiare; (*fig.*) essere avaro | ***guadagnarsi il p.***, lavorare per vivere | PROV. ***chi ha p. non ha denti e chi ha denti non ha p.***, chi possiede un dato bene non riesce a goderselo e chi potrebbe goderselo non lo possiede **2** ciascuna delle forme in cui vien cotta la pasta lievitata: *un p. di due etti*; *mangiare tre pani* | ***p. a*** (o ***in***) ***cassetta, pan carré***, bianchissimo e soffice, con latte e burro, cotto a forma di parallelepipedo e usato per tramezzini e toast **3** tipo di pasta dolce variamente confezionata | ***pan di Spagna***, V. *pandispagna* | ***pan pepato***, V. *panpepato* | ***pan giallo***, V. *pangiallo* | ***pan santo***, certosino | ***p. coi fichi***, di farina gialla impastata con fichi secchi, tipico del Milanese | ***p. di miglio***, dolce milanese a base di farina di granoturco, uova, burro e zucchero | ***pan di ramerino***, di farina impastata con olio in cui è soffritto il rosmarino e con uva passa, preparato in Toscana durante la Quaresima | ***pan schiavonesco***, dolce di mollica di pane, mosto cotto, miele, mandorle tritate e noci, tipico del Molise | ***p. degli angeli***, dolce a base di farina, zucchero e chiara d'uovo (V. anche sign. 4) **4** (*fig.*) nutrimento spirituale: *il p. della scienza* | ***il P. degli angeli***, l'eucaristia; (*fig.*) ogni nutrimento dell'anima | ***spezzare il p. della scienza***, insegnare | (*est.*) ciò che alimenta qlco. **5** (*est.*) piccola massa di sostanze confezionata in forma di parallelepipedo: *un p. di burro, di cera* | ***pani di metallo***, lingotti | ***cappello a pan di zucchero***, a cono, tipico del costume di alcune regioni italiane **6** terra lasciata intorno alle radici di piante da trapiantare **7** ***albero del p.***, artocarpo | ***pan di cuculo***, orchidea comunissima nei prati con due tuberi radicali, foglie verde chiarissimo, fiori porporini con labello prolungato in uno sperone (*Orchis morio*) | ***pan di serpe***, gigaro italico | ***pan porcino***, V. anche *panporcino* ‖ **panèllo**, **dim.** (V.) | **panétto**, **dim.** (V.) | **panìno**, **dim.** (V.) | **panóne**, **accr.**

NOMENCLATURA

pane

● *caratteristiche*: casalingo = casereccio; condito (all'olio, al burro, al latte; integrale, senza sale = insipido), al finocchio, al sesamo, alle olive, alle noci, dolce, a pasta dura; di segale, d'avena, d'orzo, di glutine, di miglio, misto, inferigno, di soia, di semola; biscottato, tostato = abbrustolito, inzuppato, grattato; buono ⇔ cattivo, ben cotto ⇔ mal cotto, appena sfornato = fragrante = fresco ⇔ raffermo = secco = vecchio, stantio, soffice ⇔ croccante, tenero ⇔ duro, bianco ⇔ nero, lievitato ⇔ azzimo; comune ⇔ di lusso;
● *tipi di pane*: pagnotta, pagnottella = pagnottina = michetta = panino, rosetta; bastone = filone, bastoncino = sfilatino = filoncino, baguette; ciriola, toscano, pugliese, arabo, treccia, ciambella, ciabatta, panfocaccia, focaccia, schiacciata; pane in cassetta, pan carré; grissino, cracker = tartina, galletta; carta da musica, spianata, piadina, taralli, friselle, fette biscottate, crostini, farinata, pizza, calzone; sandwich, tramezzino; tozzo, pezzo, tocco, fetta, briciola, crosta, mollica.

pàne② [lat. *pānu(m)* 'filo (del tessitore)', dal gr. dorico **pânos*, attico *pênos*, di etim. incerta ✱ 1550] **s. m.** ● (*mecc.*) spira del maschio della vite, corrispondente al verme della femmina SIN. filetto

♣**panegìrico** [vc. dotta, lat. *panegỹricu(m)*, dal

gr. *panēgyrikós* (*lógos*) 'discorso per un'assemblea', agg. di *panḗgyris* 'adunanza di tutto il popolo, assemblea solenne', comp. di *pan-* 'pan-' e *ágyris* 'adunanza', da *agéirein* 'raccogliere', di etim. incerta ✱ 1483] **A** **s. m.** (**pl.** *-ci*) **1** orazione o opera in prosa o in poesia di tono oratorio e con fini celebrativi: *i panegirici di Claudiano, del Marino, di Bossuet* **2** scritto o discorso in lode di qlcu., spec. della Madonna o di un Santo, o sui misteri cristiani, con intenti glorificatori **3** (*fig.*) eccessiva esaltazione: *ha intessuto un p. attorno alla sua opera* **B** **agg.** ● (*raro, fig.*) eccessivamente elogiativo || **panegiricaménte**, **avv.** (*raro*) con toni e modi da panegirico

SFUMATURE ➤ *apologia*

panegirìsta [vc. dotta, lat. tardo *panegyrĭsta(m)*, dal gr. *panēgyristḗs*, che significava però 'che prende parte all'adunanza solenne', da *panḗgyris* 'adunanza di tutto il popolo'. V. *panegirico* ✱ 1659] **s. m. e f.** (**pl. m.** *-i*) **1** autore di panegirici: *i panegiristi del Seicento* **2** (*fig.*) chi loda entusiasticamente

pànel /'panel, *ingl.* 'pæn(ə)l/ [vc. ingl., propr. 'gruppo di persone' ✱ 1983] **s. m. inv.** **1** gruppo di esperti: *un p. di pediatri* | (*est.*) riunione di tale gruppo **2** (*stat.*) campione rappresentativo di un insieme di persone, la cui composizione rimane invariata nel corso di successivi sondaggi, allo scopo di studiare l'evoluzione temporale del carattere osservato | ***p. di consumatori***, gruppo di famiglie scelte secondo criteri di rappresentatività socioeconomica, disposte a registrare giornalmente tutti i dati riguardanti i loro acquisti

panelìsta [da *panel* ✱ 1960] **s. m. e f.** (**pl. m.** *-i*) ● chi fa parte di un panel

panèlla [da *pan(e)* con il suff. dim. *-ella*, f. di *-ello* ✱ 1884] **s. f.** ● (*cucina*) termine che indica, a seconda delle aree regionali, varietà diverse di pani o di focacce: *la p. siciliana di farina di ceci*

panellènico [dal gr. *panellḗnios* 'di tutti i greci', comp. di *pan-* 'pan-' ed *ellḗnios* 'ellenico', rifatto su *ellenico* ✱ 1895] **agg.** (**pl. m.** *-ci*) ● che riguarda tutti i Greci uniti: *giochi panellenici*

panellenìsmo [1935] **s. m.** ● movimento tendente all'unificazione politica dei popoli di stirpe greca

panèllo [av. 1597] **s. m.** **1** dim. di *pane*① **2** residuo solido della spremitura di semi oleosi, usato in pani per l'alimentazione del bestiame

panencefalìte [comp. di *pan-* ed *encefalite* ✱ 1984] **s. f.** ● (*med.*) infiammazione delle componenti (sostanza bianca e grigia) dell'encefalo

panenteìsmo [ted. *Panentheismus*, dal gr. *pân en theô(i)* 'tutto in Dio' col suff. *-ismus* '-ismo' ✱ 1895] **s. m.** ● (*filos.*) concezione metafisica elaborata in Germania nei primi decenni dell'Ottocento, che costituisce una sintesi fra teismo e panteismo

paneréccio ➤ **patereccio**

paneróne ➤ **pannarone**

panettàio [da *panetto* ✱ 1966] **s. m.** (**f.** *-aia*, **pl. m.** *-ai*) ● operaio di burrificio addetto alla panettatrice

panettatrìce [da *panetto* ✱ 1958] **s. f.** ● macchina che confeziona il burro in pani, nei burrifici

♦**panetterìa** o (*centr., sett.*) †**panatterìa** [da *panettiere* ✱ 1379] **s. f.** ● luogo dove si fanno o si vendono il pane e altri prodotti da forno (biscotti, torte, focacce, pizze, ecc.)

♦**panettière** o †**panattière** [ant. fr. *panetier*, dal lat. *pānis* 'pane①' ✱ 1296] **s. m.** (**f.** *-a*) ● chi fa o vende pane | proprietario o gestore di una panetteria SIN. fornaio

panétto [sec. XIV] **s. m.** **1** dim. di *pane*①; panino | confezione di una sostanza in piccole forme regolari e compatte gener. di peso standard: *un p. di burro* **2** nel gergo teatrale, applauso a scena aperta

panettóne [milan. *panattón*, da *pane*① ✱ 1803] **s. m.** **1** tipico dolce milanese a forma di cupola, tradizionalmente consumato nelle feste natalizie, ottenuto facendo cuocere al forno un impasto di farina, uova, burro, zucchero, uva sultanina, scorza d'arancia e cedro canditi: *I panettoni mezzo tagliati aprivano fauci gialle e occhiute* (I. CALVINO) | ***mangiare il p.***, (*fig., colloq.*) riuscire a conservare un incarico fino a Natale: *il ministro rischia di non mangiare il p.* **2** (*fig.*) blocco cilindrico a cupola, usato come barriera o dissuasore di sosta || **panettoncìno**, **dim.**

paneuropèo [comp. di *pan-* ed *europeo* ✱ 1897] **agg.** ● che comprende o riguarda tutta l'Europa

pànfilo o †**pànfano**, †**panfìlio** nel sign. 2 [vc. dotta, gr. *pámphylos* '(nave) della *Panfilia*', antica regione dell'Asia Minore oggi appartenente alla Turchia ✱ av. 1348] **s. m.** **1** yacht **2** nave a vela e a remi simile alla galea, ma più piccola, usata nel Mediterraneo nei secc. XIV e XV

panflettìsta e deriv. ➤ **pamphlettista** e deriv.

panfòrte [comp. di *pane*① e *forte* ('duro') ✱ 1804] **s. m.** ● tipico dolce senese, di forma tonda e schiacciata, a base di farina, mandorle, nocciole, canditi, zucchero o miele, spezie, e cotto al forno

pangàṣio [adattamento di una vc. vietnamita ✱ 1954] **s. m.** ● (*zool.*) genere dei Teleostei dei Siluriformi, diffuso nelle acque dolci asiatiche dove può raggiungere 2 m di lunghezza; viene allevato ed esportato per l'acquariofilia e gli usi alimentari (*Pangasius hypophthalmus*)

Pangèa [vc. coniata da A. Wegener (1880-1930), comp. di *pan-* e *-gea*, dal gr. *gê* 'Terra' ✱ 1931] **s. f.** ● (*geol.*) nella teoria della deriva dei continenti, nome dato all'insieme delle terre emerse che, fino al primo Mesozoico, costituivano un unico blocco

pangermanéṣimo o **pangermaniṣmo** [comp. di *pan-* e *germanesimo* ✱ 1873] **s. m.** ● movimento politico aspirante all'unità di tutti i popoli germanici

pangermanìsta [1898] **A** **s. m. e f.** (**pl. m.** *-i*) ● fautore del pangermanesimo **B** **anche agg.**: *aspirazioni pangermaniste*

pangermanìstico [1928] **agg.** (**pl. m.** *-ci*) ● del pangermanesimo, dei pangermanisti

pangiàllo o **pan giàllo** [comp. di *pan(e)*① e *giallo* ✱ 1883] **s. m.** ● dolce natalizio tipico di Roma, a base di farina di granturco, uva passa, mandorle, noci, pinoli, zucchero

pangolìno [ingl. *pangolin*, dal malese *pang-goling*, propr. 'colui che si arrotola' ✱ 1772] **s. m.** ● genere di Mammiferi asiatici e africani dei Folidoti, privi di denti, con corpo rivestito di robuste squame cornee ẹmbricate, forti artigli e lunghissima lingua vischiosa per catturare gli insetti (*Manis*)

pangràmma [comp. di *pan-* e *-gramma* ✱ 1988] **s. m.** (**pl.** *-i*) ● frase che contiene tutte le lettere dell'alfabeto ripetute il minor numero di volte (per es.: *'Pago X Factor, DJ, quiz? Male. Bevo un whisky!'*)

pangrattàto [comp. di *pane*① e *grattato* ✱ 1619] **s. m.** ● pane raffermo grattugiato, usato per impanare o per altre preparazioni

pània [lat. *pāgina(m)* 'pergolato', da *pāngere* 'ficcare, fissare', di orig. indeur. (?) ✱ av. 1320] **s. f.** **1** sostanza vischiosa estratta dalle bacche del vischio quercino e usata per catturare piccoli uccelli **2** (*est.*) qualunque sostanza appiccicosa **3** (*fig., lett.*) lusinga, inganno, trappola: *cadere nella p.*; *chi mette il piè su l'amorosa p., / cerchi ritrarlo, e non v'inveschi l'ale* (L. ARIOSTO) || **panióne**, **accr. m.** (V.)

panicastrèlla [da *panico*② ✱ av. 1590] **s. f.** ● (*bot.*) giavone

panicàto [detto così per i muscoli che sembrano pieni di chicchi di *panico* ✱ av. 1597] **agg.** ● detto di carne bovina e suina che presenta panicatura

panicatùra [da *panicato* ✱ 1922] **s. f.** ● malattia dei Suini e dei Bovini che presentano cisticerchi nei muscoli SIN. cisticercosi

panìccia o **panìzza** [lat. tardo *panīciu(m)*, var. di *panīcum* 'panico②' ✱ sec. XIII] **s. f.** (**pl.** *-ce*) ● in Piemonte, risotto con fagioli e cavoli | in Liguria, polentina di farina di ceci | (*tosc.*) farinata, polentina; (*est.*) poltiglia

†**panichìna** [etim. incerta ✱ av. 1400] **s. f.** ● meretrice

♦**pànico**① [vc. dotta, lat. *pānicu(m)*, dal gr. *panikós*, agg., 'del dio *Pan*', che incuteva timore ai viandanti ✱ 1565] **A** **agg.** (**pl. m.** *-ci*) **1** (*mitologia*) del dio Pan | (*lett.*) che ricorda tale dio e il suo culto: *la danza panica si placa* (G. D'ANNUNZIO) | ***timor p.***, paura improvvisa e incontrollabile (che gli antichi ritenevano provocata dalla presenza del dio Pan) **2** (*lett.*) della natura e del suo divenire, in quanto manifestazioni dirette della divinità: *sentimento p. della vita* || **panicità**, **s. f. inv.** (*lett.*) panismo **B** **s. m.** ● timore repentino che annulla la ragione e rende impossibile ogni reazione logica: *farsi prendere dal p.* | (*est.*) psicosi, allarme collettivo: *la folla era in preda al p.* | (*psicol.*) ***attacco di p.***, improvviso episodio acuto di ansia, caratterizzato da tachicardia, tremore, sensazione di soffocamento o analoghi sintomi

SFUMATURE ➤ *paura*

panìco② [lat. *panīcu(m)*, da *pānus* 'spiga del miglio', prima 'tumore, ascesso': detto così perché ricorda per la forma una bobina (?). V. *pane*② ✱ sec. XIII] **s. m.** (**pl.** *-chi*) ● pianta erbacea delle Graminacee con infiorescenze a pannocchia molto compatta, coltivata, come il miglio, per l'alimentazione degli uccelli (*Setaria italica*)

†**panicòcolo** ➤ †**panicuocolo**

panicolàto [dall'ant. *panicola* 'pannocchia', dal lat. tardo *panīcula(m)*, dim. di *pānus*. V. *panico*② ✱ av. 1499] **agg.** ● (*bot.*) che ha forma di pannocchia | ***fusto p.***, a rami profondamente suddivisi con fiori numerosi | ***ombrella panicolata***, con ramificazioni disposte a pannocchia

†**panicuòcolo** o †**panicòcolo** [comp. dal lat. *pānis* 'pane①' e *cŏquere* 'cuocere' ✱ sec. XIV] **s. m.** (**f.** *-a*) ● fornaio che cuoceva il pane fatto da altri

panièra [da *paniere* ✱ av. 1292] **s. f.** **1** cesta bassa di vimini, grande e con due manici: *riporre nella p. il bucato asciutto* **2** panierata || **panierétta**, **dim.** | **panierìna**, **dim.**

panieràio [1551] **s. m.** (**f.** *-aia*, **pl. m.** *-ai*) **1** fabbricante o venditore di panieri o ceste **2** in Sicilia, lavorante addetto alla raccolta degli agrumi **3** †venditore ambulante di granaglie o altro in panieri

panieràta [1871] **s. f.** ● quantità di merce o di oggetti contenuta nel paniere o nella paniera

panière [fr. *panier*, dal lat. *panāriu(m)* 'cesta per il pane', da *pānis* 'pane①' ✱ 1287] **s. m.** **1** cesto di vimini, a fondo generalmente circolare, con un solo manico in cui si può infilare il braccio: *un p. di frutta, di uova* | (*fig.*) ***far la zuppa nel p.***, fare qlco. di inutile | ***rompere le uova nel p. a qlcu.***, (*fig.*) mandare all'aria i suoi piani, progetti e sim. **2** panierata: *un p. di fichi, di fragole* **3** (*econ.*) insieme di prodotti di largo consumo, di servizi, di titoli, ecc., sul cui costo o valore si calcola un indice: *il costo della vita si misura su un p. di beni e servizi essenziali* ‖ **panierétto**, **dim.** | **panierino**, **dim.** (V.) | **panieróne**, **accr.** | **panierùccio**, †**panierùzzo**, **dim.** | †**panierùzzolo**, **dim.**

panierino [av. 1574] **s. m. 1** dim. di *paniere* **2** cestino usato dai bambini per portare a scuola la colazione o la merenda

panificàbile [da *panificare* ✱ 1954] **agg.** ● che è adatto alla panificazione: *farina p.* ‖ **panificabilità**, **s. f. inv.**

panificàre [vc. dotta, lat. tardo *panificāre*, comp. di *pānis* 'pane①' e *-ficāre* '-ficare' ✱ av. 1606] **A v. tr.** (*io panìfico, tu panìfichi*) ● trasformare in pane, usare per fare il pane: *p. la farina* **B v. intr.** (**aus.** *avere*) ● fare il pane: *oggi non si panifica* ‖ **panificazióne**, **s. f.** lavorazione del pane

panificatóre [da *panificare* ✱ 1942] **s. m.** (**f.** *-trice*) ● chi fa il pane **SIN.** fornaio

panifìcio [vc. dotta, lat. *panificiu(m)* 'fabbricazione del pane', comp. di *pānis* 'pane①' e *-ficium* '-ficio' ✱ 1750] **s. m. 1** †panificazione **2** luogo dove si fa il pane | (*est.*) negozio in cui si vende il pane

panifòrte [rifatto dal pl. *paniforti*, comp. di *pani* 'pannelli' e il pl. di *forte* ✱ 1934] **s. m.** ● pannello ottenuto rivestendo un telaio di listelli con due fogli di compensato, usato spec. per infissi interni

panigàccio [deriv. dal sett. *panigo* 'panico②' ✱ 1931] **s. m.** ● (*cucina*) focaccia a base di farina, sale, olio e acqua, simile al testarolo, specialità della Lunigiana

paninàro [dal bar *Panino* di Milano, luogo d'incontro di giovani ✱ 1984] **s. m.** (**f.** *-a*) ● negli anni '80 del Novecento e spec. a Milano, appartenente a gruppi di giovani frequentatori di paninoteche e fast-food, caratterizzati anche da capi d'abbigliamento e accessori ricercati **CFR.** tozzo

panineria [da *panino* col suff. *-eria* ✱ 1983] **s. f.** ● paninoteca

♦**panino** [1837] **A s. m. 1** dim. di *pane* **2** piccolo pane, solitamente di forma tonda | ***p. imbottito, ripieno***, (*ellitt.*) ***panino***, tagliato a metà e variamente farcito | ***p. alla piastra***, panino imbottito e poi riscaldato su una piastra di cottura **3** nel gergo televisivo, servizio politico in cui lo spazio concesso all'opposizione è preceduto da uno spazio dato al governo e seguito da un commento della maggioranza che lo sostiene **B in funzione di agg. inv.** ● nella loc. ***giornale p.***, giornale che è venduto abbinato a un altro giornale o a una rivista ‖ (*fam.*) **paninàzzo**, **pegg.** | **paninétto**, **dim.**

paninotèca [comp. di *panino* e *-teca* ✱ 1981] **s. f.** ● locale pubblico specializzato nella preparazione e vendita di panini o tramezzini variamente farciti **SIN.** panineria

panióne [av. 1543] **s. m. 1** accr. di *pania* **2** antico strumento da caccia costituito da un grosso bastone impaniato o invischiato, usato per prendere uccelli

panișlàmico [1958] **agg.** (**pl. m.** *-ci*) ● del panislamismo

panișlamișmo [comp. di *pan-* e *islamismo* ✱ 1965] **s. m.** ● movimento politico che aspira alla unità di tutti i popoli islamici

panișmo [dal n. del dio *Pan* (V. *panico①*) e *-ismo* ✱ 1915] **s. m.** ● (*lett.*) sentimento panico verso la natura

†**paniùzza** [da *pania* con sovrapposizione di *pagliuzza* ✱ av. 1566] **s. f.** ● piccolo fuscello impaniato

panìzza ➤ **paniccia**

panlògico [1965] **agg.** (**pl. m.** *-ci*) ● del panlogismo

panlogișmo [ted. *Panlogismus*, comp. del gr. *pân* 'tutto' (V. *pan-*) e *lógos* 'idea, ragione' (V. *-logo*) ✱ 1904] **s. m.** ● nella definizione di Johann E. Erdmann (1805-1892), la filosofia di Hegel, in quanto risolve la realtà in razionalità | (*est.*) razionalismo assoluto

♦**pànna①** [da *panno*, perché copre il latte come un *panno* copre gli oggetti su cui è disteso. Cfr. *appannare* ✱ av. 1548] **s. f.** ● parte grassa del latte, ottenuta dal latte per affioramento spontaneo, quando viene lasciato in riposo | ***p. montata***, sbattuta fino a conferirle aspetto e consistenza soffice e schiumosa | ***p. cotta*** o (con grafia unita) ***pannacotta***, dolce ottenuto facendo cuocere la panna con zucchero, vaniglia, gelatina o altro addensante, quindi riversandola in uno stampo dove raffreddando si consolida

pànna② [da *panno* (?) ✱ 1813] **s. f.** ● (*mar.*) immobilità forzata di un'imbarcazione a vela per totale assenza di vento: *essere in p.* | (*est.*) manovra effettuata da un'imbarcazione orientando opportunamente la velatura, in modo da arrestarla: *mettere in p.* | (*tecnol.*) ostruzione galleggiante e amovibile impiegata per chiudere un bacino, per difendere dall'inquinamento specchi d'acqua e spiagge o per isolare fonti di dispersione di sostanze inquinanti

pànna③ **s. f.** ● adattamento di *panne* (V.)

pannacòtta ➤ **panna①**

pannaiòlo o (*lett.*) **pannaiuòlo** [da *panno* ✱ sec. XIV] **s. m.** (**f.** *-a*) ● (*tosc.*) produttore o commerciante di stoffe

†**pannaménto** [da *panno* ✱ sec. XIV] **s. m.** ● (**spec. al pl.**) capo di vestiario | drappeggio

pannàre [da *panna①* ✱ 1803] **v. intr.** (**aus.** *avere*) ● fare la panna, detto del latte

pannaròla [da *pannare* ✱ 1803] **s. f.** ● (*tosc.*) spannatoia

pannaróne o **panneróne**, **paneróne** [dal milan. *panera* 'panna①' ✱ 1931] **s. m.** ● formaggio grasso di pasta bianca, dal sapore forte, tipico della Lombardia **SIN.** gorgonzola bianco

panne /pan, 'panne, *fr.* pan/ [vc. fr. di etim. incerta ✱ 1905] **s. f. inv.** ● arresto nel funzionamento di un autoveicolo dovuto a un guasto al motore: *essere, rimanere in p.*; *ho la macchina in p.* **CFR.** panna③

panneggiaménto [1663] **s. m.** ● il panneggiare | panneggio

panneggiàre [da *panno* ✱ 1550] **A v. intr.** (**pres.** *io pannéggio*; **fut.** *io panneggerò*; **aus.** *avere*) **1** drappeggiare **2** †lavorare il panno **B v. tr.** ● (*raro, lett.*) rappresentare una figura con ampi drappeggi

panneggiàto **A part. pass.** di *panneggiare*; **anche agg.** ● drappeggiato **B s. m.** ● drappeggio

pannéggio [da *panneggiare* ✱ av. 1750] **s. m.** ● drappeggio

pannellàre [denominale di *pannello* ✱ 1988] **v. tr.** (*io pannèllo*) ● inchiodare o incollare dei pannelli di legno o altro materiale su una superficie, per rivestirla, isolarla, ornarla e sim.

pannellatùra [da *pannellare* ✱ 1982] **s. f. 1** (*raro*) il pannellare **2** serie di pannelli

pannellìsta [1987] **s. m. e f.** (**pl. m.** *-i*) ● tecnico od operaio esperto nell'installazione di pannelli

pannèllo [lat. parl. **pannĕllu(m)*, dim. di *pănnulus*, dim. di *pănnus* 'panno' ✱ 1908] **s. m. 1** (*raro*) tessuto sottile e leggero | pezza di tessuto piuttosto piccola | tela non troppo consistente | (*abbigliamento*) lembo di tessuto fissato per un solo lato su un abito femminile di tono elegante **2** riquadro decorativo spec. di legno, spesso dipinto, scolpito, intarsiato, per porte, ante di mobili o pareti **3** qualsiasi elemento di chiusura o riparo racchiuso in un telaio portante | ***p. isolante***, lastra di materiale vario che si applica alle pareti per isolarle dall'umidità o dai suoni | ***p. radiante***, negli impianti di riscaldamento degli edifici, elemento scaldante costituito spec. da una serpentina di tubi d'acciaio percorsi da acqua calda, che viene inglobata in pareti, soffitti o pavimenti | ***p. solare***, V. *solare①* | ***p. nobilitato***, V. *nobilitato* | ***p. tamburato, a tramezzino***, V. *tamburato* **4** (*elettr.*) quadro sul quale vengono portati i comandi ed eventualmente gli strumenti indicatori di apparecchiature **5** piccolo riquadro di carta trasparente che, nelle buste a finestrella, consente la lettura dell'indirizzo scritto sulla lettera ‖ **pannellétto**, **dim.** | **pannellìno**, **dim.**

panneróne ➤ **pannarone**

panneurite [comp. di *pan-* e *neurite①* ✱ 1958] **s. f.** ● (*med.*) neurite generalizzata | ***p. endemica***, beri-beri

pannicèllo [sec. XIV] **s. m. 1** dim. di *panno* **2** (**spec. al pl.**) †indumento leggero o di poco valore **3** ***pannicelli*** (***caldi***), nella medicina popolare spec. del passato, pezzuole di lana o tela impregnate di sostanze medicamentose o riscaldate e quindi applicate sulla pelle a scopo curativo; (*fig.*) rimedio insufficiente

pannicolite [comp. di *pannicol(o)* e del suff. *-ite* ✱ 1958] **s. f.** ● (*med.*) infiammazione del tessuto adiposo sottocutaneo **SIN.** adiposite

pannìcolo [vc. dotta, lat. *pannĭculu(m)*, dim. di *pănnus* 'panno' ✱ av. 1320] **s. m. 1** pannicello **2** (*anat.*) membrana | ***p. adiposo***, strato di grasso nel tessuto sottocutaneo

†**panniculàto** [dal lat. *pannĭculus*, dim. di *pănnus* 'panno' ✱ 1499] **agg.** ● che forma come un velo

†**panniculazióne** [av. 1519] **s. f.** ● aspetto di ciò che è panniculato

†**pannière** [1618] **s. m.** ● fabbricante o venditore di stoffe e tessuti

pannilàno ➤ **pannolano**

pannilìno ➤ **pannolino②**

pànning /'pannin(g), *ingl.* 'pænɪŋ/ [vc. ingl., dal v. *to pan* 'eseguire una panoramica', 'ruotare' ✱ sec. XX] **s. m. inv. 1** tecnica di ripresa fotografica di un oggetto in movimento che riesce a dare all'immagine l'effetto del dinamismo **2** (*inform.*) trascinamento di un'immagine col mouse, che si effettua tenendo il tasto premuto

♦**pànno** [lat. *pănnu(m)*, di etim. incerta ✱ 1211] **s. m. 1** spec. in passato, tessuto, stoffa: *una pezza di p.* | ***p. lano***, V. *pannolano* | ***p. lino***, V. *pannolino②* **2** tessuto di lana cardata, pesante, per cappotti, abiti pesanti, tappeti da biliardo e sim. | (*est.*) pezza di lana grossa: *p. per stirare* | ***p. funebre, mortuario***, il drappo steso sulla bara **3** parte o pezzo di tessuto, destinato a vari usi: *coprirsi con un p.*; *un bambino ravvolto in pochi panni* | ***essere bianco come un p. lavato***, (*fig., lett.*) essere mortalmente pallido **4** (**spec. al pl.**) indumento, abito, veste: *panni leggeri, pesanti, estivi, invernali* | ***non stare più nei propri panni***, (*fig.*) essere contentissimo | ***mettersi nei panni di qlcu.***, (*fig.*) immaginare di essere nelle sue stesse condizioni | ***stringere i panni addosso a qlcu.***, (*fig., lett.*) metterlo alle strette, costringerlo a fare qlco. | ***tagliare i panni addosso a qlcu.***, parlarne male, far della maldicenza: *Ci tagliamo i panni addosso l'uno con l'altro* (A.M. ORTESE) | ***sapere di che panni qlcu. veste***, (*fig.*) conoscere ciò che pensa, desidera, vuole e sim. | **PROV.** ***i panni sporchi si lavano in famiglia***, le faccende delicate e le beghe vanno risolte all'interno dell'ambiente in cui si presentano, senza coinvolgere gli estranei **5** †pellicola che si forma alla superficie di alcuni liquidi | †membrana: *il p. dell'uovo* **6** (*med.*) superficie irregolare della cornea per infiltrazione cellulare e vascolare a seguito di processi infiammatori ‖ **pannèllo**, **dim.** | **pannétto**, **dim.** | **pannicèllo**, **dim.** (V.) | **pannolìno**, **dim.** (V.) | **pannùccio**, **dim.**

pannòcchia① o (*pop.*) **spannòcchia** [lat. tardo *panŭcula(m)*, per il classico *panĭcula(m)*, da *pānus* 'spiga del miglio'. V. *panico*② ✱ av. 1320] **s. f. 1** (*bot.*) infiorescenza a grappolo in cui ciascuno dei rami laterali forma a sua volta grappoli SIN. tirso **2** correntemente, spiga di mais, di miglio, di panico, e di altre Graminacee ‖ **pannocchiétta**, **dim.** | **pannocchìna**, **dim.** (V.)

pannòcchia② [detta così per la sua somiglianza con una *pannocchia* ✱ 1930] **s. f.** ● (*zool.*) cicala di mare

pannocchìna [dim. di *pannocchia*① ✱ 1625] **s. f.** ● pianta erbacea perenne delle Graminacee, comune nei prati e nei boschi, ottima foraggera (*Dactylis glomerata*) SIN. erba mazzolina, spiga bianca

pannogràfico [comp. di *panno* e *-grafico* ✱ 1983] **agg.** (**pl. m.** *-ci*) ● nella loc. ***lavagna pannografica***, riquadro di panno su cui si possono disporre figure di cartone o di plastica, utilizzato come materiale didattico

pannolàno o **pànno làno**, **pannilàno** [comp. di *panno* e *lana* ✱ av. 1347] **s. m.** (**pl.** *pannilàni*) ● tessuto di lana morbido e fitto, usato spec. per coperte da letto

pannolènci® ➤ **Lenci**

pannolìno① [1211] **s. m. 1** dim. di *panno* **2** piccola pezza di lino o cotone usata in passato per l'igiene femminile nel periodo mestruale (oggi gener. sostituita dagli assorbenti igienici) e per i neonati | rettangolo di materiale particolarmente assorbente, gener. cellulosa, usato per i neonati | ***p. mutandina***, sagomato a forma di mutandina, con uno strato esterno impermeabile

pannolìno② o **pannilìno**, †**pànno lìno** [da *panno* (*di*) *lino* ✱ av. 1348] **s. m.** (**pl.** *pannilìni*) **1** (*lett.*) tessuto, spec. di lino **2** (**al pl.**, *lett.*) capo di biancheria intima o di biancheria in genere

pannolóne [da *pannolino*① con il suff. opposto *-one*① ✱ 1989] **s. m.** ● grosso assorbente igienico per adulti sofferenti di incontinenza

pannònico [vc. dotta, lat. *Pannŏnicu(m)*, da *Pannŏnia* ✱ av. 1292] **agg.** (**pl. m.** *-ci*) ● della Pannonia, regione storica corrispondente in parte all'attuale Ungheria

pannònio [vc. dotta, lat. *Pannonĭu(m)*, da *Pannŏnia* ✱ 1585] **A agg.** ● della Pannonia **B s. m.** (**f.** *-ia*) ● abitante o nativo della Pannonia

pannóso (o -ṣ-) [vc. dotta, lat. *pannōsu(m)*, da *pănnus* 'panno' ✱ av. 1311] **agg. 1** †cencioso **2** (*lett.*) tipico di un panneggio; morbido: *vesti pannose*

panoftalmìte [comp. di *pan-*, *oftalmo-* e *-ite*① ✱ 1883] **s. f.** ● (*med.*) processo infiammatorio suppurativo del bulbo oculare, che interessa tutte le membrane

panografìa [adattamento dell'ingl. *panography*, comp. di *pano(ramic)* 'panoramica' e *(photo)-graphy* 'fotografia' ✱ 2006] **s. f.** ● (*fotogr.*, *inform.*) creazione di un'immagine digitale ottenuta montando insieme parti dello stesso soggetto riprese da differenti angolazioni e talora anche con luce diversa

panòplia [vc. dotta, gr. *panoplía*, comp. di *pan-* e *hóplon* 'arma' (V. *oplite*) ✱ av. 1729] **s. f. 1** il complesso delle parti di un'armatura intera **2** trofeo d'armi appeso a un muro | motivo decorativo che raffigura una composizione con armi bianche, corazza ed elmo | (*est.*, *lett.*) insieme di oggetti esposti

♦**panoràma** [comp. di *pan-* e del gr. *hórama* 'vista, spettacolo', da *horân* 'vedere', di orig. indeur. ✱ 1824] **s. m.** (**pl.** *-i*) **1** veduta generale, complessiva di un luogo, una zona e sim.: *il p. della città*; *uno splendido p. di monti* **2** (*fig.*) complesso di dati, problemi e situazioni, insieme di elementi concreti e di motivi inerenti un settore dell'attività umana: *il p. politico, storico, scientifico* | descrizione, rassegna, esposizione: *un p. della letteratura inglese*; *fare un p. della situazione* **3** nel gergo teatrale, grande fondale ricurvo, dipinto in tinta unita e neutra, atto a dare l'illusione del cielo

SFUMATURE DI SIGNIFICATO

panorama - veduta - paesaggio - scenario

Si dice **panorama** la vista, generalmente da un luogo elevato, di un territorio di ampie dimensioni che si presenta allo sguardo come uno spettacolo gradevole. Suo sinonimo è **veduta**, che si riferisce tuttavia allo sguardo di aree meno estese di quelle di un panorama, anche se altrettanto gradevoli. **Paesaggio** è, come i termini precedenti, una parte di territorio che si abbraccia con lo sguardo, ma l'accento è posto in particolare sugli aspetti fisici e antropici che lo caratterizzano. **Scenario**, che in senso proprio indica l'insieme dei fondali e delle quinte che costituiscono la scena teatrale, fa riferimento, nel contesto delle parole qui analizzate, al paesaggio naturale che costituisce lo sfondo di avvenimenti o attività.

panoràmica [1915] **s. f. 1** fotografia ripresa spec. con obiettivo grandangolare **2** ripresa cinematografica o televisiva ottenuta mediante il movimento orizzontale della macchina da presa ruotante su sé stessa CFR. carrellata | (*fig.*) rassegna generale e sommaria: *fare una p. della situazione economica* CFR. carrellata **3** strada con vista panoramica **4** (*med.*) radiografia della cavità orale che dà una visione completa dell'arcata dentaria

panoramicàre [da *panoramica* ✱ 1975] **v. intr.** e (*raro*) **tr.** (*io panoràmico, tu panoràmichi*; **aus.** *avere*) ● (*cinema*, *tv*) effettuare una ripresa, ruotando la macchina in senso orizzontale | effettuare una ripresa seguendo un soggetto in movimento

panoràmico [1840] **agg.** (**pl. m.** *-ci*) **1** che consente di vedere un vasto panorama: *strada panoramica*; *appartamento p.* | ***obiettivo panoramico***, (*fotogr.*) grandangolare | ***schermo p.***, molto largo e leggermente incurvato **2** (*fig.*) complessivo, generale, anche se per lo più sintetico: *esame p. della situazione internazionale* ‖ **panoramicaménte**, **avv. 1** dal punto di vista del panorama **2** (*fig.*) in modo complessivo e sintetico ‖ **panoramicità**, **s. f. inv.**

panormìta [vc. dotta, gr. *Panormîta* dal n. della città, *Pánormos* ✱ 1476] **agg.** e **s. m.** e **f.** (**pl. m.** *-i*) ● (*lett.*) palermitano | ***il P.***, (*per anton.*) l'umanista Antonio Beccadelli (1394-1471)

panòrpa [comp. di *pan-* e del gr. tardo *hórpe* 'falce', di etim. incerta, per la forma delle zampe ✱ 1835] **s. f.** ● insetto dei Mecotteri, tipico dei prati umidi, in cui il maschio ha l'addome terminante a pinza tenuta sollevata e rivolta in avanti (*Panorpa communis*) SIN. mosca scorpione

panòttico① [comp. di *pan-* e *ottico* ✱ sec. XX] **agg.** (**pl. m.** *-ci*) ● (*biol.*) detto di un metodo di colorazione istologica che permette di differenziare i vari componenti dei tessuti

panòttico② [dall'ingl. *panopticon*, comp. del gr. *pān* 'tutto' e *optikón*, nt. dell'agg. *optikós* 'visibile' ✱ 1895] **s. m.**; anche **agg.** (**pl. m.** *-ci*) ● (*archit.*) edificio carcerario di forma circolare, secondo il modello introdotto da J. Bentham nel sec. XVIII, con vano centrale dal quale si controllano visivamente le celle perimetrali | (*est.*) edificio, spec. adibito a carcere, con un corpo centrale da cui si dipartono bracci disposti radialmente

panpepàto /pampe'pato/ o **pan pepàto**, **pampepàto** [comp. di *pane*① e *pepato* ✱ sec. XV] **s. m.** ● dolce a base di farina impastata con miele, mandorle, canditi, buccia d'arancia e spezie

panporcìno /pampor'tʃino/ o **pan porcìno**, **pamporcìno** [comp. di *pane*① e *porcino*, perché è cibo gradito ai porci ✱ sec. XIII] **s. m.** ● (*pop.*) ciclamino

panpsichìṣmo /pampsi'kizmo/ o **pampsichìṣmo** [comp. di *pan-*, del gr. *psychḗ* 'anima' (V. *psiche*①) e *-ismo* ✱ av. 1952] **s. m.** ● concezione filosofica che attribuisce alla realtà fisica caratteristiche e dinamismi propri della vita psichica: *il p. rinascimentale*

panromànẓo [comp. di *pan-* e *romanzo*① ✱ 1958] **agg.** ● (*ling.*) comune a tutte le lingue neolatine

panrùsso [comp. di *pan-* e *russo* ✱ 1919] **agg.** ● (*stor.*) relativo a un movimento sviluppatosi in Russia nel XIX sec. il quale sosteneva la necessità dell'unione di tutte le popolazioni slave sotto l'egemonia della Russia come nazione guida

pansé (o -è) o **panzé** (o -è) [1877] **s. f. inv.** ● adattamento di *pensée* (V.)

pansessuàle [comp. di *pan-* e *sessuale* ✱ 1983] **agg.** ● ispirato a pansessualismo: *atmosfera p.* ‖ **pansessualità**, **s. f. inv. 1** (*raro*) pansessualismo **2** (*psicoan.*) attrazione sessuale indipendente dal genere dell'altra persona

pansessualìṣmo [comp. di *pan-*, *sessual(e)* e *-ismo* ✱ 1931] **s. m.** ● (*psicol.*) concezione che pone l'istinto sessuale alla base di ogni attività psichica

panṣlavìṣmo [comp. di *pan-* e *slavismo* ✱ 1851] **s. m.** ● movimento politico aspirante all'unità di tutti i popoli slavi

panṣlavìsta [1869] **A s. m.** e **f.** (**pl. m.** *-i*) ● fautore, seguace del panslavismo **B agg.** ● relativo al panslavismo o ai panslavisti: *movimento p.*

panṣlàvo [comp. di *pan-* e *slavo* ✱ 1906] **agg.** ● che è comune a tutti i popoli di etnia, cultura e lingua slava

pansótto [vc. ligure, da *pansa* 'pancia' per il rigonfiamento della pasta ✱ av. 1548] **s. m.** ● (*cucina*) raviolo triangolare farcito con un impasto alle erbe, tipico della cucina ligure: *pansotti con salsa di noci*

panspermìa [vc. dotta, gr. *panspermía*, comp. di *pan-* 'ogni' e *spérma* 'seme' ✱ 1987] **s. f.** ● ipotesi scientifica secondo cui le forme viventi più semplici migrerebbero attraverso lo spazio trasportate da comete e meteoriti, colonizzando così sempre nuovi pianeti

panspeziàle [comp. di *pan(e)*① e un deriv. di *spezie*②, perché condito con alcune spezie ✱ 1983] **s. m.** ● certosino, nel sign. B 4

pànta **s. m. inv.** ● accorc. di *pantacollant*

pantacàlza [da *panta(lone)* e *calza* ✱ 1985] **s. f.** ● tipo di pantalone femminile elasticizzato e molto aderente SIN. leggings, fuseaux, pantacollant

pantacollànt /pantakol'lan/ [da *panta(lone)* e *collant* ✱ 1985] **s. m. inv.** ● (*raro*) pantacalza

pantagónna (o -ò-) [comp. di *panta(loni)* e *gonna* ✱ 1971] **s. f.** ● gonna pantalone

♣**pantagruèlico** [da *Pantagruel*, personaggio del romanzo *Gargantua et Pantagruel* di F. Rabelais, dotato di un appetito formidabile ✱ 1889] **agg.** (**pl. m.** *-ci*) ● degno di Pantagruel | ***pranzo p.***, ricchissimo di cibi e bevande | ***appetito p.***, smodato, insaziabile ‖ **pantagruelicaménte**, **avv.**

pantajazz /panta'dʒɛts*, -'dʒɛz/ [comp. di *panta(lone)* e *jazz* ✱ 1997] **s. m. inv.** ● (**spec. al pl.**) pantaloni in tessuto elasticizzato, molto aderenti, talora in versione più larga o ter-

P

minante a zampa di elefante, usati per praticare la danza e lo sport, o per il tempo libero

pantalàssico [comp. di *pan-* e *talasso-*, con suff. aggettivale ✱ 1958] **agg.** (**pl. m.** *-ci*) • (*biol.*) detto di organismo capace di vivere in mare, sia vicino alla costa sia al largo

pantaleóne ➤ **pantalone**②

pantalonàio [da *pantalone*① ✱ 1936] **s. m.** (**f.** *-aia*, **pl. m.** *-ai*) • chi confeziona pantaloni

pantalonàta [da *Pantalone*, maschera veneziana ✱ av. 1789] **s. f.** • (*raro, lett.*) modo stupido di comportarsi

pantaloncìno [da *pantalone* col suff. dim. *-ino* e l'infisso analogico *-c-* ✱ av. 1944] **s. m.** **1** dim. di *pantalone*① **2** (**spec. al pl.**) calzoni corti indossati da bambini e atleti, o usati come indumento estivo: *pantaloncini da tennis*

♦**pantalóne**① [fr. *pantalons*, da *Pantalone*, la maschera veneziana che li indossava ✱ 1809] **A** **s. m.** • (**spec. al pl.**) calzone, nei sign. 1 e 2 | ***farsela nei pantaloni***, (*fam.*) farsi addosso i propri bisogni; (*fig.*) avere molta paura | ***portare i pantaloni***, (*fig., scherz.*) avere in famiglia il ruolo dominante tradizionalmente attribuito all'uomo | ***pantaloni alla pescatora***, V. *pescatore* ‖ **pantalonàccio**, **pegg.** | **pantaloncìno**, **dim.** (V.) **B** **in funzione di agg. inv.** • (posposto al sost.) nella loc. ***gonna p.***, detto di gonna sportiva tagliata a foggia di largo pantalone

pantalóne② o **pantaleóne** [da *Pantaléon* Hebenstreit (1669-1750) che lo inventò ✱ 1954] **s. m.** • (*mus.*) strumento della famiglia del salterio, a corde percosse con bacchette | (*raro*) pianoforte verticale

Pantalóne③ [in veneto *Pantalón* 'Pantaleone', n. proprio molto diffuso, che, assegnato alla maschera del mercante ricco e avaro, finì per impersonare il popolo onesto, mite e sottomesso ✱ 1574] **s. m.** **1** maschera veneziana della commedia dell'arte che rappresenta un vecchio mercante ricco e avaro, spesso gabbato e, in fondo, bonario | persona mascherata da Pantalone **2** (*fig., per anton.*) persona, spec. anziana, facoltosa e molto avara, vittima predestinata di beffe e ingiustizie | (*scherz.*) ***tanto paga P.***, espressione usata per indicare che sono sempre le stesse persone a far le spese di inefficienze e sperperi altrui

pantàna [detto così perché sta nel *pantano* ✱ av. 1871] **s. f.** • uccello dei Caradriformi, con lunghe zampe, bianco macchiato di nero, di passo e invernale in Italia; predilige zone d'acqua e si nutre di pesci (*Tringa nebularis*)

pantàno [vc. di orig. preindeur. ✱ 1310 ca.] **A** **s. m.** **1** terreno con acqua bassa e stagnante | (*est., lett.*) palude **2** (*fig.*) situazione intricata da cui è difficile uscire: *finire in un p.*; *un p. di guai* ‖ **pantanàccio**, **pegg.** **B** **agg.** • †fangoso

pantanóso (o *-ṣ-*) [av. 1292] **agg.** **1** pieno d'acqua e di fango: *terreno p.* | ***erbe pantanose***, che crescono nei pantani **2** (*fig., lett.*) monotono | (*fig., lett.*) abietto

pantavènto [comp. di *panta(lone)* e *vento*, sul modello di *giacca a vento* ✱ 1992] **s. m. inv.** • (**spec. al pl.**) pantaloni impermeabili indossati sopra gli altri pantaloni da sciatori, motociclisti ecc. come riparo dal freddo e dalle intemperie

pantedésco [comp. di *pan-* e *tedesco* ✱ 1963] **agg.** (**pl. m.** *-schi*) • relativo ai Tedeschi o alle popolazioni di stirpe tedesca

pantegàna [vc. veneta, dal gr. *póntikos* 'topo', propr. 'del Ponto Eusino' ✱ av. 1832] **s. f.** • (*sett.*) grosso topo di fogna

panteìṣmo [fr. *panthéisme*, dall'ingl. *pantheism*, comp. del gr. *pân* 'pan-', *théos* 'dio' (V. *teobroma*) e del suff. *-ism* '-ismo' ✱ 1756] **s. m.** • concezione filosofico-religiosa secondo cui tutta la realtà è identificabile con Dio

panteìsta [fr. *panthéiste*, dall'ingl. *pantheist*. V. *panteismo* ✱ av. 1748] **s. m. e f.** (**pl. m.** *-i*) • chi segue o si ispira al panteismo

panteìstico [1756] **agg.** (**pl. m.** *-ci*) • relativo al panteismo o ai panteisti | che si ispira al panteismo ‖ **panteisticaménte**, **avv.** in modo panteistico; secondo i principi del panteismo

pànteon ➤ **pantheon**

♦**pantèra** [vc. dotta, lat. *panthēra(m)*, dal gr. *pánthēr*, genit. *pánthēros*, vc. di orig. orient. ✱ 1266] **s. f.** **1** (*zool.*) leopardo | ***p. nera***, varietà dell'Asia sud-orientale, dal mantello nero | (*fig.*) donna dal corpo flessuoso e dal carattere aggressivo **2** (*gerg.*) automobile veloce degli agenti della Polizia di Stato **3** ***Pantere nere***, movimento politico rivoluzionario dei neri americani sviluppatosi negli Stati Uniti dopo il 1966 **4** nel linguaggio giornalistico, movimento di protesta degli studenti universitari italiani sorto nel 1990 (con riferimento a una pantera, sfuggita a un privato, che all'inizio del 1990 vagava nella campagna romana) ‖ **panteróna**, **accr.**

pantésco [da *Pant(elleria)* ✱ 1958] **A** **agg.** (**pl. m.** *-schi*) • dell'isola di Pantelleria **B** **s. m.** (**f.** *-a*) • abitante o nativo dell'isola di Pantelleria

pàntheon /ˈpanteon/ o **pànteon** [vc. dotta, gr. *pántheon* 'tempio di tutti gli dei', comp. di *pan-* 'pan-' e *théos* 'dio' (V. *teobroma*) ✱ 1362] **s. m. inv.** **1** tempio dedicato a tutte le divinità: *il P. di Roma* | l'insieme delle divinità della religione greco-romana e (*est.*) di qualsiasi altra religione **2** (*est.*; spec. con iniziale maiuscola) tempio dove sono sepolti i personaggi illustri di una nazione: *il P. di Parigi* | (*fig.*) luogo ideale che raccoglie opere o personaggi illustri: *il p. della storia dell'arte*

pànto-, -pànto [dal gr. *pâs*, genit. *pantós* 'tutto'] **primo e secondo elemento** • in parole dotte composte significa 'tutto', 'ogni cosa': *pantoclastia, pantofobia, pantoptosi*

pantoclastìa [da *panto-* sul modello di *iconoclastia* ✱ 1899] **s. f.** • mania di distruzione

pantocràtore [vc. dotta, gr. *pantokrátōr*, genit. *pantokrátoros* 'onnipotente', comp. di *panto-* 'panto-' e *krátos* 'forza, potere' (V. *-crazia*) ✱ 1821] **agg. e s. m.** (**f.** *-trice*) • (*lett.*) che (o chi) è onnipotente: *Giove p.*; *Dio p.* | (*arte*) ***Cristo p.***, immagine di Cristo benedicente tipica delle chiese bizantine, gener. in mosaico e posta nell'abside

pantòfago [comp. di *panto-* e *-fago* ✱ 1835] **agg.** (**pl. m.** *-gi*) • (*zool.*) detto di animale che si ciba di qualunque cosa **SIN.** onnivoro

pantofobìa [comp. di *panto-* e *-fobia* ✱ 1749] **s. f.** • (*psicol.*) stato di grave apprensione per cui tutto suscita paura, che si riscontra in persone affette da disturbi psichici ‖ **pantofòbico**, **agg.** (**pl. m.** *-ci*) relativo a pantofobia ‖ **pantòfobo**, **s. m.** (**f.** *-a*) chi soffre di pantofobia

♦**pantòfola** [etim. incerta ✱ av. 1502] **s. f.** • calzatura da casa, di morbida pelle, velluto, stoffa e sim., con suola pieghevole di pelle o di gomma, con o senza tacco | ***in pantofole***, (*fig.*) in abito da casa, familiarmente ‖ **pantofolétta**, **dim.** | **pantofolina**, **dim.** | **pantofolóna**, **accr.**

pantofolàio [1891] **A** **s. m.** (**f.** *-aia*, **pl. m.** *-ai*) **1** chi confeziona o vende pantofole **2** (*fig., spreg.*) chi ama e ricerca innanzitutto il quieto vivere, spec. per indolenza **B** **agg.** • indolente, inattivo: *carattere p.*

pantofolerìa [1954] **s. f.** • fabbrica di pantofole | luogo in cui si vendono pantofole

pantogràfico [da *pantografo* ✱ 1983] **agg.** (**pl. m.** *-ci*) • di pantografo, relativo a pantografo

pantografìsta [1983] **s. m. e f.** (**pl. m.** *-i*) • operaio che esegue lavori di incisione su vetro o metallo con pantografo

pantògrafo [fr. *pantographe*, comp. di *panto-* 'panto-' e *-graphe* '-grafo' ✱ 1821] **s. m.** **1** strumento per rimpicciolire o ingrandire disegni, basato su parallelogrammi articolati **2** dispositivo sul tetto degli elettromotori per la presa di corrente dalla linea aerea di alimentazione

♦**pantomìma** [fr. *pantomime* 'pantomimo', poi 'pantomima' ✱ 1757] **s. f.** **1** azione scenica costituita da semplici gesti degli attori, talvolta accompagnata da musica, efficace per la stilizzazione dei movimenti degli interpreti **2** (*est.*) comunicazione per via di gesti, spec. di chi vuol farsi intendere nascostamente: *basta con questa p.!* **3** (*fig.*) situazione simulata, poco credibile; messinscena: *la sua è tutta una p.*

pantomìmico [vc. dotta, lat. *pantomīmicu(m)*, agg. di *pantomīmus* 'pantomimo' e 'pantomima' ✱ 1784] **agg.** (**pl. m.** *-ci*) • (*lett.*) di pantomima: *rappresentazione pantomimica* ‖ **pantomimicaménte**, **avv.**

pantomìmo [vc. dotta, lat. *pantomīmu(m)* 'pantomimo' e 'pantomima', dal gr. *pantómimos*, comp. di *panto-* 'panto-' e *mîmos* 'mimo' ✱ 1538] **s. m.** **1** pantomima **2** (**f.** *-a*) attore che esegue una pantomima

Pantóne® [comp. di *pan-* e dell'ingl. *tone* 'tonalità di colore' ✱ 1992] **s. m. inv.** • sistema di codifica e di identificazione univoca dei colori, largamente adottato in grafica, editoria e tipografia

Pantòpodi [comp. di *panto-* e il pl. di *-pode* ✱ 1930] **s. m. pl.** (**sing.** *-e*) • (*zool.*) classe di Chelicerati marini di aspetto simile ai ragni con corpo piccolissimo, zampe assai sviluppate e l'apparato boccale portato da una proboscide (*Pantopoda*)

pantoptòṣi [comp. di *panto-* e *ptosi* ✱ 1899] **s. f. inv.** • (*med.*) abbassamento generale dei visceri

pantotènico [dal gr. *pántothen* 'ovunque, dappertutto' perché molto diffuso in natura ✱ 1947] **agg.** (**pl. m.** *-ci*) • (*chim.*) ***acido p.***, vitamina idrosolubile che partecipa alla costituzione del coenzima A; è un fattore di crescita per numerosi microrganismi, Insetti e Vertebrati

†**pantràccola** [vc. espressiva ✱ 1618] **s. f.** • panzana

pantropicàle [comp. di *pan-* e *tropicale* ✱ 1958] **agg.** • detto di vegetale diffuso in tutte le zone tropicali

pants /pɛnts, *ingl.* pænts/ [vc. ingl., accorc. di *pant(aloon)s* 'pantaloni' ✱ 1971] **s. m. pl.** • pantaloni da donna, spec. corti **CFR.** hot pants

panùnto o **pan ùnto** [comp. di *pane*① e *unto* ✱ av. 1528] **s. m.** • (*tosc.*) pane su cui si fa cadere il grasso di salsiccia, arrosto e sim. | fettunta, bruschetta

panùrgo [vc. dotta, gr. *panôurgos* 'scaltro, furbone', comp. di *pan-* 'pan-' ed *érgon* 'opera' (V. *ergo-*). Fu adoperato come n. proprio dal Rabelais per un personaggio del suo romanzo *Gargantua et Pantagruel* ✱ av. 1566] **s. m.** (**pl.** *-ghi*) • furfante, imbroglione

pànza e deriv. ➤ **pancia** e deriv.

♦**panzàna** [etim. incerta ✱ av. 1565] **s. f.** • fandonia, frottola
SFUMATURE ➤ *fandonia*

panzanèlla [etim. incerta ✱ 1817] **s. f.** • vivanda rustica costituita da pane raffermo bagnato, condito con olio, sale, aceto, pomodoro e basilico, talora cipolla

panzaròtto ➤ **panzerotto**

panzé (o *-è*) ➤ **pansé**

pànzer /ˈpantser, *ted.* ˈpantsʌ/ [ted., propr.

a b c d e f g h i j k l m n o **p** q r s t u v w x y z

'corazza', dall'it. *panciera* ✻ 1942] **s. m. inv. (pl. ted. inv.) 1** (*milit.*) carro armato **2** (*fig.*) persona dura e decisa che persegue i propri intenti travolgendo ogni ostacolo o difficoltà

panzeròtto o **panzaròtto** [vc. merid., da *panza* 'pancia', per la forma rigonfia ✻ 1797] **s. m.** • involto di pasta di pane ripieno di ingredienti vari quali ricotta, formaggi, salumi, uova, fritto in olio bollente; specialità della cucina meridionale, spec. pugliese | ***p. dolce***, farcito di marmellata, fritto e spolverizzato di zucchero

†**panzièra** s. f. ➤ **panciera**

panzóne ➤ **pancione**

paolinìşmo [comp. di *paolino* e *-ismo* ✻ 1954] **s. m.** • dottrina cristiana secondo l'interpretazione data al Vangelo nelle lettere di San Paolo

paolìno [av. 1600] **A agg. 1** relativo all'apostolo Paolo | relativo a un pontefice di nome Paolo: *lettere paoline*; *predicazione paolina* **2** †sciocco, minchione **B s. m.** • scudo d'oro coniato nel 1535 da papa Paolo III (1468-1549), con incisa l'immagine di San Paolo

pàolo [av. 1584] **s. m. 1** moneta d'argento coniata da papa Paolo III (1468-1549), in sostituzione del giulio | nell'Ottocento, moneta d'argento dello Stato pontificio del valore di 10 baiocchi **2** (**al pl.**) †denari

paolòtto [av. 1803] **s. m.** (**f.** *-a*) **1** frate minimo dell'ordine fondato da San Francesco di Paola nel XV sec. | membro della società di San Vincenzo de' Paoli, fondata nel XIX sec. da F. Ozanam **2** (*fig.*, *spreg.*) clericale, bigotto

♦**paonàzzo** o (*raro*) **pavonàzzo**, †**pagonàzzo** [lat. *pavonăceu(m)* 'simile alla coda del pavone', da *pāvo*, genit. *pavōnis* 'pavone' ✻ av. 1400] **A agg.** • di colore bluastro o violaceo: *un sozzo bubbone d'un livido p.* (A. MANZONI) | ***abito p.***, quello dei vescovi | che ha un colorito violaceo a causa del freddo, di intense emozioni ecc.: *diventare p. per la rabbia* **B s. m. 1** il colore paonazzo **2** veste color paonazzo

†**paóne** e deriv. ➤ **pavone** e deriv.

p

♦**pàpa** [lat. tardo *pāpa(m)*, dal gr. *pápas* 'padre', vc. di orig. infant. ✻ sec. XII] **s. m.** (**f.** *-éssa* (V.); **pl. m.** *-i*, †*-a*) **1** (anche con iniziale maiuscola, spec. quando non seguito dal nome) vescovo di Roma e capo e sommo sacerdote della Chiesa cattolica, vicario di Gesù Cristo in terra e successore di Pietro: *p. Clemente VII*; *p. Benedetto XVI*; *p. Francesco*; *p. Wojtyla, Ratzinger, Bergoglio*; *un'udienza del P.* **SIN.** pontefice | ***P. nero***, (*pop.*) il generale dei Gesuiti | ***andare a Roma e non vedere il P.***, tralasciare la parte più importante di una faccenda | ***a ogni morte di P.***, (*fig.*) molto raramente | ***neanche il p. glielo può levare***, (*fig.*) con riferimento spec. a ceffoni che, una volta dati, non si possono togliere | ***stare, vivere come un p.***, condurre vita comoda, agiata | **PROV.** ***morto un p. se ne fa un altro***, nessuno è insostituibile **2** titolo che nella Chiesa ortodossa copta spetta al patriarca di Alessandria **3** (*fig.*) esponente principale di una corrente culturale e sim.: *il p. del simbolismo* | (*gerg.*) appellativo di boss mafioso **4** papasso | (*merid.*) appellativo dato a un sacerdote **5** carta dei tarocchi, uno dei trionfi

♦**papà** [fr. *papa*, vc. infant. ✻ av. 1556] **s. m. inv.** (*fam.* **troncato in** *pa'*) • padre (nel linguaggio familiare): *mi ha accompagnato p.*; *vieni dal tuo p.*; *andiamo, p.!*; *pa', mi porti al cinema?* | (*spreg.*) ***figlio di p.***, chi vive sulle ricchezze e sul prestigio di famiglia ‖ **paparìno**, **dim.** | **papìno**, **dim.**

papàbile [da *papa* ✻ av. 1566] **s. m.** (**anche f. nel sign. 2**); **anche agg. 1** di cardinale che può uscire eletto Papa dal conclave **2** (*est.*) detto di persona che, candidata a un ufficio, a una carica e sim., ha buone probabilità di esservi eletta (+ *a*, + *per*): *i nomi dei papabili alla presidenza Rai*; *i papabili per Palazzo Chigi* ‖ **papabilità**, **s. f. inv.**

papàia o **papàya** [sp. *papaya*, vc. di orig. caribica ✻ 1565] **s. f.** • albero delle Caricacee dell'America centrale, coltivato nelle zone tropicali, con foglie palmate, infiorescenze ascellari e grosso frutto, detto melone dei tropici (*Carica papaya*) | il frutto commestibile, a polpa gialla e zuccherina, di tale pianta

papaìna [da *papaia* ✻ 1884] **s. f.** • (*chim.*) enzima che si ricava dalla papaia, dotato di azione proteolitica, usato nell'industria alimentare e come farmaco dell'apparato digerente

papàle [da *papa* ✻ sec. XIII] **agg. 1** di papa, relativo a papa: *assoluzione, benedizione p.*; *corte p.*; *cappella p.* | ***croce p.***, lunga, con tre traverse | ***guardie papali***, guardie d'onore del pontefice romano **SIN.** pontificio **2** nella loc. avv. ***p. p.***, con assoluta franchezza, quasi bruscamente: *gli dissi p. p. che doveva andarsene*

papalìna [f. di *papalino*, perché assomiglia allo zucchetto del *Papa* ✻ 1768] **s. f.** • piccolo copricapo senza tesa, ornato spesso da una nappa, un tempo usato da uomini anziani spec. in casa

papalìno [1612] **A agg.** • papale, pontificio (*spesso spreg.*): *soldati papalini* **B s. m. 1** soldato pontificio **2** (**f.** *-a*) chi militava politicamente a favore del potere temporale dei Papi

papamòbile [comp. di *papa* e *(auto)mobile* ✻ 1984] **s. f.** • speciale automobile a piano rialzato e con ampi vetri blindati, usata per brevi spostamenti tra la folla dal Papa, che vi prende posto seduto o in piedi per poter essere visto da tutti

paparazzàre [1996] **v. tr.** (*io paparàzzo*) • nel linguaggio giornalistico, fotografare, spec. a scopo scandalistico, personaggi famosi in momenti della loro vita privata

paparazzàta [1985] **s. f.** • (*colloq.*, *spreg.*) servizio fotografico di tipo scandalistico

paparàzzo [dal cognome di un fotografo nel film *La dolce vita* di F. Fellini ✻ 1960] **s. m.** • fotoreporter, spec. di eventi di risonanza mondana, pubblicitaria e sim.

papàsso o **papas** [turco *papàz*, dal gr. biz. *papâs*, per il gr. classico *pápas* 'padre'. V. *papa* ✻ 1374] **s. m. 1** prete orientale **2** prete ortodosso **3** titolo di monaco orientale **4** (*fig.*, *scherz.*) caporione, capo: *fare il p.*

papàto [da *papa* ✻ sec. XIII] **s. m. 1** titolo, carica e dignità di Papa | durata di tale carica **2** il governo papale: *regioni un tempo sottomesse al p.*

Papaveràcee [comp. di *papavero* e *-acee* ✻ 1834] **s. f. pl.** (**sing.** *-a*) • (*bot.*) famiglia di piante delle Dicotiledoni erbacee, ricche di latice, con fiore a quattro petali raggrinziti nel bocciolo e frutto a capsula (*Papaveraceae*)

papaveràceo [da *papaver(o)* col suff. dotto *-aceo* ✻ av. 1771] **agg.** • proprio del papavero o simile al papavero | derivato, estratto dal papavero: *sostanza papaveracea*

papavèrico [1803] **agg.** (**pl. m.** *-ci*) **1** di papavero | ***acido p.***, miscuglio di acidi grassi tra cui prevale il linoleico, ottenuto per idrolisi dall'olio di semi di papavero **2** (*fig.*, *lett.*) noioso, soporifero: *conferenza papaverica*

papaverìna [da *papavero* ✻ 1871] **s. f.** • alcaloide dell'oppio, usato in medicina per le proprietà antispastiche

♦**papàvero** [lat. parl. **papāveru(m)*, per il classico *papāver*, di etim. incerta ✻ 1282] **s. m. 1** genere di piante erbacee annue delle Papaveracee con foglie dentate, fiori grandi e solitari a quattro petali e frutto a capsula (*Papaver*) | ***p. da oppio***, dal cui frutto si ricava l'oppio (*Papaver somniferum*) | ***p. selvatico***, rosolaccio | ***gli alti papaveri***, (*fig.*) le persone di maggior importanza, i pezzi grossi **2** (*lett. fig.*) cosa o persona noiosa

papàya ➤ **papaia**

†**pàpe** [vc. dotta, lat. *păpae*, dal gr. *papâi*, vc. di orig. espressiva ✻ 1313] **inter.** • esprime meraviglia o ammirazione

papèllo o (*merid.*) **papièllo** [vc. merid., dallo sp. *papel* 'carta' ✻ av. 1646] **s. m. 1** †documento **2** nel gergo scolastico siciliano, papiro che veniva rilasciato alle matricole | nel gergo della mafia siciliana, foglio scritto, lista di richieste **3** (*est.*) scritto lungo e prolisso

pàpera [f. di *papero* ✻ 1353] **s. f. 1** femmina del papero **2** (*fig.*, *fam.*) donna stupida **SIN.** oca **3** (*fig.*) errore involontario nel dire una parola o una frase, o nel recitare una battuta: *prendere, fare una p.* | (*est.*) errore grossolano: *il gol è stato facilitato da una p. del portiere* ‖ **paperàccia**, **pegg.** | **paperèlla**, **dim.** | **paperétta**, **dim.** | **paperòtta**, **dim.** | **paperìna**, **dim.** (V.) | **paperóna**, **accr.**

paperback /ˈpeperbek, *ingl.* ˈpeɪpəˌbæk/ [vc. ingl., propr. 'dorso (*back*) di carta (*paper*)' ✻ 1963] **s. m. inv.** • libro in brossura | (*est.*) libro economico, spesso tascabile, venduto anche nelle edicole di giornali

paperìna [1871] **s. f. 1** dim. di *papera* **2** scarpetta bassa da donna con suola flessibile **SIN.** ballerina

paperìno [n. che vuole rendere l'ingl. *Donald Duck* ✻ sec. XIV] **s. m. 1** (**f.** *-a*) dim. di *papero* **2** con iniziale maiuscola, nome italiano del papero dalla caratteristica voce stridula, protagonista di racconti a fumetti e disegni animati di Walt Disney (1901-1966) **3** (*fis.*) ***effetto Paperino***, in particolari condizioni di propagazione nei fluidi, fenomeno acustico consistente in una anomala ricezione di voci, suoni e rumori, percepiti più accelerati e acuti di quanto in realtà siano stati emessi

♦**pàpero** [vc. onomat. ✻ 1287] **s. m.** (**f.** *-a* (V.)) • oca maschio giovane | ***i paperi menano a bere le oche***, (*fig.*) con riferimento al fatto che, spesso, chi ne sa di meno vuole insegnare a chi ne sa di più ‖ **paperèllo**, **dim.** | **paperino**, **dim.** (V.) | **paperóne**, **accr.** (V.) | **paperòtto**, **dim.** | **paperòttolo**, **dim.**

paperóne [il sign. 2 deriva da *Paperon de' Paperoni*, o *Paperone*, nome italiano di un personaggio di Walt Disney ricchissimo e avaro ✻ av. 1584] **s. m.** (**f.** *-a*) **1** accr. di *papero* **2** (*fig.*) (*per anton.*) persona ricchissima

papésco [da *papa* ✻ av. 1552] **agg.** (**pl. m.** *-schi*) • (*raro*) del papa, da papa (*spec. spreg.*)

papéssa [1545] **s. f. 1** donna che, secondo la leggenda, fu elevata al papato: *la p. Giovanna* **2** (*fig.*, *iron.*) donna potente, autoritaria **3** (*fig.*, *scherz.*) donna che vive nell'agiatezza **4** carta dei tarocchi, uno dei trionfi

pàpi [adattamento dell'ingl. *pappy* 'papà' ✻ 1962] **s. m. inv.** • (*fam.*) papà ‖ **papìno**, **dim.**

papièllo ➤ **papello**

papier collé /*fr.* pa,pjekɔˈle/ [loc. fr., propr. 'carta incollata', comp. di *papier* 'carta' (stessa etim. di *papiro*) e *collé*, part. pass. di *coller* 'incollare' ✻ 1959] **loc. sost. m. inv.** (**pl. fr.** *papiers collés*) • rappresentazione artistica costituita in genere da quadri su cui vengono incollati pezzi di carta, vetro, stoffa e sim.

papier mâché /*fr.* pa,pjemaˈʃe/ [loc. fr., propr. 'carta (*papier*) masticata (*mâché*)' ✻ 1895] **loc. sost. m. inv.** (**pl. fr.** *papiers mâchés*) •

cartapesta

†**papiglióne** [lat. *papiliōne(m)* 'farfalla', vc. di orig. onomat. ✱ 1340 ca.] **s. m.** ● farfalla

papigliòtto [fr. *papillote*, dim. di *papillon* 'farfalla'. V. †*papiglione* ✱ av. 1755] **s. m.** ● (**spec. al pl.**, *raro*) bigodino

Papilionàcee [comp. di *papiglione*, per la forma a farfalla della corolla, e *-acee* ✱ 1865] **s. f. pl.** (**sing.** *-a*) ● (*bot.*) famiglia di piante legnose o erbacee con fiori zigomorfi e frutto a legume (*Papilionaceae*) SIN. Fabacee

papilionàto [V. *Papilionacee* ✱ 1983] **agg.** ● (*bot.*) detto di corolla irregolare a cinque petali, di cui il superiore è più grande ed eretto, i due laterali simmetrici e i due inferiori uguali e saldati

Papiliònidi [comp. di *papiglione* e *-idi* ✱ 1954] **s. m. pl.** (**sing.** *-e*) ● (*zool.*) famiglia di farfalle diurne con antenne brevi a clava, ali coloratissime, di cui le posteriori con un'espansione di forma varia (*Papilioniae*)

papìlla [vc. dotta, lat. *papĭlla(m)*, dim. di *pāpula* 'pustola, bolla, bottoncino'. V. *papula* ✱ 1499] **s. f. 1** (*anat.*) qualsiasi prominenza più o meno elevata | ***p. ottica***, zona rilevata della retina dove il nervo ottico penetra nel bulbo oculare | ***p. gustativa***, formazione sensitiva della lingua atta a percepire i sapori **2** (*bot.*) piccola prominenza spesso data da una sola cellula, frequente nell'epidermide dei petali ai quali conferisce l'aspetto vellutato

papillàre [1749] **agg.** ● (*anat.*) di papilla | che ha natura o forma di papilla | caratterizzato dalla presenza di papille: *muscolo p.*

papillòma [comp. di *papilla* e *-oma* ✱ 1899] **s. m.** (**pl.** *-i*) ● (*med.*) piccolo tumore benigno di derivazione epiteliale, che si presenta sessile, peduncolato o digitiforme; è tipico della cute, della laringe, della lingua e della vescica

papillomatòṣi [comp. di *papilloma* e del suff. *-osi* ✱ 1958] **s. f. inv.** ● (*med.*) condizione caratterizzata dalla presenza di numerosi papillomi spec. nella vescica e nella laringe

papillomavìrus [comp. di *papilloma* e *virus* ✱ 1982] **s. m. inv.** ● (*med.*) virus in grado di causare i papillomi in molte specie animali e negli esseri umani

papillon /fr. papi'jɔ̃/ [vc. fr., propr. 'farfalla': stessa etim. dell'it. *papiglione* ✱ 1938] **s. m. inv.** ● cravatta annodata a farfalla

papillóso (o *-ṣ-*) [da *papilla* ✱ 1813] **agg.** ● (*raro*) dotato, rivestito di papille

papìno ➤ **papà**, **papi**

papiràceo [vc. dotta, lat. *papyrāceu(m)*, da *papȳrus* 'papiro' ✱ 1499] **agg. 1** di papiro: *codice, rotolo p.* **2** (*est.*) †che ha consistenza dura e secca

papìro [vc. dotta, lat. *papȳru(m)*, dal gr. *pápyros*, di orig. straniera ✱ 1313] **s. m. 1** pianta erbacea perenne delle Ciperacee con rizoma strisciante, infiorescenze in spighe e alti fusti dal midollo dei quali gli antichi Egizi ottenevano fogli per scrivere (*Cyperus papyrus*) SIN. giunco del Nilo **2** foglio ottenuto dalla lavorazione della pianta omonima in modo da poter ricevere la scrittura | testo scritto su foglio di papiro: *i papiri di Ercolano* **3** (*fig.*) foglio o documento scritto o stampato | (*fam.*) lettera o scritto prolisso | †carta, foglio **4** nel gergo studentesco, foglio con scritte in latino maccheronico, disegni, caricature e sim. rilasciato, spec. un tempo, alle matricole dell'università dagli studenti più anziani **5** †lucignolo

papirografìa [comp. di *papiro* nel sign. 2 e *-grafia* ✱ 1895] **s. f.** ● rappresentazione artistica costituita da ritagli di carta nera applicati su fondo bianco e chiusi tra due vetri

papirologìa [comp. di *papiro* nel sign. 2 e *-logia* ✱ 1908] **s. f.** (**pl.** *-gìe*) ● in filologia, disciplina che studia gli antichi papiri

papirològico [1927] **agg.** (**pl. m.** *-ci*) ● relativo alla papirologia

papirologìsta [1954] **s. m. e f.** (**pl. m.** *-i*) ● papirologo

papiròlogo [1922] **s. m.** (**f.** *-a*; **pl. m.** *-gi*) ● studioso di papirologia

papìṣmo [da *papa* ✱ 1619] **s. m. 1** spec. nella polemica protestante e anticattolica, insieme delle istituzioni e delle dottrine cattoliche che riconoscono l'autorità del Papa | difesa intransigente del Papa e della sua infallibilità **2** (*est.*) insieme dei papisti

papìsta [av. 1543] **s. m. e f.** (**pl. m.** *-i*) ● seguace del papismo | cattolico, spec. nella polemica protestante | ***essere più papisti del Papa***, (*fig.*) essere più ligi alle norme tradizionali, più conservatori e sim., di chi rappresenta l'autorità costituita

papìstico [1673] **agg.** (**pl. m.** *-ci*) ● relativo al papismo

papòcchio [da *papa* 'pappa' col suff. *-occhio*, orig. dim. ✱ 1985] **s. m. 1** (*roman.*) pasticcio, garbuglio **2** (*est.*) imbroglio, raggiro

pàppa ① [lat. *păppa(m)*, vc. infant. ✱ av. 1313] **s. f. 1** alimento semiliquido a base di farinacei, spesso con l'aggiunta di carne appena frullata o di formaggi, adatto spec. per bambini appena slattati **2** (*spreg.*) minestra, o altra vivanda, troppo cotta | ***p. molle***, V. *pappamolla* **3** cibo, spec. nel linguaggio infantile | ***mangiare la p. in capo a qlcu.***, (*fig.*) essere più alto, o più abile, o più furbo di lui | ***volere, trovare la p. pronta, fatta, scodellata***, (*fig.*) volere, ottenere qlco. senza fare fatica | ***scodellare la p. a qlcu.***, (*fig.*) predisporgli particolareggiatamente il lavoro in modo da facilitarglielo | (*fig.*) ***essere p. e ciccia con qlcu.***, in grande familiarità o in perfetto accordo **4** ***p. reale***, sostanza, prodotta dall'ape operaia, che serve da alimento alle larve destinate a diventare regine e alle api regine stesse, usata in farmacologia e cosmetica ‖ **pappétta**, **dim.** | **pappìna**, **dim.** (V.) | **pappóna**, **accr.**

pàppa ② [ricavato da *pappare*, *pappone* ✱ 1953] **s. m. inv.** ● (*roman.*, *gerg.*) protettore di prostitute

†**pappacchióne** [da *pappa* ① ✱ av. 1400] **s. m.** (**f.** *-a*) **1** mangione, ghiottone **2** sciocco, balordo

pappacéci o (*raro*) **pappacéce** [comp. di *pappa(re)* e il pl. di *cece* ✱ av. 1700] **s. m. e f. inv.** ● (*lett.*) fannullone, buono a nulla

pappafìco [etim. incerta ✱ 1476] **s. m.** (**pl.** *-chi*) **1** (*sett.*) rigogolo, beccafico **2** (*centr.*) il pizzo della barba **3** (*mar.*) vela quadra più alta dell'albero di trinchetto SIN. velaccino **4** †cappuccio o cuffia per riparare il viso dalla pioggia o dal vento spec. andando a cavallo

pappagallerìa [da *pappagallo*, in quanto imita le parole umane ✱ av. 1837] **s. f.** ● (*raro*) imitazione o ripetizione meccanica di qlco., spec. fatta per adulare qlcu.

pappagallésco [1560] **agg.** (**pl. m.** *-schi*) ● da pappagallo (*solo fig.*): *risposta pappagallesca* ‖ **pappagallescaménte**, **avv.** in modo pappagallesco

†**pappagallléssa** [av. 1584] **s. f. 1** femmina del pappagallo **2** (*fig.*) donna chiacchierona

pappagallìno [av. 1910] **s. m. 1** dim. di *pappagallo* **2** (*zool.*) ***p. ondulato***, melopsittaco

pappagallìṣmo [da *pappagallo* ✱ 1942] **s. m. 1** (*raro*) inclinazione a ridire o rifare meccanicamente cose dette o fatte da altri **2** (*fig.*) contegno di chi importuna le donne per strada

♦**pappagàllo** [biz. *papagâs*, dall'arabo *babagā'*, con sovrapposizione di *gallo* ✱ av. 1292] **s. m.** (**f.** †*-éssa* (V.)) **1** correntemente, uccello degli Psittaciformi, arrampicatore, con parte superiore del becco ricurva e inferiore corta, lingua carnosa e piumaggio dai colori vivaci **2** (*fig.*) persona che ripete meccanicamente o copia senza criterio le parole o i gesti altrui: *sembra colto, ma è solo un p.* | ***a p.***, macchinalmente, meccanicamente: *ripetere, recitare qlco. a p.* **3** (*fig.*) chi per strada rivolge complimenti alle donne, molestandole: *un p. l'ha seguita fino a casa*; *quel giovane è un volgare p.* **4** recipiente di forma ricurva, e dall'imboccatura piuttosto larga, usato spec. negli ospedali per consentire agli uomini di orinare rimanendo a letto **5** (*gerg.*) pinza regolabile dai manici piuttosto lunghi ‖ **pappagallàccio**, **pegg.** | **pappagallétto**, **dim.** | **pappagallìno**, **dim.** (V.) | **pappagallùccio**, **dim.**

pappagòrgia [comp. di *pappa(re)* e *gorgia* ✱ av. 1686] **s. f.** (**pl.** *-ge*) ● cumulo di grasso che si forma tra il mento e la gola delle persone grasse

†**pappalàrdo** [comp. di *pappare* e *lardo*; nel sign. 2, sul modello del fr. *papelard*, perché i falsi devoti mangiavano *lardo* di nascosto anche nei tempi proibiti ✱ sec. XIII] **s. m. 1** uomo credulone, sciocco **2** ipocrita, baciapile

†**pappalaṣàgne** [comp. di *pappa(re)* e il pl. di *lasagna* ✱ 1534] **s. m. e f. inv.** ● persona buona a nulla

†**pappalécco** [comp. di *pappa(re)* e *lecco* ✱ av. 1400] **s. m. 1** leccornia, ghiottoneria **2** scorpacciata

pappamòlla o **pappamòlle**, (*raro*) **pàppa mòlle** [comp. di *pappa* e *molla*, f. di *mollo* ✱ 1965] **s. m. e f.** (**pl. m. inv.**; **pl. f.** *pappemòlli*) ● persona indolente e del tutto priva di energia

pappardèlla [da *pappare* ✱ 1364] **s. f. 1** (**spec. al pl.**) tipo di pasta all'uovo a strisce larghe, cotta in acqua o brodo e variamente condita: *pappardelle al sugo di lepre, alla boscaiola* **2** (*fig.*) tiritera, discorso o scritto lungo e noioso: *che p. mi sono sorbito!*

pappàre [lat. *pappāre*, da *păppa* 'pappa' ✱ av. 1367] **A v. tr. 1** (*fam.*) mangiare con grande ingordigia: *hai visto come pappa qualunque cosa gli diano?* SIN. divorare **2** (*fam.*, *fig.*) lucrare illecitamente: *ha pappato anche i guadagni dei soci* **B** anche **pappàrsi v. tr. pron.** (**aus.** *essere*): *s'è pappato tutta la torta*; *si sono pappati tutti gli utili*; *cercavano di ficcarsi in casa ... per papparsi la dote e la figliuola* (G. VERGA)

pappàta [1563] **s. f.** ● (*fam.*) mangiata: *farsi una bella p. di polenta* | (*fig.*) profitto illecito, pappatoria: *i più disonesti si sono fatti la loro p.*

pappatàci [comp. di *pappa(re)* ① e *tacere* ✱ 1525] **A s. m. inv.** ● (*zool.*) flebotomo nel sign. 3 | ***febbre da p.***, malattia infettiva virale, ad andamento benigno, trasmessa dai pappataci **B s. m. e f. inv.** ● (*disus.* o *lett.*) persona che per proprio utile tollera in silenzio cose disonoranti, offensive, e sim.: *è un p. che non si ribella mai*

pappatóre [1427] **s. m.** (**f.** *-trice*) ● chi pensa solo a pappare (*anche fig.*): *è un ghiotto p.*; *Guardate che non vi inganni: questi pappatori non sogliono avere molta fede* (N. MACHIAVELLI)

pappatòria [av. 1700] **s. f. 1** (*fam.*) il mangiare abbondantemente e bene **2** (*fig.*) vantaggio illecito, mangeria: *non gli interessano gli onori, ma solo la p.*

pappifórme [comp. di *pappo* ① e *-forme* ✱ 1970] **agg.** ● (*bot.*) che ha forma di pappo

pappìna [1598] **s. f. 1** dim. di *pappa* | †sorbetto di latte e altri ingredienti **2** (*tosc.*, *disus.*) infermiera **3** (*fig.*, *fam.*) ramanzina |

schiaffo, sberla | (*gerg.*) nel calcio, tiro violento; gol

pappìno [da *pappa*, nel sign. di 'impiastro' ✱ av. 1665] **s. m. (f. *-a*, V.)** ● (*tosc.*, *disus.*) infermiere | (*gerg.*) soldato della sanità

pàppo ① [vc. dotta, lat. *păppu(m)*, dal gr. *páppos*, vc. di orig. infant. ✱ av. 1498] **s. m.** ● (*bot.*) appendice leggera e piumosa di alcuni frutti e semi, costituita dal calice persistente

pàppo ② [da *pappare* ✱ 1319] **s. m.** ● nel linguaggio infantile, il pane, il cibo in genere: *il p. e 'l dindi* (DANTE *Purg.* XI, 105)

pappolàta [da *pappa* ✱ 1479] **s. f. 1** †vivanda molto tenera e quasi liquida | †pastone: *come tornando da pastura al truogo / corrono i porci per la p.* (L. DE' MEDICI) | †scorpacciata **2** (*fig.*, *spreg.*, *lett.*) discorso o scritto troppo lungo e sciocco: *ho dovuto ascoltare una lunghissima p.*

pappóne [da *pappare* ✱ av. 1675] **s. m. 1** (**f.** *-a*) (*fam.*) mangione | scroccone, profittatore **2** (*gerg.*) protettore di prostitute **SIN.** magnaccia

pappóso ① (o **-ṣ-**) [da *pappo* (1) ✱ 1813] **agg.** ● (*bot.*) che ha il pappo: *seme p.*

pappóso ② (o **-ṣ-**) [1957] **agg.** ● molle e inconsistente come la pappa: *neve papposa*

pappùccia [persiano *pāpūsh*. V. *babbuccia* ✱ av. 1698] **s. f. (pl. *-ce*)** ● (*raro*) pantofola

pàprica o **pàprika** [serbo *paprika*, dal lat. *piper* 'pepe' ✱ 1881] **s. f.** ● spezia alimentare ottenuta polverizzando dopo essiccamento i frutti lunghi, poco polposi e piccanti di alcune varietà di peperoni, usata anche come sostanza revulsiva

pap-tèst /pap'tɛst, *ingl.* 'pæp,test/ [vc. ingl., da *Pap(anikolau) test*, dal n. di G. Papanikoláu (1883-1962), anatomista greco specializzato in oncologia ✱ 1967] **s. m. inv. (pl. ingl. *pap-tests*)** ● (*med.*) metodo diagnostico dei tumori del collo dell'utero al primo stadio, consistente nell'esame citologico delle cellule di sfaldamento

pàpua o **papùa** [dal malese *papuah*, *pĕpuah* 'arricciato' (nei capelli) ✱ 1871] **A s. m. e f. inv.** ● appartenente a un gruppo di popolazioni stanziate in Nuova Guinea e in Melanesia, con statura bassa, capelli crespi e pelle scura **SIN.** papuano **B agg. inv.** ● relativo ai Papua e al loro gruppo linguistico: *villaggio p.*; *dialetti p.* **C s. m. solo sing.** ● nome complessivo dato a un folto gruppo di lingue piuttosto differenziate tra loro, parlate dalle popolazioni non melanesiane in Nuova Guinea, isole Salomone e arcipelaghi circostanti

papuàno o **papuàṣo** [dai *Papua*, popolazione della Nuova Guinea ✱ 1869] **A agg.** ● della Papua Nuova Guinea, Stato dell'Oceania | relativo alla popolazione Papua: *lingua papuana* **B s. m. (f. *-a*)** ● papua

pàpula [vc. dotta, lat. *păpula(m)*, di orig. indeur. ✱ 1745] **s. f. 1** (*med.*) lesione cutanea in forma di piccola prominenza ben circoscritta **2** (*zool.*) appendice filiforme a funzione respiratoria presente nelle stelle di mare

papulàre [1983] **agg.** ● (*med.*) di papula

papulòide [comp. di *papul(a)* e *-oide* ✱ 1958] **agg.** ● (*med.*) di alterazione cutanea simile a una papula

papulóso (o **-ṣ-**) [1835] **agg.** ● (*med.*) di papula | caratterizzato dalla presenza di papule: *dermatosi papulosa*

par ① **s. m. inv.** ● (*sett.*, *centr.*) forma tronca di †*paro*①: *un par di ceffoni*; *Un ... cosciotto di cinghiale ... che mia madre riceveva da Firenze un par di volte all'anno* (R. BACCHELLI)

par ② **s. m. e f. inv.** ● (*lett.*) forma tronca di *pari*① nei sign. C e D: *non lo facciamo aspettare, un par suo* (A. MANZONI) | ***al par di***, come: *era nato povero e nudo al par di loro* (G. VERGA)

par ③ ➤ **parere**①

par ④ /par, *ingl.* pɑ:(r)/ [vc. ingl., propr. 'parità', dal lat. *pār* 'pari, uguale', forse di orig. etrusca ✱ 1989] **s. m. inv.** ● (*sport*) ***par del campo***, nel golf, numero convenzionale di colpi necessario per completare il percorso

pàra ① [dalla città brasiliana di *Pará* dove la si produce ✱ 1905] **s. f.** ● coagulo di caucciù ottenuto dal latice dell'albero della gomma, trasformato in gomma elastica mediante un processo di vulcanizzazione

†**pàra** ② ➤ **paio**①

parà [fr. *para*, abbr. di *parachutiste* 'paracadutista' ✱ 1958] **s. m. e f. inv.** ● paracadutista

pàra- ① [dal gr. *pará* 'presso', 'accanto'] **primo elemento 1** in numerose parole composte, indica 'vicinanza', 'somiglianza', 'affinità', o 'deviazione', 'alterazione', 'contrapposizione': *paramagnetismo*, *paramilitare*, *paratifo* **2** in chimica, indica un composto che sia polimero, o abbia relazioni strutturali, rispetto a quello considerato: *paraldeide*

pàra- ② [da *parare*] **primo elemento** ● in numerose parole composte, significa 'che ripara', 'che serve a riparare, a proteggere qlco. o da qlco.': *parastinchi*; *parafango*, *parafulmine*

parabancàrio [comp. di *para-* e *bancario* ✱ 1982] **A agg. (pl. m. *-i* o *raro -ii*)** ● detto di servizio offerto da banche non strettamente legato all'attività di intermediazione, come per es. il noleggio di cassette di sicurezza **B s. m. (f. *-ia*; pl. m. *-i*)** ● settore o insieme dei servizi parabancari

paràbaṣi o **paràbaṣe** [vc. dotta, gr. *parábasis* 'il camminare, l'incedere', da *parabáinein* 'camminare a fianco', comp. di *pará* 'para-' e *báinein* 'camminare'. La *parabasi* era l'avanzare del coro, poi il discorso tenuto dal capo del coro. V. *anabasi* e *catabasi* ✱ 1564] **s. f. inv.** ● parte della commedia greca in cui il coro si rivolge direttamente al pubblico e gli parla a nome del poeta

parabèllum [dalla frase lat. di Vegezio (*Si vis pacem*) *para bellum* 'se vuoi la pace, prepara la guerra', sigla telegrafica del primo fabbricante, le *Deutsche Waffen- und Munitionsfabriken* ✱ 1935] **s. m. inv. 1** pistola semiautomatica P08 adottata nel 1908 dall'esercito germanico **2** denominazione italiana del fucile PPSh con caricatore cilindrico, adottato nel 1941 dall'esercito sovietico **3** tipo di cartuccia per pistola con bossolo a bottiglia

paràbile [da *parare* ✱ 1958] **agg.** ● che si può parare: *tiro p.* **CONTR.** imparabile

parabiòṣi [comp. di *para-* e del gr. *bíōsis* 'vita' (V. *bio-*) ✱ 1927] **s. f. inv. 1** (*biol.*) la condizione dei fratelli siamesi | unione chirurgica di due animali che simula la condizione dei fratelli siamesi **2** (*zool.*) convivenza non conflittuale di due specie di formiche nel medesimo nido **3** (*biol.*) temporanea sospensione dei processi vitali di un organismo **4** (*agric.*) simbiosi fra la marza e il portainnesto

paràbola ① [vc. dotta, gr. *parabolḗ* 'parabola, sezione conica', da *parabállein* 'mettere (un piano) in parallelo (col piano di una generatrice)' ✱ 1556] **s. f. 1** (*mat.*) luogo dei punti del piano equidistanti da un punto fisso e da una retta | curva individuata dall'intersezione di un cono indefinito con un piano parallelo alla sua direttrice **2** (*fig.*) evoluzione di un fenomeno che comincia a decadere dopo avere raggiunto il suo culmine: *fase ascendente*, *discendente della p.*; *attore al vertice della sua p. artistica* **3** (*tv*) antenna parabolica ‖ **parabolétta**, **dim.** | **parabolóne**, **accr. m.**

paràbola ② [vc. dotta, lat. *parăbola(m)*, dal gr. *parabolḗ* 'avvicinamento, giustapposizione, paragone', da *parabállein* 'mettere vicino, confrontare' ✱ 1238] **s. f. 1** discorso di Gesù in forma di racconto per stabilire paralleli ed esempi a fine morale: *p. evangelica*; *la p. di Lazzaro* **2** †favola, invenzione | (*lett.*) parola: *de le tuo' parabole - fatto n'ò ponti e scale* (C. D'ALCAMO)

parabolàno [da avvicinare a *parabola*② (?) ✱ sec. XIV] **s. m.; anche agg. 1** (*lett.*) chiacchierone, spaccone: *l'uomo p. non è degno di fede* **SIN.** fanfarone **2** †addetto all'assistenza degli infermi negli ospedali

parabòlico [1560 ca.] **agg. (pl. m. *-ci*) 1** (*mat.*) a forma di parabola (*anche fig.*): *curva parabolica*; *discesa, caduta parabolica* | paraboloidico: *specchio p.* | ***antenna parabolica***, V. *antenna* **2** (*mat.*) detto di espressione o configurazione nella quale compaia un elemento da contare due volte, o un'espressione che sia un quadrato perfetto **3** (*bot.*) detto di organo vegetale arrotondato alla sommità: *foglia parabolica* ‖ **parabolicaménte**, **avv.** ‖ **parabolicità**, **s. f. inv.**

parabolòide [comp. di *parabola*① e *-oide* ✱ 1771] **s. m. 1** (*mat.*) quadrica che non sia né un cono né un cilindro, i cui punti impropri formino una conica degenere | quadrica che non sia né un cono né un cilindro, e sia tangente al piano improprio | ***p. di rotazione***, ottenuto facendo ruotare una parabola intorno al suo asse **2** particolare apparato elettromeccanico a forma di ombrello aperto, installato alla sommità di un'antenna radiofonica o telefonica, che permette la trasmissione a distanza di onde elettromagnetiche

paraboloìdico o **paraboloìdico** [1871] **agg. (pl. m. *-ci*)** ● (*mat.*) che ha forma simile a quella di un paraboloide

parabolóne [V. *parabolano* ✱ 1869] **s. m. (f. *-a*)** ● (*raro*) chiacchierone, fanfarone

parabórdo [comp. di *para-*② e *bordo* ✱ 1813] **s. m. inv.** ● (*mar.*) riparo elastico di forma sferica o cilindrica che si dispone lungo le murate di una nave o le banchine per attutire gli urti e gli sfregamenti

parabràce [comp. di *para-*② e *brace* ✱ 1970] **s. m. inv.** ● riparo di ferro per contenere la brace nel focolare o nel caminetto

parabréẓẓa (o **-zz-**) [comp. di *para-*② e *brezza*; calco sul fr. *pare-brise* ✱ 1918] **s. m. inv.** ● elemento trasparente anteriore, in vetro o materia plastica, che protegge il guidatore di un autoveicolo, motoveicolo, aeromobile e sim. dal vento e dalla pioggia, assicurandogli la visibilità | ***p. avvolgente***, che si estende all'indietro sui fianchi per consentire una migliore visibilità laterale

paracadutàre [da *paracadute* ✱ 1945] **A v. tr.** ● lanciare dall'alto, spec. da un aereo, col paracadute: *p. uomini, viveri, armi, medicinali* **B paracadutàrsi v. rifl.** ● lanciarsi con il paracadute: *le truppe si paracadutarono in mare*

paracadùte [comp. di *para-*② e il pl. di *caduta*; calco sul fr. *parachute* ✱ 1790] **s. m. inv. 1** (*aeron.*) dispositivo per frenare un corpo in caduta, costituito in genere da una grande calotta di tessuto che, aprendosi a mo' d'ombrello, trattiene il corpo in caduta, usato sugli aerei come mezzo di salvataggio o per lanciare truppe, armi, viveri e sim. | ***p. pilota***, ***p. estrattore***, pilotino | ***p. freno***, ***di coda***, applicato a velivoli per frenarli nell'atterraggio | (*fig.*) ***fare da p. a qlcu.***, proteggerlo da qlco. di pericoloso o sgradevole **2** (*est.*) in varie tecnologie, dispositivo atto ad arrestare la caduta di un corpo

paracadutìṣmo [1940] **s. m.** ● tecnica e attività di chi si lancia col paracadute, anche a scopo sportivo: *scuola di p.*

paracadutìsta [1931] **A s. m. e f. (pl. m. *-i*)** ● chi è addestrato a lanciarsi dall'aereo col paracadute, per scopi militari o come esercizio sportivo **B** **in funzione di agg.** ● detto degli speciali reparti militari addestrati a lanciarsi col paracadute: *reparti paracadutisti; brigata, divisione p.*

paracadutìstico [1958] **agg.** (**pl. m.** *-ci*) ● relativo al paracadutismo e ai paracadutisti: *gare paracadutistiche*

paracàlli [comp. di *para-*② e il pl. di *callo* ✱ 1891] **s. m. inv.** ● anello, in genere, di cotone che, applicato a un callo del piede, evita l'attrito con la scarpa

paracamìno [comp. di *para-*② e *camino* ✱ av. 1869] **s. m.** ● pannello con cui si chiude la bocca del camino o del caminetto, quando il fuoco è spento

paracàrro [comp. di *para-*② e *carro* ✱ 1838] **s. m.** ● elemento di pietra, cemento o plastica posto a lato della strada per indicarne il margine

paracénere [comp. di *para-*② e *cenere*; calco sul fr. *garde-cendre* ✱ 1869] **s. m. inv.** ● basso ripiano metallico posto dinanzi alla fiamma del caminetto per contenere la cenere **SIN.** guardacenere

paracènteṣi o **paracentèṣi** [vc. dotta, lat. *paracentēsi(m)*, dal gr. *parakéntēsis*, comp. di *pará* 'para-' e *kéntēsis* 'puntura', da *kentêin* 'forare', di orig. indeur. ✱ 1730] **s. f. inv.** ● (*med.*) puntura di una cavità corporea allo scopo di aspirarne il liquido contenuto: *p. addominale*; *p. timpanica*

paracéra [comp. di *para-*② e *cera*① ✱ 1891] **s. m. inv.** ● piattello che accoglie i colaticci della candela o del cero, proteggendo la mano del portatore

paracetamòlo [dal composto chimico *para(a)cetam(minofen)olo* ✱ 1989] **s. m.** ● (*farm.*) farmaco con azione analgesica e antipiretica ma non antinfiammatoria

paracheratòṣi [comp. di *para-*, *cherat(o)-* e *-osi* ✱ 1958] **s. f. inv.** ● (*anat.*, *biol.*) incompleta cheratinizzazione delle cellule epidermiche caratterizzata dalla persistenza dei nuclei dei cheratinociti nello strato corneo della cute

paracièlo [comp. di *para-*② e *cielo* ✱ 1865] **s. m.** ● (*raro*) tettuccio, tettoia: *p. del pulpito*

paracineṣìa [comp. di *para-* e del gr. *kínesis* 'movimento'. V. *cinesia* ✱ 1841] **s. f.** ● (*med.*) alterata coordinazione dei movimenti muscolari

paracistìte [comp. di *para-* e *cistite* ✱ 1954] **s. f.** ● (*med.*) infiammazione del tessuto circostante la vescica

paraclàṣi [comp. di *para-* e del gr. *klásis* 'frattura' ✱ 1930] **s. f. inv.** ● (*geol.*) faglia

paràclito o **paraclèto** [vc. dotta, lat. tardo *paraclētu(m)*, dal gr. *paráklētos* 'invocato, chiamato', da *parakaléin* 'chiamare in aiuto', comp. di *para-* e *kalêin* 'chiamare', di orig. indeur. ✱ 1260 ca.] **A** **agg.** ● consolatore, attributo dello Spirito Santo **B** **s. m.** ● lo Spirito Santo stesso

paracóda [comp. di *para-*② e *coda* ✱ 1983] **s. m. inv.** ● (*sport*) involucro, gener. di stoffa, usato per proteggere la coda del cavallo

paracólpi [comp. di *para-*② e il pl. di *colpo* ✱ 1949] **s. m. inv.** **1** dischetto di gomma applicato a porta o finestra, che ne attutisce gli eventuali colpi contro il muro **2** paraurti

paracomunìsta [comp. di *para-* e *comunista* ✱ 1982] **A** **agg.** (**pl. m.** *-i*) ● detto di chi sostiene e appoggia, senza esservi iscritto, un partito comunista e la sua linea **B** **anche s. m. e f.**

paraconsistènte [vc. dotta, calco sull'ingl. *paraconsistent*, comp. di *para-* 'para' e *consistent*, 'compatibile, non contraddittorio' ✱ 1979] **agg.** ● (*filos.*) detto di logica per cui non vale il principio di contraddizione

paracoròlla (o *-ó-*) [comp. di *para-* e *corolla* ✱ 1835] **s. f.** ● (*bot.*) collaretto di ampiezza e colore vario che in talune piante si aggiunge alla vera corolla

paràcqua [comp. di *par(a)-*② e *acqua* ✱ 1795] **s. m. inv.** ● (*sett.*) ombrello, parapioggia

paracromatopsìa [comp. di *para-*, del gr. *chrôma*, genit. *chrómatos* 'colore' (V. *cromo-*) e *-opsia* ✱ 1895] **s. f.** ● (*med.*) alterata percezione dei colori

paraculàggine [da *paraculo*, nel sign. 2 ✱ 1982] **s. f.** ● (*volg.*) caratteristica di chi è uno scaltro opportunista | (*raro*) atto, comportamento opportunistico

paraculìṣmo [da *paraculo*, nel sign. 2 ✱ 1979] **s. m.** ● (*volg.*) paraculaggine

paracùlo [comp. di *para(re)* nel sign. A 3 e *culo* ✱ 1918] **A** **s. m.** **1** (*centr.*, *volg.*) omosessuale passivo **2** (**f.** *-a*) (*centr.*, *volg.*) persona scaltra e opportunista | servile adulatore **B** **anche agg.**

paracuòre [comp. di *para-*② e *cuore* (?) ✱ av. 1556] **s. m.** ● (*raro*, *tosc.*) polmone degli animali | (*tosc.*, *scherz.*) polmone dell'uomo

paracùṣi o **paracuṣìa** [comp. di *para-* e del gr. *ákousis* 'udizione', da *akóuein* 'ascoltare'. V. *acustico* ✱ 1835] **s. f. inv.** ● (*med.*) abnorme sensibilità uditiva

paracuṣìa [comp. di *para-*, del gr. *ákousis*, da *akoúō* 'io sento' e del suff. *-ia*② ✱ 1828] **s. f.** ● (*med.*) condizione di alterata percezione uditiva con distorsione del tono e/o dell'intensità dei suoni

paradenìte [comp. di *para-* e *adenite* ✱ 1899] **s. f.** ● (*med.*) infiammazione del tessuto attorno a una ghiandola

paradentàle o **paradontàle**, **parodontàle** [comp. di *para-* e *dente* col suff. *-ale*① ✱ sec. XX] **agg.** **1** (*anat.*) riferito al paradenzio **2** prossimo a un dente

paradènti [comp. di *para-*② e il pl. di *dente* ✱ 1954] **s. m. inv.** ● sorta di cuscinetto di gomma dura usato dai pugili a protezione dei denti

paradentìte o **paradontìte**, **parodontìte** [comp. di *paradenzio* e *-ite*① ✱ 1937] **s. f.** ● (*med.*) infiammazione del paradenzio

paradentologìa o **paradontologìa**, **parodontologìa** [comp. di *paradenzio* e *-logia* ✱ 1979] **s. f.** (**pl.** *-gìe*) ● (*med.*) ramo dell'odontoiatria che si occupa delle affezioni a carico del paradenzio

paradentopatìa o **paradontopatìa**, **parodontopatìa** [comp. di *paradenzio* e *-patia* ✱ 1984] **s. f.** ● (*med.*) qualsiasi affezione morbosa con carattere progressivo a carico del paradenzio ‖ **paradentopàtico**, **agg.** (**pl. m.** *-ci*); **anche s. m.** (**f.** *-a*) **nel sign. 2** **1** relativo a paradentopatia **2** che (o chi) soffre di paradentopatia

paradentòṣi o **paradontòṣi**, **parodontòṣi** [comp. di *para-*, *dente* e *-osi* ✱ 1937] **s. f. inv.** ● (*med.*) alterazione a carico dei tessuti che circondano il dente con aspetti degenerativi su quelli infettivi, riduzione di osso alveolare e caduta prematura dei denti

paradènzio [comp. di *para-* e del lat. *dēns*, genit. *dĕntis* 'dente' ✱ 1931] **s. m.** ● (*anat.*) insieme dei tessuti che concorrono al sostegno e alla fissazione del dente rappresentati dalla gengiva, dall'osso alveolare, dal legamento alveolo-dentario, dal cemento e dalla radice dentaria **SIN.** paradonto

✱**paradìgma** [vc. dotta, lat. tardo *paradīgma*, dal gr. *parádeigma* 'modello, esempio', da *paradeiknýnai* 'mostrare, confrontare', comp. di *pará-* 'para-' e *deiknýnai* 'mostrare, indicare', di orig. indeur. ✱ 1499] **s. m.** (**pl.** *-i*) **1** modello, esempio: *la figura di Cincinnato come p. etico*; *il p. scientifico della meccanica quantistica* **2** (*gramm.*) modello grammaticale della declinazione di un nome o della coniugazione di un verbo | elenco delle forme fondamentali di un verbo, dalle quali derivano tutti gli altri tempi: *il p. dei verbi latini* | (*ling.*) nella linguistica moderna, l'insieme di unità che all'interno di una frase intrattengono fra loro un rapporto di sostituibilità **CFR.** sintagma **3** nella filosofia della scienza, un insieme coerente e articolato di teorie, metodi e procedimenti che contraddistinguono una determinata fase dell'evoluzione di un sapere scientifico

✱**paradigmàtico** [vc. dotta, lat. tardo *paradigmăticu(m)*, dal gr. *paradeigmatikós*, agg. di *parádeigma*. V. *paradigma* ✱ 1869] **agg.** (**pl. m.** *-ci*) **1** (*ling.*) che è proprio delle unità di lingua considerate nel loro aspetto sistematico fuori dal contesto | ***rapporto p.***, relazione di compresenza tra gli elementi di un sistema fonologico, lessicale e sim. **CFR.** sintagmatico **2** (*est.*) che serve da modello, da esempio: *un caso p.* **SIN.** esemplare ‖ **paradigmaticaménte**, **avv.** ‖ **paradigmaticità**, **s. f. inv.**

paradìṣea [da *paradiso*①, per la grande bellezza ✱ 1829] **s. f.** ● genere di Uccelli tropicali dei Passeriformi con vistoso piumaggio, il cui maschio (*Paradisea apoda*) è caratteristico per due ciuffi di penne allungatissime a barbe decomposte sui fianchi e per le due timoniere centrali filiformi (*Paradisea*) **SIN.** uccello del Paradiso

paradiṣìaco [vc. dotta, lat. tardo *paradisīacu(m)*, agg. di *paradīsus* 'Paradiso①' ✱ sec. XIV] **agg.** (**pl. m.** *-ci*) **1** del Paradiso **2** (*est.*) degno del Paradiso: *il fulgora p. del vespero* (G. D'ANNUNZIO) | (*iperb.*) incantevole, divino, magnifico: *un profumino p.*

†**paradiṣìale** [sec. XIV] **agg.** ● paradisiaco

✱**paradìṣo**① [vc. dotta, lat. tardo *paradīsu(m)*, dal gr. *parádeisos* 'giardino', dall'iranico *pairi-daēza* 'luogo recintato', comp. di *pairi* 'intorno' e *daēza* 'muro' ✱ 1229] **s. m.** Si scrive prevalentemente con la maiuscola quando si usa in senso proprio; sempre con la maiuscola come titolo della terza cantica della 'Commedia' di Dante; generalmente con la minuscola negli usi estensivi e figurati **1** in molte religioni, luogo o stato di felicità che compete a chi, dopo la morte, è chiamato da Dio o dagli dei a gioie eterne | nella teologia cattolica, condizione di eterna beatitudine dei giusti salvati che godono la visione di Dio **2** correntemente, luogo in cui si gode di tale beatitudine | ***p. terrestre***, giardino nel quale, secondo la Genesi, Dio pose Adamo ed Eva prima del peccato originale | ***la strada del P.***, (*fig.*) la via onesta e virtuosa | (*lett.*, *raro*) ***giocarsi il p.***, perderlo o rischiare di perderlo | ***guadagnarsi il p.***, vivere virtuosamente, accettando sofferenze, dolori e sim. | ***andare in P.***, morire | ***volare in P.***, morire, spec. con riferimento a bambino innocente | (*fig.*) ***entrare, stare in p. a dispetto dei santi***, avere accesso e rimanere dove si è mal visti e indesiderati | **PROV.** ***non si entra in p. a dispetto dei santi***, non si entra in un ambiente dove non si è graditi da chi già c'è | (*fig.*) ***avere dei santi in p.***, avere amici particolarmente influenti e potenti **3** (*fig.*) luogo delizioso: *questo posto è un p.*; *una villa che è un p.* | ***paradisi artificiali***, stati di euforia, di ebbrezza provocati da stupefacenti | completa felicità: *è stata un'ora di p.* | ***sentirsi in p.***, essere oltremodo felice | ***p. fiscale***, nazione, Paese nel quale i redditi sono esenti da imposte o le imposte possono essere eluse senza rischi (calco su un supposto *tax heaven*, lettura inesatta della loc. ingl. *tax haven* 'rifugio fiscale') **4** (*zool.*) ***uccello del P.***, paradisea **5** †nelle navi a vela dei secoli XVI e XVII, locale in coperta adibito ad alloggio ‖ (*lett.*) **paradiṣétto**, **dim.** | **paradiṣino**, **dim.**

paradìṣo② [da *paradiso*①, per il gusto particolarmente gradevole ✱ av. 1548] **agg.** (**inv.** nella loc. *Torta paradiso*) **1** †del paradiso; paradisiaco: *un coro p.*; *Appena i frutti paradisi fur visti* (P. Aretino) | (*cucina*) ***torta p.***, dolce a base di farina, uova, zucchero e burro, molto friabile e dal gusto delicato; specialità di Pavia **2** (*disus.* o *raro*) detto di varietà di frutta particolarmente dolce e buona: *pera paradisa*; *uva paradisa*; *fico p.* | (*bot.*) ***melo p.***, varietà di melo usata come portainnesto di varietà da coltivare a forme basse (*Melus pumila paradisiaca*)

paradìta [comp. di *para-*② e il pl. di *dito* ✱ 1967] **s. m. inv.** ● elemento di protezione delle dita della mano o (*raro*) dei piedi

paradontàle ➤ **paradentale**

paradontìte ➤ **paradentite**

paradònto o **parodònto** [comp. di *para-* e *-(o)donto* ✱ 1983] **s. m.** ● (*anat.*) paradenzio

paradontologìa o **parodontologìa** ➤ **paradentologia**

paradontopatìa o **parodontopatìa** ➤ **paradentopatia**

paradontòṣi ➤ **paradentosi**

paradòrso (o **-ó-**) ➤ **paradosso**②

♦**paradossàle** [agg. di *paradosso*① ✱ av. 1552] **agg.** ● che è o pare assurdo, insensato, irragionevole: *idea, tesi p.* | (*est.*) bizzarro, stravagante: *affermazione p.*; *linguaggio, individuo p.* ‖ **paradossalménte**, **avv.** in modo apparentemente assurdo: *paradossalmente è stato punito proprio l'unico che non c'entrava* ‖ **paradossalità**, **s. f. inv.** caratteristica di ciò che è paradossale: *la paradossalità di un'affermazione, di una circostanza* **SIN.** assurdità

SFUMATURE DI SIGNIFICATO

paradossale - stravagante - pazzesco

Paradossale è ciò che contrasta radicalmente con le opinioni comuni e l'esperienza e che dunque può risultare bizzarro, strano. **Stravagante** è ciò che è bizzarro perché si distacca per estro e originalità dai modi normali di pensare e agire. **Pazzesco** letteralmente descrive ciò che è degno di un pazzo, ma è comunemente usato anche per indicare qualcosa di straordinario o incredibile.

†**paradossàre** [da *paradosso*① ✱ av. 1588] **v. intr.** ● far paradossi

†**paradossàstico** [av. 1566] **agg.** ● paradossale

†**paradòssico** [av. 1642] **agg.** ● che ha del paradosso

paradossìsta [av. 1642] **s. m. e f.**; *raro*, anche **agg.** (**pl. m.** *-i*) ● (*lett.*, *raro*) chi (o che) fa paradossi

♦**paradòsso**① [vc. dotta, gr. *parádoxon*, nt. sost. di *parádoxos* 'contrario alla comune opinione, all'aspettativa', comp. di *para-* 'para-' e *dóxa* 'opinione' (V. *dossologia*②) ✱ 1541] **A s. m. 1** argomentazione, in apparenza logicamente corretta, che deduce conclusioni contraddittorie o in contrasto con l'esperienza comune da premesse plausibili: *il p. di Zenone* **2** (*est.*) affermazione che appare incredibile, assurda: *è un p., quello che dici* | (*est.*) idea stravagante: *sembra un p. ma non lo è* **SIN.** assurdità **B agg. 1** (*lett.*) paradossale **2** (*med.*) contrario al modo normale o usuale: *polso p.* **3** (*psicol.*) ***sonno p.***, V. *sonno*

paradòsso② o **paradòrso** [comp. di *para-*② e *dosso* ✱ av. 1798] **s. m. 1** nelle opere fortificate o nelle trincee, rilievo murario o in terra per protezione delle spalle dei difensori **2** (*edil.*) trave principale dell'orditura del tetto, disposta secondo la pendenza della falda

paradossografìa [comp. di *paradosso*① e *-grafia* ✱ 1976] **s. f.** ● compilazione di raccolte di aneddoti storici e di eventi naturali paradossali, secondo una tendenza letteraria diffusa spec. in Grecia nel III sec. a.C.

paradossùro [comp. del gr. *parádoxos* 'straordinario' (V. *paradosso*①) e *-uro*②, perché ha una bellissima coda tutta anellata fino alla base ✱ 1835] **s. m.** ● genere di animali carnivori dei Viverridi (*Paradoxurus*) | ***p. malese***, musanga

paràfa o **paràffa** [fr. *paraphe*. V. *parafare* ✱ 1726] **s. f.** ● sigla da apporsi in calce a un documento, spec. diplomatico

parafàngo [comp. di *para-*② e *fango* ✱ 1598] **s. m.** (**pl.** *-ghi*) ● riparo metallico o di altro materiale davanti o sulla ruota di un veicolo, o parte della carrozzeria dell'autoveicolo che copre la ruota e ripara dagli spruzzi

parafàre o **paraffàre** [fr. *parapher*, da *paraphe*, var. di *paragraphe* 'paragrafo' ✱ 1812] **v. tr.** ● siglare con la parafa

parafarmacèutico [comp. di *para-* e *farmaceutico* ✱ 1983] **agg.** (**pl. m.** *-ci*) ● detto di prodotto che fa parte dei parafarmaci

parafarmacìa [comp. di *para-*① e *farmacia* nel senso di 'arte dei farmaci' ✱ 1985] **s. f.** (**pl.** *-cie*) **1** settore che si occupa della produzione di parafarmaci **2** negozio dove si vendono prodotti parafarmaceutici e farmaci di fascia C che non richiedono prescrizione medica | insieme di tali prodotti

parafàrmaco [comp. di *para-* e *farmaco* ✱ 1983] **s. m.** (**pl.** *-ci*) ● prodotto venduto spec. in farmacia senza prescrizione medica, usato come sostitutivo o coadiuvante delle terapie farmacologiche | prodotto dietetico, cosmetico, igienico connesso alla salute

parafaṣìa [comp. di *para-* e del gr. *phásis* 'voce'. V. *afasia* ✱ 1895] **s. f.** ● (*psicol.*) disturbo della formazione della parola nell'afasia, per cui si scambiano tra loro parole note e si usano parole storpiate o inappropriate

parafatùra o **paraffatùra** [da *parafare* ✱ 1931] **s. f.** ● (*raro*) il parafare

parafernàle [vc. dotta, dal gr. *parápherna*, nt. pl., comp. di *pará-* 'para-' e *phernḗ* 'dote', da *phérein* 'portare' ✱ av. 1396] **A agg.** ● (*dir.*) detto di bene escluso dalla comunione legale fra coniugi in quanto già appartenente al titolare prima del matrimonio **CFR.** extradotale **B parafernàli s. m. pl.** ● attrezzi, strumenti | (*fig.*) annessi

paràffa e deriv. ➤ **parafa** e deriv.

paraffìna [fr. *paraffine*, dal lat. *păr(um) affīne(m)* 'poco affine', perché è scarsamente affine agli altri idrocarburi ✱ 1834] **s. f. 1** (*chim.*) miscuglio di idrocarburi solidi, presente nel petrolio e nell'ozocerite, usato per candele, isolanti elettrici, creme da scarpe, lubrificanti e per unguenti in farmacia | ***p. liquida, olio di p.***, prodotto secondario della fabbricazione della paraffina, liquido oleoso usato come lubrificante nell'industria, per fare unguenti in farmacia, e in medicina come protettivo cutaneo e lassativo | ***guanto di p., prova della p.***, mezzo di accertamento dell'uso di un'arma da fuoco, consistente nell'applicazione, sulle mani dell'indiziato, di uno strato di paraffina atto a trattenere e rivelare, con una successiva analisi chimica, eventuali tracce di polvere da sparo **2** (*chim.*) alcano

paraffinàre [fr. *paraffiner*, da *paraffine* 'paraffina' ✱ 1958] **v. tr.** ● cospargere o impregnare di paraffina: *p. un tessuto*

paraffinatùra [1958] **s. f.** ● operazione del paraffinare

paraffìnico [1911] **agg.** (**pl. m.** *-ci*) ● (*chim.*) relativo a paraffina

paràffo [var. di *parafa* ✱ 1726] **s. m.** ● (*raro*) parafa

parafiàmma [comp. di *para-*② e *fiamma* ✱ 1918] **A agg. inv.** ● impermeabile alle fiamme: *paratia p.* **B s. m. inv. 1** tutto ciò che ha la proprietà di impedire il propagarsi di incendi **2** protezione metallica di forma tronco-conica applicata alla bocca di un'arma automatica per nascondere la fiammata prodotta all'atto dello sparo

parafilìa [ted. *Paraphilie*, comp. di *para-* 'para-' e *-philie* '-filia' ✱ 1958] **s. f.** ● (*psicol.*) attaccamento morboso a forme anormali o socialmente riprovate dell'istinto, spec. di quello sessuale

parafimòṣi o **parafìmoṣi** [comp. di *para-* e *fimosi* ✱ 1561] **s. f. inv.** ● (*med.*) stenosi dell'anello del prepuzio che, una volta ritirato posteriormente al glande, non può più ritornare in posizione naturale, provocando uno strozzamento e una tumefazione molto dolorosi

parafiscàle [1982] **agg.** ● (*econ.*) relativo alla parafiscalità: *tributi parafiscali*

parafiscalità [comp. di *para-* e *fiscalità* ✱ 1958] **s. f. inv.** ● (*econ.*) imposizione e riscossione di tributi da parte di enti pubblici non territoriali quali gli enti di previdenza

paràfiṣi [vc. dotta, gr. *paráphysis*, da *paraphýein* 'far crescere accanto, produrre germogli laterali', comp. di *pará-* 'para-' e *phýein* 'produrre, far nascere' (V. *fito-*) ✱ 1835] **s. f. inv. 1** (*bot.*) ciascuno dei filamenti sterili che si trovano frammisti agli anteridi e agli archegoni dei muschi, oppure agli aschi o ai basidi nei funghi **2** (*zool.*) nei Vertebrati inferiori, struttura di natura non nervosa al limite tra la parte dorsale del telencefalo e l'epitalamo

paraflying /para'flain(g)/, *ingl.* 'pærə,flaiŋ/ [vc. ingl., propr. 'volo (*flying*) col paracadute (*para-* per *parachute*)' ✱ 1990] **s. m. inv.** ● parasailing

†**paràfo** [fr. *paraphe* (V. *parafare*) ✱ av. 1498] **s. m.** ● paragrafo

parafóndi [comp. di *para-*② e il pl. di *fondo* ✱ 1958] **s. m. inv.** ● burga nel sign. 1

parafònica [comp. di *para-* e del f. di *fonico* ✱ sec. XX] **s. f.** ● (*ling.*) studio delle intonazioni e inflessioni della voce in relazione a quanto ciò aggiunge al significato delle parole

parafònico [vc. dotta, comp. di *para-* e *fonico* ✱ 1984] **agg.** (**pl. m.** *-ci*) ● (*ling.*) si dice di parola che nasce dalla deformazione di un'altra parola o espressione, in genere per ragioni eufemistiche (per es. *perdinci* da *per Dio*)

parafraṣàre [da *parafrasi* ✱ 1575] **v. tr.** (*io paràfraṣo*) ● esporre un testo con parole proprie atte a chiarirlo, ampliarlo e sim.: *p. un sonetto, un canto dell'Eneide* | (*spreg.*) ripetere o copiare peggiorando: *non ha niente d'originale e si limita a p. le opere altrui*

paràfraṣi o †**paràfraṣe** [vc. dotta, lat. *parăphrasi(n)*, dal gr. *paráphrasis*, propr. 'frase posta vicino', comp. di *pará-* 'para-' e *phrásis* 'frase' ✱ 1511] **s. f. inv.** ● ripetizione di un testo mediante circonlocuzione o aggiunte esplicative, talora anche traducendolo liberamente: *fare la p. di un'ode, di una cantica, di un articolo, di uno scritto*

SFUMATURE ➤ ***traduzione***

parafraṣìa [comp. di *para-* e un deriv. del gr. *phrásis* 'espressione' (V. *frase*) ✱ 1895] **s. f.** ● (*psicol.*) incapacità parziale di pronunciare o comporre parole connesse in forma di frase

parafràste [vc. dotta, lat. tardo *paraphrăsta(m)*, dal gr. *paraphrastḗs*, da *paraphrázein* 'parafrasare', comp. di *pará-* 'para' e *phrázein* 'parlare'. V. *frase* ✱ 1584] **s. m. e f.** ● (*raro*, *lett.*) chi parafrasa

parafràstico [vc. dotta, gr. *paraphrastikós*, da *paraphrázein*. V. *parafraste* ✱ 1620] **agg.** (**pl. m.** *-ci*) ● che contiene o costituisce parafrasi: *gli è piaciuta la sua spiegazione parafrastica*; *scritto p.* ‖ **parafrasticaménte**, **avv.** mediante parafrasi

parafrenìa [comp. di *para-* e *-frenia* ✱ 1899]

s. f. ● (*psicol.*) disturbo mentale, di tipo schizofrenico, con delirio e allucinazioni, in cui viene mantenuto un certo contatto con il mondo esterno

parafùlmine [comp. di *para-*② e *fulmine*; calco sul fr. *parafoudre* ✱ 1776] **s. m.** ● dispositivo per disperdere a terra senza danni la scarica del fulmine, consistente, in genere, in un'asta di ferro a punta non ossidabile, sistemata sul tetto e messa in comunicazione con la terra umida o con l'acqua di un pozzo | (*fig.*) ***fare da p.***, attirarsi le punizioni, i rimproveri e sim., spesso per proteggere altri

parafùmo [comp. di *para-*② e *fumo* ✱ 1899] **s. m. inv.** ● vasetto o piattello capovolto posto sopra un lume a petrolio per raccogliere il fumo e difendere il soffitto

parafuòco [comp. di *para-*② e *fuoco*; calco sul fr. *pare-feu* ✱ av. 1597] **s. m.** (**pl. inv.** o *-chi*) ● pannello mobile, a volte artisticamente decorato, posto davanti al caminetto o alla stufa come riparo dal calore eccessivo e dalle scintille

paragarrétto [comp. di *para-*② e *garretto* ✱ 1983] **s. m.** ● (*sport*) protezione in tela e cuoio per il garretto dei cavalli che evita la formazione di tumefazioni

parageuṣìa [comp. di *para-* e del gr. *geûsis* 'gusto', sul modello di *ageusia* ✱ 1835] **s. f.** ● (*psicol.*) alterazione del gusto, sia come erronea interpretazione di una sensazione reale, sia come allucinazione gustativa

✦**paràggio**① [etim. incerta ✱ sec. XV] **s. m.** **1** (**spec. al pl.**) tratto di mare vicino a un dato luogo: *ancorarsi nei paraggi del faro, dell'isola, di Viareggio* **2** (**al pl.**) luoghi circostanti, dintorni, vicinanze: *è andato a fare una passeggiata nei paraggi*; *spero ci sia una farmacia nei paraggi*

paràggio② [fr. *parage*, dal lat. *pār*, genit. *păris* 'pari' ✱ sec. XII] **s. m.** **1** (*lett.*) condizione, grado: *di alto gran p.* **2** (*lett.*) casata, stirpe: *cavaliere di nobile p.* **3** (*dir.*) nel Medioevo, quota di beni familiari che il primogenito unico erede doveva ai fratelli cadetti | ***dote di p.***, quella che il genitore o il fratello doveva costituire a favore della figlia o sorella, in un ammontare proporzionato alla propria sostanza **4** (*lett.*) †paragone, ragguaglio: *la beltà che è 'n voi senza p.* (DANTE)

paraglòmo [comp. di *para-*② e *glomo* ✱ 1983] **s. m.** ● (*sport*, **spec. al pl.**) protezione in gomma o cuoio per i glomi dei cavalli

pàrago [da *pagro*, con epentesi (cioè inserzione) della *-a-* (**pagaro*) e metatesi ✱ 1803] **s. m.** (**pl.** *-ghi*) ● (*zool.*, *tosc.*) pagello

paragócce [comp. di *para-*② e il pl. di *goccia* ✱ 1958] **A** **agg. inv.** ● detto di tappo con beccuccio, applicato a bottiglie di liquore, olio e sim., tale da impedire lo sgocciolio del liquido lungo il collo | ***anello p.***, anello di spugna posto attorno al collo di una bottiglia, con la stessa funzione **B** **anche s. m. inv.**

paragòge [vc. dotta, lat. tardo *paragōge(m)*, dal gr. *paragōgḗ* 'il condurre a fianco, l'aggiungere', comp. di *pará-* 'para-' e *agōgḗ* 'il trasportare', da *ágein* 'spingere, condurre', di orig. indeur. ✱ 1552] **s. f.** ● (*ling.*) epitesi

paragògico [1745] **agg.** (**pl. m.** *-ci*) ● (*ling.*) di paragoge

paragonàbile [1550] **agg.** ● che si può paragonare (+ *a*, + *con*, + *tra*): *la tua perspicacia non è assolutamente p. alla sua*; *niente di p. con quanto è avvenuto*; *soluzioni paragonabili tra loro* CONTR. incomparabile || **paragonabilità**, **s. f. inv.**

paragonàre [gr. *parakonân* 'affilare, aguzzare', comp. di *pará-* 'para-' e *akonân* 'aguzzare', da *akónē* 'cote, pomice', da una radice indeur. che indica 'punta, acutezza' ✱ sec. XIII] **A** **v. tr.** (*io paragóno*) **1** mettere a confronto due o più persone o cose allo scopo di rilevare somiglianze o differenze (+ *a*, + *con*): *p. un poeta con (o a) un altro*; *p. due scrittori tra loro*; *p. i prezzi con la qualità della merce* SIN. comparare, raffrontare **2** ritenere simile o analogo (+ *a*): *paragoniamo questa linea a una retta* SIN. equiparare **3** †saggiare l'oggetto d'oro da esaminare sulla pietra di paragone o con altri metodi **4** †eguagliare, pareggiare: *nell'età nostra non è chi l'abbia paragonato* (G. VASARI) **B** **paragonàrsi** **v. rifl.** ● porsi a confronto (+ *a*, + *con*): *vuole paragonarsi a (o con) lui*

paragonàto **part. pass.** di *paragonare*; anche **agg.** ● messo a confronto

✦**paragóne** [da *paragonare* ✱ av. 1294] **s. m.** **1** analisi o esame comparativo tra due o più persone o cose, che dà luogo a un giudizio o a una scelta: *fare un p.* | ***mettere, mettersi a p.***, paragonare, paragonarsi | ***termini del p.***, i due elementi tra cui si stabilisce il confronto | ***stare, reggere al p.***, poter essere paragonato a qlcu. o a qlco. senza sfigurare | ***non reggere al p.***, essere decisamente inferiore a qlcu. o a qlco. | ***a p. di***, (*lett.*) ***in p. di***, in confronto a | ***essere senza p., non avere paragoni***, detto di cosa unica nel suo genere, o di persona che eccelle sulle altre: *sì bello e sì gagliardo / che non ha paragon* (L. ARIOSTO) | ***non c'è p.***, per sottolineare la netta superiorità di qlco. | (*gramm.*) ***complemento di p.***, indica il secondo termine di confronto tra due esseri animati, due cose o due caratteristiche; è introdotto dalle prep. *di*, *con* e *a*, dalle cong. *che* e *come*, dall'avv. *quanto* e dalle loc. prep. *a paragone di*, *in confronto a*, *rispetto a* (per es.: *è meno abituato di me alla fatica*; *la luce è più veloce del suono*; *il cane è molto simile al lupo*; *è più fortunato che abile*; *questo inverno è molto più mite rispetto agli anni scorsi*) **2** esempio, confronto che si stabilisce fra due elementi analoghi: *portare un p.*; *un p. calzante, indovinato, che non regge* **3** (*lett.*) modello, perfetto esemplare: *di vera pudicizia è un p.* (L. ARIOSTO) **4** †***pietra di p.*** (V. *pietra*)

> **SFUMATURE DI SIGNIFICATO**
>
> ***paragone - esempio - riscontro***
>
> **Paragone** è un'analisi comparativa fra più persone o cose, che si fa per formarsi un giudizio od operare una scelta. Se il confronto che si stabilisce fra due elementi si limita a istituire un parallelo, a evidenziare una somiglianza, *paragone* è sinonimo di **esempio**, nella sua accezione di fatto, azione, caso che viene isolato e riferito per spiegare ciò che altrimenti risulterebbe astratto o teorico. Se invece il confronto tra due o più elementi si attua non tanto allo scopo di formarsi un giudizio quanto per rilevare reciproche corrispondenze o differenze si ha un **riscontro**.
>
> **SFUMATURE** ➤ ***confronto***

paragonìte [comp. del gr. *parágōn*, part. pres. di *parágein* 'sviare', comp. di *pará-* 'para-' e *ágein* 'condurre', di orig. indeur., perché a volte la sostanza viene scambiata col talco, e *-ite*② ✱ 1895] **s. f.** ● (*miner.*) mica sodica in lamine minute, bianche e lucenti

paragrafàre [da *paragrafo* ✱ 1640] **v. tr.** (*io paràgrafo*) ● dividere in paragrafi, ordinare, contrassegnare con paragrafi: *p. uno scritto, un documento, il dettato normativo*

paragrafemàtico [vc. dotta, comp. di *para-* e *grafematico* ✱ 2000] **agg.** (**pl. m.** *-ci*) ● (*ling.*) si dice di ogni elemento o modalità accessori della scrittura, come punteggiatura, apostrofo, virgolette, segno di paragrafo, uso di corsivo o neretto, sottolineature, spazi, ecc.

paragrafìa [comp. di *para-* e *-grafia* ✱ 1895] **s. f.** ● (*psicol.*) disturbo del linguaggio scritto, consistente nell'omissione o trasposizione di lettere, sillabe o parole, o nella loro erronea sostituzione

paràgrafo [vc. dotta, lat. tardo *parăgraphu(m)*, dal gr. *parágraphos*, propr. 'scritto accanto', comp. di *pará-* 'para-' e *-graphos* '-grafo' ✱ 1261 ca.] **s. m.** **1** ciascuna delle parti in cui è diviso un capitolo di un libro, un documento, e sim.: *ha letto solo i primi paragrafi del secondo capitolo*; *molto interessante è il terzo p.* SIN. comma **2** rappresentazione grafica di un paragrafo (§) || **paragrafétto**, **dim.**

paragràmma [gr. *paragrámma*, comp. di *para-* 'para-' e *grámma* 'lettera dell'alfabeto' ✱ 1895] **s. m.** (**pl.** *-i*) ● (*ling.*) accostamento di due parole che divergono per un solo grafema (per es. *giada* e *giara*)

paragrammatiṣmo [da *para-* sul modello di *agrammatismo* ✱ 1984] **s. m.** ● (*psicol.*) disturbo del linguaggio parlato, consistente in una disorganizzazione sintattica delle frasi, o in una sostituzione di forme grammaticali scorrette a quelle corrette

paraguaiàno o **paraguayàno** /paragwa'jano/ [1860] **A** **agg.** ● del Paraguay **B** **s. m.** (**f.** *-a*) ● abitante o nativo del Paraguay

†**paraguànto** [sp. *para guantes*, propr. 'per guanti', cioè mancia per comperarsi un paio di guanti, vc. sorta nel periodo in cui anche le persone più umili adoperavano sempre i guanti ✱ 1618] **s. m.** ● mancia, obolo

paraguayàno ➤ **paraguaiano**

parạinfluenzàle [comp. di *para-* e *influenzale* ✱ 1984] **agg.** ● (*med.*) relativo a virus simili a quello influenzale (*Paramyxovirus*) o a forme cliniche di tipo influenzale

parạipotàssi [comp. di *para-* e *ipotassi* ✱ 1958] **s. f. inv.** ● (*ling.*) procedimento sintattico nel quale a una proposizione subordinata segue la principale introdotta da un elemento coordinante; per es.: *S'io dissi falso, e tu falsasti il conio* (DANTE *Inf.* XXX, 115)

paralalìa [comp. di *para-* e *-lalia* ✱ 1895] **s. f.** ● (*med.*) disturbo del linguaggio parlato, consistente nella sostituzione di una lettera con un'altra o di una parola con una foneticamente simile

paraldèide [ingl. *paraldehyde*, comp. di *par(a)-* 'para-' e *aldehyde* 'aldeide' ✱ 1889] **s. f.** ● (*chim.*) sostanza organica derivata dall'unione di tre molecole di acetaldeide, usata in medicina come sedativo e ipnotico

paralèssi [vc. dotta, gr. *paráleipsis* 'l'omettere, il trascurare', da *paraléipein* 'omettere', comp. di *pará-* 'para-' e *léipein* 'lasciare', di orig. indeur. ✱ av. 1604] **s. f. inv.** ● (*ling.*) preterizione

paralessìa [comp. di *para-* e *lessia* ✱ 1895] **s. f.** ● (*med.*) disturbo della lettura a voce alta per sostituzione delle parole del testo con altre senza senso

paraletteràrio [comp. di *para-* e *letterario* ✱ 1959] **agg.** ● appartenente o relativo alla paraletteratura: *genere p.*

paraletteratùra [comp. di *para-* e *letteratura* ✱ 1983] **s. f.** ● letteratura di consumo

Paralimpìade o **Paraolimpìade** [comp. di *para-* e di *(o)limpiade* ✱ 1988] **s. f.** ● (**spec. al pl.**) olimpiade per atleti disabili

paralìmpico o **paraolìmpico** [1992] **agg.** (**pl. m.** *-ci*) ● relativo alle Paralimpiadi

paralinguìstica [comp. di *para-* e *linguistica* ✱ 1968] **s. f.** ● (*ling.*) studio degli aspetti non propriamente linguistici che accompagnano il parlato (parafonica, prossemica, gestualità ecc.)

paralinguìstico [1989] **agg.** (**pl. m.** *-ci*) ● attinente alla paralinguistica: *gli aspetti paralinguistici di un enunciato*

paralipòmeni [vc. dotta, lat. tardo *Paralipŏmena*, nt. pl., dal gr. *Paraleipómena*, part. pres. passivo di *paraléipein* 'lasciare da parte, tralasciare' (V. *paralessi*) ✱ 1354] **s. m. pl.** (**sing.** *-o*) **1** li-

a b c d e f g h i j k l m n o **p** q r s t u v w x y z

bri storici inclusi nel canone della Bibbia **2** (*est.*, *raro*) opera che costituisce la continuazione o il completamento di un'opera precedente

paràliṣi o †**paraliṣia**, †**parlaṣia**, †**parleṣia** [vc. dotta, lat. *parălysi(n)*, dal gr. *parálysis* 'dissolvimento, paralisi', da *paralýein* 'sciogliere, indebolire', comp. di *pará-* 'para-' e *lýein* 'sciogliere'. V. *-lisi* ✱ av. 1288] **s. f. inv.** **1** (*med.*) perdita permanente o transitoria della funzione motoria di uno o più muscoli, causata da lesioni delle vie motorie CFR. -plegia | ***p. spastica*** (***centrale***), con aumento del tono muscolare e dei riflessi tendinei | ***p. flaccida*** (***periferica***), con perdita completa del tono muscolare e dei riflessi tendinei profondi | ***p. progressiva***, forma di sifilide terziaria | ***p. infantile***, poliomielite | ***p. agitante***, morbo di Parkinson **2** (*fig.*) totale arresto, blocco: *la p. del traffico* | stasi: *p. del commercio*

paralìtico [vc. dotta, lat. *paralўticu(m)*, dal gr. *paralytikós*, da *parálysis* 'paralisi' ✱ 1305] **A** **agg.** (**pl. m.** *-ci*) ● relativo a paralisi **B** **agg. e s. m.** (**f.** *-a*) ● che (o chi) è colpito da paralisi

paraliẓẓàre [fr. *paralyser*, da *paralysie* 'paralisi' ✱ av. 1808] **A** **v. tr.** **1** rendere paralitico **2** (*fig.*) immobilizzare: *la paura lo paralizzò* | impedire momentaneamente l'andamento di qlco.: *la crisi economica paralizza il commercio*; *un incidente paralizzò i servizi ferroviari* **B** **paraliẓẓàrsi** **v. intr. pron.** ● (*fig.*) immobilizzarsi, bloccarsi: *il traffico rischia di paralizzarsi* ‖ **paraliẓẓazióne**, **s. f.** (*raro*) interruzione, blocco: *paralizzazione dei servizi*

paraliẓẓàto **part. pass.** di *paralizzare*; anche **agg.** ● nei sign. del v.

parallàsse [fr. *parallaxe*, dal gr. *parállaxis* 'alternazione, mutazione', da *parallássein* 'trasporre, scambiare', comp. di *pará-* 'para-' e *allássein* 'mutare, cambiare', da *állos* 'altro, diverso' ✱ 1623] **s. f.** **1** (*fis.*) spostamento apparente di un punto rispetto a un altro punto situato a distanza diversa dall'osservatore, che si verifica quando l'osservatore si sposta in direzione perpendicolare alla congiungente i due punti | ***errore di p.***, errore che si commette nella lettura su una scala graduata, quando, a causa di un punto di osservazione non opportuno l'indice non si proietta ortogonalmente su di essa | (*fotogr.*) differenza tra l'immagine inquadrata nel mirino e quella fissata sulla pellicola attraverso l'obiettivo **2** (*astron.*) ***p. annua***, ***p. diurna***, angoli sotto cui da un astro sono visti rispettivamente il semiasse maggiore dell'orbita della Terra e il raggio equatoriale terrestre

parallàttico [vc. dotta, gr. *parallaktikós*, da *parállaxis*. V. *parallasse* ✱ 1646] **agg.** (**pl. m.** *-ci*) ● relativo alla parallasse | ***angolo p.***, angolo diastimometrico | ***macchina parallattica***, anticamente, telescopio equatoriale

parallèla [f. sost. di *parallelo* ✱ 1871] **s. f.** **1** (*mat.*) retta parallela **2** (**spec. al pl.**) (*milit.*) linea di trinceramenti quasi parallela al fronte di attacco e dietro la quale si riparavano gli assalitori nelle operazioni di assedio di una fortezza | ***prima***, ***seconda***, ***terza p.***, le successive linee di trinceramenti **3** (**al pl.**) strumento usato in marina per tirare righe parallele **4** (**al pl.**) attrezzo da ginnastica, formato da due sbarre orizzontali, sostenute da quattro montanti regolabili, su cui si fanno esercizi di volteggio: *esercitarsi alle parallele* | ***parallele asimmetriche***, con le sbarre poste ad altezze diverse, usate nella ginnastica artistica femminile

parallelepìpedo [vc. dotta, lat. tardo *parallelepīpedu(m)*, dal gr. *parallēlepípedon*, comp. di *parállēlos* 'parallelo' ed *epípedon* 'superficie piana', nt. sost. di *epípedos* 'che sta sul piano', comp. di *epí* 'sopra' e *pédon* 'suolo, pianura', di orig. indeur. ✱ 1556] **A** **s. m.** ● (*mat.*) poliedro le cui facce sono sei parallelogrammi **B** anche **agg.**

parallelinèrvio [dalle nervature (*nervi*) *parallele* ✱ 1960] **agg.** ● (*bot.*) detto di foglia con nervature parallele dall'inserzione all'apice

paralleliṣmo [1689] **s. m.** **1** (*mat.*) proprietà di enti paralleli **2** (*fig.*) rapporto di corrispondenza, di analogia fra fenomeni o fatti (+ *con*, + *tra*): *notare un p. con eventi passati*; *c'è qualche p. tra i due fenomeni* **3** (*biol.*) ***p. morfologico***, somiglianza di caratteri esterni in animali appartenenti a gruppi zoologici molto lontani o in organi diversi per origine e struttura **4** (*psicol.*) ***p. psicofisico***, dottrina secondo la quale per ogni fenomeno o processo della coscienza esiste un processo parallelo o corrispondente nel corpo **5** (*ling.*) figura retorica per la quale si dispongono nello stesso ordine le parole dei membri corrispondenti di un periodo; per es. in: *il nobile cavaliere altamente premiando, l'amate giovinette laudevolmente onorando e se medesimo fortemente vincendo* (G. BOCCACCIO)

paralleliẓẓàre [1983] **v. tr.** **1** (*tecnol.*) rendere paralleli due o più elementi **2** organizzare due o più apparecchi uguali o dello stesso tipo in modo che svolgano simultaneamente le loro funzioni ‖ **paralleliẓẓazióne**, **s. f.**

♦**parallèlo** o †**paralèllo** [vc. dotta, lat. *parallēlu(m)*, dal gr. *parállēlos*, comp. di *pará-* 'para-' e *allḗlōn* 'l'un l'altro', da *állos* 'altro', di orig. indeur. ✱ 1321] **A** **agg.** **1** (*mat.*) detto di rette complanari, o di piani, o di rette e piani dello spazio ordinario che non s'incontrano **2** (*est.*) detto di ciò che risulta sempre equidistante rispetto ad altra cosa analoga: *binari paralleli* | (*sport*) ***slalom p.***, gara di sci disputata contemporaneamente da due concorrenti su percorsi quasi identici **3** (*fig.*) che presenta analogie, corrispondenze e sim. con altri elementi o fenomeni (+ *a*): *i due concetti non sono paralleli, ma divergenti*; *un mondo virtuale p. a quello reale*; *altri luoghi delle sue opere paralleli a questo* (G. LEOPARDI) **4** (*mus.*) ***moto p.***, andamento simultaneo nella stessa direzione, ascendente o discendente, di più parti vocali o strumentali | ***tonalità parallela***, quella con la stessa armatura di chiave **5** (*inform.*) detto di trattamento in cui tutti gli elementi che compongono un'informazione sono presi in considerazione contemporaneamente | detto di modo operativo in cui più processi non interdipendenti vengono elaborati simultaneamente ‖ **parallelaménte**, **avv.** in modo parallelo; (*fig.*) nel contempo, simultaneamente **B** **s. m.** **1** (*mat.*) ***p. di una superficie di rotazione***, intersezione di una superficie di rotazione con un piano perpendicolare all'asse di rotazione **2** (*geogr.*) ciascuno degli infiniti circoli minori della sfera terrestre idealmente tracciati parallelamente all'equatore | ***p. celeste***, circolo minore della sfera celeste perpendicolare all'asse del mondo e quindi parallelo all'equatore celeste **3** comparazione, confronto (+ *con*, + *tra*): *non oserei un p. con Newton*; *istituire un p. tra due opere*; *fare un p. tra diversi modi di vivere* | ***in p. con qlco.***, parallelamente, simultaneamente **4** (*elettr.*) ***collegamento in p.***, quello di due o più utilizzatori elettrici quando ai loro capi è applicata la medesima differenza di potenziale, mentre vengono percorsi da correnti inversamente proporzionali alle singole resistenze interne **5** (*sport*) nello sci, curva a sci uniti

parallelogràmma o **parallelogràmmo** [vc. dotta, lat. tardo *parallelogrămmu(m)*, dal gr. *parallēlógrammon*, comp. di *parállēlos* 'parallelo' e *grammḗ* 'linea' (V. *-gramma*) ✱ sec. XIV] **s. m.** (**pl.** *-i*) ● (*mat.*) quadrilatero avente i lati opposti paralleli | (*fis.*) ***p. delle forze***, parallelogramma che permette di determinare l'intensità e la direzione della risultante di due forze applicate a un punto

paralogìa [comp. di *para-* e *-logia* ✱ 1895] **s. f.** (**pl.** *-gìe*) ● (*psicol.*) disturbo della struttura e dei processi del pensiero, per cui i contenuti del ragionamento vengono espressi in modo disordinato e illogico

paralogiṣmo [vc. dotta, gr. *paralogismós*, comp. di *pará-* 'para-' e *logismós* 'calcolo, ragionamento', da *lógos*. V. *-logo* ✱ 1525] **s. m.** ● (*filos.*) ragionamento apparentemente coerente ma involontariamente viziato da un errore logico

paralogìstico [vc. dotta, gr. *paralogistikós*, da *paralogismós* 'paralogismo' ✱ 1871] **agg.** (**pl. m.** *-ci*) ● (*filos.*) di paralogismo, che ne ha le caratteristiche

paralogiẓẓàre [vc. dotta, gr. *paralogízesthai*, da *paralogismós* 'paralogismo' ✱ av. 1588] **v. intr.** (**aus.** *avere*) ● (*filos.*) argomentare in modo formalmente errato | far uso di paralogismi

paralùce [comp. di *para-*② e *luce* ✱ 1958] **s. m. inv.** ● (*fotogr.*) dispositivo applicabile all'obiettivo per difenderlo da raggi di luce diretti

paralùme [comp. di *para(re)* e *lume* ✱ 1846] **s. m.** ● schermo di stoffa, vetro, carta colorata e sim. per attenuare la luce abbagliante di una lampada

paralùrge [vc. dotta, gr. *paralourgḗs* 'orlato di porpora', comp. di *pará-* 'para-' e *halourgḗs* 'tinto in porpora', propr. 'fatto col prodotto del mare' cioè 'la porpora', comp. di *háls* 'mare' (di orig. indeur.) ed *érgon* 'opera' (V. *ergo-* e cfr. *chirurgo*) ✱ 1835] **s. m.** ● antica veste ornata lateralmente da chiodi purpurei

paramagnètico [comp. di *para-* e *magnetico* ✱ 1869] **agg.** (**pl. m.** *-ci*) ● detto di sostanza o corpo che presenta il fenomeno del paramagnetismo

paramagnetiṣmo [comp. di *para-* e *magnetismo* ✱ 1875] **s. m.** ● (*fis.*) fenomeno per cui un materiale immerso in un campo magnetico esterno si magnetizza, orientando i suoi dipoli nel senso del campo

paramàno [fr. *parement* 'paramento', avvicinato a *parare* e *mano* ✱ av. 1755] **s. m.** **1** spec. nei soprabiti, risvolto della manica, anche di diversa stoffa o di pelliccia SIN. manopola **2** mattone grande ad angoli regolari vivi, di terra più fine, per rivestimento ornamentale esterno | (*est.*) rivestimento di facciate degli edifici, ottenuto con tali mattoni o con piastrelle ad essi simili

paramècio [vc. dotta, gr. *paramḗkēs* 'oblungo', comp. di *pará-* 'para-' e *mḗkos* 'lunghezza'. V. *mecometro* ✱ 1821] **s. m.** ● genere di Protozoi dei Ciliati, di acqua dolce, con corpo ovale rivestito di brevi ciglia che ne consentono il movimento (*Paramecium*)

paramèdico [comp. di *para-* e *medico* ✱ 1978] **agg. e s. m.** (**pl. m.** *-ci*) ● che (o chi) lavora nel settore della medicina con compiti che non richiedono il titolo di medico: *personale p.*; *sciopero dei paramedici*

paraménto [dal lat. *parāre* 'preparare'. V. *parare* ✱ 1306] **s. m.** **1** (**spec. al pl.**) ciascuno degli oggetti posti sull'altare e dei drappi con cui si addobba la chiesa | (**spec. al pl.**) ciascuna delle vesti usate dal sacerdote nelle funzioni sacre: *paramenti liturgici* **2** (*edil.*) ognuna delle superfici laterali di una struttura muraria **3** (*lett.*) addobbo, ornamento | †abito ricco e sfarzoso **4** (*lett.*) finimento di un cavallo: *vedeansi i gran destrier con paramenti* (M.M. BOIARDO)

SFUMATURE ➤ ***decorazione***

P

parametràre [da *parametro* ✱ 1973] **v. tr.** (*io paràmetro*) **1** applicare dei parametri, stimare in base a valori di riferimento: *p. la resa di un investimento sul tasso di inflazione*; *p. lo stile di un autore* **2** (*mat., raro*) parametrizzare

parametraziόne [1976] **s. f. 1** il parametrare, il valutare sulla base di parametri **2** (*mat., raro*) parametrizzazione

paramètrico [da *parametro* ✱ 1921] **agg.** (**pl. m.** *-ci*) ● (*mat.*) riguardante i parametri | che ricorre all'uso di parametri: *tabella parametrica*

paramètrio [comp. di *para-* e del gr. *mḗtra* 'utero' (V. *metro-*①) ✱ 1954] **s. m.** ● (*anat.*) tessuto connettivo che circonda l'utero

parametrìte [comp. di *para-*, del gr. *mḗtra* 'utero' (V. *metro-*①) e *-ite*① ✱ 1895] **s. f.** ● (*med.*) infiammazione del parametrio

parametrizzàre [da *parametro* ✱ 1974] **v. tr.** ● (*mat.*) dotare un ente di uno o più parametri || **parametrizzazióne**, **s. f.** (V.)

parametrizzazióne [1965] **s. f.** ● (*mat.*) classificazione o rappresentazione mediante parametri

paràmetro [fr. *paramètre*, comp. di *para-* 'para-' e *-mètre* '-metro' ✱ 1739] **s. m. 1** (*mat.*) grandezza che compare in un'espressione matematica o in una funzione, e il cui variare influenza altre variabili presenti o la natura della funzione o dell'ente matematico descritto dall'espressione | variabile ausiliaria | ***p. di una conica***, metà del segmento staccato dalla conica sulla retta passante per un fuoco e perpendicolare all'asse focale | (*est.*) grandezza, misura di riferimento: *i parametri di Maastricht* **2** (*fig.*) criterio di valutazione, di giudizio: *giudicare secondo un p.*; *mi manca un p. valido per fare confronti* **3** nel linguaggio sindacale, valore numerico simbolico cui corrispondono i livelli retributivi salariali che si riferiscono alle diverse mansioni **4** nel pubblico impiego, livello salariale

paramezzàle [gr. biz. **paramesárion*, dal gr. *parámesos* 'presso il mezzo', comp. di *pará-* 'para-' e *mésos* 'mezzo②' ✱ sec. XIV] **s. m.** ● (*mar.*) trave longitudinale posta sul fondo dello scafo, sulla quale si innestano ortogonalmente madieri e costole

paramilitàre [comp. di *para-* e *militare* ✱ 1934] **agg.** ● che segue principi, metodi, criteri e sim. uguali a quelli propri di un organismo militare: *educazione p.*; *addestramento p.*

paramìne [comp. di *para-*② e il pl. di *mina*① ✱ 1932] **s. m.** ● (*mar.*) dispositivo costituito da due apparecchi subacquei trainati dalla nave e tenuti divaricati da superfici idrodinamiche per intercettare e tagliare i cavi d'ormeggio delle mine subacquee

paramnesìa [da *para-* e *-mnesia*, sul modello di *amnesia* ✱ 1875] **s. f.** ● (*psicol.*) ricordo che si presenta alla mente in modo falsato

paramontùra [dal fr. *parementure*, da *parement* 'risvolto'] **s. f.** ● in sartoria, risvolto ornamentale o di protezione per colletto, polsini ecc.

paramorfìsmo [comp. di *para-* e *-morfismo* ✱ 1875] **s. m.** ● (*med.*) deformazione acquisita dell'aspetto morfologico del corpo umano e dei suoi atteggiamenti, conseguente ad astenia e ipotonia muscolare o a squilibrio posturale

paramósche [comp. di *para-*② e il pl. di *mosca* ✱ sec. XIV] **s. m. inv.** ● copertura di rete metallica sottile, usata per proteggere cibi e sim. dalle mosche

paramotóre [comp. di *para(pendio)* e *motore* ✱ 2002] **s. m.** ● apparecchio per il volo sportivo che unisce lo speciale paracadute del parapendio a un motore a elica che si porta come uno zaino e che consente il decollo anche da aree pianeggianti

paranasàle (o **-ṣ-**) [comp. di *para-*, *nas(o)* e il suff. *-ale*① ✱ 1958] **agg.** ● (*anat.*) detto di struttura localizzata entro o presso la cavità nasale: *cavità p.*

parancàre [da *paranco* ✱ 1866] **v. intr.** (*io parànco, tu parànchi*; aus *avere*) ● lavorare con paranchi

parànco [stessa etim. di *palanca*① ✱ 1567] **s. m.** (**pl.** *-chi*) ● sistema meccanico costituito da due bozzelli, l'uno fisso l'altro mobile, e da un cavo che passa per le loro pulegge; si usa per sollevare grossi pesi | ***p. semplice***, in cui uno dei bozzelli è doppio | ***p. a coda***, il cui bozzello fisso è guarnito di strappo a coda | ***p. doppio***, formato di un cavo inferito in due bozzelli doppi | ***p. differenziale***, a due pulegge disposte in modo da alzare una lunghezza di catena uguale alla differenza delle loro circonferenze | ***clausola sotto p.***, patto per cui il vettore marittimo si obbliga a ricevere e riconsegnare le merci sotto il bordo della nave || **paranchétto**, **dim.** | **paranchìno**, **dim.**

paranèfrio [comp. di *para-* e del gr. *nephrós* 'rene' ✱ 1958] **s. m.** ● (*anat.*) tessuto connettivo che circonda il rene

paranefrìte [comp. di *paranefr(io)* e *-ite*① ✱ 1930] **s. f.** ● (*med.*) infiammazione del paranefrio

paranéve [comp. di *para-*② e *neve* ✱ 1954] **s. m. inv. 1** ogni dispositivo atto a riparare dalla neve linee stradali e ferroviarie mediante coperture o protezioni laterali **2** gambaletto di tessuto impermeabile usato da sciatori e alpinisti per impedire che la neve penetri negli scarponi

paranìnfo [vc. dotta, lat. tardo *paranȳmphu(m)*, dal gr. *paránymphos*, comp. di *pará-* 'para-' e *nýmpha* 'sposa'. V. *ninfa* ✱ av. 1416] **s. m. 1** presso gli antichi Greci, colui che accompagnava la sposa a casa del marito: *p. delle nozze* **SIN.** pronubo **2** (**f.** *-a*) (*est.*) mezzano di matrimoni **3** (**f.** *-a*) (*spreg.*) ruffiano

paranòcche [comp. di *para-*② e il pl. di *nocca* ✱ 1970] **s. m. inv.** ● strumento atto a proteggere i nodelli del cavallo

paranòia [vc. dotta, gr. *paránoia*, da *paránoos* 'dissennato', comp. di *pará-* 'para-' e *nóus* 'mente'. V. *noumeno* ✱ 1829] **s. f.** ● (*psicol.*) malattia mentale caratterizzata da idee deliranti, di persecuzione, di grandezza e sim., in personalità che, per il resto, sono normali | (*colloq.*) stato di crisi, di confusione mentale, di depressione: *essere, andare in p.* | (*colloq.*) fissazione, paura, angoscia: *non fa che parlare delle sue paranoie*

paranòico [1894] **A** **agg.** (**pl. m.** *-ci*) ● di paranoia, relativo a paranoia: *sintomi paranoici* **B** **agg. e s. m.** (**f.** *-a*) ● che (o chi) è affetto da paranoia o (*colloq.*) è in preda a fissazioni, alterazioni psichiche, ecc. || **paranoicaménte**, **avv.**

paranòide [1906] **A** **agg.** ● (*med.*) che è simile a paranoia **B** **agg. e s. m. e f.** ● che (o chi) manifesta paranoia o sintomi paranoici

paranomàsia ➤ **paronomasia**

paranormàle [comp. di *para-* e *normale* ✱ 1935] **A** **agg. 1** in parapsicologia, detto di fenomeni che si presentano non soggetti alle normali leggi fisiche e psichiche, propri di medianismo, telepatia, visione a distanza, spiritismo e sim. **SIN.** ultrafanico **2** (*med.*) che non è del tutto normale: *individuo, reazione p.* || **paranormalità**, **s. f. inv.** carattere proprio dei fenomeni paranormali; (*est.*) l'insieme dei fenomeni paranormali **B** **s. m.** solo **sing.** ● l'insieme dei fenomeni non soggetti alle normali leggi fisiche e psichiche: *il mondo del p.*

paranùca [comp. di *para-*② e *nuca* ✱ 1922] **s. m. inv.** ● parte di elmo o casco a protezione della nuca: *p. in pelle*

paranza [da †*paro* 'paio', perché vanno a due a due ✱ av. 1806] **s. f. 1** barca simile alla tartana, ma più piccola, pontata, con un albero a vela latina e fiocco, usata spec. sul Tirreno per la pesca a coppie (cioè con due barche che tirano ciascuna un lato della stessa rete a strascico) **2** rete da pesca a strascico, con sacco e ali tenute aperte da divaricatori, trainata dalla paranza || **paranzèlla**, **dim.** (V.)

paranzèlla [1871] **s. f. 1** dim. di *paranza* **2** battello a vela latina e senza fiocco, non pontato

paraòcchi o (*raro*) **paròcchi** [comp. di *para-*② e il pl. di *occhio* ✱ 1772] **s. m. inv.** ● ciascuno dei due schermi di cuoio fissati lateralmente alla testiera del cavallo per evitare che l'animale s'imbizzarrisca o si adombri | ***avere i paraocchi***, (*fig.*) ignorare più o meno volutamente cose evidenti, per pregiudizio, schematismo, rigidità mentale, e sim. | ***procedere con i paraocchi***, (*fig.*) fare qlco. senza tener conto di ciò che altri fanno o pensano

paraòcchio [comp. di *para-*② e *occhio* ✱ sec. XVIII] **s. m.** ● accessorio in gomma o plastica montato sull'oculare di alcuni strumenti ottici per rendere più stabile l'appoggio dell'occhio ed eliminare dal campo visivo possibili riflessi laterali

Paraolimpìade ➤ **Paralimpiade**

paraolìmpico ➤ **paralimpico**

paraòlio [comp. di *para-*② e *olio* ✱ 1991] **s. m. inv.** ● (*mecc.*) guarnizione o anello di tenuta posto in corrispondenza del passaggio di un albero rotante attraverso la parete di una scatola, di un carter e sim., per impedire la perdita di lubrificante

paraónde [comp. di *para-*② e il pl. di *onda* ✱ 1937] **s. m. inv.** ● (*mar.*) lamiera a forma di settore circolare, fissata trasversalmente in coperta a poca distanza dalla prua, per arrestare o attenuare l'effetto delle onde abbattutesi su di essa

paraorécchie o **paraorécchi** [comp. di *para-*② e il pl. di *orecchio* ✱ 1959] **s. m. inv. 1** nel rugby, fascia per tenere le orecchie aderenti al capo al fine di impedire lesioni nelle fasi di mischia **2** protezione invernale per le orecchie, come il prolungamento laterale di berretti o cappelli, la fascia che avvolge la testa, oppure il cerchietto rigido terminante con coppette di pelliccia o tessuto pesante

paraormóne [comp. di *para-* e *ormone* ✱ 1958] **s. m.** ● (*biol.*) sostanza che si forma nell'organismo in seguito a processi disassimilativi (per es., anidride carbonica), e che può agire da eccitatore

parapà [vc. onomat.] **inter.** ● riproduce il suono di una tromba

parapàlle [comp. di *para-*② e il pl. di *palla* ✱ 1895] **s. m. inv.** ● (*milit.*) terrapieno usato nei poligoni per arrestare i proiettili dietro la linea dei bersagli impedendone i rimbalzi

paraparèsi [comp. di *para-* e *paresi* ✱ 1958] **s. f. inv.** ● (*med.*) paralisi limitata agli arti inferiori

parapatrìa [comp. di *para-*①, *patr(ia)* e del suff. *-ia*② ✱ 1994] **s. f.** ● (*biol.*) condizione di separazione geografica di popolazioni o specie diverse che abitano in regioni contigue con ristrette aree di sovrapposizione **CFR.** allopatria, peripatria, simpatria

parapàtrico [1978] **agg.** (**pl. m.** *-ci*) ● (*biol.*) riferito a insieme di popolazioni o di specie caratterizzate da parapatria

parapedonàle [comp. di *para-*② e *pedone* ✱ 1991] **agg.**; anche **s. m.** ● detto di struttura (colonnina, transenna, archetto, paletto e sim.) collocata ai bordi di una strada urbana a protezione dei pedoni

parapendìo [comp. di *para(cadute)* e *pendio* ✱ 1986] **s. m. inv. 1** speciale paracadute rettangolare manovrabile, per mezzo del quale è possibile lanciarsi nel vuoto dalla vetta di una montagna e planare dolcemente a valle **2** sport praticato con tale paracadute

parapendìsta [1992] **s. m. e f.** (**pl. m.** *-i*) ● chi pratica lo sport del parapendio

parapettàta [da *parapetto* ✱ 1965] **s. f.** ● (*teatro*) scena composta da tre telai e quindi chiusa su tre lati, spesso fornita di soffitto, rappresentante per lo più una camera

parapettàto [1862] **agg.** ● munito di parapetto

parapètto [comp. di *para-*② e *petto* ✱ av. 1348] **s. m. 1** riparo di varia altezza ai bordi di terrazzi, balconi, ponti e sim., per ragioni di sicurezza **SIN.** balaustra, ringhiera **2** (*mar.*) parte della murata dal ponte di coperta in su **3** (*milit.*) riparo in muratura nelle antiche fortezze e in terra nelle moderne trincee, posto a protezione dei soldati che ad esso si affacciano per far fuoco

♣**parapìglia** [comp. di *para(re)* e *piglia(re)* ✱ 1615] **s. m. inv.** ● confusione improvvisa di persone e di cose: *successe un gran p.* **SIN.** tafferuglio

SFUMATURE ➤ ***rissa***

parapiòggia [comp. di *para-*② e *pioggia*; calco sul fr. *parapluie* ✱ 1846] **s. m. inv.** ● ombrello

paraplegìa [vc. dotta, gr. *paraplēgíē* 'paralisi parziale', comp. di *pará-* 'para-' e *-plēgíē* '-plegia' ✱ 1749] **s. f.** (**pl.** *-gìe*) ● (*med.*) paralisi totale degli arti inferiori

paraplègico [vc. dotta, gr. *paraplēgikós*, da *paraplēgíē* 'paraplegia' ✱ 1829] **A agg.** (**pl. m.** *-ci*) ● di paraplegia **B agg. e s. m.** (**f.** *-a*) ● che (o chi) è affetto da paraplegia

parapòdio [comp. di *para-* e *-podio* ✱ 1929] **s. m.** (**pl.** *-i* o *raro -ii*) ● (*zool.*) appendice muscolare di locomozione dotata di setole e cirri tipica degli Anellidi Policheti

parapolìtico [comp. di *para-* e *politico* ✱ 1986] **agg.** (**pl. m.** *-ci*) ● che ha caratteristiche e svolge attività simili o contigue a quelle politiche: *un movimento p.*

parapónzi [vc. onomat ✱ av. 1936] **A inter.** ● riproduce il suono ritmato di una musica popolare: *qui si beve solo vino / paraponzi ponzi po* **B in funzione di s. m. inv.** ● (*fig.*) solfa, canzone: *la conferenza? il solito p.!*

paraprassìa [comp. di *para-* e di un deriv. del gr. *práxis* 'azione' ✱ 1958] **s. f.** ● (*psicol.*) azione inadeguata alla situazione o sbagliata

parapsìchico [comp. di *para-* e *psichico* ✱ 1952] **agg.** (**pl. m.** *-ci*) ● detto di fenomeno che appartiene alla sfera psichica ma non è spiegabile sulla base delle leggi della psicologia normale, costituendo, perciò, oggetto di studio della parapsicologia

parapsicologìa [comp. di *para-* e *psicologia* ✱ 1935] **s. f.** (**pl.** *-gìe*) ● (*psicol.*) studio dei fenomeni mentali e fisici non spiegabili con le conoscenze scientifiche comunemente accettate **SIN.** metapsichica

parapsicològico [1983] **agg.** (**pl. m.** *-ci*) ● relativo alla parapsicologia

parapsicòlogo [1979] **s. m.** (**f.** *-a*; **pl. m.** *-gi*) ● studioso, esperto di parapsicologia

♦**paràre** [lat. *parāre* 'preparare', di orig. indeur. ✱ 1261 ca.] **A v. tr. 1** addobbare qlco. con paramenti: *p. a festa la chiesa, la città* **2** (*lett.*) preparare: *p. il convito* **3** (*disus.*) porgere, presentare: *p. la mano, il cappello*; *p. l'altra guancia* **4** mettere al riparo: *p. il corpo dal freddo eccessivo, la pelle dai raggi del sole, il gregge dalle intemperie* | (*est.*) schermare: *p. la luce violenta* | anche in forma pron. (con valore intens.): *si parò gli occhi con una mano* **SIN.** proteggere **5** scansare, schivare, evitare (*anche fig.*): *p. una stoccata, un pugno, un attacco*; *p. le critiche* | ***p. il colpo***, (*fig.*) difendersi o rispondere adeguatamente a critiche, attacchi e sim. | ***p. lo scoglio***, (*fig.*) evitare la difficoltà, l'inconveniente | nel calcio e sim., effettuare una parata (*anche assol.*): *non è riuscito a p.* (*il tiro*) **6** (*tosc.*) spingere o mandare avanti: *p. il branco, il gregge*; *parando via in quelle delicate circostanze tutti i testimoni importuni* (I. NIEVO) **7** (*raro*) fermare: *p. il cavallo*; *para! para!* **B v. intr.** (**aus.** *avere*) ● andare a finire: *non capimmo dove volessero p.* | ***dove andremo a p.?***, dove andremo a finire?; cosa accadrà? **C paràrsi v. rifl. e intr. pron. 1** presentarsi, opporsi: *gli si parò dinnanzi all'improvviso*; *è abituato a muovere qualunque ostacolo gli si pari davanti* **2** (*scherz.*) abbigliarsi in modo appariscente **3** difendersi, schermirsi: *pararsi da un ostacolo, dalla pioggia*

parasailing /para'seilin(g), *ingl.* 'pærəˌseɪlɪŋ/ [vc. ingl., propr. 'navigazione (*sailing*) col paracadute (*para-* per *parachute*)' ✱ 1989] **s. m. inv.** ● pratica sportiva in cui l'atleta, munito di paracadute, si fa trainare da un motoscafo in modo che il paracadute, aprendosi, gli consenta di alzarsi in volo **SIN.** paraflying

parasalìte [comp. di *para-*② e del pl. di *salita* ✱ 1958] **s. m. inv.** ● dispositivo di protezione, gener. costituito da punte metalliche rivolte verso il basso, che si applica ai tralicci delle linee elettriche ad alta tensione per impedirne la salita ai non addetti ai lavori

paraṣànga [vc. dotta, lat. *parasānga(m)*, dal gr. *parasángēs*, dal persiano *farsang* ✱ 1561] **s. f.** ● antica misura persiana corrispondente a circa 6 km di lunghezza

parasanitàrio [comp. di *para-* e *sanitario* ✱ 1973] **agg. e s. m.** (**f.** *-ia*) ● paramedico

parasàrtie [comp. di *para-*② e il pl. di *sartia* ✱ 1835] **s. m. inv.** ● (*mar.*) ciascuno dei panconi orizzontali posti fuori del bordo, a destra e a sinistra, sopra i quali sono stabilite le sartie degli alberi maggiori e i paterazzi dei minori

parascènio [vc. dotta, gr. *paraskḗnion*, comp. di *pará-* 'para-' e *skēnḗ* 'scena' ✱ av. 1798] **s. m.** ● ognuna delle due parti laterali sporgenti della scena del teatro greco classico, che raffigurava edifici o portici

parascève [vc. dotta, lat. *parăsceue(m)*, dal gr. *paraskeuḗ* 'preparazione', comp. di *pará-* 'para' e *skeuḗ* 'preparazione', di etim. incerta ✱ av. 1455] **s. f.** ● (*relig.*) il venerdì di ogni settimana, in cui gli Ebrei, secondo la legge levitica, preparavano il cibo per il sabato | nella liturgia cristiana, il venerdì santo

paraschégge [comp. di *para-*② e il pl. di *scheggia* ✱ 1947] **s. m. inv.** ● riparo per proteggere dagli scoppi di proiettili in arrivo i serventi dei pezzi d'artiglieria o i difensori delle trincee

parascientìfico [comp. di *para-* e *scientifico* ✱ 1965] **agg.** (**pl. m.** *-ci*) ● che presume erroneamente di seguire metodi e procedimenti scientifici | che ambisce a possedere carattere scientifico: *disciplina parascientifica*

parascintìlle [comp. di *para-*② e del pl. di *scintilla* ✱ 1930] **s. m. inv. 1** (*elettr.*) schermo che limita la formazione dell'arco elettrico negli interruttori industriali al momento dell'uso **2** griglia posta alla base del camino di una locomotiva a vapore per impedire l'uscita di carboni ardenti | dispositivo per impedire l'uscita di particelle incandescenti all'estremità del tubo di scappamento dei grossi motori delle macchine agricole

parascolàstico [comp. di *para-* e *scolastico* ✱ 1923] **A agg.** (**pl. m.** *-ci*) ● che ha funzione integrativa complementare rispetto alla scuola: *corso p.*; *istituzioni parascolastiche* **B s. m. 1** (**f.** *-a*) chi lavora nelle attività parascolastiche **2** prodotto editoriale complementare ai libri di testo scolastici

paraselène o **paraselènio** [comp. di *para-* e del gr. *selḗnē* 'luna' ✱ av. 1597] **s. m.** ● effetto provocato dall'atmosfera terrestre per cui accanto alla Luna sono visibili una o più immagini lunari spostate

parasilùri [comp. di *para-*② e il pl. di *siluro* ✱ 1937] **A s. m. inv.** ● (*mar.*) dispositivo gener. costituito da un sistema di reti per trattenere i siluri lontani da una nave **B anche agg. inv.**: *rete p.*

parasimpàtico [comp. di *para-* e *simpatico*② ✱ 1929] **A s. m.** (**pl.** *-ci*) ● (*anat.*) componente del sistema nervoso autonomo controllata dal tratto cervicale e da quello sacrale del nevrasse **B anche agg.**

parasimpaticolìtico [comp. di *parasimpatico* e *-litico*② ✱ 1958] **A agg.** (**pl. m.** *-ci*) ● (*farm.*) detto di sostanza che agisce da depressore del tono del sistema nervoso parasimpatico agendo come antagonista degli effetti di una stimolazione **B anche s. m.**

parasimpaticomimètico [comp. di *parasimpatico* e *mimetico* ✱ 1958] **A agg.** (**pl. m.** *-ci*) ● (*farm.*) detto di sostanza che agisce provocando effetti analoghi a quelli conseguenti a una stimolazione del sistema nervoso simpatico **B anche s. m. SIN.** vagomimetico

parasintètico [da *parasinteto* ✱ 1958] **agg.** (**pl. m.** *-ci*) ● (*ling.*) detto di vocabolo composto derivato da un nome con l'aggiunta di un prefisso e di un suffisso (per es. *desalinizzare, intavolare*)

parasìnteto [dal gr. *parasýnthetos* 'composto (o derivato) da altro composto (o derivato)', comp. di *pará-* 'para-' e *sýnthetos* 'composto', da *syntithénai* 'mettere insieme' (V. *sintesi*) ✱ 1945] **s. m.** ● (*gramm.*) composto parasintetico

†**parasìto** ➤ **parassita**

paraski /paras'ki*/ [comp. di *para(cadute)* e del fr. *ski* 'sci' ✱ 1984] **s. m. inv.** ● (*sport*) pratica consistente nel lanciarsi da un dirupo innevato muniti di parapendio e di un paio di sci, che vengono utilizzati per il decollo e l'atterraggio

parasociàle [comp. di *para-* e *sociale* ✱ 1985] **agg.** ● nella loc. (*dir.*) ***patto p.***, V. *patto*

parasóle [comp. di *para-*② e *sole* ✱ av. 1597] **A s. m.** (**pl. inv.** o *-i*) **1** ombrello da sole **2** tendale **3** (*fotogr.*) nelle macchine fotografiche professionali, aletta metallica che si fissa all'obiettivo per evitare che i raggi luminosi colpiscano direttamente le lenti **B in funzione di agg. inv.** ● (*autom.*) ***aletta p.***, piccolo accessorio posto nella parte interna, sopra il parabrezza, che ha lo scopo di riparare dalla luce troppo viva gli occhi del guidatore e del passeggero accanto a lui

parasonnìa [da *para-* e *sonno*, calco sull'ingl. *parasomnia* ✱ 1991] **s. f.** ● (*med.*) disturbo del sonno caratterizzato da manifestazioni abnormi quali il sonnambulismo, l'enuresi notturna e il bruxismo

paraspàlle [comp. di *para-*② e il pl. di *spalla* ✱ 1954] **s. m. inv.** ● nell'hockey su ghiaccio e nel football americano, protezione di cuoio o di fibra imbottita portata dal giocatore a difesa delle spalle

paraspìfferi o (*raro*) **paraspìffero** [comp. di *para-*② e del pl. di *spiffero* ✱ 1973] **s. m. inv.; anche agg. inv.** ● detto di rotolo o sottile striscia, o bacchetta, di materiale vario che si applica a porte e finestre per riparare dagli spifferi: *un p. adesivo*; *salsicciotto, spazzole p.*

paraspìgolo [comp. di *para-*② e *spigolo* ✱ 1936] **s. m.** ● elemento di ferro, legno o plastica, opportunamente sagomato, che serve a proteggere gli spigoli dei muri

paraspruzzi [comp. di *para-*② e il pl. di *spruzzo* ✱ 1988] **s. m. inv.** ● nei veicoli, accessorio in gomma che, applicato ai parafanghi posteriori, ripara dagli spruzzi i veicoli che seguono

parassìta o †**parassìto**, †**paràsito** [vc. dotta, lat. *parasītu(m)*, dal gr. *parásitos*, propr. 'commensale', comp. di *pará* 'presso' (V. *para-*) e *sîtos* 'cibo' (V. *sito-*) ✱ av. 1494] **A agg.** (**pl. m.** *-i*) **1** (*biol.*) detto di organismo animale o vegetale che vive utilizzando materiale organico di un altro essere vivente e causando danno a quest'ultimo: *pianta p.* **2** (*fig.*) che non produce, non è utile ma anzi sfrutta il lavoro o l'attività altrui: *ente p.* **3** (*fis.*) detto di fenomeno che perturba una trasmissione radio, telefonica e sim. | ***corrente p.***, quella che nasce in un materiale conduttore a causa delle variazioni di un flusso magnetico che investe tale materiale **4** (*ling.*) detto di elemento non etimologico inserito in una parola o in una frase (per es., nell'uso region. o pop., l'inserimento della *i* nel gruppo consonantico *ps* in *pisiche* per *psiche*①) **CFR.** anorganico, anaptittico, epitetico, prostetico **B s. m.** (**anche f. nel sign. 2**) **1** (*biol.*) ogni organismo parassita, animale o vegetale | ***p. permanente, obbligato***, che non può vivere separato dall'ospite | ***p. temporaneo***, che, in una fase del proprio ciclo vitale, conduce vita libera **2** (*fig.*) chi vive sfruttando il lavoro e la fatica altrui: *mi sono finalmente liberato di quel p.*; *si ha da fuggir ... di rassomigliarsi ai buffoni e parassiti* (B. CASTIGLIONE)

parassitàre [vc. dotta, lat. *parasitāri*, da *parasītus* 'parassita' ✱ av. 1574] **v. tr.** ● (*biol.*) vivere da parassita a spese di un organismo: *le pulci che parassitano i gatti*

parassitàrio [1884] **agg.** ● relativo ai parassiti, causato da parassiti: *malattia parassitaria* | (*fig.*) caratterizzato da parassitismo: *vita parassitaria*; *ente p.* **SIN.** improduttivo | ***rendita parassitaria***, V. *rendita* ‖ **parassitariaménte**, **avv.**

parassiticìda [comp. di *parassita* e *-cida* ✱ 1895] **A s. m.** (**pl.** *-i*) ● sostanza capace di distruggere i parassiti delle piante, degli animali e dell'uomo **B anche agg.**: *sostanza p.*

parassìtico [vc. dotta, lat. *parasīticu(m)*, dal gr. *parasitikós*, da *parásitos* 'parassita' ✱ 1549] **agg.** (**pl. m.** *-ci*) ● (*raro*) da parassita ‖ **parassiticaménte**, **avv.** (*raro*) in modo parassitico

parassitismo [comp. di *parassita* e *-ismo* ✱ 1865] **s. m.** **1** (*biol.*) simbiosi tra un parassita e il suo ospite **2** (*fig.*) tendenza a vivere da parassita in seno alla società | (*fig.*) condizione di gruppo sociale o ente improduttivo

†**parassìto** ➤ **parassita**

parassitòide [comp. di *parassit(a)* e *-oide*] **s. m.; anche agg.** ● (*biol.*) organismo che vive come parassita solo nella fase larvale dello sviluppo

parassitologìa [comp. di *parassita* e *-logia* ✱ 1884] **s. f.** (**pl.** *-gìe*) ● (*biol.*) branca della biologia che studia sia i parassiti (Artropodi, Elminti, Protozoi) sia gli effetti del parassitismo spec. nell'uomo e negli animali **CFR.** microbiologia

parassitològico [1884] **agg.** (**pl. m.** *-ci*) ● relativo alla parassitologia

parassitòlogo [1884] **s. m.** (**f.** *-a*; **pl. m.** *-gi*) ● studioso di parassitologia

parassitòsi [comp. di *parassita* e *-osi* ✱ 1939] **s. f. inv.** ● (*med.*) malattia causata da parassiti

paràsta [vc. dotta, lat. *parăstade(m)*, nom. *parăstas*, dal gr. *parastás*, da *paristánai* 'mettere accanto', comp. di *pará-* 'para' e *istánai* 'porre', di orig. indeur. ✱ 1556] **s. f.** ● (*archit.*) pilastro portante incassato in una parete e da questa parzialmente sporgente

parastatàle [comp. di *para-* e *statale* ✱ 1923] **A agg.** ● di ente pubblico di cui lo Stato si vale per servizi di carattere nazionale **B s. m. e f.** ● chi lavora in un ente parastatale

parastàto [comp. di *para-* e *stato*② ✱ 1965] **s. m.** ● il complesso degli enti parastatali | l'insieme dei dipendenti parastatali

parastìnchi [comp. di *para-*② e il pl. di *stinco* ✱ 1942] **s. m. inv.** ● tipo di protezione della tibia utilizzato in vari sport

parastràppi [comp. di *para-*② e il pl. di *strappo* ✱ 1948] **s. m. inv.** ● (*mecc.*) giunto elastico tra due alberi, uno condotto l'altro conduttore, che assorbe le brusche variazioni di forza, non trasmettendole

parasubordinàto [comp. di *para-* e *subordinato* ✱ 1983] **A s. m.** (**f.** *-a*) ● lavoratore non dipendente che ha un rapporto di collaborazione o consulenza con un'azienda **B anche agg.**: *lavoratore p.*

paràta① [da *parare* ✱ 1553] **s. f.** **1** il parare **2** (*sport*) nel calcio e sim., intervento del portiere per impedire che la palla e sim. entri nella propria porta: *p. alta, a terra, a tuffo, di pugno*; *compiere una bella, una difficile p.* | nella scherma e nel pugilato, movimento che si esegue con l'arma, col pugno o altro, per difendersi dai colpi dell'avversario **3** †riparo, schermo, difesa | ***star sulle parate***, (*fig.*) sulla difensiva | ***mettersi in p.***, prepararsi a difendersi | ***in p.***, attento **4** ogni ostacolo utilizzato per sbarrare strade e sim. in caso di lavori in corso ‖ **paratèlla**, **dim.** | **paratina**, **dim.**

paràta② [calco sullo sp. *parada* ✱ 1604] **s. f.** **1** situazione, risultato e sim., solo nella loc. ***vista la mala p.***, V. *malaparata* **2** sfoggio, mostra | ***abito da p.***, di gala | ***pranzo di p.***, solenne | ***mettere in p.***, esporre **3** rivista militare, rassegna: *sfilare in p.* | ***passo da p.***, quello con cui i soldati sfilano **4** (*mar.*) schieramento dell'equipaggio sul ponte, per il saluto alla voce

paratàsca [comp. di *para-*② e *tasca* ✱ 1869] **s. m.** (**pl.** *-che*) ● pezzo di stoffa cucito sulle tasche di abiti o soprabiti da uomo per coprire o rinforzare l'apertura

paratàssi [comp. di *para-* e del gr. *táxis* 'disposizione'. V. *ipotassi* ✱ 1931] **s. f. inv.** ● (*gramm.*) procedimento sintattico col quale si pongono l'una accanto all'altra due proposizioni, lasciandole autonome **SIN.** coordinazione **CONTR.** ipotassi

paratassìa [comp. di *para-* e di un deriv. del gr. *táxis* 'ordinamento, classificazione' ✱ sec. XX] **s. f.** ● (*psicol.*) distorsione dei rapporti interpersonali, per cui gli altri vengono percepiti come diversi da quello che sono

paratàttico [1960] **agg.** (**pl. m.** *-ci*) ● (*gramm.*) relativo a paratassi: *proposizione, costruzione paratattica* **SIN.** coordinato ‖ **paratatticaménte**, **avv.** in forma paratattica

paratèlla o **paretèlla** [da *paretella*, a sua volta da *parete* nel sign. 7 ✱ 1727] **s. f.** ● tipo di rete usata nella caccia alle quaglie

paratèsto [comp. di *para-* e *testo* ✱ 1985] **s. m.** ● l'insieme degli elementi che in un libro accompagnano il testo interagendo con esso, come titolo, dediche, introduzione, note, indici ecc. **CFR.** peritesto

paratìa [da †*paretio*, con accostamento a *parato* ✱ 1804] **s. f.** **1** (*mar.*) elemento strutturale, longitudinale o trasversale, che divide in vari ambienti lo scafo | ***p. stagna***, a tenuta d'acqua, fornita di porte stagne che possono chiudersi prontamente in caso di falla per impedire l'allagamento di tutta la nave | ***p. di collisione***, la prima paratia trasversale verso prua **2** (*edil.*) specie di barriera impiegata per eseguire opere in muratura in presenza di acqua | rivestimento delle sponde di un corso d'acqua con lastre o palancole di cemento armato per protezione dalle piene

paràtico [detto così dall'uso dei membri di questa associazione, di mostrarsi in *parata*, col proprio vessillo, durante le cerimonie cittadine ✱ 1627] **s. m.** (**pl.** *-ci*) ● nei comuni medievali, corporazione di mercanti o artigiani

paratìfico [1915] **agg.** (**pl. m.** *-ci*) ● (*med.*) relativo al paratifo: *infezione paratifica*

paratìfo [comp. di *para-* e *tifo* ✱ 1906] **s. m.** ● (*med.*) infezione simile al tifo, prodotta da un particolare tipo di salmonella

†**paratìo** [da †*paretio* ✱ sec. XIII] **s. m.** **1** riparo **2** tramezzo

paratìpo [comp. di *para-* e *tipo* ✱ 1983] **s. m.** ● (*zool.*) individuo facente parte di una serie di animali che è servita a descrivere una nuova specie

paratiròide [comp. di *para-* e *tiroide* ✱ 1906] **s. f.** ● (*anat.*, **spec. al pl.**) ciascuna delle piccole ghiandole a secrezione interna poste in numero di quattro dietro i lobi tiroidei

paràto **A part. pass.** di *parare*; **anche agg.** ● nei sign. del v. **B s. m.** **1** cortinaggio: *il p. della culla* | ***p. del letto***, padiglione, baldacchino **2** rivestimento delle pareti di una stanza, in tessuto, carta e sim.: *cambiare, rinnovare il p.*; *carta da parati* **3** (*mar.*) ciascuna delle travi in legno duro poste di traverso e a uguale distanza su cui poggiano le longarine e il portavasi sul piano inclinato al momento del varo di una nave | ciascuno dei travetti di legno che, disposti trasversalmente alla chiglia di una piccola imbarcazione, ne facilitano l'alaggio

paratóia [lat. parl. **paratōria(m)* 'che para, arresta', da *parāre*, nel senso di 'difendere' ✱ av. 1796] **s. f.** ● (*idraul.*) saracinesca in legno, metallo o cemento che serve a regolare il deflusso dell'acqua attraverso canali o corsi d'acqua naturali

paratóre [da *parare* ✱ 1585] **s. m.** (**f.** *-trice*) ● chi fa addobbi di chiese o pubblici edifici

paratormóne [ingl. *parathormone*, comp. di *parat(hyroid)* 'paratiroide' e *hormone* 'ormone' ✱ 1954] **s. m.** ● (*biol.*) ormone di natura proteica secreto dalle ghiandole paratiroidi

paratùra [vc. dotta, lat. tardo *paratūra(m)*, da *parātus*, part. pass. di *parāre* 'parare' ✱ av. 1851] **s. f.** ● (*raro*) l'addobbare: *p. di una chiesa, di una stanza* | addobbo

parauniversitàrio [comp. di *para-* e *universitario* ✱ 1986] **agg.** ● detto di insegnamento paragonabile a quello universitario, non impartito da un'università: *corso p.*

paraùrti [comp. di *para-*② e il pl. di *urto* ✱ 1941] **s. m. inv.** **1** traversa o altra struttura anteriore e posteriore che protegge dagli urti la carrozzeria di un autoveicolo **2** (*ferr.*) apparecchio montato alle estremità dei binari tronchi, provvisto di respingenti per l'arresto del veicolo che erroneamente non si fosse arrestato al punto dovuto **SIN.** fermacarro

paravalànghe [comp. di *para-*② e del pl. di *valanga* ✱ 1954] **s. m. inv.** ● opera di sbarramento montano costituita da palizzate, muretti e gallerie a cielo aperto, che si predispone, in corrispondenza di insediamenti e vie di comunicazione, lungo i fianchi di una montagna allo scopo di prevenire la formazione di valanghe o di ostacolarne la discesa

paravènto [comp. di *para-*② e *vento* ✱ 1550] **s. m.** **1** mobile costituito da due o più pannelli collegati da cerniere, usato come divisorio di ambienti o come protezione dalla vista altrui: *un p. di legno, di tela*; *un p. cinese laccato* **2** (*fig.*) riparo, copertura: *i criminali agivano dietro il p. di un'agenzia immobiliare* | (*fig.*) ***fare da p. a qlcu.***, coprire o dissimulare le altrui attività più o meno lecite: *Faccio da p. ai suoi amori* (C. PAVESE)

parazònio [vc. dotta, lat. *parazōniu(m)*, dal gr. *parazṓnion*, propr. 'piccola spada, pugnale (da mettere vicino alla cintura)', da *parazṓnē* 'cintura', comp. di *para-* 'para-' e *zṓnē* 'cintura' (V. *zona*) ✱ 1499] **s. m.** ● (*archeol.*) spada appesa a un cinturone

parbòiled /par'bɔiled, *ingl.* 'pɑːˌbɔɪləd/ [vc. ingl. *parboiled* (*rice*) '(riso) bollito (dal v. *to boil*) parzialmente (*par-*, confuso con 'per, attraverso')' ✱ 1963] **agg. inv.** ● solo nella loc. ***riso p.***, riso grezzo sottoposto a uno speciale trattamento per acquistare il caratteristico colore giallo-oro e la capacità di resistere maggiormente alla cottura

pàrca [vc. dotta, lat. *Părca(m)*, da avvicinare a *părere* 'partorire'. V. *parto*① ✱ 1481] **s. f.** (**con la maiuscola nel sign. 1**) **1** ciascuna delle tre divinità che, nella mitologia greco-romana, presiedono al corso della vita umana **2** (*lett.*, *fig.*) morte

parcaménto [dal v. ingl. *to park* 'parcheggiare' ✱ sec. XX] **s. m.** ● (*raro*, *burocr.*) parcheggio, nel sign. 2

parcàre [fr. *parquer*, da *parc* 'parco' ✱ av. 1786] **v. tr.** (*io pàrco, tu pàrchi*) **1** (*milit.*) disporre in un parco artiglierie, autoveicoli e sim. **2** (*raro*) parcheggiare

parcèlla [fr. *parcelle*, dal lat. parl. **particĕlla(m)*, dim. di *partĭcula*, dim. di *pārs*, genit. *pārtis* 'parte' ✱ 1381] **s. f.** **1** nota delle spese e competenze di un professionista relativa alle sue prestazioni professionali: *presentare al cliente la p.* **2** (*dir.*) particella
SFUMATURE ➤ *onorario*②

parcellàre [fr. *parcellaire*, da *parcelle* 'particella' (V. *parcella*) ✱ 1841] **agg.** **1** che è diviso in parcelle, detto di terreno spec. con riferimento alle suddivisioni catastali **2** (*med.*) relativo a una piccola parte, a un frammento: *frattura p.*

parcellazióne [da *parcellare* ✱ 1965] **s. f.** ● divisione di un terreno di grandi dimensioni in piccoli appezzamenti per particolari fini agricoli

parcellizzàre [fr. *parcelliser*, da *parcella* 'particella' (V. *parcella*) ✱ 1977] **A** **v. tr.** **1** frammentare, ridurre in unità più piccole **2** nelle aziende, dividere il lavoro in operazioni estremamente minute e ripetitive **B** **parcellizzàrsi** **v. intr. pron.** **1** frazionarsi **2** (*fig.*) frammentarsi ‖ **parcellizzazióne**, **s. f.**

†**pàrcere** [vc. dotta, lat. *părcere* 'trattenere, risparmiare', di etim. incerta ✱ av. 1294] **v. intr.** (**difett. usato solo al pres. indic. e congtv. e all'imperat.**) ● risparmiare, perdonare

parchè [1938] **s. m. inv.** ● adattamento di *parquet* (V.)

♦**parcheggiàre** [da *parco*① ✱ 1954] **v. tr.** (**pres.** *io parchéggio*; **fut.** *io parcheggerò*) **1** disporre un veicolo in sosta, spec. in un luogo a ciò appositamente destinato (*anche assol.*): *p. la macchina, la motocicletta*; *non si può p. in curva* | effettuare le manovre di parcheggio: *p. bene, male*; *imparare a p.* **2** (*fig.*) sistemare provvisoriamente, riferito a persone: *p. un anziano in ospedale*

parcheggiatóre [da *parcheggiare* ✱ 1981] **s. m.** (**f.** *-trice*) **1** (*raro*) chi esegue una manovra di parcheggio **2** custode di autoveicoli nei parcheggi: *p. abusivo* **3** negli aeroporti, addetto che coordina le operazioni di parcheggio dei velivoli

♦**parchéggio** [deriv. di *parcheggiare* ✱ 1935] **s. m.** **1** piazzale o parte di via urbana in cui si possono lasciare in sosta le automobili all'interno di appositi spazi delimitati da strisce: *p. a pagamento, a disco orario* SIN. posteggio **2** sosta di un veicolo in un parcheggio, e relativa manovra: *qui è vietato il p.* | (*est.*) modo in cui i veicoli in sosta sono disposti: *p. in colonna, a pettine* **3** (*fig.*) sistemazione provvisoria (gener. con una connotazione negativa): *la scuola non è un p.!* | nella loc. agg. inv. ***di p.***, di attesa, di transizione, provvisorio: *soluzione di p.*

parchettatùra [dal fr. *parquet* (V.) ✱ 1958] **s. f.** ● copertura a parquet di un pavimento

parchettista [1966] **s. m. e f.** (**pl. m.** *-i*) ● chi fa parchettature

parchézza [da *parco*② ✱ 1734] **s. f.** ● (*lett.*, *raro*) sobrietà | parsimonia

parchìmetro [comp. di *parco*① e *-metro* ✱ 1942] **s. m.** ● apparecchio automatico che misura il tempo di sosta di un autoveicolo in un parcheggio a pagamento in relazione alla moneta introdottavi CFR. parcometro

†**parcità** [vc. dotta, lat. *parcitāte(m)*, da *pārcus* 'parco②' ✱ 1268] **s. f.** ● austerità, sobrietà

♦**pàrco**① o (*sett.*) †**bàrco**③ [vc. di orig. preindeur. che significa 'recinto' (?) ✱ av. 1348] **s. m.** (**pl.** *-chi*) **1** terreno boscoso e piuttosto esteso, spesso recintato ed adibito a usi particolari | giardino molto grande, abbondantemente alberato, privato o pubblico: *i meravigliosi parchi delle ville settecentesche*; *una città ricca di parchi e di zone verdi* | ***p. delle rimembranze***, dedicato ai caduti in guerra | ***p. nazionale***, zona del territorio nazionale che, per i suoi caratteri geologici, floristici, faunistici e sim., è tutelata da apposite leggi per impedire che l'attività umana possa alterarla | ***p. marino, p. blu***, riserva marina naturale **2** spazio dotato di particolari attrezzature | ***p.*** (***di***) ***divertimenti***, terreno attrezzato per divertimenti all'aperto, con giostre, otto volanti, autoscontri e altre attrazioni | ***p. acquatico***, acquapark | ***p. giochi***, area attrezzata per l'intrattenimento dei bambini all'aperto | ***p. letterario***, territorio comprendente località presenti nella vita o nelle opere di un autore letterario, organizzato in modo da segnalare e valorizzare tali località | ***p. scientifico, tecnologico***, area nella quale sono concentrate strutture destinate alla ricerca scientifica o allo sviluppo tecnologico | ***p. buoi***, V. *bue* **3** spazio adibito a deposito di determinati materiali, spec. automobili, artiglierie ecc. | complesso di determinati materiali o mezzi di uso bellico o pacifico: *p. del Genio*; *p. d'artiglieria, d'assedio* | ***p. mobile***, complesso di autoveicoli con funzioni di collegamento fra i reparti di grosse unità militari e i posti di rifornimento | ***p. macchine, p. vetture***, insieme dei veicoli di cui dispone un ente, una ditta e sim. | ***p. rotabile***, complesso del materiale mobile di cui è dotata una rete ferroviaria | ***p. lampade***, complesso degli attrezzi per l'illuminazione di scene in dotazione a una troupe cinematografica **4** (*raro*) parcheggio per automobili

♦**pàrco**② [vc. dotta, lat. *părcu(m)*, dalla stessa radice di *părcere* '†parcere' ✱ 1319] **agg.** (**pl. m.** *-chi*; **superl.** *parchissimo*) **1** sobrio, misurato, parsimonioso: *essere p. nel bere, nel mangiare* CONTR. smodato | frugale: *riede alla sua parca mensa, / fischiando, il zappatore* (G. LEOPARDI) SIN. modesto **2** avaro: *p. nello spendere* | scarso: *p. nel discorrere*; *è p. di parole, di lodi* CONTR. generoso ‖ **parcaménte**, **avv.** in modo parco, parsimonioso

parcòmetro [1942] **s. m.** ● tipo di parchimetro che emette una ricevuta con l'ora iniziale e quella finale del periodo di sosta per il quale è stato pagato il pedaggio

♦**par condìcio**, (*evit.*) **par condìtio** [loc. lat. propr. 'pari, uguale (*pār*, di orig. sconosciuta) condizione (*condicio* da *condīcere* 'convenire')' ✱ 1980] **loc. sost. f. inv.** (**pl. lat.** *pares condiciones*) ● situazione nella quale viene garantita a ciascun soggetto parità di trattamento, di opportunità o di condizione giuridica | (*dir.*) ***par condicio creditorum***, nelle procedure concorsuali, obbligo di garantire a ciascun creditore la parità di trattamento, salvi i privilegi riconosciuti per legge

pardalòto [vc. dotta, gr. *pardalōtós* 'macchiettato come un leopardo', da *párdalis* 'leopardo' (V. *leopardo*): detto così per le macchie delle sue penne ✱ 1835] **s. m.** ● piccolo passeriforme australiano a penne screziate, che costruisce il nido in una galleria del terreno (*Pardalotus punctatus*)

†**pardìglio** [sp. *pardillo*, dim. di *pardo* 'grigio', cioè colore del *pardo* ✱ 1565] **A** **agg.** ● di colore grigio scuro **B** **s. m.** ● bardiglio

pàrdo [vc. dotta, lat. *pārdu(m)*, dal gr. *párdos*. V. *leopardo* ✱ av. 1367] **s. m.** ● (*lett.*) leopardo

pardon /*fr.* paʀ'dɔ̃/ [vc. fr., propr. 'perdono' ✱ 1842] **s. m. inv.** ● si usa come formula di cortesia per scusarsi di qlco. o, con valore attenuativo, per correggere un'affermazione

†**pàre** ➤ **pari**①

♦**parécchio** [lat. parl. **parĭculu(m)*, dim. di *pār*, genit. *păris* 'pari①' ✱ sec. XIII] **A** **agg. indef.** (**pl. m.** *parécchi*, †*paréchie*; **pl. f.** *parécchie*, †*parécchi*) **1** che è in quantità, misura o numero notevole, rilevante: *ho avuto parecchi guai*; *farò parecchie spese*; *si tratterrà parecchi giorni*; *ci vorrà p. tempo per finire*; *hanno invitato parecchia gente* | (**al pl.**) numerosi: *c'erano parecchi ragazzi* | con riferimento alla forza o all'intensità: *c'è p. vento oggi*; *ha fatto p. caldo* SIN. alquanto **2** con valore neutro in espressioni ellittiche: *mi fermerò p.*; *dovremo spendere p.*; *ho p. da fare*; *ci sarebbe p. da ridire*; *beve p.* SIN. alquanto **B** **pron. indef.** ● ciò che è in quantità, misura o numero notevole, rilevante: *ci vuole volontà e io ne ho parecchia*; *ho p. da fare*; *è piovuto p.*; *è p. che non lo vedo* | (**al pl.**) numerose persone: *l'hanno visto in parecchi*; *fra le operaie, parecchie hanno aderito*; *parecchi di noi sono d'accordo* **C** **avv.** ● alquanto, in misura notevole: *mi sembri p. dimagrito*; *è migliorato p.*; *è p. generoso* | a lungo: *ho camminato p.*; *l'ho aspettato p.* **D** **agg. e s. m.** ● †pari, simile: *salendo su per lo modo p. / a quel che scende* (DANTE *Purg.* XV, 18-19) ‖ **parecchiétto**, **dim.** | **parecchino**, **dim.** | **parecchiòtto**, **alter.** | **parecchiùccio**, **dim.**

pàredro o **parèdro** [vc. dotta, gr. *páredros* 'che sta presso (*pará*) la sedia (*édra*)' ✱ 1840] **agg.**; **anche s. m.** (**f.** *-a*) ● nella religione della Grecia antica, attributo di una divinità che era associata nel culto a un'altra di maggiore importanza: *Marte con Neriene paredra*

pareggiàbile [1660] **agg.** ● che si può pareggiare

pareggiaménto [1549] **s. m.** ● il pareggiare | perequazione, parificazione SIN. uguagliamento

pareggiàre [da *pari*① ✱ av. 1257] **A** **v. tr.** (**pres.** *io paréggio*; **fut.** *io pareggerò*) **1** rendere pari, togliendo dislivelli, sporgenze e sim.: *p. il terreno, l'intonaco* SIN. livellare **2** (*est.*) far quadrare, mettere o rimettere nel giusto equilibrio: *p. il bilancio* | ***p. i conti***, far sì che entrate e uscite coincidano | ***p. i conti con qlcu.***, (*fig.*) rendergli la pariglia **3** (*lett.*) rendere uguale: *p. i diritti e i doveri dei cittadini* | uguagliare: *per senno pareggia Salomone*; *nessuno lo pareggia in astuzia* **B** **v. intr. e tr.** (**aus.** *avere*) ● conseguire, ottenere un pareggio in una partita: *le due squadre hanno pareggiato*; *p. con qlcu.*; *p. un incontro* **C** **pareggiàrsi** **v. rifl.** ● (*lett.*) adeguar-

P

si, equipararsi | farsi uguale: *stimolati ... dall'ambizione di pareggiarsi agli Dei* (G. LEOPARDI) **D** **pareggiàrsi v. intr. pron.** ● essere pari, uguagliarsi: *le entrate e le uscite si pareggiano*

pareggiàto **part. pass.** di *pareggiare*; anche **agg. 1** nei sign. del v. **2** ***scuola pareggiata***, d'istruzione superiore, legalmente equiparata a una scuola statale

pareggiatóre [1614] **agg. e s. m.** (**f.** *-trice*) ● (*raro*) che (o chi) pareggia

pareggiatùra [1681] **s. f.** ● il pareggiare | spianamento, livellamento

♦**paréggio**① [da *pareggiare* ✱ sec. XIV] **s. m. 1** (*lett.*) condizione di uguaglianza **SIN.** livellamento **2** nel bilancio, eguaglianza delle entrate con le uscite: *il bilancio si è chiuso in p.*; *raggiungere il p.* **CONTR.** spareggio **3** (*sport*) risultato di parità conseguito dai due avversari al termine di una gara || **pareggìno**, **dim.** nel sign. 3

†**paréggio**② [etim. incerta ✱ 1321] **s. m.** ● tratto di mare: *non è p. da picciola barca* (DANTE *Par.* XXIII, 67)

†**paréglio** [provenz. *parelh* 'pari'; stessa etim. dell'it. *parecchio* (V.) ✱ av. 1276] **A agg.** ● uguale, simile **B s. m.** ● immagine uguale, modello: *io la veggio nel verace speglio / che fa di sé p. a l'altre cose* (DANTE *Par.* XXVI, 106-107)

pareidolìa [vc. dotta, comp. di *par(a)-*① e un deriv. del gr. *éidōlon* 'immagine' ✱ 1938] **s. f.** ● (*psicol.*) tendenza accentuata a riconoscere tratti noti in forme, linee o anche suoni casuali, come figure di animali nelle nubi o in profili di montagne, voci in suoni naturali, ecc.

parèlio [vc. dotta, lat. *parēlio(n)*, dal gr. *parḗlion*, comp. di *pará-* 'para-' e *hḗlios* 'sole'. V. *elio* ✱ 1542] **s. m.** (**pl.** *-i* o *raro* *-ii*) ● (*meteor.*) fenomeno ottico che consiste nella formazione di zone luminose colorate ai lati del Sole in seguito alla rifrazione dei raggi solari su cristalli di ghiaccio che compongono nubi d'alta quota

paremìa [vc. dotta, lat. tardo *parŏemia(m)*, dal gr. *paroimía*, comp. di *pará-* 'para-' e *óimos* 'strada', di orig. indeur. ✱ 1536] **s. f.** ● proverbio, contenente talora l'enunciazione di una massima giuridica

paremiografìa [da *paremiografo* ✱ 1841] **s. f.** ● raccolta di proverbi, adagi e sim.

paremiògrafo [comp. di *paremia* e *-grafo* ✱ 1895] **s. m.** (**f.** *-a*) ● raccoglitore e studioso di proverbi

paremiologìa [comp. di *paremia* e *-logia* ✱ 1893] **s. f.** (**pl.** *-gìe*) ● studio dei proverbi

paremiòlogo [1958] **s. m.** (**f.** *-a*; **pl. m.** *-gi*) ● studioso di proverbi

parencèfalo [comp. di *para-* ed *encefalo* ✱ 1583] **s. m.** ● (*anat.*, *raro*) cervelletto

parènchima o **parenchìma** [vc. dotta, gr. *parénchyma*, da *parenchéin* 'spandere, infondere', comp. di *pará-* 'para-', *en* 'in' e *chéin* 'versare', di orig. indeur. ✱ 1673] **s. m.** (**pl.** *-i*) **1** (*anat.*) sostanza propria, caratteristica di un organo: *p. epatico, polmonare* **2** (*bot.*) tessuto vegetale definitivo formato da cellule vive, che adempiono importanti funzioni: *p. clorofilliano*; *p. aerifero, acquifero*

parenchimàtico [1700] **agg.** (**pl. m.** *-ci*) ● del parenchima

parenchimatóso (o *-ṣ-*) [1792] **agg.** ● (*anat.*) relativo al parenchima

parèneṣi [vc. dotta, lat. tardo *parăenesi(m)*, dal gr. *paráinesis*, da *parainéin* 'ammonire, esortare', comp. di *pará-* 'para-' e *ainéin* 'approvare, raccomandare', da *áinos* 'racconto, lode', di etim. incerta ✱ 1684] **s. f. inv.** ● (*lett.*) esortazione, ammonizione

parenètica [dall'agg. *parenetico*, sostantivato sottintendendo *arte* ✱ 1974] **s. f.** ● (*letter.*) genere letterario cui appartengono le opere con fine esortativo

parenètico [vc. dotta, gr. *parainetikós*, da *paráinesis* 'parenesi' ✱ 1586] **agg.** (**pl. m.** *-ci*) ● (*lett.*) esortativo, ammonitorio: *la Commedia mette in atto un concetto morale ... a fine p.* (G. CARDUCCI) || **pareneticaménte**, **avv.**

parentàdo o (*raro*) **parentàto** [lat. parl. **parentātu(m)*, da *pārens*, genit. *parĕntis* 'genitore'. V. *parente* ✱ av. 1243] **s. m. 1** (*lett.*) legame di parentela: *un vostro p. molto stretto* | (*lett.*) matrimonio: *la madre della fanciulla ... contro alla volontà degli altri conchiuse il p.* (D. COMPAGNI) **2** insieme dei parenti (*spesso scherz.*): *lo seppe tutto il p.* **3** †congiungimento sessuale

parèntal cóntrol /pa'rɛntal 'kontrol, *ingl.* pə'rɛnt(ə)l kən'trəʊl/ [loc. ingl., propr. 'controllo (*control*) dei genitori (*parental*)' ✱ 1993] **loc. sost. m. inv.** (**pl. ingl.** *parental controls*) ● sistema che blocca l'accesso ai contenuti di un sito Internet o a una trasmissione televisiva quando essi non sono adatti a minori

parentàle [vc. dotta, lat. *parentāle(m)*, agg. di *pārens*, genit. *parĕntis* 'genitore'. V. *parente* ✱ 1362] **agg.** ● relativo ai genitori o ai parenti: *autorità, cerimonia p.* **CFR.** genitoriale | ***malattia p.***, ereditaria | ***istruzione p.***, V. *istruzione* | †paterno || **parentalità**, **s. f. inv.** condizione di genitore

parentàli [vc. dotta, lat. *parentālia* 'cerimonia funebre in onore dei parenti defunti, feste annuali in onore dei morti', nt. pl. sost. di *parentālis* 'parentale' ✱ 1781] **s. m. pl. 1** riti celebrati dagli antichi Romani per commemorare i defunti **2** celebrazione di ricorrenze familiari | commemorazione dei propri morti **3** commemorazione del centenario della morte di un illustre personaggio

parentàlie [1774] **s. f. pl.** ● parentali

parentàme [comp. di *parent(e)* e *-ame* ✱ 1949] **s. m.** ● numeroso insieme di parenti (*spec. spreg.*)

parentàto ➤ **parentado**

♦**parènte** [vc. dotta, lat. *parĕnte(m)* 'genitore', dalla stessa radice indeur. di *pārere* 'generare' ✱ 1229] **s. m. e f. 1** chi è unito ad altra persona da vincoli di parentela: *un vostro p.* | ***parenti stretti***, fratelli, zie, cugini e sim. | ***p. acquisito, d'acquisto***, quello che diviene tale in seguito a un matrimonio | **PROV.** ***parenti serpenti***, i parenti sono infidi e maligni **SIN.** congiunto, consanguineo **2** (*lett.*) genitore | ***l'uno e l'altro p.***, il padre e la madre **3** (*fig.*) cosa affine o molto simile: *l'appetito è p. della fame*; *Il sonno è veramente qual uom dice / p. de la morte* (F. PETRARCA)

parentèla [vc. dotta, lat. tardo *parentēla(m)*, da *pārens*, genit. *parĕntis* 'genitore'. V. *parente* ✱ 1308] **s. f. 1** vincolo biologico, genealogico e giuridico che unisce persone discendenti l'una dall'altra o da un ascendente comune: *p. legittima, naturale*; *grado di p.* | (*est.*) ***p. spirituale***, rapporto religioso che si instaura con la somministrazione del battesimo o della cresima fra il battezzato o il cresimato e il padrino **2** l'insieme dei parenti: *tutta la p. fu presente* **3** (*fig.*) rapporto di affinità tra cose con origine comune o caratteristiche simili: *fra quei due concetti vi è una certa p.* | ***p. linguistica***, rapporto di affinità tra due o più lingue che risultano da evoluzioni diverse di una medesima lingua madre

†**parentènza** ➤ †**parentezza**

parenteràle [comp. di *para-* e del gr. *énteron* 'intestino', di orig. indeur. ✱ 1915] **agg.** ● (*med.*) che non segue la via gastroenterica: *somministrare un farmaco per via p.* | ***introduzione p.***, per via intramuscolare, sottocutanea o endovenosa **CFR.** enterale || **parenteralménte**, **avv.**

parènteṣi [vc. dotta, lat. tardo *parĕnthesi(m)*, dal gr. *parénthesis* 'inserzione, interposizione, parentesi', da *parentithénai* 'inserire', comp. di *pará-* 'para-', *en* 'in' e *tithénai* 'porre', di orig. indeur. ✱ 1549] **s. f. inv. 1** frase non legata al periodo principale, che serve a chiarirlo, ampliandone o precisandone il senso, a limitare la portata di un'affermazione e sim. | ***fra p.***, per inciso | (*est.*) digressione: *dopo questa breve p., riprendiamo il nostro argomento* **2** segno grafico della parentesi: *aprire, chiudere la p.*; *p. tonda, quadra, graffa, uncinata*. Le *parentesi tonde* si usano in coppia per racchiudere un inciso di commento, di spiegazione o di ampliamento in un discorso: *lo strano individuo (che poi era una spia) si comportava in modo sospetto*. L'eventuale segno di punteggiatura dove si apre la parentesi va posto dopo la parentesi di chiusura: *Mi disse: 'Ogni cosa a suo tempo' (è la sua frase preferita). Poi se ne andò*. Le parentesi tonde si usano da sole dopo una lettera o un numero in un elenco: *a*), *b*), *c*) oppure *1°*), *2°*), *3°*), ecc. Le *parentesi quadre* si usano in coppia come parentesi distinte dalla tonda per evitare sovrapposizioni, oppure per inserire indicazioni o precisazioni che non fanno parte del testo: *A Trieste [Joyce] conobbe Italo Svevo*. Le *parentesi graffe* si usano spec. per racchiudere espressioni matematiche; in un testo, si usano come varianti di quelle quadre, oppure per unire più righe. Le *parentesi uncinate* (o *angolari* o *aguzze*) si usano in filologia per racchiudere integrazioni congetturali a un testo mutilo o parole ritenute interpolate. (V. nota d'uso PUNTEGGIATURA) **3** (*fig.*) intervallo di tempo dotato di caratteristiche diverse da quelle dei periodi che lo precedono o lo seguono: *una breve p. di pace in un secolo di lotte*; *una p. di riposo*

parentètico [1954] **agg.** (**pl. m.** *-ci*) ● di parentesi, che costituisce una parentesi: *periodo p.* || **parenteticaménte**, **avv.**

†**parentévole** [da *parente* ✱ 1353] **agg. 1** da parente **2** amichevole, familiare, domestico || †**parentevolménte**, †**parentevoleménte**, **avv.** familiarmente; amichevolmente

†**parentézza** o †**parentènza** [av. 1306] **s. f. 1** parentela | (*fig.*) legame spirituale | ***far p.***, sposare, sposarsi **2** (*fig.*) affinità, analogia

†**parènza** [av. 1257] **s. f.** ● apparenza | (*lett.*) fattezze

parèo [fr. *paréo*, vc. di orig. tahitiana ✱ 1936] **s. m.** ● indumento tahitiano, consistente in un rettangolo di cotone stampato a vistosi motivi da avvolgere attorno al corpo | (*lett.*) nella moda occidentale, analogo indumento usato come copricostume

♦**parére**① [lat. *parēre* 'apparire', di etim. incerta ✱ av. 1249] **A v. intr.** (**pres.** *io pàio*, †*pàro*, *tu pàri*, *egli pàre*, **poet.** o **fam.** **troncato in** *par*, *noi paiàmo*, **raro** *pariàmo*, *voi paréte*, *essi pàiono*, †*pàrono*; **pass. rem.** *io pàrvi*, †*pàrsi*, *tu parésti*; **fut.** *io parrò*, †*parerò*; **congtv. pres.** *io pàia*, †*pàra*, *noi paiàmo*, **raro** *pariàmo*, *voi paiàte*, *essi pàiano*; **condiz. pres.** *io parrèi*, †*parerèi*; **part. pres.** *parvènte*; **part. pass.** *pàrso*, †*parùto*; **difett. dell'imperat.**; **aus.** *essere*) **1** apparire, sembrare: *p. buono, cattivo, facile, difficile*; *pare impossibile ma è così*; *quel tuo amico non mi parve sincero*; *pareva un uomo onesto ma era un imbroglione*; *mi è parso che le trattative fossero a buon punto*; *non mi par vero*; *colei che sola a me par donna* (F. PETRARCA) | ***pare di sì, di no***, si dice per esprimere una impressione positiva o negativa | ***per non p.***, per passare inosservato, per non farsi notare: *così graziosa, di quella grazia, sai, che fa di tutto* *per non p.* (L. PIRANDELLO) | ***senza p.***, senza averne l'aria, senza che si noti: *spiava, senza p., ogni movimento di lei* (A. FOGAZZARO) | (*lett.*) ***pare e non pare***, per esprimere una impressione di dubbio circa qlcu. o qlco. | ***non pare gran che***, di cosa o persona d'apparenza piuttosto mediocre | ***mi pare, mi pareva di sognare!***, per esprimere stupore, incredulità e sim. | ***pare, mi pare ieri***, di avvenimento già lontano nel passato ma che sembra appena accaduto | ***non mi pare vero!***, per esprimere grande soddisfazione, gioia e sim. **2** sembrare, risultare, dare l'impressione (spec. in base a una valutazione soggettiva) (+ *di* **seguito da inf.**, + *che* **seguito da congtv.**): *gli pare di star meglio; mi parve che fosse giunto il momento di intervenire* | sembrare giusto, conveniente, opportuno: *ti pare?, non ti pare?; se ti pare di favellarmi, favellami a tuo piacere* (G. LEOPARDI) | ***che te ne pare?***, cosa ne pensi? | ***mi pareva!, mi pareva bene!***, lo pensavo, lo prevedevo | ***ti pareva!, e ti pareva!***, (*colloq.*) c'era da aspettarselo: *ti pareva che non fosse al bar!; Sei stanco? E ti pareva!* | ***ti pare poco!, e ti pare poco!***, (*colloq.*) è già qualcosa, è già abbastanza: *'È solo un'allegra commedia' 'E ti pare poco!'* | ***ma le pare!***, si figuri! | ***ma le pare?***, le sembra possibile?: *io, vegetariano? Ma le pare?* | garbare, andare a genio: *faccio quello che mi pare; se mi pare ci vado, altrimenti resto a casa; è abituato a fare quello che gli pare e piace* **3** (*raro, lett.*) mostrarsi, apparire: *tanto gentile e tanto onesta pare / la donna mia* (DANTE) | vedersi: *che non parea s'era laico o cherco* (DANTE *Inf.* XVIII, 117) **B** **v. intr. impers.** (**aus.** *essere*) ● sembrare (+ *che* **seguito da congtv.**, + *di* **seguito da inf.**): *pare che tu non capisca; pare di essere in un film!* **C** **parérsi** **v. intr. pron.** ● (*raro, lett.*) mostrarsi con evidenza: *Qui si parrà la tua nobilitate* (DANTE *Inf.* II, 9)

♦**parére**② [da *parere*① ✱ av. 1294] **s. m. 1** opinione personale, soggettiva: *il mio p. è assolutamente negativo* | ***a mio p., a parer mio***, secondo me | ***mutar p.***, cambiare opinione, convinzione, idea | ***essere del p.***, giudicare, stimare, pensare (+ *di* **seguito da inf.**, + *che*): *sono del p. di rinviare la decisione; è del p. che dovremmo trattare* **SIN.** avviso **2** consiglio, valutazione, spec. su problemi specifici: *qui è necessario il p. di un tecnico; andare dall'avvocato per un p.; dare p. favorevole, contrario; accetto di buon grado il vostro p.* | ***p. comune***, opinione, spec. su materie di natura economica e sociale, espressa congiuntamente e in forma ufficiale dalle parti sociali **3** (*raro, lett.*) apparenza

SFUMATURE ➤ *consiglio*

parèrgo [vc. dotta, lat. tardo *parĕrgon* 'accessorio', dal gr. *párergon*, comp. di *pará-* 'para-' ed *érgon* 'opera, lavoro'. V. *ergo-* ✱ av. 1565] **s. m.** (**pl.** *-ghi*) **1** (*lett.*) appendice a opera letteraria **2** †in opere pittoriche o di scultura, ornamento

parèṣi o (*meno comune*) **pàreṣi** [vc. dotta, gr. *páresis* 'rilassamento, paralisi', da *pariénai* 'allentare', comp. di *pará-* 'para-' e *iénai* 'mandare' ✱ 1821] **s. f. inv.** ● (*med.*) riduzione della motilità muscolare

parestęṣìa [comp. di *para-* e del gr. *áisthēsis* 'percezione, sensazione'. V. *estetica* ✱ 1829] **s. f.** ● (*med.*) sensazione patologica spontanea non dolorosa quale formicolio o vellicamento

paretàio [da *parete* ✱ 1296] **s. m.** (**pl.** *-ai*) **1** tesa stabile per uccelli, con appostamento in muratura e due grandi reti a scatto attivate dall'uccellatore **2** (*fig., lett.*) trappola, espediente ingannevole per persone ingenue

♦**paréte** [lat. parl. **parēte(m)*, per il classico *pariete(m)*: di orig. indeur. (?) ✱ 1282] **s. f. 1** (*archit.*) muro interno di edifici, generalmente di piccolo spessore, per dividere i vani, talvolta dotato di funzione portante: *p. divisoria; abbattere una p.; appendere un quadro alla p.* | ***tra le pareti domestiche***, (*fig.*) nell'ambito della famiglia | ***da p.***, detto di mobili e oggetti che hanno uno o due lati grezzi, privi di decorazione, destinati a essere accostati o appesi a una parete | ***p. attrezzata***, struttura componibile in legno o metallo che riunisce le funzioni proprie del muro divisorio e del mobile o della scaffalatura **2** struttura che chiude o delimita uno spazio, una cavità e sim.: *le pareti di una grotta, di una scatola; p. carotidea, toracica, addominale* | (*biol.*) ***p. cellulare***, struttura di natura cellulosica che circonda la cellula vegetale **3** (*fig.*) barriera, ostacolo: *frapporre una p. d'odio, d'incomprensione; una p. insormontabile* **SIN.** muro **4** †in un disegno, sfondo **5** nell'alpinismo, fianco scosceso e ripido di un monte, anche coperto di ghiaccio: *la p. nord dell'Eiger, del Cervino* **6** (*veter.*) lamina cornea che ricopre la parte distale del dito dei Solipedi | parte dello zoccolo **SIN.** muraglia **7** ciascuna delle due reti del paretaio ‖ **paretina**, **dim.** | **paretóna**, **accr.** | **paretóne**, **accr. m.**

parètico [da *paresi* sul modello di *ascesi-ascetico, cosmesi-cosmetico* ecc. ✱ 1904] **agg. e s. m.** (**f.** *-a*; **pl. m.** *-ci*) ● (*med.*) che (o chi) è affetto da paresi

paretimologìa [comp. di *para-* ed *etimologia* ✱ 1963] **s. f.** (**pl.** *-gìe*) ● (*ling.*) etimologia priva di fondamento scientifico **SIN.** pseudoetimologia

paretimològico [1958] **agg.** (**pl. m.** *-ci*) ● relativo alla paretimologia ‖ **paretimologicaménte**, **avv.**

†**parévole** [da *parere*① ✱ 1342] **agg. 1** che pare **2** appariscente | evidente

parfait /fr. paʀˈfɛ/ [vc. fr., propr. 'perfetto' ✱ 1942] **s. m. inv.** ● (*cucina*) gelato molto soffice e delicato, preparato con un unico composto di base e confezionato in stampi a forma di tronco di cono o di basso cilindro

pargoleggiàre o †**parvoleggiàre** [1319] **v. intr.** (**pres.** *io pargoléggio*; **fut.** *io pargoleggerò*; **aus.** *avere*) ● (*lett.*) fare il bambino, atteggiarsi, comportarsi come un bambino: *come divento io schiavo delle cieche brame del cuore, e pargoleggio così?* (S. PELLICO)

pargolétta [f. di *pargoletto* ✱ 1319] **s. f. 1** (*lett.*) bambina **2** (*lett.*) †fanciulla, ragazza

pargolétto o †**parvolétto** [1294] **A** **s. m.** (**f.** *-a* (V.)) ● (*lett.*) dim. di *pargolo* **B** **agg.** ● (*lett.*) di fanciullo: *le pargolette membra* (F. PETRARCA)

†**pargolézza** [da *pargolo* ✱ av. 1375] **s. f. 1** infanzia, fanciullezza **2** (*lett.*) meschinità

✦**pàrgolo** o (*poet.*) †**pàrvolo** [lat. *părvulu(m)*, dim. di *părvus* 'piccolo'. V. †*parvo* ✱ av. 1292] **A** **s. m.** (**f.** *-a*) ● (*lett.*) bambino, fanciullo **B** **agg.** ● (*lett.*) piccolo ‖ **pargolétto**, **dim.** (V.)

♦**pàri**① o †**pàre** [lat. *păre(m)*: di orig. etrusca (?) ✱ sec. XII] **A** **agg. inv. 1** uguale, che corrisponde esattamente (+ *a* **seguito da compl. di paragone**; + *di*, + *per*, + *in* **seguiti da compl. di limitazione**): *avere p. diritti e p. doveri; mostrò un coraggio p. alla sua astuzia; essere p. di età, statura, grado; essere p. per condizione sociale; essere p. in bellezza, in bontà* | ***essere p. a***, equivalere; essere all'altezza: *una distanza che è p. a 2500 metri; è stato p. alle sue responsabilità* | ***di p. passo***, con passo uguale; (*fig.*) contemporaneamente, all'unisono | simile: *Lucifero volle farsi p. a Dio* **2** privo di sporgenze, rientranze, pendenza e sim.: *strada, superficie, linea p.* | sullo stesso livello: *i piatti della bilancia non sono p.* | ***a piè p.***, coi piedi uniti e a una stessa altezza; (*fig.*) del tutto, completamente: *saltare a piè p. un capitolo, il punto difficile di una versione* **3** (*fig.*) di giochi o scommesse che terminano con uno stesso punteggio; di giocatori che non vincono e non perdono: *la partita è p.; per ora siamo p.* | ***far p.***, impattare | ***far p. e patta***, terminare in parità | (*est.*) non avere né debiti né crediti o altre pendenze; (*fig.*) avere avuto ciascuno il suo: *ho pagato l'ultima rata e sono p. con lui; gli ho restituito gli insulti, così siamo p.* | ***conti p.***, pareggiati nel dare e nell'avere **4** (*fig.*) adeguato, sufficiente (+ *a*): *essere p. alla bisogna, alle necessità del momento* **CONTR.** impari **5** (*mat.*) detto di numero divisibile per due **CONTR.** dispari **6** (*fis.*) detto della parità di una funzione d'onda quando, cambiando segno alle coordinate spaziali, la funzione d'onda non cambia di segno **7** (*anat.*) detto di formazione, quale la retina, o di un organo, quale l'occhio, che è presente in una metà laterale del corpo e ha l'omologo simmetrico nell'altra metà **8** nella loc. agg. inv. e avv. ***alla p.***, detto di persona che svolge un lavoro, spec. di istitutrice, governante e sim. inserita in una famiglia, ricevendo vitto e alloggio e talora una modesta retribuzione: *studentessa alla p.; stare alla p. presso una famiglia*; V. anche *au pair* **9** nella loc. avv. ***alla p.***, allo stesso livello, allo stesso grado (+ *con*): *classificarsi alla p.; essere, competere alla p. con qlcu.; considerarsi alla p. con qlcu.* ‖ **pariménti**, †**pariménte**, **avv.** ugualmente, similmente; (*raro*) unitamente **B** **avv.** ● in modo pari: *andare p.* | (*iter.*) ***pari pari***, alla lettera, senza nessuna variazione, testualmente: *il tuo compito è copiato p. p. dal mio*; (*fam.*) direttamente, senza indugio: *è venuto p. p. da me a raccontare tutto* **C** **s. m. inv.** (**lett.** troncato in *par*; V. *par*②) **1** uguaglianza, parità: *essere in p.; mettere, mettersi in p.* | (*lett.*) ***a un p.***, allo stesso modo o nello stesso tempo | (*lett.*) ***del p.***, ugualmente | ***al p. di***, come: *siamo abili al p. di lui* | ***in p.***, sulla stessa linea, sullo stesso piano: *mettere in p. due mensole*; (*fig.*) al corrente, in regola: *mettersi in p. con le ultime notizie, coi programmi scolastici; tenere in p. un registro* | in una gara, risultato di parità: *un p. per gli azzurri nell'ultima partita* **2** numero pari | complesso di numeri pari: *puntare sul p.; giocare a p. e dispari* **D** **s. m. e f. inv.** (**f.** anche †*para*) (**lett.** troncato in *par* (V. *par*②)) **1** chi è dello stesso grado, livello o condizione: *è una nostra p.; tratta con i p. tuoi, con le tue p.* | ***trattare qlcu. da p. a p.***, come se fosse della medesima condizione | ***da par suo***, come si addice a una persona del suo rango, della sua cultura, capacità e sim. | ***non avere, non trovare p.***, si dice di chi (o di ciò che) eccelle in qlco. e non ha uguali | ***senza p.***, incomparabile, eccellente | ***gruppo dei p.***, in sociologia, quello formato da coetanei, che condiziona lo sviluppo dell'individuo nell'età della preadolescenza **2** (*borsa*) ***sopra la p., sotto la p.***, detto di titoli il cui corso è, rispettivamente, superiore o inferiore al valore nominale

pàri② [fr. *pair*, propr. 'pari, di pari grado' ✱ 1532] **s. m. inv. 1** titolo che in numerosi Stati europei designava, fin dal Medioevo, coloro i quali erano sottratti alla giurisdizione comune e potevano essere giudicati soltanto da persone del loro stesso rango | paladino di Carlo Magno **2** (gener. con iniziale maiuscola) membro della Camera alta del Parlamento britannico, o Camera dei Lord, in quanto originariamente feudatario diretto della Corona

pària① [ingl. *pariah*, dal tamil *paraiyan*, propr.

p

'tamburini', da *parai* 'tamburo' ✱ 1728] **s. m. e f. inv. 1** in India, persona appartenente alla casta più bassa o esclusa da ogni casta **2** (*est.*) persona di infima condizione sociale: *i p. della società*

paria ② [da *pari*② ✱ 1849] **s. f.** ● dignità e titolo di pari | il ceto dei pari

pàri, a ➤ **a pari**

paricòllo [comp. di *pari* 'uguale' e *collo* ✱ sec. XX] **A agg. inv.** ● detto di capo di abbigliamento privo di colletto e con scollatura all'altezza della base del collo: *maglione p.* **B** anche **s. m. inv.**: *un p. di lana*

Pàridi [dal lat. *pārus* 'cinciallegra', di etim. incerta, e *-idi* ✱ av. 1871] **s. m. pl. (sing. *-e*)** ● (*zool.*) famiglia di Passeriformi con becco piccolo e complesso e lingua dall'apice setoloso cui appartengono le cince (*Paridae*)

Paridigitàti [comp. di *pari*① e un deriv. del lat. *dĭgitus* 'dito' ✱ 1913] **s. m. pl. (sing. *-o*)** ● (*zool.*) Artiodattili

parietàle [vc. dotta, lat. tardo *parietāle(m)*, agg. di *pàries*, genit. *parĭetis* 'parete' ✱ 1499] **A agg. 1** eseguito su parete di edifici, caverne, grotte e sim.: *disegni, graffiti parietali; arte p.* **2** (*anat.*) ***osso p.***, osso piatto, laterale della volta cranica | ***sutura p.***, che unisce le due ossa parietali **3** (*bot.*) ***ovulo p.***, inserito sulla parete del carpello **B s. m.** ● (*anat.*) osso parietale

parietària [vc. dotta, lat. tardo *hĕrba(m) parietāria(m)* '(erba che cresce) sulle pareti (in lat. *parĭetes*) rocciose o murarie' ✱ av. 1320] **s. f.** ● genere di piante erbacee cespugliose delle Urticacee senza peli urticanti con foglie alterne e piccoli fiori verdastri, comprendente poche specie che crescono su muri e rocce (*Parietaria*) **SIN.** erba vetriola

parifica [1958] **s. f.** ● (*burocr.*) parificazione

†**parificaménto** [av. 1406] **s. m.** ● parificazione

parificàre [da *pari*① ✱ 1673] **v. tr.** (*io parìfico, tu parìfichi*) ● porre sullo stesso piano, rendere uguale: *p. gli oneri, gli obblighi e i diritti* | ***p. una scuola privata***, riconoscere agli studi in essa compiuti ed ai titoli in essa conseguiti la stessa validità degli studi e dei titoli di una scuola statale **SIN.** pareggiare ‖ **parificazióne**, **s. f.** (V.)

parificàto **part. pass.** di *parificare*; anche **agg. 1** nel sign. del v. **2** ***scuola parificata***, d'istruzione primaria, legalmente equiparata a una scuola statale

parificazióne [1745] **s. f.** ● il parificare, il rendere uguali | riconoscimento legale, da parte dello Stato, di una scuola privata

parigìna [f. sost. di *parigino* ✱ 1891] **s. f. 1** un tempo, tipo di stufa economica, a combustione lenta **2** gioco di biliardo tra un numero illimitato di giocatori, ma con due sole palle e il pallino **3** nell'attrezzatura ferroviaria, sella di lancio per lo smistamento di vagoni **4** (**spec. al pl.**) calza femminile che arriva sopra il ginocchio

parigìno [1265] **A agg.** ● di Parigi, caratteristico di Parigi: *accento parigino; moda parigina* **B s. m. (f. *-a*)** ● abitante o nativo di Parigi

pariglia [fr. *pareille*, dal lat. parl. **parĭcula(m)*, dim. di *pār*, genit. *pàris* 'pari①'. Cfr. *parecchio* ✱ 1535] **s. f. 1** coppia o paio di oggetti uguali: *una p. di porcellana, di pistole antiche* | coppia di carte da gioco uguali o combinazione di due dadi che, lanciati, danno lo stesso numero **2** coppia di cavalli da tiro uguali per statura e mantello **3** uguale trattamento, nella loc. ***rendere la p.***, ricambiare allo stesso modo un torto, un'offesa e sim.

parigràdo o **pàri gràdo** [comp. di *pari*① e *grado* ✱ 1923] **s. m. e f. inv.; anche agg. inv.** ● chi (o che) è di grado uguale: *è un mio p.*

◆**pariménti** o (*raro*) **pariménte** [comp. di *pari*① e *-mente* ✱ av. 1342] **avv.** ● (*lett.*) ugualmente, nello stesso modo: *sono p. belli* | (*raro*) insieme, unitamente: *procedere p.*

pariniàno [av. 1837] **A agg. 1** relativo al poeta Giuseppe Parini (1729-1799): *manoscritto, stile p.* **2** che segue il Parini, quanto a stile, pensiero e sim. **B s. m.** ● seguace dello stile e dei temi di G. Parini

pàrio [vc. dotta, lat. *Părĭu(m)*, dal gr. *Pários*, agg. di *Páros* 'Paro', isola dell'Egeo ✱ 1506] **agg.** ● dell'isola di Paro | ***marmo p.***, di color avorio e con grana minuta, usato nell'antichità per statue e sim.

pariolìno [da *Parioli*, quartiere residenziale di Roma ✱ 1950] **A agg.** ● dei Parioli **B s. m. (f. *-a*) 1** abitante dei Parioli, spec. giovane **2** (*est.*) giovane di buona famiglia con tendenze politiche di destra, spec. con riferimento agli anni 1970-80

paripennàto [comp. di *pari*① e *pennato* ✱ 1835] **agg.** ● (*bot.*) di foglia pennata composta, con numero pari di foglioline

parisìllabo [comp. di *pari*① e *sillaba*, sul modello di *endecasillabo*, ecc. ✱ 1829] **A agg.** ● che ha un numero pari di sillabe: *verso p.; declinazioni parisillabe* **CONTR.** imparisillabo **B s. m.** ● nome, appartenente alla terza declinazione latina, che ha lo stesso numero di sillabe nel nominativo e nel genitivo

◆**parità** o †**paritàde** [vc. dotta, lat. tardo *paritāte(m)*, da *pār*, genit. *pàris* 'pari①' ✱ 1308] **s. f. inv. 1** condizione di ciò che è pari, rapporto di uguaglianza o equivalenza: *aspirare alla p. dei diritti; rivendicare la p. di tutti i cittadini di fronte alla legge* | ***p. scolastica***, quella tra scuola pubblica e scuola privata | ***p. salariale***, principio secondo il quale lavori uguali devono essere egualmente retribuiti indipendentemente dall'età, dal sesso, dalla etnia o religione di chi li esegue | ***p. monetaria***, rapporto tra i valori delle unità monetarie di due Paesi | ***p. aurea***, quantità di oro fino corrispondente per valore all'unità monetaria di un Paese secondo un rapporto fissato ufficialmente | ***a p. di***, (*lett., raro*) ***in p. di***, se e quando vi sia uguaglianza: *a p. di condizioni, di voti* | ***a p. di merito***, a pari merito | ***in p.***, in pareggio **CONTR.** disparità **2** (*sport*) punteggio uguale, ottenuto da due avversari in una competizione: *risultato di p.* | ***in p.***, a pari punteggio: *portarsi in p.* **3** (*mat.*) l'essere pari o dispari | ***della stessa p.***, detto di due o più numeri che sono tutti pari o tutti dispari **4** (*fis.*) proprietà di simmetria della funzione d'onda, rappresentante una particella o un sistema di particelle, consistente nel cambiare o meno il segno della funzione stessa cambiando il segno alle coordinate spaziali | ***p. pari, dispari***, la funzione d'onda, nel suddetto cambiamento, non cambia o, rispettivamente, cambia

paritàrio [da *parità*, sul modello del fr. *paritaire* ✱ av. 1937] **agg.** ● che è realizzato secondo la parità, che è in condizioni di parità: *trattamento p.* | ***scuola paritaria***, pareggiata, parificata ‖ **paritariaménte**, **avv.**

paritètico [ted. *paritätisch*, da *Parität* 'parità' ✱ 1919] **agg. (pl. m. *-ci*)** ● di parità: *rapporto p.* | ***commissione paritetica***, formata da un ugual numero di rappresentanti delle varie parti e col potere di risolvere controversie ‖ **pariteticaménte**, **avv.** in modo paritetico, secondo un rapporto paritetico ‖ **pariteticità**, **s. f. inv.**

pàrka [da una vc. delle isole Aleutine ✱ 1958] **s. m. inv.** ● indumento impermeabile con cappuccio, fatto in genere di pelle di foca, indossato dagli eschimesi | indumento di forma analoga, spec. impermeabile, molto diffuso nell'abbigliamento sportivo **CFR.** anorak

park and ride /parken(d)'raid, *ingl.* ˌpɑːkən'raɪd/ [loc. ingl., propr. 'parcheggia (*park*) e vai (*ride*)' ✱ 2001] **loc. agg. inv.; anche loc. sost. m. inv.** ● (*bur.*) detto di parcheggio di interscambio (V. *interscambio*); in sigla P+R **CFR.** kiss and ride

parkerizzàre [1963] **v. tr.** ● (*chim.*) sottoporre a parkerizzazione (V.)

parkerizzazióne [dal n. della ditta ingl. *Parker* (*Rust Proof Co.*) fondata da C.W. e W.C. *Parker*, che per prima adottò questa tecnica nel 1918 ✱ 1942] **s. f.** ● (*chim.*) procedimento chimico a cui vengono sottoposti il ferro e le sue leghe per determinare la formazione di un rivestimento protettivo

Pàrkinson /'parkinson, *ingl.* 'pɑːkɪnsən/ [dal n. del chirurgo ingl. *J. Parkinson* (1755-1824) che per primo descrisse la malattia ✱ 1987] **s. m. inv.** ● (*med.*) morbo di Parkinson (V. *morbo*)

parkinsoniàno (par-kin-so-nia-no, par-kin--son-ia-no) [1932] **A agg.** ● (*med.*) relativo al morbo di Parkinson | ***sindrome parkinsoniana***, parkinsonismo **B agg. e s. m. (f. *-a*)** ● che (o chi) è affetto dal morbo di Parkinson

parkinsonìsmo (par-kin-so-ni-smo, par--kin-son-i-smo) [1921] **s. m.** ● (*med.*) malattia con sintomi simili a quelli del morbo di Parkinson

parkour /*fr.* paʀ'kuʀ/ [vc. ingl., dal fr. *parcours (du combatant)* 'percorso (di guerra)' ✱ 2004] **s. m. inv.** ● pratica sportiva svolta nei centri urbani che consiste nello scegliersi un percorso e superare tutti gli ostacoli che si presentano (muretti, panchine, scale ecc.) con volteggi, salti, capriole, in un misto di corsa, ginnastica acrobatica e break dance

parlàbile [av. 1803] **agg.** ● che si può parlare, pronunciare, esprimere: *lingua p.* | (*est.*) scorrevole: *una prosa, una traduzione p.* ‖ **parlabilità**, **s. f. inv.**

parlàgio o **parlàscio** [etim. incerta ✱ av. 1348] **s. m.** ● nei centri urbani del Medioevo, luogo o area in cui si tenevano assemblee di carattere politico, militare e sim.

◆**parlamentàre** ① [da *parlamento* nel sign. 4 ✱ 1261 ca.] **v. intr.** (*io parlaménto*; aus. *avere*) **1** trattare con i rappresentanti di forze belligeranti per stabilire accordi su questioni di reciproco interesse: *p. per una tregua, per uno scambio di prigionieri* | discutere con un avversario, con chi ha assunto un atteggiamento ostile, e sim. **2** (*est., anche scherz.*) discutere, colloquiare con qlcu., spec. per concludere accordi e sim.: *Carlo andò a p. con le ragazze per organizzare la serata* **3** †arringare **4** (*mar.*) †domandare a voce notizie da una nave all'altra

◆**parlamentàre** ② [da *parlamento* nel sign. 1 ✱ 1849] **A agg. 1** del Parlamento, relativo al Parlamento: *iniziativa, dibattito, inchiesta p.; interrogazione, interpellanza p.* | ***immunità p.***, di cui godono i membri del parlamento | ***governo p.***, sistema politico caratterizzato dal controllo esercitato dal parlamento che condiziona la vita e l'azione del governo | ***diritto p.***, complesso degli atti legislativi che disciplinano l'ordinamento interno e il funzionamento delle Camere | ***commissione p.***, complesso dei membri del Parlamento costituito in modo da rispecchiare la proporzione dei gruppi parlamentari per operare spec. nel corso di un procedimento legislativo | ***giornalista p.***, che segue i lavori del parlamento e delle relative commissioni e ne fa i resoconti **2** (*fig., raro*) pieno di tatto, correttezza e dignità (*anche scherz.*): *contegno p.* | ***poco p.***, scorretto, grossolano ‖ **parlamentarménte**, **avv.** **B s. m. e f. 1** membro del Parlamento: *tanto i deputati che i senatori sono dei parlamentari* **2** chi è inviato per iniziare, svolgere o concludere trattative, accordi e sim.: *i parlamentari*

a b c d e f g h i j k l m n o p q r s t u v w x y z

presentarono le credenziali

parlamentàrio [av. 1645] **agg. e s. m.** ● (*raro*) parlamentare, nel sign. di *parlamentare*②

parlamentarìṣmo [fr. *parlementarisme*, da *parlementaire* 'parlamentare' (agg.) ✻ 1859] **s. m.** **1** sistema parlamentare **2** (*spreg.*) degenerazione del sistema parlamentare: *una specie di furore giansenistico contro le brutture del p.* (A. Gramsci)

parlamentarìsta [1871] **A s. m. e f.** (**pl. m.** *-i*) ● sostenitore del parlamentarismo **B agg.** ● parlamentaristico

parlamentarìstico [1909] **agg.** (**pl. m.** *-ci*) ● del parlamentarismo, relativo al parlamentarismo

parlamentariẓẓàre [da *parlamentare*② ✻ 1924] **A v. tr.** **1** inserire un movimento estremista nel sistema parlamentare **2** trasferire nel contesto del parlamento: *p. una crisi politica* **B parlamentariẓẓàrsi v. rifl. e intr. pron.** ● inserirsi nel sistema politico o nel contesto parlamentare ‖ **parlamentariẓẓazióne**, **s. f.**

parlamentatóre [sec. XIV] **agg. e s. m.** (**f.** *-trice*) ● (*raro*) che (o chi) parlamenta | †oratore

parlamentìno [1871] **s. m.** **1** dim. di *parlamento* **2** nella struttura organizzativa di un partito politico, movimento sindacale e sim., organo decisionale costituito da un vasto numero di membri

♦**parlaménto** [da *parlare*① ✻ 1219] **s. m.** **1** (spesso con iniziale maiuscola) assemblea politica rappresentativa dello Stato moderno, mediante la quale il popolo, attraverso i suoi rappresentanti eletti, partecipa all'esercizio del potere per la formazione delle leggi e il controllo politico del governo | ***i due rami del P.***, in Italia, il Senato e la Camera dei deputati | ***P. europeo***, organo dell'Unione europea con funzioni di indirizzo politico e di controllo, eletto a suffragio universale diretto dai cittadini degli Stati aderenti **2** (*est.*) edificio in cui si riunisce questa assemblea **3** (*stor.*) assemblea, convegno: *invitare, recarsi a p.* | †colloquio per stabilire trattative **4** †il parlare | †favella, loquele | †ragionamento, discorso ‖ **parlamentìno**, **dim.** (V.) | **parlamentóne**, **accr.**

parlàndo [da *parlare* in senso musicale ✻ 1969] **s. m. inv.** ● (*mus.*) parlato① nel sign. B 4

♦**parlànte** **A** **part. pres.** di *parlare*; anche **agg.** **1** che parla: *pappagallo p.* | (*fig.*) ***grillo p.***, V. *grillo* | (*burocr.*) ***scontrino p.***, V. *scontrino* **2** (*fig.*) evidente, lampante: *prova p.*; *fatti parlanti* **3** (*fig.*) che è così intensamente espressivo da sembrare vivo: *ritratto p.*; *statua p.* **4** †loquace, facondo: *una fresca e bella giovane, e parlante, e di gran cuore* (G. Boccaccio) **B s. m. e f.** **1** chi parla o è dotato di favella **2** (*ling.*) soggetto che produce gli enunciati | soggetto che fa uso di una determinata lingua

†**parlantière** [da *parlante* ✻ sec. XIV] **s. m.** ● ciarlone, chiacchierone

parlantìna [da *parlante* ✻ av. 1565] **s. f.** ● (*colloq.*) grande facilità e scioltezza di parola **SIN.** loquacità

♦**parlàre**① [lat. parl. **parabolāre*, da *parăbola* 'parabola', poi 'parola' ✻ av. 1250] **A v. intr.** (aus. *avere*) **I** con particolare riferimento all'attività fonica **1** articolare dei suoni o emettere suoni articolati: *non sapere p.*; *i muti non parlano*; *un bambino che ha imparato a p. molto presto*; *non poter p. per l'emozione, lo spavento, la gioia*; *p. a voce bassa, in tono agitato, tra i denti, piano, forte* | ***p. a fior di labbra***, sussurrando appena le parole | (*lett.*) ***p. col naso***, †***nel naso***, con risonanza nasale | ***p. in gola***, con risonanza gutturale | ***p. bene, male***, pronunciando con chiarezza o meno le parole **CFR.** -lalia **2** comunicare per mezzo delle parole, manifestare con le parole pensieri, sentimenti e sim.: *p. con chiarezza, con precisione, con proprietà di linguaggio*; *p. in modo astruso, sibillino, incomprensibile*; *p. senza timore, senza mezzi termini*; *p. chiaro, liberamente, apertamente, freddamente, con entusiasmo, con enfasi* | (*fig., scherz.*) ***p. in punta di forchetta***, con affettazione | ***con rispetto parlando***, formula di scusa per attenuare espressioni irrispettose o sconvenienti | ***p. da solo***, rivolgendosi a sé stesso ad alta voce come a un immaginario interlocutore | ***p. al plurale***, usando il noi maiestatico | ***p. tra sé, tra sé e sé, dentro di sé***, ragionare da solo, in silenzio o sottovoce | ***p. bene di qlco. o di qlcu.***, esprimere giudizi positivi | ***p. male di qlcu. o di qlco.***, sparlarne | (*fam.*) ***p. perché si ha la bocca, perché si ha la lingua, per dar aria ai denti*** e sim., dire delle sciocchezze | ***questo si chiama p.!***, si dice approvando vivacemente discorsi franchi, aperti | ***ha parlato l'oracolo, così parlò Zarathustra***, (*iron., fig.*) si dice di persona saccente, sentenziosa | ***parlo sul serio***, non sto scherzando | ***badi a come parla***, stia attento a quel che dice | ***umanamente parlando***, da un punto di vista umano | ***generalmente parlando***, da un punto di vista generale; generalmente, di solito **3** rivelare dati, notizie e sim. riservati o segreti: *il prigioniero ha parlato*; *bisogna farlo p. a tutti i costi* | dire ciò che si sa su determinati fatti o avvenimenti: *il testimone non vuole p.* | confessare: *il colpevole finalmente ha parlato* **4** pronunciarsi su qlco., dire la propria opinione in merito a qlco.: *io ti ho presentato le proposte, ora devi p. tu*; *parli, parli pure liberamente!* **II** con particolare riferimento al contenuto del discorso **1** intrattenersi conversando: *p. con qlcu. in tono confidenziale, su questioni delicate, delle ultime novità*; *parlavano tra loro da molto tempo*; *stanno parlando insieme al telefono* | ***chi parla, con chi parlo?***, formule usate nelle conversazioni telefoniche | ***con chi credi di p.?***, rivolgendosi a chi usa un tono troppo confidenziale, familiare o addirittura scorretto | ***senti chi parla!, proprio lui ne parla!***, per sottolineare che la persona che sta dicendo o ha detto determinate cose è proprio la meno adatta | conferire: *vorrei p. con l'addetto all'ufficio reclami* **2** rivolgersi a qlcu.: *quando ti parlo, rispondimi*; *p. a un amico, ai colleghi* | (*fig.*) ***p. al vento, al muro, al deserto***, a chi non vuole assolutamente ascoltare, parlare inutilmente | (*fig.*) ***p. ai banchi***, a una scolaresca svogliata e disattenta | ***p. a quattr'occhi***, in privato **3** tenere un discorso, una lezione, una predica e sim.: *p. al popolo, ai rappresentanti degli Stati esteri, a un uditorio attento*; *p. in una riunione, in piazza, alla radio, dalla cattedra, dal pulpito*; *p. a favore, a carico, a discarico, in difesa di qlco. o di qlcu.*; *p. contro qlco. o qlcu.* | ***p. a braccio***, improvvisando **4** trattare, ragionare, discutere: *p. di letteratura, di filosofia, di moda*; *p. del presente e del futuro* | ***parliamo d'altro***, cambiamo argomento, discorso | ***non me ne p.!***, si dice a chi tocca argomenti sgraditi | ***p. del più e del meno, del vento e della pioggia***, intrattenersi conversando di cose anonime e banali | ***parla per te!***, quello che dici vale soltanto per te | ***non voglio più sentirne p.***, l'argomento è chiuso | ***per ora non se ne parla***, (*fig.*) non se ne fa nulla | ***ne ho sentito p.***, è argomento di cui molti chiacchierano | ***in giro se ne parla***, è argomento trattato da molti | ***far p. di sé***, diventare oggetto di chiacchiere, critiche e sim. o divenire famoso | ***parlarsi addosso***, (*fig.*) parlare molto, o troppo, spec. di sé, con compiacimento o vanteria | ***c'è chi parla di, si comincia a p. di, si parla di...***, si fanno ipotesi su...: *si parla di crisi di Governo* **5** rendere palese un'intenzione, un progetto e sim. (+ *di*, **anche seguito da inf.**): *p. di trasferirsi, di cambiar casa*; *da tempo quei due parlano di matrimonio* | ***gliene hai parlato?***, gli hai esposto i tuoi propositi? **6** riferirsi, alludere: *mi hai frainteso, io parlavo d'altro*; *non parlavamo di voi*; *di cosa intendete p.?* | ***di chi, di cosa parlate?***, a chi, a cosa vi riferite? **III** con valore estensivo o figurato anche con riferimento a cose inanimate **1** trattare in un'opera scritta: *parlerò del problema nella prossima serie di articoli*; *il terzo volume ne parla alla pagina trenta* **2** (*fig.*) esprimersi con mezzi diversi dalla parola: *p. con gli occhi, a gesti*; *si dice che gli italiani parlino con le mani* **3** agire o influire sui sentimenti o sulla sensibilità di una persona: *racconti, atteggiamenti, azioni che parlano al cuore, all'anima, alla fantasia*; *ho cercato, ma invano, di p. alla sua coscienza* | indurre al ricordo, al rimpianto, alla speranza e sim.: *tutto laggiù mi parla della nostra infanzia*; *quei pochi oggetti le parlano di lui* **4** (*fig.*) essere particolarmente vivace, espressivo e sim.: *occhi che parlano* | avere importanza determinante, costituire una prova eloquente: *i fatti parlano da soli*; *sono cose che parlano chiaro* | ***lasciar p. i fatti***, attenersi a quanto essi provano o dimostrano **5** (*fig.*) manifestarsi, esprimersi, detto spec. di sentimenti personificati: *in lui parla l'odio*; *non lasciar p. il tuo risentimento*; *fare, lasciare p. la coscienza, l'onestà* **B v. tr.** **1** usare un determinato linguaggio: *p. un linguaggio franco, schietto, ambiguo* **2** †dire: *parlando cose che 'l tacere è bello* (Dante *Inf.* IV, 104) | (*pop.*) ***p. che***, dire che: *si offende perché parlo che è invidiosa* **3** (*ling.*) comunicare con altri parlanti secondo un sistema definito appartenente a una particolare comunità linguistica: *p. inglese, francese, tedesco*; *sa p. cinque lingue*; *scusi, lei parla tedesco?*; *parla un italiano perfetto* | ***p. turco, arabo, ostrogoto***, (*fig.*) parlare in modo incomprensibile **C parlàrsi v. rifl. recipr.** **1** rivolgersi la parola: *si parlarono senza conoscersi* | (*est.*) essere in buoni rapporti: *non si parlano più da molto tempo* **2** (*pop.*) amoreggiare: *quei due si parlano da vari mesi*

SFUMATURE DI SIGNIFICATO

parlare - esprimersi - comunicare

Il primo significato di **parlare** è quello di emettere dei suoni articolati in una lingua allo scopo di manifestare pensieri, sentimenti, volontà: in questa accezione *parlare* equivale dunque a **esprimersi**. Anche **comunicare** definisce il parlare per condividere pensieri e sentimenti, ma il verbo ha molti altri significati: far sapere, far conoscere, diffondere, trasmettere. Si noti che sia *esprimersi* sia *comunicare* definiscono anche il ricorso a mezzi espressivi diversi dalla parola, la quale è invece intrinsecamente connessa col significato proprio di *parlare*.

SFUMATURE ➤ ***conversare***①, ➤ ***discutere***, ➤ ***trattare***

parlàre② [da *parlare*① ✻ av. 1250] **s. m.** (**pl.** †*-i*) **1** modo di parlare | discorso, parola: *un p. turpe, sconcio* **2** parlata: *il nostro p.*; *il p. umbro, toscano, lombardo* | (*raro*) lingua, idioma, linguaggio: *i parlari volgari debbon esser i testimoni più gravi degli antichi costumi de' popoli* (G. Vico)

parlàscio ➤ **parlagio**

†**parlaṣìa** ➤ **paralisi**

parlàta [da *parlare* ✻ av. 1640] **s. f.** **1** modo di parlare, caratteristico quanto ad accento, forma e terminologia: *p. colta, popolare,*

dialettale; *la p. lombarda*; *dalla p. si direbbe toscano* | gergo: *la p. della malavita* **2** (*lett.*) discorso, ragionamento | (*lett.*) battuta di un'opera teatrale ‖ **parlatìna**, **dim.**
SFUMATURE ➤ *dialetto*, ➤ *gergo*

parlàto① **A** **part. pass.** di *parlare*; anche **agg. 1** nei sign. del v. **2** che appartiene al parlare corrente, quotidiano: *lingua parlata*; *uso p. della lingua*; *locuzioni, espressioni tipiche del linguaggio p.* **CONTR.** scritto, letterario **3** detto di cinema, film e sim., dotato di colonna sonora **CONTR.** muto **B** **s. m. 1** cinema parlato: *l'era del p.*; *il p. soppiantò rapidamente il muto* | l'insieme dei dialoghi di un film **2** tipo di recitazione teatrale piana e colloquiale **3** il linguaggio come mezzo espressivo vivo e quotidiano, in contrapposizione al linguaggio scritto o letterario **4** (*mus.*) canto il più vicino possibile al linguaggio parlato, proprio di alcune forme d'opera e della musica moderna e contemporanea **SIN.** parlando **5** †discorso

parlàto② [da *pari*①, perché è un nodo doppio ✱ 1815] **s. m.** ● nodo a due colli di facile esecuzione e semplicissimo da sciogliere, usato in marineria e nell'alpinismo per fissare una cima o un piccolo cavo a un palo, un chiodo e sim.

parlatóre [1261 ca.] **s. m.** (**f.** *-trice*, *pop.*, *disus.* *-tóra*) **1** persona che parla bene, esprimendosi con scioltezza e proprietà: *un p. sottile e arguto* | oratore **2** †chi parla

parlatòrio [da *parlare*① ✱ av. 1342] **s. m.** (**pl.** *-i* o *raro* *-ii*) **1** in conventi, collegi, carceri e sim., luogo in cui gli ospiti degli stessi possono incontrarsi e conversare con i visitatori esterni **2** †luogo di riunione, di convegno

parlatùra [av. 1257] **s. f. 1** †discorso, eloquio **2** (*lett.*) parlata

†parlèṣia ➤ **paralisi**

parlético o (*tosc.*) **pallético** [V. *paralitico* ✱ sec. XIV] **s. m.** (**pl.** *-ci*) ● (*tosc.*) tremore corporeo, spec. delle mani e delle dita, causato da affezioni del sistema nervoso

†parlière [dal fr. ant. *parlier*, deriv. di *parler* 'parlare' ✱ 1262 ca.] **s. m.** (**f.** *-a*) ● oratore, parlatore: *uomini grandi e savi parlieri* (B. Latini)

parlottàre [comp. di *parl(are)*① e *-ottare* ✱ av. 1342] **v. intr.** (*io parlòtto*; **aus.** *avere*) **1** conversare o chiacchierare a voce bassa, anche animatamente o con aria di mistero: *stavano parlottando tra loro*; *parlottava con un amico chissà di cosa* **2** (*fig.*, *lett.*) mormorare: *tra gli scogli parlotta la maretta* (E. Montale)

parlottìo [da *parlottare* col suff. *-io*① ✱ av. 1912] **s. m.** (**pl.** *-ii*) ● conversazione o chiacchierio animato e sommesso **SIN.** cicaleccio

parlucchiàre [1871] **v. tr.** (*io parlùcchio*) ● parlare una lingua in modo approssimativo: *p. l'inglese, il tedesco*

pàrma① [vc. dotta, lat. *părma(m)*, di etim. incerta ✱ av. 1494] **s. f.** ● nella Roma antica, piccolo scudo rotondo per leggera armatura, tipico della cavalleria e della fanteria leggera

Pàrma② [dalla città di *Parma*, luogo di produzione ✱ sec. XX] **s. m. inv.** ● (*colloq.*) prosciutto di Parma: *due etti di P.*

parmènse [vc. dotta, lat. *Parmēnse(m)*, agg. etnico di *Părma* 'Parma' ✱ 1426 ca.] **A** **agg.** ● di Parma: *dialetto p.* **B** **s. m. e f.** ● (*lett.*) abitante o nativo di Parma

parmigiàna [av. 1440] **s. f.** ● (*ellitt.*) vivanda preparata alla parmigiana: *una p. di melanzane, di zucchine*

parmigiàno [av. 1328] **A** **agg.** ● di Parma | ***alla parmigiana***, (*ellitt.*) al modo dei parmigiani, spec. di preparazioni gastronomiche basate su verdure di una certa consistenza, le quali, affettate, infarinate e fritte, vengono poi disposte a strati e condite con sugo di pomodoro, molto parmigiano grattugiato e, talvolta, mozzarella: *melanzane, zucchine alla parmigiana* **B** **s. m. 1** (**f.** *-a*) abitante o nativo di Parma **2** *p.* ***reggiano***, (*ellitt.*) ***parmigiano***, formaggio stagionato a pasta granulosa, prodotto nel Parmense e nel Reggiano

parnàṣio o **parnàssio**② [vc. dotta, lat. *Parnāsiu(m)*, dal gr. *Parnásios* 'del Parnaso' ✱ 1340] **agg. 1** (*lett.*) relativo al monte Parnaso, in Grecia **2** (*fig.*) relativo ad Apollo, alle Muse o alla poesia

Parnàṣo o (*lett.*) **Parnàsso** [vc. dotta, lat. *Parnāsu(m)*, dal gr. *Parnasós*, monte della Grecia sacro a Febo e alle Muse ✱ 1319] **s. m.** ● (*lett.*) poesia: *là corre il mondo ove più versi / di sue dolcezze il lusinghier Parnaso* (T. Tasso) | ***salire in P.***, far poesia | l'insieme dei poeti di una regione, nazione e sim.: *il P. italiano, spagnolo*; *entrare nel P.*

parnàssia [da *Parnasso*, per la sua bellezza ✱ 1835] **s. f.** ● pianta erbacea delle Sassifragacee dei pascoli paludosi di montagna con foglie cuoriformi e fiori bianchi, usata nella medicina popolare (*Parnassia palustris*)

parnassianéṣimo o **parnassianìṣmo** [da *parnassiano* ✱ 1915] **s. m.** ● corrente poetica della seconda metà del XIX sec., in Francia, che volle contrapporre all'arte sentimentale prevalente una nuova forma espressiva d'impeccabile e impassibile perfezione

parnassiàno [fr. *parnassien*, da *Parnasse* 'Parnaso' ✱ 1885] **A** **agg.** ● relativo al parnassianesimo **B** **s. m.** ● seguace, fautore del parnassianesimo

†parnàssico [sec. XIV] **agg.** ● del Parnaso

parnàssio① [vc. dotta, lat. tardo *Parnassiu(m)*, var. di *Parnāsius*, dal gr. *Parnásios* ✱ 1835] **s. m.** ● grande e bella farfalla diurna, comune sulle Alpi, con ali bianche macchiate di nero e rosso (*Parnassius apollo*) **SIN.** apollo

parnàssio② ➤ **parnasio**

Parnàsso ➤ **Parnaso**

†pàro① ➤ **paio**①

pàro② [var. di *pari*① ✱ sec. XIII] **A** **agg.** ● (*lett.* o *centr.*) uguale, di uguale livello | pari **B** **s. m. 1** (*lett.* o *centr.*) uguaglianza | ***in p.***, insieme, alla stessa altezza | ***a p.***, come, nello stesso modo: *a p. co'l sol, ma più lucente* (T. Tasso) | ***a p. a p.***, insieme: *E lo schiavo stradò col suo cantore a p. a p.* (G. Pascoli) **2** (*lett.* o *centr.*) numero pari

-paro [lat. *-păru(m)*, da *părere* 'partorire', 'generare', di orig. indeur.] **secondo elemento** ● in aggettivi composti, per lo più sostantivati, significa 'che genera', 'che partorisce', 'che ha partorito': *primipara*, *oviparo*

paròcchi ➤ **paraocchi**

†parocìṣmo ➤ **parossismo**

parodìa [vc. dotta, gr. *parōidía*, comp. di *para-* 'para-' e *ōidḗ* 'canto' (V. *ode*) ✱ 1575] **s. f. 1** versione caricaturale e burlesca di un'opera, un dramma, un film e sim., o di parti di essi: *fare la p. di una famosa canzone*; *mettere qlco. in p.* | (*est.*) imitazione caricaturale di qlcu.: *fare la p. di un personaggio noto* **2** (*mus.*) nella musica medievale e fino al XVII sec., pratica di riutilizzazione e trasformazione di testi e melodie preesistenti per la realizzazione di nuove composizioni; dopo il XVII sec., deformazione di modelli stereotipati con intenti grotteschi **3** (*fig.*) persona, organismo e sim. che rappresentano soltanto un'imitazione scadente e ridicola di quello che in realtà dovrebbero essere: *una p. di governo, di parlamento*

parodiàre [da *parodia* ✱ 1728] **v. tr.** (*io paròdio*) ● imitare qlco. o qlcu. facendone la parodia

paròdico [vc. dotta, gr. *parōidikós*, agg. da *parōidía* 'parodia' ✱ 1631] **agg.** (**pl. m.** *-ci*) ● parodistico ‖ **parodicaménte**, **avv.**

parodìsta [1807] **s. m. e f.** (**pl. m.** *-i*) ● autore o esecutore di parodie

parodìstico [1913] **agg.** (**pl. m.** *-ci*) ● di parodia, relativo a parodia: *composizione, interpretazione parodistica* | grottesco ‖ **parodisticaménte**, **avv.**

pàrodo [vc. dotta, gr. *párodos*: da *para-*, sul modello di *éxodos* 'esodo' ✱ 1575] **s. m. 1** canto di entrata del coro nella tragedia greca | parte del dramma che veniva recitata dal coro dopo il prologo, al suo ingresso nell'orchestra **2** negli antichi teatri greci, ciascuno degli accessi che immettevano nell'orchestra

parodontàle ➤ **paradentale**

parodontìte ➤ **paradentite**

parodònto ➤ **paradonto**

parodontologìa ➤ **paradentologia**

parodontopatìa ➤ **paradentopatia**

parodontòṣi ➤ **paradentosi**

†paròffia o **†parròffia** [V. *parrocchia* ✱ 1321] **s. f. 1** parrocchia **2** parte, regione **3** schiera di persone

♦**paròla** [lat. *părăbola(m)*. V. *parabola*② ✱ av. 1250] **s. f.** **I** insieme organico di suoni o di segni grafici dotato di un significato autonomo o di una funzione grammaticale **CFR.** logo- **1** termine o vocabolo, in quanto singolo elemento d'espressione: *l'italiano è una lingua ricca di parole*; *una p. lunga, breve, semplice, composta, facile, difficile, letteraria, arcaica, disusata, nuova, errata, esatta* | (*ling.*) ***p. macedonia*** o ***p. valigia***, parola formata dalla fusione di due o più parole ridotte (per es. *mapo*, comp. di *ma(ndarino)* e *po(mpelmo)*) | ***nel vero senso della p.***, secondo il suo preciso significato | ***nel senso più ampio della p.***, nel suo significato più esteso | ***non capire una sola p.***, nulla | ***dire qlco. in una p., in due parole***, (*fig.*) brevemente | ***in poche parole***, per farla breve | ***basta la p.***, si dice quando un solo vocabolo esprime compiutamente il senso di qlco. | ***p. per p.***, letteralmente: *riferire, tradurre, copiare qlco. p. per p.* | ***giochi di parole***, freddure e sim. | ***giro di parole***, perifrasi | (*fig.*) ***mangiare le parole***, pronunciarle male, a metà o sim. | ***parole in libertà***, motto futurista che rivendicava l'assoluta libertà della lingua letteraria e della grafica artistica da ogni regola grammaticale o compositiva | (*fig.*) ***togliere, levare la p., le parole, di bocca a qlcu.***, dire ciò che qlcu. stava per dire | (*fig.*) ***avere una p. sulla punta della lingua***, saperla ma non riuscire a dirla per momentanea amnesia | ***questione di parole***, solo formale **2** (**spec. al pl.**) frase, discorso, ragionamento e sim.: *non capisco, non ricordo, non ho udito le vostre parole*; *parole magiche, insensate, ispirate, ambigue, audaci, offensive*; *parole d'ira, di rabbia, di gioia* | ***parole sante!***, (*fig.*) per riconoscere apertamente o sottolineare la giustezza di un'affermazione, di un'opinione e sim. | ***non avere parole, non trovare le parole***, non riuscire a manifestare un sentimento, spec. per esprimere sorpresa, ringraziamento, scuse o sim. | ***non ci sono parole***, la realtà è superiore a ogni possibilità espressiva | ***parole a caso, a vanvera***, discorsi privi di senso | (*fig.*) ***parole di fuoco***, accese da una passione: *lo ha bollato con parole di fuoco* | ***buone parole***, gentili, affettuose | ***male parole***, dure, offensive, sgarbate | ***parole grosse***, ingiuriose e gravi | ***venire a parole***, litigare | ***in parole povere***, volendo dire le cose semplicemente, come stanno | ***rivolgere, †muovere la p. a qlcu.***, parlargli | ***son corse gravi parole tra noi***, vi sono stati gravi scontri verbali | ***scambio di parole***, discussione o conversazione: *un vivace scambio di parole; un breve scambio di parole* | ***in altre parole***, vale a dire, esprimendosi diversamente | ***parole di colore oscuro***, frasi incomprensibili, sibilline | ***uomo di poche parole, scarso, avaro di parole***, persona che parla poco | ***misurare, pesare le parole***, fare molta attenzione a quello che si dice | (*fig.*) ***buttare, gettare, sprecare le parole***, parlare inutilmente | (*fig.*) ***ricacciare in gola la p. a qlcu.***, costringerlo a scusarsi per le offese pronunciate | ***ritira la p.!***, smentisci subito ciò che hai detto! | **PROV.** ***a buon intenditor poche parole***, V. *intenditore* **3** (**spec. al pl.**) (**est.**) consiglio, insegnamento: *ascoltare, ignorare, seguire le parole di qlcu.; son parole sagge, le sue, non dimenticarlo* | ***la p. di Dio***, i comandamenti dati da Dio e gli insegnamenti rivolti ai fedeli nella predicazione **4** espressione: *con una sola p. ho messo tutti a tacere; non ha avuto una sola p. di pentimento* | ***mettere, spendere una buona p. per qlcu.***, parlare con qlcu. in suo favore | ***metterci una buona p.***, intervenire a favore di qlcu. o di qlco.: *vedrò di metterci una buona p.* | ***buttare lì una mezza p.***, fare una velata allusione | (*fig.*) ***in una p.***, per concludere | (*fig.*) ***è una p.!***, è facile a dirsi, ma non a farsi | ***in p.***, di cui si tratta: *la persona, l'oggetto in p.* | ***l'ultima p.***, la frase conclusiva che chiude una discussione, risolve un problema, definisce una trattativa e sim. | ***non è detta l'ultima p.***, la situazione non è ancora risolta, la decisione non è ancora stata presa: *Non è detta l'ultima p. Io voglio pensarci…* (I. SVEVO) | ***p. d'ordine***, quella usata per reciproco riconoscimento tra militari in particolari mansioni; (*fig.*) intesa o accordo in base al quale più persone tendono a uno stesso fine o motto che riassume l'essenza di un'azione comune; nelle biblioteche, la parola, costituita gener. dal cognome di un autore o stabilita secondo le regole di catalogazione, che viene scritta in testa alle schede bibliografiche allo scopo di ordinarle nel catalogo | (**est.**) contenuto concettuale del discorso, insegnamento contenuto in ciò che si dice: *stando alla p. dei tecnici, la cosa è molto difficile; ascoltare, seguire la p. del maestro* | ***Liturgia della p.***, prima parte della Messa in cui viene proclamata la parola di Dio attraverso la lettura del Vecchio e Nuovo Testamento e l'omelia | ***di p. in p.***, di argomento in argomento **5** nel gioco del poker, lo stesso che *parole* **6** (**al pl.**) chiacchiere, ciance: *basta con le parole; da te non ho avuto altro che parole; a parole sembra tutto facile; ci pasce di speme e di parole* (L. ARIOSTO) | ***essere buono, capace, abile e sim. solo a parole***, vantarsi molto ma non fare nulla | ***belle parole***, grandi promesse destinate a non essere mantenute, speranze che non si realizzeranno **CONTR.** fatto **7** (**spec. al pl.**) frase o discorso inutile, vacuo, inconsistente: *mi ha sommerso sotto un mare, un diluvio, un'infinità di parole* | ***quante parole!***, quanti discorsi inutili | ***parole, parole, parole!***, escl. spreg. con cui si è soliti sottolineare l'inutilità e la mancanza di idee che si cela dietro un discorso o uno scritto spec. lungo **II** facoltà naturale dell'uomo di esprimersi parlando **1** favella: *avere, perdere, usare la p.* | ***il dono della p.***, la capacità innata di parlare, o una grande facilità di espressione | ***restare senza parole***, muto per stupore, sorpresa e sim. | ***gli manca solo la p.***, di animale molto intelligente o di ritratto, dipinto o scolpito, particolarmente espressivo **2** facoltà di esprimersi, di parlare in un'assemblea e sim.: *chiedo la p.; mi hanno concesso, negato la p.* | ***la p. all'accusato, alla difesa, al contraddittore*** e sim., formula con cui si concede il diritto di parlare **3** atto del parlare: *libertà di p.* | ***prendere la p.***, cominciare a parlare, spec. in pubblico | (*fig.*) ***troncare la p. in bocca a qlcu.***, interromperlo mentre parla **4** modo di parlare, forma del discorso: *p. elegante, ricercata, rozza* | ***avere la p. facile***, essere eloquente **5** †voce **III** con valore più limitato e specifico **1** cenno, menzione: *non una p., mi raccomando!* | ***fare, non fare p.*** (o †***parole***) ***con qlcu. di qlco.***, accennare, non accennare con lui a un determinato argomento **2** intesa, spec. nelle loc. ***darsi la p.***, accordarsi; ***passare la p.*** o ***passar p.***, trasmettere a varie persone un ordine, una decisione, un avviso e sim.: *stasera tutti in pizzeria, passa p.* **3** promessa solenne, impegno verbale: *ti do la mia p. che ciò sarà fatto, di risolvere la questione; la tua p. mi basta; non mi fido più della sua p.; mantenere la p.; mancare, venir meno alla p.* | ***essere, non essere, mancare di p.***, mantenere o no ciò che si promette | ***avere una sola p.***, si dice di chi non modifica le proprie promesse | ***p. d'onore!, p. mia!, p. di gentiluomo!*** e sim., escl. con le quali ci si impegna a fare qlco. o si asserisce qlco. garantendo col proprio onore | ***sulla p.***, fidandosi solamente dell'impegno verbale: *prestare, dare qlco. sulla p.; ti credo sulla p.* | ***prendere, pigliare in p.***, fare affidamento sull'impegno di qlcu. ritenendolo impegnativo | (**est.**) impegno, trattativa: *essere, entrare in p. con qlcu.; tenere qlcu. in p.* | ***riprendersi, rimangiarsi la p.***, annullare un impegno o interrompere una trattativa unilateralmente | ***restituire la p.***, ridare libertà di pattuizione | ***mezza p.***, pattuizione o trattativa ancora in corso, impegno non perfezionato **4** †licenza, permesso: *domandi p. di parlare* (DANTE) | †ordine, comando **5** (***inform.***) unità base d'informazione costituita da un dato numero di caratteri che vengono trattati come un'unica entità, rappresentino essi un dato o un'istruzione di programma | ***p. chiave***, nei sistemi di ricerca automatica dell'informazione, parola significativa in una frase che viene estratta dal contesto e usata come descrittore del documento ‖ **parolàccia**, **pegg.** (V.) | **parolétta**, **dim.** (V.) | **parolina**, **dim.** (V.) | **parolóna**, **accr.** (V.) | **parolóne**, **accr. m.** (V.) | **parolùccia**, (**lett.**) **parolùzza**, **dim.**

◆**parolàccia** [av. 1472] **s. f.** (**pl.** *-ce*) **1** pegg. di *parola* **2** parola sconcia, volgare, offensiva

parolàio [av. 1722] **A agg.** (**pl. m.** *-ai*) ● che parla a vuoto, che abbonda di vuote parole: *oratore p.* | che è costituito solo di parole vuote, che è privo di sostanza o di contenuto: *discorso p.; moralità, onestà parolaia* **B s. m.** (**f.** *-aia*) ● chiacchierone, ciarlatano: *non vorrai dar credito ai propositi di quel p.*

parole /*fr.* paˈrɔl/ [fr. 'parola' ✱ 1967] **s. f. inv.** **1** (***ling.***) secondo F. de Saussure, l'aspetto individuale del linguaggio che in singoli atti di discorso realizza le potenzialità del sistema della *langue* (V.) **2** nel gioco del poker, espressione usata da un giocatore per passare al giocatore successivo la possibilità di proporre la puntata

parolétta [1321] **s. f.** **1** dim. di *parola* **2** parola breve: *una p. di due sillabe* **3** parola dolce, gentile, affettuosa: *la si può convincere con quattro parolette* **4** (**lett.**, **spec. al pl.**) espressione offensiva o ironica

parolìbero [da *parola libera*, con aplologia ✱ 1914] **A agg.** ● detto di testo o di opera grafica composti secondo la tecnica futurista delle parole in libertà: *le tavole parolibere di Marinetti* **B s. m.** ● opera parolibera | autore di parolibero

parolière [1928] **s. m.** (**f.** *-a*) ● autore delle parole di canzoni o di commedie musicali

parolìna [1473] **s. f.** **1** dim. di *parola* **2** parola benevola, gentile e sim.: *un bimbo che dice paroline affettuose; paroline d'amore* **3** breve cenno o discorso spec. confidenziale, o di biasimo: *gli ha detto due paroline in un orecchio; devo dirti una p. circa quello che hai fatto*

parolóna [1618] **s. f.** **1** accr. di *parola* **2** parola molto lunga: *una p. che occupa mezza riga* | termine enfatico, ampolloso e vuoto: *un discorso inconcludente, pieno di parolone*

parolóne [av. 1565] **s. m.** **1** accr. di *parola* **2** parolona: *sono stanco di ascoltare promesse e vuoti paroloni*

†**parolòzza** [1353] **s. f.** ● parola o discorso alla buona, rozzo: *con molte buone e caute parolozze la domenica a pié dell'olmo ricreava i suoi popolani* (G. BOCCACCIO)

paronichìa o **paronìchia** [vc. dotta, lat. *parōnychia*, nt. pl., dal gr. *parōnychía*, comp. di *para-* 'para-' e *ónyx*, genit. *ónychos* 'unghia' (V. *onice*) ✱ 1561] **s. f.** ● (***med.***) patereccio

paronimìa [1927] **s. f.** ● (***ling.***) rapporto fra due paronimi

paronìmico [1958] **agg.** (**pl. m.** *-ci*) ● (***ling.***) che riguarda la paronimia

parònimo [vc. dotta, gr. *parṓnymos*, comp. di *para-* 'para-' e *ónyma*, var. di *ónoma* 'nome' (V. *onomastico*) ✱ 1821] **s. m.** ● (***ling.***) parola o sequenza di parole di significato diverso, ma di forma relativamente simile (per es. *collisione* e *collusione*)

paronomàṣia (o **-maṣìa**) o **paranomàṣia** [vc. dotta, lat. tardo *paronomăsia(m)*, dal gr. *paronomasía*, comp. di *para-* e *onomasía* 'denominazione', da *onomázein* 'chiamare per nome, nominare' (V. *onomastico*) ✱ 1552] **s. f.** ● (***ling.***) figura retorica che consiste nell'accostare parole che presentano una somiglianza fonica e a volte anche una parentela etimologica o formale; per es. l'accostamento di 'ricordo' e 'ricolmo' in: *Trema un ricordo nel ricolmo secchio* (E. MONTALE) **SIN.** annominazione, bisticcio

paroressìa [comp. di *par(a)-* e *oressia*, sul modello di *anoressia* ✱ 1900] **s. f.** ● (***med.***, ***psicol.***) disturbo dell'appetito che comprende l'anoressia e la bulimia

†**parosìṣmo** ➤ **parossismo**

paroṣmìa [comp. di *par(a)-* e del gr. *osmḗ* 'odore' ✱ 1835] **s. f.** ● (***med.***) alterazione del senso olfattivo per cui si dà un'interpretazione erronea a una qualità determinata di odore

parossìṣmo o †**parosìṣmo**, †**parocìṣmo** [vc. dotta, gr. *paroxysmós*, da *paroxýnein* 'eccitare', comp. di *para-* 'para-' e *oxýs* 'acuto' (V. *ossalico*) ✱ 1354] **s. m.** **1** (***med.***) fase di massima intensità di tutti i sintomi durante una malattia o uno stato morboso **2** (***geol.***) fase di più violenta attività di una eruzione, generalmente esplosiva, con lancio di materiale piroclastico roccioso o lavico | ***p. tettonico***, fase di più intensa e violenta deformazione nel formarsi di una catena montuosa **3** (*fig.*) massima intensità: *il p. dell'odio, dell'amore* | intensissima e violenta esasperazione: *odiare, desiderare fino al p.*

parossìstico [1911] **agg.** (**pl. m.** *-ci*) **1** (***med.***) che è caratterizzato da parossismo **2** (*fig.*) caratterizzato da estrema esasperazione o da massima intensità: *grida parossistiche; ira parossistica* ‖ **parossisticaménte**, **avv.** in modo parossistico, con parossismo

parossitònico [1983] **agg.** (**pl. m.** *-ci*) ● (***ling.***) detto di lingua in cui i parossitoni sono le parole più numerose: *l'italiano è una lingua parossitonica*

parossìtono [vc. dotta, gr. *paroxýtonos*, comp. di *para-* 'para-' e *oxýtonos* 'ossitono' ✱

1829] **agg.; anche s. m.** (**f.** *-a*) **1** nella grammatica greca, detto di parola che ha l'accento acuto sulla penultima sillaba, cioè piana **2** (*est.*) di parola che ha l'accento sulla penultima sillaba

paròtide [vc. dotta, lat. *parōtide(m)*, dal gr. *parōtís*, comp. di *para-* 'para-' e *ôus*, genit. *ōtós* 'orecchio' (V. *oto-*) ✱ 1574] **A s. f.** ● (*anat.*) ghiandola salivare situata bilateralmente alla superficie esterna del muscolo massetere **B** anche **agg.**: *ghiandole parotidi*

parotidèo [1835] **agg.** ● della parotide

parotìte [comp. di *parot(ide)* e *-ite*① ✱ 1829] **s. f.** ● (*med.*) infiammazione delle ghiandole parotidi | ***p. epidemica***, malattia da virus, molto contagiosa, che colpisce le ghiandole salivari, spec. la parotide **SIN.** orecchioni

parotìtico [1958] **agg.** (**pl. m.** *-ci*) ● (*med.*) di parotite, conseguente a parotite

parovàrio [comp. di *para-* e del lat. tardo *ovārium*, da *ōvum* 'uovo'. V. *ovaia* ✱ 1958] **s. m.** ● (*anat.*) insieme dei tessuti che circondano l'ovaio

parpagliòla ➤ **parpaiola**

†**parpagliòne** [deformazione di *papiglione* ✱ av. 1250] **s. m.** ● farfalla di grosse dimensioni

parpaiòla o **parpagliòla** [provenz. *parpalhola*: da avvicinare all'it. *perpero*, moneta bizantina, dal gr. *ypérpyron*, nt. sost. di *ypérpyros* 'ardente, infuocato', propr. '(ardente) al di sopra del fuoco', comp. di *ypér* 'sopra' e *pŷr*, genit. *pyrós* 'fuoco' (?) ✱ 1461] **s. f.** ● piccola moneta di mistura, di origine provenzale, coniata nell'Italia settentrionale dal XVI sec.

parquet /fr. paʀ'kɛ/ [vc. fr., dim. di *parc* 'parco①', propr. 'parte di una sala di giustizia in cui si tengono le udienze' ✱ av. 1866] **s. m. inv.** ● pavimento a listelli di legno, solitamente disposti a spina di pesce **CFR.** parché

pàrra [vc. dotta, lat. *pārra(m)* 'upupa, civetta', di etim. incerta ✱ 1891] **s. f.** ● uccello africano dai bei colori con zampe lunghe e sottili, dita lunghissime e unghie sproporzionatamente lunghe, che riesce a correre sulla vegetazione galleggiante (*Actophilornis africanus*)

parràsio [vc. dotta, lat. *Parrhăsiu(m)*, dal gr. *Parrásios*, agg. di *Parrásion* 'Parrasio', n. di un monte della Grecia ✱ 1566] **agg.** ● (*lett.*) relativo alla Parrasia, regione dell'antica Arcadia | (*est.*) arcadico

parresìa [vc. dotta, gr. *parrēsía*, comp. di *pâs* 'tutto' e *rētós* 'espresso', dal v. *éirein* 'parlare, dire' ✱ 1552] **s. f. 1** (*raro*) spec. nella tradizione cristiana e nell'esegesi biblica, franchezza, schiettezza, libertà di parola **2** †in retorica, licenza

parricìda [vc. dotta, lat. *parricīda(m)*, di etim. discussa: comp. di *pār*, genit. *pāris* 'pari①' e *-cīda* '-cida', cioè propr. 'uccisore di un uomo di pari condizione, appartenente allo stesso gruppo sociale' (?) ✱ 1319] **s. m. e f.** (**pl. m.** *-i*) **1** chi ha ucciso il proprio padre | (*raro*) chi ha ucciso la propria madre o un parente prossimo **2** (*fig., lett.*) chi tradisce la patria

parricìdio [vc. dotta, lat. *parricīdiu(m)*, da *parricīda* 'parricida' ✱ sec. XIV] **s. m.** (**pl.** *-i* o *raro -ii*) **1** omicidio commesso contro un ascendente, spec. il padre: *è stato imputato di p.* **2** (*fig., lett.*) delitto contro la collettività, contro la patria

parrocchétto [fr. *perroquet*, di etim. incerta; nel sign. 2, per la forma, che ricorda il trespolo dei pappagalli ✱ 1602] **s. m. 1** correntemente, pappagallo | ***p. della Carolina***, piccolo pappagallo verde e giallo con becco assai incurvato, un tempo comune e dannosissimo in tutti gli Stati Uniti orientali (*Conuropsis carolinensis*) | ***p. canoro***, melopsittaco | ***p. dal collare***, pappagallino africano di forma slanciata ed elegante, verde azzurro e violetto con collare nero e rosa (*Psittacula krameri*) **2** (*mar.*) vela quadra intermedia, semplice o doppia, dell'albero di trinchetto | (*est.*) tratto dell'albero di trinchetto relativo a tale vela

♦**parròcchia** [vc. dotta, lat. tardo *parŏchia(m)*, dal gr. *paroikía*, propr. 'abitazione vicina', comp. di *para-* 'para-' e *ôikos* 'casa' (V. *economia*) ✱ 1297] **s. f. 1** nel diritto canonico, ciascuna delle porzioni di territorio di una diocesi, con assegnazione di una determinata popolazione di fedeli e di un ecclesiastico che provvede alla cura delle anime **2** chiesa nella quale ha sede il parroco e sono tenuti i registri parrocchiali | ufficio, dimora, edificio in cui il parroco svolge la sua attività **3** (*est.*) insieme dei fedeli che appartengono alla giurisdizione di un parroco **4** (*fig.*) insieme ristretto di persone legate fra loro da interessi settoriali (*spec. spreg.*): *la p. dei critici d'arte* **SIN.** chiesa ‖ **parrocchiétta**, **dim.**

parrocchiàle [1354] **agg.** ● relativo a parroco, a parrocchia: *libro, ufficio p.*; *chiesa p.* ‖ **parrocchialità**, **s. f. inv.** caratteristica di ciò che è parrocchiale; insieme dei diritti del parroco

parrocchiàno [1264] **s. m. 1** (**f.** *-a*) chi appartiene a una parrocchia o abita in essa **2** †parroco

♦**pàrroco** [vc. dotta, lat. *pārochu(m)*, dal gr. *párochos* 'somministratore, fornitore', da *paréchein* 'porgere, somministrare', comp. di *para-* 'para-' ed *échein* 'avere', di orig. indeur. ✱ 1596] **A s. m.** (**pl.** *-ci, raro -chi*) ● ecclesiastico cui viene canonicamente assegnata una parrocchia con cura di anime **B** nella **loc. agg. inv.** e nella **loc. avv.** ***alla 'viva il p.'***, nel calcio, detto di gioco utilitaristico e privo di finezze (simile a quello delle partitelle negli oratori) | (*est.*) in modo grezzo, approssimativo: *un film girato alla 'viva il p.'*

†**parròffia** ➤ †**paroffia**

Parròzzo® [abruzzese *parròzzë*, d'incerta etim. (forse *pane rozzo*) ✱ av. 1935] **s. m.** ● dolce tipico abruzzese, a forma di alta focaccia, impastato con farina, uova, mandorle e zucchero, ricoperto di cioccolata

♦**parrùcca** o (*roman.*) †**perrùcca** [etim. incerta ✱ av. 1463] **s. f. 1** acconciatura di capelli posticci, portata per moda, per travestimento, per nascondere la calvizie e sim.: *portare la p.*; *p. incipriata* **2** (*scherz.*) capigliatura folta | †zazzera **3** (*fig., lett.*) parruccone **4** (*fig., centr.*) sgridata **5** (*fig., centr., merid.*) sbornia ‖ **parruccàccia**, **pegg.** | **parrucchétta**, **dim.** | **parrucchina**, **dim.** | **parrucchino**, **dim. m.** (V.) | **parruccóne**, **accr. m.**

parruccàio [1958] **s. m.** (**f.** *-aia*, **pl. m.** *-ai*) ● fabbricante o venditore di parrucche

♦**parrucchière** [fr. *perruquier*, da *perruque* 'parrucca' ✱ 1640] **s. m.** (**f.** *-a*) **1** chi per mestiere taglia e acconcia i capelli: *p. per uomo, per signora* | acconciatore, barbiere | coiffeur | (*est.*) negozio di tale artigiano **2** un tempo, artigiano specializzato nella fabbricazione di parrucche

parrucchìno [av. 1729] **s. m. 1** dim. di *parrucca* **2** mezza parrucca che copre la metà anteriore o posteriore del capo

parrùcco [da *parrucca*, con sovrapposizione di *trucco* ✱ 2000] **s. m.** (**pl.** *-chi*) ● solo nella loc. sost. ***trucco e parrucco***, V. *trucco*

parruccóne [dall'uso dei conservatori del XVII-XIX sec. di portare la *parrucca* ✱ 1797] **s. m.** (**f.** *-a*) **1** persona, per lo più anziana, di idee arretrate **SIN.** codino, reazionario **2** (*lett., scherz.* o *spreg.*) persona anziana, di modi gravi e sussiegosi | (*lett., scherz.*) membro dell'aristocrazia

pars cònstruens [loc. lat. 'parte costruente' ✱ 1933] **loc. sost. f. inv.** (**pl. lat.** *partes construentes*) ● (*filos.*) parte propositiva di un'argomentazione o di un ragionamento, dopo che sono state dimostrate erronee le opinioni preesistenti | (*est.*) parte costruttiva, positiva, di una critica

pars dèstruens [loc. lat. 'parte distruggente' ✱ 1933] **loc. sost. f. inv.** (**pl. lat.** *partes destruentes*) ● (*filos.*) parte di un'argomentazione o di un ragionamento volta a rimuovere pregiudizi ed errori, prima che venga proposto un nuovo punto di vista | (*est.*) parte distruttiva, negativa, di una critica

pàrsec [ingl. *parsec*, comp. di *par(allax)* 'parallasse' e *sec(ond)* 'secondo' ✱ 1942] **s. m. inv.** ● (*astron.*) unità di misura delle distanze stellari, pari a 3,26 anni luce e a $3{,}086 \cdot 10^{16}$ m **SIMB.** pc

pàrser /'parser, *ingl.* 'pɑːzə/ [vc. ingl., dal v. *to parse* 'analizzare' ✱ 1984] **s. m. inv.** ● (*inform.*) programma di verifica della correttezza formale di un insieme di dati strutturati

pàrsi [persiano *pārsī* 'persiano' ✱ av. 1869] **agg. inv.; anche s. m. e f. inv.** ● appartenente a un gruppo sociale di origine persiana, immigrato in India nel sec. VIII in conseguenza delle persecuzioni musulmane

♣**parsimònia** [vc. dotta, lat. *parsimōnia(m)*, da *pārsum*, supino di *pārcere* 'parcere' (V.) ✱ 1374] **s. f. 1** virtù di chi è parsimonioso: *usare p.* | frugalità, economia: *vivere, spendere con p.* **CONTR.** prodigalità **CFR.** avarizia **2** (*fig.*) moderazione, misura: *parlare con p.*; *usare con p. i termini tecnici*

SFUMATURE DI SIGNIFICATO

parsimonia - frugalità - risparmio

La virtù di chi ha uno stile di vita sobrio, alieno da ogni spreco ed esagerazione, si definisce **parsimonia**, termine che ha dunque un significato più ampio della semplice attitudine a limitare il consumo di beni e denaro. Se la parsimonia si applica in modo particolare al mangiare e al bere si parla di **frugalità**. **Risparmio** non descrive invece un'attitudine e un'abitudine alla riduzione dei consumi, ma il loro risultato: una riduzione delle spese e, talvolta, un conseguente accantonamento di denaro.

♣**parsimonióso** (o *-ṣo*) [1894] **agg. 1** parco, sobrio, frugale: *uomo p.*; *vita parsimoniosa*; *abitudini parsimoniose* **CONTR.** scialacquatore **2** (*fig.*) che evita l'eccesso, l'esagerazione: *linguaggio p.*; *poeta p. di aggettivi* ‖ **parsimoniosaménte**, **avv.** con parsimonia ‖ **parsimoniosità**, **s. f. inv.** caratteristica di chi (o di ciò che) è parsimonioso

SFUMATURE ➤ *sobrio*

parsìṣmo [comp. di *parsi* e *-ismo* ✱ 1895] **s. m.** ● religione mazdaica o zoroastriana dei parsi

pàrso **part. pass.** di *parere* ● nei sign. del v.

partàccia [av. 1793] **s. f.** (**pl.** *-ce*) **1** pegg. di *parte* **2** brutto ruolo: *gli hanno affidato una p.* **3** duro rimprovero: *buscarsi una p.* | ***fare una p. a qlcu.***, trattarlo malissimo **SIN.** scenata **4** figuraccia: *fare una p.*; *che p.!*

♦**pàrte** [lat. *pārte(m)*, della stessa radice indeur. di *pārere* 'generare'. V. *parente* ✱ 960] **A s. f.** (**pl.** *-i*, †*-e*) **I** ogni singola unità in cui si divide o si può dividere un tutto **1** pezzo, frazione, sezione: *le parti di una macchina, di un motore, di una statua, di un edificio*; *l'intera opera è divisa in quattro parti*; *gli hanno asportato una p. della gamba* **CFR.** mero-, -mero | ***p. prima, p. seconda***, forma tipica con cui, in un'opera scritta, si intitolano le varie suddivisioni | ***essere p. di qlco.***, esserne un elemento costitutivo | ***essere p. integrante di qlco.***, esserne elemento costitutivo e inscindibile | (*fig.*) ***essere gran p. di qlco.***, contribuirvi in modo determinante sia idealmente sia materialmente | ***far p. di qlco.***, essere un elemento di essa e, detto di persone, essere membro di qlco.: *questa vite dovrebbe far p. del motore; presto entrerò a far p. della vostra società* | (*fig.*) ***prendere p. a qlco.***, intervenire, partecipare a qlco.: *prendere p. allo sciopero, alle proteste, alle sfilate* | (*fig.*) ***prendere p. al dolore, alla gioia*** e sim., provare il dolore, la gioia che altri provano, soffrire o gioire insieme con qlcu. | (*fig.*) ***essere, mettere qlcu. a p. di qlco.***, sapere qlco. o farla sapere a qlcu. | ***a p.*** in varie loc.: (**loc. avv.**) separatamente: *questo problema va esaminato a p.*; (**loc. prep.** o **cong.**) Senza contare, escludendo: *a p. la sua opposizione, si è deciso di intervenire; a p. il fatto che non mi è simpatico, lo stimo; è un ristorante troppo caro, a p. che non si mangia nemmeno tanto bene*; (**loc. agg. inv.**) Separato, lontano da un ambiente, un contesto e sim.: *un mondo a p.*; *una considerazione a p.* | V. anche il lemma *a parte* | (*fig.*) ***in p.***, non completamente, non del tutto: *è guarito solo in p.; in p. hai ragione* | (*raro*) ***p. per p.***, una parte per volta, ogni parte per conto suo: *il meccanismo va controllato p. per p.; il dipinto sarà esaminato p. per p.* **2** con riferimento a esseri viventi: *le parti vegetanti di un albero; colpire un uomo, un animale nelle parti vitali* | ***la p. vitale di qlco.***, (*fig.*) il suo nucleo essenziale, fondamentale | ***parti intime***, organi genitali | (*fam., scherz.*) ***parti basse***, il sedere e gli organi sessuali **3** paese, zona, regione: *venire dalle parti d'oriente, d'occidente; andare in parti lontane* | ***da qualche p.***, in qualche luogo: *deve pur essere da qualche p.!* | ***le cinque parti del mondo***, le terre emerse | ***dalle parti di***, vicino, presso, nella zona di: *mi trasferisco dalle parti di Napoli* | ***da queste, quelle parti***, in questo, quel luogo: *come mai da queste parti?; e da quelle parti che ci vai a fare?* | ***da ogni p.***, da ogni luogo, in ogni punto, tutt'attorno: *sono venuti da ogni p.; i nemici sbucavano da ogni p.* | ***in ogni p.***, dappertutto: *vidi in ogni p. cianfrusaglie* | ***da questa, da quella p.***, di qui, di là: *i viaggiatori sono pregati di passare da questa p.* | ***da un'altra p.***, in altro luogo o punto **4** lato, banda, faccia: *la p. destra, sinistra, superiore, inferiore; un foglio da una p. bianco e rigato dall'altro* | ***passare da p. a p.***, trafiggere | ***da una p.***, in un canto; (*fig.*) in un certo senso, da un determinato punto di vista: *se ne sta triste triste da una p.; da una p. sono contento che sia finita così* | ***da una p. ..., dall'altra***, (*fig.*) in un senso ..., in un altro: *da una parte mi dispiace che parta, dall'altra sono contento* | ***d'altra p.***, (*fig.*) d'altronde, del resto: *d'altra p. non saprei proprio come fare* | ***da p.***, in un canto; (*fig.*) in disparte: *gli piace starsene da p.; per il momento mettiamo da p. la proposta; spero di mettere da p. un gruzzoletto; i suoi colleghi lo hanno definitivamente messo da p.* | ***farsi da p.***, cedere il passo, scostarsi; (*fig.*) rinunciare a qlco., defilarsi | ***da che, da quale p.***, da dove (*anche fig.*): *non so da che p. cominciare* | ***non sapere da che p. voltarsi***, (*fig.*) non sapere che cosa fare, che cosa decidere e sim. | (*fig.*) ***da*** (o ***per***) ***p. di***, per conto di o secondo la discendenza: *vengo da p. di tuo fratello; sono terzi cugini per p. di madre* **5** direzione, verso: *da che p. vieni? vado da quella p.* | ***dalla nostra, vostra p.***, nella nostra, vostra direzione, verso di noi, di voi: *sembra che vengano dalla nostra p.* | (*fig.*) ***da un anno, un mese a questa p.***, da un anno, da un mese a oggi | (*fig.*) ***da qualche tempo a questa p.***, da un po' di tempo in qua **6** (*fig.*) †qualità personale, dote morale: *avere molte buone parti* | †***avere tutte le parti***, tutti i numeri, le virtù **II** elemento di un insieme, con particolare accentuazione della specificità **1** nucleo o settore determinato: *la p. sensitiva, razionale, fantastica dell'uomo; ha fatto appello alla p. più forte del suo carattere; la p. sana, guasta, corrotta della società* **2** tratto, territorio, zona, paese, spazio e sim.: *questa p. della città sarà interamente demolita; la p. meridionale della regione; la p. settentrionale del paese; la p. alta, bassa, superficiale di qlco.* **3** quantità limitata, numero determinato: *una p. di noi fu invitata alla cerimonia; depositare, ritirare una p. della somma, del materiale; solo una p. del pubblico ha protestato; una gran p. degli abitanti erano andati sulla strada* (A. MANZONI) | in espressioni correl., un po'... un po', alcuni... altri (con il verbo gener. concordato a senso, cioè al pl.): *ha investisto p. della vincita in appartamenti e p. in fondi comuni; gli altri non ci sono, p. alla pesca e p. a zappare* (L. PIRANDELLO); *di queste case, p. erano in affitto e p. di proprietà* | ***in p.***, limitatamente a una certa quantità, a un certo numero | ***in gran p., in piccola, minima p.*** e sim., limitatamente a una grande, piccola, minima quantità, misura, entità e sim. | ***la maggior p.***, il maggior numero | ***la miglior p.***, le cose o persone migliori **4** periodo di tempo: *la prima, la seconda p. dell'anno, del mese, dell'estate, delle vacanze* **5** fazione, partito: *p. di destra, di sinistra; la p. guelfa, ghibellina; tutte le parti sono in lotta; l'alleanza di alcune parti concluse la rivolta* | ***lotte di p.***, tra due o più fazioni | ***spirito di p.***, parzialità: *lo difende per puro spirito di p., non perché sia convinto* | ***gare di p.***, sfida tra due o più fazioni | †***metter p.***, far sorgere divisioni, fazioni | ***far p. per sé stesso***, badare solo al proprio tornaconto; considerarsi indipendente da altri | ***stare, mettersi, tenere dalla p. di qlcu., prendere le parti di qlcu.***, condividerne le idee, le rivendicazioni, le richieste e sim. | ***prendere p. tra due gruppi***, dichiararsi e agire in favore di uno | (*fig.*) ***stare, passare dalla p. della ragione, del torto***, di chi con le proprie azioni o parole si pone nell'ambito della ragione o del torto: *se rispondi alle sue offese, passi dalla p. del torto* | ***essere senz'arte né p.***, essere uno spiantato privo d'ogni risorsa **6** (*dir.*) soggetto di un rapporto giuridico sostanziale: *le parti di un contratto* | soggetto di un rapporto giuridico processuale diverso dall'autorità giudiziaria: *le parti in causa* | ***p. civile***, persona fisica o giuridica che interviene nel processo penale per ottenere dall'imputato, ed eventualmente dal responsabile civile, la restituzione e il risarcimento del danno conseguente a un reato | ***p. lesa***, la persona materialmente o moralmente offesa dal reato | ***essere p. in causa***, in un processo; (*est.*) essere direttamente interessato in qlco. | ***essere giudice e p.***, (*fig.*) non poter esprimere giudizi obiettivi, opinioni disinteressate e sim., per essere direttamente coinvolti in qlco. | ***parti sociali***, i rappresentanti dei lavoratori, dei lavoratori autonomi e degli imprenditori: *il Governo cerca di mediare tra le parti sociali* **7** combattente, belligerante: *nessuna delle parti desidera l'armistizio; le parti hanno iniziato le trattative* **III** quota o porzione spettante, nell'ambito di una divisione, a un determinato soggetto **1** ciò che spetta a ciascuno (*anche fig.*): *ogni erede ha avuto la sua p.; voglio la mia p. di utili; devono riconoscergli la sua p. di merito; assumersi una p. delle responsabilità, la propria p. di colpa* | ***fare le parti***, dividere qlco. e distribuirne una parte a ciascuno | (*fig.*) ***farsi la p. del leone***, prendersi la quota maggiore, il pezzo migliore e sim., o addirittura tutto (da una favola di Esopo; V. *leone*①) | (*fig.*) ***il cuore, l'occhio, l'orecchio vuole la sua p.***, è necessario soddisfare anche le esigenze del sentimento, estetiche, acustiche | (*fig.*) ***da*** (o ***per***) ***p. mia***, per ciò che mi riguarda, limitatamente a quel che mi compete: *da p. mia non avrete noie* | ***mettersi a p. con qlcu.***, dividere qlco. con qlcu. | ***avere p. in qlco.***, esservi, entrarvi con diritto a una determinata quota o fare qlco. svolgendo un determinato compito | (*lett.*) ***prendere in mala p.***, giudicare male qlco., prendere qlco. come un'offesa **2** azione scenica di un singolo attore, ruolo, personaggio da interpretare: *avere una p. importante, secondaria; fare la p. di Otello* | complesso delle battute di un dramma recitate da un attore | ***far due parti in commedia***, (*fig.*) di persona doppia, falsa | ***fare la p. del diavolo***, (*fig., lett.*) fare l'avvocato del diavolo **3** (*mus.*) brano di una composizione musicale costituita da più pezzi o sezione di un pezzo formato di vari episodi distinti | in una composizione vocale o strumentale, la musica assegnata a ogni singolo esecutore | nel contrappunto, la singola linea melodica: *fuga a 4 parti* **SIN.** voce **4** (*fig.*) compito, dovere, ruolo: *mi sono assunto la p. più ingrata, più onerosa, più difficile; non è una p. comoda, la tua* | ***fare una p., la p.***, (*fig.*) svolgere il compito affidato: *ognuno di voi faccia la sua p., la p. che gli spetta* | (*fig., colloq.*) figura: *fare la p. dello stupido, dell'ingenuo* | ***voler fare la p. del furbo***, ostentare astuzia pur non avendone | ***fare la p. della vittima***, atteggiarsi a vittima **5** (*fig.*) modo di agire, di comportarsi, spec. sgradevole, riprovevole e sim.: *da te non mi sarei mai aspettato una simile p.* | ***fare una brutta p., una p. poco bella***, una partaccia, una figuraccia | (*raro, fig.*) rabbuffo, sgridata **6** (*raro, lett.*) espressione di ossequio o di saluto: *fate ... le mie parti voi che siete un altro me* (G. LEOPARDI) **B** **avv.** **1** in espressioni correl., parzialmente, un po'... un po': *pagherò p. in contanti e p. con un mutuo* **2** †frattanto, intanto ‖ **partàccia**, **pegg.** (V.) | **particèlla**, **dim.** (V.) | **particìna**, **dim.** (V.)

SFUMATURE DI SIGNIFICATO

parte - sezione - frazione

Parte descrive ogni singola unità in cui si divide o si può dividere un tutto, quindi ogni elemento che unito ad altri costituisce un insieme funzionale. **Sezione**, tra gli altri suoi significati, ha anche quello di definire una suddivisione interna considerata in base a precisi criteri; copre quindi un'area specifica dei significati di *parte*. **Frazione** è invece la parte staccata di un tutto, con significati specifici in vari campi: in matematica è il numero che esprime il rapporto fra due grandezze, nell'uso amministrativo è un centro abitato secondario, separato da quello principale dove sono gli uffici comunali, in chimica è la percentuale di un componente in una miscela, ecc.

†**partécife** ▸ **partecipe**

partecipàbile o †**participàbile** [vc. dotta, lat. tardo *participābile(m)*, da *participāre* 'partecipare' ✱ av. 1535] **agg.** ● che si può partecipare, condividere: *notizia p.; sentimento p.* ‖ **partecipabilità**, **s. f. inv.**

†**partecipaménto** o †**participaménto** [sec. XIV] **s. m.** ● partecipazione

partecipànte o †**participànte** **A** **part. pres.** di *partecipare*; anche **agg.** **1** nei sign. del v. **2** ***camerieri segreti partecipanti***, dignitari della curia ammessi a partecipare alla mensa pontificia, la cui carica è stata abolita nel 1968 **B** **s. m. e f.** **1** chi partecipa a qlco.: *l'unico p. rimasto in gara* **SIN.** concorrente **2** (*raro*) compartecipante

partecipànza o †**participànza** [av. 1639] **s. f.** **1** †partecipazione **2** (*dir.*) appartenenza di uno o più beni in comunione a un gruppo di beneficiari: *p. agraria*

◆**partecipàre** o †**participàre** [vc. dotta, lat.

P

participāre, da *pārticeps*, genit. *partĭcipis* 'partecipe' ✱ 1268] A **v. intr.** (*io partécipo*; **aus.** *avere*) **1** essere presente a un qualsiasi avvenimento che interessi una cerchia più o meno ampia di persone (+ *a*): *p. a una cerimonia, a una festa, a una manifestazione* | compartecipare: *p. agli utili dell'azienda* | manifestare interessamento e partecipazione ai sentimenti altrui: *p. al lutto, al dolore, alla gioia di qlcu.* **2** essere o diventare partecipe, dividere con altri una condizione (+ *di*): *ogni uomo partecipa della natura animale; partecipate della sustanzia di questo Verbo* (CATERINA DA SIENA) | (*lett.*) disporre, fruire di qlco.: *Ella lo avviluppava intero ... quasi ch'ella partecipasse della qualità d'una nube* (G. D'ANNUNZIO) **3** †conversare B **v. tr. 1** rendere noto, fare oggetto di annuncio, comunicazione e sim.: *p. agli amici le nozze, il battesimo, la promozione; a suo tempo si parteciperà agli interessati l'esito del concorso* **2** (*lett.*) offrire ad altri, spartire con altri | †ricevere assieme ad altri

partecipativo [av. 1498] **agg. 1** (*raro*) che partecipa **2** che consente la partecipazione o si esprime attraverso di essa | ***democrazia partecipativa***, forma di governo che prevede la partecipazione diretta dei cittadini alle vicende dello Stato || **partecipativaménte**, **avv.** in forma partecipativa

partecipàto o †**participàto** **part. pass.** di *partecipare*; anche **agg. 1** nei sign. del v. | caratterizzato dalla partecipazione di più persone **2** (*lett.*) condiviso: *un'opinione partecipata da altri* | (*lett.*) che esprime intensa partecipazione: *fu un bacio lungo, p.* (V. PRATOLINI)

partecipatóre o †**participatóre** [sec. XIV] **agg. e s. m.** (f. *-trice, raro*) ● che (o chi) partecipa

♦**partecipazióne** o †**participazióne** [vc. dotta, lat. tardo *participatiōne(m)*, da *participātus* 'partecipato' ✱ av. 1328] **s. f. 1** il partecipare | presenza più o meno attiva ad un avvenimento o in una situazione: *la sua p. alla cerimonia non ci è stata assicurata; p. a una banda armata; p. a giochi d'azzardo* **SIN.** adesione, intervento | (*fig.*) presenza attiva dei cittadini nella vita politica, nella gestione degli organismi pubblici, ecc. | (*fig.*) partecipe interessamento: *esprimere la propria p. alla gioia, il dolore di qlcu.* | coinvolgimento emotivo: *recitava con grande p.* **2** annuncio, comunicazione: *vi ringraziamo per la gentile p.* | biglietto con cui si è soliti comunicare a parenti e amici, matrimoni, nascite, battesimi, e sim.: *ho preparato duecento partecipazioni* | lettera ufficiale: *p. di nomina, di trasferimento* **3** (*econ.*) cointeressenza in una società, possesso di quote o azioni di una società, da parte di altre società, di enti o di privati | ***p. agli utili***, regime che, nella ripartizione degli utili dell'impresa, ne attribuisce un'aliquota ai dipendenti o agli amministratori, in aggiunta alla normale retribuzione | ***p. incrociata***, che si verifica quando due società possiedono reciprocamente quote del capitale sociale l'una dell'altra | ***p. statale***, proprietà parziale o totale dello Stato di aziende con statuto e gestione privatistica | ***Ministero delle Partecipazioni statali***, che esplica funzioni varie relativamente a enti e imprese con partecipazione statale

partecipazionìsmo [da *partecipazione* ✱ 1918] **s. m.** ● tendenza a estendere ogni forma di partecipazione, in particolare quella dei cittadini alle vicende politiche e sociali

♦**partécipe** o †**partìcipe**, †**partéfice**, †**partécife** [vc. dotta, lat. *partĭcipe(m)*, comp. di *parte(m)*, acc. di *pārs*, genit. *pārtis* 'parte' e *căpere* 'prendere' (V. *capire*) ✱ av. 1292] **agg.** ● che partecipa, che prende parte (+ *di*, + *a*): *ragazzo vivace e p.; essere p. dei beni della comunità, della gioia comune; si è dimostrato poco p. al progetto, all'iniziativa; allievo p. alle lezioni; Ma perché non potrei ... esser p. dei vostri disegni* (I. NIEVO) | che condivide un sentimento, uno stato d'animo: *sono p. del vostro dolore* | che è al corrente, informato: *essere p., rendere qlcu. p., di un segreto*

†**partecipévole** [sec. XIV] **agg.** ● partecipe | complice

†**partéfice** ➤ **partecipe**

parteggiaménto [av. 1606] **s. m.** ● (*lett., raro*) il parteggiare; appoggio, sostegno

parteggiànte A **part. pres.** di *parteggiare*; anche **agg.** ● (*lett.*) che parteggia | fazioso B anche **s. m. e f.**

parteggiàre [sec. XIII] **v. intr.** (**pres.** *io partéggio*; **fut.** *io parteggerò*; **aus.** *avere*) ● essere o mettersi dalla parte di qlcu. o di qlco. (+ *per*): *in quel frangente era impossibile non p.; p. per le correnti riformiste*

parteggiatóre [av. 1850] **s. m.** (f. *-trice*) ● (*lett., raro*) chi parteggia **SIN.** fautore, sostenitore

partenariàto [dal fr. *partenaire*, vc. di provenienza ingl. (*partner*) col suff. *-ato*① ✱ 1988] **s. m.** ● collaborazione per il conseguimento di obiettivi comuni | partnership

†**partenènza** **s. f.** ● possedimento | (*fig.*) pertinenza

†**partenére** [lat. *pertinēre*, prob. con influsso di *parte*; cfr. *pertenere* ✱ av. 1380] **v. intr.** (**coniug. come** *tenere*; **aus.** *essere*) ● appartenere, riguardare, spettare: *non veggendosi né chiamare, né richiedere a cosa, che a suo mestiere partenesse* (G. BOCCACCIO)

partènio① [vc. dotta, lat. *parthĕniu(m)*, dal gr. *parthénion*, da *parthénos* 'vergine, fanciulla', di etim. incerta ✱ av. 1597] **s. m.** ● (*letter.*) canto corale eseguito da fanciulle in onore di una divinità

partènio② [vc. dotta, lat. *parthĕniu(m)*, dal gr. *parthénion*: da *parthénos* 'vergine, fanciulla' (V. *partenio*①), forse perché usata per le affezioni ginecologiche ✱ 1835] **s. m.** ● pianta erbacea delle Composite con fiori giallastri di odore sgradevole, dotata di proprietà medicinali (*Chrysanthemum parthenium*)

partenocarpìa [comp. del gr. *parthénos* 'vergine' (V. *partenio*①) e un deriv. di *-carpo* ✱ 1932] **s. f.** ● (*bot.*) sviluppo di un frutto senza semi per assenza di impollinazione **CFR.** aspermia

partenogènesi [comp. dal gr. *parthénos* 'vergine' (V. *partenio*①) e *genesi* ✱ 1864] **s. f. inv.** ● (*biol.*) tipo di riproduzione sessuata, normale in alcuni invertebrati e piante inferiori, in cui l'uovo o l'oosfera si sviluppano senza fecondazione | ***per p.***, (*fig.*) autonomamente, spontaneamente

partenogenètico [1875] **agg.** (pl. m. *-ci*) ● (*biol.*) relativo a partenogenesi | che è nato o si riproduce mediante partenogenesi || **partenogeneticaménte**, **avv.** mediante partenogenesi

partenopèo [vc. dotta, lat. *Parthenopēiu(m)*, da *Parthĕnope*, antico n. di Napoli, dalla sirena *Parthĕnope* che vi sarebbe stata sepolta ✱ 1340] A **agg.** ● di Napoli, anticamente chiamata Partenope B **s. m.** (f. *-a*) **1** abitante o nativo di Napoli **2** giocatore, sostenitore della squadra di calcio del Napoli

partènte① **part. pres.** di *partire*①; anche **agg.** ● (*raro, lett.*) nei sign. del v.

partènte② A **part. pres.** di *partire*②; anche **agg.** ● che è in partenza B **s. m. e f. 1** chi sta per partire: *numerosi partenti affollavano la stazione* **2** chi partecipa a una gara di corsa: *i partenti si allineano per il via*

♦**partènza** [da *partire*② ✱ av. 1250] **s. f. 1** atto o momento del partire: *rimandare, anticipare la p.; la p. dei soldati per il fronte; una p. affrettata, dolorosa, allegra; tu vuoi ch'io senta / tutto il dolor d'una p. amara?* (P. METASTASIO) | ***essere in p., di p.***, stare per partire | ***punto di p.***, (*fig.*) origine, principio: *per orizzontarci dobbiamo tornare al punto di p.; il punto di p. della nostra ricerca* **2** (*sport*) inizio di una gara di corsa: *dare il segnale di p. agli atleti, alle vetture, ai cavalli* | momento o modo di iniziare la gara: *allineamento per la p.; linea di p.; griglia di p.; blocchi di p.* | ***falsa p.***, irregolare, che deve essere ripetuta | luogo da cui si parte **3** avvio della corsa di un veicolo: *la p. del treno, dell'autobus; segnale, ordine di p.* **4** luogo da cui si parte | (**al pl.**) nelle stazioni ferroviarie, autostazioni e aeroporti, elenco degli orari dei mezzi in partenza **5** primo fotogramma di un film

parterre /fr. parˈtɛʀ/ [vc. fr., comp. di *par* 'per' e *terre* 'terra' ✱ 1623] **s. m. inv. 1** insieme delle aiuole ornamentali di un giardino all'italiana | aiuola di giardino **2** nei teatri e nelle sale da concerto, settore della platea un tempo riservato a chi assisteva allo spettacolo in piedi | (*est.*) platea | (*est.*) insieme delle persone che assiste a uno spettacolo teatrale, cinematografico o musicale prendendo posto in platea | (*scherz.*) ***p. de rois***, pubblico di persone note e importanti

†**partévole** [V. †*partibile* ✱ sec. XIV] **agg.** ● spartibile

partiàcqua o **parti àcque** [1829] **s. m. inv.** ● (*raro*) spartiacque

†**partìbile** [vc. dotta, lat. tardo *partībile(m)*, da *partīri* 'dividere'. V. *partire*① ✱ av. 1558] **agg.** ● che si può spartire

partibus, in ➤ **in partibus**

♦**particèlla** [lat. parl. **particĕlla(m)*. V. *parcella* ✱ 1306] **s. f. 1** dim. di *parte* **2** (*gramm.*) monosillabo atono invariabile con valore di pronome o avverbio | ***p. pronominale***, forma atona del pronome personale (*mi, ti, si, gli, ci, vi, lo*, ecc.) | ***p. avverbiale***, gli avverbi *ci, vi, ne* **3** (*fis.*) ***p. elementare***, ogni costituente non divisibile della materia **4** (*dir.*) ***p. catastale***, nel catasto rurale o edilizio urbano, unità catastale appartenente a un unico proprietario

particellàre [1791] **agg. 1** (*dir.*) costituito da particelle catastali: *mappa p.* **2** (*fis.*) costituito da particelle

particìna [da *parte* col suff. *-ina* ampliato in *-icina* ✱ av. 1698] **s. f. 1** dim. di *parte* **2** ruolo di scarsa rilevanza in uno spettacolo: *recitare una p. in uno sceneggiato*

†**participàre** e deriv. ➤ **partecipare** e deriv.

participiàle [vc. dotta, lat. tardo *participiāle(m)*, da *participium* 'participio' ✱ 1552] **agg.** ● (*gramm.*) relativo al participio

partìcipio [vc. dotta, lat. *partĭcipiu(m)* (calco sul gr. *metochikós*), propr. 'che partecipa (delle caratteristiche del nome e di quelle del verbo)', da *participāre* 'partecipare' ✱ av. 1328] **s. m.** ● (*gramm.*) modo infinitivo che esprime l'idea verbale in funzione di attributo di un nome: *p. presente* (per es. *avente, dormiente*), *p. passato* (per es. *finito, scisso*) | ***p. futuro passivo***, in latino, gerundivo

partìcola [vc. dotta, lat. *partĭcula(m)* 'particella'. V. *parcella* ✱ av. 1292] **s. f. 1** †particella **2** (*relig.*) frammento dell'ostia nella celebrazione della Messa | piccola ostia per la comunione dei fedeli

♦**particolàre** o †**particulàre** [vc. dotta, lat. tardo *particulāre(m)*, da *partĭcula* 'particella'. V. *parcella* ✱ 1306] A **agg. 1** che si riferisce alle singole parti di un tutto, che è proprio di cosa o persona singola: *elementi particolari di* *un problema, di una questione; aspetto, interesse, colore, tono p.; ciò dipende dal suo p. modo di vedere le cose* | rivolto o diretto a una sola cosa o persona: *lode p.; affetto p.* CFR. idio- CONTR. generale **2** che ha caratteristiche proprie, non comuni ad altre cose o persone, che si distingue o si differenzia dagli altri: *significato p.; è un caso p.; è in una p. condizione* SIN. specifico, peculiare | ***con p. riguardo a***, con speciale interesse o considerazione per | ***nulla di p.***, di rilevante: *non ho nulla di p. da riferirti* | ***in p., in modo p., in particolar modo***, particolarmente, specialmente: *un appello rivolto in p. ai giovani* **3** che è fuori dal comune, dall'ordinario: *è dotato di p. ingegno; ce ne siamo occupati con attenzione p.; ha grazia e bellezza p.* SIN. notevole, rilevante | ***amicizie particolari***, legami a sfondo omosessuale **4** (*lett.*) privato: *casa, abitazione, lettera p.* CONTR. pubblico || **particolarménte**, avv. **1** nei particolari **2** principalmente, soprattutto; in modo particolare, speciale: *questa sera sono particolarmente stanco* || **particolarità**, s. f. inv. (V.) **B** s. m. **1** ciò che attiene alle singole parti di un tutto o a cosa o persona singola: *tu badi troppo al p.; curare il p. e trascurare il generale* **2** ogni elemento, anche minimo, che fa parte di un tutto: *conoscere, riferire i particolari di un avvenimento, di una notizia; è al corrente della questione nei suoi più minuti particolari; un p. insignificante, ridicolo, banale* SIN. dettaglio | singola parte: *riprodurre alcuni particolari di un dipinto, di un testo* **3** †privato cittadino **4** †interesse privato: *il grado che ho avuto con più pontefici m'ha necessitato ad amare per el particulare mio la grandezza loro* (F. GUICCIARDINI)

SFUMATURE DI SIGNIFICATO

particolare - speciale - straordinario - unico

Ciò che si distingue per caratteristiche proprie, non comuni ad altre cose o persone si definisce **particolare**, termine che può anche suggerire originalità, ricercatezza. **Speciale** ha lo stesso significato, ma è per lo più usato per definire chi o ciò che è di qualità non comune o anche eccellente, ottimo. **Straordinario** descrive ciò che esce nettamente dall'ordinario, e che quindi risulta notevolissimo. Ancora più esclusivo è **unico**, che indica ciò che è il solo esistente del suo tipo ed è per questo ricercato.

SFUMATURE ➤ ***infrequente***, ➤ ***raro***, ➤ ***singolare***

particolareggiàre [comp. di *particolare* e *-eggiare* ✻ av. 1571] **A** v. tr. (pres. *io particolaréggio*; fut. *io particolareggerò*) ● esporre in modo dettagliato: *p. una descrizione* SIN. dettagliare CONTR. riassumere **B** v. intr. (aus. *avere*) ● entrare nei dettagli, nei particolari: *non p. tanto e vai al nocciolo della questione*

particolareggiàto part. pass. di *particolareggiare*; anche agg. ● dettagliato e minuzioso nei particolari: *un piano molto p.* || **particolareggiataménte**, avv.

particolarismo [comp. di *particolare* e *-ismo* ✻ 1847] s. m. **1** tendenza a favorire con parzialità determinate persone, enti o gruppi SIN. favoritismo **2** tendenza a curare esclusivamente i propri interessi personali | tendenza alla rivendicazione esclusiva di interessi locali rispetto al potere centrale

particolarista [comp. di *particolar(e)* e *-ista* ✻ 1908] agg. e s. m. e f. (pl. m. *-i*) ● che (o chi) è esperto nello studio e nella riproduzione grafica di particolari, spec. nel disegno industriale

particolaristico [1897] agg. (pl. m. *-ci*) ● che denota particolarismo o che a esso è proprio: *atteggiamento p.; soluzione particolaristica* || **particolaristicaménte**, avv.

particolarità [av. 1328] s. f. inv. **1** caratteristica di ciò che è particolare: *ci ha stupito la p. della sua richiesta; data la p. del caso, faremo un'eccezione* SIN. singolarità, specificità **2** elemento, fatto o circostanza particolare: *descrivere, notare ogni p., la benché minima p.* SIN. dettaglio **3** specifica caratteristica: *ogni elemento chimico ha la sua p.* **4** †parzialità

particolarizzàre [av. 1588] v. tr. **1** (*raro*) particolareggiare **2** applicare a un caso particolare un principio di carattere generale || **particolarizzazióne**, s. f.

particolàto [da *particola* nel senso ant. di 'particella' ✻ 1985] s. m. ● (*scient.*) l'insieme delle particelle di una sostanza disperse in un fluido | l'insieme delle particelle carboniose incombuste dei gas di scarico dei motori a combustione interna

†**particulàre** ➤ **particolare**

partigiàna [da *partigiano* nel sign. di 'appartenente ad una fazione armata', con passaggio semantico analogo a quello che troviamo in *carabina* ✻ 1451] s. f. ● antica arma da punta e da taglio in asta di media lunghezza, costituita da una grossa lama triangolare gener. munita, alla base, di una mezzaluna tagliente

partigianerìa [da *partigiano* ✻ 1871] s. f. ● faziosità, parzialità: *peccare di p.*

partigianésco [1922] agg. (pl. m. *-schi*) ● (*spreg.*) da partigiano, fazioso: *animo p.* || **partigianescaménte**, avv.

♦**partigiàno** [da *parte*, sul modello di *artigiano*, *cortigiano* ✻ 1312] **A** agg. **1** di parte: *spirito p.* | che è pronto a favorire una parte, che manca di obiettività e imparzialità: *legge partigiana; giudice, giudizio p.* SIN. fazioso CONTR. imparziale **2** dei partigiani: *lotte partigiane; guerra, azione partigiana* || **partigianaménte**, avv. **B** s. m. (f. *-a*) **1** fautore, seguace o difensore di una parte, di un partito: *i partigiani del riformismo; farsi p. dei poveri* **2** appartenente a formazione armata irregolare che svolge azioni di guerriglia nel territorio nazionale invaso dal nemico | durante la seconda Guerra mondiale, chi apparteneva ai movimenti di resistenza contro le forze nazifasciste: *organizzazione clandestina dei partigiani; la gente ... vide passare i partigiani delle Langhe* (B. FENOGLIO) || **partigianèllo**, dim.

partiménto① [da *partire*① ✻ 1287] s. m. **1** †divisione in due o più parti | (*est.*) †ogni parte risultante da una suddivisione **2** †separazione | (*est.*) discordia **3** (*mus.*) nei secc. XVII e XVIII, libera improvvisazione su basso dato

†**partiménto**② [da *partire*② ✻ av. 1292] s. m. ● partenza

partìre① [vc. dotta, lat. *partīri* 'dividere, separare', da *pārs*, genit. *pārtis* 'parte' ✻ 1186] **A** v. tr. (*io partìsco*, lett. *pàrto*, *tu partìsci*, lett. *pàrti*) **1** (*lett.*) dividere in due o più parti: *p. il pane; il bel paese / ch'Appennin parte e 'l mar circonda e l'Alpe* (F. PETRARCA) **2** (*lett.*) suddividere tra due o più persone | spartire con qlcu.: *con te partisco l'acqua, il pane e il sale* (G. D'ANNUNZIO) **3** (*lett.*) allontanare o separare persone o cose le une dalle altre: *Macra, che per cammin corto / parte lo Genovese dal Toscano* (DANTE *Par.* IX, 89-90); *egli aveva l'anello assai caro, né mai de sé il partiva* (G. BOCCACCIO) **4** †fondere i metalli **5** (*fig.*) †distinguere | †*p. la voce*, articolarla **B** **partìrsi** v. intr. pron. **1** (*lett.*) separarsi **2** (*lett.*) biforcarsi: *La strada ... si parte in due* (I. NIEVO) **3** †suvvidersi

♦**partìre**② [lat. *partīri* 'dividere, separare', da *pārs*, genit. *pārtis* 'parte'. Il sign. di 'muovere per andar lontano' passa attraverso quello di 'dividersi)', quindi 'allontanarsi' ✻ av. 1243] **A** v. intr. (*io pàrto*; aus. *essere*) **1** allontanarsi da qlco. o da qlcu., mettersi in viaggio o in cammino verso una determinata destinazione: *p. da casa; partì da noi con grande tristezza; da qui partono molti treni al giorno; p. per Roma, per le vacanze; p. in treno, a piedi, con la nave; p. di sera, all'alba, nottetempo* | ***p. soldato, militare***, andare sotto le armi | (*est.*) andarsene: *ho deciso di p. domani; partiremo tra pochi giorni* | ***p. per la tangente***, (*fig.*) perdere il filo del ragionamento; perdere il controllo di sé | ***p. in quarta***, (*fig.*) iniziare qlco. con grande energia, affrontare con foga una discussione (detto di automobilista che raggiunge la massima velocità subito dopo la partenza; nella prima metà del Novecento quasi tutte le automobili avevano solo quattro marce) **2** (*fig.*) avere inizio: *il muro e il bastione partono dalla torre grande; parte oggi il nuovo anno accademico* | (*fig.*) trarre origine, prendere le mosse: *p. da un principio, da un'idea; sei partito da una premessa errata; tutti i guai son partiti da ciò* | ***a p. da***, cominciando a calcolare da, a decorrere da: *a p. da oggi smetterò di fumare* **3** prendere il via in una gara di corsa: *i corridori sono partiti velocissimi* **4** (*fig.*, *colloq.*) guastarsi, rompersi: *è partito il televisore* | (*colloq.*) saltare via: *è partito un bottone* **5** (*fig.*, *colloq.*) ubriacarsi, prendersi una sbronza: *non fatelo bere, gli basta poco per p.* **B** **partirsi** v. intr. pron. **1** †allontanarsi, andar via: *sconsolate si partirono, tornando alle loro case* (G. BOCCACCIO) | ***partirsi dal mondo, da questa vita***, morire **2** (*fig.*) †discostarsi, deviare: *Chi dalla ragione si parte ... vive bestia* (DANTE)

♦**partìta**① [da *partire*① ✻ 1260] s. f. **1** †parte: *la maggior p. furono morti e tagliati* (G. VILLANI) **2** elemento o sezione in cui si possono suddividere usci, finestre, coperchi di casse e sim.: *porta, finestra a due partite* **3** quantità di merce comprata o venduta in blocco: *una p. di grano, di caffè* | ***in p.***, all'ingrosso **4** (*ragion.*) ogni registrazione scritta in un conto | ***p. semplice***, quando le registrazioni vengono effettuate con la rilevazione di un solo aspetto di un fenomeno | ***p. doppia***, metodo contabile fondato sul principio che ogni registrazione deve apparire a debito di un conto e a credito di un altro | ***p. IVA***, la registrazione delle operazioni con l'indicazione dell'IVA da corrispondere; numero attribuito dal fisco ad ogni contribuente tenuto al versamento dell'IVA; (*est.*) il contribuente stesso | numero di registrazione: *p. catastale; p. tavolare* | ***saldare una p.***, (*fig.*) dare o ricevere ciò che si deve o si merita **5** (*fig.*) sfida, cimento, competizione: *una p. difficile, rischiosa* | ***abbandonare la p.***, rinunciare alla competizione | ***dare p. vinta a qlcu.***, (*fig.*) cedere, ritirarsi | (*lett.*) ***p. d'onore***, duello **6** competizione fra due giocatori o due squadre: *una p. di ping-pong; una p. di calcio* | (*per anton.*) partita di calcio: *andare alla p.* | ***p. del cuore***, denominazione di partita di calcio il cui incasso è devoluto in beneficenza | ***non c'è p.***, (*fam.*) è troppo evidente la superiorità di una squadra, di un giocatore o (*est.*) di qlcu. o qlco.: *tra quei due ristoranti non c'è p.* **7** (*fig.*) azione collettiva, spec. di svago o divertimento: *p. di caccia* | (*disus.*) ***p. di piacere***, gita, scampagnata, escursione | ***essere della p.***, prender parte a un'iniziativa, un'attività e sim. **8** (*mus.*) serie di variazioni | composizione affine alla suite **9** †fazione, setta | nel XVII e XVIII sec., corpo di soldati irregolari che operavano scorrerie e sorprese sui fianchi e alle spalle del nemico | corpo di soldati a guardia degli accampamenti **10** †divisa, livrea || **partitàccia**, pegg. | **partitèlla**, dim. (V.) | **partitina**, dim. | **partitóna**, accr. (V.) | **partitóne**, accr. m. (V.)

†**partita**② [da *partito*, part. pass. di *partire*② ✻ 1260] s. f. ● (*lett.*) partenza: *lecito sia dian-*

zi la mia p. / d'alcun tuo caro bacio io mi console (T. Tasso) | ***l'ultima p.***, (*fig.*) la morte

partitànte [da *partito*① ✱ av. 1612] **agg. e s. m. e f.** ● (*lett.*) fautore di una parte, di un partito

partitàrio [da *partita*① nel sign. 4 ✱ 1853] **s. m.** ● (*ragion.*) prospetto in cui vengono registrati i movimenti dei rapporti coi vari debitori e creditori

partitèlla [1983] **s. f. 1** dim. di *partita*① **2** (*sport*) incontro di calcio e sim. di allenamento o svago

partìtico [1950] **agg.** (**pl. m.** *-ci*) ● di partito, relativo a uno o più partiti ‖ **particamente**, **avv.** ‖ **particità**, **s. f. inv.**

partitìno [dim. di *partito*① ✱ av. 1907] **s. m.** ● partito politico di scarsa forza numerica, spesso non rappresentato in Parlamento

partitìṣmo [comp. di *partito*① e *-ismo* ✱ 1934] **s. m.** ● tendenza a risolvere i problemi del Paese nell'ambito dei partiti

partitìssima [da *partita*① con il suff. *-issimo* dei superl. ✱ 1964] **s. f.** ● incontro, spec. di calcio, di grande attesa e importanza o di alto livello agonistico e tecnico

partitìvo [fr. *partitif*, dal lat. *partītus*, part. pass. di *partīri* 'dividere'. V. *partire*① ✱ 1499] **agg.** ● (*gramm.*) che esprime la parte di un tutto: *caso p.* | ***genitivo p.***, quello che indica il tutto di cui si prende una parte | ***articolo p.***, che in italiano assume le forme delle preposizioni articolate sing. *del, dello, della* e pl. *degli, dei, delle*; al singolare ha il significato di 'un po' di' (per es.: *passami del pane*), al pl. quello di 'alcuni' o 'alcune' (per es.: *ho visto degli aerei*), costituendo il pl. dell'articolo indeterminativo, che ne è privo | ***complemento p.***, complemento che indica un tutto di cui si prende in considerazione una sola parte; è introdotto dalle prep. *di* e *tra* (o *fra*) (per es.: *chi di voi ha il biglietto?*; *fra tutte è la migliore*). Nei rari casi in cui il complemento partitivo comprenda un nome il cui plurale è di genere diverso rispetto al singolare, il pronome premesso a tale nome è generalmente attratto dal genere del nome al plurale più che rispondere al genere del nome al singolare sottinteso; perciò: *una delle dita della mano; una delle uova era rotta; una delle braccia era distesa* (P. Levi).

partitiẓẓazióne [1964] **s. f.** ● indebita attribuzione ai partiti politici di poteri spettanti alle istituzioni rappresentative dello Stato: *p. di un ente pubblico*

♦**partìto**① **A part. pass.** di *partire*①; anche **agg. 1** (*lett.*) diviso, suddiviso **2** (*lett., fig.*) discorde **3** (*arald.*) detto di scudo o figura divisi verticalmente in due parti uguali ‖ **partitaménte**, **avv. 1** (*lett.*) punto per punto; sistematicamente **2** in modo particolareggiato **B s. m. 1** organizzazione politica di più persone, caratterizzata da una sua propria ideologia e volta al raggiungimento di fini comuni per la conquista e l'esercizio del potere politico: *fondare un p.*; *iscriversi a un p.*; *p. di destra, di centro, di sinistra*; *p. di governo*; *p. di opposizione* | ***p. di maggioranza***, che nel parlamento dispone della maggioranza assoluta degli eletti | ***p. di maggioranza relativa***, che nel parlamento dispone del maggior numero di parlamentari rispetto alle altre forze politiche | ***p. di massa***, che ha un largo seguito nel paese | ***p. unico***, nei regimi totalitari che non ammettono una pluralità di partiti | ***P. d'Azione***, quello che nel Risorgimento faceva capo a G. Mazzini; quello sorto nel 1942 e sciolto nel 1947, con un programma mirante a conciliare liberalismo e socialismo | (*est.*) gruppo di persone che sostengono qlco.: *il p. dell'astensione* **2** (*lett.*) opzione, scelta **3** †dubbio, rischio **4** decisione, determinazione, risoluzione: *un p. pericoloso* | ***prendere un p.***, decidere, scegliere | ***non sapere che p. prendere***, essere indeciso, dubbioso | ***per p. preso***, per pregiudizio, per opinione preconcetta | ***mettere il cervello, la testa a p.***, ravvedersi in base a sagge risoluzioni | †votazione, deliberazione | †***porre a p.***, mettere ai voti | †***andare a p.***, essere messo a sorteggio | †***ottenere, vincere il p.***, avere la maggioranza dei voti; (*est.*) ottenere il successo **5** offerta od occasione di matrimonio: *un buon p.*; *avere molti partiti* | (*est.*) persona che costituisce un'ottima occasione di matrimonio, spec. per ricchezza: *ha sposato il miglior p. della città*; *hai rifiutato un simile p.?* **6** †condizione, stato: *vedete, donne, a qual p. / ci abbian gl'iddii recate* (G. Boccaccio) | ***a mal p.***, V. *mal partito* **7** mezzo, espediente, risorsa: *è il solo p. che ci resta*; *appigliarsi a un p.* | †***avere buon p.***, disporre di una situazione favorevole | ***trarre p. da qlco.***, trarne vantaggio o utilità, saperne approfittare **8** †patto, contratto, negozio | †***far p.***, fare un'operazione commerciale | †***femmina di p.***, donna di facili costumi o prostituta ‖ **partitàccio**, **pegg.** | **partitèllo**, **dim.** | **partitìno**, **dim.** | **partitóne**, **accr.** | **partitùccio**, **dim.** | (*spreg.*) **partitùcolo**, **dim.**

partìto② **part. pass.** di *partire*②; anche **agg.** ● nei sign. del v.

partitocràtico [1950] **agg.** (**pl. m.** *-ci*) ● di partitocrazia, basato sulla partitocrazia ‖ **partitocraticaménte**, **avv.**

partitocrazìa [comp. di *partito* e *-crazia* ✱ 1944] **s. f.** ● governo dei partiti, predominio o strapotere del sistema dei partiti che si sostituiscono alle istituzioni rappresentative nella direzione della vita politica nazionale

partitóna [1979] **s. f. 1** accr. di *partita*① **2** (*sport, colloq.*) partita molto importante | partita ottimamente giocata: *il terzino ha fatto una p.*

partitóne **s. m. 1** accr. di *partita*① **2** partitona

partitóre① [vc. dotta, lat. tardo *partitōre(m)*, da *partīri* 'dividere'. V. *partire*① ✱ 1776] **A s. m.** ● opera idraulica consistente in un canale che ha lo scopo di suddividere la sua portata secondo un rapporto determinato **B** anche **agg.**: *canale p.*

partitóre② [da *partire*① ✱ av. 1250] **A s. m.** (**f.** *-trice*); anche **agg.** ● (*lett.*) chi (o che) divide, fa le parti e distribuisce **B s. m. 1** †artigiano che separava i metalli dalle leghe durante la fusione **2** (*tecnol.*) apparecchio o impianto mediante il quale si può effettuare una ripartizione di grandezze fisiche, energia, materia e sim.

partitùra [da *partire*① ✱ 1659] **s. f. 1** (*raro*) spartizione | (*tosc.*) divisione del grano fra padrone e contadino **2** (*mus.*) complesso di pentagrammi, posti l'uno sotto l'altro, su ciascuno dei quali è scritta la parte che una voce o strumento deve eseguire simultaneamente agli altri in un brano non solistico: *p. della sinfonia, di una Messa* | ***leggere in p.***, intendere un pezzo leggendolo, ed eseguirlo nei suoi tratti principali al piano

partizionaménto [da *partizione* ✱ 1971] **s. m.** ● (*inform.*) suddivisione di un supporto di memoria in più entità logiche: *p. dell'hard disk*

partizióne [vc. dotta, lat. *partitiōne(m)*, da *partīri* 'dividere'. V. *partire*① ✱ av. 1292] **s. f. 1** suddivisione in due o più parti: *la p. di un manuale in capitoli e paragrafi*; *le partizioni del disco rigido* **SIN.** divisione, spartizione **2** parte, sezione: *le partizioni di un testo*

pàrtner /ˈpartner, *ingl.* ˈpɑːtnə(r)/ [vc. ingl., alterazione di *parcener*, dall'ant. fr. *parçonier*, dal lat. *pārs*, genit. *pārtis* 'parte, divisione' ✱ 1862] **s. m. e f. inv. 1** chi fa coppia con altra persona nel teatro, nello sport, nella danza e in qualunque altra attività da svolgersi in coppia **2** ognuna delle due persone legate fra loro da un rapporto amoroso o sessuale **3** socio, alleato, interlocutore privilegiato, spec. nel campo economico e commerciale

pàrtnership /ˈpartnerʃip, *ingl.* ˈpɑːtnəʃɪp/ [vc. ingl., comp. di *partner* (V.) e *-ship* (V. *leadership*) ✱ 1950] **s. f. inv.** ● accordo di natura politica, economica, militare e sim. esistente fra due o più nazioni, enti o imprese **SIN.** partenariato

♦**pàrto**① [vc. dotta, lat. *pārtu(m)*, da *pārere* 'partorire', dalla stessa radice indeur. di *pārens*, genit. *pārentis* 'genitore'. V. *parente* ✱ av. 1294] **s. m. 1** (*fisiol.*) espulsione spontanea o provocata del prodotto del concepimento dall'organismo materno al termine della gravidanza | ***p. eutocico***, che avviene in modo naturale e spontaneo | ***p. distocico***, che presenta difficoltà tali da richiedere l'intervento attivo dell'ostetrico | ***p. cesareo***, per via addominale, con intervento chirurgico | ***p. precoce***, che avviene fra il 265° e il 275° giorno di gravidanza | ***p. prematuro***, che avviene fra il 180° e il 265° giorno di gravidanza | ***p. serotino***, se tardivo oltre il 295° giorno di gravidanza | ***p. abortivo***, quando avviene prima del 180° giorno di gravidanza | ***p. precipitoso***, che avviene così rapidamente da rappresentare un rischio per la madre o il feto | ***p. pilotato***, in cui le contrazioni vengono accelerate mediante farmaci (oxitocina) nella fase del travaglio | ***p. indolore***, in cui la sofferenza al momento del travaglio viene eliminata o ridotta mediante varie tecniche | ***p. podalico***, in cui il feto si presenta nel canale del parto con i piedi | ***p. gemellare***, in cui si verifica la fuoriuscita di due o più feti | ***post p.***, V. *post*① | ***sopra p.***, V. *soprapparto* **2** creatura partorita | (*poet.*) figlio **3** (*fig.*) opera: *p. dell'ingegno*; *p. poetico* | ***p. della fantasia***, frutto dell'immaginazione; notizia falsa, menzogna **4** †cova

pàrto② [vc. dotta, lat. *Pārthu(m)* 'abitante della *Pārthia*', n. di una regione della Persia ✱ av. 1375] **s. m.** (**f.** *-a*) ● appartenente a un'antica popolazione di stirpe iranica stanziatasi nei pressi del mar Caspio | ***freccia del P.***, quella che i Parti usavano scagliare da cavallo, a tradimento, mentre erano in fuga, volgendosi indietro; (*fig.*) allusione offensiva, battuta insolente e sim., che giunge inaspettata e traditrice

partóne [dall'ingl. *parton*, sul modello di *elettrone* ✱ 1983] **s. m.** ● (*fis.*) ciascuna delle particelle elementari puntiformi, identificabili con i quark, di cui si propone l'esistenza come costituenti dei nucleoni per interpretarne il comportamento nelle collisioni ad alta energia

partoriènte **A part. pres.** di *partorire*; anche **agg.** ● nei sign. del v. **B s. f.** ● donna che sta partorendo o che deve partorire

partoriménto [sec. XIV] **s. m.** ● (*raro, lett.*) il partorire

♦**partorìre** o †**parturìre** [vc. dotta, lat. *parturīre*, da *pārere* 'partorire'. V. *parto*① ✱ av. 1294] **v. tr.** (*io partorìsco, tu partorìsci*) **1** (*fisiol.*) espellere in modo spontaneo o strumentale il feto e i suoi annessi, detto della donna gravida (*anche assol.*): *ha partorito un maschio, una femmina, due gemelli*; *stare per p.*; *ha appena partorito* **CFR.** -paro | (*est.*) figliare: *la cavalla ha partorito un puledro* | (*fig.*) ***la montagna ha partorito un topo***, di avvenimenti o situazioni che portano, contro ogni aspettativa, a risultati banali e meschini **2** †produrre foglie e frutta, detto di pianta **3** (*fig.*) produrre con la mente, con l'ingegno (*spec. scherz.*): *ha partorito una nuova invenzione* **4** (*fig., lett.*) cagionare, causare:

p. odio, danno, biasimo

†**partoritrice** [1374] **s. f.** • partoriente

partouze /fr. paʀ'tuz/ o **partouse** [vc. fr. (Parigi), da *partie* 'incontro' e dal suff. pop. *-ouze* ✱ 1964] **s. f. inv.** • orgia, gioco erotico tra coppie basato sullo scambio dei partner

part-time /par'taim, *ingl.* 'pɑːtˌtaɪm/ [vc. ingl., comp. di *part* 'parte' e *time* 'tempo', quindi 'tempo parziale' ✱ 1963] **A agg. inv. e avv.** • detto di lavoro svolto in orario ridotto rispetto al normale orario lavorativo: *lavoro, occupazione part-time; lavorare, occuparsi (a) part-time* | detto di lavoratore che svolge tale tipo di lavoro: *segretaria part-time* **B s. m. inv.** • il lavoro stesso: *scegliere, accettare il part-time*

†**parturìre** ➤ **partorire**

†**parturizióne** [vc. dotta, lat. tardo *parturitiō-ne(m)*, da *parturīre* 'partorire' ✱ sec. XIV] **s. f.** • parto

pàrty /'parti, *ingl.* 'pɑːtɪ/ [vc. ingl., dal fr. *partie* 'partita' ✱ 1937] **s. m. inv.** (**pl. ingl.** *parties*) • trattenimento, ricevimento | ***pigiama p.***, V. *pigiama* | ***swap p.***, V. *swap* | V. anche *cocktail-party, garden-party, lan party, rave party*

parure /fr. pa'ʀyʀ/ [vc. fr., da *parer* 'preparare'. V. *parare* ✱ 1867] **s. f. inv. 1** completo di biancheria femminile | insieme coordinato di lenzuola e federe: *p. da letto* **2** insieme di gioielli, orecchini, collana, bracciale e anello realizzati sullo stesso disegno

parușìa [vc. dotta, gr. *parousía* 'presenza', da *paròn* 'presente', da *paréinai* 'essere presente', comp. di *para-* 'para-' ed *êinai* 'essere' (V. *onto-*) ✱ 1923] **s. f. 1** (*relig.*) ritorno del Cristo sulla terra, atteso come prossimo soprattutto nei primi secoli cristiani **2** nella filosofia di Platone, la presenza delle idee nelle cose sensibili

†**parùta** [da †*paruto* ✱ 1261 ca.] **s. f.** • apparenza, sembianza, aspetto | ***far p.***, fingere | ***in umile p.***, in apparenza dimessa

†**parùto** **part. pass. di** *parere*; **anche agg.** • nei sign. del v.

parvènte **A part. pres. di** *parere*; **anche agg.** • (*lett.*) visibile | chiaro, evidente **B s. m. 1** †avviso, parere **2** (*lett.*) †aspetto

parvenu /fr. paʀvə'ny/ [vc. fr., part. pass. di *parvenir* 'pervenire' ✱ 1820] **s. m. inv.** (**f. fr.** *parvenue*) • persona di non elevato grado sociale, arricchitasi rapidamente, che mostra atteggiamenti propri dello stato raggiunto, ma conservando mentalità della primitiva condizione

⁎**parvènza** [da *parvente* ✱ 1250 ca.] **s. f. 1** (*lett.*) apparenza, sembianza: *tante parvenze / che s'ammirano al mondo* (U. Saba) | †***di p.***, di persona **2** (*fig.*) presenza minima, accenno, traccia: *non c'è p. di giustizia nelle sue decisioni; una p. di bontà maschera il suo egoismo* **3** †opinione, giudizio **4** †mostra | †***far p.***, dimostrare

†**parvificàre** [da †*parvo* ✱ 1308] **v. tr.** • sminuire, svilire | ridurre, attenuare ‖ †**parvificazióne**, **s. f.**

†**pàrvo** [vc. dotta, lat. *părvu(m)*, di orig. indeur., dalla stessa radice di *pāucus* 'poco' e *pāuper* 'povero' ✱ av. 1294] **agg.** • (*lett.*) piccolo: *non mi sarian chiuse / le tue cogitazion, quantunque parve* (Dante *Purg.* XV, 128-129) | scarso di peso o di valore

†**pàrvolo** e deriv. ➤ **pargolo** e deriv.

•**parziàle** [vc. dotta, lat. tardo *partiāle(m)*, da *pārs*, genit. *pārtis* 'parte' ✱ av. 1363] **A agg. 1** che riguarda solo una o più parti, elementi, settori: *esame p. della situazione; eclisse p.* CONTR. totale CFR. mero-, semi- | ***successo p.***, limitato | ***elezioni parziali***, concernenti un numero limitato di candidati e di circoscrizioni | ***sentenza p.***, sentenza interlocutoria | ***risultato p.***, provvisorio, non definitivo **2** (*est.*) che propende per una determinata parte, che tende a favorire una o più determinate persone rispetto alle altre, mancando così di obiettività: *giudice, esaminatore p.; sentenza ingiusta e p.; voi siete purtroppo p. a queste donne* (B. Castiglione) CONTR. imparziale ‖ **parzialità**, **s. f. inv.** (V.) **B s. m.** • risultato parziale: *il primo tempo si è concluso con il p. di 3 a 0 per gli azzurri* ‖ **parzialménte**, **avv. 1** in parte: *provvedere solo parzialmente a qlco.* **2** (*raro*) con parzialità: *giudicare parzialmente*

†**parzialeggiàre** [av. 1675] **v. intr.** • mostrare parzialità

parzialità [av. 1406] **s. f. inv. 1** caratteristica di chi (o di ciò che) è parziale | tendenza a favorire una parte, spec. in gare, contese e sim.: *peccare di p.; è stato accusato di p.* CONTR. equità, imparzialità **2** azione o comportamento che favorisce una parte, favore accordato in particolare a qlcu. in confronto di altri: *una ingiusta p.; la p. dei giudici sportivi ha falsato l'esito della gara* **3** †fazione: *nelle p. sanguinosissime che ebbe Italia de' ghibellini e de' guelfi* (F. Guicciardini)

parzializẓàbile [1970] **agg.** • che si può parzializzare

parzializẓàre [comp. di *parziale* e *-izzare* ✱ av. 1644] **A v. tr. 1** dividere in due o più parti **2** (*tecnol.*) sottoporre a parzializzazione: *p. una turbina a vapore; p. la sezione di una trave* **B parzializẓàrsi v. intr. pron.** • (*tecnol.*) essere sottoposto a parzializzazione: *la sezione della trave si parzializza* ‖ **parzializẓazióne**, **s. f.** (V.)

parzializẓàto [1685] **agg.** • che è stato sottoposto a parzializzazione: *turbina a vapore parzializzata; sezione parzializzata di una trave*

parzializẓatóre [1963] **s. m.** • (*tecnol.*) dispositivo destinato a variare la portata di un fluido variando la sezione del condotto percorso dal fluido stesso | l'insieme degli organi destinati a effettuare la parzializzazione di una turbomacchina

parzializẓazióne [1958] **s. f. 1** il parzializzare **2** (*tecnol.*) operazione con cui si varia la portata di un fluido variando la sezione del condotto percorso dal fluido stesso | operazione con cui si riduce il numero dei condotti che inviano il fluido motore alla girante di una turbomacchina allo scopo di variarne la potenza: *regolazione per p.* | (*est.*) operazione con cui si introduce il fluido motore in una macchina motrice alternativa durante una parte variabile della corsa **3** (*edil.*) ***p. della sezione***, ipotesi che la sezione resistente di un elemento strutturale, gener. di calcestruzzo armato, sia costituita dalla parte compressa, potendosi trascurare la resistenza a trazione

parziarietà [1958] **s. f. inv.** • (*dir.*) condizione di ciò che è parziario

parziàrio [fr. *partiaire*, dal lat. tardo *partiā-riu(m)*, da *pārs*, genit. *pārtis* 'parte' ✱ av. 1609] **agg.** • (*dir.*) detto di obbligazione con più soggetti, ciascuno dei quali può chiedere o rispettivamente eseguire solo la propria quota di prestazione

†**parzionàle** [da †*parzoniere* ✱ sec. XIV] **s. m.** • mezzadro

parzionària [deriv. del lat. *pārs*, genit. *pārtis* 'parte' ✱ 1958] **s. f.** • (*dir.*) nel Medioevo, contratto a termine con cui un proprietario concedeva a un coltivatore terreni sterili da ridurre a coltura promettendogliene una metà in proprietà

†**parzonière** [ant. fr. *parçonier*. V. *partner* ✱ sec. XIV] **A agg.** • corresponsabile **B s. m.** • partigiano, fautore

pascal /fr. pas'kal/ [dal n. del filosofo e scienziato fr. B. *Pascal* (1623-1662) ✱ 1959] **s. m. inv.** (*Pascal* **nel sign. 2**) **1** (*fis.*) unità di misura di pressione del Sistema Internazionale, uguale alla pressione esercitata dalla forza di 1 newton agente perpendicolarmente su una superficie di 1 m^2 SIMB. Pa **2** (*inform.*) linguaggio per la programmazione dei calcolatori elettronici, adatto alla programmazione strutturata, utilizzato spec. nella didattica della programmazione

†**pascàle** ➤ **pasquale**

pascalìano [1905] **agg.** • relativo a B. Pascal, filosofo e scienziato francese

pascènte **part. pres. di** *pascere*; **anche agg.** • (*lett.*) che pascola

⁎**pàscere** [vc. dotta, lat. *pāscere*, di orig. indeur. ✱ av. 1250] **A v. tr.** (**pres.** *io pàsco, tu pàsci*; **pass. rem.** *io pascètti* o *pascéi, tu pascésti*; **part. pass.** *pasciùto*) **1** mangiare, detto di animali erbivori: *p. l'erba, la biada* **2** condurre al pascolo, alla pastura: *p. gli armenti, il gregge sui monti, nei prati* | (*est., lett.*) nutrire, riferito a esseri umani **3** (*fig., lett.*) alimentare: *p. la mente con la lettura, di nuove conoscenze* | (*est.*) saziare, appagare: *p. l'animo, la vista* **B v. intr.** (**aus.** *avere* **nel sign. 1,** *essere* **nel sign. 2**) **1** (*lett.*) pascolare: *portare le pecore a p.; le capre... stavano lor d'intorno pascendo* (A. Caro) **2** (*lett.*) nutrirsi: *l'Arpie, pascendo poi de le sue foglie, / fanno dolore, e al dolor fenestra* (Dante *Inf.* XIII, 101-102) **C pàscersi v. rifl. 1** prendere alimento, nutrimento: *pascersi di ghiande, di cibi raffinati; qualsivoglia bestia che si pasca sul dorso della terra* (G. Bruno) **2** (*fig.*) nutrirsi, appagarsi: *pascersi di illusioni, di speranze* | ***pascersi d'aria***, di illusioni e apparenze vane | ***pascersi di vento***, di chiacchiere inutili | (*fig.*) dilettarsi: *i suoi occhi si pascevano di tale meraviglioso spettacolo*: *si imprimono nella memoria i giri di frase e le parole solenni, se ne pascono e le ricordano* (A. Gramsci)

pascià o †**bascià**, †**bassà** [turco *paşā* ✱ av. 1470] **s. m. inv.** • titolo degli alti dignitari dell'Impero ottomano, che veniva posposto al nome proprio | ***fare il p.***, (*fig.*) godersela | ***stare come un p.***, (*fig.*) immerso nel lusso, nella comodità

pascialàto [1853] **s. m.** • carica e dignità di pascià | la durata di tale carica

†**pascibiètola** [comp. di *pascere* (nel senso di 'mangiare') e *bietola* ✱ 1354] **s. m. e f. inv.; anche agg. inv.** • detto di persona sciocca e stupida

†**pasciménto** [av. 1306] **s. m. 1** il pascolare | (*est.*) il nutrirsi **2** cibo, alimento | (*fig.*) nutrimento spirituale

pascióna [lat. *pastiōne(m)*, da *pāscere* 'pascere' ✱ av. 1449] **s. f. 1** (*tosc.*) abbondante produzione di prodotti agricoli; pascolo ricco | (*est.*) abbondanza di beni, di guadagni; prosperità: *rimpiangere il tempo della p.* **2** (*tosc.*) foraggio, erba | pascolo abbondante

†**pascitóre** [sec. XIII] **agg. e s. m.** (**f.** *-trice*) • che (o chi) pasce (*anche fig.*)

pasciulì [1905] **s. m. inv.** • adattamento di *patchouli* (V.)

pasciùto **part. pass. di** *pascere*; **anche agg. 1** nutrito con abbondanza **2** ***ben p.***, grasso, rubicondo

pàsco [lat. *pāscuu(m)*, da *pāscere* 'pascere' ✱ 1313] **s. m.** (**pl.** *-schi*) • (*lett.*) pascolo (*anche fig.*)

pascolaménto [1979] **s. m.** • attività di pascolo degli animali

•**pascolàre** [da *pascolo* ✱ av. 1389] **A v. tr.** (*io pàscolo*) • condurre al pascolo gli animali erbivori domestici, sorvegliandoli mentre si nutrono: *p. i buoi, le pecore* **B v. intr.** (**aus.** *avere*) **1** brucare o cibarsi nei pascoli, riferito agli animali: *un folto gregge pascolava ai limiti del bosco* **2** (*raro, fig.*) trovarsi a proprio agio, sguazzare: *quello, nella corruzione ci pascola*

pascolatìvo [1891] **agg.** • detto di terreno da pascolo

pascolïàno [1897] **agg.** • che concerne il poeta Giovanni Pascoli (1855-1912): *stile, verso p.*

pascolìşmo [av. 1926] **s. m.** • imitazione di modi ed espressioni proprie del Pascoli

pascolìvo [av. 1788] **agg.** • (*raro*) pascolativo

pàscolo [lat. *pāscuu(m)*, da *pāscere* 'pascere' * av. 1328] **s. m. 1** distesa erbosa su cui pasturano gli animali: *p. montano, alpino; i verdi pascoli* | (*est.*) erba di pastura: *p. grasso* **2** attività del pascolare: *mandare, condurre i buoi al p.; servitù di p.* **3** (*fig., lett.*) alimento o nutrimento spirituale: *trovare gradito p. nella lettura* | (*raro, fig.*) ***dare in p.***, porgere materia di maldicenza

pascóre [av. 1237] **s. m.** • (*lett.*) primavera: *nella ... primavera / ti vidi, al novel tempo del p.* (G. D'ANNUNZIO)

paşdaràn [persiano *pāsdārān*, pl. di *pāsdār* 'custode, guardiano (della rivoluzione)', da *pās* 'vigilanza' * 1979] **s. m. inv.; anche f. inv. nel sign. 2 1** (**spec. al pl.**) appartenente a uno speciale corpo paramilitare iraniano creato dal regime khomeinista a protezione delle istituzioni islamiche **2** (*fig.*) persona che agisce con intransigente fanatismo

pashmina /*persiano* paʃ'mina/ [dal pers. *pashmīn* 'di lana (*pashm*)' * 1997] **s. f.** (**pl.** *-e* o **inv.**) • tipo di lana pregiata ottenuta da capre domestiche himalayane | scialle realizzato con tale tessuto

pashthu ➤ **pashto**

pàshto /paʃ'to/ o **pashthu** [dal n. in persiano ant. *pactō* * 1929] **s. m. solo sing.** • lingua del gruppo iranico parlata in Afghanistan e nel Pakistan occidentale e nord-occidentale

pashtun /paʃ'tun/ [1874] **A agg. inv.; anche s. m. e f. inv.** • relativo o appartenente ai Pashtun, gruppo etnico di lingua pashto stanziato tra Afghanistan e Pakistan **B s. m. solo sing.** • (*ling.*) pashto

paşigrafìa [fr. *pasigraphie*, comp. del gr. *pasi-*, da *pâs*, genit. *pantós* 'tutto' (V. *panto-*) e del fr. *-graphie* '-grafia' * 1823] **s. f.** • (*ling.*) lingua artificiale di carattere universale consistente in un codice numerico scritto, da cui sia possibile trarre delle corrispondenze con le parole di una data lingua

paşilalìa [fr. *pasilalie*, comp. del gr. *pasi-* (V. *pasigrafia*) e del fr. *-lalie* '-lalia' * 1835] **s. f.** • (*ling.*) pasigrafia in cui i segni scritti convenzionalmente corrispondono a lettere e sono quindi pronunciabili

pasionària [vc. sp. (da *pasión* 'passione'), epiteto della rivoluzionaria sp. Dolores Gómez Ibárruri (1895-1989) * 1985] **s. f. 1** donna che propugna appassionatamente idee rivoluzionarie **2** (*fig.*) donna che difende tenacemente le proprie idee e i valori in cui crede

†**pàşmo** [ant. fr. *pasme*, dissimilazione di *spasme* 'spasmo' * av. 1306] **s. m. 1** spasimo **2** svenimento, deliquio

pàso dòble /'paso 'dɔble, *sp.* 'paso 'ðoβle/ [loc. sp., propr. 'passo doppio' * 1942] **loc. sost. m. inv.** • danza spagnola a coppie, vivace, nata all'inizio del Novecento

paşolinïàno [1977] **agg.** • relativo allo scrittore e regista Pier Paolo Pasolini (1922-1975), al suo stile e alle sue opere: *poetica, filmografia pasoliniana*

♦**Pàsqua** [lat. cristiano *Pāscha*, dal gr. *páscha*, dall'ebr. *pésah* 'passaggio' (la Pasqua ebraica era stata istituita per commemorare l'uscita degli Ebrei dall'Egitto). La vc. dovette poi essere accostata al lat. *pāscua* 'pascoli' * 1234] **s. f. 1** nell'ebraismo, festa che commemora la liberazione dalla schiavitù d'Egitto **SIN.** Pesah **2** nel cristianesimo, solennità della resurrezione di Cristo | festa liturgica cattolica e di altre confessioni cristiane, che cade nella domenica seguente al primo plenilunio dopo l'equinozio di primavera (cioè il 21 marzo): *P. di resurrezione* | (*pop.*) ***P. Epifania***, la festa dell'Epifania | (*pop.*) ***P. fiorita***, domenica delle Palme | (*pop.*) ***P. delle rose, rosa, rosata***, Pentecoste | ***P. alta***, che è in ritardo rispetto al tempo in cui ricorre normalmente | ***P. bassa***, che è in anticipo rispetto al tempo in cui ricorre normalmente | ***augurare la buona P.***, porgere auguri nel giorno di Pasqua | **PROV.** ***Natale coi tuoi, P. con chi vuoi*** **3** (con l'iniziale minuscola) festa: *far p.* | ***essere contento come una p.***, contentissimo | ***dare la mala p.***, guastare una festa, arrecare dolore e sim. | ***a te la mala p.!***, (*pop., merid.*) imprecazione d'ira, di malaugurio e sim. ‖ **Pasquétta**, **dim.** (V.)

♦**pasquàle** o †**pascàle** [lat. tardo *paschāle(m)*, da *Pāscha* 'Pasqua', rifatto su *Pasqua* * sec. XIV] **agg.** • di Pasqua, della Pasqua: *agnello p.; vacanze pasquali* | ***precetto p.***, V. *precetto*

pasqualìna [da *pasquale* * av. 1917] **s. f.** • (*cucina*) tipica torta salata della cucina genovese, un tempo preparata per Pasqua, costituita da un particolare tipo di sfoglia con ripieno di bietole e altre verdure, uova e formaggio

†**pasquàre** [da *pasqua* * av. 1306] **v. intr.** • celebrare la Pasqua

pasquènse [1941] **A agg.** • relativo all'isola di Pasqua **B s. m. e f.** • abitante o nativo dell'isola di Pasqua

Pasquétta [dim. di *Pasqua* * 1911] **s. f.** • (*pop.*) il primo lunedì dopo la Pasqua, tradizionalmente festeggiato con gite in campagna | (*sett.*) l'Epifania | (*raro*) la Pentecoste

pasquinàta [da *Pasquino* * av. 1535] **s. f. 1** satira, spec. a contenuto politico, che si affiggeva a Roma fra i secc. XVI e XIX alla statua chiamata Pasquino **2** (*est.*) satira breve, arguta o ingiuriosa, spec. di contenuto politico

†**pasquìno** [etim. discussa: dal nome di qualcuno che abitava o aveva bottega presso l'omonima statua dove si affiggevano le satire (?) * 1542] **s. m.** • pasquinata

pass /*ingl.* pa:s/ [vc. ingl., 'permesso (di passare)' * 1985] **s. m. inv.** (**pl. ingl.** *passes*) • permesso, costituito generalmente da un tesserino con fotografia, che deve essere esibito per circolare liberamente in aree, ambienti o strutture che ammettono solo persone autorizzate **CFR.** passi, lasciapassare

pàssa [imperat. di *passare* nel sign. A I 8 * 1586] **vc.** • nella loc. avv. ***e p.*** (preceduta da un numerale), e oltre, e più: *avrà trent'anni e p.*

passàbile [fr. *passable*, da *passer* 'passare' * 1674] **agg.** • accettabile, discreto: *grado p. di educazione; libro, racconto, film p.* ‖ **passabilménte**, **avv.** in modo tollerabile; discretamente; piuttosto bene

passacàglia [sp. *pasacalle*, comp. di *pasar* 'passare' e *calle* 'strada' (V. *calle*), perché in orig. la si ballava passando per le strade * 1620] **s. f.** • danza di origine spagnola, poi stilizzata e divenuta dal sec. XVI una forma di variazione strumentale, in ritmo ternario, nella musica colta

passacàrte [comp. di *passa(re)* e il pl. di *carta* * av. 1883] **s. m. e f. inv.** • (*spreg.*) impiegato, burocrate e sim., considerati nell'aspetto meramente esecutivo del loro lavoro

passacàvo [comp. di *passa(re)* e *cavo* * 1876] **s. m. 1** qualsiasi guida o condotto per il passaggio di cavi **2** (*mar.*) pezzo sagomato di legno o di metallo sulla coperta di un natante a cui si fissa un cavo

passacrassàna [dal fr. *passe-crassane*, comp. di *passe-* 'che oltrepassa' e da una probabile alterazione di *Crazannes*, piccola località della Francia * 1978] **s. f.** • (*agric.*) varietà di pero a maturazione invernale | il frutto di tale varietà, grosso e irregolare, con buccia giallo-rugginosa e polpa molto succosa

passadièci [comp. di *passa(re)* e *dieci*: detto così perché chi tiene il banco getta i dadi e vince se supera il numero dieci * 1483] **s. m. inv.** • antico gioco a dadi

†**passadóndolo** [comp. di *passa(re)* e *dondolare* * av. 1587] **s. m.** • gingillo, ninnolo

passafièno [comp. di *passa(re)* e *fieno* * 1958] **s. m. inv.** • botola tra il fienile e la sottostante stalla

passafili [comp. di *passa(re)* e il pl. di *filo* * 1983] **s. m. inv.** • strumento usato in chirurgia per infilare il filo negli aghi per sutura

passafilm [comp. di *passa(re)* e *film* * 1960] **A s. m. e f. inv.** • addetto alla verifica della copia del film montato | nel noleggio cinematografico, addetto alla verifica delle copie dei film che passano in proiezione nelle sale cinematografiche o ne rientrano **B agg. inv.** • detto di apparecchiatura che consente lo svolgimento della pellicola da una bobina all'altra permettendone l'ispezione: *tavolo p.*

passafìna [1970] **s. f.** • passafino

passafìno [comp. di *passa(re)* e *fino* * 1958] **s. m.** • nastro sottile e leggero di cotone con cui si rinforzano orli e cuciture **SIN.** passafina

passafuòri [comp. di *passa(re)* e *fuori* * 1958] **s. m. inv.** • (*edil.*) travetto, fissato a un puntone, che si protende oltre il filo del muro a sorreggere la gronda

passagàllo o †**passagàglio** [V. *passacaglia* * av. 1722] **s. m. 1** †passacaglia **2** (*est., lett.*) accompagnamento di chitarre o di voci a serenate, canti di strada, di osteria e sim.

†**passaggère** o †**passaggière** [ant. fr. *passagier*, da *passage* 'passaggio' * sec. XIII] **s. m. 1** gabelliere **2** passeggero

♦**passàggio** [ant. fr. *passage*, da *passer* 'passare' * av. 1257] **s. m. 1** transito attraverso un luogo, trasferimento da un luogo a un altro: *il p. dei turisti in, per la città; assistere, fare ala al p. di un corteo; scoprirsi al p. della bandiera, di un feretro; guardo / il p. quieto / delle nuvole sulla luna* (G. UNGARETTI) | ***il p. di uno stretto, di un valico*** e sim., transito attraverso di essi | ***il p. di una strada***, il suo attraversamento | con riferimento alle persone, agli animali e ai veicoli che passano per un dato luogo: *nella zona c'è un notevole p. di colombacci; un intenso p. di automobili* **2** nella loc. avv. e agg. ***di p.***, senza soffermarsi, di sfuggita: *ho visto la città solo di p.; mi ha detto due parole così, di p.*; (*est.*) di luogo attraverso cui si è soliti soltanto passare: *stanza, locale di p.*; (*est.*) detto di chi si ferma in un luogo solo per poco tempo: *turista, clienti, gente di p.* **3** luogo per cui si passa, apertura o varco che consente di passare: *un p. stretto, largo, facile, comodo; aspettare qlcu. al p.; chiudere, impedire, controllare ogni p.* **CFR.** poro-, -poro | ***p. pedonale***, parte della strada separata dalla carreggiata mediante una striscia bianca continua o un'apposita protezione e destinata al transito dei pedoni | ***p. a livello***, intersezione della ferrovia con una strada allo stesso livello | ***p. obbligato***, attraverso il quale si deve per forza transitare; (*fig.*) situazione che non si può evitare: *il p. obbligato in una trattativa* **4** traversata in nave, viaggio marittimo, di persone o cose e relativo prezzo, dazio e sim.: *un lungo p.; il p. è piuttosto caro* | †traversata dei crociati in Terra Santa

5 ospitalità offerta su di un veicolo, per un determinato tragitto: *dare, chiedere, offrire un p.* **6** (*fig.*) cambiamento, mutamento da una condizione a un'altra: *il p. dal caldo al freddo, dal giorno alla notte, dalla primavera all'estate; punto, momento, fase di p.* **7** (*fig.*) brano o passo di un testo, di un autore e sim.: *notare i passaggi più belli del romanzo* **8** (*mus.*) episodio nel corso di una composizione **SIN.** passo | modulazione | nel sec. XVI, insieme di ornamenti improvvisati durante l'esecuzione | nella forma sonata, transizione tra primo e secondo tema | brano affidato a un gruppo di strumentisti: *p. di violini* | speciale tipo di tecnica strumentale: *p. di scale, di arpeggi* | nella tecnica vocale, transizione delle note di due registri adiacenti **9** (*astron.*) transito **10** nel calcio, nella pallacanestro e sim., invio del pallone a un compagno di squadra: *p. di piede, di testa; p. lungo, corto* **11** nel linguaggio alpinistico, ciascuno dei tratti di una via di scalata | ciascuna delle azioni elementari di arrampicata di cui è composta un'ascensione **12** †tassa di entrata in società, circolo e sim. ‖ **passaggétto**, **dim.** | **passaggino**, **dim.**

passamaneria [fr. *passementerie*, da *passement* 'passamano' ✻ 1839] **s. f. 1** complesso delle guarnizioni usate nell'arredamento o nell'abbigliamento: *negozio di p.* | ogni singola guarnizione: *applicare una p. alle tende* **CFR.** passamano② **2** fabbrica o negozio di passamani

passamàno① [comp. di *passa(re)* e *mano* ✻ 1815] **s. m. 1** passaggio di cose per le mani di più persone disposte come a catena: *scaricare le pietre col sistema del p.* **2** (*sett.*) corrimano

passamàno② [fr. *passement*, da *passer* 'passare', per i fili che *passano*, cioè 'si intrecciano' ✻ 1516] **s. m.** ● pizzo, merletto, spighetta, nastro, cordone, treccia per guarnizione di abiti, tappezzerie, tendaggi e sim. **CFR.** passamaneria

passamanterìa [1883] **s. f.** ● (*disus.*) passamaneria

†**passaménto** [1261 ca.] **s. m. 1** passaggio | (*eufem.*) morte, trapasso **2** liberazione da un fastidio

passamèzzo o **passemèzzo** /passemˈmɛddzo/ [da *passo* e *mezzo*②, con accostamento a *passare* ✻ 1561] **s. m.** (**pl. inv.** o *-i*) ● antica danza in misura binaria e movimento moderato

passamontàgna [calco sul fr. *passemontagne*; detto così perché usato in *montagna* ✻ av. 1885] **s. m. inv.** ● copricapo in maglia di lana, con alto risvolto che, abbassato, protegge il volto lasciando solo una fessura per gli occhi, usato spec. dagli alpinisti o per nascondere il volto

passanàstro [comp. di *passa(re)* e *nastro* ✻ 1958] **s. m.** (**pl. inv.** o *-i*) **1** tramezzo di ricamo o pizzo con occhielli in cui si passa il nastro per guarnizione **2** infilanastri

pàssa non pàssa [da *passare* ✻ 1984] **loc. sost. m. inv.** ● (*mecc.*) calibro differenziale (o a doppia tolleranza) per controllare che le dimensioni dei pezzi prodotti siano comprese entro i limiti di tolleranza prefissati

♦**passànte** **A** **part. pres.** di *passare*; anche **agg. 1** nei sign. del v. | **selezione p.**, V. *selezione*, sign. 6 **2** **colpo p.**, nel tennis, quello che manda la palla verso il fondo del campo facendola passare sulla destra o sulla sinistra dell'avversario sceso a rete per un attacco **3** (*ferr.*) **stazione p.**, di transito **4** (*arald.*) detto dei quadrupedi raffigurati in atto di camminare **5** (*enol.*) detto di vino non ruvido, flessibile, che non urta il palato **B** **s. m. e f.** ● persona che passa, che cammina per la strada: *richiamare l'attenzione dei passanti; un p. solitario* **C** **s. m. 1** sottile striscia di tessuto o di cuoio sotto la quale passa una cinghia o una cintura **2** anello in cuoio o in metallo situato dopo la fibbia, per sostenere la cinghia **3** collegamento stradale rapido che attraversa una determinata zona | **p. ferroviario**, collegamento sotterraneo tra stazioni ferroviarie in una grande città **4** nel tennis, colpo passante

passapàlle [comp. di *passa(re)* e il pl. di *palla* ✻ 1835] **s. m. inv.** ● tavola o piastra metallica forata usata in passato per misurare o verificare il calibro delle palle da cannone

passaparòla [comp. di *passa(re)* e *parola* ✻ 1614] **s. m. inv. 1** ripetizione rapida e sottovoce di un ordine da un capo all'altro di una fila di soldati, ciascuno dei quali lo ripete al vicino successivo **2** (*est.*) gioco di società che consiste nel sussurrare velocemente una parola o una frase da una persona all'altra e nel confrontare, alla fine, la parola o la frase di partenza con quella finale **3** (*est.*) trasmissione di un'informazione o di un messaggio da una persona all'altra: *la pubblicità più efficace è il p.* **CFR.** tamtam

passapatàte [comp. di *passa(re)* e il pl. di *patata* ✻ 1958] **s. m. inv.** ● schiacciapatate

passapiède [calco sul fr. *passe-pied* ✻ 1871] **s. m.** ● antica danza vivace in misura ternaria

♦**passapòrto** [comp. di *passa(re)* e *porto* ('luogo di passaggio') ✻ 1578] **s. m.** ● documento personale che conferisce al cittadino la facoltà di uscire dal territorio nazionale per entrare in uno o più altri Stati: *p. valido, scaduto; rinnovare il p.; chiedere, concedere il p.* | **richiesta, consegna del p. diplomatico**, atto di estinzione della missione diplomatica di un dato agente o delle relazioni diplomatiche tra due Stati | (*fig.*) ciò che consente di raggiungere uno scopo: *la conoscenza e la pratica dei mezzi informatici sono un p. nel mondo del lavoro*

♦**passàre** [lat. parl. **passāre*, da *pāssus* 'passo' ✻ av. 1250] **A** **v. intr.** (**aus.** *essere*) **I** muoversi attraverso uno spazio (gener. senza indicazione della provenienza e della destinazione) **1** transitare, spec. senza fermarsi: *p. per la strada, dal centro, attraverso i campi; p. adagio, di corsa, a piedi, in macchina; è appena passato; l'ho visto p. or ora; non passa un cane, non passa anima viva; di qui, di là non si passa* | **p. inosservato**, non farsi notare o non essere notato (*spec. fig.*): *l'errore passò inosservato* | **p. prima di qlcu.**, precederlo | **p. al largo**, piuttosto lontano (*anche fig.*) | **p. davanti, avanti a qlcu.**, sorpassarlo mentre cammina; (*fig.*) ottenere risultati migliori di lui negli studi, nel lavoro e sim. | **p. sopra qlco.**, (*fig.*) lasciar correre, considerare con indulgenza: *è una piccola svista e possiamo passarci sopra* | **p. sul corpo, sul cadavere di qlcu.**, (*fig.*) essere disposto a tutto | **p. oltre, p. via**, andare avanti senza fermarsi (*anche fig.*) | (*fam.*) **passa via, passa là**, escl. per allontanare o scacciare un animale **2** muoversi, snodarsi o scorrere attraverso o in mezzo a qlcu., nel mezzo di qlco.: *presto passeranno per la nostra regione nuove strade; il corteo passò tra due ali di folla silenziosa; l'aria passa per i bronchi; la ferrovia passa proprio tra i due paesi; un corso d'acqua passa attraverso i boschi* | **ne è passata di acqua sotto i ponti!**, (*fig.*) molte cose sono accadute, molto è cambiato da allora **3** recarsi momentaneamente, durante un tragitto, in un luogo determinato o presso qlcu.: *se passeremo per la vostra città, verremo a trovarvi; non so se avrò occasione di passare da te; vedrò di p. a salutarvi; passa al supermercato rientrando a casa* | circolare: *è un libello destinato a p. per le mani di tutti* | (*fig.*) **p. per la mente, il capo, la testa**, di idea che si presenta all'improvviso | (*fig.*) **non mi passa neanche per l'anticamera del cervello**, non ci penso neppure lontanamente, me ne guardo dal pensarci **4** (*fig.*) esistere, esserci, intercorrere, aver luogo: *tra noi non passano più le relazioni amichevoli di prima; le trattative che passano tra le parti; tra questo e quello passa* (o *ci passa*) *una bella differenza* | (*fam.*) **ci passa**, c'è una bella differenza **5** entrare o uscire attraverso un'apertura, un orifizio e sim.: *p. per la porta, per la finestra, per l'entrata di servizio; il vino passa lentamente attraverso i filtri; per le fenditure passano l'acqua e il vento* | (*fig.*) **p. per il rotto della cuffia**, cavarsela per un pelo, farcela a malapena **6** (*fig.*) vivere affrontando ostacoli di vario genere: *p. attraverso dispiaceri; è passato per vicissitudini d'ogni sorta* | svolgersi: *un affare che è passato per ogni genere di complicazioni* **7** andare oltre, proseguire senza fermarsi: *non ragioniam di lor, ma guarda e passa* (DANTE *Inf.* III, 51) | in alcuni giochi di carte, dichiarare di non prendere parte a una mano del gioco, per mancanza di buone carte **8** (*fig.*) eccedere in qlco., superare un limite determinato: *p. di cottura, di maturazione* | **e passa** (preceduto da un numerale), e oltre: *avrà trent'anni e passa* **II** trasferirsi da un luogo a un altro (gener. con l'indicazione della provenienza e – oppure soltanto – della destinazione) **1** spostarsi, mutare sede, residenza e sim.: *passiamo in giardino, se non vi spiace; non vorreste p. in una casa più comoda?; passano da una regione all'altra, dall'una all'altra città* | (*fig.*) **p. al nemico**, tradire i propri compagni, disertare il proprio posto **2** (*fig.*) essere trasferito da una persona a una o più altre: *p. dal produttore al consumatore, di padre in figlio, di casa in casa, di città in città* | **p. di mano in mano**, di cosa maneggiata successivamente da più persone | **p. di bocca in bocca**, di cosa detta da più persone, una dopo l'altra | essere tramandato: *tradizioni che passano da una generazione all'altra; passerà ai posteri, alla storia* **3** (*fig.*) mutare da uno ad altro stato, condizione, attività e sim.: *elevando la temperatura la miscela passa dallo stato liquido a quello gassoso; p. dalla gentilezza alla scortesia, dalla vita alla morte, dalla veglia al sonno, dal pianto al riso; presto passerò a un nuovo lavoro* | **p. a miglior vita**, (*eufem.*) morire | **p. in cavalleria**, (*fig.*) V. *cavalleria* | **p. a nuove nozze**, risposarsi **4** (*fig.*) non esserci più | **p. di mente**, venire dimenticato, sfuggire: *l'appuntamento m'era passato di mente* | **p. di moda**, non essere più di moda | †**p. di vita**, morire | (*poet.*) morire: *passa la bella donna e par che dorma* (T. TASSO) **5** (*fig.*) procedere, cambiando argomento (**+ *a*, anche seguito da inf.**): *ora passiamo alla matematica; passa a parlare d'altro, per favore; passeremo a trattare, a esaminare, a esporre un nuovo aspetto del problema* **6** (*fig.*) essere promosso a un livello superiore: *p. in terza, in quarta; p. di grado; p. capitano, colonnello* | **p. agli esami**, (**colloq., ellitt.**) **passare**, essere promosso **7** (*fig.*) essere approvato, accettato: *la legge è passata* **8** (*fig.*) essere ammesso, accettato, tollerato e sim.: *il film non è niente di speciale, ma può p.* | **per questa volta, passi!**, per questa volta saremo tolleranti, perdoneremo **9** (*fig.*) essere considerato, ritenuto; avere fama di (**+ *per*, anche seguito da inf.**): *p. per un genio, per un uomo di mondo; passa per essere il miglior partito della città* | **far p. qlcu. per stupido**, e sim., fargli fare la figura dello stupido **10** essere trasmesso, pubblicato, esaminato, detto spec. di film, notizie, libri, ecc.: *il film è passato all'ultimo festival del cinema* **III** in riferimento al tempo **1** trascorrere: *gli anni, i mesi, i giorni passano veloci; quanto tempo è passato da allora!* **2** esaurirsi, venir meno, finire: *la bellezza e la gioventù passano presto; anche la brutta stagione passerà; finalmente mi è passato il mal di testa* | (**colloq.**) ***mi è passata la paura, la sbronza, il capriccio, la voglia*** e sim., non ho più paura, la sbronza, ecc. | (**colloq.**) ***gli passerà!***, prima o poi ritornerà tranquillo, di persona adirata, addolorata e sim. | ***canta che ti passa***, (**scherz.**) invito a non preoccuparsi, a non dar troppo peso a fatti o avvenimenti spiacevoli, e sim. **3** (**lett.**) accadere, svolgersi: *non crediate che con Don Abbondio le cose passassero freddamente* (A. MANZONI) **B** **in funzione di s. m. solo sing.** ● decorso: *il lento p. delle stagioni; col p. del tempo il dolore si attenuerà* **C** **v. tr.** **1** attraversare, oltrepassare: *p. il fiume a guado, lo stretto a nuoto, il confine a piedi* | ***p. il Rubicone***, (**fig.**) prendere una grave decisione, spec. in campo politico **2** (**raro**) percorrere | ***p. in rassegna, in rivista***, scorrere con gli occhi un gruppo di militari allineati, camminando davanti a loro; (**fig.**) analizzare o esaminare qlco. attentamente: *p. in rassegna la stampa estera, le ultime scoperte scientifiche* | ***p. per le armi, †per le picche***, uccidere, riferito a nemici catturati | (**fam.**) leggere rapidamente: *è la terza volta che passo il giornale, ma non vedo l'articolo che dici* **3** far entrare o uscire qlco. attraverso un'apertura e sim.: *p. il cavo negli anelli di sostegno; passami la chiave dalla finestra; gli passò un foglietto sotto la porta* | ***p. le acque***, bere acque termali per ragioni terapeutiche, fare la cura delle acque | ***p. da parte a parte***, trapassare: *la spada gli passò il petto da parte a parte* **4** ridurre in poltiglia con apposito utensile da cucina: *p. le patate, la verdura* **5** strofinare su di una superficie: *p. una spugna umida, un cencio sui mobili* | applicare, spalmare, distribuire: *p. una mano di vernice, di bianco sulle pareti* | anche nella forma pron.: *passarsi le mani sulle gambe; credo che … avesse anche la debolezza di passarsi un po' di rossetto* (L. PIRANDELLO) | mettere attorno: *suo marito le passò un braccio al collo* (A. FOGAZZARO) **6** trasferire, spostare: *lo passano in un nuovo ufficio, a un'altra filiale; voglio p. queste tende in sala da pranzo* | ***p. agli atti***, collocare tra gli altri documenti relativi alla medesima questione | ***p. agli archivi, in archivio***, archiviare | (**fig.**) ***p. ai voti***, sottoporre a votazione | (**fig.**) ***p. in bella copia***, copiare in bella | (**fig.**) ***p. qlcu.***, al telefono, far parlare l'interlocutore con lui: *ti passo subito mio padre* **7** dare o porgere qlco.: *passami quel libro; per favore, passami il pane* | inviare, lanciare: *p. il pallone* | ***p. il testimone***, V. *testimone* nel sign. B | assegnare periodicamente: *gli passa un pingue assegno mensile* | (**fig., colloq.**) ***quel che passa il convento***, con riferimento al normale e semplice vitto quotidiano: *non posso offrirti se non quel che passa il convento* **8** comunicare, trasmettere: *p. a qlcu. una notizia, un'indiscrezione, un'ambasciata, la parola d'ordine* | (**fig.**) ***p. la voce***, far sapere | (**fig.**) ***p. parola***, comunicare a chi di dovere | mettere in comunicazione durante una telefonata: *passami Paolo* | (**assol.**) ***passo!***, parlando per radio o per radiotelefono, formula in uso per segnalare a chi ascolta che gli si cede la linea | (**assol.**) ***passo e chiudo!***, si dice per segnalare che si è finito di parlare e si chiude la linea | ***p. la linea***, cederla, in una trasmissione radiotelevisiva **9** oltrepassare, superare (**anche fig.**): *l'ha passato di corsa, in curva, sul rettilineo; p. qlcu. in altezza, in peso; credo che abbia già passato la cinquantina* | ***p. il segno, la misura***, (**fig.**) eccedere in qlco., spec. in difetti, vizi e sim. | ***p. ogni limite***, essere eccessivo, spec. in senso negativo **10** (**lett.**) omettere, tralasciare **11** affrontare e riuscire a superare: *p. gli esami, il controllo della polizia* | ***p. un guaio, un grosso guaio***, essere alle prese con una situazione molto critica | ***p. una gran paura, una bella paura***, e sim., prendere paura | ***passarla***, scamparla: *l'ha passata bella*; (**lett.**) anche nella forma pron. (con valore intens.): *Lo credei morto … seppi che se l'era passata con alcune ferite* (G. VERGA) | ***passarla liscia*** o (**lett.**) ***passarsela liscia***, evitare punizioni, conseguenze spiacevoli, e sim.: *non credo che la passerà liscia; se volete passarvela liscia, danari e sincerità* (A. MANZONI) | (**est.**) subire, soffrire, sopportare: *ho passato una grande umiliazione; gli ha fatto p. un mucchio di dispiaceri, di amarezze* | ***passarne***, avere molte esperienze dolorose: *quante ne ha passate, poveraccio!* | ***passarne d'ogni fatta, di tutti i colori, di cotte e di crude***, e sim., avere esperienze d'ogni genere **12** accettare, tollerare, perdonare: *posso passargli tutto, ma le menzogne no; te ne ho passate già troppe* | ***passarla a qlcu.***, perdonargli qlco. di mal fatto: *questa non te la passo proprio* | ***p. qlco. sotto silenzio***, accettarla, tollerarla senza parlarne **13** promuovere, approvare: *mi hanno passato in quinta; non credo che passeranno la tua proposta* **14** trascorrere il proprio tempo in qualche modo o luogo: *p. le vacanze al mare, il fine settimana in città; ho passato l'inverno in riviera; gli piace passare in casa le sue serate; passammo qualche ora in loro compagnia* | ***p. un brutto quarto d'ora***, (**fig.**) venire a trovarsi in una pessima situazione | anche nella forma pron. (con valore intens.) **passàrsela** (con il pron. *la* indeterm.), vivere, stare in un dato modo: *Colle belle donne come ve la siete passata?* (C. GOLDONI) | spec. con riferimento alle condizioni economiche: *come te la passi?; se la passa bene, male, da gran signore* **D** **passàrsi** **v. tr. pron.** (**aus.** *essere*) ● darsi qlco. (con valore recipr.): *passarsi la palla; passarsi informazioni; passarsi il compito a scuola* | (**colloq.**) ***passarsi l'influenza***, trasmetterla l'un l'altro | ***passarsi il testimone***, V. *testimone* nel sign. B

passascòtte [comp. di *passa(re)* e del pl. di *scotta* ✻ 1963] **s. m. inv.** ● (**mar.**) ciascuno dei rinvii fissi o mobili sulla coperta di un'imbarcazione a vela, destinati a far scorrere le scotte delle vele

passàta [1353] **s. f.** **1** †passaggio | (**lett.**) ***far le passate***, andare avanti e indietro: *Incominciò a far le passate dinnanzi alla casa di costei* (G. BOCCACCIO) | ***†a tutta p.***, di continuo, del tutto **2** †avanzamento, successo **3** avvenimento di breve durata | ***una p. di pioggia***, breve scroscio | ***una p. di collera***, una sfuriata **4** passo di selvaggina **5** breve occhiata, rapida lettura: *dare una p. al giornale* | ***di p.***, rapidamente, di sfuggita **6** lo scorrere in fretta con qlco. sulla superficie di un oggetto, con vari scopi: *dare una p. di straccio per pulire; il muro ha bisogno di una p. di vernice* **7** breve rosolatura, scottatura: *dare una p. alla verdura in padella* **8** operazione del filtrare: *acquavite di prima p.* **9** (**fam.**) giro, nel gioco delle carte: *facciamo un'altra p.* **10** (**cucina**) passato: *p. di ceci* **11** salsa, succo di pomodoro confezionato gener. in barattolo **12** (**milit.**) †forza di penetrazione di un proiettile nel bersaglio ‖ **passatèlla**, **dim.** (V.) | **passatìna**, **dim.**

passatèlla [1850] **s. f.** **1** dim. di *passata* **2** gioco d'osteria i cui partecipanti acquistano collettivamente del vino, che poi viene distribuito in modo disuguale secondo l'arbitrio di due persone scelte a sorte o favorite da una combinazione vincente in un gioco di carte

passatèllo [1891] **A** **s. m.** **1** dim. di *passato* **2** (**al pl.**) pasta di pangrattato, uova, formaggio e spezie, passata attraverso i fori di un setaccio e cotta in brodo **B** **agg.** ● (**scherz.**) alquanto sciupato | piuttosto vecchiotto

♦**passatèmpo** [comp. di *passa(re)* e *tempo*; calco sul fr. *passetemps* ✻ 1464] **s. m.** ● occupazione svolta con l'unico scopo di passare gradevolmente il tempo, di distrarsi: *un piacevole p.; i miei passatempi preferiti* | ***per p.***, per sfuggire la noia, per fare qualcosa: *lavorare per p.* **SIN.** diversivo, svago

SFUMATURE ➤ *gioco*

passatìsmo [1910] **s. m.** ● atteggiamento caratteristico dei passatisti

passatìsta [comp. di *passat(o)* e *-ista* ✻ 1909] **s. m. e f.** (**pl. m.** *-i*) ● chi rifiuta ogni innovazione rispetto alle tradizioni del passato, spec. in campo culturale

passatìstico [1945] **agg.** (**pl. m.** *-ci*) ● relativo al passatismo o ai passatisti

♦**passàto** [part. pass. di *passare* ✻ av. 1292] **A** **agg.** **1** detto di tempo che è ormai lontano rispetto al momento attuale: *giorni, mesi, anni, secoli passati; epoche passate* | precedente, scorso (sempre posposto al nome): *l'estate passata; l'anno p. siamo stati in montagna* **2** relativo a epoche trascorse: *le generazioni passate; gioie passate; un amore p.; sono cose ormai passate* | (**est.**) che non è più attuale: *moda passata; usanze passate* | (**fig.**) ***è acqua passata***, di avvenimento già trascorso e ormai privo di importanza | **PROV.** ***acqua passata non macina più***, V. *acqua* **3** (**est.**) che ha superato il punto, il limite ottimale: *questa pasta è passata di cottura* | ***carne, frutta*** e sim. ***passata***, non più fresca | (**fig.**) ***bellezza passata***, che non ha più la freschezza della gioventù **4** †morto **B** **s. m.** **1** tempo già trascorso, più o meno recente: *la memoria, la gloria del p.* | ciò che in tale tempo si è verificato: *rievocare, rimpiangere il p.* | ***in p.***, un tempo | (**est.**) insieme di azioni ed esperienze individuali che risalgono agli anni già vissuti: *il mio p. m'afferrava con la violenza dell'ultimo addio* (I. SVEVO) | ***avere un p.***, avere avuto molte esperienze | ***avere un brutto p., un p. burrascoso*** e sim., aver tenuto una condotta criticabile, non corretta **2** (**lett.**) chi è vissuto prima di noi: *gli uomini di oggidì procedono e vivono più meccanicamente di tutti i passati* (G. LEOPARDI) | (**est.**) †morto **3** (**gramm.**) tempo del verbo che colloca l'enunciato in un momento che precede l'istante presente: *p. prossimo; p. remoto* **4** (**cucina**) minestra a base di verdura o legumi ridotti in poltiglia mediante un apposito utensile: *p. di verdura; p. di patate, di piselli* **SIN.** passata ‖ **passatèllo**, **dim.** (V.)

passatóia [da *passare* ✻ 1891] **s. f.** **1** striscia di tappeto o stuoia stesa lungo un corridoio, su una scala, da una porta all'altra **2** colatoio **3** passerella, spec. nel sign. 2

passatóio [da *passare* ✻ sec. XIV] **A** **s. m.** (**pl.** *-ói*) **1** la pietra o l'insieme delle pietre o di assicelle di legno che permettono di attraversare un piccolo corso d'acqua **2** (**milit.**) †ogni tipo di proiettile che veniva lanciato con macchine da guerra | †dardo, freccia **B** **agg.** **1** †transitorio, passeggero **2** †agevole da passare | (**lett.**) aperto

passatóre [da *passare* ✻ 1528] **s. m.** (**f.** *-trice*) **1** chi, spec. un tempo, traghettava i viaggiatori da una sponda all'altra dei fiumi **SIN.** traghettatore | ***il P.***, (**per anton.**) Stefano Pelloni (1824-1851), traghettatore e poi brigante romagnolo **2** persona che guida chi

a b c d e f g h i j k l m n o **p** q r s t u v w x y z

passa clandestinamente una frontiera **3** †chi passa o viaggia attraverso un luogo | †*p. di mare*, colui che va oltremare **4** †trasgressore **5** (*milit.*) †passatoio

†**passatòrio** [da *passare* * sec. XIV] **agg.** • transitorio

passatrìce [da *passato*, part. pass. di *passare* * 1965] **s. f.** • macchina per ridurre in poltiglia prodotti alimentari, mediante setacci

passatùra [da *passare* * 1871] **s. f. 1** (*tess.*) operazione dell'infilare a mano con la passetta i fili dell'ordito nei denti del pettine **2** tipo di rammendo eseguito su tessuto logoro

passatùtto [comp. di *passa(re)* e *tutto* * 1958] **s. m. inv.** • utensile da cucina per passare verdure, patate, legumi

passavànti [comp. di *passa(re)* e *avanti*; calco sul fr. *passavant* * 1835] **s. m. inv. 1** nel diritto della navigazione, documento provvisorio, sostitutivo dell'atto di nazionalità, rilasciato alle navi di nuova costruzione **2** (*mar.*) ciascuno dei due tavolati che mettevano in comunicazione il cassero di poppa e il castello di prua degli antichi velieri | nei cabinati, ciascuno dei due passaggi laterali del ponte che uniscono la poppa alla prua

passaverdùra o **passaverdùre** [comp. di *passa(re)* e *verdura* * 1958] **s. m. inv.** • utensile di cucina per passare verdure, legumi e sim.

passavìa [comp. di *passa(re)* e *via* * av. 1696] **s. m. inv.** • (*raro*) cavalcavia

passavivànde [comp. di *passa(re)* e il pl. di *vivanda* * 1981] **s. m. inv.** • apertura praticata nella parete per il passaggio dei cibi dal luogo in cui vengono preparati a quello in cui vengono consumati

passavogàre [comp. di *passa(re)* e *voga(re)* * 1614] **v. intr.** (usato quasi solo nell'imperat. *passavóga* (o -ò-)) • vogare a ritmo serrato: *passa vo' / passa vo' / passavoga, arranca, arranca* (F. REDI)

passavolànte [comp. di *passa(re)* e *volante*① * 1491] **s. m.** (**pl. inv.** o *-i*) • colubrina a lunga gittata in uso nei secc. XV e XVI

passe /fr. pas/ [vc. fr., propr. '(luogo di) passaggio' * 1974] **s. m. inv.** (**fr., s. f., pl.** *passes*) • nel gioco della roulette, combinazione costituita dai numeri dal 19 al 36, su cui si può puntare **CFR.** manque

♦**passeggèro** o (*raro*) **passeggièro**, †**passeggère** nei sign. B, †**passeggière** nei sign. B [ant. fr. *passager*, da *passage* 'passaggio' * sec. XV] **A agg. 1** che passa, che è di passaggio: *nuvole passeggere* | (*fig.*) che dura poco, che passa presto: *dolori passeggeri*; *un capriccio p.* **SIN.** temporaneo **CONTR.** duraturo **2** †di nave o altro mezzo destinato al trasporto di persone **B s. m. 1** (**f.** *-a*) chi viaggia su un mezzo di trasporto: *imbarcare i passeggeri*; *i signori passeggeri sono pregati di allacciare le cinture* | ***nave, treno passeggeri***, adibiti al trasporto di persone (in contrapposizione a *merci*) | (*lett.*) viandante, passante: *su la via spargendo / al passeggiere inutile lamento* (G. PARINI) **2** †gabelliere, daziere **3** †traghettatore **SFUMATURE** ➤ *breve*

†**passeggiaménto** o (*pop.*) **spasseggiaménto** [1534] **s. m.** • il passeggiare | passeggio | processione

♦**passeggiàre** o (*pop.*) **spasseggiàre** [intens. di *passare* * 1287] **A v. intr.** (**pres.** *io passéggio*; **fut.** *io passeggerò*; **aus.** *avere*) • andare a spasso o a passeggio: *p. da solo, con qlcu., sottobraccio a un amico, in compagnia di qlcu.*; *p. piano piano, per la spiaggia, in galleria, sulla riva di un fiume* | (*est.*) andare su e giù, camminare avanti e indietro: *p. nervosamente, sul marciapiede, nel corridoio* **B v. tr. 1** (*lett.*) percorrere: *Ben si poria con lei tornare in giuso / e passeggiar la costa intorno errando* (DANTE *Purg.* VII, 58-59) | (*fig., lett.*) studiare, analizzare **2** (*raro*) condurre a mano un animale facendolo camminare: *p. il cavallo* **3** (*lett.*) mettere in mostra

SFUMATURE DI SIGNIFICATO

passeggiare - deambulare

Passeggiare è l'andare a spasso, cioè il camminare tranquillamente, per svago; in senso esteso il verbo indica anche il camminare avanti e indietro, su e giù. **Deambulare** vuol dire camminare, passeggiare, ma è termine d'uso letterario, usato normalmente solo in contesti scherzosi.

♦**passeggiàta** o (*pop.*) **spasseggiàta** [av. 1566] **s. f. 1** camminata compiuta senza fretta e senza una meta particolare, spec. per svago; (*est.*) breve gita in macchina o sim.: *una bella p. attraverso i campi*; *tornare da una p. in bicicletta, sulle colline, in riva al mare* | percorso piuttosto breve, che si fa a piedi senza particolare sforzo: *non darti pensiero, è solo una p.* | (*fig.*) impresa semplice, priva di difficoltà: *il dibattito in aula non sarà una p. per il governo* | ***p. militare***, marcia dei soldati per esercizio; (*fig.*) azione bellica condotta con grande facilità **2** luogo o via destinati o adatti al passeggio: *una città ricca di belle passeggiate* ‖ (*lett.*) **passeggiatèlla**, **dim.** | **passeggiatìna**, **dim.**

passeggiàto **part. pass.** di *passeggiare*; **anche agg.** • (*lett.*) che è percorso a piedi

†**passeggiatóio** [av. 1597] **s. m.** • tratto da percorrere a piedi: *p. di pietra* | marciapiede

passeggiatóre [da *passeggiare* * sec. XIV] **s. m.** (**f.** *-trice* (**V.**), **pop., disus.** *-tóra*) • chi passeggia | chi ama passeggiare

passeggiatrìce [1943] **s. f. 1** f. di *passeggiatore* **2** (*eufem.*) peripatetica, prostituta di strada

†**passeggière** ➤ **passeggero**

passeggièro ➤ **passeggero**

passeggìno [1958] **s. m.** • seggiolino montato su ruote, per portare a passeggio i bambini

♦**passéggio** o (*pop.*) **spasséggio** [da *passeggiare* * 1549] **s. m. 1** camminata non faticosa, senza una meta particolare, per fare un po' di moto, svagarsi e sim.: *l'ora del p.* | ***andare a p.***, passeggiare **2** luogo dove si passeggia: *p. ombroso, tranquillo*; *il p. più frequentato dalla gente elegante* **SIN.** passeggiata **3** (*est.*) l'insieme delle persone che passeggiano: *osservare il p. sul corso*

passemèẓẓo ➤ **passamezzo**

passe-partout /fr. ˌpaspaʀ'tu/ [vc. fr., propr. 'che passa dappertutto' * 1895] **s. m. inv.** (**pl. fr. inv.**) **1** chiave che può aprire più serrature diverse **SIN.** comunella **2** (*fig.*) soluzione idonea a ogni problema **3** riquadro di cartone o tessuto messo fra la cornice e il margine esterno di un dipinto, un disegno e sim. per dar loro maggior risalto

pàssera① [f. di *passero* * 1340] **s. f. 1** (*pop.*) uccello dei Passeriformi | ***p. scopaiola***, dalla gola grigia, comune d'inverno nel sottobosco (*Prunella modularis*) | ***p. solitaria***, passero solitario **2** (*pop.*) vulva **3** ***p. di mare***, pesce osseo marino dei Pleuronettiformi con corpo ovale, appiattito, e i due occhi sul lato destro (*Pleuronectes platessa*) **SIN.** pianuzza, platessa ‖ **passerétta**, **dim.** | **passerìna**①, **dim.** (**V.**)

pàssera② [da *passola* * av. 1367] **s. f.**; **anche agg.** • (*raro*) detto di uva senza semi; uvetta

Passeràcei [da *passero* * 1875] **s. m. pl.** (**sing.** *-o*) • (*zool.*) Passeriformi

passeràio [av. 1729] **s. m.** (**pl.** *-ai*) **1** (*lett.*) pigolio di molti passeri **2** (*lett., fig.*) cicalecio: *ogni crocchio si cambiava in un vero p.* (I. NIEVO)

passerèlla [fr. *passerelle*, da *passer* 'passare' * 1803] **s. f. 1** piccolo ponte fisso o mobile di legno o di acciaio, destinato al passaggio di pedoni o veicoli leggeri | (*aeron.*) ***p. telescopica, d'imbarco***, struttura coperta, allungabile e mobile, che consente il transito diretto da un'aerostazione all'entrata di un aeromobile e viceversa **2** struttura, spec. in legno, per l'attraversamento dei binari a raso, destinata ai viaggiatori, nelle stazioni sprovviste di sottopassaggi, e al trasporto dei bagagli **3** pedana che circonda l'orchestra o si spinge lungo il corridoio centrale della platea nei teatri di rivista per l'esibizione finale degli attori e del corpo di ballo | lunga pedana su cui le indossatrici presentano i modelli di una collezione di moda | (*est.*) esibizione, sfilata: *alla prima si è vista una p. di signore eleganti* | (*fig.*) ***fare la p.***, mettersi in mostra **4** (*fig., raro*) elemento di transizione: *una p. tra due regimi*

Passerifórmi [comp. di *passero* e il pl. di *-forme* * 1965] **s. m. pl.** (**sing.** *-e*) • (*zool.*) ordine di Uccelli a voce armoniosa con becco di forma varia, piedi con alluce volto all'indietro (*Passeriformes*) **SIN.** Passeracei

passerìna① [av. 1498] **s. f. 1** dim. di *passera*① **2** (*tosc.*) piccolo panino con taglio in mezzo **SIN.** francesina, nel sign. 1 **3** (*pop.*) vulva

passerìna② [da *passera*② * sec. XV] **A s. f.**; **anche agg.** • un tempo, detto di uva senza semi; uvetta **B s. f. o m. inv.** • (gener. con iniziale maiuscola) vitigno diffuso spec. nelle Marche, in Abruzzo e nel Lazio, con caratteristiche simili al Trebbiano, che dà un'uva bianca di colore giallo-bruno | vino bianco secco ottenuto da tale uva, prodotto spesso in unione con altre uve

passerìno [da *passare* * 1889] **s. m.** • (*mar., disus.*) cavo di sicurezza: *p. di tempesta* | ***p. dell'argano***, corda che collega le estremità delle manovelle

passerìo [da *passero* * 1871] **s. m.** (**pl.** *-ii*) • (*lett., raro*) cicaleccio intenso e continuato

♦**pàssero** [lat. *pāssere(m)*, di etim. incerta * av. 1321] **s. m.** (**f.** *-a*) • genere di uccelli dei Passeriformi con livrea grigia, mista di bruno e nero, becco corto conico, insettivori ma anche granivori (*Passer Italiae*) **CFR.** cinguettare, ciangottare | ***p. domestico***, di origine mediterranea, presente in Italia come sottospecie (*Passer domesticus*) | ***p. mattugio***, con gola nera, vive lontano dalle abitazioni e d'inverno migra nel mezzogiorno europeo (*Passer montanus*) | ***p. repubblicano***, dell'Africa australe, i cui nidi sono costruzioni comunitarie caratteristiche, coperte da un tetto conico a camino (*Philetairus socius*) | ***p. solitario***, tordo dal piumaggio blu-grigio e dal canto melodioso (*Monticola solitarius*) ‖ **passerìno**, **dim.** | **passerétto**, **dim.** | **passeròtto**, **dim.** (**V.**)

passeròtto [sec. XIII] **s. m. 1** (**f.** *-a*) dim. di *passero* | passero giovane | (*fig.*) appellativo affettuoso rivolto a bambini o innamorati **2** (*fig., disus.*) sproposito, svarione **3** (*fig., raro*) indovinello a prima vista complicato, ma poi di facile soluzione

passétta [fr. *passette*, da *passer* 'passare' * 1933] **s. f.** • (*tess.*) attrezzo usato per la passatura dei fili nelle maglie dei licci

passétto [1337] **s. m. 1** dim. di *passo*② **2** antica unità di misura di lunghezza italiana ‖ **passettìno**, **dim.**

passeur /fr. pa'sœʀ/ [vc. fr., propr. 'traghettatore' * 1965] **s. m. inv.** (**f. fr.** *passeuse*; **pl. m. fr.** *passeurs*; **pl. f. fr.** *passeuses*) • chi, a pagamento, aiuta gli immigrati clandestini ad attraversare un confine **CFR.** spallone

pàssi [propr., terza persona pres. del congtv. di

passare ✱ 1958] **s. m. inv.** ● autorizzazione scritta che permette, a chi ne faccia richiesta, l'accesso a ministeri, uffici pubblici, installazioni militari e sim. **CFR.** lasciapassare, pass

passìbile [fr. *passible*, dal lat. tardo *passĭbile(m)*, da *pāssus*, part. pass. di *pāti* 'sopportare, patire' ✱ av. 1311] **agg. 1** che può essere oggetto di condanna o gravame: *l'imputato è p. dell'ergastolo* | che può subire modifiche, alterazioni e sim.: *prezzi passibili d'aumento* **2** (*lett.*) sensibile al dolore ‖ †**passibilménte**, **avv.** con possibilità di soffrire ‖ **passibilità**, **s. f. inv.**

passiflòra [comp. del lat. tardo *pāssio*, genit. *passiōnis* 'passione' e *flōs*, genit. *flōris* 'fiore'; propr. 'fiore della passione', perché i suoi fiori ricordano i chiodi e la corona della passione di Cristo ✱ 1802] **s. f.** ● pianta rampicante delle Passifloracee coltivata per ornamento, con foglie persistenti e parti interne dei fiori che ricordano martelli, chiodi e spine della crocifissione di Cristo (*Passiflora coerulea*) **SIN.** fiore della passione

Passifloràcee [comp. di *passiflora* e *-acee* ✱ 1869] **s. f. pl.** (**sing.** *-a*) ● (*bot.*) famiglia di piante dicotiledoni tropicali e subtropicali con foglie intere, stipolate e fiori vistosi (*Passifloraceae*)

✦**pàssim** [lat. 'qua e là', da *pāndere* 'stendere'. V. †*pandere* ✱ 1865] **avv.** ● nella terminologia bibliografica, indica che una data citazione è presente in vari punti del testo in oggetto

passino ① [av. 1556] **s. m. 1** dim. di *passo* ② | ***passin p.***, pianino pianino **2** larghezza della pezza di stoffa, corrispondente alla lunghezza dell'ordito

passino ② [da *passare* ✱ 1958] **s. m.** ● colino di rete di metallo o di plastica

Pàssio [vc. dotta, lat. tardo *pāssio*, nom., 'passione'; dalla prima parola della frase che annuncia la lettura del Vangelo nella Domenica di Passione (*Passio Domini nostri Jesu Christi secundum Matthaeum* 'passione di nostro Signore Gesù Cristo secondo Matteo') ✱ sec. XIII] **s. m. solo sing.** ● insieme di brani dei Vangeli che si riferiscono alla passione e morte di Gesù e che sono cantati o letti nelle cerimonie della Settimana santa: *cantare, leggere il P.* | (*raro*) ***lungo come il P.***, lunghissimo, prolisso

passionàle [vc. dotta, lat. tardo *passionāle(m)*, da *pāssio*, genit. *passiōnis* 'passione' ✱ av. 1276] **A agg.** ● di passione: *una forte carica p.* | che subisce profondamente la passione, spec. amorosa: *individuo, carattere, temperamento p.* | ***delitto p.***, commesso per passione amorosa | ***dramma p.***, in cui si rappresentano violente passioni d'amore ‖ **passionalménte**, **avv.** in modo passionale, con passione ‖ **passionalità**, **s. f. inv.** caratteristica di chi (o di ciò che) è passionale **B s. m. e f.** ● persona che si fa trasportare dalle passioni, spec. da quella amorosa

†**passionàre** [da *passione* ✱ av. 1311] **v. tr. 1** appassionare: *subitamente fu da amor passionato e preso* (G. Boccaccio) **2** tormentare, affliggere

passionàrio ① [da *passione* ✱ av. 1498] **s. m.** ● antico libro liturgico cattolico contenente le narrazioni evangeliche della passione da cantare nella liturgia della Settimana santa

passionàrio ② [da *passione* ✱ 1987] **agg. e s. m.** (**f.** *-ia*) ● (*raro*) che (o chi) si lascia facilmente travolgere dalle passioni, spec. amorose

†**passionàto** **part. pass.** di †*passionare*; anche **agg. 1** sottoposto a tormenti, a martirio **2** sconvolto o turbato dalle passioni | fazioso, animoso **3** che prova una forte passione amorosa **4** afflitto, mesto | patetico ‖ †**passionataménte**, **avv.** (*raro*) con passione, risentimento, parzialità

✦**passióne** [vc. dotta, lat. tardo *passiōne(m)*, da *pāssus*, part. pass. di *pāti* 'sopportare, patire' ✱ 1268] **s. f. 1** †dolore o tormento fisico | ***Passione di Gesù Cristo***, patimenti e morte di Gesù | ***Passione secondo San Giovanni, San Luca***, narrazione della Passione di Gesù nei singoli Vangeli | ***settimana di Passione***, quella che precede la Settimana santa | ***domenica di Passione***, la seconda domenica prima di Pasqua | ***le passioni dei Santi***, vite dei santi che furono sottoposti a martirio | †noia, molestia **2** intima e profonda pena, sofferenza spirituale: *avere il cuore, l'animo colmo di p.*; *morire di p.*; *quella p. di vederlo tanto ispesso mi toglieva il sonno* (B. Cellini) | (*lett.*) ***dare p.***, affliggere | (*lett.*) ***darsi p.***, affliggersi | (*pop.*) compassione, pietà: *sentire, provare p. per qlcu.* **3** (*lett.*) sentimento, impressione, stato d'animo: *viveva anche lui in quell'opinione o in quella p. comune che la scarsezza del pane fosse cagionata dagl'incettatori e da' fornai* (A. Manzoni) **4** sentimento intenso e veemente che può dominare una persona condizionandone la volontà: *la p. dell'ira, della gelosia*; *saper frenare le proprie passioni*; *essere accecato dalla p.*; *agire nell'impulso della p.* **CFR.** -patia **5** irrefrenabile sentimento di amore o desiderio sensuale: *una p. folle, torbida, inconfessabile*; *una p. che non gli dà pace*; *si strugge di p. per lui* | persona oggetto di tale amore: *è stata la sua grande p.* **6** (*est.*) interesse, inclinazione o predilezione molto spiccata, quasi esclusiva (+ *di*, + *per*): *la p. della pesca, della caccia, del gioco, del vino*; *ha una grande p. per la botanica, per l'archeologia* | ciò che è oggetto di tale predilezione: *la montagna è la sua p.*; *non ho altra p. che l'arte* | ***con p.***, con dedizione totale: *esercitare con p. la medicina*; *studiare con p.* | ***per p.***, per puro diletto, disinteressatamente **CFR.** -mania **7** parzialità: *la p. traspare in ogni suo scritto* **8** grande composizione musicale che ha come base il testo di un Vangelo: *le Passioni di H. Schütz e di J. S. Bach* **9** (*letter.*) rappresentazione teatrale sul martirio e la morte di Gesù **SIN.** mistero nel sign. 4 ‖ **passionàccia**, **pegg.** | **passioncèlla**, **dim.**

SFUMATURE ➤ *amore*, ➤ *zelo*

†**passionévole** [1575] **agg.** ● passionale

passionista [da *passione* ✱ 1806] **A s. m.** (**pl. m.** *-i*) ● chierico regolare della congregazione fondata da San Paolo della Croce (1694-1775) e approvata da Clemente XIV nel 1769 **B s. f.** ● religiosa appartenente a un'ordine fondato nel 1815 da Maria Maddalena Frescobaldi (1771-1839) e ispirato alla spiritualità di San Paolo della Croce

†**passìre** [da *passo* ① ✱ av. 1793] **v. intr.** ● appassire, avvizzire

passista [da *passo* ② ✱ 1938] **s. m. e f.** (**pl. m.** *-i*) ● corridore ciclista dotato di attitudini speciali per percorsi pianeggianti e gare a cronometro

passìto [da (*uva*) *passa* ✱ 1906] **A agg.** ● detto di vino amabile fatto con uva passa **B** anche **s. m.**: *una bottiglia di p.*; *p. di Pantelleria*

passivànte [da *passivo* ✱ 1958] **agg.** ● (*gramm.*) che conferisce valore passivo a un verbo di forma attiva | ***si p.***, la particella pronominale *si* che, premessa alla terza persona sing. o pl. di un verbo attivo, gli dà valore passivo: *la frase 'non si fa credito' contiene un si p.* **CFR.** si ①

passivàre [da *passivo* ✱ 1958] **v. tr.** ● (*chim.*) trattare una superficie metallica con opportune sostanze al fine di renderla meno aggredibile da agenti chimici

passivàto **part. pass.** di *passivare*; anche **agg.** ● nel sign. del v.: *ferro p.*

passivazióne [1954] **s. f.** ● (*chim.*) operazione del passivare

passivìsmo [comp. di *passivo* e *-ismo* ✱ 1898] **s. m. 1** atteggiamento passivo **2** (*psicol.*) sottomissione ai voleri di un altro in pratiche sessuali anormali

passività [vc. dotta, lat. tardo *passivitāte(m)*, da *passīvus* 'passivo', prob. attraverso il fr. *passivité* ✱ 1673] **s. f. inv. 1** condizione, caratteristica di chi (o di ciò che) è passivo | atteggiamento di inerzia, indifferenza, apatia **2** insieme dei valori inscritti nel passivo di un bilancio **CONTR.** attività **3** (*chim.*) proprietà che hanno determinate sostanze di resistere alla corrosione grazie alla formazione di un sottilissimo velo superficiale di ossido, o di altro composto, che le protegge

passivity rùle /pas'siviti rul, *ingl.* pæˌsɪvəti'ruːl/ [loc. ingl. 'regola (*rule*) della passività (*passivity*)' ✱ 1999] **loc. sost. f. inv.** (**pl. ingl.** *passivity rules*) ● (*econ.*) norma secondo cui, nel momento in cui è in corso un'Opa, gli amministratori della società non possono adottare misure difensive contro la stessa, a meno che non siano autorizzati dall'assemblea degli azionisti

passìvo [vc. dotta, lat. tardo *passīvu(m)*, da *pāssus*, part. pass. di *pāti* 'patire, subire' ✱ av. 1306] **A agg. 1** che subisce l'azione altrui: *temperamento, atteggiamento p.* | ***fumo p.***, V. *fumo* | di chi si dimostra privo di volontà o di iniziativa: *individuo p.*; *rimanere p. di fronte alle critiche* | ***resistenza passiva***, di chi si limita a non collaborare **CONTR.** attivo **2** (*gramm.*) detto di forma verbale, quando il soggetto grammaticale subisce l'azione **3** (*econ.*) di impresa, gestione in cui le uscite superano le entrate | ***conto corrente p.***, quello che presenta un saldo debitore per il cliente e creditore per la banca **4** (*dir.*) che concerne il soggetto passivo di un rapporto giuridico obbligatorio: *delegazione passiva*; *estradizione passiva* | ***soggetto p.***, il titolare del dovere in un rapporto obbligatorio **5** (*chim.*) ***stato p.***, stato di un metallo che ha subito il procedimento di passivazione ‖ **passivaménte**, **avv.** in modo passivo, senza alcuna reazione: *sopportare, accettare passivamente le ingiurie* ‖ **passività**, **s. f. inv.** (V.) **B s. m. 1** (*gramm.*) forma verbale passiva: *coniugare un verbo al p.* **2** (*econ.*) l'insieme degli elementi negativi del patrimonio di un'azienda | ***bilancio in p.***, se gli elementi negativi superano gli attivi | ***p. ereditario***, complesso dei debiti e dei legati che gravano su un'eredità | ***p. sociale ideale***, nel bilancio delle società per azioni, l'insieme delle parti rappresentative di somme accantonate | ***p. sociale reale***, nel bilancio delle società per azioni, il complesso dei debiti della società verso i terzi | ***segnare, registrare qlco. al proprio p., al p. di qlcu.***, (*fig.*) considerarlo negativamente, annoverarlo fra i propri insuccessi **3** (*sport*) l'insieme dei punti o delle reti subite da una squadra: *pesante il p. della Virtus*

pàsso ① [lat. *pāssu(m)*, part. pass. di *pāndere* 'stendere' (V. †*pandere*), perché l'uva o le frutta vengono distese al sole ad asciugare ✱ av. 1250] **agg.** ● (*lett.*) appassito: *un turbine vasto ... va a cercare negli angoli le foglie passe* (A. Manzoni) | ***uva passa***, quella rimasta sulla pianta dopo la maturazione o raccolta e fatta appassire

✦**pàsso** ② [lat. *pāssu(m)*, da *pāndere* 'stendere, aprire' ✱ av. 1276] **s. m. 1** ognuno dei movimenti compiuti con gli arti inferiori per camminare: *p. cadenzato, di corsa, di carica*; *passi uguali, regolari, incerti, malfermi, sicuri*; *andare, camminare, muoversi a* (o *con*) *passi veloci, rapidi, lenti, affrettati* | *p.*

dell'oca, con gambe mantenute rigide, tipico delle armate della Germania nazista | ***a grandi passi***, con passi molto lunghi; (*fig.*) rapidamente | (*fig.*) ***a passi da gigante***, realizzando notevoli e rapidi progressi | ***allungare il p.***, camminare più in fretta | ***senza muovere un p.***, stando fermi; (*fig.*) senza far nulla | ***fare un p. avanti, indietro***, avanzare, indietreggiare; (*fig.*) progredire, regredire | ***fare il p. secondo la gamba***, (*fig.*) misurare la propria forza, le proprie possibilità e regolarsi di conseguenza | ***fare il p. più lungo della gamba***, (*fig.*) comportarsi in modo sproporzionato alle proprie possibilità | ***primi passi***, quelli che il bambino fa imparando a camminare; (*fig.*) gli inizi in una attività, arte e sim. | ***un primo p. verso qlco.***, (*fig.*) conquista iniziale: *un primo p. verso la libertà, l'indipendenza* | ***a ogni p.***, (*fig.*) spessissimo | ***p. dopo p., p. p., un p. dopo l'altro***, piano piano, gradualmente (*anche fig.*) | ***fare due, quattro passi***, (*fig.*) passeggiare | ***guidare, reggere i passi di qlcu.***, (*fig.*) essergli di aiuto, di sostegno materiale o morale | ***segnare il p.***, alzare e abbassare i piedi alternativamente, come quando si cammina, ma restando fermi; (*fig.*) non progredire più in qlco.: *le trattative segnano il p.* | ***seguire i passi di qlcu.***, (*fig.*) seguirne l'esempio, imitarlo e sim. | ***tornare sui propri passi***, (*fig.*) ricominciare qlco. dal principio | ***fare un p. avanti***, (*fig.*) anticipare un fatto, un argomento e sim., spec. narrando o scrivendo | (*fig.*) ***fare qualche p. avanti in qlco.***, migliorare, avanzare verso un risultato e sim. | ***fare un p. indietro***, (*fig.*) rifarsi a qlco. che già si è detto o scritto; assumere un atteggiamento meno aggressivo; regredire | (*lett.*) ***volgere i passi a***, dirigersi verso qlcu. o qlco. | ***sala, corridoio dei passi perduti***, anticamera di un pubblico ufficio o edificio, dove si aspetta a lungo; nel palazzo di Montecitorio, ampio corridoio presso l'aula, in cui si incontrano giornalisti e deputati | (*lett., fig.*) ***di p. in p.***, progressivamente | (*sport*) ***passi***, nella pallacanestro infrazione compiuta dal giocatore che, dopo aver ricevuto la palla, si sposta compiendo più di due passi consecutivi senza palleggiare o salta con la palla in mano e atterra senza essersene liberato **2** spazio che si può misurare o percorrere con un passo; (*est.*) breve distanza: *non c'è che un p.; mancano pochi passi per arrivare; è a pochi passi da qui; basta fare qualche p. in più* | ***essere a un p. da qlco.***, (*fig.*) essere sul punto di ottenere un risultato **3** andatura: *avanzare, andare con p. spedito, franco, claudicante, strascicato* | nel ciclismo, andatura che un corridore è in grado di tenere in pianura: *un ciclista forte sul p.* | ***di buon p.***, con andatura sostenuta, piuttosto veloce | ***a p. d'uomo***, molto lentamente, detto di veicoli | (*fig.*) ***a p. di lumaca, di tartaruga***, molto lentamente | ***prendere un p.***, assumere una certa andatura | ***tenere, mantenere il p.***, conservare un certo ritmo nel camminare | ***perdere il p.***, il ritmo, la cadenza delle marce | ***andare al p.***, camminare tutti con la stessa andatura | ***andare dello stesso p. con qlcu.***, con la stessa andatura; (*fig.*) comportarsi in modo uguale | ***di pari p., di un p., a un p.***, con la stessa andatura; (*fig.*) all'unisono, in modo simile | ***di questo p.***, (*fig.*) se si continua così: *di questo p. non so dove andremo a finire* | (*fig., colloq.*) ***e via di questo p.***, e così di seguito | ***al p. con***, (*fig.*) in accordo, all'unisono | ***mettersi al p. con i tempi, con le novità***, aggiornarsi | (*est.*) rumore prodotto dal passo: *ho udito dei passi; lo riconosco dal p.* | (*est.*) orma, impronta: *seguiremo i loro passi* **4** movimento dei piedi nel ballo: *p. di danza; p. doppio; p. strisciato* | (*est.*) il movimento caratteristico di un ballo: *p. di valzer* | danza: *p. doppio* **5** (*fig.*) iniziativa concreta rivolta a uno scopo determinato: *fare, compiere un p. presso qlcu.; sono stati fatti passi diplomatici per la soluzione della crisi* | mossa, risoluzione, decisione: *un p. audace, rischioso, temerario* | ***fare un p. falso***, una mossa sbagliata | (*fig.*) ***fare il gran p.***, decidersi a fare qlco. di molto importante | tentativo: *ha fatto qualche timido p. per ottenere un miglioramento* **6** (*fig.*) brano: *un p. di Tacito, di Livio; leggere, tradurre, commentare alcuni passi di un poema; antologia di passi scelti* | (*mus.*) passaggio **7** spazio (di circa 60-70 cm) percorribile con un passo: *metti il televisore a tre passi dal divano* | antica unità di misura lineare, variabile, nel tempo e nel luogo, da circa m 1,50 a m 2 **8** nel linguaggio tecnico, la distanza costante fra due elementi di una successione qualsiasi | ***p. della vite***, distanza tra due filetti successivi | ***p. della ruota dentata***, distanza fra due denti successivi della stessa ruota, misurata sulla circonferenza primitiva | ***p. della rigatura***, proporzione balistica della rigatura elicoidale delle canne che varia a seconda dell'impulso che si vuol dare al proiettile | ***p. polare***, distanza periferica tra gli assi di due poli omonimi successivi di una macchina elettrica **9** nei veicoli stradali, distanza intercorrente fra l'asse delle ruote anteriori e quello delle ruote posteriori | nelle locomotive, distanza intercorrente fra gli assi estremi che si mantengono rigorosamente paralleli **10** nella ginnastica, la distanza tra le due impugnature effettuate sullo stesso corrente di un attrezzo: *p. largo; p. normale; p. stretto; p. unito; p. incrociato* **11** (*cinema*) distanza intercorrente fra i centri di due interlinee successive di una pellicola cinematografica: *film a p. normale* (35 mm), *a p. ridotto* (16 mm) | ***p. uno***, ripresa cinematografica eseguita un fotogramma alla volta ‖ **passétto**, **dim.** (V.) | **passino**, **dim.** (V.)

♦**pàsso** ③ [da *passare* ✱ av. 1313] **s. m. 1** passaggio: *essere di p.; fermare le merci al p. della dogana; il p. dei colombacci* | ***uccelli di p.***, che si vedono in una data regione solo quando la attraversano durante le loro migrazioni stagionali **2** luogo attraverso il quale si passa: *bloccare, ingombrare, impedire il p.; ogni p. è guardato a vista; lasciare libero il p.* | ***p. carraio, p. carrabile***, V. *carrabile* | ***p. coattivo***, passaggio coattivo **3** valico: *p. del Cenisio, (del) Pordoi* | stretto di mare: *p. di Calais* **4** varco: *aprirsi il p. con la forza* **5** facoltà o diritto di passare: *dare, permettere, negare, proibire il p.* | ***cedere il p.***, far passare qlcu. per primo, in segno di rispetto, per cortesia e sim. **6** (*fig., lett.*) impresa, iniziativa o azione difficile e rischiosa: *guarda la mia virtù s'ell'è possente, / prima ch'a l'alto p. tu mi fidi* (DANTE *Inf.* II, 11-12) | (*lett.*) ***il dubbio, difficile, arduo, doloroso p.***, la morte

pàssola [da *passo* ① ✱ av. 1342] **A s. f.** ● uva passa **B anche agg. solo f.**: *uva p.*

†**pàssulo** [V. *passola* ✱ av. 1628] **agg.** ● passo, appassito

†**passùro** [vc. dotta, lat. *passūru(m)*, part. fut. di *pāti* 'patire' ✱ 1321] **agg.** ● (*lett.*) che deve subire la passione sulla croce

pàssword /'pas,word, *ingl.* 'pɑːs,wɜːd/ [vc. ingl., propr. 'parola d'ordine', 'parola (*word*) per passare (*to pass*)' ✱ 1972] **s. f. inv.** ● (*inform.*) codice costituito da una sequenza di caratteri che l'utente deve digitare per poter accedere a un sistema informatico o a un programma

♦**pàsta** [lat. tardo *pāsta(m)*, dal gr. *pastái*, pl., 'farina con salsa', da *pássein* 'impastare', di etim. incerta ✱ 1310] **s. f. 1** massa molle di materia, plasmabile, molto viscosa, ottenuta da solidi stemperati in liquidi o riscaldati sino a ottenerne il rammollimento: *p. di vetro, di argilla* **2** farina stemperata in acqua, lavorata e ridotta in una massa soda e duttile: *fare, spianare la p.* | ***p. cresciuta***, trattata con il lievito | ***p. alimentare***, impasto di grano duro e acqua, non fermentato, essiccato in forme varie, da cuocersi per essere consumato in brodo o asciutto | ***p. glutinata***, con aggiunta di glutine | ***avere le mani in p.***, (*fig.*) essere pratico, a conoscenza di qlco. **3** correntemente, pasta alimentare: *p. comune, all'uovo, verde; pasta corta, lunga, bucata; p. al sugo, al burro; buttare, colare, condire la p.* | ***pasta asciutta***, V. *pastasciutta* **4** impasto per dolce o torta | ***p. sfoglia, sfogliata***, a base di farina e burro, lavorata in maniera tale che, una volta cotta, si divide in sfoglie | ***p. frolla***, V. *pastafrolla* **5** (*fig.*) indole: *essere di buona p.* | (*fig., lett.*) ***essere di grossa p.***, di carattere grossolano, materiale: *uomo idiota era e di grossa p.* (G. BOCCACCIO) | (*fig.*) ***essere tutti della stessa p.***, della stessa natura, dello stesso tipo (spec. in senso negativo) | (*fig.*) ***di che p. sei fatto?***, quale è la tua natura, il tuo carattere? | (*fig.*) ***essere di un'altra p.***, essere diverso | (*fig.*) ***essere una p. d'uomo***, avere un ottimo carattere **6** dolce di piccole dimensioni, di forma varia, gener. farcito con crema, cioccolato e sim.: *p. alla crema, allo zabaione* **7** preparazione, prodotto di consistenza molle: *p. dentifricia; p. d'acciughe* **8** polpa: *pesche a p. gialla* ‖ **pastarèlla**, **pasterèlla**, **dim.** | **pastèlla**, **dim.** (V.) | **pastétta**, **dim.** (V.) | **pastina**, **dim.** (V.) | **pastóne**, **accr. m.** (V.)

NOMENCLATURA

pasta

● *caratteristiche*: (cotta ⇔ scotta, al dente), gratinata, all'uovo (tagliatelle, fettuccine, pappardelle, lasagne), di grano duro, di grano tenero, fresca, verde, integrale, agli spinaci, glutinata; corta, bucata, liscia, rigata;

● *tipi di pasta*: capellini d'angelo, spaghetti, spaghetti alla chitarra, vermicelli, bigoli, fusilli, trenette, reginette, tagliolini, bavette, linguine, bucatini, maccheroni, paccheri = schiaffoni, ziti, mezze maniche, cannolicchi, penne, sedani, sedanini, rigatoni, tortiglioni, gomiti, pipe, conchiglioni, lumaconi, eliche, ruote, farfalle, chifferi, orecchiette, cannelloni; tortelli, tortellini, tortelloni, agnolotti, pansotti, pizzoccheri, cappellacci, panzarotti; cappelletti, ravioli; gnocchi (di patate, di semolino); gnocchetti sardi, trofie, corzetti, maltagliati, timballo = pasticcio, pizza; polenta; pasta in brodo (anellini, quadrucci, semi, stelline, conchigliette, farfalline, ditalini, nastri, tubetti).

pastafròlla o **pàsta fròlla** [comp. di *pasta* e del f. dell'agg. *frollo* ✱ av. 1850] **s. f.** (**pl.** *pastafròlle* o *pastefròlle*) ● impasto per dolci e torte a base di fior di farina, burro, zucchero e tuorli d'uovo | ***p. reale***, dolce a base di mandorle pestate, zucchero, bianco d'uovo e poca farina | ***essere fatto di p.***, (*fig., fam.*) essere fiacco, debole di carattere | ***avere le mani di p.***, (*fig., fam.*) lasciarsi sfuggire tutto di mano

pastàio [1804] **s. m.** (**f.** *-aia*, **pl. m.** *-ai*) ● chi fabbrica o vende paste alimentari

♦**pastasciùtta** o **pàsta asciùtta** [comp. di *pasta* e il f. di *asciutto* ✱ 1871] **s. f.** (**pl.** *pastasciùtte* o *pàste asciùtte*) ● pasta alimentare cotta con sale in acqua bollente, scolata e variamente condita: *p. al pomodoro, al ragù, al burro e parmigiano; un bel piatto di p.*

pastasciuttàio [1930] **s. m.** (**f.** *-aia*, **pl. m.** *-ai*); **anche agg.** ● (*fam., scherz.*) chi (o che) ama molto la pastasciutta

pastècca [etim. incerta ✱ av. 1536] **s. f.** ● (*mar.*) bozzello, fisso o mobile, apribile a cerniera per far passare i cavi impegnati da entrambi i lati

pasteggiàbile [da *pasteggiare* ✱av. 1712] **agg.** ● che è adatto a essere consumato durante il pasto, detto di vino

pasteggiàre [da *pasto* ✱sec. XIV] **A v. intr.** (**pres.** *io pastéggio*; **fut.** *io pasteggerò*; **aus.** *avere*) ● cenare o pranzare, spec. seguito dall'indicazione di un cibo o di una bevanda: *p. a bistecche, a polenta*; *p. a champagne* | †sedere a convito **B v. tr. 1** †invitare a pranzi, banchetti e sim. **2** (*raro, lett.*) consumare una bevanda durante il pasto

pastèlla [1943] **s. f. 1** dim. di *pasta* **2** impasto semiliquido di farina e acqua, dolce o salato, usato per preparare fritture

pastellìsta [1891] **s. m. e f.** (**pl. m.** *-i*) ● chi dipinge usando il pastello

pastèllo [da *pasta* ✱av. 1492] **A s. m. 1** †massa di consistenza simile alla pasta **2** piccolo cilindro costituito da un impasto solido di colori usato per dipingere gener. su carta **3** dipinto eseguito a pastello: *un delicato p. del Settecento* ‖ **pastellétto**, **dim.** | **pastellìno**, **dim.** | **pastellóne**, **accr. B** in **funzione di agg. inv.** ● (posposto a un sost.) detto di tonalità di colore chiara e tenue: *verde p.*; *rosa p.*; *tinta p.*

pastènula [etim. incerta ✱1965] **s. f.** ● pesce osseo dei Gadiformi, commestibile, con lunga pinna dorsale (*Phycis blennioides*)

pastétta [1892] **s. f. 1** dim. di *pasta* **2** pastella **3** (*fig.*) broglio elettorale | (*est.*) imbroglio, frode, raggiro: *le sue solite pastette*

SFUMATURE DI SIGNIFICATO
pastetta - broglio - imbroglio
Un modo scorretto e sleale, o perlomeno tortuoso o poco chiaro di raggiungere uno scopo, mettendosi d'accordo con altri, si definisce familiarmente **pastetta**. Se il fine è quello di modificare secondo il proprio interesse un risultato elettorale si parla di **broglio**. **Imbroglio** è in quest'area la parola d'uso più generico, che identifica qualsiasi comportamento scorretto e disonesto.

pasteurèlla /paste'rɛlla, -tø-/ [lat. scient. *Pasteurella*, n. dato ad alcuni batteri in onore di L. *Pasteur* ✱1931] **s. f.** ● (*biol.*) microrganismo visibile al microscopio ottico, che ha la proprietà di moltiplicarsi anche in terreni batteriologici del tutto privi di cellule

pasteurellòsi /pasterel'lɔzi, -tø-/ [comp. di *pasteurella* e *-osi* ✱1954] **s. f. inv.** ● (*veter.*) grave malattia setticemica sostenuta da pasteurelle

pasteurizzàre e deriv. ➤ **pastorizzare** e deriv.

pasticca [da *pasta* ✱1623] **s. f. 1** pastiglia: *p. di menta, medicinale, per la tosse* **2** preparato chimico a forma di grossa pasticca: *p. anticalcare* **3** (*gerg.*) dose di droga, spec. LSD o amfetamine ‖ **pasticchétta**, **dim.** | **pasticchìna**, **dim.**

pasticcère ➤ **pasticciere**

♦**pasticcerìa** [da *pasticcere* ✱av. 1613] **s. f. 1** arte e industria della preparazione dei dolciumi **2** laboratorio o negozio di dolciumi **3** quantità assortita di paste dolci: *una scatola di p. da tè* | ***piccola p.***, assortimento di pasticcini

pasticciàccio [1741] **s. m. 1** pegg. di *pasticcio* **2** affare molto ingarbugliato e apparentemente privo di soluzione | misterioso fatto di sangue che costituisce un vero e proprio caso poliziesco: *il p. dell'assassinio della contessa*

pasticciàno ➤ **pastricciano**

pasticciàre [da *pasticcio* ✱1530] **v. tr.** (**pres.** *io pasticcio*; **fut.** *io pasticcerò*) ● imbrattare: *p. un foglio, un quaderno* | fare qlco. in modo errato, disordinato e confuso, spec. per incapacità, trascuratezza o faciloneria: *p. un compito, un lavoro a maglia* | (*assol.*) fare pasticci: *smetti di p. e ricomincia con ordine il tuo lavoro*

pasticciàto [part. pass. di *pasticciare* ✱av. 1708] **agg. 1** imbrattato | fatto male, in modo confuso, impreciso e sim.: *un lavoro p.*; *un compromesso p.* **2** detto di vivanda cucinata con formaggio, burro e sugo di carne: *maccheroni pasticciati*; *polenta pasticciata*

pasticcière o **pasticcère** [da *pasticcio* ✱1400 ca.] **A s. m.** (**f.** *-a*) **1** chi fa o vende dolciumi | ***cappello da p.***, V. *cappello* | ***bottega, negozio di p.***, pasticceria **2** †oste, trattore **B agg.** ● relativo alla pasticceria: *arte pasticciera* | ***crema pasticciera***, a base di latte, tuorli d'uovo, zucchero e poca farina mescolati e fatti rapprendere sul fuoco

♦**pasticcìno** [da *pasticcio* ✱1831] **s. m.** ● piccola pasta dolce, specie per il tè

♦**pastìccio** [lat. parl. **pastīciu(m)*, da *păsta* 'pasta' ✱1524] **s. m. 1** (*cucina*) vivanda ricoperta di pasta e cotta al forno: *p. di fegato d'oca, di lepre, di maccheroni* **2** (*fig.*) lavoro malfatto: *sta tentando di riparare la macchina, ma prevedo che farà il solito p.* | guazzabuglio, pastrocchio: *questo disegno è un p. incomprensibile*; *le sue spiegazioni sono un vero p.* **3** (*fig.*) faccenda imbrogliata e confusa, situazione difficile e compromettente: *un p. amoroso*; *togliere qlcu. dai pasticci* | ***cacciarsi, mettersi, trovarsi nei pasticci***, nei guai | ***combinare dei pasticci***, dei guai **SIN.** imbroglio **4** (*mus.*) opera teatrale o pezzo strumentale scritto in collaborazione da diversi compositori | centone di composizioni già esistenti ‖ **pasticcétto**, **dim.** | **pasticciàccio**, **pegg.** (V.) | **pasticcióne**, **accr.** (V.) | **pasticciòtto**, **alter.** (V.)

pasticcióne [av. 1602] **A s. m. 1** accr. di *pasticcio* **2** (**f.** *-a*) persona che è solita far pasticci: *non ci si può fidare di lui, è un p.* **B agg.** ● detto di chi è solito lavorare, parlare o scrivere in modo confuso, disordinato e sim.: *uno scolaro, un impiegato p.*

pasticcionerìa [da *pasticcione* col suff. *-eria* ✱1965] **s. f.** ● (*raro*) tendenza a fare confusione, pasticci e sim.

pasticciòtto [alter. di *pasticcio* ✱1627] **s. m. 1** (*cucina*) pasticcio: *p. di maccheroni* **2** dolce tipico della Puglia, a base di pasta frolla e crema pasticciera

pastiche /*fr.* pas'tiʃ/ [vc. fr., propr. 'pasticcio', dall'it. *pasticcio* ✱1875] **s. m. inv.** ● opera letteraria o artistica il cui autore ha imitato lo stile di altri autori, o vi si è ispirato

pastièra [da *pasta* ✱1890] **s. f.** ● torta napoletana, tipica delle festività pasquali, a base di pasta frolla ripiena di grano bollito, ricotta, canditi e aroma di fiori d'arancio

pastificàre [1950] **A v. tr.** (*io pastìfico, tu pastìfichi*) ● trasformare in pasta alimentare: *p. un impasto, la farina* **B v. tr.** (**aus.** *avere*) ● preparare paste alimentari ‖ **pastificazióne**, **s. f.**

pastificatóre [1954] **s. m.** (**f.** *-trice*) ● operaio addetto alla lavorazione delle paste alimentari

pastifìcio [comp. di *pasta* e *-ficio* ✱1906] **s. m.** ● fabbrica di paste alimentari | (*est.*) negozio in cui viene preparata e venduta la pasta fresca

pastiglia [sp. *pastilla*, dim. di *pasta* ✱1620] **s. f. 1** farmaco a forma di piccolo disco ottenuto per compressione di sostanze medicinali polverizzate: *pastiglie per la tosse* **SIN.** compressa | caramella: *pastiglie di menta, all'anice* **SIN.** pasticca **2** impasto di gesso e colla molto usato un tempo per decorare mobili od oggetti con motivi di solito a bassorilievo impressi o incisi a stampo **3** miscuglio di resina, carbone, nitro, un tempo usato per profumare i locali **4** (*mecc.*) qualsiasi parte a forma di un disco di piccolo spessore | nei freni a disco, blocchetto costruito in materiale d'attrito atto a resistere all'usura e al calore **5** nell'industria della carta, grumo fibroso presente nelle soluzioni acquose di fibre di cellulosa ‖ **pastigliétta**, **dim.** | **pastiglìna**, **dim.**

pastigliàre [da *pastiglia* ✱1954] **v. tr.** (*io pastìglio*) ● (*raro*) confezionare in pastiglie

pastigliatrìce [1974] **s. f.** ● macchina per confezionare pastiglie mediante compressione di polveri incoerenti

†**pastiglièra** [da *pastiglia* ✱1669] **s. f.** ● vaso per bruciarvi pasticche profumate

pastina [1890] **s. f. 1** dim. di *pasta* **2** pasta per brodo, di formato minuto e delle più varie fogge | ***p. glutinata***, con aggiunta di glutine **3** pasticcino, piccola pasta dolce: *pastine da tè*

pastinàca [vc. dotta, lat. *pastināca(m)*, di etim. incerta ✱1304] **s. f. 1** ombrellifera spontanea nelle zone umide, con ombrelle composte di fiori gialli, radice carnosa commestibile (*Pastinaca sativa*) **SIN.** sisaro **2** pesce cartilagineo dei Raiformi, con corpo a forma di rombo e coda lunga e sottile munita di un aculeo velenifero (*Dasyatis pastinaca*) **SIN.** mucchio②

†**pàsto**① [vc. dotta, lat. *păstu(m)*, agg. da *pāscere* 'pascere' ✱1313] **agg.** ● saziato

♦**pàsto**② [vc. dotta, lat. *păstu(m)*, s. da *pāscere* 'pascere' ✱1268] **s. m. 1** assunzione di cibo quotidiana e a ore determinate: *l'ora del p.*; *prima, dopo, durante il p.*; *fare due o più pasti al giorno* | ***saltare il p.***, non mangiare | ***dopo p.*** o (con grafia unita) ***dopopasto***, che si può consumare, assumere dopo un pasto: *tisana, farmaco dopo p.* | ***vino da p.***, vino da tavola, di qualità comune | (*lett., fig.*) ***a tutto p.***, continuamente, a tutto spiano | anche in riferimento agli animali: *il p. dei maiali, delle galline*; *li gettavo in mare in p. ai pescicani* (E. SALGARI) | ***il p. della belva***, (*fig., scherz.*) si dice vedendo mangiare una persona molto vorace | (*fig.*) ***dare in p. al pubblico***, rendere di pubblico dominio, esporre alla curiosità di tutti **2** (*est.*) l'insieme dei cibi che si consumano in un pasto: *p. buono, abbondante, scarso, frugale, sostanzioso* | ***prendere, consumare il p., i pasti***, mangiare | ***p. sostitutivo***, preparato dietetico a basso contenuto calorico che sostituisce un pasto in alcuni regimi alimentari | ***buono p.***, V. *buono*② | (*lett.*) ***dar p.***, abbindolare; dare occasione, provocare: *dar p. alle chiacchiere* **3** (*tosc.*) polmone o corata di animali macellati

NOMENCLATURA
pasto
● *tipi di pasto*: colazione (all'inglese, continentale, breakfast, prima, seconda, al sacco), desinare, pranzo, pranzetto, merenda, cena, cenetta, spaghettata, cenone, spuntino = snack, stuzzichino, assaggio, boccone, picnic, banchetto, abbuffata, mangiata, agape, convito, portata, rinfresco, buffet;
● *caratteristiche*: ricco, lauto ⇔ parco, sontuoso, abbondante = luculliano = pantagruelico ⇔ veloce = frugale, leggero ⇔ pesante, raffinato ⇔ rustico, scarso, alla buona, povero, ufficiale, di gala, di lavoro;
● *azioni*: eccitare (svegliare, saziare, perdere) l'appetito; nutrirsi, cibarsi, alimentarsi, sfamarsi, rifocillarsi, abbuffarsi, ristorarsi, rimpinzarsi, calmare, placare la fame, pasteggiare, pranzare, cenare, desinare, fare colazione, fare merenda, fare uno spuntino; tenersi leggero, gustare, pregustare, assaggiare, assaporare, degustare, mangiucchiare = piluccare = spiluccare = sbocconcellare, sgranocchiare, rosicchiare; apparecchiare, sparecchiare, preparare, cucinare, servire; digiunare, mettersi a dieta, saltare il pasto, non toccar cibo, dimagrire, deperire.

a b c d e f g h i j k l m n o p q r s t u v w x y z

pastòcchia [da *pasta* ✻ 1564] **s. f.** ● (*lett.*) frottola, fandonia

pastóia o †**pastóra**② [da *pāstus* 'pascolo' (V. *pasto*②), perché si metteva ai piedi delle bestie che pascolavano ✻ av. 1311] **s. f. 1** fune che si lega alle zampe anteriori degli animali tenuti al pascolo per limitarne gli spostamenti, o con cui si lega la zampa anteriore con la corrispondente zampa posteriore di un cavallo per insegnargli l'ambio **2** (*fig.*) impedimento, impaccio: *pastoie burocratiche; liberarsi dalle pastoie* **3** (*veter.*) parte della zampa di alcuni Ungulati compresa fra il nodello e la corona

pastóne [1557] **s. m. 1** accr. di *pasta* **2** miscuglio di acqua, crusca e farina di vario tipo, con cui si nutrono vari animali: *fare il p. per i polli; dare il p. ai maiali* | (*est.*, *spreg.*) cibo, spec. a base di pasta, troppo cotto: *un p. immangiabile* **3** (*fig.*, *spreg.*) disordinata mescolanza: *un p. d'idee; di tutte le nozioni che ha appreso, ha fatto un gran p.* **SIN.** guazzabuglio **4** (*gerg.*) servizio che la redazione di un giornale elabora mettendo insieme informazioni di varie fonti e spec. di agenzie, riguardanti uno stesso argomento

pastonista [1983] **s. m. e f.** (**pl. m.** *-i*) ● (*gerg.*) giornalista che redige il pastone

pastóra① [f. di *pastore* ✻ 1565] **s. f. 1** donna che porta al pascolo le greggi **2** nelle comunità riformate, donna che ha l'incarico di pastore: *p. valdese* ‖ **pastorèlla**, **dim.** (V.)

†**pastóra**② ➤ **pastoia**

pastoràle① [vc. dotta, lat. *pastorāle(m)*, da *pāstor*, genit. *pastōris* 'pastore' (anche nel senso cristiano di 'vescovo') ✻ av. 1243] **A agg. 1** di pastore, relativo ai pastori: *abito, zampogna p.* | ***poesia p.***, che rappresenta, spec. in modo idilliaco, la vita dei pastori, la realtà agreste | ***musica p.***, di carattere semplice, tenero ed evocativo di scene campestri **SIN.** bucolico **2** (*est.*) sacerdotale, del sacerdote in quanto pastore d'anime: *l'ufficio, il ministero p.* | ***teologia p.***, quella che studia i mezzi migliori per il governo spirituale dei fedeli **3** (*est.*) episcopale, del vescovo: *visita p.* | ***anello p.***, quello che il vescovo porta all'anulare destro, quale segno di autorità e simbolo dell'unione con la diocesi | ***lettera p.***, quella che il vescovo invia ai parroci, agli ecclesiastici, ai fedeli di una diocesi esponendo verità di fede o rivolgendo esortazioni su vari argomenti religiosi, morali, sociali ‖ **pastoralménte**, **avv.** (*raro*) in modo pastorale ‖ **pastoralità**, **s. f. inv.** caratteristica di ciò che è pastorale; carattere, funzione sacerdotale o episcopale **B s. f. 1** lettera pastorale **2** l'insieme delle attività della Chiesa cattolica in determinati settori della vita sociale: *la p. della famiglia; la p. dei lavoratori*

pastoràle② [detta così perché imita il suono delle zampogne dei *pastori* ✻ av. 1685] **s. f.** ● musica di carattere dolce e idillico, evocativa di scene campestri

pastoràle③ o **pasturàle**① [da *pastore*, nel senso di 'vescovo' ✻ 1319] **s. m.** ● bastone alto, con manico ricurvo, insegna della dignità vescovile, portato nella mano sinistra nelle cerimonie solenni

pastoràle④ o **pasturàle**② [da *pastora*② ✻ sec. XIV] **s. m.** ● (*veter.*) osso del piede del cavallo che costituisce la prima falange

pastoràre ➤ **pasturare**

♦**pastóre** [lat. *pastōre(m)*, da *pāscere* 'pascolare'. V. *pascere* ✻ 1282] **s. m.** (**f.** *-a* (V.)) **1** chi custodisce e guida al pascolo le greggi: *un p. di capre, di pecore; cane da p.* **2** (*fig.*, *lett.*) socio, membro dell'Accademia dell'Arcadia **3** (*fig.*) guida, spec. spirituale, di popoli, nazioni e sim. | chi ha cura di anime e giurisdizione spirituale | nelle comunità riformate, ecclesiastico o laico designato dalla comunità al governo di essa: *p. evangelico, battista, metodista* | ***il Buon Pastore***, Gesù Cristo **4** (*zool.*) nome generico dato a un elevato numero di razze canine spec. da gregge e da difesa: *p. bergamasco* | ***p. scozzese***, collie | ***p. tedesco***, molto diffuso e apprezzato per le attitudini e la facilità di addestramento e utile, quindi, nei servizi di polizia e per la guida dei ciechi **SIN.** cane lupo, lupo d'Alsazia | ***p. belga***, dal caratteristico pelame nero ‖ **pastorèllo**, **dim.**

†**pastoréccio** [lat. *pastorĭciu(m)*, da *pāstor*, genit. *pastōris* 'pastore' ✻ av. 1543] **agg.** ● pastorale, nel sign. di *pastorale*① | pastorizio

pastorèlla① [av. 1374] **s. f. 1** dim. di *pastora*① **2** poetessa membro dell'Arcadia **3** un tempo, cappello femminile di paglia ad ala ampia

pastorèlla② [da *pastore*: cfr. *pastorale*② ✻ av. 1907] **s. f. 1** componimento di più stanze, di origine provenzale, in cui si rappresenta un dialogo amoroso tra un poeta e una pastorella **2** (*fam.*, *tosc.*) musica, canzone natalizia

pastorellerìa [da *pastorella*② ✻ 1765] **s. f.** ● (*lett.*, *spreg.*) poesia, brano svenevole e sdolcinato tipico degli Arcadi

pastorìzia [vc. dotta, lat. (*ărtem*) *pastorīcia(m)* 'arte del pastore'. V. *pastorizio* ✻ av. 1320] **s. f.** ● attività consistente nell'allevare e utilizzare gli animali domestici, spec. gli ovini

pastorìzio [vc. dotta, lat. *pastorĭciu(m)*, agg. di *pāstor*, genit. *pastōris* 'pastore' ✻ av. 1544] **agg.** ● concernente la pastorizia: *i prodotti pastorizi* | ***sale p.***, sale denaturato, che si mescola al mangime delle bestie, spec. da latte

pastorizzàre o **pasteurizzàre** /pasterid'dzare, -tø-/ [fr. *pasteuriser*, da L. *Pasteur* (1822-1895) che inventò il metodo di sterilizzare il latte e gli altri liquidi ✻ 1895] **v. tr.** ● sottoporre a pastorizzazione (V.): *p. il latte*

pastorizzàto **part. pass.** di *pastorizzare*; **anche agg.** ● nel sign. del v.: *latte p.*

pastorizzatóre o **pasteurizzatóre** [1958] **s. m. 1** apparecchio per pastorizzare **2** (**f.** *-trice*) operaio addetto alla pastorizzazione del latte o altro liquido

pastorizzazióne o **pasteurizzazióne** [fr. *pasteurisation*, da *pasteuriser* 'pastorizzare' ✻ 1914] **s. f.** ● processo di riscaldamento a bassa temperatura (60-70 °C circa) per la disinfezione e conservazione di alimenti liquidi; permette di eliminare i microrganismi patogeni, ridurre la popolazione microbica ed evitare il deterioramento dell'alimento

♣**pastóso** (o **-so**) [da *pasta* ✻ 1464] **agg. 1** che ha la consistenza della pasta: *materia pastosa* **SIN.** morbido **2** (*fig.*) privo di elementi contrastanti, sgradevoli e sim.: *colore, stile p.; una maniera assai dolce e pastosa, e tutto lontana da certe crudezze* (G. VASARI) **SIN.** gradevole, morbido | ***voce pastosa***, carezzevole e calda | (*enol.*) ***vino p.***, il cui gusto dolce è netto ma non sovrasta ogni altro ‖ **pastosità**, **s. f. inv.** caratteristica di ciò che è pastoso; (*fig.*) morbidezza

pastràmi /pa'strami, *ingl.* pə'straːmɪ/ [vc. dell'ingl. d'America, dall'yiddish *pastrame*, che risale al turco *pastrima* 'carne secca' ✻ 1971] **s. m. inv.** ● specialità a base di carne magra messa in salamoia e successivamente essiccata, affumicata e fatta stagionare con erbe e spezie; viene riscaldato al vapore e servito tagliato a fette: *panino con p.*

†**pastràna** [1556] **s. f.** ● pastrano ‖ **pastranèlla**, **dim.** (V.)

pastranèlla [1871] **s. f. 1** dim. di *pastrana* **2** pastrano, a due o tre baveri, portato un tempo da cocchieri, servitori e sim.

pastràno [dal n. del duca di *Pastrana*, città della Spagna (?) ✻ av. 1673] **s. m.** ● cappotto maschile pesante, usato spec. da militari: *passarono per il guardaroba rigurgitante di pastrani numerati* (A. MORAVIA) ‖ **pastranàccio**, **pegg.** | **pastranino**, **dim.** | (*spreg.*) **pastranùccio**, **dim.**

pastricciàno o **pasticciàno** [alterazione del lat. tardo *pastinăciu(m)*, da *pastināca* ✻ 1542] **s. m. 1** (*tosc.*) pastinaca, nel sign. 1 **2** (*lett.*) uomo ingenuo e bonario: *Egli è un buon p.: fa tutto a modo mio* (C. GOLDONI)

♣**pastròcchio** [adattamento del veneto *pastròcio*, da avvicinare a *pasticcio* ✻ 1811] **s. m.** ● (*fam.*) pasticcio (*spec. fig.*)

pastrugnàre [dal milan. *pastrügnà*, da *pastrügn* 'pasticcio' ✻ 1963] **v. tr.** ● (*sett.*) palpare, toccare ripetutamente | (*sett.*) palpeggiare: *le ragazzette povere (...) si lasciano passivamente p.* (D. BUZZATI)

†**pastùme** [da *pasta* ✻ sec. XIV] **s. m. 1** vivanda cucinata in un involucro di pasta **SIN.** pasticcio **2** impasto, miscuglio alimentare | pastone per polli

♣**pastùra** [lat. tardo *pastūra(m)*, da *pāstus* 'pascolo'. V. *pasto*② ✻ 1280] **s. f. 1** il pascolare | terreno destinato a pascolo: *condurre le pecore alla p.* | cibo per bestiame: *p. per i polli* | †***trovare buona p.***, (*fig.*) fare buoni guadagni, scovare il mezzo per guadagnare bene **2** (*pesca*) insieme di esche animali e vegetali gettate in acqua dal pescatore allo scopo di attirare e trattenere il pesce in zona **3** (*fig.*) †alimento spirituale: *dar p. alla mente* **4** (*fig.*) †inganno

pasturàle① ➤ **pastorale**③

pasturàle② ➤ **pastorale**④

pasturàre o **pastoràre** [da *pastura* ✻ 1297] **A v. tr.** (*io pastùro*) **1** condurre e tenere al pascolo: *p. le greggi, gli armenti* | (*fig.*, *lett.*) alimentare, nutrire **2** ***p. i pesci***, gettare loro la pastura **B v. intr.** (**aus.** *avere*) ● (*raro*) stare o andare al pascolo (*anche fig.*) **C pasturàrsi v. rifl.** ● (*fig.*, *lett.*) alimentarsi

pasturazióne [da *pastura*, nel sign. 2 ✻ 1983] **s. f.** ● (*pesca*) somministrazione della pastura ai pesci

pat [vc. onomat. ✻ 1992] **inter.** ● riproduce il rumore di un leggero colpo dato con il palmo della mano (*spec. iter.*) | ***fare pat pat sulla spalla a qlcu.***, battergli sulla spalla per incoraggiarlo, confortarlo o congratularsi con lui

patàcca [etim. incerta ✻ av. 1566] **s. f. 1** moneta piuttosto grossa ma di scarsissimo valore **2** (*fig.*) cosa di nessun pregio o valore | oggetto privo di valore venduto a caro prezzo ad acquirenti sprovveduti: *i soliti turisti che comprano patacche* **3** (*fig.*, *scherz.*) distintivo, medaglia: *ha un debole per le uniformi e le patacche* **4** (*fig.*, *fam.*) macchia di sudiciume, spec. di grasso: *un abito pieno di patacche* **SIN.** padella **5** (*volg.*) vulva ‖ **patacchìna**, **dim.** | **pataccóna**, **accr.** | **pataccóne**, **accr. m.** (V.)

pataccàro [da *patacca* ✻ 1950] **s. m.** (**f.** *-a*) ● (*roman.*) chi vende monete o altri oggetti falsi, facendoli credere rari, antichi e preziosi | (*est.*) truffatore

pataccóne① [sec. XVI] **s. m. 1** accr. di *patacca* **2** (*fig.*, *fam.*) orologio da tasca grosso e vecchio

pataccóne② [deriv. di *patacca* ✻ 1875] **s. m.** (**f.** *-a*) ● (*fam.*) chi è solito riempirsi gli abiti di macchie d'unto

†**patàffio** ➤ **epitaffio**

pataffióne o **patanfióne** [etim. incerta ✻ 1605] **s. m.** (**f.** *-a*) **1** †persona boriosa e autoritaria **2** (*tosc.*) persona grassa e grossolana

patafìsica [calco sul fr. *pataphysique*, vc. coniata dallo scrittore surrealista fr. A. Jarry (1873-

1907), comp. di *pata-* (pref. arbitrario prob. suggerito da *meta-*) e *fisica*, sul modello di *metafisica* ✱ sec. XX] **s. f.** ● scienza immaginaria del nonsenso astruso e bizzarro, intesa come parodia del pensiero scientifico e accademico

patafìṣico [1914] **A agg. (pl. m. *-ci*)** ● relativo alla patafisica **B agg. e s. m. (f. *-a*)** ● che (o chi) si occupa o è cultore di patafisica

patàgio [vc. dotta, lat. *patăgiu(m)* 'frangia', dal gr. **patagêion*; da *patássein* 'percuotere' (V. *patassio*), perché batte sulla spalla (?) ✱ 1930] **s. m.** ● (*zool.*) membrana cutanea che nei pipistrelli è tesa fra il tronco, gli arti e le dita, mentre in altri Mammiferi funge da ala o da paracadute SIN. membrana alare

patagóne [sp. d'America *patagones*, pl.; furono chiamati così dagli spagnoli per la grandezza dei loro *piedi* (sp. *pata*, di etim. incerta) ✱ av. 1525] **A s. m. e f.** ● indigeno della popolazione un tempo stanziata in Patagonia, la parte più meridionale dell'America del Sud **B agg.** ● relativo ai Patagoni

patagònico [dallo sp. ant. *patagon* 'piedone, piedaccio' n. dato a una tribù indiana dell'America meridionale ✱ 1525] **agg. (pl. m. *-ci*)** ● relativo alla Patagonia: *cordigliera patagonica*

patanfióne ➤ **pataffione**

patapàm [vc. onomat. ✱ 1994] **inter.** ● riproduce il rumore di uno scoppio o il tonfo di qlcu. o qlco. che cade a terra CFR. patapum

patapùm o **patapùnfete** [vc. onomat. ✱ av. 1886] **inter.** ● riproduce il rumore di uno scoppio, di un tonfo o di un forte colpo battuto da qlcu. o qlco. che cade a terra CFR. patapam

pataràcchio ➤ **pateracchio**

pataràccia [etim. incerta ✱ 1958] **s. f. (pl. *-ce*)** ● (*ven.*) nome veneto di un pesce simile alla sogliola

pataràsso ➤ **paterazzo**

pataràzzo ➤ **paterazzo**

patarìa [V. *patarino* ✱ 1896] **s. f.** ● movimento religioso e sociale riformistico, sorto a Milano nella seconda metà del sec. XI, che si oppose alla decadenza e alla corruzione del costume ecclesiastico

patarìnico [1958] **agg. (pl. m. *-ci*)** ● relativo a patarino, a patarinismo, a pataria

patarinìṣmo [comp. di *patarino* e *-ismo* ✱ av. 1937] **s. m.** ● l'insieme delle dottrine e delle iniziative riformatrici proprie dei patarini

patarìno o **paterìno** [dal milan. *patée* 'rigattiere' (?) ✱ 1287] **A s. m. (f. *-a*)** ● seguace del movimento della pataria **B agg.** ● dei patarini; della pataria

patassìo [da un ant. *patassare*, dal lat. parl. **pataxāre*, dal gr. *patássein* 'battere, percuotere', da *pátagos* 'rumore di due corpi battuti fra loro', di orig. onomat. ✱ 1808] **s. m. (pl. *-ii*)** ● (*tosc.*) frastuono, chiasso, clamore: *c'era un gran p.* | lite, battibecco

♦**patàta** [sp. *patata*, comp. del quechua *papa* 'patata' e dello haitiano *batata* 'batata' ✱ 1525] **s. f.** **1** pianta delle Solanacee con fiori in corimbi bianco-rossi o violetti, frutti a bacca giallastri e tuberi commestibili (*Solanum tuberosum*) | ***p. americana, p. dolce***, batata **2** tubero commestibile di tale pianta, ricco di amido: *patate lesse, arrosto, fritte; spezzatino con le patate* | ***p. bollente***, (*fig.*) argomento, situazione e sim. scottante, scabroso, di cui è opportuno liberarsi: *passare la p. bollente* | ***spirito di p.***, (*fig.*) battuta, scherzo e sim. che vorrebbe essere spiritoso ma risulta insulso e di cattivo gusto | ***sacco di patate***, (*fig.*) persona goffa e inelegante | ***naso a p.***, (*fig., fam.*) di naso corto e tondeggiante **3** (*pop., fig.*) grossa callosità del piede ‖ **patatina**, **dim.** (V.) | **patatóna**, **accr.** | **patatóne**, **accr. m.** (V.)

pataticoltóre [da *patata*, sul modello di *agricoltore* ✱ 1958] **s. m. (f. *-trice*)** ● coltivatore di patate

pataticoltùra [da *patata*, sul modello di *agricoltura* ✱ 1958] **s. f.** ● coltivazione delle patate

patatina [1922] **s. f.** **1** dim. di *patata* **2** patata novella | ***a p.***, (*fig., fam.*) di naso corto e tondeggiante **3** patata tagliata a bastoncino o a fettine sottili e fritta: *bistecca con patatine; un sacchetto di patatine* **4** (*fig., fam.*) bambina graziosa e grassottella

patatóne [1965] **s. m. (f. *-a*)** **1** accr. di *patata* **2** (*fam.*) persona grossa e sgraziata, spesso goffa e impacciata

patatràc [vc. onomat. ✱ 1863] **A inter.** ● riproduce il rumore di qlco. che crolla o si sfascia **B s. m. inv.** ● crollo rovinoso, disastro (*anche fig.*): *giù succede un p.; la pagella è stata un p.* | (*fig.*) fallimento, dissesto economico: *un improvviso p. lo ha costretto a svendere tutto*

patatùcco [da *patata*, con la terminazione di *mammalucco* ✱ 1871] **s. m. (f. *-a*; pl. m. *-chi*)** ● (*tosc.*) persona goffa e stupida | (*spreg.*) in passato, soldato austriaco; (*est.*) austriaco, tedesco

patavinità [vc. dotta, lat. *Patavinitāte(m)*, da *Patavīnus* 'patavino' ✱ av. 1517] **s. f. inv.** ● (*lett.*) insieme delle caratteristiche tipiche della cultura e della parlata padovana

patavìno [vc. dotta, lat. *Patavīnu(m)*, etnico di *Patăvium* 'Padova' ✱ 1426 ca.] **A agg.** ● (*lett.*) di Padova: *università patavina* **B s. m. (f. *-a*)** ● (*lett.*) abitante o nativo di Padova

patch /patʃ, *ingl.* pætʃ/ [vc. ingl., propr. 'pezza, toppa' ✱ 1997] **s. f. inv. (pl. ingl. *patches*)** ● (*inform.*) file che rimedia a un errore di programmazione del software, consentendo al sistema di funzionare correttamente in attesa di una nuova versione

patchànka /*sp.* pat'tʃaŋka/ [vc. coniata dal gruppo musicale fr. Mano Negra, prob. con riferimento al ballo cubano *pachanga* ✱ 1990] **s. f. inv.** ● genere musicale caratterizzato da un miscuglio di tradizioni e stili musicali (dal punk-rock al flamenco, al reggae, al rap, ecc.), con testi che a loro volta intrecciano lingue e dialetti diversi

patchouli /*fr.* patʃu'li/ o **patchouly** [da una vc. indigena della provincia di Madras ✱ 1856] **s. m. inv.** ● arbusto delle Labiate, con basi legnose perenni e getti annuali erbacei, originario dell'Asia tropicale e dell'Oceania, coltivato per l'olio essenziale usato in profumeria, cosmesi e medicina (*Pogostemom patchouly*) CFR. paciulì, pasciulì | denominazione di essenze ricavate da varie specie di Labiate CFR. paciulì

patchwork /'pɛtʃ,work, *ingl.* 'pætʃ,wɜːk/ [vc. ingl., comp. di *patch* 'pezza' (di orig. incerta) e *work* 'opera' (di orig. germ.) ✱ 1970] **A s. m. inv.** ● lavoro consistente nel cucire insieme vari pezzi di stoffa o di maglia, di qualità, forma e colori diversi, in modo da ottenere un risultato composito e multicolore **B agg. inv.** ● detto di capo di abbigliamento o d'arredamento ottenuto con tale tecnica: *gonna, vestito p.; una coperta, un tappeto p.*

†**pàte** ➤ **padre**

patè [adattamento del fr. *pâté*, da *pâte* 'pasta' ✱ 1854] **s. m. inv.** **1** preparazione gastronomica fredda a base di carni o di altro, spesso racchiusa in un involucro di pasta salata **2** in Italia, correntemente, preparazioni a base di carni o altro, crema e salsa vellutata, passata al setaccio SIN. mousse, spuma

†**patefàtto** [vc. dotta, lat. *patefăctu(m)*, part. pass. di *patefăcere* 'aprire', comp. di *patēre* 'essere aperto' (V. *patente*①) e *făcere* 'fare' ✱ av. 1328] **agg.** ● palese, manifesto

patèlla [lat. *patĕlla(m)* 'piatto, vassoio' (V. *padella*), poi anche 'rotula', per la forma ✱ 1550] **s. f.** **1** nome comune di diverse specie di Molluschi dei Gasteropodi appartenenti al genere *Patella*, caratterizzate da una conchiglia a cono appiattito, in grado di ancorarsi agli scogli dei litorali mediante il piede funzionante come una ventosa **2** (*anat.*) rotula

patellàre [da *patella* ✱ 1887] **agg.** ● (*anat.*) della rotula: *riflesso p.*

✦**patèma** [vc. dotta, gr. *páthēma* 'affezione, sofferenza', da *páthos*. V. *pathos* ✱ av. 1730] **s. m. (pl. *-i*)** ● sofferenza morale, forte pena o preoccupazione | ***p. d'animo***, stato d'ansia, di timore

patèmico [da *patema* ✱ 1873] **agg. (pl. m. *-ci*); anche s. m.** ● di ciò che è relativo alla sfera delle emozioni, dei sentimenti: *l'effetto p. di un testo* CFR. emozionale, emotivo

patèna [fr. *patène*, dal lat. *pătena(m)*, *pătina(m)* 'piatto, scodella', dal gr. *patánē*, da *petannýnai* 'spiegare, aprire', di orig. indeur. ✱ av. 1348] **s. f.** ● piccolo disco d'oro o di argento con il quale il celebrante cattolico copre il calice e sul quale deposita le particole dell'ostia consacrata

patentàre [1787] **A v. tr.** (*io patènto*) **1** (*raro*) munire di una qualsiasi patente, spec. quella di guida **2** (*fig., lett.*) riconoscere pubblicamente **B patentàrsi v. intr. pron.** ● (*raro*) conseguire una patente

patentàto **part. pass.** di *patentare*; anche **agg.** **1** (*raro, lett.*) nei sign. del v. **2** munito di patente: *medico p.* **3** (*fig., scherz.*) qualificato, matricolato: *ladro, furfante p.*

patènte① [vc. dotta, lat. *patĕnte(m)*, part. pres. di *patēre* 'essere aperto, essere manifesto', di orig. indeur. ✱ 1314] **agg.** **1** chiaro, evidente, manifesto: *una p. ingiustizia* | †ampio, solenne: *fattomi un p. crocione sopra la mia figura, mi disse che mi benediva* (B. CELLINI) **2** †aperto: *luogo p. a tutti* **3** (*dir.*) ***lettera p.***, documento conferito dallo Stato invitante al console, mediante cui quest'ultimo è legittimato a svolgere le sue funzioni **4** (*bot.*) di foglia disposta orizzontalmente ad angolo retto col fusto **5** (*arald.*) ***croce p.***, con i bracci che si allargano verso le estremità ‖ **patenteménte**, **avv.** in modo evidente, manifesto

♦**patènte**② [da (*lettera*) *patente* ✱ 1512] **s. f.** **1** concessione amministrativa a esercitare una data attività o professione | documento che certifica tale concessione: *p. di guida di un autoveicolo; p. di ufficiale della marina mercantile* | ***p. di sanità***, certificato che attesta lo stato sanitario del luogo da cui proviene la nave **2** (*per anton.*) patente di guida: *prendere la p.; l'esame per la p.; rinnovare la p.; avere la p. scaduta* | ***p. a punti***, espressione corrente per indicare una norma introdotta nel 2003 nel codice della strada, per la quale chi commette determinate infrazioni è penalizzato, oltre che con un'ammenda, con la sottrazione di punti da un credito originario di 20 punti, il cui esaurimento comporta il ritiro della patente stessa **3** (*fig.*) pubblica qualifica: *dare a qlcu. la p. di asino, di stupido* ‖ **patentino**, **dim. m.** (V.)

patentìno [1871] **s. m.** **1** dim. di *patente*② **2** patente provvisoria, foglio rosa | patente per la guida di motoveicoli **3** autorizzazione a esercitare una determinata attività e sim.

pàter [abbr. di *paternoster* ✱ av. 1533] **s. m. inv.** ● (*pop.*) Paternoster: *dire, recitare un p.*

pàtera① [vc. dotta, lat. *pătera(m)*, da avvicinare a *pătina*. V. *patena* ✱ av. 1367] **s. f.** ● bassa ciotola o tazza priva di manici usata nel mondo antico greco-romano per libagioni alle divinità

pàtera② [fr. *patère*, dal lat. *pătera(m)* 'patera①', per la forma ✱ 1958] **s. f.** ● (*raro*) tipo di attaccapanni a muro

♦**pateràcchio** o *(raro)* **pataràcchio** [alterazione di †*pataffio* nel senso di 'scrittura di contratto' ✱ 1734] **s. m. 1** *(pop., tosc.)* accordo o contratto, spec. matrimoniale **2** *(est., spreg.)* accordo poco chiaro raggiunto mediante compromessi, opportunismi e sim., spec. in campo politico

pateràzzo o **pataràzzo**, **pateràsso**, **patarà̀sso** [fr. *pataras*, dal provenz. *pato* 'zampa', di orig. onomat. ✱ 1835] **s. m.** ● *(mar.)* manovra dormiente che trattiene l'albero verso poppa

pateréccio o **paneréccio**, *(pop.)* **panaréccio** [lat. tardo *panarĭciu(m)*, metatesi di *paronўchia*, nt. pl., dal gr. *parōnychía*, f. sing., comp. di *para-* 'para-' e *ónyx*, genit. *ónychos* 'unghia' (V. *onice*) ✱ sec. XIV] **s. m.** ● *(med.)* processo infiammatorio acuto circoscritto delle dita, più spesso della regione periungueale **SIN.** giradito, paronichia

paterfamìlias o **pater familias** [vc. lat., propr. 'padre di famiglia' ✱ av. 1328] **s. m. inv.** (**pl. lat.** *raro patres familias* o *patres familiarum*) **1** nell'antica Roma, chi, non avendo più ascendenti vivi in linea maschile, era il capo indiscusso della famiglia ed esercitava su di essa numerosi poteri **2** *(est.)* nella società attuale, capo di un nucleo familiare, padre di famiglia, spec. con una particolare predisposizione all'autoritarismo (*anche iron.*): *un p. un po' all'antica*

paterìno ➤ **patarino**

♦**paternàle** [da *(sgridata) paternale* 'sgridata del padre' ✱ 1336 ca.] **A s. f.** ● solenne e severo rimprovero: *è molto sensibile alle sue paternali* **SIN.** ramanzina **B agg.** ● †paterno

paternalìşmo [ingl. *paternalism*, da *paternal* 'paternale' ✱ 1924] **s. m. 1** forma di governo in cui il potere è nelle mani di un sovrano assoluto i cui provvedimenti in favore del popolo sono considerati atti di personale benevolenza che prescindono dal riconoscimento di diritti al popolo stesso **2** *(est.)* atteggiamento di condiscendente e benevola superiorità da parte del datore di lavoro nei confronti dei suoi dipendenti o, in generale, da parte di qlcu. verso chi è gerarchicamente inferiore, più giovane, e sim.

p

paternalìsta [1941] **A s. m. e f.** (**pl. m.** *-i*) ● chi si comporta con paternalismo **B agg.** ● paternalistico

paternalìstico [1923] **agg.** (**pl. m.** *-ci*) ● relativo a paternalismo ‖ **paternalisticaménte**, **avv.**

paternità [vc. dotta, lat. tardo *paternitā-te(m)*, da *patĕrnus* 'paterno' ✱ 1336 ca.] **s. f. inv. 1** condizione di padre: *gli obblighi della p.*; *p. naturale, legale, putativa* **2** *(burocr.)* indicazione del nome e delle generalità paterne: *il documento presentato reca la p. e la maternità del richiedente* **3** *(fig.)* condizione di autore, inventore e sim.: *vantare la p. di un'opera famosa* | appartenenza di un'opera, invenzione e sim. a una determinata persona: *a tutti è nota la p. di simili libelli* | *(est.)* responsabilità di un'azione, di un'iniziativa: *la p. di un attentato, di una proposta* **4** titolo che si dà ai religiosi, spec. a monaci e abati: *Vostra p.*

♦**patèrno** [vc. dotta, lat. *patĕrnu(m)*, da *pāter* 'padre', sul modello di *matĕrnus* 'materno' ✱ av. 1306] **agg. 1** del padre: *casa, eredità paterna*; *le punizioni paterne* | ***zio p.***, da parte di padre | ***nonni paterni***, i genitori del padre **2** da padre, simile a un padre: *l'ha guidato con affetto p.*; *non ha voluto ascoltare i suoi paterni consigli* ‖ **paternaménte**, **avv.**

Paternòster [sec. XIII] **s. m. inv.** ● orazione fondamentale dei cristiani, insegnata dallo stesso Gesù Cristo

paternòstro [lat. *pāter nŏster*, nom., 'padre nostro' ✱ 1266] **s. m. 1** (anche con iniziale maiuscola) adattamento di *Paternoster* (V.) | ***sapere qlco. come il p.***, *(fig.)* saperla a memoria **2** *(fig.)* grano più grosso della corona del rosario, inserito ogni dieci grani più piccoli, e corrispondente alla recitazione di un Paternostro **3** *(fig.)* tipo di pasta corta da minestra, a forma di cilindretti forati **4** *(bot.)* ***albero dei Paternostri***, abro **5** *(mar.)* bertoccio

♦**patètico** [vc. dotta, lat. tardo *pathētĭcu(m)*, dal gr. *pathētikós*, da *páthos*. V. *pathos* ✱ 1575] **A agg.** (**pl. m.** *-ci*) **1** che suscita compassione, commozione e sim.: *caso, dramma p.*; *ci fissava con uno sguardo p.*; *una fantasia, accompagnata di particolari patetici e drammatici* (F. De Sanctis) | *(ling.)* †***punto p.***, punto esclamativo **2** che vuole commuovere in modo artificioso, che affetta malinconia e mestizia: *scuoteva il capo in un cenno p.* **SIN.** lezioso, sdolcinato **3** *(colloq.)* inadeguato, penoso, imbarazzante: *è p. nel suo tentativo di farcela* **4** *(anat.)* ***nervo p.***, quarto paio di nervi cranici, che innerva il muscolo grande obliquo dell'occhio ‖ **pateticaménte**, **avv.** ‖ **pateticità**, **s. f. inv. B s. m. 1** sentimentalismo eccessivo, spesso enfatico, retorico e sim.: *rifuggire dal p.*; *cascare nel p.*; *ricercare il p.* **2** (**f.** *-a*) chi assume atteggiamenti svenevoli e sentimentali

pateticùme [1871] **s. m.** ● *(spreg.)* abuso di toni patetici | sentimentalismo eccessivo

patetìşmo [fr. *pathétisme*, da *pathétique* 'patetico' ✱ 1918] **s. m.** ● sentimentalismo languido: *il p. di un melodramma, di una sinfonia*

♦**pàthos** /'patos/ o *(raro)* **pàtos** [vc. dotta, lat. tardo *pāthos*, dal gr. *páthos* 'patimento, commozione, affetto', da *páschein* 'soffrire', di orig. indeur. ✱ 1481] **s. m. inv. 1** particolare intensità di sentimento, alta liricità di un'opera d'arte per mezzo della quale si realizza una forte potenza drammatica | *(est.)* intensa tensione emotiva: *una situazione piena di p.* **2** passione, viva commozione presente spec. nella tragedia antica

SFUMATURE ➤ ***commozione***

-patìa [gr. *-pátheia*, da *páthos* 'sofferenza', legato a *páschein* 'soffrire', di orig. incerta] **secondo elemento 1** in parole composte, fa riferimento a determinati sentimenti o passioni: *antipatia, apatia, simpatia, telepatia* **2** nella terminologia medica, si riferisce a disturbi, affezioni relative a quanto indicato dal primo componente: *angiopatia, cardiopatia, osteopatia* | indica un particolare metodo di cura: *allopatia, omeopatia*

patìbile [vc. dotta, lat. *patĭbile(m)*, da *pătī*. V. *patire*① ✱ 1470 ca.] **A agg. 1** che si può patire **2** †atto a subire | †che può soffrire **SIN.** passibile **B anche s. m. solo sing.**: *ha patito tutto il p.*

patibolàre [fr. *patibulaire*, dal lat. *patĭbulum* 'patibolo' ✱ av. 1828] **agg.** ● del patibolo | degno del patibolo | ***faccia p.***, da delinquente

patìbolo [vc. dotta, lat. *patĭbulu(m)*, da *patēre* 'essere aperto, manifesto' (V. *patente*①), perché il *patibolo* era il luogo dove veniva esposto il condannato ✱ sec. XIV] **s. m. 1** luogo d'esecuzione capitale | ***faccia da p.***, patibolare | *(est.)* palco su cui s'innalzano la forca, la ghigliottina e sim.: *andare al p.*; *mandare qlcu. al p.* **2** *(fig., lett.)* tormento, sofferenza

-pàtico **secondo elemento** ● forma gli aggettivi derivati dai sostantivi in *-patia*: *antipatico, cardiopatico*

patiménto [da *patire* ✱ av. 1311] **s. m. 1** il patire **2** dolore, privazione, sofferenza: *sopporto indicibili patimenti*; *al peso de' troppo gran patimenti non resse altro che un mese* (D. Bartoli)

pàtina [vc. dotta, lat. *pătina(m)* 'scodella' (V. *patena*), con evoluzione semantica non chiara ✱ av. 1696] **s. f. 1** sottile strato verdastro o di altro colore prodottosi col tempo per effetto della luce e degli agenti atmosferici su dipinti, sculture e oggetti metallici antichi | strato più o meno sottile: *una p. di grasso, di polvere, di sporco* | *(fig.)* sfumatura, coloratura, velatura: *una p. di snobismo, di pittoresco* | *(fig.)* ***p. del tempo***, impressione suscitata da qlco. di superato o appartenente a tempi ormai lontani **2** vernice o colore dato artificialmente, per contraffazione o imitazione dell'antico, a bronzi, medaglie e sim. | miscela di sostanze minerali, colle adesive, allume e sim. spalmata sulla carta da stampare per darle lucentezza e levigatezza **3** *(med.)* ***p. linguale***, strato bianco-giallastro che ricopre la superficie della lingua, come segno di cattiva digestione o malattie dell'apparato digerente

patinàre [da *patina* ✱ 1863] **v. tr.** (*io pàtino*) ● ricoprire di patina | sottoporre a patinatura

patinàta [f. sost. di *patinato* ✱ 1983] **s. f.** ● *(tipogr.)* prova di stampa per riproduzione fotomeccanica eseguita su carta patinata

patinàto **part. pass.** di *patinare*; **anche agg. 1** ricoperto da una patina | che ha subìto patinatura: *carta patinata* (V. *carta*) **2** *(fig.)* lezioso, esteriore: *bellezza patinata*

patinatóre [1958] **s. m.** (**f.** *-trice*); **anche agg.** ● addetto alla patinatura della carta

patinatùra [1871] **s. f. 1** trattamento della carta per renderla levigata e lucida **2** procedimento consistente nel rivestire di patina un oggetto spec. metallico per farlo sembrare antico

patino ➤ **pattino**②

patinóso (o **-ş-**) [da *patina* ✱ 1925] **agg. 1** simile a patina **2** coperto da patina

pàtio /*sp.* 'patjo/ [vc. sp., di etim. incerta ✱ 1895] **s. m.** (**pl.** *pàtii* o *pàti* o **sp.** *pàtios*) ● cortile interno di case spagnole, o in stile spagnolo, delimitato da un porticato e sistemato a giardino, con vasche e fontane

♦**patìre**① [lat. parl. **patīre*, per il classico *pătī* 'sopportare, soffrire', di etim. incerta ✱ av. 1250] **A v. tr.** (*io patìsco, tu patìsci*) **1** *(lett.)* subire l'effetto di qlco. | *(est.)* consentire: *la regola non patisce eccezioni* **2** provare, sentire qlco. di spiacevole, molesto, doloroso e sim.: *p. ingiurie, offese, angherie*; *p. il freddo, la fame, la sete*; *p. indicibili tormenti fisici e spirituali* | ***p. le pene dell'inferno***, *(fig.)* soffrire moltissimo | ***far p. qlco. a qlcu.***, costringerlo o indurlo a subire dolori e sim. **SIN.** soffrire **3** sopportare, tollerare (in espressioni negative) (**+** *di* **seguito da inf.; +** *che* **seguito da congtv.**): *non p. l'arroganza, la superbia, l'incomprensione*; *ma non potevo p. di vederlo* (B. Cellini); *non poteva p. che un principe francese venisse a stabilirsi in Italia* (A. Manzoni) **B v. intr.** (**aus.** *avere*) **1** soffrire (**+** *di*, **+** *per*): *p. di fegato, di cuore*; *p. ai polmoni*; *p. per le gravi umiliazioni ricevute*; *il giusto patisce per il reo*; *invan patisco … / sempre errore accrescendo / a me stesso* (T. Campanella) | ***p. di gelosia, di avarizia*** e sim., essere geloso, avaro e sim. | †***p. di qlcu.***, soffrire per la sua mancanza: *o perché … patisse di vettovaglie o per altra cagione* (F. Guicciardini) | ***finire di p.***, morire, dopo una lunga e dolorosa infermità **2** sentire gli effetti dannosi di qlco., deteriorarsi (**+** *per*): *il fieno patisce per l'eccessiva umidità*; *la campagna patisce per la stagione avversa* **3** †mancare: *p. di acqua, di vettovaglie* **C in funzione di s. m. solo sing.** ● sofferenza, patimento: *a conto del gran p. che abbiam fatto* (A. Manzoni)

†**patìre**② [etim. incerta ✱ 1308] **v. tr.** ● smaltire, digerire (*anche fig.*): *questi prendano la mia vivanda col pane, che la farà loro gusta-*

re e p. (Dante)

patite [dal gr. *páthos* 'affezione', quindi 'malattia' (V. *pathos*) e *-ite*① ✱ 1942] **s. f.** ● (*med.*) processo infiammatorio in genere

patito **A** part. pass. di *patire*①; anche **agg.** **1** nei sign. del v. **2** sofferente, deperito: *organismo p.* | ***faccia patita***, smunta **B** **s. m.** (f. *-a*) **1** (*lett.*) innamorato: *Un'altra volta faceva la languida la patita* (I. Nievo) **2** chi prova un'attrazione quasi fanatica verso qlco.: *i patiti del calcio, delle corse automobilistiche, dell'enigmistica* **SIN.** tifoso

pàto- [dal gr. *páthos* 'affezione', 'sofferenza' (V. *pathos*)] **primo elemento** ● in parole composte della terminologia medica significa 'malattia': *patofobia, patologia*

patofobìa [comp. di *pato-* e *-fobia* ✱ 1895] **s. f.** ● (*psicol.*) paura morbosa di contrarre malattie ‖ **patofòbico**, **agg.** (**pl. m.** *-ci*); anche **s. m.** (f. *-a*) nel sign. 2 **1** relativo a patofobia **2** patofobo ‖ **patòfobo**, **agg. e s. m.** (f. *-a*) che (o chi) soffre di patofobia

patogènesi [comp. di *pato-* e *genesi* ✱ 1845] **s. f. inv.** ● (*med.*) modalità d'insorgenza di una malattia **SIN.** nosogenesi

patogenètico [1849] **agg.** (**pl. m.** *-ci*) ● che concerne la patogenesi

patogènico [1869] **agg.** (**pl. m.** *-ci*) ● (*biol.*) patogeno ‖ **patogenicità**, **s. f. inv.** capacità, tipica dei microrganismi patogeni, di produrre modificazioni patologiche o malattia

patògeno [comp. di *pato-* e *-geno* ✱ 1895] **agg.**; anche **s. m.** ● detto di microrganismo che genera malattia | ***potere p.***, patogenicità

patognomònico [dal gr. *pathognōmonikós*, comp. di *patho-* 'pato-' e *gnōmonikós* 'abile a giudicare' (V. *gnome*) ✱ 1707] **agg.** (**pl. m.** *-ci*) ● (*med.*) che identifica una determinata patologia o ne consente la diagnosi

patografìa [comp. di *pato-* e *-grafia* ✱ 1984] **s. f.** **1** (*med.*) storia o descrizione di una malattia **2** (*psicol.*) ricostruzione dei disturbi psichici di uno scrittore o sim. attraverso la sua biografia e le sue opere

patois /fr. pa'twa/ [vc. fr., da *patte* 'zampa' (di etim. incerta), per indicare la grossolanità delle persone che lo parlano (?) ✱ 1776] **s. m. inv.** ● dialetto sociale, derivante da un dialetto regionale o da mutamenti subiti dalla lingua ufficiale, utilizzato soltanto in un'area ristretta e in una determinata comunità, spec. rurale

patologìa [comp. di *pato-* e *-logia* ✱ 1583] **s. f.** (**pl.** *-gìe*) **1** parte della medicina che studia le cause e l'evoluzione delle malattie **2** (*est.*) malattia: *una p. avanzata* **3** (*fig.*) insieme di condizioni atipiche o degenerate rispetto alla norma nel funzionamento di un ente, nel comportamento di una persona e sim.: *la p. delle aziende a partecipazione statale* **CFR.** fisiologia
SFUMATURE ➤ ***malattia***

patològico [vc. dotta, gr. *pathologikós*, comp. di *páthos* 'affezione' (V. *pato-*) e *-logikós*, da *-logos* '-logo' ✱ 1663] **agg.** (**pl. m.** *-ci*) ● di patologia | ***fenomeno p.***, morboso; (*fig.*) anormale, che rivela anomalia **CFR.** fisiologico | ***caso p.***, (*fig., scherz.*) persona strana, situazione anormale e bizzarra, e sim. ‖ **patologicaménte**, **avv.** dal punto di vista della patologia; in modo patologico ‖ **patologicità**, **s. f. inv.**

patòlogo [comp. di *pato-* e *-logo* ✱ 1816] **s. m.** (f. *-a*; **pl. m.** *-gi*) ● studioso di patologia

patónza [etim. incerta, forse da *patata* ✱ 1967] **s. f.** ● (*pop., scherz.*) vulva

pàtos ➤ **pathos**

patòsi [comp. di *pato-* e *-osi* ✱ 1933] **s. f. inv.** ● (*med.*) qualsiasi malattia di tipo degenerativo: *p. del fegato*

Patràsso [dalla loc. biblica *īre ăd pătres* 'andare dagli antenati' (cioè 'morire'), con deformazione scherz. (o eufem.?) sulla base del n. della città gr. di *Patrasso* ✱ 1612] **s. m.** ● (*fig., lett.*) solo nelle loc. ***mandare, andare a P.***, uccidere, morire; (*est.*) mandare, andare in rovina

†**pàtre** ➤ **padre**

♦**pàtria** [vc. dotta, lat. (*tĕrram*) *pătria(m)* 'terra dei padri', f. di *pătrius*. V. *patrio* ✱ 1261 ca.] **s. f.** **1** paese comune ai componenti di una nazione, cui essi si sentono legati come individui e come collettività, sia per nascita sia per motivi storici, culturali, affettivi e sim.: *ogni uomo ama la propria p.* | città e luogo natale: *Arezzo fu la p. di Petrarca* | ***P. celeste***, Paradiso **2** (*est.*) luogo d'origine: *l'Australia è la p. dei canguri*; *la foresta tropicale è la p. delle orchidee*

SFUMATURE DI SIGNIFICATO
patria - paese
La **patria**, il cui significato etimologico è "terra dei padri", è la terra comune ai componenti di una nazione, a cui essi si sentono legati come individui e come collettività sia per nascita, sia per motivi storico-culturali; in accezione più ristretta, *patria* designa anche il luogo o la città natale di qualcuno, oppure il luogo di origine di qualcosa. **Paese** è parola d'uso più generale, con la quale ci si riferisce sia a una nazione (intesa come complesso di individui legati da storia, lingua e cultura) sia a uno Stato (inteso come entità giuridica collettiva); in senso esteso *paese* può anche essere utilizzato come sinonimo di *patria*.
SFUMATURE ➤ ***nazione***

patriàrca [vc. dotta, lat. tardo *patriărcha(m)*, dal gr. *patriárchēs*, comp. di *patriá* 'stirpe, tribù, famiglia', da *patḗr*, genit. *patrós* 'padre', e *-árchēs* '-arca' ✱ av. 1292] **s. m.** (**pl.** *-chi*) **1** capo di una grande famiglia, dotato di poteri assoluti sui propri discendenti, presso antiche popolazioni o tribù primitive **2** (*est.*) vecchio capofamiglia, dotato di numerose discendenze: *fra tanti figli, nipoti e pronipoti sedeva il p.* **3** ciascuno degli antenati e capi di famiglie e di tribù che, nelle genealogie dell'Antico Testamento, vissero nei tempi anteriori a Mosè **SIN.** capostipite **4** capo di ciascuna delle Chiese ortodosse: *p. di Costantinopoli, della Chiesa russo-ortodossa* | capo di ciascuna delle Chiese orientali riunite alla Chiesa cattolica: *p. degli uniati* **5** nella Chiesa cattolica, titolo onorifico attribuito in origine al vescovo di Aquileia, poi di Venezia e per tradizione ad altri (di Roma, Lisbona, Gerusalemme, Indie Occidentali e Orientali)

patriarcàle [vc. dotta, lat. tardo *patriarchāle(m)*, da *patriărcha* 'patriarca' ✱ av. 1396] **agg.** **1** di patriarca, da patriarca: *aspetto p.*; *figura p.*; *dignità p.* **2** detto di sistema familiare o sociale che faccia capo al padre di famiglia, secondo le antiche usanze | (*est.*) semplice e austero: *costumi patriarcali*; *vita p.* | che si fonda sul patriarcato: *società p.* **3** ***economia p.***, sistema economico basato su classi familiari in cui vige il patriarcato ‖ **patriarcalménte**, **avv.** ‖ **patriarcalità**, **s. f. inv.** carattere o condizione patriarcale: *quel senso invincibile di patriarcalità napoletana* (M. Serao)

patriarcàto [da *patriarca* ✱ av. 1292] **s. m.** **1** organizzazione della famiglia basata sull'autorità paterna e sulla trasmissione dei diritti ai membri maschili **2** dignità, funzione, territorio, sede del patriarca: *p. di Aquileia, di Mosca, di Alessandria*

†**patriarchìa** [vc. dotta, gr. *patriarchía*, da *patriárchēs* 'patriarca' ✱ sec. XV] **s. f.** ● patriarcato, dignità e sede di patriarca

patriarchìo [vc. dotta, gr. *patriarchêion*, da *patriárchēs* 'patriarca' ✱ 1835] **s. m.** (**pl.** *-ii*) ● palazzo e residenza del patriarca

patricìda [vc. dotta, lat. *patricīda(m)*, da *păter*, genit. *pătris* 'padre', sul modello di *parricīda* 'parricida' ✱ av. 1328] **s. m. e f.** (**pl. m.** *-i*) ● (*lett.*) parricida

patricìdio [da *patricida* ✱ av. 1363] **s. m.** (**pl.** *-i* o *raro -ii*) ● (*lett.*) parricidio

†**patricio** ➤ **patrizio**

patrìgno o **padrigno** [lat. parl. **patrĭgnu(m)* da *păter*, genit. *pătris* 'padre', sul modello di *matrĭgna* 'matrigna' ✱ sec. XIV] **s. m.** ● il nuovo marito della madre rispetto ai figli nati in un matrimonio precedente

patrilineàre [1983] **agg.** ● (*antrop.*) che riguarda la patrilinearità | che discende per via maschile **CFR.** matrilineare ‖ **patrilinearità**, **s. f. inv.** (*antrop.*) criterio atto a stabilire la discendenza o l'attribuzione di prerogative sociali per via maschile e in linea paterna

patrilineo [1958] **agg.** ● (*antrop.*) patrilineare

patrilocàle [comp. del lat. *păter*, genit. *pătris* 'padre' e dell'it. *locale*① ✱ 1958] **agg.** ● (*antrop.*) relativo a patrilocalità **SIN.** virilocale

patrilocalità [1958] **s. f. inv.** ● (*antrop.*) in varie popolazioni, costume secondo cui una coppia sposata vive con il gruppo del padre dello sposo **SIN.** virilocalità

patrimoniàle [vc. dotta, lat. tardo *patrimoniāle(m)*, da *patrimōnium* 'patrimonio' ✱ 1336 ca.] **A** **agg.** ● di patrimonio, attinente a patrimonio: *rendita p.* | (*dir.*) ***imposta p.***, il cui presupposto è la titolarità di un bene, e non la percezione di un reddito ‖ **patrimonialménte**, **avv.** per quanto riguarda il patrimonio ‖ **patrimonialità**, **s. f. inv.** carattere, natura patrimoniale: *patrimonialità della successione* **B** **s. f.** ● (*per anton.*) imposta patrimoniale

patrimonializzàre [da *patrimonio* ✱ 1985] **v. tr.** ● (*econ.*) rafforzare con aumenti di capitale il patrimonio netto di un'azienda ‖ **patrimonializzazióne**, **s. f.** (V.)

patrimonializzazióne [1981] **s. f.** ● (*econ.*) il patrimonializzare | ***indice di p.***, rapporto fra mezzi propri e indebitamento di un'azienda

♦**patrimònio** [vc. dotta, lat. *patrimōniu(m)*, da *păter*, genit. *pătris* 'padre' ✱ 1268] **s. m.** (**pl.** *-i* o *raro -ii*) **1** complesso dei beni o notevole quantità di denaro appartenente a una medesima persona: *disporre di un grosso p.* | ***mangiarsi un p.***, dilapidarlo | (*iperb.*) somma ingente o spropositata: *quel vestito mi è costato un p.* **SIN.** capitale **2** (*dir.*) insieme dei rapporti giuridici, attivi e passivi, di una persona fisica o giuridica, aventi valore economico | ***p. pubblico***, complesso dei beni appartenenti allo Stato o ad altro ente pubblico che non rientrano nella categoria dei beni demaniali **3** (*fig.*) complesso di risorse e di elementi materiali e non materiali propri di una persona, una collettività, una nazione: *p. culturale, artistico, linguistico*; *p. boschivo, faunistico, urbanistico* **4** (*biol.*) ***p. genetico***, complesso dei geni contenuti nel genoma di un individuo o nell'insieme dei genomi di tutti gli individui di una specie ‖ **patrimoniétto**, **dim.** | **patrimonióne**, **accr.** | **patrimoniùccio**, **dim.**
SFUMATURE ➤ ***capitale***③

patrìno ➤ **padrino**

pàtrio [vc. dotta, lat. *pătriu(m)*, agg. di *păter*, genit. *pătris* 'padre' ✱ av. 1374] **agg.** **1** (*lett.*) del padre | (*dir.*) ***patria potestà***, complesso di poteri e doveri spettanti un tempo al padre e ora a entrambi i genitori sui propri figli minorenni non emancipati **2** della patria: *leggi patrie*; *amor p.*; *Irato a' patrii Numi, errava muto / ove Arno è più deserto* (U. Foscolo)

patriòta o (*raro*) **patriòtta**, †**patriòto**,

†**patrịòtto** [fr. *patriote*, dal lat. tardo *patriōta(m)*, dal gr. *patriṓtēs* 'compatriota', da *pátrios* 'patrio' ✱ 1400 ca.] **s. m. e f.** (**pl. m.** *-i*) **1** chi ama la patria e lo dimostra, spec. lottando e sacrificandosi per essa **2** (**spec. al pl.**) partigiano: *i patrioti della Val d'Ossola* **3** †compatriota

patriotàrdo ➤ **patriottardo**

patrịòtico ➤ **patriottico**

†**patrịòto** ➤ **patriota**

patrịòtta ➤ **patriota**

patriottàrdo o (*raro*) **patriotàrdo** [fr. *patriotard*, da *patriote* 'patriota' col suff. spreg. *-ard* ✱ 1903] **agg. e s. m.** (**f.** *-a*) ● (*spreg.*) che (o chi) ostenta un patriottismo esagerato e fanatico

patrịòttico o (*poet.*) **patrịòtico** [fr. *patriotique*, dal lat. tardo *patriōticu(m)*, dal gr. *patriōtikós* 'della patria', da *patriṓtēs*. V. *patriota* ✱ av. 1764] **agg.** (**pl. m.** *-ci*) ● da patriota, ispirato a patriottismo: *dimostrazione, commemorazione patriottica; discorso, inno p.*; *un mondo vuoto di motivi religiosi, patriottici e morali* (F. De Sanctis) ‖ **patriotticaménte**, **avv.**

patriottịṣmo [fr. *patriotisme*, da *patriote* 'patriota' ✱ 1765] **s. m.** ● sentimento di vivo amore e devozione verso la patria

†**patrịòtto** ➤ **patriota**

patrìstica [dal lat. *păter*, genit. *pătris* 'padre (della Chiesa)' ✱ 1876] **s. f.** **1** nella storia del cristianesimo greco-romano, il periodo nel quale i Padri della Chiesa formularono le loro dottrine **2** patrologia

patrìstico [1892] **agg.** (**pl. m.** *-ci*) ● relativo a patristica, ai Padri della Chiesa

patrizіàle [av. 1869] **agg.** ● (*raro*) di patrizio: *dignità p.*

patriziàto [vc. dotta, lat. *patriciātu(m)*, da *patrĭcius* 'patrizio' ✱ 1554] **s. m.** **1** nell'antica Roma, dignità di patrizio | classe dei patrizi **2** (*est.*) aristocrazia: *il p. romano* **3** (*elvet.*) ente pubblico proprietario di beni (spec. di terreni) di uso comune

patrìzio o (*poet.*) †**patrìcio** [vc. dotta, lat. *patrĭciu(m)*, da *pătres* 'padri, senatori' ✱ sec. XII] **agg. e s. m.** (**f.** *-ia*) **1** nella Roma antica, cittadino appartenente all'ordine senatorio | nella tarda età imperiale, titolo onorifico, non trasmissibile agli eredi, concesso dall'imperatore **2** (*est.*) di nobile stirpe: *gente, famiglia patrizia*; *il dotto e il ricco ed il p. vulgo* (U. Foscolo)

patriẓẓàre [vc. dotta, lat. tardo *patrizāre*, da *păter*, genit. *pătris* 'padre' ✱ 1336 ca.] **v. intr.** (**aus.** *avere*) ● padreggiare

patrocinànte **A** **part. pres.** di *patrocinare*; **anche agg.** ● nei sign. del v. **B** **s. m. e f.** ● (*dir.*) il rappresentante processuale di una parte in giudizio

patrocinàre [vc. dotta, lat. *patrocināri*, da *patrocĭnium* 'patrocinio' ✱ av. 1363] **v. tr.** (*io patrocìno*) **1** (*dir.*) difendere, assistere e rappresentare un cliente in giudizio: *p. una parte*; *p. una causa* **2** (*est.*) proteggere, sostenere: *p. la candidatura di qlcu.*

patrocinàto **part. pass.** di *patrocinare*; **anche agg.** ● nei sign. del v.

patrocinatóre [1673] **s. m.** (**f.** *-trice*) **1** (*dir.*) chi è abilitato dalla legge a esercitare il patrocinio | chi esercita il patrocinio **2** (*est.*) protettore, sostenitore: *p. delle arti, delle lettere*

patrocìnio [vc. dotta, lat. *patrocĭniu(m)*, da *patrōnus*, sul modello di *tirocĭnium* 'tirocinio' ✱ sec. XIV] **s. m.** (**pl.** *-i* o *raro -ii*) **1** nella Roma antica, protezione del patrono al cliente **2** (*dir.*) difesa, assistenza e rappresentanza in giudizio: *svolgere un p.* **3** protezione della Madonna o di un santo, cui il fedele cattolico si affida, o cui affida un'opera, una città, un'istituzione | (*est.*) protezione, sostegno di alte personalità, istituzioni e sim.: *una mostra sotto il p. della Provincia*

patroclìno [vc. dotta, comp. del lat. *pătre(m)* 'padre' e *-clino* ✱ 1958] **agg.** ● (*biol.*) detto di prole o di caratteri ereditari più somiglianti al padre

patrologìa [comp. del gr. *patḗr*, genit. *patrós* 'padre (della Chiesa)' e *-logia* ✱ 1841] **s. f.** (**pl.** *-gìe*) **1** studio storico, filologico e teologico delle opere dei Padri della Chiesa e delle loro dottrine **2** raccolta delle opere dei Santi Padri

patrològico [1983] **agg.** (**pl. m.** *-ci*) ● relativo alla patrologia o ai patrologi: *studi patrologici*

patròlogo [1841] **s. m.** (**f.** *-a*; **pl. m.** *-gi*) ● studioso di patrologia

patron /*fr.* pa'tʀɔ̃/ [vc. fr., propr. 'patrono', poi 'modello': stessa etim. dell'it. *patrono* ✱ 1741] **s. m. inv.** **1** capo, padrone | (*sport*) organizzatore di un giro ciclistico o di altre manifestazioni: *il p. del giro di Francia, del giro d'Italia* **2** (*raro*) cartamodello

patròna [f. di *patrono* ✱ 1875] **s. f.** ● santa protettrice: *la p. della città, del paese*; *la p. delle sarte*

patronage /*fr.* patʀɔ'naʒ/ [vc. fr., 'patrocinio' ✱ 1979] **s. m. inv.** ● (*econ.*) sostegno, spec. finanziario | ***lettera di p.***, lettera di conforto

patronàle [vc. dotta, lat. tardo *patronāle(m)*, da *patrōnus* 'patrono' ✱ 1858] **agg.** ● di patrono, spec. in riferimento al Santo patrono: *festa p.*

patronàto [vc. dotta, lat. tardo *patronātu(m)*, da *patrōnus* 'patrono' ✱ av. 1494] **s. m.** **1** (*lett.*) tutela | (*est.*) protezione, sostegno da parte di una personalità, di un'istituzione e sim.: *la manifestazione si svolgerà sotto l'alto p. della Croce Rossa* **2** ente istituito da un sindacato con lo scopo di assistere gratuitamente i lavoratori, i pensionati ecc. in materia di lavoro e di previdenza **3** nel diritto romano, rapporto giuridico che si instaura tra il padrone e lo schiavo liberato mediante manomissione, creando per quest'ultimo una serie di doveri e obblighi verso l'antico padrone e i suoi eredi **4** istituto canonico che riconosce al patrono la facoltà di presentare un chierico perché sia immesso dall'autorità ecclesiastica in una chiesa o in un beneficio vacanti | ***diritto di p.***, complesso dei privilegi e degli oneri che, secondo il diritto canonico, competono ai fondatori di chiese, di cappelle e di benefici e ai loro eredi

†**patróne** ➤ **padrone**

patronéssa [1834] **s. f.** ● signora che fa parte di istituti assistenziali e sim. | signora dedita a opere di beneficenza

patronimìa [ricavato da *patronimico*, secondo il rapporto *metonimia- metonimico* ✱ 1958] **s. f.** ● norma o istituzione sociale secondo cui i figli derivano il loro nome dal padre

patronìmico [vc. dotta, lat. tardo *patronўmicu(m)*, dal gr. *patrōnymikós*, comp. di *patḗr*, genit. *patrós* 'padre' e *ónyma*, var. di *ónoma* 'nome', di orig. indeur. ✱ av. 1390] **A** **s. m.** (**pl.** *-ci*) ● nome derivato da quello del padre o dell'avo **B** **anche agg.**: *nome p.* ‖ **patronimicaménte**, **avv.** a modo di patronimico

patròno [vc. dotta, lat. *patrōnu(m)*, da *păter*, genit. *pătris* 'padre' ✱ av. 1328] **s. m.** (**f.** *-a* (V.) **nel sign. 3**, *-essa* (V.) **nel sign. 4**) **1** protettore, difensore in giudizio: *il p. della difesa* **2** nel diritto romano, il titolare del diritto di patronato nei confronti del liberto o il signore nei confronti del cliente | nel diritto canonico, chi esercita il patronato **3** santo che è scelto a protettore particolare di una chiesa, di una nazione, di una città, di un'istituzione, di un'impresa: *San Francesco p. d'Italia* **4** promotore o socio benemerito di una istituzione di beneficenza

pàtta ① [longob. *paita* 'veste' (?) ✱ 1870] **s. f.** **1** striscia di tessuto che a volte ricopre l'abbottonatura di giacche o pantaloni | (*est.*) l'apertura stessa, detto di pantaloni **2** lembo di tessuto che ricade a ricoprire l'apertura della tasca **3** presina ‖ **pattina**, **dim.** (V.)

pàtta ② [lat. *păcta*, pl. di *păctum* 'patto' (?) ✱ 1500] **s. f.** ● pareggio nel gioco: *far p.* | ***far pari e p.***, (*fig.*) pareggiare una situazione, un debito con un credito

pàtta ③ [fr. *patte* 'zampa', di orig. onomat. ✱ 1835] **s. f.** **1** (*mar.*) palma **2** (*mar.*) ***p. d'oca***, unione di due o tre elementi di cavo o catena a un unico anello su cui è fissato il cavo o la catena destinato a subire una trazione | ***ormeggio a p. d'oca***, quello realizzato con tre ancore di prua in direzioni diverse, o con due ancore di prua e una cima di poppa | (*mar.*) elemento dell'ancora, posto all'estremità delle marre con forma tale da facilitare la penetrazione nel fondale **SIN.** unghia

pattàda [dal n. della località di *Pattada* (SS) famosa per la produzione di coltelli a serramanico ✱ 1990] **s. f.** ● coltello dei pastori sardi

pattàre [da *patta*② ✱ av. 1543] **v. intr.** (**aus.** *avere*) ● (*raro*) impattare, pareggiare

patteggiàbile [da *patteggiare* ✱ 1871] **agg.** ● (*raro*) che può essere discusso, trattato, pattuito

patteggiaménto [da *patteggiare* ✱ av. 1311] **s. m.** **1** il patteggiare | trattativa per giungere a un accordo **2** (*dir.*) nel processo penale, procedimento speciale con il quale, prima dell'apertura del dibattimento, l'imputato o il pubblico ministero possono chiedere l'applicazione di una sanzione o di una pena in misura inferiore a quella prevista dalla legge, rinunciando così al proseguimento del giudizio | (*econ.*) ***p. tributario, fiscale***, conciliazione con il fisco delle liti pendenti mediante pagamento di un importo determinato

patteggiàre [da *patto* ✱ 1312] **A** **v. tr.** (**pres.** *io pattéggio*; **fut.** *io patteggerò*) ● trattare o discutere qlco. per giungere a patti o accordi risolutivi: *p. la resa, l'armistizio* | (*dir.*) trattare mediante patteggiamento: *p. la pena* **SIN.** negoziare **B** **v. intr.** (**aus.** *avere*) **1** essere in trattative, fare accordi (+ *con*): *p. con i nemici*; *quando mai gli uomini patteggiarono co' lioni, o i lupi e l'agnelle ebbero uniformità di voleri?* (G. Vico) **2** scendere a patti, a compromessi e sim. (+ *con*): *fu costretto a p. coi ricattatori*; *non p. con la tua coscienza* **3** †assoldare **C** **patteggiàrsi** **v. rifl.** ● †accordarsi: *il vescovo d'Arezzo, come savio uomo, ... cercava patteggiarsi coi Fiorentini* (D. Compagni)

patteggiatóre [1361] **s. m.** (**f.** *-trice*) ● (*raro*) chi patteggia

pàttern /'pattern, *ingl.* 'pæt(ə)n/ [vc. ingl., propr. 'campione, modello', che risale, in ultima analisi, al lat. mediev. *patrōnu(m)* 'patrono' ✱ 1962] **s. m. inv.** **1** schema, modello di riferimento **2** struttura, sistema | ***p. culturale***, sistema stabile di valori al quale fanno riferimento tutti gli individui appartenenti a un medesimo gruppo sociale

pattìna [1975] **s. f.** **1** dim. di *patta*① **2** finta, nel sign. 4 **3** soletta di feltro o altra stoffa pesante usata per camminare su pavimenti lucidati senza lasciare impronte

♦**pattinàggio** [fr. *patinage*, da *patin* 'pattino①' ✱ 1880] **s. m.** **1** sport praticato mediante l'impiego dei pattini da ghiaccio o a rotelle su superfici ghiacciate, piste o strade: *p. su ghiaccio*; *p. a rotelle*; *pista di p.* | ***p. artistico***, consistente nell'esecuzione di combinazioni di determinate figure su base musicale | ***p. di velocità***, lo sport delle corse con pattini che si svolgono su piste ghiacciate o, con i pattini a rotelle, su pista o su strada **2** (*est.*) l'esercizio, la pratica del pattinare

NOMENCLATURA

pattinaggio
- *tipi di pattinaggio*: artistico, a vela, di velocità; a rotelle; su ghiaccio;
- *campo e specialità*: pattinatoio; corsa su pista, velocità, mezzofondo, fondo, gran fondo;
- *attrezzatura*: pattino a rotelle, skateboard, pattino da ghiaccio (lama, ganasce, chiave a dado, dentini, scarponcino);
- *figure*: curva, esse, volta, tre, boccola, angelo, trottola, piroetta, otto, curva, spirale, salti; esercizi liberi;
- *persone*: pattinatore, pattinatrice.

pattinaménto [da *pattinare* 'slittare' ✱ 1989] **s. m.** ● (*mecc.*) perdita di aderenza fra le ruote di un autoveicolo e la superficie di contatto del terreno

♦**pattinàre** [fr. *patiner*, da *patin* 'pattino' ✱ 1789] **v. intr.** (aus. *avere*) **1** scivolare coi pattini da ghiaccio o correre con i pattini a rotelle CFR. schettinare **2** (*est.*) scivolare in modo alternato sull'uno o sull'altro sci **3** slittare a causa di un'accelerazione eccessiva, detto di autovettura

pattinàto part. pass. di *pattinare*; anche **agg.** ● (*sport*) ***passo p.***, nello sci di fondo, andatura ottenuta sollevando alternativamente gli sci, divaricandone le punte, in modo tale da procedere spingendo sugli spigoli interni oltre che sui bastoncini

pattinatóio [da *pattinare* ✱ 1939] **s. m.** (pl. *-ói*) ● pista da pattinaggio

pattinatóre [da *pattinare* ✱ 1872] **s. m.** (f. *-trice*) ● chi pratica il pattinaggio, da dilettante o agonisticamente

♦**pàttino**① o †**pattino** nel sign. 4 [fr. *patin*, da *patte* 'zampa', di orig. onomat. ✱ 1481] **s. m.** **1** ciascuno dei due attrezzi che si applicano alle scarpe per pattinare | ***p. da ghiaccio***, costituito da una lama d'acciaio leggermente incurvata | ***p. a rotelle***, costituito da una piastra metallica montata su quattro rotelle parallele SIN. schettino | ***p. in linea***, con le rotelle disposte su un'unica linea SIN. Rollerblade **2** (*mecc.*) elemento, dotato di moto rotatorio o traslatorio, che striscia su una superficie, generalmente fissa, per guidare il moto di un dato organo **3** (*aeron.*) elemento destinato a strisciare sul terreno a scopo protettivo, di scivolamento nell'atterraggio o sostitutivo delle ruote su ghiaccio, neve, sabbia: *p. d'estremità alare, di coda; velivolo a pattini* **4** †ciabatta, pantofola

pattìno② o **patìno** [da *pattino*①, perché i galleggianti assomigliano ai pattini per il ghiaccio ✱ 1891] **s. m.** ● (*mar.*) moscone, nel sign. 4

pattinòdromo [comp. di *pattino*① e *-dromo* ✱ 1986] **s. m.** ● impianto sportivo per praticare il pattinaggio

pattìsta [da *patto* ✱ 1989] **s. m. e f.** (pl. m. *-i*) ● esponente o sostenitore del movimento politico Patto per l'Italia

pattìzio [vc. dotta, lat. tardo *pactīciu(m)*, da *pāctum* 'patto' ✱ av. 1793] **agg.** ● (*dir.*) detto di ciò che è basato su un patto o è originato da un patto: *norme pattizie* ‖ **pattiziaménte**, avv. (*raro*) attraverso un patto

♦**pàtto** [lat. *păctu(m)*, dalla stessa famiglia di *pāx*, genit. *pācis* 'pace' ✱ 1261 ca.] **s. m.** **1** accordo o convenzione stabilita tra due o più parti: *fare patti giusti, iniqui, vantaggiosi; stabilire un p. di guerra; rispettare il p.* | ***stare ai patti***, rispettare ogni elemento di un accordo | ***non stare ai patti***, non accettarli o non rispettarli | †***tenere il p.***, osservarlo: *pensa poi di non tenere il p., / perché non ha timor né riverenzia / di Dio e di santi* (L. ARIOSTO) | ***sciogliere il p.***, annullarlo, spec. di comune accordo | ***rompere il p.***, non tenervi fede | ***venire, scendere a patti***, trattare, trovare un accordo | ***venire a patti col diavolo***, (*fig.*) accordarsi con chiunque, pur di ottenere ciò che si vuole | PROV. ***patti chiari amicizia lunga***, gli accordi precisi garantiscono un'amicizia duratura | ***p. in deroga***, V. *deroga* | (*est.*) promessa: *p. nuziale, d'amicizia, d'onore* | ***patto civile di solidarietà***, accordo fra due persone non sposate per regolare alcuni aspetti della loro convivenza; in sigla Pacs | ***p. territoriale***, accordo tra sindacati, imprenditori ed enti locali per la promozione dello sviluppo economico in un comprensorio omogeneo CFR. contratto d'area | ***p. di stabilità***, V. *stabilità* **2** condizione: *a questi patti non accetto; comprare a buon p.* | ***a nessun p.***, a nessuna condizione | ***a p. che, a p. di, col p. di***, a condizione che, di | (*lett.*) ***a ogni p.***, in ogni modo, a ogni costo **3** ***p. sociale***, contratto sociale (V. *contratto*②) | (*dir.*) ***p. parasociale***, accordo fra i soci in merito alla gestione della società o al trasferimento delle partecipazioni

SFUMATURE ➤ *accordo*

pattóna [dal lat. *păctus* 'congiunto, unito', part. pass. di *pàngere*, propr. 'conficcare', di orig. indeur. ✱ av. 1665] **s. f.** ● (*tosc.*) polenta di farina di castagne

pattonàio [1855] **s. m.** (f. *-aia*, pl. m. *-ai*) ● (*tosc.*) chi fa e vende pattona

†**pattovìre** e deriv. ➤ **pattuire** e deriv.

pattùglia [fr. *patrouille*, da *patrouiller* 'guazzare nel fango', var. di *patouiller*, da *patte* 'zampa', di orig. onomat. ✱ 1565] **s. f.** ● piccolo gruppo di soldati o agenti dell'ordine pubblico incaricati di compiti operativi particolari e temporanei: *p. di ricognizione, di collegamento, di combattimento* | ***essere di p.***, farne parte | ***p. stradale***, motociclisti della Polizia stradale in servizio di sorveglianza | ***p. aerea***, uno o più aerei distaccati da un reparto per ricognizione, caccia, protezione, scorta e sim. | ***p. acrobatica***, insieme di aerei i cui piloti sono particolarmente addestrati e affiatati per compiere insieme acrobazie a scopo spettacolare ‖ **pattugliétta**, dim. | **pattuglióne**, accr. m.

pattugliaménto [da *pattugliare* ✱ 1799] **s. m.** ● azione svolta da una pattuglia incaricata di compiti di vigilanza

pattugliànte **A** part. pres. di *pattugliare*; anche **agg.** ● nei sign. del v. **B** **s. m. e f.** ● chi compie un servizio di pattuglia

pattugliàre [da *pattuglia* ✱ 1796] **A** **v. intr.** (*io pattùglio*; aus. *avere*) ● andare in pattuglia: *furono scelti alcuni uomini per p.* **B** **v. tr.** ● ispezionare, sorvegliare con una pattuglia: *pattugliarono i confini per molte ore*

pattugliatóre [1931] **s. m.** **1** (f. *-trice*) chi è in servizio di pattuglia **2** ***p. veloce***, nella marina militare, piccola nave del tipo vedetta, spesso dotata di missili

pattuìre o †**pattovìre** [da *patto* ✱ av. 1292] **v. tr.** (*io pattuìsco, tu pattuìsci*) **1** stabilire mediante un patto, un accordo (+ *di* seguito da inf., + *che*): *p. la resa; p. il prezzo, il compenso; pattuì di pagare entro due mesi; pattuirono che (...) gli altri tutti, lasciate l'armi e i cavalli (...), si partissero* (F. GUICCIARDINI) SIN. concordare, patteggiare, trattare **2** †ingaggiare: *p. un manovale*

pattuìto o †**pattovìto** **A** part. pass. di *pattuire*; anche **agg.** ● nei sign. del v. **B** **s. m.** ● ciò che si è deciso: *versare il p.*

pattuizióne [1916] **s. f.** ● il pattuire | accordo

pattumàio [da *pattume* ✱ 1835] **s. m.** (pl. *-ai*) ● (*tosc.*) chi raccoglieva l'immondizia delle case | (*fig.*) pattume

pattùme [dal lat. *păctus*. V. *pattona* ✱ sec. XIV] **s. m.** **1** immondizia, sudiciume, spazzatura **2** (*raro, lett.*) fango, melma: *un monte / di ghiaia immenso e di p. intorno / gli verserò* (V. MONTI) **3** (*fig.*) opera volgare o mediocre | (*fig.*) immoralità, corruzione | (*lett.*) gentaglia

SFUMATURE ➤ *immondizia*

pattumièra [da *pattume* ✱ 1841] **s. f.** ● recipiente in cui si raccoglie la spazzatura CFR. portarifiuti

patullàre [etim. incerta ✱ 1871] **A** **v. tr.** **1** (*tosc.*) canzonare qlcu. divertendosi alle sue spalle SIN. beffare **2** (*lett.*) blandire, lusingare **3** (*lett.*) cullare, dondolare **B** **patullàrsi** v. intr. pron. ● (*tosc.*) bearsi o godersela

pàtulo [vc. dotta, lat. *pătulu(m)*, da *patēre* 'essere aperto, disteso, patente' ✱ 1342] **agg.** ● (*raro, lett.*) largo, ampio

patùrnia o **patùrna** [etim. incerta ✱ av. 1712] **s. f.** ● (spec. al pl., *pop.*) malumore, stizza: *avere le paturnie*

†**paucità** [vc. dotta, lat. *paucitāte(m)*, da *pāucus* 'poco' ✱ av. 1332] **s. f.** ● scarsezza, esiguità

paulìsta [vc. portog., dal n. dello stato e della città di (S.) *Paulo* 'San Paolo' ✱ 1958] **A** **agg.** (pl. m. *-i*) ● della città o dello Stato di San Paolo, in Brasile **B** **s. m. e f.** ● abitante o nativo di San Paolo

paulònia [chiamata così in onore di Anna *Pavlovna* figlia di Paolo I, zar di Russia ✱ 1875] **s. f.** ● albero delle Scrofulariacee, originario del Giappone, coltivato nei giardini per i grossi grappoli di fiori azzurro-violacei e il legno leggero (*Paulownia tomentosa*)

†**paupèrie** [vc. dotta, lat. *paupĕrie(m)*, da *pāuper*, genit. *pāuperis* 'povero' ✱ sec. XIV] **s. f.** ● povertà, miseria

pauperìsmo [fr. *paupérisme*, dall'ingl. *pauperism*, dal lat. *pāuper*, genit. *pāuperis* 'povero' ✱ 1832] **s. m.** **1** fenomeno economico e sociale per cui, mancando risorse naturali e capitali o in conseguenza di guerre, carestie, crisi economiche, si ha una larga diffusione della miseria negli strati meno abbienti di una popolazione **2** ideale e condizione concreta di assoluta povertà propri di alcuni ordini religiosi cristiani

pauperìsta [1946] **A** **agg.** (pl. m. *-i*) ● pauperistico **B** **agg.**; anche **s. m. e f.** **1** che (o chi) è fautore del pauperismo come ideale religioso **2** (*est.*) che (o chi) ostenta uno stile di vita basato su una rigida sobrietà

pauperìstico [1950] **agg.** (pl. m. *-ci*) ● relativo al pauperismo o (*est.*) a tendenze simili al pauperismo

pauperizzazióne [dall'ingl. *pauperization* 'impoverimento' ✱ 1985] **s. f.** **1** considerevole abbassamento del tenore di vita generale di una società | impoverimento di una classe sociale rispetto al resto della popolazione **2** riduzione della capacità di uno Stato di regolamentare le vicende economiche

paupulàre o **pupilàre** o **pupillàre**③ [vc. dotta, lat. *paupulāre*, di orig. onomat. ✱ av. 1636] **v. intr.** (*io pàupulo*; aus. *avere*) ● (*lett.*) emettere il grido caratteristico del pavone

♦**paùra** [lat. *pavōre(m)*. V. *pavore* ✱ sec. XII] **s. f.** **1** intenso turbamento misto a preoccupazione ed inquietudine per qlco. di reale o di immaginario che è o sembra atto a produrre gravi danni o a costituire un pericolo attuale o futuro (+ *di*, + *per*): *avevo una gran p.; p. della morte, della guerra, del fulmine; tremare, impallidire, battere i denti di (o per) la p.; ho una gran paura per loro* CFR. -fobia, -fobo | ***fare, mettere p. a qlcu.***, spaventarlo | (*fig.*) ***aver p. anche della propria ombra***, essere molto pauroso | ***essere morto, mezzo morto di p.***, essere spaventatissimo | ***brutto, pallido, magro da far p.***, bruttissimo, pallidissimo, magrissimo | (*ellitt., colloq.*) ***da p.***, spec. nel linguaggio giovanile, eccezionale: *un fisico da p.; ha speso cifre da p.* | ***niente***

a b c d e f g h i j k l m n o **p** q r s t u v w x y z

p.!, non aver p.!, escl. di incoraggiamento **2** timore, preoccupazione (+ *di* **seguito da inf.**, + *che* **seguito da congtv.**): *ho p. che si metta a piovere; ha p. di arrivare in ritardo; ho p. di non farcela per le sei; ha sì gran p. che io non sappia rispondere* (G. Boccaccio) ‖ **pauràccia**, **pegg.** | **paurétta**, **dim.** | (*raro*) **pauriccia**, **dim.** | (*raro*) **paurina**, **dim.** | **paurόna**, **accr.**

SFUMATURE DI SIGNIFICATO

paura - spavento - terrore - panico

La **paura** è un intenso turbamento, misto di preoccupazione e inquietudine, per qualcosa che si teme possa costituire un pericolo o produrre un danno. In **spavento** la sensazione forte di *paura* è associata alla sensazione di essere in presenza di una situazione imminente di pericolo. Ancora più drammaticamente intensa è la sensazione di **terrore**, che prende quando ci si trova di fronte a un pericolo gravissimo che blocca qualsiasi capacità di reazione o induce ad atti di disperazione altrettanto pericolosi. Se alla *paura* improvvisa si accompagna un'incapacità di reazione logica che induce a comportamenti insensati si ha uno stato di **panico**.

SFUMATURE ➤ ***ansia***, ➤ ***orrore***, ➤ ***sgomento***①

paurometàbolo [comp. del gr. *pâuros* 'poco' (della stessa famiglia del lat. *păucus* 'poco') e un deriv. di *metabolḗ* 'cambiamento' (V. *metabole*) ✻ 1958] **agg.** ● (*zool.*) detto di insetto con metamorfosi incompleta

♦**pauróso** (o **-ṣ-**) [da *paura* ✻ av. 1250] **agg.** **1** che ha sempre paura: *è p. come una lepre* | spaventato, impaurito: *se ne stava tutto p. in un angolo* **CONTR.** animoso, coraggioso **2** che incute paura: *una scena paurosa* | impressionante, spaventoso: *incidente p.* | (*iperb.*) straordinario, impressionante: *ha una memoria paurosa* ‖ **paurosétto**, **dim.** | (*fam.*) **paurosóne**, **accr.** ‖ **paurosaménte**, **avv.** **1** con paura: *Maria s'appressò paurosamente al balcone* (L. Pirandello) **2** in modo da incutere paura: *sbandare paurosamente in curva*; (*iperb.*) estremamente, moltissimo: *i suoi guadagni sono paurosamente calati* ‖ **paurosità**, **s. f. inv.** **1** caratteristica di chi è pauroso **2** caratteristica di ciò che incute paura

P

♦**pàuṣa** [vc. dotta, lat. *pāusa(m)*, da **pausāre* 'pausare' ✻ av. 1328] **s. f.** **1** breve intervallo, momento di interruzione, di sosta: *ogni tanto facciamo una p. perché il lavoro è molto faticoso; con la spada senza indugio e p. / fende ogn'elmo* (L. Ariosto) | (*est.*) indugio, dilazione | ***p. pranzo***, intervallo durante l'attività lavorativa, coincidente con l'ora di pranzo: *incontriamoci durante la p. pranzo* | ***p. di riflessione***, sospensione di una trattativa, o di un'attività in genere, allo scopo di approfondire i termini di una questione | (*anat.*) ***p. diastolica del cuore***, intervallo di riposo del muscolo cardiaco, tra una contrazione e l'altra **2** breve momento di silenzio, a fini espressivi, nel parlare, nel leggere o nel recitare: *e, dopo una p., soggiunse: ...* **3** (*ling.*) cessazione temporanea dell'attività fonatoria **4** (*mus.*) assenza di suono nel corso di una composizione, prescritta dal compositore e di durata stabilita | segno che indica la sua durata, corrispondente ai valori principali delle note: *p. di semibreve* ‖ (*fam.*) **pauṣétta**, **dim.**

SFUMATURE ➤ ***riposo***

-pàuṣa [da *pausa* nel senso di 'arresto, cessazione'] **secondo elemento** ● in parole composte della terminologia scientifica significa 'cessazione': *andropausa, menopausa, tropopausa*

pauṣàre [lat. parl. **pausāre*, dal gr. *pâusai* 'fermati', imperat. aoristo di *pâuein* 'fermarsi, cessare', di etim. incerta ✻ sec. XII] **A** **v. tr.** (*io pàuṣo*) ● (*lett.*) intervallare con pause **B** **v. intr.** (**aus.** *avere*) ● (*lett.*) sostare, far pausa | (*fig.*) riposare, aver pace: *Lo rege per cui questo regno pausa / in tanto amore e in tanto diletto* (Dante *Par.* XXXII, 61-62)

pauṣàrio [vc. dotta, lat. *pausăriu(m)*, da *pāusa* 'pausa' ✻ 1835] **s. m.** ● capo dei rematori che, sulle navi romane, segnava il tempo stando a poppa

pavàna [da (*danza*) *pavana* 'danza pa(do)vana' ✻ 1508] **s. f.** ● danza italiana nobile e cerimoniosa, in quattro tempi, tipica dell'età barocca, poi stilizzata in forma strumentale

pavanìglia [sp. *pavanilla*, dim. di *pavana* 'pavana' ✻ 1581] **s. f.** ● pavana

pavàno [forma dial. di *padovano* ✻ sec. XV] **agg.** ● dialetto rustico padovano

pavé /fr. pa've/ [vc. fr., propr. part. pass. di *paver* 'lastricare', dal lat. parl. **pavāre*, per il classico *pavīre* 'battere, colpire' (V. *pavimento*) ✻ 1813] **s. m. inv.** ● strada lastricata, selciato

†**pavefàtto** [vc. dotta, lat. *pavefăctu(m)*, comp. di *pavēre* 'aver paura' (V. *pavere*) e *făctus* 'fatto' ✻ av. 1375] **agg.** ● spaventato, terrorizzato

†**paventaménto** [sec. XIV] **s. m.** ● timore, trepidazione

♣**paventàre** [lat. parl. **paventāre*, da *pāvens*, genit. *pavĕntis*, part. pres. di *pavēre*. V. *pavere* ✻ 1294] **A** **v. tr.** (*io pavènto*) ● prevedere con preoccupazione qlco. di negativo (+ *di* **seguito da inf.**, + *che* **seguito da congtv.**): *p. una contestazione; si paventa il ritorno del maltempo; paventa di dover rimanere a lungo in ospedale; paventa che le difficoltà facciano slittare la decisione* | (*lett.*) temere: *paventò la morte chi la vita aborria* (G. Leopardi) **B** **v. intr.** (**aus.** *avere*) **1** (*lett.*) aver paura **2** adombrarsi, spaventarsi, detto spec. di animali

†**pavènto** [da *paventare* ✻ 1266] **s. m.** ● spavento, paura: *suo divin portamento / ritral tu, amor, ch'io per me n'ho p.* (A. Poliziano)

paventóso (o **-ṣ-**) [da *pavento* ✻ av. 1292] **agg.** **1** (*lett.*) che prova spavento, timore: *popolo ignudo, p. e lento* (F. Petrarca) **SIN.** spaventato **2** (*lett.*) che incute spavento **SIN.** spaventoso ‖ **paventosaménte**, **avv.**

pavére [vc. dotta, lat. *pavēre* 'essere colpito dallo spavento, aver paura', di etim. incerta ✻ av. 1374] **v. tr. e intr.** (**difett. usato solo nella terza pers. sing. del pres. indic.** *pàve*) ● (*lett.*) temere, aver paura: *io stava in guisa d'uom che pensa e pave* (P. Bembo)

paveṣàre [da *pavese*① ✻ 1804] **v. tr.** (*io pavéṣo*) **1** ornare la nave con pavese **2** (*est.*) abbellire con tappeti, arazzi, e sim.: *p. i balconi a festa*

paveṣàta [av. 1552] **s. f.** **1** (*mar.*) tela dipinta con cui un tempo si coprivano spec. le reti delle coffe **2** gala di bandiere sulle navi

pavése① (o **-ṣ-**) o †**palvése** [da (*scudo*) *pavese* ✻ 1280] **s. m.** **1** grande scudo rettangolare usato dalle milizie medievali | (*est.*) †scudo in genere **2** †palvesario **3** (*mar.*) gala di bandiere: *gran p.* | anticamente, riparo di legno dipinto a scudo che si metteva lungo le murate di una nave, a scopo difensivo

SFUMATURE ➤ ***fiamma***

pavése② (o **-ṣ-**) [sec. XIV] **A** **agg.** ● di Pavia | ***zuppa alla p., zuppa p.***, costituita da brodo bollente versato su uova crude, fette di pane gener. tostate e formaggio grattugiato **B** **s. m. e f.** ● abitante o nativo di Pavia **C** **s. m.** ● moneta coniata a Pavia dal sec. VIII

pàvia [dal n. del botanico olandese P. *Paaw* (1564-1617) ✻ 1813] **s. f.** ● ippocastano di origine americana coltivato nei viali e nei parchi, che ha bei racemi di fiori rossi o gialli (*Aesculus pavia*)

♣**pavidità** [1941] **s. f. inv.** ● caratteristica di chi (o di ciò che) è pavido **SIN.** pusillanimità, vigliaccheria

♣**pàvido** [vc. dotta, lat. *păvidu(m)*, da *pavēre* 'aver paura'. V. *pavere* ✻ av. 1328] **A** **agg.** ● pauroso, timoroso: *animo p.* | pieno di paura: *sguardo p.; la tua mente pavida assicura* (M.M. Boiardo) **CONTR.** coraggioso ‖ **pavidaménte**, **avv.** **B** **s. m.** (**f.** *-a*) ● persona pavida

†**padiglióne**① ➤ **padiglione**

†**paviglióne**② [fr. *pavillon* 'tenda, bandiera': stessa etim. dell'it. *padiglione* ✻ av. 1699] **s. m.** ● bandiera navale

pavimentàle [1958] **agg.** ● del pavimento: *mosaico p.*

pavimentàre [vc. dotta, lat. *pavimentāre* 'battere, spianare', da *pavimĕntum*. V. *pavimento* ✻ 1499] **v. tr.** (*io paviménto*) ● dotare di pavimento o di pavimentazione: *p. un locale, una strada*

pavimentàto **part. pass.** di *pavimentare*; anche **agg.** ● dotato di pavimento

pavimentatóre [1936] **s. m.** (**f.** *-trice*) ● operaio che mette in opera pavimenti

pavimentazióne [1866] **s. f.** **1** operazione, lavoro del pavimentare **2** lastricato stradale | pavimento

pavimentìsta [1966] **s. m. e f.** (**pl. m.** *-i*) ● operaio che esegue lavori di pavimentazione

♦**paviménto** [vc. dotta, lat. *pavimĕntu(m)* 'terra battuta, pavimento', da *pavīre* 'battere, colpire', di etim. incerta ✻ 1282] **s. m.** **1** copertura del suolo di un locale con materiali vari come mattonelle, marmo, linoleum, listelli di legno e sim. | ***p. galleggiante, flottante***, copertura a elementi rimovibili montati su un supporto a traliccio, sotto la quale passano cavi e condutture **2** (*anat.*) ***p. della bocca***, parte inferiore della cavità boccale, su cui si adagia la lingua **3** (*geol.*) ***p. abissale***, fondale oceanico a profondità variabili tra 2500 e 5500 m circa

pavimentóso (o **-ṣ-**) [da *pavimento*, per la forma ✻ 1958] **agg.** ● (*anat.*) detto di tessuto epiteliale formato da cellule piatte

pavlovìàno [1965] **agg.** ● relativo al fisiologo russo I. P. Pavlov (1849-1936) e alle sue teorie sui riflessi condizionati

pavonàzzo ➤ **paonazzo**

pavoncèlla [da *pavone* ✻ 1622] **s. f.** ● uccello dei Caradriformi caratterizzato da un ciuffo di penne sottili all'occipite (*Vanellus vanellus*)

♦**pavóne** o †**pagóne**, †**paóne** [lat. *pavōne(m)*, di orig. orient. ✻ sec. XIII] **A** **s. m.** (**f.** *-a* o *-éssa*) **1** uccello dei Galliformi, originario dell'India e di Ceylon, con capo adorno di un ciuffo di piume erette e forte dimorfismo sessuale; il maschio ha un magnifico piumaggio blu, con ali picchiettate di grigio e, nella parte posteriore, un lungo strascico di piume verdi con occhi multicolori (*Pavo cristatus*) **CFR.** paupulare, stridere | (*fig.*) ***fare il p.***, pavoneggiarsi, gloriarsi e sim. | (*fig.*) ***farsi bello con le penne del p.***, attribuirsi i meriti altrui e gloriarsene **2** (*fig.*) persona fatua e vanagloriosa **B** **in funzione di agg. inv.** ● (posposto a un sost.) solo nelle loc. ***azzurro, verde p.***, detto di varietà cromatiche brillanti di questi colori

pavoneggiàre o †**paoneggiàre** [da *pavone* ✻ 1353] **A** **v. intr.** (**pres.** *io pavonéggio*; **fut.** *io pavoneggerò*; **aus.** *avere*) ● (*lett.*) farsi bello, darsi delle arie: *A lei i forti ed i belli, pavoneggiando, s'inchinano* (C. Dossi) **B** **v. tr.** ● (*lett.*, *raro*) esibire vanitosamente: *p. la propria persona* **C** **pavoneggiàrsi** o †**paoneggiàrsi** **v. intr. pron.** ● compiacersi eccessivamente di sé stesso, farsi bello, darsi delle arie: *io intanto non poteva resistere al piacere di pavoneggiarmi dinanzi alla Pisana* (I. Nievo)

pavònia [dai colori che ricordano quelli del *pa-*

vone ✱ 1875] **s. f.** ● farfalla notturna i cui maschi, bruno-giallastri, hanno antenne pennate e appariscenti e le femmine sono di colore grigio-roseo (*Eudia pavonia*)

pavóre [lat. *pavōre(m)*, da *pavēre* 'aver paura'. V. *pavere* ✱ av. 1306] **s. m.** ● (*lett.*, *raro*) paura, terrore

payèna /pa'jɛna/ [chiamata così in onore di un certo *Payen* (?) ✱ 1958] **s. f.** ● albero delle Sapotacee, indo-malese, che fornisce guttaperca (*Payena Leeri*)

payoff /pei'ɔf, *ingl.* 'peɪ,ɒf/ [vc. ingl., propr. 'pagamento', ma anche 'conclusione' ✱ 1989] **s. m. inv.** **1** parte conclusiva dei messaggi pubblicitari, scritta con molta evidenza e destinata a fare presa sui potenziali acquirenti **2** risultato economico, realizzato o previsto, di una determinata operazione

payout /pei'aut, *ingl.* 'peɪ,aʊt/ [vc. ingl., acc orc. di *payout ratio* 'rapporto di esborso' ✱ 1988] **s. m. inv.** ● (*econ.*) rapporto fra utile distribuito ai soci e utile netto totale

pay per use /peipə'rjuz, *ingl.* ,peɪpə'ju:z/ [loc. ingl., propr. 'pagamento (*pay*) per (*per*) l'uso (*use*)' ✱ 1995] **loc. sost. m. inv. (pl. ingl. inv.)** ● pagamento di un bene o di un servizio in base all'effettivo utilizzo

pay per view /peipər'vju, *ingl.* ,peɪpə'vju:/ [loc. ingl., propr. 'paga per ciò che vedi' ✱ 1988] **loc. sost. f. inv.** ● sistema di distribuzione di programmi televisivi da parte di una pay tv nel quale viene addebitato all'utente solo il costo delle trasmissioni che sceglie di ricevere

pay tv /peitiv'vu*, *ingl.* ,peɪti:'vi:/ [loc. ingl. composta da *to pay* 'pagare' e *tv* ✱ 1989] **loc. sost. f. inv. (pl. ingl.** *pay tvs*) ● emittente televisiva commerciale i cui programmi sono totalmente o in parte accessibili solo mediante l'acquisto o il noleggio di un apposito decodificatore

paywall /'peiwol, *ingl.* 'peɪ,wɔ:l/ [vc. ingl., comp. di *to pay* 'pagare' e *wall* 'parete' ✱ 2010] **s. m. inv.** ● (*Internet*) sistema che inibisce l'accesso gratuito a una pagina web con contenuti a pagamento

pazientàre [da *paziente* ✱ av. 1527] **A** **v. intr.** (*io paziènto*; **aus.** *avere*) ● avere pazienza: *vi prego di p. ancora un poco* **B** **v. tr.** ● (*lett.*) aspettare con pazienza

♦**paziènte** [vc. dotta, lat. *patiĕnte(m)* 'che sopporta, che tollera', da *păti* 'sopportare, soffrire'. V. *patire*① ✱ av. 1292] **A** **agg.** **1** che sa accettare, con serenità e senza lamentarsi, avversità, contrattempi, dolori e sim.: *un uomo, un padre, un marito p.* | (*est.*) che sa attendere, senza insofferenza e nervosismo: *attendeva ancora lì, p. e assorta* (L. PIRANDELLO) | che esprime pazienza: *tu co 'l lento / giro de' pazienti occhi rispondi* (G. CARDUCCI) **CONTR.** impaziente, insofferente **2** che fa le cose con cura, con scrupolo, con meticolosità: *un ricercatore p.* | che è fatto con pazienza, che richiede pazienza: *lavoro, studio p.*; *lunghe e pazienti indagini* **3** (*gramm.*) †che subisce l'azione espressa dal verbo **SIN.** passivo || **pazienteménte**, **avv.** con pazienza: *aspettare, attendere pazientemente* **B** **s. m. e f.** **1** chi è affetto da una malattia, e quindi sottoposto a cure mediche, analisi, interventi chirurgici e sim.: *ricovero di un p. in clinica* | chi è in cura presso un medico: *il dottor Rossi riceve i pazienti nel pomeriggio* **2** (*gramm.*) †elemento passivo dell'azione

♦**paziènza** o †**paciènza**, †**pacènza**, †**pacènzia** [vc. dotta, lat. *patiĕntia(m)*, da *pătiens*, genit. *patiĕntis*, part. pres. di *păti*. V. *paziente* e *patire*① ✱ 1287] **s. f.** **1** disposizione interiore e atteggiamento di chi sa tollerare a lungo e serenamente tutto ciò che risulta sgradevole, irritante o doloroso: *avere, non avere p.*; *una infinita p.*; *coi vecchi e coi bambini ci vuole p.*; *la longanimità e p. sta bene a tutti* (G. BRUNO) | **portare p.**, pazientare, sopportare | **p.!**, **ci vuol p.!**, esclamazione che esprime rassegnazione, sopportazione e sim. | anche con valore concessivo: *mi avesse avvisato, p., invece ho aspettato mezz'ora!*; *P. fosse scapolo: ma così com'è, che gl'importa dei fatti altrui?* (G. DELEDDA) | **abbi p.!**, esclamazione di scusa o per esortare alla calma, all'obiettività e sim. | **perdere la p.**, irritarsi | **far scappare la p. a qlcu.**, farlo arrabbiare | **armarsi di p.**, prepararsi a sopportare avversità, noia e sim. | **santa p.!**, esclamazione di chi sta per perderla | **la p. di Giobbe**, la massima pazienza di cui un essere umano è capace | (*est.*) precisione e meticolosità, assoluta mancanza di fretta, di approssimazione e sim.: *un lavoro di abilità e di p.* | **la p. di un certosino**, massima calma e precisione in un lavoro | **gioco di p.**, in cui occorrono calma, riflessione e precisione **CONTR.** impazienza, insofferenza **2** †sofferenza, dolore **3** abito, privo di maniche e aperto lateralmente, dei membri di alcuni ordini e congregazioni religiose cattoliche | cordone dei frati **4** (*mar.*) rastrelliera di caviglie

SFUMATURE DI SIGNIFICATO

pazienza - tolleranza - rassegnazione

Pazienza è la virtù di chi sopporta a lungo e con serenità ciò che è per lui sgradevole o doloroso. **Tolleranza** comporta il riconoscimento e l'accettazione di modi di pensare o di fare diversi dai propri. Se l'accettazione di cose o persone non gradite diventa un atteggiamento di accettazione passiva si ha **rassegnazione**.

pazzarèllo ➤ **pazzerello**

pazzarièllo [napol., da *pazziare* ✱ 1905] **s. m.** ● a Napoli, banditore che va per le strade seguito da suonatori di grancassa, tamburo e zufolo, vestito con abito seicentesco o comunque variopinto, e con mazza fornita di pomo

†**pazzarìno** [da *pazzo* ✱ av. 1484] **s. m.**; anche **agg.** ● sciocco, scimunito

†**pazzeggiaménto** [av. 1786] **s. m.** ● divertimento chiassoso e stravagante

pazzeggiàre [av. 1449] **v. intr.** (**pres.** *io pazzéggio*; **fut.** *io pazzeggerò*; **aus.** *avere*) ● (*raro* o *lett.*) fare pazzie, spec. esprimendo la propria gioia in modo chiassoso e stravagante

†**pazzeréccio** ➤ †**pazzericcio**

pazzerèllo o (*merid.*) **pazzarèllo** [av. 1444] **A** **agg.** **1** dim. di *pazzo* **2** alquanto pazzo **3** (*fig.*, *scherz.*) capriccioso: *vento, carattere p.* **B** **s. m.** (**f.** *-a*) ● persona bizzarra e capricciosa || **pazzerellino**, **dim.** | **pazzerellóne**, **accr.** (V.)

pazzerellóne [1863] **agg. e s. m.** (**f.** *-a*) **1** accr. di *pazzerello* **2** che (o chi) è allegro, spensierato e scherza volentieri

†**pazzerìccio** o †**pazzeréccio** [da *pazzo* ✱ 1566] **agg.** ● (*lett.*) bizzarro, stravagante; pazzerello

pazzésco [sec. XIV] **agg.** (**pl. m.** *-schi*) **1** di pazzo, da pazzo: *comportamento p.* | (*iperb.*) incredibile, straordinario: *ha una cultura pazzesca* **2** (*fig.*) assurdo, irragionevole: *una spiegazione incredibile, addirittura pazzesca* || **pazzescaménte**, **avv.** **1** (*raro, lett.*) in modo pazzesco **2** (*iperb.*) estremamente, straordinariamente

SFUMATURE ➤ ***paradossale***

pazzìa [da *pazzo* ✱ av. 1306] **s. f.** **1** alterazione delle facoltà mentali: *dare segni di p.*; *è una vera forma di p.*; *un pazzo la cui p. consisteva nell'illusione di avere un rapporto con la realtà* (A. MORAVIA) **2** (*est.*) stravaganza, stranezza | **avere un ramo di p.**, essere stravagante **3** azione stravagante, comportamento strano: *una delle sue solite pazzie*; *far pazzie* **4** (*fig.*) cosa assurda e irragionevole: *pretendere di convincerlo sarebbe una p.* **5** (*merid.*) gioco, scherzo || (*lett.*) **pazziòla**, **pazziuòla**, **dim.**

pazziàre [da *pazzo* ✱ 1618] **v. intr.** (*io pàzzio*; **aus.** *avere*) ● (*merid.*) fare pazzie, follie, stranezze

†**pazzìccio** [av. 1565] **agg.** **1** dim. di *pazzo* **2** alquanto pazzo

♦**pàzzo** [lat. *pătiens*, nom., 'paziente' (in senso medico) (?) ✱ 1268] **A** **agg. e s. m.** (**f.** *-a*) **1** che (o chi) mostra alterazione nelle proprie facoltà mentali: *diventare p.*; *p. furioso*; *p. da legare*; *una povera pazza*; *urlare, smaniare come un p.* **2** (*est.*) che (o chi) si comporta in modo insensato, come se fosse fuori di sé: *mi sembri p.*; *è corso via come un p.*; *un discorso da p.* | **cose da pazzi!**, cose incredibili, assurde e sim. | con valore rafforz.: *essere innamorato, geloso p.* | nella loc. **essere p. di**, seguita da un sost., ha valore iperb.: *essere p. d'amore, di gioia, di felicità, di disperazione* | **andare p. per qlco.**, esserne particolarmente attratto: *va pazza per il ballo* | (*est.*) che (o chi) mostra un comportamento particolarmente bizzarro: *è sempre stato un po'p.*; *che p. a vestirsi in quel modo!* || **pazzàccio**, **pegg.** | **pazzarèllo**, **pazzerèllo**, **dim.** (V.) | †**pazzìccio**, **dim.** (V.) **B** **agg.** ● degno di un pazzo, cioè particolarmente strano e stravagante: *discorsi pazzi*; *un gesto veramente p.* | eccessivo: *fare spese pazze*; *correre a pazza velocità* | **provare un gusto p. a** (o **nel**) **fare qlco.**, divertirsi moltissimo | **darsi alla pazza gioia**, abbandonarsi ai divertimenti più sfrenati | **tempo p.**, incostante | †**acqua pazza**, brodo lungo e insipido, o latte misto ad acqua | **all'acqua pazza**, V. *acqua* nel sign. A 1 || **pazzaménte**, **avv.** **1** da pazzo, come un pazzo **2** (*fig.*) in modo eccessivo, straordinario e sim.; alla follia: *amare, desiderare pazzamente qlcu.*, *divertirsi pazzamente*

SFUMATURE DI SIGNIFICATO

pazzo - matto - folle

Pazzo è chi mostra alterazione delle proprie facoltà mentali; in accezione più leggera è chi ha comportamenti insensati, fa cose assurde, irragionevoli, oppure stravaganti ed eccentriche. **Matto** è in tutti i suoi usi intercambiabile con *pazzo*, anche se la parola è scarsamente usata nell'italiano parlato nelle aree centro-meridionali. **Folle** definisce nell'uso chi agisce senza senno e raziocinio o ciò che è fatto o concepito sconsideratamente, meno frequentemente chi è realmente privo di ragione. In senso figurato tutti e tre i termini, se posposti al nome al quale si riferiscono, indicano qualcosa di grande, enorme, fuori dal comune per intensità o dimensioni.

SFUMATURE ➤ ***demente***, ➤ ***originale***

pazzòide [comp. di *pazzo* e *-oide* ✱ 1944] **agg. e s. m. e f.** ● che (o chi) è alquanto strano e stravagante: *carattere p.*; *è un p.*

pazzòtico [da *pazz(o)* con il suff. *-otico* ✱ 1536] **agg.** (**pl. m.** *-ci*) ● (*merid.*) eccentrico, stravagante, originale: *col vento che tirava da Napoli, con quel p. viceré* (L. SCIASCIA) **SIN.** pazzoide

pc /pit'tʃi*/ o **PC** [1985] **A** **s. m. inv.** ● sigla di *personal computer* **CFR.** piccì **B** in funzione di **agg. inv.** ● (posposto a un sost.) eseguito con un personal computer: *denuncia iva pc*

†**pe**① ● V. **pi**

†**pe**② /pe*/ o †**pe'** **prep. propria semplice** ● forma tronca della prep. *per*: *pe la grazia che le sue mani diedero sempre alle pitture* (G. VASARI)

pe' /pe/ **prep. art. m. pl.** ● (*tosc., poet.*) forma tronca della prep. art. *pei*: *un mormorio / pe' dubitanti vertici ondeggiò* (G. CARDUCCI)

peace keeping /pis'kipin(g), *ingl.* 'pi:s-

ˌkiːpɪŋ/ [loc. ingl., propr. 'custodia (*keeping*) della pace (*peace*)' ✱ 1992] **loc. sost. m. inv.** • intervento di truppe neutrali per evitare conflitti armati in Paesi terzi

peak time /pik'taim, *ingl.* 'piːk,taɪm/ o **peaktime** [loc. ingl., propr. 'tempo (*time*) del picco (*peak*) più alto' ✱ 1983] **loc. sost. m. inv.** • (*radio, tv*) fascia oraria nella quale l'ascolto raggiunge i valori più alti, gener. quella compresa tra le 20,30 e le 23

✦**peàna** [vc. dotta, lat. *Paeāna*, dal gr. *Paián*, epiteto di Apollo, propr. 'il risanatore', di etim. incerta ✱ 1321] **s. m. (pl. inv. o *-i*) 1** canto corale in onore di Apollo o altra divinità **2** (*fig.*) discorso, scritto e sim. di vittoria o di esaltazione per qlco.

pearà [vc. ven., propr. 'peperata', dal n. di un suo ingrediente specifico, il *péar(o)* 'pepe' ✱ 1984] **s. f. inv.** • salsa tipica della cucina veneta, a base di pane raffermo grattugiato e midollo di bue, che si accompagna ai bolliti **CFR.** peverada

peàta [vc. venez., dal lat. parl. **plătta(m)*, perché di fondo piatto. V. *piatto* ✱ 1720] **s. f.** • (*mar.*) barca a fondo piatto già in uso nella laguna veneta

pebrìna [fr. *pébrine*, dal provenz. *pebrino*, da *pebre* 'pepe', per le piccole macchie scure, simili a granelli di *pepe*, che caratterizzano questa malattia ✱ 1875] **s. f.** • malattia del baco da seta provocata da un protozoo parassita, il nosema

pecàn [vc. d'orig. algonchina ✱ sec. XVIII] **s. m. inv.** • albero delle Iuglandacee, diffuso spec. nell'America settentrionale, con frutto a forma di noce allungata e il cui seme commestibile ha sapore di mandorla (*Carya pecan*) | ***noce p.***, il frutto di tale albero

pècari [vc. di orig. caribica ✱ 1772] **s. m. inv.** • nome comune di due specie di Mammiferi degli Artiodattili americani, con pelame ispido e denti canini molto sviluppati rivolti in basso | ***p. dal collare***, non supera 1 m di lunghezza ed è caratterizzato da un anello di pelliccia chiara al confine tra capo e tronco (*Tayassu tajacu*) | ***p. labiato***, lungo oltre 1 m, con una caratteristica colorazione bianca intorno alla bocca (*Tayassu pecari*) | pelle conciata di questo animale: *borse, guanti di p.*

pècca [da *peccare* ✱ sec. XIII] **s. f. 1** vizio, difetto, menda: *conoscere le pecche di qlcu.*; *qualche magagna, qualche p. nascosta la doveva avere* (A. MANZONI) | †peccato **2** errore, imperfezione, mancanza: *il suo operato non è immune da pecche*

SFUMATURE ➤ ***difetto***, ➤ ***mancanza***

peccàbile [av. 1455] **agg.** • (*lett.*) che è soggetto a peccare

†**peccadìglio** [sp. *pecadillo*, dim. di *pecado* 'peccato' ✱ 1525] **s. m.** • peccatuccio

peccaminóso (o **-ṣ-**) [comp. del lat. tardo *peccāmen*, genit. *peccāminis* 'peccato', da *peccāre* 'peccare', e *-oso*[3] ✱ 1684] **agg. 1** che costituisce peccato: *pensiero p.* | che è pieno di peccato o di peccati: *un passato p.* **2** che spinge al peccato | contrario al pudore, alla decenza: *letture peccaminose* | scandaloso: *relazione peccaminosa* ‖ **peccaminosaménte**, **avv.** ‖ **peccaminosità**, **s. f. inv.** natura di ciò che è peccaminoso

peccànte **A** **part. pres.** di *peccare*; **anche agg. 1** nei sign. del v. **2** (*raro, lett.*) imperfetto, difettoso | †***umori peccanti***, che causano malattia **B** **s. m. e f.** • †peccatore

peccàre [lat. *peccāre*: da **pĕccus* 'difettoso nel piede', da *pēs*, genit. *pĕdis* 'piede' ✱ av. 1250] **A** **v. intr.** (*io pècco, tu pècchi*; **aus.** *avere*) **1** trasgredire i precetti religiosi, commettere peccato (+ *di*, + *in*): *p. di superbia, di invidia; p. in pensieri, in parole* **2** (*est.*) commettere errori (+ *di*, + *per*): *p. di leggerezza, per troppa bontà* | (*raro*) esagerare (+ *in*): *p. in severità, in durezza* **3** detto di qlco., difettare, mancare (+ *in*): *il suo ragionamento pecca nella forma e nella sostanza* (I. NIEVO) **B** **v. tr.** • †nella loc. ***p. peccato***, commetterlo

✦**peccàto** [vc. dotta, lat. *peccātum*, da *peccāre* 'peccare' ✱ av. 1250] **s. m. (pl. *-i*, †*-a*, f.) 1** comportamento umano che costituisce violazione della legge etica e divina | nella dottrina cattolica, libera o volontaria trasgressione della legge divina, in pensieri, parole, opere, omissioni | ***p. capitale, mortale***, che è punito con la dannazione eterna | ***i sette peccati capitali***, accidia, avarizia, gola, invidia, ira, lussuria, superbia | ***p. veniale***, che non comporta la perdita della grazia | ***p. originale***, commesso da Adamo e da Eva, è trasferito a tutti gli uomini e si redime con il battesimo | ***brutto come il p.***, (*fig.*) di persona o cosa bruttissima | (*est.*) vita peccaminosa: *vivere nel p.* **2** (*fig.*) errore, fallo: *un p. da correggere, da riparare; p. di presunzione; l'orgoglio è il mio più buon p. umano* (U. SABA) | **PROV.** ***p. confessato è mezzo perdonato*** | ***p. di gioventù***, qualunque colpa addebitabile all'inesperienza giovanile (*anche scherz.*) **3** in numerose loc., spesso escl., esprime rammarico, dispiacere, rincrescimento (*anche ellitt.*) (+ *che* **seguito da congtv.**, + **inf.**, + *per*): *è un vero p. che il vetro si sia rotto; che p. che tu non sia qui!; p. non essere partiti!; p. che sia così giovane!; p. per quell'errore!; Non sei riuscito a entrare? P.!* **4** †compassione, pietà **5** (*lett.*) malasorte ‖ **peccatàccio**, **pegg.** | **peccatìno**, **dim.** | **peccatóne**, **accr.** | **peccatùccio**, **peccatùzzo**, **dim.**

✦**peccatóre** [lat. tardo *peccatōre(m)*, da *peccātum* 'peccato' ✱ 1065] **s. m. (f. *-trice*, *raro*, *pop.* *-tóra*)** • chi pecca o ha peccato: *di gran peccatori si possono fare gran santi* (D. BARTOLI) | ***p. impenitente***, che non si corregge; (*scherz.*) persona che ama divertirsi | (*disus.*) ***pubblica peccatrice***, prostituta ‖ **peccatoràccio**, **pegg.**

peccéta [da *peccia* (2) col suff. *-eta*, dal lat. *-ēta*, pl. collettivo di *-ētu(m)*, proprio di luoghi dove crescono determinati alberi ✱ 1984] **s. f.** • (*sett.*) bosco di pecci

†**pècchero** [longob. *behhari* 'bicchiere' (cfr. il ted. *Becher*) ✱ 1666] **s. m.** • bicchiere di grosse dimensioni

pécchia [lat. *apĭcula(m)*, dim. di *ăpis* 'ape' ✱ av. 1320] **s. f.** • (*lett.*) ape ‖ **pecchióne**, **accr. m.** (V.)

pecchióne [1568] **s. m. 1** accr. di *pecchia* **2** fuco **3** †beone

†**péccia**[1] [etim. incerta ✱ av. 1449] **s. f.** • pancia

péccia[2] [dal lat. *pĭcea(m)* 'pino silvestre' (V. *picea*) ✱ 1608] **s. f. (pl. *-ce*)** • (*sett.*) peccio

péccio [dal lat. *piceum* 'pece' ✱ 1550] **s. m.** • (*bot.*) abete rosso **SIN.** peccia, picea

†**pecciùto** [sec. XV] **agg.** • panciuto

péce [lat. *pĭce(m)*, di orig. indeur. ✱ sec. XII] **s. f.** • massa nera di varia consistenza e di aspetto bituminoso, ottenuta come residuo della distillazione dei catrami; si usa nella pavimentazione di strade, nella copertura di tetti e terrazze, per cartoni e copertoni catramati, e altro | ***p. greca***, colofonia | ***p. liquida***, catrame | ***p. nera***, residuo della distillazione del catrame vegetale, usata per calafatare navi e per impermeabilizzare tessuti e tele | (*fig.*) ***nero come la p.***, molto nero | (*fig., lett.*) colpa, difetto: *che tutti siam macchiati d'una p.* (F. PETRARCA)

pecétta [da *pece* ✱ av. 1850] **s. f. 1** (*centr.*) cerotto | (*est.*) toppa che si applica per riparare qlco. | ***mettere una p.***, (*fig.*) rimediare in qualche modo **2** (*fig.*) cosa o persona molesta o noiosa **SIN.** impiastro **3** (*fig., raro*) macchia di sudiciume **4** (*raro*) etichetta, tagliandino **5** piccola striscia nera sovrimpressa in una fotografia e sim. con la funzione di nascondere certe parti del corpo o di impedire l'identificazione di una persona

pechblènda /pek'blɛnda/ [ted. *Pechblend*, comp. di *Pech* 'pece' e *Blende* 'blenda', per il suo aspetto scuro come la *pece* ✱ 1817] **s. f.** • importante minerale dell'uranio **SIN.** uraninite

pechinése (o **-ṣ-**) [1766] **A** **agg.** • di Pechino **B** **s. m. e f. 1** abitante o nativo di Pechino **2** piccolo cane da compagnia con pelo lungo e setoso

pècia [variante di *pezza* ✱ 1958] **s. f. (pl. *-cie*)** • nel Medioevo, ciascun foglio scritto piegato in quattro, che formava il fascicolo modello di un libro e più specificamente di un testo ufficiale universitario

peciàrio [da *pecia* ✱ 1958] **s. m.** • nelle università del Medioevo, chi custodiva le pecie

pecilandrìa [comp. di *pecil(o)-* e *-andria* ✱ 1983] **s. f.** • (*biol.*) fenomeno per cui, nella stessa specie, esistono differenti tipi di maschi

Pecìlidi o **Pecilìidi** [dal gr. *poikílos* 'variopinto', prob. da una vc. indeur. che indica 'ornamento', e *-idi* ✱ 1958] **s. m. pl. (sing. *-e*)** • (*zool.*) famiglia di Pesci ossei dei Ciprinodontiformi comprendente specie di piccole dimensioni, vivacemente colorate, cui appartiene la gambusia (*Poeciliidae*)

pècilo- [dal gr. *poikílos* 'variopinto' (V. *Pecilidi*)] **primo elemento** • in parole composte della terminologia scientifica, significa 'variegato, variopinto': *pecilandria, pecilosmotico*

pecilogìnia [comp. di *pecilo-* e *-ginia* ✱ 1983] **s. f.** • (*biol.*) fenomeno per cui, nella stessa specie, esistono differenti tipi di femmine

pecilogonìa [comp. di *pecilo-* e *-gonia* ✱ 1954] **s. f.** • (*zool.*) fenomeno caratteristico di alcuni gruppi invertebrati; i piccoli sgusciano dalle uova in uno stadio di sviluppo variabile a seconda della quantità delle sostanze di riserva che esse contengono

pecilọsmòtico [comp. di *pecil(o-)* e *osmotico* ✱ 1958] **agg. (pl. m. *-ci*)** • (*zool.*) detto di animale la cui concentrazione salina interna corrisponde a quella dell'ambiente esterno

pecilotermìa [comp. di *pecilo-* e *-termia* ✱ 1958] **s. f.** • condizione propria dei pecilotermi

pecilotèrmico [comp. di *pecilo-* e *-termico* ✱ sec. XX] **agg. (pl. m. *-ci*)** • riferito ai pecilotermi

pecilotèrmo [comp. di *pecilo-* e *-termo* ✱ 1930] **s. m.** • (*zool.*) organismo animale che adegua la propria temperatura corporea a quella ambientale

pecionàta [da *pecione* ✱ 1931] **s. f.** • (*roman.*) lavoro malfatto, abborracciato

pecióne [da *pece*: propr. 'calzolaio di poco valore che fa largo uso della pece' ✱ 1931] **s. m. (f. *-a*)** • (*centr.*) chi esegue qlco. in modo affrettato e inesatto

pecióso (o **-ṣ-**) [av. 1729] **agg.** • che ha l'aspetto e le caratteristiche della pece

peciòtto [da *pecione* ✱ 1835] **s. m.** • (*centr.*) cosa mal fatta | cosa sudicia, pasticciata

peck /*ingl.* pɛk/ [vc. ingl., di etim. incerta ✱ 1895] **s. m. inv.** • unità di misura inglese di capacità per liquidi, pari a 9,09 litri **SIMB.** pk

†**pèco** [av. 1306] **s. f.** • pecora

✦**pècora** [lat. *pĕcora*, pl. di *pĕcus* 'bestiame', di orig. indeur. ✱ 1221] **s. f. 1** ruminante della famiglia degli Ovini diffuso con molte razze in tutto il mondo e allevato spec. per la lana, la carne, la pelle, il latte (*Ovis aries*) **CFR.** belare | ***p. delle montagne rocciose***, con corna nei due sessi, imponenti nei maschi, mantello bruniccio di peli duri (*Ovis canadensis*) | ***p. selvatica del Pamir***, argalì | ***p. nera***, (*fig.*) chi spicca negativamente in una famiglia, gruppo, comunità e sim. | (*est.*) animale: *trattare i popoli come pecore; uomini siate, e non pecore matte* (DANTE *Par.* V, 80) **2** (*fig.*) persona debole, eccessivamente sottomessa e priva di volontà: *se ti lasci trattare così, sei una p.*; *non fare la p.* | (*est., raro*) animale docile | PROV. ***chi p. si fa, il lupo se lo mangia***, chi è troppo arrendevole viene sopraffatto ‖ **pecorèlla**, dim. (V.) | **pecorétta**, dim. | **pecorìna**, dim. (V.) | **pecoróna**, accr. | **pecoróne**, accr. m. (V.)

pecoràggine [da *pecora* ✻ 1353] **s. f. 1** sottomissione, passività, conformismo **2** (*lett.*) stupidità, ottusità

pecoràio o (*centr.*) **pecoràro** [av. 1294] **s. m.** (**f.** *-aia*, **pl. m.** *-ai*) **1** guardiano di pecore: *le pecore degli altri pecorari ... non si mossero mai* (A. CARO) **2** (*fig.*) persona rozza e maleducata

pecoràme [1831] **s. m. 1** quantità di pecore **2** (*fig., lett.*) massa di persone che si comportano in modo servile o conformistico

pecoràro ➤ **pecoraio**

pecoréccio [1353] **A s. m. 1** (*raro*) letamaio delle pecore **2** (*fig., lett.*) situazione confusa e intricata, ginepraio **3** (*fig.*) licenziosità, volgarità: *cadere nel p.* **B agg.** (**pl. f.** *-ce*) **1** (*raro*) pecorino **2** (*fig.*) licenzioso, volgare: *film pecorecci*

pecorèlla [1319] **s. f. 1** dim. di *pecora* **2** piccola pecora, pecora giovane **3** nel linguaggio della religione cristiana, chi è fedele a un'autorità religiosa o membro di una comunità ecclesiale (con riferimento a Cristo come buon Pastore): *il parroco e le sue pecorelle* | ***p. smarrita***, il peccatore; (*est.*) chi si è allontanato da un ambiente, da un gruppo **4** (*fig.*) nuvoletta bianca, che nella forma ricorda una pecorella: *cielo a pecorelle*

pecorésco [1585] **agg.** (**pl. m.** *-schi*) ● (*raro*) servile, conformista ‖ **pecorescaménte**, **avv.**

pecorìle [av. 1375] **A agg. 1** (*raro*) di pecora, da pecora **2** (*fig., lett.*) servile, vile **B s. m.** ● (*lett.*) ovile | †letame di pecora

pecorìna s. f. 1 dim. di *pecora* **2** †letame di pecora

pecorìno [vc. dotta, lat. tardo *pecorīnu(m)*, agg. di *pĕcus*, genit. *pĕcoris* 'bestiame', poi 'pecora'; nel sign. B 2, in riferimento alla pastorizia un tempo praticata nelle zone di diffusione del vitigno ✻ 1309] **A agg.** ● di pecora: *pelle pecorina* | ***formaggio p.***, di latte di pecora | (*pop.*) ***alla pecorina***, carponi (spec. riferito alla donna durante un rapporto sessuale) ‖ **pecorinaménte**, **avv. B s. m.** (**inv. nel sign. 2**) **1** formaggio salato di latte intero di pecora: *p. romano, sardo* **2** (gener. con iniziale maiuscola) vino bianco secco prodotto spec. nelle Marche, in Abruzzo e nel Lazio con uve del vitigno omonimo

pècoro [av. 1290] **s. m. 1** (*raro*) montone **2** (*fig.*) pecorone

pecoróne [1353] **A s. m.** (**f.** *-a, raro*) **1** accr. di *pecora* **2** (*fig.*) persona servile, che accetta senza reagire imposizioni, soprusi e sim. **3** (*fig., disus.*) ignorante, babbeo **B agg.** ● (*raro*) inetto, vile: *gente pecorona*

pecoróso (o *-ṣ-*) [vc. dotta, lat. *pecorōsu(m)*, da *pĕcus*, genit. *pĕcoris* 'bestiame', poi 'pecora' ✻ 1810] **agg.** ● (*raro, lett.*) di paese o zona ricca di pecore: *giunto ai campi / della feconda, pecorosa Ftia* (V. MONTI)

pecorùme [comp. di *pecor(a)* e *-ume* ✻ 1860] **s. m. 1** quantità di persone che si comportano in modo servile, conformista **2** (*raro, lett.*) servilismo, viltà

pectàṣi [accorc. di *pect(inester)asi* ✻ 1871] **s. f. inv.** ● (*chim.*) enzima vegetale che catalizza l'idrolisi della pectina

pècten [vc. lat. (nom.), che vale 'pettine', d'uso corrente in ingl. ✻ sec. XX] **s. m. inv.** ● (*anat.*) cresta ossea che forma il bordo superiore del pube

pèctico o **pèttico** [vc. dotta, gr. *pēktikós* 'atto a congelare', da *pēktós* 'condensato', da *pēgnýnai* 'fissare, rendere compatto', di orig. indeur. ✻ 1871] **agg.** (**pl. m.** *-ci*) ● (*chim.*) che ha relazione con la pectina | ***acido p.***, acido organico complesso ottenuto per idrolisi enzimatica delle pectine

pèctide ➤ **pettide**

pectìna o **pettìna** [dal gr. *pēktós* 'condensato'. V. *pectico* ✻ 1871] **s. f.** ● (*chim.*) sostanza organica complessa contenuta spec. nella frutta, usata per formare gelatine nell'industria dolciaria e in farmacologia

pèctis ➤ **pettide**

pectore, in ➤ **in pectore**

†**pecùglio** ➤ **peculio**

peculàto [vc. dotta, lat. *peculātu(m)*, da *peculāri* 'rubare il pubblico denaro', da *pecūlium* 'peculio' ✻ 1673] **s. m.** ● (*dir.*) reato del pubblico ufficiale o dell'incaricato di un pubblico servizio che, avendo per ragione del suo ufficio o servizio il possesso o comunque la disponibilità di denaro o di altra cosa mobile altrui, se ne appropria

♣**peculiàre** [vc. dotta, lat. *peculiāre(m)* 'relativo al peculio, appartenente alla proprietà privata, proprio', da *pecūlium* 'peculio' ✻ 1481] **agg.** ● che è proprio, tipico o particolare di qlco. o di qlcu.: *la duttilità è una caratteristica p. di questo metallo* | singolare, caratteristico: *non ci è sfuggito il carattere p. delle teorie esposte* ‖ **peculiarménte**, **avv.** in modo peculiare; particolarmente, tipicamente ‖ **peculiarità**, **s. f. inv.** caratteristica distintiva di qlcu. o qlco.; proprietà specifica: *una peculiarità grammaticale del latino* SIN. particolarità, specificità, prerogativa

pecùlio o †**pecùglio** [vc. dotta, lat. *pecūliu(m)* 'parte del gregge lasciata in proprietà allo schiavo' che questi normalmente rivendeva per comperarsi la libertà, poi 'risparmi, denaro', da *pĕcus* 'bestiame'. V. *pecora* ✻ av. 1292] **s. m. 1** nel diritto romano, somma di denaro che il capofamiglia affidava in amministrazione e godimento al proprio figlio o al proprio schiavo **2** (*est., scherz.*) somma di denaro, gruzzolo: *nascondere il p.* **3** †gregge, mandria

♣**pecùnia** [vc. dotta, lat. *pecūnia(m)*, da *pĕcus* 'bestiame' (V. *pecora*), perché in orig. la ricchezza consisteva nel bestiame ✻ 1261 ca.] **s. f.** ● (*lett.* o *scherz.*) denaro: *la p. è reggimento di tutte le cose* (L.B. ALBERTI)

†**pecuniàle** [vc. dotta, lat. tardo *pecuniāle(m)*, da *pecūnia* 'pecunia' ✻ 1268] **agg.** ● pecuniario: *sopra poveri impotenti tosto si dà indizio e corporale e p.* (F. SACCHETTI)

pecuniàrio [vc. dotta, lat. tardo *pecuniāriu(m)*, da *pecūnia* 'pecunia' ✻ av. 1320] **agg.** ● relativo al denaro: *questione pecuniaria* | valutabile in denaro: *danno, guadagno p.* | (*dir.*) ***pena pecuniaria***, multa o ammenda (distinta dalla *pena detentiva*) ‖ **pecuniariaménte**, **avv.** relativamente al denaro

†**pecunióso** (o *-ṣ-*) [vc. dotta, lat. *pecuniōsu(m)*, da *pecūnia* 'pecunia' ✻ 1303] **agg.** ● danaroso, ricco | avaro

pedaggiaménto [1992] **s. m.** ● (*burocr.*) il pedaggiare | pedaggio

pedaggiàre [da *pedaggio* ✻ 1905] **v. tr.** (**pres.** *io pedàggio*; **fut.** *io pedaggerò*) ● (*burocr.*) sottoporre a un sistema di pedaggio: *p. una strada, uno svincolo*

†**pedaggière** o †**pedagière** [sec. XIII] **s. m.** ● chi riscuoteva il pedaggio, la gabella

pedàggio [fr. *péage* 'diritto di mettere piede', dal lat. *pēs*, genit. *pĕdis* 'piede', rifatto sull'it. *piede* ✻ 1300] **s. m. 1** tassa corrisposta per il transito di veicoli in determinati luoghi: *p. autostradale* | (*fig.*) rischio necessario, prezzo da pagare per ottenere qualcosa: *ha pagato il p. all'inesperienza* **2** †dazio, gabella

†**pedagière** ➤ †**pedaggiere**

pedàgna① [lat. tardo *pedānea(m)*, agg. f., 'che riguarda il piede', da *pēs*, genit. *pĕdis* 'piede' ✻ 1602] **s. f. 1** (*mar.*) traversa di legno sulla quale i rematori posano i piedi vogando SIN. puntapiedi **2** (*centr., merid.*) pedana

pedàgna② [da *piede* ✻ 1955] **s. f.** ● (*raro, scherz.*) piede | nella loc. avv. ***a pedagna***, (*centr., merid.*) a piedi: *Così andarono a p. a Ponte Mammolo* (P.P. PASOLINI)

pedàgnolo [dal lat. tardo *pedāneus* 'che riguarda il piede', da *pēs*, genit. *pĕdis* 'piede' ✻ sec. XV] **s. m.** ● (*raro*) fusto d'albero giovane | carbone dolce in cannelli tondi

pedagogheria [da *pedagogo* ✻ 1526] **s. f.** ● (*lett.*) pedanteria

♦**pedagogìa** [vc. dotta, gr. *paidagōgía*, da *paidagōgós* 'pedagogo' ✻ 1590] **s. f.** (**pl.** *-gìe*) ● disciplina che si occupa dei problemi relativi all'educazione, e in particolare dei fini del processo educativo e dei modi più atti a conseguirli | materia d'insegnamento o corso universitario: *esame di p.*

♦**pedagògico** [vc. dotta, gr. *paidagōgikós*, agg. di *paidagōgía* 'pedagogia' ✻ 1716 ca.] **agg.** (**pl. m.** *-ci*) ● che concerne la pedagogia: *sistemi pedagogici* | (*est.*) educativo: *un'opera teatrale con intenti pedagogici* ‖ **pedagogicaménte**, **avv. 1** in modo pedagogico, secondo i criteri della pedagogia **2** da un punto di vista pedagogico

pedagogìṣmo [1639] **s. m. 1** tendenza a enfatizzare il ruolo della pedagogia **2** propensione a seguire passivamente un determinato metodo pedagogico **3** (*est.*) tendenza a impartire insegnamenti: *il p. della produzione artistica nei Paesi totalitari*

pedagogìsta [1861] **s. m. e f.** (**pl. m.** *-i*) ● chi si dedica allo studio dei problemi della pedagogia

pedagogiẓẓàre [1639] **v. intr.** (**aus.** *avere*) **1** (*raro*) trattare questioni pedagogiche **2** (*spreg.*) †fare il pedante

♣**pedagògo** [vc. dotta, lat. *paedagōgu(m)*, dal gr. *paidagōgós*, propr. 'colui che conduce i fanciulli', comp. di *pâis*, genit. *paidós* 'fanciullo', di orig. indeur. e *ágein* 'condurre', di orig. indeur. ✻ 1319] **s. m.** (**f.** *-a*; **pl. m.** *-ghi*) **1** istitutore, precettore | (*lett.*) guida intellettuale **2** (*lett., scherz.*) persona saccente, pedante

pedalàbile [da *pedalare* ✻ 1958] **agg.** ● di strada che ha un buon fondo ed è percorribile in bicicletta senza eccessivo sforzo | di salita non troppo ripida ‖ **pedalabilità**, **s. f. inv.**

pedalàre [da *pedale* ✻ 1895] **v. intr.** (**aus.** *avere*) **1** azionare un congegno o una macchina a pedali, spec. una bicicletta: *p. con fatica, a tutta forza* | (*est.*) andare in bicicletta **2** (*fig., fam.*) camminare molto velocemente | (*est.*) nel calcio, svolgere una gran mole di gioco, correre molto | (*est.*) ***pedala!, pedalare!***, incitazione a darsi da fare, a sbrigarsi, o (*raro*) ad andarsene

pedalàta [av. 1909] **s. f. 1** spinta data col piede sul pedale della bicicletta: *raggiunse l'angolo con quattro robuste pedalate* **2** modo di pedalare: *una p. sciolta, vigorosa* | ***bicicletta a p. assistita***, V. *bicicletta*

pedalatóre [1958] **s. m.** (**f.** *-trice*) ● chi pedala SIN. ciclista

♦**pedàle** [lat. *pedāle(m)* 'che riguarda il piede', da *pēs*, genit. *pĕdis* 'piede' ✻ 1304] **A s. m. 1** qualsiasi organo azionato col piede per il comando di meccanismi vari | parte della bicicletta su cui il ciclista spinge con il piede per muovere il veicolo | ***sport del p.***, ciclismo | ***p. a sgancio rapido***, sistema di sicurezza di bloccaggio e sbloccaggio del piede nelle biciclette da corsa **2** meccanismo applicato ad alcuni strumenti musicali per ottenere determinati suoni, per prolungare o arrestare la risonanza e sim.: *il p. dell'organo, del clavicembalo, del pianoforte* **3** (*mus.*) in armonia, nota grave che si prolunga sotto una variata serie d'accordi senza esserne necessariamente parte integrante **4** striscia di cuoio ad anello in cui il calzolaio introduce il piede in modo da tener ferma la scarpa in lavorazione sulle ginocchia **5** parte inferiore di un tronco d'albero: *non è possibile né naturale che uno p. sottile sostenga uno ramo grosso* (N. MACHIAVELLI) **6** †falda, piede di un monte **7** (*centr.*) calzino **8** (*mat.*) podaria ‖ **pedalino**, dim. (V.) | **pedalóne**, accr. **B** agg. ● (*zool.*) relativo al piede dei Molluschi o alla porzione basale del corpo con cui altri animali invertebrati si ancorano al substrato

pedaleggiàre [intens. di *pedalare* ✱ 1801] **v. intr. (pres.** *io pedaléggio*; **fut.** *io pedaleggerò*; **aus.** *avere*) ● (*mus.*) usare i pedali

Pedaliàcee [dal gr. *pēdálion*, n. di una pianta, metafora di *pēdálion* 'timone', per la forma delle foglie. *Pēdálion* deriva da *pēdón* 'pala del remo', da *póus*, genit. *podós* 'piede' (V. *-pode*) ✱ 1938] **s. f. pl. (sing.** *-a*) ● (*bot.*) famiglia di piante erbacee delle Dicotiledoni tropicali, generalmente litoranee, cui appartiene il sesamo (*Pedaliaceae*)

pedalièra [1816] **s. f. 1** insieme dei pedali: *la p. dell'automobile* | nella bicicletta, insieme dei pedali, delle pedivelle e della ruota dentata collegata ai pedali **2** (*aeron.*) dispositivo su cui agiscono i piedi del pilota per il governo direzionale dell'aereo **3** (*mus.*) tastiera dell'organo azionata dai piedi | in un pianoforte, l'insieme dei pedali e del loro sostegno | dispositivo elettronico collegato alla chitarra o al basso elettrico che consente di alterarne il suono: *p. multieffetto*

pedalìna [da *pedale* ✱ 1925] **s. f. 1** antica macchina tipografica azionata a pedale **2** piccola pressa azionata a pedale

pedalìno [1846] **s. m. 1** dim. di *pedale* **2** (*centr.*) calzino, spec. da uomo

pedalizzàre [1801] **v. intr. (aus.** *avere*) ● (*raro*) pedaleggiare ‖ **pedalizzazióne**, s. f.

Pedalò® [fr. *pédalo*, da *pédale* 'pedale', sul modello di *mécano* 'meccanico' ✱ 1983] **s. m. inv.** ● moscone, pattino a pedali

pedàna [lat. parl. **pedāna(m)*, da *pēs*, genit. *pĕdis* 'piede' ✱ av. 1712] **s. f. 1** struttura per appoggiarvi i piedi: *la p. di una scrivania* | piattaforma usata come sostegno di un mobile e sim.: *la p. della cattedra*; *Nel fondo, sopra una p., il pianofore a coda* (A. PALAZZESCHI) | pista da ballo: *una p. di cemento per il ballo* (A. MORAVIA) **2** (*sport*) in ginnastica, attrezzo costituito da un piano inclinato, su cui si batte con i piedi per incrementare l'elevazione nei salti al volteggio o a corpo libero | spazio in terra battuta o altro su cui l'atleta acquisisce velocità per eseguire prove di lancio o di salto: *la p. per il lancio del disco* | ripiano di alluminio su cui vengono disputati gli incontri di scherma | nel baseball, zona del campo dove sta il lanciatore **3** tappeto | ***p. da letto***, scendiletto **4** striscia di panno che si cuce intorno a un indumento come rinforzo ‖ **pedanina**, dim.

pedàneo [vc. dotta, lat. *pedāneu(m)*, da *pēs*, genit. *pĕdis* 'piede', perché camminavano a piedi ✱ av. 1667] **agg.** ● nel diritto romano, detto del giudice delegato dal funzionario imperiale per decidere le cause di minore importanza

pedàno [V. *bedano* ✱ 1880] **s. m.** ● (*sett.*) scalpello da falegname per tagliare in direzione trasversale rispetto alle fibre **SIN.** bedano

†**pedantàggine** [av. 1566] **s. f.** ● pedanteria

♣**pedànte** [dal lat. *pēs*, genit. *pĕdis* 'piede', cioè 'colui che accompagnava a piedi gli scolari' (?) ✱ av. 1425] **A agg. 1** (*spreg.*) che cura eccessivamente il rispetto delle regole e della precisione formale: *un professore p.* | (*est.*) che si preoccupa delle minuzie, che parla, scrive o lavora con esasperata minuziosità: *un tono p. pieno di tranquilla sufficienza* (A. MORAVIA) **SIN.** cavilloso, pignolo **2** (*spreg.*) che imita servilmente i classici negli scritti e sim.: *un verseggiatore p.* ‖ **pedanteménte**, avv. in modo pedante **B s. m. e f. 1** (*spreg.*) chi è eccessivamente ligio alle regole grammaticali o alle norme che reggono un determinato lavoro **2** (*spreg.*) chi nello scrivere imita pedissequamente i classici: *è un p. del tutto privo di originalità* **C s. m. 1** †istitutore, pedagogo **2** (*raro*) pedanteria: *cadere nel p.* ‖ **pedantàccio**, pegg. | **pedantèllo**, dim. | **pedantìno**, dim. | **pedantóne**, accr. | (*raro*) **pedantùccio**, (*lett.*) **pedantùzzo**, dim.

pedanteggiàre [1548] **v. intr. (pres.** *io pedantéggio*; **fut.** *io pedanteggerò*; **aus.** *avere*) ● (*lett.*) fare il pedante

pedanterìa [da *pedante* ✱ 1552] **s. f.** ● caratteristica di chi (o di ciò che) è pedante: *la sua p. è insopportabile*; *una p. che soffoca* | minuzia o sottigliezza da pedante: *mi perseguita con le sue pedanterie* **SIN.** cavillosità, pignoleria

pedantésco [1538] **agg. (pl. m.** *-schi*) **1** †proprio di un pedagogo, di un maestro | ***lingua pedantesca***, usata in componimenti burleschi nel corso del sec. XVI e consistente in un latino con desinenze italiane **2** (*spreg.*) eccessivamente minuzioso e pignolo: *insegnamento p.*; *critica pedantesca* ‖ **pedantescaménte**, avv. in modo pedantesco, con pedanteria

†**pedantizzàre** [av. 1803] **v. intr.** ● pedanteggiare

pedàrio [vc. dotta, lat. *pedāriu(m)*; stessa etim. di *pedaneo* ✱ 1600] **agg.** ● nella Roma antica, detto di senatore o di decurione che non avesse avuto mai ufficio od onori curuli

pedàta [dal lat. *pēs*, genit. *pĕdis* 'piede' ✱ sec. XIII] **s. f. 1** impronta lasciata dal piede, spec. umano | (*lett.*) ***seguire le pedate di qlcu.***, seguirne le orme o (*fig.*) l'esempio | (*raro*, *est.*) rumore di passi: *lo riconobbe alle pedate* (N. MACHIAVELLI) **SIN.** orma **2** colpo dato col piede: *prendere a pedate qlcu.* **SIN.** calcio **3** parte orizzontale di un gradino, ampia abbastanza da permettere l'appoggio del piede **CFR.** alzata ‖ **pedatina**, dim. | **pedatóna**, accr. | **pedatóne**, accr. m.

pedatóre [da *pedata* ✱ 1961] **s. m. (f.** *-trice*) ● (*iron.*) calciatore

pedatòrio [da *pedata* ✱ 1985] **agg. (pl. m.** *-i* o *raro -ii*) ● (*iron.*) calcistico

pede-, -pede [dal lat. *pĕde(m)* 'piede'] **primo e secondo elemento** ● in parole composte significa 'collocato ai piedi di qlco.', 'relativo ai piedi' o 'che ha i piedi': *pedecollina, pedemontano, pediluvio, bipede* **CFR.** pedo-(3)

pedecollìna [comp. di *pede-* e *collina* ✱ 1966] **s. f.** ● (*geogr.*) zona pedecollinare

pedecollinàre [comp. di *pede-* e *collinare* ✱ 1966] **agg.** ● che si trova ai piedi di una collina: *strada p.*

pedemontàno [comp. di *pede-* e *montano* ✱ 1851] **agg.** ● che si trova ai margini di catene o massicci montuosi: *ghiacciaio p.*; *strada pedemontana*

pedemónte [comp. di *pede-* e *monte* ✱ 1856] **s. m.** ● (*geogr.*) zona pedemontana

pederàsta [vc. dotta, gr. *paiderastḗs*, comp. di *pâis*, genit. *paidós* 'fanciullo' (V. *pedagogo*), ed *erastḗs* 'amatore', da *erân* 'amare' (V. *erotico*) ✱ 1687] **s. m. (pl.** *-i*) ● chi pratica la pederastia

pederastìa [vc. dotta, gr. *paiderastía*, da *paiderastḗs* 'pederasta' ✱ 1687] **s. f.** ● omosessualità maschile, spec. verso i ragazzi

pederàstico [av. 1686] **agg. (pl. m.** *-ci*) ● relativo alla pederastia o al pederasta: *rapporto p.*

♣**pedèstre** o †**pedèstro** [vc. dotta, lat. *pedĕstre(m)*, da *pĕdes*, genit. *pĕditis* 'fante', a sua volta da *pēs*, genit. *pĕdis* 'piede' ✱ 1340] **agg. 1** (*lett.*) che va a piedi: *milizia p.*; *me ne partii p. alla volta di Torino* (G. GIACOSA) | ***statua p.***, che raffigura la persona in piedi | (*est.*) che è fatto a piedi: *viaggio p.* **2** (*fig.*) qualitativamente poco pregevole, di tono e stile banale: *discorso p.*; *l'azione è p. e borghese, di una prosaica chiarezza* (F. DE SANCTIS) **SIN.** ordinario ‖ **pedestreménte**, avv. in modo pedestre, povero, banale: *esporre pedestremente le proprie idee*; ***imitare pedestremente***, pedissequamente

pedète [vc. dotta, gr. *pēdētḗs* 'saltatore', da *pēdân* 'saltare', di orig. indeur. ✱ 1930] **s. m.** ● roditore africano di mole notevole con arti posteriori simili a quelli del canguro e morbida pelliccia (*Pedetes cafer*)

pediàtra [comp. di *pedo-*① e *-iatra* ✱ 1841] **s. m. e f. (pl. m.** *-i*) ● medico specialista in pediatria

pediatrìa [comp. di *pedo-*① e *-iatria* ✱ 1829] **s. f.** ● (*med.*) ramo della medicina che si occupa dello sviluppo fisico e mentale del bambino e dello studio e terapia delle malattie infantili | (*est.*) reparto ospedaliero per la cura di tali malattie

pediàtrico [1895] **agg. (pl. m.** *-ci*) ● di pediatria: *clinica pediatrica* ‖ **pediatricaménte**, avv. sotto l'aspetto pediatrico

pèdibus calcàntibus [loc. lat., propr. 'con i piedi che calcano il terreno'] **loc. avv.** ● (*scherz.*) a piedi: *non ho la macchina, quindi verrò pedibus calcantibus*

†**pèdica** [lat. parl. **pĕdica(m)*, da *pēs*, genit. *pĕdis* 'piede' ✱ sec. XIV] **s. f.** ● orma di piede

pèdice [dal lat. *pēs*, genit. *pĕdis* 'piede', sul modello di *indice* ✱ 1983] **s. m.** ● in espressioni matematiche, formule chimiche e sim., numero, lettera o simbolo che viene aggiunto ad altra lettera in basso, gener. a destra e in corpo più piccolo **SIN.** deponente **CONTR.** indice, esponente

pedicellàrìa [comp. di *pedicell(o)*① e del suff. *-aria*, pl. nt. del lat. *-ariu(m)* '-aio' ✱ 1932] **s. f.** ● (*zool.*) appendice degli Echinodermi in grado di catturare e trattenere corpi od organismi

pedicellàto [da *pedicello*① ✱ 1823] **agg.** ● (*bot.*) detto di fiore fornito di pedicello

pedicèllo① [vc. dotta, lat. parl. **pedicĕllu(m)*, dim. di *pedĭculus* 'piedino', dim. di *pēs*, genit. *pĕdis* 'piede' ✱ av. 1725] **s. m. 1** gambo del fiore **2** (*zool.*) ***p. ambulacrale***, organo di locomozione o di adesione degli Echinodermi

pedicèllo② [lat. parl. **pedicĕllu(m)*, dim. di *pedĭculus* 'pidocchio' (V.) ✱ av. 1449] **s. m. 1** piccolo verme | pidocchio **2** (*centr.*) piccolo foruncolo

pedicolàre [vc. dotta, lat. *pediculāre(m)*, da *pedĭculus* 'pidocchio' ✱ 1869] **agg.** ● (*med.*) di pidocchio | ***morbo p.***, pediculosi

Pedicolàti o **Pediculàti** [dal lat. *pedĭculus* 'piedino', dim. di *pēs*, genit. *pĕdis* 'piede', detti così perché hanno i raggi delle pinne peduncolati e mobili ✱ 1875] **s. m. pl. (sing.** *-o*) ● (*zool.*) Lofiformi

pedìculo [vc. dotta, lat. *pedĭculu(m)* 'pidocchio' (V.) ✻ 1499] **s. m.** ● pidocchio

pediculòṣi [comp. di *pedicul(o)* e *-osi* ✻ 1895] **s. f. inv.** ● (*med.*) infestazione contagiosa causata dalle femmine adulte del pidocchio che, deponendo uova da cui originano larve, causano nel cuoio capelluto o su parti pelose prurito intenso, escoriazioni e infezioni secondarie | ***p. inguinale***, ftiriasi

pedicùre /pedi'kure, *fr.* pedikyʀ/ [fr. *pédicure*, comp. del lat. *pēs*, genit. *pĕdis* 'piede' e *curāre* 'curare' ✻ 1879] **A** **s. m. e f. inv.** ● chi è specializzato nell'igiene e nella cosmesi dei piedi **B** **s. m.** ● (*impropr.*) trattamento curativo o estetico dei piedi: *farsi il p.*

pedìdio [vc. dotta, deriv. del gr. *pedíon* 'pianta del piede' ✻ 1835] **agg.** ● (*anat.*, *zool.*) riferito al piede dei Vertebrati | ***muscolo p.***, muscolo inserito sulle prime quattro dita del piede

pedièra [da *p(i)ede* sul modello di *spalliera* o *testiera* ✻ 1986] **s. f.** ● spalliera opposta alla testata del letto **CFR.** testiera

pedignóne [sovrapposizione del lat. *pĕde(m)* 'piede' a *perniōne(m)* 'gelone', da *pĕrna* 'coscia, gamba', di orig. indeur. ✻ av. 1449] **s. m.** ● (*tosc.*) gelone del piede

pedigree /pedi'gri*, *ingl.* 'pɛdɪˌgriː/ [vc. ingl., dal fr. *pied de grue* 'piede di gru', dal segno di cui ci si serviva nei registri ufficiali inglesi per indicare i gradi o le ramificazioni di una genealogia ✻ 1895] **s. m. inv.** **1** genealogia di un animale di razza | certificato genealogico **2** (*fig.*, *colloq.*) curriculum, bagaglio di esperienze, e sim.: *uno scrittore che vanta un p. culturale di tutto rispetto*

pedilùvio [comp. del lat. *pēs*, genit. *pĕdis* 'piede' e *-lŭvium*, da *lăvere* 'lavare' ✻ av. 1771] **s. m.** ● immersione dei piedi in acqua calda, fredda o medicata, per cura

pedìna [dal lat. *pēs*, genit. *pĕdis* 'piede' ✻ 1528] **s. f.** **1** ciascuno dei dischetti di legno, avorio, osso, plastica e sim. (dodici bianchi e dodici neri), con cui si gioca a dama o ad altri giochi da tavola: *mangiare, soffiare una p.* | ***muovere una p.***, spostarla da una all'altra casella secondo le regole del gioco; (*fig.*) far intervenire a proprio vantaggio una persona importante e sim. **2** (*fig.*) persona di scarsa importanza o rilievo, che agisce per impulso o volontà altrui: *non è l'organizzatore del complotto, è solo una p.* | (*fig.*) ***essere una p. nelle mani di qlcu.***, essere solo un suo strumento

pedinaménto [1931] **s. m.** ● azione del pedinare

pedinàre [lat. parl. **pedināre*, da *pēs*, genit. *pĕdis* 'piede' ✻ av. 1562] **A** **v. tr.** ● seguire una persona di nascosto, allo scopo di spiarne le mosse: *i carabinieri lo hanno pedinato a lungo*; *ha fatto p. la moglie* **B** **v. intr.** (aus. *avere*) **1** con riferimento a uccelli selvatici, camminare velocemente e al coperto, per piccoli tratti, spec. allo scopo di allontanarsi da un cane in ferma **2** †camminare a piccoli passi

pedióne [vc. dotta, dal gr. *pedíon* 'piano, superficie' ✻ 1930] **s. m.** ● (*miner.*) forma cristallografica consistente in una sola faccia isolata nello spazio

pedipàlpo [comp. del lat. *pēs*, genit. *pĕdis* 'piede' (qui 'base'), e di *palpo* ✻ 1875] **s. m.** ● (*zool.*) nei Chelicerati, ciascuno degli arti del secondo paio, simile a una zampa o a una chela, a funzione tattile, prensile o copulatoria

♦**pedìssequo** [vc. dotta, lat. *pedĭsequu(m)* 'servo che accompagna a piedi il padrone', comp. di *pēs*, genit. *pĕdis* 'piede' e *sĕqui* 'seguire' ✻ 1426 ca.] **agg. e s. m.** (f. *-a*, *raro*) **1** che (o chi) si adegua passivamente e senza alcun contributo personale od originale alle idee, ai metodi, allo stile e sim., di qlcu.: *un imitatore p. dei classici* | ***traduttore p.***, letterale **2** (*dir.*) che segue logicamente e cronologicamente un determinato atto giuridico: *ricorso a p. decreto di fissazione di udienza* || **pedissequaménte**, **avv.** in modo pedissequo: *seguire pedissequamente le idee di qlcu.*

pedivèlla [dal lat. *pēs*, genit. *pĕdis* 'piede', sul modello di *manovella* ✻ 1905] **s. f.** ● braccio di leva che unisce il pedale della bicicletta al perno di movimento

pèdo [vc. dotta, lat. *pĕdu(m)*, da *pēs*, genit. *pĕdis* 'piede' ✻ av. 1566] **s. m.** **1** (*lett.*) nell'antichità, bastone nodoso usato dai pastori per guidare le greggi **2** bastone diritto sormontato da un crocifisso, una delle insegne del pontefice

pedo- ① [dal gr. *paido-*, da *paîs*, genit. *paidós* 'fanciullo'] **primo elemento** ● in parole composte significa 'bambino, fanciullo': *pediatria, pedocentrico, pedofilia* | in parole della terminologia scientifica significa 'individuo non ancora giunto a maturazione': *pedogamia, pedogenesi* ①

pedo- ② [dal gr. *pédon* 'campo, pianura, terra'] **primo elemento** ● in parole composte della terminologia scientifica significa 'suolo, terreno, pianura': *pedoclima, pedologia* ②

pedo- ③ [var. di *pede-*] **primo elemento** ● in parole composte significa 'piede': *pedometro* **CFR.** pede-

pedocèntrico o **paidocèntrico** [comp. di *pedo-* ① e *-centrico* ✻ 1958] **agg.** (pl. m. *-ci*) ● di pedocentrismo, caratterizzato da pedocentrismo: *sistema educativo p.*; *società pedocentrica*

pedocentrìṣmo o **paidocentrìṣmo** [comp. di *pedo-* ① e *centrismo* ✻ 1958] **s. m.** ● dottrina pedagogica che considera come punto di partenza di ogni azione educativa il bambino, le sue esigenze, i suoi interessi e lo sviluppo della sua personalità

pedoclìma [comp. di *pedo-* ② e di *clima* nel senso di 'climax' ✻ 1991] **s. m.** (pl. *-i*) ● complesso delle condizioni fisiche e chimiche che presenta lo strato più superficiale di un terreno, per influenza dei fattori climatici

pedoclimàtico [1991] **agg.** (pl. m. *-ci*) ● relativo al pedoclima: *ambiente p.*

pedofilìa [comp. di *pedo-* ① e *-filia* ✻ 1935] **s. f.** ● deviazione sessuale caratterizzata da attrazione erotica verso i bambini, talora accompagnata da forme di sadismo | (*est.*) attrazione erotica verso persone giovanissime

pedòfilo [da *pedofilia* ✻ 1969] **A** **agg.** ● di pedofilia, relativo a pedofilia: *tendenze pedofile* **B** **s. m.** (f. *-a*) ● chi ha inclinazione alla pedofilia

pedofobìa [comp. di *pedo-* ① e *-fobia* ✻ 1999] **s. f.** ● profonda avversione per i bambini || **pedofòbico**, **agg.** (pl. m. *-ci*); anche **s. m.** (f. *-a*) nel sign. 2 **1** relativo a pedofobia **2** pedofobo || **pedòfobo**, **agg. e s. m.** (f. *-a*) che (o chi) dimostra pedofobia

pedogamìa [comp. di *pedo-* ① e *-gamia* ✻ 1983] **s. f.** ● (*biol.*) tipo di riproduzione in cui lo zigote deriva dall'unione di due gameti prodotti da individui nati per scissione da uno stesso progenitore

pedogèneṣi ① [comp. di *pedo-* ① e *genesi* ✻ 1934] **s. f. inv.** ● (*biol.*) riproduzione sessuata in individui allo stato larvale

pedogèneṣi ② [comp. di *pedo-* ③ e *genesi* ✻ 1958] **s. f. inv.** ● (*geol.*) processo di formazione dei suoli naturali, vegetali e agrari

pedologìa ① o **paidologìa** [comp. di *pedo-* ① e *-logia* ✻ 1923] **s. f.** (pl. *-gìe*) ● disciplina che studia i rapporti tra i bambini o gli adolescenti e le istituzioni come la famiglia, la scuola e la società

pedologìa ② [comp. di *pedo-* ② e *-logia* ✻ 1932] **s. f.** (pl. *-gìe*) ● parte della geologia che si occupa dello studio del suolo e della sua classificazione in base alla struttura e alle proprietà fisiche e chimiche e alle azioni biologiche che si svolgono in esso, spec. in applicazione alle scienze agrarie

pedològico [1958] **agg.** (pl. m. *-ci*) ● relativo alla pedologia agraria: *condizioni pedologiche*

pedòlogo [1958] **s. m.** (f. *-a*; pl. m. *-gi*) ● studioso di pedologia agraria

pedòmetro [comp. di *pedo-* ③ e *-metro* ✻ 1821] **s. m.** ● strumento di aspetto simile a un orologio, che segna il numero di passi compiuti da una persona **SIN.** contapassi, odometro

pedóna [dal lat. *pēs*, genit. *pĕdis* 'piede' ✻ sec. XIII] **s. f.** ● †pedina degli scacchi

†**pedonàglia** [da *pedone* ✻ av. 1388] **s. f.** ● fanteria | (*spreg.*) plebaglia

pedonàle [1841] **agg.** ● detto di strada, spazio e sim. riservati ai pedoni: *passaggio p.*; *isola p.* | dei pedoni: *traffico p.* || **pedonalità**, **s. f. inv.** caratteristica di ciò che è pedonale o ha subìto pedonalizzazione

pedonaliẓẓàre [1967] **v. tr.** ● riservare un quartiere, una strada urbana e sim. al transito pedonale, escludendone automezzi, motociclette e sim. || **pedonaliẓẓazióne**, **s. f.**

♦**pedóne** [dal lat. *pēs*, genit. *pĕdis* 'piede' ✻ 1282] **A** **s. m.** **1** (f. *scherz.* *-a*) chi cammina a piedi, spec. contrapposto a chi si sposta con un veicolo: *viale riservato ai pedoni* **2** ciascuno dei 16 pezzi minori del gioco degli scacchi che, nella disposizione iniziale dei pezzi, si collocano davanti agli altri **3** †fante, soldato a piedi **4** †corriere, portaordini **B** **agg.** ● †che va a piedi: *soldato p.*; *l'esercito p.* (T. TASSO) | (*tosc.*) ***alla pedona***, a piedi

pedopornografìa [comp. di *pedo-* ① e *pornografia* ✻ 1995] **s. f.** ● pornografia che utilizza come soggetti dei minorenni, in particolare quelli in età prepuberale

pedopornogràfico [1998] **agg.** (pl. m. *-ci*) ● relativo a pedopornografia, caratterizzato da pedopornografia: *materiale p.*

†**pedòta** o †**pedòto**, †**pedòtta**, †**pedòtto** [da *piede*; il sign. originario doveva essere quello di 'guida' ✻ av. 1348] **s. m.** (pl. *-i*) ● (*raro*) pilota

pedùccio [av. 1400] **s. m.** **1** dim. di *piede* **2** (*tosc.*) zampetto di maiale, agnello, capretto, lepre **3** (*archit.*) parte più bassa dell'imposta delle volte a vela o a crociera | ***arco a p. rialzato***, arco generalmente semicircolare con prolungamento verticale dei lati **4** presa di corrente di lampada elettrica o valvola termoionica

pèdula o **pedùla** [V. *pedule* ✻ 1902] **s. f.** ● in alpinismo, calzatura con suola leggera e flessibile di gomma (in passato in feltro o tela), usata nell'arrampicata pura su roccia | (*est.*) calzatura rinforzata per escursioni in montagna

pedùle [vc. dotta, lat. tardo *pedūle*, nt. sost. dell'agg. *pedūlis* 'per i piedi', da *pēs*, genit. *pĕdis* 'piede' ✻ sec. XIII] **A** **s. m.** ● la parte della calza o del calzino che ricopre il piede **B** **agg.** ● †del piede

peduncolàre [1829] **agg.** ● di peduncolo

Peduncolàti [da *peduncolo* ✻ 1875] **s. m. pl.** (sing. *-o*) ● (*zool.*) gruppo di Cirripedi muniti di un lungo peduncolo mediante cui l'animale si fissa al substrato

peduncolàto [1813] **A** **agg.** ● fornito di peduncolo **B** **s. m.** ● (*zool.*) ogni individuo appartenente al gruppo dei Peduncolati

pedùncolo [dal lat. *pēs*, genit. *pĕdis* 'piede' col suff. *-uncolo* ✻ 1804] **s. m.** **1** (*bot.*) gambo di un fiore isolato e ogni ramificazione di una infiorescenza, con esclusione dei pedicelli fiorali **2** (*zool.*) organo gener. di forma sottile e allungata che sostiene un corpo o parti di esso **3** (*anat.*) parte allungata, prominente di un organo | ***peduncoli cerebrali***, porzione ventrale del mesencefalo in forma di due tronchi nervosi cilindrici costituiti da importanti fasci di fibre nervose

peeling /'pilin(g), *ingl.* 'pi:lɪŋ/ [vc. ingl., propr. 'sbucciatura', 'togliere la buccia (*to peel*, dal fr. *peler*, di orig. lat.: *pilāre* 'togliere i peli')' ✱ 1952] **s. m. inv.** ● procedimento di abrasione degli strati superficiali della pelle del viso | (*est.*) trattamento cosmetico eseguito con apposite creme per ottenere, mediante frizione, una pulizia approfondita della pelle del viso

peepshow /pip'ʃo*, *ingl.* 'pi:p,ʃəʊ/ [vc. ingl., propr. 'spettacolo (*show*) da vedere attraverso un foro (*peep*)' ✱ 1983] **s. m. inv.** ● all'interno di locali porno, esibizione di ragazze nude o seminude dietro un vetro | locale che ospita questi spettacoli

peep toe /pip'tɔu, *ingl.* 'pi:p,təʊ/ [loc. ingl., propr. '(scarpa) col dito (*toe*) che sbircia (*peep*)' ✱ 2008] **loc. agg. e sost. f. inv.** ● detto di scarpa da donna con apertura sul davanti che lascia intravedere il solo alluce **CFR.** open toe, spuntato①

peer review /pir ri'vju, *ingl.* ,pɪə rɪ'vju:/ [loc. ingl., propr. 'recensione (*review*) di pari (*peer*)' ✱ 1981] **loc. sost. m. o f. inv. (pl. ingl.** *peer reviews*) ● valutazione della qualità di una pubblicazione scientifica o di un progetto di ricerca affidata a specialisti del settore

peer to peer /pirtu'pir, *ingl.* ,pɪətʊ'pɪə(r)/ [loc. ingl., propr. '(da) pari (*peer*) a (*to*) pari (*peer*)' ✱ 2000] **loc. agg. inv. 1** (*inform.*) detto di rete nella quale ogni computer collegato ha le stesse funzionalità degli altri **2** (*inform.*) detto di software che consente agli utenti di scambiarsi direttamente file attraverso Internet

pegamòide [marchio registrato ✱ 1902] **s. m. o f.** ● tipo di finto cuoio ottenuto industrialmente ricoprendo un tessuto con un prodotto a base di celluloide

pegaṣèo [vc. dotta, lat. *Pegasēu(m)*, dal gr. *Pēgáseios*, agg. di *Pḗgasos* 'Pegaso' ✱ av. 1328] **agg. 1** (*lett.*) relativo a Pegaso, cavallo alato nella mitologia greco-romana | ***la fonte pegasea***, quella che Pegaso fece sgorgare, con un colpo di zoccolo, sull'Elicona, soggiorno delle Muse | (*fig., lett.*) poetico **2** (*lett.*) relativo alla costellazione di Pegaso

Pegaṣifórmi [comp. di *pegaso* e il pl. di *-forme* ✱ 1965] **s. m. pl. (sing. -e)** ● (*zool.*) ordine di Pesci ossei dei mari tropicali con corpo rivestito di placche ossee e grandi pinne pettorali orizzontali (*Pegasiformes*)

pègaṣo [da *Pegaso*, il cavallo alato della mitologia: detto così perché ha le pinne che assomigliano ad ali ✱ 1481] **s. m.** ● pesce osseo degli Attinopterigi con corpo depresso rivestito di piastre ossee, pinne pettorali espanse come ali e naso prolungato in un rostro (*Pegasus volans*)

♦**pèggio** [lat. *pēius*, avv., dal nt. di *pēior* 'peggiore' ✱ 1266] **A avv. 1** in modo peggiore (con riferimento a valori morali, intellettuali): *questa volta ti sei comportato ancora p.* **CONTR.** meglio **2** in modo meno soddisfacente, meno adeguato: *più lo rimproveri e p. fa; li tratta p. delle bestie; oggi mi sento p.; gli affari vanno sempre p.; p. di così non potrebbe essere* | ***cambiare in p.***, peggiorare | ***andare di male in p.***, peggiorare sempre più | ***o, p.***, correggendo per inciso un'affermazione precedente: *potrebbe essere rimandato a settembre o, p., bocciato* | (*colloq.*) ***p. di così (si muore)!***, non potrebbe andare in un modo peggiore **CONTR.** meglio **3** meno chiaramente, meno distintamente: *senza occhiali vedo p.; da qui si sente p.* **CONTR.** meglio **4** meno, meno bene (davanti a un part. pass. forma un compar. di minoranza, mentre, preceduto dall'art. determ., forma un superl. rel.): *sei p. preparato di ieri; questo è il lavoro riuscito p.; è il ragazzo p. educato ch'io conosca* **B in funzione di agg. inv. 1** peggiore (spec. come predicato di 'essere', 'parere', 'sembrare' e sim.): *questa soluzione è p. della prima; mi sembri p. di tuo fratello; lui è mille volte p. di lei* | (*pop.*) preceduto dall'art. determ., forma il superl. rel.: *è la p. donna che io conosca; è la p. cosa che tu potessi fare; mi è toccata in sorte la roba p.* | (*pop.*) come attributo preceduto da un sost.: *una casa p. non la potevi trovare* | con ellissi del sost.: *è gentaglia ma ce n'è di p.; ne conosco uno p. di lui* **CONTR.** meglio **2** la cosa peggiore, meno opportuna (con valore neutro): *tacere in questo caso è p.; se non te ne vai subito domani sarà p.; tenergli nascosta la verità è ancora p.* | ***p. che p., p. che mai, p. che andar di notte***, meno che mai opportuno, conveniente e sim. | ***p. per me, per te***, con riferimento a ciò che si risolverà a mio, tuo danno: *se sarò bocciato, p. per me!; p. per voi se gli date ascolto!* | ***tanto p.***, (*rafforz.*) peggio per me, per te, per lui, ecc.: *Ma se non mi vuoi credere, tanto p.* (I. Svevo) | ***la logica del tanto p. tanto meglio***, l'idea che è meglio se le cose vanno peggio | in espressioni partitive: *potrebbe fare di p.* **CONTR.** meglio **C in funzione di s. m. inv.** ● la cosa, la parte e sim. peggiore (con valore neutro): *questo è il p. che mi potesse capitare; il p. buttalo via* | (*enfat.*) ***il p. del p.***, quanto ci può essere di peggio: *il p. del p. doveva ancora capitarmi* | ***per il p.***, nel modo peggiore, meno vantaggioso: *gli affari si stanno mettendo per il p.* **D in funzione di s. f. inv.** ● la cosa, la parte e sim. peggiore (con valore neutro) | ***avere la p.***, avere la sorte peggiore, restare battuto | ***alla p., alla meno p.***, nella peggiore delle ipotesi; (*est.*) come si può, in qualche modo, più male che bene: *alla p. dormiremo in macchina; un lavoro fatto alla p.*

peggioraménto o †**piggioraménto** [av. 1348] **s. m.** ● cambiamento in peggio: *p. del tempo, delle condizioni di salute, della situazione economica* **CONTR.** miglioramento

peggioràre o †**piggioràre** [lat. tardo *peiorāre*, da *pēior*, genit. *peiōris* 'peggiore' ✱ 1268] **A v. tr.** (*io peggióro* o *pop., tosc.* *pèggioro*) **1** rendere peggiore: *comportandoti così, peggiorerai la tua situazione* **CONTR.** migliorare **2** †danneggiare **B v. intr.** (aus. *essere*; *lett.* anche *avere* se si riferisce a persona) ● diventare peggiore: *le condizioni atmosferiche sono peggiorate; il malato è peggiorato; Da quindici giorni ... ha moltissimo peggiorato* (C. Goldoni) **C in funzione di s. m. solo sing.** ● peggioramento: *il p. della malattia; il continuo p. delle relazioni internazionali*

SFUMATURE DI SIGNIFICATO

peggiorare - degenerare

Peggiorare è diventare peggiore, scadere, perdere di valore, qualità, pregio. Anche **degenerare** esprime un cambiamento in peggio, ma in modo così marcato da perdere addirittura le caratteristiche originarie.

SFUMATURE ➤ ***deperire***, ➤ ***scadere***

peggiorativo [av. 1565] **A agg.** ● che costituisce o provoca un peggioramento: *modifica peggiorativa; intervento p.* ‖ **peggiorativaménte**, avv. in modo peggiorativo **B s. m.**; anche **agg.** ● (*gramm.*) affisso o morfema lessicale che implica un giudizio negativo, una sfumatura spregiativa (per es. *-astro*, *-accio*)

peggioràto o †**piggioràto** **part. pass.** di *peggiorare*; anche **agg.** ● nei sign. del v.

peggioratóre [1871] **agg. e s. m.** (f. *-trice*) ● (*raro, lett.*) che (o chi) rende peggiore, produce un peggioramento

♦**peggióre** o †**piggióre** [lat. *peiōre(m)*, da una radice indeur. che indica 'cadere' ✱ 1261 ca.] **A agg.** (preceduto dall'art. determ. forma il superl. rel.) **1** compar. di *cattivo* **CONTR.** migliore | inferiore per qualità, pregio, condizione, capacità e sim.: *è il peggior consigliere che potesse trovare; ha scelto il tessuto p.; moralmente è il p. individuo ch'io abbia conosciuto; sei il p. di tutti gli alunni* | ***rendere p.***, peggiorare **2** meno utile, vantaggioso, comodo e sim.: *ridursi nel peggior stato; nel p. dei casi; nella p. delle ipotesi; ho conosciuto tempi peggiori* ‖ †**peggiorménte**, avv. **B s. m. e f.** ● persona più cattiva moralmente, meno pregevole, meno bella e sim.: *i peggiori sembrano avere maggior fortuna; quanto a furbizia, lui è il p.* **C s. m.** ● †il peggio: *veggio 'l meglio et al peggior m'appiglio* (F. Petrarca) **D avv.** ● †peggio

pégli **prep. art. m. pl. comp.** di *per* e *gli*① ● (*lett.*) ➤ **gli**① per gli usi ortografici

pegmatite [dal gr. *pêgma*, genit. *pḗgmatos* 'condensamento', da *pēgnýnai* 'ficcare, rendere compatto'. V. *pectico* ✱ 1817] **s. f.** ● (*geol.*) roccia eruttiva a cristalli molto grossi, disposta in giacimenti a filoni ai bordi di un massiccio granitico

pégno [lat. *pĭgnus*, dalla radice di *pĭngere* 'dipingere'; il *pĭgnus* doveva essere in orig. un segno fatto per ricordare un impegno preso ✱ 1186] **s. m.** (pl. *-i*, †*pégnora*, f.) **1** (*dir.*) diritto costituito su un bene mobile, del debitore o di un terzo, che viene consegnato al creditore o a un terzo designato dalle parti a garanzia dell'adempimento dell'obbligazione | ***p. irregolare***, il cui oggetto è costituito da cose fungibili che, pertanto, diventano di proprietà del creditore pignoratizio fino all'estinzione del pegno | ***monte dei pegni***, V. *monte*, sign. 5 | ***banco di p., dei pegni***, V. *banco*, sign. 5 | (*est.*) bene mobile oggetto di tale diritto reale **2** nei giochi di società, oggettino depositato da chi perde e riscattabile solo a penitenza effettuata | (*est.*) la penitenza stessa: *pagare p.* **3** (*fig.*) segno, testimonianza o garanzia di qlco.: *un p. d'amore, d'amicizia, di fedeltà; le sue opere sono p. di libertà per le generazioni future; gli dedicò il libro come p. di stima e d'affetto*

pegnoràre ➤ **pignorare**

pégola [lat. tardo *pĭcula(m)*, dim. di *pĭx*, genit. *pĭcis* 'pece' ✱ 1313] **s. f. 1** (*lett.*) pece, spec. liquida: *laghi di p., addensata / di serpenti di mostri e dimon duri* (G. Carducci) **2** (*fig., sett.*) sfortuna, disdetta

pegolièra [da *pegola* ✱ 1835] **s. f.** ● tettoia sotto cui, nei porti, si bolle pece, catrame, bitume | grossa barca con caldaia per la pece, usata un tempo per calafatare scafi galleggianti

péi **prep. art. m. pl.** *poet.* **comp.** di *per* e *i*② ● (*lett.*) ➤ **i**② per gli usi ortografici; (*tosc., poet.*) troncato in *pe'*

peignoir /*fr.* pɛ'ɲwar/ [vc. fr., da *peigner* 'pettinare', da *pigne* 'pettine' ✱ 1835] **s. m. inv.** ● mantellina usata spec. un tempo dalle donne per coprire le spalle durante la pettinatura

pel /pel/ o (*raro, poet.*) **pe 'l** **prep. art. m. sing.** *lett.* **comp.** di *per* e *il* ➤ **il** per gli usi ortografici

†**pelacàni** [comp. di *pela(re)* e il pl. di *cane* ✱ av. 1309] **s. m. inv.** ● conciatore di pelli

pelacchiàre [intens. di *pelare* ✱ av. 1850] **v. tr.** (*io pelàcchio*) **1** (*raro*) spelacchiare **2** (*fig., lett.*) derubare, pelare

†**pelagàtti** [comp. di *pela(re)* e il pl. di *gatto* ✱ 1734] **s. m. inv.** ● truffatore

pelàgia [vc. dotta, gr. *pelágia*, f. di *pelágios* 'marino', agg. di *pélagos* 'mare'. V. *pelago* ✱ 1835]

s. f. (**pl.** *-gie*) • medusa degli Scifozoi, con ombrella dotata di otto lunghi tentacoli marginali, di colore bruno, luminosa di notte, se sfiorata (*Pelagia noctiluca*)

pelagianìșmo [comp. di *pelagiano* e *-ismo* ✻ av. 1712] **s. m.** • dottrina eretica di Pelagio, affermatasi nel V sec., che negava il peccato originale e affermava la possibilità di salvarsi con le sole opere senza la necessità della grazia

pelagiàno [1575] **A agg.** • relativo a Pelagio, al pelagianismo **B s. m.** • seguace di Pelagio, del pelagianismo

pelàgico [vc. dotta, lat. *pelăgicu(m)*, dal gr. *pelagikós*, agg. di *pélagos* 'mare'. V. *pelago* ✻ 1561] **agg.** (**pl. m.** *-ci*) • che vive o si trova in alto mare: *flora, fauna pelagica*

Pelàgidi [comp. di *pelagi(a)* e *-idi* ✻ 1958] **s. m. pl.** (**sing.** *-e*) • (*zool.*) famiglia di meduse del Mediterraneo cui appartiene la pelagia (*Pelagiidae*)

♦**pèlago** [vc. dotta, lat. *pĕlagu(s)*, nt., dal gr. *pélagos*, di orig. indeur. ✻ sec. XIII] **s. m.** (**pl.** *-ghi*) **1** (*lett.*) alto mare: *uscito fuor del p. a la riva / si volge a l'acqua perigliosa e guata* (DANTE *Inf.* I, 23-24) | vasta distesa d'acqua **2** (*fig.*) †passione, spec. amorosa, in cui l'animo si perde **3** (*fig.*) insieme di cose fastidiose e spiacevoli in cui si resta intricati: *si è invischiato in un p. di guai* **SIN.** ginepraio ‖ **pelaghétto**, **dim.**

pelagrìlli [comp. di *pela(re)* e il pl. di *grillo* ✻ av. 1587] **s. m. inv.** • (*raro, lett.*) avaro

†**pelamantèlli** [comp. di *pela(re)* e il pl. di *mantello* ✻ av. 1556] **s. m. inv.; anche agg. inv.** **1** rigattiere **2** furfante

pelàme [da *pelo* ✻ av. 1350] **s. m.** • mantello, vello: *il pregiato p. dell'ermellino*

pelaménto [sec. XIV] **s. m. 1** (*raro*) pelatura **2** †perdita di peli, di capelli

pelàmide [vc. dotta, lat. *pelămyde(m)*, dal gr. *pēlamýs*; da *pēlós* 'fango', in cui vive (?) ✻ 1748] **s. f.** • serpente velenoso degli Idrofidi scuro sul dorso, aranciato sul ventre, che vive negli oceani tropicali cibandosi di pesci (*Pelamydrus platurus*)

pelànda [da *pelare*, sul modello di *filanda* ✻ 1963] **s. f. 1** pelatoio **2** V. *pellanda*

pelandróne [etim. incerta ✻ 1902] **s. m.** (**f.** *-a*) • scansafatiche, fannullone, poltrone: *un tardo e sbadato p.* (R. BACCHELLI)

pelandronìte [comp. scherz. di *pelandrone* e *-ite*① ✻ 1954] **s. f.** • (*fam., scherz.*) pigrizia, poltroneria abituale: *non c'è cura per la sua p.*

pelapatàte [comp. di *pela(re)* e il pl. di *patata* ✻ 1927] **s. m. inv.** • particolare tipo di coltello, gener. a doppia lama, per sbucciare le patate **SIN.** sbucciapatate

♦**pelàre** [lat. *pilāre*, da *pĭlus* 'pelo' ✻ av. 1250] **A v. tr.** (*io pélo*) **1** privare dei peli, delle penne e sim.: *p. la pelle di un animale dopo averlo scuoiato; p. un pollo, un'anatra, la selvaggina; il re … si straziava il manto / e via pelava sua barba canuta* (M.M. BOIARDO) | ***p. un campo, una radura, un prato***, renderli totalmente privi di vegetazione | (*fig.*) ***gatta da p.***, faccenda difficile da risolvere, problematica | (*scherz.*) radere a zero: *gli hanno pelato il cranio a rasoio* **2** sbucciare: *pelare castagne, patate* **3** (*fig.*) levare quasi la pelle spec. per troppo freddo (*anche assol.*): *un vento gelido che pela la faccia; fa un freddo che pela!* **4** (*fig.*) lasciare senza soldi, spillando denaro o praticando prezzi troppo alti e sim.: *p. il proprio padre, i clienti, i villeggianti* **SIN.** spennare **B pelàrsi v. tr. pron.** (**aus.** *essere*) **1** pelare, sbucciare (con valore intens.): *s'è pelato un chilo di patate* **2** spellarsi, escoriarsi: *strisciando sull'asfalto mi sono pelato un braccio* **C pelàrsi v. intr. pron. 1** perdere i capelli: *nonostante la giovane età ha già cominciato a pelarsi* **2** (*fig., lett.*) disperarsi: *Nostro padre si pelò per la paura* (G. CARDUCCI) **3** †far pelo, creparsi, detto di muro e sim.

†**pelarèlla** [1541] **s. f.** • pelatina

pelargonàto [da *pelargonico* ✻ 1871] **s. m.** • (*chim.*) sale o estere dell'acido pelargonico

pelargònico [da *pelargonio* ✻ 1871] **agg.** (**pl. m.** *-ci*) • (*chim.*) detto di composto estratto da alcune Geraniacee o di composti da queste derivabili | ***acido p.***, acido grasso saturo monobasico, contenuto nell'olio essenziale di geranio e adoperato sotto forma di estere etilico nella preparazione di essenze per cognac

pelargònio [dal gr. *pelargós* 'cicogna' (di etim. incerta), dalla forma del frutto che ricorda il becco di una *cicogna*. Cfr. *geranio* ✻ 1821] **s. m.** (**pl.** *-i* o *raro -ii*) • genere di piante delle Geraniacee, erbacee o arbustive, originarie dell'Africa meridionale, con numerosi ibridi e varietà coltivate per ornamento e comunemente denominate gerani (*Pelargonium*)

pelàșgico [vc. dotta, lat. *Pelăsgicu(m)*, dal gr. *Pelasgikós*, agg. di *Pelasgói* 'Pelasgi' ✻ av. 1494] **agg.** (**pl. m.** *-ci*) • relativo ai Pelasgi, antico popolo che abitò una parte della Tessaglia

pelàta [1871] **s. f. 1** il pelare, il venire pelato: *diede una p. al pollo e lo infilò sullo spiedo* | (*fig.*) salasso, batosta: *in quel locale gli hanno dato una p. spaventosa* | (*scherz.*) rasatura dei capelli: *una bella p.* **2** testa parzialmente o totalmente calva | zona calva della testa: *una p. che pare una chierica* **SIN.** calvizie ‖ **pelatìna**, **dim.** (V.)

pelatìna [av. 1584] **s. f. 1** dim. di *pelata* **2** †tigna

pelàto A part. pass. di *pelare*; **anche agg. 1** nei sign. del v. | (*fig.*) privato di denaro, di beni **2** ***testa pelata***, calva | ***pomodori pelati***, interi e senza buccia **B s. m. 1** (*fam.*) uomo calvo **2** (**spec. al pl.**) pomodoro pelato: *una scatola di pelati; fare il sugo coi pelati* ‖ **pelatìno**, **dim.** | **pelatóne**, **accr.**

pelatóio [sec. XIV] **s. m.** (**pl.** *-ói*) • locale del mattatoio dove i maiali macellati vengono depilati

pelatóre [av. 1502] **agg. e s. m.** (**f.** *-trice*) • che (o chi) pela | (*fig.*) †imbroglione

pelatrìce [1965] **s. f. 1** operaia addetta alla pelatura spec. di frutta, verdura e sim. **2** macchina che pela frutta, verdura e sim.

pelatùra [sec. XIV] **s. f.** • operazione del pelare

Pelecanifórmi [comp. del lat. tardo *pelecānus* 'pellicano' e del pl. di *-forme* ✻ 1965] **s. m. pl.** (**sing.** *-e*) • (*zool.*) ordine di Uccelli con larghi piedi palmati, becco robusto e allungato, spesso con sacco membranoso sul ramo mandibolare (*Pelecaniformes*) **SIN.** Steganopodi

†**peléggio** ➤ †**pileggio**

pelìaco [vc. dotta, lat. *Pelĭacu(m)* 'proprio del monte *Pēlion*' ✻ 1810] **agg.** (**pl. m.** *-ci*) **1** (*lett.*) relativo al monte Pelio, in Grecia **2** (*fig.*) relativo all'eroe omerico Achille

pelìfero ➤ **pilifero**

pelìgno [vc. dotta, lat. *Paelĭgnu(m)*: da avvicinare a *pāelex* 'concubina', di etim. incerta ✻ 1342] **A agg.** • degli antichi Peligni | relativo a zone abitate dagli antichi Peligni **B s. m.** (**f.** *-a*) • chi faceva parte dell'antica popolazione dei Peligni, stanziata in alcune zone dell'Abruzzo **C s. m. solo sing.** • antico dialetto indoeuropeo del gruppo italico

peliòși [vc. dotta, gr. *pelíōsis* 'lividura', da *peliós* 'livido' ✻ 1829] **s. f. inv.** • (*med.*) porpora

pelittóne [dal n. dell'inventore G. *Pelitti* (1811-1865) ✻ 1858] **s. m.** • (*mus.*) bombardone contrabbasso

†**pélla** **prep. art. comp.** di *per* e *la*① *poet.* ➤ **la**① per gli usi ortografici

pellàccia [1483] **s. f.** (**pl.** *-ce*) **1** pegg. di *pelle*① | (*fig., fam.*) vita: *ho a cuore la mia p.!* **2** (*fig.*) persona molto resistente a fatiche, dolori, avversità e sim. | (*fig., spreg.*) persona rotta a tutte le astuzie: *non vorrai trattare con quella p.*

pellàgra [da *pelle*①, con il suff. *-agra*, di orig. gr., usato in medicina ✻ 1780] **s. f.** • malattia da carenza di vitamina PP, che colpisce spec. i bambini e gli adolescenti provocando lesioni cutanee desquamanti nelle parti esposte al sole e disturbi nervosi **SIN.** maidismo, zeismo

pellagróso (o **-ș-**) [1785] **agg. e s. m.** (**f.** *-a*) • che (o chi) è affetto da pellagra

pellàio o (*centr.*) **pellàro** [lat. tardo *pellāriu(m)*, da *pĕllis* 'pelle①' ✻ 1347] **s. m.** (**f.** *-aia*, **pl. m.** *-ai*) • conciatore o venditore di pelli

pellàme [da *pelle*① ✻ 1472] **s. m.** • pelli conciate: *commerciante in pellami; p. di prima scelta*

pellànda o **pelànda** [fr. *houppelande*, di etim. incerta ✻ av. 1389] **s. f.** • ampia veste aperta da indossare sulle altre, usata spec. nei secc. XIV e XV

pellàro ➤ **pellaio**

♦**pèlle**① [lat. *pĕlle(m)*, di orig. indeur. ✻ sec. XII] **A s. f. 1** cute del corpo umano: *una p. bianca e vellutata* **CFR.** dermato-, dermo-, derma-, -derma, -dermia | ***non stare più nella p.***, (*fig.*) non potersi contenere per l'allegrezza o l'impazienza | ***avere la p. dura***, (*fig.*) resistere alle fatiche, agli strapazzi, a una difficoltà, e sim. | ***avere la p. d'oca***, irruvidita, accapponata per emozione, freddo e sim. | ***a fior di p.***, superficialmente: *una ferita a fior di p.* | ***avere i nervi a fior di p.***, (*fig.*) essere in condizioni di estrema tensione nervosa | ***a p.***, indossato direttamente sulla pelle e molto aderente: *un miniabito portato a p.*; (*fig.*) a livello epidermico, come prima impressione: *a p., mi sembra una brava persona* | ***essere p. e ossa***, (*fig.*) molto magro | ***levar la p. a qlcu.***, (*fig.*) avvilirlo con dure critiche | ***fare la p. a qlcu.***, (*fig.*) ucciderlo | ***non voler essere nella p. di qlcu.***, nella sua situazione **2** (*est.*) buccia: *la p. del fico, della mela* | ***levare la p.***, pelare, sbucciare **3** rivestimento esterno del corpo degli animali: *la p. del serpente* | pelle conciata di molti animali: *guanti, borsa, cinghia di p.* | ***scarpe di p. lucida***, verniciate **SIN.** pellame | ***finta p.***, pelle sintetica | ***a p. di leopardo***, V. *leopardo* | ***a p. di leone***, V. *leone*① **4** tonaca, crosta, rivestimento o strato superficiale di qlco.: *la p. del muro; il metallo fuso raffreddandosi fa la p.* | ***p. d'uovo***, mussola finissima, per biancheria | ***p. di diavolo***, tela ruvida di cotone | ***p. di seta***, tessuto di seta greggia, morbido ma poco lucente | ***p. d'angelo***, varietà di corallo di un rosa molto chiaro | (*fig.*) superficie **5** (*fig., colloq.*) vita: *lasciarci, salvare la p.* | ***vendere cara la p.***, (*fig.*), opporsi molto duramente prima di essere sconfitto | ***amici per la p.***, per la vita, inseparabili | ***riportare la p. a casa***, ritornare vivo dopo aver corso un pericolo | ***giocare sulla p.*** (o *raro* ***con la p.***) ***di qlcu.***, mettere a repentaglio la vita di qlcu. con leggerezza **6** (*fig.*) †aspetto esteriore **B in funzione di agg. inv.** • (posposto al sost.) solo nella loc. ***effetto p.***, effetto pellicolare ‖ **pellàccia**, **pegg.** (V.) | **pellétta**, **dim.** (V.) | (*lett.*) **pellicèlla**, **dim.** | **pellicìna**, **dim.** | (*raro*) **pellolìna**, **dim.**

†**pélle**② **prep. art. f. pl. comp.** di *per* e *le*① *poet.* ➤ **le**① per gli usi ortografici

pellegrìna [calco sul fr. *pèlerine* 'colletto del mantello dei pellegrini', da *pèlerin* 'pellegrino' ✻ av. 1767] **s. f.** • corta mantellina o cappa che copre appena le spalle, fissata in genere alla giacca

pellegrinàggio o †**peregrinàggio** [da *pellegrino* ✱ 1287] **s. m. 1** (*lett.*) peregrinazione, esilio: *il nostro p. sulla terra* **2** viaggio di penitenza e devozione ai luoghi santi | (*est.*) viaggio e visita a persone e luoghi celebri, famosi o affettivamente cari: *partecipare a un p. a Caprera* **3** insieme di pellegrini che viaggiano: *un numeroso p.*

†**pellegrinàio** [sec. XIII] **s. m.** ● ospizio per pellegrini | infermeria dell'ospizio

pellegrinànte **A** **part. pres.** di *pellegrinare*; anche **agg.** ● (*raro*) nel sign. del v. **B** **s. m. e f.** ● †viandante, errante

pellegrinàre o †**peregrinàre** [lat. tardo *peregrināre*, per il classico *peregrināri*, da *peregrīnus* (V. *peregrino*), rifatto sull'it. *pellegrino* ✱ 1300 ca.] **v. intr.** (aus. *avere*) **1** (*lett.*) andare in pellegrinaggio **2** V. *peregrinare*

pellegrinazióne [lat. *peregrinatiōne(m)*, da *peregrināri* 'pellegrinare', rifatto su *pellegrino* ✱ 1303] **s. f. 1** (*lett.*, *raro*) pellegrinaggio **2** V. *peregrinazione*

†**pellegrinière** [1379] **s. m.** ● infermeria di un pellegrinaio

†**pellegrinità** ➤ **peregrinità**

pellegrìno o †**peregrìno** [lat. *peregrīnu(m)* 'straniero' (V. *peregrino*), con dissimilazione ✱ sec. XII] **A** **agg. 1** (*lett.*) che viaggia | migratore: *falcone p.* **2** (*lett.*) forestiero, straniero: *che fan qui tante pellegrine spade?* (F. Petrarca) **3** V. *peregrino* ‖ **pellegrinaménte**, **avv. 1** da pellegrino, viandante **2** (*raro*) in modo peregrino **B** **s. m. 1** (**f.** *-a*) (*lett.*) viandante, viaggiatore: *assistere, rifocillare i pellegrini*; *l'ospizio dei pellegrini*; *l'uomo è un p. sulla terra* **2** (**f.** *-a*) chi viaggia per visitare luoghi santi: *i pellegrini lasciarono Roma diretti a Loreto*; *assistere all'arrivo, al passaggio dei pellegrini* | (*est.*, *raro*) viaggiatore, visitatore

pellerόssa o **pellirόssa** [dal pl. *pellirosse*, comp. di *pelle*① e il f. di *rosso*, calco sul fr. *peaux-rouges*, detti così per l'uso di tingersi il viso con l'ocra rossa ✱ 1848] **s. m. e f.** (**pl. inv.** o *pellirósse*) ● indigeno del Nord America

pèllet /ˈpɛllet, *ingl.* ˈpɛlɪt/ [vc. ingl., propr. 'piccola palla, grano', dal fr. ant. *pelote*, in lat. mediev. *pelōta(m)*, *pilōta(m)* 'piccola palla (*pīla(m)*)' ✱ 1895] **s. m. inv.** ● (*tecnol.*) prodotto industriale granulare ottenuto attraverso la pellettizzazione

pellética [sovrapposizione di *cotica* a *pelle* ✱ 1863] **s. f. 1** (*tosc.*) carne macellata con attaccati pezzi di pelle **2** (*tosc.*, *spreg.*) pelle umana floscia e cascante

pellétta **s. f. 1** dim. di *pelle* **2** parte dello stomaco di vitello da latte, ricco di enzimi, che dopo essere stato essiccato e stagionato è impiegato come caglio coagulante nella produzione di formaggio

pelletterìa [da *pellettiere* ✱ av. 1494] **s. f. 1** produzione e commercio di oggetti in pelle, quali valigie, borsette, cinture, guanti e sim. **2** insieme di oggetti di pelle lavorata **3** negozio in cui si vendono tali oggetti

pellettière [fr. *pelletier*, dall'ant. fr. *pel* 'pelle①' ✱ sec. XIV] **s. m.** (**f.** *-a*) ● chi produce o vende oggetti di pelletteria

pellettiẓẓàre [da *pellet*, sul modello dell'ingl. *to pelletize* ✱ sec. XX] **v. tr.** ● (*tecnol.*) sottoporre a pellettizzazione (V.)

pellettiẓẓazióne [1984] **s. f.** ● (*tecnol.*) procedimento industriale attraverso il quale dei materiali inizialmente polverulenti (fertilizzanti, mangimi, ecc.) vengono trasformati in prodotti agglomerati granulari, gener. sferici o cilindrici

pellicàno [lat. tardo *pelecānu(m)*, dal lat. *pelecānus*, dal gr. *pelekán*, genit. *pelekânos*, da *pélekys* 'ascia' (di orig. indeur.) per la forma del becco ✱ av. 1292] **s. m. 1** grosso uccello tropicale dei Pelecaniformi con enorme becco munito inferiormente di un sacco dilatabile per immagazzinare il cibo (*Pelecanus onocrotalus*) **2** nella tradizione medievale, simbolo di Cristo redentore dell'umanità (dalla credenza che il pellicano si laceri il petto per nutrire i piccoli) **3** †leva dentaria **4** †alambicco

pelliccerìa [av. 1536] **s. f. 1** tecnica e attività della lavorazione di pellicce **2** negozio e laboratorio di pellicciaio **3** quantità, assortimento di pellicce confezionate

♦**pellìccia** [dal lat. tardo *pellīcius* 'di pelle', da *pĕllis* 'pelle①' ✱ av. 1320] **s. f.** (**pl.** *-ce*) **1** il mantello di un animale formato da peli folti e piuttosto lunghi **2** pelle di animale conciata, col suo pelo morbido e lucente: *p. di ermellino, martora, lontra, visone, astrakan* **3** indumento realizzato con pelliccia o foderato di pelliccia conciata e lavorata: *la signora si avvolse nella p.*; *collo, cappello di p.* | ***p. ecologica***, confezionata con tessuti che imitano la pelliccia degli animali CFR. ecopelle **4** (*arald.*) campo dello scudo caratterizzato sia dal colore che dal metallo ‖ **pelliccétta**, **dim.** | **pellicciόna**, **accr.** | **pelliccióne**, **accr. m.** (V.) | **pelliccιòtto**, **dim. m.** (V.)

pellicciàio [1243] **A** **s. m.** (**pl.** *-ai*) **1** (**f.** *-aia*) chi lavora o vende pellicce **2** (**f.** *-aia*) conciatore di pelli per pellicce **3** insetto dei Coleotteri le cui larve sono molto dannose a lane, pellicce e sim. (*Attagenus pellio*) **B** **agg.** ● (*anat.*) della pelle | ***muscolo p.***, contenuto nello spessore della pelle, di cui determina, con la contrazione, il corrugamento

pellicciàme [av. 1764] **s. m.** ● (*raro*) quantità di pellicce

†**pelliccière** [av. 1363] **s. m.** ● pellicciaio

pelliccióne [1262] **s. m. 1** accr. di *pelliccia* **2** antica veste, di foggia ampia, foderata di pelliccia **3** pastrano dei mandriani, foderato di pelliccia

pellicciòtto [av. 1603] **s. m. 1** dim. di *pelliccia* **2** giacca o giubbotto di pelliccia

pellicèlla [av. 1292] **s. f.** ● (*raro*) pellicola membranosa | †placenta

†**pellicìno** [lat. *pedĭcinu(m)* 'piede del torchio', da *pēs*, genit. *pĕdis* 'piede', con accostamento pop. a *pelle*① ✱ sec. XIV] **s. m. 1** ciascuna delle estremità angolari cucite di un sacco, una balla e sim. | ***prendere, pigliare il sacco per i pellicini***, (*fig.*) dire tutto apertamente, vuotare il sacco **2** (*est.*) sacco, otre: *questo romito molti pesci prese / ed empiene la zucca e 'l p.* (L. Pulci) **3** pedicello

♦**pellìcola** [vc. dotta, lat. *pellĭcula(m)*, dim. di *pĕllis* 'pelle①' ✱ av. 1320] **s. f. 1** pelle o membrana molto sottile | squama | (*est.*) strato sottile, patina: *una p. di grasso* **2** (*est.*) sottilissimo foglio di materiale plastico trasparente usato per avvolgere e conservare alimenti **3** striscia di celluloide, di acetato di cellulosa o di un altro supporto, con una delle facce cosparsa di un'emulsione fotosensibile, su cui si registrano le immagini colte dall'obiettivo della macchina fotografica o cinematografica **4** (*est.*) film: *guardare alla tv una vecchia p.* ‖ **pellicolétta**, **dim.** | **pellicolìna**, **dim.**

pellicolàre [1494] **agg. 1** di pellicola, che ha forma di pellicola: *strato p.* **2** (*elettr.*) ***effetto p.***, fenomeno per il quale la corrente elettrica ad alta frequenza passa principalmente nella zona più esterna del conduttore

pellirόssa ➤ **pellerossa**

†**pèllo** **prep. art. m. sing. comp.** di *per* e *lo poet.* ➤ **lo** per gli usi ortografici

pellucidità [1730] **s. f. inv.** ● proprietà di ciò che è pellucido

pellùcido [vc. dotta, lat. *pellūcidu(m)*, comp. di *pĕr* 'per, attraverso' e *lūcidus* 'trasparente' (V. *lucido*①) ✱ 1749] **agg.** ● detto di corpo semitrasparente, diafano: *membrana pellucida*; *setto p.* | (*biol.*) ***zona pellucida***, membrana che circonda l'uovo dei Mammiferi al momento della sua uscita dall'ovaio

SFUMATURE ➤ ***trasparente***

Pelmatoẓòi [comp. del gr. *pélma*, genit. *pélmatos* 'pianta del piede' (di orig. indeur.), e *-zoo* ✱ 1954] **s. m. pl.** (**sing.** *-ẓòo*) ● (*zool.*) classe di Echinodermi cui appartengono le forme che, almeno allo stadio giovanile, sono fissate al substrato mediante un peduncolo più o meno lungo (*Pelmatozoa*)

♦**pélo** [lat. *pĭlu(m)*, di etim. incerta ✱ 1272] **s. m. 1** (*anat.*) ciascuna delle formazioni cornee filiformi di origine epidermica presenti sul corpo dell'uomo e di molti animali mammiferi: *i peli della barba, delle ascelle, del naso*; *radersi i peli superflui* CFR. trico-, -trico | l'insieme dei peli di una persona o di un animale | ***fare il p. e il contropelo***, radersi per un verso poi per il contrario; (*fig.*) criticare spietatamente qlcu. | ***cavalcare a p.***, senza sella | ***a p.***, secondo la piega del pelo | ***andare contro p.***, in senso opposto alla piega del pelo | ***p. morto***, i peli che l'animale perde nel ricambio del mantello | ***di primo p.***, di ragazzo al quale comincia a spuntare la barba; (*fig.*) di persona inesperta, ingenua e sim. | ***non torcere un p. a qlcu.***, (*fig.*) non fargli il minimo male | ***lisciare il p.***, (*fig.*) adulare; (*iron.*, *per antifrasi*) picchiare di santa ragione | (*fig.*) ***avere il p. sullo stomaco*** (o †***sul cuore***), essere crudeli, insensibili, senza scrupoli | (*fig.*) ***non avere peli sulla lingua***, parlare liberamente, con assoluta sincerità e senza mezzi termini | (*fig.*) ***cercare il p. nell'uovo***, essere minuziosi e pignoli fino all'assurdo | (*lett.*) barba e capigliatura: *un vecchio, bianco per antico p.* (Dante *Inf.* III, 83) **2** (*bot.*) cellula allungata dell'epidermide vegetale: *p. unicellulare, p. pluricellulare* | ***p. urticante***, che espelle sotto pressione un liquido irritante | ***p. radicale***, sottilissima estensione di una radice, con funzione di assorbimento **3** fibra tessile ricavata dal pelo di diversi animali | filo ritorto di seta greggia, per tulle | borra di seta, cimatura di lana | ***cotone in p.***, cardato | ***sacco a p.***, V. *sacco*①, sign. 6 **4** peluria dei panni di lana | ***dare il p. ai panni***, mediante la garzatura **5** pelliccia: *un cappotto col collo di p.*; *guanti foderati di p.* **6** la superficie, il massimo livello superiore di un liquido: *galleggiare a p. d'acqua* | ***p. libero***, superficie libera di un liquido **7** crepa di muro che appare sottilissima sull'intonaco ma penetra in profondità: *fare, gettare p.* | sottile fessura, o anche piano di minore resistenza, della roccia **8** (*fig.*) minima frazione di tempo, quantità minima, e sim.: *per un p. non ho perduto il treno*; *c'è mancato un p. che cadessi*; *non aggiungeremo né muteremo un p. alla vostra esposizione* | ***essere a un p. da***, essere lì lì per ‖ **pelàccio**, **pegg.** | **pelétto**, **dim.** | **pelìno**, **dim.** | **pelóne**, **accr.** | **pelùccio**, **dim.** | **pelùcco**, **pelùzzo**, **dim.**

pèlo- [dal gr. *pēlós* 'fango', di etim. incerta] **primo elemento** ● in parole composte della terminologia scientifica significa 'fango': *pelobio*, *pelofilo*

pelòbate [comp. di *pelo-* e del gr. *-bátēs*, da *báinein* 'andare', di orig. indeur. ✱ 1875] **s. m.** ● anfibio anuro notturno e inoffensivo simile a un rospo, che emana odore agliaceo (*Pelobates fuscus*)

pelòbio [comp. di *pelo-* e *-bio* ✱ 1958] **agg.** ● (*biol.*) detto di organismo acquatico vivente nel fango

pelòfilo [comp. di *pelo-* e *-filo* ✱ 1958] **agg.** ● (*biol.*) pelobio

pelóne [da *pelo* con suff. accr. ✱ 1652] **s. m.** ● (*tess.*) tessuto peloso di lana ruvida e pesante

peloponnesìaco [vc. dotta, lat. *Peloponnesĭacu(m)*, dal gr. *Peloponnēsiakós*, da *Pelopónnēsos* 'Peloponneso', propr. 'isola di Pelope', dal n. del personaggio mitico che estese il suo dominio su quella regione ✱ 1521] **A agg.** (**pl. m.** *-ci*) ● del Peloponneso **B s. m.** (**f.** *-a*) ● abitante o nativo del Peloponneso

peloritàno [vc. dotta, lat. *Peloritānu(m)*, dal gr. *Pélōron*, n. del promontorio di Messina, da *pélōros* 'enorme', di orig. non del tutto chiara ✱ 1835] **A agg.** ● relativo al promontorio Peloro, in Sicilia **B agg. e s. m.** (**f.** *-a*) ● (*lett.*) abitante della provincia di Messina

pelosèlla (o *-s-*) [dim. f. di *peloso*, perché è coperta di *pelo* ✱ sec. XIV] **s. f.** ● erba delle Crocifere, comune nei luoghi sabbiosi, pelosa, con piccolissimi fiori bianchi (*Arabis thaliana*) CFR. draba | crocifera di luoghi secchi con foglie a rosetta, fiore a quattro petali profondamente divisi in due (*Draba verna*) | erba delle Composite, comunissima, con capolini giallo zolfo e foglie a rosetta bianco-cotonose (*Hieracium pilosella*)

pelosìna (o *-s-*) [da *peloso* ✱ 1880] **s. f.** ● prima dormita dei bachi da seta

pelóso (o *-s-*) o †**pilóso** [lat. *pilōsu(m)*, da *pĭlus* 'pelo' ✱ sec. XIII] **agg.** ● che ha molto pelo, ricoperto di peli: *uomo p.*; *mani pelose*; *le orecchie pelose e stracche delle mule* (G. Verga) | (*fig.*) ***carità pelosa***, fatta per interesse: *Oh, guarda un po' che carità pelosa!* (L. Da Ponte) ‖ **pelosétto**, **dim.** ‖ **pelosità**, **s. f. inv.** caratteristica di chi (o di ciò che) è peloso

pelota /*sp.* peˈlota/ [sp. *pelota*, dall'ant. fr. *pelote*, dal lat. *pĭla* 'palla', di etim. incerta ✱ 1905] **s. f.** (**pl.** *pelòte* o **sp.** *pelotas*) ● gioco di origine basca cui partecipano due squadre di tre giocatori ciascuna, che, con un attrezzo di vimini adattato a una mano per mezzo di un guanto di cuoio, cercano di rinviare la palla lanciata contro un muro dagli avversari SIN. palla basca

pelotàro [1962] **s. m.** ● chi pratica il gioco della pelota

pelòxeno [comp. di *pelo-* e *-xeno* ✱ 1958] **agg.** ● (*biol.*) detto di organismo acquatico che fugge i fondali melmosi

pèlta [vc. dotta, lat. *pĕlta(m)*, dal gr. *péltē*; da avvicinare a *pélma* 'piante dei piedi' (?) ✱ sec. XIV] **s. f.** ● nell'antica Grecia, scudo leggero con anima di legno o di vimini, a forma di mezzaluna o semicircolare, con due incavi nella parte diametrale

peltàsta o **peltàste** [vc. dotta, lat. *peltăstae*, nom. pl., dal gr. *peltastái*, da *péltē* 'pelta' ✱ 1483] **s. m.** (**pl.** *-i*) ● nell'antica Grecia, soldato di armatura leggera con pelta e arco o fionda o giavellotto

peltàto [vc. dotta, lat. *peltātu(m)*, da *pĕlta* 'pelta' ✱ 1554] **agg. 1** armato di pelta **2** (*bot.*) detto di organo vegetale, spec. foglia, che ha forma di scudo

Peltigeràcee [comp. di *pelta*, del tema del lat. *gĕrere* 'portare' (V. *gestione*), perché hanno il tallo a forma di pelta, e *-acee* ✱ 1954] **s. f. pl.** (**sing.** *-a*) ● (*bot.*) famiglia di licheni aderenti al terreno per mezzo di rizoidi (*Peltigeraceae*)

peltinèrvio [comp. di *pelta* (per la forma della foglia) e *nervo* ✱ 1958] **agg.** ● (*bot.*) detto di foglia con picciolo inserito nel mezzo della lamina e nervature disposte come i raggi di una ruota

peltràio [1585] **s. m.** (**f.** *-aia*, **pl. m.** *-ai*) ● artigiano che lavora il peltro

péltro [vc. di orig. preindeur. ✱ 1313] **s. m. 1** lega di stagno con piombo e antimonio o con zinco e mercurio, d'aspetto simile all'argento, utilizzata per vasellame da tavola e oggetti decorativi **2** †moneta, possesso di denaro

pelùcco [sec. XVI] **s. m.** (**pl.** *-chi*) **1** dim. di *pelo* **2** (**spec. al pl.**) piccolo accumulo di peli o di leggera lanugine che si forma su un tessuto o una maglia

peluche /peˈluʃ*, *fr.* p(ə)ˈlyʃ/ [vc. fr., deriv. di un ant. *peluchier* 'tagliare i peli', che continua il lat. parl. **piluccāre*, deriv. di *pilāre* 'tagliare i peli' ✱ 1765] **A s. f. inv.** ● tessuto con pelo lungo e morbido, usato spec. per confezionare animali finti e sim. **B s. m. inv.** ● animale finto o sim. confezionato con tale stoffa: *un cagnolino di p.*

pelùria [da *pelo* ✱ sec. XIV] **s. f.** ● minuta villosità, insieme di peli sottili e morbidi: *ha le braccia ricoperte di p.*; *non ha barba né baffi ma solo una fitta p.*; *la p. dei pulcini* SIN. calugine, lanugine

†**pelùzza** [da *pelo* ✱ 1547] **s. f.** ● striglia, spazzola per cavalli

pèlvi [vc. dotta, lat. *pēlvi(m)* 'catino, bacino', di orig. indeur. ✱ av. 1730] **s. f. inv.** ● (*anat.*) bacino | ***p. renale***, bacinetto CFR. pielo-

pèlvico [1842] **agg.** (**pl. m.** *-ci*) ● (*anat.*) di pelvi, relativo alla pelvi

pelvimetria [comp. di *pelvi* e *-metria* ✱ 1866] **s. f.** ● (*med.*) misurazione dei diametri del bacino, spec. della donna in rapporto al parto

pèmfigo o **pènfigo** [vc. dotta, gr. *pémphix*, genit. *pémphigos* 'soffio di vento, pustola', di orig. espressiva ✱ 1835] **s. m.** (**pl.** *-gi*) ● (*med.*) dermatite bollosa, spesso a contenuto purulento

pèmmican /ˈpemmikan, *ingl.* ˈpemɪkən/ [algonchino *pimekan*, da *pime* 'grasso' ✱ 1883] **s. m. inv.** ● cibo a base di carne di renna o di pesce, seccata e affumicata, tipico degli indiani d'America | carne seccata, compressa o polverizzata, di manzo o caccia, usata spec. nelle spedizioni polari

♦**péna** [lat. *pŏena(m)*, dal gr. *poinḗ*, da una radice indeur. che significa 'pagare' ✱ 1186] **s. f. 1** sanzione punitiva stabilita dalla legge come specifica conseguenza del reato e irrogata dall'autorità giudiziaria mediante processo: *infliggere una p.*; *p. capitale, di morte* | ***p. principale***, quella inflitta dal giudice con provvedimento di condanna | ***p. accessoria***, quella conseguente di diritto alla condanna a una pena principale quale effetto penale della stessa | ***p. detentiva***, restrittiva della libertà personale | ***p. pecuniaria***, sanzione fiscale che varia da un minimo a un massimo; nel diritto penale, la multa o l'ammenda | ***p. disciplinare***, sanzione applicabile dalla pubblica amministrazione con procedimento amministrativo | (*gramm.*) ***complemento di p.***, indica la pena o la condanna inflitte a un colpevole; è introdotto dalle prep. *a*, *di*, *con* e *per* o dalla loc. *alla p. di* (per es.: *condanna all'ergastolo*; *è stato multato di cinquanta euro*, *per varie centinaia di euro*; *è stato punito con il ritiro della patente*; *è stato condannato alla p. di quattro anni e due mesi*) CFR. colpa **2** (*relig.*) castigo dell'anima, temporale o perpetuo, per i peccati commessi: *p. dell'Inferno, del Purgatorio* | castigo inflitto dalla Chiesa al fedele o al sacerdote per delitto commesso: *pene canoniche*; *pene spirituali, temporali* **3** (*est.*) punizione in genere: *noi siamo contrari alle pene corporali*; *è una p. ingiusta, crudele, immeritata*; *fra le speranze di fuggir la p. una è quella di correggersi* (P. Sarpi) | ***a p. di, sotto p. di***, (*ellitt.*) ***pena***, (*fig.*) con minaccia di: *a p. di nullità*; *sotto p. di morte*; *è stato più volte diffidato, p. la sospensione dall'incarico* **4** (*est.*) patimento, sofferenza fisica o morale: *mi ha raccontato i suoi guai e le sue pene*; *gli hanno inflitto pene indicibili*; *io ti ringrazio, Amore, / d'ogni p. e tormento* (A. Poliziano) | ***dar p.***, tormentare | ***soffrire le pene dell'inferno***, (*fig.*) essere in preda a tormenti indicibili **5** afflizione e pietà dovute alle sofferenze altrui: *è una p. vederlo soffrire così* | ***far p.***, muovere a pietà; (*spreg.*) provocare disprezzo, disgusto, essere molto mediocre: *come pianista, fa p.* | ***essere in p.***, essere angosciati o preoccupati per qlco. o qlcu. | ***anima in p.***, persona rosa da interno tormento, da continua irrequietezza e sim. **6** stento, fatica: *li vedemmo inerpicarsi con gran p. sulle pendici scoscese del monte*; *ci è costato p. e sacrifici* | ***prendersi, darsi p. di***, affaticarsi | ***valere, non valere la p.***, essere o non essere vantaggioso, meritare o non meritare: *non vale la p. preoccuparsi tanto per quell'ingrato* | ***a p., a gran p., a mala p.***, con grande stento e difficoltà | ***a p.***, V. *appena*

SFUMATURE ➤ *condanna*, ➤ *punizione*

†**penàce** o †**pennàce** [av. 1306] **agg.** ● che dà pena

♦**penàle** [vc. dotta, lat. *poenāle(m)*, da *pōena* 'pena' ✱ 1362] **A agg.** ● (*dir.*) che concerne le pene giudiziarie, il diritto penale: *azione p.*; *certificato p.* | ***processo p.***, complesso di atti preordinato alla pronuncia circa la fondatezza di un'imputazione | ***diritto p.***, complesso di atti legislativi alla cui inosservanza è ricollegata l'applicabilità di una pena o di una misura di sicurezza | ***norma p.***, disposizione di legge che fa parte del diritto penale | ***clausola p.***, patto con cui le parti stabiliscono preventivamente l'ammontare del danno conseguente all'inadempimento o al ritardo nell'adempimento di un'obbligazione ‖ **penalménte**, **avv.** secondo le norme e i procedimenti del diritto penale; sotto l'aspetto penale ‖ **penalità**, **s. f. inv.** (V.) **B s. f.** ● (*ellitt.*) clausola penale | correntemente, somma stabilita da tale clausola: *pagare una p.*

SFUMATURE ➤ *sanzione*

penalìsta [1866] **s. m. e f.** (**pl. m.** *-i*) ● esperto di diritto penale | avvocato che si occupa di cause penali

penalìstico [1933] **agg.** (**pl. m.** *-ci*) ● relativo ai penalisti, al diritto penale

penalità o †**penalitàde**, †**penalitàte** [da *penale*; nel sign. 2, calco sull'ingl. *penalty* ✱ sec. XIV] **s. f. inv. 1** sanzione spec. pecuniaria SIN. penale **2** l'entità della penalizzazione, in punti o in secondi, per un'irregolarità compiuta in una gara sportiva **3** †sofferenza, afflizione

penalizzànte **part. pres.** di *penalizzare*; anche **agg. 1** nei sign. del v. **2** che reca svantaggio: *provvedimento fiscale p.* **3** non costruttivo: *critica p.*

penalizzàre [da *penalità* ✱ 1942] **A v. tr. 1** punire con una penalizzazione un concorrente che ha commesso un'infrazione o un'irregolarità: *il vincitore di tappa è stato penalizzato di un minuto* **2** (*fig.*) danneggiare: *i rincari dei prezzi penalizzano soprattutto i pensionati* | trascurare qlcu. o qlco.: *p. la famiglia rispetto al lavoro* **B penalizzàrsi** **v. rifl.** ● danneggiare sé stesso ‖ **penalizzazióne**, **s. f.** (V.)

penalizzazióne [1958] **s. f. 1** il penalizzare | danneggiamento, svantaggio, danno **2** in una gara sportiva, penalità inflitta a un concorrente per condotta irregolare o per errore

pènalty /ˈpenalti, *ingl.* ˈpen(ə)ltɪ/ [vc. ingl., dal fr. *pénalité*: stessa etim. dell'it. *penalità* ✱ 1905] **s. m. inv.** (**pl. ingl.** *penalties*) ● (*sport*) nel calcio, rigore

penànte **part. pres.** di *penare*; anche **agg.** ● (*raro*, *lett.*) che pena, che soffre

†**penànza** [da *penante* ✱ av. 1375] **s. f.** ● pe-

a b c d e f g h i j k l m n o p q r s t u v w x y z

na, afflizione

penàre [da *pena* ✱ av. 1250] **A** **v. intr.** (*io péno*; **aus.** *avere*) **1** patire, soffrire: *p. in carcere, in esilio* | ***finir di p.***, morire **2** durare fatica: *penarono molto a uscire da quella situazione; risolsero ogni cosa senza troppo p.* **B** **penàrsi** **v. intr. pron.** ● †darsi pena, ingegnarsi

penàti [vc. dotta, lat. *penātes*, da *pĕnus* 'parte interna della casa' (poi 'provviste, vettovaglie'), di orig. indeur. ✱ av. 1556] **s. m. pl.** (**sing.** *-e*) **1** (spesso con iniziale maiuscola) presso gli antichi Romani, divinità che proteggevano la famiglia, la casa, la patria **2** (*fig., lett.*) casa, patria: *tornare ai propri p.* | (*raro, lett.*) ***trasportare altrove i propri p.***, cambiare domicilio, residenza

penchant /*fr.* pɑ̃'ʃɑ̃/ [vc. fr., propr. part. pres. di *pencher* 'pendere', dal lat. parl. **pendicāre*, deriv. di *pendēre* 'pendere' ✱ 1694] **s. m. inv.** ● inclinazione, simpatia | ***avere un p. per qlcu.*** o ***qlco.***, avere un debole, una simpatia particolare

pencolaménto [da *pencolare* ✱ 1946] **s. m.** ● tentennamento, ondeggiamento

pencolànte **part. pres.** di *pencolare*; anche **agg.** **1** che pencola, che pende: *un pilone p.* | che traballa | (*est.*) tremolante: *un raggio di luce prodotto da una p. candela* (E. MONTALE) **2** (*fig.*) indeciso, irresoluto | precario: *salute p.*

♣**pencolàre** [lat. parl. **pendiculāre*, intens. di *pendēre* 'pendere' ✱ av. 1850] **v. intr.** (*io pèncolo*; **aus.** *avere*) **1** pendere da una parte, non essere saldo: *un masso pencolava sull'orlo del burrone* | traballare, oscillare, vacillare: *l'ubriaco camminava pencolando* **2** (*fig.*) essere indeciso, irresoluto: *p. fra due opposte soluzioni* **SIN.** tentennare

pencolio [1954] **s. m.** (**pl.** *-ii*) ● un pencolare continuato **SIN.** tentennio

pencolóne [av. 1908] **s. m.** (**f.** *-a*) ● chi pencola camminando

pen computer /penkom'pjuter, *ingl.* 'pɛnkəm,pju:tə(r)/ [loc. ingl., comp. di *pen* 'penna' e *computer* ✱ 1992] **loc. sost. m. inv.** (**pl. ingl.** *pen computers*) ● (*inform.*) personal computer portatile dotato di uno schermo interattivo sul quale è possibile scrivere con un apposito dispositivo a forma di penna

†**pendàglia** [av. 1400] **s. f.** ● pendaglio

pendàglio [da *pendere* ✱ av. 1400] **s. m.** **1** oggetto che pende | ciondolo, monile | (*fig.*) ***p. da forca***, delinquente **2** cinghia di cuoio, semplice o doppia, per sostegno della sciabola o della spada ‖ **pendagliétto**, **dim.** | **pendaglìno**, **dim.** | **pendaglióne**, **accr.**

pendant /*fr.* pɑ̃'dɑ̃/ [vc. fr., propr. 'pendente' ✱ 1784] **s. m. inv.** ● corrispondenza, riscontro di cose, mobili, oggetti in coppia, disposti simmetricamente o in modo complementare: *essere il p. di qlco.*; *questa consolle è il p. di quell'altra* | ***fare p., da p.***, essere abbinato armonicamente: *la cintura fa p. con la borsetta; il tessuto delle tende fa da p. a quello del divano*

pendènte **A** **part. pres.** di *pendere*; anche **agg.** **1** che pende, che è appeso, sospeso o sim.: *Guardava le piante ... con pendenti radici aeree* (I. CALVINO) | inclinato, piegato rispetto al proprio asse: *la torre p. di Pisa; un quadro p.* | che è in pendenza: *Da' pendenti prati di rosso papavero allegri* (G. CARDUCCI) | pendulo: *labbro p.* | (*dir.*) ***frutto p.***, frutto naturale ancora appeso alla pianta **2** che è in corso, che non è risolto o definito: *processo, conto p.* | (*dir.*) ***carichi pendenti***, procedimenti penali a carico | (*gramm.*) †***passato p.***, imperfetto | †***in p.***, in sospeso: *lasciamo ... la risposta in p.* (G. GALILEI) ‖ **pendenteménte**, **avv.** con pendenza **B** **s. m.** **1** ciondolo, orecchino **2** †pendio, declivio

pendentif /*fr.* pɑ̃dɑ̃'tif/ [vc. fr., dal lat. *pĕndens*, genit. *pendĕntis*, part. pres. di *pendēre* 'pendere' ✱ 1927] **s. m. inv.** ● gioiello portato per ornamento al collo, appeso a un nastro o a una catena

pendènza [1464] **s. f.** **1** condizione di ciò che è pendente o inclinato: *la p. di una torre, di un tetto* **CFR.** clino-, -clino **SIN.** inclinazione **2** (*mat.*) tangente trigonometrica dell'angolo formato da una retta, o da un piano, con il piano orizzontale | ***p. di una curva in un punto***, pendenza della tangente alla curva nel punto | ***p. di una superficie in un punto***, pendenza del piano tangente alla superficie nel punto | ***p. di una strada, di un canale***, rapporto, spesso espresso in percentuale, fra la differenza di quota di due punti e la loro distanza in orizzontale **3** (*dir.*) situazione in cui si trova un processo in stato di litispendenza | ***p. di una condizione***, quando l'evento che ne costituisce il contenuto non si è ancora verificato e si ignora se si verificherà | ***p. di un rapporto giuridico***, allorché sussiste la possibilità della retroattiva eliminazione di un rapporto attualmente esistente **4** (*fig.*) conto in sospeso: *definire, sistemare una p.* | (*fig.*) questione da risolvere: *avere molte pendenze da sistemare* **5** (*gramm.*) †condizione di tempo imperfetto **6** (*fig., lett.*) propensione, inclinazione

♦**pèndere** [lat. parl. **pĕndere*, per il classico *pendēre*: di orig. indeur. (?) ✱ 1261 ca.] **A** **v. intr.** (**pass. rem.** *io pendéi* o *pendètti, tu pendésti*; **part. pass.** *pendùto*, *raro*; **aus.** *avere*) **1** essere appeso, sospeso o attaccato a qlco., gravitando verso il basso: *il quadro pende dal chiodo; una pesante spada gli pendeva dal fianco; frutti dorati pendevano dai rami; p. dal capestro* | (*fig.*) ***p. dalle labbra, dalle parole, dai cenni di qlcu.***, essere estremamente attento | (*fig.*) ***p. dal volere di qlcu.***, essere del tutto obbediente **2** essere inclinato o piegato rispetto al proprio asse: *p. a destra, a sinistra; la torre di Pisa pende* | (*lett., fig.*) avvicinarsi, tendere: *p. al bianco; e' capegli suoi pendevano in rosso* (N. MACHIAVELLI) **3** essere inclinato rispetto a un piano orizzontale: *p. per il peso eccessivo* | (*est.*) essere declive: *la costa pende verso il mare* **4** (*fig.*) incombere: *una terribile minaccia pende su di noi; sul suo capo pendeva una grossa taglia* **5** (*fig.*) essere in attesa di decisione e sim.: *la causa pende dinanzi ai giudici di primo grado; la questione pende tuttora* | (*lett.*) essere esitante, tentennare: *pende, pende e non si decide mai* **6** (*lett., fig.*) dipendere: *p. dalla volontà altrui; pende dal mio voler ch'altri infelice / perda in prigione eterna il ciel sereno* (T. TASSO) **7** (*fig.*) propendere: *è indeciso, ma credo penda verso la nostra soluzione* | ***p. dalla parte di qlcu.***, essere incline a favorirlo | ***la bilancia pende dalla sua parte***, (*fig.*) la situazione gli è favorevole **B** **v. tr.** **1** †appendere **2** (*tosc.*) †tenere inclinato

†**pendévole** [1505] **agg.** ● (*lett.*) che pende; che ricade

pendice [lat. parl. **pendīce(m)*, da *pendēre* 'pendere' ✱ sec. XIII] **s. f.** ● (**spec. al pl.**) parte di terreno in pendio: *le pendici del monte* | costa, versante: *alle pendici dell'Etna*

pendigóne [vc. di orig. sp. (?) ✱ 1983] **s. m.** ● grosso pallino da schioppo

pendino [da *pendere* ✱ 1930] **s. m.** **1** (*elettr.*) nelle linee elettriche di alimentazione aerea, spec. in quelle usate per trazione ferrofilotranviaria, ciascuno dei tiranti verticali d'acciaio che collegano il conduttore di contatto alla fune portante **2** (*mecc.*) nelle sospensioni dei veicoli ferroviari, organo che sostiene le leve di comando dei freni **3** (*edil.*) tirante in tondino d'acciaio che sporge dalla superficie inferiore di un solaio a sostegno degli elementi di soffittatura

♦**pendio** [da *pendere* ✱ 1306] **s. m.** (**pl.** *-ii*) **1** pendenza: *strada in p.* **2** luogo in pendenza, piano di pendenza: *l'acqua scorre seguendo il p.; un p. ripido, dolce, erto, scosceso* **3** (*fig., lett.*) china: *e giunta in sul p., precipita l'età* (G. PARINI)

pèndola [da *pendolo* ✱ 1841] **s. f.** ● orologio a pendolo

pendolaménto [1958] **s. m.** ● il pendolare

pendolàre① [da *pendolo* ✱ av. 1523] **v. intr.** (*io pèndolo*; **aus.** *avere*) **1** muoversi in modo simile all'oscillazione del pendolo **SIN.** oscillare **2** (*est.*) spostarsi regolarmente avanti e indietro tra due località: *continua a p. tra Milano e Torino*

pendolàre② [da *pendolo* ✱ 1891] **A** **agg.** ● detto di ogni movimento che assomiglia a quello del pendolo: *moto p.* ‖ **pendolarménte**, **avv.** con movimento pendolare **B** **agg.**; anche **s. m. e f.** ● che (o chi) abita in un luogo diverso da quello in cui svolge il proprio lavoro e deve quindi affrontare quotidianamente il viaggio di andata e ritorno: *lavoratori pendolari; metropolitana zeppa di pendolari* ‖ **pendolarità**, **s. f. inv.** (V.)

pendolarismo [1971] **s. m.** **1** caratteristica di ciò che è pendolare | (*fig.*) atteggiamento di chi è solito oscillare tra posizioni contrastanti **2** il fenomeno sociale relativo ai lavoratori e agli studenti pendolari: *p. urbano*

pendolarità [1950] **s. f. inv.** ● condizione, situazione dei lavoratori pendolari | (*est.*) il complesso dei fenomeni legati a tale situazione

pendolinista [da *pendolino*① ✱ 1942] **s. m. e f.** (**pl. m.** *-i*) ● chi pratica la radioestesia e la rabdomanzia usando un pendolino

pendolino① [1871] **s. m.** **1** dim. di *pendolo* **2** pendolo usato da rabdomanti e radioestesisti per i loro esperimenti **3** ***Pendolino***®, nome di un elettrotreno ad alta velocità in servizio in Italia le cui carrozze possono oscillare in un piano perpendicolare alla direzione di marcia, consentendo di affrontare le curve a una velocità maggiore

pendolino② [detto così perché il suo nido *pende* dai rami cui è legato da un filo sottilissimo ✱ 1797] **s. m.** ● piccolo uccello dei Passeriformi, tipico delle zone umide anche italiane, che costruisce un nido a forma di fiasco appeso a un ramo (*Anthoscopus pendulinus*) **SIN.** fiaschettone

♦**pèndolo** [lat. *pĕndulu(m)* 'pendente', da *pendēre* 'pendere' ✱ 1282] **A** **s. m.** **1** correntemente, solido girevole intorno a un asse fisso orizzontale e soggetto solo all'azione del peso | ***p. semplice, matematico***, punto sospeso a un filo flessibile inestensibile di massa trascurabile | ***p. composto, fisico***, corpo rigido sospeso per un asse orizzontale non passante per il suo baricentro | ***p. geodetico***, pendolo che permette di determinare il valore dell'accelerazione di gravità, mediante misurazione del periodo di oscillazione del pendolo | ***p. sismico***, usato in sismologia per determinare vibrazioni della crosta terrestre **2** peso pendente dalla pendola, misuratore del tempo con le sue oscillazioni **3** pendola, orologio a pendolo **4** peso pendente da un filo per stabilire il perpendicolo | filo a piombo **5** in alpinismo, manovra oscillante di corda necessaria quando occorre eseguire una traversata lungo un tratto di parete non percorribile in arrampicata **6** †parte pendente di monile, vezzo e sim. ‖ **pendolino**, **dim.** (V.) **B** **agg.** ➤ pendulo

pendolóne o **pendolóni** [da *pendolo* ✱ 1554] **avv.** ● (*tosc.*) penzoloni

pendóne [da *pendere* ✱ 1598] **s. m.** ● drappeggio di tessuto pendente a festone

pen drive /pen'draiv, *ingl.* 'pen,draɪv/ [loc. ingl., propr. 'unità (*drive*) simile a una penna (*pen*)' ✱ 2003] **loc. sost. f. inv.** (**pl. ingl.** *pen drives*) ● (*inform.*) chiavetta, pennetta

♦**pèndulo** o (*raro*) **pèndolo** [V. *pendolo* ✱ 1342] **agg.** **1** che pende: *e par ch'al vento muovasi / la triste Filli esanimata e pendola* (I. SANNAZARO) **2** (*anat.*) **velo p.**, plica muscolo-mucosa all'estremità posteriore del palato molle, tra la cavità orale e quella faringea **SIN.** velo palatino

pendùto **part. pass.** di *pendere*; anche **agg.** ● (*raro*) nei sign. del v.

pène [vc. dotta, lat. *pēne(m)* 'coda', poi 'membro virile', di orig. indeur. ✱ 1775] **s. m.** ● (*anat.*) organo esterno, erettile, dell'apparato urogenitale maschile

penèio [vc. dotta, lat. *Penēiu(m)*, agg. di *Penēus*, dal gr. *Pēneiós* 'Peneo', padre di Dafne ✱ 1321] **agg.** (**pl. m.** *-èi*) ● di Peneo, padre di Dafne

†**penèllo** ➤ **pennello**①

penèlope① [vc. dotta, lat. *penēlope(m)*, dal gr. *pēnélops*, di orig. preindeur. ✱ 1476] **s. f.** ● (*zool.*) fischione

Penèlope② [vc. dotta, lat. *Penēlope(n)*, dal gr. *Pēnelópē*, già in gr. e lat. in senso figurato ✱ 1777] **s. f.** ● (*per anton.*) donna, sposa paziente e fedele | **tela di P.**, quella che la sposa di Ulisse tesseva di giorno e disfaceva di notte; (*fig.*) lavoro interminabile, eseguito tra molte indecisioni e ripensamenti

penèo [dal n. del dio del fiume *Peneo* ✱ 1557] **s. m.** ● genere di Crostacei dei Decapodi cui appartengono la mazzancolla e lo spannocchio (*Penaeus*)

penepiàno [ingl. *peneplain*, comp. del lat. *pāene* 'quasi' (V. *penisola*) e *plānus* 'piano' ✱ 1930] **s. m.** ● (*geogr.*) regione leggermente ondulata o quasi pianeggiante modellata dall'azione degli agenti esogeni protrattasi per lunghe ere geologiche

peneràta [1618] **s. f.** ● (*raro*) penero | orlatura di penero

pènero [lat. parl. **pĕdinu(m)*: da *pēs*, genit. *pĕdis* 'piede' (?) ✱ 1334] **s. m.** ● (*tess.*) lembo dell'ordito non tessuto, lasciato come frangia ornamentale: *asciugamano, scialle, tappeto, coperta col p.* | (*est., lett.*) insieme di rami e foglie, o fili e sim., pendenti

penetràbile [vc. dotta, lat. *penetrābile(m)*, da *penetrāre* 'penetrare' ✱ av. 1328] **agg.** **1** che si può facilmente penetrare | (*fig.*) comprensibile **CONTR.** impenetrabile **2** †penetrativo, penetrante ‖ **penetrabilità**, **s. f. inv.**

penetràle [vc. dotta, lat. *penetrāle*, nt. sost. di *penetrālis* 'interiore, interno', da *penetrāre* 'penetrare' ✱ 1499] **s. m.** **1** (**spec. al pl.**) nell'antica Roma, la parte più interna e nascosta della casa o del tempio in cui si conservavano i simulacri dei penati o degli dei **2** (*fig., lett.*, **spec. al pl.**) la parte più intima, più riposta: *i penetrali dell'animo, della coscienza; Vi urta l'idea di scrutare gl'intimi penetrali del vostro io?* (S. ALERAMO) **SIN.** recesso

penetraménto [av. 1524] **s. m.** ● (*raro*) penetrazione | (*fig.*) †persuasione

penetrànte **part. pres.** di *penetrare*; anche **agg.** **1** nei sign. del v. **2** **odore p.**, acuto | **ferita p.**, profonda | **freddo p.**, molto intenso **3** (*fig.*) che giunge in profondità; acuto, incisivo: *parole penetranti; osservazione p.* ‖ **penetranteménte**, **avv.** (*raro*) in modo penetrante

penetrànza [1871] **s. f.** **1** (*raro*) penetrazione | (*fis.*) attitudine di un corpo a penetrare in un mezzo fluido **2** (*biol.*) frequenza con cui un gene determina la comparsa del relativo carattere

♦**penetràre** [vc. dotta, lat. *penetrāre*, dall'avv. *pĕnitus* 'nell'intimo', 'in fondo a', da *pĕnus*. V. *penati* ✱ av. 1292] **A** **v. intr.** (*io pènetro* o *poet.* *penètro*; **aus.** *essere*, *raro*, *lett.* *avere*) **1** riuscire a entrare, a spingersi dentro un materiale duro e compatto, o un luogo chiuso: *il chiodo penetra nella parete, nel legno; l'aria penetrava nella stanza attraverso qualche spiraglio; penetrarono sempre più profondamente nella giungla; la lama penetrò a fondo nelle carni; nei corpi trasparenti penetrano i raggi e negli specchi vengono riflessi* (P. SARPI) | (*fig.*) insinuarsi: *un dubbio gli penetrò nell'animo* | (*fig.*) riuscire a conoscere: *p. nei misteri di una vecchia vicenda* **2** introdursi furtivamente: *i ladri sono penetrati nottetempo nella banca* **B** **v. tr.** **1** trapassare (*anche fig.*): *pareva volesse penetrarlo con quello sguardo acuto* **2** compiere una penetrazione sessuale (*anche assol.*) **3** (*fig.*) arrivare a conoscere, a comprendere a fondo: *p. il significato di un'allegoria* **C** **penetràrsi** **v. intr. pron.** ● †rendersi conto di qlco.

penetratìvo [av. 1320] **agg.** ● che è in grado di penetrare, che ha la forza di penetrare: *dando varii colori a' legni, con acque e tinte bollite, e con oli penetrativi* (G. VASARI) | (*fig.*) penetrante | **ingegno p.**, acuto

penetràto **part. pass.** di *penetrare*; anche **agg.** ● nei sign. del v.

penetratóre [vc. dotta, lat. tardo *penetratōre(m)*, da *penetrātus* 'penetrato' ✱ av. 1519] **agg. e s. m.** (**f.** *-trice*) ● (*raro*) che (o chi) penetra o che ha forza di penetrare

penetrazióne [vc. dotta, lat. *penetratiōne(m)*, da *penetrātus* 'penetrato' ✱ av. 1320] **s. f.** **1** il penetrare: *la p. di un cuneo nel legno* | (*fig.*) diffusione, espansione all'interno di qlco.: *la p. di nuove idee; la p. di un prodotto sul mercato* | **p. sessuale**, (*ellitt.*) **penetrazione**, l'introduzione del pene nella vagina **2** (*fig.*) capacità di capire, di intendere: *è dotato di una singolare capacità di p.* **SIN.** acume, perspicacia

†**penetrévole** [1505] **agg.** **1** penetrativo, penetrante **2** (*fig.*) perspicace ‖ †**penetrevolménte**, **avv.** in modo penetrante

pènfigo ➤ **pemfigo**

-penìa [dal gr. *penía* 'povertà, indigenza', di orig. indeur.] **secondo elemento** ● in parole composte della terminologia medica, indica mancanza o carenza rispetto ai valori normali di ciò che è designato dalla prima parte della parola: *leucopenia*

penìce [fr. *péniche*, dall'ingl. *pinnace*, a sua volta dal fr. *pinace*, dallo sp. *pinaza*, da *pino* 'pino' ✱ 1937] **s. f.** ● chiatta per il trasporto di materiali nell'interno del porto

penicillìna [da *penicillio* ✱ 1948] **s. f.** ● antibiotico isolato dal fungo *Penicillum notatum*, molto usato in terapia

penicillìnico [1963] **agg.** (**pl. m.** *-ci*) ● di penicillina

penicìllio [dal lat. *penicĭllum* 'pennello', dim. di *penĭculus*, propr. 'piccola coda', poi 'spazzola, pennello', a sua volta dim. di *pēnis* (V. *pene*), detto così perché caratterizzato da filamenti che formano una specie di pennello ✱ 1875] **s. m.** ● muffa delle Aspergillacee a forma di minuti cespi da cui si innalzano ife a ciuffo, alcune patogene, altre utili per l'estrazione della penicillina (*Penicillium*)

penicìllo [vc. dotta, lat. *penicĭllu(m)* 'pennello'. V. *penicillio* ✱ 1838] **s. m.** ● (*biol.*) parte di organo in forma di filamento

pènico [1958] **agg.** (**pl. m.** *-ci*) ● del pene | (*antrop.*) **astuccio p.**, guaina, spec. di materiali vegetali o naturali, usata da alcune popolazioni primitive per coprire il pene a scopo ornamentale o protettivo

penièno [vc. dotta, deriv. di *pene* ✱ 1958] **agg.** ● (*anat.*) relativo al pene: *protesi peniena*

peninsulàre [dal lat. *paenīnsula* 'penisola' ✱ av. 1836] **agg.** ● relativo a una penisola ‖ **peninsularità**, **s. f. inv.** caratteristica di un territorio costituito da una penisola

♦**penìsola** [lat. *paenīnsula(m)*, propr. 'quasi isola', comp. di *pāene* 'quasi', di etim. incerta e *īnsula* 'isola' ✱ av. 1494] **s. f.** ● terra circondata dalle acque eccetto una parte che è unita al continente: *l'Italia è una grande p.* | (*per anton.*) l'Italia | (*est.*) **a p.**, unito a qlco. per il lato più corto: *tavolo a p.; pensilina a p.* ‖ **penisolétta**, **dim.**

penitènte [vc. dotta, lat. *paenitēnte(m)*, part. pres. di *paenitēre* 'pentirsi' (V.) ✱ av. 1250] **A** **agg.** ● che si pente dei propri peccati **CONTR.** impenitente **B** **s. m. e f.** **1** chi fa penitenza **2** cristiano che, per peccati commessi, è soggetto a pene penitenziali che lo escludono dalla funzione di alcuni sacramenti e dalla piena partecipazione alla vita della comunità dei fedeli **3** chi accede al sacramento della penitenza

penitènza o †**penitènzia** [vc. dotta, lat. *paenitĕntia(m)*, da *pāenitens*, genit. *paenitĕntis* 'penitente' ✱ 1065] **s. f.** (*Penitenza* **nel sign. 3**) **1** (*lett.*) pentimento e dolore per il male commesso: *disconforto / ne sentii poscia e p. al core* (T. TASSO) | **recare a p.**, indurre al pentimento **SIN.** contrizione **2** qualunque privazione, punizione o mortificazione cui ci si sottopone liberamente, a scopo riparatorio e sim.: *imporsi dure penitenze; vivere in continua p.* | **fare p.**, sottoporsi volontariamente a tali privazioni, punizioni e sim. **3** (*relig.*) uno dei sette sacramenti, secondo la dottrina cattolica istituito da Gesù Cristo per rimettere i peccati commessi dopo il battesimo, denominato anche, dopo il Concilio Vaticano II, Sacramento della Riconciliazione | **p. sacramentale**, opera buona o preghiera imposta dal confessore a castigo e a correzione del peccatore e a sconto della pena temporale meritata peccando | **opera di p.**, digiuni, mortificazioni, atti di misericordia spirituale e corporale, preghiere, uso pio delle cerimonie e dei sacramentali, che suppliscono e integrano la penitenza sacramentale | correntemente, penitenza sacramentale: *dire, recitare dieci avemaria per p.* **4** castigo o punizione che si dà spec. ai bambini: *per p. gli fece copiare più volte quelle pagine* **5** in giochi infantili o di società, prova d'abilità o ridicola imposta al perdente

SFUMATURE ➤ *castigo*

penitenziàle [dal lat. *paenitĕntia* 'penitenza' ✱ sec. XIV] **A** **agg.** **1** di penitenza: *proponimento p.* | **Salmi penitenziali**, salmi che si recitano nella Settimana santa | **atto p.**, riconoscimento dei propri peccati, fatto dal celebrante e dai fedeli all'inizio della Messa **2** (*dir.*) **caparra p.**, V. *caparra* **3** (*raro*) penitenziario: *sistema p.* **4** †che fa penitenza **B** **s. m. e f.** ● †chi fa penitenza

†**penitenziàre** [da *penitenza* ✱ 1266] **A** **v. tr.** ● sottoporre a penitenza | confessare **B** †**penitenziàrsi** **v. intr. pron.** ● pentirsi

penitenziàrio [da *penitenza* ✱ av. 1835] **A** **agg.** **1** che concerne l'organizzazione delle istituzioni carcerarie **2** relativo all'espiazione di una pena detentiva **B** **s. m.** ● stabilimento carcerario **SIN.** prigione, carcere

penitenzière [da *penitenza* ✱ av. 1328] **s. m.** ● confessore che, nelle cattedrali, ha autorità di assolvere dai peccati i casi riservati al vescovo | **P. maggiore**, cardinale che presiede alla penitenzieria apostolica

penitenzierìa [da *penitenziere* ✱ av. 1476] **s. f.** **1** (*dir.*) primo tribunale della Curia romana che ha giurisdizione sul foro interno,

a b c d e f g h i j k l m n o p q r s t u v w x y z

anche non sacramentale, e concede grazie, assoluzioni, dispense, condoni e sanatorie **2** in alcune chiese, parte della sacrestia riservata ai confessionali per uomini

†penitère o **†pentère** [vc. dotta, lat. *paenitēre*. V. *pentirsi* ✱ 1268] **v. intr.** e **penitérsi v. intr. pron.** ● pentirsi

♦**pénna** [lat. *pĕnna(m)* 'penna' e *pĭnna(m)* 'penna', dalla stessa radice di *pĕtere* 'dirigersi' (V. *†petere*) ✱ av. 1250] **s. f. 1** (*zool.*) formazione cornea della pelle caratteristica degli Uccelli, costituita da un asse centrale, la cui parte basale (*calamo*) è inserita sulla pelle, mentre la parte rimanente (*rachide*) porta il vessillo, formato da tante appendici laterali sfrangiate | ***penne remiganti***, quelle principali delle ali, costituenti la superficie portante del volo | ***penne timoniere***, quelle della coda, con funzione di timone nel volo | ***penne copritrici***, le penne corte che, nelle ali, ricoprono alla base le penne più grandi | ***cane da p.***, da caccia, il cui compito è fermare o puntare selvaggina alata | ***lasciarci, rimetterci le penne***, (*fig.*) morire o subire danni gravissimi | (*est.*) piuma: *un cuscino pieno di p.* | ***leggero come una p.***, leggerissimo | (**al pl.**, *lett.*) ali **2** ornamento del cappello alpino | ***Penne nere***, gli alpini | ***penne mozze***, gli alpini caduti in guerra **3** strumento per scrivere costituito un tempo da una penna d'oca opportunamente lavorata, quindi sostituito da un'asticciola di materiale vario munita di pennino di metallo, anch'essa oggi disusata | ***p. stilografica***, dotata di un serbatoio per l'inchiostro che alimenta direttamente il pennino | ***p. a sfera***, munita di un serbatoio con inchiostro semisolido e di una sferetta scorrevole al posto del pennino | ***p. a feltro***, costituita da un cilindretto di feltro, che sostituisce il pennino, e da una carica d'inchiostro | (*inform.*) ***p. luminosa, p. ottica***, dispositivo a forma di penna che ha all'estremità un sensore ottico che puntato sul video invia degli input al sistema; dispositivo per leggere codici a barre **SIN.** light pen | (*inform.*) ***p. elettronica***, dispositivo a forma di penna che consente di scrivere a mano libera sullo schermo di un palmtop, di una lavagna interattiva ecc., o di trasmettere comandi al computer | ***un frego, un tratto di p.***, un segno tracciato per cancellare | ***dar di p.***, cancellare | (*fig.*) ***lasciare qlco. nella p.***, tralasciare o dimenticare di scrivere qlco. | ***uomo di p.***, letterato | ***amico di p.***, V. *amico* nel sign. B 1 | (*fig.*) ***avere la p. intinta nel fiele***, di chi scrive con acrimonia, astio e sim. | (*est.*) scrittore: *essere una buona p.* **4** (*inform.*) chiavetta **5** (*mar.*) estremità più alta di una vela triangolare o trapezoidale, dove viene applicata la drizza | angolo di drizza | ***occhio alla p.***, avvertimento dato al timoniere di non far perdere il vento alle vele; (*est.*) esortazione a stare attento, a vigilare **6** (*fig.*) †cima, sommità, vetta **7** la parte assottigliata del martello opposta alla bocca **8** parte della freccia opposta alla punta **9** (*mus.*) plettro **10** (**spec. al pl.**) pasta alimentare a cannelli lisci o rigati, tagliati di sbieco: *penne al sugo*; *penne all'arrabbiata* ‖ **pennàccia**, **pegg.** | **pennétta**, **dim.** | **pennìna**, **dim.** (V.) | **pennìno**, **dim. m.** (V.) | **pennóne**, **accr. m.** (V.) | **pennùccia**, **dim.**

pennacchièra [da *pennacchio* ✱ 1585] **s. f.** ● ornamento di penne che si poneva sull'elmo o sulla testiera della briglia dei cavalli durante cerimonie e solennità

pennàcchio o (*pop.*) **†spennàcchio** [lat. tardo *pinnācŭlu(m)* 'pinnacolo' ✱ av. 1449] **s. m. 1** ciuffo o mazzo di penne che orna un copricapo oppure la testiera di un cavallo: *il p. dei bersaglieri* **2** (*est.*) ciò che per la forma o l'aspetto ricorda un pennacchio: *un p. di fumo sulla ciminiera*; *una mimosa/ … co' suoi pennacchi di color di rosa* (G. PASCOLI) **3** (*architett.*) ciascuno degli elementi a forma di triangolo curvilineo che raccordano la base di una cupola alla struttura a pianta quadrata o poligonale su cui poggia ‖ **pennacchiétto**, **dim.** | **pennacchìno**, **dim.** | **pennacchióne**, **accr.**

pennacchiùto [1634] **agg.** ● ornato o fornito di pennacchio

pennaccìno [genovese *pennaccin*: propr. 'piccolo pennacchio' (?) ✱ 1895] **s. m.** ● (*mar.*) puntone del bompresso, posto inferiormente e perpendicolarmente a questo e contro cui fa forza la catena di briglia | qualsiasi puntone posto su un albero o pennone a formare una trave armata

†pennàce ➤ **†penace**

pennaiòlo o **†pennaiuòlo** [da *penna* ✱ 1298] **s. m. 1** astuccio portatile o contenitore da tavolo in cui un tempo si tenevano le penne d'oca e altri oggetti per scrivere **2** (**f.** *-a*) †venditore di penne **3** (**f.** *-a*) (*fig.*, *spreg.*) scrittore che mira unicamente al guadagno

pennarèllo [da *penna* ✱ 1970] **s. m.** ● tipo di penna a feltro, con tratto piuttosto spesso ‖ **pennarellóne**, **accr.**

pennàta [av. 1566] **s. f. 1** (*raro*, *lett.*) quantità d'inchiostro raccolta dal pennino intinto nel calamaio **2** (*raro*) colpo dato con la punta della penna | frego di penna

pennatìfido [comp. di *pennato* (agg.) e *-fido* (dal lat. *-fidus*: V. *bifido*) ✱ 1823] **agg.** ● (*bot.*) detto di foglia pennata divisa fino a metà della distanza fra il margine e il nervo mediano

pennàto [vc. dotta, lat. *pennātu(m)*, da *pĕnna* 'penna' ✱ av. 1320] **A agg. 1** pennuto **2** (*bot.*) detto di foglia composta formata da foglioline disposte ai lati di un asse **B s. m. 1** attrezzo adunco di ferro per potare le viti, provvisto sul dorso di una cresta o penna tagliente, per i rami più grossi **2** †uccello

pennatopartìto [comp. di *pennato* (agg.) e *partito*① ✱ 1954] **agg.** ● (*bot.*) detto di foglia divisa fino a più della metà della distanza esistente fra il margine e il nervo mediano

pennatosètto [comp. di *pennato* (agg.) e *-setto* (V. *palmatosetto*) ✱ 1958] **agg.** ● (*bot.*) detto di foglia pennata le cui foglioline sono disposte a destra e a sinistra del rachide

pennàtula [dim. del lat. *pennātus* 'fornito di penne'. V. *pennato* ✱ av. 1799] **s. f.** ● celenterato marino che forma colonie a forma di penna infissa sul fondo che emanano una tenue luce (*Pennatula phosphorea*)

pennécchio [lat. *penĭculu(m)* 'piccola coda', dim. di *pēnis* 'coda'. V. *pene* ✱ 1321] **s. m.** ● quantità di lana, lino, canapa da filare che si avvolge intorno alla rocca: *s'incalliva le signorili dita tirando il p. della rocca e girando il fuso* (L. CAPUANA) **SIN.** roccata

pennellàre [da *pennello* ✱ 1640] **A v. intr.** (*io pennèllo*; **aus.** *avere*) ● lavorare, dipingere col pennello **B v. tr. 1** tinteggiare una superficie usando il pennello: *p. le persiane, gli infissi* | (*est.*) spalmare un liquido con il pennello: *p. l'arrosto con olio*; *p. la gola con un balsamo* **2** (*fig.*) descrivere con efficacia e rapidità: *p. un personaggio, un ambiente* | (*fig.*, *sport*) eseguire con eleganza e precisione: *p. un tiro*; *p. una curva con gli sci*

pennellàta [1505] **s. f. 1** tratto, tocco, colpo di pennello | maniera di usare il pennello **2** (*fig.*) elemento descrittivo di particolare vigore e vivacità: *con poche pennellate ha tracciato un profilo compiuto del personaggio* ‖ **pennellatìna**, **dim.**

pennellatùra [1680] **s. f.** ● distribuzione di farmaci liquidi su cute o mucose, mediante pennello

pennelleggiàre [intens. di *pennellare* ✱ 1319] **A v. tr.** (**pres.** *io pennelléggio*; **fut.** *io pennelleggerò*) ● (*lett.*) dipingere col pennello: *più ridon le carte / che pennelleggia Franco Bolognese* (DANTE *Purg.* XI, 82-83) | (*fig.*, *lett.*) descrivere vivacemente, tratteggiare **B v. intr.** (**aus.** *avere*) ● (*raro*) lavorare di pennello

pennelleggiatóre [1793] **s. m.** (**f.** *-trice*) **1** †chi esegue lavori di decorazione **2** (*lett.*, *spreg.*) pittore mediocre

pennelléssa [1865] **s. f.** ● grosso pennello piatto, usato da imbianchini e attacchini

pennellifìcio [comp. di *pennello* e *-ficio* ✱ 1950] **s. m.** ● fabbrica di pennelli

♦**pennèllo**① o **†penèllo** [lat. parl. **penĕllu(m)*, dim. di *pēnis* 'coda'. V. *pene* ✱ 1287] **s. m. 1** attrezzo costituito da un mazzetto di peli animali fissati all'estremità di un'asticciola o di un manico, usato per dipingere, imbiancare, verniciare e sim.: *p. di martora, di tasso*; *p. da pittore, da imbianchino* | ***p. da barba***, corto e tozzo, per insaponarsi prima di radersi | ***p. per labbra, per occhi, per ritocco***, piccolo pennello per vari tipi di maquillage femminile | (*fig.*) ***a p.***, perfettamente: *il vestito mi va a p.*; *queste scarpe calzano a p.* **2** (*idraul.*) struttura appoggiata alla sponda di un corso d'acqua e sporgente nell'alveo per allontanare la corrente dalla sponda stessa o costruita in prossimità della riva del mare per proteggere la spiaggia dall'azione erosiva delle onde **3** (*mar.*) ancorotto che serve da rinforzo a un'ancora **4** (*fis.*) fascio di raggi luminosi, uscenti da una sorgente luminosa puntiforme, che passano attraverso un'apertura piccolissima | ***p. elettronico***, sottile fascetto di elettroni in un tubo catodico ‖ **pennellétto**, **dim.** | **pennellìno**, **dim.** | **pennellóne**, **accr.**

pennèllo② [ant. fr. *penel*, da avvicinare a *penon* 'pennone' ✱ av. 1290] **s. m. 1** (*mar.*) bandiera da segnalazione a forma di triangolo isoscele molto allungato | ***†a p.***, a bandiera spiegata | ***†ad un p.***, sotto la stessa insegna **2** †stendardo

pennése (o **-ṣ-**) [etim. incerta ✱ av. 1348] **s. m.** ● (*disus.*) marinaio destinato alla custodia del materiale di riserva conservato nelle cale

pennétta [1534] **s. f. 1** dim. di *penna* | (**spec. al pl.**) tipo di pasta alimentare corta: *pennette al sugo, al salmone* **2** (*inform.*) chiavetta

pènnica [dal lat. parl. **pendicare* 'pendolare' (V. *penchant*) ✱ 1946] **s. f.** ● (*centr.*) sonnellino, spec. pomeridiano: *fare, farsi una p. dopo mangiato* ‖ **pennichèlla**, **dim.**

pennifórme [comp. di *penna* e *-forme* ✱ 1875] **agg.** ● che ha forma di penna

pennìna① [1813] **s. f. 1** dim. di *penna* **2** (*bot.*) ***p. del paradiso***, graminacea tipica degli ambienti calcarei con infiorescenza formata di spighette con glume lunghissime e sericee (*Stipa pennata*)

pennìna② [dalle *Alpi Pennine*, in cui si trova ✱ 1895] **s. f.** ● (*miner.*) specie di clorite contenente magnesio e alluminio

penninèrvio [comp. di *penna* e *nervo* ✱ 1875] **agg.** ● (*bot.*) detto di foglia con una nervatura centrale da cui se ne staccano altre disposte come le barbe di una penna

pennìno [1871] **s. m. 1** dim. di *penna* **2** laminetta metallica opportunamente sagomata per scrivere, innestata al cannello della penna

pennivéndolo [da *penna*, sul modello di *fruttivendolo, pescivendolo* ecc. ✱ 1904] **s. m.** (**f.** *-a*) ● (*spreg.*) scrittore o giornalista mercenario, che sostiene chi lo ricompensa meglio in guadagni o vantaggi personali

pennòla [da *penna* ✱ 1875] **s. f.** ● (*mar.*, *disus.*) antenna delle piccole vele delle imbarcazioni

P

pennoncèllo [1353] **s. m. 1** dim. di *pennone* **2** piccolo pennacchio del cimiero **3** piccolo stendardo fissato in prossimità della punta della lancia

pennóne [propr. accr. di *penna* ✱ av. 1266] **s. m. 1** stendardo molto lungo usato dalla cavalleria fino alla metà del sec. XVIII | bandiera di grandi dimensioni e di forma allungata | †formazione di soldati sotto l'insegna di un pennone **2** (*mar.*) antenna orizzontale di legno o di ferro, cui è inferito il lato superiore delle vele quadre: *p. di maestra, di parrocchetto* **3** asta di bandiera || **pennoncèllo**, **dim.** (V.) | **pennoncìno**, **dim.**

SFUMATURE ➤ *bandiera*

pennonière [av. 1338] **s. m. 1** marinaio addetto a un pennone **2** †portainsegna

pennùto [da *penna* ✱ 1313] **A agg.** ● fornito di penne: *animali pennuti* | (*lett.*) †di freccia fornita di penne a un'estremità: *vola il p. stral per l'aria e stride* (T. Tasso) **B s. m.** ● uccello, volatile: *uccidere, cucinare, mangiare un p.; andare a caccia di pennuti*

pènny /'pɛnni, *ingl.* 'pɛnɪ/ [vc. ingl., V. *Pfennig* ✱ 1749] **s. m. inv.** (**pl. ingl.** *pence*) ● moneta britannica, fino al 1971 pari a 1/12 di scellino, e attualmente pari alla centesima parte di una sterlina

penómbra [comp. del lat. *pāene* 'quasi' (V. *penisola*) e *ombra* ✱ 1745] **s. f. 1** scarsità di luce: *una stanza in p.; stare, riposare, celarsi nella p.* **2** (*fis.*) zona parzialmente illuminata, compresa fra quella completamente illuminata e quella in ombra, che si forma su uno schermo quando la sorgente luminosa non è puntiforme

♦**penóso** (o **-ṣ-**) [da *pena* ✱ av. 1294] **agg. 1** che suscita pena, che muove a compassione, a pietà: *una penosa situazione familiare; problema p.* CONTR. lieto **2** molesto, faticoso, sgradevole: *viaggio, lavoro p.; conversazione povera e penosa* | imbarazzante: *un argomento p.* | (*est.*) mediocre, negativo, tale da far pena: *il tenore è stato davvero p.* CONTR. allettante **3** †tormentato: *felice agnello a la penosa mandra / mi giacqui un tempo* (F. Petrarca) || **penosètto**, **dim.** || **penosaménte**, **avv.** con pena, a fatica || **penosità**, **s. f. inv.** condizione di ciò che (o di chi) è penoso

SFUMATURE ➤ *doloroso*, ➤ *increscioso*

pensàbile [av. 1704] **A agg.** ● che si può pensare, meditare, immaginare CONTR. impensabile || **pensabilità**, **s. f. inv.** **B s. m.** ● ciò che può essere pensato

†**pensagióne** o †**pensazióne** [vc. dotta, lat. tardo *pensatiōne(m)* 'compenso, risarcimento', da *pensāre*. V. *pensare* ✱ av. 1257] **s. f.** ● pensiero

pensaménto [av. 1250] **s. m. 1** (*lett.*) pensiero | (*anche iron.*) meditazione, elucubrazione **2** (*lett.*) progetto, proposito **3** †affanno, cura

pensànte A part. pres. di *pensare*; anche **agg.** ● che pensa, che ha la facoltà di pensare: *l'uomo è un essere p.* | **testa p.**, (*fig.*) individuo di grande intelligenza, che ha una particolare capacità di elaborazione || †**pensanteménte**, **avv.** deliberatamente **B s. m. e f.** ● chi pensa e ragiona | **ben p.**, V. *benpensante*

♦**pensàre** [vc. dotta, lat. *pensāre* 'pesare con cura', intens. di *pĕndere* 'pesare'. V. *pendere* ✱ av. 1250] **A v. intr.** (*io pènso*; aus. *avere*) **1** possedere e utilizzare precise facoltà mentali, razionali: *gli esseri umani pensano* | (*est.*) riflettere, meditare: *da molto tempo sto pensando alla possibilità di intervenire; è bene p. prima di agire; p. tra sé, in cuor proprio; sono cose che fanno p.; quella è gente che pensa; cominciando a p. su la ricchezza* (F. Sacchetti); *che cosa pensa intorno alle teorie dell'eredità?* (I. Svevo) | **pensa e ripensa**, dopo lunga riflessione | **pensarci su**, riflettere attentamente su qlco. | **p. con la propria testa**, non lasciarsi influenzare dagli altri | **dare da p.**, preoccupare; mettere dubbi | all'imperativo, si usa, anche come inciso, per richiamare l'attenzione su qlco. di notevole: *pensa che ci conosciamo fin da piccoli; l'avevo invitata a cena e, pensa* (o *fam. pensa tu, pensa te*), *me n'ero completamente dimenticato* **2** tenere il pensiero fisso su qlco. o qlcu. (+ *a*): *penso sempre a voi; pensava continuamente al domani* | **p. al regno, alla presidenza, alla direzione della ditta**, aspirarvi, desiderarli | (*est.*) riandare col pensiero: *penso ai bei giorni trascorsi* | **pensàrci**, riflettere specificamente su qlco.: *vuoi un consiglio? pensaci bene!* | **ci penso**, preferisco riflettere prima di decidere: *se vengo stasera? ci penso* | **meglio pensarci due volte**, meglio riflettere con la massima cautela prima di fare o decidere qlco. | **senza pensarci due volte**, d'impulso | **non posso pensarci**, mi ripugna o mi spaventa fermarmi su ciò col pensiero **3** badare a qlco., occuparsi di qlcu. o di qlco. (+ *a*, **anche seguito da inf.**): *pensa ai fatti tuoi; pensa ai tuoi amici invece di criticare i miei; pensa tu al bambino; pensa a studiare, a lavorare!* | provvedere: *non si preoccupi, alla spedizione penseremo noi; ci penso io* **4** ragionare in base a determinati criteri, opinioni, convincimenti e sim.: *p. bene, male; non tutti parlano come pensano* | **p. positivo, negativo**, (*colloq.*) essere ottimista, pessimista | **p. bene, male di qlcu.**, averne una buona, una cattiva opinione **5** considerare o esaminare con la fantasia, con l'immaginazione (+ *a*): *penso al meraviglioso viaggio che farei, se potessi; pensa come sarebbe bello!* **B v. tr. 1** esaminare col pensiero, raffigurarsi nella mente: *cosa stai pensando?; è più facile pensarle, certe cose, che dirle; vi lascio p. la mia paura; chi avrebbe potuto p. una cosa simile?* | figurarsi (+ *che*): *pensa che io non avevo ancora aperto bocca, e lui già stava andandosene; pensate che figura mi avete fatto fare!* **2** considerare (+ *di* **seguito da inf.**, + *che*, + *se*): *pensa di essere al suo posto: che cosa faresti?; non pensa che dai suoi atti deriva un gran male a tutti noi; pensa quale terribile esperienza è stata la sua; lungamente seco pensò se fare il volesse* (G. Boccaccio); *perché e' pensi, se a questo male è rimedio alcuno* (N. Machiavelli) **3** escogitare, inventare: *ne pensa sempre una nuova* | **una ne fa e una** (o **cento**) **ne pensa**, detto di chi riesce sempre a trovare nuovi trucchi, astuzie e sim. **4** credere, supporre, ritenere (+ *di* **seguito da inf.**, + *che* **seguito da congtv.**): *penso proprio di continuare a lavorare; penso che sbagli; non penso che sia facile risolvere questa situazione; pensa quello che vuoi, io resto della mia idea* | (*lett.*) anche nella forma pron. **pensàrsi**: *contro a quello che si pensano i giovani, il mondo ... ama non di piangere, ma di ridere* (G. Leopardi) | **pensàrla** (con il pron. *la* indeterm.), avere un determinato punto di vista: *come la pensi?; sai bene come la penso* **5** avere in animo (+ *di* **seguito da inf.**): *pensavo di rientrare in città; cosa pensi di fare?* **C in funzione di s. m. solo sing.** ● facoltà del pensiero: *il p. è facoltà umana per eccellenza* **D pensàrsi v. intr. pron.** ● (*fam.*) credersi: *chi ti pensi d'essere?* **E pensàrsi v. rifl. recipr.** ● pensare l'uno all'altro: *i due fidanzati si pensano giorno e notte*

SFUMATURE DI SIGNIFICATO

pensare - riflettere - meditare - rimuginare

Pensare è esercitare l'attività del pensiero, cioè la facoltà psichica che consente di avere coscienza di sé, di stabilire rapporti fra le cose, di acquisire esperienza della realtà in modo da prevederne i possibili accadimenti. **Riflettere** è quella particolare modalità del pensare che consiste nell'applicarsi con la mente su un fatto o un argomento per coglierne tutti gli aspetti. Il significato di **meditare** rimanda all'atto di soffermarsi a riflettere a lungo e con molta concentrazione; nella pratica religiosa cattolica è l'atto di concentrare il proprio pensiero sulle verità della fede. Anche **rimuginare** è un pensare a lungo tornando e ritornando sullo stesso argomento, ma contiene una sfumatura di ossessività e ha origine in genere da risentimento.

pensàta [f. sost. di *pensato* ✱ av. 1292] **s. f.** ● idea, trovata (*anche iron.*): *una p. piuttosto balorda; che bella p.!* | †**fuori di ogni p.**, inaspettatamente || **pensatìna**, **dim.**

pensatìvo [sec. XIV] **agg. 1** †relativo al pensiero **2** (*lett.*, *raro*) pensoso, riflessivo

pensàto A part. pass. di *pensare*; anche **agg. 1** nei sign. del v. **2** †assennato, savio || **pensataménte**, **avv.** (*raro*) consideratamente; deliberatamente **B s. m. 1** †pensiero, riflessione **2** ciò che è oggetto del pensiero

pensatóio [da *pensato* ✱ av. 1512] **s. m.** (**pl.** *-ói*) **1** (*scherz.*) luogo in cui ci si ritira a meditare, a pensare **2** (*fig.*) †preoccupazione, sospetto

pensatóre [1362] **A agg.** ● che pensa: *mente pensatrice* **B s. m.** (**f.** *-trice*) **1** chi si dedica sistematicamente all'attività del pensare, riflettere, elaborare con la mente | **libero p.**, chi sostiene la piena libertà di coscienza in campo religioso **2** (*est.*) filosofo: *Croce è uno dei più importanti pensatori del Novecento*

†**pensazióne** ➤ †**pensagione**

pensée /*fr.* pɑ̃'se/ [vc. fr., propr. 'pensata', perché ritenuta simbolo del ricordo ✱ 1813] **s. f. inv.** ● (*bot.*) viola del pensiero CFR. pansé

†**pensèro** ➤ **pensiero**

†**pensière** ➤ **pensiero**

†**pensièri** ➤ **pensiero**

pensierìno [av. 1729] **s. m. 1** dim. di *pensiero* | **fare un p. su qlco., farci un p.**, prenderla in considerazione, valutare come conseguirla **2** (*colloq.*) attenzione delicata che si manifesta con doni e sim.: *è burbero, ma a volte ha pensierini commoventi* | (*est.*) il dono stesso: *ti ho portato un p.* **3** primo esercizio di composizione per gli alunni della scuola primaria, molto breve e limitato a un solo argomento: *scrivete cinque pensierini sulla primavera*

♦**pensièro** o (*poet.*) †**pensière**, †**pensèro**, †**pensièri** [provenz. *pensier*, dal lat. *pensāre*. V. *pensare* ✱ av. 1250] **s. m. 1** attività psichica e facoltà del pensare: *il p. è proprio degli esseri razionali; le leggi del p.; chiedere, esigere libertà di p. e di coscienza* | (*fig.*) **rapido come il p.**, rapidissimo | la mente: *ho il p. altrove; andare col p. a qlco., a qlcu.; corsi col p. alle conseguenze del mio gesto* | **riandare col p.**, ricordare | **fermare il p. su qlco., su qlcu.**, fissare la mente su qlco., su qlcu. | **sopra p.**, V. *soprappensiero* | **leggere il p.**, riuscire a indovinare ciò che gli altri pensano **2** oggetto, contenuto del pensare, del riflettere, dell'immaginare e sim.: *uno strano p.; pensieri ricorrenti, preoccupanti, assurdi, angosciosi; un dolce, un cattivo p.; era assorto in profondi pensieri; il mare solitario i miei pensieri / culla con le sue lunghe onde grigiastre* (U. Saba) | ciò che si pensa: *modificare, esprimere, tacere il proprio p.; tutto il suo p. si sviluppa in una sola direzione* | **travisare il p. di qlcu.**, interpretarlo male | intenzione, proposito, disegno: *un p. audacissimo; lascia da parte simili pensieri!* | opinione: *qual è il tuo p. al proposito?* SIN. idea **3** modo di pensare, riflessione, considerazione: *il p. dei classici è stato di guida a molte generazioni; i suoi pensieri* *sono raccolti in un volume* | ***p. laterale***, capacità di risolvere problemi seguendo metodi non convenzionali basati sull'analogia e sull'intuizione **4** (*filos.*) l'attività speculativa dell'uomo | sistema organico di idee; teoria, dottrina: *il p. di Platone, di Kant, di Heidegger* | ***p. debole***, tendenza contemporanea che afferma la necessità per la filosofia di limitarsi a interpretazioni parziali e provvisorie del reale, stante la problematicità di ogni forma di sapere | nel linguaggio giornalistico, posposto a un nome proprio (*anche iron.*): *il Celentano p.* **5** oggetto e fine del pensare, del desiderare e sim.: *la vostra salute è nostro costante p.*; *il bene della patria fu il suo unico, grande p.* **6** ansia, preoccupazione: *essere, stare in p. per qlcu., per l'esito di qlco.*; *un p. che non mi lascia dormire*; *vita oberata di pensieri e di guai* | ***dar pensieri a qlcu.***, causargli preoccupazioni | ***non darsi p. di qlco., di qlcu.***, non preoccuparsene | ***levarsi, togliersi il p.*** (*di qlco.*), eliminare la causa di una preoccupazione | ***senza pensieri***, spensieratamente | ***non dà p.***, detto di cosa facile, agevole, che non desta apprensioni **7** (*raro*) cura: *sarà mio p. fare ciò che desiderate* | (*colloq.*) gesto che rivela attenzione, affetto e sim.: *un p. gentile, delicato, commovente* | (*colloq.*) dono: *che grazioso p.!* **8** (*lett.*) soggetto o ispirazione, spec. di opere artistiche ‖ **pensieràccio**, **pegg.** | **pensierétto**, **dim.** | **pensierìno**, **dim.** (V.) | **pensieróne**, **accr.** | **pensierùccio**, (*lett.*) **pensierùzzo**, **dim.**

SFUMATURE ➤ ***aforisma***

pensieróso (o -**ṣo**) [av. 1463] **agg.** ● pieno di pensieri, assorto nei propri pensieri: *essere, starsene p.* SIN. cogitabondo CONTR. spensierato | che manifesta preoccupazione o sim.: *atteggiamento p.* ‖ **pensierosaménte**, **avv.** in modo, con atteggiamento, pensieroso ‖ **pensierosità**, **s. f. inv.** (*raro*) atteggiamento di chi è pensieroso

◆**pènsile** [vc. dotta, lat. *pēnsile(m)*, da *pendēre* 'pendere' ✱ sec. XIV] **A** **agg.** **1** (*lett.*) che sta sospeso nell'aria: *la Terra, corpo p. e librato sopra 'l suo centro* (G. GALILEI) **2** che è sollevato da terra mediante sostegni vari: *mobili, scaffali pensili* | ***giardini pensili***, posti su terrazze sostenute da archi o colonne, o (*est.*) collocati su terrazzo **3** (*dir., raro*) pendente **B** **s. m.** ● mobiletto pensile: *i pensili della cucina*; *un p. di formica, di legno*

pensilìna [da *pensile* ✱ 1918] **s. f.** ● struttura sporgente da un edificio oppure isolata e sostenuta da colonne, costruita per riparare dalla pioggia, dal sole o sim. persone e cose: *il treno cominciava a scorrere tra i pilastri delle pensiline* (I. CALVINO)

pensionàbile [da *pensionare* ✱ 1958] **agg.** **1** che può essere collocato in pensione: *impiegato p.* | ***età p.***, quella, prevista dalla legge, il cui raggiungimento dà diritto alla pensione di vecchiaia **2** che si prende come base ai fini del computo della pensione: *quota p. dello stipendio* | che si può computare ai fini della pensione: *anni non pensionabili* ‖ **pensionabilità**, **s. f. inv.** (V.)

pensionabilità [da *pensionabile* ✱ 1965] **s. f. inv.** ● condizione di chi ha i requisiti per essere collocato in pensione

pensionaménto [da *pensionare* ✱ 1923] **s. m.** ● collocamento a riposo di un lavoratore con corresponsione del relativo trattamento pensionistico

pensionàndo [da *pension(are)*, con il suff. *-ando* ✱ 1809] **agg. e s. m.** (**f.** *-a*) ● (*burocr.*) che (o chi) deve andare in pensione o è in procinto di farlo

pensionànte [da *pensione* ✱ 1904] **s. m. e f.** **1** persona che vive stabilmente o periodicamente in una casa, albergo e sim., pagando una somma fissa per vitto, alloggio ed eventuali servizi aggiunti **2** degente a pagamento, in un ospedale

pensionàre [da *pensione*, sul modello del fr. *pensionner* ✱ 1607] **v. tr.** (*io pensióno*) ● collocare a riposo un lavoratore e corrispondergli la pensione

†**pensionàrio** [fr. *pensionnaire*, da *pension* 'pensione' ✱ 1513] **s. m.** **1** pensionante | pensionato **2** tributario **3** chi doveva pagare una pensione o canone su un beneficio goduto

pensionàtico [da *pensione* ✱ 1693] **s. m.** (**pl.** *-ci*) ● nelle province dell'antica Repubblica di Venezia, diritto di pascolo su terreni altrui, in cambio di un corrispettivo annuale

pensionàto **A** **part. pass.** di *pensionare*; anche **agg.** ● nel sign. del v. **B** **s. m.** **1** (**f.** *-a*) chi riceve una pensione: *p. dello Stato, della Previdenza Sociale* **2** istituto che accoglie persone spec. sole, fornendo loro vitto, alloggio ed eventuali servizi connessi, dietro il pagamento di una somma stabilita: *p. per studenti, per anziani*

◆**pensióne** [vc. dotta, lat. *pensiōne(m)* 'pesatura', poi 'pagamento', da *pĕndere* 'pesare, pagare'. V. *pendere* ✱ 1475] **s. f.** **1** somma versata mensilmente da un ente previdenziale al lavoratore che ne abbia maturato il diritto in forza del numero di anni di attività lavorativa prestata (*pensione di anzianità*), dell'età (*pensione di vecchiaia*) o dell'invalidità che gli è stata riconosciuta (*pensione di invalidità*): *avere diritto alla p.*; *maturare il diritto alla p.* | ***p. di reversibilità***, quella che, in caso di morte del beneficiario, viene corrisposta al coniuge o a determinati congiunti | ***p. integrativa, complementare***, quella costituita mediante fondi pensione in aggiunta a quella obbligatoria | ***p. sociale***, quella di importo minimo alla quale ha diritto chi ha compiuto i 65 anni e ha un reddito inferiore a un minimo fissato | ***p. baby***, nel linguaggio giornalistico, quella conseguita da una persona relativamente giovane dopo una breve attività lavorativa | (*est.*) condizione in cui si trova il prestatore di lavoro cui viene concessa tale attribuzione: *essere, andare in p.* | (*est.*) somma di denaro versata o riscossa come pensione **2** fornitura di vitto e alloggio, dietro pagamento di un importo stabilito: *questo albergo non fa p.*; *stare a p. da qlcu.*; *tenere qlcu. a p.* | ***p. completa, mezza p.***, comprendente, oltre all'alloggio, anche la prima colazione e due pasti, o la prima colazione e un solo pasto | (*est.*) l'importo che si paga: *la p. è piuttosto elevata* SIN. retta | (*est.*) esercizio alberghiero, gener. di piccole dimensioni, che offre vitto e alloggio: *una p. a buon mercato* **3** †salario, stipendio ‖ **pensionàccia**, **pegg.** | **pensioncèlla**, **dim.** | **pensioncìna**, **dim.** | **pensionùccia**, **dim.**

pensionìstico [1963] **agg.** (**pl. m.** *-ci*) ● (*burocr.*) che riguarda le pensioni: *sistema, trattamento p.*

pènso [vc. dotta, lat. *pēnsu(m)* 'quantità di lana che la schiava doveva filare in un giorno', propr. part. pass. nt. sost. di *pĕndere* 'pesare' ✱ av. 1808] **s. m.** **1** quantità di lana che veniva data giornalmente alla schiava romana da filare **2** (*disus.*) lavoro scolastico assegnato per punizione: *Furono ramanzine a non finire, frustate, pensi* (I. CALVINO)

pensóso (o -**ṣo**) [da *pensare* ✱ av. 1250] **agg.** **1** assorto in pensieri, meditazioni, considerazioni: *siede per ore p. nella sua stanza* | propenso alla meditazione: *anima pensosa*; *carattere p.* SIN. meditabondo CONTR. distratto **2** (*raro, lett.*) che rimpiange e desidera: *essere p. della presenza di qlcu.* **3** (*lett.*) che pensa con sollecitudine e premura, che si preoccupa per qlcu. o per qlco.: *p. più d'altrui che di se stesso* (F. PETRARCA) ‖ **pensosaménte**, **avv.** ‖ **pensosità**, **s. f. inv.** caratteristica o aspetto di chi è pensoso

pensucchiàre [intens. di *pensare* ✱ av. 1908] **v. intr.** (*io pensùcchio*; aus. *avere*) ● (*raro, lett.*) avere pensieri mediocri, meschini e sim.

pènta- [dal gr. *pénte* 'cinque', di orig. indeur.] **primo elemento** ● in parole composte della terminologia scientifica significa 'cinque', 'costituito da cinque': *pentagono, pentagramma* | in chimica, indica la presenza di 5 atomi o raggruppamenti atomici uguali (*pentano*) o il ripetersi per 5 volte di una proprietà (*pentavalente*)

pentàbraco [vc. dotta, gr. *pentábrachys*, comp. di *pénte* 'cinque' (V. *penta-*) e *brachýs* 'breve' (V. *brachi-*) ✱ 1983] **s. m.** (**pl.** *-chi*) ● (*ling.*) piede metrico della poesia greca e latina formato da cinque sillabe brevi

pentàcolo o **pentàculo** [etim. incerta ✱ 1481] **s. m.** ● stella a cinque punte o formula magica disegnata su moneta, pietra, pezzetto di pergamena e portata un tempo come amuleto

pentacòrdo [vc. dotta, lat. tardo *pentachŏrdon*, dal gr. *pentáchordos*, comp. di *pénte* 'cinque' (V. *penta-*) e *chordḗ* 'corda' ✱ 1556] **s. m.** ● (*mus.*) lira a cinque corde | sistema di cinque suoni e di quattro intervalli

pentàculo ➤ **pentacolo**

pentadàttilo [vc. dotta, lat. *pentadăctylu(m)*, dal gr. *pentadáktylos*, comp. di *pénte* 'cinque' (V. *penta-*) e *dáktylos* 'dito' (V. *dattilografia*) ✱ 1835] **agg.** ● detto di arto con cinque dita

pèntade [vc. dotta, gr. *pentás*, genit. *pentádos*, da *pénte* 'cinque', di orig. indeur. ✱ 1895] **s. f.** ● (*raro*) serie di cinque cose uguali

pentadecàgono [comp. di *penta-* e *deca-* sul modello di *pentagono, decagono* ✱ 1821] **s. m.** ● poligono con quindici lati

pentàdico [da *pentade* ✱ 1885] **agg.** (**pl. m.** *-ci*) ● detto del sistema di numerazione che si fonda sul numero cinque

pentaèdro [dal gr. *pénte* 'cinque' (V. *penta-*), sul modello di *tetraedro* ✱ 1821] **s. m.** ● (*mat.*) poliedro a cinque facce

pentaeritrìte [comp. di *penta-* ed *eritrite* ✱ 1954] **s. f.** ● composto chimico ottenuto condensando acetaldeide con formaldeide, usato nell'industria delle vernici e sim.

pentafìllo [vc. dotta, lat. tardo *pentaphyllo(n)*, dal gr. *pentáphyllon*, comp. di *pénte* 'cinque', di orig. indeur. e *phýllon* 'foglia' ✱ 1499] **s. m.** ● (*bot.*) cinquefoglie

pentafònico [comp. di *penta-* e *-fonico* ✱ 1935] **agg.** (**pl. m.** *-ci*) ● pentatonico

pentagonàle [av. 1492] **agg.** ● (*mat.*) a forma di pentagono | relativo a un pentagono

pentàgono [vc. dotta, lat. *pentagōnu(m)*, dal gr. *pentágōnon*, comp. di *pénte* 'cinque', di orig. indeur. e *gōnía* 'angolo' (V. *goniometro*) ✱ av. 1328] **s. m.** **1** (*mat.*) poligono con cinque vertici **2** ***il P.***, (*per anton.*) il complesso di edifici concentrici a pianta pentagonale in cui ha sede il Dipartimento della Difesa degli Stati Uniti; (*est.*) l'insieme delle autorità militari degli Stati Uniti

pentagràmma [comp. di *penta-* e *-gramma* ✱ 1871] **s. m.** (**pl.** *-i*) ● (*mus.*) insieme delle cinque righe orizzontali parallele e degli spazi fra esse compresi su cui si scrivono le note e le pause musicali; al suo inizio è posta una chiave con le eventuali alterazioni e l'indicazione del tempo

pentagrammàto [1950] **agg.** ● detto di foglio di carta coperto da pentagrammi

pentalìneo [comp. di *penta-* e *linea*, sul modello di *rettilineo* ✱ 1983] **agg.** ● (*mus.*) composto di cinque linee: *rigo p.*

pentàmero [gr. *pentamerḗs* 'di cinque parti',

comp. di *penta-* e *méros* 'parte' (di orig. indeur.) ✻ 1906] **A** **agg.** ● (*bot.*) detto di fiore a cinque petali e cinque sepali **B** **s. m.** ● (*chim.*) polimero formato dall'unione di cinque molecole uguali

pentàmetro [vc. dotta, lat. *pentămetru(m)*, dal gr. *pentámetros*, comp. di *pénte* 'cinque' (V. *penta-*) e *métron* 'misura' (V. *metro*②) ✻ 1441] **s. m.** ● verso della poesia greca e latina formato da due commi ognuno dei quali consta di due dattili e di una sillaba lunga

pentàndro [comp. di *pent(a)-* e *-andro* ✻ 1972] **agg.** ● (*bot.*) detto di fiore con cinque stami

pentàno [comp. di *penta-* e *-ano*② ✻ 1889] **s. m.** ● (*chim.*) idrocarburo alifatico a cinque atomi di carbonio, presente nel petrolio greggio

pentapartìto [comp. di *penta-* e *partito*① ✻ 1981] **A** **s. m.** ● governo basato sulla partecipazione, o sull'accordo, di cinque partiti **B** **anche agg.**: *accordo p.*

pentapodìa [da *penta-*, sul modello di *tripodia* ✻ av. 1912] **s. f.** ● (*letter.*) successione di cinque piedi

pentàpoli [vc. dotta, gr. *Pentápolis*, comp. di *pénte* 'cinque', di orig. indeur. e *pólis* 'città' (V. *politico*) ✻ av. 1292] **s. f. inv.** ● unione politica di cinque città, spec. nell'antichità classica e medievale

pentaprìşma [comp. di *penta-* e *prisma* ✻ 1984] **s. m.** (**pl.** *-i*) ● nelle macchine fotografiche reflex, prisma ottico a cinque facce che permette di vedere in modo corretto nel mirino l'immagine riflessa dallo specchio, che altrimenti risulterebbe con i lati invertiti

pentàrca [ricavato da *pentarchia*, secondo il rapporto *monarca-monarchia* ✻ av. 1803] **s. m.** (**pl.** *-chi*) ● ciascuno dei membri di una pentarchia

pentarchìa [vc. dotta, gr. *pentarchía*, comp. di *pénte* 'cinque', di orig. indeur., e *-archia* '-archia' ✻ 1835] **s. f.** ● nell'antica Cartagine, magistratura composta di cinque membri, cui spettava il compito di amministrare la giustizia

pentasìllabo [vc. dotta, lat. tardo *pentasўllabo(n)*, dal gr. *pentasýllabos*, comp. di *pénte* 'cinque', di orig. indeur., e *syllabḗ* 'sillaba' ✻ 1585] **A** **agg.** ● che è composto di cinque sillabe: *parola pentasillaba* **B** **s. m.** ● (*raro*) verso quinario

pentastellàto [comp. di *penta-* e *stellato*① ✻ 2012] **agg. e s. m.** (**f.** *-a*) ● nel linguaggio giornalistico, relativo o appartenente al Movimento 5 Stelle **CFR.** grillino

pentàstico [vc. dotta, gr. *pentástichos* 'di cinque (*pénte*) linee (*stíchos*)' ✻ av. 1798] **agg.** (**pl. m.** *-ci*) **1** (*raro*) detto di strofa formata da cinque versi **2** (*est.*) che è composto di cinque parti, detto spec. di struttura architettonica o di polittico

pentastòma [vc. dotta, gr. *pentástomos* 'che ha cinque bocche', comp. di *pénte* 'cinque', di orig. indeur., e *stóma* 'bocca' (V. *stoma*): detta così per i suoi cinque orifizi ✻ 1829] **s. f.** ● (*zool.*) linguatula

Pentatèuco [vc. dotta, lat. tardo *Pentatēuchu(m)*, dal gr. *Pentáteuchos*, comp. di *pénte* 'cinque', di orig. indeur., e *tēuchos* 'astuccio per libri', da *téuchein* 'fabbricare', di orig. indeur. ✻ av. 1557] **s. m. solo sing.** ● l'insieme dei primi cinque libri dell'Antico Testamento, ispirati da Dio a Mosè: Genesi, Esodo, Levitico, Numeri, Deuteronomio

pentathlèta o **pentatlèta** [vc. dotta, gr. *pentathlētḗs*, deriv. di *péntathlon* ✻ 1942] **s. m. e f.** (**pl. m.** *-i*) ● atleta che pratica il pentathlon

pèntathlon /ˈpentatlon/ o **pèntatlon**, **pèntatlo** [vc. dotta, lat. tardo *pentāthlu(m)*, dal gr. *péntathlon*, comp. di *pénte* 'cinque', di orig. indeur., e *âthlon* 'lotta' (V. *atleta*) ✻ av. 1566] **s. m. inv.** ● gara atletica in cinque prove | ***p. antico***, nell'antichità, consistente in gare di corsa, salto, lancio del giavellotto (o pugilato), lancio del disco, lotta | ***p. moderno***, consistente in gare di equitazione, scherma, tiro, nuoto e corsa campestre

pentatlèta ➤ **pentathleta**

pèntatlo ➤ **pentathlon**

pèntatlon ➤ **pentathlon**

pentatòmico [comp. di *penta-* e *atomico* ✻ 1875] **agg.** (**pl. m.** *-ci*) **1** (*chim.*) detto di ione, raggruppamento atomico o molecola formato da cinque atomi **2** (*chim.*) detto di composto ciclico formato per chiusura di una catena di cinque atomi

pentatònico [comp. di *penta-* e *-tonico* ✻ 1939] **agg.** (**pl. m.** *-ci*) ● (*mus.*) detto dell'antica scala di cinque suoni o gradi, particolarmente coltivata dalla musica cinese ma d'accertato uso mondiale (fa sol la do re) **SIN.** pentafonico

pentavalènte [comp. di *penta-* e *valente* ✻ 1875] **agg.** **1** (*chim.*) detto di atomo o raggruppamento atomico che può combinarsi con cinque atomi d'idrogeno **2** (*chim.*) detto di sostanza che presenta nella sua molecola cinque identici gruppi funzionali

pentecòntoro [vc. dotta, gr. *pentēkóntoros*, da *pentḗkonta* 'cinquanta' (V. *Pentecoste*) ✻ av. 1494] **s. m.** ● (*mar.*) antica imbarcazione greca da guerra, mossa da cinquanta remi disposti sulle due fiancate in numero di venticinque per lato

pentecostàle① [vc. dotta, lat. tardo *pentecostāle(m)*, da *Pentecōste* 'pentecoste' ✻ 1749] **agg.** ● relativo alla Pentecoste

pentecostàle② [dall'ingl. *pentecostal*; per la grande importanza attribuita alla festa di Pentecoste ✻ 1942] **s. m.** ● (**spec. al pl.**) membro di una delle chiese protestanti di origine americana che ritengono possibile rinnovare i doni dello Spirito Santo dati alla Chiesa primitiva dopo la Pentecoste (per es. guarigioni, profezia, glossolalia)

pentecostalìşmo [1970] **s. m.** ● dottrina e predicazione proprie dei pentecostali

Pentecòste [vc. dotta, lat. tardo *Pentecō-ste(m)*, dal gr. *pentēkostḗ* (*hēméra*) 'cinquantesimo (giorno)' (dopo Pasqua), f. sost. di *pentēkostós* 'cinquantesimo', da *pentḗkonta* 'cinquanta', da *pénte* 'cinque', di orig. indeur. ✻ 1268] **s. f.** **1** festa ebraica che si celebra sette settimane dopo la Pasqua ebraica **SIN.** Shavuot **2** solennità cristiana che cade cinquanta giorni dopo la Pasqua, a commemorazione della discesa dello Spirito Santo, in forma di lingue di fuoco, sugli apostoli riuniti nel cenacolo

pentèlico [vc. dotta, lat. *Pentēlicu(m)*, dal gr. *Pentelikós* '(monte, marmo) Pentelico' ✻ av. 1604] **agg.** (**pl. m.** *-ci*) ● (*lett.*) detto di un tipo di marmo greco di colore bianco

pentemìmera [vc. dotta, gr. *penthēmimerḗs*, comp. di *pénte* 'cinque', di orig. indeur., ed *hēmimerḗs* 'mezzo', comp. a sua volta di *hēmi-* 'emi-' e *méros* 'parte' ✻ 1561] **agg. solo f.** ● (*letter.*) detto di cesura metrica che si trova dopo due piedi e mezzo **SIN.** semiquinaria

†**pentère** ➤ †**penitere**

pentiménto [da *pentirsi* ✻ av. 1257] **s. m.** **1** dolore o rimorso che si prova per avere trasgredito una legge morale o religiosa, oppure per aver fatto od omesso di fare qlco.: *un p. sincero, profondo, che nasce dalla coscienza*; *mostrare p.* **2** cambiamento di idee, propositi, opinioni: *i tuoi pentimenti improvvisi riescono a sconvolgere tutti i nostri piani* | (*est.*) ripensamento dell'autore e conseguente correzione di un'opera: *i pentimenti del Tasso*

SFUMATURE ➤ ***rimorso***

♦**pentìrsi** [lat. *paenitēre* 'provare rammarico, essere scontento', da avvicinare a *pāene* 'quasi', di etim. incerta ✻ av. 1250] **v. intr. pron.** (*io mi pènto*) **1** provare pentimento per ciò che si è fatto o si è omesso di fare (**+ *di*, anche seguito da inf.**): *p. dei propri peccati*; *mi pento di averti offeso*; *mi pento di non essere venuto con voi* | ***ve ne pentirete!***, escl. di minaccia **2** essere scontento, insoddisfatto di qlco. (**+ *di*, anche seguito da inf.**): *molti si sono pentiti di quella decisione*; *mi pento di aver seguito i tuoi stupidi consigli*; *Pentesi che da prima ei nol comprese* (P. METASTASIO) | ***non avrai a pentirtene***, ne sarai contento **SIN.** rammaricarsi **3** mutare d'avviso, cambiare parere: *mi sono pentito all'ultimo momento, e ho deciso di rinunciare al viaggio*

pentitìşmo [da *pentito*, nel sign. B ✻ 1982] **s. m.** ● fenomeno relativo al comportamento dei criminali pentiti

pentìto o †**pentùto** **A** **part. pass.** di *pentirsi*; **anche agg.** ● nei sign. del v. **B** **s. m.** (**f.** *-a*); **anche agg.** ● terrorista o altro criminale disposto a collaborare con la giustizia ottenendo attenuanti, benefici e riduzioni di pena: *un altro p. è stato scarcerato ieri*

pentlandìte [dal n. dell'esploratore inglese J. B. *Pentland* (1787-1873), con *-ite*② ✻ 1930] **s. f.** ● minerale monometrico, solfuro di ferro e nichel, di color giallo chiaro a lucentezza metallica

pèntodo, (*evit.*) **pentòdo** [dal gr. *pénte* 'cinque', di orig. indeur., sul modello di *elettrodo* ✻ 1937] **s. m.** ● (*fis.*) tubo elettronico a cinque elettrodi con fattore di amplificazione in genere superiore a quello del triodo

♦**péntola** (o *-è-*) [dim. del lat. parl. **pĭnta*, per il classico *pĭcta* 'dipinta'; propr. 'vaso dipinto' ✻ 1268] **s. f.** **1** recipiente di metallo, coccio o porcellana, fornito di coperchio e di due manici laterali, in cui cuociono le vivande | ***p. a pressione***, munita di chiusura ermetica e valvola di sicurezza, per abbreviare notevolmente i tempi di cottura dei cibi | ***mettere qlco. in p.***, metterla a bollire, a cuocere | ***qualcosa bolle in p.***, (*fig.*) qualcosa si sta segretamente preparando | (*fig.*) ***far la p. a due manici***, tenere le mani sui fianchi | ***p. di fuoco***, antico ordigno costituito da una pentola ordinaria riempita di materie esplosive e incendiarie, cui dava fuoco una miccia incorporata e che veniva impiegata a difesa delle mura contro gli assalitori **2** quantità di cibo e sim. che è o può essere contenuta in una pentola: *una p. di fagioli, di patate* ‖ **pentolàccia**, **pegg.** (V.) | **pentolétta**, **dim.** | **pentolìna**, **dim.** | **pentolìno**, **dim. m.** (V.) | **pentolóna**, **accr.** | **pentolóne**, **accr. m.** | **pentolùccia**, **dim.**

pentolàccia [av. 1704] **s. f.** (**pl.** *-ce*) **1** pegg. di *pentola* **2** gara carnevalesca in cui i partecipanti bendati cercano di colpire con un bastone una pentola di coccio piena di regali che sta sospesa in alto, tra altre piene d'acqua o cenere

pentolàio o †**pentolàro** [sec. XIII] **s. m.** (**f.** *-aia*, **pl. m.** *-ai*) ● chi fa o vende pentole | (*fig.*, *tosc.*) ***fare come l'asino del p.***, fermarsi a chiacchierare per strada ogni momento

pentolàme [da *pentol(a)* col suff. *-ame* ✻ 1936] **s. m.** ● insieme di pentole da cucina di varie dimensioni: *p. in acciaio inox*

pentolàre [da *pentola*, per la forma ✻ 1958] **A** **agg.** ● detto di elmo medievale, cilindrico, a forma di pentola rovesciata **B** **anche s. m.**: *armatura con p.*

†**pentolàro** ➤ **pentolaio**

pentolàta [1618] **s. f.** **1** quantità di cibo che sta in una pentola **2** colpo di pentola: *dare una p. in testa*

pentolìno [av. 1342] **s. m.** **1** dim. di *pentola* | (*est.*, *lett.*) barattolo, vaso **2** quantità di cibo o altro che è o può essere contenuto in un pentolino: *un p. di minestra, di colla* **3** (*fig., scherz.*) berretto, chepì

pentoṣàno [da *pentosio* ✱ 1954] **s. m.** ● (*chim.*) gruppo di polisaccaridi presenti anche nei vegetali, dai quali, per idrolisi, si ricavano i pentosi

pentòṣio o **pentòṣo** [ted. *Pentose*, comp. del gr. *pénte* 'cinque' e del suff. *-ose* '-oso①' ✱ 1930] **s. m.** ● (*chim.*) sostanza della famiglia degli zuccheri, contenente cinque atomi di carbonio nella molecola

pentòssido [comp. di *pent(a)-* e *ossido* ✱ 1840] **s. m.** ● (*chim.*) composto binario contenente cinque atomi di ossigeno: *p. di azoto*

pentotàl o **pentothàl**® [marchio registrato ✱ 1948] **s. m. inv.** ● derivato dell'acido tiobarbiturico, usato come anestetico generale per via endovenosa

pentrìte [da *pent(aerit)rite* ✱ 1931] **s. f.** ● (*chim.*) estere nitrico della pentaeritrite, adoperato come potente esplosivo dirompente

†**pentùta** [f. sost. di †*pentuto* ✱ 1287] **s. f.** ● pentimento, rincrescimento

†**pentùto** ➤ **pentito**

pènula [vc. dotta, lat. *pǣnula(m)*, dal gr. *phainólēs*, di orig. preindeur. ✱ sec. XIII] **s. f.** ● lunga cappa che gli antichi Romani indossavano in viaggio

penultimàtum [comp. di *pen(ultimo)* e *ultimatum* ✱ 1987] **s. m. inv.** ● (*scherz.*) minaccia di ultimatum senza la reale intenzione di darlo

penùltimo [vc. dotta, lat. tardo *paenŭltimu(m)*, comp. di *pāene* 'quasi', di etim. incerta, e *ŭltimus* 'ultimo' ✱ 1308] **agg. e s. m.** (**f.** *-a*) ● che (o chi) precede immediatamente l'ultimo: *il p. giorno della settimana* ‖ **penultimaménte**, **avv.** †al penultimo posto

penùria [vc. dotta, lat. *paenūria(m)*, da *pāene* 'quasi', di etim. incerta ✱ av. 1342] **s. f.** ● mancanza, scarsità, quantità insufficiente: *p. di grano, di beni di consumo*; *una preoccupante p. di persone oneste* **CONTR.** abbondanza

†**penuriàre** [da *penuria* ✱ 1611] **v. intr.** ● avere penuria, scarsità

†**penurióso** (o **-ṣ-**) [1499] **agg. 1** povero, scarso **2** sterile **3** afflitto da carestia o da miseria e sim.

penẓigliàre [ant. fr. *pendiller* 'penzolare' ✱ av. 1400] **v. intr.** (*io penẓiglio*; **aus.** *avere*) ● (*lett.*) penzolare

penẓolànte **part. pres.** di *penzolare*; anche **agg.** ● che penzola: *Con quella sigaretta p. dall'angolo della bocca* (A. MORAVIA)

penẓolàre [da *penzolo* ✱ av. 1304] **A** **v. intr.** (*io pènẓolo*; **aus.** *avere*) ● stare sospeso, pendere, spec. oscillando: *p. dai rami, da una corda* **B** **penẓolàrsi** **v. intr. pron.** ● (*raro*) spenzolarsi: *si penzolava dal balcone*

pènẓolo [lat. parl. **pendiŏlu(m)*, da *pendēre* 'pendere' ✱ sec. XIV] **A** **agg.** ● (*lett.*) che sta sospeso, che pende: *si volse per prendere la scala penzola* (G. D'ANNUNZIO) **B** **s. m. 1** cosa che penzola, spec. grappolo o serie di grappoli pendenti da un tralcio **2** (*mar.*) pezzo di cavo di canapa o metallico, terminante alle due estremità con un occhio, usato per vari scopi nell'attrezzatura navale

✦**penẓolóni** o **penẓolóne** [da *penzolo* ✱ av. 1543] **A** **avv.** ● in maniera da pendere dondolando nel vuoto: *stare p.* | anche nella loc. avv. *a p.* **B** **agg. inv.** ● penzolante: *lingua, cintura p.*

peòcio [vc. venez., propr. 'pidocchio' ✱ 1792] **s. m.** ● (*zool., ven.*) cozza, mitilo

peón /sp. pe'ɔn/ [vc. sp., propr. 'pedone', da *pie* 'piede' ✱ 1875] **s. m.** (**pl. sp.** *peones*) **1** lavoratore giornaliero non qualificato, meticcio o indiano, dell'America Latina, in condizione servile o comunque poverissima **2** (**spec. al pl.**) nel linguaggio giornalistico, parlamentare appartenente ai grandi partiti, privo di cariche di rilievo, che esegue passivamente le decisioni già prese dagli organi dirigenti dei partiti stessi: *i peones della maggioranza*

peóne① [vc. dotta, lat. *paeōne(m)*, dal gr. *paiṓn*, da *Paián*, epiteto di Apollo. V. *peana* ✱ 1525] **s. m.** ● (*ling.*) piede della metrica classica formato da quattro sillabe, di cui tre brevi e una lunga, collocabile in prima o seconda o terza o quarta posizione

peóne② [1950] **s. m.** ● adattamento di *peón* (V.)

peònia [vc. dotta, lat. *paeōnia(m)*, dal gr. *paiōnía*, f. sost. di *paiṓnios* 'che guarisce, salutare' (V. *peana*) ✱ av. 1327] **s. f.** ● pianta perenne delle Ranuncolacee con corto rizoma e radici a tubero, fiori grandissimi e solitari a cinque petali, spontanea sui monti e coltivata ovunque con varietà a fiori doppi (*Paeonia officinalis*)

peonìna [detta così perché tinge di un color roseo simile a quello dei fiori di *peonia* ✱ 1871] **s. f.** ● (*chim.*) antocianina della peonia

peònio [vc. dotta, lat. *paeōniu(m)*, dal gr. *paiṓnios*. V. *peonia* e *peana* ✱ 1768] **agg.** ● (*lett.*) di Apollo | (*lett.*) ***arte peonia***, la medicina | (*letter.*) ***piede p.***, peone①

people mover /ingl. 'pi:p(ə)l,mu:və(r)/ [loc. ingl., propr. 'trasportatore (*mover*) di persone (*people*)' ✱ 1985] **loc. sost. m. inv.** (**pl. ingl.** *people movers*) ● sistema automatizzato per il trasferimento di persone da un punto a un altro di una stessa area (per es. i terminal di un aeroporto) o di aree poco distanti, realizzato con veicoli elettrici o piccoli treni, gener. monorotaia

peòta [vc. dial. veneta, propr. '(barca) pilota' ✱ av. 1536] **s. f.** ● (*mar.*) barca di medie dimensioni, a vela e a remo, usata nella laguna veneta e nell'Adriatico

pepaiòla o (*centr.*) **peparòla**, †**pepaiuòla** [av. 1606] **s. f.** ● pepiera | macinino da tavola per il pepe

pepàre [da *pepe* ✱ 1888] **v. tr.** (*io pépo*) ● condire con pepe

peparòla ➤ **pepaiola**

pepàto **part. pass.** di *pepare*; anche **agg. 1** condito con pepe **2** (*fig., raro*) caro, elevato, detto di prezzo o sim.: *il conto era un po' p.* **SIN.** salato | anche in funzione di avv.: *lo si pagava p.* (C.E. GADDA) **3** (*fig.*) che è caratterizzato da una vivacità acre e pungente: *una risposta pepata*; *un caratterino p.* | (*fig.*) licenzioso, piccante: *una battuta pepata* ‖ **pepataménte**, **avv.** (*fig.*) in modo pungente: *rispondere pepatamente*

♦**pépe** o †**pévere** [lat. *pĭper*, dal gr. *péperi*, di orig. orient. ✱ 1262] **s. m. 1** arbusto rampicante delle Piperacee con foglie ovate e coriacee, infiorescenza a spiga e frutti dai quali si ricava la spezie omonima (*Piper nigrum*) **2** spezie dal caratteristico sapore piccante, ricavata dalla pianta omonima: *p. in grani*; *p. macinato*; *condire con olio, sale e p.* | ***p. nero***, costituito dai piccolissimi frutti immaturi ed essiccati del *Piper nigrum* | ***p. bianco***, ottenuto dai semi maturi, liberati dal pericarpio, del *Piper nigrum* | ***non sapere né di sale né di p.***, (*fig.*) essere insignificante, sciocco **3** (*est.*) sostanza aromatica di sapore molto piccante | ***p. di Caienna***, paprica | ***p. di Giamaica***, pimento | ***falso p.***, ***p. del Perù***, schino **4** (*fig.*) brio, vivacità: *una ragazza piena di p.*, *tutta p.* | (*fig.*) malizia, salacità **5** nelle loc. ***p. e sale***, ***sale e p.***, di ciò che ha un colore marrone grigiastro simile a quello del pepe macinato mescolato al sale: *vestito, stoffa sale e p.* | ***capelli sale e p.***, brizzolati ‖ **pepìno**①, **dim.** (V.)

peperìni [dal lat. *pĭper* 'pepe' ✱ 1970] **s. m. pl.** (**sing.** *-o*) ● pastina da brodo, simile a granelli di pepe

peperìno① o **piperìno** [lat. tardo *piperīnu(m)*, da *pĭper*, genit. *pĭperis* 'pepe', per le macchioline nere che ricordano i granelli di *pepe* ✱ av. 1537] **s. m.** ● roccia effusiva di colore grigio, di composizione variabile, dall'aspetto macchiettato per la presenza di elementi vulcanici

peperìno② [dall'ant., ma più vicino al lat. *pĭpere(m)* 'pepe' ✱ 1992] **s. m.** (**f.** *-a*) ● (*fam.*) persona molto briosa e vivace

peperìta ➤ **piperita**

peperòmia [comp. del gr. *péperi* 'pepe' e *hómoios* 'simile' (V. *omeo-*) ✱ 1835] **s. f.** ● genere di piante erbacee ornamentali delle Piperacee con foglie variegate, cuoriformi (*Peperomia*)

peperonàta [1941] **s. f.** ● pietanza di peperoni cotti a pezzi in padella con olio, pomodori, cipolla e aglio

peperoncìno [1241] **s. m. 1** dim. di *peperone* **2** (*bot.*) denominazione di alcune specie e varietà di peperone con piccoli frutti rotondi o più spesso allungati (*Capsicum annuum, frutescens*); le varietà piccanti sono usate come spezie: *p. rosso*

peperóne [dal lat. *pĭper* 'pepe', per il sapore piccante che ricorda quello del *pepe* ✱ av. 1735] **s. m. 1** genere di piante erbacee delle Solanacee, originarie dell'America meridionale, coltivate in numerose varietà per le bacche commestibili (*Capsicum annuum*) **CFR.** capsico **2** frutto commestibile a bacca di tale pianta, carnoso, di varia grandezza, dal caratteristico sapore forte: *peperoni verdi, gialli, rossi*; *peperoni sott'aceto, sott'olio*; *peperoni ripieni* | ***avere il naso come un p.***, rosso e carnoso | ***diventare rosso come un p.***, arrossire violentemente ‖ **peperoncìno**, **dim.** (V.)

pepièra [da *pepe* ✱ 1952] **s. f.** ● piccolo recipiente nel quale si tiene il pepe in polvere a tavola

pepìna [da *pepe* ✱ 1991] **s. f.** ● (*bot.*) ulmaria

pepinièra [dal fr. *pépinière*, da una base *pep-* 'piccolo' ✱ 1781] **s. f.** ● vivaio, semenzaio

pepìno① [dim. di *pepe* ✱ 1871] **s. m. 1** (*fig., tosc.*) bambino vivace e brioso **2** (*tosc.*) ***far p.***, riunire le punte delle dita e soffiarci sopra per riscaldarle

pepìno② [dallo sp. *pepino* 'cetriolo', dal gr. *pepṓn* ✱ 1596] **s. m.** ● (*bot.*) erba perenne delle Solanacee, originaria delle Ande peruviane e coltivata nei climi caldi per la sua bacca commestibile (*Solanum muricatum*) | il frutto di tale pianta

pepìta [sp. *pepita* 'seme' ✱ 1817] **s. f.** ● piccola massa levigata di metallo nobile, che si è staccata dal primitivo giacimento per rotolare in sabbie alluvionali: *una p. d'oro*

pèplo [vc. dotta, lat. *pĕplu(m)*, dal gr. *péplos*: di orig. indeur. (?) ✱ 1481] **s. m.** ● abito femminile dell'antica Grecia, costituito da un lungo e largo lembo di tessuto, passato sotto il braccio destro e fissato con una fibbia metallica sulla spalla sinistra in modo da formare un drappeggio

pèplum [vc. lat. giunta attrav. il fr. con riferimento alla veste femminile della Grecia ant. *peplo* (V.) ✱ 1980] **s. m. inv.** (**pl. lat.** *pepla*) ● (*cinema*) film di argomento mitologico o storico antico, spec. con riferimento alla produzione cinematografica italiana del secondo dopoguerra **CFR.** sandalone

pepolìno [etim. incerta ✱ 1738] **s. m.** ● (*tosc.*) timo①

pepònide o **pepònio** [dal gr. *pépōn* 'popone' ✱ 1813] **s. m.** ● (*bot.*) frutto carnoso con epicarpo duro, polpa carnosa contenente numerosi semi, caratteristico delle Cucurbitacee (melone, zucca, cetriolo e sim.)

p

pèppola [vc. di orig. onomat. ✱ 1869] **s. f.** ● passeriforme simile al fringuello ma con capo nero, ali fulve e dorso bianco e nero (*Fringilla montifringilla*)

pèpsi [vc. dotta, gr. *pépsis* 'cottura, digestione', da *péssein* 'cuocere', di orig. indeur. ✱ 1821] **s. f. inv.** ● (*med.*) digestione

pepsìna [da *pepsi* ✱ 1856] **s. f.** ● enzima proteolitico prodotto dallo stomaco

pepsinògeno [vc. dotta, comp. di *pepsina* e *-geno* ✱ 1958] **s. m.** ● (*chim.*) precursore inattivo della pepsina attivato da questa e dell'acidità gastrica

pèptico [vc. dotta, lat. *pĕpticu(m)*, dal gr. *peptikós*, da *péssein* 'cuocere'. V. *pepsi* ✱ sec. XVI] **agg.** (**pl. m.** *-ci*) ● (*med.*) che concerne la digestione | della pepsina: *secrezione peptica*

peptidàṣi [vc. dotta, comp. di *peptid(e)* e del suff. *-asi* ✱ 1954] **s. f. inv.** ● (*chim.*) proteasi

peptìde [dal gr. *peptós* 'cotto', deriv. di *péssein* 'cuocere' (V. *pepsi*) ✱ 1920] **s. m.** ● (*chim.*) qualsiasi composto costituito da amminoacidi legati tra loro attraverso legami peptidici

peptìdico [1958] **agg.** (**pl. m.** *-ci*) ● (*chim.*) riferito a peptide | ***legame p.***, il legame che unisce due amminoacidi in un peptide o in una proteina

peptiẓẓazióne [dal gr. *peptós*. V. *peptide* ✱ 1954] **s. f.** ● (*chim.*) trasformazione di un gel in una soluzione colloidale

peptògeno [ingl. *peptogen*, comp. del gr. *peptós* (V. *peptide*) e dell'ingl. *-gen* '-geno' ✱ 1875] **agg.** ● (*med.*) detto di sostanza in grado di aumentare la secrezione di pepsina della mucosa gastrica

peptóne [ted. *Pepton*, dal gr. *peptós* 'cotto' (V. *peptide*) ✱ 1875] **s. m.** **1** (*biol.*) prodotto della digestione delle sostanze proteiche **2** sostanza ottenuta per idrolisi enzimatica delle proteine, usata come nutrimento facilmente assimilabile per diete speciali

peptoniẓẓazióne [ingl. *peptonization*, da *peptone* 'peptone' ✱ 1958] **s. f.** ● (*biol.*) trasformazione delle proteine in peptoni, a opera di fermenti proteolitici

♦**per** /per/ [lat. *pĕr*, di orig. indeur. ✱ 960] **prep. propria semplice. (Fondendosi con gli art. determ., dà origine alle prep. art.** *lett.* **o** *poet.* **m. sing.** *pel*, †*pello*; **m. pl.** *pei*, †*pegli*; **f. sing.** †*pella*; **f. pl.** †*pelle*). **I** stabilisce diverse relazioni dando luogo a molti complementi **1** compl. di moto attraverso luogo (*anche fig.*): *durante il viaggio passerò per Torino; entrare, uscire per la porta; passare per i campi; guardare per il buco della serratura; medicina da prendersi per bocca, per via orale; cosa ti passa per il cervello?* | indica movimento attraverso un luogo circoscritto senza un preciso riferimento di direzione o meta (*anche fig.*): *gironzolare per la campagna; cercare qlcu. per mare e per terra, per monti e per valli; viaggiare per tutta l'Europa; sentirsi i brividi per la schiena; sono comparse delle macchie per tutto il corpo* | lungo, secondo (indica il senso, la modalità di un movimento): *lasciarsi andare per la corrente; scendere per la china; precipitare per la scarpata; capitombolare giù per le scale; arrampicarsi su per i muri* **2** compl. di moto a luogo: *prendo l'aereo per Parigi; parto per il mare; prendere l'autobus per la stazione; il convoglio prosegue per Roma* | (*fig.*) verso (indica inclinazione): *ha ammirazione per suo fratello; sente un grande affetto per uno zio; si sente portato per gli studi classici* **3** compl. di stato in luogo (*anche fig.*): *sdraiatevi per terra; starsene con il naso per aria; cos'hai per la testa?* | fra, in mezzo a: *passerò per i banchi a ritirare i quaderni; ho per le mani un grosso affare* **4** compl. di tempo continuato: *ha piovuto (per) tutta la notte; ho aspettato per anni questo momento; mi occorre un permesso per tre giorni; lo ricorderò per tutta la vita; per secoli e secoli nessuno si è avventurato negli oceani* **5** compl. di tempo determinato (indicando un termine nel tempo futuro): *sarò di nuovo con te per la prossima estate; sarò di ritorno per il venti del mese; ci rivedremo per Natale* **6** compl. di mezzo: *spediscilo per corriere; l'ho ricevuto per posta; me l'ha detto per telefono; l'ha capito per intuito; procederemo per vie legali; ci sono arrivato per deduzione* **7** compl. di causa: *è rimasto stecchito per il freddo; è diventato livido per la rabbia; ho sbagliato per la fretta; non stare in pena per me; mi assenterò per motivi di salute; per amore o per forza dovrà venire; lamentarsi per qlco.; per quale ragione non vieni?* **8** compl. di scopo o fine: *fare qlco. per divertimento; equipaggiarsi per la montagna; preparare il necessario per il viaggio; andare per funghi; costume per il mare; macchina per scrivere; fare le cose solo per denaro; tu, per esempio, non sei sincero* **9** compl. di vantaggio e svantaggio: *bisogna sacrificarsi per i figli; pensa solo per sé; farei qualsiasi cosa per lui; peggio per loro; vota per il partito che preferisci; è finita quattro a due per la nostra squadra; tu per chi tieni?* | indica, più genericamente, destinazione: *c'è una lettera per te; ho fatto fare un cappotto per mio figlio; devo acquistare i mobili per il salotto* **10** compl. di modo o maniera: *fingeva per scherzo; facevano per gioco; procediamo per ordine alfabetico; chiamami per nome; viaggiare per mare, per aria, per terra* | (*est.*) indica il modo in cui si prende, si afferra qlcu. o qlco.: *mi ha preso per un braccio; ha afferrato la fortuna per i capelli; afferrare qlcu. per il bavero* **11** compl. di prezzo: *l'ho comprato per cinquanta euro; l'ho avuto per pochi soldi; te lo cedo per poco* **12** compl. di stima: *ha valutato il quadro per diecimila euro; la villa è stata stimata per una somma enorme* **13** compl. di misura o estensione: *la strada è interrotta per dieci kilometri; la torre s'innalza per cento metri; la caverna sprofonda per vari metri; la landa si estende per molti kilometri intorno* **14** compl. di limitazione: *io ti supero per la memoria; per conto mio non sollevo obiezioni; questo lavoro è troppo difficile per me; per questa volta ti perdono* | ***per me***, quanto a me, secondo me: *per me, è in malafede; Io per me mi curerei poco di morire* (G. BOCCACCIO) | ***di per sé***, considerato in sé, in quanto tale: *un particolare di per sé senza molta importanza* **15** compl. distributivo: *entrate uno per uno; uno per volta; mettetevi uno per parte; disponetevi in fila per tre; il testo è corredato di un'illustrazione per pagina; le persone vengono divise per età e per sesso; giorno per giorno; hanno perquisito l'abitazione stanza per stanza* | (*est.*) indica la percentuale: *ho un interesse del sedici per cento* | indica le operazioni matematiche della moltiplicazione e divisione: *dieci per dieci è uguale a cento; dividere un numero per dieci, per quattro; moltiplicare un numero per un suo multiplo* **16** compl. di colpa: *è stato processato per alto tradimento; saranno processati per furto aggravato; è stato accusato per abigeato* **17** compl. di pena: *è stato multato per varie centinaia di euro* **18** compl. predicativo: *ha preso per moglie una straniera; ho avuto per maestro tuo fratello; è stato dato per morto, per disperso; tengo per certo che nessuno abbia tradito; mi hai preso per scemo?* **19** compl. escl. e vocativo: *per Giove!; per Bacco!; per tutti i diavoli!* | in nome di (introduce un'invocazione, un giuramento, una promessa e sim.): *per l'amor del cielo!, non dire nulla; per amor di Dio, aiutami; per carità! che nessuno sappia niente!; ve lo giuro per l'anima mia; lo prometto per quanto di più caro ho al mondo* **20** indica sostituzione e scambio: *ti avevo scambiato per un altro; parlerò io per te; rendere pan per focaccia; confidenza per confidenza, nemmeno io sono ricco!; occhio per occhio, dente per dente* **21** (*raro*) compl. di origine e provenienza: *venire per ponente; parenti per parte di madre; tanti saluti per parte mia* **22** †compl. d'agente: *fur l'ossa mie per Ottavian sepolte* (DANTE *Purg.* VII, 6) **II** introduce varie specie di proposizioni **1** prop. finale con il v. all'inf.: *sono venuto per parlarti; ce n'è voluto per convincerlo; dicevo così per scherzare; lo facevo per aiutarti; esco per prendere un po' d'aria; cammina piano per non dare nell'occhio; fatti non foste a viver come bruti, / ma per seguir virtute e canoscenza* (DANTE *Inf.* XXVI, 119-120); *io parlo per ver dire* (F. PETRARCA) | anche per indicare un esito negativo: *e tanta sofferir stracchezza per poi averne sì piccolo ... piacere* (L.B. ALBERTI) **2** prop. causale con il v. all'inf.: *è stato assolto per non aver commesso il fatto; è rimasta intossicata per aver mangiato cibi guasti* **3** prop. consecutiva con il v. all'inf.: *è troppo buona per odiare; sono troppo furbi per cascarci; è abbastanza grande per andare a scuola; è troppo bello per essere vero* **4** prop. concessiva con il v. al congtv. o (*raro* o **lett.**) all'inf.: *per quanto si sforzi non riesce; per poco che sia è meglio che niente; per bravi che siate non potrete indovinare; per piangere che tu faccia, non soddisferò i tuoi capricci; né per esser battuta ancor si pente* (DANTE *Par.* IX, 45) | ***per male che vada***, anche nella ipotesi peggiore **5** prop. limitativa con il v. all'inf.: *per essere bello, è bello, ma è un po' troppo caro; per essere così anziano, gode di buona salute* **III** ricorre nella formazione di molte loc. **1** nelle loc. ***essere, stare per***, essere in procinto di: *stavo per rispondergli a tono, ma sono riuscito a trattenermi; stavo per uscire; ero quasi per picchiarlo* **2** loc. avv.: *per tempo; per intanto; per ora; per il momento; per lungo; per largo; per diritto; per traverso; per di più; per certo; per fermo; per l'appunto; per contro; per caso; per poco; per altro; per di qui; per di là; per di fuori; per di sopra; per sempre* **3** loc. cong.: *per il che; per la qual cosa; per il fatto che; per via che; per ciò che; per ciò*

per- /per/ [dalla prep. lat. *pĕr* 'attraverso', di orig. indeur., applicata anche a forme superl.] **pref.** **1** in parole della terminologia scientifica ha valore rafforzativo: *pertosse* **2** in chimica, indica, tra i composti ossigenati di un elemento che ha più di due valenze, quelli a valenza maggiore (*acido perclorico, perclorato*) o un composto contenente il gruppo bivalente –O–O– (*peracido, perossido*) **CONTR.** ipo-

♦**péra**① [lat. *pĭra*, pl. di *pĭrum* 'pera', di orig. preindeur. ✱ sec. XIII] **s. f.** **1** frutto carnoso commestibile del pero | ***p. abate Fetel***, a maturazione autunnale, allungata con buccia giallo-verdognola | ***p. butirra***, a maturazione estiva, di colore giallo macchiato di rosso | ***p. decana***, a maturazione invernale, ovale, profumata, di colore verde sfumato di rosa | ***p. Kaiser***, a maturazione autunnale, di forma allungata e colore rugginoso | ***p. passacrassana***, a maturazione invernale, grossa e irregolare, di colore verdastro-rugginoso | ***p. William***, a maturazione estiva, molto profumata, giallo verdognola, usata anche per aromatizzare bevande alcoliche **SIN.** buonacristiana | ***cascare come le pere, come una p. cotta, matura***, con grande facilità; (*fig.*) farsi ingannare; (*fig.*) innamorarsi subito | ***essere come una p. cotta***, (*fig.*) essere molle, fiacco **2** oggetto di forma oblunga, simile a una pera | ***p. del battaglio***, estremità inferiore **3** (*scherz.*) testa: *grattarsi la p.* **4** (*fig., fam.*) nella loc. agg. inv. e avv. ***a p.***, di ciò che è malfatto e sconclusionato: *lavoro, discorso a p.*; anche, di ciò che non ha alcuna attinenza con quanto si sta facendo o dicendo: *intervento a p.*; *parlare a p.* **5** (*gerg., fig.*) iniezione di sostanze stupefacenti, spec. eroina: ***farsi una p.***, iniettarsi una dose di eroina || **perétta**, **dim.** (V.) | **perìna**, **dim.**

†**pèra**② [vc. dotta, lat. *pēra(m)*, dal gr. *pḗra*, di etim. incerta ✱ av. 1306] **s. f.** ● tasca, bisaccia

peràcido [comp. di *per-* e *acido* ✱ 1949] **s. m.** ● (*chim.*) acido ossigenato in cui sono presenti atomi di ossigeno legati fra loro oltreché con gli altri atomi

peracottàio o **peracottàro** [dalle *pere cotte* che egli vende ✱ 1863] **s. m.** (**f.** *-aia*, **pl. m.** *-ai*) ● (*centr.*) venditore di pere cotte | (*fig.*) ***fare una figura da p.***, ***fare la figura del p.***, una figura meschina

†**peragràre** [vc. dotta, lat. *peragrāre*, comp. di *pĕr* 'attraverso' (V. *per*) e *āger* 'campo' (V. *agro*②) ✱ av. 1498] **v. tr.** ● percorrere, visitare viaggiando: *lasciate tutte l'altre parti d'Europa ch'egli avea peragrate ... pose la sua abitazione in Firenze* (N. Machiavelli)

♦**peràltro** o **per àltro** [comp. di *per* e *altro* ✱ 1441] **avv.** ● del resto, d'altra parte, però, tuttavia: *non vorrei p. ingannarmi*; *p. potremmo decidere subito*; *il suo p. rigoroso saggio*

peramèle [comp. del lat. *pēra* 'sacca' (V. †*pera*②) e *mēles* 'martora, tasso' (di etim. incerta), perché porta il marsupio ✱ 1835] **s. m.** ● genere di Marsupiali australiani grossi come un ratto, con pelliccia morbida e muso appuntito (*Perameles*)

perànco o **per ànco**, **perànche** [comp. di *per* e *anco* ✱ 1367] **avv.** ● (*lett.*) ancora, finora: *non si è p. veduto* | peraltro (con valore rafforz.): *non sono p. contenti*

peràstro [da *pera*① col suff. pegg. *-astro* ✱ 1938] **s. m.** ● (*bot.*) pero selvatico (*Pyrus pyraster*)

perbàcco o **per Bàcco** [comp. di *per* e *Bacco* ✱ 1750] **inter.** ● (*colloq.*) esprime disappunto, meraviglia e sim.: *p. questa è bella!* | V. anche *Bacco*

♦**perbène** o **per bène**, spec. nel sign. B [comp. di *per* e *bene* ✱ 1841] **A** **agg. inv.** ● onesto, probo, costumato: *un giovane p.*; *una famiglia p.*; *sono persone p.* **SIN.** ammodo **B** **avv.** ● in maniera esatta, ordinata, con cura e scrupolo: *agisci per bene*; *fate le cose per bene, mi raccomando* || **perbenìno**, **dim.**

perbenìsmo [comp. di *perbene* e *-ismo* ✱ 1942] **s. m.** ● atteggiamento di chi desidera, per lo più in modo ipocrita, apparire onesto e ligio alla morale comune (*spec. spreg.*)

perbenìsta [da (persona) *per bene* ✱ 1980] **A** **s. m. e f.** (**pl. m.** *-i*) ● (*spreg.*) persona che impronta il proprio comportamento al perbenismo **B** **agg.** ● perbenistico

perbenìstico [1962] **agg.** (**pl. m.** *-ci*) ● relativo a perbenismo | caratterizzato da perbenismo: *atteggiamento p.* || **perbenisticaménte**, **avv.**

†**pèrbio** [lat. *pĕrviu(m)* 'passaggio', da *pĕrvius* 'accessibile'. V. *pervio* ✱ av. 1348] **s. m.** ● pergamo, pulpito

perboràto [comp. di *per-* e *borato* ✱ 1920] **s. m.** ● (*chim.*) sale ottenuto in generale per azione dell'acqua ossigenata o dei perossidi alcalini sui borati | ***p. di sodio***, usato come sbiancante, deodorante e disinfettante

pèrca [vc. dotta, lat. *pĕrca(m)*, dal gr. *pérkē*, di orig. indeur. ✱ sec. XV] **s. f.** ● genere di Pesci dei Perciformi cui appartiene il pesce persico (*Perca*)

percàlle o (*raro*) **percàllo** [fr. *percale*, dal persiano *pargālè* 'pezzo di tessuto' ✱ 1811] **s. m.** ● tessuto di cotone molto leggero, per grembiuli, vestaglie, camicie da uomo || **percallìno**, **dim.** (V.)

percallìno **s. m.** **1** dim. di *percalle* **2** percalle molto leggero per fodere

percàllo ➤ **percalle**

percentìle [da *percento* ✱ 1958] **A** **s. m.** ● (*stat.*) quantile corrispondente al valore di 1/100 **B** anche **agg.**: *dato p.*

per cènto o **percènto** [1881] **A** **loc. sost. m. inv.** **1** denominazione del simbolo (%) che, posto dopo un numero, indica che per ogni cento parti vengono considerate soltanto quelle rappresentate da quel numero **2** (*raro*) percentuale **B** **loc. agg. inv.** ● ogni cento parti: *avere un aumento del 7 per cento*

♦**percentuàle** [da *per cento* ✱ 1878] **A** **agg.** ● che è stabilito in proporzione a cento: *interesse p.* | ***punto p.***, unità calcolata in proporzione a cento: *la produzione è aumentata di oltre sette punti percentuali* || **percentualménte**, **avv.** secondo un calcolo percentuale **B** **s. f.** **1** rapporto tra due grandezze espresso in centesimi: *la p. dei votanti.* Normalmente i numeri che indicano valori percentuali si scrivono in cifre seguite dal simbolo %: *20% di sconto*; *i prezzi sono aumentati mediamente del 7%.* Talvolta, in contesti più discorsivi, si usa l'espressione 'per cento': *il 90 per cento degli alunni*; *un successo al cento per cento.* (V. nota d'uso NUMERI E NUMERALI) **2** provvigione: *ricevere una p. sulle vendite*; *all'agenzia spetta una p. del 3 per cento*

percentualizzàre [1963] **v. tr.** ● ricavare percentuali da elaborazione di dati matematici o statistici || **percentualizzazióne**, **s. f.**

†**percepènza** [da *percepire* ✱ av. 1250] **s. f.** ● intelligenza, conoscenza

†**percèpere** o †**percìpere** [av. 1342] **v. tr.** ● percepire

percepìbile [vc. dotta, lat. tardo *percipĭbile(m)*, da *percĭpere* 'percepire' ✱ 1865] **agg.** ● che si può percepire: *sensazioni chiaramente percepibili* | che si può riscuotere: *la somma sarà p. entro quindici giorni* || **percepibilità**, **s. f. inv.**

♦**percepìre** [lat. *percĭpere*, comp. di *pĕr* e *căpere* 'prendere' (V. *captare*) ✱ av. 1342] **v. tr.** (*io percepisco, tu percepisci*) **1** cogliere i dati della realtà mediante i sensi: *p. con gli occhi, con l'udito* | accorgersi di qlco., intuire (+ *di* **seguito da inf.**, + *che*): *percepì un leggero mutamento nella loro amicizia*; *percepisco di non esserle troppo simpatico*; *percepì che c'era qualcosa che non andava* **2** ricevere, riscuotere: *p. un compenso adeguato, un modesto stipendio, un premio di produzione*

SFUMATURE ➤ ***sentire***

percepìto **part. pass.** di *percepire*; anche **agg.** ● nei sign. del v. | riferito a fenomeno che, indipendentemente dal suo valore oggettivo, viene valutato soggettivamente: *temperatura percepita* | (*econ.*) ***inflazione percepita***, V. *inflazione*

percettìbile [vc. dotta, lat. tardo *perceptĭbile(m)*, da *percēptus*, part. pass. di *percĭpere* 'percepire' ✱ av. 1424] **agg.** ● che si può percepire, distinguere, riconoscere: *suoni appena percettibili* **SIN.** avvertibile, percepibile **CONTR.** impercettibile || **percettibilménte**, **avv.** || **percettibilità**, **s. f. inv.** percepibilità

percettìvo [fr. *perceptif*, dal lat. *percēptus*, part. pass. di *percĭpere* 'percepire' ✱ av. 1639] **agg.** **1** della percezione, relativo alla percezione: *facoltà percettiva* **2** detto di chi è intuitivo, sensibile, acuto: *un ragazzo attento e p.* || **percettivaménte**, **avv.** || **percettività**, **s. f. inv.** capacità, facoltà di percepire

percètto [vc. dotta, lat. *percēptu(m)*, part. pass. di *percĭpere* 'percepire' ✱ av. 1828] **A** **agg.** ● (*raro*) che è stato percepito **B** **s. m.** ● (*filos.*) l'oggetto, il contenuto della percezione

percettóre [vc. dotta, lat. tardo *perceptōre(m)*, da *percēptus*, part. pass. di *percĭpere* 'percepire' ✱ av. 1342] **agg. e s. m.** (**f.** *-trice*) ● che (o chi) percepisce: *p. di reddito*

♦**percezióne** [vc. dotta, lat. *perceptiōne(m)*, da *percēptus*, part. pass. di *percĭpere* 'percepire' ✱ 1294] **s. f.** **1** (*psicol.*) processo mediante il quale l'individuo riceve attraverso gli organi di senso ed elabora le informazioni provenienti dall'esterno e dal proprio corpo: *secondo i realisti la esistenza non si può conoscere se non con la p.* (F. De Sanctis) | (*est.*) sensazione, impressione: *la p. del calore*; *ebbe l'esatta p. di un pericolo* **2** (*burocr.*) riscossione di una somma

SFUMATURE ➤ ***coscienza***

percezionìsmo [1954] **s. m.** ● teoria filosofica che riconosce, nell'atto stesso del percepire, l'esistenza oggettiva della cosa percepita

♦**perché** o †**per che** nel sign. A 2 [comp. di *per* e *che*② ✱ av. 1250] **A** **avv.** **1** per quale ragione (in prop. interr. dirette o indirette con valore causale o finale): *p. ti ostini tanto?*; *p. corri?*; *p. non sei venuto ieri?*; *chissà p. si agita tanto*; *vorrei sapere p. non rispondono*; *spiegami p. lo fai*; *agisce senza sapere p.*; *mi domando p. nessuno sia contento della sua sorte* | seguito da un v. all'inf. in interr. retoriche: *p. impedirgli di pensare?*; *p. farla piangere?* | (*assol.*) in espressioni ellittiche: *'domani non partirò' 'p.?'* | preceduto dalle cong. 'e', 'ma', 'o': *e p. gli rispondi?*; *ma p. ci vai?* | rafforzato da 'mai': *p. mai arriva sempre così in ritardo?*; *non capisco p. mai ti ostini così* | seguito dalla negazione 'non' in espressioni interr. che equivalgono a un invito a fare qlco.: *p. mai non esci con questo bel sole?*; *p. non restate a cena con noi?* **2** per cui (con valore rel. e causale): *non sono riuscito a capire il motivo p. abbia fatto così*; *cominciò a riscuotere e fare quello per che andato v'era* (G. Boccaccio) | (*lett.*) †per la qual cosa (con valore neutro rel.) | †***il p.***, per il che, per la qual cosa (al principio di frase): *il p. comprender si può alla sua potenza esser ogni cosa suggetta* (G. Boccaccio) **B** **cong.** **1** poiché, per la ragione che, per il fatto che (introduce una prop. causale con il v. all'indic. o al cong.): *non sono venuto p. s'era fatto tardi*; *non l'ho comprato p. non mi piaceva*; *non viene, non p. non lo voglia, ma p. non ha tempo* | (*colloq.*) ***p. sì, p. no, p. due non fa tre***, risposte evasive a una domanda: *'p. non vuoi venire?' 'p. no!'* | ***p. no?***, risposta affermativa, in forma attenuata, a una proposta, oppure inciso per connotare come positiva un'idea: *'Andiamo al cinema?' 'P. no?'*; *si potrebbe fare una passeggiata e, p. no?, fermarci a cena in riva al mare* | (*lett.*) in correlazione con 'perciò' e 'così': *p. non riuscivo a dormire, così sono uscito in giardino* **2** affinché (introduce una prop. finale con il v. al cong.): *le leggi sono state fatte p. siano applicate*; *te lo dico e ripeto p. tu non lo dimentichi*; *ha dato ordini precisi proprio p. non sbagliassero* **3** cosicché, talché (introduce una prop. consecutiva con il v. al cong.): *il muro era troppo alto p. potesse essere superato*; *è troppo forte p. gli altri possano batterlo* **4** (*lett.*) †sebbene, quantunque (introduce una prop. concessiva con il v. al cong.): *p. tu mi dischiomi, / né ti dirò ch'io sia* (Dante *Inf.* XXXII, 100-101) **5** †se (introduce una prop. ipotetica con il v. al cong.): *e voi non gravi / perch'io un poco a ragionar m'inveschi* (Dante *Inf.* XIII, 56-57) **6** †che (introduce una prop. dichiarativa con il v. al cong.): *Che val p. ti racconciasse il freno / Iustiniano, se la sella è vota?* (DANTE *Purg.* VI, 88-89) **C** **in funzione di s. m. inv. 1** motivo, causa, scopo, ragione: *dimmi il p. di questo tuo comportamento; l'ha fatto senza un p.; il p. non si è mai saputo; i p. sono tanti; venduto ad un duce venduto / con lui pugna e non chiede il p.* (A. MANZONI) | (*fam.*) ***il p. e il percome***, tutte le ragioni, dettagliatamente: *voglio sapere il p. e il percome* **2** interrogativo, incertezza, dubbio: *i p. della vita; è un uomo dai mille p.*

Percifórmi [comp. di *perca* e il pl. di *-forme* ✻ 1954] **s. m. pl.** (**sing.** *-e*) ● (*zool.*) ordine dei Teleostei, il più vasto esistente, comprendente forme prevalentemente marine provviste di pinne con spine (*Perciformes*)

♦**perciò** o **per ciò** [comp. di *per* e *ciò* ✻ 1260] **cong. 1** per questa ragione (con valore conclusivo): *sono arrabbiato, p. me ne vado* | con valore rafforz. e preceduta da 'e': *non hai voluto ascoltarmi e p. hai sbagliato* | ***e p.?***, e dunque, e allora? | †***e che p.?***, e con ciò?, e allora? **SIN.** pertanto **2** (*lett.*) però, tuttavia | (*raro*) ***non p.***, nondimeno

†**perciocché** o †**perciò che**, †**per ciò che** [comp. di *per*, *ciò* e *che*② ✻ av. 1294] **cong.** ● (*lett.*) perché (introduce una prop. causale o, raro, una prop. finale)

†**percìpere** ➤ †**percepere**

percipièndo [vc. dotta, lat. *percipiĕndu(m)*, gerundivo di *percĭpere* 'percepire' ✻ 1930] **agg.** ● (*dir.*) che deve ancora essere ricevuto

percipiènte [1850] **A** **agg.** ● che percepisce | che incassa, riscuote **B** **anche s. m. e f.**: *i compensi ai percipienti... furono dati per lavori straordinari* (G. CARDUCCI)

percloràto [1869] **s. m.** ● (*chim.*) sale dell'acido perclorico, usato spec. in pirotecnica e nella preparazione di alcuni esplosivi

perclòrico [comp. di *per-* e *cloro* ✻ 1829] **agg.** (**pl. m.** *-ci*) ● (*chim.*) detto di acido del cloro, a grado massimo di ossidazione, ottenuto distillando nel vuoto un perclorato con acido solforico, usato in chimica analitica e in galvanoplastica

percloròro [comp. di *per-* e *cloruro* ✻ 1871] **s. m.** ● (*chim.*) cloruro contenente una quantità di cloro superiore a quella presente nel corrispondente cloruro normale dell'elemento

percòca [da *percoco* ✻ av. 1568] **s. f.** ● (*bot.*; *merid.*) frutto del percoco **SIN.** percoco, pesca cotogna

percòco [dal lat. *praecŏquu(m)* 'precoce', detto di pianta che produce frutti primaticci ✻ sec. XVI] **s. m.** (**pl.** *-chi*) **1** (*bot.*; *merid.*) varietà di pesco che produce frutti precoci molto dolci **2** percoca

percolàre [vc. dotta, lat. *percolāre* 'filtrare'. V. *percolazione* ✻ 1879] **A** **v. tr.** (*io percólo*) ● eseguire la percolazione **B** **v. intr.** (**aus.** *essere*) ● subire la percolazione

percolàto **A** **part. pass.** di *percolare*; anche **agg.** ● nei sign. del v. **B** **s. m.** ● liquido ottenuto per percolazione

percolatóre [da *percolazione*, sul modello di tutti i nomi in *-tore* e *-zione* (*istitutore-istituzione*, *salvatore-salvazione* ecc.) ✻ 1954] **s. m.** ● recipiente usato per eseguire le operazioni chimiche di percolazione

percolazióne [vc. dotta, lat. *percolatiōne(m)* 'filtrazione', da *percolātus*, part. pass. di *percolāre* 'filtrare', comp. di *pĕr* 'attraverso' e *colāre* 'filtrare' (V. *colare*) ✻ 1937] **s. f.** ● (*chim.*) passaggio lento di un liquido dall'alto verso il basso attraverso una massa filtrante solida

percóme o **per cóme** [comp. di *per* e *come* ✻ 1563] **s. m. inv. e avv.** ● (*fam.*) solo nella loc. ***perché e p.***, ***il perché e il p.***, tutte le ragioni dettagliatamente: *so che sei uscito ma voglio sapere perché e p.*; *raccontagli il perché e il p. della tua decisione*

percorrènza [da *percorrere* ✻ 1922] **s. f. 1** il percorrere; percorso | (*mat.*) ***verso di p.***, ognuno dei due sensi in cui può essere percorsa una linea **2** tragitto, tempo e prezzo di un percorso coperto da pubblici mezzi di trasporto: *le percorrenze dei treni speciali; treni a lunga p.*

♦**percórrere** [vc. dotta, lat. *percŭrrere*, comp. di *pĕr* 'attraverso' e *cŭrrere* 'correre' ✻ av. 1327] **v. tr.** (**coniug. come** *correre*) **1** compiere un determinato tragitto (**anche fig.**): *p. una strada in automobile, in bicicletta; ha percorso 10 kilometri a piedi, a nuoto; percorremmo a fatica gli ultimi kilometri; p. una brillante carriera* **2** attraversare una determinata estensione, o un tratto di essa (**anche fig.**): *p. una regione; abbiamo percorso la Francia in lungo e in largo; la strada percorre tutto il paese; fu percorso da un brivido* **3** (*fig.*) guardare, scorrere, esaminare, trattare: *p. con lo sguardo la distesa del mare; p. brevemente un argomento*

percorrìbile [1958] **agg.** ● che si può percorrere (*anche fig.*): *è l'unica strada p.* ‖ **percorribilità**, **s. f. inv.** (V.)

percorribilità [1984] **s. f. inv. 1** condizione di ciò che è percorribile, con particolare riferimento alla praticabilità stradale: *servizio p. strade* **2** (*fig.*) possibilità di seguire vantaggiosamente una certa ipotesi o un dato progetto: *la p. di una strategia elettorale* **CONTR.** impercorribilità

♦**percórso** **A** **part. pass.** di *percorrere*; anche **agg.** ● nei sign. del v. **B** **s. m. 1** tratto che si percorre, itinerario: *seguire il p. più breve; tracciare il p. della nuova autostrada* | tempo impiegato per attraversare tale tratto: *ho dormito durante tutto il p.* **SIN.** tragitto | (*fig.*) evoluzione: *il p. culturale di uno scrittore* | (*fig.*) ***p. di lettura***, modo particolare di leggere o interpretare un testo o gener. un'opera artistica privilegiando determinati temi, personaggi o aspetti **2** (*sport*) itinerario con caratteristiche particolari che i concorrenti di una gara sportiva, spec. una corsa, devono compiere a piedi, a cavallo, in bicicletta o con altro mezzo | ***p. attrezzato***, ***p. vita***, in parchi o giardini pubblici, itinerario con attrezzi ginnici per compiere esercizi all'aria aperta **3** ***p. di guerra***, tratto di terreno in cui sono riprodotte le principali difficoltà di una qualunque azione bellica, usato per allenare soldati

percòssa [da *percuotere* ✻ 1260] **s. f. 1** colpo violento dato o ricevuto: *dure percosse al viso e al corpo* | (*lett.*) urto, colpo, spinta: *le violente percosse delle onde scuotevano la nave* | (*raro*, *est.*) segno lasciato dal colpo: *non notò alcuna p.* **SIN.** botta **2** (*lett.*, *fig.*) danno, rovina, avversità: *subire le percosse della sventura*

percossióne ➤ **percussione**

percòsso **part. pass.** di *percuotere*; anche **agg. 1** nei sign. del v. **2** (*dir.*) ***contribuente p.***, che è legalmente tenuto a pagare l'imposta

†**percossùra** o †**percussùra** [vc. dotta, lat. tardo *percussūra(m)*, da *percŭssus* 'percosso' ✻ 1499] **s. f.** ● colpo, percossa | (*fig.*) danno

percòtere ➤ **percuotere**

†**percotiménto** [av. 1292] **s. m.** ● il percuotere | colpo, percossa

percotitóre o (*raro*) **percuotitóre** [av. 1347] **agg. e s. m.** (**f.** *-trice*) ● (*raro*, *lett.*) che (o chi) percuote | (*est.*) feritore, uccisore

percùi ● (*evit.*) ➤ **cui**

percuòtere o (*lett.*) **percòtere** [lat. *percŭtere*, comp. di *per-* e *quătere* 'scuotere'. V. *scuotere* ✻ 1266] **A** **v. tr.** (**pres.** *io percuòto*, *lett.* *percòto*; **pass. rem.** *io percòssi*, *tu percuotésti*; **part. pass.** *percòsso*) **1** colpire qlco. violentemente e ripetutamente con le mani o con un oggetto contundente: *p. qlco. con una mazza, con un martello, con un bastone* | (*generic.*) battere: *percuoteva coi pugni le pareti gridando aiuto; me non nato a percotere / le dure illustri porte* (G. PARINI) | colpire, investire con violenza: *la folgore percosse la quercia incendiandola; la pioggia percuoteva le finestre* | †sbattere, fracassare | †urtare violentemente, cozzare: *forte percossi 'l piè nel viso ad una* (DANTE *Inf.* XXXII, 78) | anche nella forma pron. **percuòtersi**, colpire una parte del proprio corpo: *alzò le braccia e si percosse le anche* (L. PIRANDELLO) | ***percuotersi il petto***, battersi il petto in segno di pentimento, dolore e sim. **2** malmenare, picchiare: *lo percossero con pugni e calci; fu percosso a sangue* | (*lett.*) ferire (**anche fig.**): *lo percosse con la spada; quei suoni stridenti le percuotevano l'orecchio* | ***p. mortalmente***, uccidere | abbagliare, dardeggiare: *il sole e la luce gli percuotevano gli occhi* **3** (*fig.*, *lett.*) punire: *Dio, irato, percosse la Terra col diluvio* | affliggere, tormentare: *una terribile pestilenza percosse l'Europa nel XIV secolo* **4** (*raro*, *fig.*) addolorare, commuovere | agitare, impressionare fortemente: *quelle immagini percossero la sua fantasia* **5** †offendere **6** †abbattere | †uccidere **B** **v. intr.** (**aus.** *avere*) ● (*lett.*) andare a urtare, a sbattere: *p. in una secca, contro un sasso* **SIN.** cozzare | †riflettersi, riverberarsi | †imbattersi in qlcu. **C** **percuòtersi** **v. rifl. recipr.** ● picchiarsi l'un l'altro | combattersi

percuotitóre ➤ **percotitore**

percussióne o (*raro*) **percossióne** [vc. dotta, lat. *percussiōne(m)*, da *percŭssus* 'percosso' ✻ av. 1292] **s. f. 1** il percuotere | colpo, urto violento | ***fucile a p.***, fornito di percussore | ***strumenti musicali a p.***, (*ellitt.*) ***le percussioni***, strumenti che si suonano mediante percussione o scuotimento **2** (*med.*) parte della semeiotica che consiste nello studio dei suoni prodotti percuotendo la superficie del corpo **3** (*dir.*) ***p. dell'imposta***, momento in cui l'imposta è legalmente dovuta da un dato contribuente **4** †ferita

percussionìsta [1980] **s. m. e f.** (**pl. m.** *-i*) ● chi suona uno strumento musicale a percussione

percussìvo [dal lat. *percŭssus* 'percosso' ✻ sec. XIV] **agg. 1** (*raro*) che percuote | (*est.*, *lett.*) dannoso **2** che proviene da strumenti a percussione: *insiste su effetti percussivi* (E. MONTALE)

percussóre [vc. dotta, lat. *percussōre(m)*, da *percŭssus* 'percosso' ✻ av. 1294] **s. m.** (**difett. del f.**) **1** (*lett.*) chi percuote, picchia | †nemico, avversario | (*lett.*) uccisore **2** congegno che nelle armi da fuoco serve per agire sulla capsula del bossolo del proiettile, provocando l'esplosione della miscela fulminante e quindi la deflagrazione della carica di lancio **3** (*paletnologia*) utensile di pietra o altro materiale duro, usato dagli uomini primitivi per lavorare le selci

†**percussùra** ➤ †**percossura**

percutàneo [comp. di *per* e *cutaneo* ✻ 1985] **agg.** ● (*med.*) effettuato attraverso la cute | ***via percutanea***, modalità di somministrazione di un farmaco attraverso la cute

percuziènte [vc. dotta, lat. *percutiĕnte(m)*, part. pres. di *percŭtere* 'percuotere' ✻ av. 1342] **agg. e s. m.** ● (*raro*, *lett.*) che (o chi, o ciò che) percuote

†**perdànza** [da *perdere* ✻ sec. XIII] **s. f.** ● perdita

perdèndosi [1826] **s. m. inv.** ● (*mus.*) morendo

perdènte **A** **part. pres.** di *perdere*; anche **agg.** ● nei sign. del v. **B** **s. m. e f.** ● chi perde o soccombe, spec. in gare o competizioni: *ai perdenti spettano vari premi di consolazione* | vinto, sconfitto: *i perdenti fuggirono* | chi, nella sua attività o nella sua vita in genere, subisce spesso delle sconfitte: *è un p.* CONTR. vincente

†**perdènza** [da *perdente* ✻ 1250 ca.] **s. f.** **1** perdita **2** dannazione, perdizione

♦**pèrdere** [lat. *pĕrdere* 'mandare in rovina, consumare, perdere', comp. di *pĕr* 'al di là' e *dăre* ✻ 1213] **A** **v. tr.** (**pass. rem.** *io pèrsi* o **lett.** *perdéi*, **lett.** o *raro perdètti, tu perdésti*; **part. pass.** *pèrso* o *perdùto*) **1** cessare di avere, di possedere qlco. che prima si aveva o si possedeva: *p. in pochi anni l'intero patrimonio familiare; durante la guerra ha perso tutta la famiglia; abbiamo perduto anche l'ultima speranza di salvezza* | ***p. la vita***, morire | ***avere molto da p.***, rischiare molto nel fare qlco. | ***non avere nulla da p.***, rischiare poco, vista la situazione già compromessa | (*est.*) non avere più qlco., definitivamente o temporaneamente, restare senza qlco.: *p. un braccio, la vista, i denti, l'appetito; in autunno le piante perdono le foglie; ho perso il sonno per colpa sua* | ***bottiglia, vuoto, sacco a p.***, che si può gettare via dopo averne consumato il contenuto | ***p. i contatti con qlcu.***, non avere più, non intrattenere relazioni con qlcu. | ***p. la bussola***, (*fig.*) il raziocinio | ***p. l'anima***, (*fig.*) dannarsi | ***p. le staffe***, (*fig.*) non riuscire più a controllare le proprie reazioni per ira e sim. | ***p. la tramontana, il lume degli occhi***, (*fig.*) non essere più padrone di sé | ***p. la voce***, diventare rauco | ***p. la favella***, diventare muto | ***p. la memoria***, non riuscire più a ricordare, ricordare poco e male | ***p. il colore***, sbiadire o impallidire o stingere | ***p. la freschezza***, appassire (*anche fig.*) | ***p. il vigore, l'energia***, indebolirsi sia fisicamente sia moralmente | ***p. i capelli***, diventare calvo | ***p. l'abitudine***, non essere più avvezzo a qlco. | ***p. qlcu. di vista***, non vederlo più (*anche fig.*) | ***p. di naso***, detto di cane, non sentire più l'usta della selvaggina | ***p. il credito, la stima, la fiducia in qlcu.***, non stimare più qlcu. | ***p. l'onore***, essere disonorato | ***p. il filo del discorso***, smarrire il nesso | (*fig.*) ***p. la faccia***, fare una pessima figura | ***p. la ragione, l'uso della ragione***, impazzire (*anche fig.*) | (*fig.*) ***p. la testa***, diventare come pazzo per amore, timore, dolore e sim. | ***p. la pazienza***, inquietarsi e reagire | ***p. la fede***, non credere più | ***p. il dominio, il controllo di sé***, dare in escandescenze, reagire con violenza | ***p. terreno***, ritirarsi di fronte al nemico cedendogli le proprie posizioni; essere distanziato da chi precede; (*fig.*) venirsi a trovare in difficoltà; (*fig.*) diminuire d'importanza: *un'ipotesi che sta perdendo terreno* | PROV. ***il lupo perde il pelo, ma non il vizio***, V. *lupo* **2** con compl. oggetto di persona, restare privo di qlcu., a causa della sua morte: *p. un figlio in guerra; p. il marito, la moglie; ha perso la madre in tenera età* | (*colloq.*) ***p. un bambino***, avere un aborto spontaneo **3** smarrire: *p. le chiavi di casa, il cappello, gli occhiali* CONTR. trovare **4** lasciarsi sfuggire qlco. per ritardo, negligenza o altro: *p. il treno, la corsa, la Messa, la lezione; sapessi quanto mi dispiace di aver perduto quel film!* | ***non p., non perderci nulla***, non aver alcun motivo di dispiacersi per non aver assistito, partecipato o sim. a qlco.: *quello spettacolo vale poco: se non ci vai, non perdi nulla* | ***non p. una sillaba***, stare attentissimi alle parole di qlcu. **5** sciupare, sprecare: *perde il suo tempo bighellonando; non intendo p. per voi un'intera giornata* | ***p. colpi***, detto di motore a scoppio difettoso, in cui lo scoppio di quando in quando non avviene per mancanza di scintilla o per altra causa; (*fig.*) dar segni di crisi: *il suo cervello ha cominciato a p. colpi; l'agricoltura perde colpi* | (*fig.*) ***non perde un colpo***, di chi non sbaglia mai, è sempre attivo, efficiente, e sim. **6** mandare in rovina: *la sua dabbenaggine ha perduto lui e i suoi soci* SIN. rovinare **7** concludere con una sconfitta, con danni e sim. (*anche assol.*): *ho perso la scommessa e devo pagare; p. una battaglia non significa p. la guerra; hai perso ancora?* CONTR. vincere **8** lasciare uscire o scorrere qlco., per lesione, spacco, ferita e sim. (*anche assol.*): *perde molto sangue dalla ferita; il tubo del gas perde* **9** nella loc. ***lasciare p. qlcu.*** o ***qlco.***, non curare più, ignorare: *lascia p. le sue chiacchiere e tienti ai fatti; devi lasciar p. quell'uomo* | ***lasciamo p.!***, non parliamone, non occupiamocene **10** **pèrderci**, subire un danno, rimetterci: *vendendo a questo prezzo io ci perdo; che cosa ci perde a venire … a sentire?* (L. Pirandello) | ***perderci al confronto***, risultare inferiore, peggiore e sim. CONTR. guadagnarci **B** **v. intr.** (**aus.** *avere*) ● scendere a un piano o livello inferiore (+ *di*): *la faccenda ha perso d'importanza; è un metallo che perde rapidamente di valore; p. di stima, dignità, rispetto* **C** **pèrdersi** **v. tr. pron.** (**aus.** *essere*) ● lasciarsi sfuggire qlco. per distrazione, negligenza o altri motivi (con valore intens.): *mi sono perso l'ultima puntata del telefilm; ti sei persa un'ottima cena* | ***non perdersi qlco.***, non farsela sfuggire: *quel film non me lo voglio perdere; non si perde una partita della Roma* **D** **pèrdersi** **v. intr. pron.** **1** non riuscire più a ritrovare la strada: *perdersi per Milano, alla stazione, nella boscaglia, tra la folla* | (*fig.*) abbandonarsi, lasciarsi andare (+ *in*): *ama perdersi nelle sue fantasie; perdersi in chiacchiere* | (*fig.*) ***perdersi in un bicchier d'acqua***, spaventarsi o preoccuparsi per nulla | ***perdersi d'animo***, scoraggiarsi | ***perdersi nei misteri di qlco.***, non riuscire a comprenderli, a chiarirli | ***perdersi in mare***, detto di nave o naviganti, affondare, naufragare | ***perdersi dietro***, (*lett.*) ***in, una persona***, esserne perdutamente innamorato **2** svanire (+ *in*): *lentamente le luci si persero nella nebbia; il suono lieve si perde nell'aria* | confondersi in una massa: *ogni goccia si perde nel mare* | ***perdersi alla vista***, non essere più visibile | dileguarsi (+ *tra*): *fuggì rapidissimo perdendosi tra l'erba; perdersi tra la folla, tra le strette vie del centro* **3** estinguersi: *una tradizione che si sta perdendo* **4** rovinarsi, sprecarsi: *s'è perduto per la sua maledetta testardaggine; per quella donna si perderà; se ti perdi in sciocchezze un giorno lo rimpiangerai* | (*assol.*) dannarsi: *se continui così la tua anima si perderà*

perdiàna (o **-dià-**) o **per Diàna** [da *per Diana*: eufem. per *perdio* ✻ 1758] **inter.** ● (*eufem.*) esprime disappunto, impazienza, meraviglia e sim. o serve a rafforzare una minaccia: *p.! me la pagherà* SIN. (*eufem.*) perdinci, (*pop.*) perdio

perdìbile [da *perdere* ✻ 1871] **agg.** ● (*raro*) che si può perdere CONTR. imperdibile

perdifiàto [comp. di *perdere* e *fiato* ✻ 1856] **vc.** ● solo nella loc. avv. ***a p.***, a più non posso, fino a restare senza fiato: *chiamare, gridare a p.; correre, fuggire a p.*

†**perdigiornàta** [comp. di *perdere* e *giornata* ✻ 1534] **s. m. e f.** (**pl.** *-e*) ● perdigiorno

perdigiórno [comp. di *perdere* e *giorno* ✻ 1536] **s. m. e f.** (**pl. inv.** o †*-i*) ● chi ama starsene in ozio, chi non ha voglia di far nulla e passa il suo tempo bighellonando SIN. bighellone, ozioso

perdilégno [comp. di *perdere* e *legno* ✻ 1954] **s. m.** ● (*zool.*) rodilegno

perdiménto [1266] **s. m.** **1** †perdita | (*fig.*) spreco **2** (*fig., lett.*) rovina e dannazione spirituale: *questo è luogo di corporal morte e p. d'anima* (G. Boccaccio) SIN. perdizione

perdìna [1871] **inter.** ● (*tosc., eufem.*) perdinci

perdìnci [eufem. per *perdio* ✻ 1694] **inter.** ● (*eufem.*) esprime disappunto, impazienza, meraviglia e sim. SIN. perdiana, perdina, perdio, perdindirindina | (*lett.*) per amor del cielo!

perdindirindìna [eufem. per *per Dio* ✻ 1921] **inter.** ● (*eufem.*) perdinci

perdìo o **per Dio** [comp. di *per* e *Dio* ✻ 1287] **s. m.** (**pl.** *-ii*) ● (*pop.*) esprime disappunto, ira, impazienza, meraviglia e sim. o rafforza una minaccia SIN. perdiana, perdina, perdinci, perdindirindina

♦**pèrdita** [f. sost. del lat. *pĕrditus*, part. pass. di *pĕrdere* 'mandare in rovina, consumare'. V. *perdere* ✻ 1287] **s. f.** **1** il perdere | cessazione della disponibilità di qlco. che prima si aveva: *la p. del patrimonio, dell'amicizia, della vita; l'esercito subì perdite irreparabili; la p. di Como, significata a Milano, generò … sollevazione nel popolo* (F. Guicciardini) | smarrimento: *p. dei documenti* | spreco: *p. di tempo* | morte: *piangere la p. di un caro amico, dei genitori* CONTR. acquisto **2** diminuzione, esaurimento: *la malattia gli procura una progressiva p. delle forze* | (*fig.*) ***a p. d'occhio***, fin dove la vista può arrivare CONTR. aumento **3** eccedenza dei costi sui ricavi in qualsiasi operazione economica **4** (*raro, fig.*) svantaggio: *rispetto a lui siamo in p.* | sconfitta che provoca un danno; il danno stesso: *subire una grave p.; una p. al gioco* **5** fuoriuscita irregolare di fluidi: *una p. di gas, di acqua* | (*med.*) ***perdite bianche***, leucorrea

perditèmpo [comp. di *perdere* e *tempo* ✻ 1558] **A** **s. m.** (**pl. inv.** o *-i*) ● opera o attività che causa inutile perdita di tempo **B** **s. m. e f. inv.** ● persona che non combina nulla, che non lavora o lo fa svogliatamente SIN. bighellone

perditóre [vc. dotta, lat. *perditōre(m)* 'distruttore', da *pĕrditus*. V. *perdita* ✻ sec. XIII] **s. m.** (**f.** *-trice*) **1** †chi perde, disperde, sciupa: *p. delle proprie sostanze* **2** (*lett.*) sconfitto, perdente in una battaglia, competizione, gara e sim.: *di vincitori diventare perditori* (N. Machiavelli)

perdizióne [vc. dotta, lat. tardo *perditiōne(m)*, da *pĕrditus*. V. *perdita* ✻ 1268] **s. f.** **1** rovina morale, dannazione dell'anima: *il vizio lo condurrà alla p.; gli amici lo trascinano alla p.* | (*relig.*) dannazione **2** †perdita, spreco

perdonàbile [av. 1729] **agg.** ● degno di perdono, che merita il perdono: *errore p.; distrazione p.* CONTR. imperdonabile ‖ **perdonabilità**, **s. f. inv.**

†**perdonaménto** [1268] **s. m.** ● perdono, condono

perdonànza [av. 1250] **s. f.** **1** (*lett.*) perdono: *p. al fin mi riserbasti* (T. Campanella) | (*lett.*) grazia **2** (*lett.*) remissione dei peccati | indulgenza | †penitenza **3** (*lett., raro*) licenza, permesso

♦**perdonàre** [lat. mediev. *perdonāre*, dal class. *condonāre*, con cambio di pref. ✻ 1224 ca.] **A** **v. tr.** (*io perdóno*) **1** assolvere qlcu. dalla colpa commessa (+ *di*, + *per*, **anche seguiti da inf.**): *ti perdono perché sei stato sincero; lo perdono del danno che mi ha arrecato; lo perdono per non avermelo detto* | dimenticare, condonare l'errore compiuto da qlcu.: *perdoneranno la tua mancanza, la tua distrazione; non gli perdona nulla; non le perdona di averlo offeso* | ***Dio lo perdoni!***, Dio abbia pietà di lui | ***non gliela perdono***, prima o poi gliela farò pagare | ***non gliela perdonerò mai***, gli serberò sempre rancore per ciò che ha fatto | †*p. la pena, il castigo*, condonarlo, non applicarlo | *p. il debito*, rimetterlo **2** trattare o considerare con indulgenza e comprensione: *bisogna p. certe piccole manie* | (*lett.*) lasciare immune: *né le infermità mi hanno perdonato* (G. Leopardi) | †risparmiare qlco. a qlcu.: *Amor, ch'a nullo amato amar perdona* (Dante *Inf.* V, 103) **3** scusare: *perdonate il disturbo; perdonami il disordine; mi perdoni se le telefono a quest'ora* **B** **v. intr.** (aus. *avere*) ● concedere il perdono: *sono vent'anni che ha lasciato la casa e i suoi non gli hanno ancora perdonato* | *non perdona*, riferito a persona molto dura, o a male fisico mortale, inesorabile: *una malattia che non perdona* **C** **perdonàrsi** **v. rifl. recipr.** ● assolversi vicendevolmente: *si perdonarono e tutto finì in un abbraccio*

perdonatóre [av. 1306] **agg. e s. m.** (f. *-trice*) ● (*lett.*) che (o chi) perdona o è solito perdonare

perdonìsmo [1984] **s. m.** ● atteggiamento che privilegia il perdono giudiziario e sociale degli autori di reati

perdonìsta [1984] **A** **s. m. e f.** (pl. m. *-i*) ● sostenitore, fautore del perdonismo **B** **agg.** ● relativo al perdonismo

♦**perdóno** [da *perdonare* ✻sec. XIII] **s. m.** **1** remissione di una colpa e del relativo castigo: *ti chiedo p.; domandare p. alla persona offesa; dare il p.* | *p.!*, escl. di chi invoca di essere perdonato **2** remissione dei peccati, indulgenza concessa dalla Chiesa a chi si reca in determinati santuari e si trovi in determinate condizioni per fruirne | (*est.*) il luogo in cui si accorda l'indulgenza: *il p. di Assisi* **3** scusa: *ti chiedo p. per il ritardo, del modo in cui ti ho trattato* **4** (*dir.*) *p. giudiziale*, beneficio previsto per i minori degli anni 18, consistente nella rinuncia da parte del giudice alla condanna che il soggetto avrebbe meritato per avere commesso un reato, allorché questo non sia grave e il minore non abbia avuto altre condanne

SFUMATURE DI SIGNIFICATO

perdono - assoluzione

Perdono è la rinuncia a punire qualcuno per un'offesa o un danno ricevuto; nella teologia cattolica è quello che Dio, attraverso la Chiesa, concede al peccatore pentito che ha confessato i suoi peccati. Il perdono concesso dal confessore al penitente nel sacramento della confessione prende il nome di **assoluzione**; in accezione giuridica questo termine indica la dichiarazione d'innocenza di un imputato emessa con la sentenza conclusiva di un processo.

SFUMATURE ➤ ***misericordia***

†**perdùcere** ➤ †**perdurre**

perduellióne [lat. *perduelliōne(m)*, da *perduĕllis* 'nemico pubblico' ✻1546] **s. f.** ● nel diritto romano, crimine di alto tradimento; attentato alla sicurezza del popolo romano

†**perduràbile** [da *perdurare* ✻av. 1311] **agg.** **1** lungamente durevole **2** eterno ‖ †**perdurabilménte**, †**perdurabileménte**, **avv.** **1** perpetuamente **2** ostinatamente

perduranza [da *perdurare* ✻av. 1332] **s. f.** ● (*lett.*) persistenza | (*lett.*) costanza

♣**perduràre** [vc. dotta, lat. *perdurāre*, comp. di *per-* e *durāre* 'resistere'. V. *durare* ✻av. 1328] **v. intr.** (aus. *essere* o *avere* nel sign. 1, *avere* nel sign. 2) **1** durare a lungo, ancora: *il maltempo perdura; la tosse perdura; se il disagio perdura non so cosa faremo* **SIN.** continuare **2** persistere, perseverare (+ *in*): *p. in un errore; p. nei propositi di vendetta* | (*lett.*) resistere

†**perdurévole** [da *perdurare* ✻sec. XIV] **agg.** ● durevole | continuo

†**perdùrre** o †**perdùcere** [lat. *perdūcere*, comp. di *per-* e *dūcere* 'condurre' (V.) ✻av. 1342] **v. tr.** ● condurre, guidare (*anche fig.*): *la fortuna fu favorevole, e loro perdusse in un piccolo seno di mare* (G. Boccaccio)

♦**perdùto** **part. pass.** di *perdere*; anche **agg.** **1** che non è più in possesso o nella disponibilità di qlcu. | smarrito: *il documento p.* | (*fig.*) che non c'è più: *Le mattine dei nostri anni perduti* (A. Bertolucci) | *tutto è p.*, è definitivamente compromesso **2** menomato: *braccio p.* **3** defunto: *il dolore di cari perduti* (A. Manzoni) **4** (*fig.*) che è smarrito, finito, rovinato: *sentirsi p.* | *vedersi p.*, senza scampo | (*lett.*) *essere, andare p. di qlcu.*, amarlo intensamente **5** corrotto, dissoluto: *uomo p.* | *una donna perduta*, una prostituta | *anima perduta*, dannata ‖ **perdutaménte**, **avv.** appassionatamente: *amare perdutamente qlcu.*

†**peregrinàggio** ➤ **pellegrinaggio**

peregrinàre o (*lett.*) **pellegrinàre** [vc. dotta, lat. *peregrināri*, da *peregrīnus*. V. *peregrino* ✻1342] **v. intr.** (aus. *avere*) **1** vagare: *p. senza sosta, senza meta* **2** †V. *pellegrinare*

peregrinazióne o (*raro*) **pellegrinazióne** [vc. dotta, lat. *peregrinatiōne(m)*, da *peregrināri* 'peregrinare' ✻1374] **s. f.** **1** vagabondaggio: *le nostre peregrinazioni non avranno mai fine* **2** (*raro, fig.*) divagazione su argomenti scientifici o letterari: *peregrinazioni filosofiche*

peregrinità o †**pellegrinità** [vc. dotta, lat. *peregrinitāte(m)*, da *peregrīnus*. V. *peregrino* ✻av. 1640] **s. f. inv.** **1** (*raro, lett.*) condizione di chi è pellegrino, straniero, forestiero **2** (*fig., lett.*) rarità, eleganza; ricercatezza: *notate la p. delle immagini e dei colori* **3** singolarità, bizzarria

♣**peregrìno** o (*raro*) **pellegrìno** [vc. dotta, lat. *peregrīnu(m)* 'straniero', dall'avv. *pĕregre* 'fuori della città', comp. di *pĕr* 'al di là' e *āger* 'campo'. V. *agro*② ✻1294] **A** **agg.** **1** (*lett.*) singolare, ricercato, armonioso: *stile p.; un parlar saggio, grave e pellegrino* (G. Stampa) **2** (*iron.*) stravagante, bizzarro: *ma che trovata peregrina hai avuto!* **3** †V. *pellegrino* ‖ **peregrinaménte**, **avv.** **B** **s. m.** (f. *-a*) ● (*raro, lett.*) ➤ **pellegrino**

SFUMATURE ➤ ***singolare***

perennànte [part. pres. di †*perennare* 'perpetuare' ✻1993] **agg.** ● (*bot.*) detto di pianta annua o bienne che può vivere più a lungo

perennàre [vc. dotta, lat. *perennāre*, da *perĕnnis* 'perenne' ✻av. 1725] **A** **v. intr.** (*io perènno*; aus. *avere*) ● (*bot.*) vivere più di un anno, detto di pianta annua, in condizioni ambientali particolarmente favorevoli **B** **v. tr. e** **perennàrsi** **v. intr. pron.** ● †perpetuare, perpetuarsi

♣**perènne** [vc. dotta, lat. *perĕnne(m)* 'che dura tutto l'anno', comp. di *pĕr* 'attraverso' e *ănnus* 'anno' ✻1340] **agg.** **1** che durerà per sempre: *fama p.; monumento eretto a p. ricordo dei caduti* | *fonte p.*, che non cessa di scorrere, di fornire acqua; (*fig.*) che è causa continua di qlco.: *quel lavoro è una fonte p. di grattacapi* | (*est.*) eterno: *nevi perenni; il moto p. del mare* | continuo, persistente: *di quelle cene ricordo principalmente la mia p. indigestione* (I. Svevo) **SIN.** perpetuo **2** (*bot.*) detto di vegetale che vive più di due anni **CFR.** annuo ‖ **perenneménte**, **avv.**

SFUMATURE ➤ ***indelebile***

perennità [vc. dotta, lat. *perennitāte(m)*, da *perĕnnis* 'perenne' ✻av. 1712] **s. f. inv.** ● perpetuità

perènto [vc. dotta, lat. *perĕmptu(m)*, part. pass. di *perimere* 'distruggere, render vano', comp. di *pĕr* 'al di là' ed *ĕmere* 'comprare, acquistare' (V. *redimere*) ✻1812] **agg.** **1** (*dir.*) annullato, estinto: *contratto, credito p.* **2** (*lett.*) non più in uso, cessato: *abitudini perente*

perentorietà [1953] **s. f. inv.** ● caratteristica di ciò che è perentorio: *la p. di una scadenza, di un ordine*

♣**perentòrio** [vc. dotta, lat. tardo *peremptōriu(m)* 'che apporta morte, perentorio', da *perĕmptus* 'perento' ✻sec. XIV] **agg.** (pl. m. *-i* o raro *-ii*) **1** che non ammette discussioni, obiezioni e sim.: *ordine, tono p.; risposta perentoria* **2** che non ammette dilazione: *termine p.* **CONTR.** dilazionabile ‖ **perentoriaménte**, **avv.**

perenzióne [vc. dotta, lat. tardo *peremptiōne(m)*, da *perĕmptus* 'perento' ✻1581] **s. f.** ● (*dir.*) provvedimento amministrativo che elimina dall'elenco dei residui i debiti anteriori ai due, tre anni ancora da pagare | perdita di efficacia di un atto avente rilevanza processuale: *p. del precetto, del pignoramento*

perepepè o **perepè** [vc. onomat. ✻1952] **inter.** ● riproduce il suono di una trombetta

perequàre [vc. dotta, lat. tardo *peraequāre*, comp. di *per-* ed *aequāre* 'pareggiare'. V. †*equare* ✻1521] **v. tr.** (*io perèquo, noi perequiàmo*) **1** pareggiare, distribuire equamente: *p. le imposte* **CONTR.** sperequare **2** (*stat.*) effettuare una perequazione

perequativo [da *perequare* ✻1950] **agg.** ● che tende a perequare

perequazióne [vc. dotta, lat. tardo *peraequatiōne(m)*, da *peraequātus* 'perequato' ✻1607] **s. f.** **1** pareggiamento, equa distribuzione **CONTR.** sperequazione **2** (*stat.*) procedimento per livellare le irregolarità nelle distribuzioni statistiche | *p. grafica*, tracciamento di una curva continua sostitutiva della spezzata | *p. meccanica, aritmetica*, consistente nel sostituire a ciascun termine della successione la media aritmetica dei tre, cinque termini, rispetto ai quali quel termine è centrale

perestròjka /peres'trɔika, *russo* pjɪrjis'trujɪkʌ/ o **perestròika** [vc. russa, propr. 'ristrutturazione', comp. di *pere-* 'ri-' e di un deriv. del v. *stroít'* 'costruire' ✻1986] **s. f.** (pl. *perestròjke* o russo *perestrojki*) ● opera di riorganizzazione politico-economica dell'Unione Sovietica avviata dallo statista M. S. Gorbaciov a partire dal 1985 | (*est.*) rinnovamento totale, ricostruzione radicale

peréto [da *pera*① ✻av. 1320] **s. m.** ● terreno piantato a peri

perétta [dim. di *pera*① ✻1962] **s. f.** **1** piccola pera **2** interruttore a pulsante, di forma allungata, appeso a un filo elettrico, usato per accendere e spegnere lampade, suonare campanelli e sim. **3** piccolo apparecchio igienico di gomma, a forma di pera, terminante con una cannula, usato per clisteri e irrigazioni | (*est.*) clistere fatto con tale apparecchio

†**perfàre** [comp. di *per-* e *fare*① ✻sec. XIII] **v. tr.** **1** condurre a compimento **2** rifondere, compensare

perfettìbile [da *perfetto* ✻av. 1588] **agg.** ● che è in grado di perfezionarsi o di essere perfezionato: *l'uomo è un essere moralmente p.* ‖ **perfettibilità**, **s. f. inv.**

perfettìno [dim. di *perfetto* ✻1965] **agg.**; anche **s. m.** (f. *-a*) ● (*colloq.*) che (o chi) è molto preciso, diligente e sim., talora sino alla pedanteria: *un ragazzo tutto p.*

perfettivo [vc. dotta, lat. tardo *perfectīvu(m)*, da *perfĕctus* 'compiuto'. V. *perfetto* ✻1363] **agg.** **1** (*lett.*) che tende o è in grado di perfezionare **2** (*ling.*) *aspetto p.*, aspetto del verbo che indica, in rapporto al soggetto dell'enunciato, il risultato di un'azione compiuta precedentemente (per es. *andò, uscì*, rispetto a *andava, usciva*) **CFR.** imperfettivo, durativo

♦**perfètto** [vc. dotta, lat. *perfĕctu(m)* 'compiuto', part. pass. di *perficere* 'compiere', comp. di *per-*

a b c d e f g h i j k l m n o **p** q r s t u v w x y z

e *fācere* 'fare' ✱ 1250 ca.] **A** **agg.** L'aggettivo 'perfetto' esprime una qualità al massimo grado e non dovrebbe avere né comparativo né superlativo; tuttavia è talora percepito come aggettivo di grado positivo e la forma 'più perfetto' è spesso usata: *il più perfetto tra i concerti di Mozart; nel più perfetto silenzio; lo spirito è più perfetto della materia* (G. LEOPARDI). Frequente anche l'uso di 'perfettissimo': *Dio è l'essere perfettissimo; lo cerchio è perfettissima figura* (DANTE) **1** compiuto, completo in ogni suo elemento: *quando l'opera sarà perfetta potremo giudicarla* | (*zool.*) ***insetto p.***, immagine | (*mus.*) ***accordo p.***, di una nota con la sua terza e con la quinta | (*mus.*) ***cadenza perfetta***, procedimento armonico in cui l'accordo di dominante si risolve su uno di tonica | (*est.*) totale, completo: *silenzio p.; senza amor non è beltà perfetta, / né mai p. amor senza virtude* (V. MONTI) | †perfezionato, concluso **CONTR.** imperfetto **2** privo di difetti, errori, mancanze, lacune e sim.: *esecuzione, conoscenza, descrizione, relazione perfetta; è un p. galantuomo; nessuno è p.* | ottimo, eccellente: *sono in perfetta salute* | ***vita perfetta***, assolutamente virtuosa, secondo l'ideale morale e pratico che si prende a modello | (*fig., iron.*) integrale: *è un p. imbecille!* **3** (*fis.*) ***gas p.***, quello, non esistente in realtà, al quale i gas reali tanto più si avvicinano quanto più alta è la loro temperatura e più bassa la loro pressione | ***dielettrico p.***, quello in cui tutta l'energia necessaria per stabilire in esso un campo elettrico viene restituita alla sorgente quando il campo scompare **4** (*mat.*) ***numero p.***, ogni numero intero uguale alla somma dei suoi divisori escluso sé stesso (per es. 6, 28 e 496) || **perfettino**, **dim.** (V.) || **perfettaménte**, **avv.** **1** in modo perfetto: *conoscere qlcu. perfettamente; guarire perfettamente* **2** in modo totale; completamente, del tutto: *è perfettamente inutile che tu insista* **B** **s. m.** ● (*gramm.*) tempo del verbo che esprime un'azione compiuta nel passato **C** **in funzione di inter.** ● esprime soddisfazione, consenso, approvazione: *'Ci vedremo domani' 'Perfetto!'*

perfezionàbile [1841] **agg.** ● che si può perfezionare || **perfezionabilità**, **s. f. inv.**

perfezionaménto [av. 1729] **s. m.** ● completamento di qlco. in tutte le sue parti: *p. di un lavoro, di un'invenzione* | miglioramento: *il p. di un testo* | specializzazione | ***corso di p.***, nel quale si approfondisce qualche ramo speciale degli studi già compiuti

perfezionàndo [1970] **agg. e s. m.** (**f.** *-a*) ● (*raro*) che (o chi) segue studi o corsi di perfezionamento

perfezionàre [da *perfezione* ✱ 1553] **A** **v. tr.** (*io perfezióno*) **1** rendere completo in ogni sua parte, portare a un elevato grado di compiutezza: *p. un lavoro, una invenzione; sta perfezionando la sua preparazione teorica e pratica* | modificare, migliorare, rifinire: *p. un progetto* **2** portare a compimento | ***p. un contratto***, renderlo perfetto dal punto di vista giuridico **B** **perfezionàrsi** **v. rifl. e intr. pron.** **1** completarsi: *le mie nozioni in materia si sono ormai perfezionate* | (*est.*) migliorarsi o procedere verso una maggiore completezza, conoscenza e sim.: *la scienza si perfeziona continuamente* **SIN.** affinarsi **2** compiere studi o frequentare corsi di perfezionamento: *perfezionarsi nel francese, in diritto amministrativo*

perfezionativo [1620] **agg.** ● (*lett.*) in grado di perfezionare

perfezionàto **part. pass.** di *perfezionare*; anche **agg.** **1** concluso, compiuto **2** migliorato

perfezionatóre [1639] **agg. e s. m.** (**f.** *-trice*) ● che (o chi) perfeziona

♦**perfezióne** [vc. dotta, lat. *perfectiōne(m)*, da *perfĕctus* 'perfetto' ✱ 1282] **s. f.** **1** stato o condizione di ciò che è perfetto; mancanza di lacune, errori, difetti e sim.: *bisogna tendere alla p. morale; non è possibile raggiungere la p.* | ***a p.***, in modo perfetto **CONTR.** imperfezione **2** compimento o realizzazione totale e completa: *l'insetto si evolve per giungere alla p. delle sue strutture vitali* **3** eccellenza in doti e qualità morali: *mi ha decantato ogni sua p.* | ***p. cristiana, evangelica***, quella che si realizza nell'adempimento completo dei doveri cristiani, con l'aiuto della grazia

perfezionìsmo [comp. di *perfezione* e *-ismo* ✱ 1958] **s. m.** ● aspirazione a raggiungere, nell'ambito della propria attività o del proprio lavoro, un ideale di perfezione

perfezionìsta [1958] **A** **s. m. e f.**; anche **agg.** (**pl. m.** *-i*) ● chi (o che) tende al perfezionismo **B** **agg.** ● perfezionistico

perfezionìstico [1973] **agg.** (**pl. m.** *-ci*) ● ispirato o caratterizzato da perfezionismo || **perfezionisticaménte**, **avv.**

†**perfìcere** [vc. dotta, lat. *perficere*. V. *perfetto* ✱ av. 1306] **v. tr.** (difett. usato solo nella terza pers. sing. del pass. rem. *perféce*, nel part. pass. *perfètto*, nel part. pres. *perficiènte*, nell'inf. pres. e nei tempi composti) ● rendere perfetto

perfìdia [vc. dotta, lat. *perfĭdia(m)*, da *pĕrfidus*. V. *perfido* ✱ 1321] **s. f.** **1** malvagità sleale e ostinata: *la p. del nemico* **2** atto o azione perfida: *tradirlo così è stata una vera p.* **3** †caparbietà, ostinazione

SFUMATURE ➤ ***disonestà***

perfidiàre [da *perfidia* ✱ av. 1311] **v. intr.** (*io perfìdio*; aus. *avere*) **1** †agire o parlare da perfido **2** (*lett.*) ostinarsi in malafede, perseverare

†**perfidióso** (o **-ṣ-**) [vc. dotta, lat. *perfidiō-su(m)*, da *perfĭdia* 'perfidia' ✱ sec. XIV] **agg.** **1** perfido | ostinato e caparbio **2** (*fig.*) duro: *il p. porfido* (B. CELLINI) || †**perfidiosaménte**, **avv.** (*raro*) in modo perfidioso

♦**pèrfido** [vc. dotta, lat. *pĕrfidu(m)*, 'sleale, perfido', comp. di *pĕr-* 'al di là di' e *fides* 'fedeltà, lealtà'. V. *fede* ✱ 1268] **agg.** ● di persona che agisce con subdola e sleale malvagità: *un p. traditore; animo p.* | maligno, intrigante: *e lui, p., sogghignò* | che denota perfidia: *perfide intenzioni; un p. consiglio; è stato un p. inganno* | (*fig.*) molto cattivo (*anche scherz.*): *che tempo p.!; stagione perfida* || **perfidaménte**, **avv.**

perfìne [comp. di *per* e *fine*① ✱ av. 1292] **vc.** ● (*lett.*) solo nella loc. avv. ***alla p.***, †***nella p.***, finalmente, alla fin fine: *alla p. l'ha spuntata*

♦**perfìno** o †**per fino** [comp. di *per* e *fino*① ✱ 1312] **A** **avv.** ● finanche, addirittura (esprime un limite massimo di possibilità): *p. suo fratello lo respinge; lo ha ammesso p. lui; p. un bambino lo capisce* | anche, solamente: *è vergogna p. pensarlo* **B** **nelle loc. cong.** †***p. che, p. a tanto che***, finché: *perse molto tempo, p. che egli trovò da sé un modo* (G. VASARI)

perforàbile [1871] **agg.** ● che si può perforare || **perforabilità**, **s. f. inv.**

perforaménto [av. 1320] **s. m.** ● (*raro*) perforazione | †buco, foro

perforànte **part. pres.** di *perforare*; anche **agg.** **1** nei sign. del v. **2** (*anat.*) ***arteria, vena p.***, che attraversano organi o cavità

perforàre [vc. dotta, lat. *perforāre*, comp. di *pĕr* 'attraverso' e *forāre* 'forare' ✱ av. 1306] **A** **v. tr.** (*io perfóro* (o *-ò-*)) **1** forare da parte a parte: *p. il tessuto, la corazza, una montagna; il proiettile ha perforato un polmone* | forare in profondità: *perforarono la roccia cercando il petrolio* **2** (*inform.*) eseguire la perforazione di schede o bande **B** **perforàrsi** **v. intr. pron.** ● bucarsi, subire una perforazione: *lo stomaco si è perforato a causa dell'ulcera*

Perforàti [pl. sost. di *perforato* ✱ 1983] **s. m. pl.** (**sing.** *-o*) ● (*zool.*) gruppo di Foraminiferi con guscio munito di un'apertura principale e di numerose altre accessorie, più piccole

perforàto **A** **part. pass.** di *perforare*; anche **agg.** **1** nei sign. del v. **2** (*inform.*) ***scheda perforata, nastro p.***, su cui vengono registrati dati mediante sequenze predefinite di fori per il controllo di macchine tessili, utensili e, un tempo, di computer e telescriventi **B** **s. m.** ● (*zool.*) ogni individuo appartenente al gruppo dei Perforati

perforatóre [vc. dotta, lat. *perforatōre(m)*, da *perforātus* 'perforato' ✱ 1829] **A** **agg.** (**f.** *-trice*) ● che perfora: *strumento, oggetto p.* **B** **s. m.** **1** (**f.** *-trice*) chi è addetto a lavori di perforazione **2** utensile usato per eseguire fori **3** (*inform.*) nei computer di prima generazione, unità di output che generava i dati su schede o nastri perforati

perforatrìce [f. di *perforatore* ✱ 1884] **agg. e s. f.** **1** detto di utensile o macchina per eseguire fori | detto di macchina per scavare gallerie **2** (*inform.*) macchina a tastiera per la perforazione di schede o nastri che si inserivano come input nei computer di prima generazione

perforatùra [1925] **s. f.** ● (*raro*) perforazione

perforazióne [vc. dotta, lat. tardo *perforatiōne(m)*, da *perforātus* 'perforato' ✱ av. 1320] **s. f.** **1** operazione del perforare | trivellazione, escavazione: *p. del terreno, della roccia* | foro o serie di fori **2** serie di fori regolari ai bordi di alcune pellicole, che ne permettono il regolare avanzamento nella macchina fotografica, nella cinepresa o nel proiettore **3** (*med.*) condizione patologica di rottura di un organo cavo

perfòrmance /per'fɔrmans, *ingl.* pə'fɔːməns/ [vc. ingl., dall'ant. fr. *parformance*, da *parformer* 'compiere', dal lat. tardo *performāre*, comp. di *per-* e *formāre* 'formare' ✱ 1895] **s. f. inv.** **1** prova, prestazione in ambito sportivo o in attività dello spettacolo: *la p. di un atleta, di un attore* | ***p. d'arte***, azione, in genere multidisciplinare e con carattere di improvvisazione, eseguita da un artista o da un gruppo di artisti, talvolta con il coinvolgimento del pubblico **2** (*borsa*) rendimento di un titolo **3** (*ling.*) qualsiasi atto di produzione linguistica

performànte [adattamento dell'ingl. *performer* 'esecutore' ✱ 1987] **part. pres.** di *performare*; anche **agg.** ● nel sign. del v.: *un computer molto p.*

performàre [adattamento del v. ingl. *(to) perform* 'compiere, eseguire': V. *performance* ✱ 1999] **v. intr.** (*io perfórmo*; aus. *avere*) ● fornire una buona prestazione, ottenere risultati soddisfacenti: *un fondo monetario che promette di p.*

performatìvo [ingl. *performative* 'esecutivo', da *to perform* 'eseguire' (dal lat. tardo *performāre* 'dare forma, conformare': V. *performance*) ✱ 1969] **agg.** **1** (*ling.*) detto di espressione la cui enunciazione è essa stessa l'azione descritta (per es. *ti comunico, ti dico, ti prometto che...*) | ***verbo p.***, che dà luogo a un'espressione performativa **2** (*dir.*) detto di enunciato che nel momento stesso in cui viene proferito configura una situazione giuridica nuova (per es. *vi dichiaro marito e moglie*) **3** ***arti performative***, quelle dello spettacolo || **performatività**, **s. f. inv.**

perfòrmer /per'fɔrmer, *ingl.* pə'fɔːmə(r)/

[vc. ingl., dal v. *to perform* 'eseguire, compiere' ✱ 1895] **s. m. e f. inv.** **1** (*sport*) atleta o cavallo autore di eccellenti prestazioni **2** artista, interprete, esecutore

perfosfàto [comp. di *per-* e *fosfato* ✱ 1878] **s. m.** ● fertilizzante di largo uso ottenuto rendendo solubile la fosforite o l'apatite in acido solforico

perfrigeràre [vc. dotta, lat. tardo *perfrigerāre* 'raffreddare completamente', comp. di *per-* e *frigerāre* 'rinfrescare', da *frīgus*, genit. *frīgoris* 'freddo'. V. †*frigo*① ✱ 1954] **v. tr.** (*io perfrìgero*) ● sottoporre a perfrigerazione

perfrigeràto **part. pass.** di *perfrigerare*; anche **agg.** ● nel sign. del v.

perfrigerazióne [da *perfrigerare* ✱ 1901] **s. f.** **1** forte e rapido raffreddamento di prodotti alimentari per conservarne a lungo le proprietà commestibili **2** (*med.*) condizione patologica determinata nell'organismo dall'azione del freddo

perfuṣióne [vc. dotta, lat. *perfusiōne(m)*, da *perfūsus* 'perfuso' ✱ av. 1758] **s. f.** ● (*med.*) introduzione di sostanze medicamentose in un distretto isolato dell'organismo

perfùṣo [vc. dotta, lat. *perfūsu(m)*, part. pass. di *perfūndere* 'versar sopra', comp. di *per-* e *fūndere*. V. *fondere* ✱ sec. XIV] **agg.** ● (*lett.*) asperso, cosparso | (*fig.*, *lett.*) pervaso

pergamèna [vc. dotta, lat. (*chărtam*) *pergamēna(m)*, f. sost. di *pergamēnus*, agg. di *Pĕrgamus* 'Pergamo', detta così perché l'uso di essa venne introdotto da Eumene II, re di *Pergamo* (157 ca.-159 ca. a.C.) ✱ 1211] **s. f.** **1** pelle di agnello, pecora o capra macerata in calce, poi seccata e levigata, usata un tempo per scrivervi sopra e oggi per rilegature di lusso, diplomi, paralumi **SIN.** cartapecora **2** (*est.*) documento, attestato e sim. scritto su pergamena: *le pergamene degli archivi*; *gli donarono una p. in occasione dei trent'anni d'insegnamento*

pergamenàceo [1915] **agg.** ● di pergamena: *documento p.* | simile a pergamena: *materiale p.*

pergamenàto [1905] **agg.** ● detto spec. di carta che imita la pergamena, dotata di particolari caratteristiche di pesantezza e resistenza

pergamèno o †**pergamèo** nel sign. A 1 [vc. dotta, lat. *pergamēnu(m)*. V. *pergamena* ✱ av. 1386] **A** **agg.** **1** di Pergamo, antica città greca dell'Asia minore: *cultura pergamena* **2** pergamenato: *carta pergamena* **B** **s. m.** ● †pergamena | (*est.*) †libro in pergamena

pèrgamo [sovrapposizione del lat. *pĕrgula* 'loggetta' (V. *pergola*①) a *Pĕrgamum*, n. della rocca di Troia ✱ sec. XIII] **s. m.** **1** nelle chiese cattoliche, costruzione di legno o pietra costituita da un palco sostenuto da colonne, spesso scolpita o ricca di ornamenti, destinata alla predicazione **SIN.** pulpito **2** (*est.*, *lett.*) palco, tribuna ‖ **pergamétto**, **dim.**

†**pergiuràre** [vc. dotta, lat. *periurāre*, comp. di *pĕr-* 'oltre' e *iurāre* 'giurare' ✱ 1300 ca.] **v. intr.** e †**pergiuràrsi** **v. intr. pron.** ● spergiurare

†**pergiùro** o †**periùro** [vc. dotta, lat. *periūru(m)*, da *periurāre* 'pergiurare' ✱ av. 1348] **A** **agg. e s. m.** (f. *-a*) ● spergiuro **B** **s. m.** ● giuramento falso

pèrgola① [vc. dotta, lat. *pĕrgula(m)* 'loggetta, ballatoio', di orig. preindeur. ✱ 1340 ca.] **s. f.** **1** struttura di sostegno costituita da intelaiature o graticciati a forma di tetti o volte per allevare piante arboree o erbacee rampicanti: *una p. di vite, di rosa, di glicine* **2** nelle basiliche cristiane, colonnato posto su un parapetto ‖ **pergolétta**, **dim.** | **pergolìno**, **dim. m.**

pèrgola② [da avvicinare al fr. *pairle*, di etim. incerta ✱ 1895] **s. f.** ● (*arald.*) pezza risultante dalla combinazione di un palo abbassato e di uno scaglione rovesciato riunentisi al centro dello scudo, in forma di Y

pergolàto [da *pergola*① ✱ 1353] **s. m.** **1** pergola grande o serie di pergole: *il p. del giardino*; *prendere il fresco sotto il p.* **2** sistema di allevamento della vite i cui tralci vengono collocati su sostegni e intelaiature, a copertura di superfici più o meno estese: *p. domestico, industriale*

pèrgolo [da *pergola*① ✱ av. 1455] **s. m.** **1** †pulpito, pergamo **2** †palco, tribuna **3** (*ven.*) balcone

pèri- [dal gr. *perí* 'intorno'] **pref.** **1** in parole composte derivate dal greco o formate modernamente, significa 'intorno', 'giro', o indica movimento circolare o all'intorno: *periartrite, pericardio, perifrasi, perimetro* **2** in astronomia, indica il punto di maggiore vicinanza a un astro: *perielio*

periadenìte [comp. di *peri-* e *adenite* ✱ 1930] **s. f.** ● (*med.*) infiammazione del tessuto che circonda una ghiandola

periàmbo [vc. dotta, lat. *periămbu(m)*, comp. del gr. *perí* 'peri-' e del lat. *iămbus* 'giambo' ✱ 1871] **s. m.** ● (*letter.*) pirrichio

perianàle [comp. di *peri-* e *anale* ✱ 1888] **agg.** ● (*anat.*) che è situato intorno all'orifizio anale: *ghiandole perianali*

periantàrtico [comp. di *peri-* e *antartico* ✱ 1958] **agg.** (pl. m. *-ci*) ● (*geogr.*) che è situato intorno alla regione antartica: *mari periantartici*

periànzio [vc. dotta, gr. *perianthḗs* 'che fiorisce intorno', comp. di *perí* 'peri-' e *ánthos* 'fiore' (V. *antologia*) ✱ 1809] **s. m.** ● (*bot.*) involucro, spesso appariscente e colorato, che circonda le parti fertili del fiore | ***p. eteroclamidato***, formato da calice e corolla | ***p. omoclamidato***, formato da elementi simili per forma e colore, detti tepali **SIN.** perigonio

periarterìte [comp. di *peri-* e *arterite* ✱ 1895] **s. f.** ● (*med.*) infiammazione della tunica esterna della parete arteriosa

periàrtico [comp. di *peri-* e *artico* ✱ 1958] **agg.** (pl. m. *-ci*) ● (*geogr.*) che è situato intorno alla regione artica: *mari periartici*

periartrìte [comp. di *peri-* e *artrite* ✱ 1930] **s. f.** ● (*med.*) infiammazione dei tessuti fibrosi e capsulari attorno all'articolazione: *p. scapolo-omerale*

periàstro [comp. di *peri-* e *astro* ✱ 1954] **s. m.** ● (*astron.*) il punto più vicino a una stella dell'orbita che un corpo descrive attorno a essa

perìbolo [vc. dotta, lat. tardo *perībolu(m)*, dal gr. *períbolos*, da *peribállein* 'gettare intorno' ✱ av. 1798] **s. m.** ● (*archeol.*) muro di cinta

pericàrdico [1890] **agg.** (pl. m. *-ci*) ● (*anat.*) del pericardio: *cavità pericardica*; *liquido p.*

pericàrdio [comp. di *peri-* e *-cardio* ✱ 1684] **s. m.** ● (*anat.*) membrana fibro-sierosa che avvolge il cuore

pericardìte [comp. di *pericardio* e *-ite*① ✱ 1821] **s. f.** ● (*med.*) infiammazione del pericardio

pericàrpo o **pericàrpio** [vc. dotta, gr. *perikárpion*, comp. di *perí* 'peri-' e *karpós* 'frutto' (V. *-carpo*) ✱ av. 1729] **s. m.** ● (*bot.*) parte del frutto che circonda i semi

pericìclo [dal gr. *períkyklos* 'circolo, sferico', comp. di *peri-* 'peri-' e *kýklos* 'cerchio' ✱ 1896] **s. m.** ● (*bot.*) strato di cellule parenchimatiche che nel fusto primario e nella radice è posto immediatamente sotto l'endoderma

periclàṣio [comp. di *peri-* e un deriv. del gr. *klásis* 'rottura' (V. *anaclasi*) ✱ 1841] **s. m.** ● (*miner.*) ossido di magnesio in cristalli cubici, trasparenti

periclitànte **part. pres.** di *periclitare*; anche **agg.** ● (*lett.*) che è in pericolo, in una situazione difficile

periclitàre [vc. dotta, lat. *periclitāri*, intens. di *periculāri* 'pericolare' ✱ sec. XIV] **A** **v. tr.** ● †mettere alla prova **B** **v. intr.** (*io perìclito*; aus. *avere*) e **periclitàrsi** **v. intr. pron.** ● (*lett.*) essere in pericolo

†**perìclo** ➤ **pericolo**

pericolànte **part. pres.** di *pericolare*; anche **agg.** **1** (*lett.*) che è in pericolo: *leggiamo di eroici salvataggi di minatori pericolanti* (R. BACCHELLI) **2** che minaccia di crollare: *edificio p.*; *case pericolanti* | (*fig.*) ***situazione economica, economia p.***, che si trova sull'orlo di una crisi, all'inizio di una crisi | (*fig.*) ***squadra p.***, che rischia di retrocedere

pericolàre [vc. dotta, lat. *periculāri*, da *perīculum* 'pericolo' ✱ av. 1292] **A** **v. intr.** (*io perìcolo*; aus. *avere*) **1** (*raro*, *lett.*) trovarsi o essere in pericolo: *p. di morire, di affogare*; *p. nella tempesta* **2** (*raro*) minacciare di crollare: *il muro pericola* | (*fig.*, *lett.*) essere in procinto di finire, di esaurirsi: *la loro amicizia sta pericolando* **B** **v. tr.** ● †mettere a rischio, compromettere

pericolàto **part. pass.** di *pericolare*; anche **agg.** ● (*lett.*) nei sign del v. | (*lett.*) annegato

†**pericolatóre** [1353] **s. m.** ● chi crea pericoli

♦**perìcolo** o †**perìculo**, †**perìclo** [vc. dotta, lat. *perīculu(m)* 'tentativo, prova', poi, 'rischio, pericolo', stessa etim. di *perītus* 'perito②' ✱ 1261 ca.] **s. m.** **1** circostanza, situazione o complesso di circostanze che possono provocare un grave danno: *essere, trovarsi in p.*; *p. grave, imminente, lontano, serio, immaginario*; *c'è p. di morte, di polmonite*; *bestiale è quello che, non conoscendo e pericoli, vi entra dentro inconsideratamente* (F. GUICCIARDINI) | ***non c'è p., non c'è alcun p.***, non v'è nulla da temere | ***essere in p. di vita***, nella situazione di poter morire da un momento all'altro | ***essere fuori p.***, aver superato la fase o il momento critico, spec. di una malattia | ***a tuo, a mio rischio e p.***, sotto la tua, la mia piena responsabilità **SIN.** azzardo **2** (*est.*) fatto o persona pericolosa: *evitare, scansare, scongiurare il p.*; *non perdiamo la calma di fronte al p.* | ***p. pubblico***, persona pericolosa per l'intera società **3** (*fig.*, *colloq.*) probabilità, possibilità: *non c'è p. che sia puntuale!* | ***non c'è p.!***, certamente no (come risposta negativa): *'Non fare tardi!' 'Non c'è p.!'*

pericolosità (o **-ṣ-**) [1901] **s. f. inv.** ● caratteristica di ciò che è pericoloso: *la p. di un virus* | (*dir.*) ***p. sociale, p. criminale***, rilevante possibilità che un soggetto compia nel futuro dei reati

♦**pericolóso** (o **-ṣ-**) [vc. dotta, lat. *periculōsu(m)*, da *perīculum* 'pericolo' ✱ 1261 ca.] **agg.** **1** che comporta rischi e pericoli: *viaggio, affare p.*; *battaglia, situazione, operazione pericolosa*; *strada, curva pericolosa*; *è pericoloso mettersi al volante dopo aver bevuto* | delicato, scabroso: *argomento p.* **SIN.** malsicuro **2** che può fare del male, e da cui è quindi bene guardarsi: *un uomo subdolo e p.*; *amicizia pericolosa* | delicato, scabroso: *argomento p.* | ***età pericolosa***, in cui è più facile commettere irreparabili errori o in cui, per ragioni fisiologiche, è più facile ammalarsi | ***gioco p.***, nel calcio, intervento irregolare che può danneggiare l'avversario con cui si viene a contatto ‖ **pericolosétto**, **dim.** ‖ **pericolosaménte**, **avv.** in modo pericoloso, con pericolo: *vivere pericolosamente* ‖ **pericolosità**, **s. f. inv.** (V.)

SFUMATURE ➤ ***dannoso***

pericòndrio [comp. di *peri-* e del gr. *chóndros* 'cartilagine'. V. *condrina* ✱ 1771] **s. m.** ● (*anat.*) tessuto fibroso che avvolge la cartilagine

pericondrìte [comp. di *pericondr(io)* e del

suff. *-ite* ✱ 1895] **s. f.** ● (*med.*) infiammazione del pericondrio

pericope [vc. dotta, gr. *perikopḗ* 'amputazione', da *perikóptein* 'tagliare intorno', comp. di *perí* 'peri-' e *kóptein* 'tagliare', di orig. indeur. ✱ 1895] **s. f. 1** brano delle Sacre Scritture, spec. se inserito nella liturgia della Messa **2** nella retorica, definizione precisa

pericorèṣi [vc. dotta, dal gr. *perichṓrēsis*, che è da *perichōréō* 'io ruoto intorno, mi immedesimo' ✱ 1858] **s. f. inv.** ● nella teologia cattolica compenetrazione reciproca delle tre Persone trinitarie nell'unità sostanziale di Dio

†**perìculo** ➤ **pericolo**

peridentàrio [comp. di *peri-* e *dentario* ✱ 1958] **agg.** ● (*anat.*) riferito al periodonto

peridèrma [comp. di *peri-* e *derma* ✱ 1875] **s. m.** (**pl.** *-i*) ● (*bot.*) insieme delle cellule sugherose di protezione nel fusto

perididimo [vc. dotta, comp. di *peri-* e del gr. *dídymos* 'testicolo' (propr. 'gemello'. V. *didimo*②) ✱ 1895] **s. m.** ● (*anat.*) la tunica vaginale del testicolo

perìdio [dal gr. *pērídion*, dim. di *pḗra* 'sacca'. V. †*pera*② ✱ 1835] **s. m.** (**pl.** *-i* o *raro -ii*) ● (*bot.*) involucro esterno del corpo fruttifero dei funghi Gasteromiceti che racchiude una massa polverulenta con le spore

peridotìte [comp. di *peridoto* e *-ite*② ✱ 1931] **s. f.** ● (*geol.*) roccia eruttiva ultra basica costituita in prevalenza da forsterite

peridòto [fr. *péridot*, di etim. incerta ✱ 1817] **s. m.** ● (*miner.*) olivina gialla o verde oliva, usata come gemma

peridròlo [comp. di *per-* e *idrolo* ✱ 1958] **s. m.** ● (*chim.*) soluzione di acqua ossigenata al 30%

periduodenìte [comp. di *peri-* e *duodeno* col suff. *-ite*② ✱ 1932] **s. f.** ● infiammazione dei tessuti circostanti il duodeno, frequente nell'ulcera

periduràle [comp. di *peri-* e *durale* ✱ 1990] **agg.** ● (*anat.*) detto di struttura localizzata intorno alla dura madre o di processo che avviene in questa sede

perièco [vc. dotta, gr. *períoikos* 'che abita intorno', comp. di *perí* 'peri-' e *ôikos* 'casa' (V. *eco-*) ✱ 1561] **s. m.** (**pl.** *-ci*) ● presso gli antichi Greci, abitante della Laconia e della Messenia sottomesso dagli Spartani e privato dei diritti politici

periegèṣi [vc. dotta, gr. *periḗgēsis*, propr. 'giro (*hḗgēsis*) intorno (*perí*)', 'descrizione' ✱ 1754] **s. f. inv.** ● (*letter.*) nell'antica Grecia, opera riguardante la descrizione topografica di un territorio, quasi sempre corredata da notizie storiche e informazioni su usi e tradizioni degli abitanti | (*est.*) qualsiasi descrizione topografica con notizie sulla storia e sui costumi degli abitanti

perielìaco [1958] **agg.** (**pl. m.** *-ci*) ● del perielio

perièlio [comp. di *peri-* e del gr. *hḗlios* 'sole'. V. *elio* ✱ av. 1739] **s. m.** (**pl.** *-i* o *raro -ii*) ● (*astron.*) il punto più vicino al Sole nell'orbita che un corpo descrive attorno a esso **CONTR.** afelio

♦**periferìa** [fr. *périphérie*, dal lat. tardo *peripherīa(m)*, dal gr. *periphéreia* 'circonferenza', da *periphérein* 'portare intorno', comp. di *perí* 'peri-' e *phérein* 'portare'. V. *-fero* ✱ sec. XIV] **s. f. 1** †circonferenza, perimetro **2** parte o zona più esterna rispetto a un centro: *il sangue va dal cuore alla p.* | l'insieme dei quartieri più esterni e più lontani dal centro di una città: *abita nella p. di Milano; un cinema di p.* | (*est.*) zona marginale: *la p. dell'impero carolingio; i diseredati che abitano nella p. del mondo*

perifèrica [sostantivazione al f. dell'agg. *periferico* ✱ 1985] **s. f.** ● (*inform.*) ciascuno dei dispositivi collegati all'unità centrale di un elaboratore elettronico e dedicati all'input/output dei dati

perifèrico [1829] **agg.** (**pl. m.** *-ci*) **1** di periferia, posto in periferia: *zona periferica; canali periferici* | (*est.*) decentrato: *uffici periferici di un ministero* | (*est.*) marginale, subalterno: *una regione da sempre periferica* | (*anat.*) ***sistema nervoso p.***, formato dai nervi e dalle terminazioni nervose **2** (*fig.*) marginale, rispetto a un argomento principale: *annotazioni periferiche; critiche periferiche che non toccano il nucleo della questione* **3** (*inform.*) ***unità periferica***, V. *periferica* || **perifericaménte**, **avv.** nella parte periferica || **perifericità**, **s. f. inv.**

perifraṣàre [fr. *périphraser*, da *périphrase* 'perifrasi' ✱ av. 1729] **v. tr.** (*io perìfraṣo*) ● (*lett.*, *raro*) esprimere con perifrasi

perìfraṣi [fr. *périphrase*, dal lat. *perĭphrasi(n)*, dal gr. *períphrasis*, da *periphrázein* 'parlare con circonlocuzione', comp. di *perí* 'peri-' e *phrázein* 'parlare' (V. *frase*) ✱ 1481] **s. f. inv.** ● (*ling.*) figura retorica che consiste nell'indicare una persona o una cosa non con il suo nome, ma con più parole che la definiscono per qualche aspetto; per es.: *il bel paese là dove 'l sì suona* (DANTE), per indicare l'Italia **SIN.** circonlocuzione

perifràstico [fr. *périphrastique*, dal gr. *periphrastikós*, da *períphrasis* 'perifrasi' ✱ 1856] **agg.** (**pl. m.** *-ci*) ● (*ling.*) espresso con perifrasi | ***coniugazione, forma perifrastica***, formata sulla combinazione di un verbo e di un ausiliare || **perifrasticaménte**, **avv.** per mezzo di una perifrasi

perigàstrico [comp. di *peri-* e *gastrico* ✱ 1881] **agg.** (**pl. m.** *-ci*) ● (*anat.*) che circonda lo stomaco: *tessuti perigastrici*

perigastrìte [comp. di *peri-* e *gastrite* ✱ 1899] **s. f.** ● (*med.*) infiammazione dei tessuti che circondano lo stomaco

perigèo [vc. dotta, gr. *perígeios* 'intorno alla terra', comp. di *perí* 'peri-' e *-geo* ✱ 1621] **A** **s. m.** ● (*astron.*) il punto più vicino alla Terra di un corpo che descrive un'orbita attorno a essa **B** **agg.** ● (*astron.*) che si trova nel punto più vicino alla Terra, detto di un corpo che descrive un'orbita intorno a essa **CONTR.** apogeo

perigliàre [da †*periglio* ✱ 1516] **A** **v. intr.** (*io perìglio*; **aus.** *avere*) ● (*lett.*) correre pericolo **B** **v. tr.** ● (*lett.*) mettere in pericolo

♣**perìglio** [dal provenz. *perilh*, dal lat. *perĭculum* 'pericolo' ✱ 1261 ca.] **s. m.** ● (*lett.*) pericolo: *sia … ben remeritato / della fatica e del p. grande* (M.M. BOIARDO)

periglióso (o **-ṣ-**) [av. 1250] **agg.** ● (*lett.*) pericoloso || **periglioṣaménte**, **avv.**

perigònio [comp. di *peri-* e *-gonio* ✱ 1813] **s. m.** (**pl.** *-i* o *raro -ii*) ● (*bot.*) perianzio omoclamidato

perimenopàuṣa [comp. di *peri-* e *menopausa*, analogo all'ingl. *perimenopause* ✱ 1989] **s. f.** ● (*fisiol.*) climaterio femminile

periménto [da *perire* ✱ av. 1306] **s. m. 1** †morte **2** (*dir.*) il venire materialmente meno di una cosa oggetto di un diritto

perimetràle [1922] **agg.** ● relativo al perimetro: *misura p.* | che è posto lungo il perimetro: *muro p.* || **perimetralménte**, **avv.** lungo il perimetro

perimetràre [da *perimetro* ✱ 1829] **v. tr.** ● determinare il perimetro di qlco.: *p. un'area, un terreno, un parco* | (*fig.*) delimitare con precisione un concetto, un fenomeno ecc.

perimetrìa [comp. di *peri-* e *-metria* ✱ av. 1891] **s. f. 1** (*edil.*) insieme di linee che delimitano una costruzione e un'area **2** (*med.*) indagine e misurazione del campo visivo

perimètrico [da *perimetro* ✱ 1871] **agg.** (**pl. m.** *-ci*) **1** (*raro*) perimetrale: *linea perimetrica* **2** (*med.*) in oculistica, eseguito o misurato con il perimetro: *esame p.*

perìmetro [fr. *périmètre*, dal lat. *perĭmetro(n)*, dal gr. *perímetron*, comp. di *perí* 'peri-' e *-métron* 'misura'; propr. 'misura intorno' ✱ 1581] **s. m. 1** (*mat.*) somma delle lunghezze dei lati di un multilatero | insieme dei suoi lati, intesi come segmenti **2** (*est.*) fascia esterna, linea di contorno: *hanno costruito sul p. del campo* **3** (*med.*) strumento usato per calcolare l'ampiezza del campo visivo

perinatàle [da *peri-* sul modello di *prenatale* ✱ 1976] **agg.** ● (*med.*) relativo al periodo che precede e segue immediatamente la nascita, in particolare quello fra la ventottesima settimana di gestazione e il settimo giorno di vita neonatale || **perinatalità**, **s. f. inv.** (*med.*) periodo perinatale e insieme dei fenomeni a esso connessi

perinatologìa [1983] **s. f.** (**pl.** *-gìe*) ● parte della medicina volta a ridurre la morbilità e la mortalità perinatali

perineàle [1835] **agg.** ● (*anat.*) del perineo, relativo al perineo

perinèo [dal gr. *períneos*, attraverso il fr. *périnée* ✱ 1583] **s. m.** ● (*anat.*) insieme delle parti molli, fibromuscolari, che chiudono in basso il bacino e quindi l'addome

perìoca [vc. dotta, lat. tardo *perĭocha(m)*, dal gr. *periochḗ* 'sommario', da *periéchein* 'circondare, comprendere', comp. di *perí* 'peri-' ed *échein* 'avere', di orig. indeur. ✱ 1821] **s. f.** ● sommario, riassunto di opera letteraria compilato nell'antichità classica: *una p. dei libri di Livio*

periocolàre [vc. dotta, comp. di *peri-* e *oculare* ✱ sec. XX] **agg.** ● (*anat.*) che è localizzato intorno all'occhio

periodàre [da *periodo* ✱ av. 1729] **A** **v. intr.** (*io periodo*; **aus.** *avere*) ● costruire i periodi nel parlare o nello scrivere **B** **in funzione di s. m. solo sing.** ● modo di scrivere: *un p. ampolloso, retorico, conciso*

periodeggiàre [intens. di *periodare* ✱ 1603] **v. intr.** (**pres.** *io periodéggio*; **fut.** *io periodeggerò*; **aus.** *avere*) ● (*lett.*, *raro*) costruire periodi, spec. in modo artificioso

periodicìsta [comp. di *periodico* e *-ista* ✱ 1970] **s. m. e f.** (**pl. m.** *-i*) ● redattore o collaboratore di periodici

periodicità [1789] **s. f. inv.** ● caratteristica di ciò che è periodico | regolare ripetizione nel tempo: *fenomeni che si ripetono con p.*

periòdico [vc. dotta, lat. *periŏdicu(m)*, dal gr. *periodikós*, da *períodos* 'periodo' ✱ av. 1320] **A** **agg.** (**pl. m.** *-ci*) **1** di periodo: *misura periodica* **2** che avviene o si verifica a regolari intervalli di tempo: *le crisi periodiche della malattia, dell'economia nazionale; i periodici attacchi di un male; bisognerebbe tor via una delle due alterazioni periodiche* (G. GALILEI) | (*chim.*) ***sistema p.***, classificazione degli elementi secondo valori crescenti di numero atomico e disposizione degli stessi in serie orizzontali e verticali | (*mat.*) ***funzione periodica***, che ammette un periodo | ***numero p.***, numero nella cui rappresentazione decimale le cifre, dopo la virgola, si ripetono periodicamente da un certo punto in poi || **periodicaménte**, **avv.** a periodi, in modo periodico || **periodicità**, **s. f. inv.** (V.) **B** **s. m.** ● qualsiasi pubblicazione che esca a intervalli di tempo regolari (per es. settimanale, mensile ecc.): *un p. di storia dell'arte, di caccia*

periodiẓẓaménto [1913] **s. m.** ● (*raro*) periodizzazione

periodiẓẓàre [1913] **v. tr.** ● dividere il corso del tempo in periodi: *p. la storia contemporanea* || **periodiẓẓazióne**, **s. f.** (V.)

periodiẓẓazióne [1917] **s. f.** ● il periodizzare | suddivisione della storia in periodi di tempo

♦**periodo** [vc. dotta, lat. *perĭodu(m)*, dal gr. *períodos* 'circuito, giro', comp. di *perí* 'peri-' e *hodós* 'strada' (V. *odeporico*) ✱ 1525] **s. m. 1** spazio di tempo caratterizzato da fatti e situazioni particolari: *il p. bellico, della resistenza; il p. dei Comuni; è cominciato il p. delle piogge; un p. storico molto interessante; sta attraversando un brutto p.; che p.!* | ***andare a periodi***, essere incostante **2** (*gramm.*) unione di due o più proposizioni con un senso compiuto | ***p. ipotetico***, V. *ipotetico* | ***p. ritmico***, porzione definita di testo poetico, per lo più di significato compiuto **3** (*geol.*) intervallo di tempo geologico in cui è suddivisa un'era **4** (*mus.*) insieme di due frasi musicali | ***p. perfetto***, di otto battute **5** (*fis.*) tempo nel corso del quale una certa grandezza soggetta a variazioni periodiche compie un ciclo completo **6** (*mat.*) quantità minima che, aggiunta alla variabile indipendente, non altera il valore della funzione **7** (*chim.*) ciascuna delle serie orizzontali del sistema periodico nelle quali gli elementi si susseguono secondo la loro periodicità **8** (*med.*) intervallo di tempo in cui si verifica un processo o uno stadio morboso: *p. dell'induzione polmonitica; p. dilatante, espulsivo del parto* | ***p. fecondo***, in cui più facilmente può avvenire la fecondazione della cellula uovo | ***p. finestra***, intervallo di tempo che intercorre tra il contagio di una malattia e il momento in cui compaiono gli anticorpi che permettono la diagnosi | ***p. di incubazione***, arco di tempo che intercorre fra l'esposizione a un agente patogeno e la manifestazione clinica della malattia **9** (*astron.*) ***p. di rivoluzione***, intervallo di tempo tra due successivi passaggi di un astro a uno stesso punto della sua orbita | ***p. di rotazione***, tempo che un astro impiega a fare un giro intorno a un asse passante per il suo baricentro **10** (*miner.*) unità di traslazione minima di un filare di reticolo cristallino || **periodàccio**, **pegg.** spazio di tempo particolarmente faticoso o negativo | (*raro*) **periodétto**, **dim.** | **periodino**, **dim.** | **periodóne**, **accr.** | (*raro*) **periodùccio**, **dim.**

periodontàle [da *periodonto* ✱ 1991] **agg.** ● (*anat.*) di periodonto, relativo a periodonto

periodontìte [comp. di *periodonto* e *-ite*①✱ 1875] **s. f.** ● (*med.*) infiammazione dei tessuti alveolo-dentari

periodònto o **periodònzio** [comp. di *peri-* e del gr. *odóus*, genit. *odóntos* 'dente' ✱ 1931] **s. m.** ● (*anat.*) tessuto che circonda la radice dentaria

periodontopatìa [comp. di *periodonto* e *-patia* ✱ sec. XX] **s. f.** ● (*med.*) patologia dei tessuti alveolo-dentari a carattere progressivo

periodontòsi [comp. di *periodont(o)-* e del suff. *-osi* ✱ sec. XX] **s. f. inv.** ● (*med.*) alterazione degenerativa del periodonto caratterizzata da perdita dell'osso alveolare adiacente agli incisivi e ai primi molari, con conseguente spostamento dei denti

periodònzio ➤ **periodonto**

perioftàlmo [comp. di *peri-* e del gr. *ophthalmós* 'occhio', detto così da una speciale palpebra di cui è fornito ✱ 1835] **s. m.** ● pesce dei Perciformi delle coste fangose tropicali che, usando le pinne pettorali come zampe, risale sulla riva fra le mangrovie e respira in ambiente aereo (*Periophthalmus koelreuteri*)

perioràle [vc. dotta, comp. di *peri-* e *orale* 'della bocca' ✱ 1958] **agg.** ● (*anat.*) relativo alla regione intorno alla bocca: *dermatite p.*

periostàle [1983] **agg.** ● (*anat.*) relativo al periostio

periòstio o †**periòsteo** [vc. dotta, lat. tardo *periŏsteon*, dal gr. *periósteon*, nt. sost. di *perióstеos* 'che circonda le ossa', comp. di *perí* 'peri-' e *ostéon* 'osso'; V. *osteo-* ✱ 1574] **s. m.** ● (*anat.*) strato fibroso che riveste le ossa

periostìte [comp. di *periostio* e *-ite*① ✱ 1829] **s. f.** ● (*med.*) infiammazione del periostio

periòstraco [comp. di *peri-* e del gr. *óstrakon* 'conchiglia'. V. *ostracione* ✱ 1954] **s. m.** (**pl.** *-chi*, o *-ci*) ● (*zool.*) lo strato più esterno, formato da conchiolina, dei tre che costituiscono la conchiglia dei Lamellibranchi

peripatètica [calco sul fr. *péripatéticienne*, f. di *péripatéticien* 'peripatetico' ✱ 1923] **s. f.** ● prostituta che batte il marciapiede

peripatètico [vc. dotta, lat. *peripatētĭcu(m)*, dal gr. *peripatētikós*, deriv. di *perípatos* 'passeggio' (comp. di *perí* 'peri-' e *pátos* 'cammino, sentiero' da *pateîn* 'camminare', di orig. sconosciuta): i seguaci di Aristotele furono chiamati così perché studiavano e insegnavano passeggiando al Liceo ✱ 1261 ca.] **agg. e s. m.** (**pl. m.** *-ci*) ● (*filos.*) aristotelico || **peripateticaménte**, **avv.**

peripatetìsmo [fr. *péripatétisme*, da *péripatétique* 'peripatetico' ✱ 1714] **s. m.** ● (*filos.*, *raro*) aristotelismo

peripatrìa [comp. di *peri-*, *patr(ia)* e del suff. *-ia*② ✱ 1994] **s. f.** ● (*biol.*) distribuzione geografica in cui una popolazione principale o una specie originaria occupano una regione centrale, mentre le popolazioni secondarie o le specie derivate sono localizzate in aree periferiche **CFR.** allopatria, paripatria, simpatria

peripàtrico [1988] **agg.** (**pl. m.** *-ci*) ● (*biol.*) riferito a insieme di popolazioni o di specie caratterizzate da peripatria

peripezìa [vc. dotta, gr. *peripéteia* 'evento imprevisto', da *peripetḗs* 'che cade sopra, dentro', comp. di *perí* 'peri-' e *-petḗs*, da *píptein* 'cadere', di orig. indeur. ✱ 1543] **s. f. 1** nel dramma antico, mutamento improvviso della situazione a causa di eventi imprevedibili **2** (**spec. al pl.**) vicenda fortunosa: *non ti ho ancora raccontato tutte le mie peripezie?; dopo molte peripezie riuscì a fuggire*

pèriplo o (*poet.*) **perìplo** [fr. *périple*, dal lat. *pĕriplu(m)*, dal gr. *períplous* 'che naviga intorno', comp. di *perí* 'peri-' e *plôus* 'navigazione', da *plêin* 'navigare', di orig. indeur. ✱ 1764] **s. m. 1** circumnavigazione: *il p. di Magellano* **2** (*letter.*) descrizione di un viaggio marittimo, tipica della letteratura greco-latina: *il p. di Arriano, di Avieno*

perìptero o **perìttero** [vc. dotta, lat. *perĭptero(n)*, dal gr. *perípteros* 'cinto da ali, colonne', comp. di *perí-* 'peri-' e *pterón* 'ala'. V. *-ptero* ✱ 1521] **agg.; anche s. m.** ● (*archeol.*) detto di tempio con cella circondata da colonne

perìre [lat. *perīre*, comp. di *pĕr* 'al di là' e *īre* 'andare'. V. *ire*① ✱ av. 1250] **A v. intr.** (**pres.** *io perisco, poet.* †*pèro, tu perisci, poet.* †*pèri*; **congtv. pres.** *io perisca, poet.* †*pèra*; **difett. del part. pres.; aus.** *essere*) **1** morire, spec. di morte non naturale: *p. in un disastro aereo, in un incendio, in un naufragio; tutto l'equipaggio perì miseramente* | (*est.*, *lett.*) finire, estinguersi (*anche fig.*): *una razza che perirà; fama, nome che non periranno; Anche peria fra poco / la speranza mia dolce* (G. LEOPARDI) **2** (*lett.*, *raro*) andare in rovina: *nella discordia le nazioni periscono* **SIN.** soccombere | (*lett.*) andare distrutto: *l'intero carico perì nel naufragio* **3** (*fig.*, *lett.*) languire: *p. per amore* **B v. tr.** ● †uccidere

periscòpico [1835] **agg.** (**pl. m.** *-ci*) ● di periscopio, relativo al periscopio | ***quota periscopica***, nei sommergibili, quella necessaria e sufficiente per esaminare col periscopio la superficie del mare, stando in immersione | ***lente periscopica***, lente da occhiali di debole curvatura

periscòpio [comp. di *peri-* e *-scopio* ✱ 1905] **s. m.** ● strumento ottico a riflessione che consente l'osservazione dell'intero orizzonte, senza che l'occhio dell'osservatore cambi posizione; è usato spec. nei sommergibili immersi o nei carri armati

perispèrma [comp. di *peri-* e *sperma* ✱ 1835] **s. m.** (**pl.** *-i*) ● (*bot.*) insieme di materiali nutritivi che nel seme di alcune piante si forma-no dalla nocella, sostituendo l'albume

perispòmeno [vc. dotta, lat. tardo *perispō-meno(n)*, dal gr. *perispṓmenon*, part. pres. passivo di *perispân* 'segnare con l'accento circonflesso' (propr. 'strappare, togliere'), comp. di *perí* 'peri-' e *spân* 'tirare', di etim. incerta ✱ 1875] **agg.; anche s. m.** (**f.** *-a*) ● nella grammatica greca, detto di parola con l'accento circonflesso sull'ultima sillaba

Perisporiàcee [vc. dotta, dal gr. *perispéirein* 'spargere intorno' (perché sparge intorno le spore), comp. di *perí* 'peri-', *spéirein* 'spargere, seminare', di orig. indeur., e *-acee* ✱ 1965] **s. f. pl.** (**sing.** *-a*) ● (*bot.*) famiglia di Funghi comprendenti le specie che provocano la fumaggine (*Perisporiaceae*)

Perissodàttili [vc. dotta, comp. del gr. *perissós* 'superfluo, dispari' (da *perí*, V. *peri-*), e *dáktylos* 'dito' (V. *dattilografia*) ✱ 1895] **s. m. pl.** (**sing.** *-o*) ● (*zool.*) mammiferi erbivori degli Ungulati caratterizzati da grandi dimensioni e da arti che poggiano principalmente o esclusivamente sul terzo dito (*Perissodactyla*) **CFR.** Equidi

perissologìa [vc. dotta, lat. tardo *perissolŏgia(m)*, dal gr. *perissología*, comp. di *perissós* 'smisurato, superfluo' (V. *Perissodattili*) e *-logía* '-logia' ✱ 1552] **s. f.** (**pl.** *-gìe*) ● in retorica, espressione che ripete una cosa già detta o implicita in ciò che si sta dicendo, e che può perciò disturbare la chiarezza dell'enunciato; per es.: *"I promessi sposi" di Manzoni sono il capolavoro del grande scrittore ottocentesco*

peristàlsi [ricavato da *peristaltico* ✱ 1895] **s. f. inv.** ● (*anat.*) movimento di contrazione e rilassamento dei visceri muscolari cavi con effetto di avanzamento progressivo del contenuto

peristàltico [vc. dotta, gr. *peristaltikós*, da *peristéllein* 'avvolgere, essere contratto', comp. di *perí* 'peri-' e *stéllein* 'porre', di orig. indeur. ✱ av. 1698] **agg.** (**pl. m.** *-ci*) ● (*anat.*) di peristalsi: *movimento p.*

peristèdio [dal gr. *peristḗthion* 'corazza', comp. di *perí-* 'peri' e *stêthos* 'petto', di orig. indeur.; detto così perché è protetto da una corazza ✱ 1835] **s. m.** ● pesce di profondità dei Perciformi, tutto corazzato, con muso molto lungo, forcuto, e bocca priva di denti che si apre inferiormente (*Peristedion cataphractum*)

peristìlio [vc. dotta, lat. *peristȳliu(m)*, dal gr. *peristýlion*, comp. di *perí* 'peri-' e *stŷlos* 'colonna'. V. *stilobate* ✱ 1499] **s. m.** (**pl.** *-i* o *raro -ii*) ● cortile con portici e colonne, posto all'interno della casa greca e romana

peristòma [comp. di *peri-* e *stoma* ✱ 1835] **s. m.** (**pl.** *-i*) ● (*zool.*) negli animali invertebrati, area che circonda l'apertura orale

peritàle [1798] **agg.** ● (*dir.*) di un perito, che fa parte di una perizia: *relazione, accertamento p.* **SIN.** periziale

peritànza [da *peritarsi* ✱ av. 1294] **s. f.** ● (*raro*, *lett.*) esitazione, timidezza nel fare o dire qlco. **CONTR.** decisione, risoluzione

♦**peritàrsi** [lat. tardo *pigritāri* 'essere molto pigro', intens. di *pigrāre* 'essere pigro, indugiare', da *pĭger*, genit. *pigri* 'pigro' ✱ 1364] **v. intr. pron.** (*io mi pèrito*) **1** (*lett.*) esitare, farsi scrupolo, per timidezza o altro: *I boscaioli si peritavano a fargli domande* (C. CASSOLA) | ***non p.***, non esitare, non avere scrupoli (**+ *di*, *raro* + *a*, seguiti da inf.**): *non si peritava di dirgli le cose in faccia* **2** (*raro*, *lett.*) vergognarsi di fare qlco.

peritècio [comp. di *peri-* e del gr. *thḗkē* 'cassa'. V. *teca* ✱ 1821] **s. m.** ● (*bot.*) corpo fruttifero dei Funghi ascomiceti che si apre per un foro all'apice

peritèsto [comp. di *peri-* e *testo* ✱ 1989] **s. m.** ● l'insieme degli elementi relativi all'aspetto esteriore di un libro (formato, copertina, frontespizio, stile grafico ecc.) CFR. paratesto

perito① **part. pass.** di *perire*; anche **agg.** ● morto, deceduto, spec. di morte violenta

perito② [vc. dotta, lat. *perītu(m)*, da un v. **perīri* 'fare esperienza, provare', di orig. indeur. ✱ 1354] **A agg.** ● (*lett.*) che è particolarmente esperto in un'attività o in una professione: *Bisogna che il capitano sia p.* (F. GUICCIARDINI) **B s. m.** (**f.** *-a*; V. anche nota d'uso FEMMINILE) **1** chi, per la sua particolare competenza tecnica, può pronunciare pareri, giudizi e sim.: *un p. calligrafo* SIN. esperto **2** titolo di studio conferito mediante diploma da vari istituti tecnici: *p. chimico, agrario* | persona fornita di tale titolo

SFUMATURE DI SIGNIFICATO
perito - esperto - competente
Perito è chi, in possesso di particolari competenze certificate da un titolo legale di studio o da un idoneo curriculum, è richiesto di svolgere accertamenti o fornire pareri su una determinata materia. Il termine **esperto** presuppone anch'esso il possesso di competenze che derivano dallo studio e dall'esperienza, ma si riferisce a esse indipendentemente dal loro esercizio in un'attività di consulenza. **Competente** è rispetto ai precedenti termine più generico: fa riferimento a una capacità o un'abilità acquisite piuttosto con la pratica che non con lo studio.

peritoneàle [1829] **agg.** ● (*anat.*) di peritoneo: *cavità, liquido p.*

peritonèo [vc. dotta, lat. tardo *peritonāeu(m)*, dal gr. *peritónaion*, propr. 'teso intorno', da *peritéinein* 'tendere intorno', comp. di *perí* 'peri-' e *téinein* 'tendere' di orig. indeur. ✱ 1574] **s. m.** ● (*anat.*) membrana sierosa che riveste le pareti interne dell'addome e avvolge quasi tutti gli organi addominali

peritonìte [comp. di *peritoneo* e *-ite*① ✱ 1821] **s. f.** ● (*med.*) infiammazione del peritoneo con tipica reazione dolorosa e contrattura dei muscoli soprastanti

peritóso (o *-ṣ-*) [da *peritarsi* ✱ sec. XIII] **agg.** ● (*lett.*) incerto, esitante | (*lett.*) timoroso ‖ **peritosaménte**, avv.

perittero ➤ **periptero**

peritùro [vc. dotta, lat. *peritūru(m)*, part. fut. di *perīre* 'perire' ✱ 1342] **agg.** ● (*lett.*) destinato a perire (*anche fig.*) CONTR. imperituro

periungueàle [comp. di *peri-* e del lat. *ŭnguis* 'unghia' ✱ 1958] **agg.** ● che è collocato intorno all'unghia: *regione p.*

periurbàno [comp. di *peri-* e *urbano* ✱ 1907] **agg.** ● relativo al territorio situato in prossimità di una città: *comuni periurbani*; *paesaggio p.*

♦**perìzia** [vc. dotta, lat. *perītia(m)*, da *perītus* 'perito②' ✱ av. 1348] **s. f.** **1** grande e comprovata abilità in qlco. (+ *in*, anche **seguito da inf.**): *la sua p. di scrittore è fuor di dubbio*; *dimostrare p. nella ricerca, nel trattamento dei dati*; *dimostrare la propria p. nel districarsi in una situazione difficile*; *hai notato con quale p. ha deviato il discorso?*; *desiderato per la sua p. e riputazione nella disciplina militare* (F. GUICCIARDINI) SIN. maestria CONTR. imperizia **2** (*dir.*) nella procedura civile o penale, consulenza, giudizio tecnico di un perito su una data questione: *p. calligrafica, balistica, psichiatrica*; *chiedere, disporre, ordinare una p.*
SFUMATURE ➤ *esperienza*

periziàle [1848] **agg.** ● peritale

periziàre [da *perizia* ✱ 1525 ca.] **v. tr.** (*io perìzio*) ● fare la perizia di qlco.: *p. una tenuta agricola*

periziàto **part. pass.** di *periziare*; anche **agg.** ● sottoposto a perizia | determinato in base a perizia

periziatóre [da *periziare* ✱ 1954] **s. m.** (**f.** *-trice*) ● (*sport*) nelle corse a handicap, chi assegna i vantaggi o gli svantaggi ai concorrenti

periẓòma [vc. dotta, lat. tardo *perizōma*, dal gr. *perízōma*, da *perizṓnnȳnai* 'cingere', comp. di *perí* 'peri-' e *zṓnnȳnai* 'cingersi', di orig. indeur. ✱ 1313] **s. m.** (**pl.** *-i*) ● fascia che cinge i fianchi e scende a coprire i genitali, portata dalle popolazioni primitive | (*est.*) indumento intimo maschile o femminile, anche da bagno; tanga

♦**pèrla** [lat. parl. **pĕrnula(m)*, propr. dim. di *pĕrna* 'coscia di maiale', poi 'mollusco, conchiglia', di orig. indeur. ✱ 1250 ca.] **A s. f.** **1** globuletto di vario colore a forma generalmente sferica che si forma all'interno di certi Molluschi, spec. dell'ostrica perlifera, prezioso come ornamento: *p. naturale, orientale*; *collana di perle nere* | ***p. barocca***, scaramazza | ***p. coltivata***, ottenuta dall'uomo con l'introduzione di un corpo estraneo nella conchiglia | ***p. artificiale, falsa***, ottenuta con vari metodi a imitazione di quella vera | ***colore di p.***, lattescente | ***perle ai porci***, (*fig.*) detto di un bene pregiato dato a chi non ne è degno (da una massima evangelica): *gettare le perle ai porci* **2** (*fig.*) ciò che ha la forma o il colore della perla, o che è bello e prezioso come una perla: *le perle della rugiada*; *quando sorride mostra una fila di candide perle*; *Portofino, la p. della Liguria* **3** (*fig.*) persona eccellente per qualità e doti: *una p. di galantuomo*; *quel ragazzo è una vera p.* **4** (*fig., iron.*) errore grossolano, strafalcione **5** piccola sfera di gelatina indurita contenente sostanze medicamentose **6** insetto dei Plecotteri con addome munito di due lunghi cerci, che vive in vicinanza di fiumi e torrenti e ha larve acquatiche e carnivore (*Perla maxima*) ‖ **perlina**, **dim.** (V.) | **perlóna**, **accr.** | (*raro*) **perlóne**, **accr. m.** (V.) **B in funzione di agg. inv.** ● (posposto al sost.) spec. nella loc. ***grigio p.***, di colore grigio chiaro piuttosto opalescente: *un tessuto, un abito grigio p.*

perlàceo [1819] **agg.** ● di perla, simile al colore della perla: *candore, riflesso p.*

perlage /fr. pɛʀˈlaʒ/ [vc. fr., riferita genericamente a liquido che si presenta a bollicine, come perle (*perles*) ✱ 1981] **s. m. inv.** ● (*enol.*) l'insieme delle bollicine di anidride carbonica che si sviluppano nello champagne e nello spumante

perlagióne [1721] **s. f.** ● (*raro*) riflesso, baluginio del colore cangiante della perla

perlàio [1871] **s. m.** (**f.** *-aia*, **pl. m.** *-ai*) ● chi lavora o vende perle

perlaquàle o **per la quàle** [da dividersi *per la quale* e da sottintendersi *cosa*, a volte espressa ✱ 1871] **A in funzione di agg. inv.** ● (*fam.*) raccomandabile, per bene: *è un ragazzo p.*; *è un tipo poco p.* | ottimo, apprezzabile sotto ogni punto di vista: *una macchina veramente p.* **B in funzione di avv.** ● (*fam.*) in maniera soddisfacente, bene (spec. in espressioni negative): *la cosa non è andata troppo p.*

perlària [da *perla*: per il suo pregio (?) ✱ sec. XVI] **s. f.** ● (*bot.*) avena maggiore

perlàto [av. 1468] **agg.** **1** che ha il colore, la lucentezza della perla: *nel mattin p. e freddo* (G. CARDUCCI) | ***riso, orzo p.***, mondato, ridotto liscio e bianco | ***cotone p.***, per ricamo, di particolare lucentezza **2** che è ornato di perle: *diadema p.* | (*fig.*) ***note perlate***, note brillanti e separate tra loro (spec. quelle di un pianista)

perlé /fr. pɛʀˈle/ [vc. fr., propr. 'perlato', da *perle* 'perla' ✱ 1938] **agg. inv.** ● perlato, solo nella loc. ***cotone p.***

perlìfero [comp. di *perla* e *-fero* ✱ 1640] **agg.** ● che produce perle: *ostriche perlifere*

perlìna [1804] **s. f.** **1** dim. di *perla* **2** oggetto di vetro o altro a forma di perla adoperato spec. per fare collane e sim. **3** (*edil.*) ciascuna delle tavolette di legno che, congiunte tra loro a maschio e femmina, costituiscono un perlinato **4** (*numism.*) ciascuno dei piccoli rilievi tondi disposti a corona lungo il margine di certe monete: *un cerchio di perline*

perlinàto [1958] **A agg.** ● detto di schermo sottoposto a perlinatura **B s. m.** **1** (*numism.*) cerchio di perline che delimita il campo della moneta o della medaglia **2** nelle costruzioni edili, tavolato di rivestimento formato di perline

perlinatùra [1983] **s. f.** **1** motivo ornamentale fatto di perline **2** (*tecnol.*) applicazione sulla superficie degli schermi cinematografici di uno strato di perline microscopiche di vetro speciale, in modo da ottenere il massimo potere riflettente **3** (*edil.*) rivestimento di legno a perlinato

perlinguàle [comp. di *per* e *lingua*, con suff. agg. ✱ 1963] **agg.** ● che avviene attraverso la mucosa linguale: *assorbimento p. di un farmaco*

perlìte [detta così perché formata da una massa vetrosa contenente concrezioni simili a *perle* ✱ 1875] **s. f.** **1** (*geol.*) vetro vulcanico a struttura formata da piccole sfere che, espanso, viene usato come coibente leggero **2** (*metall.*) eutettoide formato da ferrite e cementite, presente negli acciai raffreddati lentamente

†**perloché** o †**per lo che** [av. 1342] **cong.** ● per la qual cosa, per la qual ragione (con valore conclusivo)

perlocutìvo [1979] **agg.** ● perlocutorio

perlocutòrio [ingl. *perlocutionary*, da *perlocution*, comp. di *per-* 'mediante, attraverso' e *locution* 'locuzione' ✱ 1974] **agg.** (**pl. m.** *-i* o *raro -ii*) ● (*ling.*) relativo all'enunciato di un parlante, considerato dal punto di vista degli effetti determinati sull'ascoltatore | ***atto p.***, azione linguistica che tende a provocare nel destinatario un effetto pratico di convincimento, minaccia, invito e sim. SIN. perlocutivo

♦**perloméno** o **per lo méno** [1459] **avv.** ● a dir poco, come minimo (con valore restrittivo): *ci saranno ancora p. venti chilometri*; *vale p. cinquecento euro* | almeno (con valore limitativo): *la cosa si è svolta come ho detto, p. per quello che ne so io*; *potevi p. chiedermelo*

Pèrlon® [vc. ted., da *Perle* 'perla' ✱ 1942] **s. m. inv.** ● nome commerciale di una fibra tessile sintetica poliammidica

perlóne [av. 1543] **s. m.** **1** (*raro*) accr. di *perla* **2** (*fig.*) †poltrone, scioperato

♦**per lo più** o (*raro*) **perlopiù** [1282] **loc. avv.** ● nella maggioranza dei casi, quasi sempre, in genere: *per lo più noi pranziamo presto*; *per lo più a quest'ora è già rientrato a casa*; *faccio per lo più le compere al supermercato*

†**perlucènte** [comp. di *per-* e *lucente* ✱ 1521] **agg.** ● molto lucente

perlustràre [vc. dotta, lat. *perlustrāre* 'percorrere con l'occhio, con lo sguardo', comp. di *per-* e *lustrāre* 'purificare', poi 'passare in rivista, percorrere', da *lūstrum* 'purificazione'. V. *lustrale*① ✱ 1484 ca.] **v. tr.** ● percorrere un luogo ispezionandolo sistematicamente e attentamente: *p. la città, la campagna*; *hanno perlustrato tutta la zona alla ricerca dei banditi*

perlustratóre [1841] **agg.** e **s. m.** (**f.** *-trice*) ● che (o chi) perlustra

perlustrazióne [1674] **s. f.** ● il perlustrare | giro di attenta ispezione e vigilanza: *an-*

dare in p.; *mandare una squadra in p.*

permacoltùra o **permacultùra** [comp. di *perma(nente)* e *(agri)coltura*, sul modello dell'ingl. *permaculture* ✱ 1988] **s. f.** ● (*agric.*) metodo di coltivazione che, sfruttando al meglio le caratteristiche ambientali e le proprietà del terreno, mira a creare sistemi produttivi in grado di mantenersi e rinnovarsi nel tempo, riducendo al minimo l'intervento umano **SIN.** agricoltura permanente

permacultùra ➤ **permacoltura**

pèrmafrost /'permafrost, *ingl.* 'pɜːmə,frɒst/ [vc. ingl., comp. di *perma(nent)* 'permanente' e *frost* 'gelo' (di orig. germ.) ✱ 1974] **s. m. inv.** ● (*geol.*) suolo dei climi freddi, perennemente gelato in profondità **SIN.** permagelo

permagèlo [parziale calco sull'ingl. *permafrost* 'gelo (*frost*) permanente (*perma(nent)*)' ✱ 1987] **s. m.** ● (*geol.*) permafrost

permàle o **per màle** nel sign. B [da *per male*; nel sign. A, dalla loc. (*aversene*) *per male* ✱ 1420 ca.] **A s. m.** ● (*tosc.*) risentimento, screzio nato da un equivoco, da un malinteso **B agg. inv.** ● (*raro*) disonesto, malvagio **CONTR.** perbene

pèrmalink /'permalink, *ingl.* 'pɜːmə,lɪŋk/ [vc. ingl. comp. di *perma(nent)* 'stabile' e *link* 'collegamento' ✱ 2005] **s. m. inv.** ● (*Internet*) link a una pagina web formulato in modo da restare stabile nel tempo, anche se cambiano i contenuti della pagina stessa

permalloy /*ingl.* ,pɜːm'ælɔɪ/ [vc. ingl., comp. di *perm(eable)* 'permeabile' e *alloy* 'lega' (dal fr. ant. *aloi* 'lega'), con riferimento alla permeabilità magnetica ✱ 1983] **s. m. inv.** ● lega composta di ferro e nichelio, caratterizzata da un'alta permeabilità magnetica

♦**permalóso** (o **-ṣ-**) [da *permale* ✱ 1611] **agg. e s. m.** (**f. -a**) ● che (o chi) si indispettisce o si risente anche per parole o atti in sé insignificanti **SIN.** ombroso ‖ **permalosétto**, **dim.** | **permalosóne**, **accr.** ‖ **permalosità**, **s. f. inv.** caratteristica di chi è permaloso **SIN.** ombrosità, suscettibilità

♦**permanènte** **A** **part. pres.** di *permanere*; anche **agg.** **1** nei sign. del v. | stabile, continuo, fisso: *divieto p.* **2** ***esposizione p.***, che non chiude mai | ***fortificazione p.***, quella relativa alle fortezze e opere fortificate | ***biglietto p.***, che dà diritto di viaggiare, per la durata della sua validità, su tutte le linee ferroviarie o parte di esse a seconda dell'estensione | ***dentizione p.***, quella costituita dai denti stabili, successiva a quella caduca infantile | ***educazione p.***, V. *educazione* | ***trucco p.***, V. *trucco*② | (*dir.*) ***reato p.***, quando la condotta del reo perdura nel tempo ‖ **permanenteménte**, **avv.** **B s. f.** ● ondulazione duratura dei capelli, eseguita con vari sistemi: *p. a caldo*, *a freddo*, *elettrica*; *p. riccia*, *morbida*; *farsi la p.*

SFUMATURE ➤ ***continuo***

♦**permanènza** [da *permanente* ✱ av. 1294] **s. f.** **1** continua e durevole esistenza o presenza: *la p. della crisi economica* **SIN.** persistenza | ***in p.***, senza interruzioni, continuativamente **2** soggiorno continuato: *la mia p. in città sarà piuttosto breve* | ***buona p.!***, augurio fatto da chi parte a chi resta, spec. in località di villeggiatura e sim.

permanére [vc. dotta, lat. *permanēre*, comp. di *per-* e *manēre* 'rimanere'. V. *rimanere* ✱ 1268] **v. intr.** (**pres.** *io permàngo, tu permàni, egli permàne, noi permaniàmo, voi permanéte, essi permàngono*; **pass. rem.** *io permàsi*, †*permànsi, tu permanésti, egli permàse*, †*permànse*, †*permanètte*; **fut.** *io permarrò*; **congtv. pres.** *io permànga, noi permaniàmo, voi permaniàte, essi permàngano*; **condiz. pres.** *io permarrèi*; **part. pass.** *permàso*, †*permànso*, †*permàsto*; **aus.** *essere*) **1** continuare a essere, durare: *le condizioni del paziente permangono gravi* **SIN.** perdurare **2** (*raro*) continuare a stare, rimanere: *p. in un luogo*

permanganàto [comp. di *per-* e *manganato* ✱ 1869] **s. m.** ● (*chim.*) sale dell'acido permanganico | ***p. di potassio***, energico ossidante, usato come antisettico nell'analisi volumetrica, nell'industria della chimica organica, in metallurgia **SIN.** camaleonte violetto, camaleonte minerale

permangànico [1871] **agg.** (**pl. m.** *-ci*) ● (*chim.*) detto di composto del manganese eptavalente: *anidride permanganica* | ***acido p.***, acido del manganese contenente la maggior percentuale di ossigeno

†**permànso** ➤ **permaso**

permarrèi ➤ **permanere**

permàso (o **-ṣ-**) o †**permànso**, †**permàsto** **part. pass.** di *permanere*; anche **agg.** ● (*lett.*) nei sign. del v.

permeàbile [vc. dotta, lat. tardo *permeăbile(m)* 'per dove si può passare', da *permeāre* 'attraversare'. V. *permeare* ✱ av. 1640] **agg.** ● che si lascia permeare, che assorbe: *corpo p.* **CONTR.** impermeabile ‖ **permeabilità**, **s. f. inv.** (V.)

permeabilità [1829] **s. f. inv.** ● condizione o proprietà di ciò che è permeabile **CONTR.** impermeabilità | ***p. magnetica di una sostanza***, rapporto tra l'intensità del campo magnetico nell'interno di quella sostanza, e l'intensità del campo magnetico che si formerebbe nel vuoto **SIN.** induttività

permeànza [da *permeare* col suff. *-anza* di *induttanza*, ecc. ✱ 1954] **s. f.** ● (*fis.*) inverso della riluttanza

♣**permeàre** [vc. dotta, lat. *permeāre* 'attraversare, passare', comp. di *pĕr* 'attraverso' e *meāre* 'passare'. V. †*meare* ✱ 1499] **A v. tr.** (**pres.** *io pèrmeo*; **fut.** *io permeerò*) **1** passare attraverso un corpo, diffondendosi profondamente in esso, riferito a liquidi, gas e sim.: *l'acqua ha permeato il terreno*; *il gas permea l'aria* **2** (*fig.*) penetrare profondamente, influenzando qlcu. o qlco.: *la cultura greca ha permeato quella latina*; *le sue parole sono permeate di orgoglio* (o *dall'orgoglio*) **B permeàrsi v. intr. pron.** ● impregnarsi, intridersi: *l'aria si è permeata di cattivi odori*

permeàṣi [comp. di *perme(are)* e *-asi* ✱ 1991] **s. f. inv.** ● (*biol.*) proteina deputata al trasporto attivo di sostanze attraverso le membrane, legata alle strutture superficiali delle cellule batteriche

permeatóre [da *permeare* ✱ 1983] **s. m.** ● apparecchio per la dissalazione dell'acqua, usato in industria e nelle ricerche di laboratorio

permeazióne [1745] **s. f.** ● (*raro*) il permeare

†**permessióne** ➤ **permissione**

†**permessìvo** ➤ **permissivo**

permésso① **part. pass.** di *permettere*; anche **agg.** **1** ammesso, autorizzato **CONTR.** proibito, vietato **2** ***p.?***, ***è p.?***, formule di cortesia con cui si chiede di entrare o di passare

♦**permésso**② [lat. *permĭssu(m)*, part. pass. di *permĭttere* 'permettere' ✱ av. 1411] **s. m.** **1** autorizzazione, consenso verbale o scritto con cui a qlcu. viene concesso di fare qlco.: *bisogna chiedere il p. prima di entrare* | ***p. di soggiorno***, V. *soggiorno* | ***col vostro p.***, se lo permettete | ***con p.!*** o (*colloq.*) ***compermesso!***, formula di cortesia quando si vuole entrare o passare **CONTR.** divieto, proibizione **2** breve licenza concessa a militari, impiegati e sim. di star lontano dall'ufficio, dal reparto e sim.: *chiedere, ottenere, concedere un p.*; *un p. di otto giorni*; *essere a casa in p.*; *è scaduto il suo p.* ‖ **permessino**, **dim.**

♦**perméttere** [lat. *permĭttere*, comp. di *per-* e *mĭttere* 'mandare, lasciar andare'. V. *mettere* ✱ 1261 ca.] **A v. tr.** (**coniug. come** *mettere*) **1** dare facoltà o licenza, concedere il permesso di fare qlco. (**+ *a***; **+ *di* seguito da inf.**, **+ *che* seguito da congtv.**): *p. a tutti di dire, di rispondere*; *permette che entri?*; *la mi permetta che faccia con lei un piccolo sfogo d'amore* (C. Goldoni) | consentire, tollerare: *non permetto che si calunni ... la mia migliore amica* (F. De Roberto) | rendere possibile: *qu'sta porta permette di accedere al giardino* | autorizzare: *p. il comizio, il corteo, la manifestazione di protesta* | ***non p.***, impedire, vietare: *l'età non mi permette lunghi viaggi* | ***permetti?, permettete?*** e sim., formula di cortesia con cui si chiede il permesso di fare o dire qlco. | ***Dio permettendo***, (*lett.*) ***Dio permettente***, se Dio vorrà | ***tempo, salute permettendo***, se le condizioni meteorologiche o di salute lo consentiranno **CONTR.** proibire, vietare **2** (*lett.*) affidare **B perméttersi v. tr. pron.** (**aus.** *essere*) **1** concedersi qlco. spec. che comporti una spesa: *permettersi una vacanza*; *credo che possiamo permetterci una cena al ristorante* | consentirsi: *se ci si permette una frase, invero troppo poetica* (A. Manzoni) **2** prendersi la libertà, osare, ardire (**+ *di* seguito da inf.**): *mi permetto di dirle che ha agito male*; (*assol.*) *come si permette?*

SFUMATURE DI SIGNIFICATO

permettere - autorizzare - concedere

L'azione di consentire ad altri di fare o dire qualcosa si dice **permettere** o **autorizzare**. Il secondo dei due termini ha tuttavia una più accentuata sfumatura burocratica, facendo in genere riferimento a una concessione formale. Se il consenso viene espresso con un atteggiamento di degnazione indulgente si usa **concedere**.

permettività [da *permettere* ✱ 1958] **s. f. inv.** ● (*fis.*) rapporto tra l'induzione e il campo elettrico | costante dielettrica

permiàno [1875] **agg. e s. m.** **1** (*geol.*) permico **2** detto di lingua della famiglia uralica parlata nella regione russa di Perm

pèrmico [dalla provincia russa di *Perm* ✱ 1922] **A s. m.** ● (*geol.*; gener. con iniziale maiuscola) ultimo periodo del Paleozoico **B** anche **agg.** (**pl. m.** *-ci*): *periodo p.*

per mille o **permille** [1822] **A loc. sost. m. inv.** ● denominazione del simbolo (‰) che, posto dopo un numero, indica che per ogni mille parti vengono considerate soltanto quelle rappresentate da quel numero **B loc. agg. inv.** ● ogni mille parti: *la destinazione dell'8 per mille*

†**permischiàre** [comp. di *per-* e *mischiare* ✱ av. 1320] **v. tr.** e †**permischiàrsi v. intr. pron.** ● mischiare, mischiarsi (*anche fig.*): *voglionsi, come ognun sa, p. il piacere e l'utile* (D. Bartoli)

permissìbile [dal lat. *permĭssus* 'permesso' ✱ av. 1580] **agg.** ● (*raro*) che può essere permesso ‖ **permissibilità**, **s. f. inv.**

permissionàrio [fr. *permissionaire*, da *permission* 'permesso' (V. *permissione*) ✱ 1889] **s. m.** (**f.** *-ia*) ● (*dir.*) chi ha ottenuto un permesso, da parte della pubblica autorità, per lo svolgimento di una determinata attività

permissióne o †**permessióne** [vc. dotta, lat. *permissiōne(m)*, da *permĭssus* 'permesso' ✱ 1306] **s. f.** ● (*lett.*) permesso, concessione: *gran somma di danaro aveano ... sborsato ... per ottenere la p.* (L.A. Muratori)

permissivìṣmo [1977] **s. m.** ● atteggiamento eccessivamente tollerante, indulgente, spec. in campo educativo **CFR.** lassismo

permissìvo o †**permessìvo** [dal lat. *permĭssus* 'permesso' ✱ 1268] **agg.** **1** (*lett.*) che permette | (*dir.*) ***norma permissiva***, che non contiene un comando di fare o non fare, ma consente certi atti la cui esecuzione trova quindi in essa una particolare tutela **2** che concede molta libertà, che mostra una notevole tolleranza nei confronti di comportamenti tradizionalmente considerati da disapprovare: *educazione, scuola, società permissiva*; *autoritari o permissivi che siano, ai genitori nessuno dirà mai grazie* (I. CALVINO) ‖ **permissivaménte**, **avv.** ‖ **permissività**, **s. f. inv.** caratteristica di chi (o di ciò che) è permissivo; permissivismo

†**permistióne** [vc. dotta, lat. *permixtiōne(m)*, da *permĭxtus* 'permisto' ✱ 1282] **s. f.** ● miscuglio

†**permìsto** [av. 1327] **agg.** ● misto, mescolato

†**permotóre** [dal lat. *permōtus*, part. pass. di *permovēre* 'permuovere' ✱ 1321] **s. m.** ● principio attivo, stimolo di un movimento

†**permuòvere** [lat. *permovēre*, comp. di *per-* e *movēre* 'muovere' ✱ av. 1294] **v. tr.** ● spingere

pèrmuta o †**permùta** [da *permutare* ✱ av. 1478] **s. f. 1** (*dir.*) contratto che ha per oggetto il reciproco trasferimento della proprietà di cose, o di altri diritti, da un contraente all'altro **SIN.** baratto **2** †cambiamento, commutazione, trasferimento

permutàbile [vc. dotta, lat. tardo *permutābile(m)*, da *permutāre* 'permutare' ✱ 1395] **agg.** ● che si può permutare, scambiare: *merce non p.* ‖ **permutabilità**, **s. f. inv.**

permutaménto [av. 1558] **s. m.** ● (*raro*) il permutare | commutazione

permutàndo [da *permuta(re)*, con il suff. *-ando* ✱ 1986] **s. m.** ● (*mat.*) ***proprietà del p.***, proprietà secondo la quale scambiando i termini medi o estremi di una proporzione se ne ottiene un'altra

permutànte **A** **part. pres.** di *permutare*; anche **agg.** ● che permuta **B** **s. m. e f.** ● (*dir.*) in un contratto di permuta, ciascuna delle due parti contraenti

†**permutànza** [1321] **s. f.** ● sostituzione, cambio

permutàre [vc. dotta, lat. *permutāre* 'cambiare completamente', comp. di *per-* e *mutāre* 'cambiare' ✱ 1282] **A** **v. tr.** (*io pèrmuto* o †*permùto*) **1** fare una permuta, barattare: *p. merci, valori* **2** (*mat.*) scambiare di posto **3** †trasferire da uno ad altro o da luogo a luogo **4** †commutare, sostituire: *p. una pena* **5** †modificare, trasformare **B** **permutàrsi** **v. intr. pron. 1** †spostarsi, trasferirsi **2** †mutarsi, trasformarsi

†**permutativo** [sec. XVI] **agg.** ● che trasforma

permutàto **part. pass.** di *permutare*; anche **agg.** ● nei sign. del v. ‖ †**permutataménte**, **avv.** scambievolmente

permutatóre [1342] **agg. e s. m.** (**f.** *-trice*) ● (*lett.*) che (o chi) permuta, trasferisce | (*tel.*) ***p. telefonico***, nelle centrali telefoniche elettromeccaniche, dispositivo che realizza il collegamento fra la centrale e la rete degli abbonati

permutazióne [vc. dotta, lat. *permutatiōne(m)*, da *permutātus* 'permutato' ✱ 1282] **s. f. 1** †permuta | †scambio | †trasferimento | (*lett.*) vicissitudine **2** (*ling.*) commutazione | enallage **3** (*mat.*) ciascuno dei possibili raggruppamenti di *n* elementi che differiscono solo per l'ordine in cui ogni elemento compare **4** (*mus.*) nella polifonia, scambio degli incisi di una frase in contrappunto multiplo | nella musica seriale, scambio di elementi della serie

permutite [marchio registrato ✱ 1958] **s. f.** ● (*chim.*) sostanza organica o inorganica, naturale o artificiale, capace di sottrarre uno ione da una soluzione sostituendolo con un altro ione ceduto da essa stessa | sostanza inorganica artificiale, ottenuta per fusione di un miscuglio di silicato di alluminio, soda e silice, usata come setaccio molecolare in operazioni di separazione e come sostanza scambiatrice di ioni nella depurazione delle acque: *p. sodica, potassica, ferrica*

pernàcchia [lat. *vernăculu(m)* 'relativo agli schiavi', da *schiavo* (quindi 'volgare'), da *vĕrna* 'schiavo nato in casa': di orig. etrusca (?). V. *vernacolo* ✱ 1918] **s. f.** ● rumore volgare che esprime disprezzo e derisione, eseguito con la bocca o anche premendo le mani sulla bocca: *fare una p. a qlcu.*; *prendere qlcu. a pernacchie* ‖ **pernacchiétta**, **dim.** | **pernacchióna**, **accr.** | **pernacchióne**, **accr. m.**

pernàcchio [1917] **s. m.** ● (*merid.*) pernacchia

pernìce [vc. dotta, lat. *perdīce(m)*, dal gr. *pérdix*, da *pérdomai* 'emettere rumori', di orig. indeur., per il rumore che fa volando ✱ 1266] **s. f. 1** denominazione di varie specie di Uccelli dei Galliformi | ***p. grigia***, starna | ***p. bianca***, con piumaggio bianco nell'inverno e bruno macchiettato sul dorso nell'estate (*Lagopus mutus*) | ***p. rossa***, con becco e zampe rosse e dorso bruno rossiccio (*Alectoris rufa*) | ***p. del deserto***, pterocle **2** ***occhio di p.***, V. *occhio* ‖ **pernicióne**, **accr. m.** | **perniciòtto**, **dim. m.**

perniciósa (o **-ṣ-**) [da (*febbre*) *perniciosa* ✱ 1697] **s. f.** ● febbre malarica violenta con alta temperatura e delirio

✦**pernicióso** (o **-ṣ-**) o †**perniziόso** [vc. dotta, lat. *perniciōsu(m)*, agg. di *pernĭcies* 'danno, sciagura', comp. di *pĕr* e *nĕx*, genit. *nĕcis* 'morte' ✱ av. 1342] **agg.** ● che provoca gravi danni, che comporta conseguenze funeste, e sim.: *consiglio, errore p.*; *fuggi da tanto / p. influsso* (G. PARINI) | (*med.*) ***anemia perniciosa***, malattia caratterizzata da una forte diminuzione dei globuli rossi e presenza nel sangue circolante di voluminose cellule progenitrici dei globuli rossi | (*med.*) ***malaria perniciosa***, forma particolarmente grave di malaria ‖ **perniciosaménte**, **avv.** ‖ **perniciosità**, **s. f. inv.** caratteristica di ciò che è pernicioso, nocivo

SFUMATURE ➤ ***deleterio***

pèrnio ➤ **perno**

pernióne [vc. dotta, lat. *perniōne(m)* 'gelone', da *pĕrna* 'gamba' (V. *perla*) ✱ 1583] **s. m.** ● (*med.*) gelone

†**perniziόso** ➤ **pernicioso**

pèrno o (*raro*) **pèrnio** [lat. *pĕrna(m)* 'coscia' (V. *perla*), per la forma ✱ av. 1406] **A** **s. m. 1** (*mecc.*) organo d'accoppiamento che permette a una parte di macchina di ruotare rispetto all'altra: *p. della bilancia, dell'orologio* | ***p. di contrabbasso***, codolo **2** (*fig.*) elemento fondamentale: *il p. del racconto, della famiglia*; *essere il p. della faccenda* **SIN.** cardine, fulcro **B** **in funzione di agg. inv.** ● (posposto al sost.) solo nella loc. ***nave p.***, attorno a cui cambia la formazione delle altre con manovre evolutive ‖ **pernétto**, **dim.** | **pernino**, **dim.**

Pernod® /*fr.* pɛʀ'no/ [vc. fr., dalla ditta produttrice *Pernod* Père et Fils, dapprima specializzata in assenzio ✱ 1905] **s. m. inv.** ● liquore di sapore dolce, a base di anice e di erbe diverse, di solito consumato con aggiunta di acqua ghiacciata

pernottaménto [av. 1758] **s. m.** ● permanenza in un luogo durante la notte

pernottàre [vc. dotta, lat. *pernoctāre*, comp. di *pĕr* 'attraverso' e *nŏx*, genit. *nŏctis* 'notte', con suff. verbale ✱ 1319] **v. intr.** (*io pernòtto*; **aus.** *avere*) ● trascorrere la notte, spec. durante un viaggio: *p. in albergo*; *ieri ho pernottato a Roma*

pernòtto [deriv. di *pernottare* ✱ 1986] **s. m. 1** (*burocr.*) pernottamento **2** (*milit.*) permesso, sporadico o continuativo, di trascorrere la notte fuori dalla caserma, rientrandovi il mattino seguente

péro [lat. *pĭru(m)*, di orig. preindeur. ✱ 1282] **s. m.** ● pianta delle Rosacee arborea e arbustiva allo stato selvatico, con foglie glabre che compaiono insieme ai fiori bianchi in corimbi e frutto commestibile con numerose varietà coltivate, che hanno lo stesso nome dei loro frutti (*Pyrus communis*) | ***p. selvatico***, perastro | ***p. di terra***, topinambur | ***scendere dal p.***, (*fig.*, *colloq.*) smettere di fare l'ingenuo; decidersi a fare qlco. | ***cadere dal p.***, (*fig.*, *colloq.*) mostrare grande sorpresa, incredulità

✦**però** [lat. *pĕr hŏc* 'per questo' ✱ av. 1250] **cong. 1** ma (con più forte valore avversativo): *quel quadro è bello, p. non mi convince*; *ciò non ti sarà gradito, p. è giusto*; *sarà vantaggioso, non giusto p.*; *non vorrete p. negare che si sia impegnato a fondo*; *sono stanco, non tanto p. da non poter terminare il lavoro* | (*pleonast.*) rafforzato da 'ma'; *questa volta lo scuso ma p. deve stare più attento* | rafforzato da 'nondimeno', 'tuttavia' e sim.: *sono cose spiacevoli nondimeno p. necessarie* | (*iter.*) si usa per avanzare una critica, un'obiezione: *va bene, p. p., mi sembra che si potrebbe far meglio* | spec. all'inizio di frase, può esprimere sorpresa, apprezzamento o anche contrarietà: *p...!, c'è riuscito*; *p., niente male questo vino*; *p., non è il modo di comportarsi!* **2** tuttavia, nondimeno (con valore concessivo): *se non puoi andarci di persona, devi p. provvedere in qualche modo* **3** (*lett.*) perciò (con valore conclusivo): *sei lontana e p. tutto divaga / dal suo solco* (E. MONTALE) | V. anche *epperò* e †*perocché*

perobràchio [comp. del gr. *péros* 'storpio, mutilo', di etim. incerta, e *brachī́ōn* 'braccio' ✱ 1958] **agg. e s. m.** ● (*med.*) che (o chi) ha arti deformi o mancanti di qualche segmento

perocché o **però che** /perɔk'ke*, pe'rɔ kke*/ [comp. di *però* e *che*② ✱ av. 1250] **cong. 1** (*lett.*) poiché **2** †sebbene, per quanto

perodàttilo [comp. del gr. *pêros* 'storpio, mutilo' e *dáktylos* 'dito' (V. *dattilografia*) ✱ 1958] **agg. e s. m.** ● (*med.*) che (o chi) ha dita malformate o in numero inferiore alla norma

peróne o **pèrone** [vc. dotta, gr. *perónē* 'spilla, fibbia', poi 'perone', per la forma, da *péirein* 'trafiggere', di orig. indeur. Cfr. *fibula* ✱ 1821] **s. m.** ● (*anat.*) osso esterno della gamba **SIN.** fibula

peronèo [1802] **agg.** ● (*anat.*) relativo al perone

peronièro [1958] **agg.** ● (*anat.*) peroneo

peronìṣmo [1972] **s. m.** ● regime di impronta socialista-nazionalista instaurato in Argentina da Juan D. Perón (1895-1974) | l'ideologia, dal contenuto populista, caratteristica di tale regime

peronista [1949] **s. m. e f.** (**pl. m.** *-i*) ● seguace, fautore del peronismo

peronòspora, (*evit.*) **peronòspera** [comp. del gr. *perónē* 'punta, spilla' (V. *perone*) e *sporá* 'seme' (V. *spora*); detta così perché ha le spore a punta ✱ 1875] **s. f. 1** fungo delle Peronosporacee che si sviluppa con un micelio ramificato entro i tessuti delle foglie (*Peronospora*) | correntemente, fungo delle Peronosporacee, parassita della vite di cui colpisce le foglie e i frutti provocando la comparsa di macchie bianche (*Plasmopara viticola*) | ***p. della patata***, di origine americana in forma di muffa bianca sulle foglie (*Phytophtora infestans*) **2** malattia causata da tale fungo

Peronosporàcee [vc. dotta, comp. di *peronospora* e *-acee* ✱ 1954] **s. f. pl.** (**sing.** *-a*) ● (*bot.*) famiglia di Funghi dei Ficomiceti parassiti di piante coltivate (*Peronosporaceae*)

✦**peroràre** [vc. dotta, lat. *perorāre*, comp. di *per-* e *orāre* 'pregare'. V. *orare* ✱ 1475] **A** **v. tr.** (*io pèroro* o *raro*, **secondo il modello latino**, *però-*

ro) ● difendere con particolare calore: *il canonico … perorava la causa dell'amico* (G. VERGA) **B** **v. intr.** (aus. *avere*) ● (*lett.*) fare o pronunciare una perorazione

peroràto **part. pass.** di *perorare*; anche **agg.** ● difeso, caldeggiato

perorazióne [vc. dotta, lat. *peroratiōne(m)*, da *perorātus* 'perorato' ✶ 1554] **s. f.** **1** discorso in difesa di una tesi, di una causa ecc.: *una p. appassionata e convincente* **2** nella retorica classica, parte conclusiva di un'orazione, che cerca di suscitare commozione in chi ascolta **CONTR.** esordio

SFUMATURE ➤ *arringa*

per os /lat. per ɔs/ [loc. lat., propr. 'per bocca (*os*)' ✶ 1679] **loc. avv.** ● (*farm.*) per via orale: *un farmaco da assumere per os*

perossidàṣi [1958] **s. f. inv.** ● (*chim.*) famiglia di enzimi che catalizzano le reazioni di ossidazione

perossìdico [1958] **agg.** (**pl. m.** *-ci*) ● (*chim.*) detto di legame covalente fra due atomi di ossigeno caratteristico dei perossidi

peròssido [fr. *peroxyde*, comp. di *per-* 'per-' e *oxyde* 'ossido' ✶ 1813] **s. m.** ● (*chim.*) composto contenente due atomi di ossigeno legati fra loro da un legame covalente, con effetto disinfettante, deodorante, decolorante | ***p. d'idrogeno***, acqua ossigenata

perovskìte [ted. *Perowskit*, dal n. dello statista russo del XIX sec. L.A. *Perovskij* col suff. *-it* '-ite②' ✶ sec. XVIII] **s. f.** ● (*miner.*) sale di calcio dell'acido titanico in cristalli giallo-bruni, presente nelle rocce magmatiche | prodotto sintetico analogo, caratterizzato da superconduttività ad alta temperatura

†**perpèndere** [vc. dotta, lat. *perpĕndere*, comp. di *per-* e *pĕndere* 'pesare'. V. *pendere* ✶ sec. XIV] **v. tr.** ● giudicare, valutare

♦**perpendicolàre** [vc. dotta, lat. tardo *perpendiculāre(m)*, da *perpendĭculum* 'perpendicolo' ✶ av. 1320] **A** **agg.** **1** che segue la direzione del filo a piombo **2** (*mat.*) che forma angolo retto: *rette perpendicolari* **SIN.** ortogonale ‖ **perpendicolarménte**, **avv.** in direzione perpendicolare ‖ **perpendicolarità**, **s. f. inv.** condizione di ciò che è perpendicolare rispetto ad altro: *la perpendicolarità di un muro, di una retta* **B** **s. f.** ● retta perpendicolare: *tracciare la p. a un piano*

perpendìcolo [vc. dotta, lat. *perpendĭculu(m)*, da *perpĕndere* 'pesare esattamente, esaminare, calcolare'. V. †*perpendere* ✶ sec. XIV] **s. m.** **1** †filo a piombo | archipendolo **2** linea segnata dal filo a piombo | ***a p.***, secondo la perpendicolare

perpetràre [vc. dotta, lat. *perpetrāre*, comp. di *per-* e *patrāre* 'compiere'. V. *impetrare*① ✶ av. 1321] **v. tr.** (*io pèrpetro* o *poet.* *perpètro*) ● commettere, compiere azioni illecite o disoneste: *p. un misfatto, un delitto, un falso*

perpetratóre [vc. dotta, lat. tardo *perpetratōre(m)*, da *perpetrātus* 'perpetrato' ✶ sec. XIV] **agg. e s. m.** (**f.** *-trice*) ● (*raro*) che (o chi) perpetra

perpetrazióne [vc. dotta, lat. tardo *perpetratiōne(m)*, da *perpetrātus* 'perpetrato' ✶ sec. XIV] **s. f.** ● (*raro*) il perpetrare

perpètua [dal nome di *Perpetua*, la governante di don Abbondio nei 'Promessi Sposi' del Manzoni ✶ 1838] **s. f.** ● domestica di un sacerdote | (*est.*) donna di servizio anziana e ciarliera

perpetuàbile [1871] **agg.** ● che può essere perpetuato ‖ **perpetuabilità**, **s. f. inv.**

†**perpetuàle** [vc. dotta, lat. *perpetuāle(m)*, nel sign. però di 'generale, universale', da *perpĕtuus* 'perpetuo' ✶ av. 1292] **agg.** ● perpetuo ‖ †**perpetualménte**, †**perpetualeménte**, **avv.** in perpetuo

perpetuàre [av. 1328] **A** **v. tr.** (*io perpètuo, noi perpetuiàmo*) ● rendere perpetuo: *p. il ricordo, la gloria, la memoria, la fama* | rendere durevole: *p. l'opera di un benefattore* **SIN.** eternare, immortalare **B** **perpetuàrsi** **v. intr. pron.** ● eternarsi, prolungarsi nel tempo

perpetuatóre [av. 1595] **agg. e s. m.** (**f.** *-trice*) ● che (o chi) perpetua: *p. di tradizioni popolari*

perpetuazióne [av. 1540] **s. f.** ● il perpetuare | conservazione, mantenimento nel tempo: *la p. della stirpe*; *la p. del nome suo* (F. GUICCIARDINI)

perpetuìno [da *perpetuo*, perché conserva molto a lungo i colori. Cfr. *sempreverde*, *semprevivo* ✶ 1813] **s. m.** ● (*bot.*) semprevivo

perpetuità o †**perpetuitàde**, †**perpetuitàte** [vc. dotta, lat. *perpetuitāte(m)*, da *perpĕtuus* 'perpetuo' ✶ 1374] **s. f. inv.** ● durata ininterrotta e perenne: *la p. del tempo, della fama*; *la p. della storia universale* (G. VICO) **SIN.** perennità

perpètuo [vc. dotta, lat. *perpĕtuu(m)*, comp. di *per-* e *pĕtere* 'dirigersi, avanzare' (V. †*petere*), propr. 'che avanza ininterrottamente' ✶ 1261 ca.] **agg.** **1** che dura sempre, che è destinato a non finire mai: *dannazione, felicità perpetua* | ***a perpetua memoria***, in perenne ricordo | ***carcere, esilio p.***, che dura tutta la vita | ***lampada perpetua***, tenuta accesa giorno e notte su una tomba o davanti a una sacra immagine | ***socio p. di un'accademia***, a vita | ***in p.***, perpetuamente | (*dir.*) ***rendita perpetua***, V. *rendita* **SIN.** perenne **CONTR.** transitorio **2** continuo, ininterrotto: *la sua perpetua indecisione ci ha danneggiato gravemente* **CONTR.** provvisorio **3** (*mecc.*) ***leva perpetua***, puleggia | ***vite perpetua***, vite senza fine, che per ogni giro sposta di un dente la ruota in cui si ingrana ‖ **perpetuaménte**, **avv.** eternamente, per sempre; continuamente, sempre

SFUMATURE DI SIGNIFICATO

perpetuo - eterno - infinito

Ciò che dura sempre, che è destinato a non finire mai si dice **perpetuo.** Se *perpetuo* è ciò che non avrà mai fine ma può aver avuto un inizio, ciò che non ha avuto inizio e non avrà fine, che è sempre esistito e sempre esisterà si definisce **eterno** o **infinito**, che nel linguaggio delle religioni monoteistiche è attributo di Dio. Si noti che tutti e tre i termini possono essere usati scherzosamente per definire ciò che è troppo lungo, interminabile.

SFUMATURE ➤ *continuo*

perpetuum, in ➤ **in perpetuum**

♦**perplessità** [vc. dotta, lat. tardo *perplexitāte(m)* 'aggrovigliamento', da *perplĕxus* 'perplesso' ✶ sec. XIV] **s. f. inv.** ● condizione o stato di chi è perplesso: *notai con meraviglia la sua p.*; *dopo alcuni giorni di angosciosa p., le nozze furono stabilite* (L. PIRANDELLO) **SIN.** incertezza, irresolutezza, titubanza **CONTR.** decisione, risolutezza | (**al pl.**) dubbi, esitazioni: *comprendo le sue perplessità*

♣**perplèsso** [vc. dotta, lat. *perplĕxu(m)* 'intricato, confuso', part. pass. di *perplĕctere* 'intrecciare', comp. di *per-* e *plĕctere* 'intrecciare'. V. *plesso* ✶ 1336 ca.] **agg.** **1** incerto, titubante, dubbioso: *essere, dimostrarsi p.*; *rimase p. di fronte alla mia proposta* | sconcertato, poco convinto: *la sua decisione mi lascia p.* | che rivela dubbio, incertezza: *sguardo p.*; *ore perplesse … brividi / d'una vita che fugge* (E. MONTALE) **CONTR.** deciso, risoluto **2** (*lett.*) ambiguo, indistinto, complicato **3** †aggrovigliato, intricato | †tortuoso ‖ **perplessaménte**, **avv.** in modo perplesso

SFUMATURE DI SIGNIFICATO

perplesso - disorientato - esitante

Perplesso definisce la condizione di chi è incerto perché scarsamente convinto o addirittura sconcertato. In **disorientato** l'accento viene posto sulla confusione, quasi perdita di orientamento, in cui una persona si trova nell'affrontare un situazione non prevista. In **esitante** la condizione di incertezza dipende soprattutto dal non sapersi decidere.

SFUMATURE ➤ *incerto*, ➤ *insicuro*

perplìmere [retroformazione creata dal comico C. Guzzanti nella trasmissione televisiva *Avanzi* dall'agg. *perplesso* interpretato come se fosse il part. pass. di un v. coniugato sul modello di *opprimere* ✶ 1998] **A** **v. tr.** (**pass. rem.** *io perplèssi o perpliméi, tu perpliméstì*; **part. pass.** *perplèsso*) ● (*colloq.*, *scherz.*) rendere perplesso **B** **v. intr.** e **perplimersi** **v. intr. pron.** ● (*colloq.*, *scherz.*) essere, diventare perplesso Il verbo 'perplimere' è un esempio di retroformazione, cioè di processo mediante il quale una parola deriva da un'altra che sembrerebbe un suo derivato. Infatti l'aggettivo 'perplesso' deriva dal latino *perplexus*, part. pass. del verbo *perplectere*. Invece 'perplimere' è un parola di formazione recente; è un verbo deaggettivale, cioè deriva dall'agg. *perplesso* (derivazione supposta per analogia con *oppresso*, part. pass. di *opprimere*, o con *depresso*, part. pass. di *deprimere*). È di uso soltanto colloquiale e generalmente scherzoso

perquiṣìre [ricavato da *perquisizione* ✶ 1853] **v. tr.** (*io perquiṣìsco, tu perquiṣìsci*) ● cercare frugando o rovistando in un luogo, su una persona e sim., allo scopo di trovare cose nascoste, spec. riguardanti un reato: *p. una stanza*; *p. qlcu. alla dogana*

perquiṣitìvo [av. 1712] **agg.** **1** (*raro*) relativo a perquisizione **2** †che è proprio di chi cerca

perquiṣizióne [vc. dotta, lat. tardo *perquisitiōne(m)*, da *perquisītus* 'ricercato' ✶ 1640] **s. f.** ● operazione del perquisire: *p. personale, domiciliare*; *mandato di p.*; *fare, operare, eseguire una p.*; *una p. molto accurata*

†**perrùcca** ➤ **parrucca**

perscrutàbile [sec. XIV] **agg.** ● (*lett.*) che si può perscrutare **CONTR.** imperscrutabile

perscrutàre [vc. dotta, lat. *perscrutāri*, comp. di *per-* e *scrutāri* 'scrutare' ✶ 1468] **v. tr.** ● (*raro*, *lett.*) investigare, cercare di conoscere: *p. i fini dell'esistenza*

perscrutazióne [vc. dotta, lat. *perscrutatiōne(m)*, da *perscrutātus*, part. pass. di *perscrutāri* 'perscrutare' ✶ 1765] **s. f.** ● (*lett.*) investigazione, ricerca minuziosa

pèrsea [vc. dotta, lat. *pĕrsea(m)*, dal gr. *perséa*, perché ritenuta di orig. persiana ✶ 1835] **s. f.** ● (*bot.*) avocado

persecutivo [formato da *persecut(orio)* con altro suff. ✶ 1898] **agg.** **1** (*lett.*) persecutorio **2** (*psicol.*) proprio di chi si sente perseguitato: *mania persecutiva*

persecutóre [vc. dotta, lat. tardo *persecutōre(m)*, da *persecūtus*, part. pass. di *pĕrsequi* 'perseguire' ✶ av. 1294] **agg. e s. m.** (**f.** *-trice*) ● che (o chi) perseguita: *p. degli Ebrei*; *setta intollerante e persecutrice*

persecutòrio [1922] **agg.** (**pl. m.** *-i* o *raro* *-ii*) **1** caratteristico, tipico di chi perseguita: *metodo p.* **2** caratteristico di chi si sente perseguitato: *delirio p.* ‖ **persecutoriaménte**, **avv.**

persecuzióne [vc. dotta, lat. *persecutiōne(m)* 'inseguimento', poi (lat. tardo) 'persecuzione', da *persecūtus*, part. pass. di *pĕrsequi* 'perseguire' ✶ av. 1294] **s. f.** **1** repressione violenta e implacabile spec. nei confronti di una minoranza religiosa, etnica, politica: *fare qlcu. oggetto di p.*; *la p. degli Ebrei* | (*est.*) serie sistematica di atti ostili contro qlcu. **2** (*fig.*, *iperb.*) chi (o ciò che) costituisce un assillo continuo ed esasperante: *le sue visite sono una vera p.*; *non sarebbe stato serio prestar* *fede alla p. di un certo spirito maligno* (L. PIRANDELLO) **3** (*psicol.*) ***delirio, mania di p.***, convinzione, non giustificata dalla realtà, di essere vittima di persecuzioni a opera di altre persone || **persecuzioncèlla**, **dim.**

perseguènte **part. pres.** di *perseguire*; anche **agg.** • nei sign. del v. | †che insegue

perseguìbile [1935] **agg.** **1** che può essere perseguito, conseguito: *un fine difficilmente p.* **2** (*dir.*) che può essere causa di un'azione penale || **perseguibilità**, **s. f. inv.**

perseguiménto [av. 1848] **s. m.** • attività mirante a perseguire qlco.

perseguire [vc. dotta, lat. *pĕrsequi*, comp. di *per-* e *sĕqui* 'seguire' ✱ av. 1294] **v. tr.** (**pres.** *io perséguo*; **pass. rem.** *io perseguìi*, †*perseguètti, tu perseguìsti*) **1** cercare di raggiungere, di ottenere: *p. uno scopo, un intento* **SIN.** prefiggersi **2** applicare la legge contro chi si rende colpevole di un reato o contro il reato stesso: *p. i trafficanti di droga*; *p. il contrabbando* **3** (*lett.*) perseguitare: *p. con odio*; *tu me proscritto / barbaramente perseguivi a morte* (V. ALFIERI) **4** †proseguire, continuare **5** (*lett.*) inseguire | (*lett.*) seguire: *Io perseguivo il mio pensiero come / si persegue una bella creatura* (U. SABA)

perseguitàre [sovrapposizione di *seguitare* a *persecuzione* ✱ 1268] **v. tr.** (*io perséguito*) **1** fare oggetto di persecuzione: *p. i nemici, i deboli, gli indifesi* | †cercare di catturare: *p. il reo, i fuggiaschi* **2** (*fig.*) infastidire o molestare senza sosta e in modo insopportabile: *mi perseguitano con le loro pressanti richieste* | (*fig.*) tormentare: *la sorte mi perseguita*; *è perseguitato dai sensi di colpa* **3** †continuare, proseguire

SFUMATURE ➤ ***vessare***

perseguitàto **A** **part. pass.** di *perseguitare*; anche **agg.** • nei sign. del v. **B** **s. m.** (**f.** *-a*) • chi subisce o ha subito una persecuzione: *i perseguitati politici*

†**perseguitatóre** [av. 1328] **agg. e s. m.** (**f.** *-trice*) **1** persecutore | insidiatore **2** †inseguitore

perseguìto **A** **part. pass.** di *perseguire*; anche **agg.** • nei sign. del v. | †inseguito **B** **s. m.** • †persecuzione

†**perseguitóre** [1336 ca.] **agg.**; anche **s. m.** (**f.** *-trice*) **nei sign. 2 e 3** **1** (*lett.*) che persegue uno scopo **2** nemico, persecutore **3** inseguitore

Persèidi [da *Perseo*, vc. dotta, lat. *Pĕrseu(m)*, dal gr. *Perséus*, figlio di Zeus e di Danae, poi n. di una costellazione ✱ 1891] **s. f. pl.** • (*astron.*) sciame meteoritico radiante dalla costellazione del Perseo, che si può osservare, di notte, tra il 9 e l'11 di agosto **SIN.** lacrime di San Lorenzo

perseverànte **part. pres.** di *perseverare*; anche **agg.** • costante, fermo nei propri propositi || **perseverantemènte**, **avv.** con perseveranza

perseverànza [vc. dotta, lat. *perseverăntia(m)*, da *persevērans*, genit. *perseverăntis* 'perseverante' ✱ 1266] **s. f.** • fermezza e costanza di propositi, opinioni e opere: *la sua p. è degna di lode*; *mostrare p. nei propri ideali* **SIN.** pertinacia, tenacia **CONTR.** incostanza, mutevolezza | (*lett.*) ostinazione

♦**perseveràre** [vc. dotta, lat. *perseverāre*, comp. di *per-* e *sevērus* 'rigoroso, severo', con suff. verbale ✱ av. 1257] **A** **v. intr.** (*io persèvero*; **aus.** *avere*) • persistere con costanza e fermezza nei propri propositi (+ *in*, *raro* + *a*, **anche seguiti da inf.**): *è deciso a p. nell'impresa*; *p. nello studio, nel lavoro*; *perseverando nel combattere* (G. BOCCACCIO) | persistere in comportamenti negativi: *perseverare nel male, nel vizio, nell'errore* **SIN.** insistere **CONTR.** desistere **B** **v. tr.** • †mantenere costantemente

†**perseverévole** [av. 1328] **agg.** • durevole

pèrsi ➤ **perdere**

persiàna [fr. *persienne*, f. sost. di *persien* 'persiano', perché ritenuta originaria della *Persia* ✱ 1771] **s. f.** • imposta esterna di finestra, formata da stecche intelaiate trasversalmente e inclinate in modo da lasciar passare l'aria e difendere dalla luce troppo forte | ***p. a saracinesca, avvolgibile***, le cui stecche si avvolgono ad un rullo posto in un vano sopra la finestra e scorrono su guide laterali **SIN.** (*sett.*) tapparella | ***p. incanalata***, scorrevole entro incassi laterali fatti nel muro || **persianètta**, **dim.** | **persianìna**, **dim.**

persianista [1954] **s. m. e f.** (**pl. m.** *-i*) • chi si occupa di lingua e letteratura persiana moderna

persianistica [da *persiano*, sul modello di *germanistica* ecc. ✱ 1941] **s. f.** • disciplina relativa allo studio della lingua e della letteratura persiana moderna

♦**persiàno** [av. 1350] **A** **agg.** **1** della Persia: *l'impero p.*; *l'antica arte persiana* **2** (*est.*) originario della Persia: *pecora persiana* | iraniano | ***gatto p.***, con corpo massiccio, arti corti e robusti, testa larga, pelo soffice e abbondante di color bianco, grigio o grigio-azzurro **B** **s. m.** **1** (**f.** *-a*) abitante o nativo della Persia **2** pelle conciata degli agnelli di razza karakul | (*est.*) pelliccia confezionata con tale pelle: *un p. grigio, marrone, nero* **3** (*ellitt.*) gatto persiano **C** **s. m. solo sing.** • lingua della famiglia indoeuropea parlata in Persia **SIN.** farsi

pèrsica ➤ **pesca**①

persicària [da *persica*, perché le foglie ricordano, per la forma, quelle del *pesco* ✱ av. 1320] **s. f.** • pianta erbacea annua delle Poligonacee comune nei fossi e in luoghi umidi con fiori rosei raccolti in spiga (*Polygonum persicaria*)

persichìno [da *persico*③ ✱ av. 1347] **A** **agg.** • †che ha il colore del fiore di pesco **B** **s. m.** • varietà di marmo della Versilia, venato di rosso e viola

pèrsico① [vc. dotta, lat. *Pĕrsicu(m)*, dal gr. *Persikós*, da *Persía* 'Persia' ✱ 1426 ca.] **agg.** (**pl. m.** *-ci*) • persiano, spec. in termini geografici: *golfo p.*; *mar p.*

pèrsico② [etim. incerta: forse longob. **parsik* ✱ 1518] **s. m.** (**pl. m.** *-ci*) • pesce d'acqua dolce dei Perciformi con corpo compresso di color verdastro a strisce nere verticali sui fianchi (*Perca fluviatilis*)

pèrsico③ [V. *pesco* ✱ 1282] **s. m.** (**pl.** *-ci*) • (*centr.*, *sett.*, *lett.*) albero del pesco

♦**persìno** [comp. di *per* e *sino* ✱ sec. XIV] **avv.** • perfino

persistènte **part. pres.** di *persistere*; anche **agg.** **1** che persiste, che dura: *pioggia, febbre p.* **2** (*bot.*) detto di organo vegetale che permane sulla pianta per un periodo più lungo del normale || **persistentemènte**, **avv.**

SFUMATURE ➤ ***continuo***

persistènza [da *persistente* ✱ av. 1478] **s. f.** **1** continua durata: *la p. del cattivo tempo* | (*fisiol.*) ***p. dell'immagine***, impressione visiva che persiste brevemente dopo la cessazione degli stimoli che causano l'immagine originale; è detta anche immagine postuma **2** (*lett.*) perseveranza, ostinazione **CONTR.** incostanza

SFUMATURE ➤ ***costanza***

persìstere [vc. dotta, lat. *persĭstere*, comp. di *per-* e *sĭstere* 'far fermare', da *stāre* 'stare' ✱ sec. XIV] **v. intr.** (**pass. rem.** *io persistètti* o *persistéi, tu persistésti*; **part. pass.** *persistito*; **aus.** *avere*) **1** continuare con fermezza e costanza, quasi con ostinazione (+ *in*, **anche seguito da inf.**, + *a* **seguito da inf.**): *p. in una opinione, nell'errore*; *persiste nel ribadire le proprie posizioni*; *p. a credere, a negare, a sostenere qlco.*; *persiste nel ricusar le mie nozze* (C. GOLDONI) **SIN.** perseverare, insistere **CONTR.** desistere **2** durare a lungo, prostrarsi, continuare: *la febbre persiste*; *il maltempo persiste*

persistìto **part. pass.** di *persistere* • (*lett.*) compiuto con ostinata tenacia

pèrso① **part. pass.** di *perdere*; anche **agg.** **1** perduto | smarrito | (*fig.*) totalmente assorto, assente: *occhi persi* | (*fig.*) perdutamente innamorato: *il suo cuore era ancora p. dietro a colui* (A. MANZONI) **2** ***tempo p.***, impiegato male | ***a tempo p.***, nei ritagli di tempo | ***darsi per p.***, per vinto | ***dare qlco. per p.***, considerare come perduto | ***anima persa***, smarrita | ***spendere a fondo p.***, senza pensare a un guadagno o a un rimborso | ***avvocato, difensore delle cause perse***, chi si ostina a difendere qlco. o qlcu. che è ormai inutile difendere | loc. avv. ***p. per p.***, con riferimento a tentativi che si fanno comunque, anche senza speranza, per mancanza di alternative

†**pèrso**② [lat. mediev. *pĕrsu(m)* 'persiano': dal colore di stoffe che provenivano dalla *Persia* (?) ✱ av. 1276] **A** **agg. e s. m.** • di colore bruno che tende al rossiccio | (*est.*) oscuro: *aere p.* **B** **s. m.** • panno o abito di colore perso

persolfàto [comp. di *per-* e *solfato* ✱ 1871] **s. m.** • (*chim.*) sale dell'acido persolforico, dotato di azione ossidante, usato spec. sotto forma alcalina nell'imbianchimento di fibre, come disinfettante e in molte operazioni industriali

persolfòrico [comp. di *per-* e *solforico* ✱ 1954] **agg.** (**pl. m.** *-ci*) • (*chim.*) detto di composto dello zolfo esavalente che contiene un gruppo perossidico: *anidride persolforica* | ***acido p.***, peracido dello zolfo, con potere ossidante, la cui soluzione a caldo si decompone in acido solforico e acqua ossigenata

persolfùro [comp. di *per-* e *solfuro* ✱ 1871] **s. m.** • (*chim.*) solfuro contenente una quantità di zolfo superiore a quella necessaria a saturare la massima valenza del metallo

♦**persóna** [lat. *persōna(m)*, dall'etrusco *phersu* 'maschera' ✱ 1219] **s. f.** **1** essere umano in quanto tale, individuo: *una p. per bene, disonesta, illustre, sconosciuta*; *una p. di sesso maschile*; *una riunione di molte persone* | ***per interposta p.***, per mezzo di un intermediario | ***in p.***, in carne ed ossa | ***di p.***, personalmente | ***fatto p.***, personificato: *quell'atleta è la prestanza fisica fatta p.* | ***p. non grata***, o (loc. latina) ***p. non grata***, spec. nel linguaggio diplomatico, chi non è considerato bene accetto da parte di un determinato Stato **CFR.** indesiderabile | ***pagare di p.***, (*fig.*) assumersi personalmente le conseguenze di qlco. | †qualcuno; nessuno (in frasi negative): *Uscite fuora, ché non c'è p.* (P. ARETINO) | (*filos.*) l'individuo come essere pensante, nella sua essenza e singolarità **2** essere umano in quanto membro della società, dotato di particolari qualità, investito di specifiche funzioni e sim.: *la p. del re è sacra e inviolabile*; *ogni ordine di persone* | ***p. di servizio***, domestico, domestica | (*dir.*) ***delitti contro la p.***, che ledono l'essere umano fisicamente o moralmente **3** corpo e figura umana: *è un abito non adatto alla sua p.*; *avere cura della propria p.* | ***la propria p.***, sé stesso | ***conoscere qlcu. di p.***, direttamente | ***in p.***, personificato: *è la furbizia in p.* | ***è il diavolo in p.***, (*fig.*) persona estremamente malvagia **4** (*dir.*) titolare di diritti e di doveri | ***p. fisica***, singolo individuo | ***p. giuridica***, organismo unitario costituito da un complesso di persone fisiche e di beni cui lo Stato riconosce capacità giuridica e d'agire per il perseguimento di uno scopo lecito e determinato **5** †vita | ***togliere la p.***, uccidere | ***perdere la p.***, morire | ***pena la p.***, con pena di morte **6** designazione con cui si indicano separatamente il Padre, il Figlio e lo Spirito Santo nella Trinità: *le tre persone della Trinità; un solo Dio in tre persone* **7** (*gramm.*) categoria grammaticale basata sul riferimento ai partecipanti alla comunicazione e all'enunciato prodotto | ***prima p.***, quella che parla | ***seconda p.***, quella a cui si parla | ***terza p.***, quella di cui si parla | (*fig.*) ***in prima p.***, direttamente: *dramma vissuto in prima p.* **8** †personaggio: *le persone del dramma* | ***in p. di***, in vece di ‖ **personàccia**, **pegg.** | **personcìna**, **dim.** | (*lett.*) **personcìno**, **dim. m.**

♦**personàggio** [fr. *personnage*, da *personne* 'persona' ✱ av. 1472] **s. m.** **1** persona importante e ragguardevole: *un p. politico di primo piano* **2** (*fig.*, *scherz.*) tipo: *uno strano p.*; *un p. buffissimo* **3** (*est.*) persona che agisce o che è rappresentata in un'opera teatrale, letteraria, cinematografica e sim.: *i personaggi di un film, di una commedia, di un originale televisivo*; *i caratteri dei personaggi non sono altro … che le note stesse … dell'anima del poeta* (B. Croce) **4** †persona mascherata

SFUMATURE DI SIGNIFICATO

personaggio - protagonista - grande - big

Chi in un'epoca, un ambiente, un settore di attività ha avuto o ha un ruolo importante e di prestigio si definisce **personaggio**. **Protagonista** è invece chi ha un ruolo di primo piano in un settore d'attività, del quale contribuisce a creare orientamenti e tendenze. **Grande** e **big**, suo equivalente inglese, descrivono chi ha autorità e prestigio ma anche potere e denaro, ed esercita la sua influenza in ambiti molto estesi.

pérsonal /'personal, *ingl.* 'pɜːsən(ə)l/ [1982] **s. m. inv.** ● personale, in alcune loc. | ***p. computer***, o (*ellitt.*) ***personal***, elaboratore elettronico di piccole dimensioni, utilizzato come stazione di lavoro autonoma o come terminale intelligente in una rete; in sigla PC | ***p. shopper***, chi per professione indirizza e assiste qlcu. negli acquisti, spec. di abbigliamento | ***p. trainer***, preparatore atletico che segue un cliente in un programma di allenamento personalizzato

♦**personàle** [vc. dotta, lat. tardo *persōnāle(m)*, da *persōna* 'persona' ✱ 1312] **A** **agg.** **1** della persona, relativo alla persona, all'individuo: *libertà, interesse, opinione p.* | che riguarda una singola persona: *motivi personali* | ***piacere p.***, fatto a una data persona per favorirla | ***carte personali***, documenti relativi a una persona | ***di uso p.***, proprio | ***a titolo p.***, come singola persona, senza coinvolgere altri: *parlare a titolo p.*; *una proposta fatta a titolo p.* | ***biglietto p.***, che vale solo per chi lo possiede | ***lettera p.***, ***strettamente p.***, di carattere del tutto privato | ***fatto p.***, che riguarda una certa persona | ***voto p.***, dato di persona e non a mezzo di altro soggetto a ciò delegato | (*sport*) ***fallo p.***, nella pallacanestro, quello compiuto da un giocatore ai danni di un avversario | ***record p.***, limite di prestazione individuale **2** (*gramm.*) ***pronome p.***, che rappresenta una delle tre persone grammaticali | ***costruzione p.***, con un soggetto determinato | ***modi personali***, modi del verbo che comportano flessioni che indicano il tempo e la persona, e cioè l'indicativo, il congiuntivo, il condizionale, l'ottativo e l'imperativo ‖ **personalménte**, **avv.** **1** di persona: *assistere, intervenire, decidere personalmente* **2** quanto a me (te, lui ecc.); per quanto mi (ti, lo ecc.) riguarda: *personalmente, preferirei andare al mare*; *noi personalmente non l'intendiamo così* **3** (*gramm.*) mediante costruzione personale: *verbo usato personalmente* **CONTR.** impersonalmente ‖ **personalità**, **s. f. inv.** (V.) **B** **s. m.** **1** il complesso delle persone occupate in un servizio, un'azienda, un ufficio e sim.: *il p. di un ministero, di una fabbrica, di un albergo*; *il p. medico*; *il p. è in assemblea*; *sciopero del p.*; *p. dipendente, direttivo, avventizio* **2** aspetto fisico di una persona: *avere un bel p.*; *un p. slanciato, aggraziato* **SIN.** complessione, fisico **3** l'insieme di tutti gli elementi che costituiscono la sfera individuale di una persona: *il p. e il politico*; *parlare del proprio p.* | ***metterla, andare sul p.***, (*colloq.*) affrontare una questione come se fosse un fatto personale **4** (*tosc.*) entrata o provento individuale **5** (*sport*, *ellitt.*) nella pallacanestro, fallo personale | record personale ‖ **personalìno**, **dim.** **C** **s. f.** ● esposizione delle opere di un singolo artista **CFR.** collettivo nel sign. A 1

personalìsmo [fr. *personnalisme*, dall'ingl. *personalism*, da *personal* 'personale' ✱ 1902] **s. m.** **1** (*filos.*) dottrina che asserisce il primato dei valori spirituali della persona: *il p. di Mounier* **2** (*est.*) tendenza ad agire o a giudicare in base all'interesse proprio o ai sentimenti che si nutrono verso una determinata persona | favoritismo personale: *basta con i personalismi*

personalìsta [da *personalismo* ✱ 1831] **agg. e s. m. e f.** (**pl. m.** *-i*) **1** seguace del personalismo **2** che (o chi) persegue esclusivamente interessi personali

personalìstico [1917] **agg.** (**pl. m.** *-ci*) ● relativo al personalismo | da personalista

♦**personalità** [vc. dotta, lat. tardo *personalitā-te(m)*, da *persōnālis* 'personale' ✱ av. 1406] **s. f. inv.** **1** (*raro*) condizione di ciò che è personale: *sottolineo la p. delle opinioni esposte* **2** (*psicol.*) insieme dei tratti psicologici caratteristici di un individuo, integrati fra loro in modo da costituire quell'unità tipica che si manifesta nelle varie situazioni ambientali | ***p. multipla***, disturbo della personalità in cui nell'individuo esistono due o più personalità distinte, che emergono alternativamente | (*est.*) carattere, temperamento: *ha una forte p.*; *manca di p.* **3** persona che occupa una posizione di rilievo in un dato campo, gode di particolare stima, fiducia, considerazione, notorietà e sim.: *una p. della cultura, dello sport* | ***culto della p.***, V. *culto*① nel sign. 4 **4** il fatto di essere persona giuridica: *p. dello Stato*; *p. giuridica privata, pubblica* **SFUMATURE** ➤ ***indole***

personalizzàbile [1937] **agg.** ● che può essere personalizzato: *telefono cellulare con cover p.* ‖ **personalizzabilità**, **s. f. inv.**

personalizzàre [1766] **v. tr.** **1** dare un'impronta personale | adattare ai gusti, alle necessità e sim. di una persona o di una categoria di persone: *p. un arredamento, un ambiente* **2** (*raro*, *lett.*) personificare ‖ **personalizzazióne**, **s. f.**

personalizzàto **part. pass.** di *personalizzare*; **anche agg.** ● nei sign. del v.: *ambiente p.*; *forma personalizzata di pagamento*

personam, ad ➤ **ad personam**

personàta [vc. dotta, lat. *personāta(m)*, agg. f. di *persōna* 'maschera teatrale, dall'aspetto della corolla' ✱ 1550] **agg. solo f.** ● (*bot.*) detto di corolla gamopetala irregolare a due labbra, l'inferiore con una sporgenza che chiude la gola

personeggiàre [da *persona* ✱ av. 1827] **A** **v. tr.** (**pres.** *io personéggio*; **fut.** *io personeggerò*) ● (*lett.*) raffigurare, personificare **B** **v. intr.** (**aus.** *avere*) ● (*raro*, *lett.*) rappresentare la parte di qlcu.

personificàre [fr. *personnifier*, comp. di *personne* 'persona' e *-fier* '-ficare' ✱ 1748] **v. tr.** (*io persònifico, tu persònifichi*) **1** rappresentare concretamente qlco. di astratto: *p. l'avarizia* **2** simboleggiare, impersonare qlco.: *il Presidente della Repubblica personifica lo Stato* ‖ **personificazióne**, **s. f.** (V.)

personificàto **part. pass.** di *personificare*; **anche agg.** ● rappresentato concretamente, fatto persona: *Che cosa aveva da temere da quella timidezza personificata?* (I. Svevo)

personificazióne [fr. *personnification*, da *personnifier* 'personificare'; calco sul gr. *prosōpopoiía*. V. *prosopopea* ✱ 1819] **s. f.** **1** il personificare | rappresentazione in forma di persona di qlco. di astratto: *la dea bendata è la p. della fortuna* | chi mostra al massimo grado una caratteristica: *è la p. dell'avarizia, della bontà* **2** (*ling.*) prosopopea nel sign. 1

†**perspettìva** [vc. dotta, lat. tardo *perspectī-va(m)*, da *perspĕctus*, part. pass. di *perspĭcere* 'penetrare con lo sguardo', comp. di *per-* e *spĕcere* 'guardare'. V. *spettacolo* ✱ 1308] **s. f.** ● prospettiva

Pèrspex® /'pɛrspeks/ [marchio registrato ICI ✱ 1958] **s. m. inv.** ● (*chim.*) nome commerciale del polimetilmetacrilato

♦**perspicàce** [vc. dotta, lat. *perspicāce(m)*, da *perspĭcere*. V. †*perspettiva* ✱ 1336 ca.] **agg.** **1** che sa penetrare con l'intelligenza nell'intimo delle cose: *un giovanotto p.*; *ingegno, mente p.* **SIN.** acuto, sagace **2** (*est.*) lungimirante: *provvedimento p.* **3** †potente, acuto: *vista, occhio p.* ‖ **perspicaceménte**, **avv.** in modo perspicace, con perspicacia

perspicàcia [vc. dotta, lat. *perspicācia(m)*, da *pĕrspicax*, genit. *perspicācis* 'perspicace' ✱ av. 1463] **s. f.** (**pl.** *-cie*) ● caratteristica di chi è perspicace | intelligenza acuta e pronta: *è dotato di grande p.* **SIN.** sagacia | †acutezza della vista

†**perspicacità** [vc. dotta, lat. tardo *perspicacitāte(m)*, da *pĕrspicax*, genit. *perspicācis* 'perspicace' ✱ av. 1332] **s. f.** ● perspicacia

perspicuità o †**perspicuitàde**, †**perspicuitàte** [vc. dotta, lat. *perspicuitāte(m)*, da *perspĭcuus* 'perspicuo' ✱ 1481] **s. f. inv.** ● caratteristica di ciò che è perspicuo **SIN.** chiarezza, evidenza

♦**perspìcuo** [vc. dotta, lat. *perspĭcuu(m)*, da *perspĭcere*. V. †*perspettiva* ✱ 1475] **agg.** **1** †chiaro, trasparente: *le parti della Luna irregolarmente opache e perspicue* (G. Galilei) **2** (*fig.*) evidente, chiaro: *ragionamento, discorso p.* ‖ **perspicuaménte**, **avv.**

perspiràre [dal fr. *perspirer*, vc. dotta di provenienza lat.: V. *perspirazione* ✱ 1583] **v. intr.** (**aus.** *avere*) ● (*fisiol.*) eliminare acqua mediante perspirazione

perspirazióne [fr. *perspiration*, dal lat. *perspirāre* 'traspirare' (comp. di *pĕr* 'attraverso' e *spirāre* 'spirare①') ✱ av. 1729] **s. f.** ● (*fisiol.*) eliminazione continua di vapor acqueo per diffusione attraverso la cute o per via respiratoria non dovuta ad attività delle ghiandole sudoripare **CFR.** sudorazione, traspirazione

persuadènte **part. pres.** di *persuadere*; **anche agg.** ● (*lett.*) convincente | persuasivo

persuadére, (*evit.*) **persùadere** [vc. dotta, lat. *persuadēre*, comp. di *per-* e *suadēre*. V. *suadere* ✱ 1319] **A** **v. tr.** (**pass. rem.** *io persuàsi, tu persuadésti*; **part. pass.** *persuàso*) **1** indurre qlcu. a credere, dire o fare qlco. (**+ *a* seguito da inf.**, **+ *di***, **+ *che***): *lo persuasero a partire, a restare, a rispondere*; *mi hanno persuaso del contrario, della verità*; *mi avete persuaso che è la scelta giusta*; *cercava … di persuaderlo che andasse a dormire* (A. Manzoni); *ci persuasero di ritirarci a Villabella* (I. Nievo) | ***persuade poco***, di cosa o persona che non garba, non ispira fiducia | †***p. a qlcu. il falso, la verità***, fargli credere il falso, la verità **CONTR.** dissuadere **2** muovere all'assenso, ottenere un consenso: *non siamo riusciti a persuaderlo* | soddisfare: *quel tenore non mi ha del tutto persuaso* **SIN.** convincere

a b c d e f g h i j k l m n o p q r s t u v w x y z

B **persuadérsi** v. rifl. **1** indursi a credere, a fare e sim. (+ *a* seguito da inf., + *che*, + *di*, anche seguito da inf.): *infine si persuase a intervenire* | convincersi: *ti sei persuaso che ho ragione?*; *persuadersi della bontà di una proposta*; *si persuase di poter ... ottener facilmente il premio proposto* (G.B. MARINO) **2** capacitarsi (+ *di*, + *che*): *non riesco a persuadermi di quanto mi dite*; *non si persuade che il suo tentativo è stato inutile*

†**persuadévole** [1612] agg. • adatto a persuadere SIN. persuasivo

persuadìbile [da *persuadere* ✱ av. 1573] agg. • (*raro*) persuasibile

persuaditóre [1871] agg. e s. m. (f. *-trice*) • (*raro*) convincente

persuaṣìbile [vc. dotta, lat. *persuasībile(m)*, da *persuāsus* 'persuaso' ✱ av. 1342] agg. **1** di persona che si lascia persuadere con facilità **2** (*lett.*) plausibile: *storia non p.* ‖ **persuaṣibilménte**, avv. in modo da persuadere

persuaṣióne [vc. dotta, lat. *persuasiōne(m)*, da *persuāsus* 'persuaso' ✱ 1308] s. f. **1** opera di convincimento nei confronti di qlcu. perché creda, dica o faccia qlcu.: *è bene procedere con la p.*; *la forza della p.* | (*lett.*) ***a p. di***, per l'opera persuasiva di qlcu., su istigazione altrui CONTR. dissuasione | ***p. occulta***, tecnica pubblicitaria basata su messaggi indiretti che agiscono sul subconscio del destinatario **2** opinione, credenza, convinzione: *le proprie persuasioni*; *p. ragionevole, errata* | (*lett.*) ***p. di sé***, presunzione, vanagloria: *quella falsa p. che l'uom piglia di se stesso* (B. CASTIGLIONE)

persuaṣìva [f. sost. di *persuasivo* ✱ 1608] s. f. • (*lett.*) facoltà o capacità di persuadere

persuaṣìvo [da *persuaso* ✱ av. 1363] agg. **1** che è in grado di persuadere: *parole persuasive* | (*iron.*) ***modi, argomenti*** e sim. ***persuasivi***, basati su minacce, violenze e sim. CONTR. dissuasivo **2** che ottiene consenso e successo: *un'esecuzione musicale libera ma persuasiva* SIN. convincente ‖ **persuaṣivaménte**, avv. ‖ **persuaṣività**, s. f. inv. caratteristica di ciò che è persuasivo, convincente CONTR. dissuasività

persuàṣo part. pass. di *persuadere*; anche agg. **1** che si è convinto di qlco.: *sono p. che dica la verità*; *ormai è p. della mia buonafede*; *non sono affatto p.* **2** (*raro*, *lett.*) rassegnato

persuaṣóre [vc. dotta, lat. tardo *persuasōre(m)*, da *persuāsus* 'persuaso' ✱ 1468] s. m. (f. *persuaditrice*) • chi persuade o è abile nel persuadere | (*est.*) istigatore: *o p. / orribile di mali* (G. PARINI) | ***persuasori occulti***, nella tecnica pubblicitaria, quegli esperti che, influenzando i consumatori con adeguati meccanismi psicologici, ne condizionano le scelte

persuaṣòrio [vc. dotta, lat. tardo *persuasōriu(m)*, da *persuāsus* 'persuaso' ✱ av. 1536] agg. • (*raro*) che serve a persuadere

persùtto ➤ **prosciutto**

per tàbulas [loc. lat., propr. 'in base (*pĕr*) agli atti (*tăbulas*, le tavole di cera dove erano scritti)' ✱ 1983] loc. avv. • come risulta dagli atti: *la circostanza è provata per tabulas*

♦**pertànto** o (*raro*) **per tànto** [comp. di *per* e *tanto* ✱ 1250 ca.] cong. **1** perciò, quindi (con valore conclusivo): *sono molto occupato in questo periodo, p. dovremo rinviare il nostro incontro*; *sarebbe p. opportuno che non usciste* **2** (*lett.*) ciononostante | ***non p.***, V. *nonpertanto*

pertenére [dal lat. *pertinēre* 'concernere' ✱ 1268] v. intr. (coniug. come *tenere*; aus. *essere*) • (*raro*) riguardare, concernere (+ *a*) | †competere, spettare

†**pertèrrito** [vc. dotta, lat. *pertĕrritu(m)*, part. pass. di *perterrēre* 'atterrire', comp. di *per-* e *terrēre* 'atterrire', dalla stessa radice indeur. di *trĕmere* 'tremare' ✱ 1476] agg. • atterrito

pèrtica [lat. *pĕrtica(m)* 'lungo bastone', poi 'canna per misurare', di etim. incerta ✱ av. 1320] s. f. **1** lungo bastone, palo sottile: *bacchiare le noci con la p.*; *sostenere una pianta con delle pertiche* **2** attrezzo ginnico per gli esercizi di arrampicata, consistente in un'asta cilindrica di legno liscio fissata a terra e al soffitto o a una speciale impalcatura **3** misura agraria romana di lunghezza, pari a circa dieci piedi | antica misura di lunghezza, con valore, in Italia, di ca. 3 m | antica misura agraria di superficie nell'Italia sett. con valore da 300 a circa 650 m^2 **4** (*fig.*, *fam.*) persona molto alta e magra SIN. spilungone ‖ **perticherta**, dim. | **perticìno**, dim. | **pertiсóne**, accr. m. (V.)

perticàre [da *pertica* ✱ av. 1536] v. tr. (*io pèrtico, tu pèrtichi*) **1** (*raro*) battere con la pertica | bacchiare **2** †misurare con la pertica

perticàta [1550] s. f. • (*raro*) colpo di pertica

perticóne [av. 1535] s. m. **1** accr. di *pertica* **2** (f. *-a*) (*fig.*, *fam.*) persona magrissima e di alta statura SIN. spilungone

♣**pertinàce** [vc. dotta, lat. *pertināce(m)*, comp. di *per-* e *tĕnax*, genit. *tenācis*, 'tenace' ✱ 1308] agg. **1** molto tenace e costante: *carattere p.*; *volontà p.* | che dimostra pertinacia: *insistenza p.*; *animo p. a correr prima ogni pericolo* (F. GUICCIARDINI) SIN. protervo CONTR. incostante **2** (*raro*) ostinato, pervicace: *peccatore p.* ‖ **pertinaceménte**, avv.

SFUMATURE ➤ ***tenace***

pertinàcia [vc. dotta, lat. *pertinăcia(m)*, da *pĕrtinax*, genit. *pertinācis* 'pertinace' ✱ 1363] s. f. (pl. *-cie*) • caratteristica di chi è pertinace | grande fermezza e costanza in propositi, idee, azioni: *difendere con p. le proprie idee* | ostinazione nel male, nel peccato

SFUMATURE ➤ ***insistenza***

♣**pertinènte** [vc. dotta, lat. *pertinĕnte(m)* 'appartenente', part. pres. di *pertinēre*. V. *pertenere* ✱ 1342] agg. **1** che riguarda direttamente un determinato argomento (+ *a*): *la domanda è p. al tema che stiamo trattando*; *una domanda, un'osservazione non p., poco p.* SIN. appropriato, attinente, concernente CONTR. estraneo | che compete a qlco. o a qlcu. **2** (*ling.*) ***tratto p.***, caratteristica fonica la cui presenza o assenza nella realizzazione di un fonema provoca un mutamento di significato e permette di distinguere un'unità di significato da un'altra ‖ **pertinenteménte**, avv. (*raro*) in modo pertinente

pertinènza [1261 ca.] s. f. **1** (*assol.*; + *con*) Condizione, caratteristica di ciò che è pertinente: *rilevare la p. di un'osservazione*; *la tua critica non ha alcuna p. con l'argomento* SIN. attinenza **2** (*dir.*) competenza: *p. per materia, valore, territorio*; *nomine di p. del ministero* | (*est.*) ambito di responsabilità: *di mia, di sua p.* **3** (*dir.*, spec. al pl.) bene accessorio destinato in modo durevole a servizio o a ornamento di un altro bene principale | ***p. mobiliare***, bene mobile che è pertinenza di un immobile o di un altro bene mobile

pertinenziàle [1958] agg. • (*dir.*) di pertinenza: *vincolo p.* | ***unità p.***, complesso di elementi che fanno capo al bene principale come elementi accessori

pertìte [dalla città di *Pert(h)*, nel Canada, da dove è originaria, e *-ite*② ✱ 1930] s. f. • (*miner.*) concrescimento regolare e parallelo di ortoclasio e plagioclasio

pertósse [comp. di *per-* e *tosse* ✱ 1859] s. f. • malattia infettiva epidemica acuta delle vie respiratorie, provocata dal batterio *Bordetella pertussis*, caratterizzata da accessi di tosse convulsiva SIN. tosse asinina, tosse canina, tosse cattiva

pertrattàre [vc. dotta, lat. *pertractāre* 'tastare, considerare', comp. di *per-* e *tractāre* 'toccare, trattare' ✱ 1268] v. tr. **1** (*lett.*) trattare a fondo, esaminare compiutamente **2** †maneggiare

pertrattazióne [vc. dotta, lat. *pertractatiōne(m)*, da *pertractātus* 'pertrattato' ✱ sec. XVI] s. f. • (*lett.*) approfondita trattazione

†**pertugiàre** [lat. parl. **pertusiāre*, da *pertūsus*, part. pass. di *pertŭndere* 'forare', comp. di *pĕr* 'attraverso' e *tŭndere* 'battere'. V. *ottundere* ✱ 1313] **A** v. tr. • bucare, forare: *p. un muro* **B** †**pertugiàrsi** v. intr. pron. • spaccarsi | aprirsi

pertùgio o (*merid.* o †) **pertùṣo** [da *pertugiare* ✱ av. 1294] s. m. • buco, foro | (*est.*) apertura o passaggio estremamente angusti: *cacciarsi, infilarsi, nascondersi in un p.* ‖ (*lett.*) **pertugétto**, dim.

perturbaménto [1499] s. m. **1** agitazione emotiva, turbamento **2** tensione o disordine sociale

perturbàre [vc. dotta, lat. *perturbāre*, comp. di *per-* e *turbāre* 'turbare' ✱ 1268] **A** v. tr. • sconvolgere profondamente, apportare grande turbamento, agitazione, squilibrio (*anche fig.*): *p. l'intera città, l'ordine pubblico, l'animo di qlcu.*; *perturbar ed attossicare tutto quel che si trova di bello e buono nell'amore* (G. BRUNO) **B** **perturbàrsi** v. intr. pron. • agitarsi o turbarsi gravemente (*spec. fig.*): *il tempo si sta perturbando*; *il suo animo si perturbò a quelle parole*

perturbatìvo [1499] agg. **1** †che può turbare, agitare **2** che può sconvolgere, alterare **3** relativo a perturbazione

perturbàto part. pass. di *perturbare*; anche agg. **1** emotivamente scosso, turbato e sim. **2** sconvolto profondamente: *ordine sociale p.* | caratterizzato da perturbazioni: *tempo p.* ‖ **perturbataménte**, avv. con perturbazione

perturbatóre [vc. dotta, lat. tardo *perturbatōre(m)*, da *perturbātus* 'perturbato' ✱ 1434] agg. e s. m. (f. *-trice*) • che (o chi) perturba o provoca scompiglio, disordine e sim.: *elemento p.*; *p. della quiete pubblica* | (*biol.*) sostanza naturale o di sintesi che può modificare l'equilibrio del sistema endocrino: *p. ormonale*, *p. endocrino*

perturbazióne [vc. dotta, lat. *perturbatiōne(m)*, da *perturbātus* 'perturbato' ✱ av. 1328] s. f. **1** stato di grande agitazione, confusione e disordine: *le gravi perturbazioni sociali del secolo* **2** (*fig.*) intenso turbamento dell'animo **3** (*astron.*) scostamento del moto di un pianeta da un'orbita ellittica intorno al Sole, per effetto del campo gravitazionale degli altri pianeti **4** (*meteor.*) ***p. atmosferica***, o (*ellitt.*) ***perturbazione***, turbamento, dovuto a cause varie, di uno stato di equilibrio dell'atmosfera; correntemente depressione, cattivo tempo collegati a una zona di bassa pressione **5** (*mat.*) piccola variazione arbitraria di una funzione, per calcolare soluzioni approssimate di equazioni che non ammettono soluzioni esatte

†**pertùṣo** ➤ **pertugio**

Perù [dalla fama del *Perù*, come paese ricco d'oro ✱ av. 1742] s. m. inv. • solo nelle loc. ***valere, spendere, costare un P.***, valere, spendere, costare moltissimo | (*raro*) ***essere un P.***, essere di grande pregio o valore, detto di persona o cosa

♦**perugìno** [1312] **A** agg. • di Perugia **B** s. m. (f. *-a*) • abitante o nativo di Perugia | ***il P.***, (*per anton.*) il pittore P. Vannucci (1452-1523)

pèrula [lat. *pērula(m)* 'piccola bisaccia', dim. di *pēra* 'sacca'. V. †*pera*② ✱ 1835] s. f. • (*bot.*) fogliolina modificata che riveste la gemma

♦**peruviàno** [1606] **A** **agg.** ● del Perù **B** **s. m.** (**f.** *-a*) ● abitante o nativo del Perù

♣**pervàdere** [vc. dotta, lat. *pervādere*, comp. di *pĕr* 'attraverso' e *vādere* 'andare' ✱ 1843] **v. tr.** (**pass. rem.** *io pervàṣi, tu pervadésti*; **part. pass.** *pervàṣo*) ● invadere diffondendosi ovunque: *l'odore d'incenso pervadeva la chiesa* | (*fig.*) penetrare, permeare: *il terrore pervase l'animo di molti*

†**pervagàre** [vc. dotta, lat. *pervagāri*, comp. di *pĕr* 'attraverso' e *vagāri* 'vagare' ✱ 1499] **A** **v. tr.** ● scorrere, percorrere (*anche fig.*) **B** **v. intr.** ● vagare, errare

pervaṣìvo [ingl. *pervasive*, dal lat. *pervāsus*, part. pass. di *pervādere* 'pervadere' ✱ 1951] **agg.** ● che si diffonde ovunque: *una luce pervasiva* | (*fig.*) che pervade, che penetra profondamente qlco.: *il testo è caratterizzato da un'ironia pervasiva* ‖ **pervaṣività**, **s. f. inv.** caratteristica di ciò che è pervasivo: *la pervasività della tecnologia*

pervàṣo **part. pass.** di *pervadere*; anche **agg.** ● nel sign. del v. | (*fig.*) dominato, permeato (+ *da*, + *di*): *animo p. dalla tristezza; volto p. di tristezza*

♦**pervenire** [vc. dotta, lat. *pervenīre*, comp. di *pĕr* 'attraverso' e *venīre* 'venire' ✱ av. 1250] **v. intr.** (**coniug. come** *venire*; **aus.** *essere*) **1** giungere, arrivare (*anche fig.*) (+ *a*): *le domande devono p. all'ufficio reclami; essere ... al mondo per niun altro ultimo fine, che di p. alla beatitudine eterna* (D. Bartoli); *Quando pervenne in cima alla scala* (L. Pirandello) | (*fig.*) riuscire ad arrivare: *p. a una conclusione* **2** (*lett.*) venire in proprietà: *gli pervennero un podere e una rendita* **SIN.** spettare, toccare **3** †accadere, avvenire

pervenùto **part. pass.** di *pervenire*; anche **agg.** ● nei sign. del v.

†**perversàre** [vc. dotta, lat. tardo *perversāre*, da *pervĕrsus* 'rovesciato, stravolto'. V. *perverso* ✱ av. 1529] **v. tr.** ● tormentare, vessare

perversióne [vc. dotta, lat. *perversiōne(m)* 'inversione', da *pervĕrsus*, part. pass. di *pervĕrtere* 'stravolgere'. V. *pervertire* ✱ sec. XIV] **s. f.** **1** (*lett.*) degenerazione, pervertimento, corruzione: *la p. dei costumi politici* (G. D'Annunzio) | stravolgimento, distorsione: *p. del gusto* **2** (*psicol.*) comportamento anormale e socialmente condannato, spec. nella sfera sessuale

SFUMATURE DI SIGNIFICATO

perversione - vizio

Perversione è un comportamento anomalo e socialmente condannato, che appartiene soprattutto alla sfera sessuale. Se si intende sottolineare invece la radicata continuità di un comportamento dannoso o riprovevole, la pratica costante di ciò che è male, si ricorre al termine **vizio.**

perversità o †**perversitàde**, †**perversitàte** [vc. dotta, lat. *perversitāte(m)*, da *pervĕrsus* 'perverso' ✱ av. 1328] **s. f. inv.** **1** caratteristica di chi (o di ciò che) è perverso: *p. d'animo, delle intenzioni; un uomo di inumana p.* **SIN.** malvagità **2** azione perversa: *le sue perversità furono punite* **SIN.** iniquità **3** (*lett.*) avversità: *una gran p. della stagione* (A. Manzoni)

pervèrso [vc. dotta, lat. *pervĕrsu(m)* 'stravolto, perverso', part. pass. di *pervĕrtere* 'pervertire' ✱ 1261 ca.] **agg.** **1** molto malvagio, profondamente incline al male: *uomo p.; istinti, sentimenti perversi; intenzioni perverse* | degenerato, vizioso: *atti perversi* | †pervertito: *genti perverse* **2** (*fig.*, *lett.*) avverso, ostile: *stagione perversa; quando la perversa fortuna ... toglie a perseguitare un uomo, non gli manca mai modi nuovi da mettere in campo contro a lui* (B. Cellini) **3** molto negativo, dannoso: *gli effetti perversi della riforma sanitaria, della scala mobile* ‖ **perversaménte**, **avv.** in modo perverso, iniquo

pervertiménto [da *pervertire* ✱ sec. XIV] **s. m.** ● depravazione, perversione: *p. del gusto; p. morale*

pervertìre [vc. dotta, lat. *pervĕrtere* 'sconvolgere', comp. di *per-* 'al di là' e *vĕrtere* 'volgere' ✱ av. 1292] **A** **v. tr.** (*io pervèrto*) **1** stravolgere, distorcere, alterare: *p. l'ordine, la struttura, il gusto* **2** rendere corrotto, depravato: *p. i cuori, gli animi, la giustizia; le cattive amicizie l'hanno pervertito* **SIN.** corrompere **B** **pervertìrsi** **v. intr. pron.** ● diventare corrotto e depravato

pervertìto **A** **part. pass.** di *pervertire*; anche **agg.** ● nei sign. del v. **B** **s. m.** (**f.** *-a*) ● chi manifesta perversione sessuale

pervertitóre [sec. XIV] **agg.** e **s. m.** (**f.** *-trice*) ● che (o chi) perverte, corrompe: *discorso p.; p. dei giovani*

♣**pervicàce** [vc. dotta, lat. *pervicāce(m)*, da *pervĭncere* 'vincere completamente', comp. di *per-* e *vĭncere* 'vincere' ✱ av. 1292] **agg.** ● che insiste o si accanisce con ostinazione e caparbietà, spec. in qlco. di negativo: *peccatore p.* **SIN.** ostinato, protervo | (*lett.*) tenace | (*lett.*) persistente ‖ **pervicaceménte**, **avv.**

SFUMATURE ➤ *puntiglioso*

pervicàcia [vc. dotta, lat. *pervicācia(m)*, da *pĕrvicax*, genit. *pervicācis* 'pervicace' ✱ 1499] **s. f.** (**pl.** *-cie*) ● caratteristica di chi (o di ciò che) è pervicace **SIN.** ostinazione, protervia

pervietà [da *pervio* ✱ 1958] **s. f. inv.** ● (*anat.*) condizione di un organo cavo quando il suo lume è libero: *p. di un'arteria*

pervìgile [vc. dotta, lat. *pervĭgile(m)*, comp. di *per-* e *vĭgil*, genit. *vĭgilis* 'vigile' ✱ 1869] **agg.** ● (*lett.*) estremamente vigile

pervìnca [vc. dotta, lat. *pervĭnca(m)*, di etim. incerta ✱ sec. XIV] **A** **s. f.** ● pianta erbacea perenne delle Apocinacee con foglie scure e lucenti e fiori celesti lungamente picciolati, comunissima nelle boscaglie e sotto le siepi (*Vinca minor*) | ***p. maggiore***, a fiori violacei (*Vinca maior*) **B** **in funzione di agg. inv.** ● (posposto a un sost.) che ha il colore azzurro-violaceo caratteristico dei fiori della pianta omonima: *occhi p.; camicetta p.* **C** **s. m. inv.** ● il colore pervinca

pèrvio [vc. dotta, lat. *pĕrviu(m)*, comp. di *pĕr* 'attraverso' e *vĭa* 'via, strada' ✱ 1374] **agg.** **1** (*lett.*) facilmente accessibile, che permette il passaggio: *luogo p.* **SIN.** accessibile, praticabile **CONTR.** impervio **2** (*anat.*) caratterizzato da pervietà

pésa (o *-ṣ-*) [da *pesare* ✱ 1318] **s. f.** **1** operazione del pesare: *la p. delle merci* **2** luogo dove si compiono le operazioni di peso | ***p. pubblica***, a disposizione del pubblico | strumento usato per pesare | †gabella sulla pesatura **3** †peso, gravezza

pesabambìni (o *-ṣ-*) [comp. di *pesa(re)* e il pl. di *bambino*; calco sul fr. *pèse-bébé* ✱ 1954] **A** **s. f. o m. inv.** ● bilancia per pesare i bambini, spec. neonati **B** **in funzione di agg. inv.** ● solo nella loc. ***bilancia p.***

pesàbile (o *-ṣ-*) [av. 1776] **agg.** ● che si può pesare

pesafìltro (o *-ṣ-*) [comp. di *pesa(re)* e *filtro* ✱ 1954] **s. m.** (**pl. inv.** o *-i*) ● recipiente cilindrico di piccole dimensioni, a chiusura ermetica, usato in chimica analitica spec. per pesare ed essiccare sostanze spesso poste su filtro

pesage /*fr.* pəˈzaʒ/ [vc. fr., da *peser* 'pesare' ✱ 1888] **s. m. inv.** ● negli ippodromi, il recinto in cui si pesano i fantini per le corse al galoppo

Pèsah o **Pèsach** /*ebr.* ˈpɛsax/ [ebr. *pésaḥ* 'Pasqua', propr. 'passaggio (del mar Rosso)' ✱ 1991] **s. f. inv.** ● Pasqua ebraica

pesalàtte (o *-ṣ-*) [comp. di *pesa(re)* e *latte*; calco sul fr. *pèse-lait* ✱ 1965] **s. m. inv.** ● densimetro per il latte

pesalèttere (o *-ṣ-*) (o *-é-*) [comp. di *pesa(re)* e il pl. di *lettera*; calco sul fr. *pèse-lettre* ✱ 1891] **s. m. inv.** ● bilancina per pesare lettere e plichi e regolarne l'affrancatura

♦**pesànte** (o *-ṣ-*) **part. pres.** di *pesare*; anche **agg.** **1** che pesa | (*fig.*) molto importante, determinante: *un gol p.* **2** detto di cosa il cui peso è elevato o superiore alla media: *una valigia p.; gas pesanti* | (*milit.*) ***artiglieria p.***, costituita dalle bocche da fuoco di grosso calibro | (*autom.*) ***trasporto p.***, i camion, gli autotreni e gli autoarticolati | ***industria p.***, complesso delle industrie meccaniche, metallurgiche e siderurgiche | ***abiti pesanti***, spessi e caldi, adatti a proteggere dal freddo | (*chim.*) ***acqua p.***, ossido di deuterio **3** detto di unità monetaria nuova il cui valore nominale è pari a un multiplo della precedente: *franco p., lira p.* **4** (*est.*) che agisce con forza e violenza | ***gioco p.***, nel calcio e sim., falloso e scorretto | ***avere la mano p.***, colpire, punire duramente; (*fig.*) mancare di misura, esagerare; (*fig.*) giudicare con eccessiva severità **5** (*est.*) che dà un'impressione di pesantezza: *testa p.; stomaco p.* | ***sonno p.***, profondo | ***respiro p.***, affannoso | ***cibo p.***, difficile da digerire | ***occhi, palpebre pesanti***, appesantiti dalla fatica, dal sonno **6** che esige un notevole sforzo, molta fatica, grande resistenza fisica e sim.: *lavoro p.* | difficile, impegnativo: *un esame piuttosto p.* | (*sport*) ***atletica p.***, quella che, un tempo, comprendeva lotta e sollevamento pesi | (*sport*) ***terreno p.***, quello di un campo di gioco o di corsa, particolarmente molle per la pioggia **7** (*fig.*) che opprime, grava, annoia, molesta e sim.: *silenzio p.; persona p.; un discorso p.* | ***aria p.***, afosa, greve; (*fig.*) atmosfera tesa, opprimente | ***battuta p.***, priva di gusto, di spirito, volgare | ***droghe pesanti***, quelle che, come l'eroina, la morfina e la cocaina, producono notevoli alterazioni dell'equilibrio psicofisico e/o dipendenza fisica o psichica **8** (*fig.*) tardo nei movimenti, privo di agilità: *corpo massiccio e p.; andatura, passo p.; è molto p. nel muoversi* | (*est.*) greve, enfatico: *stile p.; prosa p.* **9** (*fig.*) grande, gravoso: *pesanti responsabilità; p. eredità* | grave, preoccupante: *una situazione economica p.; danno p.* ‖ **pesantìno**, **dim.** | **pesantùccio**, **dim.** ‖ **pesanteménte**, **avv.** **1** in modo pesante; con tutto il peso del corpo: *cadde pesantemente a terra*; (*fig.*) in modo profondo: *dormire pesantemente* **2** (*fig.*) in modo esagerato, eccessivo; in modo duro, grave: *lo ha pesantemente insultato; ironizzare pesantemente su qlcu.*

pesantézza (o *-ṣ-*) [1733] **s. f.** **1** caratteristica di ciò che è pesante (*anche fig.*): *la p. di una valigia, di uno stile, di un discorso* **SIN.** gravosità **CONTR.** leggerezza **2** senso di peso, di oppressione, dovuto a varie cause: *p. di stomaco, di testa*

†**pesànza** (o *-ṣ-*) [av. 1250] **s. f.** ● peso | (*fig.*) angoscia, affanno: *dicer non vi so la mia p.* (C. Davanzati)

pesapersóne (o *-eṣa-*) [comp. di *pesa(re)* e il pl. di *persona* ✱ 1971] **A** **s. f. o m. inv.** ● bilancia di piccole dimensioni, oppure automatica, che fornisce il valore del peso di una persona **B** **in funzione di agg. inv.** ● solo nella loc. ***bilancia p.***

♦**pesàre** (o *-ṣ-*) [lat. *pensāre*. V. *pensare* ✱ 1264] **A** **v. tr.** (*io péso*) **1** sottoporre qlcu. o qlco. ad apposite misurazioni per stabilirne il peso: *p. con la bilancia, la stadera; p. un bambino, una partita di merci, una cassa* **2** (*fig.*) sottoporre qlco. ad attenta analisi, per valutarne l'importanza, il significato e sim.: *bisogna p. accuratamente il pro e il contro della sua proposta* SIN. ponderare | ***p. le parole***, pensarci bene prima di pronunciarle | ***p. le persone***, giudicarle | ***p. con la bilancia del farmacista, dell'orafo***, considerare con scrupolo o minuziosità **B** **v. intr.** (aus. *avere* o *essere*) **1** avere un determinato peso: *p. un chilogrammo, pochi grammi, una tonnellata* | ***p. quanto un macigno, come piombo e sim.***, pesare molto, essere di notevole peso | ***p. quanto una piuma***, essere leggero, pesare poco | (*est.*) essere pesante: *come pesa questa valigia!* | (*inform.*) detto di file, occupare un'area di memoria corrispondente al numero di byte: *un programma che pesa poco* **2** (*fig.*) essere o riuscire gravoso, duro, spiacevole e sim.: *tu sapessi come, quanto mi pesa scrivere!*; *al poeta pesa talora la solitudine*; *gli anni cominciano a p.* | ***p. sulle spalle di qlcu.***, detto di persona, farsi mantenere; detto di cosa, gravare | ***p. sullo stomaco***, (*fig.*) di cibo indigesto | ***p. sulla coscienza***, provocare rimorso | (*est.*) dispiacere, rincrescere: *mi pesa parlarti così* **3** (*fig.*) essere importante, essere in grado di influire su qlco. in modo determinante (+ *su*): *in sede di voto la sua notorietà peserà molto*; *decisioni che peseranno sul nostro futuro* | (*fig.*) ***far p. qlco. a qlcu.***, esagerare l'importanza della propria condizione; esagerare le mancanze altrui: *fa sempre p. i suoi grossi guadagni*; *mi fa sempre p. l'errore che ho commesso* **4** (*fig.*) incombere: *una grave minaccia pesava su di lui* **C** **pesàrsi** **v. rifl.** ● sottoporsi alle necessarie misurazioni per conoscere il proprio peso: *mi sono pesata ieri in farmacia*

pesarése (o -ṣe) [1497] **A** **agg.** ● di Pesaro **B** **s. m. e f.** ● abitante o nativo di Pesaro

pesàta (o -ṣ-) [1868] **s. f.** **1** operazione del pesare **2** quantità di roba pesata in una volta || **pesatina**, **dim.**

pesàto (o -ṣ-) **part. pass.** di *pesare*; anche **agg.** ● nei sign. del v. | (*fig.*) ponderato | (*fig.*) †avveduto: *un uomo p. e grave* (G. BOCCACCIO) || **pesataménte**, **avv.** (*raro*) consideratamente

pesatóre (o -ṣ-) [av. 1306] **s. m.** (**f.** *-trice*) **1** chi pesa, chi è addetto alle operazioni di pesatura | ***p. pubblico***, un tempo, verificatore municipale del peso nei mercati alimentari **2** †giudice imparziale: *Dio sarà un buon p.* (L.A. MURATORI)

pesatùra (o -ṣ-) [1311] **s. f.** **1** operazione del pesare **2** †gabella del peso

♦**pèsca**[1] o (*lett.*, *centr.*, *sett.*) **pèrsica** [lat. *pĕrsica*, nt. pl. di *pĕrsicum* 'pesca', propr. '(frutto) della Persia', da *Pĕrsia* 'Persia' ✱ 1282] **A** **s. f.** **1** frutto del pesco | ***p. cotogna***, percoca, percoco | ***p. tabacchiera***, varietà a forma schiacciata, profumo intenso, polpa bianca, succosa e dolce, coltivata in aree limitate e spec. in Sicilia | ***p. noce***, V. *nocepesca* | ***p. Melba***, pesca sciroppata servita su un gelato alla vaniglia, con guarnizione di salsa di lamponi, panna montata e pezzetti di mandorle (dal n. della soprano australiana N. Melba (1861-1931) cui il grande cuoco A. Escoffier (1847-1935) la dedicò) **2** (*tosc.*) lividura di percosse | percossa che lascia il segno **3** (*fig.*, *fam.*) occhiaia, borsa sotto gli occhi: *la ragazza così gracile, così pallidina, con quelle pesche sotto gli occhi* (G. VERGA) **B** in funzione di **agg. inv.** ● (posposto a un sost.) che ha il colore del frutto omonimo | ***rosa p.***, rosa lievemente aranciato || **peschétta**, **dim.** | **peschìna**, **dim.**

♦**pésca**[2] [da *pescare* ✱ 1534] **s. f.** **1** attività del pescare: *andare a p.*; *p. d'altura, professionale, di frodo, abusiva* | ***p. al lancio***, effettuata spec. con esche artificiali e con canne speciali munite di mulinello SIN. spinning | ***p. a mosca***, effettuata con esche artificiali e coda di topo | ***p. subacquea***, effettuata nuotando sotto la superficie con particolari tecniche e attrezzature | ***p. a strascico***, effettuata radendo il fondo con reti a strascico | ***p. sportiva***, attività agonistica regolamentata da una apposita federazione; (*est.*) quella svolta a pagamento in specchi d'acqua appositamente riforniti di pesci **2** (*est.*) l'insieme dei pesci e sim. presi in un'unica spedizione o uscita: *p. abbondante, ricca, scarsa, povera, magra*; *vendere la p. della giornata* **3** (*raro*, *est.*) ricerca **4** (*fig.*) specie di lotteria con biglietti contrassegnati da un numero cui corrisponde un premio: *p. di beneficenza*

pescàggio [da *pescare* ✱ 1900] **s. m.** ● immersione di uno scafo dal pelo dell'acqua all'estremità inferiore della chiglia

pescagióne [vc. dotta, lat. tardo *piscatiōne(m)*, da *piscāri* 'pescare' ✱ sec. XIV] **s. f.** **1** pésca **2** (*mar.*, *disus.*) pescaggio

pescàia [lat. *piscāria(m)*, nel sign. di 'pescheria', f. sost. di *piscārius* 'relativo ai pesci', da *pĭscis* 'pesce' ✱ sec. XIII] **s. f.** ● sbarramento del corso di un fiume, fatto di legno, pietre o sim. | (*est.*) chiusa

pescaiòlo o †**pescaiuòlo** [da *pescaia* ✱ av. 1348] **s. m.** ● palizzata, muratura o altra struttura posta trasversalmente in un fiume per sollevarne il livello dell'acqua | sbarramento utilizzato per la pesca

pescanóce [sec. XVI] **s. f.** (**pl.** *peschenóci*) ● (*bot.*) nettarina

♦**pescàre** [lat. *piscāri*, da *pĭscis* 'pesce' ✱ av. 1182] **A** **v. tr.** (*io pésco, tu péschi*) **1** catturare, o cercare di catturare, pesci o altri animali acquatici usando attrezzature come rete, amo, nassa, fiocina e sim.: *p. tonni, anguille, polpi, granchi* | ***p. nel torbido***, (*fig.*) sfruttare una situazione poco chiara, ambigua e sim. | (*est.*) recuperare o tirar fuori dall'acqua: *p. un annegato*; *ho pescato il mio orologio* **2** (*fig.*) riuscire a trovare, a reperire e sim.: *ho pescato la notizia nelle sue vecchie carte*; *p. una citazione*; *dove hai pescato quel libro?*; *ha pescato la persona adatta* **3** (*fig.*) cogliere, sorprendere qlcu. in flagrante: *fu pescato con le mani nel sacco* **4** prendere a caso una carta da gioco dal mazzo, un pezzo di domino dal mucchio e sim. **5** tirare a sorte biglietti di lotteria: *p. nell'urna* **B** **v. intr.** (aus. *avere*) ● detto di qualsiasi natante, avere lo scafo immerso nell'acqua per una certa altezza: *il motoscafo pesca due metri*

†**pescaréccio** ➤ **peschereccio**

♦**pescarése** (o -ṣe) [1747] **A** **agg.** ● di Pescara **B** **s. m. e f.** ● abitante o nativo di Pescara

†**pescarìa** ➤ **pescheria**

pescàta [av. 1535] **s. f.** ● attività del pescare | battuta di pesca | quantità di pesce pescato in una sola volta || **pescatina**, **dim.** | **pescatóna**, **accr.**

pescàtico [da *pescare* ✱ 1958] **s. m.** (**pl.** *-ci*) ● anticamente, tributo in denaro o in natura che la persona ammessa a pescare doveva al signore del luogo

pescàto **A** **part. pass.** di *pescare*; anche **agg.** ● nei sign. del v. **B** **s. m.** ● quantità di pesce pescata in un dato periodo di tempo

♦**pescatóre** [lat. *piscatōre(m)*, da *piscāri* 'pescare' ✱ sec. XII] **A** **s. m.** (**f.** *-trice*, *raro -tóra*, nel sign. 1) **1** chi esercita la pesca: *p. professionale*; *villaggio di pescatori* **2** (*per anton.*) San Pietro | ***anello del P.***, anello piscatorio (V. *piscatorio*) **3** (*mar.*, *disus.*) grosso gancio per recuperare l'ancora con ceppo dopo salpata **4** (*miniere*) attrezzo con cui si estraggono dai fori di sonda oggetti che vi siano accidentalmente caduti **5** nella loc. agg. inv. e avv. ***alla pescatora***, secondo l'uso dei pescatori | ***risotto alla p.***, con frutti di mare | ***pantaloni alla p.***, tagliati o portati arrotolati all'altezza del polpaccio || **pescatorèllo**, **dim.** **B** **agg.** ● detto di animali che si nutrono prevalentemente di pesci: ***martin p.***, V. *martino*[2]; ***rana pescatrice***, V. *rana*

pescatòrio ➤ **piscatorio**

pescatrìce [1646] **s. f.** ● (*zool.*) rana pescatrice

pescaturìṣmo [comp. di *pesca* e *turismo* sul modello di *agriturismo* ✱ 1997] **s. m.** ● particolare tipo di attività turistica che consiste nel partecipare a una uscita in mare su un peschereccio seguendo le attività di pesca e collaborandovi

♦**pésce** [lat. *pĭsce(m)*, di orig. indeur. ✱ 1250] **s. m.** **1** ogni animale vertebrato acquatico appartenente alla classe degli Osteitti o a quella dei Condroitti CFR. ittio- | ***p. ago***, singnatiforme a corpo sottilissimo bruno verdastro, comune lungo le coste mediterranee (*Syngnathus acus*) | ***p. angelo***, squadro | (*disus.*) ***p. cane***, V. *pescecane* | ***p. cappone***, denominazione di varie specie di Pesci dell'ordine degli Scorpeniformi SIN. gallinella | ***p. chitarra***, rinobato | ***p. combattente***, betta | ***p. farfalla***, pteroide | ***p. gatto***, siluriforme delle acque dolci americane ed europee, caratterizzato dal capo tozzo, appiattito e da lunghi barbigli impiantati attorno alla bocca (*Ameiurus nebulosus*) | ***p. imperatore***, luvaro | ***p. istrice***, diodonte | ***p. lucerna***, perciforme grigio brunastro, con occhi nella parte superiore del capo, che può rigonfiare fortemente l'addome (*Uranoscopus scaber*) SIN. uranoscopo | ***p. luna***, lampridiforme a corpo compresso dai magnifici colori rosso, azzurro, rosa e argento, comune nei mari caldi (*Lampris regius*) | ***p. lupo***, spigola | ***p. martello***, squalo con capo arrotondato che si estende lateralmente con due lobi alle cui estremità stanno gli occhi, viviparo presente nel Mediterraneo (*Sphyrna zygaena*) | ***p. napoleone***, pesce osseo marino dei Perciformi di lunghezza fino a 2 m, caratterizzato da una vistosa protuberanza cefalica che ricorda, per forma e posizione, la porzione frontale del copricapo militare ottocentesco detto lucerna (*Cheilinus undulatus*) | ***p. pagliaccio***, ognuna delle numerose specie di pesci ossei marini dei Perciformi, appartenenti al genere *Amphiprion*, noti per le vivaci livree e per i peculiari rapporti di simbiosi con gli anemoni | ***p. palla***, tetrodontiforme del Mediterraneo, massiccio e spinoso, con grossi caratteristici denti e capacità di rigonfiarsi a palla (*Ephippion maculatum*) SIN. tetraodonte | ***p. pappagallo***, scaro | ***p. persico***, V. *persico*[2] | ***p. pilota***, perciforme comune nel Mediterraneo, grigiastro a fasce trasversali scure, che ha l'abitudine di accompagnare i grandi squali e le navi (*Naucrates ductor*) | ***p. pipistrello***, teleosteo marino con grosso capo di forma triangolare che si prolunga anteriormente con un corno, rivestito lungo il capo e il corpo di protuberanze ossee (*Oncocephalus vespertilio*) | ***p. porco***, squalo del Mediterraneo, tozzo, grigio nerastro, a muso ottuso (*Oxynotus centrina*) | ***p. prete***, uranoscopo, pesce lucerna | ***p. ragno***, spigola | ***p. rondine***, dattilottero SIN. rondine di mare | ***p. rosso***, carassio dorato | ***p. San Pietro***, ***p. sampietro***, zeiforme comune nel Mediterraneo con capo compresso e piastre ossee al margine dorsale e ventrale (*Zeus faber*) | ***p. sega***, selacio con caratteristico rostro cartilagineo munito ai lati di robusti denti, raro nel Mediterraneo (*Pristis pristis*) | ***p. siluro***, V. *siluro*[1] | ***p. spada*** o (con grafia unita) ***pescespada***, perciforme lungo fino a 5 m, privo di squame, nero, con il muso allungato in una spada appuntita, nuotatore velocissimo, pescato nei mari dell'Italia meridionale per le carni molto pregiate (*Xiphias gladius*) | ***p. tamburo***, mola, pesce luna | ***p. tigre***, piranha | ***p. trombetta***, pesciolino a corpo ellissoidale e allungato, con muso tubulare e occhi sviluppatissimi (*Centriscus scolopax*) | ***p. violino***, rinobato | ***p. vela, p. ventaglio***, istioforo | ***p. volante***, esoceto **2** (*fig.*) in numerose loc. | (*fig.*) ***a spina di p.***, V. *spina*, sign. 6 | (*fig.*) ***p. d'aprile***, burla che si usa fare il primo giorno d'aprile | (*fig.*) ***essere sano come un p.***, essere in perfetta salute | (*fig.*) ***muto come un p.***, detto di chi tace ostinatamente | ***p. lesso***, (*fig.*) persona insignificante, sciocca o imbambolata | (*fig.*) ***nuotare come un p.***, molto bene | (*fig.*) ***non sapere che pesci prendere***, non sapere come agire per risolvere qlco. | (*fig.*) ***sentirsi un p. fuor d'acqua***, detto di chi si trova a disagio in una data situazione o ambiente | (*fig.*) ***non essere né carne né p.***, non essere ben definito né definibile, detto di persona o cosa | (*fig.*) ***fare il p. in barile***, mostrare indifferenza, far finta di nulla | (*fig.*) ***buttarsi a p. su qlco.***, accoglierla con entusiasmo | (*fig.*) ***pesci piccoli, grossi***, persone rispettivamente di scarso o forte potere | ***prendere a pesci in faccia***, (*fig.*) trattare qlcu. in modo villano e umiliante | **PROV.** ***il p. puzza dalla testa***, la corruzione e le magagne hanno origine in chi comanda **3** la carne degli animali vertebrati acquatici: *p. fresco, surgelato, sott'olio, affumicato, salato* | ***p. azzurro***, acciughe, sardine, sgombri | ***p. a carne rossa***, tonno, salmone e storione | ***p. da taglio***, carne di pesce senza lisca, come pescecane, rombo e sim. | ***p. grasso***, anguilla, salmone, aringa | ***p. magro***, merluzzo, luccio, sogliola | ***p. pescato***, nel linguaggio commerciale, pesce non di allevamento **4** pietanza di pesce: *p. fritto, lesso, in umido; p. con maionese, marinato; stasera, p.* **5** in varie loc. che indicano prodotti ottenuti mediante lavorazione del pesce | ***colla di p.***, ittiocolla | ***olio di p.***, ottenuto per ebollizione in acqua di alcuni pesci, impiegato nella concia delle pelli, nella fabbricazione di saponi, nella preparazione di oli idrogenati | ***farina, polvere di p.***, ottenuta da pesci non commestibili, cotti, seccati e sbriciolati, usata come concime o alimento di animali domestici **6** in tipografia, salto di composizione **7** (*volg., merid.*) pene ‖ (*lett.*) **pescerèllo**, **dim.** | **pescétto**, **dim.** (V.) | **pesciàccio**, **pegg.** | **pescìno**, **dim.** (V.) | **pesciolìno**, **dim.** (V.) | **pesciolóne**, **accr.** | **pescióne**, **accr.** | **pesciòtto**, **accr.** | †**pesciuòlo**, **dim.**

pescecàne o (*disus.*) **pésce càne** [comp. di *pesce* e *cane* ✻ 1481] **s. m.** (**pl.** *pescecàni* o *pescicàni*) **1** correntemente, squalo **2** (*fig.*) chi si è arricchito rapidamente, speculando spec. in situazione di guerra o dopoguerra: *i guadagni dei pescecani della inflazione monetaria* (L. EINAUDI)

pesceduòvo o **pésce d'uòvo** [per la forma che ricorda quella di un pesce ✻ 1478] **s. m.** (**pl.** *-i* o *pesciduovi*, †*pesceduova*, **f.**) ● (*tosc.*) sottile frittata arrotolata

pescèra ➤ **pesciera**

pescespàda ➤ **pesce**

pescétto [av. 1400] **s. m. 1** dim. di *pesce* **2** pasta dolce in forma di piccolo pesce ‖ **pescettìno**, **dim.**

pescheréccio o †**pescaréccio** [da *pescare* ✻ 1532] **A** **agg.** (**pl. m.** *-ci*; **pl. f.** *-ce*) **1** relativo alla pesca: *industria peschereccia* **2** †pescoso **B** **s. m.** ● imbarcazione attrezzata per la pesca professionale

pescherìa o †**pescarìa** [dal lat. *piscāria* (V. *pescaia*), sul modello di *drogheria* ✻ av. 1311] **s. f. 1** negozio in cui si vende pesce **2** (*sett.*) misto di pesciolini, per frittura **SIN.** minutaglia **3** †pesca

peschéto [da *pesco* ✻ 1911] **s. m.** ● piantagione di peschi

peschìcolo [comp. di *pesco* e *-colo* ✻ 1958] **agg.** ● relativo alla coltivazione del pesco: *regione peschicola*

peschicoltóre [comp. di *pesco* e *-coltore* ✻ 1958] **s. m.** (**f.** *-trice*) ● chi si dedica alla peschicoltura

peschicoltùra [comp. di *pesco* e *coltura* ✻ 1936] **s. f.** ● coltivazione del pesco

peschièra [da *pescare* ✻ sec. XIII] **s. f. 1** vivaio per pesci **2** †luogo di pesca

Pésci① [1875] **s. m. pl.** (**sing.** *-e*) ● (*zool.*) superclasse di Vertebrati acquatici forniti di pinne, con corpo generalmente fusiforme rivestito di scaglie, respirazione branchiale, scheletro cartilagineo od osseo (*Pisces*) | ***P. cartilaginei***, Pesci della classe dei Condroitti | ***P. ossei***, Pesci della classe degli Osteitti

Pésci② [1282] **A** **s. m. pl. 1** (*astron.*) ultima costellazione dello zodiaco, nella quale cade l'equinozio di primavera; si trova tra la costellazione dell'Acquario e quella dell'Ariete **2** (*astrol.*) dodicesimo e ultimo segno dello zodiaco, compreso fra i 330 e i 360 gradi dell'anello zodiacale, che domina il periodo compreso fra il 19 febbraio e il 20 marzo **B** **s. m. e f. inv.** ● persona nata sotto il segno dei Pesci

pesciaiòla o (*raro*) **pesciaiuòla** [da *pesce* ✻ 1863] **s. f. 1** venditrice di pesce **2** pesciera **3** (*zool.*) monaca

pesciaiòlo o (*raro*) **pesciaiuòlo** [av. 1348] **s. m.** (**f.** *-a*) ● venditore di pesce **SIN.** pescivendolo

pesciaiuòla ➤ **pesciaiola**

pesciaiuòlo ➤ **pesciaiolo**

pescicoltóre ➤ **piscicoltore**

pescicoltùra ➤ **piscicoltura**

pescièra o **pescèra** [da *pesce* ✻ 1885] **s. f.** ● recipiente ovale per lessarvi il pesce, con un secondo fondo sollevabile | vassoio per servire in tavola il pesce

pescìno [sec. XIV] **A** **s. m. 1** dim. di *pesce* **2** imbarcazione piccola e leggera per una sola persona, usata nella caccia in palude **B** **agg.** ● (*lett.*) di pesce: *Ha l'occhio un po' vago, qualche volta ... p.* (G. D'ANNUNZIO)

pesciolìno [av. 1375] **s. m. 1** dim. di *pesce* **2** (*zool.*) ***p. d'argento***, lepisma

†**pescióso** (o **-ṣo**) [1728] **agg.** ● di pesce

pescivéndolo [comp. di *pesce* e *-vendolo*, ricavato da *vendere* ✻ 1526] **s. m.** (**f.** *-a*) ● venditore di pesce al mercato o in un negozio

♦**pèsco** [lat. *pĕrsicu(m)*. V. *pesca*① ✻ av. 1320] **s. m.** (**pl.** *-schi*) **1** alberetto delle Rosacee a foglie lanceolate e seghettate, fiori rosei che appaiono prima delle foglie, frutti commestibili (*Prunus persica*) **2** †pesca

pesconóce [comp. di *pesco* e *noce* ✻ 1972] **s. m.** (**pl.** *peschinoce*) ● (*bot.*) nocepesco

pescóso (o **-ṣo**) o †**piscóso** [vc. dotta, lat. *piscōsu(m)*, agg. di *pĭscis* 'pesce' ✻ 1519] **agg.** ● abbondante, ricco di pesce: *vuotate le chiuse pescose fra graticci di canne* (R. BACCHELLI) ‖ **pescosità**, **s. f. inv.** caratteristica di mari, fiumi, laghi e sim. ricchi di pesce

peṣèta /pe'zeta, *sp.* pe'seta/ [sp., dim. di *peso*③ (V.) ✻ 1871] **s. f.** (**pl.** *pesète* o **sp.** *pesetas*) ● fino all'introduzione dell'euro (2002), unità monetaria della Spagna

peshmérga /peʃ'merga, *curdo* 'peʃmərgʌ/ [vc. curda, propr. 'chi guarda in faccia (*pesh*) la morte (*merga*)' ✻ 1984] **s. m. e f. inv.** ● combattente per l'indipendenza curda

pesièra (o **-ṣ-**) [1958] **s. f.** ● cassetta contenente una serie completa di pesi per la bilancia | la serie stessa

pesìsta (o **-eṣi-**) [1942] **s. m. e f.** (**pl. m.** *-i*) ● chi pratica il sollevamento pesi | chi lancia il peso

pesìstica (o **-eṣi-**) [1942] **s. f.** ● sollevamento pesi

pesìstico (o **-eṣì-**) [1958] **agg.** (**pl. m.** *-ci*) ● relativo alla pesistica e ai pesisti

♦**péso**① (o **-ṣ-**) [lat. *pēnsu(m)*. V. *penso* ✻ 1261 ca.] **s. m. 1** forza di attrazione della Terra sui corpi posti in prossimità della sua superficie, proporzionale alla loro massa, dipendente dalla latitudine e dall'altezza sul livello del mare **CFR.** bari-, baro-, -baro | (*fis.*) ***p. atomico assoluto***, ***p. atomico relativo***, massa atomica assoluta, massa atomica relativa (V. *massa* nel sign. A 5) | ***p. specifico assoluto***, rapporto fra il peso e il volume di un corpo o peso dell'unità di volume di esso | ***p. specifico relativo***, rapporto tra il peso del corpo e il peso di un volume uguale di una sostanza di riferimento | (*inform.*) numero di byte di uno o più file in quanto occupano un'area di memoria **2** misura di tale forza determinata con bilance di vario tipo: *calcolare il p. di un carico, di una valigia* | ***p. lordo***, complessivo della merce e dell'imballaggio | ***p. netto***, della sola merce | ***p. condizionato***, quello che avrebbe la merce se in essa fosse contenuta una percentuale fissa prestabilita di umidità | ***far p.***, essere pesante | ***p. morto***, quanto pesa un animale ucciso o, trattandosi di merci, la tara; (*fig.*) persona che non ha iniziative né autonomia e si appoggia totalmente a qlcu. | ***pigliare, sollevare di p.***, alzare qlcu. o qlco. da terra di slancio, in un solo sforzo | ***prendere di p.***, (*fig.*) copiare integralmente, senza apportare alcuna modifica | ***buon p.***, abbondante e vantaggioso per chi compra | ***rubare sul p.***, di venditore che inganna il compratore facendo risultare ciò che vende di peso superiore a quello reale | ***passare il p.***, eccederlo | ***a p.***, secondo quanto una cosa pesa: *comperare, pagare a p.* | ***a p. d'oro***, (*fig.*) a carissimo prezzo | (*est.*) senso di pesantezza: *sentire un p. alla testa, allo stomaco* **3** in particolare, con riferimento al corpo umano: *p. corporeo; controllare il p. di un neonato; il mio p. è 70 kg; aumentare, crescere di p.; perdere p., diminuire di p.; essere sotto p.* | ***p. forma***, V. *forma* nel sign. B **4** oggetto metallico graduato che serve nelle operazioni di pesatura: *un p. di un etto, di un kilogrammo* | ***unità di p.***, kilogrammo | ***usare due pesi e due misure***, (*fig.*) valutare fenomeni analoghi con criteri diversi, dimostrando perciò parzialità | ***p. pubblico***, luogo in cui si verifica la giustezza del peso delle cose comperate **5** corpo od oggetto molto pesante: *però, è un bel p.!* | (*est.*) carico, fardello: *portare pesi; un p. eccessivo, enorme* **6** (*sport*) sfera metallica liscia impiegata nelle gare di lancio | (*est.*) la specialità stessa **7** (*sport*) ciascuna delle categorie in cui sono suddivisi pugili, lottatori e pesisti **8** (*sport*) nell'ippica, handicap **9** (*fig.*) importanza, rilievo, valore: *il p. delle sue parole è notevole; sono cose di nessun p., di gran p.* | influenza: *l'aspetto economico ha avuto un certo p. nella sua scelta* | ***di p.***, rilevante, importante | ***dare p.***, attribuire importanza | ***non bisogna dargli p.***, non ci si deve far caso, non se ne deve tener conto **10** (*fig.*) tutto ciò che grava su una persona, opprimendola e causandole angosce e preoccupazioni: *il p. della famiglia, della fatica, degli anni; avere un p. sulla coscienza; liberarsi di un p.* | ***essere un p. per qlcu., essere di p. a qlcu.***, arrecargli noia, fastidi e preoccupazioni, anche di natura economica: *non vuole essere di p. ai figli* | (*est.*) onere od obbligo finanziario: *il p. di un'ipoteca; il p. delle imposte* ‖ **pesétto**, **dim.** | **pesóne**, **accr.** | **pesùccio**, **dim.**

péso② (o **-ṣ-**) [da *pesare* ✻ av. 1449] **agg.** ● (*tosc.*) pesante: *oggetto molto p.*; *La bottiglia* *di cristallo era pesa: il braccino esile sembrava non arrivasse a reggerla* (C.E. GADDA) | (*fig.*) noioso: *quella donna è proprio pesa* | ***aria pesa***, soffocante e afosa

peso③ /sp. 'peso/ [vc. sp., propr. 'peso' ✱ 1533] **s. m. inv.** (**pl. sp.** *pesos*) ● unità monetaria di Argentina, Cile, Colombia, Cuba, Repubblica Dominicana, Filippine, Guinea Bissau, Messico e Uruguay

†**pésolo** (o **-ṣ-**) [lat. *pēnsile(m)* 'pensile' ✱ sec. XIII] **agg.** ● pendulo, pendente: *'l capo tronco tenea per le chiome, / pesol con mano a guisa di lanterna* (DANTE *Inf.* XXVIII, 121-122)

pessàrio [vc. dotta, lat. tardo *pessāriu(m)*, da *pĕssum*, dal gr. *pessós* 'dado', di etim. incerta ✱ sec. XIII] **s. m.** **1** (*med.*) protesi di materiale e forma varia, per lo più ad anello, per sostenere visceri soggetti a prolasso **2** contraccettivo meccanico di forma tondeggiante che si applica in corrispondenza del collo dell'utero SIN. diaframma **3** †supposta

pessarizzàre [sec. XIV] **v. tr.** ● (*raro*) trattare con pessario

-pessìa o **-pèssi** [dal gr. *pêxis* 'unione, fissazione', dal v. *pēgnýnai* 'fissare, far stare fermo' di orig. indeur.] **secondo elemento** ● in parole composte della terminologia medica, indica l'operazione chirurgica volta a riportare e fissare nella sua sede naturale l'organo designato dal primo elemento: *nefropessi*

pessimìsmo [fr. *pessimisme*, dal lat. *pĕssimus* 'pessimo', in opposizione a *optimisme* 'ottimismo' ✱ 1826] **s. m.** **1** attitudine a cogliere gli aspetti negativi delle cose, a giudicarle dal loro lato peggiore, a non avere fiducia nel futuro: *un p. inguaribile, radicale*; *p. … è la consapevole impossibilità per l'uomo di conseguire mai il fine che la sua stessa natura lo spinge a proporsi* (B. CROCE) CONTR. ottimismo **2** concezione filosofica che vede nel mondo il prevalere del male sul bene o considera il divenire storico il risultato di una forza cieca e l'infelicità e il dolore la normalità della condizione umana: *il p. di Leopardi*

SFUMATURE DI SIGNIFICATO

pessimismo - sfiducia - demoralizzazione
Pessimismo è la tendenza di chi giudica le cose dal lato peggiore e giunge per questo sempre a previsioni negative. Uno dei fattori che può generare il pessimismo è la **sfiducia** in sé stessi e nel prossimo, cioè lo scarso convincimento nelle proprie capacità o nella buona disposizione degli altri. Conseguenza di tutto ciò è uno stato di **demoralizzazione**, cioè una condizione di avvilimento che priva della capacità di reazione, di qualsiasi possibilità di iniziativa.
SFUMATURE ➤ ***disperazione***, ➤ ***scoraggiamento***

pessimìsta [fr. *pessimiste*, da *pessimisme* 'pessimismo' ✱ 1818] **A** **s. m. e f.** (**pl. m.** *-i*) **1** chi tende a giudicare, a valutare con pessimismo CONTR. ottimista **2** (*filos.*) sostenitore o seguace di una corrente di pensiero improntata al pessimismo **B** **agg.** ● che è portato al pessimismo: *è un ragazzo p. su tutto*

pessimìstico [1891] **agg.** (**pl. m.** *-ci*) ● ispirato a pessimismo, da pessimista: *considerazioni pessimistiche* ‖ **pessimisticaménte**, **avv.**

pèssimo [vc. dotta, lat. *pĕssimu(m)*, superl. di *pēior* 'peggiore' ✱ 1261 ca.] **agg.** **L'aggettivo 'pessimo' è un superlativo che deriva da un superlativo latino. Perciò la forma 'più pessimo' è di uso raro e solo letterario:** *e beono sempre i più pessimi vini* (P. ARETINO) **1** superl. di *cattivo* | di ciò che è il peggiore fra tutti, il più scadente, insoddisfacente ecc. di tutti: *un vino p.*; *alloggiare in un p. albergo*; *fare un p. viaggio*; *essere di p. umore*; *una pessima idea* | ***un p. lavoro***, fatto malissimo | ***un p. acquisto***, per nulla vantaggioso | ***essere in pessimi rapporti con qlcu.***, essere quasi nemici **2** che è assolutamente negativo, riprovevole, sotto ogni punto di vista: *una pessima vita*; *un uomo p.* | ***un p. elemento***, persona totalmente priva di buone qualità **3** molto brutto, orribile: *oggi hai un p. aspetto, una pessima cera* ‖ **pessimaménte**, **avv.**

pésta [da *pestare* ✱ av. 1292] **s. f.** **1** †strada battuta | (*lett.*) rumore di passi, calpestio: *Qui dove peste umane / non suoneranno* (E. MONTALE) **2** (**spec. al pl.**) orma, traccia, impronta: *seguire le peste di qlcu., della selvaggina*; *i cani avidi si lanciano / verso il fiume sulle peste odorose* (S. QUASIMODO) **3** †calca **4** (*fig.*, **al pl.**) situazione complicata, da cui è difficile tirarsi fuori: *trovarsi, essere, rimanere nelle peste*; *mettere, lasciare qlcu. nelle peste* **5** (*disus.*) nell'ippica, successione delle orme che il cavallo lascia sul terreno, dalla cui disposizione si ricava l'andatura

pestàggio [da *pestare*: calco sul fr. *pilage* ✱ 1948] **s. m.** ● violenta serie di percosse, bastonatura: *subire un p.*; *squadracce che eseguono pestaggi intimidatori* | rissa, zuffa

†**pestaménto** [sec. XIV] **s. m.** ● il pestare | rumore prodotto dal pestare

pestapépe [comp. di *pesta(re)* e *pepe* ✱ 1618] **s. m. e f. inv.** **1** †chi, nelle drogherie, era addetto a pestare il pepe **2** (*lett.*, *raro*) persona da poco

♦**pestàre** [lat. tardo *pistāre*, intens. di *pīnsere* 'pestare', di orig. indeur. ✱ 1266] **A** **v. tr.** (*io pésto*) **1** premere, calcare, schiacciare col piede: *p. le erbe, i fiori, le foglie*; *gli ho pestato inavvertitamente un piede* | ***p. i piedi***, batterli a terra, per ira, per scaldarsi o sim. | ***p. i piedi, i calli a qlcu.***, (*fig.*) fare qlco. che lo molesti o lo danneggi | ***p. le orme di qlcu.***, seguirlo | ***p. l'uva***, pigiarla SIN. calpestare **2** ridurre qlco. in frantumi o in polvere mediante colpi continui e ripetuti, con il pestello o con altro strumento adatto: *p. il sale, il pepe*; *p. le erbe nel mortaio* | ***p. la carne***, tritarla finemente | (*fig.*) ***p. l'acqua nel mortaio***, fare una inutile fatica SIN. frantumare, sminuzzare **3** (*est.*) riempire di botte: *l'hanno pestato con pugni e calci*; *gli hanno pestato la faccia* | (*scherz.*) ***p. il pianoforte***, suonarlo male **B** anche **pestàrsi** **v. tr. pron.** (**aus.** *essere*) ● (con valore recipr.), nella loc. ***pestarsi i piedi***, (*fig.*) darsi fastidio, ostacolarsi a vicenda **C** **pestàrsi** **v. rifl. recipr.** ● picchiarsi, prendersi a botte: *i due gruppi di tifosi hanno cominciato a pestarsi*
SFUMATURE ➤ ***calpestare***

pestaròla o **pestaruòla** [1624] **s. f.** ● utensile per pestare la carne di maiale e fare salsicce

pestàta [av. 1492] **s. f.** **1** atto del pestare | colpo che si dà o si riceve pestando: *dare, ricevere una p. su un piede* **2** pestaggio, rissa **3** (*tosc.*) orma, pesta ‖ **pestatìna**, **dim.**

pestàto **part. pass.** di *pestare*; anche **agg.** ● nei sign. del v.

pestatóio [da *pestato* ✱ sec. XIV] **s. m.** (**pl.** *-ói*) ● (*raro*) pestello

pestatóre [1865] **s. m.** (**f.** *-trice*) ● (*raro*) chi pesta o picchia | chi esegue un pestaggio

pestatùra [av. 1537] **s. f.** **1** operazione del pestare: *la p. del sale* **2** (*raro*) pestaggio

♦**pèste** [lat. *pĕste(m)*, di etim. incerta ✱ av. 1327] **s. f.** **1** (*med.*) malattia infettiva epidemica degli animali (roditori) e dell'uomo, causata dal batterio *Yersinia pestis*, che si manifesta in forma bubbonica o polmonare | ***p. aviaria***, malattia infettiva dei Gallinacei sostenuta da un virus | ***p. bovina***, malattia infettiva dei Bovini a decorso acuto febbrile setticemico sostenuta da un virus | ***p. suina***, malattia infettiva e contagiosa caratterizzata da setticemie a carattere emorragico **2** (*fig.*) fetore, puzzo: *un tanfo, un veleno, una p.* (A. MANZONI) **3** (*fig.*) calamità, rovina: *la corruzione è la p. della nostra società* | (*fig.*) ***dire p. e corna di qlcu.***, parlarne malissimo **4** (*fig.*) persona, spec. bambino, molto vivace e turbolenta: *guardati da lui, perché è una p.*; *quel ragazzino è una vera p.* **5** (*bot.*) ***p. d'acqua***, elodea

pestèllo [lat. *pistĭllu(m)*, da *pīnsere* 'pestare'. V. *pestare* ✱ 1268] **s. m.** **1** strumento col quale si pesta nel mortaio: *p. di ottone, di vetro* **2** (*impropr.*) batticarne **3** (*lett.*) pene

pesticciàre [intens. di *pestare* ✱ 1891] **v. tr.** (**pres.** *io pestìccio*; **fut.** *io pesticcerò*) ● calpestare con insistenza

pesticìda [ingl. *pesticide*, comp. di *pest* 'peste, pianta o animale dannoso' e *-cide* '-cida' ✱ 1974] **s. m.** (**pl.** *-i*) ● prodotto naturale o sintetico usato nella lotta chimica contro gli organismi nocivi alle colture agricole

pestìfero [vc. dotta, lat. *pestĭferu(m)*, comp. di *pĕstis* 'peste' e *-fer* '-fero' ✱ 1268] **agg.** **1** che porta, che trasmette la peste **2** (*fig.*) che ammorba l'aria di fetore: *palude pestifera*; *esalazioni pestifere* SIN. nauseabondo, mefitico **3** (*fig.*) dannoso, esiziale, funesto: *morbo, animale p.*; *nebbia pestifera per la campagna*; *nulla si truova tanto alle cose pubbliche e private nocivo e p. quanto sono i cittadini ignavi e inerti* (L.B. ALBERTI) **4** (*iperb.*) estremamente noioso e molesto: *un ragazzino p.* ‖ **pestiferaménte**, **avv.**

pestilènte [vc. dotta, lat. *pestilĕnte(m)*, da *pĕstis* 'peste' ✱ av. 1342] **A** **agg.** ● (*raro*) pestifero (*anche fig.*) **B** **s. m. e f.** ● †appestato

pestilènza o †**pestilènzia**, †**pistolènza**, †**pistolènzia** [vc. dotta, lat. *pestilĕntia(m)*, da *pĕstilens*, genit. *pestilĕntis* 'pestilente' ✱ 1268] **s. f.** **1** morbo della peste, epidemia di peste: *nella egregia città di Fiorenza … pervenne la mortifera p.* (G. BOCCACCIO) **2** (*fig.*) calamità, rovina, flagello **3** (*fig.*) fetore insopportabile

pestilenziàle [1300 ca.] **agg.** **1** relativo alla peste, che ha le caratteristiche della peste: *febbre p.* **2** (*fig.*) estremamente dannoso: *corruzione p.* **3** (*fig.*) che emana un odore nauseabondo: *miasmi, esalazioni pestilenziali* ‖ **pestilenzialménte**, **avv.**

†**pestilenzióso** (o **-ṣo**) [vc. dotta, lat. tardo *pestilentiōsu(m)*, da *pestilĕntia* 'pestilenza' ✱ 1336 ca.] **agg.** ● pestilenziale (*spec. fig.*)

pestìo [da *pestare* col suff. *-io*① ✱ av. 1292] **s. m.** (**pl.** *-ii*) ● (*tosc.*) un pestare continuo e frequente

pésto [da *pestato* ✱ av. 1306] **A** **agg.** ● che ha subito ammaccature, pestature: *carne pesta*; *è tutto p. per le percosse* | ***occhio p.***, livido per un colpo ricevuto o cerchiato da profonde occhiaie | (*fig.*) ***buio p.***, fitto, totale **B** **s. m.** **1** poltiglia o insieme di cose pestate **2** salsa di basilico, aglio e pinoli pestati, con aggiunta di formaggio pecorino e olio, condimento tipico della cucina genovese: *trenette col p.*; *ravioli al p.*

pestóne① o †**pistóne**② nel sign. 2 [da *pestare* ✱ sec. XV] **s. m.** **1** violenta pestata, spec. su un piede **2** pestello grande e massiccio | mazzeranga | †macchinario munito di massiccio pestello

†**pestóne**② ➤ **pistone**①

pestóso (o **-ṣo**) [da *peste* ✱ 1958] **agg.** ● (*med.*) della peste, relativo alla peste

PET① /pet/ [1986] **s. m. inv.** ● (*chim.*) sigla del polietilentereftalato

PET② /pet/ [sigla di *P(ositron) E(mission) T(omography)* 'tomografia a emissione di positroni' ✱ 1986] **s. f. o** (*raro*) **m. inv.** ● (*med.*) apparecchiatura per eseguire la tomografia ad emissione di positroni | la tecnica diagnostica che usa tale apparecchiatura | il risultato dell'esame

pèta- [contrazione di *penta-* (V.); riferito alla quinta potenza di 10^3] **primo elemento** ● anteposto a un'unità di misura la moltiplica per 10^{15}, cioè per un milione di miliardi **SIMB.** P

petàcchio [fr. *patache*, dello sp. *patache*: dall'arabo *baṭāš* 'nave a due alberi' ✱ 1651] **s. m.** ● nave da guerra del sec. XV, dei mari del Nord, di solito con compiti ausiliari, attrezzata con due alberi a vele quadre

petacciòla o (*lett.*) **petacciuòla** [lat. *pittăciu(m)* 'impiastro' perché le foglie vengono usate come impiastri ✱ sec. XIII] **s. f.** ● (*bot.*) piantaggine

petalifórme [comp. di *petalo* e *-forme* ✱ 1954] **agg.** ● (*bot.*) che ha forma di petalo

♦**pètalo** [vc. dotta, gr. *pétalon*, da *petannýnai* 'aprire', di orig. indeur. ✱ 1499] **s. m.** ● (*bot.*) ognuno degli elementi del fiore, costituiti da foglie modificate che costituiscono la corolla

petaloidèo [deriv. di *petalo*, con il suff. *-oide* ✱ 1834] **agg.** ● (*bot.*) che è simile a petalo, detto spec. di parti del fiore

petàrdo [fr. *pétard*, da *pet* 'peto' ✱ 1601] **s. m. 1** antico mortaio da applicare direttamente alla porta o al muro da abbattere **2** rudimentale bombetta di carta, che si fa esplodere in segno di festeggiamento

pètaṣo [vc. dotta, lat. *pĕtasu(m)*, dal gr. *pétasos*, da *petannýnai* 'aprire'. V. *petalo* ✱ 1499] **s. m.** ● (*archeol.*) presso gli antichi Greci e Romani, cappello a falda larga usato spec. da viaggiatori e cacciatori | ***p. alato***, copricapo munito di ali col quale si rappresentava il dio Ermete

petàuro [dal lat. classico *petaurĭstes*, dal gr. *petauristḗs* 'acrobata, funambolo' (da *pétauron* 'bilanciere da funamboli', di etim. incerta), per l'abilità di saltatore di questo animale ✱ 1835] **s. m.** ● genere di Marsupiali australiani notturni, la cui pelle si estende a guisa di patagio fra gli arti anteriori e quelli posteriori permettendo voli planati (*Petaurus*)

petécchia [lat. parl. **(im)petĭcula(m)*, dim. del lat. *impetīgo*, genit. *impetīginis* 'impetigine' ✱ 1512] **s. f. 1** (*med.*) piccola emorragia puntiforme **2** (*raro, fig.*) persona spilorcia e taccagna

petecchiàle [av. 1714] **agg.** ● (*med.*) che è caratterizzato da petecchie: *tifo p.*

†**pètere** [vc. dotta, lat. *pĕtere* 'cercare di giungere a', poi 'chiedere', di orig. indeur. ✱ sec. XII] **v. tr.** ● chiedere, domandare

petit-beurre /*fr.* p(ə)ti'bœʀ/ [vc. fr., propr. 'piccolo burro' ✱ 1942] **s. m. inv.** ● piccolo biscotto al burro, spec. di forma rettangolare

petit-four /*fr.* p(ə)ti'fuʀ/ [vc. fr., propr. 'piccolo (*petit*) dolce al forno (*four*)' ✱ 1877] **s. m. inv.** (**pl. fr.** *petits-fours*) ● pasticcino da tè, a base di pasta di mandorle

petit-gris /*fr.* p(ə)ti'gʀi/ [vc. fr., propr. 'piccolo (*petit*) grigio (*gris*)' ✱ 1857] **s. m. inv.** (**pl. fr.** *petits-gris*) ● tipo di pelliccia molto morbida, confezionata con pelli di scoiattoli siberiani

petitòrio [vc. dotta, lat. tardo *petitōriu(m)*, da *petītor*, genit. *petitōris* 'petitore' ✱ 1396 ca.] **agg.** (**pl. m.** *-i* o *raro -ii*) ● (*dir.*) di giudizio in cui l'attore rivendica il diritto di proprietà su di un bene | di azione esperibile a difesa della proprietà

petìtum [vc. lat., propr. 'ciò che è richiesto' ✱ 1980] **s. m. inv.** (**pl. lat.** *petita*) ● (*dir.*) ciò che la parte chiede in giudizio | oggetto della pretesa vantata in giudizio

petizióne [vc. dotta, lat. *petitiōne(m)*, da *petītus* 'richiesto'. V. *petitum* ✱ 1261 ca.] **s. f. 1** domanda, istanza, supplica **2** (*dir.*) richiesta avanzata ai massimi organi dello Stato da un congruo numero di cittadini elettori **3** (*filos.*) ***p. di principio***, errore logico consistente nel considerare come premessa di un'argomentazione la conclusione che si intende dimostrare | (*est.*) affermazione posta come aprioristicamente valida ‖ **petizioncìna**, **dim.**

pèto (o **-é-**) [lat. *pēditu(m)*, da *pēdere* 'tirar peti', di orig. indeur. V. *podice* ✱ av. 1400] **s. m.** ● fuoriuscita di gas dall'intestino

-peto [lat. *-pĕtu(m)*, da *pĕtere* 'dirigersi', 'tendere verso', di orig. indeur.] **secondo elemento** ● in parole composte, indica movimento, tendenza, sviluppo verso qlco.: *centripeto* **CONTR.** -fugo

petonciàno o **petronciàno** [deformazione dell'arabo *bāḏinǧān*, V. *melanzana* ✱ sec. XIII] **s. m.** ● (*bot.*) melanzana: *I petonciani fritti possono servire di contorno a un piatto di pesce fritto* (P. ARTUSI)

†**pètra** ➤ **pietra**

petràia ➤ **pietraia**

petrarcheggiàre [1745] **v. intr.** (**pres.** *io petrarchéggio*; **fut.** *io petrarcheggerò*; **aus.** *avere*) ● imitare lo stile poetico e i modi di Petrarca

petrarchésco [1516] **agg.** (**pl. m.** *-schi*) **1** relativo al poeta Francesco Petrarca (1304-1374), alla sua opera o al suo stile: *canzone petrarchesca*; *il Canzoniere p.* **2** che imita il Petrarca: *stile p.* ‖ **petrarchescaménte**, **avv.** alla maniera del Petrarca

†**petrarchévole** [av. 1556] **agg.** ● petrarchesco

petrarchìṣmo [1758] **s. m. 1** imitazione dello stile del Petrarca **2** corrente poetica diffusa per secoli in Europa, ispirata alla lirica del Petrarca

petrarchìsta [1539] **A s. m. e f.** (**pl. m.** *-i*) **1** poeta imitatore del Petrarca: *i petrarchisti del Cinquecento* **2** (*raro*) studioso del Petrarca **B agg.** ● relativo al petrarchismo

†**petràta** ➤ **pietrata**

petrière o **petrièro** [dal lat. *pĕtra* 'pietra' ✱ 1577] **A s. m.** ● (*milit.*) specie di antico mortaio per lanciare proiettili di pietra di varie specie e dimensioni **B anche agg.**: *cannone p.*

†**petrificàre** e deriv. ➤ **pietrificare** e deriv.

petrìgno ➤ **pietrigno**

†**petrìna** [dim. del lat. *pĕtra* 'pietra' ✱ 1319] **s. f.** ● pietra: *Era ... / d'una p. ruvida e arsiccia* (DANTE *Purg.* IX, 97-98)

petrìno ① ➤ **pietrino** ①

†**petrìno** ② ➤ **pietrigno**

pètro- [dal gr. *petro-*, da *pétra* 'pietra'] **primo elemento** ● in parole composte della terminologia scientifica significa 'pietra', 'roccia': *petroglifo*, *petrografia*

petrochìmica ① ● (*evit.*) ➤ **petrolchimica**

petrochìmica ② [comp. di *petro-* e *chimica* ✱ 1958] **s. f.** ● (*miner.*) branca della petrografia che studia la composizione chimica delle rocce

petrochìmico ① ● (*evit.*) ➤ **petrolchimico**

petrochìmico ② [1983] **agg.** (**pl. m.** *-ci*) ● relativo alla petrochimica

petrodòllari o (*raro*) **petroldòllari** [comp. di *petro(lio)* e il pl. di *dollaro* ✱ 1974] **s. m. pl.** (**sing.** *-o*) ● fondi in dollari, accumulati dai Paesi produttori di petrolio, depositati presso banche europee

petrogèneṣi [comp. di *petro-* e *genesi* ✱ 1895] **s. f. inv.** ● (*geol.*) origine e processo di formazione delle rocce, spec. eruttive e metamorfiche

petrògḷifo [comp. di *petro-* e del gr. *glýphein* 'intagliare'. V. *glifo* ✱ 1895] **s. m.** ● (*archeol.*) figura incisa su una roccia

petrografìa [comp. di *petro-* e *-grafia* ✱ 1829] **s. f.** ● (*geol.*) scienza che studia la composizione, la tessitura e la struttura delle rocce

petrogràfico [1875] **agg.** (**pl. m.** *-ci*) ● relativo alla petrografia: *analisi petrografica*

petrògrafo [1958] **s. m.** (**f.** *-a*) ● chi si dedica allo studio della petrografia

petrolchìmica, (*evit.*) **petrochìmica** ① [comp. di *petrol(io)* e *chimica* ✱ 1963] **s. f.** ● ramo dell'industria chimica che utilizza come materie prime il petrolio grezzo, o sue frazioni, e i gas naturali del sottosuolo

petrolchìmico, (*evit.*) **petrochìmico** ① [1963] **agg.** (**pl. m.** *-ci*) ● della petrolchimica, relativo alla petrolchimica

petroldòllari ➤ **petrodollari**

petrolièra [da (*nave*) *petroliera* ✱ 1921] **s. f.** ● nave per il trasporto dei combustibili liquidi

petrolière ① [da *petrolio* ✱ 1922] **s. m.** (**f.** *-a*) **1** addetto alla lavorazione del petrolio **2** industriale petrolifero: *i petrolieri del Texas*

petrolière ② [fr. *pétroleur* 'colui che incendia con il petrolio', da *pétrole* 'petrolio' ✱ av. 1907] **s. m.** (**f.** *-a*) ● (*lett.*) negli ultimi decenni dell'Ottocento, rivoluzionario incendiario e devastatore: *van ricantando che io sono un p. ... in versi* (G. CARDUCCI)

petrolièro [1889] **agg.** ● che riguarda l'estrazione, la lavorazione e il trasporto del petrolio

petrolìfero [fr. *pétrolifère*, comp. di *pétrole* 'petrolio' e *-fère* '-fero' ✱ 1875] **agg.** ● che contiene petrolio: *giacimento p.* | che lavora e distribuisce petrolio e prodotti derivati: *industria petrolifera* | (*est.*) attinente al petrolio: *crisi petrolifera*

♦**petròlio** [fr. *pétrole*, propr. 'olio di pietra', comp. del lat. *pĕtra* 'pietra' e *ŏleum* 'olio' ✱ av. 1375] **A s. m.** ● miscuglio oleoso di idrocarburi gassosi liquidi e solidi, estratto dal sottosuolo e sottoposto a distillazione e ad altri trattamenti per ottenere benzine e prodotti vari quali oli combustibili, lubrificanti, e intermedi per molte industrie organiche | ***etere di p.***, benzina leggera che bolle tra 40° e 60°, usata come solvente | ***p. da illuminazione***, ***p. lampante***, cherosene **B in funzione di agg. inv.** ● (posposto a un sost.) che ha un colore tra il blu e il verde che ricorda quello del petrolio: *pantaloni color blu p.*

petrologìa [comp. di *petro-* e *-logia* ✱ 1954] **s. f.** (**pl.** *-gìe*) ● (*raro*) petrografia

Petromiẓónti [comp. di *petro-* e un deriv. del gr. *mýzein* 'succhiare' (di orig. espressiva) ✱ 1931] **s. m. pl.** (**sing.** *-e*) ● (*zool.*) classe di Ciclostomi con pinna dorsale ben sviluppata e bocca munita di numerosi denti cornei, cui appartiene la lampreda (*Petromyzontidae*)

petronciàno ➤ **petonciano**

petroniàno [dal n. di S. *Petronio* (sec. V), patrono di Bologna ✱ 1835] **A agg.** ● (*lett.*) relativo a Bologna **B s. m.** (**f.** *-a*) **1** (*lett.*) abitante o nativo di Bologna **2** giocatore o sostenitore della squadra di calcio del Bologna

petrosèllo (o **-ṣ-**) o **petrosìllo** (o **-ṣ-**), **petrosìno** (o **-ṣ-**) [V. *prezzemolo* ✱ av. 1338] **s. m.** ● (*bot.*, *centr.*, *merid.*) prezzemolo

petróso e deriv. ➤ **pietroso** e deriv.

pettàta [da *petto*; nel sign. 2 perché un cavallo per percorrerla deve fare gran forza col petto ✱ av. 1292] **s. f. 1** (*raro*) colpo dato col petto **2** (*lett.*) salita ripida e faticosa | (*raro, est.*) sforzo, fatica

pettaẓẓùrro o **pètto aẓẓùrro** [detto così dal colore *azzurro* del *petto* ✱ av. 1871] **s. m.** ● uccello africano dei Passeriformi con guance, petto e sottocoda azzurri (*Luscinia svecica*)

pettégola [f. di *pettegolo* ✱ 1827] **s. f.** ● uccello di palude dei Caradriformi con becco molto lungo e zampe alte e sottili (*Tringa to-*

tanus)

pettegolàre [veneto *petegolàr*, da *petegolo* 'pettegolo' ✱ 1536] **v. intr.** (*io pettégolo*; aus. *avere*) ● fare pettegolezzi

pettegolàta [1790] **s. f.** ● (*raro, lett.*) chiacchierata pettegola

pettegoleggiàre [1618] **v. intr.** (pres. *io pettegoléggio*; fut. *io pettegoleggerò*; aus. *avere*) ● (*raro, lett.*) pettegolare

pettegolézzo (o **-zz-**) [1753] **s. m.** ● chiacchiera, discorso da pettegolo: *non amo il p.* | discorso malizioso e indiscreto su qlcu. o su fatti che lo riguardano: *riportare, fare dei pettegolezzi su qlcu.*; *dare adito a pettegolezzi*

SFUMATURE ➤ *voce*

pettegolìo [1871] **s. m.** (pl. *-ii*) ● frequente e insistente pettegolare | (*est.*) chiacchierio noioso e rumoroso: *basta con questo p.*

pettégolo [veneto *petegolo*, di etim. incerta ✱ 1527] **A agg. 1** che fa chiacchiere e commenti maliziosi sugli altri: *è una donna sciocca e pettegola*; *un visitatore p.* | (*scherz.*) chiacchierino, petulante: *bambina molto pettegola* **2** di ciò che è caratterizzato da pettegolezzi o è tipico di persone pettegole: *ambiente p.*; *conversazione pettegola* **B s. m.** (f. *-a*) ● chi fa chiacchiere maliziose sugli altri ‖ **pettegolàccio**, pegg. | **pettegolino**, dim. | **pettegolóne**, accr.

pettegolùme [1741] **s. m.** ● (*lett.*) insieme di pettegolezzi o di persone pettegole

pet thèrapy /ingl. ˌpɛt'θɛrəpɪ/ [loc. ingl., propr. 'cura (*therapy*) con un animale domestico (*pet*)' ✱ 1992] **loc. sost. f. inv.** (pl. ingl. *pet therapies*) ● tecnica adottata nel trattamento psicoterapeutico, che si avvale degli effetti positivi esercitati sul paziente dalla vicinanza di animali domestici come cani e gatti

pèttico ➤ **pectico**

pèttide o **pèctide**, **pèctis** [vc. dotta, gr. *pēktís*, genit. *pēktídos*, propr. 'oggetto composto di parti', da *pēgnýnai* 'fissare insieme', di orig. indeur. ✱ 1581] **s. f.** ● (*archeol.*) strumento a corde della Grecia antica

pettièra [da *petto* ✱ 1566] **s. f. 1** pettorale del cavallo **2** (*raro*) parte di un abito spec. femminile che ricopre il petto

pettignóne [lat. parl. **pectiniōne(m)*, dal lat. classico *pĕcten*, genit. *pĕctinis* 'pettine', e anche 'pube', per l'aspetto dei peli che lo ricoprono ✱ av. 1348] **s. m.** ● (*lett.*) pube

pettina ➤ **pectina**

pettinàio [1319] **s. m.** (f. *-aia*, pl. m. *-ai*) ● (*disus.*) chi fabbrica pettini

♦**pettinàre** [lat. *pectināre*, da *pĕcten*, genit. *pĕctinis* 'pettine' ✱ sec. XIII] **A v. tr.** (*io pèttino*) **1** ravviare o riordinare i capelli col pettine o con la spazzola: *p. i bambini prima di mandarli a scuola* **2** acconciare i capelli secondo una determinata foggia o i dettami della moda: *quel parrucchiere pettina molto bene*; *vorrei pettinarti con le trecce* **3** sottoporre le fibre tessili alla pettinatura **4** (*fig., scherz.*) conciare male qlcu. con percosse e altro: *l'ho pettinato per bene* | (*fig., scherz.*) criticare severamente o rimproverare in modo aspro **5** (*fig.*) †mangiare avidamente (*anche assol.*) **B pettinàrsi v. rifl.** e **tr. pron.** (aus. *essere*) ● riordinarsi i capelli: *devo ancora pettinarmi* | (*est.*) ravviarsi: *pettinandosi colle dita la barbona* (L. PIRANDELLO) | avere una determinata acconciatura: *pettinarsi con la riga in mezzo, senza riga, con i capelli raccolti*

pettinàta [1741] **s. f. 1** atto del pettinare e del pettinarsi: *darsi una rapida p.* SIN. ravviata **2** (*fig.*) strapazzata ‖ **pettinatina**, dim.

pettinàto A part. pass. di *pettinare*; anche **agg. 1** nei sign. del v. **2** ***filato p.***, ottenuto seguendo il ciclo di lavorazione della filatura a pettine **B s. m.** ● tessuto di lana ottenuto con filati pettinati

pettinatóio [da *pettinato* ✱ av. 1562] **s. m.** (pl. *-ói*) ● peignoir

pettinatóre [av. 1309] **s. m.** (f. *-trice* (V.)) ● chi pettina fibre tessili

pettinatrìce [1855] **s. f. 1** donna che pettina e acconcia i capelli femminili **2** macchina tessile che esegue la pettinatura

pettinatùra [1612] **s. f. 1** il pettinare, il pettinarsi | (*est.*) acconciatura dei capelli **2** (*tess.*) trasformazione della lana greggia in nastro di pettinato attraverso varie fasi di lavorazione | (*est.*) fabbrica in cui si effettua tale trasformazione

♦**pèttine** [lat. *pĕctine(m)*, di orig. indeur. ✱ av. 1182] **s. m. 1** oggetto di corno, osso, legno, plastica e sim., usato per ravviare o acconciare i capelli, costituito da una fila di denti più o meno lunghi e fitti tenuti insieme da una costola | ***mascelle del p.***, i due denti più robusti, alle estremità della fila | ***p. da donna*** o ***da testa***, per fissare l'acconciatura, arcuato, a costola larga e denti radi ma lunghi | ***p. a coda***, con manico lungo e sottile | ***p. fitto***, pettinella | (*fig.*) ***parcheggio a p.***, quello in cui le auto si dispongono parallele tra loro e oblique o perpendicolari rispetto al marciapiede | (*fig.*) ***inserimento a p.***, V. *inserimento* | PROV. ***tutti i nodi vengono al pettine***, V. *nodo* **2** organo del telaio formato da un riquadro di fitte stecche parallele tra cui passano i fili dell'ordito | barretta metallica munita di punte d'acciaio più o meno grosse e spaziate, montate sulle macchine di preparazione alla filatura **3** ornamento di ferro a sei denti che simboleggia i sestieri della città, posto sulla prua delle gondole veneziane **4** utensile di quattro parti montato sulla filiera automatica per filettare **5** (*cucina, centr.*) piccolo attrezzo costituito da un telaio rettangolare su cui sono tesi fili metallici o cannelli, usato per rigare la sfoglia: *maccheroni al p.* **6** (*bot.*) ***p. di Venere***, acicula **7** (*mus.*) plettro **8** (*zool.*) mollusco dei Lamellibranchi a conchiglia tondeggiante con rilievi irradianti dalla cerniera con una valva convessa e l'altra piana (*Pecten jacobaeus*) SIN. capasanta, ventaglio ‖ **pettinèlla**, dim. f. (V.) | **pettinìna**, dim. f. (V.) | **pettinìno**, dim. (V.)

pettinèlla [1561] **s. f. 1** dim. di *pettine* **2** pettine fitto usato per la pulizia dei capelli **3** piccola fiocina con rebbi fitti e numerosi per la cattura di piccoli pesci **4** strumento in legno sagomato, usato dallo scultore per modellare la creta

pettìneo [da *pettine* col suff. dotto *-eo*, sul modello dell'ingl. *pectineus* ✱ 1835] **agg.** ● (*anat.*) riferito al pecten del pube: *muscolo p.*

pètting /'pɛttin(g), ingl. 'pɛtɪŋ/ [vc. dell'ingl. d'America, da *to pet* 'accarezzare affettuosamente' (di orig. sconosciuta) ✱ 1951] **s. m. inv.** ● complesso di pratiche amorose ed erotiche che non giungono all'atto sessuale completo

Pettinibrànchi [così detti dalle *branchie* a forma di *pettine* ✱ 1835] **s. m. pl.** (sing. *-chio*) ● (*zool.*) Monotocardi

†**pettinièra** [sec. XIV] **s. f. 1** scatola per riporvi i pettini **2** tavolino da toilette per signora

pettinìna [1870] **s. f. 1** dim. di *pettine* **2** pettinella, nel sign. 2

pettinìno [1958] **s. m. 1** dim. di *pettine* **2** pettine tascabile

pettìno [1846] **s. m. 1** dim. di *petto* **2** parte del grembiule che risale sul petto | davantino di abito femminile in tessuto contrastante | petto staccabile e inamidato della camicia maschile spec. di un tempo

pettirósso [detto così dal colore *rosso* del *petto* ✱ 1481] **s. m.** ● uccello piccolo e vivace dei Passeriformi, buon cantore, con piumaggio abbondantissimo elegantemente colorato (*Erithacus rubecola*) CFR. chioccolare, fischiare

♦**pètto** [lat. *pĕctus*, di orig. indeur. ✱ av. 1250] **s. m. 1** parte anteriore del torace umano, compresa fra il collo e l'addome: *p. ampio, robusto, gracile, scarno* | ***battersi il p.***, con le mani, in segno di dolore, pentimento e sim. | ***mettersi una mano sul p.***, per dimostrare la propria lealtà e sim. | (*fig.*) ***prendere qlcu. di p.***, affrontarlo in modo duro e deciso | ***prendere qlco. di p.***, dedicarvisi con grande impegno ed energia **2** (*est.*) l'insieme degli organi racchiusi nella gabbia toracica, spec. i polmoni | ***debole di p.***, che si ammala facilmente di bronchite e sim. | ***male di p.***, polmonite, pleurite, tisi | ***malato di p.***, tisico | ***do di p.***, il più acuto che può emettere un tenore | ***voce di p.***, la più naturale **3** (*est.*) il seno femminile, le mammelle: *avere un p. forte, prosperoso*; *il p. materno* | ***non avere p.***, di donna che ha scarso seno | ***tenere, avere al p. un bambino***, allattarlo **4** (*fig.*) cuore, animo: *tenere in p. molti segreti*; *p. magnanimo, generoso*; *avere qlco. in p.*; *invece di ritrarre ... la commozione che gli riempie il p., ricorre al ragionamento oratorio* (B. CROCE) | (*lett.*) coraggio: *con forte p.* **5** negli animali, parte del corpo compresa fra l'attaccatura del collo e l'inizio del ventre | nelle bestie da tiro, parte anteriore del tronco sotto l'accollatura **6** carne bovina o equina della regione toracica | ***punta di p.***, taglio di carne bovina usata per il bollito | negli uccelli commestibili, carne che copre lo sterno: *p. di tacchino, di pollo* **7** parte dell'abito che ricopre il petto: *p. della camicia* | ***giacca, cappotto a doppio p.***, con una parte sovrapposta all'altra e due file di bottoni; V. anche *doppiopetto* | ***prendere qlcu. per il p.***, agguantarlo per la parte anteriore dell'abito; (*fig.*) costringerlo con la forza **8** nelle antiche armature, elemento che proteggeva la parte anteriore del busto **9** (*fig., raro*) fronte o parte anteriore in genere | ***dar di p.***, urtare frontalmente | (*fig.*) ***a p.***, al confronto | (*lett.*) ***a p. a p.***, a fronte a fronte **10** (*idraul.*) rinforzo dell'argine di un fiume, una diga e sim., gener. rivolto verso le acque ‖ **pettìno**, dim. (V.) | **pettóne**, accr. | **pettùccio**, dim.

pètto azzùrro ➤ **pettazzurro**

pettoràle [vc. dotta, lat. *pectorāle(m)*, agg. di *pĕctus*, genit. *pĕctoris* 'petto' ✱ 1262] **A agg. 1** del petto | (*anat.*) ***muscoli pettorali***, quelli che ricoprono la regione anteriore e quella laterale del torace: *grande p., piccolo p.* | ***croce p.***, in oro o in altro metallo portata dal vescovo sul petto | (*zool.*) ***pinne pettorali***, le due pinne dei pesci che sono articolate col cinto toracico **2** †di medicamento curativo delle malattie respiratorie ‖ †**pettoralménte**, avv. in modo avventato e impulsivo **B s. m. 1** striscia di cuoio o di tela che passa davanti al petto del cavallo, parte del suo finimento **2** in numerosi sport, quadrato di stoffa e sim. su cui è stampato il numero che contrassegna l'atleta **3** muscolo pettorale **4** †parapetto

†**pettoreggiàre** [dal lat. *pĕctus*, genit. *pĕctoris* 'petto' ✱ sec. XIV] **A v. tr. 1** urtare col petto qlcu. **2** (*fig.*) contrastare **B** †**pettoreggiàrsi v. rifl.** ● urtarsi nella mischia

pettorìna o †**petturìna** [dal lat. *pĕctus*, genit. *pĕctoris* 'petto' ✱ sec. XIV] **s. f. 1** lembo di tessuto con cui le donne usavano coprire il seno **2** pettino, davantino

pettorùto [dal lat. *pĕctus*, genit. *pĕctoris* 'petto' ✱ 1353] **agg. 1** che ha petto forte e robusto: *un atleta p.* | (*est.*) che ha un portamento impettito: *se ne andava gonfio, tronfio e p.* **2** detto di donna, che ha un seno prosperoso: *un'attrice pettoruta* ‖ **pettorutaménte**, avv. †in modo impettito, sussiegoso

pettrinàle [fr. *pétrinal*, dallo sp. *pedernal* 'pietra focaia', dal lat. *pĕtra* 'pietra' ✱ 1889] **s. m.** ● grossa pistola usata dalla cavalleria nel sec. XVI, che si appoggiava al petto per sparare

†**petturìna** ➤ **pettorina**

✦**petulànte** [vc. dotta, lat. *petulănte(m)*, part. pres. di **petulăre* 'chiedere insistentemente', da *pĕtere* 'chiedere'. V. †*petere* ✱ 1440 ca.] **agg.** **1** che usa toni o modi fastidiosi, inopportuni, insistenti: *un individuo sciocco e p.* | che dimostra petulanza: *discorso, atteggiamento p.* SIN. impudente **2** (*lett.*, *scherz.*) prominente: *il notaro Nesi, piccolo, calvo, rotondo ... col ventre p.* (G. VERGA) ‖ **petulanteménte**, avv.

✦**petulànza** [vc. dotta, lat. *petulăntia(m)*, da *pĕtulans*, genit. *petulăntis* 'petulante' ✱ sec. XIV] **s. f.** **1** atteggiamento fastidioso, importuno, insistente: *non sopporto più la sua p.* **2** (*lett.*) atteggiamento arrogante, tracotante: *certi personaggi ... s'impongono con ... p. e prepotenza* (L. PIRANDELLO)

SFUMATURE DI SIGNIFICATO

petulanza - improntitudine - sfrontatezza

Il comportamento di chi critica, discute, chiede con insistenza inopportuna si chiama **petulanza**. **Improntitudine** è un altro aspetto dello stesso atteggiamento, e descrive un'insopportabile mancanza di rispetto e di discrezione. **Sfrontatezza** aggiunge alla mancanza di discrezione una sfumatura ulteriormente negativa, e identifica il carattere e le azioni di chi non ha ritegno a fare o dire cose di cui ci si dovrebbe invece vergognare.

petùlco [vc. dotta, lat. *petŭlcu(m)*, da *pĕtere* 'dirigersi verso, attaccare' (V. †*petere*) ✱ 1440 ca.] **agg.** (**pl. m.** *-ci*) ● (*lett.*) aggressivo, bizzoso, detto spec. di capretto

petùnia [fr. *petun* 'tabacco', di orig. tupi ✱ 1868] **s. f.** ● genere di piante erbacee delle Solanacee di origine sudamericana, molto coltivate per i bei fiori campanulati (*Petunia*)

peucèdano [vc. dotta, lat. *peucĕdanu(m)*, dal gr. *peukédanon*, da *péukē* 'pino', di etim. discussa: da **peukós* 'pungente, aguzzo' (?) ✱ sec. XIII] **s. m.** ● pianta erbacea delle Apiacee caratteristica delle zone paludose, con fusto glabro, fistoloso alla base e ombrello di fiorellini bianchi (*Peucedanum palustre*) | †finocchio porcino

peuh /'peu:/ [vc. onomat. ✱ 1867] **inter.** ● esprime disprezzo, disgusto, repulsione e sim.: *"Peuh!" disse il letterato "è troppo magra."* (A. FOGAZZARO) SIN. puah

pévera [etim. incerta ✱ 1480] **s. f.** ● (*tosc.*, *disus.*) grande imbuto di legno per riempire le botti SIN. imbottavino

peveràccia ➤ **poveraccia**

peveràccio [da †*pevere*, per il sapore pepato della polpa ✱ 1933] **s. m.** ● fungo delle Agaricacee, con cappello a imbuto, commestibile, di sapore piccante, usato nei condimenti (*Lactarius piperatus*)

peveràda o **peveràta** [lat. *piperāta(m)* 'pepata', agg. f. di *pĭper* 'pepe' ✱ sec. XII] **s. f.** ● salsa piccante, a base di pepe, mollica di pane, midollo, tipica della cucina veneta CFR. pearà | salsa o intingolo a base di peperoni

†**pévere** ➤ **pepe**

peverèlla [da †*pevere*, per il sapore piccante ✱ 1563] **s. f.** ● (*tosc.*) origano

peyote /*sp.* pe'jɔte, -'jɔ-/ o **peyotl** /*náhuatl* pe'jɔtɬ/ [vc. di orig. azteca ✱ 1858] **s. m. inv.** (**pl. sp.** *peyotes*) ● pianta della Cactacee, originaria dei deserti messicani, il cui fusto fornisce una droga medicinale contenente diversi alcaloidi, fra cui la mescalina (*Lophophora williamsii*)

pezìza [vc. dotta, lat. *pĕzicae*, nom. pl., 'funghi senza radice', dal gr. *pézis*, n. di un fungo, da avvicinare a *póus*, genit. *podós* 'piede'. V. *-podo* ✱ 1835] **s. f.** ● fungo dei Discomiceti a forma di piccola scodella color rosso aranciato (*Peziza aurantiaca*)

pèzza [lat. parl. **pĕttia(m)*, di orig. celtica ✱ 1263] **s. f.** **1** pezzo di tessuto, in genere: *una piccola p. di lino, di flanella, di lana; filtrare un liquido con una p.; pulire i pavimenti con pezze bagnate* | ***pezze da piedi***, con cui un tempo i soldati si fasciavano i piedi, usandole al posto delle calze; (*fig.*) persona insignificante, nullità | ***trattare qlcu. come una p. da piedi***, umiliarlo, maltrattarlo **2** pezzo di tessuto o altro usato per riparare qlco. di rotto: *mettere una p. nei calzoni, nelle scarpe* | ***abito con le pezze***, rattoppato, rappezzato | (*volg.*) ***con le pezze al culo, al sedere***, (*fig.*) senza mezzi economici: *ha cominciato la carriera con le pezze al culo* | ***mettere, metterci una p.***, (*fig.*) rimediare alla meno peggio una situazione difficile o delicata: *per fortuna siamo riusciti a metterci una p.* SIN. toppa **3** confezione di molti metri di stoffa arrotolata così come viene dalla fabbrica al commerciante: *una p. di cotone, di lana; p. per abiti* | (*est.*) stoffa, tessuto: *bambola di p.* **4** appezzamento, tratto di terra coltivata **5** (*lett.*) periodo di tempo: *il quale, gli altri ascoltando, buona p. s'era taciuto* (P. BEMBO) | ***da lunga p.***, da molto tempo | †tratto di spazio, distanza **6** (*burocr.*) carta, documento | ***p. d'appoggio***, documento che giustifica una spesa; (*fig.*) argomentazione, prova di un giudizio o sim. **7** (*arald.*) ***pezze onorevoli***, le varie figure sullo scudo come il palo, la fascia, la croce e sim. | ***p. gagliarda***, che attraversa l'arme **8** ***p. d'arme***, ogni singolo elemento che costituiva l'armatura antica **9** chiazza colorata sul manto degli animali: *leopardo con pezze nere* **10** nei secc. XVI-XVIII, grossa moneta d'oro e d'argento multipla dell'unità monetaria **11** a Roma, taglio di carne bovina, nella regione della coda **12** misura romana di superficie, di are 26,40 ‖ **pezzàccia**, pegg. | **pezzétta**, dim. (V.)

†**pezzàio** [detto così perché vende il cuoio tagliato in *pezzi* ✱ sec. XIII] **s. m.** ● venditore di pezzi di cuoio per suole e sim.

pezzàme [1303] **s. m.** **1** (*raro*) insieme di pezzi **2** (**al pl.**) parti o pezzi di lana che si ricavano durante l'operazione di scarto dai vari velli e che vengono catalogati e venduti in lotti separati dai velli

pezzàto [da *pezza* ✱ av. 1470] **A** **agg.** **1** detto di tipo di mantello di animale che presenta pezzature **2** (*raro*) che ha macchie, chiazze: *marmo p.* | (*est.*) variamente colorato **B** **s. m.** ● cavallo pezzato

pezzatùra ① [da *pezzato* ✱ 1768] **s. f.** ● chiazza bianca (o insieme di chiazze bianche) su mantello di animale di colore diverso e viceversa

pezzatùra ② [da *pezzo* ✱ 1930] **s. f.** ● divisione in pezzi e dimensione degli stessi: *la p. del carbone; legname di piccola, grossa, media p.*

pezzènte [lat. parl. **petiĕnte(m)*, part. pres. di **petīre* per il classico *pĕtere* 'chiedere'. V. †*petere* ✱ av. 1306] **A** **s. m. e f.; anche agg. nel sign. 2** **1** chi vive d'elemosina, andando all'accatto: *lacero e sudicio come un p.* SIN. mendicante, accattone **2** (*spreg.*) detto di persona miserabile e meschina: *comportarsi da p.* SIN. straccione | (*est.*) taccagno, tirchio ‖ **pezzentèllo**, dim. | **pezzentóne**, accr. **B** **s. m. o f.** ● salsiccia preparata con gli scarti delle carni del maiale, tipica della cucina lucana

pezzenterìa [1633] **s. f.** **1** (*raro*, *lett.*) condizione di estrema povertà **2** (*raro*, *lett.*) minima quantità di denaro

pezzétta [sec. XIV] **s. f.** **1** dim. di *pezza* **2** moneta d'argento dei Grimaldi di Monaco coniata nel XVII-XVIII sec. **3** †***p. di levante***, panno di bambagia impregnato di cosmetici, un tempo usato nel maquillage femminile per ravvivare il colore del volto

✦**pèzzo** [da *pezza* ✱ 1268] **s. m.** **1** parte di materiale solido separata o staccata da un tutto: *un p. di pane, di ghiaccio, di torta, di stoffa; un buon p. di carne da brodo* | brandello, frammento: *un p. di cartone, di vetro; rompere qlco. a, in pezzi* | ***rompere, mandare in pezzi, in cento pezzi, in mille pezzi***, frantumare | ***andare in pezzi, in cento, mille pezzi***, frantumarsi | ***fare a pezzi qlco.***, romperla | ***fare a pezzi qlcu.***, (*fig.*) denigrarlo, distruggerlo | ***cadere a, in pezzi***, di cosa vecchia e malandata che minaccia di rompersi, disfarsi, crollare e sim. | (*fig.*) ***essere a pezzi***, molto stanco | ***a pezzi e a bocconi***, (*fig.*) di cosa fatta un po' per volta e alla meno peggio | ***essere, non essere un p. di legno***, (*fig.*) essere, rispettivamente, una persona insensibile o sensibile | ***essere tutto d'un p.***, (*fig.*) di persona moralmente inflessibile e incorruttibile | (*colloq.*) ***p. di carta***, il titolo di studio, diploma o laurea, considerato esclusivamente nei suoi eventuali effetti pratici; anche, ciò che è soltanto convenzionale, che si può annullare: *studiare per il p. di carta; con un p. di carta trovare lavoro è più facile; quell'accordo è solo un p. di carta* **2** ogni elemento costitutivo di una macchina, di un congegno, di una serie di oggetti e sim.: *i vari pezzi del motore; pezzi di ricambio; un p. dell'orologio; cambiare cinquecento euro con cinque pezzi da cento* | ***p. per p.***, un pezzo alla volta; (*est.*) completamente, del tutto: *ha smontato quel congegno p. per p.* | ***stare sul p.***, (*fig.*, *colloq.*) essere al lavoro, stare lavorando (dal 'pezzo' di una catena di montaggio); (*est.*) lavorare con concentrazione e assiduità, senza divagare | (*est.*) oggetto lavorato: *un p. di porcellana, di cristallo; il servizio si compone di 48 pezzi; la merce fu venduta in blocco a cinque euro il p.* | ***p. raro, da museo***, rarità **3** brano di opera musicale, letteraria e sim.: *un p. della Traviata, dei Promessi Sposi; è un bel p.* | ***p. forte***, il brano migliore del repertorio di un artista, spec. teatrale **4** (*fig.*) tratto di spazio o di tempo: *è un p. che non ci si vede; c'è ancora un bel p. di strada prima di arrivare* | ***p. di terra***, appezzamento | ***p. di cielo***, tratto visibile da finestre e sim. **5** in alcune loc., persona | ***p. grosso***, persona molto influente: *un p. grosso del ministero, della polizia* | ***p. da novanta***, in un'organizzazione mafiosa, chi gode di grande autorità e prestigio; (*est.*) persona importante e potente | ***un bel p. di donna, di giovanotto*** e sim., una donna, un giovanotto e sim. piuttosto robusti o particolarmente ben fatti | ***un p. d'uomo***, un uomo grande e grosso | ***p. d'asino, di somaro, d'imbecille*** e sim., espressioni o esclamazioni di insulto rivolte a qlcu. | (*volg.*) ***p. di merda***, persona spregevole, indegna **6** ciascuna parte di un capo di abbigliamento che si compone di più elementi: *completo a tre pezzi; il p. superiore del tailleur; il p. inferiore del bikini* | V. anche *duepezzi* **7** (*milit.*) qualunque arma di artiglieria: *p. da 75 mm, da 149 mm* | ***p. base***, quello che effettua l'aggiustamento del tiro e ai cui dati di puntamento e di aggiustamento vengono riferiti i dati degli altri pezzi della batteria **8** articolo di giornale: *un p. di cronaca; fare, scrivere un p.* **9** ciascun veicolo che compone un treno, esclusa la locomotiva **10** ciascuno dei 32 elementi con cui si gioca agli scacchi: *mangiare un p.* | ***pezzi maggiori***, la regina e le torri | ***pezzi minori***, i cavalli e gli alfieri || **pezzàccio**, **pegg.** | **pezzétto**, **pezzettìno**, **dim.** | **pezzettóne**, **accr.** | **pezzóne**, **accr.** | **pezzùccio**, **dim.**

pezzòla ➤ **pezzuola**

pezzolàta [av. 1729] **s. f.** ● (*raro, tosc.*) quantità di cose contenute in una pezzuola

pezzóne [da *pezzo* ✱ 1983] **s. m.** ● telaio con tavole orizzontali per allevare bachi da seta nel Friuli

pezzòtto [da *pezzo* ✱ av. 1917] **s. m.** ● tappeto rustico della Valtellina eseguito con ritagli di svariati tessuti a motivi geometrici, rigati e fiammati

pezzùllo [vc. merid., dim. di *pezzo* ✱ av. 1942] **s. m.** ● (*gerg.*) breve articolo di giornale

pezzuòla o **pezzòla** [da *pezza* ✱ av. 1306] **s. f.** ● piccolo pezzo di tessuto | (*est.*) fazzoletto, da naso, da testa e sim. || **pezzuolétta**, **dim.** | **pezzuolìna**, **dim.**

†**pezzuòlo** [av. 1342] **s. m.** ● pezzo, frammento

Pfennig /*ted.* 'pfɛnɪç/ [vc. ted., da avvicinare all'ingl. *penny* (V.) ✱ 1839 ca.] **s. m. inv.** (**pl. ted.** *Pfennige*) **1** piccola moneta d'argento medievale tedesca corrispondente al denaro italiano **2** fino all'introduzione dell'euro (2002), moneta tedesca corrispondente alla centesima parte del marco

pfùi [vc. espressiva ✱ 1921] **A** **inter.** ● esprime disprezzo, scherno e sim. **B** **in funzione di s. m. inv.** ● esclamazione di disprezzo, scherno e sim.: *si udì qualche p.*

pH /pi'akka/ [sigla ted., comp. di *P(otenz)* 'potenza, potere' e *H(ydrogen)* 'idrogeno' ✱ 1929] **s. m. inv.** ● (*chim.*) indice che definisce il grado di acidità o alcalinità di una soluzione acquosa | ***pH neutro***, con valore pari a 7 | ***pH acido, basico***, con valori rispettivamente inferiori o superiori a 7 | ***pH naturale*** o ***fisiologico***, pari a un valore di 5,5, che è quello medio della pelle umana

phàblet /'fablet, *ingl.* 'fæblɪt/ [vc. ingl., comp. di *ph(one)* 'telefono' e *(t)ablet* ✱ 2011] **s. m. inv.** ● apparecchio elettronico che unisce le funzioni di uno smartphone e di un tablet, avendo dimensioni intermedie fra i due

phaéton /*fr.* fae'tɔ̃/ [vc. fr. dal lat. *Phaĕton*, gr. *Phaéthōn* 'Fetonte', figlio del Sole, che morì per aver osato guidare il carro paterno ✱ 1874] **s. m. inv.** ● tipo di carrozza e di antica automobile molto alta, scoperta, a quattro posti

phàrming /'farmin(g), *ingl.* 'fɑːmɪŋ/ [vc. ingl., da *pharm(aceutical)*. Si pronuncia come *farming* 'coltivazione, allevamento' ✱ 1999] **s. m. inv.** ● (*biol.*) procedimento biotecnologico volto a ottenere la secrezione di proteine umane di interesse farmacologico nel latte prodotto da animali transgenici

phi ➤ **fi**①

phillipsìte /fillip'site/ [dal n. del mineralista ingl. W. *Phillips* (1775-1828) ✱ 1874] **s. f.** ● (*miner.*) zeolite che, in cristalli geminati a croce ricchissimi di faccette, si trova nelle cavità di molte lave

philosophe /*fr.* filɔ'zɔf/ [vc. fr. 'filosofo' ✱ 1984] **s. m. inv.** (**pl. fr.** *philosophes*) ● (**spec. al pl.**) nel periodo illuminista, pensatore, collaboratore o sostenitore dell'Encyclopédie **SIN.** enciclopedista

phìshing /'fiʃʃin(g), *ingl.* 'fɪʃɪŋ/ [vc. ingl., che sta per *fishing* 'pesca', con sostituzione non insolita per i pirati elettronici, di *f-* con *ph-* ✱ 2004] **s. m. inv.** ● tentativo di carpire, soprattutto attraverso messaggi di posta elettronica, dati e informazioni personali (codici di sicurezza, numeri di carta di credito, ecc.) da usare in truffe telematiche

phmetro ➤ **piaccametro**

phon /fɔn/, (*evit.*) **fon**② nel sign. 1 [1957] **s. m. inv.** **1** (*fis.*) unità di misura del livello di intensità sonora soggettiva **2** asciugacapelli **SIN.** fon①

phone cènter /fon'sɛnter, *ingl.* 'fəʊn-ˌsɛntə(r)/ [loc. ingl. comp. di *phone* 'telefon(ic)o' e *center* 'centro' ✱ 1998] **loc. sost. m. inv.** (**pl. ingl.** *phone centers*) ● posto pubblico da cui si effettuano chiamate telefoniche internazionali

phot ➤ **fot**

Photocàsting® /foto'kastin(g), *ingl.* 'fəʊtəˌkɑːstɪŋ/ [vc. ingl., propr. 'trasmissione (*(broad)casting*) di fotografie (*photo*)' ✱ 2005] **s. m. inv.** ● (*Internet*) creazione di un album fotografico condivisibile in rete mediante uno specifico software

photo fìnish /foto'finiʃ*, *ingl.* 'fəʊtəʊˌfɪnɪʃ/ [loc. ingl., comp. di *photo* (abbr. di *photograph* 'fotografia') e *finish* 'fine' ✱ 1963] **loc. sost. m. inv.** ● (*sport*) fotografia o ripresa filmata automatica della conclusione delle gare di corsa per stabilire l'esatto ordine di arrivo | (*fig.*) ***al photo finish***, con un margine minimo di vantaggio: *vincere al photo finish* **CFR.** fotofinish

Photofit® /foto'fit, *ingl.* 'fəʊtəʊˌfɪt/ [vc. ingl., comp. di *photo* (V. *photo finish*) e *to fit* 'allestire, preparare' (di orig. incerta) ✱ 1974] **s. m. inv.** ● sistema di identificazione personale, analogo all'identikit, nel quale si utilizzano particolari del volto presi da fotografie anziché disegni **CFR.** fotofit

photoflood /*ingl.* 'fəʊtəʊˌflʌd/ [vc. ingl., comp. di *photo* (V. *photo finish*) e *flood* 'inondazione' ✱ 1958] **s. m. inv.** ● lampada fotografica con specchio incorporato che permette di ottenere una luce uniforme su un'ampia superficie

Phòtored® /'fɔtored/ [vc. pseudo-ingl. comp. di *photo-* 'foto-' e *red* 'rosso' ✱ 2006] **s. m. inv.** ● dispositivo installato in prossimità di un semaforo che fornisce alla polizia documentazione fotografica dei veicoli che passano col rosso

Photoshop® /fotoʃ'ʃɔp, *ingl.* 'fəʊtəˌʃɒp/ [vc. ingl., comp. di *photo-* 'foto-' e *shop* 'officina, laboratorio' ✱ 1990] **s. m. inv.** ● (*inform.*) nome di un programma per l'elaborazione di immagini digitali

phỳlum /*lat.* 'filum/ [vc. del lat. scient., dal gr. *phylḗ* 'tribù' ✱ 1958] **s. m. inv.** (**pl. lat.** *phyla*) **1** nella sistematica zoologica, suddivisione inferiore al regno che raggruppa classi fra loro affini, corrispondente al tipo **2** (*raro*) in botanica, suddivisione inferiore al regno che raggruppa classi fra loro affini, corrispondente alla divisione **3** (*ling.*) insieme di lingue che presentano delle caratteristiche comuni, ma non così marcate da consentirne il raggruppamento in famiglia

physique du rôle /*fr.* fiˌzigdy'ʀol/ [loc. fr., propr. '(il) fisico del ruolo, della parte' ✱ 1924] **loc. sost. m. inv.** (**pl. fr.** *physiques du rôle*) ● aspetto fisico adatto alla parte che si interpreta o (*est.*) alla professione che si esercita, alla situazione in cui ci si trova e sim.: *ha il physique du rôle del seduttore; non ha certamente il physique du rôle dell'indossatrice; per fare certe cose ti manca il physique du rôle*

phỳsis /*gr.* 'fysis/ [gr. *phýsis* 'natura' (V. *fisico*) ✱ 1824] **s. f. inv.** ● nel mondo greco, la natura generatrice

pi /pi*/ o †**pe**① /pe*/ [1561] **s. f. o m. inv.** (**solo m. nel sign. 2**) **1** nome della lettera italiana *p* **2** nome della sedicesima lettera dell'alfabeto greco | ***pi greco***, rapporto tra la lunghezza di una circonferenza e il suo diametro; è pari a 3,14159 **SIMB.** π

piaccàmetro o **phmetro** /piak'kametro/ [comp. della lettura delle lettere di *pH* e *-metro* ✱ 1991] **s. m.** ● (*chim.*) strumento per la determinazione del pH

piacchichìccio [vc. onomat. come *spiaccicare* ✱ 1871] **s. m.** ● (*tosc.*) fanghiglia, melma

piaccicóne [V. *piacchichiccio* ✱ 1871] **s. m.** (**f.** *-a*) ● (*raro, tosc.*) persona lenta e goffa

piaccicóso (o **-ṣ-**) [da *piaccicone* ✱ 1855] **agg.** ● (*tosc.*) inzaccherato | fangoso

piaccicòtto [da *piaccicone* ✱ 1871] **s. m.** **1** (*tosc.*) parte sudicia e appiccicaticcia di qlco. **2** (*fig.*) lavoro eseguito malamente in modo maldestro

piàccio ➤ **piacere**①

piacènte o †**piagènte**, †**plagènte** [part. pres. di *piacere*① ✱ av. 1250] **agg.** ● che piace | di persona che, anche se non bella in senso assoluto, esercita tuttavia una certa attrazione: *donna, uomo p.*; *nonostante l'età è ancora p.* | †detto di donna che suscita ammirazione per la sua bellezza, le sue virtù e le doti intellettuali: *Mostrasi sì p. a chi la mira* (DANTE) || †**piacenteménte**, **avv.** con piacevolezza, in modo gradevole

piacenterìa [av. 1342] **s. f.** ● (*lett.*) adulazione, piaggeria: *avea saputo renderlesi sopportabile e quasi cara, a forza di p.* (I. NIEVO)

piacentière o †**piacentièro**, †**piacentèro**, †**piaṣentière** [da *piacente* ✱ av. 1294] **s. m.; anche agg.** (**f.** *-a*) **1** †chi (o che) procura piacere **2** (*lett.*) adulatore, lusingatore **3** †piacente, simpatico

piacentìno [av. 1449] **A** **agg.** ● di Piacenza **B** **s. m.** (**f.** *-a*) ● abitante o nativo di Piacenza

piacènza o †**piagènza**, †**plagènza** [lat. *placĕntia(m)*, da *plăcens*, genit. *placĕntis* 'piacente' ✱ sec. XII] **s. f.** **1** †piacere, godimento | (*est.*) l'oggetto del piacere **2** (*lett.*) leggiadria, avvenenza **3** (*lett.*) compiacenza **4** †desiderio

♦**piacére**① o †**piagére**, †**plagére** [lat. *placēre*, di orig. indeur. ✱ sec. XII] **A** **v. intr.** (**pres.** *io piàccio, tu piàci, egli piàce, noi piacciàmo, voi piacéte, essi piàcciono*; **pass. rem.** *io piàcqui, tu piacésti*; **congtv. pres.** *io piàccia*; **part. pass.** *piaciùto*; **aus.** *essere*) **1** andare a genio, corrispondere ai propri gusti, inclinazioni o interessi; riuscire gradito: *è un piatto che piace molto; mi piace la musica classica, la letteratura americana, il blog della traduzione; la fatica non gli piace; non può fare sempre quel che gli pare e piace!* | risultare attraente: *quel ragazzo mi piace; sembra che tua sorella gli piaccia molto* | ***non finire di p.***, non riuscire mai noioso o sgradevole o non soddisfare interamente | ***non p., p. poco***, lasciare in dubbio, destare sospetto, non soddisfare interamente: *le sue parole non mi sono piaciute; la faccenda mi piace poco* | ***cera, aspetto che non piace***, che desta preoccupazione, che lascia supporre disturbi o malattie **2** parere opportuno, auspicabile: *sia come vi piace; farò come piace a te* | ***mi piacerebbe***, gradirei, vorrei (+ **inf.**, + *che* **seguito da congtv.**): *mi piacerebbe fare un bel viaggio; mi piacerebbe che fosse già tornato* | ***se piace a Dio, a Dio piacendo***, se Dio vorrà | ***piaccia a Dio!***, così fosse | ***se vi piace***, se volete | ***così mi piace***, per esprimere approvazione, soddisfazione ecc. | ***piaccia o non piaccia***, si voglia o no | (*lett.*) ***vi piaccia dirmi, rispondermi, riferirmi*** e sim., vogliate per cortesia dirmi, rispondermi, riferirmi | (*spec. lett.*) sembrare giusto, lodevole: *ci piacque ricordare pubblicamente il loro eroico comportamento; piacque al Senato che la guerra continuasse* **3** †accontentare, compiacere qlcu.: *vi piacerò di ciò di buon animo* (P. BEMBO) **B** **piacérsi** **v. intr. pron.** **1** piacere a sé stesso: *con questa pettinatura non mi piaccio* **2** (*lett.*) compiacersi, avere la compiacenza: *si piacque di permetterne la pubblicazione* (I. Nievo) **C** **piacérsi** **v. rifl. recipr.** ● provare una simpatia, un'attrazione reciproca: *si sono piaciuti dal primo momento*

♦**piacére**② o †**piagére**, †**plagére** [da *piacere*① ✱ av. 1250] **s. m. 1** godimento fisico o spirituale: *dare, provare p.*; *i piaceri della tavola, dello studio, della campagna*; *sapere apprezzare il p. di una simpatica conversazione*; *ogni piacer sperato / è maggiore che ottenuto* (P. Metastasio) | ***... che è un p.***, che procura soddisfazione (vederlo, sentirlo ecc.): *il treno fila che è un p.*; (*anche iron.*) *quei bambini strillano che è un p.* | godimento erotico, voluttà: *essere inebriato dal p.*; *i piaceri della carne*; *piaceri illeciti, disonesti* | (*lett.*) ***donna di p.***, prostituta | ***casa di p.***, bordello | ciò che piace, che è causa di godimento: *questa acuta ricerca del p.* (G. D'Annunzio) | †bellezza: *mi prese del costui piacer sì forte* (Dante *Inf.* V, 104) **2** divertimento, distrazione: *gita, viaggio di p.*; *alternare il lavoro col p.*; *prima il dovere, poi il p.* | ***non è un p.!***, non mi diverte affatto **3** onore, soddisfazione: *è per me un immenso p. conoscerla*; *ve lo presento con grande p.* | ***quale p.!***, come sono contento di conoscerti, rivederti e sim. | escl. in uso nelle presentazioni: *p.!*; *p. di rivederla!* | ***il p. è mio***, escl. di risposta | ***con p.***, formula di cortesia con cui si accetta qlco., si acconsente a qlco. e sim. | gusto, gradimento: *ne provo un vero p.* **4** favore, servizio: *fare un p.*; *ricevere molti piaceri da qlcu.* | ***per p.!***, escl. con cui si chiede un favore, un servigio | ***fammi il p.!***, (*iron.*) smettila, finiscila | ***fammi il santo p. di***, (*iron.*) ti prego di **5** desiderio, volontà: *contro il suo p.*; *esporre, dire il proprio p.*; *siamo pronti al suo p.* | ***a p.***, a volontà; (*est.*) secondo i gusti personali | talento, capriccio: *il p. mutevole degli uomini*; *a vostro p.* ‖ **piacerìno**, **dim.** | **piaceróne**, **accr.** | **piacerùccio**, (*lett.*) **piacerùzzo**, **dim.**

SFUMATURE DI SIGNIFICATO

piacere - favore - cortesia

In quest'area di significati, **piacere** è qualsiasi atto gentile che si traduce in un vantaggio per chi lo riceve. In questo significato è intercambiabile con **favore**, che tuttavia sottolinea non tanto il gradimento del destinatario per la gentilezza ricevuta, quanto la disposizione favorevole di chi l'ha compiuta. **Cortesia** è in senso concreto ugualmente un atto o un comportamento gentile, ma questa volta l'accento cade sulle doti di signorilità, di eleganza di comportamento di chi lo compie.

♦**piacévole** [V. †*piacibile* ✱ 1261 ca.] **agg. 1** che procura piacere, che dà diletto: *un pomeriggio, una serata p.*; *stare in p. compagnia*; *venticello p.* | faceto, brillante: *discorso, conversazione p.* **SIN.** ameno, amabile, gradevole **CONTR.** spiacevole **2** †compiacente: *egli che p. uomo era* (G. Boccaccio) **CONTR.** scontroso **3** †propizio ‖ (*lett.*) **piacevolétto**, **dim.** | (*lett.*) **piacevolìno**, **dim.** | (*lett.*) **piacevolóne**, **accr.** ‖ **piacevolménte**, †**piacevoleménte**, **avv.** in modo piacevole: *restare piacevolmente sorpreso*

†**piacevoleggiàre** [av. 1364] **v. intr.** ● dire o fare piacevolezze, scherzare

piacevolézza [av. 1294] **s. f. 1** condizione di chi (o di ciò che) è piacevole: *la p. di una compagnia* **SIN.** amabilità, gradevolezza **2** espressione spiritosa o scherzosa: *dire delle piacevolezze*; *una ... natura atta a tutte le sorti di piacevolezze* (B. Castiglione)

†**piacìbile** [lat. tardo *placĭbile(m)*, da *placēre* 'piacere' ✱ sec. XIV] **agg.** ● grazioso, piacevole

piaciménto [sec. XII] **s. m.** ● piacere, gradimento | ***a p.***, a volontà

piacióne [da *piacere*① ✱ 1993] **A** **agg.** ● detto di persona che, con atteggiamenti accattivanti e suadenti, fa di tutto per piacere **B** anche **s. m.** (**f.** *-a*): *è proprio un p.*

piaciucchiàre [1871] **v. intr.** (*io piaciùcchio*; **aus.** *essere*) ● (*raro*) piacere abbastanza

piaciùto **part. pass.** di *piacere*; anche **agg.** ● nei sign. del v.

piàcqui ➤ **piacere**①

piàda [dal gr. *pláthana*, pl. di *pláthanon* 'tavola, piatto lungo per impastare il pane', deriv. del v. *plássein* 'plasmare, modellare' ✱ 1565] **s. f.** ● piadina

piadìna [dim. di *piada* ✱ 1931] **s. f.** ● sottile focaccia di pane azzimo che si cuoce su una lastra di pietra arroventata, tipica dell'Emilia-Romagna

♦**piàga** [lat. *plāga(m)* 'colpo, percossa', poi 'ferita', dal gr. dorico *plagá* 'colpo, percossa', da una radice indeur. di orig. onomat. che troviamo anche nel lat. *plăngere*. V. *piangere* ✱ 1268] **s. f. 1** (*med.*) lesione del tessuto con perdita di sostanza e scarsa tendenza alla guarigione: *essere coperto di piaghe* | ***essere tutto una p.***, di persona coperta di ferite **2** (*fig.*) afflizione che rode l'animo: *sanare le vecchie piaghe*; *è una p. che non si rimargina* | ***riaprire una p.***, (*fig.*) risvegliare memorie dolorose | ***mettere il dito nella p., sulla p.***, (*fig.*) trattare un argomento particolarmente scottante e doloroso per qlcu.; indicare il punto dolente di una situazione **3** (*fig.*) danno, rovina: *la p. della grandine* | (*est.*) grave male sociale: *la p. dell'analfabetismo*; *la corruzione è la nostra più grave p.* | ***p. d'Egitto***, V. *Egitto* **4** (*fig., fam.*) persona noiosissima, insopportabile: *quella p. non fa altro che lamentarsi!* ‖ **piagàccia**, **pegg.** | **piaghétta**, **dim.**

piagàre [lat. tardo *plagāre* 'battere, colpire, ferire', da *plāga* 'colpo'. V. *piaga* ✱ 1250 ca.] **A** **v. tr.** (*io piàgo, tu piàghi*) **1** coprire di piaghe o di ferite: *le scarpe nuove mi hanno piagato i piedi* | (*est., lett.*) ferire **2** (*lett., fig.*) offendere, umiliare | (*lett. fig.*) fare innamorare perdutamente: *... andate in schiere belle, / a guisa d'amoretti / che vanno ardendo i cuor, piagando i petti* (T. Tasso) **B** **piagàrsi** **v. intr. pron.** ● coprirsi di piaghe

piagàto **part. pass.** di *piagare*; anche **agg.** ● coperto di piaghe

†**piagentàre** [da *piagente*, sul modello dell'ant. provenz. *plazen* ✱ av. 1400] **v. tr.** ● adulare | schernire

†**piagére** e deriv. ➤ **piacere**① e deriv. e **piacere**②

piagetiàno [1983] **agg.** ● relativo allo psicologo svizzero J. Piaget (1896-1980) o alle sue teorie

piaggellàre [intens. di *piaggiare* ✱ 1905] **v. tr.** ● (*raro, tosc.*) adulare o lusingare con insistenza

♣**piaggerìa** [da *piaggiare* ✱ 1862] **s. f.** ● atteggiamento di adulazione, di servilismo nei confronti di qlcu. allo scopo di ottenere dei favori, dei vantaggi: *fare qlco. per p.* | blandizia, lusinga

SFUMATURE ➤ *lusinga*

piàggia [sovrapposizione del lat. *plăga* 'plaga' (V.) al gr. *plágios* 'obliquo, laterale', di orig. indeur. ✱ 1287] **s. f.** (**pl.** *-ge*) **1** (*raro, lett.*) terreno in pendio: *folta nebbia / occupando le piagge imbruna i colli* (G.B. Marino) **2** †spiaggia, costa **3** (*poet.*) territorio, paese ‖ **piaggétta**, **dim.**

piaggiaménto [av. 1565] **s. m.** ● (*lett.*) piaggeria

♣**piaggiàre** [lat. tardo *plagiāre* 'rubare', da *plăgium*. V. *plagio* ✱ 1313] **A** **v. tr.** (**pres.** *io piàggio*; **fut.** *io piaggerò*) ● (*lett.*) lusingare e adulare qlcu. per esserne favoriti e avvantaggiati **B** **v. intr.** (**aus.** *avere*) **1** †barcamenarsi tra due contendenti **2** †lusingare: *p. a, con uno* **3** †bordeggiare lungo la costa

piaggiatóre [da *piaggiare* ✱ 1612] **agg. e s. m.** (**f.** *-trice*) ● (*lett.*) adulatore

†**piàgnere** ➤ **piangere**

♣**piagnistèo** [da *piagnere* ✱ 1536] **s. m. 1** †lamento funebre **2** lungo pianto noioso e lamentoso, spec. di bambini | (*est.*) discorso lamentevole: *non sopporto i suoi continui piagnistei* | lagnanza, lamentela: *se ne andò a fare il soldato senza tanti piagnistei* (G. Verga)

piagnolóso ➤ **piangoloso**

piagnóne [da *piagnere*; i seguaci del Savonarola erano detti così perché lamentavano continuamente la decadenza dei costumi ✱ sec. XV] **s. m.** (**f.** *-a*) **1** (*colloq.*) chi piange o si lamenta in continuazione: *è un p. insopportabile* **2** (*stor.*, **spec. al pl.**) nella Firenze della seconda metà del Quattrocento, ciascuno dei seguaci del Savonarola **CFR.** pallesco

piagnucolaménto [1856] **s. m.** ● piagnucolio | lamentela insistente

♣**piagnucolàre** [da †*piagnere* ✱ 1618] **A** **v. intr.** (*io piagnùcolo*; **aus.** *avere*) ● piangere sommessamente a lungo: *un bambino che piagnucola* **SIN.** frignare | lamentarsi insistentemente **B** **v. tr.** ● (*raro*) dire piangendo: *cosa piagnucola quel bambino?*

SFUMATURE ➤ *piangere*

♣**piagnucolìo** [1875] **s. m.** (**pl.** *-ii*) ● un continuo piagnucolare

piagnucolóne [1863] **s. m.** (**f.** *-a*) ● chi è solito piagnucolare, chi piagnucola molto

piagnucolóso (o *-ṣ-*) [1858] **agg.** ● che piagnucola, che è solito piagnucolare: *bambino p.* | di chi piagnucola: *viso p.*; *voce piagnucolosa* ‖ **piagnucolosaménte**, **avv.** (*raro*) in modo, e con tono, piagnucoloso

piagóso (o *-ṣ-*) [lat. *plagōsu(m)*, da *plāga* 'colpo, ferita' ✱ av. 1708] **agg.** ● (*raro*) pieno di piaghe, di ferite

piàlla [lat. parl. **plānula(m)*, dim. f. dell'agg. *plānus* 'piano', perché spiana il legno ✱ sec. XIV] **s. f.** ● utensile del falegname per spianare, assottigliare, lisciare; è formata da un ceppo di legno dalla cui feritoia centrale sporge il ferro a scalpello, che vi sta incassato obliquamente | ***p. a due ferri***, con un secondo ferro smussato sovrapposto al ferro normale, per evitare lo scheggiarsi del legno ‖ **piallétta**, **dim.** | **piallétto**, **dim. m.** (V.) | **piallóne**, **accr. m.** (V.)

piallàccio [da *pialla* ✱ 1688] **s. m.** ● sottile foglio di legno pregiato che si incolla come rivestimento di un legno di qualità inferiore

piallàre [da *pialla* ✱ av. 1292] **v. tr.** ● lavorare, spianare e assottigliare con la pialla | ***p. per il diritto***, nel senso delle fibre del legno | ***p. a ritroso***, in senso contrario | ***p. in tralice***, di traverso

piallàta [1605] **s. f. 1** rapida piallatura: *dare una p. al tavolo* **2** colpo di pialla ‖ **piallatìna**, **dim.**

piallàto **A** **part. pass.** di *piallare*; anche **agg.** ● nel sign. del v. **B** **s. m.** ● †legno piallato

piallatóre [1678] **s. m.**; anche **agg.** (**f.** *-trice*) ● chi (o che) pialla

piallatrìce [1899] **s. f.** ● macchina per piallare

piallatùra [av. 1574] **s. f. 1** lavorazione eseguita con la pialla **2** l'insieme dei trucioli tolti piallando

piallettàre [av. 1859] **v. tr.** (*io piallétto*) ● spianare col pialletto

piallétto [sec. XV] **s. m. 1** dim. di *pialla* **2** piccola pialla maneggiabile anche con una sola mano **3** (*raro*) tagliatartufi **4** assicella quadrata fornita di manico usata dai muratori per spianare e lisciare l'intonaco | ***p. tondo***, per gli spigoli delle volte SIN. frattazzo

piallóne [1868] **s. m. 1** accr. di *pialla* **2** pialla con ceppo lungo, per spianare superfici già sgrossate

piamàdre o **pìa màdre** [detta così perché protegge il cervello come una madre protegge il figlio; calco sull'arabo *umm ad-dimāġ ar-raqīqa* ✻ 1557] **s. f.** (**pl.** *piemàdri*) ● (*anat.*) la più interna delle tre meningi, sottile, aderente all'encefalo e al midollo spinale

piàna [f. sost. di *piano*① ✻ sec. XIV] **s. f. 1** terreno pianeggiante, pianura: *la p. di Albenga, di Gioia Tauro* | anche come nome proprio di luogo: *P. degli Albanesi* **2** pietra squadrata per stipiti di finestra **3** †trave più corta e più larga del corrente **4** (*tipogr.*) platina①

pianàle [da *piano*① ✻ sec. XIII] **s. m. 1** (*agric.*) ripiano **2** piano di carico di un autocarro, un carro ferroviario, e sim. **3** carro con o senza sponde basse mobili ‖ **pianalìno**, **dim.**

pianàre [lat. tardo *planāre*, da *plānus* 'piano①' ✻ av. 1320] **v. tr.** ● (*raro*) rendere piano, liscio SIN. levigare, spianare

pianatóio o **pianatóre** [da *pianare* ✻ 1561] **s. m.** (**pl.** *-ói*) ● tipo di cesello con la cima piatta

pianatùra [sec. XIV] **s. f. 1** (*calzature*) operazione di spianare, appiattire, stendere i pezzi di cuoio per la fabbricazione delle suole, prima di essiccarli **2** †levigatura

piancìto o **piantìto** [dal fr. *plancher* 'impiantito', da *planche* 'lastra', dal lat. tardo *plănca(m)* 'asse', da *plăncus* 'dai piedi piatti' (da avvicinare a *plānus* 'piano①') ✻ av. 1698] **s. m.** ● (*centr.*) pavimento

pianeggiànte **part. pres.** di *pianeggiare*; **anche agg.** ● che è in piano o che procede in piano, senza dislivelli: *terreno p.*; *strada, sentiero p.*

pianeggiàre [da *piano*② ✻ 1638] **A v. intr.** (**pres.** *io pianéggio*; **fut.** *io pianeggerò*; **aus.** *avere*) ● essere o tendere a essere piano: *declivio che pianeggia* **B v. tr.** ● rendere piano: *p. il suolo stradale*

pianèlla [da *piano*② ✻ sec. XIII] **s. f. 1** pantofola senza tacco | ***stare in pianelle***, (*fig.*) stare in libertà **2** mattone sottile per pavimentazione e copertura di tetti **3** (*mar.*) galea a fondo piano **4** (*bot.*) ***p. della Madonna***, cipripedio **5** †elmetto metallico, sottile e piatto ‖ **pianellétta**, **dim.** | **pianellìna**, **dim.**

†**pianellàio** [av. 1348] **s. m.** (**f.** *-a*) ● fabbricante o venditore di pianelle

pianellàta [1552] **s. f.** ● (*raro*) colpo di pianella

pianèllo [dim. di *piano*② ✻ sec. XV] **s. m.** ● striscia di terreno tra due filari di viti

pianeròttolo [da *piano*② ✻ av. 1470] **s. m. 1** struttura orizzontale che collega due rampe di una scala e può dare accesso a un piano di un edificio se situato alla sua altezza | ***p. di sosta***, quello situato fra piano e piano | ***p. di arrivo***, quello situato all'altezza di ciascun piano **2** in alpinismo, spiazzo su rocce ripide

♦**pianéta**① o †**pianéto** [lat. *planēta(m)*, dal gr. *planḗtēs* 'errante, vagante', da *planân* 'deviare dalla retta strada', di etim. incerta ✻ 1282] **s. m.** (**pl.** *-i*); **anche s. f. nel sign. 4 1** (*astron.*) ognuno dei corpi celesti che descrivono orbite ellittiche attorno al Sole, privi di luce propria ma che riflettono la luce solare (*Mercurio, Venere, Terra, Marte, Giove, Saturno, Urano, Nettuno*) | ***pianeti medicei***, satelliti galileiani | (*est.*) ogni corpo celeste che ruota attorno a una stella senza essere esso stesso una stella come invece avviene nel caso delle stelle doppie | ***p. nano***, V. *nano* | †stella, astro | (*lett.*) Sole: *Quel p. che conforta il gelo* (DANTE) | (*per anton.*) la Terra: *una delle città più grandi del p.* | (*fig., iperb.*) ***è di un altro pianeta***, è straordinario, di qualità eccezionale: *questo vino è di un altro p.!* **2** (*fig.*) nel linguaggio giornalistico, complesso di problematiche, o fatti, considerati come un mondo a sé: *p. donna, p. calcio* **3** (*lett., fig.*) destino, sorte **4** foglietto con l'oroscopo stampato ‖ **pianetino**, **dim.** (V.)

pianéta② [gr. *planḗtēs* 'che vaga, gira' (V. *pianeta*①), prob. perché poteva girare intorno alla persona ✻ 1291] **s. f.** ● paramento che il celebrante cattolico indossa durante la Messa e nelle processioni, al di sopra del camice, aperto ai fianchi, di colore variabile in rapporto alla dedicazione del giorno o alla natura della cerimonia nella liturgia

pianetino [1660] **s. m. 1** dim. di *pianeta*① **2** (*astron.*) asteroide

†**pianéto** ➤ **pianeta**①

†**pianézza** [lat. *planĭtia(m)*, da *plānus* 'piano①' ✻ 1266] **s. f. 1** disposizione, superficie piana **2** intelligibilità, semplicità **3** (*fig.*) mitezza, dolcezza

piangènte **part. pres.** di *piangere*; **anche agg. 1** che piange, che è in lacrime **2** (*bot.*) ***salice p.***, pianta delle Salicacee caratterizzata dall'ampia chioma con lunghissimi rami ricadenti di color verde tenero (*Salix babylonica*)

♦**piàngere** o †**piàgnere**, †**plàngere** [lat. *plăngere* 'battere, percuotere, battersi il petto'. V. *piaga* ✻ av. 1250] **A v. intr.** (**pres.** *io piàngo, tu piàngi*; **pass. rem.** *io piànsi, tu piangésti*; **part. pass.** *piànto*; **aus.** *avere*; **aus.** *essere* **nella forma pron. con valore intens.** *piangersi*) **1** versare lacrime per dolore, commozione o altri sentimenti (+ *per*, + *di*): *p. dirottamente, amaramente, in silenzio, singhiozzando, a calde lacrime*; *se ci penso mi viene da p.*; *p. alla notizia di qlco., alla morte di qlcu.*; *p. di dolore, di gioia, di rabbia*; *p. per i mali sofferti, per la partenza di qlcu., per le ingiustizie patite*; *teneramente di paterno amore / pianse* (V. ALFIERI) | ***p. dietro a qlcu.***, rimpiangerlo | ***p. di gioia, rabbia, dispetto*** e sim., versare lacrime per tali sentimenti | ***p. sul latte versato***, (*fig.*) rammaricarsi di qlco. quando è ormai troppo tardi | (*fig.*) ***far p. i sassi***, essere molto commovente | (*fig.*) ***abiti che gli piangono addosso***, che gli stanno malissimo | (*est.*) lamentarsi, lagnarsi: *p. sulle reminiscenze* (G. VERGA) | (*raro, est.*) lamentarsi, mandare gemiti: *senti la tortorella che piange sul greto del fiume* | ***se Atene piange, Sparta non ride***, tra due competitori, se uno ha perso, anche chi ha vinto soffre (con riferimento alla guerra del Peloponneso (431-404 a.C.), al termine della quale Atene fu sconfitta ma anche Sparta, vittoriosa, andò incontro al declino) | anche in forma pron., nella loc. (*colloq.*) ***piangersi addosso***, autocommiserarsi, lagnarsi esageratamente o senza valida motivazione **2** soffrire molto: *p. dentro di sé, sotto la tirannia* | (*fig.*) ***mi piange il cuore***, ne soffro moltissimo | ***beati coloro che piangono***, beati i sofferenti **3** gocciolare, stillare: *la linfa piangeva dai rami spezzati* | (*fig.*) ***p. come una vite tagliata***, versare un fiume di lacrime | (*raro, est.*) piovere **B v. tr. 1** versare, emettere: *p. lacrime d'odio, d'ira, di rabbia*; *quante lacrime ho pianto per la sua partenza!* **2** deplorare, lamentare: *p. la morte di qlcu., i danni subiti, le offese patite* | ***p. qlco. con qlcu.***, condolersi | ***p. miseria***, ostentarla | ***p. guai***, mostrare a tutti i propri guai | (*est.*) rimpiangere: *p. il bene perduto* **3** (*lett.*) pentirsi, fare ammenda di qlco.: *p. un errore* | †espiare, scontare: *p. i propri peccati*; *S'io son tra quella gente stato / che piange l'avarizia* (DANTE) **C in funzione di s. m. solo sing.** ● pianto: *quanto p. ha fatto!*; *avere gli occhi rossi dal p.*; *fiume che spesso del mio pianger cresci* (F. PETRARCA) **D piàngersi v. intr. pron.** ● †affliggersi, dolersi

SFUMATURE DI SIGNIFICATO

piangere - lacrimare - singhiozzare - piagnucolare

Si dice **piangere** il versare lacrime per dolore, commozione o altri sentimenti; in questo senso, equivale a **lacrimare**, che però può designare anche una lacrimazione non dovuta a un'emozione, ma all'azione di qualcosa di irritante per gli occhi. **Singhiozzare** è invece il piangere a dirotto e con singulti. Meno intenso, ma più noioso e irritante è il **piagnucolare**, un piangere continuo e ingiustificato.

SFUMATURE ➤ ***dolere***

piangévole [1325 ca.] **agg. 1** (*lett.*) malinconico **2** †triste, lacrimevole: *lo p. caso* (G. VILLANI) ‖ †**piangevolménte**, **avv.** con pianto

piangìna [da *piangere* ✻ 1966] **A s. m. e f. inv.** ● (*sett., spreg.*) chi si lamenta di continuo **B anche agg. inv.**

piangitóre [av. 1294] **s. m.** (**f.** *-trice*, *raro -tóra*) ● (*raro*) chi piange | (**al f.**) prefica

piangiucchiàre [da *piangere* ✻ 1871] **v. intr.** (*io piangiùcchio*; **aus.** *avere*) ● piangere sommessamente o a tratti

piangolàre [av. 1694] **v. intr.** (*io piàngolo*; **aus.** *avere*) ● (*raro, lett.*) piagnucolare

piangolóne [da *piangolare* ✻ 1633] **s. m.** (**f.** *-a*) ● (*tosc.*) piagnucolone

piangolóso (o **-ṣ-**) o **piagnolóso** (o **-ṣ-**), **piangulóso** (o **-ṣ-**) [sec. XIV] **agg.** ● (*lett., raro*) piagnucoloso

pianificàbile [1958] **agg.** ● che si può pianificare ‖ **pianificabilità**, **s. f. inv.**

pianificàre [da *piano*③ ✻ 1937] **v. tr.** (*io pianìfico, tu pianìfichi*) **1** (*raro*) pareggiare, livellare **2** progettare e organizzare qlco. mediante un piano preciso: *p. un'attività, un intervento* | (*econ.*) regolare secondo criteri di pianificazione: *p. la produzione industriale* ‖ **pianificazióne**, **s. f.** (V.)

pianificàto **part. pass.** di *pianificare*; **anche agg.** ● progettato o regolato da un piano: *economia pianificata*

pianificatóre [1948] **A s. m.** (**f.** *-trice*) ● chi fa un piano economico | sostenitore della politica di pianificazione **B agg.** ● relativo a pianificazione | che tende a pianificare: *politica pianificatrice*

pianificazióne [1937] **s. f.** ● il pianificare | programmazione dell'attività economica in base a un piano | ***p. familiare***, controllo delle nascite

pianigiàno [da *piano*② ✻ av. 1498] **agg. e s. m.** (**f.** *-a*) ● (*lett.*) che (o chi) abita in pianura

pianìno① [dim. di *piano*① nel sign. B ✻ av. 1556] **avv.** ● (*fam.*) adagio, senza fretta (*spec. iter.*): *pianin p. siamo arrivati quassù*; *pian p. si riesce a fare tutto*

pianìno② [av. 1961] **s. m. 1** dim. di *piano*④ **2** organino, organetto

pianiṣmo [da *piano*④ ✻ 1914] **s. m.** ● (*mus.*) arte di trattare il pianoforte, sia nella composizione sia nell'esecuzione: *il p. di Debussy*; *il p. di Cortot*

pianìssimo [1778] **A avv.** ● superl. di *piano*①: *camminare, parlare p.* **B s. m.** (**pl. inv.** o *raro -i*) ● (*mus.*) indicazione dinamica che richiede la minima intensità di suono SIMB. pp, ppp o pppp

pianìsta [da *piano*④ ✻ 1826] **s. m. e f.** (**pl. m.** *-i*) **1** chi suona il pianoforte, spec. professionalmente **2** (*polit., gerg.*) deputato o senatore che, durante una votazione parlamentare mediante procedimento elettronico, preme il tasto del dispositivo di voto di un collega assente

pianìstico [da *pianista* ✱ 1941] **agg.** (**pl. m.** *-ci*) ● (*mus.*) relativo al pianoforte, alla musica per pianoforte o ai pianisti: *tecnica pianistica, composizione pianistica*

♦**piàno**① [lat. *plānu(m)*, di orig. indeur. ✱ 1261 ca.] **A agg. 1** che ha un andamento privo di avvallamenti o rilievi, che non presenta significativi dislivelli: *una strada lunga e piana* | piatto, privo di sporgenze, rientranze, convessità o concavità: *tavola piana; piatto p.* | (*sport*) nell'atletica leggera, detto di corsa su pista senza ostacoli: *400 metri piani* | (*mat.*) ***figura piana***, porzione di piano delimitata da una linea chiusa | ***geometria piana***, che studia le superfici piane | †***a piè p.***, a piano terra; senza dislivelli, senza gradini **CFR.** plani- **2** (*fig.*) agevole, facile: *faccenda piana* | chiaro, intelligibile: *scrittura piana; esprimersi in lingua piana* **3** detto di parola con l'accento sulla penultima sillaba | detto di verso che finisce con una parola piana (V. nota d'uso ACCENTO) **4** (*mus.*) indicazione dinamica che richiede una debole intensità di suono **SIMB.** p **5** †modesto, umile, dimesso | †affabile, garbato | †***alla piana***, (*ellitt.*) alla buona; tranquillamente; schiettamente | ***Messa piana***, non cantata **6** sommesso: *un parlare p.* | (*lett.*) quieto, tranquillo ‖ **pianaménte**, **avv. 1** senza far rumore; a bassa voce **2** in modo facile, agevole; con semplicità, con chiarezza **3** (*lett.*) con lentezza **B avv. 1** adagio, senza fretta: *cammina p.* | (*fig.*) con prudenza e cautela: *posalo p.; p., potresti romperlo!* | (*fig.*) ***andarci p.***, agire prudentemente: *bisogna andarci p. con certa gente* | **PROV.** ***chi va p. va sano e va lontano*** | anche iter. (con valore rafforz.): *p. p. siamo arrivati fino quassù; p. p. abbiamo fatto quello che hanno fatto gli altri* **2** sommessamente, a voce bassa: *non gridare così, parla più p.* **CONTR.** forte ‖ **pianétto**, **dim.** | **pianìno**, **dim.** (V.)

♦**piàno**② [lat. *plānu(m)*, nt. sost. dell'agg. *plānus* 'piano①' ✱ sec. XII] **s. m.** (**pl.** *-i*, †*piànora*, **f.**) **1** superficie piana: *un p. di marmo, di legno; p. di lavoro* **CFR.** plani- | ***in p.***, orizzontalmente | †***mettere, mandare al p.***, atterrare | †***recare, mandare in p.***, spianare; distruggere | ***p. stradale***, la superficie stradale su cui transitano i veicoli | (*tecnol.*) ***p. di controllo***, piattaforma su cui vengono appoggiati i pezzi per operazioni di tracciatura e controllo prima e durante la lavorazione | ***p. caricatore***, piazzale sopraelevato sul piano stradale, posto davanti alle aperture di entrata e uscita delle merci in mercati, officine e industrie, destinato a facilitare il carico e lo scarico degli autocarri | ***p. di cottura***, in una cucina, quello dove sono collocate le piastre e i fornelli **2** (*mat.*) uno degli enti primitivi della geometria, il cui significato è circoscritto dai postulati scelti nel particolare tipo di geometria | in uno spazio numerico tridimensionale, luogo dei punti le cui coordinate soddisfano a un'equazione algebrica di 1° grado | (*astron.*) ***p. fondamentale***, il piano che contiene il circolo massimo, preso come riferimento di un sistema di coordinate sferiche celesti | (*astron.*) ***p. meridiano***, piano su cui giace l'asse terrestre | (*fis.*) ***p. di incidenza***, piano contenente la direzione di propagazione di un'onda che incide su una superficie e la normale condotta alla superficie nel punto di incidenza | (*fis.*) ***p. di polarizzazione***, piano contenente il vettore elettrico e la direzione di propagazione di un'onda elettromagnetica | (*fis.*) ***p. di riflessione***, piano contenente la direzione di propagazione di un'onda riflessa da una superficie e la normale alla superficie condotta nel punto di riflessione **3** terreno pianeggiante, zona di pianura: *la strada scendeva al p. con molte curve; guardavano ... per i piani sterminati sotto la gran vampa del sole* (L. PIRANDELLO) | anche come nome proprio di luogo: *P. di Sorrento; Pian del Voglio* **4** livello: *p. di caricamento; il p. delle acque* | ***mettere sullo stesso p.***, (*fig.*) allo stesso livello | ***mettere su un altro p.***, (*fig.*) esaminare qlco. da un diverso punto di vista | (*fig.*) ***sul p. politico, culturale*** e sim., sotto l'aspetto politico, culturale | (*est.*) strato: *disporre su diversi piani la merce* **5** (*cinema, fotogr.*) ***primo p.***, inquadratura di un personaggio dalle spalle in su | ***primissimo p.***, inquadratura comprendente il solo volto, o particolari del volto, di un personaggio | ***p. americano***, inquadratura di un personaggio dalle ginocchia in su | ***p. medio***, inquadratura comprendente mezza figura, o uno spazio corrispondente | (*cinema*) ***p. sequenza***, lunga inquadratura senza stacchi | ***primo, secondo p.***, in una raffigurazione prospettica, zona che nell'immagine è più o meno vicina al punto di vista dell'osservatore: *una figura, un dettaglio in primo p.* | ***di primo p.***, (*fig.*) detto di chi (o di ciò che) riveste grande importanza o rilievo: *una figura, un personaggio di primo p.* | ***di secondo p.***, (*fig.*) detto di chi (o di ciò che) ha un'importanza relativa: *una figura, un personaggio di secondo p.; sono questioni di secondo p.* **6** (*aeron.*) corpo molto appiattito rispetto alla sua estensione usato per ottenerne azioni aerodinamiche | ***p. alare***, che schematizza un'ala | ***p. fisso***, deriva, stabilizzatore e sim. | ***p. mobile, di governo***, V. *governo* | ***p. centrale***, tronco centrale di un'ala cui si innestano le semiali | ***p. di coda***, impennaggio | ***piani fissi e mobili***, governali **7** (*geol.*) unità stratigrafica in cui si suddivide la serie comprendente tutte le rocce formatesi durante un'età | ***p. di faglia***, il piano o la superficie lungo la quale due lembi rocciosi si spostano l'uno relativamente all'altro **8** (*miner.*) ***p. di sfaldatura***, lungo cui si manifesta la rottura di cristalli sfaldabili | ***p. di geminazione***, lungo cui due individui cristallini geminati vengono a contatto | ***p. di simmetria***, tale da dividere un cristallo in due parti speculari e simmetriche **9** (*ferr.*) ***p. del ferro, di rotolamento***, piano tangente al fungo delle due rotaie di un binario | ***p. di regolamento***, sul quale viene posto lo strato di materiali costituenti la massicciata **10** ciascuno degli ordini sovrapposti in cui si divide un edificio secondo l'altezza: *primo, terzo p.; un palazzo di dieci piani; abitare al primo p.* | ***pian terreno, p. terra***, V. *pianterreno, pianoterra* | ***p. nobile***, V. *nobile* nel sign. A 2 **11** palco, costruzione di tavole o altro in piano: *p. d'assi; p. lastricato, mattonato* | ***p. scenico***, superficie del palcoscenico dove agiscono gli attori **12** in legatoria, quadrante

♦**piàno**③ [fr. *plan*, da *planter* 'piantare' ✱ 1685] **s. m. 1** disegno industriale rappresentante un oggetto, una macchina, una costruzione e sim. in proiezione su di una superficie piana **2** programma che determina i mezzi, i compiti e i tempi per conseguire alla scadenza un determinato risultato: *p. di sviluppo economico; p. di ammortamento; p. energetico* | ***p. regolatore***, atto amministrativo che ha lo scopo di determinare la futura configurazione di una zona di insediamento o di un nucleo urbano | ***p. industriale***, documento indicante le linee generali alle quali un'azienda o un settore industriale intendono ispirarsi, i beni da produrre e le risorse da impiegare | ***p. B***, progetto, programma alternativo rispetto a un altro considerato principale | ***p. di studi***, progetto delle discipline da seguire e dei relativi esami da sostenere, che lo studente universitario sottopone all'accettazione di un'apposita commissione | ***p. dell'offerta formativa***, l'insieme dei programmi e degli obiettivi didattici e delle attività connesse, proposto da un istituto scolastico per la formazione degli allievi | (*milit.*) ***p. operativo***, documento che tratta gli aspetti organizzativi del disegno di manovra secondo cui il comandante di un complesso di forze intende impiegarle nella battaglia o manovra strategica | ***p. di volo***, i vari elementi, come itinerario, quote, tempi, e sim., previsti per un volo che il pilota, in partenza, fornisce al servizio della circolazione aerea **3** (*est.*) progetto, proposito, programma: *p. d'azione; avere un p. ambizioso; mandare a monte i piani di qlcu.; i piani per le vacanze*

♦**piàno**④ [1831] **s. m. solo sing.** ● accorc. di *pianoforte* ‖ **pianìno**, **dim.**

pìano⑤ [da *Pio* col suff. di appartenenza *-ano*① ✱ av. 1891] **agg.** ● relativo a uno dei pontefici di nome Pio | ***catasto p.***, quello iniziato nel 1777 da Pio VI | ***ordine p.***, onorificenza pontificia istituita da Pio IX nel 1847 **SIN.** Pio②

piàno-bar /pjano'bar/ [comp. di *piano*④ e *bar* ✱ 1963] **s. m. inv.** ● locale pubblico con musica di sottofondo eseguita da un pianista, aperto spec. nelle ore serali e notturne

pianocòncavo o **piano-còncavo** [comp. di *piano*① e *concavo* ✱ 1745] **agg.** (**pl. m.** *-i*) ● (*fis.*) detto di lente che ha una faccia piana e una concava

pianoconvèsso o **piano-convèsso** [comp. di *piano*① e *convesso* ✱ 1745] **agg.** (**pl. m.** *-i*) ● (*fis.*) detto di lente che ha una faccia piana e una convessa

♦**pianofòrte** [comp. di *piano*① e *forte*, propr. 'clavicembalo con il piano e il forte' ✱ 1771] **s. m. 1** (*mus.*) strumento a corde metalliche percosse da martelletti azionati da una tastiera | ***p. a coda***, a corde orizzontali | ***p. verticale***, a corde verticali e tastiera sporgente | ***p. preparato***, nel quale, fra le corde, sono stati inseriti oggetti estranei, usato nella musica contemporanea **2** (*est.*) tecnica di musica da eseguire al pianoforte, spec. come materia di studio: *studiare, insegnare p.; maestro di p.; diplomarsi in p.*

pianòla [da *piano*④ ✱ 1923] **s. f.** ● pianoforte meccanico in cui il movimento di due pedali fa svolgere un rotolo di carta con fori corrispondenti alle varie note

pianòro [da *piano*② ✱ 1840] **s. m.** ● pianura situata in una zona elevata, fra altura e altura

pianotèrra o (*raro*) **piàno tèrra** [comp. di *piano*② e *terra* ✱ 1923] **s. m. inv.** ● pianterreno

pianoterréno ➤ **pianterreno**

pianparallèlo [comp. di *pian(o)*① e *parallelo* ✱ 1983] **agg.** ● (*ottica*) a facce piane e parallele, detto di elemento rifrangente, quale una lamina di vetro

piànsi ➤ **piangere**

♦**piànta** [lat. *plānta(m)*, da *plantāre* 'piantare' ✱ av. 1292] **s. f. 1** denominazione generica di ogni organismo vegetale, spec. erbaceo, arbustivo o arboreo **CFR.** fito-, -fito | ***p. officinale***, che contiene sostanze che possono essere usate in medicina per la loro azione terapeutica | ***p. carnivora, insettivora***, quella che con vari dispositivi cattura e digerisce i piccoli animali, spec. insetti | ***p. grassa***, comunemente, pianta succulenta | ***p. succulenta***, pianta di zone aride o desertiche, con fusto colonnare o sferico, ingrossato e carnoso per parenchimi acquiferi che trattengono grandi quantità d'acqua, e foglie ridotte o assenti | ***p. superiore, p. vascolare***, cormofita, tracheofita **2** (*fig.*) †stirpe, schiatta | (*lett.*) ciò che produce un determinato effetto: *la p. dell'avarizia* **3** parte inferiore del piede | (*est.*) parte inferiore della scarpa: *sti-*

a b c d e f g h i j k l m n o **p** q r s t u v w x y z

vali a p. larga, stretta | (*est., lett.*) piede | †orma, traccia: *seguir della nemica sua le piante* (A. POLIZIANO) **4** rappresentazione grafica in scala, ottenuta sezionando con un piano orizzontale, o proiettando verticalmente sul piano orizzontale, oggetti, pezzi meccanici, costruzioni, terreni e sim.: *la p. di un edificio* | ***p. a croce greca***, in cui i corpi di fabbrica, ortogonali, sono di uguale lunghezza, spesso con cupola sull'incrocio | ***p. a croce latina***, in cui i corpi di fabbrica ortogonali sono di diversa lunghezza e il più breve interseca l'altro a circa due terzi della sua lunghezza | (*est.*) carta topografica: *la p. di una città* | (*est.*) disegno che rappresenta la disposizione di cose o persone in un dato luogo: *la p. di una classe, di un ufficio* **5** (*burocr.*) ***p. organica***, o (*ellitt.*) ***pianta***, ruolo, organico: *essere assunto in p. stabile*; *la p. del Ministero* | ***in p. stabile***, (*fig.*) in modo continuativo: *si è trasferito a casa mia in p. stabile* **6** (*fig.*) nella loc. avv. ***di p.***, (*raro*) dalla radice, dal principio | ***di sana p.***, totalmente, integralmente || **piantàccia**, **spreg.** | **pianterèlla**, **dim.** | **pianticèlla**, **dim.** | **pianticìna**, **dim.** | **piantìna**, **dim.** (V.) | **piantolìna**, **dim.**

piantàbile [av. 1601] **agg.** **1** che si può coltivare con piante: *terreno p.* **2** (*raro*) che si può piantare: *albero p.*

piantàggine [lat. *plantāgine(m)*, da *plănta* 'pianta (dei piedi)', per la forma delle sue foglie con la pianta dei piedi * sec. XIII] **s. f.** ● pianta erbacea delle Plantaginacee comune nei prati e nei terreni incolti, con foglie picciolate a rosetta e fiori verdognoli in spighe (*Plantago major*) **SIN.** centonervia, lanciola

piantagióne [lat. *plantatiōne(m)*, da *plantātus* 'piantato' * av. 1320] **s. f.** **1** (*raro*) lavoro del piantare, del mettere a dimora piante arboree **2** area di terreno occupata da piante coltivate della stessa specie: *p. di caffè, di tabacco* | l'insieme di alberi o piante coltivati | ***p. di peschi, peri***, e sim., frutteto | azienda agricola caratterizzata da grande estensione e monocoltura, tipica delle regioni tropicali

piantagràne [comp. di *pianta(re)* e il pl. di *grana*① * 1941] **s. m. e f. inv.** ● persona che, in modo pedante e puntiglioso, solleva di continuo obiezioni e crea polemiche

piantaménto [av. 1320] **s. m.** ● operazione del piantare

piantàna [da *pianta* * 1963] **s. f.** **1** sostegno verticale, spec. metallico, per librerie e scaffalature | ***p. di segnale***, struttura di sostegno di un segnale **2** (*edil.*) sostegno tubolare metallico **3** lampada a stelo

†**piantanimàle** [comp. di *pianta* e *animale* * av. 1565] **s. f.** ● zoofito

♦**piantàre** [lat. *plantāre*, da *plănta* 'pianta (del piede)'; si diceva degli ortaggi che si piantavano calcando con la *pianta* del piede * 1268] **A** **v. tr.** **1** mettere nel terreno semi, germogli e altri organi vegetali atti a svilupparsi in pianta: *p. semi, talee*; *p. fiori, ortaggi, alberi da frutto*; *p. un terreno a vigna*; *p. a buca, a trincea* | ***p. a fessura***, a scopo di rimboschimento | ***andare a p. cavoli***, (*fig., disus.*) ritirarsi a vita privata **2** conficcare profondamente nel terreno o in qualunque superficie solida: *p. un'asta, la bandiera, i pali del telegrafo*; *gli piantò un pugnale nel petto* | ***p. chiodi***, (*fig., fam.*) fare debiti | (*est.*) collocare o posare saldamente: *p. l'accampamento, le fondamenta, le batterie antiaeree* | ***p. le tende***, accamparsi; (*fig.*) fermarsi a lungo in un luogo | (*fig.*) ***p. una grana***, sollevare questioni noiose e spiacevoli | (*fig.*) ***p. gli occhi addosso a qlcu.***, fissarlo intensamente **3** (*raro, fig.*) iniziare, fondare: *p. un negozio, un'azienda* | ***p. bene, male una questione***, porla bene, male **SIN.** impiantare **4** (*fig.*) abbandonare, lasciare in modo improvviso: *p. la fidanzata, il marito*; *ha piantato tutto e se n'è andato* | (*lett.*) abbandonare bruscamente un luogo: *Piantai le campagne e feci il lattaio* (C. PAVESE) | ***p. in asso qlcu.***, abbandonarlo a sé stesso | ***p. baracca e burattini***, (*fig.*) abbandonare ogni cosa e non volerne più sapere | (*fam.*) **piantàrla** (con il pron. *la* indeterm.), finirla, smetterla (+ *con*, + *di* **seguito da inf.**): *è ora di piantarla con queste scuse!*; *piantala di lamentarti!*; *doveva piantarla di stare in ansia* (D. BUZZATI) **B** **piantàrsi** **v. intr. pron.** **1** conficcarsi: *la freccia si piantò lontano dal bersaglio*; *mi si è piantata una spina nel dito* | ***piantarsi nel fango*** e sim., impantanarsi **2** (*fig., fam.*) bloccarsi, smettere di funzionare: *il computer si è piantato* **C** **piantàrsi** **v. rifl.** ● fermarsi in un luogo senza accennare ad andarsene: *mi si è piantato in casa e nessuno lo muove più* | ***piantarsi davanti, di fronte a qlcu.***, fronteggiarlo con aria risoluta: *mi si piantarono davanti due energumeni* **D** **piantàrsi** **v. rifl. recipr.** ● (*colloq.*) lasciarsi, troncare una relazione amorosa: *al primo litigio, si sono piantati* **SIN.** mollarsi

piantàta [av. 1540] **s. f.** **1** il piantare **2** l'insieme delle piante della stessa specie che occupano una certa zona di terreno | terreno piantato **3** filare di viti maritate, comune nelle pianure dell'Emilia, in Toscana e in Campania

piantàto **part. pass.** di *piantare*; anche **agg.** **1** nei sign. del v. | coltivato: *terreno p. a vite* **2** ***ben p.***, solido, robusto: *un uomo, un ragazzo ben p.* **3** (*fig.*) di persona che sta immobile e impettita: *cosa fai p. lì come un palo?*

piantatóio [da *piantato* * 1855] **s. m.** (**pl.** *-ói*) ● cavicchio, piolo, foraterra

piantatóre [lat. tardo *plantatōre(m)*, da *plantātus* 'piantato' * sec. XIV] **s. m.** (**f.** *-trice*, *raro -tora*) **1** chi pianta **2** proprietario di una o più piantagioni: *un p. di caffè, di cotone*

piantatrice [1962] **s. f.** ● macchina per piantare bulbi e tuberi, spec. patate

piantatùra [sec. XIV] **s. f.** ● operazione del mettere a dimora piante, semi, germogli | stagione in cui si compie tale operazione

♦**pianterréno** o **piàn terréno**, **pianoterréno** [comp. di *pian(o)*② e *terreno* * av. 1465] **s. m.** ● piano di casa a livello del suolo stradale o poco più elevato

piantìme [da *pianta* * av. 1915] **s. m.** ● pianticella nata da seme, pronta per il trapianto

piantìna [1776] **s. f.** **1** dim. di *pianta* **2** (*fig.*) cartina topografica: *la p. di Siena*

piantìto ➤ **piancito**

piànto① **part. pass.** di *piangere*; anche **agg.** **1** nei sign. del v. | (*lett.*) rimpianto: *re per tant'anni bestemmiato e p.* (G. CARDUCCI) **2** †deprecato

♦**piànto**② [lat. *plănctu(m)* 'il battersi il petto', da *plăngere* 'piangere' * sec. XII] **s. m.** **1** atto del piangere, come espressione di dolore, di commozione o anche di gioia: *p. dirotto, irrefrenabile, disperato*; *rompere, scoppiare in p.*; *misera me! sollievo a me non resta / altro che il p.* (V. ALFIERI) | †***fare il p.***, piangere un defunto | (*lett.*) ***levare il p.***, cominciare a piangere | ***avere il p. facile***, piangere facilmente per nulla | (*fig.*) ***p. greco***, lamento insistente, lagna, piagnisteo | lacrime: *un p. di gioia, d'ira, di tenerezza, di commozione*; *viso rigato di p.*; *occhi molli, bagnati di p.* | ***sciogliersi in p.***, versare abbondantissime lacrime **2** afflizione, dolore, lutto: *tutta la nazione è in p.*; *avere il p. nel cuore* | (*lett.*) tormento **3** (*fig.*) ciò che è causa di grande pena e tristezza: *quella povera gente fa una vita ch'è un p.*; *è un p. vederla ridursi a quel modo* | (*scherz.*) cosa malfatta o deludente, persona noiosa o fastidiosa, e sim.: *che p. quel film!* **4** (*letter., raro*) epicedio **5** fuoriuscita di liquido da ferite prodotte sulle radici o sul fusto di un vegetale || **pianterèllo**, **dim.**

piantonàia [da *piantone* * 1759] **s. f.** ● piantonaio

piantonàio [av. 1811] **s. m.** (**pl.** *-ai*) ● (*agric.*) parte del vivaio dove vengono poste le piante già innestate prima di essere trapiantate a dimora **SIN.** nestaia

piantonaménto [1935] **s. m.** ● vigilanza esercitata spec. da forze di polizia

piantonàre [da *piantone* * 1890] **v. tr.** (*io piantóno*) ● sottoporre a vigilanza qlcu. o qlco. da parte di un piantone o di forze di polizia in genere: *p. una casa, la caserma*; *p. i prigionieri*; *il fermato è piantonato in ospedale*

piantóne [da *piantare* * 1291] **s. m.** **1** (*agric.*) pollone radicato staccato dal ceppo della pianta, posto direttamente a dimora **2** militare o agente che sorveglia a vista un luogo o una persona pericolosa o a rischio | soldato, normalmente disarmato, comandato per servizi interni di caserma, d'ufficio, di vigilanza e sim.: *p. alle camerate, alla porta*; *stare di p. alla mensa* **3** (*est.*) chiunque stia fermo a vigilare qlcu. o qlco.: *stare, mettersi di p.* **4** (*mecc.*) negli autoveicoli, asse che collega il volante agli organi dello sterzo: *p. di guida*, o *di sterzo* o *del volante* || (*agric.*) **piantoncèllo**, **dim.** | (*mecc.*) **piantoncìno**, **dim.**

†**piantorìso** (o **-ṣ-**) [comp. di *pianto*② e *riso* * av. 1604] **s. m.** ● riso misto a pianto

piantumàre [1824] **v. tr.** (*io piantùmo*) ● nella selvicoltura e nel giardinaggio, collocare a dimora una grande quantità di alberi e arbusti

piantumazióne [1986] **s. f.** ● (*bot.*) operazione, lavoro del piantumare

piantùme [da *piant(a)* col suff. *-ume* * av. 1793] **s. m.** ● (*bot.*) insieme delle piante coltivate in vivaio e utilizzate per piantumazioni

♦**pianùra** [da *piano*② * 1266] **s. f.** ● ampia estensione di terreno pianeggiante: *la p. padana* | ***alta p.***, terreno pianeggiante di natura alluvionale, molto permeabile | ***bassa p.***, terreno piano a pochi metri sul livello del mare, impermeabile per la prevalente costituzione argillosa | ***p. alluvionale***, costituita da depositi fluviali

pianùzza [catalano *platussa*, dal lat. tardo *platĕssa(m)*: dal gr. *platýs* 'largo, piatto'. V. *piatto* * 1875] **s. f.** ● (*zool.*) passera di mare

piàrda [etim. sconosciuta * 1801] **s. f.** ● zona tra l'argine e il letto di un fiume, spec. del Po

pịàre [vc. onomat. * av. 1257] **v. intr.** (**aus.** *avere*) ● (*lett.*) pigolare

†**piaṣentière** ➤ **piacentiere**

piassàva [vc. di orig. tupi * 1838] **s. f.** ● fibra tessile molto robusta, ricavata dalle foglie di alcune palme, usata per fabbricare corde, scope, spazzole

piàstra [da *(im)piastro* * sec. XIII] **s. f.** **1** lastra di metallo, pietra o altro materiale rigido di vario spessore, adibita a usi diversi: *p. di calcestruzzo, di ghisa, di legno*; *p. di rivestimento, di rinforzo, di protezione* **CFR.** placo- | ***p. della serratura***, la parte piana, visibile, della serratura | (*est.*) fornello elettrico di ghisa, autonomo o inserito nel piano di cottura di una cucina: *gamberoni, bistecca alla p.*; *panini alla p.* | (*mar.*) pezzo della corazza delle navi, rettangolare, di ferro o di acciaio **2** parte costitutiva delle antiche armature | (*est., raro*) armatura **3** insieme dei congegni di accensione delle antiche armi da fuoco portatili ad avancarica: *p. a serpenti-*

p

no, a ruota, ad acciarino | lastra metallica che costituisce sostegno e ancoraggio del mortaio **4** parte dell'orologio in cui sono collocati i vari meccanismi **5** ***p. di registrazione***, (*ellitt.*) ***piastra***, in un impianto per la riproduzione del suono, il componente per la registrazione e la lettura di nastri magnetici **6** (*elettr.*) nell'accumulatore elettrico, la parte dove si trova il materiale attivo destinato alle reazioni chimiche **7** (*zool.*) parte dorsale, sempre più sviluppata, dell'unghia dei Mammiferi **8** (*med.*) preparazione batteriologica di terreno colturale solido per l'insemenzamento dei germi: *p. di agar* **9** antica moneta d'argento coniata in Italia nel XVI sec. | moneta turca ed egiziana del passato | moneta divisionale in corso in Libano, Egitto, Siria e Sudan || **piastrèlla**, **dim.** (V.) | **piastrétta**, **dim.** | **piastrìna**, **dim.** (V.) | **piastrìno**, **dim. m.** (V.) | **piastróne**, **accr. m.** (V.)

piastrèlla [sec. XV] **s. f. 1** dim. di *piastra* **2** laterizio di cemento smaltato, maiolica, marmo artificiale, porcellana o altro per coprire pavimenti o rivestire muri **SIN.** mattonella **3** sasso spianato di cui si servono i ragazzi per alcuni giochi: *fare, giocare alle piastrelle* **SIN.** muriella || **piastrellìna**, **dim.** | **piastrellóna**, **dim.** | **piastrellóne**, **accr. m.**

piastrellàio [1958] **s. m.** (**f.** *-aia*, **pl. m.** *-ai*) ● piastrellista

piastrellaménto [1958] **s. m. 1** operazione del piastrellare **2** rimbalzo di aereo o di motoscafo che piastrella

piastrellàre [da *piastrella* ✻ 1933] **A v. tr.** (*io piastrèllo*) ● coprire, rivestire con piastrelle: *p. un bagno, una cucina* **B v. intr.** (aus. *avere*) ● rimbalzare su terreno o acqua come una piastrella lanciatavi in direzione tangenziale, per errore di manovra, eccesso di velocità o altro, detto di aereo in fase di decollo, atterraggio o ammaraggio e (*est.*) di motoscafo in corsa

piastrellàto **part. pass.** di *piastrellare*; anche **agg.** ● rivestito di piastrelle

piastrellìsta [1965] **s. m. e f.** (**pl. m.** *-i*) ● operaio che fabbrica o mette in opera piastrelle **SIN.** piastrellaio

piastrìccio [da *(im)piastricciare* ✻ av. 1665] **s. m.** ● (*tosc.*) miscuglio di sostanze impiastricciate | (*fig.*) imbroglio, pasticcio

piastrìna [1824] **s. f. 1** dim. di *piastra* **2** ***p. di riconoscimento***, targhetta di metallo che i combattenti portano al collo e che contiene, incisi, i dati necessari all'identificazione in caso di morte o di ferimento **3** (*biol.*) elemento corpuscolato del sangue, senza nucleo, con funzione importante nel meccanismo della coagulazione; deriva dalla frammentazione del citoplasma di un megacariocita **4** medaglietta che si appendeva al collare dei cani per comprovare l'avvenuto pagamento dell'imposta relativa

piastrìnico [1986] **agg.** (**pl. m.** *-ci*) ● (*med.*) relativo a piastrina

piastrìno **s. m. 1** dim. di *piastra* **2** ***p. di riconoscimento***, V. *piastrina*

piastrinoafèreṣi [comp. di *piastrin(a)* e del gr. *aphàiresis* 'sottrazione' (V. *aferesi*) ✻ sec. XX] **s. f. inv.** ● (*med.*) tecnica di separazione mediante centrifugazione delle piastrine dal sangue di un donatore, impiegata a scopi trasfusionali o eseguita a scopi terapeutici

piastróne [1922] **s. m. 1** accr. di *piastra* | nelle antiche armature, parte anteriore della corazza | (*lett.*) nell'abito da sera da uomo, sparato **2** (*zool.*) parte ventrale della corazza dei Cheloni

†**piateggiàre** [av. 1294] **v. intr.** ● piatire

piatire, (*evit.*) **pietìre** [da *piato* ✻ 1261 ca.] **A v. intr.** (*io piatìsco, tu piatìsci*; aus. *avere*) **1** †promuovere una causa giudiziaria | litigare, azzuffarsi **2** (*lett.*, *raro*) lamentarsi insistentemente | (*lett.*) insistere in una richiesta **B v. tr. 1** †reclamare in via giudiziaria **2** chiedere con insistenza, quasi mendicando: *p. un favore, un prestito*; *p. soccorsi e provvidenze statali* (R. Bacchelli)

piàto [lat. *plăcitu(m)* 'sentenza'. V. *placito* ✻ sec. XIII] **s. m. 1** †controversia giudiziaria | (*lett.*) diverbio, discussione: *d'orribil p. risonar s'udìo / già la corte d'Amore* (G. Parini) **2** (*lett.*) briga, pensiero, fastidio **3** †battaglia, duello

†**piatóso** ➤ **pietoso**

piàtta [f. sost. di *piatto*① ✻ av. 1348] **s. f. 1** (*raro*) chiatta **2** †piastra dell'armatura

piattabànda [calco sul fr. *plate-bande* 'banda piatta' ✻ av. 1798] **s. f.** (**pl.** *piattebànde*) ● (*archit.*) arco a intradosso quasi rettilineo costruito di mattoni o conci di pietra su luci piccole

piattafórma [calco sul fr. *plate-forme* 'forma piatta' ✻ 1546] **s. f.** (**pl.** *piattafórme, piatteforme*) **1** superficie piana di varia estensione, formata da terreno spianato e battuto: *una p. rocciosa* | ***p. stradale***, parte della strada limitata dalla massicciata, dai due cigli e dalle eventuali scarpate | (*geogr.*) ***p. continentale***, area sommersa che va da 0 a 200 m di profondità e circonda i continenti **2** struttura piana, fissa o mobile, di dimensioni variabili, generalmente elevata da terra: *collocare i missili sulla p. di lancio* | ***p. di tiro***, piazzola di tiro | ***p. girevole***, dispositivo per far girare carri, locomotive o altro | ***p. petrolifera***, struttura galleggiante, ancorata al fondale oppure fissa su pali per la trivellazione di un giacimento sottomarino **3** parte anteriore e posteriore delle vetture tranviarie e sim. per il manovratore e per posti in piedi | vestibolo, nelle carrozze ferroviarie **4** (*tecnol.*) organo di macchina utensile con moto di taglio rotatorio, fissato al mandrino e usato per il montaggio del pezzo mediante griffe o bulloni | ***p. autocentrante***, a spostamento radiale simultaneo di tutte le griffe, per il montaggio di pezzi a sezione circolare o poligonale regolare **5** (*sport*) incastellatura in cemento per l'esecuzione di gare di tuffi: *tuffi dalla p.* **6** (*mar.*) chiusura di forma spianata sulle coffe o sullo sperone **7** (*milit.*) †opera fortificata simile al bastione | †parte superiore della muraglia di cinta sulla quale si ponevano i difensori **8** (*fig.*) programma politico di base che ispira l'azione di un movimento, un partito, un governo e sim.: *p. elettorale* | base di partenza per una discussione, una trattativa e sim., spec. nell'ambito sindacale: *p. rivendicativa* **9** (*inform.*) sistema di elaborazione dati configurato, nell'hardware e nel sistema operativo, secondo uno standard riconosciuto

piattàia [da *piatto* ✻ 1868] **s. f. 1** (*raro*) scolapiatti **2** specie di ripiano di credenze e sim. su cui esporre piatti o vasellame | (*est.*) la credenza stessa

†**piattàre** [da *piatto* ✻ 1483] **v. tr.** ● nascondere, celare

piattèllo [1353] **s. m. 1** dim. di *piatto* **2** †piatto di portata, vassoio, piatto | †pietanza, portata **3** disco a forma di piatto per vari usi: *il p. del candeliere* | ***p. labiale***, dischetto di legno o avorio che perfora il labbro, usato come ornamento presso alcuni popoli dell'Africa e del Sud America **4** bersaglio mobile di forma appiattita e tondeggiante che viene lanciato in aria da un'apposita macchina e al quale si spara col fucile in prove di tiro: *tiro al p.* | (*est.*) la prova stessa **5** gioco d'azzardo **SIN.** pitocchetto || **piattellétto**, **dim.** | **piattellìno**, **dim.**

piatterìa [1697] **s. f.** ● assortimento di piatti | (*raro*) negozio dove si vendono i piatti

piattézza [1915] **s. f.** ● (*raro*) caratteristica di ciò che è piatto | (*fig.*) mancanza di vivacità, di originalità **SIN.** banalità

piattìna [da *piatto* ✻ 1941] **s. f. 1** carrello piatto per il trasporto degli utensili, in miniera o in cantiere edile **2** negli impianti elettrici, conduttore elettrico piatto e sottile | negli impianti radio e televisivi, coppia di conduttori elettrici isolati tra loro da una striscia di politene, usata come discesa d'antenna **3** nastro metallico per rinforzo, guarnizione e sim.

piattìno [1800] **s. m. 1** dim. di *piatto* **2** sottocoppa per bicchierino, tazzina e sim. **3** (*est.*) manicaretto: *un p. ghiotto, squisito*; *sapessi che piattini aveva preparato!*

piattitùdine [av. 1952] **s. f.** ● (*lett.*) piattezza, monotonia

♦**piàtto** [lat. parl. **plăttu(m)*, dal gr. *platýs* 'largo', di orig. indeur. ✻ 1290] **A agg. 1** di ciò che ha superficie piana e liscia, priva di rilievi e concavità: *corpo, oggetto, sasso, coperchio p.* | ***barca piatta, a fondo p.***, chiatta | ***paesaggio p.***, privo di rilievi | ***mare p.***, senza onde | ***motore p.***, motore a combustione interna, a cilindri orizzontali e contrapposti **2** (*mat.*) ***angolo p.***, di 180°, avente i lati giacenti sulla stessa retta, ma da bande opposte rispetto al vertice **3** detto di diagramma costituito da una linea uniforme pressoché orizzontale, che sta a significare la mancanza di qualsiasi variazione nell'andamento del fenomeno rappresentato graficamente dal diagramma stesso: *tracciato, diagramma p.* | ***elettroencefalogramma p.***, che registra la scomparsa dei ritmi bioelettrici del cervello **4** (*fig.*) fiacco, scialbo, banale, privo di vivacità e originalità: *discorso, stile p.*; *libro, film p.*; *conversazione, vita piatta* **5** (*enol.*) detto di vino carente di acidità, che risulta perciò molle, privo di nerbo **CONTR.** nervoso **6** †appiattato, nascosto || **piattaménte**, **avv.** in modo piatto, scialbo: *si esprime piuttosto piattamente* **B s. m. 1** recipiente quasi piano, solitamente tondo, in porcellana o ceramica, nel quale si servono e si mangiano le vivande: *l'acciottolio dei piatti*; *cambiare i piatti a ogni portata*; *lavare, asciugare i piatti*; *p. di ceramica, di porcellana, d'argento*; *piatti di plastica* | ***p. fondo***, per la minestra | ***p. piano***, per la pietanza | ***p. da portata***, per portare in tavola le vivande | ***p. dipinto***, per tavola o per ornamento, appeso alla parete **2** (*est.*) quantità di cibo contenuta in un piatto: *un p. di riso, di carne, di pasta* | cibo, vivanda: *piatti ricercati, raffinati, casalinghi*; *piatti freddi, caldi* | ***p. tipico***, vivanda caratteristica di una regione, città, paese e sim. **3** ciascuna portata di un pranzo | ***primo p.***, minestra | ***secondo p.***, pietanza | ***p. unico***, che, per i principi nutritivi che contiene, costituisce da solo un pasto completo ed equilibrato (per es. la pasta e fagioli, lo spezzatino con polenta ecc.) | ***p. forte***, quello più sostanzioso; (*fig.*) parte più interessante di uno spettacolo, del repertorio di un artista e sim. | ***p. del giorno***, al ristorante, la portata consigliata dal cuoco **4** parte piana di qlco.: *il p. della lama* | ***colpire di p.***, con la parte piatta della spada e sim. | †***tenere il pugnale di p.***, parallelo al terreno | ***calcio di p.***, colpo dato al pallone con l'interno del piede **5** (*est.*) qualsiasi oggetto di forma spianata e tondeggiante: *il p. della bilancia*; *il p. del respingente* | ***p. idrostatico***, piatto che scorre a stantuffo in un cilindro ed è equilibrato da una molla tarata per la pressione dell'acqua a una determinata profondità; si usa unitamente a un pendolo per regolare l'assetto e la quota d'immersione del siluro **6** ***p. giradischi***, (*ellitt.*) ***piatto***, parte rotante di un apparecchio giradischi; (*est.*) in un impianto per la riproduzione del suono, il componente per la lettura di dischi **7** (*ottica*) nel microscopio ottico, la parte su cui viene appoggiato l'oggetto da osservare **8** (*mus.*, **spec. al pl.**) strumento idiofono a percussione reciproca, di suono indeterminato, costituito da una coppia di dischi in bronzo **9** in legatoria, quadrante **10** in vari giochi di carte e non, il denaro della posta che i giocatori mettono in un apposito recipiente e il recipiente stesso | (*fig.*) ***il p. piange***, le poste sono misere, scarse o mancano del tutto | ***mancare al p.***, nel gioco del poker, puntare una determinata cifra senza versarla materialmente **11** †rendita, appannaggio ‖ **piattèllo**, **dim.** (V.) | **piatterèllo**, **dim.** | **piattìno**, **dim.** (V.) | **piattóne**, **accr.**

SFUMATURE DI SIGNIFICATO
piatto - vivanda - portata
Con **piatto** s'intende un recipiente quasi piano, solitamente tondo, nel quale si mangiano e si servono i cibi; per estensione questa parola indica la quantità di cibo che un piatto contiene o, più genericamente, un cibo cucinato, una preparazione gastronomica. Un cibo cucinato per il pasto si chiama anche **vivanda**. Ognuna delle vivande che si succedono durante un pranzo costituisce una **portata**.
SFUMATURE ➤ ***impersonale***

piàttola [lat. parl. **blăttula(m)*, dim. di *blătta*, accostata per etim. pop. a *piatto* ✱ 1476] **s. f.** **1** pidocchio del pube (*Phthirus pubis*) **SIN.** piattone **2** (*fig.*) persona noiosa, importuna **3** (*tosc.*) blatta, scarafaggio ‖ **piattolàccia**, **pegg.** | **piattolóne**, **accr. m.**

piattonàre [da *piatto* ✱ 1607] **v. tr.** (*io piattóno*) ● colpire di piatto, con la parte piatta della spada e sim.

piattonàta [av. 1400] **s. f.** ● colpo di sciabola o di spada dato col piatto della lama

†**piattóne** [da *piattola*, con cambio di suff. ✱ av. 1556] **s. m.** ● piattola

piattùme [da *piatto* con il suff. *-ume*, con assonanza con *pattume* (V.) ✱ 1987] **s. m.** ● (*spreg.*) scialbore, banalità: *il p. di certi programmi televisivi*

piàve [dall'area del fiume *Piave*, zona di produzione] **s. m. inv.** ● formaggio di latte vaccino parzialmente scremato, di forma cilindrica, a pasta granulosa e friabile, tipico delle valli percorse dal fiume omonimo

♦**piàzza** [lat. *plătea(m)*, dal gr. *platêia*, f. sost. di *platýs* 'largo, ampio, vasto'. V. *piatto* ✱ 1261 ca.] **s. f.** **1** spazio urbano più o meno ampio gener. circondato da edifici, spesso all'incrocio di più strade, con svariate funzioni urbanistiche e diversa importanza architettonica: *p. del Duomo*; *le piazze di Roma*; *la p. del mercato* **CFR.** piazzale | ***P. del Gesù***, (*per anton.*) gli organi direttivi nazionali del partito della Democrazia Cristiana (divenuto nel 1994 Partito Popolare Italiano), con sede in tale piazza, a Roma | ***scendere in p.***, dimostrare pubblicamente, manifestare | ***fare p. pulita***, (*fig.*) sgombrare, eliminare ciò che è di ostacolo; (*fam.*) consumare avidamente tutti i cibi e le bevande | (*est.*, *lett.*) area, spazio libero | ***fare p.***, fare spazio, fare largo: *gli altri avevano intanto lavorato a fare e rifare un po' di p.* (A. MANZONI) | (*scherz.*) area priva di capelli sul capo **2** luogo in cui si svolgono operazioni commerciali, affari e sim.: *p. commerciale*; *la p. di Milano, di Genova*; *un'ottima p.*; *una p. di prim'ordine*; *essere ben introdotto in una p.* | ***rovinare la p. a qlcu.***, rovinargli la reputazione (*anche scherz.*) | località fornita di servizi bancari | ***assegno fuori p.***, pagabile in una località diversa da quella in cui ha sede la banca che lo ha emesso | nel linguaggio teatrale, città provvista di teatro **3** posto | ***letto a una p.***, singolo | ***letto a due piazze***, matrimoniale | (*sport*) ***piazze d'onore***, nella classifica di una gara, il secondo, il terzo e, talvolta, il quarto posto **4** (*est.*) gente radunata in una piazza: *la p. fu presa dal panico* | ***mettere in p.***, far conoscere a tutti, rendere di pubblico dominio | (*est.*) massa, gente: *fare della demagogia per accattivarsi i favori della p.* | ***modi da p.***, volgari **5** (*mar.*) negli antichi velieri, spianata della tolda **6** (*milit.*) fortezza, campo trincerato: *p. da guerra*; *assediare, espugnare, conquistare una p.*; *il governatore, il comandante della p.* | ***p. d'armi***, luogo spazioso per le esercitazioni delle truppe di presidio; (*est.*) ambiente molto spazioso | ***p. forte***, V. *piazzaforte* | ***p. di frontiera***, fortificazione ai confini ‖ **piazzétta**, **piazzettìna**, **dim.** | **piazzóna**, **accr.** | **piazzóne**, **accr. m.** | **piazzòtta**, **alter.** | **piazzòla**, **piazzuòla**, **dim.** (V.)

piazzafòrte o (*raro*) **piàzza fòrte** [calco sul fr. *place forte* ✱ 1551] **s. f.** (**pl.** *piazzefòrti*) **1** (*milit.*) città o luogo fortificato, che serve spec. come base per un corpo di operazioni **SIN.** roccaforte **2** (*fig.*) baluardo di un movimento, un partito e sim.

piazzaiolàta [1891] **s. f.** ● scenata da piazzaiolo

piazzaiòlo o (*lett.*) **piazzaiuòlo** [av. 1795] **A** **agg.** **1** (*lett.*) di piazza, che si fa in piazza **2** (*spreg.*) da piazza: *modi piazzaioli* **SIN.** grossolano, volgare | demagogico: *tirannide piazzaiola e faziosa* (B. CROCE) **B** **s. m.** (**f.** *-a*) ● persona che ha modi chiassosi e grossolani

♦**piazzàle** [da *piazza* ✱ sec. XIV] **s. m.** **1** piazza con almeno un lato non edificato e dal quale talvolta si gode una vista panoramica: *p. Michelangelo a Firenze* | ampia piazza **2** area recintata contenente gli impianti d'esercizio e i servizi di una stazione, di un'autostazione o di un'aerostazione

piazzaménto [da *piazzare* ✱ 1884] **s. m.** **1** (*raro*) il piazzare, il piazzarsi | nel calcio, disposizione dei giocatori nella posizione più opportuna: *attendere il p. dei compagni prima di calciare la punizione* **2** posto ottenuto in una classifica, una graduatoria e sim.: *ottenere un ottimo p.*

♦**piazzàre** [fr. *placer*, da *place* 'posto'. V. *piazza* ✱ 1812] **A** **v. tr.** **1** collocare, situare in un luogo o in una posizione determinata: *p. la mitragliatrice in posizione di tiro* | (*sport*) mandare a segno, indirizzare: *p. la palla alla destra del portiere* | assestare: *p. un pugno* **2** vendere un prodotto su una piazza commerciale | ***p. la merce***, collocarla, farla accettare **B** **piazzàrsi** **v. rifl.** **1** ottenere un determinato posto, in gare e sim.: *piazzarsi bene, male, onorevolmente*; *piazzarsi al primo, al penultimo posto* | conquistare una piazza d'onore **2** collocarsi in una buona posizione: *si è piazzato proprio al centro dell'arena*; *è riuscito a piazzarsi nel posto desiderato* | (*colloq.*) porsi in un luogo con sfacciataggine: *si piazzò lì davanti senza badare a nessuno* **3** nel calcio e sim., collocarsi nella posizione migliore

piazzàta [da *piazza* ✱ 1677] **s. f.** **1** scenata rumorosa e volgare: *Che strepito è questo? Che piazzate sono queste?* (C. GOLDONI) **2** (*raro*) radura **3** (*raro*) macchia di diverso colore nel fondo di un tessuto

piazzàto **A** **part. pass.** di *piazzare*; **anche agg.** **1** nei sign. del v. **2** detto di chi ha un fisico robusto: *un ragazzo ben p.* **SIN.** piantato **3** detto di chi ha una solida posizione economica, professionale e sim.: *ormai è p.*; *negli affari è ben p.* **4** nell'ippica, detto di cavallo che occupa una posizione premiata nell'ordine di arrivo, generalmente il secondo e il terzo posto **5** nel rugby e nel calcio, detto di tiro effettuato con la palla ferma sul terreno | ***essere ben p.***, essere nella posizione migliore in relazione allo sviluppo del gioco **B** **s. m.** ● cavallo piazzato

piazzatóre [da *piazzare* ✱ 1958] **s. m.** ● (*sport*, *disus.*) nel rugby, giocatore che ha il compito di sostenere in posizione verticale il pallone sul terreno, così da consentire a un compagno la battuta di un calcio piazzato

†**piazzeggiàre** [da *piazza* ✱ sec. XIII] **v. intr.** ● andare a zonzo bighellonando

piazzìsta [da *piazza* ✱ 1900] **s. m. e f.** (**pl. m.** *-i*) **1** intermediario alla compravendita incaricato di promuovere operazioni in una piazza commerciale: *p. in carta e affini* (V. PRATOLINI) **2** correntemente, commesso viaggiatore

piazzòla o **piazzuòla** [av. 1598] **s. f.** **1** dim. di *piazza* | in un campeggio, piccola area riservata a una roulotte, una tenda e sim. **2** spiazzo per la sosta, il parcheggio e sim. ai lati di una strada o di un'autostrada **3** nel golf, settore di terreno circostante la buca | ***p. di partenza***, area rettangolare da cui viene effettuato il tiro d'inizio di gara **SIN.** tee **4** (*milit.*) tratto di terreno adatto per la collocazione e l'uso di un pezzo d'artiglieria

pìca ① [lat. *pīca(m)*, di etim. incerta ✱ 1319] **s. f.** **1** (*lett.*) gazza **2** (*med.*) perversione del gusto per anomalie nervose e talvolta durante la gravidanza

pìca ② [vc. ingl., dal n. di un ant. libro liturgico, prob. dal lat. *pīca* 'gazza' con passaggio semantico poco chiaro ✱ 1958] **s. m. inv.** ● (*tipogr.*) sistema di misura tipografico in cui una riga da 12 punti è pari a 1/6 di pollice (4,216 mm) | riga tipografica nel sistema pica

picacìṣmo [da *pica* 'gazza', perché come la gazza ruba vari oggetti, così la donna incinta cerca di appropriarsi di sostanze (anche non commestibili) ✱ 1835] **s. m.** ● (*med.*) pica ① nel sign. 2

picador /*sp.* pika'ðɔr/ [vc. sp., da *picar* 'pungere', vc. di orig. espressiva ✱ 1829] **s. m. inv.** (**pl. sp.** *picadores*) ● cavaliere che, nella corrida, attacca il toro con una picca

picarésco [sp. *picaresco*, da *picaro* ✱ 1606] **agg.** (**pl. m.** *-schi*) **1** detto di genere letterario, spec. romanzo o novella, in cui siano rappresentate avventure di picari, tipico della letteratura spagnola | (*est.*) che ricorda l'atmosfera e le situazioni tipiche di tale genere letterario: *il viaggio p. di Renzo* (I. CALVINO) **2** (*est.*) furfantesco, bricconesco ‖ **picarescaménte**, **avv.**

pìcaro [sp. *pícaro* 'imbroglione', di etim. incerta ✱ 1606] **s. m.** **1** popolano sfrontato, astuto e imbroglione, che figura in opere letterarie spagnole **2** (*est.*) vagabondo, mascalzone

pìcca ① [vc. di orig. onomat. ✱ 1513] **s. f.** **1** arma in asta munita di una acuta punta di ferro, usata anticamente dai soldati di fanteria | (*est.*) soldato armato di picca **2** (**al pl.**) seme delle carte da gioco francesi **CFR.** cuore, fiore, quadro ② | ***contare quanto il re*** (o ***il fante***) ***di picche***, (*fig.*) non contare nulla | ***rispondere picche***, (*fig.*) opporre a una richiesta un netto rifiuto

pìcca ② [fr. *pique*, da *piquer* 'punzecchiare', di orig. onomat. ✱ av. 1547] **s. f.** ● puntiglio, risentimento, ripicca: *fare qlco. per p.*

piccamàrra [comp. di *picca* ① e *marra* ✱ 1965] **s. f.** (**pl.** *picchemàrre*) ● strumento per lavorare il terreno, con una zappa da una parte e una punta dall'altra

piccànte [fr. *piquant*, part. pres. di *piquer* '†piccare' ✱ 1564] **agg.** **1** che ha sapore e odore molto forti e pungenti: *salsa, formaggio p.*; *peperoni piccanti* **2** (*fig.*) un po' spinto, piuttosto audace: *barzelletta, battuta, storiella p.* | malizioso, scabroso: *le indiscrezioni piccanti sulle signore di città* (E. MORAN-

TE); *particolari piccanti* ‖ **piccantèllo**, **dim.** | **piccantìno**, **dim.** | **piccantùccio**, **dim.**
SFUMATURE ➤ *boccaccesco*

piccàrdo [1272] **A** **agg.** • della Piccardia, regione della Francia nord-orientale **B** **s. m.** (**f.** *-a*) • abitante o nativo della Piccardia **C** **s. m. solo sing.** • dialetto francese parlato in Piccardia

†**piccàre** [fr. *piquer*. V. *picca*① ✱ av. 1635] **A** **v. tr.** • ferire con la picca | pungere | (*fig.*) offendere | (*fig.*) stimolare **B** **v. intr.** • essere piccante | essere frizzante, detto di vino

♣**piccàrsi** [da *picca*② ✱ 1642] **v. intr. pron.** (*io mi pìcco, tu ti pìcchi*) **1** presumere e vantarsi puntigliosamente di saper fare o di conoscere qlco. (+ *di*, **anche seguito da inf.**): *si picca di saperne più di voi; si piccava di letteratura* (G. VERGA) **2** (*raro*) ostinarsi, intestardirsi in qlco. **3** impermalirsi, risentirsi: *si è piccato perché non l'abbiamo invitato*

†**piccasórci** [comp. di *piccare* 'pungere' e il pl. di *sorcio* ✱ av. 1590] **s. m. inv.** • (*bot.*) pungitopo

†**piccàta**① [da *picca*① ✱ 1427] **s. f.** • colpo di picca

piccàta② [fr. *piqué* 'lardellato', propr. part. pass. di *piquer* (cfr. *piccante*) ✱ sec. XVII] **s. f.** • fettina di vitello cotta in padella con prezzemolo tritato e limone spremuto ‖ **piccatina**, **dim.**

♣**piccàto**① **part. pass.** di *piccarsi*; **anche agg.** • impermalito, risentito | che rivela risentimento, stizza: *rispondere con un tono un po' p.* ‖ **piccataménte**, **avv.**

piccàto② **s. m.** • (*raro*) adattamento di *piqué* (V.)

picchè [1850] **s. m. inv.** • adattamento di *piqué* (V.)

piccheggiàrsi [intens. di *piccarsi* ✱ 1871] **v. rifl. recipr.** (**pres.** *io mi picchéggio*; **fut.** *io mi piccheggerò*) • (*disus.*) rimbeccarsi, punzecchiarsi con battute

picchettàggio [da *picchettare* ✱ 1962] **s. m.** • attività di sorveglianza esercitata da gruppi di lavoratori o da rappresentanti sindacali davanti a luoghi di lavoro in occasione di scioperi allo scopo di impedire l'ingresso a chi non aderisce

picchettaménto [1796] **s. m.** **1** picchettatura, picchettazione **2** (*raro*) picchettaggio

picchettàre [da *picchetto* ✱ 1826] **v. tr.** (*io picchétto*) **1** piantare nel terreno picchetti, per delimitare confini, segnare il tracciato di lavori da eseguire e sim. **2** formare una smerlatura seghettata sul bordo di un tessuto compatto come panno o fustagno **3** (*cucina*) lardellare **4** esercitare il picchettaggio: *p. una fabbrica*

picchettàto o **picchiettàto** **A** **part. pass.** di *picchettare* • nei sign. del v. **B** **s. m.** • (*mus.*) colpo d'arco degli strumenti ad arco con cui vengono eseguite molte note brevi e molto staccate

picchettatóre [da *picchettare* ✱ 1891] **s. m.** (**f.** *-trice*) • chi pianta i picchetti

picchettatùra [1871] **s. f.** • operazione del piantare picchetti | serie di picchetti piantati nel terreno

picchettazióne [1958] **s. f.** • picchettatura | operazione con la quale si esegue il tracciamento di una poligonale, che potrà rappresentare l'asse di una strada, di un canale, e sim. infiggendo sul terreno dei picchetti

picchétto [fr. *piquet*, da *piquer* 'piccare'; nel sign. 3, perché i soldati che costituivano questo drappello tenevano i cavalli, pronti per la partenza, legati a un *picchetto*; nel sign. 5, etim. incerta ✱ av. 1557] **s. m.** **1** paletto che si conficca nel terreno per vari usi **SIN.** piolo **2** (*mar.*) †bastoncello di alberatura **3** (*milit.*) gruppo di soldati a cavallo o a piedi che in tempo di guerra era tenuto pronto nel campo per intervenire in armi al primo comando | reparto di militari cui è assegnato un servizio particolare: *p. di guardia* | ***p. d'onore***, reparto comandato per rendere gli onori ad alte personalità militari o civili | ***ufficiale di p.***, comandato a turno fra i subalterni del reggimento, allo scopo di sovrintendere per ventiquattro ore ai servizi e alle operazioni comuni di caserma | (*est.*, *elvet.*) turno di reperibilità **4** gruppo di scioperanti o di rappresentanti sindacali che attuano un picchettaggio **5** gioco di carte diffuso in Francia, giocato da due persone con un mazzo di trentadue carte

picchiaménto [sec. XIV] **s. m.** • (*lett.*) il picchiare, il picchiarsi

picchiànte **A** **part. pres.** di *picchiare*①; **anche agg.** • che picchia, che bussa **B** **s. m.** • †manicaretto di carne battuta | (*tosc.*) polmone di bovino macellato

picchiapètto [comp. di *picchia(re)*① e *petto* ✱ 1353] **A** **s. m. e f. inv.** • (*lett.*) chi ostenta devozione, religiosità anche per ipocrisia **SIN.** bigotto **B** **s. m.** (**pl. inv.** o *-i*) • †ciondolo

♦**picchiàre**① [vc. di orig. onomat. ✱ av. 1292] **A** **v. tr.** (*io pìcchio*) **1** colpire o battere ripetutamente qlco.: *p. i pugni sul tavolo; p. l'incudine col martello* | urtare: *p. la testa contro lo sportello* **2** percuotere, malmenare: *l'hanno picchiato selvaggiamente* **B** **v. intr.** (**aus.** *avere*) **1** dare o battere colpi (+ *a*): *p. alla porta, all'uscio; qualcuno picchia* **SIN.** bussare | (*fig.*) battere, detto di fenomeno naturale (+ *su*): *la pioggia picchiava sul tetto; Torbide a prua l'onde / picchiavano* (G. PASCOLI) | (*fig.*) essere molto forte, essere cocente: *Eravamo fermi sotto il sole che picchiava* (C. PAVESE) | (*mecc.*) ***p. in testa***, battere in testa, detto di motore a scoppio **2** (*fig.*) insistere: *picchia e ripicchia, è riuscito a spuntarla* **C** **picchiàrsi** **v. tr. pron.** • colpire una parte del proprio corpo: *picchiarsi il capo* | ***picchiarsi il petto***, battersi il petto | ***picchiarsi la fronte con la mano***, per dolore o rabbia; anche, per indicare un'improvvisa consapevolezza: *poi, picchiandosi la fronte: – Ah già, ho capito* (L. PIRANDELLO) **D** **picchiàrsi** **v. rifl. recipr.** • percuotersi l'un l'altro, darsele: *si avvoltolavano nel fango, picchiandosi e mordendosi* (G. VERGA)

picchiàre② [prob. fr. *piquer* 'trafiggere con una punta', poi 'effettuare bruscamente un movimento in discesa verticale o quasi' (da una radice onomat. che esprime un movimento rapido seguito da un rumore secco) ✱ 1918] **v. intr.** (*io pìcchio*; **aus.** *avere*) • (*aeron.*) di un aeromobile, abbassare la prua con variazione di assetto o di traiettoria: *l'aereo picchiò, poi tornò ad alzarsi* **CONTR.** cabrare

picchiàta① [1427] **s. f.** **1** colpo o serie di colpi dati a qlco.: *dare una p. alla porta* **2** quantità di percosse: *gli hanno dato una solenne p.* **3** (*fig.*) †danno, perdita | (*fig.*) †aspra critica | (*fig.*) †richiesta insistente ‖ **picchiatìna**, **dim.**

picchiàta② [da *picchiare*② ✱ 1936] **s. f.** **1** (*aeron.*) volo veloce con prua verso il basso su traiettoria più o meno ripida: *abbassarsi in p.* | (*est.*) nello sci o nel ciclismo, discesa velocissima: *venire giù, scendere in p.* | (*fig.*) ***gettarsi in p. su qlco.***, con grande slancio, con impeto **2** (*fig.*) rapido calo di un prezzo, un valore e sim.: *i titoli tecnologici sono tutti in p.*

picchiatèllo [dim. di *picchiato*, cioè 'che ha picchiato la testa' (ed è quindi rimasto fuori di senno): vc. creata da T. Gramantieri per tradurre l'amer. scherz. *pixilated*, nel film *È arrivata la felicità*, di F. Capra ✱ 1937] **agg. e s. m.** (**f.** *-a*) • (*scherz.*) che (o chi) appare un po' matto, strambo, stravagante

picchiàto **part. pass.** di *picchiare*①; **anche agg.** **1** nei sign. del v. **2** (*mus.*) ***corde picchiate***, percosse da un corpo sodo, come nel pianoforte **3** (*fig.*, *scherz.*) che appare un po' matto, strambo, stravagante **SIN.** tocco **4** †picchiettato | †butterato ‖ **picchiatèllo**, **dim.** (V.)

picchiatóre [1869] **A** **agg.** (**f.** *-trice*) • che picchia **B** **s. m.** **1** (**f.** *-trice*) chi picchia | persona che compie, a scopo di intimidazione, atti di violenza fisica sugli avversari, spec. politici: *squadre di picchiatori* **2** pugile dotato di molta forza e aggressività

picchiatùra [av. 1712] **s. f.** **1** serie di percosse, pestaggio **2** †battitura | †picchiettatura

picchière [da *picca*① ✱ 1520] **s. m.** • soldato armato di picca che dal XVI al XVIII sec. costituì il nerbo delle fanterie

picchierellàre [da *picchiare*① ✱ av. 1704] **A** **v. tr.** (*io picchierèllo*) • battere col picchierello **B** **v. tr. e intr.** (**aus.** *avere*) • battere con colpi piccoli e fitti, picchiettare: *p. le dita sul tavolo; la pioggia picchierellava sul tetto*

picchierèllo [da *picchiare*① ✱ 1681] **s. m.** • martelletto a scalpello per picchiettare il porfido

picchiettàre [intens. di *picchiare*① ✱ av. 1665] **A** **v. intr.** (*io picchiétto*; **aus.** *avere*) • dare colpi leggeri e ripetuti su qlco.: *p. sul muro per comunicare un messaggio; la pioggia picchietta sui vetri* **B** **v. tr.** **1** battere con colpi leggeri e frequenti: *p. le dita sulla tastiera del computer* **2** punteggiare con piccoli tocchi di colore: *p. una parete di rosso* **3** (*mar.*) raschiare dalle lamiere la vernice e la ruggine prima di procedere a nuova verniciatura

picchiettàto **A** **part. pass.** di *picchiettare*; **anche agg.** • nei sign. del v. **B** **s. m.** • (*mus.*) picchettato

picchiettatùra [av. 1712] **s. f.** **1** (*raro*) il picchiettare **2** l'insieme delle macchie di cui una cosa è picchiettata

picchiettìno [doppio dim. di *picchio*① ✱ 1937] **s. m.** • (*mar.*) operaio addetto a picchiettare

picchiettìo [1912] **s. m.** (**pl.** *-ii*) • il picchiettare continuo, spec. con colpi frequenti e leggeri; (*est.*) il rumore prodotto: *il p. della pioggia sui tetti*

picchiétto [dim. di *picchio*② ✱ 1835] **s. m.** • (*zool.*) picchio rosso minore

pìcchio① [da *picchiare*① ✱ 1483] **s. m.** • colpo dato picchiando, e rumore che ne deriva: *due discreti picchi alla porta lo fecero saltare dallo sgabello* (L. PIRANDELLO) | †***d'un p.***, di colpo | (*fig.*, *lett.*) ***avere un p.***, un danno, una batosta ‖ **picchiétto**, **picchiettìno**, **dim.** (V.)

pìcchio② [lat. parl. **pīculu(m)*, dim. di *pīcus* 'picchio①', di etim. incerta ✱ av. 1294] **s. m.** • denominazione di vari Uccelli dei Piciformi caratterizzati da becco robustissimo e lunga lingua, specializzati nell'arrampicarsi sui tronchi | ***p. verde***, vive nei boschi europei e si nutre di insetti o larve che cattura anche sotto le cortecce degli alberi dopo averle perforate col becco (*Picus viridis*) | ***p. nero***, di color nero con corto ciuffetto rosso sul capo dei maschi; vive nelle foreste di conifere (*Dryocopus martius*) | ***p. rosso minore***, il più piccolo fra gli esemplari italiani, con occhi rosso ciliegia e corpo nero a strie bianche (*Dryobates minor*) | ***p. muratore***, V. *muratore* ‖ **picchiétto**, **dim.** (V.)

picchìo③ [1876] **s. m.** (**pl.** *-ii*) • frequente picchiare, serie continua di colpi

picchiolàre [da *picchio*① ✱ 1863] **v. tr.** (*io pìcchiolo*) • (*tosc.*) picchiettare

picchiòtto① [da *picchiare* ✱ 1846] **s. m.** ● battiporta di forme diverse, spesso artisticamente lavorato, in bronzo o ferro **SIN.** battente, batacchio

picchiòtto② [propr., dim. di *picchio*② ✱ 1855] **s. m.** ● (*zool.*) picchio muratore

piccì [trascrizione delle due lettere di cui è formata la sigla *PC* di *personal computer* ✱ 1996] **s. m. inv.** ● personal computer

pìccia [da *(ap)piccia(re)* ✱ av. 1449] **s. f.** (**pl.** *-ce*) ● (*tosc.*) coppia o paio, spec. di pani o fichi secchi | ***a picce***, in gran quantità

†**piccinàco** [da *piccino* ✱ av. 1313] **s. m.** (**f.** *-a*; **pl. m.** *-chi*) ● nano: *li denari erano presti, purché ella vedesse che questo suo figliuolo non fosse un p.* (F. SACCHETTI)

†**piccinàcolo** [av. 1327] **s. m.** (**f.** *-a*) ● nano

piccinerìa [da *piccino* ✱ 1871] **s. f.** **1** meschinità d'animo, di sentimenti: *la sua p. è senza limiti* | azione meschina e gretta: *è una ridicola p.* **2** (*lett.*) inezia, stupidaggine

piccinìna [dim. di *piccino*; cfr. il milan. *piscinina* 'ragazzina' ✱ av. 1944] **s. f.** ● (*milan.*) ragazzina che fa le commissioni per modiste o sarte

piccìno [da *piccolo* ✱ av. 1327] **A agg.** **1** piccolo, spec. di età o dimensioni: *un bambino p.*; *è ancora troppo p. per capire*; *una casetta piccina piccina* | ***farsi p., farsi p. p.***, cercare di passare inosservato, per umiltà, vergogna e sim. | ***sentirsi p. di fronte a qlcu.***, riconoscerne la superiorità **2** (*fig.*, *spreg.*) meschino, gretto: *una mente piccina*; *uomo p. di mente* **B s. m.** (**f.** *-a*) ● bambino: *a quest'ora i piccini devono dormire*; *un film adatto a grandi e piccini* | neonato: *perché piange il p.?* | (*est.*) cucciolo di animale: *i piccini della nostra gatta sono deliziosi* ‖ **piccinétto**, **dim.** | **piccinìna**, **dim. f.** (V.) | **piccinìno**, **dim.**

picciolàto [da *picciolo*② ✱ 1813] **agg.** ● (*bot.*) detto di organo vegetale, spec. foglia, provvisto di picciolo

†**picciolézza** [1340] **s. f.** ● piccolezza, pochezza

pìcciolo① [var. di *piccolo* ✱ sec. XII] **A agg.** **1** (*lett.*) piccolo, breve, scarso | di lieve entità **2** (*fig.*, *lett.*) umile **B s. m.** **1** (**f.** *-a*) †bambino, fanciullo **2** (*numism.*) piccolo | (*tosc.*) monetina, spicciolo: *la ruffiana ... cava de le scarselle i ducati e i piccioli* (P. ARETINO) | ***non valere un p.***, nulla ‖ (*lett.*) †**picciolèllo**, **dim.** | (*lett.*) **picciolétto**, **dim.** | (*lett.*) †**picciolìno**, **dim.**

picciòlo② o (*lett.*) **picciuòlo** [lat. parl. **peciŏlu(m)*, per il classico *petĭolu(m)* 'piccolo piede', poi 'picciuolo', da *pēs*, genit. *pĕdis* 'piede' ✱ 1282] **s. m.** ● (*bot.*) asse che porta il lembo fogliare e lo collega al fusto | (*est.*) correntemente, il gambo del frutto, il peduncolo ‖ **picciolétto**, **dim.**

piccionàia [da *piccione* ✱ av. 1726] **s. f.** **1** luogo, locale o piccola torre in cui si tengono i piccioni | ***tirare sassi in p.***, (*fig.*) provocare scompiglio, danni e sim. **SIN.** colombaia **2** (*est.*) sottotetto, soffitta: *salire a piedi fino in p.* **3** (*scherz.*) loggione del teatro: *andare in p.*

piccioncìno [1583] **s. m.** (**f.** *-a*) **1** dim. di *piccione* **2** pulcino di piccione | piccione giovane **3** (*fig.*) persona teneramente innamorata: *guarda come tubano quei due piccioncini!* | anche come appellativo affettuoso: *p. mio*

♦**piccióne** [lat. tardo *pipiōne(m)*, da *pipiāre* (pigolare), di orig. onomat. ✱ av. 1440] **s. m.** **1** (**f.** *-a*) uccello dei Colombiformi con piumaggio grigio-azzurro con iridescenze sul collo, due fasce nere sulle ali e una macchia bianca sulla parte posteriore del dorso; viene allevato per le sue carni saporite (*Columba livia*) **SIN.** colombo **CFR.** tubare, grugare | ***p. viaggiatore***, dotato di particolare senso di orientamento e resistenza al volo e addestrato a portare messaggi da una località all'altra **SIN.** colombo viaggiatore | ***tiro al p.***, gara di tiro al volo (oggi vietata) nella quale i partecipanti cercano di abbattere con un colpo di fucile un piccione fatto uscire da una cassetta | ***p. d'argilla***, bersaglio rappresentato da un piccione artificiale usato in gara o in prove di tiro, e lanciato in aria da un apposito apparecchio | ***p. di gesso***, messo come richiamo sulla colombaia | carne dell'omonimo animale, usata come vivanda: *p. in umido, farcito, arrosto* | ***prendere due piccioni con una fava***, (*fig.*) raggiungere due scopi, ottenere due risultati, con un solo mezzo | ***i due piccioni***, (*fig.*) coppia d'innamorati **2** (**f.** *-a*) (*fig.*) persona ingenua e semplice **SIN.** allocco **3** taglio di carne del bue o del vitello macellati, posto sotto la coscia fra il lombo e la rosa ‖ **piccioncèllo**, **dim.** | **piccioncìno**, **dim.** (V.)

picciòtto [siciliano *picciottu* 'piccolo' ✱ 1860] **s. m.** **1** (*sicil.*) giovanotto | ognuno dei componenti le bande siciliane che, nel 1860, appoggiarono la spedizione dei Mille **2** nella gerarchia della mafia, il grado più basso

piccirìllo [vc. napol., propr. 'piccino' ✱ 1539] **s. m.** (**f.** *-a*; **napol.** *piccerélla*) ● (*merid.*) bambino, fanciullo

picciuòlo ➤ **picciolo**②

pìcco [vc. di orig. onomat. Cfr. *picca*① ✱ av. 1557] **s. m.** (**pl.** *-chi*) **1** cima di monte in posizione isolata, dalla punta acuminata e a fianchi scoscesi | ***a p.***, a perpendicolo, con direzione verticale: *roccia a p. sul mare* | ***andare, colare a p.***, affondare, detto di nave; (*fig.*) andare in rovina | (*mar.*) ***portarsi a p., tirarsi a p.***, alarsi sull'ancora fino ad averla perpendicolarmente sotto la prua **2** in un diagramma rappresentativo di un fenomeno, punto, o insieme di punti, che indica il valore massimo di una grandezza variabile | (*fis.*) valore massimo istantaneo raggiunto da una grandezza variabile in un intervallo di tempo: *p. di corrente, di tensione* | (*est.*) momento di maggiore intensità di un fenomeno: *il p. di ascolto si verifica durante il telegiornale* **3** (*mar.*) pennone rastremato, inclinato verso l'alto sulla faccia poppiera di un albero, che serve a sostenere la randa aurica e la vela al terzo | ***p. di carico***, robusto trave cilindrico incernierato alla base di un albero verticale, munito di sistemi funicolari, che serve come braccio mobile per l'imbarco di grossi pesi **4** †puntiglio | †frizzo o battuta pungente

piccolézza [1268] **s. f.** **1** condizione e caratteristica di chi (o di ciò che) è piccolo: *la p. di un oggetto, di una casa* **2** insufficienza, pochezza: *vogliate scusare la p. del dono* | (*est.*) inezia, sciocchezza: *sono piccolezze alle quali non bisogna dare peso* **3** (*fig.*) grettezza, piccineria: *p. d'animo, di spirito*

Piccolìt ➤ **Picolit**

♦**pìccolo** [dalla stessa radice di *picca*① ✱ sec. XII] **A agg.** (**compar. di maggioranza** *minore* (V.) o *più piccolo*; **superl.** *minimo* (V.) o *piccolissimo*) **1** che è inferiore alla misura ordinaria per dimensioni, numero o intensità: *oggetto p.*; *naso p.*; *p. esercito*; *una piccola città*; *abitare in una piccola casa*; *ancora un p. sforzo* | che è basso di statura: *un uomo p. ma robusto* | ***lettera piccola***, minuscola | ***p. formato***, detto della fotografia eseguita su pellicola perforata da 35 mm | ***p. commercio***, al minuto | (*fisiol.*) ***polso p.***, di ampiezza ridotta, quanto a pulsazioni **CFR.** micro-, mini- **2** che è scarso, esiguo, insufficiente e sim.: *una piccola somma*; *lasciare una piccola eredità* **3** che è minore rispetto a ciò che si assume come termine implicito di confronto: *passare dalla porta piccola*; *abito di misura piccola, di piccola taglia*; *il Piccolo San Bernardo*; *p. imprenditore*; *p. industriale* | ***banconota di p. taglio***, di valore minore rispetto a una di grande taglio | ***piccola industria***, V. *industria* | ***p. schermo***, quello televisivo; (*est.*) la televisione | (*anat.*) ***p. bacino***, la parte inferiore del bacino | ***piccola pubblicità***, gli avvisi economici pubblicati nei giornali | ***piccola posta***, rubrica nella quale vengono pubblicate le lettere inviate ai giornali e le relative risposte | ***p. teatro***, teatro stabile, nato con orientamenti artistici e culturali d'avanguardia | ***a piccole dosi***, V. *dose* **4** di breve durata: *viaggio p.*; *piccola sosta*; *una piccola introduzione* **5** di giovane età: *avere un figlio p.*; *sei ancora p. per uscire da solo* **6** di poco conto, di scarsa importanza e sim.: *un p. errore*; *una piccola svista*; *sollevare una piccola obiezione* | (*est.*) modesto: *domani daremo una piccola festa* **7** di modeste condizioni economiche, di basso livello sociale e sim.: *gente piccola*; *la piccola borghesia* | ***p. borghese***, appartenente alla piccola borghesia; (*est.*) persona di corte vedute, di opinioni meschine, di comportamenti banali e sim.: *La mia vera vita non si svolge ... / ... in una casa p.-borghese* (P.P. PASOLINI) **8** (*fig.*) gretto, insignificante, meschino: *animo, cervello p.*; *gente piccola e vile* **9** (*mus.*) ***flauto p.***, (*ellitt.*) ***piccolo***, ottavino ‖ †**piccolménte**, **avv.** poco,; in modo semplice **B s. m.** **1** (**f.** *-a*) bambino: *libri, giochi, spettacoli per i piccoli*; *da p. era molto bello* | ***da p.***, quand'ero bambino, ragazzino | (*est.*) cucciolo di animale: *il p. di un gatto, di un cane* | (*est.*) appellativo affettuoso: *ciao, piccola!* **2** (*pop.*, *disus.*) ragazzo aiutante del cameriere in un caffè **3** (**f.** *-a*) (*colloq.*) persona piccola di statura: *non mi piacciono i piccoli* **4** (*numism.*) piccola moneta italiana medievale del valore di un denaro **SIN.** picciolo **5** nelle loc. avv. ***in p.***, in proporzioni ridotte | ***nel mio, tuo, suo p.***, nell'ambito delle mie, tue, sue, limitate possibilità: *nel mio p. vedrò di aiutarti* ‖ †**piccolèllo**, **dim.** | **piccolétto**, **dim.**, basso di statura e di corporatura minuta; bambino o adolescente: *a' miei figliuoli ancora non concede l'età, ché piccoletti sono* (G. BOCCACCIO) | **piccolìno**, **dim.** | **piccolòtto**, **alter.** basso di statura e di corporatura tozza

picconàre [av. 1648] **v. tr.** (*io piccóno*) **1** (*raro*) rompere, demolire col piccone (*anche assol.*): *ci fu molto da p. di qui e di là* (C.E. GADDA) **2** (*fig.*) sferrare attacchi demolitori, polemici (*anche assol.*): *p. i partiti, le istituzioni*; *ha ricominciato a p.*

picconàta [1871] **s. f.** ● colpo di piccone | (*fig.*) attacco demolitore, aspra critica

picconatóre [da *picconare* ✱ 1962] **s. m.** (**f.** *-trice*) **1** operaio che lavora col piccone **2** (*fig.*) chi critica in modo radicale e demolitorio persone o istituzioni

picconatrìce [da *picconare* ✱ 1986] **s. f.** ● macchina perforatrice usata per abbattere rocce tenere o semidure

piccóne [da una radice espressiva che indica 'punta' ✱ sec. XIII] **s. m.** ● attrezzo a mano con ferro a due punte e lungo manico, usato per spezzare rocce, scavare, abbattere muri, ecc. | ***dare il primo colpo di p.***, iniziare un lavoro di demolizione o di fondazione | in passato, grossa zappa a dente appuntito

picconière [1375] **s. m.** ● qualunque operaio che lavori di piccone

piccóso (o **-ṣ-**) [da *picca*② ✱ av. 1729] **agg.** ● che è permaloso, suscettibile: *è un tipo molto p.* | caparbio, cocciuto: *sono un burattino testardo e p.* (C. COLLODI) ‖ **piccosétto**, **dim.** ‖ **piccosaménte**, **avv.** ‖ **piccosità**, **s. f. inv.**

P

(*raro, lett.*) permalosità

piccòzza, (*evit.*) **picòzza** [V. *piccone* ✱ 1565] **s. f. 1** corto piccone, piccola scure o grosso martello usati per scavare e, in passato, anche come arma **2** attrezzo a forma di piccone usato in alpinismo, spec. nelle ascensioni su ghiaccio, come bastone d'appoggio, per gradinare e come mezzo di progressione e di assicurazione ‖ **piccozzino**, **dim. m.**

piccòzzo ➤ **picozzo**

pìcea [vc. dotta, dal lat. *pĭcea(m)* 'di pece' per la sua corteccia resinosa ✱ av. 1472] **s. f.** ● (*bot.*) abete rosso

picèno [vc. dotta, lat. *Picēnu(m)*, di orig. discussa ✱ av. 1328] **A s. m. (f. *-a*) 1** ogni appartenente a un'antica popolazione stanziata nella parte meridionale delle odierne Marche **2** (*est.*) abitante o nativo dell'antica regione del Piceno **3** (*lett.*) abitante o nativo di Ascoli Piceno **B agg. 1** relativo al popolo dei Piceni **2** relativo all'antico Piceno | ***cultura picena***, quella sbocciata in tale regione tra il IX e il VI sec. a.C., corrispondente a una fase della cultura del ferro **3** (*lett.*) di Ascoli Piceno

pìceo [vc. dotta, lat. *pĭceu(m)*, agg. di *pĭx*, genit. *pĭcis* 'pece' ✱ 1550] **agg.** ● (*lett.*) di pece | simile alla pece

pìci [vc. senese di orig. espressiva ✱ 1969] **s. m. pl. (sing. *-io*)** ● (*cucina; tosc.*) tipo di pasta casalinga del Senese a forma di grossi spaghetti, che si prepara con farina di grano tenero, acqua e sale

Picifórmi [vc. dotta, comp. del lat. *pīcus* 'picchio②' e del pl. di *-forme* ✱ 1954] **s. m. pl. (sing. *-e*)** ● (*zool.*) ordine di Uccelli che vivono di norma nelle foreste, cattivi volatori, con becco robusto e piedi zigodattili per cui si arrampicano facilmente (*Piciformes*)

pick-up /pi'kap, *ingl.* 'pɪkˌʌp/ [vc. ingl., propr. 'raccoglitore (di vibrazioni)'. Propr. *pick up* significa 'piglia su', comp. di *to pick* 'prendere' (stessa etim. di *picca*①) e *up* 'su', di orig. indeur. ✱ 1931] **s. m. inv. (pl. ingl. *pick-ups*) 1** dispositivo, costituito da una puntina e da un trasduttore, usato come rivelatore del suono inciso su un disco fonografico **2** (*tecnol.*) trasduttore destinato a convertire segnali meccanici, sonori, luminosi e sim. in segnali elettrici: *il pick-up della chitarra elettrica* **3** (*agric.*) organo raccoglitore di una macchina di raccolta **4** (*autom.*) furgone, spesso fuoristrada, con cabina da tre o sei persone, cassone aperto con sponde laterali fisse e quella posteriore ribaltabile

♦**picnìc** /pik'nik, *ingl.* 'pɪkˌnɪk/ o **pic-nic** [vc. ingl. dal fr. *piquenique*, comp. di *piquer* 'rubacchiare', di orig. espressiva e *nique* 'cosa di nessun valore', di orig. espressiva ✱ 1820] **s. m. inv.** ● colazione o merenda fatta all'aperto, durante una scampagnata: *un p. sull'erba* | (*est.*) la scampagnata stessa: *andare a fare un p.*

picnìdio [dal gr. *pyknós* 'denso' (V. *picno-*), con riferimento allo spessore dei conidi ✱ 1875] **s. m. (pl. *-i* o *raro -ii*)** ● (*bot.*) piccola cavità rivestita di ife che producono conidi, in alcuni Funghi degli Ascomiceti

picno- [dal gr. *pyknós* 'denso', di orig. oscura] **primo elemento** ● in parole composte della terminologia scientifica indica densità, intensità o fittezza: *picnometro, picnostilo*

picnometrìa [vc. dotta, comp. di *picno-* e *-metria* ✱ 1980] **s. f.** ● (*chim.*) misura della densità o del peso specifico di un corpo

picnòmetro [comp. di *picno-* e *-metro* ✱ 1889] **s. m.** ● (*fis.*) piccolo vaso di vetro di volume ben determinato, usato per la determinazione della densità di liquidi e solidi

picnòṣi [vc. dotta, gr. *pýknōsis* 'condensazione', da *pyknós* 'denso' (V. *picno-*) ✱ 1835] **s. f. inv.** ● (*biol.*) stato di contrazione del nucleo cellulare che appare al microscopio come una massa colorata irregolare, sintomo di degenerazione

picnòstilo [vc. dotta, lat. *pycnostȳlo(n)*, dal gr. *pyknóstylos* 'a fitte colonne', comp. di *pyknós* 'denso, fitto' (V. *picno-*) e *-stilo* ✱ 1499] **A agg.** ● detto di tempio i cui intercolunni corrispondano a una volta e mezzo il diametro delle colonne **B** anche **s. m.**

picnòtico [1835] **agg. (pl. m. *-ci*)** ● (*biol.*) di picnosi, relativo a picnosi

pìco [vc. dotta, lat. *pīcu(m)* di etim. incerta ✱ av. 1367] **s. m. (pl. *-chi*)** ● (*lett.*) picchio

pico- [da *piccolo* (?)] **primo elemento** ● anteposto a un'unità di misura la divide per mille miliardi, cioè la moltiplica per 10^{-12}: *picofarad, picosecondo* **SIMB.** p

picofàrad [comp. di *pico-* e *farad*] **s. m. inv.** ● unità di misura di capacità elettrica, pari a 10^{-12} farad **SIMB.** pF

Picolit o (*raro*) **Piccolit** [vc. friulana, da *picolo* 'piccolo' col suff. dim. *-it*, con riferimento alla piccolezza degli acini ✱ av. 1803] **s. m. inv.** ● antico vitigno friulano che dà un'uva bianca dagli acini piccoli e radi | vino bianco di colore giallo paglierino intenso, profumo delicato, sapore tra il secco e l'amabile, prodotto con le uve leggermente appassite del vitigno omonimo: *P. dei Colli orientali del Friuli*

picornavìrus [comp. di *pico-*, *RNA* e *virus* ✱ 1980] **s. m. inv.** ● (*biol.*) nome comune di ciascun virus appartenente alla famiglia *Picornaviridae* comprendente virus RNA come quelli del raffreddore, dell'epatite A e della poliomielite

picosecóndo [comp. di *pico-* e *secondo*①] **s. m.** ● unità di misura di tempo corrispondente a 10^{-12} secondi **SIMB.** ps

picòzzo o **piccòzzo** [da *picco* ✱ 1692] **s. m.** ● (*veter.*) ciascuno dei due denti che si trovano al centro dell'arcata incisiva dei Bovini e degli Equini

pìcrico [dal gr. *pikrós* 'amaro', di orig. indeur. ✱ 1865] **agg. (pl. m. *-ci*)** ● (*chim.*) detto di acido giallo cristallino, impiegato come esplosivo, in pirotecnica, nell'analisi chimica e in medicina contro le scottature **SIN.** trinitrofenolo

picrìna [dal gr. *pikrós* 'amaro' (V. *picrico*) e *-ina* ✱ 1958] **s. f.** ● sostanza amara che si estrae dalla pianta digitale purpurea

picùra [etim. incerta ✱ 1970] **s. f.** ● rientranza più o meno accentuata sul fondo di alcune bottiglie, spec. da vino

pidgin /*ingl.* 'pɪdʒɪn/ [vc. ingl. che rappresenta la pronuncia cinese dell'ingl. *business* 'affari' (V. *business*) ✱ 1927] **s. m. inv.** ● (*ling.*) lingua ausiliaria, con strutture grammaticali molto ridotte, nata dal contatto tra una lingua spec. europea e una o diverse lingue indigene: *p. a base inglese* (o *pidgin English*), *francese, portoghese, olandese*

pidiessìno /pi(d)dies'sino/ [dalla lettura della sigla del Partito Democratico della Sinistra: *pi, di, esse* ✱ 1991] **A agg.** ● relativo o appartenente al Partito Democratico della Sinistra, confluito nel 1998 nei Democratici di sinistra: *congresso p.* **B s. m. (f. *-a*)** ● militante o sostenitore di tale partito

pidocchiàra [deriv. di *pidocchio*, dall'uso che se ne faceva per disinfestare i vestiti dai parassiti ✱ 1991] **s. f.** ● (*bot.*) stafisagria

pidocchierìa [da *pidocchio* ✱ 1353] **s. f.** ● avarizia o meschinità estrema | azione indegna per taccagneria o grettezza: *è stata una vera p.* **SIN.** spilorceria

pidocchiétto [da *pidocchio* nel senso di 'miserabile' ✱ 1959] **s. m.** ● (*centr.*) albergo o sala cinematografica di infima categoria: *era il Vittorio, un p. dove facevano due film* (P.P. PASOLINI)

pidòcchio [lat. *pedŭculu(m)* (normalmente *pedĭculum*), dim. di *pēdis* 'pidocchio', di etim. incerta ✱ sec. XIII] **s. m. 1** genere di piccoli Insetti degli Anopluri, atteri, con arti muniti di uncini e apparato boccale pungitore e succhiatore | ***p. dell'uomo***, di colore chiaro, infesta il capo e il corpo deponendo i lendini nei capelli o sugli abiti (*Pediculus humanus*) | ***p. del pube***, piattola | ***p. dei libri***, insetto degli Psocotteri che vive tra i libri e le vecchie carte (*Liposcelis divinatorius*) **SIN.** pediculo **2** (*est.*) nome comune di vari insetti parassiti di animali e piante: *le rose hanno i pidocchi* | ***p. dei polli, pollino***, insetto dei Mallofagi ectoparassita di uccelli (*Menopon*) | ***p. dell'ulivo***, insetto parassita dei Tisanotteri (*Liothrips oleae*) **3** (*fig., spreg.*) persona avara e meschina | ***p. rifatto, risalito***, chi ostenta rozzamente la sua recente agiatezza ‖ **pidocchiétto**, **dim.** | **pidocchióne**, **accr.**

pidocchióso (o **-ṣ-**) [1357] **A agg. 1** pieno di pidocchi **2** (*est.*) miserabile, pezzente | (*fig.*) taccagno, spilorcio: *un individuo p.* ‖ **pidocchiosaménte**, **avv.** **B** anche **s. m. (f. *-a*)**

piduìsta /pi(d)du'ista/ [dalla lettura della sigla P2 'P(ropaganda)2' ✱ 1981] **A s. m. e f. (pl. m. *-i*)** ● persona affiliata alla loggia massonica segreta P2, sciolta per legge nel 1981 **B agg.** ● relativo alla loggia P2 o ai suoi affiliati: *strategia p.*

piè /pjɛ*/ [av. 1292] **s. m. inv. (pl. *raro* †*pièi*, †*pèi*) 1** (*lett.*) forma tronca di *piede*: *ferma il piè, ninfa, sovra la campagna / ch'io non ti seguo per farti morire* (A. POLIZIANO) | ***a ogni piè sospinto***, in ogni momento, continuamente | ***saltare a piè pari qlco.***, saltare a piedi uniti; (*fig.*) tralasciare intenzionalmente qlco. | (*lett.*) ***a piè fermo***: stando fermo; (*fig.*) impavidamente **2** nella loc. ***a piè di***, in fondo, nella parte inferiore: *a piè del monte*; *note a piè di pagina* | ***indennità, rimborso*** e sim. ***a piè di lista***, in cui si rimborsano tutte le spese sostenute previa esibizione dei documenti giustificativi delle stesse **3** ***piè di capra***, strumento consistente in una spranga di ferro ricurva e fessurata a un lato **4** (*aeron.*) ***piè d'oca***, negli aerostati e nei dirigibili, insieme di funi che si dipartono da un nodo per suddividere una tensione fra vari punti d'attacco

pièce /*fr.* pjɛs/ [vc. fr. di orig. celtica (cfr. *pezza*) ✱ 1905] **s. f. inv.** ● opera teatrale: *una p. in prosa, in versi*; *p. comica, drammatica*

piedàrm o **pied'arm** [abbr. del comando (*le*) *arm(i)* (*al*) *pied(e)?* ✱ 1872] **A inter.** ● si usa come comando di esecuzione a militari schierati perché portino il fucile lungo il fianco destro col calcio appoggiato a terra, reggendolo con la mano destra **B s. m. inv. 1** il comando stesso **2** la posizione stessa

pied-à-terre /*fr.* pjeta'tɛʀ/ [vc. fr., propr. 'piede a terra' ✱ 1891] **s. m. inv. (pl. fr. inv.)** ● piccolo appartamento che si tiene in un luogo diverso da quello in cui abitualmente si vive, per recapito o per dimora occasionale

piedattèrra [1873] **s. m. inv.** ● adattamento di *pied-à-terre* (V.)

pied-de-poule /*fr.* pjed(ə)'pul/ [vc. fr., propr. 'piede di gallina', per l'aspetto ✱ 1938] **s. m. inv. (pl. fr. *pieds-de-poule*)** ● stoffa per abbigliamento con disegno a quadrettini irregolari, di due o più colori, che imitano l'impronta della zampa di pollo

♦**piède** [lat. *pĕde(m)*, di orig. indeur. ✱ av. 1250] **s. m.** (*raro* o *lett.* troncato in *piè* (V.)) **1** (*anat.*) estremità dell'arto inferiore del corpo umano: *il dorso, il collo, la pianta del p.*; *avere piedi grandi, piccoli*; *p. torto, equino* | ***p. piatto***, deformazione caratterizzata da diminuzione degli archi plantari | ***p. d'a-***

tleta, micosi del piede umano la cui cute si macera e si desquama favorendo infezioni batteriche | (*mar.*) ***p. marino***, insieme delle abilità e capacità che derivano dalla pratica alla navigazione e alla vita su un'imbarcazione | (*fig.*, *pop.*) ***piedi dolci***, piedi piatti | (*fig.*) ***avere i piedi buoni***, detto di un calciatore, essere dotato di notevoli abilità tecniche | ***camminare in punta di piedi***, per non fare rumore | (*fig.*) ***partire col p. giusto, sbagliato***, iniziare qlco. con una mossa giusta o sbagliata | ***darsi la zappa sui piedi***, (*fig.*) danneggiarsi da sé volendo danneggiare gli altri | ***sentirsi mancare il terreno, la terra sotto i piedi***, (*fig.*) sentirsi in pericolo | (*fig.*) ***andare con le ali ai piedi***, correre con grande velocità | ***mettere un p. in fallo***, perdere l'equilibrio; (*fig.*) commettere un errore | (*fig.*) ***andarci coi piedi di piombo***, con estrema cautela | ***mettersi, venire, essere tra i piedi di qlcu.***, (*fig.*) seccarlo con la propria insistenza, invadenza e sim. | ***levarsi, togliersi dai piedi***, (*colloq.*) andarsene | ***levarsi qlcu. dai piedi***, liberarsene | (*lett.*) ***volgere il p.***, andarsene | (*fig.*) ***tenere il p. in due staffe, in due scarpe***, barcamenarsi senza decidere, tenersi aperte due strade, due possibilità e sim. | ***mettere i piedi nel piatto***, (*fig.*) agire, parlare senza riguardi | (*fig.*) ***prendere p.***, attecchire, affermarsi, diffondersi | ***essere con un p. nella fossa***, (*fig.*) stare per morire | ***stare in piedi***, in posizione eretta; (*fig.*) detto di ragionamento, ipotesi e sim., essere fondato, consistente | ***non reggersi in piedi***, non riuscire a mantenere l'equilibrio; (*est.*) essere stanchissimo, debolissimo, ecc. | ***mettere in piedi***, (*fig.*) allestire, impiantare, preparare | ***tenere in piedi***, (*fig.*) mantenere, sostenere, conservare | ***cadere in piedi***, (*fig.*) uscire senza danno e con dignità da situazioni pericolose e sim. | ***cena, pranzo*** e sim. ***in piedi***, in cui non vengono assegnati posti a tavola agli invitati che si servono da sé a un buffet | ***da capo a piedi***, da cima a fondo | ***ai piedi del letto***, in fondo, nella parte opposta a quella in cui si appoggia la testa | ***mettere un p. innanzi all'altro***, fare un passo alla volta (*anche fig.*) | ***metter p. in un luogo***, entrarvi | ***mettere p. a terra***, scendere da un mezzo di trasporto; sbarcare | ***mettersi la via tra i piedi***, (*lett.*, *fig.*) mettersi in cammino | ***mettersi qlcu. sotto i piedi***, (*fig.*) umiliarlo, maltrattarlo | ***mettere i piedi sul collo a qlcu.***, (*fig.*) imporgli con la forza, con la violenza, la propria volontà | ***non sapere dove mettere i piedi***, dove stare, dove fermarsi e sim. | ***andare, gettarsi, prostrarsi ai piedi di qlcu.***, (*fig.*) umiliarsi dinnanzi a lui | ***vedere il nemico ai propri piedi***, (*fig.*) sconfitto e umiliato | ***battere, pestare i piedi***, per stizza, ira e sim. | ***puntare i piedi***, (*fig.*) incaponirsi, ostinarsi, volere qlco. a ogni costo | ***con le mani e coi piedi***, (*fig.*) con ogni mezzo disponibile | (*fig.*) ***consegnarsi a qlcu. mani e piedi***, arrendersi incondizionatamente | ***a p. libero***, detto di imputato che non sia in stato di arresto | (*fig.*) ***fatto coi piedi***, detto di cosa fatta malissimo | ***avere tutti ai propri piedi***, (*fig.*) di persona molto corteggiata o amata | ***andare a piedi***, camminando | ***restare a piedi***, non poter utilizzare un mezzo di trasporto; (*fig.*) non raggiungere uno scopo, restare senza risorse | (*fig.*) ***su due piedi***, lì per lì, all'improvviso **2** (*zool.*) negli animali a due o quattro zampe, la parte estrema di ciascuna di queste, che, nella deambulazione, poggia sul terreno | nei Molluschi, porzione del tronco a funzione locomotoria, di forma variabile nelle singole classi | ***p. mascellare***, massillipede CFR. podo-, -pode **3** (*est.*) oggetto la cui forma ricorda quella di un piede | ***p. di porco***, palo di ferro leggermente ricurvo a un'estremità per spostare grossi pesi; ferro con un'estremità divaricata, usato come attrezzo da scasso | ***p. d'elefante***, in alpinismo, tipo di sacco da bivacco, che protegge solo le estremità inferiori del corpo | (*mar.*) ***p. di ruota***, sulle navi, pezzo ricurvo che raccorda la ruota di prua alla chiglia | (*mar.*) ***p. di pollo***, nodo di forma sferica che si fa all'estremità di una corda **4** (*est.*) parte o estremità inferiore di qlco.: *ai piedi della montagna l'abitato si infittisce* | ***i piedi del compasso***, le due punte | ***p. di una pianta***, la base del fusto | ***vite a p. franco***, V. *vite*① | ***p. del fungo***, il gambo | (*mar.*) ***p. d'albero***, estremità dell'albero che poggia in coperta | ***p. poppiero***, parte di un motore entrofuoribordo situato all'esterno dello scafo, con la trasmissione e l'elica | (*mat.*) ***p. della perpendicolare***, punto in cui la perpendicolare condotta ad una retta o ad un piano l'incontra | (*mecc.*) ***p. di biella***, estremità di una biella, collegata al perno, che si muove di moto rettilineo alternativo **5** base o sostegno di qlco.: *i piedi della tavola, del divano, della sedia*; *la catinella poggia su un p. metallico* | base di una lettera o di un carattere tipografico **6** (*fig.*) condizione, stato: *porre su un p. di parità* | ***essere sul p. di guerra***, (*fig.*) pronto a combattere, lottare e sim. **7** unità di misura di lunghezza inglese corrispondente a 12 pollici o a un terzo di yard, ed equivalente a 30,48 cm SIMB. ft | ***p. quadrato***, unità di misura di superficie inglese equivalente a 929,03 cm^2 | ***p. cubico***, unità di misura di volume inglese equivalente a 28 316,85 cm^3 **8** (*ling.*) in metrica, combinazione di due o più sillabe brevi e lunghe che può essere unità di misura del verso quantitativo o elemento costitutivo dell'unità di misura, detta metro: *p. dattilico* **9** (*letter.*) nella versificazione italiana, ciascuna delle due parti in cui può essere divisa la fronte nella stanza di una canzone e ciascuna delle prime due parti nella stanza di una ballata **10** (*bot.*) ***p. vitellino***, gigaro | ***p. di leone***, stellaria | ***p. di oca***, pianta erbacea delle Rosacee con fusto che striscia sul terreno e foglie composte di dieci foglioline inferiormente sericee (*Potentilla anserina*) ‖ **pedùccio**, **dim.** (V.) | **piedàccio**, **pegg.** | **piedìno**, **dim.** (V.) | **piedóne**, **accr.** | **piedùccio**, **dim.**

piedestàllo ▸ **piedistallo**

piedìno [av. 1422] **s. m.** **1** dim. di *piede* | ***fare p., farsi p.***, toccarsi con i piedi sotto il tavolo, spec. come segno d'intesa amorosa **2** (*giornalismo*) brano finale di un articolo o pezzo collocato in fondo alla vicina colonna di destra, sotto un intero filetto che lo separa dalla composizione sovrastante **3** dispositivo della macchina da cucire che tiene fermo il tessuto mentre si cuce **4** (*elettron.*) nei circuiti elettronici, contatto

piedipiàtti [comp. del pl. di *piede* e *piatto* (agg.): calco sull'ingl. d'America *flatfoot* ✻ 1959] **s. m. e f. inv.** ● (*spreg.*) poliziotto

piedistàllo o **piedestàllo** [comp. di *piede* e *stallo* 'appoggio' ✻ av. 1290] **s. m.** ● elemento architettonico, talora interposto tra la colonna e il suolo, composto da una parte prismatica e da modanature inferiori e superiori | ***mettere qlcu. su un p.***, (*fig.*) idealizzarlo, esaltarlo | ***scendere dal p.***, (*fig.*) finirla con un atteggiamento di superiorità

pied-noir /*fr.* pje'nwaʀ/ [vc. fr., propr. 'piede (*pied*) nero (*noir*)', orig. riferito ai marinai algerini dei battelli che trasportavano carbone, abituati a camminare a piedi nudi ✻ 1963] **s. m. e f. inv.** (**pl. fr.** *pieds-noirs*) ● (*spreg.*) figlio di genitori francesi nato in Algeria in epoca coloniale

piedrìtto [comp. di *piede* e *ritto* ✻ av. 1798] **s. m.** ● (*archit.*) qualunque elemento verticale con funzione portante nelle costruzioni

pièga [da *piegare* ✻ sec. XIII] **s. f.** **1** forma curva, arcuata, ripiegata in qlco. di uniforme o rettilineo: *gonna, abito a pieghe* | punto in cui qlco. si piega: *la p. del braccio, del ginocchio* | (*raro*) curva, gomito **2** segno che resta quando si piega qlco.: *la p. del fazzoletto, del tovagliolo; i calzoni hanno la p. mal fatta* | ***non fare una p.***, (*fig.*) rimanere impassibile, detto di persona | (*fig.*) ***ragionamento che non fa una p.***, coerente, lineare, chiaro | ***messa in p.***, ondulazione artificiale dei capelli **3** (*geol.*) curvatura o inflessione più o meno serrata di rocce stratificate o scistose | ***p. diritta***, a piano assiale verticale | ***p. coricata***, a piano assiale orizzontale | ***pieghe isoclinali***, serie di pieghe che inclinano verso la stessa direzione con angoli uguali o sim. **4** (*fig.*) aspetto implicito, sinuosità: *le pieghe del discorso* | (*est.*) parte intima, profonda: *nelle pieghe della coscienza, della mente* **5** (*fig.*, *colloq.*) andamento: *la faccenda ha una p. che non mi piace* | ***prendere una brutta, una cattiva p.***, volgere verso un esito sfavorevole o negativo **6** (*anat.*) plica ‖ **piegàccia**, **pegg.** | **pieghétta**, **pieghettìna**, **dim.** | **pieghìna**, **dim.** | **piegolìna**, **dim.** | **piegóna**, **accr.** | **piegóne**, **accr. m.**

piegabàffi [comp. di *piega(re)* e il pl. di *baffo* ✻ 1922] **s. m. inv.** ● mascherina di tela legata dietro la nuca, usata un tempo per tenere in piega i baffi, spec. durante il sonno

piegàbile [sec. XV] **agg.** ● che si può piegare ‖ **piegabilità**, **s. f. inv.**

piegacìglia [comp. di *piega(re)* e *ciglia* ✻ 1965] **s. m. inv.** ● strumento usato per voltare in su le ciglia

piegafèrro [comp. di *piega(re)* e *ferro* ✻ 1958] **s. m. inv.** **1** (*edil.*) mordiglione **2** operaio addetto a sagomare e piegare le barre di ferro per le strutture in cemento armato

piegaménto [av. 1333] **s. m.** **1** (*raro*) il piegare | piegatura: *p. di un tubo, di una sbarra* **2** movimento consistente nel piegare una parte del corpo | flessione: *p. sulle gambe*

piegànte **part. pres.** di *piegare*; **anche agg.** ● (*lett.*) che si piega | (*lett.*) chino | (*lett.*) flessuoso

♦**piegàre** [lat. *plicāre*, da una radice indeur. che indica 'intrecciare' ✻ 1268] **A** **v. tr.** (*io piègo, tu pièghi*) **1** rendere curvo, arcuato, non rettilineo: *p. un giunco, un filo di ferro, una sbarra di ferro* | ***p. le gambe, le braccia***, fletterle | ***p. ad angolo retto, ad arco, a gomito*** e sim., far assumere a qlco. simili forme CONTR. raddrizzare **2** avvolgere con ordine, accostando un capo o un lembo di qlco. al capo o lembo opposto, anche più volte: *p. un tovagliolo, un abito, una camicia; piegate il foglio in quattro parti uguali* **3** inchinare, curvare (*anche fig.*): *p. la testa, il capo; p. il corpo in avanti, all'indietro* | ***p. la fronte***, in segno di reverenza, umiltà e sim. | ***p. il groppone***, mettersi a lavorare, sottoporsi alla fatica **4** (*fig.*) sottomettere, domare: *p. qlcu. alla propria volontà; piegarono il suo animo fiero e la sua ostinazione* | (*raro*) convincere, persuadere **B** **v. intr.** (**aus.** *avere*) **1** (*lett.*) incurvarsi, inclinarsi: *e ferì 'l carro di tutta sua forza; / ond' el piegò come nave in fortuna* (DANTE *Purg.* XXXII, 115) | (*lett.*) declinare, tramontare **2** volgersi verso una certa direzione (+ *a*): *p. a destra, a sinistra; la strada, nei pressi del fiume, piega a nord* | (*fig.*, *lett.*) deviare, deflettere: *Ove dal rio proposto / ella non pieghi* (V. ALFIERI) **3** (*fig.*, *lett.*) propendere, inclinare, tendere **4** (*lett.*) cedere, ritirarsi **C** **piegàrsi** **v. rifl. e intr. pron.** **1** incurvarsi, pendere, inclinarsi: *l'edificio parve piegarsi in avanti, poi crollò* | abbassarsi, chinarsi: *si piegò e raccolse le chiavi; piegarsi a terra; piegarsi sulle ginocchia* |

piegarsi in due, contorcersi: *piegarsi in due dal ridere, dalle risate* **2** (*fig.*) arrendersi, cedere, sottomettersi (+ *a*): *si piegò alle nostre preghiere, alla nostra volontà* | ***si spezza ma non si piega***, (*fig.*) detto di chi preferisce affrontare il peggio piuttosto che sottomettersi o accettare compromessi CONTR. irrigidirsi
SFUMATURE ➤ *domare*

piegàta [1891] **s. f. 1** rapida, sommaria piegatura: *dare una p. ai lenzuoli* **2** nella ginnastica, posizione del corpo con una gamba parzialmente piegata e l'altra protesa, con il busto eretto: *p. avanti, in fuori, indietro* | nell'ippica, curva della pista dell'ippodromo ‖ **piegatina**, **dim.**

piegàto **part. pass.** di *piegare*; anche **agg.** ● nei sign. del v. | (*fig.*) sconfitto, sottomesso: *Vite piegate sotto i mali* (M. LUZI) | ***p. in due***, (*fig.*) di persona curva quasi ad angolo retto per uno sforzo, un dolore, ecc.: *era p. in due dal ridere; La baronessa era ancora lì, [...] piegata in due quasi avesse la colica* (G. VERGA)

piegatondìno [comp. di *piega(re)* e *tondino* ✱ 1983] **s. m.** ● macchina edile che piega i tondini per il cemento armato

piegatóre [av. 1332] **A s. m.** (**f.** *-trice*) **1** chi piega **2** doppiatore① **B agg.** ● che piega

piegatrìce [f. di *piegatore* ✱ 1922] **s. f.** ● in varie tecnologie, macchina per piegare materiali o prodotti più vari, quali lamiere e profilati metallici, tessuti, fogli di carta stampata e altro

piegatùra [av. 1320] **s. f. 1** operazione del piegare | (*raro*) ***p. del corpo, di un arto***, flessione | ***p. delle ruote***, curvatura | (*est.*) punto in cui qlco. si piega o è piegato e segno che ne resta: *tagliare il foglio lungo la p.* **2** in legatoria, l'operazione con cui il foglio disteso di ciascuna segnatura viene trasformato in fascicolo ‖ **piegaturìna**, **dim.**

†**pièggio** [dal germ. **plewi* 'responsabilità' ✱ av. 1536] **s. m.** ● mallevadore

pieghettàre [da *piegare* ✱ 1841] **v. tr.** (*io pieghétto*) ● eseguire pieghe minute e ravvicinate su un tessuto e sim.: *p. una gonna, il davanti di una camicetta*

pieghettàto **part. pass.** di *pieghettare*; anche **agg.** ● che presenta pieghe minute e ravvicinate, spec. a scopo ornamentale

pieghettatóre [1891] **s. m.** (**f.** *-trice*) ● chi è addetto alla pieghettatura delle stoffe

pieghettatùra [1857] **s. f.** ● lavoro del pieghettare | (*est.*) insieme di piccole pieghe: *stirare la p.*

♦**pieghévole** [av. 1290] **A agg. 1** che si piega o si può piegare con facilità: *giunco, ramo, metallo p.* | (*lett., fig.*) versatile: *il suo ingegno tanto vivace, p., svegliato* (I. NIEVO) SIN. flessibile **2** che si può ripiegare su sé stesso: *tavolo, sedia p.* | ***fucile p.***, fucilletto da caccia, a una canna, che si può ripiegare in due parti **3** (*fig., lett.*) arrendevole, cedevole: *animo, carattere p.* CONTR. rigido ‖ **pieghevolménte**, **avv.** **B s. m.** ● stampato pubblicitario o informativo composto di poche facciate SIN. dépliant
SFUMATURE ➤ *flessibile*

pieghevolézza [av. 1643] **s. f.** ● (*raro*) caratteristica di ciò che è pieghevole | (*fig.*) remissività, arrendevolezza | (*fig.*) flessibilità, duttilità CONTR. rigidezza

piègo [da *piegare* ✱ av. 1527] **s. m.** (**pl.** *-ghi*) ● (*lett.*) plico: *ricevere, spedire un p.* ‖ **pieghétto**, **dim.**

piegóso (o **-ṣ-**) [1618] **agg.** ● (*lett.*) ricco di pieghe ornamentali: *la figura avvolta d'un peplo p.* (G. D'ANNUNZIO)

pielìte [da *pielo-* col suff. *-ite*① ✱ 1865] **s. f.** ● (*med.*) infiammazione del bacinetto renale

pièlo- [dal gr. *pýelos* 'bacino', forma dissimilata di *plýelos*, da *plýnein* 'lavare' (di orig. indeur.)] **primo elemento** ● in parole composte della terminologia medica significa 'bacinetto, pelvi renale': *pielite, pielografia, pielonefrite*

pielografìa [comp. di *pielo-* e *-grafia* ✱ 1911] **s. f.** ● (*med.*) indagine radiologica del rene e delle vie urinarie mediante sostanza radiopaca iniettata in vena e poi secreta dal rene o direttamente introdotta nell'uretere

pielogràmma [comp. di *pielo-* e *-gramma* ✱ 1937] **s. m.** (**pl.** *-i*) ● (*med.*) immagine radiografica del rene e delle vie urinarie ottenuta con la pielografia

pielonefrìte [comp. di *pielo-* e *nefrite* ✱ 1913] **s. f.** ● (*med.*) infiammazione del rene e del bacinetto renale

piemìa o **pioemìa** [comp. di *pio-* ed *-emia* ✱ 1875] **s. f.** ● (*med.*) infezione generalizzata con penetrazione nel sangue di batteri piogeni da un focolaio suppurativo

♦**piemontése** (o **-ṣ-**) [da *Piemonte*, da *piè (di) monte*; propr. 'che sta ai piedi di un monte' ✱ av. 1405] **A agg.** ● del Piemonte **B s. m. e f.** ● abitante o nativo del Piemonte **C s. m. solo sing.** ● ogni dialetto gallo-italico, parlato in Piemonte: *il mio p. … così educato e languido* (P. LEVI)

piemontesìṣmo (o **-eṣi-**) [1860] **s. m.** ● forma linguistica tipica del dialetto piemontese

piemontìte [da *Piemonte*, la regione cui un tempo apparteneva amministrativamente il luogo del principale giacimento, Saint Marcel in Val d'Aosta ✱ 1895] **s. f.** ● (*miner.*) epidoto ricco di manganese, di color violetto

pièna [f. sost. di *pieno* ✱ av. 1292] **s. f. 1** fase di massima portata di un corso d'acqua | (*est.*) massa d'acqua di un corso d'acqua in piena: *i casolari furono sommersi dalla p.* CONTR. magra **2** (*fig.*) impetuosa abbondanza o intensità: *la p. del discorso; la p. incontenibile degli affetti; qui tutta verso di dolor la piena* (U. FOSCOLO) **3** (*fig.*) gran folla, calca di gente che occupa e riempie un luogo: *p. di popolo; p. teatrale*

pienàre [da *pieno* ✱ 1308] **v. tr.** (*io pièno*) ● (*tosc.*) riempire

pienézza [av. 1320] **s. f. 1** condizione o stato di ciò che è pieno: *p. di stomaco* | (*fig.*) compiutezza, interezza: *nella p. delle sue forze, dei suoi poteri* | (*fig.*) momento centrale, culmine: *nella p. dell'estate* **2** (*fig.*) impeto, foga: *un sentimento espresso in tutta la sua p.* **3** (*relig.*) ***p. dei tempi***, nella tradizione cristiana, l'epoca della venuta di Cristo fra gli uomini

†**pienitùdine** ➤ **plenitudine**

♦**pièno** [lat. *plēnu(m)*, da una radice indeur. che significa 'riempire' ✱ av. 1250] **A agg. 1** che contiene tutta la quantità di cui è capace: *vaso, piatto, bicchiere p.; bottiglia piena d'acqua* | gremito: *teatro p.* | ***con la bocca piena***, mentre si ha il cibo in bocca | ***respirare a pieni polmoni***, gonfiandoli d'aria al massimo | ***averne piene le tasche, le scatole***, (*fig., colloq.*) averne abbastanza di qlco. o di qlcu. | ***p. come un uovo***, zeppo | ***a piene mani***, (*fig.*) con grande abbondanza | (*est.*) completamente ingombro, occupato e sim.: *tavolo p. di carte; terreno p. di buche, di sassi* **2** che abbonda di qlco., che ha grande quantità di qlco. (*anche fig.*): *un uomo p. di soldi, di vizi, di manie; casa piena d'ogni ben di Dio; un compito p. di errori; essere p. di dolori, di guai, di noie* | (*fig.*) ***essere p. di sé***, essere borioso | ***giornata piena***, fitta d'impegni | ***vita piena***, ricca di esperienze | ***p. impiego***, V. *impiego* | ***tempo p.***, V. *tempo*, sign. I, 15 | invaso, pervaso: *p. di gioia, d'amore, di speranza; avere l'animo p. di tristezza, di nostalgia; mi guardò con occhi pieni di stupore* | ***p. di vita***, molto vitale, dinamico | (*fam.*) sazio: *mi sento p.* | ***a stomaco p.***, dopo aver mangiato | ***p. fino agli occhi, fino alla gola***, completamente sazio | (*fig., lett., fam.*) ***essere p. di qlcu., di qlco.***, averne abbastanza, non poterne più: *son venuto via, che n'ero pieno* (A. MANZONI) **3** che non è vuoto, che non ha vuoti: *muro p.; gomme piene; noci piene* | ***colpo p.***, che raggiunge il bersaglio, che non va a vuoto | (*est.*) sodo, florido: *petto p.; fianchi pieni* | ***guance piene***, paffute | (*est., pop.*) gravido: *pecora piena* **4** ***punto p.***, ricamo che si esegue ricoprendo con punti fitti una leggera imbottitura che riempie il motivo da ricamare **5** (*fig.*) totale, integrale, completo: *con p. rispetto dell'autorità; ottenere una piena guarigione; una risposta piena ed esauriente; essere in piena efficienza, in piena regola, nel p. possesso delle proprie facoltà, nel p. vigore della giovinezza* | ***a pieni voti***, col massimo dei voti | ***a p. titolo***, legittimamente, a tutti gli effetti | ***a p. ritmo***, al massimo della capacità: *gli impianti lavorano a p. ritmo* | ***giorno p.***, fatto | ***in piena notte***, nelle ore più buie, a notte fonda | ***Luna piena***, che si vede per intero | ***in p. inverno***, nei mesi più freddi | ***in piena assemblea, in piena Camera*** e sim., nel bel mezzo del consesso, mentre tutti sono presenti | ***a piena voce***, a tutta voce **6** (*enol.*) detto di vino che possiede ricchezza e corposità **7** (*fig.*) †adempiuto, soddisfatto | †***andar p.***, adempiersi **8** (*mus.*) ***accordo p.***, complesso | ***nota piena***, accompagnata con le proprie consonanze | ***stile p.***, concertato, a quattro, otto voci ‖ **pienaménte**, **avv. 1** (*lett.*) interamente, appieno: *Di questa vertù inanzi dicerò più pienamente nel quartodecimo trattato* (DANTE) **2** del tutto, totalmente, completamente; in pieno: *essere pienamente soddisfatto* **B s. m. 1** parte compatta o massiccia di qlco.: *il p. della statua termina all'altezza del torace; il vuoto risuona, il p. no* **2** fase o momento culminante: *nel p. dell'estate, della notte, dell'uragano* | ***a p.***, V. *appieno* | ***in p.***, del tutto, completamente: *appoggio in p. la tua proposta* **3** carico completo, spec. di carburante: *dare il p. di nafta, di carbone; fare il p. di benzina* | ***fare il p.***, (*fig., fam., scherz.*) bere troppo; (*fig.*) ottenere il massimo risultato possibile **4** (*fig.*) gran folla, calca di gente che occupa e riempie un luogo **5** (*mus.*) ***p. dell'organo***, suono di tutte le sue voci insieme **6** (*arald.*) scudo costituito dal solo campo di un unico smalto **7** †compimento, adempimento ‖ **pienóne**, **accr.** (V.) | **pienòtto**, **alter.** (V.)

pienóne [accr. di *pieno* nel sign. B 4 ✱ 1882] **s. m.** ● grande folla di spettatori e sim.: *c'era un p. da non dirsi ieri sera a teatro* | tutto esaurito in strutture o località turistiche: *p. negli alberghi*

pienòtto [alter. di *pieno* ✱ 1541] **agg.** ● che è bene in carne, grassoccio e abbondante di forme: *viso p.; guance pienotte; ragazza pienotta*

piercing /'pirsin(g), *ingl.* 'pɪəsɪŋ/ [vc. ingl., dal v. *to pierce* 'forare, perforare' ✱ 1992] **s. m. inv.** ● pratica ornamentale consistente nel forare la pelle di alcune parti del corpo (naso, labbra ecc.) per l'inserimento di anelli, spille o simili | (*est.*) l'oggetto ornamentale stesso: *portare un p. all'ombelico*

Pièridi [vc. dotta, comp. del lat. *Pĭĕride(m)*, dal gr. *Pierís*, e *-idi* ✱ 1835] **s. f. pl.** (**sing.** *-e*) ● (*zool.*) famiglia di farfalle diurne con spiccato dimorfismo sessuale (*Pieridae*)

Pierìno [n. consolidato nelle storielle incentrate sui fatti e misfatti dell'inventato *Pierino* ✱ 1984] **s. m. 1** (*scherz.*) bambino, ragazzo molto vivace e impertinente **2** (*scherz.*) primo della classe

pièrio [vc. dotta, lat. *Piĕriu(m)* 'della Pieria' ✻ 1532] **agg.** ● (*lett.*) della Pieria, regione della Grecia, mitica patria delle Muse | (*est.*) relativo alle Muse

pi èrre /pi'ɛrre/ [dalla lettura della sigla PR (*pubbliche relazioni* o ingl. *public relations*): *pi, erre* ✻ 1983] **s. m. e f. inv.** ● persona incaricata delle relazioni esterne di un'azienda o di un ente

Pierrot /fr. pjeˈʀo/ [vc. fr., propr. 'Pierino', dall'it. *Pedrolino*, personaggio di commedie ✻ 1857] **s. m. inv.** ● maschera del teatro francese dal caratteristico costume bianco, costituito di ampi pantaloni e casacca con grossi bottoni neri, e calottina nera in testa | persona mascherata da Pierrot

†**pièta** [dal lat. *pĭetas* con spostamento dell'accento ✻ 1313] **s. f. 1** senso di angoscia, smarrimento e sim.: *la notte ch'i' passai con tanta p.* (DANTE *Inf.* I, 21) **2** affetto filiale, pietas

♦**pietà** o †**pièta** o †**pietàde**, †**pietàte** [dal lat. *pietāte(m)*, da *pĭus* 'pio' ✻ 1250 ca.] **s. f. inv. 1** sentimento di compassione e commossa commiserazione che si prova verso le sofferenze altrui: *avere, nutrire, provare, sentire p.*; *muovere qlcu. a p.*; *guardare con occhio di p.*; *invocare p. e perdono*; *se non lo fate per dovere, fatelo almeno per p.* | **senza p., senz'alcuna p., senz'ombra di p.**, spietatamente | **opere di p.**, che tendono ad alleviare le sofferenze altrui | **fare p.**, (*fam.*) di cosa o persona particolarmente sgraziata, poco piacevole, o di lavoro malfatto e sim. | (*est.*) cosa o spettacolo miserando: *che p. quella casa!* **2** (*relig.*) uno dei sette doni dello Spirito Santo, per il quale si sviluppa e perfeziona la virtù della giustizia | devozione, culto: *pratiche di p.* **3** (*lett.*) rispetto e amore verso qlcu.: *p. filiale*; *dimostrare p. verso la patria*; *la p. s'insinua a' fanciulli col timore d'una qualche divinità* (G. VICO) **SIN.** venerazione **4** nelle arti figurative, composizione rappresentante la Madonna che tiene in grembo il Cristo morto: *la P. di Michelangelo*

pietànza [da *pietà*, perché era il cibo che si dava ai poveri ✻ av. 1250] **s. f. 1** vivanda servita a tavola, spec. come secondo piatto: *p. di carne, di pesce*; *minestra, una p. e frutta* **SIN.** secondo **2** †pietà, compassione **3** †cibo dato come elemosina | **fare p.**, dare da mangiare ‖ **pietanzina**, **dim.**

pietanzièra [da *pietanza* ✻ 1958] **s. f.** ● (*raro*) piccolo recipiente metallico a chiusura ermetica, usato per contenere vivande che si devono consumare fuori casa

✦**pìetas** [vc. lat., *pĭetas* (nom.) ✻ 1940] **s. f. inv.** (**pl. lat.** *pietates*) **1** sentimento, atteggiamento di doveroso rispetto e devozione, spec. verso famiglia, patria e religione **2** (*est.*) cura attenta e rispettosa

†**pietàte** ➤ **pietà**

†**pièttica** [sovrapposizione di *pertica* al lat. *pĕdica* 'trappola, ceppi', da *pēs*, genit. *pĕdis* 'piede' ✻ 1681] **s. f.** ● cavalletto da falegname con traversa regolabile su cui appoggiare i pezzi per segarli

pietìre ● (*evit.*) ➤ **piatire**

pietìsmo [fr. *piétisme*, da *piétiste* 'pietista' ✻ 1749] **s. m. 1** corrente religiosa protestante dei secc. XVII e XVIII che professava la preminenza della vita interiore e del raccoglimento su ogni altra manifestazione religiosa **2** (*spreg.*) sentimento di religiosità affettata e soltanto apparente **3** atteggiamento, talora ipocrita, di ostentata pietà, compassione caritatevole, o sim.

pietìsta [fr. *piétiste*, dal ted. *Pietist*, dal lat. *pietas*, genit. *pietātis* 'pietà' ✻ 1749] **s. m. e f.** (**pl. m.** *-i*) **1** seguace del pietismo **2** (*spreg.*) bigotto, bacchettone **3** chi fa del pietismo

pietìstico [1908] **agg.** (**pl. m.** *-ci*) **1** relativo a pietismo e a pietista **2** (*spreg.*) da bigotto **3** improntato a pietismo: *atteggiamento p.* ‖ **pietisticaménte**, **avv.**

pietóso (o **-ṣ-**) o (*poet.*) †**piatóso** [da *pietà* ✻ av. 1250] **agg. 1** che sente pietà, compassione: *essere p. verso il prossimo, nei confronti di chi soffre*; *grave oltraggio al tiranno è un cor p.* (V. ALFIERI) | **PROV.** *il medico p. fa la piaga verminosa*, chi non prende i provvedimenti adeguati anche se dolorosi aggrava la situazione **SIN.** compassionevole **CONTR.** impietoso **2** che muove a pietà, che suscita compassione: *storia pietosa*; *racconto p.*; *sfogava … in suon p. / un solitario amante il suo cordoglio* (G.B. MARINO) | (*colloq.*) di ciò che è riuscito male, che è molto scadente: *spettacolo p.*; *la festa è stata una cosa veramente pietosa* | meschino, penoso: *hai fatto una figura pietosa* | **essere ridotto in uno stato p.**, estremamente trascurato o malridotto **3** che dimostra pietà: *opera pietosa* | **menzogna, bugia pietosa**, dette non con l'intenzione di nuocere, ma per evitare un dolore e sim. | **mano pietosa**, che compie opere di misericordia **4** (*lett.*) pieno di rispetto e tenerezza: *un figlio p. verso i genitori* | **uomo p.**, mite e buono **5** (*lett.*) pio, devoto: *animo p.* | †**guerra pietosa**, guerra santa ‖ **pietosaménte**, **avv.** in modo pietoso: *curare, assistere pietosamente*; *parlare, piangere pietosamente*; *pregare pietosamente*

SFUMATURE ➤ *caritatevole*

♦**piètra** o (*poet.*) †**pètra** [lat. *pĕtra(m)*, dal gr. *pétra*, di etim. incerta ✻ 1250 ca.] **s. f. 1** frantume di roccia, usato come materiale da costruzione o per ornamento: *cava di pietre*; *muro di p.* **CFR.** lito-, -lito①, petro- | sasso: *gettare, scagliare, tirare una p.* | **p. viva**, pietra naturale, non lavorata | **p. concia**, blocco di pietra impiegato in una costruzione, sommariamente lavorato sul lato che rimane in vista | **p. da taglio**, blocco di pietra impiegato in una costruzione, squadrato a forma regolare | **p. da calce**, roccia calcarea che si utilizza nella fabbricazione della calce viva | **p. da sarto**, pezzo di steatite usato dai sarti per fare segni sulla stoffa | **età della p.**, epoca preistorica caratterizzata dalla fabbricazione e dall'uso di arnesi e oggetti di pietra; (*fig.*) livello di grande arretratezza: *una mentalità da età della p.* | (*miner.*) **p. preziosa**, minerale di grande valore suscettibile di essere tagliato a gemma | **p. semipreziosa**, minerale di medio valore, spesso usato in oreficeria e per intagli | **p. dura**, varietà di calcedonio o di altro minerale duro di bel colore usata per decorazioni e piccoli lavori di oreficeria | **p. di luna**, lunaria② | **p. focaia**, V. *focaia* | **p. ollare**, V. *ollare* | **p. fine**, vera, naturale | **p. sintetica**, simile alla vera ma ottenuta in laboratorio | **p. chimica**, fatta a imitazione della vera | **p. artificiale**, ottenuta con vari materiali e sistemi | **p. falsa**, di vetro o altra imitazione | **p. litografica**, pietra calcarea usata per il disegno e la stampa litografica | **p. molare**, pietra di forma circolare, dura, che serve per macinare cereali, olive e semi vari | **p. infernale**, nitrato di argento | **p. sacra, p. dell'altare**, quella che, nell'altare cattolico, contiene o copre le reliquie di santi o di martiri | **p. filosofale**, essenza prima, cercata dagli alchimisti, per mezzo della quale, secondo credenze medievali, si trasformavano i metalli in oro e si otteneva l'elisir di lunga vita | **p. miliare**, cippo che ai bordi delle strade indica il kilometraggio e le distanze; (*fig.*) fatto o data di importanza storica | **p. sepolcrale**, lapide sepolcrale, coperchio, in marmo o altro, di tomba | **p. tombale**, pietra sepolcrale; (*fig.*) conclusione definitiva di qlco. | **p. serena**, varietà di arenaria, di colore grigio-azzurrognolo, usata spec. per costruzioni edilizie | **p. di paragone**, varietà di diaspro nero scistoso usata, spec. in passato, per riconoscere il titolo dell'oro; (*fig.*) elemento di confronto, di comparazione | **p. angolare**, quella che, in un edificio, sostiene due muri ad angolo; (*fig.*) elemento essenziale, nucleo centrale: *la p. angolare di una teoria* | **di p.**, (*fig.*) duro come la roccia, insensibile: *avere un cuore di p.* | **rimanere di p.**, restare immobile, impietrito, per la sorpresa, una forte emozione ecc. | **avere una p. sullo stomaco**, (*fig.*) sentire un gran peso per cattiva digestione | **posare, porre la prima p.**, iniziare la costruzione di un edificio; (*fig.*) dare inizio a qlco. | **non lasciare p. su p.**, distruggere dalle fondamenta, demolire completamente | **portare la propria p. all'edificio**, (*fig.*) cooperare all'edificazione o alla realizzazione di qlco. | **metterci una p. sopra**, (*fig.*) non parlarne più | **scagliare la prima p.**, (*fig.*) giudicare qlcu. con intransigenza e senza aver prima valutato i propri errori (con riferimento alla frase del Vangelo di Giovanni 'chi è senza peccato scagli la prima pietra') | (*fig.*) **p. dello scandalo**, chi (o che) è causa di scandalo, discordia e sim. (locuzione di origine biblica) | (*fig.*) **fare piangere, ridere le pietre**, essere estremamente commovente o estremamente comico | (*fig.*) **cavare sangue da una p.**, fare qlco. di impossibile; sfruttare tutto al massimo **2** (*med.*, *raro*) calcolo | **mal della p.**, calcolosi vescicale ‖ **pietràccia**, **pegg.** | **pietrìna**, **dim.** (V.) | **pietrìno**②, **dim. m.** (V.) | **pietróna**, **accr.** | **pietróne**, **accr. m.** | **pietrùccia**, **pietrùzza**, **dim.**

pietràia o (*lett.*) **petràia** [1319] **s. f. 1** massa o mucchio di pietre | (*est.*) luogo sassoso, terreno pietroso: *vidi l'ombra vasta / palpitar su la torrida petraia* (G. D'ANNUNZIO) **2** cava di pietre

†**pietràio** [da *pietra* ✻ 1779] **s. m.** ● scalpellino

pietràme [av. 1775] **s. m.** ● cumulo di pietre

pietràta o †**petràta** [av. 1557] **s. f.** ● colpo di pietra

pietrificàre o †**petrificàre** [av. 1519] **A v. tr.** (*io pietrìfico, tu pietrìfichi*) **1** rendere di pietra o simile a pietra: *pianta che i millenni hanno pietrificata* **2** (*fig.*) irrigidire, paralizzare per timore, stupore o altro: *lo pietrificò con una sola risposta* **B pietrificàrsi v. intr. pron. 1** diventare di pietra o simile alla pietra **2** (*fig.*) rimanere di stucco, di sasso: *pietrificarsi per lo stupore* ‖ **pietrificazióne**, **s. f.** (V.)

pietrificàto o †**petrificàto** **part. pass.** di *pietrificare*; **anche agg. 1** nei sign. del v. | fossilizzato: *foresta pietrificata* **2** (*fig.*) attonito, sbalordito

pietrificazióne o †**petrificazióne** [1685] **s. f.** ● il pietrificare, il pietrificarsi | fossilizzazione

†**pietrìfico** o †**petrìfico** [comp. di *pietr(a)* e *-ifico* ✻ 1550] **agg.** ● che pietrifica

pietrìgno o **petrìgno**, †**petrìno**② [dal lat. *pĕtra* 'pietra' ✻ av. 1406] **agg.** ● (*lett.*) di pietra: *muro p.*; *il corallo esser arbore petrigno in mare ognun vede* (T. CAMPANELLA) | (*fig.*, *lett.*) duro, ostinato, insensibile

pietrìna [av. 1484] **s. f. 1** dim. di *pietra* **2** cilindretto di cerio e ferro che provoca scintille negli accenditori automatici

pietrìno① o **petrìno**① [dal n. proprio lat. *Pĕtru(m)* ✻ 1895] **agg.** ● di San Pietro: *basilica petrina* | relativo a San Pietro: *iconografia petrina* | (*est.*) del Vaticano, della Chiesa cattolica: *il magistero p.*

pietrìno② [1869] **s. m. 1** dim. di *pietra* **2** mattonella, spec. per rivestimenti: *una stanza da bagno in pietrini azzurri e bianchi*

pietrìsco [da *pietra* ✱ 1826] **s. m.** (**pl.** *-schi*) ● materiale composto di minuti frammenti irregolari di roccia naturale, usato come materiale inerte nel conglomerato cementizio, per massicciate, terrapieni e sim.

pietrìsta [1958] **s. m. e f.** (**pl. m.** *-i*) **1** operaio specializzato nella fabbricazione di pietre artificiali **2** verniciatore di serramenti e pareti a imitazione della pietra o del legno

pietroburghése (o -ṣ-) [1927] **A agg.** ● della città di San Pietroburgo **B s. m. e f.** ● abitante o nativo di San Pietroburgo

pietróso (o -ṣ-) o (*lett.*) **petróso** (o -ṣ-) [lat. *petrōsu(m)*, da *pĕtra* 'pietra' ✱ 1282] **agg.** **1** di pietra: *tana pietrosa* | simile alla pietra: *materiale p.* | (*lett.*) ***acque pietrose***, che sgorgano tra le pietre **2** pieno di pietre: *terreno p.* **SIN.** sassoso | (*est.*) arido **3** (*fig., lett.*) duro o aspro come la pietra **SIN.** insensibile || **pietrosità** o (*lett.*) **petrosità**, **s. f. inv.** **1** (*raro, lett.*) caratteristica di ciò che è pietroso **2** (*fig.*) durezza; (*fig., lett.*) immutabilità

pievanìa [1710] **s. f. 1** giurisdizione, abitazione del pievano **2** (*raro*) pieve

pievàno o **piovàno**② [1279] **s. m.** ● sacerdote che regge una pieve

piève [lat. *plēbe(m)* 'plebe', poi 'comunità di fedeli', poi 'parrocchia di campagna' ✱ 1253] **s. f.** **1** chiesa parrocchiale dalla quale dipendevano altre chiese e filiali | oggi presente come nome proprio di luogo: *Città della P.*; *P. d'Alpago*; *P. Ligure* **2** giurisdizione del pievano

pievelóce o **piè velóce** [comp. di *piè* 'piede' e *veloce*; calco sul gr. *okýpous* ✱ 1786] **A agg.** ● (*lett.*) che corre velocemente, attributo di Achille, l'eroe omerico **B anche s. m.**

pievìale ➤ **piviale**

pièẓo- [dal gr. *piézein* 'premere, stringere'] **primo elemento** ● in parole composte della terminologia scientifica e tecnica significa 'pressione': *piezometro*

pieẓoelettricità [comp. di *piezo-* ed *elettricità*, perché i corpi di questa proprietà si elettrizzano per compressione ✱ 1900] **s. f. inv.** ● (*fis.*) polarizzazione di cariche elettriche sulla superficie di alcuni cristalli, come il quarzo, per compressione o dilatazione meccanica in alcune direzioni

pieẓoelèttrico [1889] **agg.** (**pl. m.** *-ci*) ● (*fis.*) relativo alla piezoelettricità (V.) | che presenta piezoelettricità: *accendigas p.*

pieẓomagnètico [1986] **agg.** (**pl. m.** *-ci*) ● (*fis.*) relativo al piezomagnetismo

pieẓomagnetiṣmo [comp. di *piezo-* e *magnetismo* ✱ 1986] **s. m.** ● (*fis.*) insieme dei fenomeni magnetici provocati dalla deformazione o compressione di determinate sostanze

pieẓometrìa [comp. di *piezo-* e *-metria* ✱ 1970] **s. f.** ● (*fis.*) misurazione della compressibilità dei liquidi

pieẓomètrico [1929] **agg.** (**pl. m.** *-ci*) ● (*fis.*) relativo alla piezometria | ***energia piezometrica***, energia interna di un fluido soggetto a pressione

pieẓòmetro [V. *piezometria* ✱ 1829] **s. m.** ● strumento di misura della compressibilità dei solidi e dei liquidi

pieẓooscillatóre [comp. di *piezo-* e *oscillatore* ✱ 1958] **s. m.** ● oscillatore elettronico che impiega come elemento risonante un cristallo di quarzo

pif o **piffete** [vc. onomat. ✱ 1891] **inter.** ● riproduce il rumore di un colpo leggero cui segue immediatamente un altro più forte e sonoro: *eccoti due ceffoni: pif e paf!*

†**Pifanìa** ➤ **Epifania**

pìffera [sec. XIII] **s. f.** ● (*lett.*) piffero

pifferàio o (*centr.*) **pifferàro** [1839] **s. m.** (**pl.** *-ai*) ● suonatore di piffero

†**pifferàre** [da *piffero* ✱ av. 1590] **v. intr.** ● suonare il piffero

pifferàro ➤ **pifferaio**

pìffero [medio alto ted. *pfīfer* 'suonatore di piffero', da *pfeiffen* 'fischiare', di orig. onomat. ✱ sec. XIV] **s. m. 1** (*mus.*) strumento ad aria di legno ad ancia doppia, usato nella musica popolare italiana | specie di ottavino senza chiavi, usato nelle bande militari | (*colloq., eufem.*) ***un p.***, niente, nulla (in frasi negative): *quel tipo non conta un p.* | (*fam., eufem.*) ***col p.***, neanche per idea; col fischio, col cavolo: *è troppo caro, col p. che lo compro!* **2** suonatore di piffero | **PROV.** ***i pifferi di montagna andarono per suonare e furono suonati***, esempio di chi si accinge a imporsi fisicamente o con i suoi argomenti su qlcu. e rimane scornato || **pifferétto**, **dim.** | **pifferìno**, **dim.** | **pifferóne**, **accr.**

pìffete ➤ **pif**

†**piggioràre** e deriv. ➤ **peggiorare** e deriv.

†**piggióre** ➤ **peggiore**

pigiadiraspatrìce [comp. di *pigia(trice)* e *diraspatrice* ✱ 1981] **s. f.** ● macchina per pigiare l'uva e separare i raspi dal mosto e dalle bucce

♦**pigiàma** [ingl. *pyjamas*, dal persiano *pāy jāmè*, propr. 'vestito da gamba', comp. di *pāy* 'piede, gamba' e *jāmè* 'vestito' ✱ 1905] **s. m.** (**pl.** *pigiàmi* **o inv.**) ● indumento da letto o da casa maschile e femminile, composto da giacca e pantaloni di linea morbida | ***p. palazzo***, abito da sera femminile con amplissimi pantaloni | ***p. party***, festa a cui si partecipa indossando un pigiama || **pigiamìno**, **dim.** | **pigiamóne**, **accr.**

pigiaménto [av. 1704] **s. m.** ● (*raro*) il pigiare, il pigiarsi | affollamento, ressa

pìgia pìgia [imperat. raddoppiato di *pigiare* ✱ 1865] **loc. sost. m. inv.** ● calca, folla: *un pigia pigia che non vi dico*; *uscire dal pigia pigia*

pigiàre [lat. parl. *pinsiāre, per il classico *pīnsere*. V. *pestare* ✱ av. 1311] **A v. tr.** (**pres.** *io pìgio*; **fut.** *io pigerò*) **1** sottoporre a pressione di varia intensità e durata: *p. col pollice il tabacco nella pipa*; *p. la terra coi piedi* | ***p. l'uva***, pestarla per fare il mosto **2** di persone, spingere, premere (*anche assol.*): *la folla mi pigia*; *per favore, non pigiate!* **B pigiàrsi v. intr. pron.** ● accalcarsi: *Io era tra la folla che si pigiava innanzi dai portici* (G. CARDUCCI)

pigiàta [1871] **s. f.** ● il pigiare una sola volta | ***dare una p.***, pigiare in fretta || **pigiatìna**, **dim.**

pigiàto **part. pass.** di *pigiare*; **anche agg.** ● nei sign. del v. | spinto, stretto, premuto: *pigiati e incalzati tutt'intorno da altri a ridosso* (L. PIRANDELLO)

pigiatóre [av. 1320] **s. m.** (**f.** *-trice*); **anche agg.** ● chi (o che) pigia, spec. l'uva

pigiatrìce [1900] **s. f.** ● macchina per schiacciare l'uva facendola passare fra due rulli | ***p. elicoidale***, che in un solo passaggio provvede alla pigiatura, separazione del mosto e parziale torchiatura delle vinacce

pigiatùra [1534] **s. f. 1** il pigiare | operazione del pigiare l'uva | (*raro*) mosto **2** (*fig.*) †gravezza, peso

pigìdio [gr. *pygídion*, dim. di *pygḗ* 'deretano' (V. *uropigio*) ✱ 1931] **s. m.** (**pl.** *-i* o *raro -ii*) ● (*zool.*) telson

pìgio [da *pigiare* ✱ av. 1708] **s. m. 1** †bastone per pigiare **2** (*lett.*) calca, ressa

pigionàle [da *pigione* ✱ 1303] **s. m. e f.** ● pigionante | (*tosc.*) colono, fittavolo

pigionànte [sec. XIV] **s. m. e f.** ● chi abita in una casa presa in affitto, oppure sta a pigione presso qlcu.

♣**pigióne** [stessa etim. di *pensione* ✱ 1130 ca.] **s. f. 1** correntemente, locazione di un bene immobile | ***stare a p.***, abitare in una casa o in una stanza affittata | ***prendere, tenere a p.***, ospitare pensionanti **2** (*dir.*) corrispettivo della locazione di un immobile: *garanzie per il pagamento della p.*

pigliàbile [av. 1604] **agg.** ● (*raro*) che può essere preso

pigliaincùlo o (*raro*) **pigliancùlo**, (*raro*) **piglincùlo** [comp. di *piglia(re)*, *in* e *culo* ✱ av. 1866] **s. m. inv.** ● (*volg.*) omosessuale passivo | (*spreg.*) persona senza scrupoli, disposta a ogni compromesso: *i p., che vanno diventando un esercito* (L. SCIASCIA)

pigliaménto [av. 1292] **s. m.** ● (*raro*) il pigliare

pigliamósche [comp. di *piglia(re)* e il pl. di *mosca* ✱ 1804] **s. m. inv. 1** piccolo uccello dei Passeriformi con piumaggio bruno grigio superiormente e biancastro inferiormente (*Muscicapa striata*) **2** (*bot.*) dionea **SIN.** acchiappamosche

pìglia pìglia [imperat. iter. del v. *pigliare* ✱ 1871] **loc. sost. m. inv.** ● incetta, accaparramento generale: *suppellettili [...] portate via a vilissimo prezzo, rubate quasi in un piglia piglia indecente* (A. FOGAZZARO) **SIN.** arraffa-arraffa

♦**pigliàre** [lat. parl. *piliāre, per il lat. tardo *pilāre* 'rubare' (precedentemente 'calcare fortemente, piantare'), da *pīla* 'pila①' ✱ 1213] **A v. tr.** (*io pìglio*) ● (*fam.*) prendere: *piglia la tua roba e vattene!* | afferrare: *p. la lancia* | ***non sapere che pesci p.***, non sapere quale decisione prendere, non sapere che cosa fare | ***che ti piglia?***, (*fam.*) che cosa ti salta in mente (di dire o di fare), che cosa ti succede? | **PROV.** ***chi dorme non piglia pesci***, V. *dormire* **B v. intr.** (**aus.** *avere*) **1** attecchire, detto di un vegetale **2** (*lett.*) accingersi: *aveva pigliato a tradurre un librone* (U. FOSCOLO) **C pigliàrsi v. tr. pron.** (**aus.** *essere*) ● prendere (con valore intens.): *pigliarsi un raffreddore* | **pigliàrsela** (con il pron. *la* indeterm.), prendersela: *mi pare troppo ... che per questo lei debba pigliarsela con la sua signora* (L. PIRANDELLO) **D pigliàrsi v. rifl. recipr.** ● prendersi | (*fam.*) trovarsi reciprocamente simpatici, intendersi: *non si sono mai pigliati* **CFR.** prendere nel sign. E 1 | ***pigliarsi per i*** (*lett.* ***ai***) ***capelli***, accapigliarsi; (*fig.*) litigare

pigliasciàmi [comp. di *piglia(re)* e il pl. di *sciame* ✱ 1970] **s. m. inv.** ● sacco tenuto aperto da quattro cerchi di canna o di fil di ferro, che viene utilizzato per catturare uno sciame d'api

pigliatùtto [comp. di *piglia(re)* e *tutto* ✱ 1937] **A agg. inv.** ● in una varietà del gioco della scopa, detto di asso che prende tutte le carte in tavola **B s. m. e f. inv.** ● (*fig.*) persona che cerca di prendere tutto per sé

piglincùlo ➤ **pigliainculo**

pìglio [da *pigliare* ✱ 1262] **s. m. 1** il pigliare | ***dar di p.***, afferrare qlco.; (*fig.*) incominciare qlco. | †guadagno **2** espressione del viso, atteggiamento: *mi parlò con p. severo, arguto*; *si rivolse con p. grave e collo sguardo terribile* (L.B. ALBERTI) **3** (*fig.*) tono: *novella dal p. colorito e allegro*

pigmalióne [dal n. del mitico re di Cipro, innamoratosi di una statua muliebre da lui stesso scolpita, che poi, una volta divenuta donna grazie ad Afrodite, egli sposò ✱ 1983] **s. m.** (**f.** *-a*) ● chi ammaestra e indirizza qlcu., spec. una donna, affinandone e sviluppandone le facoltà intellettuali e il comportamento

pigmentàle [1865] **agg.** ● (*biol.*) ***cellula p.***, cromatoforo

pigmentàre [da *pigmento* ✻ 1950] **A** **v. tr.** (*io pigménto*) ● far assumere un dato colore, per l'azione di pigmenti **B** **pigmentàrsi** **v. intr. pron.** ● assumere un dato colore per l'azione di pigmenti

pigmentàrio [vc. dotta, lat. *pigmentāriu(m)*, da *pigmĕntum* 'pigmento' ✻ 1499] **agg.** ● concernente il pigmento

pigmentàto **part. pass.** di *pigmentare*; anche **agg.** ● nel sign. del v.

pigmentazióne [1884] **s. f.** **1** (*biol.*) distribuzione del pigmento in un organo o in un animale **2** metodo di tintura delle fibre tessili con coloranti insolubili

pigmentìfero [1958] **agg.** ● (*biol.*) che contiene pigmenti | ***cellula pigmentifera***, cromatoforo

pigménto [vc. dotta, lat. *pigmĕntu(m)* 'tinta', da *pĭngere* 'colorare'. V. *pingere*① ✻ 1585] **s. m.** **1** (*biol.*) sostanza organica di vario colore, presente nelle cellule dei tessuti animali e vegetali, ai quali conferisce la colorazione caratteristica **2** (*chim.*) sostanza colorata naturale e artificiale insolubile in acqua e in solventi organici, usata in polvere finissima come base di pitture e vernici

pigmèo o †**pimmèo** [vc. dotta, lat. *Pygmăeu(m)*, dal gr. *pygmâios* 'alto un cubito', da *pygmḗ* 'pugno, cubito', dalla stessa radice del lat. *pŭgnus* 'pugno' ✻ av. 1470] **A** **s. m.** (**f.** *-a*) **1** aborigeno della foresta equatoriale caratterizzato da statura molto bassa e cultura materiale rudimentale **2** (*est.*) chi è molto basso di statura **3** (*fig.*, *spreg.*) persona che non vale nulla **B** **anche agg.**: *popolazione pigmea*

♦**pigna** o (*tosc.*) **pìna** [lat. *pīnea(m)*, f. sost. di *pīneus*, agg. di *pīnus* 'pino' ✻ 1287] **s. f.** **1** il cono dei pini e delle conifere, quando è legnoso e allungato | ***avere le pigne in testa***, (*fig.*) avere idee strane e bizzarre | (*est.*) oggetto o cumulo di oggetti a forma di pigna: *una p. di caramelle* | ***p. d'uva***, grappolo **2** (*mar.*) specie di bottone alla punta dei cavi | ornamento conico o sferico in cima di balaustri e sim. **3** (*archit.*) parte del muro che si eleva a triangolo per reggere gli spioventi del tetto | fastigio a forma di pigna **4** diaframma bucherellato all'estremo di un tubo aspirante per evitare l'assorbimento di materiali solidi **5** ***p. di mare***, ascidiaceo marino di color bianco latteo con tunica consistente e vistosamente mammellonata (*Phallusia mammillata*) ‖ **pignétta**, **dim.**

pignàtta [etim. incerta, forse da *pigna*, per la forma ✻ av. 1342] **s. f.** **1** pentola, spec. grande **2** mattone forato per solaio ‖ **pignattèlla**, **dim.** | †**pignattèllo**, **dim. m.** | **pignattìna**, **dim.** | **pignattìno**, **dim. m.**

†**pignattàio** o †**pignattàro** [sec. XV] **s. m.** (**f.** *-a*) ● pentolaio | vasaio

pignàtto [av. 1400] **s. m.** ● (*tosc.*) pignatta

†**pìgnere**① ➤ **pingere**①

†**pìgnere**② ➤ **spingere**①

†**pignéta** [sovrapposizione di *pigna* e *pineta* ✻ 1353] **s. f.** ● pineta

pignoccàta [da †*pignocco* ✻ av. 1536] **s. f.** ● dolce siciliano a forma di pigna, fatto di pezzetti di pasta a base di farina fritti in olio e cosparsi di miele | dolce di miele e pinoli

†**pignòcco** ➤ **pinocchio**

pignolàggine [1905] **s. f.** ● (*raro*) pignoleria

pignolàta [da *pignolo* ✻ av. 1596] **s. f.** ● (*cucina*) dolce siciliano e calabrese a base di pinoli e miele

pignoleggiàre [1942] **v. intr.** (**pres.** *io pignoléggio*; **fut.** *io pignoleggerò*; **aus.** *avere*) ● fare il pignolo

pignolerìa [1942] **s. f.** ● caratteristica o atteggiamento di chi è pignolo | pedanteria | atto o discorso da pignolo: *finiamola con queste pignolerie*

pignolésco [1942] **agg.** (**pl. m.** *-schi*) ● da pignolo: *atteggiamento, comportamento p.* **SIN.** pedantesco ‖ **pignolescaménte**, **avv.**

Pignolétto [etim. incerta ✻ 1978] **s. m.** (**pl.** *-i* o **inv.**) ● vino bianco secco, spesso frizzante, dal sapore fruttato, prodotto spec. in provincia di Bologna da uve del vitigno omonimo, simile al Grechetto

pignòlo o †**pignuòlo**① [V. *pinolo*; nel sign. B con evoluzione semantica di discussa interpretazione di chi va a cercare il *pinolo* (cfr. *cercare il pel nell'uovo*) (?) ✻ 1908] **A** **s. m.** ● †V. **pinolo** **B** **agg. e s. m.** (**f.** *-a*) ● che (o chi) eccede in meticolosità e precisione, diventando spesso pedante e molesto: *impiegato, professore p.*; *non sopporto i pignoli* ‖ **pignolétto**, **dim.** | **pignolìno**, **dim.** | **pignolóne**, **accr.**

pignóne① [lat. parl. **pinniōne(m)*, da *pĭnna* 'merlo delle mura, pala'. V. *penna* ✻ 1343] **s. m.** **1** in costruzioni idrauliche, punta degli argini trasversali, esposta all'azione della corrente dei corsi d'acqua, spesso sagomata a forma di tronco di cono per ridurre i vortici **2** (*archit.*) coronamento triangolare della facciata di un edificio, spec. romanico o gotico

pignóne② [fr. *pignon*: stessa etim. di *pignone*① ✻ 1749] **s. m.** ● (*mecc.*) in un sistema di ingranaggi, la ruota dentata di diametro minore che ingrana in una ruota più grande: *p. del differenziale* ‖ **pignoncìno**, **dim.**

pignoràbile [1891] **agg.** ● (*dir.*) che può essere sottoposto a pignoramento ‖ **pignorabilità**, **s. f. inv.**

pignoraménto [1384] **s. m.** ● (*dir.*) atto con cui si inizia l'espropriazione forzata processuale, consistente in un'ingiunzione che l'ufficiale giudiziario fa al debitore di astenersi da atti che possano sottrarre alla garanzia di uno o più creditori dati beni | ***beni suscettibili di p.***, che possono essere sottoposti a espropriazione forzata processuale

pignorànte **A** **part. pres.** di *pignorare*; anche **agg.** ● nel sign. del v. **B** **s. m. e f.** ● (*dir.*) il creditore sulla cui istanza l'ufficiale giudiziario ha compiuto un pignoramento

pignoràre o **pegnoràre** [vc. dotta, lat. *pignorāre*, var. di *pignerāre* 'impegnare, dare in pegno', da *pĭgnus*, genit. *pĭgnoris* 'pegno' ✻ 1287] **v. tr.** (*io pignoro* o, più diffuso ma etim. meno corretto, *pignòro*) ● (*dir.*) sottoporre a pignoramento: *p. un immobile*; *p. beni mobili*

pignoratìzio [da *pignorato* ✻ 1539] **agg.** ● (*dir.*) garantito da pegno: *creditore p.*; *credito p.*

pignoràto **part. pass.** di *pignorare*; anche **agg.** ● sottoposto a pignoramento | ***debitore p.***, chi ha subito un pignoramento sui propri beni

†**pignuòlo**① ➤ **pignolo**

†**pignuòlo**② ➤ **pinolo**

pigo [etim. incerta ✻ av. 1584] **s. m.** (**pl.** *-ghi*) ● pesce lacustre dei Ciprinidi con dorso verdastro e fianchi giallo oro (*Leuciscus pigus*)

pìgola [da avvicinare a *spigolo* ✻ av. 1865] **s. f.** ● appezzamento di terreno di forma irregolare

pigolaménto [sec. XVI] **s. m.** ● il pigolare, spec. con insistenza

✦**pigolàre** [lat. parl. **piulāre*, di orig. onomat. ✻ av. 1292] **v. intr.** (*io pìgolo*; **aus.** *avere*) **1** emettere pigolii: *gli uccelletti e i pulcini pigolano* **SIN.** pipiare **2** (*fig.*) lamentarsi, piagnucolare in modo insistente: *piantala di p. in quel modo*

✦**pigolìo** [da *pigolare* col suff. *-io*① ✻ 1775] **s. m.** (**pl.** *-ii*) **1** verso breve, sommesso e ripetuto, di piccoli animali pennuti **2** (*fig.*) chiacchiericcio, parlottio | (*fig.*) piagnucolio

pigolóne [da *pigolare* ✻ av. 1520] **s. m.** (**f.** *-a*) ● (*tosc.*) persona piagnucolosa, noiosa, insistente

Pigopòdidi [comp. del gr. *pygḗ* 'natiche' (di orig. sconosciuta) e *-pode*, detti così dalla posizione in cui si trovano i loro piedi ✻ 1970] **s. m. pl.** (**sing.** *-e*) ● (*zool.*) famiglia di Rettili dei Sauri privi di arti anteriori e con quelli posteriori brevissimi simili a pinne (*Pygopodidae*)

pigostìlo [comp. del gr. *pygḗ* 'natiche' (V. *Pigopodidi*) e *-stilo* ✻ 1958] **s. m.** ● (*zool.*) piccolo osso caratteristico degli Uccelli, di cui costituisce l'estremità posteriore della colonna vertebrale, essendo formato dalle ultime vertebre coccigee saldate insieme

pigòtta [vc. lomb., 'bambola' ✻ 1814] **s. f.** ● (*lomb.*) bambola | (con iniziale maiuscola) bambola di pezza realizzata dai bambini per l'Unicef | (*fig.*, *raro*) donna giovane e graziosa

†**pigrézza** [1266] **s. f.** ● pigrizia

♦**pigrìzia** [vc. dotta, lat. *pigrĭtia(m)*, da *pĭger*, genit. *pĭgri* 'pigro' ✻ av. 1292] **s. f.** **1** carattere o natura di chi è pigro: *la sua p. è incorreggibile* | ***p. mentale***, atteggiamento di chi evita di rinnovare le proprie idee, la propria mentalità **SIN.** infingardaggine, neghittosità **CONTR.** operosità, solerzia **2** lentezza, torpore, scarsa funzionalità: *p. intestinale*

SFUMATURE DI SIGNIFICATO

pigrizia - indolenza - neghittosità

La caratteristica di chi per natura è restio ad agire, a muoversi, a prendere decisioni si dice **pigrizia**. Un altro termine per definire la tendenza a evitare gli sforzi e gli impegni è **indolenza**, che tuttavia aggiunge una sfumatura di lentezza nell'agire, di apatia e disinteresse nei confronti del mondo esterno. **Neghittosità** è parola d'uso letterario equivalente a *indolenza*.

SFUMATURE ➤ ***accidia***, ➤ ***inerzia***, ➤ ***ozio***, ➤ ***poltroneria***

♦**pìgro** [vc. dotta, lat. *pĭgru(m)*, di etim. incerta ✻ 1268] **agg.** **1** di persona indolente, che per natura è restia ad agire, a muoversi, a impegnarsi e sim.: *ragazzo, studente p.*; *essere p. nello studio, nel lavoro*; *è così p. nell'alzarsi al mattino!* | di ciò che è tipico di persona pigra: *un gesto p.*; *movimenti pigri* **2** (*est.*) che rende pigri, torpidi, sonnolenti: *il p. inverno* **3** (*fig.*) lento, tardo: *mente, intelligenza pigra* | (*eufem.*) ***intestino p.***, con rallentata o insufficiente evacuazione | ***acque pigre***, quasi stagnanti ‖ **pigràccio**, **pegg.** | **pigrétto**, **dim.** | **pigróne**, **accr.** ‖ **pigraménte**, **avv.** in modo pigro; lentamente: *acque che defluiscono pigramente*

SFUMATURE ➤ ***tardo***

PIL /pil/ [sigla di *P(rodotto) I(nterno) L(ordo)* ✻ 1980] **s. m. inv.** ● (*econ.*) valore monetario dell'insieme di beni e servizi prodotti in un anno nel territorio nazionale, al lordo degli ammortamenti dei beni durevoli e al netto del valore dei beni intermedi consumati nel medesimo periodo

♦**pìla**① [lat. *pīla(m)*, di etim. incerta ✻ sec. XIII] **s. f.** **1** serie di vari oggetti, sovrapposti l'uno all'altro: *una p. di libri, di camicie, di piatti* **2** (*fis.*) sorgente di forza elettromotrice costituita da una cellula elettrolitica fra gli elettrodi della quale si stabilisce una differenza di potenziale in virtù delle reazioni chimiche che avvengono nell'interno: *batteria di pile* | ***p. di Volta, voltaica***, colonna formata di lamine di rame e di zinco alternate con rotelle di panno inzuppate di acido solforico | ***p. a secco***, portatile, di piccole dimensioni, in cui il liquido elettrolitico è immobilizzato da sostanze porose | ***p. atomica, p. nucleare***, reattore nucleare | (*fig.*, *colloq.*) ***avere le pile scariche***, essere molto stanco | ***ricaricare le pile***, (*fig.*, *colloq.*) riprendere le forze sia fisiche che psichiche **3** (*colloq.*) torcia elettrica, alimentata a pile: *tiene una p. nel cruscotto dell'auto*; *p. tascabile*; *p. subacquea* **4** (*edil.*) piedritto intermedio di un ponte ‖ **pilétta**, **dim.** | **pilettina**, **dim.** | **pilóne**, **accr. m.** (V.)

pila② [lat. *pīla(m)* 'mortaio', da *pīnsere*. V. *pestare* ✱ 1298] **s. f. 1** recipiente fisso per acqua o altri liquidi: *la p. della fontanella, dell'acquaio*; *alla marmorea p. / succiano l'acque* (G. Pascoli) **2** vaschetta di pietra o marmo posta all'ingresso delle chiese, per contenere l'acqua benedetta con la quale i fedeli si segnano **3** vasca usata in particolari lavorazioni industriali **4** mortaio, spec. quello un tempo usato per pilare il riso **5** (*centr.*) pentola

pilàf [turco *pilaw*, dal persiano *pilāu* ✱ 1542] **A s. m. inv.** ● riso cotto in forno con burro od olio, cipolla e poco brodo, in modo che riesca sgranato **B anche agg.**: *riso p.*

pilàre [fr. *piler*, dal lat. *pīla* 'mortaio'. V. *pila*② ✱ sec. XVIII] **v. tr.** ● liberare il riso dalla pula, mediante pilatura

pilastràta [1585] **s. f.** ● ordine di pilastri

pilastrìno [av. 1616] **s. m. 1** dim. di *pilastro* **2** (*archit.*) piedistallo interposto tra i balaustri di una lunga balaustrata

pilàstro [da *pila*① ✱ 1287] **s. m. 1** elemento costruttivo di pietra, mattoni, cemento armato, acciaio, di sezione generalmente quadrangolare, destinato a sostenere archi, architravi, travi e sim. **2** (*anat.*) ***p. delle fauci***, piega mucosa che delimita lateralmente l'istmo delle fauci | ***p. del diaframma***, propaggine delle due strutture tendinee del diaframma che si unisce al legamento anteriore della colonna vertebrale **3** (*geol.*) ***p. tettonico***, zolla, generalmente allungata, di terreni che sono stati sopraelevati, rispetto ai circostanti, da faglie parallele disposte a gradinata | nell'alpinismo, roccia isolata con pareti pressoché verticali **SIN.** pilone **4** (*fig.*) chi (o ciò che) costituisce la base, il fondamento, l'elemento indispensabile in un dato contesto: *fare, fungere da p. nei confronti di qlcu.*; *princìpi che sono i pilastri su cui poggia la nostra società*; *quell'atleta è il p. della sua squadra* ‖ **pilastrèllo**, **dim.** | **pilastrétto**, **dim.** | **pilastrìno**, **dim.** (V.) | **pilastróne**, **accr.**

pilateggiàre [dal comportamento di Ponzio *Pilato* ✱ 1963] **v. intr.** (**pres.** *io pilatéggio*; **fut.** *io pilateggerò*; **aus.** *avere*) ● (*raro*) evitare di prendere posizione, non assumere le proprie responsabilità

Pilàtes /pi'lates, *ingl.* pɪ'lɑːtiːz/ [dal n. di J. *Pilates* (1880-1967), che perfezionò e divulgò il sistema ✱ 1992] **s. m. inv.** ● metodo di ginnastica che, allenando al controllo mentale dell'energia fisica, tende a migliorare la fluidità dei movimenti del corpo e a potenziare la forza dei muscoli senza farne crescere il volume

pilatésco [da Ponzio *Pilato* ✱ 1949] **agg.** (**pl. m.** *-schi*) ● (*spreg.*) ispirato al pilatismo: *atteggiamento, comportamento p.* **SIN.** ponziopilatesco

pilatìsmo [dal n. di Ponzio *Pilato* (sec. I) ✱ 1983] **s. m.** ● (*raro*) atteggiamento di chi rifiuta di assumersi le proprie responsabilità, di operare delle scelte

pilatóio [da *pilare* ✱ 1970] **s. m.** (**pl.** *-ói*) ● apparecchio usato per pilare il riso

pìlatro [V. *piretro* ✱ sec. XIII] **s. m.** ● (*bot.*) iperico

pilatùra [da *pilare* ✱ 1892] **s. f.** ● operazione con cui si trasforma il riso grezzo in riso commerciale, spogliandolo con macchine apposite del pericarpo e del tegumento

pile /*ingl.* paɪl/ [prob. dall'ingl. *pile* 'pelo' ✱ 1985] **s. m. inv.** ● (*tess.*) tessuto sintetico morbido e leggermente peloso, termicamente isolante, con cui si confezionano per lo più capi d'abbigliamento sportivo | (*est.*) capo confezionato con tale tessuto

pileàto [vc. dotta, lat. *pileātu(m)*, da *pĭleus* 'pileo' ✱ 1342] **agg.** ● (*lett.*) che porta il pileo

†**piléggio** o †**peléggio** [etim. incerta ✱ 1336 ca.] **s. m.** ● percorso, rotta da navigare: *io ho veduto ... nave correr lungo p. con vento prospero* (G. Boccaccio)

pìleo [vc. dotta, lat. *pĭleu(m)*, di etim. incerta ✱ av. 1494] **s. m. 1** presso gli antichi Romani, copricapo a calotta | ***p. frigio***, a calotta e terminante a punta **2** (*zool.*) parte superiore del capo degli Uccelli **3** (*bot.*) cappella dei Funghi

pileorìza o **pilorìza** [comp. di *pileo* e del gr. *rhíza* 'radice' (V. *rizo-*) ✱ 1906] **s. f.** ● (*bot.*) guaina cellulare che incappuccia l'apice della radice proteggendolo e facilitando la penetrazione nel terreno

pilerìa [da *pilare* ✱ 1927] **s. f.** ● stabilimento per la pilatura del riso, brillatoio

pilétta [1841] **s. f.** ● dim. di *pila*② | ***p. di scarico*** o (*ellitt.*) ***piletta***, elemento metallico che collega il fondo di un impianto sanitario (lavabo, piatto doccia ecc.) al sifone

pilière [fr. *pilier*, dal lat. *pīla* 'pilastro'. V. *pila*① ✱ av. 1348] **s. m. 1** pilone, pila, spec. di ponte **2** (*archit.*) pilastro, spec. polistilo **3** ciascuno dei due pali usati nel maneggio per addestrare i cavalli, infissi nel terreno a due passi di distanza l'uno dall'altro

pilìfero o **pelìfero** [comp. del lat. *pĭlus* 'pelo' e *-fero* ✱ 1813] **agg. 1** (*anat.*) del pelo: *apparato p.* **2** che è ricoperto di peli: *zona pilifera*

pillàcchera [etim. incerta ✱ 1536] **s. f. 1** (*tosc.*) schizzo di fango che macchia l'abito: *essere pieno di pillacchere* | †sterco appallottolato fra la lana delle pecore **2** (*raro*, *fig.*) macchia, magagna: *avere una p. sulla coscienza* **3** (*fig.*) †persona gretta e spilorcia

pillaccheróso (o **-ṣ-**) [av. 1562] **agg.** ● (*tosc.*) pieno di pillacchere: *abito p.*

pillàre [lat. tardo *pilāre* 'calcare fortemente, piantare', da *pīla* 'pilastro'. V. *pila*① ✱ av. 1512] **v. tr.** ● calcare, premere, battere col pillo

pillàto **part. pass.** di *pillare*; **anche agg.** ● detto di zucchero grossolanamente cristallizzato, pestato mentre è ancora umido e poi essiccato

pìlling /'pillin(g), *ingl.* 'pɪlɪŋ/ [vc. ingl., dal v. *to pill* 'formare bioccoli' ✱ 1961 ca.] **s. m. inv.** ● formazione di peluria aggrovigliata in bioccoli sulla superficie di tessuti, spec. di lana o sintetici

pìllo [lat. *pīlu(m)* 'pestello', da *pīnsere*. V. *pestare* ✱ sec. XIV] **s. m. 1** tipo di mazzeranga di legno che serve a battere e calcare la terra, per fare massicciate e sim. **2** †pestello

pìllola o †**pìllora** [lat. *pĭlula(m)* 'pallottolina', dim. di *pīla* 'palla', di etim. incerta ✱ av. 1311] **s. f. 1** preparazione farmaceutica di forma tondeggiante, per uso orale, ottenuta mescolando al farmaco un eccipiente, ricoperta da uno strato di gelatina, cheratina o polvere inerte per preservarla dall'umidità e tenerla isolata: *vitamine in pillole*; *pillole purgative, diuretiche, anticoncezionali* | ***p. blu***, (*colloq.*) Viagra | ***in pillole***, (*fig.*) a piccole dosi, un poco per volta; in forma ridotta, riassuntiva: *un volumetto che contiene il pensiero liberale in pillole* **2** (*per anton.*) pillola anticoncezionale: *prendere la p.*; *la p. fa male?* **3** (*fig.*) cosa spiacevole, situazione difficile da sopportare, da accettare e sim.: *una p. amara* | (*fig.*) ***indorare la p.***, cercare di attenuare qualcosa di spiacevole | ***inghiottire la p.***, (*fig.*) accettare di malavoglia ciò che non si vorrebbe | ***p. avvelenata***, (*econ.*) azione di difesa preventiva condotta da un'azienda che teme tentativi di scalata, consistente nello stabilire accordi e nel prendere impegni che risulterebbero molto onerosi per lo scalatore **SIN.** poison pill **4** (*fig.*, *scherz.*) pallottola d'arma da fuoco ‖ **pillolétta**, **dim.** | **pillolìna**, **dim.** | **pillolóna**, **accr.** | **pillolóne**, **accr. m.**

pillolièra [da *pillola* ✱ 1967] **s. f. 1** nell'industria farmaceutica, utensile usato per confezionare prodotti medicinali in pillole **2** piccolo contenitore per conservare le pillole

pìllolo [da *pillola* col genere gramm. adeguato al destinatario ✱ 1979] **s. m.** ● (*scherz.*) pillola antifecondativa destinata all'uomo

†**pìllora** ➤ **pillola**

†**pillòtta** [fr. *pelote*, dal lat. *pīla* 'palla'. V. *pillola* ✱ sec. XIV] **s. f.** ● palla da gioco, soda e rivestita di cuoio, simile alla pelota

pillottàre o **pilottàre** [etim. incerta ✱ 1481] **v. tr.** (*io pillòtto*) **1** versare a gocce sulle carni allo spiedo il grasso che si è raccolto nella ghiotta, mediante il pillotto | (*fig.*) †infarcire **2** (*est.*, *lett.*) torturare qlcu. facendogli gocciolare sul corpo sostanze bollenti

pillòtto o **pilòtto** [etim. incerta ✱ 1557] **s. m.** ● mestolo con beccuccio per pillottare l'arrosto

pìlo① [lat. *pīlu(m)* 'dardo', di etim. incerta ✱ av. 1292] **s. m.** ● giavellotto in legno della fanteria romana, provvisto di una punta in ferro

†**pìlo**② [da *pila*② ✱ av. 1306] **s. m. 1** tomba, sepolcro **2** vasca | acquasantiera **3** pilastro

pilocarpìna [da *pilocarpo*, con *-ina* ✱ 1895] **s. f.** ● (*chim.*) alcaloide costituente il principio attivo delle foglie di jaborandi, usato in medicina

pilocàrpo [comp. del gr. *pîlos* 'berretto' (di orig. oscura) e *-carpo*: detto così dalla forma del frutto ✱ 1835] **s. m.** ● genere di piante arboree o arbustive delle Rutacee, cui appartiene lo jaborandi (*Pilocarpus*)

Pìlomat® [nome commerciale, da *pilo(ne) (auto)mat(ico)* ✱ 1993] **s. m. inv.** ● dissuasore mobile

pilóne① [1499] **s. m. 1** accr. di *pila*① **2** (*edil.*) grande e robusto pilastro, in grado di resistere a forze notevoli, spec. per sostegno di cupola o arcata di ponte | ***p. d'ormeggio***, a cui nei porti si attraccano le navi e negli aeroporti, spec. un tempo, i dirigibili | ***p. di lancio***, usato ai primordi dell'aviazione per sospendervi un forte peso il cui cavo, opportunamente rinviato, forniva la trazione di lancio a velivoli o alianti | ***p. di rotore***, castello per sostenere il rotore o i rotori principali di un elicottero, autogiro e sim. | ***p. di virata***, per segnalare, in prove, gare, e sim. dove virare **3** traliccio metallico o di cemento armato, in funzione di sostegno delle funi delle teleferiche e sim. **4** in alpinismo, pilastro **5** nel rugby, ciascuno dei due giocatori laterali della prima linea, ai quali si appoggia il tallonatore nella mischia chiusa ‖ **piloncìno**, **dim.**

pilóne② [dal gr. *pylṓn*, da *pýlē* 'porta' ✱ 1832] **s. m.** ● (*archeol.*) nel tempio egizio, ciascuna delle due strutture murarie simmetriche, rastremate verso l'alto, che inglobavano la porta d'accesso

pilorectomìa [comp. di *pilor(o)* ed *-ectomia* ✱ 1902] **s. f.** ● (*chir.*) asportazione chirurgica del piloro

pilòrico [da *piloro* ✱ 1835] **agg.** (**pl. m.** *-ci*) ● (*anat.*) che concerne il piloro

pilorìza ➤ **pileoriza**

pilòro [vc. dotta, lat. tardo *pylōru(m)*, dal gr. *pylōrós*, propr. 'guardiano della porta', comp. di *pýlē* 'porta', di etim. incerta, e *horân* 'vedere' (V. *panorama*) ✱ 1598] **s. m.** ● (*anat.*) anello terminale dello stomaco con funzione di sfintere, tra lo stomaco e il duodeno

piloroplàstica [comp. di *piloro* e *-plastica* ✱ 1893] **s. f.** ● (*chir.*) intervento sul piloro per dilatarne il lume

†**pilóso** ➤ **peloso**

♦**pilòta** o †**pilòto** [da *pedota* ✱ 1353] **A s. m. e f.** (**pl. m.** *-i*) **1** (*mar.*) un tempo, chi dirigeva la navigazione anche senza esercitare il comando della nave | attualmente, chi ha un'approfondita conoscenza dei luoghi ed è in possesso dei titoli che lo autorizzano a dirigere la manovra di entrata e uscita nei porti, canali e passi dove sia necessaria od obbligatoria la sua opera **2** chi manovra un'automobile, un aeromobile o un altro mezzo di trasporto CFR. -nauta | ***p. collaudatore***, che prova aerei o automobili | ***p. in seconda, secondo p.***, chi si alterna ai comandi con il comandante nei grandi aerei | ***p. automatico***, autopilota **B in funzione di agg. inv.** (**posposto a un sost.**) **1** detto di ciò che funge o può fungere da guida: *luce p.* | *pesce p.*, V. *pesce* **2** detto di ciò che costituisce una prima applicazione pratica di nuovi metodi, mezzi e sim., destinata a comprovarne la validità e a servire da modello: *stabilimento, classe p.*; *impianto p.* ‖ **pilotìno**, **dim.** (V.)

pilotàbile [1984] **agg.** ● che può essere pilotato (*anche fig.*): *giudice, inchiesta p.*

pilotàggio [fr. *pilotage*, da *piloter* 'pilotare' ✱ 1571] **s. m.** ● tecnica e attività riguardanti la condotta delle automobili, degli aerei e delle navi | ***contratto di p.***, quello che l'armatore conclude con la corporazione dei piloti di nave per usufruire del servizio di pilotaggio in cambio di un dato corrispettivo

pilotàre [fr. *piloter*, da *pilote* 'pilota' ✱ 1813] **v. tr.** (*io pilòto*) **1** guidare come pilota: *p. una nave, un aereo, una macchina da corsa* **2** (*fig.*) orientare, indirizzare verso l'esito desiderato: *p. una crisi politica*

pilotàto **part. pass.** di *pilotare*; **anche agg.** **1** nei sign. del v. **2** (*fig.*) manovrato, guidato, opportunamente indirizzato in base a scopi precisi: *indagine pilotata* **3** che avviene in modo non totalmente spontaneo e naturale | ***parto p.***, V. *parto*①

pilotina [propr. dim. di *pilota* ✱ 1958] **s. f.** ● battello che guida le navi nei porti, attraverso passaggi difficili e sim. | imbarcazione che porta il pilota a bordo della nave | battello da diporto a motore con caratteristiche spiccatamente marine

p

pilotìno [1889] **s. m.** **1** dim. di *pilota* **2** (*aeron.*) piccolo paracadute ausiliario, contenuto in una sacca situata al di sopra della custodia del paracadute principale, di cui facilita l'apertura **3** (*mar.*; *disus.*) mozzo incaricato dei servizi di poppa | allievo pilota

pilotis /*fr.* pilɔ'ti/ [dal fr. *pilotis* 'palafitte', insieme di *pilots* 'pali' ✱ 1970] **s. m. inv.** ● insieme di pilastri di sostegno di un edificio in cemento armato che costituiscono uno spazio aperto adibito a portico, posti-macchina e sim.

†**pilòto** ➤ **pilota**

pilottàre ➤ **pillottare**

pilòtto ➤ **pillotto**

♣**piluccàre** [lat. parl. **piluccāre*, intens. di *pilāre* 'pelare' ✱ sec. XIII] **v. tr.** (*io pilùcco, tu pilùcchi*) **1** spiccare e mangiare uno per volta gli acini di un grappolo d'uva | (*est.*) mangiare sbocconcellando, a pezzettini: *p. un biscotto* **2** (*fig.*) spillare quattrini | (*est.*) arraffare qua e là quel che si può: *è un tipo che riesce a p. sempre qualcosa* **3** †consumare, tormentare lentamente

piluccóne [av. 1412] **s. m.** **1** (**f.** *-a*) (*raro*) chi è abituato a piluccare (*anche fig.*) **2** †dentata, morso

pim o **pimfete** nel sign. 2 [vc. onomat. ✱ 1862] **inter.** **1** riproduce il rumore di uno sparo di rivoltella o fucile cui seguono altri più vicini e più forti: *pim, pam, pam!* **2** riproduce il rumore prodotto da qlco. che viene colpito | ***pim e pam, pimfete e pamfete***, riproduce il rumore di due colpi, spec. due schiaffi, che si susseguono rapidamente

pimèlia [dal gr. *pimelḗs* 'grasso' (V. *pimelodo*), detta così dal suo addome rigonfio ✱ 1835] **s. f.** ● coleottero nero, tozzo, peloso, notturno, frequentissimo nelle zone subdesertiche dell'Africa (*Pimelia grandis*)

pimelòdo [vc. dotta, gr. *pimelṓdēs* 'grasso', da *pimelḗs* 'grasso' di orig. indeur. ✱ 1875] **s. m.** ● pesce dei Siluriformi tipico dei mari tropicali, allevato in acquario per la livrea dorata a macchie e i lunghi barbigli (*Pimelodus clarias*)

pimelòṣi [dal gr. *pimelḗs* 'grasso'. V. *pimelodo* ✱ 1895] **s. f. inv.** ● (*med.*) obesità

pimentàre [da *pimento* ✱ av. 1914] **v. tr.** (*io piménto*) ● condire una vivanda con pimento

piménto [lat. *pigmĕntu(m)* 'materia colorante, droghe, succhi'. V. *pigmento* ✱ 1563] **s. m.** **1** spezia alimentare piccante, affine al pepe, ricavata dal frutto immaturo, seccato al sole, della pianta *Pimenta officinalis* dell'America tropicale SIN. pepe della Giamaica **2** (*fig., lett.*) ciò che produce sensazioni eccitanti

pìmfete ➤ **pim**

†**pimmèo** ➤ **pigmeo**

pimpànte [fr. *pimpant*, della stessa famiglia di *pimper* 'vestire in modo ridicolo, agghindare', vc. di orig. espressiva ✱ 1929] **agg.** **1** (*raro*) elegante, vistoso **2** (*colloq.*) detto di persona, pieno di allegria, di vivacità e di entusiasmo: *una ragazza tutta p.*

pimperimpèra o **pimperimpàra**, **pimpirimpì** [gr. *dià triṓn peperéōn* '(sostanza fatta) di tre spezie' ✱ 1891] **s. m. solo sing.** ● (*scherz.*) solo nella loc. ***polvere del p.***, polvere magica usata dagli illusionisti; (*fig., raro*) illusione

pimpinèlla [lat. tardo *pimpinĕlla(m)*, forse da avvicinare a *pēpo*, genit. *pepŏnis* 'popone', per la forma dei frutti che ricorda quella dei poponi ✱ sec. XIII] **s. f.** ● genere di piante erbacee delle Apiacee comprendente varie specie euroasiatiche, spesso con frutti fortemente aromatici (*Pimpinella*)

pimpirimpì ➤ **pimperimpera**

pìmpla [dal gr. *pimplân* 'riempire', di orig. indeur. ✱ 1835] **s. f.** ● insetto degli Imenotteri nerastro a zampe gialle, che depone le uova nelle larve di lepidotteri parassiti delle piante (*Pimpla instigator*)

pin① /*ingl.* pɪn/ [vc. ingl., propr. 'spillo, spilla' di area soprattutto germ. ✱ 1980] **s. m. inv.** **1** spilletta che reca scritte o immagini spiritose (di cantanti, attori, personaggi dei fumetti e sim.) e che spec. i giovani fissano al bavero della giacca **2** (*elettron.*) nei circuiti elettronici, contatto

pin② /*ingl.* pɪn/ [sigla ingl. di *P(ersonal) I(dentification) N(umber)* 'numero personale di identificazione' ✱ 1992] **s. m. inv.** ● codice numerico che consente l'uso di dispositivi elettronici solo a chi lo conosce: *il pin del Bancomat, del telefono cellulare*

pìna ➤ **pigna**

pinàccia [fr. *pinace*, da *pin* 'pino', perché costruita con legno di pino ✱ 1602] **s. f.** (**pl.** *-ce*) ● imbarcazione a vela o a remi usata un tempo per la vigilanza delle coste e dei porti o come rimorchiatore

pinàce① o **pìnace** [dal gr. *pínax*, genit. *pínakos* 'tavola, carta geografica', di orig. indeur. ✱ 1728] **s. m.** ● (*archeol.*) tavoletta votiva di legno o terracotta con scene scolpite

pinàce② [V. *pinace*① ✱ 1889] **s. m.** ● (*mar., disus.*) rosa dei venti girevole

Pinàcee [vc. dotta, comp. di *pino* e *-acee* ✱ 1954] **s. f. pl.** (**sing.** *-a*) ● (*bot.*) famiglia delle Conifere comprendente alberi a foglie aghiformi inserite a spirale e strobili legnosi (*Pinaceae*)

pinacòide [vc. dotta, gr. *pinakoeidḗs* 'in forma di tavola', comp. di *pínax*, genit. *pínakos* 'tavola' (V. *pinace*①) ed *-eidḗs* '-oide' ✱ 1930] **A s. m.** ● (*miner.*) forma cristallografica costituita da due facce parallele **B anche agg.**: *forma p.*

pinacotèca [vc. dotta, lat. *pinacothēca(m)*, dal gr. *pinakothḗkē*, comp. di *pínax*, genit. *pínakos* 'quadro' (V. *pinace*①) e *-thḗkē* '-teca' ✱ 1499] **s. f.** ● museo, edificio destinato a conservare, raccogliere ed esporre opere pittoriche

pinàstro [vc. dotta, lat. *pinăstru(m)*, da *pīnus* 'pino' ✱ 1499] **s. m.** ● (*bot.*) pino marittimo

†**pìnca** [etim. incerta; nel sign. 2, dal sign. di 'cetriolo', per la forma (?) ✱ 1353] **s. f.** **1** (*tosc.*) specie di cetriolo **2** (*fig.*) pene

pince /*fr.* pɛ̃s/ [vc. fr., da *pincer* 'pizzicare, stringere': stessa etim. dell'it. *pinzare* ✱ 1888] **s. f. inv.** ● piccola piega che si fa per riprendere l'ampiezza del tessuto o per meglio modellarlo sulla persona

pince-nez /*fr.* pɛ̃s'ne/ [vc. fr., 'stringi-naso', comp. di *pincer* 'pinzare' e *nez* 'naso' ✱ 1866] **s. m. inv.** (**pl. fr. inv.**) ● occhiali privi di stanghetta che una molla tiene fissi al naso

†**pincèrna** [vc. dotta, lat. tardo *pincĕrna(m)*, dal gr. *pinkérnēs*, comp. di *pínein* 'bere' (di orig. indeur.) e *kerannýnai* 'versare, mescolare' (V. *crasi*) ✱ 1336 ca.] **s. m.** e *raro* **f.** (**pl. m.** *-i*) ● coppiere

†**pinción̄e** [lat. tardo *pinciōne(m)*, di etim. incerta ✱ av. 1400] **s. m.** ● fringuello

pìnco① [cfr. *pinca* ✱ av. 1424] **s. m.** (**pl.** *-chi*) **1** †pene **2** (*fig., tosc.*) sciocco, minchione **3** (*fig.*) ***P. Pallino*** o (con grafia unita) ***Pincopallino***, designazione di persona qualsiasi, sconosciuta o spec. di poco conto: *non accetto i consigli di un Pinco Pallino qualunque* ‖ **pincóne**, **accr.** (V.)

pìnco② [neerl. *pinke*, di etim. incerta ✱ 1680] **s. m.** (**pl.** *-chi*) ● mercantile a tre alberi con vele latine, trinchetto molto inclinato in avanti, usato nel Mediterraneo nel XVIII e XIX sec.

pincóne [av. 1556] **s. m.** **1** accr. di *pinco* (1) **2** (*tosc., spreg.*) persona sciocca e sprovveduta

†**pindarésco** [av. 1556] **agg.** ● pindarico

pindàrico [vc. dotta, lat. *pindăricu(m)*, dal gr. *Pindarikós*, da *Píndaros* 'Pindaro' ✱ 1546] **agg.** (**pl. m.** *-ci*) ● del poeta greco Pindaro (518-438 a.C.): *ode pindarica* | che è fatto a imitazione di Pindaro: *stile p.* | ***volo, estro p.***, brusco passaggio, in uno scritto o discorso, da un argomento a un altro; (*est.*) digressione fantasiosa, di tono lirico ‖ **pindaricaménte**, **avv.** (*raro*) alla maniera di Pindaro

pindarìṣmo [V. *pindarico* ✱ 1888] **s. m.** **1** (*letter.*) imitazione del poeta greco Pindaro, spec. dei metri che caratterizzano la sua poesia **2** (*letter.*) l'insieme dei poeti che si ispirano a Pindaro: *il p. dell'Arcadia*

pineàle [dal lat. *pīnea* 'pigna' ✱ 1668] **agg.** ● che ha forma di pigna | (*anat.*) ***ghiandola, corpo p.***, epifisi

pinèlla [etim. incerta ✱ 1954] **s. f.** ● nel gioco della canasta, carta del due di qualsiasi seme, che ha valore di matta

pinène [comp. di *pin(o)*, in quanto si ricava dall'olio di trementina, con suff. *-ene* per analogia con *benzene* ✱ 1954] **s. m.** ● (*chim.*) idrocarburo terpenico ottenuto distillando l'olio di trementina dalla frazione fra 150 e 160 °C; è un liquido oleoso, incolore, dall'odore caratteristico

♦**pinéta** [vc. dotta, lat. *pinēta*, pl. di *pinētum* 'pineto' ✱ 1319] **s. f.** ● bosco di pini: *la p. di Ravenna* || **pinetina**, **dim.**

pinéto [vc. dotta, lat. *pinētu(m)*, da *pīnus* 'pino' ✱ av. 1320] **s. m.** ● (*lett.*) pineta

pìngere① o †**pìgnere**① [vc. dotta, lat. *pĭngere*, da una radice indeur. che significa 'colorire' ✱ av. 1250] **v. tr.** (**pres.** *io pìngo, tu pìngi*; **pass. rem.** *io pìnsi, tu pingésti*; **part. pass.** *pìnto*) ● (*lett.*) dipingere | (*lett.*, *fig.*) raffigurare, descrivere: *al re non oso / pinger suo stato orribile* (V. ALFIERI)

pìngere② ➤ **spingere**①

†**pingitóre** [da *pingere*① ✱ sec. XIII] **s. m.** ● (*poet.*) pittore

♦**ping-pòng** /pim'pɔng, *ingl.* 'pɪŋ,pɒŋ/ [vc. ingl. di origine onomat. ✱ 1905] **s. m. inv.** **1** gioco simile al tennis che si svolge su un tavolo diviso da una reticella tra due singoli contendenti, o tra due coppie di contendenti, i quali si rinviano una pallina colpendola con una racchetta spec. di legno compensato ricoperto di gomma **SIN.** tennis da tavolo **2** (*fig.*) scambio di battute, di dichiarazioni: *ping-pong diplomatico*

♣**pìngue** [vc. dotta, lat. *pĭngue(m)*, di orig. indeur. ✱ 1313] **agg.** **1** che ha molto tessuto adiposo: *corpo p.*; *le pingui rotondità del corpo* **SIN.** grasso, obeso **2** (*est.*) fertile, ricco di vegetazione: *la p. pianura padana*; *la terra nera e p. delle valli* | †grasso, oleoso: *oliva p.* | †fangoso: *palude p.* **3** (*fig.*) lauto, ricco, abbondante: *un guadagno, un patrimonio p.*; *le pingui messi* || **pingueménte**, **avv.**

pinguèdine [vc. dotta, lat. *pinguēdine(m)*, da *pĭnguis* 'pingue' ✱ av. 1328] **s. f.** **1** eccessiva grassezza: *una p. malsana*; *vecchio, gigantesco, calvo, sbarbato, dalla p. floscia* (L. PIRANDELLO) **SIN.** obesità **2** (*fig.*, *lett.*) floridezza **3** (*fig.*, *lett.*) †lentezza e ottusità di mente

†**pinguézza** [vc. dotta, lat. tardo *pinguĭtia(m)*, da *pĭnguis* 'pingue' ✱ 1675] **s. f.** ● pinguedine

pinguìcola [lat. tardo *pinguĭculu(m)* 'grassoccio' (detto di piante), da *pĭnguis* 'pingue' ✱ 1935] **s. f.** ● pianta erbacea carnivora delle Lentibulariacee, con foglie a rosetta dai margini forniti di ghiandole a secreto vischioso, che cresce nei luoghi umidi sulle Alpi (*Pinguicula vulgaris*)

♦**pinguìno** [fr. *pingouin*, dal neerl. *pinguin*, di orig. sconosciuta; nel sign. 2, con allusione ai colori ✱ 1751] **s. m.** **1** denominazione di varie specie di Uccelli dell'ordine Sfenisciformi, tipici delle regioni fredde australi, con corpo piuttosto grande di colore nero o grigio-bruno sul dorso, bianco sul ventre, portamento eretto, ali ridotte a moncherini, per cui sono inadatti al volo ma ottimi nuotatori **2** ***Pinguino***®, gelato da passeggio alla panna rivestita di cioccolato

pinìfero [vc. dotta, lat. *pinĭferu(m)*, comp. di *pīnus* 'pino' e *-fer* '-fero' ✱ 1516] **agg.** ● (*lett.*) ricco di pini o pigne

pinìte① [comp. di *pin(o)* e *-ite*② ✱ 1871] **s. f.** ● particolare zucchero che si ottiene dalle essudazioni di un pino californiano

pinìte② [detto così perché trovata per la prima volta nella miniera *Pini* in Sassonia ✱ 1871] **s. f.** ● (*miner.*) prodotto di alterazione del minerale cordierite

♦**pìnna**① [vc. dotta, lat. *pĭnna(m)*, variante di *pĕnna(m)*. V. *penna* ✱ 1499] **s. f.** **1** (*zool.*) organo atto al nuoto e alla stabilizzazione degli animali acquatici, formato generalmente da una lamina membranosa sostenuta da raggi cartilaginei, cornei od ossei **2** attrezzo spec. di gomma a forma di spatola flessibile e di varia lunghezza, applicato ai piedi per agevolare il nuoto, spec. subacqueo **3** (*aeron.*, *mar.*) piano longitudinale sporgente dallo scafo o dalla fusoliera con funzioni di stabilità e portanza | (*mar.*) ***p. di deriva***, posta sotto lo scafo delle imbarcazioni a vela per aumentare la stabilità orizzontale e ridurre lo scarroccio | ***p. stabilizzatrice***, montata sotto lo scafo in posizione quasi orizzontale per contrastare i movimenti di rollio e beccheggio **SIN.** aletta **4** (*anat.*) ala o aletta del naso: *p. nasale* || **pinnétta**, **dim.**

pìnna② [vc. dotta, lat. *pīnna(m)*, var. di *pīna(m)*, dal gr. *pîna*, di orig. preindeur. ✱ av. 1698] **s. f.** ● nacchera

pinnàcolo① [vc. dotta, lat. tardo *pinnăculu(m)*, dim. di *pĭnna* 'ala'. V. *pinna*① ✱ av. 1342] **s. m.** **1** guglia di forma piramidale o conica caratteristica dello stile gotico | sommità di edificio **2** (*est.*) sottile vetta di montagna || **pinnacolétto**, **dim.**

pinnàcolo② [dall'ingl. *pinochle*, d'orig. sconosciuta, deformato sul modello di *pinnacolo*① ✱ 1942] **s. m.** ● gioco affine al ramino, eseguito con un mazzo di 52 carte

pinnàto [da *pinna*① nel sign. 2 ✱ 1983] **agg.** ● nella loc. ***nuoto p.***, disciplina sportiva consistente in prove di nuoto con le pinne su varie distanze

pinneggiàre [1983] **v. intr.** (**pres.** *io pinnéggio*; **fut.** *io pinneggerò*; **aus.** *avere*) ● nuotare usando le pinne

Pinnìpedi [vc. dotta, lat. *pinnĭpede(m)* 'dalle ali ai piedi', comp. di *pĭnna* 'pinna①' e *pēs*, genit. *pĕdis* 'piede' ✱ 1871] **s. m. pl.** (**sing.** *-e*) ● (*zool.*) sottordine di Mammiferi dei Carnivori adattati alla vita acquatica, con arti brevi a forma di pinna e dita palmate, caratteristici delle regioni fredde (*Pinnipedis*)

pinnotèro [vc. dotta, lat. *pinotēre(m)*, dal gr. *pinotḗrēs*, comp. del gr. *pîna* 'pinna②' e *tērêin* 'guardare, proteggere', da una radice indeur. che significa 'guardare'. V. *guardapinna* ✱ av. 1498] **s. m.** ● (*zool.*) guardapinna

pìnnula [vc. dotta, lat. *pĭnnula(m)*, dim. di *pĭnna* 'pinna①' ✱ 1958] **s. f.** **1** (*zool.*) ciascuna delle piccole pinne che si trovano dietro la pinna dorsale e anale di certi pesci **2** (*bot.*) suddivisione di una fogliolina nelle foglie composte **3** (*bot.*) ognuna delle ultime ramificazioni del tallo di alcune alghe

pinnulària [vc. dotta, deriv. dal lat. *pĭnnula(m)* 'piccola penna' ✱ 1955] **s. f.** ● (*bot.*) genere di alghe unicellulari delle Diatomee (*Pinnularia*)

♦**pìno** [lat. *pīnu(m)*, di orig. indeur. ✱ 1282] **s. m.** **1** genere di alberi delle Conifere con foglie aghiformi inserite sul ramo a gruppi da due a cinque (*Pinus*) | ***p. comune silvestre***, di montagna, fornisce legno, balsamo dalle gemme, trementina e catrame vegetale (*Pinus silvestris*) | ***p. domestico, italico, da pinoli***, della regione mediterranea, con chioma a ombrella e pigne grandi con semi commestibili (*Pinus pinea*) | ***p. di Aleppo***, delle regioni mediterranee, con foglie sottili e lunghe, rami tortuosi e fusto in genere contorto (*Pinus halepensis*) | ***p. marittimo***, a fusto slanciato e chioma espansa, fornitore di buon legname (*Pinus pinaster*) | ***gemme di p.***, gemme degli alberi della famiglia delle Pinacee, preparate sotto forma di sciroppo, impiegate come espettorante e balsamico delle vie respiratorie | ***olio di p.***, essenza aromatica oleosa ricavata da conifere **2** il legno di tale albero, usato per costruzioni: *un tavolo di p.* **3** (*poet.*) albero della nave | (*est.*) la nave stessa **4** ***p. vulcanico***, nube a forma di pino mediterraneo, di gas, ceneri e vapori, emessa da un cratere **5** (*fig.*) †fiaccola || **pinétto**, **dim.**

pinocchiàta [da *pinocchio* ✱ av. 1416] **s. f.** ● pasta dolce fatta di bianchi d'uova montati, pinoli e zucchero

pinocchiésco [1927] **agg.** (**pl. m.** *-chi*) ● di Pinocchio, tipico di Pinocchio | ***naso p.***, naso lungo e sottile

pinocchiétto [dim. di *Pinocchio*, n. del burattino protagonista del romanzo 'Le avventure di Pinocchio' di C. Collodi, pseudonimo di C. Lorenzini (1826-1890) ✱ 1910] **s. m.** **1** (**f.** *-a*) persona magra e sottile, dai tratti appuntiti **2** (**spec. al pl.**) pantalone, da uomo e da donna, che arriva fino al polpaccio | anche nella loc. agg. inv. ***alla pinocchietto***, detto di tale pantalone

pinocchìno [1940] **s. m.** **1** dim. di *pinocchio* **2** (*edil.*) ghiaietto

pinòcchio o †**pignòcco** [lat. parl. **pinŭculu(m)*, dim. di *pīnus* 'pino' ✱ 1317] **s. m.** ● (*tosc.*) pinolo || **pinocchìno**, **dim.** (V.)

pinocitòsi [comp. del gr. *pínein* 'bere' (di orig. indeur.) e *-cito*, sul modello di *fagocitosi* ✱ 1983] **s. f. inv.** ● (*biol.*) forma di assunzione di goccìole liquide contenenti sostanze disciolte, tipica di alcuni protozoi e di cellule in coltura

pinòlo o †**pignòlo**, †**pignuòlo**② [da *pina* ✱ av. 1499] **s. m.** ● seme commestibile dei pini, spec. del pino domestico: *raccogliere, schiacciare, mangiare i pinoli*; *torta con i pinoli*

Pinot /*fr.* pi'no/ [fr., da *pin* 'pino', perché il grappolo assomiglia a una *pigna* ✱ 1874] **s. m. inv.** **1** vitigno originario della Borgogna, largamente coltivato in Italia (spec. nelle regioni nordorientali e in Lombardia) nelle tre varietà, bianco, grigio e nero; il Pinot bianco e quello nero (vinificato in bianco) sono fondamentali nella produzione di champagne e spumanti **2** denominazione di numerosi vini ottenuti da tale vitigno | ***P. bianco***, vino di color giallo paglierino chiaro, asciutto, leggermente amarognolo | ***P. nero***, vino di color rosso rubino brillante e dal sapore aromatico, lievemente fruttato | ***P. grigio***, vino di color giallo dorato con riflessi ramati e sapore vellutato, armonico | ***P. Chardonnay***, (*impropr.*) V. *Chardonnay*

pinsàpo [vc. sp., comp. di *pin(o)* e del preromano **sappus* 'n. di una specie di pino' ✱ 1954] **s. m.** ● (*bot.*) abete spontaneo nella Spagna meridionale, coltivato per ornamento (*Abies pinsapo*)

pìnscher /'pinʃer/ [vc. ted., dall'ingl. *pinch* 'schiacciare', per la coda e le orecchie mozzate ✱ 1873] **s. m. inv.** (**pl. ted. inv.**) ● cane di medie dimensioni, con muso allungato e pelo corto e lucido, elegante, robusto, adatto alla guardia; gli vengono spesso amputati parti della coda e delle orecchie per motivazioni estetiche

pìnsi ➤ **pingere**① e **pingere**②

pìnta① [fr. *pinte*, di etim. incerta ✱ sec. XIII] **s. f.** ● antica misura di volume per fluidi, usata un tempo in numerose province italiane (a Milano 1,57 l, a Modena 2,26 l, a Genova 1,76 l), impiegata attualmente in Inghilterra, dove equivale a 0,5682 l, e in America, dove equivale per solidi a 0,5508 l e per liquidi a 0,4732 l **SIMB.** pt || **pintóne**, **accr. m.**

†**pìnta**② ➤ **spinta**

pìnto **part. pass.** di *pingere*①; anche **agg.** ● (*lett.*) dipinto | (*lett.*) colorato, variopinto

†**pintóre** [av. 1294] **s. m.** ● pittore

†**pintùra** [av. 1250] **s. f.** ● dipinto | arte del dipingere, pittura

pin-up /pi'nap, *ingl.* 'pɪn,ʌp/ [vc. ingl., accorc. di *pin-up girl*, propr. 'ragazza da appuntare (a una parete o sim.) con uno spillo' (*to pin up*) come un manifesto ✱ 1950] **s. f. inv.** (**pl. ingl.** *pin-ups*) ● ragazza dall'aspetto seducente la cui immagine viene riprodotta spec. su riviste, rotocalchi, materiale pubblicitario e sim.

pinyin /*cinese* ˉphɪnˉjɪn/ [vc. cinese, *pīn-yīn*, propr. 'costruzione fonetica' ✱ 1976] **A** **s. m.** solo sing. ● sistema ufficiale di traslitterazione dei caratteri cinesi nell'alfabeto latino, adottato dalla Repubblica popolare di Cina nel

a b c d e f g h i j k l m n o **p** q r s t u v w x y z

1958 e basato sulla pronuncia della regione di Pechino **B** **anche agg. inv.**: *sistema p.*

pìnza① [fr. *pince*, da *pincer* 'pinzare' ✱ 1875] **s. f. 1** (**spec. al pl.**) utensile costituito da due branche d'acciaio, unite da una cerniera, usato per afferrare, stringere, strappare e sim.: *la p. del meccanico, dell'elettricista* | ***p. da minatore***, quella di bronzo con cui si tagliano le micce e si serrano i detonatori attorno alle loro estremità e con cui si forano le cartucce di esplosivo | ***p. a tormaline***, polarimetro rudimentale costituito da due tormaline funzionanti l'una da polarizzatore e l'altra da analizzatore della luce verde, usato spec. per esperienze di birifrangenza | ***p. da chimico***, usata per sostenere burette, crogioli, provette e sim. | ***da prendere con le pinze***, (*fig.*) da trattare o da accogliere con molta cautela **2** (*med.*) strumento di presa a due branche dentate o meno: *p. chirurgica*; *p. anatomica*; *p. emostatica* **3** (*pop.*) ciascuna delle chele dei crostacei e degli scorpioni **4** piccolo strumento manuale a forma di molla per stringere o afferrare: *la p. dello zucchero* **5** (*gerg.*) riflettore spec. per usi scenografici, composto da una lampada a luce diffusa contenuta in un cappuccio paraboloide fissato con una pinza ‖ **pinzétta**, **dim.** (V.)

pìnza② [dal dial. *piza* 'pizza' con intrusione di *n* ✱ 1931] **s. f. 1** dolce bolognese di forma schiacciata, cotto al forno con un ripieno di mostarda di cotogne **2** pane dolce del Veneto e del Friuli, tipico delle feste natalizie e pasquali

pinzàre [lat. parl. **pinctiāre*, di orig. espressiva ✱ av. 1749] **v. tr. 1** unire con graffette metalliche, usando la pinzatrice **2** (*tosc.*) mordere con le pinze o col pungiglione, detto di insetti o crostacei **3** (*raro*) prendere e stringere con le pinze

pinzàta [1891] **s. f.** ● il pinzare | (*est.*, *tosc.*) puntura d'insetto

pinzatrìce [1930] **s. f.** ● attrezzo usato negli uffici per unire a fascicolo più fogli per mezzo di punti metallici **SIN.** cucitrice, graffettatrice, spillatrice, (*fam.*) graffatrice

pinzatùra [da *pinzato*, part. pass. di *pinzare* ✱ 1958] **s. f. 1** (*tosc.*) puntura di insetto **2** cucitura con la pinzatrice **3** (*tess.*) operazione di rifinitura dei tessuti

pinzétta [sec. XV] **s. f. 1** dim. di *pinza* **2** piccolo strumento a forma di molla, usato spec. dai filatelici, dagli orologiai e in cosmetica ‖ **pinzettina**, **dim.**

pinzillàcchera [etim. incerta ✱ 1930 ca.] **s. f.** ● (*scherz.*) inezia, quisquilia

pinzimònio [da *pinzare* col suff. di *matrimonio* ecc. adoperato scherz. ✱ 1804] **s. m.** ● condimento di olio, pepe e sale in cui s'intingono sedani, carciofi, peperoni crudi e sim.: *verdure in p.*

pìnzo① [da *pinzare* ✱ 1855] **s. m.** ● (*tosc.*) puntura o morso d'insetto

pìnzo② [da avvicinare a *pizzo* (?) ✱ av. 1705] **s. m.** ● (*tosc.*) cocca, punta, lembo

pìnzo③ [dal part. pass. di *impinzare* ✱ 1481] **agg.** ● (*tosc.*) zeppo: *pieno p.*

pinzòchero [da avvicinare a *bizzoco* ✱ 1275] **s. m.** (**f.** *-a*) **1** appartenente a un movimento trecentesco, condannato dalla Chiesa, di terziari francescani che rifiutavano l'obbedienza all'autorità ecclesiastica **2** (*spreg.*) bigotto, bacchettone

†**pinzocoràto** [da *pinzochero* ✱ 1484] **agg.** ● che si comporta da pinzochero

pìo① [vc. dotta, lat. *pĭu(m)*, di etim. incerta ✱ 1313] **agg.** (**pl. m.** *pii*) **1** che è profondamente devoto alla propria religione e la pratica: *persona pia* | (*est.*) che concerne la religione: *pie leggende* | che manifesta religiosità: *atteggiamento pio* | ***luoghi pii***, santuari, chiese e sim. **CONTR.** empio **2** pietoso, caritatevole, misericordioso: *opere pie*; *animo pio* | ***le pie donne***, le tre Marie ai piedi della croce | ***pia fondazione***, persona giuridica caratterizzata da un patrimonio destinato stabilmente al conseguimento di finalità religiose o di culto | ***pia unione***, congregazione **3** (*lett.*) profondamente buono e magnanimo: *cuore pio*; *il pio Enea* | (*lett.*) placido: *t'amo, o pio bove* (G. CARDUCCI) **4** (*fig.*) vano, irrealizzabile: *un pio desiderio*; *una pia illusione* ‖ **piaménte**, **avv.** in modo pio, con devozione e pietà

Pìo② [1694] **agg.** (**pl. m.** *Pii*) ● relativo a uno dei pontefici di nome Pio | ***Porta Pia***, a Roma, fatta costruire da Pio IV nel 1561 **SIN.** piano⑤ **CFR.** clementino

pìo③ ➤ **pio pio**

pìo- [dal gr. *pýon* 'pus', da *pýthesthai* 'putrefarsi', di orig. indeur.] **primo elemento** ● in parole composte della terminologia medica significa 'pus', 'putrefazione': *piodermite, piogeno*

piocèle [comp. di *pio-* e *-cele* ✱ 1835] **s. m.** ● (*med.*) raccolta di pus in una cavità preformata del corpo umano, come si può verificare nello scroto o nei seni para-nasali

piociàneo [da *pio-* e *ciano-*, per il colore blu del pus delle infezioni ✱ 1910] **s. m.** ● (*biol.*) termine comunemente impiegato per indicare il batterio *Pseudomonas aeruginosa*, patogeno opportunistico causa di infezioni ospedaliere

piòda [vc. lombarda, di etim. incerta ✱ 1942] **s. f. 1** nel linguaggio alpinistico, lastrone di roccia privo di appigli **2** (*geol.*) direzione lungo la quale è più facile la divisibilità di una roccia

piodermìte [comp. di *pio-* e *dermite* ✱ 1930] **s. f.** ● malattia della pelle provocata da germi piogeni

pioemìa ➤ **piemia**

pioftalmìa [comp. di *pio-* e *(o)ftalmia* ✱ 1835] **s. f.** ● infezione dell'occhio con presenza di pus

piogènico [1875] **agg.** (**pl. m.** *-ci*) ● (*med.*) relativo a piogeno

piògeno [comp. di *pio-* e *-geno* ✱ 1920] **agg.** ● (*med.*) che produce pus | ***germe p.***, che provoca reazioni infiammatorie purulente

pioggerèlla [av. 1729] **s. f. 1** dim. di *pioggia* **2** pioggia uniforme, minuta e sottile **SIN.** acquerugiola, pioviggine ‖ **pioggerellina**, **dim.**

♦**piòggia** [lat. parl. **plŏvia(m)*, per il classico *plŭvia(m)*, da *plŭere* 'piovere' ✱ av. 1250] **s. f.** (**pl.** *-ge*) **1** precipitazione atmosferica di particelle di acqua sotto forma di gocce con diametro superiore a mezzo millimetro **CFR.** pluvio-, ombro- | ***p. monsonica***, causata dai monsoni estivi, spec. in India | ***p. equinoziale***, che cade sulla fascia equatoriale durante gli equinozi | ***p. zenitale***, pioggia torrenziale al passaggio del Sole allo zenit nella fascia intertropicale | ***p. acida***, acqua piovana inquinata dai residui di combustione contenuti nei fumi industriali, dannosa spec. per colture, vegetazione e monumenti | ***p. artificiale***, precipitazione provocata da sostanze che facilitano il processo di formazione delle gocce | (*fig.*) ***fare la p. e il bel tempo***, dettare legge in un certo ambiente, luogo e sim. **2** (*est.*) grande quantità di cose che scendono dall'alto: *una p. di fiori, di sabbia* | (*astron.*) ***p. di stelle cadenti***, sciame meteorico particolarmente denso | (*est.*) gran numero: *una p. di insulti*; *una violenta p. d'improperi* | (*fig.*) nella loc. ***a p.***, detto di ciò che si verifica o viene effettuato in modo del tutto casuale e indiscriminato: *interventi a p.*; *misure che colpiscono a p. tutti i settori* **3** (*cinema*, *gerg.*) difetto che si verifica in una pellicola, rigata a causa dei troppi passaggi nella macchina di proiezione ‖ **pioggerèlla**, **dim.** (V.) | (*lett.*) **pioggétta**, **pioggettina**, **dim.** | (*lett.*) **pioggiolìna**, **dim.**

NOMENCLATURA

pioggia

● *caratteristiche*: abbondante, torrenziale, dirotta, a cateratte, a gronda, a bigonce, a catinelle, a dirotto, impetuosa, forte, violenta, continua, improvvisa, devastatrice; minuta, leggera, fitta, battente, greve; provvidenziale, ristoratrice, rinfrescante; acida; uggiosa, fastidiosa, moderata, di fango; piova, pioggia fine = pioviggine, pioggerella, piovischio, acquerella, acquerugiola; piovasco = rovescio = acquazzone, scroscio, acquata; turbine, tempesta, temporale, nubifragio, diluvio; piovosità, stagione delle piogge ⇔ stagione secca; danza della pioggia;

● *azioni*: piovere, piovigginare, strapiovere, piovere a scrosci, diluviare, tuonare, lampeggiare, scrosciare, scaricarsi; grondare, stillare, spiovere = cessare di piovere; prender l'acqua, bagnarsi; ripararsi, aprire, chiudere l'ombrello;

● *strumenti di misurazione*: idrometro, pluviometro, pluvioscopio, pluviografo a galleggiante;

● *oggetti*: ombrello = paracqua = parapioggia, impermeabile, cerata, cappuccio, galosce, stivali di gomma; tergicristalli;

● *grandine*: secca ⇔ mista a pioggia, grossa ⇔ minuta, sferoidale ⇔ irregolare; globulo = chicco = granello; grandinifugo, artiglieria antigrandine; pioggia grandinosa; grandinata;

● *azioni*: grandinare, battere = percuotere, devastare;

● *fulmine*: saetta, lampo = baleno = folgore, tuono;

● *azioni*: saettare, balenare, guizzare, fulminare, lampeggiare, tuonare, brontolare, cadere;

● *oggetti*: parafulmine.

†**pioggióso** (o *-ṣ-*) [da *pioggia* ✱ av. 1547] **agg.** ● piovoso

piòla [vc. piemontese, dal fr. *piaule* 'taverna', dalla vc. d'argot *pier* 'bere' (d'orig. incerta: dal gr. *pínein* 'bere'?) ✱ av. 1635] **s. f.** ● (*sett.*) osteria

piolet-traction /*fr.* pjɔˌletrakˈsjɔ̃/ [vc. fr., propr. 'trazione (*traction*) esercitata per mezzo della piccozza (*piolet*)' ✱ 1987] **s. f. inv.** ● (*sport*) nell'alpinismo, tecnica che consente di arrampicarsi su pareti ghiacciate con il solo aiuto dei ramponi e di due piccozze piantate alternativamente

piòlo o †**piuòlo** [etim. discussa: da avvicinare al gr. *péirein* 'infilzare, trapassare' (?). V. *pirone* ✱ 1353] **s. m. 1** piccolo legno cilindrico, aguzzo a un'estremità, che si conficca in terra, nel muro, in asse, trave e sim., per legarvi o appendervi qualcosa: *il p. dell'attaccapanni* | ***scala a pioli***, con gli scalini costituiti da pioli trasversali tenuti insieme da due aste parallele dette 'staggi' | ***star piantato come un p.***, (*fig.*) starsene ritto, fermo e impalato **SIN.** paletto | (*sport*) ciascuno degli elementi trasversali della spalliera **2** (*agric.*) cavicchio con cui si fanno i buchi per le piantine **SIN.** piantatoio **3** (*tosc.*) pilastrino di pietra o bronzo davanti a portone di palazzo o monumento, per delimitazione, riparo, ornamento **4** (*elettr.*) piccolo cilindro di metallo che costituisce la parte maschio di una connessione elettrica ‖ **piolétto**, **dim.** | **piolino**, **dim.**

piombagginàre [da *piombaggine* ✱ 1871] **v. tr.** (*io piombàggino*) ● (*disus.*) grafitare

piombàggine [lat. *plumbāgine(m)*, da *plŭmbum* 'piombo' ✱ av. 1498] **s. f. 1** minerale di carbonio, spec. grafite impura, usato per dare lucentezza ai pallini da caccia **2** pianta erbacea perenne delle Plumbaginacee a fusto eretto e fiore a corolla violacea (*Plumbago europaea*)

piombàggio [da *piombare*② ✱ 1958] **s. m.** ● chiusura mediante sigilli di piombo: *il p. di un vagone ferroviario*

♦**piombàre**① [da (*cadere a*) *piombo* ✻ 1313] **A** **v. intr.** (*io piómbo*; **aus.** *essere*) **1** cadere dall'alto, di peso o all'improvviso, con violenza: *la folgore piombò sulla quercia schiantandola*; *un meteorite piombò nel lago* | (*fig.*) sprofondare: *è piombato nella più nera disperazione* **2** gettarsi dall'alto spec. per predare: *il falcone piombò sulla colomba* | (*est.*) gettarsi con impeto: *i poliziotti piombarono sui ladri in fuga* **3** (*fig.*) giungere, arrivare all'improvviso: *mi è piombato in casa in piena notte* **4** cadere a piombo, essere perfettamente perpendicolare: *l'abito piomba benissimo* **B** **v. tr.** **1** †scaraventare giù: *quando Morgante il battaglio giù piomba* (L. PULCI) | (*lett.*) appioppare con forza: *mi piombava ceffoni con la mano enorme* (C. PAVESE) **2** far cadere, gettare improvvisamente in una data situazione: *il guasto piombò nel buio tutta la città*
SFUMATURE ➤ *precipitare*

♦**piombàre**② [lat. *plumbāre*, da *plŭmbum* 'piombo' ✻ 1398] **v. tr.** (*io piómbo*) ● chiudere o sigillare con il piombo: *p. i carri ferroviari, un pacco postale* | otturare una carie dentaria mediante amalgama di argento o altro materiale

†**piombàrio** [1550] **agg.** ● che contiene piombo

†**piombaruòla** [1604] **s. f.** **1** crogiuolo per il piombo **2** strumento di tortura con palline di piombo

piombàto① **part. pass.** di *piombare*①; anche **agg.** ● nei sign. del v. | (*fig.*) capitato all'improvviso: *[...] come quella ragazzaccia piombata dal Continente nel suo paesello* (L. PIRANDELLO)

piombàto② **part. pass.** di *piombare*②; anche **agg.** **1** nei sign. del v. **2** ricoperto o appesantito col piombo: *mazze piombate* **3** (*raro*) duro o pesante come piombo

piombàto③ [da *piombo* ✻ 1871] **s. m.** ● (*chim.*) sale o estere dell'acido piombico

piombatóia [1464] **s. f.** ● piombatoio

piombatóio [da *piombare* ✻ av. 1405] **s. m.** (**pl.** *-ói*) ● (*milit.*) caditoia

piombatùra [1640] **s. f.** **1** operazione del piombare: *la p. delle merci*; *la p. di un dente cariato* **2** quantità di piombo usata per appesantire qlco., chiudere una cavità e sim.: *la p. della lenza*; *la p. di un dente* **3** (*agric.*, *raro*) mal del piombo

piombemìa [comp. di *piomb(o)* ed *-emia* ✻ 1986] **s. f.** ● (*med.*) concentrazione di piombo nel sangue | presenza di piombo nel sangue; si riscontra in casi di avvelenamento da composti del piombo **CFR.** saturnismo

piómbico [1871] **agg.** (**pl. m.** *-ci*) ● detto di composto del piombo tetravalente | ***acido p.***, tetrabasico, non conosciuto allo stato libero, ma sotto forma di sali

piombìfero [comp. di *piombo* e *-fero* ✻ av. 1869] **agg.** ● ricco di piombo

piombìno① [sec. XIV] **s. m.** **1** dim. di *piombo* **2** pezzetto di piombo di forma varia, utilizzato per scopi diversi | ***p. della lenza***, per mantenere la lenza verticalmente in acqua | ***p. della rete***, ciascuno dei pezzi di piombo che si assicurano all'orlo inferiore della rete per tenerla tesa verso il basso | ***il p. della stadera***, il contrappeso scorrevole **SIN.** romano② | ***mettere i piombini a una giacca, a una gonna***, appesantirne la parte inferiore con appositi pezzetti di piombo, perché cadano bene **3** cilindretto di piombo appeso alla cordicella del filo a piombo **SIN.** piombo **4** scandaglio a mano, formato da una sagola graduata che termina con un cilindretto di piombo **5** dischetto di piombo usato per sigillare pacchi e sim. **6** piccolo proiettile per armi ad aria compressa **7** utensile costituito da una palla di piombo fissata a una catena, usato un tempo per sturare condotti di scarico, spec. di servizi igienici **8** (*zool.*) martin pescatore

piombìno② [da *piombo* ✻ sec. XV] **agg.** ● (*raro*) che ha il colore del piombo

♦**piómbo** [lat. *plŭmbu(m)*, di orig. preindeur. ✻ 1250 ca.] **A** **s. m.** **1** elemento chimico, metallo, molle, di colore grigio, diffuso in natura spec. come solfuro, dal quale viene ricavato; è usato per accumulatori, per antidetonanti e per leghe speciali **SIMB.** Pb **NUM. AT.** 82 | ***ossido salino di p.***, minio | ***acetato basico di p.***, costituente dell'acqua vegeto-minerale | ***diossido di p.***, corrispondente al piombo tetravalente, polvere bruna usata per le piastre degli accumulatori, come ossidante e nell'analisi chimica | ***p. tetraetile***, sostanza che, aggiunta alla benzina, ne aumenta la resistenza alla detonazione | ***camere di p.***, grandi camere a forma di parallelepipedo in lamiera di piombo, alte anche 18-20 metri, usate nell'omonimo processo industriale di fabbricazione dell'acido solforico | ***di p.***, fatto in piombo; (*fig.*) di peso: *lo sollevarono di p.* | ***cadere di p.***, di schianto, di colpo | (*fig.*) ***avanzare, andare, procedere coi piedi di p.***, con estrema cautela e prudenza | (*fig.*) ***cappa di p.***, (*fig.*) calura soffocante; (*fig.*) oppressione, peso morale | (*fig.*) ***cielo, mare*** e sim. ***di p.***, di color grigio scuro **2** (*fig.*) cosa molto pesante: *la sera certi cibi sono p. per lo stomaco* | ***cadere in un sonno di p.***, in un sonno profondo **3** (*est.*) oggetto fatto di piombo: *antichi piombi* | ***filo a p.***, filo al quale è attaccato un corpo pesante, impiegato per avere una linea di riferimento verticale | ***piombi di palombaro***, per aumentarne il peso | ***a p.***, perpendicolarmente: *essere, cadere a p.* | sigillo in piombo: *il p. della dogana* **4** (**solo sing.**) (*est.*) proiettile d'arma da fuoco: *risponderemo col p.*; *faremo assaggiare loro il nostro p.*; *cadere sotto il p. nemico* | ***anni di p.***, nel linguaggio giornalistico, gli anni '70 del Novecento, caratterizzati dal terrorismo (dal titolo di un film del 1981 della regista tedesca M. von Trotta) **5** (**spec. al pl.**) lastra o lamina usata per rivestimenti, intelaiature e sim.: *i piombi del tetto, di una vetrata* | ***i Piombi***, denominazione delle prigioni vecchie del palazzo Ducale di Venezia, le cui celle erano poste sotto il tetto rivestito di piombo dell'edificio **6** lega tipografica | la composizione tipografica stessa ‖ **piombìno**, **dim.** (V.) **B** **in funzione di agg. inv.** ● (posposto a un sost.) nelle loc. ***color p., grigio p.***, detto di una tonalità di grigio piuttosto scuro, a riflessi cupi

piombóso (o *-ṣ-*) [lat. *plumbōsu(m)*, da *plŭmbum* 'piombo' ✻ 1336 ca.] **agg.** **1** che contiene piombo o che ha il colore del piombo **2** (*chim.*) detto di composto del piombo bivalente **3** (*raro*) che è pesante come piombo

pìone [da *pi* (*greco*) col suff. *-one*③ ✻ 1958] **s. m.** ● (*fis.*) tipo di mesone, soggetto a interazione forte

pionefròṣi [comp. di *pio-* e *nefrosi* ✻ 1899] **s. f. inv.** ● (*med.*) raccolta purulenta nel bacinetto renale

pionière [fr. *pionnier* 'fante', da *pion* 'pedone' ✻ 1749] **s. m.** **1** (**f.** *-a*) (*fig.*) chi per primo si dedica con coraggio e abnegazione a nuove scoperte o ricerche, aprendo agli altri nuove terre, nuove vie, nuovi metodi di studio e sim.: *i pionieri americani che conquistarono il West*; *un grande p. dell'automobilismo, della scienza, della civiltà* **2** (**f.** *-a*) un tempo, e spec. nell'Unione Sovietica, iscritto a un'organizzazione giovanile comunista **3** (*milit.*) guastatore | zappatore | soldato del Genio

pionierìṣmo [1940] **s. m.** ● atteggiamento o attività di pioniere | (*fig.*) spirito di iniziativa di chi intraprende strade nuove

pionierìstico [1936] **agg.** (**pl. m.** *-ci*) ● da pioniere ‖ **pionieristicaménte**, **avv.**

pìo pìo o **pìo**③, **pi pi** /pi'pi*/ [vc. onomat. ✻ 1484] **A** **loc. inter.** ● riproduce il pigolio dei pulcini e degli uccellini di nido | si usa come richiamo quando si distribuisce il mangime ai pulcini o si vuole comunque radunarli | (*merid.*, *fig.*) ***piove a pio pio***, in modo lento, ma continuo **B** **in funzione di loc. sost. m. inv.** ● pigolio: *un sommesso pio pio*

piopneumotoràce [comp. di *pio-* e *pneumotorace* ✻ 1895] **s. m.** ● (*med.*) raccolta di aria e pus nelle cavità pleuriche

piòppa [1483] **s. f.** ● (*bot.*) pioppo nero

pioppàia [1788] **s. f.** ● piantagione di pioppi

piopparèllo [da *pioppo* ✻ 1892] **s. m.** ● fungo delle Agaricacee, commestibile, con cappello di color nocciola e gambo bianco, che cresce vicino ai tronchi di pioppi, salici e sim. (*Agrocybe aegerita*) **SIN.** pioppino

pioppèlla [av. 1919] **s. f.** ● giovane pianta di pioppo

pioppéto [da *pioppo*, sul modello del lat. *populētum* ✻ 1663] **s. m.** ● terreno coltivato a pioppi, bosco di pioppi

pioppìcolo [comp. di *pioppo* e *-colo* ✻ 1958] **agg.** ● relativo alla pioppicoltura o ai pioppicoltori

pioppicoltóre [da *pioppo*, sul modello di *agricoltore* ✻ 1937] **s. m.** (**f.** *-trice*) ● chi si dedica alla coltivazione del pioppo

pioppicoltùra [da *pioppo*, sul modello di *agricoltura* ✻ 1937] **s. f.** ● razionale coltivazione del pioppo, su larga scala

pioppìno [av. 1737] **A** **agg.** ● (*raro*) di pioppo: *legname p.* **B** **s. m.** **1** (*bot.*) piopparello **2** (*tosc.*) cappello floscio

piòppo [lat. parl. **plōppu(m)*, per il classico *pōpulu(m)*, di etim. incerta ✻ av. 1320] **s. m.** **1** genere di alberi d'alto fusto delle Salicacee cui appartengono varie specie, caratterizzate da chioma snella, con foglie espanse, lungo picciolo e amenti maschili penduli (*Populus*) | ***p. bianco***, con foglie bianche nella pagina inferiore per una densa pelosità (*Populus alba*) **SIN.** gattice | ***p. canadese***, ibrido, con numerose varietà coltivate, tra il pioppo nero e il pioppo nordamericano *Populus deltoides*, coltivato per la cellulosa su suoli molto umidi (*Populus canadensis*) | ***p. italico***, varietà di pioppo nero con chioma allungata e piramidale (*Populus nigra*, cultivar *italica*) **SIN.** pioppo cipressino | ***p. canescente***, probabile ibrido naturale tra pioppo bianco e pioppo tremulo, con foglie debolmente biancastre nella pagina inferiore (*Populus canescens*) | ***p. cipressino***, pioppo italico | ***p. nero***, con corteccia di colore scuro (*Populus nigra*) | ***p. tremulo***, con foglie tremolanti al vento per il picciolo appiattito e allungato (*Populus tremula*) **2** il legno di tale albero, usato in falegnameria e per la produzione della cellulosa ‖ **pioppétto**, **dim.**

†**piórno** ➤ **piovorno**

piorrèa [vc. dotta, gr. *pyórroia*, comp. di *pýon* 'pus' (V. *pio-*) e *-rroia* '-rea' ✻ 1829] **s. f.** ● (*med.*) scolo di pus | ***p. alveolare***, infiammazione cronica-degenerativa dei tessuti che circondano la radice dentale, con fuoriuscita di pus dal bordo gengivale, periostite e, nei casi gravi, espulsione del dente

piorròico [1958] **agg.** (**pl. m.** *-ci*) ● (*med.*) relativo alla piorrea

piosalpìnge [comp. di *pio-* e *salpinge* ✻ 1958] **s. f.** ● (*med.*) raccolta di pus nella salpinge

piòta [lat. *plāutu(m)* 'piatto, largo', di etim. incerta ✻ 1313] **s. f.** **1** (*lett.*) piede o pianta del piede **2** zolla di terra coperta d'erba, zolla erbosa **3** (*fig.*, *lett.*) †origine di una stirpe

piotàre [da *piota* ✱ 1804] **v. tr.** (*io piòto*) • ricoprire, rivestire con zolle erbose: *p. un terrapieno*

piòtta [forse da *piotta*, n. di un pesce ✱ 1955] **s. f.** • (*roman.*) negli anni 1950-60, banconota o moneta da cento lire

piòva [da *piovere* ✱ 1266] **s. f.** • (*lett.*) pioggia: *vien fuor la femminetta a cor dell'acqua / della novella p.* (G. Leopardi) | (*lett.*) maltempo

†piovanàtico [da *piovano*② ✱ sec. XIV] **s. m.** • pievania

piovanàto [da *piovano*② ✱ av. 1459] **s. m.** • titolo, grado e dignità di pievano

piovanèllo [etim. incerta ✱ av. 1871] **s. m.** • uccello dei Caradriformi appartenente a varie specie del genere *Calidris*, caratterizzato da un becco lungo e sottile, diritto o ricurvo, che nidifica nelle regioni artiche e, nelle lunghe migrazioni invernali verso il Sud, fa tappa in Italia

piovàno① [da *piova* ✱ sec. XIII] **agg.** • di pioggia, solo nella loc. ***acqua piovana***

piovàno② ➤ **pievano**

piovàsco [da *piova* ✱ 1887] **s. m.** (**pl.** *-schi*) • rovescio di pioggia, spec. accompagnato da raffiche di vento

piovènte **A** **part. pres.** di *piovere*; anche **agg.** • (*raro*) nei sign. del v. **B** **s. m.** • (*raro*) spiovente

♦**piòvere** [lat. tardo **plŏvere*, per il classico *plŭere*, di orig. indeur. ✱ 1266] **A** **v. intr. impers.** (**pass. rem.** *piòvve*, *†piové*; **part. pass.** *piovùto*; **aus.** *essere* o *avere*) **1** cadere, venire giù, detto della pioggia: *p. a dirotto, a scrosci, a catinelle*; *sta per p.*; *è piovuto tutta la notte*; *la mattina aveva piovuto* | ***tanto tuonò che piovve***, (*fig.*) con riferimento al verificarsi di qlco. che è stata minacciata per molto tempo | ***piove sul bagnato***, si dice quando un elemento positivo giunge a migliorare una situazione già positiva, o quando un elemento negativo giunge a peggiorare una situazione già negativa | (*fig.*, *colloq.*) ***non ci piove***, con riferimento a ciò che è assolutamente certo, su cui non si discute **2** gocciolare o trapelare della pioggia: *in questa casa ci piove*; *p. dal tetto* **B** **v. intr.** (**aus.** *essere*) **1** scendere dall'alto come pioggia (*anche fig.*): *piovevano tutt'attorno cenere e lapilli*; *la luce piove dall'abbaino*; *un malefico influsso pareva p. dagli astri* | ***p. dal cielo***, (*fig.*) detto di cosa che si desidera e che ci giunge senza alcuno sforzo da parte nostra: *cosa aspetti, che la soluzione ti piova dal cielo?* **2** arrivare con impeto e all'improvviso, affluire in gran numero, in quantità: *piovono critiche, insulti*; *non ci vedeva dagli occhi dalla disperazione, per tutte le disgrazie che gli piovevano addosso* (G. Verga) | ***gli è piovuto addosso un seccatore***, gli è arrivato, piombato in casa **3** ricadere, scendere: *Le chiome biondissime piovevano … sul collo* (G. Carducci) | essere spiovente, in pendenza: *il tetto piove verso il cortile* **C** **v. tr.** • (*lett.*) far cadere, scendere | (*fig.*, *lett.*) diffondere, elargire

pioveréccio [1741] **agg.** (**pl. f.** *-ce*) • (*lett.*) alquanto piovoso

†piovévole [sec. XIV] **agg.** • che cade come pioggia

pioviccicàre [1840] **v. intr. impers.** (*piovìccica*; **aus.** *essere* o *avere*) • piovigginare

†piovière ➤ **piviere**②

†piovìfero [comp. di *piova* e *-fero* ✱ 1546] **agg.** • (*lett.*) che porta pioggia

pioviggìnàia [da *piovigginare* ✱ 1871] **s. f.** • (*lett.*) pioggia minuta, sottile: *la sera esco sotto la p. uggiosa* (G. D'Annunzio)

piovigginàre [da *piovere* ✱ sec. XIII] **v. intr. impers.** (*pioviggina*; **aus.** *essere* o *avere*) • piovere leggermente, con gocce minute

piovìggine [da *piovigginare* ✱ 1958] **s. f.** • (*meteor.*) precipitazione di debole intensità sotto forma di gocce con diametro inferiore a mezzo millimetro

piovigginóso (o *-ṣ-*) [1313] **agg.** • detto di tempo, cielo, periodo e sim. in cui pioviggina: *un p. pomeriggio d'ottobre*

piovìschio [da *piova*, sul modello di *nevischio* ✱ 1895] **s. m.** • pioggia leggera

pioviscolàre [av. 1698] **v. intr. impers.** (*piovìscola*; **aus.** *essere* o *avere*) • (*tosc.*) piovigginare, spec. a tratti

†piovitùra [1611] **s. f.** • stagione di pioggia | abbondante pioggia

piovórno o **†piórno** [da *piova* ✱ 1319] **agg.** • (*lett.*) piovoso: *le tue bianche torri / attediate per lo ciel p.* (G. Carducci)

piovosità (o *-ṣ-*) [av. 1704] **s. f. inv.** **1** condizione, caratteristica di piovoso: *la p. dei mesi autunnali* **2** quantità di precipitazioni meteoriche cadute in una data regione in un determinato periodo: *calcolare la p. media estiva nell'Italia centrale*

♦**piovóso**① (o *-ṣ-*) [da *piova*, sul modello del lat. *pluviōsus* ✱ av. 1306] **agg.** **1** che è caratterizzato da piogge frequenti: *estate, stagione piovosa*; *il fine ormai di quel p. inverno / …, lunge non era* (T. Tasso) **2** che porta o minaccia pioggia: *tempo p.* ‖ **piovosità**, **s. f. inv.** (V.)

piovóso② (o *-ṣ-*) [da *piovoso*①, sul modello del fr. *pluviôse* ✱ av. 1828] **s. m.** • quinto mese del calendario rivoluzionario francese, il cui inizio corrispondeva al 20 gennaio e il termine al 18 febbraio

piòvra [fr. *pieuvre*, forma dial., dal lat. *pōlypu(m)* 'polipo' ✱ 1891] **s. f.** **1** correntemente, mollusco marino dei Cefalopodi di grandi dimensioni, provvisto di 10 tentacoli **2** (*fig.*) individuo od organizzazione che sfrutta sistematicamente qlco. o qlcu. fino a esaurirne le risorse: *tante piovre industriali e bancarie del bene pubblico* (R. Bacchelli) **3** (*est.*) organizzazione criminosa, spec. mafiosa, che si diffonde in modo capillare nella società

♦**pìpa**① o (*centr.*, *sett.*) **pìppa**① [fr. *pipe* 'cannuccia, pipa', da *piper* 'emettere un grido, un fischio', dal lat. parl. **pippāre*, per il classico *pipāre* 'pigolare', di orig. onomat. ✱ 1640] **s. f.** **1** strumento per fumare, formato di un piccolo recipiente di forma generalmente tondeggiante (fornello) di legno, schiuma, creta, nel quale si calca il tabacco, e di un cannello per aspirare: *caricare, fumare la p.*; *una p. di radica, di gesso, di legno*; *caminetto, cannuccia della p.* | ***p. ad acqua***, bong **2** quantità di tabacco contenuta nel fornello della pipa: *una p. di trinciato* **SIN.** pipata **3** (*est.*) oggetto che per la forma ricorda una pipa: *la p. del vetraio* **4** (*fig.*, *scherz.*) naso, spec. grosso **5** (*milit.*, *gerg.*) rimprovero **6** (*volg.*) masturbazione maschile **7** (*fig.*) persona di poco conto | (*fig.*) cosa noiosa o inutile **8** (*milit.*, *gerg.*) mostrina con una sola punta, e variamente colorata, che contraddistingue l'artiglieria, il genio e taluni servizi **9** (*ling.*) segno diacritico (ˇ) che, sovrapposto a una lettera, indica un'articolazione palatale **SIN.** pipetta①, hacek ‖ **pipàccia**, **pegg.** | **pipètta**, **dim.** (V.) | **pipóna**, **accr.** | **pipóne**, **accr. m.**

pìpa② [vc. di orig. amer. ✱ 1793] **s. f.** • anfibio anuro privo di denti e di lingua, le cui uova si sviluppano in alveoli cutanei sul dorso della femmina (*Pipa americana*)

pipàio [1966] **s. m.** (**f.** *-aia*, **pl. m.** *-ai*) • fabbricante di pipe e articoli per fumatore

pipàre o **pippàre**, spec. nel sign. 2 [da *pipa*① ✱ av. 1719] **v. intr.** (**aus.** *avere*) **1** fumare la pipa **2** (*gerg.*) aspirare cocaina **SIN.** sniffare

pipàta [1714] **s. f.** **1** il fumare la pipa fino a esaurire tutto il tabacco che essa contiene: *una buona p.* **2** quantità di tabacco che sta in una pipa ‖ **pipatina**, **dim.**

pipatóre [1875] **s. m.** (**f.** *-trice*) • (*scherz.*) fumatore di pipa

pipeline /paip'lain, *ingl.* 'paɪp,laɪn/ [vc. ingl., propr. 'linea (*line*) di tubi (*pipe*)' ✱ 1935] **s. f. inv.** • oleodotto

Piperàcee [vc. dotta, comp. del lat. *pĭper* 'pepe' e *-acee* ✱ 1875] **s. f. pl.** (**sing.** *-a*) • (*bot.*) famiglia di piante delle Dicotiledoni con fiori aclamidi, frutto a drupa o a bacca (*Piperaceae*)

piperaẓina [comp. del lat. *pĭper* 'pepe', *az(oto)* e *-ina* ✱ 1927] **s. f.** • (*chim.*) molecola organica eterociclica formata da quattro atomi di carbonio e due di azoto

piperìno ➤ **peperino**①

piperìta o **peperìta** [dal lat. *pĭper*, genit. *pĭperis*, 'pepe', per il suo sapore piccante ✱ 1813] **agg. solo f.** • detto di una varietà di menta

pipèrno [da *Piperno*, località del Lazio (dal 1928 denominata Priverno) ✱ av. 1502] **s. m.** • (*geol.*) trachite usata come pietrisco per strade e ferrovie

pipétta① [propr., dim. di *pipa*① ✱ 1931] **s. f.** • (*ling.*) pipa

pipétta② [fr. *pipette*, dim. di *pipe* 'cannuccia'. V. *pipa*① ✱ 1895] **s. f.** • tubo di vetro, semplice o con graduazione, mediante il quale è possibile prelevare per aspirazione una certa quantità di liquido

pipì [vc. onomat., da avvicinare a *pisciare* ✱ 1868] **A** **s. f. inv.** • (*fam.*) urina: *fare p.*, *fare la p.*; *mi scappa la p.* **B** **s. m. inv.** • (*fam.*) pene infantile ‖ **pipìno**, **dim.**

pi pi ➤ **pio pio**

pipiàre [lat. *pipilāre*, di orig. onomat. ✱ 1564] **v. intr.** (*io pipìo*; **aus.** *avere*) • pigolare

pipilàre [V. *pipiare* ✱ 1624] **v. intr.** (*io pìpilo*; **aus.** *avere*) • (*lett.*) pigolare

pipinàra [di orig. onomat., sia che si rifaccia al dial. *pipino* 'pidocchio', sia che rifletta il fr. *pépinière* 'vivaio' ✱ 1955] **s. f.** • (*roman.*) frotta di ragazzini vocianti

♦**pipistrèllo** o **vispistrèllo**, **†vipistrèllo**, **†vilpistrèllo**, **†vespritèllo**, **†vespistrèllo** [lat. *vespertĭlio*, nom. sing., da *vĕsper* 'sera' (V. *vespro*), perché è un animale notturno ✱ 1300 ca.] **A** **s. m.** **1** correntemente, ogni mammifero dei Chirotteri, di color bruno scuro, caratterizzato da abitudini crepuscolari | ***p. comune***, poco più lungo di 4 cm, ma con ampia apertura alare, bruno, con ali nerastre, utilissimo divoratore di insetti (*Pipistrellus kuhlii*) **CFR.** stridere **2** mantello maschile da sera, senza maniche e con mantellina, in uso nell'Ottocento **B** **in funzione di agg. inv.** • (posposto al sost.) nella loc. ***pesce p.***, V. *pesce*

pipìta [lat. tardo *pipīta(m)*, per il classico *pitu̇ita(m)* 'pituita', per l'aspetto filamentoso ✱ av. 1320] **s. f.** **1** malattia degli uccelli e spec. dei polli che si manifesta con una pellicola bianca sulla punta della lingua | (*scherz.*) ***ti venisse la p.!***, espressione di malaugurio, spec. verso chi parla troppo **2** pellicola cutanea che si solleva ai bordi delle unghie della mano: *Lidia, non strapparti le pipite!* (N. Ginzburg)

pìppa① ➤ **pipa**①

pìppa② [var. dial. di *pipa*① nel sign. 6 ✱ 1955] **s. f.** **1** (*roman.*, *volg.*) masturbazione maschile | ***farsi le pippe***, (*fig.*) perdere tempo **2** (*fig.*) persona senza alcuna capacità

pippàre ➤ **pipare**

pippiolìno [da *pippolo* ✱ 1965] **s. m.** • puntina che limita a volte un merletto o un ricamo

†**pippionàta** [da *pippione* ✻ av. 1565] **s. f.** ● (*tosc.*) stupidaggine, sciocchezza

†**pippióne** [lat. tardo *pipiōne(m)* 'piccione' ✻ av. 1348] **s. m. 1** piccione giovane | (al **pl.**, *scherz.*) testicoli **2** (*fig., tosc.*) sciocco || †**pippioncìno**, **dim.**

pìppolo [vc. espressiva ✻ 1891] **s. m.** ● (*tosc.*) chicco o grano d'uva o altro | (*est.*) escrescenza, spec. tondeggiante | ***il p. di una mela***, il gambo

pìpra [vc. dotta, gr. *pípra*, var. di *pipṓ* 'picchio', di orig. onomat. ✻ 1875] **s. f.** ● grazioso uccello dei Passeriformi delle foreste calde americane, con piumaggio nero, rosso e giallo (*Pipra aureola*)

piqué /fr. pi'ke/ [da *piquer* 'trapuntare'. V. †*piccare* ✻ 1811] **s. m. inv.** ● stoffa di cotone in cui il tipo di tessitura, a due trame e due orditi diversi, crea un effetto di piccole coste o di disegni geometrici **CFR.** piccato②, picchè

pìra [vc. dotta, lat. *pȳra(m)*, dal gr. *pyrá*, da *pŷr*, genit. *pyrós* 'fuoco'. V. *piro-* ✻ 1313] **s. f.** ● (*lett.*) catasta di legno innalzata per bruciare i cadaveri o per mettere a morte i condannati al rogo: *la p. / dov' Eteòcle col fratel fu miso?* (DANTE *Inf.* XXVI, 53-54) **SIN.** rogo

piràgna [1990] **s. m. inv.** ● adattamento di *piranha* (V.)

piràlide [vc. dotta, lat. *pyrăllide(m)*, dal gr. *pyrallís*, da *pŷr*, genit. *pyrós* 'fuoco', detta così perché si credeva vivesse anche nel fuoco ✻ 1835] **s. f.** ● genere di farfalle notturne di modeste dimensioni, le cui larve danneggiano numerose piante (*Pyralis*) | ***p. del granoturco***, piccola farfalla cosmopolita le cui larve danneggiano fusti e frutti spec. del mais (*Pyrausta nubilalis*) | ***p. degli alveari***, le cui larve si sviluppano negli alveari scavando gallerie nella cera e danneggiando gravemente l'allevamento (*Galleria mellonella*) **SIN.** tignola degli alveari

piramidàle [vc. dotta, lat. tardo *pyramidāle(m)*, da *pȳramis*, genit. *pyrămidis* 'piramide' ✻ 1282] **agg. 1** che ha forma di piramide: *corpo, masso, guglia p.* **2** (*anat.*) ***cellula p.***, cellula della corteccia cerebrale | ***fascio p.***, insieme di fibre nervose provenienti dalle cellule piramidali di alcuni settori della corteccia cerebrale, che trasmettono gli impulsi nervosi volontari | ***sistema p.***, insieme delle cellule dei fasci piramidali | ***osso p.***, osso del carpo **3** (*fig.*) detto di organizzazione, struttura e sim. che, partendo da una base molto larga, si restringe sempre più verso il vertice **SIN.** gerarchico **4** (*fig.*) colossale, madornale: *sproposito p.* || **piramidalménte**, **avv.** a forma piramidale; in modo piramidale || **piramidalità**, **s. f. inv.** caratteristica di ciò che è piramidale; (*fig.*) carattere gerarchico

piramidàto [av. 1537] **agg.** ● (*raro*) fatto a forma di piramide

piràmide [vc. dotta, lat. *pyrămide(m)*, dal gr. *pyramís* 'torta', poi 'piramide', da *pyrós* 'grano', di orig. indeur.: le piramidi sarebbero state chiamate così dalla forma che ricorda quelle delle torte ✻ 1282] **s. f. 1** (*mat.*) poliedro che ha una faccia poligonale, mentre le altre sono triangoli che, da un punto, vertice, fuori del suo piano, proiettano i suoi lati | ***a p.***, a forma di piramide **2** monumento sepolcrale a forma di piramide, di proporzioni grandiose, riservato spec. ai faraoni, nell'antico Egitto | ***p. precolombiana***, di dimensioni spesso maggiori di quella egiziana, costruita a gradini, con la sommità piatta, su cui sorgeva un tempio, tipica delle antiche civiltà dell'America Centrale **3** oggetto o catasta di oggetti a forma di piramide: *una p. di libri, di proiettili* | ***p. umana***, gruppo di persone poste le une sulle spalle delle altre a forma di piramide, come esercizio ginnico o, in alpinismo, come sistema per vincere un tratto di parete senza fessure o appigli o per superare il crepaccio terminale di un ghiacciaio | ***p. sociale***, raffigurazione grafica della società, il cui vertice rappresenta il ceto meno numeroso e più ricco e la base quello meno abbiente e più numeroso **4** formazione, struttura e sim., la cui forma ricorda quella di una piramide | (*geol.*) ***p. di erosione***, massa rocciosa piramidale, colonnare o conica, scolpita dall'erosione in rocce compatte | (*anat.*) ***piramidi del Malpighi***, formazioni piramidali nell'interno del rene | ***p. alimentare***, suddivisione degli alimenti in categorie (cereali e derivati, frutta e verdura, alimenti di origine animale, grassi e zuccheri) che devono essere presenti in differenti quantità in una dieta equilibrata | nell'orologio, cono d'ottone nelle cui spire si avvolge la catena quando si dà la carica || **piramidétta**, **dim.**

Piramidóne [deriv. di *piro-* e *amido* ✻ 1900] **s. m.** ● nome commerciale del farmaco aminopirina, usato un tempo per la sua azione analgesica, antipiretica e antinfiammatoria

pirandelliàno [1925] **agg.** ● relativo allo scrittore Luigi Pirandello (1867-1936) o alla sua opera: *le novelle pirandelliane* | (*est.*) che ricorda le situazioni angosciose e problematiche caratteristiche dell'opera di Pirandello: *dilemma p.* || **pirandellianaménte**, **avv.**

pirandellìsmo [1928] **s. m.** ● l'insieme delle concezioni e delle tecniche letterarie e teatrali di Pirandello | l'imitazione di tali concezioni e tecniche

pirànha /pi'raɲɲa, *portog.* pi'rʌɲʌ/ [vc. portog. di orig. tupi ✻ 1838] **s. m. inv.** (**pl. portog.** *piranhas*) ● nome comune dei voraci e aggressivi Pesci ossei dei Cipriniformi delle acque dolci sudamericane appartenenti al genere *Serrasalmus*, che vivono in branchi e possiedono denti affilati e robusti **SIN.** pesce tigre **CFR.** piragna

pirargirìte [comp. di *piro-* e *argiro-* col suff. mineralogico *-ite*② ✻ 1895] **s. f.** ● (*miner.*) solfoantimoniuro d'argento in cristalli di color rosso fuoco e dalla lucentezza metallica

♦**piràta** o †**piràto** [vc. dotta, lat. *pirāta(m)*, dal gr. *peiratḗs*, da *peirân* 'tentare, assalire', da *pêira* 'tentativo', di orig. indeur. ✻ 1313] **A** **s. m.** (**f.** *-essa*, **pl. m.** *-i*, †*-e*) **1** chi pratica la pirateria: *scorrerie dei pirati* | (*est.*) ***p. della strada***, chi, dopo aver investito qlcu., non lo soccorre; (*est.*) automobilista dal comportamento aggressivo e scorretto | ***p. dell'aria, del cielo***, dirottatore di aerei | (*inform., gerg.*) ***p. informatico***, chi è in grado di superare le protezioni applicate a programmi o dati per danneggiarli, farne copie o per altri usi non autorizzati **SIN.** cracker **CFR.** hacker **2** (*fig.*) chi sfrutta ogni situazione a proprio vantaggio, estorce con ogni mezzo denaro agli altri, e sim.: *i pirati dell'industria, della finanza* **B** in funzione di **agg. inv.** (posposto a un **sost.**) **1** che esercita la pirateria: *vascello p.*; *nave p.* | ***auto p.***, guidata da un pirata della strada **2** (*fig.*) detto di materiale soggetto a diritto d'autore che sia stato riprodotto illegalmente: *copia p. di un disco, di un film, di un software* | detto di emittente radiofonica o televisiva che trasmette senza le autorizzazioni di legge: *radio p.* **SIN.** abusivo

piratàggio [da *piratare* ✻ 1986] **s. m.** ● il piratare: *p. informatico*

piratàre [da *pirata* ✻ 1985] **v. tr.** ● riprodurre abusivamente materiale audiovisivo, libri, programmi per elaboratori, e sim.

pirateggiàre [av. 1686] **v. intr.** (**pres.** *io pirateggio*; **fut.** *io pirateggerò*; **aus.** *avere*) **1** esercitare la pirateria: *p. sui mari* **2** (*fig.*) fare ruberie, sfruttare gli altri

piraterìa [1641] **s. f. 1** brigantaggio marittimo esercitato dai pirati, nel loro personale interesse, ai danni di navi o anche contro popolazioni rivierasche **2** (*dir.*) atto illegittimo di violenza, detenzione o depredazione commesso dall'equipaggio o dai passeggeri di una nave o di un aeromobile: *un grave episodio di p. aerea* **3** (*fig.*) attività abusiva di chi riproduce e vende libri, cassette, dischi, programmi per elaboratori, e sim.: *p. libraria, informatica* | ***p. letteraria***, plagio **4** (*fig.*) ruberia, sopraffazione: *far pagare quei prezzi è una vera p.*

piratésco [1918] **agg.** (**pl. m.** *-schi*) ● di pirata | (*fig.*) da pirata, abusivo, ladronesco: *comportamento p.* || **piratescaménte**, **avv.**

†**piràtica** [vc. dotta, lat. *pirātica(m)*, f. sost. di *pirāticus* 'piratico' ✻ av. 1588] **s. f.** ● pirateria

piràtico [vc. dotta, lat. *pirāticu(m)*, dal gr. *peiratikós*, da *peiratḗs* 'pirata' ✻ av. 1556] **agg.** (**pl. m.** *-ci*) ● (*lett.*) attinente ai pirati | ***guerra piratica***, nella storia romana antica, quella condotta da Gneo Pompeo contro i pirati nel 67 a.C. || **piraticaménte**, **avv.** da pirata

†**piràto** ➤ **pirata**

piraẓòlo [ted. *Pyrazol* comp. di *pyr-* 'piro' e *-azol* 'azo-' e '-olo①' ✻ 1927] **s. m.** ● (*chim.*) molecola organica eterociclica formata da tre atomi di carbonio e due di azoto adiacenti

piraẓolóne [da *pirazol(o)* e *-one*② ✻ 1927] **s. m.** ● (*chim.*) ogni derivato del pirazolo portante un gruppo chetonico

†**pìrchio** [da avvicinare a *tirchio* (?) ✻ 1651] **agg. e s. m.** (**f.** *-a*) ● (*centr.*) avaro, tirchio

pireliògrafo o **piroeliògrafo** [comp. di *piro-*, *elio-* e *-grafo* ✻ 1958] **s. m.** ● pireliometro registratore

pireliòmetro o **piroeliòmetro** [comp. di *piro-*, *elio-* e *-metro* ✻ 1865] **s. m.** ● strumento misuratore dell'intensità della radiazione solare giunta effettivamente al suolo

pirenàico [vc. dotta, lat. tardo *Pyrenāicu(m)* 'dei Pirenei' ✻ av. 1758] **agg.** (**pl. m.** *-ci*) ● dei Pirenei

pirène [comp. di *piro-* ed *-ene* ✻ 1871] **s. m.** ● (*chim.*) idrocarburo aromatico, formato dalla fusione angolare di quattro anelli benzenici, contenuto nel catrame di carbon fossile

pirenòforo [comp. del gr. *pyrḗn*, genit. *pyrḗnos* 'nocciolo' (V. *Pirenomiceti*) e *-foro* ✻ 1958] **s. m.** ● (*anat.*) corpo della cellula nervosa, distinto dai suoi processi citoplasmatici

Pirenomicèti [comp. del gr. *pyrḗn*, genit. *pyrḗnos* 'nocciolo, seme' (di orig. preindeur.) e *mýkēs*, genit. *mýkētos* 'fungo' (V. *micelio*); detti così perché hanno gli aschi contenuti in sacchi completamente chiusi ✻ 1835] **s. m. pl.** (**sing.** *-e*) ● (*bot.*) gruppo di Funghi superiori con corpo fruttifero a forma di fiasco (*Pyrenomycetales*)

piressìa [dal gr. *pyréssein* 'aver la febbre', da *pyretós* 'febbre' (V. *piretico*) ✻ 1829] **s. f.** ● (*med.*) febbre

pirètico [dal gr. *pyretós* 'febbre', da *pŷr*, genit. *pyrós* 'fuoco'. V. *piro-* ✻ 1749] **agg.** (**pl. m.** *-ci*) ● di febbre

piretrìna [da *piretro* ✻ 1875] **s. f.** ● composto chimico, presente nel piretro, dotato di forte potere insetticida

pirètro o (*raro*) **pìretro** [vc. dotta, lat. *pȳrethron*, dal gr. *pýrethron*, da *pŷr*, genit. *pyrós* 'fuoco' (V. *piro-*), per le sue qualità riscaldanti ✻ sec. XIV] **s. m.** ● pianta cespugliosa perenne delle Composite, con capolini bianco-giallastri che, polverizzati, sono usati come insetticida (*Chrysanthemum cinerariaefolium*)

pirex o **pyrex**® [marchio registrato ✻ 1983] **s. m. inv.** ● tipo di vetro molto resistente agli sbalzi di temperatura, usato per recipienti da laboratorio e per uso domestico

pìrico [dal gr. *pŷr*, genit. *pyrós* 'fuoco'. V. *piro-* ✻ 1821] **agg.** (**pl. m.** *-ci*) ● che ha relazione col fuoco, che produce fuoco | ***spettacolo p.***, spettacolo pirotecnico | ***polvere pirica***, da sparo

piridìna [fr. *pyridine*, dal gr. *pŷr*, genit. *pyrós* 'fuoco'. V. *piro-* ✱ 1871] **s. f.** ● (*chim.*) composto organico eterociclico che si estrae dagli oli leggeri del catrame di carbon fossile; si usa come prodotto di partenza per molte sintesi organiche e come medicamento ad azione sedativa sul centro respiratorio

piridossìna o **piridoxìna** [comp. di *pirid(i-na)* e *ossi-* col suff. *-ina* ✱ 1956] **s. f.** ● (*chim.*) uno dei composti con attività di vitamina B_6

pirifórme [comp. del lat. *pĭrum* 'pera' e *-forme* ✱ 1681] **agg.** ● che ha forma allungata, simile a quella di una pera: *muscolo p.*

pirimidìna [da *piridina*, con inserimento di *(am)mide* ✱ 1956] **s. f.** ● (*chim.*) composto eterociclico a due atomi di azoto, sostanza cristallina ottenibile per sintesi

pirimidìnico [1958] **agg.** (**pl. m.** *-ci*) ● (*chim.*) detto di sostanza derivata dalla pirimidina | ***basi pirimidiniche***, derivati amminici della pirimidina, che partecipano alla costituzione dei nucleosidi e dei nucleotidi

piríte [vc. dotta, lat. *pyrīte(m)*, dal gr. *pyrítēs*, da *pŷr*, genit. *pyrós* 'fuoco' (V. *piro-*) ✱ sec. XIV] **s. f.** ● (*miner.*) bisolfuro di ferro in cristalli cubici o pentagono-dodecaedrici dalla lucentezza metallica e dal colore giallo

pirìtico [1788] **agg.** (**pl. m.** *-ci*) ● di pirite, che contiene pirite

pìrla [prob. deriv. di *pirlare* 'girare come una trottola' (var. di *prillare*) ✱ 1883] **A s. m.** (**pl. inv. o** *-i*) ● (*volg.*, *sett.*) pene **B s. m. e f. inv.** ● (*pop.*, *sett.*) persona sciocca e inetta, facile da raggirare e imbrogliare: *fare la figura del p.*; *Prima di chiudere gli occhi mi hai detto p., / una parola gergale non traducibile* (E. MONTALE) ‖ **pirlétto**, **dim.** | **pirlóne**, **accr.** | **pirlòtto**, **alter.** | **pirlacchióne**, **accr.**

pirlàggine [da *pirla* nel sign. B ✱ 1976] **s. f.** ● (*pop.*, *sett.*) stupidità, idiozia, inettitudine | azione o frase sciocca

pìro [etim. incerta ✱ av. 1613] **s. m.** **1** grosso palo di legno confitto saldamente nel suolo, attorno al quale si avvolge la fune che trattiene il blocco di marmo durante la lizzatura **2** †piolo

pìro- [gr. *pyro-*, da *pŷr*, genit. *pyrós* 'fuoco', di orig. indeur.] **primo elemento** **1** in parole composte, significa 'fuoco', 'calore', 'combustione' (*pirografia*, *pirotecnica*) o 'che funziona a vapore' (*piroscafo*) **2** nella terminologia medica, significa 'febbre': *pirogeno*

pirobazìa [comp. di *piro-* e di un deriv. di *-bato* ✱ 1985] **s. f.** ● capacità di camminare sulle braci ardenti senza scottarsi

pirocatechìna [comp. di *piro(lisi)* e *catechina* ✱ 1875] **s. f.** ● (*chim.*) composto costituito dall'anello aromatico benzenico sostituito con due radicali ossidrilici su carboni adiacenti; si presenta come polvere cristallina bianca solubile in acqua ed è impiegata nello sviluppo delle fotografie

piroclàṣi [vc. dotta, comp. di *piro-* e del gr. *klásis* 'frattura, rottura' ✱ 1958] **s. f. inv.** ● (*chim.*) nell'industria petrolifera, cracking

piroclàstico [comp. di *piro-* e *clastico* ✱ 1930] **agg.** (**pl. m.** *-ci*) ● (*geol.*) relativo all'emissione di materiali solidi nell'atmosfera da parte di un vulcano: *attività piroclastica* | detto dei materiali stessi: *rocce piroclastiche* | detto di deposito formato da tali materiali

piroclastìte [da *piroclast(ico)* col suff. *-ite*② ✱ 1958] **s. f.** ● roccia formata da elementi piroclastici

piroconducibilità [comp. di *piro-* e *conducibilità* ✱ 1965] **s. f. inv.** ● proprietà caratteristica di certe sostanze, consistente nel presentare un cambiamento nella conducibilità elettrica al variare della temperatura

pirocorvétta [comp. di *piro-* e *corvetta* ✱ 1865] **s. f.** ● nave militare del XIX sec. a vele quadre e macchina a vapore con propulsore a ruote o a elica, armata come una corvetta

piroelettricità [comp. di *piro-* ed *elettricità* ✱ 1875] **s. f. inv.** ● fenomeno di polarizzazione dielettrica, provocato in certi cristalli da variazioni di temperatura

piroelèttrico [comp. di *piro-* ed *elettrico* ✱ 1835] **agg.** (**pl. m.** *-ci*) ● relativo alla piroelettricità, che presenta piroelettricità (V.) | ***effetto p.***, sviluppo di cariche elettriche da parte di taluni cristalli, quando essi subiscono delle variazioni di temperatura

piroeliògrafo ➤ **pireliografo**

piroeliòmetro ➤ **pireliometro**

piroétta o (*raro*) **piruétta**, (*tosc.*) **pirolétta** [fr. *pirouette*, prob. rifacimento (sul modello di *girouette* 'banderuola') del fr. ant. *pirouelle* 'trottola', da una forma espressiva *pir-*, che si trova in parole che significano 'cavicchio, perno, paletto' ✱ 1696] **s. f.** **1** nella danza, figura che il ballerino esegue ruotando su sé stesso e appoggiandosi su un solo piede **2** in ginnastica, danza e sim., movimento di rotazione sull'asse longitudinale in volo o in appoggio su un piede | in equitazione, figura delle arie basse **3** (*est.*) capriola, giravolta: *fare piroette per la gioia* | movimento agile **4** (*fig.*) improvviso voltafaccia: *piroette politiche*

piroettàre o (*tosc.*) **pirolettàre** [fr. *pirouetter*, da *pirouette* 'piroetta' ✱ 1816] **v. intr.** (*io piroétto*; **aus.** *avere*) ● far piroette: *piroettava sulla corda con grande abilità*

piròfila [f. sost. di *pirofilo* ✱ 1954] **s. f.** ● tegame da cucina fabbricato con materiale pirofilo

piròfilo [comp. di *piro-* e *-filo* ✱ 1942] **agg.** ● detto di sostanza, spec. vetro, che non si altera a contatto col fuoco

pirofobìa [comp. di *piro-* e *-fobia* ✱ 1821] **s. f.** ● (*psicol.*) timore ossessivo del fuoco ‖ **pirofòbico**, **agg.** (**pl. m.** *-ci*); **anche s. m.** (**f.** *-a*) **nel sign. 2** **1** relativo a pirofobia **2** pirofobo ‖ **piròfobo**, **agg. e s. m.** (**f.** *-a*) che (o chi) soffre di pirofobia

pirofòrico [dal gr. *pyrophóros* 'che porta fuoco', comp. di *pyro-* 'piro-' e *-phóros* '-foro' ✱ 1869] **agg.** (**pl. m.** *-ci*) ● detto di polvere finissima di metallo che al contatto con l'aria si infiamma spontaneamente per ossidazione: *ferro p.* | ***lega piroforica***, usata come pietrina per accenditori automatici

piròforo [vc. dotta, gr. *pyrophóros* 'che porta fuoco'. V. *piroforico* ✱ 1835] **s. m.** ● grosso coleottero asiatico che emette una intensa luce rossa dall'addome e bluastra dal corsaletto (*Pyrophorus noctilucus*)

pirofosfàto [comp. di *piro-* e *fosfato* ✱ 1980] **s. m.** ● (*chim.*) fosfato che per la sua capacità di inibire la formazione di carbonato di calcio è impiegato come additivo anticalcare nei detersivi e come additivo antitartaro nei dentifrici

pirofregàta [comp. di *piro-* e *fregata* ✱ 1866] **s. f.** ● nave militare del XIX sec. a vele quadre e macchine a vapore, con dimensioni e armamento da fregata

piròga [fr. *pirogue*, dallo sp. *pirogua*, da una lingua caribica ✱ 1565] **s. f.** ● imbarcazione scavata in un tronco o costruita con cortecce cucite, con liane, con pelli e sim., tipica di varie popolazioni antiche e moderne, spec. extraeuropee

pirogàllico [comp. di *piro-* e *gallico*② ✱ 1889] **agg.** (**pl. m.** *-ci*) ● (*chim.*) ***acido p.***, pirogallolo

pirogallòlo [comp. di *pirogall(ico)* e *-olo*① ✱ 1956] **s. m.** ● (*chim.*) fenolo trivalente ottenuto per decarbossilazione dell'acido gallico, usato come rivelatore fotografico, come assorbitore d'ossigeno nell'analisi dei gas e in medicina

pirogenàre [comp. di *piro-* e *-geno*, con suff. verbale ✱ 1871] **v. tr.** (*io pirògeno*) ● sottoporre un composto chimico a pirogenazione

pirogenazióne [da *pirogenare* ✱ 1937] **s. f.** ● decomposizione di un composto chimico per opera del calore

pirògeno [comp. di *piro-* e *-geno* ✱ 1911] **A agg.** ● detto di farmaco che provoca una reazione febbrile, usato in terapia per combattere germi sensibili a temperature intorno ai 40 °C o per stimolare la difesa dell'organismo **B anche s. m.**

pirografàre [da *pirografia* ✱ 1923] **v. tr.** (*io pirògrafo*) ● incidere mediante pirografia

pirografìa [comp. di *piro-* e *-grafia* ✱ 1906] **s. f.** ● incisione su legno, cuoio, cartone, eseguita con una punta metallica arroventata | (*est.*) il disegno ottenuto con tale tecnica

pirogràfico [1954] **agg.** (**pl. m.** *-ci*) ● che riguarda la pirografia | che è eseguito mediante pirografia

pirografìsta [1956] **s. m. e f.** (**pl. m.** *-i*) ● specialista di pirografia

piròografo [1958] **s. m.** ● apparecchio usato per eseguire la pirografia

piroincisióne [comp. di *piro-* e *incisione* ✱ 1954] **s. f.** ● pirografia

Pirolàcee [vc. dotta, comp. del lat. *pĭrus* 'pero', per la somiglianza delle foglie, e *-acee* ✱ 1927] **s. f. pl.** (**sing.** *-a*) ● (*bot.*) famiglia di piante erbacee perenni con foglie sempreverdi che possono mancare se la pianta è saprofita, e fiori solitari o in grappolo (*Pirolaceae*)

pirolegnóso (o *-ṣ-*) [comp. di *piro-* e *legnoso* ✱ 1835] **agg.** ● relativo alla distillazione del legno | ***acido p.***, liquido contenente acido acetico, alcol metilico e quantità minima di acetone

pirolétta e deriv. ➤ **piroetta** e deriv.

pirolìṣi [comp. di *piro-* e *lisi* ✱ 1875] **s. f. inv.** ● (*chim.*) piroscissione

pirolìtico [1958] **agg.** (**pl. m.** *-ci*) ● relativo a pirolisi

piròlo [var. sett. di *piuolo* ✱ av. 1342] **s. m.** **1** (*sett.*) piolo, cavicchio **2** (*mus.*) bischero ‖ **pirolìno**, **dim.**

pirolusìte [comp. di *piro-* e del gr. *lôusis* 'lavaggio', da *lóuein* 'lavare', di orig. indeur.; detta così per la sua proprietà di scolorire i vetri verdi ✱ 1865] **s. f.** ● (*miner.*) diossido di manganese in masse fibrose di color grigio acciaio o nerastro

piromagnetìṣmo [comp. di *piro-* e *magnetismo* ✱ 1940] **s. m.** ● fenomeno relativo alla variazione delle proprietà magnetiche dei corpi al variare della loro temperatura

piròmane [av. 1926] **agg. e s. m. e f.** ● che (o chi) è affetto da piromania | (*est.*) chi appicca incendi dolosi

piromanìa [fr. *pyromanie*, comp. di *pyro-* 'piro-' e *-manie* '-mania' ✱ 1841] **s. f.** ● (*psicol.*) impulso ossessivo e irresistibile ad appiccare il fuoco

piromànte [vc. dotta, lat. *pyromănte(m)*, dal gr. *pyrómantis*, comp. di *pyro-* 'piro-' e *-mantis* '-mante' ✱ av. 1327] **s. m. e f.** ● chi pratica la piromanzia

piromanzìa [vc. dotta, lat. tardo *pyromantīa(m)*, dal gr. *pyromantéia*, comp. di *pyro-* 'piro-' e *-mantéia* '-manzia' ✱ av. 1328] **s. f.** ● tecnica divinatoria per trarre presagi dall'osservazione del fuoco e delle fiamme

pirometallurgìa [comp. di *piro-* e *metallurgia* ✱ 1970] **s. f.** (**pl.** *-gìe*) ● (*metall.*) parte della metallurgia estrattiva, che comprende tutti i processi che impiegano energia termica per produrre metalli

pirometrìa [comp. di *piro-* e *-metria* ✻ 1927] **s. f.** ● parte della fisica tecnica che studia i metodi per la misurazione delle elevate temperature

piromètrico [1927] **agg.** (**pl. m.** *-ci*) ● relativo alla pirometria

pirometrista [da *pirometro* ✻ 1966] **s. m. e f.** (**pl. m.** *-i*) ● nelle industrie siderurgiche, operaio addetto al controllo delle temperature dei forni

piròmetro [fr. *pyromètre*, comp. di *pyro-* 'piro-' e *-mètre* '-metro' ✻ 1771] **s. m.** ● strumento per la misurazione delle alte temperature della fiamma e dei corpi incandescenti: *p. elettrico, p. ottico*

piromorfite [comp. di *piro-*, *-morfo* e *-ite*②; detto così perché cambia forma in seguito a riscaldamento ✻ 1835] **s. f.** ● (*miner.*) fosfato di piombo con cloro in prismi esagonali color verde, bruno oppure rossastro

piróne [dal gr. *péirein* 'infilzare, trapassare', di orig. indeur. ✻ 1473] **s. m.** **1** †cavicchio, piolo, perno: *il p. della lanterna* | manovella di mulinello e sim. **2** (*ven.*) forchetta **3** (*mus.*) specie di codolo di viola, violoncello e sim., che serve da puntello sul pavimento | nel pianoforte, chiavarda per fissare e regolare la tensione ‖ †**pironcino**, **dim.**

piro-piro [vc. onomat. ✻ 1827] **s. m. inv.** ● uccello dei Caradriformi con zampe e becco sottili, piumaggio di color grigio o bruno e bianco inferiormente (*Tringa*) | ***piro-piro culbianco***, prevalentemente bruno con sopraccoda candido, di passo in Italia, frequenta i luoghi d'acqua (*Tringa ochropus*) | ***piro-piro piccolo***, uccelletto a volte stazionario in Italia, che vive sulle rive di laghi e fiumi (*Tringa hypoleucos*)

piroplàşma [comp. del lat. *pĭrum* 'pera' e *plasma*; detto così dalla forma a pera ✻ 1954] **s. m.** (**pl.** *-i*) ● (*biol.*) nome desueto dei protozoi del genere *Babesia*

piroplaşmòşi [da *piroplasm(a)* col suff. *-osi* ✻ 1956] **s. f. inv.** **1** (*med., veter.*) termine desueto per babesiosi **2** (*med., veter.*) infezione sostenuta da qualsiasi specie dell'ordine di protozoi *Piroplasmida*

piròpo [vc. dotta, lat. *pyrōpu(m)*, dal gr. *pyrōpós*, propr. 'che ha aspetto di fuoco', comp. di *pyro-* 'piro-' e *ṓps*, genit. *ōpós* 'vista, aspetto' (V. *-opsia*) ✻ av. 1333] **s. m.** ● (*miner.*) granato di alluminio e magnesio di color rosso fuoco

piròscafo [comp. di *piro-* e *scafo* ✻ 1840] **s. m.** ● nave mercantile con apparato motore a vapore: *p. da, per passeggeri*; *p. da, per carico*

SFUMATURE ➤ *nave*

piroscìndere [comp. di *piro-* e *scindere* ✻ 1958] **v. tr.** (**coniug. come** *scindere*) ● operare la piroscissione

piroscissióne [comp. di *piro-* e *scissione* ✻ 1939] **s. f.** ● processo di trasformazione dei composti e dei materiali costituiti da grandi molecole in prodotti più semplici per mezzo dell'alta temperatura **SIN.** pirolisi

pirosfèra [comp. di *piro-* e *sfera* ✻ 1877] **s. f.** ● (*geol.*) involucro concentrico del globo terrestre, sottostante alla litosfera, allo stato fisico di un fluido di silicati molto viscoso

piròşi [vc. dotta, gr. *pýrōsis* 'bruciamento', da *pyrôun* 'bruciare', da *pŷr*, genit. *pyrós* 'fuoco'. V. *piro-* ✻ 1835] **s. f. inv.** ● (*med.*) sensazione di bruciore all'epigastrio e al retrobocca per eccesso di acidità gastrica

pirosolfàto [comp. di *piro-* e *solfato* ✻ 1956] **s. m.** ● sale dell'acido pirosolforico

pirosolfito [comp. di *piro-* e *solfito* ✻ 1956] **s. m.** ● (*chim.*) sale dell'acido pirosolforoso

pirosolfòrico [comp. di *piro-* e *solforico* ✻ 1889] **agg.** (**pl. m.** *-ci*) ● (*chim.*) disolforico

pirosolforóso (o *-şo*) [comp. di *piro-* e *solforoso* ✻ 1958] **agg.** ● (*chim.*) detto di acido inorganico, bibasico, non noto allo stato libero, ma solo sotto forma di sali

pirossenite [comp. di *pirosseno* e *-ite*② ✻ 1954] **s. f.** ● (*geol.*) roccia formata in prevalenza da pirosseni

piròsseno o **pirossèno** [comp. di *piro-* e del gr. *xénos* 'straniero, estraneo' (V. *xenofobia*); detto così perché si riteneva che non fosse presente nelle rocce ignee ✻ av. 1806] **s. m.** ● (*miner.*) nome collettivo di un gruppo di silicati del tipo a catena, anidri e di composizione complessa con calcio, magnesio, ferro, alluminio e sodio, che, in forma di prismi da tozzi a mediamente allungati, sono costituenti importanti di molte rocce eruttive e metamorfiche

pirotècnica o **pirotecnìa** [comp. di *piro-* e del gr. *téchnē* 'arte'. V. *tecnico* ✻ 1871] **s. f.** ● tecnica della fabbricazione dei fuochi artificiali

pirotècnico [comp. di *piro-* e *tecnico* ✻ 1771] **A** **agg.** (**pl. m.** *-ci*) ● concernente la pirotecnica o i fuochi d'artificio: *arte pirotecnica*; *spettacolo p.* | (*fig.*) molto vivace, spumeggiante **B** **s. m.** **1** (**f.** *-a*) chi prepara i fuochi artificiali **2** stabilimento militare in cui si preparano bossoli, spolette, inneschi, munizioni e sim.

pirottino [etim. incerta ✻ 1984] **s. m.** ● (*sett.*) involucro di carta oleata con bordo pieghettato usato in pasticceria come contenitore singolo di pasticcini, cioccolatini, paste e sim.

pìrrica [vc. dotta, lat. *pýrricha(m)*, dal gr. *pyrríchē* '(danza) pirrica', da *Pýrrichos* 'Pirrico' che, secondo la leggenda, ne fu l'inventore ✻ 1585] **s. f.** ● antica danza di guerra dei soldati spartani e ateniesi

pirrìchio [vc. dotta, lat. *pyrrĭchiu(m)*, dal gr. *pyrríchios* '(piede) della danza pirrica', da *pyrríchē* 'pirrica' ✻ 1546] **s. m.** ● nella poesia greca e latina, successione di due sillabe brevi **SIN.** dibraco

pirro- [dal gr. *pyrrós* 'rosso' (forse da avvicinare a *pŷr* 'fuoco')] **primo elemento** ● in parole composte della terminologia scientifica, spec. chimica, significa 'rosso, di color rosso': *pirrofillina*

pirrofillìna [comp. di *pirro-*, *(cloro)filla* e *-ina* ✻ 1954] **s. f.** ● (*chim.*) acido organico che rappresenta un prodotto di scissione della clorofilla

Pirrofite [comp. di *pirro-* e *-fita* ✻ 1958] **s. f. pl.** (**sing.** *-a*) ● (*bot.*) gruppo di organismi unicellulari, con membrana, forniti di due flagelli diseguali, facenti parte della flora planctonica del mare e delle acque dolci, contenenti amido e grassi (*Pyrrhophyta*)

pirròlico [1954] **agg.** (**pl. m.** *-ci*) ● (*chim.*) di pirrolo, relativo a pirrolo: *nucleo p.*

pirròlo [ted. *Pyrrol*, dal gr. *pyrrós* 'rosso' (V. *pirro-*) col suff. *-ol* '-olo②' ✻ 1871] **s. m.** ● composto chimico eterociclico pentatomico contenente un atomo di azoto, liquido oleoso presente nel catrame di carbon fossile; si ottiene dalla scissione di molti composti naturali e dalla distillazione secca delle ossa sgrassate

pirronìşmo [fr. *pyrrhonisme*, da *Pyrrhon* 'Pirrone', filosofo greco, fondatore della scuola scettica ✻ av. 1744] **s. m.** ● (*filos.*) forma di scetticismo radicale teorizzata da Pirrone di Elide (360 ca.-270 ca. a.C.)

pirronista [av. 1750] **s. m. e f.** (**pl. m.** *-i*) ● (*filos.*) chi segue o si ispira al pirronismo scettico

pirronìstico [1951] **agg.** (**pl. m.** *-ci*) ● relativo a Pirrone di Elide o al pirronismo

pirrotìna [1875] **s. f.** ● (*miner.*) pirrotite

pirrotite [comp. del gr. *pyrrótēs* 'colore rosso', da *pyrrós* 'rosso', forse da avvicinare a *pŷr*, genit. *pyrós* 'fuoco' (V. *piro-*), e *-ite*② ✻ 1930] **s. f.** ● (*miner.*) solfuro di ferro con eccesso di zolfo in cristalli lamellari di color giallo bronzo

piruètta ➤ **piroetta**

piruvàto [1958] **s. m.** ● (*chim.*) sale o estere dell'acido piruvico

pirùvico [comp. di *piro-* e *uva*: detto così perché è un prodotto intermedio della fermentazione alcolica ✻ 1875] **agg.** (**pl. m.** *-ci*) ● (*chim.*) detto di composto derivato, almeno originariamente, dalla distillazione secca dell'uva mediante successive trasformazioni: *alcol p.*; *aldeide piruvica* | ***acido p.***, acido organico monobasico, liquido, importante in biochimica come intermedio di reazioni enzimatiche e di fermentazioni

pisàno (o *-ş-*) [1266] **A** **agg.** ● di Pisa | (*arald.*) ***croce pisana***, coi bracci che terminano a forma di chiave antica con tre globetti a ogni estremità **B** **s. m.** (**f.** *-a*) ● abitante o nativo di Pisa

piscatòrio o (*raro*) **pescatòrio** [vc. dotta, lat. *piscatōriu(m)*, da *piscātor*, genit. *piscatōris* 'pescatore' ✻ sec. XIV] **agg.** (**pl. m.** *-i* o *raro* *-ii*) ● (*lett.*) relativo ai pescatori o alla pesca | ***anello p.***, nella religione cattolica, quello usato dal Papa come sigillo durante gli anni del proprio pontificato, con l'immagine di S. Pietro pescatore di anime

pischèllo [dal gerg. *pischella*, deriv. di *pisca* 'vaso' ✻ 1955] **s. m.** (**f.** *-a*) **1** (*roman.*) ragazzino **2** (*roman.*) pivello ‖ **pischellètto**, **dim.** | **pischellìno**, **dim.**

pìscia [da *pisciare* ✻ 1640] **s. f.** (**pl.** *-sce*) ● (*volg.*) urina

pisciacàne [comp. di *piscia(re)* e *cane*① ✻ 1499] **s. m.** ● (*bot.*) nome popolare attribuito a molte piante erbacee con proprietà diuretiche, come il dente di leone

pisciallètto o **piscialètto** [da *pisciare a letto* ✻ av. 1665] **s. m. e f. inv.** **1** (*fam., scherz.*) bambino piccolo | (*est., spreg.*) ragazzetto imberbe **2** (*bot., tosc.*) tarassaco

pisciàre [vc. di orig. onomat. ✻ sec. XIII] **A** **v. intr.** (**pres.** *io pìscio*; **fut.** *io piscerò*; **aus.** *avere*; **aus.** *essere* **nella forma pron. con valore intens.** *pisciarsi*) ● (*pop.*) mingere, orinare | ***p. sopra a qlco.***, (*fig., volg.*) disprezzarla | anche in forma pron. (con valore intens.): *pisciarsi addosso* | ***pisciarsi sotto***, ***pisciarsi addosso***, (*fig.*) avere una gran paura | (*fig.*) ***pisciarsi sotto dal ridere***, ridere in modo irrefrenabile **B** **v. tr.** **1** (*volg.*) emettere con l'urina: *p. sangue* **2** (*est., pop.*) perdere: *un recipiente che piscia acqua da ogni parte*

pisciarèlla [da *pisciare* ✻ 1540 ca.] **s. f.** ● (*fam.*) bisogno continuo e irrefrenabile di orinare: *avere la p.*

pisciasàngue [comp. di *piscia(re)* e *sangue* ✻ 1554] **s. m. inv.** ● nome popolare della babesiosi bovina, malattia infettiva trasmessa da zecche e caratterizzata da distruzione dei globuli rossi e urine di colore rossastro

pisciasòtto [comp. di *piscia(re)* e *sotto* ✻ 1904] **s. m. e f. inv.** ● (*fam.*) bambino | (*fig., spreg.*) persona pavida e vigliacca

pisciàta [da *pisciare* ✻ av. 1726] **s. f.** ● (*volg.*) atto dell'urinare | quantità di urina che si emette in una volta ‖ **pisciatina**, **dim.** | **pisciatóna**, **accr.**

pisciatóio [da *pisciare* ✻ sec. XV] **s. m.** (**pl.** *-ói*) ● (*pop.*) orinatoio

piscìcolo [comp. del lat. *pĭscis* 'pesce' e *-colo* ✻ 1983] **agg.** ● relativo all'allevamento dei pesci

piscicoltóre o **pescicoltóre** [dal lat. *pĭscis* 'pesce', sul modello di *agricoltore* ✻ 1884] **s. m.** (**f.** *-trice*) ● chi si occupa di piscicoltura

piscicoltùra o **pescicoltùra** [comp. del lat. *pĭscis* 'pesce' e *coltura* ✻ 1861] **s. f.** ● tecnica dell'allevamento dei pesci, sia a scopo di

a b c d e f g h i j k l m n o p q r s t u v w x y z

ripopolamento dei fiumi sia a scopo commerciale **SIN.** ittiocoltura

pisciforme [comp. del lat. *pĭscis* 'pesce' e *-forme* ✱ av. 1886] **agg.** ● che ha forma di pesce: *figura p.*

♦**piscina** [vc. dotta, lat. *piscīna(m)*, propr. 'peschiera', da *pĭscis* 'pesce' ✱ 1298] **s. f. 1** vasca di dimensioni medie o grandi, con acqua calda o fredda, stagnante o corrente, usata per fare il bagno e per nuotare: *fare il bagno, un tuffo in p.* | (*est.*) il complesso di opere che serve per la pratica delle discipline natatorie e che comprende, oltre la vasca, tutti i servizi accessori: *p. coperta, scoperta* | ***p. olimpionica***, quella lunga 50 metri con 8 corsie **2** †grande vasca piena d'acqua | †vivaio di pesci ‖ **piscinétta**, **dim.**

pìscio [da *pisciare* ✱ sec. XIV] **s. m.** ● (*volg.*) urina

piscióne [da *pisciare* ✱ 1871] **s. m.** (**f.** *-a*) ● (*pop.*; *anche fam. scherz.*) chi orina spesso e in abbondanza

piscióso (o **-ṣo**) [da *piscia* ✱ 1832] **agg.** ● (*pop.*, *raro*) sporco di urina

piscìvoro [comp. del lat. *pĭscis* 'pesce' e *-voro* ✱ 1824] **agg.** ● detto di animale che si nutre di pesci

†**pìscopo** ➤ **vescovo**

†**piscóso** ➤ **pescoso**

pisellàia (o **-ṣ-**) [av. 1565] **s. f.** ● piantagione di piselli

pisellàio (o **-ṣ-**) [1611] **s. m.** (**pl.** *-ai*) ● pisellaia

♦**pisèllo** (o **-ṣ-**) [lat. parl. **pisĕllu(m)*, dim. di *pĭsum*, dal gr. *píson*, di orig. straniera ✱ av. 1320] **A s. m. 1** pianta annua rampicante delle Leguminose, con fusto angoloso, foglie composte terminate da viticci, grandi fiori bianchi, frutti con semi commestibili (*Pisum sativum*) **2** legume della pianta omonima, lungo fino a 12 cm e contenente numerosi semi commestibili: *un chilo di piselli*; *sgranare, sgusciare i piselli*; *la buccia dei piselli* | (*est.*) seme commestibile della pianta omonima, di forma rotonda e di color verde chiaro: *riso e piselli*; *piselli al prosciutto*; *crema di piselli* | ***principessa sul p.***, (*fig.*) persona schizzinosa, poco adattabile, dai gusti difficili (con riferimento a una fiaba di H. C. Andersen che narra di una principessa che, dormendo su venti materassi e venti piumini, aveva avvertito la presenza di un pisello sul fondo del letto) **3** (*fam.*) pene **4** (*fig.*, *disus.*) babbeo ‖ **pisellétto**, **dim.** | **pisellìno**, **dim.** | **pisellóne**, **accr.** (V.) **B in funzione di agg. inv.** ● (posposto a un sost.) detto di una tonalità di verde piuttosto pallido: *vestito verde p.*

pisellóne (o **-ṣ-**) [av. 1494] **s. m. 1** accr. di *pisello* **2** (**f.** *-a*) (*fig.*) gran babbeo

pisifórme (o **-ṣ-**) [comp. del lat. *pĭsum* 'pisello' e *-forme* ✱ 1835] **s. m.** ● (*anat.*) osso del carpo

♣**piṣolàre** [vc. di orig. onomat. ✱ 1554] **v. intr.** (*io piṣolo*; **aus.** *avere*) ● (*fam.*) dormicchiare un poco: *starsene a p. all'ombra, al fresco* **SIN.** sonnecchiare

piṣolìno [av. 1904] **s. m. 1** dim. di *pisolo* **2** sonnellino spec. pomeridiano: *schiacciare un p.*

piṣolìte (o **-s-**) [comp. del gr. *píson* 'pisello' (V.) e *-lite*, per la forma ✱ av. 1730] **s. f.** ● (*geol.*) sferetta minerale, generalmente di calcite, costituita da un nucleo rivestito di involucri concentrici

pìṣolo [da *pisolare* ✱ 1858] **s. m.** ● (*fam.*) sonno leggerissimo e di breve durata ‖ **piṣolìno**, **dim.** (V.)

pispigliàre [vc. di orig. onomat. ✱ av. 1306] **v. intr.** (*io pispìglio*; **aus.** *avere*) ● (*lett.*) bisbigliare | (*lett.*) pigolare

pispìglio① [da *pispigliare* ✱ 1342 ca.] **s. m.** ● (*lett.*) bisbiglio① | (*lett.*) pigolio

pispiglìo② o **pispillìo** [da *pispigliare* col suff. *-io*① ✱ 1891] **s. m.** (**pl.** *-ii*) ● (*lett.*) bisbiglio②, sussurrio | (*lett.*) cinguettio

pispillòria [vc. di orig. onomat. ✱ av. 1705] **s. f. 1** †cinguettio | (*lett.*) cicaleccio, chiacchierio **2** (*lett.*) pettegolezzo: *là, una p. all'indirizzo del colpito* (C. DOSSI) **3** (*lett.*) parlantina: *aveva una p. capace ... d'intontire* (R. BACCHELLI)

pispinàre [vc. di orig. onomat. ✱ av. 1756] **v. intr.** (*io pìspino*; **aus.** *essere*) ● (*tosc.*) zampillare

pìspino [vc. di orig. onomat. ✱ av. 1557] **s. m.** ● (*tosc.*) zampillo | (*tosc.*) cannello di fontana: *io dovrei tener le labbra al p. del fonte ...?* (G. PASCOLI)

pìspola o **spippola**, (*sett.*) **spìpola** [vc. di orig. onomat. ✱ 1483] **s. f. 1** uccello dei Passeriformi, facilmente addomesticabile, con piumaggio olivastro e giallo, stazionario sui monti italiani (*Anthus pratensis*) **2** (*fig.*, *disus.*) frottola: *raccontare pispole* **3** fischietto d'osso, o metallo, usato per imitare il fischio di vari uccelli **4** †fistola ‖ **pispolétta**, **dim.** | **pispolina**, **dim.** | **pispolóne**, **accr. m.** (V.)

pispolàre [vc. di orig. onomat. ✱ 1853] **v. intr.** (*io pìspolo*; **aus.** *avere*) ● fischiare con la pispola | (*est.*) cinguettare | (*raro*) fischiare

pispolóne [av. 1871] **s. m. 1** accr. di *pispola* **2** uccello dei Passeriformi, con piumaggio giallo-bruno e strie scure, che vive nell'Italia settentrionale (*Anthus trivialis*)

pisquàno [deformazione di *pistola* (1) B, che ha senso simile ✱ 1942] **s. m.** (**f.** *-a*) ● (*sett.*, *spreg.*) persona sciocca o inetta

pissétta [fr. *pissette*, da *pisser* 'urinare' (stessa etim. dell'it. *pisciare*) ✱ 1958] **s. f.** ● (*raro*) spruzzetta

pissidàto [av. 1783] **agg.** ● (*bot.*) nella loc. ***lichene p.***, lichene con tallo ricco di ramificazioni

pìsside [vc. dotta, lat. *pȳxide(m)*, dal gr. *pyxís* 'vasetto', da *pýxos* 'bosso' (di orig. straniera), perché in orig. era fatto di bosso ✱ 1644] **s. f. 1** nella liturgia cattolica, vaso di argento o di altro metallo, dorato all'interno, con coperchio, nel quale si conservano le particole consacrate **SIN.** ciborio **2** (*bot.*) frutto secco, deiscente, in cui la parte superiore si apre a coperchio, mentre quella inferiore è a forma di coppa

pìssi pìssi [vc. onomat. ✱ av. 1427] **A loc. inter.** ● riproduce il sibilo e il bisbiglio che si fanno con le labbra parlottando piano **B in funzione di loc. sost. m. inv.** ● bisbiglìo, parlottio: *si sentiva dalla strada un pissi pissi continuato*

pissòde [vc. dotta, gr. *pissṓdēs* 'simile a pece' (per il colore), da *píssa* 'pece' ✱ 1835] **s. m.** ● insetto coleottero dei Curculionidi che vive nei tronchi di varie conifere (*Pissodes notatus*)

♦**pìsta** [fr. *piste*, dall'it. *pista*, variante di *pesta* 'orma' ✱ 1447] **s. f. 1** traccia, orma: *seguire le piste di qlcu.*; *essere sulla p. buona, giusta* | (*est.*) percorso tracciato dal passaggio continuo di persone, animali o veicoli: *una p. nel deserto* **SIN.** sentiero | (*fig.*) insieme di circostanze, tracce, indizi che contribuiscono alla soluzione di qlco.: *seguire una nuova p. in un'indagine*; *essere sulla p. giusta* **2** impianto sportivo costituito da un circuito in genere ellissoidale su cui si svolgono corse atletiche, ciclistiche, ippiche, motoristiche: *p. coperta*; *p. scoperta*; *correre in p.*, *su p.*; *p. di collaudo, di prova* | ***p. ciclabile***, V. *ciclabile* **3** (*sport*) percorso su neve battuta per la pratica dello sci di fondo o alpino | ***p. nera, rossa, blu, verde***, denominazioni convenzionali che contraddistinguono i vari gradi di difficoltà di percorso, in ordine decrescente | ***p.!***, escl. con cui si invita qualcuno a lasciare libero il passaggio, a far largo **4** spazio libero di forma per lo più circolare, variamente pavimentato, adibito a passatempi di vario genere e attività sportive: *p. da ballo*; *p. di pattinaggio* | ***p. del circo***, arena in cui ha luogo lo spettacolo **5** (*aeron.*) striscia pavimentata per il decollo e l'atterraggio di aerei: *p. di volo* | ***p. di rullaggio***, pista che collega la pista di volo con l'aerostazione **6** ciascuna delle linee lungo cui avviene la registrazione degli impulsi elettrici corrispondenti a suoni, caratteri, ecc., in nastri magnetici per registratori ed elaboratori, pellicole cinematografiche sonore, ecc. **7** (*gerg.*) sottile striscia di stupefacente in polvere pronto per essere inalato: *p. di cocaina*

pistacchiàta [av. 1584] **s. f.** ● (*tosc.*) dolce con pistacchi

pistàcchio [lat. *pistăciu(m)*, dal gr. *pistákion*, di orig. orient. ✱ av. 1320] **A s. m. 1** albero delle Anacardiacee con foglie imparipennate rosse e frutto simile a un'oliva con seme commestibile (*Pistacia vera*) **2** il seme del frutto della pianta omonima, verde e tenero, di delicato aroma | (*fig.*) †***non valere un p.***, nulla **B in funzione di agg. inv.** ● (posposto a un sost.) che ha il colore verde tenero e delicato caratteristico dei semi di pistacchio: *verde p.*; *color p.*

pistacìte [dal colore verde come il *pistacchio* ✱ 1895] **s. f.** ● (*miner.*) varietà di epidoto con elevato contenuto in ferro

pistàgna [sp. *pestaña* 'orlo'; di etim. incerta ✱ 1589] **s. f.** ● piccola striscia di tessuto su cui si fissa il colletto o il polsino | filetto colorato che orna i calzoni, il collo e i polsi di certe uniformi militari ‖ **pistagnétta**, **dim.** | **pistagnìno**, **dim. m.**

pistaiòlo [da *pista* ✱ 1905] **A s. m.** ● (*raro*) pistard **B agg.** ● relativo a pista

pistard /fr. pis'taʀ/ [vc. fr., da *piste* 'pista' ✱ 1927] **s. m. inv.** ● corridore ciclista specialista delle gare in pista

pistillìfero [comp. di *pistillo* e *-fero* ✱ 1813] **agg.** ● (*bot.*) che porta pistilli

pistìllo [vc. dotta, lat. *pistĭllu(m)* 'pestello', per la forma ✱ 1747] **s. m.** ● (*bot.*) organo femminile del fiore formato dall'ovario, dallo stilo e dallo stigma

pistòcco [ted. *Alpenstock* ✱ 1933] **s. m.** (**pl.** *-chi*) ● (*disus.*, *sett.*) Alpenstock

pistoiése (o **-ṣe**) [av. 1373] **A agg.** ● di Pistoia **CFR.** pistolese **B s. m. e f.** ● abitante o nativo di Pistoia

♦**pistòla**① [fr. *pistole*, dal ted. *Pistole*, dal ceco *pišťal* 'fischietto, tubo' ✱ 1574] **A s. f. 1** arma da fuoco portatile individuale, a canna corta, di peso e ingombro limitati, impugnata generalmente con una mano sola e usata contro bersagli ravvicinati: *un colpo di p.*; *puntare la p. contro qlcu.* | ***p. a tamburo rotante***, a caricamento multiplo, il cui caricatore è costituito da un certo numero di alveoli in cui vengono inserite manualmente le cartucce | ***p. mitragliatrice***, in grado di sparare a raffica | ***p. semiautomatica***, che espelle il bossolo sparato e inserisce automaticamente il nuovo colpo (detta impropriamente anche *p. automatica*) | ***p. da segnalazione***, usata per lanciare piccoli razzi di avvertimento | ***p. fumante***, (*fig.*) nel linguaggio giornalistico, la prova inconfutabile di un crimine commesso (calco sull'ingl. *smoking gun*) **2** ***p. a spruzzo***, apparecchio a forma di pistola per verniciatura uniforme mediante aria compressa | ***p. sparachiodi***, V. *sparachiodi* | ***p. sparapunti***, V. *sparapunti* **SIN.** aerografo **3** (*raro*, *sett.*) pene **B s. m. inv.** ● (*sett.*, *pop.*) persona sciocca o ingenua, che si

p

lascia ingannare facilmente || **pistolàccia**, **pegg.** | **pistolétta**, **dim.** | **pistolétto**, **dim. m.** (V.) | **pistolìno**, **dim. m.** (V.) | **pistolóne**, **accr. m.**

pistòla② [fr. *pistole*: gli scudi di Spagna furono chiamati così perché più piccoli di quelli di Francia, come la pistola era più piccola dell'archibugio ✱ 1602] **s. f.** ● moneta d'oro spagnola del valore di due scudi coniata da Filippo II nel XVI sec.

†**pistola**③ ➤ **epistola**

†**pistolàre** ➤ **epistolare**

†**pistolènza** ➤ **pestilenza**

†**pistolènzia** ➤ **pestilenza**

pistolèro [sp. *pistolero*, da *pistola* 'pistola' ✱ 1935] **s. m.** (**f.** *-a*) ● abile tiratore di pistola, spec. in film o narrazioni di avventure

pistolése (o **-ṣe**) [dal lat. *pistoriēnse(m)*, deriv. di *Pistōrium* 'Pistoia' ✱ 1312] **A** **agg. e s. m. e f.** ● †pistoiese **B** **s. m. o** (*raro*) **f.** ● corto pugnale a doppio taglio, usato soprattutto nella caccia

pistolettàta [1611] **s. f.** ● colpo di pistola: *ricevette una p. nella gamba destra*

pistolétto [1565] **s. m.** **1** dim. di *pistola* **2** pistola lunga, da fonda, usata un tempo dalla cavalleria

pistolière [1900] **s. m.** ● nei secc. XVI e XVII, soldato di cavalleria leggera armato di pistola

pistolìno [1982] **s. m.** **1** dim. di *pistola* **2** (*fam.*) pene, in riferimento a bambini

pistolóne o (*raro*) **epistolóne** [da *pistola*③ ✱ 1580] **s. m.** ● (*lett.*) pistolotto

pistolòtto [da *pistola*③ ✱ av. 1539] **s. m.** **1** scritto o discorso ammonitorio ed esortatorio o che esprime enfasi e retorica: *ci fece il solito p. sulla morale* **SIN.** fervorino, paternale **2** (*teatro*) battuta lunga ed enfatica di un dialogo

pistóne① o †**pestóne**② [fr. *piston*, da †*pistone* 'pestone' (nel sign. 2) ✱ av. 1537] **s. m.** **1** stantuffo, spec. di motore a combustione interna **2** (*mus.*) negli ottoni, meccanismo che permette l'emissione di tutti i suoni cromatici regolando la colonna d'aria in vibrazione **3** antica arma da fuoco portatile di grosso calibro, con canna corta e svasata **4** †grosso pestello || **pistoncìno**, **dim.**

†**pistóne**② ➤ **pestone**①

†**pistóre** [lat. *pistōre(m)* 'pestatore, mugnaio, fornaio', da *pĭnsere* 'pestare'. V. *pestare* ✱ sec. XIII] **s. m.** (**f.** *-a*) ● fornaio, panettiere

†**pistrinàio** ➤ **prestinaio**

†**pistrìno** ➤ **prestino**

pìta① [dallo sp. *pita*, vc. diffusa dall'America merid., ma non necessariamente di orig. indigena ✱ av. 1636] **s. f.** ● fibra tessile ottenuta dalle foglie di diverse specie di agavi e impiegata spec. per la fabbricazione di tessuti grossolani

pìta② [vc. araba, dal gr. moderno *pit(t)a*, di etim. discussa ✱ 1990] **s. f.** ● tipo di pane poco lievitato, basso, tondo e internamente vuoto

†**pitàffio** ➤ **epitaffio**

pitagoreìṣmo ➤ **pitagorismo**

pitagorèo [vc. dotta, lat. *Pythagorēu(m)*, dal gr. *Pythagóreios*, agg. di *Pythagóras* 'Pitagora' ✱ 1586] **agg.** ● pitagorico

pitagoricìṣmo [1840] **s. m.** ● (*filos.*) pitagorismo

pitagòrico [vc. dotta, lat. *Pythagŏricu(m)*, dal gr. *Pythagóras* 'Pitagora' ✱ 1308] **A** **agg.** (**pl. m.** *-ci*) **1** relativo a Pitagora di Samo (570 ca.-496 a.C.) o alla scuola filosofica da lui fondata | ***tavola pitagorica***, tabella per la moltiplicazione dei primi dieci numeri naturali **2** (*lett.*) parco, frugale: *Fosse effetto ... degli scarsi e pitagorici alimenti* (I. NIEVO) || **pitagoricaménte**, **avv.** **B** **s. m.** ● seguace della dottrina di Pitagora

pitagorìṣmo o **pitagoreìṣmo** [vc. dotta, gr. *Pythagorismós*, da *Pythagóras* 'Pitagora' ✱ av. 1758] **s. m.** ● il complesso delle dottrine filosofiche, scientifiche e religiose professate dai pitagorici

pitàle [sovrapposizione di *orinale* al gr. *pithárion*, dim. di *píthos* 'orcio', di etim. incerta ✱ 1529] **s. m.** ● vaso da notte, orinale

pitànga [dal portoghese, che riproduce il suo n. in lingua tupi ✱ 1991] **s. f.** ● (*bot.*) albero delle Mirtacee, originario dell'America meridionale, coltivato per ornamento e per il frutto commestibile, rosso, dolce-acidulo, usato per marmellate e gelati (*Eugenia uniflora*) | il frutto di tale albero

pit bull /*ingl.* 'pɪt,bʊl/ [1987] **loc. sost. m. inv.** (**pl. ingl.** *pit bulls*) ● accorc. di *pit bull terrier*

pit bull tèrrier /'pitbul 'tɛrier, *ingl.* 'pɪt,bʊl 'tɛriə(r)/ [loc. ingl. comp. di *pit* 'recinto per il combattimento dei cani', di *bull(dog)* (V.) e di *terrier* (V.) ✱ 1992] **loc. sost. m. inv.** (**pl. ingl.** *pit bull terriers*) ● (*zool.*) cane a pelo corto, selezionato per il combattimento, ottenuto dall'incrocio fra il terrier e il bulldog

pìtcher /pit'tʃer, *ingl.* 'pɪtʃə(r)/ [vc. ingl., 'lanciatore', da *to pitch* 'gettare, lanciare', da avvicinare a *to pick* 'perforare', vc. germ. di orig. espressiva ✱ 1953] **s. m. inv.** ● nel gioco del baseball, lanciatore

pitch pine /pitʃ'pain, *ingl.* 'pɪtʃ,paɪn/ [loc. ingl., propr. 'pino pece' ✱ 1908] **loc. sost. m. inv.** ● (*bot.*) nome popolare nordamericano di alcune specie di pino dell'America settentrionale e centrale, il cui legno è usato per mobili e costruzioni

pitecàntropo [comp. del gr. *píthēkos* 'scimmia' (V. *pitecia*) e *ánthrōpos* 'uomo' (V. *antropo-*, *-antropo*) ✱ 1905] **s. m.** ● tipo fossile, partecipe delle caratteristiche fisiche delle scimmie antropomorfe e dell'uomo, i cui resti furono rinvenuti in isole dell'Indonesia

pitècia [dal gr. *píthēkos* 'scimmia', di orig. indeur. ✱ 1871] **s. f.** (**pl.** *-cie*) ● scimmia dell'Amazzonia con lunga coda non prensile, pelame abbondantissimo e ondulato (*Pithecia monachus*)

pitecòide [comp. del gr. *píthēkos* 'scimmia' e *-oide* ✱ 1905] **agg.** ● (*lett.*) che mostra somiglianza con le scimmie

†**piteto** ➤ **epiteto**

pitia ➤ **pizia**

pitiàmbico o **piziàmbico** [comp. del gr. *pýthios* 'pizio' e *iambikós* 'giambico' ✱ 1879] **agg.** (**pl. m.** *-ci*) ● detto di sistema strofico della poesia classica, formato da un esametro dattilico e da un dimetro o trimetro giambico

pìtico [vc. dotta, lat. *Pȳthicu(m)*, dal gr. *Pythikós*, da *Pythṓ*, ant. n. di Delfi, dove sorgeva il santuario di Apollo ✱ av. 1597] **agg.** (**pl. m.** *-ci*) ● relativo ad Apollo Pizio

pitirìaṣi [vc. dotta, gr. *pityríasis*, da *pítyra* 'crusca', di etim. incerta, per il suo aspetto ✱ 1829] **s. f. inv.** ● (*med.*) affezione della pelle caratterizzata da chiazze rosa o rosse e abbondante desquamazione

pitoccàre [da *pitocco* ✱ 1598] **A** **v. intr.** (*io pitòcco, tu pitòcchi; aus. avere*) ● esercitare la questua, mendicare **B** **v. tr.** **1** chiedere in elemosina **2** (*fig.*) chiedere con insistenza, piangendo miseria e umiliandosi: *p. un favore, una raccomandazione*

pitoccherìa [1598] **s. f.** **1** (*spreg.*) condizione di chi è pitocco **2** azione o comportamento da pitocco

pitocchétto [da *pitocco*, perché si punta poco per volta (?) ✱ 1905] **s. m.** ● gioco a carte in cui vince chi fa 35 punti con carte dello stesso colore

pitòcco [gr. *ptōchós* 'mendicante, povero'; di etim. incerta ✱ av. 1492] **s. m.** (**f.** *-a*; **pl. m.** *-chi*); anche **agg.** (**superl.** *pitocchissimo*) **1** (*lett.*) pezzente, mendicante, accattone **2** (*fig.*) tirchio, taccagno: *fare il p.*; *essere un p.*

pitòmetro [dal n. dell'ideatore H. *Pitot* (1695-1771) con il suff. *-metro*] **s. m.** ● (*fis.*) strumento composto di due tubi, uno diretto nella direzione del moto di un fluido e uno perpendicolare a esso; serve a determinare la velocità del fluido tramite la misura della differenza di pressione fra i due tubi

pitóne [vc. dotta, lat. *Pythōne(m)*, dal gr. *Pýthōn*, n. di un drago ucciso da Apollo, di etim. incerta ✱ 1575] **s. m.** **1** (*lett.*) drago: *A piè del monte ove la maga alberga, / sibilando strisciar novi pitoni / ...vedrete* (T. TASSO) **2** genere di serpenti dei Pitonidi arboricoli e non velenosi, lunghi fino a 10 m, di cui sono note diverse specie viventi nei Paesi tropicali (*Python*) **3** (*est.*) pelle conciata del serpente omonimo, usata per confezionare articoli di abbigliamento: *scarpe, borsetta di p.*

pitonéssa o †**pitonìssa** [vc. dotta, lat. tardo *pythonīssa(m)*, f. di *pȳthon* 'indovino', detto così perché ispirato da Apollo *Pizio* (V. *pizio*) ✱ 1354] **s. f.** **1** pizia, sacerdotessa di Apollo **2** (*fig.*) chiromante, indovina

pitònico [vc. dotta, lat. tardo *pythōnicu(m)*, agg. di *pȳthon* 'indovino'. V. *pitonessa* ✱ av. 1328] **agg.** (**pl. m.** *-ci*) **1** (*lett.*) relativo alla Pizia, profetessa di Apollo **2** (*est.*) divinatore: *spiriti pitonici*

Pitònidi [vc. dotta, comp. di *piton(e)* e *-idi* ✱ 1954] **s. m. pl.** (**sing.** *-e*) ● (*zool.*) famiglia di Ofidi, affini ai Boidi, comprendenti anche specie gigantesche, le cui femmine incubano le loro uova acciambellandosi attorno a esse (*Pythonidae*)

†**pitonìssa** ➤ **pitonessa**

pitòsforo ➤ **pittosporo**

pitressìna [var. di *(vaso)pressina* (di non chiara identificazione la prima parte del composto) ✱ 1983] **s. f.** ● (*biol.*) vasopressina

pit stop /pit'stɔp, *ingl.* 'pɪt,stɒp/ [loc. ingl., propr. 'arresto (*stop*) in una fossa (*pit*)' nel sign. particolare di 'box per automobili' ✱ 1992] **loc. sost. m. inv.** (**pl. ingl.** *pit stops*) ● (*sport*) nelle competizioni motoristiche, fermata ai box

pittàre① [lat. parl. **pictāre*, da *pĭctus* (V. *pittura*) ✱ 1872] **v. tr.** ● (*merid.*) dipingere, pitturare

pittàre② [vc. di orig. genovese: 'beccare' ✱ 1937] **v. tr.** ● (*ligure*) riferito ai pesci, dare strappi all'amo senza abboccare

pittière [da *petto* ✱ 1565] **s. m.** ● (*tosc.*) pettirosso

pìttima① [etim. incerta ✱ 1804] **s. f.** ● uccello dei Caradriformi con lunghe zampe ed esile becco diritto (*Limosa*) | ***p. reale***, lunga circa 40 cm, vive nelle zone paludose di Europa e Asia (*Limosa limosa*) **SIN.** moschettone②

pìttima② [stessa etim. di *epitema* ✱ av. 1346] **s. f.** **1** †cataplasma **2** (*fig.*) persona importuna, lagnosa, insistente o petulante: *Vedrai che ordine ti metto io qui dentro. E senza far la p.* (G. GIACOSA) **SIN.** impiastro

pittografìa [ingl. *pictography*, comp. del lat. *pĭctus*, part. pass. di *pĭngere* 'dipingere' e *-graphy* '-grafia' ✱ 1888] **s. f.** ● sistema di scrittura che utilizza disegni figurativi al fine della comunicazione scritta

pittogràfico [1966] **agg.** (**pl. m.** *-ci*) ● relativo a pittografia | espresso mediante pittogrammi: *scene successive d'un racconto p.* (I. CALVINO) || **pittograficaménte**, **avv.** mediante la pittografia

pittogràmma [comp. del lat. *pĭctus*, part. pass. di *pĭngere* 'dipingere' e *-gramma* ✱ 1958] **s.**

m. (**pl.** *-i*) ● disegno di vario tipo, in uno o più colori, che riproduce il contenuto di un messaggio senza riferirsi ad alcuna forma linguistica parlata (per es. nella segnaletica stradale)

♦**pittóre** [lat. *pictōre(m)*, da *pĭctus*, part. pass. di *pĭngere* 'dipingere' ✻ av. 1375] **s. m.** (**f.** *-trìce*, *lett.* o *spreg.* *pittoréssa*) **1** chi esercita l'arte del dipingere, come attività professionale o per diletto: *p. di ritratti, di paesaggi, di nature morte*; *p. delicato, originale, di maniera*; *p. astrattista, futurista, informale, figurativo* **2** decoratore, imbianchino **3** (*fig.*) scrittore che dà descrizioni molto vive ed efficaci ‖ **pittorèllo**, **dim.** | **pittorino**, **dim.** | **pittorùccio**, **dim.** | (*spreg.*) **pittorùcolo**, **dim.**

pittorésco [1550] **A** **agg.** (**pl. m.** *-schi*) **1** (*lett.*) di pittore, di pittura **SIN.** pittorico **2** (*est.*) di paesaggio, scena, veduta e sim. che hanno caratteristiche di colore e di composizione particolarmente suggestive: *panorama, luogo p.* **3** (*fig.*) di qualsiasi espressione che ha caratteristiche di efficace vivacità ed evidenza: *stile, linguaggio p.*; *modo di parlare p.*; *si esprime con frasi pittoresche* | (*fam.*) stravagante, bizzarro: *un tipo p.* ‖ **pittorescaménte**, **avv.** **B** **s. m. solo sing.** ● ciò che è pittoresco: *ricerca del p.*

pittoricìṣmo [1947] **s. m.** **1** ricerca di effetti pittorici, spec. in letteratura **2** in pittura, la prevalenza espressiva del colore e delle immagini sulle altre componenti dell'opera: *il p. veneziano del Cinquecento* **CONTR.** linearismo

pittòrico [da *pittore* ✻ 1704] **agg.** (**pl. m.** *-ci*) **1** di pittura, relativo alla pittura: *stile p.* **2** (*fig.*) che ha potenza o tecnica espressiva analoga a quella della pittura, che ottiene effetti di pittura: *linguaggio, stile p.*; *efficacia, vivacità pittorica* ‖ **pittoricaménte**, **avv.** per quanto si riferisce alla pittura ‖ **pittoricità**, **s. f. inv.**

pittòsporo o, diffuso ma meno corretto, **pitòsforo** [comp. del gr. *pítta* 'pece' (di orig. indeur.) e *-sporo*: detto così dalla polpa resinosa che racchiude i semi ✻ 1875] **s. m.** ● pianta ornamentale, arbusto con foglie persistenti lucide e fiori bianchi molto profumati, resistente alla salsedine, molto diffuso nei centri balneari (*Pittosporum tobira*)

♦**pittùra** [lat. *pictūra(m)*, da *pĭctus*, part. pass. di *pĭngere* 'dipingere' ✻ 1319] **s. f.** **1** arte e tecnica del dipingere: *studiare, insegnare p.*; *corso, scuola di p.*; *p. a olio, a tempera, a guazzo, ad acquerello*; *p. su tela, legno, ceramica* | ***p. dal vero***, che ritrae figure umane, scene o paesaggi osservati dal mondo reale | ***p. di genere***, rappresentazione pittorica a carattere profano che illustra, senza intenzioni simboliche o celebrative, scene ed episodi della vita quotidiana | (*est.*) scuola pittorica: *la p. italiana del Rinascimento*; *p. astratta, figurativa* | (*est.*) opera pittorica: *ha esposto le sue pitture*; *una p. del Caravaggio* **SIN.** dipinto, quadro **2** (*fig.*) descrizione o rappresentazione non pittorica, ricca di colore, di vivacità e di espressività: *ciò che colpisce nel romanzo è la p. dei caratteri*; *una fedele p. dei costumi dell'epoca* | (*est.*, *lett.*) raffigurazione **3** (*pop.*) vernice: *dare una mano di p. a qlco.* **4** (*fam.*) belletto, trucco: *faccia piena di p.* ‖ **pitturàccia**, **pegg.** | **pitturétta**, **dim.** | **pitturìna**, **dim.**

pitturàre [da *pittura* ✻ 1340] **A** **v. tr.** **1** dipingere: *p. un quadro* **2** ricoprire di vernice o di tinta: *p. una carrozza, lo steccato, le pareti di una stanza* **B** **pitturàrsi** **v. tr. pron.** (**aus.** *essere*) **e rifl.** ● (*fam.*) truccarsi, imbellettarsi: *pitturarsi il viso, gli occhi*

pitturazióne [da *pitturare* ✻ 1937] **s. f.** ● (*raro*) tinteggiatura, verniciatura

pitùita o **pituita** [lat. *pituīta(m)* 'gomma, resina', poi 'muco', da *pīnus* 'pino' ✻ av. 1498] **s. f.** ● (*raro*) flusso, catarro

pituitàrio [av. 1673] **agg.** ● (*anat.*) della pituita | ***ghiandola pituitaria***, ipofisi

♦**più** /pju*/ o †**piùe** [lat. *plūs*, dalla stessa radice di *plēnus* 'pieno' ✻ sec. XII] **A** **avv.** **1** in maggiore quantità, in maggiore misura o grado (se posposto al v. può introdurre una prop. compar., se è seguito da un agg. o da un avv. forma il compar. di maggioranza, mentre, se in tali condizioni è preceduto dall'art. determ., forma il superl. rel.; il secondo termine di paragone può essere espresso o sottinteso): *queste sono le cose che più amo*; *devi studiare più di quanto tu ora non faccia*; *questo ragazzo si è fatto più maturo*; *sarà un'impresa più difficile*; *cerca di fare più rapidamente*; *è più tardi di quanto pensassi*; *il diamante è più duro di ogni altra pietra*; *è il più intelligente dei miei collaboratori*; *torna il più presto possibile* | ***a più tardi!***, formula di saluto che si rivolge a persona che si prevede di incontrare in giornata | ***più che***, premesso ad agg. e avv. dà loro valore di superl. assol.: *è più che onesto*; *hai fatto più che bene* | piuttosto: *più che abile, è furbo*; *più che parlare, ora occorrerebbe agire* | ***più che mai***, ancora di più; oltremodo: *la amo più che mai*; *la sua proposta è più che mai attuale* | ***più di sempre***, più che mai: *le possibilità di cavarmela ... erano ridotte più di sempre* (V. Pratolini) | ***più che altro***, soprattutto, essenzialmente: *una riunione più che altro interlocutoria*; *più che altro, era lì per curiosità* | ***più o meno***, in misura variabile: *la frollatura consiste nella stagionatura della carne per un periodo più o meno lungo*; *può risultare più o meno simpatico*; così così, non molto (come risposta a una domanda): *'Ti è piaciuto il film?' 'Più o meno...'* | ***più o meno, poco più poco meno***, pressappoco, all'incirca: *lo spettacolo dura più o meno due ore*; *costerà mille euro, poco più, poco meno* | in correl. con 'meno': *più insisti e meno ottieni*; *più ci penso e meno mi convinco* | ***chi più chi meno***, in misura diversa, ma tutti: *chi più, chi meno, daranno tutti la loro offerta* | con altri avv. di quantità: *pesa poco più di un quintale*; *costa molto più* | ***di più***, in maggior misura: *costa molto di più*; *lavora di più e parla di meno*; *l'ho pagato di più* | ***né più né meno***, proprio, per l'appunto: *è accaduto né più né meno quello che avevo previsto* | ***tanto più, molto più, ancor più***, a maggior ragione: *ho sempre diffidato di lui, tanto più ora, dopo quanto è accaduto* (V. anche *tanto*② nel sign. A 5) | (*lett.*) ***senza più***, senza indugio | in espressioni correl.: *più la guardo e più mi piace*; *più ci penso e meno mi ricordo* **CONTR.** meno **2** oltre (in frasi negative indica cessazione, fine, esaurimento di qlco., di un'azione, di un fatto): *non parlo più*; *non disse più niente*; *non voglio più vederlo*; *non lo incontrerò più* | (con valore rafforz.) ***mai più***: *non parlarne mai più* | ***non poterne più***, essere all'estremo della sopportazione: *ho camminato tanto che non ne posso più* | ***niente*** (***di***) ***più***, nient'altro: *è un amico e niente più* | ***per di più***, inoltre: *è antipatico e per di più maleducato* | ***a più non posso***, (*colloq.*) quanto più è possibile: *correre, gridare a più non posso* | (*piemontese*) ***solo più***, V. *solo* nel sign. B **3** indica addizione nell'operazione matematica: *due più tre fa cinque*; *quattro più tre è uguale a sette* | indica aggiunta, sovrappiù nelle misurazioni: *due kilogrammi più due etti* | nelle misurazioni della temperatura, indica temperature superiori a zero gradi centigradi: *la minima registrata nella notte è di più uno* | nelle votazioni scolastiche indica una valutazione leggermente superiore: *nell'ultima prova scritta ha preso sette più* | ***in più, di più***, indica eccedenza rispetto all'aspettativa: *ha avuto una carta di più*; *mi ha dato un euro in più di resto* | in correl. con 'meno', indica una quantità, un numero, una misura approssimata: *sarà largo un metro e mezzo, centimetro più centimetro meno*; *starò via un mese, giorno più giorno meno* **CONTR.** meno **B** **in funzione di prep.** ● oltre a, con l'aggiunta di: *questa volta verremo io e mia moglie più mio figlio*; *il suo stipendio è di mille euro più gli straordinari* **C** **agg. inv.** **1** maggiore in quantità: *ha fatto più punti di te*; *ci vuole più denaro*; *ho impiegato più tempo del previsto*; *oggi ho più lavoro del solito* **CONTR.** meno **2** maggiore in numero o misura: *oggi c'è più gente*; *più persone vengono e meglio è*; *mi ha trattato con più gentilezza*; *ormai lui ha più pratica di te* | ***la più parte***, la maggior parte: *ma la più parte d'essi ascondo e celo* (G. Stampa) **3** (**al pl.**) più di uno: *occorre provare più volte* | numerosi, parecchi: *si è discusso per più giorni*; *l'ho ripetuto più e più volte*; *la febbre mi ha tenuto a letto più giorni* **4** con valore neutro in espressioni ellittiche: *ho riscosso più di te*; *ci vorrà un'ora e più*; *tutto sarà pronto entro due settimane, non più*; *più di così non potevo fare* | ***e chi più ne ha più ne metta***, si usa col sign. di 'e così via' per troncare un'enumerazione o un'elencazione: *era bello, simpatico, ricco, fortunato ... e chi più ne ha più ne metta* | ***essere da più***, essere superiore: *io sono da più di te* **CONTR.** meno **D** **in funzione di s. m. inv.** **1** la cosa principale, più importante (con valore neutro): *il più è non scoraggiarsi*; *il più è incominciare* | la maggior parte (spec. contrapposto a 'meno'): *il più è fatto*; *il più delle volte ho sbagliato* | ***il di più***, il superfluo, quello che avanza | ***parlare del più e del meno***, di cose non importanti, passando da un argomento ad un altro senza impegno | ***dal più al meno***, all'incirca: *saranno dal più al meno tre settimane* | †***il numero del più***, il plurale | ***al più, tutt'al più***, al massimo: *saranno al più dieci euro* | V. anche *per lo più, tutt'al più* **CONTR.** meno **2** il simbolo '+' dell'addizione o di una quantità positiva: *premetti il segno del più* **CONTR.** meno | (*tel.*) il segno che, premesso al prefisso di uno Stato, simboleggia e sostituisce le cifre da comporre per effettuare chiamate internazionali: *chiamando dall'estero comporre il +39051293111* **3** la maggioranza (sempre preceduto dall'art. determ. pl.): *i più non sono d'accordo*; *questa è l'opinione dei più*; *i più si sono astenuti* | ***passare nel numero dei più***, (*eufem.*) morire **CONTR.** meno

piuccheperfètto o **più che perfètto**, (*raro*) **piucchepperfètto** [da *più che perfetto*: calco sul lat. tardo *plūs quăm perfĕctum* ✻ 1774] **s. m.** ● spec. nella grammatica greca classica e in quella latina, tempo verbale esprimente un'azione del passato (in italiano corrisponde al trapassato prossimo)

†**piùe** ➤ **più**

♦**piùma** [lat. *plūma(m)*, di orig. indeur. ✻ sec. XIII] **A** **s. f.** **1** penna più corta e più morbida, che riveste gli uccelli: *materasso, guanciale di p.* | ***leggero come una p.***, leggerissimo | (*est.*, *lett.*) ala (*anche fig.*): *le piume del desiderio* **2** (*poet.*) lanugine, peluria | ***mettere le prime piume***, la prima barba **3** (**al pl.**, *lett.*) letto, materasso, cuscino di piume: *stendersi, adagiarsi sulle piume* **4** (*fig.*, *poet.*) comodità, agi: *seggendo in p., / in fama non si vien* (Dante *Inf.* XXIV, 47-48) **B** **in funzione di agg. inv.** ● (posposto al sost.) solo nella loc. ***peso p.***, nel pugilato, categoria di peso compresa tra quelle dei pesi supergallo e superpiuma **C** **s. m. inv.** ● nel pugilato, atleta appartenente alla categoria dei pesi piuma ‖ **piumétta**, **dim.** (V.) | **piumettina**,

dim. | **piumolina**, **dim.**

piumàccio o †**primàccio** [lat. tardo *plumāciu(m)*, detto così perché riempito di piume (lat. *plūma*) ✱ 1338 ca.] **s. m. 1** (*lett.*) guanciale di piume **2** (*mar.*) paglietto turafalle

piumàggio [fr. *plumage*, da *plume* 'piuma' ✱ av. 1476] **s. m.** ● insieme delle penne e delle piume che rivestono un uccello

piumàio [1834] **s. m. (f. *-aia*, pl. m. *-ai*)** ● artigiano addetto alla lavorazione delle piume per imbottiture o come ornamenti per cappelli, acconciature ecc.

piumàto [av. 1320] **agg.** ● coperto od ornato di piume: *cappello p.*

piumétta [1773] **s. f. 1** dim. di *piuma* **2** porzione superiore della piantina nell'embrione vegetale

piumìno [da *piuma* ✱ 1511] **s. m. 1** negli uccelli, l'insieme delle piume, più piccole delle penne di contorno e con barbe libere, che limitano la dispersione del calore **2** ampio cuscino o grosso sacco imbottito di piume usato come coperta da letto | piumone **3** giubbotto di materiale gener. impermeabile, imbottito di piuma d'oca **4** specie di batuffolo di piume di cigno o d'oca usato per darsi la cipria **5** ciuffo di piume fissate a un sottile bastone, usato per spolverare i mobili **6** proiettile per fucile ad aria compressa, con punta metallica e minuscolo ciuffo di piume posteriore

piumóne [da *piuma* ✱ 1983] **s. m. 1** ***Piumone***®, marchio registrato di una trapunta imbottita di materiale sintetico o di piuma d'oca, da infilarsi in un'apposita fodera che sostituisce il lenzuolo **2** piumino nel sign. 3

piumóso (o **-ṣ-**) [vc. dotta, lat. *plumōsu(m)*, da *plūma* 'piuma' ✱ 1360 ca.] **agg.** ● coperto o pieno di piume | (*fig.*) leggero o soffice o morbido come piuma ‖ **piumosità**, **s. f. inv.** caratteristica di ciò che è piumoso

piumòtto [da *piuma* col suff. di *(giubb)otto* ✱ 1985] **s. m.** ● piumone nel sign. 3 e (*raro*) nel sign. 2

†**piuòlo** ➤ **piolo**

piùria o **piurìa** [comp. di *pi(o)-* e *-uria* ✱ 1821] **s. f.** ● (*med.*) emissione di pus con le urine

♦**piuttòsto** o **più tòsto** nel sign. A 3 [comp. di *più* e *tosto* 'presto' ✱ av. 1294] **A avv. 1** più facilmente, più spesso: *qui piove p. in primavera che in autunno*; *fa p. caldo che freddo* | a preferenza, più volentieri: *prenderei p. una bevanda calda* | **o p.**, o meglio: *ti scriverò per informarti, o p. verrò io direttamente*; *facciamo così, o p. in quest'altro modo* | invece, anzi: *smettila di giocare, p. vai a fare i compiti!* **2** alquanto: *oggi mi sento p. stanco*; *ha dei gusti p. discutibili*; *è un uomo p. irascibile* | abbastanza: *p. bene*; *p. male* **3** †più presto **B nella loc. cong. *p. che* 1** anziché (introduce una prop. compar. con il v. al congtv. o all'inf.): *p. che tradire preferì la morte* | pur di non: *fa mille cose p. che studiare* | con ellissi del v.: *p. la morte*; *p. la miseria!* **2** (*colloq.*, *impropr.*) oppure, ovvero (con valore disgiuntivo): *la sera mangio soltanto del formaggio p. che un uovo* Il significato corretto di *piuttosto* che è 'anziché'. L'uso di *piuttosto che* con il sign. di 'oppure' è da considerarsi improprio, anche per gli equivoci che può creare, per es. nelle frasi: *faremo stampare il libro a Padova piuttosto che a Bologna* (con il significato corretto di: 'a Padova, non a Bologna'; e non, impropr., di: 'a Padova **o** a Bologna'); oppure: *al sabato sera vado al cinema piuttosto che a cena fuori* (con il significato corretto di: 'al cinema, non a cena fuori'; e non, impropr., di: 'al cinema **o** a cena fuori') **C nella loc. cong. *p. di*** ● piuttosto che, anziché (introduce una prop. compar. con il v. all'inf.): *piuttosto di cedere preferisco andare in rovina!*

†**piùvico** [lat. parl. **plūbicu(m)*, per il classico *pūblicu(m)* 'pubblico' ✱ av. 1321] **agg.** ● pubblico

pìva [lat. parl. **pīpa(m)*, da *pipīre* 'pigolare', di orig. onomat. ✱ sec. XIII] **s. f.** ● cornamusa | ***tornarsene con le pive nel sacco***, (*fig.*) avendo concluso poco, delusi e scornati ‖ **pivétta**, **dim.**

♣**pivèllo** [dim. di †*pivo* (V.) ✱ 1545] **s. m. (f. *-a*)** ● ragazzo inesperto | novellino, principiante ‖ **pivellìno**, **dim.**

piviàle o **pievìàle** [lat. mediev. *pluviāle*, propr. '(mantello) da pioggia', nt. sost. del lat. *pluviālis*, agg. di *plŭvia* 'pioggia' ✱ 1353] **s. m.** ● paramento sacro costituito da un lungo mantello aperto davanti e trattenuto sul petto da un fermaglio, usato nella benedizione e in altre cerimonie

pivière① [dal lat. *plŭvia* 'pioggia', perché arriva verso la stagione delle piogge ✱ 1440 ca.] **s. m.** ● uccello dei Caradriformi di piccole dimensioni con becco corto e lunghe ali a punta (*Charadrius*) | ***p. dorato***, bruno a macchie dorate, ottimo volatore (*Charadrius apricarius*)

pivière② o †**piovière** [da *pieve* ✱ 1321] **s. m.** ● (*tosc.*) pieve | insieme dei fedeli o giurisdizione di una pieve

pivieréssa [f. di *piviere*① ✱ 1827] **s. f.** ● piccolo uccello dei Caradriformi che vive lungo le coste del mare e delle lagune, volatore molto resistente, di passo in Italia (*Squatarola squatarola*) **SIN.** squatarola

†**pìvo** [da *piva*, nell'uso metaforico di 'pene' ✱ av. 1449] **s. m. 1** ragazzo | paggio **2** efebo, cinedo ‖ **pivèllo**, **dim.** (V.)

pivot /*fr.* pi'vo/ [fr., uso metaforico di *pivot* 'perno' (di etim. incerta) perché questo giocatore fa perno su un piede per passare o tirare ✱ 1958] **s. m. e f. inv.** ● nella pallacanestro, giocatore che costituisce il perno dell'attacco, col compito principale di andare a canestro o conquistare la palla sui rimbalzi **SIN.** centro | ruolo analogo nella pallamano e nel calcio a cinque

pivotànte [fr. *pivotant*, part. pres. di *pivoter* 'girare intorno a un perno', da *pivot* 'perno' (V. *pivot*) ✱ 1993] **agg.** ● (*tecnol.*) detto di organo che può girare in tutte le direzioni in quanto montato su un perno

pìxel /'piksel, *ingl.* 'pɪks(ə)l/ [vc. ingl., comp. di *pix* (pl. di *pic*, abbr. di *pic(ture)* 'immagine') ed *el(ement)* ✱ 1981] **s. m. inv.** ● in un dispositivo di visualizzazione digitale, ciascuno dei punti elementari che compongono l'immagine

pixellàre [1999] **v. tr.** (*io pixèllo*) ● (*inform.*) operare una pixellizzazione: *p. un'immagine*

pixellizzazióne [da *pixel* ✱ sec. XX] **s. f.** ● (*inform.*) fenomeno che si verifica quando i pixel di un'immagine digitale sono di grandezza tale da essere visibili, per cui l'immagine stessa assume un aspetto sgranato **SIN.** sgranatura

pìzia o **pìtia** [vc. dotta, lat. *Pȳthia(m)*, dal gr. *Pythía* (*iéreia*) 'sacerdotessa di Apollo Pizio', f. sost. di *Pýthios* 'pizio' ✱ av. 1498] **s. f.** ● sacerdotessa e profetessa di Apollo in Delfi

Piziàcee [dal lat. scient. *Phytium*, n. del genere deriv. dal v. gr. *pýthein* 'far imputridire' con il suff. *-acee* ✱ 1991] **s. f. pl.** (**sing. *-a***) ● (*bot.*) famiglia di funghi degli Oomiceti, affini alle Peronosporacee, comprendente specie saprofite o parassite (*Pythiaceae*)

piziàmbico ➤ **pitiambico**

pìzio [vc. dotta, lat. *Pȳthiu(m)*, dal gr. *Pýthios*, da *Pythṓ*, ant. n. di Delfi, dove sorgeva il santuario di Apollo ✱ sec. XIV] **agg.** ● epiteto di Apollo

♦**pìzza** [etim. incerta ✱ 1535] **s. f. 1** sottile focaccia di pasta lievitata, condita con olio, mozzarella, pomodoro, alici o altro e cotta in forno, specialità napoletana oggi diffusissima ovunque: *p. margherita*, *capricciosa*, *quattro stagioni*; *p. al prosciutto*, *ai funghi* | ***p. al trancio***, ***al taglio***, venduta a peso in porzioni rettangolari o triangolari | (*est.*) specie di focaccia rustica o di schiacciata, cotta in forno, con caratteristiche diverse a seconda del luogo di origine **2** (*fig.*) cosa o persona estremamente noiosa e monotona: *quel film è una p.*; *oggi sei proprio una p.* **3** (*gerg.*) pellicola cinematografica custodita in una apposita scatola rotonda e piatta ‖ **pizzétta**, **dim.** (V.)

pizzaccherìno [da *pizzo* 'becco'. Cfr. *beccaccia* ✱ 1884] **s. m.** ● (*zool.*, *romagnolo*) beccaccino reale

pizzaiòlo [da *pizza* ✱ 1784] **s. m.** (**f. *-a***) **1** chi fa le pizze | gestore di pizzeria **2** loc. agg. inv. e avv. ***alla pizzaiola***, di carne cotta in intingolo di pomodoro, aglio e origano

pizzàrda [da *pizzo* 'punta, becco'. Cfr. *beccaccia* ✱ 1622] **s. f. 1** (*zool.*, *roman.*) beccaccia **2** cappello a due punte, portato dalle guardie municipali romane nell'Ottocento

pizzardóne [da *pizzarda* ✱ 1871] **s. m.** (**f. *-a***) ● (*roman.*) vigile urbano (*spec. scherz.*)

pizzàre [da avvicinare a *pizzo* 'punta, becco' ✱ av. 1389] **v. tr. 1** †pungere, pizzicare, pinzare **2** (*mar.*, *disus.*) urtare, investire per errata manovra contro un'altra nave o contro una banchina

pizzàta [1999] **s. f.** ● (*fam.*) pasto a base di pizza | ritrovo in cui si mangiano pizze

♦**pizzerìa** [da *pizza* ✱ 1884] **s. f.** ● locale pubblico in cui si preparano e si servono pizze e, spesso, altri piatti freddi o caldi

pizzétta [1981] **s. f.** ● dim. di *pizza* | pizza di dimensioni molto ridotte, servita come antipasto o come spuntino ‖ **pizzettìna**, **dim.**

pìzzica [vc. salentina, da *pizzĕcarë* 'pizzicare' con riferimento al pizzico della tarantola ✱ 1955] **s. f.** ● forma musicale e ballo popolare originari del Salento

pizzicàgnolo [detto così perché vende cibi *pizzicanti* ✱ av. 1348] **s. m.** (**f. *-a***) ● (*centr.*, *sett.*) venditore al minuto di salumi, formaggi e sim.: *Così vado dal p. sulla piazza* (B. FENOGLIO) **SIN.** salumiere

pizzicaiòlo ➤ **pizzicarolo**

pizzicaménto [1683] **s. m.** ● il pizzicare

pizzicànte **part. pres.** di *pizzicare*; anche **agg.** ● nei sign. del v. | piccante: *La pasta era buona davvero..., con tanto pecorino dal sapore p.* (A. MORAVIA)

pizzicàre [intens. di *pizzare* ✱ 1306] **A v. tr.** (*io pìzzico, tu pìzzichi*) **1** prendere o stringere, accostando la punta del pollice e dell'indice, una parte molle del corpo di qlcu.: *p. un braccio, una guancia*; *p. qlcu. a un braccio* | (*est.*) afferrare con due dita; piluccare: *p. l'uva* | (*est.*) prendere e stringere col becco: *il pappagallo mi ha pizzicato un dito* | anche nella forma pron. **pizzicàrsi**, pizzicare una parte del proprio corpo; (*est.*) mordicchiarsi: *pizzicarsi un braccio*; *La signora si pizzicò le labbra coi denti* (I. NIEVO) **2** (*est.*) pungere, pinzare: *le zanzare mi hanno pizzicato una guancia*; *l'ha pizzicato una vespa* | (*fig.*) provocare una sensazione pungente: *quest'auretta che pizzica il naso* (I. NIEVO) **3** stimolare col proprio sapore piccante o frizzante: *le bevande gassate pizzicano la lingua* | (*raro*, *est.*) solleticare: *un cibo che pizzica il palato* **4** (*mus.*) far vibrare la corda, stringendola tra il pollice e le due dita vicine **5** (*pop.*) cogliere sul fatto: *i carabinieri lo hanno pizzicato mentre fuggiva con la refurtiva* | catturare: *sono riusciti a* *pizzicarlo* **6** (*fig.*) punzecchiare, stuzzicare: *p. qlcu. con parole ironiche, motti salaci* **B** **v. intr.** (**aus.** *avere*) **1** sentire prurito, pizzicore: *mi pizzica il palato* | ***sentirsi p. le mani***, (*fig.*) aver voglia di picchiare qlcu. **2** essere piccante: *formaggio che pizzica* **3** (*fig., lett.*) avere sentore: *questo discorso pizzica di insolenza* **C** **pizzicàrsi** **v. rifl. recipr.** ● (*fig.*) punzecchiarsi, scambiarsi frasi pungenti: *quei due si pizzicano di continuo*

pizzicaròlo o **pizzicaruòlo**, (*raro*) **pizzicaiòlo** [V. *pizzicagnolo* ✱ av. 1262] **s. m.** (**f.** *-a*) **1** †droghiere, speziale **2** (*roman.*) pizzicagnolo, salumiere

pizzicàta [da *pizzicare* ✱ av. 1560] **s. f.** ● il pizzicare | pizzico: *dare una p.*; *prendere una p. di tabacco*

pizzicàto **A** **part. pass.** di *pizzicare*; anche **agg.** ● nei sign. del v. **B** **s. m.** ● (*mus.*) modo di suonare strumenti a corde facendole vibrare con la punta delle dita | negli strumenti ad arco, prescrizione e tecnica del pizzicare le corde invece di usare l'arco | brano di musica eseguito con tale tecnica

pizzicheria [V. *pizzicagnolo* ✱ 1550] **s. f.** ● (*centr., sett.*) negozio del pizzicagnolo | †insieme di generi di salumeria

pizzichìno [da *pizzicare* ✱ 1863] **A** **agg.** ● (*fam.*) frizzante: *acqua pizzichina* | piccante: *salsa pizzichina* **B** **s. m.** ● pizzico: *aggiungi un p. di sale*

pìzzico [da *pizzicare* ✱ 1340 ca.] **s. m.** (**pl.** *-chi*) **1** atto del prendere e stringere una parte molle del corpo tra la punta delle dita: *dare un p. sulla guancia* **2** quantità di sostanza, spec. in polvere, che si può prendere in una volta con la punta delle dita ravvicinate: *un p. di sale, di tabacco, di farina* | (*est.*) piccola quantità (*anche fig.*): *mettici poco zucchero, appena un p.*; *avere solo un p. d'erudizione* | ***non avere un p. di buon senso***, esserne del tutto sprovvisti **3** morso o pinzata d'insetto e il segno che ne resta: *il p. dell'ape è molto doloroso*; *sono pieno di pizzichi di zanzare* || **pizzichétto**, **dim.** | **pizzichìno**, **dim.** | **pizzicòtto**, **accr.** (V.)

pizzicóre [da *pizzicare* ✱ av. 1292] **s. m.** **1** senso di prurito: *sentire un forte p.* | sensazione prodotta da ciò che è piccante, frizzante e sim.: *lo spumante mi dà p. al naso* | ***p. alle mani***, (*fig.*) voglia di menar botte a qlcu. **SIN.** prurigine **2** (*fig.*) desiderio o voglia improvvisa e capricciosa: *il p. di conoscere cose nuove* | (*eufem.*) stimolo sessuale **SIN.** capriccio, uzzolo || **pizzicorìno**, **dim.**

pizzicottàre [da *pizzicotto* ✱ 1855] **A** **v. tr.** (*io pizzicòtto*) ● prendere a pizzicotti: *p. un bambino paffuto* **B** **pizzicottàrsi** **v. rifl. recipr.** ● (*raro*) darsi pizzicotti

pizzicòtto [1538] **s. m.** **1** accr. di *pizzico* **2** forte pizzico, dato con le dita, anche con intenzione affettuosa, per grossolano complimento e sim.: *i pizzicotti mi danno fastidio* || **pizzicottino**, **dim.**

pizzìno [vc. sicil., propr. 'bigliettino', 'pezzo (*pizzu*) di carta' ✱ 1998] **s. m.** ● nel gergo della mafia, breve scritto, spec. in codice e recapitato a mano, contenente informazioni, direttive e sim. | (*est., colloq.*) messaggio scritto a mano su un foglietto e fatto avere a qlcu.

♦**pìzzo** [vc. di orig. espressiva ✱ sec. XIV] **s. m.** **1** punta, estremità di qlco.: *p. dello scialle* | (*sett.*) sommità di una montagna: *il Pizzo dei Tre Signori* | bordo, orlo: *s'era messo a sedere in p. alla pedana* (P.P. PASOLINI) **2** merletto, trina: *il p. di una camicetta*; *sottoveste col p.* **3** barbetta a punta, sul solo mento | (**al pl.**) basette a punta **4** (*merid.*) forma di tangente estorta dalle organizzazioni mafiose e camorristiche a negozianti, imprenditori ecc. || **pizzétto**, **dim.**

pizzòcchero [etim. incerta ✱ av. 1459] **s. m.** **1** (**f.** *-a*) †pinzochero **2** (*cucina*, **spec. al pl.**) specialità della Valtellina costituita da tagliatelle a base di farina di grano saraceno, condite spec. con ortaggi e formaggio

pizzóso (o **-ṣ-**) [da *pizza* nel sign. fig. ✱ 1986] **agg.** ● (*fam.*) noioso, insopportabile || **pizzosità**, **s. f. inv.** (*fam.*) noiosità

pizzutèllo [da *pizzo* 'punta', per la forma allungata degli acini ✱ 1560] **A** **s. m.** ● varietà di uva da tavola di media maturazione con acini lunghi, arcuati, molto dolci **SIN.** uva corniola **B** anche **agg.**: *uva pizzutella*

pizzùto [da *pizzo* ✱ 1606] **agg.** ● (*merid.*) aguzzo, appuntito | ***viso p.***, imbronciato

placàbile [vc. dotta, lat. *placābile(m)*, da *placāre* 'placare' ✱ 1340] **agg.** **1** che può essere placato **CONTR.** implacabile **2** (*lett.*) che si lascia impietosire; benevolo, bendisposto | †che placa, che perdona, che mitiga || **placabilménte**, **avv.** || **placabilità**, **s. f. inv.**

placaménto [vc. dotta, lat. *placamĕntu(m)*, da *placāre* 'placare' ✱ 1499] **s. m.** ● (*raro*) il placare

placàre [vc. dotta, lat. *placāre*, di etim. incerta ✱ av. 1306] **A** **v. tr.** (*io plàco, tu plàchi*) ● rendere calmo, quieto, tranquillo: *p. l'ira di qlcu.*; *p. la collera divina* | mitigare, attenuare: *p. gli stimoli della fame, il dolore* **CONTR.** eccitare, irritare **B** **placàrsi** **v. intr. pron.** **1** farsi calmo, tranquillizzarsi: *dagli il tempo di placarsi, poi riprenderai la discussione* **SIN.** quietarsi, tranquillarsi **2** diventare calmo e tranquillo: *le onde si placarono e il sole splendette di nuovo* | mitigarsi: *spero che il dolore si placherà perché è veramente insopportabile*

SFUMATURE ➤ ***mitigare***

placàto **part. pass.** di *placare*; anche **agg.** ● nei sign. del v.

placazióne [vc. dotta, lat. *placatiōne(m)*, da *placātus* 'placato' ✱ sec. XIV] **s. f.** ● (*lett.* o *raro*) propiziazione di una divinità: *rito, cerimonia di p.*

plàcca [fr. *plaque*, deriv. di *plaquer* 'placcare' ✱ 1660] **s. f.** **1** lastra o lamina sottile di metallo, di varia dimensione, adatta a usi diversi: *ricoprire qlco. con una p. d'argento, d'oro*; *incidere il proprio nome su una p. cromata* **2** piastra metallica, sulla quale sono incise varie indicazioni, usata come stemma, mezzo di riconoscimento e sim. **3** piastra di un accumulatore **4** elettrodo o potenziale positivo in un tubo termoelettronico **5** nel linguaggio alpinistico, tratto di parete rocciosa privo di appigli **6** (*sett.*) teglia rettangolare: *una p. di lasagne al forno* **7** (*anat., med.*) formazione cutanea o mucosa, spec. di forma tondeggiante | ***p. motrice***, formazione neuromuscolare con cui il nervo trasmette gli impulsi alla fibra muscolare striata | ***p. del Peyer***, ammasso linfatico nella parete dell'intestino tenue | ***p. ateromatosa***, ateroma | ***p. batterica, dentaria***, materiale di origine spec. alimentare che, se non asportato regolarmente, si accumula sulla superficie dei denti favorendo la crescita dei batteri della carie **8** (*geol.*) zolla: *tettonica a placche* || **placchétta**, **dim.** (V.)

placcàggio [fr. *placage*, da *plaquer* 'placcare' (V. *placcare*) ✱ 1958] **s. m.** ● nel rugby, l'azione di arrestare un avversario in corsa e in possesso della palla, afferrandolo alle gambe o alla cintura

placcàre [fr. *plaquer*, dal neerl. *placken* 'rattoppare, incollare', da *plak* 'toppa, colpo', di orig. espressiva ✱ 1841] **v. tr.** (*io plàcco, tu plàcchi*) **1** rivestire di una lamina sottile d'oro o d'argento un metallo meno prezioso o comune **2** bloccare con un placcaggio (*anche est.*): *p. un avversario*; *un passante ha placcato il ladro*

placcàto **part. pass.** di *placcare*; anche **agg.** ● nei sign. del v.: *argento p. d'oro*

placcatùra [da *placcato* ✱ 1929] **s. f.** ● rivestimento di un metallo comune con una lamina sottile d'oro o d'argento

placchétta [1890] **s. f.** **1** dim. di *placca* **2** bassorilievo di piccole dimensioni generalmente in bronzo e di forma rettangolare, con figure e ornamentazioni **3** nelle montature di occhiali, ciascuna delle due alette che poggiano ai lati del naso **4** (*raro*) plaquette

placé /*fr.* pla'se/ [vc. fr., part. pass. del v. *placer* 'collocare' ✱ 1992] **agg. inv.** (**f. fr.** *placée*; **pl. m.** *placés*; **pl. f.** *placées*) ● detto di pranzo, ricevimento e sim. con posto assegnato: *cena placée*

placèbo [prima pers. fut. del lat. *placēre* 'piacere': 'io piacerò' ✱ 1958] **s. m. inv.** ● (*farm.*) ogni preparato privo di sostanze attive somministrato a un paziente con disturbi di origine non organica per suggestionarlo facendogli credere che si tratti di una cura reale, oppure usato in sostituzione di un farmaco di cui si vuole misurare l'azione farmacologica **CFR.** nocebo | in funzione appositiva, nella loc. ***effetto p.***, effetto psicologico o psicofisiologico prodotto da un placebo

placement① /'pleisment, *ingl.* 'pleɪsmənt/ [vc. ingl., propr. 'collocamento' ✱ 1990] **s. m. inv.** **1** servizio di orientamento e intermediazione, fornito da università o altre istituzioni, per mettere in contatto enti o imprese che offrono lavoro con giovani che lo cercano alla fine dei loro studi **2** (*econ.*) collocamento sul mercato di titoli di investimento | ***private p.***, rivolto a un numero selezionato di investitori

placement② /*fr.* plas'mɑ̃/ [vc. fr., propr. 'sistemazione' ✱ 1986] **s. m. inv.** ● assegnazione dei posti in un pranzo, un ricevimento e sim.

placènta [vc. dotta, lat. *placĕnta(m)* 'focaccia', dal gr. *plakóunta*, acc. di *plakóus*, da *plakóeis* 'in forma di vassoio', a sua volta da *pláx*, genit. *plakós* 'ogni superficie larga e piatta' ✱ av. 1698] **s. f.** **1** (*anat.*) annesso embrionale tipico della specie umana e della maggior parte dei Mammiferi; di forma variabile (nella specie umana è simile a un cilindro appiattito), garantisce i rapporti funzionali tra embrione e parete uterina | (*med.*) ***p. previa***, V. *previo* **2** (*bot.*) la parete più interna dell'ovario fornita di nervatura nutritizia, alla quale sono attaccati gli ovuli

placentàre [1936] **agg.** ● (*anat., bot.*) di placenta, relativo a placenta

Placentàti [1922] **s. m. pl.** (**sing.** *-o*) ● (*zool.*) Euteri

placentazióne [1835] **s. f.** **1** (*anat.*) processo di formazione della placenta **2** (*bot.*) disposizione degli ovuli sulla placenta: *p. assile, marginale, mediana, parietale, centrale*

placentifórme [comp. di *placenta* e *-forme* ✱ 1871] **agg.** ● (*biol.*) che ha forma di placenta

♣**plàcet** [vc. lat., propr. terza pers. sing. dell'indic. pres. di *placēre* 'piacere' ✱ av. 1552] **s. m. inv.** ● (*dir.*) formula con la quale negli Stati giurisdizionalisti si approvava la pubblicazione di documenti ecclesiastici o si concedeva l'esecuzione agli atti di provvista dei templi minori | (*est.*) approvazione, beneplacito

placidézza [1619] **s. f.** ● (*lett.*) condizione o comportamento di chi è calmo, sereno, tranquillo | placidità **CONTR.** irrequietezza

placidità [vc. dotta, lat. *placiditāte(m)*, da *plăcidus* 'placido' ✱ 1597] **s. f. inv.** ● caratteristica, condizione di chi (o di ciò che) è placido

♣**plàcido** [vc. dotta, lat. *plăcidu(m)*, propr. 'che piace', da *placēre* 'piacere' ✱ av. 1364] **agg.** ●

completamente calmo e tranquillo: *mare p.*; *tono, carattere p.*; *un uomo p. e mite*; *distaccarsi dalle placide consuetudini di lunghi anni* (B. Croce) | libero da preoccupazioni o turbamenti: *ho trascorso una placida serata in famiglia*; *se ne stava p. in poltrona a leggere il giornale* | che infonde serenità, tranquillità: *notte placida* CONTR. agitato, irrequieto || **placidaménte**, avv.

†**placitàre** [da *placito* ✱ av. 1536] **v. tr.** ● approvare con decreto

placitazióne [da *placet* ✱ 1870] **s. f.** ● nel diritto preconcordatario, istituto per cui era richiesto l'assenso dell'autorità civile, al fine di conferire efficacia nello Stato italiano agli atti emessi dall'autorità ecclesiastica

plàcito [vc. dotta, lat. *plăcitu(m)*, propr. 'ciò che piace', poi 'parere, massima, precetto', da *placēre* 'piacere' ✱ av. 1424] **s. m.** **1** nell'epoca feudale, sentenza emanata da un'autorità giudiziaria | (*est.*) documento contenente il verbale del giudizio e il testo della sentenza **2** nel diritto germanico, assemblea generale del popolo libero | assemblea in cui il feudatario amministrava la giustizia | (*est.*) tributo che il feudatario esigeva per l'amministrazione della giustizia **3** (*lett.*) opinione espressa da persona autorevole in materia di filosofia **4** †scelta, arbitrio

plàco- [dal gr. *pláx*, genit. *plakós* 'piastra' (V. *placenta*)] **primo elemento** ● in parole composte della terminologia scientifica significa 'piastra, squama': *placoide, placoforo*

placodàle [da *placod(e)* col suff. *-ale*①] **agg.** ● (*anat.*) relativo a placode

placòde [vc. dotta, gr. *plakṓdēs* 'piatto' ✱ 1958] **s. m.** ● (*anat.*) ispessimento dell'ectoderma dal quale derivano strutture sensoriali e gangliari: *p. otico*

Placodèrmi [comp. di *placo-* e *-derma* ✱ 1895] **s. m. pl.** (**sing.** *-a*) ● (*zool.*) classe di Pesci fossili paleozoici con dermascheletro che ricopre la metà anteriore del corpo (*Placodermi*)

Placòfori [comp. di *placo-* e *-foro* ✱ 1927] **s. m. pl.** (**sing.** *-o*) ● (*zool.*) classe di Molluschi marini con corpo depresso e conchiglia formata da otto piastre calcaree articolate fra loro (*Placophora*) SIN. Loricati

placòide [comp. di *placo-* e *-oide* ✱ 1954] **agg.** ● che ha forma di piastra | (*zool.*) ***squame placoidi***, formazioni dell'esoscheletro caratteristiche dei Pesci degli Elasmobranchi

plafonatùra [1942] **s. f.** ● costruzione di un plafone | il plafone stesso

plafond /*fr.* pla'fɔ̃/ [vc. fr., 'soffitto, volta', propr. 'fondo piatto', comp. di *plat* 'piatto' e *fond* 'fondo' ✱ 1713] **s. m. inv.** **1** (*raro*) soffitto **2** (*aeron.*) tangenza **3** (*fig.*) limite massimo, massima capacità raggiungibile: *il p. del credito*; *il p. di un atleta*

plafóne **s. m.** ● adattamento di *plafond* (V.)

plafonièra [adattamento del fr. *plafonnier*, da *plafond* 'soffitto' (V.) ✱ 1933] **s. f.** ● lampada applicata direttamente al soffitto o in esso incassata

plàga [vc. dotta, lat. *plăga(m)*, dalla stessa radice del gr. *pélagos* 'mare'. V. *pelago* ✱ 1321] **s. f.** (**pl.** *-ghe*, †*-ge*) **1** (*lett.*) regione, zona della terra: *una p. fredda, calda, deserta, inospitale* | †parte del cielo: *quindici stelle che 'n diverse plage / lo ciel avvivan di tanto sereno* (Dante *Par.* XIII, 4-5) **2** †spiaggia, lido

plagàle [vc. dotta, lat. tardo *plagāle(m)*, da avvicinare al gr. *plágios* 'obliquo, degradante' ✱ av. 1549] **A** **agg.** ● (*mus.*) di modo o di tono collaterale di ciascun modo autentico nella musica liturgica | ***cadenza p.***, dal 4° grado alla tonica **B** **s. m.** ● (*mus.*) divisione dell'ottava in una quarta nel grave e in una quinta nell'acuto, come *do sol sol*

†**plagére** e deriv. ➤ **piacere**① e deriv. e **piacere**②

plagiàre [vc. dotta, lat. tardo *plagiāre* 'rubare', da *plăgium* 'plagio' ✱ 1884] **v. tr.** (**pres.** *io plàgio*; **fut.** *io plagerò*) **1** copiare o imitare qlco. facendola passare per propria: *p. un verso di Orazio, un poema* **2** (*dir.*) commettere plagio su qualcuno: *è stata plagiata da quell'uomo*

plagiàrio [fr. *plagiaire*, lat. *plagiāriu(m)* 'ladro di persone', poi 'plagiario', dal gr. *plágios*. V. *plagio* ✱ 1653] **agg. e s. m.** (**f.** *-ia*) ● che (o chi) commette plagio

plagiàto **A** **part. pass.** di *plagiare*; anche **agg.** ● nei sign. del v. **B** **s. m.** (**f.** *-a*) ● colui sul quale è stato commesso plagio

plagiatóre [da *plagiare* ✱ 1954] **s. m.** (**f.** *-trice*); anche **agg.** ● chi (o che) compie un plagio

plàgio [vc. dotta, lat. tardo *plăgiu(m)*, dal gr. *plágion*, nt. di *plágios* 'obliquo' ✱ 1667] **s. m.** **1** appropriazione, totale o parziale, di lavoro altrui, letterario, artistico e sim., che si voglia spacciare per proprio | (*est.*) ciò che viene spacciato per proprio: *questo libro è un p.* **2** nel diritto romano, comportamento criminoso di chi si impossessa dolosamente o fa commercio di un uomo libero o di uno schiavo altrui | nel diritto penale moderno, illecito penale di chi assoggetta qlcu. al proprio potere, privandolo di ogni libertà di giudizio e di iniziativa; dal 1981 non costituisce più reato

plàgio- [dal gr. *plágios* 'obliquo', di orig. incerta] **primo elemento** ● in parole composte della terminologia scientifica indica posizione obliqua: *plagiocefalia, plagiotropismo*

plagiocefalìa [comp. di *plagio-* e *-cefalia* ✱ 1927] **s. f.** ● (*med.*) malformazione del cranio dovuta a obliquità dell'asse principale

plagioclàsio [comp. di *plagio-* e del gr. *klásis* 'rottura' ✱ 1922] **s. m.** ● (*miner.*) alluminosilicato contenente sodio o calcio, in cristalli tabulari o prismatici di colore bianco o grigio, frequentemente geminati

plagiotropìsmo [comp. di *plagio-* e *tropismo* ✱ 1958] **s. m.** ● (*bot.*) incurvamento di un organo vegetale dovuto spec. a stimoli luminosi

plaid /*ingl.* pleɪd/ [vc. ingl., dallo scozzese *plaide*, di etim. incerta ✱ 1757] **s. m. inv.** ● coperta o scialle di lana, a superficie morbida e pelosa con disegni a grandi quadri e a colori vivaci

planaménto [da *planare*② ✱ 1956] **s. m.** ● (*aeron.*) il planare

planàre① [vc. dotta, lat. tardo *planāre(m)*, da *plānus* 'piano①' ✱ 1970] **agg.** ● di forma piana || **planarità**, **s. f. inv.** proprietà di ciò che è planare

planàre② [fr. *planer*, dal lat. *plānus* 'piano①' ✱ 1914] **v. intr.** (**aus.** *avere* o *essere*) **1** (*aeron.*) volare in lenta discesa, per il solo effetto della gravità e della portanza aerodinamica | (*est.*) calare lentamente senza sbattere le ali, detto di uccelli **2** (*mar.*) procedere velocemente scivolando sul pelo dell'acqua per portanza idrodinamica, detto di imbarcazioni

planària [dal lat. *plānus* 'piano, piatto' ✱ 1829] **s. f.** ● denominazione generica di animali invertebrati dei Platelminti, con corpo appiattito, che vivono nelle acque dolci e marine

planarità ➤ **planare**①

planàta [1929] **s. f.** ● (*aeron.*) volo planante | ***traiettoria di p.***, quella percorsa da un aeromobile in discesa, spec. in avvicinamento e atterraggio

planàto **part. pass.** di *planare*; anche **agg.**: *Volo p.*, volo librato

plància [fr. *planche*, dal lat. tardo *plănca(m)* 'tavola, asse', f. di *plăncus* 'dai piedi piatti', da *plānus* 'piano①' ✱ 1905] **s. f.** (**pl.** *-ce*) **1** ponte di comando di una nave: *p. scoperta, coperta, corazzata* | ***p. ammiraglia***, dove sta l'ammiraglio con il suo stato maggiore | ***p. di comando***, dove stanno il comandante e l'ufficiale di guardia **2** passerella che permette di caricare o scaricare, salire o scendere, da una nave attraccata alla banchina **3** (*tipogr.*) copertina in carta stampata che viene incollata al cartone nella rilegatura dei libri **4** (*aeron., autom.*) struttura collocata davanti al posto di guida di autoveicoli, aeromobili e motoscafi nella quale sono poste la strumentazione, le bocchette di ventilazione, la sede per l'autoradio e sim.

plàncton o **plànkton** [fr. *plancton*, dal gr. *planktón*, nt. di *planktós* 'errante', da *plázein* 'andare errando', di orig. indeur. ✱ 1895] **s. m. inv.** ● (*biol.*) l'insieme degli esseri viventi, animali e vegetali, che fluttuano nelle acque marine o dolci, incapaci di contrastare il movimento dell'acqua CFR. necton

planctònico [1935] **agg.** (**pl. m.** *-ci*) ● (*biol.*) relativo al plancton: *vita planctonica* | che costituisce il plancton: *organismo p.*

planetàrio [dal lat. *planēta* 'pianeta①' ✱ 1521] **A** **agg.** **1** (*astron.*) di pianeta, attinente ai pianeti | ***sistema p.***, l'insieme di tutti i pianeti **2** del pianeta Terra | mondiale: *un fenomeno di dimensioni planetarie* **3** (*mecc.*) detto di moto risultante dalla composizione di una rotazione di un organo intorno al proprio asse e di una simultanea rotazione di tale organo intorno a un altro asse parallelo al proprio | ***ruota planetaria***, satellite | ***treno p.***, rotismo epicicloidale **B** **s. m.** **1** macchina che riproduce mediante proiezione la sfera celeste e i fenomeni che vi si possono osservare su una volta emisferica | (*est.*) edificio, locale in cui si effettua tale proiezione **2** (*mecc.*) ingranaggio del differenziale negli autoveicoli

planetòide [comp. del lat. *planēta* 'pianeta①' e *-oide* ✱ 1963] **s. m.** **1** piccolo pianeta ruotante intorno al Sole **2** pianeta artificiale

planetologìa [comp. del lat. *planēta* 'pianeta①' e *-logia* ✱ 1913] **s. f.** (**pl.** *-gìe*) ● (*astron.*) studio dei pianeti, spec. delle loro caratteristiche superficiali

planetològico [1983] **agg.** (**pl. m.** *-ci*) ● (*astron.*) di planetologia, relativo a planetologia

†**plàngere** ➤ **piangere**

plàni- o **plàno-** [dal lat. *plānus* 'piano①'] **primo elemento** ● in parole composte della terminologia scientifica indica figura piana o rappresentazione in piano di cose (*planimetria, planisfero, planografia*), o aspetto piano, se si riferisce a organi animali e vegetali (*planipenni, planogamete*)

planigrafìa o **planografìa** nel sign. 2 [comp. di *plani-* e *grafia* ✱ 1983] **s. f.** ● (*med.*) stratigrafia②, tomografia

planigràmma [comp. di *plani-* e *gramma* ✱ 1983] **s. m.** (**pl.** *-i*) ● (*med.*) stratigramma, tomogramma

planimetrìa [comp. di *plani-* e *-metria* ✱ sec. XIV] **s. f.** **1** parte della geometria che tratta delle figure piane **2** parte della topografia che studia strumenti e metodi atti a rappresentare la proiezione di una zona di superficie terrestre su un piano **3** rappresentazione grafica in pianta di terreni o nuclei di fabbricati, ridotti in opportuna scala

planimètrico [1867] **agg.** (**pl. m.** *-ci*) ● di planimetria, relativo a planimetria || **planimetricaménte**, avv.

planìmetro [comp. di *plani-* e *-metro* ✱ 1865] **s. m.** ● strumento che permette di misurare l'area di una figura piana, percorrendone il contorno con una punta

Planipènni [comp. di *plani-* e *penna* ✻ 1875] **s. m. pl.** (**sing.** *-e*) ● (*zool.*) ordine di Insetti degli Pterigoti i cui individui presentano metamorfosi completa, e le larve conducono vita terrestre (*Planipennia*)

planiròstro [comp. di *plani-* e *rostro* ✻ 1970] **agg.** ● (*zool.*) che ha il becco appiattito: *uccello p.*

planisfèro o †**planisfèrio** [comp. di *plani-* ed *(emi)sfero* ✻ av. 1536] **s. m.** ● rappresentazione grafica piana di tutta la superficie terrestre in un solo disegno ottenuto con una proiezione di sviluppo, con scala da 1:20 milioni a 1:100 milioni

planitùdine [vc. dotta, lat. tardo *planitūdine(m)*, da *plānus* 'piano①', sul modello di *altitūdo*, genit. *altitūdinis* 'altitudine', *longitūdo*, genit. *longitūdinis* 'lunghezza' (V. *longitudine*) ecc. ✻ 1958] **s. f.** ● condizione di una superficie piana

planivolumètrico [comp. di *plani(metrico)* e *volumetrico* ✻ 1988] **agg.** (**pl. m.** *-ci*) ● che riguarda contemporaneamente la planimetria e il volume: *rilievo p.*

planizïàle o **planizïàre** [1922] **agg.** ● (*scient.*) di pianura: *bosco p.*

†**planìzie** [vc. dotta, lat. *planĭtie(m)*, da *plānus* 'piano①' ✻ av. 1328] **s. f. inv.** ● superficie pianeggiante

plànkton ➤ **plancton**

plànning /'plannin(g), plɛ-, *ingl.* 'plænıŋ/ [dal v. *to plan* 'progettare', denominale di *plan* 'piano, disegno' ✻ 1941] **s. m. inv. 1** (*econ.*) piano di lavoro molto dettagliato, che programma il raggiungimento di determinati obiettivi, tenendo conto delle risorse e dei tempi occorrenti **2** (*est.*) pianificazione, previsione attuata per raggiungere degli obiettivi prefissati

plàno- ➤ **plani-**

planoconìdio [comp. di *plano-* e *conidio* ✻ 1936] **s. m.** ● (*bot.*) zooconidio

planogamète [comp. di *plano-* e *gamete* ✻ 1932] **s. m.** ● (*bot.*) gamete che si muove mediante ciglia o altri organi **SIN.** zoogamete

planografìa [comp. di *plano-* e *grafia* ✻ 1925] **s. f. 1** (*tipogr.*) procedimento di stampa mediante matrici piane **2** V. *planigrafia*

planogràfico [1933] **agg.** (**pl. m.** *-ci*) ● (*tipogr.*) relativo alla planografia

plantagenèto [dall'ingl. *Plantagenet*: soprannome di Goffredo il Bello, conte di Angiò, con riferimento alla ginestra (in fr. *plante de genêt*), che si dice che comparisse nella sua insegna ✻ 1856] **agg. e s. m.** ● appartenente all'antica dinastia inglese dei Plantageneti, che tennero la corona d'Inghilterra dal 1154 al 1485

Plantaginàcee [vc. dotta, comp. del lat. *plantāgo*, genit. *plantāginis* 'piantaggine', e *-acee* ✻ 1956] **s. f. pl.** (**sing.** *-a*) ● (*bot.*) famiglia di piante erbacee delle Dicotiledoni con foglie intere, fiori ermafroditi in spighe e semi mucillaginosi (*Plantaginaceae*)

plantàre [vc. dotta, lat. *plantāre(m)*, agg. di *plănta* 'pianta' ✻ 1804] **A agg.** ● (*anat.*) relativo alla pianta del piede: *volta, arcata p.* **CFR.** volare② **B s. m.** ● protesi ortopedica per correggere la curvatura della pianta del piede ‖ **plantarino**, **dim.**

plantìgrado [comp. del lat. *plănta* 'pianta (del piede)', su cui cammina, e *-grado* ✻ 1829] **s. m.** (**f.** *-a*) **1** mammifero che, nel camminare, poggia sul terreno metacarpo o metatarso e dita **2** (*fig., spreg.*) persona di movimenti lenti o di mente ottusa

plàntula [lat. scient. *plāntula*, dim. del lat. *plănta* 'pianta' ✻ 1835] **s. f.** ● (*bot.*) piantina germinata dall'embrione

plànula [dal lat. *plānus* 'piano, piatto' ✻ 1895] **s. f.** ● (*zool.*) larva ciliata pelagica dei Celenterati

plaquette /*fr.* pla'kɛt/ [vc. fr., propr. dim. di *plaque* 'placca' ✻ 1899] **s. f. inv.** ● opuscolo stampato in un numero limitato di copie e con poche pagine

-plaşìa [dal gr. *plásis* 'formazione'] **secondo elemento** ● in parole composte della terminologia scientifica, spec. medica, indica alterazioni di tessuti, animali o vegetali: *neoplasia*

plàşma [vc. dotta, lat. tardo *plăsma* 'creatura, finzione poetica, modulazione della voce', dal gr. *plásma* 'cosa plasmata, forma', da *plássein* 'formare, modellare', di etim. incerta ✻ av. 1647] **s. m.** (**pl.** *-i*) **1** (*biol.*) parte liquida del sangue, di colore giallognolo, trasparente, costituita da acqua, sali, proteine, lipidi e glucosio **2** (*fis.*) gas ionizzato le cui cariche negative sono in numero circa uguale alle positive | ***p. stellare***, gas costituito da atomi totalmente ionizzati che si suppone esista all'interno delle stelle | ***schermo al p.***, schermo di televisore o di computer molto piatto, la cui tecnologia impiega una miscela gassosa che, sottoposta all'azione di un campo elettrico, passa allo stato di plasma, generando i raggi ultravioletti che compongono l'immagine: *televisore, video (con schermo) al p.* | (*est., colloq.*) televisore con schermo al plasma **3** (*miner.*) varietà di calcedonio verde **4** (*mus.*) †modulazione affettata di voce o suono

plaşmàbile [vc. dotta, lat. tardo *plasmābile(m)*, da *plasmāre* 'plasmare' ✻ 1871] **agg.** ● che si può plasmare, formare (*anche fig.*): *creta p.*; *carattere p.* **SIN.** malleabile ‖ **plaşmabilità**, **s. f. inv.**

plaşmacèllula [comp. di *(cito)plasma* e *cellula*, sul modello del ted. *Plasmazell* ✻ 1906] **s. f.** ● (*biol.*) cellula voluminosa del sistema reticoloendoteliale implicata nella produzione degli anticorpi **SIN.** plasmocita

plaşmacellulàre [1983] **agg.** ● (*biol.*) relativo a plasmacellula

plaşmafèreşi [vc. dotta, comp. di *plasma* e *(a)feresi* ✻ 1983] **s. f. inv.** ● (*med.*) tecnica di separazione del plasma sanguigno dagli altri elementi del sangue mediante centrifugazione, usata a scopi terapeutici quali la cura di particolari anemie, per arricchire il sangue di cellule (nella autodonazione) e per la preparazione di plasma da impiegare nelle trasfusioni

plaşmalèmma [comp. di *plasma* e del gr. *lémma* nel senso di 'scorza' ✻ 1958] **s. m.** (**pl.** *-i*) ● (*biol.*) membrana plasmatica

plaşmalògeno [ingl. *plasmalogen*, comp. di *plasmal* 'plasmale', da *plasm* 'plasma', e di *-gen* '-geno' ✻ 1958] **s. m.** ● (*chim.*) fosfolipide abbondante spec. nelle membrane delle cellule muscolari e nervose e nelle piastrine

♦**plaşmàre** [vc. dotta, lat. tardo *plasmāre*, da *plăsma* 'plasma' (V.) ✻ 1266] **v. tr. 1** lavorare secondo il modello voluto una materia informe e morbida: *plasmava il blocco di creta con rapidi tocchi delle dita* | (*est.*) creare, dare forma: *il mondo fu plasmato attraverso i millenni*; *ha plasmato il suo personaggio con rara maestria* **SIN.** modellare **2** (*fig.*) formare con l'esempio, l'insegnamento, l'educazione: *p. il carattere, i gusti, la sensibilità dei giovani* **SIN.** educare

SFUMATURE ➤ ***educare***

plaşmàtico [vc. dotta, gr. *plasmatikós*, agg. di *plásma*, genit. *plásmatos*. V. *plasma* ✻ 1875] **agg.** (**pl. m.** *-ci*) ● (*biol.*) relativo al plasma

plaşmàto **part. pass.** di *plasmare*; anche **agg.** ● nei sign. del v.

plaşmatóre [vc. dotta, lat. tardo *plasmatōre(m)*, da *plasmātus* 'plasmato' ✻ sec. XIV] **agg. e s. m.** (**f.** *-trice*) ● (*lett.*) che (o chi) plasma (*spec. fig.*)

plaşmìde ➤ **plasmidio**

plaşmìdio o **plaşmìde** [comp. di *(cito)plasma* e *-idio* ✻ 1958] **s. m.** (**pl.** *-i* o *raro -ii*) ● (*biol.*) piccola molecola di DNA extra-cromosomico presente spec. nei batteri, dotata di autoreplicazione e responsabile della resistenza batterica a molte sostanze (es. antibiotici); trova impiego in ingegneria genetica come vettore di clonazione

plaşmocìta o **plaşmocìto** [comp. di *plasmo-* 'plasma' e *-cita* ✻ 1958] **s. m.** (**pl.** *-i*) ● (*biol.*) plasmacellula

plaşmocitòşi [da *plasmocit(a)* col suff. *-osi* ✻ 1958] **s. f. inv.** ● (*biol.*) presenza di plasmacellule in sedi non consuete o in numero eccessivo in sedi consuete

plaşmodiàle [1973] **agg.** ● (*biol.*) di plasmodio, relativo a plasmodio

plaşmòdio [ingl. *plasmodium*, da *(proto)plasm* 'protoplasma' col suff. lat. scient. *-odium* '-oide' ✻ 1875] **s. m.** (**pl.** *-i* o *raro -ii*) **1** (*biol.*) massa citoplasmatica contenente molti nuclei, derivata da una cellula iniziale, in seguito alla ripetuta divisione del nucleo non seguita da divisione del citoplasma **2** (*zool.*) genere di Protozoi della classe degli Sporozoi, cui appartengono tre specie che sono agenti della malaria (*Plasmodium*)

plaşmodiòfora [comp. di *plasmodio* e *-foro* ✻ 1930] **s. f.** ● genere di Funghi dei Ficomiceti, parassiti presenti nelle cellule di altri vegetali (*Plasmodiophora*)

Plaşmodioforàcee [vc. dotta, comp. di *plasmodiofora* e *-acee* ✻ 1956] **s. f. pl.** (**sing.** *-a*) ● (*bot.*) famiglia di Funghi degli Archimiceti, cui appartiene la plasmodiofora (*Plasmodiophoraceae*)

♦**plàstica** [vc. dotta, lat. *plăstica(m)*, dal gr. *plastikḗ* (*téchnē*) 'arte plastica', f. sost. di *plastikós* 'plastico' ✻ 1476] **s. f. 1** arte e tecnica di modellare, plasmare oggetti o figure in rilievo **2** (*chir.*) intervento correttivo di lesioni o malformazioni organiche: *p. facciale*; *farsi la p. al naso* **3** sostanza organica ad alto peso molecolare, che per riscaldamento diventa pastosa e può venir stampata a formare oggetti vari, i quali, raffreddandosi, induriscono mantenendo la forma ricevuta: *bicchieri, posate di p.* | (*colloq.*) ***denaro, soldi di p.***, Bancomat e carte di credito **4** (*raro*) conformazione, rilievo | (*lett.*) plastico: *una p. in rilievo di cartapesta colorata, con i suoi laghi e i fiumi* (L. PIRANDELLO) ‖ **plasticàccia**, **pegg.** | **plastichétta**, **dim.**

-plàstica **secondo elemento** ● in parole composte della terminologia medica fa riferimento a un intervento di chirurgia plastica: *rinoplastica, angioplastica, blefaroplastica*

plasticàre [da *plastica* ✻ av. 1600] **v. tr.** (*io plàstico, tu plàstichi*) **1** modellare materie plastiche, quali la creta e la cera | formare immagini in rilievo **2** impregnare o rivestire di materia plastica

plasticatóre [vc. dotta, lat. tardo *plasticatōre(m)*, da *plăstica* 'plastica' ✻ av. 1600] **s. m.** (**f.** *-trice*) ● chi modella oggetti o figure in creta, cartapesta, stucco

plasticìşmo [av. 1907] **s. m.** ● nel linguaggio artistico, ricerca o raggiungimento di effetti di rilievo

plasticità [1843] **s. f. inv. 1** proprietà di ciò che è plastico, morbido, lavorabile: *è necessario un materiale di notevole p.* **SIN.** duttilità **2** risalto o messa in evidenza degli elementi plastici di un'opera, spec. nelle arti figurative: *p. delle figure umane in un dipinto* **3** (*psicol.*) capacità di modificarsi al fine di adattarsi sempre meglio alle variazioni dell'ambiente interno ed esterno

plasticizzànte [da *plastica* ✻ 1991] **agg. e s. m.** ● (*chim.*) plastificante

plàstico [vc. dotta, lat. tardo *plăsticu(m)*, dal

gr. *plastikós*, da *plássein* 'plasmare'. V. *plasma* ✻ 1585] **A** **agg.** (**pl. m.** *-ci*) **1** che si presta a essere facilmente plasmato, che ha consistenza morbida: *materiale p.*; *la plastica creta* | ***materia plastica***, V. *plastica* nel sign. 3 | ***esplosivo p.***, insieme di materiali esplosivi tali da costituire una massa plastica **2** che plasma, che modella | ***arti plastiche***, la scultura, le ceramiche e le arti figurative in genere | ***chirurgia plastica***, che utilizza tessuti viventi per sostituirne altri mancanti o per ricostruire parti malformate o deformate del corpo **3** che è plasmato o modellato in rilievo: *idrografia di una regione in rappresentazione plastica* **4** (*est.*) che è formato o plasmato in modo elegante e armonioso: *corpo p.* | ***posa plastica***, quasi scultorea **5** (*est.*) che crea, ottiene o suggerisce con i propri mezzi l'idea del rilievo, della pienezza delle forme, del movimento armonico e sim.: *effetto p.*; *atteggiamento p. del corpo*; *distribuzione plastica del colore* | (*fig.*) ben articolato, espressivo: *un verso p.*; *valore p. delle parole*; *descrizione plastica* ‖ **plasticaménte**, **avv.** con plasticità, in modo plastico ‖ **plasticità**, **s. f. inv.** (V.) **B** **s. m.** **1** rappresentazione topografica in rilievo su scala ridotta | modello, in gesso o altro materiale, di una costruzione: *il p. di una città* **2** tipo di esplosivo plastico: *ordigno al p.*

plastìdio [dal gr. *plastós* 'plasmato', da *plássein* 'plasmare', V. *plasma* ✻ 1895] **s. m.** (**pl.** *-i* o *raro -ii*) ● (*biol.*) organulo caratteristico presente nelle cellule vegetali, intimamente legato ai processi metabolici cellulari

plastificànte **A** **part. pres.** di *plastificare*; **anche agg.** **1** nei sign. del v. **2** (*chim.*) detto di sostanza usata per plastificare un materiale polimerico **B** **s. m.** ● (*chim.*) sostanza organica, gener. di basso peso molecolare, addizionata a una materia plastica per ridurne la rigidità e aumentarne la flessibilità **SIN.** plastificante

plastificàre [1954] **v. tr.** (*io plastìfico, tu plastìfichi*) **1** portare allo stato plastico un materiale solido **2** rivestire con uno strato di plastica ‖ **plastificazióne**, **s. f.**

plastificàto **part. pass.** di *plastificare*; **anche agg.** ● nei sign. del v.

plastilìna [da *plasti(ca)* ✻ 1895] **s. f.** ● prodotto plastico, variamente colorato, composto di zinco, zolfo, caolino, cera e olio, usato per modellare in scultura

plastinazióne [dal ted. *Plastination*, deriv. di *Plastik* 'plastica', termine coniato dall'anatomopatologo tedesco G. von Hagens (1945-), ideatore della procedura ✻ 1994] **s. f.** ● tecnica di conservazione dei cadaveri a scopo di studio o anche espositivo, con la sostituzione di polimeri di silicone ai liquidi corporei, quindi, rimossa la pelle, con la messa in vista di muscoli, ossa e organi interni

plastìsmo [da *plastico* nel sign. A 1 ✻ 1993] **s. m.** ● (*ling.*) vocabolo, sintagma o espressione che si afferma rapidamente nella lingua e, divenuto cliché, perde progressivamente significanza, soppiantando alternative comunicativamente più efficaci (per es. *scenario* usato in luogo di *ipotesi* o *progetto*)

plastisòl [comp. di *plasti(ca)* e *sol*② ✻ 1991] **s. m. inv.** ● (*chim.*) liquido viscoso costituito da un polimero disperso in un plastificante liquido utilizzato per rivestimenti o per la fabbricazione di pelli sintetiche

-plàsto [dal gr. *plastós* 'formato'] secondo elemento ● in parole composte della terminologia scientifica significa 'plastidio': *cloroplasto*, *leucoplasto*

plastron /fr. plas'tʀɔ̃/ [vc. fr., dall'it. *piastrone* ✻ 1901] **s. m. inv.** ● larga cravatta maschile annodata piatta e fermata da una spilla, che si portava ai primi del Novecento con alcuni abiti da cerimonia | sparato

Platanàcee [vc. dotta, comp. di *platano* e *-acee* ✻ 1895] **s. f. pl.** (**sing.** *-a*) ● (*bot.*) famiglia di piante arboree delle Dicotiledoni con infiorescenze sferoidali e frutto ad achenio (*Platanaceae*)

platanària [da *platano* ✻ 1835] **s. f.** ● (*bot.*) acero riccio

platanéto [1499] **s. m.** ● bosco di platani o terreno piantato a platani

plàtano [vc. dotta, lat. *plătanu(m)*, dal gr. *plátanos*, di etim. incerta ✻ av. 1320] **s. m.** ● genere di alberi delle Platanacee con grandi foglie palmatolobate, scorza che si stacca a placche e infruttescenze globose pendule avvolte da peluria (*Platanus*) | ***p. comune***, ibrido tra platano orientale e platano occidentale, usato comunemente per ornamento (*Platanus hispanica*) | ***p. falso, selvatico***, acero montano | ***p. occidentale***, spontaneo nell'America settentrionale (*Platanus occidentalis*) | ***p. orientale***, spontaneo nel Mediterraneo orientale, raramente coltivato (*Platanus orientalis*)

♦**platèa** [vc. dotta, lat. tardo *platĕa(m)*, 'piazza', dal gr. *platêia*, f. sost. di *platýs* 'largo, ampio, vasto'. V. *piatto* ✻ 1499] **s. f.** **1** in sale teatrali e cinematografiche, l'area davanti al palcoscenico o sotto lo schermo, dove prendono posto gli spettatori **2** (*est.*) l'insieme degli spettatori che occupano tale area: *tutta la p. era in piedi e applaudiva freneticamente* | (*fig.*) pubblico, uditorio: *cercare gli applausi della p.*; *la televisione ha una p. di milioni di persone* **3** (*mar.*) il fondo del bacino di carenaggio dove poggiano le taccate che sostengono la nave a secco **4** (*edil.*) piattaforma di calcestruzzo su cui poggiano le fondamenta di un edificio **5** (*geol.*) zona marina con rilievo a sommità pianeggiante: *p. continentale, abissale*

♣**plateàle** [dal lat. tardo *platĕa* 'piazza'. V. *platea* ✻ 1808] **agg.** **1** (*lett.*) pubblico: *Né io avrei badato a' rumori plateali sopra di me* (U. FOSCOLO) | (*lett.*) grossolano, volgare: *... di un comico corrosivo, non p.* (E. MONTALE) **2** molto evidente, clamoroso, fatto quasi con ostentazione: *gesto, offesa p.*; *fallo p. di un calciatore* ‖ **platealménte**, **avv.** in modo plateale: *insultare qlcu. platealmente* ‖ **platealità**, **s. f. inv.** caratteristica di ciò che è plateale

plateàtico [dal lat. tardo *platĕa* 'piazza'. V. *platea* ✻ 1500] **s. m.** (**pl.** *-ci*) ● antica tassa che si pagava al Comune per l'utilizzazione del suolo pubblico

plateau /fr. pla'to/ [vc. fr., da *plat* 'piatto' ✻ 1819] **s. m. inv.** (**pl. fr.** *plateaux*) **1** vassoio | ***p. da gioielli***, di velluto scuro, per dare risalto ai gioielli presentati dal gioielliere al cliente **2** cassetta aperta in legno o cartone per l'imballaggio di prodotti ortofrutticoli **3** in un diagramma rappresentativo di un fenomeno, ogni tratto del diagramma stesso approssimativamente parallelo all'asse delle ascisse **4** (*geogr.*) altopiano **5** (*geol.*) platea

Platelmìnti [comp. del gr. *platýs* 'largo' (V. *piatto*) ed *elminti* ✻ 1895] **s. m. pl.** (**sing.** *-o* o *-a*) ● (*zool.*) tipo di invertebrati vermiformi a corpo appiattito, non metamerico, spesso parassiti (*Plathelminthes*)

platènse [sp. *platense*, da (*Rio de la*) *Plata* ✻ 1935] **agg.** ● (*geogr.*) relativo alla zona corrispondente al bacino del Rio de la Plata

platerésco [sp. *plateresco*, da *platero* 'argentiere', da *plata* 'argento'. V. *platino* ✻ 1873] **agg.** (**pl. m.** *-schi*) ● detto di stile architettonico ricco d'ornati gotici e rinascimentali fiorito in Spagna nel XVI secolo

platéssa [vc. dotta, lat. *platĕssa* 'pesce piatto' (in gr. *platýs*) ✻ 1958] **s. f.** ● (*zool.*) passera di mare

platfòrming /plat'fɔrmin(g)/, *ingl.* 'plæt-ˌfɔːmɪŋ/ [vc. ingl., comp. di *platinum* 'platino' e *(re)forming* (V.) ✻ 1958] **s. m. inv.** ● (*chim.*) processo industriale che consente di trattare alcune frazioni petrolifere particolari, migliorandone le proprietà antidetonanti, mediante catalizzatori al platino

platicèrco [comp. del gr. *platýs* 'largo' (V. *piatto*) e *-cerco* 'coda' (V. *cercopiteco*): detto così perché ha la coda larga ✻ 1875] **s. m.** (**pl.** *-chi*) ● pappagallo australiano molto variopinto (*Platycercus*)

platidàttilo [comp. del gr. *platýs* 'largo' (V. *piatto*) e *-dattilo* ✻ 1835] **s. m.** ● genere di Rettili di colore variabile dal grigio al giallastro, dotati di cuscinetti adesivi sulla parte inferiore delle dita (*Platydactylus*) | ***p. muraiolo***, geco

plàtina① o **platina** [fr. *platine* 'placca di metallo', da *plat* 'piatto' ✻ 1937] **s. f.** ● tipo di macchina tipografica piana **SIN.** piana | il piano di pressione, mobile, che fa parte della macchina omonima

plàtina② [1769] **s. f.** ● platino

platinàggio [da *platinare* ✻ 1895] **s. m.** ● platinatura

platinàre [da *platino* ✻ 1871] **v. tr.** (*io plàtino*) **1** ricoprire una superficie, spec. metallica, con platino **2** dare il colore e la lucentezza del platino ai capelli, decolorandoli chimicamente | anche in forma pron.: *platinarsi i capelli*

platinàto **part. pass.** di *platinare*; **anche agg.** **1** nei sign. del v. **2** che ha il colore e la lucentezza del platino: *capelli platinati* | (*est.*) che ha i capelli platinati: *bionda platinata*

platinatùra [1841] **s. f.** ● operazione del platinare | rivestimento di platino

platìnico [1871] **agg.** (**pl. m.** *-ci*) ● (*chim.*) di composto del platino tetravalente

platinìfero [comp. di *platino* e *-fero* ✻ 1869] **agg.** ● che contiene platino: *miniera platinifera*

platinìte [da *platino*, con *-ite*② ✻ 1929] **s. f.** ● lega metallica contenente elevate quantità di nichel

plàtino [sp. *platina*, da *plata* 'argento', propr. 'lamina di argento' (stessa etim. dell'it. *piatto*), per il colore che assomiglia a quello dell'argento ✻ 1786] **A** **s. m.** ● elemento chimico, metallo nobile bianco-argenteo presente in natura allo stato nativo, molto duttile e malleabile, usato in gioielleria, per leghe speciali, per apparecchiature scientifiche e nell'industria **SIMB.** Pt **NUM. AT.** 78 | ***nero di p.***, platino finemente diviso con forti proprietà catalitiche | ***spugna di p.***, platino in massa porosa leggerissima **B** **in funzione di agg. inv.** ● (posposto al sost.) nella loc. ***biondo p.***, detto di una tonalità di biondo, spec. artificiale, chiarissimo e luminoso: *capelli biondo p.*

Platirrìne [vc. dotta, gr. *platýrrinos* 'dalle larghe narici', comp. di *platýs* 'largo' (V. *piatto*) e *rís*, genit. *rinós* 'narici' (V. *rino-*) ✻ 1895] **s. f. pl.** (**sing.** *-a*) ● (*zool.*) sottordine di scimmie americane con setto nasale largo, narici laterali e lunga coda prensile (*Platyrrhina*)

platìsma [vc. dotta, gr. *plátysma* 'lastra①' ✻ 1796] **s. m.** (**pl.** *-i*) ● (*anat.*) ciascuno dei due muscoli del collo che si inseriscono in corrispondenza della mandibola e della pelle intorno alla bocca, contribuendo con la loro attività all'espressione facciale

platònico [vc. dotta, lat. *Platōnicu(m)*, dal gr. *Platōnikós*, agg. di *Plátōn*, genit. *Plátōnos* 'Platone' ✻ 1364] **A** **agg.** (**pl. m.** *-ci*) **1** relativo al filosofo greco Platone (427-347 a.C.), al suo pensiero, alle sue opere: *i dialoghi platonici*; *le idee platoniche* | ***amore p.***, in Platone, forza che conduce dalla contemplazione della bellezza delle cose terrene al bello eterno e immutabile **2** (*est.*) detto di sentimento nobile, elevato, privo di ogni sensualità: *amore p.*; *amicizia platonica* **3** (*fig.*) che è soltanto intenzionale, privo di conseguenze pratiche: *una protesta platonica* || **platonicaménte**, **avv.** **1** secondo la filosofia di Platone **2** (*est.*) in modo platonico: *amare platonicamente*; *un progetto espresso platonicamente* || **platonicità**, **s. f. inv.** **B** **s. m.** (**f.** *-a*) • seguace della filosofia di Platone

platonìṣmo [av. 1718] **s. m.** **1** la dottrina filosofica di Platone **2** (*est.*) ogni atteggiamento filosofico che assume a proprio fondamento i princìpi della filosofia di Platone **3** ***p. matematico***, in filosofia della matematica, teoria secondo la quale le entità matematiche sono dotate di esistenza reale, indipendentemente dalle operazioni della mente umana

platorèllo [prob. dal fr. *plat* 'piatto' ✱ sec. XX] **s. m.** **1** disco, spec. di ghisa, utilizzato per fissare rigidamente il pezzo in lavorazione al tornio **2** accessorio di trapani o altri utensili elettrici, formato da un perno metallico e un disco spec. di gomma, utilizzato per montare dischi abrasivi | il disco abrasivo stesso

plaudènte **part. pres.** di *plaudire*; anche **agg.** • che applaude, che acclama, che approva: *folla, pubblico p.*

plàudere [1827] **v. intr.** (**aus.** *avere*; **difett. del pass. rem., del part. pass. e dei tempi composti**) • (*lett.*) plaudire

✦**plaudìre** [lat. *plāudere*, di etim. incerta ✱ 1321] **A** **v. intr.** (**pres.** *io plàudo*; **pass. rem.** *io plaudìi, tu plaudisti*; **aus.** *avere*; **raro nei tempi composti**) **1** (*lett.*) applaudire **2** (*fig.*) manifestare consenso, approvazione (+ *a*): *p. a un progetto, a un'iniziativa* **CONTR.** disapprovare **B** (*lett.*) **anche v. tr.** **C** **plaudìrsi** **v. rifl.** • †farsi festa, rallegrarsi

plauṣìbile [vc. dotta, lat. *plausĭbile(m)*, da *plāusus* 'plauso' ✱ av. 1590] **agg.** **1** (*lett.*) che merita applausi, approvazione, consensi **2** che si può accettare in quanto sembra logico, giusto, razionale: *ragioni plausibili*; *argomento abbastanza p.* **SIN.** accettabile, ammissibile, credibile, ragionevole **CONTR.** inaccettabile, implausibile || **plauṣibilménte**, **avv.** || **plauṣibilità**, **s. f. inv.**

SFUMATURE ➤ ***verosimile***

plàuṣo [vc. dotta, lat. *plāusu(m)*, da *plāudere* 'plaudire' ✱ av. 1342] **s. m.** **1** (*lett.*) applauso **2** (*fig.*) approvazione, lode: *meritare il p. dell'intera nazione*; *grande fu il giubilo e il p. del popolo di Pavia per le fortune dell'imperatore* (L.A. MURATORI) | concreta manifestazione di lode: *ricercare il p. degli astanti*

plàustro [vc. dotta, lat. *plāustru(m)*, di etim. incerta ✱ 1319] **s. m.** **1** carro anticamente usato dai Romani **2** (*lett.*) carro **3** (*poet.*) Orsa maggiore

plautìno [vc. dotta, lat. *Plautīnu(m)*, agg. di *Plāutus* 'Plauto' ✱ 1438] **agg.** • relativo al commediografo latino T. M. Plauto (254 ca.-184 a.C.): *il teatro p.*; *le commedie plautine*; *la metrica plautina* || **plautinaménte**, **avv.** alla maniera di Plauto

play /*ingl.* pleɪ/ [vc. ingl., da *to play* 'giocare, recitare, suonare', di orig. germ. ✱ 1942] **A** **s. m. inv.** **1** tasto che negli apparecchi riproduttori consente l'avvio dell'ascolto **2** (*sport*) accorc. di *playmaker* **B** **inter.** • (*sport*) nel tennis, richiamo di chi è al servizio per avvertire l'avversario dell'inizio del gioco

playback /plei'bɛk, *ingl.* 'pleɪˌbæk/ [vc. ingl., propr. 'suona di nuovo', comp. di *to play* 'suonare' (di orig. germ.) e *back* 'di nuovo' (di orig. germ.) ✱ 1942] **s. m. inv.** **1** sincronizzazione di una ripresa cinematografica o televisiva con una colonna sonora creata in sala di doppiaggio **2** nelle trasmissioni televisive o anche in spettacoli dal vivo, sistema che consiste nel mandare in onda un brano musicale registrato, mentre l'esecutore o gli esecutori simulano l'interpretazione in diretta

playboy /plei'bɔi, *ingl.* 'pleɪˌbɔɪ/ [vc. ingl., comp. di *to play* 'giocare' (V. *playback*) e *boy* 'ragazzo' (vc. germ. di orig. infantile) ✱ 1954] **s. m. inv.** (**pl. ingl.** *playboys*) • uomo dedito alla vita mondana, che appare come gran conquistatore di donne

player /'plejer, *ingl.* pleɪə(r)/ [vc. ingl., propr. 'suonatore', da *to play* 'suonare, giocare, recitare' di area germ. ✱ 1971] **A** **s. m. inv.** • (*tecnol.*) apparecchio che riproduce suoni **B** **s. m. e f. inv.** • (*econ.*) persona o organismo che svolge un ruolo importante in un determinato settore economico

playgirl /plei'gerl, *ingl.* 'pleɪˌgɜːl/ [vc. ingl., propr. 'ragazza (*girl*), che ama divertirsi (*to play*)' ✱ 1966] **s. f. inv.** • ragazza avvenente e disinibita, che ama divertirsi e condurre vita mondana, spec. come accompagnatrice di uomini

playlìst /plei'list, *ingl.* 'pleɪlɪst/ [vc. ingl., propr. 'elenco (*list*) di brani da suonare (*play*)' ✱ 1996] **s. f. inv.** • compilation di brani musicali o videoclip su un supporto digitale | elenco dei titoli delle registrazioni

playmaker /plei'me(i)ker, *ingl.* 'pleɪˌmeɪkə(r)/ [vc. ingl., comp. di *play* 'gioco' (V. *playback*) e *maker* 'colui che fa' (da *to make* 'fare', di orig. germ.) ✱ 1964] **s. m. e f. inv.** • (*sport*) nella pallacanestro, nell'hockey e sim., giocatore con compiti di regia spec. nel gioco d'attacco

play òff /plei'ɔf, *ingl.* 'pleɪˌɒf/ [loc. ingl., deriv. di (*to*) *play off* 'finire, concludere' (una competizione interrotta o differita) ✱ 1989] **loc. sost. m. inv.** (**pl. ingl.** *play offs*) • (**spec. al pl.**) (*sport*) alla fine di un campionato, serie di incontri, in genere a eliminazione diretta, tra le squadre meglio classificate, per l'assegnazione del titolo o per il passaggio alla categoria superiore **CFR.** play out, regular season

play out /plei'aut, *ingl.* 'pleɪˌaʊt/ [loc. ingl., da *to play out* 'giocare fino in fondo' ✱ 1987] **loc. sost. m. inv.** (**pl. ingl.** *play-outs*) • (**spec. al pl.**) (*sport*) alla fine di un campionato, serie di incontri, in genere a eliminazione diretta, tra le squadre ultime classificate, per stabilire quali dovranno retrocedere alla categoria inferiore **CFR.** play off, regular season

Playstation® /plei'steʃʃon, *ingl.* 'pleɪˌsteɪʃən/ [vc. ingl., comp. di *play* 'gioco' e *station* 'stazione' ✱ 1996] **s. f. inv.** • quadro di comando per computer game

plazer /*provenz.* pla'tser/ [vc. provenz., propr. 'piacere' ✱ 1988] **s. m. inv.** (**pl. provenz.** *plazers*) • (*letter.*) nella poesia provenzale, genere di componimento in cui sono elencate cose, sensazioni e situazioni piacevoli

plebàglia [1600] **s. f.** • (*spreg.*) la parte meno evoluta della plebe: *gli insulti, le grida della p.* | (*est.*) accozzaglia di gente spregevole: *una p. cenciosa* **SIN.** gentaglia, marmaglia

plebàno [vc. dotta, lat. mediev. *plebānu(m)*, da *plēbs*, genit. *plēbis* 'plebe', poi 'parrocchia di campagna' ✱ 1565] **A** **agg.** • (*raro*) detto di territorio o edificio sottoposto alla giurisdizione di una pieve **B** **s. m.** • †pievano

plèbe [vc. dotta, lat. *plēbe(m)*, di etim. incerta ✱ 1313] **s. f.** **1** nell'antica Roma, il complesso dei cittadini sprovvisti di privilegi | (*est.*) il popolo in contrapposizione ai nobili **CONTR.** nobiltà, patriziato **2** insieme delle classi economicamente e socialmente meno evolute di una nazione o città: *la miseria della p.*; *nelle repubbliche ... i nobili giuravano d'esser eterni nimici alla p.* (G. VICO) | (*spreg.*) massa, popolino **3** (*fig.*, *lett.*) folla, moltitudine, volgo || **plebàccia**, **pegg.**

†**plebèio** ➤ **plebeo**

plebeìṣmo [comp. di *plebeo* e *-ismo* ✱ 1639] **s. m.** **1** (*ling.*) forma, espressione linguistica di origine popolare **2** (*lett.*, *spreg.*) grossolanità, volgarità

†**plebeiẓẓàre** [av. 1642] **v. intr.** • usare plebeismi

plebèo o †**plebèio** [vc. dotta, lat. *plebēiu(m)*, da *plēbs*, genit. *plēbis* 'plebe' ✱ 1340] **A** **agg.** **1** appartenente alla plebe: *famiglia plebea* | della plebe o del popolo: *termini, vocaboli plebei*; *usanza plebea* **CONTR.** nobile **2** (*spreg.*) volgare, grossolano: *insulto p.*; *esclamazione plebea* **CONTR.** eletto || **plebeaménte**, †**plebeiaménte**, **avv.** in modo plebeo; da plebeo **B** **s. m.** (**f.** *-a*) **1** nell'antica Roma, cittadino appartenente alla plebe **CONTR.** patrizio **2** (*spec. spreg.*) chi appartiene alla classe popolare: *non a guisa di plebeio ma di signore ...* (G. BOCCACCIO) || (*spreg.*) **plebeùccio**, **dim.**

†**plebésco** [sec. XV] **agg.** • plebeo

plebiscitàre [da *plebiscito* ✱ 1958] **v. tr.** • (*raro*) votare all'unanimità

plebiscitàrio [1872] **agg.** **1** relativo a plebiscito **2** (*fig.*) unanime, generale: *approvazione, riprovazione plebiscitaria* || **plebiscitariaménte**, **avv.**

plebiscìto [vc. dotta, lat. *plebiscītu(m)* 'decisione del popolo', comp. di *plēbs*, genit. *plēbis* 'plebe' e *scītum* 'ordine', part. pass. di *scīscere* 'deliberare', incoativo di *scīre* 'sapere'. V. *scibile* ✱ sec. XIV] **s. m.** **1** presso gli antichi Romani, deliberazione votata dall'assemblea della plebe **2** (*dir.*) istituto con cui il popolo è chiamato ad approvare o disapprovare un fatto che riguarda la struttura dello Stato o del governo **3** (*fig.*) consenso unanime: *un vero p. di consensi, di lodi*

SFUMATURE DI SIGNIFICATO

plebiscito - referendum

Plebiscito, etimologicamente "consultazione della plebe", è termine oggi poco usato per indicare l'espressione popolare del voto su un tema specifico, in particolare su una trasformazione che riguarda la struttura dello stato. Poiché in genere i plebisciti sono usati dai regimi autoritari per legittimarsi popolarmente e, per la manipolazione che quasi sempre li accompagna, danno luogo a un consenso pressoché unanime, il termine è oggi fortemente svalutato a vantaggio del concorrente **referendum**, che nell'attuale ordinamento costituzionale è lo strumento con cui i cittadini sono chiamati ad approvare o ad abrogare una legge o uno specifico atto normativo.

Plecòtteri [comp. del gr. *plékein* 'intrecciare', di orig. indeur., e *-ttero* ✱ 1835] **s. m. pl.** (**sing.** *-o*) • (*zool.*) ordine di Insetti a metamorfosi incompleta con quattro ali trasparenti e ricche di nervature, piegate sul dorso e con larve acquatiche (*Plecoptera*)

-plegìa [gr. *plēgía*, da *plēgḗ* 'percossa', dalla radice di *pléssein* 'colpire', di orig. indeur.] **secondo elemento** • in parole composte della terminologia medica significa 'paralisi': *cerebroplegia, emiplegia*

-plègico **secondo elemento** • in aggettivi derivati dalle parole composte in *-plegia*: *emiplegico*

plèiade [V. *Pleiadi* ✱ av. 1472] **s. f.** • (*fig.*) insieme di persone dotate di qualità insigni: *una p. di poeti, di scienziati, di ricercatori* | anche iron.: *tutta la p. di critichelli* (R. BACCHELLI)

Plèiadi [vc. dotta, lat. *Plēiades*, nom. pl., dal gr. *Plēïádes*, propr. 'figlie di Pleione (*Plēïónē*)' ✱ av. 1320] **s. f. pl.** • (*astron.*) caratteristica formazione di sette stelle nella costellazione del Toro

p

plein air, en ➤ **en plein air**
pleiotropìa [comp. del gr. *plêion* 'più' (compar. di *polýs* 'molto', di orig. indeur.), e *-tropia* ✱ 1958] **s. f.** ● (*biol.*) condizione per cui un gene concorre alla determinazione di due o più caratteri fenotipici, apparentemente non correlati fra loro
pleiotròpico [1958] **agg.** (**pl. m.** *-ci*) ● (*biol.*) che presenta pleiotropia: *gene p.*
Pleistocène o **Plistocène** [comp. del gr. *plêistos*, superl. di *polýs* 'molto' (V. *poli-*) e *-cene*① ✱ 1879] **s. m.** ● (*geol.*) primo periodo dell'era quaternaria, nel quale sono comprese le glaciazioni
pleistocènico [1864] **agg.** (**pl. m.** *-ci*) ● (*geol.*) del Pleistocene
plenàrio [vc. dotta, lat. tardo *plenāriu(m)*, da *plēnus* 'pieno' ✱ av. 1328] **agg. 1** generale, che raggiunge la completezza numerica: *seduta, assemblea plenaria* | ***adunanza plenaria***, di tutti i membri di una associazione e sim. **2** totale: *consenso p.* | ***indulgenza plenaria***, V. *indulgenza* || **plenariaménte**, **avv.**
Plenicòrni [comp. del lat. *plēnus* 'pieno' e del pl. di *corno* ✱ 1931] **A s. m. pl.** (**sing.** *-e* o *-o*) ● (*zool.*) mammiferi dei Ruminanti dotati di palchi, considerati impropriamente corna piene (*Plenicorni*) | (al sing. *-e*) ogni ruminante che presenta tale caratteristica **B anche agg.**: *Ruminanti P.* **SIN.** Caducicorni **CONTR.** Cavicorni
plenilunàre [av. 1729] **agg.** ● (*lett.*) del plenilunio: *notte, luce p.*
plenilùnio [vc. dotta, lat. *plenilūniu(m)*, comp. di *plēnus* 'pieno' e *lūna* 'luna' ✱ 1321] **s. m.** (**pl.** *-i* o *raro -ii*) ● fase della Luna che, trovandosi in opposizione al Sole, è tutta illuminata
plenipotenziàrio [vc. dotta, lat. mediev. *plenipotentiāriu(m)*, dal lat. tardo *plenĭpotens* 'che ha pieno potere' (comp. di *plēnus* 'pieno' e *pŏtens* 'che può, potente') ✱ 1636] **A agg.** ● detto di chi è investito di pieni poteri relativamente alle trattative e alla conclusione di un accordo, spec. nell'ambito della politica internazionale: *agente, negoziatore p.* | ***ministro p.***, agente diplomatico di grado immediatamente inferiore a quello di ambasciatore posto a capo di una legazione **B anche s. m.** (**f.** *-ia*): *l'arrivo dei plenipotenziari nemici*
plenitùdine o †**pienitùdine** [vc. dotta, lat. tardo *plenitūdine(m)*, da *plēnus* 'pieno' ✱ 1304] **s. f. 1** (*lett.*) compiutezza, perfezione **2** †moltitudine che occupa uno spazio
plènum [vc. lat., propr. nt., con valore di sost., dell'agg. *plēnus* 'pieno' (V.) ✱ 1895] **s. m. inv.** (**pl. lat.** *plena*) ● riunione plenaria di organi rappresentativi statuali e di partito, in vari Stati
pleocroìṣmo [comp. del gr. *pléiōn* 'più' e *chrṓs* 'colorito, colore' col suff. *-ismo* ✱ 1875] **s. m.** ● (*miner.*) diversa colorazione assunta da un cristallo birifrangente col variare della direzione in cui è guardato
pleonàṣmo o (*raro*) **pleonàṣma** [vc. dotta, lat. tardo *pleonăsmu(m)*, dal gr. *pleonasmós* 'eccesso, pleonasmo', da *pleonázein* 'sovrabbondare', da *pléon* 'più' (V. *pleocroismo*) ✱ av. 1530] **s. m.** ● (*ling.*) presenza di parole, in genere pronomi o aggettivi, sintatticamente e logicamente superflue, usate spesso con valore rafforzativo o per denotare un particolare registro espressivo; per es. la presenza di *'a te'* e *'ti'* in: *E quantunque a te queste ciance omai non ti stean bene* (G. Boccaccio)
✦**pleonàstico** [1865] **agg.** (**pl. m.** *-ci*) ● di pleonasmo, che costituisce un pleonasmo: *espressione pleonastica* | (*est.*) superfluo || **pleonasticaménte**, **avv.** || **pleonasticità**, **s. f. inv.**
pleonàsto [dal gr. *pleonastós* 'numeroso' (V. *pleonasmo*), perché i cristalli sono dotati di moltissime facce ✱ 1819] **s. m.** ● (*miner.*) varietà di spinello ferromagnesiaco dal colore verde scuro
pleròma① [vc. dotta, lat. tardo *plerōma* 'pienezza, completezza', dal gr. *plḗrōma*, da *plērôun* 'riempire', da *plḗrēs* 'pieno', da *pimplánai* 'riempire', di orig. indeur. ✱ 1835] **s. m.** (**pl.** *-i*) ● nella dottrina gnostica, la perfezione divina in quanto assoluta pienezza che include in sé tutti gli eoni che emanano da essa | nel neoplatonismo e nell'ermetismo, perfezione del mondo inintelligibile intesa come assoluta e onnicomprensiva totalità di essere, contrapposta alla finitezza e alla irrealtà del mondo sensibile
pleròma② [dal gr. *plḗrēs* 'pieno'. V. *pleroma*① ✱ 1835] **s. m.** (**pl.** *-i*) ● (*bot.*) cellula meristematica dell'apice della radice e del fusto delle Angiosperme destinata a costituire il cilindro centrale
pleṣiosàuro [comp. del gr. *plēsíos* 'vicino' e *sâuros* 'lucertola' (V. *Sauri*) ✱ 1829] **s. m.** ● rettile fossile marino, con collo lungo e arti a forma di pinne, vissuto dal Trias al Cretaceo (*Plesiosaurus*)
plessìmetro [comp. del gr. *plêxis* 'percossa, colpo', da *plḗssein* 'battere', di orig. indeur., e *-metro* ✱ 1826] **s. m. 1** (*med.*) strumento di corno, plastica o metallo per la percussione indiretta **2** (*mus.*) metronomo
plèsso [vc. dotta, lat. *plĕxu(m)*, propr. part. pass. di *plĕctere* 'intrecciare', di orig. indeur. ✱ av. 1673] **s. m. 1** (*anat.*) formazione anatomica a reticolo: *p. nervoso, p. venoso*; *p. lombare* | ***p. celiaco***, grosso plesso viscerale posto davanti all'ultima vertebra toracica e alla parte superiore della prima lombare **2** (*burocr.*) complesso di organizzazioni affini e coordinate | (*est.*) nell'ordinamento scolastico, ogni scuola primaria compresa in un circolo didattico, ma che non sia sede della direzione di questa | (*est.*) qualsiasi istituto scolastico, di insegnamento primario o secondario, con sede propria
pletiṣmografìa [dal gr. *pletismos* 'accrescimento' col suff. *-grafia* ✱ 1954] **s. f.** ● (*med.*) registrazione grafica delle variazioni di volume del corpo o di una sua parte
pletiṣmògrafo [da *pletismografia* ✱ 1883] **s. m.** ● (*med.*) apparecchio elettromedicale impiegato per la pletismografia
plètora [vc. dotta, gr. *plēthṓra* 'pienezza', poi 'pletora', da *plḗthein* 'essere pieno', dalla stessa radice di *pimplánai* 'riempire' (V. *pleroma*①) ✱ 1583] **s. f. 1** (*med.*) stato costituzionale caratterizzato da corpulenza, aspetto sanguigno e dinamismo **2** (*fig.*) sovrabbondanza che determina conseguenze negative: *una p. di impiegati* **CONTR.** deficienza **3** (*bot.*) eccesso anormale di succhi in una pianta
✦**pletòrico** [vc. dotta, gr. *plēthōrikós*, da *plēthṓra* 'pletora' ✱ 1493] **agg.** (**pl. m.** *-ci*) **1** (*med.*) che è affetto da pletora | di pletora **2** (*fig.*) sovraccarico, sovrabbondante: *un esercito p.*; *una burocrazia pletorica* **CONTR.** deficiente || **pletoricaménte**, **avv.** || **pletoricità**, **s. f. inv.** (*fig.*) caratteristica di ciò che è sovrabbondante
Plettognàti o (*raro*) **Plettògnati** [comp. del gr. *plektós* 'attorto' (da *plékein* 'intrecciare': V. *Plecotteri*) e *gnáthos* 'mascella' (V. *ganascia*) ✱ 1835] **s. m. pl.** (**sing.** *-o*) ● (*zool.*) Tetrodontiformi
plèttro [vc. dotta, lat. *plēctru(m)*, dal gr. *plêktron*, da *plḗssein* 'colpire, percuotere' (V. *-plegia*) ✱ 1374] **s. m. 1** strumento usato anticamente dai Greci per fare vibrare le corde della lira | (*fig., lett.*) ispirazione o facoltà poetica: *il p. d'Orazio* **2** minuscola lamina d'avorio, osso, metallo o celluloide a forma di mandorla, con cui si fanno risuonare le corde tese su di una cassa armonica | ***strumenti a p.***, chitarra, mandolino e affini **SIN.** penna
plèura [vc. dotta, gr. *pleurá*, propr. 'fianco', di etim. incerta ✱ 1494] **s. f.** ● (*anat.*) membrana sierosa che riveste i polmoni e le pareti toraciche
pleuràle [1891] **agg.** ● (*anat.*) relativo alla pleura
plèurico [vc. dotta, lat. tardo *plĕuricu(m)* 'laterale', dal gr. *pleurikós* 'laterale', da *pleurá* 'fianco'. V. *pleura* ✱ 1886] **agg.** (**pl. m.** *-ci*) ● (*anat., med.*) della pleura, relativo alla pleura: *cavo p.*; *lesione pleurica*
pleurìte [vc. dotta, lat. *pleurītide(m)*, dal gr. *pleurítis*, da *pleurá* 'fianco'. V. *pleura* ✱ 1556] **s. f.** ● (*med.*) infiammazione della pleura: *p. essudativa, secca*
pleurìtico [vc. dotta, lat. tardo *pleurĭticu(m)*, dal gr. *pleuritikós*, da *pleurítis* 'pleurite' ✱ av. 1498] **A agg.** (**pl. m.** *-ci*) ● della pleurite **B agg. e s. m.** (**f.** *-a*) ● che (o chi) è affetto da pleurite
plèuro- [dal gr. *pleurá* 'fianco', di etim. incerta] **primo elemento** ● in parole composte della terminologia medica significa 'pleura' o 'pleurico' (*pleurocentesi*) o indica, in parole composte scientifiche, posizione su un fianco di un corpo e sim. (*Pleuronettidi*)
pleurocènteṣi o **pleurocentèṣi** [comp. di *pleuro-* e del gr. *kéntēsis* 'puntura', da *kentêin* 'pungere', di orig. indeur. ✱ 1895] **s. f. inv.** ● (*med.*) puntura evacuativa del cavo pleurico **SIN.** toracentesi
pleurocèntro (o **-é-**) [comp. di *pleuro-* e *centro* (della vertebra) ✱ sec. XX] **s. m.** ● (*zool.*) negli Anfibi estinti, il segmento posteriore della terna degli elementi scheletrici che, complessivamente, corrispondono a un corpo vertebrale
pleurodinìa [comp. di *pleur(o)-* e *-odinia* ✱ 1835] **s. f.** ● (*med.*) dolore al torace, simile a quello della pleurite
Pleuronèttidi [comp. di *pleuro-* e del gr. *nḗktēs* 'nuotatore', da *nêin* 'nuotare', di orig. indeur.; detti così perché nuotano di fianco ✱ 1835] **s. m. pl.** (**sing.** *-e*) ● (*zool.*) famiglia di Pesci ossei con i due occhi sul lato destro pigmentato (*Pleuronectidae*)
Pleuronettifórmi [comp. di *pleuronetti(di)* e il pl. di *-forme* ✱ 1965] **s. m. pl.** (**sing.** *-e*) ● (*zool.*) ordine di Pesci ossei a corpo asimmetrico, fortemente appiattito lateralmente e pigmentato solo da un lato (*Pleuronectiformes*)
pleuroperitonìte [comp. di *pleuro-* e *peritonite* ✱ 1835] **s. f.** ● (*med.*) pleurite associata a peritonite
pleuropolmonàre [comp. di *pleuro-* e *polmone*, con suff. agg. ✱ 1914] **agg.** ● (*anat.*) relativo alla pleura e al polmone
pleuropolmonìte [comp. di *pleuro-* e *polmonite* ✱ 1899] **s. f.** ● (*med.*) pleurite associata a polmonite
pleurorragìa [comp. di *pleuro-* e *-ragia* ✱ 1835] **s. f.** (**pl.** *-gìe*) ● (*med.*) emorragia della pleura
pleuroscopìa [comp. di *pleuro-* e *-scopia* ✱ 1914] **s. f.** ● (*med.*) toracoscopia
pleuròto [comp. di *pleur(o)-* e del gr. *oús*, genit. *ōtós*, 'orecchia', per la sua forma ✱ 1954] **s. m.** ● (*bot.*) gelone②
pleurotomìa [comp. di *pleuro-* e *-tomia* ✱ 1891] **s. f.** ● (*chir.*) incisione della pleura
plèuston [dal gr. *plêin* 'navigare', di orig. indeur. ✱ 1958] **s. m. inv.** ● (*biol.*) insieme degli organismi che si trovano sul pelo dell'acqua formando tappeti verdi
plexiglàs® o **plèxiglas** [marchio registrato ✱ 1949] **s. m. inv.** ● materia plastica succedanea del vetro, ottenuta per poliaddizione di esteri dell'acido metacrilico

plìca [vc. dotta, lat. parl. **plĭca(m)* 'piega', da *plĕctere* 'intrecciare', di orig. indeur. ✻ 1499] **s. f.** **1** (*anat.*) ripiegamento della cute o di una mucosa: *p. ascellare* **2** (*mus.*) nella scrittura medievale, trattino verticale che richiede all'esecutore un'appoggiatura

plicatìvo [vc. dotta, dal lat. *plicāre* 'piegare' ✻ 1958] **agg.** ● (*geol.*) di rocce stratificate e successivamente ripiegate

plicàto [vc. dotta, propr. 'piegato' ✻ 1991] **agg.** ● (*bot.*) detto di organo, spec. di foglia, con pieghe longitudinali

plìco [dal lat. *plicāre* 'piegare' ✻ av. 1503] **s. m.** (**pl.** *-chi*) ● insieme di lettere, documenti e sim. racchiusi in un involucro, spec. sigillato: *aprire un p.*; *spedire un p.* ‖ **plichétto**, **dim.**

plicòmetro [comp. di *plic(a)* e *-metro* ✻ 1986] **s. m.** ● (*med.*) strumento impiegato per misurare lo spessore delle pliche cutanee e, quindi, valutare lo spessore del tessuto adiposo presente nel sottocute

plin [vc. piemontese, propr. 'pizzicotto', per la leggera pressione con il pollice e l'indice sulla pasta per chiudere l'agnolotto ✻ 1987] **s. m. inv.** ● (*cucina*) agnolotto o raviolo ripieno di carne, molto piccolo e fatto in casa; specialità delle Langhe: *p. al sugo di arrosto* | ***agnolotto, raviolo del p.*** (o ***dal p., al p.***), agnolotto, o raviolo, che ha queste caratteristiche

plinìano [vc. dotta, lat. *Pliniānu(m)*, agg. di *Plīnius* 'Plinio' ✻ 1516] **agg.** **1** relativo agli scrittori latini Plinio il Vecchio (23-79) o Plinio il Giovane (61 o 62-113 ca.): *i trattati pliniani*; *l'epistolario p.* **2** (*geol.*) detto della prima fase dell'eruzione vulcanica | ***eruzione di tipo p.***, esplosione iniziale della sommità di un vulcano quiescente e successiva emissione mista di lava e prodotti piroclastici

plìnto [vc. dotta, lat. *plĭnthu(m)*, dal gr. *plínthos* 'mattone', di etim. incerta ✻ av. 1452] **s. m.** **1** (*archit.*) parte inferiore della base della colonna o del pilastro, a base quadrata o poligonale | piastra di fondazione di un pilastro di cemento armato **2** attrezzo ginnico a forma di tronco di piramide per esercizi spec. di salto e volteggio **3** (*arald.*) piccolo quadrilatero di metallo o colorato **4** (*milit.*) nei pezzi d'artiglieria, fascia della culatta

Pliocène [comp. del gr. *pléon* 'più', di orig. indeur., e *-cene*① ✻ 1871] **s. m.** ● (*geol.*) ultimo periodo dell'era cenozoica o terziaria

pliocènico [1864] **agg.** (**pl. m.** *-ci*) ● (*geol.*) del Pliocene

plissé /fr. pli'se/ [vc. fr., part. pass. di *plisser* 'increspare, pieghettare', da *pli* 'piega' ✻ 1885] **A agg. inv.** ● di tessuto pieghettato a macchina, con pieghe ravvicinate e ben marcate **B s. m. inv.** ● tale tessuto **CFR.** plissettato

plissettàre [ricavato da *plissettato* ✻ 1935] **v. tr.** (*io plissétto*) ● lavorare a plissé: *p. una gonna*

plissettàto [1923] **agg.** ● adattamento di *plissé* (V.)

plissettatrìce [da *plissettare* ✻ 1986] **s. f.** ● macchina che esegue la plissettatura

plissettatùra [1974] **s. f.** ● lavorazione a plissé

Plistocène ➤ **Pleistocene**

-plo [lat. *-plus*, parallelo di *-plĕx*, da una radice indeur. **plĕk* 'piegare (due, tre, quattro ... volte)'] **suff.** ● forma gli aggettivi numerali moltiplicativi: *triplo, sestuplo, multiplo*

Plocèidi [vc. dotta, gr. *plokéus* 'che intreccia' (perché sono abilissimi nell'intrecciare il nido), da *plékein* 'intrecciare', di orig. indeur. ✻ 1895] **s. m. pl.** (**sing.** *-e*) ● famiglia di uccelli dei Passeriformi che costruiscono ammirevoli nidi, per cui sono detti anche Tessitori, i cui maschi hanno livrea nuziale a colori vivaci

†**plòia** [provenz. *ploja* 'pioggia': stessa etim. dell'it. *pioggia* ✻ 1321] **s. f.** ● pioggia (*spec. fig.*): *La larga p. / de lo Spirito Santo* (DANTE *Par.* XXIV, 91-92)

plop /plɔp, *ingl.* plɒp/ [vc. ingl., di orig. onomat. dal v. *to plop* 'cadere con un lieve tonfo' ✻ 1970] **inter.** ● riproduce il tonfo di un corpo che cade in un liquido

ploràre [vc. dotta, lat. *plorāre* 'piangere', di orig. onomat. ✻ 1294] **A v. intr.** (*io plòro*; **aus.** *avere*) ● (*poet.*) piangere, gemere: *e prega e plora, / come usignuol cui 'l villan duro involve / dal nido i figli* (T. TASSO) **B v. tr.** **1** (*lett.*) deplorare **2** (*lett.*) compiangere qlcu. o qlco.

†**plòro** [da *plorare* ✻ sec. XIII] **s. m.** ● pianto, lamento

plot /plɔt, *ingl.* plɒt/ [vc. ingl. di orig. sconosciuta ✻ 1959] **s. m. inv.** ● trama, intreccio di un film

plòto [vc. dotta, gr. *plōtós* 'che nuota', da *plṓein* 'navigare', di orig. indeur. ✻ 1875] **s. m.** ● genere di Uccelli dei Pelecaniformi, tropicali, con collo lungo, slanciato e nudo (*Anhinga*)

plotóne [fr. *peloton* 'gruppo di soldati', da *pelote* 'gomitolo'. V. †*pillotta* ✻ 1670] **s. m.** **1** (*milit.*) suddivisione organica della compagnia di talune armi e specialità: *p. di fanteria, di cavalleria*; *p. del Genio* | ***p. di esecuzione***, reparto militare o di polizia incaricato dell'esecuzione di un condannato a morte per mezzo della fucilazione **2** nel ciclismo, gruppo di corridori: *p. di testa*; *p. degli inseguitori* ‖ **plotoncìno**, **dim.**

plòtter /'plɔtter, *ingl.* 'plɒtə(r)/ [vc. ingl., 'tracciatore', da *to plot* 'disegnare, tracciare' ✻ 1983] **s. m. inv.** ● (*inform.*) periferica dedicata al tracciamento di diagrammi e grafici, anche complessi, mediante il movimento relativo della carta e dei pennini **SIN.** diagrammatore, tracciatore

pluf [vc. onomat. ✻ av. 1910] **inter.** ● riproduce il tonfo leggero di un corpo che cade in un liquido

plug and play /plagen'plei, *ingl.* ˌplʌgən'pleɪ/ [loc. ingl., propr. 'connetti (*plug*) e gioca (*play*)' ✻ 1991] **A loc. sost. m. inv.** ● (*inform.*) tecnologia hardware e software che consente a una periferica al personal computer, senza alcuna procedura di installazione **B in funzione di loc. agg. inv.** ● detto di dispositivo che si configura secondo tale modalità: *scanner plug and play*

plug-in /pla'gin, *ingl.* 'plʌgˌɪn/ [vc. ingl., propr. 'che si inserisce (dal v. *to plug*) dentro (*in*)' ✻ 1999] **s. m. inv.; anche agg. inv.** ● (*inform.*) detto di dispositivo che può essere collegato a un sistema di elaborazione mediante inserimento in un connettore | detto di modulo aggiuntivo di un programma che ne amplia le funzioni

plùgo [dall'ingl. *plug* 'tappo, turacciolo', vc. di orig. germ. ✻ 1958] **s. m.** (**pl.** *-ghi*) ● esca artificiale a forma di pesciolino con corpo in legno o plastica composto da uno o da più elementi snodati

Plumbaginàcee [dal lat. scient. *plumbāgo* 'piombaggine', n. di una pianta, detta così dal colore di piombo (*plŭmbum*) ✻ 1875] **s. f. pl.** (**sing.** *-a*) ● (*bot.*) famiglia di piante erbacee delle Dicotiledoni, a foglie semplici e intere e frutto a capsula con un solo seme (*Plumbaginaceae*)

✦**plùmbeo** [vc. dotta, lat. *plŭmbeu(m)*, agg. di *plŭmbum* 'piombo' ✻ av. 1328] **agg.** **1** (*raro*) di piombo: *vaso p.* **2** (*est.*) simile al piombo, spec. per il colore grigio scuro: *cielo p.*; *nubi plumbee* **3** (*fig.*) oltremodo noioso e pesante: *una trattazione plumbea e prolissa* | ***atmosfera plumbea***, opprimente, soffocante **SIN.** greve

plum-cake /plum'ke(i)k, *ingl.* 'plʌmˌkeɪk/ [vc. ingl., comp. di *plum* 'prugna' (V.) e *cake* 'dolce', di orig. germ. ✻ 1905] **s. m. inv.** (**pl. ingl.** *plum-cakes*) ● dolce a base di farina, uova, zucchero, burro, canditi e uva passa, cotto al forno in stampo rettangolare

plumetis /fr. plym'ti/ [vc. fr., da *plumet* 'piccola piuma' ✻ 1852] **s. m. inv.** ● tessuto molto leggero di cotone o seta ricamato a piccoli pois

pluràle [vc. dotta, lat. *plurāle(m)*, da *plūs*, genit. *plūris* 'più' ✻ 1261 ca.] **A agg.** ● relativo a più persone o cose | (*est.*) che comprende elementi diversi, che è formato da identità diverse: *sinistra p.* ‖ **pluralità**, **s. f. inv.** **1** molteplicità, varietà: *pluralità di opinioni* **CONTR.** unicità **2** (*raro*) maggioranza: *la pluralità dei presenti emise un parere favorevole* **B s. m.** ● (*gramm.*) caso grammaticale della categoria del numero che esprime la pluralità dei nomi numerabili: *aggettivo, sostantivo, verbo al p.* | ***p. maiestatico***, prima persona plurale usata di solito nei discorsi ufficiali di personaggi eminenti **SIN.** pluralis maiestatis | ***p. di modestia***, prima persona plurale usata per evitare frequenti ripetizioni, dissimulare l'importanza del locutore o rendere maggiormente partecipi i destinatari **SIN.** pluralis modestiae

pluràlis maiestàtis [loc. lat., propr. 'plurale di maestà'] **loc. sost. m. inv.** (**pl. lat.** *plurales maiestatis*) ● (*gramm.*) plurale maiestatico (V. *plurale*)

pluralìsmo [ted. *Pluralismus*, dal lat. *plurālis* 'plurale' ✻ 1895] **s. m.** **1** ogni dottrina filosofica secondo cui il mondo è costituito da una pluralità di princìpi non riconducibili a unità **2** dottrina politica che si oppone a una concezione totalitaria dello Stato, dando invece rilievo ai diritti e ai compiti di comunità e associazioni intermedie fra l'individuo e la comunità statale | (*est.*) condizione per cui, in una data situazione o struttura, coesistono legittimamente molteplici tendenze ideali od organizzative: *il p. all'interno della scuola pubblica*; *salvaguardare il p. dell'informazione*

pluràlis modèstiae /lat. plu'ralis mo'dɛstje/ [loc. lat., propr. 'plurale di modestia'] **loc. sost. m. inv.** (**pl. lat.** *plurales modestiae*) ● (*gramm.*) plurale di modestia (V. *plurale*)

pluralìsta [1905] **A s. m. e f.** (**pl. m.** *-i*) ● seguace del pluralismo **B agg.** ● pluralistico

pluralìstico [1907] **agg.** (**pl. m.** *-ci*) **1** relativo al pluralismo **2** ispirato a criteri di pluralismo ‖ **pluralisticaménte**, **avv.** in modo pluralistico

pluralizzàre [1728] **v. tr.** **1** (*gramm.*) volgere al plurale: *p. un aggettivo* **2** (*est.*) moltiplicare, diversificare, differenziare: *p. i sistemi di valori* ‖ **pluralizzazióne**, **s. f.**

plùri- [lat. *plūri-*, dal genit. (*plūris*) di *plūs* 'più'] **primo elemento** ● in parole composte significa 'in numero maggiore di uno' (*pluriaggravato, pluripregiudicato, pluridecorato, plurilingue, plurivalente*) o indica quantità superiore al normale (*pluriatomico, pluriclasse*)

pluriaggravàto [comp. di *pluri-* e *aggravato* ✻ 1950] **agg.** ● (*dir.*) detto di reato caratterizzato da più circostanze aggravanti: *furto p.*

pluriàrma [comp. di *pluri-* e *arma* ✻ 1991] **agg. inv.** ● (*milit.*) relativo a due o più armi dell'esercito

pluriarticolàto [comp. di *pluri-* e *articolo*, con suff. agg. ✻ 1958] **agg.** ● (*bot., zool.*) costituito da più articoli

pluriatòmico [comp. di *pluri-* e *atomo*, con suff. agg. ✻ 1965] **agg.** (**pl. m.** *-ci*) ● (*fis.*) detto di molecola costituita da più atomi e di sostanze costituite da tali molecole

pluricellulàre [comp. di *pluri-* e *cellula*, con suff. agg. ✱ 1878] **agg.** ● (*biol.*) di essere vivente formato da più cellule CONTR. unicellulare

pluricèntrico [comp. di *pluri-* e *-centrico* ✱ 1987] **agg.** (**pl. m.** *-ci*) **1** che ha più centri CONTR. monocentrico **2** relativo a più centri

pluriclàsse [comp. di *pluri-* e *classe* ✱ 1949] **A s. f.** ● insieme di classi elementari riunite insieme e affidate a un unico maestro **B anche agg. inv.**: *scuola p.*

pluricolóre [comp. di *pluri-* e *colore* ✱ 1916] **agg.** ● (*raro*) multicolore

pluricoltùra [comp. di *pluri-* e *coltura* ✱ 1958] **s. f.** ● (*agric.*) policoltura

pluridecennàle [comp. di *pluri-* e *decennale* ✱ av. 1926] **agg.** ● che dura o è durato più decenni: *piano p.*

pluridecoràto [comp. di *pluri-* e *decorato* ✱ 1942] **agg. e s. m.** ● che (o chi) è stato insignito di più decorazioni: *un militare p.*

pluridimensionàle [comp. di *pluri-* e *dimensione*, con suff. agg. ✱ 1946] **agg.** ● che ha più dimensioni | (*fig.*) che riguarda campi, settori o livelli diversi ‖ **pluridimensionalità**, **s. f. inv.**

pluridirezionàle [comp. di *pluri-* e di un deriv. di *direzione* ✱ 1965] **agg.** ● orientato, esteso in varie direzioni (*anche fig.*): *sistema viario p.* ‖ **pluridirezionalità**, **s. f. inv.**

pluridisciplinàre [comp. di *pluri-* e di un deriv. di *disciplina* ✱ av. 1966] **agg.** ● multidisciplinare: *ricerca p.* ‖ **pluridisciplinarità**, **s. f. inv.**

pluriennàle [da *pluri-* sul modello di *biennale*, *triennale* ecc. ✱ 1965] **agg.** ● che ha la durata di molti anni: *corso p. di studi* ‖ **pluriennalità**, **s. f. inv.** durata di ciò che è pluriennale

pluriènne [comp. di *pluri-* ed *-enne* ✱ 1906] **agg.** ● (*bot.*) detto di pianta che fiorisce dopo alcuni anni di sviluppo vegetativo

pluriètnico [comp. di *pluri-* ed *etnico* ✱ 1985] **agg.** (**pl. m.** *-ci*) ● che comprende più etnie: *federazione plurietnica* ‖ **plurietnicità**, **s. f. inv.**

plurifàse [comp. di *pluri-* e *fase* ✱ 1986] **agg.** (**pl.** *-i* **o inv.**) ● relativo a più fasi, costituito da più fasi | ***sistema p. di correnti***, insieme di correnti elettriche aventi uguale frequenza ma fase diversa

plurifórme [comp. di *pluri-* e *-forme* ✱ 1842] **agg.** ● che si manifesta in forme o modi molteplici e distinti; multiforme

pluriformità [1885] **s. f. inv.** ● caratteristica di ciò che è pluriforme

plurigemellàre [comp. di *pluri-* e *gemello*, con suff. agg. ✱ 1958] **agg.** ● detto di parto in cui vengono alla luce più di due figli | ***gravidanza p.***, precedente a tale parto ‖ **plurigemellarità**, **s. f. inv.** (*biol.*) fenomeno del concepimento e della nascita di più di due gemelli

plurigèmino [comp. di *pluri-* e *gemino* ✱ 1942] **agg.** ● plurigemellare

plurilateràle [comp. di *pluri-* e un deriv. del lat. *lătus*, genit. *lăteris* 'lato' ✱ 1950] **agg.** ● multilaterale ‖ **plurilateralità**, **s. f. inv.** multilateralità

plurilìngue [da *pluri-*, sul modello di *bilingue* ✱ 1923] **agg.** (**pl.** *-i* **o inv.**) ● (*ling.*) che usa o parla correntemente più lingue

plurilinguìsmo [comp. di *pluri-*, che sostituisce *bi-* di *(bi)linguismo* ✱ 1951] **s. m. 1** condizione di chi è plurilingue **2** situazione di una zona o di una comunità al cui interno i soggetti parlanti siano in grado di servirsi alternativamente di lingue diverse a seconda delle circostanze: *p. altoatesino* | situazione di un territorio o di uno Stato nel quale siano state adottate varie lingue ufficiali: *p. svizzero* **3** compresenza di più livelli linguistici all'interno di uno stesso testo o nella produzione di un autore: *il p. di Gadda*

plurilinguìstico [da *plurilinguismo* ✱ 1974] **agg.** (**pl. m.** *-ci*) ● relativo al plurilinguismo

pluriloculàre [comp. di *pluri-* e del lat. *lŏculus*, dim. di *lŏcus* 'luogo', con suff. agg. ✱ 1835] **agg.** ● (*bot.*) di ovario che ha più caselle

plurimandatàrio [comp. di *pluri-* e *mandatario* ✱ 1980] **agg.** ● (*org. az.*) detto di agente di vendita che opera per più aziende non in concorrenza tra loro

plurimiliardàrio [comp. di *pluri-* e *miliardario* ✱ 1983] **agg. e s. m.** (**f.** *-ia*) ● che (o chi) possiede molti miliardi di unità monetarie

plurimilionàrio [comp. di *pluri-* e *milionario* ✱ 1958] **agg. e s. m.** (**f.** *-ia*) ● che (o chi) possiede molti milioni di unità monetarie

plurimillenàrio [comp. di *pluri-* e *millennio*, con suff. agg. ✱ 1950] **agg.** ● che è durato più millenni, che dura più millenni: *un'antica civiltà plurimillenaria*

plùrimo [vc. dotta, lat. *plūrimu(m)*, superl. di *plūs*, genit. *plūris* 'più' ✱ 1901] **agg.** ● molteplice: *parto p.* | ***voto p.***, in passato, sistema elettorale in cui certi elettori potevano votare più volte, in base al censo, all'età o ad altre caratteristiche; attualmente, quello di un votante che dispone di più voti | ***elezione plurima***, elezione di un deputato avvenuta in più collegi CONTR. unico

plurimotóre [comp. di *pluri-* e *motore* ✱ 1936] **A s. m.** ● (*aeron.*) aereo con più motori **B anche agg.**: *aereo p.*

plurinazionàle [comp. di *pluri-* e *nazione*, con suff. agg. ✱ 1954] **agg.** ● che comprende più nazioni o nazionalità: *organizzazione p.* ‖ **plurinazionalità**, **s. f. inv.**

plurinominàle [da *pluri-*, sul modello di *uninominale* ✱ 1918] **agg.** ● (*dir.*) detto di sistema elettorale basato su collegi elettorali ciascuno dei quali elegge più rappresentanti popolari: *scrutinio p.*; *collegio elettorale p.* CONTR. uninominale

plurinucleàto [comp. di *pluri-* e *nucleo*, con suff. agg. ✱ 1958] **agg.** ● (*biol.*) detto di cellula fornita di più nuclei SIN. polinucleato

pluriomicìda [comp. di *pluri-* e *omicida* ✱ av. 1971] **s. m. e f.** (**pl. m.** *-i*) ● chi ha commesso più di un omicidio

plurìpara [comp. di *pluri-* e il f. di *-paro* ✱ 1939] **A agg. solo f.** ● detto di donna e (*est.*) femmina di animale, che ha avuto più parti **B anche s. f.**

pluripartìtico [comp. di *pluri-* e *partito*①, con suff. agg. ✱ 1958] **agg.** (**pl. m.** *-ci*) ● che concerne più partiti | ***Stato p.***, che ammette la legittimità di organizzazione di partiti politici con libertà di orientamenti ideologici e di tutela di interessi diversi

pluripartitìsmo [comp. di *pluri-* e *partito*①, con suff. sost., sul modello di *bipartitismo* ✱ 1974] **s. m.** ● sistema politico caratterizzato dall'esistenza di più partiti, alcuni dei quali concorrono a formare il governo e gli altri l'opposizione SIN. multipartitismo

pluripennàto [comp. di *pluri-* e *pennato* ✱ 1983] **agg.** ● (*bot.*) detto di foglia composta di varie foglie a loro volta formate da più foglioline disposte ai lati di un asse

pluriplàno [da *pluri-*, sul modello di *biplano* ✱ 1970] **A agg.** ● (*aeron.*) caratterizzato da più piani aerodinamici solitamente orizzontali | ***velivolo p.***, con più ali sovrapposte **B s. m.** ● velivolo pluriplano

pluripòlide [comp. di *pluri-* e del gr. *pólis* 'città, stato' ✱ 1983] **agg. e s. m. e f.** ● (*dir.*) che (o chi) possiede più cittadinanze

pluripósto [comp. di *pluri-* e *posto* ✱ 1958] **A agg. inv.** ● detto di velivolo dotato di più posti **B anche s. m. inv.**

pluripotènte [comp. di *pluri-* e *potente* ✱ 1958] **agg.** ● (*biol.*) in embriologia, detto di cellula, tessuto, abbozzo embrionale e sim. che presenta una vasta gamma di possibili sviluppi

pluripotènza [comp. di *pluri-* e *potenza* ✱ 1958] **s. f.** ● (*biol.*) in embriologia, la condizione di ciò che è pluripotente

plurireattóre [comp. di *pluri-* e *reattore* ✱ 1970] **A s. m.** ● velivolo con più reattori **B anche agg.**

plurirèddito [comp. di *pluri-* e *reddito* ✱ 1984] **agg. inv.** ● che dispone di più di un reddito: *famiglia p.*

plurisecolàre [comp. di *pluri-* e *secolo*, con suff. agg. ✱ 1958] **agg.** ● che è durato più secoli, che dura da più secoli: *impero p.*

plurisettimanàle [comp. di *pluri-* e di un deriv. di *settimana* ✱ 1986] **agg.** ● che avviene più volte ogni settimana: *pubblicazione, partenza p.*

plurisettoriàle [comp. di *pluri-* e di un deriv. di *settore* ✱ 1985] **agg.** ● riguardante o comprendente più settori: *investimenti plurisettoriali* SIN. polisettoriale

plurisìllabo [da *pluri-*, sul modello di *polisillabo* ✱ 1958] **s. m.; anche agg.** ● (*ling.*) polisillabo

pluristàdio [comp. di *pluri-* e *stadio* ✱ 1958] **agg. inv.** ● (*aeron.*) che ha più di uno stadio | (*milit.*) ***missile p.***, quello costituito da più stadi, ciascuno dei quali si distacca dopo aver esaurito la propria carica di propellenti

pluristellàto [comp. di *pluri-* e *stellato*① nel sign. A 4 ✱ 1985] **agg.** ● di albergo o ristorante segnalato con più di una stella di valutazione in una guida turistica o gastronomica

pluristilìsmo [comp. di *pluri-* e di un deriv. di *stile* ✱ 1987] **s. m.** ● (*letter.*) compresenza di vari registri espressivi in uno stesso testo o nella produzione di un autore: *il p. di Lorenzo il Magnifico*

pluristilìstico [sec. XX] **agg.** (**pl. m.** *-ci*) ● relativo al pluristilismo, che presenta pluristilismo: *opera pluristilistica*

pluriùso [comp. di *pluri-* e *uso* ✱ 1970] **agg. inv.** ● che si può adibire a vari usi: *mobile p.*

plurivalènte [comp. di *pluri-* e *valente* ✱ 1962] **agg.** ● che ha più valori

plurivalutàrio [comp. di *pluri-* e *valutario* ✱ sec. XX] **agg.** ● (*econ.*) detto di un finanziamento rinnovabile in più valute o di un prestito obbligazionario rimborsabile in valute diverse da quella di emissione

plurìvoco [da *pluri-*, sul modello di *univoco* ✱ 1958] **agg.** (**pl. m.** *-ci*) ● (*mat.*) ***funzione plurivoca***, funzione che assume più valori in corrispondenza di ogni scelta della o delle variabili indipendenti nel proprio campo di definizione

plus /plus, *ingl.* plʌs/ [lat. *plūs* 'più', in uso spec. nella lingua ingl. ✱ 1985] **s. m. inv.** ● (*econ.*) vantaggio, punto a favore: *il nostro prodotto ha molti p. rispetto ai concorrenti*

plusdotàto (o *-ṣ-*) [comp. del lat. *plus* 'più' e *dotato* ✱ 1967] **agg. e s. m.** (**f.** *-a*) ● superdotato

plùṣia [dal gr. *plóusios* 'ricco', da *plôutos* 'ricchezza', di orig. indeur., per le macchie d'oro e d'argento che ha sulle ali ✱ 1840] **s. f.** ● farfalla cosmopolita, non vistosa, crepuscolare e notturna, che attacca piante erbacee di vario tipo (*Plusia gamma*)

pluṣvalènza [comp. del lat. *plus* 'più' e *valenza*; calco sul fr. *plus-value* ✱ 1863] **s. f.** ● aumento di valore di un bene rispetto al suo costo o al suo precedente valore: *p. tassabile*

pluṣvalóre [comp. del lat. *plus* 'più' e *valore*; calco sul ted. *Mehrwert* ✱ 1894] **s. m.** ● nella teoria marxista, la differenza, di cui si appropria il capitalista, fra il valore della merce prodotta dal lavoratore e il valore della retribuzione corrisposta a quest'ultimo

plùteo① [vc. dotta, lat. *plŭteu(m)* 'parete di difesa, riparo', di etim. incerta ✱ sec. XIII] **s. m.** **1** antica macchina da guerra a forma di paravento semicircolare usata per riparare gli assedianti durante l'attacco alle mura assediate **2** pannello in marmo o legno, spesso decorato a bassorilievo, che unito ad altri forma un parapetto; nelle chiese medievali delimita l'altare, il presbiterio o il coro **3** specie di leggio o armadio usato in alcune biblioteche per conservare codici preziosi

plùteo② [lat. scient. *pluteus*, dal lat. *plŭteus* 'parete di difesa, riparo' (V. *pluteo*①); detto così dalla forma ✱ 1983] **s. m.** ● (*zool.*) stadio larvale pelagico di alcuni Echinodermi

plutòcrate [ingl. *plutocrat*, dal gr. *ploutokratía* 'plutocrazia' ✱ 1894] **s. m. e f.** ● (*spreg.*) chi, grazie alla propria ampia disponibilità di capitali, influisce in misura determinante sulla vita politica e sociale

plutocràtico [ingl. *plutocratic*, da *plutocrat* 'plutocrate' ✱ 1877] **agg.** (**pl. m.** *-ci*) ● (*spreg.*) relativo a plutocrazia o ai plutocrati ‖ **plutocraticaménte**, **avv.**

plutocrazìa [ingl. *plutocracy*, dal gr. *ploutokratía*, comp. di *plôutos* 'ricchezza' (V. *plusia*) e *-kratía* '-crazia' ✱ 1835] **s. f.** ● (*spreg.*) predominio politico di individui o gruppi detentori di grandi ricchezze | l'insieme dei plutocrati

plutodemocrazìa [comp. di *pluto(crazia)* e *democrazia* ✱ 1939] **s. f.** ● (*disus.*) demoplutocrazia

plutóne [vc. dotta, lat. *Plutōne(m)*, dal gr. *Plóuton*, da *plôutos* 'ricchezza' (V. *plusia*) ✱ 1857] **s. m.** (*Plutóne* nel sign. 1) **1** (*astron.*) pianeta nano più piccolo della Terra, con orbita molto eccentrica, situato alla periferia del sistema solare | (*astrol.*) pianeta che domina il segno zodiacale dello Scorpione **2** (*geol.*) corpo geologico intrusivo, di varia forma e dimensioni, che si forma all'interno della crosta terrestre per cristallizzazione di un magma

plutoniàno [1871] **A** **agg.** **1** relativo al pianeta Plutone **2** (*geol.*) detto di processo intrusivo profondo | detto di roccia consolidata da un magma all'interno della crosta terrestre **B** **s. m.** (**f.** *-a*) ● ipotetico abitante del pianeta Plutone

plutònico [dal n. del dio degli Inferi, *Plutone* ✱ 1521] **agg.** (**pl. m.** *-ci*) **1** plutoniano **2** (*lett.*) infernale, d'oltretomba | (*est.*) †sotterraneo **3** (*lett.*, *fig.*) buio, scuro: *antro p.*

plutònio [vc. dotta, lat. *Plutōniu(m)*, da *Plūton*, genit. *Plutōnis* 'Plutone' ✱ av. 1480] **A** **agg.** (**pl. m.** *-i* o *raro -ii*) ● (*lett.*) di Plutone, dio greco degli Inferi | (*lett.*) plutonico: *sul varco fatale / della plutonia sede* (G. LEOPARDI) **B** **s. m.** ● elemento chimico, metallico, artificiale, esistente solo in forma radioattiva, usato per generare energia nucleare SIMB. Pu NUM. AT. 94

plutonìṣmo [da *Plutone* ✱ av. 1869] **s. m.** ● (*geol.*) teoria secondo la quale tutte le rocce deriverebbero dal consolidamento dei magmi | complesso dei fenomeni causati dai magmi all'interno della crosta terrestre

pluviàle [vc. dotta, lat. *pluviāle(m)*, da *plŭvia* 'pioggia' ✱ sec. XIV] **A** **agg.** ● della pioggia | ***acqua p.***, piovana | ***fiume a regime p.***, il cui bacino idrografico è alimentato quasi esclusivamente dalle piogge | ***foresta p.***, quella equatoriale, caratterizzata dal clima costantemente caldo e umido che favorisce una vegetazione rigogliosissima e sempreverde **B** **s. m.** ● (*edil.*) tubo verticale che raccoglie l'acqua dalla grondaia per scaricarla a terra o nelle fognature

plùvio [vc. dotta, lat. *plŭviu(m)*, da *plŭere* 'piovere' ✱ sec. XIV] **agg.** ● (*lett.*) piovoso | ***Giove p.***, che sparge pioggia, che fa piovere

plùvio- [dal lat. *plŭvia* 'pioggia'] **primo elemento** ● in parole composte scientifiche significa 'pioggia': *pluviometro*

pluviògrafo [comp. di *pluvio-* e *-grafo* ✱ 1954] **s. m.** ● (*meteor.*) pluviometro con dispositivo per la registrazione cronologica della quantità di acqua delle precipitazioni

pluviometrìa [1915] **s. f.** ● misurazione della pioggia tramite il pluviometro | distribuzione delle precipitazioni in una data zona

pluviomètrico [1869] **agg.** (**pl. m.** *-ci*) ● di pluviometro: *osservazioni pluviometriche* | ***indice p. di un bacino idrografico***, il rapporto tra il volume d'acqua caduto annualmente e la superficie del bacino

pluviòmetro [fr. *pluviomètre*, comp. del lat. *plŭvia* 'pioggia' (V. *pluvio-*), e *-mètre* '-metro' ✱ 1821] **s. m.** ● strumento per la misura della quantità di acqua caduta come precipitazione in un determinato intervallo di tempo, gener. espressa in millimetri per m^2 | ***p. registratore***, pluviografo

pluvioscòpio [comp. di *pluvio-* e *-scopio* ✱ 1958] **s. m.** ● strumento usato per misurare la durata di una precipitazione atmosferica

pluvióso (o *-ṣ-*) [vc. dotta, lat. *pluviōsu(m)*, da *plŭvia* 'pioggia' ✱ av. 1306] **agg.** ● (*lett.*) piovoso: *dal ciel p. / ride un suo vago viso lacrimevole* (G. D'ANNUNZIO)

pnèuma [vc. dotta, lat. tardo *pnēuma*, dal gr. *pnêuma*, genit. *pnéumatos* 'soffio', da *pnêin* 'soffiare', di orig. indeur. ✱ 1521] **s. m.** (**pl.** *-i*) (**l'uso colto prevede gli art.** ***lo, gli*** **e** ***uno*****, l'uso comune sempre più spesso gli art.** ***il, i*** **e** ***un***) **1** (*filos.*) nella filosofia degli stoici, lo spirito divino che anima il mondo ordinandolo e dirigendolo | nella gnosi, la parte più elevata e spirituale dell'anima **2** (*mus.*) nel canto gregoriano, passo melismatico da eseguire su una sillaba alla fine di un passo melodico

pneumàtico① [gr. *pneumatikós* (V. *pneumatico*②) ✱ 1745] **agg.** (**pl. m.** *-ci*) ● (*filos.*) relativo allo pneuma

pneumàtico② [vc. dotta, lat. *pneumăticu(m)*, dal gr. *pneumatikós*, agg. di *pnêuma*, genit. *pnéumatos* 'soffio'. V. *pneuma* ✱ av. 1687] **A** **agg.** (**pl. m.** *-ci*) ● che si può gonfiare immettendo aria: *canotto, materassino p.* | ***macchina pneumatica***, strumento per rarefare l'aria in un recipiente | ***campana pneumatica***, cassone ad aria compressa usato per fondazioni subacquee pneumatiche | ***copertura pneumatica***, grande rivestimento in plastica che ripara piscine, campi da tennis e sim. SIN. copertura a pallone | ***freno p.***, ad aria, la quale costituisce il fluido intermediario per ottenere meccanicamente l'azione frenante | ***posta pneumatica***, V. *posta*① **B** **s. m.** (**l'uso colto prevede gli art.** ***lo, gli*** **e** ***uno*****, l'uso comune sempre più spesso gli art.** ***il, i*** **e** ***un***) ● parte della ruota del veicolo, costituita dal copertone con o senza la camera d'aria | ***p. invernale***, o ***p. da neve***, con caratteristiche di composizione della mescola e di disegno e spessore del battistrada che ne garantiscono l'aderenza su superfici innevate o fangose SIN. gomma termica

pnèumato- [dal gr. *pnêuma*, genit. *pnéumatos* 'soffio, aria' (V. *pneuma* e *pneumo-*①)] **primo elemento** ● in parole composte scientifiche, indica presenza di aria o gas: *pneumatoforo*, *pneumatologia*

pneumatòforo [comp. di *pneumato-* e *-foro* ✱ 1954] **s. m.** (**l'uso colto prevede gli art.** ***lo, gli*** **e** ***uno*****, l'uso comune sempre più spesso gli art.** ***il, i*** **e** ***un***) **1** (*bot.*) particolare radice respirante, che emerge verticalmente dall'acqua; nelle piante delle paludi tropicali, spec. nelle mangrovie, ha il compito di portare l'ossigeno alle radici immerse **2** (*zool.*) vescicola contenente gas, a funzione di sostegno, tipica di alcuni Celenterati Sifonofori

pneumatologìa [comp. di *pneumato-* e *-logia* ✱ 1748] **s. f.** (**pl.** *-gìe*) **1** (*filos.*, *raro*) la scienza dello spirito, delle cose spirituali **2** in teologia, dottrina dello Spirito Santo

pneumatològico [1747] **agg.** (**pl. m.** *-ci*) **1** in filosofia e spec. in teologia, relativo alla pneumatologia **2** (*med.*, *raro*) pneumologico

pneumatòmetro [comp. di *pneumato-* e *-metro* ✱ 1930] **s. m.** (**l'uso colto prevede gli art.** ***lo, gli*** **e** ***uno*****, l'uso comune sempre più spesso gli art.** ***il, i*** **e** ***un***) ● (*med.*) spirometro

pneumectomìa [comp. di *pneumo-*② ed *-ectomia* ✱ 1885] **s. f.** ● (*chir.*) asportazione chirurgica di un polmone SIN. pneumonectomia

pnèumico [da *pneumo-*② ✱ 1958] **agg.** (**pl. m.** *-ci*) ● (*med.*) polmonare

pnèumo-① [gr. *pnêuma* 'soffio, respiro', da *pnêin* 'respirare, alitare', di orig. indeur.] **primo elemento** ● in parole composte della terminologia scientifica indica presenza di aria o gas, o fa riferimento alla funzione respiratoria: *pneumografia*, *pneumotorace*

pnèumo-② [gr. *pneumo-*, da *pnéumōn* 'polmone', di orig. indeur.] **primo elemento** ● in parole composte della terminologia medica, significa 'polmone' o 'polmonite': *pneumopatia*

pneumocèle [comp. di *pneumo-*② e *-cele* ✱ 1835] **s. m.** (**l'uso colto prevede gli art.** ***lo, gli*** **e** ***uno*****, l'uso comune sempre più spesso gli art.** ***il, i*** **e** ***un***) ● (*med.*) tumefazione prodotta dalla protrusione di una porzione di polmone attraverso uno spazio intercostale

pneumocistografìa [vc. dotta, comp. di *pneumo-*① e *cistografia* ✱ 1958] **s. f.** ● (*med.*) analisi radiografica della vescica previo riempimento di questa con aria

pneumocòcco [comp. di *pneumo-*② e *cocco*④ ✱ 1895] **s. m.** (**pl.** *-chi*) (**l'uso colto prevede gli art.** ***lo, gli*** **e** ***uno*****, l'uso comune sempre più spesso gli art.** ***il, i*** **e** ***un***) ● batterio a forma di minutissimi granuli riuniti per lo più a coppie, avvolti da una capsula, agente della polmonite (*Diplococcus pneumoniae*)

pneumoconiòṣi [comp. di *pneumo-*② e del gr. *kónis* 'polvere', di orig. indeur. ✱ 1927] **s. f. inv.** ● qualunque malattia polmonare dovuta all'inalazione di polveri minerali

pneumoencèfalo [comp. di *pneumo-*① ed *encefalo* ✱ 1958] **s. m.** (**l'uso colto prevede gli art.** ***lo, gli*** **e** ***uno*****, l'uso comune sempre più spesso gli art.** ***il, i*** **e** ***un***) ● (*med.*) introduzione di aria nelle cavità cerebrali, spec. a scopo diagnostico

pneumoencefalografìa [comp. di *pneumoencefalo* e *-grafia* ✱ 1958] **s. f.** ● (*med.*) esame radiologico delle cavità cerebrali mediante introduzione di aria nelle cavità stesse

pneumografìa [comp. di *pneumo-*① e *-grafia* ✱ 1840] **s. f.** ● (*med.*) registrazione dei movimenti respiratori

pneumògrafo [comp. di *pneumo-*① e *-grafo* ✱ 1902] **s. m.** (**l'uso colto prevede gli art.** ***lo, gli*** **e** ***uno*****, l'uso comune sempre più spesso gli art.** ***il, i*** **e** ***un***) ● (*med.*) apparecchio per la registrazione grafica dei movimenti respiratori

pneumologìa [vc. dotta, comp. di *pneumo-*② e *-logia* ✱ 1835] **s. f.** (**pl.** *-gìe*) ● (*med.*) branca della medicina che si occupa della struttura, della funzione, della patologia dei polmoni | (*est.*) reparto ospedaliero per pazienti che necessitano di cure per tali patologie

pneumològico [1847] **agg.** (**pl. m.** *-ci*) **1** (*med.*) relativo alla pneumologia **2** (*raro*) pneumatologico

pneumòlogo [vc. dotta, comp. di *pneumo-*② e *-logo* ✱ 1986] **s. m.** (**f.** *-a*; **pl. m.** *-gi*) (**l'uso colto prevede gli art.** ***lo, gli*** **e** ***uno*****, l'uso comu-**

P

ne sempre più spesso gli art. *il, i* e *un*) ● specialista in pneumologia

pneumometrìa [comp. di *pneumo-*① e *-metria* ✱ 1899] **s. f.** ● (*med.*) spirometria

pneumòmetro [comp. di *pneumo-*① e *-metro* ✱ 1895] **s. m.** (l'uso colto prevede gli art. *lo, gli* e *uno*, l'uso comune sempre più spesso gli art. *il, i* e *un*) ● (*med.*) spirometro

pneumonectomìa [comp. del gr. *pnéumōn* 'polmone' (V. *pneumo-*②) ed *-ectomia* ✱ 1948] **s. f.** ● (*chir.*) pneumectomia

pneumonìa [vc. dotta, gr. *pneumonía*, da *pnéumōn* 'polmone' (V. *pneumo-*②) ✱ 1835] **s. f.** ● (*med., raro*) polmonite

pneumònico [vc. dotta, gr. *pneumonikós*, da *pneumonía* 'pneumonia' ✱ 1745] **agg.** (**pl. m.** *-ci*) ● (*raro*) polmonare

pneumonìte [comp. di *pneumo-*② e *-ite*① ✱ 1835] **s. f.** ● (*raro*) polmonite

pneumopatìa [comp. di *pneumo-*② e *-patia* ✱ 1958] **s. f.** ● (*med.*) qualsiasi malattia del polmone ‖ **pneumopàtico**, **agg. e s. m.** (**f.** *-a*; **pl. m.** *-ci*) che (o chi) soffre di una pneumopatia

pneumopericàrdio [comp. di *pneumo-*① e *pericardio* ✱ 1875] **s. m.** (l'uso colto prevede gli art. *lo, gli* e *uno*, l'uso comune sempre più spesso gli art. *il, i* e *un*) ● (*med.*) raccolta di aria nel pericardio

pneumoperitonèo [comp. di *pneumo-*① e *peritoneo* ✱ 1958] **s. m.** (l'uso colto prevede gli art. *lo, gli* e *uno*, l'uso comune sempre più spesso gli art. *il, i* e *un*) ● (*med.*) presenza di gas nel cavo peritoneale

pneumorragìa [comp. di *pneumo-*② e *-ragia* ✱ 1835] **s. f.** (**pl.** *-gìe*) ● (*med.*) emorragia dal polmone

pneumotomìa [comp. di *pneumo-*② e *-tomia* ✱ 1835] **s. f.** ● (*chir.*) incisione del parenchima polmonare

pneumotoràce [comp. di *pneumo-*① e *torace* ✱ 1821] **s. m.** (l'uso colto prevede gli art. *lo, gli* e *uno*, l'uso comune sempre più spesso gli art. *il, i* e *un*) ● (*med.*) raccolta di aria nella cavità pleurica | ***p. artificiale***, cura della tubercolosi polmonare consistente nell'immobilizzare il polmone mediante immissione di azoto o aria filtrata nel cavo pleurico fino a cicatrizzazione delle lesioni tubercolari | ***p. spontaneo***, presenza di aria nel cavo pleurico, dovuta a rottura o ferita della pleura viscerale o costale

PNL /pienne'ɛlle/ [sigla di *P(rodotto) N(azionale) L(ordo)* ✱ 1983] **s. m. inv.** ● (*econ.*) valore monetario che si ottiene aggiungendo al prodotto interno lordo (PIL) il reddito dei residenti derivante da investimenti all'estero e sottraendo quello prodotto nel Paese dagli stranieri non residenti

♦**po'**① /pɔ/ **s. m. solo sing.** ATTENZIONE! *po'* è troncamento di 'poco' e si scrive con l'apostrofo (uno dei casi di troncamento con apostrofo), non con l'accento: le grafie *un pò* e *un po* sono errate ● forma tronca di *poco* (V. nota d'uso ELISIONE e TRONCAMENTO)

po'② /pɔ/ **avv.** ● (*poet.*) forma tronca di *poi*

pòa [gr. *póa* 'erba, foraggio', di orig. indeur. ✱ av. 1878] **s. f.** ● genere di piante erbacee delle Graminacee comuni in luoghi erbosi, buone foraggere (*Poa*)

Poàcee [vc. dotta, dal gr. *póa* 'erba, foraggio', con il suff. *-acee* ✱ sec. XX] **s. f. pl.** (**sing.** *-a*) ● (*bot.*) Graminacee

poàna ➤ **poiana**

♦**poc'ànzi** o **pocànzi**, †**pòco ànzi** [comp. di *poc(o)* e *anzi* ✱ av. 1500] **loc. avv.** ● (*lett.*) prima, poco fa: *come dicevo poc'anzi*

pòccia [sovrapposizione di *ciucciare* a *poppa* ✱ sec. XV] **s. f.** (**pl.** *-ce*) ● (*tosc.*) mammella, poppa ‖ **poccìna**, **dim.** | **poccióne**, **accr. m.**

pocciàre [da *poccia* ✱ sec. XIV] **v. tr.** (**pres.** *io póccio*; **fut.** *io poccerò*) ● (*tosc.*) poppare

pochade /fr. pɔ'ʃad/ [fr., propr. 'abbozzo', in orig. termine di pittura, da *pocher* 'far gonfiare come una tasca', poi 'rappresentare con un disegno', da *poche* 'tasca', di orig. francone ✱ 1872] **s. f. inv.** **1** genere teatrale leggero simile al vaudeville, ma senza musica, con una trama comica di vicende intricate **2** (*est.*) farsa, pagliacciata

pòcher [1905] **s. m. inv.** ● adattamento di *poker* (V.) ‖ **pocherìno**, **dim.** (V.)

pocherìno ➤ **pokerino**

pochette /fr. pɔ'ʃɛt/ [fr., propr. dim. di *poche* 'tasca' (di orig. francone), perché di dimensioni tali da poter stare in tasca ✱ 1826] **s. f. inv.** **1** borsetta femminile di piccole dimensioni, da portarsi in mano: *una p. di velluto, di camoscio* **SIN.** (*ingl.*) clutch **2** fazzoletto da taschino **3** (*mus.*) piccolo violino apparso in Francia sul finire del XVI secolo

pochétto [dim. di *poco* ✱ 1306] **A** **agg. e pron. indef.** ● (*lett.* o *raro*) piuttosto poco: *a que' pochetti conoscitori d'una fra le ... mie prose* (G. D'Annunzio) **B** **nella loc. avv.** ***un p.***, solo un po': *poi uscì fuori, un p. turbato* (G. Boccaccio) ‖ **pochettìno**, **dim.**

pochézza [da *poco* ✱ 1282] **s. f.** **1** scarsezza: *p. di mezzi* **2** (*fig.*) modestia, meschinità: *p. di cuore, d'ingegno* | (*lett.*) inadeguatezza: *nella mia p.*

pochìno [dim. di *poco* ✱ 1481] **A** **agg.** ● piuttosto poco: *i tuoi soldi sono pochini per organizzare un viaggio; se bene la caccia è pochina, non importa* (P. Aretino) **B** **pron. indef.** ● chi (o ciò che) è in quantità piuttosto piccola: *eravamo in pochini; E voi p. mi potete dare* (C. Goldoni) **C** **avv.** ● in misura piuttosto scarsa: *di storia ne sapeva p.* | anche nella loc. avv. ***un p.***, solo un po': *aspetta un p.; Un p. di flemma, un p. di prudenza, un p. di carità* (A. Manzoni)

pòcket /'pɔket, *ingl.* 'pɒkɪt/ [vc. ingl., propr. 'tasca'; nella loc., comp. con *book* 'libro', vc. di orig. germ. ✱ 1918] **agg. inv.** ● tascabile: *edizione p.* | ***p. book***, volume in brossura, in edizione economica, di formato tascabile

♦**pòco** [lat. *pāucu(m)*, di orig. indeur. ✱ av. 1250] **A** **avv.** (troncato in *po'* nelle loc. avv. *un po', un bel po', un po' per*; si elide nella loc. *poc'anzi* (V.) e, raro lett., davanti a parole che cominciano per vocale; **superl.** *pochissimo*) **1** in piccola misura, scarsamente: *parla p. ma è molto furbo; il suo aiuto mi è servito ben p.; hai dormito troppo p.; questa faccenda mi piace p.; ci sente p.* | non molto (seguito da un agg., da un avv. o loc. avv., da un agg. o avv. compar., ne attenua il sign. e il valore); *è p. simpatico; sta p. bene; sono arrivato p. dopo; abito p. lontano; è p. meno di un chilo; ha p. più di due anni; sono p. superiori alla media* | ***p. male!***, non è poi una cosa grave | per breve tempo: *mi tratterrò p.; è uno spettacolo che dura p.* | raramente: *vado p. al cinema* | (*enfat., iter.*) pochissimo: *lo vedo p., ma p.; è stato p. p.* | ***p. o molto, p. o tanto***, sia quanto sia: *p. o tanto questo è quello che so* | ***né punto né p.***, per nulla: *ciò non mi garba né punto né p.* | ***non p.***, parecchio, assai: *mi piace non p.* | ***p. o nulla***, pochissimo | ***a p. a p.***, piano piano, gradatamente | †***p. anzi***, V. *poc'anzi* **2** nelle loc. avv. ***un poco, un po'***, alquanto, non molto (con valore attenuativo): *abbiamo parlato un po'; vorrei stare un po' in pace; sono un po' in collera; questa gonna è un po' corta; sto un po' meglio; cerca di arrivare un po' prima; vieni un po' più vicino* | (*enfat.*) dunque (in espressioni di incoraggiamento, di minaccia, di comando e sim.): *senti un po' quello che devo dirti; dimmi un po' quello che sai; vedi un po' di combinare qualcosa; guardate un po' qui che razza d'imbroglio!; guarda un po' se devi farti imbrogliare in questo modo!* | (con valore rafforz.) ***un bel po'***, parecchio: *ho dormito un bel po'* | ***un po' per ... un po' per***, in parte per ... in parte per: *era fuori di sé, un po' per la rabbia e un po' per il dispiacere* **B** **agg. indef.** (**pl. m.** *-chi*) **1** che è in piccola quantità o misura: *spende p. denaro; bevo p. vino; c'è p. lavoro; inviterò poca gente; ne traggo p. vantaggio* | (**al pl.**) in numero esiguo: *ho incontrato poche persone; ha pochi amici; in pochi minuti* | ***in poche parole***, per farla breve | scarso (con riferimento alla forza o all'intensità): *ha poca pazienza con i bambini; parli con poca convinzione; oggi fa p. caldo; vado, ma con p. entusiasmo* | ***essere di poche parole***, essere molto riservato **CFR.** oligo- **CONTR.** molto **2** piccolo, esiguo: *lo aggiusterai con poca spesa; hanno acquistato una casa a p. prezzo; mi è stato di p. aiuto* | ***è poca cosa***, (*fig.*) di scarsa o nessuna importanza | insufficiente, inadeguato: *ha poca salute; è persona di p. ingegno; lavora con p. impegno* | breve, corto (con riferimento a tempo e a spazio): *ha fatto poca strada; ci ha messo p. tempo; abbiamo p. spazio* **3** con valore neutro in espressioni ellittiche: *mi tratterrò p.; hanno speso p.; mangia e dorme p.; ne avrò ancora per p.; arrivederci fra p.; c'è p. da dire su di lui; si può anche vivere con p.; mangi troppo p.; ci vuole p. a capirlo; oggi ho p. da fare; non arrabbiarti per così p.; bisogna accontentarsi di p.; e questo ti pare p.?* | (*lett.*) ***a ogni p.***, con molta frequenza: *a ogni p. si fermava* | ***ci corre p.***, (*fig.*) c'è poca differenza | ***a dir p.***, almeno, come minimo: *ci vorrà, a dir p., un'ora di cammino* | (*enfat.*) ***e dico p.!***, e mi limito a dire poche cose: *Bestione, somarone, e dico p.!* (L. Pirandello) | ***per p.*** (***non***), quasi: *per p. (non) cadevo* | ***per p. che***, soltanto, se appena un po' (in frasi ipotetiche): *questi affaracci di puntiglio, per p. che vadano in lungo, s'estendono* (A. Manzoni) | ***per p.***, †pressappoco | ***p. p.***, (*fam.*) quasi quasi: *una tal noia che p. p. mi alzavo e me ne andavo* | ***se p. p.***, (*fam.*) se soltanto (in frasi ipotetiche): *se p. p. ci riprova, mi sentirà* | ***c'è p. da ridere, da scherzare*** e sim., non è proprio il caso, non c'è motivo di ridere, scherzare e sim. | ***da p.***, di poco conto, di scarsa importanza: *è un lavoro da p.; è una ferita da p.* | ***sapere di p.***, essere insipido (*anche fig.*): *la minestra sa di p.; è un film che sa di p.* | ***ci vuol p. a***, è facile: *ci vuol p. a capirlo* | ***è p. ma sicuro***, è certissimo **C** **pron. indef.** (**pl. m.** *-chi*) ● ciò che è in piccola quantità o misura o numero: *ci vorrebbe pazienza e io ne ho poca; non so esattamente quanti anni ha, ma ne ha pochi; ha tanto dilapidato che gliene sono rimasti pochi* | (**al pl.**) esiguo numero di persone: *pochi sanno quello che hai fatto; pochi di noi possono vantare una simile saggezza; poche, fra le persone presenti, si sono accorte in tempo del pericolo; pochi ma buoni* **CONTR.** molto **D** **in funzione di s. m. solo sing.** (troncato in *po'* dopo l'art. indet. *un*, davanti alla prep. *di* o al pron. rel. *che*) **1** piccola quantità: *il p. che guadagna gli basta; bevve il po' di vino che gli era rimasto; si accontenta di quel po' che possiede; bisogna distinguere tra il molto e il p.* **CONTR.** molto | ***un po' di***, una piccola quantità, una piccola dose di (seguito da un compl. partitivo): *versami un po' d'acqua; bisogna avere un po' di buon senso; abbiamo avuto un bel po' di paura; fa un po' di tutto; c'è di tutto un po'*; (*assol.*) *un po' per volta entreremo tutti; teniamolo un po' per uno* **2** nella loc. ***po' po' di***, (*enfat.*) quantità di misura notevole: *che po' po' di coraggio a ripresentarsi; quel po' po' di imbroglione me la pagherà* | ***niente po' po' di meno***, V. *nientepopodimeno* **E** nel-

la loc. sost. m. e f. inv. ***poco di buono*** ● cattivo soggetto, persona disonesta e poco raccomandabile: *non perderti con quel p. di buono; sono dei p. di buono, non devi fidarti; Ch'io sia una sfacciata, una donna scorretta, una p. di buono?* (C. GOLDONI) || **pochétto, dim.** (V.) | **pochinìno, dim.** | **pochìno, dim.** (V.) | **pocolìno, dim.**

pòculo o **pòcolo** [vc. dotta, lat. *pōculu(m)*, di orig. indeur. ✻ av. 1328] **s. m.** ● (*lett.*) calice, bicchiere, boccale

pod [vc. di origine sconosciuta ✻ 2001] **s. m. inv.** ● (*zool.*) piccolo branco di foche, balene e sim.

podàgra [vc. dotta, lat. *pŏdagra(m)*, dal gr. *podágra*, propr. 'laccio per prendere l'animale ai piedi', comp. di *póus*, genit. *podós* 'piede' (V. *podo-*) e *ágra* 'caccia, preda', di orig. indeur. ✻ sec. XIII] **s. f.** ● (*med.*) gotta del piede

podàgrico [vc. dotta, lat. *podăgricu(m)*, dal gr. *podagrikós*, da *podágra* 'podagra' ✻ av. 1320] **A agg. (pl. m. -ci)** ● (*med.*) relativo a podagra **B s. m. (f. -a)** ● chi è affetto da podagra

podagróso (o **-ṣ-**) [vc. dotta, lat. *podagrōsu(m)*, da *pŏdagra* 'podagra' ✻ sec. XIV] **A agg.** ● di podagra **B agg. e s. m. (f. -a)** ● che (o chi) è affetto da podagra

podalgìa [comp. di *pod(o)-* e *-algia* ✻ 1840] **s. f. (pl. -gìe)** ● manifestazione dolorosa localizzata ai piedi

podàlico [fr. *podalique*, dal gr. *póus*, genit. *podós* 'piede' (V. *podo-*) ✻ 1935] **agg. (pl. m. -ci)** ● (*med.*) che concerne il podice | ***parto p.***, che avviene con presentazione di podice del feto

podalìrio [da *Podalirio*, figlio di Esculapio ✻ 1829] **s. m.** ● farfalla di color giallo a strisce nere con un prolungamento su ciascuna delle due ali posteriori (*Papilio podalirius*)

podàrgo [dal gr. *pódargos* 'dai piedi agili', comp. di *póus*, genit. *podós* 'piede' (V. *podo-*) e *argós* 'leggero, snello', di orig. indeur. ✻ 1835] **s. m. (pl. -ghi)** ● uccello australiano dei Caprimulgiformi, notturno e molto torpido, con becco uncinato e lunga coda (*Podargus papuensis*)

podària [da *podo-*, in quanto è il luogo dei piedi delle perpendicolari ✻ 1958] **s. f.** ● (*mat.*) di una curva rispetto a un punto, è il luogo dei piedi delle perpendicolari condotte dal punto alle tangenti alla curva **SIN.** pedale

pòdcast /ˈpɔdkast, *ingl.* ˈpɒdˌkɑːst/ [vc. ingl., propr. 'trasmissione (*(broad)cast*) da un contenitore (*pod*)'; V. anche *iPod* ✻ 2005] **s. m. inv.** ● registrazione digitale di una trasmissione radiofonica o televisiva scaricabile da Internet

podcàsting /podˈkastin(g), *ingl.* ˈpɒdˌkɑːstɪŋ/ [da *podcast* (V.) ✻ 2005] **s. m. inv.** ● lo scaricare podcast da Internet sul proprio computer mediante uno specifico software

-pode o **-podo** [dal gr. *póus*, genit. *podós* 'piede' (V. *podo-*)] **secondo elemento** ● in parole composte della terminologia scientifica, spec. zoologica, significa 'piede' o 'che ha piedi': *diplopodi, miriapodi*

poderàle [da *podere*① ✻ 1828] **agg.** ● del podere, relativo al podere, che fa parte di un podere: *casa p.* | ***strada p.***, che attraversa un podere o collega vari poderi

poderàno [da *podere*① ✻ 1808] **agg.** ● (*tosc.*; *disus.*) colono

poderànte [1788] **A agg.** ● che coltiva e conduce un podere: *colono p.* **B s. m. e f.** **1** chi possiede uno o più poderi **2** chi coltiva e conduce un podere

podére① [vc. sett., da *potere* 'possesso, mezzi economici' ✻ 1312] **s. m.** ● fondo agricolo di una certa estensione con annessa casa colonica: *p. di piano, di poggio, di collina, di costa* | ***essere a p.***, coltivare un fondo altrui, spec. come mezzadro || **poderétto, dim.** | **poderìno, dim.** | **poderùccio, poderùzzo, dim.**

SFUMATURE DI SIGNIFICATO

podere - fattoria - masseria - tenuta

Si definisce **podere** un fondo agricolo di ampiezza medio-piccola su cui sorge una casa con annesso ricovero per gli animali e per gli attrezzi di lavoro della terra. **Fattoria** è un'azienda agricola amministrata da un fattore, oggi per lo più con criteri industriali, costituita da terreni e fabbricati rurali, nella quale si allevano anche animali. **Masseria** è termine che descrive, soprattutto nel Sud dell'Italia, una fattoria non particolarmente grande né organizzata su base industriale. **Tenuta** è un possedimento agricolo di grande estensione.

†**podére**② ➤ **potere**① e **potere**②

✦**poderóso** (o **-ṣ-**) o †**poteróso** [da *podere*② ✻ av. 1257] **agg.** **1** che ha forza e gagliardia: *esercito p.; avere un fisico p.; muscolatura, voce poderosa; la bara scricchiolava sotto lo sforzo p. di quel paio di braccia* (G. VERGA) | (*fig.*) formidabile: *memoria poderosa* **SIN.** gagliardo, potente **CONTR.** debole **2** †che ha la capacità, che è in grado di: *terreno ... di sua natura p. a germinare* (F. REDI) || **poderosaménte, avv.** || **poderosità, s. f. inv.**

SFUMATURE ➤ ***forte***

podestà① ➤ **potestà**①

podestà② o **potestà**② [da *podestà*① ✻ 1238] **s. m. inv.** **1** capo del comune medievale, che aveva il potere giurisdizionale e guidava l'esercito in guerra **2** capo dell'amministrazione municipale, durante il regime fascista

†**podestàde** ➤ **potestà**①

podestaréssa [av. 1536] **s. f.** ● (*raro, scherz.*) moglie del podestà: *la p. spiumò tutto un pollaio* (I. NIEVO)

†**podestariàto** [1416] **s. m.** ● ufficio, potere e dignità di podestà

podestarìle [1926] **agg.** ● del podestà

†**podestàte** ➤ **potestà**①

podesterìa① o (*lett.*) **potesterìa** [da *podestà*② ✻ av. 1348] **s. f.** ● carica di podestà | territorio sottoposto alla giurisdizione di un podestà | palazzo del podestà, sede del suo ufficio

†**podesterìa**② [da *podestà*① ✻ 1525] **s. f.** ● possesso

podèzio [vc. dotta, dal gr. *póus*, genit. *podós* 'piede' con la terminazione scientifica *-ezio*, lat. *-etium* ✻ 1813] **s. m.** ● (*bot.*) struttura tipica di alcuni licheni, a forma di trombetta, cornetto o cespuglietto ramificato che porta all'apice il corpo fruttifero del fungo che forma licheni

podiàtra [comp. di *podo-* e *-iatra* ✻ 1965] **s. m. (pl. -i)** ● (*disus.*) medico che cura le affezioni del piede

pòdice [vc. dotta, lat. *pōdice(m)*, dalla stessa radice indeur. di *pēdere* 'tirar peti'. V. *peto* ✻ 1598] **s. m.** **1** (*anat.*) parte inferiore del tronco, nel feto **2** †deretano, sedere

Podicipidifórmi [vc. dotta, comp. del lat. *pōdex* 'podice', *pēs* 'piede' e del pl. di *-forme* ✻ 1958] **s. m. pl. (sing. -e)** ● (*zool.*) ordine di Uccelli adattati alla vita acquatica, comprendente 20 specie tra cui gli svassi (*Podicipediformes*)

pòdio [vc. dotta, lat. *pŏdiu(m)*, dal gr. *pódion*, propr. dim. di *póus*, genit. *podós* 'piede' (V. *podo-*) ✻ 1499] **s. m. (pl. -i o -ii)** **1** muro dell'anfiteatro romano, attorno all'arena, al disopra del quale prendevano posto i principali magistrati e l'imperatore | basamento di templi e di edifici in genere **2** palco provvisorio e sopraelevato eretto per oratori, personalità e sim.: *salire sul p.; arringare la folla dal p.* | (*sport*) piano rialzato a tre livelli su cui salgono i primi tre classificati in un gara **3** piano di legno rialzato su cui sta il direttore d'orchestra

-pòdio [dal gr. *pódion* 'piede'] **secondo elemento** ● in parole composte della terminologia scientifica, significa 'piede', 'appendice': *chenopodio, gnatopodio, licopodio, neuropodio, parapodio*

podìṣmo [dal gr. *póus*, genit. *podós* 'piede' (V. *podo-*) ✻ 1905] **s. m.** ● parte dell'atletica leggera che comprende ogni tipo di corsa, spec. di fondo e campestre e ogni tipo di marcia su qualsiasi distanza e percorso

podìsta [1905] **s. m. e f. (pl. m. -i)** ● atleta che pratica la marcia o è specializzato nei vari tipi di corsa a piedi

podìstico [1905] **agg. (pl. m. -ci)** ● relativo al podismo o ai podisti: *gara podistica di marcia; corsa podistica*

pòdo- [dal gr. *póus*, genit. *podós* 'piede', di orig. indeur.] **primo elemento** **1** in parole composte della terminologia scientifica, significa 'piede', 'zoccolo': *podologia* **2** nella terminologia botanica, significa 'peduncolo': *podocarpo*

-podo ➤ **-pode**

podocàrpo [comp. di *podo-* e *-carpo* ✻ 1835] **s. m.** ● genere di piante delle Conifere delle regioni tropicali, con foglie lineari e fiori solitari sostenuti da un peduncolo che diventa carnoso (*Podocarpus*)

Podòcopi [comp. di *podo-* e del gr. *kopḗ* 'taglio, incisione' (da *kóptein* 'tagliare': V. *pericope*); detti così dalle incisioni che hanno sulle valve ✻ 1958] **s. m. pl. (sing. -e)** ● (*zool.*) sottordine di Crostacei degli Ostracodi, marini o d'acqua dolce, con valve non incise

podofillìna [1875] **s. f.** ● resina estratta dal rizoma del podofillo, ad azione purgativa

podofìllo [comp. di *podo-* e del gr. *phýllon* 'foglia'; detto così perché le sue *foglie* assomigliano al *piede* di un'anatra ✻ 1821] **s. m.** ● erba americana perenne delle Berberidacee con fiori a otto petali bianchi e rizoma medicinale (*Podophyllum peltatum*)

podoflemmatìte [comp. di *podo-*, del gr. *phlégma*, genit. *phlégmatos* 'infiammazione' (V. *flemma*), e *-ite*① ✻ 1872] **s. f.** ● (*veter.*) infiammazione del tessuto cheratogeno del piede dei cavalli, con deformazione dolorosa dello zoccolo **SIN.** laminite

podoftàlmo [comp. di *pod(o)-* e *-oftalmo* ✻ 1829] **agg.** ● (*zool.*) detto di crostaceo munito di occhi peduncolati

podòlico [dalla regione *Podolia*, a sud ovest dell'Ucraina ✻ 1935] **A agg. (pl. m. -ci)** **1** della Podolia, regione storica dell'Ucraina **2** (*zootec.*) detto di gruppo di razze bovine originarie delle aree steppose dell'Europa orientale e dell'Asia | ***razza podolica***, o (*ellitt.*) ***podolica***, razza di Bovini, con mantello grigio e grandi corna, dotati di grande adattabilità e frugalità, allevati in diverse aree interne dell'Italia meridionale | prodotto con il latte di bovina di tale razza **B s. m.** ● caciocavallo preparato con latte di vacca di razza podolica

podologìa [comp. di *podo-* e *-logia* ✻ 1865] **s. f. (pl. -gìe)** **1** parte della veterinaria che studia l'anatomia, la fisiologia, l'igiene ecc. del piede degli animali, spec. del cavallo **2** attività professionale del podologo

podològico [1940] **agg. (pl. m. -ci)** ● relativo alla podologia: *cura podologica*

podòlogo [comp. di *podo-* e *-logo* ✻ 1983] **s. m. (f. -a; pl. m. -gi)** ● specialista nella cura delle affezioni esterne, della funzionalità e dell'estetica del piede

podòmetro [comp. di *podo-* e *-metro* ✻ 1865] **s. m.** **1** strumento usato per misurare il piede del cavallo da ferrare **2** pedometro

podùra [comp. di *podo-* e *-ura* ✻ av. 1799] **s. f.**

• minuscolo insetto dei Collemboli comunissimo in ogni pozza d'acqua (*Podura aquatica*)

poèma [vc. dotta, lat. *poēma*, dal gr. *póiēma*, da *poiêin* 'fare, creare'. V. *poeta* ✱ 1321] **s. m.** (**pl.** *-i*, †*poèmati*) **1** composizione poetica di ampie dimensioni e di carattere narrativo o didascalico: *i poemi di Omero e Virgilio* | ***p. in prosa***, genere letterario di contenuto lirico, ma in forma di narrazione prosastica, spesso breve e frammentaria | ***p. sinfonico***, composizione sinfonica ispirata spec. a temi letterari: *i poemi sinfonici di F. Liszt e di R. Strauss* **2** (**est.**) scritto estremamente lungo e prolisso: *non fate dei poemi, siate concisi* **3** (**fig.**) cosa mirabile, straordinaria, per bellezza, bontà e sim.: *questo paesaggio è un p., un vero p.; un vino che è un p.* | (**fig., scherz.**) persona o cosa eccessivamente ridicola, stravagante e sim.: *dovevi vedere quel vestito, era un p.; conciato così, sei un p.* ‖ **poemétto**, **dim.** (V.) | **poemùccio**, **dim.**
SFUMATURE ➤ *epopea*

poemétto [1620] **s. m. 1** dim. di *poema* **2** poema di piccole dimensioni e di vario argomento: *i poemetti didascalici del Settecento*

♦**poeṣìa** o (*poet.*) †**poeṣì** [lat. *poēsi(m)*, dal gr. *póiēsis* 'produzione, poesia', da *poiêin* 'fare'. V. *poeta* ✱ 1319] **s. f. 1** arte e tecnica di esprimere in versi, con estrema attenzione all'aspetto fonico, ritmico e timbrico del linguaggio, esperienze, idee, emozioni, fantasie e sim.: *esprimersi in p.; p. e prosa; p. epica, drammatica, lirica, didascalica, satirica; p. dialettale, sentimentale* | ***p. visiva***, componimento poetico che utilizza i caratteri grafici di stampa disponendoli in modo tale da delineare le linee di un oggetto, un ritratto e sim. **2** produzione poetica di un singolo autore, di una corrente, di una nazione, di un'epoca: *la p. di Leopardi, del Petrarca, di Baudelaire; la p. del romanticismo, del surrealismo; la p. italiana del Duecento; la p. moderna, contemporanea; la p. greca, latina, inglese, russa, nera* **3** singolo componimento in versi, spec. di breve estensione: *dire, recitare una p.; la p. di Natale; imparare una p. a memoria; scelta, raccolta di poesie; scrivere poesie* **4** (**generic.**) forma metrica, rispetto alla prosa: *scrivere in p.; mettere, volgere in p.* **5** (**est.**) senso di elevata tensione spirituale che si può manifestare in qualsiasi opera d'arte: *un quadro pieno di p.; una sonata ricca di p.; la p. di certe inquadrature cinematografiche* **6** (**fig.**) capacità di suggestionare, di suscitare emozioni, sentimenti, fantasie: *la p. della notte, dell'alba sul mare; sentire tutta la p. di un incontro* | capacità di una persona di provare in alto grado emozioni, sentimenti e sim.: *un animo ricco di p.; generazione, giovani senza p.* **7** (**fig.**) evasione dalla realtà, abbandono a sogni e utopie: *non si può vivere di p.; lascia perdere, questa è solo p.* ‖ **poeṣiétta**, **dim.** | **poeṣiòla**, **poeṣiuòla**, **dim.** | **poeṣiùccia**, **dim.**

♦**poèta** [vc. dotta, lat. *poēta(m)*, dal gr. *poiētḗs* 'che fa, creatore', da *poiêin* 'fare', di orig. indeur. ✱ 1261 ca.] **s. m.** (**f.** *-éssa* (V.) o *raro poèta*; **pl. m.** *-i*, †*-e*; **pl. f.** *poetésse* o *raro poète*) **1** chi compone poesie: *p. dialettale, classico, ermetico; P. fui, e cantai di quel giusto / figliuol d'Anchise* (DANTE *Inf.* I, 73-74) | ***il Divino P.***, Dante | posposto al nome di uno scrittore, quando questi è considerato come autore di poesie: *il Manzoni p.* | (**est.**) scrittore o artista che sa interpretare poeticamente la realtà: *è un verseggiatore e non un p.; quel regista è un vero p.* **2** (**est.**) persona dotata di grande sensibilità e immaginazione, che ricerca e coltiva ciò che è bello, nobile, ideale: *avere un animo di p.; essere un p.* | (**iron.**) persona priva di senso pratico, che persegue ideali utopistici: *non combinerai mai niente, se continui a fare il p.* **3** †indovino, vate ‖ **poetàccio**, **pegg.** | **poetàstro**, **pegg.** (V.) | **poetèllo**, **dim.** | **poetìno**, **dim.** | **poetóne**, **accr.** | (**lett., spreg.**) **poetùccio**, †**poetùzzo**, **dim.** | (**spreg.**) **poetùcolo**, **dim.**

poetàbile [1871] **agg.** • (**raro**) che si può trattare in versi: *argomento p.*

poetànte **A** **part. pres.** di *poetare*; anche **agg.** • (**lett.**) nei sign. del v. **B** **s. m. e f.** • (**lett.**) chi compone poesie (**anche spreg.**)

poetàre [vc. dotta, lat. *poetāri*, da *poēta* 'poeta' ✱ 1308] **A** **v. intr.** (*io poèto*; **aus.** *avere*) • comporre in versi, scrivere poesie **B** **v. tr.** • †cantare in versi un argomento: *Quelli ch'anticamente poetaro / l'età de l'oro* (DANTE *Purg.* XXVIII, 139-140) **C** **poetàrsi** **v. intr. pron.** • †ottenere la corona di poeta

poetàstro [da *poeta* col suff. *-astro* ✱ 1639] **s. m.** (**f.** *-a*) • (**spreg.**) pessimo poeta

poeteggiàre [av. 1449] **v. intr.** (**pres.** *io poetéggio*; **fut.** *io poeteggerò*; **aus.** *avere*) **1** (**raro**) fare, scrivere versi, spec. occasionalmente **2** (**raro, spreg.**) atteggiarsi a poeta

†**poetésco** [av. 1400] **agg.** • poetico (**anche iron.**)

poetéssa [f. di *poeta* ✱ av. 1333] **s. f. 1** donna che compone poesie: *le poetesse del Cinquecento* **2** †indovina

poètica [vc. dotta, lat. *poētica(m)*, dal gr. *poiētikḗ (téchnē)* 'arte poetica', f. sost. di *poiētikós* 'poetico' ✱ 1529] **s. f. 1** arte del poetare | trattato sull'arte della poesia **2** insieme delle concezioni artistiche proprie di uno scrittore, un movimento, un'epoca; (**est.**) anche in riferimento ad ambiti non letterari: *la p. dell'espressionismo; la p. di Fellini; la p. del Petrarca; le poetiche del Novecento*

†**poeticàre** [da *poetico* ✱ av. 1388] **v. intr.** • poetare

poeticherìa [da *poetico* ✱ 1715] **s. f.** • (**raro, spreg.**) bizzarria o stranezza da poeta

poeticiẓẓàre [1958] **v. tr.** • arricchire di poesia, rendere poetico: *p. un episodio della propria vita* ‖ **poeticiẓẓazióne**, **s. f.**

poètico [vc. dotta, lat. *poēticu(m)*, dal gr. *poiētikós*, da *poiētḗs* 'poeta' ✱ av. 1313] **A** **agg.** (**pl. m.** *-ci*) **1** di poeta: *estro p.; facoltà, fantasia, creazione poetica* | (**est.**) che nasce o deriva dalla immaginazione del poeta, creato dal poeta: *un personaggio p. e non storico* **2** di poesia, della poesia: *esigenze poetiche* | ***licenza poetica***, V. *licenza* nel sign. 7 | (**est.**) che ha carattere di poesia, che è ricco di poesia, che esprime poesia: *prosa poetica; tramonto p.* **3** (**fig.**) da poeta: *animo p.; sensibilità poetica* | (**fig., scherz.**) eccessivamente fantasioso o sentimentale | anche iron.: *come sei p.; che discorsi poetici!* ‖ **poeticaménte**, **avv. 1** in modo poetico: *poeticamente t'immagini che le cose vivano* (G. LEOPARDI) **2** dal punto di vista del valore poetico ‖ **poeticità**, **s. f. inv.**: *poeticità di linguaggio; la poeticità di un'immagine* **B** **s. m. solo sing.** • ciò che contiene, manifesta o esprime poesia

poetiẓẓàre [comp. di *poeta* e *-izzare* ✱ av. 1328] **A** **v. tr. 1** (**lett.**) mettere in poesia, in versi **2** (**fig.**) rendere poetico: *p. un luogo nel ricordo; p. un episodio reale* **B** **v. intr.** (**aus.** *avere*) • (**lett.**) poetare | esprimersi in modo poetico ‖ **poetiẓẓazióne**, **s. f.**

†**poetrìa** [vc. dotta, lat. *poētria(m)*, dal gr. *poiḗtria* (che però significava 'poetessa'), f. di *poiētḗs* 'poeta' ✱ 1294] **s. f. 1** poetica **2** trattato di poetica

póetry slam /'poetri zlɛm, *ingl.* 'pəʊɪtrɪ ˌslæm/ ➤ **slam**②

poffarbàcco [da *può far Bacco*: eufem. per *poffardio* ✱ 1763] **inter.** • (**scherz.**) esprime grande meraviglia oppure irritazione, sdegno **SIN.** poffardio, poffare

†**poffardìo** [da *può fare Dio* ✱ av. 1735] **inter.** • esprime grande meraviglia oppure irritazione, sdegno **SIN.** (**eufem.**) poffarbacco, poffare

poffàre [da *può fare* (sottinteso *il cielo, Iddio* ecc.) ✱ 1608] **inter.** • (**lett.**) esprime grande meraviglia oppure irritazione, sdegno: *P.! que' due giovani si cavano gli occhi* (U. FOSCOLO) | anche nelle loc. inter. †***p. Iddio!***, †***p. il Cielo!***, †***p. il mondo!*** | V. anche *poffarbacco, poffardio*

pogàre [adattamento del v. ingl. *to pogo* 'saltare su e giù a suon di musica', come sul *Pogo stick*® 'bastone Pogo', giocattolo costituito da un'asta con una molla alla base ✱ 1992] **v. intr.** (*io pógo*; **aus.** *avere*) • nel linguaggio giovanile, ballare saltando e spingendosi a vicenda

pòggia o **pùggia** [lat. tardo *pŏdia(m)*, dal gr. *podía*, da *póus*, genit. *podós* 'piede' (V. *podo-*), perché indicava gli angoli più bassi della vela ✱ 1319] **s. f.** (**pl.** *-ge*) **1** (**mar.**) lato di sottovento di una nave **2** (**mar.**) lato di sottovento della cima o paranco che, fissato all'estremità inferiore dell'antenna, serviva a orientare opportunamente la vela latina **CONTR.** orza

poggiacàpo [comp. di *poggia(re)*① e *capo* ✱ 1891] **s. m. inv.** • appoggiacapo

poggiafèrro [comp. di *poggia(re)* e *ferro* ✱ 1958] **s. m. inv.** • appoggiaferro

poggiamàno [comp. di *poggia(re)*① e *mano* ✱ 1957] **s. m. inv.** • appoggiamano

poggiapièdi [comp. di *poggia(re)*① e il pl. di *piede* ✱ 1913] **s. m. inv.** • piccolo sgabello su cui appoggiare i piedi, spec. posto sotto una scrivania | supporto o sbarra per appoggiare i piedi **SIN.** appoggiapiedi

♦**poggiàre**① [lat. parl. **podiāre*, da *pŏdium* 'piedistallo', V. *podio* ✱ 1266] **A** **v. tr.** (**pres.** *io pòggio*; **fut.** *io poggerò*) **1** appoggiare: *p. la mano sul braccio a qlcu.* | posare: *p. il piede sul gradino* **2** †risalire: *cominciammo pian piano a p. il non aspro monte* (I. SANNAZARO) **B** **v. intr.** (**aus.** *avere*) **1** sostenersi, basarsi (**anche fig.**) (+ *su*): *l'edificio poggia su solide fondamenta; le tue affermazioni poggiano su presupposti errati* **2** (**fig., lett.**) elevarsi, innalzarsi **3** †salire

poggiàre② o **puggiàre** [da *poggia* ✱ av. 1353] **v. intr.** (**pres.** *io pòggio*; **fut.** *io poggerò*; **aus.** *avere*) **1** (**mar.**) allargare la prua dalla direzione del vento, per prenderlo più favorevolmente nelle vele | ***p.!***, ordine che si dà al timoniere perché allontani la prua dalla direzione da cui proviene vento | assumere una rotta che allontana dalla tempesta **CONTR.** orzare **2** rifugiarsi in un porto o in una rada per sfuggire al maltempo **3** (**est.**) effettuare uno spostamento laterale, accostandosi a qlco.: *p. a destra, a sinistra; l'automobile poggiò verso il marciapiede* **4** (**lett.**) †soffiare, detto del vento

poggiastrèlla [da *poggia* ✱ 1889] **s. f.** • (**mar.; disus.**) cima fissata all'estremità inferiore dell'antenna della vela latina, per orientarla

poggiàta① [da *poggiare*① ✱ 1871] **s. f.** • (**tosc.**) tratto di terreno su una collina; poggio: *salire lungo la p.*

poggiàta② [da *poggiare*② ✱ sec. XVI] **s. f.** • (**mar.**) movimento, manovra del poggiare

poggiatèsta [comp. di *poggia(re)*① e *testa* ✱ 1929] **s. m. inv. 1** appoggiatesta | accessorio automobilistico che, applicato alla parte superiore dei sedili di un'autovettura, permette a chi siede di appoggiarvi la testa e di attutire gli effetti di un tamponamento **2** (**antrop.**) oggetto di legno o di bambù, variamente sagomato, usato da molte popolazioni extraeuropee per appoggiarvi il capo durante il sonno

poggièro o **puggièro** [da *poggia* nel sign. 2 ✱ 1871] **agg.** ● (*mar.*) detto di imbarcazione che tende a venire spontaneamente alla poggia **CFR.** orziero

♣**pòggio** [lat. *pŏdiu(m)* 'piedistallo'. V. *podio* ✱ sec. XIII] **s. m. 1** piccola altura; colle: *in cima al p.*; *di vaga fera le vestigia sparse / cercai per poggi solitari et ermi* (F. PETRARCA) | anche come nome proprio di luogo: *P. Imperiale, P. a Caiano* **SIN.** collina **2** basamento, terrapieno **3** †terrazzino, balaustra ‖ **poggerèllo**, **dim.** | **poggétto**, **poggettìno**, **dim.**

poggiòlo o (*lett.*) **poggiuòlo** [lat. parl. **podiŏlu(m)*, dim. di *pŏdium* 'podio, poggio' ✱ 1400 ca.] **s. m. 1** (*sett.*) balcone | terrazzino **2** †piccola altura ‖ **poggiolìno**, **dim.**

†**poggiuòla** [av. 1492] **s. f.** ● piccola altura

poggiuòlo ➤ **poggiolo**

pògrom /ˈpɔgrom, *russo* paˈgrɯɔm/ [vc. russa, propr. 'distruzione', comp. del pref. *po-* 'sopra' e *gromit'* 'devastare, saccheggiare' ✱ 1908] **s. m. inv.** (**pl.** russo *pogromy*) ● (*stor.*) nella Russia zarista e nell'Europa orientale, sommossa popolare antisemita, per lo più con la connivenza delle autorità, generalmente caratterizzata da saccheggi e massacri | (*est.*) violenta persecuzione ai danni di minoranze etniche o religiose

poh /pɔː/ [vc. espressiva ✱ av. 1542] **inter.** ● esprime disprezzo o disgusto: *poh!, che farabutto!*; *poh!, è davvero un ipocrita*; *poh!, che minestra cattiva!*

♦**pòi** o (*poet.*) †**pùi** [lat. *pŏst* 'dietro, dopo', di orig. indeur. ✱ av. 1250] **A avv.** (*poet.* troncato in *po'*) **1** in seguito, in un tempo o in un momento successivo: *se ne riparlerà poi*; *poi si vedrà meglio*; *voleva partire ma poi rinunciò*; *lavora adesso perché poi ti mancherà il tempo*; *poi poi, ripassate più tardi* | in contrapposizione con 'prima': *passa prima tu, poi passerò io*; *prima uno e poi l'altro*; *pensaci prima per non pentirti poi* | ***prima o poi***, un giorno o l'altro, una volta o l'altra: *prima o poi avremo soddisfazione* | (con valore pleonast. o rafforz.) con altri avv. di tempo: *adesso facciamo così, poi dopo si vedrà*; *intanto io incomincio, in seguito poi continuerai tu* | ***a poi***, a un'altra volta, a più tardi: *a poi! ci rivediamo fra due ore!* | ***e poi*** o (con grafia unita) ***eppoi***, e in seguito: *incontriamoci e poi sistemeremo tutto*; *potevi mangiare, eppoi attendermi* (I. SVEVO) | ***in poi***, in avanti nel tempo: *d'ora in poi le cose cambiano*; *riprenderò il lavoro da giovedì in poi*; *da oggi in poi sono a tua disposizione* | ***per poi***, per dopo: *conviene lasciarlo per poi* **CONTR.** prima **2** in un luogo più lontano, in un punto seguente nello spazio: *prima c'è il cinema, poi la casa* | in una posizione successiva relativamente a una serie, una graduatoria e sim.: *prima c'è il due, poi il tre* **3** inoltre, in secondo luogo: *poi considera che il tempo è ristrettissimo* | ***e poi*** o (con grafia unita) ***eppoi***, e inoltre, per di più, per giunta: *non mi interessa e poi non mi conviene*; *eppoi era di quelli che sanno consolarsi* (G. VERGA) | posposto, si usa per introdurre il seguito di un discorso o un altro argomento: *quanto poi al compenso, se ne parlerà un'altra volta*; *devi poi sapere che oltretutto è un bugiardo* **4** dunque, infine (sempre posposto ad altre parole): *ti decidi poi a venire via?*; *che cosa ho detto poi di male?* | alla fine: *l'hai poi comprato quel libro?* | (*enfat.*) ***e poi?***, e allora, e in seguito? | con valore avversativo: *lei, poi, che c'entra?*; *così mi hanno raccontato, ma poi se sia vero non lo so*; *perché poi non dovevo farlo?*; *tutto, ma questo poi no!* | (*enfat.*) con valore intens.: *questa poi è bella!*; *poi avremo ben altro cui pensare* | (con valore rafforz.) ancora: *bisogna lavorare e poi lavorare*; *e giù acqua e poi acqua!*; *ti ringrazio tanto e poi tanto*; *no e poi no!* **B prep. 1** †dopo | †anche nelle loc. prep. ***poi a, poi di***, successivamente a **2** †dietro **C cong. 1** †poiché **2** †dopoché: *poi fummo dentro al soglio de la porta / ... / sonando la senti' esser richiusa* (DANTE *Purg.* X, 1-4) **D** in funzione di **s. m. inv.** ● il tempo futuro, l'avvenire: *bisogna sempre pensare al poi*; *il prima e il poi*; *il senno del poi* | ***c'è sempre un prima e un poi***, (*est.*) una causa e un effetto | (*fig.*, *scherz.*) ***il giorno del poi***, mai | **PROV.** ***del senno di poi son piene le fosse***, V. *senno*

poiàna o **poàna**, **pòia**, **puiàna**, **pùia** [lat. parl. **pulliāna(m)*, dim. f. di *pŭllus* 'piccolo (di ogni animale)'. V. *pollo* ✱ av. 1476] **s. f.** ● uccello rapace diurno, comunissimo, con occhi ben sviluppati, ali lunghe e non appuntite (*Buteo buteo*)

♦**poiché** o (*lett.*) **poi che** /pɔiˈke*, ˈpɔi ke*/, spec. nel sign. 2 [comp. di *poi* e *che*②✱ sec. XII] **cong. 1** dato che, dal momento che, per il fatto che (introduce una prop. causale con il v. all'indic., gener. anteposta alla prop. principale): *p. avete già deciso, non ci resta che accettare le cose come stanno*; *p. è tardi rimandiamo a domani la conclusione* **2** (*lett.*) dopo che (introduce una prop. temp. con il v. all'indic.): *poi che ebbe detto ciò che doveva, se ne andò*; *Ma poi ch'i' fui al piè d'un colle giunto, / ... / guardai in alto* (DANTE *Inf.* I, 13-16) | da quando: *va, sanza riposo, / poi che morì* (DANTE *Purg.* XI, 124-125)

poichilocìta o **poichilocìto** [comp. del gr. *poikílos* 'variopinto, vario', e *-cito* ✱ 1936] **s. m.** (**pl.** *-i*) ● (*med.*) globulo rosso deformato

poichilocitòṣi [comp. di *poichilocit(a)* e *-osi* ✱ 1958] **s. f. inv.** ● (*med.*) alterazione nella forma dei globuli rossi

poièṣi [vc. dotta, gr. *póiēsis* 'produzione'. V. *poesia* ✱ 1950] **s. f. inv.** ● (*filos.*) l'attività creativa dell'uomo | il momento della creazione artistica

-poièṣi [gr. *-póiēsis*, da *póiēsis* 'produzione', deriv. del v. *poiêin* 'fare', di orig. indeur.] **secondo elemento** ● in parole composte della terminologia scientifica significa 'formazione', 'produzione': *emopoiesi*

poiètico [da *poiesi* ✱ av. 1952] **agg.** (**pl. m.** *-ci*) ● (*filos.*) di poiesi, relativo a poiesi: *momento p.*; *attività poietica*

-poiètico **secondo elemento** ● usato in aggettivi derivati dalle parole composte in *-poiesi*: *emopoietico*

†**poìna** ➤ **puina**

poinsèttia [dal n. del diplomatico inglese R. *Poinsett* (1779-1851) ✱ 1927] **s. f.** ● (*bot.*) genere di piante erbacee perenni delle Euforbiacee con infiorescenze circondate da grandi brattee colorate (*Poinsettia*)

poinsèzia [V. *poinsettia* ✱ 1958] **s. f.** ● (*bot.*) stella di Natale

pòinter /ˈpɔinter, *ingl.* ˈpɔɪntə(r)/ [vc. ingl., propr. '(cane) da punta', da *to point* 'puntare', dal fr. ant. *pointer* 'puntare' ✱ 1841] **s. m. inv.** ● cane inglese da ferma dal tipico mantello bianco macchiato di nero o di marrone, caratterizzato da ottime doti di forza, di fondo, di eleganza e di leggerezza

pointillisme /*fr.* pwɛ̃tiˈjism/ [1914] **s. m. inv.** ● puntinismo

pois /*fr.* pwa/ [vc. fr., propr. 'pisello', dal lat. *pīsu(m)* 'pisello' ✱ 1905] **s. m. inv.** ● pallino: *stoffa a p.*

poise /*fr.* pwaz/ [dal n. del fisiologo fr. J. L. M. *Poiseuille* (1799-1869) ✱ 1958] **s. m. inv.** ● (*fis.*) unità di misura della viscosità nel sistema CGS equivalente a un grammo al centimetro e al secondo **SIMB.** P

pòison pill /*ingl.* ˈpɔɪzən,pɪl/ [loc. ingl., propr. 'pillola (*pill*) avvelenata (*poison*)' ✱ 1986] **loc. sost. f. inv.** (**pl.** ingl. *poison pills*) ● (*econ.*) pillola avvelenata (V. *pillola* nel sign. 3)

pòker /ˈpɔker, *ingl.* ˈpəukə(r)/ [vc. ingl., di etim. incerta ✱ 1905] **s. m. inv. 1** gioco d'azzardo a carte d'origine americana, in cui vince chi ha la combinazione di valore maggiore e più alta: *giocare, perdere a p.*; *partita di p.* | nel gioco stesso, combinazione di quattro carte uguali: *fare p.*; *p. d'assi* **CFR.** pocher | ***p. texano***, variante del gioco nella quale ogni partecipante riceve due carte invece di cinque, da combinare con quelle scoperte sul tavolo a disposizione di tutti **2** (*est.*) nel linguaggio giornalistico, insieme di quattro persone o elementi: *la squadra ha schierato un p. di attaccanti*; *l'indagine è ormai ristretta a un p. di nomi* ‖ **pokerìno**, **dim.** (V.)

pokerìno o **pocherìno** [1942] **s. m. 1** dim. di *poker* **2** partita a poker giocata in famiglia o tra amici, gener. con poste molto basse

pokerìsta [1950] **s. m. e f.** (**pl. m.** *-i*) ● giocatore di poker

pokerìstico [1949] **agg.** (**pl. m.** *-ci*) ● relativo al poker o ai giocatori di poker

pòla [vc. veneta, lat. *Pāula(m)* 'Paola', n. proprio di pers. ✱ av. 1348] **s. f.** ● (*zool.*) cornacchia

polàcca① [detta così perché di orig. *polacca* ✱ 1813] **s. f. 1** antica danza polacca, moderata e ternaria, d'uso prima popolare e poi anche aristocratico, che si trasformò in forma musicale stilizzata e prosperò nel pianismo romantico: *le 19 polacche di Chopin* **SIN.** polonaise, polonese **2** stivaletto spec. femminile, allacciato con stringhe **3** giacca con alamari e bordure di pelliccia, in uso nell'Ottocento ‖ **polacchìna**, **dim.** (V.) | **polacchìno**, **dim. m.** (V.)

polàcca② [etim. discussa: lat. (*nāvem*) *pelăgica(m)* 'nave di alto mare', da *pĕlagus* 'mare'. V. *pelago* (?) ✱ 1614] **s. f.** ● veliero mediterraneo in uso nel sec. XIX, simile al pinco, ma usato solo come mercantile

polacchìna [da *polacca*① con il suff. dim. *-ina* ✱ 1966] **s. f.** ● (**spec. al pl.**) stivaletto allacciato che arriva sopra la caviglia **SIN.** polacchino

polacchìno [dim. di *polacca*①, nel sign. 2 ✱ 1910] **s. m.** ● (**spec. al pl.**) polacchina

♦**polàcco** [polacco *polak* 'della Polonia' ✱ av. 1461] **A agg.** (**pl. m.** *-chi*) ● della Polonia: *lingua polacca*; *gli antichi re polacchi* | ***il Papa p.***, (*per anton.*) K. Wojtyla (1920-2005), primo papa polacco della storia, eletto nel 1978 **B s. m. 1** (**f.** *-a*) abitante o nativo della Polonia **2** (**spec. al pl.**) polacchino **C s. m. solo sing.** ● lingua del gruppo slavo, parlata in Polonia

polaccóne [da *polacca*② ✱ 1814] **s. m.** ● (*mar.*) vela di strallo armata sul bompresso, tipica dei piccoli velieri mediterranei

polàre [da *polo*① ✱ 1584] **A agg. 1** del polo, relativo al polo, ai poli: *terre, ghiacci polari*; *freddo p.* | (*fig.*) ***oggi fa un freddo p.***, molto intenso | ***calotta p.***, porzione di superficie terrestre limitata da uno dei due circoli polari con al centro uno dei due poli | (*astron.*) ***stella p.***, la stella più vicina al Polo Nord celeste, l'ultima della coda dell'Orsa Minore **2** (*chim.*) detto di composto nel quale i legami tra gli atomi sono di tipo polare | ***legame p.***, legame ionico, eteropolare **3** (*mat.*) detto di rappresentazione in coordinate polari | ***coordinate polari di punto nel piano***, la distanza del punto da un punto fisso *O*, e l'angolo che la congiungente con *O* forma con una retta fissa | ***coordinate polari di un punto nello spazio***, la distanza del punto da un punto fisso, l'angolo che la congiungente con questo forma con una retta fissa, e l'angolo che il piano di questa e del punto in que-

p

stione forma con un piano passante per la retta fissa | (*mar.*) ***rilevamento p.***, angolo formato dalla linea che congiunge la nave al punto rilevato e l'asse longitudinale della nave stessa ‖ **polarménte**, **avv.** (*raro*) diametralmente ‖ **polarità**, **s. f. inv.** (V.) **B s. f.** ● (*mat.*) ***p. di un punto rispetto a una conica***, (*assol.*) ***polare***, luogo dei punti coniugati del punto rispetto alla conica

Polària [comp. di *pol(izia)* e *aria*, come in analoghe formazioni ✻ 1992] **s. f. inv.** ● polizia che presta servizio negli aeroporti

polarimetrìa [da *polarimetro* ✻ 1891] **s. f.** ● (*fis.*) misura della rotazione del piano di polarizzazione della luce o di altre onde nell'attraversare una sostanza

polarimètrico [1963] **agg.** (**pl. m.** *-ci*) ● relativo alla polarimetria o al polarimetro

polarìmetro [comp. di *polare* e *-metro* ✻ 1865] **s. m.** ● (*fis.*) strumento di misura del grado di polarizzazione della luce e della rotazione del piano di polarizzazione

polarità [da *polare* ✻ 1749] **s. f. inv. 1** (*fis.*) proprietà di un corpo, un sistema materiale, un apparecchio, di presentare poli | il polo stesso: *la p. positiva* | ***p. elettrica***, proprietà di un corpo elettrizzato o di una sorgente di forza elettromotrice di presentare un accumulo di cariche elettriche di segno contrario sulle estremità opposte o sui due elettrodi | ***p. magnetica***, proprietà di un magnete di presentare un accumulo di masse magnetiche di segno contrario alle estremità opposte **2** (*fig.*) contrapposizione, antitesi: *sottolineare la p. di due teorie* **3** (*mat.*) correlazione che a ogni punto di un piano associa la sua polare rispetto a una conica fissata

polarizzabilità [1986] **s. f. inv.** ● (*fis.*) proprietà di un sistema fisico (atomo, molecola, materiale ecc.) di potere essere polarizzato

✦**polarizzàre** [fr. *polariser*, da *polaire* 'polare' ✻ 1871] **A v. tr. 1** (*fis.*) ottenere una polarizzazione **2** (*fig.*) attrarre o far convergere totalmente su di sé o su qlco.: *p. l'attenzione, gli interessi, le menti, la fantasia* **SIN.** accentrare **B polarizzàrsi v. intr. pron.** ● (*fig.*) volgersi, orientarsi decisamente verso una data direzione: *la mia attenzione si polarizzò su di loro* ‖ **polarizzazióne**, **s. f.** (V.)

polarizzàto **part. pass.** di *polarizzare*; anche **agg.** ● nei sign. del v. | (*fis.*) che ha subìto polarizzazione

polarizzatóre [fr. *polarisateur*, da *polariser* 'polarizzare' ✻ 1875] **A s. m.** ● strumento o sostanza che provoca polarizzazione **CFR.** nicol **B anche agg.** (**f.** *-trice*): *cristallo, strumento p.*

polarizzazióne [fr. *polarisation*, da *polariser* 'polarizzare' ✻ 1835] **s. f. 1** (*fis.*) fenomeno capace di determinare in un certo ente fisico una polarità di qualche tipo o una scelta tra varie orientazioni o condizioni possibili | ***p. della luce***, o (*ellitt.*) ***polarizzazione***, trasformazione della luce naturale non polarizzata che si propaga con vibrazioni trasversali in tutte le direzioni perpendicolari a quelle di propagazione, in luce polarizzata, che si diffonde con vibrazioni trasversali in direzione costante o variabile con continuità: *p. lineare, circolare, ellittica* | ***p. delle onde elettromagnetiche***, la direzione dell'inclinazione delle componenti l'onda | ***p. dielettrica***, fenomeno di separazione delle cariche elettriche eteronome in un corpo dielettrico sotto l'influenza di un campo elettrico | ***p. elettrolitica***, variazione del potenziale elettrico di un elettrodo di un voltametro, pila, accumulatore, dovuta al depositarsi, su di esso, dei prodotti della dissociazione liberati dalla corrente | ***p. magnetica***, fenomeno di orientamento delle molecole sotto l'azione di un campo magnetico | ***p. dei tubi elettronici e transistor***, operazione che consente di dare particolari valori costanti alle tensioni o alle correnti di uno o più elettrodi allo scopo di conseguire determinate caratteristiche di funzionamento **2** (*fig.*) contrapposizione: *un esempio di quella divergenza e p. che spesso si osserva nelle coppie* (P. LEVI) | concentrazione di idee, di forze e sim., intorno a due posizioni contrapposte: *la p. della situazione politica* **3** (*fig.*) attrazione, accentramento: *Anche questo mio discorso risente di una tale p. d'interessi* (I. CALVINO)

polarografìa [comp. di *polare* e *-grafia* ✻ 1954] **s. f.** ● (*chim.*) metodo di analisi elettrolitica usato spec. nello studio di composti o di fenomeni di ossidazione e riduzione

polarogràfico [1986] **agg.** (**pl. m.** *-ci*) ● relativo a polarografia

polaròografo [adattamento dell'ingl. *polarograph*, comp. di *polar(ization)* 'polarizzazione' e *-graph* '-grafo' ✻ 1954] **s. m.** ● (*chim.*) strumento impiegato per le indagini polarografiche

Polaròid® [marchio registrato ✻ 1963] **A s. m. inv.** ● materiale polarizzatore costituito, in genere, da sostanze trasparenti e da sali di chinino opportunamente orientati, usato spec. per lenti e vetri speciali **B s. f. inv.** ● nome commerciale di un sistema fotografico a sviluppo immediato che, grazie a una macchina e una pellicola speciali, forniva direttamente il positivo alcuni secondi dopo aver scattato la foto **C anche agg. inv.**: *macchina p.*; *foto p.*

polaròide [1942] **s. m.** ● adattamento di *polaroid* (V.)

polaróne [comp. di *polar(izzazione)* e *-one*③, coniato da scienziati russi (*polyarón*) ✻ 1986] **s. m.** ● (*fis.*) distorsione di un reticolo cristallino formata da un elettrone circondato da una nube di fononi; importante nella teoria della superconduttività

pòlca ➤ **polka**

†**Polcinèlla** ➤ **Pulcinella**

pòlder /ˈpɔlder, *neerl.* ˈpɔldr/ [vc. neerl., di etim. incerta ✻ 1640] **s. m. inv.** ● in Olanda, terreno bonificato, sotto il livello del mare, difeso da argini

polédro ➤ **puledro**

polemàrco [vc. dotta, gr. *polémarchos*, comp. di *pólemos* 'battaglia', di orig. indeur., e *-archos* (V. *-arca*) ✻ 1563] **s. m.** (**pl.** *-chi*) ● nell'antica Atene, uno dei nove arconti, con funzioni in origine militari e successivamente amministrative, sacrali e giurisdizionali

✦**polèmica** [f. sost. di *polemico* ✻ 1687] **s. f. 1** vivace controversia, contrasto di opinioni: *p. di letterati, di giornalisti; aprire una p.; entrare in p. con qlcu. su qlco.* **SIN.** diatriba, disputa **2** duro attacco, critica aggressiva: *finitela con le vostre polemiche* | contestazione, talvolta fine a sé stessa: *fare delle polemiche per un nonnulla* ‖ **polemichétta**, **dim.** | **polemicùccia**, **polemicùzza**, **dim.**

✦**polèmico** [vc. dotta, gr. *polemikós*, agg. di *pólemos* 'battaglia'. V. *polemarco* ✻ 1676] **agg.** (**pl. m.** *-ci*) **1** che ha atteggiamenti combattivi ed esprime in modo deciso e aggressivo le proprie idee: *è uno scrittore, uno spirito p.* **2** tipico o caratteristico della polemica: *argomento, tono p.* | (*est.*) volutamente provocatorio, che tende a far nascere una discussione fine a sé stessa: *intervento p.; una presa di posizione assurda e polemica* ‖ **polemicaménte**, **avv.** in modo e con tono polemico ‖ **polemicità**, **s. f. inv.** caratteristica di chi è polemico; tono polemico: *la polemicità di un articolo*

polemìsta [vc. dotta, gr. *polemistḗs* 'combattente, lottatore', da *polemízein* 'combattere, lottare'. V. *polemizzare* ✻ 1862] **s. m. e f.** (**pl. m.** *-i*) **1** scrittore di opere polemiche | (*est.*) chi sostiene con audacia e combattività le proprie idee **2** chi predilige la polemica, la discussione anche inutile o fine a sé stessa

polemizzàre [ingl. *to polemize*, dal gr. *polemízein* 'combattere, lottare', deriv. di *pólemos* 'battaglia'. V. *polemarco* ✻ 1880] **v. intr.** (**aus.** *avere*) **1** contrapporsi vivacemente, condurre una polemica: *p. sull'interpretazione di un testo* **SIN.** disputare **2** discutere animosamente, spesso per partito preso o per spirito di contraddizione: *non può fare a meno di p. su ogni cosa* **SIN.** cavillare

polemologìa [comp. del gr. *pólemos* 'guerra' e *-logia* ✻ 1970] **s. f.** (**pl.** *-gìe*) ● studio sull'arte della guerra | (*est.*) studio della guerra e delle sue cause in relazione a fenomeni sociologici

polemòlogo [1974] **s. m.** (**f.** *-a*; **pl. m.** *-gi*) ● studioso di polemologia

Polemoniàcee [dal gr. *polemṓnion*, nome di una pianta, e *-acee* ✻ 1869] **s. f. pl.** (**sing.** *-a*) ● (*bot.*) famiglia di piante erbacee americane delle Dicotiledoni coltivate nei giardini con parecchi generi (*Polemoniaceae*)

polèna [fr. *poulaine*, per la somiglianza di forma con i *souliers à la poulaine* 'scarpe alla polacca' (dette così perché originarie della Polonia) ✻ 1804] **s. f.** ● immagine di animale, o di figura statuaria sacra o profana, scolpita per ornamento sulla prua di una imbarcazione

polènda e deriv. ➤ **polenta** e deriv.

✦**polènta** o (*tosc.*) **polènda**, (*tosc.*) **pulènda** [lat. *polĕnta(m)* 'farina d'orzo abbrustolito, polenta', da avvicinare a *pŏllis* 'polline' e *pŭlvis* 'polvere' ✻ 1312] **s. f. 1** cibo preparato con farina di granturco cotta a lungo in acqua e resa consistente col continuo rimestare: *versare la p.; p. al sugo; p. con gli uccelletti; una fetta di p.; p. fritta* | ***p. concia***, che si prepara unendo a fine cottura dei formaggi teneri e si serve per lo più cosparsa di parmigiano grattugiato | ***p. dolce***, preparata con farina di castagne o altri ingredienti dolci | ***p. taragna***, V. *taragna* **2** (*est.*, *spreg.*) miscuglio pastoso e appiccicoso, simile alla polenta: *questo risotto è diventato una p.* ‖ **polentina**, **dim.** (V.) | **polentóna**, **accr.** | **polentóne**, **accr. m.**

polentàio [1983] **s. m.** (**f.** *-aia*, **pl. m.** *-ai*) **1** chi fa o vende polenta **2** chi mangia molta polenta

polentàta [av. 1910] **s. f.** ● mangiata di polenta

polentìna o (*tosc.*) **polendìna**, (*tosc.*) **pulendìna** [1871] **s. f. 1** dim. di *polenta* **2** (*fam.*) impiastro di farina di lino

polentóne o (*tosc.*) **pulendóne**, †**polendóne** [da *polenta* ✻ av. 1686] **s. m.** (**f.** *-a*) **1** persona lenta e pigra **2** (*spreg.* o *scherz.*) epiteto dato agli abitanti dell'Italia settentrionale (V. nota d'uso STEREOTIPO)

poleografìa [comp. del gr. *pólis*, genit. *póleōs* 'città' (V. *polis*) e *-grafia* ✻ 1841] **s. f.** ● disciplina geografica che studia la genesi e lo sviluppo delle città

poleògrafo [1965] **s. m.** (**f.** *-a*) ● studioso di poleografia

pole posìtion /polpoˈziʃʃon, *ingl.* ˈpəulpəˌzɪʃən/ [loc. ingl., comp. di *pole* 'palo' e *position* 'posizione' ✻ 1978] **loc. sost. f. inv.** (**pl. ingl.** *pole positions*) ● nelle competizioni motoristiche, la posizione di partenza in prima fila e nella corsia più vantaggiosa, assegnata a chi ha conseguito il miglior tempo nelle prove | (*fig.*) posizione più vantaggiosa, davanti ad altri concorrenti: *il film di X è in pole position per l'assegnazione del Leone d'oro*

polesàno① [da *Pol(a)* col doppio suff. *-es(e)*① e *-ano*① ✻ 1954] **agg. e s. m.** (**f.** *-a*) ● polese

polesàno② [1927] **A** **agg.** ● del Polesine **B** **s. m.** (f. *-a*) ● abitante o nativo del Polesine

polése (o -ṣ-) [1868] **A** **agg.** ● di Pola, città istriana **B** **s. m. e f.** ● abitante o nativo di Pola

polèṣine (o -è-) [gr. biz. *polýkenos* 'che ha molti vuoti, poroso', comp. di *polýs* 'molto' (V. *poli-*) e *kenós* 'vuoto' (V. *cenotafio*) ✻ sec. XIV] **s. m.** ● terreno pianeggiante, d'aspetto insulare, con flora arbustiva, costituito fra i due rami di un fiume o tra due fiumi, per accumulo dei detriti di questi: *nei polesini e nelle valli qui nostrane* (R. BACCHELLI) | (*est.*, *per anton.*) *il P.*, il territorio della provincia di Rovigo situato tra i corsi inferiori del Po e dell'Adige

Pòlfer [comp. di *pol(izia)* e *fer(roviaria)* ✻ 1966] **s. f. inv.** ● polizia che presta servizio sui treni e nelle stazioni ferroviarie

pòli- [dal gr. *polýs* 'molto'] **primo elemento** ● in parole composte della terminologia scientifica indica molteplicità numerica o quantitativa: *policentro, policlinico, policromia, poliestere, politeismo*

-poli [dal gr. *pólis* 'città'. V. *polis*] **secondo elemento** **1** in parole composte significa 'città': *acropoli, metropoli, pentapoli, tendopoli* **2** in parole composte del linguaggio giornalistico coniate sul modello di *tangentopoli*, significa corruzione, malcostume, scandalo: *sanitopoli, concorsopoli, appaltopoli, calciopoli*

poliaccoppiàto [comp. di *poli-* e *accoppiato* ✻ 1991] **s. m.** ● materiale costituito da tre o quattro strati di sostanze diverse, impiegato spec. per la fabbricazione di recipienti adatti a contenere generi alimentari

poliachènio [comp. di *poli-* e *achenio* ✻ 1835] **s. m.** ● (*bot.*) achenio che a maturità si frammenta in porzioni ciascuna contenente un seme **SIN.** policocco

poliacrilàto [comp. di *poli-* e *acrilato* ✻ 1980] **s. m.** ● (*chim.*) materia plastica ottenuta per polimerizzazione di monomeri acrilici

poliacrìlico [comp. di *poli-* e *acrilico* ✻ 1958] **agg.** (**pl. m.** *-ci*) ● detto di prodotto di polimerizzazione di composti acrilici | *fibre poliacriliche*, costituite da polimeri sintetici

poliaddizióne [1970] **s. f.** ● (*chim.*) tipo di reazione consistente nell'addizione di due o più gruppi attivi di composti diversi senza liberazione di nessun componente

polìade① [da *poli-* sul modello di *monade, triade* ✻ 1958] **s. f.** ● (*mat.*) insieme di più enti

polìade② [vc. dotta, gr. *poliádēs*, da *pólis* 'città' ✻ av. 1793] **agg.** ● nell'antica Grecia, attributo della divinità protettrice della città: *Atena p.*

Poliadèlfia [comp. di *poli-* e del gr. *adelphós* 'fratello' (V. *adelfo*), perché hanno gli stami concresciuti in più fasci ✻ 1835] **s. f.** ● nella vecchia tassonomia di Linneo, classe comprendente piante con fiori riuniti in fascetti

poliàdico [da *poli-* sul modello di *monade, triade* ecc., con suff. agg. ✻ 1965] **agg.** (**pl. m.** *-ci*) **1** (*mat.*) relativo a una poliade **2** (*filos.*) in logica, detto di attributo o predicato riferibile a più termini

poliàlcol [vc. dotta, comp. di *poli-* e *alcol* ✻ 1986] **s. m. inv.** ● (*chim.*) poliolo

polialite [comp. di *poli-* e del gr. *háls*, genit. *halós* 'sale' ✻ 1835] **s. f.** ● (*miner.*) solfato idrato di potassio, calcio e magnesio frequente nei giacimenti salini

poliambulatòrio [comp. di *poli-* e *ambulatorio* nel sign. B1 ✻ 1954] **s. m.** ● luogo di visita e di prima cura, dotato di più ambulatori per le diverse specialità mediche e chirurgiche

poliammìde [comp. di *poli-* e *-ammide* ✻ 1929] **s. f.** ● (*chim.*) polimero caratterizzato dalla ricorrenza del gruppo ammidico nella catena principale della macromolecola; è gener. usata per la produzione di fibre o, rinforzata con fibre di vetro, come tecnopolimero

poliammìdico [1983] **agg.** (**pl. m.** *-ci*) ● (*chim.*) che ha la composizione chimica della poliammide: *fibra poliammidica*

poliammìna [comp. di *poli-* e *ammina* ✻ 1986] **s. f.** ● (*chim.*) polimero nella cui molecola sono presenti molti gruppi amminici

Poliàndria① [lat. scient. *polyandria*, comp. di *poly-* 'poli-' e del gr. *anḗr*, genit. *andrós* 'maschio' ✻ 1835] **s. f.** ● nella vecchia tassonomia di Linneo, classe comprendente piante con fiori che hanno oltre venti stami

poliandrìa② [dal gr. *polýandros* 'che ha molti mariti', comp. di *poly-* 'poli-' e *-andros* '-andro' ✻ av. 1769] **s. f.** **1** (*antrop.*) istituzione sociale per cui una donna ha contemporaneamente più mariti **2** (*zool.*) poligamia femminile | (*zool.*) condizione per cui una specie presenta maschi con varia morfologia e femmine del medesimo aspetto

poliàndro [comp. di *poli-* e *-andro* ✻ 1835] **A** **agg.** ● (*bot.*) detto di fiore con un numero molto grande di stami **B** **s. m.** ● (*archeol.*) tomba che contiene i resti di più corpi

†**poliantèa** [vc. dotta, gr. *polyánthea* 'ricca di fiori', comp. di *poly-* 'poli-' e *ánthos* 'fiore'. V. *antologia* ✻ 1552] **s. f.** ● antologia, florilegio

poliarchìa [vc. dotta, gr. *polyarchía*, comp. di *poly-* 'poli-' e *-archía* '-archia' ✻ 1584] **s. f.** ● governo di molti

poliàrchico [av. 1667] **agg.** (**pl. m.** *-ci*) ● di poliarchia: *governo p.*

poliartrìte [comp. di *poli-* e *artrite* ✻ 1875] **s. f.** ● (*med.*) infiammazione di più articolazioni contemporaneamente: *p. cronica, acuta*

poliatòmico [comp. di *poli-* e *atomo*, con suff. agg. ✻ 1871] **agg.** (**pl. m.** *-ci*) ● formato dall'unione di più atomi, che contiene più atomi: *molecola poliatomica*

polibaṣìte [comp. di *poli-*, *base* e *-ite*② ✻ 1875] **s. f.** ● (*miner.*) solfoantimoniuro d'argento in cristalli tabulari

polìboro [vc. dotta, gr. *polybóros* 'molto vorace', comp. di *poly-* 'poli-' e *borós* 'vorace', da *borá* 'cibo per gli animali', di orig. indeur. ✻ 1835] **s. m.** ● uccello rapace diurno sudamericano simile al falco, pericoloso anche per agnelli e animali domestici (*Polyborus plancus*)

polibutadiène [comp. di *poli-* e *butadiene* ✻ 1958] **s. m.** ● (*chim.*) polimero ottenuto per polimerizzazione del butadiene; usato, dopo vulcanizzazione, come elastomero

policaprolattàme [comp. di *poli-* e *caprolattame*] **s. m.** ● (*chim.*) polimero della famiglia delle poliammidi, ottenuto per polimerizzazione del caprolattame, usato per la produzione di fibre e oggetti vari di elevata resistenza

policarbonàto [comp. di *poli-* e *carbonato* ✻ 1986] **s. m.** ● (*chim.*) polimero contenente nella catena principale il gruppo carbonato, caratterizzato da buone proprietà di resistenza agli urti, elevata rigidità e trasparenza; si usa in lastre in sostituzione del vetro, per caschi da motociclista e sim.; in sigla PC

policàrpico [comp. di *poli-* e *-carpo*, con suff. agg. ✻ 1875] **agg.** (**pl. m.** *-ci*) ● (*bot.*) detto di gineceo formato da due o più carpelli liberi

policàrpio [comp. di *poli-* e *-carpo* ✻ 1958] **s. m.** ● (*bot.*) frutto indeiscente formato da più carpelli

policeman /po'lizman, *ingl.* pə'li:smən/ [vc. ingl., comp. di *police* 'polizia' (dal fr. *police* 'polizia') e *man* 'uomo' (di orig. germ.) ✻ 1842] **s. m. inv.** (**pl. ingl.** *policemen*) ● agente di polizia, nei Paesi anglosassoni

policèntrico [comp. di *poli-* e *-centrico* ✻ 1875] **agg.** (**pl. m.** *-ci*) ● che ha più centri | che è caratterizzato da policentrismo

policentrìṣmo [da *policentri(co)* e *-ismo* ✻ 1963] **s. m.** ● esistenza di più centri autonomi di potere o di decisione

Polichèti [vc. dotta, gr. *polycháitēs* 'che ha molti capelli', comp. di *poly-* 'poli-' e *cháitē* 'chioma', di orig. indeur. ✻ 1958] **s. m. pl.** (**sing.** *-e*) ● (*zool.*) classe di Anellidi con metameria evidente e parapodi sviluppati, per lo più marini (*Polychaeta*)

policitemìa [comp. di *poli-*, *cito-*, ed *-emia* ✻ 1895] **s. f.** ● (*med.*) aumento numerico dei globuli rossi del sangue **SIN.** poliglobulia

Polìcladi [vc. dotta, dal gr. *polýklados* 'dai molti (*poly-*) rami (*kládos*, sing.)' ✻ 1958] **s. m. pl.** (**sing.** *-e*) ● (*zool.*) ordine di Turbellari prevalentemente abitatori dei mari caldi e caratterizzati da eterogeneità di forme larvali, alcune delle quali sono componenti del plancton (*Polyclada*)

policlìnico [fr. *policlinique* 'clinica della città', comp. del gr. *pólis* 'città' (V. *polis*) e del fr. *clinique* 'clinica' ✻ 1875] **s. m.** (**pl.** *-ci*) ● istituto ospedaliero a più padiglioni per le diverse specialità mediche e chirurgiche

policlonàle [comp. di *poli-* e *clonale* ✻ 1993] **agg.** **1** (*biol.*) che deriva da diverse cellule **2** (*biol.*) relativo a vari cloni

policòcco [comp. di *poli-* e *cocco*④ ✻ 1835] **s. m.** (**pl.** *-chi*) ● (*bot.*) poliachenio

policoltùra [comp. di *poli-* e *coltura* ✻ 1958] **s. f.** ● (*agric.*) coltivazione di piante di diversa specie o varietà in un'area, una regione, un'azienda

policondensazióne [comp. di *poli-* e *condensazione* ✻ 1958] **s. f.** ● (*chim.*) polimerizzazione che si realizza attraverso più reazioni consecutive di condensazione con eliminazione di acqua o di altre sostanze di basso peso molecolare

policoràle [comp. di *poli-* e *coro*, con suff. agg. ✻ 1958] **agg.** ● (*mus.*) di composizione corale in cui il coro è diviso in due o più gruppi

policòrdo [vc. dotta, gr. *polýchordos* 'che ha molte corde', comp. di *poly-* 'poli-' e *chordḗ* 'corda' ✻ av. 1647] **s. m.** ● (*mus.*) strumento con molte corde

policristallìno [da *policristallo* ✻ 1986] **agg.** **1** (*miner.*) costituito da un policristallo **2** detto di aggregato formato da un solo minerale, ma in moltissimi granuli diversamente orientati **3** detto di roccia composta da granuli di molte specie minerali diverse

policristàllo [comp. di *poli-* e *-cristallo* ✻ 1986] **s. m.** ● (*miner.*) cristallo apparentemente unico, ma composto in realtà da una stretta associazione di moltissimi individui della stessa specie che tutti insieme simulano la forma esterna del monocristallo

policroìṣmo [vc. dotta, dal gr. *polýchroos*, comp. di *polý(s)* 'molto' e *chróa* 'colore', con il suff. *-ismo* ✻ 1865] **s. m.** ● (*fis.*) proprietà di alcuni cristalli di mostrarsi variamente colorati a seconda della direzione di provenienza della luce incidente **CFR.** dicroismo

policromàre [da *policromo* ✻ 1958] **v. tr.** (*io policromo* o *policròmo*) ● rendere policromo | decorare con policromia

policromàtico [dal gr. *polychrṓmatos* 'dai molti colori', comp. di *poly-* 'poli-' e *chrôma*, genit. *chrṓmatos* 'colore'. V. *cromo-* ✻ 1871] **agg.** (**pl. m.** *-ci*) **1** che ha molti colori: *effetto p.* **SIN.** multicolore **2** (*fis.*) detto di luce composta di più componenti monocromatiche

policromìa [da *policromo* ✻ 1865] **s. f.** **1** varietà di colori **2** arte e tecnica di dipingere o decorare statue, edifici e sim. con colori vari

polìcromo [vc. dotta, gr. *polýchrōmos* 'dai molti colori', comp. di *poly-* 'poli-' e *-chrōmos*

'-cromo' ∗ 1829] **agg.** **1** che si presenta con più colori: *facciata policroma* **SIN.** multicolore **CONTR.** monocromo **2** (*fig.*, *raro*) composito

polidattilìa [dal gr. *polydáktylos* 'dalle molte dita', comp. di *poly-* 'poli-' e *dáktylos* 'dito' (V. *dattilografia*) ∗ 1835] **s. f.** ● (*med.*) malformazione congenita delle mani e dei piedi, consistente nella presenza di dita in soprannumero **SIN.** polidattilismo

polidattilismo [1970] **s. m.** ● (*med.*) polidattilia

polidàttilo [vc. dotta, gr. *polydáktylos* 'dalle molte dita'. V. *polidattilia* ∗ 1829] **agg. e s. m.** (**f.** *-a*) ● che (o chi) è affetto da polidattilia

polidemonismo [comp. di *poli-*, *demone* e *-ismo* ∗ 1927] **s. m.** ● carattere di alcune religioni primitive che presumono l'universo popolato e animato da molteplici forze demoniache

polidipsìa [comp. di *poli-*, del gr. *dípsa* 'sete', di orig. sconosciuta, e del suff. *-ia*[2] ∗ 1931] **s. f.** ● (*med.*) eccessivo bisogno di bere; può essere di origine psicogena o dovuta a stati di disidratazione o a disturbi endocrini (diabete)

polidromìa [1965] **s. f.** ● (*mat.*) proprietà di una funzione polidroma

polìdromo [comp. di *poli-* e *-dromo* ∗ 1958] **agg.** ● (*mat.*) nella loc. ***funzione polidroma***, relazione fra spazi numerici che ad un punto del primo ne associ più di uno del secondo

✦**polièdrico** [1739] **agg.** (**pl. m.** *-ci*) **1** (*mat.*) di poliedro, proprio del poliedro: *figura poliedrica* **2** (*fig.*) che ha molteplici aspetti, facce, attività, interessi e sim.: *individuo, ingegno p.* | multiforme: *interessi poliedrici* **SIN.** versatile ‖ **poliedricaménte**, **avv.** (*fig.*) in modo poliedrico ‖ **poliedricità**, **s. f. inv.**

polièdro [vc. dotta, gr. *polýedros*, propr. 'dai molti sedili', comp. di *poly-* 'poli-' ed *hédra* 'base, faccia, sedile', di etim. incerta ∗ av. 1712] **s. m.** **1** (*mat.*) solido limitato da facce poligonali | ***p. regolare***, tale che le facce siano poligoni regolari uguali fra loro (come il tetraedro, l'esaedro, l'ottaedro, il dodecaedro, l'icosaedro regolari) **2** in topologia algebrica, luogo dei punti appartenenti a un complesso geometrico **3** (*miner.*) ***p. di coordinazione***, distribuzione geometrica degli anioni attorno a un catione nel reticolo cristallino di un composto

poliembrionìa [comp. di *poli-* e un deriv. di *embrione* ∗ 1927] **s. f.** ● (*biol.*) fenomeno per cui dalla segmentazione di un solo uovo fecondato si formano più embrioni

poliennàle [da *poli-*, sul modello di *biennale*, *triennale* ecc. ∗ 1918] **agg.** ● che dura più anni: *buono p. del Tesoro* ‖ **poliennalità**, **s. f. inv.** durata di ciò che è poliennale

polièra [vc. dotta, gr. *polyḗres* 'con molti remi', comp. di *poly-* 'poli-' ed *-ḗres*, da una radice che significa 'remare' (V. *triere*) ∗ 1983] **s. f.** ● (*mar.*, *disus.*) polireme

polièstere [comp. di *poli-* ed *estere* ∗ 1949] **A** **s. m.** ● (*chim.*) polimero contenente gruppi estere nella catena principale, gener. ottenuto per policondensazione di acidi bicarbossilici e glicoli e usato per produrre fibre, film, vernici, adesivi e sim. | ***p. insaturo***, copolimero ottenuto per polimerizzazione di una miscela di glicoli, acidi bicarbossilici e anidride maleica, che può essere reticolato con stirene per formare polimeri termoindurenti; è usato insieme a fibre di vetro per preparare scafi di barche, grandi serbatoi, parti di carrozzeria e sim. **B** **anche agg.**: *prodotto p.*

poliestesìa [da *poli-*, sul modello di *anestesia* ecc. ∗ 1899] **s. f.** ● (*med.*) alterazione della sensibilità cutanea per cui il contatto di una punta viene avvertito come se fosse multiplo

poliètere [comp. di *poli-* ed *etere* ∗ 1986] **s. m.** ● (*chim.*) polimero contenente gruppi etere nella catena principale

polietilène [comp. di *poli-* ed *etilene* ∗ 1950] **s. m.** ● (*chim.*) materia plastica ottenuta per polimerizzazione di etilene esistente nelle forme ad alta densità e a bassa densità; si usa per materiali elettrici, per confezionare prodotti alimentari e per la fabbricazione di svariati oggetti **SIN.** politene

polietilentereftalàto [comp. di *poli-*, *etilen(e)* e *tereftalato* ∗ 1980] **s. m.** ● (*chim.*) poliestere ottenuto per policondensazione di glicol etilenico con acido tereftalico o suoi derivati; di eccellenti proprietà meccaniche e impermeabile all'anidride carbonica, si usa per la produzione di fibre, film per pellicole fotografiche, nastri per registrazione, bottiglie per liquidi; in sigla PET

polifagìa [vc. dotta, comp. di *poli-* e *-fagia*; nel sign. 2 dal gr. *polyphagía* 'voracità' ∗ av. 1686] **s. f.** (**pl.** *-gìe*) **1** (*biol.*) condizione degli organismi polifagi | (*est.*) nutrizione a base di più sostanze **2** (*med.*) bulimia

polìfago [vc. dotta, comp. di *poli-* e *-fago*; nel sign. 2 dal lat. *polyphăgus*, gr. *polyphágos* 'che mangia molto' ∗ av. 1569] **agg.; anche s. m.** (**f.** *-a*; **pl. m.** *-gi*) **1** (*biol.*) detto di organismo che può cibarsi di varie sostanze: *parassiti polifagi* **2** (*med.*, *raro*) affetto da bulimia

polifàse [comp. di *poli-* e *fase* ∗ 1899] **agg.** (**pl.** *-i* o **inv.**) ● (*elettr.*) di grandezze alternate come tensioni o correnti elettriche, che presentano fasi diverse pur avendo lo stesso periodo

polifenòlo [comp. di *poli-* e *fenolo* ∗ 1958] **s. m.** ● (*chim.*) ognuno di un gruppo di polimeri fenolici, come i flavonoidi, i tannini, le lignine e le melanine che contengono più gruppi fenolici e sono dotati di azione antibatterica e antiossidante

polifilìa [vc. dotta, comp. di *poli-* e *-filo*; nel sign. 2, dal gr. *polyphilía* 'moltitudine di amici', da *polýphilos* 'dai molti amici', comp. di *poly-* 'poli-' e *-philos* '-filo' ∗ 1958] **s. f.** ● (*biol.*) poligenesi

polifìllo [vc. dotta, gr. *polýphyllos* 'che ha molte foglie', comp. di *poly-* 'poli-' e *-fillo* ∗ 1813] **agg.** ● (*bot.*) che ha più foglie

polifiodónte [comp. del gr. *polyphyḗs* 'che si divide in più parti' (a sua volta comp. di *poly-* 'poli-' e *phýein* 'nascere, far nascere', di orig. indeur.), e *-odonte* (V. *odonto-*) ∗ 1958] **agg.** ● (*zool.*) detto di animale vertebrato che presenta polifiodontia

polifiodontìa [da *polifiodonte* ∗ 1958] **s. f.** ● (*zool.*) successione di un notevole numero di dentizioni, quale si osserva nella maggior parte dei Vertebrati Gnatostomi

polifìto [comp. di *poli-* e *-fito* ∗ 1958] **agg.** ● (*agric.*) detto di area coltivata con un numero elevato di specie vegetali

polifonìa [vc. dotta, gr. *polyphōnía*, da *polýphōnos* 'dalle molte voci', comp. di *poly-* 'poli-' e *-phōnos* '-fono' ∗ 1826] **s. f.** **1** (*mus.*) molteplicità simultanea di suoni | genere musicale in cui più voci o parti con proprie linee melodiche risuonano contemporaneamente, secondo le regole di armonia e contrappunto **CONTR.** monodia, omofonia **2** (*fig.*, *raro*) insieme, per lo più armonico, di elementi diversi: *una p. di limoni e di arance* (E. MONTALE) ‖ **polifònico**, **agg.** (**pl. m.** *-ci*) relativo alla polifonia: *brano polifonico*; (*fig.*, *raro*) composito ‖ **polifonicaménte**, **avv.** in modo polifonico; secondo la polifonia ‖ **polifonicità**, **s. f. inv.**

polifonismo [1924] **s. m.** ● (*mus.*) tecnica e uso della polifonia

polifonìsta [av. 1947] **s. m. e f.** (**pl. m.** *-i*) ● compositore di musica polifonica

polìfora [comp. di *poli-* e del lat. *fōre(m)* 'porta, apertura', di orig. indeur., sull'es. di *bifora* ∗ 1970] **A** **s. f.** ● finestra suddivisa in più aperture per mezzo di pilastrini o colonnine **B** **anche agg. solo f.**: *finestra p.*

polifosfàto [ingl. *polyphosphate*, comp. di *poly-* 'poli-' e *phosphate* 'fosfato' ∗ 1958] **s. m.** ● (*chim.*) composto appartenente a una classe di derivati dell'acido fosforico usati nella depurazione delle acque, nella composizione di detersivi per lavatrici e come conservanti

polifunzionàle [comp. di *poli-* e *funzionale* ∗ 1958] **agg.** **1** che è in grado di svolgere più funzioni: *impianto sportivo p.* **2** (*chim.*) detto di composto che contiene più gruppi funzionali: *acido p.* | polivalente ‖ **polifunzionalità**, **s. f. inv.**

polìgala [vc. dotta, lat. *polўgala(m)*, dal gr. *polýgalon*, comp. di *poly-* 'poli-' e *gála* 'latte' (V. *galassia*), per le sue proprietà lattifere ∗ 1476] **s. f.** ● pianticella cespugliosa americana delle Poligalacee con fusti sottili, foglie lanceolate e fiori in grappoli biancastri terminali, usata in medicina (*Polygala senega*)

Poligalàcee [vc. dotta, comp. di *poligala* e *-acee* ∗ 1954] **s. f. pl.** (**sing.** *-a*) ● (*bot.*) famiglia di piante delle Dicotiledoni con fiori a cinque sepali saldati alla base che formano due labbra alla sommità (*Poligalaceae*)

poligamìa [vc. dotta, lat. tardo *polygămia(m)*, dal gr. *polygamía*, da *polýgamos* 'poligamo' ∗ av. 1610] **s. f.** **1** (*antrop.*) unione coniugale di un uomo con più donne (*poliginia*) o di una donna con più uomini (*poliandria*) **2** (*zool.*) abitudine del maschio di molti animali di accoppiarsi con parecchie femmine o viceversa **CONTR.** monogamia **3** (*bot.*) presenza di fiori ermafroditi e unisessuati sullo stesso individuo vegetale

poligàmico [1871] **agg.** (**pl. m.** *-ci*) ● che riguarda la poligamia ‖ **poligamicaménte**, **avv.**

polìgamo [vc. dotta, gr. *polýgamos*, comp. di *poly-* 'poli-' e *-gamos* '-gamo' ∗ 1702] **A** **agg.** **1** che pratica la poligamia: *tribù poligama* **2** (*bot.*) che è caratterizzato da poligamia **B** **s. m.** (**f.** *-a*) **1** chi pratica la poligamia **2** (*bot.*) individuo vegetale che porta fiori unisessuati e fiori ermafroditi

poligène [comp. di *poli-* e *gene* ∗ 1958] **s. m.** ● (*biol.*) ognuno dei geni che, in grande numero, producono manifestazioni fenotipiche molto simili tra loro, che restano così di solito mascherate

poligènesi [comp. di *poli-* e *genesi* ∗ 1875] **s. f. inv.** ● origine molteplice: *p. del linguaggio, delle razze* **CONTR.** monogenesi

poligenètico [1927] **agg.** (**pl. m.** *-ci*) ● relativo alla poligenesi | che si è originato per poligenesi ‖ **poligeneticaménte**, **avv.** in seguito a poligenesi

poligènico [1958] **agg.** (**pl. m.** *-ci*) **1** (*biol.*) di poligene, relativo a poligene **2** (*biol.*) detto di carattere genetico che deriva dall'azione coordinata di più geni **SIN.** multigenico **CFR.** monogenico

poligenismo [comp. di *poligen(esi)* e *-ismo* ∗ 1875] **s. m.** ● dottrina che attribuisce origine molteplice alle razze umane **CONTR.** monogenismo

poliginìa [comp. di *poli-* e *-ginia* ∗ 1930] **s. f.** **1** (*antrop.*) istituzione sociale per cui un uomo ha contemporaneamente più mogli **2** (*zool.*) poligamia maschile

poligìnio [vc. dotta, gr. *polygýnaios* 'dalle molte mogli', comp. di *poly-* 'poli-' e *gynḗ* 'donna' (V. *-gino*) ∗ 1835] **agg.** ● (*bot.*) detto di pianta o fiore con più carpelli

poliglobulìa [comp. di *poli-* e un deriv. di *globulo* ∗ 1932] **s. f.** ● (*med.*) policitemia

poliglòtta o (*raro*) **poliglòtto** [vc. dotta, gr. *polýglōttos* 'dalle molte lingue', comp. di *poly-* 'poli-' e *glōtta* 'lingua' (V. *glotta*) ∗ 1725] **A** **agg.**;

anche **s. m. e f.** **(pl. m.** *-i***)** • che (o chi) parla molte lingue: *un archeologo p.*; *una p.* | ***libro p.***, stampato in più lingue **B** **agg.** • detto di libro stampato in più lingue o che presenta un testo in più lingue: *Bibbia p.*

poliglòttico [da *poliglotta* ✱ 1781] **agg.** **(pl. m.** *-ci***)** • che concerne più lingue: *fenomeno p.* | che è caratterizzato da poliglottismo: *area, zona poliglottica*

poliglottìsmo [da *poliglotta* ✱ 1857] **s. m.** • conoscenza e uso di più lingue | coesistenza di più lingue **SIN.** plurilinguismo

poliglòtto ➤ **poliglotta**

Poligonàcee [vc. dotta, comp. di *poligono*② e *-acee* ✱ 1865] **s. f. pl.** **(sing.** *-a***)** • (*bot.*) famiglia di piante dicotiledoni erbacee, con una stipola a forma di guaina che abbraccia il fusto all'inserzione della foglia (*Polygonaceae*)

poligonàle [da *poligono*① ✱ 1851] **A** **agg.** • che ha forma o sezione a guisa di poligono **B** **s. f.** **1** (*mat.*) sequenza di segmenti tali che il secondo estremo di ciascuno coincida con il primo estremo del successivo **2** linea spezzata che collega i punti che servono di base in un rilevamento topografico e geodetico | ***p. chiusa***, se il punto di partenza coincide col punto di arrivo | ***p. aperta***, se i due punti non coincidono

poligonàto [vc. dotta, lat. *polygŏnato(n)*, dal gr. *polygónaton*, comp. di *poly-* 'poli-' e *góny*, genit. *gónatos* 'ginocchio' (V. *gonalgia*); detto così dalla forma del rizoma ✱ 1835] **s. m.** • pianta delle Asparagacee, tipica dei luoghi ombrosi, con fiori bianchi penduli dalla parte opposta rispetto alla foglia (*Polygonatum multiflorum*)

poligonazióne [da *poligonale* ✱ 1930] **s. f.** • in geodesia e topografia, rilevamento e misurazione di una poligonale

polìgono① [vc. dotta, lat. tardo *polygōnu(m)*, dal gr. *polýgōnon*, comp. di *poly-* 'poli-' e *gōnía* 'angolo' (V. *gonio-*) ✱ 1455] **s. m.** **1** (*mat.*) ogni figura piana costituita da segmenti di retta | regione del piano interna all'insieme dei lati di un poligono: *p. convesso, concavo* | ***p. intrecciato***, tale che due lati non consecutivi abbiano dei punti comuni | ***p. regolare***, con i lati e gli angoli uguali **2** (*milit.*) tracciato di un'opera fortificatoria: *p. esterno, interno* | ***p. di tiro***, zona adibita a esercitazioni di tiro per armi portatili, anche in ambito sportivo, o per artiglierie | ***p. di lancio***, installazione, costruita sulla Terra o in un'orbita circumterrestre mediante parti staccate trasportate con una navetta spaziale, dotata di attrezzature idonee al lancio di missili e veicoli spaziali per impieghi militari o civili **SIN.** spazioporto

poligono② [vc. dotta, lat. *polўgonu(m)*, dal gr. *polýgonon*, propr. 'dai molti frutti', comp. di *poly-* 'poli-' e *gónos* 'seme, prodotto, frutto' (V. *gono-*) ✱ sec. XIV] **s. m.** • genere di piante erbacee o suffrutticose delle Poligonacee con piccoli fiori colorati (*Polygonum*)

poligrafàre [da *poligrafo* ✱ 1890] **v. tr.** (*io polìgrafo*) • trarre copie col poligrafo

poligrafìa [vc. dotta, gr. *polygraphía* 'lo scrivere di vari soggetti', da *polygráphos* 'che scrive molto, che scrive di vari soggetti'. V. *poligrafo* ✱ av. 1686] **s. f.** **1** riproduzione, in varie copie, di scritti o disegni mediante il poligrafo | (*est.*) la copia stessa **2** (*raro, lett.*) scrittura su soggetti vari

poligràfico [1812] **A** **agg.** **(pl. m.** *-ci***)** **1** che concerne la poligrafia o il poligrafo **2** che esegue opere a stampa valendosi di vari sistemi di composizione, impressione e sim.: *stabilimento, istituto p.*; *officina poligrafica* **B** **s. m.** **(f.** *-a***)** • operaio di uno stabilimento poligrafico

polìgrafo [vc. dotta, comp. di *poli-* e *-grafo*; nel sign. B dal gr. *polygráphos* 'che scrive molto, che scrive di vari soggetti', comp. di *poly-* 'poli-' e *-gráphos* '-grafo' ✱ 1771] **A** **s. m.** **1** apparecchio usato un tempo per ottenere riproduzioni di scritti e disegni, costituito da una matrice di gelatina e colla di pesce **2** (*med.*) apparecchio, costituito da un registratore a carta e alcuni elettrodi, in grado di registrare contemporaneamente diversi parametri fisiologici come pressione arteriosa, ritmo cardiaco, frequenza respiratoria, tono muscolare e sim. **B** **agg. e s. m.** **(f.** *-a, raro***)** • (*lett.*) che (o chi) scrive su molti argomenti: *uno scrittore p.*; *è un p.*

poliìbrido [comp. di *poli-* e *ibrido* ✱ 1929] **s. m.** • (*biol.*) individuo nato da genitori che differiscono per due o più caratteri

poliisoprène [comp. di *poli-* e *isoprene* ✱ 1986] **s. m.** • (*chim.*) polimero con struttura chimica uguale a quella della gomma naturale, ottenuto industrialmente per polimerizzazione dell'isoprene e usato per produrre elastomeri

polimastìa [comp. di *poli-* e del gr. *mastós* 'mammella' (di orig. incerta) ✱ 1895] **s. f.** • (*med.*) anomalia ereditaria consistente nella presenza, spec. nella donna, di più mammelle oltre le due normali

polimatèrico [comp. di *poli-* e *materia*, con suff. agg. ✱ 1933] **agg.** **(pl. m.** *-ci***)** • realizzato con più materiali, detto spec. di creazione artistica

polimaterìsmo [comp. di *poli-*, *materia* e *-ismo* ✱ 1965] **s. m.** • utilizzazione di più materiali nella realizzazione di un'opera d'arte, spec. plastica o pittorica

polimelìa [dal gr. *polymelḗs* 'di molti toni', comp. di *poly-* 'poli-' e *mélos* 'canto, melodia' (V. *melos*) ✱ 1871] **s. f.** • (*mus.*) unione di più melodie

poliménto ➤ **pulimento**

polimeràsi [vc. dotta, comp. di *polimer(o)* e del suff. *-asi* ✱ 1988] **s. f. inv.** • (*biol.*) enzima che catalizza una reazione di polimerizzazione e, in particolare, la biosintesi di un acido nucleico

polimerìa [1875] **s. f.** **1** (*biol.*) concorso di più geni alla determinazione di un solo carattere **2** (*chim.*) polimerismo

polimèrico [1871] **agg.** **(pl. m.** *-ci***)** **1** (*biol.*) caratterizzato da polimeria: *sistema p.* **2** (*chim.*) proprio di un polimero | costituito da polimeri: *composto p.*

polimerìsmo [1835] **s. m.** • (*chim.*) condizione di polimero

polimerizzàre [1958] **A** **v. tr.** • (*chim.*) sottoporre a polimerizzazione **B** **polimerizzàrsi** **v. intr. pron.** • (*chim.*) subire la polimerizzazione (V.)

polimerizzazióne [1907] **s. f.** • (*chim.*) reazione che avviene tra molte molecole di monomero con formazione di molecole di grandi dimensioni (macromolecole)

polìmero [vc. dotta, gr. *polymerḗs* 'di molte parti', comp. di *poly-* 'poli-' e *méros* 'parte' (da *méiresthai* 'ottenere in sorte, dividersi', di orig. indeur.) ✱ 1889] **A** **s. m.** • (*chim.*) composto chimico, gener. di natura organica, di elevato peso molecolare, ottenuto partendo da un monomero per mezzo di reazioni di polimerizzazione **B** **anche agg.**: *composto p.*

polimetilmetacrilàto [comp. di *poli-*, *metil-* e *metacrilato* ✱ 1991] **s. m.** • (*chim.*) polimero ottenuto per polimerizzazione dell'acrilato di metile; materiale plastico rigido e trasparente, è prevalentemente utilizzato in lastre in sostituzione del vetro; in sigla PMMA **CFR.** plexiglas

polimetrìa [da *polimetro* ✱ 1894] **s. f.** • successione di vari metri in uno stesso componimento poetico

polimètrico [da *polimetria* ✱ 1871] **agg.** **(pl. m.** *-ci***)** • detto di componimento poetico che contiene metri diversi

polìmetro [vc. dotta, gr. *polýmetros*, comp. di *poly-* 'poli-' e *métron* 'misura' (V. *metro*②) ✱ 1869] **A** **s. m.**; **anche agg.** • componimento poetico in metri diversi **B** **s. m.** • apparecchio in grado di misurare varie grandezze come temperatura, grado igrometrico, tensione di vapore e punto di rugiada dell'aria atmosferica

polimixìna /polimik'sina/ [vc. dotta, da (*bacterium*) *polymixa*, dal gr. *polýmixos* '(di lampada) a molti becchi', col suff. *-ina* ✱ 1950] **s. f.** • (*farm.*) ciascuno di un gruppo di antibiotici basici polipeptidici a potente e rapida azione battericida

polimorfìa [vc. dotta, gr. *polymorphía*, comp. di *poly-* 'poli-' e *-morphía* '-morfia' (V.) ✱ 1895] **s. f.** • polimorfismo

polimòrfico [1864] **agg.** **(pl. m.** *-ci***)** • di polimorfismo, relativo a polimorfismo

polimorfìsmo [comp. di *polimorfo* e *-ismo* ✱ 1865] **s. m.** **1** (*chim., miner.*) proprietà di una sostanza chimicamente definita di presentarsi sotto forma di differenti tipi di reticoli cristallini **2** (*biol.*) variabilità discontinua a basi ereditarie esistente in una popolazione animale o vegetale

polimòrfo [vc. dotta, gr. *polýmorphos*, comp. di *poly-* 'poli-' e *-morphos* '-morfo' ✱ 1804] **agg.** **1** di elemento o composto chimico che presenta il fenomeno del polimorfismo **2** (*lett.*) multiforme

polinesiàno [da *Polinesia*, comp. di *poli-* e del gr. *nē̃sos* 'isola' (di etim. incerta) ✱ 1934] **A** **agg.** • della Polinesia: *lingua polinesiana*; *isola polinesiana* **B** **s. m.** **(f.** *-a***)** • abitante o nativo della Polinesia **C** **s. m. solo sing.** • gruppo di lingue della famiglia maleo-polinesiaca, parlate nella Polinesia

polinevrìte o **polineurìte** [comp. di *poli-* e *nevrite* ✱ 1885] **s. f.** • (*med.*) affezione infiammatoria che colpisce più nervi

polinomiàle [da *polinomio*, sul modello dell'ingl. *polynomial* ✱ 1965] **agg.** • (*mat.*) che concerne un polinomio o ne ripete la forma

polinòmio [da *poli-*, sul modello di *binomio* ✱ 1771] **s. m.** • (*mat.*) somma di monomi

polinsàturo [comp. di *pol(i)-* e *insaturo* ✱ 1980] **agg.** • (*chim.*) detto di composto organico ciclico o lineare con più di un legame multiplo nella catena carboniosa | ***acido grasso p.***, sostanza contenuta negli oli vegetali e nel pesce azzurro, che esercita nell'organismo un'efficace azione di contrasto dei radicali liberi

polinucleàto [comp. di *poli-* e *nucleo*, con suff. agg. ✱ 1958] **agg.** • (*biol.*) plurinucleato

pòlio① [vc. dotta, lat. *pŏliu(m)*, dal gr. *pólion*, da *poliós* 'biancastro, grigio', di orig. indeur.; detto così dal colore ✱ sec. XIV] **s. m.** **(pl.** *-i* o *-ii***)** • pianta delle Labiate che caratterizza un ambiente arido della zona mediterranea (*Teucrium polio*)

pòlio② [1949] **s. f. inv.** • accorc. di *poliomielite*

-pòlio [dal gr. *-pólion*, deriv. del v. *pōléin* 'vendere'] **secondo elemento** • in parole composte, significa 'mercato', 'vendita': *duopolio, elaiopolio, enopolio, oligopolio*

poliolefìna [comp. di *poli-* e *olefina*] **s. f.** • (*chim.*) composto polimerico ottenuto per polimerizzazione di un'olefina

poliòlo [vc. dotta, comp. di *poli-* e *-olo*① ✱ 1986] **s. m.** • (*chim.*) composto che presenta nella molecola due o più radicali alcolici **SIN.** polialcol

poliomielìte [comp. del gr. *poliós* 'grigio' (V. *polio*①) e *mielite*; detta così dalla infiammazione della materia grigia del midollo spinale ✱ 1890] **s. f.** • malattia infettiva acuta virale che colpisce i centri motori del midollo spinale con conseguente paralisi muscolare

poliomielìtico [1935] **agg. e s. m.** (**f.** *-a*; **pl. m.** *-ci*) ● che (o chi) è affetto da poliomielite | che (o chi) subisce i postumi della poliomielite

poliopìa o **poliopsìa** [comp. di *poli-* e *-opia* ✱ 1835] **s. f.** ● (*med.*) visione di molteplici oggetti, che si verifica spec. nello stigmatismo

poliorcètica [f. sost. di *poliorcetico* ✱ 1601] **s. f.** ● (*lett.*) arte di assediare ed espugnare città

poliorcètico [vc. dotta, gr. *poliorkētikós*, da *poliorkētḗs* 'assediatore', da *poliorkêin* 'cingere d'assedio una città', comp. di *pólis* 'città' ed *hérkos* 'recinto, muro', di etim. incerta ✱ 1585] **agg.** (**pl. m.** *-ci*) ● (*lett.*) concernente la poliorcetica **SIN.** ossidionale

poliossimetilène [comp. di *poli-*, *ossi-* e *metilene* ✱ 1958] **s. m.** ● (*chim.*) tecnopolimero ottenuto per polimerizzazione della formaldeide, con elevata rigidità e buone proprietà meccaniche

poliovìrus [comp. di *polio*② e *virus* ✱ 1986] **s. m. inv.** ● (*biol.*) specie virale del genere *Enterovirus*, agente eziologico della poliomielite, che si localizza sui neuroni motori del midollo spinale dell'uomo

polipàio [da *polipo* ✱ 1851] **s. m.** (**pl.** *-ai*) **1** colonia di polipi **2** scheletro di sostegno delle colonie di Celenterati, secreto dagli stessi polipi

polipeptìde [comp. di *poli-* e *peptide* ✱ 1911] **s. m.** ● (*chim.*) sostanza costituita da un certo numero di amminoacidi uniti mediante legame peptidico

polipeptìdico [1986] **agg.** (**pl. m.** *-ci*) ● (*chim.*) di polipeptide, relativo a polipeptide

polipètalo [comp. di *poli-* e *petalo* ✱ av. 1799] **agg.** ● (*bot.*) che ha più petali

polipétto [1972] **s. m.** **1** dim. di *polipo* **2** nome corrente del moscardino nel sign. 2

poliplòide [da *poli-*, sul modello di *aploide* ✱ 1932] **agg.** ● (*biol.*) detto di cellula dotata di cromosomi in numero superiore a quello normale della specie, e precisamente multiplo del numero aploide

poliploidìa [da *poliploide* ✱ 1948] **s. f.** ● (*biol.*) condizione di cellula poliploide

polipnèa [da *poli-*, sul modello di *apnea* ✱ 1930] **s. f.** ● (*med.*) aumento di frequenza degli atti respiratori

polipnòico [da *polipnea* ✱ 1970] **agg.** (**pl. m.** *-ci*) ● (*med.*) relativo a polipnea

pòlipo [vc. dotta, lat. *pōlypu(m)*, dal gr. *polýpous* 'dai molti piedi', comp. di *poly-* 'poli-' e *póus* 'piede' (V. *-pode*) ✱ av. 1333] **s. m.** **1** (*zool.*) denominazione di una forma di individui del tipo dei Celenterati con corpo simile a un cilindro o a un sacco, fisso alla base, che all'estremità opposta, cioè a quella superiore, ha la bocca circondata da tentacoli **2** (*impropr.*) polpo **3** (*med.*) tumore benigno delle mucose, in forma di escrescenza tondeggiante ‖ **polipétto**, **dim.**

Polipodiàcee [vc. dotta, comp. di *polipodi(o)* (V.) e *-acee* ✱ 1895] **s. f. pl.** (**sing.** *-a*) ● (*bot.*) famiglia di Felci erbacee e perenni, diffuse ovunque, comprendente molte specie spesso di valore ornamentale

polipòdio [vc. dotta, lat. *polypŏdiu(m)*, dal gr. *polypódion*, comp. di *poly-* 'poli-' e *póus*, genit. *podós* 'piede' ✱ sec. XIV] **s. m.** (**pl.** *-i* o *raro -ii*) ● (*bot.*) felce dolce

polipòide [comp. di *polipo* e *-oide* ✱ 1917] **agg.** ● (*biol.*) che ha struttura simile a quella di un polipo: *organismo p.*

polipòlio [comp. di *poli-* e *-polio* ✱ 1805] **s. m.** (**pl.** *-i* o *raro -ii*) ● forma di mercato caratterizzato dalla esistenza di un numero imprecisato di venditori dello stesso bene o servizio

polipolìsta [1958] **s. m. e f.** (**pl. m.** *-i*) ● (*econ.*) venditore che opera in un sistema di polipolio

Poliporàcee [vc. dotta, comp. di *poliporo* e *-acee* ✱ 1954] **s. f. pl.** (**sing.** *-a*) ● (*bot.*) famiglia di Funghi degli Imenomiceti, con numerosi tubuli rivestiti internamente dall'imenio sotto il cappello (*Poliporaceae*)

polìporo [comp. di *poli-* e *poro*, perché molto poroso ✱ 1829] **s. m.** ● genere di Funghi delle Poliporacee che crescono sui tronchi degli alberi o sul legno morto (*Polyporus*)

polipòsi [comp. di *polipo* e *-osi* ✱ 1911] **s. f. inv.** ● (*med.*) malattia caratterizzata dalla presenza di numerosi polipi: *p. intestinale*

polipóso (o *-ṣ-*) [av. 1758] **agg.** ● (*med.*) simile a polipo | caratterizzato da polipi

polipropilène [comp. di *poli-* e *propilene* ✱ 1958] **s. m.** ● (*chim.*) polimero ottenuto per polimerizzazione del propilene, utilizzato nella forma isotattica per produrre oggetti vari, film e fibre, e nella forma atattica, mescolato ai bitumi, per l'impermeabilizzazione di costruzioni

polipsònio [comp. di *poli-* e *-psonio* ✱ 1958] **s. m.** ● forma di mercato caratterizzata dalla esistenza di un alto numero di compratori dello stesso bene o servizio

polipsonìsta [1958] **s. m. e f.** (**pl. m.** *-i*) ● (*econ.*) compratore che opera in un sistema di polipsonio

Polipterifórmi [vc. dotta, comp. di *poliptero* e il pl. di *-forme* ✱ 1970] **s. m. pl.** (**sing.** *-e*) ● (*zool.*) famiglia di Pesci ossei africani con corpo corazzato e pinna dorsale suddivisa in corte pinnule (*Polypteriformes*)

polìptero o **polìttero** [vc. dotta, gr. *polýpteros* 'che ha molte penne', comp. di *poly-* 'poli-' e *-pteros* '-ptero' ✱ 1835] **s. m.** ● pesce africano dei Polipteriformi a corpo pressoché cilindrico, che nella stagione arida si sprofonda nel fango e respira per mezzo di polmoni (*Polypterus bichir*)

poliptòto o **polittòto** [vc. dotta, lat. tardo *polyptōto(n)*, dal gr. *polýptōtos* 'di molti casi', comp. di *poly-* 'poli-' e *ptōtós*, propr. 'che è caduto', agg. verbale di *píptein* 'cadere' (V. *ptosi*) ✱ 1821] **s. m.** ● (*ling.*) figura retorica per la quale uno stesso vocabolo è usato in funzioni diverse a breve distanza (pur conservando il medesimo significato lessicale); per es.: *era, è e sarà sempre così*; *Cred'ïo ch'ei credette ch'io credesse* (DANTE *Inf.* XIII, 25)

polìre [vc. dotta, lat. *polīre* 'pulire' ✱ av. 1373] **v. tr.** (*io polisco, tu polisci*) **1** (*lett.*) levigare, rendere liscio: *p. la superficie di qlco.* **2** (*fig.*, *lett.*) perfezionare: *p. una pagina, una frase, un verso* **3** (*lett.*) educare, dirozzare

poliremàtica [comp. di *poli-* e di un deriv. di *rema* ✱ sec. XX] **s. f.** ● (*ling.*) espressione linguistica costituita da due o più parole, spesso con significato autonomo rispetto alle parole che la costituiscono (per es., *acqua e sapone, oro colato, paradiso fiscale, conto corrente*) **CFR.** locuzione

polirème (o **-é-**) [da *poli-*, sul modello di *bireme* e *trireme* ✱ 1889] **s. f.** ● nave a più ordini di remi sovrapposti

poliritmìa [1931] **s. f.** ● (*mus.*) utilizzazione simultanea di strutture ritmiche diverse nelle singole voci di una composizione

polirìtmico [comp. di *poli-* e *ritmo*, con suff. agg. ✱ 1911] **agg.** (**pl. m.** *-ci*) ● (*mus.*) caratterizzato da poliritmia: *composizione poliritmica*

pòlis /gr. 'pɔlis/ [vc. gr., *pólis* 'città', di orig. indeur. ✱ 1918] **s. f. inv.** (**pl. gr.** *poleis*) ● struttura politica tipica dell'antica civiltà greca, caratterizzata dalla partecipazione di tutti i cittadini al governo della città

polisaccàride [comp. di *poli-* e *saccaride* ✱ 1889] **s. m.** ● (*chim.*) glucide formato da più molecole di zuccheri semplici

polisemàntico [comp. di *poli-* e *semantico* ✱ 1929] **agg.** (**pl. m.** *-ci*) ● (*ling.*) polisemico

polisemìa [vc. dotta, deriv. del gr. *polýsēmos* 'che ha molti significati', comp. di *poly-* 'poli-' e *sêma* 'segno' (V. *semantica*) ✱ 1907] **s. f.** ● (*ling.*) proprietà di un segno linguistico di avere più significati

polisèmico [1975] **agg.** (**pl. m.** *-ci*) ● (*ling.*) di unità linguistica che ha più significati **SIN.** polisemantico **CONTR.** monosemico ‖ **polisemicità**, **s. f. inv.**

polisènso [comp. di *poli-* e *senso* ✱ av. 1375] **A** **agg. inv.** ● che ha più significati **B** **s. m.** ● gioco enigmistico incentrato su un vocabolo o su una frase che ha più significati

polisensoriàle [comp. di *poli-* e *sensoriale* ✱ 1957] **agg.** ● che coinvolge più sensi dell'organismo umano: *esperienza p.* ‖ **polisensorialità**, **s. f. inv.**

polisettoriàle [comp. di *poli-* e *settoriale* ✱ 1966] **agg.** ● plurisettoriale

polisillàbico [comp. di *poli-* e *sillabico* ✱ 1886] **agg.** (**pl. m.** *-ci*) ● (*ling.*) detto di parola costituita da due o più sillabe **SIN.** polisillabo

polisìllabo [vc. dotta, lat. tardo *polysyllabu(m)*, dal gr. *polysýllabos*, comp. di *poly-* 'poli-' e *syllabḗ* 'sillaba' ✱ av. 1730] **A** **s. m.** ● (*ling.*) parola costituita da più di una sillaba **CONTR.** monosillabo **B** **anche agg.**: *parola polisillaba* **SIN.** polisillabico, plurisillabo

polisillogìṣmo [comp. di *poli-* e *sillogismo* ✱ 1871] **s. m.** ● (*filos.*) catena di sillogismi disposti in modo tale che la conclusione del primo funga da premessa maggiore al secondo e così via

polisilossàno [comp. di *poli-*, *sil(icio)*, *oss(igeno)* e *-ano*②] **s. m.** ● silicone

polisindètico [1992] **agg.** (**pl. m.** *-ci*) ● (*ling.*) coordinato per polisindeto

polisìndeto [vc. dotta, gr. *polysýndeton*, comp. di *poly-* 'poli-' e un deriv. di *syndêin* 'legare insieme', comp. di *sýn* 'con' (V. *sin-*) e *dêin* 'legare', di orig. indeur. ✱ 1695] **s. m.** ● (*ling.*) collegamento di frasi o di elementi di una frase tra loro mediante congiunzioni ripetute; per es. in: *tra ombrosi mirti e pini e fagi e abeti* (M.M. BOIARDO) **CFR.** asindeto, sindesi

polisolfùro [comp. di *poli-* e *solfuro* ✱ 1871] **s. m.** ● (*chim.*) composto contenente atomi di zolfo in numero superiore alla massima valenza del metallo con cui sono combinati | ***p. di sodio***, usato per fabbricare colori allo zolfo e come riducente in chimica organica

polispecialìstico [comp. di *poli-* e *specialistico* ✱ 1988] **agg.** (**pl. m.** *-ci*) ● che comprende varie specializzazioni mediche e diversi specialisti: *studio medico p.*

polispermìa [comp. di *poli-* e un deriv. di *sperma* ✱ 1835] **s. f.** **1** (*biol.*) penetrazione di numerosi spermatozoi nel gamete femminile **2** (*biol.*) eccessivo numero di spermatozoi nell'eiaculato **CONTR.** oligospermia

polisportìva [comp. di *poli-* e (società) *sportiva* ✱ 1987] **s. f.** ● società, associazione che svolge la propria attività in diverse discipline sportive

polisportìvo [comp. di *poli-* e *sportivo* ✱ 1942] **agg.** ● relativo a più sport | ***società polisportiva***, V. *polisportiva* | ***campo p.***, attrezzato per la pratica di diversi sport

polìsta [da *polo*② ✱ 1958] **s. m. e f.** (**pl. m.** *-i*) ● chi pratica lo sport del polo

polistàdio [comp. di *poli-* e *stadio* ✱ 1958] **agg. inv.** ● di apparecchio a più stadi: *turbina p.* | (*milit.*) ***missile p.***, quello costituito da più stadi, ciascuno dei quali si distacca dopo aver esaurito la propria carica di propellenti

polìste [vc. dotta, gr. *polistḗs* 'costruttore di città', da *polízein* 'costruire città', da *pólis* 'città'. V. *polis* ✱ 1835] **s. f.** ● vespa gialla e nera che costruisce il nido, destinato a ospitare società sempre annuali, con legno masticato (*Polistes gallicus*)

polìstico [da *polo*② ✱ 1967] **agg.** (**pl. m.** *-ci*) ● relativo allo sport del polo e ai polisti

polìstilo [vc. dotta, gr. *polýstylos* 'dalle molte colonne', comp. di *poly-* 'poli-' e *-stilo* ✱ av. 1798] **agg.** ● (*archit.*) detto di pilastro costituito o contornato da un fascio di colonne, caratteristico dell'architettura gotica

polistirène [comp. di *poli-* e *stirene* ✱ 1958] **s. m.** ● (*chim.*) polimero ottenuto per polimerizzazione dello stirene e usato per la fabbricazione di oggetti vari e, in forma espansa, per l'imballaggio di oggetti fragili; in sigla PS **SIN.** polistirolo

polistiròlico [1970] **agg.** (**pl. m.** *-ci*) ● (*chim.*) di polistirolo: *resine polistiroliche*

polistiròlo [comp. di *poli-* e *stirolo* ✱ 1938] **s. m.** ● (*chim.*) polistirene

polistrumentìsta [comp. di *poli-* e *strumentista* ✱ 1978] **s. m. e f.** (**pl. m.** *-i*) ● musicista che suona più strumenti musicali

politeàma [comp. di *poli-* e del gr. *théama* 'spettacolo', da *théa* 'sguardo', di orig. indeur. (cfr. *teatro*) ✱ 1871] **s. m.** (**pl.** *-i*) ● costruzione destinata a vari tipi di spettacolo, dalla prosa al circo, al varietà e sim.

politècnico [fr. *polytechnique*, dal gr. *polýtechnos* 'abile in molte arti', comp. di *poly-* 'poli-' e *téchnē* 'arte' (V. *tecnica*) ✱ 1796] **A** **agg.** (**pl. m.** *-ci*) ● che concerne o tratta più scienze od arti applicate **B** **s. m.** ● istituto in cui si insegnano vari rami delle scienze fisiche, chimiche e matematiche e le loro applicazioni | nell'ordinamento italiano, istituto universitario comprendente le facoltà di architettura e ingegneria

politeìsmo [fr. *polythéisme*, dal gr. *polýtheos* 'politeista', comp. di *poly-* 'poli-' e *theós* 'dio' (V. *teocrazia*) col suff. *-isme* '-ismo' ✱ 1745] **s. m.** ● caratteristica delle religioni fondate sulla credenza in più dei **CONTR.** monoteismo

politeìsta [fr. *polythéiste*, da *polythéisme* 'politeismo' ✱ 1745] **A** **s. m. e f.; anche agg.** (**pl. m.** *-i*) ● chi (o che) segue una religione caratterizzata dal politeismo **CONTR.** monoteista **B** **agg.** ● politeistico

politeìstico [1758] **agg.** (**pl. m.** *-ci*) ● relativo al politeismo **CONTR.** monoteistico ‖ **politeisticaménte**, **avv.** secondo il politeismo

politemàtico [comp. di *poli-* e *tema*, sul modello di *tematico* ✱ 1958] **agg.** (**pl. m.** *-ci*) ● (*mus.*) detto di componimento costruito su molti temi

politenàto [1962] **agg.** ● detto di carta fotografica trattata con polietilene: *carta politenata*

politène [da *poli(e)t(il)ene* ✱ 1948] **s. m.** ● (*chim.*) polietilene

politetrafluoroetilène [comp. di *poli-*, *tetra-*, *fluoro-* ed *etilene* ✱ 1958] **s. m.** ● (*chim.*) polimero derivato dal tetrafluoroetilene, molto resistente agli agenti chimici e alla temperatura, caratterizzato da un basso coefficiente di attrito e da scarsa adesione con altri materiali; è usato per guarnizioni idrauliche, come rivestimento antiaderente spec. per pentolame da cucina, nell'industria elettrica, in apparecchiature chimiche; una delle sue denominazioni commerciali è Teflon; in sigla PTFE

politézza [da *polito*①; nel sign. 4, sul modello del fr. *politesse* ✱ av. 1516] **s. f.** **1** caratteristica di ciò che è liscio, levigato: *la p. dell'onice* **2** (*fig.*, *lett.*) perfezione, raffinatezza: *poeta di estrema p. formale* **3** (*lett.*) pulizia **4** (*lett.*) cortesia, educazione: *Con chi tratta bene meco, so corrispondere con egual p.* (C. Goldoni)

♦**polìtica** [vc. dotta, gr. *politikḗ* (*téchnē*) 'arte politica', f. sost. di *politikós* 'politico' ✱ 1261 ca.] **s. f.** **1** scienza e arte di governare lo Stato: *La ... p., sì 'nsegna fare e mantenere e reggere le cittadi e le comunanze* (B. Latini) | attività svolta dal governo di uno Stato: *p. industriale, scolastica, sanitaria* | ***p. interna***, indirizzo dato dal governo a tutte le forme di attività statuale esercitate entro i confini dello Stato | ***p. estera***, indirizzo dato dal governo all'attività statuale di relazione con gli altri soggetti di diritto internazionale | ***p. dei redditi***, politica economica che tende a una più equa ripartizione del reddito nazionale, commisurando l'incremento dei salari all'incremento della produttività | ***p. criminale***, che studia e ricerca i mezzi più idonei per combattere il fenomeno della delinquenza **2** modo di governare: *la p. di Napoleone*; *p. spregiudicata, machiavellica, ingenua*; *p. dirigista, liberista* **3** l'insieme delle attività di chi partecipa alla vita pubblica: *darsi alla p.*; *entrare in p.* | complesso di problemi e di argomenti che riguardano il governo, i partiti e, in generale, la vita pubblica: *discutere di p.* **4** (*est.*) atteggiamento, condotta mantenuta in vista del raggiungimento di determinati fini: *per me ha adottato una p. sbagliata*; *la sua p. pecca d'ingenuità*; *p. aziendale*; *p. dei prezzi* **5** (*fig.*) accortezza, astuzia o furberia nell'agire o nel parlare: *con la sua p. saprà trarsi d'impaccio* ‖ (*spreg.*) **politichétta**, **dim.** | (*spreg.*) **politicùccia**, **dim.**

polìtically corrèct /po'litikali kor'rɛkt, *ingl.* pəˈlɪtɪk(ə)lɪ kəˈrɛkt/ [loc. ingl., propr. 'politicamente corretto', movimento politico americano affermatosi alla fine degli anni '80 del Novecento, fautore di una maggiore giustizia sociale e di una effettiva uguaglianza per le minoranze, gli emarginati e sim. ✱ 1991] **loc. sost. m. inv. e loc. agg. inv.** ● politicamente corretto (V. *corretto* nel sign. 2)

politicànte [1834] **agg. e s. m. e f.** **1** (*spreg.*) che (o chi) si dedica alla attività politica senza disporre della necessaria preparazione: *non è un uomo politico, ma un p. da strapazzo* **2** che (o chi) si occupa di politica unicamente per soddisfare le proprie mire e ambizioni: *è un volgare p.*

politicàstro [da *politica* con suff. pegg. ✱ av. 1694] **s. m.** (**f.** *-a*) ● (*spreg.*) intrigante di politica, politico da strapazzo

politichése (o *-ṣ-*) [da *politico* col suff. *-ese*② ✱ 1982] **s. m.** ● (*spreg.*) linguaggio, gergo dei politici, considerato astruso a causa del frequente ricorso a formule stereotipate e a tecnicismi burocratici

politichìno [av. 1704] **s. m.** (**f.** *-a*) **1** dim. di *politico* **2** (*lett.*, *spreg.*) politico meschino ed intrigante **3** (*fig.*, *fam.*) chi sa usare garbo e tatto per ottenere qlco.

politicìṣmo [comp. di *politico* e *-ismo* ✱ 1796] **s. m.** ● la tendenza a politicizzare tutto

politicità [1942] **s. f. inv.** ● condizione, caratteristica di ciò che è politico

politiciẓẓàre [da *politico*, sul modello dell'ingl. *to politicize* ✱ 1950] **A** **v. tr.** **1** assegnare una finalità politica a un qualunque atto o discorso: *p. una lezione di filosofia, uno sciopero salariale* **2** sensibilizzare qlcu. dal punto di vista politico **B** **politiciẓẓàrsi** **v. rifl.** ● sensibilizzarsi dal punto di vista politico **C** **politiciẓẓàrsi** **v. intr. pron.** ● assumere connotazioni politiche: *la vertenza si è politicizzata* ‖ **politiciẓẓazióne**, **s. f.**

politiciẓẓàto **part. pass.** di *politicizzare*; **anche agg.** ● nei sign. del v.

♦**polìtico** [vc. dotta, lat. *polīticu(m)*, dal gr. *politikós*, agg. di *polítēs* 'cittadino', da *pólis* 'città'. V. *polis* ✱ av. 1328] **A** **agg.** (**pl. m.** *-ci*) **1** che concerne la politica: *partito, libro, giornale p.*; *regime p. a partito unico*; *il pensiero p. di Gioberti* | ***diritti politici***, di partecipare alla formazione degli organi statali e al loro funzionamento | ***elezioni politiche***, o (*ellitt.*) ***le politiche***, elezioni dei deputati e dei senatori al Parlamento | ***sciopero p.***, che non ha per fine vantaggi economici o normativi, ma vuole agire sulle istituzioni e il governo | ***delitto p.***, quello che offende un interesse politico dello Stato o un diritto politico del cittadino o è determinato in tutto o in parte da motivi politici | ***scienze politiche***, insieme delle discipline concernenti l'organizzazione e il governo dello Stato, delle organizzazioni internazionali e delle amministrazioni locali; denominazione di una facoltà universitaria in cui si studiano tali discipline | ***storia politica***, che indaga spec. lo sviluppo degli organi civili e delle istituzioni | ***geografia politica***, quella che si occupa delle condizioni geografiche dei gruppi umani organizzati | ***economia politica***, che si occupa dell'attività umana dal punto di vista economico | ***prezzo p.***, fissato dallo Stato per finalità sociali ed economiche, e diverso (gener. inferiore) da quello di mercato | ***uomo p.***, chi si dedica professionalmente all'attività politica **2** (*raro*) che tende per natura a organizzarsi socialmente: *l'uomo è animale p.* **3** (*fig.*) diplomatico, accorto: *il tuo è stato un commento poco p.* ‖ **politicaménte**, **avv.** dal punto di vista politico; (*fig.*) con accortezza, sagacia, furberia: *agire politicamente* ‖ **politicità**, **s. f. inv.** **B** **s. m.** (**f.** *-a*) **1** chi si dedica all'attività politica: *è un p. abilissimo* **2** (*fig.*) persona che sa parlare e agire con astuzia e tatto in ogni tipo di situazione **C** **s. m. solo sing.** ● sfera pubblica, sociale e sim. di una persona: *il privato e il p.* ‖ **politicàstro**, **pegg.** | **politichìno**, **dim.** (V.) | **politicóne**, **accr.** (V.) | (*spreg.*) **politicùccio**, **politicùzzo**, **dim.**

politicóne [av. 1635] **s. m.** (**f.** *-a*) **1** accr. di *politico* **2** (*colloq.*, *spreg.*) persona molto abile e accorta, che sa destreggiarsi in modo da ottenere vantaggi personali: *quel p. arriva sempre dove vuole*

politìpo [comp. di *poli-* e *tipo A1* ✱ 1868] **s. m.** ● (*tipogr.*) logotipo

polìto [part. pass. di *polire*; nel sign. 4, sul modello del fr. *poli*] **agg.** **1** liscio, levigato, lucente **2** (*lett.*) bello, leggiadro: *una giovanetta polita di forse vent'anni* (U. Foscolo) **3** (*lett.*) elegante, ricercato | rifinito, corretto (detto di opera, di stile, di espressione) **4** (*lett.*) bene educato **5** †pulito ‖ **politaménte**, **avv.**

politologìa [comp. di *polit(ica)* e *-logia* ✱ 1977] **s. f.** (**pl.** *-gìe*) ● disciplina che studia i sistemi politici

politològico [1984] **agg.** (**pl. m.** *-ci*) ● relativo alla politologia ‖ **politologicaménte**, **avv.** dal punto di vista politologico

politòlogo [comp. di *polit(ica)* e *-logo* ✱ 1971] **s. m.** (**f.** *-a*; **pl. m.** *-gi*) ● studioso di politologia | (*est.*) esperto di problemi politici

politonàle [comp. di *poli-* e *tono*①, con suff. agg. ✱ 1935] **agg.** **1** (*mus.*) detto di composizione musicale moderna che ammette diverse tonalità simultanee e indipendenti **2** (*fig.*) detto di opera letteraria caratterizzata da più toni stilistici, culturali e sim. ‖ **politonalità**, **s. f. inv.**

politòpico [comp. di *poli-* e del gr. *tópos* 'luogo', con suff. agg. ✱ 1958] **agg.** (**pl. m.** *-ci*) ● (*biol.*) detto di specie originatesi in più località, lontane l'una dall'altra

polìtopo [vc. dotta, comp. di *poli-* e del gr. *tópos* 'luogo' ✱ 1986] **s. m.** ● (*mat.*) figura dello spazio a *n* dimensioni, analoga a un poliedro

p

politrasfùso [comp. di *poli-* e *trasfuso* ✻ 1985] **agg. e s. m.** (**f.** *-a*) ● che (o chi) ha subìto diverse trasfusioni di sangue

politràuma [comp. di *poli-* e *trauma* ✻ 1986] **s. m.** (**pl.** *-i*) ● (*med.*) presenza di più lesioni in più parti del corpo

polìtrico [vc. dotta, lat. *polȳtricho(n)*, dal gr. *polýtrichon* 'folto di peli', comp. di *poly-* 'poli-' e *thríx*, genit. *trichós* 'pelo, capello' (V. *trichiasi*) ✻ sec. XIII] **s. m.** (**pl.** *-chi*) ● muschio non molto comune che forma piccoli cespi nei boschi (*Polytricum commune*)

polìtrofo [comp. di *poli-* e *-trofo* ✻ 1983] **agg.** ● (*biol.*) detto di organismo in grado di assimilare diversi tipi di nutrimento CFR. monotrofo

polìtropo [vc. dotta, gr. *polýtropos* 'molteplice', comp. di *poly-* 'poli-' e *-tropos* '-tropo' ✻ av. 1566] **agg.** ● (*lett.*) che ha un ingegno ricco di risorse e di espedienti: *il p. Ulisse* (G. D'ANNUNZIO)

polìttero ➤ **poliptero**

polìttico [vc. dotta, gr. *polýptychos* 'con molte piegature', comp. di *poly-* 'poli-' e *ptýx*, genit. *ptychós* 'piega', da *ptýssein* 'piegare', di etim. incerta ✻ 1716] **s. m.** (**pl.** *-ci*) ● dipinto o rilievo in avorio, terracotta, alabastro e sim., suddiviso architettonicamente in più pannelli, destinato all'altare di una chiesa

polittòto ➤ **poliptoto**

politùra [vc. dotta, lat. *politūra(m)*, da *polītus* 'pulito' ✻ 1481] **s. f. 1** operazione del polire, del levigare **2** (*fig.*, *lett.*) rifinitura | (*fig.*, *lett.*) correttezza, eleganza formale: *p. de' versi* (T. TASSO)

poliuretànico [1970] **agg.** (**pl. m.** *-ci*) ● (*chim.*) relativo ai poliuretani | ***resina poliuretanica***, poliuretano

poliuretàno [comp. di *poli-* e *uretano* ✻ 1958] **s. m.** ● (*chim.*) materia plastica contenente nella catena principale il gruppo uretano; si usa nella preparazione di vernici, adesivi e pelli sintetiche | ***p. espanso***, usato per imbottitura di poltrone, nell'imballaggio e come isolante termico e acustico

poliùria o **poliurìa** [comp. di *poli-* e *-uria* ✻ 1829] **s. f.** ● (*med.*) aumento della diuresi SIN. iperuresi

poliurònico [comp. di *poli-* e *uronico* ✻ 1958] **agg.** (**pl. m.** *-ci*) ● (*chim.*) detto di acido risultante dall'unione di più molecole di acido uronico

polivalènte [comp. di *poli-* e *valente* ✻ 1879] **agg. 1** detto di elemento chimico che presenta più stati di valenza, quindi può combinarsi con uno stesso elemento in proporzioni diverse, dando origine a composti diversi | di composto che ha più gruppi funzionali: *acido, alcol, ammina p.* **2** (*fig.*) che serve per più usi, che determina vari effetti: *teatro p.*; *siero p.*

polivalènza [1892] **s. f. 1** proprietà degli elementi polivalenti **2** (*fig.*) caratteristica di ciò che è polivalente

polivinilclorùro [comp. di *poli-* e *vinilcloruro* ✻ 1980] **s. m.** ● (*chim.*) polimero del cloruro di vinile, insapore, inodore, insolubile nella maggior parte dei solventi organici; è utilizzato in pellicole sottili per avvolgere alimenti oppure come prodotto rigido per la fabbricazione di tubi, fibre e sim. SIN. cloruro di polivinile; in sigla PVC

polivinìle [comp. di *poli-* e *vinile* ✻ 1949] **s. m.** ● (*chim.*) prodotto di polimerizzazione del vinile | ***cloruro di p.***, polivinilcloruro

polivinìlico [1949] **agg.** (**pl. m.** *-ci*) ● (*chim.*) detto di materiale polimerico ottenuto per polimerizzazione di monomeri vinilici

polivinilpirrolidóne [comp. di *polivinil(e)* e *pirrol(o)* con i suff. *-id(e)* e *-one*② ✻ 1992] **s. m.** ● (*chim.*) polimero vinilico che trova applicazione nell'industria dei collanti, della cosmesi e in quella sanitaria

polivocàle [comp. di *poli-* e *vocale*① nel sign. A 2 ✻ 1921] **agg.** ● (*mus.*) relativo a composizione vocale a più voci

♦**polizìa**① [vc. dotta, lat. *polītīa(m)*, dal gr. *politéia* 'modo di governare, forma di governo', da *polítēs* 'cittadino'. V. *politico* ✻ 1363] **s. f. 1** attività amministrativa diretta alla tutela dell'ordine pubblico mediante una funzione di osservazione, di prevenzione e di repressione | ***Stato di p.***, V. *stato*③, sign. 1 **2** il complesso degli organi e delle persone da cui è esercitata tale attività: *chiedere l'intervento della p.*; *chiamare la p.*; *essere ricercato dalla p.* | ***autorizzazione di p.***, autorizzazione in materia di polizia | ***agente di p.***, agente della polizia di Stato | ***P. amministrativa***, che ha la finalità generica della tutela di interessi di varia natura riferentisi ai vari rami dell'amministrazione | ***P. giudiziaria***, organo dello Stato incaricato di prendere notizia dei reati, assicurarne le prove, ricercarne i colpevoli e raccogliere quanto altro possa servire alla applicazione della legge penale | ***P. scientifica***, V. *scientifico* | ***P. sanitaria***, che ha per fine la tutela della pubblica sanità | ***P. tributaria***, con compiti di rilevamento sulle evasioni fiscali e di repressione verso il contrabbando | ***P. municipale***, corpo dei vigili urbani | ***P. stradale***, corpo il cui compito è di disciplinare il traffico stradale e di reprimere le infrazioni al codice della strada | ***P. postale e delle comunicazioni***, (*ellitt.*) ***P. postale***, che esercita attività di prevenzione e contrasto dei reati commessi nell'ambito delle comunicazioni tradizionali (posta, telefonia ecc.) e telematiche (Internet, servizi bancari a distanza ecc.) | ***P. di prossimità***, denominazione che accomuna vigili urbani, agenti di polizia e carabinieri di quartiere, i quali operano stabilmente nel territorio di competenza (calco sul fr. *police de proximité*) | ***p. penitenziaria***, con prevalenti funzioni di cura e custodia dei detenuti | ***p. segreta***, in Paesi totalitari, quella costituita sull'intero territorio nazionale da agenti la cui identità è taciuta, spec. con compiti di repressione interna contro gli oppositori **3** (*colloq.*) questura, commissariato: *andare alla p.*

†**polizìa**② [da *polire* ✻ av. 1334] **s. f. 1** pulizia, igiene personale **2** eleganza, raffinatezza **3** finezza di modi, gentilezza | (*est.*) atto di cortesia

polizìàno [da Castellum *Politianum*, n. mediev. di Montepulciano, in provincia di Siena ✻ 1950] **A agg.** ● (*lett.*) di Montepulciano **B s. m.** (**f.** *-a*) ● (*lett.*) abitante o nativo di Montepulciano | ***il Poliziano***, (*per anton.*) Agnolo Ambrogini, poeta (1454-1494)

polizièsco [da *polizia* ✻ 1865] **agg.** (**pl. m.** *-schi*) **1** della polizia: *indagine poliziesca* | ***romanzo p.***, il cui intreccio è costituito da indagini della polizia su crimini o delitti **2** (*spreg.*) che si fonda sulla violenza, la prepotenza, l'arbitrio: *maniere, misure poliziesche*; *metodi polizieschi* ‖ **poliziescaménte**, **avv.** con metodi polizieschi

poliziottésco [av. 1964] **agg.** (**pl. m.** *-schi*) **1** (*raro*) poliziesco **2** (*raro*, *spreg.*) da poliziotto

♦**poliziòtto** [1829] **A s. m.** (**f.** *-a*) **1** agente di polizia | ***p. di quartiere***, V. *quartiere* **2** (*spreg.*) sbirro: *modi da p.* (V. nota d'uso STEREOTIPO) **B in funzione di agg. inv.** (posposto a un sost.) **1** detto di cane ammaestrato per aiuto e difesa dei poliziotti **2** ***donna p.***, poliziotta

♦**pòlizza** [dal gr. *apódeixis* 'dimostrazione, prova', da *apodeiknýnai* 'dimostrare', comp. di *apó* 'da' e *deiknýnai* 'mostrare, indicare', di orig. indeur. ✻ 1291] **s. f. 1** scrittura privata contenente l'obbligazione di una parte a pagare una data somma o consegnare una data quantità di cose alla controparte: *rilasciare, firmare la p.* | ***p. di assicurazione***, documento che prova l'esistenza di un contratto di assicurazione e legittima l'assicurato a richiedere l'indennizzo dei rischi assicurati; (*est.*) il contratto stesso | ***p. di pegno***, documento rilasciato dal Monte di credito su pegno, che contiene la descrizione delle cose date in pegno e legittima alla restituzione delle stesse dopo soddisfatto il credito **2** (*tipogr.*) elenco, redatto dalle fonderie in base alla frequenza d'uso, del quantitativo di caratteri e segni tipografici, di cui ci si serviva come base per le ordinazioni **3** †biglietto, documento, ricevuta e sim. | †scheda elettorale ‖ **polizzétta**, **dim.** | **polizzìna**, **dim.** | **polizzìno**, **dim. m.** (V.)

polizzàrio [1865] **s. m. 1** (*disus.*) registro di polizze **2** (*disus.*) registratore di polizze

polizzìno [av. 1547] **s. m. 1** dim. di *polizza* **2** fede di credito

pòlka o **pòlca** [ceco *polka*, propr. 'mezzo passo', da *pul* 'mezzo' ✻ 1844] **s. f.** ● danza d'origine boema, rapida e di cadenza marcata, in voga sino ai primi anni del Novecento

pólla [da *pollare* ✻ 1476] **s. f. 1** vena d'acqua sorgiva **2** (*lett.*, *fig.*) vena, ispirazione: *la p. viva della poesia* (B. CROCE) **3** (*lett.*) germoglio

pollachiùria o **pollachiurìa** [comp. del gr. *pollákis* 'spesso, molte volte', da *polýs* 'molto' (V. *poli-*), e *-uria* ✻ 1899] **s. f.** ● (*med.*) aumento di frequenza delle emissioni di urina

†**pollàggio** [ant. fr. *poulage*, dal lat. *pŭlla*, f. di *pŭllus* 'pollo' ✻ av. 1527] **s. m.** ● pollame

♦**pollàio** [da *pollo* ✻ av. 1320] **s. m.** (**pl.** *-ai*) **1** fabbricato o recinto per polli: *un p. pieno di galline*; *raccogliere le uova nel p.* | ***andare a p.***, (*pop.*, *fig.*) a dormire **2** (*fig.*, *fam.*) luogo sporco, disordinato e chiassoso | (*est.*, *colloq.*) confusione, chiasso: *fare un gran p.*; *basta con questo p.!* ‖ **pollaiétto**, **dim.**

pollaiòlo o (*roman.*) **pollaròlo**, †**pollaiuòlo** [av. 1348] **s. m.** (**f.** *-a*) ● chi alleva o vende polli

pollàme [da *pollo* ✻ av. 1479] **s. m.** ● insieme di animali pennuti da cortile: *allevatore di p.*; *il p. fornisce carni pregiate*

pollànca [napol. *pullanca*, da *pollo* ✻ 1698] **s. f.** (**m.** †*-o* (V.)) **1** (*centr.*, *merid.*) pollastra | tacchina giovane **2** (*fig.*, *scherz.*) ragazza attraente e disponibile ‖ **pollanchétta**, **dim.**

†**pollàre** [lat. tardo *pullāre* 'germogliare', da *pŭllus* 'piccolo di ogni animale'. V. *pollo* ✻ 1340 ca.] **v. intr.** ● rampollare, scaturire | germogliare

pollàrio o †**pullàrio** [vc. dotta, lat. *pullāriu(m)*, da *pŭllus* 'pollo' ✻ 1521] **s. m.** ● nella Roma antica, chi custodiva e nutriva i polli e gli uccelli per gli auspici

pollaròlo ➤ **pollaiolo**

pollàstra [lat. *pullāstra(m)*, da *pŭllus* 'pollo' ✻ av. 1388] **s. f. 1** gallina giovane **2** (*fig.*, *scherz.*) ragazza attraente e disponibile (espressione tipica di un certo linguaggio maschile) ‖ **pollastrèlla**, **dim.** | **pollastrìna**, **dim.** | **pollastróna**, **accr.**

†**pollastrière** [da *pollastra* ✻ av. 1484] **s. m.** (**f.** *-a*) ● ruffiano, mezzano

pollàstro [tratto da *pollastra* ✻ 1262] **s. m. 1** pollo giovane SIN. galletto **2** (*fig.*, *scherz.*) uomo ingenuo, semplicione e credulone: *pelare, spennare il p. al gioco* ‖ **pollastrèllo**, **dim.** | **pollastrìno**, **dim.** | **pollastróne**, **accr.** | **pollastròtto**, **accr.**

pollédro ➤ **puledro**

pollerìa [da *pollo* ✻ av. 1400] **s. f. 1** negozio di polli e altri pennuti commestibili **2** (*disus.*) pollame | †pollaio

♦**pòllice** [vc. dotta, lat. *pŏllice(m)*, di orig. indeur. ✱ av. 1367] **s. m. 1** primo e più grosso dito della mano, dalla parte del radio | ***non cedere, non mollare di un p.***, (*fig.*) resistere, non concedere nulla all'avversario | ***avere il p. verde***, (*fig.*) essere particolarmente abile nel giardinaggio | ***p. verso***, pollice volto in basso, in segno di condanna (dal gesto con cui, nell'antica Roma, l'imperatore rifiutava la grazia al gladiatore sconfitto); (*fig.*) giudizio negativo, condanna, rifiuto e sim. | ***girarsi i pollici***, (*fig.*) stare senza fare nulla **2** misura di lunghezza inglese pari alla trentaseiesima parte della yard, cioè a cm 2,54 **SIMB.** in || (*fam.*) **pollicióne**, **accr.** alluce

pollicoltóre o **pollicultóre** [comp. di *pollo* e *coltore* ✱ 1875] **s. m.** (**f.** *-trice*) ● chi si dedica all'allevamento dei polli

pollicoltùra o **pollicultùra** [comp. di *pollo* e *coltura* ✱ 1880] **s. f.** ● allevamento razionale dei polli

pollicultóre ➤ **pollicoltore**

pollicultùra ➤ **pollicoltura**

pollìna [da (*merda*) *pollina*, f. sost. di *pollino*[1] ✱ sec. XIII] **s. f.** ● concime naturale proveniente dagli escrementi dei polli; per l'elevato contenuto di azoto e fosforo è indicato per le colture da orto e da giardino

†**pollinàro** [da *pollo* ✱ av. 1400] **s. m.** ● pollivendolo

pòlline [vc. dotta, lat. *pŏlline(m)*, della stessa famiglia di *pŭlvis* 'polvere' ✱ 1802] **s. m.** ● (*bot.*) elemento fecondatore delle piante fanerogame che si presenta come una polvere per lo più gialla formata da minutissimi granuli

pollìnico [da *polline* ✱ 1802] **agg.** (**pl. m.** *-ci*) ● (*bot.*) che riguarda il polline

pollìno[1] [da *pollo* ✱ av. 1449] **A agg.** ● del pollo, dei polli: *sterco p.* | ***occhio p.***, formazione callosa tra due dita dei piedi **B s. m.** ● (*sett.*) tacchino

†**pollìno**[2] [lat. *pŭllu(m)* 'scuro, nerastro', da avvicinare a *pallēre* 'essere pallido' (V. *pallido*) ✱ sec. XIV] **s. m. 1** terreno paludoso, ricco di polle d'acqua **2** isolotto tra paludi

pollinòdio [da *polline* ✱ 1954] **s. m.** (**pl.** *-i* o *raro -ii*) ● (*bot.*) estremità rigonfia delle ife dei Funghi dei Ficomiceti che si addossa agli organi femminili e li feconda

pollinòṣi [comp. di *polline* e *-osi* ✱ 1942] **s. f. inv.** ● malattia allergica provocata da pollini, caratterizzata da infiammazione agli occhi e all'apparato respiratorio

pollivéndolo [comp. di *pollo* e *-vendolo*, ricavato da *vendere* ✱ 1872] **s. m.** (**f.** *-a*) ● venditore di pollame e uova

♦**póllo** o †**pùllo**[2] [lat. *pŭllu(m)* 'piccolo (di ogni animale)', di orig. indeur. ✱ 1260] **s. m. 1** gallinaceo considerato sotto l'aspetto culinario: *p. arrosto, lesso, alla diavola*; *brodo di p.* | ***p. d'India***, tacchino | ***p. sultano***, uccello dei Gruiformi, presente nell'ambiente mediterraneo, simile a un pollo, ma con becco alto e molto forte, piedi di lunghezza sproporzionata e ali brevissime (*Porphyrio porphyrio*) **SIN.** porfirione | ***conoscere i propri polli***, (*fig.*) sapere molto bene con chi si ha a che fare | (*fig.*) ***far ridere i polli***, dire o combinare delle enormità; di cosa, risultare balorda e ridicola | ***alzarsi, andare a letto coi polli***, (*fig.*) alzarsi o coricarsi molto presto **2** †il nato di un qualunque uccello **3** (*fig.*) individuo inesperto e credulone, che si può ingannare e raggirare molto facilmente: *fare il p.*; *ha trovato il p. che fa per lei*; *pelare, spennare il p. al gioco* **SIN.** merlo || **pollétto**, **dim.**

pollóne [dal lat. *pŭllus* 'germoglio'. V. *pollo* ✱ av. 1320] **s. m. 1** (*bot.*) giovane germoglio che si sviluppa da un ramo o dal rizoma di una pianta **2** (*fig., lett.*) rampollo || †**polloncèllo**, **dim.** | **polloncìno**, **dim.**

pollonéto [da *pollone* ✱ 1738] **s. m.** ● vivaio di polloni

pollùto [vc. dotta, lat. *pollūtu(m)*, part. pass. di *pollŭere* 'macchiare, insozzare', comp. di *por-* (= *pĕr*) e **lŭere* 'macchiare', da avvicinare a *lŭtum* 'fango' (V. *loto*[2]) ✱ av. 1328] **agg.** ● (*lett.*) imbrattato, lordato, contaminato

polluzióne [vc. dotta, lat. tardo *pollutiō-ne(m)*, da *pollūtus* 'polluto'; nel sign. 3, sul modello dell'ingl. *pollution* ✱ av. 1342] **s. f. 1** (*med.*) emissione episodica, involontaria, di sperma durante il sonno **2** (*fig., lett.*) profanazione, corruzione **3** inquinamento ambientale

polmonàre [av. 1698] **agg.** ● (*med.*) del polmone: *arteria, ascesso p.* | ***circolazione p.***, circolazione del sangue venoso dal ventricolo destro all'atrio sinistro, attraverso le arterie e le vene polmonari

polmonària o **pulmonària** [detta così perché si credeva utile nelle malattie del *polmone* ✱ 1499] **s. f.** ● erba delle Borraginacee che cresce nei boschi, con foglie verdi a macchie bianche e fiori violacei in grappoli scorpioidi (*Pulmonaria officinalis*)

Polmonàti [1871] **s. m. pl.** (**sing.** *-o*) ● (*zool.*) sottoclasse di Molluschi dei Gasteropodi acquatici e terrestri, con sacco polmonare e capo distinto dal tronco e conchiglia di forme diverse (*Pulmonata*)

♦**polmóne** [lat. *pulmōne(m)*, di orig. indeur. ✱ 1282] **s. m. 1** (*anat.*) ciascuno dei due organi respiratori presenti nei Vertebrati a respirazione aerea, contenuto nella cavità toracica **CFR.** pneumo-[2] | ***avere buoni polmoni***, (*fig.*) detto di chi parla o canta con voce molto alta, gridando | ***a pieni polmoni***, gonfiandoli al massimo d'aria; (*fig.*) con tutta la forza del proprio fiato: *respirare a pieni polmoni*; *gridare a pieni polmoni* | ***rimetterci i polmoni***, (*fig.*) sgolarsi e faticarsi inutilmente | (*fig., fam.*) ***sputare i polmoni***, parlare forte e per molto tempo: *prima di capire quel che volevo mi ha fatto sputare i polmoni* **2** recipiente cilindrico con parete sottile ondulata deformabile, chiuso a tenuta di vuoto, la cui deformazione viene utilizzata per misurare pressioni e temperature | (*med.*) ***p. d'acciaio***, respiratore automatico che determina movimenti passivi della parete toracica quando esiste paralisi dei muscoli respiratori **3** (*fig.*) ciò che permette un continuo e regolare ricambio dell'ossigeno: *zone verdi che sono il p. della città* **4** (*fig.*) ciò che fornisce continue risorse e quindi stimola la vita e lo sviluppo di qlco.: *il turismo è un p. della nostra economia*; *un porto che è il p. della città* | (*fig.*) nel linguaggio sportivo, chi costituisce l'elemento propulsivo: *è lui l'anima e il p. della squadra* || **polmoncìno**, **dim.**

polmonìte [comp. di *polmone* e *-ite*[1] ✱ 1871] **s. f.** ● (*med.*) infiammazione acuta di un polmone o di entrambi i polmoni con presenza di essudato nel lume alveolare, causata dai batteri *Streptococcus pneumoniae*, *Klebsiella pneumoniae* e *Haemophilus influenzae* | ***p. atipica***, causata dai batteri *Mycoplasma pneumoniae*, *Legionella pneumophila* e *Chlamidia pneumoniae*, e da alcuni virus come l'agente della sindrome respiratoria acuta grave (SARS) | ***p. lobare***, che interessa un lobo

polmonìtico [1919] **A agg.** (**pl. m.** *-ci*) ● (*med.*) relativo a polmonite **B s. m.** (**f.** *-a*) ● (*raro*) chi è affetto da polmonite

♦**pòlo**[1] [vc. dotta, lat. *pŏlu(m)*, dal gr. *pólos* 'perno, asse (della Terra)', da avvicinare a *pélesthai* 'girare', di orig. indeur. ✱ 1282] **s. m. 1** (*geogr.*; anche con iniziale maiuscola) ciascuno dei due punti di una sfera equidistanti da tutti i punti di un circolo massimo | ***poli celesti***, i punti in cui l'asse di rotazione della Terra incontra la sfera celeste, equidistanti da tutti i punti dell'equatore celeste **2** ciascuno dei due punti estremi dell'asse sul quale la Terra ruota da ponente a levante nelle 24 ore: *P. Nord, Sud* **3** (*est.*) regione polare | ***dall'uno all'altro p.***, (*fig.*) in ogni parte della Terra | †emisfero celeste **4** (*fig.*) posizione molto lontana o antitetica: *quanto a principi morali noi due siamo ai poli opposti* **5** (*fis.*) uno dei due punti di un sistema materiale nei quali sono concentrate quantità fisiche opposte o nei quali esse presentano la massima o la minima intensità | ***p. positivo, negativo***, ciascuna delle due terminazioni di un magnete, di un conduttore elettrizzato, di una pila elettrica | ***p. d'eccitazione***, del circuito magnetico d'eccitazione di una macchina elettrica | ***p. ausiliario, di commutazione***, disposto tra i poli di eccitazione di una dinamo per consentire la commutazione senza scintilla sul collettore **6** (*fig.*) punto o elemento centrale, d'attrazione e di guida: *quella regione è il p. di sviluppo industriale del Paese* | (*polit.*) aggregazione, raggruppamento: *p. moderato, progressista* | ***terzo p.*** o (con grafia unita) ***terzopolo***, schieramento politico che si propone di superare la divisione fra i due schieramenti principali contrapposti | ***p. scolastico***, organismo amministrativo che riunisce diversi istituti di istruzione **7** (*mat.*) punto su cui si basa un sistema di coordinate polari | ***p. di una retta rispetto a una conica***, punto del quale la retta data è la polare

pòlo[2] [ingl. *polo*, dal tibetano *pulu* 'palla' ✱ 1895] **s. m. solo sing.** ● gioco praticato da due squadre di quattro cavalieri ciascuna, che cercano di fare punti inviando con una mazza una piccola palla di legno o di caucciù nella porta avversaria | ***canoa p.***, variante di questo sport che si pratica sull'acqua spostandosi su canoe e cercando di inviare un pallone nella porta avversaria

pòlo[3] [vc. fr.; detta così perché imita la casacca dei giocatori di *polo*[2] ✱ 1965] **A s. f. inv.** ● indumento di maglia simile alla camicia, con breve allacciatura a due o tre bottoni **B** anche **agg. inv.**: *maglietta p.*

polonaise /fr. pɔlɔˈnɛz/ [vc. fr., f. di *polonais* 'polacco' ✱ 1884] **s. f. inv.** ● (*mus.*) polacca

polonése (o **-ṣ-**) [fr. *polonaise*, f. di *polonais* 'polacco' ✱ 1791] **A s. m.; anche agg.** ● tessuto per tappezzeria, con righe trasversali in rilievo **B s. f.** ● (*mus.*) adattamento di *polonaise* (V.)

polònico [da *Polonia* ✱ av. 1557] **agg.** (**pl. m.** *-ci*) **1** †polacco **2** (*med.*) ***influenza polonica***, morbo infettivo trasmesso dai pidocchi

polònio [da *Polonia*, paese di origine di Marie Sklodowska Curie, che lo scoprì ✱ 1905] **s. m.** (**pl.** *-i* o *raro -ii*) ● elemento chimico, metallo molto più radioattivo del radio, presente in piccolissime quantità nei minerali uraniferi **SIMB.** Po **NUM. AT.** 84

polonìsta [da *Polon(ia)* e *-ista* ✱ 1927] **s. m. e f.** (**pl. m.** *-i*) ● studioso di lingua e letteratura polacca

polòno [da *Polonia* ✱ 1476] **agg.** ● (*lett.*) polacco

pólpa [lat. *pŭlpa(m)*, di etim. incerta ✱ 1282] **s. f. 1** parte carnosa di un frutto: *la p. dell'ananas* **2** carne senza osso e senza grasso degli animali macellati: *un pezzo di manzo tutto p.*; *p. di vitello* **3** (*anat.*) tessuto molle | ***p. dentaria***, insieme dei tessuti connettivo, nervoso e vascolare contenuti nella cavità del dente **4** (*lett.*, **spec. al pl.**) polpaccio | nella loc. agg. inv. ***in polpe***, abbigliato come nel Settecento con calzoni stretti al ginocchio e calze aderenti che mettono in evidenza il polpaccio: *i domestici erano in cipria e polpe* (G. Tomasi di Lampedusa) **5** (*fig.*) nucleo

p

sostanziale o essenziale di teorie, discorsi, ragionamenti e sim. SIN. succo, nocciolo

polpàccio [da *polpa* ✱ av. 1406] **s. m. 1** gruppo muscolare posteriore della gamba sotto il ginocchio **2** (*raro*) polpastrello del pollice ‖ **polpaccétto**, **dim.** | **polpaccìno**, **dim.** | **polpacciòlo**, (*lett.*) **polpacciuòlo**, **dim.** | **polpaccióne**, **accr.** | **polpacciòtto**, **accr.**

polpacciùto [av. 1698] **agg. 1** polposo **2** che ha grossi polpacci: *gambe polpacciute*

polpàra ➤ **pulpara**

polpastrèllo [da *polpa* ✱ sec. XIV] **s. m.** ● parte carnosa della falange distale delle dita della mano e del piede

polpétta [da *polpa* ✱ 1524] **s. f. 1** vivanda di carne tritata, condita con ingredienti vari e ridotta in piccole forme tonde o schiacciate, fritta o cotta in tegame | ***p. di mare***, in Romagna, vivanda di polpo ripieno di fegatini di pesci, arrostita a fuoco vivo | (*fig.*) ***fare polpette di qlcu.***, conciarlo male, ucciderlo, farne scempio; sconfiggerlo duramente **2** boccone avvelenato per sopprimere cani o altri animali | ***p. avvelenata***, (*fig.*) attacco subdolo e brutale contro qlcu.: *quel dossier è una p. avvelenata* **3** (*tosc.*) rabbuffo, sgridata ‖ **polpettìna**, **dim.** | **polpettóna**, **accr.** | **polpettóne**, **accr. m.** (V.)

polpettóne [1549] **s. m. 1** accr. di *polpetta* **2** impasto di carne tritata variamente condito e cucinato, di forma oblunga, da tagliarsi poi a fette **3** (*fig.*) opera, scritto e sim. che comprende elementi eterogenei e risulta confuso e noioso: *che p. quel romanzo!*; *quel film è un p. storico* **4** (*tosc.*) severa sgridata, violento rabbuffo

polpite ➤ **pulpite**

pólpo [lat. *pūlpu(m)*, sovrapposizione di *pōlypus* 'polipo' a *pūlpa* 'polpa' ✱ av. 1292] **s. m.** ● mollusco marino dei Cefalopodi, commestibile, con otto tentacoli muniti di due serie di ventose (*Octopus vulgaris*) ‖ **polpétto**, **dim.**

polpóso (o -ṣ-) [lat. *pulpōsu(m)*, agg. di *pūlpa* 'polpa' ✱ 1499] **agg. 1** detto di frutta, ricco di polpa: *albicocche polpose* **2** che ha la consistenza della polpa: *sostanza polposa* **3** formoso, detto spec. di corpo femminile ‖ **polposità**, **s. f. inv.** caratteristica di ciò che è polposo

polpùto [av. 1342] **agg. 1** detto del corpo umano o di sue parti, che ha molta polpa: *gambe polpute* | (*lett.*) formoso: *Due ragazzotte polpute* (R. BACCHELLI) **2** (*fig.*) †detto di terreno, grasso, fertile **3** (*fig.*) †detto di vino, corposo

polsièra [da *polso* ✱ 1969] **s. f.** ● fascia elastica per la protezione del polso

polsìno [1846] **s. m. 1** dim. di *polso* **2** fascia liscia in cui viene ripresa l'ampiezza della manica nella camicia da uomo, chiusa con bottoni o gemelli: *polsini inamidati* | finitura della manica nelle camicette femminili **3** ciascuno dei gemelli in oro, argento o altro materiale per fermare i polsini della camicia

♦**pólso** [lat. *pŭlsu(m)* 'battito', da *pĕllere* 'battere', di orig. indeur. ✱ av. 1292] **s. m. 1** (*anat.*) regione compresa tra avambraccio e mano **2** (*fisiol.*, *med.*) dilatazione ritmica dei vasi sanguigni determinata dalla contrazione cardiaca rilevabile in particolare dall'arteria radiale; in una persona sana e adulta ha una frequenza di 65-75 battiti al minuto: *p. regolare, debole, frequente* | ***tastare il p. a qlcu.***, (*fig.*) cercare di conoscerne intenzioni, capacità e sim. | (*fig.*) andamento, condizioni di un fenomeno: *il convegno sentirà il p. dell'economia italiana* **3** †la vita | †arteria; (*est.*) intima fibra del corpo umano **4** (*fig.*) forza di carattere, energia morale: *uomo, dirigente di p.*; *è uno smidollato privo di p.* | fermezza, autorità: *un insegnante che dimostra p.* | ***p. di ferro***, ***p. fermo***, estrema decisione e severità | ***lavoro di p.***, che esige, in chi lo compie, volontà, capacità ed energia | †***vino di p.***, gagliardo ‖ **polsino**, **dim.** (V.)

polsonétto [etim. incerta ✱ 1614] **s. m.** ● recipiente emisferico di rame non stagnato, con manico, per cuocervi salse e creme

Polstràda [comp. di *pol(izia)* e *strada* ✱ 1964] **s. f. inv.** ● Polizia stradale

pólta [lat. *pŭlte(m)* 'polenta', da avvicinare al gr. *póltos* 'polenta', di etim. incerta ✱ 1340 ca.] **s. f.** ● polenta di farina bianca o di fave, già cibo ordinario degli schiavi romani e della gente povera, poi pastone per animali: *Dato alla plebe fu cacio con p.* (G. LEOPARDI)

poltàceo o †**pultàceo** [da *polta* ✱ av. 1758] **agg.** ● detto di ciò che è simile, per consistenza, alla polenta

Pòltergeist /ˈpɔltergaist, *ted.* ˈpɔltʌ,gaest/ [vc. ted., comp. del v. *polter(n)* 'far chiasso, strepitare' e *Geist* 'spirito' ✱ 1985] **s. m. inv.** (**pl. ted.** *Poltergeister*) ● in parapsicologia, fenomeno inspiegabile (rumore improvviso, movimento di oggetti) che si verifica in presenza di un individuo, spesso adolescente, con facoltà medianiche

poltìglia o †**pultiglia** [ant. fr. *poltille*, dal lat. tardo *pultĭcula(m)*, dim. di *pŭls*, genit. *pŭltis* 'polenta'. V. *polta* ✱ av. 1320] **s. f. 1** composto piuttosto liquido di sostanze, anche commestibili, farinose o in polvere: *una p. di crusca*; *preparare la p. per l'impiastro* | (*est.*) cibo divenuto colloso e molliccio, per eccesso di cottura: *la carne sbriciolata col sugo formava una p.* | (*fig.*) ***ridurre qlcu. in p.***, conciarlo per le feste **2** fanghiglia: *camminare nella p.* SIN. mota **3** (*enol.*) ***p. bordolese***, ***p. borgognona***, miscuglio anticrittogamico a base di solfato di rame e calce o carbonato sodico

poltiglióso (o -ṣ-) [1612] **agg.** ● che ha l'apparenza o la consistenza della poltiglia: *composto, miscuglio p.*

poltrìre [da †*poltro* ✱ 1438] **v. intr.** (*io poltrìsco, tu poltrisci*; **aus.** *avere*) **1** starsene nel letto senza dormire, in pigro riposo: *p. nel letto, sotto le coltri* **2** vivere oziosamente: *p. nell'ozio* SIN. oziare

†**pòltro** [lat. parl. **pŭllitru(m)*, da *pŭllus* 'piccolo (di ogni animale)'. V. *pollo* ✱ 1319] **A agg. 1** indomito, brado: *bestie spaventate e poltre* (DANTE *Purg.* XXIV, 123) **2** pigro: *mi piace di posar le poltre / membra* (L. ARIOSTO) **B s. m.** ● letto, giaciglio

♦**poltróna** [da †*poltro* ✱ av. 1787] **s. f. 1** ampio e comodo sedile imbottito e munito di braccioli: *p. di stoffa, di pelle, di velluto*; *un divano e due poltrone* | ***p. letto***, trasformabile in letto | ***starsene in p.***, (*fig.*) oziare **2** a teatro, un tempo, posto nelle prime file della platea; oggi, posto in platea: *prenotare una p.* **3** (*fig.*) ufficio, carica o impiego, spec. di grado elevato: *ambire alla p. di direttore generale*; *non ha nessuna voglia di lasciare la p. di ministro*; *per conservarsi la p. farebbe qualsiasi cosa* ‖ **poltronàccia**, **pegg.** | **poltroncìna**, **dim.** (V.)

SFUMATURE DI SIGNIFICATO

poltrona - posto - carica

Poltrona indica l'esercizio continuativo di un lavoro che comporta delle responsabilità ma anche prestigio e una buona remunerazione. Molto più generico e soprattutto meno prestigioso e remunerativo il lavoro che si associa al termine **posto**. La **carica** non è l'esercizio di un'attività lavorativa permanente ma piuttosto l'attribuzione temporanea di un ruolo, in genere dirigenziale, in un ente, un'organizzazione.

poltronàggine [av. 1803] **s. f.** ● abituale pigrizia di chi è poltrone

poltroncìna [av. 1827] **s. f. 1** dim. di *poltrona* **2** un tempo posto a sedere, in una platea teatrale, d'ordine arretrato rispetto alle poltrone | posto a sedere in galleria

poltróne [da †*poltro* ✱ sec. XIII] **s. m.** (**f.** *-a*) **1** persona pigra, che predilige l'ozio e la vita comoda: *svegliati p., che è tardi!*; *muoviti, non fare il p.!* **2** †persona vile e paurosa **3** †persona di umile nascita e condizione **4** (*zool.*) bradipo ‖ **poltronàccio**, **pegg.** | **poltroncèllo**, **dim.**

poltroneggiàre [1353] **v. intr.** (**pres.** *io poltronéggio*; **fut.** *io poltroneggerò*; **aus.** *avere*) ● (*raro*) oziare

poltronerìa [1353] **s. f. 1** poltronaggine | atteggiamento da poltrone: *una riprovevole p.* **2** †vigliaccheria

SFUMATURE DI SIGNIFICATO

poltroneria - scioperataggine

La caratteristica di chi ama l'ozio e la vita comoda e rifugge da fatiche e impegni si dice **poltroneria**. Ancor più connotata negativamente è la **scioperataggine**, tratto distintivo di chi non ha voglia di lavorare e vive alla giornata, in modo disordinato.

SFUMATURE ➤ *inerzia*, ➤ *ozio*, ➤ *pigrizia*

poltronésco [1527] **agg.** (**pl. m.** *-schi*) ● (*raro*) da poltrone: *quella poltronesca setta di pedanti* (G. BRUNO) | †canagliesco ‖ **poltronescaménte**, **avv.**

†**poltronièro** o †**poltronière** [da *poltrone* ✱ av. 1449] **s. m. 1** poltrone | vigliacco **2** uomo di vile condizione | ribaldo

poltroniṣmo [da *poltrona* nel sign. 3, con *-ismo* ✱ 1918] **s. m.** ● (*iron.*) atteggiamento di chi farebbe qualsiasi cosa per conservare il suo incarico

poltronissima [da *poltrona* col suff. *-issimo* dei superl. ✱ 1942] **s. f.** ● nei teatri, poltrona situata in una delle prime file

poltronìte [comp. di *poltrone* e *-ite*① usato scherz. ✱ 1891] **s. f.** ● (*fam.*, *scherz.*) poltroneria, intesa quasi come una malattia: *è affetto da p. acuta e cronica*

pólve ➤ **polvere**

polveràccio [av. 1537] **s. m. 1** (*raro*) polverume **2** †letame seccato e ridotto in polvere grossolana, mescolato alla terra, per concime

polveràio [1853] **agg.** (**pl. m.** *-ai*) ● che solleva molta polvere, perché secco e ventoso, solo nel PROV. ***gennaio p. empie il granaio***

†**polveràre** [lat. *pulverāre*, da *pŭlvis*, genit. *pŭlveris* 'polvere' ✱ sec. XIV] **v. tr.** ● impolverare

♦**pólvere** o (*lett.*) **pólve** [lat. *pŭlvere(m)*. V. *polline* ✱ 1261 ca.] **s. f.** o †**m. 1** terra arida scomposta in minutissimi frammenti che, per la sua leggerezza, può sollevarsi dal suolo, fluttuare nell'aria e ricadere depositandosi su persone e cose: *la p. delle strade non asfaltate*; *sollevare, passando, una nuvola di p.*; *siepi piene di p.*; *una fitta p. che acceca, che toglie il respiro* | (*est.*) insieme di minute particelle di materiale vario che, all'interno di edifici, si accumulano e si depositano: *mobili, libri coperti di p.*; *levare, pulire la p.* | ***mangiare la p.***, respirarla restando in un luogo polveroso; (*fig.*) essere superati da qlcu. in qlco. | ***far mangiare la p. a qlcu.***, (*fig.*) avere la meglio su di lui in attività, iniziative e sim. | ***scuotere la p. di dosso a qlcu.***, (*fig.*, *iron.*) bastonarlo | ***buttare, gettare la p. negli occhi a qlcu.***, (*fig.*) illuderlo, ingannarlo | ***nascondere la p. sotto il tappeto***, (*fig.*) occultare, rimuovere un problema fingendo che non esista | ***mordere la p.***, (*lett.*) di chi muore sul campo di battaglia; (*fig.*) di chi resta sconfitto e umiliato | (*fig.*, *lett.*) simbolo di sconfitta: *due volte nella p., / due volte sull'altar* (A. MANZONI)

2 qualsiasi materiale solido scomposto in minutissimi frammenti: *p. di carbone, d'oro, di vetro, di caffè, di cacao; polveri farmaceutiche, cosmetiche* | ***p. di Cipro***, cipria | ***polveri sottili***, particelle inquinanti minutissime, dell'ordine dei micron, dannose alla respirazione, prodotte soprattutto dalla combustione degli idrocarburi, da veicoli, impianti di riscaldamento e sim. | (***gerg.***) ***p. bianca***, cocaina | ***in p.***, ridotto in minutissime particelle: *cioccolato, zucchero in p.; latte in p.* | ***ridurre qlco. in p.***, macinarla; (***fig.***) distruggerla completamente | (***fig.***) ***ridurre qlcu. in p.***, annientarlo | ***mulino di p.***, per la triturazione e la miscela di determinate sostanze solide **3** polvere pirica o da sparo | ***p. nera***, primo e unico esplosivo usato alle origini delle armi da fuoco, composta di carbone, salnitro e zolfo | ***p. senza fumo***, esplosivo da lancio che bruciando produce pochissimo fumo, facilmente dissipabile, e che non lascia residuo solido | ***fiutare odore di p.***, (***fig.***) presentire imminenti battaglie, lotte e sim. | (***fig.***) ***avere le polveri bagnate***, essere nell'impossibilità di usare adeguatamente le proprie risorse | ***tenere asciutte le polveri***, (***fig., lett.***) stare pronto alla lotta, mantenersi sempre sul chi vive | ***dar fuoco alle polveri***, (***fig.***) iniziare le ostilità, provocare tumulti **4** la terra con cui, secondo il racconto biblico, fu plasmato il primo uomo, e ciò che dell'uomo resta dopo il disfacimento del suo cadavere: *sei p. e ritornerai in p.* | (***est.***) ultime vestigia di un lontanissimo passato, tracce di antichi mondi e civiltà: *interrogare la p. dei ruderi; di tutto quello splendore, ora non resta che p.* | (***fig., lett.***) dimenticanza, oblio: *trarre qlco. dalla p.* **5** (*raro*) polverino nel sign. 3 || **polverétta**, **dim.** | **polverìna**, **dim.** (V.) | **polverìno**, **dim. m.** (V.) | **polveróne**, **accr. m.** (V.)

polverièra [calco sul fr. *poudrière*, da *poudre* 'polvere' ✱ 1612] **s. f. 1** magazzino adibito a deposito di munizioni, esplosivi, polvere da sparo, bombe ecc., costruito e dislocato con particolari criteri al fine di evitare o ridurre i pericoli di eventuali scoppi **CFR.** santabarbara | (***fig.***) ***stare, essere seduti su una p.***, di chi si trova in una situazione pericolosissima, che può precipitare da un momento all'altro **2** (***fig.***) Paese o zona in cui esiste uno stato di guerra latente che può sfociare, da un momento all'altro, in eventi bellici veri e propri: *il Medio Oriente è una p.* **3** †polverone

polverifìcio [comp. di *polvere* e *-ficio* ✱ 1881] **s. m.** • stabilimento in cui si fabbricano esplosivi

polverìna [av. 1764] **s. f. 1** dim. di *polvere* **2** sostanza medicinale in polvere **3** (***gerg.***) stupefacente in polvere, spec. cocaina: *fiutare la p.*

polverìno [av. 1566] **s. m. 1** dim. di *polvere* **2** polvere molto fine di materiali vari, spec. quella che serviva per innescare le armi da fuoco ad avancarica | (***est.***) astuccio metallico a forma di piccolo fiasco, per tale polvere **3** sabbia o polvere di varie sostanze, usate un tempo per asciugare la scrittura fresca | (***est.***) recipiente che conteneva tale polvere **4** †clessidra

polverìo [av. 1292] **s. m.** (**pl.** *-ìi*) • quantità di polvere che si solleva per il vento o altra causa: *con tutto questo p. sulla strada non riesco a vedere niente* | (***est.***) quantità di polvere non terrosa, che fluttua o turbina nell'aria per varie cause: *nella stanza era tutto un p. di farina; i cavalloni ... s'infrangevano sollevando un p. di spume* (C. CASSOLA)

polverizzàbile [av. 1320] **agg.** • che si può polverizzare

polverizzaménto [1666] **s. m.** • (*raro*) il polverizzare | (*raro*) materiale polverizzato

polverizzàre [lat. tardo *pulverizāre*, da *pŭlvis*, genit. *pŭlveris* 'polvere' ✱ av. 1320] **A v. tr. 1** macinare o frantumare in minutissime particelle: *p. il ferro, il legno, il sale* **2** (***est.***) ridurre in goccioline minutissime: *p. un anticrittogamico* **SIN.** nebulizzare **3** cospargere di polvere: *polverizzate il dolce con abbondante zucchero vanigliato* | (***est.***) spruzzare o irrorare con un liquido polverizzato **4** (***fig.***) annientare, annullare, distruggere: *p. gli avversari; se lo vedo ancora, giuro che lo polverizzo* | (***est.***) superare con ampio margine: *p. un record* **B polverizzàrsi v. intr. pron.** • ridursi in polvere, diventare polvere | (***fig.***) sparire, andare perduto || **polverizzazióne**, **s. f.** (V.)

polverizzàto **part. pass.** di *polverizzare*; anche **agg.** • nei sign. del v.

polverizzatóre [1871] **A agg.** (**f.** *-trice*) • che polverizza: *dispositivo p.; macchina polverizzatrice* **B s. m.** • apparecchio impiegato per polverizzare una sostanza solida o liquida: *p. per motori Diesel*

polverizzazióne [av. 1642] **s. f. 1** operazione del polverizzare **2** suddivisione in frammenti minimi: *p. di un fondo agricolo* | (***fig.***) disgregazione, frantumazione

polveróne [av. 1735] **s. m. 1** accr. di *polvere* **2** grande quantità di polvere sollevata dal vento, da numerose persone o animali che camminano o da veicoli in transito: *con questo p. si va alla cieca* | ***alzare, sollevare un gran p.***, (***fig.***) comportarsi in modo da confondere la situazione

polveróso (o **-ṣ-**) [1313] **agg. 1** pieno o coperto di polvere: *libro, scaffale p.; strada sassosa e polverosa* **2** (***fig.***) antiquato, sorpassato: *erudizione polverosa* **3** (***lett.***) che solleva e fa volare la polvere, detto di vento o di stagione ventosa **4** polverulento: *neve polverosa* || **polverosità**, **s. f. inv.** caratteristica di ciò che è coperto o pieno di polvere

polverulènto o **pulverulènto** [vc. dotta, lat. *pulverulĕntu(m)*, da *pŭlvis*, genit. *pŭlveris* 'polvere' ✱ 1483] **agg. 1** che ha forma o consistenza di polvere | ridotto in polvere **2** (***lett.***) che è coperto di polvere, che solleva polvere: *il baglior pulverulento d'un sole d'agosto* (L. PIRANDELLO)

polverùme [1832] **s. m. 1** quantità di polvere che ricopre luoghi od oggetti lasciati in abbandono: *ripulire dal p.* **2** (***spreg.***) insieme di oggetti polverosi, di cose vecchie e abbandonate | (***fig.***) vecchiume

polvìglio [sp. *polvillo*, dim. di *polvo* 'polvere' ✱ 1698] **s. m. 1** (***lett.***) cuscinetto pieno di lavanda tritata, per profumare la biancheria **2** (***lett.***) cipria

polvìscolo ➤ **pulviscolo**

†**póma** [lat. *pōma*, nt. pl. di *pōmum* 'pomo' ✱ 1260 ca.] **s. f.** • pomo | (***lett.***) mammella || †**pométta**, **dim.** | **pomèlla**, **dim.**

Pomàcee [vc. dotta, comp. di *pomo* e *-acee* ✱ av. 1742] **s. f. pl.** (**sing.** *-a*) • (***bot.***) famiglia di piante fruttifere che hanno come frutto il pomo (*Pomaceae*)

†**pomàceo** [1791] **agg.** • di pomo

pomàio o **pomàrio** [lat. *pomāriu(m)*, da *pōmum* 'pomo' ✱ av. 1328] **s. m.** (**pl.** *-ai*) • frutteto, pometo

†**pomaràncio** [comp. di *pomo* e *arancio* ✱ av. 1367] **s. m.** • (*raro*) melarancio

pomàrio ➤ **pomaio**

pomàta [da *pomo*, con cui si profumavano gli unguenti ✱ 1525] **s. f.** • preparazione farmaceutica o cosmetica di consistenza molle, per uso esterno: *p. alla penicillina; p. per capelli* **SIN.** unguento, crema || **pomatìna**, **dim.**

pomàto [da *pomo* ✱ sec. XIV] **agg. 1** †piantato ad alberi da frutto: *terreno, campo p.* **2** (***arald.***) ***croce pomata***, le cui estremità finiscono in un tondo **SIN.** pomettato **3** (*raro*) pomellato

póme ➤ **pomo**

pomèlla ① [1955] **s. f.** • (***lett.***, *raro*) pomello nel sign. 3

pomèlla ② o (***ven.***) **pomèla** [da †*poma* ✱ av. 1557] **s. f.** • (***bot.***) piccolo frutto carnoso di colore rosso di vari arbusti e alberi

pomellàto [da *pomello* ✱ sec. XIV] **agg.** • detto di mantello equino che presenta pomellature

pomellatùra [da *pomellato* ✱ 1958] **s. f.** • insieme di peli neri riuniti in listerelle di forma vagamente tondeggiante, su mantelli equini di fondo bianco

pomèllo [sec. XIV] **s. m. 1** dim. di *pomo* **2** piccolo elemento di forma tondeggiante, per impugnatura od ornamento: *maniglia, mobile, cornice con pomelli dorati; il bastone ha un p. d'avorio* **SIN.** pomolo **3** parte rilevata e tondeggiante della guancia, corrispondente allo zigomo: *avere i pomelli arrossati dal freddo* || **pomellìno**, **dim.**

pomèlo [vc. ingl., dal neerl. *pompelmoes* 'pompelmo', deformato secondo *pome* 'pomo' (?) ✱ 1958] **s. m.** • (***bot.***) varietà di pompelmo con frutti grandi a polpa verdastra, leggermente amara

pomerànо [av. 1557] **A agg.** • della Pomerania, regione storica dell'Europa settentrionale, tra la Polonia e la Germania **B s. m.** (**f.** *-a*) • abitante o nativo della Pomerania

pomeridiàno [vc. dotta, lat. *pomeridiānu(m)*, da *pŏst merīdiem* 'dopo il mezzogiorno'. V. *meriggio* ✱ 1598] **agg.** • del pomeriggio: *ore pomeridiane* | che ha luogo nel pomeriggio: *sedute, lezioni pomeridiane* | ***giornale p.***, che esce nel pomeriggio

•**pomerìggio** [da *pomeridiano*, sul modello di *meriggio* ✱ 1848] **s. m.** • parte del giorno compresa tra il mezzogiorno e la sera: *nel primo, nel tardo p.; esce tutti i pomeriggi; ci vediamo sabato p.; andiamo al cinema tutte le domeniche p.*

pomèrio [vc. dotta, lat. *pomēriu(m)*, da *pŏst mūrum* 'dietro le mura' ✱ sec. XIV] **s. m. 1** nella Roma antica, spazio sacro intorno alle mura sul quale era vietato arare e costruire abitazioni **2** spazio intorno a una fortezza fuori e dentro le mura, nel quale non si poteva fabbricare

pómero (o **-ò-**) [ted. *Pommer*, da *Pommern* 'Pomerania' ✱ av. 1686] **s. m.** • (***zool.***) volpino di Pomerania || **pomerìno**, **dim.**

pométo [vc. dotta, lat. tardo *pomētu(m)*, da *pōmum* 'pomo' ✱ 1564] **s. m.** • (*raro*) frutteto, pomaio

pomettàto [da *pometto*, dim. di *pomo* ✱ 1895] **agg.** • a forma di piccolo pomo | (***arald.***) ***croce pomettata***, in cui ogni estremità termina con una palla o con un pomo **SIN.** pomato

pòmfo o **pònfo** [vc. dotta, gr. *pomphós* 'bolla', vc. di orig. espressiva ✱ 1899] **s. m.** • (***med.***) rilievo cutaneo circoscritto, tondeggiante, pruriginoso, di color roseo, caratteristico di alcune malattie della pelle

pomfòide o **ponfòide** [1958] **agg.** • (***med.***) che ha l'aspetto, l'apparenza, le caratteristiche di un pomfo

pómice [lat. tardo *pōmice(m)*, per il classico *pūmice(m)*, da avvicinare a *spuma* ✱ sec. XIV] **A s. f.** • roccia effusiva a pasta vitrea, composta di silicati di allumina, soda e potassa, assai porosa e leggera, usata come abrasivo in polvere o come inerte in agglomerati artificiali con caratteristiche di leggerezza e coibenza **B** anche in funzione di **agg.**: *pietra p.*

pomiciàre [da *pomice* ✱ av. 1571] **A v. tr.**

(**pres.** *io pómicio*; **fut.** *io pomicerò*) • (*raro*) pulire, lucidare o levigare con la pomice **B** **v. intr.** (**aus.** *avere*) • (*roman.*) abbandonarsi a effusioni amorose: *quei due hanno pomiciato per tutta la sera*

pomiciàta [da *pomiciare* nel sign. B * 1970] **s. f.** • (*roman.*) prolungato scambio di effusioni amorose

pomiciatùra [da *pomiciare* nel sign. A * 1868] **s. f.** • rifinitura, levigatura di qlco. con la pomice

pomicióne [da *pomiciare* nel sign. B * 1938] **s. m.** (**f.** *-a*) • (*roman.*) chi ama pomiciare, spesso in modo molesto

pomicoltóre o **pomicultóre** [comp. di *pomo* e *coltore* * 1954] **s. m.** (**f.** *-trice*) • (*raro*) coltivatore di alberi da frutto

pomicoltùra o **pomicultùra** [comp. di *pomo* e *coltura* * 1862] **s. f.** • (*raro*) frutticoltura

pomicultóre ➤ **pomicoltore**

pomicultùra ➤ **pomicoltura**

pomidòro e deriv. ➤ **pomodoro** e deriv.

†**pomière** o †**pomièro** [fr. *pommier*, da *pomme* 'pomo' * av. 1292] **s. m.** • frutteto

†**pomìfero** [vc. dotta, lat. *pomĭferu(m)*, comp. di *pōmum* 'pomo' e *-fer* '-fero' * av. 1342] **agg.** **1** (*lett.*) che produce pomi, frutta **2** (*lett.*) fertile

pommaròla ➤ **pummarola**

pómo o (*poet.*) **póme**, nel sign. 1 [lat. *pōmu(m)*, di etim. incerta * sec. XII] **s. m.** (**pl.** *-i*, †*poma*, **f.**, †*pomora*, **f.**) **1** (*centr.*, *sett.*) mela: *una cesta di pomi* | (*est.*) melo: *un frutteto di pomi* **2** (*lett.*) ogni frutto simile a una mela: *veder la terra di pomi coperta* (A. POLIZIANO) | ***il p. vietato***, il frutto proibito | ***p. della discordia***, quello che, gettato dalla Discordia alla più bella tra Giunone, Minerva e Venere, fu da Paride, invitato a giudicare, assegnato a Venere, suscitando le ire delle altre due dee che provocarono la rovina di Troia; (*fig.*) ciò che è causa di discordia fra varie persone | (*fig.*, *lett.*) mammella: *la vaghezza de' dolci pomi* (P. BEMBO) **3** (*bot.*) falso frutto indeiscente, commestibile, la cui parte carnosa deriva dal ricettacolo rigonfiato | ***p. di terra***, patata | ***p. granato***, V. *pomogranato* | ***p. di acagiù***, frutto dell'anacardio **4** oggetto o elemento simile per forma a una mela, destinato a vari usi o anche solo ornamentale: *il manico del bastone è ornato da un p. d'avorio, d'argento*; *il p. del fioretto e della spada* **5** (*mar.*, *disus.*) formaggetta **6** (*anat.*) ***p. d'Adamo***, prominenza della cartilagine tiroidea della laringe nella parte anteriore del collo || **pomèllo**, **dim.** (V.) | **pométto**, **dim.** | **pomìno**, **dim.**

pomodoràta o (*pop.*) **pomidoràta** [1940] **s. f.** • colpo inferto con uno o più pomodori lanciati contro qlcu. (spec. un oratore, un cantante e sim.) in segno di disapprovazione o disprezzo: *prendere qlcu. a pomodorate*

♦**pomodòro** o (*pop.*) **pomidòro** [da *pomo d'oro*, inizialmente riferito al frutto dalla buccia gialla dorata * 1544] **s. m.** (**pl.** *pomodòri*, *raro pomidòro*, *pop. pomidòri*) **1** pianta erbacea annua delle Solanacee, originaria dell'America, con fusto rampicante, piccoli fiori gialli in grappoli e frutto a bacca con numerose varietà coltivate per pelati, conserve e insalate (*Solanum lycopersicum*) **2** frutto di tale pianta, costituito da una bacca rossa carnosa e sugosa, commestibile, contenente molti piccoli semi: *pomodori in insalata*; *insalata di pomodori*; *pomodori col riso, col tonno* | ***conserva, salsa di p.***, usata come condimento | ***succo di p.***, usato come bevanda, spec. come aperitivo | ***diventare rosso come un p.***, arrossire violentemente **3** (*zool.*) ***p. di mare***, attinia || **pomodorétto**, **dim.** | **pomodorìno**, **dim.**

pomogranàto o **pómo granàto** [da *pomo*, sul modello di *melograneto* * sec. XIV] **s. m.** • (*bot.*, *sett.*) melograno

pómolo [lat. tardo *pōmulu(m)*, dim. di *pōmum* 'frutto' (V. *pomo*), per la forma rotonda * av. 1536] **s. m.** • impugnatura tondeggiante di porta, cassetto, bastone e sim. **SIN.** pomello

pomologìa [comp. di *pomo* e *-logia* * 1802] **s. f.** (**pl.** *-gìe*) • studio della frutta e della sua coltivazione

pomològico [av. 1829] **agg.** (**pl. m.** *-ci*) • concernente la pomologia

pomòlogo [1845] **s. m.** (**f.** *-a*; **pl. m.** *-gi*) • studioso di pomologia

♣**pómpa** ① [vc. dotta, lat. *pŏmpa(m)* 'processione, parata, pompa', dal gr. *pompḗ*, da *pémpein* 'mandare, condurre', di etim. incerta * av. 1306] **s. f.** **1** dimostrazione di magnificenza e grandiosità in occasione di avvenimenti pubblici e privati importanti o a cui si vuole dare particolare risalto: *la cerimonia si svolse con grande p.*; *p. accademica* | (*lett.*) ***pompa funebre***, il complesso delle cerimonie e delle onoranze previste per un funerale | ***impresa di pompe funebri***, o (*ellitt.*) ***pompe funebri***, impresa che organizza il trasporto della salma e provvede alle pratiche amministrative per la sepoltura **2** (*lett.*) sfarzosa manifestazione di ricchezza: *vestire con p.*; *ricevere, accogliere, ospitare con gran p.*; *una p. veramente regale*; *ciascun s'adorna, inteso / con ricca p. a comparirti avanti* (P. METASTASIO) | ***in p. magna***, (*scherz.*) con eleganza e lusso eccessivi e vistosi **3** (*fig.*) sfoggio, ostentazione: *far p. di sé, della propria ricchezza, cultura, erudizione* | (*lett.*) vanagloria, superbia: *il duca ne montò in gran p.* (G. VILLANI) **4** †corteo, processione

♦**pómpa** ② [fr. *pompe*, dal neerl. *pompe*, di orig. onomat. * av. 1525] **A** **s. f.** **1** macchina destinata a effettuare lo spostamento di sostanze liquide, gassose o solide allo stato granulare o polverulento: *p. aspirante, premente, aspirante-premente* | ***p. centrifuga***, per liquidi, in cui il movimento del fluido è ottenuto mediante l'azione di palette rotanti | ***p. volumetrica***, che sviluppa la propria azione attraverso l'alternativo riempimento e svuotamento di un volume chiuso | ***p. per vuoto***, che estrae l'aria da un recipiente chiuso e vi crea il vuoto | ***p. di calore***, apparecchio in grado di utilizzare energia termica esterna per trasferirla agli ambienti interni sotto forma di aria o acqua calda | ***p. per bicicletta***, piccola pompa, azionabile a mano o a pedale, per comprimere aria negli pneumatici di biciclette **2** tubo ripiegato e mobile negli strumenti musicali a fiato, che si può alzare e abbassare per allungare o accorciarne il corpo **3** tubo flessibile di gomma, usato per annaffiare, lavare ecc. **4** (*est.*, *colloq.*) distributore di benzina o altri carburanti, presso le autorimesse e lungo le strade: *alla prima p. fermati* **B** **in funzione di agg. inv.** • (posposto al sost.) solo nella loc. ***carro p.***, autopompa || **pompétta**, **dim.** (V.)

pompàggio [fr. *pompage*, da *pomper* 'pompare' * 1958] **s. m.** • operazione del pompare, nel sign. di *pompare*①

pompàre [fr. *pomper*, da *pompe* 'pompa②' * 1640] **v. tr.** (*io pómpo*) **1** trarre o immettere un liquido con una pompa: *p. l'acqua dalla cantina allagata*; *p. la benzina nel serbatoio* **2** gonfiare d'aria: *p. uno pneumatico* **3** (*assol.*) azionare una pompa: *p. è faticoso* **4** (*fig.*) esagerare la portata, il significato e sim. di qlco.: *p. una notizia* | (*fig.*) lodare in modo eccessivo

pompàta [da *pompare* * 1891] **s. f.** • rapido pompaggio | (*est.*) quantità di liquido o di gas immesso o estratto in una sola volta con una pompa || **pompatìna**, **dim.**

pompàto **part. pass.** di *pompare*; anche **agg.** **1** nei sign. del v. **2** (*colloq.*) che si è montato la testa | (*colloq.*) esagerato, gonfiato: *notizie pompate* | (*colloq.*) che è lodato in modo eccessivo

pompeàno ➤ **pompeiano**②

pompeggiàre [da *pompa*① * av. 1388] **A** **v. intr.** (**pres.** *io pompéggio*; **fut.** *io pompeggerò*; **aus.** *avere*) • (*lett.*) far pompa di qlco. | vivere con gran lusso **B** **pompeggiàrsi** **v. rifl. e intr. pron.** • (*lett.*) ornarsi, vestirsi con grande sfarzo | (*est.*) pavoneggiarsi

pompeiàno ① [vc. dotta, lat. *Pompeiānu(m)*, etnico di *Pompēi* 'Pompei' * 1600] **A** **agg.** • della città di Pompei: *scavi pompeiani* | ***rosso p.***, tonalità di rosso molto vivo, apparso negli affreschi di Pompei riportati alla luce | ***vasca pompeiana***, piccola vasca da bagno in cui si sta seduti **B** **s. m.** (**f.** *-a*) • abitante o nativo di Pompei

pompeiàno ② o **pompeàno** [vc. dotta, lat. *Pompeiānu(m)*, agg. di *Pompēius* 'Pompeo' * 1321] **A** **agg.** • di Gneo Pompeo (106-48 a.C.), generale e politico romano: *le milizie pompeiane* **B** **s. m.** • soldato o sostenitore di G. Pompeo

pompèlmo (o **-é-**) [neerl. *pompelmo(es)*, comp. di *pompel* 'grosso' e del giavanese *limoes* 'limone' * 1876] **s. m.** • albero delle Rutacee di origine asiatica, alto fino a 7 m, con foglie sempreverdi coriacee, fiori bianchi simili a quelli del limone, frutti a grappolo (*Citrus paradisi*) | il frutto commestibile di tale pianta, grosso, di colore giallo canarino, con buccia liscia e polpa biancastra, succosa e acidula: *spremuta di p.*

pompétta [av. 1939] **s. f.** **1** dim. di *pompa*② **2** nome generico attribuito a numerosi piccoli arnesi, spesso a forma di peretta, basati su un funzionamento aspirante o premente e azionabili con la pressione delle dita: *p. vaporizzatrice, lavavetro*

pompier /fr. pɔ̃'pje/ [vc. fr., 'pompiere': V. *pompiere* * 1927] **A** **s. m. e f. inv.** • (*spreg.*) chi, in arte, si compiace di effetti grandiosi o grossolanamente emotivi (spec. con riferimento ai pittori accademici francesi dell'Ottocento e del primo Novecento) **B** **anche agg. inv.**: *arte p.*

♦**pompière** [fr. *pompier*, da *pompe* 'pompa (per l'incendio)' * 1811] **s. m.** (**f.** *-a*) **1** vigile del fuoco **2** (*est.*) chi cerca di spegnere l'ira altrui, placare una lite, smorzare una polemica **3** (*arte*) pompier

pompierìsmo [dal fr. *pompiérisme*, da *pompier* 'pompiere' in senso art. * 1918] **s. m.** • (*raro*) tendenza di artisti e scrittori a ricercare facili effetti mediante il ricorso ad artifici dozzinali

pompierìstico [1905] **agg.** (**pl. m.** *-ci*) **1** (*raro*) di pompiere, relativo ai pompieri **2** (*fig.*) caratterizzato da pompierismo

Pompìlidi [comp. di *pompilo* nel sign. 2 e *-idi* * 1927] **s. m. pl.** (**sing.** *-e*) • (*zool.*) famiglia di Imenotteri aculeati, veloci corridori e cacciatori aggressivi (*Pompilidae*)

pòmpilo [vc. dotta, lat. *pŏmpilu(m)*, dal gr. *pompílos*, da *pompḗ* 'accompagnamento' (V. *pompa*①); nel sign. 1 detto così perché accompagna le navi; nel sign. 2, forse per la rapidità dei movimenti * sec. XV] **s. m.** **1** †pesce simile a un piccolo tonno che segue le navi | (*est.*, *sett.*) tonno **2** genere di Imenotteri di notevoli dimensioni, agilissimi cacciatori di ragni i quali, paralizzati dalla puntura, servono a nutrire le sue larve (*Pompilus*)

pompìno [da *pompare* * 1917] **s. m.** • (*volg.*) fellatio

pompìsta [da *pompa*② * 1942] **s. m. e f.** (**pl. m.** *-i*) • addetto a un distributore o pompa di benzina

pompòn /pom'pɔn, *fr.* pɔ̃'pɔ̃/ [fr., vc. di orig. espressiva ✱ 1798] **s. m. inv.** ● sorta di piccola palla fatta di fili di lana, seta o altro, usata per ornamento: *berretto da sci con p.* | ***ragazza p.***, V. *ragazza*

✦**pompóso** (o -ṣ-) [vc. dotta, lat. tardo *pompōsu(m)*, da *pŏmpa* 'pompa①' ✱ 1320] **agg. 1** solenne e fastoso: *festa, cerimonia pomposa* **2** sfarzoso e appariscente: *vesti pompose* **3** (*mus.*) indicazione espressiva che richiede di sottolineare il carattere grave e solenne **4** (*fig.*) altezzoso, borioso: *sedeva in atteggiamento p.*; *parlare con tono p.*; *una pomposa dimostrazione di sapere* | ridondante, enfatico: *stile p.* ‖ **pomposaménte**, **avv.** in modo pomposo, con pompa ‖ **pomposità**, **s. f. inv. 1** lusso, sfarzo appariscente **2** (*fig.*) boria, spocchia; (*fig.*) enfasi, ampollosità: *pomposità barocca*; *pomposità di stile*

pònce [1748] **s. m.** ● adattamento di *punch*① (V.)

poncho /*sp.* 'pontʃo/ [di etim. incerta ✱ 1860] **s. m. inv.** (**pl. sp.** *ponchos*) ● indumento tipico dell'America Latina costituito da un grande quadrato di lana, usato anche come coperta, con apertura centrale in cui passa la testa **CFR.** poncio

poncif /*fr.* pɔ̃'sif/ [vc. fr., ant. *poncis*, 'relativo alla pomice (*ponce*)', dal lat. tardo *pōmice(m)* per il class. *pūmice(m)* ✱ 1924] **s. m. inv.** ● (*tecnol.*) spolvero, nel sign. 6

pòncio (o -ó-), **pùncio** [1749] **s. m.** ● adattamento di *poncho* (V.)

poncìro [fr. *poncire* di orig. provenz., dal lat. parl. **pōmu(m) Sȳriu(m)* 'frutto della Siria' ✱ 1927] **s. m.** ● (*bot.*) arbusto spinoso delle Rutacee, con fiori bianchi e frutti simili a piccoli mandarini gialli molto profumati, originario dell'Asia tropicale e del Giappone, coltivato per ornamento e come portainnesto per limoni e mandarini (*Poncirus trifoliatus*)

†**pondàre** [av. 1400] **v. intr.** ● pesare, gravare

ponderàbile [vc. dotta, lat. tardo *ponderābile(m)*, da *ponderāre* 'ponderare' ✱ 1499] **agg. 1** che si può pesare: *materia p.* **2** (*fig.*) che si può ponderare, valutare | (*lett.*) che deve essere meditato: *decisione p.* **CONTR.** imponderabile ‖ **ponderabilità**, **s. f. inv.**

ponderàle [dal lat. *pŏndus*, genit. *pŏnderis* 'peso' (V. *pondo*) ✱ 1521] **agg.** ● del peso, relativo al peso: *aumento, diminuzione p.*; *esame p.*

✦**ponderàre** [vc. dotta, lat. *ponderāre*, da *pŏndus*, genit. *pŏnderis* 'peso'. V. *pondo* ✱ av. 1363] **A v. tr.** (*io pòndero*) **1** †calcolare il peso, pesare **2** (*fig.*) considerare qlco. con attenzione e cura, valutandone vantaggi, svantaggi e conseguenze: *è abituato a p. ogni sua iniziativa*; *segga / altri a consiglio, e ponderi, e discuta* (V. ALFIERI) **SIN.** soppesare, valutare **3** (*stat.*) nel calcolo dei valori medi, attribuire a ciascun termine un peso, cioè un proprio coefficiente d'importanza proporzionale alla frequenza del termine stesso **B v. intr.** (aus. *avere*) **1** †avere peso, pesare | (*fig.*) avere importanza, influire: *fecie da consentire alla richiesta che fa el re di Francia perché pondera assai esserli amico o inimico* (N. MACHIAVELLI) **2** riflettere con attenzione: *p. sulle decisioni da prendere*
SFUMATURE ➤ **giudicare**

ponderatézza [av. 1841] **s. f.** ● qualità o caratteristica di chi è solito riflettere seriamente, prima di giudicare, decidere, agire o parlare: *la sua p. è davvero encomiabile*; *manca di p., è impulsivo e avventato* **SIN.** riflessione **CONTR.** impulsività

ponderàto **part. pass.** di *ponderare*; anche **agg. 1** †pesato | ***media ponderata***, V. *media*①, sign. 1 **2** (*fig.*) ben meditato e valutato: *decisione ponderata* | ***tutto p.***, dopo aver ben valutato ogni elemento **3** (*fig.*) che riflette attentamente prima di parlare o di agire: *una persona seria e ponderata* ‖ **ponderataménte**, **avv.** con ponderatezza, dopo matura riflessione: *parlare, agire, giudicare ponderatamente*

ponderatóre [vc. dotta, lat. tardo *ponderatōre(m)*, da *ponderātus* 'ponderato' ✱ 1600] **agg. e s. m.** (**f.** *-trice*) ● (*raro, lett.*) che (o chi) pondera

ponderazióne [vc. dotta, lat. tardo *ponderatiōne(m)*, da *ponderātus* 'ponderato' ✱ av. 1519] **s. f.** ● matura riflessione, attenta considerazione: *un problema da trattare con p. e tatto*

✦**ponderóso** (o -ṣ-) [vc. dotta, lat. *ponderōsu(m)*, da *pŏndus*, genit. *pŏnderis* 'peso'. V. *pondo* ✱ 1282] **agg. 1** di gran peso, pesante: *carico p.*; *portava un baston duro e p.* (L. PULCI) | (*est.*) che richiede sforzo e fatica fisica **2** (*fig.*) di grande mole o importanza: *volume, trattato p.* | (*lett., est.*) arduo, impegnativo da trattare, da comprendere e sim. ‖ **ponderosaménte**, **avv.** ‖ **ponderosità**, **s. f. inv.** (*raro*) pesantezza; (*fig.*) gravità, serietà

pòndo [vc. dotta, lat. *pŏndus*, da *pĕndere* 'pesare'. V. *pendere* ✱ av. 1257] **s. m. 1** (*lett.*) peso, gravezza (*anche fig.*): *di libertà portando il p.* (T. CAMPANELLA) | (*fig.*) importanza, gravità **2** (*lett.*) ciò che pesa | (*fig.*) ciò che richiede impegno e fatica, che comporta responsabilità e sim. **3** †libbra

✦**ponènte** [nel sign. B, da (*sole*) *ponente* 'sole che tramonta'] **A part. pres.** di *porre*; anche **agg.** ● (*raro*) nei sign. del v. **B s. m. 1** parte dell'orizzonte dove si vede tramontare il Sole: *il Sole si arrossa a p.*; *Riviera di p.* **CONTR.** levante **SIN.** occidente, Ovest **2** vento che spira da ovest **3** (*lett.*) i Paesi occidentali: *il P. partecipò alle crociate*

ponentìno [1503] **A agg.** ● (*raro*) che proviene da ponente **B s. m.** ● fresca brezza di mare, che spira nei pomeriggi e nelle sere estive, a Roma

ponèra [gr. *ponērós* 'misero, faticoso', da *pónos* 'fatica', da *pénesthai* 'affaticarsi', di etim. incerta ✱ 1835] **s. f.** ● gigantesca formica delle foreste brasiliane con aculeo velenoso che provoca punture molto dolorose (*Dinoponera gigantea*)

†**pónere** ➤ **porre**

ponésti ➤ **porre**

pònfo e deriv. ➤ **pomfo** e deriv.

ponghìsta ➤ **pongista**

Pòngidi [comp. di *pong(o)* e *-idi* ✱ 1965] **s. m. pl.** (**sing.** *-e*) ● (*zool.*) famiglia di scimmie antropomorfe generalmente di grandi dimensioni, senza coda e con arti anteriori lunghi (*Pongidae*)

pongìsta o **ponghìsta** [da (*ping*)-*pong* ✱ 1963] **s. m. e f.** (**pl. m.** *-i*) ● (*raro*) giocatore di ping-pong

pòngo① [dal congolese *mpungu* 'scimmia' ✱ 1802] **s. m.** (**pl.** *-ghi*) ● genere di scimmie antropomorfe dei Pongidi, di grandi dimensioni, cui appartiene l'orango (*Pongo*)

Póngo®② (o -ò-) [1964] **s. m. inv.** ● materiale plastico usato in attività ricreative da bambini e ragazzi per comporre e modellare figure

póngo③ ➤ **porre**

†**poniménto** [dal lat. *pōnere* 'porre' ✱ 1340 ca.] **s. m.** ● (*raro*) il porre | ***p. del sole***, tramonto

†**ponitóre** [dal lat. *pōnere* 'porre' ✱ 1282] **s. m. 1** chi pone | ***p. di ragione***, giudice | ***p. di leggi***, legislatore **2** (*stor.*) nel Medioevo, ufficiale che stabiliva i tributi da riscuotere

†**ponitùra** [dal lat. *pōnere* 'porre' ✱ sec. XIII] **s. f. 1** il porre a dimora le piante | (*est.*) piantagione **2** il mettere il seme dei bachi da seta in luogo caldo | (*est.*) il complesso dei semi messi a schiudere

ponsò [fr. *ponceau*, da *paon* 'pavone' (cfr. *paonazzo*), secondo la pronuncia fr. ✱ 1669] **s. m. inv.** ● (*raro*) colore rosso vivissimo

pontàggio [ant. fr. *pontage*, da *pont* 'ponte' ✱ 1782] **s. m.** ● (*dir.*) pontatico

pontàio [1871] **A s. m.** (**pl.** *-ai*) ● (*tosc.*) ponteggiatore **B agg.** ● nelle antiche costruzioni, detto di ciò che era predisposto per sostenere ponteggi: *buche pontaie*

pontaiòlo [1966] **s. m.** (**f.** *-a*) ● ponteggiatore

†**pontàre** ➤ **puntare**①

pontàtico [da *ponte* ✱ av. 1795] **s. m.** (**pl.** *-ci*) ● pedaggio pagato in età medievale per passare su alcuni ponti

pontàto [1891] **agg.** ● detto di imbarcazione munita del ponte di coperta: *chiatta pontata*

pontatóre [1958] **s. m.** (**f.** *-trice*) ● ponteggiatore

✦**pónte** [lat. *pŏnte(m)*, di orig. indeur. ✱ 1250 ca.] **A s. m. 1** manufatto tramite il quale una via di comunicazione può superare un corso d'acqua, una vallata, una via preesistente: *p. ad arco*; *p. di legno, pietra, calcestruzzo, acciaio*; *p. mobile, girevole* | ***p. d'equipaggio***, militare, per il superamento di corsi d'acqua, scomponibile in elementi autotrasportabili | ***gettare un p.***, (*fig.*) istituire un collegamento, realizzare un contatto, una relazione e sim. | (*fig.*) ***tagliare, rompere i ponti con qlcu.***, troncare ogni rapporto | ***bruciarsi i ponti alle spalle***, (*fig.*) precludersi ogni possibilità di tornare indietro, di cambiare una decisione | ***fare da p.***, (*fig.*) fungere da sostegno, da collegamento | (*lett.*) ***tenere in p.***, in sospeso: *ha tenuta la cosa in p. più settimane* (N. MACHIAVELLI) | ***ne è passata di acqua sotto i ponti***, V. *passare* nel sign. A, I, 1 | (*fig.*) ***fare a qlcu. i ponti d'oro***, promettergli o procurargli grandi vantaggi | **PROV.** ***a nemico che fugge ponti d'oro***, V. *nemico*, nel sign. B **2** qualunque struttura di collegamento | ***p. radio***, collegamento radio fra due stazioni a portata ottica per la trasmissione di comunicazioni telefoniche, programmi televisivi e sim. | ***p. aereo***, rapida successione di aerei che trasportano uomini o cose fra punti altrimenti irraggiungibili, per condizioni di emergenza | (*milit.*) ***testa di p.***, insieme delle forze e degli apprestamenti schierati e organizzati oltre la sponda nemica di un corso d'acqua o al di là di una fascia di ostacolo | ***p. di imbarco***, negli aeroporti, struttura mobile, gener. fornita di passerelle telescopiche, per l'imbarco diretto dei passeggeri su un aereo **3** (*mar.*) ciascuno dei pavimenti di legno o di lamiera di ferro che dividono orizzontalmente l'interno dello scafo di una nave | ***p. di manovra***, coperta | ***p. di corridoio, di batteria***, ogni ponte successivo al principale | ***p. di passeggio***, con balaustra, nei piroscafi per passeggeri | ***p. di protezione***, corazzato, nelle navi da guerra | ***p. di volo, di lancio, di appontaggio***, pista di portaerei | ***p. di rimessa***, sotto il ponte di volo di una portaerei per il ricovero degli aerei imbarcati **4** impalcatura provvisoria sulla quale salgono i muratori per continuare l'innalzamento della costruzione o per farvi restauri, o altri operai per lavori decorativi, pulizia e sim. | ***p. di cavalletti***, con trespoli e tavoloni sovrapposti | ***p. di corda***, con canapi pendenti dall'alto e sostenenti una tavola | ***p. di ferro***, tavolato sostenuto da elementi tubolari metallici **5** (*mecc.*) parte posteriore e talvolta anteriore di un autoveicolo che trasmette il moto delle ruote tramite il differenziale **6** ***p. a bilico***, stadera a ponte **7** (*med.*) apparecchio di protesi dentaria sorretto da denti naturali **8** (*anat.*) ***p. di Varolio***, parte dell'encefalo situata in posizione anteriore rispetto al cervelletto **9** in ginnastica, posizione in arco dorsale in appoggio sui quattro arti | nella lotta, posizione di difesa in arco dorsale che assume a terra un atleta per evitare di essere messo con la schiena al tappeto | nel calcio e nella pallacanestro, intervento falloso di chi provoca la caduta di un avversario che sta saltando **10** nell'orologio, sostegno degli alberi delle ruote **11** (*disus.*) bridge: *gioco del p.*; *giocare a p.* **12** periodo di vacanza costituito da due o più giorni festivi e dai giorni lavorativi intermedi goduti come ferie: *fare il p.*; *per il p. di Capodanno andremo in montagna*; *per i Santi c'è un lungo p.* **13** (*chim.*) atomo, o raggruppamento atomico, che ha funzione di collegamento fra due molecole o due parti di molecole **B** **in funzione di agg. inv.** ● (posposto a un sost.) detto di ciò che, spec. nel campo politico o legislativo, ha funzione di collegamento provvisorio, di soluzione transitoria: *governo p.*; *soluzione p.*; *legge p.*; *finanziamento p.* ‖ **ponticèllo**, **dim.** (V.) | **ponticìno**, **dim.** | **ponticciòlo**, (*lett.*) **ponticciuòlo**, **dim.**

NOMENCLATURA

ponte

● *caratteristiche*: di corda, in legno, in pietra, in ferro, in cemento armato; coperto, a travata, ad arco, a schiena d'asino, sospeso = pensile, a cantilever, bailey, mobile, scorrevole, girevole, levatoio, di barche, di zattere, di chiatte, portatile, ponte canale; cavalcavia, viadotto; passerella, palancola, passatoio, pontile;

● *parti di un ponte*: piedritto, pila, campata, pignone, testata, ala, arcata, campata, pilone, avambecco = sprone, banchina, luce, cappa, spalletta, impiantito, sovrastruttura, sottostruttura, piano stradale, impiantito, fiancata, travi, marciapiede, parapetto, intradosso = imbotte, banchina, bocca, cassone, fiancata; cavi portanti, tiranti; pontone;

● *azioni*: fare, gettare, levare; tagliare, minare, far saltare, rovinare; attestare.

†**ponteficàle** ▸ **pontificale**

†**ponteficàto** ▸ **pontificato**

pontéfice [vc. dotta, lat. *pontĭfice(m)*, propr. 'colui che faceva costruire il ponte sul fiume', comp. di *pōns*, genit. *pŏntis*, 'ponte' e *-fex*, da *făcere* 'fare' ✱ av. 1292] **s. m.** **1** nell'ordinamento religioso degli antichi Romani, sacerdote di uno dei collegi che presiedevano al culto | ***p. massimo***, capo del collegio dei pontefici, titolo, poi, assunto dall'imperatore **2** nel cattolicesimo, il Papa: *Sommo P.*

ponteggiatóre [1958] **s. m.** (**f.** *-trice*) ● operaio edile che mette in opera i ponti o ponteggi

pontéggio [da *ponte* ✱ 1942] **s. m.** ● (*edil.*) impalcatura

ponticèllo [lat. parl. **ponticĕllu(m)*, dim. di *pontĭculus*, dim. di *pōns*, genit. *pŏntis* 'ponte' ✱ 1313] **s. m.** **1** piccolo ponte **2** (*mus.*) negli strumenti ad arco, tavoletta di legno collocata sulla tavola armonica che, mediante le tacche, regge le corde delimitandone la sezione vibrante e trasmettendone le vibrazioni alla cassa armonica **3** parte di una montatura da occhiali che unisce tra loro i due cerchi che racchiudono le lenti **4** lastrina metallica curva, a protezione del grilletto delle armi da fuoco portatili **5** parte dell'impugnatura della spada tra coccia e pomo **6** elemento di collegamento, fisso o mobile, fra due punti di un circuito elettrico

pòntico [vc. dotta, lat. *Pŏnticu(m)*, dal gr. *Pontikós*, da *Póntos* 'mare, il Ponto', di orig. indeur.; nel sign. 2, con evoluzione semantica non chiara ✱ av. 1367] **agg.** (**pl. m.** *-ci*) **1** del Ponto, del Mar Nero e delle regioni circostanti **2** †aspro, brusco, acido (*anche fig.*): *son li suoi frutti amari e pontici* (I. SANNAZARO)

pontière [da *ponte* ✱ av. 1554] **s. m.** **1** soldato del Genio appartenente alla specialità che provvede alla costruzione e alla riparazione di ponti **2** (**f.** *-a*) tecnico addetto al ponte radio **3** (**f.** *-a*) (*fig.*) nel linguaggio giornalistico, chi favorisce la trattativa o la mediazione tra gruppi o interessi contrapposti, spec. nel campo politico **4** †pontonaio

pontificàle o †**ponteficàle** [vc. dotta, lat. *pontificāle(m)*, da *pŏntifex*, genit. *pontĭficis* 'pontefice' ✱ 1282] **A** **agg.** **1** nell'antica Roma, relativo a un pontefice o al pontefice massimo | ***pomerio p.***, parte del pomerio dove i pontefici traevano gli auspici **2** nel mondo cattolico, relativo al Papa o, un tempo, ai vescovi: *paramenti pontificali* **3** (*scherz.*) volutamente maestoso e solenne, pieno di sussiego: *assumere un'aria p.*; *si rivolse a noi con fare p.* ‖ **pontificalménte**, **avv.** (*scherz.*) in modo sussiegoso **B** **s. m.** **1** cerimonia liturgica celebrata da un vescovo o da un prelato con abiti pontificali **2** libro del rituale proprio del vescovo

pontificànte **part. pres.** di *pontificare*; **anche agg.** ● nei sign. del v.

✱**pontificàre** [dal lat. *pŏntifex*, genit. *pontĭficis* 'pontefice' ✱ av. 1793] **v. intr.** (*io pontìfico, tu pontìfichi*; **aus.** *avere*) **1** celebrare il pontificale **2** (*fig.*) assumere, spec. nel parlare, modi e toni solenni e autoritari: *quando comincia a p., non lo sopporto più* ‖ **pontificazióne**, **s. f.**

pontificàto o †**ponteficàto** [vc. dotta, lat. *pontificātu(m)*, da *pŏntifex*, genit. *pontĭficis* 'pontefice' ✱ sec. XIII] **s. m.** **1** nell'antica Roma, dignità e carica di pontefice **2** nel mondo cattolico, papato: *il p. di Giovanni Paolo II*

pontifìcio [vc. dotta, lat. *pontifĭciu(m)*, da *pŏntifex*, genit. *pontĭficis* 'pontefice' ✱ 1481] **agg.** (**pl. f.** *-cie*) **1** nell'antica Roma, relativo ai pontefici | ***libri pontifici***, nei quali era esposto lo ***ius sacrum***, concernente la religione, l'elenco delle divinità, i riti, le cerimonie | ***commentari pontifici***, contenenti la giurisprudenza dei pontefici **2** nel mondo cattolico, del Papa: *stemmi pontifici*; *Università pontificia* | relativo allo Stato della Chiesa, durato fino al 1870: *la Roma pontificia*; *i domini pontifici*

pontìle [lat. tardo *pontīle(m)*, agg. di *pōns*, genit. *pŏntis* 'ponte' ✱ av. 1465] **s. m.** ● struttura portuale collegata alla riva per consentire l'ormeggio di natanti, costituita da un impalcato sorretto da pali oppure in muratura

pontìno [vc. dotta, lat. *Pomptīnu(m)*, n. di una regione del Lazio ✱ 1801] **agg.** ● relativo alla regione Pontina, nel Lazio meridionale: *paludi pontine*

pontìsta [da *ponte* ✱ 1958] **s. m. e f.** (**pl. m.** *-i*) ● ponteggiatore

pònto [V. *pontico* ✱ av. 1556] **s. m.** ● (*lett.*) mare

pontoàle [detto così perché serve a sostenere i tavolati dei *ponti* (?) ✱ 1970] **s. m.** ● (*mar.*) pezzo di costruzione delle navi in legno, sul quale poggia il baglio all'altezza del ponte

†**pontonàio** [sec. XIV] **s. m.** **1** traghettatore mediante pontone **2** chi era addetto alla custodia di un ponte

pontóne [vc. dotta, lat. *pontōne(m)*, da *pōns*, genit. *pŏntis* 'ponte' ✱ av. 1527] **s. m.** **1** barcone parzialmente o totalmente pontato, con prua e poppa quasi quadra, usato per trasporti pesanti o attività di manutenzione portuale o navale | ***p. da alberare***, dotato di una gru per alzare e fissare gli alberi di una nave a vela | ***p. armato***, dotato di armamento **2** (*raro*) barca dal fondo piatto con la quale si gettano i ponti

pontonière [fr. *pontonnier*, da *ponton* 'pontone' ✱ 1793] **s. m.** **1** marinaio di pontoni **2** (*milit.*) pontiere

pòny /ˈpɔni, *ingl.* ˈpəʊnɪ/ [vc. ingl., dallo scozzese *powney*, dal fr. *poulenet*, dim. di *poulain* 'puledro', dal lat. parl. **pullānu(m)*, da *pŭllus* 'piccolo di ogni animale' (V. *pollo*) ✱ 1829] **s. m. e f. inv.** (**pl. ingl.** *ponies*) **1** cavallo piccolo e con lungo pelo, originario della Scozia e dell'Irlanda **2** accorc. di *Pony Express* | (*est.*) fattorino che lavora alle dipendenze di una società privata di ritiro e recapito postale celere

Pòny Èxpress® /ˈpɔni ˈɛkspres, *ingl.* ˈpəʊnɪ ɪksˈpres/ [loc. ingl., orig. 'cavallino (*pony*) che fa da corriere (*express*)' ✱ 1986] **A** **loc. sost. f. inv.** ● nome di un'agenzia per il recapito rapido di corrispondenza e merci, attiva in varie città italiane dal 1983 **B** **loc. sost. m. e f. inv.** ● fattorino, gener. munito di un mezzo a due ruote, che lavora per l'agenzia Pony Express

ponzaménto [1891] **s. m.** ● (*raro*) futile elucubrazione

ponzàre [lat. parl. **punctiāre*, intens. di *pŭngere* ✱ 1478] **A** **v. intr.** (*io pónzo*; **aus.** *avere*) **1** †spingere con sforzo | (*tosc.*) sostenere uno sforzo prolungato e intenso, spec. nel partorire **2** (*fig.*, *scherz.*) meditare o pensare intensamente: *da stamattina, sta ponzando* **B** **v. tr.** ● (*fig.*, *scherz.*) elucubrare, macchinare: *cosa stai ponzando?*; *come che l'uomo stesse ponzando una sua cocciuta resistenza* (C.E. GADDA) | (*est.*) produrre dopo lunga fatica mentale, con risultati mediocri

ponzatóre [1891] **s. m.** (**f.** *-trice*) ● (*lett.*, *fig.*) chi è solito ponzare, elucubrare

ponzatùra [1711] **s. f.** ● (*raro*) elucubrazione

ponzése (o *-ṣ-*) [1940] **A** **agg.** **1** dell'isola di Ponza, in provincia di Latina **2** di Arcinazzo Romano, in provincia di Roma (fino al 1892 denominata Ponza) **B** **s. m. e f.** ● abitante o nativo di Ponza o di Arcinazzo Romano

ponziàno [vc. dotta, lat. *Pontiānu(m)* 'ponzese' ✱ 1869] **agg.** ● dell'isola di Ponza: *arcipelago p.*

ponziopilatésco [da *Ponzio Pilato* ✱ 1966] **agg.** (**pl. m.** *-schi*) ● (*spreg.*) caratterizzato da pilatismo **SIN.** pilatesco

pool /*ingl.* puːl/ [vc. ingl., nel sign. metaforico di 'ammontare delle puntate in un gioco', dal fr. *poule* 'posta in gioco, monte premi' ✱ 1930] **s. m. inv.** **1** accordo tra imprese che operano nello stesso settore economico, o in settori economici complementari, allo scopo di stabilire i prezzi, la politica e le zone di vendita per monopolizzare il mercato | consorzio fra le imprese stesse costituito in seguito all'accordo **2** organismo internazionale costituito per gestire in comune materie prime essenziali per ridurre i costi e razionalizzare la produzione: *il p. dell'oro* **3** gruppo di persone che operano insieme per uno stesso fine o in uno stesso settore: *p. antimafia*; *p. sportivo* **4** (*biol.*) ***p. genetico, p. genico***, l'insieme dei geni di una popolazione

pop ① /pɔp, *ingl.* pɒp/ [vc. ingl., accorc. di *popular* 'popolare' ✱ 1964] **A** **agg. inv.** **1** detto di genere artistico che, per i suoi contenuti sociologici, culturali e di costume, trova ampia diffusione spec. tra i giovani: *musica, cantanti pop*; *cultura pop* **2** relativo alla pop art o alla pop music: *artista pop* **B** **s. m. inv.** ● accorc. di *pop music*

pop ② /pɔp/ [sigla ingl. di *p(oint) o(f) p(resence)* 'punto di accesso' ✱ 1994] **s. m. inv.** ● (*Internet*) punto di accesso telefonico che permette la connessione a un provider

pop art /popˈart, *ingl.* ˌpɒpˈɑːt/ [loc. ingl., da *pop(ular) art* 'arte popolare' ✱ 1963] **loc. sost. f.**

inv. • movimento artistico nato in Inghilterra negli anni '50 del Novecento, e poi diffusosi soprattutto negli Stati Uniti, che impiega immagini od oggetti d'uso comune come materiale delle proprie opere, associandoli provocatoriamente in composizioni che generano per lo più un effetto surreale o iperrealistico

popcòrn /pop'kɔrn, *ingl.* 'pɒp,kɔːn/ [vc. anglo-amer., comp. di *pop* 'scoppio' (di orig. espressiva) e *corn* 'granoturco' (vc. germ. di orig. indeur.) ✻ 1927] **s. m. inv.** • particolare varietà di mais commestibile | i chicchi di tale varietà fatti scoppiare con il calore

pòpe [russo *pop*, dal gr. *pápas* 'padre', vc. di orig. infant. ✻ 1611] **s. m. (pl.** *-i* **o** *-e*) • nella religione greco-ortodossa, prete

pòpelin s. m. inv. • adattamento di *popeline* (V.)

popelìna [1943] **s. f.** • (*disus.*) adattamento di *popeline* (V.)

popeline /*fr.* pɔp'lin/ [vc. fr., dall'ingl. *poplin*, a sua volta dall'ant. fr. *papeline*, di etim. incerta ✻ 1820] **s. f. inv.** • tessuto di qualsiasi fibra caratterizzato da una rigatura longitudinale dovuta all'ordito più fine della trama: *p. di cotone*

pop jazz /pop'dʒɛts, -'dʒaz, *ingl.* 'pɒp,dʒæz/ [loc. ingl., comp. di *pop(ular)* e *jazz* 'jazz popolare' ✻ 1989] **loc. sost. m. inv. (pl. ingl. inv.)** • (*mus.*) jazz che accoglie elementi della pop music, diventando più accessibile e popolare

pòplite [vc. dotta, lat. *pŏplite(m)*, di etim. incerta ✻ sec. XIV] **s. m. 1** (*anat.*) regione posteriore del ginocchio, a forma di losanga **2** †ginocchio | †polpaccio

poplitèo [av. 1673] **agg.** • (*anat.*) del poplite: *arteria, vena poplitea*

pop music /pop'mjuzik, *ingl.* 'pɒp,mjuːzɪk/ [loc. ingl., comp. di *pop(ular)* e *music* 'musica popolare' ✻ 1965] **loc. sost. f. inv. (pl. ingl. inv.)** • (*mus.*) musica commerciale di natura molto varia, affermata spec. nei Paesi anglosassoni e diffusa tra i giovani

popò o **pupù** nel sign. A [vc. infant. ✻ 1890] **A s. f. inv.** • (*infant.*) escremento, cacca **B s. m. inv.** • (*infant.*) il sedere

P

popolàccio o (*lett.*) **popolàzzo** [av. 1292] **s. m. 1** pegg. di *popolo* **2** plebaglia, marmaglia, accozzaglia di gente spregevole: *io non son nato dalla feccia del popolazzo di Roma* (G. Boccaccio)

popolàglia [da *popolo*① ✻ av. 1389] **s. f.** • (*raro, spreg.*) plebaglia

popolaménto [1571] **s. m.** • insediamento di popolazioni in un territorio | immissione di specie animali o vegetali in una zona, in un ambiente naturale

popolàno [1312] **A agg. 1** che fa parte del popolo: *una ragazza popolana* **2** tipico del popolo: *la saggezza popolana* **3** †che appoggia e sostiene il popolo: *politica popolana* || **popolanaménte**, **avv. B s. m. (f.** *-a*) **1** chi, per condizione, fa parte delle classi popolari **2** †cittadino: *chiamare a raccolta i popolani* **3** †fautore politico del popolo, sostenitore delle sue richieste, rivendicazioni e sim.

†**popolànza** [av. 1388] **s. f.** • popolo, popolazione

♦**popolàre**① [da *popolo*① ✻ av. 1348] **A v. tr.** (*io pòpolo*) **1** rendere abitato, fornire di popolazione: *p. una terra incolta e deserta*; *un immenso paese da p.* | abitare: *gli animali che popolano la foresta*; *le tribù che un tempo popolavano la zona* **2** riempire di gente: *p. un teatro, le carceri* **B popolàrsi v. intr. pron. 1** diventare popolato o popoloso: *la regione si sta rapidamente popolando* **2** riempirsi o affollarsi di gente (+ *di*): *le spiagge si popolano di turisti*

♦**popolàre**② o †**populàre** [vc. dotta, lat. *populāre(m)*, da *pŏpulus* 'popolo①' ✻ sec. XIII] **A agg. 1** del popolo, inteso come insieme di cittadini: *favore, plauso p.*; *manifestazione p.*; *ridea del popular giudicio vano* (L. Ariosto) | ***lingua p.***, comunemente usata | ***voce p.***, notizia o chiacchiera ripetuta da molti, molto conosciuta | (*dir.*) ***giudice p.***, privato cittadino chiamato eccezionalmente a svolgere funzioni giurisdizionali in processi civili o, nella Corte d'Assise, in processi penali **2** del popolo, inteso come classe socialmente ed economicamente meno elevata: *interessi popolari*; *rivendicazioni popolari* | ***Partito P. Italiano***, partito fondato nel 1919 da L. Sturzo e A. De Gasperi per organizzare una rappresentanza autonoma dei cattolici; fu sciolto dal fascismo nel 1926 e i suoi orientamenti furono ripresi nel secondo dopoguerra dalla Democrazia Cristiana; si è ricostituito nel 1994 come trasformazione della Democrazia Cristiana stessa **3** che proviene dal popolo, che è diffuso tra il popolo: *canzone, musica p.*; *antiche leggende popolari* **4** destinato ai ceti meno abbienti: *case popolari*; *spettacolo, festa p.* | vantaggioso per tali ceti: *provvedimento p.*; *prezzi popolari* **5** che gode il favore e le simpatie generali, che è largamente conosciuto o diffuso: *ministro, attore, romanzo p.* **CONTR.** impopolare **6** ***democrazia p.***, V. *democrazia* || **popolarménte**, **avv.** in modo popolare, con popolarità; comunemente || **popolarità**, **s. f. inv.** (V.) **B s. m. e f.** • aderente, sostenitore del Partito popolare italiano

SFUMATURE ➤ *celebre*

popolareggiànte [da *popolare*② ✻ 1908] **agg.** • detto di stile artistico o di autore che imita la semplicità delle forme popolari: *musica, poesia p.*

popolarésco [da *popolare*② ✻ 1336 ca.] **agg. (pl. m.** *-schi*) • del popolo | che è conforme ai gusti e alla mentalità del popolo; che ha caratteri di genuinità e spontaneità ma anche di grossolanità propri della tradizione popolare: *uso p.*; *franchezza popolaresca* || **popolarescaménte**, **avv.** in modo popolaresco

popolarìsmo [da *popolar(e)* con il suff. *-ismo* ✻ 1902] **s. m. 1** (*raro*) caratteristica di ciò che è o vuole essere popolare **2** atteggiamento di apertura alle esigenze popolari e ai problemi delle classi meno abbienti | (*polit.*) in Italia, nei partiti o nei movimenti cattolici, la componente politica o ideologica che si ispira al Partito popolare (V. *popolare*② nel sign. 2)

♦**popolarità** [vc. dotta, lat. *popularitāte(m)*, da *populāris* 'popolare②' ✻ av. 1573] **s. f. inv. 1** caratteristica di chi (o di ciò che) è popolare: *è evidente la p. del tema* **2** favore che qlcu. o qlco. gode presso il popolo: *essere avido di p.*; *acquistare p.*; *attore di grande p.* **SIN.** notorietà **3** †in età comunale, condizione di popolano

SFUMATURE ➤ *successo*②

popolarizzàre [fr. *populariser*, dal lat. *populāris* 'popolare②' ✻ 1650] **A v. tr.** • (*raro*) rendere popolare, diffondere tra il popolo: *p. la scienza, l'istruzione* **SIN.** divulgare **B popolarizzàrsi v. intr. pron.** • diventare popolare, diffuso || **popolarizzazióne**, **s. f.**

popolàto part. pass. di *popolare*①; anche **agg. 1** abitato | popoloso: *quelle belle, ricche e popolate provincie* (G. Pascoli) | affollato **2** (*fig.*) pieno, disseminato: *sogni popolati di visioni*; *le convalli / popolate di case e d'oliveti* (U. Foscolo)

popolatóre [1549] **agg. e s. m. (f.** *-trice*) • (*raro*) che (o chi) popola o ha popolato un luogo | abitatore: *gli antichi popolatori dell'America*

♦**popolazióne** o †**populazióne** [vc. dotta, lat. tardo *populatiōne(m)*, da *pŏpulus* 'popolo①' ✻ 1524 ca.] **s. f. 1** insieme delle persone che abitano un luogo: *la p. della campagna, della città*; *p. mite, laboriosa, combattiva*; *densità della p.* **2** complesso di individui che hanno caratteristiche comuni: *le antiche popolazioni italiche*; *le popolazioni montane*; *la p. scolastica* | ***p. attiva***, l'insieme di persone che svolgono un'attività produttiva | (*est.*) nazione, popolo: *una p. civile, progredita*; *queste popolazioni furono quelle che distrussero lo imperio romano* (N. Machiavelli) **3** (*stat.*) aggregato composto da un numero finito o infinito di unità statistiche ciascuna delle quali è caratterizzata dalla determinazione di una stessa variabile **4** insieme di animali o di piante che caratterizzano un luogo: *la p. della giungla*; *p. marina, degli abissi* | (*biol.*) gruppo di individui della stessa specie che coesistono nella medesima area **5** ***popolazioni stellari***, le due grandi famiglie in cui vengono suddivise le stelle in base al tempo di formazione

popolazionìsmo o **populazionìsmo** [dal lat. tardo *populātio*, genit. *populatiōnis* 'popolazione', e *-ismo* ✻ 1942] **s. m.** • tendenza politica e sociale favorevole a incrementi demografici

popolazionìsta o **populazionìsta** [da *popolazionismo*, sul modello dell'ingl. *populationist* ✻ 1958] **A s. m. e f. (pl. m.** *-i*) • fautore del popolazionismo **B agg.** • relativo al popolazionismo: *teoria p.*

popolàzzo ➤ **popolaccio**

†**popolésco** [da *popolo*① ✻ 1338 ca.] **agg. (pl. m.** *-schi*) • popolare || †**popolescaménte**, **avv.** in modo popolaresco

popolìno [1512] **s. m. 1** dim. di *popolo*① **2** (*spreg.*) infima parte del popolo, socialmente e culturalmente meno progredita: *le chiacchiere del p.*

♦**pòpolo**① o †**pòpulo**① [lat. *pŏpulu(m)*, di orig. preindeur. ✻ 1261 ca.] **s. m. 1** il complesso degli abitanti di uno Stato, di una zona o di una città che costituisce un'unità etnica regolamentata da ordinamenti civili: *il p. italiano, francese*; *il p. di Firenze*; *il p. bolognese*; *parlare solo per il p. più colto, più ricco* **CFR.** demo-① | ***a voce di p.***, per unanime richiesta dei cittadini | ***a furor di p.***, per unanime volontà dei cittadini | ***p. sovrano***, arbitro delle sue sorti **2** l'insieme dei cittadini che costituiscono le classi economicamente e socialmente meno elevate: *appartenere al p.*; *provenire dal p.*; *la lingua usata dal p.*; *gente del p.* | ***figlio del p.***, nato da genitori popolani | ***donna del p.***, popolana | (*spreg.*) ***p. bue***, ottuso, privo di capacità critiche e facilmente influenzabile **3** insieme di persone accomunate da caratteristiche o elementi comuni anche molto generici: *tutti i popoli della Terra hanno miti e leggende*; *un p. barbaro, civile, preistorico*; *un p. di costruttori, di matematici* **CFR.** etno- | ***p. di natura***, popolazione primitiva | ***p. di Dio***, l'insieme dei cristiani accomunati nella Chiesa | (*est.*) insieme di esseri viventi, di cose: *il p. delle api, delle spighe*; *Giove creò similmente il p. dei sogni* (G. Leopardi) | spec. nel linguaggio giornalistico, insieme di persone con uguali interessi, abitudini, ecc.: *il p. delle partite Iva*; *il p. di Twitter* | ***p. di Seattle***, l'insieme dei movimenti di contestazione alla globalizzazione (dal nome della città, nello Stato di Washington, USA, dove nel dicembre 1999 ebbe luogo una manifestazione di protesta contro la riunione dell'Organizzazione internazionale per il commercio) | (*polit.*) ***Popolo della Libertà***, partito di centrodestra nato nel 2008 dalla confluenza di Forza Italia, di Alleanza Nazionale e di altre forze minori **4** moltitudine, folla: *una piazza gremita di* *p.* ‖ **popolàccio**, (*lett.*) **popolàzzo**, **pegg.** (V.) | **popolétto**, **dim.** | **popolino**, **dim.** (V.) | **popolùccio**, **dim.**

SFUMATURE DI SIGNIFICATO

popolo - volgo - massa

Popolo è l'insieme delle persone accomunate da un'appartenenza comune; si impiega tuttavia anche per connotare l'insieme dei cittadini che costituiscono le classi meno abbienti della società. In questo secondo significato un equivalente è **volgo**, termine che oggi suona arcaico, ma che connotava in passato i ceti più poveri e più ignoranti della società. **Massa** esprime sempre una valenza spregiativa, definendo una popolazione come un'unità indistinta che ha sul piano psicologico e dei comportamenti atteggiamenti e reazioni sostanzialmente emotivi, peraltro facilmente manipolabili.

SFUMATURE ➤ ***nazione***

pòpolo② o **pòpulo**② [vc. dotta, lat. *pōpulu(m)*. V. *pioppo* ✻ 1494] **s. m.** ● (*bot.*) pioppo

popolóso (o **-ṣ-**) [vc. dotta, lat. *populōsu(m)*, da *pŏpulus* 'popolo①' ✻ sec. XIV] **agg.** **1** ricco di popolazione, molto popolato: *città popolosa; quartiere p.* **2** (*raro, lett.*) affollato: *strada popolosa* | numeroso: *famiglia popolosa* | (*lett.*) ricco, abbondante: *pareti alte e popolose di balconi* (I. CALVINO) ‖ **popolosità**, **s. f. inv.**: *la popolosità di una zona, di un quartiere*

poponàia [av. 1783] **s. f.** ● (*tosc.*) campo piantato a meloni

poponàio [av. 1639] **s. m.** (**pl.** *-ai*) **1** (*tosc.*) poponaia **2** (**f.** *-a*) (*tosc.*) venditore di meloni

popóne [lat. parl. **pepōne(m)*, per il classico *pĕpone(m)*, nom. *pĕpo*, dal gr. *pépōn*, dapprima 'cotto al sole, maturo', poi 'popone': da una radice indeur. che significa 'cuocere' ✻ sec. XIII] **s. m.** ● (*bot., tosc.*) melone ‖ **poponcino**, **dim.** | **poponèlla**, **dim. f.**

póppa① [lat. parl. **pŭppa(m)*, dal classico *pūpa* 'fanciulla'. V. *pupa*① ✻ av. 1292] **s. f.** **1** mammella | (*fig.*) †latte **2** (*poet.*) petto ‖ **poppellina**, **dim.** | **poppétta**, **dim.** | **poppina**, **dim.** | **poppóna**, **accr.** | **poppùccia**, **dim.**

póppa② [lat. *pŭppi(m)*, di etim. incerta ✻ 1313] **s. f.** **1** parte posteriore di una nave o di una imbarcazione | ***avere il vento in p., andare col vento in p.***, (*fig.*) procedere bene in qlco., avere fortuna **CONTR.** prua **2** (*poet.*) nave ‖ **poppétta**, **dim.** (V.)

poppaiòla [1891] **s. f.** ● (*raro*) poppatoio

poppànte **A** **part. pres.** di *poppare*; anche **agg.** ● nei sign. del v. **B** **s. m. e f.** **1** lattante **2** (*fig., scherz.* o *spreg.*) giovane inesperto

poppàre [da *poppa*① ✻ av. 1311] **A** **v. tr.** (*io póppo*) **1** prendere il latte dalla mammella o dal poppatoio, succhiando (*anche assol.*): *p. con avidità* **2** (*est., lett.*) succhiare | bere golosamente: *p. il vino* | (*est., lett.*) aspirare: *poppando ogni tratto da una pipa ... due boccate di fumo* (I. NIEVO) **B** **poppàrsi** **v. tr. pron.** (aus. *essere*) **1** (*est.*) succhiare qlco. come quando si prende il latte: *ha il vizio di popparsi un dito* **2** (*fig.*) bere golosamente (con valore intens.): *s'è poppato un fiasco, quel beone* **SIN.** scolarsi

poppàta [1871] **s. f.** **1** atto del poppare: *dà una p. e poi s'addormenta* **2** pasto a base di latte assunto dal neonato: *una p. ogni 3 o 4 ore* ‖ **poppatina**, **dim.** | **poppatóna**, **accr.**

poppatóio [da *poppare* ✻ 1885] **s. m.** (**pl.** *-ói*) ● recipiente in vetro o materiale plastico, usato per l'allattamento artificiale

poppavìa [comp. di *poppa*② e *via* ✻ 1585] **s. f.** ● (*mar.*) direzione relativa verso la parte di poppa: *a p.* **CONTR.** pruavia

poppétta [1937] **s. f.** **1** dim. di *poppa*② **2** su una barca, parte esterna a poppa dove sta il timoniere

poppière [av. 1625] **s. m.** ● rematore di poppa | marinaio addetto a operare nella poppa o a poppavia

poppièro [1815] **agg.** ● attinente al lato o alla parte di poppa | ***nave poppiera***, in un convoglio, quella che segue immediatamente ciascuna nave

poppùto [da *poppa*① ✻ av. 1714] **agg.** ● (*lett.* o *scherz.*) che ha grosse mammelle: *Era una donna... grassa, paffuta, popputa, panciuta, fiancuta e naticuta* (G. PARINI) | (*fig., lett.*) che ricorda la forma di una mammella, che è rotondo, pieno: *delle cassette quasi elastiche dove ... stanno stivati i popputi aranci* (S. SLATAPER)

pop stàr /pop'star, *ingl.* 'pɒpˌstɑː(r)/ [loc. ingl., comp. di *pop* e *star* ✻ 1987] **loc. sost. f. inv.** (**pl. ingl.** *pop stars*) ● cantante di successo di musica pop

†**populàre** ➤ **popolare**②

†**populazióne** ➤ **popolazione**

populazionismo ➤ **popolazionismo**

populazionista ➤ **popolazionista**

popùleo [vc. dotta, lat. *popŭleu(m)*, agg. di *pōpulus* 'pioppo' ✻ sec. XIV] **agg.** **1** (*lett.*) di pioppo **2** (*lett.*) ornato di pioppi, coltivato o piantato a pioppi

populismo [ingl. *populism*, dal lat. *pŏpulus* 'popolo①' col suff. *-ism* '-ismo' ✻ 1921] **s. m.** **1** movimento politico russo della fine del XIX sec., che mirava alla formazione di una società socialista di tipo contadino, contraria all'industrialismo occidentale **2** (*est.*) ideologia caratteristica di movimento politico o artistico che vede nel popolo un modello etico e sociale **3** (*spreg.*) atteggiamento che mira ad accattivarsi il favore popolare mediante proposte demagogiche, di facile presa

populista [ingl. *populist*, dal lat. *pŏpulus* 'popolo①' col suff. *-ist* '-ista' ✻ 1919] **A** **s. m. e f.**; anche **agg.** (**pl. m.** *-i*) ● seguace, fautore del populismo **B** **agg.** ● populistico

populìstico [1963] **agg.** (**pl. m.** *-ci*) ● concernente il populismo ‖ **populisticaménte**, **avv.**

Populit® o **Pòpulit** [marchio registrato ✻ 1942] **s. m. inv.** ● isolante termico e acustico, a base di fibre di legno e di materiale agglomerante cementizio, usato per soffitti, rivestimenti di pareti e sim.

†**pòpulo**① ➤ **popolo**①

pòpulo② ➤ **popolo**②

pop-up o **popup** /po'pap, *ingl.* 'pɒpˌʌp/ [dal v. ingl. *to pop up* 'saltar su' ✻ 1992] **A** **s. m. inv.** **1** (*inform.*) finestra di piccole dimensioni che si apre sulla schermata attiva: *un pop-up pubblicitario* **2** libro per bambini le cui pagine presentano animazioni in rilievo **B** **agg. inv.**: *libro pop-up*

por /pɔr/ ➤ **porre**

pòrca [lat. *pŏrca(m)*, di orig. indeur. ✻ av. 1320] **s. f.** ● (*agric.*) striscia di terreno piuttosto stretta e più o meno rilevata fra due solchi, spec. per smaltire l'acqua piovana

porcaccióne [da *porco* ✻ av. 1921] **s. m.** (**f.** *-a*) ● sporcaccione, sudicione

porcàggine [da *porco* in senso figurato ✻ 1826] **s. f.** ● (*lett.*) oscenità, turpitudine

porcàio① o **porcàro** [lat. tardo *porcāriu(m)*, da *pŏrcus* 'porco' ✻ av. 1320] **s. m.** (**f.** *-aia*, **pl. m.** *-ai*) ● guardiano di porci

porcàio② [da *porco* ✻ 1871] **s. m.** (**pl.** *-ai*) **1** luogo sudicio, immondo **2** (*fig.*) luogo, ambiente o situazione profondamente immorale: *devi tirarti fuori da quel p.*

porcaréccia o **porcheréccia** [lat. parl. **porcarĭcia(m)*, da *pŏrcus* 'porco' ✻ 1559] **s. f.** (**pl.** *-ce*) ● stalla, recinto dove si allevano i maiali

porcàro ➤ **porcaio**①

porcàta [da *porco* ✻ av. 1916] **s. f.** **1** azione vile e indegna: *fare una p. a qlcu.* **2** frase o atto che offende il pudore altrui: *non fa altro che dire porcate* **SIN.** porcheria **3** (*fam.*) ciò che è di bassissimo livello: *quel film è una autentica p.* **SIN.** boiata, schifezza

porcèddu ➤ **porchetto**

porcellàna① [da *porcella*, perché assomiglia alla vulva di una scrofa; nel sign. 2, per la lucidezza della superficie, simile alle conchiglie ✻ av. 1350] **s. f.** **1** piccolo artropode marino di color rosso giallastro con chele setolose (*Porcellana platycheles*) **2** materiale ceramico, a pasta vetrificata, impermeabile, traslucida, a fine struttura granulosa, usato per lavori artistici, stoviglie, strumenti da laboratorio, sanitari, isolanti elettrici, e sim. **3** (*est.*) oggetto fatto con tale materiale: *una p. di Sèvres, di Capodimonte, di Sassonia* **4** mantello di cavallo di colore bianco con riflessi azzurrognoli

porcellàna② [lat. parl. **porcillāna(m)*, per il classico *porcillāca(m)*, da avvicinare a *portulāca* 'portulaca' ✻ sec. XIV] **s. f.** ● pianta erbacea delle Portulacacee, con fusto sdraiato, piccoli fiori gialli e foglie carnose (*Portulaca oleracea*) | ***p. di mare***, pianta arbustiva delle Chenopodiacee, molto ramosa, con foglie grasse, che vive lungo le spiagge mediterranee (*Atriplex halimus*)

porcellanàre [denominale di *porcellana* ✻ 1922] **v. tr.** ● rivestire con una patina smaltata vetrosa simile a porcellana: *p. una pentola, una vasca da bagno*

porcellanàto **part. pass.** di *porcellanare*; anche **agg.** ● nel sign. del v.

porcellino [1234] **s. m.** **1** (**f.** *-a*) dim. di *porcello* **2** (**f.** *-a*) (*fig.*) bambino sporco **3** (*zool.*) ***p. d'India***, cavia | ***p. di terra***, (*pop.*) isopode terrestre **4** piccola stufa di ferro che poggia su quattro piedi

porcèllo [lat. *porcĕllu(m)*, dim. di *pŏrculus*, a sua volta dim. di *pŏrcus* 'porco' ✻ 1517] **s. m.** **1** (**f.** *-a*) maiale di pochi mesi **2** (**f.** *-a*) (*fig., scherz.*) persona sudicia o di costumi riprovevoli **3** (*zool.*) ***p. acquatico***, capibara ‖ **porcellétto**, **dim.** | **porcellino**, **dim.** (V.) | **porcellóne**, **accr.** (V.) | **porcellòtto**, **accr.**

porcellóne [1865] **s. m.** (**f.** *-a*) **1** accr. di *porcello* **2** (*fig., scherz.*) persona sudicia o dal comportamento indecente

Porcèllum [pseudolatinismo, comp. da *porcello* con cambio di suff., lat. *-um*, creato dal politologo G. Sartori prendendo spunto dal termine *porcata* usato dal ministro per definire la legge ✻ 2005] **s. m. inv.** ● nel linguaggio politico e giornalistico, denominazione della legge elettorale formulata dal ministro R. Calderoli e approvata nel 2005, che prevedeva un sistema a prevalenza proporzionale basato su coalizioni di partiti, con liste bloccate e soglie di sbarramento, e con premio di maggioranza nazionale alla Camera e regionale al Senato **CFR.** Mattarellum

porcétto ➤ **porchetto**

†**porcheggiàre** [1524] **v. intr.** ● comportarsi da porco

porcheréccia ➤ **porcareccia**

†**porcheréccio** [av. 1543] **agg.** ● di porco | ***spiedo p.***, usato per la caccia al cinghiale

porcherìa [da *porco* ✻ 1527] **s. f.** **1** sporcizia, sudiciume: *raccogli questa p. da terra* **2** (*fig.*) cosa fatta in modo pessimo: *che p. quel film!; la traduzione che hai fatto è una vera p.* | (*est.*) cibo, bevanda e sim. disgustosi o preparati male: *il caffè così lungo è una p.* **3** (*fig.*) azione disonesta e sleale: *fare, combinare una p. a qlcu.* **4** (*fig.*) espressione o atto che offende il pudore altrui: *non fa altro che dire porcherie; non fate porcherie davanti ai bambini!* ‖ **porcheriòla**, **dim.**

porchétta [sec. XIV] **s. f.** **1** dim. f. di *porco*

a b c d e f g h i j k l m n o p q r s t u v w x y z

2 maialino, o maiale adulto, cotto intero al forno o allo spiedo con ripieno di lardo, erbe aromatiche e spezie

porchettàio o (*roman.*) **porchettàro** [1808] **s. m. (f. -*aia*, pl. m. -*ai*)** ● chi vende porchetta arrostita

porchettàro ➤ **porchettaio**

porchétto o **porcétto**, (*sardo*) **porcèddu** [da *porc(o)* col suff. dim. *-etto* ✱ 1651] **s. m. 1** dim. di *porco* **2** (*cucina*) maialino arrostito lentamente sulla brace o allo spiedo, specialità della Sardegna

porciglióne [da *porcello* ✱ 1827] **s. m.** ● uccello dei Ralliformi di taglia modesta, con becco lungo e piumaggio denso (*Rallus aquaticus*)

porcilàia [1969] **s. f.** ● porcile

porcìle [da *porco*, sul modello di *ovile* ✱ sec. XII] **A s. m. 1** fabbricato rurale destinato al ricovero dei suini **2** (*fig.*) luogo estremamente sudicio: *la stanza era un p.* **B agg.** ● †di porco

porcinèllo [1892] **s. m. 1** dim. di *porcino* **2** denominazione comune a diversi funghi delle Boletacee con cappello carnoso marrone o rosso bruno, gambo ruvido a squamette, commestibile (*Leccinum*)

porcìno [lat. *porcīnu(m)*, agg. di *pŏrcus* 'porco' ✱ av. 1320] **A agg. 1** di porco: *carne porcina* | ***occhio p.***, piccolo, rotondo e incassato, come gli occhi del porco SIN. suino **2** (*lett., fig.*) da porco, volgare: ... *secondo lo specchio della sua anima porcina* (G. Carducci) **3** (*bot.*) ***pan p.***, ciclamino **B s. m.** ● fungo commestibile con cappello bruno o rossiccio e micelio in simbiosi con castagno, quercia e pino (*Boletus edulis*) | ***p. nero***, fungo commestibile, con cappello marrone scuro e gambo molto tozzo (*Boletus aereus*) SIN. bronzino, moreccio | ***p. lurido, p. livido***, fungo commestibile purché cotto, con cappello di colore variabile dal giallo al marrone, tubuli a pori arancio-rossi (*Boletus luridus*) | ***p. malefico***, fungo velenoso con gambo tozzo, cappello grigio-biancastro o giallo chiaro, con piccoli tubuli gialli a piccoli pori rossi, la cui carne diviene azzurra se esposta all'aria (*Boletus satanas*) SIN. boleto Satana ‖ **porcinèllo**, **dim.** (V.)

†**porcinóso** (o -ṣ-) [da *porcino* ✱ av. 1375] **agg.** ● laido, sozzo

pòrco [lat. *pŏrcu(m)*, di orig. indeur. ✱ 1262] **A s. m. (f. -*a*; pl. m. -*ci*) 1** maiale | ***p. selvatico***, cinghiale | ***p. spino***, V. *porcospino* | ***essere grasso come un p.***, di persona grassissima | ***essere sudicio come un p.***, di persona estremamente sporca | ***fare la vita del beato p.***, di persona oziosa, che pensa solo a mangiare | ***mangiare come un p.***, con ingordigia **2** carne di maiale macellato: *p. salato* **3** (*fig., spreg.*) persona molto sporca oppure immorale, viziosa e volgare: *fare il p.*; *parlare come un p.* | persona spregevole, sleale, infida e sim.: *quel p. me la pagherà!* SIN. carogna **B in funzione di agg. (inv. nel sign. 3) 1** (*spreg.*) indecente, schifoso: *un p. lavoro*; *fare i propri porci comodi* **2** (*pop.*) esprime ira, rabbia, disappunto, impazienza, e sim. nelle loc. inter.: ***p. mondo!***; ***p. cane!***; ***p. Giuda!***; ***porca miseria!***; ***porca l'oca!*** e sim. **3** nella loc. ***pesce p.***, V. *pesce* ‖ **porcàccio**, **pegg.** | **porcaccióne**, **accr.** | **porcèllo**, **dim.** (V.) | **porchétta**, **dim. f.** (V.) | **porchétto**, **dim.** | **porcóne**, **accr.** ‖ **porcaménte**, **avv.** da porco, in modo schifoso

porcospìno o (*raro*) **pòrco spino** [comp. di *porco* e *spino* ✱ av. 1367] **s. m. (pl. *porcospìni*, †*pòrci spìni*) 1** (*zool.*) istrice | (*pop.*) (*impropr.*) riccio | ***p. americano***, ursone **2** (*fig.*) persona burbera e chiusa nei rapporti con gli altri SIN. orso **3** (*mar., gerg.*) istrice nel sign. 3

porcùme [comp. di *porco* e *-ume* ✱ av. 1803] **s. m. 1** (*raro*) sporcizia **2** (*raro, fig.*) indecenza, laidezza

pordenonése (o -ṣ-) [1868] **A agg.** ● di Pordenone **B s. m. e f.** ● abitante o nativo di Pordenone

porèllo ➤ **poverello**

pòrfido o †**pòrfiro** [fr. *porfire*, dal gr. *porphýreos* (V. †*porfireo*), con la dissimilazione della seconda *r* in *d*, come in *rado* e *armadio* ✱ 1282] **s. m.** ● (*geol.*) roccia eruttiva effusiva composta in prevalenza da quarzo e ortoclasio in una massa microcristallina, molto dura, usata per monumenti, pavimentazioni e sim. | (*fig., lett.*) ***cuore di p.***, di pietra

porfìna [ricavato da *porfirina* ✱ 1958] **s. f.** ● composto chimico che costituisce il nucleo essenziale delle porfirine, risultante da quattro gruppi pirrolici

†**porfìreo** [vc. dotta, gr. *porphýreos* 'di porpora'. V. *porfido* ✱ av. 1556] **agg.** ● di porfido

porfirìa [1958] **s. f.** ● (*med.*) malattia, spec. costituzionale, dovuta a un alterato metabolismo delle porfirine, di cui esistono varie forme: *p. congenita*; *p. epatica*; *p. cronica*

porfìrico ① [da †*porfiro* ✱ av. 1869] **agg. (pl. m. -*ci*)** ● (*geol.*) di roccia caratterizzata da fenocristalli immersi in una massa microcristallina: *struttura porfirica*

porfìrico ② [da *porfiria* ✱ 1983] **agg. (pl. m. -*ci*)** ● (*med.*) relativo alla porfiria: *sindrome porfirica*

porfirìna [dal gr. *porphýra* 'porpora' ✱ 1942] **s. f.** ● composto chimico derivato dalla porfina, diffuso in natura come pigmento essenziale per la vita delle cellule animali e vegetali

porfirióne [vc. dotta, lat. *porphyriōne(m)*, dal gr. *porphýriōn*, da *porphýra* 'porpora', per il colore rosso del rostro ✱ av. 1498] **s. m.** ● (*zool.*) pollo sultano

porfirìte [vc. dotta, lat. *porphyrīte(m)*, dal gr. *porphyrī́tēs*, da *porphýra* 'porpora' ✱ av. 1498] **s. f.** ● (*geol.*) roccia eruttiva effusiva di tinta verdastra o rossastra, composta in prevalenza da grossi cristalli di plagioclasio in una massa di fondo più scura

porfiriẓẓàre [da †*porfir(o)* ✱ 1804] **v. tr.** ● ridurre una sostanza solida in polvere impalpabile ‖ **porfiriẓẓazióne**, **s. f.**

†**pòrfiro** ➤ **porfido**

porfiròide [vc. dotta, gr. *porphyroeidḗs* 'purpureo', comp. di *porphýra* 'porpora' ed *-eidḗs* '-oide' ✱ 1819] **A agg.** ● che ha aspetto di porfido **B s. m.** ● (*geol.*) roccia metamorfica finemente scistosa, di color grigio verdognolo, derivante da originari graniti, sieniti o porfidi

♦**pòrgere** [lat. *porrĭgere*, comp. di *pŏr*, var. di *pro-* 'davanti' (V. *pro*①) e *rĕgere* 'dirigere' (V. *reggere*) ✱ av. 1250] **A v. tr. (pres. *io pòrgo* (o -ó-), *tu pòrgi* (o -ó-); pass. rem. *io pòrsi* (o -ó-), *tu porgésti*; part. pass. *pòrto* (o -ó-)) 1** tendere qlco. a qlcu. perché possa prenderla: *gli porse il foglio, un bicchiere, alcuni fiori*; *mi porse amichevolmente la mano* | ***p. la mano***, (*fig.*) aiutare, soccorrere | ***p. orecchio***, ascoltare | ***p. ascolto***, prestare attenzione | (*fig., lett.*) ***p. gli occhi***, guardare | ***p. l'altra guancia***, V. *guancia* **2** (*fig.*) offrire, dare: *p. l'occasione* | presentare (spec. in formule epistolari): *p. i propri saluti*; *p. le condoglianze* | ***p. il destro***, l'opportunità | (*lett.*) ***p. fede***, credere | (*lett.*) apportare, recare: *p. diletto, noia, refrigerio* | (*lett.*) ***p. il colpo***, colpire | (*lett.*) ***p. la morte***, causare la morte **3** (*fig., lett.*) riferire, dire | suggerire **B v. intr. (aus. *avere*) 1** declamare, recitare con efficacia, usando convenientemente l'intonazione, le pause, i gesti ecc.: *sa p. con garbo ed eleganza*; *un modo di p. inconfondibile* **2** †sporgere **C pòrgersi v. rifl.** ● (*lett.*) mostrarsi, presentarsi: *l'ombra d'Anchise si porse* (Dante *Par.* XV, 25)

porgiménto [1355] **s. m.** ● (*raro*) il porgere

porgitóre [av. 1380] **s. m. (f. -*trice*)** ● (*raro*) chi porge | (*raro*) oratore o attore che sa porgere: *è un abile p.*

poricìda [comp. di *por(o)* e *-cida* ✱ 1991] **agg. (pl. m. -*i*)** ● (*bot.*) detto di capsula che espelle i semi mediante l'apertura di pori, come nel papavero

Porìferi [vc. dotta, comp. di *poro-* e *-fero* ✱ 1875] **s. m. pl. (sing. -*o*)** ● (*zool.*) tipo di Metazoi acquatici con corpo sacciforme sostenuto da un'impalcatura cornea, silicea o calcarea (*Porifera*) SIN. Spongiari

pòrno [fr. *porno*, ricavato da *pornographique* 'pornografico' ✱ 1970] **A agg. inv.** ● pornografico: *film, stampa, riviste p.* **B s. m. inv.** ● pornografia, intesa spec. come produzione e smercio di materiale pornografico: *la capitale, la centrale del p.*

pòrno- [ricavato da *pornografico*] **primo elemento** ● in parole composte significa 'pornografico', o indica relazione con la pornografia: *pornofilm, pornorivista, pornostar*

pornoattóre [comp. di *porno-* e *attore* ✱ 1988] **s. m. (f. -*trice*)** ● attore specializzato in film o spettacoli pornografici

pornocassétta [comp. di *porno-* e *cassetta* ✱ 1986] **s. f.** ● videocassetta in cui sono registrati film o spettacoli pornografici

pornocrazìa [comp. di *porno-* e *-crazia* ✱ 1847] **s. f.** ● sistema di potere caratterizzato dalla forte influenza di cortigiane, favorite o prostitute: *la p. romana del X secolo*

pornodìvo [comp. di *porno-* e *divo* ✱ 1986] **s. m. (f. -*a*)** ● attore molto famoso di film o spettacoli pornografici

pornofìlm [comp. di *porno-* e *film* ✱ 1971] **s. m. inv.** ● film di contenuto pornografico

pornofumétto [comp. di *porno-* e *fumetto* ✱ 1972] **s. m.** ● fumetto pornografico

pornografìa [fr. *pornographie*, da *pornographe* 'pornografo' ✱ 1865] **s. f.** ● descrizione o rappresentazione di temi o immagini oscene in scritti, disegni, fotografie, film, spettacoli, ecc.

pornogràfico [da *pornografia* ✱ 1884] **agg. (pl. m. -*ci*)** ● relativo a pornografia, basato sulla pornografia: *materiale p.*; *libro p.*; *fotografie pornografiche* ‖ **pornograficaménte**, **avv.**

SFUMATURE ➤ *osceno*

pornògrafo [fr. *pornographe*, dal gr. *pornográphos*, propr. 'che scrive intorno alle meretrici' comp. di *pórnē* 'meretrice', (dal v. difettivo *pérnēmi* 'io vendo', di orig. indeur.) e *-gráphos* '-grafo' ✱ 1865] **s. m. (f. -*a*)** ● chi scrive, disegna o rappresenta soggetti pornografici

pornolalìa [comp. di *porno-* e *-lalia* ✱ 1900] **s. f.** ● (*psicol.*) tendenza ossessiva all'uso di espressioni oscene

pornolocàle [comp. di *porno-* e *locale* (2) ✱ 1993] **s. m.** ● sala pubblica che ospita spettacoli pornografici

pornorivìsta [comp. di *porno-* e *rivista* ✱ 1972] **s. f.** ● rivista di contenuto pornografico

pornoshòp /pornoʃ'ʃɔp, *ingl.* 'pɔːnəʊˌʃɒp/ [comp. di *porno-* e dell'ingl. *shop* 'negozio' ✱ 1970] **s. m. inv.** ● negozio specializzato nella vendita di materiale pornografico

pornoshow /pornoʃ'ʃo*, *ingl.* 'pɔːnəʊˌʃəʊ/ [comp. di *porno-* e *show* ✱ 1987] **s. m. inv.** ● spettacolo pornografico

pornostàmpa [comp. di *porno-* e *stampa* ✱ 1972] **s. f.** ● il complesso delle pubblicazioni a carattere pornografico

pornostàr /porno'star, *ingl.* 'pɔːnəʊˌstɑː(r)/

p

[comp. di *porno-* e *star* ✻ 1974] **s. f. inv.** ● attore o attrice molto famosi di film o spettacoli pornografici

pornovìdeo [comp. di *porno-* e *video(-clip)* ✻ 1984] **s. m. inv.** ● videoclip che contiene immagini pornografiche | insieme delle immagini contenute in una pornocassetta

pòro [vc. dotta, lat. tardo *pŏru(m)*, dal gr. *póros* 'passaggio', da *péirein* 'passare', di orig. indeur. ✻ 1282] **s. m. 1** (*anat.*) ognuno degli orifizi del condotto escretore della ghiandola sudoripara sulla cute | (*bot.*) ***pori germinativi***, punti attraverso i quali dai granuli di polline esce il budello pollinico | (*fig.*) ***sprizzare rabbia, veleno, invidia da ogni p., da tutti i pori***, essere incattivito o invidioso | (*fig.*) ***sprizzare salute, felicità da ogni p., da tutti i pori***, essere sanissimo, felicissimo e sim. **2** ognuno dei piccoli forellini riscontrabili nei corpi solidi: *i pori del legno, della roccia* **3** (*astron.*) ***p. solare***, area scura e quasi puntiforme che appare sulla fotosfera del Sole e che, espandendosi, produce una macchia ‖ **porétto**, **dim.**

pòro-, -poro [dal gr. *póros* 'passaggio'; V. *poro*] **primo e secondo elemento** ● in parole composte della terminologia scientifica significa 'passaggio, orifizio': *poriferi, poroforo, blastoporo*

poroadenìte [comp. di *poro-* e *adenite* ✻ 1958] **s. f.** ● (*med.*) adenite

poròforo [comp. di *poro-* e *-foro* ✻ 1965] **agg.; anche s. m.** ● detto di sostanza capace di generare porosità

poróso (o **-ṣ-**) [da *poro* ✻ av. 1320] **agg.** ● ricco di pori: *pelle porosa; pietra porosa* ‖ **porosità**, **s. f. inv. 1** caratteristica di ciò che è poroso CONTR. compattezza, densità **2** (*fis.*) proprietà generale dei corpi di essere forniti di spazi o distanze fra le molecole che li compongono

porpeẓìte [da *Porpez*, località del Brasile dove fu trovata ✻ 1883] **s. f.** ● lega naturale di oro e palladio

♦**pórpora** [vc. dotta, lat. *pŭrpura(m)*, dal gr. *porphýra*, di etim. incerta ✻ av. 1250] **s. f. 1** sostanza colorante rossa usata dagli antichi, secreta da ghiandole del tegumento di gasteropodi marini del genere *Purpura* e *Murex* **2** colore vermiglio: *cielo di p.* | ***essere, diventare, farsi di p.***, (*fig.*) arrossire violentemente **3** drappo, tessuto tinto con la porpora | (*est.*) veste realizzata con tale tessuto: *la p. regia, prelatizia* | (*est.*) la dignità e il titolo di cardinale: *aspirare alla p.; essere innalzato alla p.* | ***indossare la p.***, essere eletto cardinale **4** (*med.*) macula rosso-violacea della pelle dovuta a una piccola emorragia: *p. emorragica* | ***p. retinica***, rodopsina

porporàto [vc. dotta, lat. *purpurātu(m)*, da *pŭrpura* 'porpora' ✻ av. 1327] **A agg.** ● vestito, ornato di porpora: *senatori porporati* **B s. m.** ● cardinale | chi ha diritto alla dignità della porpora

porporeggiàre o **purpureggiàre** [da *porpora*, sul modello del gr. *porphyrízein*, da *porphýra* 'porpora' ✻ av. 1426] **A v. intr.** (**pres.** *io porporéggio*; **fut.** *io porporeggerò*; **aus.** *avere*) ● (*lett.*) rosseggiare come porpora, tendere al color porpora **B v. tr.** ● †tingere nel colore della porpora

porporìna [da *porporino* ✻ sec. XV] **s. f. 1** sostanza colorante rossa **2** polvere metallica iridescente usata per ricoprire oggetti di varia natura

♦**porporìno** [da *porpora* ✻ av. 1332] **agg.** ● purpureo, vermiglio: *guance, labbra porporine; un fiore p.; il muto cielo / saettato da sprazzi porporini* (G. D'ANNUNZIO)

†**pórporo** [sec. XIII] **s. m.** ● porpora

porràccio [da *porro* ✻ av. 1826] **s. m.** ● (*bot.*) asfodelo

porrandèllo [da *porro* ✻ 1871] **s. m.** ● (*bot.*) erba perenne delle Alliacee, simile al porro, con bulbo commestibile diviso in pochi spicchi e stelo con infiorescenza globosa di piccoli fiori rosei (*Allium ampeloprasum*)

♦**pórre** o †**pónere** [lat. *pōnere*, comp. di *po-* (che indica allontanamento) e *sĭnere* 'lasciare' (di etim. incerta) ✻ sec. XII] **A v. tr.** (**talvolta troncato in** *por*; **pres.** *io póngo, tu póni, egli póne, noi poniàmo,* †*pognàmo,* †*pogniàmo, voi ponéte, essi póngono*; **pass. rem.** *io pósi,* †*puòsi, tu ponésti, egli póse,* †*puòse, noi ponémmo, voi ponéste, essi pósero,* †*puòsero*; **fut.** *io porrò,* †*ponerò*; **congtv. pres.** *io pónga,* †*pógna, noi poniàmo,* †*pognàmo,* †*pogniàmo,* †*ponghiàmo, voi poniàte,* †*pognàte,* †*pogniàte,* †*ponghiàte, essi póngano*; **condiz. pres.** *io porrèi,* †*ponerèi*; **gerund.** *ponèndo,* †*pognèndo*; **part. pass.** *pósto,* †*pòsito,* †*ponùto*) **1** mettere: *p. a tavola, in un cassetto, da parte, in disparte, al coperto, al riparo; posero a confronto i due imputati, le due tesi; p. a frutto, a interesse un capitale, una somma* | (*lett.*) ***p. agguati, insidie***, tenderli, predisporli **2** collocare, posare: *gli pose una mano sul capo; mi pose un foglio tra le mani; p. le basi, le fondamenta di un edificio, di una costruzione* | ***p. la prima pietra***, dare inizio a una costruzione edile | stabilire, piantare (**anche fig.**): *p. il campo, le tende; ha posto a vigna tutto il terreno; p. le basi di una società migliore, le fondamenta di una nuova cultura* | ***p. confini, limiti***, limitare, contenere (**anche fig.**) **3** (*fig.*) †deporre, smettere | ***p. giù***, (*fig.*, **lett.**) abbandonare, mettere da parte: *Pon giù omai, pon giù ogni temenza* (DANTE *Purg.* XXVII, 31) **4** dedicare, spec. in iscrizioni tombali o commemorative: *gli amici riconoscenti posero* **5** (*lett.*) innalzare, erigere: *i templi ... l'arte non pose a questo fine* (G. PARINI) **6** (*fig.*) supporre, ipotizzare (+ *che* **seguito da congtv.**, + *di* **seguito da inf.**): *poniamo che quanto affermi sia vero; poniamo che a sia uguale a* b; *poniamo di esserci sbagliati* | ***poni il caso che***, supponiamo che: *poni il caso che lunedì piova* | ***poni caso***, per ipotesi: *e se lui, poni caso, decide di accettare?* | (*lett.*) ritenere: *Democrito, che 'l mondo a caso pone* (DANTE *Inf.* IV, 136) **7** in molti casi il significato del verbo è determinato dal complemento che lo segue | ***p. fine, termine***, terminare | ***p. una domanda***, rivolgerla | ***p. un quesito***, prospettarlo | ***p. una questione, un problema***, impostarli | †***p. l'animo a qlco.***, interessarsene | ***p. mente a qlco.***, considerarla con attenzione | ***p. la mira***, mirare (**spec. fig.**) | ***p. gli occhi, lo sguardo***, fissarli o appuntarli su qlco. o qlcu.; (*fig.*) guardare con palese interesse o desiderio: *da tempo ha posto gli occhi su quel podere* | ***p. mano alla spada***, impugnarla per combattere | ***p. mano a qlco.***, iniziare, intraprendere qlco. | (*fig.*) ***p. un freno***, contenere, limitare, frenare | ***p. in essere, in atto***, realizzare | ***p. in esecuzione***, cominciare a realizzare | ***p. a effetto***, mandare a effetto | ***p. in salvo***, salvare **8** (*raro*) attribuire: *p. qlco. a colpa di qlcu.* **9** (*raro*) aggiungere **10** †esporre: *p. la propria persona, la vita* **B v. intr. 1** †tramontare, detto del sole **2** †approdare **C pórsi v. tr. pron.** (**aus.** *essere*) **1** mettere qlco. su di sé: *al vedere il predicatore porsi una corda al collo* (A. MANZONI) **2** rivolgere a sé stesso: *poniamoci una domanda* | proporsi: *porsi un obiettivo* | (*lett.*) ***porsi qlco. in animo, in mente, in cuore***, decidere, stabilire **D pórsi v. rifl. 1** mettersi: *porsi a sedere, in marcia, in cammino; i commensali si posero a tavola; porsi in salvo* | (*fig.*) atteggiarsi: *non so come intenda porsi di fronte a una scelta così difficile* **2** †posarsi, detto di insetti o uccelli: *Si come quando il colombo si pone* (DANTE *Par.* XXV, 19)

pòrridge /ˈpɔrridʒ, *ingl.* ˈpɒrɪdʒ/ [vc. ingl., dal fr. *potage* 'minestra' ✻ 1825] **s. m. inv.** ● piatto a base di farina d'avena bollita in acqua o latte zuccherati, tipico della cucina inglese

porrìna [vc. dotta, lat. *porrīna(m)*, che aveva però il sign. di 'aiuola di porri', da *pŏrrum* 'porro' ✻ 1565] **s. f.** ● pianta di castagno allevata per farne pali o legname da lavoro

pòrro [lat. *pŏrru(m)*, di orig. preindeur. ✻ 1280] **s. m. 1** pianta erbacea delle Alliacee con piccolo bulbo bianco e foglie tubolari verde chiaro, usata come ortaggio (*Allium porrum*) **2** (*pop.*) verruca volgare **3** (*veter.*) cancro del fettone ‖ **porrétto**, **dim.** | **porrino**, **dim.** | **porróne**, **accr.**

porróso (o **-ṣ-**) [1641] **agg.** ● pieno di porri, di bitorzoli: *mani porrose*

pòrsi ① ➤ **porgere**

pórsi ② ➤ **porre**

♦**pòrta** [lat. *pŏrta(m)*, propr. 'passaggio', di orig. indeur. ✻ sec. XIII] **A s. f. 1** apertura praticata in una parete o in una recinzione per crearvi un passaggio | serramento che si applica a tale apertura per aprirla o chiuderla: *p. interna, esterna, principale, secondaria, a vetri, a uno o due battenti* | ***p. maestra***, di città, castello, fortezza | ***p. pretoria***, porta principale dell'accampamento romano, volta verso il nemico | ***p. decumana***, opposta alla pretoria | ***p. di servizio***, in alberghi e palazzi, quella riservata ai fornitori e ai domestici | ***p. scorrevole***, che si apre con uno spostamento laterale dell'anta | ***p. girevole***, in locali pubblici, porta a bussola con ante fissate su un asse girevole, che aprono dei varchi per l'entrata e l'uscita delle persone | ***p. di sicurezza***, in locali pubblici, vano che in caso d'incendio permette un rapido sfollamento | ***p. a comando pneumatico, a pannelli ripiegabili, a fisarmonica***, nei tram, autobus, automotrici e sim. | ***p. stagna***, nelle paratie stagne navali, chiusura pronta ed ermetica aperta nel passaggio da un locale a un altro | ***p. finestra***, V. *portafinestra* | ***fuori p.***, V. *fuoriporta* | ***alle porte***, (*fig.*) molto vicino, nel tempo e nello spazio: *abita alle porte di Milano; ormai l'inverno è alle porte* | ***Annibale alle porte***, (*fig.*) detto di grave pericolo incombente (con riferimento all'arrivo di Annibale alle porte di Roma nel 211 a.C. durante la seconda guerra punica) | ***mettere qlcu. alla p.***, scacciarlo | ***prendere la p.***, andarsene | ***chiudere la p.***, (*fig.*) mettere fine a qlco. | ***andare di p. in p.***, andare chiedendo l'elemosina o dei favori di casa in casa, da una persona all'altra | ***abitare p. a p.***, uno accanto all'altro | ***vendita p. a p.***, V. *porta a porta* | ***chiudere la p. in faccia a qlcu.***, (*fig.*) rifiutargli ogni aiuto | ***battere a tutte le porte***, (*fig.*) domandare a tutti spec. aiuto materiale | ***trovare la p. chiusa, tutte le porte chiuse***, (*fig.*) ottenere solo rifiuti | ***indicare la p. a qlcu.***, (*fig.*) invitarlo ad andarsene | ***aprire le porte***, (*fig.*) concedere a qlcu. di entrare in particolari ambienti, gruppi e sim.: *quella conoscenza gli aprirà tutte le porte* | (*fig.*) ***sfondare una p. aperta***, tentare cose già fatte da altri o sostenere tesi e opinioni che nessuno contesta o discute | ***p. aperta a chi porta, e chi non porta, parta***, libero accesso a chi reca doni, e chi viene a mani vuote, se ne vada (scioglilingua) | ***uscire dalla p. e rientrare dalla finestra***, V. *finestra* | (*dir.*) ***a porte chiuse***, a cui il pubblico non può assistere: *udienza, dibattimento a porte chiuse* **2** (**al pl.**) imposte, battenti: *le porte bronzee del Battistero* **3** sportello: *la p. dell'armadio, del forno, della caldaia* **4** in vari giochi di palla, struttura di grandezza varia posta alle due estremità del campo, dentro la quale i giocatori delle due squadre cercano di mandare la palla o il disco per ottenere un punto a proprio vantaggio: *tirare in p.* | nello sci, passaggio obbligato per i concorrenti delle gare di slalom e di supergigante, costituito da due paletti di uguale colore tra i quali, nella parte superiore, è teso un telo **5** (*inform.*) componente del computer a cui si collegano le periferiche per scambiare dati | ***p. parallela***, che trasferisce più bit contemporaneamente (usata per stampante, scanner, ecc.) | ***p. seriale***, che consente il passaggio di un bit alla volta (per mouse, modem, stampante seriale, ecc.) **6** (*geogr.*) valico di montagna, passo | ***p. del ghiacciaio, p. glaciale***, bocca del ghiacciaio **7** (*stor.*) ***Sublime P.***, il governo e la corte dell'Impero ottomano; (*est.*) l'Impero stesso **8** (*anat.*) ***p. erniaria***, apertura della parete addominale attraverso cui esce l'ernia **9** (*est.*) †apertura, voragine: *la p. / del bassissimo pozzo* (DANTE *Inf.* XXIV, 37-38) ‖ (*lett.*) **portàccia**, **pegg.** | (*lett.*) **portèlla**, **dim.** | **portèllo**, **dim. m.** (V.) | **porticciuòla**, **dim.** | **porticèlla**, **dim.** | **porticina**, **dim.** | **portina**, **dim.** | **portóne**, **accr. m.** (V.) **B** **in funzione di agg. inv.** (**posposto a un sost.**) ● (*anat.*) solo nella loc. ***vena p.***, vena che raccoglie il sangue dallo stomaco, dall'intestino e dalla milza convogliandolo al fegato

NOMENCLATURA

porta
● *caratteristiche*: interna ⇔ esterna, segreta;
● *tipi di porta*: girevole (tornello), scorrevole = coulisse (a soffietto = a libro, saracinesca = ghigliottina = avvolgibile, a comando pneumatico, a pannelli ripiegabili, a fisarmonica), a uno, a due battenti, basculante = a pendolo, a vento, portafinestra (cfr. finestra); cancello, portale, portone (portoncino, portello), porta blindata, di sicurezza, antincendio, di servizio, maestra = principale = padronale, bussola, controporta; carraia; porta stagna; portiera = sportello (cfr. automobile); portellone, boccaporto; urbica, maestra, pretoria ⇔ decumana;
● *parti della porta*: telaio a muro, montante, soprapporta, strombatura, cornice, mostra = coprifilo, architrave, stipiti, soglia, arpioni = gangheri = cardini, spinta, battenti, pannelli; campanello, batacchio = battiporta, battuta, serratura, chiave, chiavistello, toppa, maniglia, pomello, paletto, catenaccio, catena di sicurezza, spranga, saliscendi, monachetto, nasello, spioncino, gattaia = gattaiola;
● *azioni*: entrare ⇔ uscire, fare ingresso = varcare la soglia, mettere piede, avere accesso = accedere, introdursi; bussare = suonare, aprire, spalancare ⇔ chiudere, serrare, sbarrare, socchiudere = accostare, accompagnare ⇔ sbattere; incardinare ⇔ scardinare, sfondare, abbattere, scassinare, forzare; cigolare.

pòrta- [da *portare*] **primo elemento** ● in parole composte, indica trasporto (*portacontainers*), contenimento (*portacenere*), custodia (*portagioie*), sostegno (*portasciugamano*) o anche apporto (*portafortuna*) di ciò che è indicato dalla seconda parte del termine

portaàcqua o **portàcqua** [comp. di *porta-* e *acqua* ✱ 1729] **s. m. e f. inv. 1** (*raro*) acquaiolo **2** (*raro*) portaborracce

portaàghi [comp. di *porta-* e il pl. di *ago* ✱ 1829] **s. m. inv. 1** astuccio nel quale vengono conservati gli aghi da cucito **2** strumento chirurgico a forma di pinza per manovrare gli aghi da sutura

portaamalgama ➤ **portamalgama**

pòrta a pòrta [trad. dell'ingl. *door-to-door* ✱ 1983] **A** **loc. agg. inv.** ● detto di tecnica di vendita al dettaglio in cui il prodotto viene offerto direttamente al domicilio dell'acquirente: *campagna pubblicitaria porta a porta* **SIN.** door-to-door **B** **anche loc. avv.**: *vendere, distribuire porta a porta* **C** **anche loc. sost. m. inv.**

portaattrézzi ➤ **portattrezzi**

portabagàgli o **portabagàglio** nel sign. A 2 [comp. di *porta-* e il pl. di *bagaglio*; calco sul fr. *porte-bagages* ✱ 1914] **A** **s. m. inv.** (**anche f. nel sign. 1**) **1** facchino **2** struttura metallica che si applica al tettuccio degli autoveicoli per il trasporto di valigie, pacchi e sim. **SIN.** bagagliera | nelle vetture ferroviarie, nelle autocorriere e sim., ripiano su cui si appoggiano bagagli e soprabiti | (*impropr.*) bagagliaio di un'auto **B** **anche agg. inv.**: *carrello p.* | ***vano p.***, bagaglieria

portabandièra [comp. di *porta-* e *bandiera*; calco sul fr. *porte-bannière* ✱ 1799] **A** **s. m. e f. inv. 1** chi ha il compito di portare la bandiera **SIN.** alfiere **2** (*fig.*) chi è il principale difensore di una dottrina, il principale esponente di una teoria e sim.: *fu per lunghi anni il p. del surrealismo* **B** **anche agg. inv.**: *sottotenente p.*

portabastóni [comp. di *porta-* e il pl. di *bastone* ✱ 1931] **A** **s. m. inv.** (**anche f. inv. nel sign. 2**) **1** rastrelliera per i bastoni da passeggio **2** nel golf, l'assistente che porta la sacca con i bastoni, segnala la posizione raggiunta dalla palla e svolge altri servizi **SIN.** caddie **B** **anche agg. inv.**: *mobiletto p.*

portabiancherìa [comp. di *porta-* e *biancheria* ✱ 1970] **A** **s. m. inv.** ● mobiletto o custodia di varia forma e materia, usato per contenere la biancheria da lavare **B** **anche agg. inv.**: *mobile p.*

portabigliétti [comp. di *porta-* e il pl. di *biglietto*; calco sul fr. *porte-billets* ✱ 1866] **A** **s. m. inv.** ● custodia di pelle o altro, simile a un portafogli, per tenervi biglietti da visita **B** **anche agg. inv.**: *custodia p.*

portàbile [vc. dotta, lat. tardo *portābile(m)*, da *portāre* 'portare' ✱ 1361] **agg. 1** che si può portare: *carico p.* **2** che si può indossare: *abito difficilmente p.* **CONTR.** importabile **3** (*fig.*, *lett.*) tollerabile ‖ **portabilità**, **s. f. inv.** (V.)

portabilità [da *portabile*; nel sign. 2, calco sull'ingl. *portability* ✱ 1980] **s. f. inv. 1** caratteristica di ciò che è portabile, detto spec. di capi di abbigliamento **2** (*tecnol.*) caratteristica di determinati prodotti di adattarsi facilmente e senza alcuna modifica a condizioni di impiego diverse da quelle previste in sede progettuale: *p. di un sistema operativo* | ***p. di un numero telefonico***, possibilità di un utente di mantenere il proprio numero di telefono anche cambiando operatore | (*est.*) versatilità; integrabilità

portàbiti o **portàbito** [comp. di *port(a)-* e il pl. di *abito* ✱ 1963] **A** **s. m. inv.** ● sostegno per appendere gli abiti ed evitare che si sgualciscano **B** **anche agg. inv.**: *gruccia p.*

portabóllo [comp. di *porta-* e *bollo* ✱ 1950] **A** **s. m. inv.** ● custodia in cui si mette il bollo di circolazione per motoveicoli e autoveicoli **B** **anche agg. inv.**: *bustina p.*

portabómbe [comp. di *porta-* e il pl. di *bomba* ✱ 1953] **A** **s. m. inv.** ● apparato che in un aeromobile contiene o tiene agganciate le bombe predisposte per il lancio o lo sgancio: *p. ventrale* **B** **anche agg. inv.**: *vano p.*

portaborràcce [comp. di *porta-* e il pl. di *borraccia* ✱ 1963] **s. m. e f. inv.** ● (*disus.*) nelle gare ciclistiche, gregario addetto al rifornimento di bevande per il caposquadra | (*fig.*, *spreg*) portaborse

portabórse [comp. di *porta-* e il pl. di *borsa*① ✱ 1980] **s. m. e f. inv.** ● (*spreg.*) chi, lavorando spec. come segretario di un personaggio potente, si mostra, nei suoi confronti, disponibile fino al servilismo

portabottìglie [comp. di *porta-* e il pl. di *bottiglia*: calco sul fr. *porte-bouteilles* ✱ 1846] **A** **s. m. inv.** ● scaffale di legno o metallo per riporre orizzontalmente le bottiglie **SIN.** bottigliere, cantinetta **B** **anche agg. inv.**: *scaffale, ripiano, cestello p.*

portabùrro [comp. di *porta-* e *burro* ✱ 1970] **A** **s. m. inv.** ● burriera **B** **anche agg. inv.**: *vassoio p.*

portacandéla o **portacandéle** [comp. di *porta(re)* e *candela* ✱ 1974] **s. m.** (**pl. inv. o** *-e*) ● candeliere che ha il supporto per una sola candela o più candele

portacappèlli [comp. di *porta-* e il pl. di *cappello*; calco sul fr. *porte-chapeaux* ✱ av. 1594] **A** **s. m. inv.** ● (*raro*) cappelliera **B** **anche agg. inv.**: *valigetta p.*

portacàrta [comp. di *porta-* e *carta* ✱ 1870] **s. m. inv. 1** contenitore per carta igienica in risma **2** portarotolo

portacàrte [comp. di *porta-* e il pl. di *carta*; calco sul fr. *porte-cartes* ✱ 1870] **A** **s. m. inv.** ● borsa di pelle o altro in cui mettere carte, documenti, libri: *un p. in cuoio* **B** **anche agg. inv.**: *una cartella p.*

portacàsco [comp. di *porta-* e *casco* ✱ 1990] **A** **s. m.** (**pl.** *-schi*) ● in una motocicletta, vano per riporre il casco **B** **anche agg. inv.** (**posposto a un sost.**): *baule p.*

portacassétte [comp. di *porta-* e del pl. di *cassetta* ✱ 1991] **s. m. inv.** ● contenitore nel quale si ripongono cassette audio o video

portacatìno [comp. di *porta-* e *catino* ✱ 1883] **A** **s. m. inv.** ● supporto di ferro per il catino **B** **anche agg. inv.**: *supporto p.*

portacénere [comp. di *porta-* e *cenere* ✱ 1885] **A** **s. m. inv.** ● vasetto o piattino in cui si depongono la cenere delle sigarette e dei sigari, i mozziconi, i fiammiferi spenti **SIN.** ceneriera, posacenere **B** **anche agg. inv.**: *vasetto p.*

portacéste o **portacésta** [comp. di *porta-* e il pl. di *cesta* ✱ 1908] **s. m. e f. inv.** ● (*disus.*) nel gergo teatrale, addetto al trasporto del bagaglio personale degli attori

portachiàtte [comp. di *porta-* e *chiatte* ✱ 1991] **s. f. inv.** ● nave adibita al trasporto di altura di chiatte

portachiàvi [comp. di *porta-* e il pl. di *chiave*; calco sul fr. *porte-clefs* ✱ 1954] **A** **s. m. inv.** ● piccolo oggetto di varia forma e materiale, in cui si tengono riunite le chiavi **B** **anche agg. inv.**: *anello p.*

portacìcche [comp. di *porta-* e il pl. di *cicca* ✱ 1918] **s. m. inv.** ● (*gerg.*) nella prima Guerra mondiale, giberna

portacìpria [comp. di *porta-* e *cipria* ✱ 1938] **s. m. inv.** ● scatoletta contenente cipria, un piumino e uno specchietto, tenuta in borsetta per ritoccare il trucco

portacolóri [comp. di *porta-* e il pl. di *colore* ✱ 1958] **s. m. e f. inv.** ● chi partecipa a una gara sportiva per conto di una società o scuderia | (*est.*) l'atleta più rappresentativo di una squadra | (*est.*) il personaggio più rappresentativo di un movimento o di un partito politico

portacontainer /portakon'teiner/ [comp. di *porta-* e il pl. di *container* ✱ 1968] **A** **agg. inv.** ● detto di mezzo di trasporto, spec. nave, appositamente costruito per portare container **B** **s. f. inv.** ● nave portacontainer

portacontenitóri [comp. di *porta-* e il pl. di *contenitore* ✱ 1983] **agg. inv.** ● portacontainer

portacovóni [comp. di *porta-* e il pl. di *covone* ✱ 1965] **s. m. inv.** ● tipo di telaio destinato a ricevere i covoni dalla mietilegatrice, quando non vengono scaricati direttamente a terra

portàcqua ➤ **portaacqua**

portacravàtte [comp. di *porta-* e il pl. di *cravatta* ✱ 1983] **s. m. inv.** ● piccola rastrelliera per tenere appese le cravatte, generalmente collocata all'interno di un armadio

portadìschi [comp. di *porta-* e il pl. di *disco* ✱ 1965] **A** **s. m. inv.** ● album o mobiletto per dischi musicali **B** **anche agg. inv.**: *mobile p.* | ***piatto p.***, parte del giradischi su cui viene posto il disco

portadocuménti [comp. di *porta-* e del pl. di *documento* ✱ 1965] **A** **s. m. inv.** **1** portacarte **2** custodia di piccolo formato e di svariati materiali, destinata a contenere documenti personali e carte di credito **B** **anche agg. inv.**: *cartella p.*

portadólci [comp. di *porta-* e il pl. di *dolce* ✱ 1846] **s. m. inv.** ● piatto a più ripiani munito di un piede di sostegno, usato per servire dolci: *p. di maiolica, d'argento*

portaelicòtteri [comp. di *porta-* e il pl. di *elicottero* ✱ 1961] **A** **s. f. inv.** ● nave attrezzata per consentire il decollo e l'atterraggio degli elicotteri usati per operazioni di sbarco o caccia ai sommergibili **B** **anche agg. inv.**: *nave, fregata, incrociatore p.*

portaèrei [comp. di *port(a)-* e il pl. di *aereo* ✱ 1931] **A** **agg. inv.** ● che è in grado di portare aerei e di farli partire in volo, detto spec. di grandi veicoli attrezzati allo scopo: *nave p.*; *aereo p.* **B** **s. f. inv.** ● grande nave militare, con ampio ponte di volo dal quale partono e sul quale atterrano gli aerei imbarcati sulla nave stessa con compiti di scorta, esplorazione, attacco **SIN.** portaeromobili **C** **s. m. inv.** ● aereo portaerei

portaeromòbili [comp. di *porta-* e il pl. di *aeromobile* ✱ 1986] **s. f. inv.** ● (*milit.*) portaerei

portaferìti [comp. di *porta-* e il pl. di *ferito* ✱ 1902] **s. m. inv.** ● soldato addetto al trasporto dei feriti dal campo di battaglia al posto di medicazione

portafiàccole [comp. di *porta-* e il pl. di *fiaccola* ✱ 1861] **s. m. inv.** ● braccio di bronzo o ferro battuto fissato al muro esterno di un palazzo, per sostenere fiaccole o torce

portafiammìferi [comp. di *porta-* e il pl. di *fiammifero*; calco sul fr. *porte-allumettes* ✱ 1890] **A** **s. m. inv.** ● scatoletta o vasetto per tenervi i fiammiferi **B** **anche agg. inv.**: *scatoletta p.*

portafiàschi [comp. di *porta-* e il pl. di *fiasco* ✱ 1735] **A** **s. m. inv.** ● paniere per più fiaschi o bottiglie **B** **anche agg. inv.**: *paniere p.*

portafiàsco [comp. di *porta-* e *fiasco* ✱ 1958] **s. m.** (**pl.** *-schi*) ● cestello da tavola per tenere il fiasco del vino

portafìlo o **portafìli** [comp. di *porta-* e *filo* ✱ 1983] **A** **s. m. inv.** ● dispositivo del telaio tessile che mantiene l'ordito nella posizione voluta **B** **anche agg. inv.**: *dispositivo p.*

portafinèstra o **pòrta finèstra** [comp. di *porta* e *finestra*: calco sul fr. *porte-fenêtre* ✱ 1890] **s. f.** (**pl.** *portefinèstre*) ● finestra da balcone o terrazzo apribile fino al pavimento

portafióri [comp. di *porta-* e il pl. di *fiore* ✱ 1891] **A** **s. m. inv.** ● vaso o sostegno per fiori recisi **B** **anche agg. inv.**: *recipiente, cassetta p.*

portafògli [av. 1556] **s. m. inv.** ● portafoglio, nei sign. 1 e 2

♦**portafòglio** [comp. di *porta-* e *foglio*; calco sul fr. *porte-feuille* ✱ av. 1794] **s. m.** (**pl.** *-i*) **1** custodia di pelle o altro materiale per banconote, carte di credito, documenti e sim.: *il p. è vuoto* | ***mettere mano al p.***, accingersi a pagare | ***alleggerire qlcu. del p.***, rubarglielo | ***avere il p. gonfio, ben fornito e sim.***, essere ricco | ***gonna a p.***, aperta e sovrapposta largamente sul davanti o sul dietro **2** (*est.*) cartella o borsa per documenti e sim. | borsa usata dai ministri **3** (*fig.*) funzione o carica di ministro: *il p. degli Esteri, degli Interni* | ***senza p.***, detto di membro del governo che abbia dignità o titolo di ministro, senza essere preposto ad alcun dicastero particolare **4** complesso delle cambiali esistenti presso una banca in attesa di riscossione, e dei titoli che rappresentano un investimento dell'istituto stesso | ***p. estero***, complesso di titoli o divise estere posseduti da una banca o da un'impresa | complesso delle azioni, dei depositi, dei titoli, dei fondi comuni e di altre obbligazioni possedute da una persona o da un ente in un certo momento | complesso delle polizze emesse da una compagnia d'assicurazione in una certa data || **portafogliìno**, **dim.**

portafortùna [comp. di *porta-* e *fortuna* ✱ 1890] **A** **s. m. inv.** ● amuleto | persona, animale che si ritiene porti fortuna **B** **anche agg. inv.**: *un ciondolo p.*

portafòto [comp. di *porta-* e *foto* ✱ 2001] **s. m. inv.** ● accorc. di *portafotografie*

portafotografìe [comp. di *porta-* e il pl. di *fotografia* ✱ 1983] **s. m. inv.** ● accessorio di forma e materiale vari, in cui inserire una o più fotografie

portafrùtta [comp. di *porta-* e *frutta* ✱ 1937] **A** **s. m. inv.** ● fruttiera **B** **anche agg. inv.**: *recipiente p.*

portafusìbili [comp. di *porta-* e il pl. di (*valvola*) *fusibile* ✱ 1965] **s. m. inv.** ● (*elettr.*) dispositivo di porcellana, bachelite o altro materiale isolante, che contiene uno o più fusibili

portaghiàccio [comp. di *porta-* e *ghiaccio* ✱ 1991] **A** **s. m. inv.** ● contenitore per cubetti di ghiaccio **B** **anche agg. inv.**: *secchiello p.*

portagiòie [comp. di *porta-* e il pl. di *gioia* ✱ 1958] **A** **s. m. inv.** ● cofanetto spesso artisticamente lavorato in cui si ripongono e conservano i gioielli **B** **anche agg. inv.**: *scrigno p.*

portagioièlli [comp. di *porta-* e il pl. di *gioiello* ✱ 1958] **A** **s. m. inv.** ● portagioie **B** **anche agg. inv.**: *cofanetto p.*

portagomìtoli o **portagomitolo** [comp. di *porta-* e il pl. di *gomitolo* ✱ 1941] **A** **s. m. inv.** ● scatoletta cilindrica contenente uno o più gomitoli di lana, spago o altro, il cui capo viene fuori da un buco **B** **anche agg. inv.**: *scatola p.*

portagómma [comp. di *porta-* e *gomma* ✱ sec. XX] **A** **s. m. inv.** ● elemento terminale di un raccordo, un rubinetto e sim. su cui è possibile innestare a pressione un tubo di gomma **B** **anche agg. inv.**: *raccordo p.*

portaimmondìzie [comp. di *porta-* e il pl. di *immondizia* ✱ 1958] **s. m. inv.** ● pattumiera

portaimprónta [comp. di *porta-* e *impronta* ✱ 1973] **s. m. inv.** ● strumento del dentista usato per prendere l'impronta necessaria per le protesi

portaincènso o **portincènso** [comp. di *porta-* e *incenso* ✱ 1958] **s. m. inv.** ● (*relig.*) navicella

portainnèsto o **portinnèsto** [comp. di *porta-* e *innesto* ✱ 1958] **s. m.** (**pl.** *-i*) ● (*agric.*) pianta o parte di essa che riceve l'innesto

portainségna o **portinségna** [comp. di *porta-* e *insegna*; calco sul fr. *porte-enseigne* ✱ sec. XVI] **s. m. inv.** (**anche f. inv. nel sign. 2**) **1** soldato che portava la bandiera in sostituzione dell'alfiere, al quale si accompagnava **2** (*fig.*) alfiere: *un p. del surrealismo*

portalàmpada o **portalàmpade** [comp. di *porta-* e *lampada* ✱ 1925] **A** **s. m. inv.** ● dispositivo cilindrico cavo di metallo e porcellana in cui si avvita il peduccio della lampadina elettrica **B** **anche agg. inv.**: *dispositivo p.*

portalàndre [comp. di *porta-* e il pl. di *landra* ✱ 1889] **s. m. inv.** ● (*mar.*, *raro*) asse di legno che sostiene le landre delle coffe

portalàpis [comp. di *porta-* e *lapis*; calco sul fr. *porte-crayon* ✱ 1853] **A** **s. m. inv.** **1** cannello spec. metallico dentro il quale si introduce la matita consumata per poterla agevolmente usare anche se corta **SIN.** portamatita **2** portamatite **B** **anche agg. inv.**: *astuccio p.*

portàle① [da (*vena*) *porta* ✱ 1958] **agg.** ● (*anat.*) della vena porta

portàle② [da *porta* ✱ 1499] **s. m.** **1** grande porta di chiese e palazzi con decorazioni e ornati **2** (*tecnol.*) struttura sporgente costituita da una traversa rettilinea, orizzontale o arcuata, sorretta da piedritti ad asse verticale o inclinato, rigidamente collegati a essa **3** (*Internet*) sito che offre servizi diversi e rimanda ad altri siti | ***p. verticale***, vortale || **portalétto**, **dim.** | **portalìno**, **dim.**

portalènti o **portalènte** nel sign. A [comp. di *porta(re)* e il pl. di *lente* ✱ 2001] **A** **agg.** ● che, negli occhiali, sostiene la lente: *telaio p.* **B** **s. m. inv.** ● custodia delle lenti a contatto

portalèttere (o *-é-*) [comp. di *porta-* e il pl. di *lettera* ✱ av. 1547] **s. m. e f. inv.** ● chi ha il compito di recapitare lettere a domicilio **SIN.** postino

portaliquóri [comp. di *porta-* e il pl. di *liquore* ✱ 1970] **s. m. inv.** ● vassoio su cui si dispongono la bottiglia di liquore e i bicchieri

portamàlgama o **portaamàlgama** [comp. di *port(a)-* e *amalgama* ✱ 1973] **s. m. inv.** ● strumento del dentista usato per le otturazioni

portamantèllo o **portamantèlli** [comp. di *porta-* e *mantello*; calco sul fr. *portemanteau* ✱ 1797] **A** **s. m. inv.** ● specie di sacca per vestiario che un tempo il soldato di cavalleria portava legata all'arcione posteriore della sella | (*disus.*) sacca analoga, usata dai civili | (*disus.*) appendiabiti, attaccapanni **B** **anche agg. inv.**: *sacca p.*

portamatìta [comp. di *porta-* e *matita* ✱ 1939] **s. m. inv.** ● portalapis, nel sign. 1

portamatìte [comp. di *porta-* e il pl. di *matita* ✱ 1958] **A** **s. m. inv.** ● astuccio a forma di cilindro aperto per contenere matite **B** **anche agg. inv.**: *astuccio p.*

portaménto [av. 1250] **s. m.** **1** †trasporto | (*est.*) †ciò che si porta **2** modo di camminare, di muoversi e di atteggiare la persona: *un p. altero, nobile*; *avere un bel p.* | †abbigliamento **3** (*fig.*, *lett.*) modo di procedere, di comportarsi: *un p. buono, lodevole* **SIN.** condotta **4** (*mus.*) passaggio della voce o di uno strumento ad arco da una nota a un'altra sfiorando rapidamente tutti i suoni intermedi **5** (*bot.*) forma che assume la pianta nello sviluppo delle sue parti aeree: *p. conico, compatto, espanso*

portamìna o **portamìne** [comp. di *porta-* e *mina* ✱ 1958] **s. m. inv.** ● tipo di matita automatica costituita da un cannello nel cui interno è contenuta una mina che si fa uscire premendo un pulsante | nel compasso, parte in cui si inserisce la mina

portamìssili [comp. di *porta-* e il pl. di *missile* ✱ 1958] **A** **agg. inv.** ● che è in grado di portare e lanciare missili, detto di veicoli o d'altri mezzi attrezzati allo scopo: *nave p.*; *aereo p.* **B** **s. m. inv.** ● aereo portamissili **C** **s. f. inv.** ● nave portamissili

portamonéte [comp. di *porta-* e il pl. di *moneta*; calco sul fr. *porte-monnaie* ✱ 1857] **s. m. inv.** ● piccolo contenitore in pelle o altro materiale, a forma di taschino o di sacchetto, talora con scompartimenti e cerniere, per riporre monete spicciole e sim.: *un p. in stoffa* **SIN.** borsellino

portamòrso [comp. di *porta-* e *morso*; calco sul fr. *porte-mors* ✱ 1562] **s. m. inv.** ● ognuna delle cinghiette di cuoio che reggono il morso del cavallo, collegandolo alla testiera

portampólle [comp. di *port(a)-* e il pl. di *ampolla* ✱ 1869] **s. m. inv.** • ampolliera, oliera

portamunizióni [comp. di *porta-* e il pl. di *munizione* ✱ 1918] **s. m. inv.** • soldato che ha il compito di portare le cassette di munizioni al seguito dell'arma di reparto che le usa

portamùṣica [comp. di *porta-* e *musica* ✱ 1905] **A s. m. inv.** • (*raro*) mobiletto per fogli e libri di musica **B** anche **agg. inv.**: *mobiletto p.*

portànte **A** **part. pres.** di *portare*; anche **agg.** **1** nei sign. del v. | *fune p.*, fune d'acciaio a cui è sospesa la teleferica (rispetto alla *fune traente*) **2** (*edil.*) detto di struttura che ha funzioni di sostegno | ***muro p.***, che regge il peso di una costruzione **3** (*aeron.*) ***piano, superficie p.***, superficie alare di un aereo su cui agisce la portanza **4** (*fis.*) ***onda p.***, V. *onda* **5** (*mar.*) detto di andatura dell'imbarcazione a vela, quando il vento viene da poppavia del traverso **B** **s. m.** **1** ambio del cavallo | ***andare di p., di buon p.***, (*fig.*) detto di chi cammina a passi piccoli e veloci **2** †vettura

portantìna [da (*sedia*) *portante* ✱ 1745] **s. f.** **1** sedia da viaggio spesso coperta da un baldacchino, con stanghe laterali per i portatori, in uso fino al Settecento **2** lettiga per ammalati, barella per feriti

portantìno [da *portare* ✱ 1726] **s. m.** **1** chi reggeva la portantina **2** (**f.** *-a*) negli ospedali, inserviente addetto al trasporto degli ammalati, ai lavori di fatica e sim. **3** (**f.** *-a*) in una vetreria, aiutante che porta l'oggetto di vetro appena lavorato al forno di raffreddamento

portànza [ant. fr. *portance*, da *porter* 'portare' ✱ 1925] **s. f.** **1** portata massima di qlco. **2** (*fis.*) componente verticale, diretta verso l'alto, delle forze che agiscono su un profilo immerso in un fluido in movimento, come un profilo alare

portaobiettìvi [comp. di *porta-* e il pl. di *obiettivo* ✱ 1973] **agg. inv.** • detto di dispositivo cui sono applicati obiettivi cinematografici, microscopici e sim.

portaocchiàli [comp. di *porta-* e del pl. di *occhiale* ✱ 1959] **A s. m. inv.** • custodia in pelle o materiale sintetico nella quale si ripongono gli occhiali **B** **agg. inv.** • detto di accessorio di materiale vario che si applica, tramite due anellini, alle stanghette degli occhiali per assicurarli al collo di chi li porta, quando non sono inforcati: *catenella p.*

portaoggètti [comp. di *porta-* e il pl. di *oggetto* ✱ 1770] **A** **agg. inv.** • che serve a contenere oggetti vari: *vano p.* | (*scient.*) ***vetrino p.***, vetrino su cui si appoggiano i preparati da osservare al microscopio **B** **s. m. inv.** • vetrino portaoggetti

portaòlio [comp. di *porta-* e *olio* ✱ 1970] **s. m. inv.** **1** oliera: *un p. di ceramica* **2** piccolo strumento appuntito dell'orologiaio, usato per lubrificare meccanismi

portaombrèlli o **portombrèlli** [comp. di *porta-* e il pl. di *ombrello*; calco sul fr. *porte-parapluies* ✱ 1900] **A s. m. inv.** • supporto fornito di vaschetta dove si raccoglie l'acqua che gocciola dall'ombrello | vaso di forma allungata dove porre l'ombrello **B** **anche agg. inv.**: *vaso p.*

portaórdini [comp. di *porta-* e il pl. di *ordine* ✱ 1918] **s. m. e f. inv.** • soldato incaricato del recapito di dispacci a mano

portapàcchi [comp. di *porta-* e il pl. di *pacco* ✱ 1922] **s. m. inv.** (**anche f. inv. nel sign. 2**) **1** piccolo portabagagli montato su cicli e moto **2** chi è addetto alla consegna a domicilio di pacchi

portapàne [comp. di *porta(re)* e *pane* ✱ sec. XX] **A s. m. inv.** • contenitore chiuso per conservare il pane | recipiente per servire il pane in tavola **B** **anche in funzione di agg. inv.** (**posposto a un sost.**): *piattino p.*

portaparòla [comp. di *porta-* e *parola* ✱ av. 1803] **s. m. e f. inv.** • (*raro*) portavoce

portapénne [comp. di *porta-* e il pl. di *penna*; calco sul fr. *porte-plume* ✱ 1871] **A s. m. inv.** **1** asticciola, cannello su cui si infila il pennino **2** astuccio o contenitore per le penne **B** **anche agg. inv.**: *astuccio p.*

portapennóni [comp. di *porta-* e il pl. di *pennone* ✱ 1840] **s. m. inv.** • (*mar.*) sostegno di legno sopra la murata, con una larga intaccatura nella quale vengono a posarsi i pennoni maggiori ammainati

portapèzzo [comp. di *porta-* e *pezzo* ✱ 1983] **agg. inv.** • nelle macchine utensili, detto di piano regolabile su cui viene montato il pezzo da lavorare: *tavola p.*

portapiàtti [comp. di *porta-* e il pl. di *piatto*; calco sul fr. *porte-plat* ✱ 1958] **A s. m. inv.** **1** rastrelliera o cestello di filo metallico in cui si fanno scolare i piatti **2** grande vassoio usato nelle mense e sim. per portare i piatti in tavola **B** **anche agg. inv.**: *vassoio, rastrelliera p.*

portapìllole [comp. di *porta-* e del pl. di *pillola* ✱ 1986] **s. m. inv.** • piccolo contenitore, di varie fogge e materiali, per pillole

portapìpe [comp. di *porta-* e il pl. di *pipa* ✱ 1970] **s. m. inv.** • oggetto in legno, da muro o da tavolo, per reggere le pipe

†**portapólli** [comp. di *porta-* e il pl. di *pollo* ✱ sec. XVI] **s. m. e f. inv.** • mezzano, ruffiano

portaposàte (o **-ṣ-**) [comp. di *porta-* e il pl. di *posata* ✱ 1958] **A s. m. inv.** • vassoio a bordi rialzati e diviso in più scomparti contenente, separati, i vari tipi di posate **B** **anche agg. inv.**: *vassoio p.*

portaprànẓi o **portaprànẓo** [comp. di *porta-* e il pl. di *pranzo* ✱ 1912] **A s. m. inv.** • portavivande **B** **anche agg. inv.**: *cesta p.*

portapùnta [comp. di *porta-* e *punta* ✱ 1925] **A** **agg. inv.** • detto di mandrino in cui viene fissata la punta di un trapano **B** **anche s. m. inv.**

portaràẓẓi [comp. di *porta-* e il pl. di *razzo* ✱ 1937] **A** **agg. inv.** • che è atto a portare razzi e a farli partire, detto di veicoli o altri mezzi adatti allo scopo **B** **s. m. inv.** • veicolo, supporto e sim. portarazzi

♦**portàre** [vc. dotta, lat. *portāre*, da *pŏrta*, il cui sign. originario era 'passaggio' ✱ sec. XII] **A** **v. tr.** (*io pòrto*) **I** quando l'idea del movimento è prevalente, il verbo assume i seguenti sign.: **1** sostenere su di sé qlco. per muoverla, spostarla e sim.: *p. un pacco, un vassoio*; *p. i libri in mano*; *p. lo zaino sulle spalle*; *p. un bambino in braccio*; *il vecchio cavallo portava un grosso carico*; *portatemi il bagaglio al deposito* | ***p. in seno un bambino***, detto di donna incinta durante la gestazione | ***p. qlcu. in trionfo***, sollevarlo in alto sulle braccia per festeggiarlo: *dopo la vittoria l'hanno portato in trionfo per le vie della città* | (*fig.*) ***p. legna al bosco, acqua al mare, vasi a Samo, nottole ad Atene, cavoli a Legnaia***, fare cose inutili, sprecare tempo e fatica per nulla | ***p. in tavola***, servire le vivande ai commensali | ***p. qlcu. in palma*** (o ***in palmo***) ***di mano***, (*fig.*) considerarlo, stimarlo moltissimo | (*fig.*) ***p. alle stelle, sugli scudi***, esaltare **2** consegnare, recare, dare: *mi hanno portato adesso questo regalo*; *portatemi il conto, la lista delle vivande*; *p. qlco. in dono, in dote* | (*fig.*) riferire, trasmettere: *vi porto la sua risposta, le ultime notizie, i suoi saluti* | ***p. qlco. a casa***, guadagnare e dare per le spese familiari determinate somme | (*fig.*) ***p. aiuto, soccorso***, aiutare, soccorrere | (*fig.*) ***p. guerra***, farla, dichiararla | (*fig.*) ***p. qlco. a conoscenza di qlcu.***, rendergliela nota, informare qlcu. di qlco. **3** prendere con sé; *ho pensato di p. anche il bambino* **4** (*fig.*) proporre, sostenere: *p. qlcu. come candidato* | addurre, presentare: *p. un esempio, un paragone fuori luogo*; *temo che porteranno molte prove contro di noi* **5** accompagnare, condurre con sé: *p. i bambini a spasso, ai giardini pubblici*; *mi ha portato al cinema* | condurre: *la strada che porta al mio paese, a casa mia*; *ecco l'autobus che porta fino al centro* | (*mus.*) ***p. la voce***, guidarla senza staccare le note **6** fare arrivare: *hanno portato l'acquedotto fino a qui*; *dicono che porteranno presto l'elettricità anche da noi* | (*fig.*) ***qual buon vento ti porta?***, quale felice circostanza ti ha fatto giungere fin qui? | ***p. l'acqua al proprio mulino***, (*fig.*) badare al proprio utile | ***p. a maturazione, a compimento, a conclusione e sim.***, (*fig.*) far sì che qlco. si compia, si concluda, giunga agli effetti che si volevano | ***p. avanti***, (*fig.*) far procedere, far progredire: *p. avanti una pratica* | ***p. alla luce***, V. *luce*① nel sign. A 2 | ***p. in alto***, sollevare; (*fig.*) innalzare: *portate le braccia in alto e flettete il busto in avanti*; *la sua abilità lo sta portando molto in alto* | ***p. su***, (*fig.*) fare aumentare: *p. su i prezzi* **7** trascinare con sé: *la corrente portava tronchi, rami e relitti d'ogni genere*; *una violenta ondata li travolse e li portò sulla secca* | ***che il diavolo ti porti, se lo porti!***, escl. di stizza, ira e sim. | ***p. via***, detto di cosa, asportare, strappare; rubare: *l'ingranaggio gli ha portato via una mano*; *una folata di vento gli portò via il cappello*; *mi hanno portato via il portafogli* | ***p. via***, detto di persona, allontanarla; farla morire: *portatelo via di qui, non lo voglio vedere*; *i carabinieri l'hanno portato via con le manette*; *un male terribile lo sta portando via* **8** guidare manovrando: *p. l'automobile, un autotreno, una barca*; *sono abituato a p. solo piccole cilindrate* | ***p. in porto***, detto di nave, condurla all'attracco; (*fig.*) far giungere qlco. alla conclusione voluta: *p. in porto un affare, una trattativa* **9** (*fig.*) indurre: *ecco a cosa ti ha portato l'ambizione*; *ciò porta a considerazioni d'altro genere*; *sono portato a credere alla sua innocenza*; *tutto mi porta ad avere fiducia* **10** (*lett.*) determinare, comportare: *la natura, almeno quella degli uomini, porta che vita e infelicità non si possono scompagnare* (G. LEOPARDI) **11** (*fig.*) causare, generare, produrre: *la tua iniziativa ha portato ottimi frutti*; *p. la neve, la pioggia*; *p. danno, lutti, rovine*; *p. fortuna, disgrazia* | ***p. scalogna, iella***, portare disgrazia | ***p. bene, male***, portare fortuna, sfortuna **II** quando l'idea del movimento si attenua fino a scomparire del tutto, il verbo assume i seguenti sign.: **1** reggere o sostenere su di sé: *ogni colonna porta il suo capitello*; *le travi portano il tetto*; *ognuno porti il proprio carico* | (*est.*) riuscire a reggere, avere la forza di sostenere: *è un animale robusto e porta carichi molto pesanti*; *quella vite non può p. tutti i suoi grappoli* **2** avere indosso: *p. un abito elegante, un fiore all'occhiello, la pelliccia* | usare abitualmente: *p. gli occhiali, la parrucca* | ***p. i pantaloni***, V. *pantalone*① | avere, tenere: *p. i capelli lunghi, il pizzo, i baffi*; *ha sempre portato le trecce* | ***p. alta la testa***, andare a testa alta | ***p. il viso basso***, andare o restare a testa china **3** avere: *p. un braccio al collo, una vistosa fasciatura*; *noi portiamo un nome onorato*; *p. il titolo di cavaliere* | riportare, presentare: *il libro porta sulla copertina la fotografia dell'autore* | ***p. scritto in fronte***, (*fig.*) lasciar vedere chiaramente agli altri: *porta scritta in fronte la sua dabbenaggine* **4** (*fig.*) provare, nutrire sentimenti nei confronti di qlcu.: *p. odio, amicizia*; *mi hai offe-*

p

so ma non ti porto rancore; *te ne prego, per l'amore che ti porto* | (*fig.*) ***p. in cuore***, serbare, racchiudere nell'intimità dei propri sentimenti e pensieri | ***p. rispetto***, rispettare | ***p. pazienza***, pazientare | †***p. dolore***, soffrire | †***p. fede***, mantenerla | †***p. speranza***, sperare **5** (*raro*) sopportare: *p. con dignità il proprio dolore*; *tu hai sbagliato, tu dovrai portarne le conseguenze* | ***p. bene, male il vino, l'alcol***, essere un buono, un cattivo bevitore | ***p. bene gli anni***, dimostrare meno anni di quelli che si hanno | (*fig.*) ***p. la propria croce***, sopportare dignitosamente i propri dispiaceri **6** (*raro, fig.*) richiedere: *agire come porta il dovere* **7** (*est., assol.*) nella navigazione a vela, prendere il vento in modo favorevole alla rotta | ***le vele portano***, quando sono gonfie di vento **8** †importare: *O frate, l'andar in sù che porta?* (DANTE *Purg.* IV, 127) | (*fig.*) †***p. la spesa***, mettere conto, valere la pena **B** **portàrsi** **v. tr. pron.** (aus. *essere*) **1** portare con sé, spec. quando si viaggia o ci si trasferisce: *portarsi le provviste, un abito pesante*; *si è portato dietro un sacco di cianfrusaglie* | trasportare da sé: *s'è portato le valigie fino al treno* **2** ***portarsi via qlco.***, conquistare, acquistare qlco.: *s'è portata via i premi migliori, i pezzi più belli*; rubare qlco.: *si sono portati via la mia automobile* **C** **portàrsi** **v. intr. pron.** **1** trasferirsi, recarsi: *cercate di portarvi un poco più in alto*; *portarsi sul luogo del disastro, sulla scena della tragedia* | spostarsi: *la vettura si portò sulla destra, sul ciglio della strada, in una zona d'ombra* | ***portarsi avanti***, avanzare; (*fig.*) avvantaggiarsi, progredire: *portarsi avanti nel lavoro, con il lavoro, nelle letture* **2** comportarsi, agire: *portarsi con grande signorilità e cortesia*; *con noi si è sempre portato da galantuomo* **3** stare, di salute: *come ti porti?*; *portarsi abbastanza bene*

†**portarèca** [comp. di *porta(re)* e *recare* ✱ av. 1400] **s. m.** (**pl. inv.** o *-chi*) **1** garzone di mugnaio incaricato di fare la spola tra il mulino e i clienti fornitori di grano da macinare **2** galoppino

portarelìquie [comp. di *porta-* e del pl. di *reliquia*] **s. m. inv.** ● contenitore per la conservazione e la custodia di reliquie

portarifiùti [comp. di *porta-* e del pl. di *rifiuto* ✱ 1965] **A** **s. m. inv.** ● recipiente in materiale rigido, nel quale si gettano i rifiuti **CFR.** pattumiera **B** **anche agg. inv.**: *secchio p.*

portarinfùṣe [comp. di *porta-* e della loc. sost. (*alla*) *rinfusa* ✱ 1986] **s. f. inv.** ● (*mar.*) cargo mercantile per il trasporto di materiali incoerenti

portaritràtti [comp. di *porta-* e il pl. di *ritratto* ✱ 1876] **s. m. inv.** ● cornice o custodia per esporre fotografie o ritratti

portarivìste [comp. di *porta-* e il pl. di *rivista* ✱ 1958] **A** **s. m. inv.** ● mobiletto di forma e materia varia, nel quale si tengono giornali e riviste **B** **anche agg. inv.**: *mobile p.*

portarocchétto [comp. di *porta-* e *rocchetto* ✱ 1940] **s. m.** (**pl. inv.** o *-i*) ● nella macchina da cucire, perno su cui si infila il rocchetto

portarossétto [comp. di *porta-* e *rossetto* ✱ 1970] **A** **s. m. inv.** ● custodia per il rossetto **B** **anche agg. inv.**: *astuccio p.*

portaròtolo o **portaròtoli** [comp. di *porta-* e *rotolo* ✱ 1969] **s. m.** (**pl. inv.** o *-i*) ● utensile che, fissato al muro, sostiene un rotolo di carta igienica o da cucina

portasapóne [comp. di *porta-* e *sapone*; calco sul fr. *porte-savon* ✱ 1952] **A** **s. m. inv.** ● vaschetta, scatoletta, supporto e sim. in cui tenere il sapone **B** **anche agg. inv.**: *scatoletta p.*

portascàlmo [comp. di *porta-* e *scalmo* ✱ 1889] **s. m. inv.** ● (*mar.*) supporto situato sulla falchetta delle imbarcazioni dove si fissa lo scalmo

portascì [comp. di *porta-* e *sci* ✱ 1983] **A** **s. m.** ● attrezzo che si monta sul tetto o sul retro degli autoveicoli per trasportare e sostenere gli sci **B** **in funzione di agg. inv.** ● che serve a custodire o a portare gli sci: *rastrelliera, sacca p.*

portasciugamàno o **portasciugamàni** [comp. di *port(a)-* e *asciugamano* ✱ 1970] **s. m. inv.** ● accessorio fissato al muro o montato su una base mobile, che serve a reggere uno o più asciugamani

portascopìno [comp. di *porta-* e *scopino* ✱ 1969] **s. m.** (**pl. inv.** o *-i*) ● piccolo contenitore nel quale si ripone lo scopino del water dopo l'uso

portasigarétte [comp. di *porta-* e il pl. di *sigaretta*; calco sul fr. *porte-cigarettes* ✱ 1878] **A** **s. m. inv.** ● astuccio di varia foggia e materiale, per tenervi le sigarette: *un p. d'oro, di pelle*; *p. da tasca, da tavolo* **B** **anche agg. inv.**: *astuccio p.*

portasìgari [comp. di *porta-* e il pl. di *sigaro*; calco sul fr. *porte-cigares* ✱ 1846] **A** **s. m. inv.** ● astuccio in cuoio o altro, per sigari **B** **anche agg. inv.**: *scatola p.*

portaspàda [comp. di *porta-* e *spada* ✱ 1865] **s. m. inv.** ● allacciatura che pende dal cinturone e sostiene la spada

portaspazzolìni [comp. di *porta-* e il pl. di *spazzolino* ✱ 1967] **s. m. inv.** ● accessorio del bagno adatto a contenere gli spazzolini da denti ed eventualmente il dentifricio

portaspazzolìno [comp. di *porta-* e *spazzolino* ✱ 1958] **A** **s. m. inv.** ● astuccio di varia forma e materia per riporre lo spazzolino da denti **B** **anche agg. inv.**: *astuccio p.*

portaspìlli [comp. di *porta-* e il pl. di *spillo* ✱ 1844] **A** **s. m. inv.** ● cuscinetto sul quale si appuntano gli spilli **B** **anche agg. inv.**: *cuscinetto p.*

portastànghe [comp. di *porta-* e il pl. di *stanga* ✱ 1869] **s. m. inv.** ● ciascuna delle due cinghie di cuoio con fibbia che sostengono le stanghe ai fianchi dell'animale da tiro

portastecchìni [comp. di *porta-* e il pl. di *stecchino*; calco sul fr. *portecuredent* ✱ 1940] **s. m. inv.** ● portastuzzicadenti

portastendàrdo [comp. di *porta-* e *stendardo* ✱ 1790] **A** **s. m. e f. inv.** ● persona che ha il compito di portare uno stendardo **B** **s. m. inv.** ● supporto o braccio metallico fissato gener. sulla facciata di antichi palazzi, al quale un tempo veniva appeso uno stendardo

portastuzzicadènti [comp. di *porta-* e *stuzzicadenti* ✱ 1970] **s. m. inv.** ● piccolo contenitore per tenere gli stuzzicadenti in tavola

♦**portàta** [da *portare* ✱ sec. XIV] **s. f.** **1** ciascuna delle diverse vivande che si servono in un pranzo: *banchetto di otto portate*; *la p. del pesce*; *due portate di carne* **2** capacità di carico di una struttura, di un veicolo, di un mezzo di trasporto o di sollevamento: *la p. di un ponte, di un ascensore*; *verificare la p. di un autotreno* | massimo carico di un'imbarcazione: *la p. di una nave* **3** †prodotto, produzione | (*est.*) entrata, rendita **4** (*milit.*) gittata **5** il punto più lontano che si può raggiungere con la vista, con la voce e sim.: *Sarò a p. di sentir tutto* (C. GOLDONI) | (*fig.*) limite, livello cui si può arrivare con determinati mezzi: *il prezzo non è alla nostra p.* | ***alla p. di tutti***, accessibile a tutti | ***a p. di mano***, che si può raggiungere con la mano; (*est.*) di cosa che si tiene a disposizione, reperibile in ogni momento; (*fig.*) di ciò che è raggiungibile: *i comandi della vettura sono tutti a p. di mano*; *tengo sempre una candela a p. di mano*; *la vittoria è ormai a p. di mano* **6** (*fig.*) capacità: *il loro ingegno è di uguale p.* **7** (*fig.*) importanza, valore, rilievo: *evento di grande p.*; *la p. storica dei fatti* **8** (*fis.*) volume di acqua che passa in una sezione di un corso d'acqua nell'unità di tempo: *fiume con una grande p. d'acqua* **9** (*archit.*) corda di un arco

SFUMATURE ➤ *piatto*

portatèssere o **portatèssera** [comp. di *porta-* e il pl. di *tessera* ✱ 1942] **A** **s. m. inv.** ● busta, spec. trasparente, per custodirvi tessere o documenti in genere **B** **anche agg. inv.**: *busta p.*

portàtico [da *porta* ✱ av. 1795] **s. m.** (**pl.** *-ci*) ● in epoca medievale, tributo che si doveva pagare all'entrata in una città o in un porto

♦**portàtile** [da *portato*, sul modello di *portabile* ✱ sec. XIV] **A** **agg.** ● che si può trasportare: *cucina, farmacia, arma p.* | ***sedia p.***, (*raro*) portantina **B** **s. m. o f.** ● apparecchio elettrico o elettronico di dimensioni e peso ridotti rispetto all'usuale, perciò facilmente trasportabile, in genere funzionante anche a pile: *computer p., televisore p.*

†**portatìvo** [fr. *portatif*, da *porter* 'portare' ✱ av. 1470] **agg.** ● che si può portare, portatile | (*mus.*) ***organo p.***, o (*ellitt.*) ***portativo***, organo di piccole dimensioni che, un tempo, si metteva a tracolla

portàto **A** **part. pass.** di *portare*; **anche agg.** **1** nei sign. del v. **2** che è già stato usato: *abito p. e non nuovo* **3** che è per natura incline a qlco.: *essere p. allo studio, alla vita attiva*; *sono poco p. per il disegno* | propenso: *sono p. a credere che abbia ragione* **4** (*mus.*) colpo d'arco spec. del violino e della viola, in cui l'arco, aderente alla corda, porta il suono tra una nota e l'altra pur senza legarlo **SIN.** separato **B** **s. m.** **1** (*lett.*) parto | †frutto del concepimento; figlio **2** conseguenza, frutto: *il p. del progresso tecnico* **3** †portamento

portatóre [vc. dotta, lat. *portatōre(m)*, da *portātus* 'portato' ✱ 1264] **A** **s. m.** **1** (**f.** *-trice*) chi porta o trasporta: *consegnare la valigia al p.* **CFR.** -fero, -foro, -gero **2** (**f.** *-trice*) chi trasporta, spec. a mano o a spalla, carichi, anche pesanti, in zone selvagge, d'alta montagna o disabitate **3** (**f.** *-trice*) latore (*anche fig.*): *consegnerete la risposta al p. della presente*; *p. di lieta notizia* **4** (**f.** *-trice*) (*med.*) persona o animale che ospita germi patogeni e li può eliminare pur senza manifestare sintomi evidenti di malattia infettiva, rappresentando una potenziale fonte di infezione: *p. sano* **5** (**f.** *-trice*) (*banca*) chi detiene titoli nominativi così da poter esercitare i diritti in essi incorporati | ***al p.***, detto di titolo pagabile a chi lo presenta **6** (*fis.*) ***p. di carica***, ciascuno degli enti responsabili della conduzione elettrica, quali gli elettroni nei conduttori metallici, gli ioni nei conduttori elettrolitici, gli elettroni nei semiconduttori | ***p. di maggioranza, maggioritario***, in un semiconduttore, quello costituente più della metà di tutti i portatori di carica | ***p. di minoranza, minoritario***, in un semiconduttore, quello costituente meno della metà di tutti i portatori di carica **7** (*zool.*) ***p. di spada***, pesce osseo dei Pecilidi che vive nel Messico, la cui pinna caudale ha un lungo prolungamento scintillante a forma di spada (*Xiphophorus helleri*) **8** ***p. di handicap***, handicappato **9** ***p. d'acqua***, (*disus.*) nel ciclismo, portaborracce; (*fig.*) nel gergo politico, chi porta voti al proprio partito senza ricevere nulla in cambio **B** **agg.** ● che porta | (*biol.*) ***femmina portatrice***, individuo di sesso femminile che porta e sviluppa nel proprio utero un embrione estraneo

portatovagliòlo [comp. di *porta-* e *tovagliolo*: calco sul fr. *porte-serviettes* ✱ 1893] **s. m.** (**pl. inv.** o *-i*) ● busta o anello di materiale vario in cui si ripone il tovagliolo

portatrèno [comp. di *porta-* e *treno* nel sign. 6 ✱ 1958] **s. m. inv.** ● (*mecc.*) in un rotismo epicicloidale, la parte rotante intorno a un asse fisso che porta i perni dei satelliti

portattrézzi o **portaattrézzi** [comp. di *port(a)-* e del pl. di *attrezzo* ✱ 1971] **A s. m. inv. 1** cassetta metallica a più scomparti nei quali si possono riporre numerosi attrezzi e utensili da lavoro **2** trattore congegnato in modo da consentire l'applicazione e il traino, anche contemporaneo, di vari macchinari agricoli **B** anche **agg. inv.**: *cassetta p.*; *veicolo p.*

†**portatùra** [da *portato* ✱ 1264] **s. f. 1** trasporto **2** modo di acconciarsi abiti, barba, capelli e sim. **3** portamento

portauòva [comp. di *porta-* e il pl. di *uovo* ✱ 1954] **s. m. inv.** ● contenitore in cartone o plastica per trasportare le uova senza romperle | scomparto per riporre le uova nel frigorifero | (*raro*) portauovo

portauòvo o (*raro*) **portauòva** [comp. di *porta-* e *uovo* ✱ 1912] **s. m. inv.** ● piccolo calice per presentare in tavola l'uovo à la coque e mangiarlo più agevolmente

portautensìli o (*raro*) **portautènsili** [comp. di *porta-* e il pl. di *utensile* ✱ 1949] **A s. m. inv.; anche agg. inv.** ● nelle macchine utensili, supporto a cui si fissa l'utensile: *barra p.* **B agg. inv.** ● detto di contenitore usato per riporre piccoli utensili da lavoro

portavalóri [comp. di *porta-* e il pl. di *valore* ✱ 1970] **A s. m. e f. inv.** ● presso banche e agenzie di credito, persona incaricata del trasporto di denaro liquido, assegni e sim. **B agg. inv.** ● adibito al trasporto o alla protezione di denaro, valori e sim.: *furgone, cassetta p.*

portavàsi [comp. di *porta-* e il pl. di *vaso* ✱ 1889] **s. m. inv. 1** sostegno per vasi da fiori | vaso ornamentale di ceramica, metallo e sim., che serve a contenerne uno di terracotta con fiori o piante **2** (*mar.*) lunga trave che s'incastra sui parati a fianco delle longarine per sostenere l'invasatura della nave durante il varo

portavivànde [comp. di *porta-* e il pl. di *vivanda* ✱ 1846] **A s. m. inv.** ● contenitore, carrello e sim. per trasportare, conservandoli caldi, cibi già pronti **B** anche **agg. inv.**: *carrello p.*

♦**portavóce** [comp. di *porta-* e *voce*; calco sul fr. *porte-voix* ✱ 1801] **A s. m. inv.** ● (*mar.*) megafono | tubo metallico con imboccatura concava alle due estremità per trasmettere la voce da un punto all'altro, dalla plancia alle macchine e sim. **B s. m. e f. inv.** ● (*fig.*) chi parla per conto d'altri o riferisce ciò che ha sentito: *non sono il suo p.!* | chi è autorizzato a rendere noto il pensiero di altri, parlando in sua vece: *il p. del governo, del ministero, della presidenza*

porte-enfant /portan'fan, *fr.* ˌpɔʀtɑ̃'fɑ̃/ [pseudo-francesismo, comp. del fr. *porte(r)* 'portare' e *enfant* 'bambino' (V. *infante*①) ✱ 1877] **s. m. inv.** ● specie di cuscino nel quale si poneva il neonato per tenerlo in braccio **CFR.** portinfante

portégno [sp. *porteño*, n. comune di abitanti di città con 'porto' (*puerto*); *Puerto* è l'ant. nome di Buenos Aires ✱ 1942] **A agg.** ● della città di Buenos Aires **B s. m.** (**f.** *-a*) ● abitante o nativo di Buenos Aires **CFR.** bonaerense

portèlla [lat. tardo *portĕlla(m)*, dim. di *pŏrtula*, a sua volta dim. di *pŏrta* 'porta' ✱ sec. XIV] **s. f. 1** sportello, portello **2** (*geogr.*) porta

portellerìa [1937] **s. f.** ● (*mar.*) insieme dei finestrini e dei portelli di una nave

portellìno [1600] **s. m. 1** dim. di *portello* **2** (*mar.*) finestrino circolare realizzato nella murata di una nave per dare luce e aria all'interno

portèllo [av. 1424] **s. m. 1** dim. di *porta* **2** piccola porta che si apre in un portone di strada **3** (*est.*) apertura chiusa da battenti: *p. di nave, di aereo* **4** sportello, imposta di armadio ‖ **portellìno**, **dim.** (V.) | **portellóne**, **accr.** (V.)

portellóne [1937] **s. m. 1** accr. di *portello* **2** (*aeron.*) ampio sportello nella fusoliera di un velivolo, a chiusura di un vano destinato a contenere merci o ad alloggiare elementi retrattili **3** (*mar.*) ampia apertura, gener. provvista di chiusura stagna, praticata nel fianco di una nave per l'imbarco o lo sbarco di materiali o persone **4** nelle automobili, sportello posteriore

†**portenàio** ➤ **portinaio**

†**portèndere** [vc. dotta, lat. *portĕndere* 'preannunziare, presagire', comp. di *por-* 'avanti' (= *prō*) e *tĕndere* 'tendere' ✱ sec. XIV] **A v. tr.** ● presagire, preannunciare **B** †**portèndersi v. intr. pron.** ● (*lett.*) preannunciarsi

♣**portènto** [vc. dotta, lat. *portĕntu(m)*; V. †*portendere* ✱ 1340 ca.] **s. m.** ● avvenimento o fatto straordinario, del tutto al di fuori della norma: *operare portenti*; *era apparito in que' dì gran prodigi / portenti* (L. PULCI) **SIN.** miracolo, prodigio | ciò che ha effetti eccezionali, quasi miracolosi: *questa medicina è un p.* | persona eccezionalmente dotata: *è un p. di scienza, di memoria, d'ingegno*

portentóso (o *-ṣ-*) [vc. dotta, lat. *portentō-su(m)*, da *portĕntum* 'portento' ✱ 1499] **agg. 1** che costituisce un portento: *fatto, avvenimento, risultato p.*; *guarigione portentosa* **SIN.** miracoloso, prodigioso | straordinario, eccezionale: *atleta p.*; *medicina portentosa* **2** †mostruoso ‖ **portentosaménte**, **avv.** ‖ **portentosità**, **s. f. inv.**

†**porterìa** [da *porta* ✱ av. 1603] **s. f.** ● portineria

portfòlio /port'fɔljo, *ingl.* ˌpɔːt'fəʊliəʊ/ [vc. ingl., dall'it. *portafoglio* ✱ 1980] **s. m. inv.** (**pl. ingl.** *portfolios*) **1** cartella in cui è raccolto e presentato, spec. con intento dimostrativo e di campione, materiale scritto e illustrato relativo a un prodotto, a un'attività commerciale, a una campagna pubblicitaria | (*est.*) inserto illustrato a carattere monografico di un quotidiano o di un settimanale | (*est.*) cartella in cui sono raccolte le fotografie che costituiscono il curriculum professionale di indossatori, fotomodelli e sim. **CFR.** book **2** (*burocr.*) raccolta di documenti che registrano conoscenze e competenze maturate dallo studente nel suo percorso formativo: *p. delle competenze*; *p. europeo delle lingue*

†**porticàle** [av. 1292] **s. m.** ● portico, porticato

porticàto [da *portico* ✱ 1554] **A s. m.** ● serie di portici con carattere essenzialmente monumentale: *un p. del Bernini* **B agg.** ● coperto, costituito da portici: *cortile p.*

porticciòlo o (*lett.*) **porticciuòlo** [da *porto* col doppio suff. *-icci(o)* e *-olo*③ ✱ av. 1536] **s. m. 1** dim. di *porto*③ **2** darsena di un porto attrezzata per il ricovero di piccole imbarcazioni da diporto **3** specchio d'acqua protetto, idoneo all'attracco, ricovero e rimessaggio di imbarcazioni da diporto: *p. turistico*

pòrtico [lat. *pŏrticu(m)*, da *pŏrta* 'porta' ✱ av. 1292] **s. m.** (**pl.** *-ci*, †*-chi*) **1** luogo di passaggio o sosta, ampiamente aperto all'esterno con colonne di sostegno della copertura o dell'edificio sovrastante **2** nelle case rurali, riparo per animali o attrezzi, coperto da tettoia e aperto almeno da un lato ‖ **portichétto**, **dim.**

portièra [fr. *portière*, f. di *portier* 'portiere' ✱ av. 1556] **s. f. 1** porta, sportello di autoveicolo **2** tenda pesante disposta davanti alle porte per riparo o per ornamento **3** portinaia

portieràto [1943] **s. m.** ● incarico o mansione di portiere in un caseggiato

♦**portière** [fr. *portier*, dal lat. tardo *portāriu(m)*, da *pŏrta* 'porta' ✱ 1268] **s. m.** (**f.** *-a*, **V.**) **1** portinaio, di edifici pubblici e privati: *il p. dell'ufficio, dell'albergo, del ministero*; *dare la mancia al p.* **2** nel calcio e sim., il giocatore che ha il compito di difendere, parando i tiri avversari, la porta della propria squadra ‖ **portierìno**, **dim.** | **portieróne**, **accr.**

portinàio o †**portinàro**, †**portenàio**, †**portonàio** [da *porta* ✱ 1318] **A s. m.** (**f.** *-aia*, **pl. m.** *-ai*) ● chi esercita mansioni di custode e sorvegliante all'ingresso di abitazioni e ha talvolta incarichi di pulizia **B agg.** ● che custodisce e sorveglia la porta di un convento: *frate p.*; *suora portinaia*

portincènso ➤ **portaincenso**

portinerìa [lombardo *portinarìa*, da *portinàr* 'portinaio' ✱ 1866] **s. f.** ● locale o appartamento posto all'ingresso di uno stabile, destinato al portiere

portinfànte [1954] **s. m. inv.** ● (*disus.*) adattamento di *porte-enfant* (V.)

portinnèsto ➤ **portainnesto**

portinségna ➤ **portainsegna**

pòrtio /*lat.* 'pɔrtsjo/ [vc. lat., propr. 'porzione' ✱ sec. XIV] **s. f. inv.** (**pl. lat.** *portiones*) **1** parte, porzione **2** (*anat.*) determinata regione di un organo topograficamente definita | ***p. vaginalis***, porzione della cervice uterina che sporge nella vagina

pòrtland /'pɔrtland, *ingl.* 'pɔːtlənd/ [dall'ingl. *Portland cement* 'cemento di Portland' per il suo aspetto simile alle pietre dell'isola di Portland ✱ 1895] **s. m. inv.** ● (*edil.*) tipo di cemento a lenta presa ottenuto per cottura da calcari marnosi o da miscele di calcare e argilla

♦**pòrto**① [da *portare* ✱ av. 1566] **s. m. 1** il portare, trasporto, spec. nella loc. inv. ***p. d'armi***, il portare armi con sé e (*est.*) il documento che comprova l'autorizzazione a ciò necessaria: *chiedere, ottenere, mostrare il p. d'armi* **2** spesa del trasporto di cose: *p. a carico del mittente*; *pagare il p. della merce* | ***p. assegnato***, che dev'essere pagato dal destinatario | ***franco di p.***, ***p. affrancato***, quando il prezzo del trasporto è stato pagato dal mittente

pòrto② (o *-ó-*) **part. pass.** di *porgere*; anche **agg.** ● nei sign. del v.

♦**pòrto**③ [lat. *pŏrtu(m)*, di orig. indeur. ✱ av. 1250] **s. m. 1** spazio di mare protetto, dove le navi possono sostare con sicurezza al riparo dalle onde e dalle correnti, compiere agevolmente le operazioni di sbarco e di imbarco dei passeggeri, effettuare rifornimenti e riparazioni: *p. marittimo* | (*est.*) la relativa città: *Taranto è un p. militare* | ***p. franco***, porto o zona del porto in cui si possono introdurre merci senza pagare dogana | ***p. naturale***, quello che, per conformazione della costa e andamento dei fondali, si presta a essere utilizzato anche senza il lavoro dell'uomo | ***p. artificiale***, quello ricavato con dighe, moli, frangiflutti, lavori di dragaggio e sim. | ***p. canale***, formato da banchine poste lungo la parte terminale di piccoli corsi d'acqua, fino alla foce, utilizzato da imbarcazioni di piccolo tonnellaggio | ***p. prefabbricato***, costituito da elementi prefabbricati messi in opera nel posto prescelto | ***p. fluviale***, situato nel corso superiore di un fiume | ***p. d'estuario***, situato sull'estuario di un fiume | ***p. militare***, riservato alle navi militari | ***p. d'armamento***, dove le navi mercantili hanno i materiali per le riparazioni e manutenzioni e dove imbarcano l'equipaggio | ***p. a bacini***, scalo marittimo in cui, a causa delle forti maree, le navi devono essere ormeggiate in bacini a livello costante e l'entrata e l'uscita avvengono solo durante l'alta marea | ***p. d'immatricolazione***, domicilio legale dell'armatore, riportato sotto il nome della nave a poppa | ***p. d'imbarco, di sbarco***, quelli in cui rispettivamente s'imbarcano o si sbarcano merci e passeggeri | ***p. di scalo***, previsto nell'itinerario di un viaggio per mare | ***p. di rilascio forzato***, dove si entra per riparo o emergenza | ***p. di mare***, (*fig.*) luogo chiassoso e disordinato, pieno di gente d'ogni tipo che va e viene: *la tua casa è un p. di mare* | nella laguna veneta, ciascuno dei tre passaggi che mettono in comunicazione il mare con la laguna: *il p. di Malamocco* **2** (*fig.*) meta ultima, conclusione auspicata e desiderata: *giungere in p.*; *condurre in p. un affare* | (*lett.*) rifugio sicuro e tranquillo: *E la prigione, fino a un certo tempo, era un p. di salvamento* (A. MANZONI) ‖ **porticèllo**, **dim.** | **porticciòlo**, **porticciuòlo**, **dim.** (V.) | **porticìno**, **dim.**

NOMENCLATURA

porto
● *tipi di porto*: militare, mercantile; porto franco; naturale ⇔ artificiale; interno, esterno, chiuso, aperto, riparato, fluviale, d'estuario, di mare, di rifugio, d'imbarco, di sbarco, di scalo, di transito, di rilascio forzato, porticciolo turistico = marina, base navale, idroscalo = idroporto;
● *strutture del porto*: faro, lanterna, torre lanterna, radiofaro, rada, fonda, avamporto = antiporto, imboccatura, diga, molo, frangiflutti = frangionde, antemurale, darsena, angiporto; scalo, dock, magazzino, silo; bacino di raddobbo, di ricovero, arsenale, mancina, carrello elevatore, convogliatore, pontone; posto barca, calata, banchina, pontile, plancia, scalandrone, sbarcatoio, imbarcatoio = imbarcadero, colonna, palo, pilone d'ormeggio, dromo, corpomorto; capitaneria, sanità marittima, di porto, portualità, polizia giudiziaria, marittima, portuale, dogana; pilotina, rimorchiatore, penice, motovedetta; argini = sponde, sbarramento = diga, porto fluviale, darsena, bacino; chiuse (paratoia verticale, piana, cilindrica);
● *persone*: guardaporto, portuale, scaricatore, camallo;
● *cantiere navale*: sala di tracciamento, piazzale di prefabbricazione, scalo (di costruzione, di riparazione, di demolizione), banchina di armamento, varatoio, bacino di carenaggio galleggiante, scivolo (piano dello scivolo, incastellatura di scivolo); squero; calafataggio, raddobbo, varo, battesimo, attrezzatura, dotazione, corredo di una nave, armamento varo;
● *azioni*: calafatare, carenare, varare; essere in cantiere; approdare, attraccare, ormeggiare, avere libera pratica, salpare; entrare in porto, attraccare, ormeggiarsi.

Pòrto④ [dal n. portoghese della città di *Oporto* dove il vino si produce ✱ 1874] **s. m. inv.** ● vino liquoroso portoghese, di colore brillante, dal sottile profumo di mammola, asciutto e aromatico

portogàllo [dal *Portogallo*, da cui proviene ✱ av. 1755] **s. m.** ● (*sett.*, *merid.*) arancia

♦**portoghése** (o **-ṣ-**) [portog. *portuguez*; nel sign. B 2 l'espressione deriva dal fatto che a Roma nel sec. XVIII in occasione di un avvenimento i portoghesi poterono partecipare a una rappresentazione al Teatro Argentina senza pagare il biglietto e molti romani finsero di essere tali ✱ 1525] **A** **agg.** ● del Portogallo: *lingua p.* **B** **s. m. e f.** **1** abitante o nativo del Portogallo **2** (*fig.*) chi entra in teatro o in altro luogo di pubblico spettacolo senza pagare il biglietto **C** **s. m. solo sing.** ● lingua del gruppo romanzo, parlata in Portogallo e in Brasile, e ampiamente diffusa nelle ex colonie portoghesi (come Angola o Mozambico)

portolanìa [1611] **s. f.** ● (*mar.*) anticamente, a Napoli, ufficio del portolano

portolàno o †**portulàno** [da *porto*③, sul modello di *ortolano* ✱ av. 1347] **s. m.** **1** (*mar.*) libro che descrive minuziosamente le caratteristiche di una costa sotto l'aspetto idrografico, meteorologico, nautico, fornendo notizie sui porti, ancoraggi, ridossi, punti pericolosi e sim. **2** anticamente, guardiano del porto, incaricato di riscuotere i dazi e di sovraintendere al traffico delle merci

portolàta [1961] **s. f.** ● (*mar.*) portolato

portolàto o **portolàtto** [etim. incerta ✱ 1937] **s. m.** ● (*mar.*) imbarcazione motorizzata che giornalmente raccoglie e porta sul mercato il pesce catturato dai pescherecci al largo **SIN.** portolata

portombrèlli ➤ **portaombrelli**

†**portonàio** ➤ **portinaio**

portoncìno [da *portone* con il suff. *-ino* e l'infisso *-c-* ✱ av. 1922] **s. m.** **1** dim. di *portone* **2** porticina ricavata nella sagoma di un grande portone e apribile indipendentemente da quest'ultimo

♦**portóne** [av. 1494] **s. m.** **1** accr. di *porta* **2** grande porta di palazzo o casamento, che dà sulla strada ‖ **portoncìno**, **dim.** (V.)

portorealista [fr. *port-royaliste*, da *Port-Royal*, n. della celebre abbazia francese, centro del giansenismo ✱ av. 1793] **s. m.** (**pl.** *-i*) ● ecclesiastico, laico, uomo di studio, scrittore appartenente alla comunità giansenistica di Port-Royal-des-Champs fiorita in Francia nel sec. XVII

portoricàno [1955] **A** **agg.** ● di Portorico **B** **s. m.** (**f.** *-a*) ● abitante o nativo di Portorico

portòrio [vc. dotta, lat. *portōriu(m)*, da un precedente **portitōriu(m)*, da *pŏrtitor*, genit. *portitōris* 'doganiere (del porto)', da *pŏrtus* 'porto' ✱ 1499] **s. m.** ● nel diritto romano, imposizione fiscale gravante sulle merci importate o esportate, in transito in determinati luoghi

portòro [comp. di *port(a)*- e *oro*, per il colore delle sue venature (?) ✱ 1875] **s. m.** ● marmo giallo e nero di Portovenere

portuàle [dal lat. *pŏrtus* 'porto③' ✱ 1871] **A** **agg.** ● del porto, relativo al porto: *zona p.* ‖ **portualità**, **s. f. inv.** l'insieme delle caratteristiche di un porto **B** **s. m. e f.** ● lavoratore del porto: *sciopero dei portuali*

portuàrio [1871] **agg.** ● di porto: *lavori portuari*

portuènse [lat. *portuēnse(m)* ✱ 1312] **agg.** ● dell'antica città di Porto, presso le foci del Tevere: *via p.*

portulàca [vc. dotta, lat. *portulāca(m)*, da avvicinare (almeno paretimologicamente) a *pŏrcus* (nel senso di 'genitali femminili') perché adoperata dalla medicina antica per i lochi dopo il parto ✱ av. 1468] **s. f.** ● genere di piante erbacee delle regioni calde, con fusto prostrato, foglie opposte e carnose, fiori grandi di colore rosso, bianco o giallo (*Portulaca*)

Portulacàcee [vc. dotta, comp. di *portulaca* e *-acee* ✱ 1895] **s. f. pl.** (**sing.** *-a*) ● (*bot.*) famiglia di piante erbacee o arbustive con foglie carnose e frutto a capsula (*Portulacaceae*)

†**portulàno** ➤ **portolano**

portuóso (o **-ṣ-**) [vc. dotta, lat. *portuōsu(m)*, da *pŏrtus* 'porto③' ✱ sec. XIV] **agg.** ● (*lett.*) dotato o fornito di porti: *regione portuosa*; *sulle spiagge portuose dei mari* (I. NIEVO)

porzàna [da *porcella*, dim. f. di *porco*: detta così perché si avvoltola nel fango ✱ sec. XIV] **s. f.** ● genere di Uccelli dei Ralliformi di piccole dimensioni, cui appartiene il voltolino, comune nelle regioni paludose (*Porzana*)

porzionàto [1992] **agg.** ● di alimento, confezionato in porzioni singole: *formaggio p.*

porzionatùra [1985] **s. f.** ● suddivisione di un alimento in porzioni | confezione in porzioni per singole persone

porzióne [vc. dotta, lat. *portiōne(m)*, di etim. incerta ✱ av. 1328] **s. f.** **1** parte, quota (*anche fig.*): *una p. dell'eredità*; *dividere qlco. in porzioni uguali*; *ho anch'io la mia p. di guai* **2** quantità di cibo destinata a ogni commensale o prevista per un singolo consumatore: *p. scarsa, abbondante*; *una p. di minestra, di frutta*; *comprare una p. di lasagne al supermercato* **3** (*anat.*) parte di un organo anatomico caratterizzata da una determinata struttura: *p. membranosa dei muscoli* ‖ **porzioncèlla**, **dim.** | **porzioncìna**, **dim.**

†**porzionière** [ant. fr. *portionnier*, da *portion* 'porzione' ✱ sec. XIV] **s. m.** ● chi compartecipa alla proprietà di qlco.

POS /pɔs/ [sigla ingl. di *P(oint) O(f) S(ale)* 'punto di vendita' ✱ 1986] **s. m. inv.** ● terminale installato presso esercizi commerciali e sim. utilizzato per la gestione di pagamenti elettronici eseguiti con carta di debito o di credito | sistema di pagamento elettronico tramite tali terminali

pos- ➤ **post-**

pòsa (o **-ṣ-**) [lat. *pāusa(m)*. V. *pausa* ✱ 1261 ca.] **s. f.** **1** il posare | collocazione o sistemazione in luogo appropriato: *la p. della prima pietra*; *Capisco... è la prima p. de' nuovi arrivati* (S. PELLICO) | deposizione: *p. delle uova* **2** (*lett.*) riposo, pausa | (*lett.*) quiete, pace: *non avere p.*; *ora è tempo di p.* (G. PARINI) | ***senza p.***, ininterrottamente **3** (*fotogr.*) tempo necessario alla corretta esposizione di una pellicola: *p. lunga, breve* | unità di prestazione professionale di un attore del cinema | ***teatro di p.***, studio cinematografico, dove esistono le attrezzature per le pose degli attori **4** atteggiamento assunto da chi deve essere ritratto: *stare in p.*; *mettersi in p.*; *una p. di due ore* | posizione: *assumere una p. sguaiata, composta, più comoda*; *la ragazza allora cambiava di p. le gambe* (C. PAVESE) **5** (*fig.*) atteggiamento o comportamento innaturale e affettato: *assumere pose da intellettuale* | ***per p.***, per ostentazione **6** (*raro*) sedimento lasciato da un liquido in un recipiente **7** (*mus.*) pausa, fermata
SFUMATURE ➤ *ostentazione*

posacàvi (o **-ṣ-**) [comp. di *posa(re)* e il pl. di *cavo*② ✱ 1937] **A** **s. f. inv.** ● nave specialmente attrezzata per deporre cavi elettrici sottomarini **B** **in funzione di agg. inv.**: *nave p.*

posacénere (o **-ṣ-**) [comp. di *posa(re)* e *cenere* ✱ 1916] **s. m. inv.** ● portacenere

posafèrro (o **-ṣ-**) [comp. di *posa(re)* e *ferro* ✱ 1891] **s. m. inv.** ● supporto per posarvi il ferro da stiro caldo

posalùme (o **-ṣ-**) [comp. di *posa(re)* e *lume* ✱ 1869] **s. m.** ● (*disus.*) basamento, spec. di panno, su cui si appoggiava il lume a olio o petrolio

†**posaménto** (o **-ṣ-**) [av. 1328] **s. m.** **1** il posare | base, sostegno **2** posa

posamìne (o **-ṣ-**) [comp. di *posa(re)* e il pl. di *mina* ✱ 1918] **A** **s. m. o f. inv.** ● nave da guerra attrezzata per collocare mine in mare **B** **in funzione di agg. inv.**: *nave p.*

posamòlle (o **-ṣ-**) [comp. di *posa(re)* e il pl. di *molla* ✱ 1869] **s. m. inv.** ● supporto per le molle, la paletta e l'attizzatoio del camino

posànte (o **-ṣ-**) **part. pres.** di *posare*; **anche agg.** **1** nei sign. del v. | †situato, appoggiato **2** (*lett.*) che è disposto in un certo modo | che assume un atteggiamento: *L'attrice grandama, elegante, p.* (G. CARDUCCI)

posapiàno (o **-ṣ-**) [comp. di *posa(re)* e *piano*① ✱ 1618] **s. m. e f. inv.** ● (*scherz.*) persona estremamente lenta in ogni suo atto

♦**posàre** (o **-ṣ-**) [lat. parl. **pausāre*. V. *pausare*; nel sign. B3, calco sul fr. *poser* ✱ 1250 ca.] **A** **v. tr.** (*io pòso*) **1** mettere giù, appoggiare: *p. la penna, il cappello*; *posò il carico a terra*; *po-*

a b c d e f g h i j k l m n o **p** q r s t u v w x y z

sa subito quel fucile! | ***p. le armi***, (*fig.*) cessare le ostilità, non combattere più **2** †porre, depositare **3** (*fig.*, *lett.*) acquietare, calmare, placare: *p. l'ira, il desiderio* **4** rivolgere: *p. gli occhi, lo sguardo su qlco.* **B** **v. intr.** (**aus.** *essere*) **1** avere come base, come fondamento: *le fondamenta posano sulla roccia* | (*fig.*) basarsi, reggersi: *la nostra tesi posa sui fatti* **2** (*lett.*) sostare | (*poet.*) riposare, giacere: *il monumento / vidi ove posa il corpo di quel grande* (U. Foscolo) | †oziare **3** stare in posa: *p. per un ritratto* | (*fig.*) assumere atteggiamenti affettati e ostentati allo scopo di farsi notare (+ *a*): *p. a grande uomo, a donna fatale* **4** detto di liquidi, depositare sul fondo del recipiente le particelle più pesanti: *lasciar p. il vino* **C** **posàrsi** **v. intr. pron.** **1** appoggiarsi, fermarsi su qlco. (+ *su*): *l'ape si posa sui fiori*; *le sue mani si posarono sulle mie spalle* | (*fig.*) rivolgersi: *non so dove si posasse il suo sguardo*; *l'attenzione di tutti si posò sul bambino* | scendere e adagiarsi delicatamente: *le foglie appassite si posano sui prati* **2** (*lett.*) stare o mettersi fermo | †riposarsi

posarèti (o -ṣ-) [comp. di *posa(re)* e il pl. di *rete* ✱ 1937] **s. f. inv.** ● (*mar.*) nave militare adibita al trasporto e alla posa di ostruzioni, spec. reti, a difesa di forze navali

posàta ① (o -ṣ-) [da *posare* ✱ av. 1375] **s. f.** **1** †il posare, il posarsi | sosta, fermata **2** (*raro*) posatura, sedimento **3** (*sport*) nell'equitazione, istante in cui il piede del cavallo arriva a terra

posàta ② (o -ṣ-) [da *posato* ✱ 1617] **s. f.** **1** denominazione generica di ciascuno degli utensili (cucchiaio, coltello, forchetta) che si usano a tavola per prendere, dividere, portare alla bocca le vivande: *ho perso una p. d'argento*; *un servizio di posate*; *lavare, asciugare le posate*; *mettere le posate in tavola* **2** (*raro*) posto apparecchiato a tavola: *aggiungere una p.* **SIN.** coperto ‖ **posatìna**, **dim.**

†**posàta** ③ (o -ṣ-) [sp. *posada*, da *posar* 'posare' ✱ av. 1536] **s. f.** ● albergo, locanda | stazione di posta

posaterìa (o -ṣ-) [da *posata*② ✱ 1928] **s. f.** ● assortimento, insieme di posate

posatézza (o -ṣ-) [1670] **s. f.** ● caratteristica di chi è posato, calmo, riflessivo: *la p. di un ragionamento, di una persona* **SIN.** ponderazione, riflessione **CONTR.** avventatezza, impulsività

posàto ① (o -ṣ-) **A** **part. pass.** di *posare*; anche **agg.** **1** nei sign. del v. **2** (*fig.*) di persona riflessiva, calma, tranquilla: *una persona posata* | che rivela saggezza, equilibrio: *giudizio p.* | (*fig.*, *lett.*) controllato, sobrio: *Il suo linguaggio era abitualmente umile e p.* (A. Manzoni) **SIN.** riflessivo **CONTR.** impulsivo ‖ **posataménte**, **avv.** in modo posato: *parlare posatamente* **B** **avv.** ● †posatamente

posàto ② (o -ṣ-) [dal v. intr. *posare* 'stare in posa' ✱ 1991] **agg.** ● detto di foto scattata a un soggetto messo in posa: *un book di foto posate*

posatóio (o -ṣ-) [av. 1557] **s. m.** (**pl.** *-ói*) **1** †luogo per riposare od oggetto su cui si può posare qlco. **2** ogni ramo o bacchetta dove si posa un uccello in gabbia o un pollo nel pollaio

posatóre (o -ṣ-) [da *posare*; nel sign. 2, dal fr. *poseur* 'persona affettata' ✱ 1728] **s. m.** (**f.** *-trice*) **1** chi è addetto alla messa in opera di cavi, tubi e sim. **2** (*fig.*) chi è affettato nei modi allo scopo di darsi importanza e di farsi notare

posatùbi (o -ṣ-) [comp. di *posa(re)* e del pl. di *tubo* ✱ 1986] **A** **agg. inv.** ● detto di mezzo navale o terrestre atto alla posa di condutture e tubazioni: *nave p.* **B** **anche s. m. o f. inv.**: *un moderno p.*

posatùra (o -ṣ-) [da *posato* ✱ 1481] **s. f.** ● fondo, deposito, sedimento: *la p. del vino, del caffè*

poṣbèllico ➤ **postbellico**

†**pòsca** [vc. dotta, lat. *pōsca(m)*, sovrapposizione di *ēsca* 'cibo' (V. *esca*①) a *pōtus* 'che ha bevuto' (V. *pozione*) ✱ sec. XIII] **s. f.** ● miscela di acqua e aceto, usata un tempo come bevanda o medicamento | (*lett.*) vinello

pòscia [lat. *pŏstea* 'dopo', da *pŏst ĕa* 'dopo di essa'. Per *pŏst* V. *post-*; *ĕa* è l'abl. sing. f. di *īs* 'egli' ✱ av. 1243] **avv.** ● (*lett.*) dopo, poi: *p., più che 'l dolor poté 'l digiuno* (Dante *Inf.* XXXIII, 75) | V. anche †*posciaché*

†**posciaché** o †**pòscia che** [comp. di *poscia* e *che*② ✱ av. 1316] **cong.** **1** dopoché **2** poiché

posciadésco [da *pochade* ✱ 1950] **agg.** (**pl. m.** *-schi*) ● che ha il tono proprio della pochade

posciadìstico [1933] **agg.** (**pl. m.** *-ci*) ● (*raro*) posciadesco

posconsonàntico ➤ **postconsonantico**

†**poscrài** [comp. del lat. *pŏst* 'dopo' (V. *post-*) e *crai* ✱ 1481] **avv.** ● (*merid.*) dopodomani

†**poscrìtta** [av. 1527] **s. f.** ● poscritto

poscrìtto [lat. *pŏst scrīptu(m)* 'dopo lo scritto'. V. *post-* e *scritto* ✱ 1561] **s. m.** ● ciò che si aggiunge a una lettera e sim., dopo averla già conclusa e firmata

poṣdatàre e deriv. ➤ **postdatare** e deriv.

poṣdentàle ➤ **postdentale**

poṣdiluviàno ➤ **postdiluviano**

poṣdomàni o †**poṣdomàne** [comp. di *pos-* e *domani* ✱ 1427] **avv.** ● (*lett.*) dopodomani

poser /'pozer, *ingl.* 'pəuzə(r)/ [vc. ingl., propr. 'posatore', calco sul fr. *poseur* (V.) ✱ 2001] **s. m. e f. inv.** ● posatore nel sign. 2 **SIN.** (*fr.*) poseur

poseur /*fr.* po'zœr/ [vc. fr., propr. 'posatore' ✱ 1900] **s. m. e f. inv.** (**f. fr.** *poseuse*) ● posatore nel sign. 2: *trovava che era, nel vivere, un p.* (N. Ginzburg) **SIN.** (*ingl.*) poser

pòsi ➤ **porre**

poṣidònia [dal gr. *Poseidônios*, agg. di *Poseidôn*, genit. *Poseidônos* 'Poseidone', dio del mare: detta così perché pianta marina ✱ 1835] **s. f.** ● pianta delle Potamogetonacee che forma presso le spiagge estese praterie sottomarine a foglie nastriformi e coriacee (*Posidonia oceanica*)

poṣitìva [f. sost. di *positivo*, sul modello del fr. *positive* ✱ 1895] **s. f.** ● (*fotogr.*) immagine fotografica, su carta o pellicola, ottenuta dal negativo mediante stampa **CONTR.** negativa

poṣitivìṣmo [fr. *positivisme*, da *positif* 'positivo' ✱ 1850] **s. m.** **1** indirizzo filosofico della seconda metà del XIX secolo che, fondando la conoscenza sui dati empirici e rigettando ogni forma di metafisica, proponeva di estendere il metodo delle scienze positive a tutti gli ambiti dell'attività umana | ***p. logico***, neopositivismo **2** (*est.*, *raro*) spirito pratico, concretezza

poṣitivìsta [fr. *positiviste*, da *positif* 'positivo' ✱ 1871] **A** **s. m. e f.** (**pl. m.** *-i*) **1** chi segue o sostiene il positivismo **2** (*est.*, *raro*) persona concreta, che bada al sodo **B** **agg.** ● positivistico

poṣitivìstico [1887] **agg.** (**pl. m.** *-ci*) ● relativo al positivismo o ai positivisti | caratterizzato da positivismo: *una concezione positivistica* ‖ **poṣitivisticaménte**, **avv.** in modo positivistico; dal punto di vista del positivismo

poṣitività [1843] **s. f. inv.** **1** caratteristica di chi (o di ciò che) è positivo: *la p. del suo carattere* | atteggiamento positivo, concreto **2** risultato positivo: *la p. di un esame clinico*

poṣitiviẓẓàre [da *positivo* ✱ 1987] **A** **v. tr.** ● rendere positivo **B** **poṣitiviẓẓàrsi** **v. intr. pron.** ● diventare positivo | (*med.*) diventare positivo al test sierodiagnostico per uno specifico microrganismo ‖ **poṣitiviẓẓazióne**, **s. f.** (V.)

poṣitiviẓẓazióne [1988] **s. f.** ● (*med.*) il positivizzare, il positivizzarsi | processo che in seguito a infezione porta un soggetto, in precedenza sieronegativo, a presentare anticorpi specifici rilevabili con test sierodiagnostico

♦**poṣitìvo** [vc. dotta, lat. tardo *positīvu(m)* 'che viene posto', da *pŏsitus* 'posto' ✱ av. 1328] **A** **agg.** **1** che è stato stabilito da un'autorità, che è storicamente individuabile | ***diritto p.***, complesso degli atti legislativi vigenti in una determinata epoca, in un dato Stato | ***religione positiva***, storicamente istituita, con propri riti e credenze, distinta dalle religioni naturali | ***teologia positiva***, fondata sul principio della definibilità concettuale degli attributi divini **CONTR.** naturale **2** affermativo: *termine p.*; *giudizio p.* **3** (*lett.*) esplicito: *L'ordine … era p. e perentorio* (L. Pirandello) **4** (*lett.*) che esiste effettivamente, che è reale: *un uomo di quel merito... ridotto alla positiva mancanza del pane quotidiano* (P. Metastasio) | che è concreto o si fonda su elementi concreti e sperimentabili: *dato p.*; *scuola positiva del diritto penale* | ***scienze positive***, matematica, fisica e scienze naturali | (*est.*) certo, comprovato, sicuro: *un fatto è p., che voi non eravate presenti* **5** che bada alla realtà, alla concretezza, lasciando da parte sogni, fantasie, immaginazioni e sim.: *uomo p.*; *mente positiva*; *ragionamenti positivi* **6** che conferma, comprova, fornisce una definitiva certezza su ciò che prima si riteneva possibile, probabile e sim.: *risposta positiva*; *l'indagine si è conclusa in modo p.* | (*med.*) detto di analisi di laboratorio, il cui risultato conferma una diagnosi o la presenza di determinati elementi (batteri, virus, sostanze e sim.): *il test è p.*; (anche riferito a persona) *l'atleta risulta p. al test antidoping* **CONTR.** negativo **7** che agisce e opera nel modo voluto, che ottiene l'effetto sperato, che è comunque buono, favorevole, vantaggioso e sim.: *intervento, esito, risultato p.*; *questo è l'unico lato p. della faccenda*; *gli aspetti positivi di una questione*; *segnali positivi*; *la positiva conquista della scienza* | ***critica positiva***, che non si limita a porre in risalto gli aspetti negativi di qlco., ma suggerisce e propone miglioramenti e sim. **CONTR.** negativo **8** in varie scienze e tecnologie, detto convenzionalmente di qlco. in opposizione a ciò che, altrettanto convenzionalmente, è definito negativo: *cariche elettriche positive*; *polo p.*; *ione p.* | ***catalizzatore p.***, che accelera il compiersi della reazione **9** (*mat.*) detto di numero maggiore di zero **10** (*fotogr.*) detto di immagine fotografica ottenuta dal negativo mediante stampa, nella quale la disposizione delle luci e delle ombre è uguale a quella dell'oggetto fotografato **11** (*gramm.*) detto di aggettivo o avverbio che non esprime gradazione maggiore o minore **12** (*mus.*) detto di piccolo organo fisso, non portatile, usato nei secc. XV e XVI ‖ **poṣitivaménte**, **avv.** **1** in modo positivo **2** con sicurezza: *sapere positivamente qlco.* **3** †con moderazione ‖ **poṣitività**, **s. f. inv.** (V.) **B** **s. m.** **1** (**solo sing.**) (*lett.*) ciò che concretamente esiste: *il p. e l'eventuale* **2** (**solo sing.**) ciò che è sicuro, certo: *hai saputo qlco. di p.?*; *per ora sono solo voci, ma non c'è nulla di p.* | ***di p.***, con certezza: *lo so di p.* **3** (*fotogr.*) copia ottenuta per stampa da un originale negativo **C** **avv.** **1** (*colloq.*) certamente, sicuramente, senza dubbio (uso che deriva dalle comunicazioni via radio): *'credi proprio di poterlo convincere?' 'p.!'* **2** (*col-

loq.) in modo ottimistico, concreto: *pensare p.*

poṣitóne ➤ **positrone**

poṣitònio ➤ **positronio**

poṣitróne o **poṣitóne** [da *positivo*, sul modello di *elettrone* ✻ 1934] **s. m.** ● (*fis.*) antiparticella dell'elettrone con massa uguale a quella dell'elettrone ma con numero leptonico e carica di valore opposto

poṣitrònio o (*raro*) **poṣitònio** [da *positrone* ✻ 1965] **s. m.** ● (*fis.*) stato fisico instabile, costituito da un elettrone e da un positrone

poṣitùra [vc. dotta, lat. *positūra(m)*, da *pŏsitus* 'posto' ✻ av. 1320] **s. f.** **1** (*raro*) modo di stare, di essere collocato: *la p. di un oggetto* | (*spec. lett.*) atteggiamento, posa: *la p. innaturale degli arti* **2** †collocazione, posizione: *p. geologica, geografica, astronomica*

poṣizionàle [1950] **agg.** **1** (*ling.*) che concerne la posizione dei suoni **2** (*fis.*) che dipende dalla posizione: *energia, forza p.*

poṣizionaménto [1983] **s. m.** **1** (*tecnol.*) sistemazione in una posizione opportuna **2** in una campagna pubblicitaria, stretta relazione che dev'essere stabilita fra ciascun prodotto e un bisogno del consumatore

poṣizionàre [da *posizione* ✻ 1978] **A** **v. tr.** (*io poṣizióno*) **1** (*tecnol.*) fare assumere a un oggetto una posizione determinata, voluta o corretta: *p. un pezzo su una macchina utensile* **2** (*tecnol.*) determinare la posizione di un oggetto **3** (*inform.*) registrare un determinato valore in una posizione di memoria **B** **poṣizionàrsi** **v. intr. pron.** ● spec. nel linguaggio giornalistico, collocarsi, mettersi in una data posizione

poṣizionàto **part. pass.** di *posizionare*; anche **agg.** **1** nei sign. del v. **2** nel linguaggio delle inserzioni, detto di persona che si trova in una determinata condizione sociale, economica o professionale, gener. vantaggiosa: *32enne (ben) p. conoscerebbe laureata max. 28enne scopo matrimonio* | che è situato in una particolare posizione, gener. favorevole: *attico (ben) p. vendesi*

poṣizionatóre [da *posizionare* ✻ 1974] **s. m.** ● (*tecnol.*) dispositivo destinato a far assumere a un oggetto una determinata posizione | (*aeron.*) ***p. automatico di lancio***, nelle portaerei, dispositivo che colloca automaticamente i velivoli nella posizione corretta sulle catapulte di lancio

♦**poṣizióne** [vc. dotta, lat. *positiōne(m)*, da *pŏsitus* 'posto' ✻ 1282] **s. f.** **1** luogo in cui una cosa è situata o si trova, spec. in relazione alla realtà circostante: *una p. ridente, amena, soleggiata; la p. di una casa, di un porto, di un astro; non è questa la p. che volevamo per il nostro locale* | (*sport*) posto in cui ci si trova nel corso di una gara: *prime, ultime posizioni; posizioni di testa, di coda; p. in campo* | (*autom.*) ***luci di p.***, che segnalano la presenza e la posizione di un veicolo **2** (*milit.*) luogo difeso o da conquistare | ***guerra di p.***, quella che si svolge fra avversari fermi nelle rispettive trincee, limitata ad azioni locali non risolutive **3** atteggiamento del corpo, della persona, di un arto e sim.: *prendere, assumere una p. comoda, scomoda, sbagliata, viziata, rilassante; il braccio deve stare in questa p.; l'uomo cammina in p. eretta* | ***p. fetale***, modo di situarsi del feto rispetto al bacino della madre al momento del parto | (*colloq.*) ***p. del missionario***, in un rapporto sessuale, la posizione tradizionale con l'uomo sopra la donna supina **4** (*fig.*) modo di pensare; convinzione, opinione: *la sua p. politica è chiara; ho assunto una p. cosciente e intendo mantenerla* | ***prendere p.***, esprimere la propria opinione facendo una scelta netta: *devi prendere p. o a favore o contro di me* | condizione in cui una persona si trova in rapporto con gli altri o con un complesso di fatti o di circostanze: *la mia p. nei suoi confronti si fa più difficile; è una p. insostenibile, sgradevole, imbarazzante; venire a trovarsi in una buona, ottima, favorevole p.* **5** (*fig.*) condizione economica e sociale: *ha un'ottima, una florida p.; la sua p. è poco solida* | ***farsi una p.***, raggiungere una buona condizione professionale ed economica **6** (*astron.*) ***p. astronomica di un astro***, quella determinata dalle sue coordinate celesti | ***p. apparente di un astro***, quella in cui è osservato apparentemente nel cielo, differente da quella vera per fenomeni di parallasse, rifrazione, aberrazione e sim. **7** (*inform.*) ***p. di memoria***, ciascuna delle parti elementari atte a contenere una singola unità d'informazione in cui è divisa una memoria di elaboratore elettronico **8** (*ling.*) collocazione di un suono rispetto ad altri in una sequenza | ***p. debole***, tempo debole | ***p. forte***, tempo forte **9** (*mus.*) ordine dei suoni con cui si presenta un accordo | ***p. stretta, lata, latissima***, secondo la vicinanza dei suoni | ***p. divisa***, negli strumenti a tastiera, quando gli accordi sono disposti in modo da poter essere suonati in parte con la mano destra e in parte con la sinistra | negli strumenti ad arco, modo con cui la mano sinistra si pone sulle corde **10** (*banca*) stato debitorio o creditorio di un singolo cliente nei confronti di una banca **11** (*filos.*) assunto non dimostrato su cui si fonda un ragionamento **12** (*dir.*) ***p. comune***, adottata dal Consiglio della Comunità Europea nell'ambito del procedimento per l'emanazione di un atto

poṣlimìnio ➤ **postliminio**

poṣlùdio o **postlùdio** [da *pos-*, in opposizione a *preludio* ✻ 1871] **s. m.** (**pl.** *-i* o *raro -ii*) ● (*mus.*) pezzo per organo alla conclusione di una funzione religiosa, spesso improvvisato | in composizioni vocali e strumentali, specie di coda con funzione di commento

†**pòso** (o **-ṣ-**) [da *posare* ✻ av. 1294] **s. m.** ● (*tosc.*) riposo, quiete

pòṣola [etim. incerta ✻ sec. XIV] **s. f.** **1** striscia doppia di cuoio che nel finimento per l'animale da tiro collega la braca al collare | cinghia che assicura lo straccale alla sella **2** (*raro, tosc.*) fastidio, molestia ‖ **poṣolìno**, **dim. m.** (V.)

poṣolìno [sec. XV] **s. m.** **1** dim. di *posola* **2** nei finimenti del cavallo, cinghia doppia che, dalla sella, scende sulla groppa e passa sotto la coda **SIN.** sottocoda

poṣologìa [comp. del gr. *pósos* 'quanto', di orig. indeur., e *-logia* ✻ 1821] **s. f.** (**pl.** *-gie*) ● (*farm., med.*) prescrizione della quantità di farmaci da somministrare

†**pospàsto** [lat. *pōst pāstu(m)* 'dopo il pasto'. V. *post-* e *pasto* ✻ 1602] **s. m.** ● portata servita al termine del pasto

posponiménto [1560] **s. m.** ● (*raro*) posposizione

✦**pospórre** [vc. dotta, lat. *postpōnere* 'porre dietro', comp. di *pŏst* (V. *post-*) e *pōnere* 'porre' ✻ 1321] **v. tr.** (**coniug. come** *porre*) **1** porre o collocare dopo, di seguito: *p. i fogli già scritti; p. un articolo di cronaca a uno di politica* | (*fig.*) subordinare: *p. la virtù e l'onestà al proprio utile* **CONTR.** anteporre, preporre **2** rimandare o rinviare a un momento successivo: *p. un viaggio, una visita, una decisione* **SIN.** differire, posticipare **CONTR.** anticipare

pospoṣitìvo [vc. dotta, lat. tardo *postpositīvu(m)*, da *postpŏsitus* 'posposto' ✻ av. 1565] **agg.** ● (*gramm.*) che si pospone: *pronome p.; particella pospositiva*

pospoṣizióne [dal lat. *postpŏsitus* 'posposto' ✻ 1733] **s. f.** ● il posporre: *la p. dell'aggettivo al nome* | rinvio, dilazione

pospósto **part. pass.** di *posporre*; anche **agg.** ● messo dopo: *p. al sostantivo* | rinviato

pòssa ① [da *possa*, prob. prima pers. del congtv. pres. di *potere* ✻ av. 1306] **s. f.** ● (*lett.*) forza, potere, potenza | ***a tutta p.***, con tutte le forze disponibili **CONTR.** debolezza, fiacchezza

pòssa ② ➤ **potere** ①

†**possànza** [ant. fr. *poissance* (moderno *puissance*), da *poissant* 'possente' ✻ av. 1250] **s. f.** **1** (*lett.*) potenza, potere: *Quivi è la sapienza e la p.* (DANTE *Par.* XXIII, 37) | facoltà **2** (*lett.*) forza, vigore

pòsse /ˈpɔsse, *ingl.* ˈpɒsɪ/ [vc. ingl., 'compagnia, squadra', originariamente di armati, dal s. fr. *posse* 'potere', deriv. dal v. lat. *posse* 'potere' ✻ 1991] **s. f. inv.** ● denominazione di gruppi giovanili italiani degli anni '90 del Novecento che si caratterizzano per una produzione musicale basata su una rielaborazione del rap: *le p. dei centri sociali*

♦**possedére** [lat. *possidēre*, comp. di *pŏtis* 'padrone' (propr. 'che può', di orig. indeur.) e *sedēre* 'risiedere' (V. *sedere* ①) ✻ 960] **A** **v. tr.** (**coniug. come** *sedere*) **1** avere in proprietà, dominio o possesso: *p. campi, case, automobili; a quei tempi possedevano molte colonie; quelle due città ... le possedè pacificamente* (F. GUICCIARDINI) | ***p. una donna***, (*lett.*) detto di uomo, avere un rapporto sessuale con lei | (*fig.*) avere in sé: *possiede molte virtù* **2** (*assol.*) essere ricco: *p. per eredità* **3** (*lett.*) occupare, popolare: *p. la terra, il deserto* **4** (*fig.*) dominare totalmente: *non lasciarti p. dall'ira, dall'invidia; dicevano che fosse posseduto dal demonio* **5** (*fig.*) conoscere a fondo: *possiede tutte le lingue neolatine* **B** **possedérsi** **v. rifl. recipr.** ● (*lett.*) unirsi in un rapporto sessuale: *avevano raccolto (...) le loro forze per congiungersi (...), per possedersi* (G. D'ANNUNZIO)

possediménto [av. 1347] **s. m.** **1** (*raro*) il possedere **2** ciò che si possiede, spec. in terreni: *ha venduto tutti i suoi possedimenti; credo abbia vasti possedimenti nell'Italia meridionale* **SIN.** proprietà **3** territorio extra-metropolitano sottoposto alla sovranità di uno Stato; colonia: *l'Olanda ha perduto ogni suo p. nelle Indie*

SFUMATURE DI SIGNIFICATO

possedimento - bene - roba

In senso concreto **possedimento** definisce, in relazione a un soggetto privato, una proprietà terriera; in relazione a uno stato, il suo dominio su un territorio posto al di fuori dei suoi confini. **Bene** ha un significato più generale, indicando oltre a possedimenti terrieri anche case, quadri, oggetti preziosi, titoli, denaro ecc. **Roba**, in riferimento a un contesto sociale arcaico caratterizzato da un'economia preindustriale, indica genericamente il complesso dei beni di proprietà di una persona o di una famiglia; in altre situazioni indica tutto quello che serve alle necessità del vivere, dai prodotti alimentari alle merci più varie.

posseditóre [da *possedere*, sul modello di *possessore* ✻ av. 1294] **s. m.** (**f.** *-trice*) ● (*lett.*) possessore

possedùto **A** **part. pass.** di *possedere*; anche **agg.** **1** nei sign. del v. **2** invasato: *giovane p. dal demonio* **B** **s. m.** (**f.** *-a*) ● indemoniato: *pareva un p.*

✦**possènte** [ant. fr. *poissant* (moderno *puissant*) formato sul lat. *pŏsse* 'potere' ✻ av. 1257] **agg.** **1** che ha grande forza (*anche fig.*): *muscolatura, voce, ingegno p.; la mano p. di Dio; la p. poesia dantesca* | poderoso: *esercito p.* | imponente: *fortezza p.* | ***p. di***, forte di | †***p. a, di***, capace di **2** †che gode credito e autorità, per ricchezza o per virtù ‖ **possenteménte**, **avv.**

SFUMATURE ➤ *robusto*

possessióne [vc. dotta, lat. *possessiōne(m)*, da *possĕssus*, part. pass. di *possidēre* 'possedere' ✻

a b c d e f g h i j k l m n o **p** q r s t u v w x y z

1231] **s. f. 1** (*raro*) possesso: *entrare in p. di un bene, dell'eredità* **2** (*raro*) possedimento: *vaste possessioni* **3** (*lett., fig.*) dote, bene morale: *la virtù è sicura p.* **4** presunta invasione del corpo da parte di demoni o spiriti | (*psicol.*) convinzione di essere stato invaso da entità estranee al proprio Io: *delirio di p.*

possessìvo [vc. dotta, lat. *possessīvu(m)*, da *possĕssus* 'possesso' ✻ 1321] **agg. 1** (*gramm.*) che indica l'appartenenza a persona o a cosa: *aggettivi, pronomi possessivi* (per es. *mio, suo*) **2** di possesso, che esprime possesso: *tono, istinto, atteggiamento p.* | che ha tendenza a dominare in campo affettivo, limitando la libertà altrui: *amore p.*; *è molto p. nei confronti dei figli* || **possessivamènte**, **avv.** || **possessività**, **s. f. inv.** caratteristica di chi è possessivo

♦**possèsso** [vc. dotta, lat. *possĕssu(m)*, da *possidēre* 'possedere' ✻ av. 1374] **s. m. 1** piena disponibilità di qlco.: *il p. della libertà*; *essere, entrare in p. di qlco.* | ***prendere p. di una carica***, assumerne le funzioni | (*est.*) padronanza, controllo: *essere nel pieno p. delle proprie facoltà mentali*; *vantare il completo p. di una lingua* **SIN.** dominio | ***p. (di) palla***, nel calcio, fase di gioco in cui una squadra mantiene il controllo del pallone **2** (*dir.*) potere su una cosa che si manifesta in un'attività corrispondente all'esercizio della proprietà o di altro diritto reale, indipendentemente dall'esistenza di tale diritto reale: *p. di buona fede, di mala fede*; *azioni a difesa del p.*; *legge regolatrice del p.* **3** (**spec. al pl.**) possedimento terriero: *visitare i possessi di qlcu.* **SIN.** proprietà **4** rapporto sessuale (spec. da un punto di vista maschile tradizionale)

possessóre [vc. dotta, lat. *possessōre(m)*, da *possĕssus*, part. pass. di *possidēre* 'possedere' ✻ av. 1294] **s. m.** (**f.** *posseditrice*, *raro -sóra*) ● chi ha qlco. in possesso

possessòrio [vc. dotta, lat. tardo *possessōriu(m)*, da *possĕssor*, genit. *possessōris* 'possessore' ✻ av. 1396] **agg.** (**pl. m.** *-i* o *raro -ii*) ● (*dir.*) che concerne il possesso | ***azione possessoria***, che assicura una tutela di carattere provvisorio al possessore spogliato o molestato nel suo possesso | ***giudizio p.***, procedimento speciale che sorge con l'esperimento di un'azione possessoria

possiàmo ➤ **potere**①

♦**possìbile** [vc. dotta, lat. *possĭbile(m)*, da *pŏsse* 'potere' ✻ 1261 ca.] **A agg. 1** che può essere, accadere o verificarsi (+ *da* **seguito da inf.**, + *che* **seguito da congtv.**): *cose possibili ma non probabili*; *prospettare ogni ipotesi p.*; *è l'unica via p. da seguire*; *è possibile che la situazioni cambi molto in fretta* | ***come è p.?***, ***è mai p.?***, (*ellitt.*) ***possibile?***, per esprimere incredulità o contrarietà (+ *che* **seguito da congtv.; anche seguito direttamente da inf.**): *è mai p. che il treno arrivi sempre in ritardo?*; *è p. essere così distratti?*; *P. che nessuno mi voglia aiutare!* (A. MANZONI) | ***non è p.!***, per esprimere stizza, contrarietà e sim.: *l'ufficio postale è chiuso per sciopero: non è p.!*; *non è p. agire con tale superficialità!* **CONTR.** impossibile **2** che si può realizzare, che si può fare o porre in essere (+ *a* **seguito da inf.**): *bisogna fare ogni p. sforzo*; *p. a vedersi, a farsi, a ripetersi* | molto frequente l'uso ellitt.: *telefonagli il più presto p.*; *te lo mando il prima p.*; *cerca di trovare quanti più biglietti possibile*; *dissipando il più allegramente p. lo scarso suo patrimonio* (G. VERGA) | ***se p.***, per quanto si può: *cercando, se p., di trarne qualche vantaggio*; *per ingannare, se p., la Polizia* (A. FOGAZZARO) | ***il più p.***, quanto più si può: *devi rimanere il più p. a riposo* **3** (*fam.*) accettabile, passabile: *era un film appena p.* || **possibilménte**, **avv.** se si può: *telefonami, possibilmente appena sarai arrivato* || **possibilità**, **s. f. inv.** (V.) **B s. m. 1** ciò che può essere, accadere, verificarsi: *restiamo nell'ambito del p.*, *nei limiti del p.* | (*raro*) ***fra i possibili***, fra le cose possibili **2** (**solo sing.**) ciò che si può fare: *faremo tutto il p. per aiutarvi*

SFUMATURE ➤ ***verosimile***

possibilìsmo [fr. *possibilisme*, dal lat. *possĭbilis* 'possibile' col suff. *-isme* '-ismo' ✻ 1889] **s. m.** ● atteggiamento di chi non rifiuta aprioristicamente nessuna soluzione o possibilità

possibilìsta [fr. *possibiliste*, dal lat. *possĭbilis* 'possibile' col suff. *-iste* '-ista' ✻ 1890] **agg. e s. m. e f.** (**pl. m.** *-i*) ● che (o chi) dà prova di possibilismo

possibilìstico [1899] **agg.** (**pl. m.** *-ci*) ● caratterizzato da possibilismo

♦**possibilità** [vc. dotta, lat. tardo *possibilitāte(m)*, da *possĭbilis* 'possibile' ✻ 1268] **s. f. inv. 1** condizione, caratteristica di ciò che è possibile | eventualità che qlco. possa verificarsi: *discutere sulla p. di qlco.*; *c'è la p. che la situazione si risolva in tempi brevi* | probabilità: *forse c'è qualche p. di riuscire* | opportunità: *verrò quando se ne presenti la p.*; *non so se avrò la p. di parlargli* **CONTR.** impossibilità, inattuabilità **2** capacità, facoltà (+ *di* **seguito da inf.**): *non ho la p. di aiutarti* **3** (**spec. al pl.**) ciascuno dei mezzi materiali o morali di cui si dispone: *le mie p. sono limitate*; *nel limite delle nostre p.* | potenzialità: *è un atleta giovane ma di grandi p.*

SFUMATURE DI SIGNIFICATO

possibilità - casualità - probabilità

Tutto quello che può accadere o che può essere fatto è una **possibilità**. In **casualità** è invece richiamato il carattere fortuito, accidentale di un evento. Un concetto ancora diverso è espresso da **probabilità** che definisce il grado di verificabilità di un fatto in relazione all'esperienza pregressa.

SFUMATURE ➤ ***opportunità***

possidènte [vc. dotta, lat. *possidĕnte(m)*, part. pres. di *possidēre* 'possedere' ✻ av. 1328] **s. m. e f.; anche agg.** ● chi (o che) dispone di proprietà immobiliari: *un ricco p.*; *un p. terriero* **CONTR.** nullatenente

possidènza [da *possidente* ✻ 1785] **s. f. 1** (*dir.*) il fatto di possedere qlco. **2** (*lett.*) proprietà, possedimento **3** (*raro*) ceto dei possidenti

pòsso ➤ **potere**①

post① /lat. pɔst/ [lat. *pŏst* 'dopo' (V. *post-*) ✻ av. 1535] **prep.** ● davanti a sostantivi italiani o latini, forma loc. sost. m. o agg. inv., con il sign. di 'periodo successivo a qlco.' o di 'relativo a un periodo successivo a qlco.': *post elezioni* (es. *prepararsi al post elezioni*; *trattative post elezioni*); *post laurea* (o, alla latina, *post lauream*; es. *specializzazione post laurea*); *post diploma* (es. *corsi post diploma*); *post guerra fredda*; *post terremoto* **CFR.** dopo, nel sign. B **CONTR.** pre | anche con grafia unita: V. *postappello*, *postfascismo*, *postcomunismo*, *postimpressionismo*, *postproduzione* | ***post factum***, a fatto avvenuto; (*dir.*) condotta criminosa susseguente a un reato, che ai fini della pena è assorbita dal reato stesso **SIN.** postfatto | ***post mortem***, dopo la morte; conferito dopo la morte, postumo: *onorificenza post mortem*; che dura o si manifesta dopo la morte: *fama post mortem*; *estimatori post mortem*; *irrigidimento post mortem* | (*med.*) ***post partum***, ***post parto***, il periodo di poche ore successivo al parto; relativo a tale periodo: *pediatria post partum* | ***post scriptum***, poscritto | V. anche *ex post*

post② /post, *ingl.* pəust/ [vc. ingl., propr. 'pilastro, puntello' ✻ 1983] **s. m. inv.** (**anche f. nel sign. 2**) **1** nella pallacanestro, posizione d'attacco **2** (*est.*) giocatore che gioca in tale posizione | giocatore che occupa le posizioni alte della zona del tiro libero | pivot

post③ /post, *ingl.* pəust/ [vc. ingl. *post*, propr. 'posta, corrispondenza' ✻ 1996] **s. m. inv.** ● messaggio inviato a un gruppo di discussione in Internet

post- [lat. *post-*, di orig. indeur., con senso di posteriorità ('dopo')] **pref.** (**anche** *pos-*, **davanti a parola che incomincia per consonante**) **Nella divisione sillabica di alcune parole composte con** *post-* **è ammesso considerare il prefisso come prima sillaba anche in violazione delle usuali regole di divisione:** ***post-ap-pel-lo*** **e** ***post-ri-sor-gi-men-ta-le*** **sono corrette come** ***po-stap-pel-lo*** **e** ***po-stri-sor-gi-men-ta-le***. **Si noti che la divisione con** *post-* **in genere si legge più facilmente e meglio corrisponde alla pronuncia effettiva (che di solito introduce una breve pausa dopo il prefisso). 1** con valore temporale, in parole, spec. aggettivi, di origine latina o di moderna formazione, significa 'posteriore', 'successivo', 'dopo': *postmoderno*, *postbellico*; *posdomani*, *posludio* **2** nella terminologia anatomica e fonologica, con valore locale, significa 'dietro', 'posteriore', 'situato posteriormente': *postdentale*

♦**pòsta**① [lat. *pŏsita*, nt. pl., '(luoghi) posti, fissati' ✻ av. 1292] **s. f. 1** †posto | in una stalla, il compartimento dove l'animale viene trattenuto e può riposarsi e mangiare: *I cavalli normanni alle lor poste* (G. PASCOLI) | †luogo, sito, posizione topografica | †***non tenere p. ferma***, non avere dimora stabile | †***non aver p. di qlcu.***, non sapere dove possa trovarsi: *p. di lui non si potea avere* (F. SACCHETTI) **2** luogo in cui il cacciatore attende da fermo la selvaggina | ***stare, mettersi alla p.***, (*fig.*) spiare qlcu. | ***fare la p. a qlcu.***, cercare di sorprenderlo, attenderlo anche con propositi ostili **3** fermata, stazione, tappa per carrozze, viaggiatori o corrieri, situata un tempo sulle grandi strade di comunicazione: *p. ogni 25 o 30 miglia*; *cambiare i cavalli alle poste*; *compiere un viaggio in due o tre poste* | la carrozza che svolgeva tale servizio: *ripartì per la medesima p. verso Auronzo* (G. CARDUCCI) | †***correre le poste***, andare di gran carriera | †***per le poste***, in fretta e furia | (*relig.*) stazione della Via Crucis | ciascuna delle parti della recita del rosario **4** servizio pubblico per la spedizione e il recapito della corrispondenza: *spedire per p.* | ***p. aerea***, trasportata per mezzo di aerei | ***p. elettronica***, sistema di scambio e memorizzazione di messaggi tra utenti di terminali collegati a una rete telematica | ***p. pneumatica***, in banche, uffici e sim., recapito basato su spedizione all'interno di tubi percorsi da aria compressa | ***p. celere***, V. *postacelere* | ***p. prioritaria***, servizio postale in grado di recapitare la corrispondenza in tempi rapidi e garantiti | ***p. ibrida***, servizio che stampa e consegna al destinatario un documento inviato da un mittente in formato elettronico **CFR.** Postel | ***a giro di p.***, V. *giro* nel sign. A 8 | V. anche *fermo posta* **5** (**al pl.**) amministrazione che cura il servizio postale e luogo dove ha sede | organizzazione del servizio postale: *Ministero delle Poste e Telecomunicazioni* **6** corrispondenza: *la p. del giorno*; *ritirare, firmare, spedire la p.* | ***levare la p.***, prelevarla dalla cassetta in cui è stata imbucata | ***piccola p.***, nei giornali, alla radio o alla televisione, rubrica con lettere del pubblico e relative risposte | ***p. del cuore***, piccola posta che si occupa di problemi sentimentali **7** somma che si punta al gioco o che si impegna in una scommessa: *raddoppiare la p.*; *fissare la p. massima e quella minima* | ***giocare, rischiare una p. molto alta***, (*fig.*) azzardare molto | ***la p. in gioco è alta***, (*fig.*) il rischio è molto grande **8** †punto di bersaglio, di mira **9** †imposta, battente **10** notazione a registro, a conto SIN. partita **11** (*lett.*) piacere, volontà: *a sua p.* | ***a p.***, apposta | ***a bella p.***, deliberatamente | ***†da sua p.***, per conto proprio, da sé stesso: *e ciascuno mangia da sua p.* (L. Ariosto) | ***†a p. fatta***, di proposito

NOMENCLATURA

posta

● *tipi di posta* = corrispondenza: lettera = epistola = missiva (commerciale, circolare; aperta ⇔ chiusa, segreta, familiare; anonima, minatoria; di raccomandazione, di referenze, di assunzione, di licenziamento, di congedo, di accompagnamento; urgente); biglietto (d'auguri, di condoglianze, di invito), annuncio, partecipazione (di nozze, di nascita); biglietto postale, cartolina (illustrata, postale con o senza risposta pagata, doppia), stampe (fascetta), manoscritto (aperto, raccomandato con o senza lettera), espresso, vaglia (postale, telegrafico), postagiro; collo, pacco, pacchetto, incarto, involucro, stretch-pack; posta ordinaria, aerea = aerogramma, pneumatica, elettronica; semplice, assicurata, espresso, raccomandata, raccomandata con ricevuta di ritorno, posta celere; posta prioritaria; affrancata, tassata, giacente = ferma in posta;
● *strutture, servizi e operazioni postali*: ministero delle poste e telecomunicazioni; ufficio postale, sportelli; pacchi (bilancia pesapacchi; etichetta, sigillo, talloncino, bollettino di spedizione; pacco postale, manoscritti aperti con o senza lettera, stampe, campione senza valore; valore dichiarato, franchigia, raccomandazione, assicurazione, espresso, tariffa ridotta ⇔ normale, spedizione, ricevuta); vendita dei francobolli e dei valori bollati (pesalettere; foglio dei francobolli, marche da bollo, carta bollata, stampato, modulo per conto corrente, modulo per vaglia postale); versamenti (pagamento pensioni, vaglia, raccomandate, conto corrente postale; causale del versamento); telegrammi (cablogramma, marconigramma, radiotelegramma, telegramma; modulo per telegramma); servizio postacelere; casella postale = casellario (fermo posta); buca = cassetta per le lettere; ritiro della posta (levata; sacco, plico fuorisacco, furgoncino; ora di levata); smistamento; spedizione: timbratura, inoltro, distribuzione (con urgenza, con precedenza); indicazione della località, data, testo, firma, intestazione, P.S., sigillo, S.G.M., S.P.G.M., S.P.M., R.S.V.P., recapito, indirizzo, destinatario, mittente, numero di Codice di Avviamento Postale (C.A.P.); affrancatura (per l'interno ⇔ per l'estero; francobollo ordinario ⇔ commemorativo; soprattassa di beneficenza), timbro postale (a secco, di gomma, per ceralacca), impiombatura, tassa a carico del destinatario, soprattassa, controllo = ispezione postale, consegna; francobollo (dentellatura, margine, vignetta = soggetto, dicitura, valore, filigrana, gomma, tavola, filatelia), imbustatrice, macchina obliteratrice; assegno postale, postagiro, mandato di pagamento, libretto postale, buoni postali fruttiferi;
● *persone*: direttore, ispettore, impiegato, portalettere = postino, procaccia, portapacchi, marconista, telegrafista, postelegrafonico, radiotelegrafista; messo, fattorino, corriere, pony express;
● *azioni*: impostare = imbucare, avviare = istradare, intestare, indirizzare, spedire, mandare per posta, inviare; imbustare, affrancare, tassare, impiombare un pacco, smistare, smaltire la corrispondenza, timbrare, obliterare, annullare, distribuire, consegnare, recapitare, ritirare, respingere, rispedire, restituire al mittente, cestinare; dettare, scrivere, mandare, ricevere, arrivare, leggere, rispondere, firmare, datare.

pósta ② [f. sost. di *posto* ① ✱ 1313] **s. f.** **1** (*tosc.*) il mettere | messa a dimora: *la p. delle barbatelle* **2** †traccia, vestigio, orma: *mi parti' / dietro a le poste de le care piante* (Dante *Inf.* XXIII, 147-148)

postacèlere [comp. di *posta* e *celere* ✱ 1986] **A** **s. f.** (**pl.** *postecèleri*) ● servizio di corriere espresso gestito dalle Poste Italiane **B** **s. m. inv.** ● (*est.*) plico o pacco spedito tramite tale servizio: *le mando un p.*

postagiro [comp. di *posta* ① nel sign. 4 e *giro* ✱ 1926] **s. m.** (**pl. inv.** o *-i*) ● operazione mediante la quale chi dispone di conto corrente postale fa trasferire ad altro correntista una data somma

♦**postàle** [da *posta* ① nel sign. 4 ✱ 1796] **A** **agg.** ● della posta, attinente al servizio delle poste: *corrispondenza p.*; *servizio p.* | ***cartolina, biglietto p.***, che si vendono già affrancati con francobollo stampato | ***pacco p.***, spedito per posta **B** **s. m.** ● nave, treno o altro mezzo di comunicazione adibito al servizio postale

postalizzàre [da *postale* ✱ 1963] **v. tr.** ● inoltrare raccomandate, espressi o telegrammi con il sistema postale ordinario, qualora essi non abbiano potuto essere recapitati più celermente ‖ **postalizzazióne**, **s. f.**

postappèllo [comp. di *post-* e *appello* ✱ 1986] **s. m.** ● convocazione universitaria posticipata rispetto alle sessione di esami prevista per legge CFR. preappello

postàre ① [da *posto* ✱ av. 1537] **A** **v. tr.** (*io pòsto*) ● (*raro*) collocare, disporre nel luogo opportuno: *p. i soldati, le artiglierie*; *le mie arnie ... cercavo di postarle ... verso sud* (M. Rigoni Stern) **B** **postàrsi** **v. intr. pron.** **1** collocarsi, fermarsi | appostarsi **2** (*lett.*) appoggiarsi risolutamente

postàre ② [denominale di *post* ③ ✱ 1995] **v. tr.** (*io pósto* (o *-ò-*)) ● (*gerg.*) pubblicare un testo, una foto o un video in uno spazio comune in Internet: *p. un commento su Facebook*

postatòmico [comp. di *post-* e *atomico* ✱ 1960] **agg.** (**pl. m.** *-ci*) **1** successivo alla scoperta e all'impiego dell'energia nucleare: *era postatomica* **2** successivo a un'ipotetica catastrofe atomica finale: *scenario p.* | (*fig.*) desolato, irreale: *paesaggio p.*

postavanguàrdia [comp. di *post-* e *avanguardia* ✱ 1965] **s. f.** ● movimento artistico e letterario successivo a precedenti correnti di avanguardia

postazióne [da *postare* ① ✱ 1920] **s. f.** **1** (*milit.*) luogo, gener. attrezzato e protetto, occupato da un'arma pesante o da un pezzo di artiglieria | ***p. di lancio***, area temporaneamente occupata da un pezzo di artiglieria o missili per eseguire una missione di fuoco **2** (*est.*) luogo attrezzato per un'attività specifica: *p. di lavoro* | luogo dove si trova un impianto di ripresa o di registrazione: *p. microfonica*

postbèllico o (*pop.*, *disus.*) **posbèllico** [dall'espressione lat. *pŏst bĕllum* 'dopo la guerra'. V. *post-* e *bellico* ✱ 1915] **agg.** (**pl. m.** *-ci*) ● che è immediatamente successivo a una guerra, spec. alla prima o alla seconda Guerra mondiale: *crisi postbellica*; *ricostruzione postbellica* CONTR. prebellico

postbruciatóre [comp. di *post-* e *bruciatore* ✱ 1958] **s. m.** ● dispositivo che inietta combustibile nell'effusore di un turboreattore per aumentare l'energia del gas uscente e quindi la spinta

postcoitàle [comp. di *post-* e *coitale* ✱ 1976] **agg.** ● (*med.*) che avviene dopo il coito o è relativo al periodo successivo al coito | ***test p.***, indagine diagnostica per stabilire l'eventuale causa immunologica della sterilità di una coppia

postcommotìvo [comp. di *post-* e *commotivo* ✱ 1983] **agg.** ● (*med.*) che segue a una commozione cerebrale: *sindrome postcommotiva*

postcommùnio [comp. del lat. *post* 'dopo' (V. *post-*) e *commūnio* (nom.) 'comunione' (in senso religioso) ✱ av. 1396] **s. m.** (**pl.** *-i*) ● orazione che il celebrante cattolico recita, nella Messa, dopo la comunione

postcomunìșmo o **post-comunìșmo** [comp. di *post-* e *comunismo* ✱ 1975] **s. m.** **1** periodo successivo alla crisi su scala mondiale dell'ideologia comunista, verificatasi spec. a partire dalla fine degli anni '80 del Novecento **2** condizione politico-economica posteriore al crollo dei regimi comunisti dell'Est europeo, con particolare riferimento all'ex Unione Sovietica e ai Paesi satelliti

postcomunìsta o **post-comunìsta** [comp. di *post-* e *comunista* ✱ 1971] **A** **agg.** (**pl. m.** *-i*) **1** relativo al postcomunismo **2** relativo a un'ideologia o a un'organizzazione che costituiscono l'evoluzione o il superamento di quella comunista **B** **s. m. e f.** ● seguace, sostenitore di un partito o dell'ideologia postcomunista

postconciliàre [comp. di *post-* e *concilio*, con suff. agg. ✱ 1968] **agg.** ● posteriore a un concilio, spec. al Concilio Vaticano II: *spirito, atteggiamento p.*

postcongressuàle [comp. di *post-* e *congresso*, con suff. agg. ✱ 1983] **agg.** ● posteriore a un congresso: *riunione p.*

postconsonàntico o **posconsonàntico** [comp. di *post-* e *consonante*, con suff. agg. ✱ 1954] **agg.** (**pl. m.** *-ci*) ● (*ling.*) detto di suono che viene dopo una consonante

postdatàre o (*pop.*) **poșdatàre** [comp. di *post-* e *datare* ✱ 1723] **v. tr.** **1** segnare su una lettera o documento una data posteriore a quella reale **2** mutare la data generalmente attribuita a certi fatti o avvenimenti in seguito a indagini, esami critici e sim. stabilendone una posteriore CONTR. retrodatare

postdatàto o (*pop.*) **posdatàto** **part. pass.** di *postdatare*; anche **agg.** ● nei sign. del v.: *assegno p.*

postdatazióne [1958] **s. f.** ● il postdatare

postdentàle o **poșdentàle** [comp. di *post-* e *dentale* ✱ 1939] **A** **agg.** ● (*ling.*) detto di suono nella cui articolazione la lingua batte contro la superficie interna dei denti incisivi **B** **s. f.** ● (*ling.*) suono postdentale

postdibattimentàle [sec. XX] **agg.** ● (*dir.*) relativo al postdibattimento

postdibattiménto [comp. di *post-* e *dibattimento* ✱ sec. XX] **s. m.** ● (*dir.*) fase del processo penale successiva alla fase dibattimentale

postdiluviàle [comp. di *post-* e *diluviale* ✱ 1958] **A** **agg.** ● (*geol.*, *raro*) olocenico **B** **s. m.** ● (gener. con iniziale maiuscola) Olocene

postdiluviàno o (*raro*) **poșdiluviàno** [comp. di *post-*, *diluvi(o)* e *-ano* ①, in opposizione ad *antidiluviano* ✱ 1733] **agg.** ● posteriore al diluvio

post-dòc [abbr. dell'ingl. *post doctoral* 'post dottorale' ✱ 1985] **A** **agg. inv.** ● relativo al post-dottorato: *borsa di studio post-doc*; *ricercatore post-doc* **B** **s. m. inv.** (**anche f. inv. nel sign. 2**) **1** post-dottorato **2** chi è titolare di un contratto di post-dottorato: *offerte di lavoro per post-doc*

post-dottoràto [comp. di *post-* e *dottorato* ✱ 1988] **A** **s. m.** ● contratto temporaneo di ricerca stipulato da un'università con un laureato che ha conseguito il dottorato: *concorrere a un post-dottorato* SIN. post-doc **B** **anche agg. inv.**: *borsa di studio post-dottorato*

posteggiàre ① [da *posta* ① ✱ 1813] **A** **v. tr.** (**pres.** *io postéggio*; **fut.** *io posteggerò*) ● (*raro*) fare la posta a qlcu. o a un animale | (*lett.*) tener d'occhio **B** **v. intr.** (**aus.** *avere*) ● †spostarsi, viaggiare in carrozza o a cavallo

posteggiàre ② [da *posto* ✱ 1958] **v. tr.** (**pres.** *io postéggio*; **fut.** *io posteggerò*) ● sistemare un veicolo in un posteggio (*anche assol.*): *p. l'auto*; *non so dove p.*; *in questa zona è impossibile trovare da p.* SIN. parcheggiare

posteggiatóre [da *posteggiare*② ✱ 1905] **s. m.** (**f.** *-trice*) **1** custode delle automobili nei posteggi **2** a Napoli, suonatore ambulante **3** a Roma, venditore che occupa un determinato posto in mercati e sim., pagando il relativo posteggio

postéggio [da *posteggiare*② ✱ 1918] **s. m.** **1** luogo in cui i veicoli in servizio pubblico sostano, in attesa di clienti | luogo in cui si lasciano in custodia veicoli | parcheggio custodito **2** posto spettante dietro pagamento a un rivenditore e alla sua merce, in una piazza, un mercato e sim.: *è il p. migliore; il p. costa parecchio*

Postèl® [sigla di *Post(a) el(ettronica)* ✱ 1986] **s. m. inv.** ● società di Poste Italiane che effettua un servizio di posta ibrida (V. *posta*① nel sign. 4)

postelegràfico [comp. di *pos(tale)* e *telegrafico* ✱ 1906] **A** **agg.** (**pl. m.** *-ci*) ● che concerne i servizi postale e telegrafico **B** **s. m.** (**f.** *-a*) ● chi è addetto a tali servizi

postelegrafònico [comp. di *pos(tale)*, *telegra(fico)* e *(tele)fonico* ✱ 1918] **A** **agg.** (**pl. m.** *-ci*) ● che concerne i servizi postali, telegrafici, telefonici **B** **s. m.** (**f.** *-a*) ● chi è addetto a tali servizi

postelementàre [comp. di *post-* ed *elementare* ✱ av. 1926] **agg.** ● detto dei corsi di studio che seguono quelli elementari

postelettoràle o **post-elettoràle** [comp. di *post-* ed *elettorale* ✱ 1956] **agg.** ● del periodo successivo a un'elezione: *scenario post-elettorale* | che si verifica nel periodo successivo a un'elezione: *dibattito post-elettorale*

†**postèma** [aferesi di *apostema* ✱ 1306] **s. f.** **1** ascesso | otite **2** (*fig.*) magagna **3** borsa piena di denaro

pòster /ˈpɔster, *ingl.* ˈpəustə(r)/ [vc. ingl. 'manifesto, affisso', da *to post* 'piazzare, collocare', da *post* 'palo' ✱ 1971] **s. m. inv.** ● manifesto che riproduce opere d'arte, fotografie di personaggi celebri e no, paesaggi e sim., da appendere alle pareti come oggetto di arredamento | (*est.*) nei congressi o convegni scientifici, manifesto su cui si riportano i risultati di una ricerca, spesso corredati da tabelle, disegni e sim.

postergàre [dall'espressione lat. *pŏst tĕrgu(m)* 'dietro il dorso'. V. *post-* e *tergo* ✱ 1340] **v. tr.** (*io postèrgo, tu postèrghi*) **1** †gettarsi qlco. sulle spalle o dietro alle spalle **2** (*fig., lett.*) trascurare, disprezzare: *così le invidie / de' pastor neghittosi si postergano* (I. Sannazaro) **3** postillare con note a tergo **4** (*dir., econ.*) permutare, posporre nel grado i creditori ipotecari **5** nel linguaggio bancario, posticipare, postdatare

postergazióne [1858] **s. f.** ● il postergare

posterìa [vc. milan., da *posta*①, nel senso di 'parte del suolo di una piazza o di un mercato assegnato ai singoli venditori' ✱ av. 1794] **s. f.** ● (*sett.*) negozio di alimentari

♦**posterióre** [vc. dotta, lat. *posteriōre(m)*, compar. di *pŏsterus*. V. *postero* ✱ 1308] **A** **agg.** **1** che sta dietro: *la parte p. di una villa; i sedili posteriori dell'auto* **CFR.** opisto- **CONTR.** anteriore **2** che viene dopo: *scritto p.; opera di molto, di poco p. alla maturità* **SIN.** successivo | ***testamento p.***, successivo a un altro che viene in tal modo revocato in quanto incompatibile **3** (*ling.*) detto di vocale o consonante il cui punto di articolazione è situato nella parte posteriore della cavità orale **CONTR.** anteriore ‖ **posteriorménte**, **avv.** **1** nella parte posteriore **2** in un tempo, in un periodo successivo **B** **s. m.** ● (*eufem.*) deretano

posteriori, a ➤ **a posteriori**

posteriorità [av. 1519] **s. f. inv.** ● condizione di ciò che è posteriore: *la p. di un evento* **CONTR.** anteriorità

posterità [vc. dotta, lat. *posteritāte(m)*, da *pŏsterus* 'postero' ✱ sec. XIII] **s. f. inv.** **1** discendenza: *pensare alla p.* **2** l'insieme di coloro che nasceranno e vivranno dopo di noi: *il giudizio della p.* | ***passare alla p.***, acquistare una fama duratura **3** (*raro*) il tempo futuro

posteriẓẓàre [da *poster* con il suff. *-izzare*, sull'es. dell'ingl. *to posterize* ✱ 1994] **v. tr.** ● (*inform.*) realizzare un'immagine digitale che, per il numero ridotto di colori disponibili, non presenta una graduale transizione di sfumature, ma piccole aree di tono uniforme ‖ **posteriẓẓazióne**, **s. f.**

postèrla ➤ **postierla**

pòstero [vc. dotta, lat. *pŏsteru(m)* 'che viene dopo, che viene dietro', comp. di *pŏst* 'dietro, poi' (V. *post-*) e il suff. **tero*, che indica opposizione tra due (cfr. *maestro*) ✱ av. 1373] **A** **agg.** ● (*lett.*) che viene o che verrà dopo **B** **s. m.** ● (**spec. al pl.**) chi vive in epoche successive a quella a cui ci si riferisce; lontano discendente: *il giudizio dei posteri; i nostri posteri* | ***passare ai posteri***, diventare famoso, acquistare durevole fama

pòstero- [tratto da *posteriore*] **primo elemento** ● in aggettivi composti della terminologia anatomica indica posizione posteriore: *posterolaterale*

posteroanterióre [comp. di *postero-* e *anteriore* ✱ 1983] **agg.** **1** (*anat.*) che è diretto dalla superficie dorsale del corpo a quella ventrale **2** (*zool.*) che è diretto dall'estremità caudale a quella cefalica **CONTR.** anteroposteriore

posteroinferióre [sec. XX] **agg.** **1** (*anat.*) localizzato in posizione dorsale e all'opposto dell'estremità cefalica **2** (*zool.*) che è in posizione caudale e ventrale **CONTR.** anterosuperiore

posterolateràle [comp. di *postero-* e *laterale* ✱ 1983] **agg.** **1** (*anat.*) che è in posizione dorsale e distante dal piano mediano del corpo **2** (*zool.*) che è in posizione caudale e distante dal piano mediano del corpo **CONTR.** anteromediale

posteromediàle [comp. di *postero-* e *mediale*] **agg.** **1** (*anat.*) che è in posizione dorsale e in prossimità del piano mediano del corpo **2** (*zool.*) che è in posizione caudale e in prossimità del piano mediano del corpo **CONTR.** anterolaterale

posteromediàno [sec. XX] **agg.** **1** (*anat.*) localizzato in posizione dorsale e in corrispondenza del piano mediano del corpo **2** (*zool.*) che è in posizione caudale e in corrispondenza del piano mediano del corpo **CONTR.** anteromediano

posterosuperióre [sec. XX] **agg.** **1** (*anat.*) localizzato in posizione dorsale e cefalica **2** (*zool.*) che è in posizione caudale e dorsale **CONTR.** anteroinferiore

postfascìsmo [comp. di *post-* e *fascismo* ✱ 1950] **s. m.** ● periodo successivo alla fine del regime fascista in Italia

postfascìsta o **post-fascìsta** [comp. di *post-* e *fascista* ✱ 1946] **A** **agg.** (**pl. m.** *-i*) **1** relativo al postfascismo: *le prime elezioni politiche postfasciste* **2** relativo a un'ideologia o a un'organizzazione che costituiscono l'evoluzione o il superamento di quella fascista **B** **s. m. e f.** ● seguace, sostenitore di un partito o dell'ideologia postfascista

postfàtto [comp. di *post-* e *fatto*] **avv. e s. m. inv.** ● post factum (V. *post*①)

postfazióne [da *post-*, sul modello di *prefazione* ✱ 1905] **s. f.** ● scritto posto a conclusione di un libro, anche a opera di persona diversa dall'autore del libro stesso **CFR.** prefazione

postglaciàle [comp. di *post-* e *glaciale* ✱ 1895] **A** **agg.** ● (*geol.*) olocenico **B** **s. m.** ● (gener. con iniziale maiuscola) Olocene

postìccia [f. sost. di *posticcio* ✱ sec. XV] **s. f.** (**pl.** *-ce*) ● insieme di piante arboree, spec. per la difesa di argini

posticciàre [da *posticcia* ✱ 1565] **v. tr.** (**pres.** *io postìccio*; **fut.** *io posticcerò*) ● (*raro*) piantare filari d'alberi

†**posticciàta** [da *posticcia* ✱ 1565] **s. f.** ● piantata di alberi a difesa di argini

♣**postìccio** [lat. tardo *appositīciu(m)*, da *appŏsitus*, part. pass. di *appōnere* 'porre a fianco' (V. *apporre*) ✱ av. 1320] **A** **agg.** (**pl. m.** *-ci*; **pl. f.** *-ce*) **1** detto di ciò che è artificiale, finto, e sostituisce qlco. di naturale che manca: *capelli posticci; mi farò accomodare una barba posticcia che sii a proposito* (G. Bruno) **2** (*raro*) provvisorio: *ponte p.* **3** (*fig.*) artificioso, sforzato: *atteggiamento p.* ‖ **posticciaménte**, **avv.** in modo posticcio, provvisorio, illegittimo **B** **s. m.** **1** toupet **2** appezzamento di terreno dove si tengono provvisoriamente le piante prima del trapianto **3** (*mar.*) nelle galee, palco che sporgeva sul fondo come passaggio laterale e posto di combattimento

SFUMATURE ➤ *falso*

posticìno [da *posto* col suff. *-ino* e l'infisso *-c-* ✱ av. 1861] **s. m.** **1** dim. di *posto*② **2** luogo ameno e tranquillo, gener. fuori mano: *finalmente un bel p.!* **3** posto di lavoro non eccelso ma sicuro: *un p. statale* **4** locale pubblico accogliente e non pretenzioso: *cenare in un p. niente male*

posticipàre [vc. dotta, lat. tardo *posticipāre* 'seguire a', da *pŏst* (V. *post-*), in opposizione ad *anticipāre* 'anticipare' ✱ 1673] **A** **v. tr.** (*io postìcipo*) ● rinviare qlco. rispetto al tempo precedentemente fissato: *p. l'appuntamento di un'ora; p. il matrimonio* **CONTR.** anticipare **B** **v. intr.** (**aus.** *avere*) ● (*lett.*) ritardare: *Per lo più posticipavano tre o quattro giorni* (F. Redi)

posticipàto **part. pass.** di *posticipare*; anche **agg.** ● che avviene in ritardo | differito ‖ **posticipataménte**, **avv.** dopo il tempo fissato in precedenza

posticipazióne [1673] **s. f.** ● rinvio, differimento

postìcipo [da *posticipare* ✱ 1985] **s. m.** ● posticipazione | partita di calcio o di altri sport che viene giocata più tardi rispetto alle altre: *stasera si gioca il p. Juventus-Milan*

postìco [vc. dotta, lat. *postīcu(m)*, nt. sost. di *postīcus* 'posteriore', da *pŏst* 'dietro' (V. *post-*) ✱ sec. XIV] **agg.** (**pl. m.** *-chi*) ● (*archit.*) che è nella parte posteriore di un edificio

post-ideològico [comp. di *post-* e *ideologico* ✱ 1982] **agg.** (**pl. m.** *-ci*) ● che prescinde dalle ideologie, che è successivo al ruolo determinante delle ideologie, spec. in riferimento alle ideologie del Novecento: *giudizio post-ideologico*

postière [da *posta*① ✱ 1585] **s. m.** **1** †organizzatore di un servizio di diligenze **2** †postiglione **3** (*lett.*) portalettere

†**postièri** [lat. *pŏst hĕri*, propr. 'dietro a ieri'. V. *post-* e *ieri* ✱ sec. XIII] **avv.** ● ieri l'altro

postièrla o **postèrla**, **pustièrla** [lat. tardo *postĕrula(m)* (*pŏrtam*), dim. f. di *pŏsterus* 'che viene dietro'. V. *postero* ✱ av. 1348] **s. f.** ● piccola porta di torri, mura, castelli e sim. per il passaggio di una persona per volta

postiglióne [da *posta*① nel sign. 3; cfr. il fr. *postillon* ✱ 1584] **s. m.** ● chi guidava i cavalli delle vetture di posta, montando quello di sinistra | cocchiere di carrozza signorile, che guidava cavalcando un cavallo della pariglia | (*est.*) cocchiere

♣**postìlla** [lat. *pŏst ĭlla* 'dopo quelle (parole)'. V. *post-* ed *egli* ✱ 1321] **s. f. 1** breve annotazione scritta a mano o stampata di solito nel margine esterno delle pagine di un libro, di un atto o documento **SIN.** chiosa, glossa **2** (*est.*) osservazione o precisazione ulteriore in un discorso **3** (**al pl.**, *lett.*) tratti, lineamenti: *Quali per vetri trasparenti e tersi, / o ver per acque nitide e tranquille, ... / tornan d'i nostri visi le postille* (DANTE *Par.* III, 10-13)

postillàre [da *postilla* ✱ av. 1498] **v. tr.** ● far postille, annotare **SIN.** chiosare, glossare | (*est.*) aggiungere, precisare in un discorso

postillàto **part. pass.** di *postillare*; **anche agg.** ● annotato

postillatóre [1565] **s. m.** (**f.** *-trice*) ● chi fa postille **SIN.** chiosatore, glossatore

postillatùra [av. 1729] **s. f.** ● il postillare | complesso di postille

postìme [da *posto* ✱ av. 1597] **s. m.** ● (*agric.*) pianticella da trapiantarsi allevata in vivaio: *p. di abeti* | appezzamento dove sono tenute le piante da trapiantare

postimpressionismo [comp. di *post-* e *impressionismo* ✱ 1927] **s. m.** ● movimento artistico successivo all'impressionismo, caratterizzato dalla semplificazione del disegno, dalla soppressione del modellato e dalla ricerca di uno stile squisitamente illustrativo

postindustriàle [comp. di *post-* e *industriale* ✱ 1974] **agg.** ● relativo allo stadio evolutivo dell'economia di un Paese in cui le attività terziarie predominano sulle attività industriali e agricole

postinfartuàle [comp. di *post-* e *infartuale* ✱ 1986] **agg.** ● (*med.*) che è conseguente a infarto, spec. miocardico: *decorso p.*

postinfluenzàle [comp. di *post-* e *influenzale* ✱ sec. XX] **agg.** ● (*med.*) che si manifesta dopo o come conseguenza di una influenza: *sintomo p.*

♦**postìno** [da *posta*① ✱ 1841] **s. m.** (**f.** *-a*) **1** portalettere **2** (*est.*) chi recapita un messaggio: *il p. dei rapitori*

†**postióne** [lat. parl. **posteriōne(m)*, da *pŏsterus* (V. *postero*) ✱ sec. XIV] **s. m.** ● deretano

Pòst-it® /'postit, pos'tit/ [marchio registrato; comp. dell'ingl. (*to*) *post* 'affiggere, attaccare' e *it* 'esso' ✱ 1990] **s. m. inv.** ● foglietto autoadesivo rimovibile, sul quale si può scrivere un promemoria o un messaggio e che può essere attaccato in evidenza su qualsiasi superficie

postìte [comp. del gr. *pósthē* 'prepuzio' e *-ite*① ✱ 1829] **s. f.** ● (*med.*) infiammazione del prepuzio

postlimìnio o **poslimìnio** [vc. dotta, lat. *postlimĭniu(m)*, comp. di *pŏst* 'dopo' (V. *post-*) e *līmen*, genit. *līminis* 'frontiera, confine' (V. *liminare*) ✱ 1481] **s. m.** (**pl.** *-i* o *raro -ii*) ● nel diritto romano, diritto riconosciuto al cittadino, caduto in prigionia di guerra e poi rientrato in patria, di recuperare l'antecedente stato giuridico

postlùdio ➤ **posludio**

postmàster /post'master, *ingl.* 'pəʊst-ˌmɑːstə(r)/ [vc. ingl., propr. 'dirigente (*master*) di un ufficio postale (*post*)' ✱ 1995] **s. m. e f. inv.** ● (*Internet*) chi gestisce il servizio di posta elettronica di un server o di un provider

postmatùro [comp. di *post-* e *maturo* ✱ 1958] **agg.** ● (*med.*) detto di neonato che permane nell'utero oltre il normale periodo di gestazione di 42 settimane

postmilitàre [comp. di *post-* e *militare* ✱ 1934] **agg.** ● successivo al servizio militare

postmodernismo o **post-modernismo** [comp. di *post-* e *modernismo* ✱ 1980] **s. m.** ● indirizzo o atteggiamento caratterizzato dall'adesione alle esperienze culturali postmoderne

postmodèrno o **post-modèrno** [comp. di *post-* e *moderno*, calco sulla vc. ingl. *post-modern*, usata per la prima volta in campo architettonico da C. Jencks in un'opera del 1977 ✱ 1980] **A** **agg.; anche s. m. inv.** ● detto di tendenza della cultura filosofica e artistica della seconda metà del Novecento che considera superati taluni valori propri della modernità, come l'idea positiva di progresso e la ricerca a tutti i costi del nuovo | detto di movimento architettonico che rifiuta le istanze razionalistiche del modernismo, proponendo un ritorno ai modelli formali della tradizione, anche fondendo soluzioni di epoche e stili diversi | in letteratura e soprattutto nel romanzo, detto di tendenza ad andare oltre le tipologie dello sperimentalismo novecentesco, accentuando la contaminazione dei generi e la tendenza a imitare o a citare testi altrui **B** **s. m.** (**f.** *-a*) ● seguace delle tendenze postmoderne

postnatàle [comp. di *post-* e dell'agg. *natale* ✱ 1980] **agg.** ● che si verifica dopo la nascita, spec. con riferimento alle prime settimane di vita: *ittero p.*

pósto① [lat. *pŏsitu(m)*, part. pass. di *pōnere* 'porre'] **part. pass.** di *porre*; **anche agg. 1** nei sign. del v. | messo, collocato: *trangugiavano le vivande poste loro innanzi* (G. BOCCACCIO) | situato: *[i] paesetti posti sulle rive* (A. MANZONI) **2** (*fig.*) esposto, definito, impostato: *una questione ben posta; un problema ben p.* (V. anche *mal posto*) | ***p. che***, dato che | ***p. ciò***, premesso questo

♦**pósto**② [V. *posto*① ✱ 1452] **s. m. 1** luogo determinato, destinato a qlcu. o a qlco.: *prendere il proprio p.; mettere ogni cosa al suo p.* | ***a p.***, in ordine: *la stanza è a p.* (V. anche *appostissimo*) | ***fuori p.***, in disordine: *hai i capelli fuori p.*; (*fig.*) inopportuno, fuori luogo: *polemiche fuori p.* | ***mettere a p.***, riordinare | ***mettere a p. qlcu.***, (*fig.*) richiamarlo, dargli una lezione: *un giorno o l'altro ti metto a p. io!* | ***mettere le cose a p.***, (*fig.*) sistemare una questione controversa, una situazione difficile, chiarire un equivoco e sim. | ***essere, sentirsi a p. con la coscienza***, avere la coscienza tranquilla, non avere rimorsi e sim. | ***stare al proprio p.***, (*fig.*) saper mantenere le distanze, comportarsi come si deve | ***tenere le mani a p.***, stare fermo con le mani, non toccare ciò che non si deve | ***tenere la lingua a p.***, non parlare fuori luogo, controllare il proprio linguaggio | (*fig.*) ***avere la testa a p.***, essere saggio, equilibrato | (*fig.*) ***essere una persona a p.***, degna di stima e di fiducia | ***al p. di***, in vece, in sostituzione di | ***al mio, al tuo p.***, nella mia, nella tua condizione: *tu, al mio p., che cosa avresti risposto?* **2** spazio libero: *questo mobile occupa troppo p.; fate, lasciate un po' di p.; non ho p. per mettere la mia roba; esci, qui non c'è più p. per nessuno* | (*est.*) luogo fornito di attrezzature e impianti e destinato a un determinato fine: *p. telefonico pubblico; p. di frontiera; p. di polizia* | ***p. di blocco ferroviario***, cabina situata lungo un tracciato ferroviario, contenente i comandi degli apparecchi di segnalazione e protezione installati lungo un tratto di linea | ***posto letto***, ognuno dei letti disponibili in alberghi, ospedali e sim.: *un ospedale con 300 posti letto* | ***p. macchina, p. auto***, in autorimesse, parcheggi e sim., zona, spec. delimitata da strisce, destinata alla sosta di un autoveicolo | ***p. barca***, zona destinata all'ormeggio di un natante in porticcioli turistici e sim. | (*est.*) sedile, sedia o sim. che una persona occupa in luoghi, locali e mezzi pubblici: *stadio con centomila posti; automobile a cinque posti; prenotare due posti di platea; scusi, è libero questo p.?; cedi il tuo p. alla signora; i posti a sedere sono esauriti* | posizione in una fila, in una classifica ecc.: *tienimi il p.; è arrivato al primo p.* | ***prendere p.***, sedersi al proprio posto | ***posti in piedi***, quando tutti i posti a sedere di un locale pubblico sono occupati | ***p. d'onore***, quello tradizionalmente riservato, spec. a tavola, alla persona più importante | ***p. in Parlamento***, seggio | con riferimento ad aule scolastiche: *assegnare i posti agli alunni; torna al tuo p.; interrogare qlcu. dal p.; rispondere dal p.* **3** (*milit.*) luogo assegnato a ogni soldato nei ranghi del reparto | ***p. di guardia***, luogo dove risiede una guardia, dal quale vengono distaccate le sentinelle in turno di servizio | ***p. di blocco***, lungo una via di comunicazione, luogo dove vengono collocati sbarramenti, per permettere, spec. da parte di forze dell'ordine, un controllo su persone e mezzi in transito **4** incarico, impiego, ufficio: *un p. di segretario, magistrato, professore, cuoco; cercare un p. nelle ferrovie, nell'amministrazione statale, in un ente; ha trovato un ottimo p.; spero di non perdere il p.* | ***p. fisso***, impiego stabile, garantito per un lungo periodo o addirittura per tutta la vita: *i giovani credono meno nel mito del p. fisso* | ***essere a p.***, avere un buon lavoro | ***mettere, mettersi a p.***, procurare ad altri o trovare per sé una buona sistemazione **5** località, luogo, posizione: *un p. ignorato dai turisti; sono posti ameni; non ho mai visto questo p.; la casa si trova in uno splendido p.* | ***del p.***, locale: *gente, usanze del p.* | ***sul p.***, in quella determinata località di cui si parla, in cui ci si trova o ci si deve recare: *completeremo l'equipaggiamento sul p.; recarsi, accorrere sul p.; mi trovavo sul p. quando è successa la disgrazia* | ***conquistare un p. al sole***, di nazione, espandersi conquistando nuovi territori; (*fig.*) di persona, raggiungere una buona posizione sociale, e quindi l'agiatezza | (*est.*) locale pubblico, in genere: *conosco un p. dove si mangia bene; non dovresti frequentare posti del genere* | (*eufem.*) ***quel p., quel certo p.***, il gabinetto: *devo andare in quel p.; dov'è quel p.?* ‖ **postàccio**, **pegg.** | **posticìno**, **dim.** (V.) | **postùccio**, **dim.**

SFUMATURE ➤ *poltrona*

postònico [comp. di *post-* e *tonico* ✱ 1873] **agg.** (**pl. m.** *-ci*) ● (*ling.*) detto di sillaba che segue quella accentata

postoperatòrio o **post-operatòrio** [comp. parasintetico di *post-* e *operazione*, secondo il rapporto *operazione-operatorio* ✱ 1954] **agg.** (**pl. m.** *-i* o *raro -ii*) ● che segue un intervento chirurgico: *decorso p.*

postprandiàle [dal lat. *pŏst prăndium* 'dopo pranzo' (V. *post-* e *pranzo*), con suff. agg. ✱ av. 1552] **agg.** ● (*lett.*) successivo al pranzo: *passeggiata p.; sonnolenza p.*

postproduzióne o **post-produzióne** [comp. di *post-* e *produzione* ✱ 1985] **s. f.** ● fase che segue il termine delle riprese di un film o di uno spettacolo televisivo, durante la quale vengono eseguite operazioni come il doppiaggio, il missaggio e sim.

post-qualìfica [1970] **A** **agg. inv.** ● negli istituti professionali, che è successivo all'esame di qualifica del terzo anno: *biennio post-qualifica* **B** **s. f.** ● periodo successivo a tale esame e relativo programma di studio: *corsi di post-qualifica*

postraumàtico [comp. parasintetico di *post-* e *trauma*, secondo il rapporto *trauma-traumatico* ✱ 1921] **agg.** (**pl. m.** *-ci*) ● (*med.*) successivo a un trauma, causato da un trauma

postrèmo [vc. dotta, lat. *postrēmu(m)*, da *pŏsterus* (V. *postero*), sul modello di *extrēmus* 'estremo' e *suprēmus* 'supremo' ✱ 1321] **agg.** ● (*lett.*) ultimo: *gli Achivi insegue Ettorre, e sempre / uccidendo il p., li disperde* (V. MONTI)

postribolàre [1885] **agg.** ● da postribolo

postrìbolo [vc. dotta, lat. *prostĭbulu(m)*, con dissimilazione. *Prostĭbulum* è da *prostāre* 'stare davanti, essere esposto in pubblico, in vendita', poi anche 'prostituirsi', comp. di *prō* 'davanti' (V. *pro*①) e *stāre* 'stare' ✱ sec. XIV] **s. m.** ● (*lett.*) casa di prostituzione **SIN.** bordello

postridentìno [comp. di *post-* e *tridentino* ✱ 1950] **agg.** ● che avviene dopo il Concilio di Trento (1545-1563)

postrisorgimentàle /pɔst risordʒimen'tale/ [comp. di *post-* e *risorgimentale* ✱ 1963] **agg.** ● che si verifica nel periodo immediatamente seguente al Risorgimento o che concerne tale periodo

postrivoluzionàrio [comp. di *post-* e *rivoluzionario* ✱ av. 1937] **agg.** ● del periodo successivo a una rivoluzione: *prospettive postrivoluzionarie* | che si verifica nel periodo successivo a una rivoluzione

post-scuòla [1988] **A s. m. inv.** ● nella scuola dell'obbligo, servizio di assistenza agli alunni che per motivi famigliari hanno la necessità di rimanere a scuola dopo la fine delle lezioni **CFR.** doposcuola, pre-scuola **B anche in funzione di agg. inv.**: *corsi post-scuola*

postsinàptico [vc. dotta, comp. di *post-* e *sinaptico* ✱ 1997] **agg.** (**pl. m.** *-ci*) ● (*biol.*) detto di struttura cellulare o molecolare situata a valle di una sinapsi **CFR.** presinaptico

postulànte A part. pres. di *postulare*; **anche agg.** ● nei sign. del v. **B s. m. e f. 1** chi chiede qlco. con insistenza: *la turba dei postulanti* **2** nella regola di alcuni ordini religiosi, chi chiede di essere ammesso come novizio ed è nel periodo del postulato

✱**postulàre** [vc. dotta, lat. *postulāre*, di orig. indeur., avvicinato poi a *pōscere* 'chiedere' ✱ sec. XIV] **v. tr.** (*io pòstulo*) **1** chiedere con insistenza: *p. cariche, benefici* **2** chiedere l'ammissione a un ordine religioso | difendere la causa di canonizzazione di un beato **3** (*filos.*, *scient.*) assumere come premessa di un ragionamento una proposizione non dimostrata **4** (*est.*) presupporre, richiedere (qlco.; + *che* **seguito da congtv.**): *ogni confronto di idee postula la disponibilità al dialogo*; *la tregua postula che entrambe le parti cessino le ostilità*

postulàto① [1631] **A part. pass.** di *postulare*, **anche agg.** ● nei sign. del verbo: *il principio p.* **B s. m.** ● (*filos.*, *mat.*) proposizione priva di evidenza e non dimostrata, ma ammessa ugualmente come vera, su cui si fonda un procedimento o una dimostrazione
SFUMATURE ➤ *assioma*

postulàto② [da *postulare* nel sign. 2, sul modello di *noviziato* ✱ 1958] **s. m.** ● periodo di prova cui è sottoposto chi aspira ad entrare in un ordine religioso

postulatóre [vc. dotta, lat. *postulatōre(m)*, da *postulātus*, part. pass. di *postulāre* 'postulare' ✱ av. 1745] **s. m.** ● nel diritto canonico, ecclesiastico che promuove presso la Congregazione delle Cause dei Santi un processo di beatificazione o di canonizzazione

postulatòrio [vc. dotta, lat. *postulatōriu(m)*, da *postulātor*, genit. *postulatōris* 'postulatore' ✱ av. 1675] **agg.** (**pl. m.** *-i* o *raro -ii*) ● (*raro*) che riguarda il postulare, il chiedere

postulazióne [vc. dotta, lat. *postulatiōne(m)*, da *postulātus*, part. pass. di *postulāre* 'postulare' ✱ av. 1311] **s. f. 1** il postulare | (*relig.*) ufficio che promuove cause di beatificazione e canonizzazione **2** †domanda, preghiera

pòstumo [vc. dotta, lat. *pōstumu(m)*, da *pōst* 'dietro, poi' (V. *post-*) ✱ 1342] **A agg. 1** che è nato dopo la morte del padre: *figlio p.* **2** di opera pubblicata dopo la morte dell'autore: *gli scritti linguistici postumi del Manzoni* | che si verifica dopo la morte di qlcu.: *gloria postuma* | (*est.*) detto di ciò che avviene in ritardo: *pentimento p.* **B s. m. 1** (**spec. al pl.**) effetto tardivo o conseguenza di una malattia **2** (**spec. al pl.**) conseguenza, ripercussione di qlco.: *i postumi della congiuntura economica*

postunitàrio o **post-unitàrio** [comp. di *post-* e *unitario* ✱ 1958] **agg.** ● successivo all'unificazione politica di una nazione, con particolare riferimento a quella italiana del 1861: *governi postunitari*

postuniversitàrio o **post-universitàrio** [comp. di *post-* e *universitario* ✱ 1930] **agg.** ● successivo al conseguimento della laurea universitaria: *corso p. di perfezionamento*

postùra [V. *positura* ✱ sec. XIII] **s. f. 1** (*raro*) posizione | disposizione di un esercito sul terreno **2** (*fisiol.*) atteggiamento abituale del corpo umano o animale, dovuto alla contrazione di muscoli scheletrici che agiscono contro la gravità **3** †congiura, intesa fraudolenta | †accordo, alleanza

posturàle [1958] **agg.** ● (*fisiol.*) di postura | ***riflessi posturali***, riflessi muscolari che dipendono dalla posizione del corpo nello spazio, o di una determinata parte del corpo rispetto al resto

posturologìa [comp. di *postur(a)* e *-logia* ✱ 1996] **s. f.** (**pl.** *-gìe*) ● (*med.*) disciplina che studia la postura e le correlazioni fra le diverse posizioni assunte dal corpo e alcune patologie

postùtto [comp. di *post-* e *tutto* ✱ 1250 ca.] **avv.** ● (*lett.*) solo nella loc. avv. ***al p.***, alla fine, alla fin fine, insomma

postvocàlico [comp. di *post-* e *vocale*, con suff. agg. ✱ 1958] **agg.** (**pl. m.** *-ci*) ● (*ling.*) detto di suono che viene dopo una vocale

postvulcànico [comp. di *post-* e *vulcanico* ✱ 1958] **agg.** (**pl. m.** *-ci*) ● (*geol.*) detto di fenomeni conseguenti ad attività vulcanica e che continuano a verificarsi anche nei periodi di quiescenza, come emanazioni di gas o sorgenti termali

pòta ➤ **potta**

potàbile [vc. dotta, lat. tardo *potābile(m)*, da *potāre* 'bere'. V. *pozione* ✱ 1374] **agg. 1** che si può bere senza pregiudizio per la salute: *acqua p.* **2** (*fig.*) passabile, accettabile || **potabilità**, **s. f. inv.**

potabilizzàre [1935] **v. tr.** ● rendere potabile || **potabilizzazióne**, **s. f.** (V.)

potabilizzatóre [1941] **agg.** (**f.** *-trice*); **anche s. m.** ● detto di impianto per la potabilizzazione delle acque

potabilizzazióne [1958] **s. f.** ● insieme di trattamenti di depurazione dell'acqua

potage /fr. pɔ'taʒ/ [vc. fr., da *pot* 'vaso, pentola' (forse di orig. preceltica): propr. 'ciò che si mette in pentola' ✱ 1895] **s. m. inv.** ● minestra passata, normalmente di verdura

potàggio o **pottàggio** [adattamento del fr. *potage* (V.) ✱ 1389 ca.] **s. m.** ● (*centr.*) pietanza di carne in umido

†**potagióne** ➤ †**potazione**

potaiòlo [da *potare* ✱ 1416] **s. m.** ● potatoio

pòtamo-, -pòtamo [dal gr. *potamós* 'fiume', di orig. incerta] **primo e secondo elemento** ● in parole composte, per lo più della terminologia scientifica, significa 'fiume', 'di fiume': *potamologia, miopotamo*

potamochèro [comp. di *potamo-* e del gr. *chôiros* 'porco' (di orig. indeur.): detto così perché vive vicino ai fiumi ✱ 1875] **s. m.** ● mammifero africano dei Suidi, rossiccio, con orecchie appuntite e munite di un ciuffo all'estremità (*Potamochoerus porcus*) **SIN.** cinghiale rosso

Potamogetonàcee [vc. dotta, comp. del gr. *potamogéitōn*, propr. '(erba che nasce) vicino al fiume', comp. di *potamós* 'fiume' (V. *potamo-*) e *géitōn* 'vicino' (di etim. incerta), e *-acee* ✱ 1937] **s. f. pl.** (**sing.** *-a*) ● (*bot.*) famiglia di piante acquatiche erbacee delle Monocotiledoni a foglie nastriformi o filiformi su fusti articolati e nodosi (*Potamogetonaceae*)

potamologìa [comp. di *potamo-* e *-logia* ✱ 1754] **s. f.** (**pl.** *-gìe*) ● settore dell'idrografia che si occupa dello studio dei fiumi

Potamònidi [dal gr. *potamós* 'fiume' (V. *potamo-*) e *-idi* ✱ 1958] **s. m. pl.** (**sing.** *-e*) ● (*zool.*) famiglia di Crostacei dei Brachiuri cui appartengono i granchi d'acqua dolce, più comuni nella regione mediterranea (*Potamonidae*)

potamòtoco [comp. del gr. *potamós* 'fiume' (V. *potamo-*) e *-tókos* 'che genera' (della stessa famiglia di *tíktein* 'generare', di orig. incerta) ✱ 1958] **agg.** (**pl. m.** *-chi*) ● (*zool.*) detto di pesce che, dal mare, risale i fiumi per riprodursi, come, per es., il salmone e lo storione

potàre [lat. *putāre* 'nettare, ripulire, potare', poi 'ritenere, credere', di orig. indeur. ✱ 1282] **v. tr.** (*io póto*) **1** tagliare rami o parti di rami o radici di una pianta per scopi diversi, spec. per conferirle una determinata forma, regolare la produzione dei frutti, sfoltire la chioma, e sim. (**anche assol.**) | ***p. lungo, corto***, lasciare rami lunghi, corti | ***p. a corona***, tagliando i rami a uguale altezza **2** (*fig.*, *lett.*) tagliare: *a chi tagliava sbergo, a chi potando / venir le mani, e cascono i monconi* (L. PULCI) | (*lett.*) ridurre, sfrondare un testo

potàssa [ted. *Pottasche*, propr. 'cenere di vaso', cioè 'cenere di vegetali cotti in un vaso', comp. di *Pott* 'vaso' (dal fr. *pot*. V. *potaggio*) e *Asche* 'cenere', di orig. indeur. ✱ 1795] **s. f.** ● (*chim.*) carbonato di potassio usato nella fabbricazione di alcuni vetri, di saponi molli, nella preparazione di altri sali potassici e nell'analisi chimica | ***p. caustica***, idrossido di potassio, alcali caustico forte, ottenuto per elettrolisi del cloruro potassico, usato per fabbricare saponi molli e in altre industrie, oltre che in farmacia e nell'analisi chimica

potàssico [1865] **agg.** (**pl. m.** *-ci*) ● (*chim.*) di composto del potassio: *cloruro, solfato, nitrato p.* | ***carbonato p.***, potassa | ***idrossido p.***, potassa caustica

potassiemìa [comp. di *potassi(o)* ed *-emia* ✱ 1958] **s. f.** ● (*med.*) concentrazione di potassio nel sangue **SIN.** kaliemia

potàssio [da *potassa* ✱ 1819] **s. m.** ● elemento chimico, metallo alcalino bianco-argenteo che reagisce violentemente con l'acqua formando idrossido; molto diffuso in natura nei suoi composti che sono usati per fertilizzanti, in farmacia, in fotografia, in enologia **SIMB.** K **NUM. AT.** 19 | ***carbonato di p.***, potassa | ***ioduro di p.***, usato in molte sintesi organiche e in medicina come espettorante | ***bromuro di p.***, sedativo del sistema nervoso con azione depressiva sul cuore | ***permanganato di p.***, ad azione disinfettante | ***clorato di p.***, usato spec. per la disinfezione del cavo orale nelle faringiti e stomatiti

potàto **part. pass.** di *potare*; **anche agg.** ● nei sign. del v.

potatóio [lat. tardo *putatōriu(m)* 'che serve a potare', da *putātus* 'potato' ✱ 1618] **s. m.** (**pl.** *-ói*) ● strumento per potare, di forma e dimensioni diverse **SIN.** ronchetto, roncola

potatóre [vc. dotta, lat. *putatōre(m)*, da *putātus* 'potato' ✱ av. 1320] **s. m.** (**f.** *-trice*) ● chi fa la potatura

potatrìce [da *porta(re)* col suff. *-trice* ✱ 1871] **s. f.** ● (*agric.*) macchina agricola per potare

potatùra [1312] **s. f.** ● lavoro e tecnica del potare: *la stagione della p.*; *p. a cordone, a piramide* | insieme di rami tagliati

pot-au-feu /fr. poto'fø/ [vc. fr., propr. 'pentola al fuoco'. V. *potage* ✱ 1895] **s. m. inv.** (**pl. fr. inv.**) ● lesso, bollito di manzo alla fran-

p

cese

†**potazióne** o †**potagióne** [lat. *putatiō-ne(m)*, da *putātus* 'potato' ✱ av. 1320] **s. f.** ● potatura

potentàto [vc. dotta, lat. *potentātu(m)*, da *pŏtens*, genit. *potĕntis* 'potente' ✱ 1468] **s. m.** **1** (*lett.*) dominio, stato potente **2** (*est.*, *lett.*) sovrano, principe di uno Stato **3** centro di potere: *potentati economici*

♦**potènte** [vc. dotta, lat. *potĕnte(m)*, da un ant. **pŏtere* (poi sostituito da *pŏsse*): da avvicinare a *pĕtere* 'chiedere' (V. †*petere*) (?) ✱ sec. XII] **A** **agg.** **1** che ha un grande potere, una grande autorità o influenza: *nazione p.*; *un uomo p. presso il Ministero, nell'ambiente sportivo*; *un uomo p. per ricchezza, armi* | poderoso, possente: *un p. esercito* **2** pieno di forza, energia, gagliardia: *volontà, muscolatura, voce p.* | violento: *un vento p. squassava gli alberi* | ***sberla, pugno p.***, dati con grande forza | ***vino, liquore p.***, molto alcolico | formidabile: *ingegno p.* **3** che sviluppa grande potenza: *i potenti aviogetti* | che fornisce grandi prestazioni: *un cannocchiale p.*; *un computer p.* | di grande efficacia: *carburante, medicamento p.* | mortale: *veleno p.* **4** (*lett.*) adatto, capace, in grado di fare qlco.: *esercito p. a resistere* (F. GUICCIARDINI) ‖ **potenteménte**, **avv.** in modo potente, con potenza **B** **s. m.** ● (**spec. al pl.**) chi ha grande potere e influenza: *i potenti della Terra*

potentìlla [dim., con suff. latineggiante, del lat. *potĕntia* 'potenza, potere', nel sign. di 'piccola virtù (medicinale)' ✱ 1561] **s. f.** ● (*bot.*) cinquefoglie

♦**potentìno** [1868] **A** **agg.** ● di Potenza **B** **s. m.** (**f.** *-a*) ● abitante o nativo di Potenza

♦**potènza** o †**potènzia** [vc. dotta, lat. *potĕntia(m)*, da *pŏtens*, genit. *pŏtentis* 'potente' ✱ av. 1250] **s. f.** **1** natura o condizione di chi (o di ciò che) è potente | forza, potere: *è fiero della sua p.*; *nulla può opporsi alla vostra p. economica*; *la loro p. militare è preoccupante*; *p. di dire, di fare* **SIN.** forza, potere | grande autorità, influenza determinante: *la p. delle banche, della stampa*; *tu mostri di non conoscere la p. della moda* (G. LEOPARDI) **2** grande forza, energia o intensità: *ha provato la p. dei suoi pugni*; *la p. di quel cavallo è incredibile* | violenza, impeto: *roccia sbriciolata dalla p. delle onde* | grande capacità: *la p. della sua mente, della sua fantasia* | (*med.*) ***p. sessuale***, capacità dell'uomo di avere rapporti sessuali completi con una donna **CONTR.** impotenza **3** capacità di produrre effetti concreti su qlco. o su qlcu.: *le armi moderne hanno una p. terrificante*; *ignoro la p. dell'odio*; *oratore di grande p.* **4** individuo, gruppo, categoria o Stato che dispone di capacità e mezzi eccezionali ed è in grado di imporsi agli altri: *non metterti contro di lui, è una p.* | ***grandi potenze***, gli Stati che eccellono in campo economico e militare | (**spec. al pl.**) entità soprannaturale: *Orlando ... / ringraziava le Potenzie sante* (L. PULCI) **5** (*filos.*) possibilità di produrre o subire mutamenti: *p. attiva, passiva* | ***in p.***, allo stato di possibilità | ***potenze dell'anima***, facoltà **CONTR.** atto **6** (*fis.*) lavoro compiuto nell'unità di tempo: *p. di un motore, di un alternatore* | ***p. al freno, di un motore***, misurata al freno dinamometrico | ***p. elettrica***, lavoro prodotto nell'unità di tempo da una corrente elettrica | nella leva e nelle macchine semplici, la forza attiva che deve equilibrare o superare la resistenza | ***p. fiscale***, valore convenzionale ottenuto dal calcolo di una formula matematica in cui figurano la cilindrata e il numero dei cilindri dei motori a scoppio, per classificare gli autoveicoli agli effetti fiscali **7** (*mat.*) il numero che si ottiene elevando a un certo esponente quello dato | ***seconda p. di un numero***, il quadrato del numero, il numero per sé stesso | ***all'ennesima p.***, (*fig.*) massimamente, estremamente: *è odioso all'ennesima p.* **8** (*geol.*) spessore di un giacimento stratiforme di minerale | ***p. ridotta***, quella del solo minerale utile contenuto

♦**potenziàle** [dal lat. *potĕntia* 'potenza' ✱ 1308] **A** **agg.** **1** che è in potenza, che ha la possibilità di realizzarsi: *attitudini potenziali* | possibile: *un p. rivale* | (*fis.*) ***energia p.***, quella posseduta da un corpo che si trova in posizione tale da poter effettuare un lavoro senza l'intervento di forze esterne **2** (*gramm.*) di forma verbale che esprime una possibilità: *congiuntivo p.* (in latino) ‖ **potenzialménte**, **avv.** in potenza, virtualmente ‖ **potenzialità**, **s. f. inv.** (V.) **B** **s. m.** **1** (*fis.*) grandezza caratteristica di particolari campi di forza il cui valore dipende dalla posizione | ***p. elettrico, magnetico in un punto***, lavoro delle forze nel trasporto dell'unità di massa elettrica, magnetica, da quel punto all'infinito | ***differenza di p.***, rapporto fra il lavoro compiuto per spostare una carica da un punto all'altro di un campo elettrico e la carica elettrica **2** correntemente, tensione elettrica, differenza di potenziale **3** (*fig.*) il complesso dei mezzi, delle capacità, delle possibilità disponibili da parte di un ente, organismo e sim.: *p. nucleare di uno Stato*

potenzialità [da *potenziale* ✱ av. 1498] **s. f. inv.** **1** (*filos.*) caratteristica fondamentale di tutto ciò che è in potenza ma non ancora in atto **2** (*est.*, **spec. al pl.**) capacità potenziale: *un atleta di grandi p.* | (*est.*) predisposizione, attitudine: *tutte le potenze e le p. di quell'anima umana* (G. D'ANNUNZIO) | disponibilità di denaro: *p. economica* **3** (*mecc.*) produzione di lavoro di una macchina, di un impianto e sim. nell'unità di tempo

potenziaménto [1932] **s. m.** **1** rafforzamento del grado di efficienza o di sviluppo di qlco.: *il p. delle industrie meccaniche, chimiche* **2** (*farm.*) azione sinergica di due farmaci, maggiore e più efficace della somma delle singole azioni separate

SFUMATURE ➤ ***amplificazione***

potenziàre [dal lat. *potĕntia* 'potenza' ✱ 1927] **A** **v. tr.** (*io potènzio*) **1** portare a un alto grado di efficienza o di sviluppo: *p. un'attività economica, il turismo* **SIN.** incrementare **2** (*farm.*) provocare il potenziamento: *p. gli effetti di un farmaco* **B** **potenziàrsi** **v. intr. pron.** ● rafforzarsi, svilupparsi

potenziàto① **part. pass.** di *potenziare*; anche **agg.** **1** nei sign. del v. | reso potente o più potente: *motore p.* **2** (*arald.*) ***croce potenziata***, con i bracci a forma di T

†**potenziàto**② [da *potenziare* nel senso di 'avere in sé una potenza' ✱ 1321] **agg.** ● che è in potenza: *L'anima d'ogne bruto e de le piante / di complession potenzïata tira / lo raggio e 'l moto de le luci sante* (DANTE *Par.* VII, 140)

†**potenzintèrra** [da *potenz(a di Dio) in Terra* ✱ 1560] **inter.** ● esprime meraviglia, sdegno e sim.

potenziòmetro [comp. del lat. *potĕntia* 'potenza' e *-metro* ✱ 1889] **s. m.** **1** (*elettr.*) strumento per misurare le differenze di potenziale tra punti diversi di un circuito elettrico **2** reostato

♦**potére**① o †**podére**② [lat. parl. **potēre*, rifatto su *pŏtens*, genit. *potĕntis* 'potente' e sulle altre forme (*pŏtes* 'tu puoi', *pŏtui* 'io potei' ecc.) che iniziano per *pot-*. Il classico *pŏsse* è comp. di *pŏtis* 'signore, che può', di orig. indeur., ed *ĕsse* 'essere' ✱ av. 1243] **v. intr.** (**pres.** *io pòsso, tu puòi*, **pop.** *pòi*, *egli può* /pwɔ*/, **pop.** *pò* /pɔ*/, **poet.** †*pòte*, **poet.** †*puòte*, **pop.**, **tosc.** *pòle*, **pop.** †*puòle*, *noi possiàmo*, **pop.** †*potiàmo*, **centr.** †*potémo*, *voi potéte*, †*posséte*, *essi pòssono*, **lett.** †*pònno*, †*puònno*; **imperf.** *io potévo*, *noi potevàmo*, **lett.** †*potavàmo*, *essi potévano*, †*possévano*, **poet.** †*potieno*, **poet.** †*potièno*; **pass. rem.** *io potéi*, **lett.** *potètti*, †*possètti*, *tu potésti*, *egli poté*, *essi potérono*, **lett.** *potèttero*, †*poténno*; **fut.** *io potrò*, †*poterò*, †*porò*; **condiz. pres.** *io potrèi*, †*poterèi*, †*porèi*, **poet.** †*potrìa*, **poet.** †*porìa*, *tu potrésti*, *egli potrèbbe* (o *-é-*), **poet.** *potrìa*, **poet.** †*porìa*, *essi potrèbbero* (o *-é-*), **poet.** †*potrìano*, **poet.** †*potrièno*, †*porìano*; **congtv. pres.** *io pòssa, tu pòssa*, **pop.** *pòssi*, *essi pòssano*, **pop.** *pòssino*; **congtv. imperf.** *io potéssi*; **imperat.** *pòssa, possiàte*; **gerund.** *potèndo*, †*possèndo*; **part. pres.** *potènte*, **lett.** *possènte*; **part. pass.** *potùto*, †*possùto*; **aus.** *avere* **se usato assol.; come v. servile tende ad avere l'aus. del v. a cui si accompagna:** *ho potuto acquistare solo due biglietti*; *sono potuto partire*; *non è potuto uscire*; **tuttavia, con i v. intr. che richiedono l'aus.** *essere*, **è frequente anche l'uso dell'aus.** *avere*, **spec. quando si vuole accentuare l'idea di possibilità:** *ha potuto ricorrere a un prestito*; *il ladro ha potuto andarsene indisturbato*; **nei verbi rifl., si usa l'aus.** *essere* **se la particella pronominale è proclitica (cioè precede il verbo), l'aus.** *avere* **se è enclitica (cioè è unita ad esso):** *non si è potuta cambiare*; *non ha potuto cambiarsi*) **I** in un primo gruppo di significati, seguito sempre da un infinito espresso o sottinteso **1** avere la possibilità di, essere capace o in grado di: *p. fare qlco.*; *posso andare e venire quando voglio*; *possiamo controllare dall'alto l'intera rete stradale*; *ti risponderei se potessi leggere nel futuro*; *con le armi di cui dispongono, gli uomini possono autodistruggersi*; *come ha potuto fare una cosa simile?*; *non avrei mai pensato che tu potessi commettere azioni così ignobili!* | ***non p.***, essere nella impossibilità di, non essere capace o in grado di: *non posso muovere il braccio*; *non ti posso aiutare, eppure lo vorrei*; *non potevate intervenire prima?* | ***non poter soffrire, non poter vedere qlcu.***, non riuscire a sopportarlo **2** avere il diritto, la facoltà o il motivo di, essere autorizzato a fare qlco: *solo io posso rimproverarlo*; *se non hai finito di fare i compiti, non puoi uscire*; *in casa mia non puoi entrarci*; *non puoi affermare ciò se non ne sei assolutamente certo*; *non posso certo imporgli di tacere*; *lui può venire quando vuole, ma io non lo riceverò* | avere il permesso di: *posso sedermi?*; *posso prendere per favore un bicchiere d'acqua?*; *in casa mia puoi fare ciò che ti piace* **3** essere possibile, probabile, credibile: *tutto può accadere*; *si possono fare molte cose in una situazione come questa*; *non si poteva verificare nulla di più imbarazzante* | ***posso aver sbagliato***, è possibile che io abbia sbagliato | ***può essere che, può darsi che***, è possibile che: *può essere che sia già rientrato*; *potrebbe darsi che la febbre aumenti* | ***può darsi***, è possibile, forse: *'Verrai?' 'Può darsi'!* | ***chi può essere?***, chi sarà? **4** essere ammissibile, lecito, consentito e sim.: *non si può agire così*; *si può essere egoisti, ma non fino a questo punto*; *non si può accusare un uomo se mancano le prove della sua colpevolezza* | (*ellitt.*) ***si può?***, è permesso entrare? **5** essere augurabile, desiderabile: *possa il cielo punirti come meriti!* | ***potessi avere un po' di pace!***, sarebbe augurabile che io l'avessi **6** disporre dei mezzi per, essere in condizione di: *mi ha chiesto di aiutarlo ma non posso*; *si salvi chi può (salvarsi)*; *fare ciò che si può*; *mi faresti un favore? certo, se posso* | ***colui che tutto può***, Dio | ***si fa quel che si può***, espressione con cui si esprime un certo rammarico e si chiede comprensio-

a b c d e f g h i j k l m n o p q r s t u v w x y z

ne per la limitatezza dei propri mezzi **II** in un secondo gruppo di significati, il verbo è usato da solo ellitticamente e acquista valori più determinati **1** (*lett.*) riuscire a reggere, a portare, a sopportare e sim.: *camminando con la cavalla che molto male potea quella soma* (F. Sacchetti) **2** (*lett.*) avere forza, vigore, impeto: *in che paese ti trovasti e quando / a poter più di me con l'arme in mano?* (L. Ariosto) | (*lett.*, *raro*) battere: *uno pratello nel quale l'erba era verde e grande né vi poteva d'alcuna parte il sole* (G. Boccaccio) **3** essere efficace, raggiungere l'effetto voluto: *l'esempio può più della parola; spesso dove non può la legge, può la forza; Poscia, più che 'l dolor, potè 'l digiuno* (Dante *Inf.* XXXIII, 75) | avere autorità, essere influente e importante: *p. molto, poco; tu puoi molto più di me presso il ministro* **4** riuscire a fare, a ottenere, a conseguire e sim.: *l'amore può tutto; cosa non può la solidarietà umana?* **III** ricorre in alcune loc. • ***a più non posso***, con la massima forza, con il maggior impegno possibile, con gran impeto: *guidare, lavorare, correre a più non posso* | ***non poterne più***, non essere più in grado di sopportare, di resistere e sim.: *non ne posso più di tutte queste chiacchiere; il dolore era intensissimo e non ne potevo più* | ***non potercela con qlcu.***, non reggere al confronto

♦**potére**② o †**podére**② [da *potere*① ✱ 1261 ca.] **s. m. 1** possibilità concreta di fare qlco.: *in questa faccenda il mio p. è piuttosto limitato; non ho poteri per risolvere il problema* | ***a mio p.***, per quanto posso | ***fare tutto ciò che è in proprio p.***, tutto ciò che si può fare, ogni sforzo possibile | virtù, potenza, forza: *poteri magici, soprannaturali; il p. di Dio* **2** capacità di influenzare in modo determinante persone o situazioni: *ha il p. di convincermi con poche parole; avere, esercitare un incredibile p. di corruzione* | (*psicol.*) ***p. inibitorio***, capacità di bloccare alcune funzioni dell'organismo **3** balia, possesso, potestà: *ormai il nemico era in nostro p.; avevo finalmente in mio p. quell'oggetto tanto desiderato* **4** facoltà di operare secondo la propria volontà: *non ha il p. di muoversi; questo non è in mio p.; i suoi poteri sono limitati; il p. spirituale, temporale del Papa* | ***p. dissuadente, deterrente***, armamento nucleare che dissuade un potenziale aggressore dall'attaccare | ***p. contrattuale***, forza in base alla quale in una trattativa si ha la possibilità di fare accogliere il proprio punto di vista **5** autorità suprema nell'ambito di una comunità o di uno Stato: *la sete del p.; ambire, giungere al p.; usare il p. per i propri utili personali* **6** (*dir.*) capacità accordata dall'ordinamento a un soggetto di diritto, di modificare la propria o l'altrui sfera giuridica: *p. di disporre; p. di impulso processuale; p. di gravame; p. discrezionale; p. disciplinare* | ***pieni poteri***, detto dei documenti ufficiali di cui sono muniti gli agenti diplomatici segreti e quelli inviati a conferenze, congressi e sim., che determinano lo scopo della missione | ***assumere pieni poteri***, disporre di autorità assoluta | ***p. legislativo, esecutivo, giudiziario***, le tre fondamentali e autonome attribuzioni dello Stato moderno | ***il quarto p.***, la stampa, perché capace di influenzare l'opinione pubblica | ***il quinto p.***, la televisione e la radio | ***poteri forti***, nel linguaggio giornalistico, le istituzioni economiche, giuridiche o culturali, ritenute in grado di influenzare le scelte del potere politico | ***divisione dei poteri***, il fatto che i poteri legislativo, esecutivo e giudiziario facciano capo a organi specifici e operino separatamente, ciascuno nella propria sfera di competenza, senza reciproche sovrapposizioni o interferenze **CFR.** -crazia **7** †proprietà: *Mi rallegro ch'i miei libri siano in poter del signor Pirro* (T. Tasso) | †disponibilità economiche, patrimonio **8** (*fis.*) proprietà di un corpo o di un sistema | ***p. rotatorio***, proprietà di alcune sostanze di provocare la rotazione del piano di polarizzazione di una luce polarizzata che le attraversi | ***p. calorifico***, quantità di calore sviluppata dalla combustione completa di un kg di combustibile liquido o solido o di un m³ di combustibile gassoso | ***p. risolutivo***, possibilità di separare visualmente due punti o due linee molto vicini di un'immagine | ***p. antidetonante***, facoltà di un carburante di sopportare alti valori della compressione | ***p. emissivo***, flusso luminoso per unità di superficie | ***p. delle punte***, proprietà di un corpo appuntito di scaricare elettricità **9** possibilità, capacità | ***p. d'acquisto***, quantità di beni e servizi che può essere acquistata con una unità monetaria

SFUMATURE ➤ ***autorità***

†**poteróso** ➤ **poderoso**

potestà① o (*lett.*) **podestà**①, †**podestàde**, †**podestàte**, †**potestàde**, †**potestàte** [vc. dotta, lat. *potestāte(m)*, da *pŏtis* 'signore, che può' (V. *potere*①) ✱ 1250 ca.] **s. f. inv. 1** potere: *avere p. di vita e di morte su qlcu.; avere in p. qlco.* | (*lett.*) mercé, dominio, balìa: *sottoporsi alla p. di qlcu.* | ***p. di sciogliere e di legare***, nella teologia cattolica, il potere di assolvere e di condannare che deriva al pontefice, ai vescovi e ai sacerdoti dall'autorità apostolica **2** (*lett.*) potenza: *la divina podestate* (Dante *Inf.* III, 5) **3** (*dir.*) capacità, riconosciuta dall'ordinamento, di compiere atti giuridici nell'interesse altrui | ***p. genitoriale***, complesso dei poteri e doveri spettanti ai genitori sui propri figli minorenni non emancipati **4** (*lett.*) chi è investito di un potere, di un'autorità **5** (**al pl.**) angeli della terza gerarchia

potestà② ➤ **podestà**②

potestatìvo [vc. dotta, lat. tardo *potestatīvu(m)*, da *potĕstas*, genit. *potestātis* 'potestà①' ✱ 1806] **agg.** • (*dir.*) detto di diritto il cui esercizio dipende dalla scelta del titolare, senza necessità di cooperazione da parte del soggetto passivo

potesterìa ➤ **podesteria**①

pòthos /'pɔtos/ [vc. dell'isola di Sri Lanka ✱ 1983] **s. m. inv.** • (*bot.*) genere di piante delle Aracee, arbustive sempreverdi, rampicanti o volubili, originarie del Madagascar e delle isole comprese tra Asia e Australia (*Pothos*)

†**potìssimo** [vc. dotta, lat. *potĭssimu(m)*, superl. di *pŏtis* 'signore' (V. *potere*①) ✱ 1308] **agg.** • (*lett.*) primario, essenziale, assolutamente determinante ‖ †**potissimaménte**, **avv.** (*lett.*) in modo assolutamente determinante

†**pòto** [vc. dotta, lat. *pōtu(m)*, da *potāre* 'bere' (V. *pozione*) ✱ av. 1306] **s. m.** • il bere: *nel cibo e nel p. fu modestissimo* (G. Boccaccio)

potòrio [vc. dotta, lat. *potōriu(m)*, da *pōtor*, genit. *potōris* 'bevitore', da *pōtum*, supino di *potāre* 'bere'. V. *pozione* ✱ 1851] **agg.** (**pl. m.** *-i* o *raro -ii*) • (*lett.*) attinente al bere (*anche scherz.*): *gara potoria*

pòtos [da *pothos* ✱ 1476] **s. m. inv.** • (*bot.*) nome popolare delle specie coltivate del genere *Pothos*

pot-pourri /popur'ri*, *fr.* popu'ʀi/, (*evit.*) **pout-pourri** [vc. fr., propr. 'pentola putrida', calco sullo sp. *olla podrida* (V.) ✱ av. 1729] **s. m. inv.** (**pl. fr.** *pots-pourris*) **1** piatto di carni e verdure varie cotte insieme alla rinfusa **CFR.** pupurrì **2** (*fig.*) scelta di arie musicali o passi letterari e sim., tratti da composizioni eterogenee **3** (*est.*) miscuglio profumato di erbe e fiori secchi **4** (*est.*) accozzaglia, guazzabuglio

pòtta o **pòta** [etim. incerta ✱ sec. XIII] **A** **s. f.** • (*lomb.*, *volg.*) vulva **B** **inter.** • (*lomb.*, *volg.*) esprime ira, sdegno e sim.

pottàggio ➤ **potaggio**

pottinìccio [da avvicinare a *poltiglia* ✱ av. 1742] **s. m. 1** (*tosc.*) fanghiglia, mota **2** (*tosc.*, *fig.*) guazzabuglio | pasticcio

pouf /*fr.* puf/ [vc. fr., di orig. onomat. ✱ 1884] **s. m. inv.** • grosso sgabello cilindrico tutto imbottito **CFR.** puf①

poujadìsmo /puʒa'dizmo/ o **pugiadìsmo** [dal n. dell'uomo politico fr. Pierre *Poujade* (1920-2003), che si pose a capo del movimento di protesta ✱ 1958] **s. m. 1** movimento politico sviluppatosi in Francia tra il 1953 e il 1956, basato sulla rivolta fiscale e sulla difesa degli interessi di piccoli commercianti e artigiani **2** (*est.*, *spreg.*) ogni movimento politico tendente a esprimere una protesta fiscale o a privilegiare qualunquisticamente determinate fasce contributive

poujadìsta /puʒa'dista/ o **pugiadìsta** [1984] **A** **s. m. e f.** (**pl. m.** *-i*) • fautore, sostenitore del poujadismo **B** **agg.** • relativo al poujadismo: *movimento p.*

poulain /*fr.* pu'lɛ̃/ [vc. fr., propr. 'puledro'. V. *pony* ✱ 1932] **s. m. inv.** • (*raro*) giovane atleta a cui i tecnici o l'allenatore dedicano attenzioni particolari per le sue doti

poule /*fr.* pul/ [vc. fr., propr. 'gallina', dal lat. *pŭlla(m)*, f. di *pŭllus* 'pollo', con evoluzione semantica non chiara ✱ 1895] **s. f. inv. 1** puntata al gioco, posta | insieme delle puntate dei giocatori **2** gioco di biliardo, senza birilli, con le sole buche **3** nell'ippica, tipo di corsa nella quale il vincitore incassa il complesso delle tasse d'iscrizione e dei ritiri **4** (*sport*) gruppo di squadre o atleti che partecipano a una competizione

pouponnière /*fr.* pupɔ'njɛʀ/ [vc. fr., da *poupon* 'bamboccio', che risale al lat. *pūpa* (V. *pupa*①) ✱ 1963] **s. f. inv.** • asilo nido

pour cause /*fr.* puʀ'koz/ [loc. fr., propr. 'per causa' ✱ 1884] **loc. avv.** • a causa di motivi fondati, con buone ragioni: *non ho voluto vederlo, e pour cause*

pourparler /*fr.* puʀpaʀ'le/ [vc. fr., dal v. ant. *purparler* 'discutere', comp. di *pour* 'per' (ma usato qui con valore intens.) e *parler* 'parlare' ✱ 1786] **s. m. inv.** (**pl. fr.** *pourparlers*) • colloquio, conversazione preliminare per arrivare a un accordo: *avere un p. con qlcu.*

pout-pourri • (*evit.*) ➤ **pot-pourri**

povènta o (*raro*) **appovènta** [da *po'* ('dopo, dietro') *vento* ✱ 1863] **s. f.** • (*tosc.*) luogo riparato dal vento | ***a p.***, in posizione riparata dal vento

poveràccia o **peveràccia** [da †*pevere* 'pepe', per il sapore, con accostamento per etim. pop. a *povero* ✱ av. 1742] **s. f.** (**pl.** *-ce*) • denominazione di vari Molluschi dei Lamellibranchi appartenenti al genere *Venere*

poveràccio [av. 1525] **s. m.** (**f.** *-cia*; **pl. f.** *-ce*) **1** pegg. di *povero* **2** persona che suscita compassione per la situazione disgraziata in cui si ritrova: *il p. tossì, si soffiò il naso, ma non trovò ... le parole da rispondere* (G. Verga)

poveràglia [comp. di *povero* e *-aglia* ✱ sec. XIV] **s. f.** • (*spreg.*) moltitudine di poveri, di mendicanti: *sembrava escludere dallo sguardo ... la miseria e il giallore della p.* (C.E. Gadda)

poverèllo o (*centr.*) **porèllo** [sec. XIII] **s. m.** (**f.** *-a*); **anche agg. 1** dim. di *povero* | poveretto: *porello, stava a morire di noia* (P.P. Pasolini) **2** persona povera, umile, che suscita un sentimento di commiserazione, di simpatia: *aiutare i poverelli* | ***il P. d'Assisi***, (*per anton.*) S. Francesco | (*lett.*) ***la Gente poverella***, i frati mendicanti di S. Francesco ‖

poverellaménte, **avv.** (*raro*) da poverello

poverétto [av. 1536] **s. m.** (**f.** *-a*); anche **agg.** **1** dim. di *povero* **2** infelice degno di compassione: *quel p. è ridotto proprio male*; *p., come mi dispiace!* ‖ **†poverettaménte**, **avv.** da poveretto

poverìno [sec. XIV] **s. m.** (**f.** *-a*); anche **agg.** **1** dim. di *povero* **2** persona da commiserare per infelicità, sfortuna e sim.: *io non posso più essere moglie di quel p.!* (A. MANZONI) | anche iron.: *è stanco? p., chissà quanto ha sgobbato* …

poverìṣmo [1867] **s. m.** **1** nelle arti figurative, arte povera (V. *arte* nel sign. 2) **2** (*lett.*) esaltazione della povertà come valore | (*raro*) pauperismo **3** (*iron.*) esibizione compiaciuta di indigenza da parte di chi non è povero

poverista [1938] **A** **agg.** (**pl. m.** *-i*) **1** nelle arti figurative, relativo o ispirato all'arte povera **2** relativo a poverismo nei sign. 2 e 3 **B** **s. m. e f.** ● esponente dell'arte povera

poveristico [1948] **agg.** (**pl. m.** *-ci*) **1** relativo all'arte povera | (*est.*) basato su mezzi poveri, essenziali: *film p.* **2** poverista ‖ **poveristicaménte**, **avv.**

♦**pòvero** [lat. *pāuperu(m)* (normalmente *pāuperem*), comp. di *pau-* (da cui *pāucus* 'poco' (V.)) e *-per*, da *părere* 'generare' (V. *partorire*) ✱ sec. XII] **A** **agg.** **1** che dispone di scarsi mezzi di sussistenza, che non ha sufficienti risorse economiche: *un giovane, un uomo, uno studente p.*; *famiglia, società, nazione povera*; *è diventato molto p. in pochi anni*; *è morto p.* | ***p. in canna, come Giobbe***, poverissimo **2** che dimostra indigenza, miseria, povertà, che è misero, di scarso pregio o valore: *un dono p.*; *casa povera e disadorna*; *era vestito di poveri panni* **3** che manca, scarseggia o è privo di qlco. (+ *di*): *fiume p. di acqua*; *città, regione povera di abitanti*; *abito p. d'ornamenti*; *mente povera d'ingegno*; *un film p. di idee* | sterile, misero: *terreno, ingegno p.*; *fantasia povera* | ***stile p.***, disadorno, meschino | ***lingua povera***, che manca dei vocaboli appropriati per ogni concetto e sfumatura, che non ha possibilità espressive | ***in parole povere***, parlando senza perifrasi o metafore, volendo dire le cose semplicemente, come stanno: *in parole povere, questa è una vera porcheria* **4** (sempre preposto al sost.) detto di chi (o di ciò che) desta pietà e commiserazione per la sua indigenza, deformità, infelicità, sfortuna e sim.: *un p. storpio, gobbo, sciancato*; *quel p. ragazzo non guarirà più*; *è ben povera cosa ciò che posso offrirti*; *va, va p. untorello … non sarai tu quello che spianti Milano* (A. MANZONI) | ***un p. uomo***, V. *poveruomo* | (*fig., colloq.*) ***un p. diavolo, un p. cristo***, un poveraccio, un infelice | di chi desta compassione e disprezzo al tempo stesso: *sei un p. stupido che non sa quel che dice*; *p. ingenuo, cosa credi di fare?* | (*iron.*) ***p. martire!, povera vittima!***, si dice di chi assume atteggiamenti da perseguitato, del tutto fuori luogo | ***p. me, te, lui***, guai a me, a te, a lui: *se entro domani non avrai riparato al mal fatto, p. te* **5** (*fam.*) defunto: *la povera nonna lo ripeteva sempre*; *il tuo p. zio era un'ottima persona* **6** detto di ciò che è realizzato con materiali, componenti o ingredienti tradizionali poco costosi o molto elementari: *cucina povera*; *arredamento p.* | ***arte povera***, V. *arte* nel sign. 2 ‖ **poveraménte**, **avv.** da povero, con povertà: *essere poveramente vestito*; *vivere poveramente* **B** **s. m.** (**f.** *-a*) ● chi non ha ricchezze, o dispone a malapena dello stretto necessario per vivere o ne è privo: *i ricchi e i poveri*; *aiutare i poveri* | ***i poveri di spirito***, secondo il Vangelo, gli umili, coloro che non desiderano la ricchezza e (*est.*) gli stupidi | (*est.*) mendico, mendicante: *un p. tendeva la mano*; *ospizio, ricovero per i poveri* ‖ **poveràccio**, pegg. (V.) | **poverèllo**, dim. (V.) | **poverétto**, dim. (V.) | **poverìno**, dim. (V.) | **poveróne**, accr. (V. nota d'uso ELISIONE e TRONCAMENTO)

SFUMATURE DI SIGNIFICATO

povero - indigente - bisognoso

Nel significato più generale **povero** è chi dispone di scarse risorse economiche. Si dice **indigente** chi non dispone dei mezzi primari di sussistenza: il termine è anche di registro più elevato. **Bisognoso** si riferisce non solo a chi ha scarsi mezzi economici ma anche a chi ha altre carenze: *essere bisognoso d'affetto, di cure*.

poveròmo ➤ **poveruomo**

♦**povertà** o **†povertàde**, **†povertàte** [lat. *paupertāte(m)*, da *pāuper*, genit. *pāuperis* 'povero' ✱ sec. XII] **s. f. inv.** **1** condizione di chi è povero; miseria: *essere in p.* | ***voto di p.***, pronunciato dai religiosi e consistente nella rinuncia a ogni bene personale, a ogni agio e a ogni possesso CONTR. abbondanza, ricchezza **2** penuria, scarsezza (+ *di*): *p. d'acqua, di vegetazione, di idee* | (*fig.*) meschinità: *p. di mente, di spirito* **3** †ceto dei poveri

poveruòmo o **pover'uòmo**, **pòver uòmo**, (*pop.*) **poveròmo** [comp. di *povero* e *uomo* ✱ sec. XII] **s. m.** (**pl.** *raro poveruòmini*) ● uomo che ispira compassione e commiserazione: *quel p. è disperato* | (*spreg.*) persona senza importanza e valore: *comportarsi da p.*

powellìte /povel'lite/ [dal n. del geologo amer. J. W. *Powell* (1834-1902) e *-ite*[2] ✱ 1954] **s. f.** ● (*miner.*) molibdato di calcio, in cristalli di colore giallo bruno

powerboat /pawer'bot, *ingl.* 'pauə,bəut/ [vc. ingl., propr. 'imbarcazione (*boat*) a motore (*power*)' ✱ sec. XX] **s. m. inv.** ● (*sport*) motoscafo da competizione che può raggiungere velocità molto elevate | (*est.*) categoria di appartenenza, ai fini delle gare, di motoscafi di questo tipo

pozióne [vc. dotta, lat. *potiōne(m)*, dalla stessa radice indeur. di *potāre* 'bere' ✱ 1258] **s. f.** **1** bevanda medicamentosa **2** (*lett.*) filtro magico ‖ **pozioncìna**, **dim.**

pozióre (o *-ò-*) [vc. dotta, lat. *potiōre(m)*, compar. di *pŏtis* 'signore, che può' (V. *potere*[1]) ✱ 1673] **agg.** ● (*dir., raro*) che conferisce un diritto di prelazione: *titolo p.*; *credito p.*

pózza [da *pozzo* ✱ 1313] **s. f.** **1** piccolo fosso o conca piena d'acqua: *una p. fangosa*; *strada piena di pozze* **2** quantità di liquido caduto o versato a terra e raccolto in un solo punto: *una p. di sangue, d'olio* ‖ **pozzàccia**, pegg. | **pozzétta**, dim. (V.)

♦**pozzànghera** [da avvicinare a *pozza*, ma la composizione della parola rimane poco chiara ✱ av. 1306] **s. f.** ● pozza fangosa d'acqua spec. piovana: *cadere in una p.*

pozzétta [sec. XIV] **s. f.** **1** dim. di *pozza* **2** (*est.*) piccola cavità praticata in qlco. di solido o di consistente e destinata a contenere liquidi: *praticate una p. nella farina e versatevi il latte* **3** fossetta nelle guance, nel mento o sul dorso della mano ‖ **pozzettìna**, **dim.**

pozzétto [av. 1616] **s. m.** **1** dim. di *pozzo* | ***sedia, poltroncina a p.***, il cui schienale concavo forma coi braccioli un semicerchio **2** (*mar.*) nelle imbarcazioni, spazio ribassato rispetto al piano di coperta, situato spec. a poppa, da cui l'equipaggio può manovrare o timonare | nei kayak, apertura ovale, nella parte centrale dello scafo, in fondo alla quale si trova il seggiolino del rematore **3** apertura di accesso a una fognatura **4** (*fotogr.*) tipo di mirino per fotocamere che consente l'inquadratura dall'alto, generalmente dotato di alette laterali con funzione di paraluce

♦**pózzo** [lat. *pŭteu(m)* 'fossa, buca', poi 'pozzo', di etim. incerta ✱ 1268] **s. m.** **1** scavo più o meno profondo, per lo più verticale e a sezione circolare, eseguito nel suolo e rivestito di muratura o legnami, per raggiungere falde idriche o giacimenti minerari | ***p. d'acqua***, pozzo per raggiungere le falde sotterranee di acqua e utilizzarle per irrigazione e usi civili | ***p. artesiano***, pozzo in cui la pressione della vena d'acqua è sufficiente a far zampillare questa in superficie | ***p. trivellato***, pozzi di piccola sezione, per lo più con parete di tubo di acciaio e non accessibili, ottenuti con trivelle o sonde | ***p. petrolifero***, trivellato, di grande profondità per raggiungere sacche petrolifere | ***mostrare, promettere la luna nel p.***, (*fig.*) far credere cose impossibili o irrealizzabili **2** buca o cavità naturale o artificiale molto profonda: *lo speleologo ha esplorato il p. prima di esaminare la grotta* | ***p. nero***, cella sotterranea in cui si raccolgono i liquami provenienti dalle latrine e dagli scarichi quando non c'è fognatura | ***p. della scala***, spazio vuoto che può rimanere nel mezzo di una scala a pianta rettangolare o quadrata | (*mar.*) ***p. di bordo***, cassone di ferro per le provviste d'acqua sulle navi | ***p. delle catene***, vano ricavato nella parte bassa dell'estremità della prora della nave, dove alloggia la catena dell'ancora | ***p. della sentina***, la parte più bassa della nave dove calano e si raccolgono le acque **3** (*fig.*) grandissima quantità: *avere, spendere, guadagnare un p. di soldi, di quattrini* | (*fig.*) ***p. di scienza***, persona estremamente colta | (*fig.*) ***p. senza fondo***, persona insaziabile; attività che richiede continuamente del denaro | (*fig.*) ***essere, volerci il p. di S. Patrizio***, disporre o abbisognare di inesauribili ricchezze ‖ **pozzétto**, **pozzettìno**, **dim.** (V.) | **pozzìno**, **dim.**

pozzolàna [lat. *Puteolānu(m)* (*pŭlverem*) '(polvere) di Pozzuoli', da *Putĕoli* 'Pozzuoli' (stessa etim. di *†pozzuolo*) ✱ 1471 ca.] **s. f.** ● (*geol.*) tufo recente, poco cementato, di colore grigio o rossastro, usato per fare malte idrauliche

pozzolànico [1871] **agg.** (**pl. m.** *-ci*) ● che ha proprietà di pozzolana, che contiene pozzolana

†pozzuòlo [lat. parl. **puteŏlu(m)*, dim. di *pŭteus* 'pozzo' ✱ 1342] **s. m.** ● piccolo pozzo

pracrìtico [1891] **agg.** (**pl. m.** *-ci*) ● (*ling.*) pracrito

pràcrito [sanscrito *prākrta* 'naturale, volgare', comp. di *pra* 'prima, davanti' (di orig. indeur.) e *krta-* 'fatto, preparato' (di orig. indeur.) ✱ 1819] **A** **agg.** ● (*ling.*) relativo ai dialetti medio-indiani sviluppatisi accanto al sanscrito **B** **s. m.** ● ciascuno di tali dialetti

praghése (o *-ṣ-*) [1935] **A** **agg.** ● di Praga **B** **s. m. e f.** ● abitante o nativo di Praga

pragmàtica [ingl. *pragmatics*, da *pragmatic* 'pragmatico' ✱ 1949] **s. f.** ● (*filos.*) parte della semiotica che studia le relazioni intercorrenti tra il linguaggio e chi lo usa

♣**pragmàtico** o **prammàtico** [vc. dotta, lat. *pragmăticu(m)*, dal gr. *pragmatikós* 'che riguarda i fatti, le cose', da *prâgma*, genit. *prágmatos* 'fatto', da *prássein* 'fare', di orig. indeur. ✱ 1540] **A** **agg.** (**pl. m.** *-ci*) **1** relativo all'attività pratica | che bada ai risultati pratici, alla concretezza: *il suo è un atteggiamento p. e realistico* **2** V. *prammatico* **B** **s. m.** (**f.** *-a*) ● chi bada spec. ai risultati pratici, alla concretezza ‖ **pragmaticaménte**, **avv.**

♣**pragmatìṣmo** o **prammatìṣmo** [ingl. *pragmatism*, dal gr. *prâgma*, genit. *prágmatos* 'fatto' (V. *pragmatico*) ✱ 1890] **s. m.** **1** indirizzo filosofico nato negli Stati Uniti alla fine dell'Ottocento e poi diffusosi in Europa, secondo il quale la verità di una proposizione o di un principio si valuta in base all'efficacia delle conseguenze pratiche che ne derivano **2** (*est.*) atteggiamento pragmatico, basato sulla concretezza

pragmatìsta o **prammatìsta** [ingl. *pragmatist*, da *pragmatism* 'pragmatismo' ✻ 1904] **A s. m. e f.** (**pl. m.** *-i*) ● chi segue o sostiene la filosofia del pragmatismo **B agg.** ● pragmatistico

pragmatìstico o **prammatìstico** [1904] **agg.** (**pl. m.** *-ci*) ● relativo al pragmatismo | caratterizzato da pragmatismo ‖ **pragmatisticaménte**, **avv.** secondo le teorie del pragmatismo

pràho /'prao/ [vc. di orig. malese ✻ 1525] **s. m. inv.** ● nave a vela e a remi di vario tipo e lunghezza, maneggevole, veloce, di origine malese

pràia [stessa etim. di *piaggia* ✻ 1983] **s. f.** ● (*merid.*) riva, spiaggia | anche come nome proprio di luogo: *P. a Mare*

pralìna [fr. *praline*, perché inventata dal cuoco del maresciallo du Plessis-*Praslin* (1598-1675) ✻ 1884] **s. f.** ● specie di confetto, costituito da una mandorla tostata e passata nello zucchero caramellato | cioccolatino ripieno: *praline al caffè*

pralinàre [da *pralina* ✻ 1983] **v. tr.** ● rivestire una preparazione dolciaria di uno strato esterno di zucchero caramellato o di cioccolata: *p. le mandorle*

pralinàto **part. pass.** di *pralinare*; anche **agg.** ● nel sign. del v.

pram /*ingl.* prɑːm/ [vc. ingl., dal neerl. *praam*, da cui anche il fr. *prame* ✻ 1986] **s. m. inv.** ● piccola imbarcazione di servizio con la prua a specchio come la poppa

prammàtica [vc. dotta, lat. tardo *pragmătica(m)* (*sanctiōnem*) '(sanzione) prammatica', rescritto imperiale su questioni di diritto pubblico; f. sost. di *pragmăticus* 'pragmatico' ✻ av. 1536] **s. f. 1** prammatica sanzione (V. *prammatico*) **2** regola seguita per consuetudini stabili in materia di relazioni civili e sociali, spec. nella loc. ***essere di p.***: *in questi casi è di p. un ringraziamento scritto*

prammàtico [V. *pragmatico* ✻ 1673] **agg.** (**pl. m.** *-ci*) **1** (*raro*) V. *pragmatico* **2** ***prammatica sanzione***, nel tardo impero romano, costituzione imperiale di applicazione generale emanata normalmente dietro richiesta di alti funzionari; nel Medioevo e nell'età moderna, disposizione di carattere generale emanata dai sovrani

prammatìșmo e deriv. ➤ **pragmatismo** e deriv.

pràna [dal sanscrito *prāṇa**, propr. 'soffio, respiro', comp. di *pra-* 'davanti' e *aniti* 'egli respira' ✻ 1905] **s. m. inv.** ● nell'induismo, la forza vitale dell'universo presente in tutti gli esseri

pranàyama /pra'najama, *sanscrito* praː'ɲaːjaːma/ [comp. delle due vc. sanscrite *prāṇa* 'soffio vitale' e *yāma* 'autocontrollo' ✻ 1993] **s. m. inv.** ● nella pratica yoga, controllo dell'energia vitale e conseguente sensazione di benessere fisico e spirituale ottenuti mediante specifici esercizi di respirazione

†**pràndere** [vc. dotta, lat. *prandēre*, da *prāndium* 'pranzo' ✻ 1321] **A v. intr.** (**difett. usato solo alla terza pers. sing. del pres. indic.** *prànde*, **nel part. pass.** *prànso*; **aus.** *avere*) ● pranzare, mangiare **B v. tr.** ● nutrire (*spec. fig.*): *laudando il cibo che là sù li prande* (DANTE *Par.* XXV, 24)

†**pràndio** [vc. dotta, lat. *prāndiu(m)* 'pranzo' ✻ av. 1374] **s. m.** ● pranzo, convito solenne: *celebrar con lieti inviti i prandi* (T. TASSO)

prano- [da *prana*] **primo elemento** ● in parole composte appartenenti alla medicina alternativa, fa riferimento all'energia vitale che si ritiene trasmissibile da individuo a individuo: *pranoterapia, pranoterapista*

pranoterapìa [comp. di *prano-*, e *terapia* ✻ 1979] **s. f.** ● pratica di medicina alternativa consistente nell'imposizione delle mani sulla parte malata di una persona ‖ **pranoterapèutico**, **agg.** (**pl. m.** *-ci*) relativo alla pranoterapia o ai pranoterapisti: *seduta pranoterapeutica* ‖ **pranoterapìsta**, **s. m. e f.** (**pl. m.** *-i*) chi pratica la pranoterapia **SIN.** pranoterapeuta ‖ **pranoteràpico**, **agg.** (**pl. m.** *-ci*) pranoterapeutico ‖ **pranoterapèuta**, **s. m. e f.** (**pl. m.** *-i*) pranoterapista

prànso ① [vc. dotta, lat. *prānsu(m)* 'che ha fatto colazione', part. pass. con valore attivo di *prandēre* 'far colazione' (V. †*prandere*) ✻ 1319] **agg.** ● (*lett.*) sazio

prànso ② ➤ **pranzo**

♦**pranzàre** [sec. XIII] **v. intr.** (**aus.** *avere*) ● consumare il pranzo: *p. in trattoria, a casa, presso amici, da un parente*

pranzétto [1821] **s. m. 1** dim. di *pranzo* **2** pranzo non particolarmente impegnativo: *un p. tra amici* | pranzo ricco di leccornie: *è stato un p. delizioso* ‖ **pranzettìno**, **dim.**

♦**prànzo** o (*lett.*) **prànso** ② [lat. *prāndiu(m)*, di orig. indeur.; il sign. originario doveva essere quello di 'primo pasto' ✻ sec. XIII] **s. m. 1** pasto principale del giorno, spec. quello consumato intorno a mezzogiorno (in opposizione a *cena*): *è l'ora di p.* | ***p. al sacco***, V. *sacco* ① nel sign. 6 | (*region.*) cena | ***sala da p.***, dove si consumano i pasti **2** lauto ed elegante banchetto, spec. di sera, cui partecipano numerosi convitati: *p. ufficiale*; *p. di gala, di beneficenza*; *un p. a Corte, all'Ambasciata*; *dare, offrire un p.*; *p. di nozze* **SIN.** convito **3** l'ora in cui normalmente si va a tavola, intorno a mezzogiorno: *ci vediamo dopo p.*; *telefonami prima di p.* ‖ **pranzétto**, **dim.** (V.) | **pranzóne**, **accr.**

praseodìmio [comp. del gr. *prasêios* (lezione errata di *prásios* 'verdastro', propr. 'color del porro', da *práson* 'porro'. V. *prasino*) e (*di*)*dimo*, da cui venne isolato ✻ 1920] **s. m.** ● elemento chimico, metallo del gruppo delle terre rare **SIMB.** Pr **NUM. AT.** 59

pràsino [vc. dotta, lat. *prăsinu(m)*, dal gr. *prásinos* 'verde, color del porro', da *práson* 'porro' ✻ sec. XIII] **agg.** ● (*lett.*) di colore verde scuro

♦**pràssi** [vc. dotta, gr. *prâxis* 'azione', da *prássein* 'agire', di orig. indeur. ✻ 1829] **s. f. inv. 1** attività pratica **CONTR.** teoria | (*filos.*) secondo il marxismo, il condizionamento prodotto dai meccanismi economici e dai rapporti di produzione sulla formazione delle ideologie **2** procedura corrente, normale modo di comportarsi in determinati casi: *seguire la p.*; *conformarsi alla p.*; *secondo la p.*; *in questi casi la p. prevede che ...*

prassìa [vc. dotta, dal gr. *prâxis* 'azione' (V. *prassi*) ✻ 1977] **s. f.** ● (*med.*) capacità di eseguire movimenti finalizzati per la coordinazione della motilità

pràssine [dal gr. *prásinos* 'verde, color del porro', da *práson* 'porro', di orig. indeur. ✻ sec. XIV] **s. f.** ● pietra ornamentale preziosa di color verde con chiazze rossastre o con venature bianche e nere

pratàglia [lat. parl. **pratālia*, nt. pl., nom. *pratalis*, da *prātum* 'prato' ✻ 1483] **s. f. 1** †pianura **2** (*raro*) prato (*anche spreg.*)

prataiòla [da *prato* ✻ 1961] **s. f.** ● (*bot.*) margheritina

prataiòlo o (*lett.*) **prataiuòlo** [1345] **A agg.** ● dei prati: *gallina prataiola* **B s. m.** ● fungo delle Agaricacee a cappello prima bianco e poi bruno, comune, commestibile e anche coltivato su terreno concimato (*Psalliota campestris*) **SIN.** pratolino

pratellìna [da *prato* ✻ av. 1800] **s. f.** ● (*bot.*) margheritina

pratènse [vc. dotta, lat. *pratēnse(m)*, da *prātum* 'prato' ✻ av. 1585] **agg.** ● (*bot.*) di prato, che cresce in un prato: *fiore p.*

prateria [da *prato* ✻ av. 1328] **s. f. 1** vasta pianura tipica di climi continentali caratterizzata da vegetazione di tipo erbaceo, per lo più graminacee e leguminose, con un periodo di riposo invernale **2** vasto terreno erboso

pratése (o *-ș-*) [1312] **A agg.** ● di Prato **B s. m. e f.** ● abitante o nativo di Prato

♦**pràtica** [f. sost. di *pratico* ✻ 1261 ca.] **s. f. 1** attività volta a operare, eseguire, realizzare concretamente qlco.: *la teoria è inutile senza la p.*; *la scienza è il capitano e la p. sono i soldati* (LEONARDO) | ***mettere in p.***, attuare | ***in p.***, praticamente, sostanzialmente: *le nostre opinioni in p. coincidono* | ***a p.***, ***di p.***, (*lett.*) alla cieca **2** esercizio concreto di un'attività; la competenza o abilità che ne deriva: *la p. di un'arte, di una professione*; *avere una lunga p.*; *avere poca p.* | ***p. religiosa, devota***, atto di devozione | tirocinio professionale: *i neolaureati devono fare la p. richiesta* **3** esperienza: *non avere p. della vita* | **PROV.** ***val più la p. che la grammatica***, è più importante l'esperienza diretta che la conoscenza teorica | conoscenza: *avere p. di un luogo, di un ambiente* **4** (*lett.*) familiarità che deriva da una frequentazione abituale: *ho una certa p. con lui*; *questa p. non mi piace* (C. GOLDONI) | (*raro*, *lett.*) tresca **5** (**spec. al pl.**) ciascuno degli atti e dei procedimenti necessari per conseguire un particolare scopo o raggiungere un risultato: *fare le pratiche per ottenere il passaporto*; *pratiche lecite, illecite* | ***pratiche occulte***, che riguardano lo spiritismo | (*est.*) insieme di documenti o fascicolo relativi a un affare, a una questione: *cercare una p. in archivio* | (*est.*) l'affare stesso: *chi si è occupato di questa p.?* **6** †cliente, avventore **7** (*raro*) filosofia pratica **8** (*mar.*) facoltà di attraccare e di far scendere i marinai data dall'ufficiale sanitario ‖ **praticàccia**, **pegg.** (V.) | **pratichétta**, **dim.** | **praticùccia**, **dim.**

SFUMATURE ➤ ***esperienza***

praticàbile [av. 1463] **A agg. 1** che può essere messo in pratica: *cura p.*; *progetto p.* **SIN.** fattibile, attuabile **2** di luogo dove si può andare e passare facilmente: *un sentiero poco p.* | ***strada p.***, (*fig.*) mezzo, modo che è possibile seguire per raggiungere un risultato **CONTR.** impraticabile ‖ **praticabilménte**, **avv.** ‖ **praticabilità**, **s. f. inv.**: *la praticabilità di un tratturo*; *la praticabilità di un'ipotesi* **B s. m.** ● piano, passerella mobile o fissa, usata per collocarvi parti della scenografia o sulla quale possono stare gli attori durante l'azione scenica

praticàccia [av. 1465] **s. f.** (**pl.** *-ce*) **1** pegg. di *pratica* **2** (*fam.*) conoscenza di un'attività ottenuta unicamente con l'esperienza diretta e priva di basi teoriche: *scrive grazie alla sua p. del giornalismo*; *ha una certa p. dei lavori d'ufficio*

†**praticàle** [av. 1642] **agg.** ● che si fa per semplice pratica

praticantàto [da *praticante*, sul modello di *noviziato*, *apprendistato* ✻ 1942] **s. m.** ● l'esercizio pratico di una professione precedente a quello effettivo

praticànte **A part. pres.** di *praticare*; anche **agg. 1** (*raro*) che esercita una professione **2** che pratica attivamente una religione e ne frequenta le cerimonie cultuali: *cattolico p.*; *sono credente, ma non p.* **B s. m. e f.** ● chi fa un tirocinio professionale: *i praticanti dell'avvocato*; *p. giornalista*

SFUMATURE ➤ ***apprendista***

♦**praticàre** [da *pratico* ✻ sec. XIII] **A v. tr.** (*io pràtico, tu pràtichi*) **1** mettere in pratica: *p. la legge, la giustizia, il bene, una cura* **SIN.**

attuare **2** esercitare, (*anche assol.*): *p. la professione legale, forense*; *p. l'insegnamento* | ***p. il cannibalismo, la poligamia, la schiavitù***, osservarli in quanto usi sociali di un determinato gruppo, ambiente, nazione **3** frequentare: *p. un ambiente, un luogo, una persona*; *pratica gente che non mi piace* **4** †trattare, negoziare: *p. la pace* | †contrattare **5** eseguire, fare: *p. un'incisione, un'iniezione* | applicare: *p. uno sconto* | anche in forma pron.: *praticarsi un massaggio* | ***p. un passaggio, un'apertura***, e sim., aprirli: *In fondo alla parte cieca del tubo … praticarono un foro per la miccia* (E. MONTALE) **B** **v. intr.** (**aus.** *avere*) ● essere in rapporti d'amicizia o intrattenere relazioni con qlcu. (+ *con*): *vorrei sapere con quali farabutti stai praticando* | essere assiduo frequentatore di un luogo (+ *in*): *p. in una città, in un locale*

praticismo [da *pratico* ✻ 1851] **s. m.** ● (*lett.*) empirismo

praticistico [1926] **agg.** (**pl. m.** *-ci*) ● (*lett., raro*) pragmatico, empirico

praticità [av. 1853] **s. f. inv.** **1** caratteristica di ciò che è pratico, comodo, semplice: *la p. di un metodo; la scarsa p. di una macchina* | **per p.**, per comodità **2** senso pratico: *una donna di grande p.*

♦**pràtico** [vc. dotta, lat. tardo *prăcticu(m)*, dal gr. *praktikós*, agg. di *prâxis* 'azione' (V. *prassi*) ✻ 1308] **A** **agg.** (**pl. m.** *-ci*, *pop.* †*-chi*) **1** relativo all'agire concreto: *problema p.* | ***metodo p.***, nell'insegnamento, quello che insiste più sulle applicazioni concrete dei principi di una disciplina che sulla loro enunciazione teorica: *apprendere una lingua, la matematica, con un metodo p.* CONTR. teorico **2** che è aderente alla realtà e tende a realizzazioni concrete, all'azione: *ingegno, carattere, consiglio p.*; *una mente pratica*; *avere uno spiccato senso p.*; *è un uomo essenzialmente p.* | ***all'atto p.***, in pratica **3** che è adatto a essere usato facilmente e utilmente: *un abito, un utensile p.*; *vettura maneggevole e pratica* **4** ricco di esperienza e abilità in un lavoro o professione: *operaio p. del mestiere*; *è giovane ma molto p.* | conoscitore: *non temere, io sono p. della città, della zona, degli usi di questa gente*; *p. di una lingua, di un'arte* **5** (*filos.*) relativo al fare, all'agire o al giudizio che ne consegue: *filosofia pratica* | ***ragion pratica***, nella filosofia di Kant, quella che regola la vita morale dell'uomo ‖ **praticaménte**, **avv.** **1** in modo pratico: *insegnare praticamente una lingua* **2** in realtà, in sostanza: *sono praticamente sicuro di avere vinto*; quasi, pressoché: *non ho praticamente chiuso occhio per tutta la notte* ‖ **praticità**, **s. f. inv.** (V.) **B** **s. m.** **1** (**f.** *-a*) persona che tende alle attuazioni pratiche, alla vita fattiva CONTR. teorico **2** (*lett.*) persona esperta in qlco. SIN. perito ‖ **praticóne**, **accr.** (V.)

pratìcolo [comp. di *prato* e *-colo* ✻ 1958] **agg.** ● di animale che vive spec. in praterie

praticoltùra [da *prato*, sul modello di *agricoltura* ✻ 1896] **s. f.** ● coltivazione razionale dei prati

praticóna [1973] **s. f.** ● mammana nel sign. 2

praticóne [accr. di *pratico* ✻ 1476] **s. m.** (**f.** *-a* (V.)) ● (*spec. spreg.*) chi esercita attività ignorandone i principi teorici e valendosi solo della pratica

pratile [da *prato*: calco sul fr. *prairial* ✻ 1801] **s. m.** ● nono mese del calendario rivoluzionario francese, il cui inizio corrispondeva al 20 maggio e il termine al 18 giugno

pratio [av. 1642] **agg.** (**pl. m.** *-ii*) ● (*raro, lett.*) prativo

pratito [av. 1826] **agg.** ● tenuto a prato

prativo [1738] **agg.** **1** tenuto a prato **2** che cresce nei prati: *erbe prative*

♦**pràto** [lat. *prātu(m)*, di etim. incerta ✻ sec. XII] **s. m.** (**pl.** *-i*, †*pràta* o *pràtora*, **f.**) **1** estensione di terreno non coltivato e ricoperto d'erba: *giocare, correre in un p.*; *la fonte discorrea per mezzo un p.* (L. ARIOSTO) **2** terreno destinato a colture foraggiere | ***p. monofito***, di una sola specie | ***p. polifito***, di più specie | ***a p.***, terreno messo o tenuto a prato | ***rompere un p.***, ararlo per seminarvi un'altra coltura ‖ (*lett.*) **pratèllo**, (*lett.*) **pratellino**, **dim.** | **praterèllo**, **dim.** | **praticèllo**, **dim.** | (*lett.*) **praticino**, **dim.** | **pratino**, **dim.** | **pratóne**, **accr.**

pratolina [f. sost. di *pratolino* ✻ 1804] **s. f.** ● (*bot.*) margheritina

pratolino [da *prato* ✻ 1823] **s. m.** ● (*bot.*) prataiolo

†**pratóso** (o *-ṣ-*) [1499] **agg.** ● ricco di prati

pravastatina [ingl. *pravastatin* ✻ 1988] **s. f.** ● (*farm.*) farmaco che favorisce la diminuzione del tasso di colesterolo nel sangue

pravità [vc. dotta, lat. *pravitāte(m)*, da *prāvus* 'pravo' ✻ av. 1342] **s. f. inv.** ● (*raro, lett.*) perversità, malvagità | azione perversa

pràvo [vc. dotta, lat. *prāvu(m)*, di etim. incerta ✻ av. 1276] **A** **agg.** ● (*lett.*) malvagio, perverso: *Guai a voi, anime prave!* (DANTE *Inf.* III, 84) ‖ **pravaménte**, **avv.** (*lett.*) in modo pravo **B** **s. m.** (**f.** *-a*) ● (*lett.*) persona malvagia o spietata: *ad onta nostra, i pravi si vantan* (T. CAMPANELLA)

pre /pre/ [da *pre-* ✻ 1802] **prep.** ● davanti a sostantivi, forma loc. sost. o agg. inv., con il sign. di 'periodo precedente a qlco.' o 'relativo a tale periodo': *situazione di pre crisi nella maggioranza*; *fase pre parto*; *il periodo pre Tangentopoli*; *si è infortunato nel pre partita* SIN. ante CONTR. post

pre- /pre/ [lat. *prae-* 'prima', di orig. indeur., con senso di anteriorità o di rafforzamento] **pref.** **1** in parole composte di origine latina e di moderna formazione, indica un rapporto di anteriorità nel tempo, o un fatto che precede nel tempo: *preannunciare, prevedere, preavviso, preistoria* **2** nella terminologia geografica e anatomica, significa 'prima', 'davanti': *Prealpi, prefrontale* **3** nella terminologia scientifica, indica forma evoluta: *preominide* **4** indica preferenza, eccellenza, superiorità su altri: *prediletto, predominio, prevalere* **5** in alcuni latinismi, conferisce valore di superlativo all'agg.: *preclaro*

preaccennàre [comp. di *pre-* e *accennare* ✻ av. 1688] **v. tr.** (*io preaccénno*) ● accennare o menzionare prima

preaccennàto **part. pass.** di *preaccennare*; anche **agg.** ● detto di ciò a cui si è accennato precedentemente

preaccensióne [comp. di *pre-* e *accensione* ✻ 1957] **s. f.** ● (*autom.*) autoaccensione SIN. battito in testa

preaccòrdo o **pre-accòrdo** [comp. di *pre-* e *accordo* ✻ 1963] **s. m.** ● accordo preliminare dal carattere non vincolante rispetto a quello definitivo

preadamita [comp. di *pre-* e *Adamo*, con suff. agg. ✻ av. 1712] **s. m. e f.** (**pl. m.** *-i*) ● secondo alcune leggende ebraiche e alcune eresie cristiane, essere umano appartenente a una popolazione vissuta prima di Adamo

preadamìtico [da *preadamita* ✻ 1744] **agg.** (**pl. m.** *-ci*) ● che risale a tempi anteriori ad Adamo | (*fig., scherz.*) vecchissimo, vieto e disusato: *teorie, idee preadamitiche*

preadattaménto [comp. di *pre-* e *adattamento* ✻ 1954] **s. m.** ● (*biol.*) condizione che si verifica quando una specie animale o vegetale ha caratteri tali da essere in grado di vivere in un ambiente simile, se non identico, a quello in cui vive

preadolescènte [comp. di *pre-* e *adolescente* ✻ 1963] **s. m. e f.** ● chi ha un'età compresa fra gli 11 e i 14 anni

preadolescènza [comp. di *pre-* e *adolescenza* ✻ 1963] **s. f.** ● la prima parte dell'adolescenza, compresa fra gli 11 e i 14 anni

preadolescenziàle [comp. di *pre-* e *adolescenziale* ✻ 1994] **agg.** ● relativo alla preadolescenza: *sviluppo p.*

preaffrancàto [comp. di *pre-* e *affrancato* ✻ 1993] **agg.** **1** affrancato in precedenza **2** già dotato di affrancatura da parte del destinatario di un'eventuale risposta: *busta preaffrancata*

preagònico [comp. di *pre-* e *agonia*, con suff. agg. ✻ 1911] **agg.** (**pl. m.** *-ci*) ● che precede l'agonia: *stato p.*

preallàrme [comp. di *pre-* e *allarme* ✻ 1942] **s. m.** ● (*milit.*) segnale che precede e preannunzia il segnale di allarme | ***stato di p.***, quello in cui si adottano le predisposizioni necessarie per passare rapidamente allo stato di allarme: *l'esercito è in stato di p.*

prealpéggio [comp. di *pre-* e *alpeggio* ✻ 1965] **s. m.** ● periodo di riadattamento al pascolo alpino, degli animali che hanno svernato nelle stalle

prealpino [av. 1869] **agg.** ● delle Prealpi, relativo alle Prealpi

†**preambolàre** [da *preambolo* ✻ av. 1470] **v. intr.** ● fare preamboli (*spec. scherz.*)

♦**preàmbolo** o †**preàmbulo** [vc. dotta, lat. tardo *praeămbulu(m)* 'che cammina davanti', da *praeambulāre* 'camminare davanti', comp. di *prae-* 'pre-' e *ambulāre* 'camminare' ✻ av. 1328] **s. m.** **1** l'insieme delle parole introduttive di un discorso, di una trattazione, di un'opera SIN. esordio, preliminare **2** (*colloq.*, spec. al pl.) premessa cerimoniosa e inutile: *lasciar da parte i preamboli* ‖ **preambolétto**, **dim.**

preamplificatóre [comp. di *pre-* e *amplificatore* ✻ 1938] **s. m.** ● (*elettron.*) amplificatore di tensione posto tra la sorgente del segnale e l'amplificatore di potenza

preanestesìa [comp. di *pre-* e *anestesia* ✻ 1958] **s. f.** ● (*med.*) somministrazione di specifici medicamenti come preparazione a una anestesia totale o locale

preannunciàre o **preannunziàre** [comp. di *pre-* e *annunciare* ✻ 1874] **A** **v. tr.** (**pres.** *io preannùncio*; **fut.** *io preannuncerò*) ● annunciare prima, precedentemente: *la lettera preannuncia il suo arrivo* SIN. preavvertire, preavvisare | (*fig.*) far prevedere: *un litigio che non preannuncia nulla di buono* **B** **preannunciàrsi** **v. intr. pron.** ● presentarsi, prospettarsi: *si preannuncia una riunione movimentata* | anche seguito da un compl. predicativo del soggetto: *la giornata si preannuncia calda*

preannunciàto o **preannunziàto** **part. pass.** di *preannunciare*; anche **agg.** ● nel sign. del v.

preannunciatóre o **preannunziatóre** [1952] **agg. e s. m.** (**f.** *-trice*) ● che (o chi) preannuncia

preannùncio o **preannùnzio** [comp. di *pre-* e *annuncio* ✻ 1952] **s. m.** ● annuncio dato in precedenza SIN. preavvertimento, preavviso

preannunziàre e deriv. ➤ **preannunciare** e deriv.

preappèllo [comp. di *pre-* e *appello* ✻ av. 1952] **s. m.** ● convocazione universitaria anticipata rispetto all'inizio della sessione di esami previsto per legge CFR. postappello

preappenninico [1958] **agg.** (**pl. m.** *-ci*) ● relativo al Preappennino

preàrio [comp. di *pre-* e *ario* (V. *ariano*②) ✻ 1958] **agg.** ● (*ling.*) detto di fatto linguistico precedente alle lingue indoeuropee

preatlètica [comp. di *pre-* e *atletica* ✱ 1986] **s. f.** ● ginnastica preatletica

preatlètico [comp. di *pre-* e *atletico* ✱ 1930] **agg. (pl. m. *-ci*)** ● relativo alla preparazione che si compie prima di iniziare una disciplina sportiva o di disputare una gara: *ginnastica preatletica*

preatletismo [comp. di *pre-* e *atletismo* ✱ sec. XX] **s. m.** ● attività ginnica a carattere generale, utile per la preparazione di qualsiasi sport

preavvertiménto [comp. di *pre-* e *avvertimento* ✱ 1940] **s. m.** ● avvertimento dato prima | premonizione

preavvertire [comp. di *pre-* e *avvertire* ✱ 1641] **v. tr.** (*io preavvèrto*) ● avvertire in precedenza: *p. qlcu. del proprio arrivo* **SIN.** preannunziare

preavviṣàre [comp. di *pre-* e *avvisare* ✱ 1793] **v. tr.** ● avvisare in anticipo: *p. il cliente della spedizione* **SIN.** preavvertire

preavvìṣo [comp. di *pre-* e *avviso*, sul modello del fr. *préavis* ✱ 1793] **s. m. 1** avviso o avvertimento preventivo: *ricevere un p.*; *p. di pagamento*; *è venuto senza p.* **2** (*dir.*) comunicazione anticipata della volontà di una delle parti di recedere dal contratto, spec. di lavoro, a tempo indeterminato | periodo di tempo che intercorre tra tale comunicazione e la cessazione del contratto | ***indennità di p.***, in caso di licenziamento, corresponsione dovuta al lavoratore, equivalente al periodo di preavviso non lavorato

prebàrba [comp. di *pre-* e *barba*① ✱ 1963] **A s. m. inv.** ● preparato che si applica sul viso prima della rasatura **B anche agg. inv.**: *lozione, crema p.*

prebaròcco [comp. di *pre-* e *barocco* ✱ 1950] **A agg. (pl. m. *-chi*)** ● detto di arte, stile, periodo che precede il barocco **B anche s. m.**

prebèllico [comp. di *pre-*, sul modello di *postbellico* e *antebellico* ✱ 1916] **agg. (pl. m. *-ci*)** ● che precede immediatamente una guerra: *periodo p.*; *economia prebellica* **CONTR.** postbellico

prebènda [vc. dotta, lat. tardo *praebĕnda(m)*, gerundivo di *praebēre* 'offrire', comp. di *prae-* 'pre-' e *habēre* 'avere' ✱ 1268] **s. f. 1** rendita stabile di un beneficio ecclesiastico | (*est.*) il beneficio stesso **2** (*est.*) guadagno, lucro, ricco compenso ottenuti con poca fatica **3** †vitto, cibo | †cibo per animali domestici

prebendàrio [sec. XIV] **s. m. (f. *-ia*)** ● chi gode di una prebenda ecclesiastica

prebendàto [av. 1306] **s. m.; anche agg.** ● chi (o che) gode di una prebenda ecclesiastica

prebiòtico [comp. di *pre-* e del gr. *biotikós* 'relativo alla vita' ✱ 1980] **agg. (pl. m. *-ci*)** (*biol.*) **1** detto della fase precedente la comparsa della vita sulla terra | di composto organico da cui, per successive reazioni chimiche, avrebbero avuto origine i primi organismi viventi **2** di sostanza non digeribile che consente la sopravvivenza e l'attività dei batteri della flora intestinale

Precambriàno [comp. di *pre-* e *cambriano* ✱ 1930] **s. m.** ● (*geol.*) era, o gruppo di ere, precedenti il Cambriano

precàmbrico [1927] **s. m. (pl. *-ci*)** ● Precambriano

precampionàto [comp. di *pre-* e *campionato* ✱ 1939] **A agg. inv.** ● negli sport di squadra, detto di attività che si svolge nel periodo che precede l'inizio di un campionato: *preparazione, ritiro p.*; *partite p.* **B s. m. (pl. inv. o *-i*)** ● serie di partite amichevoli che precedono un campionato

precanceróso (o **-ṣ-**) [comp. di *pre-* e *canceroso* ✱ 1923] **agg.** ● (*med.*) che precede la comparsa di un tumore maligno | che è suscettibile di trasformarsi in tumore maligno

†**precàre** ➤ **pregare**

precària [f. sost. di *precario*① ✱ 1585] **s. f.** ● in epoca medievale, benevola concessione di beni immobili in godimento temporaneo e dietro pagamento di un corrispettivo

precariàto [1974] **s. m.** ● stato, condizione di lavoratore precario | insieme dei precari

precaricàto [comp. di *pre-* e *caricato* ✱ 1998] **agg.** ● (*inform.*) che è stato precedentemente installato: *software p.* | ***scheda precaricata***, per l'erogazione di un servizio a pagamento i cui consumi vengono scalati progressivamente dall'importo prepagato: *scheda telefonica precaricata*

precarietà [av. 1835] **s. f. inv.** ● natura o condizione di chi (o di ciò che) è precario: *p. di salute*; *la p. di una situazione* **SIN.** incertezza, instabilità **CONTR.** durevolezza, stabilità

precàrio① [vc. dotta, lat. *precāriu(m)* 'ottenuto con preghiere, che si concede per grazia', da *prĕx*, genit. *prĕcis* 'preghiera' (V. *prece*) ✱ av. 1396] **A agg. 1** temporaneo, incerto, provvisorio: *impiego p.* | malsicuro, instabile: *situazione economica alquanto precaria* | ***salute precaria***, cagionevole **CONTR.** stabile **2** detto di chi ha un rapporto di lavoro privo di garanzie di continuità e di stabilità **3** (*dir.*) relativo al godimento di un bene la cui restituzione può essere richiesta in qualunque momento dal titolare: *godimento a titolo p.* ‖ **precariaménte**, **avv.** **B anche s. m. (f. *-ia*)** nel sign. 2: *i precari della scuola*

SFUMATURE ➤ *provvisorio*

precàrio② [vc. dotta, lat. tardo *precāriu(m)*, nt. sost. di *precārius* 'precario①' ✱ av. 1667] **s. m.** ● (*dir.*) comodato senza determinazione di durata in cui il comodante può chiedere la restituzione della cosa in qualunque momento

precarìsta [da *precar(io)*① con il suff. *-ista* ✱ 1954] **s. m. e f. (pl. m. *-i*) 1** chi presta attività in favore della pubblica amministrazione a titolo precario, in attesa di essere inserito nei ruoli organici **2** chi gode di un bene a titolo precario

precariẓẓàre [1997] **A v. tr.** ● rendere precario un lavoro, un'occupazione | rendere precari dei lavoratori **B precariẓẓàrsi v. intr. pron.** ● diventare precario ‖ **precariẓẓazióne**, **s. f.** (V.)

precariẓẓazióne [1985] **s. f.** ● il precarizzare, il precarizzarsi | fenomeno socioeconomico per il quale, nell'ambito della popolazione attiva, aumentano i lavoratori precari

precauzionàle [1848] **agg.** ● che ha valore di precauzione o finalità preventive: *provvedimento p.* | ***a titolo p.***, come precauzione ‖ **precauzionalménte**, **avv.** come misura precauzionale

♦**precauzióne** [vc. dotta, lat. tardo *praecautiōne(m)*, da *praecavēre* 'usar cautela, precauzione', comp. di *prae-* 'pre-' e *cavēre* 'guardarsi' (V. *cauto*), sul modello del fr. *précaution* ✱ 1440] **s. f. 1** cautela, circospezione: *agire, parlare con p.* **CONTR.** avventatezza **2** misura che tende a prevenire o scongiurare un danno, un pericolo e sim.: *con le dovute precauzioni*; *ho preso le mie precauzioni*; *una fondamentale p. sanitaria*

†**precazióne** [vc. dotta, lat. *precatiōne(m)*, da *precātus*, part. pass. di *precāri* 'pregare' ✱ av. 1294] **s. f.** ● preghiera

prèce [vc. dotta, lat. *prĕce(m)*, di orig. indeur. ✱ sec. XII] **s. f.** ● (*lett.*) preghiera, supplica: *se di preci o di vittime neglette / il Dio m'incolpa* (V. MONTI) | ***P. eucaristica***, preghiera eucaristica

♦**precedènte A part. pres.** di *precedere*; **anche agg.** ● che precede, che viene prima nel tempo o nello spazio: *l'edizione p.*; *la pagina p.*; *le puntate precedenti*; *il giorno p. all'esame* (o, con valore participiale, *p. l'esame*) **CFR.** avan- ‖ **precedenteménte**, **avv.** in precedenza **B s. m. 1** atto o evento che apre la strada ad altri atti o eventi analoghi successivi nel tempo: *un p. che desta qualche preoccupazione* | ***senza precedenti***, si dice di cosa mai verificatasi prima; (*enfat.*) eccezionale, straordinario: *un caso giuridico senza precedenti*; *un successo discografico senza precedenti* | ***creare, stabilire un p.***, fare qlco. che in futuro può giustificare cose analoghe **SIN.** antefatto **2** ogni dato relativo alla vita di un individuo, anteriore rispetto a un certo momento: *desidero conoscere ogni suo p.*; *mi interessano i suoi precedenti familiari* | ***precedenti penali***, condanne per reati riportate da chi è attualmente imputato **3** †predecessore

♦**precedènza** [vc. dotta, lat. tardo *praecedĕntia(m)* (che aveva però il sign. astronomico di 'precessione'), da *praecēdens*, genit. *praecedĕntis* 'precedente' ✱ 1478] **s. f. 1** il precedere qlco. o qlcu.: *le mozioni vanno discusse in ordine di p.* | ***in p.***, prima, anteriormente a qlco. **SIN.** antecedenza **2** diritto di passare per primo rispetto ad altri, nella circolazione spec. stradale: *dare, avere, concedere la p.*; *le autorità hanno la p. nel corteo* | ***strada con diritto di p.***, dove chi circola gode di precedenza assoluta nei confronti dei veicoli provenienti da altre strade **3** priorità: *questioni che vanno discusse con p. assoluta*; *dare la p. ai problemi economici*

♦**precèdere** [vc. dotta, lat. *praecēdere*, comp. di *prae-* 'pre-' e *cēdere* 'avanzare' (V. *cedere*) ✱ 1260 ca.] **v. tr. e** (*lett.*) **intr.** (**pres.** *io precèdo*; **pass. rem.** *io precedètti* o **lett.** *precedéi*, †*precèssi*, *tu precedésti*; **part. pass.** *precedùto*, †*precèsso*; **aus. intr.** *avere*, *raro essere*) **1** andare davanti a qlcu.: *la guida ci precedeva di pochi metri*; *precedeva al benedetto vaso … l'umile salmista* (DANTE *Purg.* X, 64) | venire, trovarsi prima: *una breve introduzione precede il capitolo* | ***far p.***, far sì che qlco. sia fatta o avvenga prima di un'altra: *ha fatto p. la sua visita da un comunicato* | ***farsi p.***, inviare prima di sé qlco. o qlcu.: *si è fatta p. da un mazzo di fiori* **CONTR.** seguire, seguitare **2** agire prima di qlcu., anticipare qlcu. nel fare qlco.: *volevo pagare io ma lui mi precedette* **3** essere anteriore, accadere prima: *il concerto sarà preceduto da una presentazione*; *la notte che precesse a questo giorno / Fiordiligi sognò* (L. ARIOSTO) **4** (*lett.*) superare in autorità, importanza e sim.

precedùto part. pass. di *precedere*; **anche agg.** ● nei sign. del v. | passato, trascorso

†**precellènte** [vc. dotta, lat. *praecellĕnte(m)*, propr. part. pres. di *praecĕllere* 'eccellere, primeggiare', comp. di *prae-* 'pre-' e **cĕllere* (V. *eccellente*) ✱ sec. XIV] **agg.** ● che eccelle sopra tutti

precellènza [vc. dotta, lat. tardo *praecellĕntia(m)*, da *praecĕllens*, genit. *praecellĕntis* 'precellente' ✱ 1847] **s. f.** ● (*lett.*) preminenza, superiorità

precèltico [comp. di *pre-* e *celtico* ✱ 1983] **agg. (pl. m. *-ci*)** ● che è anteriore ai Celti, spec. nell'ambito linguistico

†**precentóre** [vc. dotta, lat. *praecentōre(m)*, da *praecentāre* 'pronunciare (preventivamente) una formula magica', comp. di *prae-* 'pre-' e *cantāre* 'cantare' ✱ 1499] **s. m.** ● primo cantore | maestro del coro

precessióne [vc. dotta, lat. tardo *praecessiōne(m)*, da *praecēdere* 'precedere' ✱ av. 1647] **s. f. 1** movimento conico di rotazione dell'asse di un corpo (per es., una trottola, un giroscopio) al quale è impresso un forte moto rotatorio **2** (*astron.*) ***p. degli equinozi***, movimento in senso conico dell'asse di rotazione della Terra dovuto all'azione gravitazionale del Sole e della Luna, che determina ogni anno un leggero anticipo degli equinozi e una modifica dei poli celesti **3** †precedenza

†**precèsso** **part. pass.** di *precedere*; **anche agg.** ● nei sign. del v. | passato, trascorso

†**precessóre** [vc. dotta, lat. tardo *praecessōre(m)*, da *praecēdere* 'precedere' ✱ 1280] **s. m.** **1** precursore, predecessore **2** antenato

precettàre [vc. dotta, lat. *praeceptāre* 'raccomandare ripetutamente', intens. di *praecĭpere* (V. *precetto*) ✱ av. 1608] **v. tr.** (*io precètto*) **1** †comandare con un precetto scritto **2** richiamare alle armi con ordine scritto i militari in congedo, ovvero disporre per la requisizione di automezzi o altri beni necessari all'esercito in guerra | (*est.*) richiamare in servizio, da parte dell'autorità competente, gli addetti a servizi di pubblica utilità, nell'ambito di scioperi o agitazioni sindacali: *il ministro ha precettato i piloti, i medici ospedalieri* **3** (*dir., raro*) richiedere o eseguire la notificazione di un precetto a qlcu.

precettàto **part. pass.** di *precettare*; **anche agg.** ● nei sign. del v.

precettazióne [1942] **s. f.** **1** il precettare | ingiunzione di adempiere un obbligo o una legge: *Vengono a scuola, i ragazzi, dopo che la famiglia riceve la cartolina di p.* (L. Sciascia) **2** complesso delle operazioni necessarie per precettare uomini e mezzi

precettìsta [1766] **s. m. e f.** (**pl. m.** *-i*) ● (*lett., raro*) chi dà regole, precetti | (*spreg.*) chi limita il proprio insegnamento all'enunciazione di regole, formule e precetti

precettìstica [1879] **s. f.** **1** insieme di regole e precetti inerenti una determinata disciplina **2** insegnamento per formule e precetti

precettìstico [1874] **agg.** (**pl. m.** *-ci*) ● da precettista, basato su formule e precetti: *sistema p.* ‖ **precettisticaménte**, **avv.**

precettivo [vc. dotta, lat. *praeceptīvu(m)*, da *praecēptum* 'precetto' ✱ 1552] **agg.** ● (*lett.*) che serve a insegnare, che contiene insegnamenti o precetti: *libro p.* | (*dir.*) ***norma precettiva***, norma, spec. costituzionale, che contiene un preciso comando sufficiente per l'effettiva regolamentazione di un istituto o di un rapporto ‖ **precettivaménte**, **avv.** **1** (*lett.*) in forma di precetto, di insegnamento **2** tassativamente

precètto [vc. dotta, lat. *praecēptu(m)*, part. pass. sost. di *praecĭpere* 'prendere prima', poi 'prescrivere, ordinare', comp. di *prae-* 'pre-' e *căpere* 'prendere' (V. *cattura*) ✱ sec. XII] **A** **s. m.** (**pl.** *-i*, †*precètta*, **f.**) **1** (*relig.*) nella dottrina cattolica, legge con cui la Chiesa, applicando i comandamenti di Dio e per autorità di istituzione divina, prescrive ai fedeli alcuni atti di devozione e determinate astinenze: *i cinque precetti generali della Chiesa* | ***p. pasquale***, terzo fra i precetti generali, che impone al cristiano di confessarsi almeno una volta all'anno e di comunicarsi almeno a Pasqua | ***festa di p.***, con obbligo della Messa e dell'astensione dal lavoro | ***è di p.***, di ciò che è obbligatorio per il cristiano, in quanto imposto dai precetti generali della Chiesa **2** insegnamento, norma, regola: *precetti morali, civili, religiosi* **3** regola di condotta stabilita da una norma, spec. penale **4** (*dir.*) atto consistente nell'intimazione di adempiere l'obbligo risultante da un titolo esecutivo entro un dato termine con l'avvertimento che, in mancanza di adempimento, si procederà a esecuzione forzata **5** ordine di richiamo alle armi per mobilitazione o per un periodo di istruzione **B** **in funzione di agg. inv.** ● (posposto al sost.) nella loc. ***cartolina p.***, documento contenente l'ordine individuale di chiamata alle armi delle reclute o di richiamo dei militari in congedo da mobilitare

SFUMATURE ➤ ***insegnamento***, ➤ ***massima***, ➤ ***ordine***

✦**precettóre** [vc. dotta, lat. *praeceptōre(m)*, da *praecēptus*, part. pass. di *praecĭpere* (V. *precetto*) ✱ 1374] **s. m.** (**f.** *-trice*, *raro*) ● spec. in passato, insegnante privato in collegi o presso famiglie nobili o facoltose SIN. aio, istitutore, pedagogo

†**precettorìa** [da *precettore* ✱ av. 1536] **s. f.** ● rettoria, governo, prefettura

precìdere [vc. dotta, lat. *praecīdere* 'tagliar via', comp. di *prae-* 'pre-' e *caedere* 'tagliare' (V. *cesura*) ✱ av. 1321] **v. tr.** (**pass. rem.** *io precìṣi, tu precidésti*; **part. pass.** *precìṣo*) **1** †mozzare, troncare, tagliare **2** (*fig., lett.*) impedire, interrompere: *quando l'unica strada / di libertà mi fu precisa e tolta* (F. Petrarca)

precìnema o **pre-cìnema** [comp. di *pre-* e *cinema* ✱ 1956] **s. m. inv.** ● l'insieme delle macchine e dei congegni precedenti all'invenzione del cinematografo e finalizzati alla visione di immagini e del loro movimento (per es. il fenachistoscopio o la lanterna magica)

precìngere [vc. dotta, lat. *praecĭngere*, comp. di *prae-* 'pre-' e *cĭngere* 'cingere' ✱ 1313] **A** **v. tr.** (**coniug. come** *cingere*) ● (*raro, lett.*) cingere, circondare **B** **precìngersi** **v. rifl.** ● †mettersi la cintura **C** **precìngersi** **v. intr. pron.** ● †accingersi

precìnto **A** **part. pass.** di *precingere*; **anche agg.** ● (*raro*) nei sign. del v. **B** **s. m.** ● †recinto

precinzióne [vc. dotta, lat. *praecinctiōne(m)*, da *praecĭnctus* 'precinto' ✱ 1521] **s. f.** **1** (*lett.*) †recinzione **2** (*archeol.*) spazio tra un ordine di gradini e l'altro nel teatro o nell'anfiteatro

precipitàbile [da *precipitare* ✱ av. 1306] **agg.** ● (*chim.*) detto di uno ione, di un composto e sim. che può precipitare ‖ **precipitabilità**, **s. f. inv.**

precipitàndo [propr. gerundio di *precipitare* ✱ 1958] **s. m. inv.** ● (*mus.*) indicazione agogica che prescrive un'esecuzione acceleratissima

precipitànte **A** **part. pres.** di *precipitare*; **anche agg.** ● (*lett.*) nei sign. del v. **B** **s. m.** ● (*chim.*) composto che aggiunto a una soluzione provoca in questa la formazione di un precipitato

†**precipitànza** [vc. dotta, lat. *praecipităntia(m)*, da *praecĭpitans*, genit. *praecipitāntis* 'precipitante' ✱ av. 1306] **s. f.** **1** precipitazione **2** rovina

✦**precipitàre** [vc. dotta, lat. *praecipitāre*, da *prāeceps*, genit. *praecĭpitis* 'precipite' ✱ av. 1364] **A** **v. tr.** (*io precìpito*) **1** gettare con impeto dall'alto in basso: *p. i traditori dalla rupe Tarpea* **2** (*fig.*) affrettare troppo, fare qlco. in gran fretta e senza riflettere: *p. un giudizio, una decisione*; *cerca di non p. la cosa* | (*mus.*; *raro*) indicazione agogica equivalente al precipitando **3** (*lett., fig.*) mandare in rovina: *a forza di spendere in corbellerie ha precipitata la casa* (C. Goldoni) **4** (*chim.*) separare sostanze da soluzioni mediante aggiunta di opportuni reattivi **B** **v. intr.** (**aus.** *essere*) **1** cadere con velocità e violenza verso il basso: *p. da una rupe, dal tetto*; *l'aereo è precipitato in mare, sull'edificio* | (*fig.*) diminuire bruscamente, crollare: *le vendite sono precipitate* **2** (*fig.*) piombare: *p. nella miseria*; *p. nella più cupa depressione* **3** (*fig.*) evolvere rapidamente verso una conclusione negativa: *la situazione economica sta precipitando*; *gli eventi precipitano* **4** (*chim.*) separarsi dalla soluzione e depositarsi sul fondo **C** **precipitàrsi** **v. rifl.** ● gettarsi dall'alto: *precipitarsi nel vuoto, da uno scoglio* **D** **precipitàrsi** **v. intr. pron.** ● andare, dirigersi con gran fretta: *precipitarsi al lavoro, in casa, sul luogo dell'incidente* | (*fig.*) affrettarsi a fare qlco. (+ *a* **seguito da inf.**): *si è precipitato a vendere le sue azioni*

SFUMATURE DI SIGNIFICATO

precipitare - piombare - capitombolare

Il cadere con violenza a grande velocità si dice **precipitare**; in senso figurato il verbo definisce l'evolversi improvviso di una situazione. **Piombare** ha il significato di cadere dall'alto di peso, con forza ma anche inaspettatamente; riferito a persone descrive l'arrivare all'improvviso e inaspettati. **Capitombolare** indica il cadere violentemente e in modo accidentale, rotolando su sé stessi una o più volte.

SFUMATURE ➤ ***cadere***, ➤ ***rovinare***

precipitàto **A** **part. pass.** di *precipitare*; **anche agg.** ● nei sign. del v.: *i resti dell'aereo p.* | (*fig.*) affrettato, avventato, prematuro: *bisognava guardarsi dalle decisioni precipitate* ‖ **precipitataménte**, **avv.** **B** **s. m.** **1** (*mus.*) notazione di movimento molto veloce **2** (*chim.*) sostanza solida, insolubile, che si separa da una soluzione per aggiunta di un reattivo precipitante e si deposita sul fondo del recipiente

precipitatóre [1983] **s. m.** ● apparecchio elettrostatico per liberare l'aria da polvere e fumi

precipitazióne [vc. dotta, lat. *praecipitatiōne(m)*, da *praecipitātus* 'precipitato' ✱ av. 1396] **s. f.** **1** (*raro*) il precipitare | ***p. atmosferica***, particelle di acqua cristallizzate o amorfe che cadono da nubi e raggiungono la superficie terrestre **2** (*fig.*) fretta eccessiva nel fare o dire qlco.: *parlare con troppa p.*; *decidere qlco. con p.* | †gesto avventato, affrettato

precìpite [vc. dotta, lat. *praecĭpite(m)* 'col capo all'ingiù, a capo fitto', comp. di *prae-* 'pre-' e *căput*, genit. *căpitis* 'capo' ✱ av. 1472] **agg.** **1** (*lett.*) che cade a capofitto | (*est., lett.*) che cade con impeto **2** (*lett.*) ripido, scosceso **3** (*raro, lett.*) che si muove rapidamente | (*fig., lett.*) avventato: *quelli che son troppo precipiti ... si avventurano presuntuosamente* (B. Castiglione)

precipitévole [da *precipitare* ✱ av. 1565] **agg.** ● (*raro, lett.*) precipitoso (*anche fig.*) ‖ **precipitevolménte**, **avv.**

precipitevolissimevolménte [incrocio di *precipitevolissim(amente)*, superl. di 'precipitevolmente', e *(precipit)evolmente* ✱ av. 1712] **avv.** ● (*scherz.*) a gran precipizio: *chi troppo in alto sal, cade sovente p.*

precipitóso (o *-ṣ-*) [da *precipitare* ✱ sec. XIV] **agg.** **1** che cade, scende o scorre con impeto: *fiume p.* | (*est.*) velocissimo: *corsa precipitosa* SIN. rovinoso **2** (*fig.*) che agisce con troppa fretta e senza ponderazione: *un giovanotto p. e temerario* | che è fatto con precipitazione, in modo affrettato e senza cura: *lavoro p.*; *fuga, decisione precipitosa* SIN. avventato CONTR. prudente **3** (*lett.*) ripido, scosceso: *su per la strada che si faceva ripida e incassata fra precipitosi costoni* (D. Buzzati) ‖ **precipitosaménte**, **avv.** in modo precipitoso, con troppa fretta ‖ **precipitosità**, **s. f. inv.** caratteristica di ciò che (o di chi) è precipitoso

†**precipiziàre** [da *precipizio* ✱ av. 1342] **v. intr.** ● precipitare

precipìzio [vc. dotta, lat. *praecipĭtiu(m)*, da *prāeceps*, genit. *praecĭpitis* 'precipite' ✱ av. 1342] **s. m.** **1** luogo dirupato dal quale si può facilmente cadere: *regione montana piena di precipizi* | ***a p.***, con fortissima pendenza: *roccia a p. sul mare*; (*fig.*) con grande fretta e impeto: *correre a p.*; *parlare a p.* | ***un p.***, (*fig., lett.*) una grande quantità: *un p. di domande* SIN. burrone, dirupo **2** (*fig.*) baratro, rovina, perdizione: *essere sull'orlo del p.*

✦**precìpuo** [vc. dotta, lat. *praecĭpuu(m)*, propr. 'che si prende prima', comp. di *prae-* 'pre-' e *căpere* 'prendere' (V. *cattura*) ✱ 1351] **agg.** ● principale, fondamentale: *lo scopo p. della nostra ricerca* | (*est.*) particolare, peculiare: *i carat-*

teri precipui dell'epoca || **precipuaménte**, **avv.**

precisàbile [1922] **agg.** ● che può essere precisato o definito: *dotato di ben precisabili caratteristiche* **CONTR.** imprecisabile

♦**precisàre** [da *preciso*②, sul modello del fr. *préciser* ✱ 1670] **v. tr.** ● determinare con esattezza: *p. il giorno del proprio arrivo*; *p. i termini di una controversia* **SIN.** definire | chiarire, spiegare meglio: *p. il senso di una proposta*; *vorrei p. che non intendo oppormi*

precisàto **part. pass.** di *precisare*; **anche agg.** ● nel sign. del v.

precisazióne [1798] **s. f. 1** specificazione che chiarisce qlco. **2** nel linguaggio politico, rettifica, puntualizzazione di una notizia

precisìno [1988] **A** **agg. 1** dim. di *preciso*② **2** (*iron.*) che dimostra eccessiva pignoleria e meticolosità **B** **anche s. m.** (**f.** *-a*): *essere un p.*

♦**precisióne** [vc. dotta, lat. *praecisiōne(m)* (che aveva però il sign. di 'recisione, parte tagliata'), da *praecīsus* (V. *preciso*②) ✱ 1481] **s. f. 1** caratteristica di chi è preciso **SIN.** meticolosità, scrupolosità | assoluta esattezza: *la p. dei termini, delle idee*; *curare la, tenere alla p.* | ***p. di stile***, modo di esporre nitidamente, senza alcuna superficialità o difetto | ***p. del tiro***, caratterizza la qualità di un'arma o di una bocca da fuoco, tanto più elevata quanto minore è la dispersione dei colpi sparati | ***arma di p.***, che realizza un tiro molto preciso **CONTR.** imprecisione **2** (*fis.*) in una misurazione, differenza tra il valore effettivo e il valore misurato **CFR.** riproducibilità, sensibilità

precìso① **part. pass.** di *precidere*; **anche agg.** ● (*raro*, *lett.*) nei sign. del v.

♦**precìso**② [vc. dotta, lat. *praecīsu(m)* 'tagliato a picco', part. pass. di *praecīdere* 'precidere' ✱ 1313] **A** **agg. 1** esatto: *orologio p.*; *sono le dieci precise* | ben determinato in ogni elemento, in ogni particolare, privo di incertezze o approssimazioni: *parole, idee precise*; *un comando, un ordine p.*; *mira precisa*; *tiro p.* | ***è mio dovere p.***, lo devo fare proprio io | (*est.*) privo di elementi superflui: *stile p.* **CONTR.** impreciso **2** detto di persona che fa le cose con esattezza: *un uomo, un impiegato p.* **3** perfettamente uguale: *due abiti precisi*; *questo quaderno è p. al mio* || **precisìno**, **dim.** (V.) || **precisaménte**, **avv. 1** con precisione: *lavorare precisamente* **2** esattamente, proprio: *è precisamente quello che desideravo*; per l'appunto: *'Volevi me?' 'precisamente!'* **B** **avv. 1** (*tosc.*) precisamente, proprio così **2** (*lett.*) †in modo esatto, rigoroso: *spiegarsi, parlare p.*

precitàto [comp. di *pre-* e *citato* ✱ av. 1652] **agg.** ● citato in precedenza

preclarità [vc. dotta, lat. *praeclaritāte(m)*, da *praeclārus* 'preclaro' ✱ 1940] **s. f. inv.** ● (*raro*, *lett.*) caratteristica di preclaro

preclàro [vc. dotta, lat. *praeclāru(m)*, comp. di *prae-* 'pre-' e *clārus* 'famoso' (V. *chiaro*) ✱ 1266] **agg. 1** †splendente **2** (*fig.*, *lett.*) illustre, insigne: *la preclara memoria, virtù di qlcu.* || **preclaraménte**, **avv.** (*raro*) in modo preclaro

preclùdere [vc. dotta, lat. *praeclūdere*, comp. di *prae-* 'pre-' e *claudere* 'chiudere' ✱ 1442] **A** **v. tr.** (**pass. rem.** *io preclùsi, tu precludésti*; **part. pass.** *preclùso*) ● impedire, ostacolare, rendere impossibile (**qlco.**; **+ di seguito da inf.**): *p. il cammino, la fuga*; *la sua situazione gli preclude di iscriversi al corso* **CONTR.** agevolare **B** **preclùdersi** **v. tr. pron.** (**aus.** *essere*) ● impedire a sé stesso: *si è precluso ogni via d'uscita*; *per precludersi ogni strada al tornare addietro* (A. MANZONI)

preclusióne [vc. dotta, lat. tardo *praeclusiōne(m)*, da *praeclūsus* 'precluso' ✱ 1954] **s. f. 1** il precludere | impedimento, esclusione | atteggiamento di chiusura, di rifiuto: *non ho alcuna p. nei suoi confronti* **2** (*dir.*) nell'ambito del processo, impedimento a esercitare una facoltà, dovuto al precedente compimento, o mancato compimento, di un atto

preclusìvo [da *precluso* ✱ 1950] **agg.** ● che preclude | che mira a precludere

preclùso **part. pass.** di *precludere*; **anche agg.** ● nel sign. del v.

†**prèco** ➤ **prego**①

♣**precòce** [vc. dotta, lat. *praecoce(m)*, propr. 'che è cotto prima', comp. di *prae-* 'pre-' e *cŏquere* 'cuocere' ✱ 1580] **agg.** ● che matura prima del tempo: *frutti precoci* | che avviene, si manifesta e sim. prima del tempo normale, prevedibile, opportuno e sim.: *ingegno p.*; *pubertà, vecchiaia p.* | di ragazzo che presenta uno sviluppo superiore alla media dei coetanei: *a quella ragazzina tanto p. ... ci voleva, dicevano, un marito* (R. BACCHELLI) | ***diagnosi p.***, fatta prima che si manifestino sintomi rilevanti di una malattia **CONTR.** tardivo || **precoceménte**, **avv.**

precocità [1826] **s. f. inv.** ● caratteristica di chi (o di ciò che) è precoce: *p. del raccolto*; *la sua p. mentale* **CONTR.** tardività

precognitìvo [1957] **agg.** ● relativo alla precognizione

precògnito [vc. dotta, lat. *praecŏgnitu(m)*, part. pass. di *praecognōscere* 'preconoscere' ✱ 1499] **agg.** ● (*lett.*) conosciuto prima

precognizióne [vc. dotta, lat. tardo *praecognitiōne(m)*, da *praecŏgnitus* 'precognito' ✱ 1529] **s. f.** ● percezione anticipata di fatti o fenomeni futuri

†**precognóscere** e deriv. ➤ **preconoscere** e deriv.

precòio ➤ **procoio**

precolombiàno [comp. di *pre-* e (*Cristoforo*) *Colombo*, con suff. agg. ✱ 1895] **agg.** ● detto di ciò che in America è anteriore alla scoperta di C. Colombo, nel 1492: *civiltà precolombiane*

precomprensióne [comp. di *pre-* e *comprensione* ✱ 1983] **s. f.** ● (*filos.*) nell'ermeneutica contemporanea, comprensione approssimativa della realtà, determinata dalla cultura e dalle esperienze personali del soggetto, preliminare alla comprensione vera e propria

precompressióne [comp. di *pre-* e *compressione* ✱ 1958] **s. f.** ● compressione preventiva | sistema costruttivo consistente nel provocare in travi di calcestruzzo una preventiva sollecitazione mediante cavi tesi di acciaio

precomprèsso **A** **part. pass.** di *precomprimere*; **anche agg.** ● nel sign. del v. **B** **s. m.** ● cemento, calcestruzzo che ha subìto precompressione

precomprìmere [comp. di *pre-* e *comprimere* ✱ 1958] **v. tr.** (**coniug. come** *comprimere*) ● applicare la tecnica della precompressione

preconcètto [comp. di *pre-* e *concetto*; calco sul fr. *préconçu* ✱ 1670] **A** **agg.** ● di idea, persuasione o concetto che ci si forma su qlco. o qlcu. prima di conoscerli direttamente e che impedisce giudizi sereni e obiettivi: *giudicare, operare senza idee preconcette*; *antipatia preconcetta* **B** **s. m.** ● idea o convinzione preconcetta: *lasciare da parte i preconcetti* **SIN.** pregiudizio

SFUMATURE ➤ ***pregiudizio***

preconciliàre [comp. di *pre-* e *concilio*, con suff. agg. ✱ 1975] **agg.** ● anteriore a un concilio, spec. al Concilio Vaticano II

preconcordatàrio [comp. di *pre-* e *concordato*, con suff. agg. ✱ 1983] **agg.** ● detto di ciò che è anteriore a un concordato

precondizióne [comp. di *pre-* e *condizione* ✱ 1985] **s. f.** ● condizione preliminare, determinante per il verificarsi di un successivo evento: *porre una p.*

†**precóne** [vc. dotta, lat. *praecōne(m)*, di orig. indeur. ✱ sec. XIV] **s. m.** ● banditore, araldo

preconfezionaménto [comp. di *pre-* e *confezionamento* ✱ 1986] **s. m.** ● operazione del preconfezionare

preconfezionàre [comp. di *pre-* e *confezionare* ✱ 1964] **v. tr.** (*io preconfezióno*) ● predisporre un prodotto spec. alimentare in apposite confezioni | confezionare in anticipo, secondo certi modelli, presupponendo una data richiesta sul mercato: *p. abiti*

preconfezionàto [comp. di *pre-* e *confezionato*] **A** **part. pass.** di *preconfezionare*; **anche agg. 1** nel sign. del v. **2** (*est.*) concepito e portato a termine con lo scopo prevalente di ottenere facile e immediata presa sul pubblico: *spettacolo, romanzo p.* **B** **s. m.** ● settore industriale che produce merci preconfezionate | insieme dei prodotti preconfezionati

precongressuàle [comp. di *pre-* e *congresso*, con suff. agg. ✱ 1944] **agg.** ● anteriore, precedente a un congresso: *accordi precongressuali*

†**precònio** [vc. dotta, lat. *praecōniu(m)* 'bando', da *praeco*, genit. *praecōnis* 'banditore, araldo' ✱ 1321] **s. m. 1** annuncio | bando | preghiera per la benedizione del cero pasquale **2** lode pubblica e solenne

♣**preconizzàre** [dal lat. *praeconāri* 'annunziare, proclamare', da *praecōnium* 'bando' (V. †*preconio*), sul modello del fr. *préconiser* ✱ av. 1304] **v. tr. 1** (*lett.*) annunciare pubblicamente **2** annunciare la nomina di vescovi e di cardinali, detto del papa in concistoro **3** predire, pronosticare: *gli hanno preconizzato una folgorante carriera* || **preconizzazióne**, **s. f.** (V.)

preconizzatóre [1476] **agg. e s. m.** (**f.** *-trice*) ● che (o chi) preconizza

preconizzazióne [av. 1626] **s. f.** ● (*lett.*) il preconizzare | (*lett.*) proclamazione solenne, investitura

preconoscènza o †**precognoscènza** [comp. di *pre-* e *conoscenza* ✱ av. 1565] **s. f.** ● (*lett.*) conoscenza anticipata **SIN.** antiveggenza, prescienza

preconóscere o †**precognóscere** [vc. dotta, lat. *praecognōscere*, comp. di *prae-* 'pre-' e *cognōscere* 'conoscere' ✱ av. 1519] **v. tr.** (**coniug. come** *conoscere*) ● (*lett.*) conoscere qlco. prima del suo verificarsi: *l'uomo non può p. il futuro* **SIN.** prevedere

preconosciménto o †**precognosciménto** [av. 1673] **s. m.** ● (*lett.*) preconoscenza

precònscio [comp. di *pre-* e *conscio* ✱ 1931] **s. m.** ● (*psicoan.*) contenuto mentale non presente alla coscienza in un dato momento, ma che può essere richiamato alla coscienza quando si vuole

preconsonàntico [comp. di *pre-* e *consonantico* ✱ 1958] **agg.** (**pl. m.** *-ci*) ● (*ling.*) detto di un fonema la cui articolazione si realizza prima di una consonante

preconsuntìvo [comp. di *pre-* e *consuntivo* ✱ 1985] **s. m.** ● consuntivo preliminare

precontrattuàle [comp. di *pre-* e *contrattuale* ✱ 1910] **agg. 1** relativo agli accordi aziendali preliminari rispetto al contratto nazionale di lavoro: *trattativa p.* **2** (*dir.*) pertinente al periodo di formazione del contratto: *responsabilità p.*

precordiàle [1500] **agg. 1** (*med.*) relativo al precordio: *dolore p.* | ***regione p.***, il precordio **2** †dei precordi

precòrdio [vc. dotta, lat. *praecŏrdia*, nt. pl., comp. di *prae-* 'pre-' e *cŏr*, genit. *cŏrdis* 'cuore' ✱ 1374] **s. m.** (**pl.** *precòrdi*, o †*precòrdia*, **f.**, **nel sign. 2**) **1** (*anat.*) regione della parte anteriore del torace, in corrispondenza del cuore

2 (**al pl.**, *lett.*) petto, cuore, inteso come sede dei sentimenti e degli affetti: *gli intimi precordi*

precórrere [vc. dotta, lat. *praecŭrrere*, comp. di *prae-* 'pre-' e *cŭrrere* 'correre' ✱ 1321] **A** **v. tr.** (**coniug. come** *correre*) **1** (*lett.*) superare o precedere camminando o correndo **2** prevenire, anticipare: *avvenimenti che precorrono i tempi* | ***non voler p. gli eventi***, attendere il momento opportuno per agire | (*raro*, *lett.*) soddisfare in anticipo: *p. una richiesta* **CONTR.** procrastinare **B** **v. intr.** (**aus.** *essere*) **1** (*lett.*) correre avanti a qlcu.: *tre de' compagni ... precorsero a recarne avviso alla nave* (D. BARTOLI) **2** (*fig.*, *lett.*) venire prima nel tempo: *giorno chiaro, sereno / che precorre alla festa di tua vita* (G. LEOPARDI) **3** (*fig.*, *lett.*) accondiscendere in anticipo a una richiesta

precorriménto [1895] **s. m.** • il precorrere | ciò che anticipa idee, teorie o fenomeni artistici che si affermeranno in seguito: *i precorrimenti della pittura moderna nel barocco*

precorritóre [1607] **agg. e s. m.** (**f.** *-trice*) • (*lett.*) che (o chi) precorre: *l'alba precorritrice del giorno*; *annuncio p. di sventure* | precursore

precórso **part. pass.** di *precorrere*; **anche agg.** • nei sign. del v. | precedente

precostituire [comp. di *pre-* e *costituire* ✱ 1928] **A** **v. tr.** (*io precostituìsco, tu precostituìsci*) • costituire, approntare in precedenza: *p. le basi di un accordo* **B** **precostituìrsi** **v. tr. pron.** (**aus.** *essere*) • predisporre per sé: *precostituirsi un alibi*

precostituìto **part. pass.** di *precostituire*; **anche agg.** **1** nel sign. del v. | preconcetto **2** (*dir.*) ***prova precostituita***, che si forma al di fuori del processo, come le prove documentali | ***maggioranza precostituita***, assicurata da accordi anteriori a una votazione

precòtto [comp. di *pre-* e *cotto* ✱ 1947] **A** **agg.** • detto di alimento o vivanda sottoposti a cottura, gener. parziale, per assicurarne la lunga conservazione e ridurre il tempo di preparazione al momento del consumo: *cotechino, zampone p.* **SIN.** precucinato **B** **s. m.** • alimento o vivanda precotti

precottùra [comp. di *pre-* e *cottura* ✱ 1968] **s. f.** **1** nella preparazione delle conserve alimentari, trattamento, eseguito con vapore acqueo o acqua calda, inteso ad aumentare la resa del prodotto o a rendere inattivi gli enzimi pectici in esso presenti **2** l'insieme delle operazioni per preparare vivande o alimenti precotti

precristiàno [comp. di *pre-* e *cristiano* ✱ 1911] **agg.** • relativo a tutto ciò che precede il sorgere e la diffusione del Cristianesimo

precrìtico [comp. di *pre-* e *critico* ✱ 1970] **agg.** (**pl. m.** *-ci*) • detto del periodo della filosofia di Kant che precede il criticismo

precucinàto [comp. di *pre-* e *cucinato* ✱ 1947] **agg. e s. m.** • precotto

precuòio ➤ **procoio**

precursóre [vc. dotta, lat. *praecursōre(m)*, da *praecŭrrere* 'precorrere' ✱ av. 1342] **A** **agg.** (**f.** *precorritrìce* **o** *raro -sóra*) • che precorre, precede e fa presagire: *un lampo p. del tuono* | (*med.*) ***segni precursori***, quelli che precedono la comparsa conclamata di una malattia **SIN.** anticipatore **B** **s. m.** (**f.** *raro -sóra* **o** *precorritrìce* **nel sign. 1**) **1** antesignano: *un p. delle teorie psicoanalitiche* **CONTR.** epigono **2** (*stor.*) soldato delle pattuglie d'avanguardia dell'esercito romano **3** (*chim.*, *biol.*) composto che precede la formazione di un altro composto lungo una via metabolica

♦**prèda** [lat. *praēda(m)*, comp. di *prae-* 'pre-' e la stessa radice di *prehĕndere* 'prendere' ✱ av. 1294] **s. f.** **1** ciò che si toglie ad altri con la forza e le armi, durante rapine, saccheggi e sim.: *pirati in cerca, a caccia di p.* | ***fare p.***, impadronirsi con la violenza di qlco. di proprietà altrui **2** (*dir.*) bene di proprietà del nemico di cui uno Stato belligerante si può appropriare nel corso di operazioni militari per mare o per terra: *prede marittime, belliche*; *diritto di p.* **3** animale preso durante la caccia: *tornare col carniere ricco di p.*; *una p. ambita dai cacciatori*; *uccelli da p.* | essere umano catturato da animali: *il leone si avventò sulla preda* | (*fig.*) oggetto di passione amorosa o anche di violenza sessuale: *il mostro seguì la sua preda* **4** (*fig.*) balìa, potere | ***dare in p.***, lasciare in balìa di qlco. o di qlcu. | ***darsi in p. a qlco.***, abbandonarvisi senza reagire: *si diede in p. alla disperazione* | ***essere in p. a qlco.***, esserne violentemente dominato: *era in p. all'alcol*; *la casa è in p. alle fiamme*; *sono in p. alla più nera disperazione* | ***essere p. di qlcu.*** o ***di qlco.***, cadere in suo potere: *il poveretto fu p. di un terribile male* | ***lasciare qlcu.*** o ***qlco. in p. a qlco.***, abbandonare in un determinato stato: *lasciarono la casa in p. al fuoco*; *lo lasciai in p. al rimorso* **5** †sequestro | †pegno

†**predàce** [da *preda*, sul modello di *rapace* ✱ 1530] **agg.** • (*lett.*) predatore | (*fig.*) rapace, avido

predàre [vc. dotta, lat. *praedāre* (più comunemente *praedāri*), da *prāeda* 'preda' ✱ 1268] **v. tr.** (*io prèdo*) **1** sottrarre o strappare con la violenza: *p. oggetti preziosi* | mettere a sacco: *p. la città* | (*fig.*, *lett.*) svuotare: *l'ingegnosa pecchia ... / giva predando or uno, or altro fiore* (A. POLIZIANO) **2** (*assol.*) vivere di saccheggi, piraterie e sim. **3** catturare cacciando **4** †pignorare

predàto **part. pass.** di *predare*; **anche agg.** • nei sign. del v.

predatóre [vc. dotta, lat. *praedatōre(m)*, da *praedātus* 'predato' ✱ 1268] **A** **agg.** (**f.** *-trice*) **1** che preda: *eserciti predatori*; *gli arabi predatori* (T. TASSO) **2** detto di animale rapace, appartenente ai Mammiferi o agli Uccelli, che vive predando altri animali **B** **s. m.** (**f.** *-trice*) **1** predone: *i predatori del mare, del deserto* | (*fig.*) chi si dimostra rapace **2** animale predatore

predatòrio [vc. dotta, lat. *praedatōriu(m)*, da *praedātor*, genit. *praedatōris* 'predatore' ✱ 1745] **agg.** (**pl. m.** *-i* **o** *raro -ii*) • del predare, del predatore: *attività predatoria* | da predatore (*anche fig.*): *aggressività predatoria*

predazióne [vc. dotta, lat. *praedatiōne(m)*, da *praedātus* 'predato' ✱ 1521] **s. f.** **1** †rapina, saccheggio **2** (*biol.*) processo per cui un determinato organismo utilizza come alimento un altro organismo vivente

predecessóre [vc. dotta, lat. tardo *praedecessōre(m)*, comp. di *prae-* 'pre-' e *decĕssor*, genit. *decessōris* 'predecessore, magistrato che esce di carica', da *decēdere* 'andar via, ritirarsi' (V. *decedere*) ✱ av. 1328] **s. m.** (**f.** *-a*) **1** chi ha preceduto altri in un ufficio, una carica, un'attività e sim.: *il mio p. in questa occupazione*; *ha intrapreso una ricerca nuovissima e non può contare sull'opera dei predecessori* **2** (**spec. al pl.**) chi è vissuto prima dell'attuale generazione: *i nostri predecessori non potevano immaginarlo* **SIN.** antenati

SFUMATURE DI SIGNIFICATO
predecessore - antenato
Predecessore è chi ha preceduto altri in un'attività e in particolare chi ha occupato in precedenza una carica. **Antenato** in senso esteso e al plurale (*gli antenati*) identifica più in generale gli uomini vissuti in un'epoca precedente.

predefinìre o †**prediffinìre** [comp. di *pre* e *definire* ✱ av. 1557] **v. tr.** (*io predefinìsco, tu predefinìsci*) • (*raro*) definire prima

predefinìto **part. pass.** di *predefinire*; **anche agg.** • definito, stabilito in precedenza: *durata predefinita*; *importo p.* | (*inform.*) detto di condizione operativa selezionata automaticamente all'avviamento di un dispositivo o di un programma **CFR.** default

predefùnto [comp. di *pre-* e *defunto* ✱ 1673] **s. m.** • (*raro*) premorto

predèlla ① [longob. *pretil* 'assicella, tavola' ✱ av. 1342] **s. f.** **1** largo gradino di legno che fa da base a un mobile: *la p. della cattedra* | gradino ampio dell'altare, su cui sta il sacerdote **2** rinforzo di legno nella parte inferiore esterna di un portone **3** predellino di un veicolo **4** parte inferiore del polittico e della pala d'altare, divisa in più parti e contenente storie in relazione al soggetto d'altare **5** †sgabello **6** †comoda ‖ (*lett.*) **predellétta**, **dim.** | **predellìna**, **dim.** | **predellìno**, **dim. m.** (V.) | **predellóne**, **accr. m.**

†**predèlla** ② [longob. *pridel* 'redine' ✱ 1319] **s. f.** • briglia, redine | la parte del morso che si impugna quando si conduce a mano il cavallo

predellìno [av. 1535] **s. m.** **1** dim. di *predella* ① | panchetto **2** nelle vetture ferroviarie, tranviarie e sim., gradino che serve ad agevolare la salita o la discesa **SIN.** montatoio | ***fare il p.***, intrecciando per gioco le mani in due e mettendovi a sedere un bambino

predestinàre [vc. dotta, lat. *praedestināre*, comp. di *prae-* 'pre-' e *destināre* 'destinare' ✱ av. 1311] **v. tr.** (*io predestìno, raro predèstino*) **1** (*lett.*) predisporre provvidenzialmente il corso della vita umana e degli avvenimenti della storia (riferito spec. alla provvidenza divina): *Dio misericordioso ... chi sa a quali terribili prove vuol dire che m'ha predestinato* (L. PIRANDELLO) **2** (*lett.*) destinare in precedenza

predestinatìvo [av. 1694] **agg.** • (*raro*) che predestina, che serve a predestinare

predestinàto **A** **part. pass.** di *predestinare*; **anche agg.** • destinato in precedenza a qlco. (+ *a*): *era p. a grandi imprese, a un grande avvenire*; *erano essi la classe predestinata* (F. DE SANCTIS) | (con valore neutro) (*raro*) ***era p. che***, era destino, era fatale che **B** **s. m.** (**f.** *-a*) • chi è destinato in precedenza a qlco.: *un p. al successo*; *sentirsi un p.*

predestinaziàno [da *predestinazione* ✱ 1696] **A** **agg.** • relativo al predestinazionismo **B** **s. m.** (**f.** *-a*) • seguace del predestinazionismo

predestinazióne [vc. dotta, lat. tardo *praedestinatiōne(m)*, da *praedestinātus* 'predestinato' ✱ av. 1292] **s. f.** **1** corso degli avvenimenti già stabilito, segnato: *Quella p. di Firenze ad essere la capitale... dell'arte nuova italiana* (G. CARDUCCI) **SIN.** destino **2** nella teologia cristiana, ordine stabilito da Dio, per lo sviluppo futuro della vita di ogni uomo e di tutta la storia, ai fini della salvezza, con effetti necessitanti per la condotta umana secondo il Calvinismo, o condizionati dalla libera adesione della volontà secondo il Cattolicesimo **3** †predizione, profezia

predestinazionìsmo [1835] **s. m.** • dottrina cristiana sorta nel V sec. e accettata poi, con varie interpretazioni, dai Luterani, dai Calvinisti e dai Giansenisti, secondo la quale ogni uomo è predestinato da Dio alla salvezza o alla dannazione

predeterminàre [comp. di *pre-* e *determinare* ✱ av. 1673] **v. tr.** (*io predetèrmino*) • determinare anticipatamente

predeterminàto **part. pass.** di *predeterminare*; **anche agg.** • nel sign. del v. ‖ **predeterminataménte**, **avv.** (*raro*) in modo predeterminato

predeterminazióne [comp. di *pre-* e *determinazione* ✻ av. 1673] **s. f. 1** (*raro*) predestinazione **2** (*raro*) determinazione o decisione anticipata

predétto **part. pass.** di *predire*; anche **agg. 1** (*lett.*) annunciato in anticipo: *futuro mal, p. a questo e a quello* (L. Ariosto) **SIN.** preconizzato **2** di cui si è parlato o scritto in precedenza: *nel p. libro; per i predetti motivi*

prediabète [vc. dotta, comp. di *pre-* e *diabete* ✻ 1988] **s. m.** ● (*med.*) stadio iniziale, asintomatico, dell'evoluzione clinica del diabete che può evolvere fino alla forma conclamata

prediàle [dal lat. *praedium* 'predio' ✻ av. 1419] **A agg.** ● che concerne i terreni, i fondi: *imposta p.; servitù p.* **B s. f.** ● tassa, imposta sopra terreni, fondi

predibattimentàle [1958] **agg.** ● (*dir.*) relativo al predibattimento

predibattiménto [comp. di *pre-* e *dibattimento* ✻ 1980] **s. m.** ● (*dir.*) fase del procedimento penale anteriore all'apertura del dibattimento

prèdica [da *predicare* ✻ av. 1292] **s. f. 1** sermone, discorso rivolto dal sacerdote ai fedeli, in genere dal pulpito, su argomento sacro | ***da che pulpito viene la p.!***, (*fig., iron.*) detto di persona che elargisce consigli ed esortazioni moraleggianti, totalmente in contrasto col suo modo normale d'agire **2** (*fig.*) ramanzina, rimprovero | (*est., colloq.*) lungo e noioso discorso di esortazione al bene, di ammonizione e sim.: *finiscila con le prediche; non voglio farvi la p.* | ***è sempre la solita p.***, riferito a qlcu. che si ripete nei discorsi o nelle ammonizioni **3** †incarico di predicare | †insieme di fedeli che ascoltano la predica: *il frate e tutta la p. guatavano come smemorati* (F. Sacchetti) ‖ **predichétta**, **dim.** | **predichìna**, **dim.** | **predichìno**, **dim. m.** | **predicóna**, **accr.** | **predicóne**, **accr. m.** | **predicùccia**, **dim.**

predicàbile [vc. dotta, lat. *praedicābile(m)* 'degno di lode', da *praedicāre* 'lodare' (V. *predicare*) ✻ sec. XIV] **A agg. 1** (*filos.*) che si può attribuire a un determinato soggetto **2** (*raro*) che può essere argomento di predica ‖ **predicabilità**, **s. f. inv.** **B s. m.** ● (*filos.*) ciò che è predicabile | un concetto o una categoria in quanto può essere predicato di più cose

predicaménto [vc. dotta, lat. tardo *praedicamĕntu(m)* 'predizione', da *praedicāre* 'annunziare' (V. *predicare*) ✻ av. 1455] **s. m. 1** †il predicare | predica **2** †stima, fama, considerazione: *essere in buon, in cattivo p.* **3** (*filos.*) categoria

predicànte **part. pres.** di *predicare*; anche **agg.** ● (*raro*) nei sign. del v. | (*lett.*) significante

†**predicànza** [av. 1389] **s. f.** ● predica, discorso

predicàre [vc. dotta, lat. *praedicāre* 'annunziare, lodare, celebrare', comp. di *prae-* 'pre-' e *dicāre* 'annunziare', intens. di *dīcere* 'dire' ✻ 1266] **A v. tr.** (*io prèdico, tu prèdichi*) **1** dare l'annuncio pubblico, a mezzo di predicazione, di una verità, di un'impresa: *p. la Crociata, il Vangelo, la Guerra Santa* **2** andare insegnando agli altri o pubblicamente: *p. la pace, la verità* | esortare, incitare (+ *di* **seguito da inf.**): *gli predicarono di tener duro* (A. Fogazzaro) **3** (*lett.*) esaltare e lodare pubblicamente (**anche assol.**): *p. la grandezza e i meriti di qlcu.; le pareva che essa (...) predicasse per lo figliuolo* (G. Boccaccio) **4** †pregare qlcu. di fare qlco. **5** (*filos.*) attribuire una qualità o un attributo a un soggetto **B v. intr.** (**aus.** *avere*) **1** rivolgere la predica ai fedeli, tenere una predica, un sermone | (*est.*) parlare esortando, insegnando e sim.: *p. a molti, a una piazza gremita* | (*fig.*) ***p. al deserto, al vento*** e sim., sprecare la propria parola con chi non vuole ascoltare **2** parlare con affettata solennità, tono oratorio e accenti moraleggianti: *ha la mania di p.* **3** †parlare in favore di qlcu.

predicatìvo [vc. dotta, lat. tardo *praedicatīvu(m)*, da *praedicātus* (V. *predicato*②) ✻ 1560] **agg. 1** (*gramm.*) che concerne il predicato | che funge da predicato | ***funzione predicativa***, uso di un aggettivo con valore di predicato (per es. nella frase 'il suo cellulare è *nuovo*') **CFR.** attributivo | ***complemento p. del soggetto, dell'oggetto***, nome, aggettivo o pronome che costituisce un predicato del soggetto o dell'oggetto (per es. *ministro*, rispettivamente nelle frasi 'fu nominato ministro' e 'lo nominarono ministro') **2** (*ling.*) detto di verbo che ha un significato compiuto e può essere usato da solo come predicato verbale (per es. i verbi 'giocare' e 'cambiare' in: *il bambino gioca; il tempo cambia*) **CFR.** copulativo ‖ **predicativaménte**, **avv.**

predicàto① **part. pass.** di *predicare*; anche **agg.** ● nei sign. del v.

♦**predicàto**② [vc. dotta, lat. tardo *praedicātu(m)*, nt. sost. di *praedicātus*, part. pass. di *praedicāre* (V. *predicare*): calco sul gr. *katēgoróumenon* ✻ sec. XV] **s. m. 1** (*gramm.*) parte della proposizione che indica ciò che si dice del soggetto | ***p. verbale***, costituito da una forma verbale | ***p. nominale***, costituito da una forma nominale e da una copula **2** (*filos.*) ciò che si afferma o si nega di un soggetto **3** qualificazione onorifica, corrispondente a una dignità, a una carica, a un grado, a un ufficio (per es. *Maestà, Eccellenza, Santità*) | ***p. di nobiltà***, denominazione di luogo, aggiunta a un titolo nobiliare che indica per lo più la giurisdizione feudale una volta competente al titolo stesso (per es., *conte di Ventimiglia*) | ***essere in p. di*** (o ***per***), essere fra coloro che hanno le maggiori possibilità di ottenere una carica, un titolo e sim.

predicatóre [vc. dotta, lat. tardo *praedicatōre(m)*, da *praedicātus*, part. pass. di *praedicāre* (V. *predicare*) ✻ 1268] **A agg.** (**f.** *-trice*, **pop., disus.** *-tóra*) ● che predica: *ordini predicatori* | ***frate p.***, dell'Ordine dei Domenicani **B s. m.** (**f.** *-trice*) **1** chi tiene prediche in chiesa **2** sostenitore, banditore di un'idea | (*fig., scherz.*) chi fa sermoni o prediche di tono moraleggiante: *avere un tono da p.* **3** (*raro*) lodatore

predicatòrio [vc. dotta, lat. tardo *praedicatōriu(m)*, da *praedicātor*, genit. *praedicatōris* 'predicatore' ✻ 1745] **agg.** (**pl. m.** *-i* o **raro** *-ii*) ● da predicatore, da predica (**spec. spreg.**): *enfasi predicatoria; tono p.*

predicazióne [vc. dotta, lat. *praedicatiōne(m)*, da *praedicātus*, part. pass. di *praedicāre* (V. *predicare*) ✻ 1287] **s. f. 1** il predicare: *la p. del Vangelo* | †predica **2** (*filos.*) atto del predicare, ossia dell'attribuire una qualità o un attributo a un soggetto | (*ling.*) attribuzione di un predicato a un soggetto **3** (*raro*) ammonizione, esortazione

†**predìcere** [vc. dotta, lat. *praedīcere*. V. *predire* ✻ 1306] **v. tr.** ● (*lett.*) predire

†**prediciménto** [sec. XIV] **s. m.** ● predizione | presagio

†**predicitóre** [1549] **agg. e s. m.** (**f.** *-trice*) ● che (o chi) predice | indovino

predicòzzo [da *predica* ✻ av. 1802] **s. m.** ● (*fam., scherz.*) ammonizione o esortazione di tono amichevole: *fare un p. a qlcu.*

†**prediffinìre** ➤ **predefinire**

predigerìto [comp. di *pre-* e *digerito* ✻ 1950] **agg.** ● detto di alimento sottoposto a predigestione: *biscotti predigeriti*

predigestióne [comp. di *pre-* e *digestione* ✻ 1875] **s. f. 1** trattamento consistente nel sottoporre determinati alimenti, spec. destinati all'infanzia, all'azione di enzimi che decompongono gli amidi e le proteine complesse in sostanze più semplici **2** (*raro*) l'insieme delle prime fasi della digestione

predilètto **part. pass.** di *prediligere*; anche **agg. e s. m.** (**f.** *-a*) ● che (o chi) è amato più degli altri, preferito a tutti gli altri **SIN.** beniamino

predilezióne [comp. di *pre-* e *dilezione* ✻ 1611] **s. f. 1** spiccata preferenza: *non può nascondere la sua p. per te; ha una vera p. per la musica classica* **2** ciò che si predilige: *è la sua p.; la nostra p. è la caccia*

SFUMATURE ➤ *favore*

predilìgere [comp. di *pre-* e *diligere* ✻ 1673] **v. tr.** (**difett. del part. pres.; coniug. come** *diligere*) ● apprezzare qlcu. o qlco. più d'ogni altra persona o cosa: *non prediligo nessuno e mi sforzo d'essere imparziale; predilige la lettura dei classici* **SIN.** preferire

†**predimostrazióne** [comp. di *pre-* e *dimostrazione* ✻ 1351] **s. f.** ● premonizione

predinàstico [comp. di *pre-* e *dinastico* ✻ 1901] **agg.** (**pl. m.** *-ci*) ● riferito a civiltà protostoriche, del periodo che precedette la formazione di uno stato e il conseguente insediamento di una dinastia: *necropoli predinastica egizia* **CFR.** protodinastico

prèdio [vc. dotta, lat. *prāediu(m)*, da *prāes*, genit. *prāedis* 'garanzia', comp. di *prae-* 'pre-' e la radice di *vās*, genit. *vădis* 'mallevadore, garante'. Il *prāedium* era ogni bene immobile che si potesse dare come cau zione ✻ sec. XV] **s. m.** (**pl.** *-i* o **raro** *-ii*) ● (*lett.* o *raro*) podere, fondo: *p. rustico, urbano*

predìre [lat. *praedīcere*, comp. di *prae-* 'pre-' e *dīcere* 'dire' ✻ 1306] **v. tr.** (**imperat.** *predìci*; **coniug. come** *dire*) **1** annunciare, pronosticare eventi futuri (+ *che*): *gli predisse molte sventure; mi ha predetto che camperò quanto un coccodrillo* (E. Salgari) | indicare in anticipo: *si diceva che le comete predicessero grandi calamità* **SIN.** preannunciare **2** †esporre una cosa prima di altre **3** †prestabilire

predisponènte **part. pres.** di *predisporre*; anche **agg.** ● che predispone (+ *a*): *condizione, fattore p. all'insorgere di una malattia*

predispórre [comp. di *pre-* e *disporre* ✻ 1611] **A v. tr.** (**coniug. come** *porre*) **1** disporre e sistemare anticipatamente ciò che serve a qlco. (+ *per*): *p. tutto per la partenza* **2** (*med.*) favorire l'insorgere delle malattie (+ *a*): *l'obesità predispone al diabete* **3** rendere psicologicamente preparato ad affrontare determinate situazioni (+ *a*): *p. qlcu. a una tremenda disgrazia* | disporre: *p. l'animo alla gioia* **B predispórsi** **v. rifl.** ● prepararsi spiritualmente, psicologicamente a qlco. (+ *a*, **anche seguito da inf.**): *predisporsi alle novità, a un lieto evento, a una grave decisione; predisporsi a fronteggiare un attacco*

predisposizióne [comp. di *pre-* e *disposizione* ✻ 1713] **s. f. 1** preparazione in vista di qlco.: *curare la p. d'ogni cosa, di una legge* **2** inclinazione, attitudine (+ *per*, + *a*): *avere p. per lo sport, per la lettura; p. al disegno, alla musica* **3** (*med.*) insieme delle caratteristiche dell'organismo che favoriscono l'insorgere di una malattia (+ *a*): *p. all'alcolismo, alla scoliosi*

SFUMATURE DI SIGNIFICATO

predisposizione - talento - vocazione

Predisposizione è l'inclinazione naturale, l'attitudine, la propensione a svolgere una determinata attività o a comportarsi in un certo modo. In **talento** la predisposizione si unisce a una particolare abilità, che fa sì che i risultati raggiunti siano decisamente brillanti. La **vocazione** è qualcosa di ancora più forte e impellente, che impedisce alla persona di sottrarsi a ciò verso cui si sente inclinata; è termine infatti che si riferisce soprattutto a chi si sente chiamato ad abbracciare la vita religiosa o a intraprendere una carriera artistica.

predispósto part. pass. di *predisporre*; anche agg. **1** disposto in precedenza: *un piano accuratamente p.* | fatto in modo da poter essere utilizzato per un determinato scopo (+ *per*): *televisore p. per l'alta definizione* **2** incline (+ *a*, anche seguito da inf.): *p. alla commozione*; *p. a pensare in positivo* | favorevole, propenso: *ero anche p., predispostissimo al matrimonio* (L. PIRANDELLO) **3** (*med.*) che ha predisposizione a contrarre una malattia (+ *a*): *p. al diabete*

†**prèdito** [vc. dotta, lat. *prāeditu(m)*, comp. di *prae-* 'pre-' e di una radice indeur. che indica 'porre' ✱ sec. XIV] agg. ● fornito, dotato | (*lett.*) insigne

predittìvo [fr. *prédictif*, vc. dotta che si rifà al lat. tardo *praedictīvu(m)* 'che predice', da *praedĭctus*, part. pass. di *praedīcere* 'predire' ✱ 1983] agg. **1** (*raro*) relativo a predizione | che consente di fare previsioni **2** (*ling.*) detto di grammatica che, partendo da un sistema di regole stabilite sul campione di una lingua, può descrivere di questa non solo le frasi realizzate ma anche quelle potenzialmente realizzabili

predizióne [vc. dotta, lat. *praedictiōne(m)*, da *praedĭctus* 'predetto' ✱ av. 1328] s. f. ● previsione, annuncio di eventi futuri: *verificare l'esattezza, la veridicità di una p.* | ciò che si predice: *la p. si è avverata* CFR. -manzia SIN. profezia, vaticinio

prednisolóne [da *prednisone* ✱ 1958] s. m. ● (*chim.*) molecola organica ricavata dal cortisolo per introduzione di un secondo doppio legame; si usa per la preparazione di farmaci con proprietà antinfiammatorie

prednisóne [prob. comp. di *pre(gno)*, *di(ene)* e *(cortis)one* ✱ 1958] s. m. ● (*chim.*) molecola organica preparata per introduzione di un secondo doppio legame nella molecola del cortisone

predominànte part. pres. di *predominare*; anche agg. **1** che si impone, che emerge, che si distingue: *la concisione è la caratteristica p. del suo stile* **2** che è prevalente, più diffuso e sim.: *gli agrumi sono la coltivazione p. di questa zona* ‖ **predominanteménte**, avv.

predominànza [da *predominante* ✱ 1865] s. f. ● predominio, prevalenza

predominàre [comp. di *pre-* e *dominare* ✱ av. 1470] **A** v. intr. (*io predòmino*; aus. *avere*) **1** primeggiare, imporsi su altre cose o persone: *nel suo carattere predominano l'impulso e la fantasia*; *è abituato a p. su tutti* SIN. emergere **2** essere prevalente, preponderante: *in questa regione predominano i vigneti* **B** v. tr. ● (*lett.*) vincere, sopraffare

predominàto part. pass. di *predominare*; anche agg. ● nei sign. del v.

predomìnio [da *predominare* ✱ 1342] s. m. (pl. *-i* o *raro -ii*) **1** superiorità, supremazia: *paese soggetto al p. straniero*; *il p. della ragione sull'istinto* **2** preponderanza, prevalenza: *questo p. dei colori del tramonto* (G. UNGARETTI)

predóne [lat. *praedōne(m)*, da *praedāri* 'predare' ✱ 1313] s. m. (f. *-a*, *raro*) ● chi vive di saccheggi e ruberie SIN. bandito, brigante

preedìpico [vc. dotta, comp. di *pre-* ed *edipico* ✱ 1988] agg. (pl. m. *-ci*) ● (*psicoan.*) detto del periodo dello sviluppo psicosessuale precedente a quello edipico, caratterizzato dall'assenza della figura del padre

†**preelèggere** [vc. dotta, lat. tardo *praelĭgere*, comp. di *prae-* 'pre-' ed *elĭgere* 'scegliere' (V. *eleggere*) ✱ 1304] v. tr. ● preferire, scegliere fra diverse possibilità: *preelesse di stare in esilio* (G. BOCCACCIO)

pre-elettoràle o **preelettoràle** [comp. di *pre-* ed *elettorale* ✱ 1960] agg. ● che precede un'elezione: *clima pre-elettorale*

preellènico [comp. di *pre-* ed *ellenico* ✱ 1902] agg. (pl. m. *-ci*) ● detto di tutto ciò che ha preceduto il sorgere della civiltà greca nelle sue sedi storiche

†**preeminènza** ➤ **preminenza**

preeșàme o **pre-eșàme** [comp. di *pre-* ed *esame* ✱ 1987] s. m. ● prova, spec. universitaria, che precede e determina l'ammissione all'esame vero e proprio

preeșistènte part. pres. di *preesistere*; anche agg. ● che esisteva in precedenza

preeșistènza [vc. dotta, lat. tardo *praeexistĕntia(m)*, da *praeexīstens*, genit. *praeexistĕntis* 'preesistente' ✱ 1715] s. f. ● il fatto di preesistere

preeșìstere [vc. dotta, lat. tardo *praeexīstere*, comp. di *prae-* 'pre-' ed *exīstere* 'esistere' (V. *esistere*) ✱ av. 1535] v. intr. (coniug. come *esistere*; aus. *essere*) ● esistere prima: *problemi politici che preesistevano al fascismo*; *I fatti preesistono. Noi li scopriamo, vivendoli* (U. SABA)

prefabbricàre [comp. di *pre-* e *fabbricare*: calco sull'ingl. *to prefabricate* ✱ 1954] v. tr. (*io prefàbbrico, tu prefàbbrichi*) **1** (*edil.*) costruire secondo il procedimento e la tecnica della prefabbricazione: *p. case, scuole, ospedali* **2** (*fig.*) precostituire qlco. ad arte per ottenere poi un certo risultato: *p. prove*

prefabbricàto **A** part. pass. di *prefabbricare*; anche agg. ● nei sign. del v. | ***casa prefabbricata***, montata in sede con elementi prefabbricati **B** s. m. ● unità prefabbricata

prefabbricazióne [comp. di *pre-* e *fabbricazione*; calco sull'ingl. *prefabrication* ✱ 1946] s. f. ● procedimento industriale applicato all'edilizia, consistente nel preparare a parte i vari elementi costitutivi di un edificio, come serramenti, pannelli di chiusura, travi di solaio, rampe di scale e sim., e nel montarli poi sul posto

prefàre [vc. dotta, dal lat. *praefāri* 'dire prima' ✱ 1962] v. tr. (coniug. come *strafare*, ad eccezione del part. pass. *prefato*) ● dotare di una prefazione

prefascìsta [comp. di *pre-* e *fascista* ✱ 1946] agg. (pl. m. *-i*) **1** precedente all'ascesa del fascismo: *governi prefascisti* **2** (*est.*) precursore del fascismo: *il ... D'Annunzio legionario e p.* (P.P. PASOLINI)

prefàto [vc. dotta, lat. *praefātu(m)*, part. pass. di *praefāri* 'dire prima', comp. di *prae-* 'pre-' e *fāri* 'dire, parlare' (V. *fato*). *Praefatus* assume sign. passivo nel lat. tardo ✱ sec. XIV] agg. ● (*lett.*) menzionato o citato in precedenza: *questo voglio basti quanto a' prefati popoli* (N. MACHIAVELLI)

prefatóre [da *prefazione*, sul modello di tutti i nomi in *-tore* e *-zione* (V. *percolatore*) ✱ av. 1806] s. m. (f. *-trice*) ● autore di una prefazione

prefàzio [vc. dotta, lat. *praefātio*, nom. V. *prefazione* ✱ av. 1306] s. m. **1** nella liturgia della Messa, preghiera recitata dal celebrante che dà inizio al canone **2** musica che accompagna tale preghiera **3** (*lett.*) preambolo, prefazione | †anticipazione

prefazionàre [da *prefazione* ✱ 1882] v. tr. (*io prefazióno*) ● (*lett.*, *raro*) prefare

prefazióne [vc. dotta, lat. *praefatiōne(m)*, da *praefāri*. V. *prefato* ✱ 1363] s. f. ● scritto che si premette a un libro per dichiararne gli intendimenti, a opera dell'autore, dell'editore o di altri CFR. postfazione

SFUMATURE ➤ ***introduzione***

preferènza [da *preferire* ✱ 1611] s. f. ● opinione o atteggiamento di chi preferisce, prescelgie o antepone qlcu. o qlco. ad altro: *la sua p. per te è palese* | ***dare la p. a qlcu. o qlco.***, preferire qlcu., qlco. | (al pl.) favoritismi: *si compiaceva delle preferenze che le venivano accordate* (A. MANZONI) | ***a p., di p., con p.***, preferibilmente, piuttosto | ***titolo di p.***, quello che, a parità di meriti, può far sì che una persona venga legittimamente anteposta ad altra in una graduatoria, una classifica e sim. | ***voto di p.***, (*ellitt.*) ***preferenza***, voto dato a uno o più candidati della lista prescelta

preferenziàle [da *preferenza*; calco sul fr. *préferenciel* ✱ 1922] agg. **1** di preferenza, che denota preferenza, che costituisce preferenza: *trattamento, titolo p.* | ***voto p.***, che individua un candidato prescelto | ***itinerario p.***, in un grande centro urbano, percorso studiato e attrezzato per rendere il trasporto pubblico più veloce di quello privato | ***corsia p.***, quella che nelle vie urbane è riservata ai soli mezzi di trasporto pubblico per accelerarne, facilitandola, la circolazione **2** (*dir.*) ***bancarotta p.***, V. *bancarotta* ‖ **preferenzialménte**, avv.

preferìbile [da *preferire* ✱ 1686] agg. ● da preferire, degno di essere preferito (+ *a*): *questa è la soluzione p.*; *la nostra proposta è p. alla vostra*; *la professione del prete gli parve ... p. a quella del soldato* (I. NIEVO) | ***è p.***, è meglio, è più opportuno (seguito direttamente da inf., + *che* seguito da congtv.): *è p. partire*; *è p. che tu rimanga qui*; *per lei sarebbe stato p. che le si fosse avvicinato un altro* (I. SVEVO) ‖ **preferibilménte**, avv. più volentieri, piuttosto, meglio se: *preferibilmente partirei di mattina*; *usate abiti scuri e preferibilmente neri* ‖ **preferibilità**, s. f. inv.

preferìcolo [vc. dotta, lat. tardo *praeferĭculu(m)*, comp. di *prae-* 'pre-' e *fĕrculum* 'piatto per portar cibi sulla mensa', di orig. indeur. (cfr. *fĕrre* 'portare'. V. *-fero*) ✱ 1499] s. m. ● (*archeol.*) specie di bacinella in metallo per i sacrifici

†**preferiménto** [av. 1578] s. m. ● preferenza

♦**preferìre** [lat. *praefĕrre*, propr. 'portare avanti', comp. di *prae-* 'pre-' e *fĕrre* 'portare' (V. *-fero*) ✱ sec. XIV] v. tr. (*io preferisco, tu preferìsci*) ● anteporre ad altro nella valutazione e nella scelta: *p. la musica classica, il vino bianco, la cucina italiana*; *al mare preferisco la montagna*; *ho sempre detto di p. l'onestà alla ricchezza* SIN. preporre CONTR. posporre | volere piuttosto (qlco. + *a*; + inf.; + *che* seguito da congtv.): *p. la morte al disonore*; *preferisco morire piuttosto che cedere*; *preferirei che ci andassi tu*

♦**preferìto** [part. pass. di *preferire*; nel sign. C 1, ellitt. di 'segnalibro preferito'] **A** agg. ● che è anteposto agli altri, che è il più amato: *il mio cantante p.* **B** s. m. (f. *-a*) ● prediletto, favorito: *dei tre figli il minore è il mio p.* SIN. beniamino **C** s. m. **1** (spec. al pl.) (*Internet*, *gerg.*) indirizzo di un sito web registrato dall'utente per potervi accedere direttamente CFR. bookmark **2** (spec. al pl.) tipo di cioccolatino spec. al liquore

prefestìvo [comp. di *pre-* e *festivo* ✱ 1958] agg. ● che viene prima di una festa: *giorno p.*

prefettéssa [1512] s. f. **1** (*lett.* o *scherz.*) moglie del prefetto **2** (*disus.*, *spec. scherz.*) donna investita di una prefettura

prefettìzia [da (veste) *prefettizia*, perché usata dai *prefetti* ✱ 1905] s. f. ● (*sett.*) redingote, finanziera

prefettìzio [1811] agg. ● del prefetto, relativo al prefetto nel sign. 2: *palazzo p.*; *carica prefettizia* | ***di nomina prefettizia***, nominato dal prefetto: *funzionario di nomina prefettizia* | ***Commissario p.***, funzionario che, per vari motivi, il prefetto incarica della temporanea amministrazione di un comune

♦**prefètto** [vc. dotta, lat. *praefĕctu(m)*, part.

pass. di *praeficere* 'mettere a capo', comp. di *prae-* 'pre-' e *fàcere* 'fare' ✱ av. 1292] **s. m. 1** nell'antica Roma, funzionario che, per delega di un magistrato, aveva varie competenze amministrative, politiche o militari: *p. del pretorio* **2** (**f.** *-a*, *disus.* *-éssa* (V.); V. nota d'uso FEMMINILE) pubblico funzionario rappresentante del governo nella provincia **3** titolo di ciascuno dei cardinali che presiedono le Congregazioni della Curia romana | regolare che, in alcuni ordini religiosi, ha particolari incombenze | ***P. apostolico***, ecclesiastico che, nominato dalla Congregazione per l'evangelizzazione dei popoli, è a capo di missioni e di fedeli, con diritti e facoltà di vescovo, in territori di missione non eretti in diocesi **4** chi è a capo di una camerata in collegi, seminari e sim. | ***P. degli studi***, chi è a capo dell'insegnamento nei collegi

prefettùra [vc. dotta, lat. *praefectūra(m)*, da *praefĕctus* 'prefetto' ✱ 1308] **s. f. 1** titolo, ufficio, dignità del prefetto: *esercitare la p.* **2** circoscrizione su cui un prefetto esercita il proprio ufficio | (*est.*) sede di tale circoscrizione: *andare in p.*; *la p. è in via Roma* | ***P. apostolica***, circoscrizione territoriale che, nei territori di missione, è retta dal prefetto apostolico **3** organo statale complesso di amministrazione diretta nell'ambito di una provincia | ***Consiglio di p.***, organo della prefettura con funzioni giurisdizionali in materia di responsabilità contabile e consultive in materia tecnico-amministrativa **4** (*stor.*) nell'età di Diocleziano, ciascuna delle quattro suddivisioni amministrative dell'Impero romano

prèfica [vc. dotta, lat. *prāefica(m)*, da *praeficere* 'mettere a capo' (V. *prefetto*). La *prāefica* era colei che era posta a capo delle ancelle per dirigere il lamento funebre ✱ av. 1659] **s. f. 1** nell'antica Roma, donna pagata per piangere e lodare un morto; questa usanza sopravvive in alcune regioni d'Italia e di altri Stati europei **2** (*fig.*, *scherz.*) chi piange disgrazie presenti o future

prefìggere [vc. dotta, lat. *praefigere* 'ficcare in cima', comp. di *prae-* 'pre-' e *figere* 'figgere' ✱ 1508] **A v. tr.** (**part. pass.** *prefisso*; **nelle altre forme coniug. come** *figgere*) **1** fissare o stabilire in anticipo: *p. un termine, un limite* **2** (*raro*) premettere: *p. l'aggettivo al nome* **B prefìggersi v. tr. pron.** (**aus.** *essere*) ● proporsi, ripromettersi (**+** *di* **seguito da inf.**): *prefiggersi uno scopo nella vita*; *mi sono prefisso di non lasciarmi prendere dall'ira*; *per esser giunto alla meta ch'ei s'era prefisso* (G. LEOPARDI); *a meno che non vi siate prefissa di farmi impazzire* (G. VERGA)

prefiggiménto [da *prefiggere* ✱ av. 1694] **s. m.** ● (*lett.*) determinazione, proposito

†**prefiguraménto** [av. 1729] **s. m.** ● prefigurazione

prefiguràre [vc. dotta, lat. tardo *praefigurāre*, comp. di *prae-* 'pre-' e *figurāre* 'figurare' ✱ 1260 ca.] **A v. tr. 1** rappresentare simbolicamente cose, persone o eventi futuri: *Abele prefigura Cristo* **2** (*est.*) precorrere, anticipare: *l'ultimo Beethoven prefigura alcuni motivi della musica del Novecento* **B prefiguràrsi v. tr. pron.** (**aus.** *essere*) ● immaginare, rappresentarsi: *prefigurarsi il mondo che verrà* **C prefiguràrsi v. intr. pron.** ● presentarsi, delinearsi: *la trattativa si prefigura complessa*

prefigurativo [comp. di *pre-* e *figurativo* ✱ 1970] **agg.** ● detto dei dipinti e dei tracciati eseguiti dall'uomo in età preistorica, in cui non compaiono raffigurazioni naturalistiche

prefiguràto **part. pass.** di *prefigurare*; **anche agg.** ● nel sign. del v.

prefigurazióne [vc. dotta, lat. tardo *praefigurātiōne(m)*, da *praefigurātus* 'prefigurato' ✱ 1374] **s. f.** ● figurazione simbolica di cose, persone o eventi futuri: *una p. del Messia* **SIN.** anticipazione

prefinanziaménto [1958] **s. m.** ● il prefinanziare | l'importo di tale operazione

prefinanziàre [comp. di *pre-* e *finanziare* ✱ 1965] **v. tr.** (*io prefinànzio*) ● anticipare l'importo di un finanziamento a medio o a lungo termine che sta per essere concesso

prefinìre [vc. dotta, lat. *praefinīre*, comp. di *prae-* 'pre-' e *finīre* 'finire' ✱ 1442] **v. tr.** (*io prefinìsco, tu prefinìsci*) ● (*lett.*) predestinare, prestabilire

prefinìto [comp. di *pre-* e *finito* ✱ 1990] **agg.** ● detto di elementi in legno che abbiano già subìto un processo di levigatura, lucidatura e laccatura, tale da renderli idonei alla posa in opera senza ulteriori trattamenti: *listone, pavimento p.*

†**prefinizióne** [vc. dotta, lat. tardo *praefinitiōne(m)*, da *praefinītus* 'prefinito' ✱ 1579] **s. f.** ● predeterminazione

prefiorìre [comp. di *pre-* e *fiorire* ✱ 1958] **v. intr.** (*io prefiorìsco, tu prefiorìsci*; **aus.** *essere*) ● fiorire in anticipo

prefiorìtura [comp. di *pre-* e *fioritura* ✱ 1954] **s. f.** ● fioritura anticipata rispetto all'epoca normale: *la p. della barbabietola da zucchero, della canapa, del mandorlo*

prefissàle [da *prefisso* ✱ 1983] **agg.** ● (*ling.*) di prefisso, relativo a prefisso

prefissàre ① [comp. di *pre-* e *fissare* ✱ av. 1874] **A v. tr.** ● fissare, stabilire in precedenza **B prefissàrsi v. tr. pron.** (**aus.** *essere*) ● proporsi, prefiggersi (**+** *di* **seguito da inf.**): *prefissarsi una meta*; *ha raggiunto il principale obiettivo che si era prefissata*; *mi ero di prefissato di terminare il lavoro entro lunedì*

prefissàre ② [da *prefisso* ✱ 1865] **v. tr.** ● (*ling.*) nella derivazione delle parole, aggiungere un prefisso a un'unità lessicale

prefissàto ① **part. pass.** di *prefissare* ①; **anche agg.** ● fissato in precedenza: *rispettare il termine p.*

prefissàto ② **A part. pass.** di *prefissare* ②; **anche agg.** ● (*ling.*) fornito di prefisso: *aggettivo p.* **B s. m.** ● (*ling.*) unità lessicale formata mediante un prefisso (per es. *postmoderno*)

prefissazióne [da *prefissare* ✱ 1986] **s. f.** ● (*ling.*) procedimento con il quale si aggiunge un prefisso ad una unità lessicale, ottenendone una nuova

prefìsso **A part. pass.** di *prefiggere*; **anche agg.** ● stabilito, scelto in precedenza: *la meta prefissa*; *il giorno p.* **B s. m. 1** (*ling.*) particella che, anteposta alla radice di una parola, ne modifica il significato (per es. *de-*, *in-*, *pro-*) **CFR.** prefissoide **2** (*tel.*) serie di cifre che precede il numero dell'utente | (*est.*) un tempo, l'insieme del prefisso e dell'indicativo interurbano | ***p. internazionale***, codice, costituito da un doppio zero, che precede l'indicativo

prefissòide [comp. di *prefisso* e *-oide* ✱ 1935] **s. m.** ● (*ling.*) elemento formativo iniziale di una parola composta, derivato da una parola di significato compiuto (per es. *auto-*, *elettro-*, *foto-*, *tele-*) **SIN.** primo elemento **CFR.** prefisso

prefloraziόne [comp. di *pre-* e un deriv. del lat. *flōs*, genit. *flōris* 'fiore' ✱ 1875] **s. f.** ● (*bot.*) disposizione che assumono gli elementi fiorali nel bocciolo **SIN.** estivazione

prefogliazióne [comp. di *pre-* e un deriv. di *foglia* ✱ 1875] **s. f.** ● (*bot.*) posizione delle foglie nell'interno delle gemme **SIN.** vernazione

preformàre [vc. dotta, lat. *praeformāre*, comp. di *prae-* 'pre-' e *formāre* 'formare' ✱ 1835] **v. tr.** (*io prefórmo*) ● formare in anticipo

preformazióne [vc. dotta, lat. tardo *praeformatiōne(m)*, da *praeformātus* 'preformato' ✱ 1775] **s. f. 1** il preformare | ciò che è stato preformato **2** (*biol.*) ipotetico processo di sviluppo che porterebbe alla formazione dell'individuo mediante accrescimento di un organismo, microscopico ma già completo, contenuto in un gamete **CONTR.** epigenesi

preformìṣmo [vc. dotta, ingl. *preformism*, dal v. *to preform* 'preformare' ✱ 1909] **s. m.** ● (*biol.*) teoria che spiega lo sviluppo dell'individuo come accrescimento di un organismo in scala microscopica ma già completamente strutturato

prefrontàle [comp. di *pre-* e *fronte*, con suff. agg. ✱ 1958] **agg.** ● (*anat.*) detto della parte del lobo frontale del cervello situata anteriormente alle aree motorie

†**prèga** [av. 1342] **s. f.** ● preghiera

pregadio /prega(d)'dio/ o **pregaddìo**, **prèga Dio** [comp. di *pregare* e *Dio* ✱ 1934] **s. m. inv.** ● (*zool.*, *centr.*) mantide religiosa

pregàdo [vc. veneta, propr. 'pregato'; i *pregadi* erano così chiamati perché venivano pregati dal doge di esprimere il proprio parere ✱ 1500] **s. m.** ● ciascuno dei membri del senato della Repubblica Veneta

pregànte **part. pres.** di *pregare*; **anche agg.** ● (*lett.*) nei sign. del v.

◆**pregàre** o †**precàre** [lat. *precāri*, da *prĕx*, genit. *prĕcis* 'prece' ✱ sec. XI] **v. tr.** (*io prègo*, *poet.* †*priègo*, *tu prèghi*, *poet.* †*prièghi*; **in tutta la coniug. poet. la** *e* **può dittongare in** †*ie* **se tonica**) **1** rivolgersi a qlcu. chiedendo qlco. con umiltà e sottomissione (**+** *di* **seguito da inf.**, **+** *che* **o** *perché* **seguiti da congtv.**): *vi prego per carità, per amor nostro, nel nome di Dio, per ciò che avete di più caro al mondo*; *ti prego di restare*; *di una sola cosa, ti prego*; *pregalo perché dica di sì*; *pregò suo padre di aiutarlo, che lo aiutasse* | ***p. e supplicare, p. e scongiurare***, pregare con particolare intensità, fervore e sim. | ***farsi p.***, non concedere facilmente ciò che viene chiesto | ***non farsi p.***, acconsentire facilmente **SIN.** impetrare, implorare, supplicare **CONTR.** comandare, ordinare **2** rivolgersi a Dio, alla divinità, con le parole o il pensiero, come atto di devozione o per chiedere aiuto, assistenza, protezione: *p. Dio, la Madonna, i Santi*; *prega Dio per me*; *p. per i propri cari, per i defunti* | (*assol.*) dire preghiere: *è in chiesa a p.*; *la donna era inginocchiata a p.* **3** (*lett.*) domandare o invocare qlco. implorando: *indarno / sul tuo poeta, o Dea, preghi rugiade* (U. FOSCOLO) **4** invitare cortesemente, talora con fermezza (**+** *di* **seguito da inf.**): *stia comodo, non si disturbi, la prego!*; *la prego di non giudicare*; *vi pregherei di soprassedere*; *siete pregati di tacere*; *ti prego di smetterla!* **5** †augurare, desiderare **6** †imprecare

†**pregatìvo** [lat. tardo *precatīvu(m)*, da *precātus*, part. pass. di *precāri* 'pregare' ✱ av. 1565] **agg.** ● che esprime preghiera

†**pregatóre** [lat. *precatōre(m)*, da *precātus*, part. pass. di *precāri* 'pregare' ✱ 1261 ca.] **agg. e s. m.** (**f.** *-trice*) ● (*raro*) che (o chi) prega, chiede, supplica

◆**pregévole** [da *pregio* ✱ av. 1595] **agg. 1** di valore, di pregio: *un oggetto p.*; *un'opera p.* **CONTR.** dozzinale **2** degno di stima, di considerazione: *è una persona p. sotto ogni punto di vista* **CONTR.** spregevole ‖ **pregevolménte**, **avv.**

pregevolézza [1840] **s. f.** ● (*raro*) qualità di chi (o di ciò che) è pregevole: *p. di un lavoro d'oreficeria*

†**preghería** [1287] **s. f.** ● preghiera

◆**preghièra** [provenz. *preguiera*, dal lat. parl. **precāria(m)*, f. sost. di *precārius*. V. *precario* ① ✱ av. 1250] **s. f. 1** (*relig.*) manifestazione fondamentale della vita religiosa, consistente nel rivolgersi al mondo divino, con la parola o con la mente, per chiedere, ringraziare o glorificare: *raccogliersi in p.* | formula orale o scritta con cui si prega | nella dottrina cattolica, atto con il quale l'uomo si rivolge a Dio, alla Madonna, ai santi | ***P. liturgica***, quella destinata al servizio cultuale di una comunità religiosa | ***P. eucaristica***, quella che si recita durante la consacrazione **SIN.** prece eucaristica | ***P. dominicale***, il Paternostro, come orazione rivolta al Signore | ***tappeto di p.***, piccolo tappeto usato dai musulmani per inginocchiarvisi durante le preghiere giornaliere **2** (*mus.*) composizione musicale di intonazione religiosa **3** domanda, richiesta umile e pressante: *ascoltate la mia p.*; *è una p. quella che vi rivolgo* | (*est.*) cortese invito: *disattendere le preghiere di qlcu.*; *con p. di restituzione* | **su** (o **dietro** o **lett. a**) ***p. di***, su istanza di ‖ **preghierina**, **dim.**

†**preghièro** [av. 1250] **s. m.** ● preghiera

pregiàbile [da *pregiare* ✻ 1622] **agg.** ● (*lett.*) pregevole ‖ †**pregiabilità**, **s. f. inv.**

pregiàre [lat. tardo *pretiāre*, da *prĕtium* 'prezzo' ✻ av. 1250] **A v. tr.** (**pres.** *io prègio*; **fut.** *io pregerò*) **1** (*lett.*) apprezzare, stimare **CONTR.** disprezzare, spregiare **2** (*raro*, *lett.*) celebrare, encomiare, lodare **3** †valutare **B pregiàrsi v. rifl. 1** sentirsi onorato (+ *di* **seguito da inf.**): *mi pregio di farle sapere che ho accolto la sua richiesta* **2** (*lett.*) vantarsi: *Noi siam di plebe / e ce 'n pregiamo* (V. Alfieri)

pregiatissimo [av. 1446] **agg. 1** superl. di *pregiato*: *un tessuto p.* **2** molto stimato, nelle intestazioni epistolari: *p. sig.*; *p. avv*

pregiàto part. pass. di *pregiare*; **anche agg.** (**superl.** *pregiatissimo* (**V.**)) **1** stimato, spec. nelle intestazioni o nelle formule epistolari: *p. sig.*; *in risposta alla pregiata Vostra del* ... **2** che è tenuto in pregio, che ha valore: *metallo p.*; *un vino p.*

pregiatóre [da *pregiato* ✻ 1363] **agg. e s. m.** (**f.** *-trice*) ● (*raro*) che (o chi) valuta o stima nel suo giusto valore

✦**prègio** [lat. *prĕtiu(m)* 'prezzo' ✻ 1229] **s. m. 1** valore, qualità, virtù: *oggetto di p.*; *riconoscere tutto il p. di una persona, di un'opera*; *ognuno ha i suoi pregi e i suoi difetti*; *pregi stilistici, oratori, artistici* **2** decoro, onore, stima: *acquistare, perdere p.* | ***avere gran p.***, essere grandemente stimato | (*lett.*) ***salire, venire in p.***, conquistarlo | ***avere, tenere in p.***, stimare | ***farsi un p., farsi p., di qlco.***, sentirsi onorato, pregiarsi | (*est.*) ciò che conferisce pregio: *il p. della casa* **3** †premio **4** †V. *prezzo*

†**pregióne** e deriv. ➤ **prigione**① e deriv.

†**pregióso** ➤ **prezioso**

pregiudicànte part. pres. di *pregiudicare*; **anche agg.** ● (*raro*) pregiudizievole

pregiudicàre [vc. dotta, lat. *praeiudicāre*, comp. di *prae-* 'pre-' e *iudicāre* 'giudicare' ✻ 1312] **A v. tr.** (*io pregiùdico, tu pregiùdichi*) **1** †giudicare qlco. in anticipo **2** compromettere, nuocere, danneggiare: *p. l'avvenire, gli interessi di qlcu., l'esito di qlco.* | anche nella forma pron. (con valore intens.) **pregiudicàrsi**, compromettere, mettere a rischio qlco. di proprio: *pregiudicarsi la salute*; *con il suo modo di fare si è pregiudicato la carriera* **B v. intr.** (**aus.** *avere*) ● (*lett.*) recare danno, pregiudizio: *alieno da tutte le cose che pregiudicano al terzo* (F. Guicciardini)

†**pregiudicatìvo** [1560] **agg.** ● che è dannoso, pregiudizievole

pregiudicàto A part. pass. di *pregiudicare*; **anche agg. 1** nei sign. del v. | condizionato in modo negativo, compromesso: *risultato p.*; *nulla è ancora p.* **2** (*lett.*) pieno di pregiudizi: *mente pregiudicata* | (*lett.*) prevenuto, parziale: *o forse che tu sia un po' troppo p. su le sue vere intenzioni* (U. Foscolo) **B s. m.** (**f.** *-a*) ● persona che ha riportato condanne penali, o che è stata comunque sottoposta a pene detentive **CONTR.** incensurato

†**pregiudìcio** e deriv. ➤ **pregiudizio** e deriv.

pregiudiziàle o †**pregiudiciàle** [vc. dotta, lat. tardo *praeiudiciāle(m)*, da *praeiudĭcium* 'pregiudizio' ✻ 1540] **A agg. 1** †che reca pregiudizio, danno: *costumi pregiudiziali all'agricoltura* (L.A. Muratori) **2** (*dir.*) detto di ciò che dev'essere esaminato e deciso prima di ogni ulteriore azione o decisione | ***questione p.***, questione su cui la stessa autorità giudiziaria nel processo civile, la stessa o altra autorità giudiziaria nel processo penale, deve pronunciarsi con precedenza logica su altre questioni ‖ **pregiudizialità**, **s. f. inv. 1** caratteristica di ciò che è pregiudiziale **2** (*dir.*) rapporto d'ordine logico che lega le questioni pregiudiziali alle questioni che possono essere decise nel processo dopo la soluzione di quelle **B s. f.** ● (*dir.*) questione, condizione pregiudiziale: *porre una p.*; *porre un argomento come p.* | (*est.*) condizione preliminare ‖ **pregiudizialménte**, **avv.** in via pregiudiziale

pregiudiziévole o †**pregiudicévole** [1573] **agg.** ● che può portare pregiudizio, danno: *un discorso p.* **CONTR.** favorevole, utile ‖ **pregiudizievolménte**, **avv.** (*raro*) con danno o pregiudizio

pregiudìzio o †**pregiudìcio** [vc. dotta, lat. *praeiudĭciu(m)*, comp. di *prae-* 'pre-' e *iudĭcium* 'giudizio' ✻ av. 1276] **s. m. 1** idea od opinione precostituita, anteriore alla diretta conoscenza di determinati fatti o persone, fondata su convinzioni tradizionali e comuni ai più: *essere pieno di pregiudizi*; *avere pregiudizi verso, contro, nei confronti di qlcu.* o *di qlco.* **SIN.** preconcetto | (*est.*) superstizione: *vecchi pregiudizi popolari* **2** danno: *recare p. a qlcu., a qlco.*; *essere di p., di grave p. per la salute, l'onore*; *ciò avverrà con p. del tuo buon nome* **SIN.** detrimento

SFUMATURE DI SIGNIFICATO

pregiudizio - preconcetto - prevenzione

Un'idea o un'opinione errata, anteriore alla diretta conoscenza di determinati fatti o persone, fondata su convincimenti e luoghi comuni e non su un giudizio obiettivo e consapevole, si chiama **pregiudizio**. Il **preconcetto**, che pure è una persuasione che ci si forma su qualcosa o su qualcuno prima di conoscerli direttamente e che impedisce giudizi sereni, si distingue da *pregiudizio* perché basato non su opinioni correnti ma su valutazioni proprie. **Prevenzione** aggiunge al giudizio preventivo anche un'anticipata disposizione negativa nei confronti di una persona.

SFUMATURE ➤ ***credenza***①

pregiudizióso (o -ṣ-) [av. 1558] **agg. 1** †pregiudizievole **2** (*lett.*) prevenuto, pieno di pregiudizi: *un tortuoso, ipocrita, p. borghese* (R. Bacchelli)

pregnànte [vc. dotta, lat. *praegnānte(m)*, comp. di *prae-* 'pre-' e il tema di *gignere* 'generare' ✻ av. 1320] **A agg. 1** (*lett.*) pregno, gravido | (*est.*, *lett.*) gonfio, pieno: *seno p.* **2** (*ling.*) detto di termine o costruzione che contengono un senso che non è esplicitamente enunciato **3** (*fig.*) ricco di significati: *frasi pregnanti* | specifico: *nel senso p. della parola* ‖ **pregnantemente**, **avv.** (*fig.*) in modo pregnante **B s. f.** ● (*lett.*) femmina gravida

pregnànza [da *pregnante* ✻ av. 1597] **s. f. 1** (*lett.*, *raro*) gravidanza **2** (*ling.*) ricchezza di significati

†**pregnézza** [da *pregno* ✻ av. 1292] **s. f.** ● (*lett.*) gravidanza

prégno [da *pregnante* ✻ sec. XIII] **agg. 1** gravido, riferito a femmina di mammifero in genere e (*lett.*) a donna **2** (*est.*) saturo, impregnato: *muro p. d'umidità* | (*fig.*) colmo, pieno: *animo p. d'odio*; *sentimento p. di passione*

prègo① o †**prèco**, (*poet.*) †**priègo** [da *pregare* ✻ 1173] **s. m.** (**pl.** *-ghi*) ● (*lett.*) preghiera: *Mille volte mi son ricordato di quel p. e di quelle lagrime* (S. Pellico)

✦**prègo**② [prima pers. dell'indic. pres. di *pregare* ✻ 1868] **inter.** ● si usa come formula di cortesia, rispondendo a chi ringrazia o chiede scusa o invitando qlcu. ad accomodarsi, a entrare, ad accettare qlco., e, in genere, attenuando un comando o sollecitando qlco. a qlcu.: *'Grazie' 'p.!'*; *'Scusi tanto!' 'p., non c'è di che'*; *p., sedetevi*; *signori, restate calmi, p.!* | con tono interrogativo per invitare qlcu. a ripetere ciò che non si è capito: *p.?, vuol ripetere?*

pregrafiṣmo [comp. di *pre-* e *grafia* con il suff. *-ismo* ✻ 1983] **s. m.** ● situazione, condizione che precede l'apprendimento della scrittura

programmaticàle [comp. di *pre-* e *grammaticale* ✻ 1910] **agg. 1** che viene prima della grammatica, che precede lo studio della grammatica: *studio p. di una lingua* **2** (*ling.*) detto di un atto linguistico non ancora strutturato secondo un sistema grammaticale | (*ling.*) detto di voci che non fanno parte della lingua come sistema codificato e come norma (per es. le onomatopee) | (*ling.*) detto della funzione originaria di una unità lessicale che per la sua posizione sintattica si è successivamente trasformata in un elemento grammaticale (per es. 'durante' come part. pres. ha valore pregrammaticale rispetto al suo uso preposizionale in 'durante la giornata') ‖ **pregrammaticalità**, **s. f. inv.** (*ling.*) carattere pregrammaticale di una voce o di un elemento lessicale

pregrèco [comp. di *pre-* e *greco* ✻ 1958] **agg.** (**pl. m.** *-ci*) ● anteriore agli antichi Greci, ai loro stanziamenti e alla loro civiltà: *popolazioni, iscrizioni pregreche* | anteriore al greco: *vocaboli pregreci, di origine pregreca*

pregrèsso [vc. dotta, lat. *praegrĕssu(m)*, da *praegredi* 'andare avanti', comp. di *prae-* 'pre-' e *grădi* 'avanzare' (di orig. indeur.) ✻ 1840] **agg.** ● (*lett.*, *burocr.*, *med.*) detto di ciò che si è verificato nel passato, o comunque in un momento precedente rispetto a quello attuale: *epoche pregresse*; *anzianità pregressa*; *malattia pregressa*

pregustaménto [av. 1852] **s. m.** ● (*raro*) pregustazione

pregustàre [vc. dotta, lat. *praegustāre*, comp. di *prae-* 'pre-' e *gustāre* 'gustare' ✻ av. 1342] **v. tr.** ● gustare in anticipo col pensiero qlco. che si presenta come molto gradevole e desiderabile: *p. le vacanze*; *p. il piacere della vendetta*; *pregustava le risate che avrebbero accolto il suo racconto* (L. Pirandello)

pregustatóre [vc. dotta, lat. *praegustatōre(m)*, da *praegustātus*, part. pass. di *praegustāre* 'pregustare' ✻ 1745] **agg. e s. m.** (**f.** *-trice*) **1** (*raro*) che (o chi) pregusta **2** anticamente, servo che era destinato ad assaggiare le vivande per assicurare ai commensali l'assenza di veleni

pregustazióne [1342] **s. f.** ● (*lett.*) il pregustare

pregùsto [av. 1595] **s. m.** ● (*lett.*) pregustazione

prehnìte [comp. del n. del colonnello *von Prehn* (sec. XVIII), che la scoprì, e *-ite*② ✻ 1819] **s. f.** ● (*miner.*) silicato di calcio e alluminio in cristalli aggregati di color verde o in piccole masse tondeggianti

preimballàggio [comp. di *pre-* e *imballaggio* ✻ sec. XX] **s. m.** ● confezione sigillata di un prodotto fatta in modo che non possa esserne alterata la qualità o la quantità nella filiera distributiva

preimpiànto [comp. di *pre-* e *impianto* ✱ 1989] **in funzione di agg. inv.** ● (*med.*) nella fecondazione assistita, detto di diagnosi genetica eseguita per selezionare l'embrione prima del suo impianto

preincàico [1973] **agg.** (**pl. m.** *-ci*) ● appartenente a civiltà precedenti a quella degli Inca: *una tomba preincaica*

preincàrico [comp. di *pre-* e *incarico* ✱ 1986] **s. m.** (**pl.** *-chi*) ● mandato conferito dal Presidente della Repubblica a un esponente politico durante una crisi di governo, allo scopo di saggiare la possibilità di ricomporre una maggioranza parlamentare stabile

preindeuropèo ➤ **preindoeuropeo**

preindicàto [comp. di *pre-* e *indicato* ✱ av. 1847] **agg.** ● (*raro*) sopraindicato

preindoeuropèo o **preindeuropèo** [comp. di *pre-* e *indeuropeo* ✱ 1932] **A** **agg.** **1** (*ling.*) detto di fenomeno linguistico presente in un'area prima della diffusione di una lingua indoeuropea **2** detto di gruppi etnici esistiti in determinati territori prima della comparsa delle popolazioni indoeuropee **B** **s. m.** (**f.** *-a*) ● ogni individuo delle popolazioni preindeuropee

preindustriàle [comp. di *pre-* e *industriale* ✱ 1914] **agg.** ● che precede o non ha ancora conosciuto il processo di industrializzazione: *stadio, civiltà p.* **CFR.** premoderno

†**preìre** [vc. dotta, lat. *praeīre*, comp. di *prae-* 'pre-' e *īre* 'andare' ✱ av. 1375] **v. tr.** ● precedere: *costor preiva più davanti un poco Aconzio* (G. Boccaccio)

preiscrizióne [comp. di *pre-* e *iscrizione* ✱ 1984] **s. f.** ● richiesta anticipata di iscrizione, spec. scolastica, dovuta a esigenze organizzative

preistòria [comp. di *pre-* e del lat. *histŏria* 'storia' ✱ 1895] **s. f.** **1** periodo dello sviluppo della civiltà di cui non rimangono documenti scritti, ma di cui si possono ricostruire i fenomeni e gli avvenimenti in base a reperti archeologici **2** (*raro*) disciplina che studia tale periodo **3** (*est., scherz.*) condizione di grande arretratezza: *quella televisione è pura p.!* **4** (*est.*) l'insieme delle prime e remote origini di un fenomeno, di un evento, di una disciplina e sim.: *la p. delle trattative*; *la p. della sociologia*

preistòrico [da *preistoria* ✱ 1870] **agg.** (**pl. m.** *-ci*) **1** della preistoria, relativo alla preistoria: *età preistorica*; *popolazioni preistoriche* **2** (*fig., scherz.*) molto vecchio e fuori moda: *un'automobile preistorica* **SIN.** antidiluviano ‖ **preistoricaménte**, **avv.** relativamente alla preistoria

prelatésco [1542] **agg.** (**pl. m.** *-schi*) ● (*spreg.*) da prelato: *tono, fare p.*

prelatino [comp. di *pre-* e *latino* ✱ 1954] **agg.** ● anteriore ai Latini, ai loro stanziamenti e alla loro civiltà: *popolazioni prelatine* | anteriore alla lingua latina: *vocaboli prelatini, di origine prelatina*

prelatìzio ① [dal lat. *praelātus* (V. *prelazione*) ✱ 1729] **agg.** ● (*dir.*) relativo alla prelazione

prelatìzio ② [da *prelato* ✱ 1673] **agg.** ● di prelato, da prelato: *titolo p.*; *abito p.*; *dignità prelatizia*

prelàto [vc. dotta, lat. *praelātu(m)*, part. pass. di *praeferre* 'mettere innanzi', comp. di *prae-* 'pre-' e *ferre* 'portare' (V. *-fero*) ✱ av. 1243] **s. m.** **1** dignitario ecclesiastico cattolico con giurisdizione ordinaria ovvero con titolo soltanto onorifico **2** †guida spirituale, superiore **3** †governatore, vicario regio

prelatùra [av. 1328] **s. f.** **1** carica, ufficio, dignità di prelato **2** ambito in cui il prelato esercita la propria giurisdizione | ***p. territoriale***, (*ellitt.*) ***prelatura***, territorio su cui il prelato ha giurisdizione | ***p. personale***, istituzione ecclesiastica retta da un prelato la cui giurisdizione è priva di territorialità **3** †l'insieme dei prelati

prelavàggio [comp. di *pre-* e *lavaggio* ✱ 1964] **s. m.** ● lavaggio preliminare di breve durata, spec. in macchina lavabiancheria e lavastoviglie

prelazióne [vc. dotta, lat. *praelatiōne(m)*, da *praelātus*, part. pass. di *praeferre* 'mettere innanzi' (V. *preferire*) ✱ av. 1306] **s. f.** **1** †prelatura: *persone che cerchino Dio e non prelazioni* (Caterina da Siena) **2** (*dir.*) preferenza accordata per legge o per convenzione a parità di condizioni a un dato soggetto nell'esercizio del diritto di acquisto di un dato bene: *avere, esercitare la p. su un bene*; *diritto di p.* | (*est.*) diritto di uno o più creditori di precedere gli altri creditori in sede di riparto del ricavato dalla espropriazione del comune debitore **3** (*lett.*) preferenza, scelta **4** †superiorità

prelegatàrio [da *prelegat(o)* con il suff. di *(legat)ario* ✱ 1958] **s. m.** (**f.** *-ia*) ● (*dir.*) beneficiario di un prelegato

prelegàto [vc. dotta, lat. *praelegātu(m)*, part. pass. di *praelegāre* 'lasciare per testamento con privilegio di antiparte', comp. di *prae-* 'pre-' e *legāre* 'legare②' ✱ 1673] **s. m.** ● (*dir.*) legato fatto all'erede

preléggi [comp. di *pre-* e il pl. di *legge* ✱ 1933] **s. f. pl.** ● complesso di disposizioni sulla legge in generale che precedono il codice civile

preletteràrio [comp. di *pre-* e *letterario* ✱ 1956] **agg.** ● che precede la formazione della civiltà letteraria di un popolo

prelevaménto [1812] **s. m.** **1** il prelevare qlco. **2** operazione bancaria con cui si ottiene, dalla banca stessa, la disponibilità di una somma depositata: *fare, effettuare un p.* **SIN.** prelievo | (*est.*) somma di denaro prelevata dalla banca: *un grosso p.*

prelevàre [vc. dotta, lat. tardo *praelevāre* 'levare prima', comp. di *prae-* 'pre-' e *levāre* 'levare' ✱ 1548] **v. tr.** (*io prelèvo*) **1** prendere, ritirare somme o beni da un luogo o da un deposito di denari o cose: *p. mille euro dal proprio conto in banca*; *domani verranno a p. le merci vendute*; *p. dal magazzino* **CONTR.** depositare **2** portare via qlcu. da un luogo, con la forza o d'autorità: *i carabinieri l'hanno prelevato da casa sua* | (*fam., scherz.*) andare a prendere: *passerò a prelevarti alle sei* **3** (*med.*) raccogliere materiale biologico da sottoporre a esame

prelevazióne [av. 1847] **s. f.** ● (*raro*) il prelevare | prelievo

prelezióne [vc. dotta, lat. *praelectiōne(m)* 'lettura esplicativa, spiegazione', comp. di *prae-* 'pre-' e *lĕctio*, genit. *lectiōnis* 'lettura' (V. *lezione*) ✱ av. 1642] **s. f.** ● (*lett.*) lezione introduttiva o inaugurale di un corso accademico o universitario: *le prelezioni del Poliziano*

†**preliàre** [vc. dotta, lat. *proeliāri*, da *proēlium* 'battaglia', di etim. incerta ✱ av. 1306] **v. intr.** ● combattere, contendere: *oggi qui non si canta, anzi si prelia* (I. Sannazaro)

prelibàre [vc. dotta, lat. *praelibāre* 'pregustare', comp. di *prae-* 'pre-' e *libāre* 'gustare' ✱ 1321] **v. tr.** **1** (*lett.*) assaggiare o degustare anticipatamente (*anche fig.*) **2** (*fig.*) †trattare brevemente, in via preliminare

prelibatézza [1940] **s. f.** ● gusto prelibato: *p. di un vino* | cibo squisito, leccornia

✦**prelibàto** **part. pass.** di *prelibare*; anche **agg.** **1** nei sign. del v. | (*fig., lett.*) suddetto **2** eccellente, squisito: *vino, cibo, sapore p.* ‖ **prelibataménte**, **avv.**

prelièvo [deriv. di *prelevare* ✱ 1799] **s. m.** **1** prelevamento: *fare, effettuare un p. in banca* | somma prelevata: *un p. di duecento euro* | ***p. fiscale***, decurtazione operata dallo Stato sui redditi dei contribuenti **2** (*med.*) sottrazione di una parte di tessuto o di liquido organico per ricerca, analisi o terapia

✦**preliminàre** [comp. di *pre-* e del lat. *līmen*, genit. *līminis* 'soglia' (V. *liminare*), con suff. agg.; propr. 'ciò che è davanti alla soglia' ✱ 1637] **A** **agg.** ● iniziale, introduttivo, preparatorio (+ *a*): *discussione p.*; *notizie, dati preliminari*; *istruzione p.*; *atti preliminari all'istruzione, al dibattimento* | ***contratto p.***, accordo con cui due o più persone si impegnano a concludere in futuro un contratto definitivo ‖ **preliminarménte**, **avv.** in modo preliminare, prima di addentrarsi nei particolari ‖ **preliminarità**, **s. f. inv.** **B** **s. m.** ● elemento, momento o parte iniziale, introduttiva o preparatoria di qlco.: *preoccuparsi dei preliminari*; *è un p. che va chiarito immediatamente*; *preliminari di pace* **CONTR.** conclusione | (**al pl.**) attività erotiche che precedono l'atto sessuale

prelinguàle [comp. di *pre-* e *linguale* ✱ 1989] **agg.** ● (*med.*) detto di sordità grave congenita o insorta nel bambino prima dell'apprendimento del linguaggio **CFR.** preverbale

prelodàto [comp. di *pre-* e *lodato* ✱ av. 1577] **agg.** ● (*lett.*) predetto, suddetto, sullodato

prelògico [comp. di *pre-* e *logico* ✱ av. 1952] **agg.** (**pl. m.** *-ci*) ● (*psicol.*) detto di un tipo di pensiero che non segue le normali regole della logica e che, secondo alcuni autori, caratterizzerebbe i bambini, i popoli primitivi e certi psicotici

prelogìsmo [comp. di *pre-* e del gr. *logismós* 'ragionamento' ✱ 1958] **s. m.** ● (*psicol.*) modo di pensare basato su schemi molto semplici ed estranei alle categorie della logica, attribuito da alcuni studiosi alle mentalità primitiva e infantile

†**prelùcere** [vc. dotta, lat. *praelucēre*, comp. di *prae-* 'pre-' e *lucēre* 'risplendere', da *lūx*, genit. *lūcis* 'luce' ✱ av. 1644] **v. intr.** ● eccellere | (*lett.*) manifestarsi in anticipo

preludènte **part. pres.** di *preludere*; anche **agg.** ● nei sign. del v.

✦**prelùdere** [vc. dotta, lat. *praelūdere* 'far prove, esercitarsi per', comp. di *prae-* 'pre-' e *lūdere* 'giocare', da *lūdus* 'gioco' (V. *ludo*) ✱ av. 1328] **v. intr.** (**pass. rem.** *io prelùsi, tu preludésti*; **part. pass.** *prelùso*; **aus.** *avere*) **1** costituire il preannuncio, la prima manifestazione di ciò che avverrà (+ *a*): *quelle schermaglie preludevano ormai alla guerra*; *un brontolio lontano prelude al temporale* **2** (*raro*) introdurre a qlco. mediante una premessa: *p. in prosa a' miei versi confesso che non mi piace* (G. Carducci)

preludiàre [da *preludio* ✱ 1826] **v. intr.** (*io prelùdio*; **aus.** *avere*) **1** (*mus.*) far da preludio | eseguire un preludio **2** (*lett.*) preludere

✦**prelùdio** [da *preludere* ✱ 1441] **s. m.** (**pl.** *-i* o *raro -ii*) **1** (*mus.*) pezzo strumentale di forma e uso molto vari, che tra l'altro introduce la suite del Seicento, la fuga del Settecento, l'opera lirica dell'Ottocento, ma nel pianismo romantico è libero e autonomo da altri pezzi: *il p. del Tristano e Isotta*; *i preludi di Chopin, di Debussy* **2** (*fig.*) segno foriero e premonitore, fatto che prepara a qlco.: *il p. della burrasca, di una rivolta*; *è il p. del matrimonio* **3** discorso di introduzione e di preparazione: *questo è il p. al mio intervento di domani* | proemio, inizio: *il p. del poema*

prelùso **part. pass.** di *preludere* ● nei sign. del v.

premaman /fr. prema'mã/ [vc. pseudo-fr., propr. 'pre-mamma' ✱ 1964] **A** **s. m. inv.** ● abito, indumento di taglio molto ampio, tale da poter essere indossato dalle donne in stato di avanzata gravidanza **B** anche **agg. inv.**: *abito, cappotto p.*

premarcàto [da *pre-* e *marcato*] **agg.** ● che reca stampati i dati necessari per effettuare un'operazione, spec. di pagamento: *bollettino, modulo p.*

prematrimoniàle [comp. di *pre-* e *matrimonio*, con suff. agg. ✻ 1922] **agg.** ● che precede il matrimonio: *periodo p.*; *accertamenti, rapporti prematrimoniali*

prematurità [1954] **s. f. inv.** ● condizione di ciò che è prematuro | condizione di neonato prematuro

prematùro [vc. dotta, lat. *praematūru(m)*, comp. di *prae-* 'pre-' e *matūrus* 'maturo' ✻ 1586] **A agg.** ● che si verifica o è fatto prima del tempo giusto, in anticipo sui termini normali: *domanda prematura*; *conclusioni premature*; *parto, neonato p.* | ***notizie premature***, relative a fatti non ancora accertati | ***è p. fare, dire*** e sim., è troppo presto per fare, dire e sim. **CONTR.** tardivo **B s. m.** (**f.** *-a*) ● neonato venuto alla luce prima della trentasettesima settimana di gestazione | correntemente, neonato che pesa meno di 2,500 kg alla nascita ‖ **prematuraménte**, **avv.** prima del tempo

premeditàre [vc. dotta, lat. *praemeditāri*, comp. di *prae-* 'pre-' e *meditāri* 'meditare' ✻ av. 1342] **v. tr.** (*io premèdito*) ● preparare mentalmente qlco., prima di effettuarla, meditandola a lungo: *p. un delitto, una rapina*

premeditàto A part. pass. di *premeditare*; **anche agg.** ● nel sign. del v. | compiuto con premeditazione: *omicidio p.* ‖ **premeditataménte**, **avv. B avv.** ● †premeditatamente

premeditazióne [vc. dotta, lat. *praemeditatiōne(m)*, da *praemeditātus*, part. pass. di *praemeditāri* 'premeditare' ✻ 1441] **s. f. 1** ponderazione anticipata di ciò che si vuol compiere: *l'accurata p. di ogni proprio gesto* **2** (*dir.*) atteggiamento di chi premedita un crimine, che costituisce una circostanza aggravante speciale dei reati di omicidio e di lesioni personali: *omicidio commesso con p.*

premenopàusa [comp. di *pre-* e *menopausa* ✻ 1988] **s. f.** ● (*fisiol.*) periodo della vita della donna che precede la fine dell'età feconda

premènte part. pres. di *premere*; **anche agg. 1** che preme | che esercita una pressione: *pompa p.* **2** (*fig., lett.*) impellente, pressante: *necessità p.*

†**prementovàto** [comp. di *pre-* e *mentovato* ✻ av. 1673] **agg.** ● suddetto, predetto

♦**prèmere** [lat. *prĕmere*, da una radice indeur. che significa 'schiacciare' ✻ 1282] **A v. tr.** (**pass. rem.** *io premètti* o *raro preméi*, *†prèssi*, *tu preméstì*; **part. pass.** *premùto*, *†prèsso*) **1** comprimere o schiacciare col peso o con la forza: *p. qlco. con le mani, coi piedi*; *p. il pedale del freno*; *premi forte il campanello se vuoi che suoni* | ***†p. le vestigia, le pedate***, (*fig.*) calcare le orme **SIN.** pigiare, pressare **2** †stringere | (*lett., est.*) spremere: *p. il succo, il limone* **3** (*fig., lett.*) opprimere: *p. qlcu. con imposte, usure, vessazioni* | (*fig., lett.*) angustiare, tormentare: *disperato dolor che 'l cor mi preme* (DANTE *Inf.* XXXIII, 5) **4** (*fig.*) inseguire incalzando: *p. il nemico in fuga* **5** †nascondere, dissimulare: *p. l'affanno, lo sdegno* **B v. intr.** (**aus.** *avere* **nei sign.** 1, 2, 4 **e** 5, *essere* **nel sign.** 3) **1** esercitare una pressione: *p. sulla ferita, sul coperchio di qlco.* | accalcarsi: *Varia turba … s'urta e preme* (T. TASSO) | (*fig.*) ***p. su qlcu.***, cercare di indurlo a qlco. con pressioni morali **2** gravare (*anche fig.*): *l'onere delle tasse preme su di noi* **3** (*fig.*) importare, stare a cuore (+ *che* **seguito da congtv.**, + **inf.**, + *di* **seguito da inf.**): *è una faccenda che mi preme molto*; *mi preme che lui non lo venga a sapere*; *gli premeva essere puntuale*; *Mi preme di parlare al Conte* (C. GOLDONI) **4** (*raro*) essere urgente **5** †aver cura, premura

SFUMATURE DI SIGNIFICATO

premere - calcare - schiacciare

Premere nel suo significato più generale è comprimere o schiacciare con un peso o con la forza. **Calcare** esprime una particolare modalità del premere, cioè il comprimere dall'alto verso il basso, per esempio con i piedi; ha, rispetto a *premere*, usi figurati suoi propri, come nell'espressione *calcare la mano*, che, riferita a un aspetto o a un argomento, significa accentuarlo, sottolinearlo, metterlo in rilievo. In **schiacciare** la pressione è talmente forte da far perdere a un oggetto, o anche a una parte del corpo, la forma originaria, quindi eventualmente danneggiandolo o addirittura rompendolo.

SFUMATURE ➤ *spingere*①

preméssa [f. sost. di *premesso* ✻ av. 1565] **s. f. 1** enunciazione che serve d'introduzione e chiarimento a ciò che si dirà in seguito: *dopo le necessarie premesse, daremo inizio alla discussione* **SIN.** preliminare **2** presupposto, condizione: *non ci sono le premesse per un accordo* **3** introduzione: *la p. di un libro* | (*gramm.*) protasi **4** (*filos.*) in un sillogismo, ciascuna delle due proposizioni, maggiore e minore, da cui si deduce la terza che ne costituisce la conclusione

premésso part. pass. di *premettere*; **anche agg. 1** nei sign. del v. **2** ***ciò p.***, dopo aver detto ciò | ***p. che***, dopo aver esposto, considerato che: *p. che la cosa non mi riguarda di persona, dirò la mia opinione*

premestruàle [comp. di *pre-* e *mestruo*, con suff. agg. ✻ 1939] **agg.** ● che precede la mestruazione: *disturbi premestruali*

premèttere [vc. dotta, lat. *praemĭttere*, comp. di *prae-* 'pre-' e *mĭttere* 'mandare' (V. *mettere*) ✻ av. 1320] **v. tr.** (**coniug. come** *mettere*) **1** dire prima, far precedere come premessa: *desidero p. alcune considerazioni generali*; *p. una prefazione, un preambolo, una breve introduzione a un'opera* | ***premetto che***, in primo luogo faccio presente che **SIN.** anteporre **CONTR.** posporre **2** †mandare avanti | (*fig.*) †anteporre, preferire

premiàbile [av. 1645] **agg.** ● (*raro*) che si può premiare

premiàle [1983] **agg. 1** (*raro*) relativo a premio **2** che premia, che costituisce un premio | (*dir.*) che ha carattere di premio, con riferimento alle norme di legge che prevedono sconti di pena o altri benefici in favore di imputati e condannati che collaborino con la giustizia ‖ **premialità**, **s. f. inv. 1** caratteristica di ciò che è premiale **2** attribuzione di un premio aggiuntivo in relazione al raggiungimento di determinati obiettivi: *la premialità nel diritto penale*; *sistema di premialità per la raccolta differenziata dei rifiuti*; *premialità dei docenti*

premiàndo [da *premia(re)*, con il suff. *-ando* ✻ 1871] **s. m.** (**f.** *-a*) ● (*raro*) persona designata per un premio: *i premiandi sono tutti presenti*

premiàre [vc. dotta, lat. tardo *praemiāre*, da *prāemium* 'premio' ✻ av. 1328] **v. tr.** (*io prèmio*) ● riconoscere con un premio il valore o la validità di qlcu. o di qlco.: *p. un romanzo, un poeta*; *il merito e l'onestà devono essere premiati* | (*est.*) ricompensare: *la sua pazienza è stata premiata*

†**premiatìvo** [av. 1406] **agg.** ● che serve a premiare

premiàto part. pass. di *premiare*; **anche agg. e s. m.** (**f.** *-a*) ● che (o chi) ha ricevuto un premio: *l'elenco dei premiati*

premiatóre [vc. dotta, lat. tardo *praemiatōre(m)*, da *praemiāre* 'premiare' ✻ av. 1342] **agg. e s. m.** (**f.** *-trice*) ● (*raro*) che (o chi) premia

premiazióne [av. 1406] **s. f.** ● azione di premiare | (*est.*) la cerimonia della distribuzione dei premi: *assistere alla p.*

prèmice [da *premere*: sul modello di *soffice* (?) ✻ 1804] **agg.** ● che si schiaccia premendo tra le dita: *nocciola p.*

prèmier /'prɛmjer, *ingl.* 'prɛmiə(r)/ [vc. ingl., dal fr. *premier*, dal lat. *primāriu(m)* 'primario' ✻ 1844] **s. m. e f. inv.** ● primo ministro inglese e (*est.*) di altre nazioni

premieràto [da *premier* col suff. *-ato*① ✻ 1950] **s. m.** ● sistema politico-costituzionale in cui il premier, cioè il capo del governo, è eletto direttamente dal corpo elettorale ed è dotato di ampi poteri **CFR.** cancellierato

première /*fr.* prə'mjɛʀ/ [vc. fr., propr. 'prima', f. di *premier* 'primo' (V. *premier*) ✻ 1877] **s. f. inv. 1** prima rappresentazione di uno spettacolo **2** sarta che dirige un laboratorio di sartoria

prèmiership /'prɛmjerʃip, *ingl.* 'prɛmɪəˌʃɪp/ [vc. ingl., comp. di *premier* (V.) e del suff. *-ship* (V. *leadership*) ✻ 1902] **s. f. inv.** ● carica di primo ministro | (*est.*) carica o funzione dirigenziale

premilitàre [comp. di *pre-* e *militare* ✻ 1931] **A agg.** ● un tempo, detto di istruzione intesa a preparare moralmente e fisicamente alla vita militare i giovani prossimi al servizio di leva **B s. f.** ● istruzione premilitare **C s. m.** ● giovane che partecipava alla premilitare

♦**preminènte** [vc. dotta, lat. *praeeminĕnte(m)*, part. pres. di *praeeminēre* 'star sopra', comp. di *prae-* 'pre-' ed *eminēre* 'sporgere' (V. *eminente*) ✻ av. 1440] **agg. 1** superiore, predominante, di spicco: *occupare una posizione p.*; *svolgere un ruolo p.* **2** prioritario, prevalente: *il problema è di p. importanza*; *esigenza p.* ‖ **preminenteménte**, **avv.** in modo preminente, soprattutto

preminènza o †**preeminènza**, †**preminènzia** [vc. dotta, lat. tardo *praeeminĕntia(m)*, da *praeēminens*, genit. *praeeminĕntis* 'preminente' ✻ 1353] **s. f.** ● superiorità, primato, rilievo rispetto ad altre cose o persone: *essere, trovarsi in posizione di p.*; *raggiungere e difendere la propria p. in un ambiente*; *la p. della vita contemplativa* (F. DE SANCTIS)

♦**prèmio** [vc. dotta, lat. *prāemiu(m)*, comp. di *prae-* 'pre-' ed *ĕmere* 'comperare', di orig. indeur. ✻ av. 1306] **A s. m. 1** tangibile riconoscimento del valore o del merito di qlco. o di qlcu.: *meritare, desiderare un p.*; *assegnare, attribuire un p.*; *vincere un p.* | (*est.*) segno di tale riconoscimento: *il primo, secondo, terzo p.*; *consegnare, distribuire i premi*; *ritirare il p.* | (*fig.*) ricompensa: *il suo sorriso è stato il miglior p. ai miei sacrifici* | ***p. di maggioranza***, V. *maggioranza* **2** competizione in cui si premiano i vincitori: *p. di atletica leggera, di motonautica*; *istituire un p. letterario, di pittura* | denominazione di varie competizioni o sim.: *P. Nobel, Campiello, Viareggio* | ***Gran P.***, spec. nell'automobilismo, nell'ippica, nel ciclismo ecc., concorso o gara di particolare importanza | ***Gran P. della Montagna***, in una gara ciclistica a tappe, trofeo assegnato al miglior scalatore in base a una classifica a punti che tiene conto dei risultati ottenuti nei traguardi posti sui passi di montagna; (*est.*) ognuno di tali traguardi **3** vincita di lotterie, estrazioni a sorte e sim.: *il primo p. è di centomila euro*; *premi in denaro, in oggetti d'arte* | ***p. di consolazione***, concesso a chi, pur essendo rimasto escluso dai premi principali, abbia determinati requisiti **4** nei contratti a termine di borsa, somma pagata da uno dei contraenti per riservarsi la facoltà di eseguire o risolvere il contratto | ***p. di emissione***, somma pagata in più, al momento della sottoscrizione di azioni, rispetto al loro valore nominale | ***p. di assicurazione***, quota che il sottoscrittore della polizza paga per ottenere la copertura di un rischio **5** indennità speciale concessa da un ente pubblico o privato ai propri dipendenti | ***retribuzione a p.***, quando viene stabilito un compenso aggiuntivo al salario a tempo | ***p. di produzione***, maggiorazione della retribuzione di un lavoratore corrisposta in seguito all'incremento di produzione di un'impresa | ***p. d'ingaggio***, V. *ingaggio* | agevolazione o contributo finanziario concesso dallo Stato per stimolare attività e sim. **6** nella loc. ***fare p.***, fare aggio (V. *aggio*①): *la moneta aurea fa p. su quella cartacea; talora l'apparire fa premio sull'essere* ‖ **premiétto**, **dim.** | **premióne**, **accr.** | **premiùccio**, **dim.** **B** in funzione di **agg. inv.** ● (posposto a un sost.) detto di ciò che è concesso a titolo di premio: *busta p.*; *viaggio, licenza p.*; *bolli p.*

SFUMATURE ➤ ***ricompensa***

†**premissióne** [vc. dotta, lat. tardo *praemissiōne(m)*, da *praemĭssus* 'premesso' ✱ 1309] **s. f.** ● anteposizione | premessa

premistòffa [comp. di *premere* e *stoffa* ✱ 1912] **A** **s. m. inv.** ● (*mecc.*) pezzo della macchina da cucire che preme la stoffa e la fa scorrere **B** anche **agg. inv.**: *piedino p.*

premistóppa [comp. di *premere* e *stoppa* ✱ 1899] **s. m. inv.** ● (*mecc.*) dispositivo che comprime le guarnizioni di tenuta di macchine in movimento: *p. di una pompa, di una valvola*

prèmito [da *premere*: sul modello di *fremito* (?) ✱ 1547] **s. m.** ● (*med.*) contrazione della muscolatura addominale, intestinale o uterina

premitùra [sec. XIV] **s. f.** ● (*raro*) pressione, pigiatura

premium /ˈprɛmium, *ingl.* ˈpriːmɪəm/ [vc. ingl., dal lat. *prăemiu(m)* 'premio' ✱ 1997] **A** **agg. inv.** ● detto di versione di un prodotto che rispetto a quella base include un numero maggiore di funzioni o servizi **CFR.** freemium **B** **s. m. inv.** ● prodotto premium

premodèrno o **pre-modèrno** [comp. di *pre-* e *moderno* ✱ 1981] **agg.** **1** che si colloca nel periodo che precede il processo di industrializzazione, il modo di vivere e di pensare propri del mondo moderno **CFR.** preindustriale **2** (*archit.*) che precede l'affermarsi del movimento moderno

premolàre [comp. di *pre-* e *molare* (agg.) ✱ 1922] **A** **agg.** ● (*anat.*) che è situato davanti ai molari **B** **s. m.** ● (*anat.*) dente compreso tra i canini e i molari

premondiàle o **pre mondiàle** [comp. di *pre-* e *mondiale* ✱ 1985] **A** **agg.** ● (*sport*) che precede un campionato mondiale: *ultima partita amichevole p.* **B** **s. m.** ● (*sport*) gara, torneo o sim. che precede un mondiale: *Italia seconda ai premondiali di sci nordico*

†**premonìre** [vc. dotta, lat. *praemonēre*, comp. di *prae-* 'pre-' e *monēre* 'ammonire, avvertire' (V. *monito*) ✱ sec. XV] **v. tr.** ● ammonire anticipatamente

✦**premonitóre** [vc. dotta, lat. *praemonitōre(m)*, da *praemŏnitus*, part. pass. di *praemonēre* 'premonire' ✱ av. 1498] **A** **agg.** (**f.** *-trice*) ● che mette sull'avviso, che preannuncia qlco.: *segni, sintomi, indizi premonitori* **B** **s. m.** (**f.** *-trice*) ● (*raro*) chi avverte in anticipo

premonitòrio [vc. dotta, lat. tardo *praemonitōriu(m)*, da *praemŏnitus*, part. pass. di *praemonēre* 'premonire' ✱ 1875] **agg.** (**pl. m.** *-i* o *raro -ii*) ● che premonisce, che costituisce un avvertimento, una premonizione

premonizióne [vc. dotta, lat. tardo *praemonitiōne(m)*, da *praemŏnitus*, part. pass. di *praemonēre* 'premonire' ✱ 1611] **s. f.** **1** (*lett.*) preavviso **2** presentimento, presagio | in metapsichica, presentimento paranormale concernente il verificarsi di eventi futuri

premoriènza [da *premorire* ✱ 1673] **s. f.** ● il fatto che qlcu. muoia prima di un'altra persona o prima di un determinato termine, precedentemente fissato, spec. con riferimento a effetti giuridici, assicurativi o pensionistici

premorìre [vc. dotta, lat. *praemori*, comp. di *prae-* 'pre-' e *mŏri* 'morire' ✱ 1479] **v. intr.** (**coniug. come** *morire*; **aus.** *essere*) ● (*burocr.*) morire prima di un altro o prima di un dato termine

premòrte [comp. di *pre-* e *morte* ✱ 1942] **s. f.** **1** (*burocr., raro*) premorienza **2** (*raro*) condizione immediatamente precedente la morte o percepita come simile alla morte

premòrto **part. pass.** di *premorire*; anche **agg.** ● (*lett.* o *burocr.*) morto prima di altri o di un dato termine

†**premostràre** [vc. dotta, lat. *praemonstrāre*, comp. di *prae-* 'pre-' e *monstrāre* 'mostrare' ✱ 1342] **v. tr.** ● (*lett.*) preannunciare | (*lett.*) mostrare prima

premostratènse [dalla località di *Prémontré* (lat. *Praemonstrātu(m)*, propr. '(luogo) mostrato prima', part. pass. di *praemonstrāre* 'premostrare', perché il luogo era stato indicato profeticamente da S. Norberto), dove l'ordine fu fondato ✱ 1567] **s. m.** ● canonico regolare di un ordine agostiniano fondato nel XII sec., in Francia

✦**premunìre** [vc. dotta, lat. *praemunīre*, comp. di *prae-* 'pre-' e *munīre* 'munire' ✱ 1552] **A** **v. tr.** (*io premunìsco, tu premunìsci*) ● dotare di opere e mezzi atti alla difesa, alla resistenza e sim.: *p. il campo, una fortezza*; *p. i vigneti contro i parassiti* | (*fig.*) preservare, salvaguardare da possibili danni, rischi ecc.: *p. l'organismo contro il freddo*; *p. i giovani dall'impazienza* **B** **premunìrsi** **v. rifl.** ● dotarsi preventivamente di un mezzo di difesa o di protezione: *premunirsi di un bastone, di un ombrello* | (*fig.*) cautelarsi: *premunirsi contro gli imprevisti*

premunìto **part. pass.** di *premunire*; anche **agg.** ● nei sign. del v.

premunizióne [vc. dotta, lat. *praemunitiōne(m)*, da *praemunītus* 'premunito'; calco sul gr. *prokatálēpsis, protherapéia* ✱ 1871] **s. f.** **1** (*raro*) il premunire, il premunirsi **2** (*med.*) aumentata resistenza organica verso una malattia infettiva: *p. contro la tubercolosi*

premùra [da *premere*, sul modello di *pressura* ✱ 1497] **s. f.** **1** fretta, urgenza: *avere p. di fare qlco.* | ***far p. a qlcu.***, sollecitarlo, raccomandargli di far presto | ***di p.***, di fretta: *essere di p.* | ***un affare di p.***, urgente **CONTR.** calma, flemma **2** cura, sollecitudine nei confronti di qlcu. o di qlco.: *sarà mia p. scriverti* | ***darsi p.***, prendersi cura **3** (**spec. al pl.**) atto gentile, riguardo affettuoso: *circondare qlcu. di premure, di tutte le premure*; *usare ogni p. nei riguardi di qlcu.*; *sorpreso, intontito da tanta p. silenziosa* (L. PIRANDELLO)

SFUMATURE ➤ ***riguardo***

premuràre [da *premura* ✱ 1801] **A** **v. tr.** ● (*raro*) sollecitare: *p. qlcu. perché faccia, dica, concluda qlco.* **B** **premuràrsi** **v. intr. pron.** ● darsi cura (+ *di* **seguito da inf.**, + *che* **seguito da congtv.**): *mi premurerò di sbrigare ogni cosa al più presto*; *si premurò che la dispensa fosse ben fornita*

premuróso (o -ṣ-) [1641] **agg.** **1** (*lett.*) sollecito, interessato: *c'era un uomo troppo p. di aver notizie d'una di loro* (A. MANZONI) **2** pieno di premure, attenzioni, riguardi: *amico, padre, marito p.* **3** (*lett.*) urgente: *un affare p.* ‖ **premurosaménte**, **avv.** in modo premuroso, con premura ‖ **premurosità**, **s. f. inv.**

SFUMATURE DI SIGNIFICATO

premuroso - sollecito - amorevole

Premuroso è chi o ciò che dimostra cura, attenzione nei confronti dei bisogni altrui. Di significato molto vicino è **sollecito**, che aggiunge alla disposizione premurosa la solerzia, lo zelo nel venire incontro alle necessità degli altri. **Amorevole** è chi presta cure, attenzioni ad altri in virtù di un vincolo d'amore.

SFUMATURE ➤ ***generoso***

premùta [da *premere* ✱ 1944] **s. f.** **1** (*raro*) pressione | (*raro*) spremitura **2** (*merid.*) spremuta

premùto **part. pass.** di *premere*; anche **agg.** **1** nei sign. del v. | pressato, schiacciato | (*lett.*) innalzato, assalito: *Gli Achei bellicosi, premuti* (G. PASCOLI) **2** (*fig.*) oppresso: *La vita gli turbinava intorno... premuta da tante cure* (L. PIRANDELLO)

†**prenarràre** [vc. dotta, lat. *praenarrāre*, comp. di *prae-* 'pre-' e *narrāre* 'narrare' ✱ 1308] **v. tr.** ● esporre prima: *per le prenarrate parole* (DANTE)

prenarrazióne [comp. di *pre-* e *narrazione* ✱ 1871] **s. f.** ● (*raro*) narrazione precedente

prenàscere [vc. dotta, lat. tardo *praenăsci*, comp. di *prae-* 'pre-' e *născi* 'nascere' ✱ 1702] **v. intr.** (**coniug. come** *nascere*; **aus.** *essere*) ● (*raro*) nascere prima di un altro

prenatàle [comp. di *pre-* e *natale* (agg.) ✱ 1915] **agg.** ● che si verifica o è presente dopo il concepimento ma prima della nascita: *diagnosi p., vita p.* ‖ **prenatalità**, **s. f. inv.** condizione o periodo prenatale

prenatalìzio [comp. di *pre-* e *natalizio* ✱ 1985] **agg.** ● che precede il Natale: *periodo p.* | caratteristico del periodo che precede il Natale: *traffico p.*

prenàto **part. pass.** di *prenascere*; anche **agg.** ● (*raro*) nel sign. del v.

†**prènce** (o -é-) o †**prènze** (o -é-), †**prìnce** [ant. fr. *prince* 'principe' ✱ 1260 ca.] **s. m.** (**f.** *-éssa*) ● (*lett.*) principe

†**prèncipe** ➤ **principe**

✦**prèndere** [lat. *prehĕndere*, comp. di *prae-* 'pre-' ed **hĕndere*, della stessa famiglia di *prăeda* 'preda' ✱ 1158] **A** **v. tr.** (**pass. rem.** *io prési*, †*prendéi*, †*prendètti*, *tu prendésti*; **part. pass.** *préso*, †*priṣo*). **I** un gruppo di significati vede il soggetto, in funzione attiva, che trasferisce o trattiene qlcu. o qlco. sotto il proprio controllo diretto (***anche in senso fig.***) **1** afferrare: *p. con i denti, le mani, le molle, le tenaglie, il becco, gli artigli*; *p. qlcu. per le braccia, per le falde dell'abito, per la mano*; *p. il cavallo per le briglie*; *p. qlco. per il manico*; *p. in braccio, in grembo, in spalla un bambino* | attingere: *p. l'acqua dal pozzo, il vino dalla botte* | ***p. il toro per le corna***, (*fig.*) affrontare direttamente e con decisione una persona o una situazione problematica | ***p. qlcu. per il collo***, (*fig.*) approfittare, a proprio vantaggio, della sua condizione o della situazione in cui si trova | ***p. qlcu. per il sedere, per il fondo dei calzoni, per i fondelli, per il bavero, per il naso***, (*volg.*) ***per il culo***, (*fig.*) prenderlo in giro; (*est.*) ingannarlo, imbrogliarlo | ***p. di mira qlcu.***, (*fig.*) bersagliarlo coi propri scherzi o cercare di nuocergli | ***p. di peso***, afferrare qlco. o qlcu. e tenerlo sollevato | ***p. qlco. di punta***, (*fig.*) direttamente, con puntiglio | (*fig.*) ***p. qlcu. di punta***, affrontarlo bruscamente | ***p. di petto qlco. o qlcu.***, affrontarli direttamente, con decisione | ***p. qlco. sopra di sé***, (*fig.*) assumere un onere, una responsabilità | ***da p. con le molle, con le pinze***, (*fig.*) da trattare con precauzione, con cautela: *è un tipo da p. con le molle*; *dati da p. con le molle* | (*est.*) afferrare con forza o con decisione, dar di piglio: *p. le armi in pugno*; *prese il coltello e lo lanciò* **2** procurarsi, acquistare: *bisogna p. qualche metro di stoffa in più*; *se esci non dimenticare di p. il pane* **3** ricevere, accettare: *p. uno stipendio misero*; *non ha preso nulla di quel che gli abbiamo offerto* | ***prenda, prenda***

pure, formula di cortesia con cui si invita qlcu. ad accettare ciò che gli si offre | ***o p. o lasciare***, formula usata per sottolineare la definitività di un'offerta o di una proposta | ottenere mediante pattuizioni: *p. una casa in affitto*; *p. un oggetto in prestito*; *p. lezioni private* | ***p. esempio, ammaestramento da qlcu., da qlco.***, adeguare la propria condotta all'esempio o all'insegnamento che si riceve **4** portare con sé: *ho deciso di p. solo pochi bagagli*; *per la vacanza prenderò una somma non troppo elevata* **5** utilizzare o usare, spec. come mezzo di locomozione: *p. il tram, il treno, la bicicletta* **6** ritirare qlco.: *passa dal sarto a p. l'abito finito*; *la merce è pronta, dobbiamo solo andare a prenderla* | ***andare, passare a p. qlcu.***, recarsi nel luogo in cui qlcu. si trova e condurlo con sé: *vado a p. mia madre* **7** rubare: *mi hanno preso tutto* **8** catturare: *hanno preso il fuggitivo*; *non sono ancora riusciti a prenderlo*; *è difficile p. pesci in questa zona*; *è andato a caccia ma non ha preso niente* | ***p. all'amo***, (*fig.*) adescare o allettare con inganni o lusinghe | ***p. nella rete***, (*fig.*) irretire con inganni e sim. | nel gioco degli scacchi, catturare un pezzo avversario **9** cogliere, raggiungere, sorprendere: *l'ho preso mentre tentava di forzare la serratura* | colpire: *il colpo di fucile lo prese in pieno petto*; *la sassata lo prese in una gamba* | ***p. qlcu. in fallo, con le mani nel sacco, in flagrante***, sorprenderlo proprio mentre fa qlco. di male | ***p. qlcu. in castagna***, coglierlo mentre sbaglia | ***se ti ci prendo ancora!...***, se ti colgo, non la passerai liscia **10** conquistare: *p. un forte, una città* | ***p. per fame***, costringendo gli assediati alla resa per mancanza di viveri | ***p. d'assedio***, assediare | ***p. d'assalto***, assaltare (V. anche *assalto*) **11** (*fig.*) pervadere, impadronirsi: *un freddo mortale lo prese*; *mi prese il sonno, la paura, l'ansia*; *si lasciò p. dal desiderio di vendetta, dall'odio* **12** (*fig.*) occupare: *p. molto, troppo, poco spazio*; *gran ciel prendea con negre ombre un'incolta / selva di lauri* (U. Foscolo); *quel lavoro mi ha preso troppo tempo* **13** (*fig.*) ritrarre, fotografare: *cerca di prendermi bene, alla giusta distanza, in buona luce*; *ho preso una splendida inquadratura* **14** misurare, calcolare, valutare: *credo di avere preso esattamente le dimensioni dell'oggetto*; *p. la distanza, l'altezza, la lunghezza di qlco.* **15** (*fig.*) trattare: *non sa p. le persone*; *so io come prenderlo!* | ***p. qlcu. per il suo verso, per il verso giusto***, nel modo e col tono più adatto | ***p. qlcu. con le buone, con le cattive***, trattarlo con modi gentili, con modi scortesi o violenti **16** (*fig.*) sedurre, affascinare: *mi ha preso con la sua dolcezza* | possedere sessualmente: *il figlio del medico l'aveva già presa, in casa sua nello studio del padre* (C. Pavese) **II** un altro gruppo di significati vede il soggetto, sempre in funzione attiva, individuare e assumere qlcu. o qlco. nella propria sfera d'azione (*anche in senso fig.*) **1** scegliere qlcu. come collaboratore, dipendente e sim.: *penso di p. qualche nuovo operaio*; *dovremo p. una domestica* | ***p. qlcu. in casa***, accoglierlo come ospite o alle proprie dipendenze | ***p. a bordo***, imbarcare | ***p. in forza***, includere tra gli effettivi, detto di militari e (*est.*) di altri dipendenti | ***p. alle proprie dipendenze, a servizio***, assumere | ***p. sotto la propria protezione***, proteggere | ***p. una donna in moglie, p. un uomo per marito***, sposarsi **2** imboccare una strada, una via, una direzione e percorrerla (*anche fig.*): *presero la scorciatoia che attraversava i campi*; *prendi la prima a destra*; *non so quale strada p.*; *p. una direzione sbagliata, la direzione giusta* **3** mangiare, bere: *p. un po' di cibo*; *prendo solo un po' d'acqua*; *non prendo mai nulla fuori pasto, fuori ora* | respirare: *ha bisogno di p. aria, una boccata d'aria* | ***prende qlco.?***, formula di cortesia con cui si offre qlco. da bere o da mangiare a un ospite | ingerire, assumere: *p. un'aspirina, uno sciroppo* **4** assumere: *p. le forme, l'aspetto, le sembianze di qlcu., di qlco.*; *egli prese il nome dalla città in cui visse*; *p. un titolo, una carica*; *p. odore, sapore di qlco.*; *il bello e il brutto non hanno esistenza reale, ma son opinioni che gli uomini prendono* (P. Sarpi) | ***p. di***, (*ellitt.*) acquistare odore o sapore di: *p. di fumo, di bruciato* **5** (*fig.*) derivare: *abbiamo preso molte abitudini dai nostri ospiti*; *è un'abitudine che abbiamo preso da voi* | ***p. tutto, qlco. da qlcu.***, somigliargli totalmente o in qlco. **6** intendere, interpretare: *ha preso le mie parole per, come, un'offesa* | ***p. alla lettera***, interpretare letteralmente | ***p. in senso buono, cattivo***, interpretare bene, male, detto di atti, discorsi e sim. | ***p. per buono***, accettare come vero: *prendo per buone le tue affermazioni* | ***p. qlco. in esame***, esaminarla | ***p. qlco. in considerazione***, considerarla attentamente, tenerla presente | portare come esempio all'interno di un discorso: *prendiamo la condizione femminile: quanti cambiamenti negli ultimi cento anni* **7** credere, ritenere, giudicare: *ti avevo preso per un uomo serio* | (*fig.*) ***p. tutto per oro colato***, credere a tutto | (*est.*) scambiare, confondere: *ti avevo preso per tuo fratello* | (*fig.*) ***p. fischi per fiaschi, lucciole per lanterne***, capire una cosa per l'altra, fraintendere | ***per chi mi prendi?***, chi credi ch'io sia, cosa pensi di me, per giudicarmi capace di tanto? **8** adottare, attuare una risoluzione, una decisione e sim.: *ho preso ormai le mie decisioni*; *ha preso il partito di tacere*; *qui bisogna p. dei provvedimenti* | †decidere: *la giovane ... seco aveva preso di compiacergli in ogni suo desiderio* (G. Boccaccio) **III** un terzo gruppo di significati vede il soggetto (talvolta costituito da una cosa), in funzione passiva, che subisce l'azione di agenti esterni **1** ricevere: *la cella prendeva luce da una stretta finestra*; *qui si prendono anche le trasmissioni svizzere* **2** subire: *p. un colpo di freddo, di caldo, d'aria*; *ho preso uno spavento che non ti dico* | ***p. la febbre, il raffreddore*** e sim., avere o cominciare ad avere la febbre, il raffreddore e sim., contrarre una malattia e sim. **3** buscarsi: *p. un pugno, un paio di schiaffi, un sacco di legnate*; *p. le botte* | **prènderle, prènderne**, (*ellitt.*) essere picchiato; (*est.*) essere duramente sconfitto in una competizione sportiva: *quante ne ha prese!*; *oggi la nostra squadra le ha prese* **IV** nei casi seguenti assume significati diversi determinati dal complemento diretto, preceduto o no dall'articolo ● ***p. il vento***, gonfiarsi di vento, detto delle vele | ***p. le armi***, armarsi; iniziare a combattere | ***p. il velo***, farsi monaca | ***p. l'abito, l'abito religioso, la tonaca***, intraprendere la vita monastica o ecclesiastica | ***p. l'avvio***, iniziare | ***p. l'aire***, slanciarsi, avviarsi | ***p. un abbaglio***, sbagliarsi | ***p. una decisione***, decidere | ***p. albergo, alloggio***, alloggiare | ***p. casa, domicilio*** e sim., abitare, stabilirsi | ***p. argomento da***, argomentare da | ***p. cappello***, (*fig.*) risentirsi, adirarsi | ***p. colore***, colorirsi | ***p. il comando***, assumerlo | ***p. carne***, detto del Verbo divino che si fa carne | ***p. commiato***, accomiatarsi | ***p. consiglio***, consigliarsi | ***p. fiato***, riposarsi, spec. dopo uno sforzo notevole o prolungato | (*fig., lett.*) ***p. frutto da***, trarre vantaggio da | ***p. forza***, rafforzarsi | ***p. la fuga***, fuggire | ***p. fuoco***, accendersi, incendiarsi (*anche fig.*) | ***p. imbarco***, imbarcarsi | ***p. il mare***, cominciare a navigare, mettersi in mare | ***p. terra***, approdare | ***p. il largo***, andare verso il mare aperto, navigando; (*fig.*) fuggire | ***p. informazioni***, informarsi | ***p. un impegno***, impegnarsi a | ***p. il lutto***, vestirsi a lutto | ***p. la mano a qlcu.***, detto di cavallo, sfuggire al controllo di chi guida; (*fig.*) sfuggire alla disciplina di qlcu. | ***p. le mosse***, cominciare, iniziare | ***p. nota***, annotare | ***p. origine***, derivare, cominciare | ***p. parte a qlco.***, parteciparvi | (*fig.*) ***p. piede***, affermarsi, aver successo, fortuna e sim. | ***p. posizione***, (*fig.*) decidere in un senso piuttosto che in un altro | ***p. possesso di***, impossessarsi, appropriarsi, venire a disporre | ***p. posto***, sedersi | ***p. pratica***, impratichirsi | ***p. atto***, accettare, constatare | ***p. quota***, innalzarsi; (*fig.*) aumentare, progredire | ***p. riparo***, ripararsi | ***p. riposo***, riposarsi | ***p. sonno***, addormentarsi | ***p. servizio***, cominciare a lavorare in un luogo, presso qlcu. | ***p. stanza***, domiciliarsi, stabilirsi | ***p. tempo***, indugiare | ***p. la testa***, mettersi al primo posto in gare e sim.; (*fig.*) assumere la direzione | (*lett.*) ***p. amore***, innamorarsi; appassionarsi | ***p. odio***, cominciare a odiare | ***p. una sbornia***, ubriacarsi | ***p. coraggio, animo, cuore, p. ardire, baldanza***, rincuorarsi | ***p. paura***, spaventarsi | ***p. un malanno***, ammalarsi | ***p. vigore***, rafforzarsi, invigorirsi | ***p. la voga***, cominciare a vogare | (*fig.*) ***p. voga***, diffondersi, affermarsi | ***p. il volo***, involarsi (*spec. fig.*) | ***p. principio***, cominciare | ***p. forma***, formarsi | ***p. un bagno***, bagnarsi | ***p. il sole***, esporsi al sole **V** nei casi seguenti assume significati diversi determinati dal complemento indiretto ● ***p. in giro, in gioco***, burlarsi di qlcu., canzonare qlcu. | ***p. in parola***, credere a ciò che qlcu. dice o promette e attenderne la realizzazione **VI** unito al pronome *la* indeterm., nella forma **prènderla** ● reagire: *l'ha presa bene, male*; *non so come la prenderà* | ***prenderla larga, alla lontana, da lontano*** e sim., parlare molto prima di giungere alla sostanza, al punto importante che si vuole esporre **VII** unito al pronome *ci* (con valore neutro), nella forma **prènderci** **1** (*fig., fam.*) capire, indovinare, intuire qlco.: *ci hai preso, è proprio così!* **2** ***prenderci gusto***, provare un crescente piacere a fare qlco.: *non ne era entusiasta ma poi ci ha preso gusto* **B** **v. intr.** (**aus.** *avere* **nei sign. 1, 2, 3, 4 e 5; aus.** *essere* **o** *avere* **nel sign. 6**) **1** muoversi andando in una certa direzione: *p. a destra, a sinistra*; *fuggendo prese per i campi e riuscì a dileguarsi* **2** incominciare, dare inizio a qlco. (**+ *a*, *lett.* + *di*, seguiti da inf.**): *p. a dire, a fare, a scrivere, a dipingere, a narrare*; *la parte guelfa di Firenze ... prese di fare festa in Firenze* (G. Villani) **3** detto di piante, attecchire: *il rampicante trapiantato non ha preso*; *non so se la talea prenderà* **4** detto del fuoco, appiccarsi: *la fiamma non prende* | (*fam., est.*) detto di arnesi o strumenti attinenti al fuoco, bruciare: *la stufa ha preso bene* **5** detto di colla o altri materiali che devono indurire, rapprendersi o solidificarsi spec. fissando o sostenendo qlco.: *il cemento, la malta non prende*; *è una colla che prende benissimo* **6** (*fig.*) capitare addosso all'improvviso: *correte ... gli è preso uno sturbo* (L. Pirandello) | ***che ti prende?, che cosa ti ha preso*** (o ***ti è preso***)?, esclamazione di stupore di fronte al comportamento strano, insolito di qlcu. | (*pop.*) ***che ti prenda un accidente!***, escl. di malaugurio **7** captare, ricevere il segnale: *qui il telefonino non prende* **C** **prèndersi** **v. tr. pron.** (**aus.** *essere*) **1** ricevere, subire: *prendersi una lavata di capo* | buscarsi: *mi son preso il raffreddore* **2** ingerire, assumere, consumare e sim.: *prenditi un'aspirina*; *mi prendo un the freddo* **3** procacciarsi, procurarsi: *prendersi il gusto, la soddisfazione, il piacere di fare, dire qlco.* | con gli stessi usi di 'prendere' (con valore intens.): *prendersi le vacanze*; *mi prendo due giorni di ferie* **4 prènderse-la** (con il pron. *la* indeterm.), inquietarsi, risentirsi: *se la prende troppo*; *non te la prendere!* | ***prendersela a male***, offendersi, aversene a male | ***prendersela con qlcu.***, sfogare su di lui la propria ira, il proprio risentimento; adirarsi, risentirsi, irritarsi e sim. con qlcu. **5** in alcune loc. | ***prendersi cura di qlcu. o di qlco.***, occuparsene con grande attenzione, averne cura | ***prendersi pensiero di qlcu. o di qlco.***, preoccuparsene | ***prendersi gioco di qlcu. o di qlco.***, burlarsene | (*colloq.*) ***prendersela comoda***, fare le cose con una calma talora eccessiva **D prèndersi v. intr. pron.** ● afferrarsi, appigliarsi: *prenditi al mio braccio* **E prèndersi v. rifl. recipr. 1** (*fam.*) andare o mettersi d'accordo: *è difficile che ci prendiamo sul prezzo* | provare reciproca simpatia, essere in sintonia l'uno con l'altro: *si sono presi subito* CFR. pigliare nel sign. D **2** azzuffarsi, attaccarsi (+ *a*): *prendersi a parole, a botte, a pugni, a calci* **3** afferrarsi (+ *per*): *prendersi per i capelli, per i risvolti della giacca* **4** cominciare reciprocamente a nutrire un determinato sentimento (+ *a*, + *in*): *prendersi a benvolere, a noia, in antipatia, in uggia*

SFUMATURE DI SIGNIFICATO

prendere - cogliere - afferrare

Prendere è il termine più generale per indicare l'azione di appropriarsi di qualcosa usando le mani. **Cogliere** nel suo primo significato definisce la modalità del prendere staccando da una pianta o raccogliendo da terra. **Afferrare** indica l'azione energica di prendere con prontezza qualcosa in movimento e tenerla saldamente con le mani.

prendìbile [1728] **agg.** ● che si può prendere, catturare, conquistare: *la fortezza non è p.* CONTR. imprendibile ‖ **prendibilità**, **s. f. inv.**

†**prendiménto** [av. 1276] **s. m.** ● il prendere

prendisóle [comp. di *prendere* e *sole* ✻ 1939] **A s. m. (pl. inv. o *-i*)** ● abito femminile estivo, privo di maniche e molto scollato: *un p. di cotone, di spugna, di seta* **B anche agg. inv.**: *abito p.*

prenditóre [av. 1257] **s. m. (f. *-trice*) 1** chi (o ciò che) prende **2** (*sport, raro*) nel baseball, ricevitore **3** all'atto dell'emissione di una cambiale, persona all'ordine della quale la stessa dovrà essere pagata | (*est.*) chi prende denaro in prestito da una banca **4** (*disus.*) ricevitore del lotto

prenditorìa [da *prenditore* ✻ av. 1850] **s. f.** ● (*disus.*) ricevitoria del lotto

prenegoziàto [comp. di *pre-* e *negoziato* ✻ 1982] **s. m.** ● fase preliminare di un negoziato

prenóme (o **-ò-**) [vc. dotta, lat. *praenōmen*, comp. di *prae-* 'pre-' e *nōmen* 'nome' ✻ 1364] **s. m. 1** nell'antica Roma, nome personale che si antepone a quello della famiglia **2** nome proprio di una persona che viene unito al cognome e serve a meglio individuare la stessa SIN. nome di battesimo **3** (*disus.*) cognome | †soprannome

prenominàto [comp. di *pre-* e *nominato* ✻ 1288] **agg. 1** (*lett.*) suddetto, predetto **2** †soprannominato

♦**prenotàre** [vc. dotta, lat. *praenotāre*, comp. di *prae-* 'pre-' e *notāre* 'notare' ✻ 1308] **A v. tr.** (*io prenòto*) ● fissare, riservare per sé in precedenza: *le ho prenotato il posto in treno*; *devo p. una camera* **B prenotàrsi v. rifl.** ● mettersi in nota per garantirsi qlco. (+ *per*): *per entrare occorre prenotarsi al numero telefonico ...*; *prenotarsi per un palco, per una visita guidata* | anche scherz.: *mi prenoto per una serata a casa tua*

prenotàto **part. pass.** di *prenotare*; anche **agg. 1** fissato con una prenotazione: *posto p.* **2** fornito di prenotazione: *viaggiatore p.*

prenotazióne [vc. dotta, lat. tardo *praenotatiōne(m)*, da *praenotātus* 'prenotato' ✻ 1815] **s. f.** ● accordo o contratto consistente nel fissare in precedenza qlco.: *fare, disdire, annullare una p.* | documento che comprova tale accordo o contratto: *tenere al sicuro la p. per il teatro*

♣**prènsile** [dal lat. *prehēnsus* 'preso' ✻ 1804] **agg.** ● (*zool.*) detto di organo animale atto ad afferrare: *coda p.*

prensilità [da *prensile* ✻ 1971] **s. f. inv.** ● attitudine a prendere, afferrare: *la p. della coda delle scimmie*

prensióne [vc. dotta, lat. *prehensiōne(m)*, da *prehēnsus* 'preso' ✻ 1483] **s. f.** ● presa | azione del prendere | ***organo di p.***, organo prensile

†**prenunciàre** e deriv. ➤ **prenunziare** e deriv.

prenunziàre o †**prenunciàre** [vc. dotta, lat. *praenuntiāre*, comp. di *prae-* 'pre-' e *nuntiāre* 'nunziare' ✻ av. 1342] **v. tr.** (*io prenùnzio*) **1** (*lett.*) preannunciare **2** (*lett.*) prevedere, predire, presagire

prenunziatóre [vc. dotta, lat. tardo *praenuntiatōre(m)*, da *praenuntiātus* 'prenunziato' ✻ av. 1311] **agg.; anche s. m. (f. *-trice*)** ● (*lett.*) preannunciatore

prenùnzio o †**prenùncio** [vc. dotta, lat. *praenūntiu(m)*, comp. di *prae-* 'pre-' e *nūntius* 'nunzio' ✻ av. 1364] **A agg.** ● (*lett.*) che costituisce un segno, un indizio | (*lett.*) che preannuncia qlco. **B s. m. 1** (*lett.*) preannuncio: *Ci fu di mezzo, dolce p., un bigliettino* (G. CARDUCCI) **2** (*lett., raro*) precursore

†**prènze** (o **-é-**) ➤ †**prence**

♦**preoccupànte** **part. pres.** di *preoccupare*; anche **agg.** ● nei sign. del v. | che suscita preoccupazione: *notizia, sintomo p.*

♦**preoccupàre** [lat. *praeoccupāre* 'occupare prima', comp. di *prae-* 'pre-' e *occupāre* 'occupare'; nei sign. A 1 e B, attraverso il fr. *préoccuper* 'procurare inquietudine' ✻ av. 1342] **A v. tr.** (*io preòccupo*) **1** mettere o tenere in apprensione, in pensiero: *la sua assenza mi preoccupa*; *mi preoccupa che sia in ritardo* CONTR. rassicurare **2** (*lett.*) occupare anticipatamente: *la velocità ... fa atto a p. i luoghi al nemico* (N. MACHIAVELLI) **3** (*fig.*) †condizionare: *p. l'animo, la mente di qlcu.* **B preoccupàrsi v. intr. pron. 1** stare in pensiero, in ansia (+ *per*, + *di*, + *che* **seguito da congtv.**): *preoccuparsi per la salute di qlcu., per un figlio*; *preoccuparsi delle conseguenze*; *non c'è di che preoccuparsi*; *si preoccupava che non avesse ancora telefonato* **2** (con valore attenuativo) adoperarsi, interessarsi, darsi da fare (+ *di* **seguito da inf.**, + *che* **seguito da congtv.**): *mi preoccupo io di avvertirli*; *si preoccupa di non far trapelare nulla*; *il comitato si preoccupa che il verde pubblico venga protetto*

♦**preoccupàto** **part. pass.** di *preoccupare*; anche **agg.** ● che è in pensiero, in ansia, che ha delle preoccupazioni (+ *per*, + *di*, anche **seguito da inf.**, + *che* **seguito da congtv.**): *essere p. per la propria salute*; *una generazione preoccupata del futuro*; *sono p. di non fare in tempo*; *era preoccupata che il segreto potesse trapelare* | che manifesta preoccupazione: *uno sguardo p.*

♦**preoccupazióne** [vc. dotta, lat. *praeoccupatiōne(m)* 'precedente occupazione'; nei sign. 1 e 2, attraverso il fr. *préoccupation* 'pensiero che provoca apprensione', da *préoccuper* 'preoccupare' ✻ 1374] **s. f. 1** stato d'animo, condizione di chi è in apprensione, in ansia e sim. (+ *che* **seguito da congtv.**, + *su*, + *per*): *mostrare a tutti la propria p.*; *p. eccessiva, esagerata*; *aumentano le preoccupazioni su un esito negativo della trattativa*; *c'è una grande p. per la situazione di incertezza*; *c'è la p. che la situazione possa degenerare* SIN. inquietudine **2** persona, cosa o fatto che preoccupa: *il suo futuro è la mia p.* **3** pensiero, cura (+ *di*): *la sua unica p. è quella di spassarsela* **4** (*ling.*) †prolessi **5** (*fig.*) †preconcetto, pregiudizio

SFUMATURE DI SIGNIFICATO

preoccupazione - tensione - apprensione - ansia - inquietudine

Preoccupazione è un pensiero che occupa l'animo per il timore che possa verificarsi un fatto spiacevole o doloroso. **Tensione** è uno stato di eccitabilità emotiva, che può essere causato da preoccupazione ma anche da uno sforzo di concentrazione mentale. **Apprensione** è l'aspettativa timorosa che un evento dannoso si verifichi; esprime dunque uno stato d'animo più tormentoso della preoccupazione. Lo stesso significato ha sostanzialmente **ansia**, che include tuttavia delle sfumature che fanno riferimento a reazioni psicologiche e fisiche particolari, come senso di oppressione, accelerazione del battito cardiaco, ecc. **Inquietudine** è invece un sentimento di preoccupazione o di ansia più vago, che si manifesta piuttosto come malessere, disagio.

preolìmpico [comp. di *pre-* e *olimpico* ✻ 1986] **agg. (pl. m. *-ci*)** ● che precede un'olimpiade, detto di gara, raduno o preparazione in vista della partecipazione alle Olimpiadi: *torneo p. di basket* SIN. preolimpionico

preolimpiònico [comp. di *pre-* e *olimpionico* ✻ 1942] **agg. (pl. m. *-ci*)** ● (*raro*) preolimpico

preomèrico [comp. di *pre-* e *omerico* ✻ 1889] **agg. (pl. m. *-ci*)** ● anteriore a Omero: *civiltà preomeriche*

Preomìnidi [vc. dotta, comp. di *pre-* e il pl. di *ominide* ✻ 1958] **s. m. pl. (sing. *-e*)** ● (*zool.*) famiglia di Primati estinti con caratteristiche umanoidi (*Prehominidae*)

preoperatòrio o **pre-operatòrio** [comp. di *pre-* e *operatorio* ✻ 1962] **agg. (pl. m. *-i* o *raro -ii*)** ● che precede un intervento chirurgico

preopinànte [vc. dotta, lat. tardo *praeopinānte(m)*, part. pres. di *praeopinārī* 'congetturare prima', comp. di *prae-* 'pre-' e *opinārī* 'opinare' ✻ 1798] **agg. e s. m. e f.** ● (*raro*) che (o chi) manifesta la propria opinione prima di altri, in una assemblea e sim.

preoràle [comp. di *pre-* e *orale* ✻ 1958] **agg.** ● (*zool.*) detto di organo situato anteriormente alla bocca: *appendice p.*

preordinaménto [1851] **s. m.** ● il preordinare

preordinàre [vc. dotta, lat. tardo *praeordināre*, comp. di *prae-* 'pre-' e *ordināre* 'ordinare' ✻ av. 1342] **v. tr.** (*io preórdino*) **1** organizzare o preparare qlco. in anticipo, rispetto al fine che si intende raggiungere: *a tale scopo abbiamo già preordinato tutti i documenti* SIN. predisporre, prestabilire **2** †predestinare

preordinàto **part. pass.** di *preordinare*; anche **agg.** ● nei sign. del v. ‖ **preordinataménte**, **avv.**

preordinazióne [vc. dotta, lat. tardo *praeordinatiōne(m)*, da *praeordinātus* 'preordinato' ✻ av. 1617] **s. f.** ● il preordinare

prepagaménto [comp. di *pre-* e *pagamento* ✻ 1929] **s. m.** ● pagamento anticipato: *apparecchio telefonico a p.*

prepagàto [comp. di *pre-* e *pagato* ✻ 1981] **agg.** ● detto di servizio o bene pagato in anticipo: *biglietto p.*; *abbonamento p.*; *carta telefonica prepagata*

prepalatàle [comp. di *pre-* e *palatale* ✻ 1932]

A agg. ● (*ling.*) in fonetica, detto di suono nella cui articolazione il dorso della lingua tocca o s'avvicina alla parte anteriore del palato duro **B** s. f. ● (*ling.*) suono prepalatale

preparaménto [sec. XIV] s. m. ● (*lett.*) preparazione | †preparativo: *mostrare i preparamenti ... fatti per potere ridurre la milizia negli antichi suoi ordini* (N. MACHIAVELLI)

preparànte part. pres. di *preparare*; anche agg. ● (*raro*) che prepara

♦**preparàre** [vc. dotta, lat. *praeparāre*, comp. di *prae-* 'pre-' e *parāre* 'preparare' ✱ 1308] **A** v. tr. **1** predisporre qlco. in modo che sia pronto all'uso (+ *per*): *p. il letto, la tavola; ha preparato un pranzetto coi fiocchi; p. la cantina per la vendemmia, il terreno per la semina; p. una soluzione, una medicina* **2** (*fig.*) mettere qlco. o qlcu. nelle condizioni necessarie ad affrontare una determinata situazione (+ *a*, anche seguito da inf., + *per*): *p. l'animo a una pessima notizia; ho cercato di prepararlo alla tua richiesta; p. i figli ad affrontare la situazione; p. un paziente per un intervento chirurgico* | addestrare: *p. un atleta; p. i soldati alla guerra* | esercitare, rendere pronto: *p. un ragazzo agli esami* | ***p. il terreno***, (*fig.*) porre le condizioni più opportune perché avvenga qlco. **3** predisporre, organizzare con opere e iniziative adeguate: *p. la guerra, il contrattacco, una offensiva diplomatica; hanno preparato per te accoglienze incredibili* | ***p. un esame, un concorso***, studiare in vista di un esame, di un concorso **4** elaborare: *p. un testo di storia, un saggio critico* **5** (*fig.*) tenere in serbo per qlcu.: *solo Dio sa cosa ci preparano gli anni a venire* SIN. riservare **B** **preparàrsi** v. tr. pron. (aus. *essere*) ● preparare per sé (con valore intens.): *prepararsi la cena; mi sono preparata la valigia; il farlo subito..., senza prepararsi il terreno, sarebbe stato una follia* (E. DE AMICIS) **C** **preparàrsi** v. rifl. **1** predisporsi a qlco. (*anche fig.*) (+ *a*, anche seguito da inf.): *prepararsi a un viaggio; preparatevi a partire entro un'ora* SIN. accingersi **2** mettersi in grado o nelle condizioni migliori per fare qlco. (+ *a*, + *per*, anche seguiti da inf.): *prepararsi seriamente a una difficile prova; si sta preparando per andare a teatro; su, preparati!; prepararsi a sostenere uno scontro, un esame* **D** **preparàrsi** v. intr. pron. ● essere in procinto di manifestarsi: *si preparano annate di carestia; quando il cielo è così scuro si prepara una tempesta*

preparatìvo [sec. XIV] **A** agg. ● †preparatorio **B** s. m. ● (spec. al pl.) tutto ciò che è necessario fare o preparare per realizzare qlco.: *i preparativi del viaggio, di una festa*

preparàto **A** part. pass. di *preparare*; anche agg. **1** predisposto, approntato **2** che conosce e sa svolgere alla perfezione una data attività: *un tecnico serio e p.; è uno studioso molto p. nel suo campo* SIN. competente, esperto **B** s. m. **1** prodotto di laboratorio con proprietà cosmetiche o farmacologiche: *p. in polvere* **2** ***p. anatomico***, dissezione sul cadavere o su parti di esso per accertarne le caratteristiche anatomiche

preparatóre [vc. dotta, lat. tardo *praeparatōre(m)*, da *praeparātus* 'preparato' ✱ sec. XV] agg. e s. m. (f. *-trice*) ● che (o chi) prepara: *p. atletico*

preparatòrio [vc. dotta, lat. tardo *praeparatōriu(m)*, da *praeparātor*, genit. *praeparatōris* 'preparatore' ✱ 1353] agg. (pl. m. *-i* o raro *-ii*) ● che prepara, che serve a preparare: *attività preparatoria di qlco.; lezioni preparatorie* | (*dir.*) ***lavori preparatori***, nella prassi parlamentare, il complesso degli atti che precedono e accompagnano l'elaborazione di un testo di legge

♦**preparazióne** [vc. dotta, lat. *praeparatiōne(m)*, da *praeparātus* 'preparato' ✱ 1319] s. f. **1** realizzazione di quanto è necessario perché qlco. sia pronto allo scopo e all'uso voluti (+ *di*): *iniziare, completare la p. di qlco.* | ***in p.***, detto di ciò che è in fase di realizzazione, che non è ancora concluso: *un film, un libro in p.; l'odor misto delle vivande in p.* (L. PIRANDELLO) | ***p. alla Messa***, preghiere che il sacerdote cattolico recita prima di celebrare la Messa **2** complesso di cognizioni e competenze acquisite che permettono di fare qlco.: *un giovane dotato di ottima p. tecnica, letteraria, giuridica; ha una buona p. in matematica, in chimica; essere privo della necessaria p.* **3** addestramento in previsione di una determinata attività: *la p. agli esami, a un concorso; provvedere alla p. atletica dei giovani* **4** ***p. anatomica***, dissezione di un organo o apparato a scopo didattico **5** (*milit.*) ***p. d'artiglieria***, azione di fuoco complessa effettuata prima dell'inizio dell'attacco per diminuire la capacità difensiva del nemico **6** fase iniziale delle lavorazioni industriali **7** (*mus.*) in armonia e contrappunto, procedimento per introdurre e attenuare le dissonanze

prepartita [comp. di *pre-* e *partita*[1] ✱ 1984] **A** s. m. inv. ● fase che precede l'inizio di una partita spec. di calcio: *l'atmosfera, le tattiche del p.* **B** anche in funzione di agg. inv. (posposto a un sost.): *riscaldamento p.; dichiarazioni p.*

†**prepensàre** [comp. di *pre-* e *pensare* ✱ av. 1348] v. tr. e intr. ● pensare in anticipo

prepensionaménto [comp. di *pre-* e *pensionamento* ✱ 1981] s. m. ● pensionamento anticipato

prepolìtico [comp. di *pre-* e *politico* ✱ 1895] agg. (pl. m. *-ci*) **1** che esula dalla politica: *il suicidio ... era una tentazione, per così dire, 'prepolitica'* (A. MORAVIA) **2** che precede la coscienza politica, che è caratterizzato da spontaneismo: *tendenze movimentiste e prepolitiche*

♣**preponderànte** part. pres. di *preponderare*; anche agg. ● predominante, prevalente | molto più numeroso: *le preponderanti forze nemiche*

preponderànza [da *preponderante* ✱ av. 1667] s. f. ● maggioranza, prevalenza, superiorità: *la p. dei voti; notare una certa p. delle parole straniere; la p. del nemico; qui è chiara la p. della passione sulla riflessione*

preponderàre [vc. dotta, lat. *praeponderāre* 'pesare di più', comp. di *prae-* 'pre-' e *ponderāre* 'pesare' (V. *ponderare*) ✱ 1509] v. intr. (*io prepòndero*; aus. *avere*) ● (*raro*) prevalere

prepórre [lat. *praepōnere*, comp. di *prae-* 'pre-' e *pōnere* 'porre' ✱ sec. XIII] v. tr. (coniug. come *porre*) **1** mettere davanti: *p. il cognome al nome* SIN. premettere **2** mettere a capo: *p. un ufficiale al comando di un reggimento; p. qlcu. all'amministrazione della città, al governo dello stato* **3** (*fig.*) preferire, anteporre: *p. qlcu. ad altri; p. la lettura a ogni altro passatempo* **4** †proporre

prepoșitàle [1871] agg. ● (*relig.*) di preposito, di prepositura

prepoșitìvo [vc. dotta, lat. tardo *praepositīvu(m)*, da *praepōsitus* 'preposto' ✱ av. 1565] agg. ● (*gramm.*) detto di parte del discorso che si prepone a un'altra | ***locuzione prepositiva***, che funge da preposizione SIN. preposizionale

prepòșito [sec. XIV] **A** part. pass. di *preporre*; anche agg. ● †posto a capo **B** s. m. **1** nella Roma imperiale, rappresentante di un potere superiore posto temporaneamente a capo di una collettività o di uno speciale servizio, al di fuori dei quadri generali dell'amministrazione o dell'esercito **2** (*relig.*) ecclesiastico che regge una prepositura | †preposto, prevosto **3** †capo, guida

prepoșitùra [vc. dotta, lat. tardo *praepositūra(m)*, da *praepōsitus* 'preposto' ✱ 1320] s. f. ● (*relig.*) ufficio, dignità, sede di parroco con speciali privilegi, in alcuni luoghi | dignità canonicale in alcuni capitoli | ufficio di superiore in alcune congregazioni religiose

prepoșituràle [1820] agg. ● relativo a prepositura o a prevosto: *chiesa p.*

prepoșizionàle [1969] agg. ● (*gramm.*) di preposizione | prepositivo

prepoșizióne [vc. dotta, lat. *praepositiōne(m)*, da *praepōsitus* 'preposto' ✱ 1442] s. f. **1** (*raro*) il preporre **2** (*gramm.*) parte invariabile del discorso che indica la relazione di una parola con un'altra | ***preposizioni proprie***, che non hanno accento proprio e possono fungere esclusivamente da preposizione (*di, a, da, in, con, su, per, tra, fra*) | ***preposizioni improprie*** o ***avverbiali***, che possono fungere anche da avverbi (per es. *dopo, davanti* ecc.) | ***preposizioni articolate***, unite con un articolo determinativo (per es. *al, del, sulle*, ecc.)

prepossènte [comp. di *pre-* e *possente*, sul modello di *prepotente* ✱ 1683] agg. ● (*lett.*) di estremo potere | (*lett.*) inesorabile

†**prepòstero** [vc. dotta, lat. *praepŏsteru(m)*, comp. di *prae-* 'pre-' e *pŏsterus* (V. *postero*) ✱ av. 1498] agg. **1** che è in ordine inverso **2** (*fig.*) inopportuno ‖ †**preposteraménte**, avv. a rovescio

prepósto **A** part. pass. di *preporre*; anche agg. **1** posto a capo di qlco. (+ *a*): *magistrato p. alle indagini; ente p. al monitoraggio dell'attività sismica* **2** messo davanti o prima di qlco. **B** s. m. **1** (*relig.*) chi ha dignità o ufficio di prepositura SIN. prevosto **2** (*dir.*) chi è posto a capo di un organo o ufficio **3** (*raro*) sovrintendente **4** †governatore di città o provincia

♦**prepotènte** [vc. dotta, lat. *praepotĕnte(m)*, comp. di *prae-* 'pre-' e *pŏtens*, genit. *potĕntis* 'potente' ✱ 1441] **A** agg. **1** †che è superiore ad altri per potenza: *non ... havere rispetto a Francia o a Spagna ... né di alcun altro che fosse p. in Italia* (N. MACHIAVELLI) **2** (*fig.*) imperioso, irresistibile: *bisogno, desiderio p.; superare gli altri con slancio p., con uno scatto p.* **3** (*fig.*) prorompente, esuberante: *un donnone con ... il petto p.* (G. STUPARICH) ‖ **prepotenteménte**, avv. **1** in modo prepotente, con prepotenza **2** in modo irresistibile, imperioso: *un atleta prepotentemente salito alla ribalta* **B** agg. e s. m. e f. ● che (o chi) impone agli altri, con la forza o con l'arroganza, la propria volontà: *ragazzo capriccioso e p.; smetti di fare il p.* SIN. prevaricatore, soverchiatore ‖ **prepotentàccio**, pegg. | **prepotentèllo**, dim. | **prepotentóne**, accr.

prepotènza [vc. dotta, lat. tardo *praepotĕntia(m)*, nel senso di 'onnipotenza', da *praepotens*, genit. *praepotĕntis* 'prepotente' ✱ 1648] s. f. **1** carattere, natura di chi è prepotente: *la sua p. non ha limiti; agire con p.; strappare qlco. a qlcu. con p.* | ***di p.***, con forza, con decisione SIN. arroganza, soperchieria CONTR. mitezza **2** atto, comportamento e sim. da prepotente: *è una p. bella e buona; prepotenze e orrendi crimini per parte di signorotti e dei loro bravi* (B. CROCE) SIN. soperchieria, sopruso **3** (*raro, fig.*) impulso incontrollabile, forza, intensità: *la p. di un sentimento; la p. dell'istinto*

SFUMATURE DI SIGNIFICATO

prepotenza - tracotanza - insolenza

La caratteristica di chi impone agli altri con forza e arroganza, la propria volontà si dice **prepotenza.** La prepotenza si accompagna solitamente a **tracotanza**, cioè alla presunzione di essere migliori degli altri e di avere dunque pieno diritto a piegarne la volontà, e a **insolenza**, tendenza a mancare di rispetto al proprio interlocutore, a offenderlo e umiliarlo.

SFUMATURE ➤ ***imposizione***, ➤ ***prevaricazione***

prepotère [comp. di *pre-* e *potere* ✱ 1849] **s. m.** ● (*spec. lett.*) strapotere, sopraffazione: *il p. delle truppe occupanti*

prèppy /ˈprɛppi, *ingl.* ˈprɛpɪ/ [vc. dello slang studentesco statunitense, da *prep(aratory) (school)* '(scuola) preparatoria' col suff. *-y* ✱ 1983] **A** **s. m. e f. inv. (pl. ingl.** *preppies*) **1** studente che, in alcuni Paesi anglosassoni, prepara privatamente l'ammissione ai livelli successivi della scuola pubblica **2** (*est.*) giovane economicamente agiato, che ama distinguersi per atteggiamenti perbenistici e capi di abbigliamento sobri e classici, spesso firmati **B** **agg. inv.** ● relativo ai preppy e ai loro gusti: *moda p.*

preprìnt /preˈprint, *ingl.* ˈpriːˌprɪnt/ [vc. ingl., propr. 'prestampa' ✱ 1991] **s. m. inv.** ● estratto provvisorio e parziale di un'opera a stampa, diffuso in anticipo rispetto alla pubblicazione definitiva dell'opera stessa

prepùbere o **prepuberàle** [comp. di *pre-* e *pubere* ✱ 1930] **agg.** ● relativo alla prepubertà

prepubertà [comp. di *pre-* e *pubertà* ✱ 1958] **s. f. inv.** ● periodo precedente la pubertà

prepuziàle [da *prepuzio* ✱ 1915] **agg.** ● (*anat.*) del prepuzio

prepùzio [vc. dotta, lat. *praepūtiu(m)*, da *prae-* 'pre-'; la seconda parte del n. non è facilmente analizzabile ✱ av. 1364] **s. m.** ● (*anat.*) piega epiteliale che ricopre il glande

prequel /ˈprɛkwel, *ingl.* ˈpriːkwəl/ [vc. ingl., da *(se)quel* con sostituzione della prima sillaba con *pre-* ✱ 1991] **s. m. inv.** ● (*cinema*) film con gli stessi personaggi di un film precedente, del quale costituisce l'antefatto **CFR.** sequel, newquel

prequòio ➤ **procoio**

preraffaellìșmo [da *preraffaellita* ✱ 1896] **s. m.** ● la corrente artistica dei preraffaelliti

preraffaellìta o **preraffaellìsta** [ingl. *Pre-Raphaelite*, comp. di *pre-* 'pre-' e *Raphael* 'Raffaello', con suff. agg. ✱ 1886] **A** **s. m. e f. (pl. m.** *-i*) ● appartenente a un gruppo di pittori e poeti inglesi della metà del sec. XIX, che prediligevano e imitavano l'arte prerinascimentale per la sua semplicità **B** **agg.** ● relativo ai preraffaelliti e al preraffaellismo

preraffreddaménto [comp. di *pre-* e *raffreddamento* ✱ 1958] **s. m.** ● operazione consistente nel raffreddare, in appositi magazzini frigoriferi, sostanze deperibili, spec. alimentari, allo scopo di prepararne il trasporto frigorifero

preraffreddàre [comp. di *pre-* e *raffreddare* ✱ 1958] **v. tr.** (*io preraffréddo*) ● sottoporre a preraffreddamento

preregistràre [comp. di *pre-* e *registrare* ✱ 1985] **v. tr.** ● registrare un programma radiotelevisivo per mandarlo in onda in un momento successivo

preregistràto [comp. di *pre-* e *registrato*] **part. pass.** di *preregistrare*; **anche agg.** ● registrato in precedenza

prerequìșito [comp. di *pre-* e *requisito* ✱ sec. XVIII] **s. m.** ● requisito preliminare, precedente a tutti gli altri | capacità o conoscenza minima di base che si ritiene indispensabile per aspirare a un obiettivo, spec. scolastico: *verifica dei prerequisiti per l'apprendimento della matematica nella prima media*

prerinascimentàle [comp. di *pre-* e *rinascimentale* ✱ 1963] **agg.** ● che precede il Rinascimento

preriscaldaménto [comp. di *pre-* e *riscaldamento* ✱ 1949] **s. m.** **1** riscaldamento preventivo: *p. del forno* **2** primo riscaldamento parziale cui vengono sottoposte certe sostanze, gener. sfruttando il calore di liquidi o gas caldi che devono venir raffreddati | ***p. dell'acqua*** o ***dell'aria***, nelle caldaie col calore dei fumi | ***p. di sostanze alimentari***, prima che siano chiuse in scatola e sterilizzate

preriscaldàre [comp. di *pre-* e *riscaldare* ✱ 1963] **v. tr.** ● sottoporre a preriscaldamento

preriscaldatóre [da *preriscaldare* ✱ 1942] **s. m.** ● apparecchio per il preriscaldamento

prerivoluzionàrio o **pre-rivoluzionàrio** [comp. di *pre-* e *rivoluzionario* ✱ 1906] **agg.** ● del periodo precedente a una rivoluzione | che si verifica nel periodo precedente a una rivoluzione

✱**prerogatìva** [vc. dotta, lat. *praerogatīva(m)* 'centuria che votava per prima nei comizi centuriati', poi 'preferenza, scelta', perché normalmente le altre centurie si uniformavano alla scelta fatta dalla prima; f. sost. di *praerogatīvus* 'interrogato del proprio parere prima degli altri', da *prae rogātus* 'interrogato prima' (V. *pre-* e *rogato*) ✱ av. 1290] **s. f.** **1** vantaggio speciale, privilegio concesso per legge al titolare di una carica pubblica: *prerogative parlamentari, diplomatiche* **2** (*est.*) caratteristica specifica di qlcu. o qlco.: *elencare le prerogative di un nuovo medicinale*; *la franchezza è la sua principale p.* **3** †supremazia

SFUMATURE ➤ ***caratteristica***

preromànico [comp. di *pre-* e *romanico* ✱ 1964] **agg. (pl. m.** *-ci*) ● detto delle forme artistiche che precedettero la fioritura dello stile romanico: *chiesa con elementi architettonici preromanici*

preromàno [comp. di *pre-* e *romano* ✱ av. 1907] **agg.** ● detto di manifestazioni culturali, politiche, sociali e sim., anteriori, in una data regione, alla conquista romana: *studi sui reperti archeologici preromani della Provenza*

preromanticìșmo [comp. di *pre-* e *romanticismo* ✱ 1902] **s. m.** ● insieme di tendenze intellettuali e artistiche che nella seconda metà del XVIII sec. anticiparono atteggiamenti tipici del romanticismo

preromàntico [comp. di *pre-* e *romantico* ✱ 1897] **A** **agg. (pl. m.** *-ci*) ● del preromanticismo **B** **s. m.** (**f.** *-a*) ● artista che prelude al romanticismo

preromànzo [comp. di *pre-* e *romanzo* ✱ 1925] **agg.** ● detto di fatto linguistico antecedente alla nascita delle lingue romanze **SIN.** protoromanzo

preruòlo [comp. di *pre-* e *ruolo* ✱ sec. XX] **A** **s. m. inv.** ● nella pubblica amministrazione, periodo o condizione precedente all'entrata in ruolo **B** **anche agg. inv.**: *servizio p.*

†**prerùtto** [vc. dotta, lat. *praerŭptu(m)* 'scosceso, dirupato', part. pass. di *praerŭmpere* 'rompere, spezzare', comp. di *prae-* 'pre-' e *rŭmpere* 'rompere' ✱ av. 1347] **agg.** ● dirupato: *dalla sommità de' monti si scendeva per precipizii molto prerutti* (F. GUICCIARDINI)

✱**présa** (o **-ș-**) [f. sost. di *preso* ✱ sec. XIII] **s. f.** **1** modo e atto del prendere, dell'afferrare: *una forte p.*; *allentare, lasciare la p.* | †***alle prese***, detto di lottatori o sim. che si afferrano a vicenda | ***venire alle prese con qlcu.***, (*fig.*) cominciare a contendere | (*fig.*) ***essere alle prese con qlco.***, cimentarsi con qlco. di particolarmente difficile o impegnativo **2** atto con cui il cane da caccia immobilizza la selvaggina tenendola stretta col morso: *cane da p.* **3** stretta, morsa: *la p. delle tenaglie è fortissima*; *allentare la p. delle pinze* | ***far p.***, detto di determinati oggetti, mordere: *l'ancora fa p. sul fondo*; detto di materiali che devono indurire, rapprendersi, stringendo o unendo vari corpi: *la colata comincia a far p.*; *cemento a p. rapida*; detto di piante, attecchire: *i nuovi innesti non hanno fatto p.*; (*fig.*) colpire, impressionare: *notizie che fanno p. sul grosso pubblico* **4** tutto ciò che serve per prendere, per afferrare: *la p. del coperchio, del catenaccio* | (*est.*) appiglio: *cercare con la mano una buona, una solida p.* | †***dar p.***, (*fig.*) fornire l'occasione **5** presina da cucina **6** dispositivo di una rete di distribuzione, che consente di prelevare un fluido: *p. d'acqua*; *chiudere la p. del gas* | ***p. d'aria***, l'imboccatura, protetta o no da un filtro, attraverso cui l'aria entra in un impianto o in un ambiente | (*mecc.*) ***p. diretta***, condizione del cambio di velocità in cui il moto passa direttamente dall'albero d'entrata a quello d'uscita senza riduzione a opera degli ingranaggi **7** (*elettr.*) dispositivo, spec. fissato al muro, in cui viene inserita una spina | ***p. di corrente elettrica***, punto di un circuito elettrico di alimentazione predisposto per eseguire un collegamento scomponibile con un apparecchio utilizzatore | ***p. di terra***, conduttore mediante il quale si realizza il collegamento a terra di un'apparecchiatura elettrica **8** piccola quantità di una sostanza, spec. in polvere, che si può prendere in una volta con la punta delle dita: *una p. di sale, di origano, di tabacco* **9** nel calcio, l'azione del portiere che blocca con le mani il pallone tirato in porta: *p. alta, a terra* | nella lotta, judo e sim., l'azione di un atleta che afferra l'avversario con le mani o lo serra con le braccia o le gambe | in ginnastica, saldo contatto di una parte del corpo con l'attrezzo: *p. addominale* **10** in alcuni giochi a carte, atto di prendere una o più carte in tavola calando la propria | nel gioco della dama o degli scacchi, cattura di una pedina, di un pezzo dell'avversario **11** occupazione, espugnazione, conquista: *la p. della Bastiglia, di Sebastopoli* | (*raro*) cattura: *la p. dei prigionieri* **12** (*raro*) preda: *fare una buona p.* **13** nei casi seguenti, il sign. del termine è determinato dal complemento che lo accompagna: ***p. in giro***, (*volg.*) ***p. per il culo***, canzonatura; imbroglio, truffa | ***p. di posizione***, (*fig.*) dichiarazione esplicita del proprio atteggiamento favorevole o sfavorevole a qlcu. o a qlco. | ***p. di possesso***, l'atto con cui si acquista la disponibilità materiale di qlco. | ***p. di distanza***, dichiarazione con cui ci si differenzia dalle opinioni o dagli atteggiamenti altrui | ***p. d'atto***, riconoscimento formale di un fatto o di un'attività compiuta da altri; (*est.*) constatazione | ***p. in considerazione***, esame del merito di una proposta o sim. | ***p. di coscienza***, V. *coscienza* **14** (*cinema*) complesso delle operazioni con cui, mediante apposite macchine, vengono fissate sulla pellicola le scene di un film: *macchina da p.* | ***p. diretta dei suoni***, registrazione sonora contemporanea alla ripresa cinematografica | ***in p. diretta***, detto di ciò che viene ripreso, spec. con mezzi televisivi, nel corso del suo svolgimento: *l'incontro sarà trasmesso in p. diretta* ‖ **presétta**, **dim.** | **presìna**, **dim.** (V.) | **presóna**, **accr.**

preșagìbile [1962] **agg.** ● (*raro*) che si può presagire

preșagiménto [1858] **s. m.** ● (*lett.*) presagio

✱**preșàgio** [vc. dotta, lat. *praesāgiu(m)*, da *praesāgus* 'presago' ✱ av. 1374] **s. m.** **1** predizione, profezia, divinazione: *trarre i presagi dal volo degli uccelli* **2** segno premonitore: *tristi presagi di guerra* | presentimento: *avere il cuore colmo di cattivi presagi*

✦preṣagìre [vc. dotta, lat. *praesagīre*, comp. di *prae-* 'pre-' e *sagīre* 'avere fine odorato' (V. *sagace*) ✱1441] **v. tr.** (*io preṣagìsco, tu preṣagìsci*) **1** prevedere, pronosticare (**qlco.**; + *che*): *p. il futuro; tutto lasciava p. la crisi, che le cose sarebbero peggiorate* **2** presentire (**qlco.**; + *che*): *p. una tragedia, un disastro; mi pare di p. qlco. di nuovo; presagì che sarebbe finita male*

✦preṣàgo [vc. dotta, lat. *praesāgu(m)*, comp. di *prae-* 'pre-' e *sāgus* 'presago' (V. †*saga*②) ✱1321] **agg.** (**pl. m.** *-ghi*) ● (*lett.*) che ha presentimento degli eventi futuri, che sente e prevede l'avvenire: *cuore p.*; *egli era quasi p. della sua sorte; presaga e certa ormai di sua fortuna* (L. Ariosto)

presagomatùra [comp. di *pre-* e *sagomatura* ✱2002] **s. f.** ● (*tecnol.*) produzione meccanizzata di barre di ferro da impiegare nell'armatura del calcestruzzo

presalàrio [comp. di *pre-* e *salario* ✱1960] **s. m.** ● sussidio economico che un tempo si corrispondeva allo studente universitario meritevole privo di mezzi

presàme (o **-ṣ-**) [da *preso*, perché fa *rapprendere* il latte ✱av. 1292] **s. m. 1** caglio **2** carciofo selvatico

presantificàto [comp. di *pre-* e *santificato* ✱1696] **agg.** ● santificato prima, detto spec. delle ostie che si consacrano nei giorni precedenti il Venerdì santo e con le quali si comunicano i fedeli nella Messa celebrata il Venerdì santo

†presapére [comp. di *pre-* e *sapere*; calco sul lat. *praescīre* (V. †*prescire*) ✱av. 1484] **v. tr.** ● preconoscere, presentire

preṣbiacuṣìa o **preṣbiacùṣi** [comp. del gr. *présbys* 'vecchio' (di orig. indeur.) e *ákousis* 'udito' (da *akóuein* 'udire'. V. *acustico*) col suff. *-ia*② ✱1940] **s. f.** ● (*med.*) diminuzione progressiva delle capacità uditive tipica della senescenza

preṣbiofrenìa [comp. del gr. *présbys* 'vecchio' (di orig. indeur.) e *phrḗn*, genit. *phrenós* 'mente' (V. *frenesia*) ✱1912] **s. f.** ● (*med.*) demenza senile in cui predominano i disturbi della memoria

preṣbiopìa [comp. del gr. *présbys* 'vecchio', (di orig. indeur.) e *-opia* ✱1821] **s. f.** ● (*med.*) difetto del potere di accomodazione dell'occhio dovuto a perdita di elasticità del cristallino, comunemente per vecchiaia, per cui si vedono gli oggetti lontani meglio dei vicini **SIN.** presbitismo

prèṣbite [vc. dotta, gr. *presbýtēs* 'vecchio', poi 'presbite', da *présbys* 'vecchio' (di orig. indeur.); perché è un difetto tipico delle persone anziane ✱1672] **agg. e s. m. e f.** ● che (o chi) è affetto da presbiopia

preṣbiteràle [dal lat. tardo *prĕsbyter* 'prete' (V.) ✱1363] **agg.** ● concernente il presbitero, il presbiterato

preṣbiteràto [vc. dotta, lat. tardo *presbyterātu(m)*, da *prĕsbyter* 'prete' (V.) ✱av. 1292] **s. m.** ● sacerdozio cattolico | ultimo ordine maggiore consistente nell'ordinazione sacerdotale, nella gerarchia ecclesiastica cattolica | ordine dei cardinali preti

preṣbiterianéṣimo o **preṣbiterianìṣmo** [ingl. *Presbyterianism*, da *Presbyterian* 'presbiteriano' ✱1822] **s. m.** ● dottrina e carattere organizzativo delle Chiese protestanti di origine calvinista e puritana, nelle quali il governo è affidato al consiglio di laici e di ecclesiastici

preṣbiteriàno [ingl. *Presbyterian*, da *presbytery* 'presbiterio' (V.), nel senso di 'collegio dei preti' ✱1654] **A agg.** ● relativo al presbiterianesimo: *Chiesa presbiteriana* **B s. m.** (**f.** *-a*) ● seguace della Chiesa presbiteriana

preṣbitèrio [vc. dotta, lat. tardo *presbytĕriu(m)* 'collegio dei preti', dal gr. *presbytérion* 'consiglio degli anziani', da *présbys* 'vecchio' (di orig. indeur.) ✱sec. XIV] **s. m.** (**pl.** *-i* o *raro -ii*) **1** (*archit.*) parte della chiesa circostante l'altare maggiore, sopraelevata di alcuni gradini e recintata da balaustra, riservata al clero officiante **2** (*est.*) casa parrocchiale contigua alla chiesa **3** nell'antico linguaggio ecclesiastico, dignità sacerdotale, sacerdozio | collegio presbiterale di una chiesa, retto dal vescovo e trasformatosi in Capitolo nelle varie chiese, in Collegio cardinalizio in Roma **4** nell'organizzazione delle chiese presbiteriane, raggruppamento di membri della chiesa, superiore alla congregazione locale e inferiore al sinodo e all'assemblea generale

preṣbìtero [vc. dotta, gr. *presbýteros*. V. *prete* ✱sec. XII] **s. m.** ● in origine, ciascuno degli anziani, che, secondo gli Atti degli Apostoli, reggevano e amministravano le prime comunità cristiane; in seguito, prete, sacerdote, ministro, anche nelle comunità cristiane riformate ed evangeliche

preṣbitìṣmo [comp. di *presbite* e *-ismo* ✱1869] **s. m.** ● (*med.*) presbiopia

prescégliere [comp. di *pre-* e *scegliere*; calco sul lat. tardo *praeelĭgere* (V. †*preeleggere*) ✱av. 1729] **v. tr.** (**coniug. come** *scegliere*) ● scegliere con cura, preferire in una scelta: *lo hanno prescelto per una carica direttiva, a un ufficio, come dirigente*

prescélto **A part. pass.** di *prescegliere*; **anche agg.** ● nel sign. del v. **B s. m.** (**f.** *-a*) ● chi è stato preferito ad altri: *i prescelti dovranno ripresentarsi tra dieci giorni*

prèscia [lat. parl. **prĕssia(m)* 'fretta', da *pressāre* 'premere' (V. *pressare*) ✱sec. XIV] **s. f.** (**pl.** *-sce*, *raro*) ● (*centr., merid.*) fretta | ***andare di p.***, avere molta fretta

presciènte /preʃˈʃɛnte, -ʃʃiˈɛ-/ [vc. dotta, lat. *praesciĕnte(m)*, part. pres. di *praescīre* 'prescire' ✱1611] **agg.** ● (*lett.*) che conosce il futuro

presciènza /preʃˈʃɛntsa, -ʃʃiˈɛ-/ o **†prescïènzia** /preʃˈʃɛntsja, -ʃʃiˈɛ-/ [lat. tardo *praesciĕntia(m)*, da *praēsciens*, genit. *praesciĕntis* 'presciente' ✱av. 1290] **s. f. 1** cognizione che Dio, esente da ogni limite di tempo, ha del futuro: *l'accordo della p. col libero arbitrio è una delle concezioni più difficili e astruse* (F. De Sanctis) **2** preveggenza, capacità di prevedere l'avvenire

presciìstica [comp. di *pre-* e del f. sost. di *sciistico* ✱1970] **s. f.** ● insieme degli esercizi preparatori alla pratica dello sci

presciìstico [comp. di *pre-* e *sciistico* ✱1970] **agg.** (**pl. m.** *-ci*) ● relativo alla presciistica: *esercizio p.*

prescìndere [vc. dotta, lat. *praescĭndere* 'tagliare davanti, separare', comp. di *prae-* 'pre-' e *scĭndere* 'dividere, separare' ✱1673] **v. intr.** (**pass. rem.** *io prescindéi, raro prescìssi, tu prescindésti*; **part. pass.** *prescisso, raro*; **aus.** *avere*) ● fare astrazione da ciò che non si ritiene rilevante (+ *da*): *p. dai commenti, dalle critiche, dalle osservazioni banali* | ***a p. da, prescindendo da***, (*colloq.*) ***a p. che***, lasciando da parte, non considerando: *a p. dalla morale; prescindendo dalle sue opinioni personali; a p. che gl'ideali della vita ... non hanno nulla da vedere con l'arte* (L. Pirandello) | (*assol., colloq.*) ***a p.***, tralasciando ogni altra considerazione: *la sua proposta è inaccettabile, a p.* **SIN.** tralasciare, trascurare

†prescìre [vc. dotta, lat. *praescīre*, comp. di *prae-* 'pre-' e *scīre* 'sapere' (V. *scienza*) ✱sec. XIII] **v. tr.** (**difett. usato solo all'inf., al part. pres.** *presciènte* /preʃˈʃɛnte, -ʃʃiˈɛ-/, **al part. pass.** *prescìto* **e al gerund.** *prescièndo* /preʃˈʃɛndo, -ʃʃiˈɛ-/) ● sapere anticipatamente | ***p. il futuro***, presagirlo

prescìsso **part. pass.** di *prescindere* ● (*raro*) nel sign. del v.

presciùtto ➤ **prosciutto**

prescolàre [comp. di *pre-* e *scolare*② ✱1963] **agg.** ● che precede l'età scolare: *età, istruzione p.* ‖ **prescolarità**, **s. f. inv.** periodo e livello di istruzione che precedono l'età scolare

prescolàstico [comp. di *pre-* e *scolastico* ✱1923] **agg.** (**pl. m.** *-ci*) ● prescolare

prescrittìbile [da *prescritto* ✱1673] **agg.** ● (*dir.*) che può essere soggetto a prescrizione: *diritto p.* ‖ **prescrittibilità**, **s. f. inv.**

prescrittìvo [vc. dotta, lat. *praescriptivu(m)*, da *praescriptu(m)*, part. pass. di *praescrībere* 'prescrivere' ✱1673] **agg. 1** che ordina, prescrive: *regolamento p.* **2** normativo: *grammatica prescrittiva* ‖ **prescrittività**, **s. f. inv.** caratteristica di ciò che è prescrittivo: *la prescrittività di una norma giuridica*

prescrìtto **A part. pass.** di *prescrivere*; **anche agg. 1** imposto, ordinato: *abbiamo dovuto aspettare i nove mesi prescritti dalla legge* (L. Pirandello) | (*est., lett.*) stabilito, fissato **2** (*dir.*) caduto in prescrizione: *reato p.* **3** †suddetto: *la mirabile bellezza della prescritta giovane* (G. Boccaccio) **B s. m.** ● †ordine, comando, norma

prescrittóre [da *prescrivere* ✱1908] **A agg.** (**f.** *-trice*) ● (*raro*) che prescrive | detto di medico in quanto prescrive una terapia **B s. m.** (**f.** *-trice*) ● (*raro*) chi prescrive

prescrìvere [vc. dotta, lat. *praescrībere*, comp. di *prae-* 'pre-' e *scrībere* 'scrivere' ✱1321] **A v. tr.** (**coniug. come** *scrivere*) **1** ordinare, disporre secondo certi criteri o certe norme (+ *che*, + *di* **seguito da inf.**): *p. una medicina, una cura, una dieta; la legge prescrive che si debba votare entro tre mesi; Il regolamento del Lager prescriveva di mettersi sull'attenti* (P. Levi) **2** (*lett.*) imporre: *a noi prescrisse / il fato illacrimata sepoltura* (U. Foscolo) **3** (*dir.*) mandare in prescrizione: *p. un diritto, una pena* **4** †porre un limite, porre termine **B prescrìversi v. intr. pron.** ● (*dir.*) cadere in prescrizione: *il reato si prescrive dopo 10 anni*

SFUMATURE ➤ ***comandare***

prescrivìbile [1958] **agg. 1** che può essere prescritto, spec. in campo medico: *medicina p.* **2** (*raro*) prescrittibile ‖ **prescrivibilità**, **s. f. inv.**

prescrizionàle [1950] **agg.** ● (*dir.*) di prescrizione, spec. nella loc. ***termine p.***, termine entro il quale un delitto o una pena cadono in prescrizione

prescrizióne [vc. dotta, lat. *praescriptiōne(m)*, da *praescrīptus* 'prescritto' ✱sec. XIII] **s. f. 1** il prescrivere | norma, regola, precetto: *le prescrizioni della Chiesa, della morale* **2** ogni disposizione data dal medico rispetto a una terapia | ricetta medica | in una ricetta, l'elenco dei vari medicinali prescritti e della relativa posologia **3** (*dir.*) in materia civile, estinzione di un diritto quando il titolare non lo esercita per il tempo determinato dalla legge: *cadere in p.* | ***p. acquisitiva***, usucapione | in materia penale, decorso del tempo che opera come causa estintiva del reato o della pena a seconda che il termine indicato dalla legge si compia prima o dopo il passaggio in giudicato della sentenza di condanna

pre-scuòla [1992] **A s. m. inv.** ● nella scuola dell'obbligo, servizio di assistenza agli alunni che per motivi famigliari hanno la necessità di entrare a scuola prima dell'inizio delle lezioni **CFR.** post-scuola **B anche in funzione di agg. inv.**: *attività pre-scuola*

†presedére e deriv. ➤ **presiedere** e deriv.

presegnalàre [comp. di *pre-* e *segnalare* ✱1963] **v. tr.** ● segnalare in precedenza | (*est.*)

a b c d e f g h i j k l m n o p q r s t u v w x y z

segnalare con opportuno anticipo: *p. una macchina ferma a una curva*

presegnalazióne [comp. di *pre-* e *segnalazione* ✱ 1963] **s. f.** ● segnalazione anticipata

presegnàle [comp. di *pre-* e *segnale* ✱ 1963] **s. m.** ● qualsiasi segnale che ne precede un altro e avverte dell'approssimarsi di questo

preselettóre [comp. di *pre-* e *selettore* ✱ 1958] **s. m.** ● (*tecnol.*) dispositivo che serve a compiere una preselezione

preselezionàre [comp. di *pre-* e *selezionare* ✱ 1963] **v. tr.** (*io preseleziόno*) ● selezionare in precedenza

preselezióne [comp. di *pre-* e *selezione* ✱ 1958] **s. f. 1** selezione preliminare: *la p. dei concorrenti*; *gare di p.* **2** (*tecnol.*) sistema che permette di selezionare anticipatamente una delle diverse operazioni che un apparecchio può compiere, affinché tale operazione si compia automaticamente a tempo debito | in alcuni tipi di cambi di velocità per autoveicoli, predisposizione del cambiamento di rapporto mediante lo spostamento della leva di comando; la manovra vera e propria avviene automaticamente al successivo azionamento del pedale della frizione **3** ***p. delle correnti di traffico***, instradamento del traffico veicolare lungo corsie differenziate a seconda della destinazione

presèlla (o **-ṣ-**) [da *presa* ✱ 1804] **s. f. 1** parte della briglia che nel cavalcare si tiene stretta in mano **2** strumento di ferro o d'acciaio che, nella lavorazione a caldo dei metalli, si interpone fra il martello e il pezzo da lavorare **3** tipo di morsetto per uno o più cavi costituito da due piastre scanalate unite da bulloni **4** (*disus.*) piccolo appezzamento di terreno messo a coltura

presellàre (o **-ṣ-**) [1983] **v. tr.** (*io presèllo*) ● cianfrinare

presellatùra (o **-ṣ-**) [da *presella* ✱ 1958] **s. f.** ● cianfrinatura

presémina [comp. di *pre-* e *semina* ✱ 1958] **s. f.** ● (*agric.*) insieme delle attività agricole che vengono svolte in preparazione della semina

presenìle [comp. di *pre-* e *senile* ✱ 1935] **agg.** ● (*med.*) che si manifesta prima dell'età senile

preṣentàbile [da *presentare*, sul modello del fr. *présentable* ✱ 1865] **agg.** ● che si può presentare | (*est.*) decoroso: *un abito povero ma p.* | ***appena p.***, appena decente | ***non p.***, indecoroso ‖ **preṣentabilità**, **s. f. inv.**

†**preṣentàneo** [vc. dotta, lat. *praesentā̆neu(m)*, da *praesens*, genit. *praesĕntis* 'presente' ✱ 1442] **agg. 1** rapido, istantaneo **2** attuale ‖ †**preṣentaneaménte**, **avv.** attualmente; sul momento

♦**preṣentàre** [vc. dotta, lat. *praesentāre*, da *praesens*, genit. *praesĕntis* 'presente' ✱ 1266] **A v. tr.** (*io preṣènto*) **1** far vedere a qlcu., sottoporre alla vista, all'esame o al giudizio di qlcu.: *p. una lettera, un documento, un saggio*; *presentarono al ministro un ordine del giorno* | (*fig.*) proporre, illustrare: *presenterò la vostra proposta all'assemblea*; *il critico ti dèe p. il mondo poetico rifatto ed illuminato da lui con piena coscienza* (F. DE SANCTIS) | consegnare: *p. la sfida, una citazione* | ***p. il conto***, dichiarare il costo di qlco. o (*fig.*) il prezzo da pagare per qlco.: *prima o poi gli presenterò il conto!* **2** (*fig.*) prospettare, offrire: *questa soluzione presenta dei rischi*; *è un affare che presenta numerosi vantaggi, svantaggi* **3** porgere: *p. un dono* | (*fig.*) rivolgere: *p. gli ossequi, i saluti, gli omaggi* | ***presenterò!***, riferirò a chi di dovere i saluti e sim. | ***p. le armi***, sulla posizione di attenti, portare l'arma verticalmente davanti al corpo, col braccio sinistro disteso e il destro piegato, in segno di onore | ***†p. battaglia***, mettere le schiere in ordine di combattimento, provocando il nemico | (*lett.*) regalare, offrire in dono | (*lett.*) ***p. qlcu. di qlco.***, fargli un dono, un presente **4** esporre: *la campagna presenta il suo aspetto autunnale*; *il soffitto presenta delle macchie d'umidità* **5** mostrare, far conoscere al pubblico: *p. un nuovo modello d'automobile, le ultime novità librarie*; *p. qlco. in una esposizione, alla fiera campionaria* | esibire in pubblico, spec. per dare spettacolo: *il domatore presenta quattro nuovi leoni*; *p. il nuovo corpo di ballo* | condurre uno spettacolo facendo da presentatore: *p. il festival* **6** proporre, avanzare: *p. la propria candidatura* **7** far conoscere qlcu. ad altra persona: *le presento mio cugino*; *ho il piacere di presentarle il direttore generale*; *presentami ai tuoi amici* | (*est.*) introdurre in un ambiente, raccomandare a qlcu.: *p. qlcu. in società, in famiglia, al circolo* **B preṣentàrsi v. rifl. 1** recarsi di persona: *presentarsi al generale, al distretto, in comune, in questura, al magistrato, in tribunale* **2** comparire in giudizio, venire alla presenza di un organo giudiziario **3** farsi vedere in determinate condizioni: *si è presentato vestito in modo indecente*; *non ti vergogni a presentarti così?* | ***presentarsi bene, male*** e sim., di persona che produce buona o cattiva impressione **4** offrirsi: *si è presentato per sostituire un dipendente malato* | candidarsi, proporsi: *presentarsi alle elezioni* **5** farsi conoscere, dicendo il proprio nome: *permetta che prima io mi presenti* **C preṣentàrsi v. intr. pron. 1** capitare, occorrere, accadere: *si presentò un caso stranissimo* **2** offrirsi, prospettarsi: *non so se mi si presenterà ancora una simile occasione*; *la decisione dipende da come si presenteranno le cose* | ***presentarsi alla mente***, di idea o pensiero che si manifesta all'improvviso **3** apparire, mostrarsi: *il problema si presenta grave*; *l'affare non si presenta troppo bene* | ***presentarsi favorevolmente, sfavorevolmente***, di ciò che sembra o non sembra vantaggioso

preṣentat'àrm o **preṣentatàrm** [da *presentat(e le) arm(i)* ✱ 1799] **loc. sost. m. inv.** ● ordine impartito ai soldati perché presentino le armi in segno di onore | posizione assunta in seguito a tale ordine

preṣentàto A part. pass. di *presentare*; anche **agg.** ● nei sign. del v. **B s. m.** (**f. -a**) **1** †persona alla quale si fa un dono **2** (*lett.*) persona fatta conoscere ad altri: *Le due presentate facevano grand'inchini* (A. MANZONI)

♦**preṣentatóre** [1320 ca.] **s. m.** (**f. -trice**) **1** chi presenta: *il p. di un assegno, di una richiesta, dei nuovi modelli invernali* **2** chi, in teatro o in trasmissioni radiotelevisive, presenta al pubblico uno spettacolo, anche con brevi interventi personali: *il p. del festival*; *fare da p. a un concorso*; *le battute, le gaffe del p.*

♦**preṣentazióne** [1313] **s. f. 1** il presentare | esibizione di qlco. a qlcu.: *p. di una domanda, di titoli, di documenti*; *la p. dei modelli al pubblico* | consegna, inoltro: *p. di un ricorso, di certificati* | modo di presentare alla vista: *curare la p. di una vivanda* **2** discorso o nota introduttiva con cui si presenta al pubblico qlco. o qlcu.: *una bella p.*; *la p. dello spettacolo è stata affidata a un noto attore*; *la breve p. è stata scritta da un famoso critico* | illustrazione delle caratteristiche di qlco., spec. di un nuovo prodotto, mediante l'integrazione di testi, immagini, suoni ecc.: *p. multimediale di un'opera letteraria* | (*cinema, raro*) trailer **3** il far conoscere una persona ad altre: *non ho capito il suo nome durante la p.* | ***fare le presentazioni***, presentare fra loro persone che ancora non si conoscono | introduzione, raccomandazione: *la p. in società, a corte*; *una lettera di p. per il ministro* | ***P. di Maria Vergine***, festa cattolica del 21 novembre, che commemora l'entrata della Vergine nel tempio di Gerusalemme **4** proposta di nomina, elezione e sim.: *la p. di un candidato* **5** (*fisiol.*) nel parto, posizione assunta dal feto nei confronti del canale del parto: *p. cefalica*; *p. podalica*

♦**preṣènte**① [vc. dotta, lat. *praesĕnte(m)*, da *prae-* 'pre-', sul modello di *ăbsens*, genit. *absĕntis* 'assente' ✱ 1242] **A agg. 1** che è nel luogo di cui si parla o al quale ci si riferisce, che si trova nello stesso luogo di chi parla o scrive, spec. in relazione ad avvenimenti ai quali si partecipa o si assiste: *gli alunni presenti alle lezioni*; *i deputati presenti alla seduta*; *il pubblico p.* | ***essere p.***, assistere direttamente a qlco.; esserci: *era p. al fatto e quindi è un testimone oculare*; *nel tuo tema sono presenti diversi errori* | ***non essere p.***, non esserci, mancare | ***p.!***, formula di risposta positiva a un appello | (*fig.*) ***essere p. a sé stesso***, essere pienamente cosciente | (*fig.*) ***aver p. qlcu., qlco.***, ricordarsene | (*fig.*) ***tener p. qlcu., qlco.***, tenerne conto | ***far p. qlco. a qlcu.***, proporla all'attenzione, farla notare | (*assol.*) ***lui p., p. il padre*** e sim., mentre lui era lì, proprio al cospetto del padre e sim. **CONTR.** assente **2** di ciò che è, accade o è in corso di svolgimento proprio ora, oggi, o di chi vive adesso, nella nostra epoca: *nel p. mese, giorno, anno*; *la p. generazione*; *i miei protesti / udrà il mondo p., udrà il futuro* (T. TASSO) | ***tempo p.***, l'oggi | attuale: *la p. situazione è complessa*; *le sue presenti condizioni di salute*; *la moda p.*; *gli usi presenti* **CONTR.** passato **3** questo: *nel caso p. non so come agire*; *il p. libro*; *la p. lettera* **4** (*gramm.*) detto di tempo del verbo che colloca l'enunciato nel momento della produzione del discorso, nell'"adesso": *indicativo, congiuntivo, infinito p.* **5** †pronto, rapido | †***di p., in p.***, subito **6** †propizio, favorevole ‖ **preṣenteménte**, **avv. 1** ora, in questo momento **2** †immediatamente **3** †in persona **B avv. 1** †adesso | †subito **2** †improvvisamente **C s. m. e f.** ● (**spec. al pl.**) chi è presente: *i presenti possono intervenire nel dibattito*; *tutti i presenti sono d'accordo* | ***esclusi i presenti***, si dice per lasciare fuori da critiche e sim. la persona con cui si sta parlando **D s. m. 1** (**solo sing.**) tempo, epoca, momento attuale: *adeguarsi al p.*; *dimenticare il p. rifugiandosi nel passato* | ***al p.***, attualmente: *la quale si ritiene che fosse la miglior donna che sia stata insino al p.* (G. LEOPARDI) **2** (*gramm.*) tempo presente | ***p. storico***, usato per fatti collocati al passato, spec. per dare un effetto di immediatezza, di vivacità (per es.: *stavo sciando e all'improvviso mi si para davanti una slitta*) | ***p. iterativo***, usato per presentare azioni abituali, relative anche al passato o al futuro (per es. *mangio molta verdura*)

preṣènte② [fr. *présent*, da *présenter* 'presentare, offrire' ✱ sec. XIII] **s. m.** ● dono, regalo: *fare un p., un piccolo p., a qlcu.*; *voglia gradire questo mio p.* ‖ **preṣentino**, **dim.** | (*lett.*) **preṣentùccio**, **preṣentùzzo**, **dim.**

SFUMATURE ➤ *regalo*

presentiménto (o **-ṣ-**) [da *presentire* ✱ 1712] **s. m.** ● sensazione anticipata e confusa, vago presagio: *un p. di vittoria, di sciagure imminenti*; *il p. / di te m'empiva l'anima* (E. MONTALE) | ***avere un p.***, presentire **SIN.** antiveggenza, preveggenza

presentìre [vc. dotta, lat. *praesentīre*, comp. di *prae-* 'pre-' e *sentīre* 'sentire' ✱ sec. XIII] **v. tr.** (*io presènto*) **1** prevedere confusamente, intuire in modo vago, in base a sensazioni o impressioni soggettive (**anche assol.**): *presentivo il suo rifiuto*; *come presentivo non si è fatto più vedere* **2** †sondare, esplorare: *p.*

p

li disegni de' nimici (N. MACHIAVELLI)

♦**preṣènza** o †**preṣènzia** [vc. dotta, lat. *praesĕntia(m)*, da *prāesens*, genit. *praesĕntis*, 'presente' ✻ 1250 ca.] **s. f. 1** lo stare, l'essere in un determinato luogo: *fu notata la sua p.*; *non è gradita la p. di estranei* | ***fare atto di p.***, recarsi in un luogo, intervenire a qlco. e sim. per semplice formalità | ***di p.***, personalmente CONTR. assenza | (*est.*, **al pl.**) persone presenti in un luogo: *in calo le presenze negli alberghi* **2** esistenza: *l'analisi chimica ha rilevato la p. di ferro*; *notare la p. di grassi* **3** cospetto, spec. nelle loc. ***alla p. di, in p. di***: *lo ha schiaffeggiato in p. di testimoni*; *fu ammesso alla p. del Papa* | ***in mia, tua p.***, al mio, al tuo, cospetto, dinanzi a me, a te | †***nella p. di qlcu.***, al suo cospetto **4** (*fig.*) prontezza: *p. di spirito* **5** aspetto esteriore: *una ragazza di bella p.* | ***non avere p.***, essere di aspetto sgradevole

preṣenziàle [dal lat. *praesĕntia* 'presenza' ✻ av. 1332] **agg.** ● (*lett.*) presente in modo continuo ‖ †**preṣenzialménte**, **avv.** (*raro*) di persona: *assistere presenzialmente a qlco.* ‖ **preṣenzialità**, **s. f. inv.** (*raro*, *lett.*) presenza; onnipresenza di Dio

preṣenzialìṣmo [da *presenziale* ✻ 1974] **s. m.** ● tendenza a mettersi in mostra presenziando a ogni tipo di avvenimento, cerimonia e sim., spec. da parte di personaggi noti: *peccare di p.*; *il p. del ministro*

preṣenzialìsta [1976] **agg. e s. m. e f.** (**pl. m.** *-i*) ● che (o chi) dà prova di presenzialismo

preṣenziàre [dal lat. *praesĕntia* 'presenza' ✻ 1855] **v. intr.** e (*raro*) **tr.** (*io preṣènzio*; **aus.** *avere*) ● assistere di persona, essere presente: *p. al rito*; *p. una cerimonia*

†**preṣenzióne** [vc. dotta, lat. *praesensiōne(m)*, da *praesēnsus*, part. pass. di *praesentīre* 'presentire' ✻ 1266] **s. f.** ● presentimento

presèpe [vc. dotta, lat. *praesāepe* 'greppia, mangiatoia, stalla', propr. 'ogni recinto chiuso', comp. di *prae-* 'pre-' e *saepīre* 'cingere, circondare (con una siepe)', da *sāepes* 'siepe' ✻ 1260 ca.] **s. m.** ● presepio

presèpio [vc. dotta, lat. *praesāepiu(m)*, var. di *praesāepe* 'presepe' (V.) ✻ av. 1328] **s. m. 1** (*lett.*) stalla, mangiatoia, spec. quella in cui fu posto Gesù **2** ricostruzione tradizionale della nascita di Gesù, fatta nelle case e nelle chiese durante il periodo di Natale, con la grotta e con figure di materiale vario che rappresentano i protagonisti della narrazione evangelica della natività e quelli della leggenda popolare a essa connessa: *fare il p.*; *le figurine del p.*; *un p. di legno, di ceramica, di terracotta*; *un p. napoletano, siciliano* | ***p. vivente***, con persone e animali veri **3** (*est.*) qualsiasi rappresentazione iconografica della natività di Gesù

preseràle [comp. di *pre-* e *serale* ✻ av. 1963] **A agg.** ● che avviene prima di sera | (*tv*) collocato nella fascia di programmazione compresa tra le 18 e le 20: *un quiz p.* **B s. m.** ● (*tv*) tale fascia di programmazione: *gli alti ascolti del p.*

preservaménto (o *-ṣ-*) [av. 1543] **s. m.** ● (*raro*, *lett.*) preservazione

preservàre (o *-ṣ-*) [vc. dotta, lat. tardo *praeservāre*, comp. di *prae-* 'pre-' e *servāre* 'serbare' ✻ sec. XIII] **A v. tr.** (*io presèrvo*) ● proteggere da danni, pericoli e sim.: *p. la salute*; *p. i giovani dalla corruzione* | conservare integro, intatto: *p. l'arto* | mantenere: *p. un'usanza* **B preservàrsi v. intr. pron.** ● salvaguardarsi

preservatìvo (o *-ṣ-*) [sec. XIV] **A agg.** ● che è atto a preservare, a proteggere **B s. m. 1** ogni mezzo fisico, chimico e meccanico usato a scopo antifecondativo o profilattico nel coito umano | (*per anton.*) sottile guaina di gomma che si applica al pene durante il coito come mezzo profilattico e anticoncezionale **2** (*raro*, *lett.*) rimedio preventivo a qlco.: *Credi tu che ti avrei mostrato il male, se non ne tenessi in serbo il p.?* (I. NIEVO)

preservàto (o *-ṣ-*) **part. pass.** di *preservare*; anche **agg.** ● nei sign. del v.

preservatóre (o *-ṣ-*) [1568] **agg. e s. m.** (**f.** *-trice*) ● (*raro*) che (o chi) preserva o tende a preservare: *cura preservatrice*

preservazióne (o *-ṣ-*) [1363] **s. f.** ● il preservare | protezione, difesa da pericoli, danni e sim.

prési ➤ **prendere**

prèside (o *-ṣ-*) [vc. dotta, lat. *prāeside(m)* 'difensore, governatore', da *praesidēre* 'proteggere, difendere' (V. *presiedere*) ✻ 1336 ca.] **A s. m. e f.** ● denominazione (fino al 2001) del dirigente scolastico di un istituto d'istruzione secondaria | ***p. di facoltà***, professore universitario che presiede le adunanze del consiglio di facoltà e la rappresenta **B s. m.** ● nei primi secoli dell'Impero romano, governatore di una provincia

presidentàto (o *-ṣ-*) [av. 1536] **s. m.** ● (*raro*) carica, dignità di presidente | durata della presidenza

♦**presidènte** (o *-ṣ-*) [vc. dotta, lat. *praesidĕnte(m)*, part. pres. di *praesidēre* 'proteggere, governare' (V. *presiedere*) ✻ 1342] **A s. m. e f.** (**f.** anche *-éssa* (V.); V. anche nota d'uso FEMMINILE) ● chi sovraintende, coordina e dirige l'attività di un'assemblea, di un consiglio, di un seggio elettorale, di un ente pubblico o privato, di un organo collegiale | ***P. della Repubblica***, capo di uno Stato retto a repubblica | ***P. del Consiglio dei ministri***, capo del governo | ***P. della Regione, della Provincia***, chi ha la rappresentanza dell'ente regione, dell'ente provincia **B agg.** ● †preposto

presidentéssa (o *-ṣ-*) [av. 1712] **s. f. 1** donna che ha la carica di presidente **2** (*spec. scherz.*) moglie del presidente

♦**presidènza** (o *-ṣ-*) [1363] **s. f. 1** ufficio, carica di preside o di presidente: *assumere la p.* | durata di tale carica | ***ufficio di p., consiglio di p.***, il complesso del presidente e dei vice presidenti **2** sede di chi ricopre la carica di preside o di presidente: *la p. è chiusa* **3** personale che assiste e aiuta il preside o il presidente nelle sue funzioni **4** †protezione, tutela

♦**presidenziàle** (o *-ṣ-*) [da *presidente*, sul modello del fr. *présidentiel* ✻ 1829] **agg. 1** del preside o del presidente, della presidenza: *seggio p.*; *dignità p.*; *prerogative presidenziali* **2** correntemente, del Presidente della Repubblica: *decreto p.* | ***repubblica p.***, quella in cui il Presidente della Repubblica, oltreché essere capo dello Stato, dispone in misura determinante di poteri esecutivi e viene eletto direttamente a suffragio universale dagli elettori

presidenzialìṣmo (o *-ṣ-*) [1983] **s. m. 1** sistema politico-costituzionale di una Repubblica caratterizzato da una forte preponderanza dei poteri personali del Presidente della Repubblica | tendenza favorevole a tale sistema **2** tendenza favorevole all'elezione diretta a suffragio universale del Presidente della Repubblica o del Presidente del Consiglio

presidenzialìsta (o *-ṣ-*) [1985] **A agg. e s. m. e f.** (**pl. m.** *-i*) ● fautore, sostenitore del presidenzialismo **B agg.** ● del presidenzialismo

presidenzialìstico (o *-ṣ-*) [1985] **agg.** (**pl. m.** *-ci*) ● relativo al presidenzialismo o ai presidenzialisti: *simpatie presidenzialistiche*

presidiàle (o *-ṣ-*) [1598] **agg.** ● (*raro*) di presidio (*anche fig.*)

presidiàre (o *-ṣ-*) [vc. dotta, lat. tardo *praesidiāri*, da *praesĭdium* 'presidio' ✻ 1532] **v. tr.** (*io presìdio*) **1** occupare con truppe un luogo a scopo di difesa: *p. una fortezza, una città, un caposaldo* | (*est.*) sorvegliare, proteggere: *p. gli obiettivi sensibili* CONTR. sguarnire **2** (*fig.*) difendere, proteggere, tutelare: *p. le istituzioni*

presidiàrio (o *-ṣ-*) [vc. dotta, lat. *praesidiāriu(m)*, da *praesĭdium* 'presidio' ✻ 1550] **agg.** ● detto di truppe, servizi e mezzi inerenti a un presidio

presìdio (o *-ṣ-*) [vc. dotta, lat. *praesĭdiu(m)*, da *praesidēre* (V. *presidente* e *presiedere*) ✻ sec. XIV] **s. m.** (**pl.** *-i* o *-ii*) **1** complesso di truppe poste a guardia o a difesa di una località, di un'opera fortificata o di un caposaldo e luogo in cui esse risiedono: *truppe del p.*; *comandante del p.*; *porre a p.* | ***servizi di p.***, quelli svolti per assicurare la vita e la disciplina delle truppe di un presidio | (*est.*) occupazione di un luogo pubblico a fini di controllo e sorveglianza o anche solo di propaganda: *p. sindacale nella piazza* SIN. guarnigione **2** circoscrizione territoriale sottoposta a un'unica autorità militare **3** (*burocr.*) complesso delle strutture tecnico-terapeutiche preposte in un dato territorio all'espletamento del servizio sanitario nazionale: *presidi ospedalieri, presidi periferici* **4** (*fig.*) difesa, protezione, tutela: *essere il p. delle istituzioni democratiche*; *porre a p. del proprio nome* **5** (*med.*) ***presidi terapeutici***, le sostanze medicamentose | ***presidi diagnostici***, il complesso dei mezzi di indagine | ***presidi medico-chirurgici***, strumenti e prodotti usati nella pratica medica e chirurgica (per es., apparecchi di protesi e di contenzione, irrigatori, siringhe e sim., disinfettanti, insetticidi, prodotti dietetici e sim.)

presìdium (o *-ṣ-*) [adattamento del russo *prezidium*, di orig. lat. (da *praesĭdium* 'presidio, guarnigione'), usata anche in ted. (*Präsidium*) ✻ 1921] **s. m. inv.** ● sino ai primi anni '90 del Novecento, presidenza, ufficio di presidenza in organi direttivi statuali o di partito in alcuni Paesi comunisti europei

presièdere o †**presedére** [lat. *praesidēre*, propr. 'sedere davanti' (comp. di *prae-* 'pre-' e *sedēre* 'sedere') ✻ av. 1375] **A v. tr.** (**pres.** *io presièdo*; **pass. rem.** *io presiedéi* o *presiedètti*, *tu presiedésti*) **1** reggere con ufficio e funzioni di presidente: *p. un'adunanza, la Camera dei Deputati, un dibattito* **2** dirigere con ufficio e funzioni di preside: *p. un liceo, una facoltà* **B v. intr.** (**aus.** *avere*) **1** stare a capo, come presidente o come preside: *p. a un ufficio, a una scuola* **2** (*fig.*) essere di guida: *p. alla realizzazione di un piano* | svolgere un ruolo primario in una determinata funzione fisiologica: *i polmoni presiedono alla respirazione* **3** (*lett.*) svolgere un ruolo di responsabilità, di direzione

presiedùto o †**presedùto** **part. pass.** di *presiedere*; anche **agg.** ● governato | diretto

presìgla [comp. di *pre-* e *sigla* ✻ 1988] **s. m.** o **f. inv.** ● sequenza d'apertura che precede la sigla di un programma radiofonico o televisivo

presìna (o *-ṣ-*) [1938] **s. f. 1** dim. di *presa* **2** cuscinetto di stoffa imbottita, o materiale simile, usato in cucina per afferrare oggetti molto caldi **3** piccolo involucro di carta preparato in farmacia, contenente polvere medicamentosa da assumersi per via orale | la dose di medicamento in esso contenuto SIN. cartina

presinàptico [vc. dotta, comp. di *pre-* e *sinaptico* ✻ 1994] **agg.** (**pl. m.** *-ci*) ● (*biol.*) detto di struttura cellulare o molecolare situata a monte di una sinapsi CFR. postsinaptico

presìstole [comp. di *pre-* e *sistole* ✻ 1875] **s. f.** ● (*anat.*) contrazione degli atri del cuore che precede la sistole ventricolare e segue alla diastole

presistòlico [1958] **agg.** (**pl. m.** *-ci*) ● (*anat.*) relativo alla presistole

préso (o **-ṣ-**) **part. pass.** di *prendere*; anche **agg.** (**superl.** *presissimo*) **1** nei sign. del v. | (*fig.*) pervaso da un sentimento, da una passione: *p. da soggezione; era il solo... p. d'amore per lei* (G. D'Annunzio) | ***per partito p.***, V. *partito*① **2** (*fig.*) pieno di impegni, occupato, assorbito: *oggi sono molto p.; ti richiamo io, ora sono presissimo; era molto p. dalla politica* (I. Calvino)

presocràtico [comp. di *pre-* e *Socrate*, con suff. agg. ✻ 1913] **A** **agg.** (**pl. m.** *-ci*) ● anteriore a Socrate e alla sua filosofia: *dottrina presocratica* **B** **s. m.** ● filosofo greco vissuto prima di Socrate: *studiare i presocratici*

†**preṣontuóso** ➤ **presuntuoso**

†**preṣonzióne** ➤ **presunzione**

prèssa [da *pressare* ✻ 1287] **s. f.** **1** (*lett.*) calca o ressa di più persone: *Orlando nella p. si mettea* (L. Pulci) **2** (*lett.*) premura, fretta: *avere p.; fare qlco. in p.* | istanza, pressione (nel sign. 5): *far p. su qlcu.* **3** macchina atta a comprimere un materiale in lavorazione fino a ridurlo alla forma desiderata: *p. idraulica, meccanica* || **pressìno**, **dim. m.** nel sign. 3

pressacàrte [comp. di *pressa(re)* e il pl. di *carta*; calco sul fr. *presse-papiers* ✻ 1885] **s. m. inv.** ● (*raro*) fermacarte

pressafièno [comp. di *pressa(re)* e *fieno* ✻ 1965] **s. m. inv.** ● pressaforaggio

pressaforàggio o **pressaforàggi** [comp. di *pressa(re)* e *foraggio* ✻ 1921] **s. m. inv.** ● macchina agricola da raccolta che comprime e lega il foraggio in balle

press àgent /pres'sadʒent, *ingl.* 'pres-ˌeɪdʒənt/ [loc. ingl., propr. 'agente per la stampa', comp. di *press* 'stampa' (dal fr. *presse* 'stampa', deriv. di *presser* 'pressare') e *agent* 'agente' ✻ 1954] **loc. sost. m. e f. inv.** (**pl. ingl.** *press agents*) ● chi cura le relazioni con la stampa a scopo pubblicitario per conto di un personaggio in vista, un ente, un'organizzazione e sim.

pressaịnsilatrìce [comp. di *pressa(trice)* e *insilatrice* ✻ 1987] **s. f.** ● (*agric.*) macchina agricola che pressa e confeziona il foraggio in sacchi di film plastico

pressànte **part. pres.** di *pressare*; anche **agg.** **1** nei sign. del v. **2** urgente, impellente: *necessità pressanti* || **pressantemènte**, **avv.** in modo pressante; con premura

pressapàglia [comp. di *pressa(re)* e *paglia* ✻ 1958] **s. m. inv.** ● macchina agricola da raccolta che comprime e lega la paglia in balle regolari

pressapòco e deriv. ➤ **pressappoco** e deriv.

pressappochìsmo o **pressapochìṣmo** [da *pressappoco* ✻ 1922] **s. m.** ● atteggiamento di chi agisce o ragiona con superficialità e approssimazione, trascurando l'esattezza e la precisione: *peccare di p.*

pressappochìsta o (*raro*) **pressapochìsta** [1942] **s. m. e f.** (**pl. m.** *-i*) ● chi tende al pressappochismo, chi agisce con pressappochismo

pressappochìstico o (*raro*) **pressapochìstico** [1988] **agg.** (**pl. m.** *-ci*) ● che manifesta pressappochismo: *opinione pressappochistica*

♦**pressappòco** o (*raro*) **pressapòco** [comp. di *presso*, *a* e *poco* ✻ 1667] **A** **avv.** ● all'incirca, più o meno, approssimativamente: *sono p. uguali; hanno p. la medesima età; manca p. un'ora all'arrivo del treno* | (*fam.*) anche nella loc. avv. ***a un p.***: *non bisogna fare le cose a un p.* **B** **s. m. inv.** ● (*raro*) approssimazione: *ha adottato il p. come metodo di lavoro; occorre diffidare del quasi-uguale ... del pressapoco, dell'oppure* (P. Levi)

pressàre [vc. dotta, lat. *pressāre*, intens. di *prĕmere* 'premere' ✻ 1363] **A** **v. tr.** (*io prèsso*) **1** premere con forza, schiacciando: *p. carta, tessuti in una cassa* | comprimere con la pressa **2** premere, stringere da ogni parte: *la folla lo pressava* | †urtare: *pinto da un altro questo fanciullo, il detto Guido pressò* (F. Sacchetti) **3** (*fig.*) incalzare o sollecitare in modo continuo e insistente: *p. qlcu. con richieste di aiuti, denaro, raccomandazioni* | (*sport, anche assol.*) contrastare l'avversario facendo il pressing **B** **pressàrsi** **v. intr. pron.** ● (*lett.*) affrettarsi

SFUMATURE DI SIGNIFICATO

pressare - comprimere - stipare - ammassare

Pressare è il calcare con forza un materiale solido per ridurne il volume. Anche **comprimere** ha il significato di premere, pigiare; nell'uso scientifico si riferisce esclusivamente alla pressione esercitata su un gas. **Stipare** è ammucchiare molte cose o far stare molte persone in uno spazio ristretto. Se lo stipare è fatto in maniera particolarmente disordinata e fitta si ha **ammassare**.

SFUMATURE ➤ ***spingere***①

pressaschède [comp. di *pressa(re)* e il pl. di *scheda* ✻ 1970] **s. m. inv.** ● negli schedari metallici, dispositivo che comprime le schede, evitandone il deterioramento

pressàto **part. pass.** di *pressare*; anche **agg.** **1** nei sign. del v. **2** sottoposto a pressatura: *cartone p.*

pressatóre [1958] **s. m.** (**f.** *-trice*) ● operaio addetto alla pressatura

pressatrìce [da *pressare* ✻ 1983] **s. f.** ● macchina per orticoltura atta a costipare la terra in piccole zolle a forma di cubetti e a inserirvi un seme, predisponendole così per il trapianto nel terreno **SIN.** pressazolle

pressatùra [1729] **s. f.** ● operazione del comprimere, spec. mediante pressa

pressaẓòlle (o **-z-**) [comp. di *pressa(re)* e il pl. di *zolla* ✻ 1983] **s. f. inv.** ● (*raro*) pressatrice

pressèlla [da *pressare* ✻ 1973] **s. f.** ● utensile del fabbro ferraio usato per premere, schiacciare e sim.

†**pressézza** [da *presso* ✻ av. 1348] **s. f.** ● vicinanza

pressìbile [dal lat. *prĕssus*, part. pass. di *prĕmere* 'premere' ✻ 1745] **agg.** ● che cede alla pressione **SIN.** comprimibile || **pressibilità**, **s. f. inv.**

prèssing /'pressin(g), *ingl.* 'presɪŋ/ [vc. ingl., gerundio di *to press* 'premere, incalzare' ✻ 1953] **s. m. inv.** ● (*sport*) in vari giochi di palla, azione incalzante e insistente di contrasto sull'avversario per sottrargli la palla | (*fig.*) pressione decisa e insistente: *gli industriali fanno p. per il calo dei tassi*

pressìno [da *pressare* ✻ 1973] **s. m.** ● parte del macinadosatore che preme la quantità di caffè da macinare

♦**pressióne** [vc. dotta, lat. *pressiōne(m)*, da *prĕssus*, part. pass. di *prĕmere* 'premere' ✻ 1611] **s. f.** **1** atto del premere | forza esercitata su un corpo, una superficie e sim.: *esercitare una forte, una debole p.; alla minima p. può scoppiare* **2** (*fis.*) grandezza fisica definita come rapporto fra la componente normale della forza applicata a una superficie e la superficie stessa **CFR.** baro-, -baro, piezo- | ***p. atmosferica***, forza esercitata dall'atmosfera, in virtù del suo peso, su di una superficie determinata | ***p. idrodinamica***, pressione in un punto qualsiasi di un liquido in moto | ***p. idrostatica***, pressione in un punto qualsiasi di un liquido in quiete **3** (*med.*) ***p. sanguigna*** o (*per anton.*) ***pressione***, forza esercitata dal sangue sulle pareti arteriose che vengono messe in tensione: *p. venosa, p. arteriosa; misurare, misurarsi la p.; avere la p. alta, bassa; avere disturbi di p.* | ***p. arteriosa diastolica***, pressione arteriosa minima in corrispondenza della diastole cardiaca (fase di distensione della muscolatura cardiaca) | ***p. arteriosa sistolica***, pressione arteriosa massima in corrispondenza della sistole cardiaca (fase di contrazione del muscolo cardiaco) **4** (*fig.*) insistenza incalzante per indurre qlcu. a fare qlco. o ad agire in un modo piuttosto che in un altro: *subire forti pressioni politiche* | ***far p. su qlcu.***, insistere con forza per costringerlo o indurlo a qlco. | (*fig.*) ***essere sotto p.***, essere costretto a un'attività continua e molto impegnativa: *essere sotto p. per gli esami* | offensiva: *resistere alla p. delle truppe nemiche* | ***p. tributaria, fiscale***, rapporto fra il reddito nazionale e la parte di esso che viene prelevata dallo Stato come imposta | ***gruppo di p.***, che esercita pressioni politiche sul Governo e sul Parlamento spec. a favore dei propri interessi economici || **pressioncìna**, **dim.**

♦**prèsso** [lat. *prĕsse* 'strettamente', da *prĕssus*, part. pass. di *prĕmere* 'premere' ✻ 1261 ca.] **A** **avv.** ● (*lett.*) nelle vicinanze (spec. preceduto da altri avv.): *abitava qui p.; non trovava il martello, e lo aveva lì p.* | ***da p.***, da vicino: *ormai gli inseguitori incalzano da p.* | ***a un di p.***, pressappoco: *saranno a un di p. tre metri* | V. anche *dappresso, dipresso, pressappoco, pressoché* **SIN.** vicino **B** **prep.** **1** vicino a, accanto a (con v. di stato e di moto): *arriva fin p. il fiume; ha una villa p. Napoli; siediti p. la finestra; stare p. il caminetto* | anche nelle loc. ***p. a***, (*lett.*) ***p. di***: *si fermò p. a un ruscello; p. della torricella nascoso s'era* (G. Boccaccio) | (*est.*) in casa di: *abita ancora p. i genitori; vivono p. i nonni; i bambini sono p. una zia* | nella loc. ***p. di*** (davanti a un pron. pers.): *lo accolse p. di sé; p. di loro ti troverai bene* | (*lett.*) nelle loc. ***p. a, p. di***, (*fig.*) a paragone di, in confronto a | †***p. a, p. di***, circa **2** (*est.*) indica un rapporto o una relazione, spec. di dipendenza, con una persona o un ambiente: *ha lavorato p. di noi per molti anni; è impiegato p. una ditta commerciale; farà pratica p. questo ufficio; è stato già ambasciatore p. la Santa Sede; fu segretario p. un principe romano* | nell'opinione di, nell'ambiente di: *ha molto prestigio p. la corte; ha trovato favore p. un ricco mecenate; godeva fama, p. il popolo, di uomo coraggioso* | nelle opere di, nel pensiero di, negli usi di, e sim.: *troviamo qualche riferimento a questo fatto p. alcuni antichi scrittori; p. i toscani sono comuni alcune locuzioni altrove sconosciute* | nell'ambiente, nella cerchia di: *questa moda si è diffusa velocemente p. i giovani; ho assunto informazioni p. la parrocchia* | nella civiltà di: *p. alcune tribù primitive è d'uso il sacrificio cruento; p. i Greci veniva praticato l'ostracismo* **3** (*lett.*) intorno, vicino a (con valore temp.): *mi svegliai p. il mattino* | anche nella loc. ***p. a***: *essere p. alla meta, alla morte* | sul punto di: *essere p. a morire* **4** †dopo **C** **agg.** ● (*lett.*) †vicino | †breve, rapido: *la via più pressa* **D** **s. m.** **1** (**al pl.**) vicinanze, dintorni: *Là, in quei pressi, lo attendeva la carrozza* (E. Morante) | ***nei pressi di***, vicino a: *la mia villa nei pressi di Roma; si aggirava nei pressi di casa mia* **2** †prossimità, vicinanza (con valore temporale): *sul p. del mattino* **3** (*fig.*) †evento improvviso determinato dalla sorte: *noi ... cenammo, ridendoci di quei gran pressi che fa la fortuna* (B. Cellini)

♦**pressoché** o **prèsso che**, (*raro, lett.*)

pressocché /presso'ke*, 'presso ke*/ [comp. di *presso* e *che*② ∗ sec. XIII] **avv.** ● (*lett.*) quasi, circa: *ci siamo ormai p. abituati*; *la sala è p. piena*; *il lavoro è p. terminato*

pressoflessióne [comp. di *press(ione)* e *flessione* ∗ 1958] **s. f.** ● (*mecc.*) sollecitazione composta di pressione assiale e di flessione, sia dovuta a momento flettente inerziale, sia come conseguenza del carico di punta

pressofonditóre [1965] **s. m.** (**f.** *-trice*) ● operaio che esegue lavori di pressofusione

pressofusióne [comp. di *press(ione)* e *fusione* ∗ 1941] **s. f.** ● (*metall.*) operazione che consiste nell'iniettare sotto pressione il metallo fuso nella forma

pressofùso [1991] **agg.** ● prodotto con il metodo industriale della pressofusione

pressoiniezióne [comp. di *press(i)o(ne)* e *iniezione* ∗ 1991] **s. f.** ● procedimento per la formatura di oggetti in materiali termoplastici che, portati alla temperatura di fusione, sono iniettati sotto pressione in uno stampo nel quale vengono pressati fino alla solidificazione SIN. stampaggio a iniezione

pressóio [lat. tardo *pressōriu(m)*, da *prĕssus*, part. pass. di *prĕmere* 'premere' ∗ 1856] **s. m.** (**pl.** *-ói*) ● utensile per pressare SIN. pressa

pressóre [vc. dotta, lat. tardo *pressōre(m)*, che aveva però il sign. di 'cacciatore, battitore di caccia', da *prĕssus*, part. pass. di *prĕmere* 'premere' ∗ 1871] **agg. m.**; **anche s. m.** (**f.** *raro premitrìce*) ● detto di organo meccanico o dispositivo che esercita una pressione: *rullo p.*; *il p. di una videocamera*

pressòrio [vc. dotta, lat. *pressōriu(m)*, da *prĕmere*, ma col senso sconosciuto al lat. di 'relativo a pressione (sanguigna)' ∗ 1958] **agg.** (**pl. m.** *-i* o *raro -ii*) ● (*fisiol.*) riferito a pressione, specialmente a ciò che incrementa la pressione sanguigna: *riflesso p.*

pressostatàre [da *pressostato* ∗ 1976] **v. tr.** (*io pressòstato*) **1** (*tecnol.*) mantenere costante la pressione di una sostanza aeriforme in un ambiente o impedirle di superare valori limiti prestabiliti **2** impiegare un pressostato a tale scopo

pressostàtico [1988] **agg.** (**pl. m.** *-ci*) ● (*tecnol.*) relativo al pressostato

pressòstato [comp. di *press(ione)* e *-stato* ∗ 1941] **s. m.** ● (*tecnol.*) dispositivo misuratore e regolatore automatico della pressione, destinato a mantenere costante la pressione di una sostanza aeriforme in un ambiente o a impedirle di superare valori limiti prestabiliti

pressoterapia [comp. di *press(ione)* e *terapia* ∗ 1992] **s. f.** ● (*med.*) metodica fisioterapica impiegata per ridurre il ristagno venoso e linfatico degli arti inferiori; utilizzata spec. per il trattamento della cellulite delle gambe

pressùra [vc. dotta, lat. *pressūra(m)*, da *prĕssus*, part. pass. di *prĕmere* 'premere' ∗ sec. XIII] **s. f.** **1** (*lett.*) pressione **2** (*lett., fig.*) oppressione, afflizione

pressurizzàre [ingl. *to pressurize*, da *pressure* 'pressione' (stessa etim. dell'it. *pressura*) ∗ 1953] **v. tr.** ● sottoporre a pressurizzazione (V.)

pressurizzàto **part. pass.** di *pressurizzare*; **anche agg.** ● sottoposto a pressurizzazione

pressurizzatóre [da *pressurizzare* ∗ 1955] **s. m.** ● (*tecnol.*) dispositivo atto a mantenere in pressione una parte di un impianto

pressurizzazióne [1954] **s. f.** ● (*tecnol., aeron.*) operazione con cui un ambiente o un impianto contenente un fluido viene mantenuto a una pressione interna regolata, superiore a quella esterna, allo scopo, nel caso delle cabine degli aeromobili e dei veicoli spaziali, di assicurarne l'abitabilità a qualsiasi quota

†**prèsta** [da *prestare* ∗ 1260] **s. f.** **1** prestito | †pagamento anticipato che si faceva ai soldati di una parte del loro soldo **2** prestito forzoso

prestabilìre [comp. di *pre-* e *stabilire* ∗ 1737] **v. tr.** (*io prestabilìsco, tu prestabilìsci*) ● stabilire in precedenza: *p. le condizioni*; *p. la data di un viaggio*

prestabilìto **part. pass.** di *prestabilire*; **anche agg.** ● stabilito in precedenza: *termine p.*

†**prestaménto** [sec. XIV] **s. m.** ● prestito

prestàmpa [comp. di *pre-* e *stampa* ∗ 1994] **s. f.** ● (*edit.*) l'insieme delle fasi di lavorazione che precedono la stampa

prestampàto [comp. di *pre-* e *stampato* ∗ 1985] **A** **agg.** **1** detto di modulo, bollettino e sim., fornito di indicazioni generali precedentemente stampate in vista di una definitiva compilazione da parte dell'utente **2** che risulta da una precedente operazione industriale di stampaggio: *pneumatico p.* **B** **s. m.** ● modulo, bollettino prestampato

prestanóme (o *-ò-*) [comp. di *prestare* e *nome*; calco sul fr. *prête-nom* ∗ 1804] **s. m. e f.** (**pl. inv.** o *-i*) ● chi permette l'uso del proprio nome per firmare opere, scritti, contratti e sim. in luogo della persona realmente interessata, che vuole o deve rimanere incognita

prestànte① **part. pres.** di *prestare*; **anche agg.** ● (*raro*) che fa prestiti a interesse

♦**prestànte**② [vc. dotta, lat. *praestānte(m)*, part. pres. di *praestāre* 'essere superiore' (V. *prestare*) ∗ av. 1472] **agg.** **1** di bella presenza | robusto, aitante, vigoroso: *una figura, un uomo p.* CONTR. mingherlino, sparuto **2** (*lett.*) che eccelle, che si distingue sugli altri: *noi siam tutti baron de' più prestanti* (L. PULCI) || **prestanteménte**, **avv.**

prestantìno [da *prestante* 'che eccelle, che emerge' ∗ 1866] **s. m.** ● (*mar.*) parte del paramezzale che si rialza verso prua e verso poppa

prestànza① o †**prestànzia** [vc. dotta, lat. *praestāntia(m)*, da *praestans*, genit. *praestāntis* 'prestante②' ∗ sec. XIII] **s. f.** **1** gagliardia, vigoria: *un giovane di notevole p. fisica* CONTR. esilità, gracilità **2** (*lett.*) eccellenza, superiorità, singolarità

SFUMATURE ➤ ***robustezza***

†**prestànza**② [da *prestare* ∗ 1231] **s. f.** **1** prestito **2** tributo, tassa

†**prestanziàre** [da *prestanza*② ∗ sec. XV] **v. tr.** ● mettere nel ruolo delle imposte, fra i contribuenti

†**prestanzóne** [da *prestanza*② ∗ av. 1410] **s. m.** ● balzello, imposta, tributo oneroso

♦**prestàre** [vc. dotta, lat. *praestāre* 'essere al di sopra, essere garante, accordare': da avvicinare a *prāesto* (V. *presto*①) ∗ 1211] **A** **v. tr.** (**pres.** *io prèsto*; **part. pass.** *prestàto*, †*prèsto*) **1** dare denaro o altro con patto di restituzione: *p. un libro*; *ha dovuto farsi p. dei soldi da suo padre*; *p. a usura, a interesse*; *p. sulla parola* **2** concedere, porgere, dare: *p. a qlcu. gratuitamente la propria opera* | ***p. fede***, credere | ***p. obbedienza***, obbedire | ***p. giuramento***, giurare solennemente | ***p. orecchio***, ascoltare | ***p. attenzione***, fare attenzione, stare attento a qlco. o a qlcu. | ***p. aiuto***, aiutare | ***p. assistenza***, assistere | ***p. a qlcu. le cure del caso***, curarlo come si deve | ***p. omaggio***, riverire | ***p. culto***, adorare o venerare | (*fig.*) ***p. manforte***, dare aiuto | ***p. mallevadoria***, farsi mallevadore, garante | ***p. il fianco***, (*fig.*) esporsi: *p. il fianco alle critiche* **B** **prestàrsi** **v. rifl. e intr. pron.** **1** offrirsi, adoperarsi (+ *a*, **anche seguito da inf.**): *prestarsi a fare, a dire qlco.*; *mi presto volentieri* | essere disposto, acconsentire a qlco.: *non credevo si prestasse a tali manovre* **2** essere adatto per qlco.: *le mie gambe non si prestano più a tali fatiche*; *il marmo di Carrara si presta molto alla statuaria*; *questo è il tessuto che più si presta per il tuo nuovo abito*

prestària [da *prestare* ∗ av. 1750] **s. f.** ● in epoca medievale, documento con cui si concedeva la precaria

prestasòldi [comp. di *presta(re)* e del pl. di *soldo* ∗ 1985] **s. m. e f. inv.** **1** persona che fornisce denaro contante a chi ne ha bisogno immediato (per es. ai giocatori nei casinò) in cambio di un assegno con importo maggiorato **2** (*est.*) usuraio, strozzino

prestàto **part. pass.** di *prestare*; **anche agg.** ● nei sign. del v. | (*fig.*) detto di chi per un periodo più o meno lungo si dedica ad un'attività diversa da quella consueta: *uno scrittore p. alla politica*; *un pianista classico p. alla musica jazz*

prestatóre [1268] **A** **agg. e s. m.** (**f.** *-trice*, *pop., disus. -tóra*) ● che (o chi) dà, offre | che (o chi) fa un prestito: *banca prestatrice* **B** **s. m.** **1** ***p. di lavoro, d'opera***, chi presta la propria attività lavorativa in rapporto di dipendenza CFR. datore **2** (*econ.*) ***p. di servizi***, azienda che eroga un servizio | ***p. di ultima istanza***, istituzione, in genere la banca centrale nazionale, che interviene nell'erogazione del credito quando nessun altro canale di finanziamento è in grado di farvi fronte **3** †usuraio

prestavóce [comp. di *presta(re)* e *voce* ∗ 1950] **s. m. e f. inv.** ● (*raro*) doppiatore di film e sim.

prestazionàle [1985] **agg.** ● relativo a prestazione: *livello p.* | (*med.*) ***deficit p.***, diminuzione della capacità funzionale o del rendimento di uno o più organi

♦**prestazióne** [vc. dotta, lat. *praestatiōne(m)* 'garanzia, responsabilità, pagamento', da *praestāre* 'garantire' (V. *prestare*) ∗ av. 1381] **s. f.** **1** risultato, rendimento fornito da persone o animali in una determinata attività: *le prestazioni atletiche di un corridore*; *purosangue che dà ottime prestazioni* | l'attività svolta: *il compenso per una p.* | rendimento di una macchina, di un impianto e sim.: *le prestazioni del motore sono di altissimo livello*; *le prestazioni di un computer* | ***ansia da p.***, V. *ansia* **2** (*dir.*) il contenuto dell'obbligazione costituito dal contegno del debitore: *la p. deve essere suscettibile di valutazione economica* **3** †tassa, tributo

prestèrno [comp. di *pre-* e *sterno* ∗ 1954] **s. m.** ● (*anat.*) manubrio sternale CFR. mesosterno, metasterno

prestévole [da *prestare* ∗ 1871] **agg.** ● (*raro*) servizievole

prestézza [da *presto*① ∗ av. 1292] **s. f.** ● (*lett.*) prontezza, sollecitudine, celerità: *non correva con quella p. che ci soleva fare* (B. CELLINI) CONTR. lentezza

prestidigitatóre [comp. di *presto*① e un deriv. del lat. *dĭgitus* 'dito' ∗ 1835] **s. m.** (**f.** *-trice*) ● prestigiatore

prestidigitazióne [1838] **s. f.** ● arte del prestigiatore

†**prestigiàre** [vc. dotta, lat. tardo *praestigiāre*, da *praestīgiae* (V. *prestigio*) ∗ av. 1311] **v. tr. e intr.** ● ingannare illudendo o mostrando false apparenze

prestigiatóre [vc. dotta, lat. *praestigiatōre(m)*, da *praestīgiae* (V. *prestigio*) ∗ 1539] **s. m.** (**f.** *-trice*) **1** chi fa giochi di prestigio SIN. illusionista, prestidigitatore **2** (*fig.*) abile ingannatore

prestigiazióne [da †*prestigiare* ∗ 1926] **s. f.** ● (*raro*) prestidigitazione

♦**prestigio** [lat. tardo *praestīgiu(m)*, per il classico *praestīgiae*, nom. pl., 'illusione, inganno, gherminella', da *praestrĭngere* 'stringere forte, abbagliare, offuscare', comp. di *prae-* 'pre-' e *strĭngere* 'stringere' ✱ 1354] **s. m. 1** grande autorevolezza, alta considerazione e rispetto acquisiti in base ai propri meriti, alla condizione sociale, e sim.: *il p. dell'autorità, del nome, del titolo; godere di grande p.; perdere, veder diminuire il proprio p.* **2** (**lett.**) illusione, inganno: *p. sono i pianti tuoi* (V. Alfieri) | (**lett.**) incantesimo, magia | ***giochi di p.***, di destrezza manuale, con trucchi ingegnosi

♣**prestigióso** (o **-ṣo**) [vc. dotta, lat. *praestigiōsu(m)*, da *praestĭgiae* (V. *prestigio*) ✱ av. 1396] **agg. 1** che gode di grande prestigio: *personalità prestigiosa* | che dà prestigio: *ha ottenuto un successo p.* | (**est.**) lussuoso, di prestigio: *villa prestigiosa* **2** (**raro, lett.**) illusorio, ingannevole ‖ **prestigiosaménte**, **avv.** in modo prestigioso

prestimònio [propr. 'prestazione', da *praestāre* (V. *prestare*) ✱ 1823] **s. m.** ● rendita ecclesiastica senza titolo di beneficio in dote a un chierico che deve compiere gli studi in seminario, ovvero a un prete perché ne tragga i mezzi di sussistenza

prestinàio o †**pistrinàio** [lat. tardo *pistrināriu(m)* 'mugnaio', da *pistrīnum* 'mulino'. V. †*pistrino* ✱ av. 1589] **s. m.** (**pl.** *-ai*) ● (**sett.**) fornaio, panettiere

prestino o †**pistrino** [lat. *pistrīnu(m)*, da *pīnsere* 'pestare'. V. *pestare* ✱ av. 1348] **s. m.** ● (**sett.**) forno, mulino

prestissimo [1353] **A avv.** ● superl. di *presto*① **B s. m.** ● (**mus.**) indicazione dinamica che prescrive un movimento più veloce del presto

♦**prèstito** [vc. dotta, lat. *prāestitu(m)*, part. pass. di *praestāre* 'prestare' ✱ 1385] **s. m. 1** il prestare | cessione di denaro o altro bene con patto di restituzione: *proporre un p.; fare un p.* | ***dare in, a p.***, prestare | ***prendere in, a p.***, farsi prestare qlco.; (**fig.**) assumere e utilizzare qlco. che è proprio di altri: *prendere a p. idee altrui* **2** ciò che viene prestato: *un piccolo, ingente p. in, di, denaro; il volume non è mio, è un p.* **3** denaro dato a prestito: *ottenere, concedere un p.* | ***p. pubblico***, quello contratto dallo Stato con emissioni di titoli | (**dir.**) ***p. d'onore***, mutuo erogato da aziende o istituti di credito a studenti per sopperire ad esigenze connesse alla frequenza degli studi **4** (**ling.**) accoglimento in una lingua di una parola proveniente da un'altra lingua **CFR.** calco, forestierismo | (**est.**) la parola stessa | ***p. integrato*** (o ***adattato***), parola che viene adattata alla grafia, alla fonologia o alla morfologia della lingua che la accoglie (es. *bistecca* dall'ingl. *beefsteak, sadico* dal fr. *sadique, lanzichenecco* dal ted. *Landsknecht*) | ***p. non integrato*** (o ***non adattato***), parola che mantiene la forma che ha nella lingua di provenienza (es. *aficionado, flirt, look*)

♦**prèsto**① [lat. *prāesto*, avv. 'presente, alla mano', di etim. incerta. Cfr. *prestare* ✱ sec. XIII] **A avv.** (**superl.** *prestissimo* (V.)) **1** fra poco, entro breve tempo: *ritorneremo p.; mi stanco p.; se spende così, andrà p. in rovina; arrivederci a p.!; a p.!; torna il più p. possibile a trovarmi* | ***ben p.***, molto presto: *si illudeva, ma ben p. dovette ricredersi* | ***p. o tardi***, prima o poi: *p. o tardi si pentirà* **CONTR.** tardi **2** rapidamente, in fretta, con sollecitudine: *bisogna fare p.; venite p. al dunque; fai più p. che puoi; s'è spicciato p.; p.! sbrigatevi!; accorrete p.!; p.! ci vuole un medico!* | ***al più p.***, nel più breve tempo possibile: *te lo restituirò al più p.*; (**est.**) non prima: *fra una settimana al più p. lo riceverai* | (**est.**) facilmente: *è p. detto; è p. fatto; si fa p. a criticare; si fa p. a dire, ma poi ...!* | **PROV.** ***p. e bene raro avviene*** **3** in anticipo, prima del tempo stabilito o conveniente: *è meglio arrivare p. alla stazione; sono arrivato p. all'appuntamento; è ancora p. per dare un giudizio; 'che ore sono?' 'è p. ancora'* | (**est.**) di buon'ora: *partiremo domattina p.; alzati più p. al mattino* **CONTR.** tardi **B agg. 1** (**lett.**) sollecito, pronto, spedito: *artefice p.; pronto e p.; p. di, con mano; Quell'anima gentil fu così presta, / ... / di fare al cittadin suo quivi festa* (Dante *Purg.* VI, 79-81) **2** (**lett.**) pronto, acconcio, preparato **3** favorevole, propizio: *sorte amica e presta* | †ubbidiente **4** †veloce, rapido **C s. m. inv.** ● (**mus.**) movimento in tempo molto veloce ‖ **prestino**, **dim.** ‖ **prestaménte**, **avv.** con prestezza, prontezza, sollecitudine

†**prèsto**② **part. pass.** di *prestare* ● (**raro**) nei sign. del v.

†**prèsto**③ [da *prestato* ✱ av. 1347] **s. m. 1** prestito, prestanza **2** monte di pietà

♣**prèsule** [vc. dotta, lat. *prāesule(m)*, propr. 'chi danza davanti, il capo dei danzatori', poi particolarmente 'il capo dei sacerdoti Salii'; nel lat. tardo 'presule, vescovo'. *Prāesul* è comp. di *prae-* 'pre-' e *-sul*, dalla stessa radice di *salīre* 'saltare' (V. *salire*) ✱ 1260] **s. m.** ● vescovo, prelato

†**preṣumènza** (o **-s-**) [da *presumere* ✱ av. 1306] **s. f.** ● presuntuosità

♣**preṣùmere** (o **-s-**) o †**preṣùmmere**, †**proṣùmere**, †**preṣumìre** [vc. dotta, lat. *praesūmere* 'prendere prima', comp. di *prae-* 'pre-' e *sūmere* 'prendere' (V. *sunto*) ✱ 1268] **v. tr.** (**pass. rem.** *io presùnsi, tu presuméstì*; **part. pass.** *presùnto*) **1** supporre, ritenere, credere, in base a determinati elementi o indizi (+ *di* **seguito da inf.**, + *che*): *p. l'innocenza di qlcu.; presumo di aver sbagliato; presumo che adesso adotterai un altro sistema; Non presumo che siate come vi rappresento io* (L. Pirandello) **2** (**dir.**) argomentare logicamente da un fatto noto per risalire a un fatto ignoto **3** avere la pretesa di (+ *di* **seguito da inf.**): *presume di poterci giudicare; presume di sapere tutto; p. di essere un grand'uomo, un genio* **4** nutrire una ingiustificata ed esagerata stima di sé stesso e nelle proprie capacità (+ *di*): *presume troppo della sua intelligenza; troppo presumerebbe di se medesimo chiunque ardisse consigliarlo* (F. Guicciardini) **5** †conoscere, considerare **6** †sospettare

preṣumìbile (o **-s-**) [av. 1712] **agg.** ● che si può presumere: *dati, elementi presumibili* | ***è p. che***, si può supporre che ‖ **preṣumibilménte**, **avv.** per quello che si può congetturare: *il risultato è presumibilmente esatto* ‖ **preṣumibilità**, **s. f. inv.**

†**preṣumìre** ➤ **presumere**

†**preṣumitóre** (o **-s-**) [av. 1311] **agg. e s. m.** (**f.** *-trice*) ● presuntuoso

†**preṣùmmere** ➤ **presumere**

preṣuntìvo (o **-s-**) [vc. dotta, lat. tardo *praesumptīvu(m)*, da *praesūmptus* 'presunto' ✱ 1598] **agg. 1** presumibile, probabile: *don Filippo, erede p. di tutte le Spagne* (U. Foscolo) **2** preventivo: *la somma presuntiva per completare l'opera è troppo elevata* ‖ **preṣuntivaménte**, **avv.**

preṣùnto (o **-s-**) **part. pass.** di *presumere*; **anche agg. 1** supposto, ritenuto tale in base a congetture, impressioni, indizi e sim.: *il p. omicida* **2** (**dir.**) ***morte presunta***, quella non derivante da dati certi, ma dichiarata con sentenza del tribunale nei confronti di un assente del quale non si abbiano notizie da almeno dieci anni

preṣuntuosàggine (o **presun-**) [1871] **s. f.** ● (**disus.**) presuntuosità

preṣuntuosità (o **presuntuoṣità**) o (**pop.**) †**proṣuntuosità**, (**pop.**) †**proṣontuosità** [1336 ca.] **s. f. inv.** ● esagerata opinione di sé | arroganza, presunzione

preṣuntuóso (o **presuntuóṣo**) o (**pop.**) †**preṣontuóso**, (**pop.**) †**proṣontuóso**, (**pop.**) †**proṣuntuóso** [vc. dotta, lat. tardo *praesumptuōsu(m)*, da *praesūmptus* 'presunto' ✱ 1308] **A agg. 1** che pecca di presunzione: *un giovane sciocco e p.; Dante per lo suo savere fu alquanto p.* (G. Villani) | che manifesta presunzione: *un'iniziativa presuntuosa* **SIN.** orgoglioso, superbo **CONTR.** modesto, schivo **2** (**raro, lett.**) sconsiderato, temerario ‖ **preṣuntuosaménte**, **avv. 1** con presunzione **2** (**raro, lett.**) con temerarietà ‖ **preṣuntuosità**, **s. f. inv.** (V.) **B s. m.** (**f.** *-a*) ● persona presuntuosa ‖ **preṣuntuosèllo**, **dim.** | **preṣuntuosétto**, **dim.**

♦**preṣunzióne** (o **-s-**) o (**pop.**) †**preṣonzióne**, (**pop.**) †**proṣunzióne** [vc. dotta, lat. *praesumptiōne(m)*, da *praesūmptus* 'presunto' ✱ 1261 ca.] **s. f. 1** opinione, congettura: *è solo una p.; presunzioni non convalidate da prove* | (**dir.**) conseguenza che la legge o il giudice traggono da un fatto noto per risalire a un fatto ignorato: *p. di paternità* | ***p. legale***, stabilita dalla legge | ***p. d'innocenza***, principio sancito dalla Costituzione, secondo il quale un imputato è ritenuto innocente sino a una condanna definitiva **2** opinione esagerata del proprio valore e della propria importanza: *la sua p. non ha limiti; peccare di p.* | †temerarietà, ardire | †caparbia ribellione **SIN.** burbanza, orgoglio, superbia **CONTR.** modestia, umiltà ‖ (**lett.**) **preṣunzioncèlla**, **dim.**

SFUMATURE DI SIGNIFICATO

presunzione - arroganza - superbia

Un'opinione esagerata di sé e dei propri meriti si chiama **presunzione.** Se tale stima esagerata del proprio valore si traduce in un atteggiamento di disprezzo e superiorità nei confronti degli altri si parla di **superbia. Arroganza** è il modo di comportarsi insolente e irrispettoso di chi non tiene gli altri in alcuna considerazione.

presuòla (o **-ṣ-**) [V. *presame* ✱ 1813] **s. f.** ● (**bot.**) caglio

presuppórre (o **-ṣu-**) [comp. di *pre-* e *supporre* ✱ 1308] **v. tr.** (**coniug.** come *porre*) **1** pensare, considerare in via d'ipotesi (+ *che*): *"arriverà in tempo?" "presuppongo di sì, di no"; presuppongo che non ne fosse informato; presuppongo che voi starete costì quanto vorrete* (N. Machiavelli) **SIN.** supporre, ipotizzare **2** implicare come premessa, richiedere: *il tuo intervento presuppone una totale conoscenza dei fatti*

presuppoṣitìvo (o **-ṣ-**) [da *presupporre*, sul modello di *suppositivo* ✱ av. 1594] **agg.** ● (**raro**) che implica o esprime una supposizione

presuppoṣizióne (o **-ṣu-**) [comp. di *pre-* e *supposizione* ✱ av. 1328] **s. f. 1** congettura o supposizione preliminare: *sono presupposizioni del tutto personali; certe presupposizioni vanno espresse con cautela* **2** ciò che si presuppone: *la p. si è dimostrata erronea* | (**ling.**) condizione che un enunciato suppone sia realizzata (per es. l'enunciato *il cane di Alberto è molto affettuoso* presuppone che Alberto abbia un cane) **3** (**dir.**) situazione in cui assume rilevanza, ai fini della validità di un contratto, una determinata circostanza di fatto o di diritto che le parti hanno dato come presupposta, e che risulta essere invece inesistente

presuppósto (o **-ṣu-**) **A part. pass.** di *presupporre*; **anche agg.** ● supposto, previsto **B s. m. 1** †supposizione, ipotesi **2** premessa: *fondare qlco. su un errato p.* | condizione preliminare: *non ci sono i presupposti per un accordo*

†**presùra** (o **-ṣ-**) [da *preso* ✱ av. 1292] **s. f. 1** arresto, cattura: *fu preso e menato allo Imperadore, della cui p. molto si rallegrò* (D. Compagni) | (**est.**) cauzione che si pagava per la scarcerazione **2** conquista, occupazione

†**prèṣvite** ➤ **prete**

pretàglia [da *prete*, sul modello del fr. *prêtraille* ✱ 1789] **s. f.** ● (*spreg.*) insieme di preti | clero

†**pretàio** [1427] **agg.** ● pretaiolo

pretaiòlo o **pretaiuòlo** [1847] **agg.** ● (*lett.*, *spreg.*) clericale

prêt-à-porter /fr. ˌpʀetapɔʀ'te/ [vc. fr., propr. 'pronto a essere indossato' ✱ 1957] **A s. m. inv.** (**pl. fr.** *prêts-à-porter*) ● capo di abbigliamento firmato da uno stilista, che può essere confezionato in serie in un'ampia gamma di taglie | settore della moda che produce tali capi: *successi del prêt-à-porter italiano* **B anche agg. inv.**: *abito prêt-à-porter*

†**pretarìa** o †**preterìa** [da *prete* ✱ sec. XV] **s. f.** ● (*spreg.*) quantità di preti | clero

pretàttica [comp. di *pre-* e *tattica* ✱ 1985] **s. f.** ● nel linguaggio sportivo, atteggiamento volutamente vago dell'allenatore, alla vigilia di una gara, circa la formazione della squadra: *fare p.* | (*est.*) atteggiamento evasivo che ha lo scopo di mascherare le vere intenzioni prima di una trattativa, di una scadenza ecc.: *i dirigenti sindacali hanno fatto un po' di p.*

♦**prète** o †**prèṣvite** [lat. tardo *presbyteru(m)*, nom. *prĕsbyter*, dal gr. *presbýteros* 'più vecchio', compar. di *présbys* 'vecchio', (di orig. indeur.) ✱ sec. XII] **A s. m. 1** sacerdote secolare cattolico o di altre Chiese cristiane e, talvolta, di altre confessioni religiose: *p. di campagna*; *p. protestante*; *p. buddista* | ***farsi p.***, ricevere gli ordini | ***chiamare il p.***, al capezzale di un malato grave spec. per impartirgli l'unzione degli infermi | ***morire senza il p.***, senza i sacramenti | ***boccone del p.***, (*fig.*, *scherz.*) V. *boccone*① | ***scherzo da p.***, (*pop.*) inaspettato e di cattivo gusto **2** (*pop.*) intelaiatura di legno da infilare nel letto fra le lenzuola allo scopo di reggere lo scaldino **SIN.** trabiccolo **B in funzione di agg. inv.** ● (posposto al sost.) nella loc. ***pesce p.***, pesce lucerna ‖ **pretacchiòne**, accr. | **pretàccio**, pegg. | (*lett.*, *spreg.*) **pretazzuòlo**, dim. | **preticèllo**, dim. | **pretìno**, dim. (V.) | (*lett.*) **pretòccolo**, pegg. | **pretóne**, accr. (V.) | **pretónzolo**, pegg. | (*lett.*) **pretùccio**, dim. | (*spreg.*) **pretùcolo**, dim. | (*spreg.*) **pretùncolo**, dim.

pretèlla [dim. di *pietra*, con metatesi ✱ sec. XIII] **s. f.** ● forma di pietra nella quale si gettano i metalli fusi | ***gettare in pretelle***, (*fig.*) fare alla svelta

pretendènte A part. pres. di *pretendere* ● nei sign. del v. | †presuntuoso | †pretenzioso **B s. m. e f.** ● chi vuole per sé qlco. o qlcu.: *un p. al trono* | corteggiatore: *avere molti pretendenti*

†**pretendènza** [da *pretendente* ✱ av. 1601] **s. f.** ● rivendicazione | pretensione

♦**pretèndere** [vc. dotta, lat. *praetĕndere* 'tendere dinanzi a sé, stendere innanzi', comp. di *prae-* 'pre-' e *tĕndere* 'tendere' ✱ 1374] **A v. tr.** (**coniug. come** *tendere*) **1** esigere o reclamare in base a un preciso diritto (+ *di* **seguito da inf.**, + *che* **seguito da congtv.**): *p. la propria parte, una giusta retribuzione, un lavoro onesto; dopo tutto quello che ho fatto, pretendo almeno un po' di riconoscenza; p. di essere rispettati; pretende che gli altri rispettino il suo lavoro* **2** volere per forza, richiedere a ogni costo e spesso ingiustamente (+ *di* **seguito da inf.**, + *che* **seguito da congtv.**): *p. onori, omaggi, privilegi; non ha fatto nulla e pretende di essere pagato; p. di fare i propri comodi, la bella vita, l'impossibile; ciò che pretendi da me è assurdo; p. un prezzo eccessivo; p. troppo dal proprio fisico, dalla propria intelligenza; già non pretendereste che li ammazzassi tutti!* (I. NIEVO) **3** presumere (+ *di*): *p. di avere sempre ragione, di arrivare a tutto, di sapere tutto, di non sbagliare mai, di essere infallibile* **4** voler far credere, sostenere per forza (+ *di* **seguito da inf.**, + *che* **seguito da congtv.**): *pretende che Omero non sia mai esistito; pretende di avere ragione quando i fatti dimostrano il contrario* | ***pretenderla a***, atteggiarsi a **5** †addurre come scusa o pretesto **B v. intr.** (**aus.** *avere*) **1** ambire, aspirare (+ *a*): *p. al trono, alla corona, all'eredità* | (*lett.*) ***p. alla mano di una donna***, desiderarla in moglie | †***p. nell'eredità***, volerne una parte, accampare diritti su di essa **2** †essere fieri, vantarsi di qlco.

SFUMATURE ➤ *chiedere*

pretensionatóre [comp. di *pre-* e un deriv. di *tensione* ✱ 1992] **s. m.** ● (*autom.*) dispositivo di sicurezza azionato da un sensore che, in caso di urto frontale, sposta rapidamente indietro il punto di aggancio della cintura di sicurezza, mettendola in tensione e perciò riducendo lo spostamento in avanti di chi la indossa

pretensióne① [dal lat. *praetēnsus*, part. pass. di *praetĕndere* 'pretendere' ✱ 1427] **s. f. 1** (*lett.*) pretesa, presunzione: *Che cosa è la nostra p. di conoscere il vero?* (G. LEOPARDI) | ***senza p.***, senza pretese | ***pieno di pretensioni***, pretenzioso **2** (*lett.*) superbia, alterigia: *parlare con p.* **3** ricchezza e ricercatezza ostentate, molto appariscenti ma prive di gusto: *in quell'arredamento c'è troppa p.* **4** (*raro*) prezzo richiesto per qlco.: *una p. eccessiva, esagerata*

pretensióne② [da *pre-* e *tensione* ✱ 1958] **s. f.** ● (*edil.*) nel cemento armato precompresso, la tensione che è stata applicata all'armatura

pretensionóso ➤ **pretenzionoso**

pretensióso e deriv. ➤ **pretenzioso** e deriv.

pretenzionóso (o -ṣ-) o **pretensionóso** (o -ṣo) [1867] **agg.** ● (*tosc.*) pretenzioso, pieno di pretese

pretenzióso (o -ṣ-) o (*lett.*) **pretensióso** (o -ṣo) [fr. *prétentieux*, da *prétention* 'pretensione' ✱ 1841] **agg.** ● che nutre un'eccessiva stima di sé, presuntuoso: *uomo p.* | pieno di pretese: *arredamento p.*; *discorso p.* ‖ **pretenziosètto**, dim. ‖ **pretenziosaménte**, avv. ‖ **pretenziosità** o (*lett.*) **pretensiosità**, **s. f. inv.** caratteristica di chi (o di ciò che) è pretenzioso, pieno di pretese

prèter- [lat. *prăeter* 'oltre', ottenuto con l'ampliamento comparativo (*-ter) della prep. *prāe* 'pre-'] **pref.** ● in parole composte dotte, aggettivi e sostantivi significa 'oltre', 'al di là': *preterintenzionale*, *preternaturale*

†**preterìa** ➤ †**pretaria**

preterìbile [da *preterire* ✱ 1860] **agg.** ● (*raro*, *lett.*) che si può omettere o tralasciare

preterintenzionàle [dal lat. *prăeter intentiōne(m)* 'al di là dell'intenzione (V.)', con suff. agg. *prāeter* è da *prae-* 'pre-', col suff. *-tero che indica opposizione (V. *maestro*) ✱ 1877] **agg.** ● (*dir.*) detto di azione delittuosa in cui l'evento dannoso è andato oltre l'intenzione dell'autore: *omicidio p.* ‖ **preterintenzionalménte**, avv. ‖ **preterintenzionalità**, **s. f. inv.** (*dir.*) carattere, natura preterintenzionale: *sostenere la preterintenzionalità di un omicidio*

preterìre [vc. dotta, lat. *praeterīre* 'passare oltre', comp. di *prāeter* 'al di là' (V. *preterintenzionale*) e *īre* 'andare' ✱ av. 1306] **A v. tr.** (*io preterisco, tu preterisci*) **1** (*lett.*) omettere: *non preterisco il vero* (L. ARIOSTO) | (*lett.*) trascurare **2** (*lett.*) trasgredire **B v. intr.** (**aus.** *essere*) **1** †venir meno a qlco.: *Al mio giusto dover non preterisco* (C. GOLDONI) **2** †passare, trascorrere

pretèrito① [1261 ca.] **A agg.** ● (*lett.*) passato, trascorso **B s. m. 1** (*lett.*) il passato | (*gramm.*) forma verbale che esprime il passato in quelle lingue, come le germaniche, che non distinguono tra perfetto e imperfetto **2** (*fam.*, *scherz.*) deretano, sedere: *Vi metto fuori io a calci nel p.!* (R. BACCHELLI)

preterìto② **part. pass.** di *preterire*; **anche agg.** ● (*lett.*) tralasciato, omesso

preterizióne [vc. dotta, lat. tardo *praeteritiōne(m)*, da *praetĕritus*, part. pass. di *praeterīre* (V. *preterire*) ✱ 1654] **s. f.** ● (*ling.*) figura retorica con la quale si dichiara di non volere dire una cosa nel momento stesso in cui la si dice; per es. in: *Cesare taccio che per ogni piaggia / fece l'erbe sanguigne* (F. PETRARCA)

pretermésso **part. pass.** di *pretermettere*; **anche agg.** ● (*lett.*) tralasciato, omesso

pretermèttere [vc. dotta, lat. *praetermĭttere*, comp. di *prăeter* 'oltre' (V. *preterintenzionale*) e *mĭttere* 'mandare' (V. *mettere*) ✱ 1301] **v. tr.** (**coniug. come** *mettere*) ● (*lett.*) omettere, tralasciare: *né pare in questo luogo da p. quel che argutamente rispose a Piero de Medici Lodovico Sforza* (F. GUICCIARDINI)

†**pretermissióne** [vc. dotta, lat. *praetermissiōne(m)*, da *praetermĭssus*, part. pass. di *praetermĭttere* 'pretermettere' ✱ sec. XIV] **s. f.** ● omissione

preternaturàle [comp. di *preter-* e *naturale* ✱ av. 1552] **agg. 1** che non è conforme alle leggi di natura | nella teologia cattolica, detto di ciò che è superiore alla natura umana senza per questo essere soprannaturale e partecipare del divino: *doni preternaturali* **2** (*med.*) non fisiologico | ***ano p.***, ano artificiale

♦**pretésa** (o -ṣ-) [da *preteso* ✱ 1554] **s. f. 1** richiesta energica e legittima: *avanzare una p.*; *le mie pretese non sono eccessive* | bisogno o esigenza di agi, comodità e sim.: *io non ho pretese; ha troppe pretese e non è facile accontentarlo; un ospite di grandi pretese* | ***essere senza pretese***, essere modesto, sapersi adattare a tutto **2** esigenza eccessiva e ingiustificata: *è pieno di pretese; ignora i suoi doveri ma è sempre pronto ad avanzare pretese; queste sono pretese assurde* | ***avere la p. di***, pretendere di: *avresti la p. di essere infallibile?*; *non avrai la p. di farmi credere simili fandonie!* **3** (*fig.*) presunzione: *ha la p. di sapere tutto* **4** (*fig.*) ricerca di effetti estetici eleganti e raffinati che si risolve in un'esagerata ostentazione di ricchezza, di sfarzo e sim.: *abito pieno di pretese*; *casa di grandi pretese*

SFUMATURE ➤ *ambizione*

pretésco [da *prete* ✱ 1526] **agg.** (**pl. m.** *-schi*) ● (*spreg.*) da prete

pretéso (o -ṣ-) **part. pass.** di *pretendere*; **anche agg. 1** nei sign. del v. **2** supposto, ritenuto tale: *il p. errore di qlcu.* | dubbio, incerto e opinabile: *la sua pretesa nobiltà d'animo* | ***le pretese rime dantesche***, quelle apocrife

†**pretèssere** [vc. dotta, lat. *praetĕxere*, propr. 'tessere davanti', comp. di *prae-* 'pre-' e *tĕxere* 'tessere' ✱ av. 1540] **v. tr.** ● addurre come pretesto: *pretessendo alla sua cupidità varii colori* (F. GUICCIARDINI)

pretèsta [vc. dotta, lat. *praetĕxta(m)*, f. sost. di *praetĕxtus*, part. pass. di *praetĕxere* 'tessere davanti, fregiare' (V. †*pretessere*); detta così perché era listata di porpora ✱ sec. XIV] **s. f.** ● nell'antica Roma, toga listata di porpora portata dai giovani e dai magistrati | ***lasciare la p.***, entrare nella maggiore età, a 18 anni per i maschi, col matrimonio per le femmine

pretestàre [da *pretesto* ✱ 1641] **v. tr.** (*io pretèsto*) ● (*lett.*) addurre come pretesto

pretestàta [vc. dotta, lat. tardo (*fābulam*) *praetextāta(m)*, f. sost. di *praetextātus* 'pretestato'; il dramma (*fābula*: V. *fiaba*) era detto così perché i personaggi indossavano la pretesta (*pra-*

etĕxta) ✱ av. 1642] **s. f.** • tragedia romana di argomento nazionale

pretestàto [vc. dotta, lat. *praetextātu(m)*, da *praetĕxta* 'pretesta' ✱ av. 1342] **agg.** • (*lett.*) vestito con la pretesta | che costituisce una pretestata

♦**pretèsto** [vc. dotta, lat. *praetĕxtu(m)* 'fregio, ornamento', poi per metafora 'scusa'; propr. part. pass. di *praetĕxere* 'tessere davanti, fregiare' (V. †*pretessere*) ✱ 1308] **s. m.** **1** scusa addotta per giustificare un comportamento o per nascondere i veri motivi di qlco.: *cercare, addurre, trovare dei pretesti; un p. futile, ridicolo, assurdo* | **col p. di**, con la scusa di: *col p. di controllare i conti compì un grosso furto* **SIN.** cavillo, ripiego, scappatoia **2** appiglio, motivo, occasione: *dare, fornire un valido p. di critica; questo è un ottimo p. per intervenire*

SFUMATURE DI SIGNIFICATO
pretesto - cavillo - scappatoia
Con **pretesto** si intende un appiglio, una scusa addotta a giustificazione del proprio operato, la quale tuttavia non costituirebbe di per sé un motivo sufficiente a determinare l'azione o il comportamento che si cerca di giustificare. In **cavillo** la natura del pretesto è particolarmente ingegnosa e capziosa, riferendosi il termine a un'argomentazione che è formalmente valida, ma ingannevole nella sostanza. **Scappatoia** in questo ambito di significati è l'argomento che viene usato non per giustificarsi, ingannare o mettere in difficoltà altri, ma per sottrarsi a una situazione imbarazzante.
SFUMATURE ➤ ***sotterfugio***

pretestuóso (o -ṣo) [1956] **agg.** • che si avvale di pretesti, che si fonda su pretesti, che è privo di motivazioni convincenti: *un comportamento p.* ‖ **pretestuosaménte**, **avv.** ‖ **pretestuosità**, **s. f. inv.**: *la pretestuosità di una giustificazione*

pretìno [1536] **A** **s. m.** **1** dim. di *prete* **2** chierichetto **3** (*spreg.*) prete di poco conto **4** (*tosc.*) prete nel sign. A 2 **B** **agg.** • (*raro*) pretesco

pretiṣmo [da *prete* ✱ av. 1749] **s. m.** **1** (*raro, spreg.*) mentalità pretesca | clericalismo **2** †condizione, incarico di prete

pretóne [av. 1400] **s. m.** **1** accr. di *prete* **2** (*tosc., spreg.*) bacchettone, baciapile

pretònico [da *pre-*, sul modello di *protonico*①] ✱ 1958] **agg.** (**pl. m.** *-ci*) • (*ling.*) protonico

pretóre [vc. dotta, lat. *praetōre(m)*, da *praeīre* 'andare avanti', comp. di *prae-* 'pre-' e *īre* 'andare' ✱ 1308] **s. m.** **1** nel diritto romano, magistrato a cui veniva affidato il compito di amministrare la giustizia | ***p. urbano***, che amministrava la giustizia tra cittadini romani | ***p. peregrino***, quello competente per le controversie tra romani e stranieri **2** (**f.** *raro -a*; V. nota d'uso FEMMINILE) (*dir.*) nell'ordinamento giudiziario italiano, magistrato con funzioni giurisdizionali in materia civile e penale, i cui limiti di competenza sono stabiliti dalla legge; soppresso dalle norme sull'istituzione del giudice unico di primo grado

†**pretorìa** [da *pretore* ✱ sec. XIV] **s. f.** • nell'antica Roma, pretura

†**pretoriàle** [av. 1604] **agg.** • pretorio

pretoriàno [vc. dotta, lat. *praetoriānu(m)*, da *praetōrium* 'pretorio②' ✱ 1374] **A** **agg.** • del pretore, nell'antica Roma **B** **s. m.** **1** chi apparteneva alla coorte pretoria **2** (**spec. al pl.**) ciascuno dei soldati che costituivano la guardia del corpo degli imperatori romani **3** (*est., spreg.*, **spec. al pl.**) guardia del corpo **SIN.** giannizzero

pretorìle [1950] **agg.** • (*dir.*) di pretore

pretòrio① [vc. dotta, agg. lat. *praetōriu(m)*, da *praētor*, genit. *praetōris*, 'pretore' ✱ 1374] **agg.** (**pl. m.** *-i* o *-ii*) **1** (*dir.*) del pretore: *decisione, sentenza pretoria* **2** del municipio, nelle loc. ***albo p.***, albo che espone al pubblico atti ufficiali; ***palazzo p.***, in cui aveva sede il podestà **3** del pretore, come magistrato dell'antica Roma: *editto p.* | ***coorte pretoria***, gruppo di armati che costituivano la guardia del corpo dell'imperatore

pretòrio② [vc. dotta, sost. lat. *praetōriu(m)*, s. da *praētor*, genit. *praetōris* 'pretore' ✱ av. 1332] **s. m.** (**pl.** *-i* o *-ii*) **1** nell'accampamento romano, tenda del comandante generale **2** edificio nel quale il pretore esercitava la sue funzioni **3** ordine dei soldati pretoriani e luogo dove risiedevano

pretrattàre [comp. di *pre-* e *trattare* ✱ 1991] **v. tr.** • sottoporre a trattamento preliminare

♣**prètto** (o -é-) [sovrapposizione di *schietto* a *puretto*, dim. di *puro* ✱ sec. XIII] **agg.** **1** (*lett.*) schietto: *vino p.*; *l'idea dell'omicidio gli cagionò un orrore p. e immediato* (A. MANZONI) **2** (*fig.*) puro, tipico: *parlare in p. romanesco, con p. accento toscano* ‖ **prettaménte**, **avv.** schiettamente, tipicamente: *pronuncia prettamente italiana*

pretùra [vc. dotta, lat. *praetūra(m)*, da *prāetor*, genit. *praetōris* 'pretore' ✱ sec. XIV] **s. f.** **1** nel diritto romano, ufficio del pretore **2** (*dir.*) un tempo, la magistratura impersonata nel pretore | la sede in cui il pretore esplicava normalmente la propria funzione

Prètzel ➤ **Brezel**

preumanéṣimo [comp. di *pre-* e *umanesimo* ✱ 1929] **s. m.** • corrente culturale, affermatasi spec. nel XIV sec., che preannuncia certi aspetti dell'umanesimo: *il p. padovano*

preunitàrio [comp. di *pre-* e *unitario* ✱ 1949] **agg.** • che è anteriore all'unità politica di un territorio e spec. a quella d'Italia, nel 1861

prevalènte **part. pres.** di *prevalere*; anche **agg.** **1** che prevale per numero, maggiore | predominante, principale: *caratteristica p.* **2** più importante, più rilevante, più diffuso: *l'opinione p.* ‖ **prevalenteménte**, **avv.** in prevalenza, per lo più

prevalènza [vc. dotta, lat. tardo *praevalĕntia(m)*, da *prāevalens*, genit. *praevalĕntis* 'prevalente' ✱ sec. XV] **s. f.** **1** maggioranza, preponderanza, superiorità: *ottenere la p.*; *essere in p. numerica* | predominio: *lottare contro la p. delle passioni; stimolare la p. della fantasia* | **in p.**, per la maggior parte: *popolazione in p. cattolica* **2** (*idraul.*) altezza alla quale si può sollevare un liquido mediante una pompa

♦**prevalére** [vc. dotta, lat. *praevalēre* 'essere molto forte, avere il sopravvento', comp. di *prae-* 'pre-' e *valēre* 'valere' ✱ av. 1306] **A** **v. intr.** (**coniug. come** *valere*; **aus.** *essere* **o** *avere*) **1** valere di più, avere maggiore importanza, forza, capacità, seguito e sim.: *prevale su tutti per dottrina e virtù; questa è l'opinione che prevale fra le tante* **SIN.** predominare **2** vincere: *le forze dell'inferno non prevarranno; il nemico prevalse, dopo una furiosa battaglia* **3** essere superiore di numero, essere di più: *i sì hanno prevalso sui no* **B** **v. tr.** • †sconfiggere, sopraffare **C** **prevalérsi** **v. intr. pron.** • (*lett.*) valersi, giovarsi: *prevalersi dell'appoggio di una persona autorevole; prevalersi dell'occasione propizia; egli ... si prevalse della mia debolezza, si rese padrone del mio cuore* (C. GOLDONI)

†**prevalicàre** ➤ **prevaricare**

prevàlso **part. pass.** di *prevalere*; anche **agg.** • nei sign. del v. | (*lett.*) invalso

prevaricaménto [1336 ca.] **s. m.** • (*raro*) il prevaricare | prevaricazione | †violazione spec. di una legge divina

prevaricànte **part. pres.** di *prevaricare*; anche **agg.** • che prevarica | che abusa del proprio potere

♣**prevaricàre** o †**prevalicàre** [vc. dotta, lat. tardo *praevaricāre*, per il classico *praevaricāri*, propr. 'oltrepassare allargando le gambe', comp. di *prae-* 'pre-' e *varicāre* 'allargare le gambe' (V. *valicare*①) ✱ sec. XIII] **A** **v. intr.** (*io prevàrico, tu prevàrichi*; **aus.** *avere*) **1** (*lett.*) agire contrariamente all'onestà, all'onore, eccedere i limiti del lecito **SIN.** trasgredire | (*lett.*) peccare **2** abusare del potere e sim., per trarne vantaggi personali: *p. su chi è più debole* **3** (*raro, lett.*) deviare, discostarsi **B** **v. tr.** • †trasgredire

prevaricatóre [vc. dotta, lat. *praevaricatōre(m)*, da *praevaricātus*, part. pass. di *praevaricāri* 'prevaricare' ✱ av. 1328] **agg. e s. m.** (**f.** *-trice*) • che (o chi) prevarica, che abusa del suo potere | (*lett.*) malversatore, concussionario

♣**prevaricazióne** [vc. dotta, lat. *praevaricatiōne(m)*, da *praevaricātus*, part. pass. di *praevaricāri* 'prevaricare' ✱ av. 1290] **s. f.** **1** il prevaricare | abuso, sopruso **2** (*dir.*) figura di reato avente per contenuto il comportamento infedele dei consulenti tecnici e dei patrocinatori, nonché il millantato credito di questi ultimi **3** †disobbedienza della volontà di Dio: *la p. del primo uomo* (DANTE)

SFUMATURE DI SIGNIFICATO
prevaricazione - prepotenza
In senso proprio, **prevaricazione** è un abuso di potere attuato per trarne un vantaggio personale; correntemente il termine è tuttavia utilizzato come sinonimo di **prepotenza**, che è un'imposizione attuata con forza e arroganza nel totale disinteresse verso la volontà e i bisogni altrui.
SFUMATURE ➤ ***angheria***, ➤ ***arbitrio***, ➤ ***imposizione***

♦**prevedére** [vc. dotta, lat. *praevidēre*, comp. di *prae-* 'pre-' e *vidēre* 'vedere' ✱ av. 1292] **v. tr.** (**fut.** *io prevederò* **o** *raro prevedrò*; **condiz. pres.** *io prevederèi* **o** *raro prevedrèi*; **part. pass.** *prevìsto*, **lett.** *prevedùto*; **nelle altre forme coniug. come** *vedere*) **1** conoscere in anticipo, predire: *p. il futuro* | supporre, congetturare, immaginare: *bisogna p. tutte le possibili soluzioni; p. i futuri sviluppi di una situazione; mah, prevedo il peggio* **2** ritenere possibile, probabile, quasi certo un evento prima che si verifichi (+ *che*, + *di* **seguito da inf.**): *per domani si prevede tempo bello su tutta la penisola; prevedo che, come al solito, arriverà in ritardo; prevedo di terminare il lavoro in giornata* | ***era da p.!***, era facile immaginarlo, era inevitabile **SIN.** intuire, presagire **3** (*burocr.*) considerare, contemplare: *lo statuto della società non prevede aumenti di capitale; anche questa clausola è prevista nel trattato; il caso non è previsto dalla legge*

♦**prevedìbile** [1824] **agg.** • che si può prevedere (+ *che*): *esito p.*; *risposta facilmente p.*; *era prevedibile che sarebbe stato sconfitto; è p. che arrivino domattina; è p. che ci sarà della confusione* | (*est.*) ovvio, scontato, banale: *un individuo troppo p.*; *il finale del film è del tutto p.* **CONTR.** imprevedibile ‖ **prevedibilménte**, **avv.** in modo prevedibile ‖ **prevedibilità**, **s. f. inv.**

prevediménto [sec. XIV] **s. m.** • (*lett.*) preveggenza

prevedùto **part. pass.** di *prevedere*; anche **agg.** • nei sign. del v.

♣**preveggènte** [da *prevedente*, rifatto su *veggente* ✱ 1841] **agg.** • (*lett.*) lungimirante, previdente **CONTR.** incauto | (*lett.*) che denota preveggenza: *la p. volontà del padre* (G. CARDUCCI) ‖ **preveggenteménte**, **avv.**

preveggènza [1824] **s. f.** • (*lett.*) caratteristica di chi è preveggente **SIN.** lungimiranza **CONTR.** imprevidenza

prevelàre [comp. di *pre-* e *velare*③ ✱ 1979] **A** **agg.** • (*ling.*) in fonetica, detto di suono nella cui articolazione il dorso della lingua tocca o s'avvicina alla parte anteriore del velo pendulo o palato molle **B** **s. f.** ● (*ling.*) suono prevelare

prevéndita [comp. di *pre-* e *vendita* ✱ 1983] **s. f.** ● vendita anticipata, spec. di biglietti per spettacoli o avvenimenti sportivi

prevenìbile [1985] **agg.** ● che si può prevenire: *infortunio p.* ‖ **prevenibilità**, **s. f. inv.**

preveniènte **part. pres.** di *prevenire*; anche **agg.** ● (*lett.*) nei sign. del v. | (*relig.*) ***Grazia p.***, nella teologia cattolica, grazia attuale che precede gli atti liberi dell'uomo

♦**prevenìre** [vc. dotta, lat. *praevenīre*, comp. di *prae-* 'pre-' e *venīre* 'venire' ✱ 1268] **v. tr.** (**coniug. come** *venire*) **1** (*raro*) precedere qlcu. giungendo prima di lui: *p. l'avversario sul traguardo* **2** anticipare qlcu. o qlco. agendo o parlando prima di altri: *volevo aiutarti ma mi hanno prevenuto*; *p. la risposta, una domanda, una obiezione* **3** impedire che qlco. avvenga o si manifesti, provvedendo adeguatamente in anticipo: *p. il desiderio di qlcu.*; *tentarono inutilmente di p. l'epidemia, il danno, la disgrazia*; *p. un reato, la delinquenza*; *preverrò questi empi / disegni loro* (T. Tasso) **4** (*raro*) avvisare in anticipo, preavvertire: *p. qlcu. con un telegramma*; *vi prevengo che non avrete mai la mia approvazione* (G. Verga) | mettere sull'avviso nei confronti di qlcu. o qlco.: *è chiaro che ti hanno prevenuto contro di me*
SFUMATURE ➤ ***impedire***

preventivàbile [1965] **agg.** ● che può essere preventivato: *spese fisse preventivabili* ‖ **preventivabilità**, **s. f. inv.**

preventivàre [da *preventivo* ✱ 1831] **v. tr.** **1** calcolare in anticipo l'entità di una spesa | fare il preventivo, stanziare in bilancio: *p. una somma* **2** (*est.*) prevedere, spec. qlco. di spiacevole, mettere in conto: *per fortuna avevo preventivato un possibile ritardo dell'aereo*

preventivàto **part. pass.** di *preventivare*; anche **agg.** ● nei sign. del v.

preventivazióne [1991] **s. f.** ● (*burocr.*) calcolo e stesura di preventivi

preventivista [1965] **s. m. e f.** (**pl. m.** *-i*) ● chi è addetto al calcolo dei preventivi

preventìvo [dal lat. *praevĕntus*, part. pass. di *praevenīre* 'prevenire' ✱ 1360 ca.] **A** **agg.** ● che previene o serve a prevenire: *consiglio, intervento p.* | ***carcere p.***, anteriore alla sentenza, prima e durante il processo | ***censura preventiva***, esercitata sugli scritti da pubblicare, per prevenire la violazione delle leggi | ***cura preventiva***, atta a prevenire una malattia ‖ **preventivaménte**, **avv.** in modo preventivo; anticipatamente, prima: *pensare preventivamente alle possibili complicazioni* **B** **s. m.** ● calcolo presuntivo di una spesa fatto al principio di un esercizio o anno finanziario o prima d'iniziare un lavoro o di costituire un'azienda: *p. finanziario, economico, tecnico* | (*est.*) ***mettere in p.***, preventivare

preventòrio [da *prevenire*, sul modello di *sanatorio* ✱ 1942] **s. m.** (**pl.** *-i* o *raro -ii*) ● istituto specializzato in esami e cure preventive contro la tubercolosi o altre malattie

prevenùto **A** **part. pass.** di *prevenire*; anche **agg.** **1** (*lett.*) preceduto | preavvisato **2** che ha dei preconcetti, delle prevenzioni su qlco. o qlcu.: *è p. contro tutto ciò che è moderno* **B** **s. m.** ● (*disus.*) imputato

♦**prevenzióne** [vc. dotta, lat. tardo *praeventiōne(m)*, da *praevĕntus*, part. pass. di *praevenīre* 'prevenire' ✱ av. 1540] **s. f.** **1** attuazione dei provvedimenti più adeguati a impedire che si manifesti qlco. di dannoso, pericoloso e sim.: *p. dei disordini, dei reati*; *l'importanza della p. nella lotta contro i tumori* **2** pregiudizio, preconcetto: *essere pieno di prevenzioni verso, nei confronti di qlcu., di qlco.*; *questa è una assurda p. contro di me* **3** (*raro, lett.*) preavviso **4** in diritto del lavoro, complesso di regole che i datori di lavoro devono osservare, dirette a impedire il verificarsi di infortuni sul luogo di lavoro: *ente nazionale per la p. degli infortuni sul lavoro*

SFUMATURE DI SIGNIFICATO
prevenzione - profilassi
Prevenzione è l'insieme di provvedimenti, azioni e comportamenti volti a evitare eventi dannosi. La *prevenzione*, riferita all'insieme delle misure igieniche, sanitarie e farmacologiche adottate per evitare l'insorgere o il diffondersi di malattie, si chiama **profilassi**.
SFUMATURE ➤ ***pregiudizio***

prevenzionìstico [1988] **agg.** (**pl. m.** *-ci*) ● relativo alla prevenzione di malattie e infortuni

preverbàle [comp. di *pre-* e dell'agg. *verbale* ✱ 1907] **agg.** **1** che precede lo sviluppo della facoltà del linguaggio **CFR.** prelinguale | ***sordità p.***, V. *sordità* **SIN.** sordomutismo **2** che usa mezzi che prescindono dal linguaggio: *comunicazione p.*

preverbazióne [da *preverbo* ✱ 1958] **s. f.** ● (*ling.*) operazione con la quale si aggiunge un prefisso o preverbo a un verbo

prevèrbo o **prevèrbio** [vc. dotta, lat. *praevĕrbiu(m)*, comp. di *prae-* 'pre-' e un deriv. di *vĕrbum* 'parola' (V. *verbo*) ✱ 1963] **s. m.** ● (*ling.*) prefisso di una forma verbale (per es. *pre-supporre*)

preverniciàto [comp. di *pre-* e *verniciato* ✱ 1986] **agg.** ● detto di elemento metallico o di altro materiale verniciato prima di essere assemblato, installato e sim.: *pavimento di legno p.*

†**prevèrtere** [vc. dotta, lat. *praevĕrtere*. V. †*prevertire* ✱ 1520] **v. tr.** ● sconvolgere

†**prevertìre** [vc. dotta, lat. *praevĕrtere* 'anteporre', comp. di *prae-* 'pre-' e *vĕrtere* 'volgere' (V. *versione*) ✱ av. 1492] **v. tr.** ● alterare, sconvolgere, mutare | pervertire

previdènte [vc. dotta, lat. *praevidĕnte(m)*, part. pres. di *praevidēre* 'prevedere' ✱ sec. XIV] **agg.** ● che prevede e provvede in anticipo per evitare conseguenze dannose: *persona p.*; *essere, dimostrarsi p.* | che manifesta lungimiranza: *una decisione p.* **SIN.** provvido **CONTR.** imprevidente ‖ **previdenteménte**, **avv.**

♦**previdènza** o †**previdènzia** [vc. dotta, lat. tardo *praevidĕntia(m)*, da *prāevidens*, genit. *praevidĕntis* 'previdente' ✱ av. 1327] **s. f.** **1** caratteristica di chi è previdente: *la proverbiale p. della formica*; *nessuno dubita della tua p.*; *mancare di p.* **SIN.** lungimiranza, prudenza **CONTR.** imprevidenza **2** insieme di provvedimenti a carattere assistenziale disposti a favore di una categoria di persone | ***p. sociale***, complesso delle prestazioni erogate da enti pubblici e finanziate mediante versamento di contributi obbligatori, dirette a garantire mezzi di sostentamento in caso di infortunio, malattia e disoccupazione oppure, in forma di pensione, in caso di invalidità, anzianità o vecchiaia **SIN.** assicurazione sociale | ***p. integrativa*** o ***complementare***, aggiuntiva rispetto a quella sociale ed erogata da enti privati in base a contratti collettivi o individuali

SFUMATURE DI SIGNIFICATO
previdenza - circospezione - lungimiranza
La capacità di prevedere ciò che potrebbe accadere e di provvedere in anticipo per evitare conseguenze spiacevoli o dannose si chiama **previdenza**. La **circospezione** è un tratto del carattere spesso presente in chi è previdente, e consiste nella capacità di agire con particolare prudenza e cautela nell'obiettivo di minimizzare i rischi. **Lungimiranza** è invece la caratteristica di chi sa guardare avanti, sa intuire, anticipare i futuri sviluppi di un fatto o di una circostanza; rispetto a *previdenza* suggerisce una maggiore ampiezza di vedute e un interesse più largo rispetto a quello strettamente personale.

previdenziàle [1928] **agg.** ● relativo alla previdenza sociale: *contributo p.*; *oneri previdenziali*

preview /pre'vju, *ingl.* 'pri:vju:/ [vc. ingl., comp. di *pre-* 'pre-' e *view* 'visione' ✱ 1933] **s. f. inv.** ● anteprima | presentazione di scene di un film di imminente programmazione

previgènte [1988] **agg.** ● in vigore fino a una successiva modifica normativa: *legge p.*

†**privilègio** ➤ **privilegio**

prèvio [vc. dotta, lat. *prāeviu(m)* 'che va innanzi', comp. di *prae-* 'pre-' e *vĭa* 'via' ✱ av. 1468] **agg.** **1** (*raro*) precedente: *Non si dà ricordanza senza previa attenzione* (G. Leopardi) | (*assol.*, *burocr.*) che è fatto necessariamente prima di un dato atto (sempre preposto al sost.): *p. esame, accordo, pagamento, consenso* e sim.; *vi rilasceremo il certificato, previa domanda in carta da bollo*; *p. versamento della soprattassa* **2** (*med.*) ***placenta previa***, collocata in posizione anormale, in modo da ostruire l'orifizio cervicale provocando complicazioni nel parto ‖ **previaménte**, **avv.** in anticipo, prima

previṣìbile [da *prevedibile*, sul modello di *visibile* ✱ 1767] **agg.** ● (*raro*) prevedibile

previṣionàle [1960] **agg.** ● relativo a una previsione economica, commerciale e sim.: *studio p.*; *bilancio p.* | relativo alla previsione meteorologica: *centro p.*; *modello p.*

♦**previṣióne** [vc. dotta, lat. tardo *praevisiō-ne(m)*, da *praevīsus* 'previsto' (V. †*previso*) ✱ av. 1328] **s. f.** **1** il prevedere | valutazione anticipata di qlco.: *la p. del danno, della spesa*; *una difficile, facile p.*; *l'esito ha superato ogni p., le più ottimistiche previsioni* | ***in p. di***, prevedendo: *in p. di simile eventualità, abbiamo provveduto per tempo* **2** predizione, congettura: *non sempre le tue previsioni sono esatte*; *una p. che speriamo non si avveri* | ***p. meteorologica***, studio e descrizione delle condizioni atmosferiche previste su un luogo o su una regione della superficie terrestre per un determinato periodo di tempo

previṣìvo [1972 ca.] **agg.** ● relativo a una previsione, spec. una proiezione statistica: *modello p.*; *analisi previsiva*

†**previṣo** [vc. dotta, lat. *praevīsu(m)*, part. pass. di *praevidēre* 'prevedere' ✱ av. 1311] **agg.** ● previsto: *saetta previsa vien più lenta* (Dante *Par.* XVII, 27)

previṣóre [da *previsione* ✱ av. 1937] **A** **s. m.** (**f.** *preveditrice* o *raro -a*) ● chi formula previsioni su basi scientifiche: *p. dei consumi, del tempo* **B** anche **agg.** (**posposto a un sost.**): *meteorologo p.*

previssùto [comp. di *pre-* e *vissuto* ✱ 1869] **agg.** ● (*raro, lett.*) vissuto prima di altri

♦**prevìsto** **A** **part. pass.** di *prevedere*; anche **agg.** ● nei sign. del v. | supposto: *difficoltà previste*; *un fatto ampiamente p.* | descritto in anticipo: *tempo p.* | contemplato: *un caso non p. dalla normativa* **B** **s. m. solo sing.** ● ciò che è stato previsto: *spendere meno del p.*; *guadagnare più del p.* | tempo o momento previsto: *agire, intervenire, decidere, parlare, accadere prima del p.*; *protrarsi oltre il p.*

prevocàlico [comp. di *pre-* e *vocalico* ✱ 1954] **agg.** (**pl. m.** *-ci*) ● (*ling.*) detto di suono collocato davanti a una vocale

prevòsto [ant. fr. *prevost*, dal lat. *praepŏsitu(m)*. V. *preposto* ✱ sec. XIV] **s. m.** **1** (*relig.*) ecclesiastico che ha ufficio, dignità di prepositura | (*sett.*) parroco **SIN.** preposito, preposto

2 nell'antica monarchia francese fino ai primi dell'Ottocento, funzionario di alto grado, con incarichi di varia natura amministrativa e giudiziaria

prevostùra [da *prevosto*, sul modello del lat. tardo *praepositūra* 'prepositura' ✱ av. 1566] **s. f.** ● carica e ufficio del prevosto

†**preziàre** ➤ **prezzare**

preziàrio [1950] **A** **agg.** ● (*raro*) relativo al prezzo, di prezzi **B** **s. m.** ● prezzario

†**prèzio** ➤ **prezzo**

preziosismo (o **-oşi-**) [comp. di *prezioso* e *-ismo* ✱ 1903] **s. m. 1** ricercatezza, preziosità | spec. nel calcio, gesto tecnico molto elegante, stilisticamente impeccabile **2** nel Seicento francese, corrente letteraria caratterizzata da una esasperata ricerca formale

preziosità (o **-ş-**) [vc. dotta, lat. tardo *pretiositāte(m)*, da *pretiōsus* 'prezioso' ✱ av. 1294] **s. f. inv. 1** caratteristica di ciò che è prezioso: *la p. di un dono, di una gemma* **2** eleganza ricercata e piena di affettazione: *la p. di un arredamento* | (*raro*) preziosismo stilistico: *la p. dei secentisti* **3** (*raro*) oggetto prezioso, opera d'arte preziosa: *museo pieno di p.* **SIN.** rarità

♦**prezióso** (o **-ş-**) o †**pregióso** [vc. dotta, lat. *pretiōsu(m)*, da *prĕtium* 'prezzo'; nella variante †*pregioso*, con sovrapposizione di *pregio* ✱ 1224 ca.] **A** **agg. 1** che ha molto valore e pregio, che ha prezzo molto elevato: *metallo p.*; *pietre preziose*; *un p. scrigno* | (*lett.*) fatto con materia preziosa: *preziosi / vasi accogliean le lacrime votive* (U. Foscolo) **2** (*fig.*) di ciò che è molto apprezzato per la sua bellezza, rarità, importanza o utilità: *un manoscritto p.*; *la preziosa libertà*; *consigli preziosi* | ***cibo, vino p.***, finissimo, squisito **3** (*fig.*) ricercato, affettato: *ha modi preziosi*; *eleganza preziosa* | ***stile p.***, di una raffinatezza artificiosa **4** (*fig.*, *fam.*) detto di persona che si fa desiderare, che non si fa vedere o trovare con facilità: *farsi, diventare p.* ‖ **preziosaménte**, **avv. 1** in modo prezioso: *addobbare preziosamente*; *vestire preziosamente* **2** (*fig.*, *lett.*) come cosa rara e preziosa: *conservare preziosamente* **SIN.** gelosamente ‖ **preziosità**, **s. f. inv.** (V.) **B** **s. m. 1** oggetto d'oro, di pietre o altri metalli preziosi: *furto di preziosi* **SIN.** gioiello **2** (**f.** *-a*) (*fam.*) chi si fa desiderare, chi non concede facilmente la propria amicizia ‖ **preziosino**, **dim.**

prezzàbile [da *prezzare* ✱ av. 1665] **agg. 1** (*lett.*) apprezzabile **2** che si può prezzare ‖ **prezzabilità**, **s. f. inv.**

prezzàre o †**preziàre** [lat. tardo *pretiāre*, da *prĕtium* 'prezzo' ✱ av. 1205] **A** **v. tr.** (*io prèzzo*) **1** †stabilire o concordare il prezzo di qlco., farne la stima **2** (*fig.*, *lett.*) apprezzare, stimare: *poco prezzando quel ch'ogn'uom disia* (F. Petrarca) | (*lett.*) considerare, temere **3** applicare a una merce esposta il cartellino del prezzo | (*est.*) fissare, attribuire un prezzo **B** **prezzàrsi** **v. intr. pron. 1** †fare conto **2** †pregiarsi

prezzàrio [da *prezzo* ✱ 1958] **s. m.** ● catalogo degli articoli in vendita, ciascuno corredato del proprio prezzo | elenco dei prezzi di servizi, prestazioni professionali e sim. **SIN.** preziario

prezzàto **part. pass.** di *prezzare*; anche **agg.** ● nei sign. del v.

†**prezzatóre** [da *prezzato* ✱ av. 1595] **s. m.** (**f.** *-trice*) ● estimatore

prezzatrice [da *prezzare* ✱ 1983] **s. f.** ● macchinetta usata per imprimere l'indicazione del prezzo su merci e prodotti vari

prezzatùra [1984] **s. f.** ● operazione del prezzare la merce in vendita | i cartellini segnaprezzo applicati

prezzemolino [da *prezzemolo*; nel sign. B, con riferimento all'espressione *'essere come il prezzemolo'* ✱ 1997] **s. m. 1** dim. di *prezzemolo* **2** (**f.** *-a*) (*scherz.*) chi si intrufola ovunque, è presente dappertutto: *una prezzemolina delle trasmissioni televisive*

prezzémolo [gr. *petrosélinon*, propr. 'sedano che nasce tra le pietre', comp. di *pétra* 'pietra' e *sélinon* 'sedano' ✱ av. 1320] **s. m.** ● pianta erbacea delle Apiacee, bienne, selvatica e coltivata, con foglie frastagliate e lobate, utili in cucina (*Petroselinum hortense*) | ***essere come il p.***, (*fig.*) intrufolarsi dappertutto ‖ **prezzemolino**, **dim.** (V.)

♦**prèzzo** o †**prèzio**, †**prègio** [lat. *prĕtiu(m)*, di etim. incerta ✱ 1262] **s. m. 1** valore di scambio delle merci | somma di denaro necessaria per acquistare un bene | nella vendita, corrispettivo in denaro dovuto dal compratore al venditore: *pagò il p. senza discutere* | ***p. sorgente***, (*ellitt.*) il prezzo al quale il produttore vende il prodotto; prezzo all'origine | (*gramm.*) ***complemento di stima o prezzo***, V. *stima* **2** (*fig.*) ciò che si dà o si deve in cambio di qlco.: *il p. del successo*; *non curo il tuo dono, / quando è p. d'ingiusto favor* (P. Metastasio) | ***non avere p.***, avere un valore enorme o (*fig.*) inestimabile: *la libertà non ha p.* | ***a caro p.***, con grandi sacrifici, dolori, ecc.: *ottenere qlco. a caro p.* | ***a qualunque, a nessun p.***, (*fig.*) a qualunque, a nessuna condizione | ***a p. di***, (*fig.*) a costo di: *hanno raggiunto l'obiettivo a p. di enormi sacrifici* | ***non avere p.***, detto di ciò che ha un valore inestimabile **3** (*est.*) cartellino con l'indicazione del prezzo: *collocare i prezzi sulla merce* **4** (*lett.*, *fig.*) pregio, stima: *avere in grande p.* **5** †compenso, lucro | †***a p.***, a pagamento ‖ **prezzàccio**, **pegg.**

prezzolàre [da *prezzo* ✱ sec. XIV] **v. tr.** (*io prèzzolo*) **1** pagare qlcu., assoldare qlcu. spec. per fini illeciti o spregevoli: *p. sicari* **2** †ricompensare, retribuire

prezzolàto **part. pass.** di *prezzolare*; anche **agg. 1** nel sign. del v. | (*spreg.*) venduto: *giornalista p.* **2** †pagato, retribuito | ***soldato p.***, mercenario

prìa [lat. *prĭus*, nt. di *prĭor* (V. *priore*); la *-a* è dovuta all'influsso di *prima* ✱ sec. XII] **avv.** ● (*lett.*) prima: *dopo 'l pasto ha più fame che p.* (Dante *Inf.* I, 99) | anche nelle loc. avv. †***di, in p.***: *lo spirto che di p. parlommi / ricominciò* (Dante *Purg.* XIV, 76-77); *di sedere in p. avrai distretta!* (Dante *Purg.* IV, 99)

prìamo [dal n. del re di Troia ✱ 1835] **s. m.** ● bella e colorata farfalla dell'Asia tropicale, caratterizzata da aspetti morfologici marcatamente diversi nei due sessi (*Papilio priamus*)

priapèo [vc. dotta, lat. tardo *priapēu(m)*, dal gr. *priápeios*, agg. di *Príapos* 'Priapo' ✱ 1527] **A** **agg.** ● relativo a Priapo, dio romano della fecondità sessuale e agricola | (*est.*) fallico **B** **s. m. 1** verso greco e latino, considerato giustapposizione di un gliconeo e di un ferecrateo **2** componimento poetico della letteratura greca e latina, caratterizzato dal contenuto osceno o licenzioso: *i priapei dell'età di Augusto*

priapismo [vc. dotta, lat. tardo *priapĭsmu(m)*, dal gr. *priapismós*, da *Príapos* 'Priapo', divinità greca ✱ 1585] **s. m.** ● (*med.*) erezione persistente e dolorosa del pene senza eccitamento sessuale né eiaculazione

priapo (o **-ià-**) [vc. dotta, dal lat. *Priāpu(m)*, in gr. *Príapos*, n. di una divinità greca ✱ 1340] **s. m.** ● (*lett.*) il membro virile, considerato presso alcuni popoli simbolo dell'istinto sessuale e della fecondità e venerato come oggetto di culto

Priapùlidi [dal gr. *Príapos* 'Priapo': detti così da un'appendice della regione anale ✱ 1883] **s. m. pl.** (**sing.** *-e*) ● (*zool.*) gruppo di animali marini a corpo quasi cilindrico, fornito di una proboscide retrattile (*Priapulida*)

price-earning /*ingl.* 'praɪs,ɜːnɪŋ/ [vc. ingl., accorc. di *price-earning ratio* 'rapporto prezzo profitti' ✱ 1986] **s. m. inv.** ● (*econ.*) rapporto tra prezzo di mercato di un'azione e dividendo pagato nell'ultimo esercizio

†**prièɡo** ➤ **prego**①

†**prigionàre** [sec. XIV] **v. tr.** ● imprigionare

♦**prigióne**① o †**pregióne** [lat. *prehensiōne(m)*. V. *prensione* ✱ 1213] **s. f. 1** luogo adibito alla custodia dei condannati che espiano la pena o degli imputati in attesa di giudizio | carcerazione: *essere condannato alla p.* | ***marcire in p.***, esservi rinchiuso da molto tempo | (*fig.*) ***p. dorata***, V. *dorato* | (**spec. al pl.**) l'edificio o il complesso di edifici adibiti a prigione: *hanno ricostruito le prigioni* **SIN.** carcere, galera **2** (*fig.*) stanza buia e stretta: *quel solaio è una p.* | (*fig.*) luogo in cui ci si sente oppressi per mancanza di libertà o eccessiva disciplina: *il collegio per lui era una p.* | (*poet.*, *fig.*) ***la p. eterna***, l'Inferno **3** in giochi di ragazzi, luogo dove sosta chi è fatto prigioniero | nel gioco dell'oca, casella cadendo nella quale si resta bloccati per una mano o più

†**prigióne**② [da *prigione*① ✱ 1213] **s. m. e f.** (**f. anche** †*-a*, †*-essa*) ● prigioniero: *molti altri servitori del re ... furono per prigioni dati* (G. Boccaccio)

prigionìa o †**pregionìa** [da *prigione*① ✱ sec. XII] **s. f. 1** condizione, stato di chi è prigioniero **SIN.** carcerazione, detenzione **2** (*fig.*, *lett.*) stato di soggezione, di asservimento morale: *la p. del vizio*

♦**prigionièro** o †**prigionière**, †**pregionière** [da *prigione*① ✱ 1312] **A** **agg. e s. m.** (**f.** *-a*) **1** che (o chi) è stato rinchiuso in un luogo, ed è quindi privo della libertà: *essere, rimanere p. di qlcu.*; *far p. qlcu.*; *uccello p. in gabbia*; *i prigionieri sono fuggiti* **2** che (o chi), durante operazioni di guerra, è stato catturato dal nemico: *militari prigionieri*; *prigionieri di guerra*; *campo dei prigionieri*; *restituzione, riscatto dei prigionieri* **B** **agg. 1** (*fig.*) che, per vari motivi, subisce limitazioni nella sua libertà di movimento (*anche iperb.*): *il marito la tiene prigioniera in casa*; *a causa di uno sciopero aereo sono qui p.* | (*est.*) che è dominato, schiavo, succube di qlcu. o di qlco.: *è p. delle sue idee, delle convenzioni sociali* **2** ***vite prigioniera***, V. *vite*② **C** **s. m. 1** (**f.** *-a*) in giochi di ragazzi, chi è stato catturato ed è perciò escluso dal gioco sino a che non venga liberato da un altro **2** †custode di una prigione

prillàre [vc. di orig. onomat. ✱ av. 1830] **A** **v. intr.** (**aus.** *avere*) ● (*tosc.*) girare su sé stesso **B** **v. tr.** ● (*tosc.*) far girare il fuso (*anche assol.*): *le donne ripresero a filare ... / tiravano prillavano accoccavano* (G. Pascoli)

prillo [1871] **s. m. 1** (*tosc.*) il prillare, il girare attorno a sé stesso **2** (*tosc.*) atto del prillare: *ad or ad or ... dava ... due prilli alla cocca* (G. Pascoli)

♦**prìma**① [lat. tardo *prīma*, da *prīmus* 'primo', con avvicinamento a *pōstea* 'poi' ✱ 1219] **A** **avv. 1** nel tempo anteriore, in precedenza, antecedentemente: *p. ignoravo il fatto*; *bisognava provvedere p.*; *p. ero riuscito ad aprire la scatola, ma ora non sono più capace*; *l'ho conosciuto molto p.*; *tanto tempo p. abitavano in campagna*; *l'ho visto un momento p.*; *sono arrivato due giorni p.* | per ellissi in luogo di una prop. compar. o rel.: *ne so quanto p.*; *sono gli stessi discorsi di p.*; *non sembra più l'uomo di p.*; *allora, amici come p.!* | ***le cose, le usanze di p.***, di una volta, di un tempo | in contrapposizione con 'dopo' o con 'poi': *p. finisci il lavoro p. usciremo*; *p. o dopo, per me è la stessa cosa* | ***p. o poi***, una volta o l'altra: *p. o poi si ricorderà* | V. anche *dapprima* CONTR. poi **2** più presto: *credevo di fare p.*; *chi arriva p. al treno occupi i posti*; *fai p. a passare per il centro* | ***quanto p.***, fra non molto, il più presto possibile: *ti scriverò quanto p.* **3** in un luogo, in un punto che precede: *leggi una pagina p.*; *troverai p. un grande palazzo*; *p. veniva la bandiera, poi il reggimento*; *il distributore era tre chilometri p.* SIN. avanti **4** in primo luogo, per prima cosa (contrapposto a 'poi' o a 'dopo'): *p. bisogna pensare, poi agire*; *p. il dovere e poi il piacere*; *non ti credo, p. perché sei un bugiardo, e poi perché quanto dici è assurdo* **5** (*lett.*) †per la prima volta **B** **nella loc. prep.** ***p. di*** **1** indica anteriorità nel tempo: *ti telefonerò p. della partenza per salutarti*; *arriverò certo p. di te*; *lo avrai p. di sera*; *p. d'ora non me n'ero reso conto* | ***invecchiare, morire p. del tempo***, prematuramente | ***p. di tutto***, in primo luogo: *p. di tutto l'onestà*; *p. di tutto devo provvedere alla loro sicurezza* CONTR. dopo **2** indica precedenza nello spazio: *p. della mia casa c'è un'autorimessa*; *c'è una galleria p. del bivio* CONTR. dopo **C** **nelle loc. cong.** ***p. di, p. che*** **1** introduce una prop. temp. che indica anteriorità con il v. all'inf., se implicita, al congtv. se esplicita: *rifletti bene p. di decidere*; *avvertimi p. di muoverti*; *p. che sia troppo tardi, decidiamo*; *ha saputo la notizia p. che fosse resa pubblica* | ***p. che posso, p. che potrò, p. che ho potuto*** e sim., appena possibile (con il v. all'indic.): *è venuto p. che ha potuto* | (*lett.*) †***non, né p. che***, appena, appena che | anche nella loc. lett. †***come p.***, appena **2** piuttosto di, piuttosto che (introduce una prop. compar. con il v. all'inf.): *si sarebbe fatto uccidere p. di tradirlo*; *p. morire che cedere!* | con ellissi del v.: *p. la miseria che il disonore!* **D** **in funzione di agg. inv.** ● (posposto a un sost.) in una successione, immediatamente precedente: *il giorno p.* | (*est.*) precedente: *nei giorni p.* **E** **in funzione di s. m. inv.** ● ciò che avviene in precedenza: *confondere il p. e il poi*; *Ma sì! Tu abolisci il p., mammà!* (L. PIRANDELLO)

♦**prìma**② [f. sost. di *primo* ✻ sec. XIII] **s. f.** **1** (*ellitt.*) prima classe di una scuola: *andare in p.*; *frequentare la p.*; *i bambini di p.*; *p. media, p. liceo* | prima classe in un mezzo di trasporto: *viaggiare in p.* **2** nella divisione della giornata canonica, la prima ora del giorno, al sorgere del sole **3** prima rappresentazione di uno spettacolo teatrale o cinematografico: *andare a una p.*; *i biglietti per la p.* **4** prima marcia nel cambio degli autoveicoli: *ingranare la p.*; *passare dalla p. alla terza* **5** (*sport*) atteggiamento schermistico: *invito, legamento di p.* | azione difensiva: *parata di p.* | ***giocare di p.***, nel calcio, passare la palla toccandola una sola volta **6** prima scalata alpinistica di una parete: *p. invernale* **7** nella danza classica, una delle posizioni fondamentali in cui le gambe sono unite, i talloni si toccano senza sovrapporsi e i piedi sono girati completamente in fuori a formare una sola linea diritta

†**primàccio** ➤ **piumaccio**

primadònna o **prìma dònna** [da *prima donna* 'attrice' ✻ 1720] **s. f.** (**pl.** *primedònne*) **1** la protagonista di un'opera lirica o di uno spettacolo artistico: *ruolo di p.* **2** (*fig.*) personaggio di particolare rilievo in un determinato settore: *nel suo campo è un'autentica p.* **3** (*fig., spreg.*) persona che si compiace di atteggiamenti a effetto allo scopo di essere al centro dell'attenzione: *darsi arie da p.*; *fare la p.*

♣**prìma fàcie** /*lat.* prima'fatʃie/ [loc. lat., propr. 'a prima vista' ✻ 1351] **loc. avv.** ● a prima vista

†**primàio** [lat. *primāriu(m)*. V. *primario* ✻ 1262] **agg. num. ord.** ● primo: *lo scaglion p. / bianco marmo era* (DANTE *Purg.* IX, 94-95) | primitivo | principale

primàle [da *primo*; 'primalità' dal lat. moderno *primalitāte(m)*, dal lat. *prīmus* 'primo' ✻ 1622] **agg.** ● (*raro*) principale, primario ‖ **primalità**, **s. f. inv.** **1** caratteristica di ciò che è primale, primario; (*mat.*) caratteristica di numero primo **2** nella filosofia di T. Campanella (1568-1639), ciascuno dei princìpi primi dell'essere (la potenza, la sapienza, l'amore), compiutamente realizzati solo in Dio

primanòta o **prìma nòta** [comp. di *prim(o)* e *nota* ✻ 1952] **s. f.** (**pl.** *primenòte*) ● (*ragion.*) registrazione dei movimenti contabili di un'attività economica | il registro in cui vengono effettuate tali registrazioni CFR. brogliaccio

primariàto [1963] **s. m.** ● ufficio, incarico di medico primario

♦**primàrio** [vc. dotta, lat. *primāriu(m)*, da *prīmus* 'primo' ✻ av. 1348] **A** **agg.** **1** che precede gli altri in una successione | ***scuola primaria***, primo livello della scuola dell'obbligo, suddivisa in cinque classi SIN. scuola elementare | ***attività primaria, settore p.***, nel linguaggio economico, quello che produce beni di primo consumo o materie prime, come l'agricoltura, l'allevamento e sim. | ***bene p.***, materia prima o prodotto dell'attività primaria | (*geol.*) ***era primaria***, era paleozoica | ***elezioni primarie***, o (*ellitt.*) ***le primarie***, nel sistema elettorale degli Stati Uniti, quelle per designare il candidato alla presidenza o i candidati alla Camera e al Senato; (*est.*) in altri Paesi, quelle per selezionare e designare i candidati a una carica elettiva **2** che è primo per importanza, valore o merito: *il motivo p.*; *una questione di primaria importanza* | che occupa una posizione di eccellenza, di prestigio, e sim.: *un p. istituto bancario* | fondamentale, essenziale: *il valore p. della cultura* SIN. principale CONTR. secondario **3** (*chim.*) detto di atomo di carbonio che, in un composto alifatico, sta al termine di una catena di più atomi di carbonio o è legato a un solo atomo di carbonio | detto di composto ottenuto introducendo un gruppo funzionale nel gruppo contenente l'atomo di carbonio primario | ***ammina primaria***, quella che contiene un gruppo amminico $-NH_2$ su un atomo di carbonio primario **4** (*psicoan.*) ***processo p.***, V. *processo* ‖ **primariaménte**, **avv.** **1** in primo luogo, primamente **2** principalmente **B** **s. m.** **1** (**f.** *-a*; V. nota d'uso FEMMINILE) denominazione, ufficialmente non più in uso, del medico che dirige un reparto ospedaliero **2** (*econ.*) attività, settore primario

primàte [vc. dotta, lat. *primāte(m)* da *prīmus* 'primo' ✻ sec. XIII] **s. m.** ● vescovo o arcivescovo che gode di prerogative onorifiche e di diritto di precedenza sui vescovi e arcivescovi di una regione, senza speciale giurisdizione che derivi dal titolo

Primàti [da *primāte(m)* 'primo', 'principale' (V. *primate*); detti così perché costituiscono il più importante ordine di Mammiferi ✻ 1864] **s. m. pl.** (**sing.** *-e*) ● (*zool.*) ordine di Mammiferi i cui rappresentanti hanno arti plantigradi, muso con pochi peli o glabro, occhi rivolti in avanti, dentatura completa (*Primates*)

primatìccio [dal lat. *primĭtiae*, nom. pl., 'primizie' ✻ av. 1320] **agg.** (**pl. m.** *-ci*; **pl. f.** *-ce*) **1** detto di frutto che matura prima di altri della stessa specie: *pesche primaticce* CONTR. serotino **2** †che viene, comincia troppo presto: *freddo, inverno p.* SIN. precoce, prematuro ‖ †**primaticciaménte**, **avv.** per tempo

primatìsta [1941] **s. m. e f.** (**pl. m.** *-i*) ● (*sport*) chi detiene un primato: *p. del salto in alto*; *p. italiano, mondiale*

♦**primàto** [vc. dotta, lat. *primātu(m)*, da *prīmus* 'primo' ✻ av. 1363] **s. m.** **1** superiorità assoluta di qlcu. o qlco. in un determinato campo o una particolare attività: *conquistare, tenere, esercitare un p.*; *p. artistico, letterario, scientifico* **2** risultato massimo ottenuto in una specialità sportiva: *p. del salto in alto, dei cento metri*; *p. italiano, europeo, mondiale, olimpionico*; *conquistare, migliorare, battere un p.*; *p. personale, nazionale* SIN. record

primatologìa [comp. di *Primati* e *-logia* ✻ 1985] **s. f.** (**pl.** *-gìe*) ● (*biol.*) ramo della biologia che tratta i Primati in rapporto alle loro affinità con l'uomo

primatòlogo [comp. di *Primati* e *-logo* ✻ 1983] **s. m.** (**f.** *-a*; **pl. m.** *-gi*) ● (*biol.*) studioso di primatologia

primattóre o **prìmo attóre** [da *prim(o)* 'principale' e *attore* ✻ 1894] **s. m.** (**f.** *-trice*) **1** l'attore più importante di una compagnia teatrale | attore che ricopre il ruolo di protagonista in una rappresentazione teatrale | (*est.*) chi ama essere in primo piano, al centro dell'attenzione generale **2** ruolo, parte ricoperta dall'attore principale

♦**primavèra**① [lat. parl. **primavēra(m)*, dal classico *prīmo vēre* 'all'iniziare della primavera'. Per *prīmus* V. *primo*; *vēr* è di orig. indeur. ✻ sec. XII] **A** **s. f.** **1** stagione dell'anno che dura 92 giorni e 21 ore, dall'equinozio di primavera (21 marzo) al solstizio d'estate (22 giugno), corrispondente all'autunno nell'emisfero australe **2** (*est.*) clima mite e particolarmente benigno: *l'eterna p. di certe regioni* **3** (*fig.*) inizio favorevole, giovinezza: *la p. della vita*; *passo del viver mio la p.* (G. LEOPARDI) **4** (*fig., scherz.*) periodo di un anno: *avere molte primavere*; *ormai ho quaranta primavere* **5** (*sport*) squadra giovanile **B** **s. m. e f. inv.** ● (*sport*) giocatore di una squadra giovanile: *i p. dell'Inter, del Milan* **C** **in funzione di agg. inv.** ● (posposto a un sost.) (*sport*) detto di squadra giovanile | nella loc. ***sezione p.***, negli asili nido, quella che accoglie bambini di età fra i due e i tre anni | nella loc. ***involtino p.***, V. *involtino*

primavèra② [da *primavera*①; detta così per la fioritura precoce ✻ 1550] **s. f.** ● pianta erbacea delle Primulacee con ciuffo basale di foglie largamente spatolate e di fiori gialli, spontanea nelle regioni temperate eurasiatiche (*Primula acaulis*) | ***p. odorosa***, con fiori gialli in ombrelle lungamente peduncolate (*Primula veris*)

♦**primaverìle** [da *primavera*① ✻ av. 1846] **agg.** ● di primavera, relativo alla primavera: *vento p.*; *stagione p.* | tipico della primavera: *clima p.* | adatto alla primavera: *abbigliamento p.* | (*lett., fig.*) fresco, giovanile: *gli azzurrini occhi primaverili dei suoi diciott'anni* (L. PIRANDELLO)

primazìa [da *primate*, sul rapporto *abate-abbazia* ✻ 1363] **s. f.** **1** dignità e prerogative di primate **2** (*lett.*) supremazia, primato: *questa p. delle lettere … su tutte le cose grandi e grandissime che gli uomini possono eseguire* (V. ALFIERI)

primaziàle [da *primazia* ✻ 1619] **agg.** ● di primate: *chiesa p.*

primeggiàre [av. 1755] **v. intr.** (**pres.** *io priméggio*; **fut.** *io primeggerò*; **aus.** *avere*) ● eccellere, essere superiore, distinguersi: *primeggia su tutti* SIN. emergere, spiccare | (*lett.*) predominare: *altre passioni che primeggiano nella tragedia* (U. FOSCOLO)

primer /*ingl.* 'praɪmə(r)/ [vc. ingl., propr. 'mano di fondo, prima mano' ✻ 1977] **s. m. inv.** **1** in pittura e nelle arti grafiche, strato di vernice o di colore che fa da fondo alle successive applicazioni, garantendo una migliore resa dei colori sovrastanti **2** in cosmesi, preparato cremoso che si applica prima del trucco per renderlo più stabile

prime rate /*ingl.* 'praɪm,reɪt/ [loc. ingl., propr. 'tasso (*rate*) primario (*prime*)' ✱ 1970] **loc. sost. m. inv. (pl. ingl.** *prime rates***)** ● (*banca*) tasso minimo d'interesse che le banche praticano alla migliore clientela su prestiti a breve termine CFR. subprime

prime time /*ingl.* 'praɪm,taɪm/ [loc. ingl., nel sign. di 'orario migliore, nel quale si attende il massimo ascolto' ✱ 1983] **loc. sost. m. inv.** ● (*tv*) prima serata

primeur /*fr.* pʀi'mœʀ/ [dalla loc. fr. (*vente de vin en*) *primeur* '(vendita di vino) anticipata' ✱ 1985] **A agg. inv.** ● detto di vino che viene messo in commercio subito dopo la fermentazione CFR. novello **B nella loc. agg. inv.** ***en p.***, detto di sistema di vendita anticipata di un vino pregiato prima della sua messa in commercio, attraverso l'emissione di certificati a prezzo bloccato **C anche loc. avv.**: *vendere en p.*

primèvo [vc. dotta, lat. *primăevu(m)* 'nella prima età, molto giovane', comp. di *prīmus* 'primo' ed *ăevum* 'età' (V. *evo*) ✱ 1340] **agg. 1** (*lett.*) dei primi tempi del mondo | (*raro*) iniziale **2** (*lett.*) †dell'età giovanile

primicerìale [1891] **agg.** ● di primicerio

primicerìato [av. 1750] **s. m.** ● dignità, ufficio e carica di primicerio

primicèrio [vc. dotta, lat. tardo *primicērium*, propr. 'colui il cui nome si trova in capo alle tavolette cerate', comp. di *prīmus* 'primo' e *cēra* 'cera①' ✱ sec. XIV] **s. m.** ● capo del clero minore in capitoli e collegiate | chi è a capo di alcune confraternite e congregazioni | titolo di antichi dignitari della corte pontificia

primièra [f. di *primiero*, perché formata dalle prime carte di ogni seme ✱ 1517] **s. f.** ● antico gioco d'azzardo italiano, con le carte | nel gioco della scopa e dello scopone, combinazione di carte dei quattro semi che dà diritto a un punto

primièro [ant. fr. *premier*, dal lat. *primāriu(m)* (V. *primario*) ✱ sec. XII] **A agg. num. ord.** ● (*poet.*) primo **B agg. 1** (*raro, lett.*) primitivo: *la ... primiera semplicità del primo mondo de' popoli* (G. VICO) | ***usanza primiera***, del tempo antico | †***in p.***, primieramente **2** (*lett.*) giovanile: *nell'età primiera, /.../ giocavo ignaro sul far della sera* (U. SABA) ‖ **primieraménte**, **avv. 1** prima, in principio, dapprima **2** in primo luogo, anzitutto **3** †per la prima volta **C avv.** ● †in primo luogo | †per la prima volta **D s. m.** ● (*disus.*) la prima parte della parola nel gioco enigmistico della sciarada

primigènio [vc. dotta, lat. *primigĕniu(m)*, comp. di *prīmus* 'primo' e *-gĕnius*, dalla stessa radice di *gĭgnere* 'generare' (V.) ✱ av. 1626] **agg. (pl. m. -*i* o *raro* -*ii*) 1** che ha l'origine più antica, più remota: *lingua primigenia* | (*est.*) che ha un'origine oscura, misteriosa, inspiegabile: *le forze primigenie della natura* **2** che risale all'origine del mondo, ai tempi primitivi: *uomo p.* | ***elefante p.***, elefante fossile

primìna① [da *primo* ✱ 1875] **s. f.** ● (*biol.*) tegumento interno dell'ovulo delle piante angiosperme

primìna② [dim. di *prima*② (V.) ✱ 1965] **s. f.** ● (*fam.*) la prima classe della scuola elementare, quando era frequentata privatamente da un alunno che non avesse ancora compiuto sei anni di età

primìno [da *primina*② ✱ 1992] **agg.; anche s. m. (f. -*a*)** ● (*gerg.*) detto di studente che frequenta la prima classe o il primo anno di un corso di studi

primìpara [vc. dotta, lat. *primĭpara(m)*, comp. di *prīmus* 'primo' e *-para*, da *părere* 'generare' (V. *partorire*) ✱ 1721] **s. f. e agg. solo f.** ● chi (o che) è al primo parto

primipilàre [vc. dotta, lat. *primipilāre(m)*, da *primipīlus* 'primipilo' ✱ sec. XIV] **agg.** ● relativo a primipilo: *dignità p.*

primipìlo [vc. dotta, lat. *primipīlu(m)*, comp. di *prīmus* 'primo' e *pīlus* 'manipolo di triarii', poi 'centurione dei triarii', di etim. incerta ✱ 1321] **s. m.** ● nell'esercito romano, capo della prima centuria dei triari

primis, in ➤ **in primis**

primìssimo [1765] **A agg.** ● superl. di *primo* | che è proprio all'inizio di un periodo, di una serie, di una successione: *i miei primissimi anni* | che ha un'importanza fondamentale: *un autore di p. piano*; *un incarico di p. ordine* **B anche s. m. (f. -*a*)**: *un ciclista che è sempre tra i primissimi*

primitiva [agg. sostantivato, sottinteso il s. *funzione* ✱ 1988] **s. f.** ● (*mat.*) funzione primitiva

primitivìsmo [comp. di *primitiv(o)* e *-ismo* ✱ 1902] **s. m. 1** caratteristica di ciò che è primitivo, rudimentale e sim. **2** tendenza alla rivalutazione delle culture e dei moduli espressivi dei popoli primitivi

♦**primitìvo** [vc. dotta, lat. *primitīvu(m)*, dall'avv. *prīmitus* 'da principio', da *prīmus* 'primo' ✱ 1342] **A agg. 1** delle origini: *significato p.*; *forma primitiva*; *i colori primitivi del dipinto* SIN. originario **2** (*lett.*) relativo a un periodo anteriore a quello attuale: *faccendo della sua primitiva vita comparazione alla presente* (G. BOCCACCIO) **3** (*fig.*) detto di ciò che è rozzo e rudimentale: *tecniche primitive*; *che metodi primitivi usi!* **4** (*gramm.*) ***nome p.***, dal quale si formano i derivati e i composti **5** (*mat.*) ***funzione primitiva***, quella la cui derivata è una funzione data ‖ **primitivaménte**, **avv. 1** in modo primitivo **2** †per tempo, di buon'ora ‖ **primitività**, **s. f. inv.** **B agg.; anche s. m. (f. -*a*) 1** appartenente alle popolazioni della preistoria, o a una civiltà ritenuta arcaica nei confronti di quelle più progredite: *tribù, popolazioni primitive*; *costumi primitivi*; *i primitivi dell'Oceania, della Nuova Zelanda* **2** (*fig.*) che (o chi) si dimostra eccessivamente semplice e credulone, o anche rozzo e grossolano **C s. m.** ● artista figurativo operante fra il Duecento e i primi del Quattrocento, in Italia e in Europa: *i primitivi toscani, senesi, fiamminghi*

SFUMATURE DI SIGNIFICATO

primitivo - originario - arcaico

Primitivo è ciò che appartiene alla fase iniziale di qualcosa, in genere lontano nel tempo; implica anche un'idea di semplicità, di arretratezza. **Originario** è ciò che appartiene alle origini o si riferisce all'inizio, alla nascita di qualcosa, ma non è necessariamente lontano nel tempo. **Arcaico** è ciò che si riferisce alla fase più antica di un fenomeno; si usa soprattutto in riferimento a culture, arti, lingue.

primitivo - barbaro

In senso figurato, **primitivo** è ciò che è eccessivamente semplice, addirittura rudimentale; in riferimento a persone il termine descrive chi si dimostra eccessivamente ingenuo e credulone, o anche rozzo e grossolano. **Barbaro** è termine ancora più forte per descrivere chi non è ingentilito né raffinato da educazione, buone maniere, cultura; in accezione ulteriormente negativa descrive persone o azioni particolarmente crudeli, spietate.

SFUMATURE ➤ *maleducato*, ➤ *rozzo*

primìzia [vc. dotta, lat. *primĭtiae*, nom. pl., da *prīmus* 'primo' ✱ 1065] **s. f. 1** frutto, ortaggio, fiore fatto maturare in anticipo rispetto alla stagione mediante particolari tecniche di coltura **2** anticamente, parte dei frutti della terra e degli animali allevati o catturati che i fedeli offrivano ogni anno alla divinità **3** (*fig.*) notizia molto fresca, non ancora divulgata: *articolo pieno di primizie* | rarità, opera d'arte fatta conoscere per la prima volta: *questa sinfonia è una p.* **4** †capostipite di una schiatta, primogenito di una famiglia

primiziàle [sec. XVII] **agg.** ● relativo alle primizie offerte: *sacrificio p.*

†**primìzio** [sec. XIV] **s. m. 1** capo di una schiera **2** inizio

♦**prìmo** [lat. *prīmu(m)*, superl. di *prī*, avv. di senso locale e temporale, da avvicinare a *prō*. V. *pro*① ✱ 1205 ca.] **A agg. num. ord. (superl.** *primissimo* **(V.)) 1** corrispondente al numero uno in una successione, in una classificazione, in una serie (rappresentato da I nella numerazione romana, da 1° in quella araba): *il p. piano di un edificio*; *il p. volume di un'opera*; *il p. uomo fu Adamo, la prima donna Eva*; *nel p. anno di vita il bambino è delicato*; *il p. figlio*; *il p. secolo dopo Cristo*; *arrivare, classificarsi p. in una gara*; *Napoleone I*; *Leone I* | ***per p.***, con funzione appositiva: *l'ho saputo per p.*; *il presidente ha parlato per p.*; *sono stata interrogata per prima* | prossimo: *fermati al p. distributore* | ***il p. caso***, il nominativo, il caso del soggetto | ***di p. grado***, del grado più basso, inferiore: *ustioni di p. grado*; *esercizi di p. grado* | ***minuto p.***, erroneamente usato per minuto CFR. proto- **2** che è al principio di qlco. nell'ordine di tempo: *le prime ore del giorno sono le più fredde*; *i primi passi di un bambino*; *i primi uomini abitavano le caverne*; *mi sveglio di p. mattino*; *i primi ricordi della fanciullezza*; *la prima giovinezza*; *i primi secoli di Roma* SIN. iniziale | ***il p. dopoguerra***, il periodo successivo alla prima Guerra mondiale | ***in un p. tempo, in un p. momento***, dapprima, da principio, sul momento: *in un p. tempo non ti avevo riconosciuto* | ***a prima vista***, subito, alla prima occhiata: *me ne sono accorto a prima vista* | ***a tutta prima, sulle prime***, (*ellitt.*) dapprima, in un primo momento: *a tutta prima non gli ho creduto*; *sulle prime non me ne ero accorto* | ***prima maniera***, detto dello stile tipico delle origini, dell'inizio di una carriera e sim.: *un Picasso prima maniera* **3** principale, fondamentale: *il tuo p. dovere è quello di studiare*; *la sua prima preoccupazione è la famiglia*; *la prima causa del fallimento è stato il disordine amministrativo* | ***in p. luogo, per prima cosa***, anzitutto **4** che è in posizione di superiorità assoluta per importanza, valore, prestigio e sim.: *viaggiare in prima classe*; *vincere il p. premio*; *albergo di prima categoria*; *merce di prima scelta* CFR. archi-, proto- | con valore superl., il migliore: *il p. albergo, il p. ristorante, il p. sarto, il p. parrucchiere della città* | ***p. cittadino***, il Presidente della Repubblica, o anche il sindaco | ***prima donna***, V. *primadonna* | ***di prim'ordine, di prima qualità***, eccellente: *articoli di prima qualità* | ***di prima mano***, (*fig.*) di notizia che proviene direttamente dalla fonte **5** (*econ.*) ***costo p.***, parte del costo generata dalle voci di spesa relative a materia prima, materiali di consumo e manodopera diretta **6** (*mat.*) detto di numero intero che non ha altri divisori oltre sé stesso e il numero 1 ‖ **primaménte**, **avv.** (*lett.*) anzitutto, in primo luogo: *primamente devi imparare a ubbidire*; (*poet.*) prima, per primo: *o voce di colui che primamente / conosce il tremolar della marina* (G. D'ANNUNZIO) **B avv.** ● (*colloq.*) in primo luogo (in correl. con *poi*, *secondo* e sim.): *non vengo, p. perché sono stanco e poi perché quel film non mi interessa* **C s. m. 1** (f. -*a*) chi è primo in una successione, in una classificazione, in una serie (per ellissi di un sost.): *il p. che vedi è mio fratello*; *è il p. che riesce in* *quest'impresa; sono arrivato fra i primi nella gara di ciclismo* | ***p. della classe***, (*fig.*) chi ostenta superiorità nei confronti degli altri: *assumere atteggiamenti da p. della classe* | ***il p. che capita***, una persona qualsiasi che si incontra per caso | ***il p. venuto***, una persona qualsiasi, sconosciuta o estranea: *non sono il p. venuto* | †***sul p.***, sul principio CONTR. ultimo **2** (*ellitt.*) prima portata di un pasto, consistente in una minestra in brodo o asciutta: *la lista dei primi; per p. prenderò il risotto; oggi salterò il p.* **3** il primo giorno di una settimana, di un mese, di un anno (per ellissi del sost.): *il p. di luglio; andrò in vacanza ai primi del mese; partirò il p.* | i primi anni di un secolo: *sui primi del Novecento* CONTR. ultimo **4** (*ellitt.*) unità di misura del tempo, equivalente a 60 secondi: *sono le cinque e dieci primi; quattro primi e dieci secondi* **5** unità di misura degli angoli equivalente a 1/60 di grado **6** (**f.** *-a*) (*lett.*) antenato: *Fieramente furo avversi / a me e a miei primi e a mia parte* (DANTE *Inf.* X, 46-47)

primogènito [vc. dotta, lat. tardo *primogĕnitu(m)*, comp. di *prīmus* 'primo' e *gĕnitus*, part. pass. di *gīgnere* 'generare' (V. †*genito*) ✳ sec. XIII] **A** **agg.** (**pl. m.** *primogèniti*, †*primigèniti*) **1** che è stato generato per primo: *figlio p.* | ***ramo p. della famiglia***, quello dei discendenti del figlio primogenito **2** (*est.*, *lett.*) prediletto: *Israele p. del Signore* **B** **s. m.** (**f.** *-a*) ● figlio nato per primo: *il loro p. si chiama Giovanni*

primogenitóre [comp. di *primo* e *genitore*, sul modello di *primogenito* ✳ av. 1574] **s. m.** (**f.** *-trice*; **pl. m.** *primogenitóri* o *primigenitóri*) **1** (*raro*, *lett.*) progenitore **2** (*raro*, **spec. al pl.**) avo, antenato

primogenitùra [av. 1342] **s. f.** **1** condizione del figlio primogenito SIN. maggiorascato, maggiorasco **2** (*fig.*) condizione di chi ha fatto qlco. per primo | (*lett.*) primato, priorità

prìmola ➤ **primula**

primordiàle [vc. dotta, lat. tardo *primordiā-le(m)*, da *primōrdium* 'primordio' ✳ av. 1420] **agg.** **1** dei primordi: *imagine delle albe primordiali nell'infanzia della Terra* (G. D'ANNUNZIO) | primitivo, originario, iniziale: *ricostruire la forma p. di un romanzo* **2** (*est.*) arretrato, non sviluppato: *vivere allo stato p.; tecniche primordiali* ‖ **primordialménte**, **avv.** (*raro*) in modo primordiale ‖ **primordialità**, **s. f. inv.** caratteristica di ciò che è primordiale o (*est.*) primitivo

✦**primòrdio** [vc. dotta, lat. *primōrdiu(m)*, comp. di *prīmus* 'primo' e *ordīri* 'ordire' ✳ 1499] **s. m.** **1** (**spec. al pl.**) prima manifestazione di un fenomeno, un movimento, un'epoca: *i primordi della letteratura, della civiltà occidentale* SIN. origine, principio, albore | inizio: *È la metà dell'opra un bel p.!* (A. MANZONI) **2** fase iniziale dello sviluppo di una pianta

✦**prìmula** o **prìmola** [lat. *prīmulu(m)*, dim. di *prīmus* 'primo': detta così dalla precoce fioritura ✳ 1522] **s. f.** **1** (*bot.*) genere di piante erbacee delle Primulacee, spontanee nelle regioni temperate, con foglie semplici, calice e corolla divisi in cinque parti saldate alla base, coltivate per ornamento in diverse varietà dai bellissimi colori (*Primula*) **2** (*fig.*) ***P. Rossa***, persona inafferrabile a cui, peraltro, non si smette di dare la caccia (dal titolo di un romanzo della baronessa E. Orczy pubblicato nel 1905, e dell'omonimo film del 1934, di H. Jang)

Primulàcee [vc. dotta, comp. di *primula* e *-acee* ✳ 1834] **s. f. pl.** (**sing.** *-a*) ● (*bot.*) famiglia di piante delle Dicotiledoni erbacee con calice a cinque denti e corolla regolare gamopetala (*Primulaceae*)

✦**prìmus ìnter pàres** [loc. lat., propr. 'primo tra pari grado, tra uguali'] **loc. sost. m. inv.** (**f. lat.** *prima inter pares*, **pl. m. lat.** *primi inter pares*, **pl. f. lat.** *primae inter pares*) ● chi è considerato il capo gerarchico fra persone di uguale prestigio, dignità e sim.

†**prìnce** ➤ †**prence**

prìnceps [riduzione di *editio princeps* (V.)] **s. f. inv.** ● (*edit.*) accorc. di *editio princeps*

princesse /fr. prɛ̃'sɛs/ [vc. fr., propr. 'principessa'; detta così per la particolare eleganza ✳ 1923] **s. f. inv.** ● abito femminile di linea semplice, tagliato in un solo pezzo

✦**principàle** [vc. dotta, lat. *principāle(m)*, da *prīnceps*, genit. *prīncipis* 'primo' (V. *principe*) ✳ 1065] **A** **agg.** ● che è primo per importanza, rilievo, valore: *la città, la regione p.; la via p.; i principali monumenti della città; le principali famiglie; l'aspetto p. di una questione; nella divina bontà conviene avere la p. speranza* (P. SARPI) SIN. precipuo, primario CONTR. accessorio, secondario | (*gramm.*) ***proposizione p.***, la proposizione indipendente da cui dipendono una o più proposizioni ‖ **principalménte**, **avv.** per primo motivo, soprattutto, massimamente **B** **s. m. e f.** **1** (*lett.*) chi ha più importanza e autorità di tutti gli altri: *Quando volle mischiarsi co' principali della sua città* (A. MANZONI) SIN. notabile, maggiorente | †comandante militare **2** chi, in un negozio, un'azienda, una ditta e sim., ha altre persone alle sue dipendenze **C** **s. m.** **1** la cosa più importante: *il p. è capirsi* **2** (*mus.*) il registro organistico di fondo più importante

†**principalità** [vc. dotta, lat. tardo *principalitā-te(m)*, da *principālis* 'principale' ✳ av. 1311] **s. f.** ● primato

principàto [vc. dotta, lat. *principātu(m)*, da *prīnceps*, genit. *prīncipis* 'principe' ✳ av. 1292] **s. m.** **1** nobiltà e titolo di principe | stato retto da chi ha titolo principesco: *il p. di Monaco* **2** signoria, monarchia: *il p. di Augusto* | ***p. civile***, di un cittadino che diventa sovrano | ***p. ecclesiastico***, tenuto da un vescovo e sim. | ***p. temporale***, governo politico del papa **3** (*lett.*, *fig.*) preminenza, primato **4** (**al pl.**) quarta gerarchia degli angeli

✦**prìncipe** o †**prèncipe** [vc. dotta, lat. *prīncipe(m)*, propr. 'colui che prende il primo posto', comp. di *prīmus* 'primo' e *căpere* 'prendere' (V. *cattura*) ✳ 1261 ca.] **A** **s. m.** (**f.** *-éssa* (**V.**)) **1** sovrano; chi regna a titolo personale ed ereditario: *la corte, i cortigiani del p.* | (*est.*) chi esercita il potere sovrano in uno Stato | ***il p. della Repubblica di Venezia***, il doge **2** sovrano di un principato: *il p. di Monaco* **3** membro non regnante di una famiglia reale: *il p. Eugenio di Savoia Carignano* | figlio di sovrano regnante | ***principi del sangue***, i parenti stretti del sovrano | ***p. ereditario***, destinato alla successione del trono per diritto ereditario | ***p. consorte***, marito di una sovrana regnante | ***p. di Galles***, il principe ereditario del Regno Unito di Gran Bretagna e Irlanda del Nord; (*est.*) tipo di tessuto a quadri di varia grandezza | (*est.*) ***P. della Chiesa***, cardinale della Chiesa cattolica | ***p. azzurro***, (*per anton.*) nelle fiabe, giovane principe che sposa, salva, redime la giovane protagonista femminile; (*est.*) lo sposo ideale: *sognare il p. azzurro* **4** persona insignita del grado di nobiltà superiore a quello di duca, il più alto nella gerarchia araldica: *Alessandro Torlonia, p. di Civitella Cesi* | ***stare, vivere da p., come un p.***, lautamente, negli agi **5** (*fig.*) chi eccelle fra tutti per i suoi meriti o le sue qualità: *il p. dei poeti* | ***il P. degli Apostoli***, (*per anton.*) S. Pietro | ***p. del foro***, avvocato che si distingue fra i colleghi per la sua abilità, spec. oratoria | ***il p. delle tenebre***, (*per anton.*) Lucifero **6** (**spec. al pl.**) ciascuno dei soldati che, nello schieramento della legione romana, combattevano originariamente in prima e, in seguito, in seconda fila **7** †capo, guida ‖ **principétto**, **dim.** | **principìno**, **dim.** (V.) | **principóne**, **accr.** | **principòtto**, **alter.** | **principùccio**, **dim.** **B** **agg. inv.** **1** principale, primario: *argomento p.* **2** (*edit.*) nella loc. ***edizione p.***, la prima di un'opera letteraria, spec. classica o stampata nei secoli XV e XVI

SFUMATURE ➤ *sovrano*

principésco [1736] **agg.** (**pl. m.** *-schi*) ● del principe, relativo a principe: *dignità principesca; palazzo p.* | (*est.*) lussuoso, sfarzoso: *un'abitazione principesca* ‖ **principescaménte**, **avv.** in modo principesco, da principe: *accogliere qlcu. principescamente*

principéssa [1261 ca.] **s. f.** **1** sovrana di un principato: *Elisa Baciocchi, p. di Piombino* **2** moglie o figlia di un principe | figlia di un sovrano regnante | (*lett.*) superiora in un monastero: *Gertrudina... parlava... dei suoi destini futuri di badessa, di p. del monastero* (A. MANZONI) **3** (*fig.*) donna di grande agiatezza: *vivere da p., come una p.* | donna altezzosa, che si dà delle arie ‖ **principessìna**, **dim.** (V.)

principessìna **s. f.** **1** dim. di *principessa* **2** figlia, giovane o nubile, di un principe

principiaménto [sec. XIV] **s. m.** ● (*lett.*, *raro*) inizio SIN. cominciamento

principiànte **part. pres.** di *principiare*; anche **agg. e s. m. e f.** ● che (o chi) è agli inizi nell'apprendimento di una scienza, un'arte, una disciplina, uno sport SIN. esordiente, novizio

SFUMATURE DI SIGNIFICATO

principiante - novizio

Principiante è chi muove i primi passi in una professione, un'arte, una disciplina; **novizio** è propriamente chi sta per entrare in un ordine religioso ma non ha ancora preso i voti. Entrambi i termini possono essere utilizzati per indicare chi non ha ancora sufficiente esperienza allo svolgimento di un compito.

✦**principiàre** [vc. dotta, lat. tardo *principiāre*, da *princĭpium* 'principio' ✳ 1308] **A** **v. tr.** (*io princìpio*) ● (*lett.* o *raro*) cominciare, dare inizio: *p. un lavoro, un discorso; p. a parlare, a leggere, a camminare* **B** **v. intr.** (**aus.** *essere*; **aus.** *essere* **o anche** *avere* **quando è usato con valore impers.**) ● (*lett.* o *raro*) avere inizio, cominciare: *è principiato l'inverno; è (o ha) principiato a piovere*

principiatóre [1308] **s. m.** (**f.** *-trice*) ● (*lett.*, *raro*) promotore, iniziatore

principìno **s. m.** **1** dim. di *principe* **2** figlio, spec. giovane, di un principe

✦**princìpio** [vc. dotta, lat. *princĭpiu(m)*, da *prīnceps*, genit. *prīncipis* 'primo' (V. *principe*) ✳ 1261 ca.] **s. m.** (**pl.** *-i* o *raro -ii*) **1** il fatto di cominciare | inizio: *il p. dell'operazione bellica* | ***prendere p.***, cominciare | ***dare p.***, avviare CONTR. fine **2** tempo, fase iniziale, prime mosse di qlco.: *il p. dell'anno; il p. dello spettacolo* | ***i principi della civiltà***, i primordi | ***in p., al p.***, inizialmente, prima | ***dal p.***, dall'inizio | ***da p.***, V. *dapprincipio* | primo tratto di qlco.: *il p. della strada* | prima manifestazione o sintomo di qlco.: *Sentiva un p. di nausea* (F. DE ROBERTO) SIN. inizio **3** origine, causa: *il p. di ogni vostro male* | (*lett.*) ***il P. dell'Universo***, Dio **4** (**spec. al pl.**) concetto fondamentale, prima proposizione di una dottrina, una scienza, una disciplina: *i principi della logica; un p. della retorica* | (*lett.*, *raro*) primi rudimenti, cognizioni elementari: *nessun studio mi avrebbe rapito ... più l'animo che questo, se io avessi avuto i debiti principii per proseguirlo* (V. ALFIERI) **5** idea originaria, criterio dal quale deriva un sistema di

a b c d e f g h i j k l m n o **p** q r s t u v w x y z

idee o sul quale si basa un ragionamento: *il p. di Archimede; p. di identità, di non contraddizione; partire da un p. giusto* | ***in linea di p.***, su un piano teorico, in teoria **6** massima, norma morale, valore etico: *ognuno ha i suoi principi; un uomo di saldi principi* | ***questione di p.***, che tocca le convinzioni più profonde; (*est.*) vitale, fondamentale | ***per p.***, per profonda convinzione personale **7** (*farm.*) ***p. attivo***, costituente di un farmaco a cui si devono le attività principali espletate dal preparato: *l'acido acetilsalicilico è il p. attivo dell'aspirina* **8** †autore, inventore **9** (al pl.) †antipasti

SFUMATURE ➤ ***causa***, ➤ ***massima***

princisbécco [dal n. dell'inventore Ch. *Pinchbeck* (1670-1732), con accostamento per etim. pop. a *principe* e *becco* ✱ 1753] **s. m.** (pl. *-chi*) ● lega di rame, stagno e zinco, simile d'aspetto all'oro: *fili da ricamo di p.* | (*fig.*) ***restare, rimanere di p.***, di stucco: *io rimasi, come si dice, di p.* (I. NIEVO)

print on demànd /print ondə'mand, *ingl.* prɪnt ɒndɪ'mɑːnd/ [loc. ingl., propr. 'stampa, pubblicazione (*print*) su (*on*) richiesta (*demand*)' ✱ 1996] **loc. sost. m. inv.** ● (*edit.*) sistema di stampa digitale che consente di stampare libri su ordinazione anche in copia singola

prióne① o **prióno** [dal gr. *priōn* 'sega', detto così dalla forma delle antenne ✱ 1829] **s. m.** ● coleottero notturno la cui tozza femmina depone le uova nelle crepe delle cortecce di tronchi vecchi o secchi (*Prionus coriarius*)

prióne② [ingl. *prion*, da *proteinaceous infectious particle* 'particella infettiva costituita da proteine' ✱ 1983] **s. m.** ● (*biol.*) particella infettante di natura proteica che risulta priva di acido nucleico

priònico [1996] **agg.** (pl. m. *-ci*) ● (*biol.*) relativo a prione

prióno ➤ **prione**①

prióra [da *priore* ✱ av. 1380] **s. f.** ● superiora di un convento di suore SIN. badessa

prioràle [sec. XV] **agg.** ● relativo a priore o priora: *dignità, chiesa p.*

prioràto [vc. dotta, lat. tardo *priorātu(m)* 'primato, preminenza', da *prĭor*, genit. *priōris* (V. *priore*) ✱ 1312] **s. m.** ● ufficio, dignità, sede di priore

prióre [vc. dotta, lat. *priōre(m)* 'che sta innanzi, anteriore', compar. di *prī*. V. *primo* ✱ 1238] **s. m.** (f. *-a* (V.)) **1** superiore di monastero in alcuni ordini religiosi | ***P. generale***, superiore generale di alcuni ordini monastici come Serviti, Agostiniani, Certosini **2** capo di confraternita **3** primo cardinale dell'ordine dei diaconi **4** superiore o alto dignitario in alcuni ordini cavallereschi e militari-religiosi **5** nell'età comunale, titolo talora attribuito a uno dei consoli cui era affidato collegialmente il governo della città | in numerosi comuni medievali, titolare di una carica pubblica | nel comune di Firenze, ciascuno dei rappresentanti delle arti o corporazioni cittadine

priori, a ➤ **a priori**

priorìa [da *priore* ✱ 1353] **s. f.** ● titolo, dignità di priore

♦**priorità** [dal lat. *prĭor*, genit. *priōris* (V. *priore*) ✱ 1363] **s. f. inv. 1** anteriorità, precedenza nel tempo: *la p. di una scoperta* | ***avere la p.***, avere diritto di precedenza CONTR. posteriorità **2** precedenza ideale per motivi di maggior validità, importanza e urgenza: *la p. di un investimento nel settore della cultura* | ciò che è considerato preminente: *il quieto vivere non fa parte delle mie p.*

prioritàrio [1963] **agg.** ● che deve avere, che ha, la priorità: *scelta prioritaria; interessi prioritari* | ***in via prioritaria***, prioritariamente | ***posta prioritaria, corriere prioritario***, servizio della corrispondenza entro il giorno successivo se la spedizione è effettuata entro un orario determinato ‖ **prioritariaménte**, avv. con priorità

priscillianèsimo [1835] **s. m.** ● movimento cristiano eretico del IV sec., ispirato alle dottrine rigoriste di Priscilliano, che predicava l'assoluta separazione fra il bene e il male, la necessità di ricorrere all'ascesi e la resurrezione della sola anima

priscillianìsta [1304] **s. m. e f.**; anche **agg.** (pl. m. *-i*) ● seguace del priscillianesimo

prìsco [vc. dotta, lat. *prīscu(m)*, da **prīs*. Cfr. *prī* alla vc. *primo* ✱ 1340] **agg.** (pl. m. *-schi*) ● (*poet.*) di tempi antichissimi: *lo stil de' moderni e 'l sermon p.* (F. PETRARCA) SIN. antico, vetusto ‖ †**priscaménte**, avv. anticamente

prìsma [vc. dotta, lat. tardo *prīsma*, dal gr. *prîsma*, da *príein* 'segare', perché da tutti i lati è tagliato dai piani differenti ✱ av. 1572] **s. m.** (pl. *-i*) **1** (*mat.*) poliedro avente per basi due poligoni uguali, giacenti su piani paralleli, con i lati a due a due paralleli e per facce laterali i parallelogrammi ottenuti congiungendo i vertici corrispondenti delle due basi | ***p. retto***, prisma le cui facce laterali sono dei rettangoli **2** (*miner.*) forma cristallina semplice, non terminata alle due estremità, costituita da 3, 4, 6, 8 o 12 facce parallele a un'unica direzione | (*fis.*) solido trasparente di uguale forma, utilizzato per produrre rifrazione o riflessione della luce **3** (*fig., lett.*) ciò che dà un'immagine errata o ingannevole della realtà: *il p. delle illusioni; per non credere... che il p. della lontananza ci cangi i minuzzoli in montagne e in diamanti i sassi* (I. NIEVO) **4** (*geol.*) conoide di deiezione ‖ **prismétto**, dim.

prismàtico [av. 1703] **agg.** (pl. m. *-ci*) **1** (*mat.*) di prisma, relativo a un prisma | ***accoppiamento p.***, unione di due elementi che non consente rotazione relativa dell'uno rispetto all'altro, ma solo scorrimento | ***lente prismatica***, lente in cui il centro ottico è spostato rispetto al centro geometrico **2** che ha forma di prisma: *cristalli prismatici*

prismòide [comp. di *prisma* e *-oide* ✱ 1749] **s. m.** ● figura simile a un prisma

♦**prìstino** [vc. dotta, lat. *prīstinu(m)*, da **prīs*. V. *prisco* ✱ av. 1328] **agg.** ● (*lett.*) precedente, anteriore nel tempo: *nel p. stato, vigore; la tua pristina gioia in volto chiama* (V. ALFIERI) | (*lett.*) originario | (*ellitt.*) ***rimettere, restituire in p.***, riportare allo stato primitivo; restaurare: *rimettere in p. una scultura, un quadro, la facciata di un edificio* ‖ **pristinaménte**, avv. (*raro*) primieramente

pritanèo [vc. dotta, lat. *prytanēu(m)*, dal gr. *prytanêion*, da *prýtanis* 'signore', di orig. preindeur. ✱ 1481] **s. m.** ● nell'antica Grecia, edificio delle città dove si custodiva il fuoco sacro

pritanìa [vc. dotta, gr. *prýtanis* 'pritano' ✱ av. 1788] **s. f.** ● nell'antico diritto greco, periodo di tempo durante il quale una delle dieci tribù attiche esercitava il potere nella bulè

pritàno o **prìtano** [vc. dotta, lat. *prŷtani(n)*, dal gr. *prýtanis* 'signore', di orig. preindeur. ✱ av. 1788] **A agg.** ● nell'antico diritto greco, detto di tribù al potere nella bulè **B s. m.** ● (spec. al pl.) nell'antico diritto greco, membro della bulè facente parte della tribù al potere

privacy /'praivazi, *ingl.* 'prɪvəsɪ, 'praɪvəsɪ/ [vc. ingl., da *private* 'privato' ✱ 1950] **s. f. inv.** (pl. ingl. *privacies*) **1** la vita personale e privata: *difendere la propria p.; violare la p. di qlcu.* **2** (*dir.*) ***legge sulla p.***, complesso delle norme che regolano la tutela e l'utilizzo dei dati personali

†**privàdo**① [sp., propr. 'privato' ✱ sec. XIV] **agg.** ● intimo, familiare

†**privàdo**② ➤ †**privato**②

†**privaménto** [1550] **s. m.** ● privazione

†**privànza** [sp. *privanza*, da *privar* 'godere il favore del re', propr. 'appartare' (stessa etim. dell'it. *privare*) ✱ sec. XIII] **s. f.** ● familiarità, dimestichezza

♦**privàre** [vc. dotta, lat. *privāre*, da *prīvus* 'che sta da sé, singolo' (V. *privo*) ✱ av. 1257] **A v. tr.** ● rendere qlcu. privo di qlco. (+ *di*): *p. qlcu. della libertà, dei diritti civili* | ***p. della vita***, uccidere | ***p. della vista***, accecare | rimuovere da qlco.: *p. un pesce della lisca* SIN. levare, togliere CONTR. dotare **B privàrsi v. rifl. 1** rinunciare volontariamente a qlco. (+ *di*): *privarsi del necessario* CONTR. concedersi **2** (*lett.*) astenersi dal fare qlco.: *Ella si privò di denunciarlo* (E. MORANTE)

†**privàta** [f. sost. di *privato* ✱ av. 1306] **s. f. 1** scala segreta **2** latrina

private banking /*ingl.* ˌpraɪvɪt'bæŋkɪŋ/ ➤ **banking**

private èquity /*ingl.* ˌpraɪvɪt'ɛkwɪtɪ/ [loc. ingl., propr. 'partecipazione azionaria (*equity*) non quotata in borsa (*private*)' ✱ 1997] **loc. sost. m. inv.** (pl. ingl. *private equities*) ● (*econ.*) capitale conferito a una società non quotata in borsa ma accreditata di un'elevata potenzialità di crescita | (*est.*) il settore finanziario degli investimenti di questo tipo

privatézza [sec. XIII] **s. f. 1** vita personale, privata: *diritto alla p.* **2** †intimità sentimentale

privatìsta [1829] **A s. m. e f.** (pl. m. *-i*) **1** studente che frequenta una scuola privata o che compie privatamente gli studi **2** (*dir.*) studioso di diritto privato **B** anche **agg.**: *studente p.*

privatìstico [1956] **agg.** (pl. m. *-ci*) **1** relativo all'iniziativa privata **2** relativo al diritto privato

privatìva [da *privativo* ✱ av. 1722] **s. f. 1** facoltà esclusiva di godere vantaggi di fabbricare o vendere prodotti, che lo Stato riserva a sé o attribuisce ad altri mediante concessione: *lo Stato ha la p. del tabacco* | ***p. industriale, piccola p.***, diritto dell'inventore di attuare, sfruttare commercialmente e alienare la propria invenzione **2** (*disus.*) negozio per la vendita di tabacchi e altri generi di monopolio dello Stato

privatìvo [vc. dotta, lat. *privatīvu(m)*, da *privātus* 'privato' ✱ 1363] **agg. 1** che ha potere di privare **2** (*ling.*) detto di elemento componente di parola che serve a esprimere la mancanza di una qualità (per es. i prefissi *a-*① e *in-*③) | ***alfa p., a p.***, V. *alfa*①, *a-*① | ***opposizione privativa***, i cui fenomeni sono caratterizzati rispettivamente dalla presenza o dall'assenza di una particolarità **3** (*dir.*) †esclusivo **4** †negativo ‖ **privativaménte**, avv. (*raro*) con esclusione di altri

privatizzàbile [da *privatizz(are)* con il suff. *-abile* ✱ 1985] **agg.** ● che può essere privatizzato: *ente, azienda, servizio p.*

privatizzàre [1963] **v. tr.** ● trasferire ai privati un'impresa già pubblica ‖ **privatizzazióne**, s. f.

♦**privàto**① [vc. dotta, lat. *privātu(m)*, part. pass. di *privāre* 'privare' ✱ av. 1171] **A agg. 1** che è relativo alla persona in sé o alla persona singola: *interessi privati* | ***diritto p.***, complesso degli atti legislativi che disciplinano i rapporti tra cittadini o enti privati **2** personale, riservato: *vita privata; faccende private* | comune a poche persone: *colloquio p.; cappella privata* | ***in via privata, in forma privata, in p.***, privatamente **3** che appartiene a persone o imprese indipendenti dallo Stato, dalla proprietà pubblica, o è da esse gestito: *proprietà privata; scuola privata; televisione privata* **4** †speciale, particolare **5** †segreto, nascosto ‖ **privataménte**, avv. **1** da privato: *vivere privatamente*; (*raro*) *la-*

vorare privatamente, in casa CONTR. pubblicamente **2** in forma privata: *matrimonio celebrato privatamente*; segretamente: *lo ha ammesso solo privatamente* **B** s. m. (f. *-a*) **1** semplice cittadino, non investito di cariche pubbliche o che agisce al di fuori del settore pubblico: *associazione di privati* **2** persona che agisce per conto proprio, che non rappresenta enti o imprese: *è un'azienda che non vuole trattare con i privati* **C** s. m. solo sing. **1** la sfera della vita privata, e talvolta anche intima, di una persona: *difendere il proprio p.*; *interferire nel p.* | ***in p.***, privatamente: *te ne parlerò in p.* **2** il settore economico privato: *la concorrenza fra pubblico e p.*

†privàto② o **†privàdo**② [sost. di *privato*① ✱ av. 1311] **s. m.** ● latrina, ritirata | fogna

privàto③ **part. pass.** di *privare*; anche **agg.** ● nei sign. del v.

privatóre [av. 1311] **agg. e s. m.** (f. *-trice*) ● (*lett.*, *raro*) che (o chi) priva di qlco.

privazióne [vc. dotta, lat. *privatiōne(m)*, da *privātus* 'privato①' ✱ 1308] **s. f.** **1** il privare di qlco.: *la p. della libertà* | perdita: *piange amaramente la p. della vista del suo caro padre* (C. Goldoni) | (*gramm.*) ***complemento di abbondanza o p.***, V. *abbondanza* **2** (spec. al pl.) rinuncia, spec. volontaria, a qlco. di necessario, di utile o di gradito: *imporsi molte privazioni per vivere*; *una vita di stenti e di privazioni* SIN. sacrificio **3** (*lett.*) mancanza, assenza: *la p. dell'infelicità è … meglio dell'infelicità* (G. Leopardi)

SFUMATURE DI SIGNIFICATO
privazione - rinuncia - sacrificio
Il fatto di dover fare a meno di qualcosa di necessario, utile o gradito a causa di una situazione di bisogno o povertà costituisce una **privazione.** Se le privazioni sono volontarie e non necessariamente dipendenti da condizionamenti esterni danno piuttosto luogo a una **rinuncia.** Rispetto ai termini precedenti, **sacrificio** mette maggiormente l'accento sull'obiettivo che si intende raggiungere con le rinunce e le privazioni, ed evoca il senso, la finalità delle limitazioni che si accetta di sopportare. In questo contesto di significati, tutti e tre i termini sono più frequentemente utilizzati al plurale: *privazioni, rinunce, sacrifici.*

privé /*fr.* pri've/ [vc. fr., propr. 'privato', 'riservato' ✱ 1989] **A** agg. inv. ● privato | ***club p.***, club privato, spec. destinato ad incontri sessuali **B** s. m. inv. ● sala riservata, in un circolo, una discoteca, un casinò e sim.

♦**privilegiàre** o **†brivilegiàre** [da *privilegio* ✱ 1287] **v. tr.** (pres. *io privilègio*; fut. *io privilegerò*) **1** (*lett.*) concedere un privilegio **2** favorire, avvantaggiare rispetto ad altri: *p. fiscalmente una categoria* **3** (*est.*) preferire rispetto ad altro: *ha sempre privilegiato il lavoro rispetto alla famiglia*

privilegiàto o **†brivilegiàto** **A** part. pass. di *privilegiare* ● nei sign. del v. **B** agg. **1** che è fornito o insignito di un privilegio | ***altare p.***, quello che, nelle chiese cattoliche, gode di speciali indulgenze | (*dir.*) ***credito, creditore p.***, che ha diritto di prelazione sugli altri **2** (*est.*) che gode di uno o più privilegi, facilitazioni, favori e sim.: *trattamento p.*; *classi privilegiate*; *individui privilegiati* | (*est.*) che è migliore, più favorevole, più favorito e sim., rispetto ad altri: *situazione, posizione, condizione privilegiata* | particolare, stretto: *con lui ho un rapporto p.* **C** s. m. (f. *-a*) ● chi è fornito di particolari privilegi: *si credono dei privilegiati*

♦**privilègio** o **†previlègio**, **†brivilègio** [vc. dotta, lat. *privilēgiu(m)* 'legge eccezionale', cioè che riguarda una singola persona, comp. di *prīvus* 'singolo, isolato' (V. *privo*) e un deriv. di *lēx*, genit. *lēgis* 'legge' ✱ 1231] **s. m.** **1** (*stor.*) documento sovrano o pontificio medievale di concessione, donazione di diritti o prerogative, di immunità o di esenzione da tributi e prestazioni | il diritto, la facoltà, la prerogativa attribuiti mediante tale documento **2** (*dir.*) prelazione legale accordata a dati crediti rispetto ad altri | ***p. generale***, prelazione su tutti i beni mobili del debitore che si attua in sede di espropriazione degli stessi | ***p. speciale***, prelazione che si instaura su dati beni del debitore | ***privilegi diplomatici***, immunità diplomatiche **3** correntemente, vantaggio particolare, condizione favorevole: *privilegi sociali*; *una categoria che gode di ampi privilegi* **4** (*est.*) distinzione, onore speciale: *non a tutti capita il p. di conoscerlo* | merito, caratteristica positiva: *il libro ha il p. della chiarezza*; *ha il p. di essere sempre calmo*

SFUMATURE DI SIGNIFICATO
privilegio - beneficio - vantaggio
La parola **privilegio** esprime una prerogativa, una condizione di favore di cui una persona gode rispetto ad altri in virtù di una migliore condizione economica, sociale o di altro genere; in senso concreto è la prerogativa, la condizione favorevole stessa. Un **beneficio** può essere la conseguenza di un *privilegio* o di un'altra circostanza favorevole, oppure una qualsiasi altra utilità o giovamento, ma non definisce di per sé l'esistenza di un *privilegio*. **Vantaggio** è una condizione di maggior favore di uno rispetto ad altri, ma è legata a circostanze specifiche piuttosto che a uno status particolare.
SFUMATURE ➤ *diritto*②

♦**prìvo** [vc. dotta, lat. *prīvu(m)*, propr. 'che sta davanti, isolato', da avvicinare a *prae-* 'pre-' ✱ av. 1257] **agg.** ● che manca di qlco. di utile, di necessario, di opportuno (+ *di*): *essere p. di denaro, di mezzi, di possibilità*; *bambino p. dei genitori*; *casa priva di riscaldamento*; *discorsi privi di senso* | ***essere p. di sensi***, essere svenuto | ***essere p. della vista, dell'udito***, essere cieco, sordo | ***camera priva di luce***, buia

†prizzàto [V. *brizzolato* ✱ av. 1400] **agg.** ● cosparso di macchie: *come smeraldo quasi è verde suo colore, bench'ell'è prizzata di sanguigno* (F. Sacchetti)

prm /prm/ o **prr** [vc. onomat. ✱ 1983] **A** inter. ● riproduce il rumore di un motore in accelerazione **B** s. m. inv. ● tale rumore

♦**pro**① /prɔ*/ [lat. *prō* 'davanti, a difesa, in favore di', di orig. indeur. ✱ 1065] **prep.** ● in favore di: *lotteria pro mutilati*; *sottoscrizione pro infanzia abbandonata*; *sei pro o contro la proposta?* CONTR. contro

pro② /prɔ*/ o (*raro*) **prò** [da *prode*, nel sign. di 'utilità' ✱ 1260] **s. m. inv.** ● utilità, vantaggio, giovamento: *andrà tutto a nostro pro*; *a che pro?*; *Che pro sarebbe stato per voi, se avessero taciuto?* (A. Manzoni) | ***il pro e il contro***, l'aspetto favorevole e quello contrario: *valutare, pesare, considerare il pro e il contro di qlco.* | (*lett.*) ***tornare in pro, a pro***, ***†tornare pro***, riuscire utile | (*lett.*) ***senza pro***, invano | (*lett.*) ***fa pro, buon pro***, giova alla salute, detto di cibo o bevanda | ***buon pro ti faccia!***, ti giovi! | ***†andare, recare a pro***, a buon fine
SFUMATURE ➤ *utilità*

pro③ /prɔ*/ o **prof**② /prɔf/ [1984] **s. m. e f. inv.**; anche **agg. inv.** ● nel linguaggio sportivo, accorc. di *professionista*: *le finali del torneo di pro*

†pro' /prɔ*, prɔ/ o **†prò**, **†pro** [av. 1294] **A** agg. ● (*lett.*) forma tronca di *prode*: *uomo savio …, di gran lealtà, pro' d'arme, di nobile schiatta* (D. Compagni) **B** avv. ● valorosamente

pro-① /prɔ/ [lat. *prō-* col sign. di 'che sta davanti' o anche, nella lingua amministrativa, 'al posto di'] **pref.** **1** in parole composte di origine latina o di moderna formazione, significa 'fuori' o 'davanti' o indica estensione nello spazio e nel tempo: *proclamare, procedere, progredire* **2** indica gli ascendenti o i discendenti, in nomi di parentela: *progenitori, prozio, pronipote* **3** significa 'invece di', 'in luogo di', 'che fa le veci di', in casi come: *proconsole, prodittatore, prorettore, prosindaco*

pro-② /prɔ/ [dal gr. *pró* 'davanti, prima'] **pref.** **1** in parole composte di origine greca o di moderna formazione, con valore spaziale o temporale, significa 'davanti', 'primo', esprimendo quindi anteriorità, priorità: *proboscide, profeta, prognosi, prologo* **2** nella terminologia biologica, indica struttura più primitiva: *proscimmie*

pròa [dal malese *p(ā)rā(h)ū*] **s. m. inv.** ● (*mar.*) multiscafo anfidromo a remi o a vela di origine polinesiana, formato da uno scafo principale e da un bilanciere laterale che funge da stabilizzatore

proattìvo [comp. di *pro-*① e *attivo*; cfr. ingl. *proactive* ✱ 1958] **agg.** ● detto di chi (o di ciò che) tende a determinare i cambiamenti piuttosto che ad assecondarli CONTR. reattivo ‖ **proattività**, **s. f. inv.** capacità di anticipare e determinare i cambiamenti

proàvo [vc. dotta, lat. *prŏavu(m)*, propr. 'che viene prima dell'avo', comp. di *prō* (V. *pro-*①) e *ăvus* 'avo' ✱ sec. XIV] **s. m.** (f. *-a*) **1** (*lett.*) bisnonno, bisavolo **2** (spec. al pl.) antenato: *i nostri proavi*

†proàvolo [sec. XIV] **s. m.** (f. *-a*) ● proavo

♦**probàbile** [vc. dotta, lat. *probābile(m)* 'degno di approvazione, verosimile', da *probāre* 'provare' ✱ av. 1292] **agg.** **1** che è considerato credibile, verosimile, ammissibile in base a motivi e argomenti abbastanza sicuri (+ *che*): *è una congettura molto p.*; *è p. che ci vedremo presto*; *è poco p. che arrivi in tempo* | ***opinione p.***, nella morale e nel diritto cattolico, quella che ha a suo favore buon fondamento, ragioni e autorità CONTR. improbabile **2** †degno d'approvazione: *condotta p.* ‖ **probabilménte**, avv. con buona probabilità, in modo probabile; verosimilmente: *probabilmente è la risposta più adatta*; *probabilmente pioverà* ‖ **probabilità**, s. f. inv. (V.)
SFUMATURE ➤ *verosimile*

probabiliorìsmo [vc. dotta, dal lat. *probābilĭor*, compar. di *probābilis* 'probabile' ✱ 1745] **s. m.** ● dottrina cattolica di teologia morale sviluppata nel sec. XVII per contrastare il lassismo e il probabilismo, secondo la quale nel dubbio sul carattere lecito o illecito di un'azione si aderisce all'opinione che ha la maggiore probabilità di consenso rispetto a quella opposta

probabilìsmo [1743] **s. m.** **1** (*filos.*) teoria gnoseologica che nega la certezza assoluta della conoscenza, anche di quella scientifica, riconoscendo a essa solo un grado maggiore o minore di probabilità **2** dottrina cattolica di teologia morale sviluppata nei secc. XVI-XVII, secondo la quale, quando esiste conflitto fra norma e libertà, un'azione è lecita anche contro la legge, se a favore di essa sia probabile il consenso di una persona prudente

probabilista [1708] **s. m. e f.** (pl. m. *-i*) ● chi segue il probabilismo

probabilistico [1743] **agg.** (pl. m. *-ci*) **1** relativo al probabilismo o ai probabilisti **2** detto di fenomeno il cui verificarsi dipende dal caso **3** relativo al calcolo delle probabilità

♦**probabilità** [vc. dotta, lat. *probabilitāte(m)*, da *probābilis* 'probabile' ✱ av. 1540] **s. f. inv.** **1** carattere di ciò che è probabile: *la p. di un avvenimento, di un fatto* CONTR. improbabilità **2** (*mat.*) in relazione al verificarsi di un certo evento, il rapporto fra il nu-

mero dei casi favorevoli e quello dei casi possibili **3** la misura in cui si giudica che un avvenimento possa realizzarsi: *hanno una sola p. di salvarsi*; *ci sono pochissime p. di successo*; *con molta p. sarò qui domani*
SFUMATURE ➤ ***possibilità***

probandàto [da *probando*, sul modello di *noviziato* ✱ 1959] **s. m.** ● periodo di prova cui è sottoposto l'aspirante alla vita religiosa in alcuni ordini e congregazioni

probàndo [vc. dotta, lat. *probăndu(m)*, gerundivo di *probāre* 'provare' ✱ 1950] **s. m.** (**f.** *-a*) ● chi desidera di essere accolto in un ordine religioso

✦**probànte** [vc. dotta, lat. *probănte(m)*, part. pres. di *probāre* 'provare' ✱ sec. XV] **agg.** ● che costituisce una prova: *argomento poco p.*; *ragioni probanti* **SIN.** convincente, dimostrativo

probàtico [vc. dotta, lat. tardo *probăticu(m)*, dal gr. *probatikós*, agg. di *próbaton* 'pecora' (da *proibánein* 'avanzare', comp. di *pró* 'davanti' (V. *pro-*②) e *báinein* 'andare'); la *piscīna probătica* (lat. tardo, dal gr. *probatikḗ kolymbḗthra*) era quella dove si lavavano le pecore destinate al sacrificio ✱ av. 1367] **agg.** (**pl. m.** *-ci*) ● detto della piscina nella quale si lavavano gli animali per il sacrificio in Gerusalemme e della porta dell'angolo nord-orientale della città

probatìvo [vc. dotta, lat. tardo *probatīvu(m)*, da *probātus* 'provato' ✱ 1374] **agg.** ● che serve, è atto o tende a provare: *argomentazione probativa* | (*lett.*) elogiativo

probatòrio [vc. dotta, lat. tardo *probatōriu(m)*, da *probātus* 'provato' ✱ av. 1835] **agg.** (**pl. m.** *-i* o *raro -ii*) ● (*dir.*) che costituisce elemento di prova: *documenti, mezzi probatori* | ***istruzione probatoria***, complesso di attività dirette all'assunzione delle prove

†**probaziòne** [vc. dotta, lat. tardo *probatiōne(m)*, da *probātus* 'provato' ✱ 1320] **s. f. 1** prova | probandato **2** conferma, dimostrazione

probiònte [comp. di *pro-*② e *bionte*, dal gr. *biôn*, genit. *biôntos* 'vivente' ✱ 1954] **s. m.** ● (*biol.*) ognuno degli organismi che vive in una simbiosi mutualistica

probiòtico [comp. di *pro*① e *biotico*, dal gr. *biotikós* 'relativo alla vita' ✱ 1992] **agg.** (**pl. m.** *-ci*) ● detto di microrganismo, come il lattobacillo, in grado di colonizzare la microflora intestinale ed esercitare effetti benefici sull'intestino

probità [vc. dotta, lat. *probitāte(m)*, da *prŏbus* 'probo' ✱ 1308] **s. f. inv.** ● virtù di chi è probo: *uomo di specchiata p.* **SIN.** onestà, rettitudine

♦**problèma** [vc. dotta, lat. *problēma*, dal gr. *próblēma*, da *probállein* 'mettere innanzi, proporre', comp. di *pró-* (V. *pro-*②) e *bállein* 'gettare', di orig. indeur. ✱ av. 1328] **s. m.** o †**f.** (**pl. m.** *-i*) **1** questione la cui soluzione incerta implica la possibilità di un'alternativa: *un p. logico, filosofico, etico*; *impostare, formulare, risolvere un p.* | quesito nel cui enunciato si forniscono i dati necessari per giungere, mediante calcoli o elaborazioni, alla soluzione richiesta nell'enunciato stesso: *p. di geometria, di fisica* | in particolare, esercizio scolastico costituito da tale quesito **2** (*fig.*) caso complicato, situazione difficile da affrontare e da risolvere: *il p. della scuola*; *è un p. riuscire a stare un po' insieme*; *la sua venuta mi crea molti problemi* | ***non c'è p.***, va bene, non ci sono difficoltà | ***non-problema***, situazione o questione che si presenta ardua o complicata ma che in realtà non costituisce una difficoltà, un ostacolo | ***falso p.***, problema che in realtà non esiste o la cui soluzione è molto semplice o scontata **3** (*fig.*) persona che crea dubbi e preoccupazioni: *quel bambino è diventato un p. per tutti* ‖ **problemàccio**, **pegg.** | **problemìno**, **dim.** | **problemóne**, **accr.** | **problemùccio**, **dim.**

problemàtica [da *problematico* ✱ 1950] **s. f.** ● il complesso dei problemi relativi a una scienza, a un argomento, a un periodo storico o anche a un autore, a un movimento culturale e sim.: *la p. filosofica*; *la p. dell'illuminismo*

problematicìṣmo [1946] **s. m.** ● indirizzo della filosofia contemporanea che attribuisce all'attività speculativa il compito di impostare criticamente i problemi non di giungere a soluzioni certe, in modo da lasciare sempre aperta la ricerca della verità

problemàtico [vc. dotta, lat. tardo *problemăticu(m)*, dal gr. *problēmatikós*, da *próblēma*, genit. *problḗmatos* 'problema' ✱ av. 1595] **agg.** (**pl. m.** *-ci*) **1** (*raro*) attinente a un problema: *i dati problematici* **2** (*fig.*) che comporta dei problemi, che non è risolto: *è questione problematica assai* (V. ALFIERI) | che è poco probabile, che non è affatto certo: *l'accordo tra i partiti appare p.* **SIN.** dubbio, incerto **3** (*fig.*) che si pone o esprime dubbi, interrogativi ecc.: *uno scrittore p.*; *un film p.* | (*est.*) difficile, che ha o pone dei problemi: *un ragazzino p.* ‖ **problematicaménte**, **avv.** ‖ **problematicità**, **s. f. inv.**

problematiẓẓàre [1962] **A** **v. tr.** ● rendere problematico, di difficile soluzione, spec. con riferimento a situazioni o eventi che, di per sé, non sono tali **B** **problematiẓẓàrsi** **v. intr. pron.** ● diventare problematico ‖ **problematiẓẓazióne**, **s. f.**

problem solving /ˈprɔblem ˈsɔlvin(g), *ingl.* ˈprɒbləm,sɒlvɪŋ/ [loc. ingl., propr. 'risoluzione (*solving*) di un problema (*problem*)' ✱ 1962] **loc. sost. m. inv. 1** insieme di metodologie e tecniche utili alla soluzione di problemi complessi all'interno di un'organizzazione, di un sistema produttivo e sim. **2** (*psicol.*) tecnica terapeutica che consente a un paziente in stato di disagio di rimuovere, con l'aiuto dello psicologo e dopo attenta analisi, gli ostacoli che lo determinano

✦**pròbo** [vc. dotta, lat. *prŏbu(m)*, di orig. indeur. ✱ 1321] **agg. 1** (*lett.*) detto di persona che dà prova di grande integrità morale e onestà di coscienza: *cittadino p.* **SIN.** onesto, retto **2** †prode, valoroso ‖ **probaménte**, **avv.** con probità, in modo probo

SFUMATURE DI SIGNIFICATO
probo - incorruttibile - specchiato
Probo è parola d'uso elevato che descrive chi dà prova di integrità morale e onestà di coscienza. Più in particolare, **incorruttibile** è chi è di tale integrità da non poter essere in alcun modo indotto a comportamenti illeciti, nemmeno in cambio di molto denaro o altri benefici. Chi è *probo*, *incorruttibile* in maniera esemplare si definisce **specchiato.**
SFUMATURE ➤ ***scrupoloso***

✦**pro bòno pàcis** [loc. lat., propr. 'per il bene della pace'] **loc. avv.** ● per amor di pace, per non turbare la tranquillità generale: *ti consiglio, pro bono pacis, di non replicare*

Proboscidàti [1865] **s. m. pl.** (**sing.** *-o*) ● (*zool.*) ordine di Mammiferi, comprendente oggi solo gli elefanti, con dentatura incompleta, proboscide, zampe a 4-5 dita munite di zoccoletti e pelle spessa (*Proboscidea*)

proboscidàto [av. 1686] **A** **agg.** ● fornito di proboscide **B** **s. m.** ● (*zool.*) ogni individuo appartenente all'ordine dei Proboscidati

probòscide [vc. dotta, lat. *probŏscide(m)*, dal gr. *proboskís*, da *bóskein* 'nutrire', di orig. indeur., con *pro-*② ✱ 1499] **s. f. 1** appendice muscolosa prensile tipica degli elefanti, alla cui estremità si trovano le narici **2** organo pungitore-succhiatore di alcuni insetti, risultante dalla modificazione dei vari pezzi boccali **3** (*fam., scherz.*) grosso naso

probovìro [sing. ricavato dal pl. *probiviri*, dalla loc. lat. *probi viri* 'uomini onesti' ✱ 1846] **s. m.** (**pl.** *probivìri*) **1** un tempo, chi esplicava funzioni di conciliazione in materia di diritto del lavoro: *collegio dei probiviri* **2** (*est.*) attualmente, persona chiamata a esercitare, in giurie, commissioni, collegi e sim., funzioni consultive, di controllo, di conciliazione e sim.: *il collegio dei probiviri*; *deferire qlcu. ai probiviri*

procaccévole [av. 1566] **agg.** ● (*lett.*) industrioso

procàccia [da *procacciare* ✱ 1561] **s. m. e f. inv.** ● chi, spec. un tempo, si incaricava, dietro compenso, di fare commissioni o di trasportare merci, lettere, pacchi da un luogo all'altro: *Ecco sopravvenire il p. carico di posta per lei* (L. PIRANDELLO)

procacciaménto [1268] **s. m.** ● (*raro*) il procacciare, il procacciarsi qlco.: *il p. del necessario*

procacciànte **part. pres.** di *procacciare*; **anche agg. 1** †laborioso **2** (*spreg.*) che è sempre in cerca di guadagni **SIN.** faccendiere, trafficone

procacciàre [sovrapposizione di *cacciare* a *procurare* ✱ 1261 ca.] **A** **v. tr.** (**pres.** *io procàccio*; **fut.** *io procaccerò*) ● trovare il modo di avere, di procurare qlco. a qlcu.: *p. il pane alla famiglia* | †***p. di, che***, fare in modo di **SIN.** cercare, procurare, provvedere **B** **procacciàrsi** **v. intr. pron.** ● †darsi da fare, adoperarsi **C** **procacciàrsi** **v. tr. pron.** (**aus.** *essere*) ● procurarsi: *procacciarsi il vitto*; *Si era procacciato qualche lavoro di copiatura da un notaio* (A. FOGAZZARO)

procacciatóre [av. 1363] **agg.** e **s. m.** (**f.** *-trice*) ● che (o chi) procaccia qlco. per sé o per altri: *p. di affari*

procaccìno [da *procacciare* ✱ av. 1424] **s. m.** (**f.** *-a*) **1** procaccia **2** (*spreg.*) †faccendiere

†**procàccio** [av. 1257] **s. m. 1** procacciamento **2** acquisto, guadagno, utile **3** sollecitazione, cura | briga **4** corriere | (*lett.*) recapito della corrispondenza: *Spero che, col p. di domani, riceverò una tua lettera* (A. MANZONI)

✦**procàce** [vc. dotta, lat. *procāce(m)*, da *procāri* 'domandare, esigere', da *prŏcus* 'pretendente (alla mano di una donna)' (V. *proco*) ✱ sec. XIV] **agg. 1** †temerario, sfrontato **2** di aspetto provocante, sensuale: *donna p.*; *forme procaci* | seducente, eccitante: *sguardo p.* ‖ **procaceménte**, **avv.**

procàcia [vc. dotta, lat. tardo *procācia(m)*, da *prŏcax*, genit. *procācis* 'procace' ✱ 1676] **s. f.** (**pl.** *-cie*) ● (*raro, lett.*) procacità

procacità [vc. dotta, lat. *procacitāte(m)*, da *prŏcax*, genit. *procācis* 'procace' ✱ 1442] **s. f. inv.** ● (*lett.*) caratteristica di chi (o di ciò che) è procace

procaìna [nome commerciale ✱ 1958] **s. f.** ● composto chimico sintetico, succedaneo della più tossica cocaina, usato come anestetico locale oppure come antidolorifico per via endovenosa

✦**pro càpite** [loc. lat., propr. 'a testa' ✱ 1950] **loc. agg. inv. e avv.** ● a testa: *assegnare una somma pro capite* | ***reddito pro capite***, V. *reddito*

procariòte [comp. di *pro(to)-* e del gr. *káryon* 'nucleo' (di orig. sconosciuta) ✱ 1983] **A** **s. m.** ● (*biol.*) organismo unicellulare il cui nucleo non appare morfologicamente distinto, in quanto mancante di membrana nucleare, come i batteri **B** **anche agg.** **CONTR.** eucariote

procariòtico [1983] **agg.** (**pl. m.** *-ci*) ● (*biol.*) di procariote, relativo a procariote **CONTR.** eucariotico

†**proccuràre** e deriv. ➤ **procurare** e deriv.

procedènza [av. 1835] **s. f.** ● (*lett.*) derivazione

◆**procèdere** [lat. *procēdere*, comp. di *prō-* 'avanti' (V. *pro-*①) e *cēdere* 'avanzare' (V. *cedere*) ✱ 1261 ca.] **v. intr.** (**pass. rem.** *io procedètti* **o** *raro procedéi*, †*procèssi, tu procedésti*; **part. pass.** *procedùto*, †*procèsso*) **1** (aus. *essere*) andare avanti, camminare avanzando: *p. cautamente, lentamente*; *p. a passo lento, a passo svelto, a passo d'uomo* **CONTR.** retrocedere **2** (aus. *avere*) (*fig.*) seguitare, continuare, progredire in ciò che si è intrapreso: *p. nel discorso*; *procediamo per esclusione*; *gli studi procedono di pari passo*; *procediamo con ordine* **3** (aus. *essere*) (*fig.*) essere condotto a termine, seguire il proprio corso, detto di cosa: *gli affari procedono bene*; *tutto procede a gonfie vele*; *le cose procedono con lentezza* **4** (aus. *avere*) comportarsi, condursi, operare: *p. con onestà, da galantuomo, da gran signore*; *disapprovo il suo modo di p.* **5** (aus. *essere*) derivare, provenire (+ *da*): *tutto ciò procede dalla vostra ignoranza* | nella teologia cristiana, avere origine, provenire: *lo Spirito Santo procede dal Padre e dal Figlio* **6** (aus. *avere*) dare avvio a qlco. (+ *a*, **anche seguito da inf.**): *p. all'esame del progetto*; *p. all'esecuzione di qlco.*; *in seguito si procederà a esaminare il nuovo progetto* **7** (aus. *avere*) (*dir.*) esercitare un'azione in giudizio od operare per lo svolgimento di un dato processo: *p. contro qlcu.* | ***non luogo a p.***, quando non sussistono le condizioni per avviare un procedimento

SFUMATURE ➤ *avanzare*①

procedìbile [da *procedere* ✱ 1950] **agg.** ● (*dir.*) di giudizio che può essere o può avere corso ulteriore: *appello p.* ‖ **procedibilità**, **s. f. inv.** (V.)

procedibilità [1950] **s. f. inv.** ● (*dir.*) caratteristica di ciò che è procedibile: *p. dell'appello* | ***condizione di p.***, nel diritto processuale penale, requisito necessario per il promovimento dell'azione penale

procedimentàle [da *procediment(o)* col suff. *-ale*① ✱ 1988] **agg.** ● che riguarda un procedimento: *atto p.*

procedimentalizzàre [1981] **v. tr.** ● (*dir.*) assoggettare alle regole di un procedimento giudiziario ‖ **procedimentalizzazióne**, **s. f.**

◆**procediménto** [av. 1294] **s. m. 1** (*lett.*) il procedere | ***il p. dei fatti***, il loro corso, lo svolgimento **2** successione ordinata di operazioni manuali o tecniche, o di passaggi logici, seguita per realizzare qlco. o per risolvere un problema: *usare un p. troppo complicato*; *un nuovo p. tecnico*; *p. deduttivo* **3** (*dir.*) sequenza di attività giuridicamente rilevanti che portano alla decisione su di una questione controversa: *p. cautelare, p. possessorio, p. arbitrale*

SFUMATURE DI SIGNIFICATO

procedimento - iter - procedura

Procedimento è la successione ordinata delle operazioni e dei passaggi logici necessari a una realizzazione o alla soluzione di un problema. **Iter** è parola latina di uso prevalentemente burocratico, che designa analogamente la serie di formalità e di passaggi che una pratica amministrativa o un atto legislativo devono attraversare prima di giungere a compimento, cioè di avere validità ed efficacia. **Procedura** è invece parola del linguaggio giuridico, che indica il complesso delle formalità che debbono osservare, specialmente nel caso di procedimenti giudiziari, tutti coloro che vi sono coinvolti; nella prassi giuridica, è sinonimo di diritto processuale.

◆**procedùra** [fr. *procédure*, dal lat. *procēdere* 'procedere' ✱ 1638] **s. f. 1** (*raro*) modo di procedere, di operare **2** complesso delle formalità che devono osservare, nel campo amministrativo o burocratico o nel caso dei procedimenti giudiziari, tutti coloro che operano negli stessi: *seguire la p. normale*; *osservare la p.* **3** nella prassi giuridica, diritto processuale: *norme di p.*; *errore di p.*; *codice di p. civile*; *codice di p. penale* **4** (*inform.*) l'insieme delle elaborazioni destinate alla risoluzione di un problema complesso, spec. per quanto riguarda i problemi di gestione aziendale

SFUMATURE ➤ *procedimento*

proceduràle [1891] **agg.** ● (*dir.*) che concerne la procedura: *sollevare una eccezione p.*; *incidente p.* ‖ **proceduralménte**, **avv.** secondo la procedura; dal punto di vista della procedura

procedurìsta [1918] **s. m. e f.** (**pl. m.** *-i*) **1** giurista particolarmente esperto di diritto processuale **2** esperto di procedura nei lavori d'ufficio

proceleuṣmàtico o **proceleumàtico** [vc. dotta, lat. tardo *proceleusmătĭcu(m)*, dal gr. *prokeleusmatikós*, da *prokéleusma* 'incitamento', da *prokeléuein* 'incitare', comp. di *pró* 'avanti' (cfr. *pro-*②) e *keléuein* 'incitare' (da avvicinare a *kélēs* 'che corre', di orig. indeur.) ✱ av. 1472] **s. m.** (**pl.** *-ci*) ● (*ling.*) piede metrico della poesia greca e latina, formato da quattro sillabe brevi

procèlla [vc. dotta, lat. *procĕlla(m)*, comp. di *prō-* 'avanti' (V. *pro-*①) e un deriv. di **cĕllere* 'battere, percuotere', di orig. indeur. ✱ 1321] **s. f. 1** (*lett.*) impetuosa tempesta, burrasca: *nave in balia della p.* **CONTR.** bonaccia, calma | (*fig.*) tormento, turbamento interiore: *le inutili procelle della passione* (G. CARDUCCI) **2** (*fig.*, *lett.*) serie di avvenimenti calamitosi o dolorosi: *la guerra è una tremenda p.*; *seppi ... ch'al clero soprasta gran p. di sangue* (T. CAMPANELLA)

procellària [da *procella*; detta così perché vola anche in mezzo alle tempeste ✱ 1804] **s. f.** ● uccello pelagico dei Procellariformi, poco più grande di un passero, nero e bianco, che vola sfiorando le onde (*Hydrobates pelagicus*) **SIN.** uccello delle tempeste

Procellarifórmi [vc. dotta, comp. di *procellaria* e il pl. di *-forme* ✱ 1935] **s. m. pl.** (**sing.** *-e*) ● (*zool.*) ordine di Uccelli oceanici con ali sviluppatissime e strette, capaci di volare anche nelle tempeste, zampe palmate, abbondante piumaggio (*Procellariiformes*)

procellóso (o *-ṣ-*) [vc. dotta, lat. *procellō̆su(m)*, da *procĕlla* 'procella' ✱ av. 1370] **agg. 1** (*lett.*) tempestoso, burrascoso (*anche fig.*): *stagione procellosa*; *La procellosa e trepida / gioia d'un gran disegno* (A. MANZONI) **2** (*fig.*, *lett.*) sconvolto, agitato da discordie, tumulti, gravi disordini: *tempi procellosi* | (*fig.*) rumoroso, tumultuante ‖ **procellosaménte**, **avv.** (*raro*, *lett.*) in modo procelloso ‖ **procellosità**, **s. f. inv.**

pròceri [vc. dotta, lat. *prŏceres*, di etim. incerta ✱ 1483] **s. m. pl.** (**sing.** *-o*) ● (*raro*, *lett.*) nel mondo classico, i cittadini più importanti

†**procerità** [vc. dotta, lat. *proceritāte(m)*, da *procērus* 'alto' (V. †*procero*) ✱ 1585] **s. f.** ● altezza | alta statura

†**procèro** [vc. dotta, lat. *procēru(m)*, da avvicinare a *crēscere* 'crescere' ✱ 1499] **agg.** ● alto, lungo

processàbile [1871] **agg.** ● che si può processare ‖ **processabilità**, **s. f. inv.**

processàre① [da *processo* ✱ 1541] **v. tr.** (*io procèsso*) ● sottoporre a processo, spec. penale: *p. qlcu. per rapina* | (*fig.*) sottoporre qlcu. ad aspre critiche, accuse e sim.

processàre② [calco sull'ingl. *to process* 'sottoporre a un procedimento' ✱ 1986] **v. tr.** (*io procèsso*) ● (*tecnol.*) trattare sistematicamente, analizzare, elaborare: *p. dei dati*

processionàle [1475] **A agg.** ● che riguarda la processione, le processioni ‖ **processionalménte**, **avv. 1** in processione **2** (*est.*) in corteo **B s. m.** ● libro liturgico che contiene testi e melodie per le processioni

†**processionàre** [da *processione* ✱ 1597] **v. intr.** ● andare in processione, in corteo o in fila

processionària [detta così perché i bruchi si muovono in lunga fila, come in *processione* ✱ 1875] **s. f.** ● denominazione di farfalle notturne appartenenti a varie specie, i cui bruchi, gregari, si spostano in ordinate processioni quando escono dai nidi per portarsi sugli alberi e divorare le foglie | ***p. del pino***, vivente su pini e cedri (*Thaumatopoea pityocampa*)

processióne o (*pop.*) †**procissióne** [vc. dotta, lat. *processiōne(m)* 'l'avanzarsi, l'avanzata (di un esercito)', poi (lat. tardo) 'corteo, processione', da *procĕssum*, supino di *procēdere* 'procedere' ✱ 1284 ca.] **s. f. 1** cerimonia liturgica consistente in un corteo di sacerdoti e di laici che procedono in fila, a passo piuttosto lento, per le strade o all'interno di una chiesa, portando immagini sacre, reliquie e sim.: *la p. del Venerdì Santo*; *portare una statua in p.* | (*est.*) le persone facenti parte di una processione: *passa la p.*; *la p. si è sciolta* **2** (*est.*) corteo, fila più o meno lunga di gente o automezzi che vanno nella stessa direzione: *una p. di creditori, di dimostranti*; *la p. delle macchine al casello dell'autostrada* | ***andare, camminare in p.***, in fila e lentamente **3** (*raro*) il procedere | (*lett.*) successione: *la lenta p. di stagioni* (E. MONTALE) **4** nella teologia cristiana, relazione intercorrente fra le tre persone della Trinità ‖ **processioncina**, **dim.**

processìsta [sec. XX] **agg. e s. m. e f.** (**pl. m.** *-i*) ● (*tecnol.*) che (o chi) si occupa della progettazione o elaborazione di schemi di processi tecnici: *ingegnere p. di sistemi energetici*

◆**procèsso** [vc. dotta, lat. *procĕssu(m)*, da *procĕssum*, supino di *procēdere* 'procedere' ✱ 1261 ca.] **s. m. 1** successione di fenomeni legati fra di loro, che si determina con una certa regolarità: *un p. storico*; *il p. evolutivo del linguaggio*; *p. di evoluzione, di involuzione*; *p. di conoscenza*; *p. spirituale, mentale* | (*lett.*) svolgimento, corso: *Di lei avrò lo scrivente a trattenersi nel p. del suo lavoro* (G. CARDUCCI) | †proseguimento, seguito | (*lett.*) ***in*** (o † ***per***) ***p. di tempo***, con l'andar del tempo, in seguito **2** metodo, procedimento da seguire per ottenere un determinato scopo: *un semplice p. logico*; *p. di fabbricazione*; *p. di laboratorio*; *p. siderurgico, chimico, elettrolitico*; *il p. della cardatura della lana* | ***p. Bessemer***, processo di affinazione o decarburazione della ghisa, che conduce all'acciaio | ***p. alla viscosa***, processo che conduce a una fibra artificiale dall'aspetto lucente, nota col nome di raion, partendo dalla cellula naturale | ***p. delle camere di piombo***, quello che porta alla preparazione industriale dell'acido solforico | ***p. analogico***, quello che avviene nei trasduttori elettrici in cui un segnale viene trasformato, per es., da elettrico in acustico | ***p. industriale***, procedimento industriale di produzione, estrazione o lavorazione, basato su una serie di reazioni chimiche e fisiche concatenate fra loro | ***ingegnere di p.***, che si occupa dello studio di processi industriali **3** (*dir.*) svolgimento pratico di attività tese alla formazione di provvedimenti giurisdizionali: *p. civile, penale, amministrativo*; *istruire, chiudere un p.*; *mettere qlcu. sotto p.* | correntemente, pubblico dibattito, udienza: *assistere a un p.*; *rinviare un p.* | (*est.*) il complesso degli incartamenti relativi a un dato processo: *esaminare il p.* | ***p. verbale***, atto generalmente redatto da un pubblico ufficiale, in cui sono descritte e documentate attività giuridicamente rilevanti | ***p. di esecuzione***, procedura giudiziaria tendente a dare concreta applicazione a un atto, giudiziale o stragiudiziale, avente efficacia autoritaria | ***fare il p. a qlcu.***, (*fig.*) muovergli aspre accuse, criticare energicamente la sua condotta | ***fare il p. alle intenzioni***, (*fig.*) giudicare qlcu. basandosi su ciò che si suppone voglia dire o fare e non sui fatti obiettivi **4** (*anat.*) formazione sporgente cartilaginea od ossea: *p. osseo* **5** (*psicoan.*) ***p. primario***, modalità di funzionamento dell'inconscio, che tende alla gratificazione immediata delle pulsioni | ***p. secondario***, modalità di funzionamento del pensiero cosciente, che tende a rinviare la gratificazione delle pulsioni in base alle esigenze della situazione **6** †costume di vita, condotta morale ‖ **processétto**, **dim.** | **processino**, **dim.** | **processóne**, **accr.** | (*spreg.*) **processùcolo**, **dim.**

processóre [vc. ingl., da *process* 'processo, procedimento' ✱ 1983] **s. m.** ● (*inform.*) microprocessore

processuàle [dal lat. *procĕssus* 'processo' ✱ 1857] **agg.** **1** che ha carattere di progressione: *l'andamento p. di un testo* **2** (*dir.*) che concerne un processo: *atto p.* | ***questione p.***, problema di procedura discusso in giudizio, facente parte della causa | ***spese processuali***, il costo del processo | ***danni processuali***, pregiudizi causati da una parte all'altra o alle altre nel caso del processo civile per un comportamento colposo o per avere intentato temerariamente lo stesso | ***diritto p.***, complesso degli atti legislativi che disciplinano il processo ‖ **processualménte**, **avv.** dal punto di vista del diritto processuale; in sede di processo ‖ **processualità**, **s. f. inv.** caratteristica di ciò che è processuale: *la processualità della storia*

processualista [1928] **s. m. e f.** (**pl. m.** *-i*) ● studioso di diritto processuale

prochèilo [vc. dotta, gr. *prócheilos* 'con le labbra sporgenti', comp. di *pró* 'pro-②' e *chêilos* 'labbro' ✱ 1958] **agg.** ● (*ling.*) detto di suono pronunciato con le labbra arrotondate e spinte in avanti (per es., in it., la vocale *u*)

pro chòice /prɔˈtʃɔis, *ingl.* ˌprəʊˈtʃɔɪs/ [loc. ingl., propr. 'pro scelta (*choice*)' ✱ 1989] **loc. agg.; anche loc. sost. m. e f. inv.** ● che (o chi), di fronte alla decisione relativa a un aborto, considera preminente la scelta della madre | che (o chi), di fronte a una decisione medica che coinvolge la prospettiva di vita e le condizioni di sopravvivenza di una persona, considera preminente la libertà di scelta del paziente

prociclico [comp. di *pro-*① e *ciclo*, con suff. aggettivale ✱ 1958] **agg.** (**pl. m.** *-ci*) ● (*econ.*) che tende ad assecondare le fasi del ciclo economico, con politiche troppo restrittive in fase recessiva e troppo larghe in fase espansiva: *politica prociclica* **CFR.** anticiclico ‖ **prociclicità**, **s. f. inv.**: *la p. del sistema creditizio*

procidènza [vc. dotta, lat. *procidĕntia(m)*, da *prōcidens*, genit. *procedĕntis* part. pres. di *procĭdere* 'cadere in avanti', comp. di *prō* 'davanti' (V. *pro-*①) e *cădere* 'cadere' ✱ 1561] **s. f.** ● (*med.*) prolasso | (*per anton.*) prolasso dell'utero **SIN.** isteroptosi, metroptosi

procìma [comp. di *pro-*① e *cima* ✱ 1958] **s. f.** ● (*agric.*) ramo laterale che supera in sviluppo la cima del fusto

procinto① [vc. dotta, lat. *procĭnctu(m)* 'assetto di guerra', comp. di *prō* 'davanti, in difesa' (V. *pro-*①) e un deriv. di *cĭngere* (sottinteso *ărma* 'le armi') ✱ av. 1527] **s. m.** ● solo nella loc. ***in p. di***, sul punto di: *Si vedevano alcuni con torchi accesi, in p. di porle il fuoco* (G. Leopardi)

†**procìnto**② [ant. fr. *porceint*, da *porceindre* 'cingere intorno', dal lat. *percĭngere* 'cingere intorno', comp. di *pĕr* 'intorno' e *cĭngere* 'cingere' ✱ av. 1348] **s. m.** ● spazio, circuito, recinto

procióne [dal gr. *prokýōn* 'cane latrante', comp. di *pró* 'davanti' e *kýōn* 'cane' (di orig. indeur.) ✱ 1821] **s. m.** ● carnivoro nordamericano grande come un cagnolino, grigio con coda anellata bianca e nera, notturno, che bagna il cibo prima di mangiarlo (*Procyon lotor*) **SIN.** orsetto lavatore

†**procissióne** ➤ **processione**

proclàma [da *proclamare* ✱ 1512] **s. m. o** †**f.** (**pl. m.** *-i*) ● appello, discorso solenne: *p. al popolo, all'esercito*

proclamàre [vc. dotta, lat. *proclamāre* 'gridare ad alta voce, protestare', comp. di *prō* 'davanti' (V. *pro-*①) e *clamāre* 'gridare' (V. *chiamare*) ✱ av. 1425] **A** **v. tr.** **1** rendere pubblico solennemente, promulgare: *p. una legge* | dichiarare ufficialmente, nominare: *p. qlcu. vincitore*; *Ottaviano fu proclamato Augusto* (G. Carducci) | indire: *p. uno sciopero* **2** (*est.*) affermare decisamente: *p. l'innocenza di qlcu.* **B** **proclamàrsi** **v. rifl.** ● dichiararsi, affermarsi in pubblico: *si è proclamato vincitore*

SFUMATURE ➤ ***affermare***

proclamàto **part. pass.** di *proclamare*; anche **agg.** ● nei sign. del v.

proclamatóre [vc. dotta, lat. *proclamatōre(m)* (che è però lezione incerta), da *proclamātus*, part. pass. di *proclamāre* 'proclamare' ✱ 1745] **s. m.** (**f.** *-trice*); **anche agg.** ● (*raro*) chi (o che) proclama

proclamazióne [vc. dotta, lat. tardo *proclamatiōne(m)*, da *proclamātus*, part. pass. di *proclamāre* 'proclamare' ✱ 1363] **s. f.** **1** il proclamare **2** dichiarazione, annuncio solenne: *la p. dello stato d'assedio* **3** pubblica attestazione, rivendicazione: *p. di innocenza*

SFUMATURE ➤ ***dichiarazione***

pròclisi [da *pro-*① sul modello di *enclisi* ✱ 1900] **s. f. inv.** ● (*ling.*) fenomeno per cui una parola atona (per lo più articolo, pronome personale, preposizione, particella pronominale o avverbiale, talora in coppia) si appoggia nella pronuncia alla parola tonica seguente (per es. *la sedia, si vedrà, mi disse, da sé, gliene parlo*) **CONTR.** enclisi

proclìtica [da *proclitico* ✱ 1865] **s. f.** ● parola priva di accento proprio, che nella pronuncia si appoggia alla parola seguente (per es. *mi parlò, glielo dico*)

proclìtico [1865] **agg.** (**pl. m.** *-ci*) ● (*ling.*) detto di parola soggetta a proclisi (V. nota d'uso ACCENTO) ‖ **procliticaménte**, **avv.**

✱**proclìve** [vc. dotta, lat. *proclīve(m)* 'inclinato all'ingiù', comp. di *prō* 'in avanti' (V. *pro-*①) e *clīvus* 'clivo' ✱ av. 1429] **agg.** ● (*lett.*) disposto, incline, propenso: *essere p. all'indulgenza*; *uomo p. al vizio, all'alcol*

proclività [vc. dotta, lat. *proclivitāte(m)*, da *proclīvis* 'proclive' ✱ 1442] **s. f. inv.** ● (*raro, lett.*) inclinazione, propensione

pròco [vc. dotta, lat. *prŏcu(m)* 'pretendente', dalla stessa radice di *prĕx*, genit. *prĕcis*, 'preghiera' (V. *prece*) ✱ 1499] **s. m.** (**pl.** *-ci*, †*-chi*) ● (*lett.*) pretendente, innamorato: *e fur sospiro di cotanti proci* (U. Foscolo) | ***i Proci***, (*per anton.*), nell'Odissea, i pretendenti alla mano di Penelope, moglie di Ulisse

procòio o **precòio**, **precuòio**, **prequòio**, **proquòio**, [etim. incerta ✱ av. 1646] **s. m.** (**pl.** *-òi*) ● (*centr.*) luogo recintato, destinato ad accogliere bestiame, spec. ovino: *tre aziende diverse: il campo, il p., la masseria* (S. Aleramo)

procombènte **part. pres.** di *procombere*; **anche agg.** **1** (*lett.*) che procombe, che cade, che si abbatte | (*lett., fig.*) che rivela abbandono **2** (*bot.*) detto di stelo, ramo, fusto e sim. che si piega verso terra senza mettervi radici

procómbere [vc. dotta, lat. *procŭmbere*, comp. di *prō* 'avanti' (V. *pro-*①) e **cŭmbere* (V. *incombere*) ✱ 1521] **v. intr.** (**pass. rem.** *io procombètti* o *procombéi, tu procombésti*; **oggi difett. del part. pass. e dei tempi composti**) ● (*lett.*) cadere bocconi, in avanti | (*est.*) cadere, morire in battaglia: *io solo / combatterò, procomberò sol io* (G. Leopardi) | (*fig., lett.*) soccombere

proconsolàre [vc. dotta, lat. *proconsulāre(m)*, da *procōnsul* 'proconsole' ✱ sec. XIV] **agg.** ● relativo al proconsole | ***provincia p.***, governata da un proconsole

proconsolàto [vc. dotta, lat. *proconsulātu(m)*, da *procōnsul* 'proconsole' ✱ sec. XVI] **s. m.** ● titolo, ufficio del proconsole e sua durata

procònsole o †**procònsolo** [vc. dotta, lat. *procōnsule(m)*, comp. di *prō-* (V. *pro-*①) e *cōnsul*, genit. *cōnsulis* 'console' ✱ av. 1292] **s. m.** **1** (*stor.*) nell'ordinamento statale di Roma antica, alto magistrato con funzioni di governo amministrativo e militare in una o più province, nominato dal Senato, originariamente nella persona di un console, a cui la carica veniva eccezionalmente prorogata dopo la scadenza del mandato annuale, e poi di un privato cittadino investito di incarichi straordinari **2** (*est., spreg.*) personaggio che esercita in un ambito locale un potere assoluto e privo di controllo

procònsolo [var. antica di *proconsole* ✱ sec. XIV] **s. m.** **1** (*stor.*) nell'ordinamento di alcuni comuni medievali italiani, il capo dei consoli o il capo dell'arte dei giudici e notai **2** †proconsole, nel sign. 1

procrastinàbile [1983] **agg.** ● (*raro*) che si può procrastinare

procrastinaménto [1835] **s. m.** ● procrastinazione, rinvio

✱**procrastinàre** [vc. dotta, lat. *procrastināre*, da *crāstinus* (V. †*crastino*), con *prō* 'davanti' (V. *pro-*①) ✱ 1300 ca.] **A** **v. tr.** (*io procràstino*) ● rimandare ad altro tempo: *p. i pagamenti, una decisione* **SIN.** differire, rimandare, rinviare **CONTR.** anticipare, prevenire **B** **v. intr.** (**aus.** *avere*) **1** †indugiare **2** †tardare a compiersi

procrastinatóre [1625] **agg. e s. m.** (**f.** *-trice*) ● (*raro*) che (o chi) procrastina

procrastinazióne [vc. dotta, lat. *procrastinatiōne(m)*, da *procrastinātus* 'procrastinato' ✱ av. 1536] **s. f.** ● differimento, rinvio **SIN.** dilazione **CONTR.** anticipazione

procreàbile [vc. dotta, lat. tardo *procreābile(m)*, da *procreāre* 'procreare' ✱ 1871] **agg.** ● che può essere procreato

†**procreaménto** [1342] **s. m.** ● procreazione

✱**procreàre** [vc. dotta, lat. *procreāre*, comp. di *prō* 'in favore di' (V. *pro-*①) e *creāre* 'creare' ✱ 1309] **v. tr.** (**pres.** *io procrèo*; **fut.** *io procreerò*) ● generare, partorire: *ciascuno procrea volontieri quegli figliuoli che crede poter nutrire* (N. Machiavelli) | anche assol.: *capacità, incapacità di p.*

procreàtica [dall'ingl. *procreatics*, dal v. *to procreate* 'procreare' ✱ 1987] **s. f.** ● in bioetica, l'insieme dei problemi religiosi e morali connessi con la procreazione medicalmente assistita | disciplina che si occupa di tali problemi

procreàtico [da *procreatica* ✱ 1984] **agg.** (**pl. m.** *-ci*) ● (*raro*) relativo alla procreazione o alla procreatica

procreativo [da *procreare* ✱ 1827] **agg.** ● relativo alla procreazione | ***turismo p.***, nel linguaggio giornalistico, viaggio e permanenza in Paesi o regioni dove è possibile ricorrere alla fecondazione assistita, e in particolare alla fecondazione eterologa

procreatóre [vc. dotta, lat. *procreatōre(m)*, da *procreātus* 'procreato' ✱ 1440] **agg. e s. m. (f. -trice)** ● che (o chi) procrea SIN. genitore

procreazióne [vc. dotta, lat. *procreatiōne(m)*, da *procreātus* 'procreato' ✱ sec. XIII] **s. f.** ● il procreare: *p. responsabile* SIN. generazione | ***p. medicalmente assistita***, mediante ricorso a tecniche mediche, come l'inseminazione artificiale, la fecondazione in vitro, il trasferimento dei gameti nelle tube; in sigla PMA

proctalgìa [comp. di *procto-* e *-algia* ✱ 1821] **s. f. (pl. -gìe)** ● *(med.)* dolore del retto

proctìte [comp. di *procto-* e *-ite*① ✱ 1829] **s. f.** ● *(med.)* infiammazione del retto

pròcto- [dal gr. *prōktós* 'ano, deretano', di orig. indeur.] **primo elemento** ● in parole composte della terminologia medica significa 'ano', o indica relazione con l'intestino retto: *proctalgia, proctocele, proctologo*

proctocèle [comp. di *procto-* e *-cele* ✱ 1829] **s. m.** ● *(med.)* rettocele

proctodèo o **prottodèo** [da *proct(o)-* e della terminazione lat. *-od(a)eum*, dal gr. *hodâios* 'sulla via (*hodós*)' ✱ 1958] **s. m.** ● *(anat., zool.)* porzione posteriore del retto, formatasi in epoca embrionale per invaginazione dell'ectoderma

proctologìa [comp. di *procto-* e *-logia* ✱ 1952] **s. f. (pl. -gìe)** ● ramo della medicina che studia le affezioni dell'intestino retto

proctològico [1983] **agg. (pl. m. -ci)** ● relativo alla proctologia

proctòlogo [comp. di *procto-* e *-logo* ✱ 1974] **s. m. (f. -a; pl. m. -gi)** ● medico specialista in proctologia

proctorragìa [comp. di *procto-* ed *(emo)rragia* ✱ 1829] **s. f. (pl. -gìe)** ● *(med.)* emorragia dal retto

proctoscopìa [comp. di *procto-* e *-scopia* ✱ 1983] **s. f.** ● *(med.)* rettoscopia

♦**procùra** [da *procurare* ✱ av. 1343] **s. f. 1** *(dir.)* negozio giuridico con cui si conferisce ad altri il potere di rappresentanza | ***P. generale***, relativa a una serie determinata di affari | ***p. speciale***, relativa a un singolo, determinato affare | ***p. alle liti***, procura generale che concerne tutti i processi di cui il rappresentato sia o stia per essere parte | ***p. per la lite***, procura speciale che si riferisce a un certo processo o a una certa fase di un processo di cui il rappresentato sia o stia per essere parte | ***matrimonio per p.***, quello in cui uno o entrambi i contraenti si fanno rappresentare alla celebrazione dello stesso | *(est.)* documento che testimonia il conferimento di una procura: *p. notarile*; *firmare una p.* | *(est.)* atto notarile con cui si conferisce una procura: *firmare una p.* **2** titolo, ufficio di procuratore, spec. quelli di procuratore della Repubblica **3** sede di una procura della Repubblica

†**procuragióne** ➤ **procurazione**

♦**procuràre** o †**proccuràre** [vc. dotta, lat. *procurāre* 'aver cura di', comp. di *prō* 'in favore di' (V. *pro-*①) e *curāre* 'curare' ✱ 1231] **A v. tr. 1** fare in modo che si faccia qlco., agire in modo da ottenere determinati risultati (+ *di* **seguito da inf.**, + *che* **seguito da congtv.**): *procura di svegliarti presto*; *procurate che non avvengano disordini* | cercare di far avere qlco. a qlcu (+ *a*): *p. un impiego a un amico*; *mi puoi procurare quell'opuscolo?* SIN. procacciare **2** provocare, causare: *p. guai, malanni* **3** †accudire, provvedere a qlco.: *gran biasimo a una donna stare tutto il dì cicalando e procurando più le cose fuori di casa che quelle di casa* (L.B. ALBERTI) | †curare, medicare **4** †amministrare, governare, reggere **5** †cercare, investigare **B v. intr.** (aus. *avere*) ● †adoperarsi in favore di qlcu.: *procurando per lui, ... il feciono lasciare* (F. SACCHETTI) **C procuràrsi v. tr. pron.** (aus. *essere*) **1** riuscire a trovare, ad ottenere qlco. per sé: *procurarsi i biglietti per lo spettacolo*; *Bisognerebbe procurarsi subito delle corde* (I. SVEVO) **2** causare qlco. a sé stesso: *è scivolato procurandosi una distorsione* | attirarsi: *si è procurato un bel po' di guai*

†**procurarerìa** ➤ †**procurerìa**

procuratèla [da *procura*; sul modello di *curatela* ✱ 1963] **s. f.** ● *(raro)* carica e funzione di procuratore

procuratéssa [da *procurat(ore)* ✱ av. 1687] **s. f.** ● nella repubblica veneta, la moglie del procuratore di S. Marco

procuratìa [vc. venez., da *procurare, procuratore* ✱ 1310] **s. f. 1** carica, ufficio di procuratore di S. Marco, nella Repubblica di Venezia **2** la residenza del procuratore di S. Marco, a Venezia: *Procuratie vecchie, Procuratie nuove*

procuràto o †**proccuràto** **part. pass.** di *procurare*; **anche agg. 1** nei sign. del v. | preparato, ottenuto, ricercato **2** provocato intenzionalmente: *aborto p.* | *(dir.)* ***procurata evasione***, reato di chi procura o agevola l'evasione di un detenuto

procuratoràto [1822] **s. m.** ● ufficio e dignità del procuratore | la durata di tale ufficio

♦**procuratóre** o †**proccuratóre** [vc. dotta, lat. *procuratōre(m)*, da *procurātus*, part. pass. di *procurāre* 'aver cura di' (V. *procurare*) ✱ 1270] **s. m. (f. -trice; V. nota d'uso FEMMINILE) 1** chi fa le veci di qlcu., chi rappresenta qlcu. | *(dir.)* chi è munito di una procura | ***p. legale***, laureato in giurisprudenza abilitato a rappresentare una parte nei giudizi civili e penali, con esclusione di quelli che si svolgono in Corte di Cassazione; dal 1997 questa figura professionale è stata abolita e gli iscritti all'albo sono confluiti in quello degli avvocati | *(banca)* ***p. di banca***, funzionario direttivo di grado inferiore preposto a una branca di servizio di un istituto bancario | *(relig.)* nell'ordinamento cattolico, rappresentante di un ordine religioso presso la Santa Sede, nominato per il disbrigo degli affari relativi all'ordine stesso | *(relig.)* postulatore di una causa di santificazione e beatificazione | *(sport)* manager, impresario, spec. negli sport professionistici: *il p. di un calciatore* **2** ***P. della Repubblica***, ogni magistrato che esercita le funzioni di pubblico ministero rappresentando le prerogative e i diritti dello Stato presso l'autorità giudiziaria penale: *p. generale*; *p. presso la Corte d'Appello, presso la Corte di Cassazione*; *sostituto p.* | *(per anton.)* il magistrato che esercita le funzioni di pubblico ministero presso il tribunale **3** *(gener.)* chi amministra un bene pubblico | *(stor.)* nell'ordinamento di Roma antica, alto funzionario dell'imperatore con compiti amministrativi e finanziari o governatore di una provincia minore | ***P. di S. Marco***, nell'antica Repubblica di Venezia, titolare della magistratura, prima singola e poi di nove membri, preposta originariamente alla gestione dei beni della basilica di S. Marco, poi all'amministrazione delle entrate pubbliche e alla sorveglianza in alcune materie giuridiche | ***P. del Registro***, nell'attuale ordinamento finanziario italiano, funzionario dell'Intendenza di Finanza che dirige un ufficio del registro **4** *(lett.)* chi procura o causa qlco.: *sollecito p. della tua morte* (G. BOCCACCIO) ‖ **procuratorèllo**, **dim.**

procuratorìa [da *procuratore* ✱ 1835] **s. f.** ● *(dir.)* voce della tariffa per la determinazione dei compensi che spettano agli esercenti la professione forense iscritti agli albi

procuratòrio [vc. dotta, lat. tardo *procuratōriu(m)*, da *procurātor*, genit. *procuratōris* 'procuratore' ✱ 1355] **agg. (pl. m. -i o raro -ii)** ● di procuratore: *dignità procuratoria*

procurazióne o †**procuragióne**, †**proccurazióne**, †**proccuragióne** [vc. dotta, lat. *procuratiōne(m)*, da *procurātus*, part. pass. di *procurāre* 'aver cura di' (V. *procurare*) ✱ 1313] **s. f. 1** †procura | intercessione, mediazione **2** *(stor.)* nell'ordinamento feudale, obbligo del vassallo di fornire ospitalità al signore in viaggio | ospitalità che i parroci erano obbligati a fornire ai vescovi in visita pastorale presso la loro parrocchia

†**procurerìa** o †**procurarerìa** [da *procur(atore)* ✱ 1353] **s. f.** ● procura

†**procùro** [av. 1363] **s. m.** ● il procurare

pròda [da *prora*, con dissimilazione ✱ 1250] **s. f. 1** *(lett.)* sponda, riva: *toccare la p.*; *lungo la p.* **2** striscia di terreno lungo il lato maggiore del campo: *vangare la p.* SIN. rivale **3** *(lett.)* orlo di un pendio, di un burrone, di un fosso; estremità, margine: *la p. che 'l pozzo circonda* (DANTE *Inf.* XXXI, 42) | *(tosc.)* sponda del letto **4** †prora, prua ‖ **prodicèlla**, **dim.** | **prodìna**, **dim.** (V.)

†**prodàno** [gr. *prótonos* 'corda', da *protéinein* 'tendere innanzi', comp. di *pró* 'davanti' (V. *pro-*②) e *téinein* 'tendere', di orig. indeur. ✱ av. 1348] **s. m.** ● *(mar.)* cavo che serviva a montare e smontare l'albero

♣**pròde** [lat. tardo *prōde* (indeclinabile), da *prōdest*, terza pers. indic. pres. di *prodĕsse* 'giovare, essere utile', comp. di *ĕsse* 'essere', col pref. *prod-* (= *prō*. V. *pro-*①) ✱ av. 1292] **A agg.** († **troncato in** *pro'* (V.)) ● *(lett.)* valoroso: *uomo, guerriero p.* CONTR. codardo, vile ‖ **prodeménte**, **avv.** *(raro)* da prode SIN. valorosamente **B s. m. (anche f., raro, nel sign. 1) 1** *(lett.)* chi è valoroso, eroico: *in Maratona / ove Atene sacrò tombe a' suoi prodi* (U. FOSCOLO) **2** †utilità, vantaggio SIN. pro②

SFUMATURE DI SIGNIFICATO

prode - valoroso - coraggioso

Sia **prode** sia **valoroso** designano chi dimostra coraggio e ardire, soprattutto in battaglia; la differenza fra i due termini riguarda il registro d'uso, essendo *prode* più elevato di *valoroso*. Anche **coraggioso** descrive chi sa affrontare con ardire i pericoli ma, rispetto ai precedenti, è parola che si usa anche in relazione alla quotidianità, sia per definire chi affronta rischi e pericoli per soccorrere gli altri, sia chi è dotato di grande forza morale ed è in grado di portare a termine imprese lunghe o difficili, o di affrontare con determinazione le difficoltà della vita.

SFUMATURE ➤ ***ardito***, ➤ ***intrepido***

prodecàno [comp. di *pro-*① e *decano* ✱ 1871] **s. m.** ● vicedecano

†**prodeggiàre** o †**proeggiàre** [da *proda* ✱ av. 1536] **v. intr.** ● costeggiare

prodése (o **-ṣ-**) o **provése** (o **-ṣ-**) [da *proda* ✱ 1311] **s. m.** ● *(mar., disus.)* cavo disteso dalla prua per ormeggio o tonneggio

prodézza [da *prode* ✱ 1243] **s. f. 1** *(lett.)* caratteristica di chi è prode | †***p. di virtù***, valore militare SIN. valore CONTR. viltà **2** impresa, atto di valore, di coraggio: *fare grandi prodezze*; *raccontare le proprie prodezze*; *le prodezze de' ... paladini, / che sono in terra tanto conosciute* (M.M. BOIARDO) | *(est.)* spec. nel linguaggio giornalistico, atto o gesto atletico che rivela una grandissima abilità: *il gol è stato un'autentica p.* | *(est., fam.)* comportamento arrischiato: *sono prodezze che nelle sue condizioni potrebbe evitare* | *(iron.)* ***bella p.!***, bella bravata

pro dìe [loc. lat., 'per (*prō*) giorno (*die(m)*)' ✱ 1988] **loc. avv.** ● al giorno, ogni giorno, quasi esclusivamente nella posologia farmacologica e medica: *due grammi pro die*

prodière [da *proda* ✱ av. 1328] **s. m.** (**f.** *-a*) ● marinaio cui è affidato il servizio, il remo o le manovre di prua | nel canottaggio e nella vela, il componente dell'equipaggio che sta a prua dell'imbarcazione

prodièro [da *proda* ✱ 1813] **agg. 1** che sta a prua: *cannone p.* | ***onda prodiera***, che si forma davanti al tagliamare durante la navigazione **2** ***nave prodiera***, in un convoglio, quella che precede immediatamente ciascuna nave

♣**prodigalità** [vc. dotta, lat. *prodigalitāte(m)*, da *prōdigus* 'prodigo', sul modello di altri s. in *-ālitas*, come *liberālitas* 'liberalità' ecc. ✱ av. 1292] **s. f. inv. 1** caratteristica di chi è prodigo **SIN.** profusione **CONTR.** avarizia **2** atto o comportamento da persona prodiga

prodigalménte [av. 1406] **avv.** ● con prodigalità: *donare p.*

prodigàre [da *prodigo*, sul modello del fr. *prodiguer* ✱ 1598] **A v. tr.** (*io pròdigo, tu pròdighi*) **1** spendere largamente, donare con grande generosità: *p. tutte le proprie sostanze* **CONTR.** economizzare, lesinare **2** (*fig.*) dispensare, concedere, talvolta in modo esagerato: *p. lodi, carezze, complimenti; L'onore che mi prodigate facendomi conoscere ... un uomo come voi* (A. Palazzeschi) **SIN.** largire **B prodigàrsi v. rifl. 1** impegnarsi a fondo, adoperarsi con ogni mezzo: *prodigarsi per i propri cari, per soccorrere i bisognosi* **2** profondersi (+ *in*): *prodigarsi in complimenti, in gentilezze, in scuse*

prodìgio [vc. dotta, lat. *prodĭgiu(m)*, di etim. discussa; comp. di *prod-* 'avanti' (V. *prode*) e un deriv. di *āio* 'io affermo', di orig. indeur. (?) ✱ av. 1332] **A s. m. 1** fenomeno che non rientra nell'ordine naturale delle cose: *uno strano p. dell'atmosfera; io sono come quella foglia ... / sul nudo ramo, che un p. ancora / tiene attaccata* (U. Saba) **SIN.** miracolo, portento | †mostro **2** (*fig.*) fatto, manifestazione, opera e sim. che è oggetto, per le sue caratteristiche, di stupore, meraviglia, ammirazione e sim.: *i prodigi della scienza, della tecnica; il medico ha fatto prodigi; quel film è un p. di stile* | (*est.*) persona eccezionalmente dotata: *quel bambino è un p. d'intelligenza* **B** in funzione di **agg. inv.** (**posposto al sost.**) ● nella loc. ***bambino, bambina p.***, che mostra eccezionali doti intellettuali o artistiche

prodigióso (o -ṣ-) [vc. dotta, lat. *prodigiōsu(m)*, da *prodĭgium* 'prodigio' ✱ av. 1450] **agg. 1** che ha del prodigio, e quindi suscita grande meraviglia: *effetti prodigiosi; invenzione prodigiosa* **SIN.** miracoloso, portentoso **2** (*iperb.*) raro, straordinario, eccezionale: *memoria prodigiosa; velocità prodigiosa* **3** †mostruoso ‖ **prodigiosaménte**, **avv.** ‖ **prodigiosità**, **s. f. inv.** caratteristica di ciò che è prodigioso

♣**pròdigo** [vc. dotta, lat. *prōdigu(m)*, da *prodĭgere* 'spingere avanti a sé', poi metaforicamente 'sperperare', comp. di *prŏd-* 'avanti' (V. *prode*) e *ăgere* 'spingere' ✱ 1268] **A agg.** (**pl. m.** *-ghi*) **1** che dà o spende senza misura: *essere p. dei propri averi* | ***figliol p.***, (*fig.*) chi, dopo un periodo di sbandamento morale, si ravvede e torna sulla buona strada **SIN.** dissipatore, scialacquatore **CONTR.** avaro **2** (*fig.*) generoso: *essere p. di premure, di consigli, di attenzioni* ‖ **prodigaménte**, **avv.** da prodigo, con prodigalità: *vivere, dare prodigamente* **B s. m.** (**f.** *-a*) ● chi dona o spende con eccessiva larghezza

SFUMATURE ➤ ***generoso***

prodìna [prob. da *proda*, su cui si stendono tali reti] **s. f. 1** dim. di *proda* **2** sistema di uccellagione costituito da reti basse, disposte orizzontalmente | (*est.*) la rete utilizzata in tale sistema

†**proditóre** [vc. dotta, lat. *proditōre(m)*, da *prōditus*, part. pass. di *prōdere* 'consegnare', comp. di *prō* 'davanti' (V. *pro-*①) e *dăre* 'dare' ✱ sec. XIV] **s. m.** ● traditore

♣**proditòrio** [vc. dotta, lat. tardo *proditōriu(m)*, da *prōditor*, genit. *proditōris* 'traditore' (V. †*proditore*) ✱ av. 1536] **agg.** (**pl. m.** *-i* o *raro -ii*) ● da traditore: *azione proditoria* | compiuto a tradimento: *omicidio p.* ‖ **proditoriaménte**, **avv.**

prodittatóre [vc. dotta, lat. *prō dictatōre* 'al posto del dittatore'. V. *pro-*① e *dittatore* ✱ sec. XIV] **s. m.** (**f.** *-trice*) ● (*stor.*) vicario del dittatore

†**prodizióne** [vc. dotta, lat. *proditiōne(m)*, da *prōditus*, part. pass. di *prōdere* 'consegnare' (V. †*proditore*) ✱ av. 1328] **s. f.** ● (*lett.*) tradimento

pròdomo [vc. dotta, gr. *pródomos*, comp. di *pró* 'davanti' (V. *pro-*②) e *dómos* 'casa', di orig. indeur. ✱ av. 1798] **s. m.** ● (*archit.*) pronao

♦**prodótto A part. pass.** di *produrre*; anche **agg.** ● nei sign. del v. **B s. m. 1** tutto ciò che la terra produce, o che deriva da un'attività umana: *i prodotti dell'agricoltura, della caccia, della pesca; i prodotti del sottosuolo; i prodotti dell'industria, dell'artigianato; prodotti alimentari* | ***prodotti di bellezza***, cosmetici | ***inserimento di prodotti***, V. *inserimento* **2** ciò che costituisce il risultato o l'effetto di qlco.: *un p. della sua sfiducia; prodotti dell'ingegno, della fantasia; il p. del concepimento* | (*econ.*) risultato del processo di produzione | ***p. interno lordo***, V. *PIL* | ***p. nazionale lordo***, V. *PNL* **3** (*mat.*) moltiplicazione | risultato di un'operazione | ***p. cartesiano degli insiemi A x B***, insieme delle coppie ordinate (a x b), con a in A e b in B | ***p. booleano***, operazione fra due o più variabili booleane, il cui risultato è 'vero' solo se tutti i fattori hanno il valore 'vero' **SIN.** intersezione **CFR.** unione **SIMB.** AND

SFUMATURE ➤ ***manufatto***

prodròmico [1908] **agg.** (**pl. m.** *-ci*) ● che costituisce prodromo, che preannuncia qlco.: *sintomi prodromici* ‖ **prodromicità**, **s. f. inv.**

♣**pròdromo** [vc. dotta, lat. *prŏdromu(m)*, dal gr. *pródromos* 'che corre avanti', comp. di *pró* 'avanti' (V. *pro-*②) e *drómos* 'corsa' (V. *aerodromo*) ✱ av. 1498] **A s. m. 1** (**spec. al pl.**) segno, fatto che precede e preannuncia qlco. spec. di negativo: *i prodromi della guerra, dell'influenza, della crisi economica* **CONTR.** postumo **2** (*med.*, **spec. al pl.**) sintomo che precede l'insorgenza di una malattia **3** †discorso preliminare, introduzione **4** (*archit.*) porta principale collocata nella facciata di un edificio monumentale **B agg.** ● †precedente, precorritore

producènte part. pres. di *produrre*; anche **agg.** ● nei sign. del v. | utile, vantaggioso: *una mossa, un atteggiamento poco p.*

†**prodùcere** [av. 1328] **v. tr.** e †**prodùcersi v. rifl.** ● produrre

producìbile [da *produrre* ✱ av. 1406] **agg. 1** che si può produrre **2** †che produce ‖ **producibilità**, **s. f. inv.**

†**produciménto** [av. 1342] **s. m.** ● il produrre

†**producitóre** [1342] **agg.** e **s. m.** (**f.** *-trice*) ● produttore

pròduct mànager /ˈprɔdut ˈmanadʒer, *ingl.* ˈprɒdʌkt ˈmænɪdʒə(r)/ [loc. ingl., comp. di *product* 'prodotto' e *manager* (V.) ✱ 1971] **loc. sost. m.** e **f. inv.** (**pl. ingl.** *product managers*) ● (*org. az.*) funzionario responsabile della promozione e vendita di un determinato prodotto

pròduct placement /ˈprɔdukt ˈplezment, *ingl.* ˌprɒdʌktˈpleɪsmənt/ [loc. ingl., propr. 'collocazione (*placement*) del prodotto (*product*)' ✱ 1996] **loc. sost. m. inv.** (**pl. ingl.** *product placements*) ● tipo di pubblicità indiretta, che consiste nell'inserire o nel citare in un film, in uno sceneggiato televisivo, in un romanzo ecc., un marchio o uno specifico prodotto **SIN.** inserimento di prodotti

♦**prodùrre** [lat. *prodūcere* 'condurre innanzi, portar fuori', comp. di *prō* 'avanti' (V. *pro-*①) e *dūcere* 'condurre' (V.) ✱ av. 1226] **A v. tr.** (**fut.** *io produrrò*, †*producerò*; **condiz. pres.** *io produrrèi*, †*producerèi*; **part. pass.** *prodótto*; **nelle altre forme coniug. come** *condurre*) **1** far nascere, dare frutto, in seguito a un processo naturale: *albero che produce molti frutti; un terreno che produce solo grano; la regione produce vino e olio; qui la terra produce poco* | (*raro*) generare, spec. riferito ad animali: *questa pecora ha prodotto molti agnelli* | (*biol.*) secernere, elaborare: *ghiandole che producono ormoni* | (*est.*) fornire le condizioni ideali per la nascita e lo sviluppo di vegetali o animali: *l'Italia produce ottimi pomodori; la Spagna produce pregiate razze di ovini* | (*fig.*) dare i natali: *la Grecia ha prodotto grandi pensatori* **2** dare, fornire, come risultato di una serie di lavorazioni o trasformazioni operate dall'uomo: *la miniera produce molto ferro; il vino è prodotto dalla cantina sociale; p. artificialmente* | (*est.*) fabbricare: *la ditta produce mobili da giardino; la fabbrica produce cento automobili al giorno; non produciamo più questo articolo* | sviluppare, generare: *i pannelli solari producono energia* | finanziare, organizzare e realizzare uno spettacolo: *p. un film* **3** dare vita, creare, con riferimento a opere intellettuali: *il suo ingegno produsse grandi opere; pittore, musicista che non produce più* **4** causare un determinato fenomeno, comportare una determinata conseguenza: *le sue parole produssero stupore fra i presenti; l'esplosione ha prodotto gravi danni; la malattia gli produce strani effetti; uomini ignoranti delle naturali cagioni che producono le cose* (G. Vico) | anche nella forma pron. **prodùrsi**, procurarsi: *cadendo si è prodotto un bernoccolo in fronte; precipitò ... al suolo producendosi quelle ferite che t'ho detto* (I. Svevo) **5** (*burocr.*) presentare, esporre, mostrare: *p. un documento, una tessera; proposi di p. quel certificato alla piccola Annuccia* (I. Svevo) | addurre: *p. validi argomenti; p. scuse, pretesti* | ***p. in pubblico***, presentare al pubblico | ***p. sulle scene***, rappresentare in teatro **6** (*lett.*) protrarre: *Tu tra le veglie e le canore scene / ... producesti la notte* (G. Parini) | †prolungare una linea o una costruzione **B prodùrsi v. rifl.** ● esibirsi (+ *in*, + *su*): *prodursi in uno spettacolo, in pubblico, in teatro, sulle scene* **C prodùrsi v. intr. pron.** ● verificarsi, generarsi: *sulla parete si è prodotta una fenditura; si è prodotta una situazione nuova*

produttìbile [dal lat. *prodŭctus*, part. pass. di *prodūcere* (V. *produrre*) ✱ 1632] **agg. 1** (*raro*) producibile **2** †allungabile, prolungabile: *la linea retta, ed in conseguenza il moto per essa, è p. in infinito* (G. Galilei)

produttivìstico [da *produttivo* ✱ av. 1937] **agg.** (**pl. m.** *-ci*) ● che riguarda la produzione e tende ad incrementarla

♦**produttività** [da *produttivo* ✱ 1849] **s. f. inv. 1** potere, possibilità di produrre **SIN.** fertilità | (*stat.*) ***p. matrimoniale***, frequenza dei nati in seno a una popolazione, compresi i nati morti e gli aborti **2** (*econ.*) rapporto tra i fattori di produzione e il prodotto ottenuto, che indica il grado di efficienza dei fattori impiegati in un processo produttivo **3** (*ling.*) capacità di generare nuove parole: *la p. del suffisso '-ismo'*

♦**produttìvo** [vc. dotta, lat. tardo *productīvu(m)*, che significava però 'da essere allungato', da *prodūctus*, part. pass. di *prodūcere* (V. *produrre*) ✱ sec. XIV] **agg. 1** che produce | atto a produrre: *campo p.*; *investimento p.* | (*fig.*) utile, positivo: *un atteggiamento scarsamente p.* CONTR. improduttivo **2** che riguarda la produzione: *i moderni metodi produttivi* | ***ciclo p.***, periodo di tempo in cui si effettua una produzione; (*est.*) l'insieme delle fasi operative di una lavorazione **3** che dà un utile, un vantaggio: *un'impresa produttiva* | ***lavoro p.***, quello che si traduce in un accrescimento di ricchezza SIN. fruttifero ‖ **produttivaménte**, **avv.** in modo produttivo; dal punto di vista della produttività ‖ **produttività**, **s. f. inv.** (V.)

♦**produttóre** [dal lat. *prodūctus* 'prodotto' ✱ 1308] **A s. m.** (**f.** *-trice*) **1** chi produce: *i produttori di vino* **2** impresario cinematografico, finanziatore e organizzatore della produzione di film **3** chi è incaricato di procurare ordini e clienti a un'impresa **B anche agg. 1** che genera, che crea: *la facoltà produttrice della lingua greca* (G. LEOPARDI) **2** che produce: *paese p. di caffè*; *società produttrice di film*

♦**produzióne** [vc. dotta, lat. *productiōne(m)* 'prolungamento', poi (lat. tardo) 'il far avanzare, far uscire', da *prodūctus*, part. pass. da *prodūcere* (V. *produrre*) ✱ 1308] **s. f. 1** (*raro*) generazione: *la p. delle piante, degli animali*; *la p. di anticorpi da parte dell'organismo* **2** attività rivolta alla creazione o alla trasformazione di beni: *p. agricola, industriale* | il bene o i beni prodotti: *una p. scarsa, abbondante, di ortaggi*; *la p. del ferro è aumentata* **3** (*est.*) qualsiasi opera dell'ingegno o di un'attività creatrice: *la p. dei surrealisti*; *una p. letteraria di alto livello* **4** l'organizzazione produttiva di un film, o anche l'insieme dei finanziatori e dirigenti che sovraintendono alla produzione del film stesso | messinscena teatrale o cinematografica **5** (*dir.*) atto del produrre in giudizio: *p. di scritture, di documenti, di memorie*; *p. di testimoni* | ***p. giuridica***, formazione di leggi **6** †prolungamento

proedrìa [vc. dotta, gr. *proedría*, comp. di *pró* 'davanti' (V. *pro-*②) ed *hédra* 'seggio' (V. *cattedra*) ✱ 1835] **s. f. 1** nel teatro greco, la prima fila di posti **2** nell'antica Grecia, il diritto di sedere nei primi posti in un teatro

†**proeggiàre** ➤ †**prodeggiare**

proemiàle [1308] **agg. 1** di proemio, che serve da proemio **2** (*est., lett.*) introduttivo ‖ **proemialménte**, **avv.** †come proemio

proemiàre [vc. dotta, lat. *prooemiāri*, da *prooēmiu(m)* 'proemio' ✱ 1536] **v. intr.** (*io proèmio*; **aus.** *avere*) ● (*lett.*) fare un proemio

proèmio [vc. dotta, lat. *prooēmiu(m)*, dal gr. *prooímion* 'preludio', comp. di *pró* 'prima, davanti' (V. *pro-*②) e *oîmos* 'strada', poi 'melodia', di orig. indeur. ✱ av. 1292] **s. m.** (**pl.** *-i* o *raro -ii*) **1** introduzione, esordio, prefazione **2** (*raro, poet.*) preambolo: *dopo un verisimil suo p., / gli disse che Zerbin fatto avea questo* (L. ARIOSTO) ‖ **proemiétto**, **dim.**

SFUMATURE ➤ ***introduzione***

proemiżżàre [av. 1519] **v. intr.** (**aus.** *avere*) ● (*lett.*) proemiare

proenżìma [comp. di *pro-*② nel sign. 2 ed *enzima* ✱ 1958] **s. m.** (**pl.** *-i*) ● (*chim.*) precursore di un enzima generalmente privo di attività catalitica

prof① /prɔf/ [abbr. di *professore* ✱ 1819] **s. m. e f. inv.** ● (*gerg.*) professore, professoressa: *il p. di latino*; *la p. di matematica mi ha interrogato*; *oggi c'è sciopero dei p.*

prof② ➤ **pro**③

pròfago [comp. di *pro-*② e *-fago* ✱ 1983] **s. m.** (**pl. m.** *-gi*) ● (*biol.*) stato di latenza del batteriofago conseguente a inserzione dell'acido nucleico virale nel cromosoma del batterio infettato

profanaménto [1746] **s. m.** ● (*lett., raro*) profanazione

✱**profanàre** [vc. dotta, lat. *profanāre*, da *profānus* 'profano' ✱ 1475] **v. tr. 1** offendere, violare ciò che è sacro: *p. un altare, un tempio* SIN. sconsacrare | ***p. una tomba***, violarla **2** (*est.*) contaminare, oltraggiare: *ha profanato la casa di suo padre* | (*fig.*) offendere, infangare: *p. il ricordo di qlcu.* | (*fig.*) ***p. un nome***, comprometterlo, usarlo indegnamente

profanàto **part. pass.** di *profanare*; anche **agg.** ● nei sign. del v.

profanatóre [vc. dotta, lat. tardo *profanatōre(m)*, da *profanātus* 'profanato' ✱ 1584] **s. m.** (**f.** *-trice*); anche **agg.** ● chi (o che) profana: *un p. di tombe*; *atto p.*

profanazióne [vc. dotta, lat. tardo *profanatiōne(m)*, da *profanātus* 'profanato' ✱ 1572] **s. f. 1** il profanare: *commettere una p.*; *la p. dei luoghi sacri* SIN. sacrilegio **2** (*fig.*) violazione, contaminazione, grave offesa: *la p. di un ricordo*

profanità [vc. dotta, lat. *profanitāte(m)*, da *profānus* 'profano' ✱ 1574] **s. f. inv. 1** carattere di ciò che è profano **2** (*raro*) atto profano

✱**profàno** [vc. dotta, lat. *profānu(m)*, propr. 'che deve stare fuori (davanti) del tempio', comp. di *prō* 'davanti' (V. *pro-*①) e *fānum* 'tempio' (V. *fano*) ✱ sec. XIII] **A agg. 1** che non è sacro, che è mondano, terreno: *studi profani*; *storia sacra e profana*; *tutte l'antiche storie profane hanno favolosi principi* (G. VICO) | ***musica profana***, che utilizza strumenti e forme non legati all'uso liturgico CONTR. sacro **2** che viola la santità, la religiosità di qlco.: *mano profana* **3** che non è degno di sentire o toccare ciò che è sacro: *orecchio p.* SIN. empio, sacrilego, scellerato **4** †sconsacrato: *chiesa profana* ‖ **profanaménte**, **avv.** (*raro*) in modo profano **B s. m. 1** (**solo sing.**) ciò che non è sacro: *mescolare il sacro al p.* **2** (**f.** *-a*) chi non è consacrato, chi non è iniziato alla vita religiosa o, in particolare, ai misteri **3** (**f.** *-a*) chi non ha competenza e preparazione in un determinato settore: *siamo dei profani in arte greca*

SFUMATURE DI SIGNIFICATO

profano - mondano - laico - secolare

Profano etimologicamente è ciò che non appartiene alla sfera del sacro, della religione: ha pertanto in origine valore puramente denotativo; a questo significato si sono aggiunti per estensione quelli negativi di "empio" o di "incompetente, impreparato". Analogo il percorso di **mondano**: derivato da "mondo", definisce in maniera neutra ciò che è terreno, non spirituale, passando successivamente a connotare l'eccesso di implicazione nelle cose materiali (*vita mondana*). **Laico** è in origine lo stato di chiunque non appartenga all'ordine clericale, passato poi a descrivere, ma senza alcuna connotazione negativa, chi pensa e agisce indipendentemente da qualsiasi condizionamento religioso o ideologico. **Secolare** è invece, in questo contesto, termine desueto per indicare ciò che è proprio del "secolo", cioè del mondo, della vita laica.

profàse [comp. di *pro-*① e *fase* ✱ 1958] **s. f.** ● (*biol.*) prima fase della mitosi, in cui i cromosomi si mettono in evidenza e si dividono in una coppia di cromatidi

profènda o †**provènda** [deformazione di *prebenda*, attrav. *prefenda* ✱ 1266] **s. f. 1** (*lett.*) razione di biada a cavalli e sim. | †cibo, pasto **2** †beneficio | †prebenda

proferènza [dal lat. *prōferens*, genit. *proferēntis*, part. pres. di *prōferre* (V. *proferire*) ✱ 1287] **s. f. 1** (*lett.*) pronuncia: *lombardeggia un poco in qualche p.* **2** †offerta, presentazione

†**profèrere** o †**proffèrere** [1261 ca.] **v. tr.** e †**profèrersi** **v. rifl.** ● proferire, proferirsi

proferìbile [av. 1712] **agg.** ● che può essere proferito | ***parole non proferibili***, sconvenienti

proferiménto [sec. XIV] **s. m.** ● (*raro*) il proferire

✱**proferìre** o **profferire** spec. nei sign. A 2 e B [lat. *prōferre* 'portare innanzi, trarre fuori', comp. di *prō* 'davanti' (V. *pro-*①) e *fĕrre* 'portare' (V. *-fero*) ✱ 1261 ca.] **A v. tr.** (**pres.** *io proferìsco*, †*pròfero*, *tu proferìsci*, †*pròferi*; **pass. rem.** *io proferìi* o *proffèrsi*, *tu proferìsti*; **part. pass.** *proferìto* o *proffèrto*, †*profèrto*) **1** (*lett.*) pronunciare: *p. un nome* | dire, esprimere, spec. in tono solenne: *p. parole*; *p. un voto, un giudizio* | ***non p. sillaba***, rimanere in silenzio | manifestare, palesare: *p. un desiderio* **2** (*lett.*) offrire: *il servigio che tu mi profferi* (G. BOCCACCIO) | †esibire, usare **B proferìrsi** **v. rifl.** ● offrirsi: *Si profferiva alla principessa* (F. DE ROBERTO)

†**profèrta** ➤ **profferta**

†**profèrto** ➤ **profferto**

professànte **part. pres.** di *professare*; anche **agg.** ● che professa, che pratica: *cattolico p.*

professàre [da *professo* ✱ 1363] **A v. tr.** (*io profèsso*) **1** dichiarare pubblicamente un determinato sentimento: *p. gratitudine verso qlcu.*; *p. il proprio amore a qlcu.* | manifestare e seguire apertamente una religione, un'idea, una credenza: *p. il cattolicesimo*; *p. idee radicali*; *p. un'ideologia xenofoba* SIN. dimostrare **2** esercitare una professione (**anche assol.**): *p. la medicina*; *quell'avvocato non professa più* **B professàrsi** **v. rifl.** ● dichiararsi, proclamarsi: *professarsi grato verso qlcu., amico di qlcu.*; *l'imputato si professa innocente*

professàto **part. pass.** di *professare*; anche **agg. 1** nei sign. del v. **2** †palese ‖ **professataménte**, **avv.** (*raro*) dichiaratamente

†**professatóre** [sec. XIV] **s. m.** (**f.** *-trice*); anche **agg.** ● chi (o che) professa

♦**professionàle** [1845] **agg. 1** che concerne la professione, spec. la professione che si esercita: *diritti, doveri professionali*; *esperienza p.*; *preparazione, competenza p.*; *dare un parere p.*; *correttezza p.* | ***gelosia, rivalità p.***, quella che nasce fra chi esercita la medesima professione | ***segreto p.***, quello al quale sono tenuti alcuni professionisti | ***malattia p.***, causata dal tipo di lavoro o dalle condizioni in cui si svolge | ***deformazione p.***, V. *deformazione* | ***scuola, istituto p.***, che, al termine degli studi, offrono una preparazione qualificata in vari rami di discipline tecniche | ***istruzione e formazione p.***, ciclo di studi successivo alla scuola primaria, di durata quadriennale e di competenza delle Regioni, presso un istituto professionale | ***ordine p.***, persona giuridica pubblica istituita obbligatoriamente per legge a tutela del decoro e dell'autonomia di una specifica professione liberale **2** che costituisce una professione: *attività p.* CFR. non professionale **3** detto di chi è competente e preparato nel suo lavoro, e di ciò che rivela tale competenza: *un architetto molto p.*; *una linea di condotta p.* **4** detto di attrezzatura dalle prestazioni piuttosto elevate, destinata a essere usata nell'esercizio di una professione anziché in contesti generici o dilettanteschi: *macchina fotografica, registratore p.* **5** (*dir.*) di reo che vive abitualmente, anche in parte soltanto, dei proventi del reato: *delinquente p.*; *contravventore p.* ‖ **professionalménte**, **avv.** come professione; in modo professionale ‖ **professionalità**, **s. f. inv.** (V.)

professionalità [1905] **s. f. inv. 1** carattere professionale di un'attività **2** condizione personale di chi svolge una professione | (*est.*) capacità di svolgere il proprio lavoro o la propria professione a un buon livello di competenza e di efficienza: *avere, non avere p.*; *mancare di p.*; *mostrare una notevole p.* **3** (*dir.*) ***p. nel reato***, condizione personale del delinquente o del contravventore professionale

professionalizzàre [1912] **A** **v. tr.** ● rendere professionale, ispirare a criteri di professionalità, detto di qlcu. e di una sua attività **B** **professionalizzàrsi** **v. intr. pron.** ● acquistare professionalità ‖ **professionalizzazióne**, **s. f.**

♦**professióne** [vc. dotta, lat. *professiōne(m)* 'dichiarazione, manifestazione, mestiere, professione (pubblicamente dichiarata)', da *profĕssus* (V. *professo*) ✱ 1321] **s. f.** **1** pubblica dimostrazione di un sentimento, una credenza, un'opinione: *p. di amicizia, di lealtà verso qlcu.*; *far p. della propria fede* **2** solenne e pubblica promessa con la quale i religiosi si impegnano all'osservanza dei voti di castità, povertà e obbedienza e delle regole proprie dell'ordine o della congregazione **3** qualsiasi attività lavorativa: *imparare, esercitare una p.*; *la p. di sarto*; *aveva escogitato la p. di ortolana* (G. Deledda) | attività intellettuale, per lo più indipendente, che si esercita dopo aver conseguito la laurea o una particolare abilitazione: *la p. dell'avvocato, del medico* | ***fare qlco. di p.***, esercitare una data attività traendone i principali mezzi di sostentamento (*anche iron.*): *fare il ladro di p.* | ***libera p.***, che si esercita senza dipendere da altri | (*eufem.*) ***la p. più antica del mondo***, la prostituzione **SIN.** lavoro, mestiere
SFUMATURE ➤ *arte*, ➤ *occupazione*

professionìsmo [1927] **s. m.** **1** stato, condizione di chi è professionista | professionalità **2** la pratica dello sport per professione **CONTR.** dilettantismo

♦**professionìsta** [1842] **A** **s. m. e f.** (**pl. m.** *-i*) **1** chi esercita una professione: *associazione di professionisti* **2** chi pratica una specialità sportiva come professione **SIN.** pro, prof **CONTR.** dilettante **3** (*est.*) persona molto abile in qlco.: *il furto è opera di professionisti* | (*scherz.*, *eufem.*) ***p. del sesso***, prostituta: *c'erano otto professioniste che … fecero cose da medaglie al valore* (B. Fenoglio) **B** **anche in funzione di agg.**: *fotografo p.*; *ciclista p.*

professionìstico [1937] **agg.** (**pl. m.** *-ci*) **1** di professionista **2** relativo al professionismo sportivo

profèsso [vc. dotta, lat. *profĕssu(m)*, part. pass. di *profitēri* 'dichiarare apertamente', comp. di *prō* 'davanti' (V. *pro-*①) e *fatēri* 'confessare, riconoscere', intens. di *fāri* 'parlare' (V. *fato*) ✱ 1287] **A** **s. m.** (**f.** *-a*) ● religioso che ha fatto professione solenne **B** **anche agg.**: *frate p.*

profèsso, ex ➤ **ex professo**

professoràle [1660] **agg.** ● di professore, da professore: *dignità p.* | (*spreg.*) pedantesco, saccente: *tono, aria p.* ‖ **professoralménte**, **avv.**

professoràto [1816] **s. m.** ● (*raro*) carica di professore | (*est.*) durata di tale carica

♦**professóre** [vc. dotta, lat. *professōre(m)*, da *profĕssus* (V. *professo*) ✱ av. 1342] **s. m.** (**f.** *-éssa*, *pop.* *-a*) **1** chi possiede i titoli necessari per insegnare nelle scuole di istruzione secondaria o nelle università: *p. di latino, di greco, di matematica*; *p. associato, ordinario, straordinario* | ***p. di ruolo***, insegnante che ricopre la cattedra di una disciplina in seguito a vincita di un concorso pubblico | ***p. fuori ruolo***, nell'ordinamento universitario italiano, professore ordinario che, superata l'età di settanta anni, mantiene tutti gli incarichi accademici tranne quello dell'insegnamento | ***p. a contratto***, studioso cui una facoltà universitaria conferisce per contratto l'incarico di svolgere un numero limitato di lezioni su un argomento particolare di sua competenza **2** (*mus.*) titolo di componente di un'orchestra: *p. d'orchestra, p. di viola* **3** (*generic.*) chi impartisce un qualsiasi insegnamento: *p. di danza* | (*est.*) persona molto colta: *parlare come un p.*; *saperne quanto un p.* | (*est.*, *spreg.*) persona saccente e pedante: *eh, quante arie da p.!* **4** (*lett.*) chi professa una religione o un'idea | †chi professa una disciplina, un'arte e sim. ‖ **professorèllo**, **dim.** | **professorìno**, **dim.** (V.) | **professoróne**, **accr.** (V.) | (*spreg.*) **professorùccio**, **dim.** | (*spreg.*) **professorùcolo**, **dim.**

professorìno [1865] **s. m.** **1** dim. di *professore* **2** professore giovane e poco esperto

professòrio [vc. dotta, lat. *professōriu(m)*, da *profĕssor*, genit. *professōris* 'professore' ✱ av. 1869] **agg.** (**pl. m.** *-i* o *raro* *-ii*) ● (*raro*) professorale

professoróne [1841] **s. m.** (**f.** *-a*) **1** accr. di *professore* **2** professore dotto e noto (*anche iron.*)

profèta [vc. dotta, lat. *prophēta(m)*, dal gr. *prophḗtēs*, da *prophánai* 'predire', comp. di *pró* 'prima, davanti' (V. *pro-*②) e *phánai* 'parlare', di orig. indeur. ✱ 1268] **s. m.** (**f.** *-éssa* (V.); **pl.** *-i*, †*-e*) **1** chi, parlando per ispirazione divina, predice o prevede gli avvenimenti futuri: *i profeti dell'Antico Testamento* | ***il p. di Allah***, Maometto **2** (*est.*) chi prevede o pretende di rivelare il futuro | ***cattivo p.***, chi predice avvenimenti che poi non si realizzano | ***p. di sciagure***, chi prevede solo catastrofi **SIN.** indovino, veggente

†**profetàle** [vc. dotta, lat. tardo *prophetāle(m)*, da *prophēta* 'profeta' ✱ av. 1367] **agg.** ● di profeta | (*lett.*) da profeta

profetàre [vc. dotta, lat. tardo *prophetāre*, da *prophēta* 'profeta' ✱ av. 1292] **A** **v. intr.** (*io profèto*; aus. *avere*) ● parlare in nome di Dio per divina ispirazione **B** **v. tr.** ● prevedere, predire, annunziare il futuro: *p. la rovina*

profeteggiàre [1549] **v. tr. e intr.** (**pres.** *io profetéggio*; **fut.** *io profeteggerò*; aus. *avere*) ● (*raro*, *lett.*) profetizzare

profetéssa [vc. dotta, lat. tardo *prophetīssa(m)*, f. di *prophēta* 'profeta' ✱ av. 1311] **s. f.** **1** donna indovina **2** (*lett.*) sibilla

profètico [vc. dotta, lat. tardo *prophēticu(m)*, dal gr. *prophētikós*, da *prophḗtēs* 'profeta' ✱ 1321] **agg.** (**pl. m.** *-ci*) **1** di profeta, da profeta: *spirito p.*; *parola profetica* **2** che ha un carattere premonitore, divinatorio: *ella aveva detto, con un accento singolare che avrebbe potuto essere p.* (G. D'Annunzio) ‖ **profeticaménte**, **avv.** con spirito profetico ‖ **profeticità**, **s. f. inv.**

profetìsmo [da *profeta*, sul modello dell'ingl. *prophetism* ✱ 1866] **s. m.** **1** carattere dei movimenti religiosi in cui assume importanza il profetare **2** carattere profetico: *il p. di Gioacchino da Fiore* | concezione profetica: *la politica non è … p.* (B. Croce)

profetizzàre [vc. dotta, lat. tardo *prophetizāre*, dal gr. *prophētízein*, da *prophḗtēs* 'profeta' ✱ av. 1304] **A** **v. intr.** (**aus.** *avere*) ● parlare per ispirazione divina **B** **v. tr.** ● fare profezie, predire il futuro: *non potendo far altro profetizzava il castigo di Dio* (G. Deledda)

profettìzio [vc. dotta, lat. tardo *profectīciu(m)*, da *profĕctus*, part. pass. di *proficīsci* 'partire', perché è la dote che proviene dal padre ✱ av. 1396] **agg.** ● (*dir.*) di dote proveniente dal padre o da altro ascendente

†**profètto** ➤ **profitto**

profezìa [vc. dotta, lat. tardo *prophetīa(m)*, dal gr. *prophētéia*, da *prophḗtēs* 'profeta' ✱ av. 1294] **s. f.** **1** rivelazione fatta dal profeta, annunzio di avvenimento futuro per ispirazione divina: *le profezie dell'Antico Testamento*; *la p. della Sibilla* **2** (*est.*) predizione, pronostico, vaticinio: *le infauste profezie, nunzie di sciagure* (F. De Sanctis) | (*sociol.*) ***p. autoavverantesi***, previsione che, seppure originariamente infondata, essendo ritenuta vera condiziona i comportamenti delle persone in modo tale che finisce per avverarsi

†**proffèrere** ➤ †**proferere**

profferìre ➤ **proferire**

♣**proffèrta** o †**profèrta** [da *profferire* ✱ 1287] **s. f.** ● offerta, proposta: *profferte amorose* | (*lett.*, *raro*) esibizione

proffèrto o †**profèrto** **part. pass.** di *proferire*; anche **agg.** ● nei sign. del v.

†**proffilàre** e deriv. ➤ **profilare** e deriv.

†**proficiènte** [vc. dotta, lat. *proficiĕnte(m)*, part. pres. di *profĭcere* 'giovare', 'avanzare', comp. di *prō* 'avanti' (V. *pro-*①) e *făcere* 'fare' ✱ sec. XIV] **agg.** ● che progredisce verso la perfezione morale

proficuità [1963] **s. f. inv.** ● (*raro*) caratteristica di ciò che è proficuo

♣**profìcuo** [vc. dotta, lat. tardo *profĭcuu(m)*, da *profĭcere* 'giovare' (V. †*proficiente*) ✱ av. 1328] **agg.** ● che dà profitto, utilità, giovamento: *studi proficui*; *attività poco proficua*; *lavoro che ora non si tiene p. nemmeno come esercizio scolastico* (B. Croce) ‖ **proficuaménte**, **avv.** in modo proficuo, con profitto

profilaménto [av. 1519] **s. m.** ● (*raro*) il profilare | profilo, contorno

profilàre o †**proffilàre** [comp. di *pro-*① e *filo* ✱ 1319] **A** **v. tr.** **1** delineare i contorni di qlco. | (*fig.*) descrivere i tratti caratteristici o essenziali di qlco. **2** ornare un vestito o un mantello con una sottile bordatura in contrasto di colore o di tessuto: *un abito profilato di velluto* **3** nel lavoro di cesello, ornare, tracciare linee e disegni col profilo **4** passare una trave o una barra metallica al laminatoio così che in sezione trasversale assuma una forma o un profilo determinati **5** (*aeron.*) dare forma di buona penetrazione aerodinamica: *p. una carenatura* **B** **profilàrsi** **v. intr. pron.** **1** delinearsi, mostrarsi nelle linee di contorno, su uno sfondo: *una nave si profilò all'orizzonte*; *In cima alla scalinata si profilava l'ombra di un uomo* (I. Silone) **2** (*fig.*) apparire imminente o possibile: *si profila una nuova crisi politica*

profilàssi [vc. dotta, gr. *prophýlaxis*, da *prophylássein* 'custodire', comp. di *pró* 'davanti' (V. *pro-*②) e *phylássein* 'custodire', da *phýlax*, genit. *phýlakos* 'guardiano', di orig. indeur. ✱ 1819] **s. f. inv.** ● (*med.*) insieme dei provvedimenti atti a prevenire la diffusione delle malattie, in particolare di quelle infettive
SFUMATURE ➤ *prevenzione*

profilàto o †**proffilàto** **A** **part. pass.** di *profilare*; anche **agg.** **1** nei sign. del v. **2** ***naso p.***, affilato, sottile **B** **s. m.** ● trave a sbarra metallica ottenuta al laminatoio, e la cui sezione trasversale presenta una forma o profilo determinato

profilatóio [da *profilato* ✱ 1561] **s. m.** (**pl.** *-ói*) ● cesello a bordi arrotondati e non taglienti, usato nella tecnica dell'incisione su metallo **SIN.** profilo

profilatrìce [1983] **s. f.** **1** macchina atta a piegare a freddo nastri e lamiere per produrre profilati **2** macchina per la lavorazione del legno, che esegue sul pezzo una o più operazioni simultanee in un unico passaggio

profilàttico [vc. dotta, gr. *prophylaktikós*, da *prophýlaxis* 'profilassi' ✱ 1749] **A** **agg.** (**pl. m.** *-ci*) ● di profilassi: *tecniche profilattiche* | che previene le malattie: *cura profilattica* ‖ **profilatticaménte**, **avv.** (*raro*) secondo profilassi **B** **s. m.** ● preservativo

profilatùra [da *profilare* ✱ av. 1574] **s. f.** **1** il profilare | contorno, profilo **2** orlatura di un abito **3** operazione o lavorazione effettuata con la profilatrice

profilazióne [da *profilare*; nel sign. 2, cfr. l'ingl. *profiling* ✱ 1881] **s. f. 1** il profilare; profilo, contorno di qlco.: *la p. di un condotto, di un'arcata* **2** descrizione sintetica del profilo e delle caratteristiche di qlcu.: *la p. di un cliente, di un utente*

profillo [comp. di *pro-*① e *-fillo* ✱ 1954] **s. m.** ● (*bot.*) bratteola

♦**profilo** o †**proffilo** [da *profilare* ✱ sec. XV] **s. m. 1** linea di contorno: *il p. delle montagne; il p. del viso, del naso* **2** linea di contorno o sagoma di un corpo, ottenuta in genere sezionando il corpo stesso | (*aeron.*) ***p. alare***, contorno di una qualsiasi sezione alare rilevato parallelamente al piano di simmetria dell'ala | ***p. geologico***, rappresentazione diagrammatica di una sezione verticale ideale attraverso un'area per indicare la disposizione delle rocce in profondità | ***p. fluviale***, diagramma che rappresenta la lunghezza di un fiume e le successive altezze attraverso le quali il fiume passa, dalla sorgente alla foce **3** forma della sezione trasversale di un profilato | (*est.*) il profilato stesso **4** (*assol.*) linea del volto osservato di fianco: *avere un bel p.; il p. angoloso ... ingentilito dalla pettinatura allora di moda* (G. VERGA) | ***figura di p.***, presentata di fianco e non di fronte o dal dietro | (*ellitt.*) disegno, quadro, fotografia e sim. che rappresenta una persona vista di profilo: *eseguire un p.* **5** (*fig.*) breve studio critico e biografico: *ha pubblicato un p. del Leopardi* **6** (*fig.*) sommaria descrizione delle caratteristiche di qlco. o di qlcu.: *annotare i profili dei propri dipendenti* | ***p. basso, basso p.***, linea di condotta che rifugge dall'ostentazione: *mantenere un p. basso; strategia del basso p.* | ***di basso p.***, mediocre, di scarso valore: *polemica di basso p.* | ***sotto il p.***, per quanto riguarda, in relazione a, dal punto di vista di: *sotto il p. morale; sotto il p. professionale; sotto il p. della correttezza è una persona poco raccomandabile* **7** sottile bordatura in colore o tessuto diverso per guarnire un indumento **8** profilatoio ‖ **profilétto**, **dim.** | **profilìno**, **dim.**

profime [lat. parl. **provīme(n)*, comp. di *prō* 'davanti' (V. *pro-*①) e *viēre* 'legare' (V. *vimine*) ✱ 1865] **s. m.** ● pezzo che nell'aratro unisce lo zoccolo con la bure

pròfio [abbr. di *professore* ✱ 1971] **s. m. (f. -ia)** ● (*gerg.*) professore: *la profia di matematica*

pròfit, non ➤ **non profit**

profitènte [vc. dotta, lat. *profitĕnte(m)*, part. pres. di *profitēri* 'dichiarare apertamente' (V. *professo*) ✱ 1562] **s. m. e f.** ● religioso in procinto di pronunciare i voti

profiterole /fr. pʀɔfit'ʀɔl/ [fr., da *profiter* 'profittare' ✱ av. 1956] **s. m. o f. inv.** ● piccolo bignè | dolce formato da tali bignè ripieni di panna montata o crema e ricoperti di cioccolato fuso

†**profittàbile** [1288] **agg.** ● utile, fruttuoso ‖ †**profittabilménte**, **avv.**

profittàre [ant. fr. *profiter*, da *profit* 'profitto' ✱ sec. XIII] **v. intr.** (aus. *avere*) e *raro* **profittàrsi v. intr. pron.** nel sign. 2 **1** progredire: *Gli alunni ... mostrano di aver profittato meglio nel latino* (G. CARDUCCI) **SIN.** avvantaggiarsi **2** trarre, ricavare profitto: *p. dell'amicizia di qlcu.; p. di un'occasione; Nessuno si profitterà, state sicuro ...!* (L. PIRANDELLO) **SIN.** approfittare

profittatóre [da *profittare* ✱ 1927] **s. m. (f. -trice)** ● chi sfrutta persone o circostanze per ricavarne il proprio vantaggio | ***p. di guerra***, chi approfitta della guerra per arricchirsi con operazioni commerciali o speculative **SIN.** approfittatore, sfruttatore

♣**profittévole** [da *profittare* ✱ 1336 ca.] **agg.** ● (*lett.*) che è utile e fruttuoso materialmente o spiritualmente: *una speculazione p.; incontro p.; poter far uso p. della cognizione di questa indubitata verità* (P. METASTASIO) **SIN.** vantaggioso ‖ **profittevolménte**, **avv.** (*raro*) in modo profittevole, utile

♦**profitto** o †**profètto** [ant. fr. *profit*, dal lat. *profĕctu(m)*, da *proficere* 'giovare' (V. †*proficiente*) ✱ 1287] **s. m. 1** utile, vantaggio, giovamento: *trarre p. da una cura* | ***sentire p. di qlco.***, provarne giovamento | (*fig.*) ***mettere a p. il tempo***, utilizzarlo razionalmente | ***far p. di qlco.***, trarne vantaggio, giovarsene | (*lett.*) ***tornare, riuscire a p.***, tornare utile, vantaggioso **CONTR.** danno, perdita, svantaggio **2** (*fig.*) progresso negli studi: *studiare con p.* | ***esame di p.***, volto ad accertare le conoscenze acquisite **SIN.** avanzamento **3** †progresso civile: *il fine delle leggi non è tanto di cercar la verità delle cose ..., quanto la bontà de' costumi, p. della civiltà* (G. BRUNO) **4** (*econ.*) eccedenza del ricavo lordo delle vendite sul costo totale di produzione | ***conto profitti e perdite***, in cui vengono registrate tutte le componenti positive e negative del reddito d'esercizio di una azienda | utile tratto da un'attività economica **5** (*econ.*) rimunerazione spettante all'imprenditore, quale compenso delle prestazioni a carattere organizzativo svolte nell'impresa

SFUMATURE ➤ ***guadagno***, ➤ ***ricavo***

†**profligàre** [vc. dotta, lat. *profligāre*, comp. di *prō* 'avanti' (V. *pro-*①) e *fligāre* 'battere', di orig. espressiva ✱ av. 1494] **v. tr.** ● vincere, sbaragliare

profligatóre [vc. dotta, lat. *profligatōre(m)*, da *profligātus*, part. pass. di *profligāre* 'profligare' ✱ sec. XVII] **s. m. (f. -trice)** ● (*lett.*) dissipatore

♣**proflùvio** [vc. dotta, lat. *proflŭviu(m)*, da *proflŭere* 'scorrere avanti', comp. di *prō* 'avanti' (V. *pro-*①) e *flŭere* 'fluire' ✱ 1494] **s. m. 1** (*lett.*) abbondante flusso di umori o liquidi organici: *p. di sangue* | flusso di lacrime | †diarrea **2** (*fig.*) serie incessante, sequela: *un p. di lamentele; comincia / a spander di parole altro p.* (G. PARINI) | (*lett.*) grande quantità, profusione: *p. di elogi*

SFUMATURE ➤ ***caterva***

profondaménto [sec. XIII] **s. m.** ● (*raro*) il profondare **SIN.** sprofondamento

profondàre [da *profondo* ✱ 1282] **A v. tr.** (*io profóndo*) **1** (*lett.*) mandare, mettere, cacciare a fondo: *p. le radici* | (*fig.*) †mandare in rovina **SIN.** affondare **2** †rendere più profondo: *p. il canale* **B v. intr.** (aus. *essere*) ● †cadere a fondo **SIN.** rovinare, sprofondare **C profondàrsi v. rifl. e intr. pron. 1** †immergersi, andare a fondo: *la nave si profondò* | (*lett.*) affogarsi **2** (*fig., lett.*) addentrarsi, immergersi con la mente: *io mi profondo quanto io posso nelle cogitazioni di questo subietto* (N. MACHIAVELLI)

†**profondazióne** [sec. XIV] **s. f.** ● il profondare | affossamento | (*fig.*) annichilamento

♣**profóndere** [vc. dotta, lat. *profŭndere* 'versare', comp. di *prō* 'avanti' (V. *pro-*①) e *fŭndere* 'versare' (V. *fondere*) ✱ 1484 ca.] **A v. tr.** (**coniug. come** *fondere*) **1** spendere con abbondanza, con liberalità: *profondendo co' librai tutto il mio* (U. FOSCOLO) | scialacquare: *p. le proprie sostanze* **2** (*fig.*) prodigare, elargire: *p. lodi* **B profóndersi v. intr. pron.** ● esprimersi con grande calore, effusione o ricchezza di parole (+ *in*): *profondersi in scuse; la giovinetta cominciò a profondersi in ringraziamenti* (I. NIEVO)

†**profondézza** [sec. XIV] **s. f.** ● profondità

profondìmetro [comp. di *profondi(tà)* e *-metro* ✱ 1958] **s. m. 1** apparecchio per misurare la profondità, usato dai subacquei **2** (*tecnol.*) spessimetro

♦**profondità** [vc. dotta, lat. tardo *profunditāte(m)*, da *profŭndus* 'profondo' ✱ 1282] **s. f. inv. 1** condizione o caratteristica di ciò che è profondo: *la p. di uno scavo, di una grotta; la p. di una ferita* | (*fig.*) densità di contenuti, spessore: *p. di pensiero, di concetti* | (*fig.*) intensità: *la p. di un sentimento* | (*fig.*) ***in p.***, nel profondo: *indagare in p.* **2** (**spec. al pl.**) luogo profondo: *le profondità marine, della Terra* | (*fig.*) parte più intima e segreta: *le profondità dell'animo umano* **3** distanza, calcolata lungo la verticale, tra il limite superiore di un corpo o di una massa e il suo fondo: *misurare la p. di un pozzo, del mare, di un lago* **CFR.** bato-, -bato | ***bomba di p.***, V. *bomba*, sign. A 1 **4** dimensione di un corpo in spessore: *la p. di un armadio* **5** spazio prospettico, sfondo di una rappresentazione pittorica **6** (*fotogr., cinema*) ***p. di campo***, intervallo tra le due distanze estreme entro le quali gli oggetti ripresi dall'obiettivo risultano a fuoco | ***p. di fuoco***, intervallo entro cui è possibile variare il piano focale mantenendo nitida l'immagine visualizzata

profonditóre [1683] **agg. e s. m. (f. -trice)** ● (*raro*) che (o chi) profonde, scialacqua

♦**profóndo** [lat. *profŭndu(m)*, da *fŭndus* 'fondo' ✱ 1260 ca.] **A agg. 1** di ciò che presenta una notevole distanza, calcolata lungo la verticale, tra il limite superiore e il fondo: *lago p.; acque profonde; valle, voragine profonda* **CFR.** bati- **2** (*est.*) che penetra molto addentro: *profonde radici; una grotta molto profonda* | ***ferita profonda***, che s'interna molto | (*fig.*) ***sguardo p.***, che cerca di penetrare nell'intimo dell'interlocutore | ***respiro p.***, con cui si inspira molta aria | ***sospiro p.***, che viene dal fondo del petto | carico, intenso: *blu p.* | ***buio p.***, cupo | ***notte profonda***, avanzata | ***sonno p.***, pesante | ***silenzio p.***, totale | che costituisce la parte più fonda di qlco.: *nel p. inferno* **3** (*est.*) detto della parte più interna, o più meridionale, di regioni geografiche: *nell'Africa profonda; il p. Sud* **4** (*fig.*) detto di manifestazione intellettuale che coglie l'essenza dei problemi, che non è superficiale: *sapere p.; concetti, studi profondi* | (*est.*) detto di persona, che conosce a fondo l'argomento di cui si tratta: *essere p. in una scienza, in un'arte; è un p. conoscitore della materia* **5** (*fig.*) di sentimento o affetto molto intenso, sentito, radicato: *nutrire un amore, un odio p. verso qlcu.; ho per te un p. rispetto; sento un p. dolore* **6** †difficile da capire, da intendere **SIN.** arcano, oscuro **7** (*mus.*) grave: *basso p.* | ***voce profonda***, che viene dal fondo del petto ‖ **profondaménte**, **avv. 1** molto addentro, a fondo: *piantare qlco. profondamente*; (*est.*) ***dormire profondamente***, con un sonno molto sodo; (*est.*) ***inchinarsi profondamente***, fino a terra; (*fig.*) ***conoscere profondamente***, intimamente **2** intensamente, fortemente, grandemente: *essere profondamente addolorato, turbato* **B avv.** ● (*raro, lett.*) profondamente: *arare p.; parlare p.* **C s. m.** solo **sing. 1** profondità, fondo: *nel p. dell'oceano* | (*fig.*) la parte più intima: *nel p. dell'animo; dal p. del cuore* | (*lett.*) ***nel suo p.***, nel suo intimo | †***mandare a p.***, in rovina **2** (*psicol.*) l'inconscio: *psicoanalisi del p.*

♦**pro fórma** o **profórma** [lat., propr. 'per la forma' ✱ 1960] **A loc. avv.; anche loc. agg. inv.** ● per la sola forma, per pura formalità: *fare qlco. pro forma; esame, controllo pro forma* **B anche loc. sost. m. inv.** ● formalità: *è un semplice pro forma*

profòsso [dal ted. *Profos* di provenienza fr. ✱ av. 1680] **s. m.** ● (*stor.*) durante la dominazione austriaca nel Lombardo-Veneto, capocarceriere

profràse [comp. di *pro-*① e *frase* ✱ 1988] **s. f.** ● (*ling.*) elemento linguistico che sostituisce un'intera frase (es. l'avv. *sì* nell'espressione *Hai fame? Sì*, dove *sì* sostituisce la frase *Ho fame*)

pròfugo [vc. dotta, lat. *prŏfugu(m)*, da *profŭgere* 'fuggire via' (propr. 'fuggire avanti'), comp. di *prō* 'avanti' (V. *pro-*①) e *fŭgere* 'fuggire' ✱ sec. XIV] **agg. e s. m. (f. *-a*; pl. m. *-ghi*)** ● che (o chi) è costretto ad allontanarsi dalla propria patria e a cercare rifugio altrove: *Enea, p. da Troia*; *p. politico, religioso* **CFR.** esule, fuoriuscito, rifugiato

♦**profumàre** [prob. da *pro-* (var. di *per-*) e *fumare* 'esalare vapori, aromi' ✱ 1508] **A v. tr.** ● cospargere, impregnare di profumo: *p. un fazzoletto* **B v. intr. (aus. *avere*)** ● mandare buon odore (+ *di*): *l'aria profumava di fiori*; *la biancheria profuma di pulito* **C profumàrsi v. rifl. e tr. pron. (aus. *essere*)** ● aspergersi la pelle o i capelli di profumo o spargersi di profumo le vesti: *profumarsi prima di una festa*; *profumarsi i capelli*

♦**profumàto** **part. pass.** di *profumare*; anche **agg. 1** nei sign. del v.: *fiore p.* **2** (*fig.*, *raro*) generoso, lauto: *paga profumata* ‖ **profumataménte**, **avv.** (*fig.*) generosamente, lautamente: *compensare, pagare profumatamente*

profumatóre [1684] **s. m.** ● sacchetto o piccolo recipiente contenente sostanze odorose, usato per profumare abiti e biancheria all'interno di armadi o cassetti o per profumare ambienti

profumazióne [1879] **s. f. 1** il profumare **2** essenza odorosa, gener. artificiale, aggiunta a un prodotto che naturalmente ne è privo: *insetticida con p. al* (o *di*) *pino*; *saponetta disponibile in tre profumazioni*

profumerìa [av. 1544] **s. f. 1** arte e tecnica del preparare i profumi | il laboratorio o il negozio del profumiere **2** (**spec. al pl.**) assortimento di profumi e cosmetici

profumièra [1563] **s. f.** ● vaso usato per contenere o bruciare profumi

profumière [1526] **s. m. (f. *-a*)** ● fabbricante o venditore di profumi e cosmetici

profumièro [1592] **agg.** ● concernente i profumi: *commercio p.*

profumìsta [1958] **s. m. e f. (pl. m. *-i*)** ● chi lavora in una fabbrica di profumi e cosmetici

♦**profùmo** [deriv. di *profumare* ✱ 1478] **s. m. 1** esalazione odorosa gradevole, naturale o artificiale: *nell'aria c'è un delizioso p.*; *i fiori mandano p.*; *che buon p. hai!*; *il p. dell'erba, delle rose, delle viole*; *p. di pulito*; *p. delicato, forte, acuto, sottile, penetrante*; *che p., questo moscato!*; *dalla cucina proveniva un certo profumino...* **SIN.** fragranza, olezzo **CONTR.** puzzo **2** soluzione più o meno concentrata di essenze odorose variamente combinate: *p. francese*; *mettersi il p.*; *regalare un p., una bottiglia di p.* **3** (*fig.*) sensazione gradita, delicata, suscitata da qlco. di positivo: *il p. dell'innocenza, della poesia* | sentore, percezione di ciò che è quasi tangibile: *il p. dei soldi, del potere* **4** (*fig.*) †adulazione, lusinga ‖ **profumino**, **dim.**

SFUMATURE DI SIGNIFICATO

profumo - fragranza - aroma

Profumo è una qualsiasi esalazione dall'odore gradevole che ha origine da una sostanza; il termine viene esteso per metonimia alle soluzioni di essenze odorose impiegate in genere nella toeletta personale. **Fragranza**, di uso più elevato, connota un odore intenso che si sparge nell'aria, gradevole e delicato. L'**aroma** è anch'esso un odore gradevole, ma si riferisce quasi esclusivamente a sostanze o prodotti alimentari.

profumóso (o -ṣ-) [1717] **agg.** ● (*raro*) profumato | (*lett.*) sdolcinato: *se capisco bene le tue espressioni profumose* (R. Bacchelli)

✱**profuṣióne** [vc. dotta, lat. *profusiōne(m)*, da *profūsus* 'profuso' ✱ av. 1463] **s. f. 1** (*lett.*) copioso spargimento: *p. di lacrime* **2** (*fig.*) sovrabbondanza: *una p. di parole, di ringraziamenti* | ostentazione di ricchezza | sperpero: *la p. di tutti i suoi averi* | *a p.*, in gran quantità

✱**profùṣo** **part. pass.** di *profondere*; anche **agg. 1** versato copiosamente: *sangue p.*; *lacrime profuse* **2** (*med.*) detto di secrezione molto abbondante: *sudorazione profusa* **3** (*fig.*) messo in atto, elargito: *sforzi profusi* | distribuito prodigalmente; dissipato: *tesori profusi* **4** (*lett.*, *fig.*) ***discorso p.***, prolisso, diffuso **5** (*fig.*, *lett.*) lungo, fluente: *barba profusa* ‖ **profuṣaménte**, **avv. 1** con profusione, in abbondanza **2** prodigalmente **3** (*raro*) diffusamente, largamente: *dilungarsi profusamente su un argomento*

progeneràre [vc. dotta, lat. *progenerāre*, comp. di *prō* 'a favore' (V. *pro-*①) e *generāre* 'generare' ✱ sec. XIV] **v. tr.** (*io progènero*) ● (*raro*, *lett.*) generare, procreare

progènie [vc. dotta, lat. *progĕnie(m)*, da *progĭgnere* 'generare, produrre', comp. di *prō* 'avanti' (V. *pro-*①) e *gĭgnere* 'generare' (V. *generare*) ✱ sec. XIII] **s. f. inv. 1** (*lett.*) stirpe, discendenza: *la p. dei Longobardi* **SIN.** generazione, schiatta **2** (*lett.*, *spreg.*) genia, gentaglia **3** (*lett.*) prole, figli (*oggi scherz.*) **4** (*biol.*, *zool.*) i discendenti di un animale o di una pianta | (*biol.*, *zootec.*) ***esame della p.***, valutazione del genotipo di un animale attraverso lo studio della sua progenie in condizioni controllate

progenitóre [vc. dotta, lat. *progenitōre(m)*, comp. di *prō* 'avanti, prima' (V. *pro-*①) e *gĕnitor*, genit. *genitōris* 'genitore' ✱ av. 1348] **s. m. (f. *-trice*)** ● capostipite di una famiglia, una stirpe: *Adamo è il nostro p.* | avo, antenato: *conservare la memoria dei progenitori* | †fondatore

SFUMATURE ➤ ***antenato***

progerìa [comp. di *pro-*②, *ger(o)-*① e del suff. *-ia*② ✱ 1958] **s. f.** ● (*med.*) sindrome rara caratterizzata da senilità precoce che si manifesta con nanismo e malformazioni cranio-facciali **SIN.** nanismo senile

progesteróne [comp. di *pro-*①, *gest(azione)*, *ster(oide)* e *-one*② ✱ 1946] **s. m.** ● (*biol.*) ormone secreto dal corpo luteo dell'ovaio, dalla placenta e dal corticosurrene, che mantiene intatta la mucosa uterina durante la gravidanza

progestìna [comp. di *pro-*① e *gest(azione)* ✱ av. 1973] **s. f.** ● (*farm.*) sostanza sintetica con attività simile a quella del progesterone che, unita a piccole dosi di estrogeni e somministrata per bocca, esplica azione antifecondativa

progestìnico [1958] **agg. (pl. m. *-ci*) 1** relativo a progestina **2** (*biol.*) ***fase progestinica***, quella che, nel secondo periodo del ciclo mestruale, è caratterizzata dalla produzione di progesterone

progettàre [fr. *projeter*, dal lat. *proiectāre* 'biasimare', poi 'esporre', intens. di *proĭcere* 'gettare avanti', comp. di *prō* 'avanti' (V. *pro-*①) e *iăcere* 'gettare' (V.) ✱ 1598] **v. tr.** (*io progètto*) **1** immaginare, ideare qlco. e studiare il modo di attuarla: *p. un viaggio, una spedizione*; *progetta già di andarsene* **2** ideare la costruzione di un edificio, di una struttura, di una macchina ecc., compiendo i relativi calcoli e disegni per la sua realizzazione: *p. un palazzo, un ponte, una ferrovia, un motore*

progettatóre [da *progettare* ✱ 1970] **s. m. (f. *-trice*)**; anche **agg. 1** chi (o che) fa progetti **2** chi (o che) per professione elabora progetti industriali

progettazióne [1958] **s. f.** ● il progettare qlco. | elaborazione di un progetto

progettìsta [comp. di *progetto* e *-ista* ✱ 1766] **A s. m. e f. (pl. m. *-i*) 1** autore di un progetto **2** chi per professione prepara progetti, spec. industriali | ***p. d'interni***, professionista specializzato nella progettazione dell'arredo di ambienti interni, di appartamenti, uffici, negozi e sim. **CFR.** interior designer **B** anche **agg.**: *ingegnere p.*

progettìstica [da *progettista* ✱ 1942] **s. f.** ● attività volta a ideare e realizzare progetti industriali

progettìstico [1958] **agg. (pl. m. *-ci*)** ● che riguarda i progetti

♦**progètto** [fr. *projet*, da *projeter* 'progettare' ✱ 1553] **s. m. 1** idea su qlco. da farsi, intenzione, proposito, anche vago: *ho in p. un viaggio all'estero*; *fare progetti*; *che progetti hai per le vacanze?*; *per ora non ho nessun p.*; *progetti di matrimonio* **2** piano di lavoro, ordinato e particolareggiato: *p. di riorganizzazione aziendale* | ***p. di legge***, schema di una futura legge presentato al Parlamento per la discussione e l'eventuale approvazione | ***essere in p.***, essere in fase di preparazione, di progettazione | ***contratto di collaborazione a p.***, nell'attuale legislazione del lavoro, formula che associa l'impiego del lavoratore alla realizzazione di uno specifico progetto; in sigla *Co.Co.Pro.* **3** (*ing.*) insieme di calcoli, disegni e altri elaborati necessari a definire le forme e le caratteristiche tecniche e strutturali di una costruzione o di un prodotto industriale: *il p. di una strada, di una nuova automobile* | ***p. di massima***, che indica una soluzione non particolareggiata, con analisi sommaria dei costi | ***p. esecutivo***, completo di tutti i calcoli, disegni e particolari tecnici, preventivi e capitolati ‖ **progettàccio**, **pegg.** | **progettino**, **dim.** | **progettóne**, **accr.**

progettuale [1980] **agg.** ● di progetto | relativo a un progetto e alla sua elaborazione ‖ **progettualità**, **s. f. inv.** caratteristica di ciò che è progettuale; attitudine a elaborare progetti

proginnàṣma [vc. dotta, lat. *progў́mnasma*, dal gr. *progýmnasma* 'esercizio preparatorio', da *progymnázein* 'esercitare prima', comp. di *pró* 'prima' (V. *pro-*②) e *gymnázein* 'esercitare', da *gymnás* 'esercitato, atleta' (V. *ginnasta*) ✱ 1607] **s. m.** (**pl.** *-i*, † *-ati*) ● (*lett.*) esercitazione letteraria, oratoria

proglòttide [vc. dotta, gr. *proglōssís*, genit. *proglōssídos* 'punta della lingua', comp. di *pró* 'davanti' (V. *pro-*②) e *glôssa* 'lingua' (V. *glossa* nel sign. 4) ✱ 1875] **s. f.** ● (*zool.*) ciascuno dei segmenti in cui è diviso il corpo di alcuni vermi Cestodi

prognatiṣmo [comp. di *prognat(o)* e *-ismo* ✱ 1884] **s. m.** ● (*anat.*) abnorme sporgenza, della mandibola o dell'osso mascellare o di entrambi, rispetto alla radice del naso

prognàto o (*raro*) **prògnato** [comp. di *pro-*② 'in avanti' e del gr. *gnáthos* 'mascella' (V. *gnato-*, *-gnato*) ✱ 1863] **agg. e s. m. (f. *-a*)** ● (*antrop.*, *med.*) che (o chi) presenta prognatismo

prògne [dal n. della figlia del re ateniese Pandione, che, secondo la leggenda mitologica, fu trasformata in rondine ✱ av. 1374] **s. f.** ● (*poet.*) rondine

prògnoṣi [vc. dotta, lat. tardo *prognōsi(m)*, dal gr. *prógnōsis* 'previsione', da *progignṓskein* 'prevedere, giudicare prima', comp. di *pró* 'prima' (V. *pro-*②) e *gignṓskein* 'conoscere', di orig. indeur. ✱ 1765] **s. f. inv.** ● (*med.*) giudizio clinico sulla evoluzione futura della malattia in esame: *p. fausta, infausta*; *p. di dieci giorni* | ***p. riservata***, formula usata quando non è possibile fare alcuna previsione sull'esito di una malattia data la gravità del quadro clinico | ***sciogliere la p.***, fornirla, spec. quando il paziente è fuori pericolo

prognosticàre e deriv. ➤ **pronosticare** e

deriv.

prognòstico [vc. dotta, gr. *prognōstikón* 'pronostico', nt. sost. di *prognōstikós* 'atto a conoscere', da *prógnōsis* 'previsione' (V. *pronostico*) * 1619] **A** agg. (pl. m. *-ci*) ● di prognosi: *giudizio p.* **B** s. m. **1** (*raro*) pronostico **2** (*raro*) prognosi

♦**progràmma** [vc. dotta, lat. tardo *prŏgrămma*, dal gr. *prógramma* 'pubblico avviso, programma', da *prográphein* 'scrivere prima', comp. di *pró* 'prima' (V. *pro-*②) e *gráphein* 'scrivere' (V. *grafo-*) * av. 1660] s. m. (pl. *-i*) **1** esposizione, enunciazione di ciò che è necessario o che ci si propone di fare: *p. di lavoro*; *p. politico, economico*; *il p. della manifestazione*; *attenersi al p. fissato* | ***essere in p.***, essere inserito in un programma; (*est.*) essere previsto: *le elezioni sono in p. il 27 gennaio*; *non sono in p. nuovi investimenti* | ***mettere in p.***, programmare; (*est.*) prevedere, tener presente: *bisogna mettere in p. anche qualche sosta per mangiare* | (*colloq.*) ***essere tutto un p.***, essere indicativo, lasciar prevedere ciò che avverrà: *già il suo atteggiamento al nostro arrivo era tutto un p.* | (*est.*) proposito, progetto: *non avere programmi*; *ha fatto un p. per la serata*; *abbiamo in p. un viaggio a Londra* **2** piano di lavoro e di studi da realizzare entro un certo periodo scolastico: *p. d'esame*; *svolgere il p.*; *prepararsi su tutto il p.* **3** opuscolo contenente le informazioni essenziali su uno spettacolo o su una serie di spettacoli: *il p. di un concerto*; *il p. annuale di un teatro* | ***fuori p.***, esibizione non inserita nel programma; (*fig.*) cosa inaspettata e imprevista **4** trasmissione radiofonica o televisiva: *un buon p.*; *i programmi della serata* **5** (*inform.*) sequenza di istruzioni codificate secondo un determinato linguaggio che, inserite in un computer, lo abilitano a eseguire un ciclo completo di operazioni: *p. di scrittura* **6** in un elettrodomestico, ciclo di operazioni: *il p. veloce della lavastoviglie* **7** (*mus.*) nella loc. ***musica a p.***, quella che segue un modello extra-musicale || **programmàccio**, pegg. | **programmino**, dim. | **programmóne**, accr. | **programmùccio**, dim.

programmàbile [1973] agg. ● che si può programmare: *un elettrodomestico p.*; *un evento, un intervento chirurgico p.* || **programmabilità**, s. f. inv.

programmàre [da *programma* * 1867] **A** v. tr. **1** prestabilire, organizzare con un programma: *p. un'azione comune* | progettare: *p. un viaggio* | includere in un programma: *p. uno spettacolo* **2** predisporre un congegno o una macchina a effettuare determinate operazioni: *p. la lavastoviglie, il videoregistratore* | (*inform.*) redigere un programma di elaborazione per un sistema elettronico **3** formulare un programma economico ed enunciare i mezzi di attuazione **B** **programmàrsi** v. rifl. ● programmare la propria attività, le proprie scadenze: *è bravo nel programmarsi*

programmàtico [1885] agg. (pl. m. *-ci*) ● relativo a un programma: *dichiarazioni programmatiche* | ispirato a un programma || **programmaticaménte**, avv. come programma; regolarmente, di proposito || **programmaticità**, s. f. inv.

programmàto part. pass. di *programmare*; anche agg. **1** nei sign. del v. **2** ***istruzione programmata***, tecnica didattica consistente spec. in una serie di spiegazioni e di relative domande, coordinate scientificamente, intesa a facilitare all'allievo l'apprendimento delle nozioni fondamentali di una data materia

programmatóre [1963] s. m. (f. *-trice*) **1** (*inform.*) chi è addetto alla redazione dei programmi in base ai quali operano i sistemi elettronici per l'elaborazione dei dati **2** chi sostiene la programmazione economica

programmatòrio [1966] agg. (pl. m. *-i* o *raro -ii*) ● di programmazione, relativo alla programmazione: *capacità programmatorie*

♦**programmazióne** [1931] s. f. **1** elaborazione, organizzazione di qlco. in base a un programma | inclusione, presentazione all'interno di un programma: *film di prossima p.* | insieme di programmi radiotelevisivi SIN. palinsesto **2** impostazione di un'attività economica, industriale o commerciale sulla base di direttive e piani stabiliti **3** (*inform.*) sequenza di istruzioni fornite a un elaboratore elettronico per l'esecuzione di una determinata elaborazione | ***p. automatica***, ogni tecnica che permetta di farsi aiutare dall'elaboratore nel lavoro di programmazione | ***p. orientata agli oggetti, p. a oggetti***, tipo di programmazione nella quale il programma viene considerato come un insieme di oggetti che interagiscono tra loro sulla base di attributi e funzionalità loro assegnati **4** (*mat.*) ***p. lineare***, tecnica di ricerca dei massimi (o minimi) di una funzione lineare di più variabili, sottoposte a vincoli anch'essi lineari **5** (*pedagogia*) ***p. educativa, didattica***, nella scuola italiana, progetto organico che definisce gli obiettivi finali, intermedi e immediati dell'azione didattica e procede a costanti verifiche dei risultati conseguiti

programmìsta [1913] s. m. e f. (pl. m. *-i*) **1** (*raro*) chi è responsabile di una programmazione **2** chi progetta o realizza programmi radio-televisivi

progrediménto [1816] s. m. ● (*disus.*) progresso

progredìre [vc. dotta, lat. *prōgredi*, comp. di *prō* 'avanti' (V. *pro-*①) e *grădi* 'camminare' (V. *grado*②) * sec. XIV] v. intr. (*io progredìsco, tu progredìsci*; aus. *avere* con soggetto di persona, *essere* o *raro avere* con soggetto di cosa) **1** andare avanti, procedere verso il compimento di qlco.: *il lavoro progredisce*; *p. negli studi* SIN. avanzare CONTR. regredire **2** fare progressi: *le tecniche sono molto progredite* SIN. migliorare **3** (*lett.*) avanzare in un luogo: *i naviganti ... non possono né p. né retrocedere* (U. FOSCOLO)

progredito part. pass. di *progredire*; anche agg. **1** perfezionato, di livello avanzato: *una tecnica progredita* **2** che ha raggiunto un alto livello civile, sociale e sim.: *i Paesi più progrediti*

progress, in ➤ **in progress**

progressióne [vc. dotta, lat. *progressiōne(m)*, da *progrĕssus*, part. pass. di *prōgredi* 'progredire' * 1494] s. f. **1** il progredire | aumento, avanzamento, accrescimento che si verifica con regolarità e continuità: *una p. lenta*; *essere in costante p.* CONTR. regresso **2** (*mat.*) ***p. aritmetica***, successione di numeri tali che la differenza fra due numeri consecutivi sia costante | ***p. geometrica***, successione di numeri tali che il rapporto di due numeri consecutivi sia costante | ***aumentare in p. geometrica***, (*fig.*) rapidamente, vertiginosamente **3** (*mus.*) ripetizione di uno stesso inciso melodico o armonico, partendo da note diverse: *p. ascendente, discendente* **4** (*sport*) serie di esercizi che sviluppano un tema con un crescendo di difficoltà o di intensità

progressìsmo [comp. di *progress(o)* e *-ismo* * 1849] s. m. ● opinione, posizione e tendenza di chi è progressista

progressìsta [1844] s. m. e f.; anche agg. (pl. m. *-i*) ● chi (o che) è favorevole a idee e movimenti innovatori in campo politico, economico e sociale: *un partito di progressisti*; *tendenze, idee progressiste* CONTR. conservatore

progressìstico [1847] agg. (pl. m. *-ci*) ● (*raro*) del progressismo, dei progressisti || **progressisticaménte**, avv.

progressìvo [dal lat. *progrĕssus*, part. pass. di *prōgredi* 'progredire' * av. 1328] agg. **1** che procede, va avanti seguendo un andamento più o meno regolare e continuo: *aumento, calo p.* SIN. graduale CONTR. regressivo **2** (*lett.*) che tende verso il progresso | (*raro*) progressista **3** (*ling.*) detto di forma verbale che indica un'azione che si sta compiendo (per es. *sta leggendo*) | detto di assimilazione in cui l'elemento assimilante precede quello assimilato **4** (*dir.*) di aliquota che aumenta col crescere della base imponibile: *imposta progressiva* | ***reato p.***, che comporta necessariamente ed assorbe in sé anche la commissione di un altro reato meno grave **5** (*mus.*) detto di un tipo di musica jazz che fonde elementi propriamente jazzistici con altri di tradizione europea come l'atonalità **6** detto di lente da occhiali, varifocale || **progressivaménte**, avv. con progressione; gradatamente || **progressività**, s. f. inv. caratteristica di ciò che è progressivo: *la progressività delle imposte sul reddito*

♦**progrèsso** [vc. dotta, lat. *progrĕssu(m)*, da *progrĕssus*, part. pass. di *prōgredi* 'progredire' * sec. XIV] s. m. **1** avanzamento, evoluzione graduale e continua di qlco.: *i progressi della tecnica*; *il rapido p. di una malattia*; *voi averete inteso il p. del mio viaggio* (P. BEMBO) | ***in p. di tempo***, con l'andar del tempo CONTR. regresso **2** profitto, miglioramento: *fare progressi negli studi*; *il paziente ha fatto dei progressi* **3** avanzamento verso forme migliori nel campo delle conoscenze spec. scientifiche, delle relazioni sociali, dei costumi, dei mezzi di vita: *avere fede nel p.*; *p. sociale*

SFUMATURE ➤ ***civiltà***

♦**proibìre** [lat. *prohibēre* 'tener lontano' (propr. 'tener davanti'), comp. di *prō* 'davanti' (V. *pro-*①) e *habēre* 'avere' * av. 1375] v. tr. (*io proibìsco, tu proibìsci*) **1** imporre di non fare qlco. (+ *a*, + *di* seguito da inf., + *che* seguito da congtv.): *p. le adunanze, le manifestazioni*; *p. l'ingresso agli estranei*; *p. a qlcu. di entrare, di muoversi*; *è proibito fumare*; *Lei non può p. che mi si venga a far visita* (L. PIRANDELLO) SIN. vietare CONTR. permettere **2** (*est.*) non dare la possibilità di fare qlco.: *il vento proibisce di navigare* SIN. impedire **3** (*lett.*) fare oggetto di una proibizione: *p. qlcu. dal fare qlco.*; *gli spartani furono ... proibiti saper di lettera* (G. VICO)

SFUMATURE ➤ ***impedire***

proibitìvo [av. 1406] agg. **1** che ha potere di proibire: *decreto p.* | che mira a proibire: *provvedimento p.* **2** (*est.*) che limita o impedisce ciò che si vorrebbe fare: *non si può partire, le condizioni del tempo sono proibitive* | ***prezzo p.***, molto alto || **proibitivaménte**, avv. (*raro*) in modo proibitivo

♦**proibìto** o †**proìbito** part. pass. di *proibire*; anche agg. ● che non è concesso, che è vietato da una qualsiasi autorità: *attività proibite dalla legge* | ***colpo p.***, spec. nel pugilato, colpo non ammesso dal regolamento; (*fig.*) azione sleale | ***giochi proibiti***, giochi d'azzardo nei locali pubblici; giochi erotici, spec. trasgressivi | ***sogni proibiti***, desideri irrealizzabili | ***frutto p.***, quello che Dio proibì di mangiare ad Adamo ed Eva; (*fig.*) cosa irraggiungibile e, quindi, molto desiderata

proibitóre [vc. dotta, lat. *prohibitōre(m)*, da *prohĭbitus*, part. pass. di *prohibēre* 'proibire' * 1618] s. m. (f. *-trice*) ● (*raro*) chi proibisce

proibitòrio [vc. dotta, lat. *prohibitōriu(m)*, da *prohĭbitor*, genit. *prohibitōris* 'proibitore' * 1741] agg. (pl. m. *-i* o *raro -ii*) ● (*raro*) che proibisce

proibizióne [vc. dotta, lat. *prohibitiōne(m)*, da *prohĭbitus*, part. pass. di *prohibēre* 'proibire' ✱ 1363] **s. f.** ● imposizione di non fare qlco.: *vige la p. di vendere al pubblico* SIN. divieto CONTR. autorizzazione

SFUMATURE DI SIGNIFICATO
proibizione - interdizione - tabù
Il divieto di fare qualcosa si chiama generalmente **proibizione**. Se la proibizione è imposta d'autorità da un ente giurisdizionale o amministrativo si parla di **interdizione**. **Tabù** è invece termine originariamente connesso con la sfera religiosa, dove designa ciò che è proibito per ragioni di carattere sacro; in riferimento alla sfera morale o sessuale indica un divieto introiettato e radicato profondamente nella coscienza, la cui inosservanza genera sensi di colpa e conflitti in chi la commette, e riprovazione e scandalo in chi la osserva; in uso estensivo *tabù* indica una proibizione assurda, ingiustificata.
SFUMATURE ➤ *inibizione*

proibizionìsmo [ingl. *prohibitionism*, da *prohibitionist* 'proibizionista' ✱ av. 1926] **s. m.** ● proibizione di produrre e vendere bevande alcoliche, attuata spec. negli Stati Uniti dal 1919 al 1933 | (*est.*) legislazione che proibisce e reprime il commercio o il consumo di sostanze stupefacenti

proibizionìsta [ingl. *prohibitionist*, da *prohibition* 'proibizione' ✱ 1917] **s. m. e f.; anche agg.** (**pl. m.** *-i*) ● sostenitore del proibizionismo

proibizionìstico [1930] **agg.** (**pl. m.** *-ci*) ● relativo al proibizionismo, basato sul proibizionismo: *regime p.*

†**prociènte** [vc. dotta, lat. *prociĕnte(m)*, part. pres. di *proĭcere* 'gettare avanti' (V. *progettare*) ✱ 1632] **agg.; anche s. m.** ● detto di corpo che imprime moto a un altro corpo

♦**proiettàre** [vc. dotta, lat. *proiectāre* (V. *progettare*) ✱ av. 1496] **A** **v. tr.** (*io proiètto*) **1** gettare, scagliare fuori o avanti: *i paracadutisti furono proiettati dall'aereo* SIN. lanciare **2** (*fig.*) trasferire nel tempo o verso una condizione diversa: *p. le proprie speranze nel futuro, verso il futuro*; *p. sui figli le proprie ambizioni* **3** (*cinema*) riprodurre su uno schermo una diapositiva o una pellicola mediante un proiettore **4** (*mat.*) eseguire una proiezione **B** **proiettàrsi** **v. rifl. e intr. pron.** **1** gettarsi, scagliarsi fuori o avanti: *i paracadutisti si proiettarono fuori dall'aereo uno dopo l'altro* **2** (*fig.*) immaginarsi in una condizione diversa: *proiettarsi nel futuro, verso il futuro*; *uno stato d'animo attuale che si proietta sul passato* (C. PAVESE) **3** detto di luce od ombra, protendersi, andare a cadere (+ *su*): *l'ombra del salice si proiettava sul lago*

proiettàto **part. pass.** di *proiettare*; **anche agg.** ● nei sign. del v. | (*fig.*) rivolto verso la realtà esterna: *Questo preteso introverso era ... p. sul fuori, sulle cose del mondo* (I. CALVINO)

proiettifìcio [comp. di *proietto* e *-ficio* ✱ 1918] **s. m.** ● stabilimento per la fabbricazione di proiettili

proièttile [da *proietto* ✱ 1749] **s. m.** ● qualunque corpo che può essere lanciato nello spazio mediante un congegno, spec. un'arma da fuoco, capace di conferirgli una forte velocità iniziale

proiettìvo [da *proietto* ✱ 1749] **agg.** **1** (*mat.*) relativo a proiezione o a proiettività | ***carattere p.***, proprietà intrinseca a tutti quegli enti geometrici che si mantengono invarianti rispetto alle operazioni di proiezione e sezione **2** (*psicoan.*) relativo a proiezione **3** (*psicol.*) ***test p., tecnica proiettiva***, situazione relativamente non strutturata, come macchie d'inchiostro, frasi incomplete e sim., a cui una persona viene messa di fronte con il compito di rispondere con ampia libertà, rivelando in tal modo tratti della propria personalità ‖ **proiettività**, **s. f. inv.** **1** caratteristica di ciò che è proiettivo **2** (*mat.*) corrispondenza biunivoca e continua, che risulta stabilita tra forme geometriche, l'una dall'altra deducibili mediante un numero finito di operazioni di proiezione e sezione

proiètto [vc. dotta, lat. *proiĕctu(m)*, part. pass. di *proĭcere* 'gettare avanti' (V. *progettare*) ✱ 1631] **s. m.** **1** (*milit.*) corpo lanciato da un pezzo di artiglieria mediante una carica di lancio o un propellente: *la traiettoria, l'azione d'urto di un p.* **2** (*geol.*) frammento piroclastico solido, lanciato da un vulcano, costituito da rocce sedimentarie, plutoniche, metamorfiche, o da lave consolidate di eruzioni precedenti

proiettóre [fr. *projecteur*, dal lat. *proiĕctus*, part. pass. di *proĭcere* 'gettare avanti' (V. *progettare*) ✱ 1913] **s. m.** **1** apparecchio che, mediante specchi o lenti, convoglia in una determinata direzione il fascio luminoso prodotto da una sorgente ed è destinato a illuminare oggetti anche lontani | ***proiettori per autoveicoli***, quelli applicati sui lati anteriore e posteriore di un autoveicolo per illuminare la strada: *proiettori abbaglianti* o *di profondità, anabbaglianti* o *di incrocio, fendinebbia, retromarcia* **2** apparecchio che proietta su uno schermo diapositive, pellicole cinematografiche o immagini generate da un computer **3** (*milit.*) apparecchio in dotazione a speciali reparti del Genio per illuminare di notte il campo di battaglia SIN. fotoelettrica

†**proiettùra** [vc. dotta, lat. *proiectūra(m)*, da *proiĕctus*, part. pass. di *proĭcere* 'gettare avanti' (V. *progettare*) ✱ av. 1472] **s. f.** ● (*archit.*) aggetto, sporgenza di una costruzione

proiezióne [vc. dotta, lat. *proiectiōne(m)*, da *proiĕctus*, part. pass. di *proĭcere* 'gettare avanti' (V. *progettare*) ✱ av. 1537] **s. f.** **1** il proiettare, il venire proiettato: *la p. delle ombre* **2** trasmissione di un'immagine luminosa su di uno schermo, ottenuta facendo attraversare da un forte fascio di luce una pellicola impressionata o un disegno posto in un supporto trasparente | (*est.*) spettacolo cinematografico **3** rappresentazione di una figura spaziale su di un piano usando sistemi diversi | ***p. cartografica***, procedimento che, nella costruzione di una carta geografica, consente, con una certa approssimazione, di portare su un piano la superficie curva della Terra | ***p. prospettica***, eseguita, secondo le leggi della prospettiva, su un piano tangente a un punto della superficie del globo osservato da un determinato punto di vista | ***p. di sviluppo***, eseguita proiettando i punti del globo su una superficie conica o cilindrica tangente o secante il globo stesso | ***p. ortogonale***, eseguita proiettando i punti della figura lungo linee perpendicolari al piano dato **4** (*stat.*) previsione basata su dati parziali | ***p. demografica***, calcolo dello sviluppo futuro di una popolazione | ***p. elettorale***, previsione dei risultati di un'elezione politica o amministrativa, effettuata sulla base dei primi risultati conosciuti **5** (*raro*) lancio, tiro, spec. di un proiettile **6** (*fig.*) trasposizione su un piano o verso una condizione diversa: *È sempre solo una p. di se stesso che l'autore mette in gioco nella scrittura* (I. CALVINO) | (*psicoan.*) spostamento inconscio degli impulsi rimossi da parte dell'Io dall'interno all'ambiente esterno, spec. su persone a cui detti impulsi vengono attribuiti in forma più o meno travisata CFR. introiezione

proiezionìsta [da *proiezione* ✱ 1933] **s. m. e f.** (**pl. m.** *-i*) ● operaio specializzato addetto alla macchina da proiezione cinematografica

proinsulìna [vc. dotta, comp. di *pro-*① e *insulina* ✱ sec. XX] **s. f.** ● (*chim.*) precursore inattivo dell'insulina

pròject /'prɔdʒet, *ingl.* 'prɒdʒɛkt/ [vc. ingl., propr. 'progetto, programma' ✱ 1966] **s. m. inv.** ● progetto, in alcune loc. sost. inv. | ***p. financing***, finanza di progetto (comp. con *financing* 'finanza') | (*org. az.*) ***p. manager***, dirigente responsabile della gestione delle risorse e dell'organizzazione, programmazione e verifica gestionale delle attività di lavoro | ***p. bond***, V. *bond*

prolammìna [comp. di *pro(lina)*, *amm(oniaca)* e *-ina* ✱ 1930] **s. f.** ● (*chim.*) membro di una classe di proteine vegetali comprendenti la gliadina

prolassàto [1892] **agg.** ● (*med.*) detto di organo che ha subìto un prolasso

prolàsso [vc. dotta, lat. tardo *prolăpsu(m)*, da *prolăpsus*, part. pass. di *prolābi* 'scivolare in avanti', comp. di *prō* 'davanti' (V. *pro-*①) e *lābi* 'scivolare', di etim. incerta ✱ av. 1718] **s. m.** ● (*med.*) fuoriuscita di un viscere dalla cavità in cui è contenuto, attraverso un'apertura naturale: *p. rettale, uterino*

†**prolàto** [vc. dotta, lat. *prolātu(m)*, part. pass. di *profĕrre* (V. *proferire*) ✱ av. 1342] **agg.** ● proferito, pronunciato

prolattìna [comp. di *pro-*②, *latt(e)* e *-ina* ✱ 1958] **s. f.** ● (*biol.*) ormone secreto dal lobo anteriore dell'ipofisi, che attiva la secrezione del latte dopo il parto

prolazióne [vc. dotta, lat. tardo *prolatiōne(m)*, da *prolātus* 'prolato' ✱ av. 1328] **s. f.** **1** †loquela, parlata: *eloquentissimo fu, e facondo, e con ottima e pronta p.* (G. BOCCACCIO) **2** nella musica mensurale, l'insieme dei segni che designavano il valore relativo delle note

♣**pròle** [vc. dotta, lat. *prōle(m)*, comp. di *prō* 'davanti' (V. *pro-*①) e un deriv. di *ălere* 'nutrire' (V. *almo*①) ✱ 1321] **s. f.** (**pl.** †*proli*) **1** l'insieme dei figli facenti parte di una famiglia: *avere una p. numerosa*; *la legittima p.*; *essere sposato con p., senza p.* | (*lett.*) i piccoli di un animale o i germogli di una pianta SIN. discendenza, figliolanza **2** (*est., lett.*) generazione, progenie | ***l'umana p.***, il genere umano **3** (*lett.*) figlio, discendente: *era Atteone ... d'Aristeo / unica p.* (G.B. MARINO)

prolegàto [vc. dotta, lat. tardo *prolegātu(m)*, comp. di *pro-*① e *legātus* 'legato' ✱ av. 1598] **s. m.** ● (*stor.*) chi faceva le veci di un legato pontificio

prolegòmeni [vc. dotta, gr. *prolegómena* 'cose dette prima', part. pres. medio nt. pl. di *prolégein* 'dire prima', comp. di *pró* 'avanti, prima' (V. *pro-*②) e *légein* 'dire', di orig. indeur. ✱ av. 1556] **s. m. pl.** ● discorso introduttivo a un'opera | trattato introduttivo allo studio di un autore o di una scienza

prolèssi o **prolèpsi** [vc. dotta, lat. tardo *prolēpsi(n)*, dal gr. *prólēpsis*, da *prolambánein* 'prendere prima, anticipare', comp. di *pró* 'prima' (V. *pro-*②) e *lambánein* 'prendere' (V. *astrolabio*) ✱ 1540] **s. f. inv.** **1** (*ling.*) procedimento sintattico consistente nell'anticipazione, spesso mediante un pronome, di una o più parole o di un'intera frase successiva; per es.: *tu sai la mamma come si preoccupa se rientri tardi*; *Vuol questo il Ciel e la sventura mia, / che io sia forzato amar quel viso altero?* (M.M. BOIARDO) | in un testo narrativo, anticipazione di avvenimenti posteriori al tempo della narrazione CFR. analessi **2** (*ling.*) figura retorica che consiste nel prevenire un'obiezione confutandola; per es.: *e non è vero, come qualcuno potrebbe pensare, che lei non ne sapesse niente* | figura retorica consistente nell'enunciare come contemporaneo dell'azione un fatto che dell'azione sarà il risultato; per es.: *e infine riuscirono a domare le mansuete belve* (cioè 'a domare le belve che divennero mansuete') **3** (*filos.*) nella logica

p

degli epicurei e degli stoici, nome con cui sono indicati i concetti generali (di genere, specie ecc.) preesistenti all'esperienza e in grado di anticipare le conoscenze future

proletariàto [fr. *prolétariat*, dal lat. *proletārius* 'proletario' ✱ 1851] **s. m.** ● classe sociale con reddito basso o minimo, contrapposta alla classe che detiene il potere economico e politico: *p. agricolo, industriale*; *p. intellettuale* | nella teoria marxista, classe sociale formata dai lavoratori salariati che, non possedendo i mezzi di produzione, traggono il reddito esclusivamente dalla vendita del proprio lavoro

proletàrio [vc. dotta, lat. *proletāriu(m)*, da *prōles* 'prole' ✱ sec. XIV] **A s. m. 1** nel diritto romano, cittadino privo del censo sufficiente per l'iscrizione in una delle cinque classi in cui era diviso il popolo **2** (f. *-ia*) chi appartiene al proletariato **B agg.** ● dei proletari, formato da proletari: *classe proletaria*; *l'appropriazione indebita l'avevamo battezzata: 'spesa proletaria'* (D. Fo) ‖ **proletariaménte**, avv. (*raro*) in modo proletario; dal punto di vista del proletariato

proletarizzàre [1891] **A v. tr.** ● ridurre a condizione proletaria: *p. la classe media* **B proletarizzàrsi v. intr. pron.** ● ridursi a condizione proletaria ‖ **proletarizzazióne**, s. f.

prolèttico [vc. dotta, gr. *prolēptikós*, da *prólēpsis* 'prolessi' ✱ 1958] **agg.** (pl. m. *-ci*) ● (*ling.*, *filos.*) di prolessi ‖ **proletticaménte**, avv. mediante prolessi

pro life /pro'laif, *ingl.* ˌprəʊ'laɪf/ [loc. ingl., propr. 'pro vita (*life*)' ✱ 1988] **loc. agg.; anche loc. sost. m. e f. inv.** ● che (o chi), di fronte alla decisione relativa a un aborto, considera preminenti i diritti e la vita del nascituro | che (o chi), di fronte a una decisione medica che coinvolge la prospettiva di vita e le condizioni di sopravvivenza di una persona, considera preminente la salvaguardia della vita

proliferàre [da *prolifero* ✱ 1937] **v. intr.** (*io prolifero*; aus. *avere*) **1** (*biol.*) crescere per proliferazione **2** (*fig.*) sorgere e diffondersi moltiplicandosi con grande rapidità: *è una moda che sta proliferando dappertutto*

proliferativo [1958] **agg.** ● (*biol.*) relativo alla proliferazione

proliferazióne [da *proliferare* ✱ 1875] **s. f. 1** (*biol.*) processo di produzione di nuove cellule per divisione delle precedenti | insieme di cellule prodotte per divisione di altre **2** (*fig.*) diffusione, espansione rapida e incontrollata: *la p. dei complessi di musica rock* CFR. non proliferazione

prolìfero [comp. di *prole* e *-fero*, sul modello di *fruttifero* ✱ av. 1764] **agg. 1** (*biol.*) che genera per proliferazione **2** (*raro*) prolifico

prolificàre [da *prolifico* ✱ av. 1460] **v. intr.** (*io prolifico, tu prolifichi*; aus. *avere*) **1** (*biol.*) generare altri organismi della stessa specie **2** (*bot.*) produrre germogli, detto di piante **3** generare prole, detto di uomini e animali **4** (*fig.*) riprodursi, espandersi: *idee che prolificano facilmente* ‖ **prolificazióne**, s. f.: *la prolificazione dei batteri delle zanzare*

✤**prolìfico** [comp. di *prol(e)* e *-ifico* ✱ 1441] **agg.** (pl. m. *-ci*) **1** che genera o ha generato molta prole: *donna prolifica* CONTR. sterile **2** (*fig.*) che ha prodotto molte opere: *autore, scrittore, regista p.* ‖ **prolificità**, s. f. inv. caratteristica di chi (o di ciò che) è prolifico (*anche fig.*): *la prolificità di una coppia*; *la prolificità di un artista* SIN. fecondità CONTR. sterilità

SFUMATURE ➤ *fecondo*

prolìna [ted. *Prolin* da *p(yr)roli(di)n* 'pirrolidina' ✱ 1954] **s. f.** ● (*chim.*) amminoacido ciclico presente nelle proteine

prolissità [vc. dotta, lat. *prolixitāte(m)*, da *prolīxus* 'prolisso' ✱ sec. XIV] **s. f. inv.** ● caratteristica di chi (o di ciò che) è prolisso CONTR. concisione, laconicità

✤**prolìsso** [vc. dotta, lat. *prolīxu(m)*, comp. di *prō* 'davanti' (V. *pro-*①) e un deriv. di *liquēre* 'essere liquido' (V. *liquido*) ✱ av. 1328] **agg. 1** che si diffonde troppo nei discorsi o negli scritti: *oratore, scrittore p.* | eccessivamente esteso e particolareggiato, detto di scritti, discorsi e sim.: *pagine prolisse*; *racconto p.* SIN. lungo, verboso CONTR. conciso, laconico **2** (*lett.*, *scherz.*) fluente, folto, lungo: *barba prolissa* **3** †prolungato nel tempo: *pena prolissa* ‖ **prolissaménte**, avv. in modo prolisso

pro lòco [lat., propr. 'in favore del luogo' ✱ 1926] **loc. sost. f. inv.** ● organizzazione tipica di località di villeggiatura o turistiche, che ha lo scopo di favorire e sostenere attività culturali e di potenziare il turismo

Pròlog /'prɔlog, *ingl.* 'prəʊˌlɒg/ [sigla ingl. di *Pro(gramming in) Log(ic)* 'programmazione in logica' ✱ 1985] **s. m. inv.** ● (*inform.*) linguaggio per la programmazione dei calcolatori elettronici, adatto ad applicazioni nel campo dell'intelligenza artificiale

prologàre [da *prologo* ✱ av. 1565] **v. intr.** (*io pròlogo*; aus. *avere*) **1** (*lett.*) comporre o recitare un prologo **2** †narrare qlco. in modo prolisso

✤**pròlogo** [vc. dotta, lat. *prŏlogu(m)*, dal gr. *prólogos*, comp. di *pró* 'avanti' (V. *pro-*②) e *lógos* 'discorso' (V. *logica*) ✱ 1261 ca.] **s. m.** (pl. *-ghi*) **1** scena costituita da un monologo introduttivo di un'opera teatrale CONTR. epilogo | personaggio che recita tale scena **2** (*mus.*) brano introduttivo di un'opera lirica: *il p. dei Pagliacci di Leoncavallo* **3** preambolo a un discorso **4** (*fig.*) preannuncio, antecedente di qlco. **5** (*sport*) nelle corse ciclistiche a tappe, la prima di esse, in genere breve e disputata a cronometro ‖ **prologhétto**, dim. | **prologhìno**, dim.

SFUMATURE ➤ *introduzione*

†**prolongàre** ➤ **prolungare**

prolùdere [vc. dotta, lat. *prolūdere* 'esercitarsi prima, prepararsi', comp. di *prō* 'avanti' (V. *pro-*①) e *lūdere* 'giocare', da *lūdus* 'gioco' (V. *ludo*) ✱ 1806] **v. intr.** (pass. rem. *io prolùṣi, tu proludésti*; part. pass. *prolùṣo*; aus. *avere*) **1** (*lett.*) pronunciare una prolusione **2** (*lett.*) cominciare una narrazione

prolùnga [calco sul fr. *prolonge*, da *prolonger* 'prolungare' ✱ sec. XV] **s. f. 1** qualunque elemento che serve ad allungare attrezzi, macchine, oggetti e sim.: *la p. del tavolo, del telefono* | filo elettrico che termina a un capo con una spina e all'altro con una presa, usato per rendere più lungo il cavo di alimentazione di uno strumento elettrico: *la p. della lucidatrice, della televisione* **2** †robusto cordame con cui un tempo si collegava l'affusto di un pezzo di artiglieria all'avantreno | carro a quattro ruote per il servizio d'artiglieria o del Genio **3** †passerella

prolungàbile [av. 1752] **agg.** ● che si può prolungare ‖ **prolungabilità**, s. f. inv.

prolungaménto [1336 ca.] **s. m. 1** allungamento, estensione nello spazio: *il p. della strada* | protrazione nel tempo: *degli esami, della conversazione* CONTR. accorciamento **2** ciò che si aggiunge per prolungare qlco., o punto in cui qlco. è stato prolungato: *il p. del viadotto*; *fermarsi sul p.* **3** (*ling.*) allungamento

◆**prolungàre** o †**prolongàre** [vc. dotta, lat. tardo *prolongāre*, da *lŏngus* 'lungo', col pref. *prō-* 'avanti' (V. *pro-*①) ✱ 1250 ca.] **A v. tr.** (*io prolùngo, tu prolùnghi*) **1** rendere più lungo nello spazio: *p. una linea della metropolitana* SIN. allungare CONTR. accorciare **2** fare durare di più: *p. l'attesa, un discorso* | prorogare (+ *di*): *p. un termine di alcuni mesi* **3** †differire, rimandare **B prolungàrsi v. intr. pron. 1** allungarsi, estendersi nello spazio o nel tempo: *un tracciato che si prolunga all'infinito*; *il promontorio si prolunga nel mare*; *una storia che si prolunga troppo* **2** indugiare, dilungarsi in un discorso: *ma che più mi prolungo io in raccontar quello, che a ciascun può essere manifesto?* (I. SANNAZARO)

†**prolungatìvo** [av. 1729] **agg.** ● che serve a prolungare

prolungàto part. pass. di *prolungare*; anche **agg.** ● nei sign. del v. | che si protrae nel tempo: *Di questa prolungata lontananza* (G. CARDUCCI) ‖ **prolungataménte**, avv. (*raro*) a lungo

prolungatóre [1546] **agg. e s. m.** (f. *-trice*) ● (*raro*) che (o chi) prolunga

prolungazióne [av. 1375] **s. f. 1** (*raro*) prolungamento **2** (*mus.*) nota di un accordo antecedente continuata sul susseguente e di tale natura da richiedere dopo di sé una soluzione

proluṣióne [vc. dotta, lat. *prolusiōne(m)*, da *prolūdere* 'proludere' ✱ 1676] **s. f. 1** discorso introduttivo: *p. a un convegno* **2** prima lezione tenuta da un professore assumendo una cattedra universitaria | discorso inaugurale di un anno accademico

prolùṣo part. pass. di *proludere* ● (*lett.*) nei sign. del v.

prolùvie [vc. dotta, lat. *prolŭvie(m)*, da *prolŭere* 'gettar fuori, bagnare, lavare', comp. di *prō* 'avanti' (V. *pro-*①) e *lŭere* 'lavare, bagnare', da *lavāre* 'lavare' ✱ av. 1714] **s. f. inv.** ● (*lett.*) inondazione, piena | †flusso | (*fig.*) abbondanza eccessiva, profluvio: *l'ultima p. di gelati* (L. SCIASCIA) CONTR. magra, siccità

promagistràto [comp. di *pro-*① e *magistrato* ✱ 1958] **s. m.** ● nel diritto romano, magistrato a cui il senato ha prorogato per un anno la durata della carica

promagistratùra [comp. di *pro-*① e *magistratura* ✱ 1958] **s. f.** ● nel diritto romano, ufficio del promagistrato

promanàre [vc. dotta, lat. tardo *promanāre*, comp. di *prō* 'davanti' (V. *pro-*①) e *manāre* 'sgorgare' (V. *emanare*) ✱ 1907] **A v. intr.** (aus. *essere*) ● diffondersi, emanare | (*fig.*) originarsi, derivare **B v. tr.** ● (*raro*) diffondere

promemòria [lat. *prō memŏria* 'per memoria' ✱ 1766] **s. m. inv.** ● appunto o breve nota scritti per ricordare a sé o ad altri ciò che si deve fare, dire e sim. SIN. memorandum

†**pròmere** [vc. dotta, lat. *prōmere* 'tirar fuori', comp. di *prō* 'avanti' (V. *pro-*①) ed *ĕmere* 'comprare, prendere' (V. *premio*) ✱ 1321] **v. tr.** (difett. usato solo nella terza pers. sing. del pres. indic. *pròme*) ● (*lett.*) palesare, manifestare, svelare: *in ogni loco la natura prome / ogni animale in terra, in aria, in onde* (L. DE' MEDICI) | (*poet.*) trarre, ricavare

promèrico [etim. incerta] **A agg.** (pl. m. *-ci*) ● (*tess.*) detto di tessuto impermeabile e poroso, di poliuretano rinforzato con poliestere **B** anche **s. m.**

◆**promèssa** [lat. *promĭssa*, pl. di *promĭssum*, part. pass. nt. sost. di *promĭttere* 'promettere' ✱ sec. XIII] **s. f. 1** impegno formale a fare qlco. o a comportarsi in un determinato modo: *fare una p. a qlcu.*; *mantenere la p.*; *mancare a una p.*; *liberare qlcu. da una p.*; *p. di matrimonio*; *si conosceva la forza degli invasori nella grandezza delle promesse* (I. NIEVO) | PROV. ***ogni p. è debito***, le promesse devono essere sempre mantenute | ***p. di marinaio***, (*fig.*) quella che viene subito dimenticata | †***pascere di promesse***, lusingare **2** (*fig.*) chi intraprende un'attività con ottimi risultati e

a b c d e f g h i j k l m n o p q r s t u v w x y z

fa sperare in una buona riuscita: *una giovane p. del tennis* **3** †obbligazione, malleveria

†promessióne ➤ **promissione**

†promessìvo ➤ **promissivo**

promésso **A** **part. pass.** di *promettere*; anche **agg.** **1** nei sign. del v. **2** ***terra promessa***, quella che Dio doveva concedere agli Ebrei; (*fig.*) paese fertilissimo, luogo felice, cosa lungamente e vivamente desiderata | ***sposi promessi***, fidanzati **B** **s. m.** **1** (**f.** *-a*) fidanzato, fidanzata: *I due promessi rimaser nascosti dietro l'angolo* (A. MANZONI) **2** †promessa

prometàbolo [comp. di *pro-*② e del gr. *metabolḗ* 'mutamento' ✱ 1983] **agg.** ● detto di insetto che presenta due stadi alati

prometèico [1902] **agg.** (**pl. m.** *-ci*) ● (*lett.*) del Titano Prometeo: *mito p.* | (*est.*) che esprime una sfida, anche votata al fallimento, contro un'autorità o un'imposizione superiore: *lo sforzo p. delle masse incatenate* (E. MONTALE) ‖ **prometeicaménte**, **avv.**

promettèo① [vc. dotta, lat. *Promethēu(m)*, dal gr. *Promḗtheios* ✱ 1342] **agg.** ● (*lett.*) del Titano Prometeo e del suo mito

promèteo② ➤ **promezio**

promettènte **part. pres.** di *promettere*; anche **agg.** **1** nei sign. del v. **2** che fa sperare buoni esiti futuri: *un affare p.*; *un giovane scrittore molto p.*

♦**prométtere** [lat. *promĭttere*, propr. 'mandare avanti', comp. di *prō* 'avanti' (V. *pro-*①) e *mĭttere* 'mandare' (V. *mettere*) ✱ 1065] **A** **v. tr.** (**coniug. come** *mettere*) **1** impegnarsi di fronte ad altri a fare qlco. o a comportarsi in un determinato modo (**+** *di* **seguito da inf.**, **+** *che*): *ha promesso di aiutarmi*; *mi promise un impiego*; *promettimi di riposarti*; *è un tipo che promette ma non mantiene*; *gli ho promesso che gli avrei restituito il debito al più presto*; *io ti prometto che tu non morrai* (G. BOCCACCIO) | ***p. mari e monti***, V. *mare* | ***p. la figlia in matrimonio a qlcu.***, impegnarsi a dargliela come moglie **2** (*fig.*) far presagire determinati esiti, in senso positivo o negativo (**+** *di* **seguito da inf.**): *il bel tempo promette di durare*; *questo vento promette pioggia*; *la situazione promette bene*; *il suo sguardo non prometteva niente di buono*; *è un ragazzo che promette*; (**anche impers.**) *prometteva di essere una bella giornata* **3** †dichiarare, affermare **B** **prométtersi** **v. tr. pron.** (**aus.** *essere*) **1** promettere qlco. l'uno all'altro (con valore recipr.) (**+** *di* **seguito da inf.**): *promettersi eterno amore*; *si lasciarono promettendosi di rivedersi presto* **2** (*lett.*) ripromettersi: *il quale ... si prometteva certa la vittoria* (F. GUICCIARDINI) **C** **prométtersi** **v. intr. pron.** ● (*lett.*) preannunciarsi, prospettarsi: *si prometteva, si lasciava vedere per aria, un altro gastigo oscuro* (A. MANZONI) **D** **prométtersi** **v. rifl.** ● impegnarsi, offrirsi, votarsi (**+** *a*): *promettersi a Dio*; *una giovine la quale aveva potuto promettersi a un poco di buono* (A. MANZONI)

promettitóre [1288] **s. m.** (**f.** *-trice*) ● (*lett.*) chi promette | chi fa molte promesse o promette grandi cose senza mantenerle

promèzio o (*disus.*) **promèteo**② [V. *prometeo*① ✱ 1983] **s. m.** ● elemento chimico, metallo appartenente al gruppo delle terre rare, non noto in natura, ma ottenuto nelle pile atomiche **SIMB.** Pm **NUM. AT.** 61

prominènte [vc. dotta, lat. *prominĕnte(m)*, part. pres. di *prominēre* 'essere sporgente', comp. di *prō* 'avanti' (V. *pro-*①). Per la seconda parte V. *eminente* ✱ av. 1494] **agg.** **1** che sporge in fuori da una superficie: *zigomi prominenti*; *naso p.* **SIN.** rilevato **CONTR.** rientrante **2** (*fig.*, *lett.*) preminente | prevalente ‖ **prominenteménte**, **avv.** (*raro*) in modo prominente

prominènza [vc. dotta, lat. *prominĕntia(m)*, da *prōminens*, genit. *prominĕntis* 'prominente' ✱ 1363] **s. f.** ● caratteristica di ciò che è prominente: *la p. dell'osso* | (*est.*) parte che sporge: *p. zigomatica* | (*lett.*) rialzo, altura **SIN.** elevazione, sporgenza **CONTR.** concavità, rientranza

promiscuità [1611] **s. f. inv.** **1** condizione di ciò che è promiscuo: *p. di lingue, di religioni* **SIN.** mescolanza **2** presenza in uno stesso luogo o convivenza di maschi e femmine, o di molte persone in genere, spec. sentita come fattore negativo

promìscuo [vc. dotta, lat. *promĭscuu(m)*, da avvicinare a *miscēre* 'mescolare' (V. *mescere*) ✱ 1499] **A** **agg.** **1** costituito da cose o persone mescolate fra loro in modo confuso e indistinto: *generi promiscui* | ***scuola promiscua***, per allievi dei due sessi | ***matrimonio p.***, fra persone che non sono della stessa etnia o religione | ***trasporto p.***, misto di persone e merci **SIN.** misto | caratterizzato da promiscuità (con una connotazione negativa): *quella promiscua oscurità popolata di avventure facili* (A. MORAVIA) **2** (*gramm.*) detto di nome che ha un'unica forma grammaticale per designare il maschio o la femmina (per es. *aquila* o *delfino*) **SIN.** epiceno ‖ **promiscuaménte**, **avv.** **B** **s. m.** ● (*gerg.*) autoveicolo di capienza variabile, atto al trasporto di persone e di merci

promìṣi ➤ **promettere**

promissàrio [dal lat. *promĭssum* 'promessa' ✱ 1718] **s. m.** (**f.** *-ia*) ● (*dir.*) il destinatario di una promessa unilaterale | ***p. acquirente, p. venditore***, parti di un contratto preliminare di vendita

promissióne o **†promessióne** [vc. dotta, lat. *promissiōne(m)*, da *promĭssus* 'promesso' ✱ 1219] **s. f.** **1** †promessa | †impegno, obbligazione | †nella Repubblica di Venezia, giuramento del Doge **2** (*disus.*) promessa di matrimonio: *era venuto ... per assistere alla p. della sorella* (I. SVEVO)

promissìvo o **†promessìvo** [vc. dotta, lat. tardo *promissīvu(m)*, da *promĭssus* 'promesso' ✱ 1551] **agg.** ● (*raro*) che costituisce promessa o serve a promettere ‖ **promissivaménte**, **avv.** (*raro*) in forma di promessa

†promissóre [vc. dotta, lat. *promissōre(m)*, da *promĭssus* 'promesso' ✱ sec. XIV] **s. m.** ● promettitore

promissòrio [da *promissore* ✱ 1427] **agg.** (**pl. m.** *-i* o *raro* *-ii*) ● (*dir.*) che riguarda o contiene una promessa: *donazione promissoria*

promittènte [vc. dotta, lat. *promittĕnte(m)*, part. pres. di *promĭttere* 'promettere' ✱ 1673] **s. m. e f.** ● (*dir.*) colui che si obbliga mediante promessa spec. unilaterale

pròmo /ˈprɔmo, *ingl.* ˈprəʊməʊ/ [1986] **A** **s. f. inv.** ● (*raro*) accorc. di *promotion* **B** **s. m. inv.** ● breve filmato, spec. televisivo, a carattere promozionale, contenente in rapida successione le immagini più significative di un film o di un qualunque spettacolo di imminente programmazione | ***promo-video***, video-clip **C** **anche agg. inv.**: *filmato p.*

Pròmocard® [vc. pseudo-ingl., comp. di *promo(tional)* 'promozionale' e *card* 'cartolina' ✱ 1989] **s. f. inv.** ● cartolina pubblicitaria

promontòrio [vc. dotta, lat. *promontōriu(m)*, comp. di *prō* 'avanti' (V. *pro-*①) e *mōns*, genit. *mōntis* 'monte' ✱ av. 1292] **s. m.** (**pl.** *-i* o *raro* *-ii*) **1** (*geogr.*) alta sporgenza della costa sul mare **SIN.** capo **2** (*anat.*) angolo sporgente in avanti formato dall'articolazione della quinta vertebra lombare con l'osso sacro **3** (*meteor.*) propaggine allungata di una zona di alta pressione che si estende in una zona a pressione inferiore ‖ **promontoriétto**, **dim.**

promòsso **A** **part. pass.** di *promuovere*; anche **agg.** ● nei sign. del v. **B** **s. m.** (**f.** *-a*) ● allievo di una scuola ammesso a una classe superiore: *elenco dei promossi*

promòter /proˈmɔter, *ingl.* prəˈməʊtə(r)/ [vc. ingl., propr. 'promotore' di attività commerciali o sportive ✱ 1984] **s. m. e f. inv.** **1** persona che svolge attività di lancio o promozione di un prodotto commerciale **2** chi cura gli interessi di personaggi di successo, spec. nel mondo dello spettacolo, programmandone le attività **SIN.** agente, manager **3** persona che si occupa dell'allestimento di manifestazioni sportive o spettacoli **SIN.** impresario, organizzatore

promòtion /proˈmɔʃʃon, *ingl.* prəˈməʊʃən/ [vc. ingl., dal fr. *promotion*: stessa etim. dell'it. *promozione* ✱ 1958] **s. f. inv.** ● promozione delle vendite

promotóre [dal lat. *promōtus*, part. pass. di *promovēre* 'promuovere' ✱ av. 1328] **A** **s. m.** (**f.** *-trice*) **1** chi promuove, chi porta avanti un'impresa, un'attività e sim.: *i promotori dell'impresa* **SIN.** fautore, iniziatore | (*econ.*) ***p. finanziario***, professionista abilitato a svolgere attività di sollecitazione del pubblico risparmio per conto di una società di intermediazione mobiliare o di un ente creditizio autorizzato **2** ***p. della fede***, ecclesiastico che, nei processi di beatificazione, rappresenta la legge, esamina i testimoni e i documenti, solleva le eccezioni di rito o di diritto | ***p. della giustizia***, ufficiale ecclesiastico che nei tribunali di ogni diocesi rappresenta la legge nelle cause contenziose di interesse pubblico e nelle cause criminali **B** **agg.** ● che promuove, che organizza qlco.: *il comitato p. della sottoscrizione*

promovèndo [vc. dotta, lat. *promovĕndu(m)*, gerundivo di *promovēre* 'promuovere' ✱ 1619] **agg. e s. m.** (**f.** *-a*) ● (*raro*) che (o chi) sta per essere promosso: *impiegato p.*; *l'attesa dei promovendi*

promòvere ➤ **promuovere**

promoviménto [av. 1292] **s. m.** ● (*raro*) il promuovere: *il p. di un'impresa, di un'attività*

promovitóre [1363] **agg. e s. m.** (**f.** *-trice*) ● (*raro, lett.*) promotore

promozionàle [da *promozione*, sul modello dell'ingl. *promotional* ✱ 1960] **agg.** ● relativo alla promozione di qlco, spec. di un prodotto: *svolgere un'attività p.*; *vendita, offerta p.* ‖ **promozionalità**, **s. f. inv.**

promozionàre [da *promozione* (delle vendite) ✱ 1967] **v. tr.** (*io promozióno*) ● (*comm.*) lanciare un prodotto sul mercato servendosi di opportune tecniche di propaganda | gestire la campagna promozionale di un prodotto

♦**promozióne** [vc. dotta, lat. tardo *promotiōne(m)*, da *promōtus*, part. pass. di *promovēre* 'promuovere' ✱ av. 1342] **s. f.** **1** passaggio a una classe superiore di studi: *l'alunno è in possesso di p.*; *ottenere la p. a giugno*; *p. per scrutinio, per esame* **CONTR.** bocciatura | avanzamento di una persona a grado di più alta responsabilità nell'ambito della sua attività | ***p. sociale***, avanzamento, miglioramento della condizione sociale **2** (*sport*) passaggio di una squadra da una serie o divisione inferiore ad una superiore, alla fine di un campionato: *lotta per la p.* **CONTR.** retrocessione | in alcuni sport, campionato minore, a carattere locale **3** impulso, sostegno dato a qlco.: *p. della lettura*; *p. dei diritti umani* | (*comm.*) attività diretta ad attirare l'attenzione su un prodotto, a incrementarne le vendite o a favorirne il successo: *p. attraverso concorsi a premi*; *p. di un libro, di un programma televisivo* **4** nel gioco degli scacchi, sostituzione del pedone, giunto in una casella dell'ultima fila, con un pezzo di maggior valore ‖ **promozioncìna**, **dim.**

prompt /prɔmt, *ingl.* ˈprɒmpt/ [vc. ingl.,

propr. 'pronto' ✱ 1985] **s. m. inv.** ● (*inform.*) messaggio presentato sullo schermo da un programma per richiedere un input all'utente

promulgaménto [1745] **s. m.** ● (*raro*) promulgazione

promulgàre [vc. dotta, lat. *promulgāre*, da *prō* 'avanti' (V. *pro-*①): la seconda parte sarà da avvicinare a *mulgēre* 'mungere' (?) ✱ av. 1375] **v. tr.** (*io promùlgo, tu promùlghi*) **1** fare oggetto di promulgazione: *p. una legge* **2** (*est.*, *raro*) diffondere, divulgare: *p. una teoria*

promulgatìvo [1983] **agg.** ● che serve a promulgare

promulgatóre [vc. dotta, lat. tardo *promulgatōre(m)*, da *promulgātus*, part. pass. di *promulgāre* 'promulgare' ✱ 1354] **agg. e s. m.** (**f.** *-trice*) ● che (o chi) promulga: *p. di una legge*

promulgazióne [vc. dotta, lat. *promulgatiōne(m)*, da *promulgātus*, part. pass. di *promulgāre* 'promulgare' ✱ 1623] **s. f. 1** atto con cui il Presidente della Repubblica dichiara formalmente valida e operante una legge, ordinandone la pubblicazione e quindi l'osservanza | analogo atto del Presidente di una Giunta regionale **2** divulgazione, emanazione

♦**promuòvere** o (*pop.*, *lett.*) **promòvere** [lat. *promovēre*, comp. di *prō* 'avanti' (V. *pro-*①) e *movēre* 'muovere' ✱ av. 1292] **v. tr.** (**coniug. come** *muovere*) **1** dare impulso a qlco., favorire, sostenere: *p. la cultura, le ricerche scientifiche* **CONTR.** ostacolare | fare la promozione commerciale di un prodotto o di un servizio: *p. un detersivo* **SIN.** promozionare **2** iniziare, indire, avviare qlco.: *p. una sottoscrizione, un referendum, i festeggiamenti* | ***p. una causa***, far sorgere un processo **SIN.** caldeggiare **3** fare avanzare a un grado o una classe superiore (+ *a*): *p. qlcu. al grado maggiore; p. un alunno dalla quarta alla quinta elementare* **CONTR.** bocciare **4** (*raro*) stimolare, provocare: *p. sudore, vomito* **SIN.** eccitare **5** †sospingere, spronare

†**promutàre** [da *permutare*, con cambio di pref. ✱ av. 1348] **v. tr.** ● permutare, cambiare

†**promutazióne** [av. 1481] **s. f.** ● permutazione

prònao o (*raro*) **pronào** [vc. dotta, lat. *pronāon*, dal gr. *prónaos* 'posto davanti al tempio', comp. di *pró* 'davanti' (V. *pro-*②) e *naós* 'tempio', di etim. incerta ✱ 1499] **s. m.** ● spazio antistante alla cella del tempio greco, delimitato all'esterno da colonne

pronatóre [dal lat. tardo *pronātus*, part. pass. di *pronāre* 'abbassare', da *prōnus* 'prono' ✱ av. 1673] **A agg.** ● (*anat.*) detto di muscolo che determina pronazione **B** anche **s. m.**

pronazióne [dal lat. tardo *pronātus*, part. pass. di *pronāre* 'abbassare', da *prōnus* 'prono' ✱ 1749] **s. f. 1** (*anat.*) movimento di rotazione dell'avambraccio verso l'interno **2** (*anat.*) condizione di giacere con la faccia verso il basso **CONTR.** supinazione

pronipóte o (*tosc.*) **pronepóte** [vc. dotta, lat. *pronepōte(m)*, comp. di *prō* 'prima' (V. *pro-*①) e *nĕpos*, genit. *nepōtis* 'nipote' ✱ av. 1494] **s. m. e f. 1** figlio o figlia di un nipote o di una nipote, rispetto ai nonni o ai prozii di questi **2** (**spec. al pl.**) discendente

†**pronità** [vc. dotta, lat. *pronitāte(m)*, da *prōnus* 'prono' ✱ sec. XIV] **s. f.** ● propensione, spec. al peccato

♦**prono** [vc. dotta, lat. *prōnu(m)*, da *prō* 'avanti' (V. *pro-*①) ✱ av. 1306] **agg. 1** detto di persona, che giace sul ventre, a faccia in giù: *stare, dormire p.* | ***gettarsi p.***, prostrarsi **CONTR.** supino **2** (*fig.*, *lett.*) completamente disposto, propenso (spec. in senso negativo): *p. al peccato* **SIN.** facile, incline | acquiescente, docile: *essere p. al volere altrui*

pronóme (o *-ò-*) [vc. dotta, lat. *pronōme(n)*, propr. 'al posto del nome', comp. di *pro-*① e *nōmen* 'nome'; calco sul gr. *antṓnymos* ✱ av. 1328] **s. m.** ● (*gramm.*) parte variabile del discorso che fa le veci del nome: *p. personale, dimostrativo, possessivo, interrogativo, relativo*

pronominàle [vc. dotta, lat. tardo *pronominăle(m)*, da *pronōmen*, genit. *pronōminis* 'pronome' ✱ 1551] **agg.** ● (*gramm.*) relativo a pronome | ***particella p.***, forma atona del pronome personale (V. *particella*) | ***verbo intransitivo p.***, verbo intransitivo accompagnato dalla particella pronominale 'si' priva di valore riflessivo (per es. *pentirsi, alzarsi*) | ***verbo transitivo p.***, verbo transitivo che presenta la particella pronominale 'si' in funzione pleonastica o intensiva (per es. *asciugarsi* nella frase *asciugarsi le mani*, o *bersi* nella frase *bersi un caffè*) ‖ **pronominalménte**, **avv.** in funzione di pronome

pronominalizzàre [adattamento dell'ingl. *to pronominalize*, da *pronominal* 'pronominale'] **A v. tr.** ● (*ling.*) sostituire un nome con un pronome, come procedimento per attuare la connessione delle frasi in un testo **B pronominalizzàrsi v. intr. pron.** ● (*gramm.*) trasformarsi in elemento pronominale ‖ **pronominalizzazióne**, **s. f.**

pronosticàbile [1985] **agg.** ● che può essere pronosticato: *un risultato difficilmente p.* ‖ **pronosticabilità**, **s. f. inv.**

†**pronosticaménto** [av. 1406] **s. m.** ● previsione

pronosticàre o (*raro*; *med.*) **prognosticàre** [da *pronostico* ✱ av. 1311] **v. tr.** (*io pronòstico, tu pronòstichi*) **1** predire, prevedere in base a indizi o ipotesi: *pronosticava guai seri per il vicario* (A. MANZONI) **2** (*raro*) dare indizi del futuro, farlo prevedere, detto di cose: *è un segno che pronostica sciagure* **SIN.** preannunciare

pronosticàto o (*raro*) **prognosticàto** **part. pass.** di *pronosticare*; anche **agg.** ● nei sign. del v.

pronosticatóre o (*raro*) **prognosticatóre** [av. 1311] **agg. e s. m.** (**f.** *-trice*) ● (*raro*) che (o chi) pronostica: *sogno p.*

†**pronosticazióne** [av. 1363] **s. f. 1** predizione, previsione **2** indizio

pronòstico [vc. dotta, lat. *prognōsticu(m)*, dal gr. *prognōstikón*, nt. dell'agg. verb. deriv. da *progignṓskein* 'conoscere (*gignṓskein*) anticipatamente (*pró-*)' (V. *prognostico*) ✱ av. 1292] **A s. m.** (**pl.** *-ci*) **1** presagio, predizione di fatti, avvenimenti che devono ancora accadere: *fare un p.; il p. non si è avverato* | ***godere dei favori*** (o *raro* ***i favori***) ***del p.***, essere dato come vincitore alla vigilia di una gara **2** (*raro*) segno, presagio: *la sua allegria è un buon p.* **B agg.** ● †che preannuncia qlco.

†**prontàre** [vc. dotta, lat. *promptāre*, da *prōmptus*, part. pass. di *prōmere* 'promere' ✱ sec. XIII] **A v. tr.** ● spingere, stimolare (*anche assol.*) **B v. intr. 1** sporgere querela **2** giovare: *lo mentire pronta / e vale talfiata* (C. DAVANZATI) **C** †**prontàrsi v. intr. pron.** ● darsi premura

prontézza [av. 1266] **s. f. 1** caratteristica di chi (o di ciò che) è pronto (+ *di*, + *a*, **anche seguiti da inf.**): *rispondere con p.; p. di mano, di parola, di riflessi; avere p. all'ira; p. a improvvisare; ha avuto la p. di sterzare immediatamente; per la rara p. nel variar gli esercizi* (E. DE AMICIS); *Era ne' franzesi p. di soccorrere* (F. GUICCIARDINI) **SIN.** lestezza, prestezza, rapidità **CONTR.** lentezza, pigrizia **2** †improntitudine, sfacciataggine: *usando la sua trascutata p., la sollicitò molte volte* (G. BOCCACCIO)

SFUMATURE ➤ *rapidità*

†**prontitùdine** [da *pronto* ✱ av. 1380] **s. f. 1** prontezza **2** sfacciataggine

♦**prónto** [lat. *prōmptu(m)*, propr. 'portato fuori', part. pass. di *prōmere* 'promere' (V.) ✱ 1266] **A agg. 1** di ciò che si trova in condizione di poter essere usato subito (+ *per*, + *da*, **anche seguiti da inf.**): *il pranzo è p.; tutto è p. per la festa di domani; mobili pronti da montare* | ***tenere qlco. pronta***, averla preparata in precedenza così da poterla usare quando occorre **SIN.** preparato **2** di persona che è in condizione di poter fare subito qlco. (+ *a*, + *per*, **anche seguiti da inf.**): *sono p. a partire, per incominciare* | preparato: *sei p. per l'esame?* | che si presta, che è disposto: *sono p. ad aiutarvi; è p. a fare la sua parte; è p. a tutto; sarei p. a giurarlo!* | †***essere in p.***, essere pronto, preparato, a disposizione **3** che agisce o si manifesta con rapidità: *effetto p.; cemento a pronta presa; pronta guarigione* **SIN.** rapido | ***p. soccorso***, V. *soccorso*② | (*banca*) ***a pronti***, detto di contratto la cui esecuzione è contestuale alla stipulazione | ***pagare a pronti contanti***, immediatamente, senza dilazioni | ***pagare a pronta cassa***, alla consegna della merce | ***ingegno p.***, vivo e brillante | ***risposta pronta***, adatta, calzante, oltre che immediata | ***memoria pronta***, agile, svelta | ***riflessi pronti***, tempestivi | †***in p.***, subito: *non posso aver le risposte così in p.* (G. GALILEI) **SIN.** lesto, sollecito **4** facile, propenso: *essere p. all'ira* | (*est.*) †desideroso, bramoso **5** †animoso, sfacciato, ardito ‖ **prontaménte**, **avv.** con prontezza, senza indugio, subito **B** nella **loc. sost. m. inv.** ● (*banca*) ***pronti contro termine***, contratto che prevede la vendita di una derrata, di una materia prima o di valori mobiliari a un certo prezzo e il contestuale impegno al riacquisto da parte del venditore a una scadenza e a un prezzo predeterminati **C** in **funzione di inter. 1** si usa all'inizio di una conversazione telefonica, come conferma del fatto che si sta ad ascoltare: *p.!, sono io* **2** (**al pl.**) si usa come comando dato prima del via in gare, competizioni e sim.: *pronti! via!*

SFUMATURE ➤ *vivace*

prontuàrio [vc. dotta, lat. tardo *promptuāriu(m)* 'armadio, dispensa', sost. dell'agg. *promptuārius* 'da chiudervi, da conservarvi cose', da *prōmptus* 'pronto' ✱ 1538] **s. m. 1** libro, fascicolo, manuale in cui sono contenute ed esposte con ordine le notizie su un dato argomento, una materia o una disciplina: *il p. dell'ingegnere; un p. dei modi di dire* **2** elenco dei farmaci che possono essere forniti a prezzo ridotto o gratuitamente agli assistiti dal servizio sanitario nazionale

SFUMATURE ➤ *manuale*②

prònuba [vc. dotta, lat. *prōnuba(m)*, da *nūbere* 'sposare' (V. *nubile*); calco sul gr. *paránymphos* (V. *paraninfo*) ✱ 1516] **s. f. 1** nell'antica Roma, donna che presiedeva alle nozze per parte della sposa **2** f. di *pronubo* nel sign. 2

prònubo [vc. dotta, lat. tardo *prōnubu(m)*, da *prōnuba* 'pronuba' ✱ 1611] **agg. e s. m.** (**f.** *-a*) **1** nell'antica Roma, chi assisteva lo sposo nel rito nuziale **2** (*est.*, *lett.*) che (o chi) protegge un'unione amorosa o favorisce un matrimonio **SIN.** paraninfo **3** (*biol.*) animale che favorisce l'impollinazione di una pianta

pronùcleo [comp. di *pro-*② e *nucleo* ✱ 1981] **s. m.** ● (*biol.*) nucleo aploide del gamete femminile o di quello maschile nelle fasi successive alla fecondazione

pronùncia o **pronùnzia** [da *pronunciare* ✱ av. 1367] **s. f.** (**pl.** *-ce, -zie*) **1** il pronunciare | l'articolazione dei suoni che compongono una lingua e il modo di proferirli: *p. aperta, chiusa di una vocale* **2** l'insieme degli elementi che caratterizzano una lingua o una parlata dialettale, regionale, individuale e sim.: *p. fiorentina, pugliese, settentrionale; riconoscere la provenienza di qlcu. dalla p.* **3** (*est.*) modo di parlare: *non riesco a capire la sua p.; una p. chiara, affettata* **SIN.** par-

lata **4** (*dir.*) decisione: *una recente p. della corte d'appello*
SFUMATURE ➤ *dizione*

NOMENCLATURA
pronuncia (cfr. voce)
• *caratteristiche*: aperta = larga ⇔ chiusa = stretta, buona ⇔ cattiva, chiara = netta = distinta = nitida ⇔ confusa = indistinta, corretta ⇔ difettosa = errata, sciolta = scorrevole ⇔ inceppata = impacciata; dizione, accento = parlata = inflessione;
• *termini medici*: logopedista, ortofonista; ortoepia, ortofonia ⇔ disfonia, blesità, lambdacismo, sigmatismo;
• *azioni*: pronunciare = proferire = dire = parlare ⇔ balbettare = barbugliare = biascicare = tartagliare; masticare, mangiarsi le parole, non avere la erre, spiccicare, storpiare, enunciare, recitare = declamare, articolare, scandire = compitare = sillabare = fare lo spelling; imparare.

pronunciàbile o **pronunziàbile** [vc. dotta, lat. tardo *pronuntiābile(m)* 'enunciativo', da *pronuntiāre* 'pronunciare' ✱ 1745] **agg.** • che si può pronunciare CONTR. impronunciabile ‖ **pronunciabilità** o **pronunziabilità**, **s. f. inv.**

pronunciaménto① [1857] **s. m.** • adattamento di *pronunciamiento* (V.)

pronunciaménto② o **pronunziaménto** [1268] **s. m. 1** †modo di pronunciare | pronuncia **2** presa di posizione, decisione ufficiale, spec. attraverso un voto

pronunciamiénto /pronunsja'mjento, *sp.* pronunθja'mjento, -sja-/ [vc. sp., da *pronunciarse* 'dichiararsi, ribellarsi, sollevarsi' (stessa etim. dell'it. *pronunziare*) ✱ 1846] **s. m.** (**pl. sp.** *pronunciamientos*) • colpo di stato originato da una ribellione di militari

♦**pronunciàre** o **pronunziàre** [vc. dotta, lat. *pronuntiāre* 'proclamare', comp. di *prō* 'davanti' (V. *pro-*①) e *nuntiāre* 'nunziare' ✱ 1268] **A v. tr.** (**pres.** *io pronùncio*; **fut.** *io pronuncerò*) **1** articolare con la voce i suoni di una lingua: *non riuscire a p. bene alcune consonanti* **2** (*generic.*) dire, proferire: *ha pronunciato poche parole di circostanza* | ***senza p. parola***, in silenzio | esporre, formulare pubblicamente e in modo solenne: *p. un discorso commemorativo, un giuramento* | ***p. una sentenza***, emetterla | ***p. un giudizio su qlcu. o qlco.***, esprimerlo **3** †preannunciare, predire **4** †dichiarare **B pronunciàrsi v. intr. pron.** • manifestare la propria opinione (+ *per*, + *su*): *pronunciarsi contro, a favore, di qlcu.*; *pronunciarsi per una tregua*; *su questo punto non mi pronuncio* | emettere una sentenza

pronunciàto o **pronunziàto A part. pass.** di *pronunciare*; anche **agg. 1** nei sign. del v. **2** pubblicato, dichiarato, emesso: *sentenza appena pronunciata* **3** rilevato, prominente: *naso molto p.* | (*fig.*) spiccato: *una simpatia pronunciata* | (*fig.*) accentuato, forte: *vino con sapore molto p.* **B s. m. 1** (*dir.*) sentenza: *il p. del tribunale*; *attenersi al p.* **2** (*lett.*) enunciato, proposizione

pronunciatóre o **pronunziatóre** [vc. dotta, lat. *pronuntiatōre(m)*, da *pronuntiātus* 'pronunciato' ✱ av. 1328] **agg. e s. m.** (**f.** *-trice*) • (*raro*) che (o chi) pronuncia

†**pronunciazióne** o †**pronunziazióne** [vc. dotta, lat. *pronuntiatiōne(m)*, da *pronuntiātus* 'pronunciato' ✱ 1261 ca.] **s. f. 1** pronuncia **2** dichiarazione

pronunziaménto ➤ **pronunciamento**②

pronunziàre e deriv. ➤ **pronunciare** e deriv.

propagàbile [da *propagare* ✱ 1580] **agg.** • che si può propagare ‖ **propagabilità**, **s. f. inv.**

propagaménto [av. 1673] **s. m.** • (*lett.*) propagazione, diffusione

♦**propagànda** [lat. *dē propagănda fide* 'per la propagazione della fede', n. di un istituto pontificio. *Propagănda* è il gerundivo f. di *propagāre*, ma la vc. it. è venuta attrav. il fr. *propagande* ✱ 1797] **s. f.** • attività rivolta a diffondere nell'opinione pubblica determinate idee spec. politiche: *fare, svolgere p.*; *incrementare la p.*; *fare p. per un partito*; *mezzi di p.*; *ufficio (di) p.*; *p. elettorale* | (*raro*) pubblicità: *p. commerciale* | (*colloq.*) ***è solo p.***, non c'è da fidarsi, riferito a notizie gonfiate, a promesse demagogiche, e sim.

propagandàre [fr. *propagander*, da *propagande* 'propaganda' ✱ 1921] **v. tr.** • diffondere con la propaganda: *p. un'idea, un prodotto, un'invenzione*

propagandìsta [fr. *propagandiste*, da *propagande* 'propaganda' ✱ 1797] **s. m. e f.** (**pl. m.** *-i*) **1** chi fa propaganda **2** chi collabora con una ditta propagandandone i prodotti

propagandìstico [1884] **agg.** (**pl. m.** *-ci*) • di propaganda: *campagna propagandistica*; *lancio p. di un prodotto* | (*spreg.*) fatto a puro scopo di propaganda: *affermazioni propagandistiche* ‖ **propagandisticaménte**, **avv.**

propagàre [vc. dotta, lat. *propagāre*, da *propāges* 'propaggine' ✱ 1470 ca.] **A v. tr.** (*io propàgo, tu propàghi*) **1** (*biol.*) moltiplicare mediante la riproduzione **2** diffondere: *p. un incendio* | (*fig.*) divulgare: *p. una fede, un culto*; *p. un'idea* | ***p. una notizia***, propalarla **3** (*lett.*) allargare, dilatare **B propagàrsi v. intr. pron. 1** moltiplicarsi, riprodursi **2** diffondersi (*anche fig.*): *la luce si propaga nello spazio*; *il contagio si è propagato in breve tempo*; *lo scandalo si sta propagando*

propagàto part. pass. di *propagare*; anche **agg.** • nei sign. del v.

propagatóre [vc. dotta, lat. *propagatōre(m)*, da *propagātus* 'propagato' ✱ 1589] **agg. e s. m.** (**f.** *-trice*) • che (o chi) propaga (*anche fig.*): *p. della fede*; *i propagatori di nuove idee*; *p. di notizie false*

propagazióne [vc. dotta, lat. *propagatiōne(m)*, da *propagātus* 'propagato' ✱ 1363] **s. f. 1** diffusione (*anche fig.*): *la p. di una malattia*; *p. di notizie false*; *la p. di una dottrina* SIN. divulgazione **2** (*biol.*) la diffusione di una specie animale o vegetale per cause naturali o artificiali **3** (*fis.*) fenomeno fisico che comporta un passaggio di energia attraverso la materia o il vuoto: *p. della luce, del calore, del suono, delle onde elettromagnetiche*

†**propagginaménto** [av. 1320] **s. m.** • propagginazione

propagginàre [vc. dotta, lat. tardo *propagināre*, da *propāgo*, genit. *propāginis* 'propaggine' ✱ 1268] **A v. tr.** (*io propàggino*) **1** moltiplicare, riprodurre piante per propaggine: *p. le viti, il fico* **2** (*fig.*) †propagare **3** sottoporre al supplizio della propagginazione **B propagginàrsi v. intr. pron.** • (*lett.*) diffondersi

propagginazióne [vc. dotta, lat. tardo *propaginatiōne(m)*, da *propaginātus* 'propagginato' ✱ av. 1320] **s. f. 1** (*agric.*) sistema di riproduzione delle piante ottenuta curvando i rami nel terreno in modo che mettano radici e possano essere staccati dalla pianta madre come piante nuove **2** antico supplizio per assassini e traditori consistente nel sotterrare il colpevole vivo a testa in giù **3** (*lett.*) propagazione

propàggine o (*poet.*) †**propàgo** nei sign. fig., †**propàgine** [lat. *propāgine(m)*, da *propāges*, comp. di *prō* 'davanti' (V. *pro-*①) e un deriv. di *pāngere* 'piantare' (V. *pagina*) ✱ av. 1320] **s. f. 1** (*agric.*) ramo piegato e in parte sotterrato perché metta radici e, staccato dalla pianta madre, costituisca una nuova pianta | ***p. a capogatto***, ottenuta sotterrando l'estremità del ramo piegato ad arco | ***p. totale***, ottenuta interrando tutta la pianta e facendone uscire fuori terra i rami in punti prestabiliti **2** (*lett.*, *fig.*) prole, rampollo | †stirpe, lignaggio, discendenza: *o divina propago, invitta e franca / destinata a gran fatti* (A. POLIZIANO) **3** (*fig.*) diramazione: *le propaggini degli Appennini*

propagolazióne o **propagulazióne** [1954] **s. f.** • moltiplicazione per propagoli

propàgolo o **propàgulo** [dal lat. *propāges*. V. *propaggine* ✱ 1875] **s. m.** • (*bot.*) organulo dei vegetali inferiori che serve a riprodurre la pianta

propagulazióne ➤ **propagolazione**

propàgulo ➤ **propagolo**

propalàre [vc. dotta, lat. tardo *propalāre*, comp. di *prō* 'davanti' (V. *pro-*①) e un deriv. di *pălam* 'in pubblico' (V. *palese*) ✱ 1483] **A v. tr.** • rendere palese, noto a tutti, spec. qlco. di riservato: *p. una notizia, un delicato segreto* SIN. diffondere, divulgare CONTR. tacere **B propalàrsi v. intr. pron.** • diffondersi, diventare noto a tutti: *la notizia si è propalata in un baleno*
SFUMATURE ➤ *palesare*

propalatóre [1642] **agg. e s. m.** (**f.** *-trice*) • che (o chi) propala

propalazióne [sec. XIV] **s. f. 1** divulgazione, spec. di qlco. di riservato **2** (*dir.*) nella prassi forense, la dichiarazione che il terzo detentore o debitore, nel procedimento di espropriazione mobiliare presso terzi, deve fare in udienza relativamente alla condizione giuridica dei beni presso di lui pignorati

propàno [comp. di *prop(ionico)* e *-ano*② ✱ 1889] **s. m.** • (*chim.*) idrocarburo alifatico saturo a tre atomi di carbonio presente allo stato gassoso nel petrolio greggio; usato come combustibile, come mezzo frigorigeno e in numerosi processi industriali

propanóne [da *propano* ✱ 1983] **s. m.** • (*chim.*) acetone

propantrịòlo [comp. di *propan(o)* e *triolo* ✱ 1988] **s. m.** • (*chim.*) nome scientifico della glicerina

†**proparalèssi** [dal gr. *proparalambánein* 'ricevere in più' (comp. di *pró* 'avanti' (V. *pro-*②), *pará* 'presso' e *lambánein* 'prendere' (V. *astrolabio*), sul modello di *parálēpsis* 'azione di raccogliere') ✱ av. 1565] **s. f. inv.** • (*ling.*) epitesi

proparossìtona [av. 1907] **s. f.** • (*ling.*) parola proparossitona

proparossitònico [da *proparossitono* ✱ sec. XX] **agg.** (**pl. m.** *-ci*) • (*ling.*) detto di lingua che ha la tendenza ad accentare le parole sulla sillaba precedente la penultima

proparossìtono [gr. *proparoxýtonos*, comp. di *pró* 'davanti' (V. *pro-*②) e *paroxýtonos* 'parossitono' ✱ 1829] **agg.** • (*ling.*) nella grammatica greca, detto di parola che ha l'accento acuto sulla terzultima sillaba | (*est.*) detto di parola con l'accento sulla terzultima sillaba, cioè sdrucciola (per es. *angolo*)

†**pròpe** [vc. dotta, lat. *prŏpe* 'vicino', di orig. indeur. ✱ sec. XIII] **avv.** • (*poet.*) solo nella loc. prep. ***prope a***, vicino a: *molti gridan 'Cristo, Cristo!', / che saranno in giudicio assai men p. / a lui* (DANTE *Par.* XIX, 106-108)

propecettóre [comp. del lat. *prŏpe* 'vicino' (V. †*prope*) e *(re)cettore* ✱ 1983] **s. m.** • (*anat.*) recettore (gustativo, cutaneo, tattile, termico, dolorifico) che viene eccitato da stimoli i quali agiscono direttamente e immediatamente

propedèutica [f. sost. di *propedeutico* ✱ 1835] **s. f.** • complesso di nozioni preliminari necessarie allo studio di una scienza, un'arte, una disciplina: *la p. filosofica*

propedèutico [dal gr. *propaidéuein* 'istruire

p

prima', comp. di *pró* 'prima' (V. *pro-*②) e *paidéuein* 'educare, istruire', da *pâis*, genit. *paidós* 'fanciullo' (V. *pedagogia*) ✱ 1835] **agg.** (**pl. m.** *-ci*) **1** che serve da introduzione a una dottrina, a una scienza: *trattato p.* **SIN.** preparatorio | (*est.*) preliminare: *L'arte è propedeutica al vero e al bene* (B. CROCE) **2** nell'ordinamento universitario, esame di cui è richiesto il superamento per poterne sostenere uno o più altri ‖ **propedeuticaménte**, **avv.** in funzione propedeutica

✦**propellènte** **A** **part. pres.** di *propellere*; **anche agg.** ● nel sign. del v. **B** **s. m.** **1** materiale combustibile liquido o solido che, reagendo in particolari condizioni, sviluppa calore e fornisce particelle di espulsione, usato per la propulsione di razzi, missili e sim. **2** (*fig.*) carica, spinta, movente: *p. economico, psicologico*

propèllere [vc. dotta, lat. *propĕllere* 'spingere innanzi', comp. di *prō* 'avanti' (V. *pro-*①) e *pĕllere* 'spingere' (V. †*impellere*) ✱ av. 1496] **v. tr.** (**pass. rem.** *io propùlsi, tu propelléstí*; **part. pass.** *propùlso*) ● (*raro*) spingere in avanti

✦**propèndere** [vc. dotta, lat. *propendēre* 'pendere in avanti', comp. di *prō* 'avanti' (V. *pro-*①) e *pendēre* 'pendere' ✱ 1499] **v. intr.** (**pass. rem.** *io propendéi* o *propési, tu propendésti*; **raro il part. pass.** *propéso*; **aus.** *avere*) ● essere favorevole, incline verso qlcu. o qlco. (+ *a*, + *per*, **anche seguiti da inf.**): *propendo a credere che abbia ragione*; *p. alla menzogna*; *propendo per lui*; *p. per l'indulgenza*; *ma propendo a quest'ultima opinione* (I. NIEVO); *Anch'io, sì, propendevo… per troncar subito* (L. PIRANDELLO) **CONTR.** avversare

†**propensàre** [comp. di *pro-*① e *pensare* ✱ av. 1294] **v. tr. e intr.** **1** pensare, ritenere **2** premeditare

propensióne [vc. dotta, lat. *propensiōne(m)*, da *propēnsus* (V. *propenso*) ✱ 1584] **s. f.** **1** (*lett.*) favore, simpatia: *avere p. per qlcu.*; *Dite avere della p. per me* (C. GOLDONI) | preferenza (+ *per*, + *a*): *p. per un genere letterario*; *la sua p. al metodo parlamentare* (B. CROCE) | tendenza a pensare, a ritenere (+ *a* **seguito da inf.**): *ho p. a crederlo innocente*; *la p. di censurare i metodi delle nostre scuole* (U. FOSCOLO) | (*stat.*) ***p. al consumo***, coefficiente numerico ottenuto facendo il rapporto tra l'aliquota del reddito disponibile destinato a spese per consumi, e il reddito disponibile **2** attitudine, inclinazione (+ *a*, **anche seguito da inf.**, + *per*): *p. all'ironia, alla lettura*; *avere p. per la matematica, la musica*; *Io che ebbi sempre … una maledetta p. per le belle donne* (I. NIEVO); *si divertiva per la sua p. a cogliere il comico* (A. FOGAZZARO) | disponibilità a fare qlco.: *p. per il lavoro di gruppo*; *la scarsa p. per gli incarichi pubblici* (I. CALVINO) **SIN.** disposizione **CONTR.** avversione **3** (*raro*) tendenza di corpi inanimati: *questa propension naturale de i corpi elementari di seguire il moto terrestre* (G. GALILEI)

†**propensità** [av. 1536] **s. f.** ● (*lett.*) predisposizione

propènso [dal lat. *propēnsu(m)*, part. pass. di *propendēre* 'propendere' (V.) ✱ 1540] **agg.** ● favorevole, disposto (+ *a*, **anche seguito da inf.**): *p. al dialogo, alla critica*; *sono p. a incontrarlo*; *sono poco p. a credergli*; *mi sentivo p. di accontentarla* (I. SVEVO) | incline (+ *a*, + *per*): *è persona poco propensa alle mode, ai rapporti mondani*; *sempre sono stato assai p. per la bellezza* (V. ALFIERI)

propergòlo [comp. di *prop(ellente)* ed *ergolo* ✱ 1948] **s. m.** ● (*chim.*) qualsiasi sostanza che fornisce energia nei sistemi di propulsione a razzo

properispòmeno [vc. dotta, gr. *properispṓmenos*, comp. di *pró* 'prima, davanti' (V. *pro-*②) e *perispṓmenos* 'perispomeno' ✱ 1875] **agg.**; **anche s. m.** (**f.** *-a*) ● nella grammatica greca, detto di parola con l'accento circonflesso sulla penultima sillaba

propéso ➤ **propendere**

propilammìna [comp. di *propile* e *ammina* ✱ 1875] **s. f.** ● (*chim.*) ammina primaria in cui il gruppo amminico è legato al radicale propile

propìle [comp. di *prop(ionico)* e *-ile*② ✱ 1875] **s. m.** ● (*chim.*) residuo monovalente derivante dal propano per perdita di un atomo d'idrogeno

propilène [comp. di *propil(ico)* ed *-ene* ✱ 1871] **s. m.** ● (*chim.*) alchene gassoso prodotto nel cracking del petrolio, di largo uso per sintesi organiche, per ottenere benzine ad alto numero di ottano e per la produzione di elastomeri

propilèo [vc. dotta, lat. *propylāea*, nt. pl., dal gr. *propýlaia*, nt. pl. sost. di *propýlaios* 'posto davanti alla porta', comp. di *pró* 'davanti' (V. *pro-*②) e un deriv. di *pýlē* 'porta', di etim. incerta ✱ 1499] **s. m.** ● (*archeol.*, **spec. al pl.**) porticato antistante le porte di un tempio, di un palazzo o di una città

propìlico [da *propile* ✱ 1871] **agg.** (**pl. m.** *-ci*) ● (*chim.*) detto di composto o radicale che contenga il gruppo propile: *estere p.* | ***alcol p.***, alcol saturo primario, ottenuto industrialmente per ossidazione con aria del propano e del butano; si usa in profumeria e come aromatizzante per bevande alcoliche

propìna [da *propinare* ✱ 1551] **s. f.** **1** (*burocr.*) compenso corrisposto ai professori facenti parte delle commissioni di esami **2** compenso dato spec. un tempo ad avvocati o magistrati **CFR.** sportula **3** †dono, mancia

✦**propinàre** [vc. dotta, lat. *propināre* 'bere alla salute di uno, invitare a bere, offrire da bere', dal gr. *propínein* 'bere alla salute', comp. di *pró* 'davanti' (V. *pro-*②) e *pínein* 'bere', di orig. indeur. ✱ sec. XIV] **A** **v. tr.** **1** dare, porgere da bere qlco. di nocivo (*anche scherz.*): *p. veleni*; *ci ha propinato un vino imbevibile* **2** (*fig.*) rifilare, ammannire: *ci ha propinato un interminabile resoconto del suo viaggio* **B** **v. intr.** (**aus.** *avere*) ● (*lett.*) brindare: *p. alla salute di qlcu.*

propinatóre [vc. dotta, lat. tardo *propinatō-re(m)*, che significava però 'che invita a bere', da *propinātus*, part. pass. di *propināre* 'propinare' ✱ av. 1828] **agg. e s. m.** (**f.** *-trice*) ● (*raro*) che (o chi) propina

propinquità [vc. dotta, lat. *propinquitāte(m)*, da *propīnquus* 'propinquo' ✱ 1282] **s. f. inv.** **1** (*lett.*) affinità, parentela **2** †vicinanza

propìnquo [vc. dotta, lat. *propīnquu(m)*, da *prŏpe* 'vicino' (V. †*prope*) ✱ av. 1276] **A** **agg.** **1** (*lett.*) vicino, prossimo: *avere le … case propinque a quelle di Piero* (N. MACHIAVELLI) **CONTR.** longinquo **2** (*lett.*) legato da vincoli di parentela ‖ †**propinquaménte**, **avv.** da vicino **B** **s. m.** (**f.** *-a*) ● (*lett.*) affine, parente

pròpio e deriv. ➤ **proprio** e deriv.

propiònico [comp. del gr. *pró* 'davanti, prima' (V. *pro-*②) e *pîōn*, genit. *píonos* 'grasso', di orig. indeur. ✱ 1865] **agg.** (**pl. m.** *-ci*) ● (*chim.*) detto di acido o aldeide che deriva formalmente dal propano | ***acido p.***, acido alifatico saturo che si forma in alcune fermentazioni, ottenuto per sintesi da etilene, ossido di carbonio e acqua in presenza di catalizzatori, usato spec. per la preparazione di esteri impiegati come essenze artificiali aromatiche

propitèco [comp. di *pro-*② e del gr. *píthēkos* 'scimmia' ✱ 1865] **s. m.** (**pl.** *-chi* o *-ci*) ● genere di scimmie dei Lemuridi cui appartengono specie tipiche del Madagascar (*Propithecus*) | ***p. coronato***, caratterizzato da un ciuffo circolare di peli bianchi sul capo (*Propithecus coronatus*)

propiziànte **part. pres.** di *propiziare*; **anche agg.** ● nel sign. del v. | (*lett.*) che intercede

✦**propiziàre** [vc. dotta, lat. *propitiāre*, da *propĭtius* 'propizio' ✱ 1598] **A** **v. tr.** (*io propìzio*) **1** rendere propizio, favorevole: *p. gli dei* **SIN.** cattivare, ingraziare **CONTR.** inimicare, urtare **2** (*est.*) favorire, rendere possibile: *p. il sonno* **B** **v. intr.** (**aus.** *avere*) ● (*lett.*) fare voti: *nell'atto di p. agli dèi d'Acheronte* (G. CARDUCCI) **C** **propiziàrsi** **v. tr. pron.** (**aus.** *essere*) ● ingraziarsi: *propiziarsi i giudici*; *Anche i Viceré d'un tempo dovevano propiziarsi la folla* (F. DE ROBERTO)

propiziatìvo [1567] **agg.** ● (*raro*) propiziatorio: *rito p.*

propiziatóre [vc. dotta, lat. tardo *propitiatō-re(m)*, da *propitiātus*, part. pass. di *propitiāre* 'propiziare' ✱ av. 1342] **agg. e s. m.** (**f.** *-trice*) ● che (o chi) propizia | che (o chi) intercede presso Dio (spec. come attributo di Gesù Cristo o della Madonna)

propiziatòrio [1585] **A** **agg.** (**pl. m.** *-i* o *raro -ii*) ● che riguarda la propiziazione o serve a propiziare: *cerimoniale p.*; *sacrificio p.* **B** **s. m.** ● secondo la Bibbia, il coperchio d'oro dell'arca dell'alleanza, sul quale si spargeva il sangue delle vittime sacrificali

propiziazióne [vc. dotta, lat. tardo *propitiatiōne(m)*, da *propitiātus*, part. pass. di *propitiāre* 'propiziare' ✱ av. 1342] **s. f.** **1** (*raro*) atto o comportamento tendente a propiziarsi qlcu. **2** atto, rito volto a placare e rendersi benevola la divinità con preghiere, sacrifici e sim.: *sacrifici di p.*

✦**propìzio** [vc. dotta, lat. *propĭtiu(m)*, comp. di *prō* 'in favore di' (V. *pro-*②) e *pĕtere* 'avanzare' (V. †*petere*) ✱ sec. XIII] **agg.** **1** favorevole, benigno (+ *per*, + *a*): *fu un periodo p. per la monarchia*; *vento p. alla navigazione*; *ai vostri ardori / son propizie le stelle* (G.B. MARINO) **SIN.** buono, fausto **2** opportuno, adatto (+ *per*, **anche seguito da inf.**; + *a*): *aspetto il momento più p. per parlargli*; *attendevano l'occasione propizia alla fuga* ‖ **propiziaménte**, **avv.**

pròpoli [vc. dotta, lat. *prŏpoli(n)*, dal gr. *própolis*, dapprima 'sobborgo, dintorni', poi 'propoli', perché le api la pongono intorno all'alveare, comp. di *pró* 'davanti' (V. *pro-*②) e *pólis* 'città' (V. *polis*) ✱ av. 1498] **s. f.** o (*raro*) **m. inv.** ● sostanza gommo-resinosa prodotta da alcuni alberi, come i pioppi, che le api impiegano come mastice nella fabbricazione dei favi e per rivestire le pareti delle celle; si usa in cosmesi, dietologia e farmacologia

proponènte **A** **part. pres.** di *proporre*; **anche agg.** ● nei sign. del v. **B** **s. m. e f.** ● chi propone qlco., chi fa una proposta: *il p. è anonimo*

†**propónere** [vc. dotta, lat. *propōnere*. V. *proporre* ✱ av. 1292] **v. tr.** ● proporre

proponìbile [dal lat. *propōnere* 'proporre' ✱ 1797] **agg.** **1** che si può proporre **CONTR.** improponibile **2** (*dir.*) che può essere accolto in giudizio: *azione, ricorso p.* ‖ **proponibilità**, **s. f. inv.**

proponiménto [dal lat. *propōnere* 'proporre' ✱ 1266] **s. m.** ● proposito, impegno preso fra sé e sé, intenzione: *ha fatto il p. di lasciarci*; *p. fermo, onesto*

proponitóre [dal lat. *propōnere* 'proporre' ✱ av. 1519] **agg. e s. m.** (**f.** *-trice*) ● (*raro*) che (o chi) propone

♦**propórre** [lat. *propōnere* 'porre davanti', comp. di *prō* 'davanti' (V. *pro-*①) e *pōnere* 'porre' ✱ av. 1243] **A** **v. tr.** (**coniug. come** *porre*) **1** †esibire, porre davanti agli occhi | †premettere: *Queste cose proposte, così procedo* (DANTE) **2** suggerire qlco. che si ritiene utile, giusto, opportuno (+ *che* **seguito da congtv.**, + *di* **seguito da inf.**): *p. un esempio*; *propongo che si* *rimandi la partenza; proposero di spianare (...) le mura e le fosse della città* (L.A. Muratori) | **PROV.** ***l'uomo propone e Dio dispone***, V. *Dio*① **3** presentare qlco. all'esame, al giudizio, alla discussione o decisione di qlcu.: *p. un quesito, una questione, un dubbio; p. la candidatura di qlcu.* | indicare, segnalare qlcu. come idoneo a un incarico o meritevole di un riconoscimento: *p. qlcu. presidente* **4** (*lett.*) decidere: *propose di tornare a Parigi; e così fece* (G. Boccaccio) **B** **propórsi** **v. tr. pron.** (**aus.** *essere*) ● prefiggersi come fine, come scopo (+ *di* **seguito da inf.**): *proporsi una meta ragionevole; mi sono proposto di non intervenire* **C** **propórsi** **v. rifl.** ● offrirsi, dichiararsi disposto: *... e le si era timidamente, riverentemente proposto per marito* (A. Fogazzaro)

proporzionàbile [1509] **agg.** ● (*raro*) che si può mettere o può stare in proporzione || **proporzionabilménte**, **avv.** (*raro*) in proporzione

♦**proporzionàle** [vc. dotta, lat. tardo *proportionāle(m)*, da *propŏrtio*, genit. *proportiōnis* 'proporzione' ✱ 1282] **A** **agg.** **1** attinente alla proporzione | che è in proporzione: *la pensione è p. agli anni di servizio prestati* | ***imposta p.***, quando l'aliquota resta costante, pur aumentando la base imponibile | (*polit.*) ***sistema, rappresentanza p.***, o (*ellitt.*) ***il proporzionale***, sistema elettorale che attribuisce ai diversi partiti politici un numero di rappresentanti in proporzione a quello dei suffragi ottenuti (contrapposto al sistema *maggioritario*) **2** (*mat.*) detto di grandezze che mantengono un rapporto costante | ***direttamente p.***, detto di ciascuna delle due sequenze di numeri e/o grandezze, quando il rapporto fra due elementi corrispondenti è costante; (*est.*) anche in riferimento a entità non misurabili: *il successo raggiunto è (direttamente) p. al suo impegno* | ***inversamente p.***, detto di ciascuna delle due sequenze di numeri e/o grandezze, quando il rapporto fra un elemento e l'inverso dell'elemento corrispondente è costante; (*est.*) anche in riferimento a entità non misurabili: *la trasparenza semantica di una parola è inversamente p. alla connotazione espressiva* (I. Calvino) | ***medio p.***, tra due numeri *a* e *b* il numero *x* tale che $a : x = x : b$ **3** †proporzionato: *le proporzionali bellezze d'un angelico viso* (Leonardo) || **proporzionalménte**, **avv.** **1** in modo proporzionale; in proporzione **2** (*est.*) nella stessa misura **SIN.** analogamente || **proporzionalità**, **s. f. inv.** (V.) **B** **s. f.** ● (*polit.*) legge elettorale proporzionale: *votare con la p.*

proporzionalìsmo [1915] **s. m.** **1** il sistema elettorale proporzionale | concezione favorevole a tale sistema **2** (*mus.*) teoria e corrente musicale medievale sostenitrice del sistema di notazione mediante frazioni, detto proporzionale o mensurale

proporzionalità [av. 1455] **s. f. inv.** **1** caratteristica di ciò che è proporzionale: *la p. di una pena* | †armonia fra le parti di un insieme **2** (*mat.*) sussistenza di una proporzione

proporzionàre [da *proporzione* ✱ 1282] **v. tr.** (*io proporzióno*) ● mettere in proporzione, rendere proporzionale: *p. il vestito al corpo; p. la tassa al reddito* **SIN.** accordare, adeguare

proporzionàto **part. pass.** di *proporzionare*; anche **agg.** **1** nel sign. del v. **2** che ha convenienti proporzioni rispetto a un altro, o a più altri, elementi: *braccia proporzionate al corpo* | ***corpo p.***, le cui parti armonizzano tra loro | (*est.*) conforme, adeguato: *p. ai bisogni, alle esigenze* **CONTR.** difforme, smisurato, sproporzionato **3** †adatto, adeguato || **proporzionataménte**, **avv.** con giusta proporzione, in modo proporzionato **SIN.** proporzionalmente

proporzióne [vc. dotta, lat. *proportiōne(m)* 'rapporto, analogia', comp. di *prō* 'per, davanti' (V. *pro-*①) e *pŏrtio*, genit. *portiōnis* 'porzione' ✱ 1261 ca.] **s. f.** **1** rapporto di misura fra elementi che sono in relazione fra loro: *la ricompensa è in p. al merito; aggiungere farina e acqua in p.* | simmetria, distribuzione armonica delle varie parti di un tutto o delle parti rispetto al tutto: *p. fra le varie membra del corpo; la p. fra la luce e i colori di quest'immagine è perfetta; c'è poca p. tra la porta e la facciata* | ***in p.***, proporzionalmente, nella giusta misura, nella misura conveniente: *il lavoro deve essere pagato in p. al rischio* | ***in p. a***, in rapporto a: *in p. all'età dovrebbe essere più maturo* | ***avere, non avere il senso delle proporzioni***, dare, non dare la giusta importanza alle cose; sapere, non sapere comportarsi convenientemente in determinate circostanze | ***mancare di p.***, essere sproporzionato | (*lett.*) ***senza p.***, senza paragone, senza confronto | (*lett.*) ***a p.***, proporzionalmente **SIN.** analogia, corrispondenza **2** (*mat.*) relazione fra quattro termini ordinati, stabilita in modo che il rapporto tra i primi due sia uguale al rapporto fra gli ultimi due (per es. $21:3 = 14:2$) **3** (*mus.*) nella tecnica mensurale, indicazione del valore delle note mediante frazioni **4** (*med.*) dose **5** (**spec. al pl.**) dimensione, estensione, grandezza (*anche fig.*): *le proporzioni della nostra casa; un fenomeno, un incendio di grandi proporzioni*

†**proporzionévole** [av. 1320] **agg.** **1** proporzionato **2** paragonabile || †**proporzionevolménte**, **avv.**

propósi ➤ **proporre**

propositìvo [vc. dotta, lat. tardo *propositīvu(m)*, da *propŏsitus*, part. pass. di *propōnere* 'proporre' ✱ 1843] **agg.** ● che fa proposte, che esprime proposte | (*est.*) positivo, costruttivo: *avere un atteggiamento p.* **CONTR.** negativo | ***referendum p.***, V. *referendum* || **propositività**, **s. f. inv.** caratteristica di ciò che è propositivo

♦**propòsito** [vc. dotta, lat. *propŏsitu(m)*, nt. sost. di *propŏsitus*, part. pass. di *propōnere* 'proporre' ✱ 1294] **s. m.** **1** fermo proponimento di fare qlco. o di seguire un dato comportamento: *perseverare nel p. di cambiare vita; smuovere qlcu. dal suo p.; era un p. eroico quello di voler correggersi di ogni difetto* (I. Svevo) | intendimento, intenzione: *era venuta col p. di essere umile* (A. Fogazzaro) | ***di p.***, apposta, con tutta l'intenzione: *l'ha fatto di p.* | (*est.*) fine, scopo: *perdere tempo senza p.* **SIN.** disegno, intendimento, progetto **2** tema, argomento, materia di un discorso: *tornando al nostro p.; a questo p. non possiamo pronunciarci; vorrei spiegazioni in p.* | ***a p. di***, quanto a, intorno a | ***a p.!***, escl. per introdurre un discorso o un argomento in una conversazione | ***capitare, venire, giungere a p.***, nell'occasione, nel momento più adatto | ***fuori di p.***, inopportuno, intempestivo; a sproposito | †***tenere p. di***, conversare, discorrere

propositóre [da *proposito* ✱ 1572] **s. m.** (**f.** *-trice*); anche **agg.** ● chi (o che) presenta una proposta o si fa promotore di un'iniziativa: *Efficace ... p. di quesiti e di problemi* (R. Bacchelli)

proposizionàle [vc. dotta, da *proposizione* con il suff. *-ale*① ✱ 1936] **agg.** ● relativo alla proposizione | ***calcolo p.***, in logica, sistema deduttivo basato sulle operazioni logiche di congiunzione, disgiunzione, implicazione e negazione

proposizióne [vc. dotta, lat. *propositiōne(m)*, da *propŏsitus* 'proposto②' ✱ 1308] **s. f.** **1** ciò che si dice, si afferma come espressione di un giudizio **2** (*gramm.*) unità elementare in cui si esprime un pensiero compiuto: *p. principale, secondaria; p. coordinata, subordinata; p. finale, consecutiva; p. ipotetica* **SIN.** frase. V. anche *avversativo - causale - comparativo - completivo - concessivo - condizionale - coordinato - consecutivo - dichiarativo - dipendente - eccettuativo - enunciativo - esclamativo - esclusivo - finale - incidentale - indipendente - infinitivo - interrogativo - limitativo - modale*① *- oggettivo - principale - reggente - relativo - secondario - soggettivo - sovraordinato - subordinato - temporale*①. **3** (*mat.*) teorema solitamente d'importanza non primaria **4** nella retorica, inizio di scritto o poema con dichiarazione del tema affrontato **5** (*lett.*) proposta: *La qual p. a tutti piacque* (G. Boccaccio) | †proposito: *la mia bellezza fu cagione di rompere le mie proposizioni* (G. Boccaccio) || **proposizioncèlla**, **dim.**

♦**propósta** [f. sost. di *proposto*② ✱ av. 1292] **s. f.** **1** atto del proporre: *fare una p. a qlcu.; avanzare una p.* | ciò che viene presentato alla valutazione e alla decisione altrui: *accettare, respingere, rifiutare una p.; p. di impiego, di pace, di matrimonio* | ***p. di legge***, progetto di legge presentato da altri che non sia il Governo al Parlamento per la discussione ed eventuale approvazione | ***p. contrattuale***, atto giuridico con cui si inizia il procedimento diretto alla conclusione di un contratto **SIN.** offerta **2** †proposizione, argomento **3** †proposito, proponimento: *per novi pensier cangia p.* (Dante *Inf.* II, 38) || **propostàccia**, **pegg.** | **propostina**, **dim.**

SFUMATURE DI SIGNIFICATO

proposta - suggerimento

Quando si presenta alla valutazione altrui un'opportunità che potrebbe essere utile, conveniente accettare si dice che si fa una **proposta**. Se all'idea di *proposta* si associa quella di consiglio, anche discreto o indiretto, si ha un **suggerimento**, che da un lato è più incisivo della *proposta*, dall'altro potrebbe anche riguardare comportamenti, azioni da compiere o essere ristretto a un ambito molto specifico e definito, non avere cioè la complessità della *proposta*.

propósto① **part. pass.** di *proporre*; anche **agg.** ● nei sign. del v.

†**propósto**② [lat. *propŏsitu(m)*, part. pass. di *propōnere* 'proporre' ✱ 1313] **s. m.** **1** argomento, soggetto di ciò che viene proposto **2** proposito, deliberazione, intenzione

†**propósto**③ [var. di *preposto*, con prob. influsso di *proposto*② ✱ 1292] **s. m.** **1** prevosto, curato **2** capo, comandante

propretóre [vc. dotta, lat. *propraetōre(m)*, comp. di *pro-*① e *praetor*, genit. *praetōris* 'pretore' ✱ sec. XIV] **s. m.** ● nel diritto romano, pretore a cui il senato ha prorogato di un anno la durata della carica affidandogli il governo di una provincia

propretùra [da *propretore*, sul modello di *pretura-pretore* ✱ 1970] **s. f.** ● ufficio del propretore

♦**proprietà** o (*pop.*) **propietà** [vc. dotta, lat. *proprietāte(m)*, da *prŏprius* 'proprio' ✱ 1261 ca.] **s. f. inv.** **1** caratteristica particolare che distingue una cosa dalle altre o un essere dagli altri: *p. chimiche, fisiche, organolettiche di una sostanza; le p. medicinali delle erbe; la curiosità, p. connaturale dell'uomo* (G. Vico) **2** diritto di godere e disporre di un bene in modo pieno ed esclusivo, entro i limiti e con l'osservanza degli obblighi stabiliti dalla legge: *azioni a difesa della p.; modi di acquisto della p.* | ***p. pubblica***, diritto dello Stato o di altri enti pubblici territoriali sui rispettivi beni demaniali | ***p. letteraria, artistica***, diritto patrimoniale d'autore | ***nuda p.***, quella del soggetto che non è titolare del diritto di usufrutto **3** bene, mobile o immobile, che si possiede: *p. mobiliare, immobiliare*; *p. fondiaria*; *ha varie p. in campagna* **4** (*est.*) chi detiene la proprietà di un'azienda o sim.: *il sindacato ha chiesto un incontro con la p.* | categoria dei proprietari, spec. terrieri: *piccola, media p.*; *O miracolo! … la grande p. è sparita per un incanto* (G. Pascoli) **5** precisione di significato | uso di parole o frasi appropriate: *esprimersi, parlare, con p., senza p.* **6** garbo, decoro, pulizia: *vestire con p.*; *la villeggiatura … ha da essere da par nostro, grandiosa secondo il solito, e colla solita p.* (C. Goldoni)

♦**proprietàrio** o (*pop.*) **propietàrio** [vc. dotta, lat. tardo *proprietāriu(m)*, da *propriĕtas*, genit. *proprietātis* 'proprietà' ✱ sec. XIV] **A** **s. m. 1** (**f.** *-ia*) chi ha la proprietà di qlco.: *il p. del libro, dell'automobile, della villa, dell'appartamento* **2** (*stor.*) spec. nel XVIII sec., chi assumeva il comando di un reggimento a titolo onorifico e senza obblighi del servizio personale **B** **agg. 1** relativo alla proprietà: *diritti proprietari* **2** (*inform.*) detto di prodotto informatico, software o hardware, proposto come standard da chi lo ha sviluppato e ne detiene i diritti

SFUMATURE ➤ ***padrone***

♦**pròprio** o (*pop.*) **pròpio** [vc. dotta, lat. *prŏpriu(m)*, dalla locuzione *prō prīvo* 'a titolo privato' (V. *privo*) ✱ 1221] **A** **agg. 1** che è strettamente inerente e appartenente a una sola persona, a una sola cosa o una classe di individui: *è p. dell'uomo amare la libertà* | tipico, caratteristico, peculiare: *ha risposto con l'acume che gli è p.*; *è p. dei giovani essere entusiasti*; *aveva l'insensibilità allo squallore che è propria ai provinciali* (A. Moravia) | ***senso p.***, di parole, frasi e sim., non estensivo né figurato | (*gramm.*) ***nome p.***, che si applica soltanto a un essere o a una cosa presi in particolare (per es., nomi di individui, di popoli, di città, di fiumi, ecc.) | (*astron.*) ***moto p.***, il lentissimo spostamento di una stella sulla sfera celeste, che è funzione del suo vero moto nello spazio **2** personale, particolare (come rafforz. di agg. poss.): *agisce così per motivi suoi propri*; *ci sono riusciti con le loro proprie forze*; *ha un sapore tutto suo p.*; *l'ho sentito con le mie proprie orecchie* **CFR.** idio- **3** appropriato: *usare un linguaggio p.* | opportuno, adatto: *ne parleremo in una sede più propria* | (con valore rafforz.) ***vero e p.***, che è davvero tale (per sottolineare le caratteristiche del sost. che segue): *questo è un vero e p. errore*; *hai fatto una vera e propria cattiveria* **4** (*disus.*) che ha garbo, che mostra decoro e decenza: *persona molto propria*; *vestito p.* ‖ **propriaménte**, **avv. 1** realmente, veramente: *lui propriamente non ne aveva colpa*; a dire il vero: *propriamente, non te lo so dire*; specificamente, particolarmente: *medicamento propriamente indicato contro l'emicrania* **2** in senso proprio: *il vocabolo va inteso propriamente e non in senso traslato*; ***esprimersi, parlare, scrivere, esporre propriamente***, con proprietà di linguaggio; ***propriamente detto***, a rigore di termini, nella sua essenza: *la depressione propriamente detta può nuocere in molti casi* **B** **avv. 1** precisamente, per l'appunto: *i fatti si sono svolti p. così*; *è arrivato p. adesso* | veramente, davvero: *ora sto p. bene*; *è p. buono*; *le dice p. grosse*; *ma sei p. sicuro?*; *è p. lui?*; *non è p. il caso di insistere* | come risposta affermativa per confermare e rafforzare quanto è stato detto: *'non è mai puntuale' 'p.!'*; *'allora avevo ragione io!' 'p.!'* **2** affatto (in frasi negative): *non ne ho p. voglia*; *non mi interessa p.*; *non lo credo p.*; *non sapeva p. cosa rispondere* **3** †propriamente, con proprietà di linguaggio **C** **agg. poss. di terza pers. sing. e pl.** ● indica possesso, appartenenza, peculiarità esclusive del soggetto e si usa al posto di 'suo' e 'loro', di preferenza quando il soggetto è un pron. indef., d'obbligo nelle espressioni impers.: *una madre darebbe la vita per i propri figli*; *ognuno deve ascoltare la propria coscienza*; *l'ha scritto di p. pugno*; *l'ha costruito con le sue proprie mani*; *ognuno è padrone in casa propria* **D** **pron. poss. di terza pers. sing. e pl.** ● suo, loro personale: *qui ci sono i libri, ognuno si riprenda il p.*; *è più facile vedere i difetti degli altri che i propri* **E** **s. m. solo sing. 1** ciò che è di proprietà o di pertinenza della persona a cui ci si riferisce: *salvaguardare, perdere, il p.*; *avere del p.*; *rimetterci del p.* | ***metterci del p.***, V. *mettere* nel sign. A 5 | nella loc. avv. ***in p.***, come proprietà personale: *avere terreno in p.*; (*est.*) per conto proprio, senza dipendere da altri: *lavorare in p.*; *mettersi in p.*; *avere un negozio in p.*; (*fig.*) personalmente, assumendosi ogni responsabilità: *rispondere in p. di qualcosa* **2** (*raro*) carattere, elemento particolare e distintivo: *il p. dell'ape è fare il miele* **3** (*filos.*) nella logica di Aristotele, carattere che è qualità esclusiva di tutti gli individui di una stessa specie **4** nella liturgia cattolica, parte del testo che integra quella comune e appartiene allo specifico rito che si celebra, principalmente nell'ordine del Messale Romano

propriocettivo [1893] **agg.** ● (*anat.*) relativo a propriocettore

propriocettóre [ingl. *proprioceptor*, comp. del lat. *prŏprius* 'proprio' e dell'ingl. *(re)ceptor* 'recettore' ✱ 1958] **s. m.** ● (*anat.*) recettore atto a cogliere gli stimoli che si originano da organi interni, esclusi quelli cavi **CFR.** enterocettore, esterocettore

propriocezióne [comp. del lat. *prŏpriu(m)* 'proprio' e *(re)cezione*, sul modello dell'ingl. *proprioception* ✱ 1991] **s. f.** ● (*fisiol.*) complesso delle funzioni dei recettori e dei centri nervosi che consentono l'acquisizione di informazioni sullo stato degli organi interni, con esclusione di quelli cavi **CFR.** enterocezione, esterocezione

propugnàcolo [vc. dotta, lat. *propugnāculu(m)*, da *propugnāre* 'propugnare' ✱ sec. XIV] **s. m.** ● (*lett.*) fortezza, forte, bastione | (*fig.*, *lett.*) difesa, baluardo di idee, istituzioni e sim.: *la concordia è il p. della nazione*

♦**propugnàre** [vc. dotta, lat. *propugnāre*, comp. di *prō* 'davanti, in difesa' (V. *pro-*①) e *pugnāre* 'combattere' ✱ 1480] **v. tr.** (**coniug. come** *segnare*) **1** difendere combattendo **2** (*fig.*) sostenere con forza e con impegno: *p. l'abolizione della schiavitù*

propugnatóre [vc. dotta, lat. *propugnatōre(m)*, da *propugnātus*, part. pass. di *propugnāre* 'propugnare' ✱ av. 1463] **agg. e s. m.** (**f.** *-trice*) ● (*raro*) che (o chi) propugna (*spec. fig.*) **SIN.** sostenitore

propugnazióne [vc. dotta, lat. *propugnatiōne(m)*, da *propugnātus*, part. pass. di *propugnāre* 'propugnare' ✱ 1630] **s. f.** ● (*raro*) difesa, sostegno, salvaguardia

propulsàre [vc. dotta, lat. *propulsāre*, comp. di *prō* 'avanti' (V. *pro-*①) e *pulsāre* 'spingere' ✱ av. 1429] **v. tr. 1** †ricacciare indietro: *le vie e i modi di propulsar le eresie* (P. Sarpi) **SIN.** respingere, rintuzzare, scacciare **2** (*tecnol.*) determinare una propulsione

propulsatóre [vc. dotta, lat. *propulsatōre(m)*, da *propulsātus*, part. pass. di *propulsāre* 'propulsare' ✱ av. 1429] **agg. e s. m.** (**f.** *-trice*) ● (*raro*) che (o chi) respinge

propulsióne [fr. *propulsion*, dal lat. *propŭlsus*, part. pass. di *propĕllere* 'propellere' ✱ 1611] **s. f. 1** sistema atto a imprimere a un corpo la forza necessaria a vincere le resistenze che si oppongono al moto: *p. aerea, navale*; *p. a elica, a getto, a razzo* **2** (*fig.*) spinta, impulso per realizzare un avanzamento, uno sviluppo e sim., spec. nell'ambito economico: *il nuovo insediamento darà p. al turismo locale*

propulsivo [fr. *propulsif*, dal lat. *propŭlsus*, part. pass. di *propĕllere* 'propellere' ✱ 1894] **agg.** ● che determina, trasmette una propulsione o (*fig.*) un impulso: *spinta propulsiva* ‖ **propulsività**, **s. f. inv.**

propùlso **part. pass.** di *propellere*; anche **agg.** ● nel sign. del v.

propulsóre [fr. *propulseur*, dal lat. *propŭlsus*, part. pass. di *propĕllere* 'propellere' ✱ 1859] **A** **s. m. 1** apparato che comunica a un veicolo la spinta necessaria per ottenere il suo moto **2** (*antrop.*) strumento destinato a lanciare armi da getto, quali giavellotti, lance e frecce, con maggiore forza e a maggiore distanza che a mano **3** (*raro*, *fig.*) chi (o ciò che) dà una spinta in avanti: *il p. di un movimento artistico* **B** **anche agg. m.**: *centro p.*

propulsòrio [1940] **agg.** (**pl. m.** *-i* o *raro -ii*) ● propulsivo

proquestóre [vc. dotta, lat. *prō quaestōre* 'al posto del questore' ✱ 1745] **s. m.** ● nell'antica Roma, vicario del questore

proquestùra [1970] **s. f.** ● ufficio, dignità e sede del proquestore

proquòio ➤ **procoio**

pròra [vc. dotta, lat. *prōra(m)*, dal gr. *prôira*, da *pró* 'davanti' (V. *pro-*②) ✱ 1313] **s. f. 1** nel linguaggio della marina militare e in quello letterario, prua **2** (*fig.*, *lett.*) nave: *degli Achivi era Crise alle veloci / prore venuto a riscattar la figlia* (V. Monti)

pro ràta [lat. *pro rata* 'secondo la parte stabilita', attrav. il fr. *prorata* ✱ 1492] **loc. avv. e agg. inv.** ● in proporzione, proporzionalmente, detto di calcoli finanziari in cui si ripartisce una determinata grandezza, gener. un debito o un credito, in proporzione a un periodo di tempo o a un'altra grandezza di riferimento

proravìa [comp. di *prora* e *via* ✱ 1819] **s. f.** ● (*mar.*) pruavia **CONTR.** poppavia

prorettóre [comp. di *pro-*① e *rettore* ✱ av. 1519] **s. m.** (**f.** *-trice*) ● chi fa le veci del rettore

pròroga [da *prorogare* ✱ av. 1600] **s. f.** ● prolungamento, dilazione di una scadenza, di un termine: *una p. di cinque giorni* **CONTR.** anticipazione **CFR.** rinvio

prorogàbile [1673] **agg.** ● che si può prorogare: *scadenza p.* **CONTR.** improrogabile ‖ **prorogabilità**, **s. f. inv.**

prorogàre [vc. dotta, lat. *prorogāre*, propr. 'proporre, chiedere al popolo una proroga di poteri in favore di qualcuno', comp. di *prō* 'avanti' (V. *pro-*①) e *rogāre* 'chiedere' ✱ 1309] **v. tr.** (*io pròrogo, tu pròroghi*) ● differire, prolungare una scadenza, un termine: *p. l'iscrizione ai corsi* **CONTR.** anticipare **CFR.** rinviare

prorogàtio /*lat.* proro'gattsjo/ [vc. lat., propr. 'prorogazione' ✱ 1980] **s. f. inv.** (**pl. lat.** *prorogationes*) ● (*dir.*) istituto in base al quale un organo rimane in carica, dopo la conclusione del suo mandato, fino a quando non viene nominato il successore: *consiglio di amministrazione in regime di p.*

prorogàto **part. pass.** di *prorogare*; anche **agg.** ● nel sign. del v.

prorogazióne [vc. dotta, lat. *prorogatiōne(m)*, da *prorogātus* 'prorogato' ✱ 1309] **s. f.** ● (*raro*) proroga

prorompènte **part. pres.** di *prorompere*; anche **agg.** ● che prorompe | florido, prosperoso, detto di seno femminile | (*fig.*) incontenibile: *una gioia, un entusiasmo, una vitalità p.* ‖ **prorompenteménte**, **avv.**

+**prorómpere** [lat. *prorŭmpere*, comp. di *pro-* 'davanti' (V. *pro-*①) e *rŭmpere* 'rompere' ✱ 1300 ca.] **v. intr.** (coniug. come *rompere*; aus. *avere* nel sign. 1, *essere* o *avere* nei sign. 2 e 3) **1** uscire con impeto, con violenza (+ *da*): *il torrente proruppe dagli argini* **2** (*fig.*) manifestarsi con forza e all'improvviso: *l'odio lungamente represso proruppe incontenibile; Le risa erano prorotte squacquerate* (L. Pirandello) **3** (*fig.*) lasciarsi andare, erompere, sbottare (+ *in*): *p. in una fragorosa risata; prorompe inconsideratamente nella richiesta d'una vendetta* (P. Metastasio) | ***p. in lacrime***, scoppiare in pianto

prorompiménto [1683] **s. m.** ● (*lett.*) il prorompere (*anche fig.*) | (*lett.*) impeto d'ira

prorótto **part. pass.** di *prorompere*; anche **agg.** ● (*raro, lett.*) uscito, venuto fuori

prorùppi ➤ **prorompere**

pròṣa [vc. dotta, lat. *prōsa(m oratiōnem)* 'discorso scritto in linea retta', f. sost. di *prōsus*, var. di *prōrsus* 'che va in linea retta', da un precedente **provĕrsus* 'diretto in avanti', comp. di *prō* 'avanti' (V. *pro-*①) e *vĕrsus*, part. pass. di *vĕrtere* 'volgere' (V. *versione*) ✱ 1266] **s. f.** **1** forma di espressione linguistica non sottomessa alle regole della versificazione: *p. letteraria, epistolare, oratoria; p. scientifica, tecnica; p. chiara, elegante, forbita, ampollosa, armoniosa* | ***p. d'arte***, componimento prosastico condotto con la massima cura stilistica | ***p. rimata***, intarsiata con cadenze studiate e artifici poetici | ***p. poetica***, che arieggia i modi della poesia **2** (*est.*) opera scritta in prosa: *le prose del Tasso, dell'Alfieri* | complesso di opere in prosa: *la p. italiana del Novecento; leggere della p.* | ***teatro di p.***, (*assol.*) ***prosa***, il teatro recitato (in contrapposizione al *teatro lirico*): *amare la p.; stagione di p.* **3** (*fig.*) ciò che appare materiale e meschino, troppo legato alle esigenze quotidiane: *la p. della vita; la p. della realtà di ogni giorno* **4** (*relig.*) tipo di sequenza ‖ **proṣàccia**, **pegg.** | (*lett.*) **proṣerèlla**, **dim.** | **proṣétta**, **dim.** | (*lett.*) **proṣùccia**, **dim.**

proṣaicìṣmo [comp. di *prosaic(o)* e *-ismo* ✱ 1882] **s. m.** ● (*lett.*) carattere prosaico, sciatto

+**proṣàico** [vc. dotta, lat. tardo *prosāicu(m)*, da *prōsa* 'prosa' ✱ 1294] **agg.** (pl. m. *-ci*) **1** (*lett.*) concernente la prosa: *scritti prosaici* **2** (*fig.*) che è privo di poeticità, di spiritualità: *un discorso p.* | (*fig.*) di chi manca di idealità e pensa solo alle necessità della vita: *uomo p.* **SIN.** banale, meschino, volgare ‖ **proṣaicaménte**, **avv.** in modo prosaico, banale, materiale ‖ **proṣaicità**, **s. f. inv.** caratteristica di ciò che è prosaico; (*fig.*) banalità della vita quotidiana o di ciò che appare meschino e materiale

proṣàpia [vc. dotta, lat. *prosāpia(m)*, da una radice indeur. che significa 'fecondare' ✱ 1336 ca.] **s. f.** ● (*lett.*) stirpe, schiatta, lignaggio: *p. nobile, illustre, reale*

proṣàre [da *prosa* ✱ 1525] **v. intr.** (*io pròṣo*; aus. *avere*) **1** (*raro*) scrivere in prosa **2** †parlare con prosopopea

proṣàstico [da *prosa*, sul modello di *scolastico* ✱ av. 1698] **agg.** (pl. m. *-ci*) **1** scritto in prosa: *le opere prosastiche del Foscolo* **2** che ha il tono dimesso della prosa, detto spec. di versi o poesie ‖ **proṣasticaménte**, **avv.** ‖ **proṣasticità**, **s. f. inv.**

proṣatóre [da *prosare* ✱ 1525] **s. m.** (f. *-trice*) ● scrittore in prosa: *i prosatori del Novecento inglese* | posposto al nome di uno scrittore, quando questi è considerato come autore di prose: *il Manzoni p.*

proscènio [vc. dotta, lat. *proscāeniu(m)*, dal gr. *proskḗnion*, comp. di *pró* 'davanti' (V. *pro-*②) e *skēnḗ* 'tenda, scena, palcoscenico' (V. *scena*) ✱ av. 1494] **s. m.** (pl. *-i* o *raro -ii*) ● parte anteriore del palcoscenico, compresa fra l'arco scenico e l'orchestra | ***chiamare al p. l'autore***, alla ribalta per applaudirlo | ***palchi di p.***, quelli estremi del semicerchio teatrale che danno sul palcoscenico **SIN.** avanscena

Proscìmmie [comp. di *pro-*② e il pl. di *scimmia* ✱ 1883] **s. f. pl.** (sing. *-a*) ● (*zool.*) sottordine di Mammiferi dei Primati con grandi occhi, dita con unghie piatte o artigli, arboricoli, notturni (*Prosimiae*) **SIN.** Lemuroidei

proscinèṣi **s. f. inv.** ● adattamento it. di *proskynesis* (V.)

prosciògliere o †**prosciòrre** [lat. *persŏlvere* 'sciogliere interamente' (comp. di *pĕr* intens. e *sŏlvere* 'sciogliere'), con cambio di pref. ✱ 1266] **v. tr.** (coniug. come *sciogliere*) **1** sciogliere, liberare da impedimenti o impegni (+ *da*): *p. qlcu. da un obbligo, da un giuramento* | (*lett.*) ***p. dal peccato***, assolvere **2** (*dir.*) nel processo penale, emanare nei confronti di un imputato una sentenza di proscioglimento (+ *da*): *l'imputato è stato prosciolto dall'accusa di peculato*

†**prosciogligióne** [av. 1348] **s. f.** ● proscioglimento, assoluzione

proscioglimento [sec. XIV] **s. m.** **1** il prosciogliere **SIN.** liberazione | (*lett.*) perdono, assoluzione **2** (*dir.*) nel processo penale, dichiarazione di non doversi procedere nei confronti dell'imputato emessa con sentenza istruttoria o dibattimentale

prosciòlto **part. pass.** di *prosciogliere*; anche **agg.** ● nei sign. del v.

†**prosciòrre** ➤ **prosciogliere**

prosciugaménto [1779] **s. m.** ● il prosciugare, il prosciugarsi: *il p. delle paludi; il p. del lago è avvenuto in tre mesi*

prosciugàre [da *asciugare*, con cambio di pref. ✱ 1550] **A** **v. tr.** (*io prosciùgo, tu prosciùghi*) ● rendere asciutto, liberando dall'acqua stagnante: *p. terreni* | (*lett.*) asciugare | (*fig.*) svuotare del tutto, spec. di denaro o sim.: *ha prosciugato le tasche dei genitori* **B** **prosciugàrsi** **v. intr. pron.** **1** diventare asciutto, perdendo l'umidità: *i muri si sono prosciugati rapidamente* | (*lett.*) asciugarsi **2** (*fig., lett.*) dimagrire | (*fig., lett.*) inaridire, affievolirsi: *La vita in lui si prosciugava* (C. Pavese)

prosciugàto **part. pass.** di *prosciugare*; anche **agg.** ● nei sign. del v.

prosciuttàto [1726] **agg.** ● preparato nello stesso modo del prosciutto | lardellato di prosciutto

♦**prosciùtto** o (*tosc.*) **presciùtto**, (*sett.*) **persùtto** [da *asciutto*, con cambio di pref. ✱ sec. XIV] **s. m.** ● coscia di maiale, salata e fatta seccare: *p. crudo, cotto, affumicato; antipasto di p. e melone* | (*scherz.*) ***orecchi foderati di p.***, quelli di chi non sente o non vuole sentire | prodotto analogo ottenuto con la carne di altri animali: *p. di cervo, di capriolo, di cinghiale* ‖ **prosciuttìno**, **dim.** | **prosciuttóne**, **accr.**

proscrìtto **A** **part. pass.** di *proscrivere*; anche **agg.** ● nei sign. del v. | (*lett.*) vietato **B** **s. m.** (f. *-a*) **1** nell'antica Roma, persona colpita da proscrizione **2** esule

proscrittóre [vc. dotta, lat. *proscriptōre(m)*, da *proscrīptus* 'proscritto' ✱ 1476] **s. m.** (f. *-trice*) **1** (*raro*) autore di proscrizioni **2** (*lett., est.*) chi bandisce, caccia

proscrìvere [vc. dotta, lat. *proscrībere* 'far noto, annunziare, proclamare', comp. di *prō* 'davanti' (V. *pro-*①) e *scrībere* 'scrivere' ✱ av. 1375] **v. tr.** (coniug. come *scrivere*) **1** colpire con proscrizione: *p. un cittadino; Mario e Silla proscrissero i loro nemici* **2** (*est.*) esiliare, bandire: *p. i ribelli, i rivoltosi* **3** (*fig.*) abolire, vietare: *p. certe idee*

proscrizióne [vc. dotta, lat. *proscriptiōne(m)*, da *proscrīptus* 'proscritto' ✱ av. 1332] **s. f.** **1** originariamente, nell'antica Roma, pubblico avviso di vendita all'incanto dei beni di un debitore | in seguito, qualsiasi pena, spec. l'esilio, che implicava per il cittadino romano la confisca e la vendita dei beni | ***lista di p.***, elenco di persone proscritte: *le liste di p. di Mario, di Silla* **2** (*est.*) esilio, bando **3** (*fig.*) abolizione, divieto: *la p. di un'iniziativa*

Prosécco [dal n. della località in provincia di Trieste, della cui zona il vitigno è originario ✱ 1662] **s. m.** (pl. *-chi*) ● pregiato vino bianco secco, di color giallo paglierino, dal profumo fresco e dal sapore spesso fruttato, prodotto dal vitigno omonimo spec. sulle colline del Trevigiano; anche nei tipi frizzante e spumante ‖ **prosecchìno**, **dim.** bicchiere di vino Prosecco

prosecutìvo (o **-ṣ-**) [dal lat. *prosecūtus*, part. pass. di *prōsequi* 'proseguire' ✱ 1983] **agg.** ● (*raro*) atto a proseguire | che serve alla prosecuzione

prosecutóre (o **-ṣ-**) [dal lat. *prosecūtu(m)*, part. pass. di *prōsequi* 'proseguire' ✱ 1442] **s. m.** (f. *-trice*) ● chi porta avanti qlco. iniziata da altri prima di lui **SIN.** continuatore

prosecuzióne (o **-ṣ-**) [vc. dotta, lat. tardo *prosecutiōne(m)*, da *prosecūtus*, part. pass. di *prōsequi* 'proseguire' ✱ av. 1363] **s. f.** ● continuazione: *la p. della guerra, degli studi* | (*est.*) ciò che costituisce il seguito di qlco.: *la p. di una galleria, di una strada*

proṣeggiàre [av. 1651] **v. intr.** (pres. *io proṣéggio*; fut. *io proṣeggerò*; aus. *avere*) ● (*lett.*) scrivere in prosa | impiegare stile e modi tipici della prosa

prosegretàrio [comp. di *pro-*① e *segretario* ✱ av. 1755] **s. m.** (f. *-ia*) ● vicesegretario

proseguiménto [1643] **s. m.** ● prosecuzione, seguito, continuazione: *il p. del libro, dell'impresa; buon p.!*

♦**proseguìre** [lat. *prōsequi*, comp. di *prō* 'avanti' (V. *pro-*①) e *sĕqui* 'seguire' ✱ 1300 ca.] **A** **v. tr.** (*io proséguo*) **1** seguitare, continuare: *p. il cammino; p. gli studi* **2** (*lett.*) perseguire **B** **v. intr.** (aus. *avere* riferito a persona, *essere* o *avere* riferito a cose) ● procedere, andare avanti (+ *a* seguito da inf.): *per i troppi ostacoli, non hanno proseguito; i lavori sono proseguiti in serata; p. a trattare, a cercare un'intesa* | persistere (+ *in*): *p. negli studi*

†**proseguitàre** [sovrapposizione di *seguitare* a *proseguire* ✱ sec. XIV] **A** **v. tr.** ● seguitare, proseguire **B** **v. intr.** ● persistere, insistere

proseguìto **part. pass.** di *proseguire*; anche **agg.** ● nei sign. del v.

proséguo ➤ **prosieguo**

proṣèlite ➤ **proselito**

proṣelitìṣmo [fr. *prosélytisme*, da *prosélyte* 'proselito' col suff. *-isme* '-ismo' ✱ 1774] **s. m.** ● l'attività di chi fa e cerca di fare proseliti

proṣelitìsta [1940] **s. m. e f.** (pl. m. *-i*) ● (*raro*) chi fa proseliti a un'idea: *fanatico professante le idee del secolo e p. d'irreligione* (R. Bacchelli)

+**proṣèlito** o (*raro*) **proṣèlite** [vc. dotta, lat. tardo *prosēlytu(m)*, dal gr. *prosḗlytos* 'sopravvenuto, forestiero', poi 'proselito, convertito', comp. di *prós* 'verso, oltre' ed *elyt-* 'venire, provenire', di etim. incerta ✱ av. 1292] **s. m.** (f. *-a*) ● chi da poco si è convertito a una religione o ha abbracciato le idee di una dottrina o di un partito: *fare proseliti; i proseliti del socialismo* **SIN.** adepto, neofita

SFUMATURE DI SIGNIFICATO

proselito - neofita - iniziato - adepto

Chi da poco ha aderito a una religione o ha abbracciato una teoria, una dottrina si definisce **proselito**. Stesso significato ha **neofita**, ma an-

che in ragione dell'etimologia della parola questo termine mette piuttosto in evidenza l'aspetto della conversione che non quello dell'adesione. **Iniziato** descrive la condizione di chi ha ricevuto i primi insegnamenti di una dottrina filosofica o religiosa, oppure è stato ammesso a far parte di un'associazione dopo aver superato un rito di affiliazione. **Adepto** è termine generico per indicare chiunque sia seguace di una dottrina, un'ideologia, una setta.
SFUMATURE ➤ ***seguace***

prosencèfalo [comp. del gr. *prós* 'verso, davanti' ed *encefalo* ✱ 1930] **s. m.** ● (*anat.*) la parte più craniale dell'encefalo primitivo, da cui derivano il telencefalo e il diencefalo

prosènchima [dal gr. *prós* 'davanti, verso' sul modello di *parenchima* ✱ 1841] **s. m.** (**pl.** *-i*) ● (*bot.*) tessuto di sostegno costituito da fibre molto allungate e resistenti, incastrate le une nelle altre

prosettóre [vc. dotta, lat. tardo *prosectōre(m)*, da *prosĕctus*, part. pass. di *prosecāre* 'tagliare davanti', comp. di *prō* 'davanti' (V. *pro-*①) e *secāre* 'tagliare' (V. *secare*) ✱ 1883] **s. m.** (**f.** *-trice*) ● chi è incaricato di sezionare i cadaveri e allestire i preparati anatomici per i docenti e gli studiosi

prosièguo (o **-sié-**), (*raro*) **proséguo** [da *proseguire* ✱ 1848] **s. m.** ● (*burocr.*) proseguimento, seguito | ***in p. di tempo***, in seguito, poi

prosillogìsmo [vc. dotta, lat. tardo *prosyllogĭsmu(m)*, dal gr. *prosyllogismós*, comp. di *pró* 'davanti' (V. *pro-*②) e *syllogismós* 'sillogismo' ✱ 1363] **s. m.** ● sillogismo la cui conclusione funge da premessa a un altro sillogismo

prosìmetro [comp. di *prosa* e *metro* nel sign. di 'verso, poesia' ✱ 1986] **s. m.** ● componimento letterario misto di parti in prosa e parti in versi (per es. la *Vita nuova* di Dante)

prosìndaco [comp. di *pro-*① e *sindaco* ✱ 1920] **s. m.** (**f.** *-a*; **pl. m.** *-ci*) ● assessore comunale che, per l'indisponibilità del sindaco, esercita, su delega di questo, alcune sue funzioni limitate e temporanee | vicesindaco, in alcuni comuni: *il p. di Roma*

prosinodàle [comp. di *pro-*① e *sinodale* ✱ 1869] **agg.** ● che ha gli stessi caratteri di sinodo o lo sostituisce: *adunanza p.*

✦**pròsit** [terza pers. congtv. pres. di *prodèsse* 'giovare' (V. *prode*) ✱ 1869] **inter.** **1** formula di augurio rivolta al sacerdote che rientra in sacrestia dopo la celebrazione della Messa **2** esprime augurio e si usa spec. nei brindisi **SIN.** salute!

proskýnesis /pros'kinesis/ [gr. *proskýnēsis* 'adorazione' ✱ 1940] **s. f. inv.** (**pl. gr.** *proskynéseis*) ● rituale in uso nelle antiche corti orientali e poi nel mondo bizantino, consistente nel prostrarsi davanti al sovrano come riconoscimento della sua natura divina

Proṣobrànchi [comp. del gr. *prósō* 'davanti' e *branchi(a)* ✱ 1883] **s. m. pl.** (**sing.** *-chio*) ● (*zool.*) sottoclasse di Molluschi dei Gasteropodi dotati di conchiglia esterna (*Prosobranchia*)

prosociàle [comp. di *pro*① e *sociale*, in contrapposizione ad *antisociale* ✱ 1985] **agg.** ● detto di tutto ciò che promuove l'altruismo, il riconoscimento dell'altro, l'integrazione sociale e sim. **CFR.** antisociale

proṣodìa [vc. dotta, lat. *prosōdia(m)*, dal gr. *prosōidía*, comp. di *prós* 'accanto, verso' e *ōidḗ* 'canto' (V. *ode*) ✱ 1598] **s. f.** **1** nella metrica classica, insieme di regole relative alla quantità delle sillabe | nelle lingue moderne, le regole relative all'accentazione dei versi **2** (*ling.*) studio delle caratteristiche di una lingua relative ad accento, tono, intonazione, quantità

proṣòdico o **proṣodìaco** [1585] **agg.** (**pl. m.** *-ci*) ● relativo alla prosodia || **proṣodicaménte**, **avv.** per quanto si riferisce alla prosodia

proṣòdio [vc. dotta, gr. *prosódion* (*mélos*) '(canto) di processione', da *prósodos* 'processione', comp. di *prós* 'verso' e *odós* 'strada' (V. *odeporico*) ✱ 1933] **s. m.** ● nell'antica Grecia, canto corale di processione

proṣodìsta [1871] **s. m. e f.** (**pl. m.** *-i*) ● studioso di prosodia, di metrica

pro solùto [dalla loc. lat. *cĕssio prō solūto* 'cessione (di un credito) come pagato' ✱ 1673] **loc. agg. inv.** ● (*dir.*) detto di ciò che si considera pagato anche se l'effettivo pagamento deve ancora aver luogo | ***cessione pro soluto***, trasferimento di un credito in pagamento

pro solvèndo [dalla loc. lat. *cĕssio prō solvĕndo* 'cessione (di un credito) come pagabile' ✱ 1673] **loc. agg. inv.** ● (*dir.*) detto di ciò che dovrà, in futuro, essere pagato da un terzo | ***cessione pro solvendo***, trasferimento di un credito con liberazione del cedente al momento della riscossione dello stesso da parte del cessionario

proṣóne [da *prosare* ✱ av. 1565] **s. m.** **1** (*scherz.*) †chi scrive e parla con presunzione **2** (*lett.*) testo o stile prolisso, ampolloso

†**proṣontuóso** e deriv. ➤ **presuntuoso** e deriv.

proṣopoagnoṣìa o **proṣopagnoṣìa** [comp. delle vc. gr. *prósōpon* 'volto, persona' e *agnōsía* 'non (*a-*) (ri)conoscimento (*gnósis*)' ✱ 1989] **s. f.** ● (*med.*) incapacità di riconoscere persone note in base alla loro fisionomia

proṣopografìa [comp. del gr. *prósōpon* 'volto' (comp. di *prós* 'davanti' e di una radice indeur. che significa 'vedere'), e *-grafia* ✱ av. 1750] **s. f.** **1** (*ling.*) descrizione della figura esteriore della persona; per es.: *biondo era e bello e di gentile aspetto, / ma l'un de' cigli un colpo avea diviso* (DANTE *Purg.* III, 107-108) **2** raccolta iconografica di personaggi celebri di epoche passate

✦**proṣopopèa** [vc. dotta, lat. *prosopopōeia(m)*, dal gr. *prosōpopoiía* 'personificazione', da *prosōpopoiêin* 'personificare', comp. di *prósōpon* 'volto' (V. *prosopografia*) e *poiêin* 'fare' (V. *poeta*) ✱ 1308] **s. f.** **1** figura retorica che consiste nel rappresentare come persone vive e parlanti cose inanimate, concetti o entità astratte, o persone assenti o defunte; per es.: *Vieni a veder la tua Roma che piagne / vedova e sola, e dì e notte chiama* (DANTE *Purg.* VI, 112-114) **SIN.** personificazione **2** (*fig.*) tono enfatico, pomposo, aria di gravità e solennità eccessive, talora unita a presunzione e arroganza: *la p. dei pedanti*

proṣopopèico [av. 1646] **agg.** (**pl. m.** *-ci*) ● di prosopopea

prospaltèlla [vc. del lat. scient.: comp. di *pros-* (V. *pro-*②) e del gr. *paltós* 'lanciato', da *pállein* 'lanciare', di etim. incerta (?) ✱ 1930] **s. f.** ● piccolo insetto imenottero, utile perché parassita della cocciniglia del gelso (*Prospaltella berlesei*)

prosperaménto [sec. XVIII] **s. m.** ● (*lett.*) fiorente sviluppo

prosperàre [vc. dotta, lat. *prosperāre*, da *prŏsperus* 'prospero' ✱ 1320] **A** **v. intr.** (*io pròspero; aus. avere*) ● crescere in modo sempre più soddisfacente: *è un'attività che prospera* | anche con valore negativo: *traffici illeciti che prosperano in certe periferie* | essere prospero, crescere rigogliosamente: *in questa regione prospera la vite* | ***p. in salute***, essere sano, stare bene **B** **v. tr.** ● (*lett.*) rendere prospero | (*raro*) favorire: *che il Signore vi prosperi*

†**prosperazióne** [sec. XIV] **s. f.** **1** il prosperare | successo, vittoria **2** propagazione

†**prosperévole** [1268] **agg.** **1** prospero, favorevole, propizio **2** vigoroso, robusto || †**prosperevolménte**, **avv.** prosperamente

prosperità [vc. dotta, lat. *prosperitāte(m)*, da *prŏsperus* 'prospero' ✱ sec. XII] **s. f. inv.** ● condizione di benessere, di agiatezza, di floridezza: *augurare salute e p.*; *nella p. tutti sono amici* | ***la p. della nazione***, il suo benessere economico **CONTR.** indigenza, povertà

SFUMATURE DI SIGNIFICATO
prosperità - benessere - ricchezza
Uno stato, una condizione economicamente favorevole e suscettibile di sviluppi positivi si definisce **prosperità**. Anche **benessere** esprime una situazione felice dal punto di vista materiale ma ha un significato più largo, che investe anche la sfera psicologica e fisica della persona. **Ricchezza** è in questa serie la parola che esprime lo stato di maggiore abbondanza di beni materiali, presenti in quantità nettamente superiore a quanto necessario per assicurare benessere e agiatezza.

✦**pròspero**① [vc. dotta, lat. *prŏsperu(m)*, comp. di *prō* 'davanti' (V. *pro-*①) e una radice indeur. che significa 'abbondante' ✱ 1268] **agg.** **1** che procede nel modo migliore, apportando benessere, agiatezza, salute e sim.: *un p. commercio*; *tempi prosperi*; *condizioni prospere*; *è stata una prospera annata per l'agricoltura* | che gode di grande ricchezza e benessere: *un comune p.* **SIN.** fiorente, florido **2** (*est.*) favorevole, felice: *un p. evento*; *sorte, fortuna, prospera* | ***vento p.***, favorevole **SIN.** propizio **3** (*lett.*) prosperoso, formoso || **prosperaménte**, **avv.** con prosperità

pròspero② [da *fosforo* con accostamento pop. al n. proprio *Prospero* ✱ 1948] **s. m.** ● (*roman., merid.*) fiammifero, zolfanello: *gli chiedevano ... il suo ultimo p.: per accendere ... la loro ultima cicca* (C.E. GADDA)

prosperóso (o **-ṣo**) [da *prospero* ✱ av. 1292] **agg.** **1** prospero, fiorente: *una regione prosperosa* **2** florido, robusto, formoso: *una ragazza prosperosa*; *seno p.* || **prosperosaménte**, **avv.** || **prosperosità**, **s. f. inv.** aspetto prosperoso; (*raro*) prosperità
SFUMATURE ➤ ***florido***

prospettàre [vc. dotta, lat. *prospectāre*, intens. di *prospĭcere* 'guardare innanzi' (V. *prospetto*) ✱ av. 1547] **A** **v. tr.** (*io prospètto*) **1** (*raro*) guardare davanti, avere di fronte, spec. con riferimento a edifici: *il museo prospetta una piazza* **2** (*fig.*) mostrare, esporre: *p. le circostanze, la situazione, un'ipotesi* **B** **v. intr.** (aus. *essere*) ● affacciarsi su un luogo: *il giardino prospetta sul lago* **C** **prospettàrsi** **v. intr. pron.** ● profilarsi, mostrarsi in un dato aspetto (gener. seguito da un compl. predicativo del soggetto): *la situazione si prospettava difficile*

prospettazióne [da *prospettato*, part. pass. di *prospettare* ✱ 1950] **s. f.** ● (*raro*) presentazione di una questione, un'ipotesi, un problema e sim.

prospèttico [da *prospett(iva)* ✱ sec. XVI] **agg.** (**pl. m.** *-ci*) ● di prospettiva: *effetto p.* | ***errore p.***, (*fig.*) previsione errata || **prospetticaménte**, **avv.** in prospettiva: *giudizio prospetticamente errato*

✦**prospettìva** [f. sost. di *prospettivo* ✱ 1308] **s. f.** **1** rappresentazione piana di una figura spaziale, che riproduce la visione che della figura ha un osservatore in una certa posizione | ***p. lineare***, che rappresenta nel disegno le tre dimensioni con sole linee | ***p. aerea***, che nel disegno tiene conto, mediante ombreggiature, delle variazioni dell'intensità della luce e della distanza dei corpi | ***p. cromatica***, quella realizzata mediante la variazione delle tonalità dei colori | ***in p.***, secondo le regole della prospettiva; (*fig.*) in un futuro più o meno lontano: *i fatti / in p. sono appena cenere* (E. MONTALE) **2** disegno in prospettiva: *le prospettive di Piero della*

Francesca **3** veduta, panorama: *quella cima offre una larga p. della vallata* **4** (*fig.*) punto di vista, modo di vedere qualcosa: *in una p. ecologica* | ***errore di p.***, di valutazione **5** (*fig.*) eventualità: *la p. di una promozione è vana; quella che mi dici non è una p. allettante* | (**spec. al pl.**) possibilità di futuri e positivi sviluppi: *è una situazione senza prospettive*

prospettìvo [vc. dotta, lat. tardo *prospectīvu(m)*, da *prospĕctus* 'prospetto' ✻ 1515] **agg.** ● (*raro*) che concerne la prospettiva

prospètto [vc. dotta, lat. *prospĕctu(m)*, da *prospĕctus*, part. pass. di *prospĭcere* 'guardare innanzi', comp. di *prō* 'davanti' (V. *pro-*①) e *spĭcere* 'guardare' (V. *rispetto*) ✻ 1442] **s. m. 1** rappresentazione grafica in proiezione ortogonale verticale delle parti in vista di una costruzione **2** veduta di ciò che sta davanti a chi guarda: *la varietà dei prospetti montani* | ***p. scenico***, parte della sala teatrale che sta fra la platea e il palcoscenico vero e proprio, comprendente il proscenio, l'orchestra, la bocca d'opera e l'arco scenico | ***guardare di p.***, mettendosi di fronte all'oggetto **3** ciò che sta di fronte: *il p. di una villa* **SIN.** facciata, fronte, visuale **4** tabella, specchietto riassuntivo: *il p. del movimento di un porto; il p. delle lezioni; p. informativo* ‖ **prospettino**, **dim.**
SFUMATURE ➤ ***tabella***

prospettóre [ingl. *prospector*, dal lat. tardo *prospĕctor*, nom., propr. 'che guarda avanti', da *prospĕctus*, part. pass. di *prospĭcere* 'guardare avanti' (V. *prospetto*) ✻ 1932] **s. m.** (**f.** *-trice*) ● chi esegue ricerche minerarie sul terreno

prospezióne [ingl. *prospection*, dal lat. tardo *prospectiōne(m)* (che aveva però il sign. di 'previdenza'), da *prospĕctus*, part. pass. di *prospĭcere* 'guardare avanti' (V. *prospetto*) ✻ av. 1928] **s. f.** ● esplorazione del sottosuolo mediante vari metodi, che ha come scopo la ricerca di giacimenti minerari, lo studio delle caratteristiche delle rocce, della sismicità del sottosuolo, e sim.: *p. elettrica, geochimica, geofisica, magnetica, sismica*

prospiciènte o (*pop.*) **prospicènte** [vc. dotta, lat. *prospiciĕnte(m)*, part. pres. di *prospĭcere* 'guardare innanzi' (V. *prospetto*) ✻ 1835] **agg.** ● che dà, guarda, è volto verso un luogo: *una casa p. il giardino* (anche, più raro, *al* o *sul giardino*); *i balconi sono prospicienti la montagna*

prossèmica [dall'ingl. *proxemics*, comp. di *prox(imity)* propr. 'prossimità, vicinanza' e della terminazione di *(phon)emics* 'fonematica', termine dotto coniato da E. T. Hall ✻ 1968] **s. f.** ● in semiologia, studio del significato che assumono la gestualità e i rapporti di distanza spaziale nella comunicazione tra le persone

prossenèta [vc. dotta, lat. *proxenēta(m)*, dal gr. *proxenḗtēs*, da *proxenêin* 'ospitare', da *próxenos* 'che ospita', comp. di *pró* 'davanti' (V. *pro-*②) e *xénos* 'straniero, forestiero, ospite' (V. *xenofobia*) ✻ 1433] **s. m.** (**pl.** *-i*) ● (*lett.*) sensale, mezzano | (*spreg.*) ruffiano

prossenètico [vc. dotta, lat. tardo *proxenēticu(m)*, da *proxenēta* 'prosseneta' ✻ 1841] **s. m.** (**pl.** *-ci*) ● (*lett.*) compenso per la mediazione

prossenetìsmo [1906] **s. m.** ● (*lett.*) atto, contegno da prosseneta | lenocinio

pròsseno [vc. dotta, gr. *próxenos*. V. *prosseneta* ✻ 1841] **s. m.** ● nell'antica Grecia, cittadino influente che aveva l'incarico di fornire ospitalità e tutela agli inviati delle città amiche

prossimàle [da *prossimo* ✻ 1898] **agg.** ● (*anat.*) tra due strutture disposte lungo un asse, detto di quella più vicina al centro dell'organo, dell'apparato o dell'organismo di appartenenza **CONTR.** distale ‖ **prossimalità**, **s. f. inv.**

†**prossimàno** [da *prossimo* ✻ 1268] **agg. e s. m.** (**f.** *-a*) **1** prossimo, vicino **2** congiunto, parente ‖ †**prossimanaménte**, **avv.** prossimamente

†**prossimàre** [vc. dotta, lat. *proximāre*, da *prŏximus* 'prossimo' ✻ av. 1342] **v. intr. e prossimàrsi v. intr. pron.** ● approssimarsi, avvicinarsi

prossimità [vc. dotta, lat. *proximitāte(m)*, da *prŏximus* 'prossimo' ✻ av. 1292] **s. f. inv. 1** grande vicinanza, nello spazio o nel tempo: *la p. della Luna alla Terra; la p. di un avvenimento* | ***in p. di***, nelle vicinanze: *la casa si trova in p. del paese; in p. delle feste natalizie* | ***di p.***, detto spec. di servizio sociale che esplica la sua attività nello stesso territorio dei beneficiari: *asili nido di p.* | ***Polizia di p.***, V. *polizia*① **2** †parentela **3** (*fig.*, *lett.*) affinità

♦**pròssimo** [vc. dotta, lat. *prŏximu(m)*, superl. di **prŏque*, forma originaria di *prŏpe* 'vicino' (V. †*prope*) ✻ 1065] **A agg.** **L'aggettivo 'prossimo' deriva da un superlativo latino, ma nella lingua italiana è percepito spesso come aggettivo di grado positivo e la forma 'più prossimo' è frequentemente usata:** *il parente più prossimo; le due pellegrine si avviavano alla più prossima chiesa* (E. MORANTE). **Di uso raro e letterario la forma 'prossimissimo':** *verso una persona a me prossimissima* (G. LEOPARDI) **1** molto vicino nello spazio o nel tempo (+ *a*): *il giardino è p. alla sua casa; l'inverno è ormai p.* | che sta per compiere un'azione o per raggiungere una condizione, uno stato (+ *a*, **anche seguito da inf.**): *è p. a partire, ai vent'anni, alle nozze* | che è vicino a qlcu. per relazioni sociali, parentela, consanguineità: *parente p.* **2** seguente, successivo: *il mese p.; la prossima corsa* | †***di, in p.***, in breve tempo, tra poco **3** (*raro*) che è trascorso da poco: *in un tempo a noi p.* | ***causa prossima***, immediata | (*gramm.*) ***passato p.***, tempo del verbo che esprime un'azione del passato i cui effetti durano ancora nel presente ‖ **prossimaménte**, **avv. 1** fra poco tempo, in un futuro prossimo: *si sposeranno prossimamente* **2** (*lett.*) poco fa, di recente **3** †approssimativamente **B s. m. 1** (**f.** *-a*) chi viene subito dopo in una successione ordinata: *entri pure il p.; avanti la prossima!* **2** nella dottrina cristiana, ogni uomo rispetto a un altro uomo: *ama il p. tuo come te stesso* | (*est.*, **solo sing.**) gli altri, l'umanità in genere, nei confronti del singolo: *parlare male del p.; vorrei che il p. non s'interessasse dei fatti miei* **3** (**f.** *-a*) (*raro*) congiunto, parente, consanguineo: *co' suoi prossimi si ragunavano i suoi vicini e altri cittadini assai* (G. BOCCACCIO)

SFUMATURE DI SIGNIFICATO

prossimo - vicino

Prossimo e **vicino** sono aggettivi dallo stesso significato, utilizzabili indifferentemente in moltissimi contesti e tuttavia non sempre interscambiabili. Entrambi identificano ciò che si trova a poca distanza, tanto in termini spaziali quanto temporali. Ma se *vicino* può riferirsi sia a ciò che è appena avvenuto sia a ciò che sta per avvenire, *prossimo* è di uso appropriato solo in riferimento a eventi futuri (con l'eccezione del linguaggio grammaticale, dove *prossimo* identifica un tempo passato dell'indicativo). In senso figurato e in riferimento a persona *vicino* identifica chi si dimostra affettuoso, affezionato, solidale e partecipe delle vicende di un'altra persona; in riferimento a oggetti, descrive invece ciò che somiglia, ricorda, è affine o compatibile con qualcos'altro. In nessuno dei due ambiti è possibile ricorrere a *prossimo* in luogo di *vicino*. Come sostantivi, i due termini non sono sinonimi. *Vicino* si usa sia al singolare sia al plurale per designare chi abita a poca distanza o, nel caso di condomìni cittadini, nello stesso palazzo. *Prossimo* si usa invece solo al singolare per identificare con valore collettivo ogni essere umano in rapporto agli altri esseri umani.

SFUMATURE ➤ ***vicino***

prostafèreṣi [comp. del gr. *prósth(esis)* 'aggiunta' (V. *prostesi*) e *apháiresis* 'sottrazione' (V. *aferesi*) ✻ av. 1640] **s. f. inv. 1** (*astron.*) differenza tra moto vero e medio di un corpo del sistema solare | equazione del tempo **2** (*mat.*) ***formule di p.***, formule di trigonometria che danno la somma o la differenza dei seni (o dei coseni) di due angoli in funzione del seno e del coseno della loro semisomma e della loro semidifferenza

prostaglandìna [comp. di *prosta(ta)* e *gland(ola)*, con il suff. *-ina* ✻ 1958] **s. f.** ● (*biol.*, *chim.*) ciascuna di una classe di sostanze derivanti da acidi grassi a venti atomi di carbonio, presenti in vari organi dei Mammiferi, con molteplici effetti sull'apparato riproduttore, respiratorio e gastrointestinale, oltre che sul metabolismo

pròstata [dal gr. *prostátēs* 'che sta davanti', da *proistánai* 'porre innanzi', comp. di *pró* 'davanti' (V. *pro-*②) e *istánai* 'porre', di orig. indeur. ✻ 1721] **s. f.** ● (*anat.*) ghiandola dell'apparato urogenitale maschile, situata nella parte inferiore della vescica

prostatectomìa [comp. di *prostat(a)* e del gr. *ektomḗ* 'taglio', comp. di *ek* 'da' e *tomḗ* 'taglio' (V. *-tomia*) ✻ 1903] **s. f.** ● (*chir.*) intervento di asportazione della prostata

prostàtico [1775] **A agg.** (**pl. m.** *-ci*) ● (*med.*) della prostata **B agg. e s. m.** ● che (o chi) è portatore di ipertrofia prostatica

prostatìṣmo [da *prostata* col suff. *-ismo* ✻ 1910] **s. m.** ● (*med.*) condizione causata da disordini cronici a carico della prostata, i cui sintomi più comuni sono l'incontinenza o la ritenzione urinaria

prostatìte [comp. di *prostat(a)* e *-ite*① ✻ 1835] **s. f.** ● (*med.*) infiammazione della prostata

prostatìtico [comp. di *prostatit(e)* col suff. *-ico* ✻ 1758] **s. m.** (**pl.** *-ci*) ● (*med.*) chi è affetto da prostatite

†**prostèndere** [comp. di *pro-*① e *stendere* ✻ av. 1311] **A v. tr.** ● (*lett.*) distendere, stendere avanti | estendere, accrescere **B** †**prostèndersi v. rifl. e intr. pron.** ● (*lett.*) prosternarsi, stendersi a terra | (*raro*, *fig.*) ***prostendersi in parole***, dilungarsi

prosternàre [sovrapposizione di *costernare* al lat. *prostĕrnere* (V. †*prosternere*) ✻ av. 1420] **A v. tr.** (*io prostèrno*) ● (*lett.*) gettare a terra | (*est.*) †sconfiggere | (*fig.*) †prostrare **SIN.** abbattere, atterrare **B prosternàrsi v. rifl.** ● piegarsi, gettarsi a terra, in segno di umiltà o sottomissione **SIN.** inchinarsi

prosternazióne [1711] **s. f.** ● (*raro*, *lett.*) atto del prosternarsi

†**prostèrnere** [vc. dotta, lat. *prostĕrnere*, propr. 'gettare innanzi', comp. di *prō* 'davanti' (V. *pro-*①) e *stĕrnere* 'stendere', di orig. indeur. (V. *strato*) ✻ av. 1342] **A v. tr.** (**difett. del pass. rem., del part. pass. e dei tempi composti**) **1** gettare a terra | (*est.*) sbaragliare **2** (*fig.*) prostrare, avvilire: *non ti p., non ti invilire come una donna* (N. MACHIAVELLI) **B** †**prostèrnersi v. rifl. e intr. pron.** ● prosternarsi | (*fig.*) avvilirsi, deprimersi

pròsteṣi [vc. dotta, lat. tardo *prŏsthesi(n)*, dal gr. *prósthesis*, da *prostithénai* 'apporre', comp. di *prós* 'verso' e *tithénai* 'porre', di orig. indeur. ✻ 1561] **s. f. inv.** ● (*ling.*) aggiunta di una consonante, di una sillaba o spec. di una vocale all'inizio di una parola per ragioni eufoniche; per es.: *per iscritto*; *in Isvizzera*; *è cosa che non istà bene* (A. MANZONI) **SIN.** protesi

prostéso (o **-ṣo**) **part. pass.** di *prostendere*; **anche agg.** ● (*lett.*) disteso, prono | (*lett.*) prosternato: *quel che ieri schernì, p. adora / oggi* (G. LEOPARDI)

prostètico [vc. dotta, gr. *prosthetikós*, da *prósthesis* 'prostesi' ✻ 1865] **agg.** (**pl. m.** *-ci*) **1** (*ling.*) dovuto a prostesi CFR. anorganico, anaptittico, epitetico, parassita **2** (*chim.*) ***gruppo p.***, la parte non proteica di una proteina coniugata

pròstilo [vc. dotta, lat. *prostȳlo(n)*, dal gr. *próstylos* 'che ha colonne davanti', comp. di *pró* 'davanti' (cfr. *pro-*②) e *-stilo* ✻ 1521] **s. m.** ● (*archit.*) tempio con una serie di colonne sulla facciata anteriore

prostituire [vc. dotta, lat. *prostitŭere* 'porre davanti, esporre, prostituire', comp. di *prō* 'davanti' (V. *pro-*①) e *statŭere* 'porre' (V. *statuire*) ✻ av. 1499] **A v. tr.** (*io prostituisco, tu prostituisci*) **1** concedere ad altri, per denaro o per qualsiasi interesse materiale, ciò che, secondo i principi morali di una società, non può costituire oggetto di lucro: *p. il proprio corpo*; *p. il proprio ingegno, la propria dignità*; *hanno prostituita la loro potenza a calunniare le moltitudini* (G. Mazzini) **2** indurre alla prostituzione: *p. la figlia, il figlio, la moglie* **B prostituirsi v. rifl.** **1** far commercio del proprio corpo, per denaro o per interessi materiali **2** (*fig.*) vendersi, avvilirsi, tradire la propria dignità per denaro o altri vantaggi: *si è prostituito per fare carriera*

prostituito **part. pass.** di *prostituire*; anche **agg.** ● nei sign. del v. | (*fig.*) servilmente piegato: *arte prostituita a propaganda* (B. Croce)

prostituta [vc. dotta, lat. *prostitūta(m)*, part. pass. f. di *prostitŭere* 'prostituire' ✻ sec. XIV] **s. f.** ● donna che si prostituisce

prostituto [da *prostituta* ✻ av. 1850] **s. m.** ● uomo che si prostituisce

†**prostitutóre** [vc. dotta, lat. tardo *prostitutōre(m)*, da *prostitūtus*, part. pass. di *prostitŭere* 'prostituire' ✻ 1798] **agg. e s. m.** (**f.** *-trice*) ● che (o chi) prostituisce | ruffiano

prostituzióne [vc. dotta, lat. tardo *prostitutiōne(m)*, da *prostitūtus*, part. pass. di *prostitŭere* 'prostituire' ✻ 1598] **s. f.** **1** attività consistente nel prostituirsi: *esercitare la p.*; *darsi alla p.*; *istigare alla p.*; *favoreggiamento della p.*; *p. femminile, maschile* | (*est.*) complesso delle persone che si prostituiscono, e fenomeno sociale che ne deriva: *il mondo della p.*; *la piaga della p.* **2** (*fig., lett.*) servilismo | (*fig.*) avvilente subordinazione: *p. dell'ingegno, della cultura*

prostraménto [av. 1652] **s. m.** ● (*lett.*) prostrazione

prostràre [vc. dotta, lat. tardo *prostrāre*, da *prostrātus* 'prostrato', part. pass. di *prostĕrnere* 'prosternere' ✻ av. 1327] **A v. tr.** (*io pròstro*) **1** (*lett.*) stendere a terra | (*est., lett.*) demolire | (*lett.*) sconfiggere SIN. prosternare **2** (*fig.*) fiaccare, infiacchire: *la lunga malattia l'ha prostrato* | (*fig., lett.*) abbattere, avvilire, umiliare CONTR. rianimare, riconfortare **B prostràrsi v. rifl.** **1** gettarsi a terra, piegarsi SIN. inginocchiarsi, prosternarsi **2** (*fig.*) abbassarsi, umiliarsi

SFUMATURE ➤ ***fiaccare***

✦**prostràto** **part. pass.** di *prostrare*; anche **agg.** **1** prosternato, piegato a terra **2** (*fig.*) molto debole, fiacco | molto depresso: *mi sento p.*

prostrazióne [vc. dotta, lat. tardo *prostratiōne(m)*, da *prostrātus* 'prostrato' ✻ 1602] **s. f.** **1** il prostrare, il prostrarsi **2** stato di profonda stanchezza fisica, di depressione psichica o abbattimento morale: *essere in preda a una profonda p.*; *p. fisica, morale* SIN. avvilimento

SFUMATURE ➤ ***disperazione***, ➤ ***esaurimento***

prosumer /pro'sjumer, *ingl.* prəʊ'sjuːmə(r)/ [vc. ingl., contrazione di *pro(ducer)* 'produttore' e *(con)sumer* 'consumatore' ✻ 1982] **s. m. e f. inv.** ● (*econ.*) soggetto che non si adatta al ruolo passivo di consumatore di beni e servizi, ma tende a esserne insieme produttore e consumatore, cooperando nella fase di progettazione o di realizzazione, distribuzione, ecc.

†**prosùmere** ➤ **presumere**

†**prosuntuosità** ➤ **presuntuosità**

†**prosuntuóso** ➤ **presuntuoso**

†**prosunzióne** ➤ **presunzione**

prosuòcero [vc. dotta, lat. *prosŏceru(m)*, comp. di *prō* 'prima, davanti' (V. *pro-*①) e *sŏcer* 'suocero' ✻ sec. XIV] **s. m.** (**f.** *-a*) ● padre del suocero o della suocera

protagonismo [da *protagonista* ✻ 1980] **s. m.** ● ruolo, funzione di protagonista: *il p. dei giovani nel '68* | (*spreg.*) il voler essere a ogni costo, e comunque, un protagonista: *l'esasperato p. di certi personaggi*; *è malato di p.*

✦**protagonista** [vc. dotta, gr. *prōtagōnistḗs*, comp. di *prôtos* 'primo' (V. *proto-*) e *agōnistḗs* 'lottatore, combattente' (V. *agonista*) ✻ sec. XIV] **A s. m. e f.** (**pl. m.** *-i*) **1** nell'antico teatro greco, il primo attore che, sulla scena, interpretava il personaggio principale CFR. deuteragonista | attore che interpreta il personaggio principale in opere teatrali, cinematografiche, televisive e sim. **2** (*est.*) il personaggio principale di un'opera narrativa | (*est.*) chi ha una parte di primo piano in vicende della vita reale: *i protagonisti di una vicenda giudiziaria*; *è stata p. di uno spiacevole episodio* **B agg.** ● detto di attore che interpreta il personaggio principale: *attore p., non p.*

SFUMATURE ➤ ***personaggio***

protagonistico [1984] **agg.** (**pl. m.** *-ci*) ● che manifesta protagonismo: *velleità protagonistiche*

protallo [comp. di *pro-*① e *tallo* ✻ 1940] **s. m.** ● (*bot.*) nelle felci, il corpo, per lo più laminare, che porta gli organi sessuali

protanopìa [comp. di *prot(o)-*, *an-* e *-opia* ✻ 1958] **s. f.** ● (*med.*) anomalia congenita della visione caratterizzata da incapacità a percepire il colore rosso CFR. tritanopia, deuteranopia, dicromatismo

protàntropo ➤ **protoantropo**

pròtasi [vc. dotta, gr. *prótasis*, propr. 'tensione avanti', da *proteínein* 'tendere avanti', comp. di *pró* 'avanti' (V. *pro-*②) e *téinein* 'tendere', di orig. indeur. ✻ 1554] **s. f. inv.** **1** (*gramm.*) proposizione che esprime la condizione in un periodo ipotetico (per es. *se potrò* è la protasi nella frase *se potrò, verrò*) CFR. apodosi **2** parte introduttiva dei poemi classici: *la p. dell'Iliade*

protattinio ➤ **protoattinio**

proteàsi [da *prote(ina)* e *-asi*, sul modello dell'ingl. *protease* ✻ 1910] **s. f. inv.** ● (*chim.*) enzima che catalizza il distacco di amminoacidi dalle proteine SIN. peptidasi, proteinasi

proteasòma [comp. di *prote(in)a* e *-soma* ✻ 1998] **s. m.** (**pl.** *-i*) ● (*biol.*) complesso multiproteico presente nel citoplasma e nel nucleo delle cellule eucariotiche con la funzione di degradare le proteine prodotte dalla cellula

protégé /*fr.* pRɔte'ʒe/ [vc. fr. 'protetto' ✻ 1984] **s. m. e f. inv.** (**f. fr.** *protégée*; **pl. m. fr.** *protégés*; **pl. f. fr.** *protégées*) ● chi gode del favore, della protezione di qlcu.: *è un p. del ministro* SIN. beniamino, favorito, protetto

✦**protèggere** [lat. *protĕgere*, comp. di *prō* 'davanti' (V. *pro-*①) e *tĕgere* 'coprire' (V. *tetto*) ✻ av. 1420] **A v. tr.** (**pres.** *io protèggo, tu protèggi*; **pass. rem.** *io protèssi, tu proteggésti*; **part. pass.** *protètto*) **1** coprire costituendo una difesa, un riparo (+ *da*): *una tenda che protegge dal caldo*; *la fodera protegge la stoffa* SIN. difendere, riparare | (*fig.*) salvaguardare, difendere: *ha un carattere che lo proteggerà dalle delusioni* | anche nella forma pron. **protèggersi**, proteggere o preservare una parte del proprio corpo: *proteggersi il volto con le mani*; *proteggersi le mani dal freddo, la pelle dal sole* **2** soccorrere, aiutare, difendere: *p. gli indigenti* | *p. qlcu.*, cercare di favorirlo in tutti i modi | ***prendere a p. qlcu.***, tenerlo sotto la propria tutela **3** favorire, promuovere un'attività: *p. la produzione nazionale del vino* **4** (*inform.*) applicare a un programma o a un insieme di dati degli artifici che ne impediscano la modifica, la cancellazione, la copia o l'uso non autorizzato **B protèggersi v. rifl.** (+ *da*) ● preservarsi, difendersi (+ *da*): *proteggersi dal sole, dal freddo*

SFUMATURE ➤ ***difendere***

proteggitóre [1759] **agg. e s. m.** (**f.** *-trice*) ● (*raro, lett.*) protettore

protèico [da *prote(ina)* ✻ 1865] **agg.** (**pl. m.** *-ci*) ● relativo a proteina | contenente proteine: *sostanza proteica*

proteifórme [comp. di *Proteo* (V. *proteo*) e *-forme* ✻ av. 1730] **agg.** ● che prende varie forme (*spec. fig.*): *ingegno p.* SIN. poliedrico

proteìna [fr. *protéine*, dal gr. *prôteios* 'di prima qualità, primario', da *prôtos* 'primo' (V. *proto-*) ✻ 1875] **s. f.** ● (*biol.*) sostanza organica azotata, costituita dalla combinazione di più amminoacidi, presente negli organismi animali e vegetali per i quali è indispensabile | ***p. coniugata***, risultante dall'unione di una proteina semplice con un gruppo prostetico

proteinàsi [1958] **s. f. inv.** ● (*chim.*) proteasi

proteìnico [1911] **agg.** (**pl. m.** *-ci*) ● proteico

proteinoterapia [comp. di *proteina* e *-terapia* ✻ 1930] **s. f.** ● cura oggi non più in uso effettuata mediante somministrazione parenterale di sostanze proteiche allo scopo di migliorare le capacità di difesa dell'organismo

proteinùria o **proteinuria** [comp. di *protein(a)* e *-uria* ✻ 1958] **s. f.** ● (*med.*) albuminuria

proteìsmo [da *Proteo*, divinità greca, col suff. *-ismo* ✻ 1819] **s. m.** ● (*lett.*) capacità di assumere varie e diverse forme o (*fig.*) di mutare idee, propositi

pròtele [comp. del gr. *pró* 'davanti' (cfr. *pro-*②) e *teléeis* 'perfetto', da *télos* 'fine, compimento', di orig. indeur.; detto così perché gli arti anteriori sono provvisti di cinque dita, mentre i posteriori ne hanno solo quattro ✻ 1835] **s. m.** ● mammifero carnivoro africano molto simile alla iena striata, cacciatore notturno di termiti e altri insetti (*Proteles cristatus*)

✦**pro tèmpore** [lat., propr. 'per un certo tempo' ✻ av. 1598] **A loc. avv.** ● per un certo tempo, temporaneamente: *incaricare pro tempore qlcu.* **B loc. agg. inv.** ● detto di ciò che è stato assegnato o di chi è stato nominato per un certo tempo: *incarico pro tempore*; *un dirigente pro tempore*

protèndere [vc. dotta, lat. *protĕndere*, comp. di *prō* 'davanti' (V. *pro-*①) e *tĕndere* 'tendere' ✻ sec. XIII] **A v. tr.** (**coniug. come** *tendere*) ● stendere, distendere in avanti: *p. le braccia* | (*fig., lett.*) tendere, volgere: *p. l'occhio, l'orecchio* | (*lett.*) stendere sopra: *cipressi e cedri ... / perenne verde protendean su l'urne* (U. Foscolo) CONTR. contrarre, ritrarre **B v. intr.** ● †tendere **C protèndersi v. rifl.** ● spingersi in avanti, sporgersi: *protendersi dalla finestra*; *protendersi verso qlcu.*; *protendersi nel vuoto* CONTR. ritirarsi **D protèndersi v. intr. pron.** ● allungarsi (*anche fig.*): *una penisola che si protende nel mare*; *La sera che si protende / sull'umida conca* (E. Montale)

pròteo [vc. dotta, lat. *Prōteu(m)*, dal gr. *Prōtéus*, dio marino capace di metamorfosi ✻ av. 1499] **s. m.** ● anfibio degli Urodeli oviparo, privo di pigmento, con branchie persistenti, occhi rudimentali, arti ridotti, che vive spec. nelle grotte del Carso e dell'Istria (*Proteus anguinus*)

proteoglicàno [da *prote(ina)* e *glicano* (a sua volta dal gr. *glykýs* 'dolce') ✱ sec. XX] **s. m.** ● (*chim.*) sostanza complessa costituita da un polisaccaride legato a una proteina, in cui la porzione glicidica, costituita da mucopolisaccaridi, è preponderante SIN. mucoproteina

proteolìṣi [comp. di *proteina* e *-lisi* ✱ 1940] **s. f. inv.** ● (*chim.*) trasformazione delle proteine in sostanze meno complesse

proteolìtico [1932] **agg.** (pl. m. *-ci*) ● (*chim.*) relativo a proteolisi: *fenomeni proteolitici*

proteòma [vc. dotta, comp. di *prote(ina)* e *(gen)oma* ✱ sec. XX] **s. m.** (pl. *-i*) ● (*chim.*) complesso delle diverse proteine espresse dal genoma di una cellula in un certo momento funzionale o dello sviluppo

proteòmica [da *proteoma* ✱ sec. XX] **s. f.** ● (*chim.*) ramo della biochimica e della biologia molecolare che studia il proteoma

proterandrìa [comp. di *proter(o)-* e *-andria* ✱ 1954] **s. f.** ● (*biol.*) maturazione dei gameti maschili che precede quella dei gameti femminili in un animale ermafrodita o in un fiore

proteràndro [comp. di *proter(o)-* e *-andro* ✱ 1958] **agg.** ● (*biol.*) che presenta proterandria: *animale, fiore p.*

proterànto [comp. di *protero-* e del gr. *ánthos* 'fiore', di etim. incerta ✱ 1958] **agg.** ● (*bot.*) detto di pianta in cui compaiono prima i fiori delle foglie

proteranzìa [da *proteranto* ✱ 1958] **s. f.** ● (*bot.*) caratteristica delle piante proterante

pròtero- [dal gr. *próteros* 'anteriore'] **primo elemento** ● in parole composte della terminologia scientifica, significa 'anteriore, che sta davanti': *proterandria, proteranzia, proteroglifo*

proteroginìa [comp. di *protero-* e *-ginia* ✱ 1936] **s. f.** ● (*biol.*) maturazione dei gameti femminili che precede quella dei gameti maschili in un animale ermafrodito o in un fiore

proterògino [comp. di *protero-* e *-gino* ✱ 1958] **agg.** ● (*biol.*) che presenta proteroginia: *animale, fiore p.*

proteròglifo [comp. di *protero-* e del gr. *glyphḗ* 'incisione', di orig. indeur.; detto così dalle incisioni che ha sui denti anteriori ✱ 1931] **s. m.** ● serpente che ha parecchi denti velenifери solcati e posti anteriormente

proterozòico [comp. di *protero-* e *-zoico* ✱ sec. XVIII] **s. m.** (pl. *-ci*); anche **agg.** ● (*geol.*, *raro*) Archeozoico

✦**protèrvia** [vc. dotta, lat. tardo *protĕrvia(m)*, da *protĕrvus* 'protervo' ✱ av. 1292] **s. f.** ● ostinata superbia, sfrontata arroganza: *fu punita dagli Dei col diluvio di Deucalione la p. dei mortali* (G. LEOPARDI) SIN. boria CONTR. umiltà, gentilezza
SFUMATURE ➤ **coraggio**

†**protervità** [vc. dotta, lat. *protervitāte(m)*, da *protĕrvus* 'protervo' ✱ av. 1342] **s. f.** ● protervia

✦**protèrvo** [vc. dotta, lat. *protĕrvu(m)*, di etim. incerta ✱ 1268] **agg. 1** arrogante e insolente in modo sfrontato: *modi, atteggiamenti protervi* | †*vento p.*, impetuoso **2** †altero **3** †irrequieto, indocile: *le capre, state rapide e proterve / … avanti che sien pranse* (DANTE *Purg.* XXVII, 77-78) ‖ **protervaménte**, †**proterviaménte**, avv. in modo protervo, con protervia

pròteṣi [vc. dotta, lat. tardo *prŏthesi(n)*, dal gr. *próthesis* 'esposizione, anticipazione', da *protithénai* 'porre innanzi', comp. di *pró* 'davanti' (V. *pro-*②) e *tithénai* 'porre', di orig. indeur. ✱ 1540] **s. f. inv. 1** (*med.*) apparecchio sostitutivo di un organo mancante o asportato: *p. dentaria*; *p. oculare*; *p. ortopedica* | ***p. acustica***, apparecchio di piccole dimensioni collocato dietro o dentro il padiglione auricolare, per chi è debole d'udito **2** (*ling.*) prostesi **3** (*archit.*) altarino o mensa presso l'altare maggiore o in navata laterale per raccogliere oblazioni

protèṣico [1950] **agg.** (pl. m. *-ci*) ● (*med.*) di protesi

proteṣista [1950] **s. m. e f.** (pl. m. *-i*) ● chi confeziona protesi, spec. dentarie

protéso (o *-ṣ-*) **part. pass.** di *protendere*; anche **agg.** ● teso, spinto in avanti | (*fig.*) intento, rivolto: *voi eravate intanto al capezzale del moribondo, protesa in una lotta … per strapparlo alla morte* (G. D'ANNUNZIO)

protèssi ➤ **proteggere**

✦**protèsta** [da *protestare* ✱ av. 1557] **s. f. 1** espressione e manifestazione decisa della propria opposizione o disapprovazione: *p. verbale, scritta*; *parole di p.*; *se ne andò in segno di p.*; *le maestranze hanno scioperato in segno di p.*; *p. di massa*; *la p. giovanile*; *manifestazione di p.* **2** (*lett.* o *raro*) attestazione, testimonianza pubblica di un sentimento, un'idea, una convinzione: *grandi proteste di gratitudine*; *una p. di estraneità al fatto* **3** (*dir.*) nel contratto di scrittura artistica, recesso dallo stesso dell'impresario

SFUMATURE DI SIGNIFICATO

protesta - opposizione - resistenza

Si definisce **protesta** qualsiasi espressione o manifestazione decisa di un'opinione contraria a un'altra che si vorrebbe imporre. Se all'espressione del dissenso si accompagnano atti concreti per far prevalere il proprio punto di vista, il termine più adeguato è **opposizione**, che nel linguaggio della politica indica l'azione e anche lo schieramento dei partiti che contrastano quelli di governo. **Resistenza** connota l'atteggiamento e l'azione di chi, in condizione di enorme svantaggio, reagisce a un'azione che tende a sopraffarlo o addirittura ad annientarlo; in senso concreto definisce ogni movimento di opposizione armata a un esercito straniero o a un regime dittatoriale.

SFUMATURE ➤ ***indisciplina***

✦**protestànte** [vc. dotta, lat. tardo *protestănte(m)*, part. pres. di *protestāri* 'protestare' ✱ 1574] **A agg.** ● del protestantesimo: *Chiesa, setta p.*; *pastore p.* **B s. m. e f.** ● chi segue le dottrine del protestantesimo

protestantéṣimo [da *protestante* ✱ 1677] **s. m. 1** l'insieme delle confessioni religiose (luteranesimo, calvinismo, ecc.) che derivano dalla riforma luterana, diffuse spec. nell'Europa centro-settentrionale e nell'America settentrionale **2** concezione religiosa dei protestanti

protestàntico [1927] **agg.** (pl. m. *-ci*) ● relativo al protestantesimo, ai protestanti

✦**protestàre** [vc. dotta, lat. tardo *protestāri* 'testimoniare, attestare, dichiarare pubblicamente', comp. di *prō* 'davanti' (V. *pro-*①) e *testāri* 'testimoniare, attestare', da *tĕstis* 'testimone' (V. *teste*①) ✱ sec. XIII] **A v. tr.** (*io protèsto*) **1** dichiarare, attestare, assicurare formalmente: *p. la propria gratitudine*; *uscì allora in parole di collera e di minaccia, protestando di non voler subire intimazioni* (A. FOGAZZARO) **2** (*dir.*) levare il protesto contro un titolo di credito: *p. una cambiale, un assegno bancario* **B v. intr.** (aus. *avere*) ● dichiarare la propria contrarietà o disapprovazione, anche in modo pubblico e collettivo (+ *per*, + *contro*): *p. per i disagi subiti*; *p. contro le ingiustizie* **C protestàrsi v. rifl.** ● dichiararsi: *protestarsi innocente, devotissimo ammiratore*

protestatàrio [fr. *protestataire*, da *protester* 'protestare' ✱ 1901] **A agg.** ● che contiene, esprime una protesta: *atto p.* **B s. m.** (f. *-ia*) ● chi protesta, chi è solito protestare, contestare e sim.

protestàto part. pass. di *protestare*; anche **agg. 1** nei sign. del v. **2** (*dir.*) che ha subìto un protesto: *debitore p.*; *cambiale protestata*

protestatóre [av. 1563] **s. m.** (f. *-trice*) ● (*raro*) chi protesta, chi è solito protestare

protestatòrio [1686] **agg.** (pl. m. *-i* o *raro -ii*) ● (*raro*) che riguarda il protestare

protestazióne [vc. dotta, lat. tardo *protestatiōne(m)*, da *protestāri* 'protestare' ✱ av. 1348] **s. f. 1** (*lett.*) il protestare | dichiarazione, attestazione **2** †protesta

protèsto [da *protestare* ✱ 1461] **s. m. 1** †dichiarazione, affermazione | †lamentela, protesta | †ingiunzione: *Ruggiero a quel p. poco bada* (L. ARIOSTO) **2** (*dir.*) constatazione formale del mancato pagamento o della mancata accettazione di un titolo di credito, effettuata da un pubblico ufficiale: *p. di una cambiale, di un assegno bancario*

protètico [vc. dotta, gr. *prothetikós*, da *próthesis* (V. *protesi*) ✱ 1940] **agg.** (pl. m. *-ci*) ● (*ling.*) prostetico

protettìvo [da *protetto* ✱ 1844] **agg.** ● che serve, mira o tende a proteggere: *casco p.*; *atteggiamento p.* | ***occhiali protettivi***, che servono a evitare che gli occhi vengano colpiti da schegge, polvere, oppure da radiazioni troppo intense o comunque nocive | ***dazio p.***, che colpisce le merci estere, allo scopo di difendere la produzione nazionale ‖ **protettivaménte**, avv.

✦**protètto A part. pass.** di *proteggere*; anche **agg.** ● nei sign. del v. | munito di ripari, di difese: *porticciolo p.* | posto sotto protezione: *zona, selvaggina protetta* | tutelato: *categorie protette* | ***sesso p.***, rapporto sessuale in cui si usa il preservativo **B s. m.** (f. *-a*) ● persona che gode della protezione, del favore di qlcu.: *è una sua protetta*

protettoràle [1835] **agg.** ● (*lett.*) da protettore

protettoràto [fr. *protectorat*, da *protecteur* 'protettore' ✱ 1612] **s. m. 1** (*lett.*) protezione, difesa **2** nel diritto internazionale, rapporto posto in essere tra due Stati, il protettore e il protetto, in base a un accordo bilaterale che impone al primo l'obbligo della tutela internazionale del secondo e gli concede una certa ingerenza nei suoi affari esteri | ***p. coloniale***, analogo rapporto intercorrente tra uno Stato e un ente non dotato di personalità giuridica internazionale **3** (*est.*) il territorio dello stato, o di altro ente, protetto

protettóre [vc. dotta, lat. tardo *protectōre(m)*, da *protēctus* 'protetto' ✱ 1260 ca.] **A s. m.** (f. *-trice*) **1** chi protegge e difende qlcu. o ha cura di certi interessi: *un p. dei diseredati* | ***p. delle arti***, mecenate, fautore **2** (*eufem.*) chi vive sfruttando i guadagni di una prostituta SIN. (*gerg.*) magnaccia, (*gerg.*) pappone **B agg.** ● che difende, aiuta, soccorre: *società protettrice degli animali* | ***cardinale p.***, incaricato di difendere o proteggere gli interessi di un ordine religioso presso il Papa | ***santo p.***, patrono

✦**protezióne** [vc. dotta, lat. tardo *protectiōne(m)*, da *protēctus* 'protetto' ✱ 1321] **s. f. 1** il proteggere | difesa, riparo da pericoli, danni e sim.: *una fortezza è a p. della città*; *p. dal freddo, dall'umidità, dal caldo* | ***p. antiaerea***, difesa antiaerea | ***P. Civile***, quella fornita dallo Stato alle popolazioni colpite da gravi catastrofi o calamità naturali; (*est.*) l'organismo preposto a tale servizio operativo SIN. difesa **2** opera di assistenza e tutela nei confronti di persone, interessi o istituzioni: *la p. dell'infanzia abbandonata*; *invocare la p. delle industrie nazionali* **3** favoreggiamento: *ha ottenuto il posto solo per mezzo di protezioni* **SIN.** favoritismo | (*est.*) tutela imposta dalla malavita organizzata a scopo di estorsione, sotto la minaccia di ritorsioni violente **4** (*inform.*) artificio applicato a un programma o a un insieme di dati, che ne impedisce la modifica, la cancellazione, la copia o l'uso non autorizzato

SFUMATURE DI SIGNIFICATO
protezione - appoggio - raccomandazione
Si definisce **protezione** l'azione, l'opera di chi, godendo di una certa influenza, aiuta, favorisce persone o istituzioni, preservandoli da rischi o danni eventuali. **Appoggio** ha un significato più ristretto, conseguendo alla condivisione di un punto di vista che si traduce in sostegno nel farlo prevalere. Ancora più specifico è il significato di **raccomandazione**, la segnalazione di qualcuno all'attenzione altrui perché venga favorito in una competizione, in un concorso a scapito di altri.
SFUMATURE ➤ ***sostegno***

protezionìsmo [fr. *protectionnisme*, da *protection* 'protezione' ✱ 1851] **s. m. 1** politica economica tendente a difendere la produzione agricola o industriale nazionale dalla concorrenza estera, mediante varie disposizioni tra cui principalmente l'imposizione di alte tariffe doganali sulle importazioni dall'estero **CONTR.** liberismo **2** insieme delle attività, dei provvedimenti e sim. volti alla protezione della natura, delle specie vegetali e animali minacciate di estinzione

protezionìsta [fr. *protectionniste*, da *protection* 'protezione' ✱ 1849] **A s. m. e f. (pl. m. -*i*)** ● chi sostiene il protezionismo **B agg.** ● protezionistico

protezionìstico [1857] **agg. (pl. m. -*ci*)** ● relativo al protezionismo ‖ **protezionisticaménte**, avv.

protìde [da *proto-* ✱ 1875] **s. m.** ● (*biol.*) proteina

protìdico [1988] **agg. (pl. m. -*ci*)** ● (*biol.*) proteico: *metabolismo p.*

protidogràmma [vc. dotta, comp. di *protide* e *-gramma* ✱ 1988] **s. m. (pl. -*i*)** ● (*med.*) tracciato ottenuto mediante l'analisi densitometrica delle concentrazioni delle sieroproteine separate con processo di elettroforesi

pròtio o **pròzio**② [da *proto-* ✱ 1974] **s. m. (pl. -*i* o raro -*ii*)** ● (*chim.*) l'isotopo più abbondante dell'idrogeno

pròtiro [vc. dotta, gr. *próthyron* 'vestibolo, portico', comp. di *pró* 'davanti' (V. *pro-*②) e *thýra* 'porta', di orig. indeur. ✱ 1521] **s. m. 1** arco sorretto da due colonne, che orna la porta centrale d'ingresso di alcune chiese e basiliche **2** vestibolo della casa greco-romana

protìsta [vc. dotta, gr. *prṓtistos*, superl. di *prṓtos* 'primo' ✱ 1875] **s. m. (pl. -*i*)** ● organismo unicellulare procariote (batterio) o eucariote (alga, protozoo, fungo)

Protìsti [vc. dotta, dal gr. *prṓtistos* 'principale, primario' ✱ 1875] **s. m. pl. (sing. -*a*)** ● (*biol.*) nella classificazione biologica tradizionale, regno comprendente gli organismi unicellulari procarioti (batteri) e gruppi di microrganismi eucarioti unicellulari o pluricellulari (protozoi, alghe e funghi) | in alcune più recenti classificazioni, regno che comprende microrganismi eucarioti unicellulari come protozoi e alghe

protistologìa [comp. di *protista* e *-logia* ✱ 1882] **s. f. (pl. -*gìe*)** ● branca della biologia che studia gli organismi unicellulari

pròto [vc. dotta, gr. *prṓtos* 'primo' (V. *proto-*), cioè il capo in una tipografia ✱ 1585] **s. m. 1** (*tipogr.*) chi ha la responsabilità diretta del reparto composizione e funzioni di coordinamento, controllo e corresponsabilità sull'intero ciclo produttivo **2** †a Venezia, capomastro, direttore di lavori

pròto- [gr. *prōto-*, da *prṓtos* 'primo', da *pró* 'davanti'] **primo elemento 1** in parole composte, significa 'primo', in relazione al tempo o allo spazio (*protocollo, protomartire, protoromantico*) o in ordine di dignità, di importanza (*protofisico, protomedico, protonotaro*) **2** in paleontologia e paletnologia, indica cose, esseri, fenomeni della preistoria: *protoantropo* **3** in linguistica, designa lo stadio ipotetico e unitario di gruppi etnici, o etnico-linguistici (*protogermani, protoindoeuropei, protoslavi*), o delle rispettive lingue derivate dalla cosiddetta *protolingua* ricostruita (*protogermanico, protoindoeuropeo, protoslavo*) **4** in parole composte della terminologia biologica, botanica e zoologica, indica organismo strutturalmente semplice: *protofillo, protoplasma, protozoo*

protoàntropo o **protàntropo** [comp. di *proto-* e *-antropo* ✱ 1942] **s. m.** ● in antropologia, una delle prime e più antiche forme di ominide presente nel Pleistocene

protoattìnio o **protattìnio** [ted. *Protoaktinium*, comp. di *proto-* 'proto' e *Aktinium* 'attinio' ✱ 1930] **s. m. (pl. -*i* o raro -*ii*)** ● elemento chimico, metallo radioattivo del gruppo degli attinidi, contenuto in piccolissime quantità nella pechblenda **SIMB.** Pa **NUM. AT.** 91

Protobrànchi [comp. di *proto-* e *branchi(a)* ✱ 1958] **s. m. pl. (sing. -*chio*)** ● (*zool.*) sottoclasse di Molluschi dei Lamellibranchi dotati di piede terminante in una porzione appiattita e di piccole branchie a struttura primitiva (*Protobranchia*)

protocanònico [comp. di *proto-* e *canonico* ✱ 1804] **agg. (pl. m. -*ci*)** ● detto di ciascuno dei libri biblici che, accettati unanimemente in quanto ad autenticità e autorità, furono i primi a essere inseriti nel canone

Protococcàcee [comp. di *proto-* e un deriv. di *cocco* ✱ 1929] **s. f. pl. (sing. -*a*)** ● (*bot.*) famiglia di alghe verdi raramente coloniali, di acqua dolce o su substrati umidi (*Protococcaceae*)

protocollàre① [da *protocollo* ✱ 1829] **v. tr.** (*io protocòllo*) ● (*burocr.*) mettere a protocollo: *p. le lettere*
SFUMATURE ➤ ***registrare***

protocollàre② [da *protocollo* ✱ 1804] **agg. 1** riguardante le norme del protocollo **2** (*fig.*) conforme all'uso, pertinente: *una relazione p.* **3** (*filos.*) nella logica neopositivistica, detto di enunciato che costituisce un protocollo: *proposizione p.* ‖ **protocollarménte**, avv. ‖ **protocollarità**, s. f. inv. conformità a un protocollo

protocollìsta [av. 1748] **s. m. e f. (pl. m. -*i*)** ● impiegato addetto al protocollo

protocòllo [vc. dotta, gr. *prōtókollon* 'primo (foglio del rotolo di papiro), incollato', comp. di *prṓtos* 'primo' (V. *proto-*) e *kólla* 'colla' ✱ 1309] **s. m. 1** nel Medioevo, registro sul quale i notai trascrivevano gli atti da essi rogati **2** registro su cui vengono annotati gli atti concernenti l'attività di enti pubblici, aziende o studi professionali: *mettere a p.*; *ufficio del p.*; *numero di p.* **3** accordo internazionale, spec. accessorio ad altro: *p. d'intesa*; *firmare il p.* | (*est.*) testo di un accordo, spec. di carattere sindacale **4** complesso di norme che riguardano e regolano il cerimoniale diplomatico: *capo del p.*; *le regole del p.*; *rispettare il p.*; *contravvenire al p.* **5** (*filos.*) nella logica neopositivista, ciascun enunciato elementare, risultante da un'osservazione immediata, su cui si fonda il sistema di una scienza **6** nelle loc. ***carta p., foglio p., formato p.***, carta da stampa o da scrivere che ha, rispettivamente, il formato di cm 64x88 e di cm 31x42 **7** insieme dei procedimenti necessari a sviluppare una certa indagine o a svolgere una certa attività: *p. terapeutico* **8** (*inform.*) in un sistema di comunicazione, convenzione per l'interpretazione univoca delle informazioni scambiate

Protocordàti [comp. di *proto-* e *cordati* ✱ 1970] **s. m. pl. (sing. -*o*)** ● (*zool.*) denominazione di dubbio valore sistematico sotto la quale talora si raggruppano i Tunicati e gli Acrani

protocorìnzio [comp. di *proto-* e *corinzio*] **A agg.** ● relativo all'arte corinzia dall'VIII al VII a.C. | ***stile p.***, stile della ceramica orientaleggiante prodotta in tale periodo a Corinto e nel Peloponneso nord-orientale, caratterizzato da motivi geometrici e, nella produzione più recente, figurati **B s. m.** ● stile protocorinzio

protodinàstico [comp. di *proto-* e *dinastico* ✱ 1903] **agg. (pl. m. -*ci*)** ● riferito a civiltà protostoriche, del primo periodo dell'insediamento di una dinastia: *l'arte protodinastica sumera* **CFR.** predinastico

protofìllo [comp. di *proto-* e *-fillo* ✱ 1958] **s. m.** ● (*bot.*) cotiledone

protofìsico [comp. di *proto-* e *fisico* ✱ 1585] **s. m. (pl. -*ci*)** ● (*lett.*) protomedico, archiatra

protogermànico [comp. di *proto-* e *germanico* ✱ 1949] **agg.; anche s. m. (pl. m. -*ci*)** ● (*ling.*) detto della fase linguistica unitaria non attestata, ipoteticamente derivata dal ceppo indoeuropeo e ricostruita, che sta all'origine delle lingue germaniche attestate storicamente

protògino① [comp. di *proto-* e *-gino* ✱ 1958] **agg.** ● (*bot.*) detto di fiore in cui gli stimmi maturano prima delle antere

protògino② [comp. di *proto-* e *-gino*, var. di *-geno* ✱ 1875] **s. m.** ● (*geol.*) varietà di granito, tipica di alcuni massicci alpini, a grossi cristalli di ortoclasio in una matrice scistosa

protoindoeuropèo [comp. di *proto-* e *indoeuropeo* ✱ 1964] **agg.; anche s. m.** ● (*ling.*) detto della fase linguistica unitaria non attestata, ipotetica e ricostruita sulla base della comparazione, che sta all'origine delle lingue indoeuropee le cui affinità sono attestate storicamente | ***popoli protoindoeuropei***, parlanti la lingua supposta unitaria

protolìngua [comp. di *proto-* e *lingua* ✱ 1958] **s. f.** ● (*ling.*) nella linguistica storica, fase linguistica unitaria non attestata, ipotetica e ricostruita sulla base della comparazione, che sta all'origine di un gruppo di lingue affini e attestate in epoca storica: *p. indoeuropea, p. germanica*

†**protomaèstro** (o -**é**-) ➤ †**protomastro**

protomàrtire [vc. dotta, gr. *prōtomártyr*, comp. di *prōto-* 'proto-' e *mártyr* 'testimone, martire' ✱ 1260 ca.] **s. m.** ● primo martire e assertore della fede cristiana: *Santo Stefano p.*

†**protomàstro** o †**protomaèstro** [comp. di *proto-* e *mastro* ✱ 1550] **s. m.** ● capomastro

protomatèria [comp. di *proto-* e *materia* ✱ 1988] **s. f.** ● materia primordiale indifferenziata dalla quale, secondo una teoria astrofisica, si sarebbe originato l'intero universo

pròtome [vc. dotta, gr. *protomḗ* 'testa, busto', da *protémnein* 'tagliare', comp. di *pró* 'davanti' (V. *pro-*②) e *témnein* 'tagliare' (V. *-tomo*) ✱ 1818] **s. f.** ● (*archeol.*) testa umana o animale, in rilievo, usata nell'arte antica come elemento decorativo di strutture architettoniche, sculture, e sim.

protomèdico [comp. di *proto-* e *medico* ✱ av. 1536] **s. m. (pl. -*ci*)** ● anticamente, archiatra di corte o primario d'ospedale; anche, ufficiale sanitario

protomòrfo [comp. di *proto-* e *-morfo* ✱ 1958] **agg. e s. m.** ● in antropologia, che (o chi) presenta caratteri di primitività

protomotèca [comp. di *protome* e *-teca* ✱

av. 1837] **s. f.** • raccolta, galleria di teste e busti scolpiti

♦**protóne** [da *proto-*, sul modello di *elettrone* ✱ 1926] **s. m.** • (*fis.*) particella di carica unitaria positiva, formata da quark, costituente del nucleo atomico | ***reazione p. p.***, una delle più importanti reazioni termonucleari che si suppone avvengano all'interno delle stelle per la continua produzione di energia mediante trasformazione di idrogeno in elio

protonefrìdio [comp. di *proto-* e *nefridio* ✱ 1954] **s. m. (pl. -*i* o *raro* -*ii*)** • (*zool.*) tipo primitivo di apparato escretore, in cui la filtrazione dei liquidi avviene attraverso la parete di speciali cellule

protonèma [comp. di *proto-* e del gr. *nêma* 'filo' (V. *nemato-*) ✱ 1841] **s. m. (pl. -*i*)** • (*bot.*) corpo filiforme o laminare che si origina dalle spore dei muschi e genera la piantina

protònico① [da *protone* ✱ 1949] **agg. (pl. m. -*ci*)** • (*fis.*) relativo al protone

protònico② [comp. del gr. *pró* 'prima' (cfr. *pro-*②) e *tónos* 'accento' (V. *tono*①), con suff. agg. ✱ 1873] **agg. (pl. m. -*ci*)** • (*ling.*) detto di sillaba che precede quella accentata

protònio [da *protone* ✱ 1965] **s. m.** • (*fis.*) stato fisico instabile, costituito da un protone e da un antiprotone

protonotariàto [av. 1540] **s. m.** • l'ufficio, la dignità di protonotario

protonotàrio o **protonotàro** [comp. di *proto-* e del lat. *notārius* (V. *notaio*) ✱ av. 1442] **s. m.** • nel Medioevo, primo cancelliere o primo segretario dell'amministrazione imperiale o di taluni regni | ***p. apostolico***, nella curia pontificia, notaio appartenente a un collegio cui è demandato il compito di redigere e registrare gli atti della curia stessa

protooncogène [comp. di *proto-* e *oncogene* ✱ 1989] **s. m.** • (*biol.*) gene cellulare eucariotico che promuove i normali processi di crescita e differenziamento, privo di attività cancerogena ma con potenziale oncogeno

protoplàṣma [comp. di *proto-* e *plasma* ✱ 1871] **s. m. (pl. -*i*)** • (*biol.*) la sostanza, la materia vivente di una cellula

protoplaṣmàtico [1884] **agg. (pl. m. -*ci*)** • relativo al protoplasma

p

protoplàsto [vc. dotta, lat. tardo *protoplăstu(m)*, dal gr. *prōtóplastos*, comp. di *prōto-* 'proto-' e *-plastos* '-plasto' ✱ av. 1375] **s. m.** **1** †primo uomo creato **2** (*biol.*) cellula batterica o vegetale alla quale è stata rimossa la parete, in seguito a trattamento enzimatico od osmotico

protoquàmquam [comp. di *proto-* e del lat. *quamquam* 'sebbene' ✱ av. 1686] **s. m. e f. inv.** • (*disus.*, *scherz.*) persona saccente

protoràce [comp. di *pro-*① e *torace* ✱ 1841] **s. m.** • (*zool.*) il primo dei tre segmenti in cui è diviso il torace degli Insetti, sempre privo di ali e dotato di due zampe

protoromàntico [comp. di *proto-* e *romantico* ✱ 1907] **agg. e s. m. (f. -*a*; pl. m. -*ci*)** • che (o chi) precorre il romanticismo

protoromànẓo [comp. di *proto-* e *romanzo*① ✱ 1960] **A agg.** • (*ling.*) detto del latino parlato, che costituisce l'antecedente delle lingue romanze SIN. preromanzo **B s. m. solo sing.** • (*ling.*) lingua latina parlata dell'età imperiale

protosemìtico [comp. di *proto-* e *semitico* ✱ 1983] **agg.; anche s. m. (pl. m. -*ci*)** • (*ling.*) detto della fase ipotetica, ricostruita sulla base della comparazione, che raccoglie gli elementi comuni alle lingue semitiche

protosincrotróne [comp. di *proto(ne)* e *sincrotrone* ✱ 1961] **s. m.** • (*fis.*) sincrotrone, cioè macchina acceleratrice di particelle, particolarmente idoneo ad accelerare protoni

protoṣlàvo [comp. di *proto-* e *slavo* ✱ 1948] **agg.; anche s. m.** • (*ling.*) detto della fase linguistica unitaria non attestata, ipoteticamente derivata dal ceppo indoeuropeo e ricostruita, che sta all'origine delle lingue slave attestate storicamente

protospatàrio o **protospadàrio** [vc. dotta, gr. biz. *prōtospathários*, comp. di *prōto-* 'proto-' e *spathários* 'guardia del corpo', da *spáthē* 'spada' ✱ 1835] **s. m.** • nell'impero bizantino, il governatore di una provincia

protòssido [comp. di *proto-* e *ossido* ✱ 1829] **s. m.** • (*chim.*) primo grado di combinazione di un elemento con l'ossigeno | ***p. d'azoto***, gas esilarante

protostélla [comp. di *proto-* e *stella* ✱ 1965] **s. f.** • (*astron.*) massa di gas nello spazio dalla quale si ipotizza che si origini una stella

Protòstomi [comp. di *proto-* e del gr. *stóma*, genit. *stómatos* 'bocca' ✱ 1931] **s. m. pl. (sing. -*o*)** • (*zool.*) grande raggruppamento dei Metazoi comprendente le forme in cui la bocca deriva dal blastoporo (*Protostomia*)

protostòria [comp. di *proto-* e *storia* ✱ 1898] **s. f.** • prima fase, la più antica, che attiene alle origini della storia di un popolo o di una cultura | il periodo più recente della preistoria

protostòrico [1958] **agg. (pl. m. -*ci*)** • appartenente alla protostoria: *civiltà protostoriche*

prototipàre [per calco sull'ingl. *to prototype* 'realizzare un prototipo' ✱ 1991] **v. tr.** (*io protòtipo*) • (*tecnol.*) realizzare come prototipo: *p. un prodotto*

prototipazióne [da *prototipare* ✱ 1984] **s. f.** • (*tecnol.*) realizzazione di un prototipo | (*inform.*) ***p. rapida***, tecnologia che rende possibile in tempi brevissimi la stampa tridimensionale di un prototipo direttamente dal modello matematico dell'oggetto

prototipìa [2002] **s. f.** • fase della produzione industriale nella quale si realizza il prototipo di un prodotto | azienda, settore o reparto specializzato nella realizzazione di prototipi

protòtipo [vc. dotta, lat. tardo *protŏtypu(m)*, dal gr. *prōtótypos* 'che è primo tipo', comp. di *prō-to-* 'proto-' e *týpos* 'impronta, modello' (V. *tipo*) ✱ 1598] **A s. m. 1** modello, esemplare primitivo: *il p. dei moderni sottomarini* | primo esemplare che serve da modello per una successiva produzione in serie, spec. in riferimento a macchine o congegni: *il p. di un nuovo aereo* **2** (*fig.*) perfetto esemplare: *è il p. degli imbroglioni* **B agg.** • di prima ideazione o costruzione: *strumento p.* SIN. primitivo

SFUMATURE ➤ ***esemplare***②

protòttero [comp. di *proto-* e *-ttero* ✱ 1875] **s. m.** • pesce dei Dipnoi delle acque interne dell'Africa, munito, oltre alle branchie, di polmone bilobato, per cui può in caso di necessità respirare in ambiente aereo (*Protopterus annecteus*)

protovangèlo [comp. di *proto-* e *vangelo* ✱ 1835] **s. m.** • testo del Genesi in cui la Chiesa riconosce l'annunzio dell'incarnazione del Cristo e della redenzione del genere umano

protoẓoàrio [1946] **agg.** • (*biol.*) relativo ai protozoi, causato da protozoi: *cellula, malattia protozoaria*; *virus p.*

Protoẓòi [comp. di *proto-* e il pl. di *-zoo* ✱ 1841] **s. m. pl. (sing. -*ẓòo*)** • (*zool.*) sottoregno di animali unicellulari microscopici, diffusi ovunque, nelle acque e nel terreno, anche parassiti (*Protozoa*)

protoẓòico [comp. di *proto-* e *-zoico* ✱ 1875] **agg. (pl. m. -*ci*)** • (*geol.*) archeozoico

protraènte **part. pres.** di *protrarre* • nei sign. del v.

protràrre [vc. dotta, lat. *protrăhere*, comp. di *prō* 'avanti' (V. *pro-*①) e *trăhere* 'trarre' ✱ 1342] **A v. tr. (coniug. come *trarre*)** • prolungare nel tempo, far durare di più: *p. gli studi, l'adunanza, i colloqui* | differire, rinviare: *hanno protratto la data dell'incontro di una settimana* **B protràrsi v. intr. pron.** • prolungarsi, continuare: *l'incontro si protrasse fino alle cinque*

protràttile [dal lat. *protrāctus*, part. pass. di *protrăhere* 'protrarre' ✱ 1895] **agg.** • che può essere spinto in avanti, in fuori: *unghia p.*

protràtto **part. pass.** di *protrarre*; anche **agg.** • nei sign. del v.

protrazióne [vc. dotta, lat. tardo *protractiōne(m)*, da *protrāctus*, part. pass. di *protrăhere* 'protrarre' ✱ 1374] **s. f.** • il protrarre, il protrarsi SIN. allungamento, differimento, prolungamento

protrèttico o †**protrèptico** [gr. *protreptikós* 'esortativo' ✱ 1586] **A agg. (pl. m. -*ci*)** • (*lett.*) esortativo **B s. m.** • titolo di trattato o di opera volta a esortare spec. allo studio della filosofia: *il P. di Aristotele*

protrombìna [comp. di *pro-*② e *trombina* ✱ 1958] **s. f.** • (*biol.*) proteina presente nel plasma, nella milza e nel midollo osseo, che si trasforma in trombina nel processo di coagulazione del sangue

protrombìnico [1987] **agg. (pl. m. -*ci*)** • (*chim.*) relativo a protrombina

protrùdere [vc. dotta, lat. *protrūdere* 'spingere innanzi', comp. di *prō* 'innanzi' (V. *pro-*①) e *trūdere* 'spingere' (V. *intrusione*) ✱ 1958] **A v. intr.** (**pass. rem.** *io protrùṣi, tu protrudésti*; **part. pass.** *protrùṣo*; **aus.** *essere*) • (*med.*) sporgere in fuori, formare una sporgenza **B v. tr.** • far sporgere in fuori; in particolare, protendere in avanti le labbra nell'articolazione di determinati suoni

protrudìbile [da *protrudere* ✱ 1988] **agg.** • (*fisiol.*) che può essere protruso: *lingua p.*

protruṣióne [dal lat. *protrūsus*, part. pass. di *protrūdere* 'protrudere' (V.) ✱ 1884] **s. f.** **1** (*med.*) anormale sporgenza di un organo | ***p. labiale***, avanzamento delle labbra nella fonazione **2** (*geol.*) emissione di lava molto viscosa dal camino vulcanico, da cui si forma una guglia solida

protrùṣo **part. pass.** di *protrudere*; anche **agg.** • (*med.*) che sporge in modo anomalo

prottodèo ➤ **proctodeo**

protuberànte **part. pres.** di *protuberare*; anche **agg.** • che sporge, che forma una protuberanza: *erta sul busto p.* (L. PIRANDELLO)

protuberànza [da *protuberante* ✱ av. 1730] **s. f.** **1** sporgenza, rigonfiamento: *le protuberanze del terreno*; *ho una piccola p. sul braccio* **2** (*astron.*) ***p. solare***, getto di gas incandescente emesso dalla cromosfera solare, che ha dimensioni e forma diverse e mutevoli e presenta le stesse righe di emissione della cromosfera

protuberàre [vc. dotta, lat. tardo *protuberāre*, comp. di *prō* 'davanti' (V. *pro-*①) e *tūber* 'protuberanza' (V. *tubero*) ✱ 1779] **v. intr.** (*io protùbero*; **aus.** *essere*) • (*lett.*) sporgere in fuori

Protùri [comp. di *prot(o)-* e il pl. di *-uro*② ✱ 1954] **s. m. pl. (sing. -*o*)** • (*zool.*) ordine di Insetti atteri, molto piccoli, giallicci, che vivono fra le foglie marcescenti o nel terreno umido (*Protura*)

protutèla [vc. dotta, lat. tardo *protutēla(m)*, comp. di *pro-*① e *tutēla* 'tutela' ✱ 1871] **s. f.** • (*dir.*) ufficio del protutore: *esercitare la p.*

protutóre [vc. dotta, lat. tardo *protutōre(m)*, comp. di *pro-*① e *tūtor*, genit. *tutōris* 'tutore' ✱ 1806] **s. m. (f. -*trice*)** • (*dir.*) persona nominata dal giudice tutelare per rappresentare il minore in caso di conflitto di interessi tra questi e il tutore

proustiàno (proust-ia-no, prou-stia-no) /prus'tjano/ [1929] **agg.** ● relativo allo scrittore francese M. Proust (1871-1922), alla sua opera, al suo stile

proustìsta (proust-i-sta, prou-sti-sta) /prus'tista/ [1983] **s. m. e f. (pl. m. -i)** ● studioso dell'opera di M. Proust

proustìte /prus'tite/ [chiamata così in onore del chimico J.-L. *Proust* (1754-1826) * 1875] **s. f.** ● (*miner.*) solfoarseniuro d'argento frequentemente misto a pirargirite in masse di color rosso dalla lucentezza metallica

♦**pròva** o †**pruòva** [da *provare* * 1261 ca.] **s. f.** **1** ogni esperimento compiuto per accertare la natura e le caratteristiche di una cosa, dimostrare il valore o la giustezza di un'affermazione, verificare le attitudini di qlcu. o controllare il funzionamento di una macchina: *sottoporre a p. una lega metallica*; *mettere qlcu. alla p.*; *prove di velocità, di resistenza* | ***assumere, tenere qlcu. in p.***, per controllare e verificare le capacità di qlcu. a svolgere un determinato lavoro | ***a p. di bomba***, molto resistente; (*fig.*) molto sicuro, solidissimo: *amicizia a p. di bomba* | ***a tutta p.***, provato, sperimentato: *fedeltà a tutta p.* | ***banco di p.***, (*fig.*) circostanza o insieme di circostanze in cui si verificano le capacità di qlcu., il valore di una affermazione o il reale valore di qlco. | ***conoscere qlco. per p.***, per averne fatto esperienza | ***mettere un abito in p.***, farlo indossare al cliente durante la lavorazione, per eventuali correzioni e modifiche | ***p. genealogica***, dimostrazione della discendenza di un individuo da una famiglia, fatta attraverso documenti o inchieste | esame: *sostenere la p. scritta di italiano* | ***terza p.***, prova scritta dell'esame di Stato, basata su questionari, sviluppo di progetti, e sim., che si svolge dopo due prove in materie tra le principali del corso di studi | ***p. di ingresso***, test di ingresso (V. *test*) **2** condizione o situazione molto impegnativa cui ci si assoggetta per dimostrare di possedere determinate qualità: *sottoporsi a una p. difficile*; *mettere alla p. l'abilità di qlcu.*; *ha messo a dura p. la mia pazienza* | ***alla p. dei fatti***, alla verifica concreta | ***p. del fuoco***, nel Medioevo, prova (che si riteneva costituisse un responso divino) cui era sottoposto l'accusato di un crimine, consistente nel mettere la mano sul fuoco o nel passare tra le fiamme di un rogo; (*est.*) primo combattimento di un soldato; (*fig.*) occasione particolarmente impegnativa e decisiva per dimostrare le proprie qualità | ***una p. dolorosa, una dura p.***, sofferenza, dolore, disgrazia | competizione sportiva: *la prova del salto triplo* | ***p. d'amore***, spec. un tempo e da un punto di vista maschile tradizionale, dimostrazione d'amore da parte di una donna, consistente nel concedersi a un uomo: *non vi chiedo carezze, non vi chiedo alcuna p. d'amore* (G. D'ANNUNZIO) | (*med.*) ***p. da sforzo***, test per valutare l'efficienza cardiovascolare in condizioni di esercizio fisico di intensità controllata **3** tentativo: *una p. riuscita*; *fare, ritentare la p.* **4** testimonianza, documento, elemento che dimostra l'autenticità di un fatto o la veridicità di una affermazione: *una p. certa, irrefutabile, luminosa, decisiva*; *con le prove alla mano* | ***fino a p. contraria***, fino a che non viene dimostrato il contrario | ***p. d'acquisto***, talloncino staccabile dalla confezione di un prodotto che dà diritto a sconti, premi e sim. **5** (*dir.*) rappresentazione di un fatto giuridicamente rilevante, utilizzabile a fini processuali: *p. orale, scritta* | ***p. legale***, che non è liberamente valutabile dal giudice | ***p. costituenda***, che si forma nel corso del processo, come la prova testimoniale CFR. indizio **6** dimostrazione: *ha fatto buona p.* | ***dare p. di***, manifestare, rivelare: *dare p. di coraggio, di amicizia* | ***portare in p.***, portare qlco. come dimostrazione, conferma | ***p. di forza***, V. *forza* nel sign. A 9 | (*lett.*) dimostrazione di valore, impresa: *l'alta fatica e le mirabil prove / che fece il franco Orlando per amore* (M.M. BOIARDO) **7** (*teatro*) ogni rappresentazione preparatoria di uno spettacolo, che precede quella definitiva fatta dinanzi al pubblico: *assistere alle prove di un dramma* | ***p. generale***, quella completa di tutto lo spettacolo, con costumi, luci e scenografie definitive **8** (*mat.*) verifica di un determinato calcolo | ***p. del nove***, V. *nove* **9** (*dir.*) ***messa in p.***, V. *messa*[2] **10** †gara: *correre a p.* || **provétta**, **dim.** | **provino**, **dim. m.** (V.)

provàbile [1551] **agg.** ● che può essere provato SIN. dimostrabile, documentabile || **provabilità**, **s. f. inv.**

provacircùiti [comp. di *prova(re)* e il pl. di *circuito* * 1958] **s. m. inv.** ● (*elettr.*) multimetro di bassa precisione per misure di tensione, intensità di corrente, resistenza e sim., sia in corrente alternata sia in corrente continua

†**provagióne** ➤ †**provazione**

†**provaménto** [vc. dotta, lat. tardo *probamĕntu(m)* 'prova, saggio', da *probāre* (V. *provare*) * 1268] **s. m.** **1** prova, esperimento **2** dimostrazione

provanatùra [vc. sett. da far risalire al lat. *propāgo*, genit. *propāginis* 'propaggine' * 1958] **s. f.** ● (*agric.*) specie di propaggine multipla usata un tempo per ricostituire i vigneti deperiti

†**provàno** [ant. fr. *provant* 'che resiste alla prova', dal lat. *probāre* 'provare' * sec. XIV] **agg.** ● (*raro*) caparbio: *è p. e ostinato in dire e fare* (L.B. ALBERTI)

provànte **part. pres.** di *provare*; anche **agg.** ● nei sign. del v. | (*lett.*) che sostiene una prova, un esame | (*lett.*) convincente, probante: *un argomento p.* (A. MANZONI)

†**provànza** [1261 ca.] **s. f.** ● prova

provapìle [comp. di *prova(re)* e del pl. di *pila* * 1987] **s. m. inv.** ● (*elettr.*) apparecchio a voltmetro per verificare lo stato di efficienza di una pila

♦**provàre** [lat. *probāre* 'riconoscere che una cosa è buona', da *prŏbus* 'buono, di buona qualità' (V. *probo*) * av. 1243] **A** **v. tr.** (*io pròvo*, †*pruòvo*) **1** cercare di conoscere e sperimentare, mediante una o più prove, la natura e le caratteristiche di una cosa o le capacità di qlcu.: *p. la resistenza del vetro*; *p. un abito*; *p. un commesso per una settimana* | anche nella forma pron. (con valore intens.) **provàrsi**, misurare su di sé: *provarsi una giacca*; *mentre si provava una veste nuova* (G. VERGA) **2** fare una prova, un tentativo (+ *a* **seguito da inf.**): *non conviene p.*; *bisogna p. per credere*; *prova a sentire che cosa ne pensa*; *proviamo a passare di là*; *ho provato a telefonargli, ma non risponde*; *Vo' p. di mettere in pratica il progetto* (C. GOLDONI) **3** **provàrci**, provare a fare qlco., fare un tentativo: *io non sono in grado, provaci tu* | ***provaci!, non ti ci p.!***, esclamazione di sfida e di minaccia rivolta a chi intende fare qlco. di non gradito: *provaci e vedrai!*; *non ti ci p. a toccarla!* | (*colloq.*) tentare un approccio: *carina quella ragazza, io ci provo* **4** conoscere mediante esperienza: *p. tutto il peso dell'esistenza*; *p. la fedeltà di qlcu.* | ***p. la sete***, soffrirla | sentire dentro di sé: *p. stupore, gioia, rabbia* | (*raro*) assaggiare: *p. una pietanza* **5** mettere alla prova, cimentare: *quell'esperienza lo ha duramente provato* | (*est.*) indebolire, fiaccare: *la malattia ti ha provato* **6** dimostrare con prove il valore, la verità di un fatto o di un'affermazione (+ *di* **seguito da inf.**, + *che*): *p. la legge di gravità*; *p. di aver capito*; *con l'orologio alla mano egli le provò di non aver tardato* (I. SVEVO); *molti testimoni provarono che l'imputato aveva detto la verità*; *la sua colpevolezza fu ampiamente provata* SIN. confermare **7** fare la prova di uno spettacolo o sim.: *p. il duetto*; (*assol.*) *oggi si prova* **8** †dar prova, saggio del proprio valore | †***p. bene***, comportarsi bene **B** **provàrsi** **v. intr. pron.** **1** tentare (+ *a* **seguito da inf.**): *nessuno si provò ad opporsi*; *provati almeno a telefonargli*; *non provarci!*; *La giovinetta si provò di sorridere* (G. VERGA) **2** cimentarsi, misurarsi (+ *in*): *provarsi nell'uso delle armi*; *si è provato contro tutti*

SFUMATURE ➤ *concludere*, ➤ *sentire*

†**provatìvo** [da *provare*, sul modello del lat. tardo *probatīvus* 'probativo' * sec. XIV] **agg.** ● che prova, che conferma

provàto **part. pass.** di *provare*; anche **agg.** **1** nei sign. del v. **2** sperimentato: *amico di provata fiducia* **3** affaticato: *atleta p.* | prostrato, fiaccato: *p. dalle sventure, dal dolore* || **provataménte**, **avv.** (*raro*) in modo provato

†**provatóre** [av. 1348] **s. m.** (**f.** *-trice*) ● chi prova, mette alla prova o si cimenta in qlco.

provatransistóri [comp. di *prova(re)* e il pl. di *transistore* * 1974] **s. m. inv.** ● (*elettron.*) dispositivo che permette di determinare i parametri caratteristici di un transistore

provatùra [da *provato*, perché serve da assaggio (?) * av. 1548] **s. f.** ● formaggio fresco di latte intero di bufala o anche di mucca, a forma rotonda e pasta filata, simile alla mozzarella

†**provazióne** o †**provagióne** [vc. dotta, lat. *probatiōne(m)*, da *probātus*, part. pass. di *probāre* 'provare, approvare' * av. 1328] **s. f.** **1** prova, traversia **2** dimostrazione | approvazione

†**provecciàre** [sp. *aprovechar* 'approfittare', da *provecho* 'profitto' (V. †*proveccio*) * 1617] **v. intr.** ● approfittare

†**provèccio** [sp. *provecho*: stessa etim. dell'it. *profitto* * av. 1635] **s. m.** ● guadagno, profitto

†**provedènza** ➤ **provvidenza**

†**provedére** e deriv. ➤ **provvedere** e deriv.

provènda [deformazione di *profenda* * 1937] **s. f.** **1** antica misura di capacità pari a litri 8,8 **2** †V. *profenda*

proveniènte **part. pres.** di *provenire*; anche **agg.** ● che proviene: *il volo p. da Parigi*; *notizia p. da fonte sicura*

proveniènza [1676] **s. f.** **1** il provenire | (*fig.*) origine, derivazione: *oggetti di misteriosa p.* **2** luogo di origine: *la p. del clandestino non è stata accertata*

♦**provenìre** [vc. dotta, lat. *provenīre* 'venire innanzi', comp. di *prō* 'avanti' (V. *pro-*[1]) e *venīre* 'venire' * 1261 ca.] **v. intr.** (**coniug. come** *venire*; **aus.** *essere*) **1** venire, arrivare da un luogo: *merci che provengono dall'America*; *il treno proviene da Ancona* **2** (*fig.*) derivare, avere origine: *dai suoi maneggi provengono solo guai*; *numerosi termini gastronomici provengono dal francese* SIN. discendere, procedere

provènto [vc. dotta, lat. *provĕntu(m)*, da *provenīre* 'provenire' * av. 1257] **s. m.** ● (**spec. al pl.**) entrata, rendita, guadagno, introito: *i proventi dell'erario*; *lauti proventi*; *non avrebbe potuto vivere con gli scarsi proventi di quella saltuaria professione* (L. PIRANDELLO)

SFUMATURE ➤ *entrata*

proventrìglio [comp. di *pro-*[1] e *ventriglio* * 1958] **s. m.** ● stomaco ghiandolare degli uccelli

†**proventuàle** [dal lat. *provĕntus* 'provento' * sec. XIV] **s. m.** ● in Toscana, esattore, riscuotitore

provenùto part. pass. di *provenire* ● nei sign. del v. | (*fig.*) derivato

provenzàle [fr. *provençal*, da *Provence* 'Provenza', dal lat. *provĭncia(m)* 'provincia' ✱ av. 1205] **A** agg. ● della Provenza: *letteratura p.* || **provenzalménte**, avv. alla maniera dei provenzali **B** s. m. e f. ● abitante o nativo della Provenza **C** s. m. solo sing. ● lingua del gruppo romanzo, parlata in Provenza, detta anche *lingua d'oc*

provenzaleggiànte part. pres. di *provenzaleggiare*; anche agg. ● nel sign. del v.

provenzaleggiàre [1726] v. intr. (pres. *io provenzaléggio*; fut. *io provenzaleggerò*; aus. *avere*) ● (*lett.*) imitare i poeti provenzali

provenzalésco [sec. XIII] agg. (pl. m. *-schi*) ● (*lett.*) provenzale | provenzaleggiante

provenzalìşmo [av. 1698] s. m. ● forma linguistica propria del provenzale

provenzalìsta [1966] s. m. e f. (pl. m. *-i*) ● studioso di lingua e letteratura provenzale

proverbiàle [vc. dotta, lat. *proverbiāle(m)*, da *provĕrbium* 'proverbio' ✱ 1481] agg. **1** che ha le caratteristiche del proverbio o appartiene a un proverbio: *detto p.*; *sapienza p.* **2** (*fig.*) passato in proverbio: *la p. ricchezza di Creso* | (*est.*) ben noto a tutti: *la sua p. avarizia*; *colla p. affabilità dei Veneziani* (I. NIEVO) || **proverbialménte**, avv. || **proverbialità**, s. f. inv. caratteristica di ciò che è ben noto a tutti

†**proverbiàre** [da *proverbio* ✱ av. 1342] v. tr. **1** sgridare, rimproverare **2** schernire, canzonare

♦**provèrbio** [vc. dotta, lat. *provĕrbiu(m)*, da *vĕrbum* 'parola' (V. *verbo*) ✱ 1268] s. m. **1** detto breve e spesso arguto, di origine popolare e molto diffuso, che contiene massime, norme, consigli fondati sull'esperienza: *raccolta di antichi proverbi*; *i proverbi sono la sapienza popolare* | ***passare in p.***, diventare esempio tipico di qlco. SIN. adagio CFR. paremia, paremiografia, paremiologia **2** †ingiuria, villania **3** †parabola, paragone || **proverbiàccio**, pegg. | **proverbiùccio**, dim.

> **SFUMATURE DI SIGNIFICATO**
> ***proverbio - massima - sentenza***
> Un detto breve, generalmente di origine popolare, contenente norme, consigli fondati sull'esperienza si dice **proverbio**. La **massima** è anch'essa un detto breve in cui è enunciata una norma di vita, ma la sua origine è in genere colta, non popolare. **Sentenza** è termine affine ai precedenti, essendo una frase particolarmente incisiva che enuncia una norma di vita; ma in essa è maggiormente accentuata la sensazione della veridicità delle affermazioni che vi sono contenute.
> SFUMATURE ➤ *adagio*②, ➤ *aforismo*

proverbióso (o *-ş-*) [1353] agg. **1** (*raro*) pieno di proverbi: *discorso p.* SIN. sentenzioso **2** †villano, offensivo, beffardo || †**proverbiosaménte**, avv. sdegnosamente, villanamente

provése ➤ **prodese**

provétta [fr. *éprouvette*, da *éprouver* 'provare' ✱ av. 1921] s. f. **1** recipiente tubolare di vetro, chiuso a una estremità, usato per analisi di laboratorio | ***concepimento in p.***, mediante tecniche di fecondazione artificiale o in vitro; (*est.*) le tecniche stesse: *dibattito, legge sulla p.* **2** piccolo elemento di forma stabilita di un metallo, lega o altro sul quale si fanno prove di trazione, flessione, torsione e sim., per stabilire le caratteristiche di resistenza del materiale **3** antico strumento per saggiare la qualità delle polveri da sparo SIN. provino

provètto (o *-é-*) [vc. dotta, lat. *provĕctu(m)*, part. pass. di *provĕhere* 'portare innanzi', comp. di *prō* 'avanti' (V. *pro-*①) e *vĕhere* 'condurre' (V. *vettura*) ✱ 1340] agg. **1** che ha esperienza e abilità in un'attività: *alpinista p.* | ***mano provetta***, esercitata SIN. esperto, pratico CONTR. inesperto **2** (*lett.*) inoltrato negli anni, maturo: *uomo p.*; *età provetta*; *amore, / sospiro acerbo de' provetti giorni* (G. LEOPARDI)

†**proviànda** [dall'oland.: *proviand*, ted. *Proviant*, per incrocio del fr. *provende* 'prebenda' e *viande* 'carne, vivanda' ✱ 1641] s. f. ● vitto, vettovaglia

provicariàto [1871] s. m. ● ufficio, dignità di provicario

provicàrio [comp. di *pro-*① e *vicario* ✱ av. 1643] s. m. (f. *-ia*) ● chi fa le veci del vicario

†**providènza** ➤ **provvidenza**

†**providènzia** ➤ **provvidenza**

provider /pro'vaider, *ingl.* prə'vaɪdə(r)/ [vc. ingl., propr. 'che provvede, fornitore' ✱ 1995] s. m. inv. ● società che offre agli utenti il servizio di accesso alla rete Internet

†**pròvido** ➤ **provvido**

†**provigióne** e deriv. ➤ **provvisione** e deriv.

provinàre [da *provino* ✱ 1983] v. tr. **1** (*gerg.*) sottoporre a un provino cinematografico, teatrale o televisivo: *p. un attore* **2** (*gerg.*) realizzare la versione di prova di una canzone

provìnca [1353] s. f. ● (*bot.*) pervinca

♦**provìncia** [vc. dotta, lat. *provĭncia(m)*, di etim. incerta ✱ 1282] s. f. (pl. *-ce* o *disus. -cie*; spesso scritto con iniziale maiuscola nel sign. 2) **1** anticamente, territorio di competenza di un magistrato e poi paese di conquista soggetto a Roma e amministrato da un magistrato romano | ***province senatorie***, dipendenti dal Senato | ***province imperiali***, dipendenti dall'Imperatore **2** ente territoriale autonomo di amministrazione statale indiretta, retto da un Presidente eletto direttamente dal corpo elettorale e da una Giunta nominata dallo stesso Presidente | (*est.*) sede dell'amministrazione provinciale **3** il complesso dei paesi e dei piccoli centri, dalla vita più tranquilla ma talora considerati culturalmente e socialmente arretrati rispetto alle grandi città: *amare la quiete della p.*; *la noia della vita di p.*; *città, giornale di p.*; *mentalità, abitudini di p.*; *il passo è quello lento e gaio della p.* (A. BERTOLUCCI) **4** †territorio, nazione: *non donna di provincie, ma bordello!* (DANTE *Purg.* VI, 78) **5** †ufficio, incarico: *io non so se mi prenderò una p. tanto dura e piena di tante difficoltà* (N. MACHIAVELLI) **6** nel diritto canonico, circoscrizione che comprende più diocesi e che è retta da un arcivescovo metropolita | ***p. religiosa***, congiunzione di più case religiose sotto il medesimo superiore

provincialàto [av. 1610] s. m. ● funzione, carica, sede del padre provinciale negli ordini religiosi

♦**provinciàle** [vc. dotta, lat. *provinciāle(m)*, da *provĭncia* 'provincia' ✱ 1308] **A** agg. **1** della provincia, pertinente alla provincia: *amministrazione p.* | ***Consiglio p.***, organo deliberativo in tutte le materie di maggiore importanza attribuite alla provincia | ***Giunta p.***, organo della provincia con funzioni esecutive, di controllo e di giurisdizione in campo amministrativo **2** che vive o è nato in provincia | (*spreg.*) di mentalità e abitudini di vita spesso considerate arretrate e rozze rispetto a quelle delle grandi città: *cultura p.* (V. nota d'uso STEREOTIPO) **3** ***padre p.***, (*ellitt.*) ***provinciale***, religioso che è a capo della provincia religiosa in alcuni ordini e congregazioni || **provincialménte**, avv. in modo provinciale, al modo dei provinciali || **provincialità**, s. f. inv. caratteristica di ciò che è provinciale; (*spreg.*) provincialismo: *provincialità di gusti, di modi* **B** s. m. e f. ● persona nativa, abitante della provincia | (*spreg.*) persona di mentalità e gusti provinciali **C** s. f. ● strada provinciale || **provincialétto**, dim. | **provincialìno**, dim. | **provincialóne**, accr. | **provincialòtto**, pegg.

provincialésco [sec. XVIII] agg. (pl. m. *-schi*) ● (*raro, spreg.*) da provinciale

provincialìşmo [comp. di *provincial(e)* e *-ismo* ✱ 1895] s. m. **1** (*spreg.*) mentalità, abitudine da provinciale **2** (*ling.*) forma propria della lingua di un'area circoscritta

provincializzàre [1970] **A** v. tr. ● (*raro*) trasferire all'amministrazione provinciale **B** **provincializzàrsi** v. intr. pron. ● acquisire mentalità e gusti provinciali || **provincializzazióne**, s. f.

provìno [1835] s. m. **1** dim. di *prova* **2** breve prova selettiva cui viene sottoposto un aspirante attore, cantante, modello, ballerino ecc. | (*cinema, raro*) trailer **3** campione di materiale da sottoporre a una determinata prova **4** strumento che serve a determinare la densità di liquidi, la resistenza di materiali e sim. | campione di materiale sottoposto alle prove **5** provetta **6** (*fotogr.*) copia fotografica stampata per contatto da una negativa, e usata per scegliere le immagini da ingrandire

†**provişióne** e deriv. ➤ **provvisione** e deriv.

provitamìna [comp. di *pro-*① e *vitamina* ✱ 1934] s. f. ● (*biol.*) sostanza capace di trasformarsi nell'organismo in una vitamina attiva

†**pròvo**① o (*poet.*) †**pruòvo** [lat. *prŏpe* 'vicino'. V. †*prope* ✱ 1313] vc. ● solo nella loc. avv. ***a p., da p.***, vicino, presso

pròvo② /'prɔvo, *neerl.* 'prɔ:fo/ [vc. neerl., da *provo(kant)* 'provocatore' ✱ 1966] agg. inv.; anche s. m. e f. (pl. inv. o *pròvos*) ● appartenente al movimento di contestazione giovanile sorto in Olanda negli anni 1960-70 e diffusosi poi in altri Stati europei

provocàbile [vc. dotta, lat. tardo *provocābile(m)*, da *provocāre* 'provocare' ✱ 1871] agg. ● (*raro*) che si può provocare

provocànte part. pres. di *provocare*; anche agg. **1** nei sign. del v. | (*lett.*) provocatorio **2** che eccita il desiderio erotico: *sguardi, parole provocanti*; *vestito, posa p.*; *donna p.* || **provocanteménte**, avv.

♦**provocàre** [vc. dotta, lat. *provocāre* 'chiamar fuori, far uscire', comp. di *prō* 'avanti' (V. *pro-*①) e *vocāre* 'chiamare', da *vōx*, genit. *vōcis* 'voce' ✱ 1268] v. tr. (*io pròvoco, tu pròvochi*) **1** determinare l'insorgenza di un fatto, una situazione e sim.: *p. il vomito*; *p. un'azione di forza*; *il terremoto ha provocato gravi danni*; *la malattia gli provoca forti dolori* SIN. produrre, causare | anche nella forma pron. **provocàrsi**, causare a sé stesso: *nella caduta si è provocato una ferita alla testa* **2** (*lett.*) incitare, indurre: *p. all'azione*; *p. all'odio*; *p. qlcu. alla riflessione* **3** sfidare, irritare qlcu. con un comportamento ostile o con ingiurie, spingendolo a reagire: *p. chi non può difendersi* | (*est.*) comportarsi in modo da eccitare il desiderio erotico, detto spec. di donna: *le piace p. gli uomini*; *ha un modo di guardare che provoca*

provocatìvo [vc. dotta, lat. tardo *provocatīvu(m)*, da *provocātus* 'provocato' ✱ av. 1320] agg. **1** (*lett.*) provocatorio **2** detto di medicinale che provoca una reazione

provocàto part. pass. di *provocare*; anche agg. ● nei sign. del v. || †**provocataménte**, avv. (*raro*) da provocatore

provocatóre [vc. dotta, lat. *provocatōre(m)*, da *provocātus* 'provocato' ✱ 1513] agg. e s. m. (f. *-trice*) ● che (o chi) provoca, spec. all'ira e alla violenza: *insulto p.* | chi provoca gli altri in modo da suscitarne la reazione: *quello è il solito p.!* | (*dir.*) ***agente p.***, persona che induce altri a commettere reato per poterlo denunciare avendone le prove o provoca incidenti che si risolvono a favore di un mandante

provocatòrio [vc. dotta, lat. *provocatōriu(m)*, da *provocātor*, genit. *provocatōris* 'provocatore' ✱ 1498] **agg.** (**pl. m.** *-i* o *raro* *-ii*) ● che ha un carattere di provocazione, di sfida: *parlare con tono p.*; *una domanda provocatoria* | che tende a suscitare una reazione violenta: *atteggiamento p.* ‖ **provocatoriaménte**, **avv.**

♦**provocazióne** [vc. dotta, lat. *provocatiōne(m)*, da *provocātus* 'provocato' ✱ sec. XIV] **s. f.** **1** atto o contegno volto a provocare qlcu. o qlco.: *non sopportare provocazioni* | sfida che mediante ingiurie o sim., istiga a una reazione violenta: *raccogliere la p.*; *l'insulto e la p. di un ubriaco che non sa quel che si dica* (L. Pirandello) **2** (*med.*) ***prove di p.***, test di induzione artificiale di irritazione per misurare il grado di iperreattività (per es. bronchiale) **3** (*dir.*) circostanza attenuante comune del reato prevista per chi ha reagito in stato d'ira determinato da un fatto ingiusto altrui ‖ **provocazioncèlla**, **dim.**

Definizione d'autore
Prendi il simbolo del Male assoluto, immortalalo nella sua espressione peggiore. Fallo regredire fino a diventare un bambino triste. Lasciagli i baffetti neri. Mettilo in ginocchio e di spalle, posizionalo nel ghetto di Varsavia a pregare. La **provocazione** si muove costantemente oltre un confine soggettivo, che ognuno traccia e ridisegna ogni giorno rivelando il proprio mondo di valori. La reazione a una **provocazione** è misura del gusto, dello stato dello stile, ed è valida per qualsiasi disciplina. Rispetto a tutto questo l'artista è quello che tira la palla al di là del muro per il puro gusto di farlo: può chiedere perdono, ma non può chiedere permesso.
Maurizio Cattelan

pròvola [da *provare*, perché serve da assaggio (?) ✱ 1596] **s. f.** ● formaggio fresco di forma sferica od oblunga, per lo più di latte di bufala, tipico dell'Italia meridionale: *p. affumicata* ‖ **provolétta**, **dim.** | **provolìna**, **dim.** | **provolóne**, **accr. m.** (V.)

provolóne [da *provola* ✱ 1892] **s. m.** ● formaggio crudo a pasta dura, dolce o piccante, prodotto con latte di vacca intero in grosse forme oblunghe o tondeggianti

†**provvedènza** ➤ **provvidenza**

♦**provvedére** o †**provedére** [lat. *providēre* 'vedere innanzi a sé, provvedere', comp. di *prō* 'davanti' (V. *pro-*① e *vidēre* 'vedere') ✱ 1250 ca.] **A** **v. intr.** (**fut.** *io provvederò*; **condiz. pres.** *io provvederèi*; **part. pass.** *provvedùto* o *raro* *provvisto*, †*provvìṣo*; **nelle altre forme coniug. come** *vedere*; **aus.** *avere*) **1** adoperarsi, darsi da fare procurando ciò che è utile, necessario, opportuno (**+** *a*, **anche seguito da inf.**, **+** *che* **seguito da congtv.**, *lett.*, *raro* **+** *di* **seguito da inf.**): *provvedete finché c'è tempo*; *p. ai bisogni della famiglia*; *p. a chiudere*, *ad aprire il conto*; *provvedi perché si possa partire subito*; *la natura provvide che il canto degli uccelli ... fosse pubblico* (G. Leopardi); *in quello tempo provvide di pigliare con trappole ... parecchi sorgi* (F. Sacchetti) | disporre quanto occorre per soddisfare una pubblica necessità, un pubblico servizio: *p. alla sistemazione dei disoccupati*; *hanno provveduto a riaprire gli uffici* **2** (*assol.*) prendere i dovuti provvedimenti, stabilire le misure più opportune: *se non lo fa lui, dovrò p. io*; *il governo ha già provveduto* **B** **v. tr.** **1** predisporre, procurare: *p. il riscaldamento per l'inverno* **2** fornire, rifornire, dotare (**+** *di*): *p. di vettovaglie l'esercito* **3** †prevedere **4** †assistere, soccorrere: *Piacciavi ... / di proveder lo mio cor* (C. Davanzati) **C** **provvedérsi** **v. rifl.** ● fornirsi di quanto è necessario (**+** *di*): *provvedersi del lasciapassare*; *mi sono provveduto di libri*

†**provvedigióne** [sec. XIV] **s. f.** **1** retribuzione **2** rifornimento

♦**provvediménto** o †**provediménto** [1261 ca.] **s. m.** **1** (*raro*, *lett.*) il fornire, il fornirsi: *il p. del necessario* | †rimedio, riparo: *diede tal p. alle cose, che le recò a non poca quiete* (D. Bartoli) **2** misura, disposizione attuata per risolvere una situazione, rimediare a un inconveniente, e sim.: *prendere, adottare un p.*; *un p. savio, giusto, tardivo* | ***p. disciplinare***, punizione | †preparativo **3** (*dir.*) atto con cui lo Stato esplica il proprio potere nell'ambito di una delle sue funzioni fondamentali: *emanare un p.*; *p. amministrativo, giudiziario* **4** †precauzione
SFUMATURE ➤ *misura*

provveditoràto [sec. XV] **s. m.** **1** ufficio, dignità di provveditore **2** organismo dipendente da un ministero che ha lo scopo di provvedere al coordinamento di attività analoghe nell'ambito di una provincia: *p. ai trasporti* | luogo, edificio in cui si trova tale organismo: *recarsi in p.*; *andare al p.*

provveditóre o †**proveditóre** [da *provvedere* ✱ av. 1342] **A** **agg. e s. m.** (**f.** *-trice*) ● †che (o chi) provvede a qlcu. o a qlco. | ufficiale con compiti logistici e di sorveglianza **B** **s. m.** **1** titolo di chi, nell'ambito di una provincia, un ente o un'associazione, è a capo del settore amministrativo: *p. alle opere pubbliche* **2** in passato e in vari luoghi, titolo di governatori o amministratori

provveditorìa [av. 1547] **s. f.** ● (*stor.*) ufficio di provveditore durante la Repubblica Veneta

provvedùto o †**provedùto** **part. pass.** di *provvedere*; **anche agg.** **1** (*raro*) provvisto **2** (*raro*) attento, avveduto: *lettore p.* **CONTR.** sprovveduto ‖ †**provvedutaménte**, **avv.** accortamente, cautamente

provvidènte o †**providènte** [lat. *providĕnte(m)*, part. pres. di *providēre* 'provvedere' ✱ 1260 ca.] **agg.** ● (*lett.*) provvido, preveggente, accorto ‖ †**provvidenteménte**, **avv.**

provvidènza o †**providènza**, †**providènzia**, †**provvidènzia**, †**provvedènza**, †**provedènza** [vc. dotta, lat. *providĕntia(m)*, da *prōvidens*, genit. *providĕntis* 'provvidente' ✱ av. 1250] **s. f.** **1** (*lett.*) sollecitudine | †aiuto, sostegno: *gran pena patisce / chi non ha provedenza* (C. Davanzati) **2** (**spec. al pl.**) provvedimento, misura economica a favore di particolari categorie: *provvidenze a favore dei terremotati* **3** (anche con iniziale maiuscola) spec. nella religione cristiana, ordine con il quale Dio regge e protegge la creazione e guida lo sviluppo della storia: *il concetto della p.* | assistenza benevola di Dio a favore delle creature: *ringraziare la P.* | **PROV.** ***le vie della p. sono infinite***, la provvidenza agisce attraverso molte vie; ci sono molti modi per arrivare a uno scopo **4** (*fig.*) fatto, avvenimento felice e inaspettato: *la tua venuta è stata una vera p.* **5** †previdenza, avvedutezza

♣**provvidenziàle** [fr. *providentiel*, dal lat. *providĕntia* 'provvidenza' ✱ 1839] **agg.** **1** della Provvidenza divina: *il disegno p. di Dio*; *ordine p.* **2** (*est.*) che viene molto a proposito: *pioggia p.*; *il tuo arrivo è stato p.* **SIN.** opportuno, utile ‖ **provvidenzialménte**, **avv.** ‖ **provvidenzialità**, **s. f. inv.** caratteristica di ciò che è provvidenziale

provvidenzialiṣmo [comp. di *provvidenzial(e)* e *-ismo* ✱ 1970] **s. m.** ● concezione filosofica secondo la quale le vicende umane sono regolate da un ordine provvidenziale

provvidenzialista [1970] **s. m. e f.** (**pl. m.** *-i*) ● chi segue il provvidenzialismo o si ispira ad esso

♣**pròvvido** o †**pròvido** [vc. dotta, lat. *prōvidu(m)*, da *providēre* 'provvedere' ✱ av. 1328] **agg.** **1** (*lett.*) che opera con preveggenza e saggezza: *sei come la provvida / formica* (U. Saba) **SIN.** previdente **CONTR.** improvvido **2** (*lett.*) saggio, prudente, utile: *un p. consiglio* **3** (*lett.*) provvidenziale: *te collocò la provida / sventura in fra gli oppressi* (A. Manzoni) **4** †che fornisce qlco. ‖ **provvidaménte**, **avv.** con prudenza, previdenza

provvigionàle [1732] **agg.** **1** †provvisorio, temporaneo **2** che riguarda la provvigione su una vendita o su un affare: *premio p.*

†**provvigionàre** ➤ †**provvisionare**

provvigióne [vc. dotta, lat. *provisiōne(m)* 'previsione, approvvigionamento', da *provīsus*, part. pass. di *providēre* 'provvedere' ✱ av. 1389] **s. f.** **1** tipo di retribuzione generalmente corrisposta al personale di vendita o ad agenti o rappresentanti e commisurata alle vendite fatte o agli affari procacciati **SIN.** percentuale **2** V. *provvisione*

provviṣionàle [fr. *provisionnel*, da *provision* 'provvisione' ✱ 1619] **A** **agg.** ● provvisorio: *un risarcimento assegnato in via p.* **B** **s. f.** ● (*dir.*) indennizzo provvisorio stabilito dall'autorità giudiziaria in attesa della definitiva liquidazione dei danni | clausola di una pronuncia giurisdizionale contenente condanna a tale indennizzo

†**provviṣionàre** o †**proviṣionàre**, †**provvigionàre**, †**provigionàre** [fr. *provisionner*, da *provision* 'provvisione' ✱ 1550] **v. tr.** **1** retribuire con uno stipendio o un salario **2** rifornire

provviṣionàto **A** **part. pass.** di *provvisionare*; **anche agg.** ● nel sign. del v. **B** **s. m.** ● †veterano, soldato o ufficiale stipendiato | †dipendente

provviṣióne o †**proviṣióne**, †**provvigióne**, †**provigióne** [V. *provvigione* ✱ 1268] **s. f.** **1** †il provvedere **SIN.** provvedimento, provvidenza **2** (*dir.*, *relig.*) conferimento di un ufficio ecclesiastico **3** (**al pl.**) †vettovaglie e munizioni per un esercito o per una guerra | (*lett.*, **spec. al pl.**) provvista, scorta di viveri e generi di prima necessità: *avea riempito il mio sacco di provvisioni pel viaggio* (G. Verga) **4** †salario, paga, stipendio: *se li guadagnò facendoli sua gentili uomini e dando loro grandi provisioni* (N. Machiavelli) | assegnazione, appannaggio **5** †rimedio, riparo ‖ **provviṣioncèlla**, **dim.**

†**provvìṣo** o **provìṣo** **part. pass.** di *provvedere*; **anche agg.** ● nei sign. del v.

†**provviṣóre** o †**proviṣóre** [vc. dotta, lat. *provisōre(m)*, da *provīsus* 'provviso' ✱ 1363] **s. m.** ● provveditore

provviṣorietà [1871] **s. f. inv.** ● caratteristica di ciò che è provvisorio **SIN.** precarietà

provviṣòrio [fr. *provisoire*, dal lat. *provīsus* 'provviso' in quanto è ciò che *provvede* temporaneamente ✱ 1670] **agg.** (**pl. m.** *-i* o *raro* *-ii*) ● che ha durata, compiti e sim. assai limitati nel tempo: *governo, impiego p.*; *sistemazione provvisoria*; *la nomina è solo provvisoria*; *libertà provvisoria* | ***in via provvisoria***, temporaneamente, per adesso: *in via provvisoria mi sistemerò in albergo* **SIN.** temporaneo **CONTR.** definitivo, duraturo, stabile ‖ **provviṣoriaménte**, **avv.**

SFUMATURE DI SIGNIFICATO

provvisorio - transitorio - precario

Provvisorio si dice di ciò che è temporaneo, ha una durata limitata nel tempo. Suo sinonimo è **transitorio**, che da un lato aggiunge all'idea di provvisorietà, soprattutto in contesti letterari, una sfumatura di caducità, dall'altro è impiegato nell'uso giuridico come termine tecnico per definire la caratteristica di una norma che vige solo temporaneamente o che disciplina il passaggio da un regolamento a un altro. In **precario** sull'idea della temporaneità prevale quella dell'incertezza e dell'instabilità.

SFUMATURE ➤ ***breve***, ➤ ***fugace***

♦**provvìsta** [f. sost. di *provvisto* ✻ av. 1673] **s. f. 1** il provvedere ciò che è necessario: *fare p. per l'inverno; fare p. di pane, di pasta, di gasolio* **2** ciò che si è provveduto a mettere da parte per le necessità future: *avere abbondanti provviste; le provviste sono finite; avevano comprato una buona p. di barilotti e il sale per le acciughe* (G. VERGA) **3** (*banca*) insieme delle operazioni con le quali la banca si provvede di fondi da impiegare **4** (*dir., relig.*) provvisione **5** (*dir.*) rapporto intercorrente tra il traente e il trattario di una cambiale e tra delegante e delegato nella delegazione

provvìsto **part. pass.** di *provvedere*; anche **agg.** ● nei sign. del v. | dotato, fornito (+ *di*): *albergo p. di ogni comodità* | (*assol.*) che ha una buona disponibilità economica: *essere ben p.; il nostro giovane ... si trovava p. bastantemente* (A. MANZONI) | †pronto: *vuol trovarsi p.* (G. GALILEI)

pròxy /ˈprɔksi, *ingl.* ˈprɒksɪ/ [vc. ingl., propr. 'delega, procura' ✻ 1995] **s. m. inv.** (**pl. ingl.** *proxys*) ● (*inform.*) funzione offerta da un provider che tiene in memoria le pagine Internet recentemente visitate da tutti i suoi utenti, in modo da accelerarne l'eventuale acquisizione da parte di altri utenti

Pròzac® [marchio registrato ✻ 1986] **s. m. inv.** ● (*med.*) nome commerciale di un antidepressivo, usato nel trattamento dei disordini dell'umore

prozìo① (o **-ẓ-**) [da *zio*, sul modello di *pronipote* ✻ 1640] **s. m.** (**f.** *-a*, **pl. m.** *-ii*) ● zio del padre o della madre, rispetto ai pronipoti

pròzio② ➤ **protio**

prr o **prrr** /prr/ [vc. onomat. ✻ 1958] **A inter. 1** riproduce il rumore di una pernacchia (gener. seguito dai puntini di sospensione o da punto esclamativo): *– Passeremo a pagare un'altra volta! – Paga Napoleone! – Prrr ...* (I. CALVINO) **2** V. *prm* **B s. m. inv.** ● tale rumore: *nel silenzio della sala si udì distintamente un prr!*

prùa o **pròra** [vc. dial., lat. *prōra(m)* 'prora' ✻ sec. XIII] **s. f. 1** parte anteriore di qualsiasi nave o imbarcazione, a forma di cuneo più o meno acuto, per fendere l'acqua; nelle costruzioni moderne è svasata verso l'alto per sostenere la nave sull'onda e tagliente verso il basso: *albero di p., ancora di p.* | ***mettere la p. al vento, a terra***, volgersi con la nave dalla parte da cui spira il vento, da cui si trova la terra ferma **2** (*aeron.*) parte anteriore di un aeromobile **3** (*aeron., mar.*) angolo che una direzione di riferimento fissa forma con l'asse longitudinale di un aeromobile o di una nave e che ne definisce l'orientazione | ***p. magnetica***, quella in cui la direzione di riferimento è il meridiano magnetico | ***p. geografica, p. vera***, quella in cui la direzione di riferimento è il meridiano geografico | ***p. alla bussola, p. bussola***, quella indicata dalla bussola | ***p. girodirezionale, p. giro***, quella fornita da un giroscopio direzionale | ***p. griglia***, quella misurata rispetto a una direzione, detta nord griglia, individuata da un reticolo trasparente sovrapposto alla carta geografica

pruavìa [comp. di *prua* e *via* ✻ 1819] **s. f.** ● (*mar.*) parte che guarda verso la prua | ***a p.***, verso prua **SIN.** proravia **CONTR.** poppavia

prude /*fr.* pʀyd/ [vc. fr. 'pudibondo', da *prude* 'donna saggia', poi 'donna che ha una riservatezza affettata'; stessa etim. dell'it. *prode* ✻ 1905] **agg. inv.** ● che manifesta pruderie: *un discorso p.; non essere così p. nei tuoi giudizi!*

♦**prudènte** [vc. dotta, lat. *prudĕnte(m)*, da *prōvidens*, genit. *providĕntis* 'provvidente' ✻ sec. XII] **agg. 1** che usa misura e ponderazione nel parlare o nell'agire: *una ragazza p.* **SIN.** assennato, avveduto | (*est.*) che cerca di evitare il pericolo: *guidatore, autista p.; sei stato poco p. in quel sorpasso* **SIN.** accorto, cauto **CONTR.** imprudente, sconsiderato **2** ispirato alla prudenza: *contegno p.; parole prudenti* | con valore neutro: *non è p. partire con questo tempaccio* **SIN.** assennato, savio ‖ **prudenteménte**, **avv.** in modo prudente, con prudenza

♦**prudènza** [vc. dotta, lat. *prudĕntia(m)*, da *prūdens*, genit. *prudĕntis* 'prudente' ✻ 1268] **s. f. 1** misura, ponderazione, equilibrio nel parlare o nell'agire: *Se bene si mira, da la p. vegnono li buoni consigli* (DANTE); *la p. di Salomone* (G. BOCCACCIO) **2** nella teologia cattolica, prima delle quattro virtù cardinali che consente di distinguere il bene dal male e fa operare secondo retta ragione **CFR.** fortezza, giustizia, temperanza **3** caratteristica, comportamento di chi sa evitare inutili rischi agendo con cautela e assennatezza: *procedere, guidare con p.; in certe situazioni bisogna avere p.*

SFUMATURE DI SIGNIFICATO

prudenza - accortezza - cautela

La caratteristica di chi agisce e parla con moderazione, e giudicando con equilibrio i pro e i contro, le opportunità e i vantaggi di ogni situazione si chiama **prudenza.** Se la prudenza si accompagna a sagacia, intuito per comprendere persone e situazioni e capacità di agire di conseguenza si ha **accortezza.** Il significato di **cautela** è vicino a quello che correntemente si dà a *prudenza*, cioè la qualità che informa il comportamento di chi agisce con circospezione e lucidità per evitare inutili rischi.

SFUMATURE ➤ ***giudizio***, ➤ ***moderazione***, ➤ ***senno***

prudenziàle [dal lat. *prudĕntia(m)* 'prudenza' ✻ av. 1446] **agg.** ● consigliato, dettato dalla prudenza: *proposito p.; misure prudenziali* ‖ **prudenzialménte**, **avv.** in modo prudenziale, con prudenza; per prudenza ‖ **prudenzialità**, **s. f. inv.** caratteristica di ciò che è prudenziale; comportamento ispirato a prudenza

prùdere [lat. parl. **prūdere*, dissimilazione del classico *prurīre*, di orig. indeur. ✻ sec. XIII] **v. intr.** (**pass. rem.** *io prudètti* o *prudéi, tu prudésti*; **difett. del part. pass. e dei tempi composti**) ● dare, provocare prurito | ***sentirsi p. le mani***, (*fig.*) aver voglia di picchiare, di azzuffarsi | ***sentirsi p. la lingua***, (*fig.*) aver desiderio di parlare, spec. per dire a qlcu. il fatto suo | ***toccare qlcu. dove gli prude***, (*fig.*) toccare un suo punto debole **SIN.** pizzicare

pruderie /*fr.* pʀyˈdʀi/ [vc. fr., da *prude* (V.) ✻ 1873] **s. f. inv.** ● ostentazione di un pudore esagerato o formale

prudóre [da *prudere* ✻ av. 1424] **s. m.** ● (*lett.*) pizzicore, prurito

prueggiàre [av. 1645] **v. intr.** (**pres.** *io pruéggio*; **fut.** *io prueggerò*; **aus.** *avere*) ● (*mar.*) affrontare il mare di prua, procedendo lentamente per evitare danni allo scafo

pruéggio [1669] **s. m.** ● (*mar.*) il prueggiare | ***stare a p.***, con la prua al vento o a terra e ormeggiato | ***andare a p.***, tenendo la prua verso il vento

prùgna [lat. parl. **prūnea(m)*, agg. f. di *prūnus* 'susino', di orig. preindeur. ✻ av. 1320] **A s. f.** ● susina | ***p. cinese***, litchi **B in funzione di agg. inv.** ● (posposto a un sost.) che ha il colore rosso violaceo scuro, proprio della prugna matura: *una borsa color p.; un vestito p.*

prùgno [da *prugna* ✻ av. 1320] **s. m.** ● susino

prùgnola [dim. di *prugna* ✻ av. 1320] **s. f.** ● frutto del prùgnolo

prùgnolo① [dim. di *prugna* ✻ av. 1320] **s. m.** ● arbusto delle Rosacee a rami divergenti terminanti in lunghe spine, con piccole foglie seghettate, fiori bianchi e frutti violetti aspri (*Prunus spinosa*) **SIN.** pruno, spino nero

prugnòlo② [detto così dall'odore, simile a quello delle *prugne* ✻ av. 1449] **s. m.** ● piccolo fungo delle Agaricacee, commestibile, biancastro o gialliccio, con gambo corto rigonfio alla base (*Tricholoma georgii*)

pruìna [vc. dotta, lat. *pruīna(m)*, di orig. indeur. ✻ av. 1327] **s. f. 1** (*lett.*) brina, brinata: *Zefiro già, di be' fioretti adorno, / avea de' monti tolta ogni p.* (A. POLIZIANO) **2** (*bot.*) cera secreta in minuti granuli, che produce un rivestimento biancastro su alcuni organi vegetali

pruinóso (o **-ṣ-**) [vc. dotta, lat. *pruinōsu(m)*, da *pruīna* 'pruina' ✻ 1499] **agg.** ● (*bot.*) di organo vegetale con rivestimento di pruina

†**prùna** [lat. *prūna*, pl. di *prūnum* 'prugna', di orig. preindeur. ✻ av. 1292] **s. f.** ● (*bot.*) prugna

prunàia [av. 1600] **s. f.** ● prunaio, pruneto

prunàio [1618] **s. m.** (**pl.** *-ai*) **1** pruneto | ginepreto **2** (*fig., raro*) situazione poco chiara o di difficile soluzione **SIN.** ginepraio

prunàlbo [comp. di *pruno* e *albo* ✻ av. 1320] **s. m.** ● (*lett.*) biancospino

prunèlla① [fr. *prunelle*, da *prune* 'prugna', per il colore ✻ 1884] **s. f. 1** robusta stoffa di lana, seta o cotone, di colore simile a quello delle prugne **2** liquore simile all'acquavite ottenuto dalla distillazione delle prugne

prunèlla② [V. *prunella*① ✻ av. 1590] **s. f.** ● (*bot.*) brunella

prunéto [av. 1333] **s. m.** ● luogo pieno di pruni o di piante spinose **SIN.** prunaio

prùno [lat. *prūnu(m)* 'susino', di orig. preindeur. ✻ sec. XIII] **s. m. 1** (*bot.*) prugnolo, nel sign. di *prugnolo*① | ***p. gazzerino***, agazzino **2** (*est.*) spina del pruno | ***p. nell'occhio***, (*fig., lett.*) cosa o persona molesta

†**prunóso** (o **-ṣ-**) [av. 1498] **agg.** ● pieno di pruni

†**pruòva** ➤ **prova**

†**pruòvo** ➤ †**provo**①

prurìgine [vc. dotta, lat. *prurīgine(m)*, da *prurīre* 'prudere'. V. *prudere* ✻ 1475] **s. f. 1** (*lett.*) prurito: *p. alle mani* | (*fig., lett.*) eccitazione; capriccio **2** (*med.*) malattia cutanea caratterizzata da prurito e da lesioni cutanee quali papule, noduli, chiazze e sim.

pruriginóso (o **-ṣ-**) [vc. dotta, lat. tardo *pruriginōsu(m)*, da *prurīgo*, genit. *prurīginis* 'prurigine' ✻ 1583] **agg. 1** che provoca prurito: *papule pruriginose* **2** (*fig.*) stuzzicante, solleticante, eccitante, spec. dal punto di vista sensuale: *film p.; letture pruriginose* | scabroso, piccante: *dettagli pruriginosi* | voglioso, morboso: *ragazzo p.* ‖ **pruriginosaménte**, **avv.** in modo pruriginoso (*spec. fig.*) ‖ **pruriginosità**, **s. f. inv.** caratteristica di ciò che (o di chi) è pruriginoso

prurìre [vc. dotta, lat. *prurīre*. V. *prudere* ✻ av. 1565] **v. intr.** (*io prurìsco, tu prurìsci*; **aus.** *avere*) **1** †prudere, pizzicare **2** (*lett.*) stare per manifestarsi **3** (*lett.*) fervere di vita

prurìto [vc. dotta, lat. *prurītu(m)*, da *prurīre* 'prurire' ✻ av. 1250] **s. m. 1** sensazione cutanea sgradevole che, come reazione, induce a grattarsi: *avere p. al naso* SIN. pizzicore, prudore **2** (*fig.*) voglia, stimolo improvviso: *pruriti erotici* | capriccio, ghiribizzo

prussianéṣimo [1916] **s. m.** ● spirito militarista proprio dell'antico regno di Prussia

prussiàno [1758] **A agg. 1** della Prussia: *esercito p.* **2** (*est.*) detto di atteggiamento mentale ispirato a un senso di rigida disciplina e rigore autoritario: *spirito p.*; *mentalità prussiana* **B s. m.** (f. *-a*) ● abitante o nativo della Prussia **C s. m. solo sing.** ● lingua parlata un tempo nella Prussia orientale

prussiàto [da *prussico* ✻av. 1799] **s. m.** ● (*chim.*) sale o estere dell'acido prussico

prùssico [detto così perché ricavato dal *blu di Prussia* ✻1795] **agg.** (pl. m. *-ci*) ● (*chim.*) ***acido p.***, acido cianidrico

ps ➤ **pss**

†**psalmodìa** ➤ **salmodia**

†**psaltèrio** ➤ **salterio**

†**psaltèro** ➤ **salterio**

psammìte [vc. dotta, gr. *psammítēs*, agg. di *psámmos* 'sabbia' (V. *psammo-*) ✻1823] **s. f.** ● (*geol.*) roccia detritica sabbiosa a elementi sciolti o cementati

psàmmo- [dal gr. *psámmos* 'sabbia', di orig. indeur.] **primo elemento** ● in parole composte della terminologia scientifica significa 'sabbia' o indica relazione con la sabbia: *psammofilo, psammografia*

psammòdromo [comp. di *psammo-* e *-dromo*; detti così perché corrono sulla sabbia ✻1958] **s. m.** ● lucertola grigio-olivastra o bruna e bianca inferiormente, caratteristica dell'Africa e della Spagna del Sud (*Psammodromus hispanicus*)

psammòfilo [comp. di *psammo-* e *-filo* ✻1935] **agg.** ● (*biol.*) detto di organismo animale o vegetale che vive su terreni sabbiosi

psammòfita [comp. di *psammo-* e *-fita* ✻1930] **s. f.** ● (*bot.*) pianta che vive su terreni sabbiosi

psammografìa [comp. di *psammo-* e *-grafia* ✻1927] **s. f.** ● studio fisico e chimico delle sabbie

psàmmon [da *psammo-*, sul modello di *plancton* ✻1958] **s. m. inv.** ● (*zool.*) fauna che vive negli interstizi presenti nella sabbia o nella ghiaia lungo le rive sabbiose dei mari o dei laghi

psammoterapìa [comp. di *psammo-* e *-terapia* ✻1950] **s. f.** ● (*med.*) cura mediante applicazione di sabbia calda ‖ **psammoteràpico**, **agg.** (pl. m. *-ci*) relativo a psammoterapia

psefìte [dal gr. *psêphos* 'ciottolo', di orig. indeur. ✻1823] **s. f.** ● (*geol.*) roccia detritica formata da elementi grossolani, ciottolosi, sciolti o cementati tra loro

psefìtico [1931] **agg.** (pl. m. *-ci*) ● (*geol.*) di psefite, analogo a psefite: *roccia, struttura psefitica*

psefologìa [vc. dotta, comp. del gr. *psêphos* 'piccola pietra' col quale si votava (e, quindi, 'voto') e *-logia* ✻1987] **s. f.** (pl. *-gìe*) ● studio statistico delle elezioni, con particolare riguardo al comportamento dell'elettorato e allo spostamento dei voti da un partito all'altro

Pselàfidi [dal gr. *psēlaphân* 'andare a tentoni, palpare', da avvicinare a *psállein* 'tirare con scosse', di orig. indeur.; detti così per i lunghi palpi ✻1958] **s. m. pl.** (sing. *-e*) ● (*zool.*) famiglia di Coleotteri con testa grossa, con o senza occhi, corpo di colore rosso o giallastro, che vivono nei detriti vegetali del sottobosco o nei nidi di formiche (*Pselaphidae*)

pselafobìa [comp. del gr. *pselaphân* 'toccare, palpare' (V. *Pselafidi*) e *-fobia* ✻1958] **s. f.** ● (*psicol.*) paura morbosa del contatto con determinati oggetti

psellìṣmo [vc. dotta, gr. *psellismós* 'balbuzie', da *psellízein* 'balbettare', da *psellós* 'balbuziente', di orig. onomat. ✻1821] **s. m.** ● (*med.*, *raro*) balbuzie

pseudacàcia o **pseudoacàcia** [comp. di *pseud(o)-* e *acacia* ✻1809] **s. f.** (pl. *-cie*) ● (*bot.*) robinia

pseudepìgrafo o **pseudoepìgrafo** [comp. di *pseud(o)-* e di *epigrafe* con adattamento morfologico della vocale finale ✻1765] **A agg.** ● in filologia, detto di documento, spec. antico, che reca una falsa epigrafe e che per questo viene attribuito dalla tradizione a un falso autore: *libro, codice p.* **B s. m.** ● documento, testo pseudepigrafo

psèudo- [gr. *pseudo-*, dal tema di *pséudein* 'mentire, dire il falso (*pseûdos*)', di orig. incerta] **primo elemento** (*pseud-*, davanti a vocale) ● in parole composte della terminologia dotta e scientifica, significa genericamente 'falso': *pseudoartrosi* | in vari casi indica analogia esteriore, somiglianza estrinseca, o qualche affinità con quanto designato dal secondo componente, talora con valore spreg.: *pseudomorfo, pseudointellettuale*

pseudoacàcia ➤ **pseudacacia**

pseudoartròṣi [comp. di *pseudo-* e *artrosi* ✻1835] **s. f. inv.** ● (*med.*) articolazione abnorme che si forma tra due monconi di ossa fratturati e mal saldati

pseudocàrpo [comp. di *pseudo-* e *-carpo* ✻1875] **s. m.** ● (*bot.*) corpo globoso che ha l'apparenza di un frutto

pseudocòma [comp. di *pseudo-* e *coma* ✻2003] **s. m.** (pl. *-i* o inv.) ● (*med.*) coma vigile

pseudoconcètto [comp. di *pseudo-* e *concetto* ✻1905] **s. m. 1** nella filosofia di B. Croce, categoria empirica (per es. cane, albero) o astratta (per es. retta, piano) che, a differenza delle categorie spirituali (per es. giustizia, libertà), non ha carattere di universalità **2** idea fallace, convinzione infondata

pseudocultùra [comp. di *pseudo-* e *cultura* ✻1957] **s. f. 1** in una popolazione o in un gruppo sociale, complesso di cognizioni, esperienze e comportamenti privi o carenti di valori culturali autentici **2** insieme raccogliticcio di conoscenze superficiali, non basato su una reale preparazione

pseudoepìgrafo ➤ **pseudepigrafo**

pseudoermafroditìṣmo [comp. di *pseudo-* ed *ermafroditismo* ✻1829] **s. m.** ● (*biol.*) anormale presenza in uno stesso individuo di caratteri sessuali contrastanti con il sesso delle gonadi

pseudoermafrodìto [1829] **A agg.** ● che presenta pseudoermafroditismo **B s. m.** ● individuo vegetale o animale caratterizzato da pseudoermafroditismo

pseudoesteṣìa [comp. di *pseudo-* e un deriv. del gr. *áisthēsis* (V. *estetica*) ✻1835] **s. f.** ● (*med.*) disturbo della sensibilità per cui si hanno sensazioni fisiche non corrispondenti in alcun modo alla realtà

pseudoetimologìa [comp. di *pseudo-* ed *etimologia* ✻sec. XX] **s. f.** (pl. *-gìe*) ● paretimologia

pseudoetimològico [comp. di *pseudo-* ed *etimologico* ✻1969] **agg.** (pl. m. *-ci*) ● (*ling.*) relativo a una pseudoetimologia

pseudofrùtto [comp. di *pseudo-* e *frutto* ✻1958] **s. m.** ● (*bot.*) falso frutto, derivante non dall'ovario ma da carpelli aperti

pseudogravidànza [comp. di *pseudo-* e *gravidanza* ✻1988] **s. f.** ● (*med.*) insorgenza di cambiamenti anatomo-fisiologici simili a quelli della gravidanza senza che sia avvenuta la fecondazione dell'ovulo; è causata dalla secrezione di ormoni da parte del corpo luteo dell'ovaio

pseudọintellettụale [comp. di *pseudo-* e *intellettuale* ✻1962] **s. m. e f.**; anche **agg.** ● (*spreg.*) chi (o che) si atteggia a intellettuale

pseudomembràna [comp. di *pseudo-* e *membrana* ✻1829] **s. f.** ● (*anat.*) formazione che ha l'aspetto, ma non la natura istologica, di una membrana

pseudomòrfo [comp. di *pseudo-* e *-morfo* ✻1821] **agg.** ● detto di minerale prodottosi per fenomeno di pseudomorfosi

pseudomorfòṣi o **pseudomòrfoṣi** [da *pseudomorfo* ✻1821] **s. f. inv.** ● (*miner.*) fenomeno per cui un minerale, trasformandosi o alterandosi, mantiene la sua forma esterna, pur cambiando la struttura cristallina interna

pseudònimo [vc. dotta, gr. *pseudṓnymos*, comp. di *pseud(o)-* 'pseudo-' e *ónyma* 'nome' (V. *onomastico*) ✻1772] **A agg.** ● (*raro*) di testo letterario noto o pubblicato con un nome diverso da quello vero di chi lo ha scritto: *opera pseudonima* **B s. m.** ● nome fittizio, spec. quello con cui scrittori e giornalisti firmano le loro opere o i loro articoli CFR. eteronimo, ortonimo

> **SFUMATURE DI SIGNIFICATO**
>
> ***pseudonimo - nome d'arte***
>
> **Pseudonimo** è un nome fittizio che una persona, generalmente scrittore o giornalista, sceglie per firmare i propri scritti e le proprie opere, al fine di proteggere la propria identità o per motivi di altro genere. Nel caso di attori o cantanti il nome fittizio adottato si definisce **nome d'arte**.
>
> SFUMATURE ➤ ***soprannome***

pseudoparàliṣi [comp. di *pseudo-* e *paralisi* ✻1916] **s. f. inv.** ● (*med.*) perdita della motilità non associata a lesioni dei nervi motori ma causata da inibizione degli impulsi motori, per un dolore localizzato o altre cause psicologiche od organiche

pseudòpo [comp. di *pseudo-* e del gr. *póus* 'piede' (V. *-pode*): detto così dai due rudimenti di piedi posti da ciascuna parte dell'ano ✻1865] **s. m.** ● rettile dei Sauri con corpo lungo, arti anteriori mancanti e posteriori rudimentali, di colore giallo-bruno (*Ophisaurus apodus*)

pseudopòdio [comp. di *pseudo-* e *-podio* ✻1895] **s. m.** (pl. *-i* o *raro -ii*) ● (*biol.*) prolungamento protoplasmatico emesso da certe cellule o da protozoi per la locomozione o la fagocitosi

pseudoprofèta [vc. dotta, lat. tardo *pseudoprophēta(m)*, dal gr. *pseudoprophḗtēs*, comp. di *pseudo-* 'pseudo-' e *prophḗtēs* 'profeta' ✻av. 1561] **s. m.** (f. *-éssa*; pl. m. *-i*) ● chi finge di avere ispirazione profetica

pseudoscarlattìna [comp. di *pseudo-* e *scarlattina* ✻1958] **s. f.** ● (*med.*) quarta malattia

pseudoscientìfico [comp. di *pseudo-* e *scientifico* ✻av. 1872] **agg.** (pl. m. *-ci*) ● che non ha requisiti scientifici: *teoria, dimostrazione pseudoscientifica* ‖ **pseudoscientificità**, **s. f. inv.**

pseudosciènza [comp. di *pseudo-* e *scienza* ✻1907] **s. f.** ● teoria, disciplina e sim., che si attribuisce un carattere scientifico pur non avendo i requisiti, spec. metodologici, propri delle scienze

Pseudoscorpiòni [comp. di *pseudo-* e il pl. di *scorpione* ✻1883] **s. m. pl.** (sing. *-e*) ● (*zool.*) ordine di Aracnidi simili a Scorpioni miniaturizzati, ma privi del lungo e sottile addome aculeato (*Pseudoscorpiones*)

pseudosimmetrìa [comp. di *pseudo-* e *simmetria* ✻1930] **s. f.** ● (*miner.*) mimesia

pseudosoluzióne [comp. di *pseudo-* e *soluzione* ✻1865] **s. f.** ● (*chim.*) sistema apparentemente omogeneo, che non ha il comportamento della vera soluzione: *la soluzione colloidale e la sospensione sono pseudosoluzioni*

pseudozàmpa (o -ẓ-) [comp. di *pseudo-* e *zampa* ✻ 1958] **s. f.** ● (*zool.*) zampa inarticolata addominale dei bruchi delle farfalle **SIN.** falsa zampa

psi /psi*/ [dal gr. *psî* ✻ 1958] **s. f. o m. inv.** ● nome della ventitreesima lettera dell'alfabeto greco

psicagogìa [vc. dotta, gr. *psychagōgía* 'il guidare le anime, la persuasione', comp. di *psychḗ* 'anima' (V. *psico-*) e *agōgḗ* 'trasporto', da *ágein* 'condurre', di orig. indeur. ✻ 1841] **s. f.** (**pl.** *-gìe*) **1** nelle antiche religioni mediterranee, cerimonia di placazione con cui si guidava l'anima del defunto agli inferi **2** antica cerimonia di evocazione di un defunto, spec. a scopo di divinazione **3** (*psicol.*) attività psicoterapeutica volta a favorire lo sviluppo della personalità, stimolandone le capacità di analisi e riflessione

psicagògico [vc. dotta, gr. *psychagōgikós*, da *psychagōgía* 'psicagogia' ✻ 1875] **agg.** (**pl. m.** *-ci*) ● relativo a psicagogia, a psicagogo

psicagògo [vc. dotta, gr. *psychagōgós*, comp. di *psychḗ* 'anima' (V. *psico-*) e *agōgós* 'guida', da *ágein* 'condurre', di orig. indeur. ✻ 1821] **s. m.** (**pl.** *-ghi*) **1** sacerdote che praticava la psicagogia **2** (*lett.*, *scherz.*) chi si atteggia a guida spirituale

psicanàlisi e deriv. ➤ **psicoanalisi** e deriv.

psicastenìa o **psicoastenìa** [fr. *psychasthénie*, comp. di *psycho-* 'psico-' e *asthénie* 'astenia' ✻ 1899] **s. f.** ● (*psicol.*) nevrosi caratterizzata da ansia e idee o azioni ossessive **SIN.** nevrosi ossessiva

psicastènico o **psicoastènico** [fr. *psychasthénique*, da *psychasthénie* 'psicastenia' ✻ 1910] **A** **agg.** (**pl. m.** *-ci*) ● di psicastenia: *sintomi psicastenici* **B** **agg. e s. m.** (**f.** *-a*) ● che (o chi) è affetto da psicastenia

psìche① [vc. dotta, gr. *psychḗ* 'anima', da *psýchein* 'soffiare', di orig. indeur. ✻ 1829] **s. f. inv.** **1** (*lett.*) vita interiore, anima: *capirai quanto soffra la mia p. di povero e di sfortunato* (G. Pascoli) **2** (*psicol.*) complesso delle funzioni psicologiche che assume significati diversi nelle varie teorie **CFR.** mente, comportamento

P

psìche② [dal n. di *Psiche*. V. *psiche*③ ✻ 1818] **s. f. inv.** ● grande specchio inclinabile imperniato su sostegni laterali, usato un tempo per camere da letto

psìche③ [vc. dotta, gr. *psychḗ* 'farfalla', dal n. di un personaggio delle Metamorfosi di Apuleio ✻ 1829] **s. f. inv.** ● farfalla il cui maschio ha livrea modesta, la femmina è attera e con zampe rudimentali, le larve vivono in astucci sericei (*Canephora unicolor*)

psichedèlico [ingl. *psychedelic*, comp. del gr. *psychḗ* 'anima' e di una seconda parte variamente interpretata: dal gr. *dēlôun* 'mostrare, manifestare' (gli elementi psichici normalmente repressi) (?) ✻ 1967] **agg.** (**pl. m.** *-ci*) **1** detto spec. di droghe che provocano dilatazione della coscienza, allucinazioni, fenomeni di evasione dalla realtà **2** (*est.*) detto di figurazione o composizione musicale che si ispira agli effetti visivi e sonori prodotti sull'uomo dall'uso di droghe allucinogene: *manifesto, spettacolo p.*; *musica, arte psichedelica* | ***luci psichedeliche***, fasci luminosi colorati e lampeggianti che, collegati con un impianto di amplificazione del suono, accompagnano visivamente la musica

psichiàtra [comp. di *psico-* e *-iatra* ✻ 1860] **s. m. e f.** (**pl. m.** *-i*) ● medico specialista in psichiatria

psichiatrìa [comp. di *psico-* e *-iatria* ✻ 1841] **s. f.** ● branca della medicina che tratta della prevenzione, diagnosi e cura delle malattie psichiche o mentali | (*est.*) reparto ospedaliero per pazienti che necessitano di cure per tali malattie

psichiàtrico [1865] **agg.** (**pl. m.** *-ci*) ● che concerne la psichiatria: *ospedale, reparto p.* || **psichiatricamènte**, **avv.** dal punto di vista psichiatrico

psichiatriẓẓàre [1980] **v. tr.** ● rendere di competenza psichiatrica: *p. i tossicomani* || **psichiatriẓẓazióne**, **s. f.**

psìchico [vc. dotta, gr. *psychikós*, da *psychḗ* 'anima' (V. *psiche*①) ✻ 1829] **agg.** (**pl. m.** *-ci*) **1** attinente alla psiche: *depressione psichica*; *fenomeno p.*; *trauma p.* | ***fatto, processo p.***, non fisico, ma reale nella coscienza individuale **2** (*est.*, *raro*) metapsichico || **psichicamènte**, **avv.** sotto l'aspetto psichico || **psichicità**, **s. f. inv.**

psichìṣmo [da *psich(ico)* ✻ 1916] **s. m.** **1** (*biol.*) complesso delle attività neurali integrate, localizzate nei centri nervosi superiori e responsabili dei comportamenti elaborati degli animali **2** (*psicol.*) attività psichica spontanea che si svolge indipendentemente dalla coscienza, dall'attenzione e dalla volontà

psico- o **psic-**, davanti a vocale [gr. *psycho-*, dal tema di *psychḗ* 'anima', dal v. *psýchein* 'respirare', di orig. indeur.] **primo elemento** ● in parole composte, soprattutto della terminologia filosofica, medica e scientifica, indica relazione con la psiche, con i processi, le condizioni della coscienza, dell'anima, dell'individuo, oppure relazione con la psicologia: *psicodramma, psicologia, psicopatia*; *psicopedagogia*

psicoanalèttico [comp. di *psico-* e *analettico* ✻ 1963] **A** **s. m.** (**pl.** *-ci*) ● (*farm.*) sostanza capace di produrre effetti di stimolo o ripristino delle funzioni psichiche **B** anche **agg.**: *farmaco p.*

psicoanàliṣi o **psicanàliṣi** [ted. *Psychoanalyse*, comp. di *Psycho-* 'psico-' e *Analyse* 'analisi' ✻ 1908] **s. f. inv.** ● teoria psicologica e tecnica psicoterapeutica fondate da S. Freud (1856-1939) e basate sull'analisi dei processi psichici inconsci e dei conflitti tra le varie sfere della psiche

psicoanalìsta o **psicanalìsta** [1913] **s. m. e f.** (**pl. m.** *-i*) ● medico che pratica la psicoanalisi

psicoanalìtico o **psicanalìtico** [1908] **agg.** (**pl. m.** *-ci*) ● di psicoanalisi: *terapia psicoanalitica*; *teorie psicoanalitiche*; *metodi psicoanalitici* || **psicoanaliticamènte**, **avv.** per quanto riguarda la psicoanalisi; mediante la psicoanalisi

psicoanaliẓẓàre o **psicanaliẓẓàre** [1926] **v. tr.** ● sottoporre a terapia psicoanalitica: *farsi p.* | (*est.*) analizzare, esaminare in base ai concetti della psicoanalisi

psicoastenìa e deriv. ➤ **psicastenia** e deriv.

psicoastènico ➤ **psicastenico**

psicoattitudinàle [comp. di *psico-* e *attitudinale* ✻ 1985] **agg.** ● che mira a valutare il grado di attitudine psicologica di una persona nei confronti di una particolare mansione: *questionario, test p.*

psicoattìvo [comp. di *psico-* e *attivo* ✻ 1963] **agg.** ● detto di sostanza capace di agire sui processi psichici **SIN.** psicomimetico

psicobiologìa [comp. di *psico-* e *biologia* ✻ 1957] **s. f.** (**pl.** *-gìe*) ● studio delle basi biologiche del comportamento sia umano che animale

psicochirurgìa [1953] **s. f.** (**pl.** *-gìe*) ● chirurgia terapeutica di alcune malattie mentali

psicocinèṣi [comp. di *psico-* e *-cinesi* ✻ 1980] **s. f. inv.** ● in parapsicologia, il movimento, lo spostamento e la materializzazione di corpi fisici, non provocati da cause note e attribuiti all'influenza mentale di un soggetto

psicocorpòreo [comp. di *psico-* e *corporeo* ✻ 1878] **agg.** ● che riguarda il corpo e la mente come entità strettamente interdipendenti: *terapia psicocorporea*

psicodiagnòstica [comp. di *psico-* e *diagnostica* ✻ 1948] **s. f.** ● (*psicol.*) insieme dei procedimenti per la diagnosi psicologica degli individui o dei gruppi

psicodiagnòstico [comp. di *psico-* e *diagnostico* ✻ 1965] **agg.** (**pl. m.** *-ci*) ● concernente la psicodiagnostica

psicodidàttica [comp. di *psico-* e *didattica* ✻ 1977] **s. f.** ● studio dei processi di apprendimento e insegnamento in relazione alle condizioni ambientali, sociali, economiche e sim.

psicodinàmica [comp. di *psico-* e *dinamica* ✻ 1905] **s. f.** ● (*psicol.*) sistema psicologico psicodinamico | (*raro*) psicoanalisi

psicodinàmico [comp. di *psico-* e *dinamico* ✻ 1931] **agg.** (**pl. m.** *-ci*) ● (*psicol.*) detto dei sistemi psicologici che ricercano una spiegazione del comportamento in termini di motivazioni o impulsi

psicodiṣlèttico [da *psicolettico* con inserimento di *dis-*② ✻ 1996] **s. m.; anche agg.** (**pl. m.** *-ci*) ● (*farm.*) agente allucinogeno che induce uno stato mentale simile a quello onirico

psicodràmma [comp. di *psico-* e *dramma* ✻ 1950] **s. m.** (**pl.** *-i*) ● (*psicol.*) recita improvvisata, da parte di un paziente, di certi ruoli e scene drammatiche, diretta da uno psicoterapeuta allo scopo di curare disturbi psichici | (*est.*) situazione, spec. collettiva, di forti conflitti interiori con aspetti di teatralità

psicofàrmaco [comp. di *psico-* e *farmaco* ✻ 1961] **s. m.** (**pl.** *-ci*) ● farmaco che provoca effetti psichici: *psicofarmaci tranquillanti, antidepressivi, stimolanti*

psicofarmacologìa [comp. di *psico-* e *farmacologia* ✻ 1963] **s. f.** (**pl.** *-gìe*) ● studio dell'azione dei farmaci sull'attività psichica in condizioni sia normali sia patologiche

psicofarmacològico [1963] **agg.** (**pl. m.** *-ci*) ● relativo alla psicofarmacologia

psicofìṣica [ted. *Psychophysik*, comp. di *Psycho-* 'psico-' e *Physik* 'fisica' ✻ 1883] **s. f.** ● (*psicol.*) studio della relazione tra gli attributi fisici dello stimolo e gli attributi quantitativi della sensazione

psicofìṣico [comp. di *psico-* e *fisico* ✻ 1880] **agg.** (**pl. m.** *-ci*) ● che è attinente a psicofisica | di reazioni psichiche e fisiche che hanno stretti rapporti tra loro **SIN.** fisiopsichico || **psicofiṣicità**, **s. f. inv.**

psicofiṣiologìa [comp. di *psico(logia)* e *fisiologia* ✻ 1885] **s. f.** (**pl.** *-gìe*) ● (*psicol.*) studio dei processi fisiologici responsabili delle funzioni psichiche **SIN.** fisiopsicologia

psicofiṣiològico [1890] **agg.** (**pl. m.** *-ci*) ● relativo alla psicofisiologia **SIN.** fisiopsicologico

psicogalvànico [comp. di *psico-* e *galvanico* ✻ 1958] **agg.** (**pl. m.** *-ci*) ● (*med.*) nella loc. ***riflesso p.***, variazione della conducibilità elettrica della cute in relazione a stimoli emotivi

psicogèneṣi [comp. di *psico-* e *genesi* ✻ 1895] **s. f. inv.** ● (*psicol.*) nascita e sviluppo della vita psichica | origine psichica di un sintomo **CFR.** fisiogenesi

psicogenètico [1926] **agg.** (**pl. m.** *-ci*) ● relativo a psicogenesi

psicògeno [comp. di *psico-* e *-geno* ✻ 1930] **agg.** ● (*med.*) detto di fenomeno morboso a eziologia esclusivamente, o prevalentemente, psichica

psicografìa [fr. *psychographie*, comp. di *psycho-* 'psico-' e *-graphie* '-grafia' ✻ 1940] **s. f.** **1** caratterizzazione, anche letteraria, di un individuo mediante l'uso di categorie e teorie psicologiche **2** tecnica di registrazione grafica di reazioni fisiche corrispondenti a fatti psichici

psicogràfico [da *psicografia* ✻ 1890] **agg. (pl. m. -*ci*)** ● (*psicol.*) relativo alla psicografia

psicògrafo [comp. di *psico-* e *-grafo* ✻ 1883] **s. m.** ● strumento per la psicografia

psicogràmma [comp. di *psico-* e *-gramma* ✻ 1940] **s. m. (pl. -*i*)** ● tracciato delle reazioni somatiche ad alcuni fenomeni psichici ottenuto mediante lo psicografo

psicoimmunologìa [comp. di *psico-* e *immunologia* ✻ 1987] **s. f. (pl. -*gìe*)** ● disciplina che studia i rapporti esistenti fra gli stati psichici e il sistema immunitario

psicolàbile [comp. di *psico-* e *labile* ✻ 1980] **agg. e s. m. e f.** ● (*psicol.*) che (o chi) è predisposto a turbe emotive ‖ **psicolabilità**, **s. f. inv.**

psicolèttico [da *psico-*, sul modello di *organolettico* ✻ 1963] **agg.; anche s. m. (pl. m. -*ci*)** ● detto di farmaco psicotropo che esercita azione deprimente sull'attività mentale **SIN.** psicoplegico

psicolinguìsta [comp. di *psico-* e *linguista* ✻ 1974] **s. m. e f. (pl. m. -*i*)** ● studioso di psicolinguistica

psicolinguìstica [comp. di *psico-* e *linguistica* ✻ 1969] **s. f.** ● studio delle correlazioni fra comportamento linguistico e caratteri psichici dell'individuo

psicolinguìstico [1974] **agg. (pl. m. -*ci*)** ● relativo alla psicolinguistica

♦**psicologìa** [comp. di *psico-* e *-logia* ✻ 1739] **s. f. (pl. -*gìe*)** **1** scienza che studia il comportamento e i processi mentali dell'uomo e dell'animale | ***p. analitica***, la dottrina psicoanalitica di C.G. Jung (1875-1961) | ***p. applicata***, che adatta le teorie psicologiche a diversi settori, quali i disturbi mentali, il lavoro, l'educazione e il crimine | ***p. clinica***, che individua tecniche di cura avvalendosi delle scoperte dei vari settori della psicologia | ***p. filosofica***, disciplina che tratta, come parte della filosofia, i problemi dell'essenza dell'anima | ***p. della forma***, gestaltismo | ***p. evolutiva***, quella che studia lo sviluppo psichico degli individui o dei gruppi | ***p. del profondo***, parte della psicologia che studia i processi inconsci | ***p. del lavoro***, psicologia applicata ai problemi e all'ambiente di lavoro **SIN.** psicotecnica | ***p. sociale***, studio del comportamento degli individui e dei gruppi in un ambiente sociale | ***p. sperimentale***, che adotta il metodo sperimentale, per cui, conosciute le condizioni in cui si manifesta un fenomeno, diventa possibile riprodurlo **2** (*est.*) capacità di comprendere i sentimenti, gli stati d'animo e le motivazioni dei comportamenti altrui: *con lui bisogna usare un po' di p.; mancare di p.* **3** (*est.*) maniera di pensare o di sentire di un individuo o di una categoria di individui, osservata attraverso determinate reazioni: *la p. del compratore; la p. degli adolescenti; una p. completamente traviata dalla malattia e dall'abbandono* (A. MORAVIA)

♦**psicològico** [1816] **agg. (pl. m. -*ci*)** **1** di psicologia, che è studiato dalla psicologia: *analisi psicologica* **2** che riguarda l'anima, la psiche: *mondo p.* **3** relativo all'esperienza interiore, all'introspezione: *osservazione psicologica* ‖ **psicologicaménte**, **avv.** dal punto di vista psicologico

psicologìsmo [da *psicologico* ✻ 1843] **s. m.** **1** (*filos.*) atteggiamento che pone la psicologia e la soggettività a fondamento dell'indagine filosofica | tendenza a giustificare la validità di un giudizio sulla base delle circostanze psicologiche che lo avrebbero determinato **2** preponderanza dell'elemento psicologico in un'opera letteraria o in un'analisi critica

psicologìsta [1843] **s. m. e f. (pl. m. -*i*)** ● (*filos.*) seguace, fautore dello psicologismo

psicologìstico [1922] **agg. (pl. m. -*ci*)** ● relativo allo psicologismo

psicologiẓẓàre [1913] **v. tr.** ● analizzare da un punto di vista psicologico un fatto o una persona: *p. una risposta, un'esperienza* ‖ **psicologiẓẓazióne**, **s. f.**

psicòlogo [comp. di *psico-* e *-logo* ✻ 1818] **s. m. (f. -*a*; pl. m. -*gi*, *pop.* -*ghi*)** **1** studioso, specialista di psicologia **2** (*est.*) chi conosce profondamente l'animo umano

psicomànte [vc. dotta, gr. *psychómantis*, comp. di *psycho-* 'psico-' e *-mantis* '-mante' ✻ 1841] **s. m. e f.** ● chi esercita la psicomanzia

psicomanzìa [comp. di *psico-* e *-manzia* ✻ 1610] **s. f.** ● tecnica divinatoria che trae presagi dall'evocazione delle anime dei defunti

psicometrìa [comp. di *psico-* e *-metria* ✻ 1884] **s. f.** **1** (*psicol.*) misurazione dell'intensità, durata e frequenza dei fenomeni psichici attraverso l'impiego di test mentali o attraverso applicazione di metodi statistici o matematici alla psicologia **2** in parapsicologia, forma di conoscenza paranormale relativa a un determinato oggetto, la quale si manifesta in un soggetto sensitivo attraverso il contatto con l'oggetto stesso

psicomètrico [1884] **agg. (pl. m. -*ci*)** ● di psicometria

psicomimètico [comp. di *psico-* e *mimetico* ✻ 1963] **agg. (pl. m. -*ci*)** ● (*med.*) psicoattivo

psicomotòrio [comp. di *psico-* e *motorio* ✻ 1896] **agg. (pl. m. -*i* o *raro* -*ii*)** **1** (*psicol.*) relativo alle interazioni fra funzioni motorie, sensoriali e cognitive **2** (*med.*) detto di sindrome che ha manifestazioni psichiche e motorie insieme: *turbe psicomotorie*

psicomotricìsta [da *psicomotricità* ✻ 1987] **s. m. e f. (pl. m. -*i*)** ● medico o paramedico specialista nel trattamento di disturbi psicomotori

psicomotricità [comp. di *psico-* e *motricità* ✻ 1926] **s. f. inv.** ● (*psicol.*) insieme di studi e pratiche terapeutiche riguardanti interazioni e integrazioni tra funzioni motorie, sensoriali e cognitive, con particolare riferimento all'età evolutiva

psiconevròṣi o **psiconeuròṣi** [comp. di *psico-* e *nevrosi* ✻ 1880] **s. f. inv.** ● (*psicoan.*) nevrosi

psiconevròtico o **psiconeuròtico** [da *psiconevrosi* ✻ 1926] **A agg. (pl. m. -*ci*)** ● relativo a psiconevrosi: *sintomi psiconevrotici* **B agg. e s. m. (f. -*a*; pl. m. -*ci*)** ● che (o chi) è affetto da psiconevrosi

psicopatìa [comp. di *psico-* e *-patia* ✻ 1829] **s. f.** ● (*psicol.*) qualsiasi disturbo della personalità | nell'uso comune, malattia mentale ‖ **psicopàtico**, **agg. e s. m.** (V.)

psicopàtico [1885] **A agg. (pl. m. -*ci*)** ● (*psicol.*) che è proprio della psicopatia | ***personalità psicopatica***, di individuo con disturbi del comportamento non dovuti a malattia mentale ma ad alterazioni del carattere **B agg. e s. m. (f. -*a*)** ● che (o chi) è affetto da psicopatia | (*est.*) matto, pazzo

SFUMATURE ➤ *demente*

psicopatologìa [comp. di *psico-* e *patologia* ✻ 1883] **s. f. (pl. -*gìe*)** ● (*psicol.*) studio fenomenologico delle malattie mentali

psicopatològico [1894] **agg. (pl. m. -*ci*)** ● di psicopatologia

psicopatòlogo [1926] **s. m. (f. -*a*; pl. m. -*gi*)** ● studioso di psicopatologia

psicopedagogìa [comp. di *psico-* e *pedagogia* ✻ 1915] **s. f. (pl. -*gìe*)** ● branca della psicologia che si occupa dei fenomeni di ordine psicologico capaci di permettere una più adeguata formulazione dei metodi didattici e pedagogici

psicopedagògico [comp. di *psico(logico)* e *pedagogico* ✻ 1900] **agg. (pl. m. -*ci*)** ● relativo alla psicopedagogia: *tecniche psicopedagogiche*

psicopedagogìsta [1958] **s. m. e f. (pl. m. -*i*)** ● chi si dedica allo studio della psicopedagogia

psicoplegìa [comp. di *psico-* e *-plegia* ✻ 1958] **s. f. (pl. -*gìe*)** ● (*med.*) improvviso deficit mentale

psicoplègico [1964] **A agg. (pl. m. -*ci*)** ● (*med.*) relativo a psicoplegia **B agg.; anche s. m.** ● (*farm.*) detto di farmaco con spiccata funzione moderatrice delle funzioni psichiche e sensoriali **SIN.** psicolettico

psicopòmpo [gr. *psychopompós*, comp. di *psychḗ* 'anima' (V. *psico-*) e *pompós* 'che conduce' (da *pémpein* 'mandare, condurre': V. *pompa*①) ✻ 1835] **agg.; anche s. m.** ● nell'antica Grecia, epiteto di divinità (spec. Ermete o Caronte), che guida le anime dei defunti verso il regno dei morti

psicoprofilàssi [comp. di *psico-* e *profilassi* ✻ 1958] **s. f. inv.** ● (*psicol.*) trattamento di prevenzione di disturbi o di preparazione a situazioni traumatiche quali il parto, attraverso informazioni e tecniche psicologiche

psicoprofilàttico [1958] **agg. (pl. m. -*ci*)** ● di psicoprofilassi

psicosensoriàle [comp. di *psico-* e *sensoriale* ✻ 1879] **agg.** ● (*psicol.*) detto di fenomeno psicopatologico di origine sensoriale: *allucinazione p.*

psicosessuàle [1931] **agg.** ● (*psicol.*) detto di fenomeno psichico riguardante la sessualità ‖ **psicosessualità**, **s. f. inv.** l'insieme dei fenomeni psichici connessi con la sessualità

psicosessuologìa [comp. di *psico-* e *sessuologia* ✻ 1987] **s. f. (pl. -*gìe*)** ● (*psicol.*) studio delle componenti psicologiche della sessualità

psicosessuòlogo [comp. di *psico-* e *sessuologo* ✻ 1983] **s. m. (f. -*a*, pl. m. -*gi*)** ● psicologo esperto in problemi di sessuologia

psico-sètta o **psicosètta** [comp. di *psico-* e *setta* ✻ 1994] **s. f.** ● setta religiosa o spirituale che esercita sugli adepti un controllo psicologico che ne annulla la volontà, rendendoli strumenti passivi della volontà dei capi

psicòṣi [comp. di *psic(o)-* e *-osi* ✻ 1877] **s. f. inv.** **1** (*psicol.*) malattia mentale con grave alterazione della personalità, caratterizzata da allucinazioni, delirio, perdita di contatto con il mondo esterno: *p. esogena, endogena; p. alcolica* | ***p. puerperale***, complesso di disturbi psichici che insorgono durante il puerperio **2** (*est.*) idea fissa, ossessione | (*est.*) fenomeno di paura collettiva: *la p. della mucca pazza*

psicòṣico ➤ **psicotico**

psicosociàle [comp. di *psico(logico)* e *sociale* ✻ 1926] **agg.** ● relativo al rapporto tra comportamenti individuali e ambiente sociale: *conflittualità p.*

psicosociologìa [comp. di *psico-* e *sociologia* ✻ 1960] **s. f. (pl. -*gìe*)** ● psicologia sociale

psicosomàtico [comp. di *psico-* e *somatico* ✻ 1950] **agg. (pl. m. -*ci*)** ● (*med.*) che riguarda la mente e il corpo | ***medicina psicosomatica***, (*ellitt.*) ***psicosomatica***, che studia le ripercussioni dei fenomeni psichici sull'organismo | ***malattia psicosomatica***, malattia di origine psichica con sintomi somatici o fisiologici **SIN.** somatopsichico

psicostàṣia o **psicostàṣi** [comp. del gr. *psycho-*, da *psychḗ* 'anima', e *stásis* 'lo stare (diritto)' ✻ 1835] **s. f.** ● (*relig.*) nelle religioni antiche, spec. in quella degli Egizi, cerimonia del giudizio divino che si riteneva avvenisse pesando l'anima del defunto

psicostimolànte [comp. di *psico-* e *stimolante* ✻ 1988] **A** **s. m.** ● (*farm.*) sostanza con azione stimolante sul sistema nervoso centrale **B** **anche agg.**: *farmaco p.*

psicotècnica [da *psicotecnico* ✻ 1930] **s. f.** ● (*psicol.*) psicologia del lavoro

psicotècnico [ingl. *psycho-technical*, comp. di *psycho(logical)* 'psicologico' e *technical* 'tecnico' ✻ 1929] **A** **agg.** (**pl. m.** *-ci*) ● che concerne la psicotecnica **B** **s. m.** (**f.** *-a*) ● chi si occupa di psicotecnica

psicoterapìa [comp. di *psico-* e *-terapia* ✻ 1900] **s. f.** ● (*psicol.*) cura dei disturbi mentali e dei disadattamenti attraverso una tecnica psicologica fondata sul rapporto tra medico e paziente | ***p. di gruppo***, V. *gruppo* || **psicoteràpico**, **agg.** (**pl. m.** *-ci*) psicoterapeutico || **psicoterapèuta**, **s. m. e f.** (**pl. m.** *-i*) chi pratica la psicoterapia || **psicoterapèutico**, **agg.** (**pl. m.** *-ci*) di psicoterapia, relativo alla psicoterapia: *trattamento psicoterapeutico* || **psicoterapìsta**, **s. m. e f.** (**pl. m.** *-i*) psicoterapeuta

psicòtico o **psicòṣico** [1926] **A** **agg.** (**pl. m.** *-ci*) ● che riguarda la psicosi: *fenomeno p.* **B** **agg. e s. m.** (**f.** *-a*) ● che (o chi) è affetto da psicosi || **psicoticità**, **s. f. inv.**

psicotomimètico [vc. dotta, comp. di *psicot(ic)o* e *mimetico* ✻ 1967] **agg.** (**pl. m.** *-ci*) ● (*farm.*) detto di sostanza o farmaco che determina manifestazioni di tipo psicotico quali allucinazioni visive, comportamento schizoide, eccitazione maniacale e sim.

psicotònico [comp. di *psico-* e *tonico* ✻ 1957] **A** **agg.** (**pl. m.** *-ci*) ● (*med.*) che stimola l'attività mentale, la vigilanza, l'umore e sim. **B** **s. m.** (**pl.** *-ci*) ● (*med.*) farmaco ad azione psicotonica

psicòtropo [comp. di *psico-* e *-tropo* ✻ 1958] **agg.** ● (*med.*) detto di farmaco che agisce o influisce sui processi psicologici

psicròfilo [comp. del gr. *psychrós* 'freddo' (V. *psicrometro*), e *-filo* ✻ 1958] **agg.** ● (*biol.*) detto di organismo che vive a temperature basse, vicine a 0 °C

p

psicromètrico [1958] **agg.** (**pl. m.** *-ci*) ● relativo allo psicrometro e alle sue misurazioni

psicròmetro [comp. del gr. *psychrós* 'freddo, gelido' (da *psýchein* 'soffiare', di orig. indeur.), e *-metro* ✻ 1749] **s. m.** ● (*meteor.*) strumento che consente la misurazione dell'umidità relativa dell'aria dai valori di temperatura di due termometri, uno dei quali ha il bulbo mantenuto bagnato per mezzo di una garza imbevuta di acqua pura

psictère [gr. *psychtḗr*, propr. 'rinfrescatore' ✻ 1841] **s. m.** ● antico vaso greco ad anfora o a fungo, per mantenere fresco il vino

psìlla [gr. *psýlla* 'pulce', di orig. indeur. ✻ av. 1820] **s. f.** ● insetto degli Omotteri, parassita, che vive generalmente su foglie e può produrre galle, spec. su alberi da frutta (*Psylla*)

psìllio o **sìllio**, **sìlio** [vc. dotta, lat. *psýllio(n)*, dal gr. *psýllion*, da *psýlla* 'pulce' (V. *psilla*), perché i semi sono simili a pulci ✻ sec. XIV] **s. m.** ● (*bot.*) pulicaria

psilomelàno [comp. del gr. *psilós* 'liscio', di orig. indeur., e *mélas*, genit. *mélanos* 'nero' (V. *melano-*) ✻ 1875] **s. m.** ● (*miner.*) diossido di manganese microcristallino, spesso in forma dendritica o arborescente

psilòṣi [vc. dotta, gr. *psílōsis* 'denudamento', da *psilôun* 'spelare, denudare', da *psilós* 'liscio' (V. *psilomelano*) ✻ 1841] **s. f. inv.** **1** (*med.*) alopecia **2** (*ling.*) perdita dell'aspirazione in inizio di parola, in alcuni dialetti greci antichi

Psittacifórmi [comp. del gr. *psittakós* 'pappagallo' e il pl. di *-forme* ✻ 1954] **s. m. pl.** (**sing.** *-e*) ● (*zool.*) ordine di Uccelli delle foreste calde con becco robusto e fortemente ricurvo, zampe brevi con due dita in avanti e due indietro, piumaggio abbondante e vivacemente colorato, cui appartengono i pappagalli (*Psittaciformes*)

psittacìṣmo [dal gr. *psittakós* 'pappagallo' e *-ismo* ✻ 1841] **s. m.** ● (*psicol.*) tendenza a ripetere pappagallescamente quanto dicono gli altri

psittacòṣi [dal gr. *psittakós* 'pappagallo', e *-osi* ✻ 1896] **s. f. inv.** ● (*med.*) pneumopatia dell'uomo causata dal batterio *Chlamydia psittaci* trasmesso da pappagalli infetti CFR. ornitosi

psòas [vc. dotta, dal gr. *psóa* 'muscolo lombare' ✻ 1681] **s. m. inv.** ● (*anat.*) ciascuno dei due muscoli che, partendo dalle vertebre lombari, fanno flettere l'uno il tronco e l'altro la coscia sul bacino: *piccolo p.*, *grande p.*

psoàtico [1983] **agg.** (**pl. m.** *-ci*) ● (*anat.*) dello psoas, relativo allo psoas

psòco [dal gr. *psṓchein* 'sminuzzare', da *psên* 'grattare', di orig. indeur.: detto così per la sua abitudine di ridurre in polvere diversi corpi legnosi ✻ av. 1820] **s. m.** (**pl.** *-chi*) ● piccolo insetto degli Psocotteri, gialliccio, con ali trasparenti munite di due piccole macchie, che vive sotto le cortecce o le pietre (*Psocus bipunctatus*)

Psocòtteri [comp. del gr. *psṓchein* 'sminuzzare' (V. *psoco*) e *-ttero* ✻ 1954] **s. m. pl.** (**sing.** *-o*) ● (*zool.*) ordine di Insetti con apparato boccale masticatore, che conducono vita terrestre sotto sassi, pietre o tra i libri e le vecchie carte (*Psocoptera*)

psòfo [dal gr. *psóphos* 'rumore, strepito' (che questo animale fa con la voce), di etim. incerta ✻ 1970] **s. m.** ● insetto ortottero del gruppo delle cavallette, grigiastro con ali rosse, che saltando produce un forte stridio (*Psophus stridulus*)

-psònio [dal gr. *ópsonion* 'provviste', deriv. di *ópson* 'mercato', di orig. oscura] **secondo elemento** ● (*econ.*) in parole composte, significa 'forma di mercato' in cui il numero degli acquirenti è indicato dal primo elemento: *monopsonio*, *duopsonio*, *eteropsonio*

psoralène [vc. dotta, dal gr. *psoraléos* 'scabbioso' con il suff. *-ene* ✻ 1959] **s. m.** ● (*chim.*) sostanza fotosensibile della classe delle cumarine, di origine vegetale o sintetica, con azione anti-psoriasi e anti-vitiligine

psorìaṣi [vc. dotta, gr. *psōríasis*, da *psṓra* 'scabbia', da *psên* 'grattare', di orig. indeur. ✻ 1829] **s. f. inv.** ● (*med.*) affezione cutanea cronica non contagiosa a tipo desquamativo che compare di preferenza sul cuoio capelluto, sulle ginocchia e sui gomiti

psòrico [vc. dotta, gr. *psōrikós*, da *psṓra* 'scabbia' (V. *psoriasi*) ✻ 1550] **agg.** (**pl. m.** *-ci*) ● (*med.*) di psoriasi

pss /psː/ o **ps**, **pst** [vc. onomat. ✻ 1758] **inter.** ● riproduce il sibilo leggero che si emette per imporre silenzio o per richiamare l'attenzione di qlcu.

ptàrmica ➤ **tarmica**

ptèride [vc. dotta, lat. *ptĕride(m)*, dal gr. *pterís*, genit. *pterídos*, da *pterón* 'penna' (V. *ptero-*) ✻ 1821] **s. f.** ● (*bot.*) felce aquilina

Pteridòfite [comp. del gr. *pterís*, genit. *pterídos* 'felce' (V. *pteride*) e *-fito* ✻ 1899] **s. f. pl.** (**sing.** *-a*) ● (*bot.*) divisione di piante con radice, fusto e foglie, ma prive di fiori e di semi, cui appartengono le felci (*Pteridophyta*)

pterìgio [gr. *pterýgion*, dim. di *ptéryx*, genit. *ptérygos* 'ala' (da *pterón* 'ala': V. *ptero-*) ✻ 1835] **s. m.** **1** (*med.*) ispessimento della congiuntiva del bulbo oculare, dovuta spec. a irritazioni croniche **2** (*zool.*) pinna pari dei Pesci

pterigòide [vc. dotta, gr. *pterygoeidḗs* 'simile ad ala', comp. di *ptéryx*, genit. *ptérygos* 'ala' (V. *ptero-*) ed *-eidḗs* '-oide' ✻ 1835] **s. m.** ● (*anat.*) ciascuna delle due sottili sporgenze ossee inferiori dello sfenoide

pterigoidèo [da *pterigoide* ✻ 1681] **agg.** ● (*med.*) che concerne le apofisi del pterigoide

Pterigòti [vc. dotta, gr. *pterygōtós* 'alato', da *ptéryx*, genit. *ptérygos* 'ala' (V. *ptero-*) ✻ 1927] **s. m. pl.** (**sing.** *-e*) ● (*zool.*) sottoclasse di Insetti provvisti di ali o atteri per riduzione secondaria (*Pterygota*)

pterilòṣi [comp. di *ptero-* e del gr. *hýlē* 'selva' (di orig. sconosciuta) ✻ 1895] **s. f. inv.** ● (*zool.*) distribuzione delle piume e delle penne sul corpo degli Uccelli

ptèro- o **ptèr-**, davanti a vocale [dal gr. *pterón* 'ala', da una base indeur.] **primo elemento** ● in parole composte della terminologia scientifica significa 'ala': *pteroglosso*, *pterosauri*, *pteroide*

-ptero ➤ **-ttero**

Pterobrànchi [comp. di *ptero-* e *branchia*: detti così dall'aspetto piumoso delle branchie ✻ 1954] **s. m. pl.** (**sing.** *-chio*) ● gruppo di animali marini di discussa posizione sistematica, di piccole dimensioni, che formano colonie sessili nei mari freddi (*Pterobranchiata*)

ptèrocle [da *ptero-*; la seconda parte è dal gr. *kléis* 'chiavistello' (di orig. indeur.), per la forma delle ali (?) ✻ 1835] **s. m.** ● uccello con ali molto sviluppate, colori intonati all'ambiente arido e desertico in cui vive, voce alta e sgradevole (*Pterocles*) SIN. pernice del deserto

pterodàttilo [comp. di *ptero-* e *dattilo*: detto così dagli artigli emergenti dalle ali ✻ 1829] **s. m.** ● genere di Rettili volanti fossili mesozoici, con dentatura ridotta e coda corta (*Pterodactylus*)

pteròfora [vc. dotta, gr. *pterophóros* 'piumato', comp. di *pterón* 'penna, piuma' (V. *ptero-*) e *-phóros* '-foro'; detta così perché ha le ali come costituite da piccole piume ✻ 1835] **s. f.** ● piccola farfalla biancastra con ali anteriori biforcate e posteriori triforcate (*Alucita pentadactyla*)

pteroglòsso [comp. di *ptero-* e *-glosso*; detto così perché ha la lingua a forma di penna ✻ 1841] **s. m.** ● uccello brasiliano dei Tucani con grande becco giallo superiormente e nero inferiormente (*Pteroglossus atricollis*)

pteròide [comp. di *pter(o)-* e *-oide*; detto così dalle pinne a forma di ali ✻ 1875] **s. m.** ● pesce marino osseo dei Perciformi, con ampie pinne pettorali e spine velenose (*Pterois volitans*) SIN. pesce farfalla

pteròmalo [comp. di *ptero-* e del gr. *malós* 'tenero', di etim. incerta ✻ 1829] **s. m.** ● minuscolo insetto degli Imenotteri con corpo peloso e ali trasparenti di color verde bronzeo (*Pteromalus puparum*)

pteròmide [comp. di *ptero-* e del gr. *mŷs* 'topo' (V. *mio-*); detto così per la membrana dei piedi ✻ 1970] **s. m.** ● genere di Roditori notturni dell'India con coda a ciuffo e con patagio che permette lunghi voli planati (*Pteromys*)

ptèropo [vc. dotta, gr. *pterópous* 'dai piedi alati', comp. di *pterón* 'ala' (V. *ptero-*) e *póus*, genit. *podós* 'piede' (V. *-pode*) ✻ 1821] **s. m.** ● genere di pipistrelli degli Pteropodi, gregari, caratteristici dell'Australia e delle isole della Sonda, dannosi ai frutteti (*Pteropus*)

Pteròpodi [comp. di *ptero-* e *-pode*; detti così perché le parti laterali del piede si trasformano in pinne natatorie ✻ 1821] **s. m. pl.** (**sing.** *-e*) ● (*zool.*) ordine di piccoli Molluschi dei Gasteropodi con conchiglia sottile e piede espanso a formare due appendici che consentono il movimento (*Pteropoda*)

Pterosàuri [comp. di *ptero-* e del gr. *sâuros* 'lucertola' (V. *sauro*) ✻ 1883] **s. m. pl.** (**sing.** *-o*)

• (*zool.*) ordine di Rettili mesozoici adattati al volo, in cui la membrana alare è sostenuta da un solo dito degli arti anteriori, molto sviluppato (*Pterosauria*)

pterotrachèa [comp. di *ptero-* e *trachea*; denominata così dal Forksal che aveva scambiato le fibre muscolari delle pinne per la trachea ✱1829] **s. f.** • genere di Molluschi dei Gasteropodi, con corpo trasparente privo di conchiglia, che contribuiscono a formare il plancton spec. nei mari tropicali (*Pterotrachea*)

ptialina [dal gr. *ptýalon* 'saliva', da *ptýein* 'sputare', da una radice indeur. di orig. espressiva ✱1871] **s. f.** • (*med.*) enzima, contenuto nella saliva, che trasforma le sostanze amidacee insolubili in zuccherine solubili

ptialismo [vc. dotta, gr. *ptyalismós*, da *ptýalon* 'saliva' (V. *ptialina*) ✱1745] **s. m.** • (*med.*) aumento della secrezione salivare **SIN.** scialorrea

pticozòo [comp. del gr. *ptýx*, genit. *ptychós* 'piega' e *-zoo*; detto così dalle piegature della pelle ✱1829] **s. m.** • sauro asiatico con larghe dita a spatola collegate da membrana e pelle rivestita da granuli e tubercoli, che forma espansioni ai lati del corpo e della coda (*Ptychozoon homalocephalum*)

ptilonorinco [comp. del gr. *ptílon* 'piuma' (di orig. indeur.), *ónos* 'asino' (V. *onisco*) e *rýnchos* 'becco'; detto così dalle *piume* che si trovano alla base del suo *becco* ✱1875] **s. m.** (**pl.** *-chi*) • uccello australiano delle Paradisee, il cui maschio costruisce caratteristici nidi a pergolato (*Ptilonorhynchus violaceus*)

ptilòsi [vc. dotta, gr. *ptílōsis*, da *ptilôun* 'fornire di ali, di piume', da *ptílon* 'piuma' (V. *ptilonorinco*) ✱1821] **s. f. inv.** • (*med.*) caduta delle ciglia per infiammazione cronica palpebrale

ptino [vc. dotta, gr. *ptēnós* 'alato, pennuto', da una radice indeur. che significa 'volare' ✱1970] **s. m.** • piccolo insetto coleottero notturno, con lunghe antenne, che vive in case e magazzini danneggiando sostanze commestibili, carta, pelli (*Ptinus fur*)

†**ptìsi** ➤ **tisi**

ptomaìna [dal gr. *ptôma*, genit. *ptṓmatos* 'caduta', poi 'cadavere', di orig. indeur.: detta così perché si forma negli organismi in putrefazione ✱1878] **s. f.** • (*biol.*) sostanza che si forma nella putrefazione degli organismi animali

ptòsi [vc. dotta, gr. *ptôsis*, di orig. indeur. ✱1821] **s. f. inv.** • (*med.*) caduta, abbassamento di un organo

pu ➤ **puh**

puah /pwa:/ [vc. espressiva ✱1875] **inter.** • esprime disprezzo, disgusto e sim. spec. ostentati: *tutta l'umanità … p.! schifosa* (L. PIRANDELLO) **SIN.** peuh **CFR.** bleah

pub /pab, *ingl.* pʌb/ [vc. ingl., accorc. di *public house* 'locale pubblico' ✱1931] **s. m. inv.** • in Gran Bretagna e nei Paesi anglosassoni in genere, locale pubblico dove si consumano bevande alcoliche | (*est.*) in altri paesi, tipo di bar o caffè il cui arredamento rievoca quello del pub inglese

pubalgìa [comp. di *pub(e)* e *-algia* ✱1976] **s. f.** (**pl.** *-gìe*) • (*med.*) qualsiasi sensazione dolorosa avvertita nella zona pubica

pubblicàbile [1885] **agg.** • che si può pubblicare ‖ **pubblicabilità**, **s. f. inv.**

pubblicàno o (*lett.*) **publicàno** [vc. dotta, lat. *publicānu(m)*, da *pūblicum* 'proprietà dello stato, erario', nt. sost. di *pūblicus* 'pubblico' ✱av. 1342] **s. m.** **1** nel diritto romano, aggiudicatario di appalti per forniture, opere pubbliche e riscossione di imposte **2** (*est., lett.*) gabelliere, appaltatore | (*lett., spreg.*) uomo odioso per la sua esosità

♦**pubblicàre** o (*lett.*) **publicàre** [vc. dotta, lat. *publicāre*, da *pūblicus* 'pubblico' ✱sec. XIII] **v. tr.** (*io pùbblico, tu pùbblichi*) **1** (*lett.*) divulgare: *p. un'opinione*; *p. un segreto* **SIN.** diffondere **2** rendere di pubblico dominio in modo ufficiale: *p. un'ordinanza, le motivazioni di una sentenza* | divulgare libri, scritti e contenuti vari per mezzo della stampa, di Internet o di altri mezzi: *p. un romanzo*; *p. un mensile di arredamento*; *p. un disco, un DVD* **3** †confiscare: *arse le loro case, e' beni publicò in comune* (D. COMPAGNI)

pubblicàto o (*lett.*) **publicàto** **part. pass.** di *pubblicare*; anche **agg.** • nei sign. del v.

pubblicatóre [vc. dotta, lat. tardo *publicatō-re(m)*, da *publicātus* 'pubblicato' ✱av. 1571] **agg.** e **s. m.** (**f.** *-trice*) • (*lett.*) editore, stampatore

♦**pubblicazióne** o (*lett.*) **publicazióne** [vc. dotta, lat. *publicatiōne(m)*, da *publicātus* 'pubblicato' ✱1337] **s. f.** **1** (*lett.*) pubblica rivelazione: *E poi gli spiaceva la p. … di un segreto di bellezza* (G. D'ANNUNZIO) **2** divulgazione, per mezzo della stampa, di Internet o di altri mezzi, di libri, scritti e contenuti vari: *la p. della sentenza*; *la p. del giornale è stata sospesa*; *la p. di un cd* | l'opera che viene pubblicata: *sono uscite nuove pubblicazioni scientifiche*; *una p. periodica* **3** ***pubblicazioni matrimoniali***, (*ellitt.*) ***pubblicazioni***, documento con le indicazioni anagrafiche degli sposi esposto in municipio e in chiesa prima del matrimonio **4** †confisca ‖ **pubblicazioncèlla**, **dim.** | **pubblicazioncìna**, **dim.**

pubblicìsmo [da *pubblicista* ✱1794] **s. m.** • (*raro*) l'insieme dei mezzi di pubblica informazione

pubblicìsta [fr. *publiciste*, da *public* 'pubblico' ✱1764] **s. m. e f.** (**pl. m.** *-i*) **1** collaboratore di giornali o periodici che, pur esercitando un'altra professione, svolge una attività giornalistica retribuita e non occasionale **2** chi è esperto di diritto pubblico

pubblicìstica [da *pubblicista* ✱1928] **s. f.** **1** attività giornalistica consistente nella pubblicazione di articoli, servizi fotografici, opuscoli e sim. | complesso di pubblicazioni di attualità **2** scienza del diritto pubblico

pubblicìstico [1929] **agg.** (**pl. m.** *-ci*) **1** dei pubblicisti, della pubblicistica **2** relativo al diritto pubblico

♦**pubblicità** [fr. *publicité*, da *public* 'pubblico' ✱1673] **s. f. inv.** **1** condizione di ciò che è pubblico: *la p. di un atto*; *la p. di una udienza* **2** divulgazione, diffusione tra il pubblico: *fare p. a una notizia* | ***fare grande p. a qlco.***, richiamare l'attenzione di tutti su qlco. **3** attività aziendale diretta a far conoscere l'esistenza di un bene o servizio e a incrementarne il consumo e l'uso: *spendere grosse cifre per la p.*; *la p. è l'anima del commercio*; *agenzia di p.* **4** (*est.*) qualsiasi forma di annuncio diretto al pubblico per scopi commerciali: *p. radiofonica, murale, televisiva* **SIN.** réclame | ***p. istituzionale***, fatta a vantaggio di un ente o di una azienda | ***piccola p.***, inserzione in rubriche speciali predisposte dai giornali in determinate pagine | ***p. diretta***, effettuata mediante invio direttamente al pubblico di lettere, dépliant e sim. | ***p. comparativa***, quella in cui il prodotto propagandato è paragonato con altri concorrenti | ***p. ingannevole***, che può indurre in errore le persone cui è rivolta pregiudicando i loro interessi economici o danneggiando un concorrente | ***p. occulta***, in spettacoli cinematografici o televisivi, in libri, riviste ecc. ogni forma di pubblicità non chiaramente riconoscibile come tale | ***p. subliminale***, in filmati o programmi televisivi, quella effettuata con immagini tanto brevi da non essere percepite visivamente, ma sufficienti a esercitare un'influenza inconscia sul pubblico

pubblicitàrio [fr. *publicitaire*, da *publicité* 'pubblicità' ✱1926] **A** **agg.** • relativo alla pubblicità: *manifesto p.*; *campagna pubblicitaria* **B** **s. m.** (**f.** *-ia*) • chi lavora nella pubblicità

pubblicizzàre [1965] **A** **v. tr.** • promuovere la conoscenza, spec. di prodotti industriali, per mezzo della pubblicità: *p. detersivi, automobili* **B** **pubblicizzàrsi** **v. rifl.** • farsi pubblicità **SIN.** reclamizzarsi ‖ **pubblicizzazióne**, **s. f.**

pubblicizzàto **part. pass.** di *pubblicizzare*; anche **agg.** • nel sign. del v.

♦**pùbblico** o (*lett.*) **pùblico** [vc. dotta, lat. *pū-blicu(m)*, da avvicinare a *pŏpulus* 'popolo' ✱1266] **A** **agg.** (**pl. m.** *-ci*, †*-chi*) **1** che concerne, riguarda la collettività: *la pubblica utilità*; *è una necessità pubblica*; *pericolo p.*; *garantire l'ordine p., la quiete pubblica* | ***vita pubblica***, politica | ***forza pubblica***, V. *forza* nel sign. A 12 | ***p. impiego***, attività lavorativa svolta alle dipendenze dello Stato; le categorie di lavoratori che svolgono tale attività | ***servizi pubblici***, considerati di primario interesse per la collettività (come le telecomunicazioni, i trasporti, ecc.) | ***bene p.***, che appartiene allo Stato o alla comunità | ***debito p.***, V. *debito*[2] | ***diritto p.***, complesso degli atti legislativi che regolano l'organizzazione e l'attività dello Stato e degli altri minori enti politici nelle relazioni con privati o tra loro | ***atto p.***, documento redatto da un notaio o da altro ufficiale autorizzato | ***Pubblico Ministero***, organo giudiziario che compie attività processuali in veste di parte o di ausiliario di giustizia in processi civili o penali | ***pubblica accusa***, Pubblico Ministero | ***pubbliche relazioni***, V. *relazione* **2** che è di tutti: *opinione pubblica*; *guadagnarsi la pubblica stima* | che è noto a tutti: *è una faccenda di dominio p.* | ***rendere di pubblica ragione, di p. dominio***, rendere noto | fatto di fronte a tutti: *cerimonia pubblica*; *pubblica ammissione* | ***esame p.***, al quale possono assistere tutti **3** che è accessibile a tutti, che tutti possono utilizzare: *luogo p.*; *locale p.*; *strada pubblica*; *giardini pubblici* ‖ **pubblicaménte**, **avv.** in pubblico, di fronte a tutti: *lo ha accusato pubblicamente*; universalmente, a tutti: *è un fatto pubblicamente noto* ‖ **pubblicità**, **s. f. inv.** (V.) **B** **s. m.** **1** la popolazione nel suo complesso: *avviso al p.*; *luogo aperto al p.* | l'insieme delle persone che frequentano uno stesso luogo, assistono a un medesimo spettacolo, ecc.: *applausi del p.*; *il teatro è affollato da un p. irrequieto* | ***in p.***, in un luogo frequentato, al cospetto di un numero indeterminato di persone: *mostrarsi, apparire, farsi vedere, in p.* **2** †comunità, comune, Stato | †erario, patrimonio dello Stato **C** **s. m. solo sing.** • il settore pubblico dell'economia: *la concorrenza fra p. e privato*

pubbliredazionàle [comp. di *pubbli(cità)* e *redazionale* ✱1994] **A** **agg.** • detto di un tipo di comunicazione di taglio redazionale ma di contenuto pubblicitario, presentato sotto forma di articolo su giornali, riviste o sul web: *pagina p.* **B** **s. m.** **1** tale genere di comunicazione **2** articolo di tale tipo

pùbe [vc. dotta, lat. *pūbe(m)* 'pelo, pube', di etim. incerta ✱1499] **s. m.** **1** (*anat., zool.*) osso pari ventrale e anteriore della cintura pelvica **CFR.** ileo, ischio **2** (*anat.*) regione del corpo umano sovrastante la sinfisi pubica e sottostante alla regione ombelicale

puberàle [da *pubere* ✱1927] **agg.** • relativo alla pubertà

pùbere o †**pùbero** [vc. dotta, lat. *pūbere(m)*, da *pūbes* 'pube' ✱sec. XIV] **A** **agg.** • detto di individuo in cui si sono già manifestati i caratteri della pubertà: *ragazzo, ragazza p.* **B** anche **s. m. e f.**

pubertà [vc. dotta, lat. *pubertāte(m)*, da *pū-bes*, genit. *pūberis* 'pubere' ✱av. 1342] **s. f. inv.**

1 periodo di sviluppo o di inizio dell'attività delle ghiandole sessuali, che si manifesta nella donna con la prima mestruazione, nell'uomo con la produzione di sperma **2** (*est.*) adolescenza: *O sogno di bellezza in cieli aperti, / che la prima p. compose* (G. D'ANNUNZIO)

pubescènte [vc. dotta, lat. *pubescĕnte(m)*, part. pres. di *pubēscere* 'mettere i primi peli, diventare adulto', da *pūbes* (V. *pube*) ✱ 1342] **agg.** **1** (*bot.*) di organo vegetale ricoperto da fitti peli **2** (*raro, lett.*) puberale

pubescènza [da *pubescente* ✱ av. 1498] **s. f.** **1** (*lett.*) pubertà **2** (*bot.*) presenza di peli su un organo vegetale o sull'intera pianta

pùbico [1829] **agg.** (**pl. m.** *-ci*) ● (*anat.*) del pube | ***sinfisi pubica***, riunione delle due ossa del pube sulla linea mediana | ***regione pubica***, in corrispondenza della sinfisi pubica

public /'pablik, *ingl.* 'pʌblɪk/ [vc. ingl., propr. 'pubblico' ✱ 1937] **agg. inv.** ● (*econ.*) pubblico, in alcune loc. | ***p. utility***, V. *utility* | ***p. company***, V. *company*

publicàno ➤ **pubblicano**

pùblico e deriv. ➤ **pubblico** e deriv.

publishing /'pabliʃʃin(g), *ingl.* 'pʌblɪʃɪŋ/ [vc. ingl., propr. 'editoria', da *to publish* 'pubblicare' ✱ 1999] **s. m. inv.** ● gestione, attività editoriale

Pucciniàcee [dal n. dello scienziato T. *Puccini* (vissuto tra il XVII e il XVIII sec.), con *-acee* ✱ 1954] **s. f. pl.** (**sing.** *-a*) ● (*bot.*) famiglia di Funghi dei Basidiomiceti parassiti dannosi su molte piante (*Pucciniaceae*)

puccinìano [av. 1952] **A** **agg.** ● relativo al musicista Giacomo Puccini (1858-1924), alla sua opera o al suo stile: *produzione, critica pucciniana* **B** **s. m.** (**f.** *-a*) ● seguace, ammiratore, studioso di Puccini

puck /pak, *ingl.* pʌk/ [vc. ingl., propr. 'dischetto' ✱ 1991] **s. m. inv.** ● disco di colore nero usato al posto della palla nell'hockey su ghiaccio

puddellàggio o **pudellàggio** [da *puddellare* ✱ 1942] **s. m.** ● (*metall.*) processo di affinazione, in speciali forni a riverbero, per ottenere ferro dalla ghisa

puddellàre o **pudellàre** [ingl. *to puddle* 'mescolare', da *puddle* 'pozzanghera, malta', di orig. espressiva ✱ 1895] **v. tr.** (*io puddèllo*) ● (*metall.*) sottoporre a puddellaggio

puddellazióne o **pudellazióne** [1965] **s. f.** ● (*metall.*) puddellaggio

pùdding /'puddin(g), *ingl.* 'pudɪŋ/ [vc. ingl., 'budino': dal fr. *boudin*, di orig. espressiva (?) ✱ av. 1764] **s. m. inv.** ● budino

puddinga [fr. *poudingue*, dall'ingl. *pudding* (*stone*) 'pietra a forma di budino' (V. *budino*) ✱ 1769] **s. f.** ● (*geol.*) roccia conglomeratica con elementi tondeggianti uniti da abbondante cemento siliceo

pudellàre e deriv. ➤ **puddellare** e deriv.

pudènde o **pudènda** [vc. dotta, lat. *pudĕnda*, gerundivo nt. pl. di *pudēre* 'vergognarsi', da *pŭdor*, genit. *pudōris* 'pudore' ✱ sec. XV] **s. f. pl.** ● (*lett.*) genitali esterni

pudèndo [vc. dotta, lat. *pudĕndu(m)* 'cosa di cui ci si deve vergognare', gerundivo di *pudēre* 'vergognarsi'. V. *pudende* ✱ av. 1416] **A** **agg.** ● (*lett.*) detto di parte del corpo che si ha pudore a mostrare **B** **s. m.** ● (*lett.*) genitali esterni

pudibóndo [vc. dotta, lat. *pudibŭndu(m)*, da *pudēre* 'vergognarsi' (V. *pudende*) ✱ av. 1492] **agg.** ● (*lett.*) che mostra grande pudore: *fanciulla pudibonda; atto, discorso, sguardo p.* ‖ **pudibondaménte**, **avv.** (*raro*) in modo pudibondo

pudicìzia [vc. dotta, lat. *pudicĭtia(m)*, da *pudīcus* 'pudico' ✱ av. 1292] **s. f.** ● atteggiamento caratterizzato da grande riservatezza e ritrosia spec. verso ciò che attiene alla sfera sessuale e da forte senso del pudore: *rispettare, offendere, violare la p. di qlcu.* **CONTR.** impudicizia

♣**pudìco**, (*evit.*) **pùdico** [vc. dotta, lat. *pudīcu(m)*, da *pudēre* 'aver vergogna' (V. *pudende*) ✱ av. 1292] **agg.** (**pl. m.** *-chi*, †*-ci*; **superl.** *pudicissimo*) **1** che mostra di avere pudicizia, detto di persona: *donna pudica* | di ciò che rivela pudicizia: *silenzio, sguardo p.* **SIN.** casto, verecondo **CONTR.** impudico, inverecondo **2** (*lett.*) umile, discreto, riservato: *mantenne per tutto il tempo un silenzio p.* (A. MANZONI) **CONTR.** sfacciato, svergognato ‖ **pudicaménte**, **avv.** con pudicizia, da persona pudica ‖ **pudicità**, **s. f. inv.** (*raro*) pudicizia

†**pudìno** ➤ **budino**

♦**pudóre** [vc. dotta, lat. *pudōre(m)*: di orig. indeur. (?) ✱ av. 1306] **s. m.** **1** naturale sentimento di riserbo per quanto riguarda la sfera sessuale, la nudità e sim.: *avere, non avere p.; provare p.; mancare di p.; il comune senso del p.; atti, gesti che offendono il p. altrui* **2** (*est.*) senso di riserbo, di discrezione, di rispetto di sé e degli altri: *abbi almeno il p. di tacere; uno strano p. m'impedì di parlare; il pudor mi fa vile, e prode l'ira* (U. FOSCOLO) **SIN.** ritegno | ***persona senza p.***, sfacciata, spudorata

pùdu [da una vc. dell'America merid. ✱ 1782] **s. m. inv.** ● genere di Cervidi sudamericani, grandi come un'antilope nana, con corna brevi (*Pudu*)

pueblo /*sp.* 'pweβlo/ [vc. sp., propr. 'villaggio': stessa etim. dell'it. *popolo* ✱ 1895] **A** **s. m. inv.** (**pl. sp.** *pueblos*) **1** particolare tipo di villaggio dell'epoca precolombiana tuttora presente nell'Arizona e nel Nuovo Messico, costituito per lo più da case agglomerate e terrazzate con caratteristico accesso mediante scale a pioli **2** gruppo di antiche popolazioni stanziate in Nuovo Messico e Arizona, così chiamate dai colonizzatori spagnoli per la tipica struttura dei loro villaggi **B** **anche agg. inv.**: *le popolazioni p.*

puericultóre [comp. del lat. *pŭer*, genit. *pŭeri* 'fanciullo', di orig. indeur. e *cultore* ✱ 1958] **s. m.** (**f.** *-trice*) ● medico che si occupa dell'assistenza dei bambini, spec. dei lattanti e nella prima infanzia

puericultrìce [f. di *puericultore* ✱ 1942] **s. f.** **1** f. di *puericultore* **2** infermiera abilitata all'assistenza dei neonati e dei bambini nella prima infanzia in istituti, case nido e sim.

puericultùra [comp. del lat. *pŭer*, genit. *pŭeri* 'fanciullo', di orig. indeur. e *cultura* ✱ 1875] **s. f.** ● ramo della pediatria che si occupa della salute e dello sviluppo del neonato e del bambino nella prima infanzia

♣**puerìle** [vc. dotta, lat. *puerīle(m)*, da *pŭer*, genit. *pŭeri* 'fanciullo' (V. *puericultura*) ✱ av. 1306] **agg.** **1** proprio dei bambini: *età p.; divertimento p.* **SIN.** fanciullesco, infantile **2** (*spreg.*) che rivela immaturità, infantilismo: *un comportamento p.; sono discorsi puerili* | (*spreg.*) superficiale, banale: *una tesi p.* | con valore neutro: *sarebbe p. intendere quelle parole in modo letterale* (B. CROCE) ‖ **puerilménte**, **avv.** in maniera puerile (*spec. spreg.*)

puerilìsmo [comp. di *pueril(e)* e *-ismo* ✱ 1935] **s. m.** ● (*med.*) infantilismo

puerilità [vc. dotta, lat. *puerilitāte(m)*, da *puerīlis* 'puerile' ✱ av. 1511] **s. f. inv.** **1** (*spreg.*) caratteristica di chi (o di ciò che) è puerile: *è inammissibile la p. del vostro comportamento* **2** (*spreg.*) atto, comportamento o discorso puerile: *fare, dire p.* **SIN.** fanciullaggine, ingenuità, sciocchezza **3** †fanciullezza

puerìzia [vc. dotta, lat. *puerĭtia(m)*, da *pŭer*, genit. *pŭeri* 'fanciullo' (V. *puericultura*) ✱ 1260 ca.] **s. f.** **1** (*lett.*) età puerile **SIN.** fanciullezza **2** †sproposito, sciocchezza

puerocentrìsmo [comp. del lat. *pŭeru(m)* 'bambino' e della seconda parte di (*ego*)*centrismo* ✱ 1958] **s. m.** ● (*pedagogia*) teoria che mette il bambino al centro del processo educativo, adattando le tecniche didattiche alle sue esigenze

puèrpera [vc. dotta, lat. *puĕrpera(m)*, comp. di *pŭer* 'bambino' (V. *puericultura*) e *pārere* 'partorire' (V.) ✱ 1499] **s. f.** ● donna che ha appena espletato il parto

puerperàle [1828] **agg.** ● relativo al puerperio

puerpèrio [vc. dotta, lat. *puerpĕriu(m)*, da *puĕrpera* 'puerpera' ✱ sec. XIV] **s. m.** ● periodo, della durata di circa 60 giorni, che segue il parto, fino al ritorno della donna nelle condizioni normali

puf ① **s. m. inv.** ● adattamento di *pouf* (V.)

puf ② o **puff** [vc. onomat. ✱ 1755] **inter.** ● riproduce il rumore di un soffio o di uno sbuffo o di qlco. che si sgonfia | riproduce il rumore sbuffante di una locomotiva a vapore o l'ansimare affannoso di una persona che ha corso o sostenuto una grande fatica

puffìno [ingl. *puffin*, di etim. incerta ✱ 1804] **s. m.** ● genere di Uccelli marini dei Procellariformi, avidissimi cacciatori di pesci in mare aperto, con lunghe ali e becco sottile ricurvo in basso (*Puffinus*) **SIN.** berta

pùffo [vc. onomat. ✱ 1962] **s. m.** (**f.** *-a*) **1** (spesso con iniziale maiuscola) piccola creatura blu simile a un gnomo, noto personaggio dei fumetti | ***i Puffi***, la comunità di tali creature | nel linguaggio di tali creature, ogni oggetto o concetto **2** (*est., colloq.*) persona di piccola statura (con connotazione talora quasi affettuosa)

pùggia e deriv. ➤ **poggia** e deriv.

puggiàre ➤ **poggiare**②

puggièro ➤ **poggiero**

pugiadìsmo ➤ **poujadismo**

pugiadìsta ➤ **poujadista**

pugilàto [vc. dotta, lat. *pugilātu(m)*, da *pŭgil*, genit. *pŭgilis* 'pugile' ✱ 1592] **s. m.** **1** sport di combattimento nel quale due atleti, servendosi dei soli pugni protetti da appositi guantoni, si possono colpire dalla cintola in su nella parte anteriore e laterale del corpo e del capo **SIN.** boxe **2** (*est.*) scambio di pugni, rissa, zuffa: *la lite finì in un p. generale* **SIN.** scazzottata

NOMENCLATURA

pugilato
● *incontro* = match: ring = quadrato (corde, angolo neutro), gong, riprese = round, sfida; borsa, spugna; picchiatore, incassatore, ripresa a round;
● *colpi e azioni*: diretto, schivata a tuffo e guardia = duck, corpo a corpo = clinch, sventola = swing, montante = uppercut, gancio = hook = crochet, punch, doppietta = uno-due, colpo basso, colpo proibito, break, boxe, out, suonato, groggy, allungo, bloccaggio, conteggio, K.O. = knock out = fuori combattimento = abbandono, getto della spugna, knock down; allenamento (sacco = palla di sabbia = punch-bag, palla di cuoio = punching ball, sacco di sabbia = sand-bag; fascia, guantone); conchiglia, paradenti;
● *categorie*: peso americano = minimosca (49 kg), mosca (50 kg), gallo (53 kg), piuma (57 kg), super piuma = leggero junior (58 kg), leggero (61 kg), welter junior = super-leggero (63 kg), welter (66 kg), medio junior = super-welter (69 kg), medio (72 kg), mediomassimo (79 kg), massimo (più di 79 kg);
● *persone*: pugile = boxeur, fighter, sparring partner, secondo = aiutante, commissario = relatore, procuratore = manager.

pugilatóre [vc. dotta, lat. tardo *pugilatōre(m)*, da *pugilātus* 'pugilato' ✱ 1631] **s. m.** ● (*raro*) pugile

p

pùgile [vc. dotta, lat. *pŭgile(m)*, dalla stessa radice di *pŭgnus* 'pugno' ✻ av. 1566] **s. m. e f.** ● atleta che pratica il pugilato **SIN.** boxeur

pugilìsta [1831] **s. m. e f.** (**pl. m.** *-i*) ● (*disus.*) pugile

pugilìstico [1923] **agg.** (**pl. m.** *-ci*) ● relativo al pugilato o ai pugili: *attività pugilistica; incontro p.* ‖ **pugilisticaménte**, **avv.** per quanto si riferisce al pugilato

pugillàre [vc. dotta, lat. *pugillāre(m)*, propr. 'della grossezza di un pugno', da *pugĭllus* 'pugno, manciata', da *pŭgnus* 'pugno' ✻ sec. XIV] **s. m.** ● (**spec. al pl.**) tavoletta cerata di piccole dimensioni o foglio di pergamena usati nell'antica Roma per note e appunti

pùgio [vc. dotta, lat. *pūgio*, nom., 'pugnale', da avvicinare a *pŭngere* 'pungere' ✻ 1891] **s. m.** ● nell'antica Roma, pugnale portato alla cintura dagli imperatori e dagli alti ufficiali

pùglia [sp. *polla*, propr. 'gallina' (V. *pollo*): perché il deporre il denaro nel piatto ricorda il deporre delle uova della gallina (?) ✻ av. 1712] **s. f.** ● nei giochi a carte, il gettone che si punta o l'insieme dei gettoni posseduti da un giocatore | denaro puntato al gioco, che si mette nel piatto

♦**pugliése** (o **-ṣ-**) [av. 1294] **A agg.** ● relativo alla Puglia **B s. m. e f.** ● abitante o nativo della Puglia **C s. m. solo sing.** ● ogni dialetto parlato in Puglia

pùgna o †**pùnga** [vc. dotta, lat. *pŭgna(m)*, da *pugnāre* 'combattere' ✻ av. 1292] **s. f.** ● (*lett.*) battaglia, combattimento, mischia: *vincere la p.* | (*lett., fig.*) contrasto

♣**pugnàce** [vc. dotta, lat. *pugnāce(m)*, da *pugnāre* 'combattere' ✻ av. 1472] **agg. 1** (*lett.*) bellicoso, battagliero | (*est.*) combattivo, grintoso **2** (*lett.*) che spinge, incita al combattimento ‖ **pugnaceménte**, **avv.** (*lett.*) con atteggiamento pugnace, fiero, battagliero

pugnalàre [1640] **v. tr.** ● ferire o uccidere con un pugnale | ***p. alle spalle***, (*fig.*) colpire a tradimento

pugnalàta [1525] **s. f.** ● colpo, ferita di pugnale | (*fig.*) dolore molto intenso | (*fig.*) fatto o azione improvvisa che reca dolore: *la sua defezione è stata una p. alle spalle*

pugnalatóre [1791] **s. m.** (**f.** *-trice*) ● chi pugnala (*anche fig.*)

pugnàle [detto così perché è l'arma che si tiene in *pugno* ✻ av. 1472] **s. m.** ● arma bianca corta a due tagli e con punta acuminata | ***colpo di p.***, pugnalata | (*lett.*) ***lavorare di p.***, combattere all'arma bianca ‖ **pugnalàccio**, **pegg.** | **pugnalétto**, **dim.** | **pugnalino**, **dim.** | **pugnalóne**, **accr.**

pugnàre [vc. dotta, lat. *pugnāre*, propr. 'combattere con i pugni', da *pŭgnus* 'pugno' ✻ 1261 ca.] **v. intr.** (**coniug. come** *segnare*; **aus.** *avere*) **1** (*lett.*) combattere **2** (*fig., lett.*) contrastare, polemizzare: *questo articolo non pugna col primo* (T. CAMPANELLA) **3** (*raro, lett.*) darsi da fare

pugnatóre [vc. dotta, lat. *pugnatōre(m)*, da *pugnātus*, part. pass. di *pugnāre* 'pugnare' ✻ sec. XIII] **s. m.** (**f.** *-trice*) ● (*raro, lett.*) chi lotta, combatte

pugnèllo [sec. XIV] **s. m. 1** dim. di *pugno* **2** (*lett.*) quantità di roba che si può stringere in un pugno: *un p. di polvere d'artiglieria* (G. GALILEI) **SIN.** manciata

†**pùgnere** ➤ **pungere**

†**pugneréccio** [av. 1348] **agg.** ● appuntito

†**pugneróne** [da *pugnere* ✻ sec. XIII] **s. m.** ● pungiglione, stimolo

pugnétta [da *pugno*, come il corrispondente sp. *puñeta* da *puño* ✻ 1888] **s. f.** ● (*volg., centr.*) masturbazione maschile

pugnétto [1835] **s. m. 1** dim. di *pugno* **2** (*anat.*) regione del polso

pugnitòpo ➤ **pungitopo**

†**pugnitùra** [da *pugnere* ✻ av. 1375] **s. f.** ● puntura

♦**pùgno** [lat. *pŭgnu(m)*, da una radice indeur. che significa 'colpire, pungere', da cui anche *pŭngere* 'pungere' ✻ 1280] **s. m.** (**pl.** *lett.* †*pugna*, †*pugnora*, **f.**) **1** mano serrata con le dita strette fortemente insieme per tenere qlco. o per colpire: *allargare il p.; stringere la spada in p.* | (*fig.*) ***tenere qlcu. in p.***, averlo in proprio potere | ***avere qlco. in p.***, (*fig.*) essere sicuro di ottenerla | ***mostrare il p.***, minacciare | ***p. duro, p. di ferro***, (*fig.*) atteggiamento estremamente deciso ed energico | ***avere p. di ferro in guanto di velluto***, (*fig.*) agire energicamente, ma con molto garbo e diplomazia | (*est.*) mano chiusa o che sta per chiudersi: *stringere i pugni per la rabbia* | ***firmare di proprio p.***, di propria mano **2** colpo dato con la mano chiusa, cazzotto: *tirare, sferrare pugni* | ***fare a pugni***, lottare, azzuffarsi; (*fig.*) essere in contrasto: *ciò che ha fatto fa a pugni con le sue idee; quella cravatta fa a pugni col tuo vestito* | ***avere il p. proibito***, (*pop.*) essere fortissimo (in riferimento a una certa pericolosità) **3** (*est.*) ciò che si stringe in pugno: *un p. di sale, di olive* | (*est.*) numero limitato o quantità minima: *un p. di soldati; possedere un p. di terra* | ***restare con un p. di mosche***, restare deluso **SIN.** manciata **4** ***p. di ferro***, tirapugni ‖ **pugnèllo**, **dim.** (V.) | **pugnétto**, **dim.** (V.) | **pugnìno**, **dim.**

†**pugnolàre** [variante metatetica di *pungolare* ✻ av. 1384] **v. tr.** ● pungere, molestare

puh /pu:/ o (*raro*) **pu** /pu:/ [av. 1542] **inter.** ● esprime fastidio, disgusto, disprezzo, derisione e sim.: *puh! che grand'uomo!*

†**pùi** ➤ **poi**

pùia ➤ **poiana**

puiàna ➤ **poiana**

pụ̀ina o †**pòina** [dal lat. *popīna* 'bettola, taverna, vivanda da osteria' ✻ av. 1548] **s. f.** ● (*sett.*) ricotta

pùla① [da *pulire* ✻ 1340 ca.] **s. f. 1** rivestimento dei semi di cereali o di altre piante che si stacca con la trebbiatura **SIN.** lolla, loppa **2** sottoprodotto della sbiancatura del riso, costituito dagli strati corticali del seme

pùla② [da *pol(izi)a* ✻ 1961] **s. f.** ● (*gerg., sett.*) polizia

pùlca o **pùlka** [lappone *pulka* ✻ av. 1698] **s. f.** ● tipica slitta dei Lapponi trainata da renne, adatta a lunghi percorsi

pùlce [lat. *pūlice(m)*, di orig. indeur. ✻ av. 1292] **A s. f. 1** insetto degli Afanitteri, ovale, bruno rossastro, che si nutre di sangue umano o di animali domestici e vive fra le stoffe, o anche sul terreno, deponendo le uova su detriti organici (*Pulex irritans*) | ***p. d'acqua***, piccolo Cladocero comune nelle acque dolci (*Daphnia pulex*) | ***p. nell'orecchio***, (*fig.*) sospetto, dubbio, pensiero molesto | ***fare le pulci a qlcu.***, (*fig.*) ricercarne i difetti e gli errori con spirito eccessivamente critico e malevolo | ***noioso come una p.***, noiosissimo **2** ***gioco delle pulci***, che si svolge fra due o più giocatori con gettoni d'osso o di plastica, i quali vengono fatti saltare su un tavolo premendone l'orlo con un altro gettone più grande: vince chi mangia i gettoni dell'avversario saltandovi sopra con uno dei suoi | ***mercato delle pulci***, in cui si vendono oggetti d'occasione di ogni genere, gener. vecchi o usati **3** nel linguaggio giornalistico, microspia ‖ **pulcétta**, **pulcettina**, **dim.** **B** in funzione di **agg. inv.** ● (posposto al sost.) solo nella loc. ***color p.***, detto di colore tra il marrone e il rossiccio

pulcèlla ➤ **pulzella**

pulcellàggio o (*raro*) **pulzellàggio** [fr. *pucelage*, da *pulcele* 'pulzella' ✻ sec. XIV] **s. m.** ● (*lett.*) verginità

pulcesécca [comp. di *pulce* e (*colpo*) *secco* (?) ✻ av. 1588] **s. f.** (**pl.** *pulcisécche*) ● (*tosc.*) pizzico, pizzicotto | segno che ne rimane

pulciàio [1841] **s. m.** (**pl.** *-ai*) ● (*tosc.*) luogo pieno di pulci | (*est.*) luogo pieno di sporcizia

pulcianèlla [da *(Monte)pulciano* (?) ✻ av. 1912] **s. f.** ● fiasco molto panciuto, con una capacità di circa mezzo litro o 3/4 di litro, usato spec. per i vini di Orvieto

pulcinàio [1891] **s. m.** (**pl.** *-ai*) ● luogo in cui si allevano i pulcini

Pulcinèlla o †**Polcinèlla** [da *pulcino*, nel senso di 'persona timida e impacciata' ✻ 1694] **s. m.** (**pl. inv.** o *raro -i*) **1** maschera napoletana, con naso adunco a doppia gibbosità, abbigliata con camiciotto e calzoni bianchi, cappello a pan di zucchero e mascherina nera a metà faccia | persona mascherata da Pulcinella: *alla festa c'erano molti P.* | ***naso di P.***, grosso e adunco | ***segreto di P.***, quello che tutti conoscono **2** (anche con iniziale minuscola) (*fig.*) persona poco seria, senza carattere **SIN.** buffone **3** (gener. con iniziale minuscola) ***p. di mare***, uccello artico dei Caradriformi gregario, buon nuotatore, con tronco tozzo e zampe brevi, alto becco percorso da solchi e piumaggio bianco e nero (*Fratercula arctica*)

pulcinellàta [1750] **s. f.** ● (*raro*) azione sciocca, ridicola **SIN.** pagliacciata

pulcinellésco [av. 1828] **agg.** (**pl. m.** *-schi*) ● (*raro*) relativo a Pulcinella | (*fig.*) ridicolo, grottesco

♦**pulcìno** [lat. tardo *pullicēnu(m)*, da *pŭllus* 'pollo' ✻ 1260] **s. m. 1** il nato della gallina da poco uscito dall'uovo **CFR.** pigolare, pipiare | qualunque uccello che ancora non esce dal nido | ***bagnato, inzuppato come un p.***, bagnato fradicio | ***p. bagnato***, (*fig.*) persona timida dall'aria mortificata | ***p. nella stoppa***, (*fig.*) persona impacciata, irresoluta **2** (*est., fam.*) bambino molto piccolo: *una madre con i suoi pulcini* **3** (*fig.*) ognuno dei giocatori che formano una delle squadre giovanili di una società calcistica ‖ **pulcinétto**, **dim.** | **pulcinòtto**, **accr.**

pulcióso (o **-ṣ-**) [da *pulce* ✻ av. 1745] **agg.** ● che ha molte pulci, che è pieno di pulci: *mendicante p.; cane p.* | (*est.*) sudicio, lercio (*anche fig.*)

†**pulcritùdine** [vc. dotta, lat. *pulchritūdine(m)*, da *pŭlcher*, genit. *pŭlchri* 'bello' (V. †*pulcro*) ✻ 1320] **s. f.** ● bellezza

†**pùlcro** [vc. dotta, lat. *pŭlchru(m)*, di etim. incerta ✻ 1260 ca.] **agg.** ● bello: *la faccia pulcra, angelica, modesta* (L. PULCI)

†**puledràia** [av. 1568] **s. f.** ● recinto dove si tengono i puledri

pulédro o (*lett.*) **polédro**, (*lett.*) **pollédro** [lat. parl. **pullĕtru(m)*, da *pŭllus* 'piccolo di ogni animale' (V. *pollo*) ✻ av. 1292] **s. m.** (**f.** *-a*) **1** giovane equino **2** (*fig.*) ragazzo, giovane vivace ‖ (*lett.*) **puledrétto**, **dim.** | **puledrino**, **dim.** | **puledròtto**, **accr.**

pulèggia [lat. parl. **polĭdia(m)*, che risale al gr. *pólos* 'asse, perno' (V. *polo*①) ✻ av. 1564] **s. f.** (**pl.** *-ge*) ● (*mecc.*) ruota metallica o di legno, montata su un albero rotante, che trasmette il moto mediante cinghie, funi, catene

pulèggio o **pulègio** [lat. *pulēiu(m)*, di orig. preindeur. ✻ 1546] **s. m.** ● (*bot.*) varietà di menta

pulènda e deriv. ➤ **polenta** e deriv.

pulésco [da avvicinare a *pulire* ✻ 1930] **s. m.** (**pl.** *-schi*) ● massa pulverulenta simile a terriccio, che si ritrova nei tronchi, spec. di castagno, colpiti dalla carie; si usa come concime

pùlica o **pùliga** [venez. *pùlega*, propr. 'pulce', dal lat. *pūlice(m)* 'pulce' ✱ av. 1557] **s. f.** ● bollicina o vescichetta che si forma durante la lavorazione in vetro, gesso, cera, metallo

pulicària [vc. dotta, lat. tardo (*hĕrbam*) *pulicāria(m)*, da *pūlex*, genit. *pūlicis* 'pulce'; detta così perché i semi sono simili a pulci. Cfr. *psillio* ✱ sec. XIII] **s. f.** ● varietà di piantaggine degli ambienti arenosi vicini al mare con fusto rivestito di foglie (*Plantago psyllium*) **SIN.** psillio

pùliga ➤ **pulica**

puligóso (o -ṣ-) [da *puliga* ✱ av. 1859] **agg.** ● detto di vetro che, per un cattivo processo di affinazione, appare pieno di bollicine gassose

pulimentàre [da *pulimento* ✱ 1871] **v. tr.** (*io puliménto*) ● levigare, a mano o a macchina, superfici di pietra, metallo, legno

pulimentatóre [1967] **s. m.** (**f.** *-trice*) ● operaio addetto alla pulimentazione

pulimentatùra [1983] **s. f.** ● pulimentazione

pulimentazióne [da *pulimentato*, part. pass. di *pulimentare* ✱ 1958] **s. f.** ● operazione del pulimentare

puliménto o **poliménto** nel sign. 2 [av. 1292] **s. m.** **1** (*lett.*) il pulire | (*lett., fig.*) revisione, rifinitura, accuratezza formale o stilistica **2** operazione del pulimentare: *tirare a p. una superficie* | levigatezza, lucentezza **3** vernice con cui si pulimenta il legname

♦**pulìre** [lat. *polīre* 'pulire, levigare', di orig. indeur. ✱ 1266] **A** **v. tr.** (*io pulìsco, tu pulìsci*) **1** levare lo sporco usando vari mezzi o procedimenti: *p. una ferita, una piaga*; *p. la casa spazzando e spolverando* | ***p. dalla polvere***, spolverare **SIN.** detergere, forbire, nettare **CONTR.** sporcare **2** (*est.*) liberare un luogo da ciò che è inutile, ingombrante, ecc.: *p. il terreno dalle erbe selvatiche* **3** (*lett.*) levigare, rifinire | V. *polire* **4** (*fig.*) †educare, dirozzare **B** **v. intr.** ● †diventare pulito, puro **C** **pulìrsi** **v. tr. pron.** (**aus.** *essere*) **1** pulire una parte del proprio corpo: *pulirsi le mani, i denti, le orecchie* | ***pulirsi il naso***, soffiandoselo **2** pulire un proprio capo d'abbigliamento: *C'è lo stoino per pulirsi le scarpe!* (G. VERGA) **D** **pulìrsi** **v. rifl.** ● lavarsi, liberarsi dallo sporco: *guarda come ti sei ridotto: vai subito a pulirti!*

SFUMATURE DI SIGNIFICATO

pulire - detergere - lavare - tergere

Pulire è levare lo sporco depositatosi su qualcuno o su qualcosa, oppure liberare da ciò che è inutile o dannoso usando vari mezzi o procedimenti. **Detergere** è suo sinonimo di registro elevato, utilizzato quasi esclusivamente in relazione a parti del corpo umano. Con **lavare** si fa riferimento alla pulizia effettuata con acqua, sapone o altre sostanze detergenti, quindi definisce una particolare modalità del pulire. **Tergere**, di uso letterario, è pulire asciugando.

SFUMATURE ➤ ***smacchiare***①

pulisciorécchi /pu,liʃʃ(i)o'rekki/ [comp. di *pulire* e il pl. di *orecchio* ✱ 1891] **s. m. inv.** ● (*med.*) strumento per togliere l'eccesso di cerume dal canale uditivo | sottile bastoncino di plastica con le estremità rivestite di cotone idrofilo per la pulizia delle orecchie

pulisciopénne [comp. di *pulire* e il pl. di *penna* ✱ 1907] **s. m. inv.** ● nettapenne

pulisciopièdi [comp. di *pulire* e il pl. di *piede* ✱ 1891] **s. m. inv.** ● (*raro*) stuoia o grata di ferro davanti alla porta di casa per pulirsi la suola delle scarpe

pulisciscàrpe [comp. di *pulire* e del pl. di *scarpa* ✱ 1891] **s. m. inv.** **1** apparecchio elettrico dotato di spazzola rotante per la pulitura e la lucidatura di calzature **2** zerbino, nettapiedi

pulìta [1871] **s. f.** ● rapida pulitura: *darsi una p. al vestito* || **pulitìna**, **dim.**

pulitézza [1395] **s. f.** **1** (*lett.*) pulizia, nettezza | (*fig., lett.*) perfezione, cura formale | (*lett.*) abilità, perizia **2** (*lett.*) lucentezza, luminosità | †eleganza **3** (*lett.*) politezza

♦**pulìto** [part. pass. di *pulire* ✱ 1282] **A** **agg.** **1** che è privo di ogni genere di sporcizia: *lenzuola pulite*; *biancheria pulita*; *mettersi una camicia pulita*; *pavimento, locale p.*; *devi tenere la casa più pulita* | ***fare piazza pulita***, V. *piazza* | ***osso p.***, ben spolpato | (*fig.*) ***scritto p.***, ordinato e privo di cancellature **2** detto di persona, che cura la pulizia personale: *un vecchio p.*; *andare sempre p.*; *mandare puliti i bambini* | detto di parte del corpo la cui pulizia è ben curata: *denti, capelli puliti* | ***viso p.***, privo di trucco | ***faccia pulita***, (*fig.*) di persona franca, onesta **3** (*fig.*) che non presenta nessun elemento scorretto, sleale, disonesto e sim.: *animo p.*; *pensieri puliti e onesti*; *una ragazza semplice e pulita*; *lavoro, affare poco p.*; *questa è una faccenda poco pulita* | nel gergo sportivo, regolare, tecnicamente perfetto: *tiro, gioco, passaggio p.* | ***coscienza pulita***, integra, priva di colpe | ***avere le mani pulite***, (*fig.*) essere onesto | ***Mani pulite***, (*est.*) nel linguaggio giornalistico, detto di inchieste relative a episodi di corruzione | (*ellitt.*) ***farla pulita, passarla pulita***, farla franca, passarla liscia | (*gerg., fig.*) ***essere p.***, non avere addosso, armi, droga, denaro sporco e sim.; non avere precedenti penali, non essere collegato a un fatto illecito: *il tenente ha detto di rilasciarlo: è p.* **4** (*fig., fam.*) completamente privo di denaro: *questa spesa mi ha lasciato p. p.*; *dopo il poker, sono tornato a casa con le tasche pulite* **5** (*est.*) detto di energia la cui produzione e utilizzazione non inquinano l'ambiente | detto di bomba atomica nella quale è particolarmente ridotta la produzione di contaminanti radioattivi **6** †polito, educato || **pulitaménte**, **avv.** **1** (*raro*) in modo pulito **2** (*fig.*) con garbo: *scrivere pulitamente* **3** (*fig.*) onestamente: *vivere, lavorare pulitamente* **B** **s. m.** solo **sing.** **1** luogo pulito: *camminare sul p.* **2** †bella copia: *mettere uno scritto al p.* || **pulitìno**, **dim.**

SFUMATURE DI SIGNIFICATO

pulito - immacolato

Ciò che non ha tracce di sporcizia, rifiuti o polvere si definisce **pulito. Immacolato** descrive in senso proprio ciò che è pulito perché non ha macchie, ma il termine è più spesso utilizzato figuratamente per indicare la condizione di chi è puro, senza colpa, senza peccato.

pulitóre [vc. dotta, lat. *politōre(m)*, da *polītus* 'pulito' ✱ 1660] **agg. e s. m.** (**f.** *-trice*) ● che (o chi) pulisce

pulitrìce [f. di *pulitore* ✱ 1922] **s. f.** **1** macchina per levigare e lucidare marmo o legno **2** macchina per ripulire il grano dalla pula e dalla polvere

pulitùra [da *pulire*, con il suff. *-tura* ✱ 1476] **s. f.** **1** operazione, lavoro del pulire: *una p. faticosa*; *la p. dei vetri* | spesa per pulire qlco.: *quanto per la p.?* | ***dare l'ultima p.***, dare l'ultima mano a un lavoro **SIN.** detersione **2** (*raro*) politura, levigatura: *la p. dei marmi* | (*lett., fig.*) rifinitura: *la p. di un verso*

♦**pulizìa** [da *pulire* ✱ 1566] **s. f.** **1** condizione, aspetto di ciò che è pulito: *la p. del quartiere, di una casa, di un appartamento*; *p. personale*; *curare, trascurare la p.* **2** attività, lavoro del pulire: *personale addetto alla p. del locale*; *donna delle pulizie*; *pulizie pasquali* | ***fare le pulizie***, pulire la casa | ***fare p.***, (*fig.*) sgombrare, portar via tutto da un luogo | ***p. etnica***, V. *etnico* **3** (*raro, lett.*) eleganza, perfezione, spec. di componimento letterario **SIN.** nitore **4** (*raro, lett.*) buone maniere: *saper profittare di tutto, con buona grazia, con p., con un poco di disinvoltura* (C. GOLDONI)

pùlka ➤ **pulca**

pull /ingl. pʊl/ [fr. *pull*, abbr. di *pull-over* ✱ 1973] **s. m. inv.** ● (*colloq.*) pullover

†**pullàrio** ➤ **pollario**

♦**pùllman** /'pulman, *ingl.* 'pʊlmən/ [dal n. dell'inventore, l'americano G.M. Pullman (1831-1897) ✱ 1869] **s. m. inv.** **1** tipo speciale di carrozza ferroviaria di lusso **2** autopullman || **pulmìno**, **pullmìno**, **dim.** (V.)

pullmìno ➤ **pulmino**

†**pùllo**① [vc. dotta, lat. *pŭllu(m)* 'bruno, fosco', da avvicinare a *pallēre* 'essere pallido' (V. *pallido*) ✱ 1476] **agg.** ● fosco, scuro

†**pùllo**② ➤ **pollo**

†**pullolàre** ➤ **pullulare**

pullòver [vc. ingl., *pull-over*, propr. 'tira sopra' ✱ 1927] **s. m. inv.** ● indumento di maglia di lana o di cotone, privo di bottoni, con maniche lunghe o senza, che si infila dalla testa || **pulloverino**, **dim.**

pullulaménto [av. 1320] **s. m.** ● (*raro*) il pullulare

pullulàre o †**pullolàre** [vc. dotta, lat. *pullulāre*, da *pŭllulus* 'germoglio, rampollo', a sua volta dim. di *pŭllus* 'giovane, germoglio' (V. *pollo*) ✱ 1313] **v. intr.** (*io pùllulo*; **aus.** *avere*, *raro essere*) **1** comparire, sorgere in gran numero: *pullulavano le iniziative benefiche*; *intorno a questo mondo ariostesco pullulano poemi e romanzi e novelle* (F. DE SANCTIS) **SIN.** proliferare **2** essere pieno, gremito: *l'acqua del lago pullulava di pesci* **SIN.** brulicare **3** †germogliare, spuntare, detto di piante | †gorgogliare, gonfiarsi in piccole bolle, detto dell'acqua | †scaturire, sgorgare

pullulazióne [vc. dotta, lat. tardo *pullulatiōne(m)*, da *pullulāre* 'pullulare' ✱ 1308] **s. f.** ● (*raro, lett.*) germinazione | (*lett., fig.*) diffusione

†**pulmentàrio** [vc. dotta, lat. *pulmentāriu(m)*, da *pulmĕntum* 'pulmento' ✱ sec. XIV] **s. m.** ● vivanda

pulménto [vc. dotta, lat. *pulmĕntu(m)*, di etim. incerta ✱ av. 1315] **s. m.** ● nell'antica Roma, qualsiasi cibo che si accompagnava al pane

♦**pulmìno** o **pullmìno** /pul'mino/ [1960] **s. m.** **1** dim. di *pullman* **2** piccolo pullman in grado di trasportare fino a nove persone compreso il conducente

pulmìstico [1983] **agg.** (**pl. m.** *-ci*) ● di pullman, che si effettua con pullman: *trasporto p.*

pulmonària ➤ **polmonaria**

pulóne [da *pula* ✱ 1609] **s. m.** ● (*agric.*) lolla

pulòtto [comp. di *pul(a)*② e del suff. *-otto* di *poliziotto* ✱ 1982] **s. m.** (**f.** *-a*) ● (*colloq., spreg.*) poliziotto

pulp /palp, *ingl.* pʌlp/ [vc. ingl., propr. 'pasta di cellulosa', poi 'carta scadente' usata per le riviste pop., esteso negli Stati Uniti a qualsiasi scritto di scarsa qualità, popolare e sensazionale ✱ 1986] **A** **s. m. inv.** ● in America, romanzo popolare ricco di colpi di scena | (*est.*) genere letterario o cinematografico che ricorre a temi di facile presa, come il sesso e la violenza, trattandoli con uno stile aggressivo e spesso volutamente trascurato **B** **anche agg. inv.**: *cinema p.*; *scrittore p.* **CFR.** splatter

pulpàra o **polpàra** [da *polpo* ✱ 1937] **s. f.** ● attrezzo per la pesca dei polpi

pulpàre [ingl. *pulpar*, deriv. di *pulp* 'polpa' ✱ 1958] **agg.** ● (*anat.*) relativo alla polpa dentaria

pulpìte o **polpìte** [comp. del lat. *pŭlpa* 'polpa' e *-ite*① ✱ 1931] **s. f.** ● (*med.*) infiammazione della polpa dentaria

pùlpito [dal lat. tardo *pŭlpitu(m)*, di etim. incerta ✱ 1377] **s. m. 1** nelle chiese, tribuna o palco sopraelevato, simile all'ambone ma di dimensioni minori, destinato alla predicazione | ***salire sul p., montare in p.***, (*fig.*) assumere un tono moralistico, salire in cattedra | ***da che p. viene la predica!***, (*iron.*) con riferimento a chi fa delle critiche o dei rimproveri verso dei comportamenti da cui egli stesso non è esente **SIN.** pergamo **2** nella Roma antica, il palcoscenico del teatro | palco o tribuna per oratori **3** †tribuna dell'organo **4** nel linguaggio alpinistico, terrazzino naturale di roccia a strapiombo su una parete **5** (*tecnol.*) nei macchinari industriali, quadro di comando posto in posizione elevata da cui si può controllare l'esecuzione del processo **6** (*mar.*) ringhiera in tubo metallico che completa la battagliola del ponte di un'imbarcazione a prua e a poppa

pulque /*sp.* 'pulke/ [vc. sp., di orig. amer. ✱ 1908] **s. m. inv.** ● bevanda alcolica in uso nel Messico, ottenuta dalla fermentazione del succo d'agave

♦**pulsànte** **A** **part. pres.** di *pulsare*; anche **agg. 1** che pulsa | (*fig.*) pieno di movimento, di vita: *il cuore p. della città* **2** (*elettr.*) ***corrente p.***, che ha direzione costante e intensità variabile ciclicamente **B** **s. m. 1** bottone che si spinge per azionare un meccanismo: *p. del cronografo* **2** bottone che, premuto, apre o chiude un circuito elettrico, spec. di una lampada o di un campanello | (*inform.*) area definita nella videata di un programma, attivando la quale l'utente dà istruzioni o acquisisce informazioni **SIN.** bottone ‖ **pulsantìno**, **dim.**

pulsantièra [da *pulsante* ✱ 1958] **s. f.** ● pannello che contiene e protegge una serie di pulsanti di comando o di segnalazione

pùlsar [vc. ingl., composto di *puls(ating) (st)ar* 'stella pulsante', sul modello di *quasar* ✱ 1968] **s. f. inv.** ● stella a neutroni, residuo di una supernova, caratterizzata da un'emissione di radiazione elettromagnetica a impulsi

♦**pulsàre** [vc. dotta, lat. *pulsāre*, intens. di *pĕllere* 'spingere' (V. *espellere*) ✱ sec. XIV] **v. intr.** (**aus.** *avere*) **1** dare battiti, palpitare: *il cuore pulsa regolarmente* | (*est.*) battere ritmicamente: *S'ode p. il motore del canotto* (G. D'ANNUNZIO) **2** (*fig.*) essere pieno di vita, di movimento, di fervore: *il traffico della metropoli pulsa* **3** †bussare, battere alla porta **4** (*mus.*) battere, picchiare

pulsàtile [1481] **agg.** ● (*raro*) che pulsa: *organo p.*

pulsatilità [1983] **s. f. inv.** ● (*raro*) proprietà di ciò che è pulsatile

pulsatilla [da *pulsare* 'spingere', perché il rizoma produce dei rami aerei ✱ 1561] **s. f.** ● pianta erbacea perenne delle Ranuncolacee con foglie divise in lacinie lineari, pelose, comune nei luoghi erbosi o fra le rocce delle Alpi (*Pulsatilla vulgaris*)

pulsatóre [vc. dotta, lat. tardo *pulsatōre(m)* 'che batte', da *pulsātus*, part. pass. di *pulsāre* 'pulsare' ✱ av. 1952] **s. m.** ● (*fis.*) vibratore

pulsazióne [vc. dotta, lat. tardo *pulsatiōne(m)*, da *pulsātus*, part. pass. di *pulsāre* 'pulsare' ✱ av. 1535] **s. f. 1** sensazione tattile di urto che si percepisce in corrispondenza del cuore e delle arterie superficiali **SIN.** battito **CFR.** sfigmo- **2** oscillazione di una corda, spec. riferita a strumento musicale **3** (*fis.*) ***p. di una grandezza***, prodotto della frequenza per l'angolo 2π

†**pulseggiàre** [intens. di *pulsare* ✱ sec. XIV] **v. intr.** ● (*lett.*) palpitare, battere

pulsìmetro [comp. del lat. *pŭlsus* 'polso' e *-metro* ✱ 1835] **s. m.** ● (*med.*) apparecchio per la misurazione del polso

pulsionàle [1968] **agg.** ● (*psicoan.*) relativo a pulsione: *carica p.* ‖ **pulsionalità**, **s. f. inv.** caratteristica di ciò che è pulsionale; (*est.*) impulsività

pulsióne [vc. dotta, lat. tardo *pulsiōne(m)* (che significa però 'lo scacciare'), da *pŭlsus*, part. pass. di *pĕllere* 'spingere' (V. *espellere*) ✱ 1612] **s. f. 1** (*raro*) impulso, spinta **2** (*psicoan.*) l'insieme delle tendenze istintive che spingono l'individuo alla soddisfazione immediata dei bisogni primari | (*est.*) tendenza, impulso profondo, più o meno consapevole: *pulsioni xenofobe*

pulsìvo [da *pulsione* ✱ 1983] **agg. 1** che è relativo a un impulso o deriva da un impulso | (*psicoan.*) pulsionale **2** (*mus.*) ***ritmo p.***, modello ritmico simile tipico della musica barocca, che accentua le caratteristiche dell'ostinato

pulsogètto [dall'ingl. *pulse jet*, propr. 'getto a pulsione' ✱ 1958] **s. m.** ● (*aeron.*) pulsoreattore

pulsòmetro [ingl. *pulsometer*, comp. del lat. *pŭlsus* 'spinta', da *pŭlsus*, part. pass. di *pĕllere* (V. *pulsione*) e *-meter* '-metro' ✱ 1883] **s. m.** ● apparecchio che utilizza la pressione esercitata dal vapore acqueo per sollevare un liquido

pulsoreattóre [da *reattore*, sul modello di *pulsogetto* ✱ 1946] **s. m.** ● (*aeron.*) esoreattore con combustione a intermittenza, in cui l'aria comburente entra, attraverso valvole a lamelle, direttamente nella camera di combustione, quando la pressione interna diventa minore di quella esterna

†**pultàceo** ➤ **poltaceo**

†**pultìglia** ➤ **poltiglia**

pulverulènto ➤ **polverulento**

pulvinar [lat. *pulvīnar* 'cuscino' (V. *pulvinare*) ✱ 1983] **s. m. inv.** (**pl. lat.** *pulvinaria*) ● (*anat.*) nucleo posteriore del talamo dei Mammiferi, connesso con aree della neocorteccia legate alle attività cerebrali più complesse

pulvinàre [vc. dotta, lat. *pulvināri*, abl. di *pulvīnar*, da *pulvīnus* 'cuscino', di etim. incerta ✱ sec. XIV] **s. m. 1** letto sul quale gli antichi Romani deponevano le immagini degli dei nella cerimonia del lettisternio **2** letto matrimoniale degli imperatori romani | luogo destinato alla famiglia imperiale nel circo

pulvinarectomìa [comp. di *pulvinar* ed *-ectomia* ✱ 1983] **s. f.** ● (*chir.*) intervento chirurgico di asportazione del pulvinar

pulvinàto [dal lat. *pulvinatu(m)*, da *pulvinu(m)* 'cuscino', per la forma ✱ av. 1472] **agg. 1** (*archit.*) dotato di pulvino | detto di elemento architettonico di forma convessa, tondeggiante **2** (*bot.*) detto di muschi e piccole piante vascolari a forma di cuscinetto

pulvìno [vc. dotta, lat. *pulvīnu(m)* 'cuscino' (V. *pulvinare*), per la forma ✱ 1375 ca.] **s. m. 1** (*archit.*) elemento architettonico compreso tra il capitello e l'imposta di due o più archi, in pietra liscia o lavorata, con funzione di ripartire sulla colonna il peso delle strutture sovrastanti **2** (*bot.*) rigonfiamento carnoso alla base del picciolo fogliare, frequente nelle Leguminose, le cui variazioni di turgore causano il movimento delle foglie, come nella sensitiva | forma a cuscino frequente nei muschi e in alcune piccole piante vascolari

pulviscolàre [1922] **agg.** ● di pulviscolo | (*fig.*, *lett.*) indistinto

pulvìscolo o (*raro*) **polvìscolo** [vc. dotta, lat. *pulvĭsculu(m)*, dim. di *pŭlvis* 'polvere' ✱ 1499] **s. m. 1** polvere minutissima | ***p. atmosferico***, complesso delle particelle solide o liquide sospese nell'atmosfera e attorno alle quali si condensa il vapore acqueo per formare le nubi | ***p. radioattivo***, complesso delle particelle radioattive liberate da un'esplosione nucleare **2** (*bot.*, *pop.*) polline **3** (*fig.*) miriade: *un p. innumerevole di gruppi* (A. GRAMSCI) **4** (*fig.*, *lett.*) riverbero | (*fig.*, *lett.*) insieme di suoni indistinti: *un p. di rumori* (I. CALVINO)

pulzèlla o (*lett.*) **pulcèlla** [ant. fr. *pulcele*, dal lat. parl. **pulicĕlla(m)*, di etim. incerta ✱ av. 1250] **s. f.** ● (*raro*, *lett.*) fanciulla, vergine | ***la P. d'Orléans***, (*per anton.*) Giovanna d'Arco ‖ †**pulzellétta**, **dim.** | (*lett.*) **pulzellóna**, **accr.**

pum o **pùmfete** [vc. onomat. ✱ 1862] **inter.** ● riproduce il rumore di uno sparo, di un'esplosione o il tonfo di qlcu. che cade pesantemente

pùma [vc. di orig. quechua ✱ 1769] **s. m. inv.** ● felino americano di forme snelle, con capo piccolo, colorazione fulva, cacciatore abilissimo, che corre, salta e si arrampica sugli alberi con eccezionale agilità (*Puma concolor*)

pùmfete ➤ **pum**

pummaròla o **pommaròla** [vc. napol., prob. var. di *pummadora* 'pomodoro' ✱ 1931] **s. f.** ● (*merid.*) pomodoro | (*est.*) salsa di pomodoro, spec. usata come condimento: *spaghetti, maccheroni con la p.*

pump /pamp, *ingl.* pʌmp/ [vc. ingl., propr. 'pompa', per il suo continuo moto alternato ✱ 1996] **s. m. inv.** ● ginnastica volta a potenziare il tono muscolare mediante esercizi con il bilanciere

punch ① /pɔntʃ, *ingl.* pʌntʃ/ [vc. ingl., *punch*, prob. dal sanscrito *pañca* 'cinque', di orig. indeur., perché composto, in orig., di cinque elementi: arak, tè, zucchero, acqua e succo di limone ✱ 1749] **s. m. inv.** (**pl. ingl.** *punches*) ● bevanda preparata con acqua bollente, rum o altro liquore, zucchero e scorza di limone **CFR.** ponce

punch ② /pantʃ, *ingl.* pʌntʃ/ [vc. ingl., 'pugno'. V. *punching ball* ✱ 1958] **s. m. inv.** (**pl. ingl.** *punches*) ● nel pugilato, pugno secco di notevole potenza

punching bag /'pantʃin(g) bɛg, *ingl.* 'pʌntʃɪŋ,bæg/ [loc. ingl., propr. 'sacchetto da pugni'. Per *punching* V. *punching ball*; *bag* è di orig. celtica ✱ 1927] **loc. sost. m. inv.** (**pl. ingl.** *punching bags*) ● involucro in pelle o altro materiale contenente segatura o sabbia, sospeso a una corda, che il pugile colpisce per allenamento **SIN.** sacco

punching ball /'pantʃin(g) bɔl, *ingl.* 'pʌntʃɪŋ,bɔːl/ [loc. ingl., comp. di *to punch* 'dare pugni' (forma collaterale di *to pounce* 'balzare addosso', dal medio ingl. *ponson, ponchon* 'strumento appuntito', che risale, attrav. il fr., al lat. *punctiōne(m)*. V. †*punzione*) e *ball* 'palla' (vc. germ. di orig. indeur.) ✱ 1927] **loc. sost. m. inv.** (**pl. ingl.** *punching balls*) ● palla di cuoio appesa a un supporto o fissata al pavimento e al soffitto per mezzo di due cordoni elastici, che il pugile colpisce per allenamento

pùncio ➤ **poncio**

♣**pùnctum dòlens** [loc. lat., propr. 'punto dolente'] **loc. sost. m. inv.** (**pl. lat.** *puncta dolentia*) ● il punto più delicato e scottante di una questione, una situazione, un argomento e sim.

†**pùnga** ➤ **pugna**

†**pungèllo** [av. 1313] **s. m. 1** pungolo **2** (*fig.*) stimolo, istigazione

pungènte **part. pres.** di *pungere*; anche **agg. 1** nei sign. del v. | (*est.*) acre: *odore p.* | (*fig.*) conturbante, acuto: *nostalgia, ricordo, desiderio p.* **2** (*fig.*) molto intenso: *freddo, vento p.* | (*fig.*) beffardo, mordace, maligno: *una battuta p.*; *Talvolta l'odio s'esalava ... in motti pungenti* (A. MANZONI) ‖ **pungenteménte**, **avv.** (*raro*) in modo pungente (*spec. fig.*)

♦**pùngere** o (*poet.*) †**pùgnere** [lat. *pŭngere*. V. *pugno* ✱ av. 1250] **A** **v. tr.** (**pres.** *io pùngo, tu pùngi*; **pass. rem.** *io pùnsi, tu pungésti*;

part. pass. *pùnto*) **1** ferire lievemente penetrando nella pelle o nei tessuti superficiali con una punta acuminata: *p. una vena con un ago; lo ha punto una zanzara; fuggendo lei vicina all'acque, / una biscia la punse* (A. POLIZIANO) **2** (*est.*) dare la sensazione di una puntura, pizzicando o irritando (*anche assol.*): *l'ortica punge la pelle; il freddo invernale punge* **SIN.** pizzicare **3** (*lett.*) spronare, pungolare: *p. il cavallo* | (*lett., fig.*) stimolare: *mi punge il desiderio di vedervi; te punge e move / studio de' carmi* (G. LEOPARDI) | (*scherz.*) ***mi punge vaghezza***, desidero, vorrei **4** (*fig.*) offendere, punzecchiare, ferire con atti o parole: *p. la sensibilità, la vanità di qlcu.* | ***p. qlcu. sul vivo***, colpirlo dove è più sensibile | (*lett.*) affliggere: *poiché troppa di te cura mi punge* (G. PARINI) **SIN.** irritare, molestare **5** †colpire fulmineamente **B** **pùngersi** v. rifl. e tr. pron. (aus. *essere*) ● ferirsi lievemente con una punta acuminata: *si è punta un dito raccogliendo le rose*

†**pungìglio** [1340 ca.] s. m. **1** pungolo (*anche fig.*) **2** pungiglione

pungiglióne [da *pungere* ✻ av. 1292] s. m. **1** (*zool.*) aculeo addominale di alcuni animali, e in particolare di alcuni Imenotteri, che serve a inoculare il veleno prodotto da apposite ghiandole **2** †pungolo | (*fig.*) †stimolo, incitamento

†**pungiglióso** (o -ṣ-) [da *pungere* ✻ av. 1342] agg. ● spinoso | (*fig., lett.*) pressante

†**pungiménto** [av. 1292] s. m. ● il pungere (*anche fig.*) | puntura

pungitóio [sec. XIV] s. m. (pl. *-ói*) **1** †strumento per pungere **2** (*tosc.*) accoratoio

pungitòpo o **pugnitòpo** [comp. di *pungere* e *topo*; detto così perché nelle campagne lo si usava per tenere lontani i topi dalle provviste ✻ 1499] s. m. (pl. inv. o *-i*) ● (*bot.*) piccolo cespuglio sempreverde delle Ruscacee, con fusti eretti duri e rigidi, provvisti di cladodi, simili a foglie aculeate, con fiori verdastri e bacche rosse invernali (*Ruscus aculeatus*) **CFR.** rusco

pungitóre [av. 1589] agg. e s. m. (f. *-trice*) ● (*raro*) che (o chi) punge

†**pungitùra** [av. 1375] s. f. ● puntura

✦**pungolàre** [da *pungolo* ✻ av. 1665] v. tr. (*io pùngolo*) **1** colpire, stimolare col pungolo **2** (*fig.*) stimolare, sollecitare, spronare qlcu. a fare qlco.

✦**pùngolo** [da *pungere* ✻ 1300 ca.] s. m. **1** lungo bastone acuminato o con punta di ferro, per stimolare i buoi al lavoro **2** (*fig.*) incitamento, sprone, stimolo: *il p. della fame, del bisogno; è mosso dal p. dell'ambizione*

punìbile [da *punire* ✻ 1498] agg. ● che può, che deve, essere punito: *reato p.; atto p.* || **punibilità**, s. f. inv. (V.)

punibilità [1871] s. f. inv. **1** condizione di chi (o di ciò che) è punibile **2** possibilità giuridica di infliggere a un soggetto una sanzione penale: *condizione obiettiva di p., di non p.*

Punicàcee [dal lat. (*mālum*) *pūnicum* 'mela fenicia', per l'orig. ✻ 1929] s. f. pl. (sing. *-a*) ● (*bot.*) famiglia di piante dicotiledoni arboree o arbustive con frutto diviso da diaframmi in logge con molti semi (*Punicaceae*)

punìceo [vc. dotta, lat. *punīceu(m)* 'color rosso scuro', da *Pūnicus* 'punico', perché la porpora veniva dalla Fenicia ✻ 1499] agg. ● (*lett.*) di colore rosso intenso e scuro: *il p. strascico di foglie* (G. PASCOLI)

pùnico [vc. dotta, lat. *Pūnicu(m)*, da *Pōenus* 'Cartaginese', da avvicinare al gr. *Phôinix* 'fenicio' ✻ sec. XIV] agg. (pl. m. *-ci*) ● cartaginese | ***guerre puniche***, quelle tra Roma e Cartagine | (*lett.*) ***pomo p.***, melagrana: *scrissi i miei versi in su le poma puniche* (I. SANNAZARO)

†**puniménto** [av. 1292] s. m. ● punizione

✦**punìre** [vc. dotta, lat. *punīre*, da *pōena* 'pena' ✻ 1213] v. tr. (*io punisco, tu punìsci*) **1** sottoporre a una pena, a un castigo: *p. i traditori; la legge punisce i colpevoli; p. con il carcere, con l'esilio* | sanzionare una colpa, un reato con un castigo o una pena: *la tua disubbidienza sarà punita; la legge punisce lo spaccio di droga; l'antiche repubbliche non avevano leggi da p. l'offesa ed ammendar i torti privati* (G. VICO) **2** (*est.*) danneggiare, penalizzare: *una tassa che punisce i ceti medi* **SIN.** castigare **CONTR.** premiare, ricompensare

punitìvo [1363] agg. ● che tende, che serve a punire: *legge punitiva; spedizione punitiva* | che danneggia, che penalizza: *provvedimento p. per l'agricoltura* || **punitività**, s. f. inv.

punìto part. pass. di *punire*; anche agg. ● nei sign. del v.

punitóre [vc. dotta, lat. *punitōre(m)*, da *punītus* 'punito' ✻ 1282] agg. e s. m. (f. *-trice*) ● che (o chi) punisce: *giustizia punitrice*

✦**punizióne** [vc. dotta, lat. *punitiōne(m)*, da *punītus* 'punito' ✻ 1312] s. f. **1** il punire | pena, castigo: *dare, infliggere una p.; meritare una p.; una p. severa, esemplare; per p. non andrai al cinema* **SIN.** castigo, pena **CONTR.** premio, ricompensa **2** nel calcio e altri sport, tiro decretato dall'arbitro contro la squadra che ha commesso un fallo: *tiro di p.; battere la p.* | ***p. di prima, di seconda***, nel caso che l'incaricato della punizione possa o meno tirare direttamente in porta | ***massima p.***, calcio di rigore

SFUMATURE DI SIGNIFICATO

punizione - pena

Si dice **punizione** il castigo che viene inflitto a qualcuno per sanzionare un'azione dannosa o proibita e scoraggiarne la ripetizione futura; il termine si usa soprattutto in riferimento alla vita militare, all'educazione dei bambini e dei giovani, allo sport. **Pena**, che in senso esteso è usato come sinonimo di *punizione*, in senso proprio è parola del linguaggio giuridico che definisce la sanzione stabilita dalla legge in conseguenza di un reato.

punk /pank, *ingl.* pʌŋk/ [vc. ingl. di orig. sconosciuta ✻ 1977] **A** s. m. e f. inv. ● seguace di un movimento giovanile sorto negli anni 1976-78, caratterizzato da segni esteriori quali il trucco esagerato, i capelli tinti in colori vivaci, gli abiti disseminati di spilloni, borchie e sim., e da forme di comportamento spesso anticonvenzionali **B** anche agg. inv.: *movimento p.; moda p.*

punkabbéstia /pankab'bestja/ o **punkabèstia** [comp. di *punk* e *bestia*, forse per le abitudini di vita che li accomunano agli animali ai quali si accompagnano ✻ 1993] s. m. e f. inv. ● appartenente a gruppi giovanili che vivono senza dimora stabile in compagnia di cani, si vestono in modo trasandato e ricorrono vistosamente al piercing e al tatuaggio

punk-rock /pank'rɔk, *ingl.* 'pʌŋk,rɒk/ [vc. ingl., comp. di *punk* e *rock* ✻ 1977] s. m. inv. ● (*mus.*) rock molto semplice e ritmato che, sovrapposto a testi spesso irriverenti, è l'espressione musicale del movimento punk

pùnsi ➤ **pungere**

✦**pùnta** ① [lat. tardo *pŭncta(m)*, f. sost. di *pŭnctus*, part. pass. di *pŭngere* 'pungere' ✻ av. 1292] s. f. **1** estremità aguzza e pungente di qlco.: *la p. del coltello, di uno spillo, della lancia* | ***prendere qlco. di p.***, (*fig.*) direttamente, con puntiglio | (*fig.*) ***prendere qlcu. di p.***, affrontarlo bruscamente o contrastarlo con decisione | (*est.*) estremità superiore, parte terminale di qlco. non necessariamente aguzza: *la p. della vela; la p. del naso* | ***la p. del campanile***, la cima | ***punte d'asparagi***, germogli commestibili utilizzati per risotti, creme e frittate | ***camminare in p. di piedi***, reggendosi solo sulla parte anteriore per non fare rumore | ***in p. di forchetta***, V. *forchetta* | ***ballare sulle punte***, nel modo tipico della danza classica | ***scrivere in p. di penna***, (*fig.*) con ricercatezza | ***avere qlco. sulla p. della lingua***, (*fig.*) stare per dirla ma non ricordarsene | ***avere qlco. sulla p. delle dita***, (*fig.*) conoscerla molto bene | ***p. secca***, V. *puntasecca* | ***p. dell'iceberg***, V. *iceberg* | †***alla p. di giorno***, allo spuntare del sole **2** †colpo inferto con un'arma appuntita | †ferita (*anche fig.*): *io il vidi morto davanti alla mia porta di più punte di coltello* (G. BOCCACCIO) | (*raro*) fitta: *sentire una p. a un fianco* **3** (*fig.*) massima frequenza, maggiore intensità di un fenomeno: *p. massima, p. minima; la p. delle partenze si è verificata ieri* | picco: *il caldo ha raggiunto punte di 38 gradi* | ***ore di p.***, quelle in cui attività, movimento, traffico cittadino, consumo di energia e sim. raggiungono la massima intensità **4** (*fig.*) la parte più avanzata di un gruppo, di un raggruppamento di individui: *pattuglia di p.* | ***uomo di p.***, persona che emerge, che spicca per le sue qualità e per la posizione di rilievo che occupa in un gruppo | nel calcio e sim., attaccante in posizione avanzata, con il compito di concludere le azioni offensive: *giocare con una p., con due punte* | ***mezza p.***, V. *mezzapunta* | (*fig.*) ***p. di diamante***, V. *diamante* **5** frammento, quantità minima: *una p. di formaggio; qui ci vuole appena una p. di zucchero* | (*fig.*) lieve traccia, venatura: *sentire una p. di invidia* **6** (*tecnol.*) chiodo nel sign. 1 **7** (*tecnol.*) utensile destinato all'esecuzione di fori o di cave per asportazione di truciolo, gener. con il trapano, in materiali quali i metalli, il legno e la pietra | ***p. elicoidale, da trapano***, utensile destinato all'esecuzione di fori cilindrici, gener. in materiali metallici | ***p. per legno***, utensile di varia forma destinato all'esecuzione di fori o cave nel legno mediante il trapano o la mortasatrice | (*fis.*) ***p. fonografica***, puntina fonografica **8** (*geogr.*) sommità aguzza di un monte: *la p. Walker nel Monte Bianco* | piccola sporgenza costiera: *p. del Faro* **9** (*antrop.*) manufatto di pietra appuntito alle due estremità, usato in lance e frecce **10** nell'alpinismo, ciascuno dei denti del rampone da ghiaccio: *ramponi a 10, a 12 punte* **11** ***p. di petto***, (*ellitt.*) ***punta***, taglio di carne bovina usata per il bollito **12** (*arald.*) pezza triangolare movente dal basso e con il vertice al centro dello scudo | (*est.*) la parte inferiore dello scudo, terminante a punta **13** (*enol.*) principio di acidità del vino **SIN.** forte, spunto **14** (*autom.*) ***p. tacco***, nella guida automobilistica, manovra per cui il piede destro aziona contemporaneamente con la punta il freno e con il tacco l'acceleratore o viceversa **15** (*med.*) ***p. d'ernia***, ernia nella fase iniziale **16** (*mus.*) estremità superiore dell'archetto degli strumenti ad arco, a cui è fissato un capo dei crini | ***suonare alla p.***, ottenendo suoni piuttosto deboli e dolci || **puntarèlla** (V.), **punterèlla**, dim. | **punterellina**, dim. | **puntina**, dim. (V.)

pùnta ② [da *puntare* ③ ✻ 1880] s. f. ● atteggiamento del cane da caccia quando punta la selvaggina: *cane da p.; il cane è in p.*

†**puntàglia** [da *punta* ① ✻ 1338 ca.] s. f. ● combattimento, contrasto | ***tenere la p.***, non cedere al nemico

puntàle [da *punta* ① ✻ av. 1348] s. m. **1** rinforzo o decorazione che si applica all'estremità di alcuni oggetti: *il p. dell'ombrello; il p. dell'albero di Natale* **2** (*mar.*) regolo diviso in punti e numeri che messo verticalmente serve a misurare l'altezza della nave | altezza della nave, dalla faccia superiore della chiglia alla inferiore del baglio maestro | (*mar.*) musone ‖ **puntalétto**, **dim.** | **puntalino**, **dim.**

†**puntalménte** [1353] **avv. 1** punto per punto **2** esattamente

puntaménto [1814] **s. m. 1** (*milit.*) operazione mediante la quale un'arma da fuoco o un'artiglieria viene disposta in modo che la traiettoria rispettiva passi per il bersaglio | ***p. diretto***, quando si mira direttamente al bersaglio, se visibile | ***p. indiretto***, quando, essendo il bersaglio non visibile, si mira a un punto ausiliario **2** operazione del portare e disporre l'aereo nel punto e nella posizione da cui, lanciando la bomba, possa colpire il bersaglio **3** (*inform.*) ***dispositivo di p.***, dispositivo di input, come un mouse, un joystick o una trackball, che permette di puntare un elemento sullo schermo

puntapièdi [comp. di *punta(re)*① e il pl. di *piede* ∗ 1889] **s. m. inv. 1** asse trasversale che unisce tra loro le gambe di alcuni tipi di tavolo **2** (*mar.*) pedagna

♦**puntàre**① o †**pontàre**, spec. nei sign. A 1 e B 1 [da *punta*① ∗ av. 1276] **A v. tr. 1** appoggiare qlco. spec. di appuntito su una superficie esercitando una pressione: *p. un chiodo sul muro per conficcarvelo*; *p. i gomiti sul tavolo*; *il rapinatore gli puntò un coltello alla gola, una pistola alla tempia* | ***p. i piedi***, cercare di fare forza sulle gambe per reggersi bene in piedi; (*fig.*) ostinarsi, impuntarsi **2** dirigere, rivolgere verso un punto: *p. la lancia*; *p. il cannocchiale* | ***p. un'arma da fuoco***, dirigerne la linea di mira sul bersaglio | ***p. il dito contro qlcu.***, (*fig.*) accusarlo **3** scommettere (*anche assol.*): *p. cinquanta euro*; *p. sull'asso*; *p. sul rosso, sul nero* | ***p. tutto su qlco.***, (*fig.*) impegnarsi con tutte le proprie forze per raggiungere un dato scopo **4** (*inform.*) individuare un elemento sullo schermo tramite un cursore grafico mosso da un dispositivo di puntamento **B v. intr.** (**aus.** *avere*) **1** avanzare direttamente e risolutamente in una determinata direzione (+ *su*): *p. su una città per conquistarla*; *l'uragano punta sulla Florida* | (*fig.*) mirare a un determinato obiettivo e impegnarsi con tutte le proprie forze per raggiungerlo (+ *a*, **anche seguito da inf.**): *p. al successo, alla carriera, alla vittoria*; *la squadra punta a qualificarsi per le Olimpiadi* **SIN.** avviarsi, dirigersi **2** (*fig.*) fare assegnamento su qlco. per raggiungere un determinato fine (+ *su*): *p. su una cospicua eredità*; *p. solo sulle proprie forze*; *l'azienda ha deciso di p. sui giovani* **SIN.** contare **3** †poggiare, gravare | (*lett.*) premere **4** †agire contro qlcu.

†**puntàre**② [da *punto* ∗ sec. XIII] **v. tr. 1** appuntare, segnare **2** criticare

puntàre③ [da *punta* ∗ 1827] **v. tr. 1** rimanere immobile dinanzi all'emanazione del selvatico, detto del cane da ferma **2** (*est., colloq.*) guardare fissamente e con insistenza: *p. una donna*; *ti ha puntato, e adesso non te ne libererai più*

puntarèlla [da *punta* con doppio suff. ∗ 1955] **s. f. 1** dim. di *punta* (1) **2** (*roman.*, **spec. al pl.**) germoglio della cicoria chiamata catalogna: *insalata di puntarelle*

puntaruòlo ➤ **punteruolo**

puntasécca o **pùnta sécca** [comp. di *punta*① e il f. di *secco*: detta così perché le sbavature dell'incavo trattengono l'inchiostro ∗ 1821] **s. f.** (**pl.** *puntesécche*) ● tecnica d'incisione, di solito associata all'acquaforte, consistente nell'incidere la lastra di rame direttamente con una punta d'acciaio | (*est.*) incisione eseguita con tale tecnica

puntaspìlli [comp. di *puntare*① e il pl. di *spillo* ∗ 1914] **s. m. inv.** ● portaspilli

puntàta① [da *punta*① ∗ 1555] **s. f. 1** colpo, tiro di punta: *una p. di sciabola* **2** (*milit.*) incursione di truppe rapida e decisa: *p. offensiva* | (*est.*) nel calcio, azione offensiva rapida e penetrante: *effettuare una pericolosa p. a rete* **3** (*est.*) gita di breve durata, prolungamento di un viaggio: *all'ultimo momento decisero una p. a Capri* ‖ **puntatina**, **dim.**

♦**puntàta**② [da *puntare*① ∗ 1871] **s. f.** ● il puntare una somma al gioco, nelle corse o anche in una scommessa: *fare una p. su un cavallo, sul rosso* | (*est.*) somma di denaro che si punta: *una forte p.*; *raddoppiare la p.*; *una p. di cinquanta euro*

♦**puntàta**③ [da *punto*① ∗ 1812] **s. f.** ● ciascuna delle parti di un'opera, anche televisiva o radiofonica, di un racconto, di un servizio giornalistico e sim., trasmessa o pubblicata a più riprese: *romanzo a puntate*; *l'ultima p.*; *segue alla prossima p.* ‖ (*fam.*) **puntatóna**, **accr.** | (*fam.*) **puntatóne**, **accr. m.**

puntàto① **part. pass.** di *puntare*①; **anche agg.** ● nei sign. del v. | diretto, rivolto contro qlcu.: *il terzo ... rimase fuori con l'arma puntata* (P. LEVI)

puntàto② **part. pass.** di *puntare*②; **anche agg. 1** †nei sign. del v. **2** costituito da una serie di punti: *linea puntata* | segnato con un punto o seguito da un punto: *S puntata significa Santo* | (*mus.*) ***nota puntata***, seguita da un punto, prolunga la durata di metà del suo valore

†**puntàto**③ [da *punta*① ∗ 1427] **agg.** ● fornito di punta

puntatóre [da *puntare*① ∗ 1641] **s. m.** (**f.** *-trice* **nei sign. 1, 2, 3, 4**) **1** chi punta **2** (*milit.*) servente di un pezzo d'artiglieria addetto al puntamento **3** chi scommette denaro al gioco **4** nel gioco delle bocce a coppie, chi s'incarica di fare i punti accostando al pallino, mentre la bocciata viene lasciata al compagno **5** (*inform.*) variabile di memoria che contiene l'indirizzo dove si trova il valore a essa associato | cursore grafico, controllato da un dispositivo di puntamento come un mouse

puntatùra [1553] **s. f. 1** (*lett.*) punteggiatura, interpunzione **2** †puntura | †puntamento, spec. di armi

puntazióne [1823] **s. f. 1** †interpunzione **2** (*ling.*) nella maggior parte delle lingue semitiche, sistema di rappresentare graficamente le vocali mediante punte e linee

puntàzza [da *punta* ∗ 1823] **s. f.** ● punta di ferro all'estremità di un palo di legno da conficcare nel terreno

punteggiaménto [1599] **s. m.** ● (*raro*) il punteggiare | insieme di piccoli punti o di piccole macchie: *stoffa con un p. molto irregolare*

punteggiàre [da *punto*① ∗ av. 1519] **v. tr.** (**pres.** *io puntéggio*; **fut.** *io punteggerò*) **1** segnare con un punto o con punti successivi | forare con una serie di punti: *p. una stoffa* | usare la punteggiatura in uno scritto **2** (*est.*) costellare qlco. di piccoli punti di colore diverso da quello di fondo: *mille luci punteggiavano la collina e la città* (C. PAVESE) | (*fig.*) intercalare, inframmezzare: *p. un discorso di errori*

punteggiàto **part. pass.** di *punteggiare*; **anche agg. 1** nei sign. del v. | formato da punti **2** cosparso irregolarmente di punti o di piccole macchie: *foglia punteggiata* | che presenta un certo numero di elementi che staccano sull'uniformità del fondo: *cielo p. di stelle*; *campagna punteggiata di alberi, orti e casupole* **3** (*fig., lett.*) inframmezzato

punteggiatóre [1670] **agg. e s. m.** (**f.** *-trice*) ● (*raro*) che (o chi) punteggia | †che (o chi) cura la punteggiatura

♦**punteggiatùra** [av. 1537] **s. f. 1** (*raro*) il punteggiare | insieme di punti o di piccole macchie sparse **SIN.** macchiettatura **2** (*ling.*) interpunzione. La punteggiatura è un elemento fondamentale del testo scritto. Il suo scopo è, da un lato, di riprodurre le pause, l'espressività, l'intonazione della lingua parlata; dall'altro, di evidenziare le componenti grammaticali e sintattiche di una frase o di un discorso, separandone o segnalandone le varie parti. Poche sono le regole fisse della punteggiatura. Il suo uso dipende molto dallo stile dello scrivente, dalle sue intenzioni espressive. Si tratta comunque di uno strumento essenziale che permette di comprendere o esprimere meglio i contenuti di un messaggio (V. note d'uso BARRA, PARENTESI, PUNTO, TRATTINO, VIRGOLA, VIRGOLETTA) **3** (*bot.*) zona nella quale la parete delle cellule vegetali non si ispessisce per permettere gli scambi con l'esterno

puntéggio [1934] **s. m. 1** (*raro*) serie di fori, di piccoli punti | cucitura **2** numero di punti riportati da chi partecipa a una gara sportiva, un esame, un gioco: *p. scarso* | ***p. pieno***, massimo, conseguito senza sconfitte o penalità

puntellaménto [1879] **s. m.** ● il puntellare (*anche fig.*)

puntellàre [da *puntello* ∗ av. 1342] **A v. tr.** (*io puntèllo*) **1** sorreggere, sostenere con puntelli: *p. un muro, una finestra* | (*fig.*) sostenere, suffragare: *p. la propria tesi con ragioni plausibili* **2** †puntare **B puntellàrsi v. rifl.** ● sostenersi, reggersi appoggiandosi a qlco.

puntellàto **part. pass.** di *puntellare*; **anche agg.** ● nei sign. del v.

puntellatùra [av. 1497] **s. f.** ● il puntellare | insieme di puntelli

♣**puntèllo** [da avvicinare a *punta*① ∗ av. 1320] **s. m. 1** trave posta obliquamente a sostegno di muro o casa pericolante | (*raro*) palo o sbarra obliqui che servono a sbarrare porte e finestre **2** (*mar.*) ognuna delle travi verticali di legno che sostengono lo scafo di una nave in corso di costruzione **3** (*fig.*) appoggio, sostegno, anche morale: *cercare un p. per la vecchiaia*; *P. della tirannia ... era la parte guasta del Paese* (G. CARDUCCI)

punterìa [da *punta*① ∗ 1601] **s. f. 1** (*mecc.*) asta metallica interposta tra la camma e il bilanciere di azionamento valvola per comandare l'apertura delle valvole nei motori a scoppio **2** (*milit.*) manovra del puntare il pezzo, aggiustandolo sulla linea orizzontale precisa e diritta | ***congegni di p.***, meccanismi di cui sono dotati i pezzi di artiglieria per effettuare il puntamento in direzione e in elevazione

punteruòlo o (*raro*) **puntaruòlo**, (*pop.*) **punteròlo** [da *punta*① ∗ 1402] **s. m. 1** ferro sottile e appuntito per fare o allargare fori **2** (*zool.*) nome comune degli Insetti appartenenti alla famiglia dei Curculionidi | ***p. del grano***, calandra del grano (*Calandra granaria*) **SIN.** curculione, rinchite

puntifórme [comp. di *punto* e *-forme* ∗ 1957] **agg.** ● detto di ciò che ha la forma di un punto, che è piccolo come un punto: *macchie puntiformi*

puntigliàre [da *puntiglio* ∗ 1654] **v. intr.** (*io puntìglio*; **aus.** *essere*) **e puntigliàrsi v. intr. pron.** ● (*raro, lett.*) impuntarsi, ostinarsi

♣**puntìglio** [sp. *puntillo*, dim. di *punto* 'punto d'onore' ∗ 1543] **s. m. 1** ostinazione di chi sostiene qlco. solo per orgoglio o per partito preso: *fare qlco. per p., soltanto per p.* **2** grande volontà, impegno tenace: *impegnarsi, lavorare con p.* **3** (*lett.*) cavillo

♣**puntiglióso** (o **-ṣ-**) [1618] **agg. 1** che agi-

a b c d e f g h i j k l m n o p q r s t u v w x y z

sce per puro puntiglio; che rivela ostinazione: *indole puntigliosa* **2** che si impegna con tenacia, con scrupolo: *studente p.* **SIN.** caparbio | preciso, meticoloso: *una puntigliosa ricostruzione dei fatti* || **puntigliosétto**, **dim.** || **puntigliosaménte**, **avv.** || **puntigliosità**, **s. f. inv.** caratteristica di chi (o di ciò che) è puntiglioso

SFUMATURE DI SIGNIFICATO

puntiglioso - pervicace - irriducibile

Puntiglioso si dice di chi fa le cose con puntiglio, aggiungendo all'idea di tenacia quella del partito preso, dell'affermazione di sé. **Pervicace** è invece una persona che si accanisce nel perseguire un obiettivo anche con atteggiamenti protervi. **Irriducibile** è chi non desiste mai dal suo proposito, non si arrende neanche davanti all'evidenza.

puntillismo [dal fr. *pointillisme*, a sua volta da *pointiller* 'punteggiare', deriv. di *point* 'punto' ✱ 1983] **s. m.** ● (*mus.*) metodo di composizione che utilizza i suoni isolatamente, come momenti timbrici autonomi

puntillista [1983] **A s. m. e f.** (**pl. m.** *-i*) ● seguace del puntillismo **B agg.** ● puntillistico

puntillistico [1983] **agg.** (**pl. m.** *-ci*) ● relativo al puntillismo

puntina [av. 1566] **s. f.** **1** dim. di *punta* **2** (*disus.*) pennino **3** piccolo chiodo con o senza testa usato da calzolai e falegnami | ***p. da disegno***, bulletta di acciaio a testa larga e piatta, usata per fissare fogli di carta su tavoli da disegno, pareti e sim. **4** minuscola punta metallica o di diamante fissata alla testina del grammofono **5** (**spec. al pl.**) pasta da minestra in forma di piccole punte | costina di maiale **6** (*mecc.*) contatto mobile inserito nello spinterogeno, azionato dalle camme dell'alberino dello spinterogeno stesso: *regolare l'apertura delle puntine*

puntinato [1983] **agg.** ● detto di disegno o di tecnica di disegno in cui il chiaroscuro è dato da puntini più o meno fitti

puntinatóre [da *puntino* ✱ 1991] **s. m.** ● strumento di precisione usato per segnare dei punti su carta, pellicole fotografiche e sim. mediante la forte e istantanea pressione che si esercita sull'ago di cui è dotato

puntinismo [da *puntino*, sul modello del fr. *pointillisme* ✱ 1915] **s. m.** ● movimento pittorico, analogo al divisionismo, sorto in Francia verso la fine del sec. XIX, consistente nell'accostamento sulla tela di piccoli tocchi di colore puro che, osservati a distanza, ricompongono nella retina l'unità del tono **CFR.** divisionismo, pointillisme

puntinista [1896] **A agg.** (**pl. m.** *-i*) ● (*arte*) del puntinismo, relativo al puntinismo **B agg. e s. m. e f.** ● seguace del puntinismo

puntino [sec. XV] **s. m.** **1** dim. di *punto*① | (*fig.*) ***mettere i puntini sulle i***, chiarire con puntigliosità i particolari di qlco., precisare minuziosamente un concetto | ***puntini puntini***, per indicare qlco. a cui si allude, talora maliziosamente, talora col significato di 'eccetera, eccetera', 'e così via': *i soliti lavori di casa: rifare i letti, lavare le stoviglie, puntini puntini; si appartarono dietro una siepe, puntini puntini* **2** nella loc. avv. ***a p.*** o (con grafia unita) ***appuntino***, con grande cura e precisione, come si deve, come è necessario, e sim.; benissimo, perfettamente: *fare qlco. a p.*; *cibo cotto a p.*; *quella giacca ti sta a p.*; *Le prescrizioni del dottore bisogna eseguirle appuntino* (L. CAPUANA)

puntizzatóre [1983] **s. m.** ● (*mecc.*) scalpello appuntito per segnare con piccoli punti una traccia sui pezzi da lavorare

♦**punto**① [vc. dotta, lat. *pŭnctu(m)* 'forellino', poi 'punto' ✱ sec. XIII] **s. m.** **1** (*mat.*) ente geometrico primitivo, intuitivamente legato al concetto di posizione nello spazio, non scomponibile e privo di dimensioni | (*est.*) ente fondamentale di uno spazio dotato di struttura topologica | ***p. d'accumulazione***, per un sottoinsieme di uno spazio topologico, punto tale che in ogni suo intorno vi siano elementi del sottoinsieme distinti dal punto stesso | ***p. di fuga, p. limite***, punto nel quale concorrono le rette che in una data rappresentazione sono le immagini di rette parallele | ***p. di tangenza, di contatto***, punto nel quale le curve, o le superfici, considerate sono tangenti | ***punti cardinali***, i quattro punti fondamentali dell'orizzonte, Nord, Sud, Est, Ovest, ai quali si riferisce ogni sistema d'orientamento | †***tiro di p. bianco, in p. bianco***, nell'artiglieria antica, tiro senza elevazione, con la linea di mira orizzontale, che non richiedeva particolare preparazione | ***di p. in bianco***, (*fig.*) a un tratto, all'improvviso, inaspettatamente (dalla loc. milit. fr. 'de but en blanc', propr. 'nel punto segnato sul bersaglio'; cioè 'ad alzo zero', 'a bruciapelo') | ***punti di riferimento***, quelli caratteristici del terreno e topograficamente noti, che servono per determinare rapidamente la posizione di un qualunque obiettivo | ***p. di riferimento***, (*fig.*) chi (o ciò che) viene assunto come termine fondamentale di confronto, di orientamento | ***p. zero***, proiezione verticale, sulla superficie, del punto di scoppio di un ordigno nucleare | ***p. morto***, (*milit.*) luogo non battuto dal tiro del nemico; (*mecc.*) ciascuno dei due punti estremi della traiettoria di un organo meccanico dotato di moto alternativo, quale uno stantuffo mobile in un cilindro, nei quali è nulla la velocità istantanea dell'organo stesso | (*fig.*) ***essere, arrivare, trovarsi a un p. morto***, in una situazione da cui non si vede possibilità di uscita | ***p. di vista***, (*fig.*) quello dal quale si giudica qlco. **2** (*mar.*) posizione | ***fare, prendere il p.***, rilevare la posizione | ***tenere, fissare il p.***, (*fig.*) restare in argomento, individuare i termini precisi di una questione | (*fig.*) ***fare il p. della*** (o ***sulla***) ***situazione***, V. *situazione* **3** ***p.*** (***fermo***), segno grafico formato da un tocco della punta della penna, come quello sulla *i* minuscola o dopo un'abbreviazione; come segno d'interpunzione, indica la fine di un periodo; in informatica, è usato come elemento separatore negli indirizzi web o nel nome dei file | ***p. fermo***, (*fig.*) elemento irrinunciabile in una trattativa, un programma e sim. | ***due punti***, segno grafico che introduce un membro del periodo in diretta dipendenza con l'antecedente | ***p. e virgola***, segno grafico che introduce un membro del periodo in posizione autonoma rispetto all'antecedente | ***p. interrogativo, esclamativo***, segni grafici che connotano l'intonazione interrogativa o esclamativa di un periodo | in determinati casi o in alcuni motori di ricerca, il punto interrogativo viene usato per indicare un qualunque carattere, in particolare qualunque desinenza (per es. *buon?* per 'buono', 'buona', 'buoni', 'buone', ecc.) | ***p. interrogativo***, (*fig.*) chi ha un comportamento poco chiaro, o ciò che è di incerta risoluzione: *quell'uomo è un vero p. interrogativo*; *quella vicenda costituisce un p. interrogativo*; espressione interrogativa: *di piantarvi lì... con un p. interrogativo negli occhi* (G. VERGA) | ***punti di sospensione, sospensivi***, serie di punti, normalmente tre, posposti a un periodo per connotarne una prosecuzione implicita (V. nota d'uso PUNTO) | ***fare p.***, (*fig.*) fermarsi; †prestare attenzione | ***p. e basta!***, (*ellitt.*) ***punto!***, esclamazione che conclude in modo perentorio una discussione: *ho detto che non ci vengo, p. e basta!*; *ti ripeto che si fa così: p.!* | ***mettere i punti sulle i***, (*fig.*) chiarire, precisare bene **4** oggetto, segno molto piccolo o piccolo come un punto: *le stelle appaiono come punti* | ***p. nero***, (*pop.*) comedone; (*fig.*) azione moralmente riprovevole nella condotta, nella vita di qlcu. | (*anat.*) ***p. lacrimale***, foro terminale delle ghiandole lacrimali sulla palpebra | (*anat.*) ***p. cieco***, punto della retina dove si espande il nervo ottico, insensibile alla luce | macchiolina: *insetto a punti rossi* **5** luogo determinato, preciso: *da quel p. si gode una bella vista* | ***p. iniziale***, di partenza; (*fig.*) quello dal quale procede un ragionamento, un discorso, un'azione | ***p. di ritrovo***, luogo, posto in cui ci si incontra: *è il nostro p. di ritrovo* | ***p. nevralgico***, (*fig.*) luogo o fase più delicati, più difficili: *un p. nevralgico per il traffico*; *il p. nevralgico di una questione* | ***p.*** (***di***) ***vendita***, centro di vendita, negozio in cui si vende un dato prodotto | (*raro*) posizione: *il p. del sole all'orizzonte* | ***p. luce***, (**spec. al pl.**) sorgente di illuminazione artificiale | ***p. dolente***, (*fig.*) il più delicato e scottante di una questione | ***p. caldo***, (*fig.*) zona in cui esistono forti contrasti, tensioni, conflitti | ***p. debole***, (*fig.*) l'aspetto meno valido o più criticabile di qlcu. o qlco. | ***p. di forza***, (*fig.*) elemento di maggior validità: *la bellezza delle immagini è il p. di forza del film* **6** passo di un discorso, di un testo: *rispondere sopra un p.*; *scegliere un p. della Divina Commedia*; *un p. molto toccante* | ***p. controverso***, passo oggetto di interpretazioni discordanti | (*est.*) argomento di una discussione: *abbiamo già affrontato molti punti* | questione più importante, aspetto da prendere in considerazione: *venire al p.*; *questo è il p.*; *il p. è che non tutti sono d'accordo* | ***in p. di***, (***lett. in punto a***) sul piano di, dal punto di vista di: *affrontare una questione in p. di diritto*; *s'imbronciava di dover sfigurare in p. a brio ed a loquela* (I. NIEVO) | ***trattare p. per p.***, con ordine, precisione e particolareggiatamente | ***p. d'onore***, questione delicata, che coinvolge l'onore, il buon nome di qlcu. **7** istante, attimo, momento: *cogliere il p. giusto* | ***arrivare a buon p.***, al momento giusto, opportuno | ***essere sul p. di*** (***lett. in punto di, in punto a***), stare per: *essere sul p. di partire*; *gente schierata e in p. di combattere* (A. MANZONI) | ***in p. di morte***, vicino a morire | †***essere in p. a fare qlco.***, essere disposto, pronto | ***a mezzogiorno in p.***, a mezzogiorno preciso | ***in un p.***, nello stesso momento; (***lett.***) subito, a un tratto: *felice io sono e misero in un p.* (V. ALFIERI) | (***lett.***) ***a p.***, con cura: *una piccola cameriera ... vestita a p.* (A. MORAVIA) | †***di***, †***a p.***, precisamente, esattamente **8** termine, segno, limite: *essere a buon p.*; *arrivate fino a questo p.* | ***fino a un certo p.***, parzialmente, entro certi limiti: *sono d'accordo con te, ma solo fino a un certo p.* | ***di tutto p.***, completamente, con estrema cura: *si vestì di tutto p.* | grado, momento culminante di un processo, di un'azione: *il p. di cottura*; *toccare il p.* | nelle loc. cong. ***al p. di, al p. da, al p. che***, al limite estremo oltre il quale si fa o avviene qlco. (introducono una prop. consecutiva implicita o esplicita): *è di carattere debole, al p. di rinunciare alle prime difficoltà*; *la esasperarono al p. che ella più d'una volta tentò di gittarsi giù dal letto* (G. D'ANNUNZIO) | ***p. di non ritorno***, in volo o in navigazione, punto oltre il quale il carburante rimasto non è sufficiente per il rientro alla base di partenza; (*fig.*) punto raggiunto il quale un processo diventa irreversibile | (*tecnol.*) ***mettere a p. un dispositivo, una macchina***, metterli nelle migliori condizioni di funzionamento | (*fig.*) ***mettere a p. un problema, una questione*** e sim., precisare i termini che li definiscono **9** (*raro*) segno, simile a quello grafico, che compare su scale, strisce graduate e indica il grado, l'unità: *i punti della bilancia* **10** espressione della variazione di fenomeni misurati numericamente: *la contingenza scatta di tre punti* | ***p. percentuale***, V. *percentuale* | ogni unità che costituisca un elemento di valutazione del merito di un esaminando, della posizione di un giocatore, del vantaggio di un concorrente, in una classifica, ecc.: *essere promosso con il massimo dei punti; perdere per uno scarto di tre punti* | ***vittoria ai punti***, nel pugilato, quella assegnata a chi riporta il miglior punteggio in base al maggior numero di colpi portati a segno e, in caso di parità, ai coefficienti di abilità, aggressività, difesa, efficacia | ***p. della bandiera***, nel calcio e sim., l'unico realizzato da una squadra che perde con un pesante punteggio | (*raro*) ***dare dei punti a un competitore***, concedergli un vantaggio | ***dare dei punti a qlcu.***, (*fig.*) superarlo di molto in qlco. **11** tratto di filo fra due fori che segnano l'entrata e l'uscita dell'ago nel tessuto: *punti lunghi, corti, fitti, radi; p. a filza; p. occhiello; p. erba; p. a smerlo; p. a croce; piccolo p.* | ***p. a maglia***, lavorato con i ferri | ***dare un p.***, fare una rapida cucitura | ***p. metallico***, piccola graffa metallica usata nelle cucitrici per carta, cartone e sim. **12** (*med.*) elemento di filo o di metallo che viene posto a chiusura di una ferita: *p. chirurgico; suturare con quattro punti; mettere, togliere i punti* **13** (*fis.*) valore o insieme di valori di determinate grandezze che caratterizzano e individuano particolari fenomeni: *p. d'infiammabilità dei materiali volatili* | ***p. di ebollizione***, temperatura a cui un liquido bolle sotto la pressione di un'atmosfera | ***p. di fusione***, temperatura costante a cui fonde ogni sostanza pura per ogni valore della pressione esterna | ***p. di gelo***, temperatura di congelamento di una soluzione | ***p. critico***, punto dell'isoterma critica di un gas reale che assegna i valori di pressione, volume e temperatura tali che solo al di sotto di detti valori di temperatura e volume è possibile liquefare il gas aumentando la pressione; (*fig.*) momento cruciale | ***p. di infiammabilità***, temperatura minima a cui, in condizioni standardizzate, si accendono i vapori di una sostanza al contatto con una fiamma | ***p. di Curie***, temperatura al di sopra della quale le sostanze ferromagnetiche perdono le loro proprietà e diventano paramagnetiche | ***p. eutettico***, temperatura a cui una soluzione eutettica solidifica o fonde completamente | ***p. triplo***, la pressione e la temperatura particolari a cui le tre diverse fasi di una data sostanza coesistono in equilibrio **14** gradazione di colore: *un bel p. di blu* **15** (*mus.*) segno che, posto dopo nota o pausa, ne prolunga la durata di metà del suo valore e, collocato sopra le note, indica lo staccato | ***p. coronato***, corona **16** ***p. tipografico***, (*ellitt.*) ***punto***, unità di misura tipografica, pari a un dodicesimo di riga (0,376 mm nel sistema Didot, 0,351 nel sistema Pica) **17** ***p. francese***, unità di misura della taglia delle scarpe in uso nell'Europa continentale, corrispondente a 2/3 di centimetro **18** centesimo di carato || **puntàccio**, **pegg.** | **puntarèllo**, **punterèllo**, **dim.** | **punticino**, **dim.** | **puntino**, **dim.** (V.) | **puntolino**, **dim.**

NOTA D'USO

punto

Tra i segni di punteggiatura il **punto**, o **punto fermo**, indica la pausa più lunga e si pone generalmente alla fine di una frase. Dopo il punto è necessario usare la lettera maiuscola: *Ora devo proprio andare. Ne riparleremo domani.* Il punto fermo si alterna talvolta nell'uso con il punto e virgola e i due punti, in qualche caso anche con la virgola: la scelta dipende da un particolare stile o da accentuazioni diverse che si vogliono conferire al testo. Il punto fermo si usa anche nelle abbreviazioni: *sim., es., ecc.*; è bene ricordare che il punto alla fine di un'abbreviazione fa anche, quando serve, da punto finale di un periodo e quindi non va raddoppiato. ATTENZIONE: il simbolo delle unità di misura non è mai seguito dal punto: *35 cm, 12 kg, 3 °C*, ecc.

Il **punto e virgola** indica una pausa più lunga di quella indicata dalla virgola, ma più breve del punto fermo. Divide in genere i termini di un elenco se sono di una certa lunghezza o contengono delle virgole (V. nota d'uso VIRGOLA). Si usa talvolta al posto di congiunzioni che indichino rapporti di tempo, di causa ecc.: *Tornò a casa molto tardi; i suoi genitori erano andati a letto.*

I **due punti** indicano una sospensione del discorso e servono a introdurre un elenco: *Gli ingredienti sono: burro, zucchero, farina e uova*; a introdurre un discorso diretto o una citazione: *Mi rispose: 'Conosci già il mio parere'; Come dice l'art. 34 della Costituzione: 'La scuola è aperta a tutti'*; oppure a chiarire il contenuto della frase precedente: *I suoi propositi erano incrollabili: mai avrebbe rinunciato a quell'incarico.* In qualche caso i due punti vengono usati al posto di una congiunzione (causa, temporale e sim.) per dare al periodo un tono di maggior vivacità: *Uscì: e non ne aveva voglia* (al posto di *sebbene non ne avesse voglia*); *Si alzò da tavola: era ormai sazio* (al posto di *poiché era ormai sazio*).

Il **punto esclamativo** indica il tono di un'esclamazione che esprime sorpresa, gioia, dolore, avvertimento e sim. o che costituisce un ordine perentorio: *Smettila!; Attenzione!* Di solito il punto esclamativo si pone alla fine di un periodo ed è seguito da iniziale maiuscola: *Smettetela con questo chiasso! Così non si può lavorare.* Talvolta è posto dopo una parola all'inizio di frase o separa una successione di frasi esclamative; in questi casi può essere seguito da iniziale minuscola: *Ah! non me lo sarei mai aspettato; Che agitazione! che rumore! che andirivieni di persone!; Attenzione! la trave sta cedendo!*

Il **punto interrogativo** o **punto di domanda** indica il tono di domanda alla fine di una frase o anche di una sola parola: *Che ore sono?; Come?* Normalmente la parola che segue il punto interrogativo vuole l'iniziale maiuscola; tuttavia – come per il punto esclamativo – in determinati casi si può usare l'iniziale minuscola: *Perché? che vuoi dire?; Come se la sarebbe cavata? quale risposta avrebbe dato? come avrebbe reagito alle accuse?*

Talvolta il punto esclamativo e interrogativo si possono usare insieme per dare ad un'espressione un tono allo stesso tempo di domanda e di sdegno: *Ma è impazzito?!; Davvero!?*

I **punti** (o **puntini**) **di sospensione** sono i tre punti che indicano una sospensione del discorso ed esprimono imbarazzo, allusione, reticenza, ammiccamento e sim.: *Mah... non so; Tra lui e lei... mi capisci?; Tanto va la gatta al lardo...* (accennando al proverbio senza citare la seconda parte: *che ci lascia lo zampino*); talora sono usati per abbreviare una parola volgare: *quello lì è proprio uno str...!* Se i punti di sospensione coincidono con la fine di una frase, la parola seguente ha l'iniziale maiuscola: *Non mi convince... Meglio rimandare la decisione* (V. note d'uso MAIUSCOLA e PUNTEGGIATURA).

pùnto② [da *punto①* nel sign. di 'misura piccolissima' ✻av. 1294] **A** **avv.** **1** (*tosc.*) affatto, per nulla (spec. preceduto dalla negazione): *non sono p. stanco; Io non v'invidio p., angeli santi* (G. STAMPA) | ***né p. né poco***, per nulla: *di lui non mi importa né p. né poco* **2** solo un po', solo un momento: *qual di questa greggia / s'arresta p.* (DANTE *Inf.* XV, 37-38) | ***p. che***, appena che (anche iter.): *e, p. p. che qualche fornaio indugiasse, pressava* (A. MANZONI) **B** **agg. indef.** ● (*tosc.*) niente, alcuno: *non ha punta voglia di studiare; non ha punti quattrini*

pùnto③ **part. pass.** di *pungere*; anche **agg.** ● nei sign. del v. | (*fig.*) spinto, stimolato: *p. dalla curiosità, dalla gelosia*

†**puntocòma** [comp. di *punto①* e *coma③* ✻ 1561] **s. m.** ● punto e virgola

puntofrànco [comp. di *punto①* e *franco* ✻ 1912] **s. m.** (**pl.** *puntifrànchi*) ● zona portuale in cui vige un regime di franchigia doganale

puntóne [da *punta①* ✻1319] **s. m.** **1** (*archit.*) asta compressa nelle strutture reticolari | ciascuna delle due travi inclinate della capriata destinate a sostenere l'orditura del tetto | ***falso p.***, trave della grossa orditura del tetto, disposta secondo la retta di maggior pendenza, non appartenente a una capriata ma appoggiata semplicemente agli estremi **2** (*milit.*) †schiera di soldati disposta a forma triangolare con la punta verso il nemico **3** torre poco elevata, a pianta pentagonale, usata nelle fortificazioni dell'epoca medievale **4** †punta

puntòrio [1958] **agg.** (**pl. m.** *-i* o *raro -ii*) ● (*med.*) detto di dolore localizzato, acuto, simile a quello evocato da una puntura

◆**puntuàle** [dal lat. *pŭnctus* 'punto①' ✻1476] **agg.** **1** di persona che fa le cose al tempo dovuto, con la precisione richiesta: *essere p. nei pagamenti, negli impegni presi* | che arriva all'ora stabilita, che non ritarda: *arrivare p. a un appuntamento; mi raccomando, sii p.; non è mai p. nelle consegne; treno p.* **2** che prende in considerazione ogni punto, ogni particolare: *critica, precisazione, osservazione p.* **SIN.** circostanziato, preciso **3** (*mat.*) del punto, relativo al punto **4** (*ling.*) ***aspetto p.***, aspetto che esprime l'azione considerata in un momento del suo sviluppo, nel suo inizio o nel suo compimento **CFR.** durativo || **puntualménte**, **avv.** **1** al punto, al momento giusto, con puntualità: *arrivare puntualmente* **2** punto per punto: *rispondere puntualmente* **3** (*raro*) con esattezza, precisione, minuzia; (*iron.*) *essere puntualmente in ritardo*, immancabilmente in ritardo || **puntualità**, **s. f. inv.** **1** caratteristica di chi (o di ciò che) è puntuale: *persona di grande puntualità; la puntualità di un pagamento* **2** (*fig.*) precisione, pertinenza: *la puntualità di un'osservazione*

puntualizzàre [1880] **v. tr.** ● definire con precisione, fare il punto di una situazione (*anche assol.*): *dunque, puntualizziamo i fatti; stando così le cose, è necessario p.* || **puntualizzazióne**, **s. f.** il puntualizzare; chiarimento, precisazione

puntuazióne [fr. *ponctuation*, da *ponctuer* 'punteggiare', dal lat. *pŭnctum* 'punto' ✻av. 1594] **s. f.** **1** (*raro*) documento contenente i punti essenziali d'intesa delle parti di un futuro contratto | (*stor.*) dichiarazione ufficiale **2** †interpunzione

◆**puntùra** [vc. dotta, lat. tardo *punctūra(m)*, da *pŭnctus* 'punto①' ✻av. 1292] **s. f.** **1** atto del pungere | ferita superficiale procurata dalla penetrazione nella pelle di un oggetto a punta: *una p. di spillo* | punzecchiatura, morsicatura: *le punture delle zanzare, delle vespe* **2** (*med.*) intervento chirurgico consistente nel prelevare del tessuto da un organo per mezzo di un ago, o nell'introdurre un liquido in una cavità, sempre per mezzo di un ago: *p. esplorativa; p. sternale* | ***p. lombare***, rachicentesi **3** (*fam.*) iniezione: *farsi fare le punture; punture ricostituenti* **4** fitta improvvisa: *sentire una p. a una spalla* | (*fig.*, *lett.*) tormento, afflizione **5** (*fig.*) frecciata, allusione maligna: *quel maldicente ha sempre qualche p. per gli altri* || **punturàccia**, **pegg.** | **punturétta**, **dim.** | **punturina**, **dim.**

puntùto [1499] **agg.** **1** munito di punta | acuto in punta: *bastone p.* | ossuto: *ginocchia puntute* | (*lett.*) erto, proteso: *seni puntuti; boccuccia pontuta e carnosa* (E. MONTALE) **SIN.** aguzzo, appuntito **2** (*fig.*) detto di persona dal carattere spigoloso, puntiglioso: *l'orgogliosa e ... puntuta ragazzetta* (R. BACCHELLI) | aggressivo, piccato: *una reazione puntuta* | malevolo, pettegolo: *avere la lingua puntuta*

punzecchiaménto (o -ẓ-) [1871] **s. m.** ● il punzecchiare | (*fig.*) serie di piccole provocazioni, di battute pungenti e sim.: *i tuoi continui punzecchiamenti lo hanno irritato*

♣**punzecchiàre** (o -ẓ-) o (*fam.*) **spunzecchiàre** (o -ẓ-), †**punzellàre** [da *pungere* col suff. *-ecchiare* ✱ 1353] **A** **v. tr.** (*io punzécchio*) **1** pungere leggermente e spesso **2** (*fig.*) molestare, infastidire ripetutamente con parole pungenti, con atti dispettosi, e sim.: *non fa che p. la sorella; sta tutto il giorno a punzecchiarmi* **B** **punzecchiàrsi** **v. rifl. recipr.** ● stuzzicarsi reciprocamente: *i due fratelli si punzecchiano sempre*

punzecchiatùra (o -ẓ-) [1804] **s. f.** ● leggera puntura, spec. d'insetto | (*fig.*) frecciata, allusione maligna: *le solite punzecchiature sul mio matrimonio* (A. MORAVIA)

punzécchio ① (o -ẓ-) [da *punzecchiare* ✱ av. 1862] **s. m.** ● in equitazione, la rosetta dello sperone

punzecchìo ② (o -ẓ-) [1927] **s. m.** (**pl.** *-ii*) ● frequente punzecchiamento

†**punzellàre** ➤ **punzecchiare**

†**punzèllo** [da *punzellare*, var. di *punzecchiare* ✱ 1313] **s. m. 1** punzecchiamento **2** stimolo, istigazione

†**punzióne** [vc. dotta, lat. *punctiōne(m)*, da *pūnctus* 'punto①' ✱ 1381] **s. f.** ● puntura (*anche fig.*)

punzonàre [da *punzone* ✱ 1598] **v. tr.** (*io punzóno*) **1** imprimere col punzone **2** nello sport, contrassegnare con un bollo a punzone i veicoli partecipanti a una gara, per impedirne la sostituzione, salvo nei casi previsti dal regolamento

punzonatóre [1958] **s. m.** (**f.** *-trice*) ● chi esegue la punzonatura, spec. l'operaio che lavora alla punzonatrice

punzonatrìce [1905] **s. f.** ● macchina per eseguire fori su lamiere o per ritagliare rondelle

punzonatùra [1912] **s. f. 1** operazione eseguita col punzone o con la punzonatrice **2** nelle competizioni automobilistiche, motociclistiche, ciclistiche, operazione ufficiale del punzonare

punzóne [stessa etim. di *punzione* ✱ 1353] **s. m. 1** asticciola, blocchetto e sim., in acciaio duro, con un'estremità profilata a lettera, numero o sigla, che serve per marcare metalli | *p. per monete*, conio, torsello **2** punteruolo **3** †colpo dato con la mano raccolta, pugno

SFUMATURE ➤ *stampo*

punzonista [1868] **s. m. e f.** (**pl. m.** *-i*) ● operaio addetto all'incisione dei punzoni

può ➤ **potere**①

puòi ➤ **potere**①

pùpa ① [lat. *pūpa(m)* 'fanciulla, bambola', vc. di orig. espressiva ✱ 1614] **s. f. 1** bambola **2** (*pop.*) bambina | ragazza (spec. con tono di apprezzamento): *E chi è questa bella p.?* (A. MORAVIA) ‖ **pupétta**, **dim.** | **pupìna**, **dim.** | **pupóna**, **accr.**

pùpa ② [dal lat. *pūpa* 'bambola' (V. *pupa*①), per l'aspetto ✱ av. 1799] **s. f.** ● (*zool.*) forma di passaggio dalla condizione di larva a quella di insetto perfetto, propria degli insetti a metamorfosi completa

pupàrio [da *pupa*② ✱ 1940] **s. m.** ● (*zool.*) astuccio che ricopre la pupa costituito dall'ultima forma larvale

pupàro [1908] **s. m.** (**f.** *-a*) ● proprietario o esercente di un teatrino di marionette siciliane | (*fig.*) burattinaio

pupàttola [da *pupa*① ✱ 1669] **s. f. 1** bambola **2** (*fig.*) ragazza, donna che ha i lineamenti del viso aggraziati e regolari, ma privi di espressione

pupàzza [da *pupa*① ✱ 1606] **s. f.** ● (*centr.*) bambola | (*lett.*) donna attraente ma frivola

pupazzettàre [1895] **v. tr.** (*io pupazzétto*) ● (*raro*) illustrare con figurine

pupazzettista [av. 1921] **s. m. e f.** (**pl. m.** *-i*) ● disegnatore di pupazzetti o caricature

pupazzétto [1890] **s. m. 1** dim. di *pupazzo* | *p. di carta*, figurina umana ritagliata nella carta **2** figura, spec. di persona, rappresentata in modo caricaturale

♦**pupàzzo** [da *pupo* ✱ av. 1635] **s. m.** (**f.** †*-a* (V.)) **1** figura disegnata, scolpita o variamente lavorata che rappresenta, in scala minore, la persona umana SIN. burattino, fantoccio, pupo **2** (*fig.*) persona leggera o debole: *non fidatevi di quel p.* SIN. fantoccio, marionetta ‖ **pupazzétto**, **dim.** (V.) | **pupazzóne**, **accr.**

pupilàre ➤ **paupulare**

pupìlla [vc. dotta, lat. *pupĭlla(m)*, dim. di *pūpula*, a sua volta dim. di *pūpa* 'pupa①'; detta così dalla piccola immagine che si vede riflessa nell'occhio ✱ 1308] **s. f. 1** (*anat.*) apertura situata nell'iride, visibile per trasparenza attraverso la cornea e destinata al passaggio di raggi luminosi **2** (*est.*) iride: *avere le pupille azzurre, nere* | (*lett.*) occhio: *con le pupille asciutte; abbassare le pupille* | ***guardare con le pupille dilatate***, con gli occhi sbarrati | (*fig.*) ***la p. dei propri occhi***, chi (o ciò che) uno ha di particolarmente caro e prezioso **3** (*fis.*) foro di un diaframma in un sistema ottico ‖ **pupillétta**, **dim.**

pupillàre ① [da *pupilla* ✱ 1829] **agg.** ● (*anat.*) della pupilla: *riflessi pupillari*

pupillàre ② [vc. dotta, lat. *pupillāre(m)*, da *pupĭllus* 'pupillo' ✱ sec. XIV] **agg.** ● (*dir.*) relativo al pupillo: *beni pupillari* | ***sostituzione p.***, nel diritto romano, nomina di un erede al proprio figlio per il caso che egli muoia prima di aver acquistato la capacità di far testamento

pupillàre ③ ➤ **paupulare**

♣**pupìllo** [vc. dotta, lat. *pupĭllu(m)*, dim. di *pūpulus*, a sua volta dim. di *pūpus* 'pupo' ✱ sec. XIII] **s. m.** (**f.** *-a*) **1** (*dir.*) minorenne soggetto a tutela **2** (*est.*) chi gode di particolare protezione o della predilezione di qlcu.: *è il p. del direttore* SIN. protetto ‖ **pupillétto**, **dim.**

pupinizẓàre [1927] **v. tr.** ● (*tel.*) sottoporre a pupinizzazione (V.)

pupinizẓazióne [dal n. di M. I. *Pupin* (1858-1935), fisico ed elettrotecnico americano d'origine serba che nel primo Novecento inventò il dispositivo ✱ 1927] **s. f.** ● (*tel.*) inserzione di bobine d'induttanza a intervalli regolari su una linea telefonica, per ridurre l'attenuazione e la distorsione dei segnali

pùpo [lat. *pūpu(m)*, vc. di orig. espressiva ✱ av. 1556] **s. m. 1** (**f.** *-a* (V.)) (*fam.*) bambino piccolo **2** marionetta siciliana: *il teatro dei pupi* ‖ **pupétto**, **dim.** | **pupìno**, **dim.** | **pupóne**, **accr.**

†**pùppa** ➤ **upupa**

pùppola ① [da *puppa*, variante di *poppa* (mammella) ✱ 1958] **s. f.** ● (*bot.*) ovolo

†**pùppola** ② ➤ **upupa**

pupù ➤ **popò** nel sign. A

pupurrì **s. m. inv.** ● adattamento di *pot-pourri* (V.)

pur ➤ **pure**

†**puràre** [da *puro* ✱ sec. XIII] **v. tr.** ● purificare

♦**purché** o (*raro*) **pur che** /pur'ke*, 'pur ke*/ [comp. di *pure* e *che*② ✱ sec. XII] **cong. 1** a patto che, a condizione che (introduce una prop. condiz. con il v. al congtv.): *ti aspetterò p. tu faccia presto; lo porterò con me p. stia buono; p. la cosa non si ripeta più, sono disposto ad aiutarlo* | ***p. sia vero!***, esprime dubbio e speranza: *'è pentito' 'p. sia vero!'* **2** †quand'anche, anche se (introduce una prop. concessiva con il v. al congtv.)

purchessìa o (*raro*) **pur che sia** [da *pure che sia* ✱ 1882] **agg. indef. inv.** ● qualunque, qualsiasi (sempre posposto a un sost.): *accetterò un lavoro p.; mandami dei libri p.; l'ostentazione di un principesco disprezzo per la gente p.* (E. DE AMICIS)

♦**pùre** [lat. *pūre* 'puramente, semplicemente', avv. relativo a *pūrus* 'puro' ✱ sec. XII] **A** **cong.** (**talora troncato in** *pur*) **1** tuttavia, nondimeno (con valore avversativo): *trovare una soluzione non è facile, p. bisogna riuscirci; è assai giovane, p. ha buon senso* | in correl. con le cong. concessive 'benché', 'quantunque', 'sebbene' e sim. rafforza il valore concessivo di tutto il periodo: *benché non se lo meriti, p. voglio venirgli incontro* | con valore rafforz. con altre cong.: *lavoro molto, ma p. trovo anche il tempo per altre cose* | V. anche *eppure, purtuttavia* **2** anche se, sebbene (introduce una prop. concessiva con il v. al gerundio o al congtv.): *p. volendolo, non riuscirei a farlo; pur lavorando vi ascolto ugualmente; fosse p. d'oro non lo vorrei; non lo farei, fosse p. il re in persona a ordinarmelo* | anche nelle loc. cong.: ***quando p., se p., sia p.***: *quando p. lo volessi non potrei fare ciò che chiedi; sia p. a malincuore, ho dovuto rinunciare; se p. ti ascoltassi, non vorrei seguire i tuoi consigli* | (*lett.*) ***né p.***, V. *neppure* | V. anche *oppure, seppure* **B** **avv. 1** anche (con valore aggiuntivo): *verrò io e p. mia moglie; lui è avvocato e suo padre e suo fratello p.; importa a te, ma importa molto p. a me; comprami due quaderni e p. una matita; Vidi e conobbi pur l'inique corti* (T. TASSO) | (*lett.*) ***senza p., non p.***, neppure **2** (*pleonast.*) con valore rafforz. in espressioni di incoraggiamento e di rimprovero e in prop. concessive: *bisognerà p. che tu l'aiuti; te l'avevo pur detto di stare attento!; sei pur capace di dire le tue ragioni; entri p.!; faccia p. come fosse a casa sua!; continua p.!; ammettiamo p. che sia vero* **3** (*lett.*) proprio, davvero: *è p. vero ciò che dici* | ***pur ora, pur ieri*** e sim., proprio ora, proprio ieri e sim.: *torna a fiorir la rosa / che pur dianzi languia* (G. PARINI) **4** (*lett.*) †solamente: *La tua benignità non pur soccorre / a chi domanda* (DANTE *Par.* XXXIII, 16-17) | ***non p.***, non soltanto; non appena: *non pur la saporò che gli dispiacque* (L. ARIOSTO) **5** (*lett.*) †sempre, continuamente: *e l'occhio vostro pur a terra mira* (DANTE *Purg.* XIV, 150) **C** **nella loc. cong.** ***pur di***, al fine di, allo scopo esclusivo di (introduce una prop. finale o condiz. implicita con il v. all'inf.): *si è sacrificato pur di vederlo contento; pur di non essere disturbato, gli lascia fare quello che vuole; darei qualsiasi cosa pur di saperlo* | nella loc. cong. ***pur senza***, anche senza (introduce una prop. concessiva con il v. all'inf.): *è entrato duro sull'avversario pur senza commettere fallo*

purè [fr. *purée*, part. pass. dell'ant. fr. *purer* 'passare (i legumi)', dal lat. tardo *purāre* ✱ 1773] **s. m. inv.** ● passato di verdure o di frutta: *p. di piselli* | (*per anton.*) vivanda di patate lessate e passate insaporite con latte, burro e parmigiano

purèa [fr. *purée*. V. *purè* ✱ 1846] **s. f.** ● purè

purézza [lat. *purĭtia(m)*, da *pūrus* 'puro' ✱ sec. XIII] **s. f. 1** caratteristica, condizione di chi (o di ciò che) è puro: *la p. del cristallo; la p. della linea nella pittura del Quattrocento* | (*enol.*) ***in p.***, detto di vino ottenuto con le uve provenienti da un unico tipo di vitigno: *un sangiovese vinificato in p.* **2** (*fig.*) integrità |

castità, illibatezza

pùrga [da *purgare*; nel sign. 4 rende il russo *čistka*, propr. 'purificazione', poi 'epurazione' ✱ av. 1374] **s. f. 1** (*lett.*) cura consistente nel purificare l'organismo: *Sono alla fine della mia p.* (G. GALILEI); *Ti guarirà una buona p. d'olio e di decotti* (R. BACCHELLI) | (*fig., lett.*) purgamento **2** medicamento lassativo **SIN.** purgante **3** operazione tecnologica del purgare da impurità o da scorie: *la p. delle pelli, dei filati* **SIN.** purgatura **4** (*fig.*) drastica operazione atta a eliminare o comunque a mettere fuori gioco i propri oppositori politici, attuata da parte di regimi autoritari | (*est.*) epurazione: *in quell'ufficio c'è stata una vera p.* || **purghétta**, **purghettina**, **dim.**

purgàbile [vc. dotta, lat. *purgābile(m)*, da *purgāre* 'purgare' ✱ 1673] **agg.** ● (*fig.*) emendabile

†**purgagióne** ➤ **purgazione**

purgaménto [vc. dotta, lat. *purgamĕntu(m)*, da *purgāre* 'purgare' ✱ 1308] **s. m. 1** (*lett.*) depurazione | †scoria, impurità **2** (*fig., lett.*) purificazione, espiazione | correzione **3** †purga, purgante **4** †sacrificio fatto agli dei

purgànte **A** **part. pres.** di *purgare*; anche **agg. 1** nei sign. del v. **2** ***anime purganti***, del Purgatorio **B** **s. m.** ● sostanza, farmaco che ha l'effetto di aumentare notevolmente la peristalsi intestinale favorendo l'espulsione del contenuto **SIN.** lassativo, purga

purgàre [lat. *purgāre*, da *pūrus* 'puro' ✱ 1261 ca.] **A** **v. tr.** (*io pùrgo, tu pùrghi*) **1** curare con un purgante | dare una purga **2** liberare da impurità, scorie o sudiciume: *p. il sangue; p. il canale dalla feccia; p. l'aria dai miasmi* **SIN.** nettare, pulire, purificare **CONTR.** insozzare, sporcare | (*lett.*) eliminare: *se la dottrina è perfetta in sé ... purga tutti i dubii* (G. BRUNO) | (*fig.*) ***p. uno scritto***, eliminarne ciò che è osceno o sconveniente | (*fig.*) epurare: *p. un'amministrazione* | (*lett.*) anche in forma pron. (con valore intens.): *...senape, del naso nimica e utile a purgarsi la testa* (G. BOCCACCIO) **3** (*dir.*) fare venire meno mediante purgazione: *p. la contumacia* **4** (*fig.*) espiare, scontare: *p. le colpe* **B** **purgàrsi** **v. rifl. 1** prendere la purga **2** (*fig.*) purificarsi da colpe o peccati | ***purgarsi dell'accusa***, liberarsene dimostrando di essere innocente **C** **purgàrsi** **v. intr. pron.** ● †dileguarsi, detto di nebbie, vapori e sim.: *per che si purga e risolve la roffia* (DANTE *Par.* XXVIII, 82)

purgàta [1871] **s. f.** ● (*raro*) il purgare, il purgarsi || **purgatìna**, **dim.**

purgatézza [da *purgato* ✱ 1685] **s. f.** ● (*lett.*) finezza, forbitezza di lingua o stile

purgatìvo [vc. dotta, lat. tardo *purgatīvu(m)*, da *purgātus* 'purgato' ✱ av. 1320] **A** **agg.** ● che ha capacità di purgare **B** **s. m.** ● †purgante

purgàto **part. pass.** di *purgare*; anche **agg. 1** nei sign. del v. **2** ***stile p.***, castigato o puro dal punto di vista formale | ***edizione purgata***, dalla quale sono state eliminate oscenità o parti ritenute sconvenienti || **purgataménte**, **avv.** con stile purgato

purgatóre [vc. dotta, lat. tardo *purgatōre(m)*, da *purgātus* 'purgato' ✱ 1342] **A** **agg. e s. m.** (**f.** *-trice*) ● (*raro*) chi (o che) purga, purifica **B** **s. m. 1** †chi attesta l'altrui innocenza **2** (**f.** *-trice*) operaio addetto a operazioni di purgatura

purgatòrio [vc. dotta, lat. tardo *purgatōriu(m)* 'che purifica', da *purgātus* 'purgato' ✱ sec. XIII] **A** **s. m.** (**pl.** *-i* o *raro -ii*) **Si scrive prevalentemente con la maiuscola quando si usa in senso proprio; sempre con la maiuscola come titolo della seconda cantica della 'Commedia' di Dante; generalmente con la minuscola negli usi estensivi e figurati** **1** nella dottrina cattolica, luogo e condizione in cui le anime dei morti, giustificati, ma ancora in condizione di peccato, si trovano per completare la purificazione prima di ascendere al paradiso **2** (*est.*) situazione di grande pena e tormento: *essere in un p.* | periodo difficile, pieno di difficoltà, che si spera di superare | ***anima del P.***, (*fam., fig.*) persona continuamente in ansia **B** **agg.** ● (*raro, fig.*) che serve a purgare (spec. nel diritto canonico): *pena purgatoria; giuramento p.*

purgatùra [vc. dotta, lat. tardo *purgatūra(m)*, da *purgātus* 'purgato' ✱ av. 1342] **s. f. 1** operazione che ha lo scopo di allontanare scorie o impurità da materiali lavorati **SIN.** purga **2** l'insieme delle scorie eliminate

purgazióne o †**purgagióne** [vc. dotta, lat. *purgatiōne(m)*, da *purgātus* 'purgato' ✱ 1261 ca.] **s. f. 1** (*raro, lett.*) espiazione, purificazione: *p. dei peccati* | ***p. canonica***, deferimento di giuramento solenne di innocenza a un ecclesiastico accusato, ma la cui colpevolezza sia dubbia, per ridargli completa estimazione **2** (*dir.*) ***p. dall'ipoteca***, liberazione di un immobile da un'ipoteca **3** (**spec. al pl.**, *disus.*) mestruazione | †purgante | †evacuazione

pùrgo [da *purgare* ✱ av. 1565] **s. m.** (**pl.** *-ghi*) ● il purgare, lo spurgare | †locale per la sgrassatura di lana, panni, pelli e sim.

purificaménto [sec. XIV] **s. m.** ● (*lett.*) purificazione

purificàre [vc. dotta, lat. *purificāre*, comp. di *pūrus* 'puro' e *-ficāre* '-ficare' ✱ av. 1294] **A** **v. tr.** (*io purìfico, tu purìfichi*) **1** liberare da scorie o impurità: *p. l'oro, il vino* | (*fig.*) liberare da passioni, tentazioni, colpe: *p. la propria coscienza* **SIN.** depurare, mondare **2** liberare una persona, una cosa o un luogo da una condizione di impurità per renderla sacra o accetta alla divinità **3** nella liturgia della Messa, compiere il rito della purificazione **B** **purificàrsi** **v. intr. pron.** ● diventare puro (*anche fig.*) || **purificazióne**, **s. f.** (V.)

purificatìvo [av. 1604] **agg.** ● (*raro*) che serve a purificare

purificàto **part. pass.** di *purificare*; anche **agg.** ● nei sign. del v.

purificatóio [lat. tardo *purificatōriu(m)* 'che serve a purificare', da *purificātus* 'purificato' ✱ av. 1498] **s. m.** (**pl.** *-ói*) ● panno di lino con il quale il celebrante, durante la Messa, asciuga il calice, le dita e le labbra

purificatóre [1601] **agg. e s. m.** (**f.** *-trice*) ● che (o chi) purifica

purificatòrio [1958] **agg.** (**pl. m.** *-i* o *raro -ii*) ● che ha lo scopo di purificare: *rito p.*

purificazióne [vc. dotta, lat. *purificatiōne(m)*, da *purificātus* 'purificato' ✱ sec. XIII] **s. f. 1** liberazione da scorie e impurità: *la p. dei metalli; impianto di p. delle acque* | (*fig.*) liberazione da passioni, tentazioni, colpe e sim: *la p. della mente; il carattere di poeta della pietà, della bontà, della p.* (B. CROCE) **2** in molte religioni, rito con il quale si libera persona, animale, cosa o luogo dallo stato o dagli elementi che impediscono l'accesso al sacro | nell'ebraismo, ciascuno dei riti che liberavano dalla condizione di impurità determinata da crisi fisiologiche o da particolari avvenimenti **3** nella liturgia della Messa, cerimonia nella quale il celebrante deterge i vasi sacri dai residui delle particole e del vino **4** ***P. della Vergine***, festa liturgica cristiana, celebrata il 2 febbraio, che commemora la purificazione alla quale la Vergine si sottopose, secondo il rito ebraico, quaranta giorni dopo il parto, oggi detta della Presentazione del Signore al Tempio

purìllo [vc. dial. sett., di incerta spiegazione ed etim. ✱ 1949] **s. m.** ● piccola appendice di stoffa alla sommità del copricapo basco | (*est.*) il copricapo stesso

Purìm /ebr. pu'rim/ [ebr. *pūrīm* '(festa delle) sorti', perché Aman, ministro del re Assuero, stabilì di affidare alla sorte il giorno del progettato sterminio degli Ebrei ✱ 1709] **s. m. inv.** ● festa ebraica che si svolge il 14 del mese di *adar* (febbraio-marzo) nella quale si commemora lo scampato pericolo corso in Persia dagli Ebrei, come narrato nel libro biblico di Ester; nel corso dei secoli, spec. in Europa, ha assunto alcune caratteristiche del Carnevale

purìna [ted. *Purin*, comp. del lat. *pūrus* 'puro' e lat. scient. *ūricum* '(acido) urico' ✱ 1927] **s. f.** ● (*chim.*) base organica azotata il cui scheletro strutturale si riscontra nell'acido urico, in alcaloidi quali la caffeina, negli acidi nucleici, nei gruppi prostetici di proteine

purìnico [1933] **agg.** (**pl. m.** *-ci*) ● (*chim.*) che contiene il nucleo della purina | che ha struttura analoga alla purina | ***basi puriniche***, la purina e le basi azotate derivate da essa, quali l'acido urico, la caffeina, la guanina

purìno [dal lat. *pūs*, genit. *pūris* 'pus' ✱ 1958] **s. m.** ● colaticcio del letame, di color bruno

purìsmo [fr. *purisme*, da *pur* 'puro' ✱ 1745] **s. m. 1** corrente linguistica della prima metà del sec. XIX che propugnò l'uso di una lingua italiana pura, lontana dagli influssi stranieri, fondata sulle opere dei nostri primi scrittori, spec. del Trecento **2** (*est.*) ogni teoria linguistica moderna che si colleghi ai capisaldi di tale indirizzo

purìsta [fr. *puriste*, da *pur* 'puro' ✱ 1744] **s. m. e f.**; anche **agg.** (**pl. m.** *-i*) ● fautore e seguace del purismo | (*est.*) chi si attiene con intransigenza alla correttezza linguistica

purìstico [av. 1952] **agg.** (**pl. m.** *-ci*) **1** relativo al purismo **2** da purista || **puristicaménte**, **avv.** secondo le teorie del purismo

purità [vc. dotta, lat. tardo *puritāte(m)*, da *pūrus* 'puro' ✱ 1260 ca.] **s. f. inv.** ● (*lett.*) purezza (*spec. fig.*): *la p. di una pietra preziosa, di una lingua*

puritanéșimo o **puritanìșmo** [ingl. *puritanism*, da *puritan* 'puritano' ✱ 1598] **s. m. 1** movimento rigorista inglese e scozzese del sec. XVII, che riconosceva come unica fonte di vita la Bibbia e predicava una morale molto severa **2** (*est.*) atteggiamento di eccessiva intransigenza morale, di rigido moralismo spec. nel campo sessuale

puritàno [ingl. *puritan*, da *purity* 'purezza', dal fr. *pureté*, dal lat. tardo *puritāte(m)* 'purità': i puritani erano detti così perché affermavano di seguire la religione pura ✱ 1598] **A** **agg. 1** del puritanesimo: *movimento p.* **2** (*est.*) dettato, ispirato da un'intransigenza moralistica esagerata, spec. in ciò che attiene al pudore, alla decenza: *timore p.; mentalità puritana* || **puritanaménte**, **avv.** **B** **s. m.** (**f.** *-a*) **1** seguace del puritanesimo **2** (*est.*) persona che affetta un'eccessiva rigidità di principi morali

♦**pùro** [lat. *pūru(m)*, di orig. indeur. ✱ av. 1250] **A** **agg. 1** di sostanza che non è mescolata ad altre: *argento p.; pura lana* | ***aria pura***, sana, non inquinata | ***luce pura***, chiara, limpida | ***cielo p.***, terso, sgombro da nubi | ***linea architettonica pura***, non contaminata da altri stili; (*est.*) armoniosa, elegante | ***razza animale pura***, senza incroci | ***lingua pura***, senza contaminazioni dialettali o di altre lingue **CONTR.** adulterato, impuro **2** di disciplina non applicata: *matematica pura* | (*est.*) ***teorico, letterato, scienziato p.***, che non esce dal suo campo (spesso con una connotazione negativa) **SIN.** astratto, speculativo, teorico **3** mero, solo, schietto, semplice: *la pura verità; per p. caso; la mia è pura e semplice curiosità* **4** (*fig.*) non contaminato, mac-

a b c d e f g h i j k l m n o **p** q r s t u v w x y z

chiato da colpa o peccato: *anima pura*; *labbra, mani pure* | vergine **SIN.** casto, onesto **5** (*filos.*) nella filosofia kantiana, detto di conoscenza a priori, indipendente dall'esperienza ‖ **puraménte**, **avv.** **1** con purezza **2** semplicemente, perfettamente, unicamente **B** **s. m.** (**f.** *-a*) ● chi tiene fede con intransigenza alle proprie convinzioni, senza scendere a compromessi ‖ **purétto**, **dim.**

purosàngue [comp. di *puro* e *sangue* ✱ 1838] **A** **agg. inv.** **1** di animale, spec. cavallo da corsa, che discende da individui della stessa razza **2** (*est.*, *scherz.*) detto di persona che proviene da una famiglia da tempo stabilita in una località o che ha radicati costumi e sentimenti propri di una regione: *romano p.* **B** **s. m. e f. inv.** ● animale, spec. cavallo, purosangue

purpureggiàre ➤ **porporeggiare**

✦**purpùreo** [vc. dotta, lat. *purpŭreu(m)*, dal gr. *porphýreos*, da *porphýra* 'porpora' ✱ 1294] **agg.** **1** del colore della porpora, o di colore rosso vivo come la porpora: *manto p.* **2** (*lett.*) vestito di porpora, spec. in segno di autorità

purpùrico [dal lat. *pŭrpura* 'porpora'; detto così perché forma dei sali color porpora ✱ 1835] **agg.** (**pl. m.** *-ci*) ● (*chim.*) detto di acido organico non isolato di cui si conoscono i sali ottenuti trattando l'acido urico con acido nitrico e salificando quindi con una base

✦**purtròppo** o (*raro*) **pur tròppo** [comp. di *pur(e)* e *troppo* ✱ 1468] **avv.** ● disgraziatamente, malauguratamente: *p. è così*; *p. è vero*; *p. non c'è più niente da fare*; *p. dobbiamo partire*; *'la tua domanda è stata respinta?' 'p.!'*; *'hai finito?' 'p. no!'*

purtuttavìa o **pur tuttavìa** [comp. di *pur(e)* e *tuttavia* ✱ 1505] **cong.** ● malgrado ciò, nondimeno (con valore avversativo): *tra i due, che si detestavano, c'era, p., qualche affinità*; *non ero sicuro, pur tuttavia azzardai una risposta*

purulènto [vc. dotta, lat. *purulĕntu(m)*, da *pūs*, genit. *pūris* 'pus' ✱ av. 1498] **agg.** ● costituito da pus, contenente pus: *sostanza, infiltrazione purulenta*

purulènza [vc. dotta, lat. tardo *purulĕntia(m)*, da *purulĕntus* 'purulento' ✱ 1598] **s. f.** **1** (*raro*) caratteristica di ciò che è purulento **2** (*raro*) sostanza purulenta, pus

pus [vc. dotta, lat. *pūs*, di orig. indeur. ✱ 1818] **s. m. inv.** ● (*med.*) essudato provocato da microrganismi che si forma nei tessuti in seguito a un processo infiammatorio, e i cui principali componenti sono i globuli bianchi caduti in disfacimento e gli elementi di tessuti andati incontro a necrosi **CFR.** pio- **SIN.** (*raro*) icore

pùsher /ˈpuʃʃer, *ingl.* ˈpʊʃə(r)/ [vc. ingl., da *to push* 'spingere' e, per traslato, 'piazzare, vendere', dal lat. *pulsāre* ✱ 1974] **s. m. e f. inv.** ● (*gerg.*) spacciatore di droga

Push power® /puʃˈpawer, *ingl.* ˈpʊʃˌpaʊə(r)/ [loc. ingl. comp. di 'potenza (*power*) di spinta (*push*)' ✱ 1999] **loc. sost. m. inv.** ● disciplina sportiva che combina tecniche del body building e dell'aerobica

push up /puʃˈʃap, *ingl.* ˈpʊʃˌʌp/ [loc. ingl., propr. 'alzare, aiutare a salire spingendo' ✱ 1994] **A** **loc. sost. m. inv.** ● reggiseno o collant appositamente modellati per mettere in evidenza e sostenere il seno o i glutei **B** anche **loc. agg. inv.**: *reggiseno push up*

†**puṣignàre** [sec. XIV] **v. intr.** ● consumare il pusigno

puṣìgno [lat. parl. **postcēniu(m)*, comp. di *post* 'dopo' e un deriv. di *cēna* ✱ 1625] **s. m.** ● (*raro*, *tosc.*) spuntino che si fa a tarda ora, dopo la cena

✦**puṣillànime** o †**puṣillànimo** [vc. dotta, lat. tardo *pusillănime(m)*, comp. di *pusĭllus* 'piccolo' (V. *pusillo*) e *ănimus* 'animo' ✱ av. 1292] **A** **agg.** ● detto di chi (o di ciò che) denota meschinità, pavidità, viltà: *comportamento, mentalità p.*; *non essere così p. con i superiori!* **B** **s. m. e f.** ● persona pusillanime **SIN.** vigliacco, vile

SFUMATURE ➤ ***timoroso***

puṣillanimità [vc. dotta, lat. tardo *pusillanimitāte(m)*, da *pusillănimis* 'pusillanime' ✱ av. 1292] **s. f. inv.** ● caratteristica di pusillanime | comportamento da pusillanime **SIN.** vigliaccheria, viltà

†**puṣillànimo** ➤ **pusillanime**

puṣìllo [vc. dotta, lat. *pusĭllu(m)*, dim. di *pūsus* 'ragazzo', da avvicinare a *pŭer* 'fanciullo' (V. *puericultura*) ✱ 1321] **agg. e s. m.** **1** (*lett.*) piccino, piccolino **2** (*lett.*, *fig.*) umile, misero | miserabile

pùssa vìa [da *pussa(re)* onomat. e *via* ✱ 1930] **loc. inter.** ● (*roman.*, *fam.*) indica desiderio di liberarsi di una persona o di una cosa molesta e sgradevole (*anche fig.*): *le malattie? Pussa via!*

pùsta [1863] **s. f.** ● adattamento di *puszta* (V.)

pustièrla ➤ **postierla**

pùstola [vc. dotta, lat. *pŭstula(m)*, di orig. onomat. ✱ av. 1320] **s. f.** ● (*med.*) lesione cutanea circoscritta che contiene pus ‖ **pustolétta**, **dim.** | **pustolìna**, **dim.**

pustolóso (o **-ṣo**) [vc. dotta, lat. *pustulōsu(m)*, da *pŭstula* 'pustola' ✱ 1778] **agg.** ● di pustola | ricoperto di pustole

pùszta /ˈpusta, *ungherese* ˈpustɒ/ [vc. ungherese di orig. slava ✱ 1848] **s. f. inv.** ● vasta pianura stepposa dell'Ungheria nella quale prospera l'allevamento di bovini ed equini **CFR.** pusta

put /*ingl.* put/ [vc. ingl., accorc. di *put option* 'opzione di vendita' ✱ 1942] **A** **s. m. inv.** ● (*borsa*) contratto a termine nel quale il venditore, dietro pagamento di un premio, si riserva a scadenza la facoltà di recedere dalla transazione stabilita **CFR.** call **B** in funzione di **agg. inv.**: *opzione put*

†**pùta** ➤ †**putta**① e †**putta**②

putacàṣo o **pùta càṣo** [comp. dell'ant. *putare* 'supporre' e *caso* ✱ 1855] **avv.** ● per ipotesi: *mettiamo, p., che non ne voglia sapere, cosa facciamo?*; *se, p., diventassi miliardario, cosa faresti?* | **p. che**, metti il caso che: *p. che tu riceva il permesso, avvisami subito*

putàmen [vc. dotta, dal lat. *putāmen*, nt., 'guscio, scorza' ✱ 1958] **s. m. inv.** ● (*anat.*) componente del complesso dei nuclei del corpo striato dei Mammiferi

†**putàna** ➤ **puttana**

putatìvo [vc. dotta, lat. tardo *putatīvu(m)* 'preteso, supposto', da *putātus*, part. pass. di *putāre* 'credere, supporre' ✱ 1342] **agg.** ● che è ritenuto tale anche se in realtà non lo è, spec. nella loc. ***padre p.*** ‖ **putativaménte**, **avv.** (*raro*) in modo putativo

puteàle [vc. dotta, lat. *puteāli*, abl. di *pŭteal*, da *pŭteus* 'pozzo' ✱ 1499] **s. m.** **1** nell'antica Roma, luogo recintato con altare eretto per la purificazione di un luogo in cui era caduto un fulmine **2** (*archit.*) recinzione cilindrica della bocca di un pozzo, spesso adorna di sculture

puteolàno [av. 1492] **A** **agg.** ● di Pozzuoli **B** **s. m.** (**f.** *-a*) ● abitante o nativo di Pozzuoli

putèra [dal lat. *putēre* 'puzzare', dalla stessa radice di *pus* ✱ av. 1826] **s. f.** ● (*bot.*) cara③

pùtido [vc. dotta, lat. *pūtidu(m)*, da *putēre* 'puzzare' (V. *putera*) ✱ av. 1328] **agg.** ● (*lett.*) puzzolente, maleodorante | (*fig.*) immondo, abietto: *certe putide sconcezze* (G. CARDUCCI)

✦**putifèrio** [deformazione di *vituperio* ✱ 1871] **s. m.** **1** grande schiamazzo e clamore sollevati da un litigio, una scenata, un diverbio: *è successo un p.*; *quei tre fanno un gran p.* **2** (*fig.*) confusione, estremo disordine: *un p. di automobili e di gente* (C. PAVESE) **SIN.** bailamme

putipù [vc. onomat. ✱ 1883] **s. m. inv.** ● strumento musicale folcloristico napoletano, formato da un tamburo con foro centrale, attraversato da un'asticella di legno che produce il suono per sfregamento con la pelle del tamburo | (*est.*) insieme degli strumenti musicali usati durante le feste di Piedigrotta a Napoli

putìre [lat. *putēre* 'puzzare' (V. *putera*) ✱ av. 1292] **v. intr.** (*io putìsco* o *pùto, tu putìsci* o *pùti*; aus. *avere*) **1** (*lett.*) mandare puzzo, fetore **2** (*fig.*) †disgustare | †dispiacere, dare noia

putìzza [da *putire* ✱ 1761] **s. f.** ● emissione fredda di acido solfidrico di origine vulcanica da condotti del suolo

†**pùto** ➤ **putto**①

†**putolènte** o **putulènte** [da *puzzolente*, rifatto su *putire* ✱ sec. XIII] **agg.** ● puzzolente

pùtre [vc. dotta, lat. *pūtre(m)*, dalla stessa radice di *pūs* e *putēre* 'putire' ✱ av. 1448] **agg.** ● (*lett.*) putrido, putrefatto | (*lett.*) fradicio, marcio, malsano | (*lett.*) monotono: *delle putri e lente / ore* (G. LEOPARDI)

putrèdine o (*poet.*) †**putrèdo** [vc. dotta, lat. tardo *putrēdine(m)*, da *pūtris* 'putre' ✱ av. 1320] **s. f.** **1** processo di putrefazione: *i primi segni della p.* **2** sostanza organica in putrefazione, o già putrefatta **3** (*fig.*) rovina, corruzione morale

putredinóso (o **-ṣ-**) [da *putredine* ✱ 1583] **agg.** ● (*raro*) che è in putrefazione: *carogna putredinosa*

†**putrèdo** ➤ **putredine**

putrefàre [vc. dotta, lat. *putrefăcere*, comp. di *pŭtris* 'putre' e *făcere* 'fare' ✱ av. 1328] **A** **v. tr.** (coniug. come *strafare*) ● fare andare in putrefazione: *il caldo putrefà il pesce* **B** **v. intr.** (aus. *essere*) e **putrefàrsi** **v. intr. pron.** ● subire un processo di putrefazione

putrefattìbile [da *putrefatto* ✱ sec. XIV] **agg.** ● (*raro*) che può putrefarsi

putrefattìvo [sec. XIV] **agg.** ● di putrefazione, che porta alla putrefazione: *processo p.*

putrefàtto **part. pass.** di *putrefare*; anche **agg.** **1** andato in putrefazione **2** (*fig.*) che ha subìto un processo di degrado, di disfacimento morale: *società ormai putrefatta*

putrefazióne [vc. dotta, lat. tardo *putrefactiōne(m)*, da *putrefăctus* 'putrefatto' ✱ 1282] **s. f.** **1** (*biol.*) processo demolitivo delle sostanze proteiche operato da attività enzimatiche di microrganismi con formazione di sostanze puzzolenti (ammoniaca, putrescina, cadaverina): *andare in p.*; *essere in p., in avanzato stato di p.* **CFR.** pio-, sapro- **2** (*fig.*) corruzione, degrado morale: *società che va in p.*

putrèlla [fr. *poutrelle*, propr. dim. di *poutre* 'trave', in orig. 'puledra' (stessa etim. dell'it. *puledra*); per l'evoluzione semantica cfr. *cavalletto* ✱ 1903] **s. f.** ● trave metallica con profilo a doppio T, usata per solai e altre costruzioni

putrescènte [vc. dotta, lat. *putrescĕnte(m)*, part. pres. di *putrēscere* 'divenir putrido', incoativo di *putrēre* 'essere in dissoluzione', da *pūtris* 'putre' ✱ 1499] **agg.** ● (*raro*) che è in via di putrefazione o si sta putrefacendo (*anche fig.*): *corpi, carogne putrescenti*; *una società p.*

putrescènza [da *putrescente* ✱ av. 1320] **s. f.** ● (*raro*) putrefazione

putrescìbile [vc. dotta, lat. tardo *putrescĭbile(m)*, da *putrēscere* 'divenir putrido' (V. *putrescente*) ✱ 1499] **agg.** ● (*raro*) che è soggetto a putrefarsi

putrescìna [dal lat. *putrēscere* 'divenir putrido' (V. *putrescente*) ✱ 1911] **s. f.** ● (*chim.*) diammina che si forma durante la putrefazione della carne dei tessuti animali

†**putridìre** [da *putrido* ✻ sec. XIV] **v. intr.** ● imputridire

putridità [1686] **s. f. inv.** ● (*raro*) condizione di ciò che è putrido

♣**pùtrido** [vc. dotta, lat. *pūtridu(m)*, da *putrēre* 'essere in dissoluzione' (V. *putrescente*) ✻ av. 1292] **A agg. 1** che è in stato di putrefazione: *acqua, carne putrida* **SIN.** marcio, putrefatto | prodotto da putrefazione: *odore p.*; *umori putridi* **2** (*fig.*) degenerato, corrotto moralmente: *ambienti putridi* **B s. m. solo sing.** ● (*fig.*) corruzione: *nelle sue idee c'è del p.*

putridùme [sec. XIV] **s. m. 1** insieme di cose marce, putride **2** (*fig.*) sozzura, bassezza, corruzione morale

putrìre [lat. *putrēre* (V. *putrescente*) ✻ sec. XIV] **v. intr.** (*io putrìsco, tu putrìsci, egli putrìsce* **o** *pùtre, essi putrìscono* **o** *pùtrono*; **aus.** *essere*) ● (*raro, lett.*) imputridire

putsch /*ted.* putʃ/ [vc. ted. di orig. espressiva ✻ 1922] **s. m. inv.** (**pl. ted.** *Putsche*) ● complotto, colpo di mano di militari o di un gruppo politico armato allo scopo di prendere il potere: *tentare un p.*; *il p. è fallito*

putschìsta /put'tʃista/ [1935] **A s. m. e f.; anche agg.** (**pl. m.** *-i*) ● organizzatore o sostenitore di un putsch **B agg.** ● relativo a un putsch: *strategia p.*

putt /pat, *ingl.* pʌt/ [vc. ingl., da *to putt* 'colpire leggermente la palla', alterazione di *to put* 'mettere' ✻ 1989] **s. m. inv.** ● (*sport*) nel golf, colpo corto che si esegue sul green per imbucare la pallina

†**pùtta**① o †**pùta** [f. di *putto*① ✻ 1280] **s. f. 1** (*ven.*) ragazza, giovane donna: *Cara la mia p., fammi grazia di venir meco* (P. ARETINO) | (*est.*) giovane figlia **2** gazza ‖ **puttèlla** o **putèla**, **dim.** | **puttìna**, **dim.**

†**pùtta**② o †**pùta** [fr. *pute*. V. *puttana* ✻ av. 1292] **s. f.** ● (*lett.*) prostituta: *p. sfacciata: e dove hai posto spene?* (F. PETRARCA)

puttàna o †**putàna** [ant. fr. *putaine*, da *pute* 'putta②', f. di *put*, propr. 'puzzolente, sporco', dal lat. *pūtidu(m)* 'putido' ✻ sec. XII] **A s. f.** (**m.** *-o*) **1** (*volg.*) prostituta | (*fig.*) ***figlio di p.***, persona spregevole (anche come epiteto ingiurioso); persona intrigante e disonesta: *Mille onze d'oro avria caro un bastone / Per castigar quel figlio de putana* (M.M. BOIARDO) | (*eufem.*) anche nella forma scritta ***p...***: *quel figlio di p...!* | (*volg.*) ***andare a puttane***, frequentare prostitute | (*volg., fig.*) ***mandare, andare a puttane***, far fallire, fallire, riferito a un affare, una trattativa o sim. **2** (*spreg.*) chi ha una condotta licenziosa, immorale (riferito spec. a una donna): *quella p. ... d'una moglie del fotografo* (C.E. GADDA) **SIN.** sgualdrina | (*est., spreg.*) persona di scarsi principi morali, disposta a ogni compromesso per il proprio tornaconto | (*spreg.* o *scherz.*) chi, con modi ruffianeschi, cerca di ingraziarsi gli altri: *fare la p. con tutti* **B anche in funzione di agg.**: *Allora ti punirò come il marito / punisce la moglie p.* (P.P. PASOLINI) | maledetto, infame (spec. in invettive o imprecazioni): *miseria p.!* ‖ **puttanàccia**, (*pop.*) **puttanàzza**, **pegg.** | **puttanèlla**, **dim.** (V.) | **puttanóna**, **accr.** | **puttanóne**, **accr. m.**

puttanàio [da *puttana* col suff. di luogo *-aio* ✻ 1959] **s. m.** (**pl.** *-ai*) **1** (*volg.*) luogo frequentato da prostitute **2** (*fig.*) luogo assai rumoroso o disordinato | (*fig.*) baccano, disordine, confusione

puttanàta [da *puttana* ✻ 1958] **s. f. 1** (*volg.*) stupidaggine, sciocchezza: *non dire puttanate!* **2** (*volg.*) azione vile e perfida

puttaneggiàre [da *puttana* ✻ 1312] **v. intr.** (**pres.** *io puttanéggio*; **fut.** *io puttaneggerò*; **aus.** *avere*) ● (*volg.*) fare la puttana | comportarsi da puttana **SIN.** troieggiare

puttanèlla [dim. di *puttana* ✻ av. 1332] **A s. f.** (**m.** *-o* **nei sign. 1 e 2**) **1** giovane prostituta **2** (*spreg.*) ragazza o giovane donna di facili costumi, che ama cambiare frequentemente partner **3** (*merid., pop.*) denominazione di alcune varietà di uva **B anche agg. f. nel sign. A 3**: *uva p.*

puttanésco [av. 1328] **agg.** (**pl. m.** *-schi*) **1** (*volg.*) da puttana **2** ***spaghetti alla puttanesca***, spaghetti conditi con una salsa a base di filetti di acciuga dissalati, olive nere, capperi e pomodori ‖ **puttanescaménte**, **avv.** (*raro, volg.*) in modo puttanesco

puttanéṣimo [da *puttana* ✻ av. 1519] **s. m. 1** †meretricio, prostituzione **2** (*fig., lett.*) dissolutezza, scostumatezza: *Era una terra di p., dove i mariti si scambiavano le mogli* (P. LEVI)

puttanière [da *puttan(a)* e *-iere* ✻ sec. XII] **s. m.; anche agg. 1** (*volg.*) detto di uomo che frequenta le prostitute, le sgualdrine **2** (*est., volg.*) donnaiolo

putter /'patter, *ingl.* 'pʌtə(r)/ [vc. ingl., propr. 'che dà un colpo leggero' (V. *putt*) ✻ av. 1972] **s. m. inv. 1** (*sport*) nel golf, bastone che si usa per eseguire un putt **2** (*sport*) giocatore di golf intento a giocare un putt

†**putterìa** [da *putto*① ✻ av. 1642] **s. f.** ● fanciullaggine

pùtto① o †**pùto** [lat. *pūtu(m)*, dalla stessa radice di *pŭer* 'fanciullo' (V. *puericultura*) ✻ 1303] **s. m.** (**f.** *-a*) **1** († o *ven.*) bambino: *non ti vergogni ...? pensi ancor esser p.* (G. BRUNO) | (*est.*) giovane figlio **2** amorino: *decorazione floreale con putti* ‖ (*ven.*) **puttèllo** o **putèlo**, **dim.** | **puttìno**, **dim.**, bambino, fanciullo: *il suo puttino maggiore non dorme* (G. DELEDDA); amorino, spec. di decorazioni pittoriche o scultoree: *una Pietà che ha due puttini che la reggono* (G. VASARI)

†**pùtto**② [da *putta*② ✻ 1313] **agg.** ● (*spreg.*) da puttana; venale: *La meretrice che mai da l'ospizio / di Cesare non torse li occhi putti* (DANTE *Inf.* XIII, 64-65) | spregevole, vile, corrotto: *la rabbia fiorentina, che superba / fu a quel tempo sì com'ora è putta* (DANTE *Purg.* XI, 113-114) | con valore rafforz. in riferimento a qlco. di negativo: *La fante cominciò tutta a tremare ... e per la putta paura grida* (F. SACCHETTI)

putulènte ➤ †**putolente**

pùzza o (*sett.*) †**spùzza** [sec. XIII] **s. f.** ● (*sett.* o *lett.*) puzzo | ***avere la p. al, sotto il naso***, (*fig.*) essere altezzoso e scostante ‖ **puzzétta**, **dim.**

puzzacchiàre [1891] **v. intr.** (*io puzzàcchio*; **aus.** *avere*) ● (*fam.*) puzzicchiare

puzzàre o (*sett.*) †**spuzzàre** [da *puzzo* ✻ av. 1342] **v. intr.** (**aus.** *avere*) **1** mandare, emanare puzzo (+ *di*): *le carogne puzzano*; *p. da levare il fiato*; *gli puzza il fiato*; *questi piatti puzzano di pesce*; *gli puzza l'alito di cipolla* **2** (*fig.*) dare fastidio, stancare: *è finita con quella superbia, che pareva ti si puzzasse tutti!* (R. BACCHELLI) | rappresentare una preoccupazione, dare adito a sospetti e sim.: *la faccenda comincia a p.*; *il suo silenzio mi puzza* | dare l'impressione, sembrare, in base a indizi piuttosto eloquenti: *questa faccenda mi puzza di imbroglio* **3** (*fig., fam.*) non essere tenuto nella giusta considerazione, dare fastidio: *ma che, ti puzza la salute?*

puzzicchiàre [da *puzzare* col suff. attenuativo *-icchiare* ✻ av. 1803] **v. intr.** (*io puzzìcchio*; **aus.** *avere*) ● (*fam.*) puzzare un poco | cominciare a puzzare

puzzle /'pazəl, *ingl.* 'pʌz(ə)l/ [vc. ingl., di etim. incerta ✻ 1919] **s. m. inv. 1** gioco di pazienza consistente nel ricostruire un'immagine rimettendo insieme i vari pezzi in cui essa è stata precedentemente scomposta | (*est.*) problema complicato, di difficile soluzione **2** (*raro*) cruciverba

pùzzo [lat. parl. **pūtiu(m)*, da *putēre* 'puzzare' (V. *putera*) ✻ av. 1300] **s. m. 1** odore sgradevole, cattivo odore: *p. insopportabile, ripugnante*; *p. di fogna, di uova marce* | ***dare, mandare p.***, puzzare **SIN.** fetore, lezzo, tanfo **2** (*fig., colloq.*) sentore, indizio eloquente: *qui c'è p. di imbroglio*

pùzzola [dal *puzzo* che emette ✻ 1481] **s. f.** ● mammifero carnivoro, cacciatore agilissimo e feroce, di forme snelle, con zampe corte e unghiute, pelliccia rugginosa sul dorso e nera sul ventre (*Mustela putorius*)

puzzolènte o †**puzzolènto** [da *puzzo* ✻ 1268] **agg. 1** che puzza, che manda puzzo: *esalazione p.*; *pesce, carne p.* **2** (*lett., fig.*) laido, osceno ‖ **puzzolenteménte**, **avv.** (*raro*) in modo puzzolente

puzzonàta [da *puzzone* ✻ 1913] **s. f. 1** (*centr., pop.*) azione vile e disonesta **2** (*centr., pop.*) cosa riuscita molto male **SIN.** porcheria

puzzóne [da *puzzare* ✻ av. 1828] **s. m.** (**f.** *-a*) **1** (*centr., pop.*) chi emana un cattivo odore **2** (*centr., fig.*) persona spregevole e disonesta **SIN.** mascalzone

†**puzzóre** [da *puzzo*, sul modello di *fetore* ✻ sec. XIV] **s. m.** ● puzzo, tanfo

†**puzzóso** (o **-ṣ-**) [da *puzzo* ✻ av. 1400] **agg.** ● puzzolente

PVC /pivvutʃ'tʃi*/ [sigla di *PoliVinilCloruro* ✻ 1983] **s. m. inv.** ● (*chim.*) polivinilcloruro

pỳrex® /'pireks/ o **pìrex** [marchio registrato ✻ 1930] **s. m. inv.** ● tipo di vetro molto resistente agli sbalzi di temperatura, usato per recipienti da laboratorio e per uso domestico

q, Q

La lettera *Q* ha lo stesso valore della *C* 'dura', rappresentando la consonante occlusiva velare non-sonora /k/, ed è sempre seguita da un'*U* col valore di consonante /w/. Questo nesso /kw/ è espresso dalla grafia *qu* nella maggior parte dei casi in cui ricorre (es. *quàndo* /'kwando/, *dùnque* /'duŋkwe/, *inìquo* /i'nikwo/); è scritta però *cu* in alcune parole che in latino hanno una grafia con *c* prevocalico (es. *cuòcere* /'kwɔtʃere/, *scuòla* /s'kwɔla/). Se la consonante è geminata, la sua grafia è di regola *cq* (es. *àcqua* /'akkwa/, *acquistàre* /akkwis'tare/), eccezionalmente *qq* (es. *soqquàdro* /sok'kwadro/, *beqquàdro* /bek'kwadro/).

q, (*maiusc.*) **Q** [1516] **s. f. o m. inv.** ● diciassettesima lettera dell'alfabeto italiano (nome per esteso *qu, cu*): *q minuscola, Q maiuscolo* | nella compitazione spec. telefonica it. *q come Quarto*; in quella internazionale *q come Quebec*

qaedìsta /kae'dista/ o (*raro*) **qaidìsta** /kai'dista/ [2004] **A** **agg.** (**pl. m.** *-i*) ● relativo ad Al Qaeda, organizzazione terroristica di matrice integralista islamica **B** **s. m. e f.; anche agg.** ● appartenente ad Al Qaeda **SIN.** alqaedista

qàṣba ➤ **casba**

qat /kat, *arabo* qaːt/ o **kat** /kat, *arabo* qaːt/, **khat** /kat, *arabo* qaːt/ [arabo *qāt* ✱ av. 1917] **s. m. inv.** ● (*bot.*) arbusto diffuso in Africa e Arabia le cui foglie, masticate o utilizzate per preparare un infuso, producono effetti simili a quelli delle amfetamine per la presenza di un alcaloide con azione euforizzante (*Catha edulis*)

qatariòta (qa-ta-rio-ta, qa-tar-io-ta) /katari'ɔta/ [1995] **A** **agg.** (**pl. m.** *-i*) ● del Qatar, Stato dell'Asia occidentale confinante con l'Arabia Saudita **B** **s. m. e f.** ● abitante o nativo del Qatar

Q disc /ku'disk, *ingl.* 'kjuːˌdɪsk/ [loc. comp. di *Q* per 'quattro' e della vc. ingl. *disc* 'disco' ✱ 1980] **loc. sost. m. inv.** ● disco microsolco a 33 giri che conteneva solo quattro brani

qìbla /'kibla, *arabo* 'qɪbla/ [vc. araba (anche *kibla*), propr. 'direzione' della Mecca ✱ 1955] **s. f. inv.** ● direzione della Mecca, verso cui il fedele deve rivolgersi durante la preghiera

qigong /tʃi'gɔn(g), *cinese* tʃɪ'gɔŋ/ [vc. cinese, comp. di *qi* 'energia' e *gong* 'tecnica' ✱ 1986] **s. m. inv.** ● pratica della medicina tradizionale cinese basata su meditazione, esercizi fisici e tecniche di respirazione, con il fine di attivare i centri di energia del corpo, procurando benessere e preservando da malattie

QR /ku'ɛrre/ [sigla ingl. di *Q(uick) R(esponse)* 'risposta rapida' ✱ 2005] **A** **s. m. inv.** ● codice grafico in grado di criptare informazioni alfanumeriche anche complesse combinando elementi di colore nero all'interno di un quadrato a fondo bianco **B** **anche agg. inv.**: *codice QR*

qu /ku*/ [1741] **s. f. o m. inv.** ● nome della lettera *q* **SIN.** cu

♦**qua** ① /kwa*/ [lat. *(ĕc)cu(m) hāc* 'ecco per di qua' ✱ 1261 ca.] **A** **avv.** **1** in questo luogo, in questo posto (con v. di stato e di moto, si riferisce al luogo vicino a chi parla o in cui si trova chi parla o comunque comunica, ed ha valore più indeterminato di 'qui'): *sono qua da alcuni minuti*; *qua non vedo niente*; *eccoci qua*; *venite qua*; *sto meglio qua da voi che a casa mia*; *mettimelo qua sulla poltrona* | ***sono qua io, siamo qua noi***, eccomi, eccoci (offrendo il proprio aiuto o la propria protezione) | contrapposto a 'là', con valore locativo più o meno indeterminato: *qua non è venuto, può darsi sia ancora là*; *va sempre qua e là per gli uffici*; *qua e là si vedeva ancora un po' di neve*; *lavora un po' qua e un po' là, dove gli capita*; *sono voci che girano qua e là*; *le pie lucerne brillano intorno / là nelle case, qua su la siepe* (G. PASCOLI) | con valore rafforz. seguito da altri avv. di luogo, dà loro maggior determinatezza: *venite qua fuori*; *entrate qua dentro*; *corri qua dietro*; *è qua sopra*; *è qua sotto*; *sono qua vicino*. V. anche *quaggiù, quassù* | (*fig.*) a questo punto: *qua ti volevo!*; *qua volevo arrivare!*; *qua viene il difficile* **2** con valore enfat. o rafforz. in espressioni di esortazione, comando, sdegno e sim.: *prendi qua questi soldi*; *date qua quei libri*; *guarda qua che pasticcio!*; (*ellitt.*) *qua, fammi vedere*; *qua subito!*; *qua la mano, e facciamo la pace!* | (*pleonast.*) con valore rafforz. preceduto da 'questo' (*anche spreg.*): *questo disordine qua, non lo voglio più vedere*; *cosa vuole questo qua?*; *prendi questa roba qua* | in correl. con 'là' per indicare il ripetersi insistente di qualcosa: *papà qua, papà là! devo sempre correre io*; *non è mai contento, protesta, si lamenta e qua e là* **3** nella loc. avv. ***in qua***, verso questa parte: *guarda in qua*; *voltati in qua*; *fatevi più in qua*; *non venite troppo in qua* | ad oggi, a questa parte (con valore temp.): *da un anno in qua*; *da un po' di tempo in qua si comporta stranamente*; *onde vedemo ne le cittadi d'Italia ... da cinquanta anni in qua molti vocabuli essere spenti e nati e variati* (DANTE) | in prop. interr. retoriche con tono di rimprovero: *da quando in qua si parla in questo modo?* **4** nella loc. avv. ***di qua***, da questo luogo, di questo luogo (indica moto verso luogo o da luogo o per luogo, oppure stato in luogo; *anche fig.*): *di qua non mi muovo*; *di qua si gode un bellissimo panorama*; *vieni via di qua*; *di qua non si passa*; *prendete di qua e arriverete ad un semaforo*; *quei monti azzurri / che di qua scopro* (G. LEOPARDI) | (*colloq.*) in questa stanza: *venite di qua che parliamo con calma*; *voi restate di qua un momento, torno subito* | (*fig.*) in questo mondo: *finché sto di qua voglio godermi la vita* | (*fig.*) ***essere più di là che di qua***, essere mezzo morto, essere sul punto di morire | ***andare di qua e di là***, in vari luoghi gironzolando | ***di qua, di là, di su, di giù***, in ogni luogo | ***per di qua***, per questo luogo, per questa strada, da questa parte: *passate per di qua*; *prendiamo per di qua, faremo più presto* | ***al di qua***, da questa parte: *al di qua c'è la Francia, al di là la Svizzera* **B** **nelle loc. prep.** ***di qua da, al di qua di***; ***in qua di, in qua da*** ● dalla parte, dal versante di qlco. vicino o in cui si trova chi parla e sim.: *di qua dal fiume il terreno è di mio zio*; *al di qua dei monti la vallata è più verde*; *abita più in qua di piazza Risorgimento*

qua ② /kwa*, kwa/ o **qua qua** /kwa(k)'kwa*/ [vc. onomat. ✱ av. 1400] **A** **inter.** ● riproduce il verso delle oche e delle anatre (*spec. iter.*) **B** **in funzione di s. m. inv.** ● il verso stesso: *il qua qua delle oche* (V. nota d'uso ACCENTO)

quaccherìsmo o **quacquerìsmo** [1749] **s. m.** **1** movimento religioso protestante, fondato in Inghilterra da Giorgio Fox verso la metà del sec. XVII, diffuso anche negli Stati Uniti; predica il ritorno a una vita semplice e a un culto privo di cerimonie e di riti, condannando il militarismo, la violenza e il lusso **2** (*fig.*) moralismo, puritanesimo

quàcchero o **quàcquero** [ingl. *quaker* 'che trema', da *to quake* 'tremare', di orig. espressiva; il n. venne dato perché il fondatore della setta aveva invitato gli aderenti a tremare davanti alla parola di Dio ✱ 1708] **A** **s. m.** (**f.** *-a*) **1** seguace del quaccherismo **2** (*fig.*, *raro*) persona ostentatamente moralista o puritana **B** **agg.** ● (*raro*) da quacchero | ***alla quacchera***, (*ellitt.*, *fig.*) senza cerimonie, alla buona

quàcquero e deriv. ➤ **quacchero** e deriv.

quad ① /kwɔd, *ingl.* kwɒd/ [vc. ingl., da *quad(rillion)* 'quadrilione' ✱ 1983] **s. m. inv.** ● (*fis.*) unità di misura anglosassone dell'energia pari a 10^{15} British thermal unit o $1{,}0551 \cdot 10^{18}$ joule

quad ② /*ingl.* kwɒd/ [nello slang amer., accorc. di *quad(ricycle)* ✱ 1989] **s. m. inv.** ● veicolo simile a una motocicletta, ma dotato di quattro grosse ruote, adatto per terreni accidentati **CFR.** quadriciclo

quadèrna ➤ **quaterna** nel sign. 1

quadernàccio [av. 1620] **s. m.** **1** pegg. di *quaderno* **2** †brogliaccio

†**quadernàle** [da *quadernario*, con cambio di suff. ✱ av. 1348] **s. m.** ● (*mar.*) quarnale

quadernàrio o †**quadernàro** [V. *quaternario* ✱ 1484 ca.] **A** **agg.** ● quaternario, nel sign. A 1 **B** **s. m.** ● nel sonetto, quartina

♦**quadèrno** [lat. *quatĕrni*, nom. pl., 'a quattro a quattro' (con riferimento alla legatura dei fogli), da *quăttuor* 'quattro' ✱ 1211] **s. m.** **1** fascicolo di più fogli di carta da scrivere uniti insieme e rilegati in una copertina, destinato spec. a usi scolastici: *q. a righe, a quadretti*; *q. degli appunti* | libro di cassa | titolo di pubblicazioni: *Quaderni della 'Voce'* **2** ciascuno degli spazi quadri che si fanno nei giardini od orti per coltivarli **3** †àmbito **4** (*letter.*) †quadernario, quartina ‖ **quadernàccio**, **pegg.** (V.) | **quadernétto**, **dim.** | **quadernìno**, **dim.** | **quadernóne**, **accr.** | **quadernùccio**, **dim.**

quàdra [vc. dotta, lat. *quădra(m)* 'quadrato, pezzetto, fetta', f. sost. di *quădrus* 'quadrato, quadro' * av. 1316] **s. f.** **1** †quarta parte del cerchio, quadrante: *come 'l sol muta q.* (DANTE) **2** †tagliere, mensa quadrata **3** (*mar.*) vela rettangolare o trapezoidale inferita con il lato orizzontale superiore a un pennone **4** †maniera, modo di essere | †*dare la q.*, adulare o canzonare **5** (*sett., fig.*) *trovare la q.*, arrivare a un accordo, uscire da una situazione problematica

quadràbile [da *quadrare* * 1575] **agg.** **1** (*raro*) riducibile a quadrato **2** in contabilità, che può quadrare: *contabilità difficilmente q.*; *bilancio non q.*

quadragenàrio [vc. dotta, lat. *quadragenāriu(m)*, da *quadragēni* 'quaranta per volta', da *quadragìnta* 'quaranta' * 1745] **A agg.** **1** (*raro*) che ha quarant'anni **2** †che dura quaranta giorni o anni **B s. m.** (**f.** *-ia*) ● (*lett.*) chi ha quarant'anni d'età

quadragèsima (o *-é-*) [vc. dotta, lat. *quadragēsima(m)*. V. *quaresima* * av. 1547] **s. f.** ● (*lett.*) quaresima | *domenica di q.*, la prima domenica di Quaresima

quadrageșimàle [vc. dotta, lat. tardo *quadragesimāle(m)*, da *quadragēsima* 'quaresima' * av. 1328] **agg.** ● (*lett.*) quaresimale

quadragèșimo (o *-é-*) [vc. dotta, lat. *quadragēsimu(m)*, da *quadragìnta* 'quaranta' * sec. XIV] **agg. num. ord.; anche s. m.** ● (*lett.*) quarantesimo: *nel q. giorno della morte, della scomparsa*; *q. primo*; *q. secondo*; *q. terzo*

†**quadraménto** [av. 1543] **s. m.** ● il quadrare | quadratura

quadrangolàre [vc. dotta, lat. tardo *quadrangulārem*, da *quadrăngulus* 'quadrangolo' * 1548] **agg.; anche s. m. nel sign. 2** **1** (*mat.*) a forma di quadrangolo, relativo a un quadrangolo **2** (*sport*) detto di gara o torneo cui prendono parte squadre di quattro nazioni o di quattro società sportive

†**quadrangolàto** [vc. dotta, lat. tardo *quadrangulātu(m)*, da *quadrăngulus* 'quadrangolo' * 1550] **agg.** ● fatto a quadrangolo

quadràngolo [vc. dotta, lat. *quadrăngulu(m)*, comp. di *quădri-* e *ăngulus* 'angolo' * 1308] **A agg.** ● che ha quattro angoli **B s. m.** ● poligono con quattro vertici

quadrantàle [1835] **agg.** ● relativo a un quadrante, spec. di bussola: *deviazione q.* | *quota q.*, altitudine che gli aerei devono mantenere lungo le rotte orientate nei diversi quadranti di bussola

quadrànte [vc. dotta, lat. *quadrănte(m)* 'quarta parte', da *quădri-* * 1319] **s. m.** **1** (*mat.*) parte di un piano compresa fra due semirette perpendicolari uscenti dallo stesso punto | ciascuna delle quattro parti in cui è diviso un cerchio da due suoi diametri perpendicolari tra loro **2** superficie che, in uno strumento di misura, porta la scala graduata | in orologeria, superficie sulla quale sono indicate le ore e i minuti; (*est.*) in un orologio digitale, il quadro in cui compaiono le cifre che indicano l'ora e la data **3** nella bussola, ciascuno dei settori di 90° compresi tra i punti cardinali | *primo q.*, da Nord a Est | *secondo q.*, da Est a Sud | *terzo q.*, da Sud a Ovest | *quarto q.*, da Ovest a Nord **4** *q. solare*, meridiana **5** antico strumento d'osservazione astronomica per la determinazione dell'altezza delle stelle al loro passaggio in meridiano **6** (*milit.*) strumento usato per il puntamento in elevazione delle antiche artiglierie **7** moneta romana repubblicana di bronzo, quarta parte dell'asse, ossia di tre once **8** (*edit.*) in legatoria, ciascuno dei due cartoni, del formato del libro, o lievemente più grandi, che formano la copertina del libro rilegato **9** (*anat.*) ognuna delle quattro regioni in cui viene arbitrariamente suddivisa una regione anatomica a scopo descrittivo: *q. addominale* ‖ **quadrantìno**, **dim.**

quadrantectomìa [comp. di *quadrante* ed *-ectomia* * 1985] **s. f.** ● (*med.*) tecnica chirurgica che consente di asportare una massa tumorale con il tessuto sano circostante senza compromettere la funzionalità dell'organo o dell'apparato: *q. mammaria*

quadràre [vc. dotta, lat. *quadrāre*, da *quădrus* 'quadro' * 1261 ca.] **A v. tr.** **1** (*mat.*) calcolare l'area di una figura bidimensionale | costruire un quadrato che abbia la stessa area di una figura bidimensionale **2** dare forma quadra | (*raro*) *q. la testa a qlcu.*, (*raro, fig.*) abituarlo alla riflessione **3** (*mat.*) elevare al quadrato **4** in contabilità, procedere alla verifica delle esatte corrispondenze nei conti: *q. il bilancio* **B v. intr.** (**aus.** *essere* **o** *avere*) **1** in contabilità, corrispondere esattamente: *in una azienda sana le uscite devono q. con le entrate* | *far q. i conti*, far sì che i conti tornino (*anche fig.*) **2** essere esatto, detto di un calcolo e sim.: *il tuo conto non quadra* **3** essere preciso, corrispondere con esattezza: *la descrizione che ne hai fatto quadra perfettamente con la realtà* | (*fig.*) adattarsi perfettamente: *è un soprannome che gli quadra proprio* **SIN.** coincidere, concordare **4** (*fig., colloq.*) andare a genio, garbare, piacere: *il suo è un ragionamento che mi quadra; non mi quadra proprio il fatto che debba intervenire sempre io!* | convincere: *ciò che mi ha raccontato non mi quadra per niente*

quadràtico [da *quadrato*② * 1865] **agg.** (**pl. m.** *-ci*) ● (*mat.*) detto di ente nel quale compaiono con particolare importanza delle seconde potenze

quadratìno [1932] **s. m.** **1** dim. di *quadrato*② | piccolo cubo o sim.: *un q. di zucchero, di cioccolata* **2** (*mar.*) alloggio in comune per i guardiamarina sulle navi da guerra **3** (*tipogr.*) spazio bianco di giustificazione il cui spessore corrisponde alla metà del corpo tipografico usato

quadratìvo [1607] **agg.** ● (*raro*) atto a quadrare

♦**quadràto**① **part. pass.** di *quadrare*; **anche agg.** **1** che ha la forma di un quadrato geometrico: *tavolo, giardino q.*; *una pietra quadrata* **2** (*mat.*) elevato alla seconda potenza: *centimetro q.* **SIN.** quadro① | *radice quadrata*, V. *radice* **3** (*fig.*) solido, robusto, gagliardo: *statura, corporatura, complessione quadrata*; *petto q.*; *spalle quadrate* | *avere le spalle quadrate*, (*fig.*) sapere affrontare difficoltà o avversità con grande equilibrio | *testa quadrata*, (*fig.*) di persona che ragiona bene **4** (*fig.*) che ha idee precise e solide, che è positivo, equilibrato: *un uomo q.* **5** *verso q.*, settenario trocaico latino ‖ †**quadrataménte**, **avv.** a modo di quadrato, in forma quadrata

♦**quadràto**② [vc. dotta, lat. *quadrātu(m)*, sost. di *quadrātus* 'quadrato', agg. * sec. XIV] **s. m.** **1** (*mat.*) quadrangolo regolare, con i lati e gli angoli uguali **2** (*mat.*) seconda potenza | *q. perfetto*, numero, o funzione razionale, che sia il quadrato di un altro numero, di un'altra funzione razionale **3** pezzo, superficie o figura di forma quadrata: *un q. di stoffa* **4** (*milit.*) formazione usata un tempo dalla fanteria per difendersi dalle cariche di cavalleria qualunque ne fosse la provenienza | (*fig.*) *fare q.*, coalizzarsi, stringersi insieme per difendersi e respingere o battere un avversario **5** (*sport*) nel pugilato e sim. piattaforma quadrata, delimitata da un triplice ordine di corde tese tra quattro pali posti agli angoli | *salire sul q.*, disputare un incontro **6** (*mar.*) sala riservata agli ufficiali e ai sottufficiali per i pasti o per incontri durante le ore libere | area centrale della cabina di un'imbarcazione arredata con tavolo e sedili **7** pezzo di terreno regolare a forma quadra | misura romana di superficie di 10 tavole quadrate | antica unità di misura di superficie agraria, usata spec. in Toscana, equivalente a 35 are ca. | *q. latino*, tipo di schema distributivo delle tesi nelle ricerche parcellari di campo **8** osso del capo che nei Vertebrati inferiori partecipa all'articolazione mascella-mandibola e nei Mammiferi forma l'incudine dell'orecchio interno **9** (*astrol.*) posizione di due pianeti distanti tra loro 90° **10** (*tipogr.*) quadratone **11** *q. magico*, gioco enigmistico consistente nell'indovinare parole che, disposte nelle caselle di un quadrato, siano leggibili tanto verticalmente che orizzontalmente ‖ **quadratìno**, **dim.** (V.) | **quadratóne**, **accr.** (V.)

quadratóne [1891] **s. m.** **1** accr. di *quadrato*② **2** (*tipogr.*) spazio bianco che stacca una parola dall'altra e il cui spessore corrisponde al corpo tipografico usato **SIN.** quadrato②

quadratóre [vc. dotta, lat. tardo *quadratōre(m)*, nel sign. però di 'tagliapietre', da *quadrātus*, part. pass. di *quadrāre* 'quadrare, squadrare' * 1584] **s. m.** (**f.** *-trice*); **anche agg.** ● (*raro*) chi (o che) quadra

quadratùra [vc. dotta, lat. tardo *quadratūra(m)*, da *quadrātus*, part. pass. di *quadrāre* 'quadrare, squadrare' * 1266] **s. f.** **1** il ridurre in forma quadrata | riquadro o insieme di riquadri | (*fig.*) *q. mentale*, chiarezza e solidità di idee | anche come qualità morale: *una persona di una grande q.* **2** (*mat.*) calcolo dell'area di una figura | determinazione di un quadrato avente la stessa area di una figura data | *la q. del cerchio*, problema classico, insolubile con la riga e il compasso; (*fig.*) cosa impossibile da farsi, irrealizzabile | calcolo di un integrale **3** (*mat.*) operazione, risultato dell'elevazione alla seconda potenza **4** (*fis.*) differenza di fase di 90° tra grandezze alternate, sinusoidali, della stessa frequenza **5** in contabilità, la condizione e l'operazione del quadrare: *la q. dei conti* **6** la posizione di due astri quando la loro longitudine differisce di 90° **7** pittura di prospettive architettoniche, per decorazioni di volte, pareti e sim., in uso spec. dal XVII al XVIII sec.

quadraturișmo [da *quadratura* col suff. *-ismo* * 1965] **s. m.** ● genere di pittura decorativa basata su rappresentazioni illusionistiche di elementi architettonici

quadraturista [1935] **s. m. e f.** (**pl. m.** *-i*) ● pittore di quadrature

quadrellatùra [da *quadrello* * 1932] **s. f.** ● reticolato geometrico a piccoli quadrati tracciabile su una superficie per riprodurvi, nella proporzione voluta, un disegno suddiviso, a sua volta, nello stesso numero di quadratini

quadrèllo [propr. dim. di *quadro*② * 1287] **s. m.** (**pl.** *quadrèlla*, **f. nel sign. 1**) **1** (*lett.*) freccia, dardo: *per l'aer ronzando esce 'l q.* (A. POLIZIANO) **2** pezzetto di pelle o di tessuto cucito nell'interno della biforcazione delle dita del guanto **3** mattonella quadrata per pavimento o rivestimento di parete **4** lombata del vitello, dell'agnello o del maiale macellati **5** grosso ago a tre spigoli, di forma schiacciata, usato dai tappezzieri **6** parte inferiore della chiave da orologio **7** righello

quadrerìa [da *quadro*②, sul modello di *libreria* * av. 1704] **s. f.** ● raccolta o galleria di quadri

quadrétta [fr. *quadrette*, dal lat. *quădrus* (V. *quadro*①) ✱ 1986] **s. f.** ● squadra di quattro giocatori alle bocce

quadrettàre [da *quadretto* ✱ 1839] **v. tr.** (*io quadrétto*) ● suddividere in più quadretti, tracciando molte linee parallele e perpendicolari: *q. un foglio di carta*

quadrettàto **part. pass.** di *quadrettare*; **anche agg. 1** nel sign. del v. **2** formato da più quadretti: *pavimento q.*

quadrettatùra [1879] **s. f.** ● il quadrettare | reticolo di quadretti

quadrétto [av. 1452] **s. m. 1** dim. di *quadro*② **2** piccolo quadrato: *un q. di carta, di tessuto; tagliare qlco. a quadretti* | cubetto: *zucchero a quadretti* | piccolo riquadro: *un foglio a righe e uno a quadretti* **3** (*mar.*) banderuola di comando, quadrata, che issavano alla maestra le galee capitane **4** (*fig.*) spettacolo, scenetta (*anche iron.*): *un bel q. familiare; un grazioso q. di bambini intenti a giocare* **5** (**spec. al pl.**) pasta minuta da brodo, in forma di minuscoli quadrati ‖ **quadrettìno**, **dim.** | **quadrettóne**, **accr.** | **quadrettùccio**, **dim.**

quàdri- [in comp. dotti ripete il lat. *quădri-*, per **quatr(i)-*, da *quăttuor* 'quattro'] **primo elemento** ● in parole composte significa 'di quattro', 'che ha quattro', 'costituito di quattro': *quadricipite, quadricromia, quadrifoglio, quadrimotore*

quadribànda [comp. di *quadri-* e *banda*② ✱ sec. XX] **agg. inv.; anche s. m. inv.** ● (*radio, tel.*) detto di sistema ricetrasmittente in grado di operare su quattro bande: *cellulare q.*

quàdrica [da *quadro*① ✱ 1893] **s. f.** ● (*mat.*) superficie che corrisponde al luogo dei punti dello spazio le cui coordinate cartesiane soddisfano un'equazione di secondo grado

quadricìclo [comp. di *quadri-* e *-ciclo* ✱ 1987] **s. m.** ● automobile di piccole dimensioni assimilata dal codice della strada a un motociclo, con limite di peso di 200 kg fino a 300 cc di cilindrata (*q. leggero*) e fino a 400 kg per le cilindrate superiori (*q. pesante*)

quadricilìndrico [comp. di *quadri-* e *cilindrico* ✱ sec. XX] **agg.** (**pl. m.** *-ci*) ● (*mecc.*) detto di motore a quattro cilindri e di veicolo fornito di tale motore

quadricìpite [vc. dotta, lat. tardo *quadricĭpite(m)*, comp. di *quădri-* e *căput*, genit. *căpitis* 'capo' ✱ 1931] **s. m.** ● (*anat.*) muscolo anteriore della coscia

quadricromìa [comp. di *quadri-* e *-cromia* ✱ 1952] **s. f.** ● (*tipogr.*) procedimento per produrre stampe a colori mediante la sovrapposizione di quattro colori, i tre primari (giallo, magenta e ciano) e il nero | (*est.*) la riproduzione a stampa così ottenuta

†**quadridiàno** ➤ **quatriduano**

quadridimensionàle [da *quadri-* sul modello di *tridimensionale* ✱ 1905] **agg.** ● a quattro dimensioni **SIN.** quadrimensionale ‖ **quadridimensionalità**, **s. f. inv.** proprietà di ciò che è quadridimensionale

†**quadriduàno** ➤ **quatriduano**

quadriennàle [da *quadriennio* ✱ 1824] **A agg. 1** che dura quattro anni: *esperienza q.; corso di studi q.* **2** che ricorre ogni quattro anni: *competizione q.* ‖ **quadriennalménte**, **avv.** ogni quattro anni ‖ **quadriennalità**, **s. f. inv.** durata o periodicità quadriennale **B s. f.** ● esposizione d'arte che si fa ogni quattro anni: *la q. di Roma; la q. di pittura*

quadriènnio [vc. dotta, lat. *quadriĕnniu(m)*, comp. di *quădri-* e *ănnus* 'anno', con suff. agg. ✱ 1691] **s. m.** (**pl.** *-i* o *raro -ii*) ● periodo di quattro anni: *un q. di ricerche; lavoro che richiede un q. per la sua esecuzione*

quadrifàrmaco [comp. di *quadri-* e *farmaco*: calco sul gr. *tetraphármakon* ✱ 1927] **s. m.** (**pl.** *-ci*) ● (*filos.*) tetrafarmaco

quadrifòglio [da *quadri-*, sul modello di *trifoglio* ✱ 1892] **s. m. 1** correntemente, pianticella delle Oxalidacee con foglioline disposte in gruppi di quattro **2** (*est.*) ***svincolo a q.***, V. *svincolo*

quadrifonìa [fr. *quadriphonie*, comp. di *quadri-* 'quadri-' e *-phonie* '-fonia' ✱ 1971] **s. f.** ● tecnica di registrazione e di riproduzione del suono su quattro canali, attraverso la quale l'ascoltatore riceve un accentuato effetto spaziale del suono riprodotto ‖ **quadrifònico**, **agg.** (**pl. m.** *-ci*) relativo alla quadrifonia: *effetto quadrifonico* ‖ **quadrifonicaménte**, **avv.** mediante la quadrifonia

quadrìfora [vc. dotta, lat. *quadrĭfore(m)*, comp. di *quădri-* e *fŏre(m)* 'porta, apertura' (V. *foro*②) ✱ 1521] **A s. f.** ● finestra suddivisa in quattro aperture per mezzo di pilastrini o colonnine **B anche agg. solo f.**

quadrifórme [vc. dotta, lat. tardo *quadrifŏrme(m)*, comp. di *quădri-* e *-formis* '-forme': calco sul gr. *tetrámorphos* ✱ 1595] **agg.** ● (*raro, lett.*) che ha quattro forme

quadrifrónte [vc. dotta, lat. tardo *quadrifrŏnte(m)*, da *quădri-*, sul modello di *bĭfrons*, genit. *bifrŏntis* 'bifronte' ✱ sec. XIV] **agg.** ● che ha quattro fronti o facciate

quadrìga [vc. dotta, lat. *quadrīga(m)* (comunemente al pl.), comp. di *quădri-* e *iŭgum* 'giogo' ✱ 1374] **s. f. 1** antico cocchio, che si guidava in piedi, con due coppie di cavalli affiancate al timone **2** attacco, gruppo di quattro cavalli o altri animali da tiro, impiegati insieme per uno stesso uso o per l'esecuzione di uno stesso lavoro

quadrìgamo [vc. dotta, lat. tardo *quadrĭgamu(m)*, comp. di *quădri-* e *-gamus* (V. *bigamo*) ✱ av. 1769] **agg. e s. m.** (**f.** *-a*) ● che (o chi) ha quattro mogli o quattro mariti, o si è sposato quattro volte

quadrigàrio [vc. dotta, lat. *quadrigāriu(m)*, da *quadrīga* ✱ 1745] **A agg.** ● relativo alla quadriga **B s. m.** ● conduttore di quadriga

quadrigàto [vc. dotta, lat. *quadrigātu(m)*, da *quadrīga*; detto così perché vi era impressa una quadriga ✱ 1483] **s. m.** ● moneta di argento con impronta di una quadriga nel rovescio, coniata nel 251 a.C. in Roma, del valore di 10 assi

quadrigèmino [vc. dotta, lat. *quadrigĕminu(m)* 'quadruplo', comp. di *quădri-* e *gĕminus* 'gemino' ✱ 1712] **agg. 1** detto di parto in cui nascono quattro gemelli **2** ***lamina quadrigemina***, la regione dorsale del mesencefalo dei Mammiferi

quadrigètto [comp. di *quadri-* e *getto*② ✱ 1964] **s. m.** ● aeroplano propulso da quattro motori a reazione

quadrìglia [sp. *cuadrilla*, da *cuadro* 'quadro' ✱ av. 1573] **s. f. 1** vivace danza di società a coppie contrapposte, ricca di figure, in voga nell'Ottocento: *ballare la q.* | musica con cui si balla la quadriglia **2** gruppo di almeno quattro cavalieri che insieme partecipavano a un torneo

quadrigliàti [da *quadriglio* ✱ 1825] **s. m. pl.** ● gioco di carte simile al tressette, tra due coppie che si formano durante il gioco per chiamata

quadrìglio [fr. *quadrille*, dallo sp. *cuartillo*, da *cuarto* 'quarto' ✱ av. 1789] **s. m.** ● quadrigliati

quadrilàtero [vc. dotta, lat. tardo *quadrilătеru(m)*, comp. di *quădri-* e *lătus*, genit. *lăteris* 'lato' ✱ av. 1572] **A agg.** ● che ha quattro lati: *figura quadrilatera* **B s. m. 1** multilatero con quattro lati **2** antica opera di fortificazione a pianta quadrangolare con baluardi ai vertici | sistema difensivo delimitato da quattro piazzeforti situate a Peschiera, Verona, Mantova e Legnago, realizzato dopo il 1815 dagli austriaci nel Lombardo-Veneto **3** nel gioco del calcio, blocco dello schieramento costituito dai mediani e dalle mezze ali **4** (*numism.*) pane fuso di bronzo di forma rettangolare con tipi vari sulle due facce, della fine del IV-inizi III sec. a.C.

quadrilìngue [da *quadri-*, sul modello di *bilingue* ✱ av. 1869] **agg.** (**pl.** *-i* **o inv.**) ● (*raro*) che parla quattro lingue: *interprete q.* | di territorio in cui si parlano quattro lingue | che è scritto in quattro lingue: *testo q.*

quadrilióne [da *quadri-*, sul modello di *milione* ✱ 1871] **s. m. 1** un milione di miliardi, secondo l'uso contemporaneo italiano, francese e statunitense **2** un milione elevato alla quarta potenza, secondo l'uso italiano antico e quello contemporaneo tedesco e inglese

quadrilionèṣimo (o **-é-**) **A agg. num. ord.** ● corrispondente a un quadrilione in una successione o in una classificazione **B s. m.** ● ciascuna del quadrilione di parti uguali in cui può essere divisa una quantità

quadrilobàto [comp. di *quadri-* e *lobato* ✱ 1858] **agg.** ● che presenta quattro lobi: *cerchio q.; foglia quadrilobata*

quadrìlobo [comp. di *quadri-* e *lobo* ✱ 1959] **s. m.; anche agg.** ● motivo decorativo costituito da quattro lobi o petali, di solito iscritti in un quadrato

quadrilogìa [comp. di *quadri-* e *-logia* ✱ 1959] **s. f.** (**pl.** *-gìe*) ● (*raro*) tetralogia

quadrilùngo [comp. di *quadri-* e *lungo* ✱ 1564] **agg.** (**pl. m.** *-ghi*) ● (*raro*) di figura quadrangolare più lunga che larga

quadrilùstre [comp. di *quadri-* e *lustro* ✱ 1765] **agg.** ● (*lett.*) di quattro lustri: *a lui non valse / merito q.* (G. PARINI) **SIN.** ventennale

quadrimèmbre [vc. dotta, lat. tardo *quadrimĕmbre(m)*, che significa però 'che cammina a quattro piedi', comp. di *quădri-* e *mĕmbrum* 'membro' ✱ sec. XIV] **agg.** ● (*lett.*) di quattro parti

quadrimensionàle [comp. di *quadri-* e *(di)mensionale*, ridotta per aplologia ✱ 1983] **agg.** ● quadridimensionale ‖ **quadrimensionalità**, **s. f. inv.**

quadrimensionalità [1970] **s. f. inv.** ● quadridimensionalità

quadrimestràle [1796] **A agg. 1** di quadrimestre: *periodo q.* | della durata di un quadrimestre: *abbonamento, corso q.* **2** che si verifica o si fa ogni quattro mesi: *convegno q.; rivista q.* ‖ **quadrimestralménte**, **avv.** ogni quattro mesi: *una pubblicazione che esce quadrimestralmente* ‖ **quadrimestralità**, **s. f. inv.** durata o periodicità quadrimestrale; somma da versarsi ogni quattro mesi **B s. m.** ● periodico che esce ogni quattro mesi

quadrimèstre [vc. dotta, lat. *quadrimēstre(m)*, da *quădri-*, sul modello di *bimēstris* (V. *bimestre*) ✱ 1691] **A s. m. 1** periodo di quattro mesi | ciascuno dei due periodi in cui può dividersi l'anno scolastico, in Italia **2** quantità di denaro versata quadrimestralmente: *pagare un q. anticipato* **B agg.** ● (*raro*) quadrimestrale

quadrimotóre [comp. di *quadri-* e *motore* ✱ 1926] **A s. m.** ● aeroplano propulso da quattro motori, spec. a elica **B anche agg.**: *aereo q.*

quadrinòmio [da *quadri-*, sul modello di *binomio* ✱ 1521] **s. m.** ● somma algebrica di quattro monomi

quadripàla [comp. di *quadri-* e *pala* ✱ 1970] **agg. inv.** ● con quattro pale: *elica, rotore q.*

quadripartìre [vc. dotta, lat. tardo *quadripartīre*, da *quădri-*, sul modello di *bipartīre* ✱ av. 1502] **v. tr.** (*io quadripartìsco, tu quadripartìsci*) ● dividere in quattro parti: *q. un'eredità*

quadripartìtico [1968] **agg.** (**pl. m.** *-ci*) ● del quadripartito: *formula quadripartitica* | formato da rappresentanti di quattro partiti politici: *coalizione quadripartitica*

quadripartìto ① **part. pass.** di *quadripartire*; **anche agg.** ● diviso in quattro parti || **quadripartitaménte**, **avv.** con divisione in quattro parti

quadripartìto ② [comp. di *quadri-* e *partito* ✻1955] **A agg.** ● formato da quattro partiti: *accordo q.*; *governo q.*; *alleanza, coalizione quadripartita* **B s. m.** ● governo di quattro partiti alleati: *la crisi del q.*; *la riforma voluta dal q.*

quadripartizióne [vc. dotta, lat. *quadripartitiōne(m)*, da *quadripartītus* 'quadripartito①' ✻1823] **s. f.** ● (*raro*) divisione in quattro parti

quadripètalo [comp. di *quadri-* e *petalo* ✻1802] **agg.** ● che ha quattro petali

quadriplàno [da *biplano*, con sostituzione di *quadri-* 'di quattro' a *bi-* 'di due' ✻1970] **A s. m.** ● tipo di velivolo con quattro piani alari **B agg.** ● con quattro piani aerodinamici: *struttura quadriplana*

quadriplegìa [comp. di *quadri-* e *-plegia* ✻1959] **s. f.** (**pl.** *-gìe*) ● (*med.*) paralisi che colpisce quattro arti

quadriplègico [1970] **agg. e s. m.** (**f.** *-a*; **pl. m.** *-ci*) ● che (o chi) è colpito da quadriplegia

quadripolàre [1959] **agg.** ● relativo a quadripolo

quadripòlo o **quadrupòlo** [comp. di *quadri-* e *polo*① ✻1954] **s. m.** ● (*fis.*) circuito elettrico a quattro morsetti

quadripòrtico [comp. di *quadri-* e *portico* ✻1935] **s. m.** (**pl.** *-ci*) ● cortile con vasca per l'acqua lustrale contornato da quattro porticati, antistante ad alcune basiliche paleocristiane

quadripósto [comp. di *quadri-* e *posto* ✻1967] **A agg. inv.** ● che ha quattro posti: *cabina q.* **B s. m. o f. inv.** ● veicolo, velivolo, imbarcazione che dispone di quattro posti

quadrireattóre [comp. di *quadri-* e *reattore* ✻1959] **s. m.**; **anche agg.** ● quadrigetto

quadrirème (o *-è-*) [vc. dotta, lat. *quadrirēme(m)*, comp. di *quădri-* e *rēmus* 'remo' ✻1483] **s. f.** ● nave da guerra del periodo classico a quattro ordini di remi, apparsa nel Mediterraneo a partire dal IV sec. a.C.

quadrirotóre [comp. di *quadri-* e *rotore* ✻1970] **agg.** ● con quattro rotori: *elicottero q.*

quadrisdrùcciolo [comp. di *quadri-* e *sdrucciolo* ✻1959] **agg.** ● detto di parola che ha l'accento tonico sulla sestultima sillaba (per es. *fàbbricamicelo*)

quadrisillàbico [comp. di *quadri-* e *sillabico* ✻sec. XX] **agg.** (**pl. m.** *-ci*) ● detto di parola costituita da quattro sillabe

quadrisìllabo [vc. dotta, lat. tardo *quadrisўllabu(m)*, da *quădri-*, sul modello di *bisўllabus* 'bisillabo' ✻av. 1639] **A s. m. 1** parola formata da quattro sillabe **2** nella metrica italiana, verso la cui ultima sillaba accentata è la terza di quattro sillabe se termina con parola piana: *su le carte* (G. CARDUCCI) (V. nota d'uso ACCENTO) **SIN.** quaternario **B agg.** ● quadrisillabico

quadrìsta [da *quadro*②, nel sign. 7 ✻1983] **s. m. e f.** (**pl. m.** *-i*) ● in varie tecnologie, tecnico addetto al controllo dei quadri: *quadristi elettrici, quadristi termici*

quadrittòngo (o *-ó-*) [da *quadri-*, sul modello di *dittongo* ✻1586] **s. m.** (**pl.** *-ghi*) ● (*ling.*) successione di quattro elementi vocalici in una stessa sillaba (per es. in *colloquiai*) **CFR.** monottongo, dittongo, trittongo

quadrivalènte [comp. di *quadri-* e *valente* ✻1954] **agg.** ● (*chim.*) tetravalente

quadrivettóre [comp. di *quadri-* e *vettore* ✻1974] **s. m.** ● (*fis.*) vettore in uno spazio a quattro dimensioni; in particolare, nella teoria della relatività, vettore con tre componenti spaziali e una temporale

quadrìvio [vc. dotta, lat. *quadrĭviu(m)*, comp. di *quădri-* e *vĭa* ✻1308] **s. m.** (**pl.** *-i* o *raro -ii*) ● luogo dal quale si dipartono quattro strade o dove se ne incrociano due | ***arti del q.***, nel sistema pedagogico medievale, l'aritmetica, la geometria, la musica e l'astronomia, ascritte al gruppo scientifico **CFR.** trivio

♦**quàdro** ① [vc. dotta, lat. *quădru(m)*, dalla stessa radice indeur. di *quăttuor* 'quattro' ✻1282] **agg. 1** di forma quadrata: *figura, superficie, lastra quadra*; *mattone q.* | ***parentesi quadra***, che ha questa forma: [ ] (V. *parentesi*) | ***punto q.***, punto di ricamo caratterizzato da tanti quadratini ravvicinati **2** (*fig.*) robusto: *ben il conosco a le sue spalle quadre* (T. TASSO) | (*fig.*) ***testa quadra***, di chi è logico e raziocinante; (*spreg.*) di chi è duro di comprendonio **3** detto di motore a scoppio i cui cilindri hanno la corsa uguale all'alesaggio **4** (*mat.*) elevato alla seconda potenza: *metro q.* **SIN.** quadrato①

♦**quàdro** ② [sost. di *quadro*① ✻sec. XIII] **A s. m. 1** dipinto o disegno gener. incorniciato: *q. a tempera, a olio*; *un q. del Botticelli, di Rubens, di Picasso*; *i quadri dell'espressionismo* **2** in geometria descrittiva e in prospettiva, il piano sul quale sono tracciate le immagini degli oggetti spaziali **3** oggetto, elemento o figura quadrati: *un q. di legno*; *un q. metallico*; *gonna a quadri*; *soffitto a quadri* **4** (*fig.*) descrizione a grandi linee: *fare un q. delle attuali condizioni economiche, della situazione politica internazionale*; *prospettare, presentare un q. positivo, pessimistico* | ***q. politico***, la situazione politica in atto | ***q. clinico***, V. *clinico* | contesto: *dobbiamo valutare i fatti in un q. più ampio* | ***nel q.***, all'interno, nell'ambito di qlco. di più vasto: *un provvedimento deciso nel q. della legge di riforma della scuola* | ***q. conoscitivo***, raccolta e analisi delle informazioni su un dato fenomeno **5** (*fig.*) scena, spettacolo: *ci apparve un q. di incredibile bellezza*; *un q. commovente, triste, miserevole* **6** (*fig.*) foglio o tabella contenente dati e informazioni di vario genere: *un q. riassuntivo delle votazioni, dei risultati, dei dati tecnici*; *q. sinottico*; *q. comparativo* | ***q. d'unione***, in un atlante o sim., tavola riassuntiva che funge da indice delle varie tavole | ***q. murale***, con scritte e figure, utilizzato nella scuola, spec. primaria, come sussidio visivo all'insegnamento **7** in varie tecnologie, pannello recante dispositivi di controllo, comando, strumenti indicatori e sim., applicato su macchine, veicoli o apparecchiature di vario genere: *q. di manovra, di distribuzione*; *sala quadri*; *q. portastrumenti* **8** ogni parte, con scena unitaria, in cui può essere suddiviso ogni atto di un'opera teatrale: *dramma in un atto e quattro quadri* | ***q.!***, escl. con cui nella sala cinematografica si protesta per l'imperfetta proiezione della pellicola **9** (*mar.*) ***q. di poppa***, specchio di poppa **10** ***q. svedese***, V. *svedese* **11** (**al pl.**) coloro che rivestono un grado nella gerarchia militare e che perciò inquadrano reparti ed unità **12** (**spec. al pl.**) nell'inquadramento del personale di un'azienda o in altre organizzazioni, chi ricopre cariche di responsabilità o svolge mansioni organizzative: *i quadri intermedi*; *i quadri di un partito* **13** (**al pl.**) uno dei quattro semi delle carte da gioco francesi **CFR.** cuore, fiore, picca① **B in funzione di agg. inv.** ● (posposto al sost.) nella loc. ***legge q.***, detto di legge o complesso di leggi che contengono i principi fondamentali relativi all'ordinamento di una determinata materia || **quadràccio**, **pegg.** | **quadrétto**, **dim.** (V.) | (*lett.*) **quadricèllo**, **dim.** | **quadróne**, **accr.** (V.) | **quadrùccio**, **dim.** (V.)

SFUMATURE DI SIGNIFICATO

quadro - tela - olio - tempera - acquerello - affresco

Con **quadro** si definisce in maniera generica qualsiasi dipinto o disegno sostenuto da un telaio o racchiuso in una cornice che viene esposto alla vista su una parete. Se il materiale su cui è realizzato il quadro è una tela, il dipinto si può dire anche **tela**. Se nel dipinto vengono usati colori a olio, abbiamo un **olio**; se sono colori a colla diluiti in acqua, si ha una **tempera**; se il supporto è carta o seta con colori trasparenti stemperati in acqua con gomma arabica, è un **acquerello**. Un **affresco** è invece un dipinto realizzato sull'intonaco fresco con colori diluiti in acqua.

†**quadróne** [1539] **s. m. 1** accr. di *quadro*② **2** lastra quadra per pavimentazione **3** torcia costituita da quattro ceri uniti

quadròtta [da *quadro*① ✻1919] **s. f.** ● formato della carta da scrivere in cui le dimensioni dei due lati del foglio differiscono di poco

quadrùccio [1952] **s. m. 1** dim. di *quadro*② **2** (**spec. al pl.**) quadretto nel sign. 5: *quadrucci in brodo*

quadrùmane [vc. dotta, dal lat. *quadrūmane(m)*, comp. di *quadri-* e *mano*, rifatto sul modello di *quădrupes*, genit. *quadrŭpedis* 'quadrupede' ✻1773] **A agg.** ● che ha quattro mani, detto della scimmia **B s. m.** ● (*disus.*) scimmia

quadrumviràto o **quadrunviràto** [da *quadri-* sul modello di *duumvirato*, *triumvirato* ✻av. 1675] **s. m. 1** nella Roma antica, magistratura collegiale costituita da quattro persone **2** (*est.*) gruppo di quattro persone di pari grado e dignità con funzioni direttive nell'ambito di una qualsiasi organizzazione | (*per anton.*) nel 1922, comitato di quattro esponenti del partito fascista cui vennero conferiti pieni poteri straordinari allo scopo di organizzare e dirigere le operazioni di conquista violenta del governo

quadrùmviro o **quadrùnviro** [da *quadri-*, sul modello di *duumviro*, *triumviro* ✻1835] **s. m.** ● membro del quadrumvirato

quadrùpede o †**quadrùpedo** [vc. dotta, dal lat. *quadrŭpede(m)*, comp. di *quadri-* e *-pede* ✻1282] **A agg.** ● detto di animale che ha quattro zampe **B s. m. 1** animale a quattro zampe **2** (*fig., lett.*) persona rozza e ignorante

quàdrupla [f. sost. di *quadruplo* ✻1935] **s. f.** ● moneta d'oro di due doppie o quattro zecchini

quadruplatóre [vc. dotta, lat. *quadruplatō-re(m)*, da *quădruplus* 'quadruplo' ✻1871] **s. m.** ● nell'antica Roma, accusatore pubblico, delatore cui toccava il quarto sui beni dell'accusato

quadruplicàre [vc. dotta, lat. *quadruplicāre*, da *quădruplex* 'quadruplice' ✻1427] **A v. tr.** (*io quadrùplico, tu quadrùplichi*) ● moltiplicare per quattro, accrescere di quattro volte | (*est.*) accrescere grandemente: *q. gli sforzi nella ricerca* **B quadruplicàrsi v. intr. pron.** ● aumentare di quattro volte: *il capitale si è quadruplicato* | (*est.*) aumentare grandemente

quadruplicàto **part. pass.** di *quadruplicare*; **anche agg.** ● nei sign. del v.: *si ricordi delle triplicate e quadruplicate promesse* (G. CARDUCCI) || **quadruplicataménte**, **avv.** in quantità quadruplicata

quadruplicazióne [vc. dotta, lat. tardo *quadruplicatiōne(m)*, da *quadruplicātus*, part. pass. di *quadruplicāre* ✻1745] **s. f.** ● il quadruplicare

quadrùplice [vc. dotta, lat. *quadrŭplice(m)*, comp. di *quădri-* e *-plex* (V. *duplice*) ✻1499] **agg.** ● che è costituito, caratterizzato da quattro parti o elementi anche diversi tra loro: *la nostra azione ha un q. scopo; presentare il certificato in q. copia; la q. alleanza fra Francia, Inghilterra, Olanda e Austria fu conclusa nel 1718*

quadruplicità [1745] **s. f. inv.** ● caratteristica di ciò che è quadruplice: *la q. di una questione da affrontare*

quàdruplo [vc. dotta, lat. *quădruplu(m)*, variante di *quădruplex* 'quadruplice' ✱ 1509] **A agg.** **1** che è quattro volte maggiore relativamente ad altra cosa analoga: *oggi il nostro rendimento è q. rispetto a quello iniziale; ci occorrerebbe una somma di denaro quadrupla* **2** costituito da quattro parti uguali o simili fra loro: *filo q.* **B s. m.** ● quantità, misura quattro volte maggiore: *costare, rendere, guadagnare il q.*

quadrupòlo ➤ **quadripolo**

†**quaéntro** o †**qua éntro** [comp. di *qua*① ed *entro* ✱ 1525] **avv.** ● (*raro, lett.*) in questo luogo (con v. di stato e di moto)

quaestio /ˈkwɛstjo/ [vc. lat., propr. 'questione, problema' ✱ 1740] **s. f. inv.** (**pl. lat.** *quaestiónes*) ● nel Medioevo, dibattito su un argomento filosofico, teologico, giuridico e sim. | (*est.*) problema, questione | ***vexata quaestio***, questione dibattuta e controversa

quàgga [vc. dell'Africa merid. ✱ 1806] **s. m. inv.** ● mammifero degli Equidi dell'Africa meridionale affine alla zebra e oggi estinto (*Equus quagga*)

♦**quaggiù** o (*lett.*) †**qua giù**, †**quaggiùso**, †**qua giùso** [comp. di *qua*① e *giù* ✱ av. 1300] **avv.** **1** in questo luogo, posto in basso rispetto alla persona cui ci si rivolge (con v. di stato e di moto): *sono q. in cortile; vieni q. ad aiutarmi; q. in cantina fa molto fresco* | (*est.*) con riferimento a un luogo di pianura o posto al sud: *q. la vita è molto diversa; q. gli inverni sono miti* | (*fig.*) qua sulla Terra, in questo mondo: *noi q. siamo di passaggio; le cose, q., sono misere; così qua giù si gode / e la strada del ciel si trova aperta* (F. PETRARCA) **CONTR.** lassù **2** nelle loc. avv. ***da, di q.***, stando qua in basso: *da q. non si vede niente*; dalla Terra: *stelle ... tanto picciole che distinguere di qua giù non le potemo* (DANTE)

quàglia [lat. parl. **coăcula(m)*, vc. di orig. onomat. ✱ 1282] **s. f.** ● piccolo uccello migratore dei Galliformi dal piumaggio bruniccio macchiettato (*Coturnix coturnix*) **CFR.** stridere | ***re di q., delle quaglie***, uccello dei Gruiformi, simile a un piccolo gallinaceo, ottimo corridore (*Crex crex*) || **quagliétta**, **dim.**

quagliàre [var. antica di *cagliare*② ✱ av. 1580] **v. intr.** (*io quàglio*; aus. *essere*) **1** (*centr., merid.*) V. *cagliare*② **2** (*fig.*) giungere a compimento, concludersi positivamente

quaglière [da *quaglia* ✱ sec. XIII] **s. m.** ● fischio artificiale di richiamo che imita il maschio della quaglia

†**quàglio** ➤ **caglio**①

quagliòdromo, (*evit.*) **quagliodròmo** [da *quaglia*, sul modello di *ippodromo* ✱ 1965] **s. m.** ● terreno destinato alla preparazione dei cani per la caccia alla quaglia

quai /fr. ke/ [vc. fr., normanno-piccarda, di orig. gallica ✱ 1776] **s. m. inv.** **1** nelle stazioni ferroviarie, marciapiede, banchina che corre lungo i binari **2** banchina lungo un fiume | riva o banchina di scarico

♦**quàlche** /ˈkwalke*/ o †**qual che** [da *qual(e) che* (*sia*) ✱ 1266] **A agg. indef. solo sing.** (†**pl. inv. o pl. m.** *quàlchi*) **1** alcuni, non molti (riferito a persona o cosa indica un numero o una quantità o un'entità indef. ma non grande): *ha avuto q. attimo d'incertezza; ha ancora q. dubbio; posso restare solo q. minuto; fra q. mese tutto sarà sistemato; q. persona ha visto e può testimoniare; c'era solo q. donna per le strade; cerca di trovare q. pretesto per non andare; ho ancora q. soldo da parte; a lor porgi conforto, / s'han qualche dolci noie e dolci pianti* (P. BEMBO) | ***q. volta***, talvolta, di rado: *l'ho incontrato solo q. volta* | V. anche *qualcosa* **2** uno (riferito a persona o cosa con valore indet.): *troverò q. soluzione; deve essere q. personaggio importante; conosci q. persona influente che possa aiutarmi?; speriamo si faccia vivo q. parente* | ***q. volta, q. giorno***, una volta o l'altra, un giorno o l'altro: *q. volta gli capiterà di farsi male; q. giorno verremo a trovarti* | ***in q. parte, da q. parte***, in un luogo o in un altro: *ci sarà in q. parte un luogo tranquillo; devo già averlo incontrato da q. parte* | ***in q. modo***, alla meno peggio, in un modo o nell'altro: *ho messo giù le mie idee in q. modo; in q. modo troveremo la soluzione* **3** un certo (seguito da un sost. astratto e preceduto o no dall'art. indet.), esprimendo quantità o qualità o dati di fatto più o meno rilevanti o abbastanza sostanziali: *ci fermeremo là per q. tempo; è un uomo di q. rilievo; ho accettato ma non senza q. esitazione; c'è q. fondamento di verità; ho q. ragione per dubitare di lui; è un'opera di q. valore* **4** (*enfat.*) appropriato, idoneo; determinato (preceduto dall'art. indet.): *ci sarà pure un q. mezzo per convincerlo; non mancherà una q. spiegazione a questa vicenda; deve esserci sotto un q. mistero; bisognerà trovare una q. scusa* **5** †qualunque, qualsiasi: *da qual che parte il periglio l'assanni* (DANTE *Purg.* XIV, 69) **B avv.** ● (†o *tosc.*) circa, qualcosa come: *possiede q. dieci appartamenti; eran q. otto leghe cavalcate* (L. PULCI)

quàlche còsa o **qualchecòsa** ➤ **qualcosa**

qualchedùno ➤ **qualcuno**

†**qualchessìa** o †**quàle che sia** /ˈkwale kesˈsia/ [da *qual(e) che sia* ✱ sec. XIII] **agg. indef.** ● qualsiasi

♦**qualcòsa** (o **-ṣ-**) o (*lett.*) **qualchecòsa** (o **-ṣ-**), **qualche còsa** (o **-ṣ-**) [da *qual(che) cosa* ✱ av. 1348] **A pron. indef. m.** e (*raro*) **f. solo sing.** **1** una o più cose (con valore neutro, esprime indeterminatezza; la concordanza con un participio oscilla tra il genere maschile, prevalente, e, più raro, il genere femminile, a causa della presenza nel composto del sost. *cosa*): *hai bisogno di q.?; beviamo q.?; q. di strano, di urgente; una rana, o q. di simile; c'è q. di nuovo?; datemi q. da mangiare; q. si è certamente rotto; q. è andato storto; certo q. gli sarà accaduta* (L. PIRANDELLO) | ***avere q. da parte***, (*fam.*) un po' di denaro | ***ne so q. io!***, (*fam.*) ne ho una personale esperienza | ***avere q. al sole***, avere delle proprietà, dei terreni coltivabili e sim. | sentimento vago, indefinito: *ho provato q. dentro nel vederlo così malridotto* | ***è già q.***, è meglio di niente, non è poco: *è già q. che si sia fatto vivo* | ***q. mi dice***, ho un presentimento, una sensazione: *q. mi dice che quel ragazzo farà strada* | ***q. come***, nientemeno che: *ha già speso q. come diecimila euro* | ***ha speso duemila euro e q.***, un po' più di duemila euro | ***q. (di) meno, q. (di) più***, un po' meno, un po' più: *l'ho pagato q. di più di venti euro; 'quanto hai speso? trenta euro?' 'q. di meno!'* **2** con valore più determinato seguito da 'altro' o da un compl. partitivo: *vorrei qualcos'altro da mangiare; puoi fare ancora qualcos'altro per noi; c'è q. di poco chiaro nel suo comportamento; ha detto che non può o q. del genere; non hai q. di meglio da fare?; c'è q. di nuovo oggi nel sole* (G. PASCOLI) | (***fam., enfat.***) con determinazione di grado superlativo: *lo spettacolo è stato q. di straordinario; è q. di spassoso questo libro; ha un bambino che è q. di bello* **3** qualcuno, persona di un certo rilievo, prestigio e sim.: *spera di diventare q.; si crede q.; pensa di essere q.* **B in funzione di s. m. solo sing.** ● elemento indefinito, vago, un non so che (sempre preceduto dall'art. indet.): *c'è un q. in lui che non mi piace* **C in funzione di avv.** ● (*raro, lett.*) in parte: *la vista spazia per prospetti più o meno estesi ma ricchi sempre e q. nuovi* (A. MANZONI) || (*lett.*) **qualcosellìna**, **dim.** | (*lett.*) **qualcoserèlla**, **dim.** | **qualcosétta**, **dim.** | **qualcosìna**, **dim.** | **qualcosùccia**, **dim.**

♦**qualcùno** o (*raro*) **qualchedùno** [da *qual-c(he) uno* ✱ sec. XIII] **A pron. indef.** oggi solo **sing.** (**pl. m.** *pop., tosc., lett.* †*qualcùni*). **Si può troncare davanti a parola che comincia per consonante; si tronca sempre davanti a** *'altro'* **e si elide davanti ad** *'altra'*: *qualcun altro; qualcun'altra.* (**V. nota d'uso ELISIONE e TRONCAMENTO**) **1** alcuni, non molti (riferito a cose, persone o animali indica una quantità o un numero indef. ma non grande): *ho visto q. dei suoi quadri; c'era q. della famiglia; puoi prestarmi q. dei tuoi libri?; hai troppi mobili, dovresti darne via q.; guarda fra quei giornali se ce n'è q. che ti interessa; q. fra i più anziani se ne ricorda; conosci qualcuna di quelle persone?; alla mostra c'erano molti bei cani: q. era davvero eccezionale* | con valore rafforz. seguito da 'altro' con valore più determ.: *chiedete ancora a qualcun altro; ne vorrei qualcun'altra* | con riferimento abbastanza determinato: *q. ne dovrà pur rispondere; q. la dovrà pur pagare; q. ne è certamente a conoscenza* **2** uno (riferito a persona, *raro* a cosa, con valore indet.): *sento avvicinarsi q.; stai aspettando q.?; c'è q. in anticamera che chiede di te; ci vorrebbe q. pratico di queste faccende; gli avrà fatto q. dei suoi stupidi scherzi; q. ha suonato alla porta* | ***c'è q.?***, entrando in una stanza o chiamando dall'esterno | ***ne ha fatta, detta, combinata qualcuna delle sue***, una delle sue marachelle, delle sue solite sciocchezze **3** persona di una certa importanza, di un certo valore o autorità: *nel campo dei suoi studi è ormai q.; si crede q. ora che è diventato ricco; spera un giorno di diventare q.* **B agg. indef.** ● †qualche: *se pietà ancor serba / l'arco tuo saldo, e qualcuna saetta* (F. PETRARCA)

♦**quàle** [lat. *quāle(m)*, di orig. indeur. ✱ sec. XII] **A agg. interr.** (**pl.** *quali*, *poet.* †*quai*, *poet.* †*qua'* davanti a parola che comincia per consonante.) **Si tronca davanti a parole che cominciano per vocale, spec. davanti alle forme del v.** *essere*, **e anche davanti a parole che cominciano per consonante spec. in alcune espressioni entrate nel linguaggio comune:** *qual è; qual era; qual sono; per la qual cosa; in un certo qual modo.* **ATTENZIONE! poiché si tratta di troncamento e non di elisione, non si apostrofa mai:** *qual è* **e non** *qual'è*. (**V. nota d'uso ELISIONE e TRONCAMENTO**) ● si usa in prop. interr. dirette e indirette e in prop. dubitative allo scopo di conoscere la qualità, l'identità, la natura o anche il numero o l'entità di qlco. o di qlcu.: *con q. criterio scegli i dipendenti?; non so quali motivi possano averlo indotto ad agire così; q. decisione posso prendere?; a q. conclusione sei giunto?; non si sapeva q. uomo egli fosse; per q. ragione dovrei andarmene?; non sa a q. santo votarsi; ignoravo q. successo avrebbe ottenuto; quale velocità puoi raggiungere?; quali misure hai?; per q. giorno potrai consegnare il lavoro?; devi decidere per q. data vuoi partire; in q. mese vi siete visti l'ultima volta?; quali a noi secoli / sì mite e bella ti tramandarono?* (G. CARDUCCI) | ***non so q.***, un certo, una certa (con valore indet.): *provo non so q. rimpianto; ha un non so q. fascino sottile* | in frasi escl. che esprimono disappunto, meraviglia, rifiuto e sim.: *ma quali vacanze: non ho il becco di un quattrino!* SIN. che **B** **agg. escl.** ● (*enfat.*) si usa per sottolineare la qualità, la natura di qlco. o di qlcu.: *q. orrore!*; *q. coraggio!*; *q. audacia!*; *q. scempio è stato fatto della nostra patria!*; *q. eroe muore con lui!* SIN. che **C** **agg. rel. 1** come quello che, nelle condizioni, nella qualità che (spec. in correlazione con 'tale', anche se sottinteso): *ho avuto un successo tale, q. non osavo sperare*; *piacemi almen che' miei sospir sian quali / spera 'l Tevere e l'Arno / e 'l Po* (F. PETRARCA); *sarò qual fui* (F. PETRARCA); *l'appartamento, q. lo vedete, è in vendita per una sciocchezza* | (*est.*) della qualità, della grandezza di: *scrittori quali Leopardi e Manzoni*; *filosofi quali Bruno e Campanella* | come per esempio: *alcuni artropodi, q. la tarantola, hanno un veleno mortale* | ***tale q., tale e q., tal q.***, somigliantissimo, identico; testuale: *è tale q. suo nonno*; *è uno scrittore nato, tale e q. suo zio*; *ho un mobile proprio tale e q., mi ha detto proprio così, tale e q.* **2** in qualità di, con funzioni di: *noi, quali rappresentanti della stampa, abbiamo diritto di assistere al dibattito* **3** (*lett.*) in correlazione o no con 'tale', introduce il primo termine di una similitudine: *Quali colombe dal disio chiamate...* (DANTE *Inf.* V, 82); *q. ne' plenilunii sereni / Trivia ride tra le ninfe etterne / ... / vid' i' sopra migliaia di lucerne / un sol* (DANTE *Par.* XXIII, 25-29) **4** (*lett., enfat.*) si usa al principio di un periodo per stabilire connessione con quello precedente: *a' quai ragionamenti Calandrino posto orecchio ... si congiunse con loro* (G. BOCCACCIO) **D** **agg. indef. 1** qualunque (con valore rel., spec. seguito da 'che' e con il v. al congtv.): *devi assolutamente intervenire, quali che siano le tue opinioni personali* | †***qual che***, V. *qualche* **2** con valore correl. (*lett.*) Uno, un altro: *qual fior cadea sul lembo, / qual sulle trecce bionde* (F. PETRARCA) **3** (*pleonast.*) con valore rafforz.: *in un certo qual modo tu hai ragione*; *parla di lei con un certo qual rimpianto* **E** **pron. interr. m. e f. 1** si usa nelle prop. interr. dirette ed indirette e nelle prop. dubitative allo scopo di conoscere la qualità, la natura, l'identità di qlco. o di qlcu.: *q. dei due scegli?*; *se vuoi che ti porti dei libri, dimmi quali preferisci*; *sono incerto su q. comprare*; *di quali hai maggior copia, di beni o di mali?* (G. LEOPARDI) **2** (*lett.*) †chi: *Qual se' tu che così rampogni altrui?* (DANTE *Inf.* XXXII, 87) **3** (*raro, lett.*) †quale delle due cose (con valore neutro): *dicendoli q. e' volesse, o subito restituire il suo porco, o che egli andasse al rettore* (F. SACCHETTI) **F** **pron. rel. m. e f. 1** che, cui (sempre preceduto dall'art. determ., come soggetto e complemento, riferito a cosa o a persona): *sono andato dal principale il q. mi ha rassicurato*; *la figlia di mio fratello, la q. è in collegio, si è ammalata*; *ho incontrato degli amici ai quali ho raccontato la tua vicenda*; *ci sono molte persone per le quali la generosità non significa nulla*; *il libro del q. parla Carlo*; *il paese nel q. abito*; *la persona con la q. mi hai visto*; (*lett.* anche senza l'art. determ.) *E come questa imagine rompeo / sé per sé stessa, a guisa d'una bulla / cui manca l'acqua sotto qual si feo* (DANTE *Purg.* XVII, 31-33) | (*lett., enfat.*) si usa al principio di un periodo per stabilire connessione con quello precedente **2** (*fam.*) nella loc. ***per la q.***, come deve o dovrebbe essere, con tutte le qualità necessarie: *non è una persona troppo per la q.*; *quello era per lei un posticino proprio per la q.* (L. PIRANDELLO) **3** (*lett.*) colui che (o chi) (riferito a persona): *Qual più gente possede / colui è più da suoi nemici avvolto* (F. PETRARCA) **G** **pron. indef. m. e f. 1** (*lett.*, con valore correl.) alcuni, altri; gli uni, gli altri; l'uno, l'altro e sim.: *qual va dinanzi, e qual di dietro il prende, / e qual dallato li si reca a mente* (DANTE *Purg.* VI, 5-6); *e poi scesero al frate poverello, / quali sul capo, quali sulle spalle* (G. PASCOLI) **2** (*lett.*) †chiunque (con valore rel. anche seguito da 'che' e con il v. al congtv.): *miserere di me ... / qual che tu sii, od ombra od omo certo!* (DANTE *Inf.* I, 65-66); *ivi fa che 'l tuo vero, / qual io mi sia, per la mia lingua s'oda* (F. PETRARCA) **H** **in funzione di s. m.** ● (*poet.*) †la qualità: *l'alto effetto / ch'uscir dovea di lui e 'l chi e 'l quale, / non pare indegno ad omo d'intelletto* (DANTE *Inf.* II, 17-19) ‖ **qualménte**, **avv.** (V.)

†quàle che sìa ➤ **†qualchessia**

†qualésso [comp. di *qual(e)* ed *esso* ✱ 1353] **agg. e pron. interr. m.** ● (*intens.*) quale, chi

quàlia [vc. dotta lat., pl. neutro di *quāle(m)* 'quale' ✱ 1993] **s. m. pl.** ● (*filos.*) le componenti qualitative soggettive associate a un'esperienza fenomenica o a una sensazione (per es. caldo, freddo, gioia, dolore ecc.)

♦**qualìfica** [da *qualificare* ✱ 1745] **s. f. 1** attributo o appellativo derivante da un giudizio sulle caratteristiche di una persona: *q. di onesto*; *guadagnarsi la q. di onestuomo*; *meritare la q. di sciocco, di ladro* **2** denominazione della specifica posizione del prestatore di lavoro relativamente alle mansioni che esplica **3** titolo professionale: *q. di dottore, di geometra*

qualificàbile [1871] **agg.** ● che si può qualificare: *merce q. come prodotto di prima qualità*

qualificànte **part. pres.** di *qualificare*; anche **agg. 1** nei sign. del v. **2** significativo, saliente, rilevante: *i punti qualificanti di un accordo*

♦**qualificàre** [sec. XIV] **A** **v. tr.** (*io qualìfico, tu qualìfichi*) **1** giudicare e definire in base a precise caratteristiche: *q. qlcu. come un serio professionista, un buon padre, un pessimo soggetto*; *non si può q. buono un simile libro*; *io lo qualifico tra i nostri maggiori scienziati* **2** preparare allo svolgimento di una attività, fornendo specifiche cognizioni e facendo acquisire tecniche particolari (*anche assol.*): *un corso di formazione per q. i lavoratori*; *sono apprendistati che qualificano* **3** (*sport*) far passare a un turno successivo di una competizione: *quel gol qualificò l'Italia per le semifinali* **B** **qualificàrsi** **v. rifl. 1** attribuirsi una qualifica, un titolo, anche abusivamente: *qualificarsi come giornalista*; *si è qualificato come ingegnere, medico* **2** ottenere una qualifica, una posizione o un diritto, superando precise prove od esami: *qualificarsi a un concorso* **3** nello sport, superare turni eliminatori o di qualificazione, per poter partecipare a una fase successiva di una competizione o a una determinata gara (+ *per*, + *a*): *si è qualificato per la finale dei cento metri*; *l'Italia si è qualificata alla finale del campionato europeo* ‖ **qualificazióne**, **s. f.** (V.)

qualificatìvo [1575] **agg.** ● che serve a qualificare | ***aggettivo q.***, che indica una qualità (per es. *bruno, triste, veloce, insipido*)

qualificàto **part. pass.** di *qualificare*; anche **agg. 1** nei sign. del v. **2** fornito di qualità: *uomo q. e di grande estimazione* (N. MACHIAVELLI) | (*est.*) che si distingue per capacità, ceto, ricchezza e sim.: *una delle famiglie più qualificate* | ***ambiente q.***, socialmente elevato **3** dotato di una specifica qualifica e competenza professionale: *tecnico q.*; *operaio q.* | ***lavoro q.***, che richiede capacità e competenze specifiche | (*est.*) abile ed esperto in un lavoro e sim.: *è un medico molto q.*; *è il più q. tra noi* | ***fonti qualificate***, fonti di informazione autorevoli | ***essere q. per qlco., a fare qlco.***, disporre della necessaria preparazione: *non mi ritengo q. per questo incarico*

qualificatóre [sec. XVI] **s. m.** (**f.** *-trice*); anche **agg.** ● (*raro*) chi (o che) qualifica

♦**qualificazióne** [1572] **s. f. 1** il qualificare, il qualificarsi | valutazione, giudizio: *La storiografia è ... q. di un fatto* (B. CROCE) | (*lett.*) caratteristica, qualità | definizione, classificazione **2** nel diritto internazionale privato, individuazione della norma che deve applicarsi a un dato fatto concreto: *problema della q.* **3** nel diritto del lavoro, acquisizione da parte del lavoratore subordinato di una specifica qualifica tecnica, in seguito alla sua partecipazione alle scuole o agli opportuni corsi **4** (*sport*) gara o serie di gare che un atleta o una squadra devono superare per poter partecipare a una determinata competizione

quali-quantitativo [comp. di *quali(tativo)* e *quantitativo* ✱ 1986] **agg.** ● relativo sia alla qualità che alla quantità: *analisi quali-quantitativa delle risorse idriche*

♦**qualità** [vc. dotta, lat. *qualitāte(m)*, da *quālis* 'quale'; calco sul gr. *poiótēs* ✱ 1268] **s. f. inv. 1** elemento o insieme di elementi che costituiscono la natura di qlcu. o di qlco., e ne permettono la valutazione in base a una determinata scala di valori: *una merce di q. buona, ottima, cattiva, scadente*; *la q. di un materiale, di un prodotto*; *un vino di pessima q.*; *q. innate, acquisite*; *è un ragazzo ricco di buone q.*; *l'intensità del freddo, e l'ardore estremo de la state, ... sono q. di quel luogo* (G. LEOPARDI) | (*gramm.*) ***complemento di q.***, indica una caratteristica, una qualità (positiva o negativa) di qlcu. o qlco.; è introdotto dalle prep. *da, di, a, con* (per es.: *una ragazza dal sorriso affascinante*; *un medico di grande fama*; *un ragazzo dal pessimo carattere*; *un abito a quadri*; *un bambino con gli occhi azzurri*) | ***di prima q.***, qualitativamente ottimo | ***salto di q.***, mutamento, rinnovamento radicale | ***q. negative***, vizi, difetti SIN. requisito **2** dote, virtù, pregio: *l'intelligenza è la sua unica q.*; *un libro privo di q.*; *un film di q.*; *non posso enumerare tutte le sue q. morali* **3** specie, sorta, genere: *ogni q. di fiori, di frutta*; *oggetti, animali di varie q.* **4** (*lett.*) condizione sociale, rango, grado: *secondo la q. del morto vi veniva il cherìcato* (G. BOCCACCIO) | ***in q. di***, in quanto tale, nella veste di: *in q. di vostro medico personale, vi proibisco l'alcol nel modo più assoluto*; *ho presentato una formale protesta, nella mia q. di ambasciatore* **5** modo di essere particolare: *considerata la q. del vivere e de' costumi di Toscana* (G. BOCCACCIO) | ***q. della vita***, insieme delle condizioni psicofisiche che caratterizzano la vita di una persona; insieme delle condizioni ambientali e sociali che concorrono a determinare il grado di benessere del vivere quotidiano **6** modo di essere di un qualsiasi oggetto | †***di q.***, di modo che | (*filos.*) ***q. di una proposizione***, la proprietà di essere affermativa o negativa **7** (*ling.*) timbro di una vocale **8** (*org. az.*) conformità di un prodotto o di un servizio alle specifiche stabilite: *garanzia di q.*; *un articolo di prima q.*; *rapporto q. prezzo* | ***circolo di q.***, gruppo di lavoratori che, all'interno dell'azienda, partecipa al miglioramento della qualità dei prodotti e all'ottimizzazione dei processi produttivi, esprimendo suggerimenti e critiche basati sull'esperienza operativa | ***q. totale***, metodo di gestione aziendale volto a migliorare l'efficienza del sistema attraverso il rispetto di norme stabilite | ***certificazione di q.***, V. *certificazione* | ***controllo di q.***, controllo statistico fatto sui pezzi della produzione per assicurarsi delle loro caratteristiche | ***sistema q.***, insieme organico di procedure, programmi e risorse messo in atto per la gestione dell'organizzazione aziendale e il controllo dei processi produttivi

qualitatìvo [vc. dotta, lat. tardo *qualitatī-vu(m)*, dal lat. *quālitas*, genit. *qualitātis* 'qualità' ✱ 1353] **A agg.** ● attinente alla qualità: *scelta qualitativa*; *esame, giudizio q.* | ***salto q.***, (*fig.*) salto di qualità | ***analisi qualitativa***, operazione chimica atta a riconoscere i vari componenti di una sostanza o di un miscuglio di sostanze, senza stabilirne le rispettive quantità ‖ **qualitativaménte**, avv. per quanto riguarda la qualità: *merce qualitativamente superiore, inferiore, mediocre, scadente, ottima, pessima* **B s. m.** ● qualità: *il q. della merce*

qualménte [comp. di *qual(e)* e *-mente* ✱ av. 1535] **avv. e cong.** ● (*raro, lett.*) come: *la sora Carolina...venne a raccontare q. avevano vista la Gilda in Galleria* (G. Verga) | (*pleonast., spec. scherz.*) ***come (e) qualmente***, come e in che modo esattamente; (*lett.*) per filo e per segno: *vi racconterò come e q. siano andate le cose*; *una bella lettera, per informarlo come q.* (A. Manzoni)

♦**qualóra** [comp. di *quale* e *ora* ✱ 1229] **cong.** (*poet.* troncato in *qualor*) **1** nel caso che, se mai (introduce una prop. condiz. con il v. al congtv.): *q. vi metteste d'accordo, si potrebbero evitare molti fastidi*; *q. avvenissero dei mutamenti, vi prego di informarmene tempestivamente* **2** (*lett.*) allorché, quando (introduce una prop. temp. con il v. all'indic.): *q. egli avvien che noi insieme ci raccogliamo, è maravigliosa cosa a vedere* (G. Boccaccio)

qualsìa [da *quale* (*che*) *sia* ✱ av. 1276] **agg. indef. m. e f.** (pl. m. e f. *qualsìano*) ● (*raro, lett.*) qualsiasi

♦**qualsìasi** o †**qual sìasi** [da *quale siasi* 'quale che si sia' ✱ 1442] **A agg. indef.** (pl. inv. se posposto a un sost., *raro, lett. qualsìansi* se preposto a un sost.) ● qualunque: *sono a tua disposizione in q. momento*; *vieni un giorno q. della settimana prossima*; *sono disposto a pagare q. somma per quel quadro*; *per lui farei q. cosa*; *q. somaro lo saprebbe* | (*spreg.*) comune, ordinario: *un uomo q.*; *persone q.*; *è un quadro q.* **B agg. rel. indef. m. e f. solo sing.** ● qualunque (seguito da un v. al congtv. o, pop. o †, all'indic.): *sarò d'accordo con te, q. scelta tu faccia*

qualsisìa o (*raro*) **qual si sia** [da *quale* (*che*) *si sia* ✱ 1440] **agg. indef.** (pl. inv. o *raro qualsisiano*) ● (*lett.*) qualsiasi, qualunque

qualsivòglia o †**qualsivògli** [da *quale si voglia* ✱ av. 1328] **agg. indef.** (pl. inv. o *raro qualsivògliano*) ● qualsiasi, qualunque: *non che tollerata, ma sommamente amata da q. animale* (G. Leopardi)

†**qualùnche** ▸ **qualunque**

♦**qualùnque** o †**qualùnche** [comp. di *quale* e *-unque* (V. *chiunque*) ✱ 1219] **A agg. indef. inv.** (nell'uso lett. riferito anche a un sost. pl.) **1** l'uno o l'altro che sia, indifferentemente: *telefona a q. ora*; *passami un giornale q.*; *vieni un giorno q. di questa settimana*; *una risposta q. bisogna dargliela*; *compero a q. prezzo*; *partiremo con q. tempo*; *in tante guise appunto dieci q. cose possono ... accoppiarsi* (D. Bartoli) | (*spreg.*) posposto a un sost., esprime indifferenza, noncuranza: *mi dia un dopobarba q.* | comune, ordinario: *è un medico q.*; *è una donnetta q.*; *non è un pianista q.* **2** (*est., enfat.*) ogni: *sono disposto a fare q. cosa per lui*; *ho fatto q. sacrificio per aiutarlo*; *gli uomini sono tutti uguali, in q. parte del mondo*; *voglio riuscire a q. costo*; *è capace di q. infamia*; *q. altra persona avrebbe agito così* **B agg. indef. rel. m. e f. inv.** (lett. riferito anche a un sost. pl.) ● l'uno o l'altro che (introduce una prop. rel. con il v. al congtv. o, pop. o †, all'indic.): *q. sia il risultato, festeggeremo ugualmente*; *q. cosa io facessi, sbagliavo sempre*; *q. sia stato il movente, la punizione deve essere esemplare*; *a q. animale alberga in terra* (F. Petrarca); *q. siano i suoi fondamenti filosofici* (I. Nievo) | †***q. volta, q. ora, q. otta***, ogni volta che **C pron. rel. indef. m. e f. solo sing.** ● †chiunque: *batte col remo q. s'adagia* (Dante *Inf.* III, 111)

qualunquìsmo [dal titolo del giornale *L'uomo qualunque* fondato nel 1944 da G. Giannini ✱ 1945] **s. m. 1** movimento di opinione italiano nato nel secondo dopoguerra che, pretendendo di esprimere le opinioni e le aspirazioni del cittadino medio, affermava che la forma ideale di Stato fosse quella puramente amministrativa, ispirata da semplici criteri di buonsenso, senza la presenza di partiti politici **2** (*est., spreg.*) atteggiamento di critica generica e semplicistica o di indifferenza nei confronti della politica, dei partiti, dei problemi sociali, ecc.

qualunquìsta [1945] **A s. m. e f.** (pl. m. *-i*) **1** seguace, sostenitore del qualunquismo **2** (*est.*) chi dimostra qualunquismo **B agg.** ● qualunquistico: *tendenza q.*

qualunquìstico [1950] **agg.** (pl. m. *-ci*) **1** relativo al qualunquismo **2** da qualunquista: *atteggiamento q.* ‖ **qualunquisticaménte**, avv.

qualvòlta o **qual vòlta** [da *quale volta* ✱ 1308] **cong.** ● (*lett.*) ogni volta che (introduce una prop. temp. con valore rel. e il v. all'indic.): *quanta pietà mi stringe per te, qual volta leggo, qual volta scrivo cosa che a reggimento civile abbia rispetto!* (Dante) | V. anche *ogniqualvolta*

quàmquam [lat. 'quantunque', raddoppiamento di *quăm*, dalla stessa radice di *quĭs* 'chi' ✱ av. 1565] **in funzione di s. m. inv.** ● (*lett., scherz.*) nelle loc. ***fare il q., stare sul q., spacciare il q., arroccarsi sul q.*** e sim., fare il saccente, darsi aria d'importanza

♦**quandànche** o **quand'ànche** [comp. di *quand(o)* e *anche* ✱ 1749] **cong.** ● anche se, quando pure, anche qualora, seppure (introduce una prop. concessiva, dal valore leggermente condiz., con il v. al congtv.): *q. vincessi l'ultima partita, non mi qualificherei ugualmente* | anche ellitt: *non poteva tornar dall'altro mondo a contraddirlo! E quand'anche?* (F. De Roberto)

♦**quàndo** [lat. *quăndo*, dal pron. *quĭs* 'chi' ✱ 1229] **A avv. 1** in quale tempo o momento (in prop. interr. dirette e indirette): *q. arriverà tuo fratello?*; *q. l'hai saputo?*; (*enfat.*) *quand'è che sei ritornato?*; *fammi sapere di preciso q. verrai*; *chiedigli q. ha intenzione di decidersi*; *dimmi come e q. è successo*; (*assol.*) *'Devo partire presto' 'q.?'* | in prop. interr. retoriche: *q. la finirai con queste storie?*; *da q. in qua ti permetti di rispondermi così?*; *q. metterai la testa a posto?*; *q. si deciderà a cambiare vita?* | come rafforzativo di *mai*, in frasi interrogative retoriche: *q. mai ha avuto tanto denaro in mano?*; con valore di 'certamente no', in risposta a interrogazione: *io mancarle di rispetto, eccellenza? q. mai!* | ***da q.***, da quanto o quale tempo o momento: *da q. sei qui?*; *da q. hai smesso di fumare?* | ***di q.***, di quale periodo, epoca: *di q. sono questi scritti?*; *di q. è la sua conversione?* | ***per q.***, per quale tempo, epoca o periodo: *per q. avrai finito?*; *per q. sarai pronta?* | ***fino a q.***, fino a che tempo o momento: *fino a q. dovrò sopportarti?*; *fino a q. continuerai a lamentarti?* | ***chissà q., Dio solo sa q.***, per indicare un tempo indefinito in espressioni dubitative: *Dio solo sa q. potremo rivederci*; *chissà q. finirà* **2** (con valore correl.) (*lett.*) ora ... ora, una volta ... l'altra: *ci andava q. a piedi, q. in carrozza*; *dice q. una cosa, q. un'altra*; *Pasqua cade q. in marzo e q. in aprile* | ***q. sì, q. no***, non sempre | ***di q. in q.***, (*raro*) ***a q. a q.***, di tanto in tanto, ogni tanto, qua e là (con valore temp. e locativo): *di q. in q. esco a cena con gli amici*; *a q. a q. la pioggia cadeva più forte* **B cong. 1** nel tempo o nel momento in cui (introduce una prop. temp. con il v. all'indic. o, lett. al congtv.): *q. sarai grande, capirai meglio*; *verrò q. avrò finito questo lavoro*; *è arrivato q. ormai non l'aspettavamo più*; *l'ho ritrovato tale e quale come q. l'ho lasciato*; *è accaduto q. meno me l'aspettavo*; *ti prometto, q. io muoia, di lasciarti tutta la mia roba* (G. Leopardi); *non è molto facile essere onesti q. si sta male* (L. Pirandello) | allorché: *avevo già deciso di uscire, q. squillò il telefono* | preceduto da una prep. che meglio determina il valore temp.: *non ha più scritto da q. è partito*; *raccontaci di q. eri bambino*; *tutto deve essere a posto per q. tornerà*; *farete così fino a q. non disponga diversamente* | tutte le volte che, ogni volta che (con valore iter.): *q. penso al pericolo corso, non posso non tremare ancora* | ***quand'ecco***, ed ecco, e inaspettatamente, e all'improvviso, e proprio in quel momento (anche con il v. all'inf.): *stavo per uscire quand'ecco mi vedo arrivare quello scocciatore*; *eravamo già arrivati in vista della villa, quand'ecco scatenarsi un temporale fortissimo* | ***q. che sia***, una volta o l'altra, prima o poi: *q. che sia dovrò pur decidermi* | (*ven.*) †***q. che***: *lo faremo q. che lo vorrai tu* | V. anche *allorquando* **2** introduce una prop. escl. con il v. all'indic. ed esprime meraviglia, compiacimento o dispiacere: *q. si dice la sfortuna ...!*; *q. si dice la combinazione ...!*; *q. si nasce disgraziati!*; *q. si nasce con la camicia!* **3** (*colloq.*) nel quale, in cui (preceduto da un sost. introduce una prop. relativa con il v. all'indic.): *è stato quella volta q. sono venuto da te*; *il giorno q. si saprà la verità, vorrò esserci* **4** mentre, laddove (con valore avversativo): *ha voluto parlare q. gli conveniva tacere*; *tu protesti in continuazione q. chi dovrebbe giustamente lamentarsi, tace*; *chiede i danni q.* (pop. *q. che*) *il vero danneggiato sono io* **5** se, qualora (introduce una prop. condiz. con il v. all'indic. o al congtv.): *q. tu lo volessi comprare, potrei aiutarti*; *q. ci sono i soldi, è facile trarsi d'impaccio*; *q. c'è la salute, c'è tutto* | (*rafforz.*) ***quand'anche***, V. quandanche **6** giacché, dal momento che (introduce una prop. causale, con il v. all'indic.): *q. tutti lo desiderano, facciamolo senz'altro!*; *q. ti dico che non lo so, non lo so davvero!* **C in funzione di s. m. inv.** ● il momento, la circostanza, il tempo: *vorrei avere notizie precise sul come e sul q. di questo episodio*; *per il dove e il q. ti informerò appena possibile* | (*lett.*) tempo: *io l'ho visto / là 've s'appunta ogne ubi e ogne q.* (Dante *Par.* XXIX, 11-12)

†**quandùnque** [comp. di *quand(o)* e *-unque* (V. *chiunque*) ✱ 1250 ca.] **cong.** ● ogni volta che, tutte le volte che: *q. l'una d'este chiavi falla, / ... / ... non s'apre questa calla* (Dante *Purg.* IX, 121-123)

quàntico [da *quanto*③ ✱ 1930] **agg.** (pl. m. *-ci*) **1** (*fis.*) quantistico **2** (*fis.*) detto di fenomeno, condizione, ente ai quali, per una certa grandezza, possono corrispondere solo certi valori discreti: *stato, salto q.*; *orbita quantica* | ***numero q.***, V. *numero*

quantificàbile [1912] **agg.** ● che si può quantificare: *danni quantificabili in duemila euro* ‖ **quantificabilità**, s. f. inv.

quantificàre [ingl. *to quantify*, dal lat. mediev. *quantificāre*, comp. di *quăntus* 'quanto' e

-*ficāre* '-ficare' ✱ 1920] **v. tr.** (*io quantìfico, tu quantìfichi*) ● esprimere, valutare in termini di quantità o di numero: *non si possono ancora q. i danni provocati dall'incendio* ‖ **quantificazióne**, **s. f.** (V.)

quantificatóre [1912] **A** **s. m.** ● in logica, simbolo che si premette a una proposizione, per indicare quanti sono gli elementi della proposizione per cui essa è vera | ***q. esistenziale***, quello che indica l'espressione 'esiste un', 'esiste almeno un' | ***q. universale***, quello che indica l'espressione 'tutti', 'per ogni' **B** anche **agg.** (**f.** *-trice*): *simbolo q.*

quantificazióne [ingl. *quantification*, dal lat. *quăntus* 'quanto' col suff. *-fication* '-ficazione' ✱ 1905] **s. f.** ● il quantificare: *la q. dei danni* | in logica, operazione con la quale si attribuisce a un termine della proposizione una determinata estensione mediante i quantificatori

quantìle [da *quanto*③ ✱ 1959] **s. m.** ● (*stat.*) valore che consente di dividere la successione di dati di una distribuzione statistica non ordinata in senso crescente o decrescente in un numero di intervalli anche di differente misura, ma che contengono lo stesso numero o la stessa percentuale dei dati stessi

quantìstico [da *quanto*③ ✱ 1926] **agg.** (**pl. m.** *-ci*) ● (*fis.*) relativo ai quanti e alla teoria dei quanti **SIN.** quantico | ***meccanica quantistica***, teoria fisica che studia e descrive i sistemi basandosi sul concetto di quanto

♦**quantità** [vc. dotta, lat. *quantitāte(m)*, da *quăntus* 'quanto' ✱ av. 1257] **s. f. inv.** **1** entità valutabile o misurabile per numero, peso, dimensione o grandezza: *dimmi la q. di cibo che desideri; ignoro la q. di denaro che possiede; piccola, grande q.; q. sufficiente, insufficiente; una certa q.; la q. non deve andare a scapito della qualità; la q. delle riserve è in continua diminuzione* | ***q. di elettricità***, insieme delle cariche elettriche considerate sommate algebricamente | ***q. di moto***, prodotto della massa di un corpo per la sua velocità | (*gramm.*) ***complemento di q., misura o estensione***, indica rispettivamente la quantità, la misura o l'estensione di qlco.; è introdotto dalle prep. *in, per, di, a* o, con valore approssimativo, *su*, ma frequentemente si trova senza preposizione (per es.: *siamo partiti in quindici; quell'idea gli ha fatto guadagnare soldi a palate; una cassetta di arance di (o sui) cinque chili; la torre s'innalza per cento metri; il casello dista cinque chilometri; il prosciutto pesa 230 grammi*) **2** gran numero, abbondanza: *una q. di turisti, di visitatori; una grande q. di gente affluiva da ogni parte; una incredibile q. di denaro; riesce a svolgere una discreta, buona, notevole q. di lavoro* | ***in q.***, in abbondanza, molto | ***in grande q.***, moltissimo | ***in piccola q.***, con scarsezza, poco **SIN.** massa, infinità, moltitudine **3** (*ling.*) durata di emissione di un suono o gruppo di suoni **4** (*mat.*) elemento di quelli appartenenti a una classe in cui si possono stabilire operazioni e relazioni analoghe a quelle sui numeri **5** (*filos.*) nell'aristotelismo, proprietà di ciò che è divisibile o misurabile | in Kant, classe di giudizi che si riferisce alle categorie dell'unità, della molteplicità o della totalità

quantitatìvo [dal lat. *quăntitas*, genit. *quantitātis* 'quantità' ✱ sec. XIV] **A** **agg.** **1** che concerne la quantità: *dati, valori quantitativi; valutazione quantitativa* | ***analisi quantitativa***, operazione chimica atta a stabilire le quantità dei vari componenti di una sostanza o di un miscuglio di sostanze **2** (*ling.*) relativo alla quantità | che è fondato sulla quantità delle sillabe: *ritmo, verso q.; poesia quantitativa greco-latina* ‖ **quantitativaménte**, **avv.** relativamente alla quantità **B** **s. m.** ● quantità: *un piccolo, un discreto, un ingente q.; un grosso q. di merce è avariato; per stabilire il prezzo bisogna prima sapere il q.*

quantizzàre [da *quanto*③ ✱ 1959] **v. tr.** **1** (*fis.*) applicare i principi della teoria dei quanti | imporre, con ragioni teoriche o sperimentali, che una certa grandezza fisica vari per quanti **2** (*impropr.*) quantificare ‖ **quantizzazióne**, **s. f.** (V.)

quantizzàto **part. pass.** di *quantizzare*; anche **agg.** ● (*fis.*) in meccanica quantistica, detto di grandezza che può assumere solo un insieme discreto di valori

quantizzazióne [1932] **s. f.** ● (*fis.*) fenomeno studiato dalla meccanica quantistica, per il quale le grandezze fisiche (energia, momento angolare, carica, massa ecc.) possono assumere solo alcuni valori e non altri

♦**quànto**① [lat. *quăntu(m)*, da *quăm* (V. *quamquam*) ✱ av. 1250] **A** **agg. interr.** (Si può elidere davanti a parole che cominciano per vocale: *quant'era?; quant'altri*) ● si usa in prop. interr. dirette e indirette e in prop. dubitative allo scopo di conoscere la quantità, la misura, il numero di qlco. o di qlcu.: *q. tempo impiegherai?; quante volte ti ha scritto?; q. denaro guadagnate?; quante persone hanno risposto all'inserzione?; vorrei sapere quanta stoffa ci vuole; non mi ha detto quanti anni ha; gli ho chiesto per quanti mesi sarà assente* **B** **agg. escl.** ● (*enfat.*) si usa per sottolineare la quantità, la misura, il numero di qlco. o di qlcu.: *quante storie racconta!; q. tempo è che non lo vedevo!; quante miserie ci sono al mondo!; q. chiasso per nulla!; quanti discorsi e parole inutili!; q. tempo sprecato!* **C** **agg. rel.** ● tutto quello che: *prendi quanti libri vuoi; tienlo per q. tempo credi opportuno; puoi fermarti quanti giorni vuoi; avrà q. denaro gli occorre* | con ellissi del v.: *quante teste, tanti pareri* | in correlazione con 'tanto': *quanti gettoni ti servono, tanti comprane* | nella loc. avv. ***e quant'altro***, eccetera, e via dicendo (al termine di un'elencazione): *hanno chiacchierato di calcio, di economia e quant'altro* **D** **pron. interr.** ● si usa in prop. interr. dirette e indirette e in prop. dubitative allo scopo di conoscere la quantità, la misura, il numero di qlcu. o di qlco.: *quanti ne comperi?; quante me ne hai portate?; in quanti eravate?; quante di noi potranno fare qualcosa per loro?; devo comprare della stoffa ma non so quanta me ne occorre; so che starai via alcuni mesi, ma dimmi esattamente quanti* | ***quanti ne abbiamo oggi?***, che giorno è del mese? | quanto tempo (per ellissi del sost.): *q. starai via?; fra q. sarai pronta?; da q. sei qui?; dimmi quant'è che non lo vedevi; non so q. corre tra il fratello maggiore e il minore* | (*est.*) quanta strada (per ellissi del sost.): *q. c'è di qui alla farmacia?* | quanto denaro (per ellissi del sost.): *non so q. l'abbia pagato; q. costa questo vestito?; sono tanto ricchi che nemmeno sanno quanti ne hanno; mi dica q. vuole per quello specchio* **E** **pron. escl.** ● (*enfat.*) si usa per sottolineare la quantità, la misura, il numero di qlco. o di qlcu.: *vedi quanti hanno aderito!; guarda quei fiori, quanti sono!* | ***sapessi quante me ne ha dette!***, quante insolenze, villanie e sim. | ***quante me ne combina e quante me ne racconta!***, quanti guai, quante marachelle e quante bugie **F** **pron. rel.** **1** (**al pl.**) tutti coloro che, tutti quelli che: *potranno intervenire nel dibattito quanti hanno ricevuto l'invito; prendine quanti ne vuoi; dammene quante ti pare; se vuoi invitare i tuoi amici, chiamane pure quanti desideri* **2** nella quantità, nella misura che (in correl. con 'tanto'): *ha tanta paura quanta non si può immaginare; conclude tanti affari in un mese solo quanti tu non ne concluderesti nemmeno in un anno* | (*intens.*) preceduto da 'tutto': *verrete tutti quanti; datemi tutto q.* **3** quello che (con valore neutro): *devi dargli q. ti chiede; faremo q. potremo per aiutarti; da q. mi dici ritengo che il torto sia tuo; per q. ne sappiamo noi ...; a q. mi dici dovrebbe arrivare oggi; non chiedo niente di più di q. ho già; la tua ragazza è q. di meglio potessi trovare* | (*burocr.*) ***in risposta a q. sopra esposto***, a ciò che si è detto sopra | ***questo è q.***, questo è tutto **G** in funzione di **s. m.** ● l'entità: *ditemi il come e il q. di ciò che devo fare* | †l'abbondanza: *tutto prendeva / il q. e 'l quale di quella allegrezza* (DANTE *Par.* XXX, 119-120) | (*est.*) somma di denaro, importo da pagare, prezzo, costo: *vi manderò al più presto il q. dovuto; prima di decidermi all'acquisto vorrei conoscere il q.*

♦**quànto**② [lat. *quăntu(m)*, avv. da *quăntus* 'quanto①' ✱ 1211] **A** **avv.** **1** in quale misura o quantità (in prop. interr. dirette e indirette e in prop. escl.): *q. hai mangiato?; q. fuma?; tu non sai q. sia pentito!; q. sono contento!; non avete idea di q. lo desiderassi!; non so q. abbiamo camminato; Dio solo sa q. ho pianto per lui; desideravo conoscerti e non sai q.!; mi sono proprio annoiato, e q.!* **2** nella misura, nella quantità che (in prop. rel.): *aggiungi sale q. basta; strillava q. poteva; studierò q. posso; bisogna che lavoriate q. è necessario* | ***q. a, in q. a***, per ciò che riguarda (con valore restrittivo): *in q. alle mie intenzioni, non è cosa che ti riguarda; q. ai suoi capricci, meglio non incoraggiarli; q. a fare le parti, pensateci voi; q. ai denari che vi devo, provvederò a spedirvi un assegno* **3** come (in compar. di uguaglianza o in prop. compar.): *è tanto buona q. è bella; non è poi tanto sciocco q. lo si crede; siamo ricchi q. loro; non sono così ingenua q. tu immagini; è furbo q. è intelligente* | (*enfat.*) in espressioni che valgono ad affermare la veridicità di ciò che si dice: *q. è vero che mi chiamo Maria, gli farò passare queste idee!; q. è vero Iddio, avrà il fatto suo!; te lo giuro, q. è vero che sono tuo fratello!* | ***q. e più di***, non solo altrettanto ma anche in maggior misura di qlcu. o qlco.: *lei è simpatica q. e più di lui* | ***q. mai***, V. quantomai | ***non tanto per ... q. per***, ma piuttosto: *gli sono affezionato non tanto per la sua devozione, q. per la sua bontà; è noto non tanto per gli scritti, q. per i dipinti* **4** nelle loc. avv. ***q. più, q. meno*** (in correl. con tanto in prop. compar.): *q. più mi avvicinavo, tanto più distinguevo i particolari della scena; q. più studio, tanto meno riesco a ricordare; q. si mostra men, tanto è più bella* (T. TASSO) **5** seguito da un agg. o da un avv. compar., determina un valore di superl. rel.: *farò q. più presto potrò; si comporta q. più disinvoltamente le riesce; verrò q. prima* | V. anche *quantomeno* **6** nella loc. avv. ***in q.***, come, in qualità di, nella veste di: *io, in q. insegnante, ho il dovere di darvi questo consiglio; in q. capofamiglia ho dei precisi doveri* **7** nella loc. avv. ***tanto q., tanto o q.***, più o meno, circa: *'l'avrai pagata duemila euro' 'sì, tanto q.'* | (*lett.*) un poco: *fermati tanto o q., e guardami* (G. LEOPARDI) **8** (*fam.*) nelle loc. avv. ***da q., per q.*** tanto, in tanto grande misura: *non si può mangiare da q. scotta; non gli si può credere per q. è bugiardo* **B** **nella loc. cong.** ***in q.***, perché, per il fatto, per la ragione che (introduce una prop. causale con il v. all'indic.): *non sono venuto in q. temevo di disturbarti* | (con valore correl.) ***in tanto..., in q.*** (introduce una prop. causale con valore limitativo e il v. all'indic.): *in tanto l'uomo è superiore alla bestia in q. controlla i propri istinti* | ***in q. che***, perché, per il fatto che (introduce una prop. causale con il v. all'indic.): *è una*

a b c d e f g h i j k l m n o p **q** r s t u v w x y z

persona estremamente intelligente, in q. che non rifiuta mai di discutere **C** **nella loc. cong.** ***per q.*** **1** nonostante che, anche se (introduce una prop. concessiva con il v. al congtv.): *per q. si sforzi non riesce a fare più di quel tanto; per q. fosse svelto, trovava sempre chi lo superava; per q. sia difficile, una soluzione deve esserci* **2** anche se, peraltro (in principio di frase, con valore avversativo o conclusivo): *cercheremo di fare qlco. per lui; per q. non se lo meriti certo* | tuttavia: *vieni a trovarmi oggi stesso; per q. è meglio che prima telefoni*

♦**quànto**③ [termine scient. ted. *Quantum*, nt. sost. dall'agg. lat. *quăntum* 'quanto②' ✻ 1926] **s. m. 1** quantità **2** (*fis.*) quantità estremamente piccola, non ulteriormente divisibile, di grandezze fisiche: *q. d'energia* | ***q. d'azione***, costante di Planck | ***q. acustico***, fonone | ***teoria dei quanti***, ogni teoria fisica in cui la costante di Planck ha un ruolo essenziale **3** (*fis.*) numero quantico: *q. azimutale, magnetico, totale*

†**quantoché** [comp. di *quanto*② e *che* ✻ sec. XIII] **A** **cong.** • sebbene, ancorché **B** **avv.** • come | per quanto | almeno

†**quantochessìa** [da *quanto che sia* ✻ sec. XIV] **avv.** • tanto o quanto, un po'

♦**quantomài** o **quànto mài** [av. 1566] **avv.** • come mai prima: *ho riso q.*; *ci siamo divertiti quanto mai* | moltissimo, assai: *è una ragazza q. semplice*

quantomeccànica [comp. di *quanto*③ e *meccanica* ✻ 1965] **s. f.** • (*fis.*) meccanica quantistica

♦**quantoméno** o **quànto méno** [comp. di *quanto*② e *meno* ✻ 1838] **avv.** • perlomeno, almeno: *sarà senz'altro condannato o q. dovrà pagare le spese processuali*

quantòmetro [comp. di *quanto*③ e *-metro* ✻ 1959] **s. m.** • apparecchio, usato spec. nei procedimenti metallurgici, per individuare e misurare i componenti di una lega metallica

quantosòma [comp. di *quanto*③ e *-soma* ✻ 1984] **s. m.** (**pl.** *-i*) • (*bot.*) particella localizzata sulla superficie interna delle lamelle del cloroplasto, probabilmente coinvolta nelle reazioni della fase luminosa della fotosintesi

quàntum [V. *quanto*③ ✻ 1851] **s. m. inv.** (**pl. lat.** *quanta*) **1** una certa quantità, un tanto | l'entità **2** (*fis.*) quanto **3** (*dir.*) quantità di denaro o di altri beni di cui viene richiesto il pagamento

quantum bit /'kwantum bit, *ingl.* ˌkwɒntəm'bɪt/ [loc. ingl., comp. di *quantum* 'quanto③' e *bit* ✻ 2000] **loc. sost. m. inv.** (**pl. ingl.** *quantum bits*) • (*inform.*) unità minima di informazione dei computer quantistici, corrispondente al bit di quelli tradizionali

♦**quantùnque** o †**quantùnche** [comp. di *quanto*② e *-unque* (V. *chiunque*) ✻ 1266] **A** **cong.** **1** esprime una circostanza che, pur ostacolandolo, non impedisce né pregiudica il compimento di un fatto (con valore concessivo e v. al congtv.): *non era in casa q. lo avessi avvertito del mio arrivo; cercherò di fare il possibile per salvarlo, q. sia ormai tardi* | con ellissi del v. seguito da un avv. o da un agg.: *lo farò, q. malvolentieri; è di aspetto arcigno, q. buona nel fondo; accetto, q. non convinto del tutto* **SIN.** benché, sebbene **2** (*assol.*) ma, però (con valore avversativo): *andrò senz'altro io da lui, q. chi mi dice che io sia ben accetto?* **B** **agg. rel. inv.** • (*lett.*) †quanto, quanti: *cignesi con la coda tante volte / q. gradi vuol che giù sia messa* (DANTE *Inf.* V, 11-12); *q. volte, graziosissime donne, meco pensando riguardo* (G. BOCCACCIO) | (*lett.*) †per quanto grande, o piccola, sia: *chi negherà questo, q. egli si sia, non molto più alle vaghe donne che agli uomini convenirsi?* (G. BOCCACCIO) **C** **pron. rel. m. solo sing.** • (*lett.*) †tutto ciò che (con valore neutro): *chi vuol veder q. può natura / e 'l ciel tra noi, venga a mirar costei* (F. PETRARCA); *A' miei maggiori ei deve / q. egli è* (P. METASTASIO) **D** **avv.** • (*lett.*) †quanto: *q. più poté, il raccomandò ad un nobile uomo* (G. BOCCACCIO)

qua qua ➤ **qua**②

quaquaraquà /kwakwara'kwa/ [vc. sicil. di natura onomat. ✻ 1961] **s. m. e f. inv.** • (*spreg.*) persona priva di ogni valore, nullità: *gli uomini... gli ominicchi... e i q.* (L. SCIASCIA)

♦**quarànta** [lat. *quadragĭnta*, comp. di *quădri-* e *-gĭnta* (V. *venti*) ✻ 1282] **agg. num. card. inv.** (**si elide davanti a parole che iniziano per** *a* **e per** *o*: *quarant'anni, quarant'ore*); **anche s. m. e f. inv.** (**V. nota d'uso NUMERI E NUMERALI**) • quattro volte dieci, quattro decine, rappresentato da *40* nella numerazione araba, da *XL* in quella romana. **I** come agg. ricorre nei seguenti usi **1** rispondendo o sottintendendo la domanda 'quanti?', indica la quantità numerica di quaranta unità (spec. preposto a un sost.): *ci sono da qui q. kilometri; la Quaresima dura q. giorni; ha già quarant'anni; pesa q. kili; febbre a q. gradi; un mazzo di q. carte* | ***q. volte***, molte volte (con valore indef.) **2** rispondendo o sottintendendo la domanda 'quale?', identifica qlco. in una pluralità, in una successione, in una sequenza (posposto a un sost.): *leggi a pagina q.; porta il numero q. di scarpe; porta la taglia q.; il nove marzo si commemorano i q. martiri* | ***gli anni Q.***, (**per anton.**) gli anni compresi tra il 1940 e il 1949 **3** in composizione con altri numeri semplici o composti, forma i numerali superiori: *quarantuno; quarantadue; quarantatré; quarantotto; quarantamila; duecentoquaranta* **II** come sost. ricorre nei seguenti usi **1** il numero quaranta; il valore, la quantità che vi corrisponde (per ellissi di un sost.): *il dieci nel q. sta quattro volte; il q. per cento del raccolto non ha trovato collocazione; porta il q. di scarpe; giocare il q. al lotto* | ***i q.***, i quarant'anni nell'età di un uomo: *compiere i q.* | ***essere sui q.***, avere circa quarant'anni di età | ***nel '40***, nel 1940 o nel 1840, nel 1740 e sim.: *l'Italia è entrata in guerra nel '40* **2** il segno che rappresenta il numero quaranta

quarantamìla [comp. di *quaranta* e *mila*] **agg. num. card. inv.; anche s. m. e f. inv.** (**V. nota d'uso NUMERI E NUMERALI**) • quaranta volte mille, quaranta migliaia, rappresentato da *40 000* nella numerazione araba, da $\overline{XL}$ in quella romana. **I** come agg. ricorre nei seguenti usi **1** rispondendo o sottintendendo la domanda 'quanti?', indica la quantità numerica di quarantamila unità (spec. preposto a un sost.): *il mutuo ammonta a q. euro; la mia macchina ha già fatto q. kilometri; una popolazione di q. abitanti* **2** rispondendo o sottintendendo la domanda 'quale?', identifica qlco. in una pluralità, in una successione, in una sequenza (posposto a un sost.): *abbonamento numero q.* **II** come sost. ricorre nei seguenti usi **1** il numero quarantamila (per ellissi di un sost.): *il q. nel centoventimila sta tre volte* **2** il segno che rappresenta il numero quarantamila

†**quarantàna** ➤ **quarantena**

quarantàno [1871] **agg.** • quarantino

quarantèna o †**quarentàna**, †**quarantàna** [da *quaranta* ✻ av. 1342] **s. f. 1** †periodo di tempo di quaranta giorni **2** periodo di isolamento, in origine di quaranta giorni e successivamente anche più breve, di persone o animali colpiti da malattie infettive contagiose o sospette tali | ***mettere qlcu. in q.***, (*fig.*) tenerlo lontano, in disparte, per punizione | ***mettere in q. una notizia***, (*fig.*) aspettare precisazioni sulla sua attendibilità prima di renderla di pubblico dominio **3** in passato, digiuno penitenziale di quaranta giorni con relativa indulgenza

quarantenànte [1823] **s. m. e f.** • (*lett.*, *raro*) chi è sottoposto a quarantena

quarantennàle [1965] **A** **agg. 1** che dura quarant'anni **2** che si verifica ogni quarant'anni **B** **s. m.** • ricorrenza del quarantesimo anno da un avvenimento memorabile | (*est.*) la cerimonia che si celebra in tale occasione

quarantènne [comp. di *quarant(a)* ed *-enne* ✻ 1855] **A** **agg. 1** che ha quarant'anni, detto spec. di persona: *una signora q.* **2** (*lett.*) che dura da quarant'anni: *un'amicizia q.*; *la q. peregrinazione degli Ebrei nel deserto* **B** **s. m. e f.** • chi ha quarant'anni d'età

quarantènnio [comp. di *quarant(a)* ed *-ennio* ✻ 1908] **s. m.** (**pl.** *-i* o *raro -ii*) • periodo di tempo di quarant'anni

quarantèṣimo (o *-é-*) **A** **agg. num. ord.** **1** corrispondente al numero quaranta in una sequenza, in una successione, in una classificazione, in una serie (rappresentato da XL nella numerazione romana, da 40° in quella araba): *si è classificato q. in graduatoria; la quarantesima parte di qlco.* | ***due alla quarantesima***, (*ellitt.*) alla quarantesima potenza **SIN.** (*lett.*) quadragesimo **2** in composizione con altri numerali, semplici o composti, forma gli ordinali superiori: *quarantesimo primo, centoquarantesimo, milleduecentoquarantesimo* **B** **s. m.** • ciascuna delle quaranta parti uguali di una stessa quantità: *un q. del totale; tredici quarantesimi*

quarantìna [av. 1292] **s. f. 1** complesso, serie di quaranta, o circa quaranta, unità: *il paese più vicino è ad una q. di chilometri; inviterò una q. di persone* **2** i quarant'anni d'età: *si avvicina ormai alla q.; ha già passato la q.; è sulla q.* **3** (**lett.** o **tosc.**) quarantena: *il nostro padre Felice, ..., conduce oggi a far la q. altrove i pochi guariti che ci sono* (A. MANZONI)

quarantìno [da *quaranta*, come se la durata della maturazione si compisse molto brevemente in quaranta giorni ✻ 1789] **agg.** • detto di piante coltivate a ciclo di sviluppo molto breve, come il mais **SIN.** quarantano

quarantóre o **quarant'óre** [da *quaranta ore* ✻ 1669] **s. f. pl.** • nella liturgia cattolica, esposizione solenne dell'ostia consacrata per la durata di quaranta ore consecutive, e relativa pratica devota

quarantottàta [da *quarantotto*, con riferimento al 1848 e ai moti rivoluzionari avvenuti in quell'anno ✻ av. 1881] **s. f.** • (*spreg.*, *disus.*) dimostrazione politica clamorosa ma inefficace

quarantottésco [da *quarantotto*, con riferimento al 1848 e ai moti rivoluzionari avvenuti in quell'anno ✻ 1875] **agg.** (**pl. m.** *-schi*) **1** proprio, tipico del 1848 e di azioni o comportamenti di tale anno: *sommosse, barricate quarantottesche; di tendenza democratica legata alle ideologie quarantottesche* (A. GRAMSCI) **2** (*spreg.*, *disus.*) altisonante ma sconclusionato: *eloquenza quarantottesca* **3** relativo al 1948 e al clima di violento scontro politico che caratterizzò le elezioni politiche tenutesi in quell'anno

quarantottèṣimo (o *-é-*) **A** **agg. num. ord.** • corrispondente al numero quarantotto in una successione o in una classificazione (rappresentato da XLVIII nella numerazione romana, da 48° in quella araba): *classificarsi q.; la quarantottesima parte di qlco.* **B** **s. m.** • ciascuna delle quarantotto parti uguali di una stessa quantità: *un q.; undici quarantottesimi* | ***in q.***, in legatoria e stampa, formato che si ottiene piegando un foglio di carta in quarantotto parti: *volume* *in q.*

quarantòtto [comp. di *quarant(a)* e *otto*] **agg. num. card. inv.; anche s. m. e f. inv.** (V. nota d'uso NUMERI E NUMERALI) ● quattro volte dieci, o quattro decine più otto unità, rappresentato da *48* nella numerazione araba, da *XLVIII* in quella romana. **I** come agg. ricorre nei seguenti usi **1** rispondendo o sottintendendo la domanda 'quanti?', indica la quantità numerica di quarantotto unità (spec. preposto a un sost.): *sono le ore dieci e q. primi; ha già compiuto q. anni* | ***q. ore***, V. *quarantott'ore* **2** rispondendo o sottintendendo la domanda 'quale?', identifica qlco. in una pluralità, in una successione, in una sequenza (posposto a un sost.): *abito al numero q. di questa strada; leggi alla pagina q.* | ***mandare a carte q.***, mandare all'aria, scombinare, far fallire **II** come sost. ricorre nei seguenti usi **1** il numero quarantotto; il valore, la quantità che vi corrisponde (per ellissi di un sost.): *abito al q.; sono le venti e q.; sei per otto fa q.* | ***il '48***, l'anno 1848, fatidico per i moti e rivolgimenti politici e la prima guerra d'indipendenza italiana; l'anno 1948, con le sue importanti elezioni politiche **2** (*colloq.*) confusione, subbuglio, baccano: *ha fatto un q.; quando l'ha saputo è successo un q.!* **3** il segno che rappresenta il numero quarantotto

quarantott'óre o **quarantottóre** [1856] **A** **s. f. pl.** ● periodo di tempo di quarantotto ore, corrispondente a due giorni: *previsioni meteo valevoli per le prossime quarantott'ore* **B** **s. f. inv.** ● valigetta che contiene l'occorrente per un viaggio di breve durata

†**quàre** [lat., 'per la qual cosa' ✱ 1313] **A** **avv.** ● perché, per quale ragione (con valore interr. e rel.): *e come e q., voglio che m'intenda* (DANTE *Inf.* XXVII, 72) **B** **cong.** ● (*lett.*) perché, perciò (con valore causale o conclusivo) **C** **in funzione di s. m.** ● il motivo, la causa: *cercare il q. e il quia* | nella loc. avv. ***non sine q.***, non senza ragione; *non sine q. Carlo di Buem Imperadore il fece re dei buffoni e delli istrioni d'Italia* (F. SACCHETTI)

†**quarentàna** ➤ **quarantena**

quarésima [lat. *quadragēsima(m)* 'quarantesima'; nel lat. ecclesiastico, sottinteso *dĭe(m)* 'quarantesimo giorno (prima della Pasqua)' ✱ av. 1311] **s. f.** (*Quarésima* **nel sign. 1**) **1** periodo di penitenza di quaranta giorni non festivi, dalle Ceneri al Sabato Santo | ***fare la Q.***, rispettarne i precetti | ***rompere la Q.***, non rispettarne i precetti | (*fig.*) ***lungo come la q.***, di chi o di ciò che è prolisso, molesto, insistente: *quando parla è lungo come la q.* **2** (*fig.*) situazione o periodo di penuria, di disagi: *l'anno non era per loro che una lunga q.* (I. NIEVO)

quaresimàle [av. 1363] **A** **agg.** ● di Quaresima: *periodo q.* **B** **s. m.** **1** predica composta e recitata per la Quaresima **2** (*fig., fam.*) sermone o ramanzina noiosa, che ripete sempre gli stessi argomenti: *quando attacca coi suoi quaresimali, non vale la pena di ascoltarlo* **3** pasta dolce con miele, pinoli e zibibbo, tradizionale a Roma durante la quaresima | biscotto duro con mandorle, talvolta in forma di numero o lettera dell'alfabeto

quaresimalìsta [1808] **s. m.** (**pl.** *-i*) ● predicatore per il periodo quaresimale | autore di quaresimali

quark① /kwark, *ingl.* kwɑːk/ [termine proposto dal fisico americano M. Gell-Mann, da una parola senza significato coniata da J. Joyce (1882-1941) nell'opera "Finnegans Wake" ✱ 1964] **s. m. inv.** ● (*fis.*) ciascuna delle particelle elementari che costituiscono gli adroni e che si ritiene ne siano responsabili dell'interazione forte

quark② /kwark, *ted.* 'kvaːrk/ [vc. ted., di ant. provenienza slava ✱ 1991] **s. m. inv.** (**pl. ted. inv.**) ● formaggio fresco a pasta molle che si ottiene eliminando il latticello dal latte vaccino

quarkònio [da *quark* ✱ 1991] **s. m.** ● (*fis.*) sistema di particelle formato da una coppia quark-antiquark di tipo pesante

quarnàle [V. †*quadernale* ✱ sec. XV] **s. m.** ● (*mar., disus.*) canapo di quattro legnoli, ordito a quattro occhi in un paranco | paranco semplice, di due taglie e quattro occhi, con il canapo suddetto | canapo e paranco attaccati al calcese del trinchetto per tirare pesi a bordo | vela che si issava con il quarnale

quàrta [lat. *quărta(m pārtem)* 'quarta parte' ✱ 1556] **s. f.** **1** quarta classe di scuola primaria o di scuola superiore: *frequentare, ripetere la q.; passare in q.* **2** nei veicoli a motore, la quarta marcia o velocità: *ingranare la q.* | ***partire in q.***, V. *partire*② **3** (*mus.*) quarto grado della scala, detto sottodominante | intervallo abbracciante quattro note della scala diatonica **4** nella danza classica, posizione in cui i piedi, voltati completamente in fuori, sono posti uno davanti all'altro alla distanza di un piede circa | atteggiamento schermistico: *invito, legamento di q.* **5** quarta parte **6** (*mar.*) ognuna delle trentadue suddivisioni della rosa della bussola marina: *la q. è di 11° e 15'* **7** (*astron.*) †la quarta parte della circonferenza

quartabuòno o **quartabòno** [sp. *cartabón* che risale al lat. *quărtus* 'quarto' ✱ av. 1574] **s. m.** ● squadra da falegname, con un angolo retto e i due lati adiacenti uguali

quartàna [vc. dotta, lat. *quartāna(m fēbrem)* 'febbre che si manifesta ogni quattro giorni', da *quărtus* 'quarto' ✱ av. 1306] **s. f.** ● (*med.*) febbre intermittente, per lo più di origine malarica, che insorge ogni quarto giorno

quartanèllo [detto così perché composto per un *quarto* di lana e tre d'accia ✱ 1402] **s. m.** ● antico tessuto di un quarto di lana e tre quarti di accia

quartàra [V. *quartaro* ✱ 1935] **s. f.** ● antica misura di capacità, di valore variabile a seconda della località, corrispondente a circa 10 litri **SIN.** quartaro

quartàre [da *quarto* ✱ av. 1963] **v. tr.** ● (*lett.*) dividere in quarti

quartàro o †**quartàrio** [vc. dotta, lat. *quartāriu(m)* 'quarta parte di una misura', da *quărtus* 'quarto' ✱ 1585] **s. m.** ● quartara

quartaròla [1561] **s. f.** ● moneta genovese del valore di 1/4 del genovino

quartaròlo o (*disus.*) **quartaruòlo** [dal lat. *quartārius* 'quarta parte di una misura' (V. *quartaro*) ✱ 1503] **s. m.** **1** antica misura di capacità equivalente a 14,585 l **2** quarto rematore della galea **3** moneta del valore di un quarto di un'unità | moneta veneziana di mistura del valore di 1/4 del denaro, coniata dal doge Enrico Dandolo nel XII sec.

quartàto [da *quarto* ✱ sec. XIV] **agg.** ● (*raro*) di complessione robusta; inquartato: *cavallo q.; un ragazzo, un uomo ben q.*

quartazióne [da *quarto* ✱ 1883] **s. f.** ● aggiunta di argento all'oro così da avere una lega formata per tre quarti dal primo e per un quarto dal secondo

quarterback /*ingl.* 'kwɔːtəˌbæk/ [vc. ingl., comp. di *quarter* 'quarto' e *back* 'indietro' ✱ 1989] **s. m. inv.** ● (*sport*) nel football americano, giocatore che sul campo occupa una posizione centrale e si incarica di dirigere il gioco offensivo della propria squadra | ruolo ricoperto da tale giocatore

quarterìa [da *quarto* ✱ 1862] **s. f.** ● rotazione quadriennale di coltura agraria, col primo anno a maggese e i tre successivi a grano o cereale affine

†**quarteruòlo** [da *quarto* ✱ 1306] **s. m.** ● dischetto metallico per conteggi o sim.

quartettìsta [av. 1928] **s. m. e f.** (**pl. m.** *-i*) **1** componente di un quartetto strumentale o vocale **2** compositore di musica per quartetti

quartettìstico [da *quartetto* ✱ 1959] **agg.** (**pl. m.** *-ci*) ● (*mus.*) relativo a quartetto: *la produzione quartettistica di Mozart*

quartétto [da *quarto* ✱ av. 1576] **s. m.** **1** gruppo di quattro persone che agiscono di comune accordo: *un q. di buontemponi, di truffatori; lui è la mente direttiva del q.* **2** (*mus.*) composizione per quattro strumenti o voci | il complesso degli esecutori di tale genere di composizione **3** (*lett.*) quartina

quàrtica [da *quarto (grado)* ✱ 1935] **s. f.** ● (*mat.*) curva algebrica del quarto ordine

quarticìno [1871] **s. m.** ● (*tipogr.*) carticino

quartieràto [V. *quartato* ✱ 1614] **agg.** ● (*mar., disus.*) di nave, molto più larga spec. a poppa

♦**quartière** o †**quartièro**, †**quartièri** [fr. *quartier*, dal lat. *quartāriu(m)* 'quarta parte' (V. *quartaro*) ✱ av. 1328] **s. m.** **1** ognuno dei quattro settori in cui si suddividevano numerose città medievali: *Firenze era divisa in quartieri* | nucleo più o meno funzionalmente autonomo all'interno di un agglomerato urbano: *q. elegante, popolare, periferico, residenziale* | ***i quartieri alti***, il settore più signorile e più elegante di una città: *abitante nei quartieri alti* | ***carabiniere di q.***, carabiniere che svolge compiti di polizia di prossimità | ***consiglio di q.***, organo elettivo decentrato di un'amministrazione comunale che delibera su questioni che riguardano uno specifico quartiere | (*est.*) il complesso degli abitanti di un quartiere: *per protesta l'intero q. è sceso in piazza* **2** (*milit.*) complesso di fabbricati adibiti ad alloggio di truppe | ***q. generale***, riunione organica, presso un comando di grande unità mobilitata, di tutti gli elementi e mezzi adatti ai vari servizi logistici e amministrativi necessari per la vita e il funzionamento del comando; base delle operazioni; insieme di persone che dirigono e organizzano qlco. e luogo in cui si riuniscono: *gli ordini del q. generale*; (*fig.*) centro direttivo, base operativa di un partito, un'organizzazione, un gruppo | †tregua; (*est.*) clemenza | ***dare, non dare q.***, (*fig.*) accettare, non accettare la resa, risparmiando la vita; concedere, non concedere tregua: *una malattia che non gli dà q.* | ***chiedere q.***, (*fig.*) arrendersi | ***senza q.***, (*fig.*) detto di lotta asperrima e senza esclusione di colpi, spietata, implacabile **3** (*tosc.*) appartamento: *un q. di quattro, cinque, dieci stanze; q. ammobiliato, vuoto, sfitto; furono alloggiate nel q. della fattoressa attiguo al chiostro* (A. MANZONI) **4** parte posteriore di una calzatura che copre il calcagno e il collo del piede **5** parte laterale della sella dei cavalli, dove poggia il ginocchio **6** (*sport*) ***q. corridori***, nel ciclismo, recinto all'interno della pista dove i corridori riposano **SIN.** zeriba **7** (*mar.*) ciascuna delle tre parti che dividono la nave per la sua lunghezza: *q. prodiero, centrale, poppiero* **8** (*mar.*) angolo formato da una manovra dormiente con l'asse dell'albero cui essa è fissata **9** parte del tavolo da biliardo dalla quale si inizia la partita **10** (*arald.*) quarto | ***decorazione a q.***, detto di un tipo di decorazione divisa in scomparti su piatti in ceramica ‖ **quartieràccio**, **pegg.** | **quartierìno**, **dim.** (V.) | **quartieróne**, **accr.**

quartierino **s. m.** **1** dim. di *quartiere* | (*spreg.*) quartiere cittadino periferico, considerato di livello scadente **2** (*centr.*) appartamento piccolo o semplice: *dalla terrazza del nostro q.* (S. ALERAMO) **3** parte della sella

quartiermàstro [propr. *capo* ('mastro') del *quartiere*; calco sul neerl. *kwartiermeester* ✱ 1642] **s. m.** ● ufficiale al quale, un tempo, era affidata la sovrintendenza degli alloggiamenti, del vitto e delle paghe di un reggimento | ***q. generale***, quello che soprintendeva per tutto l'esercito

†**quartièro** ➤ **quartiere**

quartiglière [da *quartiere*; attraverso lo sp. *cuartelero* (?) ✱ 1853] **s. m.** ● (*mar.*, *disus.*) nelle navi militari, chi esercita la sorveglianza diurna dei ponti inferiori della nave

quartìglio [1905] **s. m.** ● quadrigliati

quartìle [ingl. *quartile*, dal lat. *quărtus* 'quarto' ✱ 1959] **s. m.** ● (*stat.*) quantile corrispondente al valore di 1/4

quartìna [da *quarto* ✱ av. 1698] **s. f. 1** strofa di quattro versi, variamente rimati **2** blocco di quattro francobolli uniti, due su due, che è oggetto di collezionismo e di particolare quotazione filatelica **3** (*mus.*) successione di quattro note | figura ritmica irregolare di quattro note che, in un contesto a suddivisione ternaria, vale per tre o sei **4** formato grande di carta, spec. da lettere

quartìno [da *quarto*; nel sign. musicale, cfr. *ottavino* ✱ sec. XIII] **s. m. 1** quarta parte di una misura di capacità, spec. di litro **2** recipiente bollato, spec. di vetro, simile alla bottiglia che contiene un quarto di litro, spec. di vino | (*est.*) il contenuto di tale recipiente: *era all'osteria a bersi il solito q.* **3** antica piccola moneta d'argento di Urbino e Pesaro del valore di 1/4 di grosso **4** serie di quattro pagine stampate, risultante da un foglio piegato in due **5** (*tipogr.*) carticino **6** strumento a fiato più piccolo del clarinetto e della medesima forma

quartiròlo [detto così perché sarebbe pronto per essere tagliato una *quarta* volta; nel sign. 2, perché si fa al tempo del fieno *quartirolo* ✱ 1500] **s. m. 1** quarto taglio dei prati non falciato e lasciato per pascolo al bestiame **2** formaggio fresco di latte di vacca intero, simile allo stracchino

♦**quàrto** [lat. *quărtu(m)*, dalla stessa radice di *quăttuor* 'quattro' ✱ 1260] **A agg. num. ord. 1** corrispondente al numero quattro in una sequenza, in una successione, in una classificazione, in una serie (rappresentato da IV nella numerazione romana, da 4° in quella araba): *abito al q. piano*; *è la quarta volta che te lo ripeto*; *il q. capitolo*; *il q. atto della commedia*; *è arrivato q.*; *palco di quart'ordine*; *stelle di quarta grandezza*; *frequentare la quarta classe elementare*; *Enrico IV*; *Clemente IV era amico di Carlo d'Angiò* | ***due alla quarta***, (*ellitt.*) elevato alla quarta potenza | ***la quarta elementare, la quarta liceo scientifico*** e sim., (*ellitt.*) la quarta classe di tali ordini di studio: *ripetere la quarta* | (*raro*) ***il q. caso***, l'accusativo | ***la quarta arma***, l'aeronautica | (*fis.*) ***la quarta dimensione***, il tempo | ***il q. potere***, la stampa | ***il Q. Stato***, il proletariato | ***la quarta età***, la vecchiaia dopo i 75 anni | (*sport*) ***q. uomo***, V. *uomo* nel sign. II 9 | (*polit.*) ***il Q. Mondo***, insieme di nazioni dell'Asia, Africa e America Latina, che, essendo pressoché prive di risorse naturali, sono considerate perciò più povere di quelle del Terzo mondo **CFR.** terzo mondo | ***quarta malattia***, malattia esantematica dell'infanzia simile alla scarlattina **2** (*lett.*) in composizione con altri numerali, forma gli ordinali superiori: *decimoquarto, ventesimoquarto* **B s. m. 1** ciascuna delle quattro parti uguali di una stessa quantità: *gli spetta un q. dell'eredità*; *questa bistecca è enorme, dammene un q.*; *riduciamo le spese di un q. e andremo meglio*; *calcolare i tre quarti di un numero*; *vale un q. di quanto l'hai pagato* | ***un q. di kilo***, (*assol.*) ***un q.***, due etti e mezzo | ***un q. di bue, d'agnello, di pollo, di capretto, di coniglio*** e sim., ciascuno dei quattro pezzi in cui si divide l'animale già macellato: *un q. d'agnello al forno*; *mangerebbe un q. di bue!* | ***cappotto, soprabito, giacca tre quarti***, (*assol.*) ***un tre quarti***, V. *trequarti* | ***primo, ultimo q.***, la seconda e la quarta o ultima posizione assunta dalla Luna nella sua rivoluzione intorno alla Terra, in cui sono rispettivamente illuminate la metà volta a occidente e la metà volta a oriente della faccia visibile | ***un q. d'ora***, (*ellitt.*) ***un q.***, periodo di tempo corrispondente alla quarta parte di un'ora, cioè a quindici minuti: *l'orologio è indietro di un q. d'ora*; *è arrivato con tre quarti d'ora di ritardo*; *manca un q. alle undici*; *sono le undici e un q.*; *sono le nove e tre quarti, o le dieci meno un q.*; *l'orologio del mio paese batte anche i quarti* | ***q. d'ora***, (*est.*) breve periodo di tempo: *alcuni anni or sono ha avuto il suo q. d'ora di notorietà*; *sta vivendo il suo q. d'ora di celebrità* | ***passare un brutto q. d'ora***, un momento di grande difficoltà | ***q. d'ora accademico***, ritardo, tacitamente convenuto, con cui di solito iniziano le lezioni universitarie | (*sport*) ***i quarti di finale***, nelle gare a eliminazione, terzultima fase che impegna i concorrenti che hanno superato gli ottavi di finale per qualificare quelli che disputeranno la semifinale | (*edit.*) ***in q.***, in tipografia, detto di foglio su ognuna delle cui facce vengono stampate quattro pagine; in legatoria, detto del tipo di formato ottenuto piegando in quattro tali fogli **2** la quarta parte di un litro spec. di vino, olio e sim.; (*est.*) recipiente di vetro bollato in cui lo si misura o lo si serve nei locali pubblici; (*est.*) il liquido contenuto: *un q. di vino*; *beviamo un q.*; *bottiglie da un q.*; *un q. di latte* **3** (*arald.*) quarta parte dello scudo | (*est.*) tutte le successive ripartizioni di ciascuna parte per mezzo di linee orizzontali, verticali e diagonali intersecantisi al centro | ***quarti di nobiltà***, l'insieme degli ascendenti nobili di una persona | ***avere quattro quarti di nobiltà***, avere quattro ascendenti nobili **4** ciascuno dei quattro pezzi arcati di legno che formano la periferia della ruota di carro o carrozza **5** (*mar.*) durata della guardia che si fa a bordo per quattro ore **6** (**f.** *-a*) chi (o ciò che) viene a trovarsi dopo altri tre, che viene al quarto posto: *lei è la quarta a cui mi rivolgo*; *manca il q. per giocare a scopa*; *basta gelati! è il q. che mangi oggi* | ***quarta di copertina***, retrocopertina ‖ (*lett.*) **quarticèllo**, **dim.** | **quartino**, **dim.** (V.) | **quartùccio**, **dim.** (V.)

quartodecimàni [vc. dotta, lat. tardo *quartodecimānu(m)* 'del quattordicesimo giorno'; detti così perché celebravano la Pasqua nel quattordicesimo (ant. *quarto-decimo*) giorno della luna di marzo] **s. m. pl.** (**sing.** *-o*) ● cristiani delle antiche Chiese di Asia, che celebravano la Pasqua nel 14° giorno della luna nuova di marzo, anche se tale giorno non cadeva di domenica

quartodècimo [comp. di *quarto* e *decimo* ✱ 1282] **agg. num. ord.**; anche **s. m.** ● (*lett.*) quattordicesimo **SIN.** decimoquarto

quartogènito [da *quarto*, sul modello di *primogenito* ✱ av. 1557] **agg. e s. m.** (**f.** *-a*) ● quarto dei nati in una famiglia: *figlio q.*; *essere il q.*

quartùccio [dim. di *quarto* ✱ sec. XIV] **s. m. 1** misura di capacità di un quarto di litro **2** (*fam.*) un quarto di litro di vino: *bere un q.* | ***farsi un q. all'osteria***, berlo

quartùltimo o **quart'ùltimo** [comp. di *quart(o)* e *ultimo* ✱ 1641] **agg. e s. m.** (**f.** *-a*) ● che (o chi) corrisponde al numero quattro o sta al quarto posto, a partire dall'ultimo, in una sequenza o in una classificazione: *venga avanti il q.!*; *sono risultato q. nella graduatoria*; *l'accento è sulla quartultima sillaba*

quarzìfero [comp. di *quarzo* e *-fero* ✱ 1871] **agg.** ● contenente quarzo

quarzìte [da *quarzo* col suff. *-ite*② ✱ 1875] **s. f.** ● roccia silicea formata in gran prevalenza da quarzo

quàrzo [ted. *Quarz*, di etim. incerta ✱ 1550] **s. m.** ● (*miner.*) silice cristallizzata nel sistema trigonale, spesso in bei cristalli trasparenti, da incolori a neri, geminati, dalla caratteristica frattura concoide, caratterizzati da polarizzazione rotatoria della luce e da piezoelettricità: *orologio al q.*, *lampada al q.* | ***q. ialino***, cristallo di rocca | ***q. madera***, di color topazio bruciato | ***q. rosa***, usato per oggetti decorativi **CFR.** ametista, avventurina, citrino, morione②

quarzóso (o *-ṣ-*) [1777] **agg.** ● contenente quarzo

quàṣar [ingl. da *quas(i) (st)ar*, 'quasi stella, (oggetto) simile a una stella' ✱ 1965] **s. m. o f. inv.** ● (*astron.*) sistema, apparentemente stellare, a enorme distanza dalla Terra, che emette una notevolissima quantità di energia, e che si sposta con velocità quasi uguale a quella della luce

♦**quàṣi** [lat. *quăsi*, da *quăm sī* 'come se' ✱ 1261 ca.] **A avv. 1** circa, poco meno che: *è q. un litro*; *pesa q. un quintale*; *l'ho pagato q. cinquanta euro*; *ha q. quarant'anni*; *attendo da q. un'ora*; *lo tratto con affetto q. paterno*; *da qui alla città sono q. venti chilometri*; *è q. due metri d'altezza* | pressoché: *ho q. finito il lavoro*; *siamo q. arrivati*; *sono q. senza soldi*; *ci sono andato q. vicino* | ***q. mai***, molto raramente (in espressioni negative): *non serve q. mai*; *non lo trovo q. mai in casa* | (*fam.*) ***senza q.***, assolutamente, certo lo è: *'si direbbe q. indifferente' 'senza q.'* | (*assol.*) nelle risposte, per significare che si è vicini alla conclusione di qlco.: *'ha finito?' 'q.'*; *'siete pronte?' 'q.'* **2** forse, probabilmente (con funzione attenuativa): *direi q. di essere riuscito*; *oserei q. dire che il lavoro era meglio prima che fosse rifatto*; *ci si potrebbe q. mettere a tavola* | (*iter.*) esprime dubbio, incertezza e sim.: *quasi quasi sono pentito di averlo raccomandato*; *quasi quasi era meglio non cambiare* **3** per poco non, a momenti: *q. m'investiva*; *q. cadevo*; *q. mi addormentavo* **4** come, come se fosse: *sembra q. diamante*; *parrebbe q. pentito*; *avanzava rapido, q. portato dal vento* **5** usato in funzione aggettivale (con grafia unita o staccata) per indicare affinità o attenuazione, approssimazione: *quasi-particella*; *ti presento il mio q. marito*; *q. gol* **B cong.** ● come se (introduce una prop. modale con il v. al congtv.): *dà continuamente ordini q. fosse lui il padrone*; *non è venuto q. avesse previsto il rinvio della riunione*; *q. obliando d'ire a farsi belle* (DANTE *Purg.* II, 75) | V. anche *quasiché* ‖ †**quaṣiménte**, **avv.** quasi: *quasimente lo farei*

♣**quaṣiché** o **quàsi che** [da *quasi che* ✱ sec. XIII] **A avv.** ● †quasi: *essendo già quasi che tutte passate* (G. BOCCACCIO) **B cong.** ● come se (introduce una prop. modale con il v. al congtv.): *si disinteressa della cosa q. non riguardi anche lui*; *non ha obiettato niente, q. se lo fosse aspettato*; *non mostrò alcuno stupore q. fosse un fatto del tutto normale*

quaṣiconduttóre [comp. di *quasi* e *conduttore* ✱ 1974] **A agg.** (**f.** *-trice*) ● (*fis.*) quasi-metallico **B s. m.** ● (*fis.*) ogni ossido metallico (per es. l'ossido di titanio) in cui esistono legami metallici che permettono la conduzione elettrica con valori di conducibilità simili a quelli dei metalli

quaṣicristallìno [comp. di *quasi* e *cristallino* ✱ 1959] **agg.** ● (*miner.*) proprio di un materiale il cui stato di ordinamento atomico interno differisce sia da quello rigidamente periodico dei cristalli sia da quello casuale dei vetri

quaṣimetàllico [comp. di *quasi* e *metallico* ✱1974] **agg.** (**pl. m.** *-ci*) ● (*fis.*) detto di particolari ossidi metallici che, avendo nella molecola dei legami metallici con elettroni liberi, hanno valori di resistività simili a quelli dei metalli **SIN.** quasiconduttore

quaṣimòdo [dall'inizio dell'introito della Messa della 'domenica in albis': *Quasi modo geniti infantes* 'come bambini appena nati' ✱1835] **s. m. solo sing.** ● domenica in albis, cioè la prima domenica dopo Pasqua

quàṣi-particèlla [comp. di *quasi* e *particella*, sul modello dell'ingl. *quasi-particle* ✱1980] **s. f.** ● (*fis.*) entità che, pur non essendo una particella, ne possiede alcune caratteristiche quali massa, energia e quantità di moto: *fononi e rotoni sono quasi-particelle*

†**quassaménto** [dal lat. *quassāre*, intens. di *quătere* 'scuotere', di etim. incerta ✱1499] **s. m.** ● squassamento, scuotimento

quassazióne [vc. dotta, lat. *quassatiōne(m)*, da *quassātus*, part. pass. di *quassāre* (V. †*quassamento*) ✱1940] **s. f.** ● operazione farmaceutica che consiste nel triturare foglie, radici e sim. per agevolarne l'estrazione dei principi attivi

quàssia [da Graman *Quassi* (sec. XVIII) che ne scoprì le qualità terapeutiche ✱1804] **s. f.** ● alberetto tropicale delle Simarubacee, con foglie opposte, fiori rossi raccolti in grappoli, dotato di proprietà medicinali (*Quassia amara*)

quassìna [1835] **s. f.** ● principio attivo del legno di quassia, utilizzato come insetticida o in farmacia per le proprietà toniche e antielmintiche

quàssio [av. 1783] **s. m.** ● legno che si ricava dalla quassia

♦**quassù** o †**qua su**, †**quassùso**, †**qua sùso** [da *qua su* ✱1294] **avv.** **1** in questo luogo, posto in alto rispetto alla persona cui ci si rivolge (con v. di stato e di moto): *sono q. in terrazzo; devi salire fin q.; venite q. ad aiutarmi* | (*est.*) fa riferimento a un luogo di montagna o posto al nord: *q. è già caduta la neve; q. c'è una gran nebbia* **CONTR.** laggiù **2** nelle loc. avv. ***da, di q.***, stando qua in alto: *di q. si gode un'ottima veduta panoramica; li ho visti salire da q.; da q. si domina completamente la valle*

quatèrna o (*tosc.*) **quadèrna** [dal lat. *quatĕrni*, nom. pl., 'a quattro a quattro', da *quăttuor* 'quattro' ✱1761] **s. f.** **1** nel gioco del lotto, combinazione di quattro numeri compresi nei cinque estratti per ogni ruota; il premio è 80 000 volte la posta | nel gioco della tombola, serie di quattro numeri estratti su un'unica fila di una cartella **2** insieme di quattro elementi: *una q. di numeri; una q. di concorrenti*

quaternàrio [vc. dotta, lat. *quaternāriu(m)* 'di quattro', da *quatĕrni* (V. *quaterna*) ✱sec. XIV] **A agg.** **1** di quattro unità o elementi | ***lega quaternaria***, formata di quattro metalli diversi | ***sostanza quaternaria***, composto costituito da quattro elementi diversi | ***verso q.***, formato di quattro sillabe **2** (*chim.*) di atomo legato direttamente a quattro atomi di carbonio **3** relativo al Quaternario **B s. m.** (**solo sing. nel sign. 2**) **1** verso quadrisillabo **2** (gener. con iniziale maiuscola) ultimo periodo del Cenozoico, iniziato due milioni di anni fa e caratterizzato da forti oscillazioni climatiche, da glaciazioni e dalla comparsa e diffusione dell'uomo sulla Terra **SIN.** Antropozoico, Neozoico **3** (*econ.*) terziario avanzato

quaternióne [vc. dotta, lat. tardo *quaterniō-ne(m)* 'il numero quattro', da *quatĕrni* (V. *quaterna*) ✱1938] **s. m.** ● (*mat.*) numero complesso a quattro unità appartenente a un'estensione del campo dei numeri complessi proposta da W. R. Hamilton (1805-1865)

†**quaternità** [vc. dotta, lat. tardo *quaternitā-te(m)*, da *quatĕrni* 'a quattro a quattro' (V.) ✱sec. XIV] **s. f.** ● complesso, serie di quattro persone

quatriduàno o †**quattriduàno**, †**quatridiàno**, †**quadridiàno**, †**quadriduàno** [vc. dotta, lat. tardo *quatriduānu(m)*, da *quatrĭduum* 'spazio di quattro giorni', comp. di *quăttuor* 'quattro' e *dĭes* 'giorno' (V. *dì*) ✱1306] **agg.** ● (*lett.*) di quattro giorni | (*lett.*) che dura da quattro giorni: *questa potrà esser l'ultima chiusa de i nostri ragionamenti quatriduani* (G. GALILEI) | (*lett.*) sepolto da quattro giorni: *era risorto q. come Lazaro* (G. D'ANNUNZIO)

♣**quàtto** o (*tosc.*) **guàtto** [lat. *coāctu(m)* 'raccolto, compresso' (V. *coatto*) ✱1313] **agg.** ● chinato e rannicchiato per nascondersi o non farsi notare (**spec. iter.**): *era lì q. e immobile; se ne stava q. q. in un angolo; O tu che siedi / tra li scheggion del ponte q. q.* (DANTE *Inf.* XXI, 88-89) | ***starsene q.***, acquattato | (*est.*) silenzioso, zitto, di soppiatto: *avanzare q. q.* || **quattaménte**, **avv.**

quattóni o †**quattóne** [sec. XV] **avv.** ● (*raro*) di nascosto, alla chetichella, spec. nella loc. avv. ***quatton q.***: *veniva avanti quatton q.*

quattordicènne [comp. di *quattordic(i)* ed *-enne* ✱1858] **A agg.** ● che ha quattordici anni, detto spec. di persona: *una ragazza q.* **B s. m. e f.** ● chi ha quattordici anni d'età: *una q. molto graziosa*

quattordicèṣima (o *-é-*) [1965] **s. f.** ● retribuzione corrisposta ai lavoratori dipendenti in aggiunta alle altre tredici mensilità: *gli impiegati hanno già riscosso la q.*

quattordicèṣimo (o *-é-*) **A agg. num. ord.** ● corrispondente al numero quattordici in una successione o in una classificazione (rappresentato da XIV nella numerazione romana, da 14° in quella araba): *il q. parallelo; si è classificato q.; Benedetto XIV; Luigi XIV, re di Francia; la quattordicesima parte di una somma* | ***tre alla quattordicesima***, (*ellitt.*) elevato alla quattordicesima potenza | ***la quattordicesima mensilità***, V. *quattordicesima* | ***il secolo XIV***, gli anni dal 1301 al 1400 **SIN.** (*lett.*) decimoquarto, (*lett.*) quartodecimo, †quattrodecimo **B s. m.** ● ciascuna delle quattordici parti uguali di una stessa quantità: *calcolare i tre quattordicesimi di un numero*

♦**quattórdici** (o *-ò-*) [lat. *quattuŏrdeci(m)*, comp. di *quăttuor* 'quattro' e *dĕcem* 'dieci' ✱1211] **agg. num. card. inv.; anche s. m. e f. inv.** (**V. nota d'uso NUMERI E NUMERALI**) ● (*mat.*) numero naturale successivo di tredici, rappresentato da *14* nella numerazione araba, da *XIV* in quella romana. **I** come agg. ricorre nei seguenti usi **1** rispondendo o sottintendendo la domanda 'quanti?', indica la quantità numerica di quattordici unità (spec. preposto a un sost.): *una ragazza di q. anni; q. giorni corrispondono a due settimane; il verso alessandrino ha q. sillabe; i q. punti proposti dal presidente americano Wilson alla fine della prima Guerra mondiale; sono le quattro e q. minuti* **2** rispondendo o sottintendendo la domanda 'quale?', identifica qlco. in una pluralità, in una successione, in una sequenza (posposto a un sost.): *abito al numero q.; oggi è il giorno q.; sono le ore q.* | (*raro*) quattordicesimo: *Luigi q.* **II** come sost. ricorre nei seguenti usi **1** il numero quattordici; il valore, la quantità che vi corrisponde (per ellissi di un sost.): *il sette nel q. sta due volte; il q. di febbraio è san Valentino* | ***le q.***, le due dopo mezzogiorno | ***la guerra del '14-'18***, del 1914-1918 | ***nel '14 ha avuto inizio il Congresso di Vienna***, nell'anno 1814 **2** il segno che rappresenta il numero quattordici

†**quattriduàno** ▸ **quatriduano**

quattrìna [da *quattrino*, per la forma rotonda delle foglie che ricordano una moneta ✱av. 1800] **s. f.** ● (*bot.*) nummolaria

quattrinàio [da *quattrino* ✱1842] **agg. e s. m.** (**f.** *-aia*, **pl. m.** *-ai*) ● (*lett.*) che (o chi) è danaroso e, in genere, avido: *hanno parenti quattrinai*

quattrinària [da *quattrina* ✱av. 1800] **s. f.** ● (*bot.*) nummolaria

quattrinèlla [dim. di *quattrina* ✱1891] **s. f.** ● (*bot.*) nummolaria

quattrinèllo [dim. di *quattrino* ✱av. 1799] **s. m.** ● (*lett.*) quattrino: *io non ne cavo un marcio q.* (G. PARINI) | (*est.*) somma di denaro

quattrìno [detto così perché valeva *quattro* denari ✱av. 1348] **s. m.** **1** moneta di rame o d'argento di quattro denari coniata in molte zecche italiane intorno al XIV sec., in particolare a Roma e in Toscana **2** (*est.*) quantità minima di denaro: *mi pagherai fino all'ultimo q.* | ***non avere un q., l'ombra, il becco d'un q.***, essere in bolletta | ***non valere un q.***, non valere nulla **3** (**spec. al pl.**) denaro: *quattrini sonanti; essere pieno di quattrini* | ***far quattrini***, guadagnare molto | ***senza quattrini***, povero | ***star male a quattrini***, non averne | (*fig.*) ***fior di quattrini***, gran quantità di denaro: *guadagnare, spendere, ereditare, costare fior di quattrini* || (*raro*) **quattrinàccio**, **pegg.** | **quattrinèllo**, **dim.** (V.) | **quattrinùccio**, **dim.**

quattrinóso (o *-ṣ-*) [da *quattrin(o)* con il suff. *-oso*[3] ✱1958] **agg.** ● (*fam.*) ricco, danaroso

♦**quàttro** [lat. *quăttuor*, di orig. indeur. ✱sec. XII] **agg. num. card. inv.** (**si elide in alcune loc.**: *a quattr'occhi; in quattro e quattr'otto*); **anche s. m. e f. inv.** (**V. nota d'uso NUMERI E NUMERALI**) ● numero naturale successivo di tre, rappresentato da *4* nella numerazione araba, da *IV* in quella romana. **I** come agg. ricorre nei seguenti usi **1** rispondendo o sottintendendo la domanda 'quanti?', indica la quantità numerica di quattro unità (spec. preposto a un sost.): *le q. operazioni aritmetiche; le q. stagioni; i q. punti cardinali; i q. evangelisti; il gioco dei q. cantoni; i q. lati del quadrato; gli animali a q. zampe sono detti quadrupedi; tragedia in q. atti; motore a q. tempi; opera in q. volumi* **CFR.** quadri-, tetra- | ***pezzo, sonata a q. mani***, suonata su un pianoforte da due pianisti | (*fig.*) ***gridare ai q. venti qlco.***, renderla di pubblico dominio, divulgarla | ***chiuso tra q. mura, tra q. pareti***, costretto a restare in casa o in una stanza | ***tetto a q. acque***, spiovente da quattro parti | ***parlare a quattr'occhi***, in confidenza, in segreto, senza testimoni | ***avere quattr'occhi***, (*scherz.*) portare gli occhiali | ***q. occhi vedono meglio di due***, (*fig.*) è opportuno consigliarsi con qlcu. prima di fare qlco. | nella loc. agg. inv. ***quattro stagioni*** o (con grafia unita) ***quattrostagioni***, detto di armadio a più scomparti per riporre i vestiti separati secondo le stagioni; detto di un tipo di pizza con condimenti diversi distribuiti in quattro spicchi | nella loc. sost. m. e f. inv. ***quattro zampe*** o (con grafia unita) ***quattrozampe***, animale domestico, spec. cane: *negozio di accessori per quattrozampe* **2** (*est.*) pochi, alcuni (con valore indet. per indicare una piccola quantità): *ha detto in tutto q. parole; con quei q. soldi che guadagna!; ha messo su casa con q. cianfrusaglie; vado a fare q. passi in giardino* | ***fare q. chiacchiere***, discorrere in tutta familiarità | ***fare q.***

salti, ballare in famiglia o tra amici intimi | (*spreg.*) ***q. gatti***, (*fig.*) pochissime persone: *ad ascoltare la conferenza c'erano solo q. gatti* | ***q. parole in croce***, poche e frutto di cattiva improvvisazione | (*disus.*) ***sono q. noci in un sacco***, poche persone, ma che fanno molta confusione **3** rispondendo o sottintendendo la domanda 'quale?', identifica qlco. in una pluralità, in una successione, in una sequenza (spec. posposto a un sost.): *la basilica dei q. Santi Coronati a Roma*; *il numero q. è pari* **4** in composizione con altri numeri semplici e composti, forma i numeri superiori: *ventiquattro*; *centoquattro*; *quattrocento*; *quattromila*; *duecentoventiquattro* **II** come sost. ricorre nei seguenti usi **1** il numero quattro; il valore, la quantità che vi corrisponde (per ellissi di un sost.): *il q. per cento della popolazione*; *due più due fa q.*; *giocare il q. di picche*; *oggi ne abbiamo q.*; *verrò il q. aprile*; *prepara la tavola per q.*; *entrate q. alla volta*; *per giocare a poker bisogna essere in q.*; *mettetevi in fila per q.*; *spezzare, dividere, rompere qlco. in q.*; *andiamocene tutti e q.* | nei dadi, la faccia segnata con quattro punti: *ho tirato e ho fatto q.* | nella valutazione scolastica, il voto inferiore di due punti alla sufficienza: *ha la pagella piena di q.* | ***le q.***, le ore quattro del mattino; le ore sedici | ***tiro a q.***, a quattro cavalli | ***fare le scale a q. a q.***, salendo quattro gradini per volta; (*est.*) velocissimamente | (*fig.*) ***farsi in q.***, moltiplicare i propri sforzi, adoperarsi in ogni modo per aiutare qlcu. o risolvere qlco.: *mi faccio in q. per lui* | ***dirne q. a qlcu.***, fargli una scenata, rimproverarlo aspramente | ***fare il diavolo a q.***, (*fig.*) fare molto rumore e confusione; fare una scenata; reagire violentemente; (*est.*) darsi molto da fare per raggiungere uno scopo (calco sul fr. 'faire le diable à quatre', dal numero di diavoli che generalmente comparivano nelle rappresentazioni medioevali) | ***in q. e quattr'otto***, (*fig.*) in un attimo, in men che non si dica: *in q. e quattr'otto sono da te*; *in q. e quattr'otto ho preparato tutto* | ***è vero come due e due fanno q., come q. e q. fanno otto***, è sicuramente vero **2** (*sport*) nelle loc. sost. m. inv. ***q. con, q. senza***, nel canottaggio, imbarcazione montata da quattro vogatori, con o senza timoniere, che azionano ciascuno un solo remo, posto o a destra o a sinistra; ***q. di coppia***, imbarcazione montata da quattro vogatori che azionano due remi ciascuno | nella loc. sost. f. inv. ***q. per q.***, ***4×4***, autoveicolo con quattro ruote motrici **3** il segno che rappresenta il numero quattro: *scrivere un q. sul registro*

quattròcchi o **quattr'òcchi** nel sign. 3 [comp. di *quattr(o)* e *occhi*, pl. di *occhio*; detto così dalla macchia che ha dietro gli occhi ✱ 1772] **s. m. inv. (anche f. inv. nel sign. 2) 1** uccello degli Anseriformi, di colore nero con riflessi verdi e due macchie chiare sotto gli occhi, che vive nelle acque interne e lungo le coste (*Bucephala clangula*) **2** (*fig., fam., scherz.*) persona che porta gli occhiali **3** nella loc. avv. ***a q.***, senza testimoni, in confidenza, in segreto (V. anche *quattro*)

quattrocentésco [1901] **agg. (pl. m. -schi)** ● del secolo XV, del Quattrocento: *cultura quattrocentesca*

quattrocentèṣimo (o **-é-**) **A agg. num. ord.** ● corrispondente al numero quattrocento in una successione o in una classificazione (rappresentato da CCCC o da CD nella numerazione romana, da 400° in quella araba): *la statale è interrotta al q. chilometro*; *la quattrocentesima copia di un libro in edizioni numerate*; *la quattrocentesima parte di qlco.* **B s. m.** ● ciascuna delle quattrocento parti uguali di una stessa quantità: *un q.*

quattrocentino [1933] **agg.** ● in bibliografia, del secolo XV, del Quattrocento: *volume q.*

quattrocentìsta [1765] **s. m. e f. (pl. m. -i) 1** artista, scrittore del secolo XV, del Quattrocento **2** atleta specialista della corsa dei quattrocento metri piani | nuotatore dei quattrocento metri stile libero

quattrocentìstico [1860] **agg. (pl. m. -ci)** ● relativo al secolo XV, al Quattrocento, ai quattrocentisti

quattrocènto [comp. di *quattro* e *cento* ✱ sec. XIII] **agg. num. card. inv.; anche s. m. e f. inv. (V. nota d'uso NUMERI E NUMERALI)** ● quattro volte cento, quattro centinaia, rappresentato da *400* nella numerazione araba, da *CD* in quella romana. **I** come agg. ricorre nei seguenti usi **1** rispondendo o sottintendendo la domanda 'quanti?', indica la quantità numerica di quattrocento unità (spec. preposto a un sost.): *un viaggio di q. chilometri*; *c'erano più di q. invitati*; *ha partecipato alla corsa dei q. metri* **2** rispondendo o sottintendendo la domanda 'quale?', identifica qlco. in una pluralità, in una successione, in una sequenza (posposto a un sost.): *nell'anno q. d.C.*; *leggi a pagina q.* **II** come sost. ricorre nei seguenti usi **1** il numero quattrocento; il valore, la quantità che vi corrisponde (per ellissi di un sost.): *nel q. a.C.*; *nel 411 a.C. fu istituito ad Atene il Consiglio dei Quattrocento* | ***il Quattrocento***, (*per anton.*) il secolo XV: *le scoperte e le invenzioni del Quattrocento*; *le Signorie italiane del Quattrocento*; *il Quattrocento è il secolo dell'Umanesimo* **2** il segno che rappresenta il numero quattrocento **3** (*sport*, **al pl.**) nell'atletica e nel nuoto, distanza di quattrocento metri su cui si svolge una classica gara | (*est.*) la gara stessa: *correre i q.*; *i q. ostacoli*

quattroesettànta /ˌkwattr(o)esset'tanta/ [dalla lunghezza dell'imbarcazione, in metri e centimetri] **s. m. inv.** ● (*mar.*) deriva olimpica per due persone, leggera e veloce, attrezzata con randa, fiocco e spinnaker

quattroevénti /ˌkwattr(o)ev'venti/ [dalla lunghezza dell'imbarcazione, in metri e centimetri] **s. m. inv.** ● (*mar.*) deriva da regata per due persone, leggera, veloce e più piccola del quattroesettanta da cui è derivato, attrezzata con randa, fiocco e spinnaker

quattrofòglie [comp. di *quattro* e il pl. di *foglia* ✱ 1940] **s. m. inv.** ● (*arald.*) figura che rappresenta un fiore stilizzato a quattro petali

quattromìla [comp. di *quattro* e *mila*] **agg. num. card. inv.; anche s. m. e f. inv. (V. nota d'uso NUMERI E NUMERALI)** ● quattro volte mille, quattro migliaia, rappresentato da *4000* nella numerazione araba, da $\overline{IV}$ in quella romana. **I** come agg. ricorre nei seguenti usi **1** rispondendo o sottintendendo la domanda 'quanti?', indica la quantità numerica di quattromila unità (spec. preposto a un sost.): *il viaggio è costato q. euro*; *ho circa q. volumi nella mia biblioteca*; *un corteo di q. persone*; *poche cime in Italia raggiungono i q. metri d'altezza* **2** rispondendo o sottintendendo la domanda 'quale?', identifica qlco. in una pluralità, in una successione, in una sequenza (posposto a un sost.): *l'abbonato numero q.* **3** in composizione con altri numeri semplici e composti, forma i numeri superiori: *quattromilauno*; *quattromiladue*; *quattromilatré*; *quattromilaotto*; *quattromilaundici*; *quattromilaottanta*; *quattromilacento* **II** come sost. ricorre nei seguenti usi **1** il numero quattromila; il valore, la quantità che vi corrisponde (per ellissi di un sost.) **2** il segno che rappresenta il numero quattromila **3** montagna che supera i 4000 m di quota

quattroruòte [comp. di *quattro* e del pl. di *ruota* ✱ 1955] **s. f. inv. o (*raro*) m. inv.** ● (*colloq.*) veicolo a quattro ruote | automobile

quattrostagióni ➤ **quattro** nel sign. I, 1

quattrozàmpe ➤ **quattro** nel sign. I, 1

quattuorviràto [vc. dotta, lat. *quattuorvirātu(m)*, da *quattuŏrviru(m)* 'quattuorviro' ✱ 1745] **s. m.** ● (*stor.*) nell'antica Roma, collegio costituito dai quattuorviri | dignità, carica dei quattuorviri

quattuòrviro [vc. dotta, lat. *quattuŏrviru(m)*, comp. di *quăttuor* 'quattro' e *vĭru(m)* 'uomo' ✱ 1745] **s. m.** ● (*stor.*) nell'antica Roma, ciascuno dei quattro magistrati che svolgevano funzioni giurisdizionali e amministrative nei municipi

qubit /*ingl.* 'kjuːbɪt/ [1999] **s. m. inv.** ● (*tecnol.*) abbreviazione di *quantum bit*

que' ➤ **quegli**

quebecchése /kebek'kese/ (o **-ṣ-**) [adattamento del fr. *québécois* ✱ 1990] **A agg.** ● della provincia canadese del Québec e dei suoi abitanti **B s. m. e f.** ● abitante o nativo del Québec

quebràcho /ke'bratʃo/, *sp.* ke'βratʃo/ [sp., propr. 'rompi-ascia' (per la sua durezza), comp. di *quebrar* 'rompere' (dal lat. *crepāre*, V.) e *hacha* 'ascia' (V. *ascia*) ✱ 1892] **s. m. inv. (pl. sp. *quebrachos*) 1** nome di varie piante che danno un legno durissimo usato spec. per fabbricare bocce, traversine ferroviarie e mobili **2** il legno che se ne ricava

quèchua /*sp.* 'ketʃwa/ [vc. sp., dal quechua *kkechúwa*, propr. 'predone, ladro' ✱ 1929] **A s. m. inv. (pl. sp. *quechas*) 1** popolo amerindiano originario degli altipiani del Perù, che costituì il primo gruppo etnico su cui si fondò l'impero degli Incas **2** lingua ufficiale dell'impero inca, ancora viva in Bolivia e Perù **B agg. inv.** ● relativo al popolo dei Quechua: *lingua q.*

queer /*ingl.* kwɪə(r)/ [vc. ingl. di orig. sconosciuta ✱ 1992] **A s. m. e f. inv.** ● diverso, nel sign. B | omosessuale **B anche agg. inv. (posposto a un sost.)**: *movimento*, *cinema q.*

quégli o (*raro*) **quéi**, (*raro*) **que'** /kwe/, †**quélli** [lat. parl. **(ĕc)cu(m) ĭlli* 'ecco quello' ✱ sec. XIII] **pron. dimostr. m. solo sing. (le forme *que'* e *quei* si usano solo davanti a parole che cominciano per consonante) 1** (*lett.*) quella persona (spec. come soggetto, raro come complemento): *quelli è Omero poeta sovrano* (DANTE *Inf.* IV, 88); *q. allora mi domandò che peccato quel fosse* (G. BOCCACCIO) | ***q. che***, colui che: *con voi nasceva e s'ascondeva vosco / quelli ch'è padre d'ogne mortal vita* (DANTE *Par.* XXII, 115-116) | la prima nominata, di due persone di cui si fa menzione (in correlazione con 'questi'): *Quegli piangendo ha fatto noi piagnere, questi ... ci ha fatti ridere* (P. BEMBO) **2** †quella cosa o animale (V. nota d'uso ELISIONE e TRONCAMENTO)

quéi ➤ **quegli**

quél ➤ **quello**

†**quélli** ➤ **quegli**

♦**quéllo** o **quél** [lat. parl. **(ĕc)cu(m) ĭllu(m)* 'ecco quello' ✱ 960] **A agg. dimostr. (pl. m. *quegli*, *quei*, *lett.*, *tosc.* *que'*, †*quelli*).** *Quello* **al singolare maschile si tronca in *quel* davanti a consonante:** *quel giornale*, *quel micio*, *quel cantante*; **rimane però *quello* davanti a *s impura*, *z*, *x*, *gn*, *ps* e (più raramente) *pn* (V. *lo*):** *quello stupido*, *quello zero*, *quello sbaglio*. **Sia *quello* che *quella* si elidono sempre davanti a vocale tonica:** *quell'altro*, *quell'ala*; **si possono elidere davanti a vocale atona:** *quell'assemblea* **(ma anche** *quella assemblea***),** *quell'uscita* **(ma anche** *quella uscita***). Al plurale diventa *quei* davanti a consonante:** *quei computer*, *quei programmi*, *quei tipi*; **diven-**

ta però *quegli* (che si elide in *quegl'* molto raramente solo davanti a parola che comincia per *i*: *quegl'idioti*) davanti a vocale oppure a *s impura, z, x, gn, ps* e (più raramente) *pn* (V. *gli*①): *quegli uomini, quegli sciatori, quegli zaini*. La forma femminile plurale *quelle* generalmente non si elide se non in usi lett.: *quelle amicizie, quelle industrie, quelle urla; quell'enormi bestiacce* (D. Bartoli). (V. nota d'uso ELISIONE e TRONCAMENTO) **1** indica persona, animale o cosa lontana, nello spazio o nel tempo, da chi parla (sempre preposto al sost.): *quella bambina vorrebbe giocare con voi; quell'uomo grida troppo; togli quel quadro; allungami quegli arnesi; guarda che strane quelle case!; ah, quelle sere d'estate!* CFR. codesto, questo | in contrapposizione a 'questo': *tra questa vostra meticolosità e quella loro incertezza c'è un abisso* | seguito da un avv., da un agg. o da una prop. rel., che lo rafforza o maggiormente lo determina: *quella casa lì sopra sarà abbattuta; non voglio parlare con quella gente là; abitano in quel palazzo là dietro; vedi quel lago laggiù?; è inutile che vi ripeta quelle cose che già conoscete* | con valore rafforz. seguito da 'tale', 'stesso', 'medesimo': *in quel medesimo istante si aprì la porta; lo vidi quel tal giorno che sai; in quel momento stesso ho capito dove parava* | (*enfat.*) con ellissi di una prop. rel.: *ho avuto una di quelle sorprese...!; s'è preso uno di quegli spaventi...!; e giù di quegli schiaffi...!* | ***ne dice, ne pensa, ne fa di quelle!***, (*ellitt.*) di sciocchezze, di enormità e sim. | ***ne abbiamo viste e sentite di quelle!***, (*ellitt.*) di cose che destano grande stupore o riprovazione | ***in quella***, (*ellitt.*) in tale preciso istante: *in quella arrivò proprio suo padre* | (*lett.*) ***in quella che***, (*ellitt.*) mentre, nel momento in cui: *in quella che s'appresta il sacerdote / a consacrar la mistica vivanda* (G. Giusti) **2** con valore intens. nelle escl., nel comandare qlco. o nel sottolineare alcunché: *spegni quella radio!; hai finito con quell'aspirapolvere?; sono proprio seccanti con quella loro presunzione; guarda quel matto di tuo fratello!; quel briccone me l'ha fatta; quel disordinato di Mario!* **3** indica persona, animale o cosa, di cui si è già trattato o che comunque è già noto a chi ascolta: *quei fatti ebbero gravi conseguenze; non dimenticherò mai quella persona; non potevo certo presentarmi vestito in quel modo; La vista / di quel lontano mar, quei monti azzurri* (G. Leopardi) | ***mandare, andare a quel paese***, (*eufem.*) all'inferno | ***una di quelle***, (*ellitt.*, *eufem.*) una prostituta **4** (*lett.*) si usa per chiamare una persona di cui non si sappia o non si voglia dire il nome: *ehi, quell'uomo!; quella signora! quella signora! una parola, per carità* (A. Manzoni) **B** pron. dimostr. (si tronca al m. sing. in *quel* spec. davanti a 'che' e nell'espressione *in quel di*, nel territorio, nel centro di. Il m. pl. *quei* si usa solo nell'espressione *quei di*, gli abitanti di) **1** indica persona, animale o cosa, lontana, nello spazio o nel tempo, da chi parla: *quella è la mia automobile; q. è mio fratello; quelli sono i miei alunni; il tuo posto è q.; vorrei q. bianco; prendiamo q. là; quelli erano altri tempi!* | indicando con il gesto: *datemi q.; scelgo quelli; prendete q., è migliore* | indica persona, animale o cosa di cui si sta parlando o che comunque è già noto a chi ascolta: *quella è una ottima idea!; q. non mi pare un tipo raccomandabile* | ***quelli del piano di sopra, di sotto e sim.***, i coinquilini del piano di sopra, di sotto e sim. | ***quelli di Torino, Genova e sim.***, i Torinesi, i Genovesi e sim. | ***è tornato q. di ieri***, la persona che era già venuta ieri | ***c'è q. del gas, della luce e sim.***, l'esattore, il controllore, l'operaio del gas, della luce e sim. | (*iron.*) ***buono q.!***, alludendo a persona astuta, non raccomandabile e da cui è meglio guardarsi | ***un litro di q. buono***, di vino buono | in contrapposizione o correlazione con 'questo': *preferisci questo o q.?; questa o quella per me sono uguali; scegli: o questi o quelli!* **2** (*lett.*) con valore correl. indica, fra due persone, animali o cose menzionate, quella nominata per prima: *attendiamo Giovanni e Paolo: questo da Napoli, q. da Catanzaro* | in correlazione con 'questo' con il sign. indef. di 'l'altro': *i frati erano due, questo col cappuccio, q. senza; facevano entrambi la stessa strada ma questo andava a Roma, q. a Napoli; parla sempre dei miei affari con questo e con q.* **3** colui, ciò (seguito dal pron. rel.): *quelli che già lo sapevano sono fuggiti; vedi laggiù? sono quelle che ti dicevo; quand'era in parte altr'uom da quel ch'i' sono* (F. Petrarca); *ho fatto q. che potevo per te; è una situazione dolorosa e, quel che è peggio, senza uscita; quel che è più strano è che nessuno ne sapesse niente; per quel che mi riguarda non faccio obiezioni; q. che è giusto è giusto* | quanto (con valore neutro, seguito dal pron. rel., introduce una prop. comparativa o limitativa): *è finito meglio di quel che credevamo; a quel che vedo sei riuscito nel tuo intento; a quel che pare abbiamo finito; per q. che ne so io, puoi stare tranquillo* **4** nelle loc. ***in quel di, da quel di***, nel territorio, nel centro di: *stanno in quel di Bergamo; vengono da quel di Mantova*

quem, ad ➤ **ad quem**

quèrce ➤ **quercia**

quercéta [1803] **s. f.** ● (*raro*) querceto

quercetina [dal lat. *quĕrcus* 'quercia' ✱ 1871] **s. f.** ● pigmento flavonico giallo contenuto sotto forma di glucoside nella corteccia del quercitrone

quercéto [vc. dotta, lat. *quercētu(m)*, da *quĕrcus* 'quercia' ✱ 1320 ca.] **s. m.** ● bosco di querce | terreno piantato a querce

♦**quèrcia** o (*tosc.*) **quèrce** [lat. *quĕrcea(m)*, agg., f. di *quĕrcus* 'quercia', di orig. indeur. ✱ 1280] **s. f.** (pl. *-ce*, *lett. -cie*, *tosc. -ci*) **1** genere di alberi delle Cupulifere che formano boschi in collina e sui monti, con foglie a margine lobato, fiori pendenti e i cui frutti sono ghiande (*Quercus*) | (*per anton.*) la specie *Quercus robur*, quercia comune, rovere | ***q. gentile***, farnia | ***q. da sughero***, sughera | ***q. dei tintori***, quercitrone | ***q. marina***, alga bruna con fronde piatte presentanti vescicole piene d'aria che servono per il galleggiamento (*Fucus vesiculosus*) | (*fig.*) ***essere una q.***, di persona forte, robusta | ***la Quercia***, (*per anton.*) fino al 2007, i Democratici di sinistra, che avevano nel loro simbolo tale albero **2** il legno della pianta omonima, duro e pesante, impiegato per lavori navali, botti, traversine ferroviarie ‖ **querciòla**, **querciuòla**, dim. (V.) | **querciòlo**, dim. m. (V.) | **quercióne**, accr. m.

quercino [vc. dotta, lat. tardo *quercīnu(m)*, da *quĕrcus* 'quercia' ✱ sec. XIV] **A** agg. ● di quercia | ***muschio q.***, lichene che cresce sulle cortecce di alcuni alberi, usato nella fabbricazione dei profumi **B** s. m. ● piccolo mammifero roditore arboricolo delle Alpi con lunga coda pelosa e muso appuntito (*Eliomis quercinus*)

querciòla o **querciuòla** [sec. XIV] **s. f.** **1** dim. di *quercia* **2** (*bot.*) camedrio

querciòlo o (*lett.*) **querciuòlo** [1353] **s. m.** **1** dim. di *quercia* **2** quercia giovane

quercióso (o -ṣ-) [da *quercia* ✱ 1871] **agg.** ● (*raro*, *lett.*) ricco di querce: *un colle q. di Vignola* (G. Carducci)

quercite [da *quercia* col suff. *-ite*② ✱ 1871] **s. f.** ● zucchero analogo all'inosite contenuto nelle ghiande e nella corteccia di quercia SIN. quercitolo

quercitòlo [comp. di *querc(ia)* e *-itolo* ✱ 1959] **s. m.** ● quercite

quercitrina [da *quercitr(one)* ✱ 1871] **s. f.** ● glucoside della corteccia del quercitrone di cui costituisce il principio colorante

quercitróne [fr. *quercitron*, dall'ingl. *quercitron*, comp. del lat. *quĕrcus* 'quercia' e dell'ingl. *citron* 'cedro' ✱ 1871] **s. m.** ● albero delle Cupulifere originario dell'America settentrionale dalla cui corteccia si ricava un estratto usato nella tintura della lana e della seta (*Quercus tinctoria*) SIN. quercia dei tintori

querciuòla ➤ **querciola**

querciuòlo ➤ **querciolo**

querèla [vc. dotta, lat. *querēla(m)*, da *quĕri* 'lamentarsi', di orig. indeur. ✱ 1342] **s. f.** **1** (*dir.*) atto con cui la persona offesa da un reato non perseguibile d'ufficio lo denuncia all'autorità giudiziaria chiedendo il procedimento penale a carico del colpevole: *sporgere, proporre q. contro qlcu.; ritirare la q.; q. di parte; q. per diffamazione* | ***q. di falso***, nel diritto processuale civile, mezzo per impugnare ed eventualmente rimuovere l'efficacia probatoria di atti pubblici o scritture private idonee a far prova nei processi **2** †lagnanza, protesta: *le querele erano acerbissime contro a lui* (F. Guicciardini) **3** (*lett.*) lamento: *quante querele e lacrime / sparsi* (G. Leopardi) | gracidio prolungato e monotono delle rane: *echeggiano le rane / con la q. sempre ugual* (G. Pascoli)

querelàbile [sec. XX] **agg.** ● (*dir.*) che può essere querelato

querelànte **A** part. pres. di *querelare*; anche agg. ● (*raro*) nei sign. del v. **B** s. m. e f. **1** chi propone o ha proposto querela | ***condanna del q.***, in caso di proscioglimento dell'imputato, alle spese e ai danni **2** (*psicol.*) persona che provoca liti per motivi insignificanti e ricerca ostinatamente una riparazione ai pretesi danni subiti, con scarsa aderenza alla situazione reale

querelàre [lat. tardo *querelāri* 'lamentarsi', da *querēla* ✱ 1476] **A** v. tr. (*io querèlo*) ● (*dir.*) proporre querela contro qlcu.: *querelare per calunnia, per ingiurie* | (*per anton.*) proporre querela per diffamazione **B** **querelàrsi** v. intr. pron. ● (*lett.*) lamentarsi o rammaricarsi di qlco.: *né mi querelo / altro che, invan, contra il destin mio duro!* (I. Pindemonte)

querelàto **A** part. pass. di *querelare*; anche agg. ● nei sign. del v. **B** s. m. (f. *-a*) ● la persona contro cui è stata proposta querela

†**querelatòrio** [av. 1540] **agg.** ● che esprime rammarico o rimprovero: *che scrisse poi nel breve suo q. a Cesare* (F. Guicciardini)

querelle /fr. kəˈrɛl/ [vc. fr., dal lat. *querēla* 'querela' (V.) ✱ 1935] **s. f. inv.** ● disputa, dibattito, spesso protratto nel tempo, su problemi culturali, politici e sim.: *una garbata q.; l'amorosa q.*

†**querelóso** ➤ †**queruloso**

querènte [vc. dotta, lat. *quaerĕnte(m)*, part. pres. di *quaĕrere* 'chiedere' (V.) ✱ 1321] **agg. e s. m.** ● (*lett.*) che (o chi) chiede qlco.

querimònia [vc. dotta, lat. *querimōnia(m)*, da *quĕri* 'lamentarsi' (V. *querela*) ✱ 1313] **s. f.** **1** (*lett.*) lamentela, spec. per un danno o torto ricevuto: *dopo molte querimonie piangendo gli disse ...* (G. Boccaccio) **2** (*dir.*) †reclamo **3** (*raro*, *lett.*) verso lamentoso di animali

querimonióso (o -ṣ-) [vc. dotta, lat. tardo *querimoniōsu(m)*, da *querimōnia(m)* 'querimonia' ✱ av. 1589] **agg.** ● (*lett.*) lamentevole, lagnoso: *persona querimoniosa* | lamentoso, querulo: *tono q.; supplica querimoniosa* ‖ **querimoniosaménte**, avv. in modo o con tono querimonioso

♣**quèrulo** [vc. dotta, lat. *quĕrulu(m)*, da *quĕri*

'lamentarsi' (V. *querela*) ✻ 1342] **agg.** **1** (*lett.*) di tono lamentoso: *voci querule; querule richieste* | (*lett.*) che risuona di lamenti: *i queruli ricinti* (G. Parini) **2** (*lett.*) che si lamenta spesso: *un vecchio q.* ‖ **querulaménte**, **avv.**

querulomanìa [comp. del lat. *quĕrulu(m)* 'che si lamenta' e *-mania* ✻ 1914] **s. f.** ● (*psicol.*) impulso ossessivo a lamentarsi, prodotto dalla convinzione di avere subìto un danno

†**querulóso** (o -ṣ-) o †**querelóso** [vc. dotta, lat. tardo *querulōsu(m)*, da *quĕrulus* 'querulo' ✻ av. 1342] **agg.** **1** lamentevole, dolente **2** che reclama

quéry /ˈkweri, *ingl.* ˈkwɪərɪ/ [vc. ingl., dall'imperat. lat. *quaere* 'chiedi' ✻ 1971] **s. f. inv.** (**pl. ingl.** *queries*) ● (*inform.*) interrogazione

†**queṣìre** [lat. *quaesere*, intens. di *quaerere* 'chiedere' ✻ av. 1500] **v. tr.** ● domandare, chiedere

queṣìto① o †**quiṣìto** [vc. dotta, lat. *quaesītu(m)* 'ricerca, investigazione', da *quaesītus*, part. pass. di *quaerere* 'chiedere' ✻ 1484 ca.] **s. m.** **1** interrogativo, problema, questione: *un q. di fisica; proporre un difficile q.; non so come rispondere ai vostri quesiti; per risolvere il q. ci bisogna in altra maniera procedere* (G. Galilei) **2** (*dir.*) questione, oggetto della controversia, di cui si tratta in giudizio: *quesiti proposti dalle parti all'autorità giudiziaria* **3** †supplica, richiesta

queṣìto② **part. pass.** di †*quesire*; anche **agg.** ● (*dir.*) ***diritti quesiti***, diritti già maturati da un soggetto ed entrati a far parte del suo patrimonio giuridico

†**quèsta** ➤ **questua**

quèsti [lat. parl. **(ĕc)cu(m) ĭsti* 'ecco questo' ✻ sec. XIII] **pron. dimostr. m. solo sing.** **1** (*lett.*) questa persona (spec. come soggetto, raro come complemento): *q. in sua prima età fu dato all'arte / di vender parolette* (F. Petrarca) | la seconda nominata, di due persone di cui si fa menzione (in correlazione con 'quello' o **lett.** 'quegli'): *ieri sono giunti alla villa Giovanni e Paolo, q. era atteso, quello no* **2** (*raro, lett.*) questo animale o cosa: *la vista che m'apparve d'un leone. / Questi parea che contra me venisse* (Dante *Inf.* I, 45-46)

questionàbile [da *questionare* ✻ 1745] **agg.** ● (*raro*) dubbio e discutibile

questionànte o (*raro, lett.*) **quistionànte** **A** **part. pres.** di *questionare*; anche **agg.** ● (*raro*) nei sign. del v. **B** **s. m. e f.** ● (*lett.*) chi questiona

questionàre o (*lett.*) **quistionàre** [da *questione* ✻ 1261 ca.] **v. intr.** (*io questióno*; aus. *avere*) **1** discutere, disputare: *q. di politica* | †***q. in giudizio***, discutere o sollevare obiezioni in giudizio **2** venire a diverbio, litigare: *q. con qlcu. su qlco.; ben pasciuti, e ben avvinazzati cominciano a quistionare* (F. Sacchetti)

questionàrio [da *questione*, sul modello del fr. *questionnaire* ✻ 1882] **s. m.** ● prospetto di domande o quesiti su un dato argomento, formulati allo scopo di valutare dei candidati, per raccogliere informazioni o effettuare varie inchieste: *preparare un q.* | (*est.*) il foglio su cui sono scritte le domande: *richiedere il q.; compilare il q.* | ***q. di Proust***, serie di domande poste a una persona con l'intento di fare emergere tratti del suo carattere, convinzioni, gusti, ecc., come gioco di società o intervista giornalistica, così detto perché vi si sottopose lo scrittore francese Marcel Proust (1871-1922)

questionatóre o (*raro, lett.*) **quistionatóre** [1338 ca.] **s. m.** (**f.** *-trice*) ● (*raro*) chi questiona, disputa con facilità

♦**questióne** o (*lett.*) **quistióne** [vc. dotta, lat. *quaestiōne(m)*, da *quaerere* 'cercare' (V. *chiedere*) ✻ 1261 ca.] **s. f.** **1** (*lett.*) domanda: *più cauta diverrete nella risposta alle quistioni che fatte vi fossero* (G. Boccaccio) **2** problema, argomento: *proporre, affrontare, risolvere una q.; si tratta di una q. essenzialmente tecnica; una q. preliminare; prospettare una q. giuridica, filologica; ignoro i termini della q.; la vostra risposta lascia impregiudicata la q.* | ***è q. di***, si tratta di: *è solo q. di tempo; è q. di vita o di morte; Tutto è quistione di nomi* (G. Leopardi) | (*raro*) dubbio, discussione: *mettere qlco. in q.; non è il caso di porre in q. il risultato dell'indagine* **3** controversia, disputa: *sono impegnati in una difficile, grave q. di procedura; è sorta una q. su questo argomento* | ***essere in q.***, essere discusso, essere messo in dubbio: *non è in q. la tua buona fede* | ***essere fuori q.***, non essere messo in dubbio: *la sua onestà è fuori q.* | ***il caso in q.***, di cui si discute | ***esaurire la q.***, concludere la disputa | ***comporre la q.***, risolverla eliminando i motivi di contrasto | ***il nodo della q.***, il suo punto centrale e cruciale | ***q. pendente***, aperta, in atto | (*fig.*) ***q. di lana caprina***, inutile | (*fig.*) ***q. bizantina***, cavillo | (*polit.*) ***q. di fiducia***, V. *fiducia*, sign. 3 **4** litigio, diverbio: *venire a q. con qlcu.; ha avuto una q. con lui* | ***non c'è q.***, siamo d'accordo | (*est.*) causa, lite: *una q. relativa ad un contratto; sono in q. per l'eredità* **5** (*raro*) obiezione, opposizione: *vi conviene non fare, non sollevare questioni* **6** problema culturale, politico o sociale di ampio rilievo, a lungo dibattuto: *la q. della lingua; la q. femminile; la q. meridionale* | ***q. morale***, relativa alla moralità nella vita pubblica **7** †inquisizione | tortura ‖ **questioncèlla**, **dim.** | **questioncìna**, **dim.**

†**questioneggiàre** [sec. XIII] **v. intr.** ● questionare spesso

†**questionévole** [sec. XIII] **agg.** **1** litigioso **2** controverso, dibattuto

quèstion time /ˈkwɛstjon taim, *ingl.* ˈkwɛstʃən,taɪm/ [loc. ingl., propr. 'periodo' (*time*) delle 'domande' (*question*) ✻ 1984] **loc. sost. m. inv.** (**pl. ingl. inv.**) ● nel Parlamento, il tempo dedicato da un rappresentante del governo a fornire risposta immediata a una serie di domande poste dai membri dell'assemblea

♦**quésto** [lat. parl. **(ĕc)cu(m) ĭstu(m)* 'ecco questo' ✻ 1186] **A** **agg. dimostr.** **1** indica persona, animale o cosa vicina, nello spazio o nel tempo, a chi parla (precede sempre il sost.): *queste persone desiderano parlare con il direttore; q. bambino cresce molto in fretta; q. cavallo ha vinto molte corse; questa finestra non chiude bene; questa sera resterò a casa* CFR. codesto, quello | con valore correl. in contrapposizione con 'quello' o con 'altro': *questa sera o quell'altra per me è lo stesso; devo scegliere fra una semplice ipotesi e questa concreta possibilità; q. vino è migliore dell'altro* | ***in q. mondo e nell'altro***, (*fig.*) in vita e dopo la morte | rafforzato o maggiormente determinato da un avv., da un agg. o da una prop. rel.: *guarda quest'uomo qui; metti q. vestito grigio; questa notizia che ho avuto ora mi allieta* | con valore rafforz. seguito da 'tale', 'stesso', 'medesimo': *queste stesse cose potrebbero accadere a te; in q. momento stesso in cui ti parlo, stanno decidendo tutto* | (*enfat.*) sostituisce l'agg. poss. 'mio': *l'ho visto con questi occhi; con queste braccia, da solo, mi sono creato una posizione; l'ho sentito con queste orecchie* | ***questa mattina, questa sera***, nella mattina, nella sera di oggi | ***quest'anno, q. mese***, nell'anno, nel mese in corso | ***quest'altr'anno***, l'anno prossimo | ***questa notte***, nella notte passata o in quella prossima | ***uno di questi giorni***, fra qualche giorno: *ci vedremo uno di questi giorni* | ***q. lunedì, q. martedì*** e sim., lunedì, martedì prossimo: *ho fissato l'appuntamento per q. giovedì* | ***quest'oggi***, oggi stesso: *lo farò quest'oggi* | (*lett.*) ***in q. mentre, in q. frattempo***, frattanto **2** indica persona, animale, cosa di cui si è trattato poco prima o di cui si tratterà poco dopo: *queste vicende lo hanno molto colpito; non posso che darvi q. consiglio; q. nostro aiutante era veramente bravo; queste sue osservazioni mi sembrano giuste; su q. punto non si discute; questa orrenda novella vi dò* (A. Manzoni) | ***quest'ultimo***, l'ultimo nominato: *c'erano Carlo, Luigi e Michele, quest'ultimo con la fidanzata* **3** simile, di tale genere: *non voglio più sentire di queste storie; con q. caldo non si resiste; non vorrai uscire con questa pioggia!; questi benedetti ragazzi!* | ***di questi tempi***, coi tempi che corrono **B** **pron. dimostr.** **1** indica persona, animale, o cosa vicina, nello spazio o nel tempo, a chi parla: *q. è mio cugino; questa è la mia villa; il tuo posto è q.; q. è un nostro caro amico; questi sono tempi difficili* | indicando con il gesto: *prendo q. qui; vorrei due dozzine di queste; datemi q. e q.* | contrapposto o correlativo a 'quello': *lo racconterà certo a q. e a quello; preferisci q. o quello?* **2** indica persona, animale o cosa di cui si sta parlando: *q. rispose che non ne sapeva niente; e allora questa, che era furba, se ne stette zitta; questa sì che è un'idea!* | ***prendi q.!***, questo schiaffo o pugno | (*lett.*) ***in q., in questa***, in quel mentre, frattanto: *In questa arrivò la Nunziata* (G. Verga) | †***in q. che***, mentre: *in q. che egli così si rodeva, e Biondel venne* (G. Boccaccio) | in alcune espressioni di meraviglia, stupore, disappunto, sdegno, fa riferimento a qlco. di inaspettato, di bizzarro o di sgradito e sim.: *questa è veramente bella!; questa mi giunge proprio nuova!; questa poi...!; questa poi è grossa!; sentite questa: vuole sposarsi!; questa non la passi liscia; ci mancherebbe anche questa!* **3** in contrapposizione o correlazione con 'quello': *scegli q. o quello?; questa o quella, per me fa lo stesso; decidi, o questi o quelli!* | (*lett.*) con valore correl. indica, fra due persone, animali o cose menzionate, quella nominata per seconda: *aspettiamo Carlo e Paolo: q. da Venezia, quello da Bari* | in correlazione con 'quello' con il sign. indef. di 'l'uno, l'altro': *in classe non c'è mai un momento di tranquillità: q. parla, quello si alza, q. chiede d'uscire, quello infastidisce il compagno* **4** ciò, la cosa di cui si parla (con valore neutro): *q. non devi dirlo; q. non mi convince; dirai q. e q.; non dico q.; q. è quanto ho potuto sapere; q. è tutto; da q. si deduce che la sua salute va migliorando; per q. non sono venuto; q. mai e poi mai; q. no!; per q. ho rinviato il viaggio; q. sì!* | ***e con q. ho finito, vi saluto***, concludo, non ho altro da aggiungere | ***con tutto q.***, nonostante ciò: *con tutto q. pensa che possiamo ancora credergli* | ***e con q.?***, e allora?, cosa vorresti dire? | ***a q. siamo arrivati!***, a tale punto, a tale situazione

questóre [vc. dotta, lat. *quaestōre(m)*, da *quaerere* 'ricercare' (V. *chiedere*) ✻ av. 1367] **s. m.** (**f.** *-a* **nei sign. 2 e 3; V. nota d'uso FEMMINILE**) **1** nel diritto romano, magistrato minore con competenze e funzioni stabilite di volta in volta dal senato all'inizio della carica **2** pubblico funzionario che fa parte dell'amministrazione dell'Interno, preposto ai servizi di polizia nelle città capoluogo di provincia, alle dipendenze del prefetto **3** membro del Parlamento incaricato di coadiuvare il presidente nel mantenimento dell'ordine durante le sedute assembleari e di occuparsi dei problemi di buon funzionamento interno e di cerimoniale dell'organo parlamentare

questòrio [vc. dotta, lat. *quaestōriu(m)*, da

quaestōre(m) 'questore' ✻ 1694] **A agg. (pl. m. -i o raro -ii)** ● (*stor.*) relativo all'antico questore romano o alla sua carica: *provincia questoria* **B s. m.** ● nell'accampamento romano, tenda riservata al questore

quèstua o †**quèsta** [da *questuare* ✻ av. 1547] **s. f.** ● richiesta e raccolta di elemosina o di offerte od oblazioni: *fare una q.*; *andare alla q.* | (*est.*) accatto: *proibire la q.*

questuànte A part. pres. di *questuare*; anche **agg.** ● nei sign. del v. **B s. m. e f.** ● chi questua: *fare un'offerta a un q.*

questuàre [dal lat. *quaestus* 'ricerca, guadagno, lucro', da *quaerere* 'cercare' (V. *chiedere*) ✻ av. 1540] **A v. intr.** (*io quèstuo, noi questuiàmo*; aus. *avere*) ● fare la questua **B v. tr.** ● elemosinare (*spec. fig.*): *q. favori, appoggi, raccomandazioni*

questùra [vc. dotta, lat. *quaestūra(m)*, da *quaestor*, genit. *quaestōris* 'questore' ✻ 1483] **s. f.** **1** nel diritto romano, ufficio del questore **2** organo amministrativo periferico del ministero dell'Interno presso ogni capoluogo di provincia, costituito dal questore e dai suoi dipendenti; (*est.*) la sede in cui gli stessi esplicano normalmente la loro funzione: *funzionario di q.*; *provvedimento della q.*; *recarsi in q.* **3** ufficio, carica del questore parlamentare

questurìno [1864] **s. m.** (f. *-a*) ● (*pop.*) agente della questura **SIN.** poliziotto

quetànza ➤ **quietanza**

quetàre ➤ **quietare**

quèto ➤ **quieto**

quetzal /sp. ket'θal, -sal/ [sp. d'America, dall'azteco *quetzalli*, propr. 'splendenti penne della coda' ✻ 1875] **s. m. inv.** (**pl. sp.** *quetzales*) **1** unità monetaria del Guatemala **2** uccello tropicale dei Trogoniformi, arboricolo, con becco corto e robusto, lunga coda e piumaggio variopinto (*Pharomacrus mocinno*)

♦**qui** /kwi*/ o †**quie** [lat. *ĕcc(um) hīc* 'ecco qui' ✻ 960] **avv.** **1** in questo luogo, in questo posto (con v. di stato e di moto, si riferisce al luogo vicino a chi parla o in cui si trova chi parla o comunque comunica, ed ha valore più determinato di 'qua'): *sono qui*; *è da un'ora che è qui ad aspettarti*; *io abito qui*; *appoggiati qui*; *aspettami qui*; *vieni qui*; *abito qui a due passi*; *qui vivo benissimo*; *quelli che muoion ne l'ira di Dio / tutti convegnon qui d'ogne paese* (DANTE *Inf.* III, 122-123) | in questo punto, in questa parte del corpo (indicando con il gesto): *sento male qui*; *ho un forte dolore qui*; *mi fa male qui* | con valore correl. contrapposto a 'lì' o 'là' con valore locativo più o meno indeterminato: *mettine uno qui e uno lì*; *sta ora qui ora là*; *leggi da qui a lì* | con valore rafforz. seguito da altri avv. di luogo, dà loro maggiore determinatezza: *vieni qui dentro*; *sto qui fuori*; *fatti qui vicino*; *sta qui dirimpetto*; *qui dietro c'è un bar*; *qui intorno ci sono molti alberi*; *mettiti qui sotto*; *sali qui sopra* | ***fin qui***, fino a questo luogo; (*fig.*) fino a questo punto **2** (*pleonast.*) con valore enfat. o rafforz. in espressioni di esortazione, comando, sdegno e sim.: *date qui!*; *tieni qui!*; *prendete qui!*; *guarda qui cosa hai combinato!*; *eccoci qui!* | (*pleonast.*) con valore rafforz. preceduto da 'questo': *aiutami a sollevare questa cassa qui*; *chi sarebbe questo qui?*; *questa qui è proprio grossa!*; *in questo momento qui non è possibile* | in correl. con 'là' per indicare ripetizione insistente: *corri qui e corri là, devo sempre correre io*; *dice che non sta bene e qui e là* **3** in questo momento; a questo punto; su questo punto: *qui finisce la mia storia*; *e qui è finita la nostra avventura*; *qui comincio a non capire più bene*; *qui comincia il bello*; *qui mi pare che abbiano ragione loro*; *qui si esagera!* | ***qui lo dico e qui lo nego***, espressione che precede o segue un'affermazione di cui non ci si vuole assumere la responsabilità | minacciando: *non finisce, non finirà qui!* | con riferimento a una particolare difficoltà in un'azione o in un ragionamento: *qui ti volevo!*; *qui ti voglio!* | (*fig.*) in questa situazione, in questo frangente: *qui occorre avere pazienza*; *qui ci vuole molta calma*; *qui bisogna tenere gli occhi e le orecchie bene aperte* **4** nelle loc. avv. ***da, di qui***, da questo luogo (indica moto a o da o attraverso luogo o stato in luogo (*anche fig.*)): *muoviti da qui*; *spostati di qui*; *da qui alla piazza non c'è molta distanza*; *da qui si vede un bel panorama*; *di qui non si passa*; *di qui in giù la strada è tutta curve*; *da qui occorre partire per trovare un compromesso* | ***è di qui***, è originario, nativo di questo luogo | ***per (di) qui***, per questo luogo, da questa parte: *dobbiamo passare proprio per di qui?*; *venite per di qui* | ***da qui a lì***, da un posto a un altro: *spostati da qui a lì*; a breve distanza, vicino: *si trattava di andare solo da qui a lì* | (*fig.*) ***un sorriso da qui a lì***, un gran sorriso | ***di qui in avanti***, da ora in poi (con valore temp.): *di qui in avanti non tollererò più nessun ritardo* | ***di qui a una settimana, a un mese, a un anno, a pochi minuti, a poco***, e sim., tra una settimana, un mese, un anno, pochi minuti, e sim. | ***di qui a domani***, nello spazio di tempo che corre fra oggi e domani: *di qui a domani prenderò la mia decisione* (V. nota d'uso ACCENTO)

quìa [dal lat. della scolastica *quĭa* 'che', prob. antico nt. pl. di *quĭs*, *quĭd* (V. *quid*) ✻ 1294] **s. m. inv.** ● (*lett.*) argomento principale, punto fondamentale: *venire, tornare al q.* | ***stare al q.***, stare ai fatti, all'argomento | †il fatto, l'esistenza, distinti dalla causa, dall'essenza: *State contenti, umana gente, al q.* (DANTE *Purg.* III, 37)

quiche /fr. kiʃ/ [vc. fr., dal ted. dial. *küche*, dim. di *Kuchen* 'torta' ✻ 1989] **s. f. inv.** ● (*cucina*) torta salata, specialità della Lorena, a base di pasta sfoglia con ripieno di uova, pancetta affumicata e panna

†**quìci** [lat. parl. **(ĕc)cu(m) hīce* 'ecco qui' ✻ 1319] **avv.** ● (*raro*) qui: *Illuminato e Augustin son q.* (DANTE *Par.* XII, 130)

quid [lat. 'che cosa?', nt. di *quĭs* 'chi' ✻ 1618] **s. m. inv.** ● indica qualche cosa di indeterminato, di indefinibile: *nel suo fare c'è un q. che non convince* | (*est.*, *colloq.*) somma imprecisata di denaro: *pretendeva un q. per le sue prestazioni*

quidam [vc. lat., 'un tale, qualcuno' ✻ 1766] **s. m. inv.** ● (*raro*) un tale, un uomo qualsiasi: *poi lo pianta per un 'q.'... che ha dinanzi un bell'avvenire* (G. CARDUCCI)

quiddità [dal lat. *quĭd* (V.) ✻ 1321] **s. f. inv.** ● nella filosofia medievale, l'essere, la sostanza di una cosa

quidditatìvo [1691] **agg.** ● (*filos.*) relativo alla quiddità

quidsìmile ➤ **quissimile**

†**quìe** ➤ **qui**

quiescènte [vc. dotta, lat. *quiescĕnte(m)*, part. pres. di *quiēscere* ✻ av. 1332] **agg.** ● che è in stato di riposo o d'inerzia: *vulcano q.* | (*lett.*) immobile: *un corpo qualunque q.* (G. LEOPARDI) | (*ling.*) ***lettera q.***, nella descrizione dell'ebraico, lettera che si pronuncia solo se accompagnata da un segno diacritico vocalico

quiescènza [vc. dotta, lat. tardo *quiescĕntia(m)*, da *quiēscens*, genit. *quiescĕntis* 'quiescente' ✻ av. 1455] **s. f.** **1** (*lett.*) stato di riposo o di inerzia: *È di ieri... questo mio stato di q.* (I. SVEVO) **2** condizione di dipendente collocato a riposo | ***porre in q.***, di impiegati e sim., mettere in pensione | ***trattamento di q.***, la corresponsione della liquidazione e della pensione **3** (*dir.*) situazione transitoria durante la quale un diritto soggettivo non può essere esercitato da chi ne rimane tuttavia titolare o un rapporto giuridico pur senza estinguersi non ha effetto per il temporaneo venir meno di taluno dei suoi elementi: *q. dei diritti*; *q. del processo* **4** fase più o meno prolungata di sospensione dell'attività vulcanica fra due eruzioni

†**quièscere** [vc. dotta, lat. *quiēscere*, da *quies*, genit. *quiētis* 'quiete' ✻ sec. XIII] **A v. intr.** ● riposare, trovare quiete **B** †**quièscersi v. intr. pron.** ● quietarsi, placarsi

†**quièta** ➤ **quiete**

quietànza o **quetànza**, †**quitànza** [fr. *quittance* (da *quitter* 'liberare da una obbligazione', dal lat. mediev. *quitāre* per il lat. tardo *quietāre*), rifatto su *quieto* ✻ 1269] **s. f.** ● dichiarazione del creditore di aver ricevuto il pagamento | documento contenente tale dichiarazione

quietanzàre [da *quietanza*, sul modello del fr. *quittancer* ✻ 1812] **v. tr.** ● firmare una ricevuta di pagamento

quietàre o (*lett.*) **quetàre**, †**quitàre** [vc. dotta, lat. tardo *quietāre*, da *quies*, genit. *quiētis* 'quiete' ✻ av. 1292] **A v. tr.** (*io quièto*) **1** rendere calmo e tranquillo, ricondurre alla quiete: *q. gli animali imbizzarriti*; *q. un bambino irrequieto* **SIN.** calmare, sedare | (*lett.*) rallentare: *queta il passo ove la steppa è verde* (G. PASCOLI) **2** (*fig.*) appagare, contentare: *q. un desiderio* | ***q. i creditori***, pagarli **B quietàrsi v. intr. pron.** **1** tornare alla calma, a uno stato di quiete: *il tumulto si quietò* | calmarsi, tornare tranquillo, detto di persona: *quietati, che ora ce ne torniamo a casa!*; *Queta'mi allor per non farli più tristi* (DANTE *Inf.* XXXIII, 64) | (*fig.*, *lett.*) appagarsi: *Nel vero in che si queta ogne intelletto* (DANTE *Par.* XXVIII, 108) **2** cessare: *la tempesta si quietò*; *nel suo animo l'ira, il dolore e l'umiliazione non si quietavano*

quietàto part. pass. di *quietare*; anche **agg.** ● nei sign. del v.

†**quietazióne** o †**quitazióne** [vc. dotta, lat. tardo *quietatiōne(m)*, da *quietāre* ✻ av. 1328] **s. f.** **1** quiete, calma **2** quietanza

♣**quiète** o †**quièta** [vc. dotta, lat. *quiēte(m)*, di orig. indeur. ✻ av. 1306] **s. f.** **1** stato di tranquillità esterna, non turbata da alcuna agitazione o da da rumori: *sovrumani / silenzi, e profondissima quïete / io nel pensier mi fingo* (G. LEOPARDI) **2** riposo, requie: *non avere, non trovare q.*; *godere un poco di q.* | calma, tranquillità interiore, serenità, pace: *amare la q. della famiglia, della propria casa* **3** (*lett.*) sonno eterno, riposo della morte: *forse perché della fatal quïete / tu sei l'imago, a me sì cara vieni* (U. FOSCOLO) **4** (*fis.*) assenza o cessazione di moto per un corpo o un fenomeno fisico: *qualsivoglia corpo costituito in q.* (G. GALILEI)

> **SFUMATURE DI SIGNIFICATO**
>
> ***quiete - pace***
>
> Una situazione esterna di tranquillità, assenza di rumori e di elementi di disturbo di qualsiasi tipo si definisce **quiete**. **Pace** è termine dal significato molto più ampio: contiene il significato di *quiete*, ma descrive anche uno stato interiore di serenità e armonia, oltre alla condizione di assenza di conflitti tra popoli o di individui fra loro.

quietézza [1615] **s. f.** ● (*lett.*) condizione di quiete, di serenità

quietìsmo [fr. *quiétisme*, da *quiet* 'quieto' ✻ 1698] **s. m.** **1** nella storia della spiritualità cattolica, dottrina dello spagnolo Miguel de Molinos (XVII sec.), condannata dalla Chiesa, che nel rapporto religioso riteneva la contemplazione mistica e le predisposizioni dell'anima assolutamente preminenti sugli atti di culto esteriore **2** (*est.*) apatia, amore del quieto vivere: *il suo q. è esasperante*

quietìsta [fr. *quiétiste*, da *quiet* 'quiete' ✱ 1681] **A** **s. m. e f.** (**pl. m.** *-i*) **1** seguace del quietismo **2** (*est.*) persona apatica, che ama il quieto vivere **B** **agg.** ● quietistico

quietìstico [1907] **agg.** (**pl. m.** *-ci*) **1** del quietismo: *dottrina quietistica* **2** da quietista: *atteggiamento, comportamento q.*

✱**quièto** o (*lett.*) **quèto** [vc. dotta, lat. *quiētu(m)*, da *quĭes*, genit. *quiētis* 'quiete' ✱ 1261 ca.] **agg.** **1** calmo, fermo, immobile: *mare q.*; *aria tiepida e quieta* **2** privo di rumore, disordine o agitazione, pieno di tranquillità, di silenzio: *una quieta cittadina di provincia*; *una quieta notte di fine estate*; *trascorrere giornate quiete e serene*; *il malato ha trascorso una notte quieta* **SIN.** calmo, tranquillo **3** (*fig.*) tranquillo: *cerca di stare un po' q.*; *quel bambino non è mai q.* | calmo, mite, pacifico: *un uomo q.*; *avere un carattere q.*; *amare la vita quieta* | ***il q. vivere***, vita priva di rischi, di contrasti e preoccupazioni: *amare, cercare il q. vivere*; *un sistema di q. vivere, ch'era costato tant'anni di studio e di pazienza* (A. MANZONI) ‖ **quietaménte**, **avv.**

quietùdine [da *quieto*, sul modello di *irrequietudine* ✱ 1306] **s. f.** ● (*lett.*) quiete: *una q. d'amore le discendeva su lo spirto* (G. D'ANNUNZIO)

quillàia [vc. araucana ✱ 1782] **s. f.** ● albero sempreverde delle Rosacee dell'America meridionale dalla corteccia ricca di saponina (*Quillaia saponaria*)

quinàle [dal lat. *quīni* 'a cinque a cinque', da *quīnque* 'cinque' sul modello di *quarnale*, *senale* ✱ 1314] **s. m.** ● (*mar.*, *disus.*) canapo costituito da cinque legnoli, ordito in un paranco di cinque fila | paranco ordito con questo canapo

†**quinamónte** o †**quinamónti** [da *quine a monte* ✱ 1473] **avv.** ● (*tosc.*) lassù, in alto: *I' sono stato (…) / a Grieve e q. a Decomano* (L. DE' MEDICI)

quinàrio [vc. dotta, lat. *quināriu(m)*, da *quīni* 'a cinque a cinque' (V. *quinale*) ✱ av. 1328] **A** **s. m.** **1** moneta d'argento della Roma repubblicana del valore di 5 o 8 assi, pari a mezzo denaro | ***q. aureo***, uguale a mezzo aureo **2** nella metrica italiana, verso la cui ultima sillaba accentata è la quarta; è composto di cinque sillabe se termina con parola piana: *senti nel cuore…* (G. PASCOLI) (V. nota d'uso ACCENTO) **B** **anche agg.**: *verso q.* | (*mat.*) ***sistema q., numerazione quinaria***, che ha per base il numero cinque

†**quinavàlle** [da *quine a valle* ✱ sec. XIV] **avv.** ● (*tosc.*) qui giù, in basso

†**quincéntro** o †**quinc'éntro**, †**quìnci éntro** [comp. di *quinci* ed *entro* ✱ 1313] **avv.** ● qui dentro: *dinne s'alcun Latino è tra costoro / che son quinc'entro* (DANTE *Inf.* XXIX, 88-89)

quìnci [lat. parl. **(ĕc)cu(m) hĭnce* 'ecco di qui' ✱ 1261 ca.] **A** **avv.** **1** †da questo luogo (come compl. di moto da luogo e di moto attraverso luogo): *q. non passa mai anima buona* (DANTE *Inf.* III, 127); *se io q. esco vivo* (G. BOCCACCIO) **2** †poi (con valore temp.): *q. rivolse in ver' lo cielo il viso* (DANTE *Par.* I, 142) | ***da q. innanzi***, d'ora in poi: *a qualunque della proposta novella da q. innanzi novellerò* (G. BOCCACCIO) | ***da q. addietro***, finora: *poco impaccio m'ha dato da q. addietro* (F. SACCHETTI) **3** (*fig.*) †da ciò, in seguito a ciò: *q. si può veder come si fonda / l'essere beato ne l'atto che vede* (DANTE *Par.* XXVIII, 109-110) **4** (*lett.*) di qua, da una parte (in correl. con 'quindi'): *un fiato / di vento, ch'or vien q. e or vien quindi* (DANTE *Purg.* XI, 100-101); *q. spunta per l'aria un vessillo, / quindi un altro s'avanza spiegato* (A. MANZONI) **B** **in funzione di s. m. inv.** ● (*lett.*, *scherz.*) solo nelle loc. ***parlare in q. e quindi***, ***stare sul q. e sul quindi***, parlare o comportarsi con affettazione e sussiego

†**quìnci éntro** ➤ †**quincentro**

†**quinciòltre** [comp. di *quinci* e *oltre* ✱ sec. XIV] **avv.** ● più avanti, più oltre | qui intorno

quincónce o **quincùnce** [lat. *quincŭnce(m)*, comp. di *quīnque* 'cinque' e *ŭncia* 'oncia' ✱ av. 1597] **s. f. o m. inv.** **1** moneta di bronzo dell'Italia antica del valore di 5 once e contrassegnata da 5 globetti disposti come i 5 punti sui dadi **2** disposizione degli alberi messi a dimora ai vertici di una serie di triangoli isosceli tracciati idealmente sul terreno: *piantagione a q.*

quinconciàle [vc. dotta, lat. *quincunciāle(m)*, da *quīncunx*, genit. *quincŭncis* 'quinconce' ✱ av. 1597] **agg.** ● a forma di quinconce

quincùnce ➤ **quinconce**

quindecemviràle o **quindecenviràle** [vc. dotta, lat. *quindecimvirāle(m)*, da *quindecĭmviri* 'quindecemviri' ✱ 1871] **agg.** ● dei quindecemviri

quindecemviràto o **quindecenviràto** [vc. dotta, lat. tardo *quindecimvirātu(m)*, da *quindecĭmviri* 'quindecemviri' ✱ 1871] **s. m.** ● carica, ufficio dei quindecemviri

quindecèmviro o **quindecènviro** [vc. dotta, lat. *quindecimvĭru(m)* comp., tratto dal pl., di *quīndecim* 'quindici' e *vĭr*, genit. *vĭri* 'uomo' (in opposizione a 'donna'), con altre corrispondenze indeur.: da *vīs* 'forza' (?) ✱ 1769] **s. m.** ● nell'antica Roma, membro del collegio di quindici sacerdoti addetti alla consultazione dei libri sibillini

quindecènviro e deriv. ➤ **quindecemviro** e deriv.

quindècimo [vc. dotta, lat. tardo *quinděcimu(m)*, comp. di *quīntus* 'quinto' e *děcimus* 'decimo' ✱ 1320] **agg. num. ord.; anche s. m.** ● (*lett.*) quindicesimo: *dopo il dì q. si pose / fine alle feste* (G. BOCCACCIO) **SIN.** (*lett.*) decimoquinto

†**quindènnio** [dal lat. *quinděni* 'quindici per volta', sul modello di *decennio* ✱ 1615] **s. m.** **1** (*raro*) quindicennio **2** (*stor.*) tassa ecclesiastica sui benefici

♦**quìndi** [lat. parl. **(ĕc)cu(m) ĭnde* 'ecco di là' ✱ av. 1257] **A** **avv.** **1** in seguito, poi: *gli scrissi varie lettere, q. mi recai personalmente da lui*; *lo feci avvertire da altre persone, q. intervenni io direttamente*; *andate dritti fino in fondo, q. voltate a destra* **2** (*lett.*) †di qui, di lì (come compl. di moto da luogo): *q. andarono i due cavalieri in Inghilterra* (G. BOCCACCIO) | †di qui (come compl. di origine): *q. fu' io* (DANTE *Purg.* V, 73) | †stando in quel luogo (come compl. di stato in luogo): *q. giù nel fosso / vidi gente attuffata in uno sterco* (DANTE *Inf.* XVIII, 112-113) | †***quind'oltre***, di qui intorno **3** (*lett.*) †per quel luogo (come compl. di moto attraverso luogo): *E q. uscimmo a riveder le stelle* (DANTE *Inf.* XXXIV, 139); *da un suo luogo tornando passò q. un gentile uomo* (G. BOCCACCIO) | †anche nella loc. avv. ***per q.***: *a chi andava e veniva per q.* (G. BOCCACCIO) **4** (*lett.*) †da ora, da allora (con valore temporale) | ***q. a pochi dì***, a distanza di pochi giorni, dopo qualche giorno | (***da***) ***q. innanzi***, da ora, da allora in poi: *il che da q. innanzi ciascun fece* (G. BOCCACCIO) **5** (*lett.*) di là, dall'altra parte (in correl. con 'quinci'): *or quinci or q. mi volgea guardando* (F. PETRARCA); *e quinci il mar da lungi e q. il monte* (G. LEOPARDI) **B** **cong.** **1** di conseguenza (con valore conclusivo): *hai sbagliato, q. pagherai* | (*assol.*) sollecitando una risposta, una conclusione e sim.: *q.?, cosa farai?*; *hai già provato più volte, q.?* **2** per tale motivo, perciò, a causa di ciò: (introduce una prop. conclusiva con il v. all'indic.): *non conosco bene i fatti, q. non posso esprimere un giudizio sicuro*; *q. Cocito tutto s'aggelava* (DANTE *Inf.* XXXIV, 52) **C** **in funzione di s. m. inv.** ● (*lett.*, *scherz.*) solo nelle loc. ***parlare in quinci e q.***, ***stare in quinci e sul q.***, parlare o comportarsi con affettazione e sussiego

quindicennàle [da *quindicennio* ✱ 1911] **A** **agg.** **1** che dura quindici anni: *mutuo q.* **2** (*raro*) che dura da quindici anni: *conflitto q.* **3** che ricorre ogni quindici anni: *celebrazione q.* **B** **s. m.** ● ricorrenza del quindicesimo anno da un avvenimento memorabile | (*est.*) la cerimonia che si celebra in tale occasione

quindicènne [comp. di *quindic(i)* ed *-enne* ✱ 1858] **A** **agg.** **1** che ha quindici anni d'età **2** †che dura da quindici anni **B** **s. m. e f.** ● chi ha quindici anni d'età: *una q. molto assennata*

quindicènnio [comp. di *quindic(i)* ed *-ennio* ✱ 1812] **s. m.** (**pl.** *-i* o *raro -ii*) ● periodo di quindici anni: *un q. di studi e ricerche*

quindicèṣima (o *-é-*) [1959] **s. f.** **1** (*mus.*) intervallo della scala musicale corrispondente a due ottave **2** retribuzione corrisposta ai lavoratori dipendenti in aggiunta alla quattordicesima mensilità

quindicèṣimo (o *-é-*) **A** **agg. num. ord.** ● corrispondente al numero quindici in una successione o in una classificazione (rappresentato da XV nella numerazione romana, da 15° in quella araba): *è il q. arrivato*; *il q. canto del Purgatorio*; *il q. capitolo di un romanzo*; *Luigi XV di Francia*; *papa Benedetto XV*; *la quindicesima parte di qlco.* | ***due alla quindicesima***, (*ellitt.*) elevato alla quindicesima potenza | ***il secolo q.***, gli anni dal 1401 al 1500 | ***la quindicesima mensilità***, V. *quindicesima* **SIN.** (*lett.*) decimoquinto, (*lett.*) quintodecimo **B** **s. m.** ● ciascuna delle quindici parti uguali di una stessa quantità: *un q. della somma*

♦**quìndici** [lat. *quīndeci(m)*, comp. di *quīnque* 'cinque' e *děcem* 'dieci' ✱ sec. XII] **agg. num. card. inv.; anche s. m. e f. inv.** (**V. nota d'uso NUMERI E NUMERALI**) ● numero naturale successivo di quattordici, rappresentato da *15* nella numerazione araba, da *XV* in quella romana. **I** come agg. ricorre nei seguenti usi **1** rispondendo o sottintendendo la domanda 'quanti?', indica la quantità numerica di quindici unità (spec. preposto a un sost.): *una ragazza di q. anni*; *starò assente q. giorni*; *congedo, licenza di q. giorni* | ***sono le sette e q. minuti***, le sette e un quarto **2** rispondendo o sottintendendo la domanda 'quale?', identifica qlco. in una pluralità, in una successione, in una sequenza (posposto a un sost.): *oggi è il giorno q.*; *sono le ore q.*; *abito al numero q.*; *punto sul numero q.* | (*raro*) quindicesimo: *Luigi q.* **II** come sost. ricorre nei seguenti usi **1** il numero quindici; il valore, la quantità che vi corrisponde (per ellissi di un sost.): *il q. è divisibile per tre e per cinque*; *siamo al q. del mese*; *è uscito il q. sulla ruota di Firenze*; *il governo dei Quindici a Siena* | ***gioco del q.***, gioco consistente nel riordinare, secondo uno schema prefissato, gener. quello dell'ordine naturale dei numeri, quindici tasselli quadrati scorrevoli fra loro e all'interno di un telaio quadrato che ne contiene sedici | ***le q.***, le tre del pomeriggio | ***oggi a q.***, fra due settimane | ***il q.***, nel rugby, la squadra, composta da quindici giocatori | ***l'Italia entrò in guerra nel '15***, nel 1915 **2** il segno che rappresenta il numero quindici

quindicìna [1651] **s. f.** **1** complesso, serie di quindici, o circa quindici, unità: *una q. di rose*; *c'era una q. di persone* **2** (*colloq.*) periodo di quindici, o circa quindici, giorni: *partiremo nella seconda q. di ottobre*

3 (*est.*) paga, salario di quindici giorni: *chiedere in anticipo la q.*

quindicinàle [da *quindicina* ✱ 1875] **A** **agg.** **1** che dura quindici giorni: *turni quindicinali* **2** che ricorre, che si verifica, che esce ogni quindici giorni: *pubblicazione q.* || **quindicinalménte**, **avv.** ogni quindici giorni || **quindicinalità**, **s. f. inv.** durata o periodicità quindicinale **B** **s. m.** ● rivista, giornale che viene pubblicato ogni quindici giorni

†**quìne** [comp. di *qui* e *ne* ✱ av. 1257] **avv.** ● qui

quinoa /sp. ki'noa/ [dallo sp. d'America *quínoa*, tratto dal n. indigeno, il quechua *kinoa*, *kinua* ✱ 1787] **s. m. inv.** **1** (*bot.*) alta erba annuale delle Chenopodiacee, spontanea nelle Ande, dove è coltivata come cereale sin dall'antichità, con semi commestibili dopo la tostatura (*Chenopodium quinoa*) **2** farina, ricca di calcio e di ferro, ricavata dai semi tostati della stessa pianta, usata per la preparazione di pane, biscotti e sfarinati

quinquagenàrio [vc. dotta, lat. *quinquagenāriu(m)* 'di cinquanta', da *quinquagēni* 'cinquanta alla volta', da *quinquagìnta* 'cinquanta' ✱ 1611] **A** **agg.** ● (*lett.*) che ha cinquant'anni d'età **B** **s. m.** ● (*raro*) cinquantenario

quinquagèṣima (o **-é-**) [vc. dotta, lat. tardo *quinquagēsima(m dīem)* 'cinquantesimo giorno', f. sost. di *quinquagēsimus* 'cinquantesimo' (V. *quinquagesimo*) ✱ 1669] **s. f.** ● nel calendario liturgico, ultima domenica di Carnevale, che precede di 50 giorni la Pasqua

quinquagèṣimo (o **-é-**) [vc. dotta, lat. *quinquagēsimu(m)*, da *quinquagìnta* 'cinquanta' ✱ sec. XIV] **agg. num. ord.; anche s. m.** ● (*lett.*) cinquantesimo

Quinquàtrie [vc. dotta, lat. *Quinquātria*, nt. pl. di orig. etrusca, accostato a *quīnque* 'cinque' (?) ✱ 1728] **s. f. pl.** ● nell'antica Roma, feste celebrate in onore di Minerva

quinquennàle o **cinquennàle** [vc. dotta, lat. *quinquennāle(m)*, da *quinquĕnnis* 'quinquenne' ✱ 1481] **A** **agg.** **1** che dura cinque anni **2** (*raro*) che dura da cinque anni **3** che ricorre ogni cinque anni || **quinquennalménte**, **avv.** ogni cinque anni || **quinquennalità**, **s. f. inv.** durata o periodicità quinquennale; rata o versamento quinquennale: *una quinquennalità anticipata* **B** **s. m.** ● (*raro*) ricorrenza del quinto anno da un avvenimento memorabile | (*est.*) la cerimonia che si celebra in tale occasione

quinquènne ➤ **cinquenne**

quinquènnio o (*raro*) **cinquènnio** [vc. dotta, lat. *quinquĕnniu(m)*, da *quinquĕnnis* 'quinquenne' ✱ sec. XIV] **s. m.** (**pl.** *-i* o *raro* *-ii*) ● periodo di cinque anni: *un q. di studi e di ricerche*

quinquerème (o **-é-**) ➤ **cinquereme**

†**quinquesìllabo** [dal lat. *quīnque*, sul modello di *bisillabo*, *trisillabo* ecc. ✱ 1585] **s. m.; anche agg.** ● di cinque sillabe | (*letter.*) quinario

quinqueviràto [vc. dotta, lat. *quinquevirātu(m)*, da *quinquĕviri* ✱ 1847] **s. m.** ● carica, ufficio di quinqueviro

quinquèviro [vc. dotta, lat. *quinquĕvir*, comp. di *quīnque* 'cinque' e *vĭr* 'uomo' ✱ 1871] **s. m.** ● nell'antica Roma, membro del collegio di cinque cittadini che si occupavano del restauro di edifici, dell'assegnazione di terre e della limitazione delle spese pubbliche

quinquilióne [dal lat. *quīnque* 'cinque', sul modello di *milione* ✱ 1871] **s. m.** ● (*raro*) quintilione

quìnta [f. sost. di *quinto* ✱ sec. XIII] **s. f.** **1** elemento di scena prospettica, usato già nel sec. XVI e di impiego universale nel teatro ottocentesco, consistente in un telaio alto e stretto posto, spesso a coppie, sui lati del palcoscenico | (*fig.*) ***dietro*** (o *raro* ***fra***) ***le quinte***, senza comparire, di nascosto: *manovrare dietro le quinte; è già un po' che lavoran fra le quinte* (R. BACCHELLI) | (*est.*) ciò che delimita, divide uno spazio: *sui tetti ritagliati, tra le quinte / dei frondami ammassati* (E. MONTALE) **2** nei veicoli a motore, la quinta marcia o velocità **3** (*mus.*) quinto grado della scala, detto dominante | intervallo abbracciante cinque note della scala diatonica **4** nella danza classica, posizione in cui i piedi, voltati completamente in fuori, sono uniti in modo che l'alluce del piede che sta dietro sporga oltre il tallone del piede che sta davanti e viceversa **5** posizione schermistica in cui l'arma è in linea quasi orizzontale e la mano ha le dita chiuse volte in basso: *invito, legamento di q.* **6** quinta classe elementare, liceale: *frequentare, ripetere la q.*; *passare in q.*

quintadècima [vc. dotta, lat. *quīnta(m) dĕcima(m, dīem)* 'quindicesimo giorno', f. sost. di *quīntus dĕcimus* 'quindicesimo' ✱ 1320] **s. f.** **1** (*raro*) giorno quindicesimo dopo il novilunio | plenilunio **2** (*mus.*) uno dei registri dell'organo che suona due ottave sopra il suono naturale

quìnta essènza ➤ **quintessenza**

quintalàto [da *quintale* ✱ 1931] **s. m.** ● compenso corrisposto in passato agli operai dei panifici per ogni quintale di farina impastato

quintàle [sp. *quintal*, dall'arabo *qinṭār* ✱ 1300] **s. m.** ● unità di misura di massa, equivalente a 100 kg. | (*iperb.*) una quantità enorme: *vorrei una bistecca con un q. di patatine!*

quintàna① [da (*febbre*) *quintana*; dal lat. *quintānus*, da *quīntus* 'quinto', cioè 'la febbre del quinto giorno' ✱ 1602] **s. f.** ● (*med.*) febbre che compare ogni quinto giorno

quintàna② [vc. dotta, lat. *quintāna(m viam)*, f. sost. di *quintānus* 'che appartiene al quinto', detta così perché separava il *quinto* dal sesto manipolo; nel sign. 2, attraverso il fr. *quintaine*, prob. perché la via quintana era quella percorsa dai cavalieri ✱ av. 1349] **s. f.** **1** negli accampamenti romani, via parallela alla principale posta tra le tende del quinto e sesto manipolo di legionari **2** torneo di origine medievale nella quale i concorrenti, armati di lancia, corrono a cavallo contro una sagoma girevole, raffigurante un saraceno, cercando di colpirne lo scudo, senza farsi disarcionare dal colpo della mazza fissata all'altro braccio della sagoma: *la q. di Ascoli*

quintaròlo [dal lat. *quintārius* 'di cinque', da *quīntus* 'quinto' ✱ 1823] **s. m.** ● quinto rematore dopo il vogavanti nelle galere

quinterìa [da *quinto* ✱ 1891] **s. f.** ● (*agric.*) rotazione di cinque anni col primo anno a maggese ed i quattro successivi a grano o cereale affine

quintèrno [da *quinto*, sul modello di *quaderno* ✱ sec. XIV] **s. m.** ● gruppo di cinque fogli piegati in due e inseriti l'uno dentro l'altro || **quinternétto**, **dim.**

✦**quintessènza** o (*raro*) **quint'essènza**, (*raro*) **quinta essènza** [da *quinta essenza*; calco sul gr. *pémptē ousía* ✱ av. 1519] **s. f.** **1** nella fisica aristotelica, l'etere, ossia l'elemento di cui sono composti i corpi celesti, distinto dagli altri quattro elementi (acqua, aria, terra, fuoco) **2** per gli alchimisti, parte più pura di una sostanza, ottenuta dopo cinque distillazioni | prodotto intermedio nella purificazione di certi oli essenziali, costituito da un miscuglio di questi con sostanze estrattive non volatili **3** (*fig.*) intima natura, valore ultimo: *conoscere, cercare la q. di qlco.* **4** (*fig.*) grado massimo, esempio purissimo, personificazione di qlco.: *è la q. dei bugiardi; sei la q. dell'idiozia*

quintessenziàle [1848] **agg.** ● (*lett.*) di quintessenza (*spec. fig.*) | essenziale, assoluto

quintessenziàre [1868] **A** **v. tr.** (*io quintessènzio*) ● (*lett., fig.*) rendere essenziale fino alla quintessenza: *q. le proprie concezioni morali* **B** **quintessenziàrsi** **v. intr. pron.** ● (*lett.*) diventare essenziale | (*lett.*) concretarsi

quintétto [da *quinto* (*strumento*), sul modello di *quartetto* ✱ 1801] **s. m.** **1** (*mus.*) composizione per cinque strumenti o voci | il complesso degli esecutori di tale genere di composizione **2** gruppo di cinque persone che agiscono di comune accordo: *un bel q. di furfanti* **3** nella pallacanestro, l'insieme dei cinque giocatori che formano una squadra | ***q. base***, la formazione tipo

quintigliàti [sec. XX] **s. m. pl.** ● quintiglio

quintìglio o **quintìlio** [sp. *quintillo*, dal lat. *quīntus* 'quinto', perché si gioca in cinque persone ✱ 1858] **s. m.** ● gioco di carte simile al tressette ma con cinque giocatori

quintìle [vc. dotta, lat. *quintīle(m)*, da *quīntus* 'quinto', perché era il quinto mese dell'anno ✱ 1481] **s. m.** ● quinto mese dell'anno romano, corrispondente all'odierno luglio

quintìlio ➤ **quintiglio**

quintilióne [da *quinto*, sul modello di *milione* ✱ 1871] **s. m.** **1** un miliardo di miliardi, secondo l'uso contemporaneo italiano, francese e statunitense **2** un milione elevato alla quinta potenza, secondo l'uso italiano antico e quello contemporaneo tedesco e inglese

quintìna [da *quinto* ✱ av. 1850] **s. f.** **1** (*mus.*) figura ritmica irregolare di cinque note che, in un contesto a suddivisione binaria, vale per quattro e, in un contesto a suddivisione ternaria, vale per sei **2** (*raro*) cinquina

quintìno [1871] **s. m.** **1** dim. di *quinto* **2** recipiente bollato, spec. di vetro, che contiene un quinto di litro di vino | (*est.*) il vino contenuto in tale recipiente: *bere un q.*

✦**quìnto** [lat. *quīntu(m)*, da *quīnque* 'cinque' ✱ 1268] **A** **agg. num. ord.** **1** corrispondente al numero cinque in una successione o in una classificazione (rappresentato da V nella numerazione romana, da 5° in quella araba): *abito al q. piano; il q. capitolo dei Promessi Sposi; il q. volume di un'opera; il q. atto di una tragedia; tra 'l q. dì e 'l sesto* (DANTE *Inf.* XXXIII, 72); *Carlo V; Pio V* | **due alla quinta**, (*ellitt.*) elevato alla quinta potenza | ***la quinta elementare, liceo scientifico, e sim.***, (*ellitt.*) la quinta classe di tali ordini di studi: *ripetere la quinta* | ***q. dito***, il dito mignolo | ***il q. potere***, la radio, la televisione e il cinema, per la loro capacità di influenzare il pubblico | ***la quinta colonna***, V. *colonna*①, sign. 9 | ***quinta malattia***, malattia esantematica dell'infanzia simile al morbillo | ***la quinta ora del giorno***, le undici **2** (*lett.*) in composizione con altri numerali, forma gli ordinali superiori: *decimoquinto, ventesimoquinto* **B** **s. m.** **1** ciascuna delle cinque parti uguali di una stessa quantità: *gli spetta un q. dell'eredità; riduciamo le spese di un q.*; *eran il q. di quei ch'or son vivi* (DANTE *Par.* XVI, 48); *i quattro quinti di cento; i tre quinti di otto* | ***cessione del q.***, V. *cessione* **2** la quinta parte di un litro spec. di vino, olio e sim. e (*est.*) il recipiente bollato che la misura e la contiene **3** (*mar.*) ciascuna delle coste principali che si piantano sulla chiglia a giusta distanza per disegnarne il garbo generale dell'ossatura: si compone di più pezzi curvi uniti insieme per formare la lunghezza della costa **4** (**f.** *-a*) persona, animale o cosa considerata dopo altre quattro, che viene al quinto posto: *essere il q. in graduatoria; sei il q. a cui mi rivolgo; è stato il q. a presentarsi* || **quintìno**, **dim.** (V.)

quintodècimo [vc. dotta, lat. *quīntu(m) dĕcimu(m)* (V. *quinto* e *decimo*) ✱ 1320] **agg. num. ord.; anche s. m.** ● (*lett.*) quindicesimo SIN.

(*lett.*) decimoquinto

quintogènito [da *quinto*, sul modello di *primogenito* ✱ 1673] **agg. e s. m.** (**f.** *-a*) ● che (o chi) è nato dopo altri quattro figli

quintùltimo o **quint'ùltimo** [comp. di *quint(o)* e *ultimo* ✱ 1641] **agg. e s. m.** (**f.** *-a*) ● che (o chi) corrisponde al numero cinque o sta al quinto posto, a partire dall'ultimo, in una sequenza o in una classificazione: *leggi la quintultima riga della pagina*; *essere il q. in una graduatoria*

quintuplicàre [da *quintuplice* ✱ av. 1712] **A** **v. tr.** (*io quintùplico, tu quintùplichi*) ● moltiplicare per cinque, accrescere di cinque volte: *q. i propri guadagni* **B** **quintuplicàrsi** **v. intr. pron.** ● aumentare di cinque volte: *gli interessi si sono quintuplicati*

quintùplice [vc. dotta, lat. tardo *quintŭplice(m)*, da *quīntus* 'quinto', sul modello di *quădruplex*, genit. *quadrŭplicis* 'quadruplice' ✱ 1584] **agg.** ● che è costituito, caratterizzato da cinque parti o elementi anche diversi tra loro

quìntuplo [da *quinto*, sul modello di *quadruplo* ✱ 1585] **A** **agg.** **1** che è cinque volte maggiore relativamente ad altra cosa analoga: *ha versato una somma di denaro quintupla* **2** costituito da cinque parti uguali o simili fra loro: *filo q.* **B** **s. m.** ● quantità, misura cinque volte maggiore: *guadagnare, spendere il q.*

♦**qui pro quo** /*lat.* 'kwi pro'kwɔ/ o **quiproquò** [lat. mediev. *'qui* invece di *quo'* ✱ 1540] **loc. sost. m. inv.** ● equivoco, malinteso: *per un banale qui pro quo non ci siamo incontrati alla stazione*

quipu /*sp.* 'kipu/ [vc. sp., da una vc. quechua, che designa le '(multicolori cordicelle con) nodi', usate per scrittura e conto ✱ 1596] **s. m. inv.** (**pl. sp.** *quipus*) ● sistema di numerazione praticato nel Perù incaico, consistente in corde che sostenevano frange di altre corde a loro volta frangiate; tutte le corde portavano nodi le cui diverse specie indicavano i numeri, mentre la loro posizione segnava le decine, le centinaia, secondo un sistema decimale

quirinalìsta [dal palazzo del *Quirinale*, sede del Presidente della Repubblica ✱ 1991] **s. m. e f.** (**pl. m.** *-i*) ● giornalista che si occupa dell'attività politica del Presidente della Repubblica italiana

quirinalìzio [da *Quirinale* col suff. *-izio* ✱ 1992] **agg.** ● che riguarda il Presidente della Repubblica italiana (con riferimento al palazzo del Quirinale, sede del Presidente stesso)

quiritàrio [1744] **agg.** ● dei quiriti, dell'antica Roma

quirite [vc. dotta, lat. *quirīte(m)*, di etim. incerta ✱ 1483] **A** **s. m.** ● cittadino dell'antica Roma **B** **agg.** ● (*scherz.*) romano: *aristocrazia q.*

†**quiritta** o †**quiritto** [comp. di *qui* e del lat. *rēcta* 'in linea retta' ✱ 1268] **avv.** **1** in questo luogo, proprio qui: *perché assiso / q. se'?* (DANTE *Purg.* IV, 124-125) **2** ora, in questo momento: *tu sai che io son quiritto sbandito* (G. BOCCACCIO)

†**quișito** ➤ **quesito**①

Quìșling /'kwizlin(g), *norvegese* 'kvisliŋ/ [dal n. di V. *Quisling* (1887-1945), capo del governo norvegese che collaborò con i tedeschi invasori dal 1940 al 1945 ✱ 1950] **s. m. inv.** ● ogni capo di governo fantoccio creato dai nazisti nei Paesi da essi invasi durante il periodo 1939-1945 | (*est.*) uomo politico asservito agli invasori del proprio Paese e con essi collaborazionista

♣**quisquìlia** o **quisquiglia** [vc. dotta, lat. *quisquĭliae*, nom. pl., 'rifiuti, immondezze', di orig. espressiva onomat. ✱ 1321] **s. f.** **1** †pagliuzza | †impurità | (*fig.*) †offuscamento della vista **2** (*fig.*) minuzia, inezia, piccolezza, bazzecola: *non badare a simili quisquilie* | (*lett.*) ***quisquilie letterarie***, scritti di poco conto

quissìmile o **quidsìmile** [lat. *quĭd sĭmile* 'qualche cosa di simile' ✱ av. 1850] **s. m. solo sing.** ● (*raro, lett.*) qualcosa di simile, spec. nella loc. ***un q. di***: *molti architettavano un q. di Sacro Romano Impero* (B. CROCE)

questionàre ➤ **questionare**

questionatóre ➤ **questionatore**

quistióne ➤ **questione**

†**quitànza** ➤ **quietanza**

†**quitàre** ➤ **quietare**

†**quitazióne** ➤ †**quietazione**

♣**quivi** [lat. parl. **(ĕc)cu(m) ĭbi* 'ecco ivi' ✱ 1261 ca.] **A** **avv.** **1** (*lett.*) lì, là: *q. sospiri, pianti ed alti guai / risonavan per l'aere sanza stelle* (DANTE *Inf.* III, 22-23); *togliendo or qui or q.* (DANTE *Par.* XVIII, 128) | (*raro*) †qui | †***di q.***, di là, di lì | (*lett.*) †seguito da altri avv. di luogo che meglio lo determinano: *q. entro*; *q. presso*; *q. vicino*; *q. intorno*; *q. su*; *q. oltre* **2** (*lett.*) allora, a quel punto, in quel momento, in quella circostanza (con valore temp.): *q. lume del ciel ne fece accorti* (DANTE *Purg.* V, 54) **B** **in funzione di s. m. inv.** ● †questo, quel luogo: *domandò ... come q. si chiamasse* (G. BOCCACCIO)

†**quiviritta** [av. 1333] **avv.** ● proprio in quel luogo | lì per lì, in quel momento

quiz /kwits*, *ingl.* kwɪz/ [ingl. *quiz*, di etim. incerta ✱ 1948] **s. m. inv.** (**pl. ingl.** *quizzes*) ● domanda, quesito su un argomento specifico che si pone a voce o per iscritto ai partecipanti a esami o a giochi a premi per saggiarne il grado di memoria o di cultura: *i q. dell'esame di guida* | (*est.*) gioco basato su una serie di quesiti: *partecipare a un q. televisivo* ‖ **quizzétto**, **quizzettino**, **dim.** | **quizzìno**, **dim.** | **quizzóne**, **accr.**

quo, a ➤ **a quo**

†**quòcere** o †**quociàre** ➤ **cuocere**

†**quòco** ➤ **cuoco**

quòdlibet [lat. *quŏd lĭbet* 'ciò che piace' ✱ 1351] **s. m. inv.** **1** nelle università del tardo Medioevo, disputa pubblica di natura filosofica su una questione posta in genere dagli ascoltatori | (*lett.*) testo filosofico o letterario intorno a una questione **2** nel tardo Medioevo e nel Rinascimento, composizione musicale che combinava musiche di diversa provenienza, con finalità scherzose o parodistiche

quodlibetàle [1959] **agg.** ● relativo al quodlibet: *le questioni quodlibetali di S. Tommaso*

†**quògliо** ➤ **cuoio**

quoiàio ➤ **cuoiaio**

†**quòio** ➤ **cuoio**

quòkka /'kwɔkka/ [n. aborigeno ✱ 1990] **s. m. inv.** ● (*zool.*) marsupiale australiano molto studiato in laboratorio, particolarmente per gli aspetti dello sviluppo embrionale (*Setonyx brachyurus*)

quòndam [lat., 'un tempo, una volta', da **quomdam* 'a un dato momento' ✱ 1483] **A** **avv.** ● (*scherz.*) una volta, un tempo, in passato: *suo marito, q. colonnello, ora è in pensione* **B** **in funzione di agg. inv.** ● fu (davanti al nome di un genitore defunto): *Carlo Rossi del q. Enrico* **C** **in funzione di s. m. inv.** ● (*scherz., disus.*) defunto: *essere tra i q.*

†**quòre** ➤ **cuore**

quòrum [lat. *quōrum* 'dei quali'; espressione usata, prima che da noi, in Inghilterra e in Francia e derivata da formule lat. come *quorum maxima pars* 'la massima parte dei quali' e sim. ✱ 1552] **s. m. inv.** **1** (*dir.*) numero legale | ***q. costitutivo***, numero minimo di partecipanti necessario per la valida costituzione di un'assemblea | ***q. deliberativo***, numero legale minimo richiesto per una valida deliberazione assembleare **2** (*est.*) percentuale minima di voti o di votanti necessaria perché un'elezione sia valida: *il referendum non ha raggiunto il q.*

♦**quòta** [lat. *quŏta(m pārtem)* 'quanta parte', f. di *quŏtus* (V. *quoto*) ✱ 1708] **s. f.** **1** parte di una somma globale dovuta o che spetta secondo una ripartizione: *stabilire, calcolare le quote*; *ricevere, esigere la propria q.*; *pagare una prima q.*; *q. di abbonamento*; *q. di ammortamento*; *q. di sottoscrizione, di partecipazione* **2** (*dir.*) ciascuna delle parti o frazioni di un bene, reale o ideale, spettante a ciascuno degli aventi diritto: *q. di bene indiviso*; *q. di partecipazione dei soci a una società* | ***q. composita***, nella comunione di più diritti, misura di partecipazione dei titolari a ciascuno dei singoli diritti | ***q. ereditaria***, porzione del patrimonio ereditario sottoposta a una specifica destinazione giuridica: *q. disponibile, indisponibile*; *q. di legittima* | ***q. parte***, nelle assicurazioni, frazione, fissata per contratto che, in caso di sinistro, resta a carico dell'assicurato | ***q. di produzione***, quantitativo massimo di un prodotto alimentare che, in base a un accordo sopranazionale, può essere prodotto in un certo periodo da un Paese aderente a tale accordo | ***q. di immigrazione***, contingente di immigranti ammessi annualmente in uno Stato | (*polit.*) ***quote rosa***, in una lista elettorale o in un organismo dirigente, numero di posti riservati alle donne in base a percentuali prestabilite | ***in q.***, nelle nomine soggette a ripartizione fra varie componenti politiche, indica il riferimento a un dato partito o schieramento: *un consigliere in q. Forza Italia, in q. DS*; *in q. alla maggioranza, all'opposizione* **3** (*banca, borsa*) l'insieme delle quotazioni di Borsa: *la q. risale* **4** (*mat.*) in geometria, distanza di un punto da un piano orizzontale prefissato a cui si attribuisce un segno + o - a seconda che si trovi al di sopra o al di sotto del piano stesso **5** (*geogr.*) distanza di un punto sulla superficie terrestre da un piano di riferimento, gener. il livello del mare considerato come quota zero | ***tenersi in q.***, in un'escursione, procedere mantenendosi, per un certo tratto, ad un'altitudine pressoché costante | (*est.*) una qualunque località indicata, per mancanza di un nome specifico, dal numero che ne rappresenta l'altezza rispetto al livello del mare nelle carte topografiche: *fante caduto a q. 420*; *gli alpinisti hanno raggiunto q. 6500* **6** (*aeron.*) altitudine di un aeromobile considerata come distanza verticale dal livello medio del mare | ***q. relativa***, (*ellitt.*) ***quota***, altezza considerata come distanza verticale rispetto a un dato specifico, comunemente il suolo | ***prendere, perdere q.***, detto di un aeromobile, rispettivamente innalzarsi o abbassarsi durante il volo; (*fig.*) crescere o diminuire di valore, di importanza e sim.: *è un'ipotesi che sta prendendo quota*; *un dirigente politico che ha perso quota* **7** (*mar.*) profondità a cui si trova un punto immerso nell'acqua rispetto alla superficie di questa | ***q. periscopica***, quella a cui un sottomarino immerso riesce a mantenere il periscopio in funzione **8** (*tecnol., archit.*) in un disegno, la misura, su questo riportata, di un oggetto o di una sua parte **9** negli ippodromi, la proporzione offerta dagli allibratori per le scommesse su ciascun cavallo | ***q. del totalizzatore***, quella determinata dalla divisione tra la somma incassata per tutte le scommesse e quella incassata per il cavallo vincente

quotalite o **quòta lite** [lat. mediev. *quŏta lītis* 'quota della lite' ✱ 1959] **s. f.** (**pl.** *quoteliti*) ● patto, vietato dalla legge, tra cliente e difensore, con cui quest'ultimo si rende cessio-

q

nario di parte dei diritti costituenti l'oggetto del procedimento in corso

quotalìzio [1797] **s. m.** • patto di quotalite

quotàre ① [da *quota* ✻ av. 1406] **A v. tr.** (*io quòto*) **1** obbligare per una quota: *q. qlcu. per cento euro* **2** assegnare il prezzo ad un titolo in un listino di borsa **3** (*fig.*) valutare, stimare: *q. un quadro* **4** nei disegni tecnici, rilievi topografici e sim., attribuire una quota **B quotàrsi v. intr. pron.** • partecipare a una contribuzione impegnandosi a pagare una certa somma: *quotarsi per cinquanta euro*

quotàre ② [ingl. *to quote* 'citare', da *quotes* 'virgolette' ✻ 1988] **v. tr.** (*io quòto*) • (*gerg.*) negli scambi fra utenti di Internet (forum, newsgroup, e-mail ecc.), citare una parte del messaggio a cui si risponde | (*est.*) approvare, condividere quanto scritto da altri in queste discussioni

quotàto part. pass. di *quotare*; anche **agg.** **1** nei sign. del v. | che ha una quotazione **2** (*fig.*) apprezzato, rinomato: *un pittore molto q.*

quotatùra [1959] **s. f.** • nel disegno tecnico, scrittura di tutte le quote necessarie per poter costruire il pezzo

♦**quotazióne** [1908] **s. f.** **1** il quotare | il prezzo assegnato ad un titolo in un listino | ***q. filatelica***, valore commerciale di un francobollo da collezione, di cui si trova indicazione nei cataloghi **2** (*fig.*) grado di apprezzamento, di stima, di cui qlcu. gode in relazione all'attività che svolge: *un attore le cui quotazioni sono piuttosto in ribasso*

quotidiàna o †**cotidiàna** [f. sost. di *quotidiano* ✻ 1268] **s. f.** • febbre che presenta cicli di elevazione e remissione quotidiana

quotidianità o (*lett.*) **cotidianità** [1950] **s. f. inv.** **1** condizione di ciò che è quotidiano, abituale: *la q. del lavoro* **2** la vita di tutti i giorni, spec. nel suo aspetto ordinario, ripetitivo

> **SFUMATURE DI SIGNIFICATO**
> ***quotidianità - tran tran - routine***
> La vita di tutti giorni è la **quotidianità**; per sottolinearne gli aspetti di ripetitività e di noia si ricorre al termine **tran tran**, che evoca il monotono ripetersi delle attività quotidiane, o a **routine**, che accentua gli aspetti relativi all'assenza di fantasia, di inventiva, di nuove iniziative.

♦**quotidiàno** o (*lett.*) **cotidiàno** [vc. dotta, lat. *quotidiānu(m)*, da *quotīdie* (V.) ✻ 1268] **A agg.** • di ogni giorno, di tutti i giorni: *passeggiata quotidiana; i bisogni quotidiani della vita; l'esistenza è una lotta quotidiana* | (*fig.*) ***il pane q.***, quanto è necessario per vivere | ***stampa quotidiana***, i giornali che si pubblicano tutti i giorni | (*est.*) ordinario, concreto: *il film affronta i problemi della vita quotidiana* || **quotidianaménte**, **avv.** ogni giorno: *leggere quotidianamente il giornale*; (*est.*) con molta frequenza **B s. m.** **1** giornale quotidiano: *i quotidiani indipendenti; un q. d'informazione* **2** (solo **sing.**) quotidianità: *il q., cioè il tran tran ... della vita di tutti i giorni* (A. MORAVIA)

†**quotìdie** [vc. dotta, lat. *quotīdie*, comp. di **quŏtti* (locativo, da *quŏt* 'quanti'. V. *quoto*) e *dīes* 'giorno' ✻ sec. XV] **avv.** • ogni giorno

quotìsta [1959] **s. m. e f.** (**pl. m.** *-i*) • titolare di una quota | socio di una società a responsabilità limitata

quotità [1796] **s. f. inv.** • (*disus.*) quota, aliquota

quotizzàre [1714] **A v. tr.** • suddividere in quote, in parti | ***q. un terreno***, lottizzarlo **B quotizzàrsi v. rifl.** • (*raro*) obbligarsi per una quota determinata || **quotizzazióne**, **s. f.** (V.)

quotizzazióne [1667] **s. f.** **1** suddivisione in quote | quota **2** frazionamento in lotti

quòto [vc. dotta, lat. *quŏtu(m)* 'quanto, in qual numero', da *quŏt* 'quanti', di orig. indeur. ✻ 1761] **s. m.** • (*mat.*) quoziente di divisione senza resto

quovis, in ➤ **in quovis**

quozièntе [vc. dotta, lat. *quŏtiens*, avv., 'quante volte', da *quŏtus* (V. *quoto*) ✻ 1533] **s. m.** **1** (*mat.*) risultato della divisione; numero che, moltiplicato per il divisore e aggiungendo al prodotto l'eventuale resto, dà il dividendo **2** (*med.*) ***q. respiratorio***, rapporto tra l'ossigeno introdotto con la respirazione e l'anidride carbonica emessa, indicativo dell'attività cellulare di tutto l'organismo **3** (*chim.*) ***q. di purezza***, quantità percentuale di sostanza pura rispetto al materiale greggio che la contiene **4** (*dir.*) ***q. elettorale***, rapporto fra il numero di voti validi e il numero dei seggi da assegnare **5** (*sport*) ***q. reti***, nel calcio e in altri giochi di palla, la cifra ottenuta dividendo il numero delle reti realizzate per quello delle reti subite da una squadra e che è considerato per stabilire la priorità in classifica fra due squadre con uguale punteggio **6** (*psicol.*) ***q. d'intelligenza***, V. *intelligenza*

Qwan Ki Do /kwan'kido, *cino-vietnamita* tɕhɥɛn'khi'ðɒo/ o **Qwankido** [vc. vietnamita, propr. 'via dell'energia' ✻ 1991] **loc. sost. m. inv.** • arte marziale cino-vietnamita che perfeziona le tecniche di difesa personale potenziando l'energia vitale con esercizi di ginnastica psicomotoria e respirazione

qwèrty /'kwɛrti/ [dalle lettere che compaiono nei primi sei tasti della prima riga dell'area alfabetica ✻ 1991] **agg. inv.** • (*inform.*) ***tastiera q.***, tipo di tastiera la cui distribuzione dei tasti è adottata come standard sulle macchine per scrivere nel mondo anglosassone e nell'informatica **CFR.** azerty, qzerty

qzèrty /k'zɛrti, k'dz-/ [dalle lettere che compaiono nei primi sei tasti della prima riga dell'area alfabetica ✻ 1991] **agg. inv.** • (*inform.*) ***tastiera q.***, tipo di tastiera la cui distribuzione dei tasti è adottata come standard sulle macchine per scrivere e in alcuni tipi di elaboratore in Italia **CFR.** azerty, qwerty

r, R

Il suono rappresentato in italiano dalla lettera *R* è quello della consonante vibrante /r/, che è alveolare e, come tutte le sonanti, sonora. Può essere, secondo i casi, semplice (es. *pùro* /'puro/, *puòi rubàre* /pwɔiru'bare/; *cùrvo* /'kurvo/, *rubàre* /ru'bare/, *pòsson rubàre* /pɔssonru'bare/) oppure geminata (es. *bùrro* /'burro/, *può rubàre* /pwɔrru'bare/); quando è semplice e in sillaba non-accentata più frequentemente si pronuncia come un vibrato, o monovibrante /ɾ/, più che un vero vibrante, o polivibrante /r/ (es. *però* /pe'rɔ*/, ma *pùro* /'puɾo/, *cùrva* /'kurva/, ma *curvàre* /kur'vare/, *fràte* /'frate/, ma *fratèllo* /fɾa'tɛllo/).

r, (*maiusc.*) **R** [sec. XIII] **s. f. o m. inv.** • diciottesima lettera dell'alfabeto italiano (nome per esteso *èrre*): *r minuscola, R maiuscolo* | nella compitazione spec. telefonica it. *r come Roma*; in quella internazionale *r come Romeo*

ra- • V. **ri-**

rabàrbaro o (*disus.*) **reobàrbaro** [lat. tardo *reubàrbaru(m)*, dal gr. *réon bárbaron*, a cui si sovrappose *Rā*, n. lat. del fiume Volga, sulle cui rive cresceva. *Réon* è di orig. persiana ed era detto 'barbaro' (*bárbaron*) appunto perché di provenienza straniera ✻ av. 1328] **s. m. 1** pianta erbacea delle Poligonacee, originaria della Cina e coltivata in Europa, dal cui rizoma si ricava una sostanza amara usata in medicina (*Rheum officinale, Rheum palmatum*) **2** liquore amaro, tonico e digestivo, preparato col rizoma della pianta omonima

rabattìno [da *(ar)rabattare* ✻ 1865] **s. m. (f. -a, raro); anche agg.** • (*fam., tosc.*) chi (o che) s'ingegna in mille modi per raggiungere uno scopo o per guadagnare qlco.

r

rabàzza o **rabbàzza** [etim. incerta ✻ 1865] **s. f.** • (*mar., disus.*) parte bassa di albero minore, a sezione quadra per assettarsi alla testata dell'albero maggiore

rabbaruffàto [comp. di *r(i)-* e *abbaruffato*, part. pass. di *abbaruffare* ✻ av. 1562] **agg.** • (*tosc.*) disordinato, scompigliato, sottosopra: *vede quel r. / per la battaglia* (L. PULCI)

rabbassàre ➤ **riabbassare**

rabbàttere [comp. di *r(i)-* e *abbattere* ✻ sec. XIV] **A v. tr. (coniug. come** *battere***) 1** (*lett.*) accostare i battenti di una porta, una finestra **2** †togliere, detrarre **B rabbàttersi v. intr. pron.** • †V. **riabbattere**

rabbàzza ➤ **rabazza**

rabbellìre ➤ **riabbellire**

rabberciaménto [sec. XVI] **s. m.** • il rabberciare | rabberciatura **SIN.** raffazzonatura

✦**rabberciàre** o †**rabbrenciàre** [etim. incerta ✻ av. 1565] **v. tr. (pres.** *io rabbèrcio*; **fut.** *io rabbercerò*) • accomodare in qualche modo: *r. una stuoia* | (*fig.*) correggere alla meglio: *r. brutti versi* **SIN.** racconciare, raffazzonare

rabberciàto **part. pass.** di *rabberciare*; **anche agg.** • accomodato alla bell'e meglio: *alcuni volumi ... con la copertina rabberciata* (G. D'ANNUNZIO) | (*fig.*) realizzato in maniera approssimativa: *una soluzione rabberciata* **SIN.** raffazzonato, arrangiato

rabberciatóre [1865] **s. m. (f. -*trice*)** • (*raro*) chi rabbercia o è solito rabberciare (*anche fig.*)

rabberciatùra [1865] **s. f.** • il rabberciare: *è una r. molto difficile* | ciò che viene rabberciato: *quel testo non è che una r.*

ràbbi [vc. dotta, lat. tardo *răbbi*, dall'aramaico *rabbī* 'mio maestro' ✻ av. 1342] **s. m. inv.** • titolo onorifico usato anticamente per i dottori della legge ebraica; in numerosi passi del Vangelo fu rivolto a Gesù

✦**ràbbia** [lat. tardo *răbia(m)*, per il classico *răbie(m)*, di orig. indeur. ✻ av. 1294] **s. f. 1** malattia virale trasmessa dal morso di Mammiferi, spec. cane e lupo, attraverso l'inoculazione di saliva, caratterizzata da sintomi nervosi con senso di angoscia e dolorosi crampi muscolari | ***r. silvestre***, quella che colpisce animali selvatici, quali il lupo, la volpe e il pipistrello **SIN.** idrofobia, lissa① **2** (*fig.*) sdegno, furore, grande irritazione che possono provocare accessi d'ira o reazioni incontrollate: *essere in preda alla r.*; *parole piene di r.*; *consumarsi dalla r.* **SIN.** collera, ira **3** dispetto, stizza, disappunto: *la sua impazienza mi fa r.* **4** accanimento: *ha costruito la sua difesa con r.* | (*est.*) furia violenta e disordinata, detto spec. di elementi naturali: *la r. del vento* **5** (*lett.*) grande desiderio, bramosia: *è in tal r. / d'esser teco* (L. ARIOSTO) || **rabbiétta**, **dim.** | (*raro*) **rabbiolìna**, **dim.**

SFUMATURE DI SIGNIFICATO

rabbia - bile - accanimento - arrovellamento

Rabbia descrive uno stato di violenta agitazione e irritazione, provocato da offese, contrarietà o comportamenti ritenuti ingiusti, che si manifesta in azioni scomposte e incontrollate. Nel registro familiare lo stesso stato di irritazione profonda si definisce **bile**, parola che in senso proprio designa il liquido secreto dal fegato. Se l'avversione collerica per una cosa o una persona presenta carattere di tenacia e ostinazione si parla invece di **accanimento**. Un sentimento di rabbia che non si riesce a superare, e che anzi occupa con continuità la mente di una persona, si definisce **arrovellamento**.

SFUMATURE ➤ ***sdegno***, ➤ ***stizza***

ràbbico o **ràbico** [1835] **agg. (pl. m. -*ci*)** • (*med.*) di rabbia: *virus r.* | causato da rabbia: *encefalite rabbica*

rabbinàto [1970] **s. m. 1** dignità, carica di rabbino | ***gran r.***, suprema autorità rabbinica **2** l'insieme dei rabbini di un Paese, di una regione **3** ente che coordina le attività religiose di una comunità ebraica

rabbìnico [da *rabbino*: attraverso il fr. *rabbinique* (?) ✻ 1668] **agg. (pl. m. -*ci*)** • dei rabbini, di rabbino: *lingua, letteratura rabbinica*

rabbinìṣmo [1872] **s. m.** • metodo di interpretazione rabbinica della Bibbia, del Talmud e della tradizione orale | corrente esegetica e dottrinale propria delle scuole giudaiche posteriori alla distruzione del Tempio

rabbinìsta [da *rabbino* ✻ 1749] **s. m. e f. (pl. m. -*i*)** • studioso e interprete della Bibbia, del Talmud e della tradizione orale

rabbìno [da *rabbi* ✻ 1584] **s. m. 1** anticamente, dottore della legge, nella religione ebraica **2** ministro del culto della religione ebraica

ràbbio [vc. veneta, lat. *rutābulu(m)* 'paletta' (da *rŭere* 'rovesciare'. V. *irruzione*) per la forma ✻ 1937] **s. m.** • rete per piccoli pesci, a forma di sacco, tenuta aperta da un semicerchio in ferro e da una sbarra trasversale

rabbióso (o **-ṣ-**) [lat. *rabiōsu(m)*, da *răbies* 'rabbia' ✻ av. 1276] **agg. 1** affetto da rabbia: *cane r.* **2** (*fig.*) pieno di rabbia o reso furibondo dall'ira: *discorso, rimprovero r.*; *un vecchio r.* **SIN.** adirato, infuriato | (*est.*) che manifesta rabbia, furore: *nutriva un odio r.* **SIN.** furioso, furente | (*est.*) smodato, violento: *fame rabbiosa* | (*est.*) accanito: *difesa rabbiosa*; *lunghi e rabbiosi studi* (I. NIEVO) **3** (*est.*) impetuoso: *Terra... accumulata dai rabbiosi capricci del Rodano* (E. MONTALE) || **rabbiosétto**, **dim.** || **rabbiosaménte**, **avv.** con rabbia, in modo rabbioso: *rivoltarsi rabbiosamente*; *si impegna rabbiosamente per riuscire* || **rabbiosità**, **s. f. inv.** caratteristica di chi (o di ciò che) è rabbioso

rabboccàre [comp. di *r(i)-* e *abboccare* ✻ 1612] **v. tr.** (*io rabbócco, tu rabbócchi*) **1** riempire di nuovo fino all'orlo, detto spec. di fiaschi, bottiglie e sim. | aggiungere liquido in un recipiente fino a ripristinare il livello iniziale: *r. l'olio del motore* **2** (*edil.*) pareggiare, spianare la superficie di un muro con l'intonaco

rabboccatùra [1682] **s. f. 1** (*edil.*) operazione del rabboccare **2** (*disus.*) rabbocco

rabbócco [deriv. di *rabboccare* ✻ 1976] **s. m. (pl. -*chi*)** • il rabboccare: *il r. di un fiasco*; *r. di carburante*

rabbonacciàre [comp. di *r(i)-* e *abbonacciare* ✻ 1354] **A v. tr. (pres.** *io rabbonàccio*; **fut.** *io rabbonaccerò*) **1** †riportare in bonaccia: *Il gran Neutunno rabbonaccia il mare* (F. SACCHETTI) **2** (*fig., lett.*) calmare **B rabbonacciàrsi v. intr. pron. 1** †tornare in bonaccia, in stato di quiete: *il mare si è rabbonacciato* **2** (*fig., lett.*) tranquillizzarsi **C rabbonacciàrsi v. rifl.** • †rappacificarsi: *rabbonacciandosi con Gherardo* (F. SACCHETTI)

✦**rabbonìre** [comp. di *r(i)-* e *abbonire* ✻ 1699] **A v. tr.** (*io rabbonìsco, tu rabbonìsci*) • rendere di nuovo tranquillo, calmo **SIN.** quietare, placare **B rabbonìrsi v. intr. pron.** • calmarsi, placarsi

rabbonìto **part. pass.** di *rabbonire*; **anche agg.** • ridiventato calmo: *Compare Nanni, completamente r.* (G. VERGA)

rabbottonàre ➤ **riabbottonare**

rabbracciàre ➤ **riabbracciare**

†**rabbrenciàre** ➤ **rabberciare**

rabbriccicàre [da *briccica*, col pref. *ra-* ✱ 1872] **v. tr.** (*io rabbriccico, tu rabbriccichi*) ● (*tosc.*) accomodare alla meglio SIN. rabberciare

†**rabbrividàre** ➤ **rabbrividire**

♣**rabbrividìre** o †**rabbrividàre** [comp. di *r(i)-* e *abbrividire* ✱ av. 1742] **v. intr.** (*io rabbrividisco, tu rabbrividisci*; **aus.** *essere*, raro *avere*) **1** avere, sentire i brividi: *r. al gelo invernale*: *operai (…) spossati, rabbrividanti pel digiuno e pel verno* (A. Manzoni) **2** (*fig.*) provare paura, orrore e sim.: *a quelle terribili minacce, rabbrividì* SIN. inorridire, fremere | (*fig.*) sentire brividi piacevoli: *Egli ne rabbrividì per il piacere* (G. Deledda)

†**rabbrunàre** [comp. di *r(i)-* e *abbrunare* ✱ 1337] **v. tr.** ● abbrunare

rabbruscàre [da *brusco*①, col pref. *ra-* ✱ av. 1565] **A v. intr.** (**anche impers.**; *io rabbrùsco, tu rabbrùschi*; **aus.** *essere*) ● (*tosc.*) turbarsi, offuscarsi, detto del tempo: *Cominciò a r. verso notte* (E. De Amicis) SIN. annuvolarsi **B rabbruscàrsi v. intr. pron.** ● (*tosc.*) guastarsi, rannuvolarsi | (*tosc., fig.*) offuscarsi in volto, adombrarsi, detto di persona

†**rabbruzzàrsi** [da *bruzzico*, col pref. *ra-* ✱ av. 1492] **v. intr. pron.** ● oscurarsi, farsi buio

†**rabbuffaménto** [1336 ca.] **s. m.** ● disordine, scompiglio, spec. di capelli

♣**rabbuffàre** o †**rabuffàre** [da *buffo*①, col pref. *ra-* ✱ av. 1306] **A v. tr. 1** scompigliare, disordinare: *r. i capelli a qlcu.* **2** (*fig.*) rimproverare, sgridare **3** †colpire **B rabbuffàrsi v. intr. pron. 1** turbarsi minacciando tempesta, detto del tempo o sim.: *Il pescoso Oceàno si rabbuffa* (V. Monti) **2** †accapigliarsi

rabbuffàta [av. 1527] **s. f. 1** (*raro*) rabbuffo **2** †sconfitta

rabbuffàto part. pass. di *rabbuffare*; anche **agg. 1** arruffato, scompigliato **2** (*est.*) molto turbato, sconvolto: *un'espressione rabbuffata*

♣**rabbùffo** [da *rabbuffare* ✱ sec. XIV] **s. m. 1** forte, severo rimprovero **2** (*lett.*) folata di vento

rabbuiàre [comp. di *r(i)-* e *abbuiare* ✱ sec. XIV] **A v. intr.** (*io rabbùio*; **aus.** *essere*) ● farsi buio, annottare **B rabbuiàrsi v. intr. pron.** ● oscurarsi (**anche fig.**): *l'orizzonte si è tutto rabbuiato*; *rabbuiarsi per l'ira, lo sdegno*

Rabdocèli [comp. del gr. *rábdos* 'verga, bastone', di orig. indeur., e *kôilos* 'vuoto', di orig. indeur.: detti così dalla forma del loro intestino ✱ 1883] **s. m. pl.** (**sing.** *-o*) ● (*zool.*) ordine di vermi dei turbellari che vivono in acqua o nel terreno umido (*Rhabdocoela*)

rabdomànte [vc. dotta, gr. *rabdómantis*, comp. del gr. *rábdos* 'verga' (V. *Rabdoceli*) e *-mantis* '-mante' ✱ 1872] **s. m. e f.** ● chi esercita la rabdomanzia

rabdomàntico [1872] **agg.** (**pl. m.** *-ci*) ● di rabdomante, di rabdomanzia

rabdomanzìa [vc. dotta, gr. *rabdomantéia*, comp. del gr. *rábdos* 'verga' (V. *Rabdoceli*) e *-mantéia* '-manzia' ✱ 1766] **s. f.** ● tecnica divinatoria tendente a localizzare, attraverso le vibrazioni di una bacchetta, sorgenti d'acqua o giacimenti di minerali

rabdomiolìṣi [comp. del gr. *rábdos* 'bastoncino', *mio-* e *-lisi* ✱ 1988] **s. f. inv.** ● (*med.*) distruzione di tessuto muscolare scheletrico causata da fattori diversi, quali traumi o intossicazioni

rabdomiòma [comp. del gr. *rábdos* 'verga' e di *mioma* ✱ 1932] **s. m.** (**pl.** *-i*) ● (*med.*) raro tumore benigno della muscolatura striata

rabeleṣiàno o **rabelaiṣiàno** [da F. *Rabelais* ✱ 1889] **agg. 1** che concerne lo scrittore F. Rabelais (1494 ca.-1553) o ne imita lo stile: *spirito r.* **2** (*raro*) caustico, sboccato, satirico

rabescàre e deriv. ➤ **arabescare** e deriv.

rabescatùra [av. 1712] **s. f.** ● (*raro*) il rabescare | decorazione fatta ad arabeschi

rabésco ➤ **arabesco**

rabicàno [sp. *rabicano*, propr. 'dalla coda (*rabo*) bianca (*cano*)' ✱ 1550] **A agg.** ● di mantello equino che presenta ciuffi di peli bianchi sparsi su tutto o su parte del corpo | (*est.*) detto di cavallo che ha tale mantello **B s. m.** ● cavallo rabicano

ràbico ➤ **rabbico**

ràbido [vc. dotta, lat. *răbidu(m)*, da *răbies* 'rabbia' ✱ av. 1396] **agg.** ● (*lett.*) rabbioso, irato, furioso: *r. ventare di scirocco / che l'arsiccio terreno gialloverde / bruci* (E. Montale) ‖ **rabidaménte**, **avv.** (*raro*) rabbiosamente

rabòna [vc. dello sp. d'America, di etim. sconosciuta ✱ 1985] **s. f.** ● (*gerg.*) nel calcio, tiro effettuato incrociando la gamba di battuta dietro quella d'appoggio, per velocizzare l'azione

Rabóso (o **-ṣ-**) [dal n. di un affluente del Piave, variante del ven. *rabioso* 'rabbioso' per l'impetuosità delle acque ✱ 1931] **s. m.** ● (*enol.*) vino dal colore rosso carico e dal sapore intenso prodotto spec. nel Veneto con le uve del vitigno omonimo, talora con l'aggiunta di uve di altri vitigni, come Merlot o Cabernet: *R. del Piave*; *R. veronese*

†**rabuffàre** ➤ **rabbuffare**

ràbula [vc. dotta, lat. *răbula(m)* 'avvocato che sa solo gridare', propr. 'abbaiatore', di etim. discussa: di orig. etrusca (?) ✱ 1553] **s. m.** (**pl.** *-i* **o** *-e* **f.**) ● (*raro, lett.*) avvocato imbroglione e chiacchierone

ràcano ➤ **ragano**

♣**raccapezzàre** [comp. di *r(i)-* e *accapezzare* ✱ av. 1470] **A v. tr.** (*io raccapézzo*) **1** riuscire a trovare, a mettere insieme qlco. con grande sforzo: *r. un po' di denaro* **2** riuscire a comprendere qlco.: *r. il senso di un discorso* **B raccapezzàrsi v. intr. pron. 1** orientarsi: *tra quei viottoli si raccapezzava poco* (I. Calvino) **2** (*fig.*) venire a capo, rendersi conto di qlco.: *ci siamo raccapezzati a fatica* | ***non raccapezzarsi***, confondersi

raccapigliàrsi ➤ **riaccapigliarsi**

†**raccapriccévole** [av. 1704] **agg.** ● raccapricciante

raccapricciànte part. pres. di *raccapricciare*; anche **agg.** ● che suscita raccapriccio: *spettacolo r.* SIN. agghiacciante

raccapricciàre [comp. di *r(i)-* e *accapricciare* ✱ av. 1292] **A v. intr.** (**pres.** *io raccaprìccio*; **fut.** *io raccapriccerò*; **aus.** *essere*; raro nei tempi composti) ● provare raccapriccio, orrore, turbamento: *r. alla vista di qlco.* SIN. agghiacciare **B v. tr.** ● †turbare profondamente **C raccapricciàrsi v. intr. pron.** ● (*lett.*) sentirsi inorridire: *solo all'idea di perderti mi raccapriccio* (V. Alfieri)

♣**raccaprìccio** [da *r(i)-* e *capriccio* nel sign. 8 ✱ 1395] **s. m.** ● grave turbamento provocato da orrore, paura per qlco.: *sentirsi rizzare i capelli per il r.*

raccàre [prob. da una base onomat. *rak-* ✱ 1932] **v. intr.** (*io ràcco, tu ràcchi*; **aus.** *avere*) ● nel gergo dei marinai, vomitare per il mal di mare

raccartocciàre [comp. di *r(i)-* e *accartocciare* ✱ av. 1673] **v. tr.** (**pres.** *io raccartòccio*; **fut.** *io raccartoccerò*) e **raccartocciàrsi v. intr. pron.** ● (*raro*) accartocciare, accartocciarsi

raccattacénere [comp. di *raccatta(re)* e *cenere* ✱ 1891] **s. m. inv. 1** (*raro*) portacenere **2** (*tosc.*) ceneratoio

raccattacìcche [comp. di *raccatta(re)* e il pl. di *cicca* ✱ 1942] **s. m. e f. inv.** ● chi raccoglie cicche per le strade SIN. ciccaiolo

raccattafièno [comp. di *raccatta(re)* e *fieno* ✱ 1891] **s. m. inv.** ● rastrello meccanico a scarico intermittente per la raccolta di foraggi in cumuli o andane

raccattaménto [1872] **s. m.** ● (*raro, lett.*) il raccattare notizie, dati e sim.

raccattapàlle [comp. di *raccatta(re)* e il pl. di *palla* ✱ 1953] **s. m. e f. inv.** ● chi raccoglie le palle sui campi da tennis o i palloni durante le partite di calcio per restituirli ai giocatori

raccattàre [comp. di *r(i)-* e *accattare* ✱ av. 1372] **v. tr. 1** raccogliere da terra: *r. il libro caduto*; *r. cicche* | (*est.*) recuperare: *anche i caldani rotti raccattiamo* (G. Pascoli) **2** (*fig.*) mettere insieme, radunare a stento: *r. frasi, modi di dire*; *r. denaro*

raccattatìccio [da *raccattato* ✱ 1872] **s. m.** ● (*tosc.*) insieme di roba raccattata

raccattàto part. pass. di *raccattare*; anche **agg. 1** nei sign. del v. **2** (*fig.*) rimediato, trovato quasi per caso: *qualche... romagnolismo r. dal poeta* (G. Carducci)

raccattatóre [1872] **s. m.** (**f.** *-trice*) ● (*raro*) chi raccatta (**anche fig.**): *r. di mozziconi*; *r. di pettegolezzi*

raccattatùra [1872] **s. f.** ● (*raro*) raccolta: *la r. delle olive*

raccenciàre [da *cencio*, col pref. *ra-* ✱ av. 1492] **A v. tr.** (**pres.** *io raccéncio*; **fut.** *io raccencerò*) ● (*tosc.*) rattoppare | (*est.*) raffazzonare, rabberciare: *r. brutti versi* **B raccenciàrsi v. intr. pron.** ● (*fig.*) ravvivarsi, riprendersi: *più non si raccencia / quella rosa scolorita* (L. de' Medici)

raccèndere e deriv. ➤ **riaccendere** e deriv.

†**raccennàre** ➤ **riaccennare**

raccerchiàre o (*raro*) **riaccerchiàre** [comp. di *r(i)-* e *accerchiare* ✱ sec. XIV] **v. tr.** (*io raccérchio*) **1** (*raro*) accerchiare del tutto, circondare **2** †rimettere i cerchi alle botti o alle ruote

raccertàre o **riaccertàre** nei sign. A 1 e B 1 [comp. di *r(i)-* e *accertare* ✱ 1319] **A v. tr.** (*io raccèrto*) ● (*lett.*) rendere certo, rassicurare **B raccertàrsi v. intr. pron. 1** accertarsi di nuovo **2** (*lett.*) rassicurarsi: *A guisa d'uom che 'n dubbio si raccerta* (Dante *Purg.* IX, 64) | persuadersi: *pur nel tristo pensier non si raccerta* (T. Tasso)

racchetàre [comp. di *r(i)-* e *acchetare* ✱ av. 1336] **A v. tr.** (*io racchéto* (o *-è-*)) ● (*lett.*) calmare, acquietare **B racchetàrsi v. intr. pron.** ● (*lett.*) calmarsi, placarsi

racchétta [fr. *raquette*, dapprima 'palma della mano', dall'arabo dial. *rāḥet* e class. *rāḥa*: nel sign. 3, alterazione di *rocchetta* ✱ av. 1536] **s. f. 1** attrezzo costituito da un telaio ellittico un tempo di legno, oggi di metallo o altri materiali, con una cordatura di budello ritorto o di materiale sintetico, e da un lungo manico | ***sport della r.***, il tennis | attrezzo analogo di forma più piccola e col piano battente gommato o ricoperto di sughero, per il gioco del ping-pong | ***r. da neve***, attrezzo che si applica sotto gli scarponi per procedere sulla neve fresca, costituito da una intelaiatura di fibre artificiali, montata su un supporto ovale di legno o di metallo | ***r. da sci***, bastone metallico o di altri materiali, alla cui estremità appuntita è fissata una rotella, usato dallo sciatore per mantenersi in equilibrio, prendere velocità e sim. SIN. bastoncino **2** (*est.*) tennista: *un'abile r.* **3** (*milit.*) dispositivo per illuminazione o per segnalazioni luminose ‖ **racchettìna**, **dim.** | **racchettóna**, **accr.** | **racchettóne**, **accr. m.** (V.)

racchettàre [da *racchetta* (da sci) ✻ 1608] **v. intr.** (*io racchétto*; aus. *avere*) ● (*gerg.*) procedere sugli sci spingendosi con i bastoncini

racchettóne [1983] **s. m. 1** accr. di *racchetta* **2** racchetta da tennis di dimensioni più ampie dell'usuale, per rendere più facile e potente il gioco **3** grossa racchetta di forma rotonda con cui si palleggia al volo, spec. sulla spiaggia

ràcchio ① [etim. incerta ✻ 1773] **s. m.** ● piccolo grappolo di pochi chicchi maturati male che viene lasciato sulla vite dopo la vendemmia

ràcchio ② [da *racchio*① ✻ 1932 ca.] **agg. e s. m.** (**f.** *-ia*) ● (*pop.*) che (o chi) è brutto, sgraziato ‖ **racchiétto**, **dim.** | **racchióne**, **accr.**

racchiocciolàrsi [comp. di *r(i)-* e *acchiocciolarsi* ✻ av. 1704] **v. rifl.** (*io mi racchiòcciolo*) ● (*raro*) rannicchiarsi, accovacciarsi

racchiùdere [comp. di *r(i)-* e *acchiudere* ✻ 1313] **A v. tr.** (**coniug. come** *chiudere*) **1** contenere, custodire: *biblioteca che racchiude molti tesori* | (*fig.*) implicare: *questione che ne racchiude altre* **2** (*lett.*) cingere, circondare **3** †rinchiudere, serrare **B racchiùdersi v. rifl. e intr. pron. 1** rinchiudersi, appartarsi: *un giorno in un suo giardino si racchiuse solo* (G. Boccaccio) **2** essere contenuto (*anche fig.*): *queste due parole nelle quali si racchiude tutta la storia delle mie sciagure* (I. Nievo)

racchiùso (o *-ṣ-*) **part. pass.** di *racchiudere*; **anche agg.** ● nei sign. del v. | contenuto: *Che posso dirti che non sia tutto r. in queste parole?* (U. Foscolo)

†**raccoccàre** [comp. di *r(i)-* e *accoccare* ✻ 1481] **A v. tr.** ● vibrare un altro colpo con forza **B v. intr.** ● tornare a colpire: *allor Rinaldo alla testa raccocca* (L. Pulci)

raccoglibriciole [comp. di *raccogli(ere)* e il pl. di *briciola* ✻ 1983] **s. m. inv.** ● insieme di spazzola e paletta o piccolo utensile con spazzola incorporata, con cui si tolgono le briciole dalla tovaglia dopo il pasto

♦**raccògliere** o (*lett.*) **raccòrre** [comp. di *r(i)-* e *accogliere* ✻ 1261 ca.] **A v. tr.** (**coniug. come** *cogliere*) **1** prendere, levare, sollevare da terra qlco. o qlcu.: *r. una pietra, uno straccio, una lettera caduta*; *r. i feriti* | ***r. il guanto***, (*fig.*) accettare una provocazione, una sfida | (*fig.*) ***r. un'allusione***, mostrare di averla capita **2** prendere i frutti della terra o i prodotti agricoli: *r. le patate, le susine*; *r. il fieno, il grano* | (*fig.*) ricavare, trarre: *r. il frutto delle proprie fatiche*; *r. onori, successo* | (*fig.*) ottenere, incontrare: *r. l'approvazione di tutti* **3** radunare, mettere insieme (*anche fig.*): *r. truppe*; *r. denaro per una colletta*; *r. notizie utili* | (*fig.*) ***r. le idee***, riassumere, chiarire i propri pensieri | collezionare: *r. francobolli, monete* | (*lett.*) calcolare, computare: *non è agevole raccorre il numero delle case* (C. Davanzati) | riunire per dare rifugio, soccorrere, proteggere: *r. i bambini abbandonati* | (*fig.*) concentrare in un punto, spec. per potenziare, moltiplicare: *r. la mente, l'attenzione, tutte le proprie energie* **4** riunire insieme le parti di qlco., per ripiegarla, avvolgerla, ecc.: *r. i lembi di una bandiera, le pieghe di un abito* | ***r. le reti***, tirarle a sé | ***r. le vele***, riavvolgerle per entrare in porto | (*fig.*) †***r. i passi***, fermarsi | (*lett.*) ***r. il fiato***, rifiatare **5** accogliere, ricevere, accettare (*anche fig.*): *r. l'eredità, il consiglio* | ***non r. un'ingiuria, un'offesa***, o sim., ignorarla: *è meglio non r. le sue provocazioni* | (*lett.*) ascoltare, percepire: *r. parole confuse* | †comprendere: *poi ch'ebbe la parola a sé raccolta* (Dante *Purg.* XIV, 72) **B raccògliersi v. rifl. 1** rannicchiarsi, accomodarsi: *raccogliersi nel divano*; *raccogliersi sul letto* **2** (*fig.*) volgere la mente, l'attenzione: *raccogliersi su un problema* | concentrarsi: *raccogliersi in sé stesso, in preghiera* **C raccògliersi v. intr. pron.** ● radunarsi, riunirsi in un luogo o stringersi attorno a qlcu.: *raccogliersi in una località stabilita*; *raccogliersi in cerchio*; *tutti si raccolsero attorno all'oratore* | ammassarsi, addensarsi, detto di cose: *L'acqua sparsa subito si raccoglie in goccia* (T. Tasso)

SFUMATURE DI SIGNIFICATO

raccogliere - radunare - riunire

Raccogliere è mettere insieme cose prima separate facendole diventare un insieme. In **radunare**, l'insieme invece è preesistente all'atto di ricondurre gli elementi a unità. La differenza di significato di **riunire** rispetto agli altri due fa leva sugli elementi che formano la parola: in essa infatti il prefisso *ri-*, che indica ripetizione, è più avvertibile, e dunque il concetto di mettere insieme di nuovo è più forte.

raccogliménto [av. 1342] **s. m. 1** (*raro*) il raccogliere, il raccogliersi | †raccolta **2** concentrazione intellettuale o spirituale, meditazione: *pregare con grande r.* | ***un minuto di r.***, tradizionale forma di commemorazione dei defunti, che si fa in una sede pubblica

raccogliticcio [da *raccogliere* ✻ av. 1600] **A agg.** (**pl. m.** *-ci*; **pl. f.** *-ce*) ● raccolto, preso qua e là o scelto a caso (*anche fig.*): *truppe raccogliticce*; *cultura raccogliticcia* **B s. m.** ● insieme di cose o persone riunite in modo casuale e disordinato: *un r. di brutte sentenze*

raccoglitóre [av. 1328] **A s. m. 1** (**f.** *-trice*) chi raccoglie: *r. di olive* | chi colleziona qlco.: *r. di monete romane* | chi compila antologie, testi letterari e sim.: *r. di proverbi russi* **2** custodia per documenti, francobolli, monete e sim.: *r. a fogli mobili* | contenitore, cofanetto **3** vaschetta o sim. usata in varie tecnologie per la raccolta di qlco.: *il r. del pluviometro* **B agg.** (**f.** *-trice*) ● in etnologia, detto di popolazione che vive sfruttando le risorse alimentari fornite direttamente dalla natura: *gruppo etnico r.*; *popolo cacciatore-r.*

raccoglitrìce [1860] **s. f. 1** macchina per la raccolta di prodotti agricoli come bietole, tuberi, foraggi, mais **2** (*edit.*) macchina per raccogliere i fogli stampati

raccoglitùberi [comp. di *raccogli(ere)* e del pl. di *tubero* ✻ 1990] **s. m. inv.** ● (*agric.*) macchina agricola per la raccolta dei tuberi

raccoglitùra [1865] **s. f.** ● (*lett.*) raccolta

♦**raccòlta** [da *raccolto* ✻ 1330 ca.] **s. f. 1** attività, lavoro del raccogliere: *iniziare la r. del materiale*; *r. di firme* | ***r. differenziata***, sistema per raccogliere i rifiuti domestici separandoli in appositi contenitori allo scopo di separare i rifiuti riutilizzabili da quelli non riutilizzabili (rifiuti organici e carta, vetro, plastica, ecc.) | attività stagionale del raccogliere frutti e prodotti agricoli: *raccolta dei pomodori, delle olive, delle noci, delle pere* | epoca in cui si svolge tale attività | (*raro*) raccolto: *Era quello il second'anno di r. scarsa* (A. Manzoni) **2** insieme di cose riunite e ordinate seguendo un dato ordine: *una r. di libri, di quadri*; *una famosa r. di statue* **CFR.** -teca **SIN.** collezione **3** segnale dato un tempo con le trombe e con i tamburi per fare riunire i soldati sotto la propria insegna | ***suonare a r.***, dare il segnale **4** adunata, massa: *una grande r. di gente* | riunione, accoglienza: *centro di r. dei profughi* | ***chiamare a r.***, riunire, raccogliere insieme (*anche fig.*): *chiamare a r. le proprie forze* **5** insieme dei mezzi che ha a disposizione una banca **6** nella ginnastica, nel nuoto e nei tuffi, posizione raggruppata del corpo **7** †accoglienza ‖ **raccoltina**, **dim.** | **raccoltóna**, **accr.**

SFUMATURE DI SIGNIFICATO

raccolta - collezione - antologia - crestomazia

Un insieme di oggetti di qualsiasi tipo riuniti e ordinati seguendo un dato ordine si definisce genericamente **raccolta.** In modo più specifico, **collezione** si riferisce a oggetti della stessa specie, che abbiano valore storico, artistico o scientifico, oppure siano semplicemente rari, curiosi. Una raccolta di brani scelti di un autore o di più autori si chiama **antologia. Crestomazia** è suo equivalente letterario.

♦**raccòlto** **A part. pass.** di *raccogliere*; **anche agg. 1** nei sign. del v. | stretto insieme: *capelli raccolti sulla nuca* **2** (*fig.*) dignitoso, composto: *atteggiamento r.* | concentrato, assorto: *r. in preghiera* | di dimensioni ridotte ma ben disposto, detto di ambienti: *casa raccolta* | tranquillo, quieto: *luogo r.* | contenuto, detto di sentimenti: *una gioia raccolta* ‖ **raccoltaménte**, **avv.** con raccoglimento **B s. m. 1** insieme dei frutti raccolti o da raccogliersi nell'annata: *si spera in un buon r.* **2** †riepilogo | †raccolta ‖ **raccoltino**, **dim.** | **raccoltóne**, **accr.**

raccomandàbile [1683] **agg.** ● che può essere raccomandato, che merita di essere raccomandato: *libro r.*; *comportamento r.* | ***persona poco r.***, poco affidabile, di dubbia onestà | ***ambiente poco r.***, di dubbia reputazione ‖ **raccomandabilità**, **s. f. inv.**

♦**raccomandàre** [comp. di *r(i)-* e *accomandare* ✻ av. 1257] **A v. tr. 1** affidare alla protezione e alle cure altrui persone o cose molto care: *r. la famiglia a un amico*; *le raccomandava la sua roba, di proteggerla, di difenderla* (G. Verga) | ***r. l'anima a Dio***, (*fig.*) prepararsi a morire **2** indicare qlcu. all'attenzione altrui perché venga favorito, agevolato: *r. qlcu. perché venga assunto* | consigliare, suggerire: *ti raccomando quella commedia, quel ristorante* | (*iron.*) ***te lo raccomando!***, riferito a qlcu. poco raccomandabile: *che individuo, quello lì, te lo raccomando!* **SIN.** appoggiare, caldeggiare **3** consigliare, suggerire con insistenza qlco.: *r. la disciplina*; *le raccomandò la massima discrezione* | chiedere, esortare, sollecitare vivamente a fare qlco. (**+** *di* **seguito da inf.**, **+** *che* **seguito da congtv.**): *ti raccomando: spegni il gas*; *chiudi bene la porta, ti raccomando!*; *vi raccomando di rientrare in tempo*; *gli raccomandò che facesse un ultimo tentativo* **4** (*lett.*) tramandare, affidare al ricordo **5** (*lett.*) assicurare a sostegno, fissare: *r. l'ancora a una corda* **6** (*disus.*) spedire una lettera o un pacco per raccomandata **B raccomandàrsi v. rifl. 1** chiedere, implorare protezione, favori ecc., rimettersi alla benevolenza di qlcu.: *raccomandarsi ai giudici*; *si raccomandò a Dio*; (anche come formula di commiato) *gentil mia donna, a voi mi raccomando* (Dante) | affidarsi: *mi raccomando al vostro buon senso* | ***raccomandarsi alle proprie gambe***, fuggire **2** (*raro*) sollecitare vivamente qlcu.: *si raccomandava che io gli parlassi con severità* (L. Sciascia) | †***mi ti*** (o ***vi***) ***raccomando***, ti (o vi) chiedo, imploro: *Io mi vi raccomando per l'amore di Dio, che voi mi ascoltiate e non mi fate male* (F. Sacchetti) | (*assol.*) ***mi raccomando***, ti (o vi) esorto vivamente (il destinatario è chiarito dal verbo che precede o segue): *chiudete bene la porta, mi raccomando*; *mi raccomando, non fare confusione!* **C raccomandàrsi v. intr. pron.** ● segnalarsi per i propri meriti: *un testo che si raccomanda per la sua concisione* | ***raccomandarsi da sé***, avere tutte le qualità per imporsi

raccomandàta [da *raccomandato* ✻ 1798] **s. f.** ● lettera registrata dalle Poste previo pagamento e consegnata al destinatario che ne firma la ricevuta

r

raccomandatàrio [da *raccomandato* ✱ 1890] **s. m.** (**f.** *-ia*) **1** persona cui è diretta una raccomandazione, a cui è raccomandato qlco. **2** agente incaricato dagli armatori di provvedere a tutte le necessità della nave al suo arrivo in porto

raccomandatìzio [da *raccomandare*, sul modello di *commendatizio* ✱ av. 1752] **agg.** ● (*raro*) solo nella loc. ***lettera raccomandatizia***, quella inviata a una persona influente per richiamare la sua attenzione su qlcu. da favorire o appoggiare

raccomandàto **A** **part. pass.** di *raccomandare*; anche **agg. 1** nei sign. del v. | che ha una raccomandazione **2** ***lettera raccomandata***, raccomandata (V.) | ***pacco r.***, pacco postale con raccomandazione **B** **s. m.** (**f.** *-a*) ● persona raccomandata, affidata alla protezione di qlcu.: *molti raccomandati sono stati assunti* | (*scherz.*) ***r. di ferro***, chi si afferma perché appoggiato costantemente da qlcu. molto potente

raccomandatóre [1585] **s. m.** (**f.** *-trice*) ● (*raro*) chi raccomanda qlcu. o qlco.

raccomandatòrio [av. 1348] **agg.** (**pl. m.** *-i* o *raro -ii*) ● (*lett.*) che raccomanda

raccomandazióne [av. 1342] **s. f. 1** il raccomandare qlcu. o qlco. alla altrui sollecitudine, protezione e sim.: *gli faccia le mie caldissime raccomandazioni* (T. TASSO) | (*lett.*) ***r. dell'anima***, il raccomandare l'anima a Dio **2** segnalazione di qlcu. all'attenzione altrui perché venga favorito, agevolato: *tempestare di raccomandazioni*; *è stato promosso per una r.*; *lettera di r.*; *Una r., una parolina d'un par suo* (A. MANZONI) **3** consiglio, esortazione spec. autorevole: *segui le raccomandazioni dei tuoi insegnanti*; *l'infermiere che aveva sentita la r. del medico, volle impedirgli di levarsi da letto* (I. SVEVO) **4** (*burocr.*) spedizione raccomandata di una lettera o di un pacco | (*est.*) l'affrancatura necessaria per tale spedizione: *tassa, diritto, di r.* ‖ **raccomandazioncèlla**, **dim.** | **raccomandazioncina**, **dim.**

SFUMATURE ➤ *esortazione*, ➤ *protezione*

†**raccomandìgia** [av. 1348] **s. f.** ● raccomandazione

raccomodaménto [av. 1712] **s. m.** ● il raccomodare

raccomodàre [comp. di *r(i)-* e *accomodare* ✱ 1588] **v. tr.** (*io raccòmodo*) **1** rassettare, riparare: *r. le calze* | (*fig.*) rimediare a qlco., sistemare: *r. una situazione* | anche in forma pron.: *raccomodarsi la cravatta* **2** V. *riaccomodare*

raccomodatóre [1745] **s. m.** (**f.** *-trice*) ● (*raro*) chi raccomoda

raccomodatùra [1865] **s. f.** ● riparazione | spesa del raccomodare

raccompagnàre ➤ **riaccompagnare**

raccomunàre o **riaccomunàre** [comp. di *r(i)-* e *accomunare* ✱ 1312] **A** **v. tr.** ● (*raro*) accomunare ancora **B** **raccomunàrsi** **v. rifl. recipr.** ● †mettersi insieme, riunirsi

racconciaménto [av. 1342] **s. m.** ● (*raro*) risistemazione, riparazione | (*lett.*) correzione

racconciàre o †**riacconciàre** [comp. di *r(i)-* e *acconciare* ✱ 1274] **A** **v. tr.** (**pres.** *io raccóncio*; **fut.** *io racconcerò*; **part. pass.** *racconciàto*, †*raccóncio*) **1** (*raro*) rimettere in buono stato (*anche fig.*): *r. una vela, i canapi*; *r. un componimento* **SIN.** accomodare, rassettare, riparare **2** †conciliare **B** **racconciàrsi** **v. intr. pron.** ● (*lett.*) rimettersi al bello, detto del tempo **SIN.** rasserenarsi **C** **racconciàrsi** **v. rifl. recipr.** ● †rappacificarsi, riconciliarsi **D** **racconciàrsi** **v. rifl. e tr. pron.** (**aus.** *essere*) ● (*lett.*) rimettersi in ordine: *racconciarsi i capelli*

racconciatóre [1292] **s. m.** (**f.** *-trice*); anche **agg.** ● (*raro*) chi racconcia | (*lett.*) chi rielabora

racconciatùra [1296] **s. f.** ● (*raro*) il racconciare (*anche fig.*) | (*lett.*) correzione, rifacimento

raccóncio o †**riaccóncio** **part. pass.** contratto di *racconciare*; anche **agg.** (**pl. f.** *-ce*) **1** (*lett.*) aggiustato, riparato | acconcio **2** (*lett.*) rifatto **3** †rasserenato: *da ieri in qua il tempo pare r.* (F. GUICCIARDINI)

racconsolàre [comp. di *ra-* e *consolare*① ✱ 1336 ca.] **A** **v. tr.** (*io racconsólo*) ● (*lett.*) confortare, rasserenare, consolare **B** **racconsolàrsi** **v. intr. pron.** ● (*lett.*) tranquillizzarsi, consolarsi

raccontàbile [sec. XIV] **agg.** ● che si può raccontare: *un fatto r.* ‖ **raccontabilità**, **s. f. inv.**

raccontafàvole [comp. di *racconta(re)* e il pl. di *favola* ✱ 1891] **s. m. e f. inv.** ● (*raro*) persona che racconta fandonie

♦**raccontàre** o †**racontàre** [comp. di *ra-* e *contare* ✱ 1261 ca.] **A** **v. tr.** (**pres.** *io raccónto*; **part. pass.** *raccontàto*, †*raccónto*) **1** riferire parole o avvenimenti, spec. a voce (+ *di* seguito da inf., + *che*): *mi hanno raccontato ciò che si dice di te*; *odendo racontar caso infelice* (M.M. BOIARDO); *mi ha raccontato di avere lavorato in Australia*; *mi ha raccontato che rimase spaventato* | ***raccontano che...***, si dice, si va dicendo che... | ***r. per filo e per segno***, minutamente | ***uno che la sa r.***, che ha faccia tosta e spaccia menzogne | ***raccontarne delle belle, di cotte e di crude, di tutti i colori***, (*fig.*) riferire cose incredibili, strane, inconsuete | ***vai a raccontarla altrove!***, non credo a ciò che riferisci | ***a me la vieni a r.?***, a me che non c'entro; a me che non ci credo o lo so già **SIN.** dire, narrare **2** narrare, avere come argomento: *il romanzo racconta la storia di un naufrago*; *il film racconta una vicenda reale dell'ultima guerra* **3** †menzionare, annoverare **B** **v. intr.** (**aus.** *avere*) ● parlare: *raccontami del tuo ultimo viaggio* | trattare: *il film racconta dell'ascesa e della caduta del tiranno* **C** **raccontàrsi** **v. rifl.** ● parlare di sé stesso, delle proprie esperienze: *l'autore si racconta con discrezione*

SFUMATURE ➤ *narrare*

Definizione d'autore

Assomiglia a "rammendare": ricuce gli eventi, riparandoli, orlandoli in un'unica trama. Ma, a dispetto di quest'immagine rassicurante di donne intente a sferruzzare, è un verbo pericoloso che ama frugare dov'è vietato, e predilige l'odore intenso dei nascondigli, il calore nei *pied-à-terre* degli amanti. La sua vera natura è l'erotismo. Esige un orecchio insaziabile e una voce abile nell'aizzare il desiderio: cosa accadrà, come andrà a finire? Altrimenti l'illusione non regge, e torna l'accumulo noioso dei giorni. Nessuno può resistere alla tentazione di fare della vita un romanzo. Bisogna vendersi l'anima, però, e mentire. Ma più sarai bugiardo, capace di trasfigurare il banale nello straordinario, più la storia che racconti potrà giocarsi un pezzetto di eternità.

Silvia Avallone

raccontàto **part. pass.** di *raccontare*; anche **agg.** ● nei sign. del v.

raccontatóre [av. 1292] **s. m.** (**f.** *-trice*) ● chi racconta: *Machiavelli nelle 'Istorie' è gran r.* (G. CARDUCCI)

♦**raccónto**① [1570] **s. m. 1** esposizione, narrazione: *iniziò il r. delle sue avventure* **2** ciò che viene raccontato: *un r. inventato, fantastico* **3** (*letter.*) componimento letterario in prosa, più breve di un romanzo ma più lungo di una novella: *i racconti di Tolstoi* ‖ **raccontino**, **dim.** | **raccontóne**, **accr.** | **raccontùccio**, **dim.**

SFUMATURE ➤ *romanzo*②

†**raccónto**② **part. pass.** di *raccontare*; anche **agg.** ● nei sign. del v.

raccoppiàre ➤ **riaccoppiare**

raccorciaménto [sec. XIV] **s. m.** ● il raccorciare | abbreviazione

raccorciàre [comp. di *r(i)-* e *accorciare* ✱ 1321] **A** **v. tr.** (**pres.** *io raccórcio*; **fut.** *io raccorcerò*; **part. pass.** *raccorciàto*, †*raccórcio*) ● fare diventare più breve, più corto: *r. la distanza, il percorso*; *r. un testo*; *r. i capelli* **SIN.** abbreviare, accorciare | †attenuare, ridurre **B** **v. intr.** † e **raccorciàrsi** **v. intr. pron.** ● diventare più breve o più corto: *le giornate si sono raccorciate*; *sì che la via col tempo si raccorci* (DANTE *Par.* XXIX, 129) | †indebolirsi

†**raccórcio** **part. pass.** di *raccorciare*; anche **agg.** ● nei sign. del v.

raccorcìre [1803] **v. tr.** (*io raccorcìsco, tu raccorcìsci*) e **raccorcìrsi** **v. intr. pron.** ● (*tosc.*) raccorciare, raccorciarsi

♦**raccordàre**① [comp. di *r(i)-* e *accordare* ✱ av. 1400] **A** **v. tr.** (*io raccòrdo*) ● congiungere, collegare con un raccordo: *r. due autostrade*; *r. un tubo alla bocca di una pompa* | (*fig.*) collegare: *r. esigenze diverse* **B** **raccordàrsi** **v. intr. pron.** ● congiungersi, collegarsi: *raccordarsi a, con qlco.*

†**raccordàre**② ➤ **ricordare**

raccordàre③ [comp. di *r(i)-* e di un deriv. di *corda* ✱ 1993] **v. tr.** (*io raccòrdo*) ● incordare una racchetta da tennis o uno strumento musicale

raccordatùra [da *raccordare* ✱ 1993] **s. f.** ● incordatura: *r. di un mandolino, di una racchetta*

raccorderìa [da *raccordo* ✱ 1983] **s. f.** ● (*tecnol.*) insieme dei raccordi, alcuni dei quali unificati, usati come elementi di giunzione delle tubazioni nelle reti di distribuzione di acqua, gas e sim.

raccòrdo [1908] **s. m. 1** connessione, giunzione | parte, segmento, pezzo che ne tiene congiunti tra loro altri: *r. a gomito, a manicotto* | ***r. anulare***, circonvallazione periferica urbana, che collega fra loro le strade di grande comunicazione convergenti sulla città, spec. a Roma | ***r. stradale, autostradale***, per collegare fra loro strade principali o autostrade | ***r. ferroviario***, tratto di binario che collega uno stabilimento, porto, e sim. ad uno scalo ferroviario **2** (*fig.*) collegamento: *l'episodio serve da r. fra le due parti del romanzo* **3** (*cinema*) breve inquadratura, spesso di esterni, che unisce due sequenze logicamente distanti nello spazio o nel tempo

†**raccòrgersi** [comp. di *r(i)-* e *accorgersi* ✱ av. 1294] **v. intr. pron.** ● (*lett.*) ravvedersi | (*lett.*) avvedersi

raccòrre ➤ **raccogliere**

†**raccosciàrsi** [comp. di *r(i)-* e *accosciarsi* ✱ 1313] **v. rifl.** ● accosciarsi

raccostaménto [1872] **s. m.** ● avvicinamento | (*fig.*) raffronto, paragone

raccostàre [comp. di *r(i)-* e *accostare* ✱ 1313] **A** **v. tr.** (*io raccòsto*) **1** avvicinare: *r. i battenti di una persiana* | rinchiudere: *la porta che la madre, uscendo, aveva raccostato* (L. PIRANDELLO) **2** (*fig.*) mettere in relazione, raffrontare: *r. due colori contrastanti* **3** V. *riaccostare* **B** **raccostàrsi** **v. intr. pron. 1** avvicinarsi **2** V. *riaccostare*

raccozzaménto [av. 1405] **s. m. 1** (*raro*) il raccozzare | †raggruppamento | (*lett.*) riunione fatta alla peggio: *le lacune, i raccozzamenti disparati* (F. DE SANCTIS) **2** (*fig.*) †pacificazione, ravvicinamento

a b c d e f g h i j k l m n o p q r s t u v w x y z

raccozzàre [comp. di *r(i)-* e *accozzare* ✻ 1306] **A** **v. tr.** (*io raccòzzo*) ● congiungere, riunire alla peggio: *r. le truppe dopo la fuga*; *il tempo di raccozzar due idee* (A. MANZONI) **B** **raccozzàrsi** **v. intr. pron. 1** (*raro*) radunarsi **2** †incontrarsi: *dopo non s'eran mai più raccozzati* (L. ARIOSTO) **3** †trovarsi o mettersi d'accordo

racé /*fr.* ʀa'se/ [vc. fr., propr. 'di razza (*race*)' ✻ 1968] **agg. inv.** ● dotato di naturale distinzione ed eleganza

racèmico [da *racemo*, perché si trova nel mosto ✻ 1872] **agg.** (**pl. m.** *-ci*) ● (*chim.*) di composto risultante dalla miscela, in uguali quantità, di antipodi ottici

racemìfero [vc. dotta, lat. *racemĭferu(m)*, comp. di *racēmus* 'racemo' e *-fer* '-fero' ✻ av. 1729] **agg.** ● (*lett.*) che porta, che produce grappoli: *alta racemifera vite* (G. D'ANNUNZIO)

racemizzazióne [da *racemico* ✻ 1959] **s. f.** ● (*chim.*) trasformazione della metà di un composto organico otticamente attivo, nella forma otticamente inattiva con conseguente formazione del racemo

racèmo [vc. dotta, lat. *racēmu(m)* 'grappolo', di orig. preindeur. ✻ av. 1320] **s. m. 1** grappolo spec. d'uva **2** motivo decorativo composto da volute stilizzate di tralci vegetali **3** (*chim.*) sostanza inattiva alla luce polarizzata, costituita dalla miscela di ugual numero di molecole di due composti chimici identici che ruotano l'uno a destra, l'altro a sinistra il piano di polarizzazione della luce

racemóso (o *-ṣ-*) [vc. dotta, lat. *racemōsu(m)*, da *racēmus* 'racemo' ✻ 1499] **agg.** ● (*lett.*) che ha forma di grappolo | (*bot.*) detto di infiorescenza con fiori disposti in racemo

racer /re(i)ser, *ingl.* 'reɪsə(r)/ [ingl., propr. 'corridore', da *to race* 'gareggiare in velocità', vc. germ. di orig. indeur. ✻ 1906] **s. m. inv.** ● (*mar.*) imbarcazione da regata

ràchi- [dal gr. *ráchis* 'spina dorsale'] **primo elemento** ➤ **rachio-**

rachialgìa [comp. di *rachi-* e *-algía* ✻ 1829] **s. f.** (**pl.** *-gìe*) ● (*med.*) dolore alla colonna vertebrale

rachianestesìa [comp. di *rachi-* e *anestesia* ✻ 1910] **s. f.** ● (*med.*) anestesia locale mediante iniezione di soluzione anestetica nello spazio subaracnoidale del midollo spinale

rachicèntesi o **rachicentèsi** [comp. di *rachi-* e del gr. *kéntēsis* 'puntura', da *kentêin* 'pungere' (V. *pleurocentesi*) ✻ 1912] **s. f. inv.** ● (*med.*) estrazione del liquido cefalorachidiano mediante puntura degli spazi subaracnoidei del midollo spinale

ràchide [dal gr. *ráchis* 'spina dorsale' ✻ av. 1820] **s. f. o m. 1** (*anat.*) colonna vertebrale **2** (*bot.*) picciolo comune delle foglie composte | asse principale dell'infiorescenza a spiga o a grappolo | nervatura principale delle foglie penninervie **3** (*zool.*) asse del vessillo delle penne; rappresenta il prolungamento distale del calamo e da esso emanano le barbe

rachidèo [1841] **agg.** ● (*anat.*) rachidiano

rachidiàno [da *rachide* ✻ 1959] **agg.** ● della colonna vertebrale

rachidinóso (o *-ṣ-*) [1872] **agg.** ● rachitico

Rachiglòssi [comp. di *rachi-* e *-glosso*, per la forma lunga e sottile ✻ 1883] **s. m. pl.** (**sing.** *-o*) ● (*zool.*) gruppo di Molluschi dei Gasteropodi la cui radula porta tre serie di piastre dentate (*Rachiglossa*)

ràchio- o **ràchi-** [dal gr. *ráchis* 'spina dorsale'] **primo elemento** ● in parole composte della terminologia scientifica e medica significa 'spina dorsale': *rachialgia, rachicentesi*

rachischìṣi [comp. di *rachi-* e del gr. *schísis* 'separazione, divisione', da *schízein* 'separare' (V. *scisma*) ✻ 1931] **s. f. inv.** ● (*med.*) spina bifida

rachìtico [dal gr. *rachítēs*, agg. di *ráchis* 'spina dorsale' ✻ 1750] **A** **agg.** (**pl. m.** *-ci*) **1** di rachitismo | che presenta rachitismo: *arti rachitici* **2** (*est.*) poco sviluppato: *piante rachitiche* | (*fig.*) stentato, misero: *O mie strofe rachitiche* (G. D'ANNUNZIO) **B** **agg. e s. m.** (**f.** *-a*) ● che (o chi) è affetto da rachitismo

rachìtide [dal gr. *rachítēs*. V. *rachitico* ✻ av. 1758] **s. f.** ● forma attenuata di rachitismo

rachitìṣmo [da *rachit(id)e* ✻ 1773] **s. m. 1** (*med.*) disturbo dello sviluppo in particolare dello scheletro per carenza di vitamina D **2** (*bot.*) difetto di sviluppo di una pianta

♣**racimolàre** [da *racimolo* ✻ av. 1388] **v. tr.** (*io racìmolo*) **1** (*raro, spec. assol.*) raccogliere i racimoli che sono rimasti sotto le viti dopo la vendemmia **2** (*fig.*) mettere insieme a fatica, raggranellare: *r. un po' di denaro*

racimolatóre [1940] **agg. e s. m.** (**f.** *-trice*) ● (*raro*) chi (o che) racimola (*spec. fig.*)

racimolatùra [1835] **s. f.** ● il racimolare | ciò che si è raccolto (*anche fig.*)

♣**racìmolo** [dal lat. tardo *racīmus*, variante di *racemo* ✻ av. 1320] **s. m. 1** grappoletto d'uva **2** (*raro, fig.*) piccola parte di qlco. | (*lett.*) gruppo residuo: *racimoli di fanterie che erano restate quivi* (N. MACHIAVELLI) || **racimolétto**, **dim.**

raciniàno /rasi'njano/ [1876] **agg.** ● dell'autore drammatico francese Jean Racine (1639-1699): *le tragedie raciniane*

rack /*ingl.* ræk/ [vc. ingl., propr. 'rastrelliera' (d'orig. germ.) ✻ 1983] **s. m. inv. 1** mobiletto, piccola scaffalatura a più ripiani che contiene tutti gli apparecchi di un impianto stereofonico per la riproduzione del suono, escluse le casse acustiche **2** (*inform.*) telaio normalizzato in acciaio nel quale si possono sistemare apparecchi elettronici a struttura modulare

ràcket /'raket, *ingl.* 'rækɪt/ [vc. ingl., propr. 'chiasso, frastuono', di orig. espressiva ✻ 1959] **s. m. inv.** ● organizzazione della malavita, diffusa in vari settori dell'attività commerciale, che esercita l'estorsione e il ricatto con mezzi intimidatori e con la violenza

†**racontàre** ➤ **raccontare**

racquattàrsi [comp. di *r(i)-* e *acquattarsi* ✻ av. 1566] **v. rifl.** ● (*raro, lett.*) acquattarsi: *Si racquattò nel suo rifugio* (I. CALVINO)

racquetàre o (*raro*) **racquietàre** [comp. di *r(i)-* e *acquetare* ✻ av. 1292] **A** **v. tr.** (*io racquèto*) ● (*lett.*) rendere quieto: *facea racquetar li fiumi e i venti* (A. POLIZIANO) **B** **racquetàrsi** **v. intr. pron.** ● (*lett.*) calmarsi, acquietarsi

racquistàre ➤ **riacquistare**

†**racquìsto** ➤ **riacquisto**

rad [da *rad(iazione)* ✻ 1959] **s. m. inv.** ● (*fis.*) unità di dose di radiazione ionizzante assorbita, pari a 10^{-2} gray **SIMB.** rad

ràda [fr. *rade*, dall'ingl. ant. *rad* ✻ 1640] **s. f.** ● piccolo golfo naturale o artificiale antistante un porto: *entrare in r.*; *ancorarsi nella r.*

radàia [da *rado* ✻ 1847] **s. f.** ● (*tosc.*) radura

radància ➤ **redancia**

♦**ràdar** [sigla dell'ingl. *Ra(dio) D(etection) A(nd) R(anging)* 'scoperta e localizzazione (per mezzo della) radio' ✻ 1943] **A** **s. m. inv.** ● apparecchio che permette la localizzazione di oggetti mobili e fissi mediante la riflessione su di essi delle onde elettromagnetiche emesse dall'apparecchio stesso | *r. **secondario***, quello, sistemato a terra, che interroga gli aeromobili con un segnale a impulsi codificato, provocando la risposta del transponder | *r. **ottico***, radar che impiega, invece di un fascio di microonde, un fascio di luce laser **SIN.** lidar | *r. **tachimetro***, V. *radartachimetro* | *r. **tridimensionale***, in grado di indicare simultaneamente distanza, direzione e quota di un aeromobile e sim. **B** **in funzione di agg.** ● (posposto a un sost.) relativo al radar, che si effettua mediante il radar: *schermo r.*; *rilevamento r.* | ***uomini r.***, nel linguaggio giornalistico, controllori di volo

radaràbile [1974] **agg.** ● che può essere rilevato con mezzi radar: *boa r.* **SIN.** radarriflettente

radaraltìmetro [comp. di *radar* e *altimetro* ✻ 1974] **s. m.** ● altimetro basato sull'impiego di un radar

radarassistènza [comp. di *radar* e *assistenza* ✻ 1959] **s. f.** ● radioassistenza alla navigazione aerea o marittima basata sull'uso di apparecchi radar

radarastronomìa [comp. di *radar* e *astronomia* ✻ 1963] **s. f.** ● parte dell'astronomia che studia gli echi radio ottenuti su corpi del sistema planetario con segnali lanciati dalla Terra

radarfàro [comp. di *radar* e *faro* ✻ 1959] **s. m.** ● dispositivo radar in dotazione a un faro, che risponde al segnale di un radar di bordo emettendo a sua volta un segnale identificativo

radargeodeṣìa [comp. di *radar* e *geodesia* ✻ 1974] **s. f.** ● tecnica di effettuazione di rilievi geodetici mediante l'uso del radar

radargeodètico [da *radargeodesia* ✻ 1974] **agg.** (**pl. m.** *-ci*) ● relativo alla radargeodesia

radarìsta [1959] **s. m. e f.** (**pl. m.** *-i*) ● operatore addetto al funzionamento e alla manutenzione di un'apparecchiatura radar

radarìstica [1970] **s. f.** ● studio delle tecniche d'impiego, spec. militare, del radar

radarlocalizzazióne [comp. di *radar* e *localizzazione* ✻ 1974] **s. f.** ● localizzazione di un oggetto mediante il radar

radarmeteorologìa [comp. di *radar* e *meteorologia* ✻ 1974] **s. f.** (**pl.** *-gìe*) ● applicazione del radar e degli strumenti da esso derivati ai rilievi e alle misurazioni meteorologiche

radarmeteorològico [da *radiometeorologia* ✻ 1990] **agg.** (**pl. m.** *-ci*) ● (*meteor.*) della radarmeteorologia

radarnavigazióne [comp. di *radar* e *navigazione* ✻ 1974] **s. f.** ● navigazione aerea e marittima con l'ausilio del radar

radarriflettènte [comp. di *radar* e *riflettente* ✻ 1983] **agg.** ● radarabile

radarsónda [comp. di *radar* e *sonda* ✻ 1983] **s. f.** ● apparato trasportato da un pallone e destinato a misurare e trasmettere, se interrogato da apposito radar al suolo, grandezze di interesse meteorologico quali pressione, temperatura e umidità

radarspolétta [comp. di *radar* e *spoletta* ✻ 1959] **s. f.** ● spoletta il cui funzionamento si basa sull'emissione di onde persistenti e sulla ricezione dell'eco riflessa dal bersaglio **SIN.** radiospoletta

radartachìmetro [comp. di *radar* e *tachimetro* ✻ 1974] **s. m.** ● piccolo radar destinato a misurare la velocità dei veicoli in transito

radartècnica [comp. di *radar* e *tecnica* ✻ 1959] **s. f.** ● (*elettr.*) disciplina dell'ingegneria che studia la progettazione e i possibili impieghi degli impianti radar

radarterapìa [comp. di *radar* e *terapia* ✻ 1962] **s. f.** ● fisioterapia di forme reumatiche e infiammatorie basata sull'impiego di onde radar

radartopografìa [comp. di *radar* e *topografia* ✻ 1959] **s. f.** ● parte della topografia che impiega tecniche radar per il rilevamento

radartopogràfico [da *radartopografia* ✻ 1990] **agg.** (**pl. m.** *-ci*) ● della radartopografia

radàzza ➤ **redazza**

raddensàbile [1872] **agg.** ● che può raddensarsi

raddensaménto [1872] **s. m.** ● (*raro*) il raddensare, il raddensarsi

raddensàre [comp. di *r(i)-* e *addensare* ✱ 1686] **A** **v. tr.** (*io raddènso*) ● rendere denso o più denso: *r. un composto* | (*lett.*) compendiare **B** **raddensàrsi** **v. intr. pron.** ● diventare più denso formando quasi una massa compatta: *i vapori si andavano raddensando nell'aria*

raddensatóre [1872] **agg. e s. m.** (f. *-trice*) ● che (o chi) raddensa

†**raddimandàre** ➤ †**raddomandare**

raddirizzàre e deriv. ➤ **raddrizzare** e deriv.

raddobbàre [comp. di *r(i)-* e *addobbare* ✱ 1769] **v. tr.** (*io raddòbbo*) ● (*mar.*) riparare una nave

raddòbbo [1769] **s. m.** ● (*mar.*) operazione del raddobbare | ***bacino di r.***, di carenaggio

raddolciménto [1612] **s. m.** **1** il raddolcire, il raddolcirsi | (*fig.*) lenimento, mitigazione **2** (*ling.*) palatalizzazione

raddolcìre [comp. di *r(i)-* e *addolcire* ✱ 1300 ca.] **A** **v. tr.** (*io raddolcisco, tu raddolcisci*) **1** fare diventare dolce o più dolce: *r. una bevanda con lo zucchero* **SIN.** dolcificare **2** (*fig.*) rendere meno aspro: *r. gli esasperati; i sonatori / … raddolciro il sonno* (T. CAMPANELLA) **SIN.** lenire, mitigare, temperare **3** raffreddare lentamente un metallo dopo averlo riscaldato per eliminare gli effetti dell'incrudimento **B** **raddolcìrsi** **v. intr. pron.** ● diventare meno rigido, detto del tempo: *la stagione si è molto raddolcita* | ammorbidirsi, ingentilirsi: *il suo carattere si è raddolcito*

raddolcìto **part. pass.** di *raddolcire*; anche **agg.** ● nei sign. del v. | (*fig.*) più gentile, più cordiale: *disse la signora con voce raddolcita* (A. MANZONI)

†**raddomandàre** o †**raddimandàre**, †**riaddomandàre** [comp. di *r(i)-* e *addomandare* ✱ 1312] **v. tr.** ● richiedere ciò che spetta o che si possedeva

raddoppiàbile [1987] **agg.** ● che può essere raddoppiato ‖ **raddoppiabilità**, **s. f. inv.**

raddoppiaménto [av. 1292] **s. m.** **1** il raddoppiare, il raddoppiarsi: *il r. dello stipendio* | (*fig.*) aumento, intensificazione: *r. degli sforzi* **SIN.** accrescimento **2** (*ling.*) figura retorica che consiste nella ripetizione immediata di una parola; per es. in: *Il carro è dilungato lento lento* (G. PASCOLI) | anadiplosi **3** (*ling.*) ripetizione fonetica o grafica di un elemento di una parola | ***r. fonosintattico***, V. *fonosintattico* **4** gioco enigmistico consistente nel raddoppiare la consonante di una parola sì da ottenerne un'altra di significato diverso (per es. *calo - callo*)

raddoppiàre [comp. di *r(i)-* e *addoppiare* ✱ av. 1292] **A** **v. tr.** (*io raddóppio*) **1** rendere doppio: *r. la multa, la paga, il corpo di guardia* **SIN.** duplicare | ***r. il marcamento***, in alcuni sport di squadra, eseguire il raddoppio | (*assol.*) nel calcio, fare il secondo gol: *C. Ronaldo raddoppia* **2** (*est.*) accrescere, aumentare (*anche fig.*): *r. i colpi; r. le premure* **3** (*mus.*) prescrivere o eseguire un raddoppio **B** **v. intr.** (aus. *essere* o *raro avere* nel sign. 1, *avere* nei sign. 2 e 3) **1** diventare doppio: *le entrate non raddoppieranno* | accrescersi, intensificarsi: *gronda il sangue, raddoppia il ferir* (A. MANZONI) **2** effettuare il raddoppio, detto di cavallo o schermidore **3** eseguire il colpo del raddoppio, giocando al biliardo **C** **raddoppiàrsi** **v. intr. pron.** ● diventare doppio | intensificarsi: *la mia inquietudine si raddoppiava* (F. DE ROBERTO)

raddoppiàto **part. pass.** di *raddoppiare*; anche **agg.** **1** nei sign. del v.: *vincita raddoppiata; con r. vigore* **2** piegato in due: *lenzuolo r.* ‖ **raddoppiataménte**, **avv.** in misura doppia

raddoppiatùra [sec. XVII] **s. f.** **1** (*raro*) il raddoppiare **SIN.** raddoppio **2** †piegatura in due

raddóppio [av. 1696] **s. m.** **1** raddoppiamento (*anche fig.*) | (*sport*) ***r. del marcamento***, tattica difensiva consistente nell'intervento di un secondo giocatore nel marcamento di un avversario | nel calcio, secondo gol: *r. di Totti* **2** (*ferr.*) inserimento, su una linea a binario semplice, di un secondo binario per permettere il transito contemporaneo di treni nei due sensi: *r. di una linea ferroviaria* **3** in equitazione, tipo di salto di montone che il cavallo compie facendo precedere la levata degli arti anteriori a quella dei posteriori | in equitazione, galoppata eseguita su due peste **4** nella scherma, avvicinamento del piede posteriore a quello anteriore prima di effettuare l'affondo **5** (*mus.*) duplicazione all'unisono o all'ottava di un suono o di una parte, tipica della musica orchestrale **6** al biliardo, doppio cammino su un'unica linea della palla colpita, da una sponda all'altra: *tiro di r.* **7** (*teatro*) doppione

raddormentàre ➤ **riaddormentare**

raddossàre ➤ **riaddossare**

raddótto **part. pass.** di *raddurre*; anche **agg.** ● (*lett.*) radunato | (*lett.*) ridotto

raddrizzàbile [1865] **agg.** ● che si può raddrizzare

raddrizzaménto o (*raro*) **raddirizzaménto** [av. 1712] **s. m.** **1** il raddrizzare, il raddrizzarsi (*anche fig.*): *con dei raddrizzamenti repentini del busto* (G. D'ANNUNZIO) | (*fig.*) riparazione: *il r. dei torti* **2** (*fis.*) operazione consistente nel trasformare una grandezza elettrica alternata in continua o pulsante

raddrizzàre o (*lett.*) **raddirizzàre** [comp. di *r(i)-* e *addrizzare* ✱ av. 1328] **A** **v. tr.** **1** far tornare diritto: *r. una lama piegata* | (*fig.*) ***r. le gambe ai cani***, fare una cosa impossibile e inutile | (*iron.*) ***r. le ossa a qlcu.***, picchiarlo, bastonarlo **2** (*fig.*) rimettere nel giusto: *r. le opinioni di qlcu.* **SIN.** correggere **3** (*fis.*) ***r. una corrente alternata***, trasformarla in corrente continua o pulsante **B** **raddrizzàrsi** **v. rifl.** ● rimettersi diritto **C** **raddrizzàrsi** **v. intr. pron.** **1** rimettersi nel giusto: *le cose si raddrizzeranno* **2** (*raro*) rimettersi al bello, detto del tempo

raddrizzàto o (*lett.*) **raddirizzàto** **part. pass.** di *raddrizzare*; anche **agg.** ● nei sign. del v. | (*lett.*) rettificato: *nuove o raddrizzate notizie* (G. CARDUCCI)

raddrizzatóre o (*raro*) **raddirizzatóre** [1872] **A** **agg.**; anche **s. m.** (f. *-trice*) ● (*raro*) che (o chi) raddrizza (*spec. fig.*) **B** **s. m.** ● (*fis.*) dispositivo che permette il passaggio della corrente in un solo verso, impiegato per la trasformazione di una corrente alternata in continua o pulsante

raddrizzatrìce [1959] **s. f.** ● (*tecnol.*) macchina per raddrizzare barre, profilati, lamiere di ferro facendoli passare attraverso coppie di cilindri opportunamente sagomati che girano in senso opposto

raddrizzatùra [1865] **s. f.** ● raddrizzamento

†**radduràre** [comp. di *r(i)-* e di un deriv. di *duro* ✱ av. 1472] **v. intr.** **1** inasprirsi **2** sdegnarsi: *L'amante sospettoso… drento a se raddura* (L.B. ALBERTI)

raddùrre [comp. di *r(i-)* e *addurre* ✱ 1320] **A** **v. tr.** (coniug. come *addurre*) ● (*lett.*) condurre | (*fig.*) rivolgere **B** **raddùrsi** **v. intr. pron.** ● (*lett.*) raccogliersi, riunirsi | †giungere in un luogo

radènte **part. pres.** di *radere*; anche **agg.** **1** (*lett.*) tagliente: *un coltellino r.* (A. MORAVIA) **2** che rasenta una superficie, spec. il suolo: *volo, tiro r.* | ***sole r.***, basso sull'orizzonte | ***attrito r.***, in fisica, la resistenza incontrata da un corpo nel suo moto di strisciamento su un altro | ***corrente r.***, corrente marina parallela al lido

radènza [1889] **s. f.** ● movimento radente

♦**ràdere** [lat. *rādere*, di etim. incerta ✱ sec. XIII] **A** **v. tr.** (pass. rem. *io ràsi*, †*radètti* o †*radéi, tu radésti*; part. pass. *ràso*) **1** liberare dai peli passando il rasoio: *r. le guance, il mento* **2** (*est., raro*) pulire raschiando o limando | †raschiare | †cancellare raschiando: *r. lettere, segni* **3** abbattere, tagliare, spianare: *r. a terra un tronco* | ***r. al suolo***, demolire, distruggere: *r. al suolo un intero quartiere* **4** (*fig.*) rasentare, sfiorare: *Uno stormo di rondoni … saettava … radendo la boscaglia bassa* (R. BACCHELLI) | ***r. la sabbia***, toccare il fondo, detto di natante **5** †tagliare, mozzare **B** **ràdersi** **v. tr. pron.** (aus. *essere*) ● tagliarsi i peli: *radersi la barba, i baffi* **C** **ràdersi** **v. rifl.** ● farsi la barba

radézza [av. 1320] **s. f.** ● caratteristica di ciò che è rado: *la r. di un tessuto; la r. stessa dei casi allontanava il sospetto della verità* (A. MANZONI)

radiàle① [dal lat. *rădius* 'raggio' ✱ 1321] **A** **agg.** **1** relativo al raggio di un cerchio: *linea r.* | ***strada r.***, strada di uscita veloce da un centro urbano | ***velocità r.***, in astronomia, proiezione della velocità di un corpo sulla direzione di osservazione | ***pneumatico a struttura r., pneumatico r.***, quello in cui i fili delle tele costituenti la carcassa sono disposti in piani passanti per l'asse di rotazione dello pneumatico stesso | ***trapano r.***, quello in cui il mandrino e gli organi di taglio e avanzamento sono portati da un carrello scorrevole orizzontalmente lungo un braccio spostabile verticalmente **2** †formato da raggi luminosi ‖ **radialménte**, **avv.** in direzione radiale, lungo il raggio ‖ **radialità**, **s. f. inv.** **B** **s. f.** **1** linea radiale **2** linea tranviaria che collega il centro di una città alla periferia **C** **s. m.** ● pneumatico radiale

radiàle② [da *radio*② ✱ 1659] **agg.** ● (*anat.*) del radio: *polso r.; arteria, vena r.*

radialìsta [da (*trapano*) *radiale* ✱ 1983] **s. m. e f.** (pl. m. *-i*) ● operatore di un trapano radiale

radiànte① **part. pres.** di *radiare*①; anche **agg.** **1** (*lett.*) che manda luce: *lume r.* | splendente: *ellu è bellu e r. cum grande splendore* (FRANCESCO D'ASSISI) **2** (*fis.*) ***energia r.***, che si propaga sotto forma di onde elettromagnetiche | (*med.*) ***terapia r.***, attuata a mezzo di radiazioni ionizzanti | (*bot.*) ***fiore r.***, fiore periferico di una infiorescenza con corolla zigomorfa | (*astron.*) ***punti radianti***, luoghi della sfera celeste dai quali apparentemente sembrano provenire gli sciami meteoritici | ***pannello r.***, V. *pannello* nel sign. 3 **3** (*fig., lett.*) raggiante di gioia, beatitudine, splendore e sim.: *aquila, aquila … / onde torni sì r.?* (G. D'ANNUNZIO)

radiànte② [dal lat. *rădius* 'raggio', sul modello di *quadrante* ✱ 1935] **s. m.** ● (*fis.*) unità di misura degli angoli piani nel Sistema Internazionale, pari all'angolo piano che, su una circonferenza avente centro nel vertice dell'angolo e giacente sul piano dell'angolo, intercetta un arco di lunghezza uguale al raggio della circonferenza stessa **SIMB.** rad

radiànza [da *radiante*① ✱ 1959] **s. f.** ● (*fis.*) flusso luminoso totale irradiato in un semispazio da ogni cm^2 di sorgente luminosa

radiàre① [vc. dotta, lat. *radiāre*, da *rădius* 'raggio' ✱ 1224 ca.] **v. intr.** (*io ràdio*; **aus.** *avere*) ● (*lett.*) mandare raggi, sfavillare

radiàre② [fr. *radier*, dal lat. mediev. *radiāre*, latinizzazione erronea del fr. *rayer* 'tirare una linea, una riga', da *raie* 'riga' ✱ 1797] **v. tr.** (*io ràdio*) **1** (*burocr.*) cancellare il nome di una persona da un elenco per espellerla da una società, un partito e sim.: *r. un medico dall'albo professionale per indegnità* **2** cancellare dai registri un aeromobile o una nave destinati alla demolizione

radiatìvo [da *radiare*① ✱ 1959] **agg.** ● (*fis.*) relativo a irraggiamento

radiàto① [vc. dotta, lat. *radiātu(m)* 'raggiante', da *rădius* 'raggio' ✱ av. 1539] **agg. 1** †che è disposto a raggi | ***immagine radiata***, in pittura, immagine coronata di caratteristiche punte simboleggianti i raggi del sole **2** (*bot.*) detto dei fiori della periferia delle ombrelle, più grandi dei centrali ed a petali ineguali, i maggiori volti all'esterno

radiàto② **part. pass.** di *radiare*② ● nel sign. 1 del v.: *avvocato r. dall'albo*

♦**radiatóre** [da *radiare* 'irradiare', sul modello del fr. *radiateur* ✱ 1906] **s. m. 1** (*fis.*) qualunque corpo in grado di emettere radiazioni **2** negli impianti di riscaldamento, dispositivo che cede all'ambiente circostante il calore che emana da un fluido caldo in esso circolante **3** nei motori a combustione interna, apparecchio che irradia energia termica per il raffreddamento dell'acqua di circolazione o dell'olio lubrificante

radiatorìsta [da *radiatore* ✱ 1959] **s. m. e f.** (**pl. m.** *-i*) ● operaio specializzato nella messa in opera e nella riparazione di radiatori per automobili

radiazióne① [vc. dotta, lat. *radiatiōne(m)*, da *radiāre* 'radiare①' ✱ 1640] **s. f. 1** (*fis.*) forma di propagazione dell'energia elettromagnetica sotto forma di onde elettromagnetiche o di corpuscoli | le onde o i corpuscoli così propagati: *radiazioni atomiche, solari, cosmiche* | ***r. di frenamento***, Bremsstrahlung | ***r. ionizzante***, radiazione elettromagnetica o corpuscolare con energia sufficiente a ionizzare la sostanza che attraversa **2** (*anat.*) propagazione di un'informazione sensoriale verso i distretti centrali del sistema nervoso: *r. olfattiva*

radiazióne② [fr. *radiation*, da *radier* 'radiare②' ✱ 1797] **s. f.** ● esclusione da un elenco, da un registro e sim. **SIN.** espulsione

ràdica [lat. parl. **rādica(m)*, da *rādix*, genit. *radīcis* 'radice' ✱ 1539] **s. f. 1** tessuto legnoso di radici o parti basali di alberi usato per intarsi e decorazioni: *r. di noce* | radice legnosa di una specie di Erica, adoperata per fabbricare pipe od oggetti ornamentali **2** (*roman.*) radice | ***r. gialla***, carota | ***r. rossa***, barbabietola | ***r. amara***, scorzonera | ***r. saponaria***, V. *saponario* ‖ **radichétta**, **dim.**

radical-chìc /radikal'ʃik, *ingl.* 'rædɪk(ə)l-ˌʃiːk/ [vc. amer. (comp. di *radical* 'radicale' e *chic* (V.)), coniata nel 1970 dallo scrittore T. Wolfe parlando di un concerto di beneficenza dato da L. Bernstein per le Pantere nere ✱ 1971] **A s. m. e f. inv.** ● (*iron.*) chi per snobismo ostenta idee politiche radicali e di sinistra **B anche agg. inv.**: *atteggiamento radical-chic*

radicàle [lat. parl. **radicāle(m)*, da *rādix*, genit. *radīcis* 'radice'; nel sign. politico, calco sull'ingl. *radical* ✱ 1308] **A agg. 1** (*bot.*) della radice: *apparato r.* | ***assorbimento r.***, effettuato per mezzo dei peli della radice **2** (*ling.*) di elemento che appartiene alla radice **3** (*fig.*) che propone o sostiene mutamenti e trasformazioni sostanziali, da apportare alle radici, in profondità | (*fig.*) ***cura, rimedio, intervento r.***, che tendono a estirpare il male combattendone le cause | che sostiene profonde modificazioni politiche e sociali | (*polit.*) ***Partito r.***, che si ispira ai valori del radicalismo politico | relativo al Partito radicale | (*polit.*) che in uno schieramento ha posizioni estreme, intransigenti: *sinistra r.*; *destra r.* **4** †essenziale, sostanziale ‖ **radicalménte**, **avv. 1** dalla radice, dall'origine: *curare un male radicalmente; drasticamente* **2** (*est.*) interamente, totalmente: *sono radicalmente diversi* ‖ **radicalità**, **s. f. inv.** (V.) **B s. m.** (**anche f. nel sign. 2, raro nel sign. 1**) **1** (*ling.*) radice di un vocabolo **2** chi segue e sostiene il radicalismo | appartenente al Partito Radicale **C s. m. 1** (*mat.*) numero irrazionale espresso come radice di un numero razionale | numero reale ottenibile da numeri razionali con le operazioni razionali ed estrazioni di radice **2** (*chim.*) residuo monovalente formato da una molecola spec. organica per la perdita di un atomo di idrogeno | ***r. libero***, atomo o gruppo molecolare che possiede un elettrone spaiato e quindi molto reattivo; (*med.*) composto altamente reattivo e mutageno che si produce da una macromolecola biologica per rottura simmetrica di un legame covalente | ***r. alchilico***, residuo monovalente che si può ritenere formato da un alcano per perdita di un atomo d'idrogeno

radicaleggiànte **part. pres.** di *radicaleggiare*; **anche agg.** ● che mostra simpatia verso il Partito Radicale o verso posizioni o atteggiamenti radicali

radicaleggiàre [1891] **v. intr.** (**pres.** *io radicaléggio*; **fut.** *io radicaleggerò*; **aus.** *avere*) ● essere sostenitore di idee ed azioni politiche radicali

radicalìsmo [fr. *radicalisme*, da *radical* 'radicale' ✱ 1820] **s. m. 1** movimento filosofico sorto in Inghilterra tra il XVIII e il XIX secolo, che applicava i principi dell'utilitarismo alla politica e all'economia, proponendo riforme radicali di tutte le istituzioni **2** tendenza politica laica e radicale del liberalismo europeo **3** atteggiamento di chi sostiene posizioni estreme, rifiutando ogni mediazione o compromesso: *il nuovo r. politico degli studenti del Sessantotto* (I. CALVINO)

radicalità [da *radical(e)* ✱ 1883] **s. f. inv. 1** caratteristica di ciò che agisce in modo radicale, risolutivo, decisivo: *la r. di una cura, di una riforma* **2** (*fig.*) estrema durezza, intransigenza: *la r. dello scontro politico*

radicalizzàre [da *radicale* ✱ 1923] **A v. tr.** ● portare una polemica, un contrasto e sim. verso posizioni estreme senza accettare compromessi: *r. una protesta, una lotta* **B radicalizzàrsi v. intr. pron.** ● diventare più aspro, più acuto: *le posizioni si sono radicalizzate* | diventare più intransigente, più radicale: *frange politiche che tendono a radicalizzarsi* ‖ **radicalizzazióne**, **s. f.** (V.)

radicalizzazióne [av. 1937] **s. f.** ● il radicalizzare, il radicalizzarsi | estremizzazione, inasprimento di una posizione o di un contrasto politico o sociale

radicaménto [1745] **s. m.** ● (*raro*) il radicare, il radicarsi | (*fig.*) stabile inserimento in un contesto: *il r. sociale di un partito*; *il r. della coscienza civica nell'opinione pubblica*

radicàndo [da *radice*, sul modello di *moltiplicando* ✱ 1891] **s. m.** ● (*mat.*) espressione sotto il segno di radice

radicàre [vc. dotta, lat. tardo *radicāre* 'metter radici', da *rādix*, genit. *radīcis* 'radice' ✱ 1266] **A v. intr.** (*io ràdico, tu ràdichi*; **aus.** *essere*) ● mettere radici | (*fig., raro*) attecchire, abbarbicarsi: *quei pregiudizi tendono a r. in lui* **B v. tr.** ● (*raro*) fare penetrare, infondere **C radicàrsi v. intr. pron.** ● (*fig.*) ambientarsi, stabilirsi: *arabi ed europei si sono radicati … nelle zone a clima temperato* (A. MORAVIA) | (*fig.*) penetrare, inserirsi profondamente: *quei valori si sono radicati nella coscienza di molti*

radicàto **part. pass.** di *radicare*; **anche agg.** ● nei sign. del v. | (*fig.*) profondamente e stabilmente penetrato, inserito: *consuetudini ormai radicate*

radicazióne [av. 1698] **s. f.** ● (*bot.*) emissione, formazione di radici | (*est.*) lo stato e la disposizione delle radici di una pianta

radìcchio [lat. parl. **radīculu(m)*, dim. di *radīcula*, a sua volta dim. di *rādix*, genit. *radīcis* 'radice' ✱ av. 1449] **s. m.** ● nome comune di diverse specie erbacee, appartenenti alla famiglia delle Composite, che crescono spontaneamente nei prati | in particolare, denominazione di alcune varietà coltivate note con il nome di cicoria | ***r. rosso, trevigiano***, varietà di cicoria con foglie variegate di un rosso violaceo

♦**radìce** [lat. *radīce(m)*, di orig. indeur. ✱ 1261 ca.] **s. f. 1** organo delle piante cormofite per lo più sotterraneo, che fissa il vegetale al terreno ed assorbe l'acqua ed i sali disciolti **SIN.** (*pop.*) radica **CFR.** rizo-, -riza | ***radici avventizie***, che si sviluppano sul fusto e sulle foglie per tenere fissata la pianta al sostegno o con funzione assorbente | ***cuffia della r.***, pileoriza | ***r. dolce***, liquirizia | ***r. di S. Apollonia***, iperico | ***mettere r., radici***, (*fig.*) diffondersi, attecchire, detto di idee, sentimenti, usanze ecc. | ***mettere radici in un luogo***, stabilirvisi definitivamente | ***estirpare qlco. alla r., dalle radici***, (*fig.*) eliminarla completamente **2** (*est.*) parte bassa di qlco. | ***r. dentaria***, parte inferiore del dente infissa nell'alveolo | ***r. di una montagna***, base **3** (*ling.*) elemento non più riducibile morfologicamente e semanticamente di una parola e parte fondamentale di una famiglia di parole (per es. *cas-* in *casa, case, casale, caseggiato, casereccio, rincasare* ecc.) **4** (*mat.*) ***r. di un numero***, numero che elevato ad una certa potenza dà il numero dato | ***r. quadrata*** (***seconda***), ***cubica*** (***terza***), ***quarta***, ecc., numero che elevato rispettivamente alla seconda o alla terza o alla quarta, ecc. potenza dà il numero assegnato | ***r. di una equazione***, soluzione dell'equazione **5** (*anat.*) tratto di uscita o di inserzione di un nervo o di una sua componente rispetto al nevrasse **6** (*fig.*) origine, principio, fonte, causa: *la prima r. del male*; *la r. di tutti i vizi*; *andare alla r. di un problema* | (**al pl.**, *fig.*) le origini familiari, culturali, ambientali o storiche di qlcu. o qlco.: *affondare le proprie radici in qlco.*; *avere nostalgia delle proprie radici*; *riscoprire le proprie radici* **7** (*fig.*) †genitore | †antenato, capostipite, progenitore: *D'una r. nacqui e io ed ella* (DANTE *Par.* IX, 31) | †discendenza ‖ **radicèlla** o **radichèlla**, **dim.** (V.) | **radicétta** o **radichétta**, **dim.** (V.) | **radicìna**, **dim.** (V.) | **radicióne**, **accr. m.**
SFUMATURE ➤ *fonte*

radicèlla o **radichèlla** [1884] **s. f. 1** dim. di *radice* **2** (*bot.*) cicoria

radicétta o **radichétta** **s. f. 1** dim. di *radice* **2** (*bot.*) radichetta

radichèlla ➤ **radicella**

radichétta [1820] **s. f. 1** V. *radicetta* **2** (*bot.*) radice secondaria che si stacca da quella principale | giovane radice dell'embrione

radicìcolo [comp. di *radic(e)* e *-colo* ✱ 1906] **agg.** ● (*biol.*) detto di organismo che vive nelle radici delle piante

radicifórme [comp. di *radice* e *-forme* ✱ 1835] **agg.** ● che ha forma, figura di radice

radicìna [1871] **s. f. 1** dim. di *radice* **2** (*bot.*) ravanello | radichetta

radicolàre [dal lat. *radīcula*, dim. di *rādix*,

genit. *radīcis* 'radice' ✻ 1865] **agg. 1** (*bot.*) relativo alla radice **2** (*anat.*) relativo alle radici dei nervi: *anestesia r.*

radicolìte [dal lat. *radīcula*, dim. di *rādix*, genit. *radīcis* 'radice', col suff. *-ite*① ✻ 1959] **s. f.** ● (*med.*) infiammazione delle radici nervose

Radièllo® [marchio registrato della Fondazione Maugeri ✻ 1996] **s. m.** ● campionatore costituito da una provetta dotata di una cartuccia assorbente, utilizzato per rilevare il livello di sostanze inquinanti, spec. benzene, nell'atmosfera

radiestesìa e deriv. ➤ **radioestesia** e deriv.

radìfero [comp. di *radi(um)* e *-fero* ✻ 1959] **agg.** ● detto di involucro di metallo o vetro, di varia forma secondo l'applicazione, destinato a contenere sostanze radioattive per la radioterapia: *ago, tubo r.*; *piastra radifera*

radimàdia [comp. di *radere* e *madia* ✻ 1353] **s. f. inv.** ● raschiatoio usato un tempo per ripulire la madia dopo l'impastatura

radiménto [av. 1519] **s. m.** ● (*lett.*) il radere

†**ràdio**① [vc. dotta, lat. *rădiu(m)*, di etim. incerta ✻ sec. XIV] **s. m. 1** raggio **2** asticciola per misurare sulla balestriglia l'altezza degli astri

ràdio② [lat. *rădiu(m)* 'raggio', di etim. incerta, per la forma ✻ 1598] **s. m.** (**pl.** *-i* o *-ii*) ● (*anat.*) una delle due ossa dell'avambraccio, dalla parte del pollice **CFR.** ulna

ràdio③ o **ràdium** [lat. *rădiu(m)* 'raggio', perché emette radiazioni ✻ 1904] **s. m. solo sing.** ● elemento chimico, metallo alcalino-terroso, presente nei minerali di uranio, fortemente radioattivo, chimicamente molto reattivo; si usa in medicina come antineoplastico e in vari settori scientifici **SIMB.** Ra **NUM. AT.** 88

♦**ràdio**④ [da *radio(fonia)* ✻ 1918] **A s. f. inv. 1** accorc. di *radiofonia, radiotelefonia, radiotelegrafia*: *navi e aerei comunicano mediante r.* | (*est.*) accorc. di *radiotrasmissione*: *ascoltare la r.* **2** accorc. di *radioricevitore*; apparecchio radiofonico: *accendere, spegnere la r.*; *comprare una r. portatile* | (*colloq.*) ***alzare, abbassare la radio***, il volume della radio **3** stazione, centro da cui vengono irradiate trasmissioni radiofoniche: *r. Londra* | ***r. fante, gavetta***, il rapido trasmettersi delle notizie fra i soldati | ***r. carcere***, il rapido trasmettersi delle notizie fra i detenuti | ***r. libera***, negli anni intorno al 1970, denominazione delle prime emittenti private che iniziarono a trasmettere in regime non monopolistico ‖ **radiòla**, **dim.** | **radiolétta**, **dim.** | **radiolìna**, **dim.** (V.) **B in funzione di agg. inv.** ● (posposto al sost.) nella loc. ***onda r.***, radioonda | (*est.*) di ciò che emette, riceve o comunque utilizza le radioonde: *ponte r.*; *contatto r.*; *collegamento r.* | ***stazione r.***, centro di generazione, emissione e ricezione di radiosegnali | ***apparecchio r.***, radioricevitore | ***giornale r.***, notiziario periodico trasmesso per radio | ***via r.***, per mezzo delle onde radio: *collegarsi via r.*

ràdio-① [dal lat. *rădiu(m)* 'raggio'] **primo elemento** ● in parole scientifiche e tecniche composte indica relazione con energia raggiante e radiazioni di varia natura: *radiostella, radioestesia*

ràdio-② **primo elemento** ● in parole scientifiche e tecniche composte fa riferimento al radio e alla radioattività (*radioisotopo, radioattivo*) o ai raggi X (*radiografia*)

ràdio-③ **primo elemento** ● in parole scientifiche e tecniche composte fa riferimento alle onde elettromagnetiche, alle trasmissioni radiofoniche e agli apparecchi radiofonici: *radiocomunicazione, radiofonia, radiotecnica, radioascoltatore*

radioabbonàto [comp. di *radio-*③ e *abbonato* ✻ 1940] **s. m.** (**f.** *-a*) ● un tempo, abbonato alle radioaudizioni

radioaltìmetro [comp. di *radio-*③ e *altimetro* ✻ 1939] **s. m.** ● misuratore di altezza mediante radar

radioamatóre [comp. di *radio-*③ e *amatore* ✻ 1925] **s. m.** (**f.** *-trice*) ● dilettante che effettua e riceve radiotrasmissioni utilizzando bande di frequenza autorizzate, con un particolare codice di linguaggio e secondo precise convenzioni internazionali

radioamatoriàle [1990] **agg.** ● di radioamatore, relativo ai radioamatori: *apparecchiatura r.*

radioascoltatóre [comp. di *radio-*③ e *ascoltatore* ✻ 1925] **s. m.** (**f.** *-trice*) ● chi ascolta le trasmissioni radiofoniche

radioascólto [comp. di *radio-*③ e *ascolto* ✻ 1959] **s. m. 1** ascolto di una radiotrasmissione **2** tempo dedicato da parte di radioamatori o stazioni radio alla ricezione di messaggi

radioassistènza [comp. di *radio-*③ e *assistenza* ✻ 1959] **s. f.** ● (*aeron., mar.*) l'insieme dei metodi e degli apparecchi radioelettrici atti a facilitare la navigazione aerea e marittima

radioassìstere [comp. di *radio-*③ e *assistere* ✻ 1959] **v. tr.** (**coniug. come** *assistere*) ● (*aeron., mar.*) facilitare la navigazione aerea o marittima mediante metodi e apparecchi radioelettrici

radioassistito **part. pass. di** *radioassistere*; **anche agg.** ● nel sign. del v.: *atterraggio r.*

radioastronomìa [comp. di *radio-*③ e *astronomia* ✻ 1955] **s. f.** ● branca dell'astronomia che studia le radioonde di natura cosmica

radioastronòmico [1959] **agg.** (**pl. m.** *-ci*) ● relativo alla radioastronomia

radioastrònomo [comp. di *radio-*③ e *astronomo* ✻ 1959] **s. m.** (**f.** *-a*) ● studioso di radioastronomia

radioattìnio [comp. di *radio-*② e *attinio* ✻ 1927] **s. m.** ● (*chim.*) isotopo radioattivo del torio con massa atomica 227 **SIMB.** RdAc

radioattivazióne [da *radioattivo* ✻ 1927] **s. f.** ● (*fis.*) procedimento per rendere radioattivo un elemento mediante irraggiamento fotonico

radioattività [ingl. *radioactivity*, comp. di *radio-*② e *activity* 'attività' ✻ 1902] **s. f. inv.** ● proprietà di alcune sostanze di emettere radiazioni corpuscolari (raggi alfa e beta) ed elettromagnetiche (raggi gamma) in grado di attraversare corpi opachi, impressionare lastre fotografiche, produrre fluorescenza e fosforescenza, rendere i gas conduttori dell'elettricità | ***r. naturale***, propria delle sostanze radioattive che si trovano in natura | ***r. artificiale, indotta***, propria delle sostanze non radioattive di per sé, ma rese temporaneamente tali per avvicinamento a un sale di radio o per bombardamento atomico | ***r. residua***, presente in zone dove siano avvenute esplosioni nucleari

radioattivo [ingl. *radioactive*, comp. di *radio-*② e *active* 'attivo' ✻ 1905] **agg.** ● dotato di radioattività: *elemento r.* ‖ **radioattivaménte**, **avv.** ‖ **radioattività**, **s. f. inv.** (V.)

radioaudizióne [comp. di *radio-*③ e *audizione* ✻ 1924] **s. f.** ● (*disus.*) ascolto di radiotrasmissioni | (al **pl.**) l'insieme dei programmi radiofonici

radiobiologìa [comp. di *radio-*② e *biologia* ✻ 1930] **s. f.** (**pl.** *-gìe*) ● disciplina che studia gli effetti biologici delle radiazioni

radiobùssola [comp. di *radio-*③ e *bussola* ✻ 1937] **s. f.** ● (*aeron.*) radiogoniometro di bordo che dà il rilevamento della stazione emittente

radiocanàle [comp. di *radio-*③ e *canale* ✻ 1947] **s. m.** ● intervallo di frequenze che una stazione radio può utilizzare per le proprie trasmissioni

radiocarbònico [1989] **agg.** (**pl. m.** *-ci*) ● relativo al radiocarbonio | ***analisi radiocarbonica***, metodo di datazione dei resti organici presenti in reperti archeologici e paleontologici mediante il carbonio-14

radiocarbònio [comp. di *radio-*② e *carbonio* ✻ 1959] **s. m.** (**pl.** *-i* o *raro -ii*) ● isotopo radioattivo del carbonio, usato per ricerche cliniche, biologiche e archeologiche **SIN.** carbonio-14

radiocèntro (o **-é-**) [comp. di *radio-*③ e *centro* ✻ 1948] **s. m.** ● complesso delle attrezzature di un centro di radiodiffusione

radiochemioterapìa [comp. di *radio-*② e *chemioterapia* ✻ 1955] **s. f.** ● (*med.*) chemioradioterapia

radiochìmica [comp. di *radio-*② e *chimica*, sul modello dell'ingl. *radiochemistry* ✻ 1959] **s. f.** ● (*chim.*) ramo della chimica che studia gli aspetti chimici degli elementi radioattivi e gli effetti chimici delle radiazioni nucleari

radiochìmico [comp. di *radio-*② e *chimico* ✻ 1977] **agg.** (**pl. m.** *-ci*) ● (*chim.*) che concerne la radiochimica

radiochirurgìa [comp. di *radio(logia)* e *chirurgia* ✻ 1959] **s. f.** (**pl.** *-gìe*) ● abbinamento della chirurgia e della radiologia nella diagnosi e nella terapia

radiocobàlto [comp. di *radio-*② e *cobalto* ✻ 1959] **s. m.** ● isotopo radioattivo del cobalto, usato spec. in medicina come antineoplastico

radiocollàre [comp. di *radio-*③ e *collare* ✻ 1981] **s. m.** ● collare munito di radiotrasmettitore che viene applicato ad animali selvatici, quali lupi e volpi, per seguirne i movimenti a scopo di studio

radiocollegaménto [comp. di *radio-*③ e *collegamento* ✻ 1949] **s. m.** ● collegamento effettuato per mezzo di onde radio

radiocollegàre [comp. di *radio-*③ e *collegare* ✻ 1986] **A v. tr.** (*io radiocollégo* (o *-è-*), *tu radiocolléghi* (o *-è-*)) ● collegare per mezzo di onde radio **B radiocollegàrsi v. rifl. recipr.** ● collegarsi per mezzo di onde radio

radiocomandàre [comp. di *radio-*③ e *comandare* ✻ 1937] **v. tr.** ● comandare a distanza mediante mezzi radio

radiocomandàto **part. pass. di** *radiocomandare*; **anche agg.** ● comandato a distanza con mezzi radio: *aereo, missile, natante r.*

radiocomàndo [comp. di *radio-*③ e *comando* ✻ 1937] **s. m.** ● comando a distanza con mezzi radio

radiocommèdia [comp. di *radio-*③ e *commedia* ✻ 1941] **s. f.** ● commedia opportunamente adattata per essere trasmessa dalla radio

radiocomunicazióne [comp. di *radio-*③ e *comunicazione* ✻ 1920] **s. f.** ● comunicazione attuata per mezzo di radioonde

radiocontaminazióne [comp. di *radio-*② e *contaminazione* ✻ 1987] **s. f.** ● contaminazione ad opera di sostanze radioattive

radioconversazióne [comp. di *radio-*③ e *conversazione* ✻ 1941] **s. f.** ● conversazione radiofonica di soggetto vario

radiocrònaca [comp. di *radio-*③ e *cronaca* ✻ 1935] **s. f.** ● cronaca di avvenimenti, competizioni sportive, cerimonie e sim. trasmessa in diretta per radio

radiocronìsta [comp. di *radio-*③ e *cronista* ✻ 1935] **s. m. e f.** (**pl. m.** *-i*) ● chi fa radiocronache

a b c d e f g h i j k l m n o p q r s t u v w x y z

radiodermatìte [comp. di *radio-*② e *dermatite* ✱ 1990] **s. f.** ● (*med.*) radiodermite

radiodermìte [comp. di *radio-*② e *dermite* ✱ 1908] **s. f.** ● (*med.*) lesione della cute e dei suoi annessi causata dall'esposizione a radiazioni ionizzanti o a sostanze radioattive **SIN.** radiodermatite

radiodi̯àgnoṣi [comp. di *radio-*② e *diagnosi* ✱ 1959] **s. f. inv.** ● (*med.*) diagnosi formulata in base ai risultati di tecniche radiologiche

radiodiagnòstica [comp. di *radio-*① e *diagnostica* ✱ 1914] **s. f.** ● parte della radiologia che studia le applicazioni delle radiazioni ionizzanti nella diagnosi delle malattie | (*est.*) reparto ospedaliero per pazienti che necessitano di diagnosi effettuate mediante tali radiazioni

radiodiagnòstico [comp. di *radio-*① e *diagnostico* ✱ 1913] **agg.** (**pl. m.** *-ci*) ● relativo alla radiodiagnostica ‖ **radiodiagnosticaménte**, **avv.** mediante indagini radiodiagnostiche

radiodiffóndere [comp. di *radio-*③ e *diffondere* ✱ 1953] **v. tr.** (**coniug. come** *fondere*) ● diffondere per mezzo di radiotrasmissioni

radiodiffuṣióne [comp. di *radio-*③ e *diffusione* ✱ 1925] **s. f.** ● diffusione di programmi di vario genere fatta da stazioni radiotrasmittenti

radiodilettànte [comp. di *radio-*③ e *dilettante* ✱ 1925] **s. m. e f.** ● radioamatore che impiega apparati di piccola potenza

radiodistùrbo [comp. di *radio-*③ e *disturbo* ✱ 1941] **s. m.** ● ogni perturbazione che renda impossibile o imperfetta la radioricezione o la radiotrasmissione

radiodràmma [comp. di *radio-*③ e *dramma* ✱ 1941] **s. m.** (**pl.** *-i*) ● opera drammatica scritta per la radio

radioèco [comp. di *radio-*③ ed *eco* ✱ 1941] **s. m. o f.** (**pl. m.** *-chi*; *raro* **pl. f. inv.**) ● fenomeno per cui un segnale radioelettrico si riflette su un ostacolo e ritorna alla stazione emittente

radioecologìa [comp. di *radio-*② ed *ecologia* ✱ 1971] **s. f.** (**pl.** *-gìe*) ● branca dell'ecologia che si occupa dello studio degli effetti prodotti dalle radiazioni radioattive sull'ambiente e sugli organismi

radioeleménto [comp. di *radio-*② ed *elemento* ✱ 1927] **s. m.** ● elemento chimico radioattivo

radioelettricità [da *radioelettrico* ✱ 1983] **s. f. inv.** ● parte dell'elettrologia che studia e utilizza la trasmissione di segnali per mezzo di onde elettromagnetiche

radioelèttrico [comp. di *radio-*③ ed *elettrico* ✱ 1924] **agg.** (**pl. m.** *-ci*) ● relativo a radioelettricità (V.)

radioemanazióne [comp. di *radio-*② ed *emanazione* ✱ 1924] **s. f.** ● (*fis.*) emanazione radioattiva

radioemissióne [comp. di *radio-*① ed *emissione* ✱ 1974] **s. f. 1** emissione di radiazioni **2** radiotrasmissione

radioesteṣìa o **radi̯esteṣìa** [comp. di *radio-*① e un deriv. del gr. *áisthēsis* 'sensazione' (V. *estetica*) ✱ 1935] **s. f.** ● facoltà di captare anche a distanza radiazioni di oggetti o esseri viventi, che si manifesta con oscillazioni di un pendolino sostenuto dal ricercatore

radioestèṣico o **radi̯estèṣico** [1950] **agg.** (**pl. m.** *-ci*) ● relativo alla radioestesia

radioesteṣìsta o **radiesteṣìsta** [av. 1956] **s. m. e f.** (**pl. m.** *-i*) ● chi pratica la radioestesia

radiofàrmaco [comp. di *radio-*② e *farmaco* ✱ 1969] **s. m.** (**pl.** *-ci*) ● (*farm.*) farmaco contenente uno o più isotopi radioattivi usato per scopi diagnostici o nella terapia dei tumori

radiofàro [comp. di *radio-*③ e *faro* ✱ 1930] **s. m.** ● stazione radiotrasmittente terrestre, automatica, posta in posizione nota, che permette ad aerei e navi di rilevare la loro posizione

radiofonìa [comp. di *radio-*③ e *-fonia* ✱ 1925] **s. f. 1** radiotelefonia **2** radiodiffusione ‖ **radiofònico**, **agg.** (**pl. m.** *-ci*) radiotelefonico; detto di apparecchio che riceve le emissioni radioelettriche da apposite stazioni ‖ **radiofonicaménte**, **avv.** via radio, per mezzo della radiofonia

radiofonìsta [da *radiofonia* ✱ 1970] **s. m. e f.** (**pl. m.** *-i*) ● militare del Genio trasmissioni addetto ai collegamenti radiofonici

radiofonobàr [comp. di *radio(grammo)fono* e *bar* ✱ 1952] **s. m. inv.** ● mobiletto con radiogrammofono e servizio di bar

radiofonògrafo [comp. di *radio-*③ e *fonografo* ✱ 1941] **s. m.** ● apparecchio radioricevente fornito di fonografo

radiofòto [comp. di *radio-*③ e *foto* ✱ 1970] **s. f. inv.** ● immagine fotografica trasmessa mediante radiotelefotografia

radiofotografìa [comp. di *radio-*③ e *fotografia* ✱ 1959] **s. f.** ● radiotelefotografia

radiofrequènza [comp. di *radio-*③ e *frequenza* ✱ 1935] **s. f.** ● frequenza delle radioonde

radiofurgóne [comp. di *radio-*③ e *furgone* ✱ 1950] **s. m.** ● automezzo attrezzato per le trasmissioni radiofoniche

radiogalàssia [comp. di *radio-*① e *galassia* ✱ 1974] **s. f.** ● (*astron.*) galassia la cui emissione di radioonde rispetto all'emissione di onde luminose è molto maggiore che nel caso delle galassie ordinarie

radiògeno [comp. di *radio-*② e *-geno* ✱ 1927] **agg.** ● che genera raggi X

radiogiornàle [comp. di *radio-*③ e *giornale* ✱ 1941] **s. m.** ● giornale radio

radiogoniometrìa [da *radiogoniometro* ✱ 1930] **s. f.** ● procedimento tecnico che permette di determinare la provenienza di radioonde di qualsiasi origine

radiogoniomètrico [1930] **agg.** (**pl. m.** *-ci*) ● relativo al radiogoniometro

radiogoniòmetro [comp. di *radio-*③ e *goniometro* ✱ 1920] **s. m.** ● strumento che consente di determinare la direzione e la provenienza di onde elettromagnetiche, usato spec. a bordo di navi o aeromobili per determinare la posizione

radiografàre [1901] **v. tr.** (*io radiògrafo*) **1** ritrarre mediante radiografia **2** (*fig.*) analizzare in modo minuzioso: *r. un problema*; *r. un territorio dal punto di vista ambientale*

radiografìa [comp. di *radio-*② e *-grafia* ✱ 1896] **s. f. 1** impressione di lastra sensibile mediante i raggi X | (*est.*) la lastra così impressionata **2** (*fig.*) esame, analisi molto approfonditi e minuziosi di una situazione, di un evento e sim.: *la r. dei risultati elettorali*

radiogràfico [1896] **agg.** (**pl. m.** *-ci*) ● di radiografia, che si fa o si ottiene mediante radiografia: *esame r.* ‖ **radiograficaménte**, **avv.** mediante radiografia; dal punto di vista radiografico

radiogràmma① [abbr. di *radiotelegramma* ✱ 1903] **s. m.** (**pl.** *-i*) ● radiotelegramma

radiogràmma② [comp. di *radio-*② e *-gramma* ✱ 1901] **s. m.** (**pl.** *-i*) ● lastra sensibile impressionata mediante raggi X

radiogrammòfono [comp. di *radio-*③ e *grammofono* ✱ 1931] **s. m.** ● radiofonografo

radioguìda [comp. di *radio-*③ e *guida* ✱ 1947] **s. f.** ● sistema di guida a distanza, spec. di aerei o di natanti, mediante radioonde

radioguidàre [comp. di *radio-*③ e *guidare* ✱ 1959] **v. tr.** ● guidare mediante radioguida

radi̯oimmunologìa [comp. di *radio-*② e *immunologia* ✱ 1984] **s. f.** (**pl.** *-gìe*) ● (*biol.*) insieme delle tecniche diagnostiche e di ricerca basate sulla reazione antigene-anticorpo e sull'impiego di isotopi radioattivi per la rivelazione della reazione

radi̯oindicatóre [comp. di *radio-*② e *indicatore* ✱ 1959] **s. m.** ● (*chim.*) tracciante radioattivo

radi̯ointerferòmetro [comp. di *radio-*③, *interfer(enza)* e *-metro* ✱ 1970] **s. m.** ● radiotelescopio costituito da due o più antenne opportunamente distanziate che, sfruttando il fenomeno dell'interferenza delle onde, permette di risolvere radiosorgenti di piccole dimensioni angolari

radi̯ointervìsta [comp. di *radio-*③ e *intervista* ✱ 1941] **s. f.** ● intervista radiofonica

radioiòdio [comp. di *radio-*② e *iodio* ✱ 1970] **s. m.** (**pl.** *-i* o *raro -ii*) ● isotopo radioattivo dello iodio, usato come tracciante e per la cura del cancro della tiroide

radi̯oiṣòtopo [comp. di *radio-*② e *isotopo* ✱ 1945] **s. m.** ● isotopo radioattivo di un elemento

Radiolàri [dal lat. tardo *radĭolus*, dim. di *rădius* 'raggio', per la presenza di peduncoli disposti a raggiera ✱ 1883] **s. m. pl.** (**sing.** *-io*) ● (*zool.*) ordine di Protozoi marini con corpo protetto da un involucro minerale per lo più siliceo, i cui depositi costituiscono la farina fossile (*Radiolaria*)

radiolarìte [da *Radiolari* ✱ 1933] **s. f.** ● roccia silicea molto dura, a frattura concoide, dovuta spec. al deposito di involucri di Radiolari

radiolìna [1959] **s. f. 1** dim. di *radio*④ **2** piccola radio portatile

radiolo [vc. dotta, lat. *radĭolu(m)* 'piccolo (*-olu(m)*) raggio (*rădiu(m)*)' ✱ 1779] **s. m.** ● (*zool.*) amulo

radiolocaliẓẓàre [comp. di *radio-*③ e *localizzare* ✱ 1950] **v. tr.** ● individuare oggetti mediante radiolocalizzazione (V.)

radiolocaliẓẓatóre [comp. di *radio-*③ e *localizzatore* ✱ 1946] **s. m.** ● radar

radiolocaliẓẓazióne [comp. di *radio-*③ e *localizzazione* ✱ 1946] **s. f.** ● sistema col quale la presenza di un oggetto lontano può essere scoperta mediante l'emissione di onde elettromagnetiche ad altissima frequenza che vengono da esso riflesse

radiologìa [comp. di *radio-*② e *-logia* ✱ 1905] **s. f.** (**pl.** *-gìe*) **1** (*fis.*) studio delle proprietà e delle applicazioni delle radiazioni elettromagnetiche di cortissima lunghezza d'onda, spec. dei raggi X e gamma, e delle radiazioni corpuscolari emesse da sostanze radioattive **2** (*med.*) ***r. medica***, (**ellitt.**) ***radiologia***, studio e applicazione dei raggi X e gamma per scopi diagnostici e terapeutici | (*est.*) reparto ospedaliero per pazienti che necessitano di diagnosi effettuate per mezzo di tali raggi o di trattamenti radioterapici

radiològico [1903] **agg.** (**pl. m.** *-ci*) ● di radiologia, relativo alla radiologia | ***diagnosi radiologica***, effettuata con l'ausilio della radiologia ‖ **radiologicaménte**, **avv.** mediante radiologia; dal punto di vista della radiologia

radiòlogo [comp. di *radio-*② e *-logo* ✱ 1923] **s. m.** (**f.** *-a*; **pl. m.** *-gi*) ● studioso, specialista in radiologia

radioluminescènza [comp. di *radio-*① e *luminescenza* ✱ 1990] **s. f.** ● (*fis.*) scintillazione

radiomessàggio [comp. di *radio-*③ e *messaggio* ✱ 1935] **s. m.** ● messaggio trasmesso per radio

radiometallografìa [comp. di *radio-*② e

metallografia ✻ 1970] **s. f.** ● applicazione dei raggi X alle indagini metallografiche

radiometeorologìa [comp. di *radio-*③ e *meteorologia* ✻ 1933] **s. f.** (**pl.** *-gìe*) ● (*meteor.*) disciplina che studia gli effetti delle condizioni atmosferiche sulla propagazione delle onde radio

radiometrìa [comp. di *radio-*① e *-metria* ✻ 1927] **s. f.** ● (*fis.*) misura dell'energia posseduta o ceduta da una radiazione

radiomètrico [1934] **agg.** (**pl. m.** *-ci*) ● (*fis.*) relativo alla radiometria

radiòmetro [comp. di *radio-*① e *-metro* ✻ 1876] **s. m.** ● strumento per la misura delle radiazioni

radiomicròfono [comp. di *radio-*③ e *microfono* ✻ 1983] **s. m.** ● microfono collegato a un radiotrasmettitore tascabile che invia il segnale a un radioricevitore senza bisogno del cavo di collegamento **CFR.** gelato

radiomicròmetro [comp. di *radio-*①, *micro-* e *metro* ✻ 1927] **s. m.** ● strumento che permette di misurare l'energia raggiante

radiomiṣùra [comp. di *radio-*③ e *misura* ✻ 1974] **s. f.** **1** (*tecnol.*) misura relativa a grandezze radioelettriche **2** (*milit.*) complesso di operazioni dirette a danneggiare le apparecchiature radioelettriche nemiche o a proteggere le proprie

radiomòbile [comp. di *radio-*③ e *mobile* ✻ 1930] **A** **agg.** ● detto di nucleo o unità di pronto intervento che agisce in base a segnalazioni radio o delle reti telematiche **B** **s. f.** ● autoveicolo munito di apparecchio ricetrasmittente: *una r. della polizia*

radiomontàggio [comp. di *radio-*③ e *montaggio* ✻ 1966] **s. m.** ● programma radiofonico allestito utilizzando un insieme eterogeneo di registrazioni sonore opportunamente montate

radiomontatóre [comp. di *radio-*③ e *montatore* ✻ 1959] **s. m.** (**f.** *-trice*) ● tecnico specializzato nel montaggio di apparecchiature radioelettriche o elettroniche

radionavigazióne [comp. di *radio-*③ e *navigazione* ✻ 1959] **s. f.** ● (*mar., aeron.*) navigazione che si avvale dell'assistenza di metodi e apparecchi radioelettrici

radiònica [dall'ingl. *radionics*, comp. di *radi(ation)* 'radiazione' e *(electr)onics* 'elettronica' ✻ 1977] **s. f.** ● tecnica di medicina alternativa basata sull'ipotesi che il corpo emetta energia sotto forma di radiazioni elettromagnetiche interpretabili a fini diagnostici e che, di conseguenza, sia in grado di ricevere stimolazioni terapeutiche dello stesso tipo prodotte da macchine

radionuclìde [comp. di *radio-*② e *nuclide* ✻ 1959] **s. m.** ● (*fis.*) nuclide radioattivo

radioónda [comp. di *radio-*③ e *onda* ✻ 1930] **s. f.** ● (*fig.*, **spec. al pl.**) onda elettromagnetica usata per trasmissioni radio, radiotelegrafiche, televisive e sim. di lunghezza d'onda compresa fra i 10^{-1} cm e i 10^{7} cm **SIN.** onda hertziana

radiooscillatóre [comp. di *radio-*③ e *oscillatore* ✻ 1974] **s. m.** ● (*radio*) oscillatore elettrico a radiofrequenza

radiopacità [comp. di *radio-*② e *opacità* ✻ 1983] **s. f. inv.** ● (*fis.*) proprietà delle sostanze radiopache

radiopàco [comp. di *radio-*② e *opaco* ✻ 1959] **agg.** (**pl. m.** *-chi*) ● (*fis.*) opaco ai raggi X o ad altre radiazioni, detto per es. dei mezzi di contrasto usati in radiologia

radiopilòta [comp. di *radio-*③ e *pilota* ✻ 1942] **s. m.** (**pl.** *-i*) ● dispositivo che, a bordo di aeromobili, può essere radiocomandato a fare le veci del pilota

radiopolarìmetro [comp. di *radio-*③ e *polarimetro* ✻ 1990] **s. m.** ● (*radio*) strumento utilizzato per la misurazione del grado di polarizzazione delle onde radio

radiopropagazióne [comp. di *radio-*③ e *propagazione* ✻ 1925] **s. f.** ● trasmissione di energia per mezzo di onde radio

radioprotettóre [comp. di *radio-*① e *protettore* ✻ 1963] **A** **agg.** (**f.** *-trice*) ● detto di sostanza o mezzo capace di proteggere dalle radiazioni di qualunque genere: *farmaci radioprotettori* **B** anche **s. m.**

radioprotezióne [comp. di *radio-*① e *protezione* ✻ 1978] **s. f.** ● (*biol., tecnol.*) studio dei metodi atti ad evitare i danni biologici delle radiazioni ionizzanti e non ionizzanti

radioregistratóre [comp. di *radio-*③ e *registratore* ✻ 1983] **s. m.** ● apparecchio che riunisce una radio e un registratore consentendo così di registrare su cassetta i programmi della radio e di riascoltarli

radiorelè [comp. di *radio-*③ e *relè* ✻ 1959] **s. m.** ● (*radio*) relè elettromagnetico azionato da un radiosegnale, utilizzato in diversi tipi di radiocomandi

radioricevènte [comp. di *radio-*③ e *ricevente* ✻ 1925] **A** **agg.** ● atto alla ricezione delle radioonde: *stazione r.* **B** **s. f.** **1** radioricevitore **2** stazione radioricevente

radioricevitóre [comp. di *radio-*③ e *ricevitore* ✻ 1934] **s. m.** ● apparecchio per la ricezione di radioonde

radioricezióne [comp. di *radio-*③ e *ricezione* ✻ 1925] **s. f.** ● ricezione di radiotrasmissioni

radioriflettènte [da *radio-*③ e *riflettente* ✻ 1974] **agg.** ● (*radio*) che è in grado di riflettere onde radio

radiorilevaménto [comp. di *radio-*③ e *rilevamento* ✻ 1959] **s. m.** ● (*aeron.*) nell'aeronavigazione radioassistita, rilevamento eseguito mediante apparecchi radioelettrici, quali il radiogoniometro e il radar

radioriparatóre [comp. di *radio-*③ e *riparatore* ✻ 1959] **s. m.** (**f.** *-trice*) ● tecnico che ripara radioricevitori

radioripetitóre [comp. di *radio-*③ e *ripetitore* ✻ 1990] **s. m.** ● (*radio*) dispositivo che, dopo aver ricevuto i segnali radio, li amplifica e li propaga verso un'altra stazione

radioscandàglio [comp. di *radio-*③ e *scandaglio* ✻ 1970] **s. m.** ● radiolocalizzatore per ricerche sottomarine

radioscintillazióne [comp. di *radio-*① e *scintillazione* ✻ 1990] **s. f.** ● (*astron.*) fluttuazione dell'intensità dei segnali provenienti da una radiosorgente

radioscopìa [comp. di *radio-*② e *-scopia* ✻ 1901] **s. f.** ● (*med.*) esame radiologico diretto mediante raggi X su schermo fluorescente

radioscòpico [1906] **agg.** (**pl. m.** *-ci*) ● di radioscopia, ottenuto mediante radioscopia ‖ **radioscopicaménte**, **avv.** mediante radioscopia; dal punto di vista radioscopico

radioscrivènte [comp. di *radio-*③ e *(tele)scrivente* ✻ 1990] **s. f.** ● (*radio*) radiotelescrivente

radiosegnalatóre [comp. di *radio-*③ e *segnalatore* ✻ 1965] **s. m.** ● indicatore di radiosegnali

radiosegnàle [comp. di *radio-*③ e *segnale* ✻ 1935] **s. m.** ● segnale per mezzo di radioonde: *r. orario*

radiosensibilità [comp. di *radio-*① e *sensibilità* ✻ 1927] **s. f. inv.** ● (*med.*) diversa reattività delle cellule e dei tessuti all'azione delle radiazioni ionizzanti

radiosentièro [comp. di *radio-*③ e *sentiero* ✻ 1959] **s. m.** ● spazio entro il quale un segnale radio emesso da un radiofaro può essere ricevuto da un aereo

radioservìzio [comp. di *radio-*③ e *servizio* ✻ 1937] **s. m.** **1** servizio giornalistico trasmesso per radio **2** insieme dei servizi e dei supporti radioelettrici di terra per l'assistenza alla navigazione aerea o marittima

✦**radióso** (o **-ṣ-**) [vc. dotta, lat. *radiōsu(m)*, da *rădius* 'raggio' ✻ av. 1328] **agg.** **1** raggiante, sfolgorante (**anche** *fig.*): *sole r.*; *bellezza radiosa*; *voi / disparirete, radïose schiere, / ne l'infinito* (G. Carducci) **SIN.** smagliante, splendente **2** (*fig.*) felice, gioioso: *sorriso r.* | (*enfat.*) prospero, luminoso: *futuro r.* ‖ **radiosaménte**, **avv.** ‖ **radiosità**, **s. f. inv.** **1** caratteristica di ciò che è radioso **2** (*fig.*) gioiosità, felicità; (*fig.*) splendore

radiosónda [comp. di *radio-*③ e *sonda* ✻ 1935] **s. f.** ● (*meteor.*) piccolo apparecchio che, trasportato in alta quota da un pallone sonda, misura i dati meteorologici lungo il profilo verticale dell'atmosfera e li invia a una stazione radioricevente al suolo **SIN.** telesonda

radiosondàggio [comp. di *radio-*③ e *sondaggio* ✻ 1948] **s. m.** ● sondaggio con mezzi radioelettrici | *r. ionosferico, atmosferico*, misurazione delle caratteristiche elettriche della ionosfera rispettivamente mediante una ionosonda e una radiosonda

radiosorgènte [comp. di *radio-*③ e *sorgente* ✻ 1959] **s. f.** **1** sorgente di radioonde **2** (*astron.*) corpo celeste la cui emissione di radioonde può essere captata dai radiotelescopi | ***r. galattica, extragalattica, r. discreta***, radiosorgente localizzata

radiospèttro [comp. di *radio-*③ e *spettro* ✻ 1959] **s. m.** ● (*fis.*) spettro di emissione di una sorgente di radiazioni elettromagnetiche a frequenze radio

radiospettrògrafo [comp. di *radio-*③ e *spettrografo* ✻ 1974] **s. m.** ● (*radio*) in radioastronomia, strumento che permette di registrare l'intensità di emissione di una sorgente radio in funzione della frequenza

radiospìa [comp. di *radio-*③ e *spia* ✻ 1974] **s. f.** ● radiotrasmettitore miniaturizzato, usato per captare di nascosto conversazioni o telefonate e trasmetterle a una stazione ricevente, a scopo di spionaggio o di investigazione

radiospolétta [comp. di *radio-*③ e *spoletta* ✻ 1947] **s. f.** ● radarspoletta

radiostazióne [comp. di *radio-*③ e *stazione* ✻ 1930] **s. f.** ● stazione radiotrasmittente

radiostèlla [comp. di *radio-*① e *stella* ✻ 1963] **s. f.** ● radiosorgente discreta

radiostellàre [comp. di *radio-*① e *stellare* ✻ 1959] **agg.** **1** (*astron.*) relativo alle radiostelle **2** (*est.*) relativo alla radioastronomia

radiostereofonìa [comp. di *radio-*③ e *stereofonia* ✻ 1926] **s. f.** ● (*radio*) sistema di radiotrasmissione a modulazione di frequenza che permette la ricezione stereofonica dei suoni ‖ **radiostereofònico**, **agg.** (**pl. m.** *-ci*) relativo alla radiostereofonia; ottenuto per mezzo della radiostereofonia: *trasmissione radiostereofonica* ‖ **radiostereofonicaménte**, **avv.** mediante radiostereofonia

radioṣvéglia [comp. di *radio-*③ e *sveglia* ✻ 1983] **s. f.** ● apparecchio radio la cui accensione all'ora desiderata è comandata da un orologio a sveglia

radiotàxi o (*raro*) **radiotassì** [comp. di *radio-*③ e *taxi* ✻ 1970] **s. m. inv.** ● auto pubblica, munita di apparecchio radio ricevente e trasmittente, che viene indirizzata sul luogo richiesto da una centrale cui fanno capo tutte le chiamate dei clienti

radiotècnica [comp. di *radio-*③ e *tecnica* ✻ 1930] **s. f.** ● scienza e tecnica che si occupa spec. delle radioonde e dei mezzi per produrle, trasmetterle e riceverle

radiotècnico [1925] **A** **s. m.** (**f.** *-a*; **pl. m.** *-ci*) ● chi si occupa di radiotecnica applicata

B agg. ● di radiotecnica, relativo alla radiotecnica

radiotelecomandàre [comp. di *radio-*③ e *telecomandare* ✱ 1992] v. tr. ● (*radio*) comandare a distanza con mezzi radio

radiotelecomandàto [comp. di *radio-*③ e *telecomandato*] part. pass. di *radiotelecomandare*, anche agg. ● radiocomandato

radiotelecomàndo [comp. di *radio-*③ e *telecomando* ✱ 1937] s. m. ● radiocomando

radiotelefonìa [comp. di *radio-*③ e *telefonia* ✱ 1921] s. f. ● trasmissione di suoni mediante onde elettromagnetiche ‖ **radiotelefònico**, agg. (pl. m. *-ci*) relativo alla radiotelefonia; ***contatto radiotelefonico***, effettuato per mezzo della radiotelefonia ‖ **radiotelefonicaménte**, avv. mediante radiotelefonia o radiotelefono

radiotelèfono [comp. di *radio-*③ e *telefono* ✱ 1927] s. m. **1** apparecchio portatile radioricevente e trasmittente **2** telefono cellulare

radiotelefotografìa [comp. di *radio-*③ e *telefotografia* ✱ 1959] s. f. ● trasmissione a distanza di fotografie, disegni e sim. per mezzo di onde elettromagnetiche

radiotelegrafàre [denominale di *radiotelegrafo* ✱ 1903] v. tr. (*io radiotelègrafo*) ● trasmettere, comunicare per mezzo del radiotelegrafo (*anche assol.*)

radiotelegrafìa [comp. di *radio-*③ e *telegrafia* ✱ 1903] s. f. ● trasmissione di segnali telegrafici per mezzo di onde elettromagnetiche

radiotelegràfico [1907] agg. (pl. m. *-ci*) ● relativo alla radiotelegrafia | ***contatto r.***, ottenuto mediante radiotelegrafia ‖ **radiotelegraficaménte**, avv. mediante radiotelegrafia o radiotelegrafo

radiotelegrafista [da *radiotelegrafia* ✱ 1907] s. m. e f. (pl. m. *-i*) ● operatore di una stazione radiotelegrafica SIN. marconista

radiotelègrafo [comp. di *radio-*③ e *telegrafo* ✱ 1959] s. m. ● trasmettitore di segnali telegrafici che opera per mezzo di onde elettromagnetiche

radiotelegràmma [comp. di *radio-*③ e *telegramma* ✱ 1903] s. m. (pl. *-i*) ● comunicazione radiotelegrafica SIN. marconigramma

radiotelemetrìa [da *radiotelemetro* ✱ 1946] s. f. ● telemetria che impiega radioonde

radiotelèmetro [comp. di *radio-*③ e *telemetro* ✱ 1963] s. m. ● apparecchio impiegato nella radiotelemetria

radiotelescòpio [comp. di *radio-*③ e *telescopio* ✱ 1959] s. m. ● complesso radio ricevente particolarmente adatto a captare le radioonde di natura cosmica, stabilirne la direzione di provenienza e misurarne la densità di flusso

radiotelescrivènte [comp. di *radio-*③ e *telescrivente* ✱ 1943] s. f. ● telescrivente il cui collegamento avviene mediante radioonde SIN. radioscrivente

radiotelevişióne [comp. di *radio-*③ e *televisione* ✱ 1926] s. f. **1** trasmissione di immagini in movimento per mezzo di onde elettromagnetiche **2** l'insieme degli impianti e delle trasmissioni radiofoniche e televisive | ente che gestisce le trasmissioni radiofoniche e televisive: *la R. italiana, svizzera*

radiotelevişìvo [comp. di *radio-*③ e *televisivo* ✱ 1954] agg. ● della radiotelevisione, relativo alla radiotelevisione

radioterapìa [comp. di *radio-*② e *-terapia* ✱ 1903] s. f. ● (*med.*) terapia basata sull'applicazione di radiazioni ionizzanti nella cura di determinate malattie, spec. dei tumori ‖ **radioteràpico**, agg. (pl. m. *-ci*) relativo a radioterapia ‖ **radioterapèutico**, agg. (pl. m. *-ci*) radioterapico ‖ **radioterapicaménte**, avv. mediante radioterapia; dal punto di vista della radioterapia ‖ **radioterapista**, s. m. e f. (pl. m. *-i*) medico o tecnico specializzato in radioterapia

radiotraşméttere [comp. di *radio-*③ e *trasmettere* ✱ 1935] v. tr. (coniug. come *mettere*) ● trasmettere per radio

radiotraşmettitóre [comp. di *radio-*③ e *trasmettitore* ✱ 1949] s. m. ● apparecchio per la trasmissione a mezzo onde radio

radiotraşmissióne [comp. di *radio-*③ e *trasmissione* ✱ 1917] s. f. ● trasmissione di segnali, programmi, messaggi e sim. per mezzo di onde elettromagnetiche | comunemente, ciò che viene trasmesso da una rete radiofonica pubblica o privata SIN. radioemissione

radiotraşmittènte **A** part. pres. di *radiotrasmettere*; anche agg. ● nel sign. del v. **B** s. f. ● l'insieme delle apparecchiature e degli impianti per eseguire radiotrasmissioni

radiotrasparènte [comp. di *radio-*② e *trasparente* ✱ 1966] agg. ● (*med.*) detto di tessuto che permette il passaggio delle radiazioni ionizzanti, così da impressionare una pellicola situata oltre il tessuto stesso

radioulnàre [comp. di *radio*② e *ulna*, con suff. agg. ✱ 1959] agg. ● (*anat.*) che concerne il radio e l'ulna: *articolazione r.*

radiovişióne [comp. di *radio-*③ e *visione* ✱ 1935] s. f. ● (*disus.*) radiotelevisione, nel sign. 1

raditÀ [sec. XIII] s. f. inv. ● (*raro*) caratteristica di ciò che è rado o raro

raditùra [da *radere* ✱ av. 1320] s. f. **1** (*raro*) raschiatura **2** †rasatura

ràdium ➤ **radio**③

radiumterapìa [comp. di *radium* e *terapia* ✱ 1909] s. f. ● radioterapia

♣**ràdo**① [lat. *rāru(m)* 'raro', con dissimilazione ✱ 1261 ca.] **A** agg. **1** che non ha compattezza, spessore: *tessuto r.*; *tela rada* | rarefatto: *Per il gran piano tra la rada nebbia* (G. Pascoli) CONTR. compatto, fitto **2** che non è folto: *capelli ormai r.*; *piante rade*; *barba rada* CONTR. fitto, folto | raro: *evitando i radi passanti* (G. Deledda) **3** non frequente nel tempo: *incontri molto radi* | (*lett.*) ***rade volte***, raramente | ***di r.***, raramente | ***non di r.***, spesso SIN. raro **4** †restio: *rada troppo in farmi di te grazia* (V. Alfieri) ‖ **radaménte**, avv. di rado, raramente **B** avv. ● (*lett.*) raramente

SFUMATURE ➤ ***infrequente***

ràdo② ➤ **radon**

radome /'re(i)dom, *ingl.* 'reɪdəum/ [vc. ingl., comp. da *rad(ar)* e *dome* 'cupola' ✱ 1983] s. m. inv. ● struttura, gener. a forma di cupola, per la protezione di radar, costruita con materiali, come la vetroresina, che, pur essendo resistenti, lasciano passare le onde radar

ràdon o **ràdo**② [da *radium* ✱ 1927] s. m. inv. ● (*chim.*) elemento chimico, gas nobile radioattivo naturale della serie di decadimento dell'uranio SIMB. Rn NUM. AT. 86

radóre [da *rado* ✱ av. 1712] s. m. ● (*raro*) radezza | (*lett.*) radura

ràdula [vc. dotta, lat. *rādula(m)* 'raschiatoio', da *rādere* ✱ 1883] s. f. ● (*zool.*) massa muscolare ricoperta di dentelli chitinosi rinnovabili e disposti in serie trasversali, che si trova nella bocca di alcuni Molluschi

radùme [1880] s. m. ● (*raro*) radezza | parte rada di qlco.

radunàbile [1872] agg. ● (*raro*) che può essere radunato

radunaménto [sec. XIV] s. m. ● (*raro*, *lett.*) adunanza, raduno | (*raro*) accumulo SIN. ammassamento

radunànza o †**ragunànza**, †**raunànza** [da *radunare* ✱ 1268] s. f. **1** (*raro*, *lett.*) ammassamento, accumulo di cose: *r. di acque, di tesori* **2** (*lett.*) adunanza, riunione, assembramento di persone: *o Nerina, a radunanze, a feste / tu non ti acconci più, tu più non movi* (G. Leopardi)

♦**radunàre** o †**ragunàre**, †**raunàre** [comp. di *r(i)-* e *adunare* ✱ 1261 ca.] **A** v. tr. **1** riunire, adunare in uno stesso luogo: *r. il popolo sulla piazza* | mettere insieme raccogliendo qua e là: *r. un esercito di sbandati* | (*fig.*, *lett.*) raccogliere: *Raduno tutto il mio coraggio* (A. Moravia) **2** (*est.*) ammassare, accumulare: *r. tesori* **3** (*mar.*) ***r. le rotte***, eseguire il calcolo grafico e analitico per determinare, partendo da un punto osservato, le coordinate del punto stimato dopo aver percorso rotte diverse **B** **radunàrsi** v. intr. pron. ● raccogliersi, riunirsi, assembrarsi: *radunarsi in cerchio*; *radunarsi in caserma, in piazza, sulla collina*

SFUMATURE ➤ ***raccogliere***

radunàta o †**ragunàta**, †**raunàta** [da *radunato* ✱ 1282] s. f. **1** riunione di più persone in uno stesso luogo | ***fare r.***, raccogliere molte persone in un luogo **2** insieme di persone radunate: *una r. molto chiassosa* | (*dir.*) ***r. sediziosa***, di dieci o più persone tale da esporre a pericolo l'ordine pubblico o la pubblica tranquillità **3** (*milit.*) complesso dei trasporti e dei movimenti con i quali le forze dell'esercito si raccolgono per procedere alle operazioni di guerra

radunàto o †**ragunàto**, †**raunàto** **A** part. pass. di *radunare*; anche agg. ● nei sign. del v. **B** s. m. (f. *-a*) ● chi è presente a un raduno: *sospirò ... sotto gli sguardi dei radunati* (L. Pirandello)

radunatóre o †**ragunatóre**, †**raunatóre** [1308] agg. e s. m. (f. *-trice*) ● (*raro*) che (o chi) raduna o accumula

radunista [1938] s. m. e f. (pl. m. *-i*) ● (*raro*) chi partecipa a un raduno, spec. sportivo

radùno [1863] s. m. ● riunione di più persone in uno stesso luogo, spec. allo scopo di partecipare a una manifestazione, a una celebrazione, a una gara sportiva, e sim: *un r. di reduci, di alpini*; *un r. velico, aereo*

♦**radùra** [da *rado* ✱ 1789] s. f. **1** spazio privo di alberi in un bosco **2** (*raro*) parte rada di qlco.: *un po' di r. sul cranio* (L. Pirandello)

raeliàno [dal n. *Rael*, assunto dal giornalista fr. C. Vorilhon, che ha narrato nel 1974 l'incontro con un extraterrestre ✱ 1991] **A** agg. ● detto di una setta che ritiene gli esseri umani cloni di alieni e teorizza l'immortalità attraverso la clonazione **B** s. m. (f. *-a*) ● adepto di tale setta

rafanèllo ➤ **ravanello**

ràfano [lat. *răphanu(m)*, dal gr. *ráphanos*, di orig. indeur. ✱ 1298] s. m. ● pianta erbacea annuale delle Crocifere, con ciuffo di foglie basali e fiori venati di viola, coltivata in parecchie varietà per le radici piccanti usate in cucina (*Raphanus sativus*) | ***r. cinese, giapponese***, daikon

ràfe [vc. dotta, gr. *raphḗ* 'cucitura', da *ráptein* 'cucire', di orig. indeur. ✱ 1813] s. m. **1** (*anat.*) sutura naturale fra parti simmetriche o fra le due metà di un organo **2** (*bot.*) nelle Diatomee, la linea che attraversa longitudinalmente tutto il corpo dell'alga

ràffa [da *raffare* ✱ 1542] s. f. **1** nella loc. avv. ***di riffa o di r.*** (o ***di riffe o di raffe***), in un modo o nell'altro, in ogni modo: *vogliono guadagnarci sopra o di riffa o di r.* **2** †nella loc. avv. ***a ruffa a r., alla ruffa alla r.***, prendendo e afferrando in fretta e furia, facendo a chi ruba di più **3** nel gioco delle bocce, tiro della propria boccia effettuato facendola rotolare sul terreno per colpire e spostare un'altra boccia o il boccino

r

raffàccio [da *raffacciare*, da *faccia*① col pref. *ra-* ✱ 1865] **s. m.** ● (*tosc., lett.*) rimprovero di chi rinfaccia qlco. SIN. rinfaccio

raffaèlla [f. di *Raffaello*, con riferimento al n. del pittore Raffaello Sanzio (1483-1520) ✱ 1847] **vc.** ● solo nella loc. agg. e avv. ***alla r.***, alla maniera di Raffaello | ***capelli alla r.***, lunghi fino alle spalle e acconciati come quelli di Raffaello negli autoritratti giovanili | ***berretto, cappello alla r.***, basco ampio ricadente da un lato come quelli dipinti da Raffaello

raffaellésco [1763] **agg.** (**pl. m.** *-schi*) **1** relativo a Raffaello Sanzio (1483-1520): *studi raffaelleschi* **2** che ricorda lo stile e l'arte di Raffaello: *ritratto r.* **3** (*est.*) elegante, fine, puro: *profilo r.*; *grazia raffaellesca*

raffagottàre [comp. di *r(i)-* e *affagottare* ✱ av. 1712] **v. tr.** (*io raffagòtto*) ● avvolgere alla meglio in un fagotto

raffàre [longob. *hraffôn* 'strappare' ✱ 1618] **A v. tr. 1** †arraffare, rapire **2** nel gioco delle bocce, colpire e spostare una boccia o il boccino con la propria, fatta rotolare sul terreno **B v. intr.** (**aus.** *avere*) ● nel gioco delle bocce, effettuare una raffa

raffazzonaménto [av. 1584] **s. m.** ● (*raro*) raffazzonatura

♣**raffazzonàre** [comp. di *r(i)-* e *affazzonare* ✱ sec. XIV] **v. tr.** (*io raffazzóno*) **1** accomodare, aggiustare alla meglio una cosa mal fatta o mal riuscita: *r. un vestito, un quadro* | mettere insieme alla meglio: *r. un discorso, un progetto* SIN. abborracciare **2** †acconciare, adornare

raffazzonàto **part. pass.** di *raffazzonare*; **anche agg. 1** nei sign. del v. **2** (*fig.*) composto di elementi eterogenei, messo insieme alla meglio, in modo frettoloso e casuale: *una cultura raffazzonata, orecchiata, da autodidatta* (A. MORAVIA)

raffazzonatóre [1872] **s. m.** (**f.** *-trice*) ● chi raffazzona, spec. di artista, scrittore, musicista che lavora senza impegno o adattando opere altrui

raffazzonatùra [1612] **s. f.** ● il raffazzonare | ciò che è raffazzonato: *il libretto ... è una r.* (E. MONTALE)

rafférma [da *raffermare*② ✱ sec. XIII] **s. f. 1** conferma in un ufficio, un incarico **2** vincolo volontario a prolungare il servizio militare oltre il termine previsto dalla ferma di leva

raffermàre① ➤ **riaffermare**

raffermàre② [comp. di *r(i)-* e *affermare*; nel sign. B 2, da *ferma*, col pref. *ra-* ✱ av. 1348] **A v. tr.** (*io rafférmo*) **1** (*tosc.*) confermare qlcu. in un ufficio, una carica: *lo hanno raffermato assessore* | ribadire, riconfermare: *r. i patti* **2** (*raro*) fissare, assicurare: *r. qlco. con una fune* **3** †rinnovare | †*r.* ***i colpi***, insistervi, incalzare **B v. intr.** (**aus.** *essere*) e **raffermàrsi v. intr. pron.** ● (*tosc.*) rassodarsi, riprendersi **C raffermàrsi v. rifl.** ● (*milit.*) rinnovare la ferma

raffermatóre [1778] **agg. e s. m.** (**f.** *-trice*) ● (*lett.*) che (o chi) rafferma: *a te raffermator di pace* (V. ALFIERI)

†**raffermazióne** [av. 1547] **s. f.** ● rafferma

♣**rafférmo** [da *rafferm(at)o*, part. pass. di *raffermare*② ✱ 1804] **agg.** ● non fresco, un po' indurito: *pane r.* SIN. duro, secco, stantio

ràffia ➤ **rafia**

raffibbiàre ➤ **riaffibbiare**

ràffica [da avvicinare a *raffare* (?) ✱ 1525] **s. f. 1** aumento improvviso della velocità del vento durante un breve intervallo di tempo | ***vento a raffiche***, che soffia con buffi improvvisi, repentini e violenti: *Le raffiche lo sbattono e lo schiaffeggiano fischiando* (E. MORANTE) **2** serie di colpi consecutivi sparati con un'arma automatica leggera a tiro continuo: *r. di mitra* | ***tiro a raffiche***, scariche intermittenti di armi automatiche **3** (*fig.*) successione rapida e ininterrotta: *una r. di scioperi*; *una r. di contumelie*; *aumenti a r. delle tariffe*

SFUMATURE ➤ ***folata***

raffidàre [comp. di *r(i)-* e *affidare* ✱ av. 1292] **A v. tr.** ● (*lett.*) rassicurare, rincuorare **B raffidàrsi v. intr. pron. 1** (*lett.*) tranquillizzarsi, rassicurarsi **2** (*lett.*) affidarsi **3** †confidare, nutrire fiducia

raffievolìre [comp. di *r(i)-* e *affievolire* ✱ 1611] **v. intr.** (*io raffievolisco, tu raffievolisci*; aus. *essere*) e **raffievolìrsi v. intr. pron.** ● (*raro*) affievolirsi

raffiguràbile [av. 1712] **agg.** ● che si può raffigurare ‖ **raffigurabilità**, **s. f. inv.**

raffiguraménto [sec. XIV] **s. m.** ● (*raro*) raffigurazione

♦**raffiguràre** [comp. di *r(i)-* e *affigurare* ✱ 1274 ca.] **A v. tr. 1** (*lett.*) riconoscere dall'aspetto **2** figurare, rappresentare: *quell'affresco raffigura un paesaggio autunnale* **3** simboleggiare: *la lonza dantesca raffigura la lussuria* **B raffiguràrsi v. tr. pron.** (aus. *essere*) ● figurarsi, immaginare: *si raffigurò la vita occulta di certe piccole case borghesi* (G. D'ANNUNZIO) | ***non riuscire a raffigurarsi qlcu.***, non riuscire a immaginarne le sembianze **C v. rifl.** ● ritrarsi, rappresentarsi: *egli si raffigura issato sul dorso di un dromedario* (E. MORANTE)

raffigurazióne [1932] **s. f. 1** il raffigurare | rappresentazione figurativa: *le varie raffigurazioni pittoriche della Madonna*; *una r. della Crocifissione* **2** (*est.*) rappresentazione simbolica: *la colomba è la r. della pace*

raffilàre o **riaffilàre** nel sign. 1 [comp. di *r(i)-* e *affilare* ✱ 1598] **v. tr. 1** affilare nuovamente: *r. le forbici* **2** pareggiare tagliando a filo: *r. i capelli* SIN. rifilare

raffilatóio [da *raffilare* ✱ 1835] **s. m.** (**pl.** *-ói*) ● (*disus.*) taglierina

raffilatrìce [da *raffilare* ✱ 1925] **s. f.** ● macchina utensile impiegata per rifilare contemporaneamente i due bordi lunghi di lastre appositamente preparate per la fabbricazione delle marmette

raffilatùra [1612] **s. f. 1** rifilatura **2** materiale scartato raffilando qlco.

raffinaménto [1599] **s. m. 1** (*raro*) raffinazione: *il r. dello zucchero* **2** (*fig.*) affinamento, perfezionamento: *r. del gusto, della sensibilità*

raffinàre [comp. di *r(i)-* e *affinare* ✱ av. 1276] **A v. tr. 1** purificare prodotti greggi con opportuni trattamenti chimici o fisici: *r. olio, zucchero, sale* **2** (*fig.*) sgrossare, ingentilire: *r. la propria educazione, il gusto* | (*fig.*) perfezionare, migliorare: *ha raffinato il suo stile* **3** †limare, assottigliare **B v. intr.** (†; aus. *essere*) e **raffinàrsi v. intr. pron. 1** (*lett.*) purificarsi: *Nel foco / l'oro più si raffina* (G. CARDUCCI) **2** (*fig.*) perfezionarsi, affinarsi, ingentilirsi

raffinatézza [av. 1729] **s. f. 1** (*fig.*) caratteristica di chi (o di ciò che) è raffinato: *possiede una grande r. di modi*; *la r. di una cena* SIN. finezza, squisitezza CONTR. grossolanità **2** ciò che è raffinato, squisito: *conoscere tutte le raffinatezze della tavola*

SFUMATURE DI SIGNIFICATO

raffinatezza - squisitezza - ricercatezza

La caratteristica di ciò che è estremamente fine, ricercato, elegante, a un alto livello di perfezione formale si definisce **raffinatezza**. Un'estrema finezza d'animo, di sentimenti o capacità si dice **squisitezza**, parola che riferita a cibi o bevande identifica ciò che è molto gradevole al gusto. Se l'eleganza e la raffinatezza sono risultato di una ricerca consapevole, studiata, e perfino artificiosa si parla allora di **ricercatezza**: il termine contiene quindi una sfumatura negativa e spesso denota ciò che è affettato e manierato, in nessun caso naturalmente elegante.

SFUMATURE ➤ ***eleganza***

♦**raffinàto** **A part. pass.** di *raffinare*; **anche agg. 1** sottoposto a raffinazione: *zucchero, olio r.* **2** (*fig.*) ricercato, squisito: *pranzo r.* | studiato, sottile (in contesti negativi): *agire con raffinata perfidia* ‖ **raffinataménte**, **avv.** in modo raffinato: *arredare raffinatamente la propria casa*; in contesti negativi, con sottile piacere: *raffinatamente crudele* **B agg. e s. m.** (**f.** *-a*) ● che (o chi) ha gusti ricercati, ostenta eleganza o ama le squisitezze e gli agi della vita: *una compagnia di raffinati*

SFUMATURE DI SIGNIFICATO

raffinato - ricercato - sofisticato

Chi è **raffinato** ha buon gusto, sensibilità ed eleganza. In chi è **ricercato** queste doti non si manifestano in maniera naturale e spontanea, ma in modi studiati. In chi è **sofisticato** la ricercatezza sconfina in modi che appaiono affettati o allusivi.

raffinatóio [da *raffinato* ✱ 1803] **s. m.** (**pl.** *-ói*) ● crogiuolo per la raffinazione dei metalli

raffinatóre [av. 1577] **A agg.** (**f.** *-trice*) **1** che raffina: *macchina raffinatrice* **2** (*lett.*) scrupoloso **B s. m. 1** (**f.** *-trice*) chi raffina | chi nell'àmbito industriale sottopone a trattamento di raffinazione prodotti greggi **2** macchina per raffinare paste dure o dense, nell'industria alimentare, dolciaria, dei colori e sim.

raffinatùra [sec. XIV] **s. f.** ● (*raro*) raffinazione

raffinazióne [da *raffinare* ✱ 1762] **s. f.** ● operazione industriale consistente nel rendere più pura una sostanza grezza: *la r. dello zucchero, del sale, dell'olio* | ***r. del petrolio***, distillazione frazionata del greggio per separarne i vari componenti | ***r. dei grassi***, purificazione dei grassi animali e vegetali per renderli atti all'uso alimentare

raffinerìa [fr. *raffinerie*, da *raffiner* 'raffinare' ✱ 1806] **s. f.** ● stabilimento dove si effettua la raffinazione di prodotti industriali: *r. di petrolio* | ***gas di r.***, idrocarburi gassosi ottenuti come sottoprodotto della lavorazione del petrolio

†**raffinìre** [da *fine*, col pref. *ra-* ✱ av. 1527] **v. intr. 1** migliorare: *la virtù perseguitata raffinisce come al fuoco l'oro* (G. VASARI) **2** farsi più sagace, colto

ràffio [longob. *krapfo* 'uncino' ✱ 1313] **s. m. 1** attrezzo di ferro a denti uncinati, con manico, per afferrare oggetti | uncino di ferro innestato, rampino **2** gancio in acciaio con manico, usato per arpionare grossi pesci presi all'amo SIN. gaffa ‖ **raffiétto**, **dim.**

†**raffittàre** ➤ **riaffittare**

raffittìre [comp. di *r(i)-* e *affittire* ✱ 1759] **A v. tr.** (*io raffittisco, tu raffittisci*) ● (*raro*) fare diventare più fitto o più frequente: *r. una siepe*; *r. le visite* **B v. intr.** (**aus.** *essere*) e **raffittirsi v. intr. pron.** ● diventare più denso o più fitto: *la grandine raffittisce*; *le tenebre si sono raffittite*

rafforzaménto [av. 1547] **s. m. 1** il rafforzare, il rafforzarsi (*anche fig.*): *il r. della guarnigione*; *il r. di un'idea, di una convinzione* | ***lavori di r.***, di fortificazione campale **2** (*ling.*) aumento dell'intensità nell'articolazione di una consonante

rafforzàre [comp. di *r(i)-* e *afforzare* ✱ sec. XIII] **A v. tr.** (*io raffòrzo*) ● fare diventare più forte, saldo, resistente: *r. un muro* | (*fig.*) far diventare più intenso, vigoroso: *r. un sentimento*; *r. un dubbio* | (*mus.*) ***r. un suono***, intensificarlo **B rafforzàrsi v. intr. pron.** ●

fortificarsi, rinforzarsi | (*fig.*) diventare più intenso, più vivo

rafforzatìvo [1964] **agg. 1** che rafforza **2** (*ling.*) detto di elemento che serve ad accrescere l'intensità espressiva di una parola o di una frase (per es. l'avverbio *qui* in *guarda qui cosa hai combinato!*)

rafforzàto **part. pass.** di *rafforzare*; anche **agg. 1** nei sign. del v. **2** ***legge rafforzata***, legge nel corso del cui procedimento formativo sono stati chiamati a fornire pareri organi estranei al Parlamento

raffratellàre [comp. di *r(i)-* e *affratellare* ✱ 1540] **A** **v. tr.** (*io raffratèllo*) ● (*lett.*) affratellare, accomunare **B** **raffratellàrsi** **v. rifl. recipr.** ● (*lett.*) tornare ad essere come fratelli o stringersi in fraterna unione

raffreddaménto [sec. XIV] **s. m. 1** abbassamento, diminuzione della temperatura | ***impianto, circuito di r.***, apparecchiatura per smaltire il calore prodotto da una macchina, da un motore, mediante circolazione d'aria, d'acqua e sim. | (*est.*) refrigerazione **2** (*fig.*) attenuazione dell'intensità di un rapporto affettivo: *c'è stato un certo r. nei miei confronti*; *del tuo r., non mi darei pace mai* (G. Pascoli) | diminuzione dell'intensità di un contrasto o conflitto | ***procedure di r.***, quelle che in caso di controversie contrattuali regolano i rapporti tra le parti sociali allo scopo di prevenire e comporre i conflitti **3** (*econ.*) contenimento di un processo o di un fattore: *r. dell'inflazione* **4** esposizione al freddo: *malattie da r.* | (*lett.*) infreddatura

♦**raffreddàre** [comp. di *r(i)-* e *affreddare* ✱ 1310] **A** **v. tr.** (*io raffréddo*) **1** fare diventare freddo o più freddo: *r. una bevanda con ghiaccio* | refrigerare, rinfrescare: *il temporale ha raffreddato l'aria* **2** (*fig.*) rendere meno fervido, vivo, intenso: *r. l'amore, l'interesse per qlcu.* **3** (*econ.*) contenere, rallentare: *provvedimenti per r. l'inflazione* **B** **raffreddàrsi** **v. intr. pron. 1** diventare freddo: *l'ambiente si è raffreddato* **2** (*fig.*) perdere l'ardore, il fervore o diminuire di intensità: *il desiderio si raffreddò*; *la loro amicizia si è molto raffreddata* **SIN.** intiepidirsi **3** infreddarsi, prendere un raffreddore: *ieri per il vento gelido mi sono raffreddato*

raffreddàto **part. pass.** di *raffreddare*; anche **agg.** ● nei sign. del v. | che ha il raffreddore: *sono molto r.*

raffreddatóre [1745] **A** **agg. e s. m.** (**f.** *-trice*) ● (*raro*) che (o chi) raffredda (*anche fig.*) **B** **s. m.** ● parte metallica inserita in una forma, allo scopo di accelerare la solidificazione del metallo fuso

†**raffreddatùra** [sec. XIV] **s. f.** ● infreddatura, raffreddore

♦**raffreddóre** [da *raffreddare* ✱ av. 1730] **s. m.** ● infiammazione acuta delle mucose del naso e della faringe **SIN.** coriza, rinite

raffrenàbile [1745] **agg.** ● (*raro*) che si può raffrenare (*spec. fig.*): *ira non r.*

raffrenaménto [1336 ca.] **s. m.** ● (*lett., raro*) il raffrenare: *r. delle passioni*

raffrenàre [comp. di *r(i)-* e *affrenare* ✱ av. 1292] **A** **v. tr.** (*io raffréno* o *raffrèno*) ● (*lett.*) frenare energicamente: *r. il cavallo* | (*fig.*) contenere, tenere a freno: *r. il desiderio*; *colui che raffrena e domina le passioni è austero* (B. Croce) **B** **raffrenàrsi** **v. rifl.** ● (*lett.*) moderarsi, contenersi: *Deh! ti raffrena / e cauto pensa* (G. Pascoli)

raffrenatóre [sec. XIV] **agg. e s. m.** (**f.** *-trice*) ● (*raro*) che (o chi) raffrena (*spec. fig.*)

raffrescaménto [av. 1698] **s. m.** ● (*tosc.*) rinfrescamento: *il r. dell'aria*

raffrescàre [comp. di *r(i)-* e un deriv. di *fresco* ✱ av. 1597] **A** **v. tr.** (*io raffrésco, tu raffréschi*) ● (*lett.*) ristorare | rinfrancare **B** **v. intr.** (**aus.** *essere*) ● (*tosc.*) diventare più fresco, detto del tempo **C** **v. intr. impers.** (**aus.** *essere*) ● (*tosc.*) farsi più freddo: *di sera raffresca sempre un po'*

†**raffrettàre** [comp. di *r(i)-* e *affrettare* ✱ 1319] **v. tr. 1** affrettare **2** V. *riaffrettare*

raffrignàre [da avvicinare a *frinzello*, col pref. *ra-* ✱ 1855] **v. tr.** (**coniug.** come *segnare*) ● (*tosc.*) ricucire alla meglio

raffrìgno [da *raffrignare* ✱ 1863] **s. m.** ● (*tosc.*) cucitura mal eseguita, con punti radi e disuguali | (*lett.*) margine di ferita

†**raffrontaménto** [av. 1571] **s. m. 1** confronto **2** battaglia

♦**raffrontàre** [comp. di *r(i)-* e *affrontare* ✱ 1319] **A** **v. tr.** (*io raffrónto*) ● confrontare due cose o persone per metterne in evidenza disparità e somiglianze: *r. due manoscritti*; *r. dei risultati elettorali* **SIN.** paragonare **B** **raffrontàrsi** **v. intr. pron.** ● †incontrarsi con qlcu. | †scontrarsi in battaglia **C** **raffrontàrsi** **v. rifl. 1** (*lett.*) confrontarsi, paragonarsi **2** †corrispondere a qlcu. o a qlco.

raffrontatóre [1869] **s. m.** (**f.** *-trice*) ● chi raffronta

raffrónto [1820] **s. m.** ● confronto: *fare, istituire un r.*; *un r. mal riuscito* **SIN.** paragone, riscontro

ràfia o **ràffia** [vc. di orig. malgascia ✱ 1815] **s. f. 1** palma dell'Africa orientale da cui si ricavano fibre per lavori di intreccio, corde, materiale da imballaggio (*Raphia ruffia*) **2** fibra tessile ricavata dalla pianta omonima

rafìdia [dal gr. *raphís*, genit. *raphídos* 'ago, punteruolo', da *ráptein* 'cucire', di orig. indeur.; detta così dal pungolo di cui è provvisto l'ano delle femmine (?) ✱ 1835] **s. f.** ● insetto dei Neurotteri bruno scuro con il primo segmento toracico stretto e lungo che sorregge il capo appiattito (*Raphidia ophiopsis*)

Rafìdidi [stessa etim. di *rafidia* ✱ 1875] **s. m. pl.** (**sing.** *-e*) ● (*zool.*) famiglia di Insetti dei Neurotteri con protorace allungato e quattro ali quasi uguali membranose (*Raphididae*)

ràfting /'raftin(g), *ingl.* 'ræftɪŋ/ [vc. ingl., da *to raft* 'navigare su una zattera' ✱ 1987] **s. m. inv.** ● (*sport*) discesa di rapide tumultuose di torrenti a bordo di un canotto

ràga ① [dal sanscrito *rāga*, propr. 'tono, colore' ✱ 1985] **s. m. inv.** ● (*mus.*) nella musica indiana, antica melodia caratterizzata da preciso significato espressivo e soggetta all'improvvisazione

ràga ② [av. 1963] **s. m. e f. inv.** ● nel linguaggio giovanile, abbreviazione di 'ragazzo', 'ragazzi' o 'ragazza', 'ragazze'

ràgade [vc. dotta, gr. *ragás*, genit. *ragádos* 'fessura, screpolatura', da *rēgnýnai* 'rompere' (V. *mioressia*) ✱ 1493] **s. f.** ● (*med.*) lesione della cute o delle mucose in forma di fessura senza tendenza alla cicatrizzazione: *r. del capezzolo, r. anale*

raganèlla [dim. di *ragana*, di etim. incerta ✱ 1750] **s. f. 1** anfibio degli Anuri più piccolo della rana, verde chiaro, con dita terminate da ventosa, che conduce vita arborea (*Hyla arborea*) **SIN.** ila **2** strumento formato da una ruota montata su un perno, attorno alla quale è fissato un telaio con una lamina, che strisciando contro i denti della ruota produce un suono stridente

ràgano o **ràcano** [da una base **rakanus*, forse onomat., perché riferita in orig. al gracidare delle rane, poi ad altro animale di simile colore ✱ sec. XIV] **s. m. 1** (*centr., sett.*) ramarro **2** (**f.** *-a*) (*fig.*) persona di notevole bruttezza

ràgas [vc. sarda, variante di *bragas*, pl., 'gonnellino di orbace nero, sotto cui sono i calzoni bianchi di lino', corrispondente all'it. *brache* ✱ 1934] **s. m. pl.** ● gonnellino proprio del costume maschile sardo

ragastìna o **ravastìna** [dal lat. *revīsītare* 'rivedere, tornare a vedere'. V. *rovistare* ✱ 1937] **s. f.** ● rete da circuizione derivata dalla lampara, che si usa di notte con lampada elettrica sommersa

♦**ragàzza** [f. di *ragazzo* ✱ 1676] **s. f. 1** giovane donna nell'età dell'adolescenza, giovinetta: *una r. studiosa*; *una r. brava, buona* | figlia femmina: *ha due maschi e una r.* **2** giovane donna: *una r. da marito*; *una r. in gamba* | donna nubile, signorina: *rimanere r.*; *firmare con il cognome da r.* | (*fam.*) donna adulta (spec. come appellativo rivolto ai membri di un gruppo, oppure con tono di familiarità): *su, ragazze, mettiamoci al lavoro!*; *è un po' che non ti vedo, come va, r.?*; *r. mia, i tempi cambiano...* | (*colloq.*) donna adulta che dimostra mentalità o aspetto giovanili: *ti presento Lucia, una bella ragazza di 52 anni* | ***r. madre***, che ha un figlio senza essere sposata | (*eufem.*) ***r. allegra***, molto disponibile a relazioni amorose | ***r. squillo***, prostituta avvicinabile mediante appuntamento telefonico | (*eufem.*) ***r. di vita***, prostituta | ***r. pompon***, spec. negli Stati Uniti, sostenitrice di squadre sportive che accompagna i giocatori in campo, marciando, ballando e agitando nastri colorati **CFR.** cheerleader **3** (*colloq.*) innamorata, fidanzata: *avere la r.*; *la sua r. l'ha lasciato* ‖ **ragazzàccia**, **pegg.** | **ragazzétta**, **dim.** | **ragazzìna**, **dim.** | **ragazzóna**, **accr.** | **ragazzòtta**, **alter.** | **ragazzùccia**, **dim.** | **ragazzuòla**, **dim.**

ragazzàccio [1536] **s. m.** (**f.** *-cia*; **pl. f.** *-ce*) **1** pegg. di *ragazzo* | ragazzo maleducato, villano, prepotente ecc. | piccolo delinquente: *comparve sulla soglia un r., armato come un saracino* (A. Manzoni) **2** (con tono attenuato) ragazzo molto vivace, scriteriato ecc.: *Siete un r., che non ha giudizio* (C. Goldoni)

ragazzàglia [da *ragazzo* ✱ av. 1405] **s. f. 1** (*spreg.*) turba, gruppo di ragazzi rumorosi e turbolenti **2** †insieme di scudieri o di mozzi da stalla

ragazzàme [sec. XV] **s. m.** ● (*lett., spreg.*) ragazzaglia

ragazzàta [1560] **s. f.** ● azione da ragazzo, compiuta cioè con leggerezza e senza riflessione **SIN.** bambinata

ragazzésco [1765] **agg.** (**pl. m.** *-schi*) ● (*raro, spreg.*) da ragazzo: *atto, comportamento r.*

♦**ragàzzo** [arabo *raqqāṣ* 'messaggero, corriere' ✱ av. 1311] **s. m.** (**f.** *-a* (V.)) **1** giovane uomo nell'età dell'adolescenza, giovinetto: *un r. vispo, studioso*; *un r. bravo, buono* | ***da r.***, nell'età in cui si è ragazzi, giovani | ***Ragazzi del '99***, gli ultimi arruolati nell'esercito italiano, nati nel 1899, che, a diciotto anni, partirono per il fronte nella prima Guerra mondiale | (*eufem.*) ***r. di vita***, adolescente già sulla strada del vizio e della corruzione | figlio maschio: *ha tre ragazzi e una bambina* **2** giovanotto: *un r. in gamba*; *quel r. è un ottimo lavoratore* | uomo adulto che si comporta da inesperto o dimostra immaturità: *non fare il r.* | (*fam.*) uomo adulto (spec. come appellativo rivolto ai membri di un gruppo, oppure con tono di familiarità): *su, ragazzi, mettiamoci al lavoro*; *è un po' che non ti vedo, come va, r.?*; *r. mio, i tempi cambiano...* | (*colloq.*) uomo adulto che dimostra mentalità o aspetto giovanili: *ti presento Marco, un r. di 52 anni* | ***r. padre***, (*scherz.*) uomo celibe che ha un figlio **3** garzone: *r. di bottega, di studio* **4** (*colloq.*) innamorato, fidanzato: *avere il r.* **5** †mozzo di stalla, servitore ‖ **ragazzàccio**, **pegg.** (V.) | **ragazzétto**, **dim.** | **ragazzìno**, **dim.** | **ragazzóne**, **accr.** | **ragazzòtto**, **alter.** (V.) | **ragazzùccio**, **dim.** | **ragazzuòlo**, **dim.**

Definizione d'autore

Il **ragazzo** ama i Beatles e i Rolling Stones, gira il mondo, canta. Vive senza medaglie, ma ha nel petto un cuore allenato dalla corsa e il sorriso inossidabile. Ognuno di noi nel mondo ha un ruolo, e il mio è quello di essere l'"eterno **ragazzo**". Sento la responsabilità di dare sempre messaggi positivi, vitali. Solo così posso aiutare a rimanere ragazzi o ragazze le persone che mi amano e mi seguono: se io non cedo e non invecchio, loro rimangono giovani con me.
Gianni Morandi

ragazzòtto [alter. di *ragazzo* ✱ av. 1742] **s. m. (f. -*a*) 1** ragazzo cresciuto, giovanotto: *un r. che non aveva ancora peli al mento* (G. VERGA) **2** ragazzo robusto, ma un po' rozzo e grossolano **3** ragazzino, ragazzetto: *i ragazzotti che correvano tra le gambe alla gente* (C. PAVESE)

ragazzùme [da *ragazzo* ✱ av. 1764] **s. m.** ● (*raro, spreg.*) ragazzaglia

raggelàre [comp. di *r(i)-* e *aggelare* ✱ 1313] **A v. tr.** (*io raggèlo*) ● gelare, ghiacciare completamente (*spec. fig.*): *con uno sguardo mi ha raggelato; ha il potere di r. qualsiasi conversazione* **B v. intr.** (**aus.** *essere*) **e raggelàrsi v. intr. pron.** ● (*raro*) gelare (*spec. fig.*): *raggelare al freddo invernale; raggelare a una notizia; si sentì raggelare*

raggentilìre [comp. di *r(i)-* e *aggentilire* ✱ 1612] **v. tr.** (*io raggentilisco, tu raggentilisci*) ● (*lett.*) ingentilire

raggèra ➤ **raggiera**

†**ragghiàre** e deriv. ➤ **ragliare** e deriv.

raggiaménto [sec. XIV] **s. m.** ● (*raro*) il raggiare

✦**raggiànte part. pres.** di *raggiare*; **anche agg. 1** nei sign. del v.: *sole r.; luce, energia r.* **2** (*fig.*) molto contento, esultante: *dopo la promozione era r.* | radioso, sfavillante: *r. di gioia*

raggiàre [lat. *radiāre*, da *rădius* 'raggio' ✱ sec. XIII] **A v. intr.** (**pres.** *io ràggio*; **fut.** *io raggerò*; **aus.** *avere*) **1** (*lett.*) emanare raggi: *il sole, le stelle raggiano; i pianeti ... van raggiando / timidamente per l'aereo caos* (U. FOSCOLO) | (*est.*) splendere, risplendere: *una forte luce raggiava nell'oscurità* **2** (*fis.*) propagarsi, irradiarsi, diffondersi, detto della luce, del calore, della radiazione in genere **B v. tr. 1** (*lett.*) emanare (*anche fig.*): *Un punto vidi che raggiava lume* (DANTE *Par.* XXVIII, 16); *raggiava gioia dal volto* **2** (*poet.*) illuminare

raggiàti [da *raggiato*, per il loro aspetto ✱ 1875] **s. m. pl.** (**sing.** *-o*) ● nelle vecchie tassonomie, gli animali a simmetria raggiata, oggi suddivisi in parecchi tipi

raggiàto part. pass. di *raggiare*; **anche agg. 1** nei sign. del v. **2** disposto a raggi: *simmetria raggiata* | (*lett.*) splendente

raggièra o (*raro*) **raggèra** [da *raggio* ✱ 1835] **s. f. 1** cerchio, fascio di raggi che si dipartono da un punto | ciò che è disposto a raggiera: *acconciatura a r.* **2** ornamento di spille disposte a raggi, infilate nella crocchia delle contadine brianzole **3** parte dell'ostensorio a forma di raggi

✦**ràggio** o (*pop.*) †**ràzzo**③ [lat. *rădiu(m)*, di etim. incerta ✱ av. 1276] **s. m. 1** emanazione di luce da una sorgente luminosa | (*fis.*) fascio di radiazioni luminose di piccolissima sezione rispetto al tragitto che si considera **CFR.** radio-, attino- | *r. verde*, fugace balenio di luce verde talvolta visibile al tramontare del sole | (*est., assol.*) lista, filo di luce: *dallo spiraglio entrò un r.* | (*assol.*) luce, raggio solare, sole: *un r. mite, pallido; il r. nascente; l'alba rideva, e parea ch'ella / tutti i raggi del sole avesse intorno* (T. TASSO) | ***il nuovo, l'ultimo r.***, quello che il sole manda la mattina o la sera **2** (*fig.*) lampo, sprazzo, barlume: *un r. di speranza, di amore; un tenue r. d'intelligenza* **3** (*fis.*) sottile fascio collimato di fotoni o particelle elementari | ***raggi alfa***, emessi dalle sostanze radioattive naturali, sono costituiti da atomi di elio con due cariche positive | ***raggi beta***, emessi dalle sostanze radioattive naturali, sono elettroni provenienti dal nucleo | ***raggi gamma***, onde elettromagnetiche di grande frequenza emesse in vari processi nucleari | ***raggi anodici***, flusso di ioni positivi, proiettati dall'anodo dei tubi a vuoto spinto, formati da molecole di gas prive di uno o più elettroni | ***raggi catodici***, flusso di elettroni veloci, nel gas rarefatto di un tubo catodico | ***raggi infrarossi***, onde elettromagnetiche invisibili, di lunghezza d'onda da 0,79 a 200 micron | ***raggi Röntgen, X***, oscillazioni elettromagnetiche generate da raggi catodici che abbiano incontrato un ostacolo, e per le quali sono trasparenti i corpi otticamente opachi, ma di densità non elevata | (*colloq.*) ***fare i raggi***, sottoporsi a una radiografia o a una radioscopia | ***raggi ultravioletti***, raggi invisibili di lunghezza d'onda compresa fra 0,02 e 0,39 micron | ***raggi visibili***, onde elettromagnetiche luminose, di lunghezze d'onda comprese fra 0,394 e 0,79 micron **4** (*mat.*) retta, spec. nella geometria proiettiva, quando la si pensa come un elemento, un ente primitivo | ***r. di una circonferenza***, distanza di un punto qualsiasi della circonferenza dal centro | ***r. di curvatura***, raggio del cerchio osculatore | ***r. di un cerchio, di una sfera***, estremo superiore delle distanze dei punti dal centro | ***r. minimo di sterzata***, il raggio del cerchio ideale che un autoveicolo descrive quando le ruote sono sterzate al massimo a destra o a sinistra | ***r. vettore***, la retta che congiunge il centro di massa di un astro orbitante col suo centro di gravitazione **5** (*est.*) distanza intorno a un punto fisso: *ci siamo mossi entro un r. di dieci metri* | ***r. d'azione di un proiettile***, distanza di proiezione delle schegge all'atto dello scoppio | ***r. d'azione***, (*fig.*) ambito, spazio in cui qlco. ha effetto, efficacia | ***a breve, a largo r.***, di osservazione, esplorazione, incursioni ecc. effettuate a breve o a grande distanza | ***a largo r., ad ampio r.***, (*fig.*) esteso, di vasta portata: *una riflessione ad ampio r.* **6** ciascuno dei legni o dei grossi fili d'acciaio che in una ruota congiungono il mozzo al cerchio **SIN.** razza③ **7** (*bot.*) l'insieme dei fiori periferici nelle Composite | ***r. midollare***, ciascuna delle strette zone di tessuto parenchimatico che si diparte a raggiera dal midollo dirigendosi verso la corteccia nel fusto e nella radice **8** (*zool.*) negli animali a simmetria raggiata, ciascuno degli assi perpendicolari all'asse bipolare principale passante per il centro **9** (*zool.*) ognuno degli elementi scheletrici, costituiti da cartilagine, da connettivo elastico o da osso, che sorreggono le pinne pari e quelle impari dei Condroitti e degli Osteitti **10** (*arald.*) ***r. di carbonchio***, figura composta da un piccolo cerchio da cui si dipartono otto raggi simmetrici con in cima un giglio o una palla **11** ala di un edificio carcerario ‖ **raggétto**, **dim.** | (*lett.*) **raggiuòlo**, **dim.**

raggiornàre [comp. di *r(i)-* e *aggiornare* ✱ 1319] **A v. tr.** (*io raggiórno*) ● (*tosc.*) aggiornare **B v. intr.** (**aus.** *essere*) ● (*lett.*) albeggiare | (*lett.*) ritornare, ripresentarsi: *Pensa che questo dì mai non raggiorna!* (DANTE *Purg.* XII, 84) **C v. intr. impers.** (**aus.** *essere*) ● (*lett.*) farsi giorno: *ormai raggiorna*

†**raggiraménto** [da *raggirare* ✱ av. 1405] **s. m. 1** il vagare in giro, tutt'intorno **2** moto circolare | gorgo

raggiràre [comp. di *r(i)-* e *aggirare* ✱ av. 1375] **A v. tr. 1** †rigirare, girare intorno **2** (*fig.*) circuire, ingannare, abbindolare: *si è lasciato r. con poche parole* **B raggiràrsi v. intr. pron. 1** (*lett.*) aggirarsi **2** (*lett.*) vertere, concernere

raggiràto part. pass. di *raggirare*; **anche agg.** ● nei sign. del v. | abbindolato: *r., / frastornato dal furbo contafavole* (R. BACCHELLI)

raggiratóre [1738] **s. m. (f. -*trice*)**; **anche agg.** ● chi (o che) raggira, inganna: *un r. senza scrupoli* **SIN.** abbindolatore, ingannatore

✦**raggìro** [1618] **s. m.** ● inganno: *un ignobile r.* **SIN.** imbroglio, maneggio ‖ **raggirétto**, **dim.**

SFUMATURE DI SIGNIFICATO

raggiro - inganno - circonvenzione

Un imbroglio attuato tramite procedimenti o discorsi tortuosi, volti a confondere il giudizio e a trarre in inganno la persona che ne è vittima si definisce **raggiro**. **Inganno** è qualsiasi azione che induce in errore e dunque, in accezione negativa, qualsiasi azione o comportamento mirato a sorprendere la buona fede altrui, a frodare e imbrogliare. **Circonvenzione** è parola specifica del linguaggio giuridico per descrivere l'azione di indurre una persona, con premure o altre forme di inganno, a un comportamento a lei dannoso ma utile ad altri.

SFUMATURE ➤ *frode*

raggiróne [1872] **s. m. (f. -*a*)** ● (*fam., tosc.*) chi usa raggiri o è abile nel raggirare **SIN.** raggiratore

✦**raggiùngere** o †**raggiùgnere** [comp. di *r(i)-* e *aggiungere* ✱ 1313] **A v. tr.** (**coniug.** come *giungere*) **1** arrivare a riunirsi con qlcu. nella corsa, nel cammino e sim.: *r. qlcu. a metà strada; r. il fuggitivo* | andare da qlcu. che è già in un dato luogo: *vai in biblioteca, io ti raggiungo lì* **2** (*est.*) arrivare a cogliere, colpire qlco.: *r. il bersaglio* | (*est.*) arrivare, pervenire in un luogo: *r. la vetta* | arrivare a qlcu., detto di avviso o sim.: *la notizia lo ha raggiunto mentre era in vacanza* | detto di qlco., toccare un determinato valore o punto: *la temperatura ha raggiunto i trenta gradi; l'acqua del fiume ha raggiunto il livello di guardia* **3** (*fig.*) conseguire, ottenere, conquistare: *r. la meta, il proprio intento, la promozione* **4** †unire, congiungere, ricongiungere: *raggiugne e l'una e l'altra cocca* (A. POLIZIANO) **B raggiùngersi v. rifl.** ● †unirsi, ricongiungersi

raggiungìbile [1892] **agg.** ● che si può raggiungere: *cima facilmente r.* | (*fig.*) che si può conseguire, ottenere: *obiettivo r.* ‖ **raggiungibilità**, **s. f. inv.**

raggiungiménto [1451 ca.] **s. m.** ● il raggiungere | (*fig.*) conseguimento: *il r. di un obiettivo*

raggiuntàre [comp. di *r(i)-* e *aggiuntare* ✱ av. 1517] **A v. tr.** ● aggiuntare: *r. i capi di una corda spezzata* **B** †**raggiuntàrsi v. intr. pron.** ● riunirsi

raggiùnto part. pass. di *raggiungere*; **anche agg.** ● nei sign. del v. | (*fig.*) conseguito, conquistato: *Felicità raggiunta, si cammina / per te su fil di lama* (E. MONTALE)

raggiustaménto [av. 1681] **s. m.** ● (*raro*) riparazione | (*fig.*) accomodamento: *il r. di una lite*

raggiustàre ➤ **riaggiustare**

raggomitolaménto [1872] **s. m.** ● (*raro*) il raggomitolare, il raggomitolarsi

raggomitolàre [comp. di *r(i)-* e *aggomitolare* ✱ av. 1400] **A v. tr.** (*io raggomitolo*) ● aggomitolare, aggomitolare di nuovo **SIN.** ravvolgere **B raggomitolàrsi v. rifl.** ● (*fig.*) rannicchiarsi: *si era raggomitolato sul divano*

raggomitolàto part. pass. di *raggomitolare*; **anche agg.** ● nei sign. del v.

raggranchiàre [comp. di *r(i)-* e *aggranchiare* ✱ 1550] **A** v. tr. (*io raggrànchio*) ● rattrappire, contrarre per il freddo SIN. aggranchiare, aggranchire **B** v. intr. (aus. *essere*) e **raggranchiàrsi** v. intr. pron. ● intirizzirsi per il freddo

raggranchìre [comp. di *r(i)-* e *aggranchire* ✱ 1872] v. tr., intr. (*io raggranchisco, tu raggranchìsci*; aus. intr. *essere*) e **raggranchìrsi** v. intr. pron. ● raggranchiare, raggranchiarsi

raggranellàre [da *granello*, col pref. *ra-* ✱ av. 1565] v. tr. (*io raggranèllo*) ● mettere insieme poco per volta e a fatica (*anche fig.*): *r. una sommetta; per r. ... le notiziole, le malignità, gli scandali del paese* (L. CAPUANA) SIN. raccogliere, racimolare

raggravàre [comp. di *r(i)-* e *aggravare* ✱ av. 1342] v. tr. e **raggravàrsi** v. intr. pron. ● (*lett.*) aggravare, aggravarsi

raggricciàre o †**raggricchiàre** [comp. di *r(i)-* e *aggricciare* ✱ av. 1566] v. intr. (pres. *io raggrìccio*; fut. *io raggriccerò*; aus. *essere*) e **raggricciàrsi** v. intr. pron. **1** (*lett.*) rannicchiarsi, restringersi, contrarsi | (*est.*) rabbrividire **2** (*lett., raro*) accartocciarsi, spec. di foglie

raggrinzaménto [sec. XIV] s. m. ● raggrinzimento

raggrinzàre [comp. di *r(i)-* e *aggrinzare* ✱ av. 1320] v. tr., intr. (aus. intr. *essere*) e **raggrinzàrsi** v. intr. pron. ● raggrinzire, raggrinzirsi

raggrinziménto [1878] s. m. ● il raggrinzire, il raggrinzirsi

raggrinzìre [comp. di *r(i)-* e *aggrinzire* ✱ 1872] **A** v. tr. (*io raggrinzìsco, tu raggrinzìsci*) ● rendere grinzoso **B** v. intr. (aus. *essere*) e **raggrinzìrsi** v. intr. pron. ● diventare grinzoso, fare le grinze, detto di stoffa, pelle e sim.

raggrinzìto part. pass. di *raggrinzire*; anche agg. ● grinzoso, rinsecchito, solcato da rughe: *lui fece un viso tutto r., schifato, infastidito* (A. MORAVIA)

†**raggroppàre** [comp. di *r(i)-* e *aggroppare* ✱ 1441] v. tr. ● riannodare

raggrottàre [comp. di *r(i)-* e *aggrottare* ✱ 1612] v. tr. (*io raggròtto*) ● aggrottare di più: *r. le ciglia*

raggrovigliàre [comp. di *r(i)-* e *aggrovigliare* ✱ av. 1597] v. tr. (*io raggrovìglio*) ● aggrovigliare di più o di nuovo: *r. una corda*

raggrumàre [comp. di *r(i)-* e *aggrumare* ✱ 1872] v. tr. e **raggrumàrsi** v. intr. pron. ● far rapprendere o rapprendersi in grumi

raggrumàto part. pass. di *raggrumare*; anche agg. ● rappreso in grumi: *sangue r.*

raggrumolàre [comp. di *r(i)-* e un deriv. di *grumolo* ✱ 1856] v. tr. (*io raggrùmolo*) ● (*lett., raro*) raggranellare: *avea raggrumolato de' bei denari* (I. NIEVO)

raggruppaménto [1598] s. m. **1** il raggruppare, il raggrupparsi: *procedere al r. dei candidati* **2** insieme di cose o persone raggruppate: *un nuovo r. politico* SIN. gruppo | *r. tattico*, complesso militare di due o più gruppi tattici posti sotto unico comando **3** (*fis.*) *r. atomico*, insieme di più atomi legati a formare un radicale, una molecola, un gruppo funzionale, e sim.

♦**raggruppàre** [comp. di *r(i)-* e *aggruppare* ✱ 1481] **A** v. tr. ● riunire in uno o più gruppi: *r. gli impiegati secondo le loro mansioni* **B** **raggruppàrsi** v. rifl. ● riunirsi, radunarsi in un gruppo: *raggrupparsi in ceti, in categorie professionali; raggrupparsi per età, per interessi comuni; si raggruppavano intorno ai più anziani*

raggruppàto part. pass. di *raggruppare*; anche agg. **1** nei sign. del v. **2** (*sport*) detto di tuffo effettuato con le gambe piegate verso il petto e cinte con le braccia

†**raggruzzàrsi** [da *gruzzo*, col pref. *ra-* ✱ av. 1300] v. rifl. ● rannicchiarsi, aggranchiarsi

raggruzzolàre [comp. di *r(i)-* e *aggruzzolare* ✱ av. 1494] v. tr. (*io raggrùzzolo*) ● mettere insieme denaro formando un gruzzolo: *in poco tempo ha raggruzzolato un piccolo capitale* | (*est., lett.*) raccogliere, raggranellare: *raggruzzolo / sotto la mensa qualche minuzzolo* (A. POLIZIANO)

ragguagliàbile [1872] agg. ● (*raro*) che si può ragguagliare: *situazioni non ragguagliabili* SIN. confrontabile, paragonabile

ragguagliaménto [av. 1320] s. m. ● (*raro*) il ragguagliare | ragguaglio

ragguagliàre [comp. di *r(i)-* e *agguagliare* ✱ 1260] v. tr. (*io ragguàglio*) **1** (*raro*) pareggiare, livellare **2** (*raro*) paragonare: *non è possibile r. il loro reddito* **3** mettere al corrente: *non mancherò di ragguagliarvi su quella questione* SIN. informare

ragguagliatìvo [av. 1675] agg. ● (*raro*) che serve a ragguagliare

ragguagliàto part. pass. di *ragguagliare*; anche agg. ● nei sign. del v. ‖ †**ragguagliataménte**, avv. **1** in media **2** dettagliatamente

ragguagliatóre [1698] s. m. (f. *-trice*); anche agg. ● (*raro*) chi (o che) ragguaglia, fornisce ragguagli o informazioni

♣**ragguàglio** [av. 1400] s. m. **1** raffronto | †*a r.*, al pari; rispettivamente SIN. comparazione, confronto, paragone **2** informazione, notizia precisa: *dare ampi ragguagli* **3** †proporzione, misura | †*in r.*, in proporzione

SFUMATURE ➤ *relazione*

†**ragguardaménto** [sec. XIV] s. m. ● il ragguardare

†**ragguardàre** [comp. di *r(i)-* e *agguardare* ✱ av. 1332] v. tr. **1** riguardare **2** guardare con attenzione | considerare, valutare

♣**ragguardévole** [da *ragguardare* ✱ 1351] agg. **1** degno di riguardo, di stima, considerazione: *persona r.* SIN. notabile **2** cospicuo, ingente: *una somma r.* ‖ **ragguardevolménte**, avv.

SFUMATURE ➤ *importante*

ragguardevolézza [av. 1642] s. f. ● (*raro*) condizione di chi (o di ciò che) è ragguardevole

ràgia [lat. parl. **rāsia(m)*, per il lat. tardo *rāsi(m)*, tipo di pece: da avvicinare a *rēsina* (?) ✱ sec. XIII] s. f. (pl. *-gie* o *-ge*) **1** resina che cola dal fusto di alcune conifere | ***acqua r.***, V. *acquaragia* **2** (*pop., tosc.*) inganno, astuzia, frode

ragià o **rajah** /fr. ʀaˈʒa, ingl. ˈrɑːdʒə/ [sanscrito *râjâ* 're' ✱ 1525 ca.] s. m. inv. ● titolo che indicava originariamente i re indiani, esteso poi a principi e alti dignitari

-ragìa [gr. *-ragía*, dalla radice di *regnýnai* 'rompere' e quindi 'far sgorgare', di etim. incerta] secondo elemento (con la *r* iniziale generalmente raddoppiata) ● in parole composte della terminologia medica, indica fuoriuscita anormale di un liquido, che è designato dal primo elemento della parola: *emorragia, menorragia* | può indicare un fatto emorragico se il primo elemento della parola designa un organo: *gastrorragia*

ragionacchiàre [da *ragionare*① ✱ 1872] v. intr. (*io ragionàcchio*; aus. *avere*) ● ragionare senza rigore e senza impegno

♦**ragionaménto** [1261 ca.] s. m. **1** riflessione volta ad arrivare a una conclusione seguendo un procedimento logico: *un r. lento, faticoso, sbagliato; seguire un r.* | argomentazione, dimostrazione: *perdersi in inutili ragionamenti* **2** (*filos.*) inferenza **3** (*lett.*) conversazione, discorso: *Quanto mi tarda... di tornare a' nostri usati ragionamenti* (G. CARDUCCI) | †***avere, entrare, essere in r. con qlcu.***, parlare, discorrere con qlcu. **4** †disamina, dissertazione

SFUMATURE ➤ *argomentazione*

ragionànte part. pres. di *ragionare*; anche agg. ● nei sign. del v.

♦**ragionàre**① [da *ragione* ✱ av. 1250] **A** v. intr. (*io ragióno*; aus. *avere*) **1** usare la ragione per riflettere, discorrere o argomentare con rigore logico: *ogni uomo può r.; r. con i piedi, a vanvera; parla senza r.* | considerare, discutere ragionevolmente: *r. attentamente su tutto* | pensare assennatamente: *è un uomo che ragiona* SIN. riflettere **2** (*lett.*) discorrere, conversare, parlare: *né teco le compagne ai dì festivi / ragionavan d'amore* (G. LEOPARDI) | argomentare, disquisire su qlco. (+ *di*): *r. di letteratura* **B** v. tr. **1** †trattare, esporre: *poi che i vari casi di ciascuno tutti e tre ragionato ebbero* (G. BOCCACCIO) **2** †dire, palesare: *r. qlco. a qlcu.* **3** †tenere conto, pensare: *ragiona, Lorenzo mio, che io vivo di rendita* (F. SACCHETTI) **4** †computare, calcolare **C** †**ragionàrsi** v. intr. pron. **1** riflettere **2** accordarsi con qlcu.

SFUMATURE ➤ *argomentare*, ➤ *conversare*①

ragionàre② [da *ragionare*① ✱ 1294] s. m. ● pensiero: *ammiro la finezza del suo r.* | (*lett.*) ragionamento, discorso: *non s'arrischiava di mischiarsi ai ragionari degli altri* (I. NIEVO)

ragionatìvo [da *ragionato* ✱ 1308] agg. **1** †razionale **2** (*lett.*) fondato sul ragionamento: *la serrata prosa ragionativa* (G. CARDUCCI) ‖ **ragionativaménte**, avv.

ragionàto part. pass. di *ragionare*; anche agg. ● che si basa su fondati argomenti, che è meditato, razionale e sim.: *un discorso r.; una proposta, una critica ragionata* | ***bibliografia ragionata***, ordinata secondo particolari criteri e fornita di commento ‖ **ragionataménte**, avv. (*raro*) in maniera ragionata, con raziocinio SIN. ragionevolmente

ragionatóre [1308] **A** agg. e s. m. (f. *-trice*) ● che (o chi) ragiona o ha la capacità di ragionare bene: *un forte r.; quel ragazzo è un r.; montanari sagaci e ragionatori* (E. DE AMICIS) **B** agg. ● (*raro*) detto di ciò che è razionale, rigoroso: *intelletto r.*

♦**ragióne** [lat. *ratiōne(m)* 'conto, calcolo, facoltà di calcolare e di pensare', da *rēri* 'credere, pensare', di orig. indeur. ✱ av. 1250] s. f. (troncato in *ragion* in alcune loc.: *a ragion veduta; la ragion di Stato; la ragion d'essere* e sim.) **1** la facoltà di pensare stabilendo rapporti e legami tra i concetti, di giudicare bene discernendo il vero dal falso, il giusto dall'ingiusto: *le bestie non hanno r.; il dominio della r. sui sensi; i diritti, i limiti della r.; l'età della r.* | ***perdere l'uso, il lume della r.***, impazzire SIN. discernimento, giudizio, riflessione **2** †discorso, conversazione, ragionamento | (*lett.*) †argomento, tema, soggetto di una composizione poetica: *Canzon, chi tua ragion trovasse oscura ...* (F. PETRARCA) | †***mettere qlcu. a r.***, ***per r.***, interrogarlo per filo e per segno **3** argomentazione, prova, dimostrazione usate per persuadere qlcu., confutare un ragionamento o dimostrarne la validità: *è una r. inoppugnabile, evidente; allegare le proprie ragioni* | ***non ascoltare, non intendere, non sentire r.***, non lasciarsi convincere | ***a ragion veduta***, avendo ben valutata la situazione **4** †sede della giustizia, tribunale: *palazzo della Ragione* | (*est.*) †diritto, giustizia | ***r. canonica, civile***, diritto canonico, civile | †***fare r. a qlcu.***, rendergli la giustizia dovuta | (*lett.*) ***farsi r. da sé***, farsi giustizia personalmente **5** (*est.*) appartenenza di diritto, competenza: *non è di sua r.* | ***a chi di r.***, a chi spetta | ***di pubblica r.***, noto a tutti | ***avere r. di qlcu.***, vincerlo, sopraffarlo **6** causa giusta, legittimo motivo che spiega un fatto o un'azione: *la r. sta dalla parte sua* | ***avere r. da vendere***, (*fig.*) essere nettamente nel giusto | ***dare r. a qlcu.***, riconoscere la giustezza dei suoi argomenti | ***a r.***, giustamente, di diritto | ***a maggior r.***, tanto più: *se sono offeso io, a maggior r. dev'esserlo lei* | †***è r.***, è giusto, conviene: *ed è ragion ch'ei mi disprezzi* (T. Tasso) | ***di santa r.***, (*fig.*) in abbondanza, fortemente: *lo ha picchiato di santa r.* | (*est.*) causa, motivo: *volere conoscere la r.*; *non è una buona r.*; *non c'è r. di preoccuparsi*; *ragioni di famiglia, di forza maggiore* | (*colloq.*) ***r. per cui***, e per questo motivo, perciò | ***farsi una r.***, rassegnarsi | ***la r. ultima***, il fine | ***ragion d'essere***, scopo intrinseco, motivo dell'esistenza di qlco.: *Il dramma è la ragion d'essere del personaggio* (L. Pirandello) | †***fare r.***, considerare, far conto: *Fa ragion ch'io ti sia sempre allato* (Dante *Inf.* XXX, 145) **7** †calcolo, conto, computo | †***mettere a r.***, calcolare | †***fare la r.***, saldare i conti | (*fig.*) ***domandare, chiedere, rendere r. di qlco.***, domandare, chiedere, rendere conto, giustificazione, soddisfazione di qlco. **8** misura, rapporto, proporzione: *in r. del 20 per cento*; *la probabilità dei delitti è in r. inversa della loro atrocità* (C. Beccaria) | ***in r. di***, come, quanto a | ***a r. di***, in proporzione di | ***r. di una progressione aritmetica***, differenza costante fra un termine e il precedente | ***r. di una progressione geometrica***, rapporto costante fra un termine e il precedente | (*raro*) ***fuori di r.***, eccessivamente **9** ***r. sociale***, nome delle società commerciali non aventi personalità giuridica | ***ragion di Stato***, l'esigenza superiore dello Stato, a cui si sacrifica ogni altra considerazione, anche di natura etica **10** (*lett.*) natura, qualità, specie | †modo, maniera: *composizione è quella r. di dipignere con la quale le parti delle cose vedute si pongono insieme in pittura* (L.B. Alberti) | †tipo ‖ (*lett.*) **ragioncèlla**, dim.

SFUMATURE DI SIGNIFICATO

ragione - motivo - causa
Ragione è la giustificazione del perché una cosa si dice o si fa. In questo significato è di fatto equivalente a **motivo**, che tuttavia fa riferimento a ciò che "muove", che spinge verso un'azione, mentre *ragione* fa appello piuttosto alla logica del comportamento. Rispetto ai precedenti, **causa** mette in evidenza il rapporto consequenziale che esiste tra un fatto e l'azione o le parole che esso determina.

ragione - intelligenza - mente
Si definisce **ragione** la facoltà di pensare, stabilendo rapporti e legami tra i concetti, di riconoscere le caratteristiche delle cose, di discernere il vero dal falso, il giusto dall'ingiusto. Il significato di **intelligenza** coincide in parte con quello di *ragione*, ma si allarga fino a comprendere tutte le facoltà, psichiche oltre che intellettuali, che permettono all'uomo di comprendere la realtà e di affrontare situazioni nuove; correntemente, inoltre, il termine designa la caratteristica di chi ha particolari doti intellettuali, di chi è rapido nell'apprendere e nel comprendere. **Mente**, che pure è usato correntemente come sinonimo di *ragione* o di *intelligenza*, designa in senso proprio l'organo che è sede delle attività intellettive.
SFUMATURE ➤ ***movente***, ➤ ***raziocinio***

ragionerìa [da *ragioniere* ✻ 1812] **s. f. 1** disciplina che studia la regolamentazione delle funzioni amministrative e del controllo contabile di un'azienda | corso di studi dell'istituto tecnico commerciale che conferisce il diploma di ragioniere: *frequentare r.* **2** complesso di impiegati che, in un'azienda, un ente e sim., si occupano dei settori contabile e amministrativo, e il relativo ufficio | ***R. generale dello Stato***, organo del ministero del Tesoro, preposto al controllo delle erogazioni di somme da parte dello Stato

♦**ragionévole** [da *ragione* ✻ 1261 ca.] **agg. 1** che è dotato di ragione: *l'uomo è un essere r.* **SIN.** razionale **2** che si lascia guidare dalla ragione: *non siete molto ragionevoli* | (*est.*) giudizioso, equilibrato: *è una persona molto r.* **3** conforme alla ragione o al buon senso: *sono sospetti ragionevoli* **SIN.** legittimo **4** giusto, conveniente, non eccessivo o esagerato: *proposta, prezzo, statura r.* **5** †razionale ‖ †**ragionevolménte**, **ragionevolménte**, **avv. 1** in modo ragionevole, secondo ragione: *discutere, comportarsi ragionevolmente* **2** fondatamente: *si può ragionevolmente sperare in una buona riuscita* **3** giustamente, né poco né troppo: *hanno pagato ragionevolmente il loro acquisto*

ragionevolézza [1640] **s. f.** ● caratteristica di chi (o di ciò che) è ragionevole: *è un bambino pieno di r.*; *la r. della vostra domanda* **SIN.** assennatezza

ragionière [da *ragione*, nel senso di 'conto, calcolo' ✻ av. 1292] **s. m.** (**f.** *-a*; V. **nota d'uso FEMMINILE**) **1** chi ha studiato e conseguito il diploma di ragioneria | chi esercita la ragioneria **2** †chi è incaricato di fare o rivedere conti **SIN.** contabile

ragionierésco [1969] **agg.** (**pl. m.** *-schi*) ● (*raro*) tipico di un ragioniere (*spec. spreg.*)

ragionierìstico [1936] **agg.** (**pl. m.** *-ci*) **1** che concerne la ragioneria **2** (*est.*) troppo scrupoloso e attento ai particolari più minuti: *procedimento r.*

ragionìssima [da *ragione* col suff. *-issima* dei superl. ✻ 1861] **s. f. 1** (*lett.*, *raro*) motivo fondamentale **2** (*colloq.*) condizione di chi è assolutamente nel giusto: *Torto? Ragione avevate, r.!* (R. Bacchelli)

raglàn [ingl. *raglan*, dal n. del generale *Raglan* (1788-1855) che lo usava ✻ 1856] **A s. m. inv.** ● soprabito maschile con l'attaccatura delle maniche che parte dal collo con cuciture oblique che arrivano sotto l'ascella **B** anche **agg. inv.** o nella **loc. agg. inv.** ***alla r.***: *cappotto r.*; *maniche* (*alla*) *r.*

ragliaménto [av. 1698] **s. m.** ● un ragliare spec. forte e prolungato

ragliàre o †**ragghiàre** [lat. parl. **ragulāre*, di orig. onomat. ✻ sec. XIII] **A v. intr.** (*io ràglio*; **aus.** *avere*) **1** mandare, emettere uno o più ragli: *gli asini ragliano* **2** (*fig.*) gridare, parlare, cantare sgradevolmente: *non fa che r.* **B v. tr.** ● (*fig.*, *lett.*) dire o cantare qlco. in modo sgradevole: *r. un lungo discorso*

ragliàta [da *ragliare* ✻ 1865] **s. f.** ● raglio ripetuto, (*spec. fig.*)

ràglio o †**ràgghio** [da *ragliare* ✻ sec. XIII] **s. m. 1** verso dell'asino | **PROV.** ***r. d'asino non sale al cielo***, le sciocchezze e le calunnie degli ignoranti non toccano chi ne è al di sopra **CFR.** hi ho **2** (*fig.*) canto disarmonico | (*fig.*) discorso stupido

ràgna [V. *ragno* ✻ 1319] **s. f. 1** †ragno **2** (*lett.*) ragnatela **3** (*tosc.*) zona logora di tessuto **4** (*tosc.*) nuvola rada, sottile **5** grande rete verticale che si tende ai passi obbligati degli uccelli **SIN.** tramaglio **6** †rete disposta a pruavia della coffa per ridurre l'usura per contatto delle vele quadre **7** (*fig.*) inganno, insidia | (*raro*) ***dare nella r.***, cadere nell'agguato **8** (*pop.*) bava dei bozzoli del baco da seta ‖ **ragnòla**, dim. (V.)

ragnàia [av. 1584] **s. f. 1** sistema di uccellagione che usa le ragne tese fra gli alberi **2** (*est.*) boschetto in cui si tendono ragne

ragnàre [av. 1432] **A v. intr.** (**coniug. come** *segnare*; **aus.** *avere*) **1** (*tosc.*) tendere le ragne **2** (*fig.*) †tendere insidie **B v. intr.** (**aus.** *essere* **o** *avere*) **e ragnàrsi v. intr. pron. 1** (*tosc.*) di tessuto, mostrar la trama per eccessivo logorio **2** (*tosc.*) coprirsi di nuvole rade e sottili, detto del cielo | (*fig.*, *poet.*) offuscarsi: *nella serenità che non si ragna* (E. Montale) | †coprirsi alla superficie di una specie di velo, detto dell'acqua

♦**ragnatéla** [comp. di *ragno* e *tela* ✻ sec. XIV] **s. f. 1** la struttura a rete che il ragno fabbrica per catturare gli insetti di cui si nutre: *stanza piena di ragnatele* **2** (*fig.*) intrico: *Una r. fittissima di sentieri* (A. Moravia) | (*fig.*) intreccio sottile e tenace di manovre e inganni volti ad irretire qlcu.: *una r. di menzogne* **3** (*est.*) tessuto molto leggero o logorato **4** (*fig.*, *poet.*) velatura di nuvole rade: *quella chiostra di rupi / che sembra sfilacciarsi / in ragnatele di nubi* (E. Montale) ‖ **ragnatelìna**, dim.

ragnatélo [sec. XIII] **s. m. 1** †ragno **2** (*lett.* o *raro*) ragnatela

ragnatelóso (o -ṣ-) [1959] **agg.** ● (*lett.*) coperto, pieno di ragnatele: *soffitto r.*

ragnàto part. pass. di *ragnare*; anche **agg. 1** nei sign. del v. **2** (*lett.*) sottile e rado come ragnatela: *tela ragnata*

ragnatùra [da *ragna* ✻ av. 1712] **s. f. 1** (*tosc.*) parte logora di una stoffa **SIN.** ragna **2** (*tosc.*) zona in cui il cielo è cosparso di nuvole rade, sottili

♦**ràgno** [lat. *arāneu(m)* ✻ sec. XIII] **A s. m. 1** artropode della classe degli Aracnidi, con corpo diviso in cefalotorace e addome uniti da un sottile peduncolo, otto zampe e ghiandole addominali il cui secreto vischioso, coagulando all'aria, forma il caratteristico filo | ***r. palombaro***, argironeta | ***r. di Volterra***, malmignatta | ***r. crociato***, comune nei giardini, con addome globoso su cui figura una croce bianca (*Epeira diademata*) | ***r. rosso***, acaro assai dannoso a diverse piante legnose ed erbacee (*Trombidinus*) | ***non cavare un r. dal buco***, (*fig.*) non riuscire a nulla **2** corto sostegno a tre zampe al quale si fissa la macchina da presa, prima di issarla sul cavalletto o sul dolly o sulla gru **B** in funzione di **agg. inv.** ● (posposto al sost.) nella loc. ***pesce r.*** V. *pesce* | ***uomo r.***, nel linguaggio del circo, contorsionista ‖ **ragnàccio**, pegg. | **ragnétto**, **ragnettìno**, dim. | **ragnìno**, dim. | **ragnolìno**, dim. | **ragnóne**, accr.

ragnòla [dim. di *ragna* ✻ 1865] **s. f.** ● rete più sottile della ragna usata per catturare uccelletti

ràgnolo [1268] **s. m.** ● (*tosc.*) ragno: *il ribrezzo che mi faceano i ragnoli* (G. D'Annunzio)

ragtime /ˈrɛgtaim, *ingl.* ˈræg,taɪm/ o **rag-time** [vc. ingl., propr. 'tempo (*time*) a pezzi (*rag*)' ✻ 1933] **s. m. inv.** ● tipo di musica sincopata da considerare quale immediato predecessore del jazz

ragù [fr. *ragoût*, da *ragoûter* 'risvegliare l'appetito', comp. di *ra-* e *goût* 'gusto' ✻ 1669] **s. m. inv.** ● condimento, spec. per pastasciutta, ottenuto facendo soffriggere, in un battuto di cipolla, sedano e carote, della carne di manzo gener. macinata, e poi cuocendo a fuoco lento e a lungo dopo aver aggiunto pomodoro

†**ragunàre** e deriv. ➤ **radunare** e deriv.

raguṣàno [sec. XIX] **A agg.** ● di Ragusa, in Sicilia **B s. m. 1** (**f.** *-a*) abitante o nativo di Ragusa, in Sicilia **2** formaggio a pasta filata, cruda, preparato con latte di vacca intero, tipico della provincia di Ragusa e di parte di quella di Siracusa

raguṣèo [1549] **A agg.** ● di Ragusa (Dubrovnik), in Dalmazia **B s. m.** (**f.** *-a*) ● abitante o nativo di Ragusa (Dubrovnik), in Dalmazia

ragutièra [1970] **s. f.** ● salsiera per il ragù

rài [provenz. *rai*, dal lat. *rădiu(m)* 'raggio' ✻ sec.

a b c d e f g h i j k l m n o p q r s t u v w x y z

XIII] **s. m. pl.** ● (*poet.*) raggi luminosi, spec. del sole | (*poet.*) luce | (*est., poet.*) sguardo luminoso, occhi: *et ella alzando i begli umidi rai* (L. Ariosto)

raï /*fr.* 'ʀaj/ [vc. araba, maghrebina, diffusa dalla Francia ✱ 1987] **s. m. inv.** ● (*mus.*) genere di canzone algerina degli anni intorno al 1970, ballabile, provocatoria, che associa strumenti tradizionali a strumenti e stili occidentali

ràia [lat. *rāia(m)*, di orig. preindeur. ✱ sec. XV] **s. f.** ● (*zool.*) razza

†**raiàre** [da *rai* ✱ 1319] **v. intr. e tr.** ● (*poet.*) raggiare

ràid /raid, reid, *ingl.* reɪd/ [vc. ingl., dalla vc. scozzese corrispondente all'ingl. *road* 'strada' ✱ 1836] **s. m. inv.** **1** rapido attacco militare, incursione navale o aerea | (*est.*) rapida operazione di polizia | (*est.*) scorreria, azione criminosa o delittuosa: *r. terroristico* **2** prova sportiva consistente in un viaggio su percorso lungo e difficoltoso: *il r. automobilistico Pechino-Parigi*

ràider /'raider, 'rei-, *ingl.* 'reɪdə(r)/ [vc. ingl., propr. 'razziatore', da *raid* 'razzia, scorreria' ✱ 1985] **s. m. e f. inv.** ● finanziere che compie in borsa operazioni speculative di acquisto di grosse partite di titoli per poi rivenderli

Ràidi [comp. del lat. *rāia* 'razza' e *-idi* ✱ 1883] **s. m. pl.** (**sing.** *-e*) ● (*zool.*) famiglia di Pesci cartilaginei dei Raiformi con corpo romboidale, che vivono sul fondo marino a tutte le latitudini (*Rajidae*)

raidìsta [1970] **s. m. e f.** (**pl. m.** *-i*) ● partecipante a un raid

Raifórmi [comp. del lat. *rāia* 'razza' e il pl. di *-forme* ✱ 1965] **s. m. pl.** (**sing.** *-e*) ● (*zool.*) ordine di Pesci cartilaginei con pinne pettorali grandi, che formano con il corpo un tutto unico, fessure branchiali ventrali e occhi dorsali (*Rajiformes*)

rainout /*ingl.* 'reɪn,aʊt/ [vc. ingl., da *rain* 'pioggia' e *(fall)out* 'ricaduta' ✱ 2001] **s. m. inv.** ● (*meteor.*) caduta al suolo di particelle solide inquinanti presenti nell'atmosfera, inglobate in gocce di pioggia

ràion ➤ **rayon**

ràis o **raìs** nel sign. 2 [arabo *ra'īs* 'capo' ✱ av. 1536] **s. m. inv.** **1** capitano di una nave, nella flotta ottomana e barbaresca **2** nei Paesi arabi, comandante, governante **3** il capo che sceglie il posto, dirige la messa a mare della tonnara e comanda gli uomini nella pesca del tonno

ràitro [ted. *Reiter* 'cavaliere', di orig. germ. ✱ 1561] **s. m.** ● nel XVI secolo, soldato tedesco a cavallo che militava nelle guerre civili di Francia e di Fiandra

rajah ➤ **ragià**

ràki o **ràkia**, (*disus.*) **rak** [bulgaro e serbo *rakija*, dall'arabo *'araq* 'sudore', attraverso il turco *raki* ✱ 1750] **s. m. inv.** ● acquavite ottenuta per distillazione dalle vinacce, tipica dell'Albania e dei Balcani in genere

ralenti /*fr.* ʀalɑ̃'ti/ [vc. fr., propr. part. pass. di *ralentir* 'rallentare' ✱ 1931] **s. m. inv.** ● (*cinema*, *tv*) rallentatore

ralìnga o **relìnga** [fr. *ralingue*, dall'ant. norreno *rar-lik*, comp. di *rar*, genit. di *ra* 'bastone', e *lik* 'lembo di vela' ✱ 1804] **s. f.** ● cavetto di rinforzo cucito sul bordo di una vela o di una rete da pesca

ralingàre [fr. *ralinguer*, da *ralingue* 'ralinga' ✱ 1813] **v. tr.** (*io ralìngo, tu ralìnghi*) ● (*mar.*) guarnire le vele di ralinghe

ràlla ① [lat. *rānula(m)*, dim. di *rāna*; dall'uso di attribuire n. di animali femminili a pezzi di congegni meccanici la cui caratteristica consiste nell'essere provvisti di incavi o di vuoti destinati a ricevere in sé un altro pezzo ✱ av. 1472] **s. f.** **1** (*mecc.*) supporto che sostiene ed entro cui gira un perno ad asse verticale (per es. l'organo di accoppiamento della motrice al semirimorchio di un autoarticolato, la piattaforma entro cui ruota la mitragliatrice di un carro armato, ecc.) **2** untume nero che si forma intorno al mozzo della ruota CFR. morchia ‖ **rallìno**, **dim. m.**

ràlla ② [lat. *rāllu(m)*, da *rādere* ✱ 1825] **s. f.** **1** taglio obliquo dello scalpello, opposto al codolo **2** lato smusso della rasiera

rallacciàre ➤ **riallacciare**

rallargaménto [av. 1855] **s. m.** ● (*raro*) il rallargare

rallargàre o **riallargàre** [comp. di *r(i)-* e *allargare* ✱ 1319] **A** **v. tr.** (*io rallàrgo, tu rallàrghi*) ● allargare ulteriormente, ampliare (*spec. fig.*) **B** **rallargàrsi** **v. intr. pron.** ● dilatarsi

rallegraménto [av. 1292] **s. m.** **1** (*raro*) il rallegrarsi | (*lett.*) allegrezza, compiacimento: *il quale assentì con molto r.* (G. D'Annunzio) **2** (**al pl.**) congratulazioni, felicitazioni: *vi faccio i miei sinceri rallegramenti; rallegramenti!*

†**rallegrànza** [da *rallegrare* ✱ sec. XIII] **s. f.** ● letizia, gioia

♦**rallegràre** [comp. di *r(i)-* e *allegrare*, sul modello del fr. *ralegrer* ✱ 1228] **A** **v. tr.** (*io rallégro*) **1** rendere allegro, mettere allegria: *r. l'animo, la vista* | rendere più lieto: *con la sua presenza rallegra la festa* SIN. allietare **2** †onorare **B** **rallegràrsi** **v. intr. pron.** **1** diventare allegro o più allegro: *si rallegravano tutti a quella vista* SIN. gioire **2** congratularsi: *mi rallegro per il tuo successo; mi rallegro!* **3** (*lett.*) rasserenarsi: *Ride la terra … / e rallegrasi l'aria* (N. Machiavelli)

rallegràta [da *rallegrato* ✱ 1891] **s. f.** ● salto che fa il cavallo come per esprimere brio

rallegratìvo [sec. XIV] **agg.** ● (*raro*) che induce allegria

rallegratóre [av. 1561] **s. m.** (**f.** *-trice*); **anche agg.** ● (*raro*) chi (o che) rallegra

rallegratùra [av. 1311] **s. f.** ● (*lett.*) il rallegrarsi | (*raro*) espressione di allegrezza

rallentaménto [sec. XIV] **s. m.** **1** diminuzione di velocità: *il r. della corsa* | (*fig.*) diminuzione di intensità, frequenza e sim.: *segnali di r. dell'inflazione; c'è un notevole r. nel suo interesse allo studio* **2** (*cinema, tv*) particolare tecnica nella ripresa cinematografica che determina, in proiezione, un effetto di minor velocità rispetto all'azione reale

rallentàndo [gerundio di *rallentare* ✱ 1826] **s. m. inv.** ● (*mus.*) indicazione agogica che prescrive di rendere il tempo progressivamente più lento CONTR. accelerando

♦**rallentàre** [comp. di *r(i)-* e *allentare* ✱ 1320] **A** **v. tr.** (*io rallènto*) **1** rendere lento, meno veloce: *r. la corsa* | (*raro*) rendere meno teso, allentare: *r. una corda* **2** (*fig.*) diminuire di intensità, attenuare: *r. la sorveglianza* | ***r. le visite***, renderle meno frequenti, diradarle **3** (*mus.*; *raro*) indicazione agogica equivalente al rallentando CONTR. accelerare **B** **v. intr.** (**aus.** *avere* **nel sign. 1,** *avere* **o** *essere* **nel sign. 2**) **e** **rallentàrsi** **v. intr. pron.** **1** diminuire la velocità: *il treno ha rallentato; c'è un incrocio, meglio r.* **2** (*fig.*) diventare più lento, più rado o meno intenso: *la crescita economica è rallentata; il suo entusiasmo si è molto rallentato*

SFUMATURE ➤ ***intralciare***

rallentàto [1902] **s. m.** ● (*mus.*) rallentando

rallentatóre [1926] **s. m.** **1** (**f.** *-trice*) chi rallenta **2** (*cinema, tv*) dispositivo che permette di ottenere l'effetto del rallentamento | ***al r.***, di proiezione effettuata con la tecnica del rallentamento; (*fig.*) molto lentamente: *i lavori procedono al r.*

†**rallettàre** [comp. di *r(i)-* e *allettare*① ✱ sec. XIII] **v. tr.** **1** allettare **2** V. *riallettare*

rallevàre [comp. di *r(i)-* e *allevare* ✱ av. 1292] **v. tr.** (*io rallèvo*) ● (*tosc.*) allevare

Rallifórmi [comp. di *rallo* e il pl. di *-forme* ✱ 1937] **s. m. pl.** (**sing.** *-e*) ● (*zool.*) ordine di Uccelli carenati con lungo collo e becco e zampe lunghe e nude (*Ralliformes*) SIN. Gruiformi

rallignàre [comp. di *r(i)-* e *allignare* ✱ 1319] **v. intr.** (**coniug. come** *segnare*; **aus.** *essere*) **e** **rallignàrsi** **v. intr. pron.** ● (*lett.*) rinascere: *Quando in Bologna un Fabbro si ralligna?* (Dante *Purg.* XIV, 100) | (*lett.*) rinvigorirsi

rallìsta [1974] **s. m. e f.** (**pl. m.** *-i*) ● pilota o navigatore di rally automobilistico

rallìstico [1984] **agg.** (**pl. m.** *-ci*) ● di rally, relativo a rally: *gara rallistica*

ràllo [dal lat. *rallus* 'rasato, raso', deriv. di *rādere* 'radere' ✱ 1561] **s. m.** ● (*zool.*) uccello dei Gruiformi di taglia modesta, con becco lungo e denso piumaggio (*Rallus aquaticus*) SIN. porciglione

†**rallogàre** [comp. di *r(i)-* e *allogare* ✱ 1324] **v. tr.** ● riaffittare

†**ralloggiàre** [comp. di *r(i)-* e *alloggiare* ✱ av. 1388] **v. tr.** **1** alloggiare **2** V. *rialloggiare*

†**rallumàre** [comp. di *r(i)-* e *allumare* ✱ sec. XIII] **A** **v. tr.** ● illuminare (*anche fig.*) | riaccendere | (*poet.*) rinnovare **B** †**rallumàrsi** **v. intr. pron.** ● riaccendersi | (*fig.*) rinvigorirsi

†**ralluminàre** [comp. di *r(i)-* e *alluminare* ✱ av. 1306] **A** **v. tr.** ● illuminare (*anche fig.*) **B** †**ralluminàrsi** **v. intr. pron.** ● riacquistare la vista | (*fig.*) illuminarsi

rallungàre [comp. di *r(i)-* e *allungare* ✱ 1336 ca.] **A** **v. tr.** (*io rallùngo, tu rallùnghi*) **1** (*raro*) allungare ulteriormente | (*lett.*) prolungare **2** †V. *riallungare* **B** **rallungàrsi** **v. intr. pron.** ● (*lett.*) allungarsi

rally /'ralli, rel'li*, *ingl.* 'rælɪ/ [vc. ingl., dal fr. *rallier* 'adunare', comp. di *re-* 'ri-' e *allier* 'riunire', dal lat. *alligāre*, comp. di *ăd* e *ligāre* 'legare' ✱ 1935] **s. m. inv.** (**pl. ingl.** *rallies*) **1** competizione automobilistica di regolarità e velocità su percorsi stradali anche accidentati, per autovetture opportunamente rinforzate e con un equipaggio di due persone: *il vincitore del r. di Montecarlo* **2** (*borsa*) rialzo

rally cròss /'rɛlli 'krɔs, *ingl.* 'rælɪ,krɒs/ [loc. ingl., comp. di *rally* (V.) e *cross* 'corsa campestre' (accorc. di *cross-country* 'attraverso la campagna') ✱ 1989] **loc. sost. m. inv.** (**pl. ingl.** *rally crosses*) ● (*sport*) competizione automobilistica che si disputa su piccoli circuiti ricavati da strade accidentate di campagna

Ram [dalla sigla ingl. *RAM*, che sta per *R(andom) A(ccess) M(emory)* 'memoria ad accesso casuale' ✱ 1983] **s. f. inv.** ● (*inform.*) in un elaboratore elettronico, parte della memoria centrale nella quale è possibile scrivere e leggere dati e che viene impiegata durante l'esecuzione delle istruzioni

ràma [sec. XIII] **s. f.** ● (*tosc.*) ramo, spec. quello secondario che porta i frutti | chioma di un albero

Ramadàn [arabo *ramaḍān* ✱ 1422] **s. m. inv.** ● nono mese del calendario musulmano, in cui vi è l'obbligo dello stretto digiuno dall'alba al tramonto | serie delle osservanze rituali cadenti in tale mese

ramages /*fr.* ʀa'maʒ/ [fr., dal lat. *rāmus* 'ramo' ✱ 1866] **s. m. pl.** ● disegni di stoffa o biancheria a rami e fiori | ***stoffa a r.***, damascata, fiorata

ramàglia [fr. *ramaille*, dal lat. *ramālia*, nt. pl., da *rāmus* 'ramo' ✱ av. 1698] **s. f.** **1** insieme di frasche e rami tagliati **2** (*lett.*) chioma di pianta bassa: *nidi penduli dalla r. in fiore* (G. D'Annunzio)

ramagliatùra [1891] s. f. • taglio delle ramaglie

ramàio [1550] s. m. (f. *-aia*, pl. m. *-ai*) • artigiano che lavora il rame, che fa, ripara e vende recipienti in rame SIN. calderaio

ramaiolàta o **romaiolàta** [1865] s. f. **1** quantità che può essere contenuta in un ramaiolo **2** colpo dato col ramaiolo

ramaiòlo o (*tosc.*) **romaiòlo**, †**romaiuòlo**, †**ramaiuòlo** [detto così perché fatto di *rame* ✱ sec. XIV] s. m. **1** mestolo, nel sign. 2: *versate un altro r. di brodo* (P. ARTUSI) **2** utensile con manico uncinato, che serve al muratore per aggiungere acqua alla calce **3** (*merid.*) pentola, secchio o altro recipiente di rame

♣**ramanzina** o (*pop.*) †**romanzina**, †**rammanzina** [detta così perché lunga come un *romanzo* ✱ 1611] s. f. • lungo rimprovero: *fare, prendersi una r.*; *quel ragazzo ha proprio bisogno di una bella r.* SIN. paternale, rabbuffo, sgridata

ramapitèco [vc. dotta, propr. 'scimmia (in gr. *píthikos*) di Rama (n. dell'eroe dell'epopea indiana)' ✱ 1989] s. m. (pl. *-chi* o *-ci*) • (*paleontologia*) scimmia antropomorfa vissuta durante il Miocene, un tempo ritenuta antenato dell'uomo, oggi riconosciuta precedente dell'orango

ramàre [av. 1519] v. tr. **1** ricoprire una superficie metallica con un sottile strato di rame **2** dare il solfato di rame alle viti o ad altre piante o semi **3** legare, unire con fili di rame

ramàrro [etim. incerta ✱ 1313] **A** s. m. • sauro simile alla lucertola, di colore verdastro, che vive nei prati, boschi, sassaie, cacciando insetti (*Lacerta viridis*) SIN. lucertolone **B** in funzione di agg. inv. • (posposto al sost.) solo nella loc. ***verde r.***, detto di un verde vivo

ramàta [da *ramo* ✱ av. 1470] s. f. **1** fitto graticolato di fili metallici, per finestre, gabbie e sim. **2** attrezzo per la caccia notturna a forma di mestolo, usato in passato per colpire gli uccelli abbagliati dal frugnolo

†**ramatàre** [1612] v. tr. • colpire con la ramata

ramàto **A** part. pass. di *ramare*; anche agg. **1** rivestito di rame: *pentola col fondo r.* **2** di colore rossiccio come il rame: *capigliatura, barba ramata* **3** che contiene rame o sali di rame: *acqua ramata* **B** s. m. • la soluzione di solfato di rame per irrorare le viti

ramatùra ① [1872] s. f. **1** operazione del ramare | rivestimento di rame **2** sottile strato di rame che si deposita, dopo un uso prolungato, nelle righe dell'anima di un cannone così da rendere impreciso il tiro **3** irrorazione di piante fruttifere con anticrittogamici a base di rame

ramatùra ② [1891] s. f. • (*raro*) l'insieme dei rami di una pianta

ramàzza [vc. di orig. piemontese, da *ramo* ✱ 1555] s. f. **1** scopa grossolana di rami, per spazzare terra o neve | ***essere di r.***, avere l'incarico di ramazzare, spec. caserme **2** (*gerg.*) soldato incaricato di ramazzare

ramazzàre [1544] v. tr. • spazzare con una ramazza | (*est.*) raccogliere

rambìşmo [da *Rambo* (V.), come nell'ingl. *Ramboism* ✱ 1985] s. m. • atteggiamento o visione del mondo improntati alla risoluzione di ogni questione attraverso la violenza spettacolare e indiscriminata, spesso assunta a valore morale individuale

Ràmbo [dal n. del protagonista del film d'azione di Ted Kotcheff *First Blood* (1982) ✱ 1985] s. m. inv. **1** vendicatore solitario protagonista di una serie di film americani | (*est.*) cultore del proprio vigore fisico, che assume atteggiamenti aggressivi e violenti **2** persona atletica e imponente, che ama esibire la propria forza fisica **3** chi esercita il mestiere delle armi per denaro

rambutàn [vc. malese, da *rambut* 'capelli' per il tegumento peloso del frutto ✱ 1997] s. m. inv. • (*bot.*) albero delle Sapindacee, originario dell'Asia tropicale (*Nephelium lappaceum*) | il frutto commestibile di tale pianta dai cui semi si ricava un grasso di uso alimentare e medicinale

♦**ràme** [lat. tardo *aerāme(n)*, da *āes*, genit. *āeris* 'rame, bronzo', di orig. indeur. ✱ av. 1250] **A** s. m. **1** elemento chimico, metallo, rosso chiaro, diffuso in natura sia allo stato nativo sia sotto forma di sali, dai quali si ricava; buon conduttore dell'elettricità e del calore, si lega facilmente ad altri metalli per formare leghe adatte ad applicazioni in tutti i campi industriali SIMB. Cu NUM. AT. 29 CFR. calco-, cupro- | ***leghe di r.***, bronzo, alpacca, argentana e sim. | ***solfato di r.***, usato per preparare con la calce la poltiglia bordolese, per prevenire e combattere la peronospora della vite ed altre malattie crittogame | ***età del r.***, la terza della preistoria **2** (al pl.) recipienti di rame per la cucina **3** incisione su rame: *un pregevole r. d'autore* **B** in funzione di agg. inv. • ***biondo r.***, colore biondo che tende al rossiccio: *capelli di color biondo r.* | ***verde r.***, V. *verderame*

rameggiàre [da *ramo* ✱ 1599] **A** v. tr. (pres. *io raméggio*; fut. *io rameggerò*) • piantare nel terreno rami a sostegno di piante erbacee **B** v. intr. (aus. *avere*) • (*lett.*) ramificarsi | (*fig.*) aprirsi come ramo, detto delle corna dei cervi

ramèico [1942] agg. (pl. m. *-ci*) • detto di composto del rame bivalente: *sali rameici*

raméngo (o **-è-**) o **ramìngo** nel sign. 1, (*ven.*) **reméngo** (o **-è-**) nel sign. 2 [dial. per *ramingo*: è il bastone di chi va *ramingo* ✱ sec. XV] s. m. (pl. *-ghi*) **1** (*tosc.*) bastone **2** (*sett.*) rovina, malora: *andare, mandare a r.* **3** V. *ramingo*

rameóso (o **-ş-**) [1872] agg. • detto di composto del rame monovalente | ***ossido r.***, si trova in natura come cuprite e può essere ottenuto per riduzione di sali rameici

ramerìno [sovrapposizione di *ramo* a *rosmarino* ✱ av. 1320] s. m. • (*tosc.*) rosmarino

rameuse /fr. ra'møz/ [vc. fr., da *rame*, n. di un apparecchio, che pare risalga al francone *hrama* 'travicello, intelaiatura' ✱ 1941] s. f. inv. • (*tess.*) nella rifinizione, macchina destinata all'asciugatura dei tessuti dopo il lavaggio o altro trattamento a umido e talvolta al termofissaggio di quelli di fibre sintetiche e alla polimerizzazione di quelli di fibre cellulosiche

ramia [1924] s. f. • ramiè

ramiè [fr. *ramie*, dal malese *rami* ✱ 1895] s. m. inv. **1** pianta erbacea perenne delle Urticacee, con foglie bianche inferiormente, che fornisce fibre tessili (*Boehmeria nivea*) SIN. ortica bianca **2** fibra tessile ottenuta da tale pianta

ramìfero ① [comp. di *rame* e *-fero* ✱ 1850] agg. • (*raro*) che contiene rame

ramìfero ② [comp. di *ramo* e *-fero* ✱ 1869] agg. • che produce rami: *gemme ramifere*

ramificàre [da *ramo* ✱ 1494] **A** v. intr. (*io ramìfico, tu ramìfichi*; aus. *avere*) • produrre rami **B** **ramificàrsi** v. intr. pron. • (*est.*) biforcarsi, diramarsi: *la miniera si ramifica in tre filoni* | (*fig.*) articolarsi, espandersi in vari àmbiti: *l'organizzazione si è ramificata nel territorio* ‖ **ramificazióne**, s. f. (V.)

ramificàto part. pass. di *ramificare*, anche agg. **1** nei sign. del v. **2** che ha rami | (*chim.*) ***catena ramificata***, caratteristica dei composti organici in cui gli atomi si susseguono in diverse direzioni ‖ **ramificataménte**, avv.

ramificazióne [da *ramo* ✱ av. 1519] s. f. **1** la produzione e la disposizione dei rami in una pianta **2** (*est.*) suddivisione in rami: *la r. di un corso d'acqua* | (*fig.*) diramazione, articolazione: *le varie ramificazioni di una società*

ramìfico [da *ramo* ✱ av. 1788] agg. (pl. m. *-ci*) • (*lett.*) che produce rami

ramìna [da *rame* ✱ av. 1306] s. f. **1** scaglia che si stacca nella lavorazione del rame **2** (*sett.*) recipiente o pentolino di rame **3** paglietta d'acciaio per pulitura di pentole e sim.

ramingàre [1640] v. intr. (*io ramìngo, tu ramìnghi*; aus. *avere*) • (*lett.*) andare ramingo: *senti raspar fra le macerie e i bronchi / la derelitta cagna ramingando* (U. FOSCOLO)

♣**ramìngo** o (*sett.*) **raméngo** nel sign. 2 [da *ramo*, perché in orig. si diceva degli uccelli che vanno *di ramo in ramo* ✱ sec. XIII] agg. (pl. m. *-ghi*) **1** †di uccello che, inesperto del volo, salta di ramo in ramo **2** di chi va errando senza mai fermarsi e non ha una meta precisa: *andare r. per il mondo*; *un fuggiasco r.*; *un povero giovane ..., tutto solo e r., andava per le foreste cacciando* (D. BARTOLI) SIN. errabondo, errante **3** V. *ramengo*

ramìno ① [da *rame* ✱ sec. XIV] s. m. **1** recipiente tondeggiante di rame, con manico e bocca a becco, per scaldare l'acqua **2** (*centr., sett.*) ramaiolo bucherellato per spannare il latte

ramìno ② [etim. incerta ✱ 1931] s. m. • gioco di carte tra più giocatori, con due mazzi di 52 carte completi di matte o jolly, il cui scopo è di realizzare delle combinazioni che vengono via via scartate dai giocatori fino a rimanere senza carte in mano

rammagliàre [comp. di *r(i)-* e *ammagliare* ✱ 1940] v. tr. (*io rammàglio*) • aggiustare le maglie di un tessuto o sim.: *r. le calze, le reti*

rammagliatrìce [da *rammagliare* ✱ 1966] s. f. • donna che per mestiere riprende le sfilature delle calze

rammagliatùra [1940] s. f. • lavoro del rammagliare

rammansìre [comp. di *r(i)-* e *ammansire* ✱ 1813] v. tr. (*io rammansìsco, tu rammansìsci*) • (*lett.*) ammansire

†**rammanzina** ➤ **ramanzina**

†**rammarcàre** ➤ **rammaricare**

†**rammàrco** ➤ **rammarico**

†**rammarginàre** [da *rimarginare*, con cambio di pref. ✱ av. 1492] **A** v. tr. **1** (*lett.*) rimarginare | (*fig.*) lenire, placare **2** saldare: *r. a caldo* **B** v. intr. e †**rammarginàrsi** v. intr. pron. • rimarginarsi (*anche fig.*)

†**rammaricaménto** [av. 1292] s. m. • lagnanza, rammarico

rammaricàre o (*poet.*) †**rammarcàre** [comp. di *r(i)-* e del lat. tardo *amaricāre* 'rendere amaro', da *amārus* 'amaro' ✱ av. 1292] **A** v. tr. (*io rammàrico, tu rammàrichi*) • affliggere, amareggiare: *il tuo comportamento lo rammarica* **B** **rammaricàrsi** v. intr. pron. • provare dispiacere, amarezza, rincrescimento (+ *di*, + *per*, anche seguiti da inf., + *che* seguito da congtv.): *mi rammarico di non averlo aiutato*; *mi rammarico per il suo insuccesso*; *Ho curiosità di vedere ... se si rammarica, per non aver riportata quella vittoria* (C. GOLDONI); *Anch'ella si rammarica dell'assenza del nostro amico* (G. D'ANNUNZIO); *tanti vecchi avvezzi a rammaricarsi che fosse già vicina a finire* (A. MANZONI) | (*raro, lett.*) lamentarsi

SFUMATURE ➤ ***dolere***

†rammaricazióne [da *rammaricare* ✱ 1342] **s. f.** ● lamento, rammarico

†rammarichévole [da *rammaricare* ✱ 1336 ca.] **agg. 1** che dà amarezza, afflizione **2** querulo, lamentevole

rammarichìo [da *rammaricare* col suff. *-io*[1] ✱ av. 1292] **s. m.** (**pl.** *-ii*) ● (*lett.*) continuo e reiterato rammaricarsi: *tutto il resto era languore, angoscia, spavento, r., fremito* (A. Manzoni)

rammàrico o (*poet.*) **†rammàrco** [av. 1348] **s. m.** (**pl.** *-chi*) ● espressione di rincrescimento, di dispiacere: *con grande r. sono costretto a non accettare il vostro invito* | rimpianto: *il r. della sua vita tramontata* (L. Pirandello) | amarezza, afflizione: *provare r. per qlco.* | lamento, lagnanza: *ti esprimo il mio r.*

SFUMATURE ➤ *rimorso*

rammassàre [comp. di *r(i)-* e *ammassare* ✱ av. 1348] **v. tr. 1** ammassare, accumulare **2** (*raro*) ammassare di nuovo

rammemoràbile [av. 1799] **agg.** ● (*raro, lett.*) degno di essere ricordato

†rammemorànza [da *rammemorare* ✱ av. 1602] **s. f.** ● ricordo

rammemoràre [da *rimemorare*, con cambio di pref. ✱ av. 1327] **A v. tr.** (*io rammèmoro*) ● ricordare **SIN.** rammentare, rimembrare **B rammemoràrsi v. intr. pron.** ● (*lett.*) ricordarsi: *rammèmorati se ad alcun segnale riconoscerla credessi* (G. Boccaccio)

rammemorazióne [1353] **s. f.** ● (*lett.*) ricordo, memoria | †esposizione, elencazione

rammendàre o (*tosc.*) **rimendàre** [comp. di *r(i)-* e *ammendare* ✱ av. 1311] **v. tr.** (*io rammèndo* o *ramméndo*) **1** eseguire i rammendi | anche in forma pron.: *rammendarsi i calzini* **2** †correggere, emendare

rammendatóre [1869] **s. m.** (**f.** *-trice*, **pop., disus.** *-tora*) **1** chi esegue i rammendi per professione **2** operaio tessile addetto alla rammendatura

rammendatùra [1872] **s. f. 1** rammendo **2** operazione di apparecchiatura dei tessuti, per correggere eventuali difetti di tessitura e orditura

rammèndo (o *-é-*) [da *rammendare* ✱ 1824] **s. m.** ● il lavoro che si fa per ricostruire o rinforzare trama e ordito in un tessuto strappato o molto usato | la parte rammendata | ***r. invisibile***, rifacimento perfetto di una parte di tessuto

†rammentànza [da *rammentare* ✱ av. 1431] **s. f.** ● ricordo

♣rammentàre [comp. di *r(i)-* e *ammentarsi* ✱ av. 1292] **A v. tr.** (*io ramménto*) **1** ricordare: *non rammento dove l'ho conosciuto; rammentate di raffrenar la collera* (C. Goldoni) **2** richiamare alla mente, alla memoria: *r. la propria vita; ti rammento l'impegno di domani; i torti miei rammento / e non mi so sdegnar* (P. Metastasio) | ***rammenta suo padre***, gli assomiglia **B rammentàrsi v. tr. pron.** (**aus.** *essere*) ● ricordare (con valore intens.): *ti rammenti quel tramonto sul lago?; Alfonso cercava di rammentarsi se prima non le avesse udite* (I. Svevo) **C rammentàrsi v. intr. pron.** ● ricordarsi (+ *di*, **anche seguito da inf.**, + *che*): *mi rammento bene di lui; si rammentò che doveva uscire; rammentati di non dire a papà che domani è il mio compleanno* (I. Svevo)

rammentàto **part. pass.** di *rammentare*; **anche agg. 1** nei sign. del v. **2** (*lett.*) menzionato

rammentatóre [sec. XIV] **s. m.** (**f.** *-trice*) **1** chi rammenta **2** suggeritore nel teatro d'opera

rammeschinìre [da *meschino*, col pref. *ra-* ✱ av. 1907] **v. intr.** (*io rammeschinìsco, tu rammeschinìsci*; **aus.** *essere*) ● (*raro, lett.*) diventare meschino

†rammezzàre [comp. di *r(i)-* e *ammezzare* ✱ av. 1342] **v. tr.** ● dividere a metà

rammodernàre [comp. di *r(i)-* e *ammodernare* ✱ 1870] **A v. tr.** (*io rammodèrno*) ● rendere moderno o più moderno **SIN.** ammodernare **B rammodernàrsi v. intr. pron.** ● ammodernarsi

rammollàre [comp. di *r(i)-* e *ammollare*[1] ✱ 1584] **v. tr., intr.** (*io rammòllo*; **aus. intr.** *essere*) e **rammollàrsi v. intr. pron.** ● (*raro*) rammollire, rammollirsi

rammolliménto [1806] **s. m. 1** il rammollire: *il r. della cera* | (*fig.*) infiacchimento: *un notevole r. nel carattere* **2** (*med.*) lesione di un organo per cui questo perde la sua normale consistenza **SIN.** malacia | ***r. cerebrale***, lesione cerebrale da insufficiente vascolarizzazione

rammollìre [comp. di *r(i)-* e *ammollire* ✱ sec. XIV] **A v. tr.** (*io rammollisco, tu rammollisci*) ● fare diventare molle: *r. la cera* | (*fig.*) infiacchire, indebolire: *gli ozi lo hanno rammollito* | (*fig., lett.*) intenerire, impietosire **B v. intr.** (**aus.** *essere*) e **rammollìrsi v. intr. pron.** ● diventare molle: *è un composto che non rammollisce* | (*fig.*) infiacchirsi: *invecchiando si è rammollito*

rammollìto **A part. pass.** di *rammollire*; **anche agg.** ● nei sign. del v. **B s. m.** (**f.** *-a*) ● persona di poca forza morale, di scarso carattere

rammontàre [comp. di *r(i)-* e *ammontare* ✱ av. 1320] **A v. tr.** ● (*lett.*) raccogliere in mucchio: *il carico fu pronto, e Zi' Scarda aiutò Ciaula a disporlo e rammontarlo sul sacco* (L. Pirandello) **B rammontàrsi v. intr. pron.** ● (*lett.*) accumularsi

rammorbidàre [comp. di *r(i)-* e *†ammorbidare* ✱ av. 1400] **v. tr., intr.** (*io rammòrbido*; **aus. intr.** *essere*) e **rammorbidàrsi v. intr. pron.** ● (*lett., raro*) rammorbidire, rammorbidirsi

rammorbidiménto [1871] **s. m.** ● (*lett., raro*) ammorbidimento (*anche fig.*)

rammorbidìre o **†rammorvidìre** [comp. di *r(i)-* e *ammorbidire* ✱ sec. XIV] **A v. tr.** (*io rammorbidìsco, tu rammorbidìsci*) ● rendere morbido o più morbido: *r. un metallo* | (*fig.*) mitigare, addolcire: *r. l'asprezza di un discorso* **B v. intr.** (**aus.** *essere*) e **rammorbidìrsi v. intr. pron.** ● diventare morbido (*spec. fig.*): *il suo carattere si è rammorbidito*

rammucchiàre [comp. di *r(i)-* e *ammucchiare* ✱ 1691] **v. tr.** (*io rammùcchio*) ● (*lett.*) ammucchiare

Ramnàcee [da *ramno* ✱ 1865] **s. f. pl.** (**sing.** *-a*) ● (*bot.*) famiglia di piante dicotiledoni arboree o arbustive con foglie semplici e fiori piccoli e giallicci (*Rhamnaceae*)

ràmno [vc. dotta, lat. *rhămnu(m)*, dal gr. *rámnos*, da avvicinare a *rábdos* 'bastone' (V. *Rabdoceli*) ✱ sec. XIII] **s. m.** ● (*bot.*) arbusto delle Ramnacee talvolta spinoso, con foglie alterne od opposte, fiori piccoli e frutti a drupa con più noccioli (*Rhamnus*)

♦ràmo [lat. *rāmu(m)*, dalla stessa radice di *rādix*, genit. *radīcis* 'radice' ✱ av. 1257] **s. m.** (**pl.** *-i*, *†ràmora*, **f.**) **1** suddivisione primaria del fusto delle piante che a sua volta può dividersi in rami secondari, rametti, ramoscelli **CFR.** clado- | ***rami maestri***, principali nell'ossatura dell'albero | ***rami da frutto***, più pieghevoli e sottili | ***rami delle radici***, barbe | ***rami delle viti***, tralci | ***r. a legno***, con gemma a legno | ***r. misto***, con gemma a legno e a frutto | ***r. anticipato***, derivato da una gemma dell'anno | (*fig.*) ***avere un r. di pazzia***, avere una parte di pazzia o essere un po' strano | ***r. secco***, (*fig.*) persona, azienda, attività improduttiva, eccessivamente onerosa o inutile **2** tutto ciò che sporge a forma di ramo da un corpo principale: *i rami dei coralli, delle corna dei cervi* | ***i rami della croce***, i bracci | ***r. di un fiume, di un canale***, corso secondario che si stacca dal principale | ***il r. di una strada***, la biforcazione, il tronco secondario, la diramazione | ***il r. di una miniera***, il filone secondario | ***il r. di un'amministrazione***, la divisione, la sezione che dipendono da un ufficio più importante | ***r. del Parlamento***, ciascuna delle due Camere del Parlamento **3** settore, branca, specialità di una disciplina, una scienza: *un r. della zoologia; i vari rami della fisica* | (*est.*) materia di studio, disciplina: *quello è il suo r.* **4** (*mat.*) ***r. di una curva***, componente connessa della curva o tratto di curva che possa percorrersi con il movimento continuo di un punto **5** (*mat.*) segmento che connette due nodi in un diagramma ad albero **6** lato compreso fra due nodi di una maglia di una rete elettrica **7** branca collaterale di arteria, vena, nervo **8** linea di parentela, di consanguineità: *discendere da un r. cadetto* **9** †albero: *'l r. / vede a la terra tutte le sue spoglie* (Dante *Inf.* III, 113-114) ‖ **ramàccio**, **pegg.** | (*lett.*) **ramèllo**, **dim.** | **ramétto**, **ramettìno**, **dim.** | **ramicèllo**, **dim.**

†ramógna [etim. incerta ✱ 1319] **s. f.** ● (*raro*) augurio

ramolàccio [sovrapposizione di *ramo* al lat. *armorăcia*, di etim. incerta ✱ 1536] **s. m.** ● pianta erbacea delle Crocifere, con foglie inferiori molto suddivise, coltivata per la radice commestibile a polpa croccante e piccante (*Raphanus niger*)

†ramolùto [dal lat. *rāmulus*, dim. di *rāmus* 'ramo' ✱ sec. XIV] **agg.** ● ramoruto

ramorùto [da *ramo*, sul modello di *nerboruto* ✱ av. 1320] **agg.** ● (*lett.*) ramoso: *rami spogli ma ramoruti* (G. D'Annunzio)

ramoscèllo o (*lett.*) **ramuscèllo**, **†ramucèllo** [lat. parl. **ramuscĕllu(m)*, dim. del lat. tardo *ramŭsculus*, dim. di *rāmus* 'ramo' ✱ av. 1306] **s. m.** ● piccolo ramo ‖ **ramoscellìno**, **dim.**

ramóso (o *-ṣ-*) [vc. dotta, lat. *ramōsu(m)*, da *rāmus* 'ramo' ✱ av. 1320] **agg.** ● fornito di rami: *quercia ramosa* | ramificato: *corna ramose* ‖ **ramosità**, **s. f. inv.** caratteristica di ciò che è ramoso

ràmpa [da *rampare* ✱ av. 1566] **s. f. 1** parte di una scala costituita da una serie non interrotta di gradini compresa fra un pianerottolo e l'altro **2** piano lievemente inclinato, pavimentato o lastricato, eventualmente attraversato ad intervalli regolari da piccolissimi cordoni di pietra o laterizio: *la r. di accesso ai box* **3** (*est.*) tratto di salita ripida: *i ciclisti affrontarono una dura r.; le ultime rampe del Passo Sella* **4** (*aeron.*) in un aeroporto, piazzale dove gli aeromobili sostano per l'imbarco e sbarco di passeggeri e merci e per le necessarie operazioni di assistenza all'aeromobile, quali pulizia, controlli tecnici e sim. | ***operaio di r.***, addetto alle operazioni di assistenza a terra di un aeromobile | ***r. di lancio***, torre di lancio **5** (*aeron.*) sistema di guide a inclinazione variabile, e talvolta regolabile da 0° a 90°, per il lancio di aerei, missili o razzi **6** (*mat.*) ***funzione a r.***, quella caratterizzata dall'essere nulla in un dato istante e crescente linearmente da tale istante in poi **7** (*ferr.*) ***r. di accesso***, piano inclinato che consente a veicoli e bestiame di accedere a un piano caricatore **8** (*anat.*) ognuna delle ripartizioni longitudinali di un condotto anatomico caratterizzato da un andamento spiralato, come nella coclea: *r. vestibolare, r. timpanica* **9** (*arald.*) zampa unghiata || **rampétta**, **dim.**

✦**rampànte** **A** **part. pres.** di *rampare*; anche **agg.** **1** (*arald.*) attributo dei quadrupedi levati sulle zampe posteriori | ***Cavallino r.***, V. *cavallino*② **2** ***arco r.***, arco con dislivello tra i due piani di imposta **B** **s. m.** **1** rampa di scala **2** (*sport*) nello sci-alpinismo, lama metallica dentata o striscia di gomma applicata al lato o sotto lo sci per assicurarne una più salda presa sul ghiaccio **C** **agg.**; anche **s. m.** e **f.** ● (*fig.*) detto di persona ambiziosa, aggressivamente protesa a raggiungere una posizione economica o sociale di prestigio | arrampicatore, arrivista || **rampantìno**, **dim. m.**

rampantìṣmo [da *rampante* ✱ 1986] **s. m.** ● atteggiamento di chi si dedica alla continua ricerca di un sempre maggiore successo professionale e di prestigio sociale

rampàre [francone *hrampōn* 'contrarsi' ✱ 1598] **v. intr.** (**aus.** *avere*) **1** (*raro*) arrampicarsi **2** detto di animale, levarsi a colpire o ghermire

rampàro o **rimpàro** [fr. *rempart*, da *remparer* 'fortificare', da *emparer* 'fortificare, munire', dal provenz. *emparar*, a sua volta dal lat. parl. **anteparāre* 'proteggersi, preparare (*parāre*) davanti (*ănte*)' ✱ 1611] **s. m.** ● terrapieno sostenuto da una muraglia, che forma il recinto di una fortezza

rampàta [da *rampa* ✱ 1558] **s. f.** **1** †colpo di zampa unghiata **SIN.** zampata **2** (*raro*) tratto di strada in salita

rampicànte **A** **part. pres.** di *rampicare*; anche **agg.** **1** nei sign. del v. **2** ***pianta r.***, che cresce abbarbicandosi a muri e sim. **B** **s. m.** **1** pianta rampicante: *vecchie mura coperte di rampicanti* **2** (**al pl.**) nelle vecchie tassonomie animali, ordine di uccelli arboricoli con piedi a quattro dita, due rivolte in avanti e due indietro, atti ad arrampicarsi

rampicàre [intens. di *rampare* ✱ 1447] **v. intr.** (*io ràmpico, tu ràmpichi*; **aus.** *essere* o *avere*) e **rampicàrsi** **v. intr. pron.** ● (*raro*) aggrapparsi, arrampicarsi, detto spec. di animali e di piante

rampicatóre [da *rampicare* ✱ 1891] **s. m.** (**f.** *-trice*); anche **agg.** ● chi (o che) si arrampica o si arrampica bene

rampichìno [da *rampicare* ✱ 1804] **s. m.** **1** (**f.** *-a*) (*scherz.*) ragazzo che s'arrampica dappertutto | (*est.*) ragazzo molto vivace **2** (*bot.*) rampicante **3** (*zool.*) uccello dei Passeriformi, abile nel camminare sui tronchi, con becco a sciabola per catturare insetti e larve (*Certhia brachydactyla*) **4** ®Nome commerciale di una mountain bike

†**rampicóne** [sovrapposizione di *rampicare* a *rampone* ✱ 1353] **s. m.** ● rampone, arpione

rampinàre [1553] **v. tr.** **1** dragare il fondo con il rampino **2** †aggrapparsi col rampino all'arrembaggio | (*fig.*) arraffare

rampinàta [1880] **s. f.** ● colpo di rampino | il segno che rimane

rampinìṣmo [da *rampino* ✱ 1954] **s. m.** ● (*veter.*) anomalo assetto dello zoccolo del cavallo, per cui la muraglia risulta inclinata dall'avanti all'indietro e poggia sul terreno con il suo margine anteroinferiore

rampìno [da *rampa* 'zampa unghiata' ✱ 1475] **A** **s. m.** **1** gancio o altro elemento metallico piegato a uncino, che serve a sostenere o afferrare | ***a r.***, a uncino, ricurvo **2** (*mar.*) ferro a tre o quattro uncini usato per ripescare dal fondo oggetti caduti in mare, o per riportare a galla cavi sottomarini da riparare | ferro per l'ancoraggio di piccole imbarcazioni **3** (*raro*, *fig.*) pretesto, cavillo: *si attacca a ogni r.* **B** **agg.** ● (*veter.*) detto di piede di cavallo affetto da rampinismo

rampìsta [da *rampa* ✱ 1983] **s. m. e f.** (**pl. m.** *-i*) ● (*aeron.*) in un aeroporto, addetto alle operazioni di imbarco passeggeri e al coordinamento e controllo tempi dei lavori di assistenza a terra di un aeromobile

†**ràmpo** [av. 1400] **s. m.** ● rampino, uncino | artiglio

rampógna [ant. fr. *ramposne*: di orig. francone (?) ✱ 1250 ca.] **s. f.** ● rimprovero, spec. aspro e duro

✦**rampognàre** [ant. fr. *ramposner* 'schernire': di orig. francone (?) ✱ 1250 ca.] **v. tr.** (*io rampógno*; **coniug. come** *segnare*) ● (*lett.*) biasimare, rimproverare duramente, rimbrottare: *Qual se' tu che così rampogni altrui?* (DANTE *Inf.* XXXII, 87)

†**rampognóso** (o **-ṣ-**) [da *rampogna* ✱ av. 1306] **agg.** ● pronto al rimprovero | ingiurioso | brontolone

rampollaménto [sec. XIV] **s. m.** ● (*raro*) il rampollare (*anche fig.*)

rampollàre [da *pollare* col pref. *ra-*; non chiara l'inserzione della *-m-* ✱ av. 1276] **v. intr.** (*io rampóllo*; **aus.** *essere*) **1** zampillare, scaturire dal suolo, detto di acqua: *la sorgente rampolla dalla montagna* **2** germogliare, nascere dal seme, detto di piante: *rampollano i primi rami* **3** (*fig.*, *lett.*) discendere, detto di stirpe, famiglia | (*est.*, *lett.*) sorgere, generarsi, detto di idee, pensieri, sentimenti | (*est.*) derivare, avere origine, detto di istituzioni, dottrine e sim. **4** (*poet.*) risorgere: *tu nebbia impalpabile … / tu fumo che ancora rampolli, / su l'alba* (G. PASCOLI)

✦**rampóllo** [da *rampollare* ✱ 1308] **s. m.** **1** (*lett.*) getto d'acqua che scorre | vena d'acqua che scaturisce dal suolo **SIN.** polla, sorgente **2** (*lett.*) germoglio nato su fusto o ramo vecchio di pianta **SIN.** pollone **3** (**f.** *-a*) (*fig.*, *lett.*) discendente diretto di una famiglia: *il r. di una nobile stirpe* | (*scherz.*) figlio, figliolo: *è il nostro ultimo r.* || **rampollétto**, **dim.**

ramponàre [1933] **v. tr.** (*io rampóno*) ● (*raro*) colpire con un rampone

rampóne [da *rampare* ✱ av. 1320] **s. m.** **1** fiocina grande ad ali lunghe taglienti e snodate usata per la pesca dei cetacei **2** grosso ferro piegato a uncino | ferro dentato applicabile alle scarpe spec. degli addetti alla manutenzione di linee elettriche e sim. per arrampicarsi sui pali di legno **3** (**spec. al pl.**) in alpinismo, ciascuno degli attrezzi metallici costituito da punte collegate rigidamente fra loro, da fissarsi con apposite cinghie sotto lo scarpone per assicurarne l'aderenza sulla neve gelata o sul ghiaccio **4** ripiegatura delle estremità del ferro di cavallo, per migliorare la presa sul terreno

ramponière [1813] **s. m.** ● marinaio addetto a lanciare il rampone nella caccia alle balene

†**ramucèllo** ➤ **ramoscello**

ramuscèllo ➤ **ramoscello**

†**ramùscolo** [vc. dotta, lat. tardo *ramŭsculu(m)*, dim. di *rāmus* 'ramo' ✱ 1340 ca.] **s. m.** ● rametto

†**ramùto** [av. 1519] **agg.** ● (*raro*) pieno di rami

♦**ràna** [lat. *rāna(m)*, da una radice onomat. ✱ 1306] **A** **s. f.** **1** anfibio anuro a pelle liscia, denti nella mascella superiore e zampe posteriori atte al salto (*Rana*) **CFR.** gracidare | ***r. verde***, abbondante in paludi e risaie, si nutre di insetti e vermi e sverna in letargo (*Rana esculenta*) | ***r. rossa***, a pelle bruno-rossiccia (*Rana fusca*) | ***r. alpina***, delle montagne italiane (*Rana temporaria*) | ***cantare come una r.***, (*fig.*) essere stonato | (*fig.*) ***gonfio come una r.***, di persona piena di boria **2** ***r. pescatrice***, pesce osseo dei Lofiformi, a capo largo ed appiattito su cui sono impiantate appendici filamentose erettili, bocca enorme e denti robusti (*Lophius piscatorius*) **SIN.** lofio, gianello **3** (*sport*) stile di nuoto in posizione prona con respirazione frontale caratterizzato da azioni simultanee e coordinate delle braccia e delle gambe che si distendono e si raccolgono in modo simile agli arti delle rane || **ranèlla**, **dim.** (V.) | **ranétta**, **dim.** | **ranìna**, **dim.** | (*lett.*) **ranùzza**, **dim.** **B** in funzione di **agg. inv.** ● (posposto al sost.) solo nella loc. ***uomo r.***, sommozzatore

ranàtra [dal lat. *rāna(m) ātra(m)* 'rana scura': il n. le fu dato perché il suo canto ricorda il gracidare delle rane ✱ 1930] **s. f.** ● insetto emittero di forme slanciate, con occhi sporgenti, comune fra la vegetazione lacustre (*Ranatra linearis*)

rancàre [da *ranco* ✱ 1612] **v. intr.** (*io rànco, tu rànchi*; **aus.** *avere*) ● (*raro*) arrancare

ranch /rɛntʃ, *ingl.* ræntʃ/ [vc. ingl., dallo sp. *rancho* (V.) ✱ 1901] **s. m. inv.** (**pl. ingl.** *ranches*) ● fattoria per l'allevamento di animali, nella parte occidentale degli Stati Uniti

ranchero /*sp.* *ran'tʃero/ [1869] **s. m.** (**f.** *-a*; **pl. m.** *ranchèri* o **sp.** *rancheros*) ● proprietario di un rancho: *un r. messicano* | chi lavora in un rancho

ranchettàre [da *rancare* ✱ 1612] **v. intr.** (*io ranchétto*; **aus.** *avere*) ● (*raro*, *lett.*) procedere faticosamente **SIN.** arrancare

rancho /*sp.* *'rantʃo/ [vc. sp. V. *rancio*① ✱ 1932] **s. m. inv.** (**pl. sp.** *ranchos*) ● fattoria per l'allevamento del bestiame, nel Sud degli Stati Uniti e nel Messico

rancìa [da *rancio*① ✱ 1932] **s. f.** (**pl.** *-cìe*) ● (*mar.*) un tempo, elenco giornaliero dei turni di mensa del personale di bordo

†**ranciàta** ➤ **aranciata**

renciàto [da *rancio*② ✱ av. 1566] **agg.** ● (*raro*) di colore arancione

rancicàre [prob. da *rancico* ✱ 1612] **v. intr.** (*io ràncico, tu ràncichi*; **aus.** *avere*) ● (*tosc.*) tossicchiare per schiarirsi la voce | (*tosc.*) ansimare

ràncico [da *rancido*, con cambio di suff. ✱ av. 1367] **A** **s. m.** (**pl.** *-chi*) ● (*tosc.*) il sapore sgradevole che, dopo aver mangiato cibi fritti con grassi rancidi, torna alla gola **B** **agg.** ● (*tosc.*) rancido

rancidézza [1340] **s. f.** ● la caratteristica di ciò che è rancido o (*lett.*, *fig.*) di ciò che è sorpassato, fuori moda

rancidìre [av. 1577] **v. intr.** (*io rancidìsco, tu rancidìsci*; **aus.** *essere*) ● diventare rancido **SIN.** irrancidire

rancidità [da *rancido* ✱ av. 1642] **s. f. inv.** ● rancidezza | alterazione degli oli e dei grassi per ossidazione all'aria

✦**ràncido** [vc. dotta, lat. *rāncidu(m)* 'fetido, putrefatto', da *rancēre* 'essere rancido, guasto', di etim. incerta ✱ 1340] **A** **agg.** **1** di olio, burro o altre sostanze grasse che, per un processo di ossidazione, assumono un sapore sgradevole di stantio: *salumi rancidi* **SIN.** corrotto, guasto, putrefatto **2** (*fig.*) vecchio, antiquato, sorpassato: *idee rancide* **B** **s. m.** ● il sapore e l'odore delle sostanze irrancidite: *prendere il r.* || **rancidétto**, **dim.**

rancidùme [av. 1673] **s. m.** **1** puzzo di rancido | sostanza o cibo rancido **2** (*fig.*, *lett.*) ciò che è superato, antiquato **SIN.** vecchiume

rancière [da *rancio*① ✱ 1797] **s. m.** ● (*raro*) soldato addetto alla confezione del rancio **SIN.** cuciniere

ràncio① [sp. *rancho* 'camerata dei soldati', da *rancharse* 'prendere alloggio', a sua volta dal fr. *se ranger* 'mettersi in ordine, schierarsi', da *rang* 'fila' (V. *rango*) ✱ 1804] **s. m.** **1** pasto dei soldati e dei marinai: *primo, secondo r.*; *ora del r.*; *distribuzione del r.* | ***suonare il r.***, dare l'apposito segnale di tromba **2** (*mar.*) ciascun

a b c d e f g h i j k l m n o p q r s t u v w x y z

gruppo dell'equipaggio di una nave che, a turno, consuma i pasti **3** (*est.*, *raro*) pasto, gener. scadente, servito a una comunità o sim.: *È più facile sia stato il r. scolastico a peggiorare* (L. SCIASCIA)

ràncio② e deriv. ➤ **arancio** e deriv.

†**ràncio**③ [sec. XV] **agg.** • rancido

rànco [longob. *rank* ✱ av. 1336] **agg.** (**pl. m.** *-chi*) • (*raro*) detto di chi cammina arrancando | (*est.*) storto, zoppo: *gamba ranca*

♦**rancóre** [vc. dotta, lat. tardo *rancōre(m)* 'rancidezza', poi 'rancore', da *rancēre* 'essere rancido', di etim. incerta ✱ 1268] **s. m.** • sentimento di malanimo, di astio, di risentimento tenuto nascosto, spec. per un torto ricevuto: *covare, serbare un sordo r.*; *io albergai nell'animo un grande rancore che stranamente s'avvinse al mio dolore e lo falsificò* (I. SVEVO)
SFUMATURE ➤ *astio*, ➤ *malevolenza*

♣**rancoróso** (o **-ṣ-**) [av. 1872] **agg.** • che cova o serba rancore | che manifesta rancore: *sguardo r.* ‖ **rancorosaménte**, **avv.** in modo rancoroso

rancùra [sovrapposizione di *cura* a *rancore* ✱ av. 1250] **s. f. 1** (*lett.*) sofferenza, afflizione: *fa … vera r. / nascer a chi la vede* (DANTE *Purg.* X, 133) **2** †compassione: *per muovere nel volgo r.* (C. DAVANZATI) **3** (*lett.*) rancore, astio

†**rancuràrsi** [da *rancura* ✱ 1313] **v. intr. pron.** • affliggersi, tormentarsi

rand /*ingl.* rænd, *afrikaans* rɑnt/ [vc. ingl., da *Rand*, abbreviazione di *Witwatersrand*, n. di un rilievo del Transvaal ✱ 1963] **s. m. inv.** • unità monetaria della Repubblica Sudafricana

rànda [got. *randa* 'orlo' (cfr. il ted. moderno *Rand*) ✱ 1313] **s. f. 1** (*mar.*) vela triangolare collegata all'albero col suo lato verticale prodiero e al boma con quello inferiore, spesso dotata di stecche lungo la balumina per consentire un maggiore allunamento | *r. aurica*, quella trapezoidale il cui lato superiore è fissato al picco | *r. svedese*, piccola randa da tempesta non fissata sul boma **2** rudimentale strumento per disegnare cerchi, usato da artigiani o muratori **3** regolo mobile su di un asse che serve ai muratori per disegnare archi sul muro **4** †rasiera **5** (*lett.*) margine, estremità, orlo | (*lett.*) *a r. a r.*, sul bordo estremo, rasente; (*fig.*) appena | †*a r.*, a stento ‖ **randèlla**, **dim.**

♣**randàgio** [da avvicinare a *randa* 'orlo' (?) ✱ av. 1320] **agg.**; anche **s. m.** (**f.** *-gia*; **pl. f.** *-gie* o *-ge*) **1** (*lett.*) che (o chi) vaga senza meta e senza una sede fissa: *quando io era più giovane, io sono stato molto r.* (N. MACHIAVELLI) SIN. errante, ramingo, vagabondo | *vita randagia*, erraboanda | (*est.*) vagante: *le nuvole … nel tramonto randage* (G. PASCOLI) **2** detto di animale domestico senza padrone o fuori dal branco: *cane r.*; *un vitello r. sui monti*; *mi sentii libero e solo come un r. sciagurato* (E. MORANTE)

randagìṣmo [da *randagi(o)* e *-ismo* ✱ 1983] **s. m.** • condizione degli animali domestici, spec. cani, senza padrone

randeggiàre [da *randa* ✱ 1872] **A v. tr.** (**pres.** *io randéggio*; **fut.** *io randeggerò*) • (*raro*) spingere la nave con vele di randa **B v. intr.** (**aus.** *avere*) • navigare rasente la costa, un'isola e sim.

randellàre [1481] **v. tr.** (*io randèllo*) • picchiare, colpire con il randello SIN. arrandellare

randellàta [av. 1484] **s. f.** • colpo di randello SIN. bastonata, mazzata

randellatóre [1924] **s. m.** (**f.** *-trice*); anche **agg.** • chi (o che) randella; picchiatore | (*iperb.*) nel linguaggio del giornalismo sportivo, detto di atleta, spec. calciatore, che pratica un gioco molto pesante

randèllo [etim. incerta ✱ av. 1370] **s. m. 1** bastone piuttosto grosso: *minacciare qlcu. con un r.* SIN. mazza **2** (*raro*) bastone corto e incurvato usato per stringere legature di balle, some e sim. **3** †grosso e corto bastone appeso al collo di alcuni animali per ostacolarli nel cammino, nella corsa, ecc. ‖ **randellétto**, **dim.** | **randellìno**, **dim.**

randìsta [da *rand(a)* col suff. *-ista* ✱ 1991] **s. m. e f.** (**pl. m.** *-i*) • (*mar.*) membro dell'equipaggio di una barca a vela, spec. in regata, addetto alla regolazione della randa

ràndom /'random, *ingl.* 'rændəm/ [vc. ingl., propr. 'casuale, fortuito' (vc. germ. giunta attraverso il fr. antico) ✱ 1974] **agg. inv. 1** (*stat.*) detto di una variabile statistica suscettibile di assumere valori aleatori (per es., il risultato del lancio di un dado) o di un campione statistico ottenuto con un metodo casuale **2** (*inform.*) *accesso r.*, metodo di accesso diretto a un dato precedentemente memorizzato, realizzato mediante calcolo algoritmico

randòmico [da *random* ✱ 1994] **agg.** (**pl. m.** *-ci*) • (*stat.*) casuale, accidentale: *campionare in modo r.* ‖ **randomicaménte**, **avv.** ‖ **randomicità**, **s. f. inv.**

randomiẓẓàre [da *random*, sul modello dell'ingl. *to randomize* ✱ 1986] **v. tr.** • (*inform.*, *stat.*) rendere casuale | attribuire valori casuali ‖ **randomiẓẓazióne**, **s. f.**

randonnée /*fr.* rɑ̃dɔ'ne/ [vc. fr., propr. 'corsa impetuosa', da *randon* 'impetuosità' ✱ 1930] **s. f. inv.** • (*sport*) corsa lunga e ininterrotta | nello sci alpinismo, gara di gran fondo

ranèlla [dim. di *rana* ✱ sec. XIV] **s. f. 1** piccola rana, raganella: *Nei campi / c'è un breve 'gre gre' di ranelle* (G. PASCOLI) **2** (*raro*) rondella **3** (*med.*) ranula

ranétta ➤ **renetta**

Ranfàstidi [dal gr. *rámphos* 'becco adunco' (V. *ranforinco*) e *-idi* ✱ 1937] **s. m. pl.** (**sing.** *-e*) • (*zool.*) famiglia di Uccelli della foresta tropicale, variopinti, di taglia variabile ma mai molto grossa, arboricoli, caratterizzati da un enorme becco ricurvo e vivacemente colorato (*Ranfastidae*)

rànfia [longob. *rampf*, da avvicinare al francone *hrāmpon*. V. *rampare* ✱ av. 1850] **s. f.** • (*pop.*) grinfia, artiglio

rànfio [da *ranfia* ✱ 1808] **s. m.** • (*raro*, *pop.*) raffio, uncino

ranforìnco [comp. del gr. *rámphos* 'becco adunco, ricurvo' (di etim. incerta) e *rýnchos* 'muso, grugno' (V. *ornitorinco*) ✱ 1935] **s. m.** (**pl.** *-chi*) • rettile volatore del Giurassico fornito di denti acuminati e di lunga coda (*Ramphorynchus*)

ranfotèca [comp. del gr. *rámphos* 'becco adunco' (V. *ranforinco*) e *-teca* ✱ 1959] **s. f.** • formazione cornea che riveste le mascelle e le mandibole di alcuni animali costituendo il becco

range /re(i)ndʒ, *ingl.* reɪndʒ/ [vc. ingl., dal fr. ant. *renge*, deriv. di *reng*, *renc* 'linea, posto, riga, fila' ✱ 1959] **s. m. inv. 1** (*scient.*) raggio d'azione, portata, estensione | intervallo di valori di una grandezza **2** (*fis.*) lunghezza del percorso compiuto in una determinata sostanza da una particella subatomica

ranger /'re(i)ndʒer, *ingl.* 'reɪndʒə(r)/ [vc. ingl., 'girovago' e 'poliziotto', da *to range* 'andare in giro', 'schierarsi', dal fr. *rang* (V. *rango*) ✱ 1948] **s. m. inv. 1** (*milit.*) durante la rivoluzione americana e poi negli Stati Uniti, soldato di un reparto di truppe d'assalto addestrato a compiere incursioni nel territorio occupato dal nemico **2** negli Stati Uniti e nel Canada, chi è incaricato della sorveglianza dei parchi nazionali

ranghinatóre [da *rango* nel sign. 1 ✱ 1906] **s. m.** • macchina agricola per compiere varie operazioni nella fienagione

rangìfero [dal finnico *raingo*, dal norreno *hreinn* 'cervo' (?) ✱ av. 1557] **s. m.** • (*zool.*) renna

ràngo [fr. *rang*, dal francone *hring* 'anello', poi 'assemblea' ✱ 1638] **s. m.** (**pl.** *-ghi*) **1** (*milit.*) schiera, riga, ordinanza | ***uscire dai ranghi***, dallo schieramento; (*fig.*) contravvenire alle regole, alle direttive ricevute | ***rientrare nei ranghi***, reinserirsi nello schieramento; (*fig.*) rinunciare a un'azione contraria alle direttive ricevute o tornare a occupare una carica meno importante | ***serrare i ranghi***, avvicinare i componenti di una schiera; (*fig.*) impegnarsi a fondo, con decisione, in qlco., rafforzando i vincoli di coesione, detto di un gruppo di persone **2** (*mar.*) ognuna delle classi in cui erano suddivisi i vascelli militari a vela in relazione al numero dei ponti armati **3** (*est.*) grado, condizione sociale: *di alto, basso r.* | *r. sociale*, status di una persona | *di r.*, *di alto r.*, di elevata condizione sociale: *persona di r.* SIN. ceto, classe, ordine | (*est.*) importanza, qualità, valore: *un cantante di primo r.*; *un'avventura galante di basso r.* (G. TOMASI DI LAMPEDUSA) **4** (*elvet.*) posto occupato in una graduatoria: *il Lugano si è classificato al secondo r.* **5** (*stat.*) posizione di ogni dato in una serie ordinata quantitativamente **6** (*mat.*) ordine della più grande sottomatrice quadrata a determinante non nullo estraibile da una matrice
SFUMATURE ➤ *ordine*

†**ràngola** [etim. incerta ✱ 1268] **s. f.** • sollecitudine, zelo | ansia, affanno

†**rangolàre** [etim. incerta ✱ av. 1294] **v. intr. 1** darsi premura **2** brontolare, bofonchiare

†**ràngolo** o †**ràngulo** [av. 1294] **s. m.** • preoccupazione, affanno

†**ràngulo** ➤ †**rangolo**

rangutàn o **rangutàno** ➤ **orangutan**

ranìsta [1931] **s. m. e f.** (**pl. m.** *-i*) • nuotatore specialista nel nuoto a rana

ranking /'rɛnkin(g), *ingl.* 'ræŋkɪŋ/ [vc. ingl., da *to rank* 'mettere in riga, ordinare' ✱ 1985] **s. m. inv. 1** (*sport*) graduatoria: *il r. mondiale di golf* **2** (*est.*) classifica basata sul merito, la reputazione, e sim.: *il r. delle università italiane*

rannaiòla [1872] **s. f.** • (*tosc.*) colatoio per il ranno

rannàta [av. 1400] **s. f. 1** (*tosc.*) lavatura di panni nel ranno **2** (*tosc.*) il ranno già usato per lavare

ranneràre [comp. di *r(i)-* e *annerare* ✱ 1872] **v. intr.** (*io rannéro*; **aus.** *essere*) e **rannerà rsi v. intr. pron.** • diventare nero o più nero | oscurarsi, detto del cielo e sim.

rannerìre [comp. di *r(i)-* e *annerire* ✱ av. 1828] **A v. tr.** (*io rannerìsco*, *tu rannerìsci*) • rendere nero o più nero **B v. intr.** (**aus.** *essere*) e **rannerìrsi v. intr. pron.** • diventare nero o più nero | farsi scuro, buio

†**rannestàre** [comp. di *r(i)-* e *annestare* ✱ 1565] **v. tr.** • innestare, unire (*anche fig.*)

rannicchiàre [da *nicchia*, col pref. *ra-* ✱ 1319] **A v. tr.** (*io rannìcchio*) • contrarre, raccogliere, ripiegare in un piccolo spazio: *r. le gambe* | †far piegare verso terra **B rannicchiàrsi v. rifl.** • raccogliersi, ripiegarsi in un piccolo spazio: *rannicchiarsi in un angolo*

rannicchiàto **part. pass.** di *rannicchiare*; anche **agg.** • nei sign. del v. | (*fig.*) che sorge isolato e raccolto: *un paesino r. ai piedi del Monte Bianco*

rannidàre o (*pop.*) **rannidiàre** [comp. di *r(i)-* e *annidare* ✱ av. 1380] **A v. tr.** • (*raro*) annidare, annidare di nuovo (*anche fig.*) **B rannidàrsi v. rifl. e intr. pron.** • annidarsi di nuovo (*spec. fig.*)

ràнno [longob. *rannjā* 'mezzo per ammollire', da avvicinare al ted. *rinnen* 'gocciolare' ✱ 1306] **s. m.** ● miscela di cenere e acqua bollente, un tempo usata per fare il bucato | ***perdere il r. e il sapone***, (*fig.*, *disus.*) perdere tempo e fatica

rannobilìre [comp. di *r(i)-* e *annobilire* ✱ av. 1742] **v. tr.** (*io rannobilìsco, tu rannobilìsci*) ● (*lett.*) far diventare nobile

rannodaménto [1666] **s. m.** ● il rannodare | (*fig.*) riunione, unione

rannodàre [comp. di *r(i)-* e *annodare* ✱ 1309] **v. tr.** (*io rannòdo*) **1** annodare **2** V. *riannodare* **3** (*raro*) ricongiungere

rannóso (o -ṣ-) [av. 1687] **agg.** ● (*tosc.*) di ranno | che è simile al ranno o che lo contiene

†**rannugolàre** ➤ **rannuvolare**

rannuvolaménto [av. 1519] **s. m.** ● il rannuvolarsi (*anche fig.*): *il r. del cielo*; *un r. del volto*

rannuvolàre o †**rannugolàre** [comp. di *r(i)-* e *annuvolare* ✱ sec. XIV] **A v. tr.** (*io rannùvolo*) ● coprire di nuvole, oscurare | (*fig.*) offuscare: *il ghiribizzo, che… ha rannuvolato il cervello di mia nipote* (I. Svevo) **B v. intr. impers.** (aus. *essere*) ● diventare nuvoloso: *sta rannuvolando* **C rannuvolàrsi v. intr. pron. 1** ricoprirsi di nuvole: *l'orizzonte si è rannuvolato* **2** (*fig.*) turbarsi, oscurarsi in volto: *Guardò… alla faccia del padrone, che s'era rannuvolata* (A. Manzoni)

rannuvolàta [da *rannuvolato* ✱ 1891] **s. f.** ● (*raro*) improvviso addensarsi di nuvole

✦**rannuvolàto** **part. pass.** di *rannuvolare*; anche **agg.** ● nei sign. del v. | (*fig.*) accigliato, turbato: *Nepo si fermò, r., inquieto* (A. Fogazzaro)

ranòcchia [lat. parl. **ranŭcula(m)*, dim. di *rāna* ✱ av. 1367] **s. f.** ● ranocchio (*anche fig.*)

ranocchiàia [1872] **s. f. 1** luogo pieno di ranocchi | (*est.*, *spreg.*) luogo pantanoso, inospitale **2** (*zool.*) sgarza **3** (*geol.*) varietà di serpentina venata e macchiata di bianco e di verdastro

ranocchiésco [1325 ca.] **agg.** (pl. m. *-schi*) ● da ranocchio (*spec. spreg.*)

✦**ranòcchio** [lat. *ranŭnculu(m)*, dim. di *rāna* ✱ 1300] **s. m. 1** (*colloq.*) rana verde **2** (*fig.*, *scherz.*) persona di bassa statura e sgraziata **3** (*fig.*, *fam.*, *scherz.*) bambino ‖ **ranocchiétto**, dim. | **ranocchìno**, dim.

rantolàre [vc. di orig. almeno lontanamente onomat. ✱ 1359] **v. intr.** (*io ràntolo*; aus. *avere*) ● mandare rantoli | (*est.*) agonizzare

rantolìo [av. 1742] **s. m.** (pl. *-ii*) ● un rantolare frequente o continuato

ràntolo [da *rantolare* ✱ sec. XV] **s. m. 1** respiro ansimante caratteristico degli agonizzanti **2** (*med.*) rumore prodotto dal passaggio dell'aria nelle vie respiratorie quando in esse è presente un secreto fluido o vischioso: *r. crepitante* ‖ **rantolìno**, dim.

rantolóso (o -ṣ-) [1364] **agg.** ● (*raro*) che ha il rantolo

rànula [V. *ranella* ✱ 1474] **s. f. 1** (*med.*) cisti che si sviluppa a carico della ghiandola salivare sottolinguale **2** (*veter.*) ingrossamento delle barbule per dilatazione dei dotti delle ghiandole salivari, frequente nel cavallo

Ranuncolàcee o **Ranunculàcee** [da *ranuncolo* ✱ av. 1840] **s. f. pl.** (sing. *-a*) ● (*bot.*) famiglia di piante erbacee dicotiledoni che hanno fiori con calice di cinque sepali e corolla di cinque petali, e frutto secco (*Ranunculaceae*)

ranuncolìno [1813] **s. m. 1** dim. di *ranuncolo* **2** ***r. muschiato***, adoxa

ranùncolo [vc. dotta, lat. *ranŭnculu(m)*, propr. dim. di *rāna*, per la somiglianza della radice colla zampa di una rana; calco sul gr. *batráchion*, dim. di *bátrachos* 'rana' (V. *batrace*) ✱ 1499] **s. m.** ● pianta erbacea annua o perenne delle Ranuncolacee con fiori gialli o bianchi o rosa e frutto ad achenio (*Ranunculus*) | ***r. dei ghiacciai***, dai fiori rosa e bianchi che spiccano fra le rocce (*Ranunculus glacialis*) | ***r. di montagna***, botton d'oro | ***r. palustre***, sardonia ‖ **ranuncolìno**, dim. (V.)

Ranunculàcee ➤ **Ranuncolacee**

ranz des vaches /fr. ʀɑ̃zde'vaʃ/ [loc. del fr. della Svizzera, trad. del ted. locale *Kuhreihen* o *Kuhreigen*, 'aria, canto della vacca', la cui seconda parte è stata confusa con il ted. *Reihe* 'fila' e tradotta con *ranz*, grafia locale di *rang* ✱ 1895] **loc. sost. m. inv.** ● (*mus.*) melodia per canto o per corno tipica delle Alpi svizzere come richiamo delle greggi; si usa nella musica colta per evocare atmosfere campestri

rap /rɛp, *ingl.* ræp/ [vc. ingl. di orig. onomat., propr. 'colpo (secco)', ma V. anche *rapper* ✱ 1981] **A s. m. inv.** ● genere musicale nato in America negli anni 1970-80, caratterizzato dal ritmo fortemente sincopato e uniforme sul quale la voce scandisce una filastrocca cantilenante | brano appartenente a tale genere **B agg. inv.** ● relativo al rap: *musica, ritmi rap*

ràpa [lat. *rāpa(m)*, da *rāpa*, nt. pl. di *rāpum* 'rapa', di orig. indeur. ✱ 1285] **s. f. 1** pianta delle Crocifere, coltivata, con piccoli fiori dorati, foglie senza pruina utili come foraggio, e grossa radice carnosa commestibile (*Brassica rapa*) | la radice di tale pianta | ***broccoli, cime di r.***, foglie giovani e steli fioriferi della rapa commestibili | ***r. rossa***, parte commestibile di una varietà di barbabietola costituita da una parte ingrossata della radice, di forma globosa e di colore rosso cupo (*Bieta vulgaris* varietà *rubra*) SIN. barbabietola rossa, barbabietola da orto | (*fig.*) ***testa di r.***, persona ottusa o ignorante | ***non valere una r.***, non valere niente | ***volere cavare sangue da una r.***, (*fig.*) pretendere da qlcu. ciò che non può dare **2** (*scherz.*) testa rasata o calva | (*est.*) testa, cervello SIN. zucca **3** (*fig.*) persona sciocca: *quel ragazzo è una r.* ‖ **rapétta**, **rapettina**, dim. | **rapino**, dim. m. | **rapóne**, accr. m.

✦**rapàce** [vc. dotta, lat. *rapāce(m)*, da *răpere* 'rapire' ✱ sec. XIII] **A agg.** ● che vive di preda, predatore: *uccello r.* | feroce, aggressivo: *lupo r.* | (*fig.*) avido, pieno di brama: *sguardo r.*; *il re … li aveva protetti contro i rapaci e crudeli baroni* (B. Croce) ‖ **rapaceménte**, avv. in modo rapace, con rapacità **B s. m.** ● ogni uccello predatore degli ordini dei Falconiformi e degli Strigiformi, che hanno becco adunco ed unghia ad artiglio | ***r. diurno***, attivo di giorno | ***r. notturno***, attivo di notte

rapacità [vc. dotta, lat. *rapacitāte(m)*, da *rapax*, genit. *rapācis* 'rapace' ✱ av. 1320] **s. f. inv.** ● caratteristica di rapace: *la r. dell'aquila* | (*fig.*) avidità, cupidigia: *la r. degli strozzini*

rapàio [1872] **s. m.** (pl. *-ai*) **1** (*tosc.*) terreno a rape o ad altre erbe frammiste **2** (*raro*, *fig.*, *tosc.*) luogo pieno di disordine, confusione

rapaiòla [detta così perché i bruchi vivono sulle *rape* ✱ 1895] **s. f.** ● farfalla simile alla cavolaia, ma più piccola, con bruco verdastro dannoso a molti ortaggi (*Pieris rapae*) SIN. cavolaia minore

rapallizzàre [dalla città ligure di *Rapallo* ✱ 1971] **v. tr.** ● ridurre una città o una località in condizioni ambientali deteriori a causa del numero eccessivo e incontrollato di edifici d'abitazione, costruiti per speculazione, senza adeguate opere di urbanizzazione ‖ **rapallizzazióne**, s. f.

rapanèllo ➤ **ravanello**

rapàre [da *rapa*; propr. 'rendere la testa liscia e netta come una rapa' ✱ 1640] **A v. tr.** ● radere, tagliare i capelli a zero **B rapàrsi v. tr. pron.** (aus. *essere*) e **rifl.** ● radersi o farsi radere a zero i capelli

rapastróne [dal lat. *rapĭstrum* 'rapa selvatica' ✱ 1779] **s. m.** ● rapa selvatica

rapàta [1872] **s. f.** ● rapatura

rapàto **part. pass.** di *rapare*; anche **agg.** ● nel sign. del v.: *testa rapata*; *r. a zero*

rapatùra [1959] **s. f.** ● il rapare, il raparsi | taglio dei capelli fino al cuoio capelluto

rapazzòla o (*lett.*) **rapazzuòla** [etim. incerta ✱ 1889] **s. f.** ● (*centr.*) giaciglio rustico, spec. di pastori

rapè [dal fr. *râpé*, part. pass. di *râper* 'raspare' ✱ av. 1756] **agg. inv. 1** detto di tappeto logoro, pelato, con l'ordito in vista **2** detto di tabacco da fiuto ottenuto in origine raspando un pezzo di tabacco, in uso spec. nel XVIII sec.

†**ràpere** [av. 1306] **v. tr. 1** rapire **2** trascinare

raperèlla ➤ **riparella**②

raperìno [da *rapa*: per il colore (?) ✱ av. 1549] **s. m.** ● (*zool.*) verzellino

raperónzolo o **rapónzolo** [da *rapa* ✱ av. 1400] **s. m.** ● campanulacea perenne con fiori violetti in lunga pannocchia e foglie commestibili come la radice carnosa a fittone (*Campanula rapunculus*)

raperùgiolo [V. *raperino* ✱ av. 1479] **s. m.** ● (*zool.*) verzellino

ràpida [da *rapido* ✱ av. 1869] **s. f. 1** tratto di fiume con pendenza e corrente fortissime **2** (*ferr.*) frenatura rapida

rapidézza [1550] **s. f.** ● (*lett.*) rapidità

rapidità [vc. dotta, lat. *rapiditāte(m)*, da *răpidus* 'rapido' ✱ av. 1540] **s. f. inv. 1** caratteristica di chi (o di ciò che) è rapido: *la r. della corrente, del pensiero*; *r. di riflessi* SIN. celerità, prestezza, velocità **2** (*fotogr.*, *impropr.*) sensibilità di un'emulsione fotografica

SFUMATURE DI SIGNIFICATO

rapidità - velocità - prontezza - tempestività

Rapidità è la caratteristica di ciò che avviene in breve tempo o di chi agisce con sveltezza, immediatezza. **Velocità** è in fisica il rapporto fra la distanza percorsa e il tempo impiegato a percorrerla, riferibile pertanto a qualsiasi valore, sia alto sia basso; nell'uso corrente il suo significato equivale tuttavia a *rapidità*. **Prontezza** è la capacità di agire o reagire immediatamente. In **tempestività** invece non è tanto la rapidità dell'azione o della reazione a essere sottolineata quanto la capacità di cogliere il momento giusto in cui intervenire.

✦**ràpido** [vc. dotta, lat. *răpidu(m)* 'che trascina, che porta via violentemente, veloce', da *răpere* 'rapire' ✱ 1319] **A agg. 1** (*lett.*) che scorre velocemente e trascina ciò che trova: *R. fiume che d'alpestre vena / … scendi* (F. Petrarca) **2** di azione, movimento molto veloce, repentino: *una rapida mossa* | (*est.*) veloce, svelto, pronto (+ *a*, + *in* seguiti da inf.): *è un pugile r. a reagire, a colpire*; *devi essere r. nel prendere una decisione* CFR. tachi- CONTR. lento **3** che si compie, avviene in breve tempo: *lavoro r.*; *una rapida occhiata*; *dopo un r. esame* | ***frenatura rapida***, frenatura d'emergenza per arrestare i convogli ferroviari nel più breve spazio possibile **4** (*fotogr.*, *impropr.*) detto di un'emulsione fotografica che, avendo una notevole sensibilità, consente brevi tempi di posa **5** (*tecnol.*) detto di acciaio o lega atti alla fabbricazione di utensili per la lavorazione dei metalli duri mediante asportazione di truciolo con elevata velocità di taglio **6** †rapace, famelico ‖ **rapidaménte**, avv. con rapidità SIN. velocemente **B s. m.** ● treno a elevata velocità, che ferma solo nelle stazioni più importanti; nella tipologia ufficiale, oggi è sostituito dai treni intercity

Rapìdograph® /ra'pidograf/ [da *rapido* col secondo elemento ingl. *-graph*, '-grafo' ✱ 1981] **s. m. inv.** ● penna con serbatoio per l'inchiostro, usata per il disegno a china spec. da grafici e tipografi

rapiménto [av. 1290] **s. m. 1** atto di chi sottrae e trattiene qlcu. con la forza, con l'inganno: *architettare un r.*; *il famoso r. di Elena* **SIN.** ratto **2** (*fig.*) nel linguaggio mistico, l'essere sollevati dalla realtà naturale nella contemplazione delle realtà divine | esperienza interiore dell'estasi **3** (*fig.*) emozione profonda: *contemplare un paesaggio con r.* **SFUMATURE** ➤ ***estasi***

♦**rapìna** [vc. dotta, lat. *rapīna(m)*, da *răpere* 'rapire' ✱ av. 1250] **s. f. 1** (*dir.*) delitto di chi s'impossessa della cosa mobile altrui sottraendola a chi la detiene mediante violenza alla persona o minaccia, per procurare a sé o ad altri un profitto: *r. a mano armata*; *condannare qlcu. per r.* **2** (*est.*) saccheggio: *gruppi di sbandati dediti alla r.* | (*fig.*) appropriazione, ingiusta estorsione | (*iperb.*) ruberia, furto: *quel prezzo è una r.!* | (*gerg.*) ***gol di r.***, nel calcio, gol realizzato con destrezza sfruttando gli errori altrui **3** (*raro*) bottino di una rapina: *occultare la r.* **4** ***uccelli di r.***, rapaci **5** (*lett.*) violenza, forza travolgente, spec. di bufera, acque, venti: *come un turbine vasto ... va a cercare negli angoli le foglie passe e leggieri, ... e le porta in giro ravvolte nella sua r.* (A. MANZONI) **6** †ratto, rapimento | †conquista amorosa: *sento far del mio cor dolce r.* (F. PETRARCA)

rapinàre [da *rapina* ✱ sec. XIII] **v. tr. 1** sottrarre, portare via mediante rapina: *hanno rapinato quasi duecentocinquantamila euro* | (*est.*) estorcere, fare ruberie: *ha rapinato molto denaro* | derubare con rapina: *lo hanno rapinato dei suoi gioielli* **2** (*lett.*) trascinare via

rapinatóre [vc. dotta, lat. *rapinatōre(m)*, da *rapīna* ✱ 1268] **s. m.** (**f.** *-trice*) **1** chi compie rapine a mano armata: *i rapinatori della banca* **2** †estorsore

SFUMATURE DI SIGNIFICATO

rapinatore - bandito

Rapinatore è chi commette una rapina, cioè si impossessa di un bene altrui sottraendolo a chi lo detiene facendo ricorso alla violenza o alle minacce. **Bandito** è invece chi esercita abitualmente attività criminose, come rapine, sequestri di persona, o anche assassinii; rispetto a quella del rapinatore, l'attività criminale del bandito è dunque caratterizzata da una più spiccata componente di spietatezza.

SFUMATURE ➤ ***ladro***

rapinóso (o -ṣ-) [da *rapina* ✱ av. 1292] **agg. 1** rapido, travolgente, impetuoso: *torrente, vento r.*; *ritmo r.* | (*lett.*) repentino: *rapinosa morte* (G. BOCCACCIO) **2** (*fig.*) molto seducente: *sguardo r.* ‖ **rapinosaménte**, **avv.** ‖ **rapinosità**, **s. f. inv.** (*raro*) caratteristica di ciò che è rapinoso; (*fig.*) irresistibile seduzione: *la rapinosità di una melodia*

♦**rapìre** [lat. parl. **rapīre*, per il classico *răpere*, di orig. indeur. ✱ 1261 ca.] **v. tr.** (**pres.** *io rapìsco, tu rapìsci*; **part. pass.** *rapìto*, †*ràtto*) **1** portare via a forza o con la frode: *i banditi hanno rapito la moglie dell'industriale* | condurre con sé qlcu. con la violenza, l'inganno e la seduzione: *r. una donna*; *r. il figlio alla madre* | (*est.*) carpire, togliere (*anche fig.*): *r. il pane di bocca* | ***essere rapito dalla morte***, morire improvvisamente **2** (*fig.*) attrarre, affascinare (*anche assol.*): *è una musica che rapisce* **SIN.** avvincere, estasiare **3** (*lett.*) travolgere con sé

rapìto **A** **part. pass.** di *rapire*; **anche agg.** ● nei sign. del v. | (*fig.*) avvinto, estasiato, pervaso: *Li vede, e r. d'ignoto contento* (A. MANZONI) **B** **s. m.** (**f.** *-a*) ● persona rapita, sequestrata: *i familiari del r.*

rapitóre [sec. XIII] **s. m.** (**f.** *-trice*); **anche agg.** ● chi (o che) rapisce (***anche fig.***): *hanno catturato i rapitori*; *furia rapitrice*

rapòntico [lat. *rheupŏnticu(m)*, comp. di *rhēu* (V. *rabarbaro*) e *pŏnticus* 'pontico', cioè del Mar Nero ✱ av. 1557] **s. m.** (**pl.** *-ci*) ● pianta delle Poligonacee dell'Asia occidentale, coltivata come pianta ornamentale (*Rheum rhaponticum*)

rapónzolo ➤ **raperonzolo**

ràpa① [fr. *râpe*, dal germ. **raspōn* 'arraffare' ✱ 1557] **s. f. 1** cima di finocchio, rosmarino, ulivo e altre piante **2** (*raro*) raspo **3** nappina colorata, posta un tempo sul copricapo dei soldati quale distintivo d'arma e di reparto

†**ràppa**② [got. **rappa* ✱ av. 1519] **s. f.** ● ruga, grinza

rappaciàre o **riappaciàre** [comp. di *r(i)-* e *appaciare* ✱ 1313] **A** **v. tr.** (**pres.** *io rappàcio*; **fut.** *io rappacerò*) ● (*lett.*) mettere, rimettere in pace: *r. due contendenti*; *r. il popolo in discordia* **SIN.** rappacificare **B** **rappaciàrsi** **v. rifl. e rifl. recipr.** ● (*lett.*) rimettersi d'accordo, tornare in pace: *cercate di rappaciarvi* | †calmarsi

rappacificaménto [sec. XIV] **s. m.** ● (*raro*) rappacificazione

rappacificàre o **riappacificàre** [comp. di *r(i)-* e *appacificare* ✱ 1312] **A** **v. tr.** (*io rappacìfico, tu rappacìfichi*) ● rimettere in pace: *r. due nemici*; *r. due nazioni in lotta*; *tu con le tue parole dolcissime sempre rappacificavi le questioni de' litiganti pastori* (I. SANNAZARO) | (*est.*) quietare, calmare: *r. gli animi* **SIN.** pacificare, riconciliare **B** **rappacificàrsi** o **riappacificàrsi** **v. rifl. e rifl. recipr.** ● riconciliarsi: *non si è rappacificato con il padre*; *padre e figlio si sono rappacificati* ‖ **rappacificazióne** o **riappacificazióne**, **s. f.**

rappallottolàre [comp. di *r(i)-* e *appallottolare* ✱ av. 1564] **v. tr.** (*io rappallòttolo*) e **rappallottolàrsi** **v. rifl.** ● (*raro*) appallottolare, appallottolarsi

rappàre [denominale di *rap* ✱ 1992] **A** **v. intr.** (**aus.** *avere*) ● (*mus.*) comporre o eseguire un rap **B** **v. tr.** ● (*mus.*) trasformare o eseguire un brano in versione rap: *r. 'Torna a Surriento'*

†**rapparìre** ➤ **riapparire**

rappattumàre [da *patto*, col pref. *ra-* (?) ✱ 1353] **A** **v. tr.** ● fare tornare d'accordo o in pace, spesso non definitivamente **SIN.** riconciliare **B** **rappattumàrsi** **v. rifl. e rifl. recipr.** ● rappacificarsi in qualche modo: *Ti sei servita di me per rappattumarti col tuo amante* (A. MORAVIA)

rappellàre [comp. di *r(i)-* e *appellare* ✱ av. 1292] **v. tr.** (*io rappèllo*) ● (*lett.*) richiamare: *gli rompe quel silenzio e lui rappella* (T. TASSO) | appellare

rapper /'rɛpper, *ingl.* 'ræpə(r)/ [vc. ingl., dal v. *to rap* 'parlare in maniera discorsiva' ✱ 1981] **s. m. e f. inv.** ● autore, interprete o appassionato di musica rap

rappezzaménto [1553] **s. m.** ● il rappezzare

rappezzàre [comp. di *r(i)-* e *appezzare* ✱ sec. XIV] **v. tr.** (*io rappèzzo*) **1** aggiustare mettendo il pezzo mancante | rattoppare, mettere una pezza **2** (*fig.*) arrangiare, comporre alla meglio: *r. uno scritto* **SIN.** rabberciare

rappezzatóre [1552] **s. m.** (**f.** *-trice*) ● chi rappezza (*anche fig.*): *un r. di articoli*

rappezzatùra [1553] **s. f. 1** (*raro*) il rappezzare | pezza, toppa **2** (*fig.*) rabberciatura | aggiunta rimediata per rappezzare qlco.: *composizione piena di brutte rappezzature*

rappèzzo [1675] **s. m. 1** il rappezzare: *lavoro di r.* **SIN.** rattoppo **2** il pezzo aggiunto: *giacca con un r. colorato* **3** (*raro, fig.*) rimedio poco efficace, scusa non convincente

†**rappianàre** [comp. di *r(i)-* e *appianare* ✱ av. 1292] **v. tr. 1** appianare, livellare | colmare un fosso o sim. **2** V. *riappianare*

†**rappiastràre** [comp. di *r(i)-* e *appiastrare* ✱ av. 1543] **A** **v. tr.** ● racconciare, rabberciare **B** †**rappiastràrsi** **v. intr. pron. e rifl.** ● ricongiungersi | riconciliarsi

†**rappiattàre** [comp. di *r(i)-* e *appiattare* ✱ 1660] **v. tr.** e †**rappiattàrsi** **v. rifl.** ● appiattare, appiattarsi

rappiccàre [comp. di *r(i)-* e *appiccare* ✱ av. 1342] **A** **v. tr.** (*io rappìcco, tu rappìcchi*) **1** †appiccare: *r. il fuoco* | (*raro*) congiungere, attaccare: *r. la testa al busto* **2** (*lett.*) riprendere **3** V. *riappiccare* **B** **v. intr.** ● †fare presa, detto della calcina

rappiccicàre e deriv. ➤ **riappiccicare** e deriv.

rappiccinìre [comp. di *r(i)-* e *(im)piccinire* ✱ sec. XVI] **v. tr.** (*io rappiccinisco, tu rappiccinìsci*) ● (*lett.*) rimpicciolire | (*lett., fig.*) sminuire

rappicciolìre [comp. di *r(i)-* e *(im)picciolire* ✱ av. 1712] **v. tr.** (*io rappicciolisco, tu rappicciolisci*) ● (*raro*) rimpicciolire

rappiccolìre [comp. di *r(i)-* e *appiccolire* ✱ sec. XIV] **v. tr., intr.** (*io rappiccolisco, tu rappiccolisci*; **aus. intr.** *essere*) e **rappiccolìrsi** **v. intr. pron.** ● (*lett.*) rimpicciolire, rimpicciolirsi (*anche fig.*): *rappresenta idee generali sotto forme individuali, e così le rappicolisce* (L. SETTEMBRINI)

rappigliàre [comp. di *r(i)-* e *appigliare* ✱ av. 1320] **A** **v. tr.** (*io rappìglio*) ● (*raro*) far rapprendere, far coagulare **B** **rappigliàrsi** **v. intr. pron.** ● (*raro*) rapprendersi, coagularsi: *la natura del gesso si viene a rappigliare di modo che si può mettere in una mestoletta di legno* (B. CELLINI)

rappiṣolàrsi ➤ **riappisolarsi**

rapportàbile [1970] **agg.** ● che si può rapportare ‖ **rapportabilità**, **s. f. inv.**

†**rapportaménto** [av. 1348] **s. m. 1** racconto, resoconto **2** calunnia

rapportàre [comp. di *r(i)-* e *apportare* ✱ 1312] **A** **v. tr.** (*io rappòrto*) **1** (*lett.*) riferire, riportare: *r. una notizia, un fatto*; *la parola fu rapportata al signore, sì come spesso interviene* (B. CELLINI) | (*lett.*) riferire per mettere male, per accusare: *r. il falso* **2** riferire l'una all'altra due grandezze o due quantità per stabilire un rapporto fra loro: *r. due redditi* | confrontare: *r. due fenomeni* **3** riprodurre con le dovute proporzioni disegni, progetti e sim.: *r. un bozzetto su scala minore* **4** †procurare, apportare **B** **rapportàrsi** **v. intr. pron. 1** confrontarsi (+ *a*, + *con*): *non è sempre facile rapportarsi agli* (o *con*) *gli altri* **2** riferirsi (+ *a*): *la cifra si rapporta all'intero territorio nazionale*

rapportatóre [av. 1332] **A** **s. m.** (**f.** *-trice*); **anche agg.** ● (*raro*) chi (o che) rapporta | †maldicente, spia, delatore **B** **s. m.** ● strumento che serve a riportare un angolo e anche a misurarlo, come il goniometro

♦**rappòrto** [da *rapportare* ✱ av. 1348] **s. m. 1** relazione, ragguaglio: *fare un r. dettagliato della situazione*; *farò r. ai superiori* | resoconto scritto che contiene i fatti che si vogliono far conoscere: *mandare, stendere un r.* **2** (*milit.*) relazione scritta per notificare avvenimenti, mancanze disciplinari, incidenti e sim. | ***r. personale***, documento compilato da ogni comandante per la valutazione caratteristica dei propri subordinati | riunione fra il comandante e i suoi subordinati per comunicazioni di servizio, disposizioni e ordini verbali e sim. | ***r. ufficiali***, limitato ad essi

| ***gran r.***, riunione di tutti gli ufficiali per comunicazioni di particolare importanza | ***chiamare a r.***, mediante apposita convocazione scritta o verbale, o anche con apposito segnale di tromba | ***mettersi a r.***, per esporre al proprio superiore questioni personali o di servizio **3** notizia di reato fornita dagli ufficiali o agenti di polizia giudiziaria o da altri pubblici ufficiali o da esercenti un pubblico servizio all'autorità giudiziaria: *azione penale iniziata d'ufficio in seguito a r.*; *omissione di r.* **4** connessione, relazione, nesso fra cose, fatti o fenomeni: *non c'è r. tra i due fenomeni*; *r. di causalità, di causa ed effetto* | (*dir.*) ***r. di causalità***, rapporto immediato che deve intercorrere tra un fatto e un evento perché si producano gli effetti previsti dalla legge | ***per, in r. a***, rispetto a, riguardo a, relativamente a | ***sotto tutti i rapporti***, da tutti i punti di vista **SIN.** correlazione | (*fig.*) paragone, confronto: *non c'è rapporto tra quel pianista e il grande Rubinstein* **5** relazione fra persone o fra persone e organismi sociali: *r. di amicizia, di parentela*; *r. di coppia*; *rapporti tra scuola e famiglia*; *troncare ogni r.*; *essere in buoni rapporti*; *stabilire, rompere i rapporti diplomatici*; *rapporti epistolari* | ***r. giuridico***, relazione tra soggetti giuridici, instaurata da una norma giuridica | ***r. di lavoro***, quello tra il datore di lavoro e il lavoratore | ***rapporti a miglioria***, in diritto agrario, complesso dei contratti agrari per l'utilizzazione del suolo con l'obbligo di apportarvi miglioramenti | ***r. sessuale***, unione sessuale: *avere un r. completo, incompleto* | (*eufem.*) ***avere rapporti intimi con qlcu.***, avere una relazione sessuale con qlcu. | ***rapporti prematrimoniali***, rapporti sessuali in una coppia prima del matrimonio | ***r. protetto***, rapporto sessuale con uso del preservativo, spec. per prevenire la trasmissione di malattie infettive **6** (*mat.*) quoziente di due elementi di un corpo, quando cioè la divisione è possibile, senza resto | ***r. incrementale di una funzione di una variabile***, dato un incremento della variabile indipendente, è il rapporto fra il corrispondente incremento della funzione e quello della variabile indipendente | ***r. statistico***, quoziente tra due quantità di cui almeno una ha natura statistica **7** nel linguaggio scientifico e tecnico, quoziente tra due grandezze o valori | ***r. di compressione***, tra il volume complessivo del cilindro di un motore a combustione interna e il volume della camera di combustione | ***r. di trasformazione***, tra il numero delle spire del primario e quello del secondario di un trasformatore | ***rapporto di trasmissione***, tra due alberi rotanti collegati per mezzo di ruote dentate, catene, cinghie, è il rapporto tra le loro velocità di rotazione | in un veicolo dotato di cambio di velocità, ciascuna delle marce: *una bici con cinque rapporti*; *una buona ripresa anche nei rapporti alti* **8** in tessitura, disegno da stampare su stoffa | (*est.*) punto di congiungimento che segna il ripetersi del disegno su un tessuto stampato | ***mettere a r.***, disporre un disegno in modo da renderne possibile la ripetizione ‖ **rapportino**, **dim.** | **rapportóne**, **accr.**

SFUMATURE ➤ ***relazione***

rappréndere [comp. di *r(i)-* e *apprendere* ✻ sec. XIII] **A** **v. tr.** (**coniug. come** *prendere*) ● rendere denso, solido **B** **v. intr.** (**aus.** *essere*) e **rappréndersi** **v. intr. pron.** ● coagularsi

rappresàglia (o **-ṣ-**) o †**ripresàglia** [da *ripresaglia* 'azione di riprendere ciò che era stato preso' ✻ av. 1348] **s. f.** **1** misura coercitiva presa da uno Stato nei confronti di un altro come reazione a un illecito commesso da quest'ultimo nei confronti del primo: *compiere una r.* **2** (*est.*) reazione violenta compiuta per vendetta: *una r. sanguinosa*; *uccidere per r.* **3** azione di rivalsa: *licenziamenti di r.* | vendetta personale, reazione: *disegni di r. e di perfidia* (G. D'ANNUNZIO)

SFUMATURE ➤ ***vendetta***

rappreṣentàbile [av. 1712] **agg.** ● che può essere rappresentato: *commedia r.*; *interessi non rappresentabili*; *tutto ciò che ci può essere di r. con la parola* (A. MANZONI) ‖ **rappreṣentabilità**, **s. f. inv.**

†**rappreṣentaménto** [sec. XIII] **s. m.** ● raffigurazione

♦**rappreṣentànte** **A** **part. pres.** di *rappresentare*; **anche agg.** ● nei sign. del v. **B** **s. m. e f.** **1** chi fa le veci di qlcu., rappresenta un ente, una società e sim.: *ha mandato alla cerimonia il suo r.*; *il r. del ministero* | ***r. sindacale aziendale***, in un'azienda, lavoratore designato a rappresentare gli iscritti alle confederazioni sindacali per coordinarne l'attività sindacale | ***r. di lista***, V. *lista* **2** (*fig.*) chi caratterizza o simboleggia un periodo, una corrente, una disciplina e sim.: *è un tipico r. della pop art* **3** (*dir.*) colui che per legge o per procura può compiere una attività negoziale in nome e per conto d'altri: *contratto concluso dal r.* | ***r. processuale***, chi sta legalmente in giudizio per altri | ***r. permanente***, agente diplomatico di uno Stato presso un altro o presso un'organizzazione internazionale, con carattere di stabilità e di durata | ***r. popolare***, l'eletto a ricoprire una data carica | ***r. di commercio***, (*ellitt.*) ***rappresentante***, intermediario alla compravendita che effettua operazioni commerciali in nome e per conto della ditta da cui ha ricevuto l'incarico

rappreṣentànza [1664] **s. f.** **1** opera svolta in nome e per conto d'altri: *il ministro ha partecipato ai funerali in r. del capo dello Stato* | (*est.*) persona o gruppo di persone incaricate di rappresentare altri: *una r. di cittadini è stata ricevuta dalle autorità comunali* | (*est.*) immagine di decoro o prestigio connessa all'esercizio pubblico di una carica o una funzione: *spese di r.*; *appartamento, sale di r.* **2** compimento di attività giuridica in nome e per conto di altri: *r. processuale*; *mandato con r.* | ***r. legale***, conferita dalla legge | ***r. volontaria***, conferita mediante procura | ***r. impropria***, in cui il rappresentante agisce in nome proprio e per conto di altri | ***r. politica***, lo specifico rapporto esistente tra i componenti di un organo elettivo e il corpo elettorale | (*polit.*) ***r. proporzionale***, V. *proporzionale* | ***r. nazionale***, il Parlamento **3** ufficio, incarico, mansione del rappresentante commerciale: *ottenere una r.* | ***r. sindacale unitaria***, organismo sindacale d'azienda o di fabbrica, che a partire dal 1991 ha sostituito i consigli dei delegati

♦**rappreṣentàre** o †**repreṣentàre** [lat. *repraesentāre*, comp. di *re-* intens. e *praesentāre* 'presentare', con cambio di pref. ✻ 1065] **A** **v. tr.** (*io rappreṣènto*) **1** riprodurre la realtà mediante immagini, figure o segni, spec. in un disegno, un dipinto, una scultura: *r. di profilo, in primo piano, al naturale*; *r. un'aquila nel bronzo*; *la pittura studia representare cose vedute* (L.B. ALBERTI) | (*est.*) descrivere, narrare: *è un testo che rappresenta bene la realtà comunale* **2** compiere un'attività giuridica in nome e per conto di altri: *r. qlcu. nella conclusione di un dato contratto* **3** simboleggiare: *la lupa dantesca rappresenta l'avarizia* | (*est.*) essere, costituire, significare: *il dato elettorale rappresenta una pesante sconfitta* | ***non rappresenta niente***, non conta niente **4** recitare, portare in scena: *r. l'Amleto* | (*est.*) sostenere un dato ruolo in un ambiente: *ama r. la parte del donnaiolo* **5** interpretare interessi e sentimenti di persone, enti, istituzioni: *r. una minoranza, l'intera nazione* | (*est.*) parlare, operare in nome di altri: *in questo momento rappresenta tutti noi* | ***r. un'idea***, identificarsi con essa, incarnarla in sé **6** (*raro* o *lett.*) fare presente, esporre: *fu incaricato di r. la situazione all'assemblea*; *Se nulla avete / da chiedergli altro, o da rappresentargli* (V. ALFIERI) | †mostrare, dimostrare **B** **rappreṣentàrsi** **v. tr. pron.** (**aus.** *essere*) ● figurarsi, immaginarsi qlco.: *godevo nel rappresentarmi la scena dell'arrivo* (L. PIRANDELLO) | ***non riesco a rappresentarmelo***, non riesco a immaginarlo, a figurarmelo **C** **rappreṣentàrsi** **v. rifl.** ● †presentarsi, mostrarsi: *a tutti i padri che aveano figliuoli da portare arme feciono certa taglia se fra venti dì non si rappresentassero nell'arte* (D. COMPAGNI)

SFUMATURE ➤ ***descrivere***

rappreṣentatìva [1942] **s. f.** **1** squadra rappresentativa: *la r. italiana di atletica leggera* **2** (*raro*) gruppo di persone con funzioni di rappresentanza: *r. parlamentare*

rappreṣentatìvo [av. 1463] **agg.** **1** che rappresenta, che è in grado di rappresentare: *immagine rappresentativa* | significativo, importante: *un gesto molto rappresentativo* | ***persone rappresentative***, che riassumono in sé i caratteri di un'epoca, un'idea, un partito | ***squadra rappresentativa***, compagine di atleti scelti a rappresentare una città, una regione, una nazione in una competizione sportiva | (*stat.*) ***campione r.***, quello che rispecchia le caratteristiche della popolazione da cui è prelevato: *il campione non è abbastanza r. per consentire stime attendibili* **2** (*dir.*) fondato sulla rappresentanza | ***sistema r.***, sistema di governo esercitato da rappresentanti del popolo eletti a suffragio universale **3** (*dir.*) ***titolo r.***, titolo di credito in cui l'emittente si obbliga a consegnare al portatore legittimo del titolo una determinata quantità di merce specificata che egli ha ricevuto in deposito ovvero che deve trasportare **4** (*psicol.*) relativo a rappresentazione **5** †che si può recitare ‖ **rappreṣentativaménte**, **avv.** **1** (*raro*) in modo rappresentativo **2** (*lett.*) in forma scenica, drammatica; (*lett.*) in immagine ‖ **rappreṣentatività**, **s. f. inv.** caratteristica o condizione di chi (o di ciò che) è rappresentativo

rappreṣentàto **A** **part. pass.** di *rappresentare*; **anche agg.** ● nei sign. del v. **B** **s. m.** (**f.** *-a*) ● (*dir.*) titolare di un rapporto di rappresentanza, in nome e per conto del quale agisce il rappresentante

rappreṣentatóre [av. 1328] **s. m.** (**f.** *-trice*); **anche agg.** ● (*raro*) chi (o che) rappresenta | chi (o che) porta sulla scena opere teatrali

rappreṣentazióne [da *rappresentato*, sul modello del lat. *repraesentātio*, genit. *repraesentatiōnis* ✻ sec. XIV] **s. f.** **1** raffigurazione di aspetti della realtà o di concetti mediante immagini grafiche, scultoree e sim.: *la r. di una scena fantastica* | riproduzione, spec. in scala ridotta: *r. di un pezzo meccanico*; *r. in sezione* | (*est.*) descrizione, narrazione: *una precisa r. della vita nel periodo comunale* **2** (*filos.*) operazione conoscitiva in base alla quale un contenuto si rappresenta alla coscienza | (*est.*) il contenuto stesso rappresentato **3** (*psicol.*) contenuto mentale intuitivo, simile alla percezione ma distinto da questa per il fatto che il suo oggetto non è presente **4** spettacolo presentato al pubblico | ***sacra r.***, dramma di carattere religioso, senza divisione in atti e cambiamenti di scene **5** (*dir.*) istituto di diritto successorio per cui i discendenti, legittimi o naturali, dei figli o dei fratelli del de cuius subentrano nel luogo e nel grado del loro ascendente, nei casi in cui questo non può o non vuole accettare l'eredità o il legato: *r. in linea retta, in linea collaterale* | ***contratto di r.***, quello che ha per oggetto la concessione da parte dell'autore della facoltà di rappresentare un'opera **6** (*mat.*) modo convenzionale di rappresentare enti matematici | ***r. decimale***, espressione di un numero reale mediante le cifre decimali | ***r. binaria***, rappresentazione di un numero reale mediante cifre binarie | equazione o sistema d'equazioni, le cui soluzioni sono tutte e sole le coordinate dei punti di una figura geometrica | applicazione **7** (*disus.*) rappresentanza ‖ (*raro*) **rappreșentazioncèlla**, **dim.**

Definizione d'autore

La nascita dei mezzi di comunicazione di massa ha cambiato radicalmente il terreno e i connotati stessi della **rappresentazione**. La necessità catartica di assistere a una **rappresentazione** che elabori e dia un significato alla realtà, rimasta intatta dai greci fino a noi, è oggi profondamente mutata. Non c'è un poeta che tesse la tela di questa trasfigurazione davanti a dei cittadini raccolti insieme in una cavea, la realtà si riversa direttamente su scene frantumate in mille pezzi, e di cui, col tempo, la parte cartacea diventa sempre meno importante. Ciascuno, davanti a uno schermo, è solo col suo frammento tra le mani, e bisogna sapere che ciò a cui assiste non è la realtà, ma una **rappresentazione**.

Mario Martone

SFUMATURE DI SIGNIFICATO

rappresentazione - recitazione - esecuzione

In ambito teatrale si dice **rappresentazione** qualsiasi spettacolo presentato al pubblico, dunque il risultato complessivo di una serie di attività e competenze specifiche. Con **recitazione** si intende l'attività propria degli attori, cioè il loro interpretare un ruolo. Se l'interpretazione riguarda non un testo teatrale ma una partitura musicale, da parte di un musicista o di un cantante, si ha un'**esecuzione**.

rappréso (o **-ș-**) **part. pass.** di *rapprendere*; **anche agg.** • nei sign. del v.

†**rapprofondàre** [comp. di *r(i)-* e *approfondare* ✻ av. 1712] **v. tr.** • rendere più profondo, scavare

†**rappropriàre** [comp. di *r(i)-* e *appropriare* ✻ av. 1729] **v. tr.** • indicare con esattezza, con proprietà

rapprossimàre [comp. di *r(i)-* e *approssimare* ✻ av. 1311] **v. tr.** (*io rappròssimo*) **1** approssimare, avvicinare | (*lett.*) ricondurre **2** V. *riapprossimare*

rapsodìa [vc. dotta, gr. *rapsōidía*, da *rapsōidós* 'rapsodo' ✻ av. 1573] **s. f. 1** l'arte del rapsodo e il genere di poesia epica da lui recitata **2** brano di poesia epica recitato in pubblico **3** (*mus.*) componimento composto di reminiscenze di varie melodie nazionali popolari: *r. ungherese*

♣**rapsòdico** [vc. dotta, gr. *rapsōidikós*, da *rapsōidós* 'rapsodo' ✻ 1832] **agg.** (**pl. m.** *-ci*) **1** relativo ai rapsodi, alla rapsodia: *composizione rapsodica* **2** (*fig.*) scarsamente unitario, frammentario: *lettura rapsodica* ‖ **rapsodicaménte**, **avv.** ‖ **rapsodicità**, **s. f. inv.**

rapsodìsta [1610] **s. m. e f.** (**pl. m.** *-i*) **1** rapsodo **2** (*mus.*) compositore di rapsodie

rapsòdo [vc. dotta, gr. *rapsōidós*, propr. 'cucitore di canti', comp. di *ráptein* 'cucire insieme', di orig. indeur., e *ōidḗ* 'canto' (V. *ode*) ✻ 1549] **s. m. 1** nell'antica Grecia, recitatore di canti epici **2** (*est.*) recitatore o cantore di composizioni poetiche popolaresche

raptatòrio [dal lat. *raptāre*, intens. di *rāpere* 'rapire' ✻ 1959] **agg.** (**pl. m.** *-i* o *raro -ii*) • (*zool.*) detto dell'arto anteriore di alcuni Insetti atto a catturare la preda, robusto e dentellato, in cui il tarso si ripiega completamente contro la tibia **SIN.** raptorio

raptòrio [1983] **agg.** (**pl. m.** *-i* o *raro -ii*) • (*zool.*) raptatorio

ràptus [vc. lat., 'strappo', dal part. pass. di *răpere* 'strappare, rapire' ✻ 1900] **s. m. inv.** (**pl. lat. inv.**) **1** (*psicol.*) impulso irresistibile a compiere azioni improvvise, spesso violente e aggressive verso di sé o verso gli altri, senza coscienza di ciò che si esegue: *r. suicida*; *r. omicida* **2** (*est.*) momento di ispirazione, breve e improvviso: *r. poetico*

♣**ràra àvis** [loc. lat., propr. 'uccello raro', dall'inizio di un verso della *Satira VI* di Giovenale ✻ 1900] **loc. sost. f. inv.** (**pl. lat.** *rarae aves*) • persona o cosa rara o eccezionale per qualche suo aspetto o caratteristica particolarmente stimabile

rarefàbile [av. 1519] **agg.** • (*raro*) che si può rarefare: *l'aria è condensabile e r.* (LEONARDO)

rarefaciménto [dal lat. *rarefăcere* 'rarefare' ✻ 1553] **s. m.** • (*raro*) rarefazione

rarefàre [lat. *rarefăcere*, comp. di *rāre* 'raramente' e *făcere* 'fare' ✻ av. 1328] **A** **v. tr.** (**pres.** *io rarefàccio* o *rarefò, tu rarefài, egli rarefà*; **imperat.** *rarefà* o *rarefa'* o *rarefài*; **nelle altre forme, coniug. come** *fare*) • fare diventare meno denso o più rado: *r. l'aria* | rendere meno frequente, diradare: *r. le visite* **B** **rarefàrsi** **v. intr. pron.** • diventare rado: *la nebbia si è rarefatta* | diventare meno intenso, meno frequente e sim.: *il traffico si rarefà*

rarefattìbile [av. 1578] **agg.** • che può essere rarefatto: *vapore r.*

rarefattìvo [av. 1502] **agg.** • atto a rarefare: *il calore è r.*

♣**rarefàtto** **part. pass.** di *rarefare*; **anche agg. 1** meno denso **2** (*fig.*) elevato: *stile r.* | (*fig.*) distaccato, formale: *atmosfera rarefatta* | (*fig.*) essenziale: *dialoghi rarefatti*

rarefazióne [1550] **s. f. 1** il rarefare, il rarefarsi **2** (*fig.*) il diventare meno frequente: *la progressiva r. della sacra cicogna* (E. MONTALE) | (*fig.*) astrazione

rarézza [1532] **s. f.** • (*lett., raro*) caratteristica di ciò che è rado o raro **SIN.** radezza, rarità, singolarità

rarità [vc. dotta, lat. *raritāte(m)*, da *rārus* 'raro' ✻ av. 1311] **s. f. inv. 1** caratteristica di ciò che è raro, insolito, singolare: *la r. di un francobollo, di un fenomeno* **2** cosa rara, singolare: *questo libro è una vera r. bibliografica* **3** (*lett.*) esiguità, scarsità: *la r. di certe piante*; *in tanta r. di danaro* (U. FOSCOLO) | †scarsa densità, radezza

♦**ràro** [vc. dotta, lat. *rāru(m)*, di orig. indeur. ✻ av. 1250] **A** **agg. 1** che è poco comune o poco frequente: *fenomeni rari*; *animale r.* | ***bestia rara***, (*fig.*) persona fuori del comune **SIN.** insolito, singolare **CONTR.** comune **2** pregiato, prezioso perché non comune: *pietra rara*; *ingegno r.*; *un profilo di rara bellezza* | ***gas r.***, gas nobile **3** che si verifica poche volte in un determinato periodo di tempo (+ **inf.**, + *che* **seguito da congtv.**): *casi rari*; *visite rare*; *è r. leggere un articolo così interessante*; *è r. che nevichi in questa stagione* | (**al pl.**) pochi: *rari passanti* | (*med.*) ***polso r.***, di frequenza inferiore alla media **SIN.** infrequente **4** (*chim.*) ***terre rare***, gruppo di minerali, spec. fosfati e silicati, che contengono elementi trivalenti detti anch'essi terre rare o lantanidi, tutti molto simili fra loro e con numero atomico dal 57 al 71, a cui si suole aggiungere lo scandio e l'ittrio **5** (*raro*) che non è denso, fitto, spesso: *nuvole rare* **SIN.** rado ‖ **raraménte**, **avv.** di rado, rare volte **B** **s. m.** • †rarità, radezza **C** **avv.** • †raramente, radamente: *R. un silenzio ... / ... mai tanto mi piacque* (F. PETRARCA)

SFUMATURE DI SIGNIFICATO

raro - insolito - eccezionale

Raro è chi o ciò che non si presenta comunemente, che è difficile da trovare. **Insolito** ha lo stesso significato ma suggerisce una sfumatura di stranezza, talora anche di bizzarria. Ciò che è radicalmente diverso dal comune, dalla norma e che dunque risulta straordinariamente insolito si definisce **eccezionale**; termine che correntemente si attribuisce a ciò che è molto bello, buono, grande, intenso e sim.

SFUMATURE ➤ ***infrequente***, ➤ ***particolare***, ➤ ***singolare***

ras [amarico *ras* 'capo' ✻ 1891] **s. m. inv. 1** nell'impero etiopico, titolo dato al capo politico e militare preposto al governo di determinate province **2** (*fig., spreg.*) personaggio, autorità locale che agisce dispoticamente e arbitrariamente

rasaménto (o **-ș-**) [1683] **s. m. 1** (*raro*) rasatura **2** (*edil.*) operazione, effettuata spec. nel caso delle murature in mattoni, che consiste nel realizzare uno strato orizzontale di mattoni su cui tracciare lo spiccato | lo strato stesso di mattoni

rasàre (o **-ș-**) [lat. parl. **rasāre*, intens. di *rādere* ✻ 1598] **A** **v. tr. 1** tagliare i peli col rasoio: *r. la barba*; *r. completamente la testa* | ***r. a zero***, tagliare i capelli fino alla radice **2** pareggiare levando le sporgenze: *r. la siepe* **B** **rasàrsi** **v. tr. pron.** (**aus.** *essere*) **e rifl.** • tagliarsi i capelli o i peli con il rasoio: *rasarsi il cranio a zero* | (*colloq.*) farsi la barba: *hai dimenticato di rasarti*

rasatèllo (o **-ș-**) [propr. dim. di *rasato* ✻ 1942] **s. m.** • rasato leggero e più andante, di solito una fodera di cotone molto apprettata, adatta per tasche da calzoni

rasàto (o **-ș-**) **A** **part. pass.** di *rasare*; **anche agg. 1** nei sign. del v.: *viso ben r.*; *prato r.* **2** detto di tessuto molto liscio | ***maglia rasata***, quella che si ottiene lavorando un ferro a diritto e l'altro a rovescio **B** **s. m.** • tessuto liscio, lucente, ottenuto, senza garzatura e follatura, lavorando su armatura raso ‖ **rasatèllo**, **dim.** (V.)

rasatóre (o **-ș-**) [1959] **A** **s. m.** (**f.** *-trice*); **anche agg.** • chi (o che) rasa **B** **s. m.** (**f.** *-trice*) • operaio addetto alla rasatura delle pelli

rasatrìce (o **-ș-**) [1940] **s. f.** • macchina per rasare feltri, pellami e sim.

rasatùra (o **-ș-**) [1865] **s. f. 1** il rasare, il rasarsi | ciò che viene asportato radendo qlcu. o qlco. **2** operazione che si effettua sulle pelli conciate e umide, allo scopo di pareggiarne lo spessore asportando una parte del lato carneo con apposita macchina

raschèra [vc. piemontese, prob. legata al provenz. *rascar* 'raschiare, grattare' ✻ 1931] **s. f.** • (*cucina*) formaggio di latte vaccino, a pasta compatta ed elastica, tipico della provincia di Cuneo

raschiàbile [av. 1704] **agg.** • che si può raschiare

raschiaménto [1598] **s. m. 1** il raschiare | ***r. di gola***, raschio **2** (*med.*) procedura chirurgica atta a liberare una cavità patologica o naturale del suo contenuto o rivestimento mucoso oppure a scopo di prelievo bioptico: *r. uterino* **CFR.** curetage

raschiaòlio [comp. di *raschia(re)* e *olio* ✻ 1959] **s. m. inv.** • nei pistoni dei motori a scoppio, fascia, gener. di ghisa, che ha la funzione di rimuovere i depositi di olio lubrificante

raschiàre [lat. parl. **rasculāre*, da **rāsculum* 'strumento per radere', da *rādere* ✻ 1160] **A** **v. tr.** (*io ràschio*) • fregare con forza per spianare, ripulire o levigare una superficie: *r. il muro, il pavimento* | ***r. la carena di una nave***, eliminarne incrostazioni, alghe e sim. | ***r. il fondo del barile***, (*fig.*) dar fondo alle ultime risorse, cercare di raccogliere o recuperare tutto quello che si può | anche in forma pron. (con valore intens.): *rimase a raschiarsi le guance rase con le unghie della mano* (L. Pirandello) | ***raschiarsi la gola***, fare il raschio **SIN.** grattare, levigare **B** **v. intr.** (**aus.** *avere*) ● fare il raschio per eliminare catarro o richiamare l'attenzione di qlcu.

raschiàta [av. 1642] **s. f.** ● il raschiare, spec. una sola volta e in fretta: *dare una r.* || **raschiatina, dim.**

raschiàto **part. pass.** di *raschiare*; **anche agg.** **1** nei sign. del v. **2** rauco, cupo: *gli era venuto ... un gemito r., protratto* (L. Pirandello)

raschiatóio [da *raschiato* ✱ av. 1537] **s. m.** (**pl.** *-ói*) ● strumento che serve a raschiare

raschiatóre [1585] **agg. e s. m.** (**f.** *-trice*) ● (*raro*) che (o chi) raschia

raschiatùra [1483] **s. f.** **1** operazione del raschiare: *iniziare la r.*; *una r. sufficiente* **2** ciò che è stato raschiato e che gener. viene gettato via: *r. di ferro, di mattoni*

raschiettàre [1959] **v. tr.** (*io raschiétto*) ● usare il raschietto nel trattamento di una superficie

raschiettatùra [1959] **s. f.** ● lavorazione di una superficie col raschietto

raschiétto [da *raschia* ✱ 1863] **s. m.** **1** attrezzo per raschiare | laminetta con manico, usata un tempo per cancellare **2** utensile impiegato per rifinire a mano superfici metalliche lavorate con strumenti da taglio **3** strumento per la raschiatura di muri, assiti e sim. **4** lamina di ferro infissa a lato delle porte delle case per togliere il fango dalla suola delle scarpe

raschino [1863] **s. m.** ● attrezzo per raschiare **SIN.** raschietto, raschiatoio

♦**ràschio**① [da *raschiare* ✱ 1734] **s. m.** **1** rumore che si produce con la gola per liberarsi dal catarro o attirare l'attenzione di qlcu.: *fare il r.* **2** senso di prurito, di irritazione alla gola causato da infiammazione, sapori aspri e sim.

raschìo② [av. 1850] **s. m.** (**pl.** *-ii*) ● il raschiare continuato e il rumore che ne deriva

ràscia [dalla città di *Rascia*, serbo *Raška*, in Serbia ✱ 1527] **s. f.** (**pl.** *-sce*) **1** (*lett.*) tessuto spinato di grossa lana **2** ciascuno dei drappi neri e argentei coi quali si addobbano per i funerali la porta della chiesa e il feretro

rasciugaménto [av. 1676] **s. m.** ● (*raro*) asciugatura | prosciugamento

rasciugàre [comp. di *r(i)-* e *asciugare* ✱ 1336 ca.] **A** **v. tr.** (**pres.** *io rasciùgo, tu rasciùghi*; **part. pass.** *rasciugàto, raro rasciùtto*) **1** (*raro, tosc.*) asciugare (*anche fig.*): *r. il sudore*; *r. le tasche a qlcu.* | prosciugare | anche in forma pron.: *rasciugarsi le lacrime* **2** V. *riasciugare* **B** **rasciugàrsi** **v. intr. pron.** ● (*tosc.*) diventare asciutto

rasciugàto **part. pass.** di *rasciugare*; **anche agg.** ● nei sign. del v.

rasciugatùra [av. 1712] **s. f.** ● (*tosc.*) l'asciugare, l'asciugarsi

rasciùtto **part. pass.** di *rasciugare*; **anche agg.** ● nei sign. del v. | (*lett.*) asciutto: *sul prato... già r.* (R. Bacchelli)

rasènio o **rasèno** [dall'etrusco *raśna*, inteso comunemente come etnico: 'appartenente al popolo degli Etruschi' ✱ 1840] **agg.** ● (*lett.*) etrusco: *le rasenie cittadi in mezzo a' boschi* (G. Carducci)

raṣentàre [da *rasente* ✱ av. 1328] **v. tr.** (*io raṣènto*) **1** camminare, passare rasente a qlco. o accostarsi a qlco. fino quasi a toccarla: *r. la riva, il muro*; *r. un'automobile* **SIN.** sfiorare **2** (*fig.*) avvicinarsi molto a qlco., sfiorare: *r. l'ottantina*; *r. il ridicolo* | ***r. la galera***, rischiarla | ***r. il codice penale***, agire poco onestamente, tanto da commettere quasi dei reati

raṣènte [sovrapposizione di *raso* a *radente* ✱ 1342] **A** **prep.; anche agg.** (**superl.** *rasentissimo*) ● vicinissimo, quasi sfiorando in un movimento continuato: *camminare r. il muro*; *tagliare un albero r. le radici*; *una macchina mi è passata r.*; *l'aeroplano volava r. terra*; *le stelle rasenti al bosco* (G. Deledda) | anche nella loc. prep. ***r. a***: *prese la strada, con gli occhi bassi, r. al muro* (A. Manzoni) **B** anche **avv.**: *S'accostò al muro, ... e passò r., sotto la finestra* (L. Pirandello)

†**raserenàre** ➤ **rasserenare**

rash /raʃ*, *ingl.* ræʃ/ [vc. ingl., propr. 'eruzione cutanea' ✱ 1959] **s. m. inv.** ● (*med.*) eruzione cutanea gener. estesa e di natura infiammatoria

ràsi ➤ **radere**

rasìccia (o **-ṣ-**) [da *rasicciare*, da *raso* (?) ✱ 1872] **s. f.** (**pl.** *-ce*) ● terreno da cui sono stati tagliati erbe e sterpi per metterlo a coltura

rasièra (o **-ṣ-**) [fr. *rasière*, da *raser* 'rasare' ✱ av. 1320] **s. f.** **1** attrezzo di legno a forma cilindrica, usato per rasare lo staio, levandone via il colmo **2** sottile lama di acciaio, comunemente fornita d'impugnatura, impiegata per piallare a mano superfici di legno | strumento simile al precedente, usato dai legatori per pareggiare il taglio dei libri

rasieràre (o **-ṣ-**) [1880] **v. tr.** (*io rasièro*) ● spianare, livellare, con la rasiera

†**ràsile** (o **-ṣ-**) [vc. dotta, lat. *rāsile(m)*, da *rāsus* 'raso' ✱ 1563] **agg.** ● che si può facilmente levigare, raschiare, radere

ràso (o **-ṣ-**) **A** **part. pass.** di *radere*; **anche agg.** **1** rasato: *Nel volto r., pallido* (L. Pirandello) **2** privo di asperità, di sporgenze | ***campagna rasa***, non alberata, priva di vegetazione | ***fare tabula rasa***, V. *tabula rasa* | ***punto r.***, tipo di ricamo piatto | corto, detto di pelo animale: *l'alano è un cane a pelo r.* **SIN.** appianato, lisciato, pareggiato **3** (*est.*) pieno, ma non colmo, detto di misure di capacità o altro: *staio r.*; *un cucchiaio r. di zucchero* | ***bicchiere r.***, pieno fino all'orlo **4** †privo, privato | ***nave rasa***, costruita senza cassero e castelli **B** **s. m.** ● armatura fondamentale dei tessuti, caratterizzata dall'intreccio minimo dei fili, sia di ordito che di trama, per cui il tessuto prende aspetto liscio e lucente: *r. di seta, di lana, di cotone* **CFR.** saia, tela | il tessuto ottenuto con tale armatura | ***r. operato***, con disegni || **rasóne**, **accr.** (V.) **C** **prep.** ● in alcune loc. avv. | ***r. terra***, V. *rasoterra* | ***r. bocca***, a filo della bocca di un recipiente, spec. per liquidi, come bottiglie, fiaschi e sim. | ***a r.***, a livello del piano stradale: *attraversamento a r.* | †***a, per r. d'acqua***, a pelo dell'acqua

rasoiàta (o **-ṣ-**) [1596] **s. f.** **1** colpo di rasoio **2** (*est.*) nel calcio, forte tiro rasoterra **CFR.** fiondata, sciabolata

♦**rasóio** (o **-ṣ-**) [lat. tardo *rasōriu(m)*, da *rāsus* 'raso' ✱ 1160] **s. m.** (**pl.** *-ói*) ● strumento per radere costituito da una lama affilatissima e da un manico che le fa da impugnatura e da custodia (detto anche *rasoio a mano libera*): *affilare il r.*; *il filo del r.* | ***r. di sicurezza***, con lama protetta da una piastrina per evitare tagli | ***r. elettrico***, costituito da una fresa in rapido movimento dietro un pettine metallico, azionata da un motorino incorporato | ***r. usa e getta***, rasoio di sicurezza in materiale plastico per una o poche rasature | (*fig.*) ***lingua tagliente come un r.***, pronta alla maldicenza e alla malignità | ***camminare sul filo del r.***, (*fig.*) essere in una situazione molto rischiosa | ***r. di Occam***, nella filosofia di G. Occam (fine sec. XIII - 1349 o 1350), principio in base al quale tutte le ipotesi non suffragate dall'esperienza e non indispensabili per conoscere la realtà vanno eliminate || **rasoiétto, dim.** | **rasoino, dim.**

rasóne (o **-ṣ-**) [av. 1862] **s. m.** **1** accr. di *raso* **2** tessuto simile al raso ma più pesante, usato soprattutto per confezionare fodere e sim.

rasotèrra (o **-ṣ-**) o **ràso tèrra** (o **-ṣ-**) nei sign. A e B [comp. di *raso* (*A*) e *terra* ✱ 1939] **A** **avv.** ● rasente la terra: *volare r.*; *bocciata r.* **B** **agg.** ● (*fig.*) mediocre, di scarsa levatura: *discorsi r.* **C** **s. m. inv.** ● (*sport*) nel calcio e sim., tiro rasente il terreno: *il centravanti segnò con un potente r.*

ràspa① [da *raspare* ✱ av. 1537] **s. f.** **1** lima a scagliette acute e rilevate, usata per raschiare e levigare legno, metallo e sim. | (*est.*) qualunque strumento che serva a raschiare qlco.: *r. per caminetti, botti* **2** sistema di frenatura nello sci di fondo, attuato con forte pressione esercitata sulle racchette

ràspa② [sp. d'America *raspa*, vc. usata in diverse accezioni ✱ 1950] **s. f.** ● ballo d'origine messicana, simile al samba, in voga in Europa e in America negli anni intorno al 1950

raspadùra [vc. lomb., propr. 'raspatura' ✱ 1834] **s. f.** ● sfoglie di formaggio ottenute passando un apposito coltello sulle forme giovani di grana, specialità lodigiana

raspaménto [av. 1519] **s. m.** ● (*raro*) il raspare

raspàre [vc. di orig. germ. ✱ av. 1306] **A** **v. tr.** **1** levigare, raschiare con la raspa: *r. legno, avorio* | †erodere, detto dell'acqua **2** (*est.*) irritare la gola, detto del vino o di altre bevande frizzanti **3** grattare, sfregare o raschiare con le unghie o con le zampe anteriori, detto spec. di animali (*anche assol.*): *il cane raspava il cortile*; *i cavalli non smettevano di r.*; *pien di sanguigna spuma il cinghial bolle / ..., / e rugge, e raspa* (A. Poliziano) | ***il pollo raspa***, razzola **4** (*fig., pop.*) rubare: *ha raspato quello che ha potuto* **B** **v. intr.** (**aus.** *avere*) **1** grattare, raschiare: *questa spazzola raspa troppo*; *una maglia di lana che raspa* | sfregare con le zampe o le unghie: *il cane raspava alla porta* **2** (*fig., lett.*) scribacchiare | scrivere in modo quasi illeggibile **3** (*est.*) armeggiare, frugare

raspàto [da *raspo* nel sign. 1] **A** **part. pass.** di *raspare*; **anche agg.** ● nei sign. del v. **B** **s. m.** ● vino che si otteneva dalla fermentazione di uva passita in vino vecchio, con l'aggiunta di acqua

raspatóio [da *raspare* ✱ 1835] **s. m.** (**pl.** *-ói*) ● tipo di rastrello per togliere le erbacce raspando il terreno

raspatùra [av. 1578] **s. f.** ● il raspare | scarto che resta dopo aver raspato qlco. | (*fig.*) ***r. di gallina***, scrittura brutta, non curata

rasperèlla [dal lat. *ăsper* 'aspro, ruvido', con accostamento a *raspare*, per etim. pop. ✱ 1803] **s. f.** ● (*bot.*) equiseto

†**raspettàre** ➤ **riaspettare**

raspino [da *raspa*① ✱ av. 1704] **s. m.** ● strumento usato spec. nella lavorazione dell'argento per eliminare le asperità

raspìo [av. 1764] **s. m.** (**pl.** *-ii*) ● un raspare continuato

ràspo [da avvicinare a *raspare* ✱ 1640] **s. m.** **1** grappolo d'uva da cui sono stati levati gli acini **2** tipo di tridente con i rebbi piegati a squadra

raspollàre o **raspolàre** [da *raspollo* ✱ av. 1587] **v. tr.** (*io raspóllo*) ● raccogliere i raspolli rimasti sulle viti **SIN.** racimolare

raspollatùra [1835] **s. f.** ● il raspollare | ciò che si raccoglie raspollando

raspóllo [da *raspo* ✱ sec. XIV] **s. m.** ● grappolo di uva con radi chicchi

✦raspóso (o **-ṣo**) [da *raspa* ✱ sec. XV] **agg.** **1** ruvido: *un cane, che... mi leccasse le mani con la sua lingua rasposa* (E. MORANTE) **2** acre: *Un odore r. e tenace* (C. PAVESE) | detto di vino dal gusto alquanto aspro ‖ **rasposità**, **s. f. inv.** ruvidezza

†rassaggiàre ➤ **riassaggiare**

†rassalìre ➤ **riassalire**

†rassaltàre ➤ **riassaltare**

†rassecuràre ➤ **rassicurare**

rassegàre [da *sego*, col pref. *ra-* ✱ 1738] **v. intr.** (*io rasségo, tu rasséghi*; **aus.** *essere*) e **rassegàrsi v. intr. pron.** ● (*tosc.*) rapprendersi come sego, detto di brodo, condimento e sim. | (*fig., lett.*) bloccarsi bruscamente: *si sentiva r. il riso sulle labbra* (L. PIRANDELLO)

rasségna [da *rassegnare* ✱ av. 1400] **s. f.** **1** (*milit.*) rivista: *passare in r.* **2** (*est.*) esame accurato di persone o cose: *fare la r. dei presenti; passare in r. i libri di una biblioteca* | esame minuzioso di fatti, circostanze, avvenimenti: *una esauriente r. dei problemi economici del momento* **3** resoconto accurato, cronaca di avvenimenti, pubbliche rappresentazioni, feste, ecc.: *la r. degli spettacoli teatrali della stagione* | descrizione ordinata del contenuto di libri, pubblicazioni: *una r. di storia greca* | ***r. stampa***, presentazione delle notizie principali riportate dai giornali **4** mostra, esposizione, concorso: *la r. dell'artigianato locale; una r. cinematografica* **5** †ufficiale

†rassegnaménto [1612] **s. m.** ● rassegnazione | acquiescenza spec. alla volontà divina

✦rassegnàre o **†rassignàre** [lat. *resignāre* 'restituire, assegnare', comp. di *re-* e *signāre* 'segnare', con cambio di pref. ✱ 1277] **A v. tr.** (*io rasségno*; **coniug. come** *segnare*) **1** consegnare, presentare: *r. le dimissioni, un reclamo* | ***r. un mandato***, rinunciarvi, dimettersi **2** (*milit.*) †passare in rassegna **3** †restituire, riconsegnare: *all'inferno, onde uscisti, io ti rassigno* (L. ARIOSTO) **4** (*lett.*) catalogare, registrare, iscrivere **B rassegnàrsi v. intr. pron.** ● conformarsi, rimettersi alla volontà altrui o accettare a malincuore qlco. di inevitabile (+ *a*, **anche seguito da inf.**): *rassegnarsi al destino, ad una separazione; in queste circostanze bisogna rassegnarsi; egli non poteva rassegnarsi a star zitto* (F. DE ROBERTO) **SIN.** adattarsi, arrendersi **C rassegnàrsi v. rifl.** **1** †dichiararsi devoto (in espressioni di ossequio) **2** †presentarsi **3** †iscriversi

> **SFUMATURE DI SIGNIFICATO**
> ***rassegnarsi - arrendersi - assoggettarsi***
> L'accettare qualcosa come inevitabile, rinunciando a combatterla si dice **rassegnarsi**; la parola definisce anche il fatto di sottomettersi alla volontà di qualcun altro, acconsentendo a conformare a essa il proprio comportamento. **Arrendersi** è in senso proprio parola del linguaggio della guerra, che designa il fatto di cessare i combattimenti e consegnarsi al nemico; in senso figurato ha lo stesso significato di *rassegnarsi*, con cui è di fatto interscambiabile. **Assoggettarsi** è la parola che in questa serie evoca l'atto di sottomissione più completa alla volontà altrui, una subordinazione che si avvicina alla servitù.
> **SFUMATURE** ➤ ***obbedire***

rassegnàto **part. pass.** di *rassegnare*; anche **agg.** ● nei sign. del v. | che prova o esprime rassegnazione (+ *a*, **anche seguito da inf.**): *persona rassegnata; era r. al suo destino; animo r. al peggio; Son rassegnata a obbedirvi* (C. GOLDONI) ‖ **rassegnataménte**, **avv.** con rassegnazione: *soffrire rassegnatamente*

rassegnatóre [av. 1400] **s. m.** **1** (**f.** *-trice*) (*lett.*) chi cura una rassegna letteraria **2** l'ufficiale o generale più elevato in grado che passa in rassegna truppe

rassegnazióne [da *rassegnare* ✱ 1648] **s. f.** **1** (*raro*) rinuncia a un incarico **2** disposizione d'animo di chi è pronto ad accettare a malincuore la volontà altrui o qlco. di ineluttabile: *soffrire con r.* **SIN.** pazienza, sopportazione **3** †rassegna

SFUMATURE ➤ ***pazienza***

†rassemblàre ➤ **†rassembrare①** e **†rassembrare②**

rassemblement /*fr.* rasɑ̃blə'mɑ̃/ [vc. fr., propr. 'raggruppamento', dal v. *rassembler*; cfr. *assembrare①* ✱ 1970] **s. m. inv.** ● coalizione, riunione, spec. di forze o gruppi politici eterogenei

†rassembrànza [da *rassembrare①* ✱ 1619] **s. f.** ● (*lett.*) rassomiglianza | sembianza

†rassembràre① o **†rassemblàre** [comp. di *r(i)-* e *assembrare①* ✱ 1292] **v. tr. e intr.** ● (*lett.*) sembrare, somigliare: *Rinaldo vi compar su eminente / e ben rassembra il fior d'ogni gagliardo* (L. ARIOSTO)

†rassembràre② o **†rassemblàre** [comp. di *r(i)-* e *assembrare②*, sul modello del fr. *rassembler* ✱ av. 1294] **A v. tr.** ● adunare, riunire **B †rassembràrsi v. intr. pron.** ● unirsi, radunarsi

rasserenaménto [av. 1557] **s. m.** ● il rasserenarsi: *r. del cielo* | (*fig.*) ritorno a una condizione o a uno stato d'animo privi di turbamento

rasserenànte **part. pres.** di *rasserenare*; anche **agg.** ● che infonde serenità: *La vista di questi carri... aveva su di me un effetto r.* (I. CALVINO)

✦rasserenàre o **†raserenàre** [comp. di *r(i)-* e *asserenare* ✱ av. 1374] **A v. tr.** (*io rasseréno*) ● rendere sereno: *r. l'aria, il cielo* | (*fig.*) liberare da timore, turbamento e sim.: *la tua venuta lo ha rasserenato; l'ora del giorno che ad amar ce invita, / dentro dal petto el cor mi raserena* (M.M. BOIARDO) | ***r. la fronte***, rischiararla, distenderla **B v. intr.** (**aus.** *essere*) e **rasserenàrsi v. intr. pron.** ● diventare, ritornare sereno (**anche fig.**): *passioni e sentimenti ... si placano, si rasserenano e si trasmutano in immagini* (B. CROCE)

rasserenàto **part. pass.** di *rasserenare*; anche **agg.** ● nei sign. del v.: *animo r.* ‖ **rasserenataménte**, **avv.**

rasserenatóre [1872] **agg. e s. m.** (**f.** *-trice*) ● (*raro*) che (o chi) rasserena

rassestàre ➤ **riassestare**

rassettaménto [av. 1547] **s. m.** ● (*raro*) riordino | adattamento, sistemazione

rassettàre o **riassettàre** nei sign. A 1 e B [comp. di *r(i)-* e *assettare* ✱ av. 1292] **A v. tr.** (**pres.** *io rassètto*; **part. pass.** *rassettàto, raro rassètto*) **1** mettere, rimettere in ordine, a posto: *r. la casa facendo pulizia* **SIN.** riordinare | anche nella forma pron. **rassettàrsi**, sistemare, ricomporre qlco. di proprio: *si rassettò bene la parrucca sul capo* (L. PIRANDELLO) **2** accomodare, riparare, aggiustare: *r. uno strappo alla camicia* | (*fig.*) *Sistemare, risolvere: r. un imbroglio* | †rivedere, correggere: *r. un testo* **B rassettàrsi v. rifl.** ● mettersi, rimettersi in ordine curando il proprio abbigliamento, l'aspetto esteriore: *rassettarsi per un ricevimento*

rassettàto **part. pass.** di *rassettare*; anche **agg.** ● nei sign. del v.

rassettatóre [1690] **agg. e s. m.** (**f.** *-trice*) ● (*raro*) che (o chi) rassetta

rassettatùra [1745] **s. f.** ● riordino | riparazione, aggiustatura | intervento operato su un testo, spec. a scopo di censura: *la r. del Decamerone*

rassètto① **part. pass.** di *rassettare*; anche **agg.** ● (*raro*) rassettato

rassètto② [da *rassettare* ✱ av. 1556] **s. m.** ● (*raro*) rassettatura

rassicurànte **part. pres.** di *rassicurare*; anche **agg.** ● che infonde tranquillità, sicurezza, fiducia: *previsioni rassicuranti; stato di salute tutt'altro che r.* ‖ **rassicuranteménte**, **avv.**

✦rassicuràre o **†rassecuràre** [comp. di *r(i)-* e *assicurare* ✱ av. 1292] **A v. tr.** **1** rendere sicuro, liberando da sospetto, dubbio, paura: *r. gli animi* **2** V. *riassicurare* **B rassicuràrsi v. intr. pron.** ● riacquistare sicurezza e tranquillità, riprendendo coraggio: *alle parole di lui, si rassicurò; rassicurati: tutto andrà per il meglio*

SFUMATURE ➤ ***rincuorare***

rassicuràto **part. pass.** di *rassicurare*; anche **agg.** ● nei sign. del v. | tranquillizzato, rincuorato

rassicuratóre [1843] **agg. e s. m.** (**f.** *-trice*) ● (*raro*) che (o chi) rassicura

rassicurazióne [1872] **s. f.** ● il rassicurare | parola, discorso rassicurante: *con ampie rassicurazioni*

†rassignàre ➤ **rassegnare**

†rassimigliàre ➤ **rassomigliare**

rassodaménto [av. 1604] **s. m.** ● il rassodare, il rassodarsi | (*fig., lett.*) rinvigorimento: *r. stilistico*

rassodànte **part. pres.** di *rassodare*; anche **agg.** **1** nei sign. del v. **2** detto di preparato che ha la funzione di ridare elasticità e compattezza al tessuto cutaneo: *crema r.*

rassodàre [comp. di *r(i)-* e *assodare* ✱ av. 1292] **A v. tr.** (*io rassòdo*) **1** rendere sodo o più sodo: *r. la terra* **SIN.** indurire **2** †rendere di nuovo, un'altra volta sodo **3** (*fig.*) consolidare, rinsaldare: *r. un'amicizia* **B v. intr.** (**aus.** *essere*) e **rassodàrsi v. intr. pron.** **1** diventare sodo, indurire: *con l'esercizio i muscoli si sono rassodati* **2** (*fig.*) consolidarsi, rinsaldarsi

rassodàto **part. pass.** di *rassodare*; anche **agg.** ● nei sign. del v.

rassodatóre [1872] **agg. e s. m.** (**f.** *-trice*) ● (*raro*) che (o chi) rassoda

rassomigliànte **part. pres.** di *rassomigliare*; anche **agg.** ● somigliante

rassomigliànza [1586] **s. f.** **1** condizione di chi (o di ciò che) è rassomigliante **2** (*lett.*) analogia

rassomigliàre o **†rassimigliàre** [comp. di *r(i)-* e *assomigliare* ✱ av. 1304] **A v. tr.** (*io rassomiglio*) **1** (*lett.*) paragonare, comparare **2** †imitare, rappresentare, figurare **B v. intr.** (**aus.** *essere* o *avere*) e (*lett.*) **rassomigliàrsi v. intr. pron.** ● essere simile a qlcu.: *rassomiglia a suo fratello; s'ha da fuggir, narrando ed imitando di rassimigliarsi ai buffoni e parassiti* (B. CASTIGLIONE) **C rassomigliàrsi v. rifl. recipr.** ● essere simile l'uno all'altro: *si rassomigliano in modo incredibile*

rassottigliaménto [1872] **s. m.** ● (*raro*) il rassottigliare, il rassottigliarsi

rassottigliàre [comp. di *r(i)-* e *assottigliare* ✱ av. 1363] **v. tr.** (*io rassottiglio*) e **rassottigliàrsi v. intr. pron.** **1** assottigliare, assottigliarsi **2** (*raro*) V. *riassottigliare*

†rassùmere ➤ **riassumere**

†rassummàre [dal lat. *sŭmma* 'somma', col pref. *ra-* ✱ 1521] **v. tr.** ● sommare, sommare di nuovo

ràsta [1951] **s. m. e f. inv.**; anche **agg. inv.** ● accorc. di *rastafariano*

rastafarianìṣmo [da *rastafariano*: in ingl. *Rastafar(in)ism* ✱ 1993] **s. m.** ● (*relig.*) la religione dei rastafariani

rastafariàno [dall'ingl. *Rastafarian*, da *Ras Tafari*, appellativo dell'imperatore d'Etiopia divinizzato Hailé Selassié ✱ 1979] **A s. m.** (**f.** *-a*) ●

membro o seguace di una setta politico-religiosa, nata in Giamaica intorno al 1920, che considera il gruppo etnico nero come popolo eletto destinato al ritorno in una ideale madrepatria africana, identificata con l'Etiopia dell'allora imperatore Hailé Selassié, venerato come divinità **B** **agg.** ● relativo a tale setta

†**rastèllo** [lat. *rastĕllu(m)*, dim. di *rāstrum* 'rastro' ✱ sec. XIV] **s. m. 1** rastrello **2** palizzata

ràster /ˈraster, *ingl.* ˈræstə(r)/ [vc. ingl., dal ted. *Raster* 'retino', di orig. lat. (*rāstru(m)* 'rastrello', per la somiglianza con la griglia grafica) ✱ 1998] **A** **s. m. inv.** ● (*tv, inform.*) griglia ortogonale di punti attraverso cui viene realizzata un'immagine televisiva o una bitmap in computer grafica **B** **agg. inv.** ● detto di tecnologia che utilizza questa modalità e dell'immagine così ottenuta

rasteriẓẓàre [adattamento dell'ingl. *to rasterize*, da *raster* (V.) ✱ 1996] **v. tr.** ● (*inform.*) convertire un'immagine in grafica vettoriale in un'immagine raster **CFR.** vettorializzare ‖ **rasteriẓẓazióne**, **s. f.**

rastrellaménto [1926] **s. m. 1** il rastrellare | in borsa, raccolta, incetta: *r. di azioni* **2** perlustrazione sistematica condotta in una data zona da forze militari o di polizia per ricerca, controllo e sim.

rastrellàre [av. 1471] **v. tr.** (*io rastrèllo*) **1** raccogliere, radunare in mucchio col rastrello: *r. il fieno* | ripulire col rastrello: *r. i viali del giardino* **2** (*fig.*) portare via, fare incetta | (*colloq.*) mettere insieme, racimolare: *r. un po' di soldi* | (*econ.*) incettare, spec. azioni o beni scarsi **3** (*milit.*) sottoporre una zona a controlli sistematici per eliminare forze nemiche residue | (*est.*) detto di forze di polizia, o militari, controllare perquisendo: *r. un quartiere* | (*raro*) radunare, catturare: *qui si rastrellano ... i soldati sbandati* (R. Bacchelli) **4** (*mar.*) esplorare accuratamente una zona di mare **5** trascinare sul fondo del mare ganci e rampini per ricercare oggetti sommersi

rastrellàta [1804] **s. f. 1** attività, lavoro del rastrellare | quantità di erba, fieno e sim. che si raccoglie in una sola volta col rastrello **2** colpo di rastrello

rastrellatùra [av. 1539] **s. f.** ● il rastrellare

rastrellièra [av. 1471] **s. f. 1** specie di rastrello a lunghi pioli, fissato al muro di una stalla, sopra la mangiatoia, per mettervi il fieno **2** (*raro*) scolapiatti **3** intelaiatura da appendere al muro, usata per reggere e talvolta esporre armi, piatti e sim. **4** dispositivo a pioli, barre o ripiani per appendere o sostenere più cose simili: *r. per biciclette, per sci, per stecche da biliardo*

rastrellìna [1970] **s. f. 1** dim. di *rastrello* **2** piccolo rastrello a denti lunghi e radi per foglie e per pareggiare la ghiaia nei viali

rastrellinàre [1970] **v. tr.** ● raccogliere o pareggiare con la rastrellina

♦**rastrèllo** [lat. parl. **rastrĕllu(m)*, sovrapposizione di *rāstrum* 'rastro' a *rastĕllus*, dim. di *rāstrum* 'rastro' ✱ av. 1292] **s. m.** (**pl.** *-i*, †*rastrelle*, **f.**) **1** attrezzo in legno o ferro, formato da un regolo munito di denti paralleli, assicurato a un lungo manico, per radunare foglie, foraggi, sassi e sim. o livellare la superficie del terreno | ***r. scopa***, con denti lunghi ed elastici, usato spec. dai giardinieri **2** macchina adibita alla raccolta o al trasporto del fieno: *r. meccanico* **3** strumento con cui il croupier raccoglie dal tavolo da gioco le puntate perdenti **4** †specie di pettine dentato del telaio per avvolgere l'ordito sul subbio **5** (*sicil.*) cancello, steccato a regoli paralleli tenuti insieme da due stecconi orizzontali **6** (*milit.*) †palizzata, steccato posto dinanzi alle porte delle fortezze ‖ **rastrellétto**, **dim.** | **rastrellìna**, **dim. f.** (V.) | **rastrellìno**, **dim.**

rastremàre [da *(e)stremo*, col pref. *ra-* ✱ 1556] **A** **v. tr.** (*io rastrèmo*) ● (*archit.*) ridurre progressivamente il diametro di una colonna verso l'alto | (*est.*) ridurre progressivamente la misura trasversale di una struttura portante **B** **rastremàrsi** **v. intr. pron.** ● (*archit.*) ridursi progressivamente di diametro

rastremàto **part. pass.** di *rastremare*; anche **agg.** ● che si assottiglia verso l'alto: *pilastro r.*

rastremazióne [av. 1616] **s. f.** ● riduzione progressiva | ***r. di una colonna***, diminuzione graduale del diametro di una colonna dal basso verso l'alto

ràstro [vc. dotta, lat. *rāstru(m)*, da *rādere* ✱ av. 1320] **s. m. 1** (*lett.*) rastrello **2** (*agric.*) tipo di scarificatore usato per la lavorazione dei terreni **3** (*mus.*) strumento d'ottone con cui si tracciano sulla carta le righe del pentagramma

rasùra (o **-ṣ-**) [vc. dotta, lat. *rasūra(m)*, da *rāsus*, part. pass. di *rādere* ✱ sec. XIV] **s. f. 1** (*raro*) il radere | (*raro*) il materiale che si asporta radendo **2** cancellatura degli antichi manoscritti spec. in pergamena

ràta [lat. *răta(m pārtem)* 'parte calcolata', f. del part. pass. di *rēri* 'credere, calcolare', di orig. indeur. ✱ av. 1348] **s. f. 1** ciascuna quota o parte in cui viene frazionato il pagamento di una somma entro un limite di tempo determinato e spec. a intervalli regolari: *r. trimestrale, annuale*; *pagare a rate* **2** ***r. di caricazione, di scarico***, quantità di merce che deve essere caricata o scaricata da una nave in un giorno

ratafià [fr. *ratafia*, di orig. creola ✱ 1749] **s. m. inv.** ● liquore ottenuto da succhi di frutta, alcol, zucchero, sostanze aromatiche, toniche e amare

ratània [vc. di orig. quechua ✱ 1813] **s. f.** ● arbusto delle Mimosacee delle Ande boliviane e peruviane da cui si ricava una sostanza astringente (*Krameria triandra*)

rataplàn [vc. fr. d'orig. onomat. ✱ 1862] **inter.** ● riproduce il rullo del tamburo (*anche iter.*)

ratatouille /*fr.* ʀataˈtuj/ [vc. fr., nata dall'incrocio dei due v. *tatouiller* 'mescolare', dal lat. *tudiculāre* 'triturare', e *ratouiller*, suo reduplicato, ambedue di formazione espressiva ✱ 1989] **s. f. inv. 1** (*cucina*) piatto tipico della cucina francese, a base di cipolle, zucchine, melanzane, peperoni, pomodori stufati nell'olio **2** (*est.*) accozzaglia di cose eterogenee | (*fig.*) confusione, disordine

ratatùia [1935] **s. f.** ● adattamento di *ratatouille* (V.)

ràte [vc. dotta, lat. *răte(m)* 'zattera' ✱ 1563] **s. f.** ● (*lett.*) zattera: *la spaziosa / r. carica di tronchi* (G. D'Annunzio)

rateàle [1789] **agg.** ● di rata, relativo alla rata | effettuato a rate: *pagamento r.* ‖ **ratealménte**, **avv.** a rate

ratealista [1962] **s. m. e f.** (**pl. m.** *-i*) ● chi, per professione, organizza e porta a termine vendite rateali

rateàre [da *rata* ✱ 1942] **v. tr.** (**pres.** *io ràteo*; **fut.** *io rateerò*) ● (*raro*) rateizzare

rateazióne [1884] **s. f.** ● suddivisione in rate | versamento rateale **SIN.** rateizzazione

rateiẓẓàre [1845] **v. tr.** ● dividere un importo in rate | stabilire importo, durata e scadenza delle rate ‖ **rateiẓẓazióne**, **s. f.**

rateìẓẓo [1858] **s. m.** ● (*burocr.*) rateizzazione

ratèle o **ratèlo** [ingl. *ratel*, di orig. africana ✱ 1875] **s. m.** ● (*zool.*) mellivora

ràteo o (*disus.*) **ratèo** [da *rateare* ✱ 1797] **s. m.** ● voce del bilancio relativa a costi e ricavi maturati nell'esercizio considerato ma che verranno pagati o riscossi nel futuro esercizio | ***r. d'interesse***, quota d'interessi correnti dal giorno dell'ultimo godimento a quello della negoziazione

ratièra [fr. *ratière*, propr. 'trappola per topi', da *rat* 'topo' (stessa etim. dell'it. *ratto*②) ✱ 1924] **s. f.** ● dispositivo del telaio tessile che alza i fili dell'ordito secondo il disegno del tessuto, per il passaggio della navetta

ratìfica [da *ratificare* ✱ 1786] **s. f. 1** (*dir.*) nel diritto privato, atto col quale il rappresentato assume su di sé gli effetti giuridici conseguenti all'attività del rappresentante non munito di procura o che ha ecceduto i limiti in essa fissati **2** (*dir.*) nel diritto internazionale, atto gener. emanato dal capo di uno Stato, con cui lo Stato stesso dichiara costitutivo di effetti giuridici un trattato internazionale il cui contenuto è stato precedentemente oggetto di negoziato e di accordo fra le delegazioni plenipotenziarie **3** (*est.*) convalida, riconoscimento, anche formale, di un documento, di una situazione e sim. preesistenti: *la r. di un accordo*; *la r. di una nomina* **SFUMATURE** ➤ ***convalida***

ratificànte **A** **part. pres.** di *ratificare*; anche **agg.** ● nei sign. del v. **B** **s. m. e f.** ● chi ratifica: *il r. di un incarico*

ratificàre [comp. del lat. *rātum*, nt. di *rātus* 'ratificato', e *-ficare* ✱ 1312] **A** **v. tr.** (*io ratìfico, tu ratìfichi*) **1** (*dir.*) emanare la ratifica **2** (*est.*) confermare, riconoscere come stabilito: *r. una promozione, una promessa* **SIN.** convalidare **B** **ratificàrsi** **v. rifl.** ● †dichiararsi devoto (in espressioni di ossequio) ‖ **ratificazióne**, **s. f.** (*raro*) ratifica, conferma

ratificàto **part. pass.** di *ratificare*; anche **agg.** ● nei sign. del v.

ratificatóre [1737] **agg. e s. m.** (**f.** *-trice*) ● (*raro*) che (o chi) ratifica

ratìna o (*tosc.*) **rattìna** [fr. *ratine*, da un v. **raster* 'raschiare' ✱ 1727] **s. f.** ● stoffa di lana fortemente pelosa, sottoposta all'azione della ratinatrice

ratinàre [da *ratina*, come il fr. *ratiner* da *ratine* ✱ 1813] **v. tr.** ● (*tess.*) sottoporre una stoffa a ratinatura

ratinatrìce [da *ratina* ✱ 1959] **s. f.** ● (*tess.*) macchina atta a eseguire la ratinatura

ratinatùra [1959] **s. f.** ● (*tess.*) operazione di arricciatura del pelo di stoffe di lana per ottenere un particolare effetto estetico o per imitare la pelliccia

rating /*ingl.* ˈreɪtɪŋ/ [vc. ingl., da *to rate* 'valutare, stimare' ✱ 1964] **s. m. inv. 1** (*econ.*) valutazione del livello di affidabilità e di efficienza di imprese, istituti e sim., ai fini della concessione di crediti | il grado stesso di affidabilità **2** (*tv*) indice, percentuale di gradimento o di ascolto di un programma televisivo, in rapporto a una campionatura di utenti **3** (*sport*) nelle regate aperte a vari tipi di imbarcazioni, coefficiente di correzione che tiene conto delle caratteristiche tecniche delle diverse barche, applicato ai fini della compilazione di una classifica compensata **SIN.** stazza di regata

†**ratio**① [lat. parl. **errativu(m)*, da *errāre* col suff. *-io*① ✱ av. 1367] **agg.** ● spec. nella loc. ***andar r.***, andare vagando, errando qua e là

✱**ràtio**② /*lat.* ˈrattsjo/ [vc. lat., che significa 'ragione' (V.) ✱ 1930] **s. f. inv.** (**pl. lat.** *rationes*) **1** ragione, motivo: *non è chiara la r. del provvedimento* | ***extrema r.***, ***ultima r.***, l'ultimo rimedio praticabile, l'ultima soluzione possibile in circostanze disperate o comunque difficili: *vendere la casa è l'extrema r. per scongiurare il fallimento* | (*dir.*) ***r. legis***, ragione ispiratrice e scopo di una determinata norma **2** (*impropr.*) rapporto fra due grandezze (calco sull'uso ingl. del termine)

ratióne lòci /*lat.* rat'tsjone 'lɔtʃi/ [loc. lat., propr. 'per motivo del luogo' ✻ 1981] **loc. agg. inv.** ● nel linguaggio giuridico, detto della individuazione del giudice per competenze territoriali

ratìti [dal lat. *rătis* 'zattera': detti così dalla forma appiattita dello sterno ✻ 1892] **s. m. pl.** (**sing.** *-e*) ● nelle vecchie tassonomie, sottoclasse di Uccelli inetti al volo e con sterno privo di carena (*Ratitae*)

rat musqué /*fr.* ˌramys'ke/ [loc. fr., propr. 'topo muschiato' ✻ 1938] **loc. sost. m. inv.** (**pl. fr.** *rats musqués*) ● pelliccia di topo muschiato

ràto [vc. dotta, lat. *rătu(m)*, part. pass. di *rēri* 'credere, calcolare', di orig. indeur. ✻ 1260] **agg.** **1** (*dir.*) ratificato | ***matrimonio r. e non consumato***, in diritto canonico, matrimonio regolare ma che, non essendo stato consumato, può essere sciolto **2** (*raro, lett.*) che viene confermato, approvato

ràtta [f. di *ratto*③ ✻ av. 1574] **s. f.** ● estremità rastremata di una colonna | diametro di tale estremità | (*est.*) ogni estremità di una colonna: *r. superiore, inferiore*

†**rattaccàre** ➤ **riattaccare**

rattacconàre [comp. di *r(i)-* e di un deriv. di *taccone* ✻ 1478] **v. tr.** (*io rattaccóno*) ● (*raro, lett.*) rappezzare scarpe o vestiti; (*fig.*) rattoppare

rattàn /rat'tan, *ingl.* ræ'tæn/ [vc. ingl., dal suo n. malese, *rōtan* ✻ 1991] **s. m. inv.** ● palma rampicante più nota come canna d'India (*Calamus rotang*) | il legno di tale pianta, impiegato per la fabbricazione di sedie, canne da pesca, bastoni da passeggio e sim.

rattemperàre o **rattempràre** [1320] **A v. tr.** (*io rattèmpero*) **1** (*lett.*) moderare, frenare: *Ah! padre, / lo sdegno tuo rattempra* (V. ALFIERI) **2** (*lett., raro*) ritemprare **B rattemperàrsi v. intr. pron.** ● (*raro, lett.*) moderarsi, temperarsi

rattenére [lat. *retinēre* (V. *ritenere*), con cambio di pref. ✻ av. 1311] **A v. tr.** (**coniug. come** *tenere*) ● (*lett.*) trattenere, cercare di frenare qlcu. o qlco. in movimento: *r. qlcu. per un braccio; sbarramento per r. l'impeto della corrente* | (*fig.*) reprimere, contenere: *r. le lacrime, l'ira, lo sdegno* | (*lett.*) ***r. il passo***, arrestarsi, fermarsi: *qui si rivolse, e qui rattenne il passo* (F. PETRARCA) | †detrarre: *mi voleva r. dieci lire* (N. MACHIAVELLI) **B rattenérsi v. rifl. e intr. pron.** **1** (*lett.*) sostare, fermarsi **2** (*fig., lett.*) temperarsi, moderarsi **SIN.** contenersi, dominarsi

r

†**rattenimént o** [av. 1292] **s. m.** ● il trattenere | (*fig.*) moderazione

†**rattenitìva** [da *rattenere* ✻ av. 1729] **s. f.** ● facoltà di trattenere un impulso | memoria

†**rattènto** [da *rattenere* ✻ 1313] **s. m.** ● impedimento, ostacolo

rattenùta [da *rattenuto* ✻ av. 1348] **s. f.** ● (*raro*) ritenuta | †reticenza

rattenùto **part. pass.** di *rattenere*; anche **agg.** **1** nei sign. del v. | (*fig.*) misurato, molto controllato: *c'era in Ginetta una monelleria contegnosa, rattenuta* (C. PAVESE) **2** †cauto, guardingo: *andrei col parlare più r.* (N. MACHIAVELLI)

rattepidìre ➤ **rattiepidire**

rattézza [1308] **s. f.** **1** (*lett., raro*) velocità, rapidità: *r. di destrier* (V. MONTI) **2** †ripidità

ratticìda [comp. di *ratto* e *-cida* ✻ 1990] **agg. e s. m.** (**pl.** *-i*) ● topicida

†**rattiepidàre** [var. di *rattiepidire* ✻ 1336 ca.] **v. tr.** ● intiepidire

rattiepidìre o (*raro*) **rattepidìre** [comp. di *r(i)-* e di un deriv. di *tiepido* ✻ 1336 ca.] **v. tr., intr.** (*io rattiepidìsco, tu rattiepidìsci*; **aus. intr.** *essere*) e **rattiepidìrsi v. intr. pron.** ● (*lett.*) intiepidire, intiepidirsi (*anche fig.*)

rattìna ➤ **ratina**

rattizzàre ➤ **riattizzare**

ràtto① [vc. dotta, lat. *răptu(m)*, da *răpere* 'rapire' ✻ av. 1306] **s. m.** **1** (*dir.*) delitto di chi a scopo di matrimonio o di libidine sottrae o trattiene qualcuno con violenza, minaccia o inganno, oppure un minore o una persona in condizioni di inferiorità psichica o fisica anche senza violenza, minaccia o inganno **2** rapimento | (*poet.*) ***r. finale***, la morte | correntemente, rapimento di donna: *il r. di Elena* **3** †furto, rapina: *vivendo di r. e di ruberia* (G. VILLANI) **4** †rapimento, estasi religiosa

†**ràtto**② **part. pass.** di *rapire*; anche **agg.** ● nei sign. del v.

✤**ràtto**③ [lat. *răpidu(m)* 'rapido' ✻ av. 1250] **A agg.** **1** (*lett.*) veloce, rapido, presto: *andavanne ratti quanto potevano* (G. BOCCACCIO) **2** (*lett.*) ripido, scosceso **B avv.** ● (*lett.*) velocemente | rapidamente, subito | anche iter.: *io vo' di qui partirmi r. r.* (MICHELANGELO) **C** nella loc. cong. ***r. che, r. come***, (*lett.*) appena (introduce una prop. temp. con il v. all'indic.): *giacean per terra tutte quante, / fuor d'una ch'a seder si levò, r. / ch'ella ci vide passarsi davante* (DANTE *Inf.* VI, 37-39) ‖ **rattaménte**, **avv.** (*lett.*) rapidamente; senza indugio

ràtto④ [vc. di orig. onomat., in cui la *r-* ricorderebbe il rosicchiare (?) ✻ av. 1400] **s. m.** ● mammifero roditore affine al topo, ma di dimensioni molto maggiori, diffusissimo e dannoso (*Rattus*) | ***r. comune***, scuro, cosmopolita (*Rattus rattus*) | ***r. delle chiaviche***, surmolotto

rattoppaménto [1550] **s. m.** ● rappezzo, rattoppo

rattoppàre [da *toppa*, col pref. *ra-* ✻ 1478] **v. tr.** (*io rattòppo*) **1** riparare mettendo toppe: *r. un abito, le scarpe; rattopparsi i calzoni* **SIN.** rappezzare **2** (*fig.*) aggiustare alla meglio: *r. un componimento correggendo gli errori* | rimediare: *r. con scuse una battuta inopportuna* **SIN.** accomodare, rabberciare

SFUMATURE ➤ ***aggiustare***

rattoppàto **part. pass.** di *rattoppare*; anche **agg.** ● nei sign. del v.

rattoppatóre [1552] **s. m.** (**f.** *-trice*) ● (*raro*) chi rattoppa

rattoppatùra [1832] **s. f.** ● il rattoppare: *la r. di un abito* | la parte rattoppata o il materiale usato per rattoppare: *una r. perfetta; questa r. è di colore differente dal tessuto strappato*

rattòppo [1940] **s. m.** ● il rattoppare | parte rattoppata | (*fig.*) rimedio provvisorio

rattòrcere [comp. di *r(i)-* e *attorcere* ✻ 1546] **v. tr.** (**coniug. come** *torcere*) ● (*raro, lett.*) torcere con più energia

†**rattóre** [lat. *raptōre(m)*, da *răptus*, part. pass. di *răpere* 'rapire' ✻ av. 1292] **s. m.** ● rapinatore | estorsore | rapitore: *io non venni come r. a torle la sua virginità* (G. BOCCACCIO)

rattòrto **part. pass.** di *rattorcere*; anche **agg.** ● nei sign. del v.

†**rattraiménto** [1656] **s. m.** **1** il rattrarre o il rattrarsi **2** (*lett.*) rattrappimento: *con un insanabile r. di vita andava giù inclinata e curva fin quasi col volto a terra* (D. BARTOLI)

rattralciàre [da *tralcio*, col pref. *ra-* ✻ 1872] **v. tr.** (**pres.** *io rattràlcio*; **fut.** *io rattralcerò*) ● raccogliere come a fascio, legandoli in alto, giovani tralci di vite

rattralciatùra [1891] **s. f.** ● lavoro del rattralciare **SIN.** affasciatura

rattrappànte [fr. *rattrapant*, propr. part. pres. del v. *rattraper* 'riprendere' ✻ 1992] **agg.** ● detto di cronografo dotato di due lancette normalmente sovrapposte e che possono essere messe in moto o bloccate simultaneamente o separatamente

†**rattrappàre** [comp. di *r(i)-* e *attrappare* ✻ av. 1292] **A v. tr.** ● rattrappire | ripiegare **B** †**rattrappàrsi v. intr. pron.** ● rattrappirsi

rattrappiménto [av. 1712] **s. m.** **1** il rattrappirsi | (*raro*) contrazione, contrattura **2** (*fig., lett.*) intorpidimento morale | grettezza

rattrappìre [var. di *attrappare* ✻ 1598] **A v. tr.** (*io rattrappìsco, tu rattrappìsci*) ● produrre un lieve irrigidimento delle membra in modo da rendere faticoso o difficile il movimento: *le scarpe troppo strette mi hanno rattrappito i piedi* **B rattrappìrsi v. intr. pron.** ● subire una contrazione, un lieve irrigidimento: *le mani si sono rattrappite per il freddo* | (*fig.*) impoverirsi, isterilirsi

rattrappìto **part. pass.** di *rattrappire*; anche **agg.** ● nel sign. del v. | (*est.*) contorto, curvo, ingobbito: *Poco dopo entrò il dottor..., tutto r. dall'età* (R. BACCHELLI)

rattràrre [comp. di *r(i)-* e *attrarre* ✻ 1313] **A v. tr.** (**coniug. come** *trarre*) ● (*lett.*) rattrappire, contrarre **B rattràrsi v. intr. pron.** ● (*lett.*) contrarsi, rattrappirsi | (*fig., lett.*) appartarsi

rattràtto **part. pass.** di *rattrarre*; anche **agg.** ● (*lett.*) rattrappito | (*fig., lett.*) schivo, chiuso in sé stesso

rattristaménto [1736] **s. m.** ● (*raro*) il rattristare, il rattristarsi **SIN.** afflizione

rattristànte **part. pres.** di *rattristare*; anche **agg.** ● nel sign. del v. ‖ **rattristanteménte**, **avv.**

rattristàre [comp. di *r(i)-* e *attristare* ✻ av. 1422] **A v. tr.** ● fare diventare triste, affliggere: *la tua situazione mi ha molto rattristato* **SIN.** accorare, addolorare **B rattristàrsi v. intr. pron.** ● farsi triste, provare afflizione: *rattristarsi per la morte di qlcu.*

rattristàto **part. pass.** di *rattristare*; anche **agg.** ● diventato triste | afflitto, addolorato ‖ **rattristataménte**, **avv.**

rattristìre [comp. di *r(i)-* e *attristire* ✻ 1869] **A v. tr.** (*io rattristìsco, tu rattristìsci*) ● (*raro*) rattristare, intristire: *il nero è un colore che mi rattristisce* **B rattristìrsi v. intr. pron.** **1** (*raro*) affliggersi, addolorarsi, diventare triste **2** (*raro*) perdere freschezza, vigore, detto di fiori o piante

raucèdine [vc. dotta, lat. tardo *raucēdine(m)*, da *răucus* 'rauco' ✻ av. 1698] **s. f.** ● (*med.*) alterazione del timbro e del tono della voce causata da affezioni della laringe, spec. delle corde vocali

✤**ràuco** [vc. dotta, lat. *răucu(m)*, ant. **rāvicu(m)*, da *rāvis* 'raucedine': di orig. onomat. (?) ✻ 1342] **agg.** (**pl. m.** *-chi*; **superl.** *rauchissimo*) **1** che ha voce roca per raucedine, infreddatura o altro: *non può cantare perché è diventato r. urlando* | aspro, basso, quasi soffocato, detto della voce: *quella voce un poco rauca, fredda, materna* (C. PAVESE) | con riferimento al verso di animali: *il suono r. delle colombe* (E. MONTALE) **2** (*est.*) debole, fioco, detto di suono e sim.: *il r. suon de la tartarea tromba* (T. TASSO) ‖ **raucaménte**, **avv.** con voce rauca: *parlare raucamente*; (*est.*) con suono rauco

ràudo [etim. sconosciuta ✻ 1987] **s. m.** ● piccolo petardo a forma di cilindretto

raumiliàre [comp. di *r(i)-* e *umiliare* ✻ 1312] **A v. tr.** (*io raumilio*) ● (*lett.*) placare, addolcire, ammansire: *con dolci parole raumiliandolo, lo 'ncominciò a lusingare* (G. BOCCACCIO) | umiliare **B raumiliàrsi v. intr. pron.** ● (*lett.*) placarsi | sottomettersi

†**raunàre** e deriv. ➤ **radunare** e deriv.

†**rauncinàto** [comp. di *ra-* e *uncinato* ✻ 1340 ca.] **agg.** ● ritorto a uncino: *la punta della coda rauncinata d'un insidioso scorpione* (D. BARTOLI)

rauwòlfia /rau'vɔlfja/ [dal n. del medico L. *Rauwolf* (sec. XVI) ✱ 1959] **s. f.** ● pianta erbacea delle Apocinacee dalla cui radice si estrae un alcaloide (*Rauwolfia serpentina*)
ràva [vc. dial. sett., 'rapa' ✱ 1765] **s. f.** ● (*sett.*) rapa | (*fam.*) ***raccontare la r. e la fava***, dilungarsi nei minimi particolari: *le vecchiette … mi raccontano la r. e la fava* (P. LEVI)
ravagliàre [etim. incerta ✱ 1959] **v. tr.** (*io ravàglio*) ● approfondire con la vanga o l'aratro il solco già aperto impiegando il ravagliatore
ravagliatóre [da *ravagliare* ✱ 1863] **s. m.** ● aratro in grado di approfondire con un secondo corpo lavorante il solco aperto dal primo, portando in superficie il terreno rimosso
ravagliatùra [1940] **s. f.** ● aratura effettuata con il ravagliatore
ravanàre [etim. incerta ✱ 1924] **v. intr.** (**aus.** *avere*) ● (*sett.*) rovistare, frugare, spec. mettendo in disordine: *ravanava nella valigia cercando le chiavi*
ravanèllo o (*pop.*) **rapanèllo**, (*merid.*) **rafanèllo** [dim. di *rafano* ✱ av. 1492] **s. m.** ● varietà di rafano con radici ingrossate, esternamente rosse, commestibili (*Raphanus sativus radicula*)
ravanéto [da una radice mediterr. **rava* 'massa di detriti' ✱ 1568] **s. m.** ● luogo dove, nelle cave di marmo o pietra, si accumulano i materiali di scarto
ravastìna ➤ **ragastina**
ravastrèllo [da *ravanello* con sovrapposizione del lat. tardo *rapĭstrum* 'specie di *rapa* selvatica', ripreso dai botanici ✱ 1881] **s. m.** ● crocifera delle zone ghiaiose vicino al mare, piuttosto grassa, con foglie oblunghe e lobate (*Cakile maritima*)
raveggiòlo o (*lett.*) **raveggiuòlo**, **raviggiòlo**, **raviggiuòlo** [etim. ignota ✱ av. 1449] **s. m.** ● (*tosc.*) formaggio tenero di latte di pecora o capra, in piccole forme schiacciate, da mangiare fresco
ravegnàno [da *Ravenna* ✱ 1532] **agg.** ● (*lett.*) ravennate
ravennàte [vc. dotta, lat. *Ravennāte(m)*, etnico di *Ravenna* ✱ 1499] **A** **agg.** ● di Ravenna: *mosaico r.*; *architettura r.* **B** **s. m. e f.** ● abitante o nativo di Ravenna
rave party /*ingl.* reɪv 'pɑːtɪ/ [loc. ingl., comp. del v. *to rave* 'farneticare', prob. dal fr. ant. *raver, rever* 'vagabondare, delirare', e *party* (V.) ✱ 1990] **loc. sost. m. inv.** (**pl. ingl.** *rave parties*) ● raduno musicale, party tra giovani, per lo più notturno e clandestino, all'insegna della trasgressione ‖ **rave**, **accorc.**; **anche agg. inv.**: *festa, moda rave*
ravièra [fr. *ravier*, propr. 'piatto di rape (*rave*, dal lat. *rāpa*)' ✱ 1963] **s. f.** ● piccolo piatto oblungo, in cui si servono gli antipasti
raviggiòlo ➤ **raveggiolo**
raviggiuòlo ➤ **raveggiolo**
raviolatóre [1963] **s. m.** ● stampo per la preparazione casalinga dei ravioli
raviolatrìce [1959] **s. f.** ● macchina per ravioli
raviòlo o †**raviuòlo** [etim. incerta ✱ 1353] **s. m.** ● (**spec. al pl.**) disco o quadrato di pasta con ripieno di verdure, ricotta, carne o altro: *ravioli in brodo, al sugo* | pasta dolce con ripieno ‖ **raviolìno**, **dim.** | **raviolóne**, **accr.**
ravizzóne [dal lat. *rapĭcius*, agg. di *rāpum* 'rapa' ✱ 1598] **s. m.** ● pianta erbacea delle Crocifere, annua o bienne, con foglie lobate, coltivata per i semi oleiferi e per foraggio (*Brassica napus oleifera*) **SIN.** colza
ravvaloràre [comp. di *r(i)-* e *avvalorare* ✱ 1673] **v. tr.** (*io ravvalóro*) **1** rafforzare il valore di qlco.: *le nuove scoperte hanno ravvalorato la mia tesi* **SIN.** avvalorare | (*lett.*) rinvigorire: *La solitudine ravvalora l'immaginazione* (F. DE SANCTIS) **2** (*lett.*) riconfermare
ravvedérsi [comp. di *r(i)-* e *avvedersi* ✱ sec. XIII] **v. intr. pron.** (**pres.** *io mi ravvédo*; **fut.** *io mi ravvederò*, **lett.** *ravvedrò*; **condiz.** *ravvederèi*, **lett.** *ravvedrèi*; **part. pass.** *ravvedùto*, †*ravvìsto*; **nelle altre forme coniug. come** *vedere*) **1** riconoscere i propri errori e cercare di tenersene lontano per l'avvenire, di correggersi: *ha sbagliato, ma si è subito ravveduto* **SIN.** pentirsi **2** †accorgersi, rendersi conto
ravvediménto [1574] **s. m.** **1** riconoscimento, anche nei fatti, dei propri errori: *speriamo in un suo r.*; *un improvviso r. lo ha riportato a noi* **SIN.** pentimento **2** (*econ.*) ***r. operoso***, atto volontario ammesso dalla legge ed esercitato dal contribuente, con il quale egli può riparare a certe omissioni o infrazioni di obblighi tributari
ravvedùto **part. pass.** di *ravvedersi*; **anche agg.** ● (*raro*) nel sign. del v.
ravvenaménto [da *ravvenare* ✱ 1936] **s. m.** ● (*idraul.*) arricchimento di una falda freatica, che viene alimentata e innalzata di livello con acque di un fiume fatte filtrare artificialmente nel terreno
ravvenàre [da *vena*, col pref. *ra-* ✱ 1872] **A** **v. tr.** (*io ravvéno*) ● arricchire d'acqua **B** **v. intr.** (**aus.** *essere*) ● (*lett.*) arricchirsi nuovamente d'acqua, detto di sorgenti
ravviaménto [av. 1560] **s. m.** **1** (*raro*) il ravviare | (*lett.*) ravviata ai capelli: *ne 'l folto de le chiome un lene / r. di materne dita* (G. D'ANNUNZIO) **2** (*lett.*) riordinamento
ravviàre [comp. di *r(i)* e *avviare* ✱ sec. XIV] **A** **v. tr.** (*io ravvìo*) **1** †rimettere sulla giusta via (*spec. fig.*) **2** (*fig.*) (*lett.*) ridare impulso, fare tornare attivo, detto di traffici, commerci e sim. **3** ricomporre, rimettere in ordine: *r.* (o, in forma pron., *ravviarsi*) *i capelli* | (*raro*) rassettare: *r. una camera* | ***r. il fuoco***, riattizzarlo **B** **ravviàrsi** **v. rifl.** **1** †incamminarsi per ritornare nel luogo da cui si è partiti: *Ravviandoci verso casa* (U. FOSCOLO) | (*fig.*) ravvedersi **2** rimettersi in ordine
ravviàta [da *ravviato* ✱ 1872] **s. f.** ● gesto del ravviare, del ravviarsi in fretta: *darsi una r. ai capelli, alle vesti* ‖ **ravviatìna**, **dim.**
ravviàto **part. pass.** di *ravviare*; **anche agg.** ● nei sign. del v. ‖ (*lett.*) **ravviatìno**, **dim.** ‖ **ravviataménte**, **avv.** (*raro*) ordinatamente
ravvicinaménto [1813] **s. m.** **1** avvicinamento: *speriamo, col tuo r. alla città, di incontrarci* | (*fig.*) comparazione, accostamento: *il r. di poesia a pittura* (G. PASCOLI) **2** (*fig.*) riconciliazione, ripresa di rapporti: *è prossimo il suo r. alla famiglia*
ravvicinàre [comp. di *r(i)-* e *avvicinare* ✱ 1374] **A** **v. tr.** **1** avvicinare di più o di nuovo: *r. due oggetti fra loro* **2** †V. *riavvicinare* **3** (*fig.*) confrontare, raffrontare: *r. due mentalità opposte fra loro* **4** (*fig.*) riappacificare: *dopo molti sforzi li ho ravvicinati* **B** **ravvicinàrsi** **v. rifl. e rifl. recipr.** ● (*fig.*) riappacificarsi: *ravvicinarci è difficile, ma proveremo*
ravvicinàto **part. pass.** di *ravvicinare*; **anche agg.** ● avvicinato di più o di nuovo | molto vicino, nello spazio o nel tempo: *gli occhi quasi gialli ravvicinati* (A. MORAVIA); *scadenza ravvicinata*; *a distanza ravvicinata* | ***incontro r.***, incontro faccia a faccia; nel linguaggio della fantascienza, incontro con alieni
ravvigorìre [da *rinvigorire*, con cambio di pref. ✱ av. 1685] **v. tr., intr.** (*io ravvigorìsco, tu ravvigorìsci*; **aus. intr.** *essere*) **e** **ravvigorìrsi** **v. intr. pron.** ● (*raro*) rinvigorire, rinvigorirsi
ravviluppaménto [av. 1363] **s. m.** ● il ravviluppare, il ravvilupparsi | viluppo: *un r. di braccia e gambe*
ravviluppàre [comp. di *r(i)-* e *avviluppare* ✱ sec. XIII] **A** **v. tr.** ● avviluppare in modo stretto: *r. i piedi freddi in un panno di lana*; *r. una matassa* | (*fig., lett.*) ***r. qlcu. con abili parole***, confonderlo per ingannarlo o imbrogliarlo **B** **ravvilupparsi** **v. intr. pron.** ● avvolgersi, aggrovigliarsi strettamente | (*raro*) mescolarsi: *e 'l mar comincia a mostrar l'ira sua: / … / cominciano apparir baleni … / e par che l'aria e 'l ciel si ravviluppi* (L. PULCI) **C** **ravvilupparsi** **v. rifl.** ● avvolgersi ben bene: *si ravviluppava in quello scialle* (N. GINZBURG)
ravvìo [1863] **s. m.** (**pl.** *-ii*) ● (*raro*) ravviamento
ravvisàbile [av. 1704] **agg.** ● che può essere ravvisato, individuato, rilevato: *un che di accademico … è sempre r. nei suoi nudi* (L. SCIASCIA) ‖ **ravvisabilità**, **s. f. inv.**
ravvisàre [comp. di *r(i)-* e *avvisare* ✱ 1319] **v. tr.** **1** (*spec. lett.*) riconoscere qlcu. dai lineamenti del viso, dalle caratteristiche fisiche: *la bella faccia a ravvisar non tarda* (T. TASSO) **2** distinguere, percepire, ritrovare l'elemento distintivo di qlco.: *in questo quadro si ravvisa lo stile di Leonardo* | individuare, riscontrare: *nel suo comportamento si possono r. gli estremi del reato* **3** (*lett.*) ritenere: *ravvisò che … il dovesse fare uccidere* (F. SACCHETTI)
†**ravvìsto** **part. pass.** di *ravvedersi*; **anche agg.** ● (*raro*) nei sign. del v.
ravvivaménto [1629] **s. m.** ● il ravvivare, il ravvivarsi (*anche fig.*)
ravvivànte **part. pres.** di *ravvivare*; **anche agg.** ● (*lett.*) vivificante: *aria r.*
✱**ravvivàre** [comp. di *r(i)-* e *avvivare* ✱ 1319] **A** **v. tr.** **1** rinvigorire, rianimare: *r. un malato*; *r. le forze con una cura ricostituente* | ridare freschezza: *r. una pianta appassita* | ***r. il fuoco***, attizzarlo | (*fig.*) rendere più intenso: *r. una speranza, un ricordo* | rendere più vivace: *r. un abito con nuovi accessori*; *con le sue battute ha ravvivato la serata* **2** (*tecnol.*) effettuare la ravvivatura **B** **ravvivàrsi** **v. intr. pron.** ● riprendere vigore, forza, energia, vivacità (*anche fig.*): *la vegetazione non accenna a ravvivarsi*; *si è ravvivato l'interesse*
ravvivatóre [av. 1681] **s. m.** (**f.** *-trice*); **anche agg.** ● (*raro*) chi (o che) ravviva (*spec. fig.*): *una fotografia ravvivatrice di lontani ricordi*
ravvivatùra [1976] **s. f.** ● (*tecnol.*) operazione consistente nel ripristinare il tagliente di un utensile: *r. di una mola*
ravvòlgere [comp. di *r(i)-* e *avvolgere* ✱ 1313] **A** **v. tr.** (**coniug. come** *volgere*) **1** avvolgere più volte, involgere: *r. un lenzuolo* | avvolgere coprendo completamente: *r. un vaso nella carta* | avvolgere strettamente | anche nella forma pron. **ravvòlgersi**, avvolgere attorno a una parte del proprio corpo: *Alle gambe primamente / i bei schinieri si ravvolse* (V. MONTI) **2** (*raro, lett.*) rimuginare: *qualche orrendo pensier certo ravvolgi* (V. MONTI) **B** **ravvòlgersi** **v. rifl.** ● avvolgersi più volte o ben bene in qlco.: *ravvolgersi in un mantello* **C** **ravvòlgersi** **v. intr. pron.** ● †aggirarsi
ravvolgiménto [1300 ca.] **s. m.** **1** (*raro*) avvolgimento ripetuto, completo o stretto **2** (*lett.*) tortuosità, giro (*anche fig.*): *i ravvolgimenti di un fiume*; *ravvolgimenti di parole*
ravvolgitóre [av. 1793] **agg. e s. m.** (**f.** *-trice*) ● (*raro*) che (o chi) ravvolge
ravvolgitùra [av. 1530] **s. f.** ● (*raro*) ravvolgimento: *una nuova r. di capelli, sopra i quali una verde ghirlanda portava* (I. SANNA-

ZARO)

ravvòlto **part. pass.** di *ravvolgere*; anche **agg.** **1** nei sign. del v. | rivestito, fasciato: *r. in un'ampia toga nera* (A. MANZONI) **2** (*lett.*, *fig.*) involuto, complicato: *parole ravvolte*

ravvoltolàre [comp. di *r(i)-* e *avvoltolare* * 1513] **A** **v. tr.** (*io ravvòltolo*) ● avvolgere più volte o in fretta: *r. la frutta in un pezzo di giornale* **B** **ravvoltolàrsi** **v. rifl.** **1** avvilupparsi più volte o ben bene in qlco.: *ravvoltolarsi in un mantello* **2** rotolarsi: *si vedono bambini ... che si ravvoltolavano per terra* (E. DE AMICIS)

ràyon o **ràion** /'rajon/ [nome commerciale * 1933] **s. m. inv.** ● fibra tessile artificiale ottenuta dalla cellulosa e usata come sostituto della seta | *r. viscosa*, costituito da cellulosa rigenerata; molto igroscopico, poco elastico, non attaccato dai comuni solventi, è impiegato nella fabbricazione di tessuti

raziàle ➤ **razziale**

raziocinànte **part. pres.** di *raziocinare*; anche **agg.** **1** che è dotato di raziocinio: *l'uomo è un essere r.* **2** relativo alla ragione, al ragionamento: *il dominio dello strumento r. e logico* (R. BACCHELLI)

raziocinàre [vc. dotta, lat. *ratiocinări* 'calcolare, esaminare, riflettere', da *rătio*, genit. *ratiōnis* 'calcolo'. V. *ragione* * av. 1328] **A** **v. intr.** (**aus.** *avere*) ● (*lett.*) ragionare in modo equilibrato e sensato, con raziocinio **B** **v. tr.** ● (*tosc.*) considerare bene: *r. una proposta di lavoro*

raziocinativo [vc. dotta, lat. *ratiocinatīvu(m)*, da *ratiocinări*. V. *raziocinare* * 1675] **agg.** ● (*raro*, *lett.*) che serve a ragionare, che si basa sul ragionamento: *facoltà raziocinativa* | che esercita il raziocinio

raziocinatóre [vc. dotta, lat. *ratiocinatōre(m)* 'calcolatore', da *ratiocinări* (V. *raziocinare*) * 1799] **s. m.** (**f.** *-trice*); anche **agg.** ● (*raro*) razionalista | sottile ragionatore

raziocinazióne [vc. dotta, lat. *ratiocinatiōne(m)*, da *ratiocinări*. V. *raziocinare* * av. 1328] **s. f.** ● (*raro*, *lett.*) ragionamento, riflessione

raziocìnio [vc. dotta, lat. *ratiocĭniu(m)*, da *ratiocinări*. V. *raziocinare* * 1584] **s. m.** (**pl.** *-i* o *raro -ii*) **1** facoltà di esercitare la ragione in modo equilibrato: *usare il r.*; *mancare di r.* | (*est.*) ragione, buon senso, criterio: *uomo pieno di r.*; *erano di niuno r. e di tutti robusti sensi e vigorosissime fantasie* (G. VICO) **2** (*lett.*) argomentazione, ragionamento: *Il r. che tu fai non istà* (G. CARDUCCI)

SFUMATURE DI SIGNIFICATO

raziocinio - logica - intelletto

Raziocinio è in senso proprio la capacità di esercitare la facoltà della ragione, di stabilire rapporti fra i concetti, di scegliere e valutare. La capacità di ragionare in modo coerente e conseguenziale si definisce **logica**, termine che identifica anche la coerenza, il rigore di un ragionamento o la consequenzialità di un'azione. In questa serie **intelletto** è la parola di significato più ampio, che definisce il complesso delle facoltà mentali che consentono di comprendere, pensare, giudicare.

SFUMATURE ➤ ***ragione***

†**razionàbile**① [vc. dotta, lat. *rationābile(m)*, da *rătio*, genit. *ratiōnis*. V. *ragione* * 1321] **agg.** ● che è proprio della ragione umana || †**razionabileménte**, †**razionabilménte**, **avv.** ragionevolmente

razionàbile② [1970] **agg.** ● che può essere razionato

razionabilità [vc. dotta, lat. tardo *rationabilitāte(m)*, da *rationābilis* 'razionabile' * av. 1328] **s. f. inv.** ● (*raro*) razionalità | ragionevolezza

razionàle① [vc. dotta, lat. *rationāle(m)*, da *rătio*, genit. *ratiōnis*. V. *ragione* * 1261 ca.] **A** **agg.** **1** che ha la ragione, che è dotato di ragione: *anima r.*; *creatura r.* SIN. ragionevole **2** che deriva dalla ragione, che è conforme alla ragione: *ordine r.* | (*lett.*) ***lume r.***, la ragione che libera dall'ignoranza **3** fondato sulla scienza o su un procedimento scientifico: *metodo r.*; *cura r.*, non empirica | ***condurre un esame r.***, rigoroso, sistematico **4** studiato rigorosamente e realizzato in modo da adempiere nel modo migliore al suo scopo: *architettura r.*; *mobile r.* | (*est.*) che antepone la praticità all'estetica: *abbigliamento r.* SIN. funzionale **5** che si sviluppa per deduzione logica da princìpi: *geometria, meccanica r.* **6** (*mat.*) detto di numero che può essere espresso come rapporto di due numeri interi | detto di funzione e sim. ottenuta con operazioni razionali sui coefficienti e sulle incognite | ***operazioni razionali***, le quattro operazioni aritmetiche | (*astron.*) ***orizzonte r.***, circolo massimo della sfera celeste a 90° dello zenit | (*mus.*) ***intervallo r.***, intervallo basato su precisi rapporti matematici **7** (*chim.*) detto di formula usata spec. in chimica organica, in cui vengono, convenzionalmente, riuniti tra loro gli atomi che formano gruppi funzionali, radicali e sim. || **razionalménte**, **avv.** **1** secondo le norme della ragione **2** seguendo un ragionamento rigorosamente scientifico **3** con razionalità e praticità || **razionalità**, **s. f. inv.** (V.) **B** **s. m. solo sing.** ● ciò che è razionale: *distinguere il r. dall'irrazionale*

razionàle② [dal lat. *rationāle(m)*, calco sul gr., a sua volta calco sull'ebr. * sec. XIV] **s. m.** ● borsa di stoffa quadrata, adorna di dodici gemme che rappresentavano le dodici tribù di Israele, che il Gran Sacerdote del Tempio di Gerusalemme portava sul petto quando entrava nel Santo dei Santi

razionàle③ [vc. dotta, lat. tardo *rationāle(m)* 'computista, contabile', da *rătio*, genit. *ratiōnis* 'conto, calcolo' (V. *ragione*) * av. 1400] **s. m.** ● nell'età imperiale romana e nel Medioevo, amministratore dei beni della corona, dello stato o del comune | nelle amministrazioni comunali dell'Italia meridionale del Settecento, ragioniere

razionalìsmo [da *razionale*① * 1844] **s. m.** **1** qualsiasi indirizzo filosofico che consideri la realtà governata da un principio razionale e assuma la ragione come fondamento della conoscenza e dell'agire umano: *il r. di Cartesio, di Spinoza* **2** in teologia, tendenza di chi ritiene possibile la conoscenza di Dio per il solo tramite della ragione **3** (*est.*) prevalenza del ragionamento astratto, dell'elemento razionale in una concezione, in un'opera artistica, e sim. **4** (*archit.*) termine che definisce una tendenza all'interno del Movimento moderno che poneva in forma radicale l'esigenza di un'architettura e di un'urbanistica razionali e semplificate, anche come strumento di progresso sociale

razionalìsta [1844] **A** **s. m. e f.** (**pl. m.** *-i*) **1** chi segue o si ispira al razionalismo **2** (*est.*) chi antepone la forza della ragione e del ragionamento all'intuizione e ai sentimenti **B** **agg.** ● razionalistico

razionalìstico [1892] **agg.** (**pl. m.** *-ci*) **1** relativo al razionalismo o ai razionalisti | caratterizzato dal razionalismo **2** (*est.*) che è proprio di chi crede alla superiorità della ragione: *mentalità razionalistica* || **razionalisticaménte**, **avv.** secondo criteri razionalistici

razionalità [da *razionale*① * av. 1406] **s. f. inv.** **1** la facoltà di ragionare: *la r. distingue l'uomo dall'animale* **2** condizione di ciò che è razionale, logico, rigoroso: *r. di un piano di lavoro, di studi* **3** caratteristica di ciò che risponde a criteri di praticità, di funzionalità: *la r. di un arredamento*

razionalizzàre [1892] **A** **v. tr.** **1** rendere razionale, più adeguato e rispondente allo scopo: *r. i programmi scolastici*; *r. il piano di lavoro di un'azienda* **2** (*psicoan.*) sostituire inconsciamente motivazioni non accettabili o intollerabili con altre non vere, ma accettabili dalla coscienza | (*est.*) attribuire motivazioni logiche e razionali a fatti istintivi o emotivi **3** (*mat.*) rendere razionale, detto in particolare con riferimento al denominatore di una frazione che inizialmente contenga degli irrazionali **B** **razionalizzàrsi** **v. intr. pron.** **1** diventare razionale o più razionale: *un pensiero religioso che si razionalizza* **2** organizzarsi secondo criteri razionali: *imprese che vanno razionalizzandosi* || **razionalizzazióne**, **s. f.**: *la razionalizzazione di un piano di lavoro*; *la razionalizzazione del denominatore di una frazione*

razionaménto [1918] **s. m.** ● provvedimento attuato per razionare spec. generi alimentari e beni di consumo in periodi di emergenza: *in tempo di guerra era in atto un duro r.*; *introdurre il r. del pane*

razionàre [da *razione* * sec. XIV] **v. tr.** (*io razióno*) **1** disciplinare il consumo di generi alimentari o altri beni di prima necessità durante periodi di emergenza assegnando a ciascuno una razione fissa: *r. la carne, l'olio, la benzina* **2** †raziocinare

razióne [sp. *ración*, dal lat. *ratiōne(m)* 'conto, calcolo'. V. *ragione* * av. 1540] **s. f.** **1** porzione assegnata o spettante ogni volta a ciascuno: *riceverete una doppia r. di acqua* | (*fig.*, *iron.*) dose: *mediante una congrua r. di nerbate* (R. BACCHELLI) **2** quantità di generi alimentari o di beni di consumo che è stato stabilito di assegnare a ciascuno durante un periodo di razionamento: *aumentare la r. di latte ai bambini* | ***r. viveri***, nel linguaggio militare, quantitativo di viveri e generi di prima necessità per la sussistenza giornaliera del soldato; è chiamata anche *razione K* (dal nome del fisiologo americano Ancel Keys (1904-2004)) | ***r. bilanciata***, atta a soddisfare i fabbisogni degli animali da allevamento nel modo più economico || **razioncìna**, **dim.**

♦**ràzza**① [ant. fr. *haraz* 'allevamento di cavalli', di etim. incerta * av. 1388] **s. f.** **1** l'insieme degli individui di una specie animale o, raro, vegetale che si differenziano da altri gruppi della stessa specie per uno o più caratteri costanti e trasmissibili ai discendenti: *razze bovine, equine* | ***di r. pura, di r.***, detto di animale che possiede al massimo grado le caratteristiche tipiche della sua razza: *cane, cavallo di r.* | ***di r.***, (*fig.*) molto dotato, di classe: *commediografo, atleta, musicista di r.* | ***fare r.***, riprodursi | ***far r. a sé***, (*fig.*) essere isolato | ***fare r. con qlcu.***, trovarsi d'accordo, essergli amico **2** (*est.*) nel linguaggio comune, tradizionale suddivisione, priva di carattere sistematico, della specie umana in base a caratteri somatici quali il colore della pelle, la forma degli occhi o del cranio, la statura media, ecc.: *r. bianca, nera, gialla* CFR. etno- **3** generazione, discendenza, schiatta | ***essere di r., di buona r.***, avere le buone qualità della propria stirpe o famiglia | (*spreg.*) ***r. di vipere, di cani***, persona malvagia o falsa | ***r. umana***, genere umano **4** (*spec. spreg.*) specie, sorta, tipo: *che r. di educazione hai?*; *non voglio avere a che fare con quella r. di stupido* || **razzàccia**, **pegg.**

SFUMATURE ➤ ***stirpe***

ràzza② [vc. sett., dal lat. *rāia(m)*, di orig. preindeur. * 1549] **s. f.** ● pesce dei Raiformi a corpo romboidale, coda lunga, denti conformati a piastre masticatrici adatte a triturare Molluschi e Crostacei, colore mimetico con il fondo marino (*Raja*) | ***r. cornuta***, manta

ràzza③ [var. di *razzo*③ * 1640] **s. f.** ● raggio di una ruota, di un volante e sim.

razzamàglia ➤ **razzumaglia**

razzànte part. pres. di *razzare*; anche agg. ● (*lett.*) splendente

razzàre ① [etim. sconosciuta ✻ 1262 ca.] **A** v. tr. ● (*raro*) percuotere il suolo con le zampe anteriori, detto spec. dei cavalli (*anche assol.*) **B** v. intr. ● †mostrare eccitazione sessuale: *e' vive fresco e razza com' un toro* (C. ANGIOLIERI)

razzàre ② [lat. *radiāre*. V. *radiare* ① ✻ 1309 ca.] **A** v. tr. **1** (*raro*) disegnare qlco. che assomigli a un insieme di raggi: *r. un tessuto con colori cangianti* **2** †*r. una ruota*, legarne un raggio, con una catena o corda, al carro, per frenarlo in discesa **B** v. intr. (aus. *avere*) ● (*lett.*) risplendere, raggiare **C** v. intr. (aus. *essere*) e **razzàrsi** v. intr. pron. ● (*med.*) detto della pelle, ricoprirsi come di raggi a causa di un'infiammazione

razzatóre [da *razza* ① ✻ 1965] s. m. (f. *-trice*) ● (*zootec.*) ogni animale che trasmette alla discendenza le sue pregevoli caratteristiche zootecniche ed è quindi destinato alla riproduzione

razzatùra [da *razzare* ✻ 1738] s. f. **1** (*raro*) insieme di disegni o segni a forma di raggi **2** (*med.*) striscioline rosse simili a raggi che compaiono sulla pelle per infiammazione o altro

razzènte [etim. incerta ✻ av. 1548] agg. **1** (*raro*) di sapore frizzante: *vino r.* **2** (*fig.*) vivace, arguto, malizioso e sim.

✦**razzìa** [arabo maghrebino *ġāziyya*, per l'arabo classico *ġazwa* 'incursione' ✻ av. 1853] s. f. **1** scorreria compiuta da truppe irregolari o da predoni armati per devastare, saccheggiare ed estorcere con la violenza prede di varia natura **2** (*est.*) furto, ruberia, spec. di animali: *la volpe fece r. nel pollaio* | ***far r. di qlco.***, (*fig.*) portarne via una gran quantità **3** (*lett.*) retata

razziàle o (*disus.*) **raziàle** [fr. *racial*, da *race* 'razza' ✻ 1900] agg. ● della razza: *caratteristiche razziali* | che riguarda la razza, che è fondato sulla razza, sull'etnia: *pregiudizi razziali*; *integrazione r.* | ***leggi razziali***, provvedimenti legislativi emanati in Italia dal regime fascista a partire dal 1938 sul modello della Germania nazista; introducevano forti discriminazioni contro gli Ebrei (per es.: espulsione degli studenti da tutte le scuole pubbliche, divieto di insegnamento nelle scuole statali, divieto di ricoprire uffici pubblici; espulsione dagli albi professionali, divieto di matrimoni misti fra Ebrei e non Ebrei, limiti al possesso di immobili e aziende, ecc.) || **razzialménte**, avv.

razziàre [da *razzia* ✻ 1903] v. tr. (*io razzìo*) ● fare razzia di qlco.: *r. pecore e buoi* | (*est.*, *iperb.*) saccheggiare: *r. un deposito di carne* SIN. depredare

razziatóre [da *razziare* ✻ 1918] agg. e s. m. (f. *-trice*) ● che (o chi) fa razzia

razzièra [da *razzo* ②, sul modello di *mitragliera* ✻ 1855] s. f. ● (*milit.*) lanciarazzi a tubi multipli | rampa di lancio mobile multipla

†**razzimàto** [comp. di *r(i)-* e *azzimato* ✻ 1525] agg. ● azzimato

razzìsmo [fr. *racisme*, da *race* 'razza' col suff. *-isme* '-ismo' ✻ 1932] s. m. **1** ideologia che, in base a un'arbitraria gerarchia tra le popolazioni umane, attribuisce superiori qualità biologiche e culturali a una razza, affermando le necessità di conservarla pura e legittimando discriminazioni e persecuzioni nei confronti delle altre razze considerate inferiori **2** (*est.*) atteggiamento di disprezzo e intolleranza verso determinati individui o gruppi, basato su pregiudizi sociali radicati

razzìsta [1907] **A** agg. e s. m. e f. (pl. m. *-i*) ● che (o chi) sostiene il razzismo o ha atteggiamenti improntati a razzismo **B** agg. ● che rivela razzismo o si basa sul razzismo: *teoria r.* SIN. razzistico, antirazziale nel sign. 1

razzìstico [1920] agg. (pl. m. *-ci*) ● del razzismo | da razzista || **razzisticaménte**, avv.

†**ràzzo** ① ➤ **arazzo**

✦**ràzzo** ② (o *-zz-*) [lat. *rădiu(m)* 'raggio' ✻ sec. XIII] s. m. **1** fuoco artificiale costituito da un tubo pieno di polvere pirica come carica propulsiva, pieno di un miscuglio di sostanze che, accendendosi alla fine della combustione della carica propulsiva, producono luci colorate, detonazioni e sim. per spettacoli o segnalazioni: *accendere, lanciare, far partire un r.* | ***r. da segnalazione, da segnale***, quello che produce luce variamente colorata ed è usato, spec. di notte, per es. per segnalare la presenza e la posizione di persone in pericolo | (*fig.*) ***partire a r., scappare, correre via come un r.***, a grande velocità **2** (*aeron.*) endoreattore | ***propulsione a r.***, propulsione a getto mediante un endoreattore | ***proiettile a r.***, proiettile autopropulso a getto, usato in alcuni tipi di pistole a ripetizione **3** veicolo propulso da un endoreattore di qualsiasi tipo: *r. chimico, nucleare, elettrico, ionico, fotonico*; *r. monostadio, pluristadio* | ***r. vettore***, quello utilizzato nella ricerca spaziale per mettere in orbita o trasportare nello spazio un carico utile | ***r. antigrandine, grandinifugo***, che fa esplodere cariche esplosive nelle nubi o vi diffonde sostanze idonee a impedire la formazione della grandine o a renderla meno nociva | ***r. sonda***, destinato a rilevare informazioni sulle regioni dell'atmosfera o dello spazio che attraversa | ***r. lanciatore***, vettore spaziale destinato alla messa in orbita di satelliti **4** (*aeron.*) missile non guidato | (*impropr.*) missile guidato | (*milit.*) proiettile autopropulso non guidato che, dopo l'esaurimento della spinta impartita dall'endoreattore, percorre una traiettoria balistica: *r. terra-terra, aria-aria, aria-terra, terra-aria* || **razzétto**, dim.

†**ràzzo** ③ ➤ **raggio**

ràzzola [da *razzolare* ✻ av. 1556] s. f. ● rete a sacco provvista di ali, calata in cerchio in acqua bassa, per la cattura di pesci di fondo

razzolaménto [av. 1944] s. m. ● (*raro*) il razzolare

✦**razzolàre** [da *razzare* 'grattare' ✻ av. 1311] **A** v. intr. (*io ràzzolo*; aus. *avere*) **1** raspare in terra come fanno i polli per trovare cibo: *le galline razzolavano nell'aia* **2** (*est.*) frugare, rovistare: *perché stai razzolando nel mio cassetto?* **B** v. tr. ● †frugare, rovistare | (*lett.*) raccogliere qua e là

razzolàta [1745] s. f. ● il razzolare spec. un poco, in una sola volta e in fretta

razzolatùra [av. 1638] s. f. **1** raspatura di polli sul terreno **2** (*fig.*, *lett.*) rimasuglio

razzolìo [av. 1712] s. m. (pl. *-ii*) ● un razzolare frequente: *il r. delle galline nel pollaio*

razzuffàrsi ➤ **riazzuffarsi**

razzumàglia o (*raro*) **razzamàglia** [sovrapposizione di *marmaglia* a un **razzume*, da *razza* ① (?) ✻ 1746] s. f. ● (*spreg.*) marmaglia

✦**re** ① /re*/ [lat. *rēx*, nom., di orig. indeur. ✻ 1250 ca.] s. m. inv. **1** sovrano di uno Stato retto a monarchia: *re assoluto, costituzionale*; *il re del Belgio* | ***Re Sole***, appellativo di Luigi XIV, re di Francia | ***re Tentenna***, V. *tentenna* | ***re Travicello***, V. *travicello* | ***Re dei Re, Re celeste, Re dei Cieli***, Dio | ***vita da re***, felice, comoda | ***stare come un re***, stare molto comodo | ***il re è nudo***, (*fig.*) un personaggio o una situazione appaiono come realmente sono, al di là di ogni finzione o ipocrisia (dalla frase di un personaggio della favola di H. C. Andersen 'I vestiti nuovi dell'imperatore') | (*spreg.*, *fig.*) ***re da operetta, da burla***, sovrano senza autorità | PROV. ***in casa sua ciascuno è re*** SIN. monarca **2** persona dotata di particolari qualità che la fanno eccellere in qualche campo (*anche iron.*): *è il re dei cantanti*; *il re del petrolio*; *il re dei mascalzoni* **3** animale che supera gli altri per forza o bellezza: *il leone è il re degli animali* | ciò che presenta particolari caratteristiche di grandezza o qualità: *il Po è il re dei fiumi italiani* **4** la più alta figura, come numero, delle carte da gioco: *re di picche, di quadri*; *re di coppe, di bastoni* **5** il pezzo principale nel gioco degli scacchi: *dare scacco matto al re* **6** il birillo più grosso e di maggior valore **7** †chi presiede un banchetto, un convito, un'adunanza: *restava solamente al re di dover novellare* (G. BOCCACCIO) **8** †signore, potente **9** (*zool.*) ***re di aringhe***, chimera | ***re dei granchi***, grande crostaceo commestibile che vive nei mari freddi dell'Alaska (*Paralithodes camtschatica*) | ***re di quaglie***, uccello dei Gruiformi, dal colore simile alla quaglia, di passo in Italia (*Crex crex*) | ***re di triglie***, piccolo pesce osseo marino dei Perciformi, di colore scarlatto con grossa testa dagli occhi voluminosi, ampia bocca, corpo compresso (*Apogon imberbis*) || **reùccio**, dim. (V.) (V. nota d'uso ACCENTO)

SFUMATURE ➤ ***sovrano***

†**re** ② /rɛ*/ [vc. dotta, lat. *rēs* 'cosa', di orig. indeur. ✻ 1364] s. f. solo sing. ● (*raro*) bene, patrimonio: *ebbe ad avere cura della re famigliare e della re pubblica* (G. BOCCACCIO)

✦**re** ③ /rɛ*, rɛ/ [lettere iniziali della seconda parte del primo verso (*Ut queant laxis resonare fibris*) dell'inno a S. Giovanni, scelto da Guido d'Arezzo a fondamento della scala musicale ✻ sec. XIV] s. m. inv. ● (*mus.*) seconda nota della scala musicale di *do* (V. nota d'uso ACCENTO)

re- /re/ [lat. *re-*, unico pref. di area italica (senza altre corrispondenze), con vari sign.: movimento all'indietro, ritorno a uno stato precedente, poi atto ripetuto o in senso contrario, quindi negativo] pref. ● in verbi e loro derivati esprime soprattutto ripetizione di un'azione, anche in senso contrario: *reiterare, reagire, reazione, respingere* | V. anche *ri-*

-rèa [dal gr. *rêin* 'scorrere, fluire', di orig. indeur.] secondo elemento (con *r* iniziale sempre raddoppiata) ● in parole composte della terminologia medica, indica eccesso di produzione, secrezione patologica di umori in genere indicati dal primo elemento compositivo: *diarrea, gonorrea, leucorrea, scialorrea*

reacher /ˈritʃer, *ingl.* ˈriːtʃə(r)/ [vc. ingl., dal v. *to reach* 'navigare al traverso' ✻ 1997] s. m. inv. ● (*mar.*) grande genoa in tessuto leggero, per andature al traverso

readership /ˈriderʃip, *ingl.* ˈriːdəʃɪp/ [vc. ingl., comp. di *reader* 'lettore' e del suff. *-ship*: V. *leadership* ✻ 1963] s. f. inv. ● complesso dei lettori di un quotidiano o di una rivista

reading /ˈridin(g), *ingl.* ˈriːdɪŋ/ [vc. ingl., da *to read* 'leggere' (vc. germ. d'orig. indeur.) ✻ 1983] s. m. inv. **1** (*edit.*) raccolta monografica di più passi di autori diversi, tratti da opere già pubblicate, su uno specifico argomento, spec. di carattere scientifico **2** lettura pubblica di testi letterari, spec. compiuta dallo stesso autore

ready /*ingl.* ˈrɛdɪ/ [vc. ingl., propr. 'pronto!' ✻ 1905] inter. ● (*sport*, *disus.*) nel tennis, avvertimento di essere pronto a iniziare il gioco, rivolto dal ricevitore al battitore

ready made /*ingl.* ˌrɛdɪˈmeɪd/ [loc. ingl., propr. 'fatto (*made*) per essere pronto (*ready*)' per la vendita o l'uso, senza molti interventi ✻ 1966] **A** loc. sost. m. inv. ● oggetto di uso quotidiano che, tolto dal suo contesto abituale, viene provocatoriamente presentato al pubblico come il frutto di un'esperienza creativa, senza alcun intervento su di esso da parte dell'artista | corrente artistica del Novecento i cui aderenti espongono tali oggetti **B** **loc. agg. inv. 1** (*spreg.*) detto di prodotto standardizzato, privo di caratteristiche originali **2** detto di prodotto pronto per l'uso: *abito ready made*

reaganiàno /rega'njano/ [1981] **A** **agg.** • relativo a Ronald W. Reagan (1911-2004), presidente degli Stati Uniti dal 1981 al 1988, alle sue idee, alla sua politica **B** **agg.; anche s. m. (f. -*a*)** • sostenitore di Reagan

reaganìṣmo /rega'nizmo/ [dal n. di R. *Reagan* (1911-2004), attore cinematografico, poi uomo politico statunitense ✱ 1984] **s. m.** • teoria e prassi governativa di R. Reagan (presidente degli Stati Uniti negli anni 1981-88), basata su un ritorno ai valori pionieristici e patriottici della vecchia America, ma soprattutto su un radicale programma di liberalizzazione dei mercati e parallela riduzione delle spese assistenziali dello Stato

reagentàrio [da *reagente* ✱ 1884] **s. m.** • (*chim.*) insieme dei reagenti impiegati in un laboratorio di analisi chimiche, biologiche e sim. | (*est.*) il mobile, spec. scaffale, che li contiene

reagènte **A** **part. pres.** di *reagire*; anche **agg.** • nei sign. del v. **B** **s. m.** • sostanza che entra in una reazione chimica **SIN.** reattivo

reagibilità [1959] **s. f. inv.** • (*chim.*) reattività

reagina [da *reagire*, poiché coinvolta nelle reazioni allergiche, col suff. *-ina* ✱ sec. XIX] **s. f.** • (*biol.*) anticorpo appartenente alle immunoglobuline della classe E, implicate nelle reazioni di natura allergica

reagìre o †**riagìre** [comp. di *re-* e *agire* ✱ 1766] **v. intr.** (*io reagìsco, tu reagìsci*; **aus.** *avere*) **1** rispondere con un'azione propria a una violenza, a un'offesa, o anche a una sconfitta, a un dolore e sim. (+ *a*): *restare senza r.*; *non lasciarti andare, cerca di r.*; *r. alle insolenze di qlcu.* **SIN.** opporsi, ribellarsi **2** rispondere a un determinato stimolo (+ *a*): *l'organismo ha reagito bene alla terapia* **3** prender parte a una reazione chimica

real /re'al, *portog.* *rjal, ʀjaw/ [vc. portog., propr. 'reale', già unità monetaria brasiliana prima del 1942 ✱ 1895] **s. m. inv.** (**pl. portog.** *reais*) • (*econ.*) unità monetaria del Brasile **CFR.** cruzeiro

♦**reàle**① [dal lat. *rēs* 'cosa'. V. †*re*② ✱ 1308] **A** **agg. 1** che ha un'effettiva esistenza: *oggetto r. e non immaginario* **CFR.** virtuale | autentico, vero: *i reali motivi di un comportamento*; *vorrei conoscere le sue reali intenzioni* | ***un fatto r.***, veramente accaduto | (*raro*) ***significato r.***, non metaforico **SIN.** vero **CONTR.** illusorio **2** (*econ.*) ***reddito, salario r.***, valutato in termini di potere d'acquisto **CFR.** nominale **3** (*dir.*) inerente a una cosa: *contratto r.* | ***diritto r.***, rapporto giuridico che consente a un soggetto di soddisfare un proprio interesse direttamente sopra un bene determinato | ***azione r.***, a tutela di un diritto reale | ***garanzia r.***, quella che vincola dati beni del debitore a favore di un creditore con preferenza rispetto ad altri | ***offerta r.***, eseguita con la materiale consegna al creditore delle cose dovute | ***imposta r.***, che colpisce le singole ricchezze indipendentemente dalla situazione economica del soggetto cui appartengono **4** (*mat.*) detto di numero razionale o irrazionale | detto di funzione a valori nel campo dei numeri reali ‖ **realménte**, **avv.** in modo reale, effettivo e non immaginario: *raccontare una vicenda realmente accaduta*; davvero, proprio: *sono realmente dispiaciuto*; *i grandi occhi turchini e dolci, la sola cosa che avesse realmente bella sul viso* (G. VERGA) ‖ **realità**, **s. f. inv.** (V.) **B** **s. m. solo sing.** • ciò che esiste veramente: *la complessità del r. spesso ci spinge al sogno* **SIN.** vero **CONTR.** ideale, immaginario

SFUMATURE ➤ *vero*

Definizione d'autore

Il **reale** sembra dispiacere ai filosofi, e anche ai non filosofi. Troppo poco fantasioso per i filosofi (dire che i tavoli e le sedie non esistono è eccitante, mentre nessuno si farebbe una reputazione da pensatore sostenendo che esistono), troppo duro ed esigente per i non filosofi (e anche per i filosofi quando non fanno i filosofi): le tasse da pagare, la macchina che non parte, le passioni che diventano routine. Gli stupidi, poi, sono convinti che tener conto del **reale** significhi piegarsi alle sue leggi, per ingiuste e assurde che siano. Ci si dimentica che non si può trasformare il mondo senza conoscerlo per quello che è, e che dunque il realismo è l'ovvio presupposto della conoscenza, della riforma e della rivoluzione. E l'antirealismo? Benevolo lettore, a te la conclusione.

Maurizio Ferraris

♦**reàle**② [ant. fr. *reial*, dal lat. *regāle(m)* 'regale' ✱ 1266] **A** **agg. 1** del re, attinente al re: *palazzo, manto, corona r.*; *decreto r.* | ***la coppia r.***, il re e la regina | (*raro*) regio, governativo: *la guardia r.* **2** (*fig.*) †degno di un re per la magnificenza o l'aspetto pieno di dignità | †***alla r.***, con magnificenza regale **SIN.** regale **3** (*lett., tosc.*) sincero, schietto **4** (*fig.*) †principale, maggiore: *porta r.* **5** (*est.*) detto di tutto ciò che si distingue per le più alte qualità nel proprio ambito: *artiglieria, fortificazione r.*; *aquila r.* | ***pasta r.***, per dolci, compatta, a base di mandorle pestate e zucchero, o miele, legati con farina e chiare d'uova montate; per dolci, molto soffice, a base di rossi d'uova, chiare montate e poca farina; per minestra, insieme di pallottoline leggere di pasta all'uovo, che si cuociono e mangiano nel brodo caldo | ***scala r.***, nel gioco del poker, sequenza di cinque carte dello stesso seme, in ordine progressivo ‖ **realménte**, **avv. 1** †in modo regale, degno di un re **2** (*lett., tosc.*) sinceramente, lealmente **B** **reàli** **s. m. pl. 1** la coppia formata dal re e dalla regina: *la folla attendeva l'arrivo dei reali* **2** †dinastia, stirpe, famiglia reale

reàle③ [sp. *real* 'regale', cioè moneta fatta coniare dal re ✱ av. 1347] **s. m.** • moneta d'argento coniata per la prima volta da Pietro I di Castiglia, di vario valore secondo le epoche | ***r. d'oro***, moneta fatta coniare da Carlo I d'Angiò nella zecca di Barletta dal 1266 al 1278

reàle④ [da *reale*②, perché carne scelta ✱ 1959] **s. m.** • nell'Italia settentrionale, polpa bovina scelta, sotto la coppa, usato spec. per la preparazione di arrosti, spezzatini e bolliti

realgàr [fr. *réalgar*, dall'arabo *rahğ al-gār* 'polvere di miniera' ✱ 1819] **s. m. inv.** • (*miner.*) solfuro di arsenico, rosso, che si trova in piccoli cristalli o in masse cristalline compatte

realìṣmo [da *reale*① ✱ 1843] **s. m. 1** ogni dottrina filosofica che riconosca alle cose un'esistenza in sé, indipendente dall'attività del soggetto **CONTR.** idealismo **2** nella filosofia scolastica, teoria che riconosce negli universali delle entità oggettive **CONTR.** nominalismo **CFR.** concettualismo **3** senso concreto della realtà di chi si basa soprattutto sull'esperienza pratica e non cede a idealismi, fantasie, illusioni: *decidere del proprio futuro con lucido, sano r.* **CONTR.** idealismo **4** nelle arti figurative e nella letteratura, corrente che si prefigge una rappresentazione obiettiva della realtà: *il r. di Zola*; *il r. del Caravaggio* | ***r. socialista***, quello particolarmente accentuato in senso didattico e celebrativo propugnato nell'Unione Sovietica durante l'era staliniana

Definizione d'autore

Credo che, dopo la scoperta dell'inconscio da parte di Freud, il termine **realismo** vada ridefinito. Come dice William James, psicologo, ogni volta che due persone s'incontrano non ci sono in realtà sei persone presenti: per ogni uomo ce n'è uno per come egli stesso si vede, uno per come lo vede l'altro e uno per come egli realmente è. Ma anche la macchina da presa ha una visione doppia. È come se avesse due obiettivi: uno che guarda il mondo esterno e uno che guarda dentro chi sta riprendendo. Quale dei due mondi è più reale? Derrida sostiene che il potere del cinema sia quello di "ri-evocare fantasmi". Il cinema è un tacito accordo tra film e spettatore basato sull'accettazione della finzione e sulla sospensione del principio di realtà. Diversamente dagli altri mezzi di comunicazione, il cinema deve filmare l'invisibile.

Gabriele Salvatores

realìsta① [da *reale*① ✱ av. 1846] **agg. e s. m. e f.** (**pl. m.** *-i*) **1** che (o chi) segue o si ispira al realismo **2** correntemente, che (o chi) prende in considerazione soprattutto gli aspetti reali, concreti di qlco. **CONTR.** idealista

realìsta② [da *reale*② ✱ 1644] **agg. e s. m. e f.** (**pl. m.** *-i*) • sostenitore di un sovrano spodestato e di una monarchia | (*fig.*) ***essere più r. del re***, difendere qlco. con più impegno e rigore dei diretti interessati

realìstico [da *realista*① ✱ 1829] **agg.** (**pl. m.** *-ci*) **1** che si fonda sulla realtà, sui fatti, sulla concretezza: *atteggiamento r.*; *una valutazione realistica* **CONTR.** idealistico **2** che rispecchia in modo diretto la realtà: *scene realistiche di un film* **3** in filosofia e nelle arti, del realismo, che concerne il realismo ‖ **realisticaménte**, **avv. 1** in modo realistico **2** in base alla realtà dei fatti: *realisticamente, non mi pare ci siano alternative* **SIN.** obiettivamente

realità [da *reale*① ✱ av. 1535] **s. f. inv. 1** (*raro*) valore reale | realtà **2** (*dir.*) inerenza di un diritto a un bene: *r. dell'ipoteca, del pegno*

reàlity /ri'aliti, *ingl.* rɪ'ælətɪ/ [1999] **s. m. inv.** • accorc. di *reality show* (V. *show*)

reality show /rialitiʃ'ʃo*, *ingl.* rɪ'ælətɪˌʃəʊ/ ➤ **show**

realiẓẓàbile [1832] **agg. 1** che può essere realizzato: *un desiderio r.* **SIN.** attuabile, effettuabile **2** che si può trasformare in moneta: *è un bene r.* ‖ **realiẓẓabilità**, **s. f. inv.**

♦**realiẓẓàre** [fr. *réaliser*, da *réel* 'reale①', da cui dipende direttamente anche l'ingl. *to realize*, passato in it. col sign. 3 ✱ 1759] **A** **v. tr. 1** rendere reale qlco., attuare: *r. una promessa, uno scopo*; *ho realizzato il mio sogno di viaggiare*; *Luigi Filippo realizzò questo ideale della borghesia* (F. DE SANCTIS) **2** nel calcio e sim., segnare (anche assol.): *r. un gol, un canestro*; *il centravanti realizza su calcio di rigore* **3** (*fig.*) comprendere esattamente, in tutta la sua portata (**qlco.**; **+ *che*, + *di* seguito da inf.**): *r. l'importanza di un avvenimento*; *realizzò che era sola nella strada deserta*; *ancora non realizzava di essere stato promosso* | anche assol.: *hai realizzato?* **4** convertire in moneta, in denaro contante: *r. titoli, crediti*; *ha pensato di r. il capitale di una pensione* (G. GIACOSA) | ricavare, incassare (*anche assol.*): *r. cospicui guadagni*; *a questo punto ha deciso di r.* **B** **realiẓẓàrsi** **v. intr. pron.** • attuarsi nella realtà: *il mio sogno si è realizzato* **SIN.** avverarsi **C** **realiẓẓàrsi** **v. rifl.** • attuare concretamente le proprie aspirazioni e sentirsi appagato e soddisfatto di ciò (+ *in*): *realizzarsi nel lavoro, nella vita affettiva* ‖ **realizzazióne**, s. f. (V.)

realizzatóre [av. 1872] **s. m.** (**f.** *-trice*) **1** chi realizza **2** (*sport*) chi segna un gol, un canestro e sim.

♦**realizzazióne** [fr. *réalisation*, da *réaliser* 'realizzare' ✱ 1763] **s. f. 1** attuazione pratica di qlco.: *la r. di un sogno, di un progetto, di un piano; quell'industria è una r. della tecnica più aggiornata* | *r.* ***scenica***, messa in scena teatrale **2** (*mus.*) completamento di un basso o di altra parte di un pezzo con gli accordi relativi

realìzzo [da *realizzare* ✱ 1797] **s. m. 1** riscossione, conversione in denaro di titoli e sim. **2** vendita forzata di merci, a prezzo inferiore a quello corrente: *r. a prezzo di costo*

Realpolitik /*ted.* ʀeˌalpoliˈtiːk/ [vc. ted., propr. 'politica (*Politik*) reale (*real*, nel senso di 'realistico')' ✱ 1918] **s. f. inv.** (**pl. ted.** *Realpolitiken*) ● (*stor.*) politica fondata su criteri di duro realismo, seguita nella seconda metà del XIX sec. dal cancelliere tedesco O. von Bismarck (1815-1898) | (*est.*) prassi politica realistica che, prescindendo da astratte questioni ideologiche o morali, bada a interessi concreti e immediati, spec. nell'ambito dei rapporti internazionali

♦**realtà** [da *reale*① ✱ 1363] **s. f. inv. 1** ciò che ha un'esistenza reale: *rappresentare in un libro la r. interna, affettiva; la r. è dura e pesante e vuol altro che buona volontà di individui e illusioni di poeti* (B. CROCE) | *r.* ***esterna***, tutto ciò che ci circonda | la vita concreta: *affrontare la r.; la dura r. del lavoro; mancare di contatto con la r.* | (*gramm.*) ***periodo ipotetico della r.***, V. *ipotetico* **2** condizione di ciò che è reale, vero, materiale, esistente o concreto: *illusioni prive di r.* | verità reale: *verificare la r. di un fatto* | ***in r.***, in effetti, veramente, effettivamente; però, peraltro **3** insieme di elementi che compongono e caratterizzano un luogo, un ambiente, una comunità e sim.: *la r. locale; la r. del nostro quartiere* | struttura, organismo concretamente operante: *il Politecnico è una delle r. più prestigiose nell'ambito della ricerca* **4** (*inform.*) *r.* ***virtuale***, tecnologia informatica e relative applicazioni che danno all'utente la percezione di essere in una realtà diversa da quella in cui effettivamente si trova | *r.* ***aumentata***, tecnologia che, sovrapponendo immagini di sintesi fisse o in movimento a quelle del mondo reale, crea un campo di visione unico dando la sensazione realistica di eventi virtuali; immagine o sequenza video realizzata con tale tecnologia

real time /*ingl.* ˌrɪəlˈtaɪm/ [1974] **loc. sost. m. inv.** ● (*inform.*) tempo reale

real tóne /rialˈton, *ingl.* ˈrɪəlˌtəʊn/ [loc. ingl., formata da *real* 'fedele' e *tone* 'nota' ✱ 2007] **A loc. sost. m. inv. 1** (*inform.*) formato audio che consente una riproduzione fedele del suono nella suoneria dei telefoni cellulari **2** (*est.*) registrazione sonora in tale formato **B** anche **loc. agg. inv.**: *suoneria real tone*

reàme [ant. fr. *reame*: sovrapposizione di *reial* 'reale②' al lat. *rēgimen* 'governo, regime' ✱ 1261 ca.] **s. m.** ● (*lett.*) regno

reaparecido /*pseudo-sp.* reapareˈsido/ [vc. pseudo-sp., sul modello di *desaparecido* (V.) ✱ 1988] **agg. e s. m.** (**f.** *-a*; **pl. m.** *-os*; **pl. f.** *-as*) ● che (o chi) ricompare dopo essere scomparso | (*est.*) detto di personaggio noto che torna alla ribalta dopo un periodo di assenza (*spec. scherz.*) CFR. (*fr.*) revenant

†**reassùmere** ➤ **riassumere**

reatìno [dal lat. *Reatīnu(m)* 'di Rieti (*Reāte*)' ✱ 1521] **A agg.** ● di Rieti **B s. m.** (**f.** *-a*) ● abitante o nativo di Rieti SIN. rietino

reàto [vc. dotta, lat. tardo *reātu(m)*, da *rēus* 'reo' ✱ av. 1311] **s. m. 1** (*dir.*) infrazione di una norma penale SIN. illecito penale | *r.* ***aberrante***, quando per errore si cagiona offesa a persona diversa da quella voluta o un evento diverso da quello voluto | *r.* ***complesso***, i cui elementi costitutivi o le cui circostanze aggravanti sono fatti che costituirebbero, per sé stessi, reato | *r.* ***proprio***, quando la legge esige per la sua esistenza una determinata qualifica soggettiva dell'agente | *r.* ***impossibile***, quando per l'inidoneità dell'azione o l'inesistenza dell'oggetto di essa è impossibile l'evento dannoso o pericoloso costituente il reato | *r.* ***di pericolo***, per il quale è sufficiente che il bene giuridico tutelato venga posto in pericolo, anche se non leso | *r.* ***consumato***, del quale sono presenti tutti gli elementi costitutivi richiesti dalla legge | *r.* ***tentato***, compimento di atti idonei e diretti in modo non equivoco a commettere un reato; tentativo di reato | ***corpo del r.***, oggetto che ha permesso l'esecuzione del reato o anche il bottino derivatone **2** (*iron.*) mancanza più o meno grave: *oggi non ho studiato, ma spero non sia un r.*

reattànza [da *reattivo*, sul modello di *induttanza* ✱ 1924] **s. f. 1** (*elettr.*) la componente immaginaria dell'impedenza, che percorsa da corrente provoca caduta di tensione ma non determina dissipazione di energia | *r.* ***capacitiva***, quella offerta alla corrente alternata da una capacità | *r.* ***induttiva***, quella offerta alla corrente alternata da un'induttanza **2** (*psicol.*) stato emozionale di chi, avendo subìto una restrizione della propria libertà personale, tende a recuperarla

reattino [da *re*①, col doppio suff. dim. *-atto* (proprio dei piccoli animali) e *-ino* ✱ 1561] **s. m.** ● (*zool.*) scricciolo

reattivo [fr. *réactif*, sovrapposizione di *réagir* 'reagire' ad *actif* 'attivo' ✱ 1759] **A agg. 1** che ha capacità o disposizione a reagire | detto di chi risponde con prontezza agli stimoli: *un bambino r.* | detto di chi (o di ciò che) tende ad assecondare i cambiamenti piuttosto che a determinarli CONTR. proattivo **2** (*elettr.*) relativo alla reattanza o che la possiede | ***potenza reattiva***, potenza elettrica assorbita dalla reattanza **3** detto di alcuni disturbi psichici dovuti spec. a fattori ambientali ‖ **reattivaménte**, avv. ‖ **reattività**, s. f. inv. **1** disposizione a reagire a stimoli o sim. **2** (*chim.*) tendenza di una sostanza a reagire con altre SIN. reagibilità **B s. m. 1** composto specifico che serve nell'analisi chimica per il riconoscimento o il dosaggio di altre sostanze SIN. reagente **2** (*psicol.*) *r.* ***mentale***, test mentale

reattóre [fr. *réacteur*, sovrapposizione di *réagir* 'reagire' ad *acteur* 'attore, che agisce' ✱ 1946] **s. m. 1** (*aeron.*) motopropulsore costituito essenzialmente da un tubo in cui materie o dispositivi vari accelerano violentemente masse fluide, che vengono poi espulse; la sua spinta è costituita dalle reazioni che le masse contrappongono agli acceleratori | (*est.*) aeroplano fornito di tale motopropulsore **2** *r.* ***nucleare***, *r.* ***a fissione***, dispositivo che utilizza una reazione nucleare a catena per fornire i prodotti della reazione assieme ad energia termica SIN. pila nucleare, pila atomica | *r.* ***a fusione***, dispositivo in grado di produrre energia, in maniera controllata, sfruttando il fenomeno della fusione nucleare **3** (*elettr.*) dispositivo circuitale che ha prevalentemente reattanza | bobina in serie nel circuito di un tubo fluorescente, che crea le condizioni favorevoli per l'innesco e limita quindi la corrente assorbita inizialmente dalla lampada **4** apparecchiatura nella quale avviene una reazione chimica

Réaumur /*fr.* reoˈmyʀ/ [dal n. del fisico fr. R.-A. Ferchault de *Réaumur* (1683-1757) ✱ 1866] **agg. inv.** ● (*fis.*) detto di scala termometrica, oggi in disuso, che attribuisce valore 0 alla temperatura del ghiaccio fondente e valore 80 a quella dell'acqua bollente alla pressione di 1 atmosfera | ***grado R.***, grado relativo a detta scala SIMB. °R | ***termometro R.***, quello con scala Reaumur CFR. scala

reazionàrio [fr. *réactionnaire*, da *réaction* 'reazione' ✱ 1797] **agg. e s. m.** (**f.** *-ia*) ● che (o chi) auspica il ritorno a sistemi politici autoritari | (*est.*) retrogrado, oscurantista, ostile al progresso ‖ **reazionariaménte**, avv.

reazionarìsmo [1902] **s. m.** ● atteggiamento retrogrado proprio del reazionario

♦**reazióne** o †**riazióne** [sovrapposizione di *reagire* ad *azione* ✱ av. 1348] **s. f. 1** il reagire | risposta, replica a un'azione ritenuta offensiva, violenta o comunque negativa: *la r. della folla fu incontenibile; la ricerca della leggerezza come r. al peso di vivere* (I. CALVINO) **2** (*polit.*) complesso di iniziative tese a ristabilire un sistema politico autoritario: *nel furore della r. borbonica* (L. SCIASCIA) | (*est.*) complesso di forze, tendenze, correnti, movimenti e sim. di aperto carattere conservatore e fautore di regimi e strutture politiche autoritarie | (*est.*) insieme di persone reazionarie **3** (*est.*) posizione ideologica o atteggiamento pratico dichiaratamente ostile al progresso SIN. oscurantismo **4** (*fis.*) azione con cui un corpo risponde a quella da cui è sollecitato: *a ogni azione corrisponde una r. uguale e contraria* | *r.* ***vincolare***, forza che, sostituita al vincolo nel punto di applicazione del medesimo, ne produce gli stessi effetti meccanici sul corpo | ***a r.***, detto di dispositivo, motore, aereo e sim. che sfrutta il principio della reazione | ***aereo a r.***, aviogetto | ***motopropulsore a r.***, reattore | ***proiettile a r.***, razzo **5** *r.* ***chimica***, o (*assol.*) ***reazione***, trasformazione di una o più sostanze in altre chimicamente diverse | *r.* (***chimica***) ***a catena***, serie di reazioni in ognuna delle quali si formano prodotti necessari per lo sviluppo di quelle successive **6** *r.* ***nucleare***, trasformazione di uno o più nuclei atomici in altri nuclei diversi | *r.* ***di fusione***, in cui due nuclei leggeri si uniscono a formarne uno più pesante | *r.* ***di fissione***, in cui un nucleo pesante si spezza in due nuclei più leggeri | *r.* (***nucleare***) ***a catena***, serie di reazioni nucleari di fissione provocate da neutroni prodotti in reazioni precedenti | (*fig.*) *r.* ***a catena***, serie di eventi ognuno dei quali è causato da un evento precedente | *r.* ***fotonucleare***, reazione nucleare provocata da un fotone SIN. fotodisintegrazione | *r.* ***termonucleare***, reazione nucleare che può avvenire solo ad altissima temperatura **7** (*biol.*) ogni fenomeno di risposta a uno stimolo | ***tempo di r.***, l'intervallo tra la ricezione di uno stimolo e l'inizio della risposta da parte del soggetto che lo riceve | *r.* ***antigene-anticorpo***, unione tra un antigene (per es. un microrganismo) e il suo anticorpo specifico, con formazione di un immunocomplesso; in vivo, nell'uomo ha scopo difensivo e talvolta può determinare fenomeni allergici; in vitro, viene impiegata per la sierodiagnosi

rebbiàre [da *rebbio* ✱ av. 1756] **v. tr.** (*io rébbio*) ● (*lett.*) battere, bastonare

†**rebbiàta** [sec. XIV] **s. f.** ● percossa, bastonata

rébbio [francone *ripil* 'pettine coi denti di ferro' (?) ✱ 1585] **s. m.** ● ciascuna delle punte di una forca, di una forchetta, di un diapason e sim.

†**rebellàre** e deriv. ➤ **ribellare** e deriv.

†**rebèlle** ➤ **ribelle**

†**rebèllo** ➤ **ribelle**

rebètiko o **rebètico** [dal gr. moderno *rebétis*, di etim. incerta ✱ 1980] **A s. m.** ● genere musicale della tradizione greca, che esprime la condizione degli strati più poveri e marginali della società, nato fra Otto e Novecento dall'incontro con altre tendenze della musica mediterranea **B** **anche agg.** (**pl. m.** *-ki*): *musica rebetika*

rebirthing /re'birtin(g), *ingl.* ri:'bɜ:θɪŋ/ [vc. ingl. comp. di *re-* 'ri-' e *birthing*, dal v. *to birth* 'nascere' ✻ 1992] **s. m. inv.** ● disciplina che si prefigge lo scopo di migliorare il benessere psicofisico con esercizi di respirazione controllata intesi a riprodurre emotivamente il momento della nascita

♣**reboànte** o, più diffuso ma etim. meno corretto, **roboànte** [vc. dotta, lat. *reboănte(m)*, part. pres. di *reboāre* 'rimbombare, rintronare', comp. di *re-* 'ri-' e *boāre* 'risonare'. V. *boato*① ✻ av. 1429] **agg. 1** (*lett.*) che rimbomba: *voce, suono r.* **2** (*fig., spreg.*) di grande effetto ma privo di contenuto: *tenere una r. concione; usare una r. oratoria; declamare versi reboanti* **SIN.** pomposo, altisonante

reboàto [vc. dotta, lat. tardo *reboātu(m)*, da *reboāre*. V. *reboante* ✻ av. 1406] **s. m.** ● (*lett.*) forte sonorità spec. dilatata dall'eco

rebùffo [da *buffare* 'soffiare, sputar fuori'. Cfr. *sbuffo* ✻ 1642 ca.] **s. m. 1** piccolo cannone, corto ma di grosso calibro, in uso fino al XVII sec. **2** (*mar.*; *disus.*) inversione di una manovra | ***di r.***, o ***a r.***, al contrario rispetto al modo abituale di eseguire una manovra

rèbus [lat. *rēbus* 'per mezzo di cose, di oggetti', abl. pl. di *rēs* 'cosa'. V. †*re*② ✻ 1749] **s. m. inv. 1** gioco enigmistico in cui la frase da indovinare è suggerita da figure, lettere, note musicali, segni matematici e sim. **2** (*fig.*) persona o cosa incomprensibile: *quel bambino per me è un r.*; *la sua improvvisa venuta resta un r.* **SIN.** enigma **CFR.** sciarada

♣**rèbus sic stàntibus** [lat. 'stando così le cose'] **loc. avv.** ● stando così le cose, in queste condizioni

rebussìstico [da *rebus* ✻ 1891] **agg.** (**pl. m.** *-ci*) ● relativo a rebus | (*scherz., disus.*) enigmatico

†**recadìa** ➤ †**ricadia**

recalcitrànte o (*lett.*) **ricalcitrànte** **part. pres.** di *recalcitrare*; **anche agg.** ● nei sign. del v. | (*fig.*) restio, riluttante: *è un po' r. alla nostra proposta*

♣**recalcitràre** o (*lett.*) **ricalcitràre** [vc. dotta, lat. *recalcitrāre*, comp. di *re-* e *calcitrāre* ✻ av. 1306] **v. intr.** (*io recàlcitro*; **aus.** *avere*) **1** tirare calci o indietreggiare impuntandosi, detto di cavalli, muli, asini e sim. **2** (*fig.*) opporsi, fare resistenza: *r. alla modernità*; *recalcitrava di fronte alla disciplina militare* | (*est.*) riluttare, esitare: *recalcitrava, poi si è deciso*

r

†**recaménto** [av. 1492] **s. m. 1** riferimento **2** (*lett.*) l'arrecare, l'apportare: *in quanti modi esser può r. di gioia il vedere le lor donne a gli amanti* (P. Bembo)

recanatése (o *-ṣ-*) [1615] **A** **agg.** ● di Recanati **B** **s. m. e f.** ● abitante o nativo di Recanati | ***il R.***, (*per anton.*) il poeta Giacomo Leopardi (1798-1837)

recànte **part. pres.** di *recare*; **anche agg.** ● (*lett.*) nei sign. del v. | che ha, che contiene: *sigillo r. un'impronta*

recapitàre o (*raro*) **ricapitàre**① [comp. di *re-* e *capitare* 'concludere, portare a capo' ✻ 1476] **A** **v. tr.** (*io recàpito*) ● portare e consegnare qlco. ad un indirizzo o ad una persona: *r. una lettera, un pacco*; *ho fatto r. il plico a casa tua*; *recapiteranno i documenti direttamente a te, nelle tue mani* **B** **v. intr.** (**aus.** *avere*) ● (*lett.*) avere recapito: *per lo più recapitava da una famiglia* (I. Nievo)

recapitìsta [1938] **A** **s. m. e f.** (**pl. m.** *-i*) ● addetto ai compiti di recapito **B** **agg.** ● di recapito: *società r.*

recàpito o (*raro*) **ricàpito** [da *recapitare* ✻ 1457] **s. m. 1** luogo dove si può trovare qlcu. o gli si possono far pervenire lettere e sim.: *avere il r. presso un amico, un albergo*; *cambiare, mutare r.* **2** consegna di lettere e sim.: *occuparsi del r. di un pacco*; *il r. è avvenuto in ritardo* | (*filatelia*) francobollo particolare usato per affrancare la corrispondenza da recapitare in città a mezzo di agenzie private autorizzate **3** ***r. marittimo***, l'insieme dei documenti di registro, atti di bordo, atti di carico e doganali, di cui ogni nave mercantile deve essere in regolare possesso **4** †offerta di matrimonio | †***dare r. a una ragazza***, maritarla convenientemente **5** †impiego, sistemazione | †***trovar r.***, collocarsi, sistemarsi **6** †accoglienza, ricovero

SFUMATURE DI SIGNIFICATO

recapito - domicilio - indirizzo

Recapito è il luogo dove si può trovare qualcuno o anche consegnare la corrispondenza a lui indirizzata. **Domicilio** è il luogo in cui una persona svolge la sua attività o ha la sede principale dei propri interessi. A entrambi corrisponde un **indirizzo**, con le indicazioni di strada, numero civico e località.

recapitolàre ➤ **ricapitolare**

♦**recàre** [got. *rikan* 'ammucchiare, ammassare' ✻ 1238] **A** **v. tr.** (*io rèco, tu rèchi*) **1** portare, condurre: *O tu che ne la fortunata valle / … / recasti già mille leon per preda* (Dante *Inf.* XXXI, 115-118); *r. un dono a qlcu.*; *r. qlco. in dono a qlcu.*; *r. in dote al marito una considerevole somma* **2** avere su di sé: *il foglio reca in calce la firma del ministro*; *la facciata dell'edificio reca ancora le tracce della guerra* **3** arrecare, causare, produrre: *l'alluvione ha recato gravissimi danni*; *non vorrei recarvi disturbo o molestia*; *non sai quale gioia mi rechi con questa notizia* **4** (*lett.*) riportare, ridurre: *r. qlco. alla memoria, alla mente, in proprio potere*; *r. qlcu. in schiavitù, in servitù* **5** †indurre: *se io la posso r. a fare i piacer miei* (G. Boccaccio) **6** †tradurre **7** (*lett.*) attribuire: *r., recarsi qlco. a lode, ad onore, a biasimo, a giustificazione* | †***recarsi qlcu. a noia, a sospetto***, esserne annoiati, insospettiti e sim. **B** **recàrsi** **v. intr. pron. 1** andare: *tra qualche giorno dovrò recarmi in città e ti porterò con me*; *recarsi in ufficio, a scuola, a far visita a qlcu., a teatro, al cinema*; *recarsi da un amico, dal preside*; *l'investigatore si recò sul luogo del delitto* **2** †indursi

†**recàta** [f. sost. di *recato* ✻ 1337] **s. f. 1** trasporto **2** proposta | reclamo **3** respiro affannoso di moribondo

recàto **part. pass.** di *recare*; **anche agg.** ● nei sign. del v.

†**recatóre** [sec. XIV] **agg. e s. m.** (**f.** *-trice*) ● che (o chi) reca

†**recàtto** ➤ **ricatto**

récchia① [etim. incerta ✻ 1909] **s. f.** ● (*tosc.*) agnella che non ha partorito

†**récchia**② ➤ **orecchio** nel sign. 1

recchióne o **ricchióne** [1918] **s. m.** ● (*centr., merid., volg.*) omosessuale maschile **SIN.** orecchione①

recèdere [vc. dotta, lat. *recēdere*, comp. di *re-* e *cēdere* 'ritirarsi'. V. *cedere* ✻ av. 1328] **v. intr.** (**pass. rem.** *io recedètti* o *recedéi*, †*recèssi*, *tu recedésti*; **part. pass.** *recedùto*, **raro**, **lett.** *recèsso*; **aus.** *avere*, **raro** *essere*) **1** (*raro*) arretrare, indietreggiare: *r. di un passo, di qualche metro* **2** (*fig.*) tirarsi indietro: *r. da una decisione, da un impegno* **SIN.** desistere, rinunciare **3** (*dir.*) esercitare il recesso: *r. dal rapporto di lavoro*

recensióne o **recènsio** nel sign. 2 [vc. dotta, lat. *recensiōne(m)* 'rassegna, ricognizione', da *recensēre* 'passare in rassegna'. V. *recensire* ✻ 1816] **s. f. 1** (*giornalismo*) esame critico, sotto forma di articolo, di un'opera letteraria di recente pubblicazione, con giudizio sul suo valore e pregio | (*est.*) analogo commento di spettacoli teatrali e cinematografici, concerti ed esecuzioni musicali, trasmissioni televisive, mostre d'arte **2** (*letter.*) in filologia, scelta dell'esatta lezione di un testo fra tutte le varianti, manoscritte e a stampa, che ne sono state raccolte al fine di costruirne l'edizione critica

recensìre [vc. dotta, lat. *recensēre* 'passare in rassegna', comp. di *re-* e *censēre* 'valutare'. V. *censire* ✻ 1890] **v. tr.** (*io recensìsco, tu recensìsci*) ● sottoporre a recensione **SIN.** criticare

SFUMATURE ➤ ***commentare***

recensóre [da *recensire* ✻ 1891] **s. m.** (**f.** *recensitrìce*, **raro** *-sóra*) ● chi effettua la recensione

recensòrio [1980] **agg.** ● che riguarda un recensore o una recensione

♦**recènte** [vc. dotta, lat. *recĕnte(m)*, di etim. discussa: comp. di *re-* e *-cent*, da una radice indeur. che significa 'cominciare' ✻ av. 1292] **A** **agg. 1** fatto o accaduto da poco: *edificio r.*; *scoperte recenti*; *un caso piuttosto r.* | più vicino nel tempo rispetto ad altro: *nel r. passato*; *nel Paleolitico r.* | ***di r.***, poco tempo fa, negli ultimi tempi: *è partita di r.* **CFR.** ceno-①, -cene, neo- **2** †fresco: *… e le caverne ne' monti …, essendo esse e per ombra e per li venti recentissime, cercavano* (G. Boccaccio) || **recenteménte**, **avv.** poco tempo fa; †subito **B** **avv.** ● †recentemente

SFUMATURE ➤ ***nuovo***, ➤ ***vicino***

recentìssime [da (*notizie*) *recentissime*, superl. di *recente* ✻ 1858] **s. f. pl.** ● (*giornalismo*) le ultime notizie **SIN.** ultimissime | (*est.*) sezione di un giornale o parte del telegiornale e del giornale radio in cui vengono trasmesse tali notizie

recenzióre (o *-ò-*) [vc. dotta, lat. *recentiōre(m)*, compar. di *rĕcens*, genit. *recĕntis* 'recente' ✻ 1950] **agg.** ● (*raro*) nel linguaggio dotto, più recente: *edizione r.*

†**recèpere** ➤ **ricevere**

recepiménto [1959] **s. m.** ● il recepire, il fare proprio: *il r. della normativa europea nell'ordinamento italiano* **SIN.** accoglimento

♣**recepìre** [lat. *recĭpere*. V. *ricevere* ✻ 1959] **v. tr.** (*io recepìsco, tu recepìsci*) **1** accogliere, far proprio: *Leopardi recepì la filosofia dell'Illuminismo* | comprendere: *il Governo ha recepito le esigenze dei lavoratori* **2** (*dir.*) accogliere norme o atti posti in essere da altri ordinamenti o da altri soggetti

reception /re'sɛpʃon, *ingl.* rɪ'sɛpʃən/ o (*disus.*) **réception** /*fr.* resɛp'sjɔ̃/ [vc. ingl., dal lat. *receptiōne(m)* 'ricevimento', tramite il fr. ✻ 1926] **s. f. inv.** ● ufficio di accoglienza e accettazione di clienti in alberghi, campeggi, congressi, aziende e sim. | portineria d'albergo

recèptionist /rə'sɛpʃonist, *ingl.* rɪ'sɛpʃənɪst/ [vc. ingl., da *reception* 'ricevimento, il ricevere' (stessa etim. dell'it. *ricezione*) ✻ 1967] **s. m. e f. inv.** ● chi, in un'azienda, in un albergo e sim., ha l'incarico di ricevere i clienti, di rispondere al telefono o di fornire informazioni

rècere [lat. *reĭcere* 'scagliare indietro, respingere', comp. di *re-* e *iăcere* 'gettare' ✻ 1364] **v. intr.** (**difett. usato spec. alla terza pers. sing. dell'indic. pres.** *rèce*, **all'inf. pres. e in qualche forma dei tempi composti; part. pass.** *reciùto*; **aus.** *avere*) ● (*tosc., lett.*) vomitare | ***r. l'anima***, vomitare tutto | (*fig.*) ***far r.***, dare nausea, fare schifo

recessióne [vc. dotta, lat. tardo *recessiōne(m)*, da *recēdere* ✻ av. 1328] **s. f. 1** (*econ.*) temporaneo ristagno, rallentamento degli affari e dell'attività economica in genere, con effetti meno gravi e profondi di quelli derivanti da una vera e propria crisi **2** (*astron.*) ***r. delle galassie***, reciproco allontanamento delle galassie con velocità proporzionali alle relative distanze **3** (*raro*) ritiro, rinuncia

SFUMATURE DI SIGNIFICATO

recessione - stagnazione - depressione

La **recessione** è un rallentamento temporaneo delle attività e degli scambi economici, che tuttavia non ha la gravità e la durata di una vera crisi. La **stagnazione** è invece a un vero e proprio arresto della crescita economica. La **depressione** identifica invece un quadro più grave e complesso, in cui al rallentamento della produzione si accompagnano un abbassamento generale dei prezzi e l'aumento della disoccupazione.

recessionìsta [1958] **agg.** (**pl. m.** *-i*) ● (*econ.*) relativo a recessione; caratterizzato da recessione **SIN.** recessionistico

recessionìstico [1986] **agg.** (**pl. m.** *-ci*) ● che è tipico di un periodo di recessione economica

recessìvo [dal lat. *recēssum*, supino di *recēdere* ✻ 1918] **agg. 1** (*biol.*) detto di carattere ereditario che si manifesta solo se l'individuo è omozigote, perché negli eterozigoti è sopraffatto dai caratteri dominanti **2** (*econ.*) relativo alla recessione ‖ **recessivaménte**, **avv.** ‖ **recessività**, **s. f. inv.** (*biol.*) tendenza di certi caratteri ereditari a rimanere latenti per ricomparire in alcuni discendenti

recèsso① [vc. dotta, lat. *recēssu(m)*, da *recēdere* ✻ av. 1342] **s. m. 1** (*raro*) il recedere | †il riflusso della marea **2** (*lett.*) parte o zona nascosta, solitaria, recondita: *penetrare nei recessi inesplorati della giungla* | (*fig.*) parte più intima: *celare qlco. nei recessi della propria anima*; *conosce anche i più intimi recessi del suo carattere* **3** atto giuridico con cui un soggetto di un rapporto giuridico dichiara di non volere più esserne parte: *r. da un contratto* | ***r. dal processo***, desistenza dal perseguire in giudizio la propria pretesa | ***r. attivo***, volontario abbandono criminoso da parte del reo che, portata a termine l'attività esecutiva del reato, agisce per impedire il verificarsi dell'evento | nel diritto internazionale, uscita di uno Stato da una organizzazione internazionale **4** (*med.*) remissione

recèsso② **part. pass.** di *recedere* ● (*raro, lett.*) nei sign. del v.

†**recettàcolo** ➤ **ricettacolo**

†**recettàre** ➤ **ricettare**①

†**recettatóre** ➤ **ricettatore**

†**recettìbile** o †**ricettìbile** [vc. dotta, lat. tardo *receptĭbile(m)* 'recuperabile, intelligibile', da *recēptus* 'recetto' (agg.) ✻ sec. XIV] **agg.** ● atto a ricevere

recettìvo e deriv. ➤ **ricettivo** e deriv.

recettìzio o **ricettìzio** [vc. dotta, lat. tardo *recepticiu(m)*, da *recēptus* 'recetto' ✻ 1744] **agg.** ● (*dir.*) che produce i suoi effetti giuridici quando giunge a conoscenza del destinatario: *atto r.*

†**recètto**① **part. pass.** di †*recepere*; anche **agg.** ● nel sign. del v.

†**recètto**② ➤ **ricetto**

recettóre o (*raro*) **ricettóre** [vc. dotta, lat. *receptōre(m)* 'riconquistatore, ricettatore', poi (lat. tardo) 'accoglitore', da *recēptus*, part. pass. di *recĭpere* 'ricevere' ✻ sec. XIV] **A** **s. m. 1** (**f.** *-trice*) chi (o ciò che) riceve | (*fis.*) ***r. di radioonde***, radioricevitore **2** (*biol.*) apparato od organo nervoso in grado di reagire a stimoli specifici con una reazione caratteristica: *r. colinergico* | ***recettori alfa e beta adrenergici***, quelli con cui interagiscono la noradrenalina e l'adrenalina | ***r. a distanza***, telecettore | ***r. di pressione***, barocettore | ***r. somatico***, ciascuno degli esterocettori o dei propriocettori | ***r. termico***, termocettore **3** (*biol.*) gruppo molecolare di una cellula atto ad agire da anticorpo, unendosi al gruppo di una tossina destinato a fissare l'anticorpo **B** **agg.** ● che riceve | (*biol.*) idoneo a ricevere stimoli: *apparato, organo r.*; *cellule recettrici*

recezióne ➤ **ricezione**

recherche /fr. ʀ(ə)ˈʃɛʀʃ/ [vc. fr., propr. 'ricerca' con diretto riferimento al capolavoro di M. Proust (1871-1922) *À la recherche du temps perdu* ✻ 1985] **s. f. inv.** ● (*lett.*) ricerca minuziosa e scrupolosa nei ricordi del proprio passato

†**rechèrere** ➤ **richiedere**

†**rechinàre** ➤ **richinare**

recìdere o †**ricìdere** [vc. dotta, lat. *recīdere*, comp. di *re-* e *cǣdere* 'tagliare'. V. *incidere*② ✻ av. 1292] **A** **v. tr.** (**pass. rem.** *io recìsi, tu recidésti*; **part. pass.** *recìso*) **1** tagliare con un solo colpo: *r. l'erba con la falce, i rami con la scure* | ***r. il capo***, mozzarlo | ***r. un arto***, amputarlo | anche in forma pron.: *tentò di recidersi la gola con un rasoio* **2** (*raro, fig.*) interrompere definitivamente, eliminare: *la tagliente definizione non recide i miei o i nostri dubbi* (G. PASCOLI) **3** †tagliare attraversando, intersecare **B** **recìdersi** **v. intr. pron.** ● (*raro*) fendersi, tagliarsi, screpolarsi: *la seta si recide facilmente nelle pieghe*; *pelle che si recide con il freddo*

SFUMATURE DI SIGNIFICATO

recidere - mozzare - amputare

Tagliare qualcosa in un solo colpo, di netto si dice **recidere**. **Mozzare** ha lo stesso significato, ma ha una sfumatura di maggiore violenza e si usa soprattutto in riferimento a parti del corpo. Anche **amputare** indica il tagliare parti del corpo, ma a differenza di *mozzare* si riferisce a mutilazioni non casuali, ma condotte chirurgicamente nell'interesse del paziente.

SFUMATURE ➤ ***tagliare***①

†**recidiménto** [sec. XIII] **s. m.** ● taglio

†**reciditùra** [da *recidere* ✻ 1340 ca.] **s. f.** ● fenditura, taglio, intaccatura

recidìva [da *recidivo* ✻ av. 1696] **s. f. 1** (*dir.*) circostanza aggravante del reato che si applica a chi, dopo essere stato condannato definitivamente per un reato, ne commette un altro | ***r. semplice***, quando il nuovo reato è commesso dopo aver subito la condanna per un altro | ***r. aggravata***, quando il nuovo reato è della stessa indole o è stato commesso nei cinque anni dalla condanna precedente o durante o dopo l'esecuzione della pena | ***r. reiterata***, quando il nuovo reato è commesso da chi è già recidivo **2** (*med.*) ricomparsa, spec. in forma più acuta, di una malattia già guarita **CFR.** ricaduta

recidivànte **part. pres.** di *recidivare*; anche **agg.** ● recidivo | (*med.*) detto di processo morboso che si riacutizza: *calcolosi r.*

recidivàre [da *recidiva*, sul modello del fr. *récidiver* ✻ av. 1468] **v. intr.** (**aus.** *avere*) **1** (*dir.*) essere recidivo: *r. in un reato* **2** (*med.*) ricomparire, spec. in forma più acuta, detto di una malattia già guarita o in via di guarigione

✦**recidìvo** o †**ricidìvo** [vc. dotta, lat. *recidīvu(m)*, da *recĭdere* 'ricadere', comp. di *re-* e *cădere* 'cadere' ✻ 1513] **agg.**; anche **s. m.** (**f.** *-a*) **1** che (o chi), dopo essere stato condannato irrevocabilmente per un reato, ne commette un altro: *imputato r.*; *reato commesso da un r.* **2** (*est.*) che (o chi) ripete più volte lo stesso errore, che ricade ripetutamente nella stessa colpa: *un ragazzo r. nella sua impertinenza*; *per i recidivi non vi saranno giustificazioni* **3** (*med.*) detto di chi ricade nella stessa malattia | detto di malattia che si ripresenta ‖ **recidivaménte**, **avv.** ‖ **recidività**, **s. f. inv.** condizione di chi (o di ciò che) è recidivo: *recidività in un reato*

recìngere o (*tosc.*) **ricìngere**, †**ricìgnere** [vc. dotta, lat. tardo *recĭngere*, comp. di *re-* e *cĭngere* ✻ 1319] **v. tr.** (**coniug. come** *cingere*) ● cingere tutto intorno: *r. una città di mura, di fortificazioni*; *r. un luogo con un reticolato, con una palizzata* | (*lett.*) cingere: *e fa' che tu costui ricinghe / d'un giunco schietto* (DANTE *Purg.* I, 94)

recingiménto [1550] **s. m.** ● (*lett.*) il recingere | ciò che cinge, che circonda qlco.

recintàre [1892] **v. tr.** ● chiudere con un recinto: *r. un podere, uno spiazzo, un pascolo*

✦**recìnto** o (*lett.*) **ricìnto** **A** **part. pass.** di *recingere*; anche **agg.** ● nei sign. del v. | (*lett.*) cinto da una corona, una ghirlanda e sim.: *Co' l'irte chiome ricinte d'ellere* (G. D'ANNUNZIO) **B** **s. m. 1** spazio circondato da mura, siepi, steccati e sim.: *r. riservato alle autorità* | ***r. del peso***, negli ippodromi, luogo dove vengono pesati i fantini e dove passeggiano i cavalli prima della corsa | ***r. delle grida***, in borsa, spazio un tempo riservato agli agenti di cambio **2** ciò che recinge qlco.: *un r. in muratura, di assi*

recinzióne [1942] **s. f. 1** operazione del recingere, del recintare: *procedere alla r. dei propri campi, di un'area fabbricabile* **2** recinto: *una r. metallica*

Recióto [etim. incerta ✻ 1931] **s. m.** ● vino bianco o rosso da dessert, prodotto nel Veneto con varie uve locali passite: *R. di Soave, della Valpolicella* | ***R. Amarone***, V. *Amarone*

rècipe [imperat. del v. lat. *recĭpere* 'ricevere', propr. 'prendi!' ✻ sec. XIII] **s. m.** (**pl. inv.** o *raro -i*) **1** intestazione delle antiche ricette per preparazioni galeniche, usata per indicare la quantità del rimedio prescritto (accorc. *r.*, *rec.* o *rp.*): *r. un pugno di foglie di belladonna in infusione* **2** (*lett.*) ricetta: *Prese di mano del dottore il fogliolino col r.* (C.E. GADDA) | (*lett., scherz.*) rimedio, espediente: *avevano un r. infallibile più del papa per farlo ridere* (I. NIEVO)

†**recìpere** ➤ **ricevere**

✦**recipiènte** **A** **part. pres.** di †*recipere*; anche **agg. 1** †che riceve qlco. | capiente, ampio **2** †capace, idoneo, acconcio: *bisogna avere un argano il quale sia r. a sostenere la detta forma* (B. CELLINI) **B** **s. m. 1** contenitore di forma e materiali diversi spec. per prodotti liquidi: *r. di latta, di vetro*; *mettere l'olio in un r.*; *un r. piccolo, capace, graduato* **2** †bacino, invaso

reciprocànza [da *reciproco* ✻ 1785] **s. f.** ● (*lett., raro*) relazione reciproca: *diritti di r.* | ***r. di sentimenti***, reciprocità

reciprocàre [vc. dotta, lat. *reciprocāre*, da *recĭprocus*. V. *reciproco* ✻ 1483] **v. tr.** (*io recìproco, tu recìprochi*) **1** (*raro*) avvicendare alternativamente: *r. le vibrazioni*; *la luna reciproca il flusso e il riflusso del mare* **2** (*comm.*) offrire un trattamento equivalente a quello ricevuto

reciprocazióne [vc. dotta, lat. *reciprocatiōne(m)* da *reciprocāre* ✻ av. 1406] **s. f.** ● (*raro*) avvicendamento alternativo di movimenti o altro: *la r. del pendolo, dei suoni*

reciprocità [1786] **s. f. inv. 1** condizione di ciò che è reciproco: *r. degli scambi commerciali* | (*dir.*) ***clausola di r.***, con cui ciascuna delle parti contraenti di un trattato si obbliga a concedere all'altra o alle altre lo stesso trattamento che riceverà da queste **2** (*mat.*) proiettività fra due forme fondamentali della stessa specie, ma di tipo diverso

recìproco [vc. dotta, lat. *recĭprocu(m)* 'che ritorna al punto di partenza', comp. degli agg. **rĕcus* e **prŏcus*, formati con i pref. *re-* 'indietro' e *pro-* 'avanti' ✻ 1313] **A** **agg.** (**pl. m.** *-ci*, †*-chi*) **1** scambievole, vicendevole: *stima, conside-*

razione reciproca; è un favore r. che ci facciamo | ***testamenti reciproci***, V. testamento **2** (*mat.*) detto di ogni numero che, moltiplicato per il numero dato, dia per risultato 1 **3** (*gramm.*) detto di forma verbale con la quale si esprime un'azione scambievole tra due o più persone (per es. *abbracciarsi*) | (*ling.*) ***versi reciproci***, che si leggono ugualmente a cominciare sia dalla prima sia dall'ultima parola || **reciprocaménte**, **avv.** in modo reciproco; l'un l'altro: *salutarsi, stimarsi reciprocamente* **B** **s. m.** **1** (*mat.*) numero, elemento che, moltiplicato per il numero dato, dia per risultato 1 **2** (*mat.*) l'enunciato, o teorema, inverso dell'enunciato, o teorema, dato

†**recircolàre** o †**recirculàre** ➤ **ricircolare**

recișióne [vc. dotta, lat. *recisiōne(m)*, da *recīsus* 'reciso' ✻ 1598] **s. f.** **1** (*raro*) il recidere | taglio: *la r. di un ramo secco* **2** (*fig.*, *lett.*) risolutezza

✤**recișo** **part. pass.** di *recidere*; anche **agg.** **1** tagliato di netto | (*fig.*) †sbarrato | ***fiori recisi***, in floricoltura, quelli posti in vendita, tagliati alla base del ramo o dello stelo, presso i fiorai **2** (*fig.*) perentorio, risoluto: *risposta recisa; replicare con tono r.; opporre un r. rifiuto* **SIN.** secco, netto **CONTR.** dilatorio, incerto || **recișaménte**, **avv.** **1** in modo reciso, con risolutezza e decisione: *rifiutare recisamente una proposta* **2** †di netto

recișùra [da *reciso* ✻ 1872] **s. f.** ● (*raro*) fenditura, screpolatura, spec. della pelle

♦**rècita** [da *recitare* ✻ av. 1698] **s. f.** **1** rappresentazione di un'opera teatrale | il recitare **2** (*fig.*) finzione, simulazione

recitàbile [av. 1587] **agg.** ● che si può recitare || **recitabilità**, **s. f. inv.**

rècital /'rɛsital, -tʃi-, *ingl.* rɪ'saɪt(ə)l/ [ingl., da *to recite* 'recitare', dal fr. *réciter* 'recitare' (stessa etim. dell'it. *recitare*) ✻ 1897] **s. m. inv.** ● esibizione solistica di attore, cantante, danzatore o strumentista

†**recitaménto** [sec. XIV] **s. m.** ● recita | rappresentazione teatrale

recitànte **A** **part. pres.** di *recitare*; anche **agg.** **1** nei sign. del v. **2** (*mus.*) dicesi di voce che in una composizione musicale abbia il compito di recitare un testo **B** **s. m. e f.** ● †attore | attore a cui veniva affidata la parte narrativa in un'opera cantata, spec. nelle passioni e negli oratori antichi

♦**recitàre** [vc. dotta, lat. *recitāre*, comp. di *re-* e *citāre* ✻ 1261 ca.] **A** **v. tr.** (*io rècito*) **1** dire ad alta voce ciò che si è studiato e imparato a memoria: *r. una poesia, le preghiere* | leggere ad alta voce: *r. un discorso* **2** declamare: *r. con molto sentimento i versi di qlcu.* **3** sostenere un ruolo, avere una parte in spettacoli teatrali, cinematografici e sim.: *ha recitato l'Amleto* | (*fig.*) simulare: *r. la parte dell'offeso, dello sprovveduto* | ***r. la commedia***, (*fig.*) fingere **4** †raccontare, narrare **5** †allegare, citare **B** **v. intr.** (aus. *avere*) **1** esercitare il mestiere di attore | sostenere un ruolo in uno spettacolo teatrale, cinematografico e sim.: *questa volta ha recitato con più sentimento* **2** (*est.*) esprimersi in modo innaturale e affettato: *smetti di r. e parla con naturalezza* **3** (*est.*) nel linguaggio giuridico, affermare, dire, con riferimento al contenuto di norme legislative o parte di esse: *l'articolo 1 della Costituzione recita: l'Italia è una Repubblica democratica, fondata sul lavoro* | recare scritto, citare

recitatìvo [1608] **A** **agg.** ● relativo alla recitazione | ***stile r.***, recitativo **B** **s. m.** ● (*mus.*) modo di cantare che tende a riprodurre la naturalezza della lingua parlata, riducendo al minimo l'elemento melodico | ***r. secco*** o ***semplice***, in cui la voce è sostenuta dal solo clavicembalo | ***r. obbligato*** o ***accompagnato***, interpolato di frasi melodiche e sostenuto dall'orchestra | brano eseguito in stile recitativo

recitàto **part. pass.** di *recitare*; anche **agg.** ● nei sign. del v. | (*fig.*) simulato: *mi accoglie con gioia ben recitata* (A. MORAVIA)

recitatóre [vc. dotta, lat. *recitatōre(m)*, da *recitātus* 'recitato' ✻ 1374] **s. m.** (**f.** *-trice*) **1** (*lett.*) chi recita versi (*spesso spreg.*) | (*lett.*) attore **2** †relatore

recitazióne [vc. dotta, lat. *recitatiōne(m)*, da *recitātus* 'recitato' ✻ av. 1328] **s. f.** **1** il recitare: *la r. di una poesia* **2** arte, tecnica del recitare: *scuola di r.* | modo in cui un attore recita: *r. efficace, nervosa* **3** †narrazione, relazione **SFUMATURE** ➤ ***rappresentazione***

reciticcio [da *recere* ✻ av. 1566] **s. m.** ● (*raro*) materia che si emette vomitando | (*raro, fig., spreg.*) cosa o persona ripugnante

reciùto **part. pass.** di *recere* ● (*tosc.*, *lett.*) vomitato

reclamànte **A** **part. pres.** di *reclamare*; anche **agg.** ● nei sign. del v. **B** **s. m. e f.** ● chi reclama

♦**reclamàre** [vc. dotta, lat. *reclamāre* 'gridar contro', comp. di *re-* e *clamāre* 'gridare' (V. *chiamare*) ✻ 1513] **A** **v. intr.** (aus. *avere*) ● protestare mediante lamentele o reclami: *r. contro un provvedimento ingiusto, presso l'autorità, nei confronti di un'azione arbitraria* **B** **v. tr.** **1** chiedere con forza ciò che spetta: *r. i propri diritti, il pagamento di qlco., lo stipendio arretrato; Veniamo a r. la colazione, comandante* (E. SALGARI) **SIN.** esigere, pretendere | (*est.*, *fam.*) richiedere la presenza di qlcu.: *i miei figli mi reclamano* **2** (*fig.*) necessitare di qlco., richiedere con urgenza: *la situazione reclama un tuo intervento; una casa che reclama una generale ripulita*

reclamazióne [vc. dotta, lat. *reclamatiōne(m)*, da *reclamātus*, part. pass. di *reclamāre* ✻ av. 1536] **s. f.** ● (*lett.*, *raro*) reclamo

réclame /*fr.* re'klam/ [vc. fr. *réclame* 'richiamo' ✻ 1858] **s. f. inv.** **1** pubblicità, propaganda di un prodotto commerciale: *fare r. a un prodotto sui giornali, alla televisione* | ***r. luminosa***, insegna al neon | ***fare r. a qlcu.*** o ***a qlco.***, (*fig.*) divulgarne le buone qualità **2** (*est.*) ogni mezzo audio-visivo con cui si reclamizza un prodotto, quale cartellone, comunicato commerciale e sim.

reclamìsta [da *réclame* ✻ 1884] **s. m. e f.** (**pl. m.** *-i*) **1** (*disus.*) agente di pubblicità **2** (*lett.*, *raro*) chi ama mettersi in mostra

reclamìstico [da *reclamista* ✻ 1892] **agg.** (**pl. m.** *-ci*) **1** che ha carattere pubblicitario: *condurre sui giornali una campagna reclamistica* **2** (*fig.*, *spreg.*) che tende solo a richiamare l'attenzione, a far colpo: *un intervento r.*

reclamiẓẓàre [1942] **A** **v. tr.** ● fare pubblicità a un prodotto **B** **reclamiẓẓàrsi** **v. rifl.** ● farsi pubblicità **SIN.** pubblicizzarsi || **reclamiẓẓazióne**, **s. f.**

reclamiẓẓàto **part. pass.** di *reclamizzare*; anche **agg.** **1** nel sign. del v. **2** ***auto reclamizzata***, appartenente a una azienda e data in uso a dipendenti o collaboratori, che reca scritte o immagini pubblicitarie dei prodotti dell'azienda medesima

reclàmo [da *reclamare* ✻ 1543] **s. m.** **1** protesta o lamentela espressa a voce o per iscritto a chi di dovere: *presentare un r. al Ministero, alla posta; io dovrei fare un r.; ogni r. è stato inutile* **SIN.** lagnanza, rimostranza **2** documento con cui si reclama: *un r. in carta da bollo* **3** (*dir.*) impugnazione di un provvedimento

reclinàbile [1983] **agg.** ● che si può reclinare: *sedile r.* || **reclinabilità**, **s. f. inv.**

reclinàre [vc. dotta, lat. *reclināre*, comp. di *re-* e **clināre*. V. *chinare* ✻ av. 1306] **A** **v. tr.** (**part. pass.** *reclinàto, raro, lett. reclino*) **1** piegare verso il basso: *reclinò il capo e non si mosse più* **2** inclinare e adagiare il capo su qlco.: *r. la testa sul tavolo, sul braccio* **B** **v. intr.** (aus. *avere*) ● piegarsi in senso contrario: *la nave inclinava a sinistra, poi reclinava a destra*

reclinàto **part. pass.** di *reclinare*; anche **agg.** ● piegato, abbassato

reclinazióne [vc. dotta, lat. tardo *reclinatiōne(m)*, dal v. *reclināre* 'piegare, reclinare' ✻ 1892] **s. f.** ● (*raro*, *lett.*) il reclinare il capo: *la r. della bella testa muliebre* (G. D'ANNUNZIO)

reclino **part. pass.** di *reclinare*; anche **agg.** ● (*raro*, *lett.*) reclinato, chinato

reclùdere [vc. dotta, lat. *reclūdere*, comp. di *re-* e *clāudere* 'chiudere' ✻ av. 1306] **v. tr.** (**pass. rem.** *io reclùși, tu recludésti*; **part. pass.** *reclùșo*) ● (*lett.*) rinchiudere | imprigionare

reclușióne [da *recluso* ✻ av. 1306] **s. f.** **1** il recludere | (*est.*) isolamento, segregazione: *non sopporto questa ingiustificata r.* **2** (*dir.*) pena detentiva prevista per i delitti da scontarsi in uno degli stabilimenti a ciò destinati con l'obbligo del lavoro e con l'isolamento notturno

reclușìvo [1840] **agg.** ● di reclusione, relativo a reclusione: *pena reclusiva; strutture reclusive*

reclùșo **A** **part. pass.** di *recludere*; anche **agg.** ● (*lett.*) rinchiuso **B** **s. m.** (**f.** *-a*) ● (*dir.*) chi sta scontando una reclusione

reclușòrio [da *recluso* ✻ av. 1769] **s. m.** **1** (*raro*) stabilimento penale **2** †ricovero, ospizio

rècluta o †**reclùta** [sp. *recluta*, dal fr. *recrue* 'ricrescita (del reggimento)' ✻ 1644] **s. f.** **1** militare da poco tempo sotto le armi **SIN.** bocia, burba, cappella[2], cappellone, coscritto, spina **2** (*est.*) chi è nuovo in una professione o attività, chi è da poco entrato a far parte di un ente, un gruppo e sim.: *una promettente r.; ecco le ultime reclute della nostra società* **SIN.** novizio **3** †reclutamento **4** †accrescimento, supplemento

reclutaménto [1841] **s. m.** **1** complesso delle disposizioni con le quali si provvede alla scelta e alla raccolta dei cittadini idonei al servizio militare **SIN.** arruolamento **2** (*est.*) assunzione di personale: *r. di comparse per un film, di lavoratori per l'estero* | reperimento di nuovi aderenti a un partito o sim.

reclutàre [sp. *reclutar*, da *recluta* 'recluta' ✻ 1668] **v. tr.** (*io rècluto* o †*reclùto*) **1** procedere alle operazioni previste dalle leggi sul reclutamento **SIN.** arruolare **2** (*est.*) ricercare ed assumere: *r. operai, mano d'opera qualificata* | trovare nuovi seguaci, far proseliti: *r. nuovi iscritti per un partito, una associazione*

reclutatóre [1790] **agg. e s. m.** (**f.** *-trice*) ● che (o chi) recluta

†**recognizióne** ➤ **ricognizione**

†**recolèndo** [vc. dotta, lat. *recolĕndus*, gerundivo di *recŏlere* ✻ av. 1424] **agg.** ● reverendo, venerando: *la recolenda memoria del vittorioso Re Alfonso d'Aragona* (I. SANNAZARO)

†**recolére** [vc. dotta, lat. *recŏlere*, comp. di *re-* e *cŏlere* 'coltivare' (V. *-colo*) ✻ av. 1400] **v. tr.** ● ricordare con riverenza

†**reconciliàre** e deriv. ➤ **riconciliare** e deriv.

✤**recòndito** o †**ricòndito** [vc. dotta, lat. *recŏnditu(m)*, part. pass. di *recŏndere* 'mettere da parte', comp. di *re-* e *cŏndere* 'mettere insieme', comp. di *cŭm* 'con' e una radice indeur. che indica 'porre' ✻ 1481] **agg.** **1** lontano e nascosto: *luogo r.* **2** (*fig.*) occulto, misterioso: *le recondite ragioni del suo agire; non ho intenzioni recondite* || **reconditaménte**, **avv.**

reconditòrio [vc. dotta, lat. tardo *reconditō-riu(m)*, da *recŏnditus* 'recondito' ✱ 1825] **s. m.** ● (*relig.*) piccolo incavo nel centro della mensa dell'altare dove sono conservate le reliquie dei santi

Reconquista /sp. *rekoŋ'kista/ [vc. sp., propr. 'riconquista' ✱ 1959] **s. f. 1** (*stor.*) progressiva riconquista (dall'VIII sec. d.C. al 1492) da parte delle forze cristiane dei territori spagnoli occupati dagli Arabi **2** (*est.*; con l'iniziale minuscola) riconquista, riappropriazione

†**reconvenzióne** ➤ **riconvenzione**

♦**rècord** /'rɛkord, *ingl.* 'rɛkɔːd/ [vc. ingl. *record* 'registrazione (di un primato)', da *to record* 'iscrivere, registrare', dall'ant. fr. *recorder* 'ricordare' ✱ 1895] **A s. m. inv. 1** (*sport*) primato: *r. mondiale* | ***a tempo di r.***, (*fig.*) in un tempo brevissimo: *ha terminato il lavoro a tempo di r.* | anche iron.: *il r. della sporcizia* **2** (*inform.*) in un database, insieme strutturato di informazioni suddiviso in campi **B in funzione di agg. inv.** (**posposto a un sost.**) ● si dice di ciò la cui superiorità è assoluta rispetto ad altro: *cifra r.*

†**recordàre** ➤ **ricordare**

recordìsta [dall'ingl. *recordist*, da *to record* 'registrare', dall'ant fr. *recorder* 'ricordare' (stessa etim. dell'it. *ricordare*) ✱ 1942] **s. m. e f.** (**pl. m.** *-i*) ● tecnico cinematografico incaricato del funzionamento della macchina per la registrazione dei suoni

rècordman /'rɛkordmen/ [pseudo-ingl. comp. di *record* 'record' e *man* 'uomo', di orig. germ. ✱ 1905] **s. m. inv.** ● primatista: *un r. del salto in alto*

recòtto [forma sett. di *ricotto*; detto così perché si ottiene mediante bollitura ✱ 1895] **s. m.** ● cascame del bozzolo

recòvery /rə'kɔveri, *ingl.* rɪ'kʌvərɪ/ [vc. ingl., propr. 'recupero', prob. di provenienza fr. ✱ 1991] **s. m. inv.** ● (*inform.*) insieme di procedure per la ripresa del corretto funzionamento di un sistema dopo il verificarsi di una condizione di errore

†**recreàre** ➤ **ricreare**

♦**recriminàre** [dal lat. *crīmen*, genit. *crīminis* 'accusa' (V. *crimine*), col pref. *re-* ✱ 1640] **A v. tr.** (*io recrìmino*) **1** (*lett., raro*) ritorcere l'accusa contro chi accusa (*anche assol.*) **2** disapprovare, biasimare: *r. le parole avventate, un giudizio imprudente e inopportuno* | lamentare: *non c'è nulla da r.* **B v. intr.** (**aus.** *avere*) ● lamentarsi, rammaricarsi di ciò che è stato fatto o di ciò che è avvenuto: *il male ormai è fatto ed è inutile r.*; *smetti di r. su ciò che è stato e pensa al futuro*

recriminatóre [1872] **agg. e s. m.** (**f.** *-trice*) ● (*raro*) che (o chi) recrimina

recriminatòrio [1872] **agg.** (**pl. m.** *-i* o *raro -ii*) ● che recrimina | di recriminazione: *tono r.*

recriminazióne [1616] **s. f. 1** il recriminare | †ritorsione di un'accusa **2** accusa, lagnanza, rimprovero: *le inevitabili recriminazioni dei vicini di casa e del portinaio* (E. MONTALE)

♦**recrudescènza** [dal lat. *recrudēscere* 'rincrudire', comp. di *re-* e *crudēscere* 'riuscire indigesto, aggravarsi', denominale incoativo di *crūdus* 'crudo' ✱ 1835] **s. f.** ● improvvisa ripresa o aggravamento di qlco. che sembrava in via di esaurimento o di estinzione: *una r. dell'epidemia influenzale, del freddo, della carestia; la malattia ha avuto una grave r.*; *la r. della violenza, della criminalità*

rècto [lat. (*fŏlio*) *rēcto* 'sulla parte diritta del foglio'. V. *retto*① ✱ 1868] **s. m. inv.** ● faccia o pagina anteriore di un foglio: *annotare sul r.* | (*est.*) faccia anteriore di moneta o medaglia **CONTR.** verso

†**reculàre** [da *culo*, col pref. *re-* ✱ sec. XIII] **v. intr.** ● rinculare, indietreggiare: *Veduto ho in fine r. i Tedeschi* (C. GOLDONI)

recùpera [1806] **s. f.** ● (*burocr.*) recupero

recuperàbile o (*raro*) **ricuperàbile** [1525] **agg.** ● che si può recuperare (*anche fig.*): *ricchezze difficilmente recuperabili*; *delinquente r.* ‖ **recuperabilità** o (*raro*) **ricuperabilità**, **s. f. inv.**

recuperaménto o **ricuperaménto** [1612] **s. m.** ● (*lett., raro*) recupero

recuperànte o **ricuperànte** [1969] **s. m.** ● (*ven.*) chi, dopo la prima Guerra mondiale, ricercava residuati bellici, quali bombe inesplose, proiettili, spezzoni, rottami metallici e sim., per utilizzarli e gener. trarne profitto

♦**recuperàre** o **ricuperàre** [vc. dotta, lat. *recuperāre*, comp. di *re-* e un deriv. di *căpere* 'prendere'. V. *cattura* ✱ av. 1306] **A v. tr.** (*io recùpero*) **1** riavere, riprendere nel possesso o nell'uso ciò che era nostro o che ci era stato tolto: *r. il portafoglio rubato* | (*fig.*) riacquistare: *r. la vista, le forze* | (*assol.*) riprendersi: *stenta a r. dopo la malattia* **2** riportare, portare al sicuro, in salvo: *r. i pericolanti* | (*fig.*) integrare o reinserire socialmente: *r. gli handicappati*; *r. un tossicodipendente* | restituire funzionalità, utilità e sim.: *r. il centro storico urbanisticamente degradato* | (*fig.*) †redimere, riscattare **3** ritrovare persone o cose perdute in mare: *r. i naufraghi*; *r. i relitti del vascello* **4** rimontare uno svantaggio (*anche assol.*): *dovete r. il tempo perduto*; *l'atleta cercava di r. nella corsa* **5** (*sport, anche assol.*) eseguire il recupero: *scaduto il novantesimo minuto, l'arbitro fece r. tre minuti* **6** utilizzare, almeno in parte, materiali o sostanze che andrebbero perdute: *r. i cascami*; *r. l'ammoniaca nel processo Solvay*; *r. i rottami delle autovetture* **B recuperàrsi v. intr. pron.** ● (*lett.*) riprendersi, ristabilirsi

recuperàto **part. pass.** di *recuperare*; anche **agg.** ● nei sign. del v.

recuperatóre o **ricuperatóre** [vc. dotta, lat. *recuperatōre(m)*, da *recuperātus*, part. pass. di *recuperāre* ✱ 1374] **s. m. 1** (**f.** *-trice*) (*raro*) chi recupera | (*mar.*) chi effettua le operazioni di recupero di relitti navali **2** qualunque congegno che serve a recuperare qlco. | ***r. di calore***, apparecchio nel quale l'aumento di temperatura delle sostanze da riscaldare viene ottenuto sfruttando il calore di liquidi o gas caldi che devono venir raffreddati **3** congegno elastico che negli affusti a deformazione delle artiglierie riconduce la bocca da fuoco nella posizione iniziale al termine del rinculo | nelle armi automatiche, sistema di caricamento che utilizza il rinculo del blocco otturatore per espellere il bossolo e introdurre una cartuccia quando il blocco ritorna nella posizione primitiva

recuperatòrio o **ricuperatòrio** [vc. dotta, lat. *recuperatōriu(m)*, da *recuperātor*, genit. *recuperatōris* 'recuperatore' ✱ av. 1580] **agg.** (**pl. m.** *-i* o *raro -ii*) **1** (*raro*) che serve, tende a fare recuperare **2** (*dir.*) che tende a consentire il recupero di un bene illegittimamente sottratto: *giudizio r.*; *azione recuperatoria*

recuperazióne o **ricuperazióne** [vc. dotta, lat. *recuperatiōne(m)*, da *recuperātus* 'recuperato' ✱ 1377] **s. f.** ● (*lett.*) recupero | riconquista: *Carlo, nel riordinare la guerra per la recuperazione di quella, si morì* (N. MACHIAVELLI)

recùpero o **ricùpero** [1793] **s. m. 1** il recuperare qlco. di perduto, di disperso e sim.: *il r. di una nave affondata, del bottino* | (*fig.*) reinserimento, integrazione: *il r. dei tossicodipendenti* | valorizzazione, ripristino: *il r. del centro storico* | ***r. crediti***, insieme di attività mediante le quali si obbliga il debitore a pagare la somma dovuta | ***classe, corso di r.***, frequentati da studenti in ritardo rispetto a una materia o a un corso scolastico | ***materiali di r.***, in un processo produttivo, quelli che possono essere recuperati **2** cosa, oggetto recuperato: *i recuperi del campo di battaglia*; *r. di una nave affondata, di un carico* **3** rimonta di uno svantaggio, di una situazione sfavorevole, e sim.: *il prodigioso r. della Roma in campionato*; *il partito ha avuto un buon r. nelle ultime elezioni* **4** (*med., psicol.*) ripresa della funzionalità fisica o psicologica | nella memoria, richiamo delle informazioni immagazzinate in precedenza **5** (*sport*) prova tra concorrenti eliminati che permette al vincitore di essere riammesso alla competizione | nel calcio e sim., partita disputata dopo un rinvio determinato da cause di forza maggiore | ***minuti di r.*** o (*assol.*) ***recupero***, nel calcio i minuti concessi dall'arbitro a tempo scaduto

recuṣàre e deriv. ➤ **ricusare** e deriv.

†**rèda** e deriv. ➤ **erede** e deriv.

†**redàggio** ➤ **retaggio**

†**redamàre** [vc. dotta, lat. *redamāre*, comp. di *red-* 'ri-' e *amāre*; calco sul gr. *antiphilêin* ✱ av. 1529] **v. tr.** ● (*lett.*) riamare: *quella a cui io servissi, mi redamasse di cuore* (B. CASTIGLIONE)

redan /fr. ʀ(ə)'dɑ̃/ [vc. fr., var. di *redent* 'sporgenza a forma di dente', comp. di *re-* e *dent* 'dente' ✱ 1931] **s. m. inv.** ● (*mar.*) gradino trasversale alla carena delle imbarcazioni a motore da competizione, che genera una turbolenza minimizzando l'attrito in planata

redància o **radància** [etim. incerta ✱ 1813] **s. f.** (**pl.** *-ce*) ● (*mar.*) asola di metallo intorno alla quale si avvolge, in apposita scanalatura, il cappio di estremità di una cima o di un cavo di acciaio, per proteggerlo dall'attrito di ganci, caviglie e sim.

†**redàre** ➤ †**eredare**

redarguìbile (o **-gui-**) [1806] **agg.** ● che si può redarguire

♦**redarguìre** (o **-guì-**) o †**ridarguìre** [vc. dotta, lat. *redargŭere*, comp. di *red-* 'ri-' e *argŭere*. V. *arguire* ✱ av. 1328] **v. tr.** (*io redarguìsco* /redargu'isko, -'gwi-/, *tu redarguìsci* /redargu'iʃʃi, -'gwi-/) **1** rimproverare, riprendere: *r. aspramente il colpevole*; *r. qlcu. per*, (*lett.*) *delle, mancanze commesse* **2** †confutare
SFUMATURE ➤ *riprendere*

redarguizióne [av. 1328] **s. f. 1** rimprovero: *quelle redarguizioni in pubblico erano veramente oltraggiose* (I. SVEVO) **2** †confutazione

redàrre ● (*evit.*) ➤ **redigere**

redàssi ➤ **redigere**

redàtto **part. pass.** di *redigere*; anche **agg.** ● nel sign. del v.

redattóre [fr. *rédacteur*, dal lat. *redāctus* 'redatto' ✱ 1812] **s. m.** (**f.** *-trice*) **1** chi redige, stende un atto, un documento e sim.: *il r. è il cancelliere* **2** giornalista che, nella redazione di un giornale, di un periodico o di una testata radiotelevisiva, redige o rivede i testi o i servizi da pubblicare | ***r. capo***, redattore che dirige e coordina l'attività dei servizi redazionali **SIN.** caporedattore | ***r. pubblicitario***, chi scrive testi o inventa slogan pubblicitari **3** chi, presso case editrici, cura e segue le varie fasi necessarie alla pubblicazione di libri, riviste, enciclopedie e sim.

redazionàle [1919] **agg.** ● pertinente a redattore o a redazione: *lavoro, incarico r.* | (*giornalismo*) ***articolo r.***, (*ellitt.*) ***redazionale***, articolo non firmato, compilato dalla redazione utilizzando notizie di varia fonte esterna | ***pubblicità r.***, quella redatta sotto forma di notizia o servizio di informazione obiettiva, che compare a pagamento in giornali o periodici contraddistinta da opportuni

a b c d e f g h i j k l m n o p q r s t u v w x y z

segni grafici ‖ **redazionalménte**, **avv.** dal punto di vista redazionale; da parte, ad opera della redazione

redazióne [fr. *rédaction*, dal lat. *redāctus* 'redatto' ✱ 1812] **s. f. 1** stesura: *curare la r. di un articolo* **2** attività del redattore: *avere mansioni di r.* **3** (*est.*) l'insieme dei redattori di un giornale, di un periodico, di una testata o di un programma radiotelevisivo, di una casa editrice o di un'opera editoriale: *la r. della Gazzetta, del telegiornale, del vocabolario* | ufficio, sede, in cui svolgono la loro attività **4** in filologia, ciascuno dei testi parzialmente diversi per forma o contenuto in cui appare un'opera letteraria e sim.: *una r. diversa del Decameron è nella biblioteca Chigiana; Boccaccio fece tre redazioni della "Vita di Dante"*

redàzza o **retàzza**, **radàzza** [da *rede*, forma dei dial. sett. di *rete* ✱ 1813] **s. f.** ● (*mar.*) scopa di filacce con cui si lava il ponte

red càrpet /rɛd'karpet, *ingl.* ˌrɛd'kɑːpɪt/ [loc. ingl., propr. 'tappeto rosso' ✱ 2002] **loc. sost. m. inv.** ● tappeto rosso su cui sfilano personaggi importanti, spec. del mondo dello spettacolo | (*est.*) nel linguaggio giornalistico, inaugurazione, premiazione o sim. che vede la presenza di tali personaggi | (*est., colloq.*) ***da red carpet***, molto elegante, adatto a un'occasione speciale: *vestito, abbigliamento da red carpet*

✦**rèdde ratiònem** /*lat.* 'rɛdde rat'tsjonem/ [lat., propr. 'rendi conto' ✱ 1891] **loc. sost. m. inv.** ● giudizio finale, resa dei conti; espressione usata spec. con tono solenne oppure sarcastico, scherzoso e sim.: *venire al redde rationem; arriverà anche per lui il redde rationem*

†**rèddere** e deriv. ➤ **rendere** e deriv.

†**reddìre** e deriv. ➤ **redire** e deriv.

reddìtest [comp. di *reddi(to)* e *test* ✱ 2011] **s. m. inv.** ● software che l'Agenzia delle Entrate mette a disposizione dei contribuenti perché possano autovalutare, sulla base dei parametri stabiliti dal redditometro, la congruenza del reddito dichiarato con i beni posseduti e i servizi fruiti

redditière [1920] **s. m.** (**f.** *-a*) ● chi percepisce redditi | chi vive di rendita, chi ha redditi elevati

redditività [da *redditivo*, agg. di *reddito* ✱ 1954] **s. f. inv.** ● capacità di produrre reddito
SFUMATURE ➤ ***reddito***

redditìvo [1881] **agg.** ● (*raro*) redditizio ‖ **redditività**, **s. f. inv.** (V.)

reddìtizio [1881] **agg.** ● che dà reddito, frutto: *podere r.* | lucroso, vantaggioso: *speculazione redditizia*

rèddito [vc. dotta, lat. *rĕdditu(m)*, part. pass. di *rĕddere*. V. †*reddere* ✱ 1598] **s. m.** ● entrata netta, espressa in moneta, che un individuo o un ente realizza in un dato intervallo di tempo tramite l'impiego di capitali, l'esercizio di un'attività economica o professionale, la prestazione di un servizio: *dichiarazione dei redditi* | (*est.*) guadagno, entrata: *un cittadino che gode di buon r.* | ***r. nazionale***, insieme dei beni e dei servizi prodotti da una collettività nazionale in un dato intervallo di tempo, al netto dei reimpieghi e del logorio prodottosi nel periodo considerato | ***r. pro capite***, la somma teoricamente disponibile per ogni singolo cittadino risultante dalla divisione del reddito nazionale per il numero dei cittadini | ***r. dominicale***, reddito soggetto all'imposta sui terreni, che compete al proprietario del fondo in quanto tale | ***r. fisso***, quello dei lavoratori dipendenti e dei pensionati | ***r. di cittadinanza***, erogazione di denaro corrisposta dallo Stato a tutti i cittadini, indipendentemente dalla loro condizione economica | ***r. (minimo) garantito***, sussidio riconosciuto mensilmente dallo Stato ai cittadini disoccupati o sottoccupati, a garanzia della loro sopravvivenza | ***titoli a r. fisso***, quando il reddito che danno non è soggetto a variazioni | ***titoli a r. misto***, quelli che al reddito fisso percentuale aggiungono quello conseguibile dalla partecipazione agli utili eventuali dell'azienda o dell'ente pubblico emittente

SFUMATURE DI SIGNIFICATO
reddito - rendimento - redditività
Reddito è il complesso delle entrate in moneta che un individuo o un ente realizza in un determinato periodo di tempo tramite l'impiego di capitali o l'esercizio di un'attività economica o professionale. Sia **rendimento** sia **redditività** indicano la capacità di un capitale, di un investimento di dare un utile economico; tuttavia *redditività* è parola esclusiva dell'economia, mentre *rendimento* ha un ambito d'uso più vasto, e può essere usata per indicare la capacità di una macchina di produrre lavoro, o la capacità di una persona di fornire una prestazione.

redditòmetro [comp. di *reddito* e *-metro* ✱ 1983] **s. m.** ● strumento fiscale che, sulla base di una serie di coefficienti attribuiti in rapporto ai beni posseduti e ai servizi fruiti, si propone di determinare presuntivamente il tenore di vita di ciascun contribuente e il conseguente reddito necessario per mantenerlo CFR. spesometro

reddituàle [1890] **agg.** ● relativo al reddito CFR. aredditual̀e ‖ **reddituàlità**, **s. f. inv.** redditività

†**reddizióne** [vc. dotta, lat. *redditiōne(m)*, da *rĕdditus* 'restituito'. V. *reddito* ✱ 1741] **s. f.** ● restituzione

†**rède** ➤ **erede**

redènsi ➤ **redimere**

✦**redènto** **A** **part. pass.** di *redimere*; anche **agg.** ● (*lett.*) riscattato, affrancato | liberato, spec. dalla dominazione straniera: *suolo r.* (G. D'Annunzio) **B** **s. m.** (**f.** *-a*) ● riscattato dal peccato ad opera del Cristo

redentóre [vc. dotta, lat. *redemptōre(m)*, da *redĕmptus* 'redento' ✱ sec. XIII] **A** **agg. e s. m.** (**f.** *-trice*) ● che (o chi) redime: *opera redentrice* **B** **s. m.** ● ***il Redentore***, (*per anton.*) Gesù Cristo Salvatore

redentorìsta [1872] **s. m. e f.** (**pl. m.** *-i*) ● ecclesiastico regolare appartenente alla congregazione del Redentore, fondata da S. Alfonso de' Liguori nel XVIII sec. SIN. liguorino

redenzióne [vc. dotta, lat. *redemptiōne(m)*, da *redĕmptus* 'redento' ✱ av. 1294] **s. f. 1** liberazione, riscatto: *la r. degli schiavi; lottare per la r. del popolo dalla miseria, del proprio paese dal dominio straniero* **2** nel cristianesimo, liberazione del genere umano dalle conseguenze del peccato originale, operata a mezzo dell'incarnazione e della Passione di Gesù Cristo **3** (*raro, lett.*) rimedio, scampo

†**redetàre** ➤ **ereditare**

redibitòrio [vc. dotta, lat. tardo *redhibitōriu(m)*, da *redhĭbitor*, genit. *redhibitōris* 'chi riprende un oggetto venduto perché difettoso', da *redhibēre* 'far riprendere, restituire', comp. di *red-* 'ri-' e *habēre* 'avere' ✱ 1804] **agg.** (**pl. m.** *-i* o *raro -ii*) ● (*dir.*) che dà luogo a risoluzione di un contratto di compravendita il cui oggetto sia affetto da vizi: *giudizio r.* | ***azione redibitoria***, spettante al compratore e il cui esercizio fa sorgere il giudizio redibitorio

†**redificàre** e deriv. ➤ **riedificare** e deriv.

redigènte **A** **part. pres.** di *redigere*; anche **agg.** ● relativo alla redazione di un testo legislativo: *in sede r.* CFR. legislativo, referente **B** **s. m. e f.** ● (*dir.*) chi redige un atto giuridico

redìgere, (*evit.*) **redàrre** [vc. dotta, lat. *redĭgere* 'far rientrare, ordinare', comp. di *red-* 'ri-' e *ăgere* 'spingere, condurre', di orig. indeur. ✱ 1812] **v. tr.** (**pres.** *io redìgo, tu redìgi*; **pass. rem.** *io redàssi, redigéi, redigètti, tu redigésti*; **part. pass.** *redàtto*) ● stendere, scrivere, compilare: *il notaio redige gli atti, i verbali; r. una lettera* | curare in qualità di redattore: *un articolo, un servizio, un dizionario*
SFUMATURE ➤ ***scrivere***

✦**redìmere** [vc. dotta, lat. *redĭmere* 'ricomperare', comp. di *red-* 'ri-' ed *ĕmere* 'comperare', di orig. indeur. ✱ av. 1306] **A** **v. tr.** (**pass. rem.** *io redènsi, tu rediméstì*; **part. pass.** *redènto*) **1** affrancare, liberare o riscattare da ciò che opprime e reca danno, dolore, umiliazione e sim.: *r. qlcu. dalla prigionia, dal peccato, dal vizio, dalla vergogna; r. il popolo, i fratelli oppressi, la patria asservita* **2** (*raro*) estinguere un debito **B** **redìmersi** **v. rifl.** ● liberarsi, riscattarsi: *ha saputo redimersi da ogni colpa, dal male; senza la volontà non ci si redime*

redimìbile [1742] **agg. 1** (*lett., raro*) che si può redimere **2** (*econ.*) detto di debito pubblico che lo Stato ha contratto nei confronti dei cittadini, impegnandosi a corrispondere l'interesse alla scadenza e a restituire il capitale entro un determinato periodo di tempo ‖ **redimibilità**, **s. f. inv.** (V.)

redimibilità [1673] **s. f. inv.** ● condizione di ciò che è redimibile: *r. di un debito pubblico* | ***r. della rendita***, riscattabilità della stessa

redimìre [vc. dotta, lat. *redimīre* 'cingere, ornare', da *redimīculum* 'benda, fascia', comp. di *red-* 'ri-' e *amīculum* 'mantello, soprabito'; *amīculum* a sua volta è da *amicīre* 'avvolgere, mettere intorno', comp. di *am(b)-* 'intorno' e *iăcere* 'gettare' ✱ 1321] **v. tr.** (*io redimìsco, tu redimìsci*; **usato spec. al part. pass. e nei tempi composti**) ● (*raro, lett.*) incoronare: *t'elessi, Oleandro, ti colsi / per r. le mie tempie / di rose e d'alloro* (G. D'Annunzio)

redimìto **part. pass.** di *redimire*; anche **agg.** ● (*lett.*) cinto da una corona o sim.: *Ti veggo, co la redimita / fronte d'allori* (E. Montale)

rèdine (o **-é-**) o †**rèdina** (o †**-é-**) [dal lat. *retinēre* 'trattenere'. V. *ritenere* ✱ av. 1290] **s. f. 1** (**spec. al pl.**) ciascuno dei due elementi, gener. di cuoio, attaccati agli anelli dell'imboccatura, utilizzati per trasmettere al cavallo gli ordini del cavaliere: *prendere le redini; allentare le redini* | †***a redini sbandite***, ***a r. bandita***, a briglia sciolta (*anche fig.*) SIN. briglia **2** (*fig.*, **al pl.**) comando, direzione, governo: *le redini dello Stato, della casa, dell'amministrazione; non cedere a nessuno le redini della famiglia* **3** †guida

redingote /*fr.* ʀ(ə)dɛ̃'gɔt/ [fr., dall'ingl. *riding-coat*, propr. 'vestito (*coat*) per andare a cavallo (*to ride*)' ✱ 1748] **s. f. inv. 1** nel Settecento e nell'Ottocento, lunga giacca usata come soprabito | finanziera SIN. stiffelius **2** cappotto molto aderente alla vita, in genere lungo e allargato verso il fondo

redintegràre ➤ **reintegrare**

redìre o †**reddìre** [vc. dotta, lat. *redīre* 'ritornare', comp. di *red-* 'ri-' e *īre* 'andare' (V. *ire*①) ✱ av. 1282] **v. intr.** (*io rièdo*; **in tutta la coniug. la** *e* **diventa** *ie* **se tonica; V. anche** *riedere*; **aus.** *essere*) ● (*poet.*) ritornare: *riede alla sua parca mensa, / fischiando, il zappatore* (G. Leopardi)

redistribuìre e deriv. ➤ **ridistribuire** e deriv.

redistributìvo o (*raro*) **ridistributivo** [comp. di *re-* e *distributivo* ✱ 1908] **agg.** ● relativo a ridistribuzione | che modifica la distribuzione dei redditi e della ricchezza fra le classi sociali, spec. tendendo a ridurre le differenze

†**redìta** o †**rèddita** [da *redire* ✱ av. 1250] **s. f.**

• ritorno

†**redità** e deriv. ➤ **eredità** e deriv.

†**reditière** [av. 1694] **s. m.** (**f.** *-a*) • (*raro*) erede

†**rèdito** **A** **part. pass.** di *redire* • ritornato **B** **s. m.** • ritorno

reditùro [vc. dotta, lat. *reditūru(m)*, part. fut. di *redīre* * 1342] **agg.** • (*lett.*) che sta per ritornare, che tornerà: *attendean lì fermi il r. / re lor* (V. MONTI)

redivìvo [vc. dotta, lat. *redivīvu(m)* 'rinnovato', di etim. incerta * av. 1306] **agg. e s. m.** (**f.** *-a*) • che (o chi) è tornato in vita (**anche fig.**): *Lazzaro r.; sei tuo padre r.; il r. aprì lentamente gli occhi; giorno verrà, tornerà il giorno, in cui / redivivi ormai gl'Itali staranno / in campo audaci* (V. ALFIERI) | ***il, un r.***, (***fig.***, ***scherz.***) si dice di persona che si rifà viva dopo lunghissima assenza

rèdo [aferesi di *erede* * 1789] **s. m.** • (*tosc.*) vitello o puledro durante il periodo di allattamento: *vacca col r.*

rèdola [etim. incerta * 1768] **s. f.** • (*tosc.*) viottolo erboso che attraversa un campo | (*est.*) vialetto ghiaioso di giardino ‖ **redolìna**, **dim.** | **redolóne**, **accr. m.**

redolènte **part. pres.** di *redolire*; **anche agg.** • (*lett.*) molto profumato: *il forte e r. / vino matura* (G. CARDUCCI)

redolìre [vc. dotta, lat. *redolēre* 'mandare odore', comp. di *red-* e *olēre*. V. *olente* * 1321] **v. intr.** (*io redolìsco, tu redolisci*; **aus.** *avere*) e †**tr.** • (*raro, lett.*) emanare un profumo: *ogni cosa redoliva della fertile estate* (I. SANNAZARO)

rèdova [ceco *rejdowak*, di etim. incerta * 1872] **s. f.** • danza ceca a tre tempi, simile alla mazurca ma meno vivace

rèdox /'rɛdoks/ [vc. ingl. ricavata da *red(uction)* 'riduzione' e *ox(idation)* 'ossidazione' * 1959] **agg. inv.** • (*chim.*) termine che indica le reazioni di ossidoriduzione: *reazione r.*

rèdshift /*ingl.* 'rɛdʃɪft/ [vc. ingl., propr. 'spostamento (*shift*) verso il rosso (*red*)' * 1992] **s. m. inv.** (**pl. ingl.** *redshifts*) • spostamento delle righe che costituiscono lo spettro elettromagnetico emesso dalle galassie verso lunghezze d'onda maggiori, cioè verso il rosso, rispetto a quelle misurate in laboratorio, dovuto a effetto Doppler

rèduce [vc. dotta, lat. *rĕduce(m)*, da *redūcere* 'ricondurre indietro'. V. *ridurre* * 1810] **agg. e s. m. e f.** • che (o chi) è ritornato da un viaggio, da un'impresa rischiosa e difficile, dalla prigionia o dall'esilio e, in particolare, da una guerra (+ *da*); *r. da un campo di concentramento* | (*est.*) che ritorna da qlco.: *r. da una tournée negli USA* | ***r. dalle patrie galere***, (*scherz.*) birbante matricolato | ***essere r. da***, essere appena uscito da una situazione negativa: *sono r. da una brutta influenza, da un esame disastroso*

†**redùcere** ➤ **ridurre**

reducìsmo [da *reduc(e)* col suff. *-ismo* * 1946] **s. m.** • condizione, atteggiamento di chi torna dalla guerra e deve reinserirsi nella vita civile | il fenomeno sociale relativo ai reduci

reducìstico [1979] **agg.** (**pl. m.** *-ci*) • da reduce: *comportamento r.* | relativo al reducismo: *fenomeno r.*

redùctio ad ùnum /*lat.* re'duktsjo a'dunum/ [loc. lat., propr. 'riduzione (*reductio*) a uno (*ad unum*)' * 1931] **loc. sost. f. inv.** (**pl. lat.** *reductiònes ad unum*) • (*filos.*) riduzione a un'unica entità o a un unico principio o concetto di ciò che è molteplice

†**redundàre** e deriv. ➤ **ridondare** e deriv.

reduplicàre [vc. dotta, lat. tardo *reduplicāre*, comp. di *re-* e *duplicāre* * 1525] **v. tr.** (*io redùplico, tu redùplichi*) • (*lett.*) raddoppiare | (*ling.*) ripetere

reduplicatìvo [1585] **agg.** • che serve a reduplicare | relativo a reduplicazione

reduplicazióne [vc. dotta, lat. tardo *reduplicatiōne(m)*, comp. di *re-* e *duplicātio*, genit. *duplicatiōnis* 'duplicazione' * 1745] **s. f.** **1** (*lett.*) il reduplicare | (*ling.*) ripetizione (per es. *un grido forte forte*; anche per sottolineare il pieno significato di un sostantivo: *preparami un caffè caffè; abiti a Bologna Bologna?*) **2** (*biol., chim.*) replicazione

†**redùrre** e deriv. ➤ **ridurre** e deriv.

reduttàsi o **riduttàsi** [calco sull'ingl. *reductase* * 1929] **s. f. inv.** • (*biol., chim.*) enzima che catalizza un processo di riduzione

†**reedificàre** e deriv. ➤ **riedificare** e deriv.

reef /*ingl.* ri:f/ [vc. ingl., dal nordico ant. *rif* * 1989] **s. m. inv.** • (*geogr.*) barriera corallina

†**reelèggere** ➤ **rieleggere**

réfe [etim. incerta * 1353] **s. m.** • filato ritorto, di lino, di cotone, di canapa o di altra fibra, ottenuto unendo due filati diversi | ***cucire a r. doppio***, (***fig.***, ***tosc.***) usare inganno, doppiezza

refendu /*fr.* ʀ(ə)fɑ̃'dy/ [vc. fr., propr. part. pass. del v. *refendre* 'rifendere' nel senso tecnologico di 'tagliare per il lungo' * 1991] **A** **s. m. inv.** • materiale usato per la costruzione di canne da pesca dalle notevoli prestazioni, costituito da listelli di bambù incollati in modo da formare una sezione esagonale **B** **anche agg.**: *bambù r.*

referàggio [dall'ingl. *refer(ee)* con il suff. *-aggio* * sec. XX] **s. m.** • valutazione della qualità di un progetto di ricerca o di un articolo scientifico da parte di esperti, in genere anonimi, prima di deciderne il finanziamento o la pubblicazione

referee /*ingl.* rɛfə'ri:/ [vc. ingl., dal v. *to refer* nel senso di 'fare riferimento' * 1905] **s. m. inv.** **1** in alcuni sport, giudice di gara **2** (*edit.*) consulente incaricato di valutare un manoscritto o un volume al fine di deciderne o meno la pubblicazione

referendàrio o †**riferendàrio** [vc. dotta, lat. tardo *referendāriu(m)*, propr. 'addetto alle cose da riferire', da *referĕnda* 'cose da riferire', gerundivo nt. pl. di *refĕrre* 'riportare', comp. di *re-* e *fĕrre* 'portare' (V. *-fero*) * av. 1363] **A** **s. m.** **1** funzionario delle cancellerie bizantine e regie medievali, addetto alla tenuta dei registri o a trasmettere l'ordine del sovrano ai redattori dei documenti **2** (**f.** *-ia*) membro di un organo collegiale che ha ufficio di studiare una questione e riferirne al consiglio: *r. della Corte dei Conti* | membro supplente di un organo collegiale amministrativo **3** (**spec. al pl.**; **f.** *-ia*) promotore o sostenitore di uno o più referendum: *conferenza stampa dei referendari* **4** (**f.** *-ia*) (*lett.*) spia **B** **agg.** • relativo al referendum: *voto r.*; *consultazione referendaria* | favorevole a uno o più referendum: *maggioranza referendaria* ‖ **referendariaménte**, **avv.** per mezzo di uno o più referendum

referendarìsta [da *referendario* * 1987] **agg. e s. m. e f.** (**pl. m.** *-i*) • che (o chi) è favorevole a indire referendum: *schieramento r.*

referèndum [lat., propr. 'da riferire', gerundivo nt. di *refĕrre*. V. *referendario* * 1892] **s. m. inv.** **1** istituto giuridico con cui il popolo è chiamato a pronunciarsi mediante votazione su questioni di interesse nazionale, spec. ad approvare o ad abrogare un atto normativo: *indire un r.* | ***r. abrogativo***, che abroga una norma legislativa esistente | ***r. manipolativo***, che abroga alcune parti di una legge esistente in modo da modificarla | ***r. consultivo***, che ha lo scopo di consultare gli elettori su un determinato argomento | ***r. propositivo***, che ha per oggetto una proposta di legge **2** (*est.*) consultazione di una particolare categoria di cittadini su una questione specifica: *il sindacato ha indetto un r. fra i lavoratori*

SFUMATURE ➤ ***plebiscito***

referènte [vc. dotta, lat. *referĕnte(m)*, part. pres. di *refĕrre* 'riportare'. V. *referendario* * 1872] **A** **agg.** • che riferisce, che informa, senza pervenire a decisioni | (*dir.*) ***in sede r.***, detto dell'attività di una commissione di un'assemblea legislativa quando prende in esame un progetto di legge e successivamente lo invia alla discussione e all'approvazione dell'assemblea plenaria accompagnato da una relazione CFR. legislativo, redigente **B** **s. m.** (**anche f. nel sign. 2**) **1** (*ling.*) realtà extra-linguistica, reale o immaginaria, a cui il segno linguistico rinvia | contesto situazionale a cui il messaggio linguistico rinvia **2** (*est.*) persona a cui si fa riferimento nello svolgimento di un'attività: *la dottoressa Rocca sarà la vostra r. presso di noi*

referènza [fr. *référence*, da *référer* 'riferire', dal lat. *refĕrre*. V. *referendario* * 1895] **s. f.** **1** (**spec. al pl.**) informazione inerente alle caratteristiche, capacità e attitudini spec. professionali di una persona o alla correttezza professionale e sicurezza finanziaria di un'azienda: *sono in attesa delle vostre referenze; le sue referenze lasciano a desiderare* **2** chi è in grado di rilasciare tali informazioni: *una r. di prim'ordine* **3** (*ling.*) funzione in base alla quale un segno linguistico rinvia al mondo extra-linguistico, reale o immaginario **4** (*lett.*) collegamento, relazione

referenziàle [da *referenza* * 1962] **agg.** • (*ling.*) relativo al referente | ***funzione r.***, propria del messaggio rivolto prevalentemente alla conoscenza della realtà extralinguistica o del contesto situazionale ‖ **referenzialità**, **s. f. inv.** (*ling.*) proprietà di ciò che è referenziale

referenziàre [da *referenza* * 1950] **A** **v. tr.** (*io referènzio*) • munire di buone referenze: *r. il personale licenziato* **B** **v. intr.** (**aus.** *avere*) • allegare o mostrare la referenza di cui si dispone

referenziàto **part. pass.** di *referenziare*; **anche agg.** • (*burocr.*) fornito di buone referenze

†**referìre** e deriv. ➤ **riferire**① e deriv.

refertàre [da *referto* * 1872] **v. tr.** (*io refèrto*) **1** †riferire **2** (*med.*) compilare, stendere un referto

refertazióne [1994] **s. f.** • (*med.*) il refertare

refèrto o †**rifèrto** [ricavato dal lat. *refĕrre* 'riferire' (V. *referendario*). Cfr. *inferto, offerto* e *sofferto* * sec. XIV] **s. m.** **1** †resoconto, racconto **2** (*med.*) relazione clinica | (*dir.*) notizia che le persone esercenti una professione sanitaria sono per legge obbligate a fornire all'autorità giudiziaria quando ritengono che la patologia riscontrata sia conseguenza di un delitto: *omissione di referto* **3** (*est.*) relazione ufficiale | ***r. arbitrale***, relazione dell'arbitro di una competizione sportiva al termine della gara

†**refètto** [vc. dotta, lat. *refĕctu(m)*, part. pass. di *reficere* 'rifare, ristorare', comp. di *re-* e *făcere* 'fare' * av. 1294] **A** **agg.** • ristorato, riposato **B** **s. m.** • ristoro

refettoriàle [1535] **agg.** • di refettorio

refettòrio [dal lat. tardo *refectōrius* 'che serve a rifare, a ristorare', da *refĕctus*, part. pass. di *reficere*. V. †*refetto* * av. 1306] **s. m.** (**pl.** *-i* o *raro -ii*) **1** grande sala da pranzo comune, in conventi, collegi e sim. **2** †luogo in cui si prendono i pasti

refezióne o †**rifezióne** [vc. dotta, lat. *refectiōne(m)* 'rifacimento, ristoro', da *refĕctus*, part. pass. di *reficere*. V. †*refetto* * 1306] **s. f.** **1** (*lett.*) ristoro derivante dal cibo | sobrio pasto

2 pasto di mezzogiorno, spec. nella scuola: *r. calda, fredda; la r. è a spese del Comune* ‖ **refezioncèlla**, **dim.** | **refezioncina**, **dim.**

†**reficiàre** o †**refiziàre** [rifacimento del lat. *reficere*. V. †*refetto* ✱ av. 1315] **A** **v. tr.** ● ristorare, rinvigorire **B** †**reficiàrsi** **v. intr. pron.** ● rinvigorirsi, rimettersi

refilàre [da *filo, fila*, con *re-* ✱ 1970] **v. tr.** ● tagliare i margini di una pubblicazione, dopo la piegatura e l'impaginazione, in modo da avere un formato perfettamente squadrato

rèfill /ˈrɛfil, *ingl.* ˈriːˌfɪl/ [vc. ingl., da *to refill* 'riempire di nuovo', comp. di *re-* 're-' e *to fill* 'riempire', di orig. germ. ✱ 1954] **s. m. inv.** ● nelle penne a sfera, in alcuni accendisigari a gas o in vaporizzatori di profumo, tubetto, cartuccia o altro, contenente la quantità di materiale necessario per la ricarica dell'apparecchio

refilo [da *refilare* ✱ 1970] **s. m.** ● (*edit.*) bordino che viene tagliato dopo la piegatura di una pubblicazione allo scopo di pareggiare i margini e squadrare il formato

†**refiziàre** ➤ †**reficiare**

reflazióne o **riflazióne** [da *(in)flazione*, con sostituzione di pref. ✱ 1938] **s. f.** ● (*econ.*) processo mediante il quale si determina un rientro dell'inflazione

reflazionìstico o **riflazionìstico** [1983] **agg.** (**pl. m.** *-ci*) ● relativo a reflazione

reflessògeno ➤ **riflessogeno**

reflessologìa ➤ **riflessologia**

†**reflèttere** e deriv. ➤ **riflettere** e deriv.

rèflex /ˈrɛfleks, *ingl.* ˈriːflɛks/ [vc. ingl., propr. 'riflesso'; stessa etim. dell'it. *riflesso* ✱ 1923] **s. f. inv.; anche agg.** ● sistema speculare interno alla macchina fotografica che consente di vedere nel mirino l'esatta immagine che risulterà impressa, incluse le correzioni indotte dall'esposimetro o dall'obiettivo | (*est.*) fotocamera dotata di questo sistema

refluìre ➤ **rifluire**

rèfluo [vc. dotta, lat. *rĕfluu(m)*, da *reflŭere* 'rifluire' ✱ 1442] **agg.** ● che rifluisce, che fluisce indietro | (*fisiol.*) ***sangue r.***, che ritorna al cuore o che rifluisce da un organo | ***acque reflue***, acque che, dopo essere state utilizzate in attività domestiche, industriali, agricole e sim., vengono restituite, gener. inquinate, dall'impianto che le ha sfruttate

reflùsso [da *refluire*, sul rapporto *flusso-fluire* ✱ av. 1519] **s. m. 1** †riflusso: *i flussi e i reflussi del mare* (G. GALILEI) **2** (*med.*) passaggio di un liquido da un organo cavo, o da un condotto, a un altro nel senso contrario a quello fisiologico | ***r. esofageo***, del succo gastrico verso l'esofago

†**refocillàre** ➤ **rifocillare**

✦**rèfolo** o (*raro*) **rìfolo** [da avvicinare a *folata* ✱ sec. XV] **s. m.** ● soffio di vento leggero che a tratti cresce e diminuisce, comunemente residuo di tempesta **SIN.** buffo, folata

SFUMATURE ➤ ***folata***

refòrming /rəˈfɔrmin(g), *ingl.* rɪˈfɔːmɪŋ/ [vc. ingl., da *to reform* 'riformare, correggere' ✱ 1959] **s. m. inv. 1** (*chim.*) trattamento a cui vengono sottoposte le benzine a basso numero di ottano per aumentarne, attraverso modificazioni molecolari degli idrocarburi che le costituiscono, il numero di ottano stesso e quindi il potere antidetonante **2** (*chim.*) trattamento di parziale ossidazione a cui vengono sottoposti idrocarburi liquidi o gassosi per ottenere gas di uso domestico

Refósco (o *-fò-*) [etim. sconosciuta, forse da un toponimo scomparso ✱ 1782] **s. m.** (**pl.** *-schi*) ● vitigno del Friuli da cui si ricava il vino rosso omonimo di colore violaceo tendente al granato, profumo intenso e vinoso, aroma pieno, leggermente tannico: *R. dal peduncolo rosso*

†**refòsso** ➤ †**rifosso**

refoulé /*fr.* r(ə)fuˈle/ [vc. fr., part. pass. di *refouler* 'cacciare indietro, respingere' ✱ 1970] **agg. inv.; anche s. m. inv.** ● (*psicoan.*) represso

refoulement /*fr.* r(ə)fulˈmɑ̃/ [vc. fr., da *refouler* 'cacciare indietro' ✱ 1960] **s. m. inv.** ● (*psicoan.*) rimozione

†**refragàre**① [vc. dotta, lat. *refragāri* 'essere di avviso contrario, opporsi', comp. di *re-* e *frăngere* ✱ sec. XIV] **v. intr.** ● opporsi, resistere

†**refragàre**② [da *fragrante*, col pref. *re-* ✱ sec. XV] **v. intr.** ● essere fragrante, profumato

refrain /*fr.* r(ə)ˈfrɛ̃/ [vc. fr., alterazione di *refrait*, part. pass. di *refraindre* 'rifrangere', perché ritorna a intervalli regolari ✱ 1905] **s. m. inv. 1** (*letter.*) ritornello di pochi versi alla fine di ogni stanza, talora senza relazione di significato con essa e cantato con melodia propria **SIN.** ritornello **2** (*mus.*) frase musicale che ricorre alla fine di ogni stanza della canzone | ritornello | (*fig., iron.*) luogo comune ripetuto: *il solito r. di 'a chi giova?'* **SIN.** tiritera, solfa

†**refràngere** e deriv. ➤ **rifrangere** e deriv.

refrattarietà [da *refrattario* ✱ 1871] **s. f. inv. 1** caratteristica di chi (o di ciò che) è refrattario **2** caratteristica di un materiale, di resistere senza fondere o rammollirsi ad alte temperature | ***grado di r.***, temperatura alla quale un materiale usato come refrattario dà segno di rammollimento **3** (*med.*) insensibilità all'azione di uno stimolo fisico o chimico

✦**refrattàrio** [fr. *réfractaire*, dal lat. *refractāriu(m)*, da *refragāri*. V. †*refragare*① ✱ 1667] **A** **agg. 1** detto di materiale in grado di resistere, senza alterazioni notevoli, a elevate temperature: *terra refrattaria* **2** (*med.*) che non reagisce allo stimolo | ***individuo r.***, in cui non si manifesta la malattia, nonostante il contatto con l'agente patogeno **3** (*raro*) che non ottempera a obblighi o doveri (+ *a*): *r. alla norma di legge* **4** (*fig.*) insensibile, indifferente a stimoli o sollecitazioni (+ *a*): *carattere r. alla commozione, alla pietà* | che non è predisposto, che è negato totalmente per qlco. (*anche scherz.*): *sono r. alla matematica* **SIN.** allergico ‖ **refrattariaménte**, **avv.** **B** **s. m.** ● materiale che resiste a elevate temperature senza alterazioni notevoli

refràtto ➤ **rifratto**

refrattòmetro ➤ **rifrattometro**

†**refrenàre** [vc. dotta, lat. *refrenāre*, comp. di *re-* e *frenāre* ✱ 1268] **v. tr.** ● raffrenare

refrigeraménto [av. 1563] **s. m. 1** (*raro*) refrigerazione **2** †ristoro, rinfresco

refrigerànte **A** **part. pres.** di *refrigerare*; **anche agg. 1** che dà refrigerio, che rinfresca: *bagno r.* **2** che raffredda, che abbassa la temperatura: *fluido r.* | ***miscuglio r.***, costituito in genere da sale di cucina misto a ghiaccio pestato, una volta largamente usato in gelateria **B** **s. m. 1** (*fis.*) parte di una macchina termica che sottrae calore, cioè raffredda il fluido operante; e può essere costituita da un condensatore o anche dalla libera atmosfera e sim. **2** fluido usato nelle macchine utensili per raffreddare il pezzo e l'utensile durante la lavorazione **3** apparecchio nel quale si effettua la refrigerazione di un liquido o di un gas: *r. a pioggia; r. a bolla; r. a ricadere; r. a serpentina*

refrigeràre o †**rifrigeràre** [vc. dotta, lat. *refrigerāre*, comp. di *re-* e *frigerāre* 'rinfrescare', da *frīgus*, genit. *frīgoris* 'freddo'. V. †*frigo*① ✱ 1300 ca.] **A** **v. tr.** (*io refrìgero*) **1** rinfrescare: *r. la bocca, la gola con bevande ghiacciate* | placare dando refrigerio: *r. la sete, l'arsura* | (*fig., lett.*) confortare: *quel tuo soccorso che solea refrigerarmi* (G. BRUNO) **2** compiere una refrigerazione **B** **refrigeràrsi** **v. rifl. 1** rinfrescarsi: *refrigerarsi con un buon bagno* **2** †avere ristoro

refrigeratìvo [vc. dotta, lat. tardo *refrigeratīvu(m)*, da *refrigerātus* 'refrigerato' ✱ sec. XIV] **agg.** ● che è idoneo a refrigerare

refrigeràto **part. pass.** di *refrigerare*; **anche agg.** ● nei sign. del v. | (*fig., lett.*) riconfortato: *Trasse un respiro di sollievo: se ne sentì r.* (L. PIRANDELLO)

refrigeratóre [1748] **A** **agg.** (**f.** *-trice*) ● che refrigera | nei frigoriferi, detto del fluido che ha la funzione di sottrarre calore **B** **s. m. 1** ciò che serve a refrigerare **2** (*tecnol.*) qualsiasi impianto o apparecchio in grado di produrre il freddo mediante un ciclo termodinamico | freezer

†**refrigeratòrio** [vc. dotta, lat. *refrigeratōriu(m)*, da *refrigerātus* 'refrigerato' ✱ 1364] **agg.** ● refrigerante

refrigerazióne [vc. dotta, lat. *refrigeratiōne(m)*, da *refrigerātus* 'refrigerato' ✱ sec. XIV] **s. f. 1** †abbassamento della temperatura corporea **2** procedimento atto a diminuire la temperatura di fluidi o di corpi in genere **3** processo di conservazione temporanea di merci deteriorabili mediante l'abbassamento della loro temperatura, sempre comunque superiore al punto di congelamento: *r. del latte, vino, carni*

✦**refrigèrio** o †**refrigèro**, †**rifrigèrio** [vc. dotta, lat. tardo *refrigĕriu(m)*, da *refrigerāre* ✱ 1308] **s. m. 1** sensazione piacevole di fresco: *cercare, provare un po' di r.; un'arietta che dà r.* **2** (*fig.*) sollievo, conforto fisico o morale: *dopo tanta sofferenza, finalmente qualche r.; le tue parole sono di r. al mio spirito* | (*lett.*) ***eterno r.***, il Paradiso

†**refrùsto** ➤ †**rifrusto**

†**refùgio** e deriv. ➤ **rifugio** e deriv.

refùgium peccatòrum [loc. lat., propr. 'rifugio dei peccatori' ✱ 1866] **loc. sost. m. inv.** (**pl. lat.** *refugia peccatorum*) **1** (*relig.*) titolo attribuito alla Madonna che intercede per i peccatori **2** (*fig., scherz.*) persona molto indulgente e generosa alla quale ricorrere per aiuti morali e materiali | (*fig., scherz.*) istituzione o ambiente che assicura una sistemazione sicura e tranquilla

†**refùlgere** ➤ **rifulgere**

refurtìva [lat. *rē(m) furtīva(m)* 'cosa di furto'. Per *rēs* V. †*re*② e per *furtīvus* V. *furtivo* ✱ 1895] **s. f.** ● il bene o i beni che sono stati oggetto di furto: *nascondere la r.*

refùso [vc. dotta, lat. *refūsu(m)*, part. pass. di *refŭndere* 'riversare, rimescolarsi', comp. di *re-* e *fŭndere* 'versare'. V. *fondere* ✱ 1742] **s. m.** ● (*tipogr.*) lettera di altro stile, serie o famiglia usata erroneamente in una composizione | (*est.*) ogni errore di stampa

†**refutàre** [vc. dotta, lat. *refutāre*; V. *rifiutare*① ✱ sec. XIV] **v. tr. 1** confutare **2** V. *rifiutare*①

†**refutatìvo** [av. 1566] **agg.** ● che serve a confutare

refutazióne [vc. dotta, lat. *refutatiōne(m)*, da *refutātus*, part. pass. di *refutāre* ✱ sec. XIV] **s. f. 1** †rinuncia **2** (*lett., raro*) confutazione

reg /rɛg/ [vc. araba ✱ 1931] **s. m. inv.** ● tipo di deserto pietroso consistente in strati di ghiaie modellate dal vento, che ricoprono il terreno

regàglia ➤ **rigaglia**

regalàbile [1745] **agg. 1** che si può regalare **2** †di persona che accetta i regali

♦**regalàre** [sp. *regalar*. V. *regalo* ✱ 1598] **A** **v. tr. 1** dare spontaneamente in dono a qlcu. cosa che si ritiene gradita: *r. un libro, una moneta antica, un monile prezioso; me lo ha regalato, per ringraziarmi del favore che gli ho fatto* **SIN.** donare **2** concedere o dare per generosità, a titolo di favore e sim.: *non ha*

r

voluto che lo restituissi e quindi me lo ha praticamente regalato | (*fig., iron.*) ***r. un pugno***, darlo **3** (*iperb.*) vendere a buon mercato: *una stoffa così, per quel prezzo te la regalano* **4** (*lett.*) favorire qlcu. con regalo: *io spendo uno zecchino il giorno, signor Marchese, e la regalo continuamente* (C. Goldoni) **5** †condire, guarnire una vivanda **B regalàrsi v. tr. pron.** (**aus.** *essere*) ● (*fig.*) concedersi qlco.: *regalarsi un sigaro, un vestito nuovo, una giornata di riposo* **C regalàrsi v. rifl.** ● †trattarsi bene

regalàto **part. pass.** di *regalare*; **anche agg.** ● nei sign. del v. | (*iperb.*) venduto a un prezzo molto basso: *un cappotto davvero r.*

regàle [vc. dotta, lat. *regāle(m)*, da *rēx*, genit. *rēgis* 're' ✶ 1319] **A agg. 1** del re, relativo al re: *dignità r.* **SIN.** reale[2] **2** degno di un re: *lusso, portamento r.* | splendido: *un dono veramente r.* || **regalménte**, **avv.** in modo regale: *accogliere regalmente gli ospiti* || **regalità**, **s. f. inv. 1** condizione regale: *i simboli della regalità*; (*est.*) maestosità, solennità: *la regalità di un portamento* **2** (*est.*) magnificenza, sontuosità: *la regalità di una dimora* **B s. m.** ● (*mus.*) piccolo organo portativo di registro acuto, usato nel Medioevo **SIN.** rigabello

regalèco [comp. del lat. *regālis* 'regale' e *āllec* 'salsa di pesce', di etim. incerta ✶ 1875] **s. m.** (**pl.** *-ci*) ● pesce osseo marino dei Lampridiformi, lungo fino a sei metri, con corpo flessuoso, nastriforme, di colore argenteo e rosso, che vive di norma in profondità (*Regalecus glense*) **SIN.** re delle aringhe

regalìa [vc. dotta, lat. *regālia*, nt. pl. di *regālis* 'regale': propr. 'le cose che spettano al re' ✶ av. 1328] **s. f. 1** dono in denaro **SIN.** mancia | (*est.*) beneficio, vantaggio: *promettere regalie a un consulente* **2** in epoca medievale, diritto spettante al sovrano, o ad altra autorità per concessione del sovrano **3** (**al pl.**, *disus.*) doni in natura (polli, uova, frutta e sim.) che il contadino doveva al proprietario

SFUMATURE ➤ *donazione*

regalìsmo [sp. *regalismo*, da *regalía* 'potere del *sovrano*', deriv. del lat. *regāle(m)* 'regale' ✶ av. 1862] **s. m.** ● (*stor.*) nella Spagna del XVIII sec., dottrina che affermava su basi giurisdizionalistiche la priorità dei diritti regi su quelli dello Stato e della Chiesa

regalìsta [sp. *regalista*, da *regalismo* ✶ av. 1745] **A s. m. e f.** (**pl. m.** *-i*) ● sostenitore, seguace del regalismo **B agg.** ● relativo al regalismo o ai regalisti: *concezione r.*

regalìstica [da *regalo* col suff. agg. *-istico* sostantivato al f. ✶ 1987] **s. f.** ● insieme di oggetti da regalo | settore artigianale, industriale o commerciale che si occupa di tali oggetti: *r. privata e aziendale*

♦**regàlo** [sp. *regalo* 'dono al re', dal lat. *regāle(m)*, agg. di *rēx*, genit. *rēgis* 're' ✶ av. 1543] **A s. m. 1** ciò che si regala, che si offre in dono: *acquistare molti regali; regali di Natale, di nozze; un r. gradito, bellissimo, di classe, di pessimo gusto; non voglio regali!* | ***fare un r.***, regalare qlco. a qlcu. | ***dare qlco. in r.***, regalarla | ***r. d'uso***, liberalità che non costituisce giuridicamente una donazione, effettuata nella misura quantitativa conforme alle abitudini locali **SIN.** dono **2** (*iperb.*) ciò che viene venduto a un prezzo molto conveniente: *a questo prezzo un televisore è un vero r.!* **3** cosa gradita, che fa piacere: *questo è il miglior r.; non potevi farmi un r. più bello; la vostra visita è stata un vero r.* | ***bel r.!***, (*iron.*) si dice di ciò che irrita, molesta o è comunque sgradito **4** †gala, lusso, sfarzo || **regalétto**, **dim.** | **regalìno**, **dim.** | **regalóne**, **accr.** | **regalùccio**, **dim.** **B in funzione di agg. inv.** ● (posposto a un sost.) da regalo: *confezione r.*

SFUMATURE DI SIGNIFICATO

regalo - presente - omaggio - strenna

Regalo è termine generico per indicare una cosa che si offre in dono ad altri, soprattutto in occasione di festività o festeggiamenti. **Presente** è parola di uso meno comune per indicare la stessa cosa, ma fa riferimento in genere a un regalo di piccola entità, che si presenta, cioè si offre, in genere come segno di gradimento accettando un invito. **Omaggio** è invece parola di uso più elevato per indicare ancora un'offerta, ma può riferirsi anche a espressioni di stima, di considerazione verso qualcuno o qualcosa; nell'uso commerciale è un prodotto offerto in regalo a scopo pubblicitario. **Strenna** è termine disusato per indicare un dono che si fa in occasione delle principali festività dell'anno; resiste nell'uso per indicare una pubblicazione, generalmente lussuosa, che un'azienda offre in occasione di una festività ai suoi clienti più importanti.

SFUMATURE ➤ *donazione*

règamo o **rìgamo** [stessa etim. di *origano* ✶ sec. XIV] **s. m.** ● (*sett.*) origano

regàta [venez. *regata*, da *regatar* 'contendere', dal lat. parl. **recaptāre* 'contendere'. V. *ricattare* ✶ sec. XIV] **s. f.** ● gara di velocità tra imbarcazioni a remi, a vela, a motore: *regate veliche*

regatànte [part. pres. di *regatare* ✶ 1959] **s. m. e f.** ● chi partecipa a una regata

regatàre [venez. *regatar*. V. *regata* ✶ 1614] **v. intr.** (**aus.** *avere*) ● gareggiare in una regata

rège [vc. dotta, lat. *rēge(m)* 're' ✶ av. 1294] **s. m.** ● (*lett.*) re

†**regeneràre** ➤ **rigenerare**

regèsto [vc. dotta, lat. tardo *regēsta* 'registro, repertorio', part. nt. pl. sost. di *regĕrere* 'riportare', comp. di *re-* e *gĕrere* 'portare' (V. *gestione*) ✶ 1727] **s. m. 1** nel Medioevo, repertorio cronologico degli atti governativi, comunali, privati | registro di documenti, diplomi **2** riassunto del contenuto di un documento o di un atto, con la citazione degli elementi essenziali e delle formule tipiche

règgae /ˈrɛgge, *ingl.* ˈrɛgeɪ/ [vc. d'orig. sconosciuta ✶ 1971] **s. m. inv.** ● tipo di musica popolare della Giamaica risultante dalla fusione di diverse tradizioni africane e americane col rhythm and blues, poi divenuta commerciale nello stile detto ska

reggaetón /*sp.* rɛgeˈton/ [vc. sp. d'America, da *reggae* con il suff. sp. *tón* ✶ 2005] **s. m. inv.** ● genere di musica da ballo nato alla fine degli anni '80 del Novecento in Centro America, che miscela musica giamaicana con ritmi latino-americani, rap e sonorità hip-hop

†**règge** [lat. (*pŏrtam*) *rēgia(m)* '(porta) regia'; calco sul gr. *basilikḗ* ✶ 1313] **s. f.** ● porta dei tramezzi che un tempo separavano il celebrante dai fedeli | porta di chiesa, convento e sim.: *fuor ne' cardini distorti / gli spigoli di quella r. sacra* (Dante *Purg.* IX, 133-134)

reggènte **A part. pres.** di *reggere*; **anche agg. 1** (*gramm.*) che regge un costrutto sintattico | ***proposizione r.***, che regge una proposizione subordinata **2** che regge, che governa | (*dir., polit.*) ***capitani reggenti***, nella Repubblica di S. Marino, i due capi dello Stato | che esercita provvisoriamente un potere: *principe r.* | (*dir.*) ***segretario comunale r.***, che esercita le funzioni del titolare in sua assenza o mancanza **3** †robusto, resistente | †che regge bene il mare: *Non essendo quasi mare e ben r. la barca* (G. Boccaccio) **B s. m. e f. 1** chi governa sovranamente lo Stato nel caso di minorità, malattia, assenza del re **2** (*mar.*) chi è preposto alla reggenza dei fari marittimi **C s. f.** ● (*gramm.*) proposizione reggente: *il verbo della r.*

reggènza [da *reggente* ✶ 1616] **A s. f. 1** titolo, ufficio e dignità di reggente | durata di tale ufficio **2** esercizio delle funzioni sovrane da parte di una o più persone, diverse dal re, nei casi previsti dalla legge o da disposizioni aventi forza di legge **3** (*stor.*) ***la Reggenza***, in Francia, il periodo (1715-'23) in cui fu reggente Filippo d'Orléans, in attesa che Luigi XV giungesse alla maggiore età **4** (*gramm.*) il costrutto sintattico richiesto da un elemento della proposizione **5** (*mar.*) organo operativo periferico del servizio fari marittimi **B in funzione di agg. inv.** ● (posposto a un sost.) proprio o caratteristico della Reggenza, spec. nella loc.: ***stile R.***, stile ornamentale di transizione tra il Luigi XIV e il Luigi XV caratterizzato da soggetti orientaleggianti, profili mossi, motivo della conchiglia e, nei mobili, presenza di applicazioni metalliche in bronzo dorato

♦**règgere** [lat. *rĕgere*, di orig. indeur. ✶ av. 1257] **A v. tr.** (**pres.** *io règgo, tu règgi*; **pass. rem.** *io rèssi, tu reggésti*; **part. pass.** *rètto*) **1** tenere stretto qlco. o qlcu., perché stia ritto, stabile, in equilibrio: *r. un bambino che muove i primi passi, un vecchio debole e malato; in due reggevano il ferito che si trascinava a fatica* | (*fig.*) ***r. il sacco a qlcu.***, esserne il complice | (*fig.*) ***reggersi la pancia dal gran ridere***, ridere a crepapelle **SIN.** sostenere **2** sorreggere qlcu. o qlco., sopportandone il peso, la pressione e sim.: *gli infermieri reggevano la barella; r. un pacco, un carico, una valigia, una pila di piatti* | (*fig.*) ***r. l'anima, il fiato coi denti***, essere in agonia, stare malissimo **3** sopportare, sostenere: *r. il peso, la spinta di qlco.* | (*fig.*) tollerare: *è troppo noioso: non lo reggo più* | ***r. il mare***, resistere alle burrasche, detto di imbarcazioni | ***r. l'acqua***, essere impermeabile, detto di stoffa | ***r. il vino***, non ubriacarsi pur bevendone parecchio **4** (*gramm.*) richiedere un determinato costrutto sintattico: *r. il dativo, l'accusativo* **5** guidare, regolare, dirigere: *r. un'impresa; r. il carro, il cavallo con mano ferma; r. lo Stato, la Repubblica con leggi inique* | essere a capo: *resse per lunghi anni la Prefettura, il Comune* **B v. intr.** (**aus.** *avere*) **1** resistere (*anche fig.*) (+ *a*): *r. al peso, alla pressione, all'urto; non reggo più alla fatica; non ha saputo r. alle lusinghe di una facile ricchezza* | ***r. al paragone***, non sfigurare | ***non potere più r. dall'ira, dalla fame*** e sim., non resistere più all'ira, alla fame e sim. | ***non mi regge il cuore, l'animo di ...***, non ho il coraggio di **2** durare: *la buona stagione non ha retto che per pochi giorni; è un vino che non regge e non si può invecchiare* **3** essere coerente, fondato, consistente: *come teoria regge; è un discorso che non regge* **4** (*lett., raro*) essere al potere, al governo: *nel paese regge un monarca* **C règgersi v. rifl. e intr. pron. 1** stare o tenersi ritto, in piedi, in equilibrio: *l'edificio non può reggersi su fondamenta così fragili; un'antica muraglia che si regge ancora; dammi una mano che non mi reggo più; non si regge in piedi per la febbre, la stanchezza, la debolezza; si reggeva a fatica sul tetto pericolante* | ***reggiti forte***, tienti bene stretto; (*fig.*) preparati a una notizia impressionante, che ti colpirà | (*fig.*) fondarsi, poggiare: *una soluzione che si regge su basi fragili* **2** (*fig.*) dominarsi, controllarsi: *non mi reggo più a sentire tante sciocchezze* **3** governarsi (+ *a*): *l'Italia si regge a repubblica dal 1946; i Comuni decisero di reggersi in autonomia* | (*fig.*) †regolarsi, comportarsi **D règgersi v. rifl. recipr.** ● sostenersi o aiutarsi l'un l'altro: *si reggevano, tenendosi per mano; cerchiamo almeno di reggerci tra noi*

reggétta [dal lat. *rēgula* 'asticella di legno'. V. *regola* ✶ 1872] **s. f.** ● nastro di metallo, di plastica o di fibra vegetale, di alcuni millimetri di altezza, impiegato per legare un imballaggio di spedizione al fine di renderlo più resistente e impedirne la manomissione

reggettatrice [da *reggetta* ✱ 1973] **s. f.** ● (*tecnol.*) apparecchio, fisso o portatile, usato per tendere e tagliare la reggetta avvolta intorno a un imballaggio SIN. reggiatrice

◆**règgia** o †**règia**① [lat. *rēgia(m dŏmum)* 'casa del re', f. sost. di *rēgius* 'regio' ✱ av. 1367] **s. f.** (**pl.** *-ge*) **1** dimora del re, palazzo reale: *una r. sontuosa, splendida; la r. di Caserta* **2** (*fig.*) dimora di Dio: *la r. celeste* | dimora degli dei: *la r. del cielo* | ***la r. di Giove***, l'Olimpo **3** (*fig., iperb.*) abitazione di grande sfarzo: *vivere in una r.*

reggiàno [av. 1348] **A agg.** ● della città di Reggio Emilia CFR. reggino **B s. m.** **1** (**f.** *-a*) abitante o nativo di Reggio Emilia **2** formaggio parmigiano reggiano

reggiatrìce [da *reggetta* ✱ 1983] **s. f.** ● (*tecnol.*) reggettatrice

reggìbile [1690] **agg.** ● che si può reggere

reggibòrsa o **reggibórse** [comp. di *reggere* e *borsa* ✱ 1983] **s. m. e f. inv.** ● (*raro*) portaborse

reggicàlze [comp. di *reggere* e il pl. di *calza* ✱ 1930] **s. m. inv.** ● indumento femminile costituito da una fascetta che cinge la vita, alla quale sono fissati dei nastri elastici che sorreggono le calze

reggicànne [comp. di *reggere* e del pl. di *canna* ✱ 1990] **A s. m. inv.** ● striscia di cuoio o materiale analogo, dotata di alloggiamento per sostenere la canna da pesca nella traina d'altura | supporto per appoggiare la canna durante la pesca in acque ferme **B anche agg. inv.**: *cintura r.*

reggicóda [comp. di *reggere* e *coda* ✱ av. 1894] **s. m. e f. inv.** ● chi è al servizio di un personaggio potente e ne esegue ciecamente incarichi fiduciari, spec. scabrosi o delicati

reggilìbro o **reggilìbri** [comp. di *reggere* e *libro* ✱ 1921] **s. m. inv.** ● elemento a L per sorreggere una fila di libri

reggilùme [comp. di *reggere* e *lume* ✱ 1897] **s. m. inv.** ● supporto a braccio o a sospensione per reggere un lume

reggimentàle [1855] **agg.** ● che fa parte del reggimento: *compagnia, comando r.*

reggiménto [lat. tardo *regimĕntu(m)* 'governo', da *rĕgere* 'reggere', rifatto su *reggere* ✱ av. 1250] **s. m.** **1** (*lett.*) direzione, guida: *il r. della cosa pubblica, dello Stato* | †governo, potere **2** unità dell'esercito italiano, costituita da più battaglioni e comandata da un colonnello **3** (*gramm.*) costruzione **4** (*colloq., iperb.*) moltitudine: *ho in casa un r. di persone; dispone di un r. di domestici* **5** †atto, atteggiamento, comportamento **6** †sostegno, sostentamento

◆**reggìno** [av. 1536] **A agg.** ● della città di Reggio Calabria CFR. reggiano **B s. m.** (**f.** *-a*) ● abitante o nativo di Reggio Calabria

reggipàlo [comp. di *reggere* e *palo* ✱ 1959] **s. m.** ● tipo di fondazione in cemento armato per pali in legno delle linee elettriche e telefoniche

reggipància [comp. di *reggere* e *pancia* ✱ 1872] **s. m. inv.** ● (*fam.*) panciera

reggipénne [comp. di *reggere* e il pl. di *penna* ✱ 1891] **s. m. inv.** ● oggetto da tavolo, con scanalature per appoggiarvi le penne da scrivere

reggipètto [comp. di *reggere* e *petto* ✱ 1869] **s. m.** **1** reggiseno **2** nel finimento del cavallo, striscia di cuoio che sostiene il pettorale

reggipiccòzza [comp. di *reggere* e *piccozza* ✱ 1959] **s. f. inv.** ● in alpinismo, laccio di canapa fissato a un anello di acciaio scorrevole lungo il manico della piccozza fino ad un opportuno chiodo o ghiera di arresto, che viene stretta al polso dell'alpinista

reggiposàta (o **-ṣ-**) [comp. di *reggere* e *posata* ✱ 1877] **s. m. inv.** ● specie di ponticello metallico o di cristallo su cui durante il pranzo si appoggiano le posate, per evitare di sporcare la tovaglia

reggiséno [comp. di *reggere* e *seno* ✱ 1941] **s. m.** (**pl.** *-i, raro -o*) ● fascia di tessuto o pizzo modellata a coppe e con sottili bretelle, per sorreggere il seno femminile

reggispìnta [comp. di *reggere* e *spinta* ✱ 1959] **s. m. inv.** ● supporto, per lo più un cuscinetto, in cui s'impernia un albero spingente

reggitèsta [comp. di *reggere* e *testa* ✱ 1940] **s. m. inv.** ● appoggiatesta

reggitóre [1219] **agg. e s. m.** (**f.** *-trice*) **1** (*lett.*) che (o chi) regge, guida, governa | ***un r. di popoli***, un governante | ***il Sommo R.***, Dio **2** (*raro*) capo della famiglia colonica

†**règia**① ➤ **reggia**

regìa② [fr. *régie*, da *régir* 'reggere' ✱ av. 1769] **s. f.** (**pl.** *-gìe*) **1** opera di coordinamento generale e di direzione artistica di uno spettacolo teatrale, cinematografico, radiofonico o televisivo | ***cabina di r.***, locale con le apparecchiature per la direzione di uno spettacolo radiofonico o televisivo; (*fig.*) centro direttivo | (*dir.*) ***cabina di r. nazionale***, organo istituito presso il Ministero del bilancio e della programmazione economica con compiti di coordinamento, promozione e controllo in materia di interventi finanziati con fondi comunitari **2** (*fig.*) organizzazione accurata di cerimonia, manifestazione e sim.: *l'abile r. del corteo* | (*fig.*) elaborazione di un piano; conduzione, spesso non manifesta, di qlco.: *Baba sorveglia la r. della conversazione* (A. MORAVIA) | (*sport*) organizzazione, impostazione del gioco di una squadra **3** la professione, l'attività di regista **4** società che aveva in appalto dal governo la riscossione di tasse indirette o la vendita di generi di privativa | monopolio, privativa: *la r. dei tabacchi*

regicìda [comp. del lat. *rēx*, genit. *rēgis* 're' e *-cida*, sul modello del fr. *regicide* ✱ 1634] **A s. m. e f.** (**pl. m.** *-i*) ● chi si è reso colpevole di regicidio **B agg.** ● di regicidio, che è favorevole o istiga al regicidio: *idea r.; teoria r.*

regicìdio [da *regicida* ✱ 1640] **s. m.** (**pl.** *-i* o *raro -ii*) ● uccisione di re o di regina

regimàre [da *regime*, nel sign. 4 ✱ 1974] **v. tr.** **1** (*idraul.*) regolare, contenere un corso d'acqua nel regime della sua portata, spec. mediante opportune opere murarie **2** (*tecnol.*) portare una macchina, un congegno e sim. al suo regime ottimale di funzionamento

regimazióne [1974] **s. f.** ● il regimare

regìme o (*raro*) **règime** [vc. dotta, lat. *rĕgime(n)*, da *rĕgere* 'reggere' ✱ 1308] **s. m.** **1** forma di governo, sistema politico: *r. repubblicano, monarchico* | (*spreg.*) governo autoritario, dittatoriale | (*per anton.*) il sistema politico fascista in Italia dal 1922 al '43: *schiacciati dalla prepotenza del r.* (B. CROCE) | (*est., spreg.*) situazione politica caratterizzata da mancanza di ricambio nella guida di un Paese e da ingerenze partitiche nel campo dell'economia e della cultura **2** (*dir.*) complesso organico di norme, interne o internazionali, che disciplinano uno o più istituti giuridici: *r. patrimoniale della famiglia; r. degli Stretti* | ***r. aureo***, fondato su un'unità monetaria aurea, avente un certo peso e un certo titolo | ***r. vincolistico***, situazione in cui lo Stato, per risolvere temporaneamente gravi problemi immediati, vincola con provvedimenti legislativi speciali il libero gioco della domanda e dell'offerta **3** (*relig.*) supremo organo di governo, in alcuni ordini religiosi **4** regola pratica di vita, in particolare relativamente alla dieta alimentare | ***r. latteo, vegetariano***, tipo di alimentazione a base di latte, di verdura | ***essere a r.***, seguire una determinata dieta con rigore **5** andamento di un fenomeno in un certo intervallo di tempo: *r. minimo, massimo* | ***r. di corso d'acqua***, modo col quale è distribuita la portata durante l'anno | ***r. fluviale***, con leggere variazioni di portata | ***r. torrentizio***, con forti e brusche variazioni di portata | ***r. pluviometrico***, modo con cui le precipitazioni in una data località si distribuiscono durante l'anno | ***r. termico***, andamento della temperatura di un luogo durante l'intero corso dell'anno **6** insieme di condizioni che caratterizzano il funzionamento stazionario di una macchina, impianto, apparecchiatura o motore | ***r. di giri***, velocità di rotazione spec. di motori | ***a pieno r.***, alla massima velocità o nella condizione di pieno funzionamento; (*est.*) al massimo grado: *l'economia sta viaggiando a pieno r.* | ***r. di circolazione***, sistema per regolare la marcia dei treni in linea garantendone la sicurezza | ***a r.***, detto di un fenomeno quando è trascorsa la fase iniziale di avvio; (*est.*) detto di provvedimento quando è pienamente operante

regimèntal /redʒi'mɛntal, *ingl.* ˌredʒɪ'mɛnt(ə)l/ [vc. ingl., propr. 'reggimentale, del reggimento' e, più ampiamente, 'militare' ✱ 1963] **A agg. inv.** ● detto di capo di abbigliamento che imita lo stile e la foggia dei vestiti militari inglesi: *pantaloni r.* | ***cravatta r.***, cravatta a strisce oblique colorate **B s. f. inv.** ● cravatta regimental

◆**regìna** o †**reìna** [lat. *regīna(m)*, di orig. indeur. ✱ 1225 ca.] **A s. f.** **1** moglie del re: *ottenere la grazia per intervento della r.* | ***la r. madre***, la madre del sovrano regnante | ***erba della r.***, tabacco **2** donna che regna, a capo di una monarchia: *la r. d'Olanda, d'Inghilterra* | ***sembrare, parere una r.***, per maestà, imponenza, ricchezza | ***l'incedere di una r.***, portamento e passo maestoso **3** (*fig.*) donna che eccelle e primeggia tra le altre: *è una r. di bellezza; tra noi è la r. per virtù* | ***la r. della danza***, colei che balla meglio d'ogni altra | ***la r. della festa***, colei che è più ammirata di tutte **4** (*est.*) cosa che eccelle, primeggia o si fa preferire tra altre simili: *la rosa è la r. dei fiori* | ***la R. del mare***, Venezia | ***r. dei vigneti***, uva precoce da tavola dall'acino grosso, giallo-dorato, con aroma di moscato | ***r. dei frutteti***, varietà coltivata di pesco a frutto grosso quasi sferico | ***r. Claudia***, varietà pregiata di susino con frutto a polpa soda spiccagnola | ***r. dei prati***, pianta perenne delle Rosacee con grappoli di fiori bianchi che cresce in luoghi umidi e che contiene composti dell'acido salicilico (*Spiraea ulmaria*) **5** la femmina feconda degli insetti che vivono in forme sociali, quali formiche, api, vespe, termiti | ***r. di mare***, albastrello **6** il pezzo più potente del gioco degli scacchi che può essere mosso in direzione orizzontale, verticale e diagonale: *muovere la r.* SIN. donna **7** carta da gioco raffigurante una regina: *r. di cuori* SIN. dama **B anche agg.** ● che è regina: *ape r.* | ***cannella r.***, varietà di cannella dell'India orientale e di Ceylon (*Cinnamomum zeylanicum*) **C in funzione di agg.** (**pl. inv.** o *-e*) ● (posposto a un sost. f.) detto di ciò che costituisce la categoria superiore, di eccellenza: *la 500 cc. è la classe r. del motociclismo* | ***prova r.***, in un'indagine giudiziaria o in un processo, la prova decisiva, schiacciante, nei confronti di un indagato ‖ **reginèlla**, **dim.** | **reginétta**, **dim.** (V.) | **reginòtta**, **dim.** (V.)

reginétta [1923] **s. f.** **1** dim. di *regina* **2** giovane regina **3** titolo conferito a una ragazza che primeggia in un concorso di bellezza: *dopo il ballo ci sarà la proclamazione della r.*

reginòtta [1913] **s. f.** **1** dim. di *regina*

2 principessa, spec. di fiaba e sim.

règio [vc. dotta, lat. *rēgiu(m)*, da *rēx*, genit. *rēgis* 're' * sec. XII] **A** **agg.** (**pl. f.** *-gie*) **1** del re, in quanto capo di una monarchia: *titolo r.*; *potestà, autorità regia*; *per r. decreto* **2** di uno Stato retto a monarchia: *il r. esercito*; *la regia marina* **3** (*chim.*) ***acqua regia***, miscela di acido nitrico e acido cloridrico usata per sciogliere i metalli nobili **4** (*fig.*) †principale: *cammino r.* | ***via, strada regia***, la via maestra | ***scala regia***, scala principale dei palazzi **5** (*fig.*) †elevato, nobile ‖ **regiaménte**, **avv.** (*raro*) regalmente; per decreto reale **B** **s. m.** ● (**spec. al pl.**) nell'età risorgimentale, soldato del re

regiolètto [da *regio(ne)*, sul modello di *idioletto* * 1993] **s. m.** ● (*ling.*) dialetto usato in una regione CFR. idioletto, socioletto

regionàle [vc. dotta, lat. tardo *regionāle(m)*, da *rĕgio*, genit. *regiōnis* 'regione' * 1552] **agg.** **1** delle regioni o di una regione in particolare: *struttura r.*; *legislazione r.*; *i problemi regionali locali*; *consiglio r.*; *autonomia legislativa r.* | ***voce, locuzione r.***, regionalismo | ***legge r.***, emanata dagli organi legislativi della regione | ***Stato r.***, Stato unitario con autonomie regionali, cioè istituzionalmente decentrato a mezzo di regioni | ***treno r.***, (*ellitt.*) ***regionale***, treno a percorso regionale, che ferma in tutte le stazioni intermedie **2** relativo a un'area comprendente più Stati: *il conflitto israelo-palestinese non è solo un problema regionale* **3** detto di fenomeno geologico che interessa vaste aree della superficie terrestre, quali oceani, continenti, catene montuose | ***metamorfismo r.***, metamorfismo di rocce dovuto alla loro localizzazione in profondità all'interno della crosta terrestre ‖ **regionalménte**, **avv.** **1** in una data regione **2** regione per regione; da parte delle regioni ‖ **regionalità**, **s. f. inv.** carattere regionale: *la regionalità di un prodotto*

regionalìsmo [comp. di *regionale* e *-ismo* * 1878] **s. m.** **1** eccessivo attaccamento e interesse per la propria regione: *peccare di r.* **2** tendenza politica favorevole alle autonomie regionali **3** (*ling.*) fenomeno linguistico proprio di una regione

regionalista [da *regionale* * 1891] **s. m. e f.**; **anche agg.** (**pl. m.** *-i*) **1** sostenitore della propria regione in relazione ai suoi usi e alle sue caratteristiche più tipiche: *è un acceso r. per quello che riguarda la cucina* **2** sostenitore del regionalismo

regionalìstico [1914] **agg.** (**pl. m.** *-ci*) ● da regionalista, conforme al regionalismo ‖ **regionalisticaménte**, **avv.**

regionaliẓẓàre [fr. *régionaliser*, da *régional* 'regionale' * 1965] **A** **v. tr.** ● (*burocr.*) trasferire, attribuire alla competenza normativa o alla proprietà di una regione **B** **regionaliẓẓàrsi** **v. intr. pron.** ● trasferirsi a livello regionale, diventare di competenza regionale ‖ **regionaliẓẓazióne**, **s. f.**

♦**regióne** [vc. dotta, lat. *regiōne(m)* 'direzione, linea di confine', poi 'territorio', da *rĕgere* 'dirigere'. V. *reggere* * 1266] **A** **s. f.** **1** porzione della superficie terrestre, del cielo o dello spazio dotata di caratteristiche omogenee: *r. boreale*; *r. antartica*; *regioni tropicali, polari, temperate, aride, steppose* | ***r. climatica***, zona limitata della superficie terrestre con clima uniforme, omogeneo **2** plaga, territorio: *la r. dei grandi laghi*; *le regioni disabitate della terra*; *una ridente r. ricca di boschi e prati* | area comprendente più Stati: *la r. mediorientale* **3** (spesso scritto con iniziale maiuscola) ente di amministrazione statale indiretta, autonomo e autarchico, che esercita attività nell'interesse dello Stato oltre che proprio: *presidente della r.* | ***r. a statuto speciale***, a cui è riconosciuta una più ampia autonomia | (*est.*) sede dell'amministrazione regionale **4** (*anat.*) particolare suddivisione topografica dell'organismo a scopo descrittivo: *r. dorsale, lombare* **5** (*mat.*) sottoinsieme di una figura, solitamente della stessa dimensione di questa **6** ogni circoscrizione territoriale dell'antica città di Roma **7** (*fig.*) campo, dominio, settore: *la r. della fantasia, dell'arte*; *le meravigliose regioni della scienza, ancora in parte inesplorate*; *le più intime regioni della moralità umana* (F. De Sanctis) **B** **in funzione di agg. inv.** ● (posposto al sost.) nella loc. ***Ente R.***, regione nel sign. A 3

♦**regista** [da *regia*, sul tipo *allegoria-allegorista*, *economia-economista* ecc. * 1932] **s. m. e f.** (**pl. m.** *-i*) **1** responsabile del coordinamento, dell'impostazione e del risultato artistico di uno spettacolo o di un programma radiotelevisivo: *r. teatrale, cinematografico* | ***aiuto r.***, assistente del regista durante la lavorazione di un film o la preparazione di uno spettacolo teatrale o televisivo | (*sport*) nei giochi di squadra, chi imposta e detta gli schemi di gioco **2** (*fig.*) chi organizza e dirige un'attività | (*est.*) chi elabora un piano, chi coordina e dirige, spesso in modo non manifesto, una trattativa, un'iniziativa, ecc.

regìstico [1941] **agg.** (**pl. m.** *-ci*) ● di regia o regista ‖ **registicaménte**, **avv.** dal punto di vista della regia

registràbile [1581] **agg.** **1** che si può registrare: *spesa r.* **2** che merita, deve essere registrato, ricordato: *un fatto r.* | ***musica r.***, adatta ad essere registrata ‖ **registrabilità**, **s. f. inv.**

♦**registràre** [da *registro* * 1313] **A** **v. tr.** **1** scrivere in un registro: *r. le nascite, le morti*; *r. un ricavo, un'entrata*; *r. a partita semplice, doppia*; *r. un marchio d'impresa* | ***r. un veicolo***, immatricolarlo **2** (*est.*) riportare, rilevare, segnalare: *la stampa registra un aumento della criminalità*; *si è registrata una diminuzione dei prezzi delle materie prime* | ricevere, ottenere: *il film ha registrato un notevole successo* | (*ling.*) attestare l'uso di un vocabolo o di una locuzione: *il dizionario registra numerose voci regionali* **3** detto di un apparecchio registratore, trascrivere direttamente in un grafico la grandezza misurata **4** fissare suoni, immagini o testi su supporti (quali nastri, dischi, pellicole, schede elettroniche) idonei a consentirne la successiva riproduzione **5** (*mus.*) aprire i registri dell'organo in modo che le canne loro assegnate suonino **6** mettere a punto un congegno o una macchina: *r. l'indice di uno strumento* | ***r. un orologio***, spostare la levetta del bilanciere per fare anticipare o ritardare il meccanismo **B** **registràrsi** **v. rifl.** ● inserire il proprio nome o i propri dati in un registro, un elenco, un sito Internet e sim. (+ *a*, + *in*, + *su*): *registrarsi all'anagrafe, in un forum, sul sito Zanichelli*

SFUMATURE DI SIGNIFICATO

registrare - immatricolare - protocollare

Il significato primo di **registrare** è quello di scrivere qualcosa in un registro, al fine di conservarne memoria o di lasciarne una traccia ufficiale. Più specifico è **immatricolare**, che consiste nell'iscrivere in un registro pubblico una persona o un oggetto, assegnando a essi un numero progressivo di matricola. Appartiene ancora al linguaggio burocratico **protocollare**, che significa mettere a protocollo, ossia iscrivere in un registro l'entrata o l'uscita di lettere e altri documenti concernenti le attività di enti pubblici o privati.

SFUMATURE ➤ ***catalogare***

registràta [f. sost. dell'agg. *registrato* * 1987] **s. f.** ● programma televisivo o radiofonico registrato in un momento precedente a quello della messa in onda SIN. differita CFR. diretta

registràto **part. pass.** di *registrare*; **anche agg.** ● nei sign. del v.: *marchio r.*

registratóre [1561] **A** **agg.** (**f.** *-trice*) ● che registra | detto di strumento di misura provvisto di organo scrivente che traccia un diagramma dei valori assunti dalla grandezza misurata in funzione del tempo | ***barometro r.***, barografo **B** **s. m.** **1** (**f.** *-trice*) chi registra, spec. il funzionario delle cancellerie medievali addetto alla registrazione su apposito registro dei documenti emanati **2** apparecchio o strumento per registrare CFR. -grafo | ***r. del suono***, (*ellitt.*) ***registratore***, strumento atto a registrare o a riprodurre i suoni: *r. a cassette* | ***r. di cassa***, macchina da calcolo utilizzata in negozi e sim. per facilitare i conteggi, fornire uno scontrino con la prova dell'avvenuto pagamento e registrare gli importi incassati | ***r. a nastro magnetico***, apparecchiatura elettronica per registrare su nastro magnetico una informazione sonora o visiva | (*aeron.*) ***r. di volo***, scatola nera **3** (*disus.*) cartella, classificatore

registratùra [av. 1311] **s. f.** ● (*raro*) registrazione

registrazióne [1584] **s. f.** **1** il registrare | iscrizione in un registro: *la r. di un incasso*; *la r. di una nascita*; *spese di r.* | messa a punto: *la r. di un orologio* | trascrizione di una grandezza registrata; rilevazione: *r. di un fenomeno mediante diagramma*; *la r. di una scossa sismica* | ***r. del suono***, operazione mediante la quale si fissano suoni, immagini o testi su supporti (quali nastri, dischi, pellicole, schede elettroniche) idonei a consentirne la successiva riproduzione | ***r. dell'organo***, arte di scegliere e mescolare i vari registri dell'organo **2** (*radio, tv*) programma trasmesso successivamente all'esecuzione e quindi non in diretta | (*est.*) locale, studio, in cui viene eseguita la registrazione **3** (*dir.*) annotazione degli atti e fatti giuridici stabiliti dalla legge su pubblici registri avente funzioni di pubblicità o, raramente, costitutive: *r. della ditta, di un trattato internazionale, delle società* | ***r. con riserva***, atto con cui la Corte dei Conti dispone che il provvedimento da essa riconosciuto illegittimo può avere esecuzione sotto la responsabilità politica dell'autorità governativa **4** (*mus.*) scelta e combinazione, da parte dell'esecutore, dei vari registri dell'organo o altro strumento a tastiera che disponga di registri

regìstro [deformazione del lat. tardo *regēsta*. V. *regesto* * av. 1348] **s. m.** **1** libro, quaderno, fascicolo o file in cui si registra, si prende nota di qlco. | ***r. dell'insegnante***, nell'ordinamento scolastico, quello individuale di ciascun insegnante: *r. cartaceo, elettronico* | ***r. di classe***, quello collettivo su cui i vari insegnanti annotano assenze e presenze degli allievi, note disciplinari e sim. | (*mar.*) ***r. di bordo***, su una nave mercantile, quello su cui si annotano le merci caricate con l'indicazione della quantità, origine, destinazione **2** (*dir.*) documento pubblico, spesso in forma di libro o fascicolo, su cui si annotano atti giuridicamente rilevanti concernenti beni e persone fisiche o giuridiche al fine di assicurare loro pubblicità verso i terzi e valore probatorio: *registri immobiliari*; *r. automobilistico*; *r. aeronautico*; *r. delle successioni*; *r. catastale* | ***imposta di r.***, quella dovute sugli atti scritti in genere, spec. sentenze e contratti | ***Ufficio del r.***, organo periferico dell'amministrazione finanziaria dello Stato che accerta e riscuote le imposte indirette sugli affari, fra cui anche le imposte di registro **3** (*est.*) ufficio o ente pubblico che emette e conserva i documenti e i registri relativi a un dato tipo di beni: *Registro Aeronautico Italiano*

a b c d e f g h i j k l m n o p q **r** s t u v w x y z

4 congegno per la messa a punto di un meccanismo | negli orologi, dispositivo sul ponte del bilanciere che permette, grazie ai suoi spostamenti circolari, di allungare o accorciare la lunghezza attiva della spirale, e quindi di fare ritardare o anticipare l'orologio **5** (*inform.*) organo o zona di memoria destinato a particolari e prestabilite funzioni di calcolo o logiche **6** (*mus.*) parte dell'estensione della voce o di uno strumento: *r. di tenore; r. alto, basso* | nell'organo, nell'armonio e nel clavicembalo, leva per azionare il meccanismo preposto alla produzione di ciascun timbro in dotazione allo strumento | nell'organo, serie di canne del medesimo tipo e timbro | ***cambiare r.***, (*fig.*) cambiare contegno, modo di parlare o di fare **7** (*ling.*) modo espressivo usato dal parlante o dallo scrivente in rapporto al contesto comunicativo: *r. familiare, colloquiale, elevato, formale, burocratico* **8** (*tipogr.*) perfetta concordanza di posizione fra due o più elementi costituenti un unico insieme, ma stampati in tempi diversi | ***mettere a r.***, far concordare la posizione di due o più dei suddetti elementi **9** †regesto

registrotèca [comp. di *registrato*, accorciato in *registro* per evitare l'incontro di troppe *t*, e *teca* ✱ 1966] **s. f.** ● (*raro*) nastroteca

regiudicàta o **re giudicàta** [lat. *rē(m) iudicāta(m)* 'cosa giudicata'. V. †*re*② e *giudicato* ✱ av. 1635] **s. f.; anche agg.** ● (*dir.*) provvedimento giurisdizionale non più soggetto ai normali mezzi di impugnazione e quindi definitivo | ***divenire r.***, passare in giudicato

†**regnàme** [sovrapposizione di *regno* a *reame* ✱ av. 1276] **s. m.** ● regno, reame

regnànte **A** **part. pres.** di *regnare*; anche **agg.** ● che regna: *famiglia r.* | (*lett.*) dominante: *quello che la ragione vuole è vinto dal r. furore* (G. Boccaccio) **B** **s. m. e f.** ● (*lett.*) re: *saranno presenti gli ultimi regnanti europei; ivi eran quei che fûr detti plebei, / pontefici, regnanti, imperadori* (F. Petrarca)

regnàre [vc. dotta, lat. *regnāre*, da *rēgnum* 'regno' ✱ av. 1250] **A** **v. intr.** (*io régno*; coniug. come *segnare*; aus. *avere*, †*essere* nel sign. 1) **1** essere a capo di uno stato monarchico esercitandovi l'autorità e le funzioni di re: *regnava in la terra de oriente, / di là da l'India, un gran re* (M.M. Boiardo); *Vittorio Emanuele II regnò per molti anni* | avere autorità sovrana: *la dinastia degli Asburgo regnò in Europa* **2** (*est.*) avere potere, dominio: *i Turchi regnarono in Oriente* | (*fig.*) prevalere, predominare: *spesso regnano i malvagi e gli astuti* | ***Dio regna nei Cieli***, ha il regno divino | (*fig.*) essere presente, diffuso ovunque: *qui regna la concordia; fra voi regna un'opinione falsa* **3** allignare, prosperare, vegetare, detto di piante: *in questa regione regna l'ulivo* **4** †soffiare, spirare: *quando il vento regna in alto* (Leonardo) **5** †sopravvivere **B** **v. tr.** ● †dominare, governare

regnatóre [vc. dotta, lat. *regnatōre(m)*, da *regnātus* 'regnato' ✱ av. 1332] **agg. e s. m.** (f. *-trice*) ● (*lett.*) che (o chi) regna (*anche est.*)

regnìcolo [vc. dotta, lat. tardo *regnĭcola(m)*, comp. di *rēgnum* 'regno' e *-cola* ✱ 1319] **agg.; anche s. m.** (f. *-a*) **1** (*stor., lett.*) abitante, cittadino di un regno **2** (spec. al pl.) nell'Ottocento, detto di cittadino del Regno di Napoli | dal 1860 e fino alla proclamazione della Repubblica italiana, detto di cittadino del Regno d'Italia

♦**régno** [vc. dotta, lat. *rēgnu(m)*, da *rēx*, genit. *rēgis* 're' ✱ sec. XIII] **s. m.** **1** stato monarchico retto da un re: *il r. di Spagna* | ***il R. Unito***, (*per anton.*) la Gran Bretagna | (*est.*) il territorio posto sotto l'autorità del re: *è un piccolo r.; cambiare i confini del r.* | (*est.*) dominio, sovranità di re e la sua durata: *pervenire al r.; aveva ambizioni di r.; sotto il r. di Luigi XIV* | ***abdicare al r.***, rinunciare a regnare **2** (*est.*) luogo di dimora, di potere, di predominio di qlcu. o qlco. (*anche fig.*): *l'Antartide è il r. dei ghiacci; questa casa è il r. del disordine* | ***essere nel proprio r.***, (*fig.*) sentirsi a proprio agio, nell'ambiente adatto, più congeniale | ***i regni oltremondani***, Inferno, Purgatorio e Paradiso | ***il R. beato***, il Paradiso | ***il R. delle tenebre***, l'Inferno | ***il r. di Dio***, nell'ebraismo, l'ordine costituito con l'avvento del Messia; nel cristianesimo, la comunità dei redenti del Cristo partecipanti alla gloria di Dio | ***il r. della fantasia***, il mondo della fantasia **3** (*biol.*) nella classificazione degli organismi, la maggiore categoria sistematica: *il r. animale, vegetale, minerale* **4** †corona reale o mitra papale ‖ **regnétto**, dim. | **regnùccio**, dim.

♦**règola** o †**règula** [vc. dotta, lat. *rēgula(m)* 'asticella, squadra', poi 'regola, norma', da *rĕgere* 'dirigere'. V. *reggere* ✱ 1261 ca.] **s. f.** **1** andamento più o meno ordinato e costante di un complesso di eventi: *fenomeni al di fuori di ogni r.; senza una r. fissa* | ***di r.***, normalmente, solitamente | ***fare r.***, rappresentare la norma, la consuetudine | ***essere eccezione alla r.***, essere fuori della norma | ***disporre qlco. con una certa r.***, seguendo una disposizione ordinata | (*est.*) consuetudine, normalità (*anche iron.*): *qui le code sono ormai la r.!* **2** (*est.*) precetto, norma indicativa di ciò che si deve fare in certe circostanze: *trasgredire, osservare, mutare la r.; avere una r. di vita* | ***tenersi a una r.***, regolarsi secondo un certo criterio | ***essere, mettersi in r.***, essere, mettersi nella condizione ideale o richiesta per qlco.: *essere in r. con i pagamenti* | ***essere in r. verso qlcu.***, avere mantenuto un contegno ineccepibile verso qlcu., non avere colpe verso qlcu. | ***avere le carte in r.***, (*fig.*) essere in condizione di aspirare a qlco. in virtù dei requisiti posseduti | norma, prescrizione frutto dell'esperienza o della consuetudine: *trasgredire le regole della buona educazione* | ***r. aurea***, norma che per la semplicità e l'efficacia dei suoi effetti costituisce un riferimento generalmente valido | ***le regole di un gioco***, l'insieme di norme alla base di un gioco: *le regole del calcio, della tombola, della canasta* | ***le regole del gioco***, (*est.*) convenzioni, talora implicite o sottintese, che presiedono a una data attività: *in certi casi occorre saper rispettare le regole del gioco* | ***è fatto a r. d'arte***, è privo di difetti | ***agire con tutte le regole, in piena r.***, con attenzione, coscienza o perizia | ***è buona r.***, è consuetudine universalmente accettata | ***per vostra norma e r.***, affinché sappiate regolarvi (gener. in tono polemico) **3** metodo che permette la risoluzione di problemi o l'applicazione di determinati assunti: *la r. del tre semplice; le regole della grammatica* **4** (*ling.*) nella grammatica tradizionale, norma prescrittiva per parlare o scrivere secondo il modello stilistico dominante | in linguistica, ipotesi descrittiva riguardante il funzionamento grammaticale della lingua o i mutamenti storici della lingua stessa | nella grammatica generativa, istruzione per assegnare a una frase una descrizione strutturale o per convertire intere sequenze di frase in nuove strutture derivate: *r. di riscrittura; r. trasformazionale* **5** misura, moderazione: *avere una r. nello spendere* | ***senza r.***, smodatamente: *mangiare, bere senza r.* **6** il complesso delle norme con le quali generalmente il fondatore disciplina la vita comunitaria e gli obblighi degli appartenenti a un ordine religioso o a una congregazione | libro o testo scritto contenente tali norme: *r. di S. Benedetto, di S. Francesco, di S. Domenico* **7** complesso di beni in comunione fra famiglie in alcune zone montane **8** (*pop.*, al pl.) mestruazioni ‖ **regolétta**, dim. | **regolìna**, dim. | **regolùccia**, (*lett.*) **regolùzza**, dim.

regolàbile [av. 1653] **agg.** ● che può essere regolato: *meccanismo r.; velocità r.* ‖ **regolabilità**, **s. f. inv.**

regolamentàre① [1811] **agg.** ● (*burocr.*) del regolamento: *norma r.* | conforme al regolamento: *distanza r.* | (*est., iron.*) consueta: *entrò, con la sua r. aria annoiata* ‖ **regolamentarménte**, **avv.** (*raro*) in modo regolamentare ‖ **regolamentarità**, **s. f. inv.** condizione di ciò che è regolamentare

regolamentàre② [1812] **v. tr.** (*io regolaménto*) ● ordinare, sistemare con l'emanazione di un regolamento: *r. il traffico di valuta*

regolamentazióne [1851] **s. f.** ● (*burocr.*) il regolamentare | complesso di regole; normativa, regolamento

♦**regolaménto** [av. 1556] **s. m.** **1** (*raro*) regolazione | modificazione rivolta a migliorare: *r. delle acque fluviali, marine* | ***r. di conti***, (*fig.*) soluzione violenta di contrasti, spec. fra bande rivali appartenenti alla malavita **2** complesso delle norme per mezzo delle quali si dirige o si disciplina qlco.: *attenersi al r.; r. scolastico; r. edilizio* SIN. ordinamento **3** pagamento di un debito: *r. rateale* **4** (*dir.*) provvedimento normativo, emanato da un organo a ciò legittimato, con caratteristiche di obbligatorietà e applicabilità diretta **5** (*dir.*) ***r. di competenza, di giurisdizione***, procedimento avanti alla Corte di Cassazione per decidere sulla competenza o la giurisdizione del giudice avanti al quale è stato avviato il processo **6** (*dir.*) ***r. di confini***, azione giudiziaria con la quale un proprietario può chiedere che venga accertata l'esatta posizione del confine fra due fondi, quando essa è incerta

regolànte **part. pres.** di *regolare*①; anche **agg.** ● nei sign. del v. | (*lett.*) che guida, che dirige

♦**regolàre**① [vc. dotta, lat. tardo *regulāre*, da *rēgula* 'regola' ✱ sec. XIII] **A** **v. tr.** (*io règolo*) **1** ordinare, sistemare in base a una regola o a un complesso di regole: *r. il traffico, la circolazione stradale* SIN. disciplinare **2** (*est.*) governare, guidare, dirigere, detto di autorità, princìpi morali o leggi: *l'amore per il prossimo regola la loro vita; leggi fisiche regolano l'universo* **3** ridurre, limitare: *r. le spese domestiche* | moderare: *r. il calore di una stufa* **4** modificare il funzionamento di qlco. allo scopo di migliorarlo; mettere a punto: *r. una bilancia* | ***r. l'orologio***, rimetterlo all'ora esatta | ***r. un fiume, un corso d'acqua, le acque di un fiume***, mantenerne ottimale il regime mediante opportune opere murarie **5** definire, risolvere, sistemare: *r. una questione* | ***r. un conto***, liquidarlo, pagarlo | ***r. i conti con qlcu.***, (*fig.*) risolvere un diverbio, una discussione, un litigio con la vendetta | ***r. gli avversari***, nel linguaggio sportivo, spec. nel ciclismo, batterli **B** **regolàrsi** **v. rifl.** **1** avere un comportamento, un atteggiamento adatto alle circostanze: *non sapevo come regolarmi con te; sapere regolarsi da sé* | ***regolatevi!***, fate come credete meglio SIN. procedere **2** tenersi nel giusto limite senza eccedere (+ *in* seguito da inf.): *regolarsi nel mangiare, nel bere, nello spendere* SIN. controllarsi, moderarsi

♦**regolàre**② [vc. dotta, lat. tardo *regulāre(m)*, da *rēgula* 'regola' ✱ av. 1372] **A** **agg.** **1** che segue o mantiene una regola: *andamento, moto r.* | ***esercito r.***, reclutato e ordinato secondo le leggi **2** che non contravviene l'uso, le norme dettate dall'esperienza o la consuetudine: *la tua domanda non è r.* **SIN.** consueto, corretto **3** che non rivela irregolarità o imperfezioni: *lineamenti regolari* | normale: *traffico r.* | abituale, consueto (*anche iron.*): *è r. che il suo telefono sia occupato!* | ***statura r.***, né alta né bassa | ***tenere un passo r.***, costante | ***polso r.***, che ha un ritmo normale | ***essere r. in qlco.***, essere costante, puntuale, detto di persone **4** (*ling.*) detto di fatto linguistico conforme a un tipo considerato dominante | (*gramm.*) ***verbi regolari***, che seguono i tipi stabiliti di coniugazione **5** relativo o appartenente a un ordine religioso: *clero, religioso r.* ‖ **regolarménte**, **avv.** **1** con regola, secondo le regole: *compilare regolarmente un modulo* **2** secondo il regolamento o l'uso: *la domenica i negozi sono regolarmente chiusi* **3** in modo simmetrico, ordinato: *gli alunni erano regolarmente seduti in due file di banchi* **4** secondo una successione temporale costante; con regolarità costante: *vado dal dentista regolarmente due volte all'anno*; (*iron.*) sistematicamente: *arriva regolarmente in ritardo* ‖ **regolarità**, **s. f. inv.** (V.) **B** **s. m. e f.** ● appartenente a un ordine religioso

regolarista [1963] **s. m. e f.** (**pl. m.** *-i*) ● (*sport*) chi prende parte a gare di regolarità | spec. nelle gare ciclistiche o di corsa, atleta dal rendimento costante

regolarità [1561] **s. f. inv.** ● caratteristica di ciò che è regolare: *non è accertata la r. della procedura*; *una rara r. di lineamenti* | ***r. nel pagare***, puntualità | ***gare di r.***, nell'automobilismo e motociclismo, prove in cui i concorrenti devono osservare la tabella di marcia e compiere il percorso nel tempo stabilito

regolarizzàre [1765] **A** **v. tr.** ● rendere regolare, conforme alla regola: *r. una situazione* **B** **regolarizzàrsi** **v. intr. pron.** ● diventare conforme alla regola: *la situazione si è regolarizzata* **C** **regolarizzàrsi** **v. rifl.** ● mettersi in regola: *molti clandestini chiedono di regolarizzarsi* ‖ **regolarizzazióne**, **s. f.**

regolàta [part. pass. f. sost. di *regolare*① ∗ av. 1971] **s. f.** ● messa a punto, spec. frettolosa: *dare una r. alla leva del cambio* | (*fig., fam.*) ***darsi una r.***, adattare il proprio comportamento alle circostanze; calmarsi, moderarsi ‖ **regolatina**, **dim.**

regolatézza [da *regolato* ∗ 1735] **s. f.** ● modo di vita regolato, moderato, sobrio e sim.: *vivere con grande r.*

regolativo [da *regolato* ∗ 1584] **agg.** ● che agisce come elemento regolatore: *carattere r. di una disciplina di studio*

regolàto **part. pass.** di *regolare*①; anche **agg.** **1** ordinato, organizzato in base a regole: *espansione regolata di un centro urbano* **2** moderato, sobrio: *condurre una vita regolata* ‖ **regolataménte**, **avv.** in modo regolato: *vivere regolatamente* **SIN.** moderatamente, ordinatamente

regolatóre [1308] **A** **agg.** (**f.** *-trice*) ● che regola, che ha la funzione di regolare: *principio r.*; *mente regolatrice* | ***piano r.***, complesso di programmi tecnici di organizzazione e disciplina urbanistica, di un determinato territorio, città o parte di essa **B** **s. m.** **1** (**f.** *-trice*) (*raro*) chi regola **2** meccanismo, dispositivo che regola il funzionamento di qlco.

regolazióne [av. 1311] **s. f.** ● assoggettamento a una regola o a un sistema di regole: *r. del traffico* | modificazione atta a migliorare il funzionamento di qlco.: *r. di un apparecchio*; *vite di r.*

regolière [da *regola* nel sign. 7 ∗ 1742] **A** **s. m.** (**f.** *-a*) ● contitolare di una regola **B** anche **agg.**: *comunità regoliera*

regolìstica [da *regola* col suff. *-istica*, proprio di diversi raggruppamenti, dall'*-istico* degli agg. ∗ 1908] **s. f.** ● sistema, complesso di regole

regolìte [comp. delle due vc. gr. *rêgos* 'mantello' e *líthos* 'pietra' sul modello dell'ingl. *regolith* ∗ 1980] **s. f.** **1** (*geol.*) strato formato da detriti grossolani che copre gran parte della superficie della Terra, derivante dalla degradazione meteorica delle rocce sottostanti **2** (*astron.*) strato incoerente di frammenti rocciosi a varia granulometria che copre la superficie della Luna e di altri corpi celesti, prodotto dai ripetuti impatti meteorici

regolìzia [stessa etim. di *liquirizia*, con alterazione pop. ∗ 1320] **s. f.** ● (*pop., disus.*) liquirizia

règolo① [da *regolare*① (V.) ∗ av. 1311] **s. m.** **1** listello, di legno o metallo, per vari usi | asta di legno che serve al muratore per verificare se i mattoni sono ben allineati o l'intonaco spianato a dovere **2** pezzo rettangolare di legno, metallo o altro materiale solido | ***r. calcolatore***, strumento un tempo molto usato per eseguire rapidamente calcoli approssimativi, costituito da due parti, una fissa e l'altra scorrevole su di essa, su ciascuna delle quali è riportata una scala **3** nella scacchiera, filare di otto caselle ‖ **regolétto**, **dim.** | **regolino**, **dim.**

règolo② [vc. dotta, lat. *rēgulu(m)*, dim. di *rēx*, genit. *rēgis* 're' ∗ sec. XIV] **s. m.** **1** (*spreg., lett.*) re o signore di un piccolo dominio: *a un affamato r. nov'esca / offron d'anime e di terre* (G. Carducci) **2** piccolo uccello dei Passeriformi, con sottile becco appuntito, che vive nei boschi di conifere nutrendosi di insetti (*Regulus regulus*)

regrediènte **part. pres.** di *regredire*; anche **agg.** ● nei sign. del v.

✦**regredìre** [vc. dotta, lat. *rĕgredi*, comp. di *re-* e *grădi* 'avanzare'. V. *grado*② ∗ 1598] **v. intr.** (**pres.** *io regredisco, tu regredisci*; **part. pass.** *regredito*, o *regrèsso*; **aus.** *essere*) **1** tornare indietro, arretrare | (*fig.*) scadere, peggiorare: *r. nel lavoro, negli studi* | (*fig.*) diminuire d'intensità: *la malattia è regredita* **SIN.** retrocedere **CONTR.** progredire **2** (*psicol.*) subire una regressione

regredito **part. pass.** di *regredire*; anche **agg.** ● nei sign. del v. | che è ritornato a uno stadio più arretrato, a un livello primitivo: *eravamo fortemente regrediti e induriti* (P. Levi)

regressióne [vc. dotta, lat. *regressiōne(m)*, da *regrĕssus*, part. pass. di *rĕgredi* 'regredire' ∗ sec. XIV] **s. f.** **1** il regredire | (*raro*) regresso, decadenza **CONTR.** progressione **2** (*geol.*) arretramento, presso il mare, della linea di spiaggia, con la conseguente emersione di aree già sommerse **3** (*biol.*) retrocessione di una malattia o di un fenomeno biologico **4** (*psicol.*) ritorno a stadi precedenti dello sviluppo psichico: *r. all'infanzia* **5** (*stat.*) studio della dipendenza fra due variabili | ***linea di r.***, che serve a regredire, cioè a passare, dai valori di una variabile a quelli corrispondenti di un'altra **6** (*astron.*) retrogradazione

regressìsta [da *regress(o)* con il suff. *-ista* ∗ 1910] **s. m. e f.**; anche **agg.** (**pl. m.** *-i*) ● (*raro*) reazionario

regressivo [da *regresso*② ∗ 1555] **agg.** **1** che regredisce, tende alla regressione o la favorisce: *moto r.*; *andamento r. di un fenomeno* | (*fig.*) che è contrario al progresso, all'innovazione; retrivo: *idee regressive* **CONTR.** progressivo **2** che per vari motivi grava maggiormente su redditi minori: *imposta di fatto regressiva* **CONTR.** progressivo ‖ **regressivaménte**, **avv.** con moto regressivo ‖ **regressività**, **s. f. inv.**

regrèsso① o †**rigrèsso** [vc. dotta, lat. *regrĕssu(m)*, da *rĕgredi* 'regredire' ∗ sec. XIV] **s. m.** **1** arretramento, diminuzione: *il r. di una malattia* **2** ritorno a un livello precedente e inferiore: *il r. delle arti, delle discipline letterarie* **SIN.** decadenza **CONTR.** progresso **3** diritto di chi, dovendo adempiere insieme ad altri a una obbligazione in solido e avendola adempiuta per intero, intenda ottenere dagli altri il rimborso delle loro parti di debito: *azione di r.*

regrèsso② **part. pass.** di *regredire* ● nei sign. del v.

†**regrètto** [fr. *regret*, da *regretter* 'fare il lamento su un morto', poi 'rammaricarsi', di etim. discussa: ant. scandinavo *grāta* 'piangere, gemere', col pref. *re-* (?) ∗ 1573] **s. m.** ● rammarico, rincrescimento

†**reguarìre** ➤ **riguarire**

†**règula** ➤ **regola**

regular season /ˈrɛgjular ˈsizon, *ingl.* ˌrɛgjʊləˈsiːz(ə)n/ [loc. ingl., propr. 'stagione regolare' ∗ 1995] **loc. sost. f. inv.** (**pl. ingl.** *regular seasons*) ● negli sport di squadra, il campionato, rispetto ai successivi play off e play out

†**regurgitàre** e deriv. ➤ **rigurgitare** e deriv.

Reich /raix, -k, *ted.* raeç/ [vc. ted., 'regno', di ampia diffusione in tutte le lingue germ. ∗ 1885] **s. m. inv.** (**pl. ted.** *Reiche*) ● (*stor.*) impero, regno o altra forma di governo dello Stato tedesco | ***Primo R.***, il Sacro Romano Impero ricostituito nel 962 da Ottone I e durato fino al 1806 | ***Secondo R.***, impero tedesco su base federale, costituitosi nel 1871 e durato fino al 1918 | ***Terzo R.***, il regime instaurato dal nazismo hitleriano e il periodo di tempo (1933-1945) nel corso del quale ha dominato in Germania e in Europa: *durante il terzo R.*

reidratànte **A** **part. pres.** di *reidratare*; anche **agg.** ● che reidrata **B** **s. m.** ● cosmetico che serve a reidratare la pelle

reidratàre [comp. di *re-* e *idratare* ∗ 1988] **A** **v. tr.** ● idratare nuovamente una sostanza o un organo che abbia subìto un processo di disidratazione: *r. la pelle* **B** **reidratàrsi** **v. rifl.** ● idratarsi nuovamente: *durante l'estate si beve di più per reidratarsi*

reidratazióne [da *reidratare* ∗ 1959] **s. f.** ● ripristino del normale contenuto di acqua in sostanze, organi o individui disidratati

reiètto [vc. dotta, lat. *reiĕctu(m)*, part. pass. di *reĭcere* 'gettare indietro, respingere', comp. di *re-* e *iăcere* 'gettare' (V.) ∗ 1441] **agg. e s. m.** (**f.** *-a*) ● che (o chi) è respinto, allontanato come indegno di aiuto o considerazione: *essere r. da tutti*; *un r. della società*

reiezióne [vc. dotta, lat. *reiectiōne(m)*, da *reiĕctus*, part. pass. di *reĭcere*. V. *reietto* ∗ sec. XIV] **s. f.** **1** (*raro*) il ripudiare, respingere qlcu. **SIN.** rifiuto **2** (*dir.*) atto con cui un organo giudiziario o amministrativo respinge una domanda avanzata da un cittadino o un documento presentato dallo stesso: *r. di una domanda giudiziale* **3** (*psicol.*) ***r. parentale***, avversione dei genitori per il figlio, compensata di solito con eccessive attenzioni

reificàre [1959] **v. tr.** (*io reìfico, tu reìfichi*) **1** (*psicol.*) considerare concetti astratti come realtà concrete **2** nel marxismo, ridurre a oggetto, a merce **CFR.** cosificare ‖ **reificazióne**, **s. f.** (V.)

reificazióne [ingl. *reification*, comp. del lat. *rēs*, genit. *rĕi* 'cosa' (V. †*re*②) e dell'ingl. *-fication* '-ficazione' ∗ 1959] **s. f.** **1** (*psicol.*) processo mentale per cui concetti astratti vengono trasformati in realtà concrete, in oggetti **SIN.** materializzazione **2** nel marxismo, processo per cui l'uomo si estranea da sé stesso, identificandosi con gli oggetti e le realtà materiali da lui prodotte fino a divenirne lo strumento passivo | (*est.*) mercificazione CFR. cosificazione

Reifórmi [comp. del lat. scient. *Rhĕa*, n. di un genere di uccelli (dal lat. classico *Rhĕa*, altro n. di Cibele, dal gr. *Réa*, di etim. incerta), e il pl. di *-forme* ✱ 1959] **s. m. pl.** (**sing.** *-e*) ● (*zool.*) ordine di Uccelli non volatori, privi di carena, con tre dita in ciascun piede (*Rheiformes*)

rèiki /ˈrɛiki, *giapp.* rɛːki/ [vc. giapp., comp. di *rei* 'spirito' e *ki* 'energia vitale' ✱ 1991] **s. m. inv.** ● tecnica di concentrazione che si basa sull'ipotesi che l'essere umano possa diventare, attraverso diversi livelli di attivazione, un canale di trasmissione di energia cosmica e possa sfruttarla a scopi terapeutici

reimbarcàre o **rimbarcàre** [comp. di *re-* e *imbarcare* ✱ av. 1566] **A** **v. tr.** (*io reimbàrco, tu reimbàrchi*) ● imbarcare di nuovo: *r. i passeggeri, la merce sulla nave* | (*fig., raro*) coinvolgere **B** **reimbarcàrsi** **v. rifl.** ● imbarcarsi di nuovo | (*fig.*) cacciarsi, farsi coinvolgere nuovamente in una situazione difficile o rischiosa: *prima che ci si reimbarchi in una pazzia simile* (V. PRATOLINI)

reimbàrco o **rimbàrco** [da *reimbarcare* ✱ 1940] **s. m.** (**pl.** *-chi*) ● il reimbarcare, il reimbarcarsi

reimpiantàre [comp. di *re-* e *impiantare* ✱ 1985] **v. tr.** ● impiantare di nuovo

reimpiànto [1930] **s. m.** **1** nuovo impianto **2** (*agric.*) rinnovamento di una coltura legnosa mediante la sostituzione di una pianta vecchia con una giovane della stessa specie **3** (*med.*) tecnica chirurgica che serve a ricongiungere parti del corpo separate: *r. di un arto*; *r. dentale*

reimpiegàre o (*raro*) **rimpiegàre** [comp. di *re-* e *impiegare* ✱ 1812] **v. tr.** (*io reimpiègo, tu reimpièghi*) ● impiegare un'altra volta | riassumere: *r. il personale più capace*

reimpiègo o (*raro*) **rimpiègo** [1812] **s. m.** (**pl.** *-ghi*) ● nuovo impiego di qlcu. o di qlco. | riassunzione

reimpostàre [comp. di *re-* e *impostare*① ✱ 1983] **v. tr.** (*io reimpòsto*) ● impostare di nuovo, spec. con criteri diversi: *r. un problema*

reimpostazióne [1983] **s. f.** ● il riformulare un problema, un lavoro ecc. in base a criteri diversi

reimpressióne [comp. di *re-* e *impressione* ✱ av. 1730] **s. f.** **1** ristampa **2** (*filatelia*) riproduzione di francobolli fuori corso fatta con i punzoni originari

†**rèina** ➤ **regina**

reincaricàre [comp. di *re-* e *incaricare* ✱ 1991] **v. tr.** (*io reincàrico, tu reincàrichi*) ● dare di nuovo lo stesso incarico | (*polit.*) affidare al primo ministro o Presidente del Consiglio dimissionario un reincarico

reincàrico [comp. di *re-* e *incarico* ✱ 1938] **s. m.** (**pl.** *-chi*) ● nuovo incarico o riconferma di un incarico precedente | (*per anton., polit.*) incarico di formare il nuovo governo affidato al primo ministro o Presidente del Consiglio dimissionario

reincarnàre o (*raro*) **rincarnàre** [comp. di *re-* e *incarnare* ✱ 1906] **A** **v. tr.** ● riprodurre in modo molto somigliante le fattezze di qlcu.: *quel bambino reincarna perfettamente il nonno* **B** **reincarnàrsi** **v. intr. pron.** ● assumere un nuovo corpo, nel ciclo delle esistenze, secondo le credenze relative alla reincarnazione

reincarnazióne o (*raro*) **rincarnazióne** [comp. di *re-* e *incarnazione* ✱ av. 1872] **s. f.** **1** in alcune religioni e concezioni, il trasmigrare dell'anima dopo la morte in un altro essere, anche animale o vegetale, fino alla purificazione e liberazione finale **2** (*fig., raro*) chi assomiglia moltissimo a qlcu. nel fisico, nel carattere, nel modo di agire: *è la r. di un grande condottiero*

†**reincidènza** [comp. di *re-* e *incidenza* ✱ 1683] **s. f.** ● (*raro*) recidività

reincontràre e deriv. ➤ **rincontrare** e deriv.

reindustrializzàre [comp. di *re-* e *industrializzare* ✱ 1980] **v. tr.** ● dotare una zona o un territorio di nuove industrie che rinnovino o sostituiscano quelle precedenti: *r. un'area dismessa* ‖ **reindustrializzazióne**, **s. f.**

reinfettàre [comp. di *re-* e *infettare* ✱ 1940] **A** **v. tr.** (*io reinfètto*) ● infettare di nuovo **B** **reinfettàrsi** **v. intr. pron.** ● infettarsi di nuovo

reinfezióne [comp. di *re-* e *infezione* ✱ 1894] **s. f.** ● (*med.*) nuova infezione prodotta in un soggetto dagli stessi microrganismi responsabili di un'infezione precedente

reingàggio [comp. di *re-* e *ingaggio* ✱ 1855] **s. m.** ● nuovo ingaggio, spec. di un atleta | (*sport*) ***premio di r.***, nel calcio e sim., quello corrisposto in caso di rinnovo del contratto

reingrèsso [comp. di *re-* e *ingresso*① ✱ 1806] **s. m.** ● nuovo ingresso, spec. in seno a comunità, associazioni e sim.: *ha fatto un solenne r. nella vita del teatro*

reiniziàre o **riiniziàre**, (*raro*) **riniziàre** [comp. di *re-* e *iniziare* ✱ 1859] **v. tr.**, **intr.** (**aus.** *essere*) e **intr. impers.** (**aus.** *essere* o *avere*); anche **reiniziàrsi** **v. intr. pron.** ● ricominciare

reinìzio o **riinìzio**, (*raro*) **rinìzio** [da *reiniziare* ✱ 1886] **s. m.** ● nuovo inizio | ripresa SIN. ricominciamento

reinnestàre o **rinnestàre** [comp. di *re-* e *innestare* ✱ av. 1320] **v. tr.** (*io reinnèsto*) **1** (*agric.*) compiere un nuovo innesto **2** (*raro, fig.*) reinserire, ricollocare

reinnèsto [1959] **s. m.** ● nuovo innesto

reinscrìtto **part. pass.** di *reinscrivere* ● (*burocr.*) iscritto nuovamente

reinscrìvere [comp. di *re-* e *inscrivere* ✱ 1970] **v. tr.** (**coniug. come** *scrivere*) ● (*burocr.*) inscrivere di nuovo

reinsediàre [comp. di *re-* e *insediare* ✱ 1965] **A** **v. tr.** (*io reinsèdio*) ● reintegrare qlcu. in un ufficio, in una carica importante **B** **reinsediàrsi** **v. intr. pron.** ● riprendere possesso di una carica

reinseriménto [comp. di *re-* e *inserimento* ✱ 1955] **s. m.** ● nuovo inserimento in un dato contesto: *il r. nella vita attiva dopo la lunga detenzione gli è stato difficile* SIN. reintegrazione

reinserìre [comp. di *re-* e *inserire* ✱ 1960] **A** **v. tr.** (*io reinserìsco, tu reinserìsci*) ● inserire nuovamente qlco.: *r. una vite nel suo foro* SIN. reintrodurre | reintegrare: *r. qlcu. in un ambiente* **B** **reinserìrsi** **v. rifl.** ● rimettersi, reintegrarsi in un determinato ambiente: *reinserirsi nella società, nel mondo del lavoro*

reinstallàre [comp. di *re-* e *installare* ✱ 1895] **v. tr.** **1** installare di nuovo **2** reinsediare

reintegra [da *reintegrare* ✱ 1858] **s. f.** ● (*burocr.*) reintegrazione

reintegràbile [da *reintegrare* ✱ 1905] **agg.** ● che si può reintegrare

reintegraménto o (*lett.*) **rintegraménto** [1313] **s. m.** ● (*raro*) reintegrazione

reintegràre o (*lett.*) **rintegràre**, (*raro, lett.*) **redintegràre** [lat. *redintegrāre* (V.), con cambio di pref. ✱ 1336 ca.] **A** **v. tr.** (*io reintegro*) **1** fare ritornare qlco. nello stato in cui era prima, nell'interezza precedente: *r. la produzione tessile con nuove fibre* | (*fig.*) ricostituire, ristabilire: *r. le energie con la ginnastica*; *quest'etere vivace, / che gli egri spiriti accende / e le forze rintegra* (G. PARINI) **2** rimettere di nuovo qlcu. in una certa posizione, secondo i suoi diritti: *r. un impiegato nel suo ufficio* SIN. reinsediare | ***r. qlcu. del danno subito***, risarcirlo **B** **reintegràrsi** **v. rifl.** ● riprendere le proprie funzioni, il proprio posto e sim.: *reintegrarsi in un impiego*; *reintegrarsi nella società* SIN. reinserirsi **C** **reintegràrsi** **v. intr. pron.** ● †ridiventare intero | (*fig.*) †riordinarsi, ricomporsi | (*fig.*) †riconciliarsi

reintegratìvo [1673] **agg.** ● che serve a reintegrare: *risarcimento r. dei danni*

reintegràto **part. pass.** di *reintegrare*; anche **agg.** ● nei sign. del v.

reintegratóre o (*lett.*) **rintegratóre** [av. 1535] **s. m.** (**f.** *-trice*); anche **agg.** ● (*raro*) chi (o che) reintegra

reintegrazióne o (*lett.*) **rintegrazióne** [1509] **s. f.** **1** il reintegrare | ripristino dello stato, dell'interezza precedente (*anche fig.*): *r. di un deposito*; *r. delle forze* | ***r. dei danni***, risarcimento **2** ricollocazione di qlcu. nella posizione posseduta antecedentemente al verificarsi di eventi dannosi: *r. in una carica*

reìntegro [da *reintegrare* ✱ 1821] **s. m.** ● (*burocr.*) reintegrazione

reinterpretàre [comp. di *re-* e *interpretare* ✱ 1978] **v. tr.** (*io reintèrpreto*) ● interpretare di nuovo, spiegare in maniera diversa un fatto, una consuetudine, un comportamento, un testo, un'espressione artistica

reinterpretazióne [da *reinterpretare* ✱ 1988] **s. f.** ● nuova o diversa interpretazione

reinterràre e deriv. ➤ **rinterrare** e deriv.

reintrodùrre o **rintrodùrre** [comp. di *re-* e *introdurre* ✱ av. 1328] **A** **v. tr.** (**coniug. come** *condurre*) ● introdurre di nuovo **B** **reintrodùrsi** **v. intr. pron. e rifl.** ● entrare, inserirsi di nuovo: *reintrodursi in un gruppo*

reinventàre [comp. di *re-* e *inventare* ✱ 1959] **A** **v. tr.** (*io reinvènto*) ● inventare di nuovo | ricreare, rielaborare, rinnovare: *r. un personaggio* | anche in forma pron. (con valore intens.): *reinventarsi una favola* **B** **reinventàrsi** **v. rifl.** ● rinnovarsi radicalmente: *un autore che ha la capacità di reinventarsi*

reinvestiménto o **rinvestiménto** [1848] **s. m.** ● il reinvestire | nuovo investimento di denaro: *r. di un capitale*

reinvestìre o **rinvestìre** [comp. di *r(i)-* e *investire* ✱ 1340] **v. tr.** (*io reinvèsto*) **1** (*econ.*) investire di nuovo, mettere di nuovo a frutto, detto dei proventi da realizzo di precedenti capitali: *reinvestì subito in azioni l'eredità dello zio* **2** investire di nuovo con un urto violento: *dopo la macchina lo reinvestì anche una motocicletta* **3** (*stor.*) investire di nuovo, concedere di nuovo un feudo, un privilegio, un'onorificenza, un beneficio: *l'imperatore lo reinvestì della contea da cui era stato esautorato* **4** †rivestire

reinvestitùra o **rinvestitùra** [comp. di *r(i)-* e *investitura* ✱ 1673] **s. f.** ● (*stor., raro*) nuova investitura

reinviàre e deriv. ➤ **rinviare** e deriv.

reinvitàre ➤ **rinvitare**

reità o †**reitàde**, †**retà** [1268] **s. f. inv.** **1** condizione di reo SIN. colpevolezza **2** †colpa, delitto, malvagità, empietà

reiteràbile [1671] **agg.** ● (*raro*) che si può reiterare ‖ **reiterabilità**, **s. f. inv.**

reiteraménto [av. 1571] **s. m.** ● (*raro*) reiterazione

reiteràre [vc. dotta, lat. *reiterāre*, comp. di *re-* e *iterāre* ✱ 1319] **v. tr.** (*io reìtero*) ● replicare qlco. che si è già fatta: *r. le promesse, un decreto* | (*raro*) ripetere: *r. i baci, i saluti*

reiteràto part. pass. di *reiterare*; anche agg. ● nei sign. del v. | ripetuto: *con reiterati assalti* (V. Alfieri) || **reiteratamènte**, avv. più volte, ripetutamente

reiterazióne [sec. XIV] s. f. **1** ripetizione: *r. di una promessa* **2** (*ling.*) figura retorica che consiste nel ripetere la stessa idea con sinonimi o perifrasi; per es. in: *Movesi il vecchierel canuto et biancho* (F. Petrarca)

relais /*fr.* ʀ(ə)'lɛ/ [vc. fr., ant. 'cambio di posta', da *relayer* 'dare il cambio', comp. di *re-* e dell'ant. fr. *laier* 'lasciare', di etim. incerta ✱ 1893] s. m. inv. ● (*elettr.*) relè

relàpso o **relàsso** [vc. dotta, lat. *relāpsu(m)*, part. pass. di *relābi* 'ricadere', comp. di *re-* e *lābi* 'scivolare, cader giù', di etim. incerta ✱ av. 1595] agg. e s. m. (f. *-a*) ● (*relig.*) che (o chi) è ricaduto nell'eresia o nel peccato

†**relassàre** e deriv. ➤ **rilassare** e deriv.

relàsso ➤ **relapso**

relàta [f. sost. di †*relato* ✱ 1959] s. f. inv. ● (*dir.*) nella loc. ***r. di notifica***, relazione che l'ufficiale giudiziario appone in calce alla copia dell'atto notificato e con la quale attesta l'attività compiuta

relativa [sost. f. di *relativo* ✱ 1959] s. f. ● (*gramm.*) proposizione relativa, V. *relativo*

relativìsmo [da *relativo* ✱ 1903] s. m. **1** (*filos.*) qualsiasi dottrina che affermi il valore relativo della conoscenza CONTR. dogmatismo | ***r. etico***, concezione che nega l'esistenza di valori etici assoluti | (*antrop.*) ***r. culturale***, teoria che sostiene il carattere relativo di ogni cultura o civiltà, negando l'esistenza di princìpi di valutazione universalmente validi **2** caratteristica di ciò che è relativo, che non è immutabile o definitivo: *insegnamento che dobbiamo trarne … è il r. del giudizio* (C.E. Gadda)

relativìsta [da *relativo* ✱ 1894] **A** s. m. e f.; anche agg. (pl. m. *-i*) ● chi (o che) segue una concezione relativistica **B** agg. ● del relativismo; relativistico

relativìstico [1908] agg. (pl. m. *-ci*) **1** che concerne il relativismo **2** che concerne la teoria della relatività || **relativisticaménte**, avv.

relatività [1765] s. f. inv. **1** condizione di ciò che è relativo, non assoluto nel suo significato o valore: *la r. di un'opinione*; *la r. del gusto* | ***r. della conoscenza***, concezione secondo la quale è impossibile raggiungere una conoscenza assoluta e universalmente valida **2** principio fisico matematico, che attesta l'inesistenza di osservatori o di sistemi di riferimento privilegiati per lo studio dei fenomeni meccanici e fisici, e quindi l'inesistenza di uno spazio e di un tempo assoluti | teoria della meccanica e della fisica fondata sul principio di relatività | ***r. galileiana***, secondo la quale le leggi meccaniche hanno la medesima forma per due osservatori in moto rettilineo e uniforme uno rispetto all'altro | ***r. ristretta, speciale***, esprime l'equivalenza di due sistemi di riferimento in moto rettilineo e uniforme uno rispetto all'altro per quanto riguarda tutte le leggi meccaniche e fisiche ed è basata sull'ipotesi della costanza della velocità della luce | ***r. generale***, basata sull'invarianza delle leggi meccaniche e fisiche per qualsiasi osservatore

relativizzàre [av. 1606] **A** v. tr. ● rendere relativo **B** **relativizzàrsi** v. intr. pron. ● diventare relativo: *concetti che tendono a relativizzarsi* || **relativizzazióne**, s. f.

♦**relatìvo** [vc. dotta, lat. tardo *relatīvu(m)*, da *relātus*, part. pass. di *referre* 'riferire' ✱ av. 1292] agg. **1** che ha rapporto, relazione con qlco. (+ *a*): *risposta relativa alle domande*; *atteggiamento r. alla situazione* **2** che si riferisce, che è attinente a qlco. (+ *a*): *addurre le relative prove*; *pagare l'importo r. alla merce* | (*gramm.*) ***pronome, avverbio r.***, che richiama un nome o una frase antecedente (per es.: *che, il quale, cui; dove*) | ***proposizione relativa***, proposizione subordinata che modifica un termine della reggente ed è introdotta da un pronome o da un avverbio relativi (per es.: *ridammi il libro che ti ho prestato*; *sta cercando una persona cui lasciare le chiavi*; *l'albergo dove abbiamo pernottato è un po' caro*) | ***superlativo r.***, V. *superlativo* **3** che non ha valore o significato in sé ma rispetto a qlco. con cui ha un rapporto: *la spesa è relativa* | parziale, circoscritto, limitato: *gode di un r. benessere*; *quella testimonianza ha un valore r.*; *una felicità relativa* | ***tutto è r.***, le situazioni, le esperienze cambiano a seconda del punto di vista di chi le esamina | ***termine, elemento r.***, che assume un significato solo riferito a un altro | ***numero r.***, in matematica, numero dotato di segno CONTR. assoluto **4** (*fis.*) detto di movimento e di ciò che lo riguarda, riferito a un sistema di assi mobili | ***velocità relativa***, velocità del movimento relativo **5** detto di metodo di misura in cui si determina il rapporto fra la grandezza da misurare e quella della stessa specie assunta come unità di misura **6** (*mus.*) detto del rapporto fra una tonalità maggiore e una minore che hanno le stesse alterazioni in chiave || **relativaménte**, avv. in modo relativo; abbastanza, parzialmente: *un libro relativamente nuovo*; ***relativamente a***, per ciò che riguarda || **relatività**, s. f. inv. (V.)

†**relàto** [vc. dotta, lat. *relātu(m)*, part. pass. di *referre* 'riferire' ✱ 1499] agg. ● riferito

relàto, de ➤ **de relato**

relatóre [vc. dotta, lat. *relatōre(m)*, da *relātus*, part. pass. di *referre* 'riferire' ✱ 1525] **A** agg. (f. *-trice*) ● che riferisce, riporta: *ascoltare le conclusioni del segretario r.* | ***ufficiale r.***, ufficiale superiore addetto alla direzione dell'ufficio amministrazione del reggimento | ***giudice r.***, giudice istruttore che compie davanti al collegio prima del dibattimento l'esposizione dei fatti concernenti la causa e delle questioni trattate nella stessa **B** s. m. (f. *-trice*) **1** chi ha l'incarico di riferire su determinate questioni e argomenti dopo un esame personale o una discussione collegiale: *la commissione ha nominato il r.*; *r. di maggioranza, di minoranza* **2** in ambito universitario, docente che segue il laureando nella preparazione della tesi

relàx /re'laks, *ingl.* rɪ'læks/ [vc. ingl., da *to relax* 'rilassarsi', dal lat. *relaxāre* 'rilassare' ✱ 1959] s. m. inv. ● stato di riposo fisico e psichico: *fare una mezz'ora di r.*

relazionàle [1959] agg. ● che concerne o riguarda una relazione | relativo alle relazioni interpersonali: *problemi relazionali all'interno della famiglia* || **relazionalità**, s. f. inv. carattere, situazione relazionale

relazionàre [da *relazione* ✱ av. 1597] **A** v. tr. (*io relazióno*) **1** ragguagliare, informare qlcu. su qlco. **2** (*raro*) mettere in relazione: *r. due fatti, due concetti* **B** v. intr. (aus. *avere*) ● (*raro*) entrare in relazione con gli altri: *ha difficoltà a r. con i compagni* | (*raro*) intessere una relazione, spec. amorosa **C** **relazionàrsi** v. intr. pron. ● mettersi in relazione, rapportarsi con qlcu. o qlco.

♦**relazióne** [vc. dotta, lat. *relatiōne(m)*, da *relātus*, part. pass. di *referre* 'riferire' ✱ 1308] s. f. **1** legame, rapporto fra due cose, due o più fenomeni, e sim.: *r. di somiglianza, di uguaglianza, di causa ed effetto* | stretto nesso esistente tra due o più concetti, fatti, fenomeni ognuno dei quali richiama direttamente l'altro: *la r. tra materia e forma*; *avvenimenti in intima r. tra loro*; *mettere in r. le premesse con le conseguenze* | ***in r. a***, in rapporto a | (*gramm.*) ***complemento di r.***, indica una relazione, un rapporto fra persone o cose; è introdotto dalle prep. *tra* (o *fra*) e *con* (per es.: *sono amicissimi tra loro*; *detto fra noi*; *pensare tra sé e sé*; *è sposato con una francese*; *è in buoni rapporti con tutti*; *tra moglie e marito non mettere il dito*) SIN. dipendenza, rapporto **2** (*mat.*) associazione, rapporto, legame di dipendenza tra elementi o grandezze: *r. di uguaglianza* | legge fisica: *la r. di Einstein* | ***r. fra gli insiemi A e B***, sottoinsieme del prodotto cartesiano di A e B **3** rapporto o vincolo di natura economica, affettiva e sim. tra persone: *r. di amicizia, di parentela*; *interrompere le relazioni con qlcu.*; *essere in cordiali relazioni con il vicinato* | ***essere in buone relazioni con qlcu.***, andare d'accordo | ***vita di r.***, l'insieme dei rapporti sociali di una persona | ***avere una r. con un uomo, una donna***, avere rapporti amorosi | (al pl.) conoscenze, amicizie: *Lei che è editore … e che ha molte relazioni* (G. Carducci) | ***pubbliche relazioni***, complesso di varie attività informative volte a influenzare favorevolmente la pubblica opinione intorno a persone, cose, istituzioni, aziende | (*org. az.*) ***relazioni industriali***, complesso dei rapporti fra sindacati e datori di lavoro | ***relazioni umane***, teoria sociologica e di organizzazione aziendale che rivaluta l'elemento umano del lavoro, quale fattore produttivo, nel quadro dei migliori rapporti personali fra dipendenti e imprenditori **4** resoconto scritto od orale svolto su un dato argomento: *fare una r.*; *ascoltare la r. dell'incaricato alle vendite*; *leggere una r.* **5** (*lett.*) notizia | †diceria, maldicenza || **relazioncèlla**, dim. | **relazioncìna**, dim.

SFUMATURE DI SIGNIFICATO

relazione - rapporto - ragguaglio - resoconto
Un'ampia esposizione, scritta od orale, con cui si riferisce ad altri su un determinato argomento si dice **relazione**. **Rapporto** ha lo stesso significato, ma è utilizzato soprattutto in riferimento a fatti o situazioni che comportano mancanze oppure costituiscono incidenti; trova per questo uso frequente in contesti militari. **Ragguaglio** è invece un'informazione precisa e dettagliata volta ad aggiornare altre persone su un argomento o una situazione. Un suo sinonimo è **resoconto**, che tuttavia rimanda al concetto di rendiconto, di relazione consuntiva.

relazionìsmo [1951] s. m. ● dottrina filosofica che interpreta la realtà come un complesso di relazioni

relè [adattamento della vc. fr. *relais* (V.) ✱ 1935] s. m. ● (*elettr.*) apparecchio che permette di utilizzare un segnale di comando di piccola potenza per agire su un circuito comandato di potenza anche molto maggiore: *r. elettrico, elettromagnetico, termico* | (*est.*) dispositivo non elettrico in grado di comandare apparecchiature: *r. idraulico, termico, fluidico, pneumatico*

release /rə'liz, *ingl.* rɪ'liːz/ [vc. ingl., propr. 'immissione sul mercato' ✱ 1991] s. f. inv. ● (*inform.*) versione di un programma o di un dispositivo

relegaménto [av. 1667] s. m. ● (*raro*) segregazione

relegàre o †**rilegàre**[2] [vc. dotta, lat. *relegāre*, comp. di *re-* e *legāre* 'mandare (come ambasciatore), inviare, incaricare', da *lēx*, genit. *lēgis* 'legge' ✱ 1353] **A** v. tr. (*io rèlego*, †*rélego*, *tu rèleghi*, †*réleghi*) ● allontanare, mandare via qlcu. e costringerlo a vivere in una sede lontana e sgradita: *fu relegato in un'isola sperduta* | esiliare, confinare: *Fa r. Napoleone all'Elba* (G. Ungaretti) | (*fig.*) mettere come in disparte: *fu relegato in un angolino della sala* SIN. confinare **B** **relegàrsi** v. rifl. ● confinarsi, isolarsi: *non vollero mai relegarsi nel-*

la campagna che li nutriva (C. Cattaneo)

relegàto part. pass. di *relegare*; anche agg. • nei sign. del v.: *Le scrivo, r... in una sala pompeiana con molte colonne* (G. Carducci)

relegatóre [1872] agg. e s. m. (f. *-trice*) • (*raro*) che (o chi) relega

relegazióne [vc. dotta, lat. *relegatiōne(m)*, da *relegātus* 'relegato' ✱ sec. XIV] s. f. • allontanamento, esilio | (*est.*) isolamento, segregazione

reliability /ingl. rɪˌlaɪə'bɪlɪtɪ/ [vc. ingl., propr. 'fiducia, attendibilità', da *reliable* 'fidato, sicuro', deriv. di *to rely* 'aver fiducia, fare affidamento', dal fr. ant. *relier* 'legare a sé' (stessa etim. di *rilegare*①) ✱ 1983] s. f. inv. • affidabilità, spec. di un elaboratore elettronico

†**religàre** ➤ **rilegare**①

religionàrio [1667] s. m. (f. *-ia*) • (*raro*) chi professa una religione | correligionario | (*est.*) protestante

♦**religióne** o †**riligióne** [vc. dotta, lat. *religiōne(m)*, di etim. incerta ✱ 1261 ca.] s. f. **1** complesso delle credenze, delle norme etiche e degli atti di culto che esprimono, nel corso della storia, la relazione delle varie società umane con il mondo divino | insieme di dogmi, precetti e riti che costituiscono ciascun culto religioso: *r. cattolica, protestante, ebraica, buddista, musulmana* | ***r. monoteistica***, quella che riconosce un Dio unico | ***r. politeistica***, quella che si fonda sulla credenza in una pluralità di rappresentazioni divine | ***r. panteistica***, quella che riconosce natura divina a tutto l'universo | ***r. rivelata***, che si fonda su una rivelazione direttamente fatta da Dio all'uomo e conservata, talvolta, in forma scritta | ***r. naturale***, che è fondata sulla sola ragione | ***r. di Stato***, quella che uno Stato riconosce ufficialmente sua propria **2** nel vecchio diritto canonico, denominazione degli istituti di vita consacrata | †convento, monastero: *Andò questo Giovanni ... a una r. di monaci* (F. Sacchetti) **3** rispetto devoto e fervido per entità astratte profondamente sentite o per sentimenti nobili: *la r. dell'arte, dell'umanità, della patria, della famiglia, dell'onestà* | (*est.*) ***con r.***, con intenso raccoglimento o con esattezza scrupolosa | ***non c'è più r.***, (*fig.*, *scherz.*) è crollato ogni rispetto per valori umani o spirituali **4** (*lett.*) solennità, santità che incute rispetto e reverenza: *almen l'antica / r. del bel loco io sento* (U. Foscolo)

NOMENCLATURA

religione

• *caratteristiche*: naturale, rivelata, animista, monoteistica, politeistica, panteistica, materialistica, positiva, trascendente, immanentistica, di Stato;

• *forme e comunità religiose*: idolatria, feticismo, animismo, culto degli antenati, vuduismo, sciamanismo, babismo, brahmanesimo, induismo, vedismo, buddhismo, lamaismo, giainismo, tantrismo, zenismo, confucianesimo, taoismo, scintoismo, islamismo, wahabismo, manicheismo, catarismo, mazdaismo = zoroastrismo, parsismo, mitraismo, sabeismo, rastafarianismo; cristianesimo, ebraismo, giudaismo, anglicanesimo, calvinismo, presbiterianesimo, puritanesimo, luteranesimo, protestantesimo, zwinglismo, ussitismo, quaccherismo, nestorianesimo, anabattismo, mormonismo, monofisismo; albigesi, drusi, basiliani; cristadelfiani, maroniti, melchiti, testimoni di Geova, uniati, valdesi;

• *alcuni testi sacri*: Bibbia (Antico Testamento, Nuovo Testamento = Vangelo), Talmud, Veda, Brahmana, Upanishad, Tantra, Yasna, Torah, Corano, Avesta, Libro dei morti;

• *alcuni principi di base*: mana, tabù; dogma; karma, nirvana, yoga, zen, tao, yin ⇔ yang;

• *edifici di culto*: chiesa (V.), tempio, moschea, pagoda (indiana, birmana, cinese, giapponese), sinagoga, pantheon, sacello, santuario, tabernacolo, minareto;

• *attività religiose*: culto (religioso ⇔ profano, permesso ⇔ proibito, misterico, ufficiale ⇔ tollerato, cattolico ⇔ acattolico, privato ⇔ pubblico); mito, rito, festa, cerimonia, processione, calendario liturgico, liturgia (romana, ambrosiana, armena, copta, gallicana, greca, illirica, ortodossa, slava; di rito romano, ambrosiano), Messa, preghiera, catechismo; fede, confessione, teofania = ierofania, rivelazione, comandamento, decalogo, ortodossia ⇔ eterodossia = eresia, scisma; empio = sacrilego, iniziazione, conversione; abiura, apostasia, setta, fanatismo, ascetismo, pietismo, ecumenismo; religioso ⇔ aconfessionale, discepolo, proselito, comunità religiosa, fedele = credente, praticante = osservante; integralismo;

• *azioni*: credere, essere credente, essere osservante del culto = professare, esercitare gli atti del culto; confessare, espiare, pentirsi; meditare, contemplare, pregare, adorare, venerare, ringraziare, propiziarsi la divinità, sacrificare; iniziare, convertire; rinnegare, abiurare.

religiósa (o *-ṣ-*) [f. di *religioso* ✱ sec. XIII] s. f. • monaca, suora

religiosità (o *-ṣ-*) [vc. dotta, lat. tardo *religiositāte(m)*, da *religiōsus* 'religioso' ✱ sec. XIV] s. f. inv. **1** caratteristica di chi (o di ciò che) è religioso: *un uomo di profonda r.* | (*est.*) senso religioso inteso soggettivamente e al di là di ogni riferimento a religioni storiche: *il Romanticismo è permeato di una sottile e confusa r.* **2** (*est.*) scrupolosa esattezza, cura in qlco.: ***eseguire con r. gli ordini ricevuti*** SIN. scrupolo, zelo

♦**religióso** (o *-ṣ-*) [vc. dotta, lat. *religiōsu(m)*, da *relĭgio*, genit. *religiōnis* 'religione' ✱ 1268] **A** agg. **1** della religione, di una religione: *insegnamento r.; rito r.* | (*est.*) che è fatto in conformità alle norme della religione: *matrimonio r.* SIN. sacro **2** che crede in una religione, che osserva la religione: *sono persone molto religiose* SIN. devoto, pio **3** (*fig.*) riverente, rispettoso: *ascoltare qlcu. in r. silenzio; ha una devozione religiosa per i genitori* | (*est.*, *enfat.*) scrupoloso: *eseguire con religiosa attenzione un delicato lavoro di restauro* ‖ **religiosaménte**, avv. **1** con religione, osservando i precetti religiosi: *vivere religiosamente* **2** (*fig.*) scrupolosamente: *adempiere, osservare religiosamente i precetti* ‖ **religiosità**, s. f. inv. (V.) **B** s. m. (f. *-a* (V.)) • chi appartiene ad un ordine o a una congregazione religiosa e ha pronunciato voti semplici o solenni

relìnga ➤ **ralinga**

†**relìnquere** [vc. dotta, lat. *relĭnquere* 'lasciare', comp. di *re-* e *lĭnquere* 'lasciare', di orig. indeur. ✱ av. 1306] **A** v. tr. (difett. usato solo nel pres. indic. e congtv., nel part. pass. *relitto*) • (*lett.*) lasciare, abbandonare: *era in terra di mal peso carco / come adiviene a chi virtù relinque* (F. Petrarca) **B** v. intr. • desistere

reliquàrio ➤ **reliquiario**

reliquàto [dal lat. *rĕliquus*. V. *reliquia* ✱ 1662] **A** agg. • (*raro*) rimanente **B** s. m. • (*raro*) residuo | (*lett.*) postumo: *r. di tosse*

relìquia o †**orlìquia**, †**orlìqua** [lat. *relĭquiae*, nom. pl. f., da *rĕliquus* 'restante'. V. †*relinquere* ✱ av. 1311] s. f. **1** (*lett.*, spec. al pl.) ciò che rimane di qlco. o i resti di una persona morta: *se pia la terra ... sacre le reliquie renda / dall'insultar de' nembi* (U. Foscolo) **2** ciò che resta del corpo, delle vesti o degli oggetti appartenuti a un santo o a un beato | (*fig.*, *scherz.*) ***tenere qlco. o qlcu. come una r.***, come qlco. di estremamente prezioso **3** (*fig.*, *lett.*) ciò che resta di qlco. di molto caro o grandioso, nobile e sim.: *i monumenti sono le reliquie del passato*

reliquiàrio o (*pop.*) **reliquàrio** [sec. XV] s. m. • urna, o sim., dove si conservano le reliquie | (*fig.*, *lett.*) luogo della mente dove si conservano i ricordi: *nel r. della memoria* (I. Nievo)

†**reliquière** [1566] s. m. • reliquiario

relitto **A** part. pass. di †*relinquere*; anche agg. **1** †lasciato, abbandonato **2** (*dir.*) *Bene r.*, patrimonio del de cuius al momento della morte **3** (*geol.*, *geogr.*, *biol.*) residuo, restante, da un fenomeno precedente più ampio | ***lago r.***, isolato, per movimenti tettonici, da un bacino marino | ***flora, fauna relitta***, la cui attuale area di estensione è una minima parte di quella primitiva **B** s. m. **1** rottame, avanzo di naufragio, spec. abbandonato in mare | carcassa di nave incagliata o abbandonata sulla costa | rottame di un aereo caduto **2** (*dir.*) porzione di terreno indivisa, situata fra due grandi fondi che sono invece oggetto di divisione **3** (*ling.*) fossile **4** (*fig.*) chi è ridotto in misere condizioni economiche o in uno stato di degrado fisico o morale: *l'alcol ha fatto di lui un r. umano*

SFUMATURE ➤ *rottame*

†**relùcere** ➤ **rilucere**

reluttàre e deriv. ➤ **riluttare** e deriv.

rem① /rɛm/ [sigla dell'ingl. *r(öntgen) e(quivalent) m(an)* 'equivalente in raggi X per un organismo umano' ✱ 1965] s. m. inv. • (*fis.*) unità di misura dell'equivalente di dose, definita come la dose assorbita di qualsiasi radiazione ionizzante che ha la stessa efficacia biologica di 1 rad di raggi x SIMB. rem

REM② /rɛm/ [sigla dell'ingl. *Rapid Eye Movement* 'movimento oculare rapido' ✱ 1957] agg. inv. • (*fisiol.*) detto di fase del sonno caratterizzata da sogni e da rapidi movimenti dei globi oculari SIN. sonno paradosso | ***non REM*** o ***NREM***, detto di sonno profondo privo di sogni e di movimenti oculari SIN. sonno lento

rèma① [gr. moderno *réma*, per il classico *rêuma* 'corrente, flusso'. V. *reuma* ✱ 1348] s. f. • flusso straordinario, vorticoso della marea rotta fra due ostacoli

rèma② [gr. *rhêma* 'verbo' ✱ 1974] s. m. (pl. *-i*) • (*ling.*) parte dell'enunciato che aggiunge una nuova informazione al tema, cioè alla parte del discorso data per già conosciuta (per es. nella frase *Carlo arriverà domani*, l'elemento nuovo, cioè *arriverà domani*, rappresenta il rema, mentre *Carlo*, che è l'elemento noto, rappresenta il tema) CFR. focus, tema① nel sign. B 3

remainder /re'mɛnder, *ingl.* rɪ'meɪndə(r)/ [vc. ingl., propr. 'resto, rimanenza (sottinteso di libri)', dall'ant. fr. *remaindre* 'rimanere', usato come s. ✱ 1965] s. m. inv. • copia di un volume che è venduto dall'editore a prezzo ridotto dato l'esito negativo delle vendite | (*est.*) libreria specializzata nella vendita di tali libri

remake /re'me(i)k, *ingl.* 'ri:ˌmeɪk/ [vc. ingl., da *to remake* 'rifare', comp. di *re-* 're-' e *to make* 'fare' (d'orig. germ.) ✱ 1956] s. m. inv. • (*cinema*) nuova versione, rifacimento di un vecchio film o di uno spettacolo teatrale

remàre [da *remo* ✱ av. 1342] v. intr. (*io rèmo* (o *-é-*); aus. *avere*) **1** azionare i remi al fine di imprimere il movimento ad una imbarcazione SIN. vogare | ***r. contro***, (*fig.*) ostacolare o rallentare dall'interno l'attività di un gruppo o di un'organizzazione **2** (*raro*, *fig.*) muoversi come se si stesse remando: *remando con le mani, come se facesse a mosca cieca, era arrivato all'uscio* (A. Manzoni)

remàta [1653] s. f. **1** azione del remare, spec. a lungo: *ho fatto una bella r. sul lago* **2** colpo di remo

rematóre [av. 1547] s. m. (f. *-trice*) • chi rema

rembàta [da avvicinare ad *arrembare* (?) ✱ 1600] s. f. • (*mar.*; *disus.*) ciascuno dei due palchi che alla prua delle galee formavano un solo castello

remeàbile [vc. dotta, lat. *remeābile(m)* 'che torna indietro', da *remeāre* 'tornare indietro', comp. di *re-* e *meāre* 'passare'. V. †*meare* ✱ av. 1808] **agg.** ● (*lett.*) che si può ripercorrere (*anche fig.*)

†**remèdio** e deriv. ➤ **rimedio** e deriv.

remeggiàre [da *remeggio* ✱ av. 1384] **v. intr.** (**pres.** *io reméggio*; **fut.** *io remeggerò*; aus. *avere*) ● (*raro*) remare | (*fig., lett.*) muoversi come chi adopera i remi, detto spec. di uccelli: *l'aquila nuota remeggiando lenta* (G. Pascoli)

reméggio o †**remìgio** [lat. *remĭgiu(m)* 'ordine di remi', da *rēmex*, genit. *rēmigis* 'rematore', da *rēmus* 'remo' ✱ sec. XIV] **s. m. 1** (*lett.*) il remare, il remeggiare (*spec. fig.*): *l'ode … di Pindaro, aquila trionfale / distende altera e placida il r. dell'ale* (G. Carducci) **2** l'insieme e la disposizione dei remi e dei vogatori in un'imbarcazione

reméngo ➤ **ramengo**

†**remènso** [vc. dotta, lat. *remēnsu(m)*, part. pass. di *remetīri* 'misurare di nuovo, percorrere di nuovo', comp. di *re-* e *metīri* 'misurare', di orig. indeur. ✱ av. 1470] **agg.** ● (*raro*) riesaminato, aggiornato

rèmico [da *remo* ✱ 1959] **agg.** (**pl. m.** *-ci*) ● (*raro*) a remi, spec. in contrapposizione a velico: *navigazione remica*

remièro [1889] **agg.** ● che concerne i remi o i rematori

remigaménto [av. 1694] **s. m.** ● (*raro*) il remigare

remigànte **A** **part. pres.** di *remigare*; anche **agg. 1** (*lett.*) che rema **2** (*zool.*) detto di ciascuna delle penne delle ali degli uccelli che costituiscono le superfici portanti per il volo **B** **s. m. e f.** ● (*lett.*) chi rema **C** **remigànti s. f. pl.** ● (*zool.*) penne remiganti

remigàre [vc. dotta, lat. *remigāre*, da *rēmex*, genit. *rēmigis* 'rematore', da *rēmus* 'remo' ✱ av. 1311] **v. intr.** (*io rémigo, tosc. rèmigo, tu rémighi, tosc. rèmighi*; aus. *avere*) **1** (*raro, lett.*) remare **2** battere le ali volando con movimento regolare: *gli uccelli remigavano lenti nel cielo*

remigatóre [sec. XIV] **s. m.** (**f.** *-trice*) ● (*raro, lett.*) rematore

†**rèmige** [vc. dotta, lat. *rēmige(m)*, da *rēmus* 'remo' ✱ av. 1552] **s. m.** ● (*poet.*) rematore

remigìno [da san *Remigio*, che si festeggia il 1° di ottobre, un tempo inizio dell'anno scolastico ✱ 1968] **s. m.** (**f.** *-a*) ● (*raro*) bambino nel primo giorno della prima elementare | (*est.*) chi inizia un'attività

†**remìgio** ➤ **remeggio**

✚**reminiscènza** [vc. dotta, lat. tardo *reminiscĕntia(m)*, da *reminīscī* 'ricordare', dalla stessa radice di *mēns*, genit. *mĕntis* 'mente' e *memŏria*, col pref. *re-* ✱ 1342] **s. f. 1** ricordo vago di qlco. lontano nel tempo e che si era quasi dimenticato: *quella foto presenta una r. approssimativa del suo volto* | ciò che si ricorda: *le mie reminiscenze letterarie* **2** riecheggiamento, imitazione di temi letterari, musicali o sim.: *in questa commedia trovo molte reminiscenze pirandelliane* **3** nella filosofia platonica, anamnesi

remisier /*fr.* ʀ(ə)mi'zje/ [vc. fr., da *remise* 'rimessa', propr. part. pass. f. di *remettre* 'rimettere' ✱ 1895] **s. m. inv.** ● un tempo, intermediario fra l'agente di cambio e il cliente

remissìbile o †**rimissìbile** [vc. dotta, lat. tardo *remissĭbile(m)* 'perdonabile', da *remĭssus*, part. pass. di *remĭttere* 'rimandare, perdonare'. V. *rimettere* ✱ av. 1342] **agg.** ● che può essere perdonato: *un peccato r.* ‖ †**remissibilménte**, **avv.** con remissione

remissióne [vc. dotta, lat. *remissiōne(m)*, da *remĭssus*. V. *remissibile* ✱ 1212] **s. f. 1** perdono, condono totale o parziale: *r. delle colpe, dei peccati*; *r. delle offese ricevute* | (*fig.*) scampo, rimedio (*anche scherz.*): *pericolo senza r.*; *chiacchierava senza r.* | ***r. del debito***, atto con cui il creditore rinuncia in tutto o in parte al proprio diritto, estinguendo in tal modo l'obbligazione | (*dir.*) ***r. della querela***, atto espresso o tacito che toglie effetto alla querela proposta e determina l'estinzione del reato **2** sottomissione, acquiescenza alla volontà altrui: *la sua r. ai superiori è imbarazzante* **3** (*raro, tosc.*) perdita in un affare: *è una vendita in cui avrei solo della r.* **4** (*med.*) arresto nell'evoluzione di una malattia

SFUMATURE ➤ *dispensa*①

✚**remissìvo** [vc. dotta, lat. *remissīvu(m)*, da *remĭssus*. V. *remissibile* ✱ av. 1328] **agg. 1** che si rimette di buon grado al parere, al volere altrui: *avere un carattere poco r.*; *essere, diventare r.* | docile: *è un bambino molto r.* **SIN.** condiscendente, sottomesso **2** (*dir.*) che è atto o serve a rimettere una pena e sim.: *formula remissiva* ‖ **remissivaménte**, **avv.** ‖ **remissività**, **s. f. inv.** sottomissione, acquiescenza alla volontà altrui **SIN.** condiscendenza

remissòria [dal lat. *remĭssus*. V. *remissibile* ✱ av. 1566] **A** **s. f.** ● documento con il quale un'autorità ecclesiastica dichiara la remissione delle pene di un suo suddito, autorizzandone il trasferimento in altra giurisdizione **B** anche **agg.** solo **f.**: *lettera r.*

†**remìta** ➤ **eremita**

†**remitòrio** ➤ **romitorio**

remittènte [vc. dotta, lat. *remittĕnte(m)*, part. pres. di *remĭttere* 'rimandare indietro, restituire'. V. *rimettere* ✱ 1481] **agg.** ● (*med.*) che ha carattere di remittenza: *febbre r.*

remittènza [dal lat. *remĭttere*. V. *remissibile* ✱ av. 1816] **s. f.** ● (*med.*) attenuazione o scomparsa temporanea dei sintomi di una malattia, in particolare della febbre | ***periodo di r.***, fase di una malattia caratterizzata da remissione dei sintomi

remìx /re'miks, *ingl.* ri:'mɪks/ [vc. ingl., comp. del pref. *re-* 'ri-' e di *mix(age)* 'missaggio' ✱ 1992] **s. m. inv.** (**pl. ingl.** *remixes*) ● rielaborazione di una canzone originale, in genere arrangiata in stile disco dance, eseguita con le tecniche del missaggio

remixàre [1992] **v. tr.** ● effettuare un remix

rèmo (o **-é-**) [lat. *rēmu(m)*, di orig. indeur. ✱ av. 1294] **s. m.** ● lunga asta, spec. di legno, con estremità larga a forma di pala che, immersa nell'acqua, permette, agendo da leva, il movimento di un'imbarcazione: *barca a remi*; *manico, ginocchio, giglione del r.*; *levare, tuffare i remi*; *salutare coi remi* | ***remi di poliera***, sovrapposti in più ordini e di lunghezza diversa | ***remi di bancata***, raddoppiati sullo stesso banco | ***condannare qlcu. al r.***, a remare nelle galere | ***sport del r.***, il canottaggio | ***tirare i remi in barca***, (*fig.*) concludere una qualsiasi attività o desistere da un'impresa, spec. rischiosa

remolìno [sp. *remolino* 'mulinello', da *remolinar*, dal lat. parl. **remolināre* 'girare come un mulino', da *molīna* 'mulino', col pref. *re-* ✱ sec. XIII] **s. m.** ● particolarità dei mantelli equini che consiste in una direzione irregolare dei peli per cui essi assumono una forma di spirale

rèmolo [da *remolino*, sentito come un dim. ✱ sec. XIV] **s. m. 1** (*centr., sett.*) crusca **2** (*raro*) mulinello d'acqua o di vento

✚**rèmora**① [vc. dotta, lat. *rĕmora(m)*, comp. di *re-* e *mŏra* 'indugio'. V. *mora*③ ✱ av. 1574] **s. f. 1** indugio, ritardo: *accettare una proposta senza remore*; *Dopo lunga r. di più e più mesi* (C. Goldoni) | ciò che costituisce un impedimento, un ostacolo: *le remore burocratiche* | freno: *porre una r. alla corruzione* | ***privo di remore***, privo di limitazioni | scrupolo: *agire senza remore*; *le remore di una lontana educazione* (L. Sciascia) **2** (*mar.*) scia laterale di nave che, avendo ferme le macchine o serrate le vele, scarroccia sottovento | zona apparentemente calma e quasi oleosa nella scia di una nave

rèmora② [da *remora*①, perché si credeva che questo piccolo pesce avesse la forza di arrestare le navi ✱ 1476] **s. f.** ● pesce osseo marino degli Echeneiformi con corpo slanciato, che ha sul capo un disco adesivo a ventosa con cui si attacca a pesci, tartarughe o navi per farsi trasportare (*Remora remora*)

†**remorchiàre** ➤ **rimorchiare**①

✚**remòto** o †**rimòto** [vc. dotta, lat. *remōtu(m)*, part. pass. di *removēre* 'allontanare, rimuovere'. V. *rimuovere* ✱ 1268] **agg. 1** che è molto lontano nel tempo: *cercare le cause remote di un avvenimento* | (*fig.*) esile, difficile da realizzarsi: *una remota possibilità di bene* (P. Levi) | (*gramm.*) ***passato r.***, ***trapassato r.***, tempi del verbo che esprimono un'azione del passato definitivamente compiuta (per es.: *andai, ebbi mangiato*) **CFR.** prossimo **2** (*lett.*) che è molto lontano nello spazio: *Dai remoti campanili intorno* (G. Pascoli) | (*est., lett.*) che è lontano, isolato, poco frequentato: *pervenuti in un luogo molto solitario e rimoto* (G. Boccaccio) **3** (*inform.*) che si trova o avviene a distanza (calco sull'ingl. *remote*): *assistenza da (computer) r.* ‖ **remotaménte**, **avv.**

SFUMATURE ➤ *antico*

remoulade /*fr.* ʀemu'lad/ [vc. fr. dal dial. piccardo *rémola* 'insalata' ✱ 1954] **s. f. inv.** ● (*cucina*) salsa di origine francese a base di maionese con l'aggiunta di senape, capperi, cetriolini, erbe ecc.

removìbile ➤ **rimovibile**

remozióne ➤ **rimozione**

†**rempairàre** [dal fr. ant. *repairier*, propr. 'rimpatriare', dal lat. *repatriāre*, con la *m* di *impatriare* ✱ av. 1276] **v. intr.** ● trovare rifugio, prendere dimora **SIN.** riparare②

remuage /*fr.* ʀə'mɥaʒ/ [vc. fr., propr. 'scotimento' dal v. *remuer* 'ricambiare', dal lat. *re-mutāre* ✱ 1936] **s. m. inv.** ● (*enol.*) nella spumantizzazione col metodo champenois, pratica di rotazione periodica delle bottiglie di vino spumante capovolte così da favorire la sedimentazione dei depositi sul tappo

remuneràre o (*lett.*) **rimuneràre** [comp. di *re-* e †*munerare* ✱ av. 1306] **v. tr.** (*io remùnero*) **1** (*lett.*) ripagare, ricompensare, contraccambiare, spec. per un servizio, un beneficio ricevuto: *la giustizia divina che rimunera e punisce* (G. Carducci) | pagare, retribuire: *r. i dipendenti* **2** (*assol.*) rendere, dare profitto: *un'azienda che non remunera* **3** †ristorare

remunerativo o (*lett.*) **rimunerativo** [1871] **agg.** ● che remunera, che rende | che dà sufficiente compenso: *lavoro r.* | (*fig.*) gratificante ‖ **remunerativaménte**, **avv.** ‖ **remuneratività**, **s. f. inv.**

✚**remuneràto** **part. pass.** di *remunerare*; anche **agg.** ● premiato, ricompensato: *Egli, vedendosi male r. de' meriti suoi* (U. Foscolo) | retribuito, compensato: *un lavoro ben r.*, *mal r.*

remuneratóre o **rimuneratóre** [vc. dotta, lat. tardo *remuneratōre(m)*, da *remunerātus*, part. pass. di *remunerāri* 'remunerare' ✱ av. 1328] **agg. e s. m.** (**f.** *-trice*) ● (*lett.*) che (o chi) remunera

remuneratòrio o **rimuneratòrio** [1745] **agg.** (**pl. m.** *-i* o *raro -ii*) ● (*raro*) che remunera | (*dir.*) ***donazione remuneratoria***, donazione effettuata per riconoscenza e in considerazione dei meriti del donatario

remunerazióne o **rimunerazióne** [vc. dotta, lat. *remuneratiōne(m)*, da *remunerātus*, part. pass. di *remunerāri* 'remunerare' ✱ av. 1328] **s. f.** ● ricompensa, premio: *chiedere la r. di un servizio*; *a titolo di r.* | compenso, retribuzione: *questa somma è una congrua r.*
SFUMATURE ➤ ***ricompensa***

†**remùno** [1354] **s. m.** ● remunerazione

†**remurchiàre** ➤ **rimorchiare**①

réna e deriv. ➤ **arena**① e deriv.

renàccio [da *ren(a)* col suff. deprezzativo *-accio* ✱ 1340 ca.] **s. m.** ● terreno sabbioso, arido

renàio [da *rena*, sul modello del lat. tardo *arenārius* ✱ av. 1320] **s. m.** (**pl.** *-ai*) **1** zona di lido o fiume in secca **2** cava di rena

renaiòla [da *rena*, perché si trova particolarmente nei luoghi sabbiosi ✱ 1891] **s. f.** ● pianta erbacea delle Cariofillacee con fusti sdraiato-ascendenti e foglie filiformi in fascetti (*Spergula arvensis*) **SIN.** spergola

renaiòlo o †**renaiuòlo** [1342] **s. m.** ● (*tosc.*) chi lavora in una cava di rena

renàle [vc. dotta, lat. tardo *renāle(m)*, da *rēn*, genit. *rēnis* 'rene' ✱ av. 1460] **agg.** ● del rene: *arteria r.* | ***capsula r.***, fascia adiposa che avvolge e protegge il rene | ***blocco r.***, arresto delle funzioni del rene

renàno [dal fiume *Reno* in Germania ✱ av. 1557] **agg.** ● del Reno | della Renania, regione storica della Germania che si estende attorno al medio corso del Reno: *vino r.* | ***bottiglia renana***, da vino, di forma cilindrica e affusolata e capacità di circa 3/4 di litro | ***Riesling r.***, V. *Riesling*

renard /fr. ʀ(ə)'naʀ/ [vc. fr., 'volpe', ant. n. proprio d'uomo, adoperato come n. della volpe protagonista del *Roman de Renart*: dal francone *Reginhart*, comp. di *ragin* 'consiglio' e *hart* 'duro' ✱ 1901] **s. m. inv.** ● in pellicceria e nel linguaggio della moda, volpe

renàre [da *rena* ✱ 1863] **v. tr.** (*io réno*) ● (*tosc.*) pulire, strofinare con la rena

renatùra [1872] **s. f.** ● (*tosc.*) pulitura con la rena

♦**rèndere** o †**rèddere** [sovrapposizione di *prendere* al lat. *rĕddere*, comp. di *re-* 'ri-' e *dăre* ✱ 1211] **A** **v. tr.** (**pass. rem.** *io rési*, **lett.** *rendéi*, †*rendètti*, *tu rendésti*; **part. pass.** *réso*, **lett.** †*rendùto*) **1** restituire, ridare a qlcu. ciò che si è avuto da lui, gli si è preso o ha perduto: *r. il denaro prestato*; *r. un libro*; *l'operazione gli ha reso la vista* | ***bottiglia, vuoto a r.***, da restituire dopo averne usato il contenuto | (*eufem.*) ***r. l'anima a Dio***, morire | ***r. giustizia***, riconoscere i diritti, i meriti di qlcu. | †***r. un voto***, scioglierlo | †***r. ragione***, scontare la pena | contraccambiare: *r. bene per male*; *r. un favore, il saluto a qlcu.* | ***r. la pariglia***, (*fig.*) vendicarsi di un torto, un'offesa | ***r. merito***, ricompensare | ***a buon r.***, detto di favore e sim., impegnarsi a restituirlo | (*est.*) dare, tributare: *r. a ciascuno secondo il merito*; *r. lode, omaggio a qlcu.* | ***r. grazie***, ringraziare | ***r. onore***, onorare | ***r. un servizio***, farlo, prestarlo | ***r. conto***, ***r. ragione***, giustificare, spiegare | ***r. gli estremi onori a qlcu.***, onorarne le spoglie solennemente | †***r. alle stampe***, stampare, pubblicare | ***r. una testimonianza***, riferirla, farla | (*lett.*) dare ciò che si è promesso: *o natura, o natura, / perché non rendi poi / quel che prometti allor?* (G. Leopardi) **2** fruttare, produrre (*anche* **assol.**): *un investimento che ha reso il dieci per cento*; *podere che rende bene*; *una linea ferroviaria che non rende* | (**assol.**) dare buoni risultati: *è un bambino che a scuola non rende* **3** (*lett.*) riflettere una immagine come uno specchio: *e i suoi atti venusti / gli rendean l'onde* (U. Foscolo) **4** (*est.*) raffigurare: *r. con un disegno l'aspetto di qlco.* | rappresentare, descrivere, esprimere: *una poesia che rende bene lo stato d'animo dell'autore*; *r. a parole una rapida immagine di qlco.* | ***r. l'idea***, riuscire a spiegarsi in modo chiaro | †***r. figura di***, offrire allo sguardo un dato aspetto | tradurre: *r. un verso in francese* **5** far diventare: *la solitudine lo ha reso arido*; *la pioggia ha reso il fiume torbido*; *per li fiori che rendon nostra vista più ioconda* (M.M. Boiardo) | ***r. qlco. di pubblica ragione***, diffonderne la conoscenza **6** (*lett.*) emettere, fare uscire: *r. un sospiro*; *r. luce, suono* | (*lett., fig.*) ispirare, causare **7** (*lett.*) portare da un posto all'altro: *la vela, in cima all'arbore rimessa / rendè la nave all'isola funesta* (L. Ariosto) **8** (*raro*) consegnare: *r. qlco. a domicilio* | †cedere, abbandonare: *r. la fortezza al nemico* | †***r. le armi***, arrendersi **B** **rèndersi** **v. tr. pron.** (**aus.** *essere*) ● fare diventare qlco. in un certo modo rispetto a sé stessi: *si è resa la vita un inferno*; *Ma tu ti rendi più difficile il cómpito, così, Anna* (L. Pirandello) **C** **rèndersi** **v. rifl.** **1** far in modo di essere o di apparire: *rendersi certo, persuaso*; *rendersi utile*; *rendersi ridicolo, antipatico* | ***rendersi conto di qlco.***, diventare consapevole, capacitarsi di qlco.: *renditi conto che i tempi sono cambiati* **2** (*lett.*) †arrendersi, affidarsi: *senza troppi assalti voltò le spalle, e rendessi per vinto* (G. Boccaccio) **D** **rèndersi** **v. intr. pron.** **1** diventare in un certo modo: *l'operazione si è resa indispensabile* **2** (*lett.*) dirigersi, recarsi in un dato luogo

rèndering /'rɛndərin(g), *ingl.* 'rɛndərɪŋ/ [vc. ingl., propr. 'riproduzione', dal v. *to render* 'riprodurre' ✱ 1989] **s. m. inv.** ● (*inform.*) processo di elaborazione elettronica di un disegno per ottenere un'immagine realistica

rendévole [1546] **agg.** **1** (*raro*) arrendevole **2** †produttivo

rendez-vous /fr. ʀɑ̃de'vu/ [vc. fr., propr. imperat. del v. *se rendre* 'incontrarsi', dal lat. tardo **rendere* per il classico *rĕddere* con influenza di *prendere* (V. *prendere*) ✱ 1644] **s. m. inv.** (**pl. fr. inv.**) **1** (*raro*) appuntamento, incontro **2** l'incontro, all'interno di un'orbita determinata, di due astronavi o mezzi spaziali

rendìbile [1872] **agg.** ● (*raro*) che si può rendere

rendicontàre [denominale di *rendiconto* ✱ 1949] **v. intr.** (**aus.** *avere*) ● (*burocr.*) presentare il rendiconto

rendicontazióne [da *rendiconto* ✱ 1958] **s. f.** ● (*burocr.*) stesura, presentazione di un rendiconto

rendicónto [comp. di *rendere* e *conto* ✱ 1790] **s. m.** **1** esposizione orale o scritta di conti: *fare, dare il r.* | ***r. consuntivo***, bilancio dell'esercizio scaduto, secondo le entrate e le spese avvenute | (*est.*) resoconto, consuntivo: *il r. di un anno di studio* **2** narrazione particolareggiata: *fare il r. di un'esposizione, di un giro turistico* | nota, rapporto: *i rendiconti dell'Accademia*

♦**rendiménto** o †**reddiménto** [sec. XIV] **s. m.** **1** (*raro*) resa | †***r. di grazie***, ringraziamento | (*dir.*) ***r. dei conti***, procedimento civile speciale sorto incidentalmente nel corso di una causa in conseguenza dell'obbligo di una parte di rendere un conto a una o più altre | (*ling.*) ***r. funzionale***, grado di utilizzazione di un fonema a fini distintivi **2** misura dell'efficienza della manodopera che si esprime come rapporto fra il tempo assegnato preventivamente per eseguire il lavoro e il tempo effettivamente impiegato | correntemente, capacità di produrre: *tecnico di alto r., ad alto r.* | (*est.*) capacità di ottenere buoni risultati: *il r. di una squadra, di un atleta, di uno studente* **3** reddito, frutto: *il r. di un podere* | (*econ.*) l'utile di un investimento espresso in percentuale **4** (*fis.*) in un processo termodinamico, il rapporto, sempre inferiore a 1, fra l'energia trasformata e l'energia spesa | ***r. chimico***, rapporto fra la quantità di prodotto ottenuto in un processo chimico e la quantità che teoricamente avrebbe dovuto risultarne
SFUMATURE ➤ ***reddito***

rèndita [da *rendere* ✱ 1268] **s. f.** **1** (*econ.*) reddito derivante dalla proprietà di un bene (per es. da affitti, da cedole di obbligazioni, da dividendi azionari e sim.) | (*est.*) provento, introito | ***vivere di r.***, (*est.*) senza lavorare; (*fig.*) godere di vantaggi o di meriti acquisiti in passato | ***r. fondiaria***, percepita dai proprietari di fondi agricoli | ***r. edilizia***, percepita dal proprietario di un immobile | ***r. catastale***, reddito imponibile di un'unità immobiliare determinato in base ai dati del catasto | ***r. parassitaria***, utile ricavato da una pura posizione di potere o di privilegio | ***r. di posizione***, utile aggiuntivo ricavato da un bene perché questo si trova in posizione favorita geograficamente o per altri motivi, rispetto al mercato; (*est.*) godimento di un prestigio o di una condizione favorevole, dovuto alla tradizione o al ruolo svolto in un determinato ambito sociale **2** (*dir.*) ***r. perpetua***, contratto con cui una parte conferisce all'altra il diritto di esigere in perpetuo la prestazione periodica di una somma di denaro o di altri beni, quale corrispettivo dell'alienazione di un immobile o della cessione di un capitale | ***r. fondiaria***, quella costituita mediante l'alienazione di un immobile | ***r. vitalizia***, quella costituita per la durata della vita del beneficiario o di un'altra persona **SIN.** vitalizio | ***r. vitalizia immediata***, formula che garantisce il pagamento di una rendita fino alla morte dell'assicurato, in qualunque momento avvenga | ***r. differita***, quella che garantisce il pagamento di un capitale o di una rendita a partire da una data determinata | ***r. temporanea immediata***, quella che garantisce il pagamento di una rendita fino a una data determinata oppure fino alla morte dell'assicurato se anteriore | nelle assicurazioni sulla vita, la somma pagata dall'assicuratore al beneficiario come corrispettivo del capitale versato a tale scopo **3** (*borsa*) titolo obbligazionario che rappresenta un debito irredimibile dello Stato: *r. al 5%* **4** †tributo ‖ (*lett.*) **renditùccia**, **renditùzza**, **dim.**

†**renditóre** [1342] **s. m.** (**f.** *-trice*) **1** chi rende, restituisce **2** latore di una missiva

†**rendùto** **part. pass.** di *rendere*; **anche agg.** ● nei sign. del v.

♦**rène** (o **-è-**) [vc. dotta, lat. *rēne(m)*, di etim. incerta ✱ av. 1698] **s. m.** **1** (*anat.*) ciascuna delle due ghiandole poste nella parte alta dell'addome, posteriormente sui due lati, che hanno la funzione di secernere l'urina: *le malattie del r.* **CFR.** nefro- **CFR.** reni **2** (*med.*) ***r. artificiale***, apparecchio destinato a sostituire temporaneamente la funzione depuratrice della dialisi del rene, specie verso l'urea

renèlla① [dim. di *rena* ✱ sec. XIV] **s. f.** **1** †rena finissima **2** (*med.*) concrezione simile alla sabbia che si forma nelle vie urinarie e che viene eliminata con l'urina passando, senza danno, attraverso l'uretra **SIN.** sabbia

renèlla② [per la forma a *rene* della foglia ✱ 1813] **s. f.** ● (*bot.*) asaro

renétta o **ranétta**, [fr. *reinette*, propr. 'reginetta', dim. di *reine* 'regina' ✱ 1854] **A** **s. f.** ● varietà di melo dal frutto di sapore acidulo, comprendente diverse specie coltivate | frutto di tale albero **B** **anche agg. solo f.**: *mela r.*

†**rengratiàre** ➤ **ringraziare**

réni (o **-è-**) [lat. *rēnes*, pl. di *rēn* 'rene' (V.) ✱ 1268] **s. f. pl.** ● la regione lombare | (*fig.*) ***avere le r. rotte***, essere molto stanco e affaticato | ***colpo di r.***, rapido movimento attuato con i muscoli lombari, spec. quello del

r

portiere di una squadra di calcio per una parata all'indietro o del ciclista in piedi sui pedali per spingere la bicicletta in avanti in un arrivo in volata; (*fig.*) sforzo improvviso e intenso per uscire all'ultimo momento da una situazione di emergenza; (*fig.*) balzo in avanti: *colpo di r. di Wall Street* | (*fig.*) ***spezzare le r. a qlcu.***, sconfiggerlo, piegarlo alla propria volontà, stroncandone la resistenza | †***dare le r.***, fuggire

renìccio [da *rena* ✱ 1725] **s. m.** ● quantità, ammasso di rena

renifórme [comp. di *rene* e *-forme* ✱ 1804] **agg.** ● (*bot.*) che ha forma di rene: *foglia r.*

renìna [da *rene* col suff. *-ina* ✱ 1959] **s. f.** ● (*biol.*) enzima proteolitico prodotto da cellule specializzate del rene che attiva il sistema dell'angiotensina, dotato di azione ipertensiva

rènio [detto così dal fiume *Reno* ✱ 1936] **s. m.** (**pl.** *-i* o *-ii*) ● elemento chimico, metallo, raro in natura, estratto da minerali del molibdeno, in cui è presente in tracce, usato nella fabbricazione di termocoppie per altissime temperature, di filamenti resistenti all'urto, di catalizzatori **SIMB.** Re **NUM. AT.** 75

†**renìschio** [da *rena* ✱ av. 1597] **A agg.** ● arenoso **B s. m.** ● suolo arenoso

✦**renitènte** [vc. dotta, lat. *renitĕnte(m)*, part. pres. di *renīti* 'sforzarsi contro', comp. di *re-* e *nīti* 'appoggiarsi, sforzarsi', di orig. indeur. ✱ 1340] **A agg. 1** che fa resistenza spec. opponendosi alla volontà di qlcu.: *essere r. ai voleri, ai consigli di qlcu.* **SIN.** riluttante **2** †detto di contribuente moroso **B s. m. e f.** ● chi è renitente | ***r. alla leva***, chi commette il reato di renitenza alla leva

✦**renitènza** [1598] **s. f. 1** resistenza, rifiuto: *r. a credere qlco., a seguire i consigli di un amico* **SIN.** riluttanza **2** (*dir.*) ***r. alla leva***, illecito commesso da chi, senza legittimo motivo, non si presenta nel giorno fissato all'esame personale e all'arruolamento
SFUMATURE ➤ ***contumacia***

renminbi /*cinese* '(r)ən`min`pi/ [vc. cinese ✱ 1983] **s. m. inv.** ● nome ufficiale dell'unità monetaria della Repubblica Popolare Cinese, nota correntemente come yuan

rènna (o *-é-*) [fr. *renne*, dall'islandese *hreinn* ✱ 1679] **s. f. 1** tozzo mammifero dei Cervidi con corna nel maschio e nella femmina, coda breve, arti robusti e zoccoli larghi e adatti a camminare sulla neve delle regioni artiche in cui vive (*Rangifer tarandus*) **2** la pelle conciata dell'animale omonimo: *una giacca, un paio di guanti di r.*

rennina [vc. ingl. *rennin*, da *rennet* 'caglio' ✱ 1959] **s. f.** ● (*biol.*) enzima proteolitico simile alla pepsina, secreto dalla mucosa gastrica dei vitelli e di altri ruminanti, impiegato nell'industria casearia per provocare la cagliatura del latte

renóso ➤ **arenoso**

†**renovàre** o †**rinovàre** [vc. dotta, lat. *renovāre*. V. *rinnovare* ✱ 1282] **v. tr.** ● rinnovare

rènsa [dalla città fr. di *Reims* ✱ av. 1348] **s. f.** ● tela bianca e fine di lino, originariamente prodotta a Reims

rent a car /renta'kar, *ingl.* 'rɛntə,kɑː(r)/ [loc. ingl. 'noleggio (*rent*) di un'auto (*car*)' ✱ 1964] **loc. sost. m. inv.** ● autonoleggio

rentier /*fr.* rɑ̃'tje/ [vc. fr., da *rente* 'rendita', regolare sviluppo del lat. **rĕndita(m)* 'rendita' ✱ 1906] **s. m. inv.** (**f.** fr. *rentière*) ● chi percepisce una rendita | possidente, benestante

rentrée /*fr.* rɑ̃'tʀe/ [vc. fr., propr. 'rientrata' ✱ 1894] **s. f. inv.** ● ritorno in teatro di un attore assente per lungo tempo dalle scene | (*est.*) ricomparsa di qlcu. in un ambiente dopo lunga assenza: *ha fatto la sua r. in società, in quel circolo di amici*

†**renunciàre** e deriv. ➤ **rinunciare** e deriv.

†**renunziàre** e deriv. ➤ **rinunciare** e deriv.

rèo [vc. dotta, lat. *rĕu(m)*, di etim. incerta ✱ av. 1250] **A s. m. 1** (**f.** *-a*) chi è responsabile di un reato | correntemente, colpevole: *reo di furto, di omicidio; reo confesso* **2** (**f.** *-a*) (*lett.*) persona malvagia: *morte fura / prima i migliori, e lascia stare i rei* (F. PETRARCA) **3** †colpa, male **B agg. 1** (*lett.*) malvagio, crudele: *gente rea* **2** †infelice, doloroso, triste: *interromper conven questi anni rei* (F. PETRARCA) **3** (*poet.*) †fiero, minaccioso: *con vista il guarda disdegnosa e rea* (L. ARIOSTO) **4** (*lett.*) turpe: *Il morso delle ree passioni* (R. BACCHELLI) || **reaménte**, **avv.** †malvagiamente, scelleratamente

rèo- [dal gr. *réos* 'flusso, corrente', da *rêin* 'scorrere'] **primo elemento** ● in parole composte scientifiche significa 'corrente d'acqua', 'corrente elettrica', o, più genericamente, 'scorrimento': *reologia, reometro, reotomo*

reobàrbaro ➤ **rabarbaro**

reoelettroencefalògrafo [comp. di *reo-* ed *elettroencefalografo* ✱ 1983] **s. m.** ● (*med.*) reoencefalografo

reoencefalografìa [comp. di *reo-* ed *encefalografia* ✱ 1983] **s. f.** ● (*med.*) registrazione continua delle variazioni che subisce una corrente elettrica fatta passare attraverso il capo, allo scopo di mettere in evidenza i percorsi del sangue nell'encefalo e le loro eventuali alterazioni

reoencefalògrafo [comp. di *reo-*, *encefalo* e *-grafo* ✱ 1983] **s. m.** ● (*med.*) elettroencefalografo per reoencefalografia **SIN.** reoelettroencefalografo

reoencefalogràmma [comp. di *reo-* ed *encefalogramma* ✱ 1983] **s. m.** (**pl.** *-i*) ● (*med.*) il tracciato del reoencefalografo

reòforo [comp. di *reo-* e *-foro* ✱ 1872] **s. m.** ● filo metallico conduttore di corrente elettrica

reografìa [comp. di *reo-* e *-grafia* ✱ 1990] **s. f.** ● (*med.*) tecnica diagnostica mediante reografo in grado di individuare le eventuali alterazioni della circolazione sanguigna di un segmento anatomico

reògrafo [comp. di *reo-* e *-grafo* ✱ 1940] **s. m.** ● apparecchio usato per la registrazione di correnti elettriche rapidamente variabili

reogràmma [comp. di *reo-* e *-gramma* ✱ 1990] **s. m.** (**pl.** *-i*) ● (*med.*) registrazione grafica ottenuta con la reografia

reologìa [ingl. *rheology*, comp. del gr. *réos* 'flusso, corrente' (V. *reo-*) e dell'ingl. *-logy* '-logia' ✱ 1949] **s. f.** (**pl.** *-gie*) ● parte della fisica che studia lo scorrimento e l'equilibrio della materia deformata per azione di sollecitazioni

reòmetro [comp. di *reo-* e *-metro* ✱ 1872] **s. m.** ● strumento elettrico che indica direttamente una grandezza elettrica dipendente dalle intensità di una o più correnti che lo percorrono

reoscòpio [comp. di *reo-* e *-scopio* ✱ 1895] **s. m.** ● strumento che rivela la corrente elettrica

reostàtico [1920] **agg.** (**pl. m.** *-ci*) ● di reostato, relativo a reostato

reòstato [comp. di *reo-* e *-stato* ✱ 1875] **s. m.** ● resistore a resistenza variabile inserito nei circuiti elettrici percorsi da una corrente per poterne variare l'intensità

reotàssi o **reotassìa** [comp. di *reo-* e *-tassi* ✱ 1959] **s. f. inv.** ● (*zool.*) capacità di movimento degli organismi acquatici in risposta alla corrente | ***r. positiva***, in direzione della corrente | ***r. negativa***, in direzione opposta alla corrente

reòtomo [comp. di *reo-* e *-tomo* ✱ 1875] **s. m.** ● interruttore o deviatore della corrente elettrica

reotropìsmo [comp. di *reo-*, *-tropo* e *-ismo* ✱ 1940] **s. m.** ● movimento di curvatura di un organo vegetale per effetto di una corrente d'acqua

reovìrus [comp. di *reo-* e *virus* ✱ 1984] **s. m. inv.** ● (*biol.*) genere di virus a RNA della famiglia *Reoviridae*, diffusi in natura e in quasi tutti i Mammiferi, che causano infezioni lievi nell'uomo

†**reparàre** ① ➤ **riparare** ①

†**reparàre** ② ➤ **riparare** ②

✦**repàrto** [variante di *riparto* ✱ av. 1712] **s. m. 1** (*disus.*) ripartizione **2** (*dir.*) distribuzione, spec. del ricavato da una espropriazione forzata | ***piano di r.***, elenco degli aventi diritto alla distribuzione del ricavato da una espropriazione forzata e indicazione della somma a essi spettante **3** settore di un complesso aziendale, ospedaliero, di una comunità e sim.: *il r. psichiatrico di un ospedale* **4** unità, gruppo | ***r. di truppa***, qualsiasi unità militare di consistenza inferiore al battaglione | ***r. d'attacco, r. difensivo***, nei giochi di squadra, ciascuna delle linee o complesso di giocatori che hanno compiti analoghi || **repartìno**, **dim.**

†**repatriàre** ➤ †**ripatriare**

†**repatriazióne** o †**ripatriazióne** [da †*repatriare* ✱ 1353] **s. f.** ● (*lett.*) rimpatrio

repêchage /*fr.* ʀ(ə)pe'ʃaʒ/ [vc. fr., da *repêcher* 'ripescare', comp. di *re-* 're-' e *pêcher* 'pescare' (stessa etim. dell'it. *pescare*) ✱ 1910] **s. m. inv. 1** recupero, riproposta: *un r. di testi del primo Novecento* **SIN.** ripescaggio **2** (*sport*) in competizioni a eliminazione, gara di recupero dei concorrenti battuti nelle fasi eliminatorie

repellènte A **part. pres.** di *repellere*; anche **agg. 1** che respinge **2** (*fig.*) che ripugna, disgusta: *cibo r.* **3** (*idraul.*) detto di opera che sporgendo trasversalmente dalla riva di un corso d'acqua tende ad allontanare la corrente da essa, proteggendola **4** (*chim.*) insettifugo **5** (*biol.*) detto di organismo animale o vegetale dotato di sapore, odore e sim. atti a respingere i potenziali predatori **6** (*milit.*) detto di aggressivo chimico che provoca il vomito **B s. m. 1** (*idraul.*) pennello (V. *pennello* ① nel sign. 2) **2** (*chim.*) insettifugo

repellènza [av. 1952] **s. f. 1** condizione di chi (o di ciò che) è repellente | (*fig.*) ripugnanza **2** (*chim.*) capacità di una superficie di impedire a un liquido di spargersi su di essa

✦**repèllere** [vc. dotta, lat. *repĕllere* 'respingere', comp. di *re-* e *pĕllere* 'spingere, cacciare', di orig. indeur. ✱ av. 1327] **A v. tr.** (**pass. rem.** *io repùlsi, tu repellésti*; **part. pass.** *repùlso*) ● (*lett.*) respingere, allontanare **B v. intr.** (**aus.** *avere*) ● (*fig.*, *raro*) disgustare, essere ripugnante: *è una soluzione che mi repelle*

repentàglio o †**ripentàglio** [lat. parl. **repentālia* 'pericoli improvvisi', nt. pl. di **repentālis*, da *rĕpens*, genit. *repĕntis* 'repentino, improvviso'. V. *repente* ✱ av. 1328] **s. m.** ● grave rischio e pericolo | ***mettere a r.***, esporre al rischio: *mettendo a grave r. la sua dignità* (L. PIRANDELLO)

repènte [vc. dotta, lat. *repĕnte(m)*, di etim. incerta; nel sign. B, lat. *repĕnte* 'repentinamente' ✱ av. 1294] **A agg. 1** (*lett.*) improvviso, subitaneo, presto | ***di r.***, all'improvviso **2** (*bot.*) strisciante **3** †rapido, furioso, violento **4** †ripido, erto: *il luogo donde si passa è più stretto che r.* (N. MACHIAVELLI) || **repenteménte**, **avv.** (*lett.*) all'improvviso, di colpo **B avv.** ● (*lett.*) repentinamente

repentinità [1915] **s. f. inv.** ● caratteristica di ciò che è repentino

✦**repentìno** [vc. dotta, lat. *repentīnu(m)*, da *rĕpens*, genit. *repĕntis*. V. *repente* ✱ av. 1332] **agg.** ● che accade, si manifesta all'improvviso:

morte repentina di qlcu.; *un mutamento r.*; *pioggia repentina* **SIN.** improvviso, subitaneo || **repentinaménte**, **avv.** in modo repentino, all'improvviso

†**repentirsi** ➤ **ripentirsi**

repènza [da *repente* ✱ 1872] **s. f.** ● (*lett.*) veemenza | (*lett.*) frequenza: *Poi mi tasta il polso per sentirne la r.* (L. PIRANDELLO)

†**rèpere** [vc. dotta, lat. *rēpere*, di orig. indeur. ✱ 1321] **v. intr.** (**difett. del pass. rem., del part. pass. e dei tempi composti**) **1** serpeggiare, strisciare, spec. di piante o serpenti **2** (*fig.*) avanzare, insinuarsi, penetrare

reperìbile [1690] **agg.** ● che si può reperire, trovare: *documento facilmente r.* **SIN.** ritrovabile **CONTR.** introvabile | che si può rintracciare: *medico r.* **CONTR.** irreperibile || **reperibilità**, **s. f. inv.** (V.)

reperibilità [1940] **s. f. inv.** ● condizione di chi (o di ciò che) è reperibile: *r. del dipendente durante la malattia* | in una prestazione lavorativa, obbligo di essere rintracciabile, spec. nelle ore notturne o nei giorni festivi, per eventuali motivi urgenti

reperiménto [1812] **s. m.** **1** (*burocr.*) ritrovamento: *il r. di oggetti e di prove*; *r. di fondi* **2** (*raro*, *stat.*) dépistage

reperìre [vc. dotta, lat. *reperīre*, comp. di *re-* e *pārere* 'condurre a termine, partorire' ✱ 1321] **v. tr.** (**pres.** *io reperisco, tu reperìsci*; **part. pass.** *reperìto*, **lett.** *repèrto*) ● trovare, ritrovare: *r. materiali, manodopera* | (*lett.*) riscontrare: *Fede e innocenza son reperte / solo ne' parvoletti* (DANTE *Par.* XXVII, 127) | (*burocr.*) ***r. un indizio***, scoprire un indizio | ***r. fondi***, mettere assieme fondi

reperìto **part. pass.** di *reperire*; **anche agg.** ● trovato

repertàre [1923] **v. tr.** (*io repèrto*) **1** (*dir.*) produrre come reperto: *r. prove al processo* **2** (*med.*) accertare, acquisire materiale diagnostico attraverso esame o indagine medica

repèrto **A** **part. pass.** di *reperire*; **anche agg.** ● (*lett.*) nel sign. del v. **B** **s. m.** **1** ciò che è stato trovato dopo una ricerca scientifica, un'indagine, ecc.: *r. archeologico*; *r. giudiziario* **2** ciò che si è rilevato con l'esame medico: *r. radiologico*

repertoriàre [1862] **v. tr.** ● (*raro*) mettere a repertorio

repertòrio o †**ripertòrio** [vc. dotta, lat. tardo *repertōriu(m)*, da *repĕrtus*, part. pass. di *reperīre* ✱ 1395] **s. m.** (**pl.** *-i* **o** *raro -ii*) **1** insieme dei lavori teatrali di cui una compagnia dispone per le rappresentazioni | complesso delle opere o dei brani che un attore, un cantante, un'orchestra e sim. sono in grado di eseguire | l'insieme delle opere di un autore: *i cultori del r. verdiano, shakespeariano* **2** registro, indice che contiene ordinatamente una rassegna particolare di dati: *r. bibliografico*; *si ritirano in studio a scartabellare gl'indici e i repertori* (G. GALILEI) | raccolta ordinata e facile da consultare: *quel fascicolo è un utile r. per gli automobilisti* | (*est.*) raccolta: *questo libro è un r. di luoghi comuni* | (*est.*) insieme di abilità o di risorse a disposizione di qlcu. (*anche scherz.*): *l'attaccante ha sfoderato tutto il suo r. di colpi*; *ha attinto al suo r. di lazzi e battute* **3** (*cinema, tv*) ***immagini di r.***, sequenze d'archivio inserite come commento, per ricordare un personaggio o un avvenimento e sim.

†**repètere** ➤ **ripetere**

repetìo o **ripetìo**, †**repitìo**, †**ripitìo** [da *repetere* 'richiedere' ✱ av. 1348] **s. m.** (**pl.** *-ii*) **1** †contesa, disputa, battibecco **2** (*lett.*) rammarico: *visse quel tempo … con un r. in sé del perduto pesce* (F. SACCHETTI) **3** (*lett.*) ripetizione insistente: *e la chiami … con un gran repitio* (G. PASCOLI)

†**repetitóre** ➤ **ripetitore**

†**repetizióne** ➤ **ripetizione**

†**repilogàre** ➤ **riepilogare**

†**repitìo** ➤ **repetio**

replay /re'plei, *ingl.* 'ri:,pleɪ/ [vc. ingl., 'rigiocare', comp. di *re-* 're-' e *to play* 'giocare' (V. *fair play*) ✱ 1979] **s. m. inv.** (**pl. ingl.** *replays*) ● (*tv*) in una trasmissione in diretta, spec. di una gara sportiva, ripetizione delle immagini di una fase di particolare interesse, trasmessa immediatamente dopo che questa è avvenuta | (*est.*) nuovo verificarsi di un fatto, ripresentarsi di un fenomeno

†**replèto** [vc. dotta, lat. *replētu(m)*, part. pass. di *replēre* 'riempire' (V.) ✱ sec. XIII] **agg.** ● pieno: *novo tormento e novi frustatori, / di che la prima bolgia era repleta* (DANTE *Inf.* XVIII, 23-24)

†**replezióne** [vc. dotta, lat. tardo *repletiō-ne(m)*, da *replētus* 'riempito'. V. †*repleto* ✱ av. 1328] **s. f.** ● pienezza

rèplica [av. 1543] **s. f.** **1** ripetizione di qlco.: *la r. di un tentativo sfortunato* | ciò che viene o è stato replicato: *la r. di quel discorso ha annoiato tutti* **2** (*dir.*) atto con il quale una parte, in giudizio, contraddice le affermazioni dell'altra, in particolare dopo il deposito delle comparse conclusionali **3** risposta a una critica o sim.: *r. del segretario del partito all'opposizione interna* | obiezione: *contro l'evidenza non c'è r.*; *disse in tono da non ammetter r.* (I. CALVINO) **4** (*teatro*) ogni rappresentazione che segue la prima | ripetizione di un programma radiotelevisivo **5** riproduzione o facsimile di un'opera artistica eseguita dallo stesso autore **CFR.** copia

replicàbile [vc. dotta, lat. tardo *replicābi-le(m)*, da *replicāre* ✱ av. 1519] **agg.** ● (*raro*) che si può replicare || **replicabilità**, **s. f. inv.**

replicaménto [sec. XV] **s. m.** ● (*raro*) ripetizione, replica

replicànte **A** **part. pres.** di *replicare*; **anche agg.** **1** nei sign. del v. **2** (*biol.*, *chim.*) che subisce un processo di replicazione: *DNA r.* **B** **s. m. e f.** ● nella fantascienza, essere artificiale che riproduce l'aspetto e i comportamenti di un essere umano | (*est.*) spec. nel linguaggio giornalistico, chi imita il comportamento di un altro

♦**replicàre** [vc. dotta, lat. *replicāre* 'ripiegare, ripetere', comp. di *re-* e *plicāre* 'piegare' ✱ 1321] **A** **v. tr.** (*io rèplico, tu rèplichi*) **1** eseguire nuovamente qlco.: *r. un atto, un esperimento* | ***domani si replica***, detto di concerto, opera, spettacolo **2** rispondere a voce o per iscritto: *r. poche parole* | obiettare, ribattere (*anche assol.*): *replicò che non ne era al corrente, di non esserne informato*; *se ne andò senza r.* **3** (*raro*, *lett.*) riprendere un dato punto, per spiegare qlco. **B** **replicàrsi** **v. intr. pron.** ● (*biol.*) riprodursi mediante replicazione

replicatìvo [1427] **agg.** ● (*raro*) che serve a replicare, a ripetere qlco.

replicàto **part. pass.** di *replicare*; **anche agg.** **1** nei sign. del v. **2** ***rime replicate***, quando si susseguono in ordine uguale in ciascuna strofa || **replicataménte**, **avv.** più volte

replicazióne [vc. dotta, lat. *replicatiōne(m)*, da *replicātus* 'replicato' ✱ sec. XIV] **s. f.** **1** †replica **2** (*ling.*) ripetizione **3** (*biol.*, *chim.*) processo di duplicazione di una struttura nel quale è usata come modello, o stampo, una struttura preesistente | sintesi di una nuova molecola di DNA uguale a un'altra fungente da stampo **SIN.** reduplicazione

rèplo [vc. dotta, lat. *rĕplu(m)* 'telaio', di etim. incerta ✱ 1959] **s. m.** ● (*bot.*) setto che forma il tramezzo su cui sono attaccati i semi nella siliqua

†**repórre** ➤ **riporre**

repórt /'report, *ingl.* rɪ'pɔːt/ [vc. ingl., propr. 'relazione', dal v. *to report* 'riferire, relazionare' ✱ 1987] **s. m. inv.** ● resoconto, rapporto, relazione: *r. aziendale*

reportage /*fr.* ʀ(ə)pɔʀ'taʒ/ [vc. fr., da *reporter*, che è l'ingl. *reporter* (V.) ✱ 1881] **s. m. inv.** **1** articolo di giornale scritto dopo un'inchiesta del reporter **2** (*est.*) inchiesta trasmessa per radio o per televisione o filmata

repòrter /re'pɔrter, *ingl.* rɪ'pɔːtə(r)/ [vc. ingl., da *to report* 'riportare' ✱ 1875] **s. m. e f. inv.** ● inviato speciale, corrispondente **SIN.** cronista

repoṣitòrio o †**ripoṣitòrio** [vc. dotta, lat. tardo *repositōriu(m)*, da *repŏsitus* 'riposto' ✱ sec. XIV] **s. m.** (**pl.** *-i* **o** *raro -ii*) **1** nel linguaggio ecclesiastico, recipiente, talvolta portatile, quasi sempre a forma di colomba, in cui si conserva l'ostia consacrata; (*est.*) ogni coppa, teca o scrigno in cui si conservano oggetti sacri e talora ossa e reliquie | armadio di sacrestia per riporre le vesti liturgiche **2** (*raro*) ripostiglio

repoṣizióne ➤ **riposizione**

†**reprèndere** e deriv. ➤ **riprendere** e deriv.

reprensìbile ➤ **riprensibile**

reprensióne ➤ **riprensione**

†**repreṣentàre** ➤ **rappresentare**

♦**repressióne** [vc. dotta, lat. tardo *repressiō-ne(m)*, da *reprĕssus* 'represso' ✱ 1377] **s. f.** **1** azione che mira a reprimere: *r. di un tumulto*; *r. del brigantaggio*; *r. violenta, sanguinosa* **2** (*psicol.*) impedimento volontario, cosciente, della soddisfazione di un impulso **3** (*psicoan.*) meccanismo cosciente di esclusione di contenuti spiacevoli dalla coscienza **4** (*milit.*) azione di fuoco di artiglieria su di una posizione conquistata dal nemico

SFUMATURE DI SIGNIFICATO

repressione - costrizione - mortificazione

Repressione è qualsiasi azione che mira a contenere, frenare o domare un moto istintivo individuale o una manifestazione collettiva; il termine ha significati specifici in psicologia, dove si riferisce al processo con cui un soggetto reprime impulsi istintivi o al meccanismo intenzionale di esclusione dalla coscienza di contenuti spiacevoli. **Costrizione** definisce l'inibizione della volontà di una persona, che è costretta con la forza, le minacce o altri mezzi coercitivi ad agire come non vorrebbe: quindi non un impedimento a fare come si vorrebbe, ma un obbligo a fare in altro modo da come si vorrebbe. **Mortificazione** è un'umiliazione che porta con sé un senso di frustrazione e di vergogna, che può essere anche conseguenza di un atto di repressione o di costrizione.

repressìvo [da *represso* ✱ 1797] **agg.** ● che serve a reprimere: *procedimento r. della criminalità* || **repressivaménte**, **avv.**

reprèsso **A** **part. pass.** di *reprimere*; **anche agg.** **1** frenato, trattenuto: *sfogare… il mal umore lungamente r.* (A. MANZONI) **2** (*psicol.*) escluso, impedito: *istinti repressi*; *desiderio r.* **B** **agg. e s. m.** (**f.** *-a*) ● (*psicol.*) che (o chi) reprime dentro di sé la soddisfazione di un impulso

repressóre [vc. dotta, lat. *repressōre(m)*, da *reprĕssus* 'represso' ✱ 1872] **agg. e s. m.** (**f.** *reprimitrice*) ● che (o chi) reprime

✦**repriménda** [fr. *réprimande*, dal lat. (*cŭlpam*) *reprimĕnda(m)* 'colpa da reprimere', gerundivo di *reprimere* ✱ 1594] **s. f.** ● severa sgridata, grave rimprovero: *s'aspettava una r. affettuosa e burbera* (R. BACCHELLI)

♦**reprìmere** [vc. dotta, lat. *reprĭmere*, comp. di *re-* e *prĕmere* ✱ 1321] **A** **v. tr.** (**pass. rem.** *io reprèssi, tu reprimésti*; **part. pass.** *reprèsso*, †*reprimùto*) **1** contenere, frenare, dominare un moto istintivo: *r. la violenza, l'ira, lo sde-*

gno; *r. un gesto di stizza, di sorpresa*; *un lieve sapore d'ironia ch'egli non poté r.* (I. NIEVO) SIN. domare, trattenere | (*psicol.*) impedire la soddisfazione di un impulso: *r. un istinto, un desiderio* **2** impedire, stroncare con la forza attività criminose o una ribellione, un'insurrezione e sim.: *r. una ribellione*; *r. un tumulto*; *r. una congiura* SIN. soffocare **B** **reprimersi** v. rifl. ● frenarsi, dominarsi, trattenersi: *non riuscire a reprimersi in tempo*

SFUMATURE DI SIGNIFICATO

reprimere - trattenere - frenare

Reprimere è vincere, domare con la forza qualcosa che tende a prorompere, a manifestarsi; riferito a persona, equivale a impedire moti istintivi, manifestazioni spontanee. In **trattenere** l'azione coercitiva ha un carattere meno drastico, risolvendosi nel tentativo di bloccare almeno momentaneamente una manifestazione, una reazione, un effetto. In questo significato è in genere intercambiabile con **frenare**, che però può anche essere impiegato per esprimere, oltre l'azione di bloccare, quella di moderare, contenere.

reprimere - contenere - moderare

In ambito politico e sociale **reprimere** è l'atto di domare, fermare con la forza quanto tende a sconvolgere o a rivoluzionare l'ordine o gli assetti costituiti. **Contenere** esprime un esercizio più blando della forza, che si limita a circoscrivere gli atti o gli effetti che minacciano un sovvertimento. In **moderare** l'atto di contenere, frenare, limitare è considerato piuttosto una scelta autonoma da parte di chi promuove l'azione di cambiamento piuttosto che un'imposizione esterna.

SFUMATURE ➤ ***domare***

reprimìbile [da *reprimere* ✱ av. 1799] **agg.** ● che si può reprimere: *un impeto non r.*

reprint /re'print, *ingl.* 'ri:,print/ [vc. ingl., da *to reprint* 'ristampare', comp. di *re-* 're-' e *to print* 'stampare', dal fr. ant. *empreinter* (cfr. *imprenta*) ✱ 1973] **s. m. inv.** ● opera letteraria o scientifica ristampata anastaticamente da edizione precedente divenuta rara

†**reprobàre** ➤ **riprovare**②

✦**rèprobo** [vc. dotta, lat. tardo *rēprobu(m)*, da *reprobāre* 'condannare'. V. *riprovare*② ✱ av. 1328] **agg. e s. m.** (f. *-a*) ● (*lett.*) che (o chi) è disapprovato e condannato da Dio: *animo r.*; *è un r.* | (*est.*) che (o chi) è malvagio, scellerato

reprografìa o **riprografìa** [calco sul fr. *reprographie*, a sua volta comp. di *repro(duction)* 'riproduzione' e *-graphie* '-grafia' ✱ 1974] **s. f.** ● ogni tecnica di riproduzione di documenti, disegni e sim., mediante duplicazione ottenuta con vari apparecchi e procedimenti

reprogràfico o **riprogràfico** [1983] **agg.** (pl. m. *-ci*) ● relativo a reprografia ‖ **reprograficaménte**, avv.

†**repromissióne** ➤ †**ripromissione**

†**reprovàre** ➤ **riprovare**②

reps /fr. rɛps/ [vc. fr., di etim. incerta ✱ 1887] **s. m. inv.** ● tessuto pesante, per lo più di seta o anche di altre fibre, a coste rilevate, sia diritte che diagonali

reptànte [vc. dotta, lat. *reptānte(m)*, part. pres. di *reptāre* 'strisciare', intens. di *rēpere*. V. †*repere* ✱ 1959] **agg.** ● che striscia

Reptànti [1959] **s. m. pl.** (sing. *-e*) ● (*zool.*) gruppo di Crostacei decapodi non nuotatori, ma striscianti sul fondo (*Reptantia*)

reptatòrio [dal lat. *reptāre* (V. *reptante*) ✱ 1959] **agg.** (pl. m. *-i* o raro *-ii*) ● relativo alla reptazione: *locomozione reptatoria*

reptazióne [vc. dotta, lat. *reptatiōne(m)*, da *reptāre*. V. *reptante* ✱ 1939] **s. f.** ● locomozione caratteristica dei rettili

♦**repùbblica** o †**repùblica** [lat. *rē(m) pūblica(m)* 'cosa pubblica'. V. †*re*② e *pubblico* ✱ 1306] **s. f.** **1** (spesso scritto con iniziale maiuscola) forma di governo rappresentativo, il cui presidente viene eletto dai cittadini o dal parlamento per un periodo determinato | *r. presidenziale*, in cui il Presidente della Repubblica, oltreché essere capo dello Stato, dispone in misura determinante di poteri esecutivi e viene eletto direttamente a suffragio universale dagli elettori | *r. parlamentare*, in cui il governo viene eletto dalla maggioranza del parlamento | ***prima R., seconda R.***, nel linguaggio giornalistico, la Repubblica italiana prima e dopo i mutamenti politici e legislativi dei primi anni '90 del Novecento, spec. l'introduzione del sistema maggioritario nel 1993 **2** †stato, governo | (*fig.*) *r. letteraria*, insieme dei letterati **3** (*fam.*, *disus.*) disordine, confusione ‖ **repubblichétta**, dim. | **repubblichìna**, dim.

repubblicanéṣimo o **repubblicanìṣmo** [1793] **s. m.** ● aspirazione a un governo repubblicano

repubblicàno [1763] **A** **agg.** **1** di repubblica, appartenente alla repubblica: *statuto r.*; *governo r.* **2** che è favorevole alla repubblica | ***Partito R.***, partito favorevole all'instaurazione della repubblica; in una repubblica, partito di orientamento moderato **3** relativo a un Partito Repubblicano ‖ **repubblicanaménte**, avv. **1** (*raro*) in forma repubblicana **2** (*lett.*) secondo lo spirito dei repubblicani: *Il salottino, repubblicanamente austero* (E. DE AMICIS) **B** **s. m.** (f. *-a*) **1** sostenitore della repubblica **2** appartenente a un Partito Repubblicano

repubblicànte [da *repubblica* ✱ 1634] **agg.** ● (*lett.*, *raro*) fautore della repubblica

repubblichìno [1943] **A** **agg.** ● (*spreg.*) della Repubblica sociale italiana SIN. saloino **B** **s. m.** (f. *-a*) ● (*spreg.*) aderente alla Repubblica sociale italiana creata dal fascismo (1943-1945)

†**repùblica** ➤ **repubblica**

repùdio e deriv. ➤ **ripudio** e deriv.

repugnàre e deriv. ➤ **ripugnare** e deriv.

repulisti o (*pop.*) **ripulisti** [dal versetto del salmo 42: *Quare me repulisti?* 'Perché mi hai respinto?', con accostamento pop. a *ripulire* ✱ 1521] **s. m. inv.** ● (*scherz.*) serie di misure rivolte a ripulire un luogo o un ambiente, spec. in senso morale relativamente alla corruzione, oppure allontanando persone ritenute ostili o incapaci | ***fare*** (***un***) ***r.***, portare via tutto da un luogo, fare piazza pulita (*anche fig.*)

repùlsa ➤ **ripulsa**

†**repulsàre** ➤ †**ripulsare**

repulsióne o (*lett.*) **ripulsióne** [vc. dotta, lat. tardo *repulsiōne(m)*, da *repŭlsus*, part. pass. di *repĕllere* 'respingere'. V. *repellere* ✱ 1731] **s. f.** **1** (*fis.*) tendenza di due corpi a respingersi fra loro | forza che provoca in due corpi la tendenza a respingersi fra loro **2** (*fig.*) senso di avversione, disgusto e ripugnanza verso qlcu. o qlco.: *provare r. per un cibo, per uno spettacolo*; *è una persona che mi ispira un'invincibile r.*; *l'attrattiva e la r. per l'infinito* (I. CALVINO)

repulsìvo o (*lett.*) **ripulsìvo** [da *repulso* ✱ 1747] **agg.** **1** che respinge, che allontana: *forze repulsive* **2** (*fig.*) che suscita repulsione: *spettacolo r.* SIN. ripugnante, repellente ‖ **repulsivaménte**, avv.

repùlso ➤ **ripulso**

repulsóre [vc. dotta, lat. tardo *repulsōre(m)*, da *repŭlsus*, part. pass. di *repĕllere* 'respingere'. V. *repellere* ✱ 1878] **agg. m.** (difett. del f.); anche **s. m.** ● (*raro*) respingente

✦**reputàre** o (*lett.*) **riputàre** [vc. dotta, lat. *reputāre* 'calcolare, computare, riflettere', comp. di *re-* e *putāre* 'ritenere' ✱ 1229] **A** **v. tr.** (*io rèputo*, †*repùto*) ● considerare, stimare, credere (+ *di* seguito da inf., + *che* seguito da congtv.): *r. necessario, utile qlco.*; *r. qlcu. intelligente, onesto*; *non reputo di dovergli rispondere*; *reputo che gli omini siano animali atti ad errare* (L.B. ALBERTI) | †*r. a*, attribuire a | †***reputarsi qlco. a onore***, attribuirsi, ascriversi qlco. come onore SIN. giudicare, ritenere **B** **reputàrsi** v. rifl. ● stimarsi, credersi: *reputarsi intelligente* SIN. considerarsi, ritenersi

reputàto o (*lett.*) **riputàto** part. pass. di *reputare*; anche **agg.** ● nei sign. del v. | (*lett.*) eminente, stimato: *Suo figlio è curato... da due riputati medici del paese* (G. CARDUCCI)

reputazióne o (*lett.*) **riputazióne** [av. 1342] **s. f.** ● opinione nei riguardi di qlcu.: *buona, cattiva r.* | (*assol.*) considerazione, stima: *tiene molto alla sua r.*; *tanto di r. perdé con quella sua infelice vittoria, che fu ... dannato* (D. BARTOLI) | ***rovinarsi, guastarsi la r.***, perdere la stima in cui si era tenuti | †approvazione ‖ **reputazioncèlla**, dim.

SFUMATURE DI SIGNIFICATO

reputazione - giudizio - fama - nomea

L'opinione generale, positiva o negativa, di cui gode una persona o un ente, un'istituzione, si dice **reputazione**. La *reputazione* si forma sulla base dei pareri che concorrono alla sua formazione e che costituiscono nel loro insieme il **giudizio**. **Fama** è una voce, una notizia che ha una diffusione vasta e rapida; ma più comunemente è la notorietà, la rinomanza, la stima pubblica, quasi sempre positiva, di cui una persona gode. Ha lo stesso significato **nomea**, ma fa soprattutto riferimento a una notorietà negativa.

SFUMATURE ➤ ***stima***

†**rèquia** ➤ **requie**

†**requiàre** [da *requie* ✱ sec. XIII] **v. intr.** ● trovare requie, riposo: *ella si venia a doler di quelle cose, che il suo marito ogni dì l'addomandava, non lasciandola requiare* (F. SACCHETTI)

rèquie o †**rèquia** [vc. dotta, lat. *rĕquies*, nom., 'pace', comp. di *re-* e *quies* 'quiete' ✱ av. 1328] **A** **s. f.** solo sing. ● riposo, quiete, pace: *dar r.*; *non lasciare r.* | ***senza r.***, senza mai smettere | ***non avere r.***, non essere mai tranquillo **B** **s. m. inv.** ● (*pop.*) adattamento di *Requiem* (V.)

Rèquiem [vc. lat., prima parola della preghiera per i defunti: *Requiem aeternam* (propr. 'pace eterna'. V. *requie*) ✱ sec. XIV] **s. m. inv.** **1** preghiera cattolica per le anime dei morti | ***Messa di*** (o ***da***) ***R.***, in suffragio delle anime dei defunti | (*mus.*) composizione vocale e strumentale sul testo della Messa in suffragio delle anime dei defunti: *la 'Messa da Requiem' di Verdi*; *il 'Requiem' di Mozart* **2** (*fig.*, *pop.*) ufficio funebre

†**requièscere** [vc. dotta, lat. *requiēscere*, comp. di *re-* e *quiēscere* 'riposare'. V. †*quiescere* ✱ sec. XIV] **v. intr.** ● trovare requie (*spec. fig.*)

requirènte [vc. dotta, lat. *requirĕnte(m)*, part. pres. di *requīrere*. V. †*requirere* ✱ 1886] **agg.** ● (*dir.*) inquirente: *organo giudiziario r.*; *magistratura r.*; *comitato r.*

†**requìrere** [vc. dotta, lat. *requīrere*, comp. di *re-* e *quaerere* 'chiedere' ✱ sec. XIV] **v. tr.** ● richiedere, ricercare

requiṣìre [inf. ricavato da *requisito*② ✱ 1797] **v. tr.** (*io requiṣìsco, tu requiṣìsci*) ● prendere d'autorità, esigere la disponibilità di qlco. per adibirla a usi pubblici: *r. un edificio per adibirlo a ospedale da campo* | (*fig.*, *scherz.*) ***r. una persona***, riservarsene la compagnia SIN. sequestrare

requiṣìto① part. pass. di *requisire*; anche **agg.** ● nel sign. del v.: *i due mulini requisiti, sequestrati con tutto il personale* (R. BACCHELLI)

requiṣìto② [vc. dotta, part. pass. di *requīrere* 'requirere' (V.) ✱ 1550] **A** **agg.** ● †debito, opportuno, richiesto: *concorrendo in quel car-*

dinale tutte le qualità requisite (P. SARPI) **B s. m.** ● caratteristica, condizione o titolo che si richiede per ottenere un incarico o per aspirare a qlco.: *i requisiti per l'ammissione al concorso; gli manca il r. principale per fare carriera: la volontà* | (*est.*) buona qualità, pregio: *un giovane con molti requisiti*

requiṣitòria [da (*arringa*) *requisitoria*, dal lat. *requisītus*, part. pass. di *requīrere* 'requirere' (V.) ✱ 1615] **s. f. 1** atto con cui il Pubblico Ministero, tipicamente in sede di discussione finale nel dibattimento, presenta e illustra le proprie richieste al giudice che deve decidere **2** (*est.*) discorso di accusa, di denuncia o di severo rimprovero: *una r. contro la società moderna; mi ha fatto una solenne r.*

requiṣizióne [vc. dotta, lat. *requisitiōne(m)*, da *requisītus*, part. pass. di *requīrere* 'requirere' (V.) ✱ 1363] **s. f. 1** il requisire | sequestro disposto d'autorità: *ordinare la r. degli impianti funzionanti* **2** †richiesta: *stare provvisto d'armadure a ogni r. del re* (N. MACHIAVELLI) | †*a r. di*, a richiesta, domanda di

résa (o -ṣ-) [f. sost. di *reso*, part. pass. di *rendere* ✱ av. 1565] **s. f. 1** l'arrendersi, l'abbandonare ogni difesa davanti al nemico o (*est.*) a un avversario: *intimare, accettare, trattare la r.; l'Atalanta è stata costretta alla r.* | ***r. incondizionata, a discrezione***, senza condizioni di sorta, sottostando all'arbitrio del nemico | ***r. per capitolazione***, secondo trattative a determinate condizioni **2** restituzione: *chiedere la r. di un prestito* | ***r. dei conti***, rendiconto delle spese fatte per altri; (*fig.*) momento di affrontare le proprie responsabilità subendone le conseguenze | ***alla r. dei fatti***, alla verifica concreta **3** merce invenduta: *chiedere l'inventario di una r. di libri* | l'insieme dei giornali che vengono restituiti perché invenduti **4** rapporto fra le grandezze che entrano in gioco in una operazione e ne caratterizzano la convenienza: *100 kg di farina danno una r. di 121 kg di pane* | (*est.*) rendimento, frutto: *un investimento che ha una r. del tre per cento* | (*est.*) prestazione: *la r. di un motore*

†**resarcìre** ➤ **risarcire**

rescindènte **part. pres.** di *rescindere*; anche **agg.** ● nei sign. del v.

rescìndere [vc. dotta, lat. *rescĭndere*, comp. di *re-* e *scindere* ✱ av. 1492] **v. tr.** (**pass. rem.** *io rescìssi, tu rescindésti*; **part. pass.** *rescìsso*) **1** (*raro*) tagliare, separare, dividere **2** (*dir.*) eliminare con efficacia retroattiva gli effetti di un negozio quando sussiste una sproporzione originaria tra le prestazioni in esso dedotte: *r. un contratto concluso in stato di pericolo; r. per lesione una divisione*

rescindìbile [1824] **agg.** ● che si può rescindere: *contratto, negozio giuridico r.* ‖ **rescindibilità**, **s. f. inv.**

rescissióne [vc. dotta, lat. tardo *rescissiōne(m)*, da *rescĭssus* 'rescisso' ✱ av. 1547] **s. f.** ● (*dir.*) annullamento, risoluzione: *r. di un contratto*

rescìsso **part. pass.** di *rescindere*; anche **agg.** ● nei sign. del v. | (*lett.*) reciso, tagliato

rescissòrio [vc. dotta, lat. tardo *rescissōriu(m)*, da *rescĭssus* 'rescisso' ✱ 1673] **agg.** (**pl. m.** *-i* o *raro -ii*) ● (*dir.*) tendente a rescindere: *azione, domanda rescissoria* | ***giudizio r.***, riesame della causa conseguente all'annullamento della sentenza deciso nella fase rescindente

†**rescrìtta** [sec. XIII] **s. f.** ● rescritto

rescrìtto [vc. dotta, lat. *rescrīptu(m)*, part. pass. di *rescrībere* 'rescrivere' ✱ av. 1363] **s. m. 1** nell'antica Roma, risposta risolutiva data dagli imperatori romani su questioni di difficile o incerta soluzione sottoposte loro da magistrati, funzionari o privati **2** (*est.*) ogni disposizione normativa di un capo dello Stato, spec. se comunicata sotto forma epistolare **3** atto normativo dell'autorità ecclesiastica con cui si concede una grazia o si risolve una controversia

resecàre [vc. dotta, lat. *resecāre*, comp. di *re-* e *secāre* 'secare' (V.) ✱ av. 1311] **v. tr.** (*io rèseco, tu rèsechi*) **1** (*med.*) sottoporre a resezione **2** V. *risecare*

reṣèda [vc. dotta, lat. *resēda(m)*, da *resedāre* 'calmare, guarire', comp. di *re-* e *sedāre*, perché la pianta era adoperata per sedare i dolori ✱ 1640] **s. f. 1** pianta erbacea delle Resedacee a fusto ramoso e fiori giallo-verdastri a grappolo (*Reseda lutea*) **SIN.** amorino, melardina | ***r. dei tintori***, guaderella, erba guada, anticamente usata per tingere in giallo **2** erba annua delle Resedacee dalla quale si ottiene l'olio essenziale detto essenza di reseda, usata in profumeria (*Reseda odorata*)

Reṣedàcee [vc. dotta, comp. di *reseda* e *-acee* ✱ 1872] **s. f. pl.** (**sing.** *-a*) ● (*bot.*) famiglia di piante dicotiledoni erbacee a foglie sparse, fiori ermafroditi e frutto a capsula (*Resedaceae*)

resèdio o **resède** [etim. incerta ✱ sec. XIX] **s. m.** ● nel linguaggio notarile, fabbricato accessorio a un edificio | porzione di terreno attorno a una casa colonica tra il muro del fabbricato e il confine della proprietà

reserpìna [dal nome della specie bot. da cui è estratto, *R(auwolfia) serp(ent)ina* ✱ 1957] **s. f.** ● (*chim.*) alcaloide ricavato dalle radici della *Rauwolfia*; si usa in medicina per le sue proprietà sedative e ipotensive

†**reservàre** e deriv. ➤ **riservare** e deriv.

resèt /re'sɛt, *ingl.* riː'set/ [vc. ingl., propr. 'ricollocamento', dal lat. *recĕptu(m)* 'ripreso' ✱ 1966] **s. m. inv.** ● (*inform.*) operazione che riporta il sistema nello stato iniziale

resettàggio [1978] **s. m.** ● (*inform.*) operazione del resettare | (*fig., raro*) azzeramento

resettàre [1988] **v. tr.** (*io resètto*) **1** (*inform.*) eseguire il reset **2** (*fig., colloq.*) riportare allo stato iniziale, azzerare: *una situazione da r.*

resezióne [vc. dotta, lat. *resectiōne(m)* 'taglio', da *resĕctus*, part. pass. di *resecāre* ✱ 1862] **s. f.** ● (*med.*) asportazione di una parte di organo: *r. gastrica* **CFR.** -tomìa

rési ➤ **rendere**

†**reṣìa** ➤ **eresia**

rèsidence /*ingl.* 'rɛzɪdəns/ [vc. ingl., propr. 'abitazione'; il sign. it. deriva dall'accorc. del fr. *résidence-hôtel* poi pronunciato all'ingl. ✱ 1973] **s. m. inv.** ● complesso alberghiero costituito da piccoli appartamenti completamente arredati e forniti dell'attrezzatura per la cucina | (*est.*) complesso di abitazioni costituito da piccole costruzioni singole o da appartamenti spesso arredati, in cui alcuni servizi, come pulizie, lavanderia e talora ristorazione, sono centralizzati

residènte (o -ṣ-) [vc. dotta, lat. *residĕnte(m)*, part. pres. di *residēre*. V. *risiedere* ✱ 1342] **A agg. 1** che risiede, ha fissa dimora: *società r. a Roma; lavoratore r. all'estero* | ***ministro r.***, agente diplomatico di grado immediatamente inferiore a quello di ministro plenipotenziario **2** †che siede: *fu condotto al Papa r. in concistorio* (F. GUICCIARDINI) **3** (*inform.*) detto di programma che, caricato nella memoria centrale di un elaboratore elettronico, rimane a disposizione dell'utente per ripetute esecuzioni **4** †situato ‖ †**residentemènte**, **avv.** in modo stabile **B s. m. e f. 1** chi risiede, ha fissa dimora in un luogo: *i residenti francesi in Italia* **2** correntemente, ministro residente

residènza (o -ṣ-) o †**risedènza**, †**risedènzia** [da *residente* ✱ 1266] **s. f. 1** (*raro*) permanenza: *Il primo anno di r. nel paesetto* (G. DELEDDA) **SIN.** soggiorno **2** luogo dove si risiede: *cambiare spesso r.; fissare una r. stabile* | (*burocr.*) il luogo dove una persona vive abitualmente, indicato nei registri dell'anagrafe comunale: *comune di r.; Enrico ha trasferito la r. da Torino a Bologna* **CFR.** domicilio, dimora | (*est.*) sede fissa: *la r. del governo è a Roma* **3** (*est.*) l'edificio in cui si abita: *possedere, costruire una r. lussuosa, principesca* **SIN.** dimora **4** edificio sede di chi si ricopre particolari incarichi: *la r. del capo dello Stato* **5** tronetto con baldacchino per esporvi il SS. Sacramento **6** deposito dei vagoni, delle vetture ferroviarie **7** †seggio, sedia, posto **8** †sedimento, deposito

residenziàle (o -ṣ-) [1673] **agg. 1** di residenza: *indennità r.* | ***quartiere, zona r.***, zona di una città urbanisticamente destinata a costruzioni di abitazione **2** (*burocr.*) privato, che non è pubblico né professionale, riferito a utenza di beni e servizi: *cliente telefonico r.* | relativo a tale utenza: *tariffa r.* ‖ **residenzialità**, **s. f. inv.** il risiedere stabilmente o temporaneamente; presenza di residenti in un determinato luogo: *diminuzione della residenzialità nei centri storici*

residuàle (o -ṣ-) [1804] **agg. 1** di residuo | che rappresenta un residuo **SIN.** restante, rimanente | (*fig.*) che sopravvive, che è superato | (*fig.*) marginale **2** (*dir.*) che si può esperire quando non sono possibili altre azioni più specifiche: *azione r., rimedio r.* ‖ **residualità**, **s. f. inv.** caratteristica di ciò che è residuale; (*fig.*) marginalità

residuàre (o -ṣ-) [da *residuo* ✱ 1804] **v. intr.** (*io resìduo, noi residuiàmo*; **aus.** *essere*) ● rimanere come residuo

residuàto (o -ṣ-) **A part. pass.** di *residuare*; anche **agg.** ● rimasto, rimanente **B s. m.** ● rimanenza | ***residuati bellici***, materiale bellico che viene recuperato e riutilizzato per usi civili, o che deve essere disinnescato

✦**resìduo** (o -ṣ-) [vc. dotta, lat. *resĭduu(m)*, da *residēre* 'risiedere' ✱ 1351] **A agg.** ● che resta, avanza, rimane: *consumare la residua quantità di carbone* **SIN.** rimanente **B s. m. 1** ciò che resta di qlco.: *spegnere i residui di un incendio* | (*fig.*) traccia, barlume: *in lui c'è un piccolo r. di sincerità* | ***r. di bilancio***, somma stanziata e non utilizzata nell'anno | (*econ.*) ***r. attivo***, nel bilancio dello Stato, somma iscritta in entrata ma non ancora riscossa | (*econ.*) ***r. passivo***, nel bilancio dello Stato, somma iscritta in uscita ma non ancora spesa **2** ciò che resta di una sostanza dopo trattamenti chimici o fisici: *r. alla calcinazione* **3** gruppo atomico, incapace di esistenza libera, derivato formalmente per sottrazione di uno o più atomi da vari composti chimici **SIN.** radicale **4** (*mat.*) resto

resiliènte [av. 1769] **agg.** ● (*fis.*) caratterizzato da resilienza: *pavimento r.*

resiliènza [dal lat. *resĭliens*, genit. *resiliĕntis*, part. pres. di *resilīre* 'saltare indietro, rimbalzare', comp. di *re-* e *salīre* 'saltare'. V. *salire* ✱ 1855] **s. f. 1** (*fis.*) capacità di un materiale di resistere ad urti improvvisi senza spezzarsi **2** (*psicol.*) idoneità di una persona ad affrontare le avversità e a superarle

rèṣina (o -é-) [lat. *resīna(m)*, di orig. preindeur. ✱ av. 1327] **s. f.** ● prodotto naturale o sintetico con spiccate proprietà plastiche | ***r. naturale***, prodotto trasparente di consistenza molle o pastosa, di origine spec. vegetale, di varia composizione chimica e di vario impiego | ***r. sintetica***, prodotto organico ad alto peso molecolare, ottenuto artificialmente, impiegato nell'industria come costituente principale delle materie plastiche | ***r. clorovinilica***, ottenuta gener. per polimerizzazione del cloruro di vinile, termoplastica, dura, non infiammabile, largamente usata in molte lavorazioni SIN. cloruro di polivinile | *r. vinilica*, ottenuta per polimerizzazione di composti contenenti l'aggruppamento vinilico | *r. fenolica*, fenoplasto | *r. antipiega*, sostanza a base di resine artificiali usata per apprettare tessuti di fibre cellulosiche allo scopo di renderli ingualcibili

reşinàceo [vc. dotta, lat. *resinăceu(m)*, da *resīna* ✱ 1499] **agg.** ● che contiene resina

reşinàre [da *resina* ✱ 1959] **v. tr.** (*io rèşino*) ● sottoporre a resinatura: *r. una conifera*; *r. un tessuto*

reşinàto **A** **part. pass.** di *resinare*; anche **agg.** **1** sottoposto a resinatura **2** ***vino r.***, vino bianco tipico della Grecia, aromatizzato con resina di pino **B** **s. m.** ● sale di un acido resinico

reşinatùra [1959] **s. f.** **1** operazione dell'estrarre e raccogliere la resina da piante resinose **2** apprettatura di tessuti con resine artificiali

reşinazióne [da *resina* ✱ 1959] **s. f.** ● operazione di estrazione dell'olio di trementina dalle piante resinose

reşinése (o -şe) [dal n. mediev. della città, *Resina*, forse n. comune per 'terra impaludata' ✱ sec. XX] **A** **agg.** ● di Ercolano **B** **s. m. e f.** ● abitante o nativo di Ercolano

reşìnico [1959] **agg.** (**pl. m.** *-ci*) ● detto di acido contenuto nelle resine naturali

reşinìfero [da *resina* ✱ av. 1577] **agg.** ● che produce o contiene resina: *albero r.*; *cellula resinifera*

reşinificàre [da *resina* ✱ av. 1826] **A** **v. tr.** (*io reşinìfico, tu reşinìfichi*) ● rendere resinoso **B** **v. intr.** (**aus.** *essere*) e **reşinificàrsi** **v. intr. pron.** ● diventare resinoso ‖ **reşinificazióne**, **s. f.**

reşinìsta [da *resina* ✱ 1983] **s. m. e f.** (**pl. m.** *-i*) ● operaio specializzato nella lavorazione delle resine

reşinóso (o -şo) [vc. dotta, lat. *resinōsu(m)*, da *resīna* ✱ av. 1557] **agg.** ● di resina, che ha proprietà e caratteristiche di resina | ***elettricità resinosa***, specie di elettricità negativa che si produce strofinando una sostanza resinosa

✦**resipiscènte** [vc. dotta, lat. *resipiscĕnte(m)*, part. pres. di *resipīscere* 'riprendere i sensi, ravvedersi', incoativo di *săpere* 'essere savio' (V. *sapere*①), col pref. *re-* ✱ 1872] **agg.** ● (*lett.*) che si ravvede da un errore: *si è dimostrato r.*

resipiscènza [vc. dotta, lat. tardo *resipiscĕntia(m)*, da *resipīscens*, genit. *resipiscĕntis* 'resipiscente' ✱ 1598] **s. f.** ● (*lett.*) riconoscimento del male commesso o dell'errore compiuto, accompagnato da consapevole ravvedimento

resìpola ➤ **risipola**

resistènte (o -eşi-) **A** **part. pres.** di *resistere*; anche **agg.** **1** che resiste: *un tessuto r.*; *la r. nave* (G. Boccaccio); *un ragazzo r. alla fatica* | (*dir.*) ***parte r.***, o (*ellitt.*) ***resistente***, in un procedimento giuridico, chi si oppone all'accoglimento delle istanze della controparte **2** (*fis.*) ***lavoro r.***, in fisica e in meccanica, si ha quando le direzioni della forza e dello spostamento del suo punto di applicazione formano, tra loro, un angolo ottuso ‖ **resistenteménte**, **avv.** **B** **s. m. e f.** ● chi ha partecipato alla Resistenza o partecipa a un movimento di resistenza

SFUMATURE ➤ ***duraturo***

✦**resistènza** (o -eşi-) [vc. dotta, lat. tardo *resistĕntia(m)*, da *resīstens*, genit. *resistĕntis* 'resistente' ✱ av. 1306] **s. f.** (*Resistènza* **nel sign.** 7) **1** sforzo tendente a opporsi, a resistere all'azione di qlcu. o qlco.: *fiaccare la r. del nemico* | opposizione: *hanno vinto la r. dei genitori al loro matrimonio* | ***r. a un pubblico ufficiale***, reato consistente nell'usare violenza o minaccia per opporsi a un pubblico ufficiale o a un incaricato di un pubblico servizio nella esplicazione delle proprie funzioni | ***r. passiva***, quella non violenta di chi si rifiuta di collaborare | (*fig.*) ostacolo: *opponevano solo la r. della loro scarsa volontà*; *resistenze aperte, palesi, sotterranee* **2** (*fis.*) ogni forza che si opponga al moto del punto materiale o del corpo a cui è applicata | quella delle due forze applicate a una macchina semplice che deve essere equilibrata dall'altra: *in una leva di 1° genere il fulcro si trova tra la potenza e la r.* **3** (*fis.*) proprietà fisica, governata da leggi diverse a seconda dei casi, consistente nell'opporsi o nel contrastare determinati fenomeni ed effetti | ***r. elettrica***, impedimento che una corrente incontra passando per un circuito, espresso dal rapporto fra la tensione agli estremi di un conduttore e la corrente che lo percorre | ***r. magnetica***, riluttanza | ***r. specifica***, resistività **4** robustezza, solidità, durata di un materiale: *un tessuto di grande r.* | (*est.*) capacità di resistere allo sforzo fisico, intellettuale o all'abbattimento morale: *avere una notevole r. alla fatica*; *corsa, gara di r.*; *né sapendo fare con l'animo r. alle difficoltà* (F. Guicciardini) **5** (*psicoan.*) opposizione a ogni tentativo di rivelare i contenuti dell'inconscio **6** (*biol.*) insensibilità acquisita da parte di un ceppo batterico nei confronti dell'azione di uno o più specifici antibiotici o batteriofagi **7** movimento di lotta politico-militare sorto in tutti i Paesi d'Europa contro i nazisti e i regimi da questi sostenuti durante la seconda Guerra mondiale | (*est.*) ogni movimento di opposizione armata a un esercito straniero o a un regime dittatoriale: *la r. palestinese*

SFUMATURE ➤ ***costanza***, ➤ ***energia***, ➤ ***protesta***

resistenziàle (o -eşi-) [1960] **agg.** ● della Resistenza

✦**resìstere** (o -eşi-) [vc. dotta, lat. *resĭstere*, comp. di *re-* e *sĭstere* 'fermarsi', dalla stessa radice di *stāre* ✱ sec. XIII] **v. intr.** (**pass. rem.** *io resistètti* o *raro resistéi, tu resistésti*; **part. pass.** *resistìto*; **aus.** *avere*) **1** sopportare una forza avversa senza lasciarsi abbattere, annientare, spezzare, ecc. (+ *a*): *r. ai colpi, alla pressione, a un urto, a una forte scossa*; *la nave resisteva bene alla furia del mare*; *Sa ch'io non posso r. più* (U. Foscolo) | (*est.*) opporsi a qlcu. o a qlco. contrastandoli (*anche fig.*): *con le quali genti aggiunte alle forze sue sperava potere r.* (F. Guicciardini); *r. all'invasione, al nemico*; *non ha saputo r. alla tentazione* | (*fig.*) ***non resiste all'ira***, non sa frenare l'ira **2** avere la capacità di sopportare qlco. senza subire danni (*anche fig.*) (+ *a*): *pianta che resiste al freddo*; *batteri che resistono ai farmaci*; *opere d'arte che hanno resistito nei secoli*; *non ho potuto r. e ho risposto male* SIN. reggere

resistìbile (o -eşi-) [da *resistere*; nel sign. 2, ricavato da *irresistibile* togliendo il pref. *in*, sul modello del fr. *résistible* ✱ 1564] **agg.** **1** †che può resistere SIN. resistente **2** che può essere respinto, contrastato: *'La r. ascesa di Arturo Ui', dramma di Bertolt Brecht* CONTR. irresistibile ‖ **resistibilità**, **s. f. inv.**

resistìvo (o -eşi-) [1959] **agg.** **1** (*elettr.*) detto di circuito elettrico o suo elemento la cui resistenza prevale sulla capacità e sull'induttanza e che quindi può essere considerato una resistenza pura: *carico r.* **2** (*elettr.*) ohmico ‖ **resistività**, **s. f. inv.** (*fis.*) resistenza di un conduttore uniforme di lunghezza e sezione unitarie

resistóre (o -eşi-) [ingl. *resistor*, dal lat. *resĭstere* ✱ 1941] **s. m.** ● (*elettr.*) componente di circuito elettrico con comportamento prevalentemente resistivo CFR. induttore, capacitore

res nùllius [loc. lat., propr. 'cosa di nessuno' ✱ 1885] **loc. sost. f. inv.** (**pl. lat. inv.**) ● (*dir.*) bene giuridico del quale nessuno è proprietario

réso① (o -ş-) **A** **part. pass.** di *rendere*; anche **agg.** ● nei sign. del v. | fatto diventare, diventato: *e stette ad aspettare, resa vivace dall'impazienza* (G. D'Annunzio) **B** **s. m.** ● merce lasciata in deposito, che viene restituita

rèso② [da *Reso*, personaggio della mitologia gr. ✱ 1959] **s. m.** ● scimmia dell'India, tozza, con vello folto nella parte superiore del corpo, e rado e biancastro nella parte inferiore (*Macacus rhesus*)

resocontàre (o -ş-) [da *resoconto* ✱ 1927] **v. tr.** (*io resocónto*) ● (*raro*) esporre, riferire a mo' di resoconto

resocontìsta (o -eşo-) [1886] **s. m. e f.** (**pl. m.** *-i*) ● chi fa il resoconto di sedute, udienze, avvenimenti vari, spec. per un giornale: *r. giudiziario, sportivo, parlamentare*

resocónto (o -ş-) [calco sul fr. *compte-rendu* ✱ 1796] **s. m.** **1** rapporto dettagliato, a scopo informativo, su avvenimenti di rilievo: *hanno pubblicato il r. dell'ultimo congresso medico* SIN. relazione **2** (*est.*) esposizione particolareggiata, scritta od orale, di qlco.: *ti farò con calma il r. del mio viaggio* **3** rendiconto: *compilare il r. dell'anno finanziario*

SFUMATURE ➤ ***relazione***

†**resòlvere** e deriv. ➤ **risolvere** e deriv.

reşorcìna [comp. di *res(ina)* e *orcina* ✱ 1875] **s. f.** ● (*chim.*) fenolo bivalente ottenuto per fusione alcalina di alcune resine, usato come antisettico in dermatologia, nella fabbricazione di coloranti, dischi fonografici, colle

†**resórgere** (o -ò-) ➤ **risorgere**

resorgìvo ➤ **risorgivo**

resòrt /re'zɔrt, *ingl.* rɪ'zɔːt/ [vc. ingl., dal fr. ant. *resortir* 'uscire (*sortir*) di nuovo (*re-*)', con passaggio semantico incerto ✱ 1981] **s. m. inv.** ● struttura alberghiera in località turistica che offre al suo interno varie opportunità di svago e relax

†**respètto** e deriv. ➤ **rispetto** e deriv.

†**respìgnere** ➤ **respingere**

respingènte **A** **part. pres.** di *respingere*; anche **agg.** ● nei sign. del v. **B** **s. m.** **1** dispositivo per ammortizzare gli urti nei veicoli ferroviari, costituito da una coppia di robusti elementi d'acciaio di forma discoidale collegati a una molla a spirale: *i respingenti alla fine del binario* **2** (**al pl.**, *pop.*) seni femminili particolarmente prosperosi: *venne fuori … sora Adriana, con davanti due respingenti che non avevano niente da invidiare al sacco dei cavoli fiori* (P.P. Pasolini)

✦**respìngere** o †**respìgnere**, †**rispìngere** nel sign. 1, †**rispìgnere**, †**ripìngere**②, †**ripìgnere**② [comp. di *re-* e *spingere* ✱ av. 1276] **v. tr.** (**coniug. come** *spingere*) **1** spingere indietro allontanando da sé: *r. l'aggressore*; *così l'avria ripinte per la strada / ond'eran tratte, come fuoro sciolte* (Dante *Par.* IV, 85-86) | rimandare, rinviare: *r. un pacco al mittente* **2** (*fig.*) rigettare: *r. un'accusa* | rifiutare di accogliere, di accettare: *r. una proposta, una petizione* | ***r. qlcu. a un esame***, bocciarlo SIN. rigettare

respingiménto [av. 1604] **s. m.** ● il respingere | (*lett.*) rinvio al mittente di una lettera | (*dir.*) disposizione e procedura per cui chi è privo dei necessari requisiti (documenti validi, visto d'ingresso ecc.) viene respinto alla frontiera italiana e in alcuni casi fatto ricondurre nello Stato di provenienza

respingitóre [1872] **A** **s. m.** (**f.** *-trice*); anche **agg.** ● (*raro*) chi respinge **B** **s. m.** ● (*raro*) respingente

respìnta [comp. di *re-* e *spinta* ✱ 1891] **s. f.** ● (*sport*) rilancio della palla verso il settore av-

a b c d e f g h i j k l m n o p q r s t u v w x y z

versario SIN. rinvio | azione con cui il portiere para senza bloccare il pallone: *r. di pugno, di piede*

respinto **A** part. pass. di *respingere*; anche agg. • nei sign. del v. **B** s. m. (f. *-a*) • chi è stato bocciato a un esame: *il numero dei respinti supera quello dei promossi*

respiràbile [vc. dotta, lat. tardo *respirābile(m)*, da *respirāre* ✱ av. 1493] **agg.** • che si può respirare, che è buono da respirare: *aria r.* ‖ **respirabilità**, s. f. inv.

†**respiraménto** [vc. dotta, lat. tardo *respiramĕntu(m)* 'sollievo, ristoro', da *respirāre* ✱ 1546] **s. m.** • respirazione | (*fig.*) sollievo

♦**respiràre** [vc. dotta, lat. *respirāre*, comp. di *re-* e *spirāre* ✱ 1321] **A** v. intr. (aus. *avere*) **1** effettuare la respirazione: *r. con i polmoni, le branchie* | inspirare ed espirare: *r. a pieni polmoni* | (*est.*) vivere: *il moribondo respira ancora* | (*est.*) sentirsi fisicamente a proprio agio: *in questa stanza non si respira per il caldo* **2** (*fig.*) riprendere sollievo, avere un po' di pace, di tranquillità: *cominciare a r. dopo anni di difficoltà economiche; ora che il pericolo è passato, finalmente respiro* **3** †sfiatare **4** †esalare odore **B** v. tr. **1** immettere nei polmoni, inspirare: *r. l'aria resinosa di una pineta; r. vapori mefitici* | ***tornare a r. l'aria nativa***, (*fig.*) ritornare sul luogo dove si è nati | ***essere necessario come l'aria che si respira***, essere indispensabile **2** (*fig.*) percepire: *la tensione si respirava ovunque* | assimilare, far proprio: *in quegli anni l'autore respirava la cultura mitteleuropea*

†**respiratìvo** [av. 1604] **agg.** **1** respiratorio **2** (*fig.*) che dà sollievo, conforto

respiratóre [1891] **s. m.** **1** qualsiasi apparecchiatura o dispositivo che consente la respirazione in ambienti privi o poveri di ossigeno: *r. subacqueo* **2** (*med.*) apparecchio che serve a favorire o regolare la respirazione | ***r. automatico***, che esegue i movimenti respiratori senza la partecipazione attiva del paziente

respiratòrio [1835] **agg.** (pl. m. *-i* o raro *-ii*) • relativo alla respirazione | che serve alla respirazione: *organi respiratori*

respirazióne [vc. dotta, lat. *respiratiōne(m)*, da *respirāre* ✱ av. 1328] **s. f.** **1** processo fondamentale di tutti gli esseri viventi che assumono ossigeno ed emettono anidride carbonica | ***r. artificiale***, attuazione di una ventilazione polmonare simile a quella spontanea mediante manovre manuali o dispositivi meccanici CFR. pneumo-① **2** (*fig., lett.*) modo di essere o di fare, mentalità | †sollievo, riposo

♦**respìro** [da *respirare* ✱ av. 1612] **s. m.** **1** atto del respirare: *riprendere il r. dopo una corsa* | movimento della respirazione: *avere il r. regolare, affannoso; trattenere il r. per la paura; Don Gesualdo intanto andavasi calmando, col r. più corto* (G. VERGA) | ***fino all'ultimo r.***, fino alla morte | ***esalare***, (*lett.*) ***rendere l'ultimo r.***, morire | ***tirare***, (*lett.*) ***trarre un r. di sollievo***, provare sollievo **2** (*fig.*) sollievo, riposo: *godere di un momento di r.* | pausa, interruzione: *lavorare senza r.* | dilazione in un pagamento: *accordare un breve r.* **3** (*fig.*) portata ideologica, estensione culturale, vastità e intensità d'ispirazione, espressione, risonanza e sim., spec. nella loc. ***di ampio r.***: *lavoro, opera, composizione di ampio r.* **4** (*mus.*) segno che indica il punto in cui il cantante o il suonatore di strumenti a fiato può effettuare una breve pausa per respirare ‖ **respiróne**, accr.

†**respìtto** ➤ †rispitto

†**rèspo** [deformazione di *cespo* ✱ 1566] **s. m.** • cespuglio: *isdrucciolò inverso il lago, e s'attenne a un r., il quale era sottilissimo* (B. CELLINI)

†**respóndere** ➤ rispondere

♦**responsàbile** o †**risponsàbile** [fr. *responsable*, dal lat. *respōnsus*, part. pass. di *respondēre* 'rispondere' ✱ 1637] **A** agg. **1** che deve rispondere, rendere conto o garantire delle proprie azioni o delle altrui: *non è ancora r. delle sue azioni; non siamo responsabili della tua condotta* | ***direttore, vice-direttore r.***, che a norma di legge risponde degli scritti pubblicati in un giornale **2** che è consapevole delle conseguenze derivanti dalla propria condotta: *è un ragazzo r. nonostante la giovane età* SIN. cosciente | che rivela giudizio, assennatezza: *tenere un comportamento r.* **3** colpevole: *si è rivelato r. di gravi torti* | che provoca, che causa qlco. spec. di negativo: *lo stress è r. di vari disturbi* ‖ **responsabilménte**, avv. in modo responsabile: *agire responsabilmente* ‖ **responsabilità** o †**risponsabilità**, s. f. inv. (V.) **B** s. m. e f. • chi deve rispondere di qlco.: *i responsabili della vita politica italiana; il r. del furto non è stato trovato* | ***r. dell'imposta***, chi è tenuto al pagamento dell'imposta insieme con il contribuente

♦**responsabilità** o †**risponsabilità** [fr. *responsabilité*, dall'ingl. *responsability*, da *responsible* 'responsabile' ✱ 1760] **s. f. inv.** **1** il fatto di essere responsabile | onere giuridico o morale derivante da atti propri o altrui: *assumersi le proprie responsabilità; fare qlco. sotto la propria r.; r. morale; declinare ogni r.* **2** consapevolezza delle proprie azioni e delle conseguenze che ne derivano: *dimostrare (senso di) r.* **3** colpa: *la r. dell'incidente è solo sua* | (*dir.*) sottomissione, disposta dalla legge, alla sanzione in conseguenza alla violazione di un dovere giuridico: *r. diretta, indiretta* | ***r. civile***, che grava su chi ha commesso un atto illecito o ha violato un obbligo | ***r. penale***, che grava su chi ha commesso un reato | ***assicurazione della r. civile***, quando l'assicuratore si obbliga a rimborsare all'assicurato quanto questi deve pagare in seguito a una propria responsabilità | ***r. oggettiva***, quando si risponde di un fatto, anche senza colpa o dolo | ***r. patrimoniale***, principio per cui il debitore risponde delle proprie obbligazioni con tutti i beni | ***r. limitata***, quella degli azionisti o dei detentori di quote di capitale limitatamente al valore delle azioni o quote sottoscritte | ***r. congiunta***, tipo di conduzione aziendale in cui i rappresentanti dei lavoratori partecipano al processo di formulazione delle direttive aziendali

SFUMATURE DI SIGNIFICATO

responsabilità - onere

Responsabilità è la consapevolezza di dover rispondere del proprio operato e, di conseguenza, l'impegno nell'operare che deriva da questa consapevolezza. Nella parola **onere** viene invece accentuata l'idea di impegno, di carico anche gravoso che l'assunzione di una responsabilità può comportare.

responsabilizzàre [1961] **A** v. tr. • rendere responsabile o consapevole, spec. con riferimento a ruoli, funzioni o problemi di carattere sociale: *r. i giovani* | fare assumere una diretta responsabilità: *r. un dipendente* **B** **responsabilizzàrsi** v. intr. pron. • assumersi una responsabilità | diventare consapevoli delle proprie responsabilità ‖ **responsabilizzazióne**, s. f. (V.)

responsabilizzazióne [1961] **s. f.** **1** il responsabilizzare, il responsabilizzarsi **2** (*org. az.*) strumento di controllo organizzativo, consistente nel definire le responsabilità, sia generali che di spesa, a ogni livello della scala gerarchica

†**responsióne** o †**risponsióne** [vc. dotta, lat. *responsiōne(m)* 'risposta', da *respōnsus*, part. pass. di *respondēre* 'rispondere' ✱ 1268] **s. f.** **1** risposta **2** canone, tributo

responsìva [sost. f. di *responsivo* ✱ sec. XIV] **s. f.** • (*raro, burocr.*) lettera di risposta

responsìvo o †**risponsìvo** [vc. dotta, lat. tardo *responsīvu(m)*, da *respōnsus*, part. pass. di *respondēre* 'rispondere'; nel sign. 3, dall'ingl. *responsive* 'che risponde' ✱ av. 1498] **agg.** **1** (*raro, lett.*) che vale come risposta: *lettera responsiva* **2** (*med.*) che risponde in modo soddisfacente a un determinato trattamento **3** (*inform.*) detto di sistema che si adatta a qualsiasi piattaforma ‖ **responsività**, s. f. inv. **1** caratteristica di ciò che è responsivo; (*biol.*) capacità dell'organismo di rispondere, modificandosi, a variazioni delle condizioni ambientali **2** (*fis.*) in un rilevatore di onde elettromagnetiche o acustiche, rapporto fra il segnale elettrico generato e la potenza incidente

respònso o †**rispònso** [vc. dotta, lat. *respōnsu(m)*, part. pass. nt. sost. di *respondēre* 'rispondere' ✱ 1282] **s. m.** **1** (*lett.*) risposta di un oracolo: *uscian quindi i responsi / de' domestici Lari* (U. FOSCOLO) **2** risposta data spec. con tono solenne (anche *iron.*): *la commissione ha dato il suo r.; tuo padre ha dato il r.?* | risultato, esito: *il r. delle urne* | ***r. del campo***, nel gergo sportivo, il giudizio del campo di gara, l'esito di una gara **3** (*relig.*) †responsorio

responsoriàle [da *responsorio* ✱ av. 1672] **A** agg. • che ha carattere di responsorio **B** s. m. • libro di canto fermo contenente le antifone e i responsori

responsòrio [vc. dotta, lat. tardo *responsōriu(m)*, da *respōnsus*, part. pass. di *respondēre* 'rispondere' ✱ 1499] **s. m.** • risposta del coro al solista nella funzione cantata

†**responsùra** [dal lat. *respōnsus*, part. pass. di *respondēre* 'rispondere' ✱ av. 1306] **s. f.** • risposta

rèssa [lat. *rīxa(m)* 'rissa' ✱ 1225 ca.] **s. f.** **1** affollamento di gente che si muove disordinatamente spec. spingendo e urtando: *fanno r. per entrare al cinematografo* SIN. calca **2** †contrasto, lite **3** †insistenza importuna per ottenere qlco.

SFUMATURE ➤ *folla*

rèssi ➤ reggere

rèsta① [lat. *arĭsta(m)* 'arista' ✱ sec. XIV] **s. f.** **1** (*bot.*) arista **2** lisca di pesce, spina

rèsta② [da *restare* ✱ sec. XIV] **s. f.** **1** †arresto, fermata, riposo, sosta: *si diè il segno a … corrieri di … correre senza r. chi qua e chi là* (D. BARTOLI) **2** ferro applicato al lato destro del petto della corazza per appoggiarvi la lancia in posizione per colpire: *lancia in r.* | (*fig.*) ***partire lancia in r.***, affrontare qlcu. o qlco. con decisione e impeto

rèsta③ [lat. *rĕste(m)* 'fune', di orig. indeur. ✱ av. 1336] **s. f.** **1** filza di cipolle, agli e sim. riuniti a formare una treccia **2** lungo cavo di canapa per trascinare la rete nella pesca d'altura

restànte **A** part. pres. di *restare*; anche agg. • rimanente, residuo **B** s. m. • quello che resta, rimane: *ne sacrificarono una parte per godere il r.* (C. BECCARIA) | †***del r.***, del resto

†**restànza** [1337] **s. f.** • avanzo, resto

♦**restàre** [lat. *restāre*, comp. di *re-* e *stāre* ✱ 1266] **A** v. intr. (*io rèsto*; aus. *essere*) **1** rimanere in un luogo spec. per un certo tempo: *r. a cena, a pranzo da qlcu.; r. a casa, a scuola fino a tardi; r. molti giorni in campagna* | ***che resti fra noi***, che nessun altro venga a saperlo | (*est.*) resistere, durare: *restarono al loro posto* | ***r. sulla breccia***, (*fig.*) continuare a essere partecipe di fatti e vicende in modo diretto spec. occupando una certa posizione o svolgendo un'attività | (*lett.*) fermarsi, arrestarsi: *e fuggendo nella terra dinanzi a' detti buoi, non restò mai* (F. Sacchetti) **SIN.** (*lett.*) ristare **2** stare ancora, continuare a stare in un certo atteggiamento o una certa condizione: *r. in rapporti cordiali con qlcu.*; *r. indietro rispetto agli altri*; *è restato uno zotico nonostante il suo denaro* | *r.* **comodi**, non incomodarsi alzandosi di fronte a qlcu. | (*est.*) sopravvivere: *pensiamo a quelli che restano* **SIN.** rimanere **3** venire a trovarsi in una determinata condizione in seguito a fatti, avvenimenti, processi vari: *r. orfano, zoppo per sempre, a carico di qlcu.*; *la nave è restata in secco* | ***r. a piedi***, perdere il treno, l'autobus o altri mezzi di locomozione; (*fig.*) rimanere esclusi da qlco. | ***r. col danno e con le beffe***, avere danno ed essere deriso | ***r. a bocca asciutta***, (*fig.*) non aver potuto godere di qlco. | ***r. con un palmo di naso***, trovarsi deluso | ***r. a bocca aperta, senza fiato, di stucco, di sasso, di sale***, essere molto meravigliato | ***r. al verde***, senza denaro | assumere un certo atteggiamento, un certo modo di essere di fronte a qlco.: *r. persuaso, incredulo, sconvolto* | ***r. d'accordo***, o (*ellitt.*) ***restare***, accordarsi, essere d'accordo: *allora, restiamo così?* **4** rimanere d'avanzo, esserci ancora: *nel frigorifero non restava più niente*; *ci resta ancora molto da fare* | ***resta a vedere se ...***, bisogna vedere se ... | ***restano pochi giorni a ...***, mancano pochi giorni a ... | ***non resta che ...***, non si può far altro che ... **5** (*lett.*) conseguire, risultare: *resta che tu non possa fuggire per nessun verso di non essere infelice* (G. Leopardi) **6** essere posto, situato: *l'edificio resta sul lato sinistro del viale* | ***r. lontano***, distare **SIN.** essere, trovarsi **7** (*lett.*) cessare: *La bufera infernal, che mai non resta* (Dante *Inf.* V, 31) **8** †avvenire, accadere per causa di qlcu. **9 restàrci**, rimanere sbalordito: *quando lo seppe, ci restò* | ***restarci male***, rimanere deluso, avvilito ecc. | (*fam.*) morire all'improvviso: *poveretto, c'è restato* (*secco*) **B** **v. tr.** ● (*lett.*) smettere **C** **restàrsi** **v. intr. pron.** ● (*lett.*) rimanere: *ivi* (...) *si restò soletta* (T. Tasso) | **restàrsene**, stare, trattenersi (con valore intens.): *questa sera me ne resto a casa*

†restàta [da *restato* ✱ sec. XIII] **s. f.** **1** fermata, pausa **2** cessazione

restàto **part. pass.** di *restare*; anche **agg.** ● nei sign. del v.

restauràbile [1872] **agg.** ● che si può restaurare

restauraménto o (*lett.*) **ristauraménto** [av. 1311] **s. m.** **1** †restauro **2** †restaurazione **3** †ristabilimento **4** (*fig.*, *lett.*) reviviscenza, rinascita

restaurant /fr. rɛstɔ'rɑ̃/ [vc. fr., propr. part. pres. di *restaurer* 'ristorare', dal lat. *restaurāre*. V. *restaurare* ✱ 1867] **s. m. inv.** ● ristorante

restauràre o **†ristauràre** [vc. dotta, lat. *restaurāre*, da *instaurāre*, con cambio di pref. ✱ sec. XIII] **v. tr.** (*io restàuro*) **1** restituire allo stato primitivo opere d'arte o altri manufatti, rifacendoli, riparandoli o rinnovandoli: *r. un edificio danneggiato*; *r. un affresco del Trecento* | (*scherz.*) ***restaurarsi il viso***, truccarsi il viso per apparire giovani **2** ripristinare, ristabilire: *r. le rappresentazioni teatrali classiche*; *r. consuetudini dimenticate*; *del suo dovere di r. il patrimonio e ... il lustro famigliare* (R. Bacchelli) **3** (*raro*) rimettere in salute, in forze

restaurativo o **†ristaurativo** [av. 1468] **agg.** **1** (*raro*) che serve a restaurare **2** †che ristora (*anche fig.*)

restauràto **part. pass.** di *restaurare*; anche **agg.** ● nei sign. del v.

restauratóre o **†ristauratóre** [vc. dotta, lat. tardo *restauratōre(m)*, da *restaurātus* 'restaurato' ✱ 1483] **s. m.** (**f.** *-trice*); anche **agg.** ● chi (o che) restaura: *r. di mobili* | (*lett.*) chi (o che) ripristina

restaurazióne o **†ristaurazióne** [vc. dotta, lat. tardo *restauratiōne(m)*, da *restaurātus* 'restaurato' ✱ av. 1306] **s. f.** **1** (*raro*) restauro di quadri, edifici, sculture e sim. **2** †ristabilimento di salute, buone condizioni fisiche **3** ristabilimento di forme di governo, istituzioni politiche, dinastie e sim. | (*per anton.*) ***la R.***, il periodo della storia europea tra il 1815 e il 1830, che sancì il ripristino della situazione politica e istituzionale precedente la Rivoluzione francese con l'abrogazione delle profonde riforme introdotte nel periodo napoleonico **4** †risarcimento

restàuro o **†ristàuro** [av. 1257] **s. m.** **1** tecnica del restaurare un bene di valore artistico, culturale o storico: *il r. di un vaso, di un affresco, di una scultura*; *L'arte di rendere leggibili le scritture è la tecnica del r.* (B. Croce) | la parte restaurata: *il r. non si nota affatto* | (*est.*) intervento edilizio per la conservazione e la valorizzazione di un edificio senza alterarne la forma e la divisione **2** (*fig.*) †ristoro, sollievo: *dato r. a' corpi esausti e vòti* (L. Ariosto) **3** †ricompensa: *richiede ormai da noi qualche r.* (A. Poliziano)

†restìa [etim. incerta ✱ sec. XV] **s. f.** ● moto ondoso che impedisce l'accesso al porto, e tormenta le navi che vi sono ormeggiate

†restìnguere o **†ristìnguere** [vc. dotta, lat. *restĭnguere*, comp. di *re-* e *stĭnguere* 'spegnere'. V. *estinguere* ✱ av. 1498] **v. tr.** ● estinguere, smorzare

♦restìo [lat. parl. **resistīvu(m)*, da *resĭstere* ✱ sec. XIII] **A** **agg.** (**pl. m.** *-ii*) **1** di cavallo o altro animale da carico o da tiro che non vuole andare avanti: *mulo bizzarro e r.* **2** (*est.*) detto di persona che è riluttante a fare qlco., che la fa malvolentieri (+ *a*, **anche seguito da inf.**): *r. al cambiamento, al confronto*; *essere r. a chiedere favori*; *non era r. dal ricorrere a questo demonio* (I. Nievo); *Perché meco si mostra restia nel confidarsi?* (C. Goldoni) **SIN.** alieno, contrario || **†restiaménte**, **avv.** **B** **s. m.** ● difetto di animale restio: *cavallo che ha il r., che è guarito dal r.*

restituìbile [1629] **agg.** ● che si può restituire: *regalo, prestito r.* || **restituibilità**, **s. f. inv.**

♦restituìre [lat. *restitŭere*, comp. di *re-* e *statŭere* 'stabilire'. V. *statuire* ✱ 1268] **A** **v. tr.** (*io restituìsco, tu restituìsci*) **1** rendere, ridare quello che si è tolto a qlcu. o che è stato prestato, donato o dato in consegna: *r. i prigionieri*; *r. il denaro avuto*; *r. la merce* | ***r. la parola a qlcu.***, (*fig.*) (*raro, lett.*) scioglierlo da un impegno, da una promessa; ridargli l'iniziativa, la possibilità di decidere: *r. la parola agli elettori* | dare di nuovo a qlcu. qlco. che aveva perduto: *la cura gli ha restituito energia* | (*est.*) contraccambiare: *r. un calcio, un favore*; *r. una visita* **2** (*lett.*) rimettere nello stato, nel posto di prima: *r. qlcu. nel suo grado*; *il suo gesto lo ha restituito nelle grazie dei superiori* | richiamare: *r. gli esuli alle loro case* **3** †riparare, rimettere in buono stato | rifare dei danni **B** **restituìrsi** **v. rifl. e intr. pron.** ● (*lett.*) †ritornare: *restituirsi in una città* | (*fig.*, *lett.*) darsi di nuovo: *restituirsi al racconto*

restituìto **part. pass.** di *restituire*; anche **agg.** ● nei sign. del v.

restitùtio in ìntegrum /lat. resti'tuttsjo i'nintegrum/ [loc. lat., propr. 'restituzione in intero'] **loc. sost. f. inv.** (**pl. lat.** *restitutiones in integrum*) ● (*dir.*) forma di risarcimento del danno consistente nel ripristinare lo stato di fatto antecedente al verificarsi del danno stesso

restitutivo [av. 1571] **agg.** ● che serve a ricostituire: *un cosmetico r.*

restitutóre [vc. dotta, lat. *restitutōre(m)*, da *restitūtus*, part. pass. di *restitŭere* 'restituire' ✱ 1353] **A** **s. m.** (**f.** *-trice*); anche **agg.** **1** chi (o che) restituisce **2** (*lett.*) chi (o che) restaura, ristabilisce qlco.: *ringraziandogli ciascuno come restitutori della gloria italiana* (F. Guicciardini) **B** **s. m.** ● strumento che permette di ricavare, da uno o più fotogrammi opportunamente orientati, la rappresentazione in scala di una zona di terreno fotografata

restitutòrio [vc. dotta, lat. *restitutōriu(m)*, da *restitūtus*, part. pass. di *restitŭere* 'restituire' ✱ 1673] **agg.** (**pl. m.** *-i* o *raro -ii*) ● (*dir.*) che tende alla restituzione di un bene

restituzióne [vc. dotta, lat. *restitutiōne(m)*, da *restitūtus*, part. pass. di *restitŭere* ✱ av. 1328] **s. f.** **1** il restituire: *impegnarsi alla r. di qlco.*; *r. dei libri alla biblioteca* **SIN.** resa, ritorno **2** (*lett.*) reintegrazione, ristabilimento: *r. di qlcu. nel suo onore*; *la r. dei Medici a Firenze* | ***r. di un testo***, reintegrazione, attraverso il lavoro critico o la congettura, della lezione originale **3** (*dir.*) reintegrazione nella detenzione, nel possesso o nella proprietà di un bene **4** †ritorno di un astro in una posizione già occupata e presa come punto di partenza

♦rèsto [da *restare* ✱ 1312] **s. m.** **1** ciò che avanza, rimane di qlco. o che ancora manca per completare qlco.: *faremo il r. del viaggio in treno*; *il r. della casa sarà terminato presto*; *non vi racconto il r. per non annoiarvi* | ***fare il r.***, compiere l'opera | ***del r.***, peraltro, d'altronde **SIN.** avanzo, residuo, rimanente **2** (*mat.*) ***r. ennesimo di una serie***, serie ottenuta sopprimendo i primi *n* termini della serie data | ***r. di una divisione***, quantità che, aggiunta al prodotto del divisore per il quoziente, dà il dividendo **3** differenza in denaro che spetta a chi paga un bene, un servizio e sim. con una somma superiore a quella dovuta: *aspetto il r.*; *c'è altro di r.?*; *lasciare il r. di mancia* | (*lett.*) ***rifare il r.***, (*fig.*) dovere ancora qlco. a qlcu. anche se non se lo merita **4** (**al pl.**) ciò che rimane di monumenti, opere d'arte, costruzioni antiche: *visitammo i resti di una necropoli etrusca* | avanzi di un pranzo, di un esercito che ha combattuto o altro: *mangeremo i resti della colazione*; *i resti di una bellezza giovanile* | ***resti mortali***, corpo, salma, cadavere **5** †arresto, indugio || (*lett.*) **resticciòlo**, **dim.**

†restrìgnere ➤ **restringere**

restringènte **A** **part. pres.** di *restringere*; anche **agg.** ● nei sign. del v. | (*raro*) astringente **B** **s. m.** ● ciò che restringe

restrìngere o **†restrignere**, **†ristringere**①, **†ristrignere** [vc. dotta, lat. *restrĭngere*, comp. di *re-* e *strĭngere* ✱ av. 1292] **A** **v. tr.** (**pres.** *io restringo, tu restringi*; **pass. rem.** *io restrinsi, tu restringésti*; **part. pass.** *ristrétto*) **1** diminuire il volume o limitare l'estensione di qlco. riducendolo in uno spazio minore: *il lavaggio ha ristretto l'abito*; *r. lo spazio occupato da qlcu.* | fare addensare sughi o salse tenendoli sulla fiamma vivace in un tegame senza coperchio: *r. la besciamella* **2** (*fig.*) limitare, ridurre, contenere: *r. le spese, le esigenze*; *r. i particolari di una narrazione* **3** †radunare: *in un lato della piccola valle le nostre pecore e le capre restringemmo* (I. Sannazaro) **4** (*raro*) rinchiudere: *r. qlcu. in carcere* | †obbligare, costringere **5** †legare strettamente | †fasciare **B** **restringersi** **v. intr. pron.** ● diminuire di volume, di estensione, di dimensioni: *la strada si restringe poco alla volta* **C** **restringersi** **v. rifl.** **1** raccogliersi, avvicinarsi a qlcu. per occupare meno spazio: *restringetevi sul di-*

a b c d e f g h i j k l m n o p q r s t u v w x y z

vano **2** †avvicinarsi molto a qlcu.: *poi per lo vento mi restrinsi retro / al duca mio* (DANTE *Inf.* XXXIV, 8-9) | †*restringersi con qlcu.*, accordarsi **3** (*fig.*, *raro*) contenersi, limitarsi

restringiménto [sec. XIV] **s. m. 1** diminuzione di volume o di estensione: *r. di una stoffa dopo il lavaggio* | punto in cui qlco. si restringe o è ristretto: *rallentare al r. di una strada* **2** (*med.*) riduzione di volume, di calibro: *r. uretrale*; *r. arterioso* **SIN.** stenosi **3** (*raro*, *lett.*, *fig.*) limitazione, moderazione

restringitìvo [1872] **agg.** ● (*raro*) che è atto a restringere: *farmaco r.* | (*fig.*) restrittivo: *provvedimento r.*

restrittìvo [dal lat. *restrīctus*, part. pass. di *restrīngere* ✱ 1592] **agg.** ● che determina o comporta una limitazione: *provvedimento r. della libertà personale*; *legge, clausola restrittiva* **SIN.** limitativo ‖ **restrittivaménte**, **avv.** ‖ **restrittività**, **s. f. inv.**

restrizióne [vc. dotta, lat. tardo *restrictiō-ne(m)*, da *restrīctus*, part. pass. di *restrīngere* ✱ 1584] **s. f.** ● (*raro*) diminuzione, riduzione | (*fig.*) limitazione: *imporre restrizioni alla libertà di qlcu.* | (*fig.*) riserva che limita un'affermazione, una dichiarazione, una promessa, ecc.: *r. mentale*; *l'accettò con una r. che lo riduceva quasi a nulla* (A. MANZONI)

restrizionìsmo [1959] **s. m.** ● (*econ.*) politica basata sulle restrizioni, specialmente dei consumi e della spesa pubblica

restyling /res'tailin(g), *ingl.* riː'staɪlɪŋ/ [vc. ingl., comp. di *re-* e *styling*, dal v. *to style* 'disegnare, modellare' ✱ 1979] **s. m. inv. 1** modifica del design o del modello di un prodotto o manufatto **2** (*est.*) rifacimento, rinnovamento, rielaborazione

resultàre e deriv. ➤ **risultare** e deriv.

†**resùmere** (o -ṣ-) [vc. dotta, lat. *resūmere* ✱ 1527] **v. tr. 1** riassumere, riprendere **2** compendiare

resupìno [vc. dotta, lat. *resupīnu(m)*, comp. di *re-* e *supīnus* 'supino' ✱ av. 1375] **agg.** ● (*lett.*) supino: *già resupina ne l'arena giace* (L. ARIOSTO)

†**resùrgere** ➤ **risorgere**

Resurrèssi o †**Resurrèsso**, †**Risurrèsso** [lat. *resurrēxit*, terza pers. perfetto indic. di *resūrgere* 'risorgere'; propr. 'egli risorse' ✱ av. 1292] **s. m. inv.** ● (*lett.*) resurrezione: *verso il tempo del R.* (G. D'ANNUNZIO) | ***Pasqua di R.***, resurrezione di Gesù

†**resurressìre** [da †*resurressi* ✱ 1260 ca.] **v. intr.** ● risorgere | (*fig.*) ristabilirsi

†**Resurrèsso** ➤ **Resurressi**

resurrezióne (o -ṣ-) o **risurrezióne** (o -ṣ-) [vc. dotta, lat. tardo *resurrectiōne(m)*, da *resurrēctum*, supino di *resūrgere* 'risorgere' ✱ 1268] **s. f. 1** il risorgere, il risuscitare **2** (*relig.*) il ricostituirsi del corpo e dello spirito o anche del solo spirito dell'uomo dopo la morte e il giudizio individuale, o alla fine del mondo e dopo il giudizio finale | ***R. della carne***, nel Giudaismo, nel Cristianesimo e nell'Islamismo, verità di fede secondo la quale, alla consumazione dei tempi, per il Giudaismo all'avvento del Messia, i giusti risorgeranno con corpo glorioso e perfetto e non soggetto più a morte | ***R. di Cristo***, avvenuta tre giorni dopo la sua morte | ***Pasqua di r.***, commemorazione della resurrezione del Cristo, come festa mobile dei cristiani **3** (*fig.*) rifioritura, ripristinamento: *la r. di usi, vocaboli dimenticati* | (*fig.*) rinnovamento: *una poesia ... annunziava la r. interiore in un popolo* (F. DE SANCTIS)

resuscitàre ➤ **risuscitare**

reṣveratròlo [dall'ingl. *resveratrol* comp. di *res(orcinol)*, del lat. *verātru(m)* 'veratro' e *-ol* '-olo①' ✱ 1991] **s. m.** ● (*chim.*) polifenolo di origine vegetale reperibile spec. nell'uva rossa, nelle noccioline americane e nei pinoli con attività antiossidante, antinfiammatoria e vasorilassante

†**retà** ➤ **reità**

retàblo /re'tablo, *sp.* *re'taβlo/ [vc. sp., dal catalano *retaule*, comp. del lat. *retro-* e *tăbula* 'tavola' ✱ 1607] **s. m. inv.** (**pl. sp.** *retablos*) ● ancona di grandi dimensioni, inquadrata in cornice architettonica, con dipinto spesso alternato a rilievo, originaria della Spagna e poi diffusasi in Europa fra il XV e il XVIII secolo

✦**retàggio** o †**redàggio**, †**eretàggio**, †**eritàggio** [ant. fr. *heritage*, da *heriter* 'ereditare' ✱ 1308] **s. m. 1** (*lett.*) eredità: *or discerno perché dal r. / li figli di Levì furono essenti* (DANTE *Purg.* XIII, 131-132) **2** †patrimonio, risorsa **3** (*fig.*) eredità spirituale: *il r. dei Romani nel campo del diritto*

retail /*ingl.* 'riːteɪl/ [vc. ingl., propr. 'minuto, dettaglio', dall'ant. fr. *retailler* 'ritagliare, dividere in piccoli pezzi' ✱ 1988] **A s. m. inv.** ● vendita al dettaglio **B anche agg. inv.**: *settore r.*

retàrd /re'tard, *ingl.* rɪ'tɑːd/ [vc. ingl., dal v. *to retard* 'ritardare, rallentare' ✱ 1987] **agg. inv.** ● (*med.*) detto di farmaco a lento rilascio

retàre① [da *rete* ✱ 1681] **v. tr.** (*io réto*) **1** (*raro*) tracciare su un'immagine un reticolo di linee per poterla riprodurre in scala ridotta o maggiorata **2** stendere la rete per pescare, prendere uccelli e sim.

†**retàre**② [fr. *hériter*: stessa etim. dell'it. *ereditare* ✱ av. 1348] **v. tr.** ● ereditare

retàta [da *rete* ✱ 1728] **s. f. 1** gettata di rete | quantità di pesce o uccelli catturati in una rete: *prendere una r. di sardine* | (*fig.*, *raro*) raccolta: *spero di far una piccola r. di soldi* (M. D'AZEGLIO) **2** (*fig.*) rapida operazione militare o di polizia in cui vengono controllate e arrestate più persone: *una r. di ladruncoli*; *a valle i tedeschi avevano fatto una r.* (A. MORAVIA)

†**retàto** [da *rete* ✱ 1728] **agg.** ● reticolato, intrecciato a rete

retàzza ➤ **redazza**

♦**réte** [lat. *rēte*, di etim. incerta ✱ 1250 ca.] **s. f. 1** attrezzo costituito da funi o fili intrecciati a maglie, per prendere pesci, uccelli o altri animali: *gettare, tirare la r.* | ***r. portapesci***, piccola rete di spago o nylon, tenuta aperta da un cerchietto metallico, per conservare e trasportare il pesce durante la pesca | ***r. da insacco***, tramaglio | ***r. da gettata***, giacchio | ***r. a strascico***, trainata da barche, motopescherecci o anche a braccia, radente il fondo, per raccogliere nel sacco tutto ciò che incontra | (*fig.*) agguato: *cadere, incappare nella r.* | (*fig.*) insidia, inganno: *tendere la r. a qlcu.* | ***prendere qlcu. nella r.***, (*fig.*) riuscire a ingannarlo, raggirarlo | (*fig.*, *lett.*) seduzione amorosa: *quel bel volto / ch'all'amorose reti il tenea involto* (L. ARIOSTO) **2** (*est.*) intreccio di filo o altro materiale con maglie di misura e forma variabili, usata spec. come struttura di riparo, protezione o sbarramento: *recingere un campo con una r.*; *r. da circo* | ***senza r.***, (*fig.*) senza protezione, senza appoggio | ***r. metallica***, spec. in fil di ferro zincato, a chiusura di finestre, recinti e sim. | ***r. del letto***, quella in metallo su cui poggia il materasso | ***r. per la spesa***, borsa traforata, di corda o nylon | ***r. per i capelli***, cuffia a maglia per mantenere in ordine i capelli | ***r. mimetica***, rete di spago o corda con incorporati elementi multicolori di materiale vario per mascherare armi, postazioni e sim. | ***r. da ostruzione***, ostruzione di cavi posta all'imboccatura dei porti per impedire il passaggio di mezzi subacquei, incursori e sim. | ***r. parasiluri***, ostruzione di reti che si sistema attorno a una nave ormeggiata per proteggerla dai siluri | ***punto a r.***, sfilato su tela ripreso in vari modi con l'ago | intreccio di maglie di corda costituente un ripiano, spec. su mezzi di trasporto: *Prese la sua valigia dalla r.* (E. MONTALE) **3** (*sport*) nel calcio, nella pallanuoto e in altri sport, porta: *tirare a r.* | (*fig.*) punto segnato, gol: *segnare una r.* | nel tennis e nella pallavolo, quella che divide il campo in due parti uguali **4** (*cucina*) omento del maiale usato per ravvolgervi i fegatelli da cuocere in tegame o arrostire allo spiedo **5** insieme di linee, reali o meno, che si intersecano formando come le maglie di una rete: *r. autostradale, ferroviaria, aerea, idrografica*; *la r. dei meridiani e dei paralleli* | (*mat.*) sistema di curve piane o di superfici algebriche | ***r. topografica***, rappresentazione, in esatta posizione relativa, di un insieme di punti del terreno | ***r. geodetica***, complesso dei punti geodetici ottenuti con la triangolazione ai fini del rilevamento topografico | ***r. elettrica***, elementi di circuito collegati fra loro in modo da dar luogo a più diramazioni | ***r. telegrafica, telefonica***, complesso di circuiti elettrici che collegano fra di loro i vari utenti | ***r. di distribuzione***, insieme di cavi, tubazioni e sim. che partendo da un centro si ramificano in modo da collegare gli utenti di un determinato servizio pubblico, come telefono, acqua, gas e sim., alla centrale di distribuzione **6** (*anat.*) intreccio di vasi sanguigni o di nervi **7** (*fig.*) intreccio, insieme articolato od organizzato: *una fitta r. di amicizie*; *r. di spionaggio*; *una r. di spacciatori* | (*org. az.*) ***r. commerciale***, il sistema di filiali, agenzie e organismi sim. diretti dal centro e fra loro connessi che, in un'azienda, svolgono l'attività di diffusione, distribuzione e vendita dei prodotti | (*radio*, *tv*) sistema accentrato e coordinato di trasmissioni o di stazioni trasmittenti: *la r. 1 della RAI*; *le reti private televisive* **8** (*inform.*) collegamento tra più elaboratori elettronici, situati anche a grande distanza | ***r. globale***, ***r. telematica***, (*per anton.*) ***la Rete***, sistema di collegamento e interscambio di dati tra sistemi informativi a livello planetario: *navigare nella R.*; *lavorare in r.*; *mettere in r.* | ***r. locale***, sistema informatico in cui più elaboratori elettronici, gener. situati nello stesso edificio, condividono le stesse risorse, quali periferiche, accesso ai dati contenuti nella memoria di massa di ciascun elaboratore e sim.: *r.* (*locale*) *ad anello, a stella, a controllo distribuito* ‖ **reticèlla**, **dim.** (V.) | (*raro*) **reticìno**, **dim. m.** | (*raro*) **retìcola**, **dim.** | **retìna**, **dim.** (V.) | **retìno**, **dim. m.** (V.) | (*raro*) **retóne**, **accr. m.**

†**retentìre** o †**ritentìre** [fr. *retentir*, comp. di *re-* e dell'ant. fr. *tentir*, dal lat. parl. **tinnitīre*, intens. di *tinnīre* 'far risuonare', vc. di orig. onomat. ✱ av. 1374] **v. intr.** ● (*poet.*) echeggiare, risuonare: *il cantar novo e 'l pianger delli augelli / in sul dì fanno retentir le valli* (F. PETRARCA)

retentìva ➤ **ritentiva**

retentìvo ➤ **ritentivo**

†**retenzióne** ➤ **ritenzione**

reticèlla [av. 1320] **s. f. 1** dim. di *rete* **2** cuffia a maglia, maschile o femminile, usata un tempo per tenere in ordine i capelli o per ornamento **3** (*chim.*) elemento divisorio di rete metallica, coperta in parte di amianto, usato nei laboratori chimici spec. per impedire un diretto contatto tra fiamma e recipienti di vetro **4** (*anat.*, *raro*) plesso

✦**reticènte** [vc. dotta, lat. *reticĕnte(m)*, part. pres. di *reticēre*, comp. di *re-* e *tacēre* ✱ 1901] **agg.** ● che tace per nascondere qlco. che dovrebbe dire: *testimone r.* | che è restio a parlare: *mostrarsi r. sui propri progetti* | (*est.*) detto di ciò che rivela reticenza: *frasi reticenti* ‖ **reticenteménte**, **avv.**

r

SFUMATURE ➤ *insincero*

✦**reticènza** [vc. dotta, lat. *reticĕntia(m)*, da *rĕticens*, genit. *reticĕntis* 'reticente' ✱ 1536] **s. f.** **1** atteggiamento di chi è reticente: *essere privo di r.* | ***senza r.***, senza tacere nulla **2** (*ling.*) figura retorica consistente nell'interrompere il discorso lasciando però intendere ciò che non si dice; per es. in: *Se la cosa dipendesse da me,... vedon bene che a me non me ne vien nulla in tasca...* (A. MANZONI) **SIN.** aposiopesi

rètico① [vc. dotta, lat. *Rāeticu(m)*, da *Rāeti*, n. di una popolazione tra il Danubio e il Reno ✱ av. 1498] **A agg.** (**pl. m.** *-ci*) ● della Rezia, dell'antica popolazione dei Reti **B s. m.** solo **sing.** ● lingua parlata dai Reti

†**rètico**② [aferesi di *eretico* ✱ 1250 ca.] **s. m.** ● eretico: *e sia saracino, r., paterino e scomunicato* (F. SACCHETTI)

reticolaménto [av. 1704] **s. m.** ● (*raro*) reticolo

reticolàre① [av. 1555] **agg.** ● che ha forma di reticolo ‖ **reticolarità**, **s. f. inv.** caratteristica di ciò che è reticolare; (*est.*) ciò che ha una struttura reticolare: *reticolarità sociale*

reticolàre② [av. 1616] **v. tr.** (*io reticolo*) ● (*raro*) disporre, tracciare un reticolo

reticolarità ➤ **reticolare**①

reticolàto A part. pass. di *reticolare*②; anche **agg.** ● fatto o disegnato a forma di reticolo **B s. m. 1** intreccio di linee a forma di rete o di reticolo | ***r. geografico***, l'insieme dei meridiani e dei paralleli su una carta geografica | ***r. delle parole incrociate***, schema a forma di rete nelle cui caselle bianche devono essere scritte le lettere delle parole trovate **2** intreccio di fili metallici usato come recinzione | (*milit.*) ostacolo difensivo costituito da groviglio di filo spinato, ancorato al terreno mediante una palificazione di legno o metallica **3** (*chim.*) detto di polimero lineare che, avendo subito un processo di reticolazione, ha acquistato una struttura simile alle maglie di una rete, tipica dei prodotti termoindurenti

reticolatùra [da *reticolo* ✱ av. 1959] **s. f.** ● (*fotogr.*) minutissima screpolatura della gelatina, dovuta a varie cause, non visibile ad occhio nudo ma in sede di ingrandimento

reticolazióne [1872] **s. f. 1** reticolamento **2** (*chim.*) reazione chimica che, stabilendo legami trasversali fra le molecole filiformi di un polimero lineare, lo trasforma in un polimero reticolato, rendendolo insolubile e infusibile, privandolo della plasticità e conferendogli durezza e rigidità | formazione di legami trasversali nella vulcanizzazione della gomma **3** (*tess.*) trattamento di rifinizione di un tessuto fabbricato con fibre cellulosiche, per renderlo irrestringibile, ingualcibile e sim.; consiste nell'impregnare il tessuto con adatti composti e nel sottoporlo poi a riscaldamento per determinare la condensazione di tali composti con la cellulosa

retìcolo [vc. dotta, lat. *retĭculu(m)*, dim. di *rēte* ✱ 1872] **s. m. 1** disegno o struttura che ha la forma, più o meno approssimativamente, di una rete: *r. geografico*; *r. di nervi, di vasi sanguigni* | ***r. geodetico***, rete geodetica **2** (*ottica*) serie di fili sottilissimi, o di sottili incisioni su vetro, incrociati e giacenti sul piano focale di un cannocchiale o telescopio | ***r. di diffrazione***, dispositivo costituito da numerosi tratti rettilinei, paralleli ed equidistanti, consistenti in fenditure o solchi in uno schermo opaco, i quali, quando vengono illuminati, producono altrettanti fasci luminosi che, interferendo, generano uno spettro di diffrazione **3** (*mat.*) configurazione risultante dall'intersezione sopra una superficie piana o curva di due o più fasci di rette, per lo più parallele, aventi direzioni differenti **4** (*zool.*) seconda cavità a pareti alveolate dello stomaco dei ruminanti **CFR.** abomaso, omaso, rumine **5** (*chim., miner.*) ***r. cristallino, spaziale***, configurazione geometrica tridimensionale assunta dagli atomi o dalle molecole in un cristallo ideale o perfetto

reticoloendotelïàle [comp. di *reticolo* e di un deriv. di *endotelio* ✱ 1954] **agg.** ● (*anat.*) relativo al complesso delle cellule fagocitarie localizzate nelle pareti dei vasi linfatici e di quelli sanguigni di particolari organi e tessuti (midollo osseo, milza, fegato, linfonodi e polmoni)

retifórme [comp. di *rete* e *-forme* ✱ 1681] **agg.** ● che ha forma di rete

rètina① o †**rètina** [dim. di *rete*, per la disposizione a forma di rete dei vasi sanguigni ✱ sec. XV] **s. f.** ● membrana del fondo oculare sensibile alle stimolazioni luminose

retìna② [1872] **s. f. 1** dim. di *rete* **2** sottile rete per tenere composti o schiacciati i capelli

retinàle [1922] **s. m.** ● (*chim.*) forma della vitamina A attiva nel processo della visione **SIN.** retinene

retinàre [1959] **v. tr. 1** munire di rete o reticolato **2** (*tecnol.*) fornire un materiale di una struttura ad elementi incrociati a rete metallica: *r. il vetro, il cemento* **3** nella riproduzione delle immagini per la stampa, scomporre con un retino i chiaroscuri dell'originale in punti completamente neri di diametro proporzionale alla tonalità dell'originale in quel punto

retinàto part. pass. di *retinare*; anche **agg.** ● nei sign. del v.

retinatùra [1970] **s. f.** ● operazione del retinare

retinène [da *retina*① col suff. *-ene* ✱ 1938] **s. m.** ● (*chim.*) retinale

†**retinènza** o †**ritenènza** [vc. dotta, lat. *retinĕntia(m)*, da *rĕtinens*, genit. *retinĕntis*, part. pres. di *retinēre* 'ritenere, trattenere' ✱ av. 1320] **s. f. 1** forza di ritenere | ritentiva **2** ritegno

retìnico [1868] **agg.** (**pl. m.** *-ci*) ● (*anat.*) della retina: *emorragia retinica*

retinìte [comp. di *retina* e *-ite*① ✱ 1875] **s. f.** ● (*med.*) infiammazione della retina

retìno [1640] **s. m. 1** dim. di *rete* **2** (*tipogr.*) reticolato di puntini sulla matrice di stampa per graduare l'intensità del colore | (*est.*) riproduzione di un'immagine ottenuta con tale sistema **3** piccola rete con un lungo manico, usata spec. per tenere nell'acqua i pesci pescati o per catturare le farfalle

retinòide [da *retin(olo)* col suff. *-oide* ✱ 1875] **s. m.** ● (*chim.*) ogni appartenente a un gruppo di composti di sintesi chimicamente affini alla vitamina A, usati in prodotti dermatologici per la loro azione dermoprotettiva

retinòlo [da *retina*① con il suff. *-olo*① ✱ 1872] **s. m.** ● (*chim.*) vitamina A

retinopatìa [comp. di *retina*① e *-patia* ✱ sec. XIX] **s. f.** ● (*med.*) qualsiasi patologia della retina di natura non infiammatoria: *r. ipertensiva* ‖ **retinopàtico**, **agg.** (**pl. m.** *-ci*); anche **s. m.** (**f.** *-a*) nel sign. 2 **1** relativo a retinopatia **2** che (o chi) soffre di retinopatia

rètore [vc. dotta, lat. *rhētore(m)*, dal gr. *rḗtōr*, da *éirein* 'parlare', di orig. indeur. ✱ 1261 ca.] **s. m. 1** chi nell'antica Grecia svolgeva la professione di oratore | cultore e maestro di retorica **2** (*spreg.*) chi, scrivendo o parlando, si compiace di frasi artefatte e ampollose

✦**retòrica** o (*raro*) **rettòrica** [vc. dotta, lat. *rhetŏrica(m)* (*ărtem*, nom. *ārs*), dal gr. *rētorikḗ* (*téchnē*) 'arte retorica', f. sost. di *rētorikós* 'retorico' ✱ 1261 ca.] **s. f. 1** arte e tecnica del parlare e dello scrivere con efficacia persuasiva, secondo sistemi di regole espressive varie a seconda delle epoche e delle culture **2** (*est., spreg.*) modo di scrivere o di parlare pieno di effetti esteriori o di ampollosità, ma privo di autentico impegno intellettuale e di contenuti: *un resoconto giornalistico pieno di r.* **SIN.** gonfiezza, prolissità, ridondanza **3** (*est., spreg.*) insistenza formale e superficiale in gesti, forme di vita, esaltazione di valori: *la r. dei buoni sentimenti* **4** nell'antico ordinamento scolastico italiano, denominazione di un corso di insegnamento secondario, corrispondente grosso modo all'attuale livello liceale inferiore ‖ **retoricàccia**, **pegg.**

†**retoricàre** [vc. dotta, lat. *rhetoricāre*, da *rhētor*, genit. *rhētoris* 'retore' ✱ av. 1500] **v. intr.** ● (*spreg.*) fare della retorica

retoricàstro [da *retorico* ✱ av. 1642] **s. m. 1** (*spreg.*) †retore da poco **2** (*lett., spreg.*) chi usa intonazioni retoriche nel parlare o nello scrivere

✦**retòrico** o (*raro*) **rettòrico** [vc. dotta, lat. *rhetŏricu(m)*, dal gr. *rētorikós*, da *rḗtor*, genit. *rḗtoros* 'retore'; la forma *rettorico* è dovuta all'accostamento a *rettore* ✱ 1261 ca.] **A agg.** (**pl. m.** *-ci*) **1** relativo all'arte della retorica, conforme alle regole della retorica: *studi retorici*; *artificio r.* | ***figura retorica***, V. *figura* | (*gramm.*) ***frase interrogativa retorica***, ***domanda retorica***, V. *interrogativo* **2** (*spreg.*) vuoto e ampolloso: *esprimersi in modo r.*; *stile r.*; *ornamenti retorici* **SIN.** gonfio, prolisso, ridondante ‖ **retoricaménte**, **avv.** ‖ **retoricità**, **s. f. inv. B s. m.** ● (*raro*) maestro di retorica

retoricùme o (*raro*) **rettoricùme** [da *retorico* ✱ av. 1850] **s. m.** ● (*spreg.*) discorso o scritto pieno di concetti convenzionali | artifici usati per abbellire un discorso o uno scritto

retoromànzo o **retoromàno** [comp. del n. dei *Reti* e *romanzo*① ✱ 1934] **A s. m.** ● gruppo di lingue e dialetti neolatini comprendenti il romancio del cantone dei Grigioni, il ladino dolomitico e il friulano **SIN.** ladino **B** anche **agg.**: *lingue retoromanze*

†**retòrta** [vc. dotta, lat. *retŏrta(m)* 'ritorta' ✱ 1612] **s. f.** ● (*chim.*) storta

retour match /re,tur'metʃ/ ➤ **match**

retràrre [1483] **v. tr.** (coniug. come *trarre*; usato spec. nel part. pass. *retràtto* e nei tempi comp.) **1** †V. *ritrarre* **2** tirare indietro, ritirare (spec. nel linguaggio scient. e tecnico)

†**retrattazióne** ➤ **ritrattazione**

retràttile [dal lat. *retrāctus*, part. pass. di *retrăhere* 'ritrarre' ✱ 1827] **agg.** ● che si può retrarre o può essere retratto: *unghia r.*; *carrello r.* | ***unghie retrattili***, quelle dei felini

retrattilità [1905] **s. f. inv.** ● caratteristica, proprietà di ciò che è retrattile

retràtto [vc. dotta, lat. tardo *retrăctu(m)*, dal part. pass. di *retrăhere* 'ritrarre' ✱ 1751] **s. m.** ● (*dir.*) rivendicazione, riscatto | ***r. successorio***, diritto di un coerede di riscattare la quota alienata da un altro coerede senza preavviso, versando il prezzo pagato dall'acquirente

retrazióne [V. *ritrazione* ✱ sec. XIV] **s. f.** ● il retrarre | spostamento all'indietro, ritiro: *r. del carrello*; *r. degli artigli* | (*med.*) restringimento, riduzione di lunghezza e/o di volume di un organo, un muscolo o un tessuto leso: *r. cicatriziale* | ***r. di un coagulo***, riduzione di un coagulo di fibrina per azione delle piastrine

retribuire [vc. dotta, lat. *retribūere*, comp. di *re-* e *tribūere* 'tribuire' ✱ av. 1328] **v. tr.** (*io retribuisco, tu retribuisci*) ● compensare per una prestazione d'opera: *r. largamente i dipendenti* | (*raro*) pagare un lavoro: *r. una traduzione* | (*fig., lett.*) ricompensare, premia-

a b c d e f g h i j k l m n o p q r s t u v w x y z

re (*anche assol.*): *r. la virtù di qlcu.*; *Dio vi retribuisca* **SIN.** pagare, (*lett.*) rimeritare

retribuìto **part. pass.** di *retribuire* • nel sign. del v.: *un collaboratore ben r.*; *una prestazione mal retribuita*

retributìvo [1869] **agg.** • che serve a retribuire: *complesso r.* | della retribuzione: *onere r.* | ***giungla retributiva***, V. *giungla* | ***metodo r.***, sistema di calcolo della pensione del lavoratore dipendente basato sulla media delle retribuzioni percepite negli ultimi cinque anni **CFR.** contributivo || **retributivaménte**, **avv.** sotto l'aspetto retributivo

retributóre [vc. dotta, lat. tardo *retributō-re(m)*, da *retribūtus*, part. pass. di *retribŭere* 'retribuire' ✱ av. 1342] **s. m.** (**f.** *-trice*); **anche agg.** • (*raro*) chi (o che) retribuisce

retribuzióne [vc. dotta, lat. tardo *retributiō-ne(m)*, da *retribūtus*, part. pass. di *retribŭere* 'retribuire' ✱ av. 1342] **s. f.** **1** il retribuire: *la r. dei dipendenti* | compenso spettante al prestatore d'opera per il lavoro effettuato: *r. in denaro*; *una meschina r.*; *chiedere una migliore r.* | ***r. differita***, quella percepita al termine del rapporto di lavoro **SIN.** ricompensa, paga, rimunerazione **2** (*est.*, *lett.*) premio

SFUMATURE DI SIGNIFICATO
retribuzione - paga - corresponsione
Qualsiasi compenso, somma di denaro dovuta per una prestazione si definisce genericamente **retribuzione.** Nel caso in cui ci si riferisca alla retribuzione di un lavoro dipendente si può utilizzare il termine **paga**. L'atto del dare, del versare una paga si dice **corresponsione.**
SFUMATURE ➤ ***onorario***②, ➤ ***paga***

+**retrìvo** [da *retro*, sul modello di *tardivo* ✱ av. 1566] **A** **agg.** **1** †tardivo **2** (*fig.*) che è contrario e ostile al progresso, spec. per ignoranza: *avere un atteggiamento r. nella politica* **SIN.** reazionario, retrogrado || **retrivaménte**, **avv.** **B** **s. m.** (**f.** *-a*, *raro*) • chi è contrario al progresso e vi si oppone: *dimostrarsi, essere un r.*

rètro [lat. *rĕtro*, comp. di *re-* e il suff. *-ter*, che indica opposizione fra due (*rĕtro* è opposto a *ĭntro* 'entro') ✱ av. 1294] **A** **avv.** **1** (*lett.*) dietro | anche nelle loc. avv. ***a r.***, ***di r.***, di dietro **2** (*raro*) indietro: *Appena tu me vedi / r. nuovo* (U. Foscolo) | anche nella loc. lat. ***vade r., Satana!*** **B** **nelle loc. prep.** ***r. a***, ***r. da*** • (*lett.*) dietro a: *A costor r. venne nuovo gregge* (N. Machiavelli) **C** **s. m. inv.** • la parte posteriore di qlco.: *il r. del foglio*; *il parcheggio è nel r. dell'edificio* | ***vedi r.***, nei rimandi, vedi la facciata posteriore di un foglio, di una pagina e sim. | ***fronte r.*** (o ***fronte-retro***), che concerne sia la facciata anteriore che quella posteriore di un foglio: *fotocopia fronte r.* | (*assol.*) ***il r.***, il retrobottega

rétro /fr. ʀe'tʀo/ [vc. fr., accorc. di *rétrospectif* 'retrospettivo' ✱ 1980] **agg. inv.** (**pl. fr. inv.**) • che si ispira al recente passato: *un arredamento un po' r.*; *gusto r.* | retrospettivo: *mostra r.*; *rassegna r.*

rètro- [dal lat. *rĕtro* 'dietro', 'indietro'] **pref.** • in parole composte derivate dal latino o formate modernamente, indica posizione arretrata o posteriore o movimento all'indietro (con valore temporale e soprattutto spaziale): *retroattivo, retrobocca, retrobottega, retrocedere, retrodatare, retroguardia, retromarcia, retrospettivo*

retrò [1966] **agg. inv.** • adattamento di *rétro* (V.)

retroagìre [1931] **v. intr.** (*io retroagìsco, tu retroagìsci*; **aus.** *avere*) • (*dir.*) avere effetto retroattivo

retroattìvo [fr. *rétroactif*, dal lat. *retroāctus*, part. pass. di *retroăgere* 'ritirare, spingere indietro', comp. di *rĕtro* (V. *retro-*) e *ăgere* 'spingere', di orig. indeur. ✱ 1797] **agg.** • (*dir.*) che produce effetti da un momento anteriore al suo sorgere: *legge retroattiva* | ***effetto r.***, che si estende anche al passato || **retroattivaménte**, **avv.** con effetto retroattivo || **retroattività**, **s. f. inv.** effetto retroattivo: *retroattività di una norma*

retroazióne [fr. *rétroaction*, da *rétroactif* 'retroattivo' ✱ 1798] **s. f.** **1** retroattività **2** (*elettron.*, *inform.*) operazione, insita in un sistema o introdotta in esso volutamente, con cui la variabile d'uscita di tale sistema influenza quella d'ingresso | in un amplificatore, operazione con cui una frazione della tensione d'uscita è riportata all'ingresso dell'amplificatore stesso in modo che si sommi alla tensione d'ingresso | ***r. negativa***, quella tendente a stabilizzare il sistema | ***r. positiva***, quella tendente a creare instabilità nel sistema **SIN.** feedback **3** in sistemi biologici, psicologici, pedagogici e sociali, trasferimento parziale degli effetti di un dato processo a uno stadio precedente, allo scopo di rinforzarlo o modificarlo **4** (*psicol.*) percezione diretta dell'effetto del proprio comportamento su altri individui

retrobócca [comp. di *retro-* e *bocca*; calco sul fr. *arriér-bouche* ✱ 1915] **s. m.** o (*raro*) **f. inv.** • parte posteriore della cavità boccale

retrobottéga [comp. di *retro-* e *bottega* ✱ 1875] **s. m. o f.** (**pl. m.** *retrobottéga*, **pl. f.**, *retrobottéghe*) • piccola stanza dietro una bottega, usata in genere come deposito o ripostiglio

retrocàmera [comp. di *retro-* e *camera* ✱ av. 1536] **s. f.** • stanzetta di disimpegno dietro una camera più grande

retrocàrica [comp. di *retro-* e *carica* ✱ 1872] **s. f.** • in un'arma da fuoco, sistema di caricamento dalla culatta: *fucile a r.*

retrocedènte **part. pres.** di *retrocedere*; **anche agg.** • che retrocede | (*lett.*) che si ritira: *Ettore, veduto il suo nemico / r.* (V. Monti)

retrocèdere [vc. dotta, lat. *retrocēdere*, comp. di *rĕtro* e *cēdere* 'ritirarsi'. V. *cedere* ✱ av. 1425] **A** **v. intr.** (**pass. rem.** *io retrocèssi* o *retrocedètti* o **raro** *retrocedéi, tu retrocedésti*; **part. pass.** *retrocèsso* o **raro** *retrocedùto*; **aus.** *essere*, **raro** *avere*) • farsi indietro, indietreggiare: *r. lentamente per non cadere* | (*fig.*) desistere, recedere: *r. da una decisione* | arretrare: *r. davanti al nemico* | (*sport*) subire la retrocessione: *la lotta per non r.* **B** **v. tr.** • fare tornare a un grado, una posizione inferiore: *r. un militare*; *la squadra è stata retrocessa in serie B*

retrocediménto [av. 1694] **s. m.** • (*lett.*) il retrocedere

retrocedùto **part. pass.** di *retrocedere*; **anche agg.** • nei sign. del v.

retrocessióne [vc. dotta, lat. tardo *retrocessiōne(m)*, da *retrocēdere* ✱ av. 1598] **s. f.** **1** indietreggiamento **2** massima punizione disciplinare inflitta a militare o a impiegato resosi immeritevole di conservare il grado **3** (*sport*) passaggio di una squadra da una serie superiore a quella immediatamente inferiore **4** (*dir.*) trasferimento di un diritto o di un bene al precedente titolare **5** (*econ.*) cessione a un intermediario di parte delle commissioni incassate in relazione a operazioni da lui procurate o facilitate

retrocèsso **part. pass.** di *retrocedere*; **anche agg.** • nei sign. del v.

retrocognizióne [comp. di *retro-* e *cognizione* ✱ 1983] **s. f.** • in parapsicologia, percezione extrasensoriale di eventi concernenti il passato

retrocompatìbile [comp. di *retro-* e *compatibile* ✱ 2000] **agg.** • (*inform.*) detto di software o dispositivo compatibili con versioni precedenti: *la console di una Playstation r. con i primi modelli* || **retrocompatibilità**, **s. f. inv.**

retrocopertìna [comp. di *retro-* e *copertina* ✱ 1979] **s. f.** • quarta facciata della copertina di un libro **SIN.** controcopertina nel sign. 1

retrocucìna [comp. di *retro-* e *cucina* ✱ av. 1789] **s. m. inv.** o **s. f.** • stanzino posto dietro la cucina

retrodatàre [comp. di *retro-* e *datare* ✱ 1905] **v. tr.** **1** (*burocr.*) indicare su un documento una data anteriore a quella corrente: *r. un certificato* **2** assegnare a un testo letterario, a un prodotto artistico, a una parola o a un fenomeno linguistico e sim. una data anteriore a quella precedentemente nota

retrodatazióne [comp. di *retro-* e *datazione* ✱ 1932] **s. f.** • il retrodatare

rètrofit [vc. ingl., comp. di *retro-* 'retro-' e *fit* 'adattamento' ✱ 1991] **s. m. inv.** • dispositivo che si applica alla marmitta degli autoveicoli allo scopo di rendere meno inquinanti i gas di scarico

retroflessióne [comp. di *retro-* e *flessione* ✱ 1893] **s. f.** **1** ripiegamento all'indietro **2** (*ling.*) posizione assunta dalla lingua per articolare un suono retroflesso **3** (*med.*) posizione anomala dell'utero, quando il corpo rispetto al collo è rivolto all'indietro anziché in avanti **CFR.** retroversione

retroflèsso [1959] **agg.** **1** ripiegato all'indietro **2** (*ling.*) detto di suono nella cui articolazione la parte anteriore della lingua è volta in alto e indietro **3** (*med.*) detto di utero caratterizzato da retroflessione

retroformazióne [comp. di *retro-* e *formazione* ✱ 1959] **s. f.** • (*ling.*) processo mediante il quale una parola deriva da un'altra che sembrerebbe un suo derivato | la parola stessa così formata: *bonifica è una r. di bonificare*

retrofrontespìzio [comp. di *retro-* e *frontespizio* ✱ 1959] **s. m.** • il verso della pagina su cui è stampato il frontespizio

retrogradàre [vc. dotta, lat. *retrogradāri*, da *grădus* 'passo' (V. *grado*②), col pref. *retro-* ✱ 1282] **v. intr.** (*io retrògrado*; **aus.** *avere*; **raro nei tempi composti**) **1** (*raro*, *lett.*) retrocedere **2** (*astron.*) essere animato di moto retrogrado

retrogradazióne [vc. dotta, lat. tardo *retrogradatiōne(m)*, da *retrogradāri* 'retrogradare' ✱ av. 1348] **s. f.** **1** (*raro*, *lett.*) ritirata | arretramento, regressione **2** (*astron.*) moto retrogrado | ***r. dei nodi***, spostamento, nel senso delle longitudini decrescenti, dei due punti d'intersezione tra l'equatore celeste e l'eclittica

retrògrado [vc. dotta, lat. *retrōgradu(m)*, comp. di *rĕtro* (V. *retro-*) e *grădi* 'camminare' (V. *grado*②) ✱ 1282] **A** **agg.** **1** (*biol.*) caratterizzato da movimento all'indietro | (*psicol.*) relativo a eventi anteriori a un evento di riferimento | ***amnesia retrograda***, perdita della memoria di eventi anteriori al trauma causale o all'inizio del disturbo | ***memoria retrograda***, capacità di ricordare eventi del passato remoto, con perdita della memoria di quelli del passato recente, o di ricordare eventi anteriori a un avvenimento quale un trauma cranico **CONTR.** anterogrado **2** (*astron.*) ***moto r. degli astri***, opposto al moto solare **3** †inverso **B** **agg. e s. m.** (**f.** *-a*) • che (o chi) sostiene idee retrive e arretrate ed è contrario al progresso **SIN.** reazionario

retrogressióne [dal lat. tardo *retrogrĕssus*, da *retrōgradi* 'ritornare indietro', comp. di *rĕtro* (V. *retro-*) e *grădi* 'camminare' (V. *grado*②) ✱ 1913] **s. f.** • (*lett.*, *raro*) retrocessione, regressione

retroguàrdia [comp. di *retro-* e *guardia* ✱ av. 1348] **s. f.** **1** reparto che una unità in movimento distacca alle spalle per proteggersi dalle offese del nemico | ***essere, stare alla r.***, (*fig.*) essere su posizioni arretrate; non seguire gli altri nelle loro iniziative e decisioni **2** nel calcio, complesso dei giocatori della difesa

†**retroguàrdo** [variante di *retroguardia* ✶ av. 1478] **s. m.** ● retroguardia: *in prima ei pose / … / i cavalieri, e al r. i fanti* (V. MONTI)

†**retroguìda** [comp. di *retro-* e *guida* ✶ 1552] **s. f.** ● ufficiale o sottufficiale posto in coda ad un reparto **SIN.** serrafila

retrogùsto [comp. di *retro-* e *gusto*: calco sul fr. *arrière-goût* ✶ 1806] **s. m.** **1** residuo caratteristico di sapore che si percepisce in un cibo o in una bevanda dopo averlo degustato: *vino con r. amaro, acidulo* **2** (*fig.*) sensazione che rimane dopo una determinata esperienza: *il romanzo lascia nel lettore un r. di ipocrisia*

retroilluminàre [comp. di *retro-* e *illuminare* ✶ 1962] **v. tr.** (*io retroillùmino*) ● illuminare da dietro

retroilluminàto [comp. di *retro-* e *illuminato* ✶ 1992] **agg.** ● illuminato da dietro, spec. di dispositivi di visualizzazione

retrolocazióne [comp. di *retro-* e *locazione* ✶ 2003] **s. f.** ● (*econ.*) contratto con cui un'azienda vende a una società di leasing un bene di sua proprietà e quest'ultima concede in leasing lo stesso bene all'azienda venditrice

retromàrcia [comp. di *retro-* e *marcia* ✶ 1907] **s. f.** (**pl.** *-ce*) **1** negli autoveicoli, la marcia indietro e meccanismo che la comanda | ***fare r.***, (*fig.*) ritirarsi da una impresa, sottrarsi a un impegno assunto o cambiare idea o comportamento **2** (*cinema*) in una cinepresa, dispositivo che permette di effettuare la sovrimpressione di più immagini | in un proiettore cinematografico, dispositivo che determina lo scorrimento in senso inverso della pellicola

retromutazióne [comp. di *retro-* e *mutazione* ✶ 1990] **s. f.** ● (*biol.*) mutazione a carico di un gene, precedentemente mutato, che ne ripristina il funzionamento

retronébbia [comp. di *retro-* e *nebbia* ✶ 1979] **s. m. inv.** ● (*autom.*) proiettore posteriore a luce rossa più intensa di quella delle luci di posizione, da utilizzare in caso di nebbia per rendere l'autoveicolo più visibile ai veicoli che seguono

retropàlco [comp. di *retro-* e *palco* ✶ 1932] **s. m.** (**pl.** *-chi*) ● parte finale del palcoscenico posto dietro il panorama, contenente il materiale scenografico preparato per lo spettacolo

retropassàggio [comp. di *retro-* e *passaggio* ✶ 1985] **s. m.** ● (*sport*) in alcuni giochi di squadra, spec. nel calcio, passaggio del pallone a un giocatore che si trova in posizione più arretrata

retropensièro [comp. di *retro-* e *pensiero*, calco sul fr. *arrière-pensée* (V.) ✶ 1898] **s. m.** ● pensiero nascosto o che non si vuole esprimere: *quel suo r. / scritto con felicità e sgomento più che in lei nel cosmo* (M. LUZI)

retroproiezióne [comp. di *retro-* e *proiezione* ✶ 1991] **s. f.** ● particolare sistema di proiezione di diapositive per cui, grazie a uno schermo speciale, i proiettori sono disposti dietro lo schermo, e non davanti come di solito

retropulsióne [comp. di *retro-* e *pulsione* ✶ 1959] **s. f.** ● (*med.*) disturbo della deambulazione per cui il paziente tende a camminare all'indietro

retroràzzo (o **-zz-**) [comp. di *retro-* e *razzo* ✶ 1965] **s. m.** ● motore a razzo per frenare un veicolo spaziale

retròrso [vc. dotta, lat. *retrōrsu(m)* 'indietro', da *retrovĕrsum* 'all'indietro', comp. di *rĕtro* (V. *retro-*) e *vĕrsus*, part. pass. di *vĕrtere* 'volgere'. V. *versione* ✶ 1321] **A** **agg.** ● (*bot.*) detto di pelo o aculeo rivolto verso la base dell'organo che lo porta **B** **avv.** ● †all'indietro: *Iordan volto r.* (DANTE *Par.* XXII, 94)

retrorunning /retro'rannin(g), *ingl.* 'rɛtrəʊ,rʌnɪŋ/ [vc. ingl., comp. di *retro-* 'retro-' e *running* 'corsa' ✶ 2004] **s. m. inv.** ● corsa all'indietro, come esercizio fisico o disciplina agonistica

retrosapóre [comp. di *retro-* e *sapore*: calco sul fr. *arrière-goût* ✶ 1959] **s. m.** ● retrogusto

retroscèna [comp. di *retro-* e *scena* ✶ 1883] **A** **s. m. inv.** e (*raro*) **f.** ● parte del palcoscenico dietro la scena non esposta allo sguardo del pubblico, nascosta **B** **s. m. inv.** **1** ciò che avviene dietro la scena **2** (*fig.*) tutto ciò (spec. maneggi, intrighi ecc.) che si nasconde dietro un fatto: *conoscere tutti i r. di una faccenda*

retroscritto [comp. di *retro-* e *scritto* ✶ 1600] **agg.** ● che è scritto nella parte posteriore: *un biglietto r.*

†**retróso** ➤ **ritroso**

retrospettiva [sost. f. di *retrospettivo*, sul modello del fr. *rétrospective* ✶ 1970] **s. f.** ● mostra, esposizione che ha lo scopo di illustrare l'evoluzione di un artista o di un movimento artistico del passato: *una r. di Picasso; si è aperta una r. sul cinema tedesco tra le due guerre mondiali*

♦**retrospettivo** [fr. *rétrospectif*, comp. di *retro-* 'retro-' e di un deriv. del v. lat. *spectāre* 'guardare', intens. di *spĕcere* 'guardare'. V. *spettacolo* ✶ av. 1835] **agg.** ● rivolto al passato: *sguardo r.*; *dare un'occhiata retrospettiva a una serie di avvenimenti; mostra retrospettiva* ‖ **retrospettivaménte**, **avv.** in modo, in senso retrospettivo: *considerare retrospettivamente un periodo storico*

retrospezióne [dal lat. *retrospĕctu(m)*, propr. part. pass. del v. *retrospĭcere* 'guardare (*spĕcere*) dietro (*rĕtro*)' ✶ 1988] **s. f.** ● (*psicol.*) analisi delle esperienze passate che sta alla base dell'introspezione

retrostànte [comp. di *retro-* e *stante*, part. pres. di *stare* ✶ 1909] **agg.** ● che sta, è situato dietro: *il terreno r. al casale; la camera r. l'ingresso*

retrostànza [comp. di *retro-* e *stanza* ✶ 1602] **s. f.** ● retrocamera

retrotèrra [comp. di *retro-* e *terra*; calco sul ted. *Hinterland* ✶ 1915] **s. m. inv.** **1** territorio immediatamente interno a una città marittima: *la Liguria ha un r. molto stretto* | (*est.*) zona che fa capo spec. economicamente a un porto: *il r. di Genova è vastissimo* **2** (*fig.*) complesso di interessi economici, politici, ecc. che gravitano attorno a un'attività | (*fig.*) complesso di idee, situazioni o avvenimenti che fanno da sfondo alla maturazione di eventi o costituiscono la base della formazione di un individuo o di gruppi sociali: *il r. culturale dell'ultima generazione* **SIN.** background

†**retrotràrre** [comp. di *retro-* e *trarre* ✶ 1655] **v. tr.** ● rendere retroattivo | anticipare | riportare indietro

retrotrèno [comp. di *retro-* e *treno* ✶ 1956] **s. m.** **1** (*autom.*) gruppo posteriore dell'autoveicolo comprendente le ruote, le sospensioni, i freni ed, eventualmente, gli organi di trasmissione **2** (*zootec.*) parte posteriore di un quadrupede, spec. di un cane o di un cavallo **SIN.** treno posteriore

retrovéndere [comp. di *retro-* e *vendere* ✶ 1673] **v. tr.** (**coniug. come** *vendere*) ● fare oggetto di retrovendita: *r. un immobile*

retrovéndita [comp. di *retro-* e *vendita* ✶ av. 1571] **s. f.** ● vendita di un bene alla persona da cui lo si era acquistato in precedenza

retroversióne [dal lat. *retrovĕrsus* 'rivolto all'indietro', comp. di *rĕtro* (V. *retro-*) e *vĕrsus* 'rovesciato'. V. *verso*① ✶ 1835] **s. f.** **1** (*raro*) inversione di marcia **2** (*med.*) condizione di un utero completamente inclinato all'indietro senza angolazione fra il corpo e il collo **CFR.** retroflessione **3** versione nella lingua originale di un passo che da essa era stato tradotto in altre lingue

retrovèrso [1991] **agg.** ● (*med.*) detto di utero caratterizzato da retroversione

retrovìa [comp. di *retro-* e *via* ✶ 1891] **s. f.** **1** (**spec. al pl.**) zona retrostante l'area della battaglia di cui costituisce base per appoggio tattico e logistico **2** (**spec. al pl.**) spec. nel calcio, settore difensivo; nelle gare di corsa, settore dove si trovano i concorrenti in ritardo

retroviràle [1984] **agg.** ● (*med.*) relativo a retrovirus | causato da un retrovirus

retrovìrus [comp. di *retro-* e *virus* ✶ 1982] **s. m. inv.** ● (*biol.*) tipo di virus con RNA a singola elica che, mediante trascriptasi inversa, trasferisce l'informazione genetica dal suo RNA al DNA della cellula infetta; è causa di leucemia, della trasmissione dell'AIDS e di altre gravi infezioni

retrovisìvo [comp. di *retro-* e *visivo* ✶ 1942] **agg.** ● che serve a vedere indietro: *specchietto r.*

retrovisóre [comp. di *retro-* e *visore* ✶ 1950] **A** **s. m.** ● specchietto retrovisivo **B** anche **agg. m.** (**difett. del f.**): *specchietto r.*

retrusióne [da *retro-* ✶ 1959] **s. f.** ● (*med.*) difetto di posizione di un organo o struttura che risulta arretrata rispetto a quella normale | ***r. della mandibola***, posizione arretrata della mandibola che comporta una chiusura anomala della bocca

rètta① [lat. *arrēcta(m āurem)* 'orecchia tesa', part. pass. di *arrĭgere* 'drizzare', comp. di *ăd* e *rĕgere* 'dirigere, drizzare'. V. *reggere* ✶ av. 1665] **s. f.** ● solo nella loc. ***dar r.***, porgere ascolto e attenzione, badare; dare credito, fiducia: *non dar r. a quelle sciocchezze!*; seguire, ascoltare i consigli: *dai r. a ciò che ti dice tuo padre* | ***a dar r. a lui …***, a seguire i suoi consigli …

rètta② [da (*somma*) *retta* 'somma giusta', f. sost. di *retto* ✶ 1863] **s. f.** ● pensione che paga chi è ospite in un convitto: *essere a mezza r.*; *pagare la r. del collegio*

♦**rètta**③ [lat. *rēcta(m līneam)*, part. pass. f. sost. di *rĕgere* 'dirigere'. V. *reggere* ✶ av. 1642] **s. f.** ● ente primitivo della geometria, definito attraverso una serie di assiomi, che si può visualizzare in maniera intuitiva come una corda infinita senza spessore, perfettamente tesa | in un piano (o in uno spazio, a *n* dimensioni) numerico, il luogo dei punti le cui coordinate soddisfano una data equazione lineare (o un sistema lineare di $n - 1$ equazioni) | ***r. impropria***, insieme dei punti impropri di un piano | ***r. orientata***, tale che l'insieme dei suoi punti sia totalmente ordinato | ***r. numerica***, spazio numerico di dimensione uno

rettàle [da *retto*① nel sign. B 3 ✶ 1874] **agg.** ● (*anat.*) del retto

♦**rettangolàre** [1851] **agg.** ● che ha la forma di un rettangolo ‖ **rettangolarità**, **s. f. inv.** caratteristica di ciò che è rettangolare; forma rettangolare

♦**rettàngolo** [da *retto*①, sul modello di *triangolo* ✶ 1436] **A** **agg.** ● (*mat.*) detto di termine che contiene il prodotto di due variabili **B** **s. m.** **1** quadrilatero con tutti gli angoli retti **2** (*sport*) ***r. di gioco***, campo di gioco di forma rettangolare ‖ **rettangolétto**, **dim.** | **rettangolìno**, **dim.** | **rettangolóne**, **accr.**

rettangolòide [comp. di *rettangol(o)* e *-oi-*

de ✱ 1959] **s. m.** ● (*mat.*) figura piana simile a un rettangolo, costituita da segmenti e archi di curva che formano tra loro angoli quasi retti

†**rettàre** [vc. dotta, lat. *reptāre*, intens. di *rēpere* 'strisciare', di orig. indeur. ✱ sec. XIV] **v. intr.** ● strisciare per terra

†**rettézza** [da *retto*① ✱ 1666] **s. f.** ● rettitudine

rettìfica [1768] **s. f. 1** il rettificare | modificazione che ha lo scopo di correggere: *procedere alla r. dei confini*; *r. di un errore* | (*giornalismo*) correzione di un'affermazione inesatta pubblicata su un giornale e sim. **2** (*mecc.*) operazione di finitura eseguita dalla mola sulla superficie di un pezzo

rettificàbile [1959] **agg. 1** che si può rettificare **2** (*mat.*) detto di curva della quale si può calcolare la lunghezza ‖ **rettificabilità**, **s. f. inv.**

rettificaménto [da *rettificare* ✱ 1692] **s. m.** ● (*raro*) rettifica

rettificàre [da *retto*① ✱ av. 1327] **v. tr.** (*io rettìfico, tu rettìfichi*) **1** rendere rettilineo, raddrizzare: *r. una strada, il corso di un fiume* | (*milit.*) ***r. l'andamento di un fronte***, riorganizzarlo, abbandonando posizioni più avanzate, per renderlo tatticamente più vantaggioso ed economizzare le forze | ***r. il tiro***, portarlo alla massima esattezza possibile; (*fig.*) definire meglio i propri obiettivi in base alla situazione | (*mat.*) ***r. un arco di curva***, costruire un segmento di lunghezza pari a quella di un arco dato **2** (*fig.*) modificare correggendo: *r. un errore, un'inesattezza* **3** (*mecc.*) operare una finitura di precisione su una superficie metallica mediante rettificatrice **4** (*chim.*) sottoporre a rettificazione **5** †purificare una sostanza, un liquido **6** †guarire ‖ **rettificazióne**, **s. f.** (V.)

SFUMATURE ➤ ***correggere***

rettificàto **A** **part. pass.** di *rettificare*; anche **agg.** ● nei sign. del v.: *testo r.*; *alcol r.* **B** **s. m.** ● (*chim.*) sostanza ottenuta per rettificazione

rettificatóre [1612] **A** **agg. e s. m.** (**f.** *-trice*) ● che (o chi) rettifica **B** **s. m. 1** (*chim.*) apparecchio in cui si effettua la rettificazione **2** (**f.** *-trice*) operaio metalmeccanico addetto a una rettificatrice

rettificatrìce [f. di *rettificatore* ✱ 1926] **s. f.** ● macchina utensile che esegue la finitura della superficie di un pezzo facendovi strisciare sopra una mola rotante ad alta velocità | ***r. piana***, quella che esegue la finitura di superfici piane

rettificazióne [av. 1320] **s. f. 1** il rettificare | (*fig.*) correzione, rettifica **2** (*chim.*) particolare distillazione che avviene in controcorrente tra vapore e liquido di condensa e che permette una migliore separazione dei componenti la miscela da distillare

rettifìlo [comp. di *retto*① e *filo* ✱ 1812] **s. m.** ● rettilineo

rettilàrio [da *rettile*, sul modello di *acquario*① ✱ 1979] **s. m.** ● parte di uno zoo opportunamente attrezzata per ospitare rettili | (*est.*) raccolta, mostra di rettili

♦**rèttile**① [vc. dotta, lat. tardo *rēptile(m)*, da *rēptum*, supino di *rēpere* 'strisciare', di orig. indeur. ✱ av. 1320] **s. m. 1** ogni animale appartenente alla classe dei Rettili **2** (*fig.*, *spreg.*) persona vile, malvagia e infida: *tienti lontano da quel r.*

rèttile② [V. *rettile*① ✱ 1965] **agg.** ● (*bot.*) di organo strisciante sul terreno

Rèttili [1831] **s. m. pl.** (**sing.** *-e*) ● (*zool.*) classe di Vertebrati eterotermi con corpo rivestito di squame cornee e talvolta forniti di dermascheletro osseo, a respirazione polmonare e riproduzione ovipara, ovovivipara o vivipara (*Reptilia*)

rettiliàno [da *rettile*① ✱ av. 1956] **agg.** ● di rettile, relativo ai rettili: *caratteri rettiliani negli uccelli*

rettilineità [1913] **s. f. inv.** ● caratteristica di ciò che è rettilineo | (*fig.*) linearità, coerenza

rettilìneo [vc. dotta, lat. *rectilīneu(m)*, comp. di *rēctus* 'retto①' e *līnea* ✱ 1436] **A** **agg. 1** che segue la linea retta: *direzione rettilinea* **2** (*fig.*) coerente, lineare: *una condotta morale rettilinea* **B** **s. m.** ● strada o tratto di strada, ferrovia e sim. in linea retta **SIN.** rettifilo | ***r. d'arrivo***, dirittura in cui è posto il traguardo di una gara di corsa

rettitùdine [vc. dotta, lat. tardo *rectitūdine(m)*, da *rēctus* 'retto①' ✱ 1308] **s. f. 1** (*lett.*) condizione di ciò che è diritto: *la r. della sua ossatura* (G. D'Annunzio) **2** (*fig.*) dirittura morale, onestà, integrità: *r. di vita*; *ammira la r. delle sue intenzioni, dei suoi propositi* **SIN.** probità

♦**rètto**① [vc. dotta, lat. *rēctu(m)*, part. pass. di *rĕgere* 'dirigere'. V. *reggere* ✱ av. 1292] **A** **agg. 1** diritto: *linea, strada retta* | ***angolo r.***, un angolo che sia metà di un angolo piatto | (*ling.*) ***caso r.***, il nominativo e l'accusativo **CFR.** obliquo **2** detto di chi (o di ciò che) è leale, onesto, giusto: *una retta intenzione, coscienza*; *è una persona retta e sincera*; *riportare qlcu. sulla retta via* **3** corretto, esatto: *retta pronuncia delle nasali*; *fare un uso r. di un vocabolo* **4** (*anat.*) ***intestino r.***, ultimo tratto dell'intestino crasso, dal sigma all'ano ‖ **rettaménte**, **avv. 1** in modo retto, onesto: *pensare, agire rettamente* **2** in modo giusto, esatto: *interpretare rettamente un testo*; *pronunciare rettamente una consonante* **B** **s. m. 1** (**solo sing.**) (*lett.*) ciò che è giusto e onesto: *nel suo animo vi è solo il r. e il vero* **2** parte anteriore di un foglio, pagina | lato di una moneta su cui si trova la figura **3** (*anat.*, *ellitt.*) intestino retto | muscolo dell'addome e del femore

SFUMATURE ➤ ***onesto***

rètto② **part. pass.** di *reggere*; anche **agg.** ● nei sign. del v. | ordinato, regolato: *un Paese r. a sistema costituzionale*

rettocèle [comp. di *retto*① nel sign. B 3 e *-cele* ✱ 1899] **s. m.** ● (*med.*) spostamento verso il basso della parete anteriore del retto che trascina con sé la parete posteriore della vagina, nella donna **SIN.** proctocele

rettoràle [1950] **agg.** ● del rettore, relativo al rettore

rettoràto [av. 1363] **s. m.** ● dignità, ufficio di rettore | edificio in cui risiede il rettore | durata della carica di rettore

rettóre [vc. dotta, lat. *rectōre(m)*, da *rēctus*, part. pass. di *rĕgere* 'reggere' ✱ av. 1243] **A** **s. m.** (**f.** *-trice*) **1** chi dirige un convitto, una comunità, un'università e sim.: *il r. di un collegio*; *Magnifico rettore dell'università di Bologna* **2** (*lett.*) chi regge, governa | ***R. del Cielo***, Dio | ***r. della nave***, pilota **3** in diritto canonico, l'ecclesiastico che regge un collegio, una chiesa non parrocchiale con titolo di rettoria, un seminario o un'università **4** †titolo attribuito a magistrati, funzionari e sim. **B** **agg. 1** (*lett.*) che governa, che regola: *prudenza rettrice e regolatrice* (G. Pascoli) **2** che presiede spec. un collegio, una chiesa non parrocchiale e sim.: *padre r.* **3** (*zool.*) ***penne rettrici***, penne timoniere

rettoréssa [f. di *rettore* ✱ 1872] **s. f.** ● (*raro*) moglie del rettore (*anche scherz.*)

rettorìa [da *rettore* ✱ 1280] **s. f. 1** chiesa non parrocchiale affidata a un ecclesiastico **2** †ufficio, carica di rettore

rettòrico e deriv. ➤ **retorico** e deriv.

rettoscopìa [comp. di *retto*① nel sign. B 3 e *-scopia* ✱ 1957] **s. f.** ● (*med.*) esame endoscopico del retto **SIN.** proctoscopia

rettoscòpio [comp. di *retto*① e *-scopio* ✱ 1959] **s. m.** ● (*med.*) endoscopio che consente l'esame ottico e bioptico della mucosa rettale

retweet /*ingl.* ˌriːˈtwiːt/ [vc. ingl., comp. di *re-* 'ri-' e *tweet* ✱ 2009] **s. m. inv.** ● (*inform.*) tweet, identificabile dalla sigla RT, che gira ad altri un messaggio ricevuto, talora con l'aggiunta di un breve commento

retwittàre /ritwitˈtare/ ➤ **ritwittare**

reùccio [da *re* col suff. dim. vezz. *-uccio* ✱ av. 1550] **s. m. 1** dim. di *re* **2** nelle favole, re bambino o principe ereditario

reuchliniàno /roikliˈnjano, rɔix-/ [dal n. di J. *Reuchlin* (1455-1522) che ne fu sostenitore ✱ 1883] **agg.** ● detto della pronuncia del greco antico conforme a quella bizantina e moderna **CFR.** itacismo **CONTR.** erasmiano

rèuma [vc. dotta, lat. tardo *rhĕuma*, dal gr. *rêuma* 'corrente, flusso', poi 'reuma', da *rêin* 'scorrere', di orig. indeur. ✱ av. 1306] **s. m.** (**pl.** *-i*) **1** reumatismo **2** †catarro | (*disus.*) infiammazione delle vie respiratorie

reumatèst [comp. di *reuma* e *test* ✱ 1983] **s. m. inv.** ● (*med.*) esame del sangue per la diagnosi dell'artrite reumatoide

reumàtico [vc. dotta, gr. *reumatikós*, da *rêuma* 'reuma' ✱ 1546] **A** **agg.** (**pl. m.** *-ci*) ● di reumatismo: *dolori reumatici* **B** **s. m.** (**f.** *-a*) ● (*raro*) chi è affetto da reumatismi

reumatìșmo [vc. dotta, lat. *rheumatĭsmu(m)* 'catarro', dal gr. *reumatismós*, da *reumatízein* 'soffrire di reuma', da *rêuma* 'reuma' ✱ av. 1698] **s. m.** ● (*med.*) termine generico con cui si designa un gruppo di affezioni caratterizzate da segni di infiammazione e sintomatologia dolorosa a carico dei muscoli e delle articolazioni: *r. articolare acuto, cronico*; *r. cardiaco*

reumatizzàre [vc. dotta, lat. tardo *rheumatizāre*, dal gr. *reumatízein*. V. *reumatismo* ✱ 1868] **A** **v. tr.** ● procurare un reumatismo **B** **reumatizzàrsi** **v. intr. pron.** ● prendersi un reumatismo

reumatòide [dal gr. *rêuma*, genit. *réumatos* (V. *reuma*) col suff. *-oide* ✱ 1912] **agg.** ● (*med.*) nella loc. ***artrite r.***, malattia cronica delle articolazioni caratterizzata da infiammazione delle membrane sinoviali e delle strutture articolari e da osteoporosi e atrofia ossea

reumatologìa [dal gr. *rêuma*, genit. *réumatos* (V. *reuma*) col suff. *-logia* ✱ 1950] **s. f.** (**pl.** *-gìe*) ● branca della medicina che studia e cura i fenomeni reumatici

reumatològico [1991] **agg.** (**pl. m.** *-ci*) ● relativo alla reumatologia

reumatòlogo [1983] **s. m.** (**f.** *-a*; **pl. m.** *-gi*) ● studioso di reumatologia | medico specializzato in reumatologia

reùnion /reˈunjon, *ingl.* riːˈjuːnjən/ [vc. ingl., dal fr. *réunion* 'riunione' ✱ 1987] **s. f. inv.** ● riunificazione, ricongiungimento, spec. riferito ai componenti di gruppi musicali sciolti che tornano a suonare insieme: *i fan speravano in una r. della band*

revanche /*fr.* ʀ(ə)ˈvɑ̃ʃ/ [vc. fr., dall'ant. v. *revancher*, da *vencher*, variante di *venger* 'vendicare' ✱ 1905] **s. f. inv.** ● rivincita, spec. in ambito politico e militare, di uno Stato su di un altro | ***spirito di r.***, forte desiderio di rivalsa nei confronti della Germania, diffusosi in Francia dopo la sconfitta nella guerra franco-prussiana del 1870-71

revanscìșmo [fr. *revanchisme*, da *revanche* 'contraccambio, riscossa, rivincita', da *revancher*, var. di *revencher*, comp. di *re-* 're-' e *vencher*, var. di *venger* 'vendicare' (stessa etim. dell'it. *vendicare*) ✱ 1950] **s. m.** ● atteggiamento politico nazionalista fondato sulla volontà di rivincita nei confronti di altri Stati, dopo una sconfit-

ta bellica
revanscista [1911] **A** s. m. e f. (pl. m. *-i*) ● sostenitore del revanscismo **B** agg. ● revanscistico
revanscìstico [1963] agg. (pl. m. *-ci*) ● che concerne il revanscismo e i revanscisti
†**revelàre** e deriv. ➤ **rivelare** e deriv.
revellino ➤ **rivellino**
revenant /*fr.* ʀəv(ə)'nɑ̃/ [vc. fr., propr. 'fantasma', fig. per 'chi ritorna', dal part. pres. del v. *revenir* 'ritornare' ✱ 1862] s. m. e f. inv. ● chi ricompare dopo una lunga assenza CFR. reaparecido | sopravvissuto, superstite
†**reverberàre** e deriv. ➤ **riverberare** e deriv.
reverendìssimo [av. 1348] agg. **1** superl. di *reverendo* **2** titolo onorifico riservato ai prelati: *r. monsignore*
♦**reverèndo** [vc. dotta, lat. *reverĕndu(m)* 'degno di venerazione', gerundivo di *reverēri* 'rispettare'. V. *riverire* ✱ 1321] **A** agg. (superl. *reverendissimo* (V.)) **1** (*lett.*) †degno di essere riverito **2** titolo onorifico dei membri del clero cattolico e di ecclesiastici di alcune Chiese riformate **B** s. m. (f. *-a*) ● (*fam.*) ecclesiastico, sacerdote
reverènte ➤ **riverente**
reverènza ➤ **riverenza**
†**reverènzia** ➤ **riverenza**
reverenziàle o (*raro*) **riverenziàle** [dal lat. *reverĕntia* 'riverenza' ✱ av. 1342] agg. ● fatto con riverenza, che esprime riverenza: *fare un saluto r.*; *un inchino r.* | causato, provocato da riverenza, da rispetto: *timore r.* | ***maiuscola r.***, V. *maiuscola* ‖ **reverenzialménte**, avv.
rêverie /reve'ri*, *fr.* ʀɛv'ʀi/ [vc. fr., da *rêve* 'sogno', deriv. di *rêver* 'sognare', comp. di *re-* e un v. non attest. **esver* 'vagabondare', che risale al lat. parl. **ĕxvagus* 'vagabondo' (da *văgus* 'vago') ✱ av. 1808] s. f. inv. ● sogno, abbandono fantastico | nel linguaggio della critica, opera dalla quale traspaiono sogni, fantasie, fantasticherie: *una r. musicale, poetica*
†**reverire** ➤ **riverire**
revers /*fr.* ʀ(ə)'vɛʀ/ [vc. fr., dal lat. *revĕrsu(m)*. V. *reversale* ✱ 1905] s. m. inv. (pl. fr. inv.) ● risvolto di giacca, soprabito e sim.
reversàle [dal lat. *revĕrsus*, part. pass. di *revĕrti* 'ritornare'. V. *riverso* ✱ 1895] s. f. **1** (*dir.*) documento probatorio e di legittimazione nel contratto di trasporto terrestre per ferrovia **2** (*banca*) autorizzazione scritta che legittima un tesoriere o un cassiere a incassare una somma di denaro
reverse charge /*ingl.* rɪ'vɜːs,tʃɑːdʒ/ [loc. ingl., propr. 'addebito (*charge*) invertito (*reverse*)' ✱ 1998] loc. sost. m. inv. (pl. ingl. *reverse charges*) ● (*econ.*) inversione contabile
reversìbile o (*raro*) **riversìbile** [dal lat. *revĕrsus*. V. *reversale* ✱ 1766] agg. **1** che può essere invertito, rovesciato: *il rapporto causa-effetto è r.* | ***ragionamento r.***, quello in cui la conclusione può diventare premessa **2** (*mat.*) che si può rovesciare, che si può seguire o eseguire in senso inverso **3** (*fis.*) detto di processo, ciclo, trasformazione spec. termodinamica che possono avvenire o essere realizzati nei due versi opposti | ***macchina elettrica r.***, che da motore può trasformarsi in dinamo e viceversa | ***meccanismo r.***, in cui la trasmissione del moto può aver luogo sia dall'organo di comando all'organo comandato, sia da questo a quello **4** (*dir.*) di bene oggetto di una donazione che può tornare in proprietà del donante in caso di premorienza allo stesso del donatario | di quota di pensione che alla morte del beneficiario deve essere corrisposta a determinati congiunti dello stesso ‖ **reversibilménte**, avv. ‖ **reversibilità**, s. f. inv. (V.)
reversibilità o **riversibilità** [1766] s. f. inv. ● caratteristica di ciò che è reversibile | ***pensione di r.***, pensione reversibile
reversìna o **riversìna** [da *riverso* 'rovesciato' ✱ 1943] s. f. ● parte alta del lenzuolo, che si ripiega sulle coperte SIN. rovescina
reversìno [fr. *reversi*, sovrapposizione di *revers* 'rovescio' all'it. *rovescino* (da *rovescio*), perché vince chi fa meno punti ✱ 1905] s. m. ● (*disus.*) gioco di carte in cui vince chi segna meno punti: *fare un r. di* (o *a*) *scopa* SIN. rovescino
reversióne o **riversióne** [vc. dotta, lat. *reversiōne(m)*, da *revĕrsus*. V. *riverso* ✱ 1736] s. f. **1** (*dir.*) devoluzione dei beni di una persona giuridica ad altro soggetto indicato nell'atto di fondazione **2** (*biol.*) comparsa di caratteri somatici o psichici riconducibili a caratteri di progenitori lontani
†**revertigine** [da *revĕrti* 'ritornare' (V. *riverso*) ✱ av. 1519] s. f. ● vortice
†**revertiginóso** (o -ṣ-) [da *revertigine* ✱ av. 1519] agg. ● vorticoso, vertiginoso
revìndica ➤ **rivendica**
revirement /*fr.* ʀ(ə)viʀ'mɑ̃/ [vc. fr., da *revirer* 'virare in senso contrario', comp. di *re-* 're-' e *virer* 'virare' ✱ 1862] s. m. inv. ● improvviso cambiamento di opinioni, idee, convinzioni ideologiche
reviṣionàre [da *revisione* ✱ 1928] v. tr. (*io reviṣióno*) ● rivedere attentamente sottoponendo a revisione: *r. un motore, i conti*
reviṣióne [vc. dotta, lat. tardo *revisiōne(m)*, da *revidēre* 'rivedere' ✱ av. 1536] s. f. **1** attento riesame volto a correggere, cambiare, modificare: *accingersi alla r. di un componimento; promuovere la r. di un processo, di un trattato* | ***r. di un motore***, operazione di controllo e manutenzione necessaria per garantirne una perfetta efficienza | (*econ.*) ***r. contabile***, controllo della veridicità e della correttezza di quanto esposto nel bilancio di una società **2** (*mus.*) ricostruzione filologica di testi del passato e loro adeguamento alla scrittura attuale ‖ **reviṣioncèlla**, dim. | **reviṣioncìna**, dim.
SFUMATURE ➤ *controllo*
reviṣionìṣmo [comp. di *revisione* e *-ismo* ✱ 1915] s. m. **1** atteggiamento, spec. di gruppi, partiti o Stati, favorevole a rivedere o a modificare l'assetto politico dei trattati internazionali **2** corrente del marxismo sorta alla fine del XIX sec. su una base politica ispirata a principi di moderazione e attenuazione della lotta di classe: *il r. della socialdemocrazia* **3** tendenza a riconsiderare posizioni, conclusioni e sim. | tendenza, in ambito storiografico, a rivedere e modificare valutazioni e giudizi storici consolidati, spec. a proposito di fenomeni come il fascismo e il nazismo
reviṣionìsta [1922] **A** s. m. e f.; anche agg. (pl. m. *-i*) ● sostenitore del revisionismo: *uno storico r.* **B** agg. ● revisionistico
reviṣionìstico [1950] agg. (pl. m. *-ci*) ● relativo al revisionismo o ai revisionisti: *tendenze revisionistiche* ‖ **reviṣionisticaménte**, avv.
reviṣóre [da *revisione* ✱ av. 1552] s. m. (f. *-a*, *raro*) ● chi è incaricato di rivedere, fare osservazioni e rilievi su qlco.: *r. di bozze* | (*econ.*) ***r. contabile***, professionista che esegue una revisione contabile
revival /re'vaival, *ingl.* rɪ'vaɪv(ə)l/ [vc. ingl., propr. 'ritorno alla vita', da *to revive* 'rivivere', a sua volta dal fr. *revivre* ✱ 1929] s. m. inv. ● riproposta, reviviscenza, ritorno di attualità di motivi, tendenze, correnti appartenenti al passato, spec. nel campo della moda, del costume o della produzione artistica o letteraria: *il r. della moda anni quaranta; un quadro ispirato al r. della pittura del primo Novecento*
revivaliṣmo [ingl. *revivalism*, da *to revive* 'far rinascere, rivivere', dal lat. *revīvere* 'rivivere' ✱ 1908] s. m. **1** movimento interno di una religione, tendente a rinnovarne lo spirito, con il ritorno alle forme originarie **2** tendenza a riproporre artisti, mode, orientamenti culturali del passato: *il r. della moda attuale*
revivalista [1957] s. m. e f. (pl. m. *-i*) ● chi segue un movimento di revivalismo
revivalìstico [1965] agg. (pl. m. *-ci*) ● relativo al revivalismo o ai revivalisti
reviviscènte o (*raro*) **riviviscènte** [vc. dotta, lat. *reviviscĕnte(m)*, part. pres. di *revivīscere* (V. †*reviviscere*) ✱ 1813] agg. ● che presenta, che è caratterizzato da reviviscenza
♣**reviviscènza** o (*raro*) **riviviscènza** [da *reviviscente*, part. pres. di *reviviscere* ✱ av. 1694] s. f. **1** (*biol.*) capacità di alcuni animali e piante, gener. inferiori, di ravvivarsi dopo avere trascorso un periodo di morte apparente o vita latente per superare avverse condizioni ambientali, interrompendo le funzioni vitali e gli scambi con l'ambiente | (*med.*) ripresa delle attività vitali, dopo una morte clinica di breve durata **2** (*fig.*) risveglio di sentimenti, idee, fatti culturali, ecc.: *la r. di certami poetici assai antichi* **3** (*med.*) reazione cutanea che si produce nella sede di una cutireazione pregressa, dopo che è stato introdotto lo stesso antigene in altra sede sottocutanea **4** (*dir.*) ritorno in vigore di una norma abrogata quando cessa di avere vigore quella abrogativa **5** (*relig.*) ***r. dei sacramenti***, nella teologia cattolica, qualità propria dei sacramenti, eccettuata l'eucaristia, di poter produrre i loro frutti quando, dopo l'amministrazione valida ma infruttuosa, siano rimossi gli ostacoli che la rendevano tale
†**reviviscere** [vc. dotta, lat. *revivīscere*, incoativo di *vīvere*, col pref. *re-* ✱ sec. XIII] v. intr. ● tornare in vita
rèvoca [da *revocare* ✱ 1812] s. f. **1** il revocare | esonero, destituzione **2** (*dir.*) negozio giuridico unilaterale con cui un soggetto, nei casi consentiti dalla legge, priva di effetti un altro precedente negozio giuridico: *r. di una proposta contrattuale, di un mandato* | provvedimento della pubblica amministrazione o del giudice che priva di effetti un provvedimento amministrativo o giurisdizionale precedente: *r. di un'ordinanza* SIN. abrogazione, soppressione | (*borsa*) ***a r.***, detto di ordine di borsa valido fino all'esecuzione o fino a espressa revoca da parte del cliente **3** (*poet.*) invocazione
SFUMATURE ➤ *deroga*
revocàbile o (*raro*) **rivocàbile** [vc. dotta, lat. *revocābile(m)*, da *revocāre* ✱ 1612] agg. ● che si può ritirare, annullare: *decreto non r.* | ***sentenza r.***, non ancora passata in giudicato o che è soggetta allo specifico mezzo di impugnazione per revocazione ‖ **revocabilità**, s. f. inv.
revocaménto o †**rivocaménto** [1309] s. m. ● (*raro*) revoca
revocàre o (*lett.*) **rivocàre** [vc. dotta, lat. *revocāre*, comp. di *re-* e *vocāre*, da *vox*, genit. *vōcis* 'voce' ✱ av. 1306] v. tr. (*io rèvoco*, †*revòco*, *tu rèvochi*, †*revòchi*) **1** (*lett.*) richiamare: *lo costrinse a rivocare Nicolò Piccino di Toscana* (N. MACHIAVELLI) | (*fig.*, *lett.*) ritrattare, sconfessare | (*fig.*) †richiamare alla mente | ***r. in dubbio***, dubitare di qlco. data già per certa e definitiva **2** †risuscitare, rianimare **3** annullare, disdire: *r. un ordine, una decisione* | (*burocr.*) destituire da un incarico
revocatìvo [av. 1566] agg. ● relativo alla revoca | che serve a revocare qlco.
revocatóre [1664] agg. e s. m. (f. *-trice*) ● che (o chi) revoca
revocatòrio o (*raro*) **rivocatòrio** [vc. dot-

ta, lat. tardo *revocatōriu(m)*, da *revocātus*, part. pass. di *revocāre* ✱ 1506] **agg.** (**pl. m.** *-i* o *raro -ii*) ● di revoca, che revoca: *provvedimento r.* | ***azione revocatoria***, diretta a rendere inefficace un atto di alienazione di un bene compiuto dal debitore in frode dei creditori

revocazióne o (*raro*) **rivocazióne** [vc. dotta, lat. *revocatiōne(m)*, da *revocātus*, part. pass. di *revocāre* ✱ sec. XIV] **s. f.** ● (*raro*) revoca | (*dir.*) mezzo di impugnazione consentito in casi specifici dalla legge **SIN.** revoca

revolùto [vc. dotta, lat. *revolūtu(m)*, part. pass. di *revŏlvere* 'rivolvere' ✱ 1282] **agg.** **1** (*lett.*) che ha compiuto un giro completo | sinuoso | (*fig.*) contorto **2** (*lett.*, *fig.*) che si ripete | ricominciato: *L'anno è appena r.* (R. BACCHELLI)

†**revoluzióne** ➤ **rivoluzione**

revòlver /re'vɔlver, *ingl.* rɪ'vɒlvə(r)/ [vc. ingl., *revolver*, da *to revolve* 'girare', dal lat. *revŏlvere* 'rivolvere', detto così dal tamburo girante ✱ av. 1861] **s. m. inv.** ● pistola a tamburo rotante | (*tecnol.*) ***a r.***, di dispositivo o apparecchiatura forniti di un sistema rotante che rende rapidamente intercambiabile un suo componente: *microscopio, tornio a r.*

revolveràta [1884] **s. f.** ● colpo di revolver: *si udì una r.*

revòlving /rə'vɔlvin(g), *ingl.* rɪ'vɒlvɪŋ/ [vc. ingl., da *revolving (credit)* 'credito (*credit*) a rotazione (*revolving*)' ✱ 1994] **agg. inv.; anche s. f. inv.** ● detto di carta di credito che consente al consumatore di fare acquisti rateizzando il debito

revulsióne o (*raro*) **rivulsióne** [vc. dotta, lat. *revulsiōne(m)* 'lo strappare, lo staccare', da *revūlsus*, part. pass. di *revĕllere* 'strappare', comp. di *re-* e *vĕllere* 'tirare' ✱ 1692] **s. f.** ● (*med.*) spostamento del sangue da una parte all'altra del corpo, provocato con sostanze revulsive allo scopo di decongestionare organi profondi

revulsìvo o (*raro*) **rivulsivo** [da *revulsione* ✱ av. 1698] **A** **s. m.** ● farmaco che provoca sulla cute un'irritazione locale accompagnata da iperemia o da bolle cutanee **B** **agg.** ● che provoca dilatazione vascolare

rewind /*ingl.* riː'waɪnd/ [vc. ingl. propr. 'riavvolgere' ✱ sec. XX] **s. m. inv.** ● nei registratori a nastro, videregistratori e sim., tasto o comando di riavvolgimento veloce

rexìşmo [dal fr. *rexisme*, da (*Christus*) *rex* 'Cristo re' ✱ 1938] **s. m.** ● movimento politico sorto in Belgio nel 1935, di ispirazione fascista, che collaborò con le forze di occupazione durante la seconda Guerra mondiale

rexìsta [1948] **s. m. e f.** (**pl. m.** *-i*) ● seguace, sostenitore del rexismo

reziàrio [vc. dotta, lat. *retiāriu(m)*, da *rēte* ✱ av. 1498] **s. m.** ● nella Roma antica, gladiatore che, vestito della sola tunica, armato di tridente e di rete, cercava di avvolgere l'avversario armato prima di colpirlo

rézza [lat. *rētia*, pl. di *rēte* ✱ 1481] **s. f.** **1** †rete di refe a minutissime maglie, per lavori di ricamo: *e la corazza gli parve una r.* (L. PULCI) **2** (*merid.*) tramaglio

rezzàglio o **rizzàgio** [lat. tardo *retiāculu(m)* 'giacchio', dim. di *rēte* ✱ av. 1494] **s. m.** ● (*pesca*) giacchio

rézẓo (o **-zz-**) o (*poet.*) †**orézẓo** (o **-zz-**) [aferesi di *orezzo*; V. †*orezzare* ✱ av. 1311] **s. m.** **1** (*lett.*) soffio d'aria fresca: *Fra le tenebre folte e 'l freddo r.* (MICHELANGELO) **2** (*lett.*) luogo fresco e ombroso | †oscurità: *tanto dà nel sol quanto nel r.* (DANTE) | †oltretomba **3** (*lett.*, *fig.*) conforto, aiuto

Rh /erre'akka/ [da *Rh(esus)*, n. scient. di una scimmia, il cui sangue possiede un agglutinogeno che esiste anche in alcuni individui della specie umana ✱ 1949] **s. m. inv.** ● (*biol.*) fattore antigene del sangue, evidenziato per la prima volta nei globuli rossi della scimmia Reso (*Macacus rhesus*), la cui presenza (Rh +) o assenza (Rh -) nel sangue umano è ereditaria

rho /rɔ*/ o **ro** /rɔ*/ [dal gr. *rhô* ✱ 1959] **s. f. o m. inv.** ● nome della diciassettesima lettera dell'alfabeto greco

rhodeşiàno /rode'zjano/ [1970] **A** **agg.** ● della Rhodesia, regione dell'Africa centro-meridionale, oggi suddivisa in Zambia e Zimbabwe **B** **s. m.** (**f.** *-a*) ● abitante o nativo della Rhodesia

rhum ➤ **rum**

rhythm and blues /ritmem'bluz, *ingl.* ˌrɪðməm'bluːz/ [loc. ingl., comp. di *rhythm* 'ritmo' e *blues* (V.) ✱ 1975] **loc. sost. m. inv.** ● genere musicale che trae origine dal folklore dei neri d'America, in cui si fondono elementi di blues e di jazz

rhyton /*gr.* ry'tɔn/ o **ryton** /*gr.* ry'tɔn/ [vc. dotta, gr. *rhytón*, da *rêin* 'scorrere', di orig. indeur. ✱ 1959] **s. m. inv.** (**pl. gr.** *rhytà*) ● (*archeol.*) specie di bicchiere per vino, largo nella parte superiore, appuntito nella parte inferiore, dove spesso termina con testa di animale, tipico dell'antica Grecia **CFR.** ritone

ri- o **ra-**, **rin-** [lat. *re-* (V.)] **pref.** ● in verbi e loro derivati esprime ripetizione, reduplicazione (*riascoltare, ricadere, rimbalzare, riproporre, ritentare, rivedere*), ritorno a fase anteriore, con un valore di opposizione (*riacquistare, rialzare, risanare, ritrovare*), intensità (*rassettare, rasserenare, rinchiudere, ricercare, risvegliare*) o con funzione derivativa (*raffreddare*) | può conferire un valore nuovo al verbo di derivazione (*ricavare, rilegare, riprodurre*) | si alterna con *re-*: *ricuperare, recuperare*; *ricezione, recezione*; *re-* dà luogo talvolta a forme dotte o letterarie (per es. *refluire*) | *Rin-* deriva dalla fusione di *ri-* e *in-* ed è presente in alcuni verbi, per es. *rincasare, rinsanire*; davanti a *b* e *p* si ha gener. la forma *rim-*: *rimbombare, rimpiangere*

rìa /*sp.* *ria/ [vc. sp., da *río* 'fiume'. V. *rio*① ✱ 1895] **s. f.** (**pl. sp.** *rías*) ● (**spec. al pl.**) insenatura costiera abbastanza stretta, derivata dall'invasione del mare in valle fluviale perpendicolare alla costa: *coste a rías*

rià ➤ **riavere**

riabbaiàre [comp. di *ri-* e *abbaiare* ✱ 1872] **v. intr.** (*io riabbàio*; **aus.** *avere*) ● abbaiare di nuovo o a propria volta

riabbandonàre [comp. di *ri-* e *abbandonare* ✱ 1872] **A** **v. tr.** (*io riabbandóno*) ● abbandonare di nuovo **B** **riabbandonàrsi** **v. rifl.** ● abbandonarsi di nuovo

riabbassaménto [comp. di *ri-* e *abbassamento* ✱ 1872] **s. m.** ● ulteriore abbassamento

riabbassàre o (*raro*) **rabbassàre** [comp. di *ri-* e *abbassare* ✱ 1481] **v. tr. e** **riabbassàrsi** **v. rifl. e intr. pron.** ● abbassare, abbassarsi di più o di nuovo

riabbàttere o †**rabbàttere** nel sign. B [comp. di *ri-* e *abbattere* ✱ 1612] **A** **v. tr.** (**coniug. come** *battere*) ● abbattere nuovamente **B** **riabbàttersi** **v. intr. pron.** **1** abbattersi di nuovo a terra **2** †imbattersi di nuovo in qlcu. o in qlco.

riabbellìre o (*raro*) **rabbellìre** [comp. di *ri-* e *abbellire* ✱ av. 1494] **A** **v. tr.** (*io riabbellisco, tu riabbellisci*) ● abbellire ancora, di nuovo o di più: *r. la casa con nuove tende* **B** **riabbellìrsi** **v. intr. pron.** ● farsi bello di nuovo o di più: *vede lieta ... / sorger sua ninfa e rabbellirsi il mondo* (A. POLIZIANO)

riabboccàre [comp. di *ri-* e *abboccare* ✱ 1872] **A** **v. tr.** (*io riabbócco, tu riabbócchi*) ● (*disus.*) riprendere con la bocca; riaccostare alla bocca **B** **v. intr.** (**aus.** *avere*) ● abboccare di nuovo **C** **riabboccàrsi** **v. intr. pron. e rifl. recipr.** ● (*lett.*) incontrarsi di nuovo con qlcu. per parlare

riabbonàre [comp. di *ri-* e *abbonare*② ✱ 1872] **A** **v. tr.** (*io riabbóno*) ● abbonare di nuovo: *r. qlcu. a un circolo sportivo* **B** **riabbonàrsi** **v. rifl.** ● abbonarsi di nuovo

riabbottonàre o (*raro*) **rabbottonàre** [comp. di *ri-* e *abbottonare* ✱ 1872] **A** **v. tr.** (*io riabbottóno*) ● abbottonare ancora, di nuovo **B** anche **riabbottonàrsi** **v. tr. pron.** (**aus.** *essere*) e **rifl.**: *riabbottonarsi il cappotto; si riabbottonò in fretta e uscì*

riabbracciàre o (*raro*) **rabbracciàre** [comp. di *ri-* e *abbracciare*① ✱ 1554] **A** **v. tr.** (**pres.** *io riabbràccio*; **fut.** *io riabbraccerò*) ● abbracciare di nuovo: *r. con affetto qlcu.* | (*est.*) vedere di nuovo qlcu. dopo un certo periodo: *desidero tanto riabbracciarti* | (*fig.*) ***r. una fede***, professarla di nuovo **B** **riabbracciàrsi** **v. rifl. recipr.** ● abbracciarsi di nuovo | (*est.*) vedersi, riunirsi di nuovo dopo molto tempo

riabilitànte [da *riabilitare* ✱ 1982] **agg.** ● di riabilitazione | che serve a riabilitare: *terapia r.*

riabilitàre [comp. di *ri-* e *abilitare* ✱ 1692] **A** **v. tr.** (*io riabìlito*) **1** rendere di nuovo qlcu. abile, idoneo a qlco. **2** (*med.*) riportare parti del corpo o funzioni menomate a una normale attività: *r. l'arto leso* **3** (*dir.*) reintegrare nell'esercizio dei diritti mediante provvedimento di riabilitazione **4** (*fig.*) rendere nuovamente a qlcu. l'onore, la stima e sim. che aveva perduto o che gli erano stati ingiustamente tolti: *il suo gesto lo ha riabilitato agli occhi di tutti* **5** ripristinare, rendere di nuovo efficiente: *r. una centrale elettrica* **B** **riabilitàrsi** **v. rifl.** ● rendersi nuovamente degno di stima: *riabilitarsi agli occhi dei colleghi*

riabilitatìvo [da *riabilitare* ✱ 1974] **agg.** ● relativo alla riabilitazione | riabilitante: *terapia riabilitativa*

riabilitazióne [da *riabilitare*, sul modello del fr. *réhabilitation* ✱ 1630] **s. f.** **1** il riabilitare, il riabilitarsi (**anche** *fig.*) | (*med.*) recupero di una piena efficienza, ripristino di funzioni compromesse, e sim. **2** (*dir.*) provvedimento giudiziale che fa cessare le incapacità personali, conseguenti a una sentenza dichiarativa di fallimento o a una sentenza penale di condanna: *r. del fallito, del condannato*

riabitàre [comp. di *ri-* e *abitare* ✱ av. 1328] **v. tr.** (*io riàbito*) ● tornare ad abitare

riabituàre [comp. di *ri-* e *abituare* ✱ av. 1910] **A** **v. tr.** (*io riabìtuo, noi riabituiàmo*) ● abituare di nuovo: *lo sport lo ha riabituato al moto* **B** **riabituàrsi** **v. rifl.** ● prendere di nuovo un'abitudine: *riabituarsi ai ritmi della grande città*

riaccadére [comp. di *ri-* e *accadere* ✱ sec. XV] **v. intr.** (**coniug. come** *accadere*; **aus.** *essere*) ● (*raro*) accadere un'altra volta

riaccalappiàre [comp. di *ri-* e *accalappiare* ✱ 1872] **v. tr.** (*io riaccalàppio*) ● accalappiare di nuovo (**anche** *fig.*)

riaccalcàrsi [comp. di *ri-* e *accalcarsi* ✱ 1872] **v. intr. pron.** (*io mi riaccàlco, tu ti riaccàlchi*) ● accalcarsi di nuovo o di più

riaccampàre [comp. di *ri-* e *accampare* ✱ 1867] **A** **v. tr.** ● accampare di nuovo diritti, pretese e sim. **B** **riaccampàrsi** **v. rifl.** ● accamparsi di nuovo

riaccaparràre [comp. di *ri-* e *accaparrare* ✱ 1872] **v. tr.** ● accaparrare di nuovo

riaccapigliàrsi o (*raro*) **raccapigliàrsi** [comp. di *ri-* e *accapigliarsi* ✱ av. 1470] **v. rifl. recipr.** (*io mi riaccapìglio*) ● accapigliarsi di nuovo

riaccasàre (o -ṣ-) [comp. di *ri-* e *accasare* ✱ 1865] **A** **v. tr.** ● (*raro*) accasare di nuovo **B** **riaccasàrsi** **v. rifl.** ● accasarsi di nuovo

riaccèndere o (*lett.*) **raccèndere** [lat. tardo *reaccĕndere*, comp. di *re-* e *accĕndere* ✱ 1313] **A** **v. tr.** (coniug. come *accendere*) ● accendere nuovamente (*anche fig.*): *r. il fuoco spento*; *Amor nell'alma, ov'ella signoreggia / raccese il foco, e spense la paura* (F. PETRARCA) **B** **riaccèndersi** **v. intr. pron.** ● tornare ad accendersi (*anche fig.*): *la polemica si è riaccesa*

riaccennàre o †**raccennàre** [comp. di *ri-* e *accennare* ✱ 1481] **v. tr. e intr.** (*io riaccénno*; aus. *avere*) ● accennare di nuovo a qlco.: *r. a un lontano episodio* | far nuovamente atto di fare qlco.: *r. un saluto*; *riaccennò ad alzarsi*

riaccensióne [comp. di *ri-* e *accensione* ✱ 1851] **s. f.** ● nuova accensione di qlco.

riaccentràre [comp. di *ri-* e *accentrare* ✱ 1872] **v. tr.** (*io riaccèntro* (o *-é-*)) ● accentrare di nuovo o di più: *r. i poteri nelle proprie mani*

riaccerchiàre ➤ **raccerchiare**

riaccertàre ➤ **raccertare**

riaccéso (o -ṣ-) **part. pass.** di *riaccendere*; **anche agg.** ● nei sign. del v. | (*fig., lett.*) reso nuovamente acuto: *Volgeami con voglia riaccesa* (DANTE *Par.* XXXI, 55)

riaccettàre [comp. di *ri-* e *accettare* ✱ 1872] **v. tr.** (*io riaccètto*) ● accettare di nuovo

riacchiappàre [comp. di *ri-* e *acchiappare* ✱ 1872] **v. tr.** ● acchiappare di nuovo

riacciuffàre [comp. di *ri-* e *acciuffare* ✱ 1872] **v. tr.** ● acciuffare di nuovo chi è fuggito: *r. un borseggiatore*

riacclamàre [comp. di *ri-* e *acclamare* ✱ 1872] **v. tr.** ● acclamare di nuovo

riaccoccolàrsi [comp. di *ri-* e *accoccolarsi* ✱ 1872] **v. intr. pron.** (*io mi riaccòccolo*) ● accoccolarsi di nuovo

riaccògliere [comp. di *ri-* e *accogliere* ✱ 1525] **v. tr.** (coniug. come *cogliere*) ● accogliere di nuovo, spec. chi si era allontanato: *r. un figlio in famiglia*

riaccollàre [comp. di *ri-* e *accollare* ✱ 1872] **A** **v. tr.** (*io riaccòllo*) ● accollare di nuovo **B** **riaccollàrsi** **v. tr. pron.** (aus. *essere*) ● addossarsi, assumersi di nuovo: *riaccollarsi una spesa*; *riaccollarsi un lavoro*

riaccòlto **part. pass.** di *riaccogliere* ● (*raro*) nel sign. del v.

riaccomiatàre [comp. di *ri-* e *accomiatare* ✱ 1872] **A** **v. tr.** ● accomiatare di nuovo **B** **riaccomiatàrsi** **v. intr. pron.** ● accomiatarsi di nuovo

riaccomodàre o (*raro*) **raccomodàre** [comp. di *ri-* e *accomodare* ✱ av. 1580] **A** **v. tr.** (*io riaccòmodo*) ● accomodare di nuovo: *r. uno sportello scardinato* **B** **riaccomodàrsi** **v. intr. pron. e rifl.** **1** accomodarsi di nuovo **2** (*fig.*) tornare in buoni rapporti con qlcu.: *non è facile riaccomodarsi con chi ci ha danneggiato*

riaccompagnàre o (*raro*) **raccompagnàre** [comp. di *ri-* e *accompagnare* ✱ 1640] **A** **v. tr.** (coniug. come *segnare*) ● accompagnare indietro (spec. a casa), di nuovo o a propria volta **B** **riaccompagnàrsi** **v. rifl. recipr.** ● unirsi di nuovo in compagnia con qlcu.

riaccomunàre ➤ **raccomunare**

†**riacconciàre** e deriv. ➤ **racconciare** e deriv.

riaccoppiàre o (*raro*) **raccoppiàre** [comp. di *ri-* e *accoppiare* ✱ 1612] **A** **v. tr.** (*io riaccòppio* o *io riaccóppio*) ● accoppiare di nuovo **B** **riaccoppiàrsi** **v. rifl. recipr.** ● accoppiarsi di nuovo

riaccorciàre [comp. di *ri-* e *accorciare* ✱ 1872] **v. tr.** (pres. *io riaccórcio*; fut. *io riaccorcerò*) e **riaccorciàrsi** **v. intr. pron.** ● accorciare, accorciarsi di nuovo o di più

riaccordàre [comp. di *ri-* e *accordare* ✱ 1872] **A** **v. tr.** (*io riaccòrdo*) ● tornare ad accordare: *r. il violino* **B** **riaccordàrsi** **v. intr. pron. e rifl. recipr.** ● tornare ad accordarsi: *riaccordarsi con qlcu. dopo una lite*

riaccòrgersi [comp. di *ri-* e *accorgersi* ✱ 1872] **v. intr. pron.** (coniug. come *accorgersi*) ● accorgersi di nuovo

riaccorpaménto [1985] **s. m.** ● il riaccorpare: *r. di due istituti scolastici*

riaccorpàre [comp. di *ri-* e *accorpare* ✱ 1985] **v. tr.** (*io riaccòrpo*) ● accorpare di nuovo

riaccòrto **part. pass.** di *riaccorgersi* ● nel sign. del v.

riaccostàre o (*raro*) **raccostàre** [comp. di *ri-* e *accostare* ✱ av. 1712] **A** **v. tr.** (*io riaccòsto*) ● accostare di nuovo: *r. due oggetti* **B** **riaccostàrsi** **v. rifl.** ● accostarsi nuovamente (*anche fig.*): *riaccostarsi a un muro*; *riaccostarsi alla religione*

riaccovacciàrsi [comp. di *ri-* e *accovacciarsi* ✱ 1872] **v. intr. pron.** (pres. *io mi riaccovàccio*; fut. *io mi riaccovaccerò*) ● accovacciarsi di nuovo

riaccreditàre [comp. di *ri-* e *accreditare* ✱ 1872] **A** **v. tr.** (*io riaccrédito*) ● tornare ad accreditare **B** **riaccreditàrsi** **v. intr. pron.** ● (*lett.*) riacquistare il credito presso qlcu., la stima di qlcu.

riaccrédito [comp. di *ri-* e *accredito* ✱ 1959] **s. m.** ● in contabilità, registrazione a credito di una partita in precedenza stornata

riaccucciàrsi [comp. di *ri-* e *accucciarsi* ✱ 1872] **v. intr. pron.** (*io mi riaccùccio*) ● accucciarsi di nuovo

riaccuṣàre [comp. di *ri-* e *accusare* ✱ 1509] **v. tr.** ● accusare di nuovo o a propria volta

riacquartieràrsi [comp. di *ri-* e *acquartierarsi* ✱ 1872] **v. intr. pron.** (*io mi riacquartièro*) ● (*milit.*) tornare ad acquartierarsi

riacquattàrsi [comp. di *ri-* e *acquattarsi* ✱ 1872] **v. intr. pron.** ● acquattarsi di nuovo

riacquiṣìre [comp. di *ri-* e *acquisire* ✱ sec. XX] **v. tr.** (coniug. come *acquisire*) ● acquisire di nuovo

riacquistàbile [1872] **agg.** ● che si può riacquistare: *vantaggio r.*

riacquistàre o (*raro*) **racquistàre** [comp. di *ri-* e *acquistare* ✱ av. 1292] **v. tr.** **1** acquistare di nuovo **2** recuperare ciò che si era perduto (*spec. fig.*): *r. la libertà, la salute*; *ella riacquistò le belle rose delle guance* (I. NIEVO) **3** †riconquistare

riacquìsto o †**racquìsto** [av. 1348] **s. m.** **1** il riacquistare **2** ciò che si riacquista: *è un r. vantaggioso*

riacutiẓẓàre [comp. di *ri-* ed *acutizzare* ✱ 1903] **A** **v. tr.** ● rendere di nuovo acuto o più acuto (*spec. fig.*): *il freddo gli ha riacutizzato i dolori artritici*; *r. una divergenza di opinione* **B** **riacutiẓẓàrsi** **v. intr. pron.** ● farsi di nuovo acuto o più acuto: *la malattia si è riacutizzata* **C** **riacutiẓẓàrsi** in funzione di **s. m. inv.** ● il fatto di ripresentarsi in una forma acuta: *in seguito al riacutizzarsi dell'infezione* ‖ **riacutiẓẓazióne**, **s. f.** nuovo aggravamento, recrudescenza

riadagiàre [comp. di *ri-* e *adagiare* ✱ 1872] **A** **v. tr.** (pres. *io riadàgio*; fut. *io riadagerò*) ● adagiare nuovamente: *r. l'ammalato sui cuscini* **B** **riadagiàrsi** **v. intr. pron.** ● tornare ad adagiarsi

riadattaménto [av. 1704] **s. m.** ● il riadattare, il riadattarsi | riattamento di un edificio: *fervono i lavori di r.* (L. SCIASCIA)

riadattàre [comp. di *ri-* e *adattare* ✱ 1464] **A** **v. tr.** ● adattare di nuovo: *r. un abito* | riattare un edificio **B** **riadattàrsi** **v. intr. pron.** ● adattarsi di nuovo: *vi riadatterete a vivere come prima*

riaddentàre [comp. di *ri-* e *addentare* ✱ 1835] **v. tr.** (*io riaddènto*) ● addentare di nuovo

†**riaddomandàre** ➤ †**raddomandare**

riaddormentàre o (*raro*) **raddormentàre** [comp. di *ri-* e *addormentare* ✱ sec. XIV] **A** **v. tr.** (*io riaddorménto*) ● addormentare di nuovo **B** **riaddormentàrsi** **v. intr. pron.** ● riprendere il sonno interrotto

riaddossàre o (*raro*) **raddossàre** [comp. di *ri-* e *addossare* ✱ av. 1348] **A** **v. tr.** (*io riaddòsso*) **1** †ammassare di nuovo **2** attribuire una colpa, una responsabilità **B** **riaddossàrsi** **v. tr. pron.** (aus. *essere*) ● assumersi, accollarsi di nuovo: *riaddossarsi una colpa* **C** **riaddossàrsi** **v. intr. pron.** ● addossarsi, appoggiarsi di nuovo

riadiràrsi [comp. di *ri-* e *adirarsi* ✱ av. 1543] **v. intr. pron.** ● adirarsi di nuovo

riadombràre [comp. di *ri-* e *adombrare* ✱ 1872] **A** **v. tr.** (*io riadómbro*) ● (*lett.*) delineare nuovamente: *quasi il semplice animo riadombrasse il sentimento... degli antichi pagani* (R. BACCHELLI) **B** **riadombràrsi** **v. intr. pron.** ● (*raro*) adombrarsi di nuovo

riadoperàre [comp. di *ri-* e *adoperare* ✱ sec. XVI] **v. tr.** (*io riadòpero*) ● adoperare di nuovo

riadottàre [comp. di *ri-* e *adottare* ✱ av. 1580] **v. tr.** (*io riadòtto*) ● adottare di nuovo

riaffacciàre [comp. di *ri-* e *affacciare* ✱ 1803] **A** **v. tr.** (pres. *io riaffàccio*; fut. *io riaffaccerò*) ● affacciare di nuovo: *r. un dubbio* **B** **riaffacciàrsi** **v. rifl. e intr. pron.** ● affacciarsi di nuovo: *riaffacciarsi alla finestra* | (*fig.*) ripresentarsi: *mi si riaffaccia alla memoria il suo viso*

riaffermàre o (*raro, lett.*) **raffermàre**① [comp. di *ri-* e *affermare* ✱ av. 1375] **A** **v. tr.** (*io riafférmo*) **1** affermare in modo più deciso: *r. la propria fedeltà, la propria innocenza* SIN. confermare **2** (*raro, lett.*) tornare ad affermare: *il che raffermando più volte il famigliare né potendo altra risposta avere, tornò a messer Geri* (G. BOCCACCIO) **B** **riaffermàrsi** **v. rifl.** ● dimostrare di nuovo i propri meriti, le proprie capacità: *riaffermarsi fra i grandi della letteratura contemporanea*

riaffermazióne [da *riaffermare* ✱ 1885] **s. f.** ● il riaffermare | riconferma

riafferràre [comp. di *ri-* e *afferrare* ✱ 1827] **A** **v. tr.** (*io riaffèrro*) ● afferrare di nuovo **B** **riafferràrsi** **v. rifl.** ● tornarsi ad afferrare | afferrarsi con più forza SIN. riattaccarsi

riaffezionàre [comp. di *ri-* e *affezionare* ✱ 1653] **A** **v. tr.** (*io riaffezióno*) ● affezionare di nuovo: *r. qlcu. a un amico, al lavoro che amava* **B** **riaffezionàrsi** **v. intr. pron.** ● affezionarsi di nuovo

riaffiatàrsi [comp. di *ri-* e *affiatarsi* ✱ 1872] **v. intr. pron. e rifl. recipr.** ● affiatarsi di nuovo con qlcu.: *riaffiatarsi con i colleghi di lavoro dopo una lunga assenza*

riaffibbiàre o (*raro*) **raffibbiàre** [comp. di *ri-* e *affibbiare* ✱ 1600] **v. tr.** (*io riaffìbbio*) ● affibbiare di nuovo (*anche fig.*)

riaffilàre ➤ **raffilare**

riaffioràre [comp. di *ri-* e *affiorare* ✱ 1938] **A** **v. intr.** (*io riaffióro*; aus. *essere*) ● affiorare di nuovo | riapparire in seguito a un restauro | (*fig.*) ritornare alla memoria: *rivedere quel luogo ha fatto r. in me tanti ricordi* **B** in funzione di **s. m. inv.** ● ricomparsa: *il r. di forme di conformismo*

riaffittàre o †**raffittàre** [comp. di *ri-* e *affit-*

tare ✱ av. 1566] **v. tr.** ● affittare di nuovo: *r. un appartamento, una camera ammobiliata*

riaffogliàre [da *foglio*, coi pref. *ri-* e *a-*② ✱ 1859] **v. tr.** (*io riaffòglio*) ● (*banca*) aggiungere un nuovo foglio cedole a un titolo mobiliare nel quale tutte le cedole precedenti siano state esaurite

riaffollàre [comp. di *ri-* e *affollare*① ✱ 1813] **A** **v. tr.** (*io riaffóllo* o *riaffòllo*) ● affollare di nuovo **B** **riaffollàrsi** **v. intr. pron.** ● affollarsi di nuovo

riaffondàre [comp. di *ri-* e *affondare* ✱ 1872] **A** **v. tr. e intr.** (*io riaffóndo*; **aus. intr.** *essere*) ● affondare di nuovo (*anche fig.*): *r. una nave*; *r. nel fango*; *r. nella disperazione* **B** **riaffondàrsi** **v. intr. pron.** ● affondarsi di nuovo

riaffratellàre [comp. di *ri-* e *affratellare* ✱ sec. XV] **A** **v. tr.** (*io riaffratèllo*) ● affratellare di nuovo **B** **riaffratellàrsi** **v. rifl. recipr.** ● affratellarsi, unirsi di nuovo in fratellanza

riaffrettàre o †**raffrettàre** [comp. di *ri-* e *affrettare* ✱ 1319] **A** **v. tr.** (*io riaffrétto*) ● affrettare di nuovo | (*lett.*) affrettare: *volgendo 'l viso, raffrettò suo passo* (DANTE *Purg.* XXIV, 68) **B** **riaffrettàrsi** **v. intr. pron.** ● affrettarsi di nuovo

riaffrontàre [comp. di *ri-* e *affrontare* ✱ 1872] **A** **v. tr.** (*io riaffrónto*) ● affrontare di nuovo: *r. una situazione pericolosa*; *r. una questione* **B** **riaffrontàrsi** **v. rifl. recipr.** ● affrontarsi di nuovo: *i due nemici si riaffrontarono con coraggio*

riagganciàre [comp. di *ri-* e *agganciare* ✱ 1872] **A** **v. tr.** (**pres.** *io riaggàncio*; **fut.** *io riaggancerò*) ● agganciare di nuovo: *r. gli scarponi* | (*spec. assol.*) agganciare il ricevitore del telefono alla forcella, chiudendo la comunicazione: *Poi udii balbuzie / ma non parole. E riagganciò di scatto* (E. MONTALE) **B** **riagganciàrsi** **v. intr. pron.** ● agganciarsi nuovamente (*spec. fig.*): *un romanzo che si riaggancia alla tradizione verista*

riaggàncio [deriv. di *riagganciare* ✱ 1980] **s. m.** ● il riagganciare | (*fig., lett.*) riferimento

riaggiogàre [comp. di *ri-* e *aggiogare* ✱ 1872] **v. tr.** (*io riaggiógo* (o *-ò-*), *tu riaggióghi* (o *-ò-*)) ● aggiogare di nuovo: *r. i buoi all'aratro*

riaggiustàre o (*lett.*) **raggiustàre** [comp. di *ri-* e *aggiustare* ✱ 1651] **A** **v. tr.** ● aggiustare (*anche fig.*): *r. un vestito*; *r. una macchina*; *r. una controversia* **SIN.** accomodare, acconciare **B** **riaggiustàrsi** **v. rifl. recipr.** ● pacificarsi, riconciliarsi **C** **riaggiustàrsi** **v. intr. pron.** ● (*sett., raro*) sistemarsi nuovamente: *possiamo sempre riaggiustarci da servitori* (B. FENOGLIO)

riaggravàre [comp. di *ri-* e *aggravare* ✱ 1525] **A** **v. tr.** ● aggravare nuovamente **B** **riaggravàrsi** **v. intr. pron.** ● tornare ad aggravarsi: *le condizioni del malato si riaggravarono*

riaggregàre [comp. di *ri-* e *aggregare* ✱ 1872] **A** **v. tr.** (*io riaggrègo, tu riaggrèghi*) ● aggregare di nuovo **B** **riaggregàrsi** **v. intr. pron.** ● aggregarsi di nuovo

riagguantàre [comp. di *ri-* e *agguantare* ✱ 1864] **v. tr.** ● riafferrare qlco. | riacchiappare: *r. un fuggiasco*

†**riagire** ➤ **reagire**

riagitàre [comp. di *ri-* e *agitare* ✱ 1540] **A** **v. tr.** (*io riàgito*) ● agitare di nuovo **B** **riagitàrsi** **v. intr. pron.** ● agitarsi di nuovo | ritornare attuale: *in questo riagitarsi di filosofia* (G. CARDUCCI)

riaguzzàre [comp. di *ri-* e *aguzzare* ✱ av. 1712] **v. tr.** ● aguzzare di nuovo o di più

riài ➤ **riavere**

riaiutàre [comp. di *ri-* e *aiutare* ✱ 1872] **v. tr.** ● aiutare di nuovo

rial /ri'al, *arabo* ri'jæ:l/ [arabo *riyāl*, dallo sp. *real* 'reale', n. di moneta ✱ 1984] **s. m. inv.** (**pl.** arabo *rialàt*) ● (*econ.*) unità monetaria dell'Iran, dell'Oman, dello Yemen, dell'Arabia Saudita e del Qatar

†**riàle** [da *rio* ✱ sec. XIV] **s. m.** ● rigagnolo, fossatello

rialitàre [comp. di *ri-* e *alitare* ✱ av. 1704] **v. intr.** (*io riàlito*; **aus.** *avere*) ● (*raro*) alitare di nuovo **SIN.** risoffiare

riallacciaménto [comp. di *ri-* e *allacciamento* ✱ 1988] **s. m.** ● nuovo allacciamento: *r. di una linea telefonica* | (*fig.*) ripresa di relazioni diplomatiche e sim.

riallacciàre o (*raro*) **rallacciàre** [comp. di *ri-* e *allacciare* ✱ 1612] **A** **v. tr.** (**pres.** *io riallàccio*; **fut.** *io riallaccerò*) ● allacciare di nuovo (*anche fig.*): *r. le maglie di una rete*; *r. un'amicizia interrotta* **B** **riallacciàrsi** **v. intr. pron.** ● (*fig.*) ricongiungersi, ricollegarsi: *è un'idea che si riallaccia direttamente alle altre*

riallargàre [comp. di *ri-* e *allargare* ✱ av. 1907] **A** **v. tr.** (*io riallàrgo, tu riallàrghi*) **1** allargare di nuovo **2** V. *rallargare* **B** **riallargàrsi** **v. intr. pron.** ● allargarsi di nuovo

riallattàre [comp. di *ri-* e *allattare* ✱ 1872] **v. tr.** ● allattare di nuovo

riallettàre o †**rallettàre** [comp. di *ri-* e *allettare* ✱ sec. XIII] **v. tr.** (*io riallètto*) ● (*raro*) allettare di nuovo | †allettare, attirare

riallineaménto [comp. di *ri-* e *allineamento* ✱ 1963] **s. m.** **1** nuovo o migliore allineamento di una fila, una schiera e sim. **2** (*banca, econ.*) complesso di operazioni con le quali vengono contemporaneamente modificate le parità di alcune monete, attraverso procedimenti di svalutazione o rivalutazione: *il r. delle monete europee*

riallineàre [comp. di *ri-* e *allineare* ✱ 1983] **A** **v. tr.** (**pres.** *io riallìneo*; **fut.** *io riallineerò*) ● allineare di nuovo | mettere o rimettere su una stessa linea **B** **riallineàrsi** **v. rifl.** ● rimettersi in linea | (*fig.*) uniformarsi nuovamente: *si è riallineato alle direttive del partito*

riallogàre [comp. di *ri-* e *allogare* ✱ 1550] **v. tr.** (*io riallògo, tu riallòghi*) ● (*lett.*) allogare di nuovo | ***r. una figlia***, rimaritarla

rialloggiàre o †**ralloggiàre** [comp. di *ri-* e *alloggiare* ✱ av. 1388] **v. tr.** (**pres.** *io riallòggio*; **fut.** *io rialloggerò*) ● alloggiare di nuovo | †alloggiare

riallungàre o †**rallungàre** [comp. di *ri-* e *allungare* ✱ 1305] **A** **v. tr.** (*io riallùngo, tu riallùnghi*) ● allungare di nuovo: *r. gli orli delle gonne* | †rendere più lungo, allungare | †far durare più a lungo, prolungare **B** **riallungàrsi** **v. intr. pron.** ● allungarsi di nuovo | adagiarsi di nuovo: *riallungarsi sulla poltrona*

riàlto [da *rialzare*, rifatto su *alto* ✱ 1400] **s. m.** **1** luogo rilevato da terra | prominenza, rilievo: *s'era seduta sul rialto, coi piedi nell'acqua* (C. CASSOLA) **2** (*tosc.*) piatto aggiunto o pasto più abbondante per l'arrivo di qlcu. o per una ricorrenza

rialzaménto [av. 1703] **s. m.** **1** (*raro*) il rialzare, il rialzarsi | rialzo, parte rialzata **2** (*fig.*) aumento di prezzi, temperatura ecc. **3** (*mar.*) linea d'incontro tra il fasciame esterno e i madieri di una nave che si alza gradualmente verso prua e verso poppa

♦**rialzàre** [comp. di *ri-* e *alzare* ✱ av. 1484] **A** **v. tr.** **1** alzare di nuovo | alzare, tirare su: *rialzando alquanto i capelli sulle tempie* (G. VERGA) | ***r. la testa, il capo***, (*fig.*) riacquistare coraggio | sollevare da terra: *r. l'animale colpito* **2** aumentare l'altezza di qlco.: *r. il muro di cinta di una casa* **3** (*fig.*) fare salire: *r. il prezzo del grano* **B** **v. intr.** (**aus.** *essere*) **1** aumentare di prezzo: *le azioni rialzano* **SIN.** rincarare **2** salire, elevarsi: *il livello del fiume è rialzato* **3** (*raro*) sporgere, fare rialto: *la piattaforma rialza da terra un metro* **C** **rialzàrsi** **v. rifl.** ● sollevarsi o sollevarsi di nuovo (*anche fig.*): *il bambino si rialzò piangendo*; *rialzarsi da una delusione* | ***rialzarsi da una malattia***, rimettersi **D** **rialzàrsi** **v. intr. pron.** ● salire a valori più alti: *la temperatura si è rialzata*

rialzàto **part. pass.** di *rialzare*; **anche agg.** **1** sollevato | (*fig., lett.*) migliorato: *Anche lo zio Gigio mi pare r. alquanto* (A. FOGAZZARO) **2** ***piano r. di una casa***, posto poco più in alto del livello stradale

rialzìsta [1905] **A** **s. m. e f.** (**pl. m.** *-i*) ● (*borsa*) chi effettua speculazioni al rialzo, prevedendo aumenti del corso dei titoli **B** **agg.** ● detto di tendenza o aspettativa al rialzo dei corsi o prezzi di mercato **CONTR.** ribassista

♦**riàlzo** [av. 1710] **s. m.** **1** (*raro*) rialzamento | (*ferr.*) ***squadra r.***, quella di operai specializzati nella riparazione e manutenzione dei veicoli ferroviari **2** aumento, incremento: *r. del dollaro, della temperatura* **3** (*borsa*) aumento del corso dei titoli | ***le sue azioni sono in r.***, (*fig.*) va aumentando in stima, reputazione, potenza presso gli altri | ***giocare al r.***, effettuare speculazioni nella previsione di un rialzo dei titoli; (*fig.*) in una trattativa o in un contenzioso, continuare ad aumentare le proprie pretese **4** prominenza, sporgenza: *costruire una casa su un r. del terreno* **5** ogni pezzo che serve a rialzare o mantenere alto qlco.

SFUMATURE ➤ *rincaro*

riamàre [comp. di *ri-* e *amare* ✱ av. 1306] **v. tr.** **1** amare di nuovo **2** amare a propria volta chi ci ama, corrispondere qlcu. in amore: *la dolce necessità di amare e di essere riamati* (U. FOSCOLO)

riamicàre [comp. di *ri-* e *amicare* ✱ sec. XIV] **A** **v. tr.** (*io riamìco, tu riamìchi*) ● (*raro*) rendere nuovamente amico | riconciliare **B** **riamicàrsi** **v. intr. pron.** ● (*raro*) ridiventare amico con qlcu.: *riamicarsi con una persona dopo una lite*

riammalàre [comp. di *ri-* e *ammalare* ✱ 1612] **v. intr.** (**aus.** *essere*) e **riammalàrsi** **v. intr. pron.** ● ammalarsi di nuovo, ricadere in una malattia: *dopo la convalescenza, si è riammalato gravemente*

riammanettàre [comp. di *ri-* e *ammanettare* ✱ 1872] **v. tr.** (*io riammanétto*) ● (*raro*) ammanettare di nuovo

riammattonàre o **rimattonàre** [comp. di *ri-* e *ammattonare* ✱ av. 1572] **v. tr.** (*io riammattóno*) ● ammattonare di nuovo

riamméssο **part. pass.** di *riammettere*; **anche agg.** ● nel sign. del v.

riamméttere [comp. di *ri-* e *ammettere* ✱ 1673] **v. tr.** (**coniug. come** *mettere*) ● ammettere di nuovo, spec. in un luogo o un ambiente, qlcu. che ne era stato espulso: *r. un alunno a scuola*; *r. un socio al circolo*

riammissìbile [comp. di *ri-* e *ammissibile* ✱ 1872] **agg.** ● che può essere riammesso ‖ **riammissibilità**, **s. f. inv.**

riammissióne [comp. di *ri-* e *ammissione* ✱ 1851] **s. f.** ● nuova ammissione dopo un periodo di esclusione: *opporsi alla r. di qlcu. in un gruppo*

riammobiliàre [comp. di *ri-* e *ammobiliare* ✱ 1847] **v. tr.** (*io riammobìlio*) ● ammobiliare di nuovo o in parte ma con dei miglioramenti: *r. la sala da pranzo*

riammogliàre [comp. di *ri-* e *ammogliare* ✱ sec. XVII] **A** **v. tr.** (*io riammóglio*) ● (*raro*) far sposare di nuovo un uomo **B** **riammogliàrsi** **v. intr. pron.** ● riprendere moglie: *riammogliarsi per la seconda volta*

riammonìre [comp. di *ri-* e *ammonire* ✱ 1551] **v. tr.** (*io riammonisco, tu riammonisci*) ● ammonire di nuovo: *r. un ragazzo indisciplinato*

riammucchiàre [comp. di *ri-* e *ammucchiare* ✱ 1872] **v. tr.** (*io riammùcchio*) ● ammucchiare di nuovo: *r. dei cuscini su un letto*

†**riandaménto** [sec. XIV] **s. m.** ● movimento di ritorno | ripetizione

riandàre [comp. di *ri-* e *andare*① ✱ 1313] **A v. intr.** (coniug. come *andare*; aus. *essere*). **ATTENZIONE!** *rivò* e *rivà* si scrivono con l'accento. ● andare di nuovo (*anche fig.*): *r. al mare*; *r. con il pensiero al passato* **B v. tr. 1** (*lett.*) ripercorrere: *Ancor non sei tu paga / di r. i sempiterni calli* (G. Leopardi) **2** (*fig.*, *lett.*) riesaminare con la memoria, rievocare: *mostrando che non era bene r. le cose passate* (N. Machiavelli)

rianimàre [comp. di *ri-* e *animare* ✱ av. 1537] **A v. tr.** (*io riànimo*) **1** rimettere in salute, in forze: *il riposo lo ha rianimato* **2** (*fig.*) ridare coraggio, fiducia: *la vostra comprensione ci rianima* **SIN.** rincuorare **3** far rinvenire, far riprendere i sensi: *forse è soltanto svenuta … bisogna rianimarla* (A. Moravia) | (*med.*) ripristinare le funzioni vitali (respirazione, circolazione) qualora siano momentaneamente compromesse **B rianimàrsi v. intr. pron. 1** riprendere forza, vigore: *il ferito si rianimò lentamente* **2** (*fig.*) riprendere animo, coraggio: *alle sue parole ci rianimammo* **3** (*fig.*) tornare vivace, pieno di movimento: *dopo il temporale, le vie si rianimarono*

rianimàto **part. pass.** di *rianimare*; anche **agg.** ● nei sign. del v. | (*fig.*) rinfrancato, sollevato

rianimatologìa [comp. di *rianimato* e *-logia* ✱ 1990] **s. f.** (pl. *-gìe*) ● (*med.*) disciplina medica che studia le tecniche di rianimazione

rianimatóre [deriv. di *rianimare* ✱ 1985] **A s. m. 1** (*med.*) apparecchio in grado di ripristinare le funzioni vitali (respirazione, circolazione) qualora siano momentaneamente compromesse **2** (f. *-trice*) (*med.*) sanitario che esercita la sua opera in un centro di rianimazione **B** anche **agg.**: *apparecchio r.*

rianimatòrio [1987] **agg.** (pl. m. *-i* o raro *-ii*) ● (*med.*) pertinente alla rianimazione: *intervento r.*

rianimazióne [1776] **s. f. 1** il rianimare, il rianimarsi (*anche fig.*) **2** (*med.*) insieme di pratiche mediche atte a recuperare la funzione cardio-respiratoria acutamente venuta meno | ***centro di r.***, o (*ellitt.*) ***rianimazione***, reparto ospedaliero per il recupero dei malati con grave compromissione delle funzioni circolatorie e respiratorie e per l'assistenza degli operati dopo un grave intervento chirurgico

riannaffiàre [comp. di *ri-* e *annaffiare* ✱ 1872] **v. tr.** (*io riannàffio*) ● annaffiare di nuovo

riannebbiàre [comp. di *ri-* e *annebbiare* ✱ 1872] **A v. tr.** (*io riannébbio*) ● (*raro*) annebbiare di nuovo (*spec. fig.*) **B riannebbiàrsi v. intr. pron.** ● tornare ad annebbiarsi (*spec. fig.*): *mi si è riannebbiata la mente*

riannessióne [comp. di *ri-* e *annessione* ✱ 1872] **s. f.** ● nuova annessione: *chiedere la r. di una zona di confine*

riannèsso (o *-é-*) **part. pass.** di *riannettere*; anche **agg.** ● (*raro*) nel sign. del v.

riannèttere (o *-é-*) [comp. di *ri-* e *annettere* ✱ 1872] **v. tr.** (coniug. come *annettere*) ● annettere di nuovo: *r. una zona, un territorio*

riànno ➤ **riavere**

riannodàre o **rannodàre** [comp. di *ri-* e *annodare* ✱ 1844] **A v. tr.** (*io riannòdo*) ● annodare di nuovo (*anche fig.*): *r. le cocche di un fazzoletto*; *r. una relazione amorosa* | anche in forma pron.: *La contessa … si riannodò la cuffia* (A. Fogazzaro) **B riannodàrsi v. intr. pron.** ● (*fig.*) annodarsi di nuovo | (*fig.*) ricollegarsi: *Ciascun popolo si riannodava alle sue tradizioni* (F. De Sanctis)

riannunziàre [comp. di *ri-* e *annunziare* ✱ 1872] **v. tr.** (*io riannùnzio*) ● annunciare di nuovo

riannuvolàre [comp. di *ri-* e *annuvolare* ✱ 1863] **v. intr.** (*io riannùvolo*; aus. *essere*) e **riannuvolàrsi v. intr. pron.** ● tornare ad annuvolarsi: *il cielo era riannuvolato*; *l'orizzonte si riannuvola* | (*fig.*) oscurarsi in volto

riapèrto **part. pass.** di *riaprire*; anche **agg.** ● di nuovo aperto

riapertùra [comp. di *ri-* e *apertura* ✱ 1641] **s. f. 1** nuova apertura (*anche fig.*): *r. di una ferita* **2** ripresa di attività o di rapporti col pubblico, di luoghi, enti, istituti, ecc.: *la r. delle scuole, di un teatro*; *la r. del Parlamento* **3** ripresa di un procedimento di fallimento o di una fase di istruzione penale per il sopravvenuto verificarsi di fatti indicati dalla legge: *r. del fallimento*; *r. dell'istruzione di un processo*

riappaciàre ➤ **rappaciare**

riappacificàre e deriv. ➤ **rappacificare** e deriv.

riappaltàre [comp. di *ri-* e *appaltare* ✱ 1872] **v. tr.** ● appaltare di nuovo | appaltare ad altri l'impresa assunta precedentemente in appalto

riappaltatóre [comp. di *ri-* e *appaltatore* ✱ 1872] **s. m.** (f. *-trice*) ● chi ridà ad altri un appalto precedentemente assunto

riappàlto [comp. di *ri-* e *appalto* ✱ 1831] **s. m.** ● appalto ad altri di un lavoro già preso in appalto **SIN.** subappalto

riapparecchiàre [comp. di *ri-* e *apparecchiare* ✱ 1872] **v. tr.** (*io riapparécchio*) ● apparecchiare di nuovo (*anche assol.*): *r. la tavola per la cena*; *è ora di r.*

riapparigliàre [comp. di *ri-* e *appariglare*① ✱ 1891] **v. tr.** (*io riappariglio*) ● appariglare di nuovo

riapparìre o †**rapparìre** [comp. di *ri-* e *apparire* ✱ av. 1294] **v. intr.** (coniug. come *apparire*; aus. *essere*) ● apparire nuovamente: *le comete riappaiono a intervalli fissi*

riapparizióne [comp. di *ri-* e *apparizione* ✱ 1870] **s. f.** ● ricomparsa: *la r. dei sintomi di una malattia*

riappàrso **part. pass.** di *riapparire*; anche **agg.** ● (*raro*) ricomparso: *facce inaspettate, riapparse da lontano*

riappassionàre [comp. di *ri-* e *appassionare* ✱ 1872] **A v. tr.** (*io riappassióno*) ● appassionare di nuovo: *r. qlcu. a un'attività* **B riappassionàrsi v. intr. pron.** ● appassionarsi di nuovo: *riappassionarsi al proprio lavoro*

riappassìre [comp. di *ri-* e *appassire* ✱ 1840] **v. intr.** (*io riappassisco, tu riappassisci*; aus. *essere*) e **riappassìrsi v. intr. pron.** ● appassire di nuovo

riappèndere [comp. di *ri-* e *appendere* ✱ av. 1694] **v. tr.** (coniug. come *appendere*) ● appendere di nuovo | riagganciare (*anche assol.*)

riappéso (o *-ṣ-*) **part. pass.** di *riappendere* ● nel sign. del v.

riappianàre o †**rappianàre** [comp. di *ri-* e *appianare* ✱ av. 1292] **v. tr. 1** (*raro*) appianare di nuovo **2** †appianare, livellare | †spianare, colmare: *i Bolognesi … rappianarono i fossi d'intorno* (G. Villani)

riappiccàre o (*raro*) **rappiccàre** [comp. di *ri-* e *appiccare* ✱ 1612] **A v. tr.** (*io riappicco, tu riappicchi*) ● appendere di nuovo | riattaccare **B riappiccàrsi v. intr. pron.** ● (*lett.*) stringersi, avvicinarsi a qlcu. | incontrarsi di nuovo con qlcu.

riappiccicàre o (*raro*) **rappiccicàre** [comp. di *ri-* e *appiccicare* ✱ 1872] **A v. tr.** (*io riappìccico, tu riappìccichi*) ● appiccicare nuovamente: *r. un francobollo* **B riappiccicàrsi v. intr. pron.** ● appiccicarsi di nuovo (*anche fig.*): *quei fogli si sono riappiccicati al tavolo*; *quella seccatrice anche oggi mi si è riappiccicata*

riappigionàre [comp. di *ri-* e *appigionare* ✱ 1872] **v. tr.** (*io riappigióno*) ● (*disus.* o *tosc.*) appigionare di nuovo | subaffittare

riappiṣolàrsi o **rappiṣolàrsi** [comp. di *ri-* e *appisolarsi* ✱ 1865] **v. intr. pron.** (*io mi riappìṣolo*) ● appisolarsi di nuovo: *svegliarsi e riappisolarsi dopo breve tempo*

riapplaudìre [comp. di *ri-* e *applaudire* ✱ 1872] **v. tr.** e **intr.** (*io riappláudo* o raro *riapplaudisco, tu riappláudi* o raro *riapplaudisci*; aus. *avere*) ● applaudire di nuovo

riapplicàre [comp. di *ri-* e *applicare* ✱ 1619] **A v. tr.** (*io riàpplico, tu riàpplichi*) ● applicare di nuovo: *r. un'etichetta a una bottiglia* **B riapplicàrsi v. intr. pron.** ● applicarsi di nuovo: *mi riapplicavo allo studio*

riappoggiàre [comp. di *ri-* e *appoggiare* ✱ 1872] **A v. tr.** (pres. *io riappòggio*; fut. *io riappoggerò*) ● appoggiare di nuovo **B riappoggiàrsi v. rifl.** ● appoggiarsi di nuovo

riapprèndere [comp. di *ri-* e *apprendere* ✱ 1872] **A v. tr.** (coniug. come *prendere*) ● apprendere di nuovo **B riapprèndersi v. intr. pron.** ● (*raro*, *lett.*) divampare di nuovo, detto del fuoco

riappréso (o *-ṣ-*) **part. pass.** di *riapprendere* ● nei sign. del v.

riappressàre [comp. di *ri-* e *appressare* ✱ 1679] **A v. tr.** (*io riapprèsso*) ● (*lett.*) avvicinare di nuovo **B riappressàrsi v. rifl.** ● (*raro*) riavvicinarsi

riapprodàre [comp. di *ri-* e *approdare*① ✱ 1872] **v. intr.** (*io riappròdo*; aus. *essere* o *avere*) ● approdare di nuovo (*anche fig.*)

riappropriàrsi [comp. di *ri-* e *appropriarsi* ✱ 1872] **v. intr. pron.** (*io mi riappròprio*) ● prendere di nuovo possesso di qlco., anche di un bene non materiale: *r. di un podere*; *r. del tempo libero*

riappropriazióne [1974] **s. f.** ● il riappropriarsi

riapprossimàre o (*raro*) **rapprossimàre** [comp. di *ri-* e *approssimare* ✱ 1970] **A v. tr.** (*io riappròssimo*) ● (*lett.*, *raro*) riavvicinare **B riapprossimàrsi v. intr. pron.** ● riavvicinarsi

riapprovàre [comp. di *ri-* e *approvare* ✱ av. 1750] **v. tr.** (*io riappròvo*) ● approvare di nuovo: *r. una proposta di legge*

riappuntàre [comp. di *ri-* e *appuntare*① ✱ 1868] **v. tr.** ● appuntare di nuovo

riappuntellàre [comp. di *ri-* e *appuntellare* ✱ 1842] **v. tr.** (*io riappuntèllo*) ● appuntellare di nuovo o meglio: *r. i pali di sostegno*

riapriménto [1673] **s. m.** ● (*raro*, *lett.*) riapertura

riaprìre [comp. di *ri-* e *aprire* ✱ av. 1328] **A v. tr.** (coniug. come *aprire*) **1** aprire di nuovo: *r. una cassa* | ***r. una ferita, una piaga***, (*fig.*) rinnovare un dolore, un ricordo molto triste | ***r. gli occhi***, (*fig.*) disilludersi **2** ricominciare, riprendere un'attività, una funzione, spec. nei riguardi del pubblico: *r. un negozio, una scuola*; *r. le iscrizioni all'università* | ***r. bottega***, riprendere un commercio interrotto o cessato **B v. intr.** (aus. *avere*) ● riprendere l'attività: *la banca riapre alle quindici* **C riaprìrsi v. intr. pron.** ● aprirsi nuovamente: *il negozio si è riaperto il mese scorso*

†**riapritùra** [av. 1729] **s. f.** ● riapertura

riaràre [comp. di *ri-* e *arare* ✱ av. 1597] **v. tr.**

● arare di nuovo

riàrdere [comp. di *ri-* e *ardere* ✱ av. 1320] **A** v. tr. (coniug. come *ardere*) **1** ardere di nuovo | (*lett.*) ardere | (*fig.*) †rendere acceso, ardente: *Fu il sangue mio d'invidia sì riarso* (DANTE *Purg.* XIV, 82) **2** (*est.*) disseccare, inaridire **3** †esaurire, distruggere **B** v. intr. (aus. *essere*) **1** ardere, bruciare di nuovo: *le fiamme riarsero all'improvviso* **2** (*est.*) disseccarsi **3** (*fig.*) provare nuovamente un'intensa passione

riarginàre [comp. di *ri-* e *arginare* ✱ 1870] v. tr. (*io riàrgino*) ● arginare di nuovo

riarmaménto [1872] s. m. ● il riarmare | riarmo

riarmàre [comp. di *ri-* e *armare* ✱ 1321] **A** v. intr. (aus. *avere*) ● provvedersi nuovamente di armi: *alcune nazioni sconfitte riarmano* **B** v. tr. **1** armare di nuovo | fornire di nuove armi: *r. un paese* **2** in un'arma automatica, riportare il colpo in canna **3** (*est.*) provvedere nuovamente di attrezzatura: *r. una nave* | rimettere in sesto, in efficienza: *r. un edificio* **C** **riarmàrsi** v. rifl. ● fornirsi di nuove armi

riarmatùra [1872] s. f. ● operazione del riarmare spec. provvedendo di nuove strutture e sim.: *r. di una nave*

riàrmo [1935] s. m. **1** il riarmare, il riarmarsi | ***corsa al r.***, fase durante la quale uno Stato aumenta le spese militari e provvede all'incremento delle forze armate e del proprio potenziale bellico | (*fig.*) ***r. morale***, impegno in vista di un rinnovamento delle coscienze **2** in un'arma automatica, insieme delle operazioni che riportano il colpo in canna

riàrso part. pass. di *riardere*; anche agg. **1** bruciato dal fuoco **2** secco per eccessiva aridità: *terra riarsa*; *l'incartocciarsi della foglia / riarsa* (E. MONTALE) | (*est.*) secco, asciutto: *aveva le labbra e la gola riarse quasi per febbre* (I. NIEVO) | (*est.*) torrido: *pomeriggio r.* **3** (*fig.*, *lett.*) ardente di passione

rìas /sp. *rias/ ➤ **rìa**

riascéndere (o -è-) [comp. di *ri-* e *ascendere* ✱ 1766] v. intr. (coniug. come *scendere*; aus. *essere*) ● (*raro*) salire di nuovo

riascéso (o -ṣo) part. pass. di *riascendere* ● (*raro*) nel sign. del v.

riasciugàre o (*raro*) **rasciugàre** [comp. di *ri-* e *asciugare* ✱ 1593] **A** v. tr. (*io riasciùgo, tu riasciùghi*) ● asciugare nuovamente **B** **riasciugàrsi** v. intr. pron. e rifl. ● asciugarsi di nuovo

riasciugàto part. pass. di *riasciugare*; anche agg. ● nel sign. del v.

riascoltàre [comp. di *ri-* e *ascoltare* ✱ av. 1729] v. tr. (*io riascólto*) ● ascoltare di nuovo: *r. un concerto sinfonico*

riasfaltàre [comp. di *ri-* e *asfaltare* ✱ 1986] v. tr. ● asfaltare di nuovo

riasfaltatùra [1987] s. f. ● il riasfaltare | il nuovo rivestimento di asfalto così ottenuto

riaspettàre o †**raspettàre** [comp. di *ri-* e *aspettare* ✱ av. 1328] v. tr. (*io riaspètto*) ● aspettare di nuovo (*anche assol.*)

riassaggiàre o †**rassaggiàre** [comp. di *ri-* e *assaggiare* ✱ sec. XIII] v. tr. (pres. *io riassàggio*; fut. *io riassaggerò*) ● assaggiare di nuovo: *r. un dolce*

riassalìre o †**rassalìre** [comp. di *ri-* e *assalire* ✱ sec. XIV] v. tr. (coniug. come *assalire*) ● tornare ad assalire: *r. una trincea nemica*

riassaltàre o †**rassaltàre** [comp. di *ri-* e *assaltare* ✱ av. 1558] v. tr. ● assaltare di nuovo

riassaporàre [comp. di *ri-* e *assaporare* ✱ 1677] v. tr. (*io riassapóro*) ● assaporare di nuovo (*anche fig.*): *r. un vino*; *r. il successo*

riassediàre [comp. di *ri-* e *assediare* ✱ 1668] v. tr. (*io riassèdio*) ● assediare di nuovo

riassegnàre [comp. di *ri-* e *assegnare* ✱ 1872] v. tr. (*io riasségno*; coniug. come *segnare*) ● assegnare di nuovo: *r. una sede a un professore*; *r. un compito*

riassestaménto [1924] s. m. ● risistemazione, riordino di qlco., spec. per ristabilire o potenziare la funzionalità e l'efficienza di una struttura produttiva: *per snellire le vendite, abbiamo iniziato il r. dell'ufficio spedizioni* | ritorno a una condizione di stabilità: *il r. del terreno dopo la frana*; *scosse di r.*

riassestàre o **rassestàre** [comp. di *ri-* e *assestare* ✱ 1803] **A** v. tr. (*io riassèsto*) ● rimettere in ordine, in sesto ciò che era in disordine o in cattivo stato (*anche fig.*): *r. l'arredamento di una casa*; *r. le finanze* **B** **riassestàrsi** v. rifl. ● mettersi più comodo: *Si riassesta sullo scomodo trespolo* (I. CALVINO) | (*fig.*) sistemarsi, riadattarsi **C** **riassestàrsi** v. intr. pron. ● assestarsi di nuovo: *dopo il terremoto, il terreno si è riassestato*

riassettàre ➤ **rassettare**

riassètto [1872] s. m. **1** il riassettare (*anche fig.*): *il r. di una stanza*; *r. di un bilancio* **2** nuovo ordinamento: *il r. delle carriere statali*

riassicuràre o (*raro*) **rassicuràre** [comp. di *ri-* e †*assicurare* ✱ 1509] **A** v. tr. **1** (*lett.*) assicurare di nuovo **2** (*dir.*) assicurare rinnovando il contratto di assicurazione: *r. la macchina per un valore maggiore* **3** (*dir.*) assicurare stipulando un contratto di riassicurazione **B** **riassicuràrsi** v. rifl. ● assicurarsi di nuovo

riassicuratóre [1835] s. m. (f. -*trice*); anche agg. ● chi riassicura

riassicurazióne [1872] s. f. **1** (*raro*) il riassicurare, il riassicurarsi **2** (*dir.*) contratto con cui l'assicuratore assicura in tutto o in parte presso un altro assicuratore i rischi assunti nei confronti dei propri assicurati

riassociàre [comp. di *ri-* e *associare* ✱ 1872] **A** v. tr. (pres. *io riassòcio*; fut. *io riassocerò*) ● tornare ad associare **B** **riassociàrsi** v. rifl. ● associarsi di nuovo: *riassociarsi a un circolo sportivo*

riassoggettàre [comp. di *ri-* e *assoggettare* ✱ av. 1793] v. tr. (*io riassoggètto*) e **riassoggettàrsi** v. rifl. ● assoggettare, assoggettarsi di nuovo: *r. un popolo libero*

riassoldàre [comp. di *ri-* e *assoldare* ✱ 1872] v. tr. (*io riassòldo*) ● assoldare di nuovo

riassopìre [comp. di *ri-* e *assopire* ✱ 1858] **A** v. tr. (*io riassopìsco, tu riassopìsci*) ● assopire di nuovo **B** **riassopìrsi** v. intr. pron. ● assopirsi di nuovo: *svegliarsi e riassopirsi di continuo*

riassorbìbile [1971] agg. ● detto di ciò che può essere riassorbito (*anche fig.*) || **riassorbibilità**, s. f. inv.

riassorbiménto [av. 1758] s. m. ● nuovo o completo assorbimento (*anche fig.*): *controllare il r. di un liquido in un tessuto*; *r. di un ematoma*; *r. di capitali, di operai specializzati*

riassorbìre [comp. di *ri-* e *assorbire* ✱ av. 1698] **A** v. tr. (*io riassòrbo* o *lett.* *riassorbìsco, tu riassòrbi* o *lett.* *riassorbisci*) **1** assorbire di nuovo o del tutto: *il terreno riassorbì l'acqua piovana* | (*fig.*) riutilizzare: *i nuovi guadagni saranno riassorbiti da altri investimenti* | (*fig.*) recuperare, reinserire, inglobare nuovamente **2** (*fig.*) nel linguaggio dei cronisti del ciclismo, raggiungere chi è in fuga: *il fuggitivo è stato riassorbito dal gruppo* **B** **riassorbìrsi** v. intr. pron. ● assorbirsi di nuovo o completamente: *l'emorragia si è riassorbita*

riassortiménto [comp. di *ri-* e *assortimento* ✱ av. 1712] s. m. ● (*comm.*) nuovo assortimento di merci

riassottigliàre o (*raro*) **rassottigliàre** [comp. di *ri-* e *assottigliare* ✱ 1970] **A** v. tr. (*io riassottìglio*) ● assottigliare nuovamente **B** **riassottigliàrsi** v. intr. pron. ● assottigliarsi di nuovo

♦**riassùmere** o †**rassùmere**, †**reassùmere** [comp. di *ri-* e *assumere* ✱ 1342] v. tr. (coniug. come *assumere*) **1** riprendere: *r. le funzioni* | accogliere come lavoratore subordinato qlcu. precedentemente già stato alle proprie dipendenze: *r. un operaio licenziato* **2** compendiare, condensare il contenuto di scritti o discorsi: *r. una novella del Boccaccio*; *r. brevemente un comizio politico* | ***riassumendo***, in breve, in conclusione SIN. ricapitolare, riepilogare | (*fig.*) rappresentare, sintetizzare: *quel cipresso ... pareva riassumesse in sé la tristezza infinita del silenzio* (L. PIRANDELLO)

riassumìbile [1893] agg. **1** che può essere assunto di nuovo: *impiegati non riassumibili*; *impegno difficilmente r.* **2** che si può riassumere, detto di discorso, scritto, pensiero, ecc.: *pagine, idee poco riassumibili* SIN. compendiabile || **riassumibilità**, s. f. inv.

riassuntìvo [da *riassunto* ✱ 1847] agg. ● che serve a riassumere, a compendiare: *capitolo r.*; *introduzione riassuntiva* | che contiene un riassunto: *cenno r.* || **riassuntivaménte**, avv.

♦**riassùnto** **A** part. pass. di *riassumere*; anche agg. ● nei sign. del v.: *operaio r.*; *un articolo r. in poche righe* **B** s. m. ● esposizione sintetica del contenuto di un testo, di un discorso, di uno spettacolo e sim: *r. scritto, orale*; *fammi un r. dei fatti*; *mi ha fatto un breve r. della tua relazione* SIN. compendio, riepilogo, sommario || **riassuntino**, dim.

SFUMATURE DI SIGNIFICATO

riassunto - compendio - ricapitolazione

L'esposizione sintetica, scritta od orale, del contenuto di uno scritto, un discorso, uno spettacolo si dice **riassunto**. **Compendio**, che pure si usa correntemente come sinonimo di *riassunto*, definisce più specificamente la trattazione sintetica di una materia o di una disciplina, le cui informazioni sono elaborate in modo da poter essere contenute in un numero ristretto di pagine. **Ricapitolazione** è invece l'atto di ripetere succintamente i fatti salienti di uno scritto o un discorso, organizzandoli in modo da evidenziarne i nessi logici e favorirne la memorizzazione.

SFUMATURE ➤ ***compendio***, ➤ ***sintesi***

riassunzióne [comp. di *ri-* e *assunzione* ✱ 1657] s. f. ● nuova assunzione: *r. in servizio del personale di una ditta*; *la r. del potere da parte dell'esercito* | ***r. del processo***, serie di atti procedurali che ne consentono la ripresa dopo che esso è stato sospeso o interrotto | ***r. della causa***, necessaria per consentirne il proseguimento davanti al giudice dichiarato competente

riattaccaménto [1681] s. m. ● (*raro*) il riattaccare

riattaccàre o †**rattaccàre** [comp. di *ri-* e *attaccare* ✱ av. 1400] **A** v. tr. (*io riattàcco, tu riattàcchi*) **1** attaccare di nuovo: *r. un gancio alla gonna*; *r. i cavalli al carro* **2** riprendere, ricominciare immediatamente o dopo una breve sosta: *r. battaglia*; *r. il discorso con qlcu.* | anche per introdurre il discorso diretto: *- Ah, sì! - riattaccò subito con enfasi* (L. PIRANDELLO) **3** (*assol.*, *colloq.*) concludere, interrompere una telefonata: *ha riattaccato senza una parola* **B** v. intr. (aus. *avere*) ● riprendere, ricominciare: *Egli riattaccò a canticchiare* (E. VITTORINI) | (*colloq.*) ricominciare un turno di lavoro: *oggi riattacco alle tre* **C** **riattaccàrsi** v. rifl. e intr. pron. **1** tornare ad attaccarsi: *con quella colla il manico della tazza si è riattaccato* **2** (*lett.*) colle-

r

garsi

riattaménto [av. 1758] **s. m.** ● il riattare | ristrutturazione, restauro: *il r. di una casa, di una fabbrica*

riattàre [comp. di *ri-* e *attare* (frequentemente attestato nell'it. ant.), dal lat. tardo *aptāre* 'rendere atto, accomodare' ✻ av. 1758] **v. tr.** ● riparare o riadattare qlco. per renderla nuovamente idonea all'uso: *r. una strada, un fabbricato, un abito*

riattèndere [comp. di *ri-* e *attendere* ✻ av. 1694] **A v. tr.** (coniug. come *tendere*) ● (*raro*) attendere di nuovo **B v. intr.** (aus. *avere*) ● (*lett.*) badare, dedicarsi di nuovo a qlco.: *r. allo studio; riattenderemo presto alle nostre occupazioni*

riattéso (o -ṣ-) **part. pass.** di *riattendere*; anche **agg.** ● (*raro*) nei sign. del v.

riattìngere [comp. di *ri-* e *attingere* ✻ 1872] **v. tr.** (coniug. come *attingere*) ● attingere di nuovo | (*fig., lett.*) recuperare: *Se… tu riattingessi da me la fede* (G. D'ANNUNZIO)

riattìnto **part. pass.** di *riattingere* ● (*raro*) nel sign. del v.

riattivàre [comp. di *ri-* e *attivare* ✻ 1831] **v. tr.** ● attivare di nuovo rimettendo in funzione, in efficienza: *r. una linea tranviaria; r. il commercio all'ingrosso*

riattivazióne [1808] **s. f.** ● ripristino dell'efficienza, della funzionalità di qlco.

riattizzàre o (*lett.*) **rattizzàre** [comp. di *ri-* e *attizzare* ✻ 1585] **v. tr.** ● attizzare nuovamente: *r. le braci nel caminetto* | (*fig.*) rinfocolare: *r. la maldicenza, la passione, l'invidia di qlcu.* SIN. riaccendere

riattràrre [comp. di *ri-* e *attrarre* ✻ 1872] **A v. tr.** (coniug. come *trarre*) ● attrarre di nuovo | (*lett.*) interessare: *un impulso riattraevami a Plinio* (U. FOSCOLO) **B riattràrsi** **v. rifl. recipr.** ● attrarsi di nuovo

riattràtto **part. pass.** di *riattrarre*; anche **agg.** ● (*raro*) nei sign. del v. | (*lett.*) conquistato: *mi sentii r. e convertito… alla monarchia* (G. CARDUCCI)

riattraversàre [comp. di *ri-* e *attraversare* ✻ 1869] **v. tr.** (*io riattravèrso*) ● attraversare di nuovo

riattualiẓẓàre [comp. di *ri-* e *attualizzare*; ✻ av. 1965] **v. tr.** ● rendere nuovamente attuale: *r. una teoria filosofica* ‖ **riattualiẓẓazióne**, **s. f.**

riauguràre [comp. di *ri-* e *augurare* ✻ av. 1667] **v. tr.** (*io riàuguro*) ● augurare di nuovo

riavére [comp. di *ri-* e *avere*① ✻ 1260] **A v. tr.** (*io riò, tu riài, egli rià, essi riànno*, nelle altre forme coniug. come *avere*) ATTENZIONE! *riò* e *rià* si scrivono con l'accento. **1** avere di nuovo: *r. la parola nell'assemblea* | avere in restituzione: *non sono riuscito a r. i miei libri* | provare di nuovo: *r. paura* **2** recuperare, riacquistare: *riebbe all'improvviso la vista* **3** (*lett.*) rincuorare, ristorare: *con saporitissimi baci … tutto lo riebbe* (A. CARO) **B riavérsi** **v. intr. pron.** **1** recuperare vigore, rimettersi in salute, in forze: *dopo la lunga infermità, sta riavendosi* | (*fig.*) recuperare energia, vigore, dominio di sé (+ *da*): *riaversi dallo stordimento, da un brutto colpo, dallo spavento* | (*assol.*) rinvenire: *non riesce a riaversi* **2** rifarsi da perdite economiche, dissesti finanziari e sim.: *dopo il fallimento, non si è più riavuto*

riàvolo [lat. *rutābulu(m)*, da *rŭere* 'precipitare, ammassare', di orig. indeur., detto così perché serviva a smuovere il fuoco ✻ 1612] **s. m.** ● lunga asta di ferro incurvata e appiattita all'estremità, usata per rimestare e impastare masse vetrose e metalli fusi, attizzare il carbone e togliere le ceneri nei forni

riavùto **part. pass.** di *riavere*; anche **agg.** ● nei sign. del v. | (*fig.*) ritornato in sé: *riavutosi dalla sorpresa, si alzò; il conte / r. dal colpo anco ne geme* (T. TASSO)

riavvallàre [comp. di *ri-* e *avvallare* ✻ 1864] **v. intr.** (aus. *essere*) e **riavvallàrsi** **v. intr. pron.** ● (*lett.*) avvallarsi ancora

riavvampàre [comp. di *ri-* e *avvampare* ✻ 1683] **v. intr.** (aus. *essere*) ● avvampare nuovamente

riavvelenàre [comp. di *ri-* e *avvelenare* ✻ 1872] **v. tr.** (*io riavveléno*) ● avvelenare di nuovo

riavventàre [comp. di *ri-* e *avventare* ✻ av. 1869] **A v. tr.** (*io riavvènto*) ● avventare di nuovo **B riavventàrsi** **v. rifl.** ● avventarsi di nuovo

riavvertìre [comp. di *ri-* e *avvertire* ✻ av. 1704] **v. tr.** (*io riavvèrto*) ● avvertire di nuovo | percepire di nuovo: *D'improvviso, riavverte l'odore d'ospedale* (I. CALVINO)

riavvezzàre [comp. di *ri-* e *avvezzare* ✻ 1669] **A v. tr.** (*io riavvézzo*) ● (*raro* o *lett.*) riabituare **B riavvezzàrsi** **v. intr. pron.** ● riabituarsi

riavviàre [da *avviare* col pref. *ri-* ✻ 1880] **v. tr.** (*io riavvìo*) ● avviare di nuovo: *r. un computer*

riavvicinaménto [1813] **s. m.** ● avvicinamento; nuovo avvicinamento: *ha ottenuto un r. alla sua città natale* | (*fig.*) riconciliazione: *dopo il litigio, ha tentato un r.*
SFUMATURE ➤ *conciliazione*

riavvicinàre o †**ravvicinàre** [comp. di *ri-* e *avvicinare* ✻ 1612] **A v. tr.** ● avvicinare di nuovo, rimettere vicino: *r. il bicchiere alla bottiglia* | (*fig.*) riappacificare: *r. due persone in disaccordo* **B riavvicinàrsi** **v. rifl.** ● riaccostarsi (*anche fig.*): *si è riavvicinato ai genitori* **C riavvicinàrsi** **v. intr. pron. e rifl. recipr.** ● avvicinarsi di nuovo | (*fig.*) riconciliarsi

riavvìncere [comp. di *ri-* e *avvincere* ✻ av. 1516] **v. tr.** (coniug. come *vincere*) ● (*lett.*) avvincere di nuovo

riavvìnto **part. pass.** di *riavvincere* ● (*raro, lett.*) nel sign. del v.

riavvìo [da *riavviare* col suff. *-io*① ✻ av. 1970] **s. m.** (pl. *-ii*) ● ripresa di qlco.

riavvistàre [comp. di *ri-* e *avvistare* ✻ 1946] **v. tr.** ● avvistare di nuovo

riavvòlgere [comp. di *ri-* e *avvolgere* ✻ 1872] **A v. tr.** (coniug. come *volgere*) ● avvolgere nuovamente o più volte **B riavvòlgersi** **v. intr. pron.** ● avvolgersi di nuovo o più volte

riavvolgiménto [comp. di *ri-* e *avvolgimento* ✻ 1973] **s. m.** ● il riavvolgere, il riavvolgersi: *r. del nastro magnetico*

riavvòlto **part. pass.** di *riavvolgere* ● nei sign. del v.

†**riazióne** ➤ **reazione**

riaẓẓeraménto [1966] **s. m.** ● il riazzerare, il riazzerarsi

riaẓẓeràre [comp. di *ri-* e *azzerare* ✻ 1956] **A v. tr.** (*io riaẓẓèro*) ● riportare a zero o (*fig.*) al punto di partenza: *r. uno strumento; r. una polemica* **B riaẓẓeràrsi** **v. intr. pron.** ● riportarsi a zero o (*fig.*) al punto di partenza

riaẓẓonaménto [da *riazzonare* ✻ 1986] **s. m.** ● nuova e diversa suddivisione in zone territoriali, effettuata da un ente pubblico o privato che funziona mediante strutture locali: *r. delle unità sanitarie locali*

riaẓẓuffàrsi (o -ẓẓ-) o (*raro, lett.*) **razzuffàrsi** (o -ẓẓ-) [comp. di *ri-* e *azzuffarsi* ✻ 1619] **v. intr. pron.** ● azzuffarsi di nuovo

RÌBA [da *ri(cevuta) ba(ncaria)* ✻ 1987] **s. f. inv.** ● ricevuta bancaria

ribaciàre [comp. di *ri-* e *baciare*① ✻ 1344] **A v. tr.** (pres. *io ribàcio*; fut. *io ribacerò*) ● baciare di nuovo o a propria volta **B ribaciàrsi** **v. rifl. recipr.** ● baciarsi di nuovo

ribadìbile [da *ribadire* ✻ 1983] **agg.** ● che si può ribadire (*spec. fig.*): *è un'affermazione non r.* ‖ **ribadibilità**, **s. f. inv.**

ribadiménto [1726] **s. m.** ● (*raro*) ribaditura | (*fig.*) decisa riconferma, riaffermazione: *il r. di un'idea, di una certezza*

✦**ribadìre** [etim. incerta, ma da avvicinare, almeno lontanamente o per etim. pop., a *badile* e *ribattere* ✻ 1313] **A v. tr.** (*io ribadìsco, tu ribadìsci*) **1** ritorcere la punta sporgente di un chiodo, di un perno e sim. e farla rientrare nel materiale in cui è conficcata affinché stringa più forte o non provochi danni | ***r. le catene***, (*fig.*) accrescere l'oppressione, rendere più dura la schiavitù | ***r. qlco. in capo a qlcu.***, ripeterla più volte per imprimerla nella mente **2** (*fig.*) ripetere, riaffermare con decisione, con altre ragioni o nuovi argomenti (+ *di* seguito da inf., + *che*): *r. un concetto; r. l'accusa; ribadisco di non saperne nulla; ribadisco che non ero presente al fatto* **3** †annodare in spire **B ribadìrsi** **v. intr. pron.** ● (*lett., fig.*) radicarsi

ribadìto **part. pass.** di *ribadire*; anche **agg.** ● nei sign. del v.

ribaditóio [1866] **s. m.** (pl. *-ói*) ● strumento per ribadire i chiodi

ribaditrìce [1935] **s. f.** ● macchina per ribadire, a caldo o a freddo, chiodi, perni e sim. mediante pressione statica

ribaditùra [sec. XIV] **s. f.** **1** operazione del ribadire **2** la parte ribadita del chiodo

ribadocchìno [fr. *ribaudequin*, da avvicinare a *ribaud* 'ribaldo' ✻ av. 1675] **s. m.** ● antica bocca da fuoco di piccolo calibro, in ferro o bronzo, che lanciava palle di ferro di circa una libbra

ribagnàre [comp. di *ri-* e *bagnare* ✻ 1340 ca.] **A v. tr.** (coniug. come *segnare*) ● bagnare di nuovo **B ribagnàrsi** **v. rifl.** ● bagnarsi di nuovo

ribàlda o **rubàlda** [da *ribaldo*, perché indossata dai soldati così chiamati nel Medioevo ✻ 1481] **s. f.** ● nel Medioevo, parte dell'armatura che proteggeva la testa

†**ribaldàggine** [1686] **s. f.** ● ribalderia, scelleratezza

ribaldàglia [av. 1363] **s. f.** ● (*raro*) massa di ribaldi | (*est., lett.*) marmaglia

ribalderìa o †**rubalderìa** [1287] **s. f.** **1** caratteristica di chi è ribaldo SIN. furfanteria, scelleratezza **2** azione da ribaldo: *sta scontando le sue ribalderie* SIN. furfanteria, scelleratezza **3** (*lett., fig.*) opera di scarso valore

✦**ribàldo** o †**rubàldo** [ant. fr. *ribaud*, dall'ant. alto ted. *hrība* 'donna di malaffare' ✻ 1282] **A s. m.** **1** (*stor.*) nel Medioevo, individuo di bassa condizione che si accodava agli eserciti formando delle bande dedite spec. ai saccheggi **2** (*est.*) scellerato, briccone: *è un'impresa da r.* SIN. furfante, mascalzone **3** (*est.*) †uomo di corte | †vizioso, fannullone **B agg.** ● perverso, scellerato | spavaldo, sfrontato: *perfettamente sicura di sé, con quella sua aria sempre un po' ribalda* (D. BUZZATI) ‖ **ribaldàccio**, pegg. | **ribaldèllo**, dim. | **ribaldóne**, accr.

ribalenàre [comp. di *ri-* e *balenare* ✻ 1872] **v. intr.** (*io ribaléno*; aus. *essere*) ● balenare di nuovo (*spec. fig.*): *mi ribalena alla mente il tuo discorso*

riballàre [comp. di *ri-* e *ballare* ✻ 1611] **v. tr. e intr.** (aus. *avere*) ● ballare di nuovo

ribàlta [da *ribaltare* ✻ sec. XIII] **s. f.** **1** piano, sportello e sim. che, imperniato orizzontalmente, può essere alzato e abbassato | (*est.*) cassettone munito di piano ribaltabile che fa da scrittoio | ***letto a r.***, col piano imperniato a una parete o a un mobile **2** (*teatro*) lunga tavola di legno fissata con cerniere al proscenio, che, se ribaltata, impediva alle luci di proscenio di illuminare la scena | ***luci della r.***, (*fig.*) il teatro, l'attività teatrale | correntemente, proscenio | ***venire, salire alla r.***, (*fig.*) acquistare notorietà e importanza pubblica, emergere per doti e meriti personali o professionali ‖ **ribaltina**, **dim.** (V.)

ribaltàbile [1940] **agg.** ● che si può rovesciare, ribaltare (*anche fig.*): *sedile r.*; *una sentenza difficilmente r.* | ***cassone r.***, cassone di autocarro e sim. inclinabile, per scaricare materiali alla rinfusa ‖ **ribaltabilità**, **s. f. inv.**

ribaltaménto [1922] **s. m.** **1** capovolgimento, rovesciamento | (*sport*) in ginnastica artistica, rotazione del corpo di 360° intorno all'asse sagittale o trasversale, in avanti o indietro, con fase di volo tra l'appoggio delle mani e dei piedi **2** (*fig.*) cambiamento totale: *Decaduta la speranza nel r. della storia* (E. MONTALE)

♣**ribaltàre** [da *balta*, col pref. *ri-* ✱ sec. XIII] **A** **v. tr.** ● mandare sottosopra, rovesciare: *r. una carrozza* | abbassare, inclinare: *r. il sedile di un'auto* | (*fig.*) far cadere: *A Roma hanno ribaltato il Ministero* (I. SVEVO) | (*fig.*) mutare radicalmente qlco.: *r. una situazione* **SIN.** capovolgere **B** **v. intr.** (**aus.** *essere*) e **ribaltàrsi** **v. intr. pron.** ● rovesciarsi, capovolgersi: *il carro è ribaltato*; *si sono ribaltati molti veicoli*

SFUMATURE DI SIGNIFICATO

ribaltare - ruzzolare

Il cadere rovesciandosi, andando sottosopra si dice **ribaltare**. **Ruzzolare** invece è il cadere rotolando o rivoltandosi.

ribaltàto **part. pass.** di *ribaltare*; **anche agg.** ● nei sign. del v.

ribaltatùra [av. 1767] **s. f.** ● (*disus.*) ribaltamento di veicoli

ribaltìna [1970] **s. f.** **1** dim. di *ribalta* **2** piccola scrivania a ribalta, spec. antica **3** (*edit.*) parte della sopraccoperta di un libro ripiegata in dentro, in cui sono succintamente riportate notizie riguardanti l'autore **SIN.** aletta

ribaltóne [da *ribaltare* ✱ 1872] **s. m.** **1** (*fam.*) improvviso e violento sussulto di un veicolo che ribalta o sta per ribaltare | (*fig.*) improvviso dissesto economico **2** (*fig.*) rovesciamento improvviso e radicale spec. del quadro politico: *l'alleanza tra i due partiti fu uno storico r.*

ribaltonìsta [da *ribaltone* nel sign. 2 ✱ 1995] **agg. e s. m. e f.** (**pl. m.** *-i*) ● spec. nel linguaggio giornalistico, che (o chi) realizza o persegue un ribaltone

†**ribalzaménto** [av. 1642] **s. m.** ● rimbalzo

ribalzàre [comp. di *ri-* e *balzare* ✱ 1481] **v. intr.** (**aus.** *essere*) **1** (*raro*) balzare di nuovo **2** (*lett.*) rimbalzare

†**ribàlzo** [1453] **s. m.** ● rimbalzo

ribandìre [comp. di *ri-* e *bandire* ✱ sec. XIII] **v. tr.** (*io ribandisco, tu ribandisci*) **1** (*raro*) bandire di nuovo **2** †richiamare dall'esilio chi è stato bandito

ribarattàre [comp. di *ri-* e *barattare* ✱ 1872] **v. tr.** ● barattare di nuovo

ribassaménto [1736] **s. m.** ● (*raro*) diminuzione | ribasso

ribassàre [da *basso*, col pref. *ri-* ✱ 1801] **A** **v. tr.** ● abbassare, diminuire un costo, una spesa e sim.: *la concorrenza ha ribassato i prezzi* **B** **v. intr.** (**aus.** *essere*) ● diminuire di prezzo o di valore: *il cambio è ribassato*

ribassàto **part. pass.** di *ribassare*; **anche agg.** ● nei sign. del v. | (*archit.*) ***arco*** (***a sesto***) ***r.***, V. *arco*, sign. 3

ribassìsta [1891] **A** **s. m. e f.** (**pl. m.** *-i*) ● (*borsa*) chi effettua speculazioni al ribasso, prevedendo diminuzioni nel corso dei titoli **B** **agg.** ● detto di tendenza o aspettativa al ribasso dei corsi o prezzi di mercato **CONTR.** rialzista

♦**ribàsso** [da *ribassare* ✱ 1745] **s. m.** **1** diminuzione, calo, abbassamento, spec. detto di prezzi o valori | (*fam.*) ***fare un r.***, fare uno sconto | ***ondata di r.***, repentino e simultaneo abbassamento di prezzi su tutti i generi | ***vendere a r.***, praticando forti sconti, come durante le liquidazioni | ***essere in r.***, (*fig.*) avere perduto stima, importanza, autorità e sim. **2** (*borsa*) diminuzione nel corso dei titoli | ***giocare al r.***, ritenere che la quotazione di un titolo mobiliare sia destinata al ribasso e comportarsi di conseguenza realizzando il titolo anche allo scoperto; (*fig.*) sminuire le proprie caratteristiche, diminuire le proprie offerte, e sim.

ribastonàre [comp. di *ri-* e *bastonare* ✱ 1611] **v. tr.** (*io ribastóno*) ● bastonare di nuovo

♣**ribàttere** [comp. di *ri-* e *battere* ✱ 1313] **A** **v. tr.** (**coniug. come** *battere*) **1** battere di nuovo: *r. le coperte, i tappeti* | battere più volte, anche frequentemente: *battere e r. un chiodo col martello* | (*fig.*, *assol.*) insistere: *r. sulla stessa affermazione* **2** battere di rimando, per respingere: *r. la palla* | (*fig.*) rintuzzare: *r. il colpo* | (*fig.*) controbattere, confutare: *r. le ragioni avversarie* | (*fig.*) respingere; replicare (+ *di* **seguito da inf.**, + *che*; **anche assol.**): *r. le accuse nemiche*; *l'accusato ha ribattuto di aver agito in buona fede*; *ho ribattuto che c'era poco da scherzare*; *non ha il coraggio di r.* **3** riscrivere a macchina: *ribatta due copie di questo dattiloscritto* **4** in sartoria, rinforzare una cucitura o spianare col ferro caldo una piega della stoffa **5** †riflettere la luce, il suono, ecc. **B** **v. intr.** (**aus.** *avere*) **1** †cadere riflettendosi, detto della luce **2** (*fig.*) insistere, perseverare | ***batti e ribatti***, a forza di insistere **3** †rinculare

ribattezzàre [comp. di *ri-* e *battezzare* ✱ av. 1396] **v. tr.** (*io ribattézzo*) **1** battezzare nuovamente | (*fig.*, *scherz.*) ***r. il vino***, aggiungervi acqua **2** (*fig.*) dare un nuovo nome o un nome diverso: *hanno ribattezzato molte vie periferiche*

ribattiménto [sec. XIV] **s. m.** **1** (*raro*) ribattitura **2** †simmetria, riscontro

ribattìno [da *ribattere* ✱ 1872] **s. m.** ● (*tecnol.*) chiodo per lamiere o sim., che viene infilato in un foro praticato nelle parti da collegare e ribadito a freddo all'estremità sporgente **SIN.** rivetto

ribattitóre [1555] **s. m.** (**f.** *-trice raro*) ● chi ribatte, spec. una palla o un pallone

ribattitùra [av. 1347] **s. f.** ● (*raro*) operazione del ribattere: *r. di un chiodo* | parte ribattuta

ribattùta [1587] **s. f.** **1** atto del ribattere, spec. in una sola volta **2** modifica apportata alla composizione di un giornale durante la stampa spec. per riferire ultime notizie | la pagina così modificata **3** (*sport*) nei giochi di palla, il colpo con cui questa viene rinviata

ribattùto **part. pass.** di *ribattere*; **anche agg.** ● nei sign. del v.

ribèca o †**rubèca** [arabo *rabāb* 'strumento musicale a corde', attraverso il provenz. *rebeb* ✱ sec. XIII] **s. f.** ● antico strumento a tre corde, suonato mediante archetto

ribeccàre [comp. di *ri-* e *beccare* ✱ av. 1528] **v. tr.** (*io ribécco, tu ribécchi*) ● beccare di nuovo | (*fig.*, *lett.*) controbattere

ribechìsta [1536] **s. m. e f.** (**pl. m.** *-i*) ● suonatore di ribeca

†**ribellagióne** ➤ †**ribellazione**

ribellaménto [av. 1292] **s. m.** ● †ribellione

ribellànte **part. pres.** di *ribellare*; **anche agg. e s. m. e f.** ● (*lett.*) ribelle

♦**ribellàre** o †**rebellàre**, †**rubellàre** [vc. dotta, lat. *rebellāre*, comp. di *re-* e *bellāre* 'far guerra', V. †*bellare* ✱ av. 1292] **A** **v. tr.** (*io ribèllo*) ● (*lett.*) rendere ribelle contro un sovrano o uno Stato: *Ghino di Tacco... ribellò Radicofani alla Chiesa di Roma* (G. BOCCACCIO) **B** **ribellàrsi** **v. intr. pron.** **1** sollevarsi spec. in armi contro un'autorità, un governo, un sovrano e sim. (+ *a*): *i vescovi si ribellarono al Papa*; *non hanno ostinazione né nel difendersi né nel ribellarsi* (F. GUICCIARDINI) **SIN.** insorgere **2** (*est.*) rifiutare di ubbidire, opporsi con violenza (+ *a*): *ribellarsi alla legge*; *si ribellò di fronte al sopruso*; *Voleva ribellarsi, parlare, e non poteva* (A. FOGAZZARO) **SIN.** rivoltarsi

†**ribellazióne** o †**ribellagióne**, †**rubellazióne** [vc. dotta, lat. *rebellatiōne(m)*, da *rebellāre* 'ribellare' ✱ sec. XIII] **s. f.** ● ribellione, rivolta

♦**ribèlle** o †**ribèllo**, †**rebèlle**, †**rebèllo**, †**rubèllo** [vc. dotta, lat. *rebĕlle(m)*, propr. 'che rinnova la guerra', comp. di *re-* e *bĕllum* 'guerra'. V. *bellico*① ✱ 1266] **A** **agg.** **1** che si ribella opponendosi a una legge o insorgendo contro l'autorità costituita: *i soldati ribelli saranno condannati* **2** (*est.*) che non vuole sottomettersi, rifiutando di ubbidire: *ragazzo r. all'autorità paterna* | (*est.*) indocile: *temperamento r.* | (*fig.*) ***malattia r.***, che non si lascia vincere dalle cure | (*fig.*) che rimane in disordine: *aveva... gli occhi nascosti da molte ciocche ribelli* (G. D'ANNUNZIO) **3** †ostile, nemico, contrario: *e molto m'è rubello / che ... va perdendo 'l giorno / in femine d'intorno* (B. LATINI) **B** **s. m. e f.** ● chi si ribella: *catturare i ribelli*; *quel giovane è diventato un r.* **SFUMATURE** ➤ ***sovversivo***

ribellióne o †**rebellióne** [vc. dotta, lat. *rebelliōne(m)*, da *rebĕllis* 'ribelle' ✱ 1312] **s. f.** **1** sollevazione spec. in armi e contro un'autorità costituita: *organizzare, scatenare, sedare una r.*; *r. a mano armata* **SIN.** insurrezione, rivolta **2** (*est.*) rifiuto di obbedienza: *è in aperta r. contro la famiglia* | atteggiamento di malcontento, di insofferenza: *r. contro il conformismo, contro i soprusi*

SFUMATURE DI SIGNIFICATO

ribellione - sollevazione - rivolta - sommossa - insurrezione

Ribellione è la protesta di chi rifiuta di ubbidire o di sottomettersi a un'autorità, in famiglia come a scuola o nel lavoro; in senso più largo è la **sollevazione**, specialmente in armi, contro un'autorità costituita. In questo secondo significato è prossimo a **rivolta**, che è una ribellione a cui seguono tumulti. Una protesta popolare molto ampia accompagnata anche questa da scontri e tumulti si definisce invece **sommossa**. Se la rivolta è fatta in armi, riguarda l'intera popolazione e ha come fine il rovesciamento del potere dello stato si ha un'**insurrezione**.

ribellìsmo [comp. di *ribelle* e *-ismo* ✱ 1938] **s. m.** ● tendenza a ribellarsi | atteggiamento contestatore o protestatario, talora confuso, spec. in campo politico o sociale: *il r. studentesco* | (*raro*, *est.*) ostinata indocilità

ribellìsta [da *ribellismo* ✱ 1979] **agg.** (**pl. m.** *-i*) ● (*raro*) ribellistico

ribellìstico [1944] **agg.** (**pl. m.** *-ci*) ● (*raro*) che riguarda i ribelli o la ribellione: *attività ribellistiche* | che ha carattere di ribellismo: *astrazioni, velleità ribellistiche*

†**ribèllo** ➤ **ribelle**

ribenedìre [comp. di *ri-* e *benedire* ✱ 1516] **v. tr.** (**coniug. come** *benedire*) ● benedire di nuovo | (*lett.*) benedire per annullare una condanna o una maledizione, o per riconsacrare un luogo

r

ribére o (*raro, pop.*) **ribévere** [comp. di *ri-* e *bere*① ✱ 1527] **v. tr.** (coniug. come *bere*) ● bere di nuovo o di più

rìbes [arabo *rībās* ✱ sec. XIV] **s. m. inv.** ● genere delle Sassifragacee con varie specie arbustive spontanee in Europa e in Asia, con foglie lobate e dentate, fiori e frutti in grappolo (*Ribes*) | comunemente, alcune specie di questo genere coltivate per le bacche commestibili: *r. rosso, r. nero*

ribévere ➤ **ribere**

ribevùto **part. pass.** di *ribere* ● (*raro*) nei sign. del v.

ribiondìre [da *biondo*, col pref. *ri-* ✱ av. 1827] **v. tr.** (*io ribiondìsco, tu ribiondìsci*) ● (*raro, lett.*) rendere biondo

ribobinàre [comp. di *ri-* e del denominale di *bobina*: V. *sbobinare* ✱ 1992] **v. tr.** ● riavvolgere in bobina un filo, un nastro, una pellicola

ribobolìsta [comp. di *ribobolo* e *-ista* ✱ 1836] **s. m. e f.** (**pl. m.** *-i*) ● (*raro*) chi usa troppi riboboli nella lingua scritta o parlata

ribòbolo [vc. onomat. ✱ sec. XV] **s. m.** ● (*tosc.*) motto espressivo | (*lett.*) modo di dire o frase spec. dell'uso toscano usati in un testo letterario

riboccànte **part. pres.** di *riboccare*; **anche agg.** ● nei sign. del v. | (*lett.*) molto fornito: *le grandi barche riboccanti come cornucopie* (G. D'ANNUNZIO)

riboccàre [da *bocca*, col pref. *ri-* ✱ av. 1311] **v. intr.** (*io ribócco, tu ribócchi*; **aus.** *essere* **se il soggetto è il liquido**, *avere* **se il soggetto è il recipiente**) **1** †traboccare, detto di liquidi e sim. **2** (*fig., lett.*) essere pienissimo, sovrabbondare: *Le carceri riboccavano* (R. BACCHELLI) **SIN.** traboccare, straripare

†**ribócco** [da *riboccare* ✱ av. 1406] **s. m.** ● traboccamento | (*lett.*) sovrabbondanza | ***a r.***, a profusione

riboflavìna [comp. di *ribo(sio)* e *flavina* ✱ 1949] **s. f.** ● vitamina B_2

Ribòlla o (*disus.*) **ribòla** [etim. discussa, prob. da *ribollire* 'fermentare', perché si tratta di vino a fermentazione incompleta ✱ av. 1375] **s. f.** ● (*enol.*) vino di colore giallo paglierino, talora ramato, dal profumo vinoso e dal sapore fresco, prodotto con uve del vitigno omonimo nei Colli orientali del Friuli e nel Collio goriziano; è chiamata anche Ribolla gialla | vino dolce diffuso un tempo spec. in Friuli, Veneto e Romagna

ribollènte **part. pres.** di *ribollire*; **anche agg.** ● nei sign. del v. | (*lett.*) eccitato, acceso: *questa mia r. alma nell'ira* (U. FOSCOLO)

ribolliménto [1481] **s. m.** **1** il ribollire: *il r. del metallo fuso* | gorgo: *vortici e ribollimenti pericolosissimi* (G. GALILEI) | (*fig.*) eccitazione, agitazione: *un r. di sdegno* (A. MANZONI) **2** detonazione imperfetta della dinamite, con sviluppo di vapori nitrosi

ribollìo [da *ribollire* ✱ 1726] **s. m.** (**pl.** *-ii*) ● (*raro*) ribollimento intenso e continuo | rumore, gorgoglio di un liquido in intensa ebollizione

ribollìre [vc. dotta, lat. tardo *rebullīre*, comp. di *re-* e *bullīre* 'bollire' ✱ av. 1320] **A** **v. intr.** (*io ribóllo*, **pop.** *ribollìsco, tu ribólli*, **pop.** *ribollìsci*; **aus.** *avere*) **1** bollire di nuovo: *il brodo ribolle* | bollire: *l'acqua comincia a r.* **2** tumultuare, agitarsi in superficie o fermentare: *il vino sta ribollendo*; *fra gli scogli il mar spuma e ribolle* (T. TASSO) | (*fig.*) ***sentirsi r. il sangue***, essere in preda all'ira, alla rabbia, allo sdegno | (*fig.*) agitarsi tumultuosamente, detto di passioni, pensieri, ecc.: *Nulla trapelò dei sentimenti che gli ribollivano in cuore* (F. DE ROBERTO) **3** (*fig.*) fremere, palpitare (+ *di*): *r. d'ira, di sdegno* **4** (*raro, tosc.*) tornare in mente **B** **v. tr.** ● bollire di nuovo

ribollìta [f. sost. di *ribollito* ✱ 1931] **s. f.** ● zuppa a base di fagioli, cavolo nero, pane, cipolla e altre verdure, lasciata riposare per qualche ora dopo la prima cottura e poi bollita una seconda volta prima di essere servita; specialità toscana

ribollitìccio [1779] **s. m.** ● (*spreg.*) cibo ribollito e di cattivo sapore

ribollìto **part. pass.** di *ribollire*; **anche agg.** ● nei sign. del v. | ***fieno r.***, V. *fieno*

ribollitùra [1872] **s. f.** ● operazione del ribollire: *terminare la r. del brodo* | ciò che è stato ribollito: *una r. dei fondi del caffè*

ribombàre ➤ **rimbombare**

ribonuclèico [comp. di *ribo(sio)* e *nucleico* ✱ 1959] **agg.** (**pl. m.** *-ci*) ● detto di acido, chiamato comunemente RNA, che si trova sia nel nucleo sia nel citoplasma delle cellule, la cui funzione principale è la sintesi proteica

ribòṣio [fr. *ribose*, deformazione arbitraria di *arabinose*, specie di zucchero, deriv. di (*gomme*) *arab(ique)* 'gomma arabica' ✱ 1930] **s. m.** ● (*chim.*) zucchero a cinque atomi di carbonio contenuto nell'acido ribonucleico

ribosòma [comp. di *ribo(nucleico)* e *-soma* ✱ 1974] **s. m.** (**pl.** *-i*) ● (*biol.*) ciascuno degli elementi cellulari costituiti da proteine e da acido ribonucleico che intervengono nel controllo della sintesi delle proteine

ribòtta [fr. *ribote*, da avvicinare a *ribaud* 'ribaldo' ✱ 1819] **s. f.** ● (*pop., disus.*) riunione allegra di amici, spec. allo scopo di mangiare e bere assieme | ***fare r.***, far baldoria **SIN.** bisboccia ‖ (*raro*) **ribottìna**, **dim.** | (*raro*) **ribottóne**, **accr. m.**

ribovìrus [comp. di (*acido*) *ribo(nucleico)* e *virus* ✱ 1987] **s. m. inv.** ● (*biol.*) qualsiasi virus il cui genoma è costituito da RNA

ribramàre [comp. di *ri-* e *bramare* ✱ av. 1803] **v. tr.** ● (*lett.*) bramare ancora | (*raro*) rimpiangere

†**ribreẓẓàre** (o **-zz-**) [da *brezza*, col pref. *ri-* ✱ 1723] **v. intr.** e †**ribreẓẓàrsi** **v. intr. pron.** **1** sentire brividi **2** (*fig.*) ripugnare

ribréẓẓo (o **-zz-**) o †**ripréẓẓo** (o †**-zz-**) [da *ribrezzare* ✱ 1313] **s. m.** **1** (*lett.*) brivido causato da freddo o febbre **2** senso di repulsione, di schifo od orrore: *provare r. del sangue*; *ho r. della sua malvagità; onde mi vien riprezzo / ... de' gelati guazzi* (DANTE *Inf.* XXXII, 71-72) | †moto, impulso | †voglia, capriccio **SFUMATURE** ➤ *orrore*

ribruciàre [comp. di *ri-* e *bruciare* ✱ 1872] **v. tr., intr.** (**pres.** *io ribrùcio*; **fut.** *io ribrucerò*; **aus. intr.** *essere*) e **ribruciàrsi** **v. tr. pron., intr. pron. e rifl.** (**aus.** *essere*) ● bruciare, bruciarsi di nuovo

ribruscolàre [da *bruscolo*, col pref. *ri-* ✱ 1869] **v. tr.** (*io ribrùscolo*) **1** (*tosc.*) cogliere i frutti rimasti sulla pianta dopo la raccolta **2** (*fig.*) raggranellare

ribucàre [comp. di *ri-* e *bucare* ✱ 1804] **v. tr.** (*io ribùco, tu ribùchi*) ● bucare di nuovo

†**ribuffàre** [da *buffa*①, col pref. *ri-* ✱ 1483] **v. tr.** ● percuotere

ribuscàre [comp. di *ri-* e *buscare* ✱ 1872] **v. tr.** (*io ribùsco, tu ribùschi*) ● (*fam.*) buscare di nuovo

ribussàre [comp. di *ri-* e *bussare* ✱ av. 1596] **A** **v. intr.** (**aus.** *avere*) **1** bussare di nuovo: *r. alla porta* **2** nel tressette, avvertire con due bussi il compagno che si ha il due del seme giocato **B** **v. tr.** ● percuotere, picchiare di nuovo qlcu.

ributtànte **part. pres.** di *ributtare*; **anche agg.** ● che provoca schifo, nausea, orrore: *un volto r.*; *una cattiveria r.* **SIN.** ripugnante ‖ **ributtanteménte**, **avv.**

ributtàre [comp. di *ri-* e *buttare* ✱ 1342] **A** **v. tr.** **1** buttare, gettare di nuovo o indietro: *r. la matita in terra*; *r. il sasso contro il muro*; *r. la palla al di là della rete* **2** buttare fuori: *il canale ributta le scorie* | vomitare: *ha ributtato la cena* **3** respingere con forza (*anche fig.*): *r. i nemici*; *r. l'assalto*; *ributto le vostre insinuazioni* **B** **v. intr.** (**aus.** *avere*) **1** suscitare ribrezzo, schifo, repulsione: *la sua sfacciataggine mi ributta* **SIN.** ripugnare **2** tornare a germogliare, a mettere foglie **C** **ributtàrsi** **v. rifl.** ● buttarsi di nuovo (*anche fig.*): *si è ributtato a letto per la stanchezza*; *ributtarsi nel lavoro* | ***ributtarsi giù***, (*fig.*) perdersi d'animo

†**ributtàta** [da *ributtare* ✱ av. 1503] **s. f.** **1** sconfitta: *il Turco acceso dall'ignominia della r. di Vienna ... preparò grossissimo esercito* (F. GUICCIARDINI) **2** nuova emissione di foglie, nuova fioritura

ribuzzàre [1889] **v. tr.** ● battere col ribuzzo, chiodando o schiodando

ribùzzo [etim. incerta ✱ 1853] **s. m.** ● scalpello a punta ottusa, testa piana e manico nel mezzo, usato spec. per schiodare o scalzare

ricacciaménto [av. 1729] **s. m.** ● (*raro*) il ricacciare i nemici

ricacciàre [comp. di *ri-* e *cacciare* ✱ av. 1348] **A** **v. tr.** (**pres.** *io ricàccio*; **fut.** *io ricaccerò*) **1** cacciare, mandare via, respingere di nuovo: *è stato ricacciato dal locale per le sue intemperanze* **2** cacciare, respingere con la forza: *r. l'invasore* **3** mandare giù, cacciare indietro (**spec. fig.**): *ricaccia in gola le tue ingiurie* **4** rificcare, rimettere con forza: *ha ricacciato una mano in tasca* **5** (*gerg.*) tirare fuori di nuovo: *ricaccia i soldi che mi hai preso!* **6** (*assol.*) tornare a germogliare, a mettere foglie **B** **ricacciàrsi** **v. rifl.** ● cacciarsi dentro di nuovo: *si è ricacciato nella tana*; *ricacciarsi nei guai*

ricadènte **part. pres.** di *ricadere*; **anche agg.** ● nei sign. del v.

ricadére [comp. di *ri-* e *cadere* ✱ av. 1292] **v. intr.** (**coniug. come** *cadere*; **aus.** *essere*) **1** cadere di nuovo (**anche fig.**): *r. in terra, nel letto*; *r. nel peccato, nell'errore* | ***r. nella malattia***, riammalarsi | capitare di nuovo, ritornare: *r. nelle mani dei nemici* **SIN.** ricascare **2** pendere, scendere, detto di capelli, abiti, tende, festoni e sim.: *il mantello le ricadeva in un morbido drappeggio* | (*est.*) chinarsi, piegarsi non reggendosi diritto: *le spighe mature ricadono per il peso* **3** scendere a terra, detto di cose lanciate in alto: *il pallone gli ricadde ai piedi* **4** (*fig.*) riversarsi, gravare su qlcu.: *il biasimo ricadrà su di lui*; *tutta la responsabilità ricade sulle mie spalle* **5** †spettare, toccare in eredità

†**ricadìa** o †**recadìa** [da *ricadiare* ✱ sec. XIII] **s. f.** **1** ricaduta **2** noia, travaglio, tormento

†**ricadiàre** [lat. parl. **recadivāre*, sovrapposizione di *cădere* 'cadere' a *recidivāre*, da *recidīvus* 'recidivo' ✱ 1605] **v. tr.** ● dare noia, molestia

ricadiménto [1306] **s. m.** ● (*raro*) ricaduta | (*lett.*) decadenza

ricadùta [sec. XIV] **s. f.** **1** il ricadere | ***r. radioattiva***, caduta di polvere o altro materiale radioattivo sospeso nell'atmosfera in seguito ad una esplosione nucleare **SIN.** fallout **2** (*fig.*) conseguenza indiretta, ripercussione: *la r. tecnologica delle imprese spaziali* **3** (*med.*) ripresa dei sintomi patologici di una malattia prima della guarigione completa **CFR.** recidiva

ricadùto **part. pass.** di *ricadere*; **anche agg.** ● nei sign. del v.

†**ricagnàto** ➤ **rincagnato**

ricalàre [comp. di *ri-* e *calare* ✱ 1585] **A** **v. tr., intr.** (**aus. intr.** *essere*) e **ricalàrsi** **v. rifl.** ● calare, calarsi di nuovo: *r. la fune al naufrago*; *il sole è ricalato dietro i monti*; *ricalarsi dalla finestra* **B** **v. tr.** ● (*mar.*; *disus.*) sghindare

ricalcàbile [1891] **agg.** ● che si può ricalcare

✦**ricalcàre** [vc. dotta, lat. tardo *recalcāre*, comp. di *re-* e *calcāre* ✻ av. 1463] **v. tr.** (*io ricàlco, tu ricàlchi*) **1** calcare di nuovo o di più: *r. le tracce di qlcu.*; *ricalcarsi il cappello in capo* | ***r. le orme di qlcu.***, (*fig.*) agire seguendo l'esempio di qlcu. **2** riprodurre un disegno facendone un calco **3** (*fig.*) riprodurre, imitare, seguire con fedeltà: *la trama del film ricalca quella del romanzo* **4** battere un metallo per averlo più compatto: *r. oro, rame*

ricalcàto **part. pass.** di *ricalcare*; anche **agg.** ● nei sign. del v.

ricalcatóio [1889] **s. m.** (**pl.** *-ói*) ● utensile per ricalcare metalli, a forma di pestello

ricalcatùra [1891] **s. f.** ● operazione del ricalcare | copia ottenuta mediante il ricalco

ricalcificàre [comp. di *ri-* e *calcificare* ✻ 1959] **A** **v. tr.** (*io ricalcìfico, tu ricalcìfichi*) ● (*med.*) ripristinare la normale quantità di calcio nei vari organi del corpo, spec. nelle ossa **B** **ricalcificàrsi** **v. intr. pron.** ● (*med.*) riacquistare la normale quantità di calcio, detto di vari organi del corpo, spec. delle ossa ‖ **ricalcificazióne**, **s. f.**

ricalcitraménto [av. 1563] **s. m.** ● (*lett.*) il ricalcitrare

ricalcitràre e deriv. ➤ **recalcitrare** e deriv.

ricàlco [da *ricalcare* ✻ 1936] **s. m.** (**pl.** *-chi*) ● ricalcatura | ***carta da r.***, carta carbone

ricalcolàre [comp. di *ri-* e *calcolare* ✻ 1786] **v. tr.** (*io ricàlcolo*) ● calcolare di nuovo

ricàlcolo [comp. di *ri-* e *calcolo* ✻ 1935] **s. m.** ● nuovo calcolo, nuovo conteggio: *r. della base imponibile* **CFR.** riconta

ricalibràre [comp. di *ri-* e *calibrare* ✻ 1959] **v. tr.** (*io ricàlibro*) ● effettuare la ricalibratura

ricalibratùra [da *ricalibrare* ✻ 1959] **s. f.** ● operazione con la quale si riportano al calibro primitivo bossoli dilatati dall'esplosione

ricalpestàre [comp. di *ri-* e *calpestare* ✻ 1872] **v. tr.** (*io ricalpésto*) ● calpestare di nuovo

ricalzàre [comp. di *ri-* e *calzare*① ✻ 1813] **v. tr.** **1** calzare di nuovo: *r. gli stivali* **2** (*lett.*, *raro*) rimettere a qlcu. una calzatura

✦**ricamàre** [arabo *raqama* ✻ 1354] **v. tr.** **1** eseguire a mano o a macchina un ricamo (*anche assol.*): *r. in bianco, r. in seta, r. in oro* **2** (*fig.*) curare molto la forma, facendo molte correzioni e badando talora eccessivamente ai particolari (*anche assol.*): *r. i periodi di un racconto; è un pittore che ricama* **3** (*fig.*, *spreg.*) riferire un fatto, un discorso aggiungendo particolari inventati (*spec. assol.*): *mi ha detto dell'incidente ricamandovi sopra con molta fantasia*

ricamàto **part. pass.** di *ricamare*; anche **agg.** **1** nei sign. del v. **2** (*est.*) segnato come se fosse coperto di ricami: *sotto il cielo... di turchesia r. dai fogliami* (G. D'Annunzio)

ricamatóre [da *ricamato* ✻ av. 1375] **s. m.** (**f.** *-trice*, *pop.*, *disus.* *-tóra*) **1** chi esegue per professione i ricami **2** (*fig.*) chi cura talora eccessivamente qlco., spec. una composizione artistica: *quel poeta è un r.*

ricamatùra [av. 1446] **s. f.** ● (*raro*) attività, lavoro del ricamare | il lavoro eseguito ricamando

✦**ricambiàre** [comp. di *ri-* e *cambiare* ✻ av. 1306] **A** **v. tr.** (*io ricàmbio*) **1** contraccambiare: *r. la cortesia, l'offesa* **SIN.** restituire **2** cambiare di nuovo: *r. le fodere alle poltrone; si è ricambiata la gonna* **B** **ricambiàrsi** **v. rifl.** ● cambiarsi di nuovo: *vuoi decidere cosa metterti? Non fai altro che cambiarti e ricambiarti* **C** **ricambiàrsi** **v. rifl. recipr.** ● scambiarsi: *si sono ricambiati gli auguri*

ricàmbio [av. 1597] **s. m.** **1** il ricambiare: *il r. dell'aria* | sostituzione: *camicia di r.* | ***pezzo di r.***, (*ellitt.*) ***ricambio***, pezzo nuovo di macchina che ne sostituisce un altro fuori uso **2** scambio, contraccambio: *r. di saluti, di auguri; ebbene, in r. che gli chiedeva lui?* (L. Pirandello) | avvicendamento: *r. della classe dirigente*; *r. generazionale* **3** (*fisiol.*) bilancio tra l'introduzione e l'eliminazione in un organismo di sostanze (elementi minerali, acqua) non modificate chimicamente dall'organismo stesso: *r. del calcio*; *malattie del r.*

ricambìsta [da *ricambio* ✻ 1983] **s. m.** e **f.** (**pl. m.** *-i*) ● chi vende pezzi di ricambio per autoveicoli

ricamminàre [comp. di *ri-* e *camminare* ✻ av. 1563] **v. intr.** (**aus.** *avere*) ● riprendere a camminare | (*lett.*) camminare di nuovo in una strada

ricàmo [da *ricamare* ✻ 1441] **s. m.** **1** attività, tecnica del ricamare: *scuola di r.*; *cotone, aghi da r.*; *disegno per r.* **2** lavoro eseguito con l'ago su un tessuto per abbellirlo **3** (*fig.*) finissima opera artistica: *i ricami dei marmi sul Duomo di Milano* **4** (**spec. al pl.**, *fig.*) aggiunta fantastica a un racconto, una descrizione e sim. ‖ **ricamétto**, **dim.** | **ricamìno**, **dim.** | (*lett.*) **ricamùzzo**, **dim.**

ricampionaménto [comp. di *ri-* e *campionamento* ✻ 1966] **s. m.** **1** (*stat.*) procedura per stimare l'errore del campione rappresentativo di una popolazione mediante sostituzione o ricalcolo di parte degli elementi campionati **2** (*inform.*) modifica delle dimensioni in pixel di un'immagine digitale

ricanalizzàre [comp. di *ri-* e *canalizzare* ✻ 1959] **v. tr.** **1** canalizzare di nuovo **2** (*med.*) rendere di nuovo pervio un organo cavo tubolare, come l'intestino, l'uretra o un'arteria ‖ **ricanalizzazióne**, **s. f.**

ricancellàre [comp. di *ri-* e *cancellare* ✻ 1618] **v. tr.** (*io ricancèllo*) ● cancellare di nuovo: *ha ricancellato la sua firma*

ricandidàre [comp. di *ri-* e *candidare* ✻ 1985] **A** **v. tr.** (*io ricàndido*) ● ripresentare, riproporre qlcu. come candidato a una carica o a un ufficio, spec. elettivi, sia pubblici che privati (+ *a*): *la maggioranza lo ricandida alla guida del governo; l'assemblea vi ha ricandidati come suoi rappresentanti* **B** **ricandidàrsi** **v. rifl.** ● ripresentarsi, riproporsi come candidato (+ *a*): *ricandidarsi alla segreteria di un partito; ricandidarsi come ministro*

ricantàre [vc. dotta, lat. *recantāre*, comp. di *re-* e *cantāre* ✻ sec. XIV] **v. tr.** **1** cantare di nuovo | (*fig.*, *lett.*) ripetere **2** (*fam.*) ridire, ribadire: *per sentirlo ricantar le lodi dell'antico modo di vivere* (A. Manzoni) **3** (*lett.*) ritrattare (*anche assol.*): *oltraggio che egli poi ricantò* (G. Pascoli)

†**ricantazióne** [da *ricantare* ✻ av. 1529] **s. f.** ● palinodia, ritrattazione

ricapitalizzàre [comp. di *ri-* e *capitalizzare* ✻ 1980] **v. tr.** **1** (*banca*) aumentare il capitale, aggiungendovi gli interessi che se ne ricavano **2** (*econ.*) aumentare il capitale esistente mediante nuovi conferimenti o mediante l'accantonamento di utili non distribuiti ‖ **ricapitalizzazióne**, **s. f.**

ricapitàre① ➤ **recapitare**

ricapitàre② [comp. di *ri-* e *capitare* ✻ 1585] **v. intr.** (*io ricàpito*; **aus.** *essere*) ● capitare di nuovo: *mi è ricapitato di incontrarlo; ricapiterai a Roma?*

ricàpito ➤ **recapito**

ricapitolàre o (*raro*) **recapitolàre** [vc. dotta, lat. tardo *recapitulāre*, da *capĭtulum*, dim. di *căput*, genit. *căpitis* 'capo', col pref. *re-* ✻ av. 1342] **v. tr.** (*io ricapìtolo*) ● ridire sinteticamente, per sommi capi: *r. un lungo discorso*; *r. tutte le materie trattate* **SIN.** riassumere, riepilogare

ricapitolazióne [vc. dotta, lat. tardo *recapitulatiōne(m)*, da *recapitulāre* 'ricapitolare' ✻ sec. XIV] **s. f.** ● il ricapitolare | riassunto, riepilogo

SFUMATURE ➤ ***riassunto***

ricardiàno [1827] **A** **agg.** ● relativo all'economista inglese D. Ricardo (1772-1823) e alle sue teorie **B** **s. m.** ● seguace, sostenitore delle idee di D. Ricardo

ricàrica [1640] **s. f.** **1** operazione del ricaricare: *la r. di un cannone* | dispositivo per ricaricare: *la r. di un orologio* **2** confezione di ricambio: *la r. di una biro, di un accendino* **3** (*fig.*, *raro*) recupero psicologico

ricaricàbile [1985] **A** **agg.** **1** che può essere ricaricato: *batteria r.* **2** di scheda o carta di credito prepagata che può essere rifornita di denaro **B** anche **s. f.**: *una r. da 100 euro* ‖ **ricaricabilità**, **s. f. inv.**

ricaricaménto [1940] **s. m.** ● (*raro*) nuovo caricamento

ricaricàre [comp. di *ri-* e *caricare* ✻ 1336 ca.] **A** **v. tr.** (*io ricàrico, tu ricàrichi*) **1** caricare nuovamente qlco.: *r. il fucile, il carro, la pipa* | (*fig.*) dare nuova energia, vigore e sim.: *la vacanza lo ha ricaricato* **2** (*elettr.*) fornire energia elettrica a un accumulatore dopo che si è scaricato **3** rifornire di denaro una scheda o una carta di credito prepagata **4** (*org. az.*) effettuare un ricarico **B** **ricaricàrsi** **v. rifl.** ● (*fig.*) riprendere energia, vigore e sim.: *dopo la promozione s'è ricaricato*

ricàrico [1930] **s. m.** (**pl.** *-chi*) **1** il ricaricare | ciò che è stato ricaricato **2** opera di manutenzione di una struttura muraria che abbia subìto usura o cedimento per assestamento: *r. delle massicciate stradali* **3** (*ragion.*, *org. az.*) addebito al compratore di spese sostenute dal venditore: *r. delle spese di trasporto* | (*est.*) addebito al compratore del margine lordo, costituito dal recupero dei costi più il guadagno, a favore del venditore

ricascànte **part. pres.** di *ricascare*; anche **agg.** ● che ricade | (*lett.*) che si piega: *i campi adorni delle ricascanti biade* (Leonardo) | (*est.*) floscio

ricascàre [comp. di *ri-* e *cascare* ✻ 1427] **v. intr.** (*io ricàsco, tu ricàschi*; **aus.** *essere*) ● (*fam.*) cascare di nuovo: *è ricascato sul letto dalla stanchezza* | (*fig.*) ricadere: *r. nello stesso errore* | (*fig.*) **ricascàrci**, farsi ancora ingannare; ricadere nello stesso errore o sbaglio: *ti metti nei guai (...) Poi ci ricaschi* (C. Pavese)

ricàsco [da *ricascare* ✻ 1855] **s. m.** (**pl.** *-schi*) **1** (*disus.*) ciò che ricasca, pende | panneggio, drappeggio: *i ricaschi di una tenda* **2** (*roman.*) ***stare a r. di qlcu.***, vivere alle sue spalle

ricàsso [etim. incerta ✻ 1891] **s. m.** ● parte più larga della lama del fioretto o della spada italiana che va ad adattarsi fra la coccia e il gavigliano

ricattàbile [1983] **agg.** ● che può essere ricattato ‖ **ricattabilità**, **s. f. inv.**

ricattàre [lat. parl. *_recaptāre_, comp. di *re-* e *captāre* 'cercar di prendere' (V. *captare*) ✻ sec. XIV] **A** **v. tr.** **1** fare qlcu. oggetto di ricatto **2** estorcere qlco. a qlcu. minacciandolo di svelare cose per lui compromettenti: *lo ricattava con la minaccia di uno scandalo* | (*est.*, *scherz.*) chiedere qlco. a qlcu. in modo che non la possa rifiutare: *mi ricatti con la tua gentilezza* **3** †recuperare, riprendere, riscattare **B** **ricattàrsi** **v. rifl.** ● (*lett.*) rifarsi di un danno, di un'offesa: *soltanto con la furberia il minuto popolo trovava il bandolo*

r

di ricattarsi delle sofferte prepotenze (I. Nievo)

ricattàto **part. pass.** di *ricattare*; **anche agg.** ● sottoposto a ricatto

ricattatóre [1618] **s. m.** (**f.** *-trice, pop., disus. -tóra*); **anche agg.** ● chi (o che) ricatta: *il r. è stato arrestato; mi libera ora dalle noie ricattatrici del Giusti* (G. Pascoli)

ricattatòrio [1934] **agg.** (**pl. m.** *-i* o *raro -ii*) ● che serve a ricattare o riguarda un ricatto: *lettera ricattatoria; tecnica ricattatoria* ‖ **ricattatoriaménte**, **avv.**

ricàtto o †**recàtto** [da *ricattare* ✻ sec. XIV] **s. m.** **1** estorsione di denaro o altro ingiusto profitto attuata con minacce: *essere vittima di un r.* | (**est.**) pressione esercitata su qlcu. allo scopo di costringerlo a fare o non fare qlco., accompagnata da minacce, talvolta implicite e sottili, di ritorsioni: *r. morale, psicologico; i ricatti del sentimento non erano da lui* (I. Calvino) **2** †riscatto | prezzo del riscatto **3** †vendetta

ricavàbile [1831] **agg.** ● che si può ricavare

ricavalcàre [comp. di *ri-* e *cavalcare* ✻ av. 1405] **v. tr. e intr.** (*io ricavàlco, tu ricavàlchi*; **aus.** *avere*) ● cavalcare di nuovo

♦**ricavàre** [comp. di *ri-* e *cavare* ✻ av. 1455] **v. tr.** **1** (*raro*) cavare di nuovo | estrarre **2** trarre, ottenere spec. mediante una trasformazione: *da quell'uva ho ricavato un ottimo vino; dal vestito ricaverò una giacca* | ricopiare, disegnando o dipingendo: *r. un'immagine da un modello* | riuscire ad ottenere un risultato, un vantaggio: *da lui non ricavai nulla; dalle quali... potesse r. onore ed utilità* (U. Foscolo) **3** desumere, dedurre, capire: *da quel libro si ricavano notizie interessanti; se ne ricavano brutte conclusioni; dall'inchiesta si ricava che i costi di gestione sono troppo alti* **4** (*ragion.*) ottenere un ricavo: *dall'ultima vendita ha ricavato mille euro* | (**est.**) ottenere un utile, un guadagno, un reddito: *dai suoi terreni ricava di che vivere*

ricavàto **A** **part. pass.** di *ricavare*; **anche agg.** ● nei sign. del v. **B** **s. m.** **1** ciò che si è riusciti a ottenere da una vendita o altra iniziativa: *il r. di una lotteria* **SIN.** guadagno, profitto **2** (*fig.*) vantaggio, frutto, utilità | risultato: *bel r.!*

ricàvo [da *ricavare* ✻ 1751] **s. m.** **1** operazione del cavare, del trarre fuori | materiale estratto mediante tale operazione **2** (*ragion.*) corrispettivo che deriva da una vendita di beni materiali o da una prestazione di servizi **3** (**est.**) ricavato, utile, guadagno

SFUMATURE DI SIGNIFICATO

ricavo - utile - profitto

Correntemente, con **ricavo** si indica la somma di denaro che si ottiene da un'operazione economica: in economia il termine indica invece il denaro ricavato dalla vendita di beni e servizi al netto dei costi di produzione diretti (*ricavo lordo*) o di tutte le spese (*ricavo netto*). In contabilità, la somma di denaro derivante dalla differenza tra le entrate e le spese di un'attività economica si definisce anche **utile**. Tale somma, intesa come remunerazione dell'attività d'impresa spettante all'imprenditore, si chiama **profitto**.

ricavòmetro [comp. di *ricavo* e *-metro* ✻ 1996] **s. m.** ● strumento fiscale che, in base a parametri correlati all'attività svolta da imprese e lavoratori autonomi, si propone di determinare presuntivamente i ricavi e di stabilire un adeguamento dell'imposta dovuta

♦**ricchézza** [da *ricco* ✻ av. 1250] **s. f.** **1** condizione di chi ha grande disponibilità di beni materiali, di denaro: *la sua r. non è durata molto; sfoggia la sua improvvisa r.* | (*fig.*) abbondanza di doti morali o intellettuali: *la sua r. d'animo è nota; r. interiore* **CONTR.** povertà **2** (*econ.*) ogni bene economico | ***r. mobile***, complesso dei redditi non derivanti da beni immobili **3** complesso di averi, sostanze, beni posseduti da chi è ricco (**anche al pl.**): *r. di dubbie origini; far buon uso della r.; accumulare, sperperare ricchezze; le ricchezze di Creso; né sia chi stimi le ricchezze se non faticose a chi non sa bene usarle* (L.B. Alberti) **4** (*iperb.*) ciò che si possiede o bene che appare di gran valore al possessore: *quella casetta è tutta la sua r.; sei la nostra r.* | caratteristica preziosa, pregio: *la r. di quell'artista è la sua voce* **5** (**est.**) complesso dei beni materiali e spirituali che costituiscono le risorse di un luogo, un paese e sim.: *una r. dell'Italia è il turismo; la r. dell'Arabia è il petrolio* **SIN.** risorsa **6** abbondanza (*anche fig.*): *la r. di vocaboli della lingua cinese; ci ha convinti con una grande r. di prove; r. di particolari* **7** ampiezza, comodità ottenuta in un indumento con l'abbondanza del tessuto: *in questa gonna occorre maggior r.*

SFUMATURE ➤ *prosperità*

ricchióne ➤ **recchione**

ricciàia [av. 1320] **s. f.** **1** luogo dove si tengono ammucchiate le castagne perché maturino, in modo da potere meglio toglierle dal riccio **2** mucchio di ricci di castagno **3** †quantità di capelli ricciuti: *una bella r. bionda*

ricciarèlla [detta così per la forma *arricciata* (?) ✻ sec. XX] **s. f.** ● (**spec. al pl.**) tipo di pasta alimentare a forma di nastro frastagliato

ricciarèllo [da *riccio*②, per la forma che aveva un tempo (?) ✻ 1891] **s. m.** ● pasta dolce di mandorle, a rombo o losanga, specialità di Siena

♦**rìccio**① [da *riccio*②, per la forma ✻ sec. XIII] **A** **agg.** (**pl. m.** *-ci*; **pl. f.** *-ce*) **1** ricciuto, detto di capelli, barba o pelo di animali: *ha una chioma riccia* | che ha capelli ricciuti: *bimbo r.; donna riccia; un uomo r., fazzoletto al collo* (C. Pavese) **2** (**est.**) che non è liscio o ha forma di spirale: *insalata riccia* | ***foglia riccia***, con margini molto ondulati | ***pasta riccia***, tipo di fettuccine ondulate | ***oro, argento r.***, filo di seta con lama d'oro o argento a volute **B** **s. m.** **1** ciocca di capelli o peli inanellati: *ha i capelli a ricci naturali* **2** (**est.**) oggetto, cosa a forma di riccio, di spirale | ***il r. del violino***, chiocciola | truciolo: *i ricci di legno* | ***ricci di burro***, pezzetti tagliati con un apposito utensile che conferisce loro tale forma | ***i ricci della grattugia***, gli orli rialzati dei buchi | voluta **3** (**al pl.**) confetti rugosi **4** (*bot.*) ***r. di dama***, giglio gentile ‖ **riccètto**, **dim.** | **ricciolo**, **dim.** (V.)

♦**rìccio**② [lat. *erīciu(m)*, da *ēr*, genit. *ēris* 'riccio', di etim. incerta ✻ 1350 ca.] **s. m.** **1** piccolo mammifero degli Insettivori che dorsalmente porta un rivestimento di aculei e che può avvolgersi a palla per difesa (*Erinaceus europaeus*) **CFR.** echino- | ***r. di mare***, correntemente, echinoderma marino degli Echinoidi a forma più o meno sferica, rivestito di aculei mobili **SIN.** echino | (*fig.*) ***chiudersi a r.***, assumere un atteggiamento di difesa, trincerandosi nel silenzio, per paura o diffidenza **2** scorza spinosa della castagna **3** travone armato di lunghe punte di ferro usato anticamente dai difensori per impedire al nemico l'accesso alle brecce

ricciòla [da *leccia* alterato da *riccio* ✻ 1959] **s. f.** ● (*zool.*) pesce osseo marino dei Perciformi, di dimensioni considerevoli, munito di corti aculei dorsali e con carni pregiate (*Seriola dumerili*) **SIN.** seriola

ricciolìna [1872] **s. f.** **1** dim. di *ricciolo* **2** (*fam.*) bambina o ragazza che ha capelli ricci **3** indivia a foglie crespe e frastagliate

ricciolìno [1612] **A** **s. m.** (**f.** *-a* (V.)) **1** dim. di *ricciolo*: *ha la testa a ricciolini* **2** (*fam.*) bambino o ragazzo che ha i capelli ricci **B** **agg.** ● riccio, ricciuto: *un bambino r.*

rìcciolo [dim. di *riccio*① ✻ av. 1850] **A** **s. m.** ● ciocca di capelli inanellati **B** **agg.** ● (*raro*) ricciuto: *una bimba ricciola* ‖ **ricciolètto**, **dim.** | **ricciolìna**, **dim. f.** (V.) | **ricciolìno**, **dim.** (V.) | **ricciolóne**, **accr.**

ricciolùto [1840] **agg.** **1** che ha capelli ricci: *un giovane r.* | ricciuto: *neri e riccioluti i capelli* (L. Pirandello) **2** (**est.**) crespo, arricciato: *ortaggio r.*

ricciòtto [1535 ca.] **agg.** ● (*raro*) alquanto riccio

ricciùto [av. 1292] **agg.** ● che ha capelli o peli ricci: *capo r.; barba ricciuta* | che ha chioma riccia: *Dove se ne vanno le ricciute donzelle* (E. Montale) | ***indivia ricciuta***, ricciolina | (**est.**) riccio, inanellato: *velluto r.* ‖ **ricciutèllo**, **dim.** | **ricciutino**, **dim.**

♦**rìcco** [longob. *rīhhi* ✻ sec. XII] **A** **agg.** (**pl. m.** *-chi*; **superl.** *ricchissimo*) **1** fornito di beni, sostanze e denaro in abbondanza: *un r. mercante; r. a palate, sfondato; r. di ogni ben di Dio; è r. di famiglia; viene da una famiglia ricca* **SIN.** facoltoso **CONTR.** povero **2** (**est.**) fornito abbondantemente di elementi di varia natura: *città ricca di monumenti; testo r. di citazioni; essere r. di buone qualità, di scienze, di intelletto, di bontà; il latte è r. di proteine* | ***terra ricca***, che dà molti frutti | ***vegetazione ricca***, lussureggiante | ***gonna, mantello ricchi***, ampi e comodi | ***drappeggio r.***, con abbondanza di pieghe | ***fantasia ricca***, vivace, sbrigliata **CONTR.** povero **3** (*chim.*) di sostanza che contiene una elevata percentuale di un dato elemento o composto, considerato costituente principale | (**est.**) che contiene in abbondanza: *il formaggio è r. di calcio* **4** ingente, notevole: *ha lasciato una ricca mancia* | prezioso: *una ricca merce; un gioiello molto r.* | (**est.**) che esprime ricchezza in quanto è vistoso, lussuoso o sfarzoso: *un r. ricevimento di nozze* | molto ornato: *una ricca cornice* | (*fam.*) detto di qlco. di molto gradito e desiderato: *farsi una ricca dormita* **5** che fornisce ricchezza o un cospicuo reddito, detto di cosa: *una ricca miniera; un r. negozio* | lucroso: *ha scelto un r. mestiere* ‖ **riccaménte**, **avv.** **1** da ricco: *vestito riccamente* **2** (**est.**) lussuosamente, magnificamente: *riccamente ornato di pietre preziose* **3** abbondantemente, doviziosamente: *libro riccamente illustrato* **B** **s. m.** (**f.** *-a*) ● persona economicamente ricca | ***nuovi ricchi***, persone arricchitesi da poco conservando una certa grossolanità di modi **CONTR.** povero ‖ **riccàccio**, **pegg.** | **riccàstro**, **pegg.** | **riccóne**, **accr.** (V.)

SFUMATURE ➤ *abbondante*

riccòmetro [comp. di *ricco* per 'ricchezza' e *-metro* ✻ 1997] **s. m.** ● nel linguaggio giornalistico, insieme di norme e di criteri per valutare la situazione economica dei cittadini che intendono chiedere prestazioni sociali agevolate; in sigla ISE (Indicatore della Situazione Economica)

riccóne [accr. di *ricco* ✻ 1540 ca.] **s. m.** (**f.** *-a*) ● persona che possiede una grande ricchezza

†**riccóre** [da *ricco* ✻ 1287] **s. m.** ● ricchezza

†**riccùra** [da *ricco* ✻ av. 1250] **s. f.** ● ricchezza

ricèdere [comp. di *ri-* e *cedere* ✻ 1481] **A** **v. intr.** (**coniug. come** *cedere*; **aus.** *avere*) ● cedere di nuovo **B** **v. tr.** ● cedere a qlcu. ciò che ci aveva precedentemente ceduto

ricelebràre [comp. di *ri-* e *celebrare* ✻ 1872] **v. tr.** (*io ricèlebro*) ● celebrare di nuovo

ricenàre [comp. di *ri-* e *cenare* ✻ 1468] **v. intr.** (*io ricéno*; **aus.** *avere*) ● cenare di nuovo

ricensuràre [comp. di *ri-* e *censurare* ✱ 1872] **v. tr.** ● censurare di nuovo

riceppàre [da *ceppo*, col pref. *ri-* ✱ 1959] **v. tr.** (*io ricéppo*) ● in arboricoltura, tagliare le piante al colletto

riceppatùra [1965] **s. f.** ● operazione del riceppare

♦**ricérca** [av. 1470] **s. f. 1** attività consistente nel cercare qlcu. o qlco. con molta cura e impegno: *la r. di un anello perduto, di un colpevole; fare, promuovere, concludere una r.; una r. lunga, diligente, inutile; malgrado tutte le ricerche fu impossibile scoprire anche la benché minima traccia del giovane scomparso; sono alla r. di un lavoro* **2** indagine o studio condotti con sistematicità e tendenti ad accrescere o a verificare il complesso di cognizioni, documenti, teorie, leggi inerenti a una determinata disciplina o a un determinato argomento: *una erudita r. filologica; il professore ci ha detto di fare una r. su Giulio Cesare; r. nucleare; laboratorio di r.* | ***dottorato di r.***, V. *dottorato* | ***r. di mercato***, indagine che ha lo scopo di prevedere nel tempo l'entità della domanda, la richiesta di nuovi prodotti e l'opportunità di offrirli sul mercato | ***r. sul campo***, svolta nell'ambiente stesso in cui si realizza il fenomeno o l'evento oggetto di studio | scritto che registra i risultati di tale indagine: *pubblicare una r. storica, scientifica; ho passato tutta la sera a ricopiare la mia r. sui mestieri che vanno scomparendo* | ***r. motivazionale***, ricerca delle ragioni psicologiche del comportamento dell'individuo in quanto consumatore | ***r. fondamentale, di base***, che non ha immediati obiettivi applicativi | ***r. applicata***, ricerca scientifica volta a fini pratici a breve termine | ***r. operativa***, studio di problemi organizzativi, eseguito con metodi matematici e statistici **3** insieme delle attività intellettuali e pratiche che estendono e approfondiscono le conoscenze umane spec. in campo scientifico: *promuovere la r.; Consiglio Nazionale delle Ricerche* ‖ (**colloq.**) **ricerchìna**, **dim.**

Definizione d'autore

Fare **ricerca** è come esplorare uno spazio immenso, privo di confini e riferimenti, dove nessuno è mai stato prima e dove si può accedere solo avendo un'idea su cui sfidarsi. Il viaggio inizia lasciando delle tracce, ma senza sapere, a priori, se si è sulla strada giusta. T'innamori delle idee ma le sottoponi alla feroce critica della logica e del metodo scientifico. A volte ne esci sconfitto o devi rinunciare, e sai cosa significa. Ma, se provi la gioia della scoperta, dell'essere lì per primo a vedere per tutti, è qualcosa di unico e irripetibile. Ogni volta. Così cominci a capire cosa vuol dire lavorare per gli altri. Anche per quelli che sapranno perpetuare questo coraggio con ancora maggiore risolutezza.

Elena Cattaneo

ricercaménto [1554] **s. m.** ● (*raro*) ricerca

ricercapersóne [comp. di *ricercare*① e il pl. di *persona* ✱ 1983] **s. m. inv.; anche agg. inv.** ● cercapersone

♦**ricercàre**① [comp. di *ri-* e *cercare* ✱ 1287] **v. tr.** (*io ricérco, tu ricérchi*) **1** cercare di nuovo | ***cerca e ricerca***, a forza di cercare: *Finalmente, cerca e ricerca, trovò chi scrivesse per lui* (A. Manzoni) **2** cercare con molta cura e impegno: *r. un oggetto smarrito; r. attivamente un latitante* | tentare di scoprire, indagare: *r. la verità; stanno ricercando i moventi del crimine; r. in sé stessi una ragione di vita* | ***r. le parole***, sceglierle con cura **3** perseguire, desiderare: *r. un po' di serenità* **4** (**lett.**) perquisire, inquisire | (**lett.**) perlustrare, esplorare: *vo ricercando ogni contrada / ov'io la vidi* (F. Petrarca) **5** (**lett.**) penetrare: *un gelo che ricerca le ossa* | (**fig., lett.**) toccare, commuovere: *una musica che ricerca l'anima* **6** (**lett.**) suonare, pizzicare le corde di uno strumento musicale **7** †richiedere, esigere

ricercàre② [da *ricercare*① ✱ 1550] **s. m. 1** ricerca, indagine, esplorazione: *inutile il r., quando c'è scandalo, se vi sia ... tutto il male che la gente dice* (A. Fogazzaro) **2** (**mus.**) composizione strumentale di forma libera, dei secc. XVI e XVII, intesa a sfruttare le possibilità tecniche di uno strumento o le possibilità contrappuntistiche di una melodia: *i Ricercari di G. Frescobaldi*

ricercatézza [av. 1764] **s. f. 1** caratteristica di chi (o di ciò che) è ricercato: *la sua r. nel vestire; la r. delle sue parole* **SIN.** affettazione **2** (**spec. al pl.**) azione o espressione improntate a una raffinata eleganza, a volte eccessiva: *una r. stilistica dell'autore* (I. Calvino); *un discorso pieno di ricercatezze*

SFUMATURE DI SIGNIFICATO

ricercatezza - affettazione

La caratteristica di ciò che è elegante, esclusivo, squisito è la **ricercatezza**; in senso negativo il termine definisce tuttavia un'eleganza eccessiva, perseguita a scapito della naturalezza e della semplicità. Se questa ricerca di eleganza dà luogo a comportamenti falsi e artificiosi si parla di **affettazione**.

SFUMATURE ➤ ***raffinatezza***

ricercàto **A** **part. pass.** di *ricercare*; **anche agg. 1** richiesto, apprezzato o desiderato da molti: *un conversatore r.; un tipo di lardo molto r.* **2** raffinato, elegante: *veste in modo r.* | molto elevato: *linguaggio r.* | (con connotazione negativa) manierato, affettato: *stile un po' r.* ‖ **ricercataménte**, **avv. 1** (*raro*) di proposito **2** in modo raffinato **B** **s. m. solo sing.** ● (**fig., lett.**) ciò che è molto elevato o affettato: *il male deriva ... dal contrasto della semplicità delle cose col r. e manierato dello stile* (G. Leopardi) **C** **agg. e s. m.** (**f.** *-a*) ● che (o chi) è oggetto di ricerche, di indagini: *alcuni dei ricercati sono sfuggiti alla cattura*

SFUMATURE ➤ ***raffinato***

ricercatóre [sec. XIV] **s. m. 1** (**f.** *-trice*) chi ricerca qlcu. o qlco.: *r. di luoghi remoti* (G. Galilei) **2** (**f.** *-trice*) chi si dedica alla ricerca scientifica | nell'ordinamento universitario italiano, chi ricopre il ruolo iniziale della carriera universitaria con funzione di ricerca scientifica e di attività didattica **3** apparecchio usato per ricercare: *r. di mine*

ricerchiàre [comp. di *ri-* e *cerchiare* ✱ 1377] **v. tr.** (*io ricérchio*) ● (**lett.**) cerchiare di nuovo o più saldamente: *r. la botte*

†**ricèrnere** [comp. di *ri-* e *cernere* ✱ 1321] **v. tr. 1** illustrare, chiarire **2** esaminare, valutare

†**riceșellàre** [comp. di *ri-* e *cesellare* ✱ av. 1571] **v. tr.** ● (*raro*) cesellare di nuovo

ricetrașméttere [comp. di *rice(vere)* e *trasmettere* ✱ 1959] **v. tr.** (**coniug. come** *mettere*) ● comunicare mediante un ricetrasmettitore

ricetrașmettitóre [comp. di *rice(vitore)* e *trasmettitore* ✱ 1963] **A** **s. m.** ● apparecchiatura che riceve e trasmette messaggi telegrafici, telefonici e radiofonici **B** **anche agg.** (**f.** *-trice*): *apparecchio r.*

ricetrașmissióne [da *ricetrasmittente* ✱ 1983] **s. f.** ● ricezione e trasmissione mediante ricetrasmettitore

ricetrașmittènte [comp. di *rice(vente)* e *trasmittente* ✱ 1963] **s. f.; anche agg.** ● ricetrasmettitore

♦**ricétta** [lat. *recĕpta(m)*, f. di *recĕptus*, part. pass. di *recĭpere* 'prendere', comp. di *re-* e *căpere* 'prendere' (V. *capzioso*) ✱ av. 1320] **s. f. 1** prescrizione di farmaci scritta dal medico, con relativa posologia e modalità d'uso **2** (**est.**) rimedio (**anche fig.**): *non ho ricette per il mal di denti; una r. infallibile per consolar se stesso* (L. Pirandello) **3** spiegazione del modo di preparare una pietanza, una conserva, una bevanda, un composto ecc., contenente anche l'indicazione degli ingredienti: *copiare una r.; la r. di un sugo per la pastasciutta; è un'ottima r. per la crema* ‖ **ricettìna**, **dim.**

ricettàcolo o †**recettàcolo** [vc. dotta, lat. *receptăculu(m)*, da *receptāre*. V. *ricettare*① ✱ 1308] **s. m. 1** (**lett.**) ambiente, spazio in cui si raccoglie qlco.: *La borsetta del fiele è il naturale ... r. della bile* (F. Redi) | (**lett.**) rifugio, nascondiglio **2** luogo, ambiente e sim. con caratteristiche negative: *quella piazza è un r. di spacciatori; r. di ogni bruttura* **SIN.** ricovero, rifugio **3** (**bot.**) la parte terminale dilatata del peduncolo florale, sulla quale originano i pezzi florali **SIN.** talamo

ricettàre① o †**recettàre** [vc. dotta, lat. *receptāre* 'trarre a sé, accogliere presso di sé', intens. di *recĭpere* 'raccogliere'. V. *ricevere* ✱ 1309] **v. tr.** (*io ricètto*) **1** (*raro, lett.*) dare ricetto, ricovero: *potrestemi voi r. con questi cavalli per questa sera?* (F. Sacchetti) **2** ricevere oggetti di provenienza illecita

ricettàre② [da *ricetta* ✱ sec. XIV] **v. tr.** (*io ricètto*) ● (**med.**) prescrivere mediante ricetta: *r. un farmaco* | (*assol.*) compilare ricette

ricettàrio [1498] **s. m. 1** raccolta di ricette di vario tipo: *un r. chimico; un rarissimo r. di cucina* **2** (**med.**) blocco di fogli stampati con l'intestazione del nome e dell'indirizzo del medico per scrivervi sopra ricette

ricettatóre o †**recettatóre** [vc. dotta, lat. tardo *receptatōre(m)*, da *receptātus* 'ricettato' ✱ 1342] **s. m.** (**f.** *-trice*) **1** †chi accoglie, dà ricovero **2** (**dir.**) colpevole di ricettazione

ricettazióne① [da *ricettare*① ✱ 1364] **s. f. 1** (**dir.**) reato di chi acquista, riceve od occulta, per proprio o altrui profitto, denari o cose di provenienza illecita o anche di chi ne facilita l'acquisto o l'occultamento **2** †accoglimento | †ospitalità

ricettazióne② [da *ricetta* ✱ 1987] **s. f.** ● compilazione di ricette

†**ricettìbile** ➤ †**recettibile**

ricettività o **recettività** [1829] **s. f. inv. 1** capacità di recepire stimoli: *la r. di uno studente; La r. del lettore* (I. Calvino) **2** (**filos.**) in Kant, facoltà di ricevere impressioni tramite i sensi **3** (**med.**) possibilità di contrarre una malattia **4** (*radio, tv*) particolare sensibilità, di un apparecchio ricevente, a una o più frequenze **5** capacità che un luogo ha di accogliere e ospitare un certo numero di persone, spec. turisti: *l'alta r. alberghiera delle spiagge romagnole*

ricettìvo o **recettivo** [dal part. pass. del v. lat. *recĭpere* 'ricevere, accogliere', *receptu(m)*, non attestato in lat. ✱ 1395] **agg. 1** che è in grado di recepire e assimilare spec. stimoli, impressioni, nozioni e sim.: *mente ricettiva* **2** (**med.**) di individuo che è predisposto a essere colpito da una malattia **3** di ricezione: *la capacità ricettiva di un albergo* | che è idoneo ad accogliere e ospitare un certo numero di persone: *le strutture ricettive della Toscana* ‖ **ricettivaménte**, **avv. 1** in modo ricettivo **2** sotto l'aspetto della ricettività ‖ **ricettività**, **s. f. inv.** (V.)

ricettìzio [V. *recettizio* ✱ 1872] **agg. 1** (**dir.**) recettizio **2** ***Chiesa ricettizia***, corporazione di chierici per l'esercizio collettivo del culto, dotata di patrimonio proprio, un tempo riconosciuta come persona giuridica

ricètto o †**recètto**② [vc. dotta, lat. *recĕptu(m)*, da *recĭpere* 'raccogliere'. V. *ricevere* ✱ 1266] **s. m. 1** (**lett.**) luogo che serve da rifugio, da ricovero | (**lett.**) dimora, abitazione:

quante fiate al mio dolce r., / fuggendo altrui … / vo (F. Petrarca) **2** (*fig., lett.*) accoglienza, ospitalità: *per avere l'onore di dar r. a un portento dell'arte* (L. Pirandello) **3** (*stor.*) nel Medioevo, raggruppamento di case cintate da mura turrite per difendere uomini e beni da scorrerie e saccheggi, diffuso spec. nelle aree rurali del Piemonte

ricettóre ➤ **recettore**

ricevènte **A** part. pres. di *ricevere*; anche agg. **1** che riceve **2** detto di ciò che, spec. nell'attrezzatura radiofonica, è destinato alla ricezione: *apparecchio r.*; *stazione r.*; *antenna r.* **B** s. m. e f. ● chi riceve: *il r. non è soddisfatto della merce*

♦**ricévere** o †**recépere**, †**recìpere** [lat. *recĭpere* 'raccogliere', comp. di *re-* e *căpere* 'prendere'. V. *capzioso* ✱ sec. XII] v. tr. (pass. rem. *io ricevètti* o lett. *ricevéi, tu ricevésti*) **1** accogliere, accettare, prendere ciò che viene dato, consegnato, inviato, somministrato o conferito: *r. un'eredità, un regalo, un pacco*; *r. i sacramenti*; *r. un'onorificenza*; *ho ricevuto un grande favore, ottimi consigli* | raccogliere: *r. una preziosa testimonianza* | riscuotere: *r. lo stipendio, il saldo* | prendere in pagamento: *dichiaro di r. la somma pattuita* | subire: *r. un insulto, un'offesa*; *r. uno schiaffo*; *ha ricevuto una vera lezione!* | †accettare: *r. battaglia*; *r. una regola* | ammettere, detto di persona: *r. un novizio in convento* **2** prendere, contenere: *quel campeggio riceve più di mille persone*; *il bosco riceve tutta l'umidità della notte* | prendere, trarre dal di fuori: *la stanza riceve luce dal cortile* **3** (*fig.*) trarre, ricavare: *l'azienda ha ricevuto impulso dalla sua attività*; *ricevemmo forza dal tuo discorso* | sentire come effetto di qlco.: *r. dolore, gioia, sollievo* **4** accogliere all'arrivo, spec. in modo cordiale, affettuoso o con onore: *r. festosamente, con grande pompa*; *r. l'ospite alla stazione* | ammettere alla propria presenza o a un'udienza: *r. i clienti, i postulanti* | (*assol.*) tenere ricevimento, accogliere per una visita: *il dottore il venerdì non riceve* **5** †recepire, comprendere **6** raccogliere segnali di tipo telefonico, radiofonico e sim.: *r. una trasmissione*

ricevìbile [1872] agg. ● (*raro*) che si può ricevere | ammissibile, accettabile: *ricorso r.* ‖ **ricevibilità**, s. f. inv.

riceviménto [1261 ca.] s. m. **1** il ricevere | accoglimento, accettazione di ciò che viene spedito o consegnato: *il r. di una lettera* | (*raro, lett.*) ricevuta: *accusare r.* **2** accoglienza, ammissione di una persona in un luogo, un sodalizio, una comunità: *il r. del nuovo socio*; *il r. solenne dell'ambasciatore* | (*burocr.*) ammissione a un colloquio: *orario di r.*; *il r. dei genitori* **3** trattenimento offerto a vari invitati in occasione di feste, cerimonie, ricorrenze: *offrire un r. con un ricco rinfresco*

ricevitóre [da *ricevere* ✱ 1308] **A** s. m. **1** (f. *-trice*) (*raro*) chi riceve: *acciò che 'l dono faccia lo r. amico, conviene a lui essere utile* (Dante) | (*raro*) chi accoglie SIN. ricevente **2** (f. *-trice*) (*burocr.*) persona, ufficio, ente incaricati di riscuotere somme per conto d'altri, spec. per conto dello Stato o di organi pubblici: *r. delle gabelle*; *r. del lotto*; *r. del totocalcio* | **r. delle imposte**, chi raccoglie dagli esattori le imposte da questi riscosse **3** (*miniere*) ingabbiatore **4** (*tipogr.*) levafoglio **5** (*sport*) nel baseball, giocatore della difesa, piazzato dietro la casa base, che ha il compito di ricevere la palla tirata dal lanciatore SIN. catcher, prenditore **6** (*fis., elettr.*) apparecchio o dispositivo in grado di ricevere, rivelare ed eventualmente amplificare l'energia emessa da una sorgente e propagantesi spec. sotto forma di onde sonore o elettromagnetiche | **r. telegrafico**, apparecchio che riceve e rivela i segnali telegrafici trasmessi da un trasmettitore telegrafico | **r. telefonico**, (*ellitt.*) **ricevitore**, capsula inserita nel microtelefono, costituita da un trasduttore che riceve la corrente telefonica e la trasforma in onde sonore; (*est.*) microtelefono: *alzare, abbassare il r.* | **r. radioelettrico**, radioricevitore | **r. radar**, radioricevitore ad alta sensibilità che amplifica e demodula i segnali radar riflessi, ricevuti tramite l'antenna radar, e li visualizza su uno schermo **B** agg. ● che riceve | (*cinema*) **bobina ricevitrice**, in una macchina cinematografica da presa o da proiezione, la bobina su cui si riavvolge la pellicola dopo essere passata davanti all'obiettivo SIN. ricevente

ricevitorìa [da *ricevitore* ✱ 1812] s. f. ● locale in cui si accolgono o ricevono spec. somme di denaro: *r. del totocalcio* | **r. del lotto**, botteghino, ufficio in cui si ricevono le giocate

♦**ricevùta** [da *ricevuto* ✱ av. 1527] s. f. **1** dichiarazione scritta che si rilascia al ricevimento di qlco., spec. di una somma di denaro, attestando di averla realmente ricevuta: *esigere, compilare una r.*; *smarrire la r. del gas* | **accusare r.**, dichiarare il ricevimento di qlco. | **r. di ritorno**, attestazione inviata al mittente, sottoscritta dal destinatario, comprovante l'avvenuta ricezione di una lettera raccomandata | quietanza **2** (*banca*) **r. bancaria**, titolo di credito emesso e scontato presso una banca direttamente da un fornitore che vanta un credito commerciale nei confronti di un cliente **3** (*raro*) ricevimento ‖ **ricevutina**, dim.

ricevùto **A** part. pass. di *ricevere*; anche agg. ● nei sign. del v. | **per grazia ricevuta**, V. *grazia*, sign. 7 **B** s. m. ● ciò che si è ricevuto: *respingere il r.*

ricezióne o **recezióne** [vc. dotta, lat. tardo *receptiōne(m)*, da *recĕptus*. V. *ricetto* ✱ av. 1306] s. f. **1** (*raro*) ricevimento **2** processo con cui viene captata un'onda elettromagnetica **3** (*sport*) nella pallavolo, tocco con cui si riceve la palla battuta dalla squadra avversaria **4** accoglimento, fortuna di un'ideologia, di un'opera artistica o letteraria: *la r. del socialismo marxistico in Italia* (B. Croce) **5** reception: *presentarsi alla r. dell'albergo*

†**richèrere** e deriv. ➤ **richiedere** e deriv.

richiamàbile [1872] agg. ● (*raro*) che si può richiamare

♦**richiamàre** [comp. di *ri-* e *chiamare* ✱ 1219] **A** v. tr. **1** chiamare di nuovo: *chiamare e r. insistentemente* | chiamare nuovamente al telefono: *richiamami stasera* | **r. sotto le armi**, chiamare di nuovo in servizio, per istruzione o per mobilitazione, i militari in congedo | **r. l'aereo**, manovrare un aereo in modo da farlo cabrare, spec. dopo una picchiata **2** far tornare indietro: *r. dall'esilio, dal confino*; *r. qlcu. per trasferirlo* | (*fig.*) risuscitare: *r. in vita usanze ormai dimenticate* | **r. alla realtà**, riportare alla situazione concreta, abbandonando utopie, illusioni ecc. | (*fig.*) sollecitare a rispettare nuovamente regole o princìpi: *r. qlcu. all'ordine, al dovere* | **r. una cambiale**, ordinare alla banca cui è stata presentata per l'incasso di restituirla, senza esigerne il pagamento | ritirare: *r. le truppe dalle località occupate* | avvisare gli acquirenti di un prodotto con un difetto di fabbricazione di portarlo in un punto di assistenza per una modifica o di farlo pervenire al produttore per la sostituzione: *il costruttore ha richiamato diecimila auto* **3** (*fig.*) far tornare alla mente un'idea, far riprovare una sensazione o un sentimento: *queste letture mi richiamano i sogni della giovinezza* **4** fare accorrere, far venire: *r. folla, gente* | attirare: *la luce richiama gli insetti* | (*fig.*) **r. l'attenzione**, farla volgere su qlco. **5** riprendere, rimproverare: *r. con brusche parole i disubbidienti* **6** citare, riportare: *richiamerò un verso del Tasso* **B** **richiamàrsi** v. intr. pron. **1** riferirsi, rifarsi (+ *a*): *mi richiamo al primo articolo del regolamento* **2** (*lett.*) dolersi, rammaricarsi | (*lett.*) lamentarsi di un'ingiuria, di un torto ricevuto

richiamàta [av. 1595] s. f. **1** (*raro*) richiamo **2** nuova chiamata telefonica: *prenotare la r.* **3** (*aeron.*) manovra consistente nel far cabrare l'aereo

richiamàto **A** part. pass. di *richiamare*; anche agg. ● nei sign. del v. **B** s. m. ● militare già in congedo chiamato di nuovo alle armi

♦**richiàmo** [1219] s. m. **1** il richiamare | il sollecitare a tornare indietro: *il r. dell'ambasciatore, della flotta*; *r. alle armi* | (*fig.*) ammonimento: *insensibile a ogni r.* | (*fig.*) esortazione, sollecitazione (+ *a*): *un severo r. all'ordine, al dovere* | (*raro*) rimando, analogia: *certi richiami d'immagini, tra loro lontane, sono … particolari a ciascuno di noi* (L. Pirandello) | (*med.*) **vaccino, iniezione di r.**, (*ellitt.*) **richiamo**, vaccinazione o iniezione che hanno lo scopo di rafforzare uno stato immunitario già acquisito **2** segno, gesto, mezzo con cui si richiama qlcu. o qlco.: *un flebile r.* **3** (*mar.*) **bozzello di r.**, carrucola che serve a condurre la chiamata dei cavi dall'una all'altra parte **4** mezzo, modo per attirare: *la pubblicità di quel prodotto è un potente r.* | fascino, attrazione: *il grande r. della natura*; *il r. della madrepatria* (E. Montale) | **il r. del sangue**, l'istinto che fa riconoscere il vincolo con i propri parenti | **il r. della foresta**, V. *foresta* | **uccello da r.**, che serve ad attirare gli uccelli ad una tesa **5** segno che in un testo scritto rimanda a un diverso punto del testo stesso | nota di rinvio | nelle bozze di stampa, segno di correzione **6** †lamento | †reclamo

richiarìre [comp. di *ri-* e *chiarire* ✱ av. 1311] v. tr. (*io richiarisco, tu richiarisci*) ● (*raro*) chiarire di nuovo

richiedènte **A** part. pres. di *richiedere*; anche agg. ● nei sign. del v. **B** s. m. e f. ● (*burocr.*) chi richiede qlco., spec. documenti: *rispondere al r.*; *i richiedenti la patente*

♦**richièdere** o †**richèrere**, †**rechèrere** [lat. parl. **requaerere* (per il classico *requīrere*), comp. di *re-* e *quaerere* 'chiedere' ✱ 1261 ca.] v. tr. (part. pass. *richièsto*, †*richèsto*, †*richiedùto*; nelle altre forme coniug. come *chiedere*) **1** chiedere di nuovo: *gli ho richiesto il suo parere sulla mia partenza* **2** chiedere con insistenza o con decisione e fermezza per ottenere qlco. (+ *di* seguito da inf., + *che* seguito da congtv.): *r. aiuto, assistenza*; *r. un sussidio economico*; *ha richiesto di essere ascoltato dalla commissione*; *il sindaco ha richiesto che i tempi di consegna siano rispettati* | (*burocr.*) chiedere il rilascio di un documento: *r. la carta di identità* | reclamare: *r. giustizia, riparazione* | cercare per acquistare, comprare, ecc.: *la nuova vettura è molto richiesta* | chiedere in restituzione: *r. il libro prestato* **3** (*raro, lett.*) domandare per sapere | †interrogare: *r. qlcu.* **4** esigere, pretendere: *richiedo tutta la vostra attenzione*; *si richiede il certificato di nascita* | necessitare: *è un lavoro che richiede diligenza* **5** †mandare a chiamare, far venire, convocare: *r. a parlamento* | †**r. a battaglia**, sfidare | †**r. battaglia**, dichiarare guerra **6** †citare in tribunale

SFUMATURE ➤ *comportare*

richieditóre [1336 ca.] s. m. **1** (f. *-trice*) (*raro*) chi fa una richiesta SIN. richiedente **2** †pretendente

†**richiedùto** part. pass. di *richiedere*; anche

agg. ● (*raro*) nei sign. del v.

richièsta o †**richèsta** [da *richiesto* ✻ 1287] **s. f. 1** il richiedere | domanda: *rifiutare una r. sfacciata di denaro; accogliere una r. di matrimonio* | ciò che si richiede come prezzo, come compenso per una prestazione: *la vostra r. è giusta* | ***richieste salariali***, rivendicazioni **2** domanda, istanza: *mi presento a sua r.; non abbiamo avuto nessuna r. in proposito* | ***a r.***, in seguito alla sollecitazione o al desiderio di qlcu.: *a r. dell'interessato; si recita a r. generale* | ***fermata a r.***, facoltativa **3** (*burocr.*) domanda con la quale si chiede il rilascio di un documento: *inviare una r. al Ministero* | (*burocr.*) il foglio o il modulo su cui si stende la richiesta: *la vostra r. è andata smarrita* || **richiestìna**, dim.

richièsto part. pass. di *richiedere*; anche agg. ● nei sign. del v. | domandato: *un parere non r.* (R. Bacchelli) | ricercato, apprezzato: *un prodotto, un professionista molto r.*

richinàre o †**rechinàre** [lat. *reclināre*, comp. di *re-* e **clināre* 'chinare' ✻ 1321] **A** v. tr. **1** (*raro*) chinare di nuovo | reclinare **2** (*lett.*) fare abbassare (*anche fig.*) **B** **richinàrsi** v. rifl. ● (*raro*) chinarsi di nuovo o di più | †***richinarsi ad uno***, riverirlo

richìno [comp. di *ri-* e *chino* ✻ 1966] agg. ● (*lett.*) richinato, chinato | inchinato

richiùdere [comp. di *ri-* e *chiudere* ✻ 1313] **A** v. tr. (coniug. come *chiudere*) **1** chiudere di nuovo: *richiudi subito la finestra* | chiudere ciò che solitamente sta chiuso: *r. la cassaforte* | (*lett.*) rinchiudere **2** (*lett.*) cingere, delimitare **B** **richiùdersi** v. intr. pron. e rifl. ● chiudersi di nuovo: *il cancello si è richiuso per il vento; richiudersi in casa* | rimarginarsi: *la ferita si è richiusa bene* | (*fig.*) rinchiudersi: *io mi richiudo ne' miei pensieri* (G. Carducci)

richiudìbile [1993] agg. ● che si può chiudere di nuovo | ***confezione r.***, di alcuni prodotti, che può essere richiusa spec. mediante una linguetta adesiva

†**richiudiménto** [sec. XIV] s. m. ● (*raro*) chiusura, ostruzione

richiùso (o -ṣ-) part. pass. di *richiudere*; anche agg. ● nei sign. del v.

richiusùra (o -ṣ-) [comp. di *ri-* e *chiusura* ✻ sec. XIV] **s. f. 1** (*raro*) il richiudere, il richiudersi **2** †luogo chiuso

ricicciàre [comp. di *ri-* e del denominale di *ciccio* 'grumolo, germoglio' ✻ av. 1866] v. intr. (pres. *io ricìccio*; fut. *io riciccerò*; aus. *essere*) ● (*tosc.*) rispuntare, ricomparire

riciclàbile [1974] agg. ● che si può riciclare (*anche fig.*): *carta, stoffa, metallo r.; rifiuti non riciclabili* || **riciclabilità**, s. f. inv.

riciclàggio [1971] **s. m. 1** operazione del riciclare, spec. materiale di scarto: *il r. della lana, del vetro; studiare un procedimento meno costoso per il r. dei rifiuti urbani* | trattamento che permette la riutilizzazione dell'aria e dell'acqua impure | (*est.*) reimpiego, riqualificazione: *la crisi economica impone il r. di alcune categorie produttive* **2** (*fig.*) il riciclare spec. denaro sporco | (*econ.*) ***r. dei petrodollari***, nuova immissione, sul mercato monetario internazionale, dei dollari incassati dai Paesi produttori di petrolio grezzo, spec. dopo gli aumenti verificatisi nel corso degli anni '70 del Novecento

riciclàre [da *ciclo* col pref. *ri-*; cfr. fr. *recycler* ✻ 1959] **A** v. tr. **1** in varie tecnologie, spec. chimiche, sottoporre più volte una sostanza, o parte di essa, a uno stesso ciclo di lavorazione **2** riutilizzare materiale di scarto e di rifiuto: *r. rottami; r. la carta, il vetro* | (*fig., spec. iron.*) rimettere in circolazione con qualche modifica: *r. un vecchio film* **3** (*fig.*) aggiornare, riqualificare professionalmente o impiegare con mansioni differenti: *l'azienda ha riciclato molti tecnici* **4** (*fig.*) rimettere in circolazione denaro o beni spec. di provenienza illecita, mediante operazioni finanziarie, commerciali o investimenti consentiti dalla legge: *r. denaro sporco; r. la merce rubata; il ricavato del riscatto fu riciclato nell'acquisto di proprietà immobiliari* | anche scherz.: *r. un regalo* **B** **riciclàrsi** v. rifl. ● (*spec. iron.*) presentarsi in un nuovo ruolo: *un filosofo che si è riciclato come tuttologo*

riciclàto part. pass. di *riciclare*; anche agg. **1** nei sign. del v. | che è stato costruito con materiale sottoposto a riciclaggio: *carta riciclata* **2** (*est.*) utilizzato nuovamente o in modo diverso, anche dopo aver subito qualche modifica; detto di ciò che proviene da attività criminose: *denaro r.; automobili riciclate* **3** (*fig., iron.*) detto di chi (o di ciò che) si ripresenta sotto nuova veste o in un nuovo contesto

riciclatóre [1977] s. m. (f. *-trice*); anche agg. ● chi (o che) provvede al riciclaggio (*anche est.*)

ricicleria [1995] s. f. ● luogo dove vengono raccolti rifiuti urbani per essere riciclati CFR. rifiuteria

ricìclo [av. 1910] **s. m. 1** nuovo ciclo: *i vostri isterismi... dei cicli e ricicli, periodicità ecc.* (C. Dossi) **2** (*chim.*) operazione del riciclare | riciclaggio

†**ricìdere** ➤ **recidere**

†**ricidìvo** ➤ **recidivo**

†**ricìgnere** ➤ **recingere**

ricimàre [comp. di *ri-* e *cimare* ✻ av. 1859] v. tr. ● (*raro*) cimare di nuovo | (*disus.*) rifilare, nel sign. 2

ricimatùra [1959] s. f. ● (*raro*) operazione del ricimare

ricìna [dal lat. *ric(inus)* 'ricino' con il suff. della chim. *-ina* ✻ 1993] s. f. ● sostanza contenuta nei semi del ricino, di elevatissimo potere tossico

ricìngere [vc. dotta, lat. tardo *recĭngere* (nel lat. classico significava 'slacciare, sciogliere'), comp. di *re-* e *cĭngere* ✻ av. 1328] v. tr. (coniug. come *cingere*) **1** cingere di nuovo **2** V. *recingere*

rìcino [vc. dotta, lat. *rĭcinu(m)* 'zecca' (insetto), poi 'ricino', di etim. incerta, per la somiglianza dei suoi semi con l'insetto ✻ 1476] s. m. ● pianta arborescente delle Euforbiacee di origine tropicale a larghe foglie palmate e lobate, fiori in grappoli, frutto grigio, con grossi semi da cui si estrae un olio usato nell'industria di vernici, plastificanti ecc. e, un tempo, come purgante. (*Ricinus communis*) SIN. fico d'inferno

ricinolèico [comp. di *ricino* e *oleico* ✻ 1872] agg. (pl. m. *-ci*) ● detto di ossiacido, organico, insaturo, monobasico, principale costituente dell'olio di ricino in cui si trova come ricinoleina

ricinoleìna [da *ricinole(ico)* ✻ 1959] s. f. ● gliceride dell'acido ricinoleico, ad azione purgativa, contenuto nell'olio di ricino

ricìnto ➤ **recinto**

†**ricioncàre** [comp. di *ri-* e *cioncare* ✻ av. 1400] v. intr. ● tracannare di nuovo: *e béi e ribei, cionca e ricionca* (F. Sacchetti)

ricircolàre o †**recircolàre**, †**recirculàre** [comp. di *ri-* e *circolare*① (V.) ✻ av. 1321] v. intr. (*io ricìrcolo*; aus. *avere*) **1** (*raro*) tornare in circolazione **2** †rigirare, girare intorno

ricìrcolo [da *ri-* e *circolo* ✻ 1959] s. m. ● (*autom.*) dispositivo dell'impianto di climatizzazione di un'automobile che impedisce l'immissione di aria esterna, consentendo solo la circolazione di aria prelevata dall'interno | l'interruttore che aziona il dispositivo stesso

rickèttsia /rik'kettsja/ [detta così dal n. di H. T. *Ricketts* (1871-1910), che fu tra i primi a studiare il microrganismo ✻ 1947] s. f. ● (*biol.*) genere batterico Gram-negativo patogeno per Artropodi e Vertebrati incluso l'uomo, nel quale può causare infezioni caratterizzate da esantema (*Rickettsiaceae*)

rickettsiòṣi /rikket'tsjɔzi/ [da *rickettsia* ✻ 1940] s. f. inv. ● (*med.*) nome generico di malattie causate, nell'uomo, da diverse rickettsie

riclassificàre [comp. di *ri-* e *classificare* ✻ 1937] v. tr. (*io riclassìfico, tu riclassìfichi*) ● classificare di nuovo o in modo diverso || **riclassificazióne**, s. f.

ricògliere o (*lett.*) **ricòrre** [comp. di *ri-* e *cogliere* ✻ av. 1292] **A** v. tr. (coniug. come *cogliere*) **1** (*raro*) cogliere di nuovo: *ti ho ricolto in fallo* **2** (*lett.*) raccogliere, raccattare da terra: *L'oste fa r. i danari* (F. Sacchetti) **3** †ripescare: *fatto il corpo della bella donna ricoglier di man, lungamente e con molte lacrime il pianse* (G. Boccaccio) **4** †riscuotere, ricevere in pagamento **5** †ricevere, accogliere | †soccorrere | (*fig.*) †ascoltare, intendere, capire **6** †adunare, mettere insieme **B** **ricògliersi** v. rifl. **1** †riavvicinarsi | †rifugiarsi, ritirarsi **2** †riunirsi | (*fig.*) †concentrarsi

†**ricogliménto** [da *ricogliere* ✻ sec. XIV] s. m. ● raccoglimento

ricoglitóre [da *ricogliere* ✻ 1312] s. m. (f. *-trice* nei sign. 1, 2 e 3) **1** †chi raccoglie qlco. **2** (*lett.*) compilatore di saggi, trattati e sim. **3** †esattore **4** nell'Ottocento, titolo di giornali: *Nuovo R. di Milano*

ricoglitùra [da †*ricoglitore* ✻ sec. XIII] **s. f. 1** (*tosc.*) raccolta di frutti | periodo della raccolta **2** †ritiro di carte, di documenti | riscatto di pegni

ricognitìvo [rifatto su *ricognizione* ✻ 1872] agg. **1** (*raro*) di ricognizione SIN. esplorativo | che mira ad accertare, a verificare: *colloquio r.* **2** (*dir.*) che riconosce, che ammette come valido: *atto, negozio r.* || **ricognitivaménte**, avv.

ricognitóre [av. 1726] **s. m. 1** (f. *-trice*) (*lett.*) chi riconosce qlco. | (*raro*) chi effettua una ricognizione **2** (*aeron.*) aereo per la ricognizione

ricognizióne o †**recognizióne** [vc. dotta, lat. *recognitiōne(m)*, da *recŏgnitus*, part. pass. di *recognōscere* 'riconoscere' ✻ 1320 ca.] **s. f. 1** (*lett.*) riconoscimento | ricompensa: *mi aveva promesso una giusta r.* (C. Goldoni) **2** (*dir.*) riconoscimento dell'esistenza di un atto, spec. a scopo probatorio nel diritto civile: *atto di r.; r. di un debito* | accertamento dell'esistenza, della veridicità, della natura di un fatto, spec. dell'identità di persone o cose nel diritto penale: *la r. della salma* **3** (*milit.*) attività aerea, terrestre o marittima intesa ad accertare l'entità, la posizione e i movimenti delle forze nemiche o la conformazione del territorio in vista di un'azione | (*est.*) missione informativa (*anche scherz.*): *la direzione ha inviato due ispettori in r.; prima di affittare la casa, faremo una breve r. nei dintorni* **4** (*raro*) verifica, riscontro **5** †censo, tributo, decima

ricolàre [comp. di *ri-* e *colare* ✻ sec. XIV] v. tr. e intr. (*io ricólo*; aus. intr. *essere* o *avere*) ● colare di nuovo

†**ricolcàre** ➤ **ricoricare**

†**ricòlere** [vc. dotta, lat. *recŏlere* 'coltivare di nuovo, riandare colla mente', comp. di *re-* e *cŏlere* 'coltivare'. V. †*colere* ✻ av. 1321] v. tr. ● ricordare

ricollegàbile [1960] agg. ● che può essere ricollegato || **ricollegabilità**, s. f. inv.

ricollegàre [comp. di *ri-* e *collegare* ✻ av. 1558] **A** v. tr. (*io ricollégo* (o *-è-*), *tu ricolléghi* (o *-è-*)) ● collegare di nuovo, ricongiungere | rimettere in collegamento | (*fig.*) collegare insieme stabilendo relazioni: *r. due ragionamenti* **B** **ricollegàrsi** **v. intr. pron.** • riferirsi (+ *a*): *la mia proposta si ricollega a un'esigenza concreta* | essere in relazione (+ *a*, + *con*): *ricollegarsi a un tema, a un problema; Queste tre questioni si ricollegano ... con quella più vasta e complessa ...* (L. PIRANDELLO) **C** **ricollegàrsi** **v. rifl.** • collegarsi di nuovo (+ *con*): *ci ricolleghiamo con lo studio per le ultime notizie* **D** **ricollegàrsi** **v. rifl. recipr.** • essere in relazione reciproca: *due fenomeni fisici che si ricollegano*

ricollocaménto [1872] **s. m.** • (*raro*) il ricollocare: *r. in congedo*

ricollocàre [vc. dotta, lat. *recollocāre*, comp. di *re-* e *collocāre* * av. 1729] **A** **v. tr.** (*io ricòlloco, tu ricòllochi*) • collocare di nuovo, rimettere: *ho ricollocato i soprammobili nei loro posti* **B** **ricollocàrsi** **v. rifl. e intr. pron.** • collocarsi di nuovo (*anche fig.*)

ricollocazióne [1816] **s. f.** • il ricollocare, il venire ricollocato | ***r. professionale***, collocazione di un lavoratore licenziato in un altro posto di lavoro **CFR.** outplacement

ricolmàre [comp. di *ri-* e *colmare* * 1667] **A** **v. tr.** (*io ricólmo*) **1** colmare di nuovo: *r. il bicchiere di vino* **2** colmare del tutto, riempire (*spec. fig.*): *andò ... da Gertrude, la ricolmò di lodi, di carezze e di promesse* (A. MANZONI) **B** **ricolmàrsi** **v. intr. pron.** • colmarsi, riempirsi di nuovo o del tutto

ricolmatùra [av. 1742] **s. f.** • (*raro*) operazione del ricolmare, del riempire spec. un terreno

ricólmo [da *ricolmare* * av. 1729] **agg.** • ben colmo, pieno (*anche fig.*): *coppa ricolma di vino; animo r. di speranza*

ricoloràre [comp. di *ri-* e *colorare* * av. 1727] **A** **v. tr.** (*io ricolóro*) • colorare di nuovo, ridare il colore: *r. un quadro sbiadito* | far tornare colorito **B** **ricoloràrsi** **v. intr. pron.** • colorarsi di nuovo o più intensamente: *durante la convalescenza gli si sono ricolorate le guance*

ricolorìre [comp. di *ri-* e *colorire* * sec. XIV] **A** **v. tr.** (*io ricolorisco, tu ricolorìsci*) • colorire di nuovo | ritoccare il colore **B** **ricolorìrsi** **v. intr. pron.** • colorirsi di nuovo o più intensamente

†**ricòlta** [da *ricolto* * 1219] **s. f.** **1** raccolta dei prodotti della terra **2** deposito, pegno **3** malleveria

ricoltivàre [comp. di *ri-* e *coltivare* * 1816] **v. tr.** • coltivare di nuovo

ricòlto **A** **part. pass.** di *ricogliere*; anche **agg.** • nei sign. del v. **B** **s. m.** • †raccolto

ricomandàre [comp. di *ri-* e *comandare* * av. 1455] **v. tr.** • comandare di nuovo

ricombàttere [comp. di *ri-* e *combattere* * sec. XIII] **v. tr. e intr.** (coniug. come *battere*; aus. *avere*) • combattere di nuovo: *r. il nemico; r. contro l'avversario*

ricombinànte **A** **part. pres.** di *ricombinare*; anche **agg.** • (*biol.*) nella loc. ***DNA r.***, in ingegneria genetica, molecola di DNA che è ottenuta prelevando un segmento di DNA da una cellula donatrice e inserendolo nel DNA prelevato da una cellula ospite e che, quando viene restituita a quest'ultima, vi si replica nel processo di moltiplicazione cellulare permettendo di ottenere un numero indefinito di copie della sequenza nucleotidica inserita **B** **s. m.** • (*biol.*) in genetica, il nuovo individuo o la nuova cellula proveniente da una ricombinazione

ricombinàre [comp. di *ri-* e *combinare* * 1600] **A** **v. tr.** • combinare di nuovo | rimettere insieme **B** **ricombinàrsi** **v. intr. pron. e rifl. recipr.** • (*chim.*) riunirsi: *uno ione idrogeno e uno ione cloro si ricombinano per formare una molecola di acido cloridrico*

ricombinazióne [1934] **s. f.** **1** (*raro*) il ricombinare, il ricombinarsi | ciò che risulta dall'unione di elementi di diversa origine: *falsificazioni che sono... ricombinazioni delle opere originali* (B. CROCE) **2** (*fis.*) il processo con cui due particelle o due corpi che portano cariche di segno opposto si combinano formando una particella o un corpo neutro **3** (*biol.*) in genetica, fenomeno per cui nella progenie sono presenti combinazioni di geni diverse da quelle dei genitori

ricominciaménto [sec. XIV] **s. m.** • (*raro*) il ricominciare: *il risveglio della città, il r. inevitabile* (G. D'ANNUNZIO) **SIN.** reinizio

♦**ricominciàre** [comp. di *ri-* e *cominciare* * 1261 ca.] **A** **v. tr.** (pres. *io ricomìncio*; fut. *io ricomincerò*) • cominciare da capo **SIN.** reiniziare | riprendere a dire o a fare (+ *a* seguito da inf.): *r. il conto, il lavoro, il discorso; ho ricominciato a studiare; non ricominciamo a discutere; ricominciamo da capo; tacque un momento e poi ricominciò* | ***si ricomincia!***, siamo daccapo! **B** **v. intr.** (aus. *essere*) • avere nuovamente inizio: *l'inverno è ricominciato; da che è ricominciato il supplizio* (G. D'ANNUNZIO) **C** **v. intr. impers.** (aus. *essere* o *avere*) • cominciare di nuovo (+ *a* seguito da inf.): *ricomincia a fare brutto tempo; ha (o è) ricominciato a piovere*

ricominciàto **part. pass.** di *ricominciare*; anche **agg.** • ripreso dopo un interruzione

ricomméso **part. pass.** di *ricommettere* • (*raro*) nei sign. del v.

ricomméttere [comp. di *ri-* e *commettere* * sec. XIV] **v. tr.** (coniug. come *mettere*) **1** commettere di nuovo, rifare: *r. lo stesso errore* **2** rimettere insieme le parti staccate di qlco.: *r. i pezzi di una statua* **3** †affidare di nuovo

ricommettitùra [1872] **s. f.** • (*raro*) operazione del ricommettere insieme due parti staccate | il punto in cui si uniscono i pezzi divisi

ricommòsso **part. pass.** di *ricommuovere* • (*raro*) nel sign. del v.

ricommuòvere [comp. di *ri-* e *commuovere* * 1872] **A** **v. tr.** (coniug. come *muovere*) • commuovere di nuovo **B** **ricommuòversi** **v. intr. pron.** • commuoversi di nuovo

ricompaginàre [comp. di *ri-* e *compaginare* * 1499] **v. tr.** (*io ricompàgino*) • rimettere insieme, riordinare ciò che era stato scompaginato

ricomparìre [comp. di *ri-* e *comparire* * 1640] **v. intr.** (coniug. come *comparire*; aus. *essere*) • comparire di nuovo: *è ricomparso il sole*

ricompàrsa [comp. di *ri-* e *comparsa* * 1872] **s. f.** • riapparizione: *un'improvvisa r. del colera* | nuova manifestazione di qlco.: *la r. di un sintomo* | ***fare la propria r.***, ritornare: *dopo una lunga assenza, ha fatto la sua ricomparsa sulla scena politica; la neve ha fatto la sua r. sulle cime più alte*

ricompàrso **part. pass.** di *ricomparire*; anche **agg.** • nel sign. del v.

ricompattàre [comp. di *ri-* e *compattare* * 1980] **A** **v. tr.** • rendere nuovamente compatto un insieme, spec. di persone: *r. il partito* **B** **ricompattàrsi** **v. intr. pron.** • ritornare ad essere un gruppo compatto

♦**ricompènsa** [da *ricompensare* * av. 1375] **s. f.** **1** contraccambio che si dà per un servizio reso, per un favore ricevuto o come premio di un'azione lodevole: *ricevere una r. adeguata alla fatica; la nostra r. è la vostra amicizia* | ***r. al valor militare***, distinzione onorifica a premio di un atto di valore compiuto in guerra | atto del ricompensare: *non so che cosa darti in r.* **2** (*psicol.*) rinforzo

SFUMATURE DI SIGNIFICATO

ricompensa - premio - remunerazione

Ricompensa è in generale quanto si dà o si riceve in cambio di un servizio reso o dell'aiuto prestato. Più in particolare, si definisce **premio** la ricompensa in denaro o in natura per un'azione lodevole, e **remunerazione** il compenso dovuto per una prestazione lavorativa.

SFUMATURE ➤ ***onorario***②, ➤ ***paga***, ➤ ***retribuzione***

ricompensàbile [1872] **agg.** • che si può ricompensare

♦**ricompensàre** [vc. dotta, lat. tardo *recompensāre*, comp. di *re-* e *compensāre* * av. 1328] **v. tr.** (*io ricompènso*) **1** premiare con una ricompensa: *r. qlcu. per i suoi servigi; ti ricompenserò per la tua gentilezza* | anche iron.: *ci ha ricompensati con l'ingratitudine* | ripagare **2** †rimborsare, risarcire

†**ricompensativo** [1673] **agg.** • che vale ricompensare

ricompensàto **part. pass.** di *ricompensare*; anche **agg.** • ripagato

ricompensatóre [sec. XIV] **s. m.** (f. *-trice*); anche **agg.** • (*raro, lett.*) chi (o che) ricompensa

†**ricompensazióne** [vc. dotta, lat. tardo *recompensatiōne(m)*, da *recompensātus*, part. pass. di *recompensāre* 'ricompensare' * 1304] **s. f.** **1** ricompensa, contraccambio **2** risarcimento, soddisfazione

ricomperàre e deriv. ➤ **ricomprare** e deriv.

ricómpiere [comp. di *ri-* e *compiere* * sec. XIII] **v. tr.** (coniug. come *compiere*) **1** compiere di nuovo **2** †ricompensare

ricompilàre [comp. di *ri-* e *compilare* * 1872] **v. tr.** (*io ricompilo* o raro *ricòmpilo*) • compilare di nuovo

ricompilazióne [comp. di *ri-* e *compilazione* * 1356] **s. f.** • nuova compilazione

ricompìre [sec. XIV] **v. tr.** (coniug. come *compire*) • (*raro*) ricompiere

ricomponiménto [dal lat. *recompōnere* 'ricomporre' * 1843] **s. m.** • (*raro*) ricomposizione

ricompórre [comp. di *ri-* e *comporre* * 1550] **A** **v. tr.** (coniug. come *porre*) **1** comporre di nuovo, rifare: *r. una lettera* | rimettere insieme: *r. i frammenti di un ingranaggio* | (*fig.*) sanare, superare: *r. un contrasto* **2** rimettere in ordine: *r. l'abito* | ***r. il viso***, riassumere un'espressione normale | anche in forma pron.: *ricomporsi i capelli* **3** (*fig.*) riordinare, ricostruire: *r. un fatto; r. una situazione caotica* **B** **ricompórsi** **v. intr. pron.** • riprendere l'aspetto normale: *Fu come se sul suo viso cereo ... i lineamenti si ricomponessero a poco a poco* (V. PRATOLINI) **C** **ricompórsi** **v. rifl.** • riassumere un atteggiamento ordinato, composto o dignitoso: *Ma ella abbassò le palpebre, si ricompose* (G. D'ANNUNZIO) | riacquistare il controllo di sé e della propria espressione: *ricomporsi dopo uno spavento*

ricomposizióne [comp. di *ri-* e *composizione* * 1819] **s. f.** **1** il ricomporre | ricostituzione: *la r. di un comitato, una società* | (*fig.*) superamento, risoluzione: *r. di un contrasto* **2** (*ling.*) procedimento per il quale uno degli elementi di un composto riprende la forma primitiva

ricompósto **part. pass.** di *ricomporre*; anche **agg.** • nei sign. del v.

ricómpra o (*raro*) **ricómpera** [1312] **s. f.** **1** (*raro*) il ricomprare **2** †riscatto **3** †redenzione

ricompràbile o **ricomperàbile** [1872] **agg.** • che si può ricomprare

†**ricompraménto** [1306] **s. m.** **1** il ricomprare | riacquisto **2** (*fig.*) redenzione

ricompràre o **ricomperàre** [comp. di *ri-* e

comprare ✻ 1268] **A** **v. tr.** (*io ricómpro*) **1** comprare di nuovo qlco. dello stesso tipo di un'altra: *r. una birra* | comprare ciò che si era venduto: *r. la casa venduta*; *r. i possedimenti della propria famiglia* | comprare a propria volta: *non so chi potrà r. la tua automobile* | anche in forma pron. (con valore intens.): *fu costretto a ricomprarsi il terreno appartenuto ai suoi genitori* **2** †riscattare, liberare **3** (*fig., lett.*) recuperare: *Ricompriamo il tempo: la mezzanotte è vicina* (A. MANZONI) **B** †**ricompràrsi** **v. intr. pron.** ● sottrarsi, scampare da qlco. versando del denaro: *pagare denari per ricomperarsi dalle prede e da' sacchi* (F. GUICCIARDINI)

ricompratóre o **ricomperatóre** [av. 1311] **s. m.** (f. *-trice*) **1** chi ricompra **2** †chi riscatta **3** (*fig.*) †chi redime

ricomprèndere [comp. di *ri-* e *comprendere* ✻ 1794] **v. tr.** (coniug. come *prendere*) ● comprendere al proprio interno, includere: *un'amnistia che ricomprende diversi tipi di reato*

ricomprèsso part. pass. di *ricomprimere*; anche **agg.** ● nei sign. del v.

ricomprìmere [comp. di *ri-* e *comprimere* ✻ 1872] **v. tr.** (coniug. come *comprimere*) ● comprimere di nuovo o di più

†**ricomùnica** [da *ricomunicare* ✻ av. 1400] **s. f.** ● assoluzione dalla scomunica

ricomunicàre [comp. di *ri-* e *comunicare* ✻ sec. XIII] **A** **v. tr.** (*io ricomùnico, tu ricomùnichi*) **1** comunicare di nuovo: *vi ricomunicherò le sue decisioni* **2** (*relig.*) amministrare nuovamente l'eucaristia | †assolvere dalla scomunica **B** **v. intr.** (aus. *avere*) ● avere di nuovo relazione, rapporto con qlcu.: *ricomunicherò con te con una lettera* **C** **ricomunicàrsi** **v. intr. pron.** ● ricevere di nuovo l'eucaristia

riconcèdere [comp. di *ri-* e *concedere* ✻ 1540] **v. tr.** (coniug. come *concedere*) ● concedere di nuovo

riconcedùto part. pass. di *riconcedere*; anche **agg.** ● (*raro*) nel sign. del v.

riconcentraménto [av. 1694] **s. m.** ● (*raro*) il riconcentrare, il riconcentrarsi

riconcentràre [comp. di *ri-* e *concentrare* ✻ 1636] **A** **v. tr.** (*io riconcèntro* (o *-é-*)) **1** concentrare di nuovo o più intensamente: *hanno riconcentrato ingenti forze alla frontiera* **2** raccogliere in un solo punto (anche *fig.*): *ci hanno riconcentrati nella piazza*; *r. la mente* **3** sottoporre a ulteriore concentrazione una soluzione o una miscela **B** **riconcentràrsi** **v. rifl.** ● concentrarsi di nuovo | raccogliersi in sé stesso, nei propri pensieri

riconcepìre [comp. di *ri-* e *concepire* ✻ sec. XIV] **v. tr.** (coniug. come *concepire*) ● concepire di nuovo

riconcèsso part. pass. di *riconcedere*; anche **agg.** ● (*raro*) nel sign. del v.

riconciàre [comp. di *ri-* e *conciare* ✻ 1268] **A** **v. tr.** (pres. *io ricóncio*; fut. *io riconcerò*) **1** conciare di nuovo **2** †restaurare **3** †aggiustare, accomodare | †riorganizzare **B** **riconciàrsi** **v. intr. pron. e rifl.** **1** conciarsi di nuovo **2** †riaggiustarsi

riconciliàbile [av. 1574] **agg.** ● che si può riconciliare

riconciliaménto [av. 1348] **s. m.** ● (*raro*) riconciliazione

riconciliàre o †**reconciliàre** [vc. dotta, lat. *reconciliāre*, comp. di *re-* e *conciliāre* ✻ sec. XIII] **A** **v. tr.** (*io riconcìlio*) **1** fare tornare d'accordo o in buona armonia: *r. due Stati in guerra*; *r. suocera e nuora* | ***r. con Dio***, assolvere dai peccati commessi SIN. rappacificare **2** fare riacquistare, ritrovare: *la tua umiltà ti ha riconciliato la nostra stima* | †***r. la pace***, farla ritornare **B** **riconciliàrsi** **v. tr. pron.** (aus. *essere*) ● (*lett.*) riconquistare la simpatia, l'appoggio di qlcu.: *disperandosi di potere riconciliarsi il cardinale* (F. GUICCIARDINI) **C** **riconciliàrsi** **v. intr. pron. e rifl. recipr.** ● rappacificarsi, tornare in pace o in armonia: *si sono riconciliati dopo una spiegazione*

riconciliàto part. pass. di *riconciliare*; anche **agg.** ● rappacificato

riconciliatóre [vc. dotta, lat. *reconciliatō-re(m)*, da *reconciliātus* 'riconciliato' ✻ av. 1311] **s. m.** (f. *-trice*); anche **agg.** ● chi (o che) riconcilia

riconciliatòrio [1745] **agg.** (pl. m. *-i* o *raro -ii*) ● che serve a riconciliare: *gesto r.*

riconciliazióne o †**reconciliazióne** [vc. dotta, lat. *reconciliatiōne(m)*, da *reconciliātus* 'riconciliato' ✻ av. 1328] **s. f.** **1** ristabilimento di una condizione di pace, di armonia e sim.: *favorire, procurare la r.*; *fra i due rivali è avvenuta una sicura r.* SIN. rappacificazione **2** (*relig.*) nella disciplina penitenziale cattolica, atto e rito con cui un chierico interdetto è riammesso alla sua dignità e funzione, o una chiesa è riconsacrata | ***Sacramento della R.***, altra denominazione del sacramento della penitenza, dopo il Concilio Vaticano II

†**ricóncio** [da *riconciare* ✻ av. 1473] **agg.** ● preparato, condito: *fagioli riconci*

ricondannàre [comp. di *ri-* e *condannare* ✻ 1530] **v. tr.** ● condannare di nuovo

ricondensàre [comp. di *ri-* e *condensare* ✻ av. 1563] **A** **v. tr.** (*io ricondènso*) ● condensare di nuovo o di più **B** **ricondensàrsi** **v. intr. pron.** ● condensarsi di nuovo SIN. raddensarsi

ricondìre [comp. di *ri-* e *condire* ✻ 1835] **v. tr.** (*io ricondìsco, tu ricondisci*) ● condire di nuovo

†**ricòndito** ➤ **recondito**

ricondizionàre [comp. parasintetico di (*buona*) *condizione*, col pref. *ri-*; nel sign. 3, trad. dell'ingl. *to recondition* 'ripristinare' ✻ 1872] **v. tr.** (*io ricondizióno*) **1** condizionare di nuovo **2** riparare l'imballaggio di un pacco scondizionato, deteriorato **3** nel linguaggio commerciale, rimettere a nuovo un oggetto, un apparecchio, un impianto dopo averlo revisionato ed eventualmente riparato: *r. un motore*

†**ricondótta** [da *ricondotto* ✻ av. 1442] **s. f.** **1** rinnovo della condotta di un condottiero: *faceva ogni diligenza per indurre l'Alviano alla ricondotta* (F. GUICCIARDINI) **2** riconferma in un incarico retribuito

ricondótto part. pass. di *ricondurre*; anche **agg.** ● nei sign. del v.: *r. a casa*

riconducènte part. pres. di *ricondurre* ● (*raro*) nei sign. del v.

†**riconducere** ➤ **ricondurre**

riconducìbile [da *ricondurre*, sul modello di *conducibile* ✻ 1967] **agg.** ● che si può ricondurre | (*fig.*) che si può mettere in relazione: *Si trattava di un caso unico, ... cioè non r. al già noto* (A. MORAVIA) ‖ **riconducibilità**, **s. f. inv.**

riconduciménto [dal lat. *recondūcere* 'ricondurre' ✻ 1872] **s. m.** ● (*lett., fig.*) riferimento a qlco.

♦**ricondùrre** o †**riconducere** [lat. *recondūcere*, comp. di *re-* e *condūcere* 'condurre' ✻ sec. XIII] **A** **v. tr.** (coniug. come *condurre*) **1** condurre di nuovo: *ci ha ricondotti in quel locale* | (*fig.*) far risalire, attribuire, mettere in relazione: *il suo rifiuto a continuare gli studi è da r. ai suoi rapporti col padre* SIN. riportare **2** riportare al luogo o alla condizione di partenza: *appena cominciò a piovere, ci ricondusse a casa*; *r. il bestiame alla stalla* | (*fig.*) indurre: *r. qlcu. alla ragione* **3** †riconfermare nel servizio militare o in un incarico stipendiato **4** †ridurre: *lei ... annullò e quasi ad estrema perdizione ricondusse* (I. SANNAZARO) **5** †affittare di nuovo **B** **ricondùrsi** **v. intr. pron.** ● †tornare in un luogo | †trasferirsi di nuovo **C** **ricondùrsi** **v. rifl.** ● †arruolarsi di nuovo

riconduzióne [dal lat. *recondūctus*, part. pass. di *recondūcere* 'ricondurre' ✻ 1673] **s. f.** ● (*dir.*) rinnovo del contratto di locazione, in caso di mancata disdetta alla scadenza del termine

riconférma [av. 1704] **s. f.** **1** rinnovo di un incarico: *ha ottenuto la r. nel suo ufficio* | nuova conferma, prova ulteriore: *il suo atteggiamento rappresenta la r. dei miei sospetti* **2** nel calcio, rinnovo del contratto di ingaggio a un giocatore

riconfermàbile [1872] **agg.** ● che si può riconfermare

riconfermàre [comp. di *ri-* e *confermare* ✻ 1261 ca.] **A** **v. tr.** (*io riconférmo*) ● confermare di nuovo (+ *di* seguito da inf., + *che*): *vi riconfermo la bella notizia*; *ha riconfermato di volersi trasferire, che si vuole trasferire* | confermare: *r. qlcu. in un incarico, un ufficio* **B** **riconfermàrsi** **v. rifl.** **1** dare nuova prova, nuova conferma delle proprie caratteristiche: *si è riconfermato giocatore vincente, autentico cialtrone, ottimo cuoco* **2** rafforzarsi in un'opinione e sim.: *si è riconfermato nei suoi dubbi* **3** (*disus.*) dichiararsi di nuovo: *mi riconfermo vostro amico*

†**riconfermazióne** [1353] **s. f.** ● riconferma

riconfessàre [comp. di *ri-* e *confessare* ✻ 1354] **A** **v. tr.** (*io riconfèsso*) ● confessare di nuovo **B** **riconfessàrsi** **v. rifl.** ● confessarsi di nuovo

riconficcàre [comp. di *ri-* e *conficcare* ✻ av. 1565] **A** **v. tr.** (*io riconficco, tu riconficchi*) ● conficcare di nuovo **B** anche **riconficcàrsi** **v. tr. pron.** (aus. *essere*): *riconficcandosi in gola la sua pipetta* (I. NIEVO)

riconfiguràre [comp. di *ri-* e *configurare* ✻ 1985] **A** **v. tr.** **1** presentare in una nuova forma **2** (*inform.*) configurare nuovamente un sistema **B** **riconfiguràrsi** **v. intr. pron.** ● ripresentarsi

riconfinàre [comp. di *ri-* e *confinare* ✻ av. 1498] **A** **v. tr.** ● (*raro*) confinare di nuovo **B** **riconfinàrsi** **v. rifl.** ● confinarsi di nuovo

riconfiscàre [comp. di *ri-* e *confiscare* ✻ 1872] **v. tr.** (*io riconfisco, tu riconfischi*) ● confiscare di nuovo

riconfìtto [part. pass. di †*riconfiggere*, comp. di *ri-* e *configgere* ✻ 1858] **agg.** ● (*lett.*) nuovamente costretto: *Eccomi r. alla pazienza* (I. NIEVO)

riconfóndere [comp. di *ri-* e *confondere* ✻ av. 1685] **A** **v. tr.** (coniug. come *fondere*) ● confondere di nuovo **B** **riconfóndersi** **v. intr. pron.** ● confondersi, mescolarsi nuovamente: *Sarebbe stata un'umiliazione ... riconfondersi con la moltitudine* (A. FOGAZZARO)

riconformàre [comp. di *ri-* e *conformare* ✻ 1308] **A** **v. tr.** (*io riconfórmo*) ● (*lett.*) rendere conforme **B** **riconformàrsi** **v. rifl.** ● conformarsi di nuovo

riconfortàre [comp. di *ri-* e *confortare* ✻ 1250 ca.] **A** **v. tr.** (*io riconfòrto*) **1** confortare di nuovo o di più: *mi ha riconfortato con il suo ottimismo*; *le tue parole mi riconfortano* **2** (*est., lett.*) ristorare **3** †rinnovare nella memoria **B** **riconfortàrsi** **v. intr. pron.** ● riprendere conforto

riconfrontàre [comp. di *ri-* e *confrontare* ✻ av. 1698] **A** **v. tr.** (*io riconfrónto*) ● confrontare di nuovo: *r. testimonianze, codici* **B** **riconfrontàrsi** **v. rifl. e rifl. recipr.** ● confrontarsi, misurarsi di nuovo: *dopo il congresso,* *i vertici hanno deciso di riconfrontarsi con la base; i partiti si sono riconfrontati sul nuovo disegno di legge*

riconfùso **part. pass.** di *riconfondere* ● nel sign. del v.

riconfutàre [comp. di *ri-* e *confutare* ✱ 1872] **v. tr.** (*io ricònfuto*, o *riconfùto*) ● confutare di nuovo

ricongedàre [comp. di *ri-* e *congedare* ✱ 1872] **A** **v. tr.** (*io ricongèdo*) ● congedare di nuovo **B** **ricongedàrsi** **v. rifl.** ● congedarsi di nuovo

ricongegnàre [comp. di *ri-* e *congegnare* ✱ av. 1704] **v. tr.** (*io ricongégno*; **coniug. come** *segnare*) ● (*raro*) congegnare di nuovo o in un altro modo | (*raro*) rimettere in sesto

ricongelàre [comp. di *ri-* e *congelare* ✱ 1684] **A** **v. tr.** (*io ricongèlo*) ● congelare di nuovo **B** **ricongelàrsi** **v. intr. pron.** ● congelarsi di nuovo

ricongiùngere o †**ricongiùgnere** [comp. di *ri-* e *congiungere* ✱ 1308] **A** **v. tr.** (**coniug. come** *giungere*) ● congiungere di nuovo: *r. le parti divise* **B** **ricongiùngersi** **v. intr. pron. e rifl. recipr.** ● congiungersi di nuovo, riunirsi: *ricongiungersi alla famiglia, ai compagni; i due fratelli si sono ricongiunti in cielo*

ricongiungiménto [1598] **s. m.** ● il ricongiungere | riunione

ricongiùnto **part. pass.** di *ricongiungere*; **anche agg.** ● (*raro*) nuovamente unito

ricongiunzióne [1351] **s. f.** ● ricongiungimento, spec. di cose: *effettuare la r. di due linee tranviarie*

riconnèsso (o **-é-**) **part. pass.** di *riconnettere*; **anche agg.** ● ricollegato

riconnèttere (o **-é-**) [comp. di *ri-* e *connettere* ✱ 1487] **A** **v. tr.** (**coniug. come** *connettere*) ● connettere di nuovo o in modo migliore: *r. due fatti; cerca di r. i tuoi pensieri* **B** **riconnèttersi** **v. intr. pron.** ● connettersi di nuovo: *tentare di riconnettersi alla rete* | ricollegarsi: *questo capitolo si riconnette al precedente*

riconoscènte **part. pres.** di *riconoscere*; **anche agg.** **1** che prova riconoscenza: *ti sono molto r.; sono loro r.; sono r. verso di loro; Le sono r. per i* (o *dei*) *favori che mi ha fatto* | che esprime, manifesta riconoscenza: *parole riconoscenti; ricordo r.* **SIN.** grato **2** †che riconosce qlcu. ‖ **riconoscenteménte**, **avv.**

♦**riconoscènza** [1319] **s. f.** **1** sentimento di chi è grato del bene, del favore ricevuto: *esprimere r. a qlcu., verso qlcu., per qlcu.; mostrare r. per qlco., di qlco.; eterna, viva, inestinguibile r.; avere un debito di r. per qlcu.* **SIN.** gratitudine **2** †rimorso: *Tanta r. il cor mi morse, / ch'io caddi vinto* (DANTE *Purg.* XXXI, 88-89)

♦**riconóscere** [lat. *recognōscere*, comp. di *re-* e *cognōscere* 'conoscere' ✱ sec. XII] **A** **v. tr.** (**coniug. come** *conoscere*) **1** individuare, identificare cosa o persona nota: *r. l'automobile rubata dalla targa; r. qlcu. alla voce; r. l'amico dopo molti anni; non ha documenti per farsi r.* | ***non lo riconosco più***, detto di chi è molto cambiato **2** distinguere, conoscere realmente, nella sua essenza: *so r. un buon vino; r. il giusto dall'ingiusto* **3** nel diritto interno, attribuire, da parte dello Stato, la personalità giuridica: *r. un'associazione, un ente* | dichiarare, ammettere l'esistenza di un diritto altrui: *r. un debito* | ***r. in conto***, accreditare | ***r. un figlio***, dichiarare nelle forme previste dalla legge che una data persona è proprio figlio **4** nel diritto internazionale, dichiarare di accettare la legittimità o l'esistenza di qlco. o di qlcu.: *r. un nuovo Stato, una organizzazione internazionale; r. una conquista* | (*est.*) ***r. il fatto compiuto***, accettarlo con tutte le sue conseguenze **5** ammettere, confessare (+ *che*, + *di* **seguito da inf.**): *riconosco che così non va; riconosco di avere sbagliato; r. il proprio errore* **6** (*lett.*) ispezionare | (*milit.*) ***r. un terreno, un itinerario***, prenderne cognizione ai fini delle operazioni tattiche e tecniche da svolgere | (*fig.*) †esaminare, considerare con attenzione **7** †considerare qlco. come un favore, un beneficio e sentire per ciò gratitudine | †***r. qlco. da qlcu.***, ammettere di essergliene debitore **8** (*raro*) ricompensare: *r. le spese fatte* **B** **riconóscersi** **v. rifl.** **1** ammettere di essere in una certa condizione: *l'imputato si è riconosciuto colpevole* **2** identificarsi, trovare corrispondenza (+ *in*): *non mi riconosco nelle sue opinioni; gruppi di lavoratori che si riconoscono in un sindacato autonomo* **3** (*lett.*) avere coscienza di sé, delle proprie caratteristiche **C** **riconóscersi** **v. rifl. recipr.** ● identificarsi a vicenda: *rivedendosi dopo tanti anni, hanno stentato a riconoscersi* **D** **riconóscersi** **v. intr. pron.** **1** †accorgersi, avvedersi **2** †pentirsi, ravvedersi **3** †essere grato, riconoscente a qlcu. di qlco.

riconoscìbile [1699] **agg.** ● che si può riconoscere: *differenza r. a prima vista; il casale è r. dal colore rosa della pietra* **CONTR.** irriconoscibile ‖ **riconoscibilménte**, **avv.** ‖ **riconoscibilità**, **s. f. inv.**

riconosciménto [1351] **s. m.** **1** identificazione di persona o cosa nota; accertamento di identità: *un r. immediato; segnale di r.; documento di r.* **2** accettazione: *r. del nuovo Stato, di un diritto* | ammissione, confessione: *il r. di una colpa, di un errore* **3** (*dir.*) ***r. del figlio***, atto con il quale il genitore dichiara di essere il padre, o la madre, del figlio nato da due persone non coniugate fra loro | ***r. della scrittura privata***, dichiarazione con la quale una parte riconosce che una scrittura privata prodotta in giudizio è stata da lei sottoscritta o redatta **4** (*inform.*) identificazione attraverso procedure informatiche: *r. ottico dei caratteri* | ***r. vocale***, programma in grado di eseguire le istruzioni impartite a voce (comandi di sistema, digitalizzazione di un testo sotto dettatura, ecc.) **5** ricompensa, apprezzamento: *assegnare un premio come r. dei meriti di qlcu.* | ***dare in r.***, dare in ricompensa, per riconoscenza **6** (*teatro*) scoperta di parentela, amicizia e sim. tra persone prima ignote tra loro **SIN.** agnizione **7** (*psicol.*) consapevolezza di un oggetto, di cui si è già avuto esperienza | consapevolezza del significato di un simbolo **8** †contraccambio, compenso **9** †pentimento, ravvedimento

riconoscitivo [1570] **agg.** ● (*raro*) che fa riconoscere

riconoscitóre [av. 1527] **A** **s. m.** (**f.** *-trice*) ● chi riconosce **B** **agg.** ● †grato, riconoscente

riconosciùto **part. pass.** di *riconoscere*; **anche agg.** ● nei sign. del v. | (*est.*) unanimemente accettato: *stavano sempre attorno a Filippo come al loro capo r.* (A. MORAVIA) | (*fig.*) accertato, indiscutibile: *un uomo di riconosciuta onestà*

riconquista [comp. di *ri-* e *conquista* ✱ av. 1694] **s. f.** ● nuova conquista di ciò che era stato perduto: *la r. di un territorio, della libertà*

riconquistàre [comp. di *ri-* e *conquistare* ✱ sec. XIII] **A** **v. tr.** ● conquistare di nuovo combattendo: *r. un territorio, un paese* | (*fig.*) recuperare ciò che era stato perduto: *r. la fiducia degli amici; r. il potere* | (*fig.*) fare nuovamente innamorare: *r. una donna, un uomo* **B** **anche** **riconquistàrsi** **v. tr. pron.** (**aus.** *essere*): *riconquistarsi la fiducia, la stima, l'appoggio di qlcu.*

riconsacràre o †**riconsecràre** [comp. di *ri-* e *consacrare* ✱ 1653] **v. tr.** ● consacrare di nuovo

riconsacrazióne [av. 1712] **s. f.** ● il riconsacrare

†**riconsecràre** ➤ **riconsacrare**

riconségna [1872] **s. f.** ● il riconsegnare | cerimonia durante la quale si riconsegna qlco.: *la r. delle bandiere* **SIN.** restituzione

riconsegnàre [comp. di *ri-* e *consegnare* ✱ av. 1484] **v. tr.** (*io riconségno*; **coniug. come** *segnare*) **1** consegnare di nuovo: *vi riconsegno le chiavi di casa* **2** restituire a qlcu. ciò che questi aveva affidato ad altri in consegna, che aveva smarrito o che gli era stato tolto: *l'impiegato ci riconsegnò i documenti; i carabinieri riconsegnarono al derubato i gioielli ritrovati*

riconsideràre [comp. di *ri-* e *considerare* ✱ 1438] **v. tr.** (*io riconsìdero*) ● considerare di nuovo, con maggiore attenzione o da un altro punto di vista: *r. una questione; abbiamo riconsiderato tutta la situazione*

riconsiderazióne [1935] **s. f.** ● il riconsiderare **SIN.** riesame

riconsigliàre [comp. di *ri-* e *consigliare*[1] ✱ av. 1374] **A** **v. tr.** (*io riconsiglio*) ● consigliare di nuovo, ripetere un consiglio: *vi riconsiglio di non partire* **B** †**riconsigliàrsi** **v. intr. pron.** ● (*lett.*) indursi nuovamente: *Ogni animal d'amor si riconsiglia* (F. PETRARCA)

riconsolàre [comp. di *ri-* e *consolare*[1] (V.) ✱ 1336 ca.] **A** **v. tr.** (*io riconsólo*) ● consolare di nuovo o di più | (*lett.*) riconfortare: *ma quei rossor, ma quei timori suoi / rassecura il guerriero e riconsola* (T. TASSO) **B** **riconsolàrsi** **v. rifl.** ● rincuorarsi, allietarsi nuovamente

riconsultàre [comp. di *ri-* e *consultare* ✱ 1832] **v. tr.** ● (*raro*) consultare di nuovo | (*lett.*) riconsiderare

ricónta [comp. di *ri-* e *conta* ✱ 1981] **s. f.** ● nuovo conteggio: *r. delle schede elettorali* **CFR.** ricalcolo

ricontàre [comp. di *ri-* e *contare* ✱ 1266] **A** **v. tr.** (*io ricónto*) **1** contare di nuovo: *r. il denaro riscosso* **2** †dire, raccontare: *lungo fôra a ricontarve / quanto la nova libertà m'increbbe* (F. PETRARCA) **B** **ricontàrsi** **v. rifl.** ● contarsi di nuovo

ricontestualizzàre [comp. di *ri-* e *contestualizzare* ✱ 1975] **v. tr.** ● inserire in un contesto diverso da quello originario ‖ **ricontestualizzazióne**, **s. f.**

†**ricónto** [da *ricontare* ✱ 1340 ca.] **s. m.** ● riepilogo | resoconto

ricontràrre [comp. di *ri-* e *contrarre* ✱ sec. XIV] **A** **v. tr.** (**coniug. come** *trarre*) **1** contrarre di nuovo **2** †indurre di nuovo a qlco. **B** **ricontràrsi** **v. intr. pron.** ● contrarsi di nuovo

ricontrattàre [comp. di *ri-* e *contrattare* ✱ 1985] **v. tr.** ● contrattare di nuovo

ricontràtto **part. pass.** di *ricontrarre* ● (*raro*) nel sign. del v.

ricontrollàre [comp. di *ri-* e *controllare* ✱ 1922] **v. tr.** (*io ricontròllo*) ● controllare di nuovo

riconvalidàre [comp. di *ri-* e *convalidare* ✱ av. 1541] **v. tr.** (*io riconvàlido*) ● convalidare di nuovo o meglio **SIN.** riconfermare

riconvenìre [comp. di *ri-* e *convenire* ✱ av. 1565] **A** **v. intr.** (**coniug. come** *venire*; **aus.** *avere*) ● convenire nuovamente: *riconveniamo che tu hai ragione* **B** **v. tr.** **1** (*dir.*) proporre da parte del convenuto a propria volta e nello stesso giudizio delle domande giudiziali contro l'attore **2** †rimproverare, accusare

riconvenùto **part. pass.** di *riconvenire*; **anche agg.** ● (*raro*) nei sign. del v.

riconvenzionàle [1879] **agg.** ● (*dir.*) relativo a riconvenzione: *domanda, causa r.*

riconvenzióne o †**reconvenzióne** [da *riconvenire* ✱ sec. XIV] **s. f.** **1** †replica, contestazione di affermazioni altrui **2** †rimprovero **3** (*dir.*) azione del riconvenire

riconversióne [comp. di *ri-* e *conversione* ✱ 1950] **s. f.** ● (*econ.*) riorganizzazione degli orientamenti, degli apparati, dei processi produttivi, che determina una radicale trasformazione di questi: *la r. tecnologica delle aziende*

riconvertire [comp. di *ri-* e *convertire* ✱ av. 1342] **A** **v. tr.** (coniug. come *convertire*) **1** convertire nuovamente | (*est.*) convincere a ritornare a un comportamento o a un'opinione precedente **2** riorganizzare un'azienda per adattarla a nuovi tipi di produzione **B** **riconvertìrsi** **v. intr. pron.** **1** convertirsi di nuovo | (*est., econ.*) sottoporsi a riconversione, detto di industrie e sim. **2** (*est.*) ritornare a un comportamento o a un'idea precedente

riconvìncere [vc. dotta, lat. tardo *reconvĭncere* 'convincere perfettamente' comp. di *re-* e *convĭncere* ✱ av. 1704] **A** **v. tr.** (coniug. come *vincere*) ● convincere di nuovo **B** **riconvìncersi** **v. rifl.** ● convincersi di nuovo

riconvocàre [comp. di *ri-* e *convocare* ✱ av. 1853] **A** **v. tr.** (*io ricònvoco, tu ricònvochi*) ● convocare di nuovo: *r. un'assemblea* **B** **riconvocàrsi** **v. rifl.** ● convocarsi nuovamente

riconvocazióne [1872] **s. f.** ● il riconvocare, il riconvocarsi

†**ricoperchiàre** [comp. di *ri-* e *coperchiare* ✱ 1321] **v. tr.** ● ricoprire con il coperchio | (*est.*) racchiudere, richiudere

†**ricopèrta** [da *ricoperto* ✱ 1353] **s. f.** **1** copertura, riparo **2** (*fig.*) scusa, giustificazione

ricopèrto o †**ricovèrto** **part. pass.** di *ricoprire*; anche **agg.** ● nei sign. del v. | completamente coperto (+ *da*, + *di*): *un lago r. da uno strato di ghiaccio*; *una tavola ricoperta di tela* | cosparso, disseminato (+ *di*): *prato r. di fiori*; *un impero r. di città* (I. CALVINO) | †segreto ‖ **ricopertaménte**, avv. †segretamente

ricopertùra [1603] **s. f.** **1** il ricoprire | ciò con cui si ricopre: *si è scucita la r. delle poltrone* **2** (*borsa*) acquisto mediante il quale il venditore allo scoperto si mette in grado di consegnare i titoli a suo tempo venduti

ricopiàre [comp. di *ri-* e *copiare* ✱ 1485] **v. tr.** (*io ricòpio*) **1** copiare di nuovo: *mi si è macchiato il foglio e ho dovuto r. tutto* | trascrivere in bella copia: *r. una lettera* **2** (*raro*) riprodurre, ritrarre dal vero o da un modello | imitare

ricopiàto **part. pass.** di *ricopiare*; anche **agg.** ● nei sign. del v.

ricopiatóre [av. 1827] **s. m.** (f. *-trice*) ● chi ricopia

ricopiatùra [av. 1594] **s. f.** ● operazione del ricopiare | trascrizione

ricoprènte **part. pres.** di *ricoprire*; anche **agg.** ● che ricopre: *pigmento, vernice r.*; *di tra le vesti ricoprenti* (G. D'ANNUNZIO)

ricoprìbile [av. 1712] **agg.** ● che può essere ricoperto | (*lett.*) occultabile

ricopriménto [av. 1364] **s. m.** **1** il ricoprire **2** ciò che serve a ricoprire o che costituisce la ricopertura di qlco. | (*lett., fig.*) occultamento **3** (*geol.*) deformazione o dislocamento di vasti lembi di rocce che vengono sospinti a ricoprire altre regioni di una catena montuosa in formazione

♦**ricoprìre** o (*poet.*) †**ricovrire** [comp. di *ri-* e *coprire* ✱ av. 1300] **A** **v. tr.** (coniug. come *coprire*) **1** coprire di nuovo: *la foschia ha ricoperto l'orizzonte* **2** coprire bene per preservare, conservare: *r. i mobili con un panno* | coprire del tutto: *la polvere aveva ricoperto i mobili*; *la neve ha ricoperto le vette* | ***r. il seme***, mettervi sopra della terra perché germogli | rivestire: *r. le poltrone nuove* | †***r. una trincea, una posizione***, ripararle dal tiro nemico | anche in forma pron.: *onde ... col levato scudo / potesse ricoprirsi il capo nudo* (L. ARIOSTO) **3** (*fig.*) riempire, colmare: *r. di denaro, di baci, di carezze* | ***r. qlcu. d'oro***, (*fig.*) fargli doni di gran valore **4** nascondere: *la terra ricopre le spoglie* | (*fig.*) celare, occultare: *r. le magagne di qlco., di qlcu.* | (*fig.*) ***r. i propri pensieri***, dissimularli | (*fig.*) †perdonare, scusare: *r. un errore* **5** esercitare, occupare, detto di incarico, ufficio: *ricopre una carica importante* **B** **ricoprirsi** **v. rifl. e intr. pron.** **1** coprirsi di nuovo o ben bene (+ *con*): *si ricoprì con un asciugamano* | tornare a coprirsi (anche *fig.*) (+ *di*): *il cielo si ricopre di nubi*; *si è ricoperto di ridicolo* | †ripararsi, difendersi **2** (*raro*) assicurare i propri crediti | rifarsi di una spesa

ricopritóre [sec. XIII] **s. m.** (f. *-trice*) ● (*raro*) chi ricopre (anche *fig.*)

ricopritùra [1891] **s. f.** ● (*raro*) ricopertura

†**ricorcàre** ➤ **ricoricare**

ricordàbile [vc. dotta, lat. tardo *recordābile(m)*, da *recordāri* 'ricordare' ✱ av. 1642] **agg.** ● che si può ricordare | (*lett.*) degno di essere ricordato SIN. memorabile ‖ †**ricordabilménte**, avv. memorabilmente ‖ **ricordabilità**, s. f. inv.

ricordànza [lat. tardo *recordāntia(m)*, da *recŏrdans*, genit. *recordāntis* 'ricordante' ✱ 1262 ca.] **s. f.** **1** (*poet.*) ricordo, memoria: *dove sei gita, / che qui sola di te la r. / trovo, dolcezza mia?* (G. LEOPARDI) **2** †facoltà del ricordare **3** †pegno **4** †rinominanza, fama **5** †menzione, commemorazione

♦**ricordàre** o †**recordàre**, †**raccordàre**② [lat. *recordāri*, da *cŏr*, genit. *cŏrdis* 'cuore' (che era per gli antichi la sede della memoria), col pref. *re-* ✱ 1261 ca.] **A** **v. tr.** (*io ricòrdo*) **1** avere presente nella memoria (+ *che*, + *di* seguito da inf.): *ricordo bene il suo indirizzo*; *un nome facile da r.*; *non ricordo come si chiama*; *ricordi che sei stato qui molto tempo fa?*; *non ricordava di averci fatto visita*; *Ricordi dove morì mio padre e perché?* (L. PIRANDELLO) | rinnovare nella memoria: *lapide che ricorda i caduti* SIN. rammentare CONTR. dimenticare **2** richiamare alla memoria propria o di altri (+ *che*, + *di* seguito da inf.): *ricorderò i pericoli passati*; *ricordate la promessa*; *ti ricordo l'appuntamento*; *ti ricordo di arrivare puntuale* | tener presente: *Ricorda che quasi tutti gli affari da me si fanno per telegrafo* (I. SVEVO) | (*est.*) far venire in mente, richiamare per somiglianza: *quel bimbo ricorda nel profilo la madre*; *uno stile di pittura che ricorda (da vicino) quello dell'ultimo Picasso* **3** nominare, menzionare: *ti ricordo i nomi dei premiati*; *vi ricordiamo spesso nei nostri discorsi* **4** commemorare: *r. una memoranda battaglia* **B** **ricordàrsi** **v. tr. pron.** (aus. *essere*) ● (con valore intens.) rammentare: *me lo ricordavo magro*; *ancora mi ricordo quella vacanza*; *ricordati la favola di quello che gridava al lupo!* (L. PIRANDELLO) **C** **ricordàrsi** **v. intr. pron.** ● conservare nella memoria (+ *di*, anche seguito da inf., + *che*): *ricordarsi del bene ricevuto*; *non mi sono ricordato di telefonargli*; *mi sono ricordato che me l'avevi detto*; *ricorditi di me, che son la Pia* (DANTE *Purg.* V, 133) | (*lett.*) anche impers.: *Mi ricorda peraltro di aver veduto più musi arrovesciati che allegri* (I. NIEVO) | farsi tornare in mente: *mi sono ricordato del suo cognome* | tener presente: *ricordati che domani è domenica* | non dimenticarsi del male ricevuto (spec. come minaccia): *mi ricorderò di ciò che mi hai fatto!*; *mi ricorderò di voi!* | ***ricordarsi di qlcu. in un testamento***, lasciargli qlco. in eredità | (*lett.*) fare menzione | †anche impers.: *se ben mi ricorda*; *mi ricorda esser non quasi lontana dal fiume una torricella disabitata* (G. BOCCACCIO) SIN. rammentarsi CONTR. dimenticarsi

ricordatìvo [1851] **agg.** **1** (*raro, lett.*) atto a ricordare: *facoltà ricordativa* **2** (*lett.*) commemorativo | (*est.*) memorabile: *giorno r.*

ricordàto **part. pass.** di *ricordare*; anche **agg.** ● nei sign. del v. | menzionato: *un poeta r. da Orazio*; *il sopra r. critico*

ricordatóre [sec. XIV] **s. m.** (f. *-trice*) ● (*lett.*) chi ricorda

†**ricordazióne** [vc. dotta, lat. *recordatiōne(m)*, da *recordātus*, part. pass. di *recordāri* 'ricordare' ✱ av. 1342] **s. f.** ● rievocazione: *l'amaritudine della continua r.* (G. BOCCACCIO) | ricordo, memoria | menzione

ricordévole [1342] **agg.** **1** (*lett.*) che si ricorda SIN. memore **2** (*lett.*) memorabile ‖ **ricordevolménte**, avv. (*raro*) in modo ricordevole

ricordìno [av. 1767] **s. m.** **1** dim. di *ricordo* **2** oggettino che si dona per ricordare qlcu. o qlco. **3** cartoncino con immagine sacra e una dedica a ricordo di persone scomparse o di ricorrenze come cresime o prime comunioni

♦**ricòrdo** [av. 1342] **A** **s. m.** **1** il ricordare, il ricordarsi | richiamo alla mente di fatti, cose o persone: *perdersi nel r. del passato*; *te lo offro per r.* **2** memoria di qlcu. o qlco. che permane impressa nella mente: *il tuo amico ci ha lasciato un pessimo r.*; *abbiamo perduto il r. di quel viaggio* | memoria spec. di avvenimenti storici che si perpetua nei posteri: *di quelle imprese gloriose si è perduto ogni r.* **3** ciò che viene ricordato: *i ricordi scolastici, dell'infanzia, della giovinezza*; *quel viaggio è un bel r.*; *vivere di ricordi* SIN. memoria **4** ciò che serve a fare ricordare qlcu. o qlco. o a rinnovarne la memoria: *conserviamo molti ricordi turistici di Roma*; *quel libro è un r. di famiglia* | ***r. marmoreo***, monumento, lapide | (spec. al pl.) vestigia: *i ricordi della civiltà cretese* | nota, appunto: *prendere ricordi giorno per giorno* | segno, lasciato da malattia, ferita, percossa, ecc.: *quella caduta gli ha lasciato un brutto r.* **5** †avviso, avvertimento, consiglio: *differire ogni lite è buon r.* (L. ARIOSTO) ‖ **ricordino**, dim. (V.) **B** in funzione di **agg. inv.** (posposto a un sost.) ● si dice di ciò che serve a far ricordare qlcu. o qlco. o a rinnovarne la memoria: *foto r.*

ricoricàre o (*poet.*) †**ricorcàre**, †**ricolcàre** [comp. di *ri-* e *coricare* ✱ 1319] **A** **v. tr.** (*io ricòrico, tu ricòrichi*) ● coricare di nuovo: *r. il bambino nel letto* **B** **ricoricàrsi** **v. rifl.** ● coricarsi di nuovo: *dopo essersi alzato, si è ricoricato* | (*fig.*) adagiarsi, stendersi | (*fig.*) †tramontare di nuovo, detto di un corpo celeste | †tornare in una data costellazione dello zodiaco, detto del Sole

ricoronàre [comp. di *ri-* e *coronare* ✱ av. 1348] **v. tr.** (*io ricoróno*) ● coronare di nuovo

ricòrre ➤ **ricogliere**

ricorrèggere [lat. *recorrĭgere*, comp. di *re-* e *corrĭgere* 'correggere' ✱ av. 1348] **v. tr.** (coniug. come *reggere*) ● correggere di nuovo o con cura: *r. le bozze*; *r. il compito* | †correggere

ricorrènte **A** **part. pres.** di *ricorrere*; anche **agg.** **1** che si ripete, che si manifesta periodicamente: *fatto, fenomeno r.*; *Barbarie sempre r., nella storia* (R. BACCHELLI) | ***motivo r.***, che ritorna abbastanza frequentemente in un'opera musicale o in un testo letterario, critico e sim. | ***nervo r.***, ramo del nervo vago, che dal torace risale verso la laringe innervandone quasi completamente i muscoli | ***febbre r.***, che si ripete presentando le stesse caratteristiche **2** (*mat.*) ricorsivo || **ricorrentemènte**, **avv.** **B** **agg. e s. m. e f.** ● (*dir.*) che (o chi) fa o ha fatto ricorso: *parte r.*

ricorrènza [da *ricorrente* ✱ 1640] **s. f.** **1** ritorno, ricomparsa periodica: *la r. di un fenomeno*; *la r. della febbre* **2** (*est.*) celebrazione o festività che ritorna ogni anno: *una triste, una lieta r.*; *l'allegra r. di Capodanno*

♦**ricórrere** [lat. *recŭrrere*, comp. di *re-* e *cŭrrere* 'correre' ✱ av. 1243] **A** **v. intr.** (**coniug. come** *correre*; **aus.** *essere*) **1** (*raro*) correre nuovamente: *siamo ricorsi a cercarti* | correre indietro tornando al punto di partenza: *appena usciti, dovemmo r. a casa* | (*fig.*) riandare: *r. con la memoria al passato* | †correre incontro **2** (*assol.*) ritornare, cadere periodicamente: *domani ricorre una festa solenne*; *ricorrerà presto l'anniversario della sua nascita* | ripresentarsi, ripetersi a intervalli più o meno regolari: *un fenomeno che ricorre spesso*; *un motivo ornamentale che ricorre su tutta la facciata* | presentarsi, comparire: *nel testo ricorrono numerose espressioni dialettali* **3** indirizzarsi, rivolgersi a qlcu. per ottenere qlco. (+ *a*): *r. a un amico per aiuto*; *r. a Dio per avere conforto*; *r. al medico, all'avvocato* | fare appello: *r. alla bontà, alla generosità di qlcu.* | avvalersi di qlco.: *r. al dizionario*; *per conoscere la lezione esatta del testo è meglio r. al manoscritto* | ***r. alle minacce, alla violenza, alla maniera forte*** e sim., usare le minacce, la forza, la violenza e sim. **4** (*dir.*) rivolgersi all'autorità giudiziaria o amministrativa, proponendo ricorso (+ *a*, + *contro*): *r. al tribunale, alla legge, alla giustizia*; *r. al capo dello Stato*; *r. contro una sentenza iniqua* | ***r. in Cassazione***, impugnare una sentenza per questioni di diritto portandola all'esame della corte di Cassazione **B** **v. tr.** **1** tornare a correre: *ha ricorso i quattrocento metri* **2** (*lett.*) ripercorrere | (*lett.*) †ripassare: *r. la grammatica* **C** **ricórrersi** **v. intr. pron.** ● †tornare correndo

ricorrètto **part. pass.** di *ricorreggere*; **anche agg.** ● nei sign. del v.

ricorrezióne [lat. tardo *recorrectiōne(m)*, da *recorrĭgere* 'ricorreggere' ✱ av. 1597] **s. f.** ● nuova correzione | (*raro*) parte ricorretta di uno scritto

ricorriménto [sec. XIV] **s. m.** ● (*raro*) il ricorrere | ricorso

ricorsìsta [da *ricorso* ✱ 1964] **s. m. e f.** (**pl. m.** *-i*) ● (*burocr.*) chi presenta un ricorso

ricorsìvo [da *ricorso*, part. pass. di *ricorrere* ✱ 1959] **agg.** **1** (*mat.*) detto di una successione di formule, funzioni e sim. ciascuna delle quali si può costruire a partire dalla precedente **2** (*ling.*) detto di regola sintattica che può essere applicata più volte di seguito || **ricorsività**, **s. f. inv.** **1** frequenza con cui si ripete un fatto o un fenomeno **2** proprietà di ciò che è ricorsivo **3** (*mat.*) ***teoria della ricorsività***, studio sistematico delle funzioni ricorsive

ricórso **A** **part. pass.** di *ricorrere*; **anche agg.** ● nei sign. del v. | (*lett.*) ricorrente: *nella barbarie ricorsa* (G. VICO) **B** **s. m.** **1** il ricorrere | ***fare r.***, rivolgersi a qlco. o a qlcu. per cercare aiuto, protezione, sollievo, ecc.: *fare r. a una medicina più efficace*; *far r. al proprio sangue freddo, alla propria abilità*; *fare r. a un tecnico, a un avvocato* | †rifugio **2** (*dir.*) istanza diretta all'autorità giudiziaria o amministrativa per ottenere la tutela di un diritto o di un interesse: *r. giurisdizionale, amministrativo*; *r. per Cassazione* | ***r. gerarchico***, istanza diretta all'organo amministrativo superiore a quello che ha emanato l'atto | (*est.*) documento contenente tale istanza: *redigere un r.* **3** (*lett.*) il ripresentarsi periodicamente di fatti, avvenimenti, fenomeni: *la teoria vichiana dei corsi e ricorsi storici* **4** (*disus.*, **al pl.**) mestruazioni

†**ricorsóio** [comp. di *ri-* e *corsoio* ✱ av. 1484] **agg.** ● che va avanti e indietro | ***canapo a r.***, scorsoio | ***bollire a r.***, impetuosamente | ***bere a r.***, smodatamente

†**ricortèo** [comp. di *ri-* e *corteo* ✱ 1416] **s. m.** ● corteo di ritorno a casa dello sposo

ricospàrgere [comp. di *ri-* e *cospargere* ✱ 1872] **v. tr.** (**coniug. come** *spargere*) e **ricospàrgersi** **v. rifl.** ● cospargere, cospargersi di nuovo

ricospàrso **part. pass.** di *ricospargere* ● (*raro*) nel sign. del v. | (*lett.*) soffuso

ricostituènte **A** **part. pres.** di *ricostituire*; **anche agg.** ● nei sign. del v. | che rinforza, che rinvigorisce: *cura r.* **B** **s. m.** ● preparato medicinale che, in caso di deperimento, porta al ripristino funzionale dell'organismo o che previene le conseguenze dell'affaticamento psicofisico

ricostituìre [comp. di *ri-* e *costituire* ✱ sec. XIV] **A** **v. tr.** (*io ricostituìsco, tu ricostituìsci*) **1** costituire di nuovo: *r. il governo* **2** (*fig., lett.*) rinvigorire: *r. l'organismo affaticato*; *r. la coscienza è r. nell'anima una religione* (F. DE SANCTIS) **3** (*dir.*) redigere nuovamente un documento mancante per un qualunque motivo ricostruendone il contenuto: *r. un atto distrutto, un atto sottratto* **B** **ricostituìrsi** **v. intr. pron.** ● riorganizzarsi, rifondarsi: *la società si è ricostituita su nuove basi*

ricostituìto **part. pass.** di *ricostituire*; **anche agg.** **1** nei sign. del v. **2** (*chim.*) detto di materiale o sostanza che si ottiene dal prodotto originario, mediante opportuni trattamenti, sostituendolo nelle applicazioni: *legno r.*; *latte r.*; *olio r.*

ricostituzióne [av. 1853] **s. f.** ● il ricostituire | ripristino, riorganizzazione: *la r. dell'esercito, di una organizzazione*

ricostrétto **part. pass.** di *ricostringere* ● (*raro*) nel sign. del v.

ricostrìngere [comp. di *ri-* e *costringere* ✱ 1561] **v. tr.** (**coniug. come** *stringere*) ● costringere di nuovo

ricostruìbile [1916] **agg.** ● che può essere ricostruito || **ricostruibilità**, **s. f. inv.**

♦**ricostruìre** [comp. di *ri-* e *costruire* ✱ 1804] **v. tr.** (*io ricostruìsco, tu ricostruìsci*) **1** costruire di nuovo: *r. un edificio sulle sue rovine* | (*fig.*) ripristinare, ricostituire: *r. le fondamenta dello Stato* | anche nella forma pron. (con valore intens.) **ricostruìrsi**, costruirsi nuovamente; (*fig.*) rifarsi: *a fatica si ricostruì la casa distrutta dal terremoto*; *si è ricostruito una vita* **2** in filologia, riportare alla probabile forma originaria un testo pervenuto in forma alterata **3** (*fig.*) ricomporre lo svolgimento di fatti, avvenimenti, fenomeni: *il libro ricostruisce la storia della penisola indocinese*; *la polizia ha ricostruito la dinamica dell'incidente* | (*fig.*) rappresentare, rievocare: *il romanzo ricostruisce la Parigi della belle époque* **4** (*burocr.*) ***r. la carriera***, effettuare la ricostruzione della carriera

ricostruìto **part. pass.** di *ricostruire*; **anche agg.** ● nei sign. del v.: *pneumatico r.*

ricostruttìvo [da *ricostruire* ✱ 1908] **agg.** **1** che riguarda la ricostruzione di qlco.: *piano r.* | che tende a ricostruire: *chirurgia ricostruttiva* **2** (*ling.*) ***linguistica ricostruttiva***, branca della linguistica che confrontando forme linguistiche attestate mira a ricostruire strati linguistici precedenti di cui non esiste documentazione || **ricostruttivaménte**, **avv.** con finalità o procedure ricostruttive

ricostruttóre [1872] **s. m.** (**f.** *-trice*); **anche agg.** ● chi (o che) ricostruisce: *opera ricostruttrice*

ricostruzióne [1850] **s. f.** **1** il ricostruire (*anche fig.*): *ultimare la r. di un acquedotto*; *la r. di un delitto*; *tentare la r. della trama di un romanzo* | ***r. di uno pneumatico***, applicazione di un nuovo battistrada sulla carcassa di uno pneumatico | ***r. linguistica***, procedimento scientifico attraverso il quale si ricostruisce una forma linguistica non attestata | (*burocr.*) ***r. della carriera***, provvedimento consistente nel determinare ex novo la qualifica contrattuale e la retribuzione di un dipendente, spec. pubblico, per effetto di rinnovi contrattuali, nuove leggi, sentenze di magistratura aventi carattere retroattivo | (*est.*) parte o elemento ricostruito **2** complesso di iniziative economiche, politiche, culturali, e sim. volte a riparare i danni causati da una guerra: *dopo la seconda Guerra mondiale, l'opera di r. progredì rapidamente*

ricòtta [f. sost. di *ricotto*, perché si ottiene dalla bollitura del siero ✱ av. 1320] **s. f.** ● latticinio ottenuto dalla ricottura del siero di latte ovino o bovino residuato dalla fabbricazione del formaggio: *r. romana, salata* | ***essere fatto di r.***, (*fig.*) essere fiacco, debole | (*fig.*) ***mani di r.***, che non sanno reggere le cose || **ricottèlla**, **dim.** | **ricottìna**, **dim.** | **ricottóna**, **accr.**

ricottàio o (*centr.*) **ricottàro** [1891] **s. m.** (**f.** *-aia*, **pl. m.** *-ai*) **1** venditore di ricotta **2** (*tosc.*) persona ghiotta di ricotta

ricòtto **part. pass.** di *ricuocere*; **anche agg.** **1** nei sign. del v. **2** ***acciaio r.***, acciaio riscaldato e lasciato lentamente raffreddare affinché perda una tempera precedente o assuma una struttura interna omogenea

ricottùra [da *ricotto* ✱ 1895] **s. f.** **1** operazione del ricuocere **2** trattamento termico consistente nel riscaldare un metallo e lasciarlo raffreddare lentamente, per omogeneizzare la struttura interna del metallo stesso, diminuirne la durezza ed eliminare gli effetti di eventuali trattamenti termici precedenti

ricoveràre o †**ricovràre** [lat. *recuperāre* 'rientrare in possesso, recuperare' ✱ 1268] **A** **v. tr.** (*io ricòvero* (o *-ó-*)) **1** accogliere in un luogo di cura o di assistenza (*anche assol.*): *r. in ospedale, in clinica*; *è stato ricoverato d'urgenza* | offrire asilo: *r. i senzatetto nelle tende* | mettere al riparo: *r. i cavalli nella stalla* **2** (*disus.*) internare: *fu ricoverato in manicomio* **3** †recuperare | (*fig.*) †riscattare **B** **v. intr.** (*lett.*; **aus.** *essere*) e **ricoveràrsi** **v. intr. pron.** **1** entrare in ospedale o in una qualsiasi struttura di cura o di assistenza: *ha deciso di ricoverarsi per sottoporsi a una cura disintossicante* **2** ripararsi, rifugiarsi: *durante il temporale, si ricoverarono in un casolare*; *desideroso di ricoverare anch'egli nella stessa pace* (R. BACCHELLI)

ricoveràto **A** **part. pass.** di *ricoverare*; **anche agg.** ● nei sign. del v. **B** **s. m.** (**f.** *-a*) ● chi è ospite o degente di un ricovero, ospizio, ospedale e sim.

ricoveratóre [lat. *recuperatōre(m)*, da *recuperātus*, part. pass. di *recuperāre*. V. *recuperare* ✱ av. 1348] **s. m.** (**f.** *-trice*) **1** (*lett.*) chi dà ospitalità a qlcu. **2** †recuperatore

ricòvero (o *-ó-*) [sec. XIV] **s. m.** **1** trasferimento in un luogo di cura, assistenza e sim.: *ordinare il r. in casa di cura*; *r. urgente, r. d'urgenza* **2** luogo in cui si può trovare rifugio, salvezza, protezione: *cercammo r. dall'acquazzone sotto una tettoia*; *costruire ricoveri per le truppe* **SIN.** rifugio, riparo **3** ospizio dove sono accolte persone anziane o indigenti: *cercare un posto al r. di mendicità* **4** †ripresa, riacquisto

†**ricovràre** ➤ **ricoverare**

†**ricovrìre** e deriv. ➤ **ricoprire** e deriv.

ricreaménto o †**ricriaménto** [av. 1311] **s. m.** ● (*lett.*) ricreazione, svago | †ristoro

ricreànte **part. pres.** di *ricreare*; anche **agg.** ● nei sign. del v. | (*lett.*) che ristora: *venticello fresco... odorifico e r.* (G. Leopardi)

♦**ricreàre** o †**recreàre**, †**ricriàre** [vc. dotta, lat. *recreāre*, comp. di *re-* e *creāre* 'costituire, creare' ✱ av. 1292] **A** **v. tr.** (**pres.** *io ricrèo*; **fut.** *io ricreerò*) **1** creare di nuovo | riprodurre: *r. un'atmosfera* | (*lett.*) rieleggere **2** ristorare, ritemprare, rallegrare (*anche assol.*): *è una bevanda che ricrea il fisico*; *questa bella vista ricrea*; *la vostra beatitudine rilieva e ricria in meraviglioso allegrezza il mondo* (D. Compagni) **3** (*est., assol.*) divertire, svagare: *un passatempo che ricrea* **B** **ricreàrsi** **v. rifl.** **1** svagarsi: *ci siamo ricreati con una bella gita in campagna* **SIN.** distrarsi **2** (*lett.*) ritemprarsi: *era il luogo dove i signori venivano... a ricrearsi delle fatiche della giornata* (A. Manzoni)

ricreatìvo [1395] **agg.** ● che serve a svagare, a divertire: *gioco r.*; *lettura ricreativa* | che offre svaghi, intrattenimenti e sim.: *circolo r.* ‖ **ricreativaménte**, **avv.**

ricreatóre [vc. dotta, lat. tardo *recreatōre(m)*, da *recreātus*, part. pass. di *recreāre* 'ricreare' ✱ sec. XIV] **agg. e s. m.** (**f.** *-trice*) ● (*lett.*) che (o chi) ricrea

ricreatòrio [1872] **A** **agg.** (**pl. m.** *-i* o *raro -ii*) ● (*raro*) ricreativo **B** **s. m.** ● istituzione sorta a metà dell'Ottocento per accogliere a scopo ricreativo spec. i ragazzi delle classi popolari

♦**ricreazióne** o †**ricriazióne** [vc. dotta, lat. *recreatiōne(m)*, da *recreātus* 'ricreato' ✱ 1313] **s. f.** **1** (*raro*) il ricreare | nuova creazione **2** ristoro, svago, distrazione: *prendere un po' di r.* | pausa, intervallo, spec. tra le lezioni scolastiche: *l'ora della r. in cortile* **3** ciò che ricrea, distrae: *la pesca è la sua r.*

†**ricredènte** [propr. part. pres. di *ricredere* ✱ sec. XIV] **agg.** ● pusillanime, pauroso | ***fare r. qlcu.***, far recedere qlcu. da un proposito, indurlo a mutare atteggiamento od opinione

ricrédere [comp. di *ri-* e *credere*①; calco sul provenz. (*se*) *recreire* ✱ av. 1250] **A** **v. intr.** (**coniug. come** *credere*; **aus.** *avere*) ● (*raro*) credere nuovamente **B** **ricrédersi** **v. intr. pron.** **1** cambiare opinione rispetto a qlcu. o qlco. ammettendo di essersi sbagliato: *lo ritenevo onesto ma mi sono ricreduto*; *ricredersi su qlcu., sul conto di qlcu.*; *Se vi siete ricreduta degl'ingiusti vostri sospetti* (V. Monti) **2** †perdersi d'animo, avvilirsi **3** †capacitarsi: *tutti i Fiorentini che v'erano ... non si poteano ricredere di questo così nuovo dono* (F. Sacchetti)

ricredùto **part. pass.** di *ricredere*; anche **agg.** ● indotto a ricredersi | (*lett.*) disilluso, deluso

†**ricrèo** ➤ †**ricrio**

♦**ricréscere** [vc. dotta, lat. *recrēscere*, comp. di *re-* e *crēscere* ✱ 1308] **A** **v. intr.** (**coniug. come** *crescere*; **aus.** *essere*) **1** crescere di nuovo: *farsi r. la barba* **2** (*merid.*) aumentare di volume: *è una minestra, una pasta che ricresce* **B** **v. tr.** ● (*raro*) fare crescere di nuovo

†**ricresciménto** [1476] **s. m.** ● ricrescita | aumento | ingrandimento: *la vicinanza dell'oggetto è causa di r. maggiore* (G. Galilei)

ricréscita [comp. di *ri-* e *crescita* ✱ 1872] **s. f.** **1** nuova crescita: *la r. del grano* **2** (*merid.*) aumento di volume: *pasta che fa una gran r.*

†**ricriàre** e deriv. ➤ **ricreare** e deriv.

†**ricrìo** o †**ricrèo** [da †*ricriare* ✱ av. 1294] **s. m.** ● godimento, ristoro | conforto

ricristallizzàre [comp. di *ri-* e *cristallizzare* ✱ 1959] **A** **v. intr.** (**aus.** *essere*) ● subire un processo di ricristallizzazione **B** **v. tr.** ● sottoporre una sostanza a processo di ricristallizzazione (V.)

ricristallizzazióne [1959] **s. f.** **1** (*miner.*) formazione di nuovi cristalli a spese di materia rimossa da cristalli precedenti **2** in metallurgia, cambiamento di una struttura cristallina in un metallo o lega per riscaldamento oltre la temperatura critica di quella lega o metallo

ricrociàto [comp. di *ri-* e *crociato* ✱ 1840] **agg.** ● (*arald.*) detto di croce i cui bracci formano altre croci

ricrocifìggere o †**ricrucifiggere** [comp. di *ri-* e *crocifiggere* ✱ av. 1311] **v. tr.** (**coniug. come** *crocifiggere*) ● (*raro, lett.*) crocifiggere di nuovo

†**ricrucifìggere** ➤ **ricrocifiggere**

ricsciò ➤ **risciò**

ricsiò ➤ **risciò**

ricsò ➤ **risciò**

rìctus [vc. lat., propr. 'apertura della bocca', da *rĭngi* 'digrignare i denti', V. *ringhiare* ✱ 1891] **s. m. inv.** (**pl. lat. inv.**) ● (*med.*) atteggiamento stirato delle labbra per spasmo dei muscoli facciali | (*est.*) smorfia, ghigno

ricuciménto [av. 1698] **s. m.** ● (*raro*) ricucitura

ricucìre [comp. di *ri-* e *cucire* ✱ 1319] **v. tr.** (*io ricùcio*) **1** cucire di nuovo | cucire uno strappo, rammendare **2** (*fig.*) accozzare, mettere insieme elementi diversi, detto spec. di scritti, componimenti letterari e sim.: *con vecchie frasi ha ricucito una novella* **3** (*chir.*) rimarginare, suturare **4** (*fig.*) ricomporre una controversia o superare motivi di contrasto, dissidio e sim.: *con molti sforzi è stato ricucito lo strappo tra i due partiti*; *hanno tentato invano di r. il dialogo tra loro*

ricucitóre [1726] **s. m.** (**f.** *-trice*, *pop., disus.* *-tóra*) ● (*raro*) chi ricuce (*spec. fig.*)

ricucitùra [1612] **s. f.** **1** operazione del ricucire | segno del rammendo, della parte ricucita **2** (*fig.*) accozzamento di elementi diversi, detto di scritti, opere letterarie e sim.: *il suo dramma è una r. di luoghi comuni* **3** (*fig.*) risoluzione di un contrasto o superamento dei motivi di disaccordo fra due o più persone

ricuòcere [lat. parl. **recŏcere*, per il classico *recŏquere*, comp. di *re-* e *cŏquere* 'cuocere' ✱ av. 1292] **v. tr.** (**coniug. come** *cuocere*) **1** cuocere di nuovo o a lungo: *bisogna r. l'arrosto* **2** effettuare la ricottura di un metallo

ricuperàre e deriv. ➤ **recuperare** e deriv.

ricurvàre [vc. dotta, lat. *recurvāre*, comp. di *re-* e *curvāre* ✱ 1623] **A** **v. tr.** ● (*raro*) curvare di nuovo | incurvare | (*lett.*) chinare: *ricurvava le spallucce sul tavolino* (L. Pirandello) **B** **ricurvàrsi** **v. rifl. e intr. pron.** ● curvarsi di nuovo | incurvarsi

ricùrvo [vc. dotta, lat. *recŭrvu(m)*, comp. di *re-* e *cŭrvus* 'curvo' ✱ 1342] **agg.** **1** curvo | arcuato: *dorso r. del delfino* | molto curvo: *bastone r.* | (*est.*) ingobbito: *un vecchio r.* **2** (*raro*) che ha due curve

ricùsa o (*raro, lett.*) **recùsa** [1483] **s. f.** ● (*lett.*) rifiuto

ricusàbile o (*lett.*) **recusàbile** [vc. dotta, lat. tardo *recusābile(m)*, da *recusāre* 'ricusare' ✱ 1585] **agg.** ● (*dir.*) che si può ricusare | (*lett.*) che merita di essere rifiutato, respinto ‖ **ricusabilità**, **s. f. inv.**

ricusànte o (*raro*) **recusànte** **A** **part. pres.** di *ricusare*; anche **agg.** ● (*lett.*) che rifiuta, che si oppone **B** **s. m. e f.** ● (*dir.*) chi richiede una ricusazione

ricusàre o (*raro, lett.*) **recusàre** [vc. dotta, lat. *recusāre*, da *cāusa*, col pref. *re-* ✱ av. 1292] **A** **v. tr.** **1** non volere, non accettare: *r. il cibo* | rifiutare di fare qlco.: *r. di ricevere qlcu.* | †*r. la battaglia*, evitarla **2** (*dir.*) chiedere giudizialmente che un funzionario giudiziario, un consulente tecnico o un arbitro non esplichi nel caso concreto la propria funzione non sussistendo tutte le condizioni perché ciò possa avvenire con garanzia di imparzialità: *r. il giudice* **B** **v. intr.** (**aus.** *avere*) ● (*mar.*) detto di imbarcazione a vela, fallire la virata in prua restando sul bordo precedente | detto del vento, scarseggiare o girare verso prua **CONTR.** ridondare **C** **ricusàrsi** **v. intr. pron.** ● (*lett.*) rifiutarsi, non acconsentire: *mi ricuso di parlargli*

ricusazióne o (*raro, lett.*) **recusazióne** [vc. dotta, lat. *recusatiōne(m)*, da *recusātus*, part. pass. di *recusāre* ✱ 1261 ca.] **s. f.** **1** (*raro, lett.*) rifiuto: *parendogli conveniente, che il Re, dopo la sua r., avesse dovuto replicare* (F. Guicciardini) **2** (*dir.*) richiesta volta a ricusare: *r. del giudice*

SFUMATURE ➤ ***rifiuto***

ridacchiàre [intens. di *ridere* ✱ sec. XVI] **v. intr.** (*io ridàcchio*; **aus.** *avere*) ● ridere sommessamente a più riprese e a brevi tratti, spec. con intonazione sarcastica o canzonatoria: *alla sua vista, tutti presero a r.*

SFUMATURE ➤ ***ridere***

♦**ridanciàno** [da *ridere* ✱ 1872] **agg.** **1** di persona che ride di gusto e spesso, anche con superficialità: *ragazzo r.* | gioviale, allegro: *temperamento r.* **2** che fa ridere di gusto, talvolta con grossolanità: *novella ridanciana*

♦**ridàre** [comp. di *ri-* e *dare*① ✱ 1269] **A** **v. tr.** (**pres.** *io ridò, tu ridài, egli ridà*; **imperat.** *ridà*, o *rida'* o *ridài*; **nelle altre forme coniug. come** *dare*) **ATTENZIONE!** *ridò* **e** *ridà* **si scrivono con l'accento.** **1** dare di nuovo: *ridammi il tuo indirizzo*; *ridare coraggio, fiducia a qlcu* | rifare: *ha ridato l'esame di Storia romana* | rappresentare di nuovo: *alla Scala si ridà la Traviata* | (*assol.*) ***dai e ridai, dagli e ridagli***, a forza di insistere: *dai e ridai, ce l'ha fatta*; *dagli e ridagli è riuscito a spuntarla* | (*fam.*) ***e ridagli!*** o (con il pron. *la* indeterm.) ***e ridagliela!*** (*roman.* ***aridaje!***), esprime rinnovata impazienza, insofferenza o sim.: *e ridagliela con queste panzane!* | anche nella forma pron. **ridàrsi**, ridare a sé stesso: *ridarsi un contegno*; *ridarsi il rossetto* **2** restituire, rendere: *non mi ha ridato il libro che mi chiese tempo fa* | ***r. fuori qlco.***, detto di cibo, vomitarlo **B** **v. intr.** (**aus.** *avere*) **1** (*pop.*) riprodursi, manifestarsi ancora: *gli ha ridato fuori la febbre* **2** (*raro*) incappare, capitare di nuovo, andare a finire di nuovo: *r. nella rete* | (*raro*) ***r. giù***, ammalarsi di nuovo **C** **ridàrsi** **v. rifl.** ● †sottomettersi di nuovo **D** **ridàrsi** **v. intr. pron.** ● (*lett.*) rimettersi a fare qlco.: *si ridiè... al lavoro* (G. Carducci)

ridarèlla o **riderèlla** [1929] **s. f.** ● (*fam.*) accesso irrefrenabile di riso: *non riuscire a trattenere la r.* **SIN.** ridarola

ridarèllo o **riderèllo** [1881] **agg.** **1** (*raro*) incline al riso, gioviale: *bambine ridarelle* **2** gioioso e spesso ridente: *la solita indovina, mi riguardò con / quegli occhi ridarelli* (E. Morante)

†**ridarguìre** ➤ **redarguire**

ridaròla [1993] **s. f.** ● (*fam.*) ridarella

rìdda [da †*riddare* ✱ 1353] **s. f.** **1** antico ballo in cui le persone giravano velocemente tenendosi per mano e cantando: *il minuetto digradava in r.* (G. Giacosa) **2** (*est.*) moto disordinato e convulso di cose o persone intorno a qlco.: *una r. di ammiratori* | (*fig.*) tumulto, turbine: *una r. di pensieri, di supposizioni*

†**riddàre** [longob. *rīdan* 'girare intorno' ✱ av. 1237] **v. intr.** **1** ballare la ridda **2** (*est.*) girare in tondo, andare rigirando

ridefinìre [comp. di *ri-* e *definire* ✱ 1935] **v. tr.** (*io ridefinisco, tu ridefinisci*) ● determinare nuovamente la natura di qlco. in base a criteri diversi | (*est.*) riconsiderare, modificare: *r. un obiettivo*

ridefinizióne [da *ridefinire* * 1972] **s. f.** ● nuova determinazione di qlco. in base a criteri diversi: *la r. del concetto di tempo*

ridenomināre [comp. di *ri-* e *denominare* * 1990] **v. tr.** (*io ridenòmino*) ● designare con un nuovo nome: *r. un file*

ridènte **part. pres.** di *ridere*; anche **agg.** **1** che ride, che esprime letizia, gioia, allegria e sim.: *viso r.*; *occhi ridenti, splendidi e soavi* (G. Boccaccio) **2** piacevole, ameno: *località r.*; *r. e bella / ardisce aprire il seno al sol la rosa* (A. Poliziano) ‖ **ridenteménte**, **avv.**

rider /ˈraider, *ingl.* ˈraɪdə(r)/ [vc. ingl., propr. 'cavaliere', dal v. ingl. *to ride* 'andare a cavallo' * 1992] **s. m. e f. inv.** ● in molti sport, conducente, pilota | fantino, cavaliere

♦**rìdere** [lat. parl. **rīdere*, per il classico *rīdēre*, di etim. incerta * av. 1250] **A** **v. intr.** (**pass. rem.** *io rìsi, tu ridésti*; **part. pass.** *rìso*; **aus.** *avere*) **1** esprimere allegria spec. spontanea e improvvisa, con una particolare contrazione dei muscoli della faccia e l'emissione di suoni caratteristici: *r. fragorosamente, sguaiatamente, di gusto*; *venire, scoppiare da r.*; *r. per un moto nervoso, per il solletico*; *è cosa tutta da r.*; *non c'è da r.* | ***r. a crepapelle***, di cuore, fortissimo, senza trattenersi | ***r. a fior di labbra***, sorridere | ***r. sotto i baffi***, (*fig.*) ridere quasi di nascosto, con malizia | ***r. di qlcu., alle spalle di qlcu.***, deriderlo, canzonarlo | ***ridere delle disgrazie, di una disavventura altrui***, farsene beffe | ***riderci sopra*** (o ***su***), prendere qlco. con allegria, senza dargli troppo peso: *Finora erano ragazzate ... sciocchezze da riderci sopra* (G. Verga) | ***far r. i polli***, (*fig.*) dire scempiaggini, o mostrarsi goffo e ridicolo | ***non c'è nulla da r., non ridete!***, è cosa seria, vera | ***non farmi r.!***, non dire assurdità | ***ridendo e scherzando***, (*fig.*) tra una cosa e l'altra: *e così, ridendo e scherzando, abbiamo fatto le tre!* | ***fare per r.***, per scherzare | (*est.*) mostrare gioia: *i suoi occhi ridono* | **PROV.** ***ride bene chi ride ultimo*** **CONTR.** piangere **2** (*fig., lett.*) brillare, splendere: *il cielo rideva* | (*fig., lett.*) mostrare bellezza, vivacità di colori: *ridono i prati, e 'l ciel si rasserena* (F. Petrarca) **3** (*lett.*) essere propizio, arridere: *gli ha riso la fortuna* **B** **v. tr.** **1** †accogliere con ilarità **2** (*lett.*) deridere **C** **in funzione di s. m. solo sing.** ● il ridere | riso: *morire dal r.*; *ricordo il gran r. che facemmo*; *Forse che tu ti maravigli, / ... del rider ch'io feci* (Dante *Purg.* XXI, 122) **D** **rìdersi** **v. intr. pron.** **1** burlarsi, farsi beffe (+ *di*): *Nessuno ha mai osato ridersi di me* (L. Pirandello) **2** non fare conto, non temere (+ *di*): *ridersi delle minacce di qlcu.* **3** **rìdersela** (con il pron. *la* indeterm.), avere un'espressione divertita; burlarsi di qlcu. o qlco., spec. con aria di scherno: *lo guardava adesso con l'aria di chi se la ride* (C. Pavese) | disinteressarsi, non preoccuparsi (+ *di*): *se la ride delle tue minacce* **4** **ridersene**, infischiarsene (+ *di*, **anche seguito da inf.**): *me ne rido di andare in galera* (M. Serao)

SFUMATURE DI SIGNIFICATO

ridere - sorridere - ridacchiare - sogghignare - sghignazzare - sbellicarsi

Manifestare un'allegria spontanea e improvvisa con un caratteristico movimento della faccia e l'emissione di suoni particolari si dice genericamente **ridere**. A seconda delle cause che muovono il riso e delle modalità in cui questo viene manifestato si usano verbi diversi: ridere a fior di labbra e senza rumore equivale a **sorridere**; **ridacchiare** è ridere a più riprese e a brevi tratti, spesso con intenzione maligna e canzonatoria; ancora maggiori sono la malizia e il sarcasmo che si esprimono col **sogghignare**; sguaiato e rumoroso è lo **sghignazzare**, chiara espressione di scherno; **sbellicarsi** è invece il ridere a crepapelle, fragorosamente e quasi senza potersi contenere.

SFUMATURE ➤ ***infischiarsi***

riderèlla ➤ **ridarella**

riderèllo ➤ **ridarello**

ridestaménto [1872] **s. m.** ● (*raro, lett.*) reviviscenza

ridestàre [comp. di *ri-* e *destare* * 1374] **A** **v. tr.** (**pres.** *io ridésto*; **part. pass.** *ridestàto*, **lett.** *ridésto*) **1** risvegliare | destare: *fu ridestata dal canto degli uccelli* **2** (*fig., lett.*) riaccendere, rinfocolare: *r. l'odio* **B** **ridestàrsi** **v. intr. pron.** **1** svegliarsi: *si ridestò stanco* **2** (*fig., lett.*) risorgere, ravvivarsi: *nasce il coraggio / o si ridesta* (G. Leopardi)

ridestàto **part. pass.** di *ridestare*; anche **agg.** ● nei sign. del v.

ridésto **part. pass.** di *ridestare*; anche **agg.** ● (*lett.*) nei sign. del v.

rideterminàre [comp. di *ri-* e *determinare* * 1889] **A** **v. tr.** (*io ridetèrmino*) ● determinare di nuovo **B** **rideterminàrsi** **v. intr. pron.** ● riproporsi, ripresentarsi

ridettàre [comp. di *ri-* e *dettare* * 1872] **v. tr.** (*io ridétto* o *ridètto*) ● dettare di nuovo

ridétto **part. pass.** di *ridire*; anche **agg.** ● nei sign. del v. | detto di nuovo | ***detto e r.***, ripetuto più volte: *le cose tante volte dette e ridette da tanti* (C. Goldoni)

ridévole [1313] **agg.** **1** (*lett.*) divertente: *Con ridevol motto* (G. Boccaccio) **2** (*lett.*) che suscita scherno, derisione **SIN.** ridicolo ‖ **ridevolménte**, **avv.** (*raro*) spiritosamente; in maniera ridicola

ridicènte **part. pres.** di *ridire* ● (*raro*) nei sign. del v.

ridicìbile [dal lat. tardo *redīcere* 'ridire' * av. 1564] **agg.** ● (*raro*) ripetibile

†**ridicitóre** [dal lat. tardo *redīcere* 'ridire' * av. 1294] **s. m.** ● chi riferisce fatti o parole altrui | persona pettegola

ridicolàggine [1767] **s. f.** **1** caratteristica di chi (o di ciò che) è ridicolo: *fa ridere tutti con la sua r.*; *la r. di certi discorsi* **SIN.** goffaggine, ridicolezza **2** atto, detto ridicolo: *hai fatto una grossa r.*

ridicoleggiàre [1789] **v. tr.** (**pres.** *io ridicoléggio*; **fut.** *io ridicoleggerò*) ● (*raro*) ridicolizzare

ridicolézza [1788] **s. f.** ● (*lett., raro*) ridicolaggine | ciò che è ridicolo

ridicolizzàre [fr. *ridiculiser*, da *ridicule* 'ridicolo' * 1789] **A** **v. tr.** ● fare apparire ridicolo, mettere, volgere in ridicolo: *r. un avversario*; *r. una situazione grave* **B** **ridicolizzàrsi** **v. rifl.** ● rendersi ridicolo ‖ **ridicolizzazióne**, **s. f.**

♦**ridìcolo** [vc. dotta, lat. *ridĭculu(m)*, da *rīdēre* 'ridere' * sec. XIV] **A** **agg.** **1** che fa ridere perché goffo, strano, grottesco o insulso: *aspetto r.*; *figura ridicola* **SIN.** buffo **2** (*est.*) inadeguato, esiguo, irrisorio: *è un compenso r.* | assurdo, risibile: *idee, pretese ridicole* ‖ **ridicolménte**, **ridicolaménte**, **avv.** **B** **s. m. solo sing.** ● aspetto che suscita il riso, che diverte: *non capisco il r. della situazione* | condizione di chi è oggetto di derisione: *cadere nel r.*; *coprirsi di r.*; *Dico anche quello che un altro forse non direbbe per paura del r.* (L. Pirandello) | ***mettere***, (*lett.*) ***porre qlcu. in r.***, ridicolizzare **SIN.** comico ‖ **ridicolóne**, **accr.**

SFUMATURE ➤ ***comico***

†**ridicolosàggine** (o **-ṣ-**) [sec. XVI] **s. f.** ● ridicolaggine

ridicolóso (o **-ṣ-**) [vc. dotta, lat. tardo *ridiculōsu(m)*, da *ridĭculus* 'ridicolo' * sec. XIV] **agg.** ● (*lett.* o *raro*) ridicolo | †divertente ‖ †**ridicolosaménte**, **avv.** in modo ridicolo ‖ †**ridicolosità**, **s. f. inv.** battuta ridicola; sciocchezza

†**ridificàre** ➤ **riedificare**

†**ridimandàre** ➤ **ridomandare**

ridimensionaménto [1951] **s. m.** ● riorganizzazione di qlco. gener. allo scopo di ridurne le dimensioni, l'entità e sim.: *il r. di un'azienda*; *r. del personale* | (*fig.*) riduzione in limiti più ristretti dell'importanza di qlco. o di qlcu.: *il r. di un fatto storico*

ridimensionàre [da *dimensione*, col pref. *ri-* * 1950] **A** **v. tr.** (*io ridimensióno*) **1** riorganizzare e ristrutturare, spec. un complesso industriale, per adeguarlo a mutate circostanze, riducendone in generale l'entità: *r. un'industria farmaceutica* **2** (*fig.*) riportare alle giuste proporzioni o a proporzioni minori: *r. uno scrittore, un'azione politica* **B** **ridimensionàrsi** **v. intr. pron.** ● ridursi a giuste proporzioni, a proporzioni minori: *le sue ambizioni si sono ridimensionate*

ridipìngere [comp. di *ri-* e *dipingere* * 1550] **v. tr.** (**coniug. come** *dipingere*) ● dipingere di nuovo | ritoccare

ridipintùra [1959] **s. f.** ● il ridipingere | strato di vernice o nuova pittura su un dipinto preesistente: *affresco cinquecentesco con estese ridipinture posteriori*

♦**ridìre** [lat. tardo *redīcere*, comp. di *re-* e *dīcere* 'dire' * 1268] **A** **v. tr.** (**imperat.** *ridì* o *ridi'*; **nelle altre forme coniug. come** *dire*) **1** dire di nuovo: *ridimmi il tuo numero di telefono* | ripetere di frequente: *non fa che r. le stesse cose* | †dire in risposta | †soggiungere **SIN.** replicare **2** riferire, riportare cose sentite o comunicate da altri: *Io dirò vero, e tu 'l ridì tra 'vivi* (Dante *Purg.* V, 103) | riportare con leggerezza cose dette da altri in confidenza: *non andare a r. ciò che hai saputo* **3** (*lett.*) narrare, raccontare: *non credo di riuscirvi a r. tutto ciò che ho visto* | (*est., lett.*) esprimere: *le angosce, i dubbi, il palpitar mio lungo / poss'io ridir?* (V. Alfieri) **4** obiettare: *non vedo che cosa tu possa r.* | criticare, commentare, esprimere riserve (**anche assol.**): *non trovar nulla da* (**lett.** *a*) *r.*; *Non che avesse da r... su la moglie* (L. Pirandello) **B** **ridìrsi** **v. intr. pron.** ● †smentirsi | †ricredersi

ridirizzàre ➤ **ridrizzare**

ridiscéndere (o **-è-**) [comp. di *ri-* e *discendere* * av. 1519] **v. tr. e intr.** (**coniug. come** *scendere*; **aus. intr.** *essere*) ● scendere di nuovo: *r. le scalinate*; *r. a valle*

ridiscéso (o **-ṣo**) **part. pass.** di *ridiscendere*; anche **agg.** ● nel sign. del v.

ridisciògliere [comp. di *ri-* e *disciogliere* * av. 1566] **A** **v. tr.** (**coniug. come** *sciogliere*) ● (*raro*) sciogliere di nuovo **B** **ridisciògliersi** **v. intr. pron.** ● (*lett.*) disciogliersi nuovamente

ridiscórrere [comp. di *ri-* e *discorrere* * 1716] **v. intr.** (**coniug. come** *correre*; **aus.** *avere*) ● discorrere di nuovo

ridiscùtere [comp. di *ri-* e *discutere* * av. 1853] **v. tr. e intr.** (**coniug. come** *discutere*; **aus.** *avere*) ● discutere di nuovo, rimettere in discussione: *r. una questione*; *r. su una proposta di legge*

ridisegnàre (o **-ṣ-**) [comp. di *ri-* e *disegnare* * av. 1571] **A** **v. tr.** (*io ridiségno*; **coniug. come** *segnare*) ● disegnare di nuovo | (*fig.*) modificare in base a nuovi criteri: *r. una strategia* **B** **ridisegnàrsi** **v. intr. pron.** ● delinearsi in modo diverso: *nello scenario internazionale che si va ridisegnando*

ridisfàre [comp. di *ri-* e *disfare* * 1872] **v. tr.** (**coniug. come** *disfare*) ● disfare un'altra volta

ridispórre [comp. di *ri-* e *disporre* * 1840] **v. tr.** (**coniug. come** *porre*) ● disporre di nuovo o in altro modo: *r. i libri nello scaffale*

ridistaccàre [comp. di *ri-* e *distaccare* ✱ av. 1698] **v. tr.** (*io ridistàcco, tu ridistàcchi*) ● distaccare di nuovo

ridistèndere [comp. di *ri-* e *distendere* ✱ av. 1712] **A v. tr.** (coniug. come *tendere*) ● distendere di nuovo **B ridistèndersi v. rifl.** ● distendersi di nuovo

ridistéso (o **-ṣo**) **part. pass.** di *ridistendere* ● (*raro*) nel sign. del v.

ridistillàre [comp. di *ri-* e *distillare* ✱ sec. XV] **v. tr.** ● distillare di nuovo

ridistìnguere [comp. di *ri-* e *distinguere* ✱ av. 1540] **v. tr.** (coniug. come *distinguere*) ● distinguere nuovamente

ridistribuìre o **redistribuìre** [comp. di *ri-* e *distribuire* ✱ 1959] **v. tr.** (*io ridistribuìsco, tu ridistribuìsci*) ● distribuire di nuovo o in modo diverso: *r. i doni*; *r. i compiti*; *r. il reddito*

ridistribuzióne o **redistribuzióne** [comp. di *ri-* e *distribuzione* ✱ 1901] **s. f.** ● nuova distribuzione di qlco. | modificazione della distribuzione dei redditi e della ricchezza fra le varie classi sociali

ridivenìre [comp. di *ri-* e *divenire*① ✱ av. 1673] **v. intr.** (coniug. come *divenire*; aus. *essere*) ● divenire di nuovo **SIN.** ridiventare

♦**ridiventàre** o †**ridoventàre** [comp. di *ri-* e *diventare* ✱ 1513] **v. intr.** (*io ridivènto* o *ridivénto*; aus. *essere*) ● diventare di nuovo: *r. ottimista*; *r. povero*

ridivenùto **part. pass.** di *ridivenire* ● nel sign. del v.: *Polidori, r. l'uomo di prima* (G. VERGA)

ridivìdere [comp. di *ri-* e *dividere* ✱ 1525] **A v. tr.** (coniug. come *dividere*) ● dividere di nuovo o di più **B ridivìdersi v. intr. pron.** ● dividersi, separarsi nuovamente: *i due partiti si sono ridivisi*

ridolére [comp. di *ri-* e *dolere* ✱ av. 1306] **A v. intr.** (coniug. come *dolere*; aus. *essere* o *avere*) ● dolere di nuovo: *gli ridolgono i denti* **B ridolérsi v. intr. pron.** ● (*lett.*) affliggersi di nuovo: *Allor mi dolsi, e ora mi ridoglio* (DANTE *Inf.* XXVI, 19)

ridomandàre o †**ridimandàre** [comp. di *ri-* e *domandare* ✱ 1336 ca.] **v. tr.** **1** domandare di nuovo: *gli ho ridomandato quanti anni ha* | domandare con insistenza: *non fa che r. le stesse cose* **2** richiedere qlco. in restituzione: *r. i libri prestati*

ridonàre [vc. dotta, lat. *redonāre*, comp. di *re-* e *donāre* ✱ sec. XIII] **v. tr.** (*io ridóno*) **1** donare di nuovo | (*fig.*) dare di nuovo, ridare: *le tue parole mi ridonano fiducia* **2** (*raro*) donare a propria volta

ridonatóre [1607] **s. m.** (f. *-trice*); anche **agg.** ● (*raro*) chi (o che) ridona

✦**ridondànte**, (*evit.*) **rindondànte** **part. pres.** di *ridondare*; anche **agg.** **1** nei sign. del v. | (*lett.*) traboccante | (*raro*) pingue: *due natiche ridondanti* (A. MORAVIA) **2** eccessivamente ricco, sovrabbondante o gonfio (+ *di*): *testo r. di citazioni* ‖ **ridondanteménte**, **avv.** (*raro*) in modo ridondante

SFUMATURE ➤ *superfluo*

ridondànza o †**redundànza** [vc. dotta, lat. *redundāntia(m)*, da *redūndans*, genit. *redundāntis* 'ridondante' ✱ av. 1459] **s. f.** ● caratteristica di ciò che è ridondante **SIN.** sovrabbondanza | (*lett.*) pinguedine: *nella r. della pappagorgia* (L. PIRANDELLO) | ***r. di parole***, nel discorso, aggiunta di parole non necessarie alla comprensione di una frase **CFR.** pleonasmo | nella teoria dell'informazione, misura della frazione di un messaggio che può essere abolito senza perdita di informazione | ***controllo per r.***, nei sistemi di trattamento automatico delle informazioni, controllo automatico dell'alterazione d'informazioni **SIN.** sovrabbondanza

✦**ridondàre** o †**redundàre** [vc. dotta, lat. *redundāre* 'traboccare', da *ŭnda* 'onda' col pref. *red-* 'ri-' ✱ av. 1306] **A v. intr.** (*io ridóndo*; aus. *essere*) **1** (*lett.*) abbondare, sovrabbondare: *i suoi discorsi ridondano di luoghi comuni* **2** (*lett.*) tornare, risolversi: *r. a onore, a danno* **3** (*mar.*) detto del vento, girare verso poppa **CONTR.** ricusare **B v. tr.** ● †superare, soverchiare

ridormìre [comp. di *ri-* e *dormire* ✱ 1536] **v. intr.** (*io ridòrmo*; aus. *avere*) ● dormire di nuovo | (*lett.*) riaddormentarsi

ridossàre [da *ridosso* ✱ 1937] **A v. tr.** (*io ridòsso*) ● (*mar.*) fornire riparo **B ridossàrsi v. rifl.** ● (*mar.*) mettersi al riparo dal mare, dal vento e dalla pioggia

ridòsso [comp. di *ri-* e *dosso* ✱ 1521] **A s. m.** **1** (*raro*) riparo naturale o artificiale che protegge qlcu. o qlco. | ***a r.***, al riparo; (*est.*) molto vicino; (*lett.*) addosso: *in maglie ma con la giacchetta a ridosso* (C. DOSSI) | (*lett.*) ***avere qlcu. a r.***, avere qlcu. che incalza, spec. minacciosamente **2** (*mar.*) luogo riparato **B** nella **loc. prep.** ***a r. di*** **1** al riparo di | molto vicino a; presso, di fianco a: *su di una panca a r. della scena* (G. VERGA) **2** vicino a, nel tempo: *eravamo ormai a r. dell'estate*

ridotàre [comp. di *ri-* e *dotare* ✱ sec. XIV] **v. tr.** (*io ridòto*) ● dotare di nuovo

ridótta [fr. *redoute*, a sua volta dall'it. *ridotto* ✱ 1940] **s. f.** **1** (*milit.*) nelle antiche fortificazioni, opera di secondaria importanza, provvisoria o stabile, isolata o facente parte di un sistema difensivo | postazione **2** (*mat.*) ***r. di una frazione continua***, frazione continua limitata ottenuta troncando una frazione continua illimitata | ***r. di un prodotto finito***, prodotto di un numero finito di fattori ottenuto troncando un prodotto infinito | ***r. di una serie***, somma di un numero finito di termini della serie **3** (*autom.*) marcia ridotta

†**ridottàbile** [fr. *redoutable*, da *redouter* 'temere'. V. †*ridottare* ✱ sec. XIV] **agg.** ● temibile

†**ridottàre** [ant. fr. *redouter*, comp. di *re-* e *douter* 'temere', dal lat. *dubitāre* ✱ 1288] **v. tr.** ● temere, paventare

†**ridottévole** [da †*ridottabile* ✱ sec. XIV] **agg.** ● spaventoso

ridótto o †**ridùtto** **A part. pass.** di *ridurre*; anche **agg.** **1** portato a un determinato stato o a una particolare condizione, gener. negativi (+ *a*, + *in*): *persona ridotta a un automa, a uno zimbello*; *un popolo r. in schiavitù*; *un edificio r. in cenere*; *nello stato in cui sono r.*; *un palazzo decaduto, r. a fabbrica di cordami* (G. D'ANNUNZIO); *Il poveretto ormai r. l'ombra di se stesso* (G. VERGA) | ***mal r.***, ***r. male***, malridotto **2** che è minore del normale, che ha subìto una riduzione (+ *a*, + *di*): *prezzo r.*; *biglietto r.*; *scartamento r.*; *contributo ridotto alla metà*; *prezzo r. di un terzo, del 20%* | ristretto: *in tempi ridotti* | relativo, limitato: *ridotti effetti collaterali* | (*autom.*) ***marcia ridotta***, spec. nei fuoristrada, rapporto di marcia inferiore al normale, che consente di superare forti dislivelli **3** (*chim.*) che ha subìto un processo di riduzione: *stato, ferro, rame r.* **4** (*mat.*) che è stato semplificato: *frazione ridotta ai minimi termini* **B s. m.** **1** vestibolo adiacente alla platea di una sala teatrale o cinematografica, adibito alla sosta e alla conversazione del pubblico durante gli intervalli di uno spettacolo **SIN.** foyer **2** (*lett.*) luogo di ritrovo, di conversazione | (*est.*) incontro, riunione: *Tornava da un r. d'amici* (A. MANZONI) | †rifugio **3** (*milit.*) ridotta **4** (*mar., milit.*) parte centrale di una nave corazzata, comprendente l'apparato motore, le artiglierie e le santebarbare, e protetta da una spessa corazzatura

†**ridoventàre** ➤ **ridiventare**

ridovére [comp. di *ri-* e *dovere* ✱ 1354] **v. tr.** (coniug. come *dovere*) ● dovere nuovamente

ridrizzàre o **ridirizzàre** [comp. di *ri-* e *drizzare* ✱ av. 1328] **v. tr.** ● (*raro*) drizzare di nuovo | (*lett.*) raddrizzare (*anche fig.*)

riducènte **A part. pres.** di *ridurre*; anche **agg.** ● che riduce | ***crema r.***, crema dimagrante | (*chim.*) capace di operare una riduzione: *agente r.* **B s. m.** ● (*chim.*) agente che opera una riduzione **SIN.** riduttore

†**ridùcere** ➤ **ridurre**

riducìbile [dal lat. *redūcere* 'ridurre' ✱ av. 1492] **agg.** **1** che può essere ridotto: *prezzo non ulteriormente r.* **2** che si può ricondurre a una certa condizione (+ *a*): *r. all'ubbidienza* **3** (*chim.*) detto di sostanza che può subire una riduzione **4** (*med.*) che si può ridurre: *frattura facilmente r.* ‖ **riducibilità**, **s. f. inv.**

riduciménto [dal lat. *redūcere* 'ridurre' ✱ 1395] **s. m.** ● (*raro*) riduzione | (*lett.*) riconduzione, conversione: *era da sperarne il r. alla fede* (D. BARTOLI)

♦**ridùrre** o †**ridùcere**, †**redùrre**, †**redùcere** [lat. *redūcere*, comp. di *re-* e *dūcere* 'condurre' ✱ 1261 ca.] **A v. tr.** (coniug. come *condurre*; **part. pass.** *ridótto*, †*ridùtto*) **1** far pervenire a una condizione diversa, gener. peggiore (anche + *a*, + *in*): *r. una stanza a un letamaio*; *la febbre l'ha ridotto a uno scheletro*; *i debiti lo hanno ridotto al verde*; *r. qlcu. in fin di vita, in miseria*; *Mi riduce ogni volta così questo mal di capo!* (L. PIRANDELLO) | anche con il compl. predicativo dell'oggetto: *r. il vestito un cencio* | ***r. in pezzi, in frantumi***, spezzare, frantumare | ***r. al silenzio l'artiglieria nemica***, inattivarla con fuoco di controbatteria | mutare, trasformare (+ *a*): *Michelangelo ridusse parte delle Terme di Diocleziano a chiesa* | adattare (+ *per*, + *a*): *r. un testo per le scuole*; *r. un romanzo per la televisione*; *r. un convento a ospedale* | tradurre (+ *in*): *r. un romanzo in lingua cinese* **2** far diventare più piccolo o più breve: *r. la velocità*; *r. le spese*; *r. i tempi di lavoro* | restringere (*anche fig.*) (+ *a*): *r. una giacca*; *ridusse il suo intervento a poche parole* **SIN.** diminuire, rimpicciolire | anche nella forma pron. **ridùrsi**, ridurre, diminuire qlco. di proprio: *il dirigente si è ridotto lo stipendio* **3** (*mat.*) semplificare con opportune operazioni | ***r. una frazione ai minimi termini***, trovarne una equivalente in cui numeratore e denominatore siano primi fra loro | ***r. più frazioni al minimo comun denominatore***, trovarne altrettante equivalenti il cui denominatore sia il minimo multiplo di quelli dati | (*fis.*) ***r. una misura***, esprimerla nell'unità di un sistema diverso da quello a cui essa appartiene: *r. una misura da miglia in kilometri* **4** (*med.*) ricollocare un viscere nella posizione naturale: *r. un'ernia* | (*med.*) riportare in posizione naturale i monconi o i frammenti di un osso fratturato: *r. una frattura semplice* **5** (*chim.*) sottoporre una sostanza a riduzione **6** (*lett.*) ricondurre, riportare al luogo di partenza o a quello stabilito: *r. a casa il bambino smarrito* | (*fig.*) far tornare in una data condizione: *r. qlcu. a una vita più onesta*; *qual estimate voi … più felice dominio e più bastante a ridur al mondo quell'età d'oro …* (B. CASTIGLIONE) | ***r. alla memoria***, far ricordare | (*lett.*) raccogliere, adunare: *r. il gregge all'ovile*; *r. i ribelli sotto una stessa bandiera* | riuscire a portare alla condizione dovuta: *r. un ragazzo insofferente alla disciplina*; *r. al silenzio i dissenzienti*; *r. qlcu. all'obbedienza* **7** (*lett.*) costringere a comportarsi in un determinato modo: *r. il prigioniero a ribellarsi* **B ridùrsi** **v. intr. pron.** **1** pervenire a una condizione peggiore (+ *a*, anche seguito da inf., + *in*): *si è ridotto a non poter più camminare*; *ridursi* *all'elemosina; si è ridotto in un grave stato di prostrazione; il quartiere si è ormai ridotto a un suk* | ***ridursi all'ultimo***, fare le cose all'ultimo momento **2** diminuire, calare, detto di cose (+ *a*): *ridursi alla metà; il suo lavoro si è ridotto a ben poco* | essere riconducibile a, consistere in qlco. di limitato: *Tutto il sapere si riduceva a un poco di grammatica* (L.A. MURATORI) **3** (*lett.*) rifugiarsi, ritirarsi: *ridursi in un'isola, in una stanzetta, a vita privata* | (*lett.*) recarsi, portarsi (*anche fig.*): *ridursi in Ungheria; si ridusse in salvo* | †trovare ospitalità, avere residenza

SFUMATURE DI SIGNIFICATO

ridurre - stringere - decurtare

Ridurre descrive genericamente l'azione di far diventare qualcosa più piccolo o più breve; il termine ha un ambito d'uso molto vasto e può riferirsi al tempo, alla velocità, alle spese, oppure a oggetti concreti, a un testo, a un discorso ecc. Meno ampio è l'ambito d'uso di **stringere**, che in quest'area semantica designa in senso concreto il rendere più stretto qualcosa, soprattutto capi di vestiario, e in senso figurato il riassumere, il sintetizzare un discorso o uno scritto. In riferimento a somme di denaro, il termine più giusto per identificare il ridurre, il diminuire è invece **decurtare**.

SFUMATURE ➤ ***accorciare***, ➤ ***diminuire***

riduttàsi ➤ **reduttasi**

riduttìvo [1954] **agg. 1** che riduce, che ha lo scopo di ridurre: *misure riduttive dei costi* **2** (*fig.*) che riduce la consistenza, limita o sminuisce l'importanza di qlco.: *rispetto alle premesse, sono conclusioni molto riduttive* **SIN.** limitativo, restrittivo ‖ **riduttivaménte**, avv.

†**ridùtto** ➤ **ridotto**

riduttóre [vc. dotta, lat. *reductōre(m)*, da *redŭctus*, part. pass. di *redūcere* 'ridurre' ✱ 1395] **A s. m. 1** (f. *-trice*) chi riduce o ha la funzione di ridurre: *un r. televisivo di opere teatrali* **2** dispositivo che regola la trasmissione di un moto rotatorio diminuendo il numero dei giri **3** in topografia, strumento che permette di ottenere le distanze ridotte all'orizzonte **4** (*tecnol.*) ***r. di pressione***, regolatore di pressione atto a ridurre la pressione di un fluido mantenendola costante: *il r. di pressione di una bombola di gas* **5** (*milit.*) ***r. di cadenza***, in alcune armi da fuoco automatiche, dispositivo che consente di variare la cadenza di tiro, per ridurre le sollecitazioni e quindi l'usura dell'arma stessa e per economizzare le munizioni | ***r. di vampa***, dispositivo che viene applicato alle bocche o alle armi da fuoco per ridurre la vampa di bocca **SIN.** spegnifiamma, rompifiamma | ***r. di rinculo***, in alcune bocche da fuoco, dispositivo che, agendo sul freno, riduce la lunghezza di rinculo del pezzo **6** (*elettr.*) dispositivo, gener. un trasformatore in discesa, atto a ridurre, secondo un rapporto fisso o variabile, l'intensità di una corrente elettrica o una tensione elettrica: *r. di corrente, di tensione* **7** (*elettr.*) dispositivo adattatore che consente di inserire una spina, gener. bipolare o tripolare, in una presa di passo maggiore o minore **8** (*chim.*) agente riducente **B agg.** (f. *-trice*) ● (*chim.*) che riduce: *agente r.* | ***apparecchio r.***, reattore chimico in cui viene svolta una riduzione | ***zuccheri riduttori***, quelli dotati di proprietà riducenti, che possono essere dimostrate con specifiche reazioni

riduzionàle [da *riduzione*, per calco sull'ingl. *reductional* ✱ 1983] **agg.** ● (*biol.*) nella loc. ***divisione r.***, nella meiosi, la prima divisione nucleare mediante la quale il numero diploide di cromosomi si riduce al numero aploide **CFR.** equazionale

♦**riduzióne** o †**reduzióne** [vc. dotta, lat. *reductiōne(m)*, da *redŭctus*, part. pass. di *redūcere* 'ridurre' ✱ 1308] **s. f. 1** il ridurre a una determinata condizione: *r. alla ragione; r. di un fenomeno alla sua essenza; r. in schiavitù* **2** diminuzione di numero o di quantità: *r. delle tasse, dell'occupazione; si è registrata una r. delle entrate* | ***r. dei punti***, in maglieria, diminuzione del numero dei punti in lavorazione | diminuzione, abbuono, sconto: *ha ottenuto una r. del 10%* **3** adattamento, trasposizione: *r. teatrale, musicale, cinematografica, radiofonica* **4** (*filos.*) sostituzione di una proposizione con un'altra equivalente più semplice e schematica capace di dimostrare la verità o la falsità della proposizione originaria | ***r. fenomenologica***, nella filosofia di Husserl, epochè | ***r. all'assurdo***, dimostrazione per assurdo (V. *assurdo*) **5** riproduzione di un disegno, una fotografia e sim. secondo una scala prestabilita, rispettando le proporzioni delle parti: *scala, compasso di r.* **6** (*mat.*) passaggio ad altra forma o espressione più semplice, o antecedente logicamente, e sim. | ***r. di una frazione ai minimi termini***, operazione che ne fa trovare una equivalente in cui numeratore e denominatore siano primi fra loro | ***r. dei termini simili di un polinomio***, operazione consistente nel sommare algebricamente i monomi simili, per scriverne uno solo al loro posto | ***formula di r.***, quella che consente di riportare enti od operazioni matematici a una forma più semplice e quindi trattabile più facilmente **7** (*scient.*) ***r. delle misure***, insieme delle operazioni compiute sulle misure per eliminare o correggere gli errori sistematici o per riportarle a determinate condizioni di riferimento: *r. dei dati meteorologici al livello del mare; r. del volume di un gas alle condizioni normali di pressione e temperatura* | ***r. all'orizzonte***, in topografia, conversione della distanza vera fra due punti nella distanza orizzontale, ossia in quella intercorrente fra le proiezioni orizzontali dei due punti **8** (*ling.*) passaggio di una forma più lunga, o piena, ad una forma più breve, o ridotta **9** (*med.*) operazione con cui si riportano alla posizione naturale un viscere o i monconi di un osso fratturato: *r. di una frattura; r. dell'ernia* **10** (*chim.*) reazione per la quale una sostanza perde ossigeno o acquista idrogeno o diminuisce di valenza **CFR.** ossidazione **11** elemento di tubo che collega due tubi di diametro diverso **12** (*biol.*) diminuzione del numero di cromosomi da diploide ad aploide nella meiosi ‖ **riduzioncìna**, dim.

riduzionìsmo [da *riduzione* ✱ 1963] **s. m. 1** (*filos.*) dal XVII sec. a oggi, indirizzo epistemologico che stabilisce un rapporto di gerarchia tra le diverse discipline scientifiche, ognuna delle quali può essere ricondotta e riformulata nel linguaggio di un'altra più generale (per es. i fenomeni psicologici possono essere riportati al loro sostrato neurofisiologico) **2** (*biol.*) teoria che fa risalire tutti i fenomeni vitali a un unico principio **3** (*est.*) tendenza a limitare il valore di un fatto, di un fenomeno e sim. a un suo aspetto parziale

riduzionìsta [1985] **s. m. e f.; anche agg.** (pl. m. *-i*) ● (*filos.*) chi (o che) segue le teorie del riduzionismo

riduzionìstico [da *riduzionista* ✱ 1988] **agg.** (pl. m. *-ci*) ● relativo al riduzionismo | riduttivo

rieccitàre [comp. di *ri-* ed *eccitare* ✱ av. 1827] **A v. tr.** (*io rièccito*) ● eccitare di nuovo **B rieccitàrsi v. intr. pron.** ● eccitarsi di nuovo

♦**riècco** o (*roman.*) **arièccо** [comp. di *ri-* ed *ecco* ✱ 1848] **avv. 1** ecco di nuovo, ecco un'altra volta: *r. la pioggia!; r. il sole!* **2** si unisce ai pron. pers. atoni 'mi', 'ti', 'ci', 'si', 'vi', 'lo', 'la', 'le', 'li' e alla particella 'ne', in posizione enclitica: *rieccoci qua; rieccoli!; rieccoci da capo, alle solite!; rieccola con le sue lamentele; rieccoti il tuo libro; rieccosi fatto giorno; rieccovi i vostri soldi*

riecheggiaménto [1917] **s. m.** ● (*raro*) il riecheggiare | (*fig.*) eco, reminiscenza: *una poesia ricca di riecheggiamenti futuristici*

riecheggiàre [comp. di *ri-* ed *echeggiare* ✱ 1858] **A v. intr.** (pres. *io riechéggio*; fut. *io riecheggerò*; aus. *essere*) ● echeggiare, echeggiare di nuovo | (*fig.*) essere presente come eco di esperienze precedenti: *nelle tue pagine riecheggiano molti ricordi letterari* **B v. tr.** ● restituire l'eco | (*fig.*) riprendere, richiamare contenuti, motivi o forme precedenti: *quel romanzo riecheggia cadenze manzoniane*

rièdere [lat. *redīre*, comp. di *red-* 'ri-' e *īre* 'andare' (V. *ire*①) ✱ 1313] **v. intr.** (ricostruito sul pres. indic. di *redire* per cui segue una coniug. regolare in cui la *e* è dittongata in *ie* se tonica; aus. *essere*) ● (*lett.*) ritornare: *uopo è che Achille in campo rieda e sperda / le troiane falangi* (V. MONTI)

riedificàre o †**redificàre**, †**reedificàre**, †**ridificàre** [comp. di *ri-* ed *edificare* ✱ av. 1328] **v. tr.** (*io riedìfico, tu riedìfichi*) ● edificare di nuovo: *r. una casa distrutta* ‖ **riedificazióne** o †**redificazióne**, †**reedificazióne**, s. f.

riedificatóre [av. 1348] **s. m.** (f. *-trice*); anche **agg.** ● chi (o che) riedifica

rieditàre [comp. di *ri-* e *editare* ✱ 1890] **v. tr.** (*io rièdito*) **1** (*raro*) ripubblicare **2** fare nuovamente l'editing

rièdito [comp. di *ri-* ed *edito* ✱ av. 1912] **agg.** ● edito, pubblicato di nuovo: *la prima edizione è esaurita, ma il libro sarà r. entro l'anno*

riedizióne [comp. di *ri-* ed *edizione* ✱ av. 1872] **s. f. 1** nuova edizione: *la r. di un testo esaurito* **2** (*est.*) rappresentazione rinnovata di un'opera teatrale | rifacimento di un vecchio film **SIN.** remake **3** (*fig.*) riproposta, ripresentazione di qlco., con modifiche più o meno sostanziali: *la r. di un'alleanza politica*

rieducàbile [1959] **agg.** ● che si può rieducare ‖ **rieducabilità**, s. f. inv.

rieducàre [comp. di *ri-* ed *educare* ✱ 1872] **v. tr.** (*io rièduco, tu rièduchi*) **1** educare di nuovo e meglio, colmando le lacune e correggendo i difetti della prima educazione: *r. un ragazzo ribelle* | (*est.*) recuperare, reintegrare; sottoporre a rieducazione **2** far recuperare una funzionalità parziale o totale a un soggetto menomato: *r. i ciechi, i mutilati; r. un caratteriale* | riportare organi o funzioni menomate a una normale attività: *r. una mano paralizzata, l'udito*

rieducatìvo [da *rieducare* ✱ 1968] **agg.** ● che tende a rieducare

rieducazióne [1872] **s. f. 1** il rieducare | in regimi totalitari, indottrinamento coatto di oppositori e dissidenti **2** ripresa di funzioni motorie ridotte o assenti mediante opportuna terapia fisica

riel /rjel/ [etim. incerta ✱ 1970] **s. m. inv.** ● unità monetaria della Cambogia

rielaboràre [comp. di *ri-* ed *elaborare* ✱ 1930] **v. tr.** (*io rielàboro*) ● elaborare di nuovo o con criteri diversi

rielaboràto part. pass. di *rielaborare*; anche **agg.** ● nel sign. del v.

rielaborazióne [1907] **s. f.** ● nuova elaborazione di qlco., spec. con criteri diversi

rielèggere o †**reelèggere** [comp. di *ri-* ed *eleggere* ✱ sec. XIV] **v. tr.** (coniug. come *leggere*) ● eleggere di nuovo, spec. alla scadenza di un mandato: *r. qlcu. sindaco*

rieleggìbile [1819] **agg.** • che si può rieleggere ‖ **rieleggibilità**, **s. f. inv.**

rielètto **part. pass.** di *rieleggere*; anche **agg.** • nel sign. del v.

rielezióne [comp. di *ri-* ed *elezione* ✱ 1796] **s. f.** • nuova elezione di qlcu. alla stessa carica, spec. alla scadenza del mandato: *il presidente americano punta alla r.*

riemanàre [comp. di *ri-* ed *emanare* ✱ 1970] **v. tr.** • emanare di nuovo

riemanazióne [comp. di *ri-* ed *emanazione* ✱ av. 1640] **s. f.** • (*raro*) nuova emanazione | †nuova diffusione della luce

riemanniàno (rie-mann-ia-no, rie-man-nia-no) /riman'njano/ [1946] **agg.** • relativo al matematico tedesco Bernhard G. F. Riemann (1826-1866): *geometria riemanniana*

riemendàre [comp. di *ri-* ed *emendare* ✱ av. 1752] **v. tr.** (*io riemèndo*) • correggere, revisionare di nuovo

riemèrgere [comp. di *ri-* ed *emergere* ✱ 1872] **v. intr.** (coniug. come *emergere*; aus. *essere*) • emergere di nuovo | tornare alla superficie: *il sottomarino riemerse subito* | (*fig.*) ripresentarsi, manifestarsi nuovamente: *i vecchi rancori sono riemersi*; *il volto / dell'antico dolore che riemerge ogni sera* (C. PAVESE)

riemersióne [da *riemerso*, part. pass. di *riemergere* ✱ 1940] **s. f.** • ritorno alla superficie

riemèrso **part. pass.** di *riemergere*; anche **agg.** • nei sign. del v. (*anche fig.*): *ricordo r. dagli anni* (R. BACCHELLI)

riemigràre [comp. di *ri-* ed *emigrare* ✱ 1872] **v. intr.** (aus. *essere* o *avere*) • emigrare di nuovo

riempìbile [av. 1712] **agg.** • che si può riempire

riempibottiglie [comp. di *riempi(re)* e il pl. di *bottiglia* ✱ 1970] **s. f. inv.** • macchina per riempire automaticamente le bottiglie

riémpiere [comp. di *ri-* ed *empiere*, *empire* ✱ av. 1292] **v. tr.** (coniug. come *empiere*) e **riémpiersi** **v. intr. pron.** • (*raro*) riempire, riempirsi

riempiménto [1301] **s. m.** **1** operazione del riempire: *il r. di una bombola* | (*raro*) ciò che serve a riempire | ***materiale di r.***, nelle costruzioni civili, insieme di ghiaia, pietra, sabbia e sim. usato quando occorra livellare o rialzare il terreno **2** (*mar.*) nella costruzione di imbarcazioni in legno, quanto manca, e va aggiunto, per rendere a misura un pezzo

♦**riempìre** [comp. di *ri-* ed *empire* ✱ av. 1292] **A** **v. tr.** (*io riémpio*; coniug. come *empire*) **1** rendere pieno, colmare (*anche fig.*): *r. la botte di vino*; *mi ha riempito le orecchie di insinuazioni*; *vederti mi riempie di gioia* | ***r. una lacuna***, colmarla | ***r. un tramezzino***, farcirlo, imbottirlo | ***r. lo stomaco***, saziarlo | ***r. i vuoti***, nominare nuovi incaricati nei posti vacanti di una pubblica amministrazione o dell'esercito **2** compilare moduli, schede e sim. scrivendo ciò che si richiede accanto allo stampato: *r. una richiesta di pensione* **3** †impregnare, detto di animali **B** **riempìrsi** **v. intr. pron.** • diventare pieno (*anche fig.*): *il teatro si è riempito di spettatori*; *riempirsi di tristezza* **C** **riempìrsi** **v. tr. pron.** (aus. *essere*) • riempire, colmare qlco. di proprio: *s'è riempito la stanza di poster*; *riempirsi le tasche di caramelle* | (*fig.*) ***riempirsi la bocca di paroloni***, parlare in modo ampolloso, reboante | (*fig.*) ***riempirsi la bocca di promesse, di belle parole***, farne, dirne, in gran quantità e con enfasi compiaciuta **D** **riempìrsi** **v. rifl.** • mangiare troppo, saziarsi

riempìta [da *riempito* ✱ 1872] **s. f.** • (*fam.*) atto del riempire spec. in fretta

riempitìvo [da *riempito* ✱ 1551] **A** **agg.** • che riempie o serve a riempire: *materiale r.* ‖ **riempitivaménte**, **avv.** (*raro*) in modo riempitivo **B** **s. m.** **1** materia che serve a riempire un vuoto: *usare come r. un materiale schiumoso* **2** (*fig.*) ciò che serve solo a colmare un vuoto, a far numero, e sim. e non ha particolare importanza: *lo hanno invitato solo per fare da r.* **3** parola o frase superflua

riempìto **part. pass.** di *riempire*; anche **agg.** • nei sign. del v.

riempitóre [av. 1519] **s. m.** **1** (f. *-trice*) (*raro*) chi riempie **2** (*enol.*) imbuto a collo lungo, pieno di vino, fissato un tempo nella parte superiore delle botti per mantenerle colme, evitando l'evaporazione **3** (*mar.*) pezzo di riempimento

riempitrìce [f. di *riempitore* ✱ 1959] **s. f.** • macchina che esegue il riempimento di confezioni, imballaggi o per l'imbottigliamento automatico

riempitùra [1487] **s. f.** • operazione del riempire | ciò che serve a riempire

†**rienfiàre** [comp. di *ri-* ed *enfiare* ✱ sec. XIV] **v. intr.** e †**rienfiàrsi** **v. intr. pron.** • gonfiare, gonfiarsi di nuovo o di più

rientràbile [da *rientrare* ✱ 1959] **agg.** • retrattile: *carrello, antenna r.*

rientraménto [1525] **s. m.** **1** (*raro*) rientro **2** punto, parte in cui una linea o un corpo rientrano: *i rientramenti costieri*; *c'è r. nel muro* **SIN.** rientranza

rientrànte **A** **part. pres.** di *rientrare*; anche **agg.** **1** che presenta una rientranza: *superficie r.* **CONTR.** sporgente **2** che entra di nuovo | detto di atleta che torna a gareggiare dopo un'assenza **B** **s. m.** • nelle fortificazioni, l'angolo con la concavità rivolta verso l'esterno

rientrànza [1914] **s. f.** • parte che rientra, rispetto all'andamento di una linea, di una superficie e sim.: *un bar incastrato in una r. della parete* (A. MORAVIA) | (*tipogr.*) linea spostata in dentro rispetto al margine **SIN.** rientro

♦**rientràre** [comp. di *ri-* ed *entrare*[1] ✱ 1336 ca.] **A** **v. intr.** (*io riéntro*; aus. *essere*) **1** entrare di nuovo nel luogo da dove si era usciti o da cui ci si era allontanati: *i giocatori stanno rientrando in campo*; *r. in casa, nella sala*; *rientra a Milano giovedì* | (*assol.*) rincasare: *rientri presto stasera?* | tornare in una certa condizione o situazione: *r. nell'ordine, nell'ubbidienza*; *r. in famiglia* | tornare a gareggiare dopo un'assenza, detto di atleta | (*fig.*) ***r. nelle grazie di qlcu.***, tornare ad essere benvoluti, amati da qlcu. | ***r. in sé***, riassumere il controllo delle proprie azioni | ***r. in possesso di qlco.***, rimpossessarsene | ***r. in gioco***, in alcuni giochi di carte, spec. ramino, esservi riammesso dopo esserne stato eliminato, previo accollo o pagamento di una certa quota di punti negativi; (*fig.*) tornare a partecipare a qlco. concorrendovi in maniera rilevante o determinante **2** (*est.*) ritirarsi: *r. nei propri confini*; *dopo il contrattacco la fanteria rientrò in trincea* | (*raro*) accorciarsi, restringersi, detto di un tessuto: *a lavarlo il tuo golf è rientrato* | riassorbirsi senza sfogo naturale, detto di un'eruzione cutanea: *i foruncoli della bambina sono rientrati* | (*fig.*) annullarsi, non realizzarsi: *il progetto è rientrato per mancanza di finanziamenti* | risolversi, cadere: *la polemica è rientrata* **3** presentare una concavità, una piega all'interno, detto di superfici e linee: *il muro rientrava bruscamente*; *dopo tre chilometri il fiume rientra verso sud* **4** essere compreso, far parte: *il tuo caso non rientra in quelli noti*; *ciò non rientra nei tuoi compiti* **5** recuperare il denaro speso o impiegato in un affare, messo a frutto, dato in prestito e sim. | **rientràrci**, uscire da un affare con un guadagno modesto o senza perdita | ***r. in cassa***, detto di denaro che dà frutto o si recupera con sicurezza, se impestato | (*est.*) tornare a un livello normale, in riferimento a una situazione negativa: *misure del Governo per r. dall'inflazione* **B** **v. tr.** **1** (*raro*) tirare indietro, dentro: *aveva rientrato la testa fra le spalle* (V. PRATOLINI) **2** (*mar.*) riportare, ritirare qlco. a bordo dell'imbarcazione: *r. i remi* | (*mar.*) serrare, chiudere le vele guarnite su aste scorrevoli: *r. i coltellacci*

rientràta [av. 1730] **s. f.** **1** (*raro*) rientro **2** curvatura dei fianchi di un'imbarcazione

rientràto **part. pass.** di *rientrare*; anche **agg.** **1** nei sign. del v.: *in possessione r. de' suoi beni* (G. BOCCACCIO) **2** (*fig.*) che non ha avuto modo di riuscire, svilupparsi, farsi valere: *impresa rientrata*; *tentativo r.*

riéntro [1865] **s. m.** **1** il rientrare, il ritornare: *è l'ora del r.*; *il r. di un impiegato in sede* | ***il grande r.***, quello in direzione delle grandi città dopo un periodo di vacanze (spec. le vacanze estive) | ritorno di veicolo spaziale nell'atmosfera terrestre **2** (*raro*) accorciamento o restringimento, spec. di stoffa bagnata **3** (*raro*) parte che rientra: *i rientri del muro* | (*tipogr.*) linea spostata a destra rispetto al margine **SIN.** concavità, rientranza **4** recupero di denaro speso | ripresa da una situazione negativa: *r. del debito pubblico* | (*tosc.*) provento, entrata

riepilogaménto [1872] **s. m.** • (*raro*) riepilogo

riepilogàre o †**repilogàre** [da *riepilogo* ✱ av. 1328] **v. tr.** (*io riepìlogo, tu riepìloghi*) • fare un riepilogo, dire in breve: *r. un racconto*; *r. i fatti, l'accaduto* | (*assol.*) ***riepilogando***, ricapitolando **SIN.** riassumere, ricapitolare

riepilogatìvo [1959] **agg.** • (*raro*) che riepiloga, serve a riepilogare: *cenno, discorso r.* ‖ **riepilogativaménte**, **avv.**

riepilogazióne [1818] **s. f.** • (*raro*) riepilogo

riepìlogo [comp. di *ri-* ed *epilogo* ✱ 1745] **s. m.** (pl. *-ghi*) • esposizione riassuntiva di scritti o discorsi: *ti farò un chiaro r. della sua conferenza*; *un r. della materia trattata* **SIN.** riassunto, ricapitolazione

riequilibràre [comp. di *ri-* ed *equilibrare* ✱ 1884] **A** **v. tr.** • rimettere in equilibrio (*anche fig.*): *r. due pesi*; *r. il disavanzo pubblico* **B** **riequilibràrsi** **v. rifl.** e **intr. pron.** • rimettersi, ritornare in equilibrio fino a raggiungere una certa stabilità (*anche fig.*): *la situazione si è riequilibrata in poco tempo*

riequilìbrio [comp. di *ri-* ed *equilibrio* ✱ 1963] **s. m.** • ristabilimento di una condizione di equilibrio (*anche fig.*): *il r. di due forze*; *raggiungere il r. delle spese con le entrate*

rièrgere [comp. di *ri-* ed *ergere* ✱ av. 1685] **A** **v. tr.** (coniug. come *ergere*) • (*raro*) ergere di nuovo **B** **rièrgersi** **v. intr. pron.** • (*raro*) ergersi di nuovo

riesàme [comp. di *ri-* ed *esame* ✱ 1932] **s. m.** • nuovo esame spec. più circostanziato e alla luce di nuovi elementi: *occorre un attento r. di tutta la questione* **SIN.** riconsiderazione | ***Tribunale del r.***, organo collegiale competente a decidere sulla richiesta di revisione del provvedimento che abbia disposto una misura coercitiva

riesaminàre o †**risaminàre** [comp. di *ri-* ed *esaminare* ✱ av. 1540] **v. tr.** (*io riesàmino*) • esaminare di nuovo: *r. un candidato* | riprendere in esame, spec. alla luce di nuovi elementi; *r. una situazione*

SFUMATURE ➤ ***rivedere***

riescìre ➤ **riuscire**

rieseguìre [comp. di *ri-* ed *eseguire* ✱ 1872] **v. tr.** (coniug. come *eseguire*) • eseguire di nuovo

rieṣercitàre [comp. di *ri-* ed *esercitare* ✱ 1872] **A** v. tr. (*io rieṣèrcito*) ● esercitare di nuovo o ancora: *r. una professione*; *r. la vista* **B** **rieṣercitàrsi** v. rifl. ● esercitarsi di nuovo

rieṣiliàre [comp. di *ri-* ed *esiliare* ✱ 1872] v. tr. (*io rieṣìlio*) ● esiliare di nuovo

Riesling /ˈrizlin(g), *ted.* ˈʀiːslɪŋ/ [vc. ted. d'orig. sconosciuta ✱ 1894] s. m. inv. (pl. ted. *Rieslinge*) **1** vitigno originario della Germania, chiamato anche *Riesling renano*, diffuso in Italia spec. in Alto Adige, Friuli e Oltrepò Pavese; dà un'uva di colore giallo-verde o dorato | ***R. italico***, variante italiana del Riesling **2** denominazione di numerosi vini ricavati dal vitigno omonimo, gener. di color giallo paglierino, profumo fruttato e sapore secco lievemente acidulo

riespèllere [comp. di *ri-* ed *espellere* ✱ 1959] v. tr. (coniug. come *espellere*) ● espellere di nuovo

riesplòdere [comp. di *ri-* ed *esplodere* ✱ 1872] v. intr. e tr. (coniug. come *esplodere*; aus. intr. *essere*) ● esplodere di nuovo (*anche fig.*): *r. un colpo*; *è riesplosa la protesta*

riesploràre [comp. di *ri-* ed *esplorare* ✱ 1872] v. tr. (*io riesplòro*) ● esplorare di nuovo

riespórre [comp. di *ri-* ed *esporre* ✱ 1872] **A** v. tr. (coniug. come *esporre*) ● esporre di nuovo: *Le risposi riesponendole il mio disegno* (G. CARDUCCI) **B** **riespórsi** v. rifl. ● esporsi di nuovo

riesportàre [comp. di *ri-* ed *esportare* ✱ 1819] v. tr. (*io riespòrto*) ● esportare prodotti finiti, lavorati con materie prime importate | esportare merci importate

riesportazióne [1788] s. f. ● il riesportare

rieṣpoṣizióne [comp. di *ri-* ed *esposizione* ✱ 1935] s. f. **1** nuova esposizione **2** (*mus.*) nella fuga, ritorno succinto di soggetto e risposta iniziale, in tonalità differente

riespósto part. pass. di *riesporre* ● nei sign. del v.

riespugnàre [comp. di *ri-* ed *espugnare* ✱ 1872] v. tr. (coniug. come *segnare*) ● espugnare di nuovo

riespùlso part. pass. di *riespellere* ● nel sign. del v.

rièssere [comp. di *ri-* ed *essere* ✱ 1872] v. intr. (pass. rem. *io rifùi, tu rifósti, egli rifù*; nelle altre forme coniug. come *essere*; aus. *essere*) ATTENZIONE! *riè* e *rifù* si scrivono con l'accento. ● essere di nuovo: *dobbiamo r. presto a casa* | (*lett.*) ripetersi, accadere di nuovo: *risarà tutto quel che fu* (G. PASCOLI) | ***ci risiamo!***, ritorna una situazione negativa o spiacevole: *ci risiamo con le solite scuse!*

riestèndere [comp. di *ri-* ed *estendere* ✱ 1872] v. tr. (coniug. come *tendere*) ● estendere di nuovo

riestéso (o **-ṣo**) part. pass. di *riestendere* ● (*raro*) nel sign. del v.

riestràrre [comp. di *ri-* ed *estrarre* ✱ 1872] v. tr. (coniug. come *trarre*) ● estrarre o ricavare di nuovo

riestràtto part. pass. di *riestrarre* ● (*raro*) nel sign. del v.

rieṣumàre [comp. di *ri-* ed *esumare* ✱ av. 1916] v. tr. (*io rièṣumo* o *raro rieṣùmo*) ● dissotterrare, togliere dalla tomba: *r. un cadavere* | (*fig.*) portare alla luce, rimettendo in uso o facendo tornare attuale: *r. una vecchia moda*; *r. commedie popolari ormai dimenticate*

rieṣumazióne [1933] s. f. **1** esumazione | (*fig., lett.*) rievocazione **2** (*fig.*) riproposizione: *r. di una vecchia usanza*

rietìno [da *Rieti*: V. *reatino* ✱ sec. XVI] **A** agg. ● di Rieti **B** s. m. (f. *-a*) ● abitante o nativo di Rieti SIN. reatino

rievocàre [comp. di *ri-* ed *evocare* ✱ av. 1872] v. tr. (*io rièvoco* o *poet. rievòco, tu rièvochi*) ● evocare di nuovo | richiamare alla memoria altrui o propria, ricordare: *r. gli anni della giovinezza* | commemorare: *hanno rievocato il Presidente scomparso* SIN. ricordare

rievocativo [av. 1934] agg. ● che rievoca o ha lo scopo di rievocare: *scritto r.*; *cerimonia, mostra rievocativa* ‖ **rievocativaménte**, avv.

rievocàto part. pass. di *rievocare*; anche agg. ● richiamato alla memoria

rievocazióne [1898] s. f. ● il rievocare: *la r. di un importante avvenimento* | ciò che viene rievocato: *queste sono rievocazioni inutili* | commemorazione: *la r. di un noto personaggio* SIN. ricordo

†**rièzza** [da *rio* ✱ av. 1406] s. f. ● colpevolezza

rifabbricàre [vc. dotta, lat. tardo *refabricāre*, comp. di *re-* e *fabricāre* 'fabbricare' ✱ sec. XIV] v. tr. (*io rifàbbrico, tu rifàbbrichi*) ● fabbricare di nuovo | ricostruire, riedificare

rifacènte part. pres. di *rifare* ● (*raro*) nei sign. del v.

rifacìbile [comp. di *ri-* e un deriv. del lat. *făcere* 'fare' ✱ av. 1704] agg. ● (*raro*) che si può rifare: *correzione r.*

rifaciménto [comp. di *ri-* e *facimento* ✱ sec. XIII] s. m. **1** ricostruzione, ristrutturazione, restauro: *il r. di un antico palazzo* | rielaborazione: *il r. di un ricamo, di un film*; *un cattivo r. di un'opera letteraria* **2** †compensazione, indennità: *dare ... per r. della spesa ... fino in dodici ducati d'oro* (N. MACHIAVELLI)

rifacitóre [comp. di *ri-* e *facitore* ✱ av. 1704] agg. e s. m. (f. *-trice*) ● che (o chi) rifà o rielabora

rifacitùra [da *rifare* con influenza del lat. *făcere* 'fare' ✱ 1509] s. f. ● rifacimento

rifallìre [comp. di *ri-* e *fallire* ✱ av. 1834] v. tr. (*io rifallisco, tu rifallisci*) ● fallire di nuovo

rifamicìna [vc. formata sul modello di *streptomicina*; non chiara la prima parte del composto ✱ 1982] s. f. ● (*farm.*) ogni antibiotico naturale prodotto dal batterio *Nocardia mediterranei*, ad azione battericida ad ampio spettro

rifampicìna [da *rifamicina* ✱ 1984] s. f. ● (*farm.*) antibiotico semisintetico della rifamicina, attivo sia su batteri parassiti intracellulari (micobatteri) che extracellulari

♦**rifàre** [comp. di *ri-* e *fare*① ✱ av. 1292] **A** v. tr. (pres. *io rifàccio, o rifò, tu rifài, egli rifà*; imperat. *rifà* o *rifa'* o *rifài*; nelle altre forme coniug. come *fare*) ATTENZIONE! *rifò* e *rifà* si scrivono con l'accento. **1** fare di nuovo, un'altra volta ciò che si ritiene erroneo o mal fatto (*anche assol.*): *r. il compito sbagliato*; *r. qlco. di sana pianta, da cima a fondo*; *è tutto da r.* **2** fare di nuovo ciò che è andato parzialmente o totalmente distrutto o deteriorato o che è stato perduto: *r. il tetto della casa* | riparare, accomodare: *r. i polsini alla camicia* | ***r. una casa***, ricostruirla | ***r. il letto***, riassettarlo **3** compiere un'azione un'altra volta, ripetere: *non occorre r. sempre lo stesso discorso*; *r. un tentativo, un esame* | ***r. la strada***, percorrerla un'altra volta **4** (*lett.*) rendere nuovamente o restituire allo stato primitivo: *r. certo, sicuro*; *r. sano un ammalato* | rieleggere: *r. qlcu. presidente* **5** imitare: *r. l'andatura, il gesticolare di qlcu.* | contraffare: *r. la voce di un amico* | ***r. il verso***, imitare, spec. a scopo caricaturale **6** compensare, risarcire: *r. qlcu. delle spese*; *ti rifarò i danni* SIN. indennizzare **7** cucinare di nuovo o in modo diverso: *r. il pesce fritto in umido* **8** (*raro, tosc.*) imporre a un bambino il nome del padre, del nonno, ecc.: *r. il padre, il nonno* **B** **rifàrsi** v. tr. pron. (aus. *essere*) **1** procurarsi nuovamente: *si è rifatto un taglio sul braccio* | farsi, o farsi fare, di nuovo: *comincia a rilisciarsi i capelli e rifarsi la pettinatura* (L. PIRANDELLO) | ***rifarsi*** (o ***farsi rifare***) ***il seno, il naso, la bocca***, (*colloq.*) farseli ricostruire o rimodellare chirurgicamente | ***rifarsi gli occhi***, (*fig., colloq.*) ricrearsi con una vista gradevole | ***rifarsi la bocca, lo stomaco***, (*fig., colloq.*) assaggiare cibi graditi, dopo aver mangiato qlco. di sgradevole | (*colloq.*) rinnovare, ricomprare: *rifarsi la casa*; *si è rifatto i mobili del soggiorno* **2** riordinare, rassettare (con valore intens.): *rifarsi il letto, la camera* **3** recuperare, riacquistare: *rifarsi una vita, una cultura*; *Questo popolo non si può rinnovare, se non rifacendosi una coscienza* (F. DE SANCTIS) | ***rifarsi una verginità***, (*fig.*) riacquistare la stima, la credibilità o il buon nome perduti o compromessi **C** **rifàrsi** v. intr. pron. **1** diventare nuovamente: *rifarsi cattolico*; *il tempo si è rifatto brutto* | ***rifarsi vivo***, farsi nuovamente vedere o sentire | (*assol.*) riprendere le forze, ritornare sano o in buone condizioni economiche: *dopo la malattia si è rifatto*; *spera di rifarsi con un nuovo negozio* | (*assol.*) ristabilirsi, detto del tempo: *speriamo che il tempo si rifaccia* **2** prendersi la rivincita (+ *di*): *rifarsi di una perdita, di una disfatta* | prendersela, rivalersi (+ *con*, + *su*): *rifarsi con un altro, sui più deboli*; *quando è arrabbiato, si rifà su di noi* | anche nella forma pron. (con valore intens.) **rifàrsela** (con il pron. *la* indeterm.): *invece di prendersela con se stessa, se la rifece con lui* (C. CASSOLA) **3** cominciare, prendere le mosse, ricominciare (+ *da*): *rifarsi dal principio, da capo* | richiamarsi (+ *a*): *rifarsi a ciò che si era detto prima* | ispirarsi, ricollegarsi (+ *a*): *non avevo esempi a cui rifarmi* (I. CALVINO)

rifaṣaménto [da *sfasamento*, con cambio di pref. ✱ 1936] s. m. ● (*elettr.*) operazione destinata ad annullare o diminuire lo sfasamento fra intensità di corrente e tensione in un circuito elettrico, allo scopo di aumentarne il rendimento

rifaṣàre [da *fase*, col pref. *ri-* ✱ 1950] v. tr. ● (*elettr.*) fare oggetto di rifasamento: *r. un motore elettrico*

rifaṣatóre [1983] **A** s. m. ● (*elettr.*) dispositivo usato per il rifasamento **B** agg. (f. *-trice*) ● atto a rifasare

rifasciàre [comp. di *ri-* e *fasciare* ✱ sec. XIV] v. tr. (pres. *io rifàscio*; fut. *io rifascerò*) **1** tornare a fasciare | fasciare, fasciare bene: *r. un bambino* **2** †rinnovare il fasciame di una nave

rifàscio [comp. di *ri-* e *fascio* ✱ av. 1400] s. m. ● solo nella loc. avv. ***a r.***, (*lett.*) alla rinfusa: *gli abiti buttati a r.*; *ricadevano dalla spalliera del sofà* (F. SACCHETTI) | ***andare a r.***, (*lett.*) andare in rovina, a catafascio

rifattìbile [av. 1704] agg. ● (*raro*) che può essere rifatto

rifàtto part. pass. di *rifare*; anche agg. **1** nei sign. del v.: *gesto r. meccanicamente*; *lesso r.*; *letto r.*; *due vecchie case coloniche rifatte un secolo prima* (E. MONTALE); *labbra rifatte*, *un'attrice rifatta* **2** ***villano r.***, persona rozza e grossolana che, arricchita, ostenta modi e vita da gran signore

rifattùra [1872] s. f. ● (*raro*) rifacimento

rifavellàre [comp. di *ri-* e *favellare*① ✱ 1505] v. intr. (*io rifavèllo*; aus. *avere*) ● (*lett.*) riparlare

rifazióne [da *rifare* ✱ sec. XIII] s. f. **1** (*lett.*) rifacimento, restauro | (*fig.*) rifacimento di un'opera letteraria: *la r. ha reso leggibile e piacevole il poema* (F. DE SANCTIS) **2** †***r. dei danni***, risarcimento

rifecondàre [comp. di *ri-* e *fecondare* ✱ 1686] **v. tr.** (*io rifecóndo*) ● fecondare di nuovo

†**rifedìre** ➤ **riferire**②

rifèndere [comp. di *ri-* e *fendere* ✱ 1340 ca.] **v. tr.** (**coniug. come** *fendere*) **e rifèndersi v. intr. pron.** ● (*raro*) fendere, fendersi di nuovo o più volte

rifenditùra [comp. di *ri-* e *fenditura* ✱ 1965] **s. f.** ● aratura preliminare del terreno, in uso in Emilia, alla quale ne segue una seconda dopo qualche tempo

†**riferendàrio** ➤ **referendario**

riferènte **part. pres.** di *riferire*①; **anche agg.** ● (*raro*) che riporta, che riferisce

riferìbile [1673] **agg. 1** che può essere riportato, ripetuto: *segreto non r.*; *parola r.* **SIN.** dicibile, ripetibile **2** che può essere collegato (+ *a*): *un atteggiamento r. al suo pessimo carattere* | riconducibile: *sintomi riferibili a diverse patologie* **SIN.** concernente, relativo, riguardante | attribuibile: *un'opera r. a Donatello* || †**riferibilménte**, **avv.** rispetto, riguardo a || **riferibilità**, **s. f. inv.**

riferiménto o †**referiménto** [av. 1557] **s. m. 1** allusione, cenno, rimando: *abbiamo trovato riferimenti a un fatto attuale*; *riferimenti storici, letterari*; *Bello o brutto sono riferimenti a convenzioni di giudizio* (E. MONTALE) **2** relazione, rapporto: *facciamo r. a ciò che già sapete* | (*burocr.*) ***con r. a, in r. a***, riferendosi a: *con r. alla vostra lettera* | ***punto di r.***, elemento del terreno od oggetto visibile cui ci si riferisce per orientamento o riconoscimento; (*fig.*) chi (o ciò che) viene assunto come termine fondamentale di confronto, di orientamento | (*econ.*) ***azionista di r.***, V. *azionista*① **3** in lavorazioni tecnologiche, dispositivo definito da assi, piani, fori, atto a fissare l'esatta posizione del pezzo in lavorazione rispetto agli utensili **4** (*mat.*) ***sistema di r.***, (*ellitt.*) ***riferimento***, insieme degli elementi geometrici usati per individuare la posizione di enti geometrici, quali punti e linee, nel piano o nello spazio, o per descrivere matematicamente lo svolgimento di un fenomeno, quale il moto di un punto

SFUMATURE DI SIGNIFICATO

riferimento - citazione - accenno

In un discorso o in uno scritto, il fatto di richiamare persone, fatti, opere non direttamente oggetto della trattazione si definisce **riferimento**. Se tale riferimento riguarda testi di cui si riportano dei passi o persone di cui si ripetono fedelmente le parole si ha una **citazione**. **Accenno** si discosta leggermente, perché suggerisce l'idea di un'allusione fugace, piuttosto uno spunto che non un'occasione di approfondimento.

r

♦**riferìre**① o †**referìre** [lat. *referre*, comp. di *re-* e *ferre* 'portare' ✱ 1261 ca.] **A v. tr.** (*io riferisco, tu riferìsci*) **1** comunicare, riportare ad altri fatti, notizie, discorsi e sim. (+ *di* **seguito da inf.**, + *che*): *r. gli ultimi avvenimenti, cose vedute*; *r. le parole altrui*; *riferì di essere stato seguito*; *qualcuno gli aveva riferito che una voce correva in paese* (G. DELEDDA) | (*lett.*) †*r. grazie*, rendere grazie **SIN.** dire, raccontare **2** mettere in relazione, ricollegare qlco. a un inizio, un'origine, un principio (+ *a*): *r. un fatto a due diversi motivi*; *r. gli effetti alle cause* **B v. intr.** (**aus.** *avere*) ● presentare una relazione spec. su cose di propria competenza (+ *a*, + *su*): *riferirò ai miei superiori*; *r. per iscritto all'autorità competente*; *r. sui fatti accaduti* **C riferìrsi v. intr. pron. 1** richiamarsi (+ *a*): *mi riferisco alla questione a voi nota* | accennare, alludere: *non capisco a che cosa vogliate riferirvi* | collegarsi: *l'aggettivo 'gentile' si riferisce al nome nel verso precedente* **2** riguardare, concernere (+ *a*): *ciò che hai saputo può riferirsi senz'altro a lui*; *la dichiarazione si riferisce ai redditi dell'anno precedente*

SFUMATURE ➤ ***esporre***

riferìre② o †**rifedìre** [vc. dotta, lat. *referīre*, comp. di *re-* e *ferīre* ✱ 1250 ca.] **v. tr.** (*io riferisco, tu riferìsci*) ● (*raro*) ferire di nuovo

riferìto **part. pass.** di *riferire*①; **anche agg. 1** nei sign. del v. **2** ***giuramento r.***, giuramento decisorio rimesso dalla parte cui era stato deferito all'altra **3** (*fis.*) ***r. a***, detto di grandezza fisica che si divide per un'altra per ottenere una grandezza derivata: *una lunghezza riferita a un intervallo di tempo è una velocità*

†**riferitóre** [sec. XIV] **s. m.** (**f.** *-trice*); **anche agg.** ● chi (o che) riferisce, racconta

†**riférma** [da *rifermare* ✱ av. 1667] **s. f.** ● conferma

rifermàre [comp. di *ri-* e *fermare* ✱ 1312] **A v. tr.** (*io riférmo*) **1** fermare di nuovo: *r. la finestra* **2** †confermare: *r. un patto* **3** †fortificare **B rifermàrsi v. intr. pron. 1** fermarsi di nuovo **2** (*fig.*) †rinsaldarsi, rassicurarsi

rifermentàre [comp. di *ri-* e *fermentare* ✱ 1737] **v. intr.** (*io riferménto*; **aus.** *essere*) ● fermentare di nuovo

rifermentazióne [da *rifermentare* ✱ 1930] **s. f.** ● pratica enologica che permette, con la ripresa della fermentazione, di modificare le caratteristiche dei vini e di risanare quelli alterati | alterazione delle caratteristiche di un vino spec. dolce per una ripresa della fermentazione

riferràre [comp. di *ri-* e *ferrare* ✱ 1485] **v. tr.** (*io rifèrro*) ● ferrare di nuovo

†**rifèrto** ➤ **referto**

rifèrvere [vc. dotta, lat. *refervēre*, comp. di *re-* e *fervēre* 'fervere' ✱ 1872] **v. intr.** (**coniug. come** *fervere*; **difett. del part. pass. e dei tempi composti**) ● (*lett.*) fervere di nuovo o di più: *come robusto il cuore rimandava il sangue a rigenerarsi e a r.!* (R. BACCHELLI)

rifésso **part. pass.** di *rifendere* ● (*raro, lett.*) nei sign. del v.

rifesteggiàre [comp. di *ri-* e *festeggiare* ✱ 1872] **v. tr.** (**pres.** *io rifestéggio*; **fut.** *io rifesteggerò*) ● festeggiare di nuovo

†**rifezióne** ➤ **refezione**

riff /ingl. rɪf/ [ingl.: abbr. e deformazione di *refrain* (?) ✱ 1958] **s. m. inv.** ● (*mus.*) nel jazz, frase ripetuta ostinatamente da sezione ritmica e fiati, contrapposta all'improvvisazione solistica

rìffa① [sp. *rifa*, da *rifar* 'sorteggiare', di orig. espressiva ✱ av. 1722] **s. f.** ● lotteria privata i cui premi sono oggetti di valore

rìffa② [etim. incerta ✱ av. 1790] **s. f.** ● (*tosc.*) violenza, prepotenza | ***di r.***, di prepotenza: *ha voluto entrarci di r.* | ***di r. o di raffa*** (o ***di riffe o di raffe***), ad ogni costo, in ogni modo: *di r. o di raffa si è intascato lui ogni cosa*

riffóso (o *-ṣ-*) [da *riffa*② ✱ 1872] **agg.** ● (*tosc.*) rissoso, prepotente

rifiammeggiàre [comp. di *ri-* e *fiammeggiare* ✱ av. 1328] **v. intr.** (**pres.** *io rifiamméggio*; **fut.** *io rifiammeggerò*; **aus.** *avere*) ● (*lett.*) fiammeggiare di nuovo o di più (*anche fig.*)

†**rifiancàre** [comp. di *ri-* e *fiancare* ✱ sec. XV] **v. tr.** ● rinfiancare

♣**rifiatàre** [comp. di *ri-* e *fiatare* ✱ av. 1292] **v. intr.** (**aus.** *avere*) **1** riprendere fiato, respirare | (*fig.*) provare sollievo, avere un po' di riposo, di ristoro | ***lavorare senza r.***, (*fig.*) lavorare senza posa **2** pronunciare una parola: *ho ascoltato senza r.*

rifiatàta [1679] **s. f.** ● (*raro*) il rifiatare una volta

rificcàre [comp. di *ri-* e *ficcare* ✱ 1319] **A v. tr.** (*io rificco, tu rificchi*) **1** ficcare di nuovo: *r. le mani in tasca* | (*fig.*) †tenere fissa: *r. la mente a qlco.* **2** (*pop., tosc.*) insinuare, riferire come delatore **B rificcàrsi v. rifl.** ● ficcarsi di nuovo (*anche fig.*): *si è rificcato nel letto*; *si è rificcato nei pasticci*

rificolóna [metatesi di *fierucolona*, dim. di *fiera*① ✱ 1816] **s. f.** ● (*tosc.*) palloncino di carta colorata con un lume all'interno, che in alcune feste popolari si usa portare in giro in cima a una canna: *le rificolone portate in processione* (V. PRATOLINI)

†**rifidàre** [comp. di *ri-* e *fidare* ✱ 1336 ca.] **A v. tr.** ● affidare **B** †**rifidàrsi v. intr. pron.** ● fidarsi, affidarsi, confidare

†**rifìggere** [comp. di *ri-* e *figgere* ✱ 1321] **v. tr.** ● (*lett.*) conficcare di nuovo, più a fondo o più tenacemente: *Poi la spada gli fisse e gli rifisse / ne la visiera* (T. TASSO)

rifigliàre [comp. di *ri-* e *figliare* ✱ 1319] **A v. tr.** (*io rifiglio*) ● †produrre nuova erba, nuovi cereali **B v. intr.** (**aus.** *avere*) ● (*raro*) avere nuovi figli | †rigermogliare, ripullulare (*anche fig.*)

rifiguràre [comp. di *ri-* e *figurare* ✱ av. 1375] **v. tr. 1** †raffigurare **2** (*raro, lett.*) ricomporre

rifilàre [comp. di *ri-* e *filare*① ✱ 1309] **v. tr. 1** (*raro*) filare di nuovo: *r. la tela* **2** tagliare a filo: *r. un orlo* **3** (*raro*) dare, dire tutto di seguito: *r. una scarica di pugni* **4** (*fam.*) dare per buono ciò che non lo è: *r. un quadro falso* **SIN.** sbolognare | affibbiare, appioppare: *gli rifilò un ceffone, una sberla*; *r. una incombenza sgradita*

rifilàto **part. pass.** di *rifilare*; **anche agg.** ● nei sign. del v.

rifilatóre [1872] **agg. e s. m.** (**f.** *-trice*) ● (*raro*) che (o chi) rifila

rifilatrìce [1940] **s. f.** ● macchina utensile per rifilare

rifilatùra [1897] **s. f.** ● operazione del rifilare, del pareggiare i margini di qlco.

rifiltràre [comp. di *ri-* e *filtrare* ✱ 1872] **v. tr.** ● filtrare di nuovo

rifinanziaménto [1983] **s. m.** ● il rifinanziare | ulteriore finanziamento

rifinanziàre [comp. di *ri-* e *finanziare* ✱ 1983] **v. tr.** (*io rifinànzio*) ● finanziare di nuovo un'impresa o un investimento per i quali sono stati esauriti i fondi precedentemente stanziati: *r. la Cassa per il Mezzogiorno*

†**rifinàre** [comp. parasintetico di *fine*①, col pref. *ri-* ✱ av. 1306] **v. tr. e intr.** ● cessare

rifinìre [comp. di *ri-* e *finire*① ✱ av. 1665] **A v. tr.** (*io rifinisco, tu rifinisci*) **1** (*raro*) finire di nuovo: *abbiamo rifinito i soldi* **2** portare del tutto a compimento, perfezionando: *r. un'opera d'arte*; *r. un mobile, un vestito* **3** (*tosc.*) consumare del tutto: *r. i propri beni* | (*tosc.*) ridurre in cattive condizioni economiche o di salute: *la malattia lo ha rifinito* **B v. intr.** (**aus.** *essere* **nel sign. 1**, *avere* **nel sign. 2**) **1** finire, capitare di nuovo **2** (*tosc.*) convincere, soddisfare compiutamente: *la tua tesi non rifinisce* **C rifinìrsi v. intr. pron.** ● (*tosc.*) esaurirsi, ridursi in cattive condizioni fisiche

rifinitézza [1863] **s. f. 1** qualità di ciò che è rifinito, compiuto: *la r. di un lavoro, di un'opera d'arte* **SIN.** compiutezza, perfezione **2** (*tosc.*) spossatezza, languore allo stomaco | (*fig., lett.*) crisi

rifinìto **part. pass.** di *rifinire*; **anche agg. 1** perfezionato, completato | eseguito con cura: *un lavoro ben r.* **2** ornato lungo i bordi: *giacca rifinita in pelle* **3** (*tosc.*) sfinito, stanchissimo | ridotto in miseria: *il meschino è r.* (C. GOLDONI)

rifinitóre [1863] **s. m.** (**f.** *-trice*) **1** operaio o artigiano addetto a lavori di rifinitura **2** chi è abile a rifinire un'opera, un testo e sim. | (*sport*) spec. nel calcio, giocatore abile nel giocare la palla e nel mettere i compagni nella condizione migliore per andare a rete

rifinitùra [av. 1767] **s. f. 1** il rifinire: *la r. di un mobile, di un ricamo* **2** elemento che rifinisce un'opera, un oggetto, un capo d'abbigliamento: *una borsa di canapa grezza con le rifiniture di cuoio* (A. MORAVIA) **SIN.** guarnizione **3** (*tess.*) rifinizione

rifinizióne [1865] **s. f. 1** (*raro*) rifinitura **2** (*tess.*) insieme delle operazioni effettuate sui tessuti dopo la tessitura per migliorarne l'aspetto o modificarne la struttura rendendoli idonei agli scopi a cui sono destinati: *r. laniera, cotoniera* **SIN.** rifinitura

rifiorènte **part. pres.** di *rifiorire*; anche **agg.** ● che fiorisce di nuovo (*anche fig.*)

rifioriménto [av. 1712] **s. m.** ● rifioritura (*spec. fig.*): *il r. degli studi, della civiltà*

rifiorìre [lat. tardo *reflorēre*, comp. di *re-* e *florēre* 'fiorire' ✱ av. 1375] **A v. intr.** (*io rifiorìsco, tu rifiorìsci*; aus. *essere*) **1** tornare a fiorire: *a maggio rifioriscono le rose* | (*fig.*) riprendere vigore, energia, prosperità, attività: *rifioriscono gli studi*; *la tua salute rifiorisce*; *privo del lavorio mentale che lo consumava, quasi rifiorisce* (V. PRATOLINI) **2** ricoprirsi di macchie, muffa, ruggine, pustole, e sim.: *le pagine di quell'antico codice sono rifiorite* **B v. tr.** ● (*lett.*) fare fiorire: *la primavera rifiorisce i prati* | (*lett.*) abbellire, ravvivare: *r. la bellezza di qlcu.* | *r. una strada*, spargervi sopra ghiaia

rifiorìta [comp. di *ri-* e *fiorita* ✱ av. 1579] **s. f. 1** nuova fioritura **2** (*tosc.*) ritornello

rifiorìto **part. pass.** di *rifiorire*; anche **agg.** ● nei sign. del v.: *una lingua… rifiorita in una nuova società* (C. PAVESE)

rifioritùra [av. 1738] **s. f. 1** nuova fioritura di una pianta **2** (*fig.*) nuovo sviluppo di qlco.: *una straordinaria r. della pittura* **3** (*est., raro*) abbellimento, frangia: *raccontare con mille rifioriture* **4** ricomparsa su una superficie di macchie di vario tipo: *sul muro c'è una r. di muffa*; *libro antico con rifioriture*

rifischiàre [comp. di *ri-* e *fischiare* ✱ 1827] **A v. tr.** (*io rifìschio*) **1** fischiare di nuovo: *r. un motivo musicale* **2** (*fam.*) riferire, ridire per fare la spia **B v. intr.** (aus. *avere*) ● fischiare di nuovo, o a propria volta per rispondere

rifìtto **part. pass.** di *rifiggere*; anche **agg.** ● (*raro*) nel sign. del v.

rifiutàbile [lat. tardo *refutābile(m)*, da *refutāre* 'rifiutare①' ✱ av. 1566] **agg.** ● che si può rifiutare: *consiglio r.*; *dono non r.* | (*lett.*) che deve essere rifiutato; spregevole

†**rifiutagióne** ➤ †**rifiutazione**

†**rifiutaménto** [sec. XIII] **s. m. 1** rifiuto **2** ripudio

†**rifiutànza** [av. 1306] **s. f. 1** rifiuto | rinuncia **2** quietanza

♦**rifiutàre**① o †**refutàre**, †**rifutàre**, †**rifuşàre** [lat. *refutāre*, comp. di *re-* e **futāre* 'battere', di etim. incerta. Cfr. *confutare* ✱ 1268] **A v. tr. 1** non accettare o non voler ricevere: *r. i consigli, le proposte*; *r. la merce, le lettere, l'onorificenza*; *r. una candidatura*; *r. il vestito mal fatto*; *il parlar dolce di colei rifiuta* (M.M. BOIARDO) | (*lett.*) rinunciare a qlco.: *Libertà vo cercando ch'è sì cara, / come sa chi per lei vita rifiuta* (DANTE *Purg.* I, 72) **SIN.** respingere, ricusare **CONTR.** accettare **2** non voler fare: *r. la battaglia*; *rifiuta di rispondere* | *r. l'ostacolo*, arrestarglisi davanti, non volerlo superare, detto del cavallo nei concorsi ippici | negare di concedere: *r. il consenso*; *r. l'obbedienza* **3** †non riconoscere, negare: *r. il padre, il fratello* | (*lett.*) rinnegare: *r. i propri scritti giovanili* | †ripudiare **B v. intr.** (aus. *avere*) ● (*mar.*) detto del vento, cambiare direzione in modo sfavorevole rispetto a chi naviga di bolina | prendere il vento dalla parte normalmente sottovento, sgonfiandosi, detto di vela **C rifiutàrsi v. intr. pron.** ● non voler acconsentire, spec. con decisione, a fare, concedere qlco. (+ *di* seguito da inf.): *si rifiutò di intervenire*; *mi rifiuto di accordarmi con voi* | *non mi rifiuto di*, accetto di

rifiutàre② [comp. di *ri-* e *fiutare* ✱ 1872] **v. tr.** ● (*raro*) fiutare di nuovo

rifiutàto **part. pass.** di *rifiutare*①; anche **agg.** ● nei sign. del v.

rifiutatóre [lat. tardo *refutatōre(m)*, da *refutātus* 'rifiutato' ✱ 1336 ca.] **A agg. e s. m.** (f. *-trice*) ● (*raro*) che (o chi) rifiuta **B s. m.** ● (*lett.*) confutatore

†**rifiutazióne** o †**rifiutagióne** [lat. *refutatiōne(m)*, da *refutātus* 'rifiutato' ✱ av. 1405] **s. f. 1** rifiuto, ripudio **2** quietanza

rifiuterìa [1995] **s. f.** ● deposito di rifiuti ingombranti o riciclabili **CFR.** ricicleria

♦**rifiùto** [da *rifiutare*① ✱ 1313] **s. m. 1** il rifiutare | negazione opposta da chi respinge o non accetta qlco.: *il r. di un incarico*; *il tuo improvviso r. ci ha sorpresi* | *il gran r.*, (*lett.*) l'abdicazione di papa Celestino V nel 1294: *conobbi l'ombra di colui / che fece per viltade il gran r.* (DANTE *Inf.* III, 59-60); (*est.*) spec. nel linguaggio giornalistico, rinuncia a una carica o mancata accettazione di qlco.: *il gran r. del candidato* **SIN.** rinuncia **2** diniego: *rispondere con un r.*; *opporre un reciso r.* | in alcuni giochi di carte, il non rispondere all'invito del compagno **3** nei concorsi ippici, l'atto di un cavallo che si arresta improvvisamente davanti ad un ostacolo: *primo, secondo, terzo r.* **4** avanzo, scarto: *mettere, buttar tra i rifiuti*; *sbarazzarsi dei rifiuti* | (*fig.*) *i rifiuti della società*, le persone considerate spregevoli, le persone socialmente emarginate | *merce di r.*, di scarto | *acque di r.*, V. *acqua* **5** (al pl.) immondizia: *raccolta dei rifiuti* **6** (*lett.*) ripulsa | †ripudio, divorzio

> **SFUMATURE DI SIGNIFICATO**
>
> *rifiuto - ricusazione - rigetto - veto*
>
> **Rifiuto** è termine generico per definire l'atto di respingere o di non accettare qualcosa. **Ricusazione** esprime lo stesso concetto, ma è termine di uso raro o letterario; ha tuttavia una specializzazione nell'ambito del diritto, dove definisce l'atto con cui nel processo penale una parte chiede la sostituzione di un giudice quando ritiene che non sussistano i requisiti della sua imparzialità. In **rigetto** al rifiuto si associa l'idea di non accettare, di rimandare indietro; per *rigetto* esiste in medicina un uso specializzato che descrive la reazione immunitaria per cui viene distrutto un tessuto o un organo trapiantato. **Veto** è anch'esso un rifiuto, ma riguarda il divieto di fare una cosa posto da chi ha l'autorità per impedirla.
>
> **SFUMATURE** ➤ *contestazione*

riflazióne e deriv. ➤ **reflazione** e deriv.

riflessànte [da *rifless(o)*① col suff. di part. pres. e agg. *-ante* ✱ 1988] **s. m.** ● preparato che dà riflessi colorati ai capelli

riflessìbile [da *riflesso* ✱ 1737] **agg.** ● (*raro*) che può riflettersi ‖ **riflessibilità**, **s. f. inv.**

♦**riflessióne** o †**reflessióne** [vc. dotta, lat. tardo *reflexiōne(m)*, da *reflĕxus* 'riflesso' ✱ av. 1328] **s. f. 1** riverbero, riflesso | (*fis.*) in propagazioni ondulatorie e materiali, fenomeno per cui un raggio, incidendo su una superficie riflettente, viene rinviato secondo un raggio riflesso, che forma con la normale alla superficie un angolo di riflessione uguale all'angolo d'incidenza e giacente sullo stesso piano: *r. del suono, della luce, di onde elettromagnetiche, di elettroni* | *angolo di r.*, angolo formato dal raggio riflesso con la normale alla superficie riflettente nel punto d'incidenza | *r. totale*, quando il raggio luminoso, provenendo dal mezzo più rifrangente, giunge alla superficie di separazione dei due mezzi con un angolo d'incidenza che supera l'angolo limite **2** (*filos.*) atto conoscitivo mediante il quale l'intelletto prende coscienza di sé e delle sue funzioni **3** (*fig.*) considerazione attenta e approfondita: *per questa decisione è necessaria una lunga r.*; *occorre una pausa di r.* | ragionamento, pensiero, osservazione: *sono riflessioni giuste, importanti*; *far conoscere le proprie riflessioni sull'argomento* ‖ **riflessioncèlla**, **dim.** | **riflessioncìna**, **dim.**

> **SFUMATURE DI SIGNIFICATO**
>
> *riflessione - meditazione - introspezione*
>
> La **riflessione** si può definire una considerazione approfondita al fine di valutare attentamente un fatto o una situazione. Con **meditazione** la riflessione è intesa a ricercare la verità, le ragioni, il senso di una cosa, ed è per questo che in ambito religioso si impiega in modo esclusivo per definire l'attività di pensiero intorno alle verità della fede. **Introspezione** è l'attività del pensiero che si concentra sull'agire della persona stessa, sui suoi contenuti mentali, al fine di giungere a una migliore consapevolezza di sé.

riflessìvo [da *riflesso* ✱ av. 1375] **agg. 1** (*raro*) atto a riflettere: *raggio r.* **2** che è incline alla riflessione, alla ponderatezza: *mente riflessiva*; *persona riflessiva*; *la mia indole tranquilla e riflessiva* **CONTR.** impulsivo | di riflessione, relativo alla riflessione: *capacità riflessiva* **3** detto di forma verbale, quando l'azione compiuta dal soggetto si riflette sul soggetto stesso (per es. *vestirsi*) | *verbo r. reciproco*, quando l'azione si riflette reciprocamente sui soggetti (per es. nella frase *i due ragazzi si picchiano*) | *pronome r.*, i pronomi personali *sé*, tonico, e *si*, atono, e gli altri pronomi personali (*mi, ti, ci, vi*) che riflettono sul soggetto l'azione verbale (*si spoglia*; *ti trucchi*; *vi abituate*, ecc.) **4** (*mat.*) *proprietà riflessiva*, quella della relazione nella quale ogni elemento è associato a sé stesso **5** (*borsa*) prudente, con pochi scambi: *mercato r.* | (*est., eufem.*) che è in flessione, in perdita: *le vendite hanno un andamento r.* ‖ **riflessivaménte**, **avv.** in modo riflessivo, consideratamente ‖ **riflessività**, **s. f. inv. 1** (*raro*) caratteristica di chi è riflessivo; inclinazione, abitudine alla riflessione **2** (*fis.*) attitudine di una sostanza a riflettere onde luminose o acustiche incidenti

♦**riflèsso**① o †**reflèsso** [vc. dotta, lat. tardo *reflĕxu(m)*, da *reflĕctere* 'riflettere' ✱ av. 1519] **s. m. 1** luce o altra radiazione che ha subìto una riflessione | riverbero: *ripararsi dal r. del sole*; *non aveva paura … del subito guizzare di qualche r. rossastro … in una pozzanghera* (L. PIRANDELLO) **2** (*fig.*) conseguenza, ripercussione, effetto: *i riflessi di un avvenimento internazionale sulla politica interna* | *per r.*, *di r.*, indirettamente, di conseguenza **3** (*fisiol.*) risposta motoria, involontaria, ad uno stimolo che parte da un organo periferico di senso | *r. condizionato*, risposta nuova o modificata, provocata da un dato stimolo dopo il condizionamento

riflèsso② **part. pass.** di *riflettere*; anche **agg. 1** che ha subìto riflessione: *raggio r.* | rinviato da una superficie riflettente: *il mio viso r. nell'acqua* (A. MORAVIA) | *brillare di luce riflessa*, (*fig.*) essere famoso non per meriti propri ma per quelli di un'altra persona con cui si è in relazione | *azione riflessa*, movimento che risponde a uno stimolo fisiologico **2** (*fig., lett.*) che deriva da atteggiamenti altrui: *provava una pena riflessa* (G. D'ANNUNZIO) | (*raro*) meditato, ponderato ‖ **riflessaménte**, **avv.** (*raro*) per riflesso

riflessògeno o **reflessògeno** [vc. dotta,

comp. del lat. tardo *reflĕxu(m)* (V. *riflesso*①) e *-geno* ✻ 1959] **agg.** ● (*fisiol.*) che evoca o esalta un riflesso nervoso mediante stimolazione

riflessologìa o **reflessologìa** [vc. dotta, comp. del lat. tardo *reflĕxu(m)* (V. *riflesso*①) e *-logia* ✻ 1921] **s. f.** (**pl.** *-gìe*) **1** (*fisiol.*) studio dei riflessi nervosi **2** (*psicol.*) dottrina che studia i rapporti tra riflessi nervosi e funzioni psichiche dell'uomo **3** (*med.*) riflessoterapia

riflessoterapìa [comp. di *riflesso*① e *terapia* ✻ 1930] **s. f.** ● (*med.*) forma di terapia attuata mediante stimolazione di particolari aree del corpo, spec. nel piede o nella mano, per migliorare lo stato di salute

riflettànza [da *riflettere* ✻ 1959] **s. f.** ● (*fis.*) in ottica, quantità percentuale di luce o di calore che un corpo che ne è investito è in grado di riflettere

riflettènte **part. pres.** di *riflettere*; anche **agg.** **1** che riflette | ***potere r.***, rapporto tra l'intensità della luce riflessa da un corpo e l'intensità della luce incidente sul corpo **2** ***giudizio r.***, nella filosofia di Kant, quello estetico, fondato sulla categoria del bello, che nulla aggiunge alla conoscenza del soggetto giudicante

♦**riflèttere** o †**reflèttere** [vc. dotta, lat. *reflĕctere* 'volgere indietro', comp. di *re-* e *flĕctere* 'piegare'. V. *flettere* ✻ 1319] **A** **v. tr.** (**pass. rem.** *io riflettéi* o *raro riflèssi* **spec. nei sign. A; part. pass.** *riflèsso* **nei sign. A e C,** *riflettùto* **nel sign. B; nelle altre forme coniug. come** *flettere*) **1** (*fis.*) rinviare secondo le leggi della riflessione: *una lamina speculare riflette i raggi luminosi* **2** rimandare: *lo specchio riflette le immagini* **3** (*fig.*) rispecchiare, manifestare: *il tuo discorso riflette la scarsa considerazione che hai di noi* **B** **v. intr.** (**aus.** *avere*) ● pensare, considerare con attenzione (+ *su*): *r. sui fatti, su un argomento, su una proposta*; *Francesca aveva riflettuto a tutto quanto voleva dirgli* (I. Svevo); *bisogna rifletterci*; *gli uomini prima sentono senz'avvertire, … finalmente riflettono con mente pura* (G. Vico) | ***agire senza r.***, con leggerezza, inconsideratamente **SIN.** pensare **C** **riflèttersi** **v. intr. pron.** **1** riverberarsi, essere riflesso **2** (*fig.*) ripercuotersi, influire (+ *su*): *la debolezza del governo si rifletteva su ogni settore della vita nazionale*

SFUMATURE ➤ *pensare*

riflettività [da *riflettere* ✻ 1992] **s. f. inv.** ● (*fis.*) coefficiente pari al rapporto tra l'intensità dell'onda elettromagnetica riflessa da una superficie e l'intensità dell'onda incidente

riflettografìa [comp. di *riflett(ere)* e *-grafia* ✻ 1985] **s. f.** ● tecnica sperimentale, utilizzata nello studio di opere pittoriche, consistente nella ripresa di immagini all'infrarosso e nella loro successiva elaborazione, per individuare disegni e figure sottostanti la superficie dipinta

riflettogràfico [1980] **agg.** (**pl. m.** *-ci*) ● relativo alla riflettografia

riflettogràmma [da *rifletto(grafia)* col suff. *-gramma* ✻ 1992] **s. m.** (**pl.** *-i*) ● immagine ottenuta con la riflettografia

riflettometrìa [comp. di *riflett(ere)* e *-metria* ✻ 1993] **s. f.** ● (*fis.*) tecnica sperimentale, utilizzata nello studio delle proprietà ottiche dei materiali, consistente nella misurazione della riflettività di una superficie

riflettomètrico [1993] **agg.** (**pl. m.** *-ci*) ● (*fis.*) relativo alla riflettometria

riflettòmetro [da *riflett(ere)* e *-metro* ✻ 1987] **s. m.** ● (*fis.*) strumento per riflettometria

riflettóre [fr. *réflecteur*, dal lat. *reflĕctere* 'riflettere' ✻ 1892] **A** **s. m.** **1** ogni dispositivo atto a riflettere energia radiante **2** dispositivo d'illuminazione, gener. a specchio concavo metallico, che riflette i raggi luminosi emessi da una sorgente proiettandoli a distanza | ***sotto i riflettori***, (*fig.*) al centro dell'attenzione | ***spegnere i riflettori***, (*fig.*) cessare di dare rilievo alle notizie su qlcu. o qlco., in riferimento ai mezzi di comunicazione **3** (*astron.*) telescopio le cui parti ottiche sono costituite da specchi **4** nelle telecomunicazioni, elemento di un'antenna che ne potenzia la capacità **5** (*ing.*) ***r. nucleare***, parte di un reattore che riflette i neutroni verso il nucleo **B** **anche agg.** ● (*fis.*) che riflette energia radiante: *telescopio r.*

riflettorizzàre [calco sul v. ingl. *to reflectorize* ✻ 1991] **v. tr.** ● rendere riflettente la superficie di un oggetto mediante l'applicazione di vernici fluorescenti o dispositivi catarifrangenti, spec. per migliorare la visibilità notturna della segnaletica stradale ‖ **riflettorizzazióne**, **s. f.**

riflettùto **part. pass.** di *riflettere*; anche **agg.** ● (*raro*) meditato, ponderato ‖ **riflettutaménte**, **avv.** consideratamente

rifluìre o (*raro*) **refluìre** [vc. dotta, lat. *reflŭere*, comp. di *re-* e *flŭere* 'fluire' ✻ 1549] **v. intr.** (*io rifluìsco, tu rifluìsci*; **aus.** *essere* o *raro avere*) **1** tornare a scorrere: *il sangue rifluì nelle vene*; *il traffico comincia a r.* **2** scorrere indietro o nella direzione contraria al flusso normale: *l'acqua cominciò a r. dai territori allagati* **3** tornare ad affluire (*anche fig.*): *le merci rifluivano sul mercato*

♦**riflùsso** [comp. di *ri-* e *flusso* ✻ 1395] **s. m.** **1** flusso o scorrimento in senso contrario (*anche fig.*): *r. della marea*; *il r. della folla* | (*fig.*) calo, diminuzione: *r. delle vendite* **2** flusso di sangue in una parte del corpo **3** periodo di sei ore durante il quale la marea si abbassa **SIN.** bassa marea **4** (*fig.*) tendenza a riscoprire valori che si ritenevano superati, privilegiando la vita privata rispetto all'impegno pubblico: *un periodo di r. culturale*

rifocillaménto [sec. XIV] **s. m.** ● il rifocillare, il rifocillarsi

rifocillàre o †**refocillàre** [vc. dotta, lat. tardo *refocilāre*, comp. di *re-* e *focilāre*, 'richiamare in vita, rianimare', da *fovēre* 'riscaldare, ristorare', di orig. indeur. ✻ sec. XIV] **A** **v. tr.** ● ristorare con bevande, cibi o altro: *r. lo stomaco, un mendicante* | (*lett.*) anche in forma pron.: *Un soldo di pane … per rifocillarmi lo stomaco* (I. Nievo) **B** **rifocillàrsi** **v. rifl.** ● ristorarsi mangiando o bevendo qlco.: *nell'intervallo si rifocillò con un caffè*

rifocillàto **part. pass.** di *rifocillare*; anche **agg.** ● ristorato

rifoderàre [comp. di *ri-* e *foderare* ✻ 1869] **v. tr.** (*io rifòdero*) ● foderare di nuovo, con una nuova fodera

rifoderatùra [da *rifoderare* ✻ 1936] **s. f.** **1** nuova foderatura **2** (*pittura*) rintelatura

rifolgorànte **part. pres.** di *rifolgorare*; anche **agg.** ● (*raro, lett.*) sfolgorante

rifolgoràre [comp. di *ri-* e *folgorare* ✻ av. 1675] **v. intr.** (*io rifólgoro*; **aus.** *avere*) ● (*lett.*) risplendere, rifulgere

rifolo ➤ **refolo**

rifomentàre [comp. di *ri-* e *fomentare* ✻ sec. XVII] **v. tr.** (*io rifoménto*) ● fomentare di nuovo

rifondàre [comp. di *ri-* e *fondare* ✻ 1313] **v. tr.** (*io rifóndo*) ● fondare di nuovo | (*raro, est.*) riedificare: *r. una città*; *ho visto r. alcun pezzo di muro vecchio di Pavia* (Leonardo) | (*fig.*) fondare su nuove basi ideologiche o culturali: *r. un partito*

rifondatóre [av. 1853] **s. m.** (**f.** *-trice*); anche **agg.** **1** chi (o che) rifonda **2** (*polit.*) appartenente o relativo al Partito della Rifondazione Comunista

rifondazióne [1872] **s. f.** ● (*raro*) il rifondare | (*fig.*) ricostituzione, riorganizzazione su nuove basi: *r. di un movimento politico* | ***Partito della R. Comunista***, (*ellitt.*) ***Rifondazione***, partito fondato nel 1991 dalla minoranza di sinistra al momento dello scioglimento del Partito Comunista Italiano

rifóndere [lat. *refŭndere*, comp. di *re-* e *fŭndere* 'versare'. V. *fondere* ✻ 1321] **A** **v. tr.** (**coniug. come** *fondere*) **1** fondere di nuovo: *r. metalli* | (*fig., lett.*) rimaneggiare, ricomporre cambiando o modificando: *ho da r. un discorso su la letteratura del '400* (G. Carducci) **2** (*fig.*) risarcire, rimborsare, restituire: *r. i danni*; *r. le spese*; *r. denaro* **3** (*raro*) versare di nuovo per compensare una diminuzione: *r. del liquore nel bicchiere* | †immettere acqua **4** (*lett.*) riflettere, della luce **B** **rifóndersi** **v. intr. pron.** ● (*poet.*) †riflettersi, detto della luce

rifondìbile [1872] **agg.** ● che si può rifondere

rifondiménto [da *fondere*, col pref. *ri-* ✻ av. 1956] **s. m.** ● (*veter.*) podoflemmatite

rifóndita [da *rifondere* ✻ 1959] **s. f.** ● rifusione

riforàre [comp. di *ri-* e *forare* ✻ 1618] **v. tr.** (*io rifóro* (o *-ò-*)) ● forare di nuovo

riforbìre [comp. di *ri-* e *forbire* ✻ 1481] **A** **v. tr.** (*io riforbìsco, tu riforbìsci*) ● (*lett.*) forbire di nuovo o meglio **B** **riforbìrsi** **v. rifl.** ● (*raro*) ripulirsi

riforestazióne [comp. parasintetico di *foresta*, col pref. *ri-* ✻ 1982] **s. f.** ● rimboschimento

♦**rifórma** [av. 1478] **s. f.** **1** modificazione volta a dare un ordine nuovo e migliore, a trasformare una situazione, una società e sim.: *r. dell'insegnamento universitario*; *r. burocratica, amministrativa*; *il teatro andava di male in peggio ed aveva bisogno di una r.* (C. Goldoni) | modifica di un ordinamento giuridico o di una parte di esso: *r. sanitaria*; *r. elettorale* **2** (*fig., lett.*) purificazione, correzione: *r. morale* **3** ***R. protestante***, (*per anton.*) ***la R.***, l'insieme dei movimenti religiosi originati nel XVI sec. dalla predicazione e dalla dottrina di Lutero, estesi dalla Germania ad altre regioni d'Europa; tali movimenti intendevano recuperare i valori originali del Vangelo e delle Scritture, accentuando i temi della grazia e della personale responsabilità, adottando nella liturgia le lingue nazionali e distaccandosi dalla Chiesa cattolica | ***R. cattolica***, la Controriforma **4** (*dir.*) parziale modifica di un provvedimento giurisdizionale o amministrativo impugnato **5** invio in congedo assoluto del militare inabile al servizio per infermità permanente ‖ **riformétta**, **dim.** | **riformina**, **dim.**

riformàbile [vc. dotta, lat. tardo *reformābile(m)*, da *reformāre* 'riformare' ✻ 1745] **agg.** ● che si può riformare, modificare e sim. ‖ **riformabilità**, **s. f. inv.**

†**riformagióne** ➤ **riformazione**

†**riformaménto** [sec. XV] **s. m.** ● riforma

riformàre [vc. dotta, lat. *reformāre*, comp. di *re-* e *formāre* ✻ sec. XIII] **A** **v. tr.** (*io rifórmo*) **1** formare di nuovo: *hanno riformato una squadra di calcio* | rimettere nell'ordine primitivo: *r. la schiera, la fila* **2** modificare, trasformare allo scopo di migliorare, rinnovare, riordinare qlco.: *r. lo Stato*; *r. una legge*; *r. la società*; *r. l'ordinamento scolastico*; *cacciati i principali … riformarono la città a governo dell'inimico del pontefice* (F. Guicciardini) | emendare, correggere: *r. una sentenza* | (*scherz.*) cambiare, trasformare: *r. i connotati a qlcu.* **3** apportare modificazioni al corpo dottrinale o istituzionale di una religione, di una Chiesa, di un ordine o di una congregazione religiosa con particolare riferimento alla riforma protestante **4** porre in congedo assoluto il militare inabile permanentemente al servizio per infermità **B** **riformàrsi** v. intr. pron. **1** formarsi di nuovo: *si è riformato il ghiaccio* **2** (*raro, lett.*) tornare nella forma primitiva **3** (*lett.*) emendarsi, correggersi

riformativo [1363] agg. ● (*raro*) che serve, tende a riformare: *legge riformativa*

riformàto **A** part. pass. di *riformare*; anche agg. **1** nei sign. del v. **2** ***Chiesa riformata***, ciascuna delle Chiese nazionali o locali derivate dalla riforma protestante **B** s. m. (f. *-a*) **1** seguace della riforma protestante o di Chiesa da essa derivata **2** chi è inabile al servizio militare

riformatóre [vc. dotta, lat. *reformatōre(m)*, da *reformātus* 'riformato' ✱ 1336 ca.] agg. e s. m. (f. *-trice*) ● che (o chi) riforma o si propone di riformare: *la vocazione del r. letterario* (I. CALVINO); *politica riformatrice*

riformatòrio [da *riformato* ✱ 1895] s. m. (pl. *-i* o *raro -ii*) ● istituto di detenzione e rieducazione per minorenni

riformattàre [comp. di *ri-* e *formattare* ✱ sec. XX] v. tr. ● (*inform.*) sottoporre a una nuova formattazione

riformazióne o †**riformagióne**, spec. nel sign. 2 [vc. dotta, lat. *reformatiōne(m)*, da *reformātus* 'riformato' ✱ av. 1328] s. f. **1** nuova formazione **2** †riforma

riformìsmo [da *riforma* ✱ av. 1883] s. m. ● tendenza a modificare con riforme graduali l'assetto sociale e la struttura dello Stato

riformìsta [fr. *réformiste*, da *réforme* 'riforma' ✱ 1798] **A** s. m. e f. (pl. m. *-i*) ● seguace, esponente del riformismo **B** agg. ● riformistico

riformìstico [1910] agg. (pl. m. *-ci*) ● che riguarda il riformismo o i riformisti | ispirato al riformismo ‖ **riformisticaménte**, avv.

riformulàre [comp. di *ri-* e *formulare*① ✱ 1902] v. tr. (*io rifórmulo*) ● formulare di nuovo o in modo diverso

rifornìménto [1872] s. m. **1** operazione del rifornire o del rifornirsi di qlco.: *fare r. di benzina* | ***r. in volo, in navigazione***, operazione mediante la quale un aeromobile o una nave vengono forniti di carburante da un altro velivolo o nave **2** attività logistica diretta a ripristinare dotazioni o scorte di tutto quanto necessita l'esercito: *r. di viveri, di munizioni* **3** nel ciclismo e nella maratona, distribuzione di alimenti ai corridori nel corso di una gara su strada | ***r. volante***, quello per cui il corridore riceve cibi e bevande senza arrestarsi **4** (al pl.) vettovaglie, provviste, scorte: *i rifornimenti stanno esaurendosi*

rifornìre [comp. di *ri-* e *fornire* ✱ 1336 ca.] **A** v. tr. (*io rifornisco, tu rifornìsci*) **1** (*raro*) fornire di nuovo **2** fornire, provvedere: *r. qlcu. di armi, di denaro* | approvvigionare: *r. la casa del necessario* **B** **rifornìrsi** v. rifl. ● provvedersi, fornirsi di qlco.: *mi sono appena rifornito di vino*

rifornìto part. pass. di *rifornire*; anche agg. ● provvisto di qlco.

rifornitóre [1940] agg. e s. m. (f. *-trice*) ● che (o chi) rifornisce

rifornitùra [1908] s. f. ● (*raro*) rifornimento

rifortificàre [comp. di *ri-* e *fortificare* ✱ sec. XIV] v. tr. (*io rifortìfico, tu rifortìfichi*) ● (*lett.*) fortificare di nuovo e meglio: *disegnando ... r. quella città, fecero Michelangelo ... commissario generale* (G. VASARI) ‖ **rifortificazióne**, s. f.

†**rifòsso** o †**refòsso** [comp. di *ri-* e *fosso* ✱ av. 1536] s. m. ● in una fortificazione, fosso di rinforzo a quello principale

rifrangènte part. pres. di *rifrangere*; anche agg. ● di rifrazione: *potere r.* | che produce rifrazione

rifrangènza [da *rifrangente* ✱ 1965] s. f. ● (*fis.*) proprietà per cui certi mezzi danno luogo alla rifrazione SIN. rifrattività

rifràngere o †**refràngere** [comp. di *ri-* e *frangere* ✱ 1321] **A** v. tr. (part. pass. *rifrànto* nei sign. A 1 e B 1, *rifràtto* nei sign. A 2 e B 2, nelle altre forme coniug. come *frangere*) **1** (*lett.*) frangere, spezzare di nuovo o di più **2** (*fis.*) far subire una rifrazione **B** **rifràngersi** v. intr. pron. **1** (*lett.*) spezzarsi, rompersi | (*fig.*) ripercuotersi **2** (*fis.*) subire una rifrazione

rifrangìbile o †**refrangìbile** [1739] agg. ● (*raro*) che può rifrangersi ‖ **rifrangibilità**, s. f. inv.

rifrangiménto [1542] s. m. ● (*lett.*) rifrazione

rifrànto part. pass. di *rifrangere*; anche agg. ● (*lett.*) infranto, spezzato

rifrattivo [da *rifratt(o)*, part. pass. del v. *rifrangere*, con il suff. *-ivo* ✱ av. 1686] agg. ● (*fis.*) rifrangente ‖ **rifrattività**, s. f. inv. (*fis.*) rifrangenza

rifràtto o (*raro*) **refràtto** part. pass. di *rifrangere*; anche agg. **1** (*fis.*) che ha subìto rifrazione | †riflesso **2** ***dosi rifratte***, nel linguaggio medico e farmacologico, suddivisione di un dosaggio giornaliero in piccole quantità da somministrare frequentemente

rifrattometrìa [comp. di *rifratto* e *-metria* ✱ 1952] s. f. ● (*ottica*) misura dell'indice di rifrazione e di altre proprietà correlate

rifrattòmetro o **refrattòmetro** [comp. di *rifratto* e *-metro* ✱ 1895] s. m. ● in ottica, strumento per misurare l'indice di rifrazione di sostanze trasparenti, solide o liquide | in optometria, strumento per la misura della vista, mediante il quale si può stabilire se un occhio è normale o difettoso e misurare l'eventuale difetto

rifrattóre [da *rifratto* ✱ 1872] **A** agg. (f. *-trice*) ● che rifrange: *telescopio r.* **B** s. m. **1** dispositivo che realizza nelle lampade una buona illuminazione, sfruttando essenzialmente la rifrazione **2** telescopio le cui parti ottiche sono costituite da lenti

rifrazióne [da *rifratto* ✱ sec. XIV] s. f. ● (*fis.*) in propagazioni ondulatorie, fenomeno per cui un raggio incidente, passando da un mezzo a un altro, varia, secondo certe leggi, la direzione di propagazione: *l'aurora ... è una r. dei raggi solari* (G. GALILEI); *r. del suono, della luce, di onde elettromagnetiche, di onde sismiche* | ***angolo di r.***, angolo formato dal raggio rifratto con la normale alla superficie di separazione dei due mezzi nel punto d'incidenza | ***indice di r.***, rapporto fra il seno dell'angolo d'incidenza e il seno dell'angolo di rifrazione, relativo a due mezzi rifrangenti | ***r. doppia***, birifrangenza | ***r. astronomica, atmosferica***, dovuta all'atmosfera della Terra, per cui l'altezza degli astri risulta maggiorata

rifreddàre [comp. di *ri-* e *freddare* ✱ 1250 ca.] **A** v. tr. (pres. *io rifréddo*; part. pass. *rifreddàto* o *raro rifréddo*) ● freddare nuovamente | raffreddare **B** v. intr. (aus. *essere*) e **rifreddàrsi** v. intr. pron. ● raffreddarsi di nuovo | raffreddarsi: *la minestra si è rifreddata*

rifréddo [part. pass. contratto di *rifreddare* ✱ sec. XIV] **A** agg. ● che è stato fatto raffreddare, detto spec. di cibo **B** s. m. ● (*disus.*) cibo cotto e conservato che si mangia freddo: *si serve col cappone in galantina o con qualunque altro r.* (P. ARTUSI)

rifregàre [comp. di *ri-* e *fregare* ✱ av. 1422] v. tr. (*io rifrégo, tu rifréghi*) ● fregare di nuovo

rifrequentàre [comp. di *ri-* e *frequentare* ✱ 1872] v. tr. (*io rifrequènto*) ● frequentare di nuovo

†**rifrigeràre** e deriv. ➤ **refrigerare** e deriv.

rifrìggere [comp. di *ri-* e *friggere* ✱ av. 1499] **A** v. tr. (coniug. come *friggere*) **1** friggere di nuovo **2** (*fig.*) ridire o ripresentare le stesse cose tentando di farle apparire nuove o diverse: *r. luoghi comuni; Niente poesie da mandarti, niente idee da rifriggerti* (C. PAVESE) **B** v. intr. (aus. *avere*) ● friggere a lungo

rifriggiménto [av. 1712] s. m. ● (*raro*) rifrittura (*spec. fig.*)

rifriggitóre [1869] s. m. (f. *-trice*) ● (*raro*) chi rifrigge (*spec. fig.*)

rifrìtto **A** part. pass. di *rifriggere*; anche agg. ● fritto di nuovo | (*fig.*) risaputo, vieto | (*fig.*) ***fritto e r.***, trito e ritrito: *Sono cose risapute, fritte e rifritte* (A. MORAVIA) **B** s. m. ● cattivo odore o sgradevole sapore di cibi rifritti o di tegami utilizzati per rifriggere o per friggere troppe volte: *sapere di r.* | (*fig.*) ***è un'idea che sa di r.***, è un'idea vecchia, troppo sfruttata

SFUMATURE ➤ ***banale***

rifrittùme [av. 1726] s. m. ● (*fig., spreg.*) insieme di cose rifritte: *questo libro è un r. di vecchie idee*

rifrittùra [1764] s. f. ● cibo rifritto | (*fig.*) rifacimento, ripetizione di cose note, vecchie

†**rifronzìre** o †**rifrondìre** [comp. di *ri-* e †*fronzire* ✱ 1308] v. intr. ● mettere di nuovo le fronde | (*fig.*) rinvigorirsi

rifrugàre o †**rifrucàre** [comp. di *ri-* e *frugare* ✱ av. 1597] v. tr. e intr. (*io rifrùgo, tu rifrùghi*; aus. *avere*) ● frugare di nuovo, ripetutamente o più a fondo: *r. le tasche; r. in un cassetto*

rifrullàre [comp. di *ri-* e *frullare* ✱ 1872] v. tr. e intr. (aus. intr. *avere* o *essere*) ● (*raro*) frullare di nuovo

rifrustàre① [comp. di *ri-* e *frustare*① ✱ 1524] v. tr. ● frustare di nuovo o più volte | (*est.*) percuotere di nuovo

rifrustàre② [comp. di *ri-* e *frustare*② ✱ sec. XV] v. tr. ● (*tosc., fam.*) rovistare, frugare (*anche assol.*): *r. tutto il solaio; r. tra i rifiuti* | scartabellare, compulsare: *a furia di rifrustar vocabolari* (E. DE AMICIS) | (*fig., lett.*) riandare a cose vecchie, dimenticate: *r. il passato*

†**rifrùsto** o †**refrùsto** [da *rifrustare* ✱ 1505 ca.] s. m. ● percossa, bastonatura

†**rifuggiménto** [av. 1704] s. m. ● forte avversione

rifuggìre [lat. *refŭgere*, comp. di *re-* e *fŭgere* 'fuggire' ✱ 1261 ca.] **A** v. tr. (coniug. come *fuggire*) **1** (*raro*) scansare, evitare: *r. la fatica; r. le cattive compagnie* **2** †trafugare, nascondere **B** v. intr. (aus. *essere*) e †**rifuggìrsi** v. intr. pron. **1** (*raro*) fuggire di nuovo: *il prigioniero è rifuggito* | (*lett.*) fuggire, fuggirsene: *indietro rifuggironsi le Grazie* (G. PARINI) **2** (*fig.*) aborrire, essere alieno: *rifuggo dal credere a queste atrocità; rifuggire dalle bassezze* **3** †rifugiarsi durante una fuga: *rifuggire in un paesello* **4** †indietreggiare, ritirarsi

†**rifuggìta** [da *rifuggire* ✱ av. 1558] s. f. ● ritirata | rifugio

♦**rifugiàrsi** o †**refugiàrsi** [da *rifugio* ✱ av. 1571] v. intr. pron. (pres. *io mi rifùgio*; fut. *io mi rifugerò*) ● cercare rifugio, riparo: *rifugiarsi in un sotterraneo, sotto un albero; si rifugiarono in Francia per sfuggire alle persecuzioni politiche* | (*fig.*) cercare conforto, sollievo (+ *in*): *ci rifugiamo spesso nella lettura*

rifugiàto **A** part. pass. di *rifugiarsi*; anche agg. ● nei sign. del v. **B** s. m. (f. *-a*) ● individuo costretto, in seguito a vicende politiche, ad abbandonare lo Stato nel quale aveva stabile dimora per cercare rifugio in un altro Stato SIN. esule, fuoriuscito CFR. profugo

♦**rifùgio** o †**refùgio** [vc. dotta, lat. *refŭgiu(m)*, da *refŭgere* 'rifuggire' ✻ 1268] **A** s. m. **1** riparo, difesa, protezione: *trovare r. durante una tempesta* | (*fig.*) ciò che offre tranquillità, conforto, aiuto: *cercare r. dalle avversità* **2** luogo che offre riparo, protezione: *quella capanna è un ottimo r.* | in alpinismo, costruzione in muratura o in legno, che serve per alloggiare o ristorare escursionisti e alpinisti | locale protetto a prova di bombardamento di artiglieria o aereo, per riparo dalle offese del nemico: *r. antiatomico, antiaereo* **3** (*est.*) luogo di ritrovo abituale: *quel bar è un r. di sfaccendati* **4** (*fig.*) colui al quale (o ciò a cui) si ricorre per aiuto, protezione e sim.: *quell'amico è il suo unico r.*; *cercare un r. nel lavoro* | ***R. dei peccatori***, titolo attribuito alla Madonna che intercede per i peccatori **B** in funzione di agg. inv. (posposto a un sost.) ● (*econ.*) ***beni r.***, quelli che conservano il loro potere d'acquisto nel tempo e che vengono acquistati per tutelarsi spec. in caso di inflazione (per es. immobili, gioielli, opere d'arte ecc.)

rifugìsta [1994] s. m. e f. (pl. m. *-i*) ● proprietario o gestore di un rifugio montano

rifulgènte part. pres. di *rifulgere*; anche agg. ● (*lett.*) che risplende (*spec. fig.*)

†**rifulgènza** [vc. dotta, lat. *refulgĕntia(m)*, da *refŭlgens*, genit. *refulgĕntis* 'rifulgente' ✻ av. 1311] s. f. ● splendore, fulgore (*anche fig.*)

♣**rifùlgere** o †**refùlgere** [vc. dotta, lat. *refulgēre*, comp. di *re-* e *fulgēre* ✻ 1321] v. intr. (part. pass. *rifùlso*, raro; nelle altre forme coniug. come *fulgere*; aus. *essere* o *avere*) ● risplendere, brillare (*spec. fig.*): *r. di bellezza*

rifùlso part. pass. di *rifulgere* ● nel sign. del v.

rifumàre [comp. di *ri-* e *fumare* ✻ 1872] v. tr. e intr. (aus. *avere*) ● fumare di nuovo: *r. la pipa*; *il Vesuvio cominciò a r.*

rifunzionalizzàre [comp. di *ri-* e *funzionalizzare* ✻ 1946] v. tr. **1** rendere nuovamente funzionale: *r. un procedimento tecnico* | riattivare conferendo una nuova funzionalità: *r. un'area dismessa* **2** in semiologia, attribuire una nuova funzione a un segno || **rifunzionalizzazióne**, s. f.

†**rifusàre** ➤ **rifiutare**①

rifusìbile [1872] agg. ● (*raro*) che si può rifondere

rifusióne [vc. dotta, lat. tardo *refusiōne(m)*, da *refūsus* 'rifuso' ✻ 1802] s. f. **1** nuova fusione: *la r. di un metallo* | (*fig., lett.*) rifacimento, rielaborazione: *la r. di uno scritto* **2** (*fig.*) rimborso, risarcimento: *chiedere la r. dei danni*

rifùso part. pass. di *rifondere*; anche agg. **1** nei sign. del v. **2** †*a r.*, in abbondanza

†**rifutàre** ➤ **rifiutare**①

♦**rìga** [longob. *rīga* ✻ 1313] s. f. **1** linea diritta o segno lineare in rilievo, incavato, tracciato o comunque prodotto su di una superficie: *carta, tessuto a righe*; *sottolineare con una r.* | (*mus.*) rigo **2** serie di parole disposte in una linea diritta orizzontale: *una pagina di trenta righe*; *la divisione delle parole in fine di r.* | ***leggere tra le righe***, (*fig.*) desumere da uno scritto quello che, pur non essendo chiaramente espresso, è implicito nel testo | contenuto di una o più righe scritte o stampate: *di quel romanzo ho letto poche righe* | (*iperb.*) ***non ricevere una r., scrivere due righe***, non ricevere nessuna lettera, scrivere brevemente **3** (*est., lett.*) serie di persone, animali o cose disposte una di fianco all'altra nella medesima linea: *una r. di soldati, di alberi, di carri*; *come i gru van cantando lor lai, / faccendo in aere di sé lunga r.* (DANTE *Inf.* V, 46-47) | ***rompete le righe!***, comando dato a militari in formazione allineata per metterli in libertà | ***sciogliere le righe***, (*fig.*) sciogliere una riunione, un raduno, un'assemblea e sim. | ***di prima r.***, (*fig., disus.*) di prim'ordine | ***mettersi in r. con qlcu.***, (*fig.*) essergli pari, emularlo | ***sopra le righe***, (*fig.*) detto di tono, atteggiamento, comportamento e sim. enfatico, retorico, caricato, che eccede la norma | ***mettere in r. qlcu.***, (*fig.*) ridurlo all'obbedienza | ***rimettersi in r.***, (*fig.*) tornare all'obbedienza **4** scriminatura dei capelli: *farsi la r. a destra* **5** piccola asta di legno, metallo, materiale plastico e sim., atta a tracciare segmenti di retta | ***r. millimetrata***, riga su un bordo della quale sono segnate, in centimetri e in millimetri, le distanze da un estremo **6** (*mat.*) strumento ideale della geometria, mediante il quale si può solamente tracciare la retta congiungente due punti dati **7** (*fis.*) ***r. spettrale***, radiazione monocromatica emessa o assorbita da un atomo o da una molecola **8** (*elettron., tv*) ciascuno degli elementi orizzontali dell'immagine da trasmettere, esplorati successivamente da un fascetto elettronico nel tubo da ripresa per trasformare l'immagine nel segnale video, o tracciati da un fascetto elettronico sullo schermo del cinescopio per trasformare il segnale video nell'immagine corrispondente SIN. linea **9** unità di misura | ***r. tipografica***, (*ellitt.*) ***riga***, unità di misura tipografica, suddivisa in dodici punti (4,512 mm nel sistema Didot, 4,216 mm nel sistema Pica) || **rigàccia**, pegg. | **righèllo**, dim. m. (V.) | **righétta**, **righettìna**, dim. | **righìna**, dim. | **righìno**, dim. m. | **rigolìna**, dim. | **rigóna**, accr.

rigabèllo [etim. incerta ✻ 1581] s. m. ● (*mus.*) regale

rigàggio [da *rigare* ✻ 1925] s. m. ● in tipografia, lineatura orizzontale di tabelle, prospetti e sim.

rigàglia o (*raro*) **regàglia** [lat. *regālia* 'cose degne di un re', nt. pl. sost. di *regālis* 'regale' ✻ av. 1400] s. f. **1** (spec. al pl.) interiora e cresta di pollo o altro volatile: *pasticcio, fettuccine con rigaglie* CFR. frattaglia, durello **2** cascame di seta, scarto del bozzolo **3** †rimasuglio, avanzo di nessun valore

†**rigàgno** [1313] s. m. ● rigagnolo

rigàgnolo [sovrapposizione di *rigare* 'irrigare' a un dim. di *rivo* ✻ sec. XIII] s. m. ● piccolo ruscello | rivolo che scorre nella parte più bassa delle strade dopo la pioggia || **rigagnolétto**, dim. | **rigagnolìno**, dim.

rigalleggiàre [comp. di *ri-* e *galleggiare* ✻ 1872] v. intr. (pres. *io rigallèggio*; fut. *io rigalleggerò*; aus. *avere*) ● galleggiare di nuovo, detto spec. di imbarcazione danneggiata

rigaloppàre [comp. di *ri-* e *galoppare* ✻ 1872] v. intr. (aus. *avere*) ● (*lett.*) galoppare di nuovo

rigàme [da *riga* ✻ 1855] s. m. **1** nelle chiaviche, scanalatura degli stipiti di pietra, nella quale scorre la saracinesca **2** (*raro*) serie di righe in un tessuto

rìgamo ➤ **regamo**

†**rigangheràre** [comp. parasintetico di *ganghero*, col pref. *ri-* ✻ av. 1642] v. tr. ● (*lett.*) riaccomodare (*spec. fig.*): *r. e raccozzare ... parole ... in prosa* (G. GALILEI)

rigàre① [da *riga* ✻ av. 1292] **A** v. tr. (*io rìgo, tu rìghi*) **1** tracciare una o più righe, segnare con righe: *r. un foglio con la matita* | (*fig.*) solcare: *mi abbracciava, o mi rigava il volto / d'amaro pianto* (V. ALFIERI) | (*est.*) rovinare, graffiare con incisioni, sfregi e sim. qlco. **2** effettuare la rigatura nella canna di un'arma da fuoco | †delimitare | †limitare **B** v. intr. (aus. *avere*) ● (*fig.*) procedere, comportarsi rettamente, facendo il proprio dovere, spec. nella loc. *r. diritto* **C** **rigàrsi** v. intr. pron. ● segnarsi con delle righe: *i vetri si rigarono di grosse gocciole* (E. MONTALE) | solcarsi: *le sue guance si rigavano di lagrime* (E. MORANTE)

†**rigàre**② [vc. dotta, lat. *rigāre*, di etim. incerta ✻ 1282] v. tr. ● irrigare, solcare bagnando: *abbondanti fontane rigavano le fresche erbette* (G. BOCCACCIO)

rigassificàre [comp. di *ri-* e *gassificare* ✻ 1934] v. tr. (*io rigassìfico, tu rigassìfichi*) ● (*tecnol.*) riportare allo stato gassoso un gas naturale liquefatto, spec. il metano || **rigassificazióne**, s. f.

rigassificatóre [1997] s. m. ● (*tecnol.*) impianto di rigassificazione

rigàta [1708] s. f. **1** colpo di riga **2** (*mus.*) riga, rigo **3** in geometria, superficie rigata

rigatìno [da *rigato*① ✻ 1841] s. m. **1** tessuto di cotone a righe minute, solitamente bianche e turchine, per grembiuli SIN. bordatino **2** (*tosc.*) pancetta di maiale **3** (spec. al pl.) tipo di pasta piccola a forma di tubi rigati

rigàto① part. pass. di *rigare*①; anche agg. **1** nei sign. del v.: *carta rigata*; *tessuto r.* **2** solcato: *volto r. di lacrime*; *Era il bosco ... d'acque d'ogn'intorno r.* (A. CARO) **3** ***superficie rigata***, in geometria proiettiva, detto di superficie generata dal movimento di una retta generatrice

†**rigàto**② part. pass. di †*rigare*②; anche agg. ● nel sign. del v.

rigatóne [da *rigato*①, per la forma ✻ 1931] s. m. ● (spec. al pl.) tipo di pasta a cannelli scanalati, che si mangia asciutta

rigatóre [da *rigato* ✻ 1837] s. m. **1** (f. *-trice*) chi riga **2** attrezzo per rigare **3** (*agric.*) attrezzo manuale per tracciare piccoli solchi sul terreno SIN. segnafile

rigatrìce [1959] s. f. ● (*carta*) macchina usata per rigare la carta, costituita da più rulli a distanza regolabile sotto i quali scorrono i fogli

rigatterìa [av. 1686] s. f. **1** (*raro*) bottega del rigattiere **2** ciò che viene venduto dal rigattiere | (*est.*) insieme di cose vecchie | ciarpame

rigattière [fr. *regrattier*. Cfr. *grattare* ✻ av. 1348] s. m. (f. *-a*, *raro*) **1** chi acquista e rivende roba vecchia, usata o fuori uso, spec. vestiti, masserizie e sim. **2** (*stor.*) a Firenze, nel Medioevo, chi commerciava in tessuti nuovi di lino

rigatùra [av. 1328] s. f. **1** operazione del rigare: *procedere alla r.* | insieme di righe: *ottenere una perfetta r.*; *la r. di una pagina* **2** insieme delle righe ricavate nella faccia interna della canna di un'arma da fuoco o della bocca da fuoco di un'artiglieria allo scopo di imprimere un moto rotatorio ai proiettili | ***r. destrorsa, sinistrorsa***, a seconda che le righe si sviluppino in senso orario o antiorario

rigaudon /fr. rigo'dɔ̃/ [vc. fr., da H. *Rigaud* (1659-1743), n. dell'inventore di questa danza ✻ 1931] s. m. inv. ● antica danza d'origine provenzale, di ritmo vivace, diffusa spec. in Francia e in Inghilterra nel Settecento CFR. rigodone, †rigolone

rigelàre [comp. di *ri-* e *gelare* ✻ av. 1685] **A** v. tr. (*io rigèlo*) ● far gelare di nuovo **B** v. intr. (aus. *essere*) ● gelare di nuovo: *lo stagno rigela* **C** v. intr. impers. (aus. *essere* o *avere*) ● gelare di nuovo: *stanotte potrebbe r.*

rigèlo [da *rigelare* ✻ 1879] s. m. ● fenomeno per cui il ghiaccio, fondendo se sottoposto a elevata pressione, ritorna allo stato solido quando venga a cessare tale pressione; è alla base del fenomeno dello scorrimento dei ghiacciai

rigeneràbile [1970] agg. ● che si può rigenerare || **rigenerabilità**, s. f. inv.

rigeneraménto [1872] s. m. ● (*raro*) rigenerazione

rigenerànte part. pres. di *rigenerare*; anche agg. ● che rigenera, che rinnova (*anche fig.*): *aria r.* | che rinforza: *tonico r.*

rigeneràre o †**regeneràre** [vc. dotta, lat. *regenerāre*, comp. di *re-* e *generāre* ✱ av. 1306] **A** v. tr. (*io rigènero*) **1** generare di nuovo | (*fig.*) far risorgere l'antica grandezza, gloria, dignità: *r. una nazione* | (*est.*) rendere di nuovo efficiente, ristabilire: *r. le forze* **2** (*biol.*) riformare, da parte di un organismo, le parti o gli organi accidentalmente lesi o perduti **3** ripristinare in una sostanza specifiche caratteristiche perdute o attenuate con l'uso o l'invecchiamento: *r. un carbone attivo, un catalizzatore, una resina scambiatrice* **B** v. intr. (aus. *essere*) e **rigeneràrsi** v. intr. pron. **1** (*biol.*) riprodursi, ricostituirsi, riferito a tessuti animali e vegetali **2** (*fig.*) nascere a nuova vita: *rigenerarsi nel battesimo* | (*fig.*) ristabilirsi, ristorarsi

rigenerativo [1745] agg. ● che riguarda la rigenerazione: *processo r.*

rigeneràto **A** part. pass. di *rigenerare*; anche agg. **1** nei sign. del v. | (*fig.*) rinnovato: *un popolo libero e r.* (U. FOSCOLO) **2** ***gomma rigenerata***, rifusa | ***lana rigenerata***, tratta da vecchi tessuti **B** s. m. ● prodotto che si ottiene con la rigenerazione

rigeneratóre [av. 1561] **A** agg. (f. *-trice*) ● che rigenera (*anche fig.*): *lozione rigeneratrice; ideale r.* **B** s. m. **1** (f. *-trice*) chi rigenera (*anche fig.*): *un r. dei tessuti; un grande r. della società* **2** ***r. termico***, scambiatore di calore utilizzato per la pratica della rigenerazione

rigenerazióne [vc. dotta, lat. tardo *regeneratiōne(m)*, da *regenerātus* 'rigenerato' ✱ sec. XIV] s. f. **1** ricostituzione di organismi animali o vegetali | (*fig.*) rinascita, rinnovamento: *la r. … e il rinvigorimento spirituale della umana società* (B. CROCE) **2** ripristino, ricostituzione delle proprietà perdute o attenuate di un materiale o di una sostanza: *la r. degli oli; r. di un tessuto* **3** nella teologia cristiana, conseguenza del battesimo, secondo i cattolici, o dell'accettazione del Vangelo, secondo i riformati, che comporta la trasformazione spirituale dell'uomo e la sua salvezza **4** (*ing.*) ritrattamento **5** (*tecnol.*) in una macchina termica, trasferimento al fluido attivo di una certa quantità di calore, prelevata dallo stesso fluido durante una diversa fase del ciclo termico

rigènte [vc. dotta, lat. *rigĕnte(m)*, part. pres. di *rigēre* 'essere rigido, irrigidito', di etim. incerta ✱ 1894] agg. ● (*lett.*) gelido, irrigidito dal freddo

rigerminàre [vc. dotta, lat. *regermināre*, comp. di *re-* e *germināre* ✱ 1470 ca.] v. tr. e intr. (*io rigèrmino*; aus. intr. *essere* o *avere*) ● germinare di nuovo (*anche fig.*): *tutti li ardori e le cupidigie della giovinezza parvero … r.* (G. D'ANNUNZIO)

rigermogliàre [comp. di *ri-* e *germogliare* ✱ av. 1577] v. intr. (*io rigermóglio*; aus. *essere* o *avere*) ● germogliare di nuovo | (*fig.*) rinascere, rigenerarsi

rigettàbile [av. 1704] agg. ● (*fig.*) che si può rigettare: *istanza r.* | che merita di essere rifiutato, respinto: *proposta r.* || **rigettabilità**, s. f. inv.

rigettàre [lat. *reiectāre*, intens. di *reĭcere* 'gettare indietro', comp. di *re-* e *iăcere* 'gettare' (V.) ✱ sec. XIV] **A** v. tr. (*io rigètto*) **1** gettare di nuovo: *r. il sasso* **2** fondere di nuovo: *r. una campana* **3** (*bot.*) germogliare **4** gettare fuori o indietro: *il mare rigettò i rifiuti* **5** (*fig.*) rifiutare, respingere, non accogliere: *r. una domanda, un ricorso; vedevo i miei concittadini r. il vecchio gusto per la farsa* (C. GOLDONI) **6** (*fam.*) vomitare (*anche assol.*): *r. la colazione; gli veniva da r.* **B** v. intr. (aus. *essere*) ● ridar fuori, rifiorire: *sull'intonaco spesso rigettano le macchie sottostanti* **C** **rigettàrsi** v. rifl. ● gettarsi di nuovo (*anche fig.*): *rigettarsi a letto; rigettarsi nella mischia*

rigettàto part. pass. di *rigettare*; anche agg. ● nei sign. del v.

rigètto [1598] s. m. **1** il rigettare | (*fig.*) rifiuto, bocciatura: *il r. di una domanda, di un ricorso; abbiamo saputo del r. della tua proposta* **2** (*bot.*) pollone **3** (*med.*) reazione avversa immunitaria nei confronti di un tessuto o un organo trapiantato incompatibile, che ne comporta la distruzione, il distacco o l'espulsione | (*fig.*) rifiuto, reazione nei confronti di ciò che viene considerato estraneo: *ho avuto, come dire? una crisi di r. per le cose che mi stavano intorno* (A. MORAVIA)

SFUMATURE ➤ *rifiuto*

rìggia [lat. *rēgula(m)* 'assicella'. V. *regola* ✱ 1815] s. f. (pl. *-ge*) ● (*mar.*) ciascuno dei due bastoni di ferro o dei pezzi di sartie fissati ai due lati delle coffe o delle crocette per sostenere le sartie di gabbia e di velaccio

righèllo [1891] s. m. **1** dim. di *riga*, spec. nel sign. 5 **2** asticella a sezione quadrata, impiegata spec. un tempo per tracciare righe

righettàre [da *righetta* ✱ 1835] v. tr. (*io righétto*) ● segnare con piccole righe a breve distanza l'una dall'altra

righettàto part. pass. di *righettare*; anche agg. ● nel sign. del v.

righìno [1872] s. m. **1** dim. di *rigo* **2** righello, nel sign. 2 **3** (*tipogr.*) linea di composizione che non raggiunge la fine della giustezza **4** (*mar.*) listello sporgente che, sul fasciame esterno di una nave, segna l'orlo del ponte di coperta

rigiacére [comp. di *ri-* e *giacere* ✱ 1548] v. intr. (coniug. come *giacere*; aus. *essere*, raro *avere*) ● (*raro*) giacere di nuovo | (*lett.*) cadere di nuovo ammalato

rigidézza [av. 1328] s. f. **1** caratteristica di ciò che è rigido | (*fig.*) inclemenza del clima: *l'orrore e la r. delle alpi ci piace dopo la amenità de' laghi e dei giardini* (T. TASSO) **2** (*fis.*) proprietà di un corpo solido espressa dal rapporto fra il carico applicato e la deformazione subita, dipendente dalla forma della sezione trasversale, dalla natura del materiale, dal tipo di sollecitazione: *r. di una lastra, di una molla, di una trave; r. a flessione, a torsione, a trazione* SIN. rigidità **3** (*fig.*) durezza, severità: *la r. di un giudizio* SIN. inflessibilità, rigore

♦**rigidità** [vc. dotta, lat. *rigiditāte(m)*, da *rĭgidus* 'rigido' ✱ sec. XIV] s. f. inv. **1** caratteristica di ciò che è rigido: *la r. del ferro* | (*fig.*) rigidezza: *soffrire per la r. del clima* | (*fig.*) rigore, fermezza: *ha impostato la sua vita a una grande r.* | (*fig.*) inflessibilità, intransigenza: *nel corso della trattativa il sindacato ha manifestato una certa r.* | (*fig.*) mancanza di elasticità: *r. dell'orario di lavoro* CONTR. flessibilità **2** (*med.*) mancanza di movimento | ***r. articolare***, limitazione grave o abolizione della funzionalità di un'articolazione | ***r. cadaverica***, indurimento muscolare e blocco delle articolazioni per coagulazione delle proteine muscolari | ***r. nucale***, irrigidimento dell'articolazione cervico-occipitale per contrattura dei muscoli posteriori del collo, frequente nella meningite **3** (*econ.*) ***r. della domanda, dell'offerta***, nel caso in cui la quantità domandata di un bene, o la quantità offerta, rimane invariata al mutare del prezzo **4** (*fis.*) rigidezza

♦**rìgido** [vc. dotta, lat. *rĭgidu(m)*, da *rigēre* 'essere rigido'. V. *rigente* ✱ 1308] agg. **1** duro, non elastico, indeformabile, non facilmente piegabile o perforabile: *un r. bastone; me vivo il r. avello preme* (T. CAMPANELLA) | (*inform.*) ***disco r.***, V. *disco*① | non articolato: *membra rigide* | duro, perché irrigidito dal freddo: *dita rigide* CFR. sclero- **2** (*mat.*) detto di figura di uno spazio metrico tale che, pur potendo essa variare, la distanza di due suoi punti rimanga sempre costante CFR. stereo- **3** (*fig.*) freddissimo, crudo, detto di condizioni atmosferiche: *tempo, clima r.* **4** (*fig.*) severo, austero, rigoroso, inflessibile: *magistrato r.; rigide parole di rimprovero; educazione rigida* | (*dir.*) ***costituzione rigida***, per la modifica delle cui norme è previsto uno speciale procedimento formativo **5** (*econ.*) che è caratterizzato da rigidità: *domanda, offerta rigida* || **rigidétto**, dim. | **rigidino**, dim. || **rigidaménte**, avv. **1** (*raro*) in modo rigido: *stette a fissarlo … colle braccia rigidamente tese* (G. VERGA) **2** (*fig.*) con rigidità, rigore, severità, asprezza: *giudicare, punire rigidamente*

SFUMATURE ➤ *severo*

rigiocàre o (*lett.*) **rigiuocàre** [comp. di *ri-* e *giocare* ✱ av. 1566] v. intr., tr. (*io rigiòco* o raro *rigiuòco*; coniug. come *giocare*; aus. *avere*) e **rigiocàrsi** v. tr. pron. (aus. *essere*) ● giocare, giocarsi di nuovo: *r. un numero al lotto; r. a tennis; rigiocarsi il patrimonio*

†**rigiraménto** [1612] s. m. **1** segno circolare | giravolta, spira **2** (*fig.*) circonlocuzione

rigiràre [comp. di *ri-* e *girare* ✱ 1319] **A** v. tr. **1** girare di nuovo o più volte: *r. la chiave nella serratura; r. qlco. tra le mani* | ripercorrere: *girare e r. la città* | (*fig.*) ***r. il discorso***, cambiare argomento | (*tosc.*) ***r. bene il denaro***, spenderlo bene | ***r. la frittata***, (*fig.*, *colloq.*) presentare una situazione in base al proprio tornaconto | **rigiràrla**, (*fig.*, *colloq.*) volgere a proprio vantaggio un discorso, un argomento ecc.: *attento, è uno che sa come rigirarla* **2** (*fig.*, *colloq.*) raggirare qlcu., farlo agire come si vuole | anche nella forma pron. (con valore intens.) **rigiràrsi**: *lei se lo rigira a suo piacimento* **3** (*lett.*) percorrere girando attorno: *r. la montagna* | ripercorrere seguendo lo stesso cammino: *rigirammo, per cercarlo, tutta la casa* **B** v. intr. (aus. *avere*) ● muoversi, andare in giro (*anche fig.*): *r. a lungo per la città; l'acqua che ruina in tale bassezza, rigira … sotto e sopra* (LEONARDO); *r. sullo stesso argomento* | ***gira e rigira***, (*fig.*) alla fin fine: *gira e rigira, il problema è sempre quello* **C** **rigiràrsi** v. rifl. ● voltarsi indietro: *ci rigirammo a guardarlo* | rivoltarsi, girare su sé stesso: *rigirarsi nel letto senza poter prendere sonno* | ***non ci si rigira***, non è possibile muoversi per lo spazio limitato

rigiràta [av. 1675] s. f. ● (*raro*) il rigirare o il rigirarsi una sola volta | mescolata: *dare una r. alla zuppa*

rigiratóre [1639] s. m. (f. *-trice*) **1** (*raro*) raggiratore **2** †chi amministra, conduce un negozio

rigirìo [1842] s. m. (pl. *-ii*) ● andirivieni, per lo più insolito, di persone: *Seguitando a almanaccar tra sé che cosa mai potesse essere tutto quel r.* (A. MANZONI)

rigìro [1615] s. m. **1** giro ripetuto o giro in senso contrario: *per trovarti abbiamo fatto molti rigiri* | movimento circolare: *i rigiri della corrente* | (*raro*) curva di una strada | (*fig.*) viluppo, garbuglio: *usare molti rigiri di parole* **2** (*fig.*) imbroglio, intrigo: *essere vittima di un r.* | (*raro*) tresca amorosa **3** †giro di affari

rigiudicàre [comp. di *ri-* e *giudicare* ✱ 1542] v. tr. (*io rigiùdico, tu rigiùdichi*) ● (*dir.*) emanare una nuova pronuncia sulla medesima controversia: *r. una causa in appello*

rigiùngere o †**rigiùgnere** [comp. di *ri-* e *giungere* ✱ 1306] **A** v. intr. (coniug. come *giungere*; aus. *essere*) ● (*raro*) giungere di nuovo **B** v. tr. ● †raggiungere o raggiungere nuovamente: *e poi rigiugnerò la mia masnada* (DANTE *Inf.* XV, 41)

rigiùnto part. pass. di *rigiungere* ● (*raro*) nei sign. del v. | †unito, appiccicato

rigiuocàre ➤ **rigiocare**

rigiuràre [comp. di *ri-* e *giurare* ✱ 1536] v. intr. e tr. (aus. *avere*) ● giurare di nuovo

rignàre e deriv. ➤ **ringhiare** e deriv.

rìgo [da *riga* ✱ av. 1527] s. m. (pl. *-ghi*) **1** linea tracciata su foglio o sim. con penna, matita, ecc.: *tracciare un r. sotto una parola* | riga di scrittura o di stampa, e il suo contenuto: *scrivere pochi righi a un amico* CFR. stico-, -stico SIN. riga **2** (*mus.*) gruppo di righe orizzontali parallele su cui si scrivono le note determinandone, in base alla chiave preposta, l'altezza assoluta: *r. musicale* | ***r. tetralineo***, di quattro linee, per il canto fermo | ***r. pentalineo***, pentagramma **3** †regolo, modello ‖ **righìno**, dim. (V.) | **rigolìno**, dim.

rigodére [comp. di *ri-* e *godere* ✱ 1563] v. tr. e intr. (coniug. come *godere*; aus. *avere*) ● godere di nuovo | anche in forma pron. (con valore intens.): *rigodersi un po' di tranquillità*

rigodon /fr. rigɔ'dɔ̃/ [sec. XVII] s. m. inv. ● rigaudon

rigodóne [av. 1735] s. m. ● adattamento di *rigaudon* (V.)

✦**rigóglio** (o *-ò-*) [metatesi di *orgoglio* ✱ 1261 ca.] s. m. **1** (*bot.*) grande sviluppo, talora eccessivo, assunto da un vegetale | (*est.*) grande sviluppo della vegetazione **2** (*est.*) esuberanza di vigore, forza, energia: *Sarei stata ancora nel pieno r. della vita* (A. PALAZZESCHI) **3** (*raro*) gorgoglio, detto spec. di pentole o tegami in ebollizione **4** †orgoglio, presunzione: *i Fiorentini, accecati dal loro r., si misono contro allo imperadore* (D. COMPAGNI)

✦**rigogliόso** (o *-ṣ-*) [da *rigoglio* ✱ av. 1292] agg. **1** (*bot.*) che si sviluppa vigorosamente, abbondantemente **2** (*fig.*) pieno di vigore, salute, energia: *ragazzo sano e r.*; *intelligenza rigogliosa* SIN. esuberante, vigoroso, vivace **3** †orgoglioso ‖ **rigogliosaménte**, avv. con rigoglio (*anche fig.*): *crescere, prosperare rigogliosamente* ‖ **rigogliosità**, s. f. inv.

SFUMATURE ➤ *florido*

rigògolo [lat. parl. **aurigălbulu(m)*, comp. di *ăurum* 'oro' (per il colore) e *gălbulus*, n. di quest'uccello, da *gălbus* 'verde pallido, giallastro', di etim. incerta ✱ av. 1294] s. m. ● uccello dei Passeriformi con piumaggio giallo dorato, canto melodioso, di passo estivo in Italia (*Oriolus oriolus*) SIN. giallone, oriolo

rigolétto [ant. fr. *rigolet* 'specie di danza', da *rigoler* 'divertirsi, darsi buon tempo'; dal lat. *ridēre* 'ridere' (?) ✱ sec. XIV] s. m. **1** antica danza ballata girando in tondo, ridda **2** (*est.*) †cerchio, corona di persone

rìgolo [etim. incerta ✱ av. 1597] s. m. **1** nel gioco delle bocce, bocciata rasoterra **2** †ruscello | fossatello

†**rigolóne** [1808] s. m. ● adattamento di *rigaudon* (V.)

rigonfiaménto [1612] s. m. **1** il rigonfiare, rigonfiarsi **2** punto in cui qlco. si è rigonfiata: *ha un r. sul ventre* SIN. gonfiore

rigonfiàre [comp. di *ri-* e *gonfiare* ✱ av. 1327] **A** v. tr. (*io rigónfio*) ● gonfiare di nuovo: *r. il pallone* **B** v. intr. (aus. *essere*) ● lievitare, crescere di volume, detto spec. di pasta: *l'impasto deve r.* **C** **rigonfiàrsi** v. intr. pron. ● diventare gonfio, ingrossarsi di nuovo: *mi si è rigonfiata una gamba* | aumentare, crescere di livello: *il fiume rigonfia*

rigonfiàto part. pass. di *rigonfiare*; anche agg. ● nei sign. del v. | (*fig.*, *raro*) amplificato

rigonfiatùra [1856] s. f. ● rigonfiamento | (*fig.*, *raro*) amplificazione: *narrano le cose alla casalinga e senza rigonfiature* (I. NIEVO)

rigónfio [comp. di *ri-* e *gonfio*; nel sign. B, da *rigonfiare* ✱ av. 1638] **A** agg. ● gonfio, tumido o assai gonfio **B** s. m. ● cosa gonfia o parte gonfia SIN. gonfiezza, rigonfiamento

✦**rigóre** [vc. dotta, lat. *rigōre(m)*, da *rigēre* 'essere rigido'. V. *rigente* ✱ av. 1320] s. m. **1** freddo intenso, clima rigido: *il r. della stagione invernale* **2** (*med.*) spasmo, contrattura **3** rigidità severa, asprezza, durezza: *il r. della disciplina*; *mitigare il r. di una condanna*; *sfuggire al r. della legge* | (*lett.*) scontrosità, ritrosia, indifferenza: *sdegnoso rigor dolce è in quel volto* (T. TASSO) **4** grado di severità di talune punizioni disciplinari | ***camera di punizione di r.***, per soldati e graduati | ***sala di r.***, per i sottufficiali | ***arresti di r.***, per gli ufficiali e per i marescialli **5** austerità, rigorosità: *r. morale*; *il r. della vita del penitente* | scrupolosa osservanza dei princìpi di una buona amministrazione, spec. nei confronti della spesa: *una finanziaria basata sul r.* | ***a stretto r.***, stando rigorosamente a ciò che è prescritto, detto, indicato | ***di r.***, prescritto rigorosamente **6** (*sport*) calcio di rigore (V. *calcio*① nel sign. 4): *battere un r.*, *andare ai rigori* | ***area di r.***, V. *area* **7** metodo, procedimento del tutto coerente con le premesse: *il r. della logica* | (*est.*) esattezza, scrupolosità, precisione: *ammiriamo il r. della sua speculazione filosofica* | ***a rigor di termini***, secondo il preciso significato delle parole | ***a rigor di logica***, secondo logica **8** (*lett.*) rigidità, durezza di un materiale: *Vince de' sassi / il nativo rigor picciola stilla / collo spesso cader* (P. METASTASIO) ‖ **rigoràccio**, pegg. | **rigorétto**, dim. | **rigorìno**, dim.

SFUMATURE ➤ *severità*

rigorgogliàre [comp. di *ri-* e *gorgogliare* ✱ av. 1686] v. intr. (*io rigorgóglio*; aus. *avere*) ● (*raro*) gorgogliare di nuovo o di più

rigorìsmo [fr. *rigorisme*, dal lat. *rĭgor*, genit. *rigōris* 'rigore' ✱ 1745] s. m. **1** rigore eccessivo nel seguire o applicare norme e leggi o sostenere teorie e ideologie | intransigenza o severità esagerate CONTR. lassismo **2** (*filos.*) secondo Kant (1724-1804), atteggiamento che non ammette alcun tipo di deroga alla legge morale **3** indirizzo di teologia morale che esclude qualsiasi libertà interpretativa della dottrina della Chiesa CFR. probabilismo, probabiliorismo

rigorìsta [fr. *rigoriste*, dal lat. *rĭgor*, genit. *rigōris* 'rigore' ✱ 1708] s. m. e f.; anche agg. (pl. m. *-i*) **1** chi (o che) è eccessivamente severo, rigido o rigoroso: *è un moralista, un r. intransigente*; *giudice r.* **2** in filosofia e teologia, seguace del rigorismo **3** calciatore particolarmente abile nel realizzare i calci di rigore

rigorìstico [1908] agg. (pl. m. *-ci*) ● relativo al rigorismo, ai rigoristi | caratterizzato da rigorismo: *un r. senso del dovere* ‖ **rigoristicaménte**, avv.

rigor mòrtis [loc. lat., propr. 'rigidità (*rigōre(m)*: V. *rigore*) della morte (*mŏrte(m)*)'] loc. sost. m. inv. (pl. lat. *rigores mortis*) ● rigidità cadaverica

rigorosità (o *-ṣ-*) [sec. XIV] s. f. inv. **1** caratteristica di chi (o di ciò che) è rigoroso o rivela rigore morale e intellettuale: *la r. di un insegnante, di una disposizione di legge*; *esigere r.*; *la r. delle sue conclusioni, della nostra indagine* **2** (*raro*, *lett.*) atto o comportamento rigido, severo

rigoróso (o *-ṣ-*) [1342] agg. **1** di persona che agisce con rigore, rigidità o severità: *giudice, esaminatore r.* | che denota rigidità o è concepito in modo rigido: *ordine r.*; *disciplina rigorosa* **2** che si attiene strettamente a leggi, norme e sim.: *deduzione, definizione rigorosa* | coerente, consequenziale rispetto alle premesse: *sistema r.* | preciso, scrupoloso: *studio r.*; *lavorare con un metodo r.* **3** (*mus.*) detto di uno stile che rispetta scrupolosamente le regole del contrappunto **4** (*lett.*) rigido: *inverno r.* ‖ **rigorosaménte**, avv. **1** in modo rigoroso: *giudicare rigorosamente*; *osservare rigorosamente la legge*; *rigorosamente parlando*, parlando con grande esattezza **2** (*lett.*) aspramente: *quei princìpi che così rigorosamente mi castigano* (T. TASSO) ‖ **rigorosità**, s. f. inv. (V.)

SFUMATURE DI SIGNIFICATO

rigoroso - fiscale - inflessibile

Chi osserva le regole in modo rigido o agisce e giudica con severità si definisce **rigoroso**; in altra accezione è chi o ciò che dimostra scrupolo, zelo, diligenza; riferito ad argomentazioni o dimostrazioni, *rigoroso* è ciò che procede in modo logico e coerente rispetto alle premesse. Vicino a quest'ultimo significato è **fiscale**, che è colui che osserva alla lettera, con pignoleria, norme e comportamenti. Chi è assolutamente alieno dall'indulgenza, dai compromessi, dalle concessioni si definisce **inflessibile**.

SFUMATURE ➤ *scrupoloso*, ➤ *severo*

†**rigóso** (o *-ṣ-*) [da †*rigare*② ✱ 1340 ca.] agg. ● (*lett.*) ricco di acque irrigue: *tosto all'Ida, di belve e di rigosi / fonti altrice, arrivò* (V. MONTI)

†**rigottàto** [dal provenz. *rigotar* 'increspare', da *rigot* 'capello ricciuto', dal gallico **rica* 'solco' ✱ sec. XIV] agg. ● crespo, ricciuto, spec. di capelli

rigovernàre [comp. di *ri-* e *governare* ✱ sec. XIV] v. tr. (*io rigovèrno*) **1** lavare e asciugare stoviglie (*anche assol.*) **2** curare, pulire e dare da mangiare ad animali domestici: *r. i cavalli* **3** †riporre

rigovernàta [1891] s. f. ● il rigovernare una sola volta, o in fretta

rigovernatùra [av. 1585] s. f. ● il rigovernare le stoviglie | l'acqua sporca con la quale si sono rigovernate le stoviglie: *stanza piena d'un lezzo di cipolle, di r. e di carbone spento* (G. D'ANNUNZIO) | (*est.*, *spreg.*) brodaglia di sapore sgradevole

rigraffiàre [comp. di *ri-* e *graffiare* ✱ 1872] v. tr. (*io rigràffio*) ● graffiare di nuovo

rigrattàre [comp. di *ri-* e *grattare* ✱ 1615] v. tr. ● grattare di nuovo

rigràzie [comp. di *ri-* e *grazie* ✱ 1872] inter. ● (*fam.*) grazie ancora, grazie di nuovo: *grazie e r. tante!*

†**rigrèsso** ➤ **regresso**①

rigridàre [comp. di *ri-* e *gridare* ✱ av. 1348] v. tr. e intr. (aus. *avere*) ● gridare di nuovo

riguadagnàre [comp. di *ri-* e *guadagnare* ✱ sec. XIII] v. tr. (coniug. come *segnare*) **1** guadagnare di nuovo: *r. una forte somma* **2** recuperare, riacquistare ciò che si era perduto: *r. la stima, il favore di qlcu.*; *r. il tempo perduto* | anche in forma pron.: *La vista politica del tiranno ... è stata di riguadagnarsi il popolo* (V. ALFIERI) **3** raggiungere nuovamente un luogo: *Riguadagnava a rapide bracciate il suo scoglio* (I. CALVINO)

†**riguardaménto** [1268] s. m. **1** il riguardare | sguardo **2** considerazione | rispetto, riguardo

riguardànte **A** part. pres. di *riguardare*; anche agg. ● nei sign. del v. | che riguarda qlco., che è relativo o si riferisce a qlco.: *una disposizione r. i dipendenti pubblici* SIN. attinente, concernente **B** s. m. e f. ● †chi guarda: *il gran prodigio immobili / i riguardanti lassa* (V. MONTI)

✦**riguardàre** [comp. di *ri-* e *guardare* ✱ sec.

XII] **A** **v. tr.** **1** guardare di nuovo: *lo guardava e riguardava cercando di riconoscerlo* | (*raro*) guardare indietro | anche in forma pron. (con valore intens.): *riguardarsi un vecchio film in televisione* **2** (*lett.*) guardare attentamente o intensamente: *riguardava la scena molto interessato* | (*est.*) rivedere, controllare con attenzione: *r. i conti* | †valutare bene: *come nell'altre cose, è in questa da r. il tempo e il luogo e con cui si favella* (G. Boccaccio) **3** (*lett.*) considerare, stimare, tenere in conto di: *r. qlcu. come nemico*; *Renzo, da che cominciò a discorrere, l'ho sempre riguardato come un mio figliuolo* (A. Manzoni) **4** concernere, riferirsi, detto di cosa: *la discussione riguarda la scuola*; *sono affari che ci riguardano da vicino*; *per quel che mi riguarda, non lo vedrò* | ***per quanto riguarda***, per quanto concerne **5** preservare, custodire con cura e attenzione: *è un regalo prezioso: riguardalo* **B** **v. intr.** (aus. *avere*) **1** (*lett.*) volgersi col pensiero | (*lett.*) mirare: *r. a uno scopo* | (*lett.*) aver riguardo, badare: *r. alla fatica* **2** (*lett.*) essere volto, situato: *la villa riguardava verso il mare* **3** (*lett.*) avere attinenza con qlco.: *in tutto ciò che riguarda a persona così distinta* (P. Metastasio) **C** **riguardàrsi** **v. rifl.** **1** stare in guardia, fare attenzione (+ *da*): *riguardarsi dalle correnti d'aria*; *riguardarsi dai pericoli* | (*assol.*) aver cura della propria salute: *durante l'inverno riguardati* **2** †farsi riguardo, farsi scrupolo di fare qlco.

riguardàta [1872] **s. f.** ● il riguardare una sola volta e in fretta | ripassata: *dare una r. alla lezione* || **riguardatìna**, **dim.**

riguardàto **part. pass.** di *riguardare*; anche **agg.** ● nei sign. del v. | ***stare, tenersi r.***, aver cura della propria salute, adottare precauzioni e sim.: *voglio che stiate riguardata fin che non è finito questo influsso* (A. Manzoni)

†**riguardatóre** [1308] **s. m.** (**f.** *-trice*) **1** chi guarda | spettatore **2** conoscitore **3** custode

♣**riguardévole** [da *riguardare* ✱av. 1494] **agg.** ● (*raro*) degno di grande riguardo | ragguardevole: *Più r. è un'altra carta del medesimo archivio* (L.A. Muratori) || †**riguardevolménte**, **avv.** ragguardevolmente

♦**riguàrdo** [da *riguardare* ✱av. 1250] **A** **s. m.** **1** cura, attenzione, cautela nel toccare, usare qlco.: *avere r. del vestito nuovo*; *maneggiare qlco. con r.* | ***fare r.***, usare attenzione | ***non avere r. a qlco.***, non badarvi | †***tenere in r.***, custodire **2** cura, precauzione nei confronti della propria salute: *dovrai stare in r. per non riammalarti* **3** stima, rispetto, considerazione: *l'ho fatto per r. tuo*; *aver r. dell'età*; *senza r. per nessuno* | deferenza, premura: *gli si avvicinò con i debiti riguardi* | ***non avere riguardi nell'agire, nel parlare***, agire, parlare liberamente | ***avere r. di qlcu.***, avere soggezione, timore | ***farsi r.***, non osare dire o fare qlco., farsi scrupolo | ***persona di r.***, degna di stima, ragguardevole **4** relazione, attinenza: *quello che dici non ha r. con la nostra domanda* | ***al r., a questo r.***, su questo problema, a questo proposito: *vorrei esprimere la mia opinione al r.*; *non posso darvi alcuna … notizia a questo r.* (G. Leopardi) **5** †motivo, ragione: *avere giusti riguardi* **6** †sguardo **7** †termine o segno di confine: *quando venimmo a quella foce stretta / dov'Ercule segnò li suoi riguardi* (Dante *Inf.* XXVI, 107-108) **8** †interesse sul denaro prestato **9** V. *risguardo* **B** **nella loc. prep.** ***riguardo a***, (*lett.*) ***in riguardo a***, in relazione a, per quanto si riferisce a: *ho qualcosa da dire r. alla sua richiesta*; *Ora una digressione in r. allo spiedo* (I. Nievo) | nella loc. prep. ***nei riguardi di***, nei confronti di, per quanto riguarda: *nei suoi riguardi non ho alcun commento da fare*

SFUMATURE DI SIGNIFICATO
riguardo - compiacenza - sollecitudine - premura
Riguardo esprime l'atteggiamento di deferenza che nasce dalla stima o dal rispetto nei confronti di una persona. In **compiacenza** l'intenzione prevalente è quella di fare cosa grata, ed è indipendente dalla considerazione che si ha della persona. La **sollecitudine** è il preoccuparsi di qualcuno avendone cura, ma è un atteggiamento che ha origine dall'affetto piuttosto che dalla stima o dal rispetto. Nel significato di **premura** l'idea di sollecitudine si arricchisce di una sfumatura che riguarda la solerzia dell'agire.

riguardóso (o -ṣ-) [1505] **agg.** **1** che usa riguardi nei confronti di qlcu. o di qlco.: *essere r. verso tutti, verso i diritti altrui* **SIN.** educato, rispettoso **2** (*lett.*) cauto, prudente || **riguardosaménte**, **avv.** in modo riguardoso: *parlare riguardosamente a una persona più anziana* || **riguardosità**, **s. f. inv.**

riguarìre o †**reguarìre** [comp. di *ri-* (o *re-* intensivo nel sign. 2) e *guarire* ✱av. 1306] **v. tr.** e **intr.** (*io riguarìsco*; **aus. intr.** *essere*) ● (*raro*) guarire di nuovo (*anche fig.*)

†**riguarnìre** o †**riguernìre** [comp. di *ri-* e *guarnire* ✱sec. XIV] **v. tr.** ● fornire nuovamente di quanto è necessario

riguastàre [comp. di *ri-* e *guastare* ✱av. 1386] **A** **v. tr.** ● guastare di nuovo: *r. l'orologio* **B** **riguastàrsi** **v. intr. pron.** ● guastarsi di nuovo

†**riguatàre** [comp. di *ri-* e *guatare* ✱av. 1400] **v. tr.** ● guatare di nuovo o intensamente (*anche assol.*): *Guata e riguata, … più gli pareva averlo morto* (F. Sacchetti)

†**riguernìre** ➤ †**riguarnire**

riguerreggiàre [comp. di *ri-* e *guerreggiare* ✱av. 1803] **v. intr.** (**pres.** *io riguerréggio*; **fut.** *io riguerreggerò*; **aus.** *avere*) ● (*raro*, *lett.*) riprendere la guerra

riguidàre [comp. di *ri-* e *guidare* ✱av. 1563] **v. tr.** ● (*lett.*) ricondurre

rigurgitaménto [av. 1597] **s. m.** ● (*raro*) rigurgito

rigurgitànte **part. pres.** di *rigurgitare*; anche **agg.** ● che trabocca | (*fig.*) pieno, colmo: *stadio r. di tifosi*

rigurgitàre o †**regurgitàre** [da *ingurgitare*, con cambio di pref. ✱av. 1597] **A** **v. intr.** (*io rigùrgito*; **aus.** *avere* **se il soggetto è il luogo**, *essere* **se il soggetto è il liquido**) **1** sgorgare con impeto o scorrere indietro per mancanza di spazio o per un ostacolo, detto di massa liquida o semiliquida: *il liquame rigurgitò dalle fognature* **2** (*fig.*) essere pieno, colmo: *il cinema rigurgita di spettatori* **SIN.** traboccare **B** **v. tr.** ● emettere liquido dalla bocca: *r. acqua, vino, latte*

rigùrgito o †**regùrgito** [da *rigurgitare* ✱av. 1644] **s. m.** **1** ritorno vorticoso all'indietro, detto di acque troppo gonfie o arrestate da un ostacolo (*anche est.*): *il r. del fiume*; *assistere al r. della folla* | (*fig.*) improvviso e violento ritorno, spec. di breve durata, di un fenomeno negativo: *rigurgiti di razzismo, di terrorismo* | ciò che rigurgita (*anche fig.*): *un r. di latte*; *un r. di insofferenza* **2** (*med.*) ritorno degli alimenti non digeriti dall'esofago o dallo stomaco nella bocca senza contrazioni antiperistaltiche

rigustàre [vc. dotta, lat. *regustāre*, comp. di *re-* e *gustāre* ✱av. 1603] **v. tr.** ● gustare di nuovo

riinizière e deriv. ➤ **reiniziare** e deriv.

rilacrimàre o (*raro*) **rilagrimàre** [comp. di *ri-* e *lacrimare* ✱1872] **v. intr.** (*io rilàcrimo*; **aus.** *avere*) ● (*raro*) lacrimare di nuovo

rilagnàrsi [comp. di *ri-* e *lagnarsi* ✱1872] **v. intr. pron.** (**coniug. come** *segnare*) ● (*raro*) lagnarsi di nuovo

rilagrimàre ➤ **rilacrimare**

rilamentàre [comp. di *ri-* e *lamentare* ✱1847] **A** **v. tr.** (*io rilaménto*) ● lamentare nuovamente **B** **rilamentàrsi** **v. intr. pron.** ● lamentarsi di nuovo

rilampeggiàre [comp. di *ri-* e *lampeggiare* ✱1872] **v. intr.** (**pres.** *io rilampéggio*; **fut.** *io rilampeggerò*; **aus.** *essere* o *avere*) ● lampeggiare di nuovo | (*lett.*) tornare a risplendere, a emettere riflessi: *ogni foglia che oscilla / o rilampeggia* (E. Montale)

rilanciàre [comp. di *ri-* e *lanciare* ✱1624] **A** **v. tr.** (**pres.** *io rilàncio*; **fut.** *io rilancerò*) **1** lanciare di nuovo o a propria volta: *r. un sasso*; *r. la palla* **2** fare un'offerta maggiore in un'asta: *r. un'offerta* **3** nel gioco del poker, aumentare la somma puntata da un giocatore precedente (*anche assol.*): *r. la posta* | (*est.*, *assol.*) formulare a propria volta una richiesta più alta di quella precedente: *il sindacato ha rilanciato* **4** (*fig.*) fare tornare attuale, degno di attenzione, importante: *r. una moda* | (*fig.*) ridare nuovo slancio: *un provvedimento che tende a r. i consumi* **B** **rilanciàrsi** **v. tr. pron.** (aus. *essere*) ● lanciarsi di nuovo (con valore recipr.): *si allenano lanciandosi e rilanciandosi la palla* **C** **rilanciàrsi** **v. rifl.** ● lanciarsi di nuovo

rilanciàto **part. pass.** di *rilanciare*; anche **agg.** ● nei sign. del v.

rilàncio [da *rilanciare* ✱av. 1635] **s. m.** ● il rilanciare (*anche fig.*): *il r. di un'offerta, della posta* | (*fig.*) riproposta: *r. di un progetto*

rilasciaménto [1355] **s. m.** **1** (*raro*) allentamento | †scarcerazione, liberazione **2** (*med.*) rilassamento

rilasciàre o **rilassàre** nei sign. A 3, 4, 5, 7 [lat. *relaxāre* 'rilassare, allargare', comp. di *re-* e *laxāre* 'allentare'. V. *lasciare* ✱1598] **A** **v. tr.** (**pres.** *io rilàscio*; **fut.** *io rilascerò*) **1** lasciare di nuovo: *r. le chiavi a casa* **2** dare, concedere: *r. un certificato, una ricevuta*; *r. un'intervista* **3** liberare: *r. un prigioniero* **4** (*lett.*) allentare, mollare, sciogliere: *r. il freno, la lingua* | (*fig.*) diminuire: *r. il rigore* **5** (*inform.*) fare uscire, immettere nel mercato (calco sull'ingl. *to release*): *r. la nuova versione di un software* **6** †rinunciare, abbandonare, cedere **7** †condonare: *r. un'offesa* **8** †sollevare, ricreare, divertire **9** (*med.*) V. *rilassare* **B** **rilasciàrsi** **v. rifl. recipr.** ● lasciarsi, separarsi di nuovo: *dopo un litigio, i fidanzati si sono rilasciati* **C** **rilasciàrsi** **v. intr. pron.** **1** V. *rilassare* **2** (*mar.*; *disus.*) detto di nave, fermarsi in un porto o in un riparo costiero per maltempo o avaria

SFUMATURE ➤ *liberare*

rilasciàto **part. pass.** di *rilasciare*; anche **agg.** ● nei sign. del v.

rilàscio [1598] **s. m.** **1** liberazione: *il r. di un detenuto* | (*dir.*) ***azione di r.***, azione di esecuzione forzata esperibile in caso di inadempimento del debitore al proprio obbligo di consegnare un dato bene al creditore **2** (*burocr.*) consegna, concessione: *il r. di un documento* **3** cessione **4** (*comm.*) svincolo, detto di merci | (*raro*) ***porto di r.***, dove la nave si ferma per riposo o rifornimento **5** (*inform.*) immissione nel mercato (calco sull'ingl. *release*)

rilassaménto [sec. XIV] **s. m.** **1** allentamento, decontrazione: *r. dei muscoli* | (*fig.*) distensione psichica, serenità, svago **SIN.** relax **2** (*fig.*) decadimento, scadimento: *un r. della tensione morale, della disciplina*

rilassànte **part. pres.** di *rilassare*; anche **agg.** ● nei sign. del v. | riposante, distensivo: *una lettura, una musica, un bagno r.*

♦**rilassàre** o **rilasciàre** nei sign. A 2 e C 1, †**relassàre** [vc. dotta, lat. *relaxāre*. V. *rilasciare* ✱av. 1292] **A** **v. tr.** **1** allentare, distendere, spec. una tensione fisica: *r. i nervi, i musco-*

a b c d e f g h i j k l m n o p q r s t u v w x y z

li; *r. l'animo, gli spiriti* | (*fig.*) rendere meno rigido, duro, stretto: *r. la disciplina, la sorveglianza* **2** V. *rilasciare* **B** **rilassàrsi** **v. rifl.** ● distendersi, riposarsi: *prendere qualche giorno di vacanza per rilassarsi* **C** **rilassàrsi** **v. intr. pron.** ● infiacchirsi, scadere: *la moralità si sta rilassando*

rilassatézza [da *rilassato* ✱ 1678] **s. f.** ● rilassamento (*spec. fig.*): *una grande r. morale*

SFUMATURE DI SIGNIFICATO
rilassatezza - mollezza
La caratteristica di chi non si preoccupa eccessivamente del significato e degli effetti delle proprie azioni, soprattutto in senso morale, si definisce **rilassatezza. Mollezza** arricchisce questo significato di una sfumatura che concerne il gusto eccessivo per gli agi e i piaceri oppure, in altro senso, l'incapacità di reagire con energia agli eventi della vita.

rilassàto **part. pass.** di *rilassare*; anche **agg.** **1** nei sign. del v. | (*fig.*) disteso, riposato: *è tornato r. dalla montagna* **2** (*fig.*) allentato, infiacchito: *costumi rilassati* **3** (*ling.*) detto di articolazione che comporta una debole tensione muscolare || †**rilassataménte**, **avv.** con rilassatezza

rilassatóre [vc. dotta, lat. tardo *relaxatōre(m)*, da *relaxātus*, part. pass. di *relaxāre*. V. *rilasciare* ✱ 1599] **agg.** (**f.** *-trice*) ● (*lett.*) che rilassa: *fare un bagno r.*

†**rilassazióne** o †**relassazióne** [vc. dotta, lat. *relaxatiōne(m)*, da *relaxātus*, part. pass. di *relaxāre*. V. *rilasciare* ✱ av. 1320] **s. f.** **1** allentamento, indebolimento **2** mitigazione di legge, disciplina e sim.

rilastricàre [comp. di *ri-* e *lastricare* ✱ 1516] **v. tr.** (*io rilàstrico, tu rilàstrichi*) ● lastricare di nuovo

rilavàre [vc. dotta, lat. tardo *relavāre*, comp. di *re-* e *lavāre* ✱ sec. XIV] **v. tr.** e **rilavàrsi** **v. rifl.** ● lavare, lavarsi di nuovo

rilavatùra [1872] **s. f.** ● il rilavare | acqua in cui si è rilavato o rigovernato qlco.

rilavoràre [comp. di *ri-* e *lavorare* ✱ av. 1537] **v. tr.** (*io rilavóro*) ● lavorare di nuovo | in varie tecnologie, ripetere una o più operazioni per correggere errori e sim.: *r. un pezzo*

rilavorazióne [comp. di *ri-* e *lavorazione* ✱ sec. XIX] **s. f.** ● ulteriore lavorazione | (*fig.*, *lett.*) rielaborazione: *una r. in prosa* (G. CARDUCCI)

rileccàre [comp. di *ri-* e *leccare* ✱ av. 1742] **v. tr.** (*io rilécco, tu rilécchi*) **1** leccare di nuovo **2** (*fig.*) rifinire con troppa cura

rilegàre① o †**religàre** [lat. *religāre*, comp. di *re-* e *ligāre* 'legare' ✱ 1313] **v. tr.** (*io rilégo, tu riléghi*) **1** legare di nuovo o meglio: *aprì il pacco e poi lo rilegò con la stessa corda* | †legare con più giri o come prima **2** (*edit.*) riunire i gruppi di pagine di un libro per costituire un volume | fare una nuova rilegatura: *r. un volume in pelle* **3** in oreficeria, incastonare pietre preziose

†**rilegàre**② ➤ **relegare**

rilegatóre [av. 1642] **s. m.** (**f.** *-trice*) ● chi rilega libri

rilegatrice [1885] **s. f.** ● macchina per rilegare libri, fascicoli e sim.

rilegatùra [1766] **s. f.** **1** (*edit.*) operazione, tecnica di riunire i gruppi di pagine di un'opera per costituire un volume e rivestirlo di copertina | modo e materiale con cui il volume viene rilegato: *r. a spirale*; *r. in pelle* **SIN.** legatura **2** incastonatura di pietre preziose

rilèggere [comp. di *ri-* e *leggere* ✱ av. 1292] **v. tr.** (**coniug. come** *leggere*) **1** leggere di nuovo: *r. un articolo interessante* | leggere con attenzione per correggere, rivedere: *r. la traduzione francese* | anche in forma pron. (con valore intens.): *mi sono riletto 'I promessi sposi'* **2** (*fig.*) interpretare in base a un diverso punto di vista: *r. alcuni episodi del dopoguerra*

✦**rilènto** o (*tosc.*) **rilènte** [comp. di *ri-* e *lento* ✱ av. 1471] **A** **agg.** ● (*lett.*) cauto, prudente: *Nelle convalescenze non si va mai troppo rilenti a far le cose da sani* (A. MANZONI) **B** **avv.** ● †lentamente, piano: *andare r.* | nella loc. avv. ***a r.***, particolarmente piano, più piano del normale o del previsto; (*fig.*, *raro*) cautamente: *i lavori procedono troppo a r.*; *occorre andare a r. nel giudicare*

rilètto **part. pass.** di *rileggere*; anche **agg.** ● nei sign. del v.: *un giornale letto e r.*

rilettùra [comp. di *ri-* e *lettura* ✱ 1866] **s. f.** ● il rileggere | (*est.*) nuova interpretazione: *una r. di Ibsen*

rilevàbile [1929] **agg.** ● che può essere rilevato || **rilevabilità**, **s. f. inv.**

rilevaménto [av. 1306] **s. m.** **1** determinazione di una grandezza fisica, di un fenomeno e sim. | (*stat.*) rilevazione | ***r. topografico***, complesso delle operazioni atte a determinare gli elementi necessari alla rappresentazione topografica di una certa zona di terreno | (*geogr.*, *mar.*) ***r. idrografico***, l'insieme delle operazioni effettuate per riportare la configurazione e la descrizione delle coste sulle carte idrografiche e nautiche | ***r. geologico***, raccolta dei dati relativi alla composizione, alla giacitura e alle caratteristiche delle rocce presenti in un territorio **2** (*aeron.*, *mar.*) l'angolo orizzontale compreso fra una direzione fissa di riferimento e la direzione secondo cui un oggetto è visto da bordo di un aeromobile o di una nave, spesso misurato da 0° a 360° a partire dalla direzione di riferimento | ***r. polare***, quello in cui la direzione di riferimento è l'asse longitudinale della nave | ***r. vero***, quello in cui la direzione di riferimento è quella del Nord geografico | ***r. magnetico***, quello in cui la direzione di riferimento è quella del Nord magnetico | ***r. alla bussola***, quello in cui la direzione di riferimento è la direzione del Nord indicata dalla bussola di bordo | ***r. radiogoniometrico, radar***, quello ottenuto rispettivamente mediante il radiogoniometro o il radar | ***aprire il r.***, far ruotare la prua in modo da aumentare il rilevamento di un dato oggetto **3** il rilevare | subentro in un'attività, un'azienda e sim.: *il r. di un negozio* | sostituzione: *r. della guardia di turno* **4** (*raro*) rialzo, rilievo **5** †risollevamento (*anche fig.*)

rilevànte **part. pres.** di *rilevare*; anche **agg.** **1** nei sign. del v. **2** importante, considerevole: *un r. aumento* **3** pertinente, attinente: *sono osservazioni non rilevanti* **4** †prominente, rilevato: *tetti a colmo r.* (D. BARTOLI) **5** (*ling.*) detto di elemento linguistico che esercita nella parola o nella frase una funzione distintiva, per cui, se sostituito con un altro elemento appartenente alla stessa classe, la frase stessa subisce un cambiamento di significato (es. le desinenze *-a* / *-o*, che configurano il femminile o il maschile)

rilevànza [da *rilevante* ✱ 1595] **s. f.** ● importanza, rilievo, valore: *questo fatto assume una straordinaria r.*; *aveva cose di qualche r. da comunicarmi* (I. NIEVO) | (*dir.*) ***avere, non avere r.***, essere preso, non essere preso in considerazione

✦**rilevàre** [vc. dotta, lat. *relevāre*, comp. di *re-* e *levāre* 'sollevare'. V. *levare*① ✱ 1287] **A** **v. tr.** (*io rilèvo*) **1** (*raro*) levare di nuovo: *r. la pentola dal fuoco*; *rilevarsi gli occhiali* **2** (*lett.*) †rialzare **3** (*fig.*) †sollevare, confortare: *r. l'animo* **4** (*raro*) ricevere, prendersi (*anche fig.*): *r. percosse*; *rilevammo solo insulti* **5** ricavare, trarre (*anche fig.*): *r. un disegno da uno schizzo*; *da quel libro non si rileva niente di interessante* | apprendere: *r. una notizia da un giornale* **6** cogliere, mettere in evidenza qlco. che appare importante per esaminarla, discuterla, controbatterla: *r. una grossa mancanza*; *r. un'affermazione azzardata* | notare, osservare: *rilevo che avete dimenticato di rispondere in tempo* **7** (*stat.*) fare oggetto di una rilevazione statistica | (*est.*) raccogliere dati su qlco. per delineare, descrivere, rappresentare: *r. le cifre sugli ultimi incrementi demografici*; *r. i fatti economici più importanti* **8** compiere un rilevamento topografico | (*geogr.*, *mar.*) ***r. una costa***, effettuarne il rilevamento idrografico | (*mar.*) ***r. una nave***, prenderne il rilevamento **9** assumere a proprio carico, subentrando: *r. una ditta, una trattoria* | ***r. merce***, comprarla in blocco | ***r. il pacchetto azionario di una società***, mediante l'acquisto delle relative azioni **10** sostituire, dare il cambio: *r. la guardia di turno* | (*est.*) andare a prendere per accompagnare altrove: *r. qlcu. allo stadio, in ufficio* **11** (*tosc.*) allevare **B** **v. intr.** (**aus.** *avere*) **1** alzarsi, sollevarsi, sporgere, fare rilievo: *i ricami rilevano di qualche millimetro sul tessuto* **2** (*lett.*) importare, contare: *sai quanto ciò rilevi* (T. TASSO) **3** (*lett.*) giovare | (*lett.*) essere pertinente **C** **rilevàrsi** **v. intr. pron.** **1** (*lett.*) alzarsi, sollevarsi (*anche fig.*): *Carolina si rilevò coperta di rossore* (G. VERGA); *rilevarsi dopo una sconfitta* **2** (*fig.*) †emendarsi
SFUMATURE ➤ *osservare*

rilevatàrio [da *rilevato* ✱ 1847] **s. m.** (**f.** *-ia*) ● chi acquista un negozio, una ditta, o subentra ad altri nell'esercizio di azienda in stato di fallimento

rilevàto **A** **part. pass.** di *rilevare*; anche **agg.** **1** nei sign. del v. | ***r. che***, accertato, constatato che **2** prominente, rialzato rispetto a una superficie | in rilievo: *i contorni rilevati di una figura* | †elevato | (*fig.*, *lett.*) ragguardevole, eminente **3** (*mar.*) ***punto r.***, posizione geografica di una nave determinata mediante i rilevamenti rispetto a due punti terrestri la cui posizione è nota || **rilevataménte**, **avv.** (*raro*) marcatamente **B** **s. m.** **1** rialzo del terreno **2** cumulo di terreno limitato lateralmente da scarpate naturali o da muri di sostegno, costituito quando la piattaforma stradale o ferroviaria deve trovarsi al disopra del piano di campagna

rilevatóre [1612] **s. m.** **1** (**f.** *-trice*) chi effettua un rilevamento | (*stat.*) chi effettua un rilevamento statistico | (*stat.*) nel censimento, chi consegna e ritira a domicilio i questionari, aiutando eventualmente nella compilazione **2** (*scient.*, *tecnol.*) strumento per effettuare rilevamenti, rivelatore | (*milit.*) ***r. di vampa***, apparecchio che determina la direzione di una bocca da fuoco utilizzando la vampa di bocca | (*mar.*, *milit.*) ***r. tattico***, dispositivo registratore del rilevamento polare di un bersaglio, per la punteria navale e aerea

rilevatùra [av. 1597] **s. f.** **1** (*raro*) rilevamento **2** (*raro*) sporgenza, prominenza

rilevazióne [av. 1328] **s. f.** **1** il rilevare **2** raccolta di dati, di informazioni | (*stat.*) insieme di operazioni mediante le quali si raccolgono dati individuali di un fenomeno collettivo per trarne dati statistici che riguardano il fenomeno stesso oggetto di studio **3** †riabilitazione morale

rilèvo [da *rilevare* ✱ 1863] **s. m.** ● (*tosc.*) l'allevare uccelli o (*fam.*) bambini

✦**rilièvo** [av. 1292] **s. m.** **1** stacco, risalto di ciò che sporge o si staglia su una superficie di sfondo: *le figure nere contro la parete bianca facevano un grande r.* **2** tecnica scultorea che fa emergere le figure, dal fondo su cui sono scolpite, con maggiore o minore stacco: *alto r.*; *basso r.* | ***r. a stiacciato, mez-***

zo r., bassorilievo | evidenza plastica di cui possono essere dotate tanto opere pittoriche quanto opere di scultura **3** parte rilevata, che risalta dal piano: *al tatto si sente un discreto r.* | parte scolpita che sporge dal fondo **4** (*geogr.*) elevazione della superficie terrestre o dei fondali marini | (**spec. al pl.**) complesso delle alture di una regione **5** (*fig.*) importanza, rilevanza, risalto: *cose di nessun r.*; *questa notizia ha assunto un notevole r.* **SIN.** spicco | ***di r.***, rilevante, importante: *una personalità di r.*; *ricoprire un ruolo di r.* | ***mettere in r.***, mettere in evidenza, segnalare all'attenzione, alla considerazione altrui **6** osservazione, nota spec. critica: *hanno fatto molti rilievi su di lui* **7** rilevamento: *r. fotografico* | ***r. topografico***, levata topografica | ***r. dei tempi***, determinazione dei tempi di lavorazione che può essere eseguita mediante cronometraggio **8** (**spec. al pl.**) †avanzo di un pasto

SFUMATURE DI SIGNIFICATO
rilievo - critica
Un **rilievo** è un'osservazione, una nota, o anche un giudizio formulato a conclusione di una valutazione, di un'indagine e non ha di per sé una valenza necessariamente negativa, al contrario di **critica** che esprime sempre una valutazione negativa.
SFUMATURE ➤ ***osservazione***

rilievogràfia [comp. di *rilievo* e *-grafia* ✱ 1925] **s. f.** ● il complesso delle tecniche di stampa a rilievo

rilievogràfico [1959] **agg.** (**pl. m.** *-ci*) ● relativo a rilievografia

†**riligióne** ➤ **religione**

rilimàre [comp. di *ri-* e *limare* ✱ 1426 ca.] **v. tr.** ● limare di nuovo (*anche fig.*): *r. una sbarra di ferro*; *r. un componimento poetico*

riliquidazióne [comp. di *ri-* e *liquidazione* ✱ 1960] **s. f.** ● nuova erogazione di una parte della liquidazione dovuta al lavoratore e in un primo tempo illegittimamente non corrisposta

rilisciàre [comp. di *ri-* e *lisciare* ✱ 1842] **A** **v. tr.** (**pres.** *io rilìscio*; **fut.** *io rilliscerò*) ● lisciare di nuovo | anche in forma pron.: *rilisciarsi i capelli* **B** **rilisciàrsi** **v. rifl.** ● (*lett.*) rimettersi in ordine, curare il proprio aspetto fisico, talora in modo eccessivo: *rilisciarsi prima di uscire*

rilitigàre [comp. di *ri-* e *litigare* ✱ 1872] **v. intr.** (*io rilìtigo, tu rilìtighi*; **aus.** *avere*) ● litigare di nuovo

rilocazióne [comp. di *ri-* e *locazione* ✱ 1990] **s. f.** **1** spostamento, trasferimento **2** (*inform.*) cambiamento degli indirizzi di un programma per adattarli alle effettive disponibilità di memoria

rilodàre [comp. di *ri-* e *lodare* ✱ 1585] **v. tr.** (*io rilòdo*) ● lodare di nuovo

rilòga [n. commerciale ted. (?) ✱ 1963] **s. f.** ● sostegno per tende, fornito di una piccola guida in cui scorre la tenda stessa mossa da tiranti

riluccicàre [comp. di *ri-* e *luccicare* ✱ sec. XIII] **v. intr.** (*io rilùccico, tu rilùccichi*; **aus.** *essere* o *avere*) ● (*lett.*) brillare intensamente

rilucènte **part. pres.** di *rilucere*; anche **agg.** ● luminoso, splendente (*anche fig.*): *stelle rilucenti*; *occhi rilucenti*

rilucentézza [av. 1729] **s. f.** ● (*raro*) lucentezza

✦**rilùcere** o †**relùcere** [vc. dotta, lat. *relucēre*, comp. di *re-* e *lucēre* 'lucere' (V.) ✱ av. 1292] **v. intr.** (**coniug. come** *lucere*; **difett. del part. pass. e dei tempi composti**) ● essere lucente, risplendere: *r. come una stella* | (*raro, fig.*) distinguersi: *r. per la bellezza* **SIN.** brillare

rilustràre [comp. di *ri-* e *lustrare* ✱ av. 1306] **v. tr.** ● lustrare di nuovo | (*fig., lett.*) perfezionare, abbellire

riluttànte o (*lett.*) **reluttànte** **part. pres.** di *riluttare*; anche **agg.** ● che si dimostra restio, maldisposto, poco propenso a fare qlco.(+ *a*, **anche seguito da inf.**): *essere r. a un'idea, a una proposta*; *mostrarsi r. a partire*; *acconsentì, benché r.* || **riluttanteménte**, **avv.**

riluttànza [1671] **s. f.** **1** condizione, atteggiamento di chi è riluttante: *r. a compiere qlco.*; *vincere la r. di qlcu.* | ***con r.***, malvolentieri, controvoglia: *io mi lascio trascinare con r.* **SIN.** renitenza, resistenza, ritrosia **2** (*fis.*) grandezza espressa dal rapporto tra la forza magnetomotrice applicata a un circuito magnetico e il flusso di induzione esistente nel circuito stesso | ***r. specifica***, quella di un conduttore magnetico di lunghezza e sezione unitarie

✦**riluttàre** o (*lett.*) **reluttàre** [vc. dotta, lat. *reluctāri* 'far resistenza, opporsi', comp. di *re-* e *luctāri* 'lottare' ✱ 1342] **v. intr.** (**aus.** *avere*) ● essere restio, contrario a fare, accettare qlco. (+ *a* **seguito da inf.**): *riluttava a partire, ma si è convinto* **SIN.** resistere

riluttività [da *riluttare* ✱ 1959] **s. f. inv.** ● (*fis.*) l'inverso della permeabilità magnetica **SIN.** riluttanza specifica

rim- ➤ **rin-**

rìma ① [ant. fr. *rime*, dal lat. *rhythmu(m)* 'ritmo' ✱ 1261 ca.] **s. f.** **1** consonanza per identità di suono di due o più parole dalla vocale accentata alla fine: *r. facile, difficile, rara*; *r. piana, tronca, sdrucciola*; *tanto è spietata la mia sorte e dura, / che mostrar non la pon rime né versi* (M.M. BOIARDO) | ***r. imperfetta***, se la vocale accentata o qualche consonante non è identica | ***r. baciata***, di due versi consecutivi | ***r. alternata***, di versi che rimano alternativamente | ***r. grammaticale***, di desinenze | ***r. al mezzo***, V. *rimalmezzo* | ***r. interna***, rimalmezzo | ***terza r.***, metro della terzina | ***sesta r.***, metro della sestina | ***ottava r.***, metro dell'ottava | ***nona r.***, stanza di nove versi | ***decima r.***, strofa di dieci endecasillabi | ***dicitore in r.***, poeta | ***rispondere per le rime***, nella tenzone poetica medievale, usando le stesse rime della proposta; (*fig.*) rispondere a tono, ribattendo in modo risentito | (*fig.*) ***dire, cantare qlco. in r.***, parlare chiaro e tondo **2** (*est.*, **spec. al pl.**) verso: *voi ch'ascoltate in rime sparse il suono / di quei sospiri ond'io nudriva 'l core* (F. PETRARCA) | (**al pl.**) componimenti poetici: *le rime del Cavalcanti* || **rimàccia**, **pegg.** | **rimétta**, **dim.**

rìma ② [vc. dotta, lat. *rīma(m)*, di etim. incerta ✱ 1499] **s. f.** **1** †fessura, crepa **2** (*med.*) fessura compresa fra due strutture piene simmetriche che immette in una cavità anatomica: *r. della glottide*

rimacchiàre [comp. di *ri-* e *macchiare* ✱ av. 1527] **A** **v. tr.** (*io rimàcchio*) ● macchiare di nuovo **B** **rimacchiàrsi** **v. rifl.** ● macchiarsi di nuovo (*anche fig.*)

rimacinàre [comp. di *ri-* e *macinare* ✱ sec. XV] **v. tr.** (*io rimàcino*) ● macinare di nuovo: *tutto pesta in su una pietra … poi rimacina insieme tutte le dette droghe* (B. CELLINI)

rimagliàre [comp. di *ri-* e *(am)magliare* ✱ 1991] **v. tr.** (*io rimàglio*) ● riprendere una maglia nella trama di un tessuto smagliato

rimagliatrìce [1970] **s. f.** **1** rammagliatrice **2** (*tess.*) macchina da confezione di capi a maglia in grado di riprendere l'esatta successione delle maglie di un tessuto smagliato

rimalmèzzo o **rìma al mèzzo** [da *rima al mezzo* ✱ 1552] **s. f.** (**pl. inv.** o *rime al mezzo*) ● rima aggiuntiva tra il primo emistichio di un verso e il primo emistichio o la fine di un altro verso (per es. *Raccomandami al tuo Figliuol, verace / homo e verace Dio / ch'accolga 'l mio – spirto ultimo in pace* (F. PETRARCA)) **SIN.** rima interna

rimandàbile [1983] **agg.** ● che si può rimandare: *termine r.*; *consegna non r.*

✦**rimandàre** [comp. di *ri-* e *mandare* ✱ sec. XIII] **v. tr.** **1** mandare ancora, di nuovo: *ci ha rimandato una lunga lettera* **2** mandare indietro per ridare, restituire: *r. il denaro prestato* | rinviare: *r. la palla* **3** far tornare al luogo di provenienza: *r. in patria* | (*lett.*) mandare via, congedare: *r. la cameriera* | respingere: *r. il regalo* **4** differire, rinviare: *r. a domani la gita*; *r. la festa* | **PROV.** ***non r. a domani quello che puoi fare oggi*** **5** (*est.*) giudicare insufficiente la preparazione di un candidato rinviandolo a un altro esame | ***r. a settembre, a ottobre***, in passato, nella scuola primaria e in quella secondaria, dichiarare un alunno non promosso dandogli facoltà di sostenere nella sessione autunnale uno o più esami di riparazione **6** (*fig.*) consigliare qlcu. di ricorrere a qlco.: *r. ad un'altra pagina del testo* | (*fig.*) fare riferimento: *questo periodo rimanda a tutte le considerazioni precedentemente udite*

rimandàto **A** **part. pass.** di *rimandare*; anche **agg.** ● nei sign. del v. **B** **s. m.** (**f.** *-a*) ● studente che doveva sostenere uno o più esami di riparazione nella sessione autunnale: *l'elenco dei rimandati*

rimàndo [sec. XV] **s. m.** **1** il rimandare | rinvio: *il r. della palla* | ***di r.***, in risposta, in replica: *e lui di r.: 'Ma nemmeno per sogno!'* **2** dilazione: *ottenere un breve r.* **3** (*edit.*) contrassegno, segno particolare, parola che in un testo spec. scientifico rimanda il lettore a cercare altrove: *saggio con molti rimandi*

rimaneggiaménto [1872] **s. m.** **1** il rimaneggiare | rifacimento, rielaborazione: *il r. di un testo* **2** cambiamento di incarichi: *r. del Governo* **SIN.** rimpasto

rimaneggiàre [comp. di *ri-* e *maneggiare* ✱ 1612] **v. tr.** (**pres.** *io rimanéggio*; **fut.** *io rimaneggerò*) **1** maneggiare ancora, di nuovo **2** in tipografia, ricomporre un brano per rimediare a errori di composizione **3** ricostituire modificando: *r. la lista degli iscritti* | rielaborare: *r. un sonetto* | ***r. un ministero***, cambiare o spostare le cariche, rimpastarlo

rimanènte **A** **part. pres.** di *rimanere*; anche **agg.** ● nei sign. del v. **B** **s. m.** ● ciò che rimane, avanza, resta: *il r. della merce sarà spedito oggi* | †***essere del r.***, rimanere | (*lett.*) ***del r.***, del resto **C** **s. m. e f.** **1** (**spec. al pl.**) chi rimane | (**al pl.**) gli altri: *i rimanenti non hanno votato* **2** †successore, erede

rimanènza [da *rimanente* ✱ sec. XIV] **s. f.** **1** ciò che rimane | (**spec. al pl.**) avanzo, residuo di merce, giacenza di magazzino: *liquidare le rimanenze* **2** †fermata, sosta

✦**rimanére** [lat. *remanēre*, comp. di *re-* e *manēre* 'rimanere', di orig. indeur. ✱ 1219] **A** **v. intr.** (**pres.** *io rimàngo*, †*rimàgno*, *tu rimàni*, *egli rimàne*, *noi rimaniàmo*, *voi rimanéte*, *essi rimàngono*; **pass. rem.** *io rimàsi*, *tu rimanésti*; **fut.** *io rimarrò*; **congtv. pres.** *io rimànga*; **condiz. pres.** *io rimarrèi*; **part. pass.** *rimàsto*, †*rimàso*; **aus.** *essere*) **1** fermarsi in un luogo, trattenersi, restare: *oggi rimango in casa*; *per le vacanze rimarremo a Napoli*; *rimanemmo in piedi tre ore*; *preferisco r. con gli amici* | ***dove siamo rimasti?***, dove è arrivato il racconto, la narrazione, il discorso? | restare in proprietà: *tutti i suoi beni rimarranno al figlio* | durare, permanere, persistere: *r. in carica un anno*; *non riusciva a r. diritto*; *il pericolo rimane* | essere situato, trovarsi: *la nostra casa rimane sulla destra del viale* **2** risultare, finire per essere, trovarsi o ritrovarsi in una determinata condizione: *r. povero, confuso, meravigliato, vedovo*; *siamo rimasti a piedi*; *nulla di te conto si farà, se io*

a b c d e f g h i j k l m n o p q **r** s t u v w x y z

spento rimango (T. Campanella) | (*fam.*) ***r. al verde, all'asciutto***, restare senza denaro | ***r. in forse***, restare, essere in dubbio | ***r. indietro***, lasciarsi distanziare (*anche fig.*) | ***rimango dell'idea che…***, continuo a ritenere che… | ***r. a bocca aperta***, (*ellitt.*) ***rimanere***, restare stupefatto: *a vederlo sono rimasto*; *cose da far r.* | †***rimanete con Dio, in pace***, addio, arrivederci | ***r. scoperto***, non venire saldato, detto di conto | ***r. sospeso***, da decidere, detto di cosa | accordarsi, restare intesi: *non so come sono rimasti* | essere: *rimane accertato che verremo* **3** avanzare: *non gli è rimasto un soldo* | restare: *non ti rimane che accettare* | mancare: *rimane poco al nostro arrivo* | sopravvivere, essere superstite: *gli è rimasto un solo parente* **4 rimanérci**, (*fam.*) rimanere sbalordito: *quando gliel'ho riferito, lui c'è rimasto* (o *c'è rimasto secco*) | (*fam., raro*) restare ingannato | (*fam.*) morire: *gli ha preso un colpo e c'è rimasto* | ***rimanerci male***, rimanere deluso, avvilito, dispiaciuto a causa di qlco.: *non l'hanno invitato e lui c'è rimasto male* **B rimanérsi v. intr. pron. 1** (*lett.*) fermarsi, non procedere oltre | **rimanérsene**, stare, trattenersi (con valore intens.): *se ne rimase in disparte* **2** (*lett.*) restare, mantenersi di un determinato stato: *ciascuno si rimanga col suo parere, che niuno gliele caverebbe di capo* (G. Leopardi) **3** †cessare di fare qlco. | trattenersi, astenersi

rimangiàre [comp. di *ri-* e *mangiare*① ✱ av. 1294] **A v. tr.** (**pres.** *io rimàngio*; **fut.** *io rimangerò*) ● mangiare ancora, di nuovo: *aveva fame e ha chiesto di r.*; *abbiamo rimangiato le ciliegie* **B rimangiàrsi v. tr. pron.** (**aus.** *essere*) ● mangiare nuovamente (con valore intens.): *ci siamo rimangiati il gelato* | (*fig.*) ritirare: *il povero Abate dové rimangiarsi il suo provvedimento* (F. De Roberto) | (*fig.*) ritrattare, non mantenere: *rimangiarsi la parola, un impegno, una promessa*

rimànte A part. pres. di *rimare*; **anche agg.** ● (*lett.*) che fa rima **B s. m. 1** (*ling.*) parole in rima **SIN.** rimema **2** †rimatore, poeta

rimarcàbile [1641] **agg.** ● rimarchevole ‖ **rimarcabilménte**, **avv.**

rimarcàre① [comp. di *ri-* e *marcare* ✱ 1940] **v. tr.** (*io rimàrco, tu rimàrchi*) ● (*raro*) marcare di nuovo

✤**rimarcàre**② [fr. *remarquer*, comp. di *re-* 'ri-' e *marquer* 'marcare' ✱ 1630] **v. tr.** (*io rimàrco, tu rimàrchi*) ● osservare, rilevare: *r. un errore* | notare: *fe' r. che l'equinozio anticipava di tre giorni* (G. Leopardi)

✤**rimarchévole** [fr. *remarquable*, da *remarquer* 'rimarcare②' ✱ 1640] **agg.** ● notevole, importante ‖ **rimarchevolménte**, **avv.**

rimàrco [fr. *remarque*, da *remarquer* 'rimarcare②' ✱ 1637] **s. m.** (**pl.** *-chi*) ● (*burocr.*) nota, rilievo, censura

rimàre [da *rima*① ✱ 1266] **A v. intr.** (**aus.** *avere*) **1** far rima: *due parole che rimano tra loro* **2** (*raro*) poetare, scrivere, comporre versi **B v. tr. 1** (*lett.*) comporre in rima **2** (*lett.*) mettere in versi: *colui che rimasse cosa sotto vesta di figura* (Dante)

rimarginàbile [da *rimargin(are)* con il suff. *-abile* ✱ 1985] **agg. 1** che si può rimarginare: *piaga, ferita r.* **2** (*fig.*) che può essere mitigato, placato, superato: *dolore r.*

rimarginàre [comp. di *ri-* e *marginare* ✱ 1566] **A v. tr.** (*io rimàrgino*) **1** ricongiungere i margini di una ferita **SIN.** cicatrizzare **2** (*fig.*) lenire: *r. una piaga del cuore* **B v. intr.** (**aus.** *essere*) e **rimarginàrsi v. intr. pron.** ● cicatrizzarsi | (*fig.*) mitigarsi, lenirsi

rimarginàto part. pass. di *rimarginare*; **anche agg.** ● nei sign. del v.

rimàrio [da *rima*① ✱ 1529] **s. m.** (**pl.** *-i* o *rari -ii*) ● repertorio dove sono raggruppate le voci che rimano, di un testo letterario o anche di una intera lingua, seguendo l'ordine alfabetico delle rime dalla vocale accentata: *r. dantesco*

rimaritàre [comp. di *ri-* e *maritare* ✱ 1308] **A v. tr. 1** maritare di nuovo: *r. una donna vedova* **2** (*fig.*) †riconciliare con Dio **B rimaritàrsi v. intr. pron. 1** riprendere marito | (*lett.*) riprendere moglie **2** †riconciliarsi con Dio | salire in cielo

rimarrèi ➤ **rimanere**

†**rimàso** (o **-ṣ-**) **A part. pass.** di *rimanere*; **anche agg.** ● che è rimasto o è stato lasciato indietro: *dicendo: 'Cianfa dove fia r.?'* (Dante *Inf.* XXV, 43) | che si è venuto a trovare: *La donna, rimasa scornata* (G. Boccaccio) **B s. m.** ● avanzo, resto, rimanente

rimasticàre [comp. di *ri-* e *masticare* ✱ av. 1311] **v. tr.** (*io rimàstico, tu rimàstichi*) **1** masticare di nuovo **2** (*fig.*) ripensare, rimuginare: *r. un'offesa* | rimettere assieme alla meglio o ripetere monotonamente: *r. vecchie nozioni*; *r. il solito discorso*

rimasticatìccio [da *rimasticare*, sul modello di *appiccicaticcio* e sim. ✱ 1959] **s. m.** ● roba rimasticata | (*fig., spreg.*) ciò che è frutto di scarsa rielaborazione o rivela poca originalità: *questa commedia musicale è un r. di vecchi motivi*

rimasticàto part. pass. di *rimasticare*; **anche agg.** ● nei sign. del v.: *quel vecchio argomento tanto r.* (R. Bacchelli)

rimasticatùra [1883] **s. f.** ● il rimasticare | (*fig.*) opera poco originale

rimàstico [1903] **s. m.** (**pl.** *-chi*) ● (*lett.*) ruminazione

rimàsto part. pass. di *rimanere*; **anche agg.** ● nei sign. del v.

✤**rimasùglio** (o **-ṣ-**) [da †*rimaso* ✱ sec. XIV] **s. m.** ● ciò che rimane, avanza ed è generalmente scarso e di poco valore: *buttare via i rimasugli della cena* **SIN.** avanzo | (*fig.*) residuo: *C'era quasi un r. di rancore* (G. Verga) **SFUMATURE** ➤ *scarto*①

rimasùgliolo (o **-ṣ-**) [1618] **s. m.** ● (*pop., tosc.*) rimasuglio

rimàto part. pass. di *rimare*; **anche agg.** ● in rima: *versi rimati* | ***prosa rimata***, prosa divisa in parti il cui finale è in rima o in assonanza

rimatóre [da *rimato* ✱ 1294] **s. m.** (**f.** *-trice*) **1** nella letteratura delle origini, poeta: *i rimatori dello stilnovismo* **2** (*spreg.*) verseggiatore

rimattonàre ➤ **riammattonare**

†**rimazióne** [dal lat. *rimāri* ✱ av. 1676] **s. f.** ● indagine, ricerca

rimbacuccàre [comp. di *r(i)-* e *imbacuccare* ✱ 1849] **A v. tr.** (*io rimbacùcco, tu rimbacùcchi*) ● imbacuccare di nuovo o di più **B rimbacuccàrsi v. rifl.** ● imbacuccarsi di nuovo o di più

rimbaldanzìre [comp. di *r(i)-* e *imbaldanzire* ✱ sec. XIII] **A v. tr.** (*io rimbaldanzisco, tu rimbaldanzisci*) ● fare imbaldanzire di nuovo o maggiormente **B v. intr.** (**aus.** *essere*) e **rimbaldanzìrsi v. intr. pron.** ● imbaldanzire, riprendere coraggio

†**rimbaldìre** [comp. di *r(i)-* e *imbaldire* ✱ av. 1306] **A v. tr.** ● rianimare **B v. intr.** e †**rimbaldìrsi v. intr. pron.** ● rinfrancarsi

rimballàre [comp. di *r(i)-* e *imballare* ✱ av. 1752] **v. tr.** ● imballare di nuovo o meglio

rimbalzàre [comp. di *rin-* e *balzare* ✱ 1321] **A v. intr.** (**aus.** *essere* o *avere*) **1** balzare in direzione contraria, detto di corpo che urta contro un ostacolo: *il pallone rimbalzò sul muro* | (*est.*) riflettersi: *le lame di luce rimbalzavano verso l'alto* (I. Calvino) **2** (*fig.*) trasmettersi spec. con rapidità: *la novità spiacevole è rimbalzata dappertutto* **B v. tr.** ● †respingere, rimandare: *rimbalzando la ruzzola in alto, la sua velocità scemerà* (G. Galilei)

rimbalzèllo [propr. dim. di *rimbalzo* ✱ 1842] **s. m.** ● gioco consistente nel lanciare a fior d'acqua un ciottolo piatto, così da farlo rimbalzare il maggior numero possibile di volte: *giocare, fare a r.*

rimbalzìno [propr. dim. di *rimbalzo* ✱ 1891] **s. m.** ● gioco consistente nel lanciare una moneta contro il muro, in modo da farla ricadere il più vicino possibile a un punto prefissato

rimbalzìsta [da *rimbalzo* ✱ av. 1963] **A s. m. e f.** (**pl. m.** *-i*) ● (*sport*) nella pallacanestro, giocatore specialista nel recupero del pallone dopo un tiro fallito **B anche agg.**: *ala r.*

rimbàlzo [1313] **s. m. 1** balzo in direzione opposta di un corpo che urta contro un ostacolo: *il r. del pallone* | (*est.*) rialzo successivo a un calo: *r. tecnico della Borsa* | ***di r.***, (*fig.*) non direttamente, di riflesso **2** deviazione dalla sua traiettoria di un proiettile o missile quando urta obliquamente contro un ostacolo: *colpo, tiro di r.* **3** nella pallacanestro, tecnica di riconquista del pallone che ricade dal tabellone dopo un tiro che ha mancato il canestro: *andare a r.* ‖ **rimbalzìno**, **dim.** | **rimbalzóne**, **accr.**

rimbambiménto [av. 1552] **s. m.** ● il rimbambire | condizione di chi è rimbambito

rimbambinìre [da *bambino*, col pref. *rin-* ✱ 1872] **v. intr.** (*io rimbambinìsco, tu rimbambinìsci*; **aus.** *essere*) ● (*raro*) comportarsi da bambino | (*raro, spreg.*) rimbambire

rimbambìre [da †*bambo*, col pref. *rin-* ✱ sec. XIII] **A v. tr.** (*io rimbambisco, tu rimbambisci*) ● istupidire, stordire: *quel lavoro l'ha rimbambito* **B v. intr.** (**aus.** *essere*) e **rimbambìrsi v. intr. pron.** ● (*spreg.*) perdere la capacità di ragionare: *con gli anni si è un po' rimbambito* | (*est.*) rincretinire: *impari mio figlio a rimbambire dietro a una donnetta* (R. Bacchelli)

rimbambìto part. pass. di *rimbambire*; **anche agg. e s. m.** (**f.** *-a*) ● che (o chi) non ha più la capacità di ragionare: *è un r.* **SIN.** rimbecillito, rincitrullito ‖ **rimbambitàccio**, **pegg.** | **rimbambitèllo**, **dim.** | **rimbambitóne**, **accr.**

rimbarbarìre [comp. di *r(i)-* e *imbarbarire* ✱ 1786] **A v. tr.** (*io rimbarbarìsco, tu rimbarbarìsci*) ● (*raro*) rendere nuovamente barbaro **B v. intr.** (**aus.** *essere*) e **rimbarbarìrsi v. intr. pron.** ● tornare a uno stato di barbarie

rimbarcàre e deriv. ➤ **reimbarcare** e deriv.

rimbastìre [comp. di *r(i)-* e *imbastire* ✱ 1726] **v. tr.** (*io rimbastisco, tu rimbastisci*) ● imbastire di nuovo | (*fig.*) ***r. un discorso***, ricomporlo

rimbàtto [da *battere*, col pref. *rin-* ✱ 1835] **s. m.** ● (*mar.*; *disus.*) colpo di vento che colpisce le vele di rovescio, in senso opposto al lato per il quale sono bordate

✤**rimbeccàre** [comp. di *r(i)-* e *imbeccare* ✱ 1319] **A v. tr.** (*io rimbécco, tu rimbécchi*) **1** (*raro*) beccare a propria volta, detto di uccelli **2** (*fig.*) contraddire vivacemente: *r. qlcu.* | controbattere, rintuzzare: *r. una malignità* | †contrapporsi a qlco. **B rimbeccàrsi v. rifl. recipr. 1** (*raro*) combattere beccandosi, detto di uccelli **2** (*fig.*) contraddirsi l'un l'altro vivacemente, in modo pungente e polemico

rimbeccàto part. pass. di *rimbeccare*; **anche agg.** ● nei sign. del v.

rimbécco [1566] **s. m.** (**pl.** *-chi*) ● scambio di battute vivaci | ***di r.***, di rimando, ribattendo prontamente

rimbecilliménto [1915] **s. m.** ● il rimbecillire | condizione di chi è rimbecillito

rimbecillìre [comp. di *r(i)-* e *imbecillire* ✱ 1863] **A** **v. tr.** (*io rimbecillìsco, tu rimbecillìsci*) ● fare imbecillire | (*est.*) stordire, confondere **B** **v. intr.** (aus. *essere*) e **rimbecillìrsi** **v. intr. pron.** ● diventare imbecille | (*est.*) rincretinire, rimbambire

rimbecillìto **part. pass.** di *rimbecillire*; anche **agg.** e **s. m.** (f. *-a*) ● che (o chi) è diventato imbecille

rimbellettàre [comp. di *r(i)-* e *imbellettare* ✱ av. 1705] **v. tr.** (*io rimbellétto*) e **rimbellettàrsi** **v. rifl.** ● (*lett.*) imbellettare, imbellettarsi di nuovo (*anche fig.*)

rimbellìre [comp. di *r(i)-* e *imbellire* ✱ av. 1311] **A** **v. tr.** (*io rimbellisco, tu rimbellisci*) ● rendere bello o più bello **B** **v. intr.** (aus. *essere*) e **rimbellìrsi** **v. intr. pron.** ● imbellire di nuovo o di più

rimbiancàre [comp. di *r(i)-* e *imbiancare* ✱ av. 1588] **A** **v. tr.** (*io rimbiànco, tu rimbiànchi*) ● imbiancare di nuovo **B** **v. intr.** (aus. *essere*) e **rimbiancàrsi** **v. intr. pron.** ● (*lett.*) impallidire di nuovo: *il suo volto si rimbiancò* (G. VERGA) | (*fig.*) †purificarsi

rimbiondìre [comp. di *r(i)-* e *imbiondire* ✱ av. 1484] **A** **v. tr.** (*io rimbiondìsco, tu rimbiondìsci*) ● fare imbiondire di nuovo **B** **v. intr.** (aus. *essere*) e **rimbiondìrsi** **v. intr. pron.** ● imbiondire di nuovo

rimboccaménto [1575] **s. m.** ● (*raro*) rimboccattura

rimboccàre [da *bocca*, col pref. *rin-* ✱ 1268] **A** **v. tr.** (*io rimbócco, tu rimbócchi*) **1** ripiegare l'estremità di qlco.: *r. un sacco, un lenzuolo*; *r. il tessuto prima di fare l'orlo* | anche in forma pron., nella loc. ***rimboccarsi le maniche***, (*fig.*) mettersi a lavorare con impegno **2** (*raro*) imboccare di nuovo **3** †rovesciare, mettere con la bocca all'ingiù **4** †traboccare un recipiente **B** **rimboccàrsi** **v. intr. pron.** ● (*raro, lett.*) ripiegarsi formando un risvolto: *le rassettò ... un lembo della veste che le si era rimboccato su la gamba* (L. PIRANDELLO)

rimboccàto **part. pass.** di *rimboccare*; anche **agg.** ● nei sign. del v.: *maniche rimboccate*; *lenzuola rimboccate*; *davanti al letto r. e nitido* (C. PAVESE)

rimboccatùra [av. 1320] **s. f.** ● operazione del rimboccare | parte che si ripiega verso l'esterno: *la r. del lenzuolo*

rimbócco [1863] **s. m.** (pl. *-chi*) ● (*raro*) rimboccatura

†**rimbombaménto** [sec. XIV] **s. m.** ● (*raro*) rimbombo

rimbombànte **part. pres.** di *rimbombare*; anche **agg.** **1** nei sign. del v. **2** (*fig.*) ***frasi, parole, periodi rimbombanti***, ricchi di sonorità, di effetto, ma vuoti di contenuto **SIN.** reboante, altisonante ‖ **rimbombanteménte**, **avv.**

rimbombàre o (*raro*) **ribombàre** [da *bombo*[1], col pref. *rin-* ✱ av. 1292] **A** **v. intr.** (*io rimbómbo*; aus. *essere* o *avere*) ● fare un gran rumore, echeggiando in modo cupo: *il tuono rimbombò a lungo*; *tutta la grotta rimbombò del mio urlo, e parve una risata di scherno* (I. SVEVO) **SIN.** rintronare, risuonare **B** **v. tr.** ● (*lett.*) diffondere: *quassù la fama il ver rimbomba* (A. POLIZIANO)

rimbombévole [av. 1340] **agg.** ● (*lett.*) rimbombante

rimbombio [sec. XVI] **s. m.** (pl. *-ii*) ● il rimbombare continuato

rimbómbo [1313] **s. m.** ● il rimbombare | (*est.*) rumore, strepito (*anche fig.*): *il r. della cascata*; *dietro noi correa sull'aure / lungo un r. di voci di pianto* (V. ALFIERI)

rimborsàbile [1799] **agg.** ● che si può rimborsare: *buono postale r. dopo un anno* ‖ **rimborsabilità**, **s. f. inv.**

†**rimborsaménto** [av. 1541] **s. m.** ● rimborso

rimborsàre [comp. di *r(i)-* e *imborsare* ✱ 1509] **v. tr.** (*io rimbórso*) **1** restituire a qlcu. il denaro che ha speso per conto d'altri, che ha prestato o che ha pagato per un servizio di cui non abbia usufruito: *ti rimborserò fino all'ultimo centesimo ciò che mi hai anticipato* | risarcire qlcu. di una spesa (+ *di*): *sospeso lo spettacolo, gli spettatori sono stati rimborsati*; *r. qlcu. di una spesa sostenuta* **2** †rimettere nella borsa

rimborsàto **part. pass.** di *rimborsare*; anche **agg.** ● nei sign. del v. | restituito, detto di debito, spesa e sim. | risarcito, detto di persona: *soddisfatti o rimborsati*

rimbórso [1635] **s. m.** ● restituzione a qlcu. di denaro speso per conto d'altri, prestato e sim.: *effettuare un r.* | la somma rimborsata: *un esiguo r.* | ***r. a pie' di lista***, quello ottenuto dietro presentazione di fatture e sim. che attestino le spese sostenute per conto del proprio datore di lavoro | (*comm.*) ***r. di banca***, modo di pagamento della merce acquistata, emettendo tratta non direttamente sul compratore ma su una banca da lui indicata

rimboscaménto [1866] **s. m.** ● rimboschimento

rimboscàre [da *bosco*, col pref. *rin-* ✱ 1375] **A** **v. tr.** (*io rimbòsco, tu rimbòschi*) ● effettuare il rimboschimento di un terreno, di una zona: *r. le montagne appenniniche* **B** **rimboscàrsi** **v. intr. pron.** ● (*lett.*) addentrarsi in un bosco per nascondervisi

rimboschiménto [1879] **s. m.** ● insieme di opere attuate per ricostituire terreni boschivi degradati o distrutti **SIN.** riforestazione

rimboschìre [da *bosco*, col pref. *rin-* ✱ 1851] **A** **v. tr.** (*io rimboschisco, tu rimboschìsci*) ● ricostituire un bosco piantando alberi **B** **v. intr.** (aus. *essere*) ● diventare di nuovo boscoso, detto di luoghi, terreni e sim.

†**rimbottàre** [comp. di *r(i)-* e *imbottare* ✱ av. 1512] **v. tr. e intr.** ● imbottare di nuovo

rimbricconìre [comp. di *r(i)-* e *imbricconire* ✱ 1872] **v. intr.** (*io rimbricconisco, tu rimbricconìsci*; aus. *essere*) ● (*raro*) diventare briccone o più briccone

rimbrodolàre [comp. di *ri-* e *imbrodolare* ✱ 1872] **v. tr.** (*io rimbròdolo*) ● (*tosc.*) imbrodolare di nuovo o di più | (*fig., tosc.*) giustificare malamente: *r. un torto*

rimbrogliàre [comp. di *r(i)-* e *imbrogliare* ✱ av. 1637] **v. tr.** (*io rimbròglio*) e **rimbrogliàrsi** **v. intr. pron.** ● imbrogliare, imbrogliarsi di nuovo

♦**rimbrottàre** [da avvicinare a *brontolare* ✱ sec. XIV] **A** **v. tr.** (*io rimbròtto*) ● rimproverare, spec. rinfacciando: *[il marito] sempre la rimbrottava di non esser buona a dargli un figliuolo* (L. PIRANDELLO) **B** **rimbrottàrsi** **v. rifl. recipr.** ● rinfacciarsi torti scambievolmente

rimbrottatóre [sec. XIV] **agg.** e **s. m.** (f. *-trice*) ● (*raro*) che (o chi) rimbrotta

rimbròtto [1353] **s. m.** ● rimprovero, ammonizione brusca e risentita: *eccedere nel r.* | le frasi, le parole che servono a rimbrottare: *un efficace r.*

rimbrunìre [comp. di *r(i)-* e *imbrunire*[1] ✱ av. 1556] **A** **v. tr. e intr.** (*io rimbrunisco, tu rimbrunìsci*; aus. intr. *essere*) ● (*tosc.*) imbrunire **B** **rimbrunirsi** **v. intr. pron.** ● (*fig.*) diventare serio, cupo: *Antonia si rimbrunì* (R. BACCHELLI)

rimbruttìre [comp. di *r(i)-* e *imbruttire* ✱ 1612] **A** **v. tr.** (*io rimbruttìsco, tu rimbruttìsci*) ● rendere di nuovo brutto o più brutto **B** **v. intr.** (aus. *essere*) ● diventare ulteriormente più brutto

rimbucàre [comp. di *r(i)-* e *imbucare* ✱ av. 1400] **A** **v. tr.** (*io rimbùco, tu rimbùchi*) ● rimettere, ricacciare **B** **rimbucàrsi** **v. intr. pron.** ● rintanarsi (*anche fig.*)

†**rimburchiàre** [variante di *rimorchiare* ✱ 1587] **v. tr.** ● rimorchiare

rimbustàre [da *busta*, col pref. *rin-* ✱ 1970] **v. tr.** ● rimettere nella busta

rimbuzzàre [comp. di *r(i)-* e *imbuzzare* ✱ 1872] **A** **v. tr.** ● (*fam., tosc.*) riempire lo stomaco di cibi **B** **rimbuzzàrsi** **v. rifl.** ● riempirsi di cibo, rimpinzarsi

rimediàbile [vc. dotta, lat. *remediābile(m)*, da *remediāre* 'rimediare' ✱ av. 1566] **agg.** ● che si può rimediare: *danno r.*

rimediàle [da *rimedio* con il suff. *-ale*[1] ✱ 1561] **agg.** **1** †che serve da rimedio, da cura per le malattie **2** (*dir.*) che ha funzione di fornire o costituire rimedio a una situazione illecita

♦**rimediàre** o †**tremediàre** [vc. dotta, lat. *remediāre*, da *remĕdium* 'rimedio' ✱ 1312] **A** **v. intr.** (*io rimèdio*; aus. *avere*) **1** portare rimedio (+ *a*): *rimedieranno con un decreto*; *r. ai danni sofferti*; *r. a una situazione difficile*; *Cercava di r. a questo difetto, portando i tacchi alti* (L. PIRANDELLO) **SIN.** riparare **2** (*lett.*) provvedere: *vedrai che rimedio io, in modo che tu non faccia sacrifizi* (G. PASCOLI) **B** **v. tr.** **1** (*fam.*) trovare, mettere insieme, procurarsi (*anche fig.*): *non sappiamo come r. la colazione*; *r. una scusa*; *abbiamo rimediato una figuraccia* | (*fig.*) ricevere, subire: *ha rimediato un solenne ceffone*; *la squadra ha rimediato una storica batosta* | aggiustare alla meglio: *r. uno strappo nei pantaloni* **2** †medicare, curare, sanare

rimediàto **part. pass.** di *rimediare*; anche **agg.** ● nei sign. del v.: *un vestito r. al mercato*

rimedicàre [comp. di *ri-* e *medicare* ✱ 1803] **A** **v. tr.** (*io rimèdico, tu rimèdichi*) ● medicare di nuovo, fare una nuova medicatura **B** **rimedicàrsi** **v. rifl.** ● medicarsi di nuovo

♦**rimèdio** o †**tremèdio** [vc. dotta, lat. *remĕdiu(m)*, dalla stessa radice di *medēri* 'medicare'. V. *medico*[1] ✱ 1261 ca.] **s. m.** (pl. *-i* o *raro -ii*) **1** medicamento, farmaco, medicina, cura con cui si guarisce o si combatte una malattia: *hanno trovato un eccellente r. contro l'influenza* | (*disus.*) ***r. eroico***, farmaco energico e molto efficace, talora pericoloso, da usare nei casi gravi; (*fig.*) provvedimento grave, estremo: *escogitare qualche r. eroico, che gl'impedisse d'innamorarsi di nuovo* (L. PIRANDELLO) **2** (*est.*) provvedimento, espediente che mette riparo a una situazione negativa o elimina una difficoltà: *trovare, porre r. alla recessione economica* | ***non c'è r.***, non si può fare altrimenti | ***senza r.***, irrimediabile, definitivo; senza via di uscita: *un disastro senza r.*; *nella mia solitudine senza r.* (U. SABA) | **PROV.** ***a tutto c'è r. fuorché alla morte***; ***spesso è peggio il r. del male***; ***a mali estremi, estremi rimedi*** ‖ **rimediùccio**, **dim.**

SFUMATURE DI SIGNIFICATO

rimedio - farmaco - cura

Ogni pratica, medicamento o preparato farmacologico con cui si combatte una malattia si definisce **rimedio**; per estensione, è anche un provvedimento, un espediente che mette riparo a una situazione negativa o elimina una difficoltà. Se ci si intende riferire a un particolare preparato dotato di proprietà terapeutiche si preferisce il termine **farmaco**. L'insieme di medicamenti, rimedi e pratiche utilizzati per il trattamento di una malattia viene detto invece **cura**; questa parola indica anche l'opera di un medico nei confronti di un malato.

SFUMATURE ➤ ***medicina***, ➤ ***misura***

a b c d e f g h i j k l m n o p q **r** s t u v w x y z

†**rimedire** [etim. incerta ✻ av. 1342] **v. tr. 1** riscattare: *fece prendere e r. i buoni mercanti* (G. VILLANI) **2** rimediare, racimolare

rimeditàre [comp. di *ri-* e *meditare* ✻ 1680] **v. tr. e intr.** (*io rimèdito*; **aus.** *avere*) ● meditare di nuovo

rimeggiàre [intens. di *rimare* ✻ av. 1620] **v. intr.** (**pres.** *io riméggio*; **fut.** *io rimeggerò*; **aus.** *avere*) ● (*raro*) comporre versi

rimèma [comp. di *rim(a)* ed *-ema* ✻ 1993] **s. m.** (**pl.** *-i*) ● (*ling.*) rimante nel sign. B 1

rimembrànza [fr. *remembrance*, da *remembrer* 'rimembrare' ✻ av. 1250] **s. f.** ● (*lett.*) rievocazione, ricordo | ciò che si ricorda: *fu assalito in un punto da una folla di rimembranze dolorose* (A. MANZONI)

✦**rimembràre** [fr. *remembrer*, dal lat. *rememorāri* 'ricordarsi'. V. *rimemorare* ✻ av. 1250] **A v. tr.** (*io rimèmbro* (o *-é-*)) ● (*lett.*) richiamare alla memoria, ricordare: *Silvia, rimembri ancora / quel tempo della tua vita mortale ...?* (G. LEOPARDI) **B rimembràrsi v. tr. pron. e intr. pron.** (**aus.** *essere*) ● (*lett.*) ricordarsi, rammentarsi: *de' grand'avi tuoi / le imprese ti rimembra* (G. PARINI); *Non ti rimembra di quelle parole ...?* (DANTE *Inf.* XI, 79)

rimemoràre [vc. dotta, lat. *rememorāri* 'ricordarsi', comp. di *re-* e *memorāre* ✻ sec. XIII] **v. tr.** (*io rimèmoro*) e **rimemoràrsi v. intr. pron.** ● (*lett.*) ricordare, ricordarsi

rimemorazióne [sec. XIV] **s. f.** ● (*lett.*) ricordo, rievocazione: *un'osservazione che concluda al necessario ritiro in se stessi, ... alla r.* (B. CROCE)

rimenàre [comp. di *ri-* e *menare* ✻ sec. XIII] **A v. tr.** (*io riméno*) **1** (*lett.*) ricondurre, riportare: *zefiro torna e il bel tempo rimena* (F. PETRARCA) **2** dimenare | (*centr.*) agitare, mescolare: *r. la pasta, la calcina* | (*fig.*) strapazzare, trattare male **B rimenàrsi v. rifl.** ● †andare in giro, a zonzo: *sciolto da quel pensiero, andò a rimenarsi e visitar alcuni amici* (G. BRUNO)

rimenàta [1342] **s. f. 1** il rimenare spec. una sola volta | rapida mescolata **2** (*fig.*, *centr.*) sgridata, strapazzata

rimendàre ➤ **rammendare**

rimenìo [da *rimenare* col suff. *-io* ✻ 1536] **s. m.** (**pl.** *-ii*) ● (*raro*) frequente rimescolio | (*fig.*) turbamento: *si sentiva dentro lo stesso r.* (G. VERGA)

†**riméno** [da *rimenare* ✻ av. 1400] **s. m.** ● scempio

rimerìa [da *rima*① ✻ 1803] **s. f.** ● (*raro*) produzione poetica in rima, spec. di scarso valore: *la r. petrarchistica*

rimeritàbile [1872] **agg.** ● (*lett.*) che si può ricompensare

rimeritàre o (*poet.*) †**rimertàre** [comp. di *ri-* e *meritare* ✻ av. 1306] **v. tr.** (*io rimèrito*) ● (*lett.*) ricompensare, rendere merito, rimunerare: *r. un benefattore*; *r. qlcu. di una buona azione*; *r. qlcu. con l'ingratitudine*; *che Dio ti rimeriti!*

rimèrito [av. 1612] **s. m.** ● (*lett.*) premio, ricompensa

†**rimertàre** ➤ **rimeritare**

riméscere [lat. *remiscēre*, comp. di *re-* e *miscēre* 'mescolare'. V. *mescere* ✻ sec. XVII] **v. tr.** (**coniug. come** *mescere*) ● mescere di nuovo

rimescolaménto [1353] **s. m. 1** il rimescolare, il rimescolarsi | ***r. delle carte***, (*fig.*) mutamento di una situazione in seguito al cambiamento dell'ordine o del valore degli elementi costitutivi **2** (*fig.*) turbamento per improvvisa e violenta emozione: *la paura gli provocò un grande r.* **SIN.** rimescolio

rimescolànza [da *rimescolare* ✻ 1586] **s. f.** ● (*raro*) mescolanza

rimescolàre [comp. di *ri-* e *mescolare* ✻ 1342] **A v. tr.** (*io riméscolo* (o *-è-*)) **1** mescolare di nuovo **2** mescolare meglio e a lungo: *r. la polenta* | ***r. le carte***, scozzarle; (*fig.*) cambiare gli elementi di una situazione o di un problema | rovistare: *r. vecchie carte* | (*fig.*) rivangare: *r. vecchi ricordi* | (*fig.*) ***r. il sangue***, turbare, agitare **B rimescolàrsi v. intr. pron. 1** mischiarsi a un gruppo, confondersi fra gli altri, detto di persone: *rimescolarsi tra la folla* **2** agitarsi, andare sottosopra, detto di cose: *prima della tempesta, il mare si rimescolò con violenza* **3** (*fig.*) agitarsi, turbarsi per una viva emozione: *a quella vista si rimescolò tutta*; *gli si rimescolò il sangue nelle vene*

SFUMATURE ➤ ***agitare***

rimescolàta [comp. di *ri-* e *mescolata* ✻ 1872] **s. f.** ● il rimescolare spec. una sola volta e in fretta: *dare una r. alle carte* ‖ **rimescolatina**, **dim.**

rimescolàto **part. pass.** di *rimescolare*; anche **agg.** ● nei sign. del v.

rimescolìo [av. 1853] **s. m.** (**pl.** *-ii*) **1** trambusto; confusione, agitazione: *in teatro c'era un gran r.* **2** (*fig.*) turbamento

riméscolo [1342] **s. m.** ● (*lett.*) turbamento, emozione ‖ **rimescolóne**, **accr.**

rimèssa [f. sost. di *rimesso* ✻ av. 1306] **s. f. 1** il rimettere: *la r. in funzione di un impianto* **2** (*sport*) nei giochi di palla, azione di rimettere la palla in campo quando sia uscita dal terreno di gioco o dopo una sospensione della partita: *r. laterale*, *r. in gioco* | ***giocare di r.***, rispondere alle iniziative dell'avversario senza attaccare (*anche fig.*) | nella scherma, secondo colpo che si vibra successivamente allo stesso bersaglio del primo nel caso in cui l'avversario dopo aver parato non risponda subito | (*raro*) nel tennis, risposta al servizio **3** ricovero del bestiame | operazione del mettere in magazzino derrate, provviste, raccolti e sim. **4** magazzino di derrate, provviste, raccolti e sim. | †stalla **5** locale, edificio in cui si raccolgono veicoli di vario tipo: *la r. dei tram, degli autobus* **6** invio di denaro o di merce: *fare una congrua r.* | ***rimesse degli emigranti***, quantità di denaro che gli emigranti inviano dall'estero o spendono in patria **7** scapito, perdita: *vendere a r.* **8** †risposta | severo rimprovero **9** †aggiunta, correzione apportata a un testo **10** †germoglio di pianta ‖ **rimessina**, **dim.** | **rimessóne**, **accr. m.**

rimessàggio [da *rimessa* nel sign. 4 ✻ 1963] **s. m.** ● ricovero in un apposito locale per la custodia spec. di imbarcazioni da diporto, roulotte e sim. durante il periodo in cui non si usano

†**rimessìbile** ➤ **remissibile**

rimessióne [1363] **s. f. 1** (*raro*) remissione **2** (*dir.*) trasferimento degli atti di un procedimento da un ufficio giudiziario a un altro o da un giudice a un altro | ***r. in termini***, autorizzazione allo svolgimento di un'attività processuale ormai preclusa per scadenza dei termini previsti dalla legge

rimessitìccio [da *rimesso* ✻ av. 1539] **A agg.** (**pl. m.** *-ci*; **pl. f.** *-ce*) ● posticcio **B s. m.** ● pollone che germoglia nel fusto o nei rami di una pianta in seguito a recisione

rimésso **A part. pass.** di *rimettere*; anche **agg. 1** nei sign. del v. | ristabilito in salute; rinfrancato | ritornato al bello: *Oggi il tempo par r.* (G. CARDUCCI) **2** †dimesso, umile, detto di stile **3** †sommesso, detto di voce | †tenue, detto di colore **4** (*fig.*) †remissivo, arrendevole **B s. m. 1** †intarsio: *lavoro di r.* | (*est.*) ciascun elemento usato per l'intarsio **2** †ritocco fatto nel dipingere **3** parte di un tessuto ripiegato per eseguire l'orlatura

†**riméstа** [av. 1527] **s. f. 1** †rimescolamento **2** (*fig.*, *lett.*) rimbrotto, rimprovero

rimestaménto [av. 1901] **s. m.** ● un rimestare prolungato | (*fig.*) maneggio | (*fig.*, *lett.*) rielaborazione faticosa

rimestàre [comp. di *ri-* e *mestare* ✻ av. 1340] **A v. tr.** (*io riméstо*) **1** rimescolare: *r. la salsa* | maneggiare, smuovere rovistando: *sentì che suo padre rimestava qualcosa nella capanna* (C. ALVARO) **2** (*fig.*) ridiscutere, riproporre in modo insistente: *r. questioni vecchie*; *Né c'era cosa da cui s'astenesse più volentieri che da rimestar quella storia* (A. MANZONI) **B v. intr.** (**aus.** *avere*) **1** frugare, rovistare: *r. in un cassetto*; *Lo trovai al garage, che rimestava nel cofano* (A. MORAVIA) **2** (*fig.*) occuparsi in modo eccessivo e inopportuno: *r. nelle faccende altrui*

SFUMATURE ➤ ***mischiare***

rimestàto **part. pass.** di *rimestare*; anche **agg.** ● nei sign. del v.

rimestatóre [1669] **s. m.** (**f.** *-trice*) ● chi rimesta (*spec. fig.*)

rimestatùra [1940] **s. f.** ● (*raro*) rimestamento

rimestìo [1963] **s. m.** (**pl.** *-ii*) ● un rimestare continuo

rimettàggio [da *rimettere* ✻ 1924] **s. m.** ● operazione tessile con la quale si introducono i fili dell'ordito nelle maglie dei licci

✦**riméttere** [lat. *remĭttere*, comp. di *re-* e *mĭttere* 'mandare'. V. *mettere* ✻ 1287] **A v. tr. 1** mettere di nuovo: *r. in discussione qlco.* | indossare nuovamente: *Rimetti l'elmo in testa* (L. PULCI) | ***r. mano***, ricominciare | ***r. piede***, ritornare | (*raro*) ***r. qlcu. in possesso di qlco.***, restituire qlco. a qlcu. | riportare a uno stato precedente: *r. a posto, in ordine, in libertà* | ***r. qlcu. in salute, in carne***, riportarlo in buone condizioni di salute | ***r. insieme***, ricongiungere | ***r. in piedi***, (*fig.*) far risorgere, ravvivare | (*raro*, *fig.*) riacquistare, riguadagnare: *r. il sonno perduto* | †ricacciare, respingere **2** riprodurre, tornare a dare, mettere (*anche assol.*): *r. le radici, il pelo*; *è una pianta che continua a r.* **3** rimandare, rispedire, rinviare: *r. la palla* **4** demandare, assegnare, affidare ad altri: *r. al giudizio altrui la decisione* **5** perdonare, condonare: *r. la pena, il debito*; *empiamente ostinato di non r. una privata offesa fattagli da Agamennone* (G. VICO) **6** (*raro*) mettere al riparo: *r. le pecore* **7** (*colloq.*) **rimétterci**, subire un danno, una perdita sia materiale che morale; perdere: *rimetterci di tasca propria*; *in quell'affare ci ho rimesso mille euro*; *rimetterci la pelle, la vita*; *non ci ho rimesso molto* **8** ripiegare, rimboccare: *r. le maniche per fare l'orlo* **9** (*raro*) differire, rimandare: *r. la gita a una stagione migliore* **10** inviare, mandare, spec. denaro o valori: *r. un assegno* | rilasciare, recapitare: *r. una lettera nelle mani di una persona fidata* **11** vomitare (*anche assol.*): *r. il cibo*; *gli veniva da r.* **12** †dare in restituzione, rendere **13** †deporre, lasciare **14** †correggere aggiungendo **15** †intarsiare **B v. intr.** (**aus.** *avere*) ● †diminuire, scemare **C riméttersi v. tr. pron.** (**aus.** *essere*) ● mettere nuovamente su di sé: *rimettersi la cesta sulle spalle* | indossare nuovamente: *L'altro balbettava ... e si rimetteva le scarpe* (G. VERGA) **D riméttersi v. intr. pron. 1** mettersi di nuovo (+ *a*, **anche seguito da inf.**): *si è rimesso al lavoro di gran lena*; *si sono rimessi a giocare*; *premuroso ... soprattutto di poter presto rimettersi in cammino* (A. MANZONI); *il silenzio del paese, su cui s'era rimesso a nevicare* (R. BACCHELLI) **2** ristabilirsi, riprendersi, detto di persona (+ *da*): *si è rimesso presto in salute*; *rimettersi dalla malattia*; *Bisogna che restiate qui con me, in campagna, ... per rimettervi* (G. D'ANNUNZIO) | ***rimettersi in carne***, (*colloq.*) ingrassare | ***rimettersi dallo spavento***, riaversi **3** rasserenarsi, detto del tempo (+ *a*): *il tempo non si è ancora rimesso; il cielo si è rimesso al buono, al bello* **4** rassegnarsi, affidarsi alla volontà altrui (+ *a*): *si sono rimessi al giudizio del più anziano; sarebbe necessitato rimettersi alla discrezione di Cesare* (F. GUICCIARDINI) **5** (*caccia*) tornare a posarsi o celarsi, detto di selvaggina inseguita o stanata

rimettìna [da *rimettere* ✱ 1959] **s. f.** ● operaia tessile addetta al rimettaggio

rimettitóre [av. 1347] **s. m.** **1** (**f.** *-trice*) chi rimette **2** (**f.** *-tóra*) (*raro*) operaio addetto al rimettaggio

rimettitùra [1726] **s. f.** **1** il rimettere | †rifornimento **2** rimettaggio

rìmico [da *rima*① ✱ 1896] **agg.** (**pl. m.** *-ci*) ● relativo a rima poetica: *regole rimiche*

rimineralizzànte **A** **part. pres.** di *rimineralizzare*; **anche agg.** ● che rimineralizza, che serve a rimineralizzare: *alimento r.; shampoo r.; trattamento r.* **B** **s. m.** ● sostanza o prodotto usato per rimineralizzare

rimineralizzàre [comp. di *ri-* e *mineralizzare* ✱ 1914] **v. tr.** ● mineralizzare nuovamente | arricchire di sostanze minerali ‖ **rimineralizzazióne**, **s. f.**

riminése (o *-ṣ-*) [1479] **A** **agg.** ● di Rimini **B** **s. m. e f.** ● abitante o nativo di Rimini

♣**rimiràre** [comp. di *ri-* e *mirare* ✱ 1287] **A** **v. tr.** **1** †guardare di nuovo: *L'animo mio ... / si volse a retro a rimirar lo passo* (DANTE *Inf.* I, 25-26) **2** (*lett.*) guardare | guardare con compiacimento, con ammirazione: *r. il paesaggio; con amoroso occhio le rimira il dilicato petto* (G. BOCCACCIO) | (*lett.*) guardare con meraviglia, con stupore: *assai con l'occhio bieco / mi rimiraron sanza far parola* (DANTE *Inf.* XXIII, 85-86) | (*est., lett.*) considerare: *r. la natura del fenomeno; rimirandolo, conosciamo più superficie del veduto corpo* (L.B. ALBERTI) **B** **v. intr.** (**aus.** *avere*) ● guardare prendendo di nuovo la mira (*anche fig.*): *r. al bersaglio; r. a uno scopo* **C** **rimiràrsi** **v. rifl.** ● guardarsi con compiacimento: *rimirarsi allo specchio*

rimischiàre [comp. di *ri-* e *mischiare* ✱ 1612] **v. tr.** (*io rimìschio*) ● mischiare di nuovo o meglio

rimiṣuràre [comp. di *ri-* e *misurare* ✱ 1325] **v. tr.** ● misurare di nuovo

Rìmmel® [marchio registrato ✱ 1927] **s. m. inv.** ● cosmetico, liquido o in pasta, per scurire le ciglia

rimminchionìre [comp. di *r(i)-* e *imminchionire* ✱ av. 1850] **v. intr.** (*io rimminchionìsco, tu rimminchionìsci*; **aus.** *essere*) ● (*volg.*) rimbecillire

rimodellàre [comp. di *r(i)-* e *modellare* ✱ 1680] **v. tr.** (*io rimodèllo*) ● modellare di nuovo

rimodernaménto [1872] **s. m.** ● rinnovamento volto a rendere moderno o più moderno: *il r. di una nave, delle strutture alberghiere*

rimodernàre [da *moderno*, col pref. *ri-* ✱ 1588] **A** **v. tr.** (*io rimodèrno*) ● rendere moderno o più moderno: *r. la facciata di una casa* | riadattare secondo la moda: *r. un vestito* | (*fig.*) rinnovare: *r. le proprie idee* **B** **rimodernàrsi** **v. intr. pron.** ● adattarsi a ciò che è moderno

rimodernàta [da *rimodernare* ✱ 1991] **s. f.** ● il rimodernare o il rimodernarsi in modo rapido e sommario (*anche fig.*): *dare una r. all'arredamento, all'organizzazione dell'ufficio*

rimodernàto **part. pass.** di *rimodernare*; **anche agg.** ● nei sign. del v.

rimodernatóre [av. 1729] **agg. e s. m.** (**f.** *-trice*) ● che (o chi) rimoderna

rimodernatùra [1872] **s. f.** ● il rimodernare | spesa sostenuta per rimodernare qlco.: *pagare la r. della stanza*

rimónda [da *rimondare* ✱ 1897] **s. f.** ● potatura che elimina rami inutili e secchi dalle piante

rimondàre [comp. di *ri-* e *mondare* ✱ 1309 ca.] **v. tr.** (*io rimóndo*) **1** ripulire: *r. un albero, un terreno, una fogna* SIN. nettare **2** (*fig., lett.*) liberare da colpe, peccati, ecc.

rimondatùra [av. 1712] **s. f.** ● il rimondare | rimonda

rimóndo [da *rimondare* ✱ av. 1257] **agg.** ● (*raro*) mondato, ripulito

rimónta [1652] **s. f.** **1** (*sport*) nel corso di una gara o di un campionato, progressivo recupero del distacco o dello svantaggio da parte di un atleta o di una squadra: *tentare, effettuare la r.* | (*est.*) recupero: *la r. di un candidato nei sondaggi* **2** (*zool.*) risalita degli uccelli migratori **3** (*milit.*) nelle antiche pratiche logistiche, reclutamento dei quadrupedi in sostituzione di quelli vecchi o inservibili **4** (*zootec.*) in un allevamento, sostituzione periodica di animali vecchi, malati o non più produttivi **5** (*miniere*) galleria inclinata che parte da una galleria di livello per raggiungere dal basso il giacimento di minerale **6** sostituzione della tomaia o di una parte di essa nella riparazione delle scarpe

rimontàggio [1981] **s. m.** **1** operazione del rimontare **2** (*enol.*) operazione di pompaggio del mosto dal fondo dei grandi tini sopra le vinacce per arieggiarlo

rimontàre [comp. di *ri-* e *montare* ✱ sec. XIII] **A** **v. tr.** (*io rimónto*) **1** montare di nuovo: *r. un motore, un congegno* | (*mar.*) *r. il timone*, metterlo negli agugliotti **2** recuperare un distacco, uno svantaggio **3** risalire il corso di un fiume: *r. il Naviglio in barca* | (*mar.*) percorrere controcorrente, controvento e sim. | *r. un promontorio*, doppiarlo **4** riparare la tomaia della scarpa **5** (*milit.*) rifornire di cavalli reparti o soldati di cavalleria **B** **v. intr.** (**aus.** *essere*) **1** salire, montare nuovamente: *r. a cavallo, su per le scale* **2** (*fig.*) risalire: *la fondazione di Roma si fa r. al 753 a.C.*

rimontatùra [1863] **s. f.** **1** rimontaggio: *la r. dell'orologio è durata parecchio* **2** rimonta, nel sign. 6

rimorchiàre① o †**remorchiàre**, †**remurchiàre** [da *rimorchio* ✱ 1532] **v. tr.** (*io rimòrchio*) **1** trainare un galleggiante o un veicolo avariato o lento agganciandolo a un altro: *r. una nave, una vettura* **2** (*fig.*) trascinarsi dietro qlco. o qlcu. | (*fig.*) indurre qlcu. a fare qlco. controvoglia: *non ha personalità e si lascia r. da tutti* **3** (*fam.*) trovare compagnia per rapporti amorosi occasionali (*anche assol.*): *r. una ragazza; pareva un pischello quando se ne va ... a r.* (P.P. PASOLINI)

†**rimorchiàre**② [etim. incerta ✱ 1353] **v. tr.** ● rimproverare una persona amata

rimorchiàto **part. pass.** di *rimorchiare*①; **anche agg.** ● nei sign. del v.

rimorchiatóre [1872] **A** **s. m.** **1** nave di piccole dimensioni e di grande potenza che serve per rimorchiare navi all'entrata e all'uscita di porti, per aiutare la manovra di ormeggio e per altri servizi portuali | *r. d'alto mare*, di dimensioni e forma adatte alla navigazione d'altura e attrezzato per portare aiuto a navi in difficoltà **2** (*aeron.*) aerorimorchiatore **B** **anche agg.** (**f.** *-trice*) ● che rimorchia

rimòrchio [lat. parl. **remŭrculu(m)*, per il classico *remŭlcum*, dal gr. *rymoulkêin* 'rimorchiare', da *rýmati hélkein* 'tirare all'alzaia'. *Rŷma* è da *erýein* 'tirare', di etim. incerta; *hélkein* è di orig. indeur. ✱ 1438] **s. m.** **1** il rimorchiare | *prendere a r.*, agganciare un veicolo, natante e sim. per rimorchiarlo | (*fig.*) *essere, andare a r. di qlcu.*, seguirlo passivamente; andargli dietro, accompagnarsi con lui: *sempre a r. del marito* (I. NIEVO) **2** qualsiasi veicolo privo di motore, trainato da un altro veicolo o motrice: *attaccare il r.; camion con r.* | *r. agricolo*, per trasportare materiali, attrezzi, macchine e sim. | *r. ferroviario*, veicolo atto ad essere accoppiato ad una automotrice | (*mar.*) la nave trainata dal rimorchiatore **3** cavo, catena e sim. usati per rimorchiare spec. due imbarcazioni ‖ **rimorchiétto**, **dim.**

rimòrdere [vc. dotta, lat. *remordēre*, comp. di *re-* e *mordēre* 'mordere' ✱ 1268] **A** **v. tr.** (**coniug. come** *mordere*) **1** mordere di nuovo: *mordeva e rimordeva la pipa* **2** (*fig.*) tormentare, dare rimorso: *è un pensiero che rimorde la coscienza* | anche impers.: *Mi rimordeva di averlo dimenticato* (I. NIEVO) **3** rimproverare: *in cotal guisa rimordea sovente / l'altero giovinetto* (A. POLIZIANO) **B** **rimòrdersi** **v. intr. pron.** ● (*lett.*) provare rimorso

rimordiménto [da *rimordere* ✱ av. 1328] **s. m.** ● (*lett.*) pentimento, rimorso | †forte rimpianto

rimorìre [comp. di *ri-* e *morire* ✱ 1565 ca.] **v. intr.** (**coniug. come** *morire*; **aus.** *essere*) ● morire di nuovo (*spec. fig.*): *La grande lirica può morire, rinascere, r.* (E. MONTALE)

rimormoràre [lat. *remurmurāre*, comp. di *re-* e *murmurāre* 'mormorare' ✱ 1612] **v. tr. e intr.** (*io rimórmoro*; **aus.** *avere*) ● (*lett.*) mormorare di nuovo: *'Ben detto' rispose Lucilio rimormorando le mie parole* (I. NIEVO); *e sordo il tuon rimormora* (G. CARDUCCI)

†**rimorsióne** [av. 1342] **s. f.** ● rimorso

rimòrso **A** **part. pass.** di *rimordere*, **anche agg.** ● nei sign. del v. | (*fig., lett.*) tormentato: *El mi parea da sé stesso r.* (DANTE *Purg.* III, 7) **B** **s. m.** ● tormento, cruccio, procurato dalla coscienza di aver fatto del male: *essere preso, perseguitato, straziato dal r.*

SFUMATURE DI SIGNIFICATO

rimorso - pentimento - rimpianto - rammarico

Rimorso è il cruccio, il tormento provocati dalla consapevolezza di aver fatto il male. Anche **pentimento** esprime il dolore per un'azione che si vorrebbe non aver compiuto, ma – rispetto a *rimorso* – fa riferimento a un sistema di regole morali e religiose. Nel **rimpianto** il dolore non è provocato da un'azione compiuta, ma da ciò che non si è fatto, che si è omesso, trascurato o perduto. **Rammarico**, infine, ha significato affine a *rimpianto*, ma esprime non tanto un dolore quanto un'amarezza per ciò che avrebbe potuto essere e non è stato.

rimòrto **part. pass.** di *rimorire*; **anche agg.** **1** nel sign. del v. | (*fig., lett.*) definitivamente finito: *mondane velleità d'una cavalleria rimorta* (R. BACCHELLI) **2** (*est., lett.*) scheletrito, terreo, quasi morto due volte: *l'ombre, che parean cose rimorte* (DANTE *Purg.* XXIV, 4)

rimòsso **A** **part. pass.** di *rimuovere*; **anche agg.** **1** nei sign. del v. (*anche fig.*): *un funzionario r. dall'incarico; un sentimento r.* **2** †lontano, remoto **B** **s. m.** ● (*psicoan.*) ciò che è stato allontanato dalla coscienza per effetto della rimozione

rimostrànza [da *rimostrare* ✱ 1575] **s. f.** **1** espressione di rimprovero o di protesta contro un torto patito: *fare, portare le proprie rimostranze al capoufficio* **2** †dimostrazione

rimostràre [comp. di *ri-* e *mostrare* ✱ av. 1292] **A** **v. tr.** (*io rimóstro*) ● mostrare di nuovo **B** **v. intr.** (**aus.** *avere*) ● fare le rimostranze SIN. protestare

†**rimòto** > **remoto**

rimòvere > **rimuovere**

rimovìbile o (*raro*) **removìbile** [da *rimovere* * av. 1642] **agg.** • che si può rimuovere (*anche fig.*): *ostacolo r.*

†**rimoviménto** [da *rimovere* * 1261 ca.] **s. m.** • il rimuovere | rimozione

†**rimovitóre** [da *rimovere* * av. 1375] **agg. e s. m.** (**f.** *-trice*) • che (o chi) rimuove

rimozióne o (*raro*) **remozióne** [vc. dotta, lat. *remotiōne(m)*, da *remōtus*, part. pass. di *removēre* 'rimuovere' * av. 1311] **s. f.** **1** spostamento, allontanamento: *la r. di una lapide* | ***r. forzata***, spostamento con un carroattrezzi di un veicolo in divieto di sosta e suo trasporto in un'apposita area custodita | (*fig.*) eliminazione: *la r. di un grosso ostacolo* **2** sospensione, destituzione da una carica, da un ufficio e sim.: *non conosco le cause della sua r. dall'impiego* | ***r. dal grado***, massima punizione prevista per l'ufficiale che per gravissima mancanza disciplinare si sia reso indegno del grado rivestito **3** (*psicoan.*) repressione inconsapevole di sentimenti o tendenze istintive inaccettabili per l'Io e fonti di ansia | (*est.*) rifiuto, cancellazione: *una r. collettiva della memoria storica* **4** †esclusione

rimpacchettàre [comp. di *r(i)-* e *impacchettare* * 1804] **v. tr.** (*io rimpacchétto*) • impacchettare di nuovo

rimpaciàre [comp. di *r(i)-* e *impaciare* * av. 1850] **A** **v. tr.** (**pres.** *io rimpàcio*; **fut.** *io rimpacerò*) • (*tosc.*) rappacificare **B** **rimpaciàrsi** **v. rifl. e rifl. recipr.** • (*tosc.*) riappacificarsi

rimpadronìrsi [comp. di *r(i)-* e *impadronirsi* * av. 1580] **v. intr. pron.** (*io mi rimpadronìsco, tu ti rimpadronìsci*) • impadronirsi di nuovo

rimpaginàre [comp. di *r(i)-* e *impaginare* * 1872] **v. tr.** (*io rimpàgino*) • impaginare nuovamente

rimpaginatùra [1872] **s. f.** • rimpaginazione

rimpaginazióne [comp. di *r(i)-* e *impaginazione* * 1986] **s. f.** • nuova impaginazione **SIN.** rimpaginatura

rimpagliàre [comp. di *r(i)-* e *impagliare* * 1872] **v. tr.** (*io rimpàglio*) • impagliare di nuovo

rimpagliatóre [1872] **s. m.** (**f.** *-trice*) • chi rimpaglia: *r. di seggiole*

rimpagliatùra [1872] **s. f.** • operazione del rimpagliare

rimpallàre [da *palla*, col pref. *rin-* * 1863] **A** **v. intr.** (**aus.** *avere*) • nel gioco del biliardo, fare rimpallo | rimbalzare (*anche fig.*) **B** **v. tr.** • rimandare indietro | (*fig.*) rimandare, attribuire ad altri: *r. un problema* **C** anche **rimpallàrsi** **v. tr. pron.** (**aus.** *essere*): (con valore recipr.) *rimpallarsi una colpa, una responsabilità*

rimpàllo [da *rimpallare* * 1863] **s. m.** **1** nel calcio e sim., rimbalzo del pallone che colpisce un giocatore o un palo della porta **2** nel biliardo, ritorno della palla su quella che l'ha colpita **3** (*fig.*) l'attribuire ad altri una responsabilità ecc.

†**rimpalmàre** [da *spalmare*, con cambio di pref. * 1313] **v. tr.** • spalmare nuovamente di pece l'esterno di un'imbarcazione

rimpanàre [comp. di *r(i)-* e *impanare* * 1872] **v. tr.** **1** impanare di nuovo: *r. una cotoletta* **2** (*mecc.*) rifare il pane di una vite

rimpannucciàre [da *panno*, col pref. *rin-* * av. 1587] **A** **v. tr.** (**pres.** *io rimpannùccio*; **fut.** *io rimpannuccerò*) • rivestire con nuovi panni | (*fig.*) far tornare in buone condizioni economiche **B** **rimpannucciàrsi** **v. intr. pron.** • migliorare le proprie condizioni finanziarie, rifarsi

rimpantanàrsi [comp. di *r(i)-* e *impantanarsi* * 1872] **v. intr. pron.** • impantanarsi di nuovo o peggio (*anche fig.*)

rimparàre [comp. di *r(i)-* e *imparare* * 1549] **v. tr.** • imparare di nuovo

rimparentàrsi [comp. di *r(i)-* e *imparentarsi* * 1872] **v. intr. pron.** (*io mi rimparénto*) • imparentarsi di nuovo, spec. con la stessa famiglia

rimpàro ➤ **ramparo**

rimpastàre [comp. di *r(i)-* e *impastare* * 1499] **v. tr.** **1** impastare di nuovo **2** (*fig.*) rimaneggiare, *r. un dramma* | ***r. un governo***, fare un rimpasto

rimpasticciàre [comp. di *r(i)-* e *impasticciare* * 1790] **v. tr.** (**pres.** *io rimpastìccio*; **fut.** *io rimpasticcerò*) • impasticciare di nuovo o di più (*anche fig.*)

rimpàsto [1799] **s. m.** • il rimpastare | (*fig.*) rimaneggiamento | ***r. ministeriale***, sostituzione di uno o più ministri senza aprire una crisi di governo **SIN.** ricomposizione ‖ **rimpastìno**, **dim.** | **rimpastóne**, **accr.**

rimpatriàre [comp. di *r(i)-* e *impatriare* * av. 1276] **A** **v. intr.** (*io rimpàtrio*; **aus.** *essere*) • tornare in patria **B** **v. tr.** • rimandare, fare tornare in patria

✱**rimpatriàta** [da *rimpatriare* * 1880] **s. f.** • (*colloq.*) ritrovo, riunione di amici che non si incontravano da tempo: *fare una bella r.*

rimpàtrio [da *rimpatriare* * 1877] **s. m.** • (*burocr.*) ritorno in patria: *r. dei lavoratori all'estero*

†**rimpaurìre** [comp. di *ri-* e *impaurire* * 1374] **v. intr.** e †**rimpaurìrsi** **v. intr. pron.** • impaurirsi di nuovo

rimpazzìre [comp. di *r(i)-* e *impazzire* * 1872] **v. intr.** (*io rimpazzìsco, tu rimpazzìsci*; **aus.** *essere*) • impazzire di nuovo

rimpegnàre [comp. di *r(i)-* e *impegnare* * av. 1573] **A** **v. tr.** (*io rimpégno*; **coniug. come** *segnare*) • impegnare di nuovo **B** **rimpegnàrsi** **v. rifl.** • impegnarsi di nuovo

rimpellàre [da *pelle*, col pref. *rin-* * 1868] **v. tr.** (*io rimpèllo*) • ricostruire un muro a partire dal basso | costruire un muro a ridosso di una parete

rimpellicciàre [comp. di *r(i)-* e *impellicciare* * 1872] **A** **v. tr.** (**pres.** *io rimpellìccio*; **fut.** *io rimpelliccerò*) • ricoprire di pelliccia **B** **rimpellicciàrsi** **v. rifl. e intr. pron.** • ricoprirsi di pelliccia

rimpennàre [comp. di *r(i)-* e *impennare*① * 1342] **A** **v. tr.** (*io rimpénno*) • (*raro*) ricoprire di penne **B** **v. intr.** (**aus.** *essere*) • (*raro, lett.*) rimettere foglie: *rimpennava ogni tiglio, ogni betulla* (G. Pascoli) **C** **rimpennàrsi** **v. intr. pron.** • detto di uccelli, rimettere le penne

rimpettinàre [da *pettine*, col pref. *rin-* * 1880] **v. tr.** (*io rimpèttino*) • introdurre di nuovo nel pettine del telaio i fili usciti

rimpettìrsi [da *petto*, col pref. *rin-* * 1803] **v. intr. pron.** (*io mi rimpettìsco, tu ti rimpettìsci*) • (*raro*) sporgere il petto spec. in segno di boria, forza, orgoglio

rimpètto [comp. di *rin-* e *petto* * 1282] **A** **avv.** • (*raro, lett.*) di fronte, di faccia | ***di r.***, V. *dirimpetto* **B** **nelle loc. prep.** ***r. a***, ***a r. di***, ***raro r. di*** • (*lett.*) di fronte a: *trovati r. al monumento alle nove*; *a r. di me da l'altra sponda* (Dante *Purg.* XIX, 89) | (*fig., lett.*) in confronto a, a paragone di: *r. alla pluralità dei corpi e degli impeti* (C.E. Gadda) | V. anche *dirimpetto*

rimpiaccicottàre [comp. di *r(i)-* e *impiaccicottare* * 1872] **v. tr.** (*io rimpiaccicòtto*) • (*tosc.*) rammendare malamente | (*fig., lett.*) riutilizzare

†**rimpiagàre** [comp. di *r(i)-* e *impiagare* * 1530] **v. tr.** • (*lett.*) ferire di nuovo

†**rimpiàgnere** ➤ **rimpiangere**

rimpiallacciàre [comp. di *r(i)-* e *impiallacciare* * 1872] **v. tr.** (**pres.** *io rimpiallàccio*; **fut.** *io rimpiallaccerò*) • impiallacciare di nuovo

rimpiàngere o †**rimpiàgnere** [comp. di *rin-* e *piangere* * av. 1543] **v. tr.** (**coniug. come** *piangere*) **1** (*lett.*) ricordare con dolore: *e Dante ne rimpiange la perdita acerba* (G. Pascoli) **2** ricordare con rammarico e nostalgia chi (o ciò che) si è perduto e di cui si sente ancora il desiderio o il bisogno: *r. un caro amico*; *r. le vacanze* | rammaricarsi, rincrescersi di qlco. (+ *di* **seguito da inf.**, + *che* **seguito da congtv.**): *r. una decisione presa*; *rimpiango di non avere accettato*; *poteva ben rimpiangere che non fosse suo figlio* (R. Bacchelli) **3** †compiangere

SFUMATURE ➤ ***dolere***

rimpiànto **A** **part. pass.** di *rimpiangere*; **anche agg.** • nei sign. del v. **B** **s. m.** • ricordo dolente e nostalgico di qlcu. o qlco. che si è perduto: *vivere di rimpianti*; *il vivo r. della giovinezza*; *della gioia resta il rimpianto ed è anch'esso un dolore* (I. Svevo) | doloroso rammarico spec. per qlco. che non si è fatto: *il r. di non avere ceduto al sentimento di ... pietà* (L. Pirandello)

SFUMATURE ➤ ***rimorso***

†**rimpiastràre** [comp. di *r(i)-* e *impiastrare* * av. 1380] **A** **v. tr.** • impiastrare di nuovo | (*fig.*) sistemare, mettere a posto: *el papa viene rimpiastrando le cose* (N. Machiavelli) **B** †**rimpiastràrsi** **v. rifl.** • (*fig.*) riconciliarsi con qlcu.

rimpiastricciàre [comp. di *r(i)-* e *impiastricciare* * 1684] **v. tr.** (**pres.** *io rimpiastrìccio*; **fut.** *io rimpiastriccerò*) • impiastricciare rozzamente | (*fig., lett.*) rimaneggiare malamente

✱**rimpiattàre** [da *piatto* (agg.), col pref. *rin-* * 1539] **A** **v. tr.** • (*raro*) nascondere bene **B** **rimpiattàrsi** **v. rifl.** • nascondersi, acquattarsi: *andare a rimpiattarsi dietro una siepe*

rimpiattàto **part. pass.** di *rimpiattare*; **anche agg.** • nei sign. del v.

rimpiatterèllo [da *rimpiattare* * 1871] **s. m.** • (*tosc.*) rimpiattino

✱**rimpiattìno** [da *rimpiattare* * av. 1735] **s. m.** • gioco di ragazzi, uno dei quali deve scovare i compagni che si sono nascosti e toccarli prima che essi raggiungano la tana **SIN.** nascondino, nascondarella, rimpiatterello

rimpiazzàre [fr. *remplacer*, da *place* 'posto' (V. *piazza*), col pref. *ren-* 'rin-' * 1652] **v. tr.** **1** (*burocr.*) mettere al posto di un altro: *r. un impiegato* **2** sostituire qlcu. o qlco.: *r. un collega ammalato*; *r. l'ingranaggio fuori uso*

rimpiàzzo [1804] **s. m.** • il rimpiazzare **SIN.** sostituzione | la persona che rimpiazza, sostituisce: *fare da r.*

rimpiccinìre [comp. di *r(i)-* e *impiccinire* * 1870] **A** **v. tr.** (*io rimpiccinìsco, tu rimpiccinìsci*) • fare diventare piccolo o più piccolo (*spec. fig.*): *r. la questione* **B** **v. intr.** (**aus.** *essere*) e **rimpiccinìrsi** **v. intr. pron.** • diventare piccolo o più piccolo

rimpicciolimènto [1803] **s. m.** • il rimpicciolire, il rimpicciolirsi

rimpicciolìre [comp. di *r(i)-* e *impicciolire* * 1642] **A** **v. tr.** (*io rimpicciolìsco, tu rimpicciolìsci*) • rendere più piccolo **B** **v. intr.** (**aus.** *essere*) e **rimpicciolìrsi** **v. intr. pron.** • diventare più piccolo

rimpiccolimènto [av. 1712] **s. m.** • il rimpicciolire

rimpiccolìre [comp. di *r(i)-* e *impiccolire* * av. 1642] **v. tr., intr.** (*io rimpiccolìsco, tu rimpiccolìsci*; **aus. intr.** *essere*) e **rimpiccolìrsi** **v. intr. pron.** • (*raro*) rimpicciolire, rimpicciolirsi

rimpiegàre e deriv. ➤ **reimpiegare** e

r

deriv.

rimpigrìre [comp. di *r(i)-* e *impigrire* ✱1872] **v. tr., intr.** (*io rimpigrìsco, tu rimpigrìsci*; **aus. intr.** *essere*) e **rimpigrirsi v. intr. pron.** ● impigrire, impigrirsi di nuovo o di più

rimpinguàre [comp. di *r(i)-* e *impinguare* ✱1728] **A v. tr.** (*io rimpìnguo, noi rimpinguiàmo*) ● impinguare di più o di nuovo (*spec. fig.*): *provvedimenti volti a r. l'erario* **B rimpinguàrsi v. intr. pron.** ● impinguarsi di più o di nuovo

rimpinzaménto [av. 1698] **s. m.** ● il rimpinzare, il rimpinzarsi (*anche fig.*)

✱**rimpinzàre** [comp. di *r(i)-* e *impinzare* ✱1543] **A v. tr.** ● riempire eccessivamente, spec. di cibo (*anche fig.*) (+ *di*): *lo hanno rimpinzato di dolci*; *r. il discorso di fandonie* **SIN.** imbottire, inzeppare **B rimpinzàrsi v. rifl.** ● riempirsi esageratamente di cibo (+ *di*): *rimpinzarsi di patatine*

rimpinzàta [da *rimpinzare* ✱1891] **s. f.** ● (*disus.*) abbondante mangiata, scorpacciata

rimpinzàto part. pass. di *rimpinzare*; anche **agg.** ● nei sign. del v.

rimpiumàre [comp. di *r(i)-* e *impiumare* ✱1552] **v. intr.** (**aus.** *essere*) e **rimpiumàrsi v. intr. pron.** ● rimettere le piume

rimpolpàre [comp. di *r(i)-* e *impolpare* ✱1600] **A v. tr.** (*io rimpólpo*) **1** impolpare di nuovo, rimettere la carne, la polpa **2** (*fig.*) accrescere, arricchire: *r. un articolo troppo scarno* **B rimpolpàrsi v. intr. pron.** ● ingrassare, rimettersi in carne

rimpolpettàre [da *polpetta*, col pref. *rin-* ✱1570] **v. tr.** (*io rimpolpétto*) **1** (*raro*) ricucinare facendo polpette **2** (*fig., spreg.*) raffazzonare, rimettere insieme alla meglio **3** (*lett.*) rimproverare, rimbeccare

rimpoltronìre [comp. di *r(i)-* e *impoltronire* ✱1872] **A v. tr.** (*io rimpoltronìsco, tu rimpoltronìsci*) ● fare diventare poltrone o più poltrone **B v. intr.** (**aus.** *essere*) e **rimpoltronìrsi v. intr. pron.** ● diventare poltrone o più poltrone

rimporporàre [comp. di *r(i)-* e *imporporare* ✱av. 1768] **A v. tr.** (*io rimpórporo*) ● (*lett.*) imporporare di nuovo **B rimporporàrsi v. intr. pron.** ● imporporarsi di nuovo

rimpossessàrsi [comp. di *r(i)-* e *impossessarsi* ✱1872] **v. intr. pron.** (*io mi rimpossèsso*) ● impossessarsi di nuovo

rimpoverìre [comp. di *r(i)-* e *impoverire* ✱av. 1527] **A v. tr.** (*io rimpoverìsco, tu rimpoverìsci*) ● far diventare di nuovo povero o più povero **B v. intr.** (**aus.** *essere*) e **rimpoverìrsi v. intr. pron.** ● diventare di nuovo povero o più povero

rimpratichìre [comp. di *r(i)-* e *impratichire* ✱1872] **A v. tr.** (*io rimpratichìsco, tu rimpratichìsci*) ● impratichire di nuovo o di più **B rimpratichìrsi v. intr. pron.** ● impratichirsi di nuovo o meglio

rimpresciuttìre ➤ **rimprosciuttire**

rimprigionàre [comp. di *r(i)-* e *imprigionare* ✱1872] **v. tr.** (*io rimprigióno*) ● imprigionare di nuovo

rimprìmere [comp. di *r(i)-* e *imprimere* ✱av. 1729] **v. tr.** (**coniug. come** *imprimere*) ● imprimere di nuovo

†**rimproccévole** [da *rimproccio* ✱av. 1380] **agg.** ● che ha tono o valore di rimprovero

†**rimprocciaménto** [av. 1292] **s. m.** ● rimprovero

†**rimprocciàre** [fr. *reprocher*, dal lat. parl. **repropiāre* 'riavvicinare, mettere sotto gli occhi', da *prŏpe* 'vicino' (V. *prossimo*), col pref. *re-* 'ri-' ✱av. 1269] **v. tr.** ● rinfacciare | rimproverare, rampognare: *rimprocciando i Fiorentini di lor viltate* (G. VILLANI)

rimpròccio [da *rimprocciare* ✱1268] **s. m.** ● (*lett.*) rimprovero: *Sotto il croscio dei rimprocci non aprii bocca* (G. D'ANNUNZIO) | (*lett.*) ingiuria, scherno

rimprontàre [comp. di *r(i)-* e *improntare* ✱1846] **v. tr.** (*io rimprónto*) ● improntare di nuovo

rimprosciuttìre o (*pop., tosc.*) **rimpresciuttire** [comp. di *r(i)-* e *improsciuttire* ✱1840] **v. intr.** (*io rimprosciuttìsco, tu rimprosciuttìsci*; **aus.** *essere*) ● (*pop.*) improsciuttire di più **SIN.** rinsecchirsi

rimproveràbile [1686] **agg.** ● che si può rimproverare: *mancanza r.*

†**rimproveraménto** [av. 1342] **s. m.** ● rimprovero

♦**rimproveràre** [comp. di *ri-* e del lat. tardo *improperāre* 'rimproverare, rinfacciare', da *prŏbrum* 'rimprovero' (V. *obbrobrio*), col pref. *in-* ✱1268] **A v. tr.** (*io rimpròvero*) **1** disapprovare, biasimare allo scopo di far ravvedere, cambiare, migliorare e sim.: *r. uno scolaro della sua negligenza*; *r. aspramente i ritardatari* **SIN.** ammonire, riprovare, sgridare **2** rinfacciare qlco. a qlcu.: *gli rimprovera la scarsa attenzione che gli concede* **B rimproveràrsi v. rifl.** ● provare rammarico, rincrescimento, pentimento (+ *di*, **anche seguito da inf.**): *si rimproverava di non essere andato a salutare la madre*; *non ho nulla di cui rimproverarmi* **C rimproveràrsi v. tr. pron.** (**aus.** *essere*) ● rimproverare a sé stesso: *rimproverarsi il proprio egoismo*; *Sua madre non doveva rimproverarsi nulla* (A. FOGAZZARO)

SFUMATURE DI SIGNIFICATO

rimproverare - sgridare - biasimare - censurare

Rimproverare è riprendere qualcuno a voce o per iscritto per un comportamento ritenuto colpevole, scorretto o inadeguato. Se oggetto del rimprovero è un bambino è più frequente **sgridare**, termine che si spiega con l'alzare della voce proprio di chi rimprovera i bambini. Di uso più elevato è **biasimare**, che aggiunge al rimproverare una sfumatura di riprovazione morale. Ancora più forte è **censurare** che comporta un'espressione formale di biasimo.

†**rimproverazióne** [sec. XIV] **s. f.** ● rimprovero, riprensione

†**rimproverìo** [da *rimprovero* ✱av. 1292] **s. m.** ● biasimo, rimprovero | (*lett.*) dura critica

♦**rimpròvero** [1268] **s. m.** ● espressione di biasimo, di disapprovazione: *muovere r.*; *non considerare un r.*; *dalla notte sorse una sola figura bella: Anna ... la bella rosea faccia atteggiata a dolore e r.* (I. SVEVO) | parole che servono a rimproverare: *un forte, giusto r.* **SIN.** ammonimento, sgridata

SFUMATURE ➤ ***osservazione***

rimpulizzìre [da *pulizia*, col pref. *rin-* ✱1872] **A v. tr.** (*io rimpulizzìsco, tu rimpulizzìsci*) ● (*tosc., fam.*) far diventare pulito o più pulito nella persona, nel vestire | (*raro*) ***r. la casa***, rimbiancarla **B rimpulizzìrsi v. rifl.** ● (*tosc., fam.*) diventare più elegante o più compito nei modi

rimugghiàre [comp. di *r(i)-* e *mugghiare* ✱sec. XIV] **v. intr.** (*io rimùgghio*; **aus.** *avere*) **1** (*lett.*) muggire nuovamente o in modo insistente: *Il rimugghiar del bestiame* (I. NIEVO) **2** (*fig., lett.*) echeggiare con un suono lungo e lamentoso, simile a un muggito, detto del vento, della tempesta e sim.

rimuggìre [vc. dotta, lat. *remugīre*, comp. di *re-* e *mugīre* 'muggire' ✱av. 1533] **v. intr.** (**coniug. come** *muggire*; **aus.** *avere*) ● muggire a lungo (*lett., anche fig.*): *Oh! qual rimugge / l'aura infuocata!* (V. ALFIERI)

✱**rimuginàre** [comp. di *ri-* e del lat. *mugināri* 'ruminare, riflettere', di orig. onomat. ✱sec. XV] **A v. tr.** (*io rimùgino*) **1** (*lett.*) agitare, mescolare, frugando, cercando, rivoltando qlco.: *r. le carte* **2** (*fig.*) ripensare a lungo, continuare ad agitare nella mente: *r. un'idea*; *rimuginava ormai da anni il sogno ... di una moglie che lo amasse* (A. MORAVIA) **B v. intr.** (**aus.** *avere*) **1** (*lett.*) frugare, rovistare: *r. fra le immondizie* **2** (*fig.*) pensare a lungo, riflettere con insistenza su qlco.: *r. sul passato*; *R. è poco cristiano, è doloroso, noioso, e in generale non rende* (P. LEVI)

SFUMATURE ➤ ***pensare***

†**rimuneraménto** [1300 ca.] **s. m.** ● remunerazione

†**rimunerànza** [av. 1294] **s. f.** ● remunerazione

rimuneràre e deriv. ➤ **remunerare** e deriv.

rimunìre [comp. di *ri-* e *munire* ✱1431 ca.] **v. tr.** (*io rimunìsco, tu rimunìsci*) **1** munire di nuovo **2** †ripulire: *e 'l poggio è netto e rimunito e bello* (A. POLIZIANO)

rimuòvere o (*raro, lett.*) **rimòvere** [lat. *removēre*, comp. di *re-* e *movēre* 'muovere' ✱1261 ca.] **A v. tr.** (**coniug. come** *muovere*) **1** (*raro*) muovere di nuovo **2** levar via, spostare, scostare, allontanare (+ *da*): *r. un sigillo, il coperchio dalla pentola* | (*fig.*) eliminare: *r. le cause dell'insuccesso, un ostacolo* | (*fig.*) distogliere: *r. qlcu. da un proposito* | (*raro*) smuovere: *r. la terra* **3** deporre, destituire (+ *da*): *hanno rimosso dal loro ufficio i funzionari più anziani*; *e inanimossi di rimuoverlo del vicariato di Bologna* (G. VILLANI) **4** (*psicoan.*) effettuare una rimozione: *r. un pensiero negativo, un sentimento di pena* | (*est.*) dimenticare, non ricordare: *ha rimosso il suo passato burrascoso* **B rimuòversi v. intr. pron.** ● recedere, desistere da un'idea, un pensiero, una convinzione (+ *da*): *non si rimuove dal suo proposito* | †dissentire

rimuràre [comp. di *ri-* e *murare* ✱sec. XIII] **v. tr. 1** murare di nuovo | chiudere murando: *r. una finestra* **2** †riedificare, rifabbricare

rimutàbile [av. 1855] **agg.** ● (*lett.*) che si può mutare ‖ **rimutabilità**, **s. f. inv.**

†**rimutaménto** [av. 1292] **s. m.** ● mutamento

rimutàre [comp. di *ri-* e *mutare* ✱av. 1250] **A v. tr. 1** mutare di nuovo, mutare profondamente: *r. parere su qlco.* | (*lett.*) trasformare, riformare: *r. l'ordinamento della società* **2** †rimuovere, distogliere qlcu. da un parere, un'opinione, un'idea: *Che tu mi voglia r.?* (F. SACCHETTI) **B v. intr.** (**aus.** *essere*) ● (*raro*) cambiare di nuovo: *la rotta della nave è rimutata* **C rimutàrsi v. intr. pron. 1** mutarsi di nuovo **2** (*lett.* o *raro*) cambiare d'opinione, di idea, di gusto, ecc.

rin- o **rim-** ● V. **ri-**

rinacerbìre [comp. di *r(i)-* e *inacerbire* ✱av. 1729] **v. tr.** (*io rinacerbìsco, tu rinacerbìsci*) e **rinacerbìrsi v. intr. pron.** ● (*lett.*) inacerbire, inarcerbirsi di nuovo o di più | (*lett.*) rendere ancora più difficile: *il mesto addio / rinacerbir col niego* (G. LEOPARDI)

rinalgìa [comp. di *rino-* e *-algia* ✱1829] **s. f.** (**pl.** *-gìe*) ● (*med.*) dolore al naso

rinarràre [vc. dotta, lat. *renarrāre*, comp. di *re-* e *narrāre* ✱sec. XIV] **v. tr.** ● narrare di nuovo

rinascènte part. pres. di *rinascere*; anche **agg.** ● nei sign. del v.

rinascénza [da *rinascente* ✱av. 1463] **s. f.** ● (*lett.*) rinascita (*spec. fig.*) | (*lett.*) ***la R.***, il Rinascimento: *l'età della r.*

rinàscere [lat. *renāsci*, comp. di *re-* e *nāsci* 'nascere' ✱av. 1292] **v. intr.** (**coniug. come** *nascere*; **aus.** *essere*) **1** nascere di nuovo, un'altra volta: *non rinascerà un nuovo Dante* **2** tornare a vegetare, a germogliare, a fiorire, detto di piante: *rinascerà presto il grano* | spuntare di nuovo, detto di peli, capelli,

a b c d e f g h i j k l m n o p q r s t u v w x y z

unghie: *gli rinasce subito la barba* | (*est.*) tornare a scaturire, detto di acque | (*est.*, *raro*) tornare in uso, detto di parole **3** (*fig.*) risorgere, rinnovarsi, ridestarsi, detto di sentimenti, idee, usi e sim.: *è rinata in lui una grande fiducia*; *rinasce la cultura, la civiltà, la vita economica* | ***r. all'amicizia, alla gioia***, provare ancora amicizia, gioia | rinvigorirsi: *rinascono le forze dopo la malattia* | ***sentirsi r.***, ritrovare la serenità, la gioia di vivere **SIN.** rifiorire, rivivere

rinascimentàle [1942] **agg.** ● del Rinascimento: *stile, architettura r.*

rinasciménto [sec. XIV] **A** **s. m.** (*Rinasciménto* **nel sign. 2**) **1** rinascita (*spec. fig.*): *r. delle arti, della cultura* **2** movimento culturale sorto in Italia alla fine del XIV sec. e diffusosi in tutta Europa fino al XVI sec., caratterizzato dall'uso rinnovato della lingua e letteratura latina classica, dal libero rifiorire delle arti, degli studi, della politica, dei costumi, nello spirito e nelle forme dell'antichità classica: *la pittura, l'arte del R.*; *il R. italiano* **B** **in funzione di agg. inv.** (**posposto a un sost.**) ● rinascimentale: *stile r.*; *mobile r.*

rinàscita [comp. di *ri-* e *nascita* ✱ 1550] **s. f.** **1** il rinascere | nuova crescita: *la r. delle unghie* | (*fig.*) ripresa: *la r. dell'amore per qlcu.* **2** (*fig.*) rinnovata vitalità: *r. dell'economia nazionale* | (*lett.*) ***la R.***, il Rinascimento

rinascóndere [comp. di *ri-* e *nascondere* ✱ 1872] **A** **v. tr.** (**coniug. come** *nascondere*) ● nascondere di nuovo **B** **rinascóndersi** **v. rifl.** ● nascondersi di nuovo

rinasprìre [comp. di *r(i)-* e *inasprire* ✱ sec. XIV] **A** **v. tr.** (*io rinasprisco, tu rinasprìsci*) ● (*lett.*) rendere ancora più aspro **B** **rinasprìrsi** **v. intr. pron.** ● (*lett.*) diventare più aspro

rinàto **part. pass.** di *rinascere*; **anche agg.** ● nei sign. del v. (*spec. fig.*): *l'amore per quella donna era in lui r.* (G. D'ANNUNZIO) | (*fig.*) che è pieno di rinnovata energia: *oggi mi sento r.*

rinaturalizzàre [comp. parasintetico di *naturale* col pref. *ri-* ✱ 1856] **v. tr.** **1** riportare un ambiente degradato al primitivo stato naturale: *r. un'area, un territorio* **2** (*raro*) rigenerare, ricreare || **rinaturalizzazióne**, **s. f.**

rinaturàre [comp. parasintetico di *natura* col pref. *ri-* ✱ av. 1884] **v. tr.** ● rinaturalizzare

rinaturazióne [av. 1884] **s. f.** ● insieme di opere attuate per ricostituire le condizioni naturali di un territorio degradato: *la r. delle sponde di un fiume*

rinavigàre o †**rinavicàre** [vc. dotta, lat. *renavigāre*, comp. di *re-* e *navigāre* ✱ sec. XIV] **v. intr. e tr.** (*io rinàvigo, tu rinàvighi*; **aus.** *avere*) ● navigare di nuovo: *r. lungo la costa*; *r. il Tirreno*

rincagnàrsi [da *cagna*, col pref. *ri-* ✱ 1427] **v. intr. pron.** (**coniug. come** *segnare*) ● (*raro*) atteggiarsi come il muso del cane, detto del volto umano

rincagnàto o †**ricagnàto** **part. pass.** di *rincagnarsi*; **anche agg.** ● nel sign. del v. | ***naso r.***, appiattito, schiacciato

rincalcagnàre [da *calcagna*, col pref. *rin-* ✱ 1872] **v. tr.** (**coniug. come** *segnare*) ● (*raro*, *tosc.*) stipare premendo in breve spazio

rincalcàre [comp. di *r(i)-* e *incalcare* ✱ av. 1537] **v. tr.** (*io rincàlco, tu rincàlchi*) e **rincalcàrsi** **v. tr. pron.** (**aus.** *essere*) ● (*fam.*) calcare, calcarsi con forza: *rincalcarsi il cappello in testa*

†**rincalzaménto** [av. 1320] **s. m.** ● rincalzatura

rincalzàre [comp. di *r(i)-* e *incalzare* ✱ 1319] **v. tr.** **1** (*lett.*) sostenere qlcu. o qlco. | (*fig.*, *lett.*) rafforzare, ribadire un'opinione **2** (*est.*) fortificare, rinforzare, assicurare alla base fermando con più sostegni: *r. un muro con grossi pali*; *r. un terrapieno* | ***r. piante***, raccogliere terra intorno al fusto per sostenerlo e favorire lo sviluppo di radici avventizie, permetterne l'irrigazione, provocarne l'imbianchimento | ***r. un mobile***, impedire che traballi ponendogli sotto un piede un tassello di legno, o sim. | ***r. il letto***, piegare e fermare le lenzuola e le coperte sotto il materasso, al piede e ai lati **3** (*lett.*, *raro*) incalzare, inseguire ricacciando **4** (*lett.*) aggiungere di rimando, di rincalzo **5** †incoraggiare

rincalzàta [da *rincalzato* ✱ av. 1566] **s. f.** ● il rincalzare una sola volta o in fretta

rincalzàto **part. pass.** di *rincalzare*; **anche agg.** ● nei sign. del v.

rincalzatóre [1865] **s. m.** **1** (**f.** *-trice*) (*raro*) chi rincalza **2** aratro a doppio versoio per rincalzare le piante lungo la fila e per aprire solchi e fossetti

rincalzatrice [1959] **s. f.** ● macchina per la rincalzatura delle piante

rincalzatùra [1835] **s. f.** ● operazione del rincalzare, spec. le piante

rincàlzo [1313] **s. m.** **1** appoggio, sostegno | ciò con cui si rincalza: *mettere un r. alla parete pericolante* | (*fig.*) aiuto, rinforzo: *mandare truppe di r.*; *attendere un r. dalla famiglia* | ***di r.***, a sostegno, in aiuto | ***dire, rispondere di r.***, dire, rispondere aggiungendo qlco. a sostegno di quanto già detto **SIN.** rinforzo **2** aliquota di forze tenuta a disposizione nelle minori unità per intervenire nel combattimento quando necessario **3** giocatore di riserva: *una squadra che possiede ottimi rincalzi*

rincamminàrsi [comp. di *r(i)-* e *incamminarsi* ✱ 1827] **v. intr. pron.** ● incamminarsi di nuovo

rincanalàre [comp. di *r(i)-* e *incanalare* ✱ 1872] **A** **v. tr.** ● incanalare di nuovo **B** **rincanalàrsi** **v. intr. pron.** ● incanalarsi di nuovo

rincantucciàre [comp. di *r(i)-* e *incantucciare* ✱ av. 1484] **A** **v. tr.** (**pres.** *io rincantùccio*; **fut.** *io rincantuccerò*) ● spingere, mettere in un cantuccio **B** **rincantucciàrsi** **v. rifl.** ● ritirarsi, nascondersi in un cantuccio: *per non essere sgridato, il ragazzo si rincantucciò in un angolo*

rincantucciàto **part. pass.** di *rincantucciare*; **anche agg.** ● nei sign. del v. | (*est.*) appartato, isolato

rincaràre [comp. di *r(i)-* e *incarare* ✱ av. 1348] **A** **v. tr.** ● aumentare il prezzo di qlco. rendendola più cara: *r. il pane* | (*fig.*) ribattere con maggiore durezza: *Clelia rincarò: 'Mangiate già?...'* (A. MORAVIA) | ***r. la dose***, aggravare un danno, un dispiacere, un'accusa, un rimprovero **B** **v. intr.** (**aus.** *essere*) ● crescere di prezzo, diventare più caro: *è rincarato l'affitto*

rincarceràre [comp. di *r(i)-* e *incarcerare* ✱ 1872] **v. tr.** (*io rincàrcero*) ● incarcerare di nuovo

rincarìre [da *caro*, col pref. *rin-* ✱ 1551] **v. tr. e intr.** (*io rincarìsco, tu rincarìsci*; **aus. intr.** *essere*) ● (*raro*) rincarare

rincarnàre [comp. di *r(i)-* e *incarnare* ✱ av. 1604] **A** **v. tr.** **1** (*raro*) incarnare di nuovo **2** V. *reincarnare* **B** **v. intr.** (**aus.** *essere*) e **rincarnàrsi** **v. intr. pron.** ● (*raro*) rimettersi in carne

rincarnazióne ➤ **reincarnazione**

rincàro [da *rincarare* ✱ 1766] **s. m.** ● aumento di prezzo di merci o generi vari: *il r. della benzina* | ***r. della vita***, aumento del costo della vita

SFUMATURE DI SIGNIFICATO

rincaro - rialzo

Rincaro indica in senso specifico l'aumento del prezzo delle merci; **rialzo** si usa in riferimento anche alle quotazioni di borsa oltre che ai prezzi.

rincartàre [comp. di *r(i)-* e *incartare* ✱ 1353] **v. tr.** ● incartare di nuovo o meglio

rincàrto [da *rincartare* ✱ 1835] **s. m.** ● (*raro*) nella tecnica di stampa, incarto

rincartocciàre [comp. di *r(i)-* e *incartocciare* ✱ 1823] **v. tr.** (**pres.** *io rincartòccio*; **fut.** *io rincartoccerò*) ● riavvolgere in un cartoccio

rincasàre (o **-ṣ-**) [da *casa*, col pref. *rin-* ✱ 1624] **A** **v. tr.** ● †riportare gli animali al ricovero **B** **v. intr.** (**aus.** *essere*) e (*lett.*) **rincasàrsi** **v. intr. pron.** ● rientrare a casa: *rincaseremo alle otto*; *or ti rincasa, e a' tuoi lavori intendi* (V. MONTI)

rincastràre [comp. di *r(i)-* e *incastrare* ✱ 1536] **v. tr.** ● incastrare di nuovo

rincatenàre [comp. di *r(i)-* e *incatenare* ✱ av. 1527] **v. tr.** (*io rincaténo*) ● incatenare di nuovo o più strettamente

rincattivìre [comp. di *r(i)* e *incattivire* ✱ av. 1742] **v. intr.** (*io rincattivisco, tu rincattivisci*; **aus.** *essere*) ● incattivire di nuovo o di più

†**rincavallàre** [comp. di *r(i)-* e *incavallare* ✱ sec. XIV] **A** **v. tr.** ● fornire nuovamente di cavalcatura **B** †**rincavallàrsi** **v. intr. pron.** ● provvedersi di un nuovo cavallo | (*fig.*) rimettersi in forze

rincentràre [comp. di *r(i)-* e *incentrare* ✱ av. 1635] **v. tr.** (*io rincèntro* (o *-é-*)) ● incentrare di nuovo o meglio rimettendo qlco. in simmetria ed equilibrio

†**rinchièdere** [comp. di *rin-* e *chiedere* ✱ av. 1292] **v. tr.** ● richiedere | convocare

rinchinàre [comp. di *r(i)-* e *inchinare* ✱ 1362] **A** **v. tr.** ● (*lett.*) inchinare, piegare di nuovo **B** **rinchinàrsi** **v. rifl.** ● (*lett.*) inchinarsi di nuovo o di più, anche con umiltà

rinchiodàre [comp. di *r(i)-* e *inchiodare* ✱ 1872] **v. tr.** (*io rinchiòdo*) ● inchiodare di nuovo

rinchìte [dal gr. *rýnchos* 'becco, grugno' ✱ 1828] **s. f.** ● (*zool.*) punteruolo nel sign. 2 | sigaraio nel sign. 2

♦**rinchiùdere** [comp. di *r(i)-* e *inchiudere* ✱ 1268] **A** **v. tr.** (**coniug. come** *chiudere*) **1** chiudere dentro per segregare, proteggere o mettere al sicuro: *r. un delinquente in prigione, la belva nella gabbia*; *rinchiuse i gioielli in cassaforte* **2** (*est.*) †contenere, racchiudere **B** **rinchiùdersi** **v. rifl.** **1** chiudersi dentro per appartarsi o difendersi da qlcu. o qlco.: *si sono rinchiusi nella sala a discutere*; *si rinchiusero nella fortezza aspettando l'assalto nemico* **SIN.** ritirarsi **2** (*fig.*) chiudersi in sé stesso: *bisogna trattarlo con molta delicatezza, altrimenti si rinchiude e non parla più*

†**rinchiudiménto** [1336 ca.] **s. m.** ● il rinchiudere | incarcerazione

†**rinchiùsa** (o **-ṣ-**) [da *rinchiuso* ✱ sec. XIV] **s. f.** ● monastero di clausura

rinchiùso (o **-ṣ-**) **A** **part. pass.** di *rinchiudere*; **anche agg.** ● chiuso dentro | (*fig.*) appartato, ritirato | ***aria rinchiusa***, non rinnovata da tempo, viziata **B** **s. m.** ● luogo completamente chiuso e senz'aria | (*est.*) recinto | ***sapere di r.***, mandare il cattivo odore dei luoghi tenuti sempre chiusi

rinciampàre [comp. di *r(i)-* e *inciampare* ✱ av. 1294] **v. intr.** (**aus.** *avere* o *essere*) ● inciampare di nuovo (*anche fig.*)

rincincignàre [comp. di *r(i)-* e *incincignare* ✱ 1840] **v. tr.** (**coniug. come** *segnare*) ● (*raro*, *tosc.*) sgualcire, stropicciare

rincitrullìre [comp. di *r(i)-* e *incitrullire* ✱

1872] **A** **v. tr.** (*io rincitrullìsco, tu rincitrullìsci*) ● fare diventare citrullo; rimbambire, rimbecillire **B** **v. intr.** (**aus.** *essere*) e **rincitrullìrsi** **v. intr. pron.** ● diventare citrullo; rimbecillirsi: *con gli anni (si) è rincitrullito*

rincitrullìto **part. pass.** di *rincitrullire*; anche **agg.** ● rincretinito, istupidito (**spec. scherz.**): *in trattoria, ... io, r., cercavo di svicolare* (A. MORAVIA)

rinciuchìre [comp. di *r(i)-* e *inciuchire* ✱ 1869] **v. intr.** (*io rinciuchìsco, tu rinciuchìsci*; **aus.** *essere*) ● (*raro*) inciuchire di nuovo o di più

rincivilimènto [comp. di *r(i)-* e *incivilimento* ✱ 1872] **s. m.** ● il rincivilire, il rincivilirsi

rincivilìre [comp. di *r(i)-* e *incivilire* ✱ av. 1604] **A** **v. tr.** (*io rincivilìsco, tu rincivilìsci*) ● rendere civile o più civile: *Sarto e barbiere l'avevano rincivilito* (R. BACCHELLI) **B** **v. intr.** (**aus.** *essere*) e **rincivilìrsi** **v. intr. pron.** ● acquisire modi più civili | migliorare la propria condizione sociale

rincivilìto **part. pass.** di *rincivilire*; anche **agg.** ● nei sign. del v. | che è diventato meno rozzo, che ha migliorato la sua condizione: *'Villano r.!' proseguì don Rodrigo* (A. MANZONI)

rinco [1999] **agg. inv.** ● (*fam., scherz.*) accorc. di *rincoglionito*

Rincobdèllidi [comp. dal gr. *rýnchos* 'becco, grugno' e *bdélla* 'sanguisuga' col suff. *-idi* ✱ 1883] **s. m. pl.** (**sing.** *-e*) ● (*zool.*) ordine di Irudinei provvisti di proboscide e parassiti su chiocciole, vermi o pesci (*Rhynchobdellidae*)

Rincocèfali [comp. del gr. *rýnchos* 'becco, grugno' e *-cefalo*: detti così dalla forma del premascellare che si prolunga verso il basso in forma di becco ✱ 1959] **s. m. pl.** (**sing.** *-o*) ● (*zool.*) ordine di Rettili di modeste dimensioni, con corpo lacertiforme, 5 dita con unghie, coda compressa, comprendente soltanto lo sfenodonte (*Rhynchocephalia*)

Rincòfori [comp. del gr. *rýnchos* 'becco, grugno' e *-foro* ✱ 1821] **s. m. pl.** (**sing.** *-o*) ● (*zool.*) ordine di Coleotteri con capo che si prolunga in una proboscide più o meno allungata e antenne terminanti a clava (*Rhinchophora*)

rincoglionimènto [av. 1956] **s. m.** ● (*pop.*) il rincoglionire | condizione di chi è rincoglionito

rincoglionìre [da *coglione*, col pref. *rin-* ✱ av. 1863] **A** **v. tr.** (*io rincoglionìsco, tu rincoglionìsci*) ● (*pop.*) rendere imbecille, rimbambito: *l'età lo ha rincoglionito* **SIN.** rincretinire **B** **v. intr.** (**aus.** *essere*) e **rincoglionìrsi** **v. intr. pron.** ● (*pop.*) diventare imbecille, rimbambito **SIN.** rimbecillire

rincoglionìto **part. pass.** di *rincoglionire*; anche **agg. e s. m.** (**f.** *-a*) ● (*pop.*) che (o chi) è diventato tardo a comprendere e lento nei riflessi **SIN.** rimbecillito

rincollàre ① [comp. di *r(i)-* e *incollare* ① ✱ 1427] **v. tr.** (*io rincòllo*) ● incollare di nuovo

†**rincollàre** ② [da *collo*, col pref. *rin-* ✱ 1761] **v. intr.** ● rigurgitare, ringorgare, detto di acque o liquidi

rincollerìre [comp. di *r(i)-* e *incollerire* ✱ 1872] **v. intr.** (*io rincollerìsco, tu rincollerìsci*; **aus.** *essere*) e **rincollerìrsi** **v. intr. pron.** ● incollerire di nuovo

rincòllo [da *rincollare* ② ✱ av. 1742] **s. m.** ● ingorgo, ristagno di acque correnti per un ostacolo naturale o artificiale

rincolpàre [comp. di *r(i)-* e *incolpare* ✱ 1835] **v. tr.** (*io rincólpo*) ● incolpare di nuovo

rincominciàre [comp. di *r(i)-* e *incominciare* ✱ sec. XIII] **v. tr.** (**pres.** *io rincomìncio*; **fut.** *io rincomincerò*) ● (*lett.*) ricominciare

†**rincóntra** ➤ **rincontro**

rincontràre o **reincontràre** [comp. di *r(i)-* e *incontrare* ✱ av. 1276] **A** **v. tr.** (*io rincóntro*) **1** incontrare di nuovo: *abbiamo rincontrato un vecchio amico* **2** (*pop.*) †incontrare: *andò coll'esercito a r. le genti che di Grecia in aiuto di Belisario venivano* (N. MACHIAVELLI) | †riscontrare **B** **rincontràrsi** o **reincontràrsi** **v. rifl. recipr.** **1** incontrarsi di nuovo **2** †affrontarsi in battaglia

rincóntro o **reincóntro**, †**rincóntra** [1268] **A** **s. m.** **1** (*lett.* o *raro*) incontro | †scontro, scaramuccia **2** (**al pl.**) segni o tagli che gli artigiani fanno sui vari pezzi per vedere se combaciano: *segnare i rincontri* **3** palo di rinforzo della struttura di sostegno in vigneti, frutteti e sim. **4** (*fig.*) †riprova, confronto, paragone **B** **prep.** ● †dirimpetto, di fronte a | anche nella loc. prep. ***r. a, r. di, di r. a***: *di r. alla porta*

rincoraggiàre [comp. di *r(i)-* e *incoraggiare* ✱ 1340] **A** **v. tr.** (**pres.** *io rincoràggio*; **fut.** *io rincoraggerò*) ● rincuorare dando nuovo coraggio | (*fam.*) incoraggiare **B** **rincoraggiàrsi** **v. intr. pron.** ● riprendere coraggio

rincoramènto ➤ **rincuoramento**

rincoràre ➤ **rincuorare**

rincorbellìre [da *corbello*, col pref. *rin-* ✱ 1872] **v. intr.** (*io rincorbellìsco, tu rincorbellìsci*; **aus.** *essere*) ● (*pop.*) rimbecillire

†**rincordàre** [comp. di *r(i)-* e *incordare* ✱ 1611] **v. tr.** ● incordare di nuovo

rincorniciàre [comp. di *r(i)-* e *incorniciare* ✱ 1872] **v. tr.** (**pres.** *io rincornìcio*; **fut.** *io rincornicerò*) ● incorniciare di nuovo

rincoronàre [comp. di *r(i)-* e *incoronare* ✱ 1853] **A** **v. tr.** (*io rincoróno*) ● incoronare di nuovo **B** **rincoronàrsi** **v. rifl.** ● incoronarsi di nuovo

rincorporàre [comp. di *r(i)-* e *incorporare* ✱ av. 1577] **A** **v. tr.** (*io rincòrporo*) ● incorporare di nuovo: *r. una regione in una Confederazione di Stati* **B** **rincorporàrsi** **v. intr. pron.** ● incorporarsi di nuovo

♦**rincórrere** [comp. di *rin-* e *correre* ✱ av. 1292] **A** **v. tr.** (**coniug. come** *correre*) ● inseguire, correre dietro: *r. un ragazzo per strada* | (*fig., lett.*) rievocare, ravvivare: *r. i propri ricordi* | (*fig.*) perseguire con affanno: *r. il successo, i facili guadagni* **B** **rincórrersi** **v. rifl. recipr.** ● corrersi dietro l'un l'altro: *i ragazzi giocavano a rincorrersi; le rondini si rincorrono nel cielo* **C** **rincórrersi** **v. intr. pron.** ● succedersi, richiamarsi: *i giorni si rincorrevano; Da borghi sparsi le campane intanto / si rincorron coi lor gridi argentini* (G. PASCOLI)

rincórsa [da *rincorso* ✱ 1804] **s. f.** ● breve corsa, spec. per prendere lo slancio: *prendere la r. prima di saltare* | ***di r.***, con la rincorsa; di slancio | corsa dietro a qlcu.: *ragazzi che ingombravano la via con giuochi e rincorse* (R. BACCHELLI)

rincórso **part. pass.** di *rincorrere* ● nei sign. del v.

rincospèrmo [comp. del gr. *rýnchos* 'becco' (V. *ornitorinco*) e *spérma* 'seme' (V. *sperma*): detto così dalla forma dell'appendice del seme ✱ 1835] **s. m.** ● pianta per spalliere a fusto flessuoso, dalle piccole foglie verdi e lucide, con fiori bianchi molto profumati (*Trachelospermum iasminoides*)

rincospòra [comp. del gr. *rýnchos* 'becco, grugno' (V. *ornitorinco*) e *spora*; detta così dall'appendice rostriforme del becco ✱ 1829] **s. f.** ● pianta erbacea delle Ciperacee, con fusto gracile e fiori in spighette biancastre (*Rhyncospora*)

Rincòti [dal gr. *rýnchos* 'becco, grugno' (V. *ornitorinco*): detti così perché provvisti di rostro ✱ 1940] **s. m. pl.** (**sing.** *-a*) ● (*zool.*) Emitteri

♦**rincréscere** [comp. di *r(i)-* e *increscere* ✱ av. 1257] **A** **v. intr.** (**coniug. come** *crescere*; **aus.** *essere*) **1** essere motivo di dispiacere, di rammarico, di disappunto (**+ inf.**, **+** *che* **seguito da congtv.**, **+** *di* **seguito da inf.**): *gli rincrescerà doverti dire di no; mi rincresce che tu sia malato; Mi rincresce di non poter fermarmi* (A. FOGAZZARO) | ***se non ti rincresce***, per piacere, se non ti dispiace **SIN.** dispiacere **2** †diventare insopportabile, venire a noia: *Colle, che mi piacesti, or mi rincresci* (F. PETRARCA) **B** **v. intr. pron.** ● (*raro*) provare rammarico, dispiacere: *si rincresceva di non aver domandato ... il nome dell'ebreo* (R. BACCHELLI)

rincrescévole [da *rincrescere* ✱ av. 1292] **agg.** ● (*lett.*) molesto, noioso, detto di cosa o di persona: *qualunque azione o passione viva e forte, purché non ci sia r. e dolorosa* (G. LEOPARDI) ‖ †**rincrescevolménte**, **avv.** con rincrescimento

rincresciménto [da *rincrescere* ✱ av. 1292] **s. m.** **1** dispiacere misto a disappunto, rammarico, amarezza: *provare, sentire r.; con r. sono costretto a rifiutare la proposta* **2** †noia, fastidio: *il r. dell'attendere* (G. BOCCACCIO) **3** †offesa, ingiuria

rincrescióso (o **-şo**) [da *rincrescere* ✱ av. 1565] **agg.** **1** (*raro*) che provoca rincrescimento e sim. **SIN.** increscioso **2** †tedioso, noioso **3** †che sente rincrescimento, detto di persona

rincresciùto **part. pass.** di *rincrescere* ● nei sign. del v. | (*lett.*) spiacevole | (*lett.*) dispiaciuto

rincrespaménto [1883] **s. m.** ● (*raro, lett.*) increspamento

rincrespàre [comp. di *r(i)-* e *increspare* ✱ av. 1374] **A** **v. tr.** (*io rincréspo*) ● (*lett.*) increspare: *crin ... / che natura per sé rincrespa e dora* (T. TASSO) | increspare di nuovo o di più **B** **rincrespàrsi** **v. intr. pron.** ● (*raro*) incresparsi | incresparsi di nuovo o di più

rincretiniménto [1960] **s. m.** ● il rincretinire | condizione di chi è rincretinito

rincretinìre [da *cretino*, col pref. *rin-* ✱ 1915] **A** **v. tr.** (*io rincretinìsco, tu rincretinìsci*) ● rendere cretino | (*est.*) confondere, stordire: *lo ha rincretinito di chiacchiere* **B** **v. intr.** (**aus.** *essere*) e **rincretinìrsi** **v. intr. pron.** ● diventare cretino, rimbecillirsi

rincretinìto **part. pass.** di *rincretinire*; anche **agg.** ● diventato cretino | (*est.*) intontito, inebetito

rincrociàre [comp. di *r(i)-* e *incrociare* ✱ 1803] **A** **v. tr.** (**pres.** *io rincrócio*; **fut.** *io rincrocerò*) ● incrociare di nuovo **B** **rincrociàrsi** **v. rifl. recipr.** ● incrociarsi di nuovo

rincrudelìre [comp. di *r(i)-* e *incrudelire* ✱ 1600] **v. intr.** (*io rincrudelìsco, tu rincrudelìsci*; **aus.** *essere*) e **rincrudelìrsi** **v. intr. pron.** ● (*lett.*) inasprirsi | (*lett.*) rimbarbarire: *Firenze rincrudelì con le fazioni* (G. VICO)

rincrudiménto [1788] **s. m.** ● aggravamento, inasprimento: *arrestare il r. del male; un improvviso r. del tempo*

rincrudìre [comp. di *r(i)-* e *incrudire* ✱ av. 1675] **A** **v. tr.** (*io rincrudìsco, tu rincrudìsci*) ● esacerbare di nuovo o di più: *un nuovo dolore ha rincrudito la sua sofferenza* | (*lett.*) aggravare, inasprire **B** **v. intr.** (**aus.** *essere*) e **rincrudìrsi** **v. intr. pron.** ● diventare più crudo, duro, aspro: *la malattia è rincrudita; il freddo si sta rincrudendo*

rinculàre [da *culo*, col pref. *rin-* ✱ 1312] **A** **v. intr.** (**aus.** *avere* o *essere* **nel sign. 1**, *avere* **nel sign. 2**) **1** indietreggiare senza voltarsi: *il cavallo rinculò improvvisamente* **2** arretrare, detto di un'arma portatile o di una bocca da fuoco, all'atto dello sparo, per l'azione dei gas della carica di lancio in direzione opposta a quella del proiettile **B** **v. tr.** ● †cacciare indietro

rinculàta [1624] **s. f.** ● il rinculare | rinculo

rinculcàre [comp. di *r(i)-* e *inculcare* ✱ av. 1594] **v. tr.** (*io rincùlco, tu rincùlchi*) ● (*lett.*) ribadire

rincùlo [1819] **s. m.** **1** il rinculare | arretramento | retromarcia **2** moto retrogrado di un'arma da fuoco all'atto dello sparo | ***cannone senza r.***, particolarmente organizzato per il parziale sfogo posteriore dei gas della carica di lancio con conseguente annullamento del rinculo

rincuoraménto o **rincoraménto** [sec. XIV] **s. m.** ● (*lett.*) conforto, consolazione

✦**rincuoràre** o (*lett.*) **rincoràre** [comp. di *r(i)-* e *incuorare* ✱ av. 1328] **A** **v. tr.** (*io rincuòro, lett. rincòro*; **in tutta la coniug. di** *rincorare* **la** *o* **dittonga preferibilmente in** *-uo* **se tonica**) ● dare nuovo o maggior coraggio: *qualcuno mi voleva rincorare, mi diceva che la signora si riavrebbe ...* (A. FOGAZZARO) **SIN.** confortare, incoraggiare **B** **v. intr.** † e **rincuoràrsi** **v. intr. pron.** ● riprendere coraggio, animo **SIN.** incoraggiarsi, rinfrancarsi

SFUMATURE DI SIGNIFICATO

rincuorare - confortare - rassicurare

Rincuorare è dare coraggio a chi è in difficoltà per una prova difficile in cui deve cimentarsi o perché ha subito un evento negativo. **Confortare** fa invece riferimento all'atto di indirizzare parole di aiuto o di incoraggiamento a chi soffre, prospettandogli qualche aspetto positivo su cui far leva. **Rassicurare** fa riferimento a una persona più preoccupata che non addolorata, a cui si porta aiuto dando assicurazione sull'inconsistenza delle ragioni che la mettono in apprensione.

SFUMATURE ➤ ***incoraggiare***

rincupìre [comp. di *r(i)-* e *incupire* ✱ 1865] **A** **v. tr.** (*io rincupìsco, tu rincupìsci*) ● rendere cupo o più cupo **B** **v. intr.** (**aus.** *essere*) e **rincupìrsi** **v. intr. pron.** ● diventare più cupo | (*est.*) abbassarsi di tono: *la sua voce ha una risonanza singolare, quasi argentina ...; poi sùbito si rincupisce* (G. D'ANNUNZIO) | (*fig.*) rattristarsi

rincurvàre [comp. di *r(i)-* e *incurvare* ✱ 1835] **v. tr.**, **intr.** (**aus. intr.** *essere*) e **rincurvàrsi** **v. intr. pron.** ● incurvare, incurvarsi di nuovo o di più

rincurvìre [1891] **v. tr.**, **intr.** (*io rincurvìsco, tu rincurvìsci*; **aus. intr.** *essere*) e **rincurvìrsi** **v. intr. pron.** ● (*raro*) rincurvare, rincurvarsi

rindebitàre [comp. di *r(i)-* e *indebitare* ✱ 1872] **v. tr.** (*io rindébito*) e **rindebitàrsi** **v. rifl.** ● indebitare, indebitarsi di nuovo

rindirizzàre [comp. di *r(i)-* e *indirizzare* ✱ 1550] **v. tr.** e **rindirizzàrsi** **v. rifl.** ● indirizzare, indirizzarsi di nuovo

rindolcìre [comp. di *r(i)-* e *indolcire* ✱ 1515] **v. tr.**, **intr.** (*io rindolcìsco, tu rindolcìsci*; **aus. intr.** *essere*) e **rindolcìrsi** **v. intr. pron.** ● (*raro*) addolcire, addolcirsi di nuovo o di più

rindondànte (*evit.*) ➤ **ridondante**

rindossàre [comp. di *r(i)-* e *indossare* ✱ av. 1367] **v. tr.** (*io rindòsso*) ● indossare di nuovo

rindurìre [comp. di *r(i)-* e *indurire* ✱ 1566] **A** **v. tr.** (*io rindurisco, tu rindurisci*) ● indurire di nuovo | indurire **B** **v. intr.** (**aus.** *essere*) e **rindurìrsi** **v. intr. pron.** ● indurirsi o indurirsi di nuovo

rinèchide [comp. di *rino-* e del gr. *échis* 'vipera' (V. *echide*) ✱ 1970] **s. m.** ● serpente lungo fino a 1 metro, bruno rossiccio con due linee nere sul dorso, agile sia sul terreno che sugli alberi (*Rinechis scalaris*)

†**rinegàre** ➤ **rinnegare**

rinegoziàbile [1983] **agg.** ● che si può rinegoziare: *accordo r.* ‖ **rinegoziabilità**, **s. f. inv.**

rinegoziàre [comp. di *ri-* e *negoziare* ✱ 1983] **v. tr.** (*io rinegòzio*) ● negoziare di nuovo | intavolare delle trattative per rimettere in discussione un accordo già negoziato: *r. un'alleanza*

rinegoziàto **A** **part. pass.** di *rinegoziare*; **anche agg.** ● nei sign. del v. **B** **s. m.** ● (*raro*) l'insieme delle trattative necessarie per rimettere in discussione accordi già negoziati

rinegoziazióne [1985] **s. f.** ● il rinegoziare | rinegoziato: *avviare la r. di un'alleanza*

rinencèfalo [comp. di *rino-* ed *encefalo* ✱ 1835] **s. m.** ● (*anat.*) parte del telencefalo che ha rapporto con la funzione olfattoria

rinettàre [comp. di *ri-* e *nettare*② ✱ 1464] **v. tr.** (*io rinétto*) ● (*lett.*) nettare, pulire di nuovo o meglio: *di poi, con una punta di smeriglio si va rinettando detti pezzi ...* (G. VASARI) | (*fig.*, *lett.*) purificare, emendare

rinettatùra [1600] **s. f.** ● (*raro*, *lett.*) ripulitura

rinevicàre [comp. di *ri-* e *nevicare* ✱ 1872] **v. intr. impers.** (*rinévica*; **aus.** *essere* **o** *avere*) ● nevicare di nuovo

rinfacciaménto [1589] **s. m.** ● il rinfacciare: *l'aspro r. dell'ingratitudine* **SIN.** rimprovero

rinfacciàre [da *faccia*①, col pref. *rin-* ✱ av. 1342] **A** **v. tr.** (**pres.** *io rinfàccio*; **fut.** *io rinfaccerò*) **1** rimproverare apertamente e in modo aspro a qlcu. un difetto, una colpa, un errore e sim. (+ *di* **seguito da inf.**, + *che*): *rinfacciava al giovane la sua viltà; gli rinfaccia di essere poco intraprendente; mi rinfaccia che non l'avevo avvertita* **2** rammentare a qlcu. con risentimento e in modo umiliante ciò che si è fatto per lui: *r. un beneficio, un favore; il padre gli rinfacciava il pane che mangiava* (R. BACCHELLI) **B** **rinfacciàrsi** **v. tr. pron.** (**aus.** *essere*) ● (con valore recipr.) rivolgersi critiche, rimproveri, accuse: *i colpevoli si rinfacciano la responsabilità del delitto*

rinfàccio [da *rinfacciare* ✱ 1891] **s. m.** ● rinfacciamento, rimprovero

rinfagottàre [comp. di *r(i)-* e *infagottare* ✱ av. 1767] **A** **v. tr.** (*io rinfagòtto*) ● ravvolgere qlco. facendone un fagotto | infagottare **B** **rinfagottàrsi** **v. rifl.** ● infagottarsi, imbacuccarsi

†**rinfamàre** [da *fama*, col pref. *rin-* ✱ 1319] **v. tr.** ● restituire a qlcu. una buona reputazione

rinfanciullìre [da *fanciullo*, col pref. *rin-* ✱ sec. XIV] **v. intr.** (*io rinfanciullisco, tu rinfanciullìsci*; **aus.** *essere*) ● ridiventare come un bambino | †rimbambire

rinfangàre [comp. di *r(i)-* e *infangare* ✱ sec. XIV] **v. tr.** (*io rinfàngo, tu rinfànghi*) e **rinfangàrsi** **v. rifl.** ● infangare, infangarsi di nuovo

†**rinfantocciàre** [da *fantoccio*, col pref. *rin-* ✱ 1618] **A** **v. tr.** ● rivestire come un fantoccio **B** **v. intr.** (**aus.** *essere*) e †**rinfantocciàrsi** **v. intr. pron.** ● tornare bambino | (*est.*) rimbambire

†**rinfarciàre** [1313] **v. tr.** ● (*raro*, *lett.*) rinfarcire: *s'i' ho sete e omor mi rinfarcia* (DANTE *Inf.* XXX, 126)

rinfarcìre [comp. di *r(i)-* e *infarcire* ✱ 1872] **v. tr.** (*io rinfarcìsco, tu rinfarcìsci*) ● infarcire di nuovo o di più (*spec. fig.*): *r. il compito di errori*

rinfarinàre [comp. di *r(i)-* e *infarinare* ✱ av. 1645] **v. tr.** ● infarinare di nuovo o ben bene

rinferràre [comp. di *r(i)-* e *inferrare* ✱ 1525] **A** **v. tr.** (*io rinfèrro*) ● †riparare un attrezzo di ferro o una parte di esso | †incatenare **B** **rinferràrsi** **v. intr. pron.** ● (*raro*, *fig.*) rimettersi in sesto economicamente o riacquistare vigore fisico

rinfervoràre [comp. di *r(i)-* e *infervorare* ✱ 1673] **v. tr.** (*io rinfèrvoro*) e **rinfervoràrsi** **v. intr. pron.** ● infervorare, infervorarsi di nuovo

rinfiammàre [comp. di *r(i)-* e *infiammare* ✱ 1321] **v. tr.** e **rinfiammàrsi** **v. intr. pron.** ● infiammare, infiammarsi di nuovo o di più (*anche fig.*): *r. gli animi*

rinfiancàre [da *fianco*, col pref. *rin-* ✱ 1550] **v. tr.** (*io rinfiànco, tu rinfiànchi*) **1** rinforzare una costruzione sui fianchi **2** (*fig.*) rafforzare, sostenere: *r. un ragionamento; r. un'ipotesi con nuovi elementi*

rinfiànco [1682] **s. m.** (**pl.** *-chi*) **1** il rinfiancare | ciò che serve a sostenere qlco. **2** struttura di riempimento che si appoggia sull'estradosso dell'arco dei ponti in muratura, sulla quale viene impostata la struttura stradale **3** (*fig.*, *lett.*) riscontro, sostegno: *[una credenza] che non ha alcun r. dalla lettera di Dante* (G. PASCOLI)

rinfichìre [da *fico*, col pref. *rin-* ✱ 1855] **v. intr.** (*io rinfichìsco, tu rinfichìsci*; **aus.** *essere*) ● (*raro*, *tosc.*) rinfichisecchire

rinfichisecchìre [da *fico secco*, col pref. *rin-* ✱ 1863] **v. intr.** (*io rinfichisecchìsco, tu rinfichisecchìsci*; **aus.** *essere*) ● (*raro*, *tosc.*) diventare magro, grinzo o vizzo come un fico secco, detto di persona o di cosa

rinfierìre [comp. di *r(i)-* e *infierire* ✱ av. 1827] **v. intr.** (*io rinfierisco, tu rinfierìsci*; **aus.** *avere* **nel sign. 1**, *essere* **nel sign. 2**) **1** infierire di nuovo o di più, detto di persona **2** diventare più forte o violento, detto di malattie, elementi naturali, catastrofi, ecc. | (*fig.*, *lett.*) diventare più aspro (detto di una critica)

rinfilàre [comp. di *r(i)-* e *infilare* ✱ av. 1543] **A** **v. tr.** ● infilare di nuovo **B** anche **rinfilàrsi** **v. tr. pron.** (**aus.** *essere*): *rinfilarsi la giacca*

rinfioràre o †**rinfloràre** [comp. di *r(i)-* e *infiorare* ✱ sec. XIV] **A** **v. tr.** (*io rinfióro*) ● (*lett.*) infiorare di nuovo **B** **v. intr.** (**aus.** *essere*) e **rinfioràrsi** **v. intr. pron.** ● (*lett.*) ricoprirsi di fiori

rinfittìre [comp. di *r(i)-* e *infittire* ✱ 1872] **A** **v. intr.** (*io rinfittisco, tu rinfittìsci*; **aus.** *essere*) ● infittire di nuovo o di più **B** **rinfittìrsi** **v. intr. pron.** ● infittirsi di nuovo o di più

†**rinfloràre** ➤ **rinfiorare**

rinfocàre ➤ **rinfuocare**

rinfocolaménto [av. 1729] **s. m.** ● il rinfocolare **SIN.** riattizzamento | (*fig.*, *lett.*) risveglio, rievocazione

✦**rinfocolàre** [comp. di *r(i)-* e †*infocolare* ✱ sec. XIV] **A** **v. tr.** (*io rinfòcolo*) **1** (*raro*) attizzare di nuovo il fuoco **2** (*fig.*) riaccendere, ridestare o acuire un sentimento, una passione e sim.: *r. l'odio, la discordia* **SIN.** fomentare **B** **rinfocolàrsi** **v. intr. pron.** ● (*fig.*) riaccendersi, ridestarsi

rinfoderàre [comp. di *r(i)-* e *infoderare* ✱ 1640] **v. tr.** (*io rinfòdero*) **1** rimettere nel fodero, infoderare di nuovo: *l'ufficiale rinfoderò la spada* | (*est.*) ritrarre, ritirare: *r. gli artigli* **2** (*fig.*) rinunciare a dire o fare qlco.: *r. le proprie intenzioni*

rinfóndere [comp. di *rin-* e *fondere* ✱ av. 1472] **v. tr.** (**coniug. come** *fondere*) **1** †aggiungere | (*lett.*) rimettere, rifornire **2** (*lett.*) infondere nuovo vigore

rinfornàre [comp. di *r(i)-* e *infornare* ✱ 1612] **v. tr.** (*io rinfórno*) ● infornare di nuovo

rinfornàta [comp. di *r(i)-* e *infornata* ✱ 1872] **s. f.** ● nuova infornata

rinforzaménto [1554] **s. m.** ● il rinforzare

rinforzàndo [gerundio di *rinforzare* ✱ 1826] **s. m. inv.** ● (*mus.*) indicazione dinamica che richiede un graduale accrescimento d'intensità del suono

rinforzàre [comp. di *r(i)-* e *inforzare* ✱ av. 1292] **A** **v. tr.** (*io rinfòrzo*) **1** rendere più forte, rinvigorire: *r. i muscoli, il corpo* | rimettere in forze | rendere più saldo, stabile: *r. un mobile, un edificio* | (*raro*) intensificare | (*fig.*) rafforzare, avvalorare, ribadire: *r. un'autorità*; *r. un'ipotesi con nuovi elementi* **2** (*milit.*) accrescere di forza o mezzi per aumentare le capacità di offesa o di difesa **3** (*fig.*) irrobustire, rinvigorire: *le delusioni hanno rinforzato il sentimento religioso* (G. MAZZINI) **B** v. intr. (aus. *essere*) e **rinforzàrsi** v. intr. pron. ● diventare più forte, vigoroso: *il vento è rinforzato*; *ci siamo rinforzati con una buona cura*

†**rinforzàta** [av. 1348] s. f. ● aggiunta, rinforzo

rinforzàto part. pass. di *rinforzare*; anche agg. **1** nei sign. del v. **2** (*bot.*) ***calice r.***, che presenta alla base squame e foglioline a costituire il calicetto

†**rinforzìre** [sec. XV] v. tr., intr. e †**rinforzìrsi** v. intr. pron. ● rinforzare, rinforzarsi

rinfòrzo [1500] s. m. **1** il rinforzare | rafforzamento: *curare il r. delle mura esterne* | ciò con cui si rinforza qlco.: *mettere un r. ai tacchi, al gomito della giacca* | sostegno, aiuto, appoggio: *di r. vennero due amici* | (*merid.*) ***insalata di r.***, insalata di cimette di cavolfiore, acciughe, capperi, olive nere e spicchi d'uova sode **2** (*milit.*) assegnazione di forze o mezzi ad una unità ad incremento di quelli in organico: *due reggimenti di r.* | (spec. al pl.) le truppe inviate a sostegno di altre già in azione: *chiedere, attendere, inviare rinforzi*; *I rinforzi vanno calando dalle Alpi* (V. MONTI) **3** (*psicol.*) nell'apprendimento per condizionamento strumentale, la conseguenza piacevole che segue a una risposta e aumenta la probabilità che questa si ripeta SIN. ricompensa ‖ **rinforzino**, dim.

rinfoscàrsi [comp. di *r(i)-* e *infoscarsi* ✱ 1504] v. intr. pron. (*io mi rinfósco* (o *-ò-*), *tu ti rinfóschi* (o *-ò-*)) ● (*raro, lett.*) diventare cupo, buio: *cantate infin che i campi si rinfoscano* (I. SANNAZARO)

rinfoschìrsi [da *fosco*, col pref. *rin-* ✱ av. 1912] v. intr. pron. (*io mi rinfoschisco, tu ti rinfoschìsci*) ● (*lett.*) infoschirsi di nuovo | (*fig.*) rattristarsi nuovamente: *e poi ridubitare e raccigliarsi e r.* (G. PASCOLI)

rinfradiciàre [comp. di *r(i)-* e *infradiciare* ✱ 1872] **A** v. tr. (pres. *io rinfràdicio*; fut. *io rinfradicerò*) ● infradiciare di nuovo o di più **B** **rinfradiciàrsi** v. intr. pron. ● diventare fradicio di nuovo o di più

rinfrancaménto [av. 1578] s. m. ● (*lett.*) ripresa di vigore, di fiducia e sim.

✦**rinfrancàre** [comp. di *r(i)-* e *infrancare* ✱ 1342] **A** v. tr. (*io rinfrànco, tu rinfrànchi*) **1** ridare sicurezza, fiducia, coraggio e sim.: *un breve discorso d'incoraggiamento rinfrancò i concorrenti*; *r. la coscienza, lo spirito* SIN. rassicurare **2** (*raro, lett.*) rinvigorire, rimettere in forze **3** †risarcire **B** **rinfrancàrsi** v. intr. pron. **1** riacquistare sicurezza, fiducia, coraggio e sim.: *dopo le parole della madre, il bambino si rinfrancò*; *rinfrancarsi da uno spavento* **2** (*raro, lett.*) rinvigorirsi, detto del corpo **3** †rifarsi di una spesa

✦**rinfrancàto** part. pass. di *rinfrancare*; anche agg. ● che ha ripreso sicurezza, fiducia, vigore e sim.: *r. nell'animo*; *r. dalla virtù tonica del bagno* (G. D'ANNUNZIO)

rinfrancescàre [deformazione di *rinfrescare* ✱ 1600] v. tr. (*io rinfrancésco, tu rinfrancéschi*) ● (*raro, lett.*) rinnovare la memoria di qlco.: *sono andati a r. le liti* (G. GIUSTI); *r. il passato* (G. CARDUCCI)

†**rinfrànco** [da *rinfrancare* ✱ av. 1673] s. m. ● conforto, aiuto

rinfràngere [comp. di *r(i)-* e *infrangere* ✱ av. 1250] **A** v. tr. (coniug. come *frangere*) **1** (*raro*) infrangere, infrangere di nuovo **2** (*raro*) rifrangere **3** †replicare **B** v. intr. (aus. *essere*) e **rinfràngersi** v. intr. pron. **1** (*lett.*) infrangersi: *il mare si rinfrange sulla scogliera* **2** (*raro, lett.*) rifrangersi

rinfrànto part. pass. di *rinfrangere*; anche agg. ● (*raro*) nei sign. del v.

†**rinfrenàre** [comp. di *r(i)-* e *infrenare* ✱ 1266] v. tr. ● raffrenare

rinfrescaménto [av. 1348] s. m. **1** (*raro*) il rinfrescare | †refrigerio **2** †approvvigionamento, rifornimento **3** †ristoro, riposo, rincuoramento: *pigliando r. e cibo* (G. BOCCACCIO) **4** †rinfresco, ricevimento

rinfrescànte **A** part. pres. di *rinfrescare*; anche agg. ● che rinfresca: *il brodo di endivia ch'è molto r.* (V. MONTI) | che disseta: *una bevanda r.* **B** s. m. ● (*colloq.*) medicina che attenua lo stato di infiammazione

✦**rinfrescàre** [comp. di *r(i)-* e *infrescare* ✱ av. 1294] **A** v. tr. (*io rinfrésco, tu rinfréschi*) **1** rendere fresco o più fresco, refrigerare: *il vento ha rinfrescato l'aria*; *r. la camera con un ventilatore*; *r. la strada innaffiandola*; *r. i piedi nell'acqua* | (*milit.*) ***r. il pezzo***, raffreddare la bocca da fuoco di un'arma eccessivamente riscaldata dal tiro | (*mar.*) ***r. gli ormeggi***, agire sui cavi in modo che le parti soggette all'attrito non siano sempre le stesse **2** (*colloq.*) attenuare lo stato infiammatorio, spec. dell'intestino: *gli ho dato la gramigna per rinfrescarlo* (G. VERGA) **3** †dare refrigerio, sollievo, riposo e sim., ristorare con cibo o riposo: *r. un viandante* | ***r. le truppe***, sostituire con forze fresche le truppe stanche | (*lett., fig.*) rinnovare, ravvivare: *r. la fama*; *Adon rinfresca a Venere il suo pianto* (A. POLIZIANO) | ***r. la memoria a qlcu.***, (*fig.*) fargli ricordare qlco. (talora in tono polemico): *se mai se lo scordasse, io gli rinfrescherò la memoria* (C. GOLDONI) **4** ritoccare, restaurare | ***r. le pareti***, ridipingerle **5** †rendere più fluido con la lega il metallo in fusione: *r. con stagno* **6** †rendere più gagliardo **B** v. intr. (aus. *essere, raro avere*) **1** diventare fresco, detto del tempo (*anche impers.*): *il clima è rinfrescato*; *oggi è* (o *ha*) *rinfrescato* **2** farsi più gagliardo, detto del vento **C** **rinfrescàrsi** v. rifl. e tr. pron. (aus. *essere*) ● ristorarsi col riposo o spec. con bevande fresche: *si rinfrescò la gola con una bibita* | (*lett.*) rifocillarsi: *il Priore don Ludovico rifiutava di rinfrescarsi a motivo che era vigilia* (F. DE ROBERTO) | lavarsi, ripulirsi dopo un viaggio, una fatica, ecc.: *rinfrescarsi la faccia*; *mi sono rinfrescato con una doccia fredda* **D** **rinfrescàrsi** v. intr. pron. **1** diventare fresco: *le giornate si stanno rinfrescando* **2** (*lett.*) rinnovarsi, ravvivarsi

rinfrescàta [av. 1698] s. f. **1** diminuzione della temperatura, che rinfresca l'aria: *con l'autunno è venuta una bella r.* | (*raro, lett.*) periodo in cui una stagione si mitiga **2** azione volta a rinfrescarsi e a ristorarsi: *dopo una giornata così calda, ho proprio bisogno di una bella r.* | (*est.*) ***dare una r.***, ripulire, ravvivare dipingendole di nuovo, detto spec. delle pareti; (*fig.*) ripassare sommariamente qlco: *dare una r. alla sintassi* **3** (*mar.*) aumento della forza del vento ‖ **rinfrescatina**, dim.

rinfrescatìvo [1525] agg. ● (*disus.*) rinfrescante: *decotto r.*

rinfrescàto part. pass. di *rinfrescare*; anche agg. ● nei sign. del v.

†**rinfrescatóio** [sec. XIII] s. m. ● recipiente in cui si ponevano in fresco le bevande SIN. cantimplora

rinfrescatùra [av. 1597] s. f. ● (*raro*) rinfrescata nei sign. 1 e 2

rinfrésco [av. 1568] s. m. (pl. *-schi*) **1** (*lett.*) rinfrescamento, refrigerio **2** servizio di bevande fresche, cibi leggeri e dolci che si offrono in occasione di feste, ricevimenti e sim.: *essere invitati a un r.*; *dare un sontuoso r.* | (al pl.) i cibi e le bevande stesse che vengono offerti: *gli ospiti esaurirono in breve tutti i rinfreschi* **3** †riposo, ristoro **4** †soccorso, rinforzo

†**rinfrigidàrsi** [comp. di *r(i)-* e *infrigidarsi* ✱ av. 1530] v. intr. pron. ● (*raro, poet.*) diventare freddo o più freddo: *pria che per anni il sangue si rinfrigidi* (I. SANNAZARO)

rinfrìgno [comp. di *r(i)-* e *infrigno* ✱ 1845] s. m. ● (*disus.*) cucitura o rammendo mal fatto

†**rinfrondàre** [comp. di *r(i)-* e *infrondare* ✱ sec. XV] v. tr. e †**rinfrondàrsi** v. intr. pron. ● rivestire, rivestirsi di fronde

†**rinfronzìre** [comp. di *rin-* e †*fronzire* ✱ 1612] v. intr. ● rifronzire

rinfronzolàre [1872] v. tr. (*io rinfrónzolo*) e **rinfronzolàrsi** v. rifl. ● (*raro, lett.*) rinfronzolire, rinfronzolirsi

rinfronzolìre [da *fronzolo*, col pref. *rin-* ✱ av. 1767] **A** v. tr. (*io rinfronzolisco, tu rinfronzolìsci*) ● adornare di fronzoli (spec. scherz.) **B** **rinfronzolìrsi** v. rifl. ● adornarsi di fronzoli, azzimarsi

rinfuocàre o (*lett.*) **rinfocàre** [comp. di *r(i)-* e *infuocare* ✱ 1481] v. tr. (*io rinfuòco* o *rinfòco*; coniug. come *infuocare*) e **rinfuocàrsi** v. intr. pron. ● infuocare, infuocarsi di nuovo o di più

rinfurbìre [comp. di *r(i)-* e *infurbire* ✱ 1872] v. intr. (*io rinfurbisco, tu rinfurbìsci*; aus. *essere*) ● (*tosc.*) diventare più furbo

rinfuriàre [comp. di *r(i)-* e *infuriare* ✱ av. 1685] v. intr. (*io rinfùrio*; aus. *essere*) ● infuriare di nuovo | (*lett.*) diventare più agitato: *il mare rinfuriò sì, che non vi fu momento ... che non credessero andar sotto* (D. BARTOLI)

rinfùsa [da †*rinfuso* ✱ sec. XV] s. f. **1** nella loc. avv. ***alla r.***, disordinatamente, confusamente e senza distinzione: *libri e carte gettati alla r. sul banco*; *tenere alla r. nei cassetti abiti e biancheria*; *dire qlco. alla r.* **2** (*mar.*) ***merci alla r.***, o (al pl.) ***le rinfuse***, le merci trasportate sciolte nella stiva, come carbone, cereali, minerali e sim.

†**rinfùso** part. pass. di †*rinfondere*; anche agg. **1** nei sign. del v. | (*lett.*) pieno, grondante **2** confuso, mescolato ‖ †**rinfusaménte**, avv. alla rinfusa, disordinatamente

ring /ring, *ingl.* rɪŋ/ [vc. ingl., 'anello', di orig. germ. ✱ 1897] s. m. inv. **1** (*sport*) nel pugilato, quadrato | ***campione del r.***, campione di pugilato **2** (*sport*) recinto nell'interno dell'ippodromo, in prossimità della tribuna principale, nel quale, dopo una corsa, i cavalli che hanno gareggiato vengono esibiti e talvolta venduti all'asta **3** (*econ.*) accordo fra imprese per incettare una materia prima o un prodotto, determinando un calo dell'offerta e un conseguente aumento di prezzo, per venderlo poi gradatamente speculando sulla differenza fra il nuovo e il vecchio prezzo **4** (*tess.*) filatoio continuo per cotone e lana, nel quale il lucignolo passa in un anellino di acciaio o nylon, scorrevole e girevole su un anello che circonda il fuso e destinato a imprimere e regolare la torsione del lucignolo stesso SIN. cursore, filatoio ad anelli | anellino attraverso il quale passa il lucignolo in tale filatoio

ringabbiàre [comp. di *r(i)-* e *ingabbiare* ✱ 1872] v. tr. (*io ringàbbio*) ● ingabbiare di nuovo

ringaggiàre [comp. di *r(i)-* e *ingaggiare* ✱ 1872] v. tr. (pres. *io ringàggio*; fut. *io ringaggerò*) ● ingaggiare di nuovo

ringagliardiménto [av. 1578] s. m. ● (*lett.*) rinvigorimento

ringagliardire [comp. di *r(i)-* e *ingagliardire* ✱ sec. XIV] **A** v. tr. (*io ringagliardisco, tu* *ringagliardìsci*) • rinvigorire, rafforzare **B** v. intr. (aus. *essere*) e **ringagliardirsi** v. intr. pron. • riacquistare vigore, forza e sim.: *Il vecchio ringagliardì* (R. BACCHELLI); *Il vento ringagliardiva* (E. MONTALE)

ringagliardìto part. pass. di *ringagliardire*; anche agg. • nei sign. del v.: *si sentì r.*

ringalluzzàre [av. 1543] v. tr., intr. (aus. intr. *essere*) e **ringalluzzàrsi** v. intr. pron. • (*lett.*) ringalluzzire, ringalluzzirsi

✦**ringalluzzìre** [comp. di *r(i)-* e *ingalluzzire* ✶ av. 1543] **A** v. tr. (*io ringalluzzisco, tu ringalluzzìsci*) • far diventare baldanzoso, fiero o vivace come un galletto (*anche scherz.*): *i complimenti lo ringalluzziscono* **B** v. intr. (aus. *essere*) e **ringalluzzìrsi** v. intr. pron. • diventar vispo, baldanzoso, euforico (*anche scherz.*): *Chi non è tentato di ringalluzzirsi quando ... senta ripetere ... il suo nome con una lode qualunque?* (A. MANZONI)

ringalluzzìto part. pass. di *ringalluzzire*; anche agg. • nel sign. del v. | imbaldanzito

ringarbugliàre [comp. di *r(i)-* e *ingarbugliare* ✶ 1885] v. tr. (*io ringarbùglio*) • ingarbugliare di nuovo o maggiormente

†**ringavagnàre** [da *gavagno*, col pref. *rin-* ✶ 1313] v. tr. • (*fig.*) riacquistare: *poi ride, e la speranza ringavagna* (DANTE *Inf.* XXIV, 12)

ringemmàre [comp. di *r(i)-* e *ingemmare* ✶ 1620] v. tr. (*io ringèmmo*) e **ringemmàrsi** v. intr. pron. • ingemmare, ingemmarsi di nuovo

ringentilìre [comp. di *r(i)-* e *ingentilire* ✶ 1433] **A** v. tr. (*io ringentilisco, tu ringentilisci*) • ingentilire: *quegli ornamenti la ringentiliscono* **B** v. intr. (aus. *essere*) e **ringentilìrsi** v. intr. pron. • diventare più gentile, più amabile | ingentilirsi

ringgit /*malese* 'riŋgit/ [n. locale, che significa anche 'orlo di moneta' ✶ 1993] s. m. inv. • (*econ.*) unità monetaria della Malaysia

ringhiànte part. pres. di *ringhiare*; anche agg. • nei sign. del v. | (*fig., lett.*) aspro, stridente: *in suon r. e forte* (U. FOSCOLO)

✦**ringhiàre** o (*raro, tosc.*) **rignàre** [lat. parl. **ringulāre*, per il classico *ringi*, di orig. onomat. ✶ 1313] **A** v. intr. (*io rìnghio*; aus. *avere*) **1** digrignare i denti mandando un brontolio minaccioso, detto di cani o di lupi | (*lett.*) nitrire fortemente: *il cavallo si drizzò ringhiando* (C. PAVESE) **2** (*fig.*) parlare a denti stretti con irritazione o in tono ostile e minaccioso **B** v. tr. • (*fig.*) dire qualcosa in tono rabbioso, minaccioso: *lo accolse ringhiando parole ostili*

ringhièra [aferesi di *aringhiera*, da *aringo* ✶ sec. XIII] s. f. **1** parapetto per lo più costituito di barre o tubi di metallo variamente disposti, per scale, ballatoi e terrazzi | (*sett.*) ***casa di r.***, caseggiato popolare a più piani, tipico dell'edilizia della fine 1800, fornito di lunghi ballatoi con ringhiera metallica, su cui si aprono le porte delle singole abitazioni, talvolta con servizi igienici in comune **2** (*lett.*) tribuna, luogo elevato per oratori: *Portato più che salito ... su quella nuova r.* (A. MANZONI) ‖ **ringhierétta**, dim. | **ringhierìna**, dim.

✦**rìnghio** o (*raro, tosc.*) **rìgno** [sec. XV] s. m. • atto del ringhiare | digrignamento e brontolio rabbioso di chi ringhia

ringhióso (o -ṣ-) [1319] agg. **1** che ringhia: *cane, botolo r.*; *gonfiava le froge al pari di un mastino r.* (G. VERGA) **2** (*fig.*) che parla a denti stretti e in tono iroso e aggressivo: *vecchio r.* ‖ **ringhiosétto**, dim. ‖ **ringhiosaménte**, avv. in modo ringhioso (*anche fig.*) ‖ **ringhiosità**, s. f. inv. caratteristica di chi (o di ciò che) è ringhioso; (*fig.*) atteggiamento aggressivo che manifesta rabbia, ira

ringhiottìre [comp. di *r(i)-* e *inghiottire* ✶ 1563] v. tr. (*io ringhiótto* o *raro ringhiottìsco, tu ringhiótti* o *raro ringhiottìsci*) • inghiottire di nuovo | (*fig., lett.*) far scomparire: *treman corrotte / le vestigia / che il vuoto non ringhiotte* (E. MONTALE) | (*fig.*) rimangiarsi: *ha ringhiottito le sue offese* | (*fig.*) reprimere, trattenere: *r. le lacrime*

ringiallìre [comp. di *r(i)-* e *ingiallire* ✶ 1872] **A** v. tr. (*io ringiallìsco, tu ringiallisci*) • ingiallire di nuovo o di più **B** v. intr. (aus. *essere*) e **ringiallìrsi** v. intr. pron. • ingiallire: *i pioppi incominciano a r.*

ringinocchiàrsi [comp. di *r(i)-* e *inginocchiarsi* ✶ 1835] v. intr. pron. (*io mi ringinòcchio*) • inginocchiarsi di nuovo

†**ringioìre** [comp. di *rin-* e *gioire* ✶ 1287] **A** v. tr. • rallegrare **B** v. intr. • gioire vivamente: *ciò che sguardate fate r.* (DANTE)

ringiovaniménto [1851] s. m. • il ringiovanire | (*fig., lett.*) rinnovamento | (*geol.*) ***r. del paesaggio***, fenomeno per cui in una regione, già ridotta a penepiano dall'erosione, si ha la ripresa di un nuovo ciclo erosivo

ringiovanìre o †**ringiovenìre** [comp. di *r(i)-* e *ingiovanire* ✶ sec. XIII] **A** v. tr. (*io ringiovanisco, tu ringiovanìsci*) • rendere giovane, fare ritornare giovane | (*est.*) far sembrare più giovane: *il biondo ringiovanisce le donne* (G. D'ANNUNZIO) | (*fig., lett.*) rinnovare **B** v. intr. (aus. *essere*) e **ringiovanìrsi** v. intr. pron. • tornare giovane nell'aspetto, apparire, sentirsi giovane: *dopo questa vacanza sei ringiovanito*; *ringiovanisce tutto / nell'aspetto dei figli il caro padre* (G. PARINI) | (*lett.*) rifiorire, rinverdire: *ringiovaniva anche l'edera tenace* (G. D'ANNUNZIO)

ringiovanìto part. pass. di *ringiovanire*; anche agg. • nei sign. del v. | (*fig.*) rigenerato: *Ritornava da quei viaggi r. nell'anima e nel corpo* (L. PIRANDELLO)

†**ringiovenìre** ➤ **ringiovanire**

ringoiàre [comp. di *r(i)-* e *ingoiare* ✶ av. 1694] v. tr. (*io ringóio*) **1** ingoiare di nuovo: *ha ringoiato la medicina* **2** (*fig.*) rimangiare, ritrattare: *ha dovuto r. tutte le sue maldicenze* | (*fig.*) trattenere, reprimere: *'Sì, sì', ripetè l'Adriana, ringoiando le lagrime* (L. PIRANDELLO)

ringolfàrsi [comp. di *r(i)-* e *ingolfarsi* ✶ sec. XVI] v. intr. pron. (*io mi ringólfo*) • ingolfarsi di nuovo | (*fig., lett.*) impegnarsi nuovamente con passione in qlco.: *mi ringolfai nei romanzi* (V. ALFIERI)

ringollàre [comp. di *r(i)-* e *ingollare* ✶ 1870] v. tr. (*io ringóllo*) • (*pop.*) ingollare di nuovo | (*fig., lett.*) reprimere

ringorgaménto [av. 1348] s. m. • il ringorgare, il ringorgarsi | ristagno

ringorgàre [comp. di *r(i)-* e *ingorgare* ✶ av. 1348] **A** v. tr. (*io ringórgo, tu ringórghi*) • ingorgare di nuovo **B** v. intr. † e **ringorgàrsi** v. intr. pron. • ingorgarsi, ingorgarsi di nuovo

ringórgo [comp. di *r(i)-* e *ingorgo* ✶ 1688] s. m. (pl. *-ghi*) • (*raro*) ingorgo, rigurgito

ringozzàre [comp. di *r(i)-* e *ingozzare* ✶ av. 1623] **A** v. tr. (*io ringózzo*) • ingozzare | (*fig., lett.*) ringoiare **B** **ringozzàrsi** v. rifl. • ingozzarsi di nuovo

ringranàre① [da *grano*, col pref. *rin-* ✶ 1738] v. tr. • (*agric.*) seminare nuovamente un terreno a grano o altro cereale, senza lasciarlo riposare SIN. ristoppiare

ringranàre② [comp. di *r(i)-* e *ingranare* ✶ 1840] **A** v. intr. (aus. *avere*) • (*tecnol.*) ingranare di nuovo reciprocamente, detto delle ruote dentate di un ingranaggio | (*fig., fam.*) riprendere il ritmo consueto: *r. nel lavoro dopo una vacanza* **B** v. tr. **1** (*tecnol., autom.*) fare ingranare di nuovo fra loro le ruote dentate di un ingranaggio: *r. la marcia* **2** (*tecnol.*) otturare un foro di diametro eccessivo con una spina forzata a caldo, in cui trapanare poi il foro di diametro corretto **3** (*numism.*) ricollocare una medaglia o una moneta nel conio, per effettuarvi una nuova impressione

ringrandìre [comp. di *r(i)-* e *ingrandire* ✶ 1524] **A** v. tr. (*io ringrandisco, tu ringrandisci*) **1** ingrandire di nuovo o di più **2** †inorgoglire | magnificare **B** v. intr. (aus. *essere*) e **ringrandìrsi** v. intr. pron. • diventare grande di nuovo o di più | (*fig., lett.*) insuperbirsi, inorgoglirsi

ringràno [deriv. di *ringranare*① ✶ 1891] s. m. • (*agric.*) operazione del ringranare① SIN. ristoppio

ringrassàre [comp. di *r(i)-* e *ingrassare* ✶ av. 1320] v. tr. e intr. (aus. intr. *essere*) • ingrassare di nuovo o di più

†**ringratiàre** ➤ **ringraziare**

ringravidàre [comp. di *r(i)-* e *ingravidare* ✶ av. 1535] v. tr. e intr. (*io ringràvido*; aus. intr. *essere*) • ingravidare di nuovo

ringraziaménto [av. 1342] s. m. • espressione di gratitudine, di riconoscenza: *lettera, visita di r.* | (spec. al pl.) parole o atti con cui si ringrazia: *cavarsela con un semplice r.*; *vivi, sinceri ringraziamenti* | ***Giorno del R.***, negli Stati Uniti, festività istituita dai primi coloni nel 1621, che si celebra nel quarto giovedì di novembre, originariamente come ringraziamento al Signore per il raccolto dell'anno

♦**ringraziàre** o †**ringratiàre**, †**rengratiàre** [comp. di *r(i)-* e l'ant. *ingraziare* ✶ 1224 ca.] v. tr. (*io ringràzio*) • esprimere con le parole o altre manifestazioni esteriori la propria gratitudine a qlcu. (+ *per*, + *di*, anche seguiti da inf.): *ti ringraziamo vivamente, di tutto cuore*; *r. a voce, per iscritto*; *vi ringrazio, ma non posso venire alla vostra festa*; *non vi abbiamo ancora ringraziato per il (o del) bellissimo regalo*; *ti ringrazio per avermi avvisato*; *vi ringrazio di avermi invitato* | (*escl.*) ***ringraziamo Dio, il Cielo!***, siamo soddisfatti, sollevati, contenti | (*est.*) essere contenti, soddisfatti di qlco. (*anche assol.*): *ringrazia la buona sorte*; *ringrazia (il fatto) che me ne sono ricordato*; *Ringraziasse. C'era chi stava peggio* (C. PAVESE)

ringrinzìre [comp. di *r(i)-* e *ingrinzire* 'rendere bene accetto' ✶ av. 1704] **A** v. tr. (*io ringrinzìsco, tu ringrinzìsci*) • fare diventare grinzoso SIN. raggrinzire **B** **ringrinzìrsi** v. intr. pron. • diventare grinzoso o più grinzoso

ringrossaménto [1806] s. m. • il ringrossare | parte ingrossata o sporgente

ringrossàre [comp. di *r(i)-* e *ingrossare* ✶ 1287] **A** v. tr. (*io ringròsso*) • ingrossare di nuovo o di più **B** v. intr. (aus. *essere*) e **ringrossàrsi** v. intr. pron. • diventare grosso di nuovo o di più

ringrossatùra [da *ringrossare* ✶ av. 1537] s. f. • (*raro*) ingrossatura, ringrosso

ringròsso [1868] s. m. • il ringrossare | ingrossamento | parte aggiunta che aumenta lo spessore di qlco.

ringrullìre [comp. di *r(i)-* e *ingrullire* ✶ 1872] v. tr. e intr. (*io ringrullisco, tu ringrullisci*; aus. intr. *essere*) • (*tosc.*) ingrullire di più | rincitrullire, rimbambire

ringuainàre [comp. di *r(i)-* e *inguainare* ✶ av. 1673] v. tr. (*io ringuaìno* o, etim. meno corretto, *ringuàino*) • inguainare di nuovo: *r. la spada*

†**ringurgitàre** [variante di *rigurgitare* ✶ av. 1590] v. intr. • ringorgare: *la diversa positura dei lidi può far ringurgitar parte dell'acqua* (G. GALILEI)

rinìte [comp. di *rino-* e *-ite*① ✶ 1829] s. f. •

(*med.*) infiammazione della mucosa nasale di natura infettiva o allergica

riniziàre e deriv. ➤ **reiniziare** e deriv.

rinnalzaménto [1612] **s. m.** ● il rinnalzare, il rinnalzarsi

rinnalzàre [comp. di *r(i)-* e *innalzare* ✱ sec. XIV] **A v. tr.** ● innalzare di nuovo **B rinnalzàrsi v. rifl.** ● innalzarsi ancora, crescere di peso, d'importanza **C rinnalzàrsi v. intr. pron.** ● farsi maggiore | (*fig., lett.*) farsi più acuto, più forte: *sempre il lamento rinnalza* (L. Pulci)

rinnamoraménto [1835] **s. m.** ● (*raro*) nuovo innamoramento

rinnamoràre [comp. di *r(i)-* e *innamorare* ✱ av. 1492] **A v. tr.** (*io rinnamóro*) ● fare innamorare di nuovo **B rinnamoràrsi v. intr. pron.** ● innamorarsi di nuovo

rinnegaménto [av. 1342] **s. m.** ● (*raro*) il rinnegare

rinnegàre o †**rinegàre** [comp. di *rin-* e *negare* ✱ av. 1348] **v. tr.** (*io rinnégo* o *rinnègo, tu rinnéghi* o *rinnèghi*) ● dichiarare di non voler più riconoscere e frequentare una persona alla quale si era legati da vincolo d'affetto, di amicizia o di parentela: *fu rinnegato da tutti i suoi amici*; *r. il proprio figlio* | (*est.*) non essere più fedeli, non credere più a ciò che si rispettava o in cui si credeva: *r. una religione, le proprie idee*; *ha rinnegato la patria* | (*raro*) ***r. il Cielo***, spergiurare

rinnegàto **part. pass.** di *rinnegare*; anche **agg. e s. m.** (**f.** *-a*) ● che (o chi) rinnega o ha rinnegato una fede, un'idea, una dottrina: *Cavallotti ... per i socialisti è un r.* (G. Carducci) | (*est., spreg.*) traditore, giuda

rinnegatóre [av. 1380] **s. m.** (**f.** *-trice*); anche **agg.** ● (*raro*) chi (o che) rinnega

rinnegazióne [sec. XIV] **s. f.** ● (*raro, lett.*) rinnegamento: *non conosciamo noi né i trenta denari né la r.* (G. D'Annunzio)

rinnervàre [comp. di *r(i)-* e *innervare* ✱ 1910] **A v. tr.** (*io rinnèrvo*) ● (*raro*) rinvigorire **B rinnervàrsi v. intr. pron.** ● innervarsi nuovamente | (*fig.*) riprendere nerbo, vigore

rinnestàre ➤ **reinnestare**

rinnovàbile [av. 1704] **A agg.** ● che può essere rinnovato: *un incarico biennale r.* | detto di fonte di energia non soggetta a esaurimento, quale il vento, il sole, le maree **B s. f.** ● (*ellitt.*; spec. al pl.) fonte energetica non soggetta a esaurimento: *nuovi fondi per incentivare le rinnovabili* ‖ **rinnovabilità**, **s. f. inv.**

rinnovaménto [av. 1320] **s. m.** **1** il rinnovare: *r. dell'aria viziata* | (*raro*) ripetizione: *il r. di una querela* **2** mutamento positivo, trasformazione volta a rinnovare: *r. culturale, politico*; *r. letterario*; *operare un r. politico*; *un importante r. sociale*

♦**rinnovàre** o (*lett.*) **rinnuovàre** [lat. *renovāre*, da *nŏvus* 'nuovo', col pref. *re-* 'ri-' ✱ 1250 ca.] **A v. tr.** (*io rinnòvo, lett. rinnuòvo*) **1** rendere nuovo: *r. lo spettacolo con nuovi numeri* | ***r. la facciata di un edificio***, restaurarla | ***r. il fuoco***, ravvivarlo | (*raro, fig.*) ***r. l'animo***, ricrearlo, confortarlo | (*fig.*) ***r. la società***, cambiarla moralmente, spiritualmente o culturalmente **2** ripetere, fare o dire di nuovo: *r. la domanda, le scuse, l'alleanza, l'assalto* | ***r. un contratto***, tacitamente, mediante la continuazione dopo scaduto il termine, o espressamente, mediante la conclusione di un altro contratto dello stesso tipo **3** sostituire il vecchio con il nuovo: *r. l'armamento dell'esercito* SIN. modernizzare | ***r. l'aria***, cambiarla aprendo porte e finestre **4** (*lett.*) far rivivere: *r. un dolore*; *r. la paura* **5** (*tosc.*) mettere qlco. per la prima volta: *r. un vestito* **B v. intr.** **1** †ripetersi, ricominciare **2** †rinnovarsi **C rinnovàrsi v. intr. pron.** **1** diventare o tornare nuovo | modernizzarsi **2** ripetersi, avvenire di nuovo: *è un fenomeno che non si rinnova spesso* **3** (*lett.*) riprendere vigore, ripresentarsi con maggiore intensità: *il suo cruccio ebbe a rinnovarsi* (R. Bacchelli)

rinnovatìvo [1696] **agg.** ● che rinnova, che conferma

rinnovàto **part. pass.** di *rinnovare*; anche **agg.** ● nei sign. del v. | ripetuto: *dopo rinnovati tentativi* | nuovo e più intenso: *con r. entusiasmo*; *con rinnovata cura* (R. Bacchelli)

rinnovatóre [lat. tardo *renovatōre(m)*, da *renovātus* 'rinnovato' ✱ 1336 ca.] **agg. e s. m.** (**f.** *-trice*) ● che (o chi) rinnova, spec. in senso morale o spirituale: *idea rinnovatrice*

rinnovazióne [lat. *renovatiōne(m)*, da *renovātus* 'rinnovato' ✱ 1377] **s. f.** ● (*lett.*) rinnovamento

rinnovellaménto [1340] **s. m.** ● (*lett.*) il rinnovellare | rinnovamento: *mirava a un r. morale* (G. Carducci)

✱**rinnovellàre** o †**rinovellàre** [lat. tardo *renovellāre*, da *novĕllus* 'novello', col pref. *re-* ✱ 1268] **A v. tr.** (*io rinnovèllo*) **1** (*lett.*) rinnovare: *spira l'april che rinnovella odori* (G. Carducci) | (*lett.*) ***r. la memoria***, ravvivare il ricordo **2** (*lett.*) ridire, ripetere | ***r. qlco.***, ricordarla di nuovo, farla tornare alla mente **B v. intr.** (aus. *essere*) e **rinnovellàrsi v. intr. pron.** ● (*lett.*) rinnovarsi

rinnòvo o (*lett.*) **rinnuòvo** [1841] **s. m.** **1** il rinnovare | riconferma, proroga: *il r. di un contratto*; *il r. di una cambiale* **2** (*agric.*) insieme dei lavori che precedono un nuovo ciclo colturale

rinnuovàre ➤ **rinnovare**

rino-, -rino [gr. *rino-*, da *rís*, genit. *rinós* 'naso', di etim. incerta] **primo e secondo elemento** (come secondo elemento ha la *r* iniziale generalmente raddoppiata) ● in parole scientifiche composte, significa 'naso', o indica relazione col naso: *rinoceronte, rinofonia, rinologia, ossirino, platirrina*

rinòbato [comp. di *rino-* e del gr. *batís* 'razza', di etim. incerta ✱ 1835] **s. m.** ● pesce cartilagineo degli Elasmobranchi con corpo allungato squaliforme e grandi pinne pettorali (*Rhinobatos rhinobatos*)

rinobilitàre [comp. di *ri-* e *nobilitare* ✱ 1818] **v. tr.** (*io rinobìlito*) ● (*lett.*) nobilitare di nuovo

rinocerónte [vc. dotta, lat. *rhinocerōte(m)*, dal gr. *rinókerōs*, propr. 'che ha un corno sul naso', comp. di *rís*, genit. *rinós* 'naso' (V. *rino-*) e *kéras* 'corno' (V. *cerambice*) ✱ 1481] **s. m.** ● massiccio mammifero dei Perissodattili con testa voluminosa e lungo muso con uno o due corni (*Rhinoceros*) | ***r. africano***, generalmente nero con due corni (*Rhinoceros bicornis*) | ***r. indiano***, di colore grigio bruno e con un solo corno (*Rhinoceros indicus*)

rinofaringe [comp. di *rino-* e *faringe* ✱ 1912] **s. m. o f.** ● (*anat.*) porzione della faringe caratterizzata dallo sbocco delle vie respiratorie

rinofaringèo o **rinofaringeo** [comp. di *rino-* e *faringeo* ✱ 1992] **agg.** ● (*anat.*) relativo alla rinofaringe

rinofaringìte [comp. di *rinofaringe* e *-ite*[1] ✱ 1940] **s. f.** ● infiammazione della rinofaringe

rinòfide [comp. di *rino-* e del gr. *óphis* 'serpente' (V. *ofi-*) ✱ 1970] **s. m.** ● serpente indiano con muso appuntito, testa piccola non distinta dal collo, occhi piccolissimi e colorazione spesso vivace (*Rhinophis*)

rinofìma [comp. di *rino-* e gr. *phŷma* 'tumore, escrescenza', da *phýein* 'nascere, crescere', di orig. indeur. ✱ 1912] **s. m.** (**pl.** *-i*) ● (*med.*) dermatosi della metà inferiore del naso, caratterizzata da arrossamento, ispessimento cutaneo e da formazioni bernoccolute

rinofonìa [comp. di *rino-* e *-fonia* ✱ 1835] **s. f.** ● (*med.*) rinolalia

rinofrìno [comp. di *rino-* e del gr. *phrýnos* 'rospo', di orig. indeur. ✱ 1875] **s. m.** ● anfibio messicano simile a un tozzo rospo, che scava il terreno molle per nascondersi nelle ore calde (*Rhinophrynus dorsalis*) SIN. rospo scavatore

rinògeno [comp. di *rino-* e *-geno* ✱ 1993] **agg.** ● (*med.*) che trae origine dal naso: *sordità rinogena, secrezione rinogena*

rinoiatrìa [comp. di *rino-* e *-iatria* ✱ 1895] **s. f.** ● cura delle affezioni nasali

rinolalìa [comp. di *rino-* e *-lalia* ✱ 1905] **s. f.** ● (*med.*) disturbo della voce, quando acquista risonanza nasale

rinolaringìte [comp. di *rino-* e *laringite* ✱ 1875] **s. f.** ● (*med.*) infiammazione della mucosa nasale e laringea

rinòlofo [comp. di *rino-* e del gr. *lóphos* 'pennacchio, cresta', di orig. indeur.; detto così dalle membrane in forma di cresta che ha sul naso ✱ 1841] **s. m.** ● (*zool.*) pipistrello che presenta all'estremità del muso un'espansione a forma di ferro di cavallo e vive anche in Italia (*Rhinolophus*) SIN. ferro di cavallo

rinologìa [comp. di *rino-* e *-logia* ✱ 1886] **s. f.** (**pl.** *-gìe*) ● (*med.*) studio delle affezioni del naso

rinomànza [da †*rinomare* ✱ sec. XIII] **s. f.** ● fama, celebrità: *salire in r.*; *un artista di r. mondiale*

†**rinomàre** [ant. fr. *renommer*, comp. di *re-* e *nommer* 'nominare' ✱ av. 1363] **v. tr.** ● nominare lodando, celebrare

✱**rinomàto** [ant. fr. *renommé*, part. pass. di *renommer* 'rinomare' ✱ av. 1348] **agg.** ● famoso, celebre: *scrittore r.*; *vino r.* ‖ **rinomatamènte**, **avv.** (*raro*) con rinomanza

†**rinomèa** [ant. fr. *renommée*, f. di *renommé* 'rinomato' ✱ sec. XIII] **s. f.** ● rinomanza, nome, celebrità: *nobili e possenti della città di Firenze, che ... erano di r. e di stato* (G. Villani)

rinominàre [comp. di *ri-* e *nominare* ✱ sec. XIV] **v. tr.** (*io rinòmino*) ● nominare di nuovo

†**rinòmo** [da *rinominare* ✱ av. 1348] **s. m.** ● fama, rinomanza

rinopitèco [comp. di *rino-* e del gr. *píthēkos* 'scimmia' (V. *pitecia*): detto così per il caratteristico naso rivolto in alto ✱ 1931] **s. m.** (**pl.** *-chi* o *-ci*) ● scimmia asiatica con folto pelame dai colori vivaci e muso rincagnato con naso rivolto all'insù (*Rhinopithecus*)

rinoplàstica [comp. di *rino-* e *-plastica* ✱ 1829] **s. f.** ● intervento chirurgico di plastica per correggere deformazioni del naso

rinopòma [comp. di *rino-* e del gr. *pôma* 'coperchio', di orig. indeur.; detto così dagli opercoli che ha sul naso ✱ 1835] **s. m.** (**pl.** *-i*) ● pipistrello africano con lunga coda e ampie orecchie unite alla base (*Rhinopoma microphyllum*)

rinorragìa [comp. di *rino-* e *-rragia* ✱ 1829] **s. f.** (**pl.** *-gìe*) ● emorragia dal naso SIN. epistassi

rinorrèa [comp. di *rino-* e *-rea* ✱ 1821] **s. f.** ● (*med.*) scolo di materiale liquido dal naso

rinoscleròma [comp. di *rino-* e *scleroma* ✱ 1883] **s. m.** (**pl.** *-i*) ● (*med.*) malattia granulomatosa progressiva del naso causata da *Klebsiella rhinoscleromatis* e caratterizzata dalla formazione di noduli duri

rinoscopìa [comp. di *rino-* e *-scopia* ✱ 1865] **s. f.** ● (*med.*) esame endoscopico delle cavità nasali

rinoscòpio [comp. di *rino-* e *-scopio* ✱ 1959] **s. m.** ● strumento per la rinoscopia

rinotàre [comp. di *ri-* e *notare* ✱ 1872] **v. tr.**

(*io rinòto*) **1** notare di nuovo **2** tornare a prendere nota

rinotite [comp. di *rino-*, *oto-* e *-ite*① ✱ 1970] **s. f.** ● (*med.*) infiammazione del naso e dell'orecchio

†**rinovàre** ➤ †**renovare**

†**rinovellàre** ➤ **rinnovellare**

rinovìrus [comp. di *rin(o)-* e *virus* ✱ 1986] **s. m. inv.** ● (*biol.*) genere virale appartenente alla famiglia dei *Picornaviridae*, comprendente gli agenti causali del raffreddore, delle faringiti e delle riacutizzazioni di bronchiti e polmoniti (*Rhinovirus*)

rinquadràre [comp. di *r(i)-* e *inquadrare* ✱ 1891] **v. tr.** ● inquadrare di nuovo

rinquartàre [da *quarto*, col pref. *rin-* ✱ av. 1572] **A v. tr. 1** (*raro*) moltiplicare o dividere per quattro **2** (*agric.*) ringranare per il quarto anno consecutivo **B v. intr.** (**aus.** *avere*) ● nel gioco del biliardo, fare un rinquarto **C rinquartàrsi v. intr. pron.** ● †spartirsi, dividersi in quattro

rinquàrto [da *rinquartare* ✱ 1863] **s. m.** ● nel gioco del biliardo, tiro che manda la palla avversaria a colpire i birilli o il pallino dopo aver toccato tre sponde

rinsaccaménto [av. 1729] **s. m.** ● il rinsaccare: *Il r. delle robe nostre* (I. NIEVO)

rinsaccàre [comp. di *r(i)-* e *insaccare* ✱ sec. XIV] **A v. tr.** (*io rinsàcco, tu rinsàcchi*) **1** (*raro*) insaccare di nuovo | insaccare **2** scuotere un sacco facendolo battere sul terreno per comprimere il contenuto (*anche assol.*) **B v. intr.** (**aus.** *essere*) e **rinsaccàrsi v. intr. pron. 1** stare con la testa affondata nelle spalle o alzare queste ultime: *invece di rispondere, si rinsaccò* | (*est.*) raggomitolarsi **2** subire violenti scossoni o urti contro la sella, spec. per inesperienza nel cavalcare

rinsaldaménto [av. 1729] **s. m.** ● il rinsaldare | (*fig.*) rafforzamento della coesione: *il r. di un'alleanza, di un'amicizia*

rinsaldàre [comp. di *r(i)-* e *insaldare* ✱ 1553] **A v. tr.** ● rendere più saldo, robusto: *r. un'amicizia* **SIN.** consolidare, rafforzare **B rinsaldàrsi v. intr. pron.** ● diventare più saldo, sicuro: *si è rinsaldato nei suoi propositi* **SIN.** consolidarsi, rafforzarsi

rinsalvatichìre ➤ **rinselvatichire**

rinsanguaménto [1915] **s. m.** ● arricchimento, rinvigorimento: *r. ... dei mezzi d'espressione estenuati* (I. CALVINO)

rinsanguàre [da *sangue*, col pref. *rin-* ✱ 1864] **A v. tr.** (*io rinsànguo, noi rinsanguiàmo*) **1** (*raro*) arricchire nuovamente l'organismo di sangue **2** (*fig.*) rinvigorire, ridare forza, energia | (*fig.*) rinnovare, vivificare | (*fig.*) rifornire con nuove entrate: *r. le finanze dello Stato* **B rinsanguàrsi v. intr. pron. 1** (*raro*) arricchirsi nuovamente di sangue **2** (*fig.*) riprendere forza, vigore: *dopo il lungo riposo, si è rinsanguato* | (*fig.*) rifornirsi di denaro, rimettersi economicamente

rinsanguinàre [comp. di *r(i)-* e *insanguinare* ✱ sec. XIV] **v. tr.** (*io rinsànguino*) ● insanguinare di nuovo | (*fig.*, *lett.*) riacutizzare: *Ogni nuovo dolore gli rinsanguina i vecchi* (C. DOSSI)

rinsanicàre [comp. di *rin-* e *insanicare* ✱ sec. XIV] **A v. tr.** (*io rinsànico, tu rinsànichi*) **1** (*tosc.*) risanare **2** (*tosc.*) bonificare **B v. intr.** (**aus.** *essere*) e **rinsanicàrsi v. intr. pron.** ● (*tosc.*) tornare sano

rinsanìre [da *sano*, col pref. *rin-* ✱ av. 1503] **v. intr.** (*io rinsanìsco, tu rinsanìsci*; **aus.** *essere*) ● (*tosc.*) ridiventare sano | †rinsavire

rinsaponàre [comp. di *r(i)-* e *insaponare* ✱ 1872] **A v. tr.** (*io rinsapóno*) ● insaponare di nuovo **B rinsaponàrsi v. tr. pron.** (**aus.** *essere*) e **rifl.** ● insaponarsi di nuovo

rinsaporìre [comp. di *r(i)-* e *insaporire* ✱ 1970] **A v. tr.** (*io rinsaporìsco, tu rinsaporìsci*) ● insaporire di più **B rinsaporìrsi v. intr. pron.** ● diventare più saporito

rinsaviménto [1876] **s. m.** ● il rinsavire | condizione di chi è rinsavito

rinsavìre [da *savio*, col pref. *rin-* ✱ 1564] **A v. intr.** (*io rinsavìsco, tu rinsavìsci*; **aus.** *essere*) ● riacquistare la ragione | (*est.*) tornare assennato, correggersi, ravvedersi: *dopo alcune intemperanze giovanili, sembra r.* **B v. tr.** ● (*raro*) rendere savio di nuovo

rinscemìre [da *scemo* con il pref. *rin-* ✱ 1949] **A v. tr.** (*io rinscemìsco, tu rinscemìsci*) ● (*fam.*) far diventare scemo (*spec. iron.*) **SIN.** rincretinire, rincitrullire **B v. intr.** (**aus.** *essere*) ● (*fam.*) diventare scemo (*spec. iron.*): *ma sei rinscemito?*

rinsecchìre [comp. di *r(i)-* e *insecchire* ✱ 1880] **A v. intr.** (*io rinsecchìsco, tu rinsecchìsci*; **aus.** *essere*) ● diventare secco | (*est.*) diventare magro, asciutto, detto di persona **B v. tr.** ● (*raro*) rendere secco **C rinsecchìrsi v. intr. pron.** ● diventare secco | detto di persona, diventare magro, asciutto

rinsecchìto [av. 1879] **part. pass.** di *rinsecchire*; **anche agg.** ● diventato secco | (*fig.*) dimagrito, avvizzito: *nella faccia rinsecchita come una castagna* (I. CALVINO)

rinseccolìto [comp. di *r(i)-* e *inseccolito*, part. pass. di *inseccolire*, da *seccolo*, dim. di *secco* ✱ 1890] **agg.** ● (*raro*) rinsecchito

rinsegnàre [comp. di *r(i)-* e *insegnare* ✱ 1353] **v. tr.** (*io rinségno*; **coniug. come** *segnare*) **1** insegnare di nuovo: *r. a leggere e a scrivere* **2** †dare notizie, indicare

rinselvàre [comp. di *r(i)-* e *inselvare* ✱ 1319] **A v. tr.** (*io rinsélvo*) **1** (*raro*) rimboschire **2** †riparare il gregge nel bosco **B rinselvàrsi v. intr. pron. 1** (*lett.*) rientrare nella selva per nascondersi, rifugiarsi: *l'astuto lupo viepiù si rinselva* (A. POLIZIANO) **SIN.** imboscarsi **2** ricoprirsi di nuovo di fitti alberi **SIN.** rimboschire

rinselvatichìre o (*tosc.*) **rinsalvatichìre** [comp. di *r(i)-* e *inselvatichire* ✱ 1657] **A v. tr.** (*io rinselvatichìsco, tu rinselvatichìsci*) ● rendere di nuovo selvatico (*anche fig.*) **B v. intr.** (**aus.** *essere*) ● diventare di nuovo selvatico (*anche fig.*)

rinserenàre [comp. di *r(i)-* e *inserenare* ✱ 1870] **v. tr., intr.** (*io rinseréno*; **aus. intr.** *essere*) e **rinserenàrsi v. intr. pron.** ● (*lett.*, *raro*) rasserenare, rasserenarsi

rinserraménto [1714] **s. m.** ● (*raro*) il rinserrare | chiusura

rinserràre [comp. di *rin-* e *serrare* ✱ av. 1327] **A v. tr.** (*io rinsèrro*) ● serrare di nuovo | rinchiudere: *r. il prigioniero* **B rinserràrsi v. rifl.** ● chiudersi, serrarsi dentro: *si è rinserrato in casa*

†**rinsignorìrsi** [comp. di *r(i)-* e *insignorirsi* ✱ av. 1527] **v. intr. pron.** ● riprendere possesso: *Filippo Visconti ... desiderava sommamente rinsignorirsi di Genova* (N. MACHIAVELLI)

rinsozzàre [comp. di *r(i)-* e *insozzare* ✱ 1872] **A v. tr.** (*io rinsózzo*) ● insozzare di nuovo o di più **B rinsozzàrsi v. rifl.** ● insozzarsi di nuovo o di più

rinsudiciàre [comp. di *r(i)-* e *insudiciare* ✱ 1840] **A v. tr.** (**pres.** *io rinsùdicio*; **fut.** *io rinsudicerò*) ● insudiciare di nuovo o di più **B rinsudiciàrsi v. rifl.** ● insudiciarsi di nuovo o di più

rinsuperbìre [comp. di *r(i)-* e *insuperbire* ✱ 1872] **A v. intr.** (*io rinsuperbìsco, tu rinsuperbìsci*; **aus.** *essere*) ● insuperbirsi di nuovo o di più **B v. tr.** ● †acuire (un sentimento)

rintanaménto [av. 1704] **s. m.** ● il rintanarsi | tana

rintanàre [comp. di *r(i)-* e *intanare* ✱ 1636] **A v. tr.** ● (*raro*) ricacciare, fare rientrare nella tana **B rintanàrsi v. intr. pron. 1** ritornare nella propria tana o in un nascondiglio **2** (*fig.*) nascondersi, rifugiarsi: *rintanarsi sui monti* | rinchiudersi, segregarsi: *rintanarsi in casa*

rintanàto **part. pass.** di *rintanare*; **anche agg.** ● nei sign. del v. | isolato, chiuso: *Egli stette r. in casa* (G. VERGA)

rintasàre (o **-ṣ-**) [comp. di *r(i)-* e *intasare* ✱ av. 1597] **A v. tr.** ● intasare di nuovo, ancora **B v. intr.** (**aus.** *essere*) e **rintasàrsi v. intr. pron.** ● intasarsi di nuovo: *la conduttura dell'acqua si è rintasata*

rintascàre [comp. di *r(i)-* e *intascare* ✱ 1872] **v. tr.** (*io rintàsco, tu rintàschi*) ● intascare di nuovo

rintavolàre [comp. di *r(i)-* e *intavolare* ✱ av. 1768] **v. tr.** (*io rintàvolo*) ● intavolare di nuovo: *r. un discorso*

rintegràre e deriv. ➤ **reintegrare** e deriv.

rintelaiàre [comp. di *r(i)-* e *intelaiare* ✱ 1872] **v. tr.** (*io rintelàio*) ● intelaiare di nuovo | effettuare la rintelaiatura di un dipinto su tela

rintelaiatùra [1983] **s. f.** ● nel restauro di un dipinto su tela, operazione, a volte preceduta dalla rintelatura, che consiste nel sostituire il telaio di legno originario con uno nuovo di legno o talvolta di metallo | il nuovo telaio

rintelàre [da *tela*, col pref. *rin-* ✱ 1959] **v. tr.** (*io rintélo*) ● intelare di nuovo | effettuare la rintelatura di un dipinto su tela

rintelatùra [1959] **s. f.** ● nel restauro di un dipinto su tela, operazione, a volte seguita dalla rintelaiatura, che consiste nell'incollare una o più tele nuove sul retro di quella originaria, per rafforzarla e migliorare l'aderenza del colore su di essa **SIN.** rifoderatura

rintenerìre [comp. di *r(i)-* e *intenerire* ✱ 1336 ca.] **A v. tr.** (*io rintenerìsco, tu rintenerìsci*) ● intenerire di nuovo o di più **B v. intr.** (**aus.** *essere*) e **rintenerìrsi v. intr. pron.** ● intenerirsi di nuovo o di più: *rinteneri nel cuor per la dolcezza* (L. PULCI)

rinterraménto o **reinterraménto** [da *rinterrare* ✱ 1754] **s. m.** ● nuovo interramento | rinterro **SIN.** colmata

rinterràre o **reinterràre** [comp. di *r(i)-* e *interrare* ✱ 1664] **A v. tr.** (*io rintèrro*) **1** interrare di nuovo **2** colmare, riempire di terra: *r. una palude* **B rinterràrsi v. intr. pron.** ● colmarsi di terra: *le bocche del fiume si stanno rinterrando*

rintèrro o **reintèrro** [1761] **s. m. 1** lavoro del rinterrare | ***opere di r.***, lavori di riempimento e di costipamento di uno scavo o di rialzamento del livello di un terreno **SIN.** colmata **2** materiale con cui si rinterra

rinterrogàre [comp. di *r(i)-* e *interrogare* ✱ 1618] **v. tr.** (*io rintèrrogo, tu rintèrroghi*) ● interrogare di nuovo

rinterzàre [comp. di *r(i)-* e *interzare* ✱ 1354] **A v. tr.** (*io rintèrzo*) **1** (*lett.*) moltiplicare per tre **SIN.** triplicare **2** (*agric.*) ripetere per tre volte di seguito l'aratura o la semina sullo stesso terreno **3** †aumentare, moltiplicare: *si rinterza l'inverisimile col disordinare sproporzionatissimamente l'ordine* (G. GALILEI) **B v. intr.** (**aus.** *avere*) ● nel gioco del biliardo, fare il rinterzo

rinterzàto **part. pass.** di *rinterzare*; **anche agg. 1** nei sign. del v. **2** ***sonetto r.***, in cui è stato inserito, entro ogni coppia di versi, un nuovo verso, spec. un settenario

rintèrzo [1863] **s. m.** ● nel biliardo, tiro che manda la palla dell'avversario a toccare due sponde prima di colpire i birilli o il pallino

rintiepidìre [comp. di *r(i)-* e *intiepidire* ✱ sec. XIV] **A v. tr.** (*io rintiepidìsco, tu rintie-*

pidisci) ● rendere di nuovo tiepido | intiepidire **B** **v. intr.** (**aus.** *essere*) **e rintiepidìrsi v. intr. pron.** ● intiepidirsi di nuovo | intiepidirsi (*anche fig.*)

✦**rintoccàre** [da *tocco*, col pref. *rin-* ✱av. 1494] **v. intr.** (*io rintócco, tu rintócchi*; **aus.** *avere* **o** *essere*) **1** suonare a tocchi staccati, detto di campane, orologi e sim.: *il pendolo rintoccò* **2** (*fig., lett.*) riecheggiare, risuonare: *Ecco per te rintocca / un presagio* (E. MONTALE)

rintócco [da *rintoccare* ✱av. 1565] **s. m.** (**pl.** *-chi*) ● tocco ripetuto e staccato di una campana: *si odono lugubri rintocchi*

rintombàre [da *tomba*, col pref. *rin-* ✱1903] **v. intr. impers.** (*rintómba*; **aus.** *essere*) ● (*raro, tosc.*) diventare cupo, minaccioso, detto del tempo: *È mezzodì. Rintomba* (G. PASCOLI)

rintonacàre [comp. di *r(i)-* e *intonacare* ✱1551] **v. tr.** (*io rintònaco, tu rintònachi*) ● intonacare di nuovo

rintonacatùra [1897] **s. f.** ● nuova intonacatura

rintonàre① [comp. di *r(i)-* e *intonare*① ✱av. 1698] **v. tr.** (*io rintòno*, †*rintuòno*; **in tutta la coniug. arcaica, la** *o* **dittonga preferibilmente** *-uo* **se tonica**) ● (*raro*) intonare di nuovo: *Ne' lor canti armoniosi / … rintuonino / viva Bacco il nostro re* (F. REDI)

rintonàre② [comp. di *r(i)-* e *intonare*②, variante di *intronare* ✱av. 1342] **v. tr. e intr.** (*io rintòno*; **aus. intr.** *essere* **o** *avere*) ● (*lett.*) rintronare

rintontiménto [1883] **s. m.** ● stordimento

rintontìre [comp. di *r(i)-* e *intontire* ✱1863] **A v. tr.** (*io rintontisco, tu rintontisci*) ● intontire, stordire fortemente: *questi rumori mi rintontiscono; la caduta lo ha rintontito* **B v. intr.** (**aus.** *essere*) **e rintontìrsi v. intr. pron.** ● intontirsi, stordirsi di nuovo o di più

rintoppàre [comp. di *r(i)-* e *intoppare* ✱1313] **A v. tr.** (*io rintòppo*) **1** (*tosc.* **o** *lett.*) incontrare per caso: *si accozzava col primo che rintoppasse nella via* (A. MANZONI) | †incontrare di nuovo **2** †rattoppare **B v. intr.** (**aus.** *essere* **o** *avere*) **e rintoppàrsi v. intr. pron.** ● (*tosc.* **o** *lett.*) imbattersi | incorrere in qlco. di negativo

rintòppo [av. 1292] **s. m.** ● (*lett.*) intoppo, ostacolo, impedimento | †*di r.*, per contrasto, in opposizione: *Alichin non si tenne e, di r. / a li altri, disse a lui* (DANTE *Inf.* XXII, 112-113)

rintorbidàre [comp. di *r(i)-* e *intorbidare* ✱av. 1540] **A v. tr.** (*io rintórbido*) ● intorbidare di nuovo o di più **B v. intr.** † **e rintorbidàrsi v. intr. pron.** ● intorbidarsi di nuovo o di più | (*fig.*) diventare confuso, complicato, pericoloso

rintorbidìre [1872] **v. tr.** (*io rintorbidisco, tu rintorbidisci*) **e rintorbidìrsi v. intr. pron.** ● (*raro*) rintorbidare, rintorbidarsi

rintorpidìre [comp. di *r(i)-* e *intorpidire* ✱1872] **A v. tr.** (*io rintorpidisco, tu rintorpidisci*) ● intorpidire di nuovo o di più (*anche fig.*): *r. le membra; l'ozio gli ha rintorpidito la memoria* **B rintorpidìrsi v. intr. pron.** ● intorpidirsi di nuovo o di più (*anche fig.*)

rintostàre [da *tosto*②, col pref. *rin-* ✱1849] **v. tr. e intr.** (*io rintòsto*; **aus.** *avere*) ● (*raro, lett.*) rendere o diventare più tosto, più forte: *una costipazione che ogni tanto rintosta* (G. GIUSTI)

rintracciàbile [1872] **agg.** ● che può essere rintracciato: *un medico r. anche nelle ore notturne* **SIN.** reperibile | (*fig.*) che si può riscontrare, individuare: *verità difficilmente r.* **SIN.** rilevabile ‖ **rintracciabilità**, **s. f. inv.** possibilità di essere rintracciato; tracciabilità di un prodotto alimentare

rintracciaménto [1671] **s. m.** ● (*raro*) il rintracciare **SIN.** rintraccio, ritrovamento

rintracciàre [da *traccia*, col pref. *rin-* ✱av. 1576] **v. tr.** (**pres.** *io rintràccio*; **fut.** *io rintraccerò*) **1** †cercare le tracce di qlcu. | trovare seguendo le tracce **2** (*est.*) trovare dopo una lunga e laboriosa ricerca: *r. il colpevole; abbiamo rintracciato il tuo documento*

rintràccio [deriv. di *rintracciare* ✱1944] **s. m.** ● (*burocr.*) ritrovamento, reperimento

rintrecciàre [comp. di *r(i)-* e *intrecciare* ✱av. 1543] **A v. tr.** (**pres.** *io rintréccio*; **fut.** *io rintreccerò*) ● intrecciare di nuovo o meglio: *rintreccia, o bella, le chiome* (G. CARDUCCI) **B rintrecciàrsi v. intr. pron.** ● intrecciarsi di nuovo

rintristìre [comp. di *r(i)-* e *intristire* ✱1872] **v. intr.** (*io rintristìsco, tu rintristìsci*; **aus.** *essere*) **e rintristìrsi v. intr. pron.** ● intristire di nuovo o di più: *invecchiando, rintristisce*

rintrodùrre ➤ **reintrodurre**

rintronaménto [1582] **s. m. 1** rimbombo | assordamento **2** (*fig.*) intontimento

✦**rintronàre** [comp. di *r(i)-* e *intronare* ✱sec. XIV] **A v. intr.** (*io rintròno*, †*rintruòno*; **in tutta la coniug. arcaica, la** *o* **può dittongare in** *-uo* **se tonica; aus.** *essere* **o** *avere*) ● risuonare in modo cupo e fragoroso, detto del tuono: *i tuoni hanno rintronato tutto il giorno* | (*est.*) rimbombare: *la piazza rintronava di grida; La sua voce rintrona nelle stanze vuote* (L. PIRANDELLO) **B v. tr. 1** assordare, stordire: *quell'altoparlante ci ha rintronato le orecchie* **2** (*raro, lett.*) riempire di suoni cupi e fragorosi: *La sparatoria … rintronava i sobborghi* (C.E. GADDA)

rintronàto **part. pass.** di *rintronare*; **anche agg.** ● nei sign. del v. | (*fig.*) stordito, confuso

†**rintrònico** [da *rintronare* ✱1374] **s. m.** ● solo nella loc. ***rispondere per r.***, rispondere per le rime

rintuzzaménto [1612] **s. m.** ● (*raro*) il rintuzzare

✦**rintuzzàre** [da far risalire al lat. *tŭndere* 'battere'. V. *ottuso* ✱av. 1292] **A v. tr. 1** (*lett.*) rendere ottusa, spuntare, ribattere una punta: *La sega … dalla pietra è rintuzzata* (T. TASSO) **2** (*fig.*) reprimere, soffocare, umiliare: *r. la superbia* | ribattere, respingere: *r. un'accusa; era la più svelta a r. le canzonature* (C. CASSOLA) **B rintuzzàrsi v. intr. pron. 1** †spuntarsi, perdere il filo | (*fig., lett.*) indebolirsi, infiacchirsi: *si rintuzzarono le loro forze* (G. BOCCACCIO) **2** (*lett.*) rannicchiarsi, ripiegarsi su sé stesso: *Si rintuzza dentro le spalle … e si fa più piccina* (A. PALAZZESCHI)

rintuzzàto **part. pass.** di *rintuzzare*; **anche agg.** ● nei sign. del v. | †ottuso

rinumeràre [comp. di *ri-* e *numerare* ✱1441] **v. tr.** (*io rinùmero*) ● numerare di nuovo

rinùncia o **rinùnzia**, †**renùnzia** [1374] **s. f.** (**pl.** *-ce, -zie*) **1** atto del rinunciare: *fare, notificare la r. all'impiego* | dichiarazione, documento con cui si rinuncia a qlco.: *inviare una r. motivata* **2** rifiuto volontario di soddisfazioni, beni, vantaggi e sim.: *abbandonare la carriera diplomatica è stata per lui una grossa r.* | (**spec. al pl.**, *est.*) privazione, sacrificio: *nella sua vita si è assoggettato a molte rinunce* **3** (*dir.*) potere di un soggetto di abbandonare un diritto di cui è titolare: *r. a un diritto immobiliare, al diritto di querela; r. all'eredità* | ***r. agli atti del giudizio***, dichiarazione di non volere più compiere attività processuale, causa di estinzione del processo o di recesso dallo stesso della parte da cui proviene tale dichiarazione

SFUMATURE DI SIGNIFICATO

rinuncia - cessione - abbandono - abdicazione

Rinuncia è l'atto del rifiutare spontaneamente una cosa che è propria o dovrebbe esserlo; nel linguaggio giuridico è il potere che un individuo ha di non godere di un diritto di cui è titolare. Sempre nel linguaggio giuridico, il trasferimento effettivo ad altri di tale diritto si definisce **cessione**; correntemente il termine corrisponde al mettere qualcosa a disposizione di qualcuno, soprattutto in via temporanea. Se la rinuncia corrisponde all'allontanamento da qualcosa che potrebbe portare soddisfazioni e vantaggi si utilizza anche il termine **abbandono**. **Abdicazione** è la particolare rinuncia di un sovrano che si spoglia delle sue prerogative per cederle ad altri; in senso esteso, è una rinuncia a una carica, una funzione ecc.

SFUMATURE ➤ ***privazione***

rinunciàbile o **rinunziàbile** [1964] **agg.** ● detto di ciò a cui è possibile rinunciare, spec. nel linguaggio giuridico: *bene r.*; *diritto non r.*

✦**rinunciàre** o **rinunziàre**, †**renunciàre**, †**renunziàre** [vc. dotta, lat. *renuntiāre*, propr. 'annunziare contro', comp. di *re-* e *nuntiāre* 'nunziare' ✱1268] **A v. intr.** (**pres.** *io rinùncio*; **fut.** *io rinuncerò*; **aus.** *avere*) ● ricusare, rifiutare spontaneamente qlco. che è nostra o dovrebbe esserlo di diritto (+ *a*, **anche seguito da inf.**): *r. alla corona, a un'eredità; ha rinunciato a un'alta carica* | decidere di astenersi dal fare qlco. che pur si vorrebbe o si potrebbe fare: *rinuncia a presentarsi candidato; r. alla vendetta; r. ai piaceri del mondo per la vita monastica; Ma ancora non avevo rinunciato di arrivare subito alla mia villa* (I. SVEVO) **B v. tr. 1** (*lett.*) abbandonare, ricusare, rifiutare: *Ora egli è costretto … a rinunziare l'ufficio* (G. CARDUCCI) **2** †annunciare, riferire pubblicamente

rinunciatàrio o **rinunziatàrio** [1919] **agg. e s. m.** (**f.** *-ia*) **1** (*dir.*) che (o chi) rinuncia a un diritto **2** che (o chi) si dimostra debole, arrendevole, incline a rinunciare: *carattere r.; si è rivelato un r.; politica rinunciataria*

rinunciatóre o **rinunziatóre**, †**renunziatóre** [av. 1342] **agg. e s. m.** (**f.** *-trice*) ● (*raro*) che (o chi) rinuncia | rinunciatario

†**rinunciazióne** o †**rinunziazióne**, †**renunciazióne** [vc. dotta, lat. *renuntiatiōne(m)* 'annunzio', da *renuntiāre* 'annunziare'. V. *rinunciare* ✱av. 1348] **s. f.** ● rinuncia, abdicazione

rinunziàre e deriv. ➤ **rinunciare** e deriv.

†**rinunziazióne** ➤ †**rinunciazione**

rinuotàre [comp. di *ri-* e *nuotare* ✱av. 1729] **v. intr.** (*io rinuòto*; **coniug. come** *nuotare*; **aus.** *avere*) ● nuotare di nuovo o in direzione opposta

rinutrìre [vc. dotta, lat. tardo *renutrīre*, comp. di *re-* e *nutrīre* ✱av. 1698] **v. tr.** (**coniug. come** *nutrire*) ● nutrire di nuovo (*lett.*, *anche fig.*): *rinutrire una … risoluta intenzione* (R. BACCHELLI)

rinvangàre [comp. di *rin-* e *vangare* ✱av. 1557] **A v. tr.** (*io rinvàngo, tu rinvànghi*) ● (*raro*) rivangare: *r. una vecchia storia* **B v. intr.** (**aus.** *avere*) ● (*lett.*) riandare col pensiero a cose passate: *Anna, poverina, rinvangava nei ricordi* (L. PIRANDELLO)

rinvașàre [comp. di *r(i)-* e *invasare*② ✱1872] **v. tr.** ● in floricoltura, trapiantare da un vaso più piccolo in uno più grande una pianta in sviluppo

rinvașatùra [1959] **s. f.** ● operazione del rinvasare **SIN.** rinvaso

rinvàșo [da *r(i)-* e *invaso* ✱1988] **s. m.** ● rinvasatura

rinvelenìre [comp. di *r(i)-* e *invelenire* ✱1686] **v. tr., intr.** (*io rinvelenisco, tu rinvelenisci*; **aus. intr.** *essere*) **e rinvelenìrsi v. intr. pron.** ● invelenire, invelenirsi di nuovo o di più

rinvenìbile [av. 1704] **agg.** ● che si può rinvenire

rinveniménto① [da *rinvenire*① ✱ av. 1671] **s. m.** ● ritrovamento: *r. di una lettera smarrita, di un tesoro* **SIN.** scoperta

rinveniménto② [da *rinvenire*② ✱ 1930] **s. m. 1** recupero dei sensi dopo uno svenimento **2** operazione che serve a fare ritrovare freschezza, morbidezza, volume a qlco. **3** in metallurgia, trattamento degli acciai temprati e delle leghe leggere, che consiste in un loro riscaldamento uniforme a una temperatura inferiore al punto critico inferiore, e in un successivo raffreddamento allo scopo di conferire le migliori condizioni di lavorabilità

♣**rinvenire**① [comp. di *r(i)-* e *invenire* ✱ 1353] **A** **v. tr.** (**coniug. come** *venire*) ● ritrovare, riuscire a trovare: *r. il portafoglio perduto* | scoprire: *r. un raro esemplare di moneta romana* | (*lett.*) accertare, chiarire con il ragionamento: *per r. come stata fosse la cosa* (G. BOCCACCIO) | †inventare: *r. un nuovo congegno* **B** **rinvenirsi v. intr. pron.** ● (*raro, poet.*) riscoprirsi, trovarsi ad essere: *l'uomo / curvato / sull'acqua / sorpresa / dal sole / si rinviene / un'ombra* (G. UNGARETTI)

rinvenire② [da *svenire* con cambio di pref. ✱ av. 1484] **v. intr.** (**coniug. come** *venire*; **aus.** *essere*) **1** riprendere i sensi, rianimarsi, detto di persona **SIN.** riaversi **2** tornare alla primitiva freschezza, morbidezza o riacquistare volume dilatandosi, detto spec. di alimenti conservati per essiccazione: *mettere a r. funghi secchi, baccalà* **3** in metallurgia, subire il processo di rinvenimento **4** (*sport*) rimontare, recuperare

rinvenitóre [1959] **s. m.** (**f.** *-trice*) ● operaio addetto alle operazioni di rinvenimento

♣**rinvenùto**① **part. pass.** di *rinvenire*①; anche **agg.** ● nei sign. del v. | ritrovato

rinvenùto② **part. pass.** di *rinvenire*②; anche **agg.** ● nei sign. del v. | che è ritornato in sé; che si è ripreso: *La Santa, ... rinvenuta della meraviglia* (I. NIEVO)

rinverdiménto [da *rinverdire* ✱ 1564] **s. m. 1** (*raro*) il rinverdire (*anche fig.*): *il r. di una speranza* **2** in conceria, trattamento del rinverdire

♣**rinverdìre** [comp. di *r(i)-* e *inverdire* ✱ 1319] **A** **v. tr.** (*io rinverdisco*, †*rinvérdo, tu rinverdìsci*, †*rinvérdi*) **1** fare ritornare verde: *la pioggia ha rinverdito l'erba* **2** (*fig.*) far rifiorire, ravvivare: *r. la speranza* | (*fig., lett.*) rafforzare, rinvigorire **3** trattare le pelli grezze con acqua per pulirle e reintegrarne l'umidità perduta con trattamenti di conservazione **B** **v. intr.** (**aus.** *essere*) e **rinverdìrsi v. intr. pron. 1** ritornare verde **2** (*fig., lett.*) rinnovarsi, ritornare: *Come da quella età che non rinverde* (G. CARDUCCI)

rinverdìto **part. pass.** di *rinverdire*; anche **agg.** ● nei sign. del v.

rinvergàre [comp. di *r(i)-* e *invergare* ✱ 1344] **A** **v. tr. 1** †rinvenire, trovare, rintracciare **2** †rinnovare, reiterare **B** **v. intr.** (**aus.** *essere*) ● (*lett.*) concordare, coincidere

rinverginàre [da *vergine*, col pref. *rin-* ✱ 1840] **A** **v. tr.** (*io rinvérgino*) ● (*lett.*) fare ritornare vergine | (*fig.*) purificare **B** **rinverginàrsi v. intr. pron.** ● (*lett.*) ritornare vergine | (*fig.*) purificarsi

rinvermigliàre [comp. di *r(i)-* e *invermigliare* ✱ 1623] **A** **v. tr.** (*io rinvermìglio*) ● (*raro*) rendere di nuovo vermiglio **B** **rinvermigliàrsi v. intr. pron.** ● (*raro, lett.*) tornare di nuovo vermiglio

rinverniciàre [comp. di *r(i)-* e *inverniciare* ✱ av. 1587] **v. tr.** (**pres.** *io rinvernìcio*; **fut.** *io rinvernicerò*) ● (*lett.*) riverniciare (*anche fig.*)

†**rinversàre** [comp. di *rin-* e *versare* ✱ sec. XIII] **v. tr.** e †**rinversàrsi v. intr. pron.** ● riversare, riversarsi: *gli occhi, onde dì e notte si rinversa / il gran desio* (F. PETRARCA)

rinvertìre [comp. di *r(i)-* e *invertire* ✱ 1313] **A** **v. tr.** ● †volgere, rivolgere **B** **v. intr.** (**aus.** *essere*) **1** (*lett.*) trasformarsi: *Ogni amore al fin si sente / r. in pianto e lutto* (L. DE' MEDICI) **2** †ritornare | regredire **3** †abiurare la fede religiosa: *inorridì tanto che stette per r.* (D. BARTOLI)

rinverẓàre [da *sverza*, col pref. *rin-* ✱ av. 1712] **v. tr.** (*io rinvérẓo* (o *-è-*)) ● chiudere fessure nel legno con schegge lunghe e sottili (sverze)

†**rinverzicàre** [comp. di *r(i)-* e *inverzicare* ✱ sec. XIV] **v. intr.** ● tornare verde

†**rinverzìre** [da avvicinare a *rinverdire* e *verzura* ✱ av. 1333] **v. intr.** ● tornare verde | (*fig., lett.*) rinascere

†**rinvescàre** [comp. di *r(i)-* e *invescare* ✱ av. 1374] **v. tr.** ● (*raro*) invescare di nuovo | (*fig., lett.*) allettare, irretire di nuovo

rinvestìre e deriv. ➤ **reinvestire** e deriv.

rinviàbile [av. 1952] **agg.** ● che si può rinviare, differibile: *stando così le cose, la decisione non è r.*

†**rinviaménto** [1679] **s. m.** ● rinvio

rinviàre o **reinviàre** nel sign. 1 [comp. di *r(i)-* e *inviare* ✱ sec. XIII] **v. tr.** (*io rinvìo*) **1** mandare indietro | riflettere: *lo specchio rinvia l'immagine* | inviare una seconda volta: *r. una mail* | restituire, riconsegnare: *ci hanno rinviato una partita avariata* | ***r. la palla***, respingerla, rilanciarla; rimetterla in gioco **2** rimandare a un testo, a una citazione, a un autore e sim.: *si rinvia alla nota a piè di pagina* **3** rimandare ad altra data, dilazionare, differire: *r. un appuntamento*; *hanno rinviato l'udienza a fine mese* **CFR.** prorogare **4** inviare ad altre persone o a qualcos'altro: *r. una pratica all'ufficio competente* | (*dir.*) ***r. un imputato a giudizio***, deciderne il rinvio a giudizio (V. *rinvio* nel sign. 4) **5** (*tecnol.*) cambiare la direzione o il verso del moto mediante apposito dispositivo | (*mar.*) ***r. un cavo***, cambiarne la direzione mediante un bozzello o una pastecca

rinvigoriménto [av. 1311] **s. m.** ● il rinvigorire, il rinvigorirsi (*anche fig.*) **SIN.** rafforzamento

rinvigorìre [comp. di *r(i)-* e *invigorire* ✱ 1336 ca.] **A** **v. tr.** (*io rinvigorisco, tu rinvigorisci*) ● rendere nuovamente o maggiormente vigoroso (*anche fig.*): *la vacanza lo ha rinvigorito*; *r. i combattenti* **SIN.** rafforzare **B** **v. intr.** (**aus.** *essere*) e **rinvigorìrsi v. intr. pron.** ● riprendere vigore, forza, gagliardia: *in montagna rinvigorirete presto* **SIN.** rinforzarsi | (*fig.*) rafforzarsi: *le nostre illusioni si rinvigoriscono*

rinvigorito **part. pass.** di *rinvigorire*; anche **agg.** ● nei sign. del v. | (*est., raro*) vigoroso: *una stretta di mano rinvigorita* (G. CARDUCCI)

rinviliàre [da *vile*, col pref. *rin-* ✱ av. 1449] **v. tr., intr.** (*io rinvìlio*; **aus. intr.** *essere*) e **rinviliàrsi v. intr. pron.** ● (*tosc.*) diminuire o far diminuire di valore o di prezzo: *la maniera di far r. il pane* (A. MANZONI)

rinvìlio o **rinvilìo** [da *rinviliare* ✱ 1841] **s. m.** ● (*tosc.*) ribasso di prezzo

rinvilìre [comp. di *r(i)-* e *invilire* ✱ av. 1449] **A** **v. tr.** (*io rinvilisco, tu rinvilisci*) ● (*lett.*) abbassare il prezzo spec. in modo considerevole: *r. il prezzo del frumento* **B** **v. intr.** (**aus.** *essere*) e **rinvilìrsi v. intr. pron.** ● (*lett.*) diminuire di prezzo **SIN.** ribassare

rinviluppàre [comp. di *r(i)-* e *inviluppare* ✱ av. 1313] **A** **v. tr.** ● inviluppare | avvolgere **B** **rinviluppàrsi v. rifl.** ● invilupparsi | (*fig., lett.*) impegolarsi di nuovo

rinvìo o **reinvìo** nel sign. 1 [1812] **s. m.** (**pl.** *-ii*) **1** il rinviare | rimando, restituzione: *Mi raccomando ... per il pronto r. dell'originale* (G. CARDUCCI) | (*raro*) invio: *chiedere un sollecito r. della corrispondenza* | nuovo invio, altro invio: *il r. di una password* | nei giochi di palla, respinta: *tiro di r.* | (*tecnol.*) ***puleggia di r.***, in un impianto di trasporto mediante funi, carrucola attorno a cui si avvolge il cavo traente nella stazione opposta a quella motrice **2** rimando, in un testo, un'opera letteraria, e sim.: *pagina con molti rinvii* | foglio messo al posto di un documento estratto dalla sua posizione, nel quale è indicato dove temporaneamente esso si trovi **3** differimento ad altra data, dilazionamento: *il r. di un incontro*; *il r. di un'udienza* **CFR.** proroga **4** invio ad altre persone o a qualcos'altro | (*dir.*) ***giudizio di r.***, procedimento civile di cognizione davanti a un giudice di secondo grado designato dalla Cassazione | ***r. a giudizio***, nel processo penale, provvedimento con cui, al termine dell'udienza preliminare, il giudice dichiara doversi far luogo a giudizio nei confronti dell'imputato **5** (*tecnol.*) ogni dispositivo destinato a cambiare la direzione o il verso del moto | ***asta, albero di r.***, elemento meccanico che, interposto tra altri due organi, trasmette il moto e la forza **6** in alpinismo, fettuccia annodata ad anello e munita di moschettoni, per facilitare le manovre di assicurazione e lo scorrimento della corda durante la progressione **7** (*mar.*) sulle imbarcazioni a vela, dispositivo che cambia direzione a una cima o una manovra, gener. costituito da un bozzello, una pastecca o sim. | parte di cavo da alare tra un bozzello e il tirante

rinviperìre [comp. di *r(i)-* e *inviperire* ✱ 1872] **v. intr.** (*io rinviperisco, tu rinviperìsci*; **aus.** *essere*) e **rinviperìrsi v. intr. pron.** ● inviperirsi di nuovo o di più

rinvischiàre [comp. di *r(i)-* e *invischiare* ✱ 1679] **A** **v. tr.** (*io rinvìschio*) ● invischiare di nuovo (*spec. fig.*) **B** **rinvischiàrsi v. intr. pron.** ● (*fig.*) invischiarsi di nuovo

rinvitàre o **reinvitàre** [comp. di *r(i)-* e *invitare*① ✱ av. 1492] **v. tr.** ● invitare di nuovo o a propria volta per ricambiare un invito

rinvivìre [da *vivo*, col pref. *rin-* ✱ 1340 ca.] **v. intr.** (*io rinvivisco, tu rinvivisci*; **aus.** *essere*) e **rinvivìrsi v. intr. pron.** ● (*tosc.*) risuscitare (*spec. fig.*)

rinvogliàre [comp. di *r(i)-* e *invogliare* ✱ 1600] **v. tr.** (*io rinvòglio*) ● invogliare di nuovo

rinvòlgere [comp. di *r(i)-* e *involgere* ✱ sec. XIV] **A** **v. tr.** (**coniug. come** *volgere*) ● riavvolgere | avvolgere **B** **rinvòlgersi v. rifl.** ● riavvolgersi, ravvoltolarsi

rinvoltàre [comp. di *r(i)-* e *involtare* ✱ sec. XIV] **A** **v. tr.** (*io rinvòlto*) ● avvolgere, riavvolgere **B** **rinvoltàrsi v. rifl.** ● (*fam.*) riavvolgersi | †rotolarsi

rinvoltàto **part. pass.** di *rinvoltare*; anche **agg.** ● nei sign. del v.: *i bambini piangenti, mal rinvoltati nelle fasce cenciose* (A. MANZONI)

rinvòlto **A** **part. pass.** di *rinvolgere*; anche **agg.** ● nei sign. del v. **B** **s. m.** ● †fagotto, involto || (*raro*) **rinvoltino, dim.**

rinvoltolàre [comp. di *r(i)-* e *involtolare* ✱ 1520] **A** **v. tr.** (*io rinvòltolo*) ● avvoltolare molto bene o più volte **B** **rinvoltolàrsi v. rifl.** ● (*raro*) rotolarsi | (*fig.*) †crogiolarsi

rinvoltùra [comp. di *r(i)-* e *involtura* ✱ av. 1566] **s. f. 1** operazione del rinvolgere **2** ciò con cui si rinvolge qlcu. o qlco. | (*tosc.*) tela grezza usata per avvolgere una merce **3** (*fig.*) †sconvolgimento

rinzaffàre (o *-ẓ-*) [comp. di *r(i)-* e *inzaffare* ✱ 1550] **v. tr.** ● (*edil.*) dare al muro la prima, ruvida crosta di intonaco | turare con malta

commessure, crepe, piccoli vani
rinzaffatùra (o -ẓ-) [1682] **s. f.** ● (*edil.*) operazione del rinzaffare | rinzaffo
rinzàffo (o -ẓ-) [da *rinzaffare* ✱ 1804] **s. m.** ● (*edil.*) il rinzaffare | primo intonaco sulla superficie muraria ancora grezza, costituito di solito da malta idraulica
rinzeppaménto (o -ẓ-) [1872] **s. m.** ● (*raro*) inzeppamento
rinzeppàre (o -ẓ-) [comp. di *r(i)-* e *inzeppare*① ✱ 1612] **A** **v. tr.** (*io rinzéppo*) ● (*fam.*) inzeppare: *r. il discorso di strafalcioni* | rimpinzare: *r. lo stomaco di dolci* **B** **rinzeppàrsi** **v. rifl.** ● (*fam.*) rimpinzarsi
rinzuppàre [comp. di *r(i)-* e *inzuppare* ✱ av. 1712] **v. tr.** ● inzuppare di nuovo o di più
rìo① [lat. *rīvu(m)* 'rivo' ✱ 1313] **s. m.** (**pl.** *-ii*) **1** (*lett.*) piccolo corso d'acqua, ruscello, fiumicello: *Narcisso al rio si specchia come suole* (A. POLIZIANO) **2** a Venezia e nella laguna veneta, diramazione di un canale **3** (*lett.*) fiume || (*lett.*) †**riòzzolo**, **dim.**
rìo② [lat. *rĕu(m)* 'reo' ✱ av. 1250] **A** **agg.** (**pl. m.** *-ii*) ● (*lett.*) reo, colpevole | (*lett.*, *fig.*) malvagio, perverso: *dalle stanche ceneri / sperdi ogni ria parola* (A. MANZONI) **B** **s. m.** ● †peccato, colpa: *per null'altro rio / lo ciel perdei che per non aver fé* (DANTE *Purg.* VII, 7)
riò ➤ **riavere**
riobbligàre [comp. di *ri-* e *obbligare* ✱ av. 1540] **A** **v. tr.** (*io riòbbligo, tu riòbblighi*) ● obbligare di nuovo **B** **riobbligàrsi** **v. rifl.** ● obbligarsi di nuovo
rioccupàre [comp. di *ri-* e *occupare* ✱ av. 1555] **A** **v. tr.** (*io riòccupo*) ● occupare di nuovo: *r. le posizioni perdute* **B** **rioccupàrsi** **v. intr. pron.** ● occuparsi di nuovo: *ci rioccuperemo presto di voi*
rioccupazióne [comp. di *ri-* e *occupazione* ✱ av. 1574] **s. f.** ● nuova occupazione
riòdo ➤ **riudire**
rioffèndere [comp. di *ri-* e *offendere* ✱ av. 1729] **v. tr.** (**coniug. come** *offendere*) ● offendere di nuovo
riofferìre ➤ **rioffrire**
rioffèrto **part. pass.** di *rioffrire* ● (*raro*) nel sign. del v.
rioffèso (o -ṣ-) **part. pass.** di *rioffendere* ● (*raro*) nei sign. del v.
rioffrìre o (*lett.*) **riofferìre** [comp. di *ri-* e *offrire* ✱ av. 1607] **A** **v. tr.** (**coniug. come** *offrire*) ● offrire di nuovo: *r. un dono, una carica* **B** **rioffrirsi** **v. rifl.** ● offrirsi di nuovo: *si è riofferto volontario*
rioffuscàre [comp. di *ri-* e *offuscare* ✱ 1872] **A** **v. tr.** (*io rioffùsco, tu rioffùschi*) ● offuscare di nuovo **B** **rioffuscàrsi** **v. intr. pron.** ● offuscarsi di nuovo: *il cielo si è rioffuscato*
riolìte [comp. del gr. *rýax* 'torrente' (in questo caso 'lava fluente'), da *rêin* 'scorrere' (V. *-rea*), e *-lite* ✱ 1934] **s. f.** ● (*geol.*) liparite
rionàle [1921] **agg.** ● relativo al rione, del rione: *mercato r.* || **rionalménte**, **avv.**
rióne [lat. *regiōne(m)* 'regione' ✱ 1289] **s. m.** ● quartiere di una città: *stabilirsi in un r. popolare; r. centrale, periferico*
rioperàre [comp. di *ri-* e *operare* ✱ 1585] **A** **v. tr.** (*io riòpero*) ● operare di nuovo: *è stato rioperato al ginocchio* **B** **v. intr.** (**aus.** *avere*) **1** †reagire **2** (*lett.*) agire a propria volta: *filosofia e pensiero rioperano ... sulla poesia* (B. CROCE) **C** **rioperàrsi** **v. intr. pron.** ● operarsi di nuovo
riordinaménto [1554] **s. m.** ● il riordinare | riorganizzazione, nuovo ordinamento, nuovo assetto: *r. della carriera statale, degli studi* **SIN.** riforma
♦**riordinàre** [comp. di *ri-* e *ordinare* ✱ av. 1357] **A** **v. tr.** (*io riórdino*) **1** rimettere in ordine: *r. la stanza* | riorganizzare dando un nuovo e migliore assetto: *r. la biblioteca; r. lo Stato, l'esercito* | (*fig.*) chiarire, chiarirsi: *r. le idee* | rassettare: *r. la casa; riordinarsi i capelli* **2** (*raro*) impartire di nuovo un ordine **3** (*comm.*) ordinare di nuovo una merce, un lavoro e sim. **4** (*relig.*) ordinare di nuovo qlcu. sacerdote **B** **riordinàrsi** **v. rifl.** ● rimettersi in ordine
riordinàto **part. pass.** di *riordinare*; anche **agg.** ● nei sign. del v.
riordinatóre [1612] **agg. e s. m.** (**f.** *-trice*) ● che (o chi) riordina
riordinazióne [1509] **s. f.** **1** (*lett.*) riordinamento **2** (*comm.*) nuova ordinazione di una merce, di un lavoro e sim. **3** (*relig.*) nuova ordinazione sacerdotale
riórdino [1938] **s. m.** ● (*burocr.*) riordinamento: *r. di un fascicolo, di una pratica, delle finanze*
riorganiẓẓàre [comp. di *ri-* e *organizzare* ✱ 1796] **A** **v. tr.** **1** (*raro*) organizzare di nuovo: *r. un torneo di calcetto* **2** riordinare in base a nuovi criteri: *r. il movimento del traffico aereo; r. il proprio tempo libero* **B** **riorganiẓẓàrsi** **v. rifl.** ● organizzarsi di nuovo o meglio || **riorganiẓẓazióne**, **s. f.** riordino, riforma, ristrutturazione
riorganiẓẓàto **part. pass.** di *riorganizzare*; anche **agg.** ● nei sign. del v.
riorganiẓẓatóre [1889] **s. m.** (**f.** *-trice*) ● chi riorganizza
rioscuràre [comp. di *ri-* e *oscurare* ✱ av. 1556] **A** **v. tr.** ● oscurare di nuovo **B** **rioscuràrsi** **v. intr. pron.** ● oscurarsi di nuovo
riosservàre [comp. di *ri-* e *osservare* ✱ 1639] **v. tr.** (*io riossèrvo*) ● osservare di nuovo o meglio
†**riòtta** [ant. fr. *riotte*, da *rioter* 'riottare' ✱ 1288] **s. f.** ● contesa, lite: *grave e dura r. incominciarono* (G. BOCCACCIO)
†**riottàre** [ant. fr. *rioter*, di etim. incerta ✱ 1314] **v. intr.** ● contendere, questionare
riottenére [comp. di *ri-* e *ottenere* ✱ 1811] **v. tr.** (**coniug. come** *tenere*) ● ottenere di nuovo
♣**riottóso** (o -ṣ-) [da *riotta* ✱ 1308] **agg.** **1** (*lett.*) litigioso, attaccabrighe: *Non saprei che fare di gente ... riottosa e rissosa e dispettosa* (R. BACCHELLI) **2** (*est.*) ribelle: *quel contadiname r. che guardava di sbieco l'albero della libertà* (I. NIEVO) | restio, indocile (+ *a*): *r. ad ascoltare i buoni consigli; r. all'ubbidienza* || **riottosaménte**, **avv.** || **riottosità**, **s. f. inv.** **1** (*lett.*) spirito di ribellione; indocilità, irrequietezza **2** (*lett.*) resistenza, ritrosia
rìpa [vc. dotta, lat. *rīpa(m)* 'riva' ✱ sec. XIII] **s. f.** **1** (*lett.*) sponda, riva di un corso d'acqua o di un lago: *una pegola spessa, / che 'nviscava la r. d'ogne parte* (DANTE *Inf.* XXI, 17-18) | **uccelli di r.**, quei trampolieri che frequentano le sponde dei laghi e delle paludi **2** (*lett.*) argine, dirupo di fossato o burrone | †pendio, parete scoscesa **3** †riva, spiaggia di mare || **riperèlla**, **dim.** | **ripétta**, **dim.**
ripacificàre [comp. di *ri-* e *pacificare* ✱ 1504] **A** **v. tr.** (*io ripacìfico, tu ripacìfichi*) ● pacificare di nuovo **B** **ripacificàrsi** **v. rifl. recipr.** ● pacificarsi di nuovo || **ripacificazióne**, **s. f.**
ripagàre [comp. di *ri-* e *pagare* ✱ av. 1311] **v. tr.** (*io ripàgo, tu ripàghi*) **1** pagare di nuovo: *ci ha ripagato la cena* | risarcire, indennizzare, ricomperare a proprie spese: *abbiamo dovuto r. lo specchio che gli rompemmo* **2** ricompensare, contraccambiare (*anche iron.*) (+ *di*, + *con*): *ti ripagherò della tua cortesia; ci ha ripagati con l'ingratitudine* | compensare di sacrifici, disagi e sim.: *l'esito dell'esame mi ha ripagato degli sforzi fatti* | ***r. con la stessa moneta***, contraccambiare il male allo stesso modo **SIN.** ricambiare
ripalpitàre [comp. di *ri-* e *palpitare* ✱ 1872] **v. intr.** (*io ripàlpito*; **aus.** *avere*) ● palpitare di nuovo (*spec. fig.*): *stupiva lui ... di aver sentita r. l'antica amicizia* (R. BACCHELLI)
riparàbile [vc. dotta, lat. *reparābile(m)*, da *reparāre* 'riparare①' ✱ av. 1530] **agg.** ● che si può riparare: *mali riparabili; meccanismo non r.* || **riparabilità**, **s. f. inv.**
†**riparaménto** [1310] **s. m.** ● restauro, riparazione
riparametràre [da *r(i)-* e il denominale di *parametro* ✱ 1985] **v. tr.** (*io riparàmetro*) ● (*burocr.*) ricalcolare secondo nuovi parametri: *r. gli stipendi dei dipendenti pubblici*
riparametrazióne [da *riparametrare* ✱ 1981] **s. f.** ● (*burocr.*) il riparametrare
♦**riparàre**① o †**reparàre**① [vc. dotta, lat. *reparāre* 'recuperare, riparare', comp. di *re-* e *parāre* 'procurare'. V. *parare* ✱ 1282] **A** **v. tr.** **1** difendere, proteggere da un pericolo, un attacco, un danno; dare riparo: *r. il torace con la corazza; r. qlcu. con il proprio corpo* | ***r. le spalle a qlcu.***, (*fig.*) difenderlo dagli attacchi e accuse altrui usando la propria influenza, autorità e sim. | anche nella forma pron. **ripararsi**, proteggere una parte del proprio corpo: *ripararsi la fronte con la mano; riparandosi il viso col suo velo verde* (E. DE AMICIS) **2** cercare di porre rimedio a un male, un danno o un errore, attenuandone o eliminandone gli effetti negativi (*anche assol.*): *r. un'ingiustizia, un torto; r. un errore; non sappiamo come r.* | ***r. una materia***, (*anche assol.*) ***riparare***, nell'uso scolastico di un tempo, sostenere un esame di riparazione **3** rimettere in buono stato, aggiustare: *r. il televisore; far r. la macchina* **SIN.** accomodare, aggiustare **4** (*fam.*, *tosc.*) provvedere a fare qlco. di utile, necessario: *non posso r. tutte le vostre esigenze* | †***r. che non avvenga qlco.***, impedire che avvenga: *erano raunati ... per ripararlo che non passasse in Mugello* (G. VILLANI) **B** **v. intr.** (**aus.** *avere*) **1** provvedere, rimediare (+ *a*): *r. a una mancanza; bisogna r. a tutto* **2** (*fam.*, *tosc.*) ***non r. a fare qlco.***, non riuscire a farvi fronte pur dandosi da fare: *la moglie non riparava a servir tutti* (L. PIRANDELLO) **C** **ripararsi** **v. rifl.** ● mettersi al riparo, in salvo: *ripararsi dal temporale, dall'assalto nemico* | trovare ricovero, riparo, rifugio: *ci siamo riparati in una capanna; Ciaula, atterrito, era scappato a ripararsi in un antro noto soltanto a lui* (L. PIRANDELLO)
SFUMATURE ➤ ***aggiustare***
riparàre② o †**reparàre**② [provenz. *repairar*, dal lat. tardo *repatriāre* 'rimpatriare', da *pătria*, col pref. *re-* ✱ 1308] **A** **v. intr.** (**aus.** *essere*) **1** rifugiarsi, cercare rifugio, asilo spec. per sfuggire a traverse politiche, persecuzioni, ricerche e sim.: *durante la guerra, riparammo in Francia; dopo l'evasione riparò all'estero* **2** trovare ricovero per ristorarsi **B** †**riparàrsi** **v. intr. pron.** ● †dimorare, albergare: *alla sua casa in Parigi si riparava* (G. BOCCACCIO)
riparàta [1897] **s. f.** ● riparazione effettuata in fretta e alla meglio: *dare una r. all'automobile* || **riparatìna**, **dim.**
riparàto① **part. pass.** di *riparare*①; anche **agg.** ● nei sign. del v. | protetto: *un luogo r. dal vento*
riparàto② **part. pass.** di *riparare*②; anche **agg.** ● nei sign. del v. | che ha trovato rifugio, asilo o riparo: *famiglie lombarde riparate e accolte nella nostra città* (G. CARDUCCI) || **riparataménte**, **avv.**
riparatóre [vc. dotta, lat. *reparatōre(m)*, da *reparātus* 'riparato' ✱ sec. XIV] **s. m.** (**f.** *-trice*); anche **agg.** ● chi (o che) ripara, rimette in buono stato: *r. di orologi* | che pone rimedio:

a b c d e f g h i j k l m n o p q r s t u v w x y z

sentenza riparatrice

riparatòrio [da *riparare* ✱ 1964] **agg.** (**pl. m.** *-i* **o** *raro -ii*) ● (*lett.*) che ha la funzione di riparare un danno, un'offesa, un'ingiustizia: *atto r.*

♦**riparazióne** [vc. dotta, lat. tardo *reparatiōne(m)*, da *reparātus* 'riparato' ✱ 1301] **s. f.** **1** azione volta a eliminare, attenuare o compensare le conseguenze di un danno, un'offesa, un errore e sim.: *ottenere la r. di un torto subito; l'offeso pretende r.; r. dei danni, di un errore giudiziario; pregare per la r. dei propri peccati* | (*est.*) ***esami di r.***, nel passato ordinamento scolastico, quelli che uno studente doveva sostenere in una sessione autunnale quando era stato giudicato insufficiente in una o più materie in sede di scrutini o negli esami della sessione estiva | (*est., dir.*) ***riparazioni di guerra***, risarcimento dei danni causati a persone **2** aggiustatura, accomodatura di oggetti rotti, guasti e sim.: *la r. del mobile è durata tre ore*

†**ripareggiàre** [comp. di *ri-* e *pareggiare* ✱ av. 1524] **v. tr.** ● pareggiare di nuovo: *r. il terreno*

riparèlla① [da *ripa*, perché cresce sulle rive ✱ 1917] **s. f.** ● (*bot.*) salcerella

riparèlla② o **raperèlla** [da *riparare*① ✱ av. 1537] **s. f.** **1** pezzetto di pietra per otturare fori nelle pietre lavorate **2** (*raro*) rondella

ripària [f. sost. di *ripario*; detta così perché cresce preferibilmente lungo le rive dei corsi d'acqua ✱ 1937] **s. f.** ● vitigno originario dell'America usato in Europa come portainnesto

ripàrio [vc. dotta, lat. *ripāriu(m)*, da *rīpa* 'riva' ✱ 1594] **agg.** ● (*lett.*) che vive sulle rive: *pianta riparia*

riparlàre [comp. di *ri-* e *parlare*① ✱ 1353] **A** **v. intr.** (**aus.** *avere*) ● parlare di nuovo, un'altra volta | ***ne riparleremo!***, per rinviare il discorso ad altra occasione, talora con intonazione o intento di minaccia **B** **riparlàrsi** **v. rifl. recipr.** ● rivolgersi reciprocamente la parola spec. dopo discussione e sim. | (*est.*) rappacificarsi

♦**ripàro** [da *riparare*① ✱ av. 1250] **s. m.** **1** protezione da un danno, un pericolo e sim.: *hanno costruito una ringhiera a r.; cercare r. contro i colpi* | ricovero, ospitalità: *trovammo r. in un grosso albergo* (C. Pavese) | ***mettersi al riparo da qlco., correre ai ripari***, prendere le necessarie misure o i necessari provvedimenti per evitare danni **2** ciò che è posto a difesa: *un r. di terra, di sassi* | schermo: *la siepe è un r. alla vista* | (*est.*, **spec. al pl.**) fortificazione, bastione: *salire sui ripari* **SIN.** difesa **3** rimedio, provvedimento: *mettere, creare, porre r.; non c'è r. alla disonestà* **4** †nascondiglio, rifugio

SFUMATURE DI SIGNIFICATO

riparo - schermo
Ciò che serve per proteggersi da danni, pericoli, inconvenienti di qualsiasi origine o natura si definisce **riparo. Schermo** è parimenti uno strumento di difesa e di protezione, ma si usa soprattutto per suggerire l'idea di una protezione dagli sguardi altrui e dunque l'intento di nascondersi da parte di chi si protegge.
SFUMATURE ➤ ***misura***

ripartènza [comp. di *ri-* e *partenza* ✱ 1992] **s. f.** **1** (*raro*) nuova partenza **2** nel calcio, rapida iniziativa di attacco dopo un'offensiva avversaria

ripartìbile [da *ripartire*② ✱ 1771] **agg.** ● che si può ripartire, suddividere: *somma r.*

ripartimentàle [1959] **agg.** ● (*burocr.*) di un ripartimento, che riguarda un ripartimento: *amministrazione r.*

ripartiménto [da *ripartire*② ✱ av. 1557] **s. m.** **1** †suddivisione **2** (*raro*) scomparto, riquadro **3** (*burocr.*) sezione

♦**ripartìre**① [comp. di *ri-* e *partire*① ✱ sec. XIV] **v. intr.** (*io ripàrto*; **aus.** *essere*) ● partire di nuovo, rimettersi in viaggio: *il treno riparte fra dieci minuti; sono ripartiti da Roma per l'Australia* | rimettersi in moto, riavviarsi (*anche fig.*): *l'auto non riparte; l'economia stenta a r.*

♦**ripartìre**② [comp. di *ri-* e *partire*② ✱ av. 1525] **A** **v. tr.** (*io ripartisco, tu ripartisci*) **1** dividere in più parti, spartire: *r. il guadagno* | ordinare, dopo aver diviso in gruppi secondo un criterio prestabilito: *r. le lettere secondo la data, la provenienza* **SIN.** suddividere **2** assegnare ciò che è stato già diviso: *r. le incombenze fra i vari dipendenti* **3** †separare, allontanare **B** **ripartìrsi** **v. tr. pron.** (**aus.** *essere*) ● spartire, dividere con altri: *fra lor si ripartirono l'opera e divisero la fatica* (D. Bartoli) **SIN.** spartirsi

ripartìto① **part. pass.** di *ripartire*①; anche **agg.** ● nel sign. del v.

ripartìto② **part. pass.** di *ripartire*②; anche **agg.** ● nei sign. del v. | suddiviso ‖ **ripartitaménte**, **avv.** (*raro*) in modo ripartito

ripartitóre [1551] **s. m.** **1** (**f.** *-trice*) (*raro*) chi ripartisce, distribuisce **2** (**f.** *-trice*) negli uffici postali, impiegato addetto allo smistamento della corrispondenza secondo i quartieri postali **3** intelaiatura alla quale fanno capo le linee esterne e interne di una centrale elettrica, allo scopo di facilitare le connessioni volanti

ripartizióne [da *ripartire*② ✱ 1525] **s. f.** **1** suddivisione: *la r. del guadagno* | distribuzione secondo criteri stabiliti: *la r. degli incarichi* **SIN.** divisione | ***sistema pensionistico a r.***, quello in cui i contributi versati dai lavoratori in attività finanziano direttamente le erogazioni a chi già fruisce di pensione **2** ogni parte di qlco. che è stata ripartita: *grosse ripartizioni di terreno; le classificazioni e ripartizioni di cui ogni capitolo è costellato* (I. Calvino) **3** reparto di un'amministrazione

ripàrto [da *ripartire*② ✱ 1597] **s. m.** **1** ripartizione **2** (*raro*) reparto

ripartorìre [comp. di *ri-* e *partorire* ✱ sec. XIV] **v. tr.** (*io ripartorisco, tu ripartorìsci*) ● (*raro, lett.*) partorire di nuovo (*anche fig.*)

ripasciménto [dall'ant. *ripascere* 'pascere di nuovo', dal lat. tardo *repāscere*, comp. di *re-* e *pāscere* ✱ 1986] **s. m.** ● (*geogr.*) insieme dei fenomeni naturali di trasporto e deposito di sabbia che determina l'accrescimento del volume di una spiaggia | ***r. artificiale***, quello determinato attraverso la costruzione di appositi sbarramenti, gener. perpendicolari alla costa

♦**ripassàre** [comp. di *ri-* e *passare* ✱ 1313] **A** **v. tr.** **1** passare di nuovo, riattraversare: *per andare in Francia, ripasseremo le Alpi* **2** passare di nuovo sopra qlco.: *r. la vernice sulle finestre; r. la porta con la vernice; r. la biancheria col ferro* | tracciare di nuovo: *r. un disegno a china* | ***r. un libro***, dargli di nuovo una rapida lettura | ***r. un quadro***, ritoccarlo | ***r. la lezione***, rivederla, ristudiarla, ripeterla | ***r. il conto***, riscontrarlo | (*lett.*) rievocare | anche nella forma pron. (con valore intens.) **ripassàrsi**, ristudiare, rileggere qlco.: *ripassarsi un discorso; le battute che ha recitate o s'è ripassate* (L. Pirandello) **3** (*colloq.*) sgridare, anche usando maniere forti **B** **v. intr.** (**aus.** *essere*) ● passare di nuovo: *passa e ripassa davanti al mio portone* | ritornare, farsi rivedere in un luogo: *provi a r. più tardi; ripasseremo presto*

ripassàta [av. 1566] **s. f.** **1** attività del ripassare spec. una sola volta o in fretta: *dare una r. alla biancheria per aggiustarla* | rilettura, revisione: *dare una r. alla lettera per correggerla* **2** (*colloq.*) ammonizione severa, rabbuffo, ramanzina anche energica: *dare una buona r.* **3** †il ripassare in un luogo ‖ **ripassatina**, **dim.**

ripassatóre [1891] **s. m.** (**f.** *-trice*) ● chi ripassa

ripassatrìce [da *ripassare* ✱ 1959] **s. f.** ● (*tess.*) macchina usata per il controllo della fattura dei tessuti

ripassatùra [da *ripassare* ✱ 1924] **s. f.** ● (*tecnol.*) operazione di controllo della qualità e del buon funzionamento di un prodotto o di un manufatto

ripàsso [1699] **s. m.** **1** moto migratorio degli uccelli di passo dai luoghi di svernamento a quelli di riproduzione **2** ripetizione sistematica di una materia scolastica: *iniziare il r. della storia in vista dell'esame* **3** (*enol.*) tecnica di elaborazione di un vino Valpolicella, che viene fatto lentamente rifermentare su vinacce di Recioto o di Amarone acquisendo maggiore corpo e pregio ‖ **ripassino**, **dim.**

ripàtica [dal lat. *rīpa* 'riva' ✱ 1671] **s. f.** ● nel Medioevo, diritto di sbarcare cose o persone o attraccare natanti alle sponde di fiumi, laghi e sim. | (*est.*) tassa dovuta per l'esercizio di tale diritto

ripàtico [1671] **s. m.** (**pl.** *-ci*) ● ripatica

ripatìre [comp. di *ri-* e *patire* ✱ av. 1576] **v. intr. e tr.** (*io ripatìsco, tu ripatìsci*; **aus.** *avere*) ● (*raro*) patire di nuovo: *r. di gelosia; ripatisco gli assalti e i travagli di quel male ereditario* (G. D'Annunzio)

†**ripatriaménto** [da †*ripatriare* ✱ av. 1667] **s. m.** ● rimpatrio

†**ripatriàre** o †**repatriàre** [vc. dotta, lat. tardo *repatriāre*. V. *riparare*② ✱ av. 1342] **v. tr. e intr.** ● rimpatriare

†**ripatriazióne** ➤ †**repatriazione**

ripatteggiàre [comp. di *ri-* e *patteggiare* ✱ 1872] **v. intr. e tr.** (**pres.** *io ripattéggio*; **fut.** *io ripatteggerò*; **aus.** *avere*) ● (*raro*) patteggiare di nuovo

ripeccàre [comp. di *ri-* e *peccare* ✱ av. 1311] **v. intr.** (*io ripècco, tu ripècchi*; **aus.** *avere*) ● peccare di nuovo

ripeggioràre [comp. di *ri-* e *peggiorare* ✱ 1340 ca.] **v. tr. e intr.** (*io ripeggióro*, **pop., tosc.** *ripèggioro*; **aus. intr.** *essere*) ● peggiorare di nuovo: *r. la situazione; il tempo è ripeggiorato*

ripensaménto [sec. XIV] **s. m.** **1** nuova riflessione su qlco.: *è necessario un r. attento del fatto* **2** cambiamento di idea, di parere: *è una decisione frutto di un improvviso r.* **3** ***diritto di r.***, diritto del consumatore di recedere entro sette giorni da un contratto per la fornitura di beni o la prestazione di servizi concluso con un operatore commerciale fuori dai locali in cui egli esercita la sua attività

♦**ripensàre** [comp. di *ri-* e *pensare* ✱ 1261 ca.] **A** **v. intr.** (*io ripènso*; **aus.** *avere*) **1** pensare di nuovo, tornare a pensare, a riflettere, a meditare: *ho ripensato alla risposta che mi hai dato* | **ripensàrci**, cambiare parere, ricredersi: *ci ho ripensato, resto a casa* **2** riandare col pensiero: *ripensiamo spesso all'adolescenza* **B** **v. tr.** **1** (*lett.*) ricordare con nostalgia, rievocare: *ripenso il tuo sorriso, ed è per me un'acqua limpida / scorta ... tra le pietraie d'un greto* (E. Montale) **2** riconsiderare, riesaminare: *la Chiesa ripensa il suo ruolo nella società; Chi ripensi la storia politica nostra* (G. Carducci)

ripensàto **part. pass.** di *ripensare*; anche **agg.** ● nei sign. del v.

ripènse [vc. dotta, lat. tardo *ripēnse(m)*, da *rīpa* 'riva' ✱ av. 1550] **agg.** ● (*lett.*) della riva, posto sulla riva

†**ripentàglio** ➤ **repentaglio**

ripentiménto [comp. di *ri-* e *pentimento* ✻ 1250 ca.] **s. m.** ● (*lett.*) nuovo pentimento | (*lett.*) rammarico per decisioni prese, scelte fatte, o sim.

ripentìrsi o †**repentìrsi** [comp. di *ri-* e *pentirsi* ✻ 1287] **v. intr. pron.** (*io mi ripènto*) **1** (*lett.*) pentirsi: *non vedi che al fine s'è ripentito d'aver detto?* (G. Bruno) **2** (*lett.*) rammaricarsi per una decisione, un comportamento e sim.

ripercórrere [comp. di *ri-* e *percorrere* ✻ 1818] **v. tr.** (coniug. come *correre*) ● percorrere di nuovo (*anche fig.*): *r. una strada in salita*; *r. col pensiero gli avvenimenti della giornata*

ripercórso part. pass. di *ripercorrere* ● nei sign. del v.

ripercòssa [da *ripercosso* ✻ av. 1600] **s. f.** ● (*lett.*) urto ripetuto | contraccolpo (*anche fig.*)

ripercòsso part. pass. di *ripercuotere*; anche agg. ● nei sign. del v. | ripetutamente percosso: *Il suon funesto / del r. acciar* (P. Metastasio)

ripercòtere ➤ **ripercuotere**

ripercotiménto o (*raro*) **ripercuotiménto** [da *ripercuotere* ✻ sec. XIV] **s. m.** ● (*raro*) ripercossa | †rifrazione: *Lo splendore è cagionato per lo r. de' raggi* (T. Tasso)

ripercuòtere o (*lett.*) **ripercòtere** [vc. dotta, lat. *repercŭtere*, comp. di *re-* e *percŭtere* 'percuotere' ✻ 1308] **A** **v. tr.** (coniug. come *percuotere*) **1** percuotere di nuovo, di più o più volte: *r. l'acqua con i remi* | (*lett., raro*) percuotere di rimando: *percosso, il cavalier non ripercote* (T. Tasso) **2** (*mus.*) ribattere, ripetere: *r. note* **3** (*lett.*) riflettere, respingere indietro: *la Terra ... è atta a ricevere ed a r. il lume del Sole* (G. Galilei) **B** **ripercuòtersi** **v. intr. pron.** **1** (*lett.*) rimbalzare, riflettersi, riverberare **2** provocare una brusca scossa, un contraccolpo (+ *in*): *l'arresto dell'automobile si è ripercosso nella lunga fila di autovetture* **3** (*fig.*) provocare indirettamente una conseguenza spec. negativa (+ *su*): *la crisi della Borsa di Tokyo si ripercuote sui mercati europei*

ripercuotiménto ➤ **ripercotimento**

ripercussióne [vc. dotta, lat. *repercussiōne(m)*, da *repercŭssus* 'ripercosso' ✻ av. 1320] **s. f.** ● il ripercuotersi | rifrazione, riflessione: *la r. della luce, del suono* | (*fig.*) effetto, conseguenza indiretta di qlco.: *le ripercussioni del Trattato di Versailles*

†**ripercussivo** [dal lat. *repercŭssus* 'ripercosso' ✻ sec. XIV] **agg.** ● antinfiammatorio

ripèrdere [comp. di *ri-* e *perdere* ✻ av. 1348] **v. tr., intr.** (coniug. come *perdere*; aus. *avere*) e **ripèrdersi** **v. intr. pron.** ● perdere, perdersi di nuovo

riperdonàre [comp. di *ri-* e *perdonare* ✻ 1872] **v. tr.** (*io riperdóno*) ● perdonare di nuovo

riperfuṣióne [1986] **s. f.** ● (*med.*) ripresa della circolazione sanguigna in un tessuto o in un organo nei quali si era interrotta

†**ripertòrio** ➤ **repertorio**

ripesàre (o **-ṣ-**) [comp. di *ri-* e *pesare* ✻ 1362] **v. tr.** (*io ripéso*) ● pesare di nuovo: *r. la frutta per controllarla* | (*fig.*) ponderare, valutare attentamente; *non v'è pure una virgola ch'io non abbia pesata e ripesata* (G. Leopardi)

ripescàggio [da *ripescare*, calco sul fr. *repêchage* ✻ 1978] **s. m.** ● (*fig.*) recupero, riammissione: *il r. di un candidato* | riesame, riproposta: *il r. di un progetto accantonato*

ripescaménto [1619] **s. m.** ● (*raro*) recupero

ripescàre [comp. di *ri-* e *pescare* ✻ 1374] **v. tr.** (*io ripésco, tu ripéschi*) **1** pescare di nuovo: *ho ripescato una trota* | tirare fuori dall'acqua qlco. che vi era caduto: *r. un cadavere, un anello* **2** (*fig.*) ritrovare dopo una ricerca: *abbiamo ripescato quelle vecchie fotografie della mamma* **3** (*est.*) ripresentare, riproporre all'attenzione: *r. un vecchio attore*; *r. una teoria da tempo abbandonata* | (*fig.*) riprendere in considerazione, riesaminare: *r. una soluzione precedentemente scartata* | (*polit.*) dichiarare eletto un candidato dopo la ripartizione finale dei resti dei voti o in seguito alla rinuncia di un altro candidato

ripésco [da avvicinare a *ripescare* (?) ✻ 1849] **s. m.** (pl. *-schi*) ● (*raro, tosc.*) tresca amorosa

ripestàre [comp. di *ri-* e *pestare* ✻ sec. XV] **v. tr.** (*io ripésto*) ● pestare di nuovo (*anche assol.*)

ripetènte part. pres. di *ripetere*; anche agg. e s. m. e f. ● che (o chi) ripete un anno scolastico

ripetènza [da *ripetente* ✻ 1980] **s. f.** ● nel linguaggio scolastico, anno di corso o esame ripetuti per bocciatura | il verificarsi di tale evento considerato come fenomeno collettivo: *studiare le cause della r.*; *il tasso di r. è in aumento* | (*est.*) il numero degli alunni che ripetono un anno scolastico: *in questa scuola la r. è scarsa*

♦**ripètere** o †**repètere** [vc. dotta, lat. *repĕtere* 'andare contro, chiedere di nuovo, ripetere', comp. di *re-* e *pĕtere* 'cercar di giungere, chiedere'. V. †*petere* ✻ 1261 ca.] **A** **v. tr.** (pres. *io ripèto*; pass. rem. *io ripetéi* o †*ripetètti*) **1** replicare, rifare, eseguire nuovamente: *r. un interessante esperimento*; *r. un esame, una prova* | ***r. l'anno***, (*anche assol.*) ***ripetere***, nel linguaggio scolastico, frequentare di nuovo lo stesso anno di corso, in seguito a bocciatura | ***Paganini non ripete***, (*scherz.*) detto di chi, come il famoso violinista che non concedeva bis, si rifiuta di ridire o rifare qlco. | ottenere di nuovo, ancora: *ha ripetuto il trionfo dell'anno scorso* **2** ridire, tornare a dire (+ *che*, + *di* seguito da inf.): *r. la domanda*; *r. ad alta voce il racconto*; *ripete sempre le stesse parole*; *ti ripeto che non ne sapevo nulla*; *ripeteva di non voler tornare mai più* (E. Morante) | ***r. la lezione***, rispiegarla o ripassarla **3** (*raro, lett.*) richiamare alla mente, alla memoria: *ripetendo … i passati pericoli* (G. Boccaccio) **4** (*dir.*) chiedere qlco. a titolo di restituzione: *r. il pagamento di una somma non dovuta* **5** †rivendicare, richiedere: *r. il dominio* **6** (*raro*) trarre, derivare: *la virtù degli scolastici … ripete la sua forza dal cielo* (A. Gramsci) | †far derivare, discendere: *r. le origini di Padova da Antenore* **B** **v. intr.** (aus. *avere*) ● (*lett.*) contraddire, obiettare: *e chi ha da r. si faccia avanti* (G. Carducci) **C** **ripètersi** **v. rifl.** ● essere ripetitivo, monotono: *è un artista che si ripete* | (*est.*) dire o fare sempre le stesse cose: *i vecchi si ripetono facilmente* **D** **ripètersi** **v. intr. pron.** ● ricorrere, tornare a succedere, detto di fatti, avvenimenti e sim.: *il fenomeno si è ripetuto tale e quale*

ripetìbile [1673] **agg.** **1** che si può ripetere: *una cura r.*; *un'espressione non r.* | ***ricetta, prescrizione r., non r.***, che è valida più volte, o una sola volta, in farmacia **2** (*dir.*) detto di pagamento o prestazione di cui sia possibile chiedere la restituzione ‖ **ripetibilità**, s. f. inv. (V.)

ripetibilità [1959] **s. f. inv.** ● caratteristica di ciò che è ripetibile | (*dir.*) condizione di un pagamento o di una prestazione di cui sia possibile chiedere la restituzione | (*fis.*) caratteristica di uno strumento di misurazione, da cui dipende la sua fedeltà

ripetìo ➤ **repetio**

ripetitivo [1959] **agg.** ● detto di ciò che viene rifatto, ridetto, replicato molte volte: *un lavoro r.*; *discorso monotono e r.* ‖ **ripetitivaménte**, avv. ‖ **ripetitività**, s. f. inv. caratteristica di ciò che è ripetitivo

ripetitóre o †**repetitóre** [vc. dotta, lat. *repetitōre(m)*, da *repetītus*, part. pass. di *repĕtere*. V. *ripetere* ✻ av. 1311] **A** **agg.** (f. *-trice*) ● che ripete | ***nave ripetitrice***, ripetitore nel sign. B 3 | ***stazione ripetitrice***, impianto di telecomunicazione che ha lo scopo di ricevere e ritrasmettere i segnali che riceve da un'analoga stazione **B** **s. m.** **1** (f. *-trice*) chi ripete | (*gerg.*) nel teatro, suggeritore **2** (f. *-trice*) (*lett.* o *raro*) insegnante che impartisce lezioni private **3** (*mar.*; *disus.*) nave fuori linea che ripeteva alle navi lontane i segnali dell'ammiraglia **4** apparecchiatura radiofonica o televisiva che riceve il segnale elettrico emesso da un trasmettitore e lo ritrasmette opportunamente ampliato

ripetitrìce [f. di *ripetitore* ✻ 1970] **s. f.** ● in fotomeccanica, macchina che permette di copiare più volte su una stessa lastra un'immagine di piccole dimensioni

ripetizióne o †**repetizióne** [vc. dotta, lat. *repetitiōne(m)*, da *repetītus*, part. pass. di *repĕtere*. V. *ripetere* ✻ av. 1342] **s. f.** **1** il ripetere, il ripetersi | nuova effettuazione o manifestazione di qlco.: *la frequente r. genera abitudine*; *assistere alla r. della gara*; *la r. del fenomeno si è verificata ieri* CFR. palin- | ***arma a r.***, provvista di meccanismo che accelera l'esecuzione del caricamento, aumentando la rapidità di tiro dell'arma | ***orologio a r.***, che, azionando un pulsante, suona l'ora e i quarti | ***a r.***, (*fig.*) in continuazione, a raffica: *fare domande a r.* **2** nuova trattazione, ripasso di argomenti scolastici già svolti: *r. generale della grammatica*; *fare un'ora di r. la settimana* | lezione privata: *dare, prendere ripetizioni*; *andare a r. di matematica* **3** (*ling.*) ogni figura retorica che consiste nel ripetere la stessa parola o frase, spesso con valore enfatico (per es. *se ne stava buono buono in un angolo*) SIN. raddoppiamento CFR. amplificazione, anadiplosi, anafora, antanaclasi, epanafora, epanadiplosi, epanalessi, epifora | reiterazione **4** replica della stessa parola o dello stesso concetto a distanza troppo breve: *componimento pieno di ripetizioni* **5** (*dir.*) richiesta di qlco. a titolo di restituzione | ***r. dell'indebito***, diritto di ottenere la restituzione di ciò che è stato pagato indebitamente

ripettinàre [comp. di *ri-* e *pettinare* ✻ 1813] **A** **v. tr.** (*io ripèttino*) ● pettinare di nuovo **B** **ripettinàrsi** **v. rifl.** ● pettinarsi di nuovo

ripetùto part. pass. di *ripetere*; anche agg. **1** nei sign. del v. **2** (*est.*) numeroso, frequente: *ci siamo difesi da ripetute accuse* ‖ **ripetutaménte**, avv. più volte, spesso: *ti abbiamo ripetutamente ammonito*

†**ripezzàre** [da *pezza*, col pref. *ri-* ✻ av. 1311] **v. tr.** ● rappezzare

†**ripezzatùra** [da †*ripezzare* ✻ av. 1311] **s. f.** ● rappezzatura

ripiacére [comp. di *ri-* e *piacere* ✻ sec. XIII] **v. intr.** (coniug. come *piacere*; aus. *essere*) ● piacere di nuovo o di più

ripiagàre [comp. di *ri-* e *piagare* ✻ av. 1294] **v. tr.** (*io ripiàgo, tu ripiàghi*) ● piagare di nuovo

†**ripiàgnere** ➤ **ripiangere**

ripianaménto [1974] **s. m.** ● il ripianare | (*econ., ragion.*) pareggiamento, estinzione: *r. del debito pubblico*

ripianàre [comp. di *ri-* e *pianare* ✻ sec. XV] **v. tr.** **1** (*tecnol.*) rendere piana, liscia, uguale una superficie **2** (*econ., ragion.*) estinguere, pareggiare, con riferimento a debiti, deficit o passività di bilancio e sim.: *r. il deficit ferroviario*

ripiàngere o †**ripiàgnere** [comp. di *ri-* e

piangere ✻ av. 1316] **A** **v. tr. e intr. (coniug. come** *piangere*; **aus.** *avere*) ● piangere di nuovo **B** **ripiàngersi v. intr. pron.** ● †rammaricarsi, dolersi

ripiàno ① [comp. di *ri-* e *piano*② ✻ 1601] **s. m.** **1** superficie, zona piana **2** (*agric.*) tratto di terreno pianeggiante ricavato dalla sistemazione di terreni declivi per permetterne la coltivazione **SIN.** gradone, lenza, pianale, terrazzo **3** palchetto di scaffale, armadio, mobile in genere **4** (*raro*) pianerottolo

ripiàno ② [da *ripianare*, nel sign. 2 ✻ 1959] **s. m.** ● (*econ., ragion.*) ripianamento

ripiantàre [vc. dotta, lat. tardo *replantāre*, comp. di *re-* e *plantāre* 'piantare' ✻ sec. XIV] **v. tr.** ● piantare di nuovo

♣**ripìcca** [1841] **s. f.** ● dispetto fatto in risposta a un dispetto ricevuto: *è stata una r.* | atteggiamento dispettoso tenuto per rivalsa: *fare qlco. per r.*

ripicchettàre [comp. di *ri-* e *picchettare* ✻ 1983] **v. tr.** (*io ripicchétto*) ● eseguire una ripicchettatura

ripicchettatùra [comp. di *ri-* e *picchettatura* ✻ 1970] **s. f.** ● trapianto ripetuto in semenzaio, di piantine nate da seme prima di porle a dimora **SIN.** ripiolamento

ripicchiàre [comp. di *ri-* e *picchiare*① ✻ 1441] **A** **v. tr.** (*io ripìcchio*) ● picchiare, battere più volte o di nuovo **B** **v. intr.** (**aus.** *avere*) **1** picchiare di nuovo: *r. col martello* | bussare di nuovo (*anche assol.*): *r. alla porta*; *ho sentito r.* **2** (*fig., lett.*) insistere, tornare a domandare: *picchia e ripicchia, ci ha risposto* | (*fig., lett.*) ribattere, ribadire: *Io voglio i miei danari, ripicchiava Campana di legno* (G. VERGA) **C** **ripicchiàrsi v. rifl.** ● (*tosc.*) curare eccessivamente il proprio abbigliamento, lisciarsi, azzimarsi

ripicchiàta [comp. di *ri-* e *picchiata*① ✻ 1779] **s. f.** **1** atto del ripicchiare **2** (*tosc.*) rapida lisciata all'abito, all'acconciatura: *darsi una r.*

ripìcco [comp. di *ri-* e *picca*② ✻ av. 1596] **s. m.** (**pl.** *-chi*) ● (*lett.*) ripicca: *di qui le stizze, i pettegolezzi, i ripicchi* (G. GIUSTI)

ripìcolo [comp. di *ripa* e *-colo* ✻ 1959] **agg.** ● (*biol.*) di organismo che vive in riva all'acqua o anche immerso

ripidézza [1640] **s. f.** ● caratteristica di ciò che è ripido: *la r. di una salita*

ripidità [1904] **s. f. inv.** **1** caratteristica di ciò che è ripido, scosceso: *la r. di un pendio* **2** (*geogr.*) rapporto fra altezza e lunghezza di un'onda marina

r

♦**rìpido** [sovrapposizione di *ripa* a *rapido* ✻ 1481] **agg.** ● che ha una forte pendenza: *salita, strada ripida* **SIN.** erto ‖ **ripidétto**, **dim.** | **ripidino**, **dim.** ‖ **ripidaménte**, **avv.** in modo ripido, con ripidezza: *scala che si inerpica ripidamente nella roccia*

Ripidoglòssi [comp. del gr. *rhipís*, genit. *rhipídos* 'ventaglio' (da *rhíptein* 'gettare, lanciare', di etim. incerta) e *glôssa* 'lingua' (V. *glossa* nel sign. 4): detti così dalla radula composta di numerose piastre a ventaglio ✻ 1959] **s. m. pl.** (**sing.** *-o*) ● (*zool.*) gruppo di Molluschi dei Gasteropodi che hanno le piastre della radula disposte a ventaglio (*Rhipidoglossa*)

ripidolìte [comp. del gr. *rhipís*, genit. *rhipídos* 'ventaglio' (V. *Ripidoglossi*) e *-lite*; detta così dalla forma degli aggregati cristallini ✻ 1885] **s. f.** ● (*miner.*) varietà di clorite magnesiaca

ripiegàbile [1932] **agg.** ● che può essere ripiegato: *manico r.*

ripiegaménto [sec. XIV] **s. m.** **1** (*raro*) il ripiegare | piegamento all'interno: *il r. di un tavolo* **2** (*milit.*) indietreggiamento: *il r. della cavalleria su nuove posizioni* | (*fig.*) arretramento verso posizioni meno innovative **3** (*fig.*) raccoglimento in sé stesso, ripensamento: *il r. pessimistico che Stendhal aveva intuito* (I. CALVINO)

ripiegàre [comp. di *ri-* e *piegare* ✻ av. 1311] **A** **v. tr.** (*io ripiègo, tu ripièghi*) **1** piegare di nuovo: *dopo aver letto la lettera, la ripiegò* **2** piegare più volte, rivolgere a più doppi: *r. il lenzuolo, il fazzoletto* | ***r. le vele***, ammainarle | ***r. le insegne, le bandiere***, abbassarle **3** piegare su sé stesso ciò che è disteso: *r. le ali, le ginocchia* | reclinare: *Anna ... ripiegava la testa ... sullo schienale del sofà* (E. MORANTE) **B** **v. intr.** (**aus.** *avere*) **1** (*milit.*) indietreggiare sotto la pressione del nemico o per raggiungere posizioni arretrate più vantaggiose **2** (*fig.*) rinunciare a qlco. accontentandosi di un'altra soluzione: *quest'anno ripiegheremo su vacanze poco costose* **C** **ripiegàrsi v. intr. pron.** **1** incurvarsi, piegarsi, flettersi: *i rami si ripiegano sotto il peso della neve* **2** †riflettersi, detto della luce **D** **ripiegàrsi v. rifl.** ● (*fig., raro*) rivolgersi in sé, su sé stesso: *ripiegarsi nell'isolamento, nella malinconia*

ripiegàta [1872] **s. f.** ● il ripiegare una volta o in fretta: *dare una r. alla tovaglia*

ripiegàto **part. pass.** di *ripiegare*; anche **agg.** ● nei sign. del v. | piegato su sé stesso: *Un capretto ... accovacciato, con le zampe ripiegate sotto il ventre* (A. MORAVIA)

ripiegatùra [1612] **s. f.** ● il ripiegare | linea di piegatura | segno che ne rimane: *un grosso biglietto di banca ... qua e là bucherellato sul dorso delle ripiegature* (L. PIRANDELLO)

♣**ripiègo** [da *ripiegare* ✻ 1550] **s. m.** (**pl.** *-ghi*) ● espediente, trovata, via d'uscita per liberarsi da una difficoltà: *trovare, scovare un r. momentaneo* | ***per r.***, per rimediare, non potendo fare di meglio | ***di r.***, di cosa meno soddisfacente rispetto ad un'altra: *una soluzione di r.* | ***vivere di ripieghi***, di espedienti precari

SFUMATURE ➤ ***espediente***

ripièna [da *ripieno*, sostantivato al f. ✻ 1959] **s. f.** ● (*miniere*) materiale costituito da rocce o argille, con cui nelle miniere si riempiono i vuoti lasciati dall'estrazione del minerale utile

ripienatrìce [da *ripiena* col suff. *-trice* ✻ 1987] **s. f.** ● (*miniere*) macchina per riempire, mediante ripiena, i vuoti lasciati in miniera dall'estrazione del minerale

ripienézza [1494] **s. f.** ● (*lett.*) pienezza: *sospirando per r. di stomaco* (R. BACCHELLI) | (*lett., fig.*) sazietà: *Io mi sento come una r. di letteratura* (G. CARDUCCI)

ripièno [comp. di *ri-* e *pieno* ✻ av. 1292] **A** **agg.** **1** ben pieno, completamente pieno: *vaso r. di acqua*; *sala ripiena di gente* | farcito, imbottito: *panino r.*; *melanzane ripiene* | (*fig.*) invaso, pervaso: *animo r. di contentezza*; *di dolce voce e dolci odori / l'aer, la terra è gia ripiena e l'onda* (M.M. BOIARDO) **2** †riempito **B** **s. m.** **1** ciò che serve a riempire qlco.: *mettere nel cuscino un r. di piume* **2** impasto di ingredienti vari per farcire una vivanda: *il r. del tacchino* **3** (*mus.*) nel concerto grosso, l'insieme degli strumenti dell'orchestra contrapposto al concertino dei solisti | ***parte di r.***, strumenti che servono di raddoppio di quelli principali nel tutti | ***senza r.***, esecuzione senza raddoppi | registro dell'organo **4** (*tess., raro*) trama **5** †gonfiezza di stomaco **6** (*fig.*) †piena soddisfazione ‖ (*lett.*) **ripienétto**, **dim.**

ripigiàre [comp. di *ri-* e *pigiare* ✻ 1835] **v. tr.** (**pres.** *io ripìgio*; **fut.** *io ripigerò*) ● pigiare di nuovo o di più

†**ripigliaménto** [1525] **s. m.** **1** il ripigliare | ripetizione **2** (*fig.*) riprensione

ripigliàre [comp. di *ri-* e *pigliare* ✻ av. 1292] **A** **v. tr.** (*io ripìglio*) **1** (*fam.*) pigliare di nuovo: *r. fiato* | recuperare, riacquistare: *r. vigore, forza*; *ripiglierò uno stato abbietto, e il duro / bando, e la fuga, e l'affannosa vita* (V. ALFIERI) | riprendere: *r. il fuggiasco* | anche in forma pron. (con valore intens.): *ripigliati i tuoi soldi!*; *Ripigliatevi, o numi, il vostro dono* (P. METASTASIO) **2** ricominciare, riattaccare: *r. il discorso* **3** riaccettare, riammettere: *r. qlcu. al proprio servizio* | anche in forma pron.: *supplicando la madre badessa di ... ripigliarsela per amor di Dio* (G. VERGA) **4** (*raro*) replicare, rispondere, soggiungere **5** †ripetere **6** (*fig.*) †riprendere, rimproverare **B** **v. intr.** (**aus.** *avere*) **1** rinvenire, riaversi, detto di piante, alberi, e sim.: *con la pioggia la siepe ha ripigliato* | (*raro, est.*) ravvivarsi, detto di attività in genere: *il commercio ripiglia* **2** (*colloq.*) ricominciare (+ *a*): *Lui viene e ripiglia a lamentarsi* (C. PAVESE); (*assol.*) *La pioggia ripigliò* (B. FENOGLIO) **C** **ripigliàrsi v. rifl.** **1** (*fam.*) riprendersi, riaversi **2** (*raro*) tornare ad azzuffarsi: *si sono ripigliati per un piccolo screzio*

ripigliàta [1800] **s. f.** **1** (*lett.*) ripresa, iterazione **2** (*merid.*) rimprovero

ripiglìno [da *ripigliare* ✻ 1688] **s. m.** **1** gioco infantile che consiste nel riprendere sul dorso della mano noccioli o sassolini lanciati in aria **2** gioco infantile a due, con una cordicella legata ai due capi; ripigliandola a vicenda, ciascuno deve avvolgersela intorno alle dita in altra forma, in modo da dar luogo sempre a nuove figure

ripìglio [da *ripigliare* ✻ av. 1342] **s. m.** ● (*raro, lett.*) riprensione: *sì la punse / con acerbo r.* (V. MONTI)

†**ripìgnere** ① ➤ †**ripingere**①

†**ripìgnere** ② ➤ **respingere**

†**ripìngere** ① o †**ripìgnere**① [comp. di *ri-* e *pingere*① ✻ av. 1400] **v. tr.** (**coniug. come** *pingere*①) ● ridipingere, restaurare

†**ripìngere** ② ➤ **respingere**

ripiolaménto [1970] **s. m.** ● ripicchettatura

ripiolàre [da *piolo*, col pref. *ri-* ✻ 1970] **v. tr.** (*io ripiòlo*) ● ripicchettare

ripiombàre [comp. di *ri-* e *piombare* ✻ 1745] **v. intr. e tr.** (*io ripiómbo*; **aus. intr.** *essere*) ● piombare di nuovo (*spec. fig.*): *Quella infelice ripiombò sul letto* (G. PARINI); *r. nella disperazione*

ripiòvere [comp. di *ri-* e *piovere* ✻ 1441] **A** **v. intr. impers.** (**aus.** *essere* o *avere*) ● tornare a piovere **B** **v. intr. e tr.** (**aus. intr.** *essere*) ● piovere di nuovo, ricadere o far ricadere (*anche fig.*): *grossi chicchi di grandine ripiovono dal cielo*; *il Vesuvio ripiove lava*; *ripiovvero insulti*

†**ripìre** [lat. *rēpere* 'strisciare'. V. †*repere* ✻ sec. XIV] **v. intr.** (**difett. del part. pass. e dei tempi composti**) ● montare, salire

†**ripìtio** ➤ **repetio**

riplacàre [comp. di *ri-* e *placare* ✻ sec. XIV] **A** **v. tr.** (*io riplàco, tu riplàchi*) ● placare di nuovo **B** **riplacàrsi v. intr. pron.** ● placarsi di nuovo

riplaşmàre [comp. di *ri-* e *plasmare* ✻ 1858] **v. tr.** ● plasmare di nuovo

†**ripolìre** ➤ **ripulire**

riponènte **part. pres.** di *riporre* ● nei sign. del v.

†**ripónere** [vc. dotta, lat. *repōnere* 'riporre' ✻ sec. XIII] **v. tr.** ● riporre

ripopolaménto [1872] **s. m.** ● il ripopolare, il ripopolarsi: *il r. di una riserva*

ripopolàre [comp. di *ri-* e *popolare*① (V.) ✻ av. 1557] **A** **v. tr.** (*io ripòpolo*) ● popolare di nuovo: *r. una terra abbandonata* | (*est.*) affollare di nuovo: *dopo la nevicata, gli sciatori hanno ripopolato le piste* | accrescere la popolazione animale in una zona o in un ambiente immettendovi nuovi esemplari o proteggendo quelli esistenti: *r. un lago*; *r. una riserva* **B** **ripopolàrsi v. intr. pron.** ● tornare a popolarsi: *la città si è rapidamente ripopolata*

ripopolàto **part. pass.** di *ripopolare*; anche **agg.** ● nei sign. del v. | pieno di gente: *in questa Bologna allegra e ripopolata* (G. CARDUCCI)

ripopolazióne [av. 1604] **s. f.** ● (*raro*) ripopolamento

ripòrgere [vc. dotta, lat. *reporrĭgere*, comp. di *re-* e *porrĭgere* 'porgere' ✱ 1313] **v. tr.** (**coniug. come** *porgere*) ● porgere di nuovo o a propria volta

♦**ripórre** o †**repórre** [lat. *repōnere*, comp. di *re-* e *pōnere* 'porre' ✱ 1268] **A v. tr.** (**coniug. come** *porre*) **1** rimettere, collocare di nuovo al suo posto: *r. la spada nel fodero*; *r. l'abito nell'armadio* **2** presentare di nuovo: *ha riposto la sua candidatura alla presidenza* **SIN.** riproporre **3** mettere in serbo, da parte: *r. qlco. nel solaio* | mettere in un luogo adatto per custodire, riparare, nascondere (*anche fig.*): *r. i gioielli in cassaforte*; *r. le ceneri nell'urna*; *r. in cuore i buoni consigli* **4** (*fig.*) affidare, concentrare un sentimento in qlcu. o in qlco.: *ripongo in te tutta la mia fiducia* **5** (*lett.*) seppellire **B** **ripórsi v. rifl.** **1** mettersi di nuovo: *riporsi a sedere* **2** †nascondersi: *e 'n picciola capanna si ripone* (A. POLIZIANO) **C** **ripórsi v. intr. pron.** ● ripresentarsi

riportàbile [1929] **agg.** ● (*raro*) che si può riportare: *è un abito non r.*

riportaménto [1308] **s. m.** ● (*raro*) il riportare

♦**riportàre** [vc. dotta, lat. *reportāre*, comp. di *re-* e *portāre* ✱ 1319] **A v. tr.** (*io ripòrto*) **1** portare di nuovo, un'altra volta: *questa giacca non è pulita: riportala al lavasecco* **2** portare indietro, ricondurre al luogo di origine: *r. un libro in biblioteca* | restituire: *r. al proprietario un oggetto smarrito* | (*fig.*) ***r. a nuovo***, rimettere un oggetto danneggiato nelle condizioni originarie **3** riferire: *r. notizie, ciarle, maldicenze*; *ti riporto le sue parole* | citare, allegare: *r. un brano di un autore famoso* | ***r. a qlcu.***, ricondurre, attribuire a qlcu. **4** riprodurre, trasferire: *r. un disegno in scala più piccola* **5** portare via tornando da qualche luogo: *da Venezia abbiamo riportato dei vetri stupendi* | (*fig.*) conseguire, ottenere: *r. successi, allori*; *r. il biasimo generale* | (*fig.*) ricavare, trarre: *ne abbiamo riportato un brutto ricordo* | subire: *r. danni*; *ha riportato lievi ferite* **6** (*mat.*) effettuare un riporto **7** (*banca*) cedere titoli a riporto | (*ragion.*) ***r. a nuovo***, eseguire un riporto a nuovo **B v. intr.** (**aus.** *avere*) ● (*gerg.*) in un'azienda, essere alle dipendenze di qlcu. (calco sull'inglese *to report to*) (+ *a*): *riporta direttamente al direttore generale* **SIN.** rispondere **C** **riportàrsi v. intr. pron.** **1** tornare con la mente a usanze, tempi passati: *immagina di riportarti al Medioevo* **2** richiamarsi, riferirsi: *mi riporto a ciò che è stato già detto* | rimettersi, rassegnarsi: *riportarsi al giudizio dei competenti* **3** †ritornare: *riportarsi a Roma*

SFUMATURE ➤ ***narrare***

riportàto **A part. pass.** di *riportare*; anche **agg.** **1** nei sign. del v. | ***materiale r.***, di riporto | (*fig.*) conseguito, ottenuto: *diploma ... r. come alunno della Scuola Normale* (G. CARDUCCI) **2** ***tasca riportata***, in sartoria, applicata all'esterno **B s. m.** ● nel contratto di riporto, colui che aliena titoli di credito al riportatore

riportatóre [av. 1343] **s. m.** (**f.** *-trice*) **1** (*lett.*) chi riporta, riferisce notizie, cose dette da altri: *è un r. in malafede* **2** nel contratto di riporto, chi riceve i titoli di credito in proprietà, con l'obbligo di ritrasferirne altrettanti dopo un certo termine

ripòrto① [av. 1504] **s. m.** **1** il riportare | trasferimento al luogo d'origine, nel luogo opportuno o a chi di dovere | ***materiale di r.***, sabbia, ghiaia, detriti trasportati in altro luogo per colmare una depressione o formare un argine, un rialzo stradale e sim. | ***cane da r.***, da caccia, abituato a riportare la selvaggina **2** (*mat.*) unità dell'ordine superiore ottenuta nell'addizionare in colonna numeri, quando la somma delle unità di un dato ordine sia maggiore di 9 **3** nel calcolo aritmetico, il riportare un risultato numerico da una pagina alla successiva | (*ragion.*) ***r. a nuovo***, trasferimento di una posta di bilancio all'esercizio successivo, detto spec. di utili o perdite **4** (*borsa*) contratto con cui si trasferisce la proprietà di titoli di credito e l'acquirente si impegna a ritrasferirne dopo un certo tempo altrettanti all'alienante **5** pezzo di cuoio o di pelle da adoperarsi sulla tomaia come guarnizione o applicazione **6** parte di tessuto uguale o contrastante, applicata su un abito come guarnizione | ricamo di pregio applicato su stoffa diversa **7** lunga ciocca di capelli pettinata in modo da mascherare una parziale calvizie **8** †rapporto, relazione ‖ **riportino**, **dim.**

ripòrto② **part. pass.** di *riporgere* ● (*raro*) nei sign. del v.

†**riposaménto** (o **-ṣ-**) [av. 1328] **s. m.** ● riposo | tregua

riposànte (o **-ṣ-**) **A part. pres.** di *riposare*②; anche **agg.** **1** (*lett.*) che riposa, che giace: *I giacenti cani delle riposanti Ninfe* (G. BOCCACCIO) **2** (*fig.*) che dà calma, serenità, tranquillità: *un paesaggio, una lettura, una vacanza r.* | ***luce r.***, che non affatica la vista ‖ **riposanteménte**, **avv.** **B s. m.** ● †pensionato

†**riposànza** (o **-ṣ-**) [da *riposante* ✱ 1250 ca.] **s. f.** **1** sosta, fermata | soggiorno, permanenza: *Per lunga r. in luoghi oscuri e freddi* (DANTE) **2** (*fig.*) riposo, calma, tranquillità

riposàre① (o **-ṣ-**) [comp. di *ri-* e *posare* ✱ sec. XIV] **A v. tr.** (*io ripòso*) ● posare di nuovo o più stabilmente: *r. in terra la cassa* **B** **riposàrsi v. intr. pron.** ● posarsi di nuovo

♦**riposàre**② (o **-ṣ-**) [lat. tardo *repausāre*, comp. di *re-* e *pausāre* 'posare' ✱ 1250 ca.] **A v. intr.** (*io ripòso*; **aus.** *avere*, †*essere*) **1** fermarsi, cessare dal fare qlco. | ***senza r.***, senza posa | ristorarsi, ritemprarsi: *durante il viaggio abbiamo riposato spesso* | ***r. sugli allori***, (*fig.*) contentarsi delle posizioni raggiunte e non fare altro per migliorarle | (*est.*) dormire: *abbiamo riposato tutta la notte* | (*eufem.*) ***r. in pace***, dormire il sonno eterno, essere morti | (*lett.*) calmarsi: *il dolore, il vento riposa* **2** non produrre rimanendo temporaneamente non coltivata, detto di terra: *i campi hanno bisogno di r.* **3** poggiare, posarsi, essere posato: *l'uccello riposa su di un ramo* **4** (*fig.*) basarsi, affidarsi (+ *su*): *le nostre speranze riposano su di te* | (*fig.*, *lett.*) confidare, fidare: *riposiamo sulla tua promessa* **5** detto di liquido, rimanere fermo in modo che le sostanze in sospensione si depositino sul fondo: *lasciar r. il vino* **B v. tr.** ● dare riposo, evitare di stancare: *r. le membra stanche*; *r. la vista* **CONTR.** affaticare | rasserenare, acquietare: *è una lettura che riposa la mente*; *un verde più nuovo dell'erba / che il cuore riposa* (S. QUASIMODO) | ***Dio lo riposi***, Dio gli dia quiete **C** **riposàrsi v. intr. pron.** **1** prendere ristoro, riposo: *durante le ferie ci riposeremo a lungo* **2** †terminare, finire: *Riposossi il romore* (G. VILLANI)

riposàta (o **-ṣ-**) [da *riposare*② ✱ sec. XIII] **s. f.** ● (*raro*) riposo, pausa, fermata ‖ **riposatina**, **dim.**

riposàto (o **-ṣ-**) **part. pass.** di *riposare*②; anche **agg.** **1** nei sign. del v. | ristorato dal riposo **2** (*lett.*) tranquillo, calmo, sereno: *a noi / morte apparecchi r. albergo* (U. FOSCOLO) ‖ **riposataménte**, **avv.** **1** (*lett.*) tranquillamente, con calma: *Discorriamo insieme riposatamente* (G. LEOPARDI) **2** (*lett.*) con comodo, senza fretta: *lo pubblicherà, spero, presto, ma riposatamente* (G. CARDUCCI)

riposatóre (o **-ṣ-**) [da *riposato* ✱ 1336 ca.] **agg.** (**f.** *-trice*) ● (*raro, lett.*) che dà riposo

riposino (o **-ṣ-**) [1959] **s. m.** **1** dim. di *riposo* **2** sonnellino: *fare un r. pomeridiano*

†**ripoṣitòrio** ➤ **repositorio**

ripoṣizionàre [da *ri-* e *posizionare* ✱ 1986] **A v. tr.** (*io riposizióno*) **1** (*tecnol.*) ricollocare nella sede o nella posizione consueta: *r. il sedile* **2** (*chir.*) ricollocare un organo spostato nella sua giusta posizione **3** (*econ.*) ricollocare un prodotto sul mercato, cambiandone le caratteristiche fisiche e commerciali o indirizzandolo a una diversa fascia di consumatori **B** **ripoṣizionàrsi v. intr. pron.** ● posizionarsi nuovamente

ripoṣizióne o (*raro*) **repoṣizióne** [vc. dotta, lat. tardo *repositiōne(m)*, da *repŏsitus* 'riposto' ✱ av. 1667] **s. f.** **1** (*raro*) il riporre in luogo sicuro, in custodia **2** (*raro*) il ricollocare qlco. al suo posto **3** (*med.*) riduzione

♦**ripòso** (o **-ṣ-**) [da *riposare*② ✱ 1294] **A s. m.** **1** condizione di distensione che deriva da cessazione o interruzione di attività, lavori e sim.: *lavorare senza r.*; *concedere tre giorni di r.*; *r. festivo, domenicale* | ***casa di r.***, ricovero per anziani | ***di tutto r.***, non impegnativo, senza problemi: *un lavoro, una giornata di tutto r.* | ***r. compensativo***, V. *compensativo* | (*est.*) ristoro, sollievo: *un po' di r. te lo meriti* | (*est.*) sonno: *privare qlcu. del necessario r.*; *buon r.!* | (*eufem.*) ***l'eterno r.***, la morte | (*eufem.*) †sepoltura **2** (*est.*, *lett.*) luogo dove si riposa: *la campagna è il miglior r.* **3** (*lett.*) quiete, tranquillità, pace: *il r. dell'animo*; *né in r. con lui viver potrei* (G. BOCCACCIO) **4** stato di chi, per raggiunti limiti di età o per altre cause, cessa dal proprio servizio attivo, spec. nell'ambito dell'organizzazione militare: *andare, collocare a r.*; *ufficiale a r.* | ***mettere qlco. in, a r.***, non usarla più **5** (*sport*) spec. nel calcio, intervallo fra il primo e il secondo tempo: *andare al r. in vantaggio* | ***giornata di r.***, nel ciclismo, giorno in cui non si corre, durante una corsa a tappe **6** posizione di riposo, di militari, ginnasti e sim. **7** (*mus.*) termine della frase su cui riposa il canto | ***accordo di r.***, che è atto a concludere e lasciare l'orecchio riposato | ***nota, grado di r.***, per l'accordo di riposo **8** (*agric.*) condizione di un campo lasciato senza coltura e non lavorato per un certo tempo **9** (*archit.*) superficie piana ed uniforme, in contrasto con altre parti dell'edificio movimentate: *le volute e i riposi di un palazzo barocco* **B** in funzione di **inter.** ● si usa come comando a militari, ginnasti, alunni perché, lasciando la posizione di attenti o un'altra posizione, o interrompendo un esercizio, ne assumano con il corpo un'altra più rilassata, con le braccia incrociate dietro la schiena e il piede sinistro spostato in avanti ‖ **riposino**, **dim.** (V.)

SFUMATURE DI SIGNIFICATO

riposo - sosta - pausa - tregua

Riposo identifica la condizione di rilassatezza e distensione derivante dall'interruzione o dalla cessazione di un'attività. **Sosta** è invece, nel suo primo significato, una breve fermata nel corso di un viaggio. Per estensione, il termine può essere utilizzato come sinonimo di **pausa**, cioè di breve intervallo nello svolgimento di un'attività. Se la pausa si riferisce alla momentanea interruzione di un'attività faticosa o di eventi sgradevoli, può essere usato il termine **tregua**, che indica anche la sospensione temporanea di un'attività bellica.

ripossedére [comp. di *ri-* e *possedere* * av. 1694] **v. tr.** (coniug. come *sedere*) ● possedere di nuovo

†**ripósta** [da *riposto* * 1373] **s. f.** ● provvista: *la r. del grano*

riposterìa [da *riposto* * av. 1797] **s. f.** ● (*mar.*; *disus.*) sulle navi, vano adiacente alla cucina o alla sala da pranzo, dove si tengono in serbo vettovaglie e stoviglie e, talora, si servono bevande e cibi freddi

ripostìglio [da *riposto*, sul modello di *nascondiglio* * av. 1372] **s. m.** **1** piccolo locale dove si ripongono oggetti vari, spec. di uso domestico: *sistemare la valigia nel r.* | (*est.*) †nascondiglio **2** (*mar.*) stipetto, credenzina

ripósto **A** part. pass. di *riporre*; anche **agg.** **1** nei sign. del v. **2** (*lett.*) appartato, recondito: *aveva ingombrato le stanze fin negli angoli più riposti* (L. PIRANDELLO) **3** (*fig.*) segreto, nascosto: *i più riposti pensieri*; *significato r.* | †**in r.**, in segreto ‖ **ripostaménte**, avv. **1** †di nascosto **2** †intimamente **B** **s. m.** **1** (*merid.*) magazzino, ripostiglio | dispensa **2** (*mar.*) locale prossimo al quadrato, dove si conservano le stoviglie e dove sosta il personale addetto al servizio di mensa per essere pronto al bisogno ‖ **ripostino**, dim.

ripotàre [comp. di *ri-* e *potare* * 1580 ca.] **v. tr.** (*io ripóto*) ● potare di nuovo

ripotatùra [comp. di *ri-* e *potatura* * 1789] **s. f.** ● nuova potatura

rippàre [dall'ingl. *to rip* 'scucire' * 1999] **v. tr.** ● nel gergo informatico, duplicare illegalmente i contenuti di un cd o dvd protetti

rìpper /'ripper, *ingl.* 'rɪpə(r)/ [vc. ingl., 'che squarcia, lacera', dal v. *to rip*, di area germ. * 1957] **s. m. inv.** ● (*agric.*) scarificatore

ripranẓàre [comp. di *ri-* e *pranzare* * sec. XVIII] **v. intr.** (aus. *avere*) ● pranzare di nuovo

ripraticàre [comp. di *ri-* e *praticare* * 1872] **v. tr.** (*io ripràtico, tu ripràtichi*) ● praticare di nuovo

riprecipitàre [comp. di *ri-* e *precipitare* * av. 1673] **A** **v. intr.** (*io riprecìpito*; aus. *essere*) ● precipitare di nuovo **B** **riprecipitàrsi** **v. intr. pron.** ● precipitarsi di nuovo

riprecipitazióne [comp. di *ri-* e *precipitazione* * 1963] **s. f.** **1** (*metall.*) fenomeno per cui, da una soluzione solida metallica soprassatura lasciata in riposo dopo la tempra ad adeguata temperatura, precipita un nuovo componente; si sfrutta in metallurgia per ottenere leghe di alta qualità **2** (*chim.*) operazione tramite la quale una sostanza già sottoposta a precipitazione viene nuovamente disciolta nel suo solvente e precipitata, allo scopo di ottenere una maggiore purezza

riprèda [comp. di *ri-* e *preda* * 1959] **s. f.** ● (*disus.*) riconquista di nave mercantile catturata dal nemico SIN. ripresa

ripredicàre [comp. di *ri-* e *predicare* * sec. XVI] **v. tr.** (*io riprèdico, tu riprèdichi*) ● predicare di nuovo

ripregàre [comp. di *ri-* e *pregare* * 1313] **v. tr.** (*io riprègo, tu riprèghi*) ● pregare di nuovo, ancora

riprèmere [comp. di *ri-* e *premere* * av. 1328] **v. tr.** (coniug. come *premere*) **1** premere di nuovo o a propria volta **2** †reprimere

ripremiàre [comp. di *ri-* e *premiare* * 1400 ca.] **v. tr.** (*io riprèmio*) ● premiare di nuovo

♦**riprèndere** o †**reprèndere** [lat. *reprehĕndere*, comp. di *re-* e *prehĕndere* 'prendere' * av. 1250] **A** **v. tr.** (coniug. come *prendere*) **1** prendere di nuovo, un'altra volta: *r. il cappello e andarsene*; *r. il proprio posto* | raggiungere: *il ciclista in fuga è stato ripreso dal gruppo* | **r. le armi**, combattere di nuovo, riprendere la guerra, la battaglia | **r. marito**, rimaritarsi | anche in forma pron. (con valore intens.): *riprenditi la bimba su le ginocchia* (L. PIRANDELLO) **2** prendere indietro ciò che si è dato, prestato, affidato in custodia: *r. il soprabito lasciato al guardaroba* | prendere di rimando: *r. la palla* | riportare via con sé: *r. il bambino lasciato alla governante* | anche in forma pron.: *egli minacciava ... il suocero di riprendersi la figlia* (L. PIRANDELLO) **3** rioccupare, riconquistare: *r. la fortezza perduta* **4** (*fig.*) recuperare: *r. quota* | (*fig.*) riacquistare: *r. vigore, animo* | **r. piede**, affermarsi, diffondersi nuovamente: *è una moda che ha ripreso piede di recente* | (*fig.*) **r. i sensi**, rinvenire **5** tornare a colpire: *la febbre lo ha ripreso*; *lo ha ripreso la tristezza* **6** ricominciare dopo un periodo di pausa, di interruzione: *r. la guerra, il cammino, il discorso* | **r. il mare**, rimettersi a navigare | (*assol.*) soggiungere, continuare: *ascoltò attentamente e riprese: «...»* **7** biasimare, ammonire qlcu.: *r. il bambino con dolcezza* | criticare: *r. la superficialità, l'ignoranza* SIN. rimproverare **8** ritrarre, riprodurre una fisionomia o altro in un disegno, un ritratto e sim.: *r. un panorama dal vero* **9** effettuare una ripresa cinematografica o fotografica | eseguire la registrazione fotografica o cinematografica di un'immagine mediante la macchina da presa **10** ritoccare una cucitura per restringere l'abito in quel punto: *r. l'abito in vita* | **r. un punto**, lavorando a maglia, ricominciare a ripeterlo dopo un certo numero di ferri o solo dopo qualche maglia **B** **v. intr.** (aus. *avere* o, nel sign. 1, *essere* quando il verbo è usato con valore impers. o il soggetto è una cosa) **1** ricominciare (+ *a* seguito da inf.): *il bambino ha ripreso a gridare*; *ha ripreso* (o *è ripreso*) *a piovere*; *i lavori sono ripresi nel pomeriggio* **2** riprendere vigore, ravvivarsi: *dopo la pioggia, le piante hanno ripreso* **C** **riprèndersi** **v. intr. pron.** **1** recuperare vigore, forza, energia: *dopo la morte dell'amico, tardava a riprendersi*; *riprendersi dall'influenza, da un trauma* **2** correggersi, ravvedersi: *sbagliò, ma si riprese da solo*

SFUMATURE DI SIGNIFICATO

riprendere - redarguire - biasimare

Riprendere significa rimproverare per correggere, educare, migliorare. **Redarguire** ha lo stesso significato ma è termine più ricercato. Anche **biasimare** ha il significato di esprimere un giudizio sull'operato o sul comportamento di qualcuno, ma comporta una valutazione morale fortemente negativa e non un intento educativo.

†**riprendiménto** [1261 ca.] **s. m.** **1** il riprendere **2** riprensione

riprenditóre [av. 1294] **s. m.** (f. *-trice*) ● (*lett.*) censore, critico

riprenditrìce ➤ **riprensore**

riprensìbile o (*raro*) **reprensìbile** [vc. dotta, lat. tardo *reprehensībile(m)*, da *reprehēnsus*, part. pass. di *reprehĕndere* 'riprendere' * av. 1292] **agg.** ● (*lett.*) degno di riprensione: *atto r.* SIN. biasimevole, riprovevole ‖ **riprensibilménte**, avv. (*raro*) in modo degno di riprensione

riprensióne o (*raro*) **reprensióne** [vc. dotta, lat. *reprehensiōne(m)*, da *reprehēnsus*, part. pass. di *reprehĕndere* 'riprendere' * av. 1257] **s. f.** **1** (*lett.*) rimprovero, biasimo, critica, disapprovazione: *degno di r.* | †**essere di r.**, essere meritevole di riprensione **2** †azione che procura disapprovazione **3** †confutazione

riprensìvo o †**reprensìvo** [dal lat. *reprehēnsus*, part. pass. di *reprehĕndere* 'riprendere' * av. 1342] **agg.** ● (*lett.*) che serve a riprendere, criticare, biasimare | che contiene critiche, biasimo: *parole riprensive* ‖ †**riprensivaménte**, avv. con riprensione

riprensóre [vc. dotta, lat. *reprehensōre(m)*, da *reprehēnsus*, part. pass. di *reprehĕndere* 'riprendere' * 1353] **s. m.** (f. *-sóra* o *riprenditrìce*) ● (*lett.*) chi biasima, critica

ripreparàre [comp. di *ri-* e *preparare* * sec. XVII] **A** **v. tr.** ● preparare di nuovo o meglio **B** **ripreparàrsi** **v. rifl.** ● prepararsi di nuovo o meglio **C** **ripreparàrsi** **v. intr. pron.** ● (*lett.*) preannunciarsi

riprésa (o -ṣ-) [part. pass. f. sost. di *riprendere* * av. 1348] **s. f.** **1** nuova fase, continuazione di qlco. dopo una pausa o un'interruzione: *la r. delle ostilità, delle iniziative di pace* | **a più riprese**, in più occasioni; più volte, ripetutamente **2** rappresentazione teatrale ripetuta a distanza di un certo tempo dalla fine dell'ultima serie delle rappresentazioni stesse **3** recupero di vitalità, energia, intensità e sim.: *una lenta r. dopo la malattia*; *il commercio è in rapida r.* | **r. economica**, la fase positiva del ciclo economico, successiva a una recessione **4** (*autom.*) attitudine di una vettura ad accelerare rapidamente CFR. accelerazione | (*est.*) l'accelerazione stessa **5** operazione di riproduzione fotografica di documenti o stampati su pellicola o lastra **6** (*letter.*) ritornello della ballata, formato di uno o più versi che corrispondono per il numero e l'ultima rima alla volta della stanza **7** (*mus.*) ripetizione più o meno variata di una intera parte di un brano musicale | nella forma sonata, ritorno dei temi dopo lo sviluppo, prima della coda | nella ballata o canzone, refrain | punto dove inizia la ripetizione di una parte della composizione **8** (*sport*) nel calcio e sim., il secondo dei due tempi di una partita | nel pugilato, ciascuno dei periodi di tempo di un incontro durante i quali i due avversari combattono | nel baseball, inning **9** (*sport*) lezione di equitazione | nel dressage, l'insieme delle figure richieste da ogni prova **10** piega cucita per restringere o modellare un abito SIN. pince **11** (*cinema*) operazione del riprendere le scene da proiettare | **r. sonora**, registrazione dei suoni **12** nella vogata, ritorno del remo con la pala di piatto da poppa verso prua **13** (*tosc.*) †vantaggio, guadagno **14** (*fig.*) †rimprovero **15** (*mar.*; *disus.*) ripreda ‖ **ripresìna**, dim. | **ripresóna**, accr.

†**ripresàglia** ➤ **rappresaglia**

ripreṣentàre [vc. dotta, lat. *repraesentāre*, comp. di *re-* e *praesentāre* 'presentare' * 1308] **A** **v. tr.** (*io ripreṣènto*) **1** presentare di nuovo: *r. una proposta* **2** †rappresentare **B** **ripreṣentàrsi** **v. rifl.** ● tornare a presentarsi: *si sono ripresentati al concorso* | porre, proporre di nuovo la propria candidatura (anche *assol.*): *quest'anno alcuni senatori non si sono ripresentati* **C** **ripreṣentàrsi** **v. intr. pron.** ● manifestarsi, verificarsi nuovamente: *è un fenomeno che si ripresenta periodicamente*; *ti si ripresenta un'ottima occasione* **D** **ripreṣentàrsi** in funzione di **s. m. inv.** ● riapparizione, ricomparsa: *la situazione è complicata dal ripresentarsi di tensioni e conflitti*

ripréso (o -ṣ-) part. pass. di *riprendere*; anche **agg.** **1** nei sign. del v. **2** †rimproverato, criticato: *Non come dolente femina o ripresa del suo fallo* (G. BOCCACCIO) **3** detto di abito ristretto in determinati punti: *giacca ripresa in vita*

riprestàre [comp. di *ri-* e *prestare* * 1321] **v. tr.** (*io riprèsto*) ● prestare di nuovo: *vi ripresto la stessa somma* | (*fig.*) concedere ancora: *riprestateci attenzione*

ripretèndere [comp. di *ri-* e *pretendere* * av. 1730] **v. tr.** (coniug. come *tendere*) ● pretendere di nuovo | pretendere la restituzione di qlco.

†**riprèẓẓo** (o -zz-) ➤ **ribrezzo**

riprincipiaménto [da *riprincipiare* * av.

1729] s. m. ● (*raro*, *lett.*) ripresa

riprincipiàre [comp. di *ri-* e *principiare* ✱ av. 1519] v. tr. e intr. (*io riprincìpio*; aus. intr. *essere*) ● (*lett.*) ricominciare: *la fazione ... potè subito r. il suo lavoro* (A. Manzoni); *erano riprincipiate le piogge*

ripristinaménto [1798] s. m. ● (*raro*) il ripristinare (*anche fig.*) | restauro

ripristinàre [da *pristino*, col pref. *ri-* ✱ av. 1793] v. tr. (*io ripristino*) ● rimettere nello stato primitivo | rimettere in funzione, riattivare: *r. le linee telefoniche* | restaurare: *r. un edificio* | (*fig.*) ristabilire: *r. l'ordine in tutta la città* | (*fig.*) reintrodurre: *r. un cerimoniale*

ripristinatóre [1851] agg. e s. m. (f. *-trice*) ● (*raro*) chi (o che) ripristina (*anche fig.*)

ripristinazióne [1785] s. f. ● (*lett.*) ripristinamento

riprìstino [1813] s. m. **1** il ripristinare | restauro: *il r. di un palazzo antico* | riattivazione: *r. dei collegamenti telefonici* **2** ristabilimento, reintegrazione nell'uso: *r. di una consuetudine*

riprivatiẓẓàre [comp. di *ri-* e *privatizzare* ✱ 1963] v. tr. ● cedere a privati un'azienda, un'impresa, un servizio prima nazionalizzati o municipalizzati ‖ **riprivatiẓẓazióne**, s. f.

†**riprobàre** ➤ **riprovare**②

riprocessàre [da *ri-* e *processare* ✱ 1872] v. tr. (*io riprocèsso*) **1** processare di nuovo **2** (*ing.*) effettuare il ritrattamento

riprodótto part. pass. di *riprodurre*; anche agg. ● nei sign. del v.

riproducènte part. pres. di *riprodurre* ● nei sign. del v.

riproducìbile [da *riprodurre*, sul modello di *producibile* ✱ 1872] agg. ● che si può riprodurre: *immagine r.*; *pagina non r.* ‖ **riproducibilità**, s. f. inv. (V.)

riproducibilità [av. 1855] s. f. inv. **1** condizione di ciò che è riproducibile **2** (*fis.*) in una misurazione, la differenza media tra misure successive della stessa grandezza CFR. precisione, sensibilità

♦**riprodùrre** [comp. di *ri-* e *produrre* ✱ 1600] **A** v. tr. (coniug. come *condurre*) **1** produrre di nuovo: *fenomeno che ha riprodotto gli stessi effetti* **2** fare, eseguire una copia il più fedele possibile all'originale: *r. una statua marmorea in gesso* | (*est.*) stampare, ripubblicare in molti esemplari: *r. le poesie del Leopardi in centomila copie* | raffigurare: *il ciondolo riproduce il segno zodiacale dell'Acquario* **3** (*fig.*) rappresentare fedelmente: *l'articolo non riproduce il mio pensiero* | ricreare: *il romanzo riproduce uno squarcio di vita dell'Ottocento* **B** **riprodùrsi** v. intr. pron. **1** moltiplicarsi con le generazioni, detto di animali o piante: *il leone si riproduce in cattività* **2** rigenerarsi, riformarsi: *si è riprodotta un'incrostazione* **3** (*est.*) ripetersi: *si è riprodotta una circostanza analoga*

riproduttivo [da *riprodurre*, sul modello di *produttivo* ✱ 1819] agg. ● atto a riprodurre: *organi riproduttivi* | relativo alla riproduzione: *facoltà riproduttiva* ‖ **riproduttività**, s. f. inv. (*raro*) caratteristica di chi (o di ciò che) è riproduttivo; (*sociol.*) processo di rinnovamento che interessa una popolazione: *tasso di riproduttività*

riproduttóre [da *riprodurre*, sul modello di *produttore* ✱ av. 1797] **A** agg. (f. *-trice*) ● riproduttivo: *organi riproduttori*; *apparato r.* **B** s. m. **1** (f. *-trice*) chi riproduce **2** (f. *-trice*) (*zootec.*) animale destinato alla riproduzione **3** apparecchio atto a riprodurre suoni o immagini | *r. acustico*, apparecchio che trasforma in suono una vibrazione meccanica o elettrica | *r. fonografico*, pick-up

riproduzióne [da *riprodurre*, sul modello di *produzione* ✱ av. 1685] s. f. **1** il riprodurre | ripetizione: *la r. di un fenomeno* **2** (*biol.*) proprietà fondamentale degli esseri viventi di generare nuovi individui, che garantisce il perpetuarsi della specie | *r. asessuata*, gemmazione, scissione | *r. sessuata*, caratterizzata dalla differenziazione delle cellule germinali maschili e femminili CFR. -gamia, gamo-, -gamo **3** rifacimento, moltiplicazione di copie a stampa | (*est.*) ristampa **4** presa fotografica di un'immagine a due dimensioni **5** emissione di suoni incisi o registrati | trasmissione su uno schermo di un brano registrato

riprofondàre [comp. di *ri-* e *profondare* ✱ 1321] **A** v. tr. (*io riprofóndo*) ● (*raro*, *lett.*) sprofondare di nuovo **B** v. intr. (aus. *essere*) e **riprofondàrsi** v. intr. pron. ● (*raro*, *lett.*) affondare di nuovo | (*fig.*, *lett.*) immergersi, ripiegarsi

riprografìa e deriv. ➤ **reprografia** e deriv.

riprogrammàre [da *ri-* e *programmare* ✱ 1991] v. tr. ● programmare di nuovo | programmare in base a criteri diversi (*anche assol.*)

riprogrammazióne [da *riprogrammare* ✱ 1988] s. f. ● il riprogrammare | (*biol.*) *r. cellulare*, acquisizione da parte di una cellula differenziata di nuove caratteristiche fenotipiche in seguito a modificazioni biochimiche del suo genoma

riproméṡso part. pass. di *ripromettere*; anche agg. ● nei sign. del v. | (*lett.*) promesso

riprométtere [vc. dotta, lat. *repromĭttere*, comp. di *re-* e *promĭttere* 'promettere' ✱ 1336 ca.] **A** v. tr. (coniug. come *mettere*) ● promettere di nuovo, a propria volta **B** **riprométtersi** v. tr. pron. (aus. *essere*) ● proporsi, prefiggersi (+ *di* seguito da inf.): *mi riprometto di andarli a trovare appena torno* | sperare, aspettarsi (+ *di* seguito da inf.; *raro* + *che*): *ci ripromettiamo un buon raccolto*; *mi riprometto di ottenere un buon risultato*; *si riprometteva che il signore non avrebbe guastate le cose* (U. Foscolo)

†**ripromissióne** o †**repromissióne** [vc. dotta, lat. *repromissiōne(m)*, da *repromĭssus*, part. pass. di *repromĭttere* 'ripromettere' ✱ 1300 ca.] s. f. ● il ripromettersi qlco. | promessa

riproponènte part. pres. di *riproporre* ● (*raro*) nei sign. del v.

ripropórre [comp. di *ri-* e *proporre* ✱ 1509] **A** v. tr. (coniug. come *porre*) ● proporre di nuovo, ripresentare: *r. una candidatura*; *non sappiamo cosa r.* **B** **ripropórsi** v. tr. pron. (qlco.; + *di* seguito da inf.) (aus. *essere*) ● prefiggersi, porsi come obiettivo: *si era riproposta di partire oggi, ma non ce l'ha fatta* **C** **ripropórsi** v. rifl. e intr. pron. ● proporsi nuovamente, ripresentarsi: *si è riproposto come candidato*; *un simile problema prima o poi ci si riproporrà*

riproposizióne [1847] s. f. **1** nuova presentazione: *r. di un candidato* SIN. riproposta **2** il proporsi, presentarsi di nuovo: *r. di vecchi problemi*

ripropósta [comp. di *ri-* e *proposta* ✱ 1872] s. f. ● ulteriore presentazione di una proposta: *r. di un progetto di legge* SIN. riproposizione

ripropósto part. pass. di *riproporre*; anche agg. ● nei sign. del v.

riprosperàre [comp. di *ri-* e *prosperare* ✱ 1872] v. intr. (*io ripròspero*; aus. *avere*) ● prosperare di nuovo o di più

riprotèggere [1870] v. tr. (coniug. come *proteggere*) **1** (*raro*) proteggere di nuovo **2** (*gerg.*) nell'aviazione civile, collocare su un altro volo il passeggero che non ha potuto partire per cancellazione del volo o mancata coincidenza

riprotestàre [comp. di *ri-* e *protestare* ✱ 1554] v. intr. (*io riprotèsto*; aus. *avere*) ● protestare di nuovo

ripròva o †**ripruòva** [da *riprovare*① ✱ av. 1479] s. f. **1** (*raro*) nuova prova fatta per confermare una precedente: *effettuare la r. dell'operazione* **2** ulteriore conferma: *questa è la r. di quanto sostenevo* | *a r.*, a conferma | *testimone a r.*, indotto dalla parte contro cui è stata chiesta una prova testimoniale per confutare le affermazioni dei testi contrari SIN. verifica

†**riprovagióne** ➤ **riprovazione**

†**riprovaménto** [sec. XIV] s. m. ● riprovazione

♦**riprovàre**① [comp. di *ri-* e *provare* ✱ av. 1294] **A** v. tr. (*io ripròvo*) **1** provare di nuovo: *r. una sensazione*; *provando e riprovando, ce la farai* **2** †verificare: *a r. i tuoi essempli procederemo* (G. Boccaccio) **B** v. intr. (aus. *avere*) e **riprovàrsi** v. intr. pron. ● ritentare (+ *a* seguito da inf.): *r. a leggere, a parlare*; *e non ti r. a fare una cosa del genere!* | *riprovarci*, provare di nuovo a fare qlco.; (*colloq.*) ritentare un approccio amoroso

✦**riprovàre**② o (*lett.*) †**reprovàre**, †**riprobàre**, †**reprobàre** [lat. tardo *reprobāre*, comp. di *re-* e *probāre*, da *prŏbus* 'probo' ✱ 1268] v. tr. (*io ripròvo*) **1** disapprovare, deprecare: *tutti riprovano la sua condotta* | *r. agli esami*, (*disus.*) bocciare SIN. biasimare **2** †confutare, dimostrare non credibile, erroneo: *r. opinioni, calunnie*

SFUMATURE ➤ *disapprovare*

riprovàto① part. pass. di *riprovare*① ● nei sign. del v.

riprovàto② **A** part. pass. di *riprovare*②; anche agg. ● nei sign. del v. **B** s. m. (f. *-a*) ● (*disus.*) candidato bocciato agli esami

riprovatóre [vc. dotta, lat. tardo *reprobatō-re(m)*, da *reprobātus* 'riprovato' ✱ av. 1604] agg. e s. m. (f. *-trice*) ● (*lett.*, *raro*) che (o chi) disapprova

riprovatòrio [da *riprovare*② ✱ 1987] agg. (pl. m. *-i* o *raro -ii*) ● che disapprova, che biasima: *tono r.*

✦**riprovazióne** o †**riprovagióne** [vc. dotta, lat. tardo *reprobatiōne(m)*, da *reprobātus* 'riprovato' ✱ av. 1294] s. f. ● disapprovazione, biasimo: *la tua proposta ha suscitato la r. generale* | (*disus.*) bocciatura scolastica

†**riprovedére** ➤ **riprovvedere**

✦**riprovévole** [da *riprovare*② ✱ 1818] agg. ● che merita disapprovazione, biasimo: *condotta, azione r.* SIN. criticabile, condannabile ‖ **riprovevolménte**, avv.

riprovvedére o †**riprovedére** [comp. di *ri-* e *provvedere* ✱ 1353] **A** v. intr. (coniug. come *provvedere*; aus. *avere*) ● (*raro*) provvedere di nuovo: *r. ai bisogni della famiglia* **B** v. tr. **1** †rifornire di nuovo **2** †riconsiderare **C** **riprovvedérsi** v. rifl. ● †rifornirsi

†**ripruòva** ➤ **riprova**

ripuàrio [fr. *ripuaire*, dal lat. mediev. *ripuā-riu(m)*, per il classico **rīpāriu(m)* 'che si trova sulle rive', da *rīpa* 'riva' ✱ 1835] agg. ● (*raro*) ripario, ripense: *popolo r.*; *province ripuarie*

ripubblicàbile [1970] agg. ● che si può ripubblicare

ripubblicàre [comp. di *ri-* e *pubblicare* ✱ 1643] v. tr. (*io ripùbblico, tu ripùbblichi*) ● pubblicare di nuovo

ripubblicazióne [comp. di *ri-* e *pubblicazione* ✱ 1872] s. f. ● nuova pubblicazione

ripudiàbile [1676] agg. ● che si può ripudiare | (*lett.*) che merita di essere ripudiato

ripudiàre o (*raro*) **repudiàre** [vc. dotta, lat. *repudiāre*, da *repŭdium* 'ripudio' ✱ av. 1328] v. tr.

(*io ripùdio*) **1** non riconoscere come proprio qlco. che ci appartiene, respingere qlcu. al quale si è legati da amore, amicizia, parentela: *r. le poesie dell'adolescenza*; *r. i genitori* **SIN.** disconoscere, rinnegare **2** nel diritto matrimoniale di alcuni popoli, fare atto di ripudio **3** (*est.*) dichiarare fermamente di non voler più accettare: *r. un'opinione, una ideologia* **SIN.** rifiutare, sconfessare

ripudiàto **part. pass.** di *ripudiare*; anche **agg.** ● nei sign. del v.

ripudiatóre [vc. dotta, lat. tardo *repudiatōre(m)*, da *repudiātus* 'ripudiato' ✱ av. 1328] **agg. e s. m.** (**f.** *-trice*) ● (*raro*) che (o chi) ripudia

ripùdio o (*raro*) **repùdio** [vc. dotta, lat. *repŭdiu(m)*, da avvicinare a *pudēre* 'vergognarsi' (V. *pudore*), col pref. *re-* ✱ sec. XIV] **s. m.** **1** disconoscimento: *r. di ogni vincolo affettivo* | sconfessione: *di una fede* | rifiuto: *r. di metodi violenti* **2** nel diritto matrimoniale di alcuni popoli, formale dichiarazione del marito alla moglie di volere rompere il vincolo coniugale: *il r. d'Ermengarda ruppe l'amicizia tra le due famiglie* (A. MANZONI)

✦**ripugnànte** o **repugnànte** **part. pres.** di *ripugnare*; anche **agg.** **1** che provoca ribrezzo, disgusto: *un odore r.* | che suscita sdegno, condanna, orrore: *una scena r.* **2** (*lett.*) che combatte, che resiste **3** (*lett., fig.*) contrastante: *un composto di parti ripugnanti tra loro* (A. MANZONI) ‖ **ripugnanteménte**, **avv.** (*raro*) con ripugnanza

ripugnànza o **repugnànza** [vc. dotta, lat. *repugnāntia(m)*, da *repŭgnans*, genit. *repugnāntis* 'ripugnante' ✱ sec. XIV] **s. f.** **1** repulsione, disgusto: *vincere la r. causata da un sapore* | profonda avversione, contrarietà: *avere r. per la violenza* **2** (*lett.*) riluttanza, ritrosia: *ha r. a ubbidire; ho r. a parlare in pubblico* **3** †contrasto, incompatibilità: *r. di colori in un abito*

ripugnàre o **repugnàre** [vc. dotta, lat. *repugnāre* 'contrastare, opporsi', comp. di *re-* e *pugnāre* ✱ av. 1294] **A** **v. intr.** (**coniug. come** *segnare*; **aus.** *avere*) **1** suscitare disgusto, repulsione, avversione: *bevanda che ripugna; uno spettacolo che ripugnava* | ***mi ripugna***, non posso tollerare, soffrire: *mi ripugna che un tale criminale la faccia franca* **2** (*lett.* o *raro*) essere in antitesi, in contrasto: *affermazioni che ripugnano al senso comune; L'arte non può mai in tutto repugnare alla natura* (N. MACHIAVELLI) **3** †resistere, opporsi **4** †contrapporsi **B** **v. tr.** ● †contrastare, avversare

†**ripùgnere** ➤ **ripungere**

ripuliménto [av. 1606] **s. m.** ● (*raro, lett.*) ripulitura (*anche fig.*)

✦**ripulìre** o †**ripolire** [comp. di *ri-* e *pulire* ✱ 1287] **A** **v. tr.** (*io ripulisco, tu ripulisci*) **1** pulire di nuovo, ancora: *bisogna r. la casa* **2** pulire a fondo: *r. le scarpe con una energica spazzolata* | anche in forma pron.: *i giovinotti presso la porta a ripulirsi il viso nella fontana* (U. FOSCOLO) | pulire togliendo il superfluo: *r. un ramo* | far piazza pulita, rubare tutto: *i ladri gli hanno ripulito la cassaforte* | ***r. i piatti***, mangiare tutto ciò che è stato portato in tavola | ***r. le tasche a qlcu.***, togliergli tutto il denaro, spec. dopo una perdita al gioco **3** (*lett., fig.*) perfezionare, rivedere e correggere bene: *r. dei versi* **SIN.** limare **4** (*lett., fig.*) dirozzare, ingentilire: *la buona educazione lo ha ripulito* **B** **ripulìrsi** **v. rifl.** **1** lavarsi, pettinarsi, mettersi abiti decenti: *prima di uscire, vai a ripulirti* **2** (*lett., fig.*) incivilirsi, ingentilirsi

ripulisti ➤ **repulisti**

ripulita [1863] **s. f.** ● atto del ripulire o del ripulirsi in una sola volta e spec. in modo sbrigativo: *darsi una r. alla giacca* | ***fare, dare una r.***, (*fig.*) eliminare ciò che è inutile o dannoso; mangiare tutto senza lasciare avanzi ‖ **ripulitìna**, **dim.**

ripulito **part. pass.** di *ripulire*; anche **agg.** ● nei sign. del v. | civilizzato, dirozzato: *Aveva molto del provinciale r. e inurbato* (A. MORAVIA)

ripulitóre [av. 1729] **s. m.** (**f.** *-trice*) ● (*raro*) chi ripulisce

ripulitùra [av. 1580] **s. f.** ● il ripulire: *la r. di un canale* | (*fig., lett.*) revisione, correzione di un testo | ciò che si accumula e si toglie nel ripulire qlco.: *buttare via la r. di un cassetto*

ripullulàre [comp. di *ri-* e *pullulare* ✱ 1625] **v. intr.** (*io ripùllulo*; **aus.** *essere*) ● pullulare di nuovo (*anche fig.*): *la città ripullula di turisti; r. di richiami, di notizie*

✦**ripùlsa** o (*raro*) **repùlsa** [vc. dotta, lat. *repŭlsa(m)*, part. pass. f. sost. di *repĕllere* 'respingere'. V. *repellere* ✱ 1353] **s. f.** **1** (*lett.*) netto rifiuto, rigetto nei confronti di una domanda, una richiesta, una petizione: *le repulse de' parentadi avute dal Re d'Aragona* (F. GUICCIARDINI); *inasprito dalle sdegnose ripulse di lei* (L. PIRANDELLO) | radicale avversione: *la r. illuminista delle tenebre del passato* (I. CALVINO) **2** repulsione: *avere un moto di r.* **3** †smentita

SFUMATURE ➤ ***negazione***

†**ripulsàre** o †**repulsàre** [vc. dotta, lat. *repulsāre*, intens. di *repĕllere* 'respingere' ✱ av. 1306] **v. tr.** ● respingere, rigettare

ripulsióne [vc. dotta, lat. tardo *repulsiōne(m)*, da *repŭlsus*, part. pass. di *repĕllere* 'respingere' ✱ 1340] **s. f.** **1** azione del respingere **2** V. *repulsione*

ripulsivo ➤ **repulsivo**

ripùlso o (*raro, lett.*) **repùlso** **A** **part. pass.** di *repellere*; anche **agg.** ● (*lett.*) respinto **B** **s. m.** ● †ripulsa, rifiuto

ripùngere o †**ripùgnere** [vc. dotta, lat. *repŭngere*, comp. di *re-* e *pŭngere* ✱ 1478] **v. tr.** (**coniug. come** *pungere*) ● pungere, ferire di nuovo: *con li strali ardenti / della faretra gli ripunse il petto* (A. POLIZIANO)

ripuntàre [comp. di *ri-* e *puntare* ✱ av. 1557] **A** **v. tr. e intr.** (**aus.** *avere*) ● puntare di nuovo **B** **v. tr.** ● (*agric.*) approfondire il solco col ripuntatore

ripuntatóre [da *ripuntare* ✱ 1957] **s. m.** ● attrezzo che approfondisce il solco aperto dall'aratro, lasciando la terra smossa sul fondo

ripuntatùra [1959] **s. f.** ● aratura eseguita al ripuntatore

ripurgàre [vc. dotta, lat. *repurgāre*, comp. di *re-* e *purgāre* ✱ 1499] **v. tr.** (*io ripùrgo, tu ripùrghi*) **1** purgare di nuovo **2** (*est., raro*) purificare: *r. un minerale* | (*fig.*) emendare, correggere: *r. un testo*

riputàre ➤ **reputare**

riputazióne ➤ **reputazione**

riquadraménto [1550] **s. m.** ● (*raro*) riquadratura | riquadro

riquadràre [da *quadro*, col pref. *ri-* ✱ av. 1519] **A** **v. tr.** **1** rendere quadrato, squadrare: *r. una pietra* | (*fig., lett.*) ***r. la testa, il cervello a qlcu.***, abituarlo a pensare e giudicare bene, concretamente **2** contornare con un quadrato, con un riquadro: *r. un annuncio* | suddividere i soffitti formando dei riquadri | dipingere fregi e zoccoli di una stanza con un colore diverso da quello delle pareti **B** **v. intr.** (**aus.** *essere* o *avere*) **1** (*raro*) misurare in superficie: *sala che riquadra sei metri* **2** (*fig., raro*) corrispondere, essere giusto: *il tuo discorso mi riquadra poco* **SIN.** quadrare **3** †essere di forma quadrangolare

riquadràto **A** **part. pass.** di *riquadrare*; anche **agg.** **1** nei sign. del v. **2** suddiviso in quadrati: *con la facciata tutta riquadrata di picoli bugnati* (A. MORAVIA) **B** **s. m.** ● (*edit., giornalismo*) ogni testo stampato incorniciato da filetti allo scopo di metterne in evidenza il contenuto

riquadratóre [1853] **s. m.** (**f.** *-trice*) ● chi riquadra | sbozzatore di blocchi in una cava

riquadratùra [1541] **s. f.** **1** il riquadrare **2** spazio quadro | decorazione di una stanza con fregi e con uno zoccolo; i fregi e lo zoccolo stessi

riquàdro [comp. di *ri-* e *quadro* ✱ av. 1616] **s. m.** **1** spazio quadro, porzione quadrangolare di una superficie: *i riquadri del cimitero* **2** spazio quadro di parete o soffitto, dipinto e talora delimitato da modanature in rilievo **3** (*raro*) riquadratura: *lavori di r.*

riqualificàre [comp. di *ri-* e *qualificare* ✱ 1950] **A** **v. tr.** (*io riqualifico, tu riqualifichi*) **1** qualificare nuovamente | restituire la qualità originaria o attribuire nuova funzionalità a una struttura o a un'attività che nel tempo si è deteriorata o ha perduto le sue caratteristiche: *r. un'area, una piazza, un palazzo; r. la ricerca pubblica* **2** riferito a un lavoratore, dargli una diversa o migliore qualifica professionale: *l'azienda ha riqualificato gli operai non specializzati* **B** **riqualificàrsi** **v. rifl.** ● acquisire una diversa o migliore qualifica professionale ‖ **riqualificazióne**, **s. f.** (V.)

riqualificazióne [comp. di *ri-* e *qualificazione* ✱ 1938] **s. f.** ● il riqualificare, il venire riqualificato | acquisizione di una diversa o migliore qualifica professionale da parte di un lavoratore

†**risa** (o **-ṣ-**) [av. 1347] **s. f.** ● risata

risàcca (o **-ṣ-**) [sp. *resaca*, da *resacar* 'tirare indietro', comp. di *re-* 'ri-' e *sacar* 'tirare', risalente al lat. *sāccus* 'sacco' ✱ 1604] **s. f.** ● moto di ritorno disordinato e impetuoso dell'onda respinta da un ostacolo

risaccheggiàre [comp. di *ri-* e *saccheggiare* ✱ 1673] **v. tr.** (**pres.** *io risacchéggio*; **fut.** *io risaccheggerò*) ● saccheggiare di nuovo

†**risagìre** (o **†-ṣ-**) [comp. di *ri-* e *sagire* ✱ av. 1348] **v. tr.** ● rimettere in possesso: *risagì il signore il detto conte nella contea di Fiandra* (G. VILLANI)

risàia (o **-ṣ-**) [da *riso*[3] ✱ 1680] **s. f.** ● terreno coltivato a riso | ***r. da vicenda***, che si alterna con altre colture | ***r. permanente***, coltivata ogni anno a riso

risaiòlo (o **-ṣ-**) o (*lett.*) **risaiuòlo** (o **-ṣ-**) [da *riso*[3] ✱ 1875] **s. m.** (**f.** *-a*) **1** mondariso **2** chi controlla l'irrigazione della risaia o ne sorveglia i lavori **3** proprietario di risaie o produttore di riso

risaldaménto [av. 1698] **s. m.** **1** (*raro*) cicatrizzazione **2** (*lett., fig.*) riconciliazione

risaldàre [comp. di *ri-* e *saldare* ✱ av. 1320] **v. tr.** **1** saldare di nuovo o meglio: *r. giunti metallici con stagno e piombo* | (*fig., lett.*) rinsaldare **2** rimettere insieme i pezzi di un oggetto rotto, frantumato: *r. un vaso* **3** (*raro, fig.*) risanare: *chi m'ha il fianco ferito e chi 'l risalda* (F. PETRARCA)

risaldatùra [av. 1698] **s. f.** ● il risaldare | parte risaldata di qlco.

risalènte **part. pres.** di *risalire*; anche **agg.** **1** (*lett.*) che sale di nuovo verso l'alto: *il carro del Dio risalente* (G. CARDUCCI) **2** che si colloca in un'epoca più o meno lontana: *ricordi risalenti all'infanzia; un fossile r. al paleolitico*

†**risaliménto** [1667] **s. m.** ● risalita

✦**risalìre** [comp. di *ri-* e *salire* ✱ sec. XIII] **A** **v. tr.** (**coniug. come** *salire*) ● salire di nuovo: *r. le scale* | ripercorrere in salita la strada che si era percorsa in discesa: *r. il pendio* | ***r. la china***, (*fig.*) recuperare dopo una fase negativa | ***r. un fiume***, navigare verso la sorgente

B v. intr. (aus. *essere*) **1** salire di nuovo, tornare, salendo, da dove si era discesi: *r. a cavallo; risaliremo presto in casa* **2** aumentare, rialzarsi: *la temperatura è risalita* | rincarare: *i prezzi risalgono* **3** (*fig.*) ritornare con il pensiero a fatti, avvenimenti passati (+ *a*): *r. alla prima giovinezza* | (*fig.*) giungere, attraverso un'indagine, all'inizio, all'origine di qlco.: *r. alla causa del fenomeno; gli inquirenti sono risaliti ai mandanti dell'attentato* **4** rimontare a tempi più o meno passati (+ *a*): *la costruzione di quel ponte risale al secolo scorso* **5** (*mar.*) procedere a vela contro vento

risalìta [comp. di *ri-* e *salita* ✻ av. 1616] **s. f.** **1** azione del risalire | ***impianto di r.***, qualunque impianto (funivia, seggiovia, ski-lift, ecc.) che riporta gli sciatori all'inizio delle piste **2** viaggio di ritorno al Nord degli uccelli migratori | ritorno dei salmoni verso la sorgente di un fiume

risalito **part. pass.** di *risalire*; **anche agg.** **1** nei sign. del v. | salito nuovamente: *Ulisse co' suoi, risaliti sopra i suoi legni* (G. Boccaccio) **2** (*raro*) di persona che è arrivata alla fama o alla ricchezza da misera condizione (*spec. spreg.*): *è un villano r.; con la indecenza d'un borghese r.* (G. Carducci)

risaltàre /risal'tare, *nel sign. B anche* rizal'tare/ [comp. di *ri-* e *saltare* ✻ 1395] **A** **v. tr. e intr.** (**aus. intr.** *avere* **se si indica l'azione in sé come esercizio fisico;** *essere* **se si indica l'azione con riferimento a un punto di partenza o di arrivo**) ● saltare di nuovo: *r. l'ostacolo; l'atleta ha risaltato; il gatto è risaltato sul muretto; la palla è risaltata indietro* **B** **v. intr.** (**aus.** *avere*) **1** sporgere da una superficie, aggettare: *il bassorilievo risalta sulla colonna* | (*est.*) spiccare nitidamente o chiaramente, detto di colori, disegni, pitture o suoni: *la collana di perle risaltava sull'abito scuro* | ***far r.***, mettere in evidenza: *il costume fa r. le sue forme snelle* **2** (*fig.*) emergere, distinguersi, detto di persona: *risaltava su tutti per il suo coraggio* | (*fig., lett.*) apparire evidente, rilevante: *l'evidenza che risalta dalla … precisione delle espressioni* (U. Foscolo)

†**risaltazióne** [av. 1519] **s. f.** ● rimbalzo

risàlto (o **-ṣ-**) [comp. di *ri-* e *salto* ✻ av. 1519] **s. m.** **1** il risaltare: *il r. del bianco sul nero* | (*fig.*) spicco, rilievo: *quei personaggi hanno nella commedia un grande r.* | ***dare r., mettere in r.***, mettere in evidenza, in rilievo **2** sporto, sporgenza, aggetto | in alpinismo, gradino che sporge da una parete molto ripida **3** (*tecnol.*) parte sporgente di un elemento meccanico, atta gener. a inserirsi in una cavità o in un intaglio corrispondenti: *i risalti della mappa di una chiave* **4** nelle antiche fortificazioni, spalletta per battere di fianco gli assalitori **5** †rimbalzo, salto dell'acqua **6** (*milit.*) †terrapieno, muro o sim.

risalutàre [vc. dotta, lat. *resalutāre*, comp. di *re-* e *salutāre* (V. *salutare*②) ✻ sec. XIII] **v. tr.** **1** salutare di nuovo: *risalutami tua madre* **2** ricambiare il saluto: *non mi risaluta mai*

†**riṣaminàre** ➤ **riesaminare**

risanàbile [1499] **agg.** ● che si può risanare: *zona, terreno r.* ‖ **risanabilità**, **s. f. inv.**

risanaménto [av. 1547] **s. m.** **1** (*raro*) guarigione **2** bonifica: *attuare il r. di una zona malsana* | ***r. edilizio***, rinnovamento di un tessuto urbano mediante il restauro o l'eliminazione di vecchi edifici o quartieri | (*edil.*) ***r. conservativo***, intervento sistematico finalizzato a conservare l'edificio e ad assicurare la funzionalità **3** attuazione di provvedimenti volti a riportare efficienza in un sistema economico: *r. del bilancio dello Stato; r. di un'azienda*

risanàre [vc. dotta, lat. tardo *resanāre*, comp. di *re-* e *sanāre* ✻ 1292] **A** **v. tr.** **1** far tornare sano: *non merita riprensione il medico che non sana, ma quel che non fa quel che dee per risanare l'infermo* (T. Tasso) | (*fig.*) ***r. lo spirito a qlcu.***, restituirgli l'equilibrio e la serenità **SIN.** guarire **2** rendere salubre, bonificare: *r. una zona paludosa* | riportare ad accettabili condizioni ambientali, sociali o di sicurezza: *r. un quartiere periferico* **3** (*fig.*) riportare a condizioni di efficienza, riportare in attivo, riassestare: *r. il bilancio, l'economia nazionale* | ***r. un'amministrazione***, organizzarla di nuovo con criteri più razionali **B** **v. intr.** (**aus.** *essere*) ● recuperare la salute: *è risanato dopo una lunga malattia*

risanàto **part. pass.** di *risanare*; **anche agg.** **1** nei sign. del v. | guarito **2** bonificato: *con tutto il suo agro r. e coltivato* (G. Pascoli) | migliorato, rimesso in efficienza: *centro storico r.*

risanatóre [1745] **agg.**; (*lett.*) **anche s. m.** (**f.** *-trice*) ● che (o chi) risana (*anche fig.*): *rimedio r.*

risanguinàre [comp. di *ri-* e *sanguinare* ✻ 1851] **v. intr.** (*io risànguino*; **aus.** *avere*) ● sanguinare di nuovo

risapére [comp. di *ri-* e *sapere* ✻ 1336 ca.] **v. tr.** (**coniug. come** *sapere*) **ATTENZIONE!** ***risò*** **e** ***risà*** **si scrivono con l'accento.** ● venire a sapere da altri: *Io riseppi qualche cosa d'altro di quell'animuccia perversa* (I. Svevo) | (*lett.*) venire a conoscenza di qlco.: *come avean potuto r. il suo nome* (A. Manzoni)

✦**risapùto** **part. pass.** di *risapere*; **anche agg.** **1** noto a tutti, notorio (+ *che*): *è una storia risaputa; è r. che è un commerciante disonesto* **2** banale, scontato: *secondo un modello r. e stanco* (P. Levi)

risarcìbile (o **-ṣ-**) [av. 1681] **agg.** ● che si può risarcire: *danno non r.* ‖ **risarcibilità**, **s. f. inv.**

risarciménto (o **-ṣ-**) [1612] **s. m.** **1** riparazione, compenso di un danno: *chiedere, ottenere un r.; un r. congruo, inadeguato* | la somma con cui si risarcisce qlcu. o qlco.: *un r. di cinquemila euro* | (*lett.*) soddisfazione, riparazione di un danno morale: *il r. degli affanni e delle persecuzioni* (U. Foscolo) **2** ***r. dei boschi***, sostituzione di piante morte e immissione di nuovi vivai | †restauro | †riparazione

risarcìre (o **-ṣ-**) o †**resarcìre** [vc. dotta, lat. *resarcīre*, comp. di *re-* e *sarcīre* 'rappezzare, rassettare' (V. †*sarcina*) ✻ 1342] **A** **v. tr.** (*io risarcisco, tu risarcisci*) **1** compensare un danno materiale: *r. la perdita della casa* | indennizzare, rimborsare qlcu. dei danni patiti (+ *di*): *lo hanno risarcito di tutte le spese* | compensare, porre rimedio a un danno morale: *che conosca il fallo e risarcisca i torti* (C. Goldoni) **2** †restaurare: *r. un edificio* | (*raro*) riparare **B** **v. intr.** † e †**risarcìrsi** **v. intr. pron.** ● cicatrizzarsi, ricostituirsi

risarcitòrio (o **-ṣ-**) [1916] **agg.** (**pl. m.** *-i* o *raro -ii*) ● relativo a risarcimento | che risarcisce; che ha lo scopo di risarcire | (*fig.*) che ha la funzione di rimediare a un'offesa, a un danno e sim. **SIN.** riparatorio

risarèlla (o **-ṣ-**) [da *riso*② ✻ 1956] **s. f.** ● (*fam., disus.*) ridarella

risarèllo (o **-ṣ-**) [1874] **agg.** ● (*roman.*) ridente, atteggiato maliziosamente al riso: *occhi risarelli*

✦**risàta** (o **-ṣ-**) [da *riso*② ✻ 1524] **s. f.** ● atto del ridere, spec. a lungo e in modo sonoro: *non riusciva a trattenere le risate; Una r. alta, forzata, sprezzante accolse questa proposta* (A. Moravia) | ***fare una r. in faccia a qlcu.***, schernirlo, deriderlo | ***solenni, matte, grosse risate***, risate schiette, aperte e fragorose | ***r. omerica***, lunga e rumorosa come quella degli dei omerici **SIN.** riso ‖ **risatàccia**, pegg. | **risatèlla**, dim. | **risatina**, dim. (V.) | **risatóna**, accr.

risatìna (o **-ṣ-**) [da *risat(a)* con un suff. dim. ✻ av. 1759] **s. f.** ● breve risata, spec. ironica o sarcastica: *con quella sua r. maligna* (A. Moravia)

riṣbadigliàre [comp. di *ri-* e *sbadigliare* ✻ 1558] **v. intr.** (*io riṣbadiglio*; **aus.** *avere*) ● sbadigliare di nuovo

riṣbagliàre [comp. di *ri-* e *sbagliare* ✻ 1872] **v. intr., tr.** (*io riṣbàglio*; **aus.** *avere*) **e** **riṣbagliàrsi** **v. intr. pron.** ● sbagliare, sbagliarsi di nuovo

†**riṣbaldìre** [provenz. *esbaudir*, dal francone *bald* 'baldo' ✻ 1250 ca.] **v. intr.** ● rallegrarsi, far festa

riṣbirciàre [comp. di *ri-* e *sbirciare* ✻ av. 1712] **v. tr.** (**pres.** *io riṣbìrcio*; **fut.** *io riṣbircerò*) ● (*raro*) sbirciare di nuovo o in fretta

RISC /*ingl.* rɪsk/ [sigla ingl. di *R(educed) I(nstruction) S(et) C(hip)* 'microprocessore con ridotta istruzione' ✻ 1989] **s. m. inv.** ● (*elettron.*) microprocessore che, utilizzando un insieme ridotto di istruzioni semplici e di impiego frequente, offre migliori prestazioni in termini di velocità di esecuzione

✦**riscaldaménto** [av. 1320] **s. m.** **1** operazione del riscaldare | aumento della temperatura di un corpo: *r. per attrito, per induzione* | (*fis.*) ***r. aerodinamico***, riscaldamento di un corpo prodotto dall'attrito e dalla compressione dell'aria o di un altro gas che fluisce sulla sua superficie, spec. a velocità assai elevate | ***r. globale***, fase climatica della Terra caratterizzata da un aumento generale della temperatura, dovuto a fattori naturali, quali i cicli solari, o all'antropizzazione, come l'effetto serra **CFR.** global warming **2** mezzo o impianto per riscaldare un edificio: *r. a carbone, a kerosene, mediante termosifoni, elettrico; spese di r.* | ***r. centrale***, con un unico generatore di calore per tutti gli appartamenti di un fabbricato | ***r. autonomo***, con un generatore di calore singolo per ogni appartamento di un fabbricato **3** serie di esercizi con cui l'atleta prepara la muscolatura prima di una competizione o di un allenamento **4** (*pop.*) riscaldo **5** (*lett., fig.*) ira, sdegno | (*lett.*) eccitazione | †zelo, fervore

✦**riscaldàre** [comp. di *ri-* e *scaldare* ✻ 1287] **A** **v. tr.** **1** scaldare di nuovo | scaldare ciò che è diventato freddo: *r. la minestra, l'arrosto* **2** rendere caldo: *r. una stanza con la stufa; il sole riscalda la terra* | scaldare: *r. le mani col fiato; al davanzale che il Sole riscalda* (G. D'Annunzio) | (*assol.*) dare calore: *questa stufetta riscalda rapidamente* **3** (*fig.*) infervorare, infiammare: *il suo discorso riscaldò gli animi* | (*lett.*) accendere di passione | †esortare **4** (*est.*) indurre riscaldo: *è un cibo che riscalda* **5** (*fig., lett.*) confortare, rincuorare **B** **v. intr.** (**aus.** *essere*) **1** †aumentare di temperatura, detto del corpo umano **2** †fermentare, guastarsi per un aumento di temperatura, detto di semi, frutti, formaggio, ecc. **C** **v. intr. impers.** (**aus.** *essere* o *avere*) ● (*raro*) farsi caldo, diventare più caldo, detto dell'atmosfera: *da ieri è riscaldato molto* **D** **riscaldàrsi** **v. rifl.** ● riprendere calore: *riscaldarsi al sole, camminando* | eseguire esercizi di riscaldamento **E** **riscaldàrsi** **v. intr. pron.** **1** diventare caldo: *l'acqua non si è ancora riscaldata* **2** (*fig.*) infervorarsi, accendersi: *è un oratore che si riscalda facilmente; Signor cavaliere, non si riscaldi perché questi signori diranno ch'è innamorato davvero* (C. Goldoni) | (*fig.*) adirarsi: *cerca di non riscaldarti* | (*fig.*) vivacizzarsi, animarsi, detto di situazione, discussione, ecc.

riscaldàta [1940] **s. f.** ● atto del riscaldare, spec. in fretta: *dare una r. alla minestra*

riscaldàto part. pass. di *riscaldare*; anche agg. ● nei sign. del v. | ***minestra riscaldata***, V. *minestra*

riscaldatóre [1745] s. m. **1** (f. *-trice*) (*raro*) chi riscalda **2** apparecchiatura atta a produrre il riscaldamento di un fluido

riscaldatùra [av. 1597] s. f. ● (*raro*) riscaldamento

riscàldo [da *riscaldare* ✱ 1804] s. m. **1** (*fam.*) blanda infiammazione intestinale o cutanea **2** (*lett.*, *fig.*) esaltazione: *r. fazioso o settario*; *riscaldi di gioventù* (R. BACCHELLI)

riscappàre [comp. di *ri-* e *scappare* ✱ 1660 ca.] v. intr. (aus. *essere*) ● scappare di nuovo

riscaricàre [comp. di *ri-* e *scaricare* ✱ 1872] v. tr. (*io riscàrico, tu riscàrichi*) ● scaricare di nuovo

riscattàbile [1872] agg. ● che si può riscattare: *periodo r. ai fini pensionistici* ‖ **riscattabilità**, s. f. inv.

riscattàre [lat. parl. **reexcaptāre*, comp. di *re-*, *ĕx* 'da' e *captāre* 'cercare di prendere'. V. *captare* ✱ av. 1348] **A** v. tr. **1** riacquistare o liberare con denaro qlcu. o qlco. che si era ceduto ad altri o che ci era stato sottratto: *r. il prigioniero*; *r. un gioiello, un pegno* **2** (*dir.*) sciogliere un contratto liberandosi, esercitando il riscatto, dall'obbligo con lo stesso assunto: *r. una rendita* | rendere utile ai fini pensionistici: *r. gli anni universitari* **3** (*fig.*) redimere, riabilitare: *r. la propria vita con un atto di coraggio* | liberare, affrancare: *r. la patria oppressa* | (*est.*) compensare: *una qualche eleganza stilistica riscatta la povertà di contenuto del romanzo* **B** **riscattàrsi** v. rifl. **1** redimersi con azioni lodevoli da una condizione indegna: *riscattarsi da un passato infamante con una vita irreprensibile* | (*est.*) riprendersi, risollevarsi: *l'attaccante si è riscattato nel secondo tempo* **2** †vendicarsi **3** †rifarsi di una perdita al gioco

riscattàto part. pass. di *riscattare*; anche agg. ● nei sign. del v.

riscattatóre [av. 1604] agg. e s. m. (f. *-trice*) ● (*raro*) che (o chi) riscatta (*anche fig.*)

riscàtto [1353] s. m. **1** liberazione, mediante pagamento di un prezzo, di chi è tenuto prigioniero, sequestrato e sim.: *trattare il r. dei prigionieri* | il prezzo richiesto: *pretendere un r. esoso*; *tanto costò all'infelice Priamo il r. del cadavere di Ettore* (G. VICO) **2** (*fig.*) affrancamento, emancipazione da uno stato di sottomissione, disonore e sim.: *il r. di un popolo*; *Oh giornate del nostro r.!* (A. MANZONI) | (*fig.*) ascesa, elevazione sociale, culturale, economica: *il r. delle classi lavoratrici* | (*est.*) recupero, rivincita: *pronto r. del Milan* **3** (*dir.*) atto con cui il debitore, mediante il pagamento di una somma, si libera da un'obbligazione a esecuzione continuata | ***patto di r.***, accordo per cui il venditore può riacquistare la proprietà della cosa venduta restituendo il prezzo | ***diritto di r.***, diritto del venditore con patto di riscatto o del coerede di ottenere la proprietà del bene versando al terzo acquirente una somma pari a quella da quest'ultimo pagata per acquistarlo

riscégliere o †**riscèrre** [comp. di *ri-* e *scegliere* ✱ 1441] v. tr. (coniug. come *scegliere*) ● scegliere di nuovo | (*lett.*) scegliere con attenzione

riscélta [comp. di *ri-* e *scelta* ✱ av. 1729] s. f. ● (*raro*) nuova scelta

riscélto part. pass. di *riscegliere*; anche agg. ● nei sign. del v.

riscéndere (o *-è-*) [comp. di *ri-* e *scendere* ✱ av. 1704] tr. e v. intr. (coniug. come *scendere*; aus. intr. *essere*) ● scendere di nuovo: *r. le scale*; *r. dal colle*

†**riscèrre** ➤ **riscegliere**

riscéso (o *-ṣo*) part. pass. di *riscendere* ● nel sign. del v.

rischiacciàre [comp. di *ri-* e *schiacciare* ✱ 1872] v. tr. (pres. *io rischiàccio*; fut. *io rischiaccerò*) ● schiacciare di nuovo

rischiaraménto [1336 ca.] s. m. **1** il rischiarare, il rischiararsi: *un rapido r. del tempo* | (*fig.*) rasserenamento **2** (*lett.*, *fig.*) chiarimento

♦**rischiaràre** [comp. di *ri-* e *schiarare* ✱ 1250 ca.] **A** v. tr. **1** rendere chiaro o più chiaro ciò che è scuro, fosco, torbido, annebbiato e sim.: *r. la stanza con una lampada, la via con una torcia*; *la luna rischiara la notte* | ***r. un colore***, renderlo meno carico | ***r. la voce***, renderla limpida | ***r. un oggetto***, illuminarlo | (*tosc.*) ***r. piante, alberi***, diradarne i rami infoltiti | ***r. la vista***, liberarla da una visione poco nitida o annebbiata **2** (*fig.*) illuminare, rendere perspicace: *soccorri oggi al tuo servo: / l'empio confondi; il genitor rischiara* (V. ALFIERI) | (*lett.*) chiarire: *r. le idee* **B** v. intr. (aus. *essere*) e **rischiaràrsi** v. intr. pron. ● farsi chiaro o più chiaro: *il cielo è rischiarato* | (*fig.*) rasserenarsi: *rischiararsi in volto*

rischiaràto part. pass. di *rischiarare*; anche agg. ● nei sign. del v. | illuminato

rischiaratóre [sec. XVII] agg. e s. m. (f. *-trice*) ● (*raro*) che (o chi) rischiara

♦**rischiàre** [V. *rischio* ✱ av. 1336] **A** v. tr. (*io rìschio*) **1** mettere a repentaglio, arrischiare (*anche assol.*): *r. tutto per tutto*; *è una salita pericolosa: non r.* SIN. azzardare, giocare, osare **2** correre il pericolo di (+ *di* seguito da inf., + *che* seguito da congtv.): *r. di morire*; *era un peccato ... r. che la pioggia ne sciupasse gli effetti più belli* (L. SCIASCIA) | anche impers.: *Si rischia / d'infreddare* (G. PASCOLI) | (*assol.*) correre il rischio: *non mi va di r.* | (*per antifrasi*) essere sul punto di ottenere inopinatamente qlco. di positivo: *dopo avere pareggiato ha addirittura rischiato di vincere* **B** v. intr. impers. (aus. *essere* o *avere*) ● esserci il rischio, il pericolo: *rischia di piovere* **C** **rischiàrsi** v. intr. pron. ● (*lett.*) arrischiarsi, osare: *Lucia ... si pentì quasi di essersi tanto rischiata* (A. MANZONI)

rischiariménto [av. 1311] s. m. **1** il rischiarire **2** (*fig.*) †schiarimento

rischiarìre [comp. di *ri-* e *schiarire* ✱ sec. XIV] **A** v. tr. (*io rischiarisco, tu rischiarìsci*) ● (*raro*) fare diventare chiaro o più chiaro **B** v. intr. (aus. *essere*) e **rischiarìrsi** v. intr. pron. ● diventare chiaro o più chiaro: *il liquido rischiarisce*; *il tempo si è rischiarito*

†**rischiévole** [da *rischio* ✱ sec. XIV] agg. ● rischioso

♦**rìschio** o (*tosc.*) **rìsico**, †**risco** [etim. incerta ✱ 1263] s. m. **1** possibilità di conseguenze dannose o negative a seguito di circostanze non sempre prevedibili: *abbiamo corso un brutto r.*; *esporsi a un r.*; *mettere a r. la salute* SIN. alea, pericolo | evento pericoloso, azzardo: *non cercate rischi inutili* | pericolo più o meno imminente: *c'è il r. di una polmonite*; *ben folle è quegli / che a r. de la vita onor si merca* (G. PARINI) | ***correre il r.***, rischiare | ***col r. di, a r. di***, correndo il rischio, il pericolo di, a costo di | ***a proprio r. e pericolo***, assumendosi tutte le eventuali conseguenze negative | ***a r.***, detto di chi (o di ciò che) ha più probabilità di altri di subire gli effetti negativi di un fenomeno o di una situazione sfavorevole o pericolosa: *pazienti, categoria a r.*; *aziende a r.* | ***a r. del committente, del mittente***, di merce i cui eventuali danni subiti durante il viaggio saranno sopportati dal committente o dal mittente | †***stare a r. di***, correre il pericolo di **2** ***primo r.***, clausola di contratto di assicurazione per cui si assicurano beni per un valore inferiore a quello di mercato e l'assicuratore, in caso di sinistro, risarcisce il danno per intero fino alla concorrenza del valore assicurato **3** ammontare delle esposizioni di un cliente verso una banca: *r. diretto o indiretto*

rischióso (o *-ṣo*) [sec. XIV] agg. ● pieno di rischio, che comporta rischi: *vita, impresa rischiosa*; *è troppo r. impegnarsi in quest'impresa* SIN. azzardoso, pericoloso ‖ **rischiosaménte**, avv. ‖ **rischiosità**, s. f. inv. condizione di ciò che è rischioso: *è un'impresa di evidente rischiosità*

risciacquaménto [1745] s. m. ● (*raro*) risciacquatura | sciacquo

risciacquàre [comp. di *ri-* e *sciacquare* ✱ av. 1320] **A** v. tr. (*io risciàcquo, noi risciacquiàmo*) **1** sciacquare nuovamente: *r. le mani* **2** passare panni, stoviglie o altro in acqua pulita per eliminare residui di sapone o di altro detersivo, e sim.: *r. il bucato, i bicchieri già lavati* | ***r. i panni, i cenci in Arno***, (*fig.*) adeguare il proprio linguaggio al modo in cui parlano i fiorentini, spec. colti, e gener. i toscani (come A. Manzoni annunciò di fare nell'edizione definitiva dei Promessi Sposi) **3** sciacquare con cura: *dobbiamo r. le pentole con aceto* **B** anche **risciacquàrsi** v. tr. pron. (aus. *essere*): *risciacquarsi le mani*; (*fig.*) *risciacquarsi la coscienza* | ***risciacquarsi la gola***, (*scherz.*) degustare qlco. di alcolico: *beveva il suo bicchierino d'acquavite, per risciacquarsi la gola* (G. VERGA) | (*fig.*) ***risciacquarsi la bocca su qlcu.***, dirne molto male **C** **risciacquàrsi** v. rifl. ● lavarsi con acqua dopo l'insaponatura

risciacquàta [1598] s. f. **1** il risciacquare una sola volta e in fretta: *dare una r. ai fazzoletti* **2** (*fig.*, *fam.*) lavata di capo, sgridata: *quel ragazzo merita una bella r.* SIN. rabbuffo ‖ **risciacquatina**, dim.

risciacquàto part. pass. di *risciacquare*; anche agg. **1** nei sign. del v. **2** (*scherz.*) †molto bagnato

risciacquatóio [da *risciacquato* ✱ av. 1449] s. m. (pl. *-ói*) ● canale di scolo dei mulini ad acqua SIN. margone

risciacquatùra [1804] s. f. **1** operazione del risciacquare: *procedere alla r.*; *terminare la r. dei panni* **2** acqua, liquido in cui è stato risciacquato qlco.: *buttare via la r. dei piatti* | (*fig.*, *pop.*) ***r. di bicchieri***, vino allungato abbondantemente | (*fig.*, *pop.*) ***r. di piatti***, brodaglia diluita con acqua **3** (*fig.*, *spreg.*) scritto, componimento letterario lungo e mal fatto

risciàcquo [da *risciacquare* ✱ av. 1862] s. m. **1** operazione del risciacquare | una delle fasi del ciclo di funzionamento di una macchina lavatrice o lavastoviglie: *premere il tasto del r.*; *questo programma per la lana prevede quattro risciacqui* **2** acqua o liquido che serve a risciacquare: *aggiungere un ammorbidente nel r.* **3** (*med.*) collutorio

riscintillàre [comp. di *ri-* e *scintillare* ✱ 1871] v. intr. (aus. *avere*) ● scintillare di nuovo o di più | (*lett.*) scintillare: *mormora al bianco lume il rio tra via / riscintillando tra le brevi sponde* (G. CARDUCCI)

risciò o **ricsciò** /rik'ʃɔ*/, **ricsiò** /rik'sjɔ*/, **ricsò** /rik'sɔ*/ [adattamento dell'ingl. *rickshaw*, abbr. di *jinrikisha*, vc. giapp., propr. 'vettura mossa dalla forza di un uomo', comp. di *jin* 'uomo', *riki* 'forza' e *sha* 'veicolo, vettura' ✱ 1906] s. m. inv. ● carrozzella a due ruote trainata da un uomo a piedi o in bicicletta, usata in Cina e altri Paesi asiatici | (*est.*) analogo veicolo a tre ruote, talora dotato di motore elettrico ausiliario

risciògliere o (*raro*, *poet.*) **risciòrre**

[comp. di *ri-* e *sciogliere* ✻ 1516] **v. tr.** (coniug. come *sciogliere*) ● sciogliere di nuovo

risciòlto **part. pass.** di *risciogliere* ● nel sign. del v.

risciòrre ➤ **risciogliere**

†**rìsco** ➤ **rischio**

riscolàre [comp. di *ri-* e *scolare*① ✻ 1779] **v. tr. e intr.** (*io riscólo*; **aus. intr.** *essere*) ● scolare di nuovo

rìscolo [etim. incerta ✻ 1779] **s. m.** ● (*bot.*) bacicci

riscolpìre [comp. di *ri-* e *scolpire* ✻ 1872] **v. tr.** (*io riscolpisco, tu riscolpisci*) ● scolpire di nuovo

riscommèttere [comp. di *ri-* e *scommettere* ✻ 1872] **v. tr.** (coniug. come *mettere*) ● scommettere di nuovo

riscongiuràre [comp. di *ri-* e *scongiurare* ✻ av. 1535] **v. tr.** ● scongiurare di nuovo

riscontàre [comp. di *ri-* e *scontare* ✻ av. 1342] **v. tr.** (*io riscónto*) **1** †fare ammenda, espiare un peccato **2** presentare allo sconto ad altre banche cambiali di terzi già scontate

riscónto [1895] **s. m.** **1** il riscontare | ***r. di portafoglio***, l'operazione con cui la banca si procura fondi scontando presso altre banche cambiali da essa scontate **2** rendite o spese periodiche riguardanti due esercizi la cui riscossione o pagamento è avvenuta in via anticipata

riscontràbile [av. 1704] **agg.** ● che si può riscontrare: *conto r.*; *dati non riscontrabili* | rilevabile: *un errore difficilmente r.* ‖ **riscontrabilità**, **s. f. inv.**

♣**riscontràre** [comp. di *ri-* e *scontrare* ✻ sec. XIII] **A** **v. tr.** (*io riscóntro*) **1** confrontare due cose, due fatti, due fenomeni per rilevarne le corrispondenze e le differenze: *r. due documenti*; *r. alcuni dati statistici* | collazionare: *r. la copia di un manoscritto con l'originale* | ***r. una citazione***, andarla a cercare nel testo dal quale è stata tratta **2** verificare, controllare le condizioni di qlco. o il suo funzionamento: *r. il peso di qlco.*; *r. le parti di un ingranaggio* | trovare, rilevare dopo un esame (+ *che*): *non abbiamo riscontrato irregolarità*; *i periti hanno riscontrato che la struttura non è stabile* | (*burocr.* o *lett.*) rispondere a una lettera: *riscontro la sua carissima del 2 corrente* (G. LEOPARDI) **3** (*tosc.*) incontrare per caso: *r. qlcu. per strada* | andare incontro: *siamo andati a riscontrarli alla stazione* **4** †far combaciare **B** **v. intr.** (**aus.** *avere*) **1** concordare, corrispondere: *le date riportate nei due documenti riscontrano* **2** †combaciare **C** **riscontràrsi** **v. intr. pron.** **1** (*tosc.*) incontrarsi, imbattersi | (*fig.*) †incorrere, incappare: *riscontrarsi in una difficoltà* **2** †scontrarsi **D** **riscontràrsi** **v. rifl. recipr.** **1** (*lett.*) accordarsi, convenirsi **2** (*lett.*) incontrarsi **3** †azzuffarsi, scontrarsi violentemente

riscontràta [1884] **s. f.** ● rapida verifica; controllo: *dare una r. al resto*

riscontràto **part. pass.** di *riscontrare*; anche **agg.** ● nei sign. del v.

riscóntro [1521] **s. m.** **1** confronto di due elementi, fenomeni e sim. per rilevarne le corrispondenze e le differenze: *dopo un laborioso r., i due disegni sono apparsi uguali* | ***mettere a r.***, mettere a paragone, confrontare | collazione: *un attento r. dei due codici* | revisione, verifica, controllo: *abbiamo fatto il r. dei conti* | riprova, conferma: *la tua ipotesi non ha trovato r.*; *non ho riscontri per confermare le sue affermazioni*; *una tesi, una testimonianza che necessita di precisi riscontri* **2** corrispondenza simmetrica di due elementi posti l'uno di fronte all'altro: *un r. di finestre in una stanza* | ***r. a***, ***al r. a***, ***a r. di***, dirimpetto, di fronte a | ***avere per r.***, avere esattamente di fronte | ***di r.***, in corrispondenza esatta, di fronte: *di r. alla stazione* | ***fare r.***, corrispondere | ciò che sta di fronte: *quel soprammobile per ora non ha r.* | †***al r.***, all'opposto **3** (*est.*, *raro*) corrente d'aria che si produce tra aperture poste l'una di fronte all'altra: *temere i riscontri* **4** corrispondenza tra due meccanismi e sim. che s'incastrano tramite sporgenze e incavature **5** risposta, lettera di risposta: *non riceve r.*; *in r. alla Sua del ...* | ***di r.***, di rimando **6** ufficio della banca addetto alla verifica delle operazioni prima di autorizzarne il pagamento e l'incasso **7** (*tosc.*) incontro **8** †contraccambio, corrispondenza: *Amor sol nasce dal trovar r. / d'amor* (N. MACHIAVELLI) **9** †intoppo, impedimento **10** (*fig.*) †appoggio, sostegno **11** †scontro, urto

SFUMATURE ➤ *paragone*

riscopèrta [comp. di *ri-* e *scoperta* ✻ 1960] **s. f.** ● il riscoprire | (*fig.*) rinnovato interesse per un autore, un'opera, una consuetudine, un luogo prima dimenticati

riscopèrto **part. pass.** di *riscoprire*; anche **agg.** ● nei sign. del v.

riscoppiàre [comp. di *ri-* e *scoppiare*① ✻ av. 1712] **v. intr.** (*io riscòppio*; **aus.** *essere*) **1** scoppiare di nuovo (*spec. fig.*): *riscoppiò una grande confusione* **2** (*bot.*) germogliare, riprendere a germogliare

riscoprìre [comp. di *ri-* e *scoprire* ✻ 1872] **A** **v. tr.** (coniug. come *coprire*) ● scoprire di nuovo (*spec. fig.*): *essi vengono, con meraviglia e commozione, riscoprendo in se stessi, l'ignota ..., la negata comune umanità* (B. CROCE) | apprezzare nuovamente: *r. i piaceri della buona tavola* | rivalutare: *r. un autore* **B** **riscoprìrsi** **v. rifl.** ● scoprirsi di nuovo

riscórrere [comp. di *ri-* e *scorrere* ✻ sec. XV] **A** **v. tr.** (coniug. come *correre*) ● scorrere di nuovo: *r. le pagine di un libro* | percorrere di nuovo (*spec. fig.*): *ha riscorso gli ultimi avvenimenti* **B** **v. intr.** (**aus.** *essere*) ● (*raro*) scorrere di nuovo

riscórso **part. pass.** di *riscorrere* ● nei sign. del v.

riscòssa [part. pass. f. sost. di *riscuotere* ✻ av. 1348] **s. f.** **1** contrattacco, controffensiva: *chiamare, incitare i soldati alla r.* | rivincita, riscatto morale: *è incominciata la r. civile di un popolo intero*; *alla r.!* **2** †liberazione | (*raro*) recupero, riscatto **3** †riscossione di denaro

riscossióne [da *riscosso* ✻ av. 1311] **s. f.** ● il riscuotere | incasso di una somma dovuta: *la r. dello stipendio, dell'affitto, di un'imposta*

riscòsso **part. pass.** di *riscuotere*; anche **agg.** ● nei sign. del v.

riscossóne [comp. di *ri-* e *scossone* ✻ 1842] **s. m.** ● scossone, sobbalzo: *dare, ricevere un r.*; *svegliarsi con un r.*

riscòtere e deriv. ➤ **riscuotere** e deriv.

riscotìbile ➤ **riscuotibile**

riscrìtto **part. pass.** di *riscrivere*; anche **agg.** ● nei sign. del v.

riscrittùra [1953] **s. f.** **1** il riscrivere qlco.: *la r. di un testo* | opera riscritta, rivista, rielaborata **2** (*ling.*) ***regole di r.***, nella grammatica generativa, istruzioni per analizzare una frase nei suoi costituenti e per attribuirle un indicatore sintagmatico

riscrìvere [lat. *rescrībere*, comp. di *re-* e *scrībere* 'scrivere' ✻ sec. XIII] **A** **v. tr.** (coniug. come *scrivere*) **1** scrivere di nuovo, spec. in forma migliore: *r. una lettera* | (*lett.*) copiare, trascrivere | rivedere, rielaborare un testo: *r. un saggio* **2** †mandare una risposta per scritto: *mi riscriva il suo parere* **B** **v. intr.** (**aus.** *avere*) ● scrivere in risposta a una lettera, un biglietto, ecc.: *dobbiamo r. agli amici di Milano*

riscrivìbile [1966] **agg.** ● che si può riscrivere | (*inform.*) detto di supporto di memoria i cui dati possono essere modificati dall'utente

riscuòtere o (*lett.*) **riscòtere** [comp. di *ri-* e *scuotere* ✻ 1266] **A** **v. tr.** (coniug. come *scuotere*) **1** scuotere di nuovo o più forte: *riscosse il cancello per farsi aprire* **2** scuotere energicamente per risvegliare: *r. qlcu. bruscamente dal torpore, dal dormiveglia*; *cadeva in un sonno di piombo, dal quale ogni mattina, soleva riscuoterlo un noto piede* (L. PIRANDELLO) | (*fig.*) fare uscire da uno stato di inerzia, di inazione: *r. qlcu. da una condizione di pessimismo, dalla pigrizia* **3** incassare, ritirare, percepire una somma dovuta come compenso, retribuzione, onorario e sim.: *r. l'affitto, un forte credito, le tasse* | ***r. i danni***, esserne risarcito **4** (*fig.*) ricevere, conseguire, ottenere: *r. applausi, onori, il biasimo generale* | (*scherz.*, *fam.*) buscarne, prendere botte **5** †riscattare, liberare | (*fig.*) †redimere **B** **riscuòtersi** **v. intr. pron.** **1** scuotersi per improvvisa paura, stupore o meraviglia: *al suono della sua voce si riscosse* SIN. trasalire **2** risvegliarsi da torpore o sonno, riprendersi da uno svenimento o da un momento di distrazione (*anche fig.*): *appena uscito all'aperto, si riscosse*; *non si riscuotevano dall'inerzia* **3** †riscattarsi, rifarsi, prendersi la rivincita

riscuotìbile o (*disus.*) **riscotìbile** [av. 1552] **agg.** ● che si può riscuotere: *credito r.* SIN. esigibile ‖ **riscuotibilità**, **s. f. inv.**

riscuotiménto o (*raro*) **riscotiménto** [1585] **s. m.** **1** il riscuotere, il riscuotersi dal sonno, dal torpore, ecc. **2** (*raro*) riscossione

riscuotitóre o (*raro*) **riscotitóre** [da *riscuotere* ✻ sec. XIV] **s. m.** (**f.** *-trice*) ● †esattore

riscurìre [1906] **v. tr.**, **intr.** (*io riscurisco, tu riscurisci*; **aus. intr.** *essere*) e **riscurìrsi** **v. intr. pron.** ● scurire, scurirsi di nuovo o di più

riṣdegnàrsi [comp. di *ri-* e *sdegnarsi* ✻ 1575] **v. intr. pron.** (coniug. come *segnare*) ● sdegnarsi di nuovo

riṣecàre (o **-ṣ-**) o **reṣecàre** (o **-ṣ-**) [vc. dotta, lat. *resecāre*, comp. di *re-* e *secāre* 'tagliare'. V. *secare* ✻ 1342] **v. tr.** (*io riséco, tu riséchi*) ● (*lett.*) tagliare: *r. i rami di una pianta* | (*fig.*) eliminare: *r. i desideri vani* | (*lett.*, *fig.*) ***r. le spese*** (o ***sulle spese***), diminuirle, restringerle

riseccàre [vc. dotta, lat. *resiccāre*, comp. di *re-* e *siccāre* 'seccare' ✻ av. 1320] **A** **v. tr.** (*io risécco, tu risécchi*) ● seccare di nuovo o di più, disseccare | prosciugare: *r. una palude* **B** **v. intr.** (**aus.** *essere*) e **riseccàrsi** **v. intr. pron.** ● diventare secco, privo di umidità SIN. asciugarsi

risecchìre [da *secco*①, col pref. *ri-* ✻ 1766] **v. intr.** (*io risecchisco, tu risecchisci*; **aus.** *essere*) e **risecchìrsi** **v. intr. pron.** ● diventare secco, perdere freschezza

risecchìto **part. pass.** di *risecchire*; anche **agg.** ● secco | appassito, avvizzito: *un albero r.*

risécco [av. 1400] **agg.** (**pl. m.** *-chi*) ● (*tosc.*) risecchito: *arrosto r.* | arido: *terra risecca*

†**risedènza** ➤ **residenza**

†**risedènzia** ➤ **residenza**

risedére [vc. dotta, lat. *residēre* 'stare seduto', comp. di *re-* e *sedēre* 'star seduto'. V. *sedere*① ✻ 1525] **A** **v. intr.** (coniug. come *sedere*; **aus.** *essere*) ● sedere di nuovo **B** **risedérsi** **v. intr. pron.** **1** sedersi di nuovo: *s'è riseduto nello stesso posto* **2** †sedimentare **3** †posarsi, detto di liquido

riséga [da *risegare* ✻ sec. XV] **s. f.** **1** diminuzione dello spessore di un muro in direzione dell'altezza, normalmente in corrispondenza di piani e volte **2** (*raro*) segno nella pelle per un laccio troppo stretto

risegàre [V. *risecare* ✱ 1319] **A** **v. tr.** (*io riségo, tu riséghi*) **1** segare di nuovo **2** †recidere | (*fig.*) estirpare **B** **risegàrsi** **v. intr. pron.** • (*raro, lett.*) restringersi

†**riségna** [da *risegnare* ✱ av. 1536] **s. f.** **1** rassegna militare **2** cessione

risegnàre [comp. di *ri-* e *segnare* ✱ 1566] **v. tr.** (*io riségno*; **coniug. come** *segnare*) **1** segnare di nuovo **2** †contrassegnare, approvare con firma **3** †passare in rassegna

riseguitàre [comp. di *ri-* e *seguitare* ✱ sec. XIV] **v. intr.** (*io riséguito*; **aus.** *avere*) • (*lett.*) riprendere spec. una narrazione

†**risembràre** [V. †*rassembrare*① ✱ av. 1250] **v. intr.** **1** sembrare, apparire **2** assomigliare

risémina [comp. di *ri-* e *semina*① ✱ 1959] **s. f.** • (*agric.*) nuova semina che viene effettuata quando la prima sia stata danneggiata da agenti atmosferici o da parassiti e sim.

riseminàre [comp. di *ri-* e *seminare* ✱ av. 1585] **v. tr.** (*io risémino*) • seminare di nuovo (*anche fig.*)

risensàre [da *senso*, col pref. *ri-* ✱ 1321] **v. intr.** (*io risènso*; **aus.** *essere*) e **risensàrsi** **v. intr. pron.** • (*lett.*) riprendere i sensi, rinvenire | (*fig.*) rinsavire

✦**risentiménto** (o **-ṣ-**) [1540] **s. m.** **1** sentimento di rancore, di sorda ostilità e di irritazione provocato da un'ingiuria, un'offesa e sim.: *la tua lettera villana ha provocato un giusto r. in tutti noi; non aver risentimenti contro qlcu.; le dissi una parola dura e minacciosa dettata dal r.* (I. SVEVO) **2** (*med.*) stato di lieve sofferenza di un organo: *r. bronchiale*; *r. reumatico* | ripercussione di una malattia su un altro organo

SFUMATURE ➤ *sdegno*

risentìre /risen'tire *nei sign. A1 e D, negli altri anche* rizen'tire/ [comp. di *ri-* e *sentire* ✱ 1250 ca.] **A** **v. tr.** (*io risènto*) **1** sentire di nuovo: *risento un rumore sospetto* | ascoltare ancora: *r. un disco* | provare di nuovo un sentimento o sim.: *r. la nostalgia della patria lontana* **2** patire qlco. di negativo: *r. la perdita del padre* | provare come conseguenza di qlco.: *risentiamo molti vantaggi da quella situazione* **B** **v. intr.** (**aus.** *avere*) **1** soffrire per le conseguenze di cause più o meno lontane (+ *di*): *r. della cattiva educazione familiare* | subire l'influenza di qlco.: *il suo stile risente positivamente di quello dei suoi maestri* **2** †risuonare, echeggiare **C** **risentìrsi** **v. intr. pron.** **1** (*lett.*) svegliarsi, destarsi | riaversi, recuperare i sensi, rinvenire | †rinvigorire, riprendere forza, detto di piante **2** offendersi, sdegnarsi, reagire a un'offesa, una provocazione e sim. (+ *per*, + *di*): *si sono risentiti per il vostro comportamento ingiurioso; risentirsi di un affronto; non sembra risentirsi dell'offesa* (G. GOZZANO) | *risentirsi con qlcu.*, esprimergli il proprio risentimento **3** †ravvedersi **D** **risentìrsi** **v. rifl. recipr.** • sentirsi di nuovo, fra chi parla al telefono: *ci risentiremo presto* | ***a risentirci!***, formula di commiato, spec. telefonica

risentitézza (o **-ṣ-**) [1872] **s. f.** • caratteristica di chi tende facilmente a risentirsi **SIN.** permalosità, suscettibilità

risentìto (o **-ṣ-**) **A** **part. pass.** di *risentire*; **anche agg.** **1** nei sign. del v. | sentito di nuovo o ripetutamente **2** che prova o manifesta risentimento: *è r. con me, verso di me; parlare con tono r.* **3** (*raro*) molto vivo, intenso: *polso r.* | marcato, netto: *tratto, movimento r.* | †rilevato, contrastato, vivace: *colori risentiti* ‖ **risentitaménte**, **avv.** con risentimento, sdegno, irritazione: *scrivere risentitamente* **B** **avv.** • (*raro*) risentitamente: *parlare r.*

riseppelliménto [1872] **s. m.** • il riseppellire

riseppellìre [comp. di *ri-* e *seppellire* ✱ av. 1685] **v. tr.** (**coniug. come** *seppellire*) • seppellire di nuovo **SIN.** risotterrare

riserbàre① (o **-ṣ-**) [comp. di *ri-* e *serbare* ✱ 1336 ca.] **v. tr.** (*io risèrbo*) • serbare nuovamente

riserbàre② ➤ **riservare**

riserbatézza (o **-ṣ-**) ➤ **riservatezza**

riserbàto (o **-ṣ-**) ➤ **riservato**

✦**risèrbo** (o **-ṣ-**) o †**risèrvo** [da *riserbare*② ✱ 1438] **s. m.** **1** grande cautela, prudenza e riguardo nel manifestare i propri sentimenti, lo stato d'animo, le intenzioni, e sim.: *agire con molto r.; Avreste dovuto almeno imporvi un po' di r.* (I. SVEVO) | (*est.*) riservatezza: *il ministro ha mantenuto il massimo r. sull'esito dei colloqui* | †***senza r.***, senza riguardo **2** †guardia, custodia **3** †riserva, provvista

riserìa (o **-ṣ-**) o **risièra** (o **-ṣ-**) [da *riso*③ ✱ 1940] **s. f.** • stabilimento per la lavorazione del riso

riserràre [comp. di *ri-* e *serrare* ✱ 1313] **A** **v. tr.** (*io risèrro*) **1** serrare di nuovo, spec. ciò che si era aperto: *r. le file; r. le porte* **2** (*raro*) custodire, rinchiudere bene **B** **riserràrsi** **v. rifl.** • (*lett.*) rinchiudersi

✦**risèrva** (o **-ṣ-**) [da *riservare* ✱ 1548 ca.] **s. f.** **1** il riservare | destinazione di qlco. esclusivamente a sé, ad altri o a determinati fini: *r. del potere, di un posto di lavoro; r. di usufrutto* | (*dir.*) ***quota di r.***, (*ellitt.*) ***riserva***, parte di eredità riservata per legge ai legittimari | ***r. di legge***, norma costituzionale in forza della quale una determinata materia può essere regolata soltanto da una legge e non da altre fonti normative | ***r. di caccia***, diritto esclusivo di caccia su un dato territorio; (*est.*) il territorio delimitato su cui vige tale diritto | ***r. di pesca***, diritto esclusivo di pesca in un dato tratto di fiume o di altro corso o bacino di acqua interna; ogni parte di corso o bacino d'acqua fluviale o lacuale su cui vige tale diritto | (*est., geogr., antrop.*) territorio limitato e controllato in cui vivono secondo le loro tradizioni i discendenti di popolazioni indigene che, in passato, vivevano libere su quelle terre: *riserve indiane degli Stati Uniti* | (*geogr., biol.*) ***r. naturale***, zona di territorio delimitata e regolamentata per la protezione dell'insieme delle specie animali e vegetali che vi vivono o per alcune di esse: *r. faunistica* | ***r. marina naturale***, area di mare delimitata legislativamente dove, per protezione ambientale, sono proibite o regolamentate attività quali la pesca, la balneazione, l'accesso con imbarcazioni, lo scarico dei rifiuti e sim. **2** accantonamento di qlco. per servirsene in seguito: *farsi una r., farsi le riserve* | ciò che si tiene in serbo per essere utilizzato a tempo opportuno: *la r. di cibo, di legna per l'inverno; riserve di viveri, di munizioni, di medicinali; esaurire, intaccare le riserve; ho fatto una buona r. di acqua minerale* | ciò che l'organismo ha a disposizione per eventuali necessità (*anche fig.*); *le riserve nutritive, di grassi, di amido nell'organismo; una grande r. di energie, di vitalità* **SIN.** scorta, provvista | ***di r.***, di ricambio, di scorta: *materiali, fondi di r.* | (*autom.*) la quantità minima di carburante residuo nel serbatoio di un autoveicolo, che permette a questo un limitato periodo di funzionamento, di solito segnalata con l'accensione di una spia luminosa sul cruscotto: *essere, viaggiare in r.* | (*fig.*) ***essere in r.***, avere ancora poche energie residue | (*enol.*) parte della produzione vinicola di una certa annata conservata per particolari pregi organolettici ovvero segnalata al consumatore per il luogo d'origine o il metodo di lavorazione: *Barolo r. 1990; r. Montelera, r. Principe di Piemonte* | (*agric.*) pianta che nei boschi cedui viene mantenuta in piedi durante il taglio per essere allevata ad alto fusto finché abbia dato il seme **SIN.** matricina, salva | (*miniere*) quantità di minerale grezzo disponibile presumibilmente in una miniera o in un giacimento | (*relig.*) ***r. eucaristica***, l'insieme delle ostie consacrate che si conservano per la comunione, l'esposizione del Santissimo Sacramento, il viatico **3** (*econ.*) parte ideale del capitale netto formata da utili non distribuiti | ***r. metallica***, fondo d'oro e argento che le banche d'emissione devono tenere immobilizzato a garanzia della carta moneta | ***r. legale***, quella che la legge prescrive per certi tipi di società | (*banca*) ***r. obbligatoria***, parte dei depositi che gli istituti di credito devono obbligatoriamente vincolare presso la Banca centrale | ***r. valutaria***, disponibilità di oro e moneta estera posseduta da un Paese per far fronte ad ogni richiesta di regolamento dei suoi debiti | ***r. statutaria***, quella prescritta dallo statuto di certe società | (*ragion.*) ***r. occulta***, quella che non appare in bilancio e risulta solitamente da una sottovalutazione dell'attivo o da una sopravvalutazione del passivo | ***r. matematica***, fondo accantonato dalle imprese assicuratrici per fronteggiare gli obblighi contrattuali previsti dalle polizze stipulate **4** (*milit.*) insieme dei militari non in servizio attivo ma richiamabili in caso di necessità: *mobilitare la r.; ufficiale della r.* **5** (*sport*) atleta o giocatore che deve sostituire il titolare in una squadra durante l'intera competizione o per una sua parte: *giocare, gareggiare da r.* **6** (*tess.*) nella stampa di un tessuto, sostanza grassa o resinosa spalmata su certe zone di questo, che non vanno colorate, allo scopo di proteggerle dall'effetto dei bagni coloranti | (*edit.*) nell'incisione di immagini su lastra o pellicola, copertura di alcune parti di questa, che non vanno incise, con opportune sostanze resistenti all'azione del bagno **7** (*mar.*) ***r. di galleggiabilità***, differenza, espressa in metri, tra l'immersione a pieno carico e quella a carico minimo | (*mar.*) ***r. di spinta***, differenza, espressa in tonnellate, tra il dislocamento a pieno carico e quello che la nave avrebbe con un'immersione sino al ponte di coperta **8** (*fig.*) restrizione, limitazione, eccezione posta all'approvazione, all'accettazione di qlco.: *fare una r. ben precisa; accettare con r.* | ***sciogliere la r.***, V. *sciogliere* nel sign. A 6 | (*est.*) espressione di dissenso, di critica: *avanzare delle riserve; ho delle riserve sulla sua proposta* | ***senza riserve***, incondizionatamente: *approvo senza riserve* | (*lett.*) ***a r. di***, a eccezione di, tranne | (*dir.*) nel diritto interno, dichiarazione o accordo in virtù del quale gli effetti di un determinato atto giuridico vengono differiti: *r. di impugnazione; r. di gradimento; vendita con r. di proprietà* | ***r. mentale***, nel negozio giuridico, quella che si verifica quando la dichiarazione di volontà non è conforme alla volontà interna del dichiarante; (*est.*) tacita, intima limitazione della portata di un'affermazione, di una promessa e sim.: *si rendeva conto che tutti quei discorsi li aveva fatti con r. mentale* (P. LEVI) | (*dir.*) nel diritto internazionale, dichiarazione con cui una delle parti contraenti di un trattato non accetta una o più clausole dello stesso ‖ **risèrvetta**, **dim.** (V.)

✦**riservàre** (o **-ṣ-**) o (*raro*) **riserbàre**②, †**reservàre** [vc. dotta, lat. *reservāre*, comp. di *re-* e *servāre* 'conservare'. V. †*servare* ✱ av. 1292] **A** **v. tr.** (*io risèrvo*) **1** tenere in serbo per determinate persone o in vista di precisi scopi: *riserveremo questo libro per chi saprà apprezzarlo; abbiamo riservato per la conclusione gli argomenti più convincenti* | prenotare: *ti abbiamo riservato un posto in prima* *fila* **2** destinare: *ci hanno riservato un ottimo trattamento; non si può prevedere che cosa ci riserva il futuro* **3** †conservare: *né dei passati piaceri riserva altro che una tenace memoria* (B. CASTIGLIONE) **B** **riservàrsi** **v. tr. pron.** (**aus.** *essere*) ● destinare, tenere esclusivamente per sé (+ *di* **seguito da inf.**): *riservarsi un diritto, una decisione; il fondatore si riservava il giuspatronato* (L.A. MURATORI) | attribuirsi la facoltà di fare qlco. in seguito (+ *di* **seguito da inf.**): *mi riservo di rispondere in seguito, di decidere entro una settimana* **C** **riservàrsi** **v. rifl.** ● †trattenersi

riservatàrio (o -ṣ-) [da *riservato*, part. pass. di *riservare* ✱ 1673] **s. m.** (**f.** *-ia*) ● (*dir.*) erede necessario, legittimario | nella vendita con riserva della proprietà, titolare del diritto di proprietà a favore del quale opera la riserva

riservatézza (o -ṣ-) o (*raro*) **riserbatézza** (o -ṣ-) [1559] **s. f.** ● caratteristica di chi è riservato: *agire con r. e prudenza* **SIN.** discrezione | caratteristica di ciò che è confidenziale, segreto e sim.: *la r. di una comunicazione* | (*est.*) la sfera personale e privata di una persona: *diritto alla r.*
SFUMATURE ➤ *discrezione*

riservàto (o -ṣ-) o (*raro*) **riserbàto** (o -ṣ-), †**reservàto** **part. pass.** di *riservare*; anche **agg.** **1** nei sign. del v.: *posto r.* **2** ***lettera riservata***, il cui contenuto può essere letto solo dal destinatario | ***informazione, notizia riservata***, segreta, che deve rimanere in un ambito ristretto, che non deve essere divulgata | (*dir.*) ***caso, peccato r.***, nel diritto canonico e nella morale cattolica, che può essere esaminato solo dal vescovo o dal pontefice | (*dir.*) ***patto di r. dominio***, in base a cui la proprietà della cosa venduta passa al compratore al pagamento dell'ultima rata di prezzo | ***prognosi riservata***, V. *prognosi* **3** pieno di riserbo: *essere r. nel parlare, nelle amicizie; a quel tempo lui su queste cose era r. e pudico* (I. CALVINO) **SIN.** discreto, schivo || **riservataménte**, **avv.** con riservatezza, in via riservata: *ti prego di comportarti riservatamente; desidero parlarti riservatamente*

SFUMATURE DI SIGNIFICATO
riservato - introverso - ritroso - vergognoso
Chi ha un atteggiamento discreto, pieno di riserbo ed è poco incline a manifestare pensieri e sensazioni si dice **riservato**. **Introverso** è invece chi è per timidezza o insicurezza ripiegato su sé stesso e non molto aperto al contatto. Una condizione di riservatezza ancora maggiore esprime **ritroso**, che descrive chi vuole aver poco a che fare con gli altri ed è così poco socievole da diventare scontroso, perfino antipatico. **Vergognoso** è chi, oltre a essere particolarmente schivo e riservato, ha anche un senso del pudore particolarmente sviluppato e si imbarazza facilmente.
SFUMATURE ➤ *timido*

riservazióne (o -ṣ-) o †**reservazióne** [1363] **s. f.** **1** †riserva, riserbo | †condizione, restrizione **2** prenotazione di un posto, di una camera d'albergo, e sim.

riservétta (o -ṣ-) **s. f.** **1** dim. di *riserva* **2** nelle opere di fortificazione, locale destinato alla conservazione delle munizioni e dei proiettili | luogo riparato o deposito per custodire munizioni ed esplosivi

riservìre [comp. di *ri-* e *servire* ✱ 1266] **v. tr.** (*io risèrvo*) ● servire di nuovo

riservìsta (o -ṣ-) [1877] **s. m. e f.** (**pl. m.** *-i*) **1** (*milit.*) soldato appartenente alla riserva **2** pescatore o cacciatore socio di una riserva

†**risèrvo** (o -ṣ-) ➤ **riserbo**

risfavillàre [comp. di *ri-* e *sfavillare* ✱ 1872] **v. intr.** (**aus.** *avere*) ● (*lett.*) sfavillare di nuovo o di più (*anche fig.*): *Vedo r. gli occhi felini dei giovani tenenti* (G. D'ANNUNZIO)

risforzàre [comp. di *ri-* e *sforzare*① ✱ 1516] **A** **v. tr.** (*io risfòrzo*) **1** sforzare di nuovo **2** †riprendere con nuovo vigore **SIN.** rinforzare **B** **risforzàrsi** **v. rifl.** ● sforzarsi di nuovo o di più

†**risfòrzo** [comp. di *ri-* e *sforzo*① ✱ 1516] **s. m.** ● nuovo sforzo o sforzo maggiore: *assai di qua, di là s'è Orlando scosso, / ma sono i suoi risforzi tutti vani* (L. ARIOSTO)

riṣgorgàre [comp. di *ri-* e *sgorgare* ✱ 1872] **v. tr. e intr.** (*io riṣgórgo, tu riṣgórghi*; **aus. intr.** *essere*) ● sgorgare di nuovo

†**riṣguardaménto** [av. 1463] **s. m.** ● il riguardare | sguardo

†**riṣguardàre** [sovrapposizione di *sguardo* a *riguardare*, sul modello dell'ant. fr. *resguarder* ✱ av. 1250] **v. tr.** **1** riguardare | considerare | concernere, riferirsi **2** rispettare avendo riguardo

†**riṣguardévole** [da *risguardare*, che è *riguardare* con intrusione di *sguardo* ✱ 1579] **agg.** ● ragguardevole, riguardevole

riṣguàrdo o **riguàrdo** nel sign. 3 [da †*risguardare* ✱ av. 1321] **s. m.** **1** †sguardo **2** †riguardo, rispetto, considerazione **3** (*edit.*) nella legatura cartonata, foglio di carta pesante incollato alla copertina e al primo foglio del blocco libro, posto in apertura e chiusura del volume **SIN.** controguardia

riṣgusciàre [comp. di *ri-* e *sgusciare* ✱ 1872] **v. intr.** (**pres.** *io riṣgùscio*; **fut.** *io riṣguscerò*; **aus.** *essere*) ● sgusciare di nuovo

rìsi ➤ **ridere**

✦**risìbile** (o -ṣ-) [vc. dotta, lat. tardo *risĭbile(m)*, da *ridēre* 'ridere' ✱ 1294] **agg.** **1** ridicolo, che merita derisione: *atteggiamento r.* | (*est.*) irrisorio, di poco conto **2** †disposto al riso || **risibilménte**, **avv.** || **risibilità**, **s. f. inv.** (V.)

risibilità (o -ṣ-) [vc. dotta, lat. tardo *risibilitāte(m)*, da *risĭbilis* 'risibile' ✱ 1551] **s. f. inv.** **1** ridicolaggine | (*est.*) irrisorietà: *la r. di un'offerta* **2** †facoltà di ridere

riṣicàre [V. *rischiare* ✱ 1539] **v. tr.** (*io rìṣico, tu rìṣichi*) ● (*tosc.*) mettere a rischio, rischiare | (*assol.*) correre il rischio | **PROV.** ***chi non risica non rosica***, V. *rosicare*

riṣicàto **part. pass.** di *risicare*; anche **agg.** **1** nei sign. del v. | conseguito a stento, con margini ridotti: *vittoria, maggioranza risicata* **2** (*tosc.*) di persona temeraria, ardita || **riṣicataménte**, **avv.**

rìṣico ➤ **rischio**

risìcolo (o -ṣ-) [da *riso*③, sul modello di *agricolo* ✱ 1959] **agg.** ● concernente la coltivazione del riso o la sua produzione

risicoltóre (o -ṣ-) o **risicultóre** (o -ṣ-) [da *riso*③, sul modello di *agricoltore* ✱ 1928] **s. m.** (**f.** *-trice*) ● coltivatore di riso

risicoltùra (o -ṣ-) o **risicultùra** (o -ṣ-) [comp. di *riso*③ e *coltura* ✱ 1854] **s. f.** ● coltivazione del riso

riṣicóso (o -óṣo) [da *risicare* ✱ 1540 ca.] **agg.** ● (*tosc.*) rischioso

risicultóre ➤ **risicoltore**

risicultùra ➤ **risicoltura**

risièdere [lat. parl. *resēdere, per il classico *residēre*. V. *risedere* ✱ av. 1336] **v. intr.** (*io risièdo*; in tutta la coniug. conserva gener. il dittongo *ie* in posizione tonica e atona; **aus.** *avere*) **1** avere sede, domicilio, dimora fissa: *risiediamo a Torino da un anno* | stare, essere posto, situato, detto di cosa: *Menfi risedeva in su' lito di tal mare* (LEONARDO) **2** (*fig.*) stare, consistere: *la causa del suo successo risiede nella sua grande intraprendenza*

risièra ➤ **riseria**

risière (o -ṣ-) [da *riso*③ ✱ 1959] **s. m.** (**f.** *-a*) ● operaio addetto alla lavorazione del riso

risièro (o -ṣ-) [da *riso*③ ✱ 1928] **agg.** ● relativo al riso: *mercato r.*

†**risìfico** (o -ṣ-) [comp. di *riso*② e *-fico* ✱ av. 1704] **agg.** ● che fa ridere

risifórme (o -ṣ-) [comp. di *riso*③ e *-forme* ✱ 1959] **agg.** ● che ha forma di un chicco di riso

risigillàre [comp. di *ri-* e *sigillare* ✱ av. 1750] **v. tr.** ● sigillare di nuovo

Rìṣiko® [vc. ted., propr. 'rischio' ✱ 1968] **s. m. inv.** ● gioco da tavolo in cui si simula una guerra fra più eserciti; scopo di ogni giocatore è la conquista del dominio mondiale in battaglie il cui esito dipende da lanci di dadi | (*est.*) situazione di scontro globale, in genere fra soggetti economici

†**rìṣima** ➤ **risma**

†**risimigliàre** ➤ †**risomigliare**

risìna① (o -ṣ-) [da *riso*③ ✱ 1991] **s. f.** ● riso di scarto, minuto o ridotto in frantumi, utilizzato come becchime o per estrarne amido

rìṣina② [vc. dei dialetti nordorientali, dal medio alto ted. *rīsen* 'cader giù, scorrere' ✱ 1959] **s. f.** ● canalone a sezione semicircolare fatto di tronchi d'albero o in terra battuta, usato in montagna per fare scorrere a valle i tronchi d'albero

rìṣipola o **reṣìpola** [av. 1320] **s. f.** ● (*pop.*) erisipela

risistemàre [comp. di *ri-* e *sistemare* ✱ 1964] **A** **v. tr.** (*io risistèmo*) **1** rimettere a posto **2** riorganizzare secondo nuovi criteri: *r. le competenze sanitarie* **B** **risistemàrsi** **v. intr. pron.** ● sistemarsi di nuovo

✦**rìṣma** o †**rìṣima** [arabo *rizma* 'pacco' ✱ 1313] **s. f.** **1** unità di conteggio commerciale della carta, equivalente a 500 fogli per quella da stampa, a 400 per quella da cancelleria | ogni pacco confezionato che contiene tale numero di fogli **2** (*fig.*, *spreg.*) genere, razza, qualità: *due individui della stessa r.; non tratto con gente di quella r.* **3** †schiera

rìso① (o -ṣ-) **part. pass.** di *ridere*; anche **agg.** ● nei sign. del v. | (*lett.*) accolto con risate: *la novella di Dioneo … dalle donne risa* (G. BOCCACCIO)

♦**rìso**② (o -ṣ-) [lat. *rīsu(m)*, da *ridēre* 'ridere' ✱ av. 1250] **s. m.** (**pl.** *risa*, **f.**, †*risi*, **m.**) **1** dimostrazione di ilarità, di allegria o, talvolta, di scherno, caratterizzata da un particolare movimento dei muscoli facciali e dall'emissione di un suono tipico: *r. beffardo, sguaiato, convulso; scoppiare in grasse, alte risa; essere tra il r. e il pianto; sganasciarsi dalle risa* | ***muovere il r.***, suscitarlo | ***mettere, volgere in r.***, ridicolizzare | (*est.*, *lett.*) ***r. degli occhi***, espressione luminosa di gioia | **PROV.** ***il r. fa buon sangue***; ***il r. abbonda sulla bocca degli sciocchi*** **2** (*est.*, *lett.*) allegrezza, aspetto ridente e gioioso: *il r. della primavera* | splendore: *il r. delle stelle* **3** (*lett.*) sorriso: *labbri tumidi, arguti, al r. lenti* (U. FOSCOLO) **4** (*poet.*) bocca: *Quando leggemmo il disiato r. / esser basciato da cotanto amante* (DANTE *Inf.* V, 133-134) **5** (*med.*) ***r. sardonico***, atteggiamento stirato delle labbra, negli ammalati di tetano, per contrattura dei muscoli labiali e delle guance; (*fig.*) riso maligno, ironico, beffardo || (*lett.*) **risétto**, **dim.** | **risìno**, **dim.** | **risolìno**, **dim.** (V.)

♦**rìso**③ (o -ṣ-) [lat. *orȳza(m)*, dal gr. *óryza*, di orig. orient. ✱ av. 1320] **A** **s. m.** **1** pianta delle Graminacee coltivata in ambiente umido, di origine asiatica, che ha fusto glabro, pannocchia serrata con spighette di un solo fiore e cariossidi commestibili (*Oryza sativa*) **2** i granelli commestibili della pianta omonima: *mondare, pilare, il r.; r. raffinato; r. in brodo; torta di r.* | ***r. brillato***, che è stato sottoposto a brillatura | ***r. comune***, che si sfarina facilmente per cottura | ***r. fino***, molto duro | ***r. superfino***, grosso e a chicco lungo, molto resistente alla cottura | (*cucina*) ***r. pilaf***, V. *pilaf* | (*cucina*) ***insalata di r.***, vivanda a base di riso bollito, mescolato a ingredienti vari, come tonno, sottaceti e sim. e condito con olio | (*cucina*) *r.* ***in bianco, all'inglese***, bollito e condito con burro | (*cucina, ven.*) ***risi e bisi***, minestra densa a base di riso e piselli **3** (*est., bot.*) *r.* ***d'acqua, degli Indiani***, zizzania **4** (*est.*) ***carta di r.***, molto fine, ricavata dalle foglie dello sparto **B in funzione di agg. inv.** ● (posposto al sost.) solo nella loc. ***punto r.***, nei lavori a maglia, ottenuto con un diritto e un rovescio alternati

risocializzàre [comp. di *ri-* e di un denominale di *sociale* ✱ 1980] **v. tr.** ● reinserire nella normale vita sociale e civile: *r. un ex detenuto* ‖ **risocializzazióne**, **s. f.**

risoffiàre [comp. di *ri-* e *soffiare* ✱ sec. XIV] **A v. intr.** (*io risóffio*; aus. *avere*) ● soffiare di nuovo **B v. tr.** ● (*fig., fam.*) riferire, fare la spia **SIN.** spifferare

risoggiùngere [comp. di *ri-* e *soggiungere* ✱ 1639] **v. tr.** (**coniug. come** *soggiungere*) ● (*lett.*) soggiungere di nuovo

risognàre [comp. di *ri-* e *sognare* ✱ av. 1327] **v. intr.** (*io risógno*; **coniug. come** *segnare*; aus. *avere*) ● sognare di nuovo | (*lett.*) rievocare

risolàre e deriv. ➤ **risuolare** e deriv.

risolcàre [comp. di *ri-* e *solcare* ✱ 1593] **v. tr.** (*io risólco, tu risólchi*) ● (*lett.*) solcare di nuovo

†**risoldàre** [comp. di *ri-* e *(as)soldare* ✱ sec. XV] **v. tr.** ● arruolare di nuovo: *Attesero di poi costoro a r. fanti* (N. MACHIAVELLI)

risolìno [av. 1492] **s. m. 1** dim. di *riso*② **2** riso appena accennato, spec. ironico, malizioso, sarcastico e sim.: *fu accolto con un r.*; *eccola girarsi con un r. di sfida* (I. CALVINO)

risollecitàre [comp. di *ri-* e *sollecitare* ✱ av. 1527] **v. tr.** (*io risollécito*) ● sollecitare di nuovo

risolleticàre [comp. di *ri-* e *solleticare* ✱ av. 1729] **v. tr.** (*io risollético, tu risollétichi*) ● solleticare di nuovo

risollevàre [comp. di *ri-* e *sollevare* ✱ av. 1472] **A v. tr.** (*io risollèvo*) **1** sollevare di nuovo: *mentre la pentola bolliva, risollevò il coperchio* | (*fig.*) *r.* ***una questione***, proporla di nuovo **2** (*fig.*) rialzare da una condizione di scadimento: *risollevò le sorti dell'industria* | (*fig.*) confortare, ricreare: *r. lo spirito, la mente* **B risollevàrsi v. rifl.** ● sollevarsi di nuovo | (*fig.*) riaversi, riprendersi

risollevàto **part. pass.** di *risollevare*; anche **agg.** ● nei sign. del v.

risòlsi ➤ **risolvere**

risòlto (o -ṣ-) **part. pass.** di *risolvere*; anche **agg.** ● nei sign. del v. | che ha avuto soluzione: *problema r.* | superato: *difficoltà ormai risolte* | †risoluto

risolùbile (o -ṣ-) o †**resolùbile** [vc. dotta, lat. tardo *resolūbile(m)*, da *resŏlvere* 'risolvere' ✱ 1481] **agg.** ● che si può risolvere: *problema, difficoltà r.* | (*dir.*) che può essere risolto: *contratto r.* | (*ottica*) ***bande risolubili, non risolubili***, con riferimento a uno spettro ottico a bande, quelle che si scindono in numerose righe spettrali vicine oppure che conservano il loro aspetto continuo quando sono osservate con un apparecchio spettroscopico dotato di maggiore potere risolutivo ‖ **risolubilità**, **s. f. inv.** (V.)

risolubilità (o -ṣ-) [1914] **s. f. inv. 1** condizione di ciò che è risolubile **2** (*dir.*) attitudine di un contratto a essere risolto

risolutézza (o -ṣ-) [1621] **s. f.** ● caratteristica di chi (o di ciò che) è risoluto: *ammiro la vostra r.*; *un intervento di estrema r.*; *noi con risolutezza abbiamo affermato il moto della cometa dover necessariamente esser retto* (G. GALILEI) **SIN.** decisione, determinazione, fermezza | ***con r.***, in modo decisamente energico: *la questione va risolta con r.*

SFUMATURE ➤ *intraprendenza*

risolutìvo (o -ṣ-) o †**resolutìvo** [da *risoluto* ✱ av. 1320] **agg. 1** che risolve, serve a risolvere: *formula risolutiva* | ***clausola risolutiva espressa***, in un contratto a prestazioni corrispettive, potere, in caso di inadempimento, di scioglierlo immediatamente, senza ricorrere al giudice | ***condizione risolutiva***, quella che estingue retroattivamente gli effetti del negozio giuridico | (*fis.*) ***potere r.***, in ottica, la minima distanza possibile perché due punti appaiano ancora nettamente distinti se osservati con un apparecchio ottico **2** che influisce decisamente sull'esito, la conclusione di qlco.: *la trattativa è giunta nella sua fase risolutiva* **SIN.** decisivo, determinante ‖ **risolutivaménte**, **avv.** ‖ **risolutività**, **s. f. inv.** carattere risolutivo di qlco.

risolùto (o -ṣ-) o †**resolùto** **part. pass.** di *risolvere*; anche **agg. 1** nei sign. del v. **2** fermamente deciso ad agire in un determinato modo, detto di persona: *siamo risoluti a partire*; *risoluti ne andavamo ... per l'alto mar* (G. BRUNO) **SIN.** determinato, deciso | energico e reciso, detto di giudizio, gesto, atteggiamento e sim.: *piglio, discorso r.* | (*lett.*) di persona salda nelle proprie convinzioni: *Il consiglio ... al r. non può altro che nuocere* (G. LEOPARDI) **3** †sciolto, liquefatto | †dissolto | (*fig.*) †prostrato ‖ **risolutaménte**, **avv. 1** senza esitazione, decisamente: *siamo risolutamente pronti a resistere* **2** con franchezza e sicura fermezza: *affermare risolutamente* **3** †in modo assoluto

risolutóre (o -ṣ-) [da *risoluto* ✱ av. 1704] **A s. m.** (**f.** *-trice*) ● chi risolve qlco. (*anche fig.*): *r. di problemi, di difficoltà* **B agg.** ● che risolve: *intervento r.* **SIN.** risolutivo

risoluzióne (o -ṣ-) o †**resoluzióne** [vc. dotta, lat. tardo *resolutiōne(m)*, da *resolūtus* 'risoluto' ✱ av. 1320] **s. f. 1** il risolvere | spiegazione, chiarimento: *la r. di un quesito, di un dubbio* | soluzione: *tentare la r. di un problema matematico* | (*med.*) cessazione di un fenomeno morboso **2** decisione, determinazione: *abbiamo preso la r. di scrivergli*; *r. ferma, irrevocabile, disperata* | deliberazione finale presa da un'assemblea: *il congresso ha approvato solennemente una r.* **3** (*dir.*) estinzione di un contratto per inadempimento, impossibilità sopravvenuta, eccessiva onerosità di una delle prestazioni: *r. di diritto*; *azione di r.* **4** scomposizione in varie parti o in vari elementi: *operare la r. di un composto chimico* **5** (*mus.*) in armonia, procedimento per diminuire la tensione armonica di un accordo dissonante, facendolo passare nell'accordo consonante da cui è attratto **6** (*mat.*) determinazione delle soluzioni **7** †dissoluzione, dissolvimento: *si vedrà due cose essere state cagione della r. di quella Repubblica* (N. MACHIAVELLI) **8** (*ottica*) potere risolutivo | (*fotogr., cinema, tv*) definizione **9** †coraggio, risolutezza

risolvènte (o -ṣ-) **part. pres.** di *risolvere*; anche **agg. 1** nei sign. del v. **2** ***potere r.***, potere risolutivo | ***farmaco, prodotto r.***, (*ellitt.*) ***risolvente***, che è in grado di far regredire fino a scomparire un processo morboso

♦**risòlvere** (o -ṣ-) o †**resòlvere** [vc. dotta, lat. *resŏlvere*, comp. di *re-* e *sŏlvere* ✱ 1321] **A v. tr.** (**pass. rem.** *io risòlsi* o **lett.** *risolvètti* o †*risolvéi, tu risolvésti*; **part. pass.** *risòlto*, **raro lett.** *risolùto*) **1** (*raro*) dissolvere, trasformare: *il sole ha risolto la brina in rugiada* | (*raro*) scomporre, dividere in parti: *r. una sostanza nelle sue molecole* | †slegare | †distruggere | (*fig.*) †indebolire, infiacchire **2** concludere, dare un esito, una soluzione: *r. una controversia, un affare complicato* | trovare la soluzione di qlco. di oscuro, complicato, difficile: *r. una sciarada*; *un'equazione, un problema* | *r.* ***un contratto***, eliminarne retroattivamente gli effetti **3** decidere, deliberare, stabilire: *dopo lunghe trattative, hanno risolto di firmare una pace* **4** (*raro*) indurre, persuadere: *ci volevano gli spintoni per risolverla ad entrare* (G. VERGA) **5** (*mus.*) far passare di grado, fare la risoluzione | *r.* ***la nota***, dalla dissonanza o sim. a quella richiesta dalla sua tendenza **6** (*med.*) sciogliere, facilitare la guarigione: *r. una malattia con terapie intensive* **B v. intr.** (aus. *avere*) ● riuscire a concludere, a concretare: *è molto riflessivo, ma non sa r.* **C risòlversi v. intr. pron. 1** †sciogliersi, stemperarsi, liquefarsi: *la nebbia si è risolta in pioggia*; *le gelide vene ascose si risolvono in acqua / pura* (T. CAMPANELLA) | (*lett.*) volgere al peggio: *il tempo pareva sempre più vicino a risolversi* (A. MANZONI) **2** (*fig.*) concludersi, andare a finire in, trasformarsi (+ *in*, + *con*): *tutto si è risolto in un insuccesso*; *la discussione si è risolta con una soluzione di compromesso* | finire: *la vicenda si risolse per il meglio* | (*med.*) concludersi con esito positivo, detto di fenomeno morboso: *la polmonite si è ormai risolta* | †sciogliersi, detto di eserciti, compagnie, ecc. | †rompersi in pezzi, detto di cose **3** decidersi uscendo da perplessità, esitazioni, incertezze (+ *a*, + *di* **seguiti da inf.**): *alla fine si sono risolti a bocciarlo*; *Bisognò risolversi di andare a vedere l'ammalato* (I. SVEVO)

SFUMATURE DI SIGNIFICATO

risolvere - chiarire - appianare - sbrogliare

Venire a capo di una situazione complicata, di una controversia, o trovare soluzione a un problema, a un dubbio si dice **risolvere**. Per indicare specificamente l'azione di rendere intelligibili concetti difficili o di rendere comprensibili le proprie ragioni si usa **chiarire**. In riferimento alla soluzione di situazioni conflittuali o al superamento di difficoltà od ostacoli si usa piuttosto **appianare**. Si preferisce invece **sbrogliare** se si intende mettere l'accento sul carattere confuso, complicato della situazione risolta.

risolvìbile (o -ṣ-) [av. 1712] **agg.** ● che si può risolvere (*anche fig.*): *problema, difficoltà r.* ‖ **risolvibilità**, **s. f. inv.**

risolviménto (o -ṣ-) [1362] **s. m.** ● (*raro*) esito | soluzione

†**risomigliàre** o †**risimigliàre** [1353] **v. tr. e intr.** ● rassomigliare: *tu risomigli a la voce ben lui, / ma la figura ne par d'altra gente* (DANTE); *si ricordò di Biancifiore, a cui ... Filocolo molto risomigliava* (G. BOCCACCIO)

risommàre① [comp. di *ri-* e *sommare* ✱ av. 1704] **v. tr.** (*io risómmo*) ● sommare di nuovo

risommàre② [da *sommo*, col pref. *ri-* ✱ 1942] **v. intr.** (*io risómmo*; aus. *essere*) ● (*raro*) ritornare a galla

risommèrgere [comp. di *ri-* e *sommergere* ✱ av. 1519] **v. tr.** (**coniug. come** *sommergere*) ● sommergere di nuovo

risommèrso **part. pass.** di *risommergere*; anche **agg.** ● (*raro*) nel sign. del v.

†**risonaménto** (o -ṣ-) [sec. XIV] **s. m.** ● fragore

risonànte (o -ṣ-) **part. pres.** di *risuonare*; anche **agg.** ● (*lett.*) sonoro, rumoroso: *del r. mar lungo la riva* (V. MONTI) ‖ **risonanteménte**, **avv.** (*raro*) in modo risonante

risonànza (o -ṣ-) [vc. dotta, lat. *resonăntia(m)*, da *rĕsonans*, genit. *resonăntis* 'risonante' ✱ 1555] **s. f. 1** (*fis.*) fenomeno per cui l'ampiezza delle oscillazioni in un sistema meccanico, acustico o elettrico, sotto l'azione di forze esterne periodiche, in condizioni particolari, tende ad assumere valori eccezionalmente elevati | ***r. acustica***, quando due cor-

r

pi oscillano con frequenze uguali | ***r. meccanica***, quando la forza esterna periodica agisce su un corpo, la cui frequenza propria coincida o sia multipla di quella della forza sollecitante | ***r. elettrica***, in un circuito elettrico a corrente alternata, quando la reattanza induttiva risulta uguale alla reattanza capacitiva e quindi l'impedenza risulta minima e la corrente massima | ***cassa di r.***, (*mus.*) cassa armonica; (*fig.*) ciò che amplifica, mette in risalto, diffonde notizie, opinioni e sim.: *il congresso ha fatto da cassa di r. alle tesi del partito* | (*fis.*) ***r. magnetica nucleare***, fenomeno per cui numerosi nuclei atomici, quando si trovano in un campo magnetostatico, assorbono energia da un campo elettromagnetico a radiofrequenza in corrispondenza di certe frequenze caratteristiche; utilizzato spec. in medicina per compiere indagini diagnostiche sfruttando la risonanza di protoni presenti negli organi interni, dei quali si hanno immagini attraverso l'elaborazione tomografica computerizzata dei segnali registrati **2** effetto di eco, rimbombo: *in quel salone c'è molta r.* **3** (*fig.*) clamore, vivo interesse: *quella competizione sportiva ha suscitato una vasta r.* SIN. eco **4** (*lett., fig.*) suggestione, cadenza stilistica: *un sonetto con risonanze petrarchesche* **5** †sonorità, armoniosità, consonanza

risonàre e deriv. ➤ **risuonare** e deriv.

risonatóre (o -ṣ-) o **risuonatóre** [da *ri-s(u)onare* ✱ 1895] **A** **agg.** (**f.** *-trice*) ● (*raro, lett.*) che diffonde un suono **B** **s. m.** ● dispositivo atto a generare risonanza | ***r. acustico***, corpo cavo, che entra in risonanza per un suono di data frequenza | ***r. elettromagnetico***, che rivela le vibrazioni che hanno luogo fra due apparecchi distaccati di un oscillatore

risóne (o -ṣ-) [da *riso*③ ✱ av. 1811] **s. m.** ● riso grezzo, con granelli circondati dalla gluma e pericarpo aderente

†**risoprasalire** [comp. di *ri-*, *sopra-* e *salire* ✱ av. 1646] **v. tr.** ● risalire un'altura

†**risorbire** [comp. di *ri-* e *sorbire* ✱ sec. XVI] **v. tr.** ● sorbire di nuovo

risorgènte (o -ṣ-) **A** **part. pres.** di *risorgere*; anche **agg.** ● nei sign. del v. (*anche fig.*): *quell'amore r.* (G. Carducci) **B** **s. f.** ● risorgiva

risórgere (o -ṣ-) o **risòrgere** (o -ṣ-), †**resórgere**, †**resòrgere**, †**resùrgere**, †**risùrgere** [lat. *resŭrgere*, comp. di *re-* e *sŭrgere* 'sorgere' ✱ sec. XIII] **A** **v. intr.** (**coniug. come** *sorgere*; **aus.** *essere*) **1** sorgere di nuovo: *il sole risorgerà presto* | (*fig.*) ricomparire, ripresentarsi: *risorgono delle difficoltà* **2** risuscitare, tornare in vita (*anche fig.*): *Gesù Cristo risorse dal suo sepolcro; i morti risorgono nell'affetto e nell'immaginazione dei vivi* (F. De Sanctis) | ***r. da morte a vita***, (*fig.*) cambiare rapidamente il proprio stato in senso positivo **3** (*fig., lett.*) sollevarsi, riaversi, detto di persona: *i bambini presto si dànno giù e presto risorgono* (G. Carducci) | (*fig.*) riprendersi, rifiorire: *dovunque risorge la cultura* **4** (*lett.*) rialzarsi | (*fig.*) risollevarsi: *cadde, risorse e giacque* (A. Manzoni) **B** **v. tr.** ● †fare risorgere

risorgimentàle (o -ṣ-) [1942] **agg.** ● che concerne il Risorgimento

risorgimentìsta (o -ṣ-) [1946] **s. m. e f.** (**pl. m.** *-i*) ● studioso di storia del Risorgimento

risorgiménto (o -ṣ-) [av. 1565] **s. m.** (*Risorgiménto* **nel sign. 2**) **1** (*raro, lett.*) resurrezione: *il r. di Cristo* | (*fig.*) rinascita, ripresa: *il r. dell'artigianato, della pittura* **2** (*per anton.*) periodo storico, compreso tra la fine del XVIII sec. e il 1870, in cui si compie il processo di formazione dello Stato unitario italiano | complesso delle idee e delle vicende che caratterizzano tale periodo: *le guerre del R.; martiri del R.; storia del R.*

risorgiva (o -ṣ-) [f. sost. di *risorgivo* ✱ 1933] **s. f.** ● sorgente alimentata da una falda freatica che affiora in pianura | ***linea delle risorgive***, fascia di terreno ricca di risorgive e che segna il passaggio fra l'alta e la bassa pianura

risorgìvo (o -ṣ-) o **resorgivo** (o -ṣ-) [da *risorgere* ✱ 1940] **agg.** ● detto di acque sotterranee quando escono alla superficie

♦**risórsa** (o -riṣ- o -ò-) [fr. *ressource*, propr. part. pass. f. sost. di *ressourdre*, dal lat. *resŭrgere* 'risorgere' ✱ av. 1576] **s. f.** **1** mezzo, espediente che può venire in aiuto in caso di necessità: *sfruttò inaspettate risorse economiche; la sua intelligenza è piena di risorse* | (**al pl.**) disponibilità economiche, finanziarie: *ha dato fondo a tutte le sue risorse* | ***uomo di molte risorse***, che sa districarsi da situazioni complicate **2** insieme di mezzi di cui si dispone e che possono costituire sorgente di ricchezza: *questo podere è una grande r.; risorse minerarie, energetiche; il turismo è la principale r. delle vallate dolomitiche* | ***r. rinnovabile***, risorsa energetica la cui fonte, come il vento, il sole, le maree, non è soggetta a esaurimento | ***risorse umane***, la manodopera, il personale, l'insieme dei dipendenti: *cercasi responsabile gestione risorse umane* (calco sull'ingl. *human resources*) **3** (*inform.*) ciascuno degli elementi hardware e software che costituiscono un sistema di elaborazione

risórsi ➤ **risorgere**

risortìre [comp. di *ri-* e *sortire* ✱ 1823] **v. intr.** (*io risòrto*; **aus.** *essere*) ● (*raro*) sortire di nuovo

risórto **A** **part. pass.** di *risorgere*; anche **agg.** ● nei sign. del v. | risuscitato, rinato: *Cristo r.* | (*fig., lett.*) che si è risollevato: *la risorta nel mille itala gente* (G. Carducci) **B** **s. m.** ● (*per anton.*) *il R.*, Gesù Cristo

risospìngere [comp. di *ri-* e *sospingere* ✱ av. 1375] **v. tr.** (**coniug. come** *spingere*) **1** sospingere di nuovo **2** spingere indietro, respingere: *gli ostacoli che risospingono gli uomini dai delitti* (C. Beccaria)

risospìnto **part. pass.** di *risospingere*; anche **agg.** ● nei sign. del v. | (*lett.*) riportato: *dal dolore risospinte / a inaspettato gaudio* (V. Alfieri)

risospiràre [comp. di *ri-* e *sospirare* ✱ 1623] **A** **v. intr.** (**aus.** *avere*) ● sospirare di nuovo: *dopo aver sospirato e risospirato … don Abbondio cominciò a brontolare* (A. Manzoni) **B** **v. tr.** ● (*fig.*) desiderare di nuovo ciò che si è perduto: *r. la libertà*

risostenére [comp. di *ri-* e *sostenere* ✱ av. 1556] **v. tr.** (**coniug. come** *sostenere*) ● sostenere di nuovo

risottàta (o -ṣ-) [da *risotto*, sul modello di *spaghettata* ✱ 1888] **s. f.** ● (*colloq.*) mangiata di risotto, spec. in compagnia: *una r. estiva in piazza*

risottàto (o -ṣ-) [da *risotto* ✱ 2002] **agg.** ● (*cucina*) detto di pasta o verdura cotta direttamente nell'intingolo, nella salsa (alla maniera di un risotto): *fusilli risottati*

risotterràre [comp. di *ri-* e *sotterrare* ✱ 1340 ca.] **v. tr.** (*io risottèrro*) ● sotterrare di nuovo

risòtto (o -ṣ-) [da *riso*③ ✱ 1829] **s. m.** ● riso cotto nel brodo sino al completo assorbimento di questo, e condito in vari modi ‖ **risottino**, **dim.**

risottométtere [comp. di *ri-* e *sottomettere* ✱ av. 1604] **A** **v. tr.** (**coniug. come** *mettere*) ● sottomettere di nuovo **B** **risottométtersi** **v. intr. pron.** ● sottomettersi di nuovo | (*lett.*) sottomettersi

risovvenìre [comp. di *ri-* e *sovvenire* ✱ 1374] **A** **v. tr.** (**coniug. come** *venire*) ● (*lett.*) rifornire del necessario, soccorrere **B** **v. intr. impers.** (**aus.** *essere*) ● (*lett.*) ritornare in mente: *Di que' boschi … ti risovvenga* (I. Pindemonte) **C** **v. intr.** (**aus.** *essere*) e (*raro*) **risovvenìrsi** **v. intr. pron.** ● (*lett.*) ricordarsi: *Si risovvenne di talune parole* (G. D'Annunzio)

risovvenùto **part. pass.** di *risovvenire* ● nei sign. del v.

†**rispacciàre** [comp. di *ri-* e *spacciare* ✱ av. 1527] **v. tr.** ● rimandare indietro: *voglia … rispacciarmi subito la risposta per staffetta* (F. Guicciardini)

rispalmàre [comp. di *ri-* e *spalmare* ✱ sec. XVI] **v. tr.** ● spalmare di nuovo

rispàndere [comp. di *ri-* e *spandere* ✱ 1320 ca.] **A** **v. tr.** (**coniug. come** *spandere*) ● spandere di nuovo | (*lett., fig.*) propagare **B** **rispàndersi** **v. intr. pron.** ● spandersi di nuovo

rispànto **part. pass.** di *rispandere* ● nei sign. del v.

rispàrgere [comp. di *ri-* e *spargere* ✱ 1744] **A** **v. tr.** (**coniug. come** *spargere*) ● spargere di nuovo: *entrambi di tanta atrocità risparsero le loro favole* (G. Vico) **B** **rispàrgersi** **v. intr. pron.** ● spargersi di nuovo

†**risparmiaménto** [1268] **s. m.** ● risparmio

♦**risparmiàre** o †**rispiarmàre** [germ. *sparanjan* ✱ 1287] **A** **v. tr.** (*io rispàrmio*) **1** limitare il consumo, l'uso di qlco.: *r. la carne; r. fatica, denaro* CONTR. sprecare | (*est.*) non consumare, non spendere: *mi ha portato il plico personalmente, così ha risparmiato le spese postali* | (*assol.*) spendere meno: *questo mese bisogna r.; in quel supermercato si risparmia* | destinare una parte del reddito al risparmio (*anche assol.*): *riesco a r. cento euro al mese; risparmia pensando alla macchina nuova* | ***r. la vista, le gambe, gli occhi***, non stancarli | ***r. il fiato***, (*fig.*) evitare di parlare inutilmente: *ho capito, non sono sordo: risparmia il fiato!* | (*fig.*) ***r. tempo***, perdere meno tempo, fare più in fretta: *per r. tempo, troviamoci direttamente alla stazione* | non affaticare qlcu.: *cerca di r. tua madre* | ***non mi risparmi***, si valga pure di me | (*iron.*) evitare a qlcu. qlco. di fastidioso: *risparmiami il racconto della tua serata!; ti risparmio il seguito della vicenda* **2** non togliere, concedere: *r. la vita a qlcu.* | rispettare, salvare, graziare: *la morte non risparmia nessuno* **B** **risparmiàrsi** **v. tr. pron.** (**aus.** *essere*) ● fare a meno di qlco. o di fare qlco.; evitare qlco. di spiacevole (+ *di* **seguito da inf.**): *puoi risparmiarti le tue solite battute; si sarebbe risparmiato una figuraccia; ci risparmieremo di venire fino da te* **C** **risparmiàrsi** **v. rifl.** ● aver riguardo di sé, delle proprie condizioni fisiche o di salute: *è un atleta che non sa risparmiarsi*

risparmiàto **part. pass.** di *risparmiare*; anche **agg.** ● nei sign. del v. | avanzato, non sprecato: *è tutto tempo r.*

risparmiatóre [1618] **s. m.** (**f.** *-trice*) ● chi risparmia | chi abitualmente risparmia denaro e fa economia | chi investe i propri risparmi: *i risparmiatori si orientano verso i fondi azionari*

rispàrmio [1300 ca.] **s. m.** **1** il risparmiare: *un utile r. di fatica* | ***senza r.***, con larghezza | ***al r.***, cercando di risparmiare; (*est.*) economizzando le forze, senza impegnarsi troppo: *la squadra ha giocato al r. pensando all'impegno europeo* SIN. economia **2** quota del reddito disponibile che non viene destinata alle spese correnti e che può essere tesaurizzata o investita | (**spec. al pl.**) il denaro mes-

a b c d e f g h i j k l m n o p q r s t u v w x y z

so da parte risparmiando: *spendeva i suoi risparmi per farle regali* (G. DELEDDA) | ***r. forzoso*** o ***forzato***, la riduzione involontaria dei consumi da parte del settore privato, che si verifica in situazioni di inflazione alla quale non corrisponde un proporzionale aumento dei redditi monetari | ***r. gestito***, quello affidato dal risparmiatore, con una delega più o meno ampia, a un intermediario, quale una banca o una società di gestione, che prende le decisioni di investimento | ***r. amministrato***, quello affidato in cura e amministrazione per gli adempimenti formali a una banca, del quale il risparmiatore mantiene la responsabilità delle decisioni di investimento || **risparmiùccio**, **dim.**

SFUMATURE ➤ ***parsimonia***

rispàrmióso (o **-ṣo**) [av. 1921] **A agg.** ● (*colloq.*) che risparmia: *un ragazzo r.* | che fa risparmiare, conveniente: *un'auto risparmiosa* **B** anche **s. m.** (**f.** *-a*): *non fa certo il r.* || **risparmiosità**, **s. f. inv.**

rispàrso **part. pass.** di *rispargere* ● nei sign. del v.

rispaventàre [comp. di *ri-* e *spaventare* ✱ 1840] **A v. tr.** (*io rispavènto*) ● spaventare di nuovo **B rispaventàrsi v. intr. pron.** ● spaventarsi di nuovo

rispazzàre [comp. di *ri-* e *spazzare* ✱ sec. XV] **v. tr.** ● spazzare di nuovo

rispecchiaménto [da *rispecchiare* ✱ 1886] **s. m. 1** il rispecchiare, il rispecchiarsi, il venire rispecchiato **2** (*filos.*) teoria platonica secondo cui il mondo sensibile sarebbe il riflesso del mondo delle Idee | ***teoria del r.***, nell'estetica marxista, teoria secondo la quale l'opera d'arte rifletterebbe la realtà del momento storico in cui è prodotta

♦**rispecchiàre** [comp. di *ri-* e *specchiare* ✱ 1870] **A v. tr.** (*io rispècchio*) **1** specchiare di nuovo **2** riflettere, riverberare l'immagine: *il lago rispecchia il paesaggio* **3** (*fig.*) rendere, esprimere, rappresentare fedelmente: *parole che rispecchiano bene la situazione* **B rispecchiàrsi v. rifl.** ● specchiarsi, mirarsi di nuovo **C rispecchiàrsi v. intr. pron. 1** riflettersi: *la villa si rispecchia nel lago* **2** (*fig.*) essere l'espressione fedele di qlco.: *nelle parole del presidente si rispecchiano le opinioni della maggioranza*

rispedire [comp. di *ri-* e *spedire* ✱ 1670] **v. tr.** (*io rispedisco, tu rispedisci*) **1** spedire di nuovo: *ci hanno rispedito un costoso omaggio* **2** spedire indietro, di rimando: *gli ho rispedito la sua lettera senza aprirla*

rispedizióne [comp. di *ri-* e *spedizione* ✱ 1745] **s. f.** ● operazione del rispedire: *effettuare la r. della merce*

rispégnere (o **-é-**), (*lett.*, *tosc.*) **rispèngere** [comp. di *ri-* e *spegnere* ✱ av. 1374] **A v. tr.** (**coniug. come** *spegnere*) ● spegnere di nuovo | (*fig.*) †placare **B rispégnersi v. intr. pron.** ● spegnersi di nuovo

rispèndere [comp. di *ri-* e *spendere* ✱ 1441] **v. tr.** (**coniug. come** *spendere*) ● spendere di nuovo

rispèngere o **rispéngere** ➤ **rispegnere**

rispènto (o **-é-**) **part. pass.** di *rispegnere* ● nei sign. del v.

risperàre [sec. XIV] **v. tr. e intr.** (*io rispèro; aus. avere*) ● sperare di nuovo

†**rispèrgere** [vc. dotta, lat. *respĕrgere*, comp. di *re-* e *spărgere* ✱ av. 1375] **v. tr.** ● aspergere, bagnare

rispéso (o **-ṣo**) **part. pass.** di *rispendere* ● (*raro*) nel sign. del v.

rispettàbile [da *rispettare* ✱ 1686] **agg. 1** meritevole, degno di rispetto: *persona r.*; *il r. pubblico* | (*est.*) onesto, dabbene: *famiglia molto r.* **2** considerevole, ragguardevole: *patrimonio r.* | (*scherz.*) grosso, grande: *naso, pancia r.* | ***età r.***, avanzata || **rispettabilménte**, **avv.** || **rispettabilità**, **s. f. inv.** (V.)

rispettabilità [av. 1866] **s. f. inv.** ● condizione di ciò che è rispettabile: *la r. di un'opinione* **SIN.** apprezzabilità, dignità | caratteristica di chi è rispettabile: *la r. del nostro amico è provata* **SIN.** onorabilità, decoro

♦**rispettàre** [lat. *respectāre* 'guardar dietro, volgersi a guardare', comp. di *re-* e *spectāre* 'guardare'. V. *spettare* ✱ av. 1328] **A v. tr.** (*io rispètto*) **1** dimostrare la propria stima, circondare di rispetto, ossequio, riverenza qlcu.: *r. i genitori, i superiori, gli anziani; tutti devono r. una giovane, che piace a me* (C. GOLDONI) | ***che si rispetti***, che sia degno di rispetto; (*est.*) di buon livello, di qualità: *un dentista che si rispetti non può fare un simile errore; il mistero è fitto, come in ogni giallo che si rispetti* **2** riconoscere la dignità, il valore di qlcu. o qlco.: *r. le persone con idee diverse dalle proprie; r. le idee, le opinioni, i diritti altrui; tutti devono r. la giustizia, i beni altrui* | evitare di sciupare, di degradare: *r. i prati, i fiori; r. l'ambiente, il patrimonio artistico* | ***farsi r.***, imporre, far valere la propria volontà e autorità, farsi temere | ***r. sé stesso***, non venir meno alla propria dignità, al proprio onore | ***r. la propria firma***, (*fig.*) fare onore al proprio nome **3** osservare scrupolosamente: *r. le feste, la legge, gli ordini, la puntualità* | mantenere, adempiere: *r. una promessa, la parola data* | seguire fedelmente, senza alterazioni: *il traduttore ha rispettato le intenzioni dell'autore* | ***r. la grammatica***, seguirne le regole | ***r. un consiglio***, metterlo in pratica **B rispettàrsi v. rifl. recipr.** ● provare reciproco rispetto

rispettàto **part. pass.** di *rispettare*; anche **agg.** ● nei sign. del v. | che gode di rispetto e buona reputazione: *un dirigente stimato e r.*

†**rispettévole** [av. 1566] **agg.** ● rispettabile, ragguardevole

rispettìvo o †**respettivo** [da *rispetto* ✱ 1395] **agg. 1** concernente ciascuna delle persone o delle cose nominate: *le tue amiche e i rispettivi mariti; partirono per le rispettive città di origine* **SIN.** proprio, relativo **2** †rispettoso: *essere troppo r. coi potenti* | †cauto, prudente: *io indico bene questo, che sia meglio essere impetuoso che respettivo* (N. MACHIAVELLI) **3** †relativo: *viene ad avere ragione absoluta e non respettiva* (G. BRUNO) || **rispettivaménte**, **avv. 1** †relativamente, rispetto a: *governar se stesso rispettivamente agli altri uomini* (G. LEOPARDI) **2** in relazione a ciascuna delle persone o cose nominate: *i ragazzi che hai conosciuti sono rispettivamente mio fratello e mio cugino*

♦**rispètto** o †**respètto** [vc. dotta, lat. *respĕctu(m)*, da *respĭcere* 'guardare', comp. di *re-* e *spĕcere* 'guardare', di orig. indeur. ✱ 1250 ca.] **s. m. 1** sentimento di deferenza, stima e considerazione verso persone, princìpi o istituzioni: *nutrire un profondo r. per i propri genitori; r. verso gli anziani; avere r. per la cosa pubblica; rispetto della legalità; r. delle opinioni altrui; gode del r. di tutti* | ***parlare, trattare con r.***, in modo rispettoso, deferente | ***persona degna di r.***, stimabile, pregevole moralmente | ***maiuscola di r.***, V. *maiuscola* | (*gerg.*) ***uomo di r.***, chi è diventato potente in una organizzazione mafiosa o ne osserva le leggi | (*est.*, **spec. al pl.**) saluto deferente: *presentare a qlcu. i propri rispetti; scambiarsi convenevoli e rispetti* **SIN.** deferenza, ossequio **2** sentimento e atteggiamento di riguardo verso la dignità o il valore altrui, che ci trattiene dall'offendere, dal recare danno, o sim.: *portare r. ai propri simili; avere r. per la proprietà; avere r. per i tesori dell'archeologia* | ***mancare di r. verso qlcu.***, offenderne i diritti, i sentimenti o l'onore | (*lett.*) ***tenere in r.***, tenere in soggezione, a distanza | ***perdere il r.***, perdere la propria autorità, l'ascendente o la considerazione altrui | ***con r. parlando***, formula che attenua o scusa espressioni poco decenti o poco rispettose: *È il diavolo, con r. parlando, che l'ha mandato a casa mia* (A. MANZONI) | ***di tutto r.***, di rilevante entità: *un patrimonio di tutto r.* | (*lett.*) ***di r.***, rispettato, stimato: *Era una donna ... di r.* (R. BACCHELLI) **3** osservanza scrupolosa di un ordine, una regola, una legge e sim.: *non avere r. per le norme del galateo* | ***clausola di r.***, nel contratto di locazione, patto per cui il locatore si obbliga a tollerare che il conduttore faccia durare il contratto oltre un periodo stabilito | ***zona di r.***, area nella quale non è permesso costruire o nella quale la costruzione sia sottoposta a vincoli ben precisi **4** (*raro*) considerazione | (*lett.*) ***avendo r.***, tenendo conto, valutando: *avendo r. al tempo, al luogo, al caso, alla persona* (G. VASARI) | (*lett.*) ***r. umano***, eccessiva considerazione e timore delle opinioni altrui che può impedire di agire, decidere o esprimersi liberamente | punto di vista, verso, riguardo: *per, sotto un certo r. hai ragione; abbiamo considerato la cosa sotto tutti i rispetti, sotto ogni r.* | relazione, attinenza, paragone: *non c'è r. tra forma e materia* | ***r. a***, relativamente: *vorrei dire qualcosa r. alla tua domanda*; in confronto, in paragone a: *r. a lui il fratello è molto più giovane* | (*raro*) ***in r. a***, relativamente, proporzionalmente a | motivo, causa: *non vengo per molti rispetti* | (*raro*) cautela, precauzione: *per buon r. è meglio non farsi ricevere* **5** componimento amoroso di origine popolare, costituito da una stanza generalmente in ottava o sesta rima, diffuso spec. in Toscana: *è il volgare arcaico ... dei rispetti cantati ancora oggi nelle sagre contadine* (D. FO) **6** (*mar.*) ricambio, riserva: *pezzi, vele, ancora di r.* **7** †dilazione, tolleranza

SFUMATURE DI SIGNIFICATO

rispetto - ossequio - riverenza

Rispetto è l'atteggiamento di deferenza che si porta a una persona o a un'istituzione in ragione dei suoi meriti o, solo nel caso della persona, della sua età. **Ossequio** è una forma di rispetto profondo verso chi è considerato di grande dignità e merito. In **riverenza** l'atteggiamento di rispetto diventa così profondo da trasformarsi in soggezione e dar luogo a manifestazioni anche esteriori di ossequio.

SFUMATURE ➤ ***timore***

rispettóso (o **-ṣo**) [1527] **agg. 1** che ha rispetto, che prova e dimostra rispetto, detto di persona: *essere r. verso i superiori; r. delle leggi; genitori increduli e tuttavia rispettosi della religione* (A. FOGAZZARO) | detto di ciò che manifesta rispetto: *atteggiamento, contegno r.; parole rispettose* **SIN.** ossequioso, riguardoso, riverente **2** †cauto, circospetto | †timido || **rispettosaménte**, **avv.** in maniera rispettosa || **rispettosità**, **s. f. inv.**

rispianàre [comp. di *ri-* e *spianare* ✱ 1261 ca.] **v. tr.** ● spianare di nuovo o meglio | (*est.*) †lisciare | (*fig.*) †chiarire

†**rispianàto** [part. pass. sost. di *rispianare* ✱ av. 1348] **s. m.** ● spianata, ripiano | piano

†**rispiarmàre** ➤ **risparmiare**

rispiegàre [comp. di *ri-* e *spiegare* ✱ 1618] **v. tr.** (*io rispiègo, tu rispièghi*) **1** spiegare, distendere di nuovo: *r. un rotolo di cartone* **2** (*fig.*) dare una spiegazione più accurata, chiara, precisa

rispifferàre [comp. di *ri-* e *spifferare* ✱ 1872] **v. tr.** (*io rispìffero*) ● spifferare di nuovo | spifferare: *non fidarti di lui: va a r. tutto*

†**rispignere** ➤ **respingere**

rispigolàre [comp. di *ri-* e *spigolare*[1] ✱

1612] **v. tr.** (*io rispigolo*) ● (*lett.*) spigolare di nuovo

rispìngere [comp. di *ri-* e *spingere*① ✱ 1516] **v. tr.** (coniug. come *spingere*) **1** spingere ancora **2** †V. *respingere*

†**rispìtto** o †**respìtto** [ant. fr. *respit* 'rispetto' ✱ sec. XIII] **s. m. 1** rispetto **2** indugio **3** riposo, requie

risplendènte o †**risplendiènte** **part. pres.** di *risplendere*; **anche agg.** ● che risplende (+ *di*): *cielo r. di stelle*; *i* (...) *prati risplendenti di molti fiori* (G. Boccaccio) | (*fig.*) radioso, raggiante: *volto r. di gioia* ‖ †**risplendenteménte**, **avv.** con grande splendore

†**risplendènza** [vc. dotta, lat. tardo *resplendĕntia(m)*, da *resplĕndens*, genit. *resplendĕntis* 'risplendente' ✱ av. 1565] **s. f.** ● splendore

♦**risplèndere** [vc. dotta, lat. *resplendēre*, comp. di *re-* e *splendēre* 'splendere' ✱ 1261 ca.] **A** **v. intr.** (aus. *avere* o *essere*; coniug. come *splendere*; *rari* e *lett.* il part. pass. *risplendùto* e i tempi composti) **1** essere luminoso, brillare: *il sole risplende nel cielo* | mandare una luce forte, viva: *i lampioni risplendono nell'oscurità* | mandare un riflesso luminoso: *è una pietra che risplende* | (*est.*) brillare, sfavillare (+ *di*): *la città in festa risplendeva di mille luci e colori* **2** (*fig., spec. lett.*) rifulgere, distinguersi per qualche dote (+ *di*, *raro* + *per*): *r. di virtù*; *non è giovane, non risplende per bellezza* (G. Leopardi) **B** **v. tr.** ● †raggiare, irraggiare

†**risplendiènte** ➤ **risplendente**

†**risplendiménto** [sec. XIV] **s. m.** ● luminosità, splendore

rispogliàre [comp. di *ri-* e *spogliare* ✱ sec. XIV] **A** **v. tr.** (*io rispòglio*) ● spogliare di nuovo **B** **rispogliàrsi** **v. rifl.** ● spogliarsi di nuovo

rispolveràre [comp. di *ri-* e *spolverare*① ✱ 1940] **v. tr.** (*io rispólvero*) ● spolverare di nuovo: *r. un mobile* | (*fig.*) rinfrescare: *r. il proprio tedesco* | (*fig.*) riproporre: *rispolverava ... la satira volterriana* (R. Bacchelli)

rispolveràta [1959] **s. f. 1** azione del rispolverare in modo sommario **2** (*fig.*) riscoperta, rinfrescata: *dare una r. ai vecchi principi*

rispondènte **A** **part. pres.** di *rispondere*; **anche agg.** ● nei sign. del v. | corrispondente, conforme (+ *a*): *parole rispondenti al vero* | proporzionato, conveniente: *ornamento r. all'edificio* | adatto, adeguato: *provvedimento r. alle necessità* | (*lett.*) posto in corrispondenza: *otto archi, rispondenti a quelli delle facciate* (A. Manzoni) ‖ **rispondenteménte**, **avv.** **B** **s. m.** ● †corrispondente

rispondènza [1363] **s. f. 1** conformità, corrispondenza: *r. tra pensiero e azione*; *le tue parole non hanno r. nella realtà* SIN. accordo, armonia **2** riflesso, ripercussione di un effetto, di un'azione: *le sue parole hanno avuto r. immediata in tutti noi*

♦**rispóndere** o †**respóndere** [lat. parl. **respŏndere*, per il classico *respondēre* 'promettere, assicurare di rimando', comp. di *re-* e *spondēre* 'promettere'. V. *sposo* ✱ av. 1250] **A** **v. intr.** (pres. *io rispóndo*; pass. rem. *io rispósi*, †*rispuòsi*, *tu rispondésti*; part. pass. *rispósto*; aus. *avere*) **1** parlare o scrivere a propria volta a chi ha rivolto una domanda o ha scritto (+ *di* seguito da inf., + *che*): *r. al momento opportuno, evasivamente*; *r. al telegramma, a un'e-mail*; *r. di sì, di no*; *mi ha risposto di non preoccuparmi, che non è possibile rimandare l'incontro*; *r. accettando l'invito* | **r. a tono**, con le parole adatte o vivacemente | ricevere una chiamata telefonica (*anche assol.*): *r. al telefono*; *rispondo io!*; *non risponde nessuno* | **r. in giudizio**, presentarsi all'udienza **2** (*mus.*) cantare, suonare in correlazione di canto o di suono che precede **3** replicare vivacemente, obiettare: *r. a un superiore* | ribattere in modo insolente, maleducato: *non si risponde così alla mamma!* **4** servirsi di mezzi vari che non siano le parole per replicare a qlcu.: *mi rispose con un sorriso, con un'alzata di spalle* | reagire a un'azione altrui: *r. al tiro nemico con una scarica di mitragliatrice*; *r. alle parole con i fatti* | dare il responso, detto dell'oracolo | rimandare la voce, detto dell'eco **5** (*fig.*) esaudire, soddisfare (+ *a*): *l'esito risponde alle nostre speranze*; *la tua proposta non rispondeva ai bisogni della comunità* | (*fig.*) conformarsi, adattarsi, corrispondere: *un accessorio che non risponde allo scopo cui è destinato*; *la pena risponderà al delitto* | **r. al nome di**, chiamarsi, aver nome **6** obbedire a una sollecitazione, un impulso, un ordine: *r. a una terapia*; *i freni non rispondono*; *il cavallo risponde alla briglia* **7** essere responsabile di qlco. (+ *di*): *tutti rispondiamo delle nostre azioni*; *non rispondo di niente*; *ne risponderanno in tribunale* | **non r. più di sé stesso**, perdere il controllo, non sentirsi più responsabile delle proprie azioni | rendere conto a qlco. o qlcu. (+ *a*): *ognuno risponde alla sua coscienza* | in un'azienda, essere alle dipendenze di qlcu. (+ *a*): *risponde direttamente al direttore generale* **8** essere situato, guardare, aprirsi (+ *su*): *la veranda risponde sul giardino* **9** (*fig.*) riflettersi, ripercuotersi (+ *in*): *è un dolore che risponde in un'altra parte del corpo* **10** †rendere, detto spec. di terreno **11** †essere conforme, proporzionato **12** giocare una carta del seme già giocato da altri: *r. a picche* | giocare una carta che assecondi il gioco del compagno **13** †pagare un debito **B** **v. tr.** ● dire in risposta: *r. poche parole*; *mi ha risposto di sì, di no*; *le ha risposto che non andrà* | **r. picche**, rispondere bruscamente e negativamente o evitare di rispondere

risponderìa [da *rispondere* ✱ 2004] **s. f.** ● servizio offerto dai gestori telefonici che consente a chi chiama di ascoltare, in attesa della risposta, un motivo musicale invece del tradizionale tono di libero

†**rispondévole** [av. 1547] **agg.** ● adeguato

risponditóre [1294] **s. m. 1** (**f.** *-trice*) (*raro*) chi risponde **2** qualsiasi dispositivo per dare risposte a distanza | (*tel.*) dispositivo collegato al telefono che, in assenza della persona chiamata, risponde automaticamente con un messaggio preregistrato | **r. radar**, dispositivo che risponde al segnale di un radar emettendo a sua volta un altro segnale radar **3** †chi è responsabile di qlco.

†**responsàbile** e deriv. ➤ **responsabile** e deriv.

†**rispònso** e deriv. ➤ **responso** e deriv.

risposàre [comp. di *ri-* e *sposare* ✱ sec. XIII] **A** **v. tr.** (*io rispòso*) ● sposare di nuovo **B** **risposàrsi** **v. intr. pron.** ● sposarsi di nuovo

rispósi ➤ **rispondere**

♦**rispósta** [f. sost. di *risposto* ✱ sec. XIII] **s. f. 1** atto del rispondere: *dare, aspettare la r.* | ciò che si risponde: *la tua r. non ci soddisfa* | le parole o lo scritto con cui si risponde: *hai avuto una degna r.*; *abbiamo smarrito la r. al tuo biglietto* | **mandare in r.**, rispondere | responso: *aspettiamo la r. del medico* **2** azione che fa seguito a un'altra: *questa è la r. alle vostre provocazioni* | replica, reazione: *in certi casi la migliore r. è il silenzio* | **per tutta r.**, come reazione: *per tutta r., si è alzato e se n'è andato* **3** nella scherma, colpo vibrato subito dopo aver parato l'azione di offesa avversaria | nel tennis, colpo conseguente al servizio | **botta e r.**, (*fig.*) V. *botta*① **4** reazione a un impulso, uno stimolo di varia natura: *la r. dell'organismo a una terapia* | **r. in frequenza**, capacità di un apparecchio per la riproduzione del suono di riprodurre una determinata gamma di frequenze | **r. condizionata**, riflesso condizionato **5** (*mus.*) nella fuga, riproduzione del soggetto al tono della dominante **6** (*dir.*) **comparsa di r.**, atto processuale scritto con cui una parte citata manifesta per la prima volta quale posizione essa prende nel processo **7** †affitto, canone | †provento ‖ **rispostàccia**, pegg. (V.) | **rispostìna**, dim. | **rispostùccia**, dim.

rispostàccia [pegg. di *risposta* ✱ 1750] **s. f.** (pl. *-ce*) ● risposta dura, sgarbata, polemica: *prendersi, meritarsi una r.*

rispósto **part. pass.** di *rispondere* ● nei sign. del v.

risprangàre [comp. di *ri-* e *sprangare*① ✱ av. 1535] **v. tr.** (*io risprànɡo, tu rispràngħi*) ● sprangare di nuovo o meglio | (*tosc.*) rabberciare (*anche fig.*)

rispronàre [comp. di *ri-* e *spronare* ✱ av. 1470] **v. tr.** (*io rispróno*) ● (*lett.*) spronare ripetutamente (*anche fig.*)

rispuntàre [comp. di *ri-* e *spuntare*① ✱ 1864] **A** **v. intr.** (aus. *essere*) **1** spuntare di nuovo: *rispuntano i fiori* **2** (*fig.*) riapparire, ricomparire: *rispuntò quasi subito in fondo al viale* **B** **v. tr.** ● tagliare, accorciare di nuovo le piante

risputàre [comp. di *ri-* e *sputare* ✱ 1728] **v. intr.** e **tr.** (aus. *avere*) ● sputare di nuovo

risquadràre [comp. di *ri-* e *squadrare*① ✱ av. 1448] **v. tr.** ● osservare di nuovo | guardare più volte | (*est.*) †considerare

risquillàre [comp. di *ri-* e *squillare* ✱ av. 1660] **v. intr.** (aus. *avere*) ● squillare di nuovo, o a propria volta, di rimando

†**risquìtto** [sovrapposizione di *quiete* a *rispitto* (?) ✱ sec. XV] **s. m.** ● riposo, sollievo, pausa

rìssa [vc. dotta, lat. *rīxa(m)*, da una radice indeur. che significa 'rompere, strappare' ✱ 1308] **s. f.** ● zuffa fra due o più persone con scambio di epiteti ingiuriosi e di percosse: *il litigio finì in una r. collettiva*; *fare, attaccare, trovarsi in una r.*; *gridando alcuni che s'avea a rendere la città ed altri sostenendo che no: laonde accadevano continue risse* (L.A. Muratori) | **r. letteraria**, polemica accesa

SFUMATURE DI SIGNIFICATO

rissa - tafferuglio - parapiglia

Una zuffa fra più persone con scambi reciproci di ingiurie e percosse si definisce **rissa**. Se la rissa è particolarmente rumorosa e riguarda molte persone è pertinente l'uso di **tafferuglio**. Analogo significato ha **parapiglia**, che è una confusione improvvisa di persone vocianti che si agitano, ma che non dà necessariamente luogo a uno scontro fisico; interessante l'etimologia della parola, che è composta di *para* e *piglia*, con riferimento alle voci che si potevano sentire un tempo in una lite di persone che si scambiavano dei colpi.

SFUMATURE ➤ *zuffa*

rissaiòlo [1872] **agg.** e **s. m.** (**f.** *-a*) ● che (o chi) è incline ad attaccar rissa

rissàre [vc. dotta, lat. *rixāri*, da *rixa* 'rissa' ✱ 1313] **A** **v. intr.** (aus. *avere*) ● (*lett.*) fare rissa: *gli strilli di una cincia che rissa* (G. Pascoli) | (*est.*) azzuffarsi, questionare **B** **rissàrsi** **v. intr. pron.** ● (*lett.*) arrabbiarsi: *per poco che teco non mi risso!* (Dante *Inf.* XXX, 132)

rissatóre [vc. dotta, lat. *rixatōre(m)*, da *rixātus*, part. pass. di *rixāri* 'rissare' ✱ av. 1729] **s. m.**; **anche agg.** (**f.** *-trice*) ● (*raro*) chi (o che) partecipa a una rissa | attaccabrighe

rissòa [chiamata così in onore del naturalista G. A. *Risso* ✱ sec. XIX] **s. f.** ● genere di Molluschi gasteropodi di scogliera, a conchiglia robusta e tubercolata (*Rissoa*) | ogni individuo di tale genere

rissóso (o **-ṣo**) [vc. dotta, lat. *rixōsu(m)*, da *rīxa* 'rissa' ✱ av. 1396] **A agg.** ● detto di chi è incline alla rissa: *un individuo r.* | che è tipico di persona litigiosa, aggressiva: *atteggiamento, carattere r.* | che denota aggressività: *grida rissose*; *Dopo rissosi cinguettìi nell'aria, / le rondini lasciato hanno i veroni* (G. PASCOLI) ‖ **rissosaménte**, **avv.** ‖ **rissosità**, **s. f. inv.** caratteristica di chi (o di ciò che) è rissoso; tendenza alla rissa, al litigio: *rissosità politica* **B s. m. (f. -*a*)** ● persona rissosa

ristabiliménto [1618] **s. m.** ● il ristabilire | ripristino, ricostituzione: *il r. dell'alleanza fra due Stati* | recupero della salute, guarigione: *quella cura favorirà il suo r.* | †riammissione

ristabilìre [comp. di *ri-* e *stabilire* ✱ 1363] **A v. tr.** (*io ristabilìsco, tu ristabilìsci*) **1** stabilire di nuovo, rimettere in vigore: *hanno ristabilito l'orario estivo* | ricostituire: *r. l'ordine e la disciplina interna*; *r. il potere, l'autorità di qlcu.* | ripristinare ciò che era stato messo in discussione, falsato e sim.: *r. l'autenticità, la verità di qlco.* **2** (*raro*) rendere di nuovo sano, rimettere in salute: *il riposo lo ha completamente ristabilito* **SIN.** guarire **B ristabilìrsi v. intr. pron.** ● rimettersi in salute, riacquistare le forze: *ristabilirsi dopo una malattia, un infortunio*

ristabilìto **part. pass.** di *ristabilire*; anche **agg.** ● nei sign. del v. | che si è rimesso in salute: *Io vorrei pure sentirvi una volta r.* (V. MONTI)

ristagnaménto [da *ristagnare*① ✱ 1603] **s. m.** ● (*raro*) il ristagnare | impaludamento **SIN.** ristagno

ristagnànte **part. pres.** di *ristagnare*①; anche **agg.** ● che ristagna: *acqua r.*; *odore r.*; *economia r.*

ristagnàre① [vc. dotta, lat. *restagnāre*, comp. di *re-* e *stagnāre* 'stagnare②' ✱ 1340 ca.] **A v. intr.** (**coniug. come** *segnare*; **aus.** *avere*) **1** diventare stagnante, paludoso, detto di acque correnti: *alcuni fiumi spesso ristagnano* | (*est.*) cessare di scorrere; coagularsi: *il sangue ristagna* | (*est.*) persistere a lungo, gravare in un ambiente: *l'odore della frittura ristagnava nel locale* **2** (*fig.*) ridurre la propria attività o intensità fino quasi a fermarsi: *l'industria alberghiera ristagna* **B v. tr.** ● †far diventare stagnante | (*est.*) fermare un flusso | (*raro, fig.*) ***r. la sete***, estinguerla **C ristagnàrsi v. intr. pron.** ● fermarsi, cessare di scorrere, detto di acque correnti e spec. di altri liquidi: *Si ristagna il sangue e già i dolori / fuggono* (T. TASSO)

ristagnàre② [comp. di *ri-* e *stagnare*② ✱ 1804] **v. tr.** (**coniug. come** *segnare*) ● saldare con stagno

ristagnatùra [da *ristagnare*② ✱ 1940] **s. f.** ● operazione del saldare di nuovo con lo stagno

ristàgno [da *ristagnare*① ✱ av. 1400] **s. m.** **1** il ristagnare, detto di acque correnti o di liquidi in genere: *il r. del corso di un fiume*; *ovviare al r. del sangue* | (*raro*) luogo dove l'acqua ristagna: *c'è qualche r. d'acqua, intorno al quale si affollano le lavandaie* (E. MONTALE) **2** (*est.*) momento, fase di arresto nella crescita, nello sviluppo di un'attività, di un fenomeno e sim., spec. economico, politico e culturale **3** (*lett.*) esitazione, indugio: *C'era ... come un r., una titubazione* (A. MANZONI)

ristàllo [comp. di *ri-* e di un deriv. di *stallare*① ✱ 1983] **s. m.** ● (*zootec.*) nella loc. ***di r.***, detto di vitello ingrassato in una stalla diversa da quella in cui è stato allevato

ristàmpa [da *ristampare* ✱ 1640] **s. f.** ● nuova stampa di un'opera senza notevoli modifiche: *sollecitare la r. di un romanzo* | l'opera o l'oggetto ristampato: *la r. di quel libro di viaggi è già in commercio*; *la r. di un francobollo* | ***r. anastatica***, che riproduce opere letterarie o scientifiche divenute rare, mediante procedimento litografico **SIN.** reimpressione

ristampàbile [1872] **agg.** ● che si può ristampare

ristampàre [comp. di *ri-* e *stampare* ✱ av. 1532] **v. tr.** ● fare una nuova stampa | ripubblicare senza mutamenti sostanziali: *r. una rivista esaurita*

ristampàto **part. pass.** di *ristampare*; anche **agg.** ● nei sign. del v.

ristampatóre [av. 1751] **s. m.** (**f. -*trice***) ● chi ristampa

ristàre [variante di *restare* ✱ av. 1250] **A v. intr.** (**pres.** *io ristò, tu ristài, egli ristà*; **imperat.** *ristà* /ris'ta, -a*/ o *rista'* o *ristài*; **nelle altre forme coniug. come** *stare*; **aus.** *essere*) **1** (*lett.*) fermarsi un poco, sostare, trattenersi **2** (*fig., lett.*) cessare: *non ristava dal lamentarsi* | ***r. dal fare qlco.***, astenersi dal fare qlco. **3** †stabilirsi **4** †resistere **B ristàrsi v. intr. pron.** ● (*lett.*) †fermarsi

ristarnutìre [comp. di *ri-* e *starnutire* ✱ 1872] **v. intr.** (*io ristarnutìsco, tu ristarnutìsci*; **aus.** *avere*) ● starnutire di nuovo

ristàta [f. sost. di *ristato*, part. pass. di *ristare* ✱ sec. XIII] **s. f.** **1** colore più denso dove indugia il pennello **2** †fermata, pausa

†**ristauràre** e deriv. ➤ **restaurare** e deriv.

ristèndere [comp. di *ri-* e *stendere* ✱ 1594] **A v. tr.** (**coniug. come** *tendere*) ● stendere di nuovo **B ristèndersi v. rifl.** ● stendersi di nuovo

ristillàre [comp. di *ri-* e *stillare* ✱ av. 1519] **v. tr.** **1** †distillare nuovamente **2** (*lett.*) emanare

ristimàre [comp. di *ri-* e *stimare* ✱ 1872] **v. tr.** ● stimare di nuovo

†**ristìnguere** ➤ †**restinguere**

ristiràre [comp. di *ri-* e *stirare* ✱ 1872] **v. tr.** ● stirare di nuovo

ristobàr [comp. di *risto(rante)* e *bar* ✱ 1996] **A s. m. inv.** ● locale pubblico che offre il servizio di ristorante e di bar per spuntini o pasti veloci **B** anche in funzione di **agg. inv.** (posposto a un sost.): *carrozza ferroviaria r.*; *servizio r.*

ristoppàre [comp. di *ri-* e *stoppare*① ✱ 1313] **v. tr.** (*io ristóppo*) ● (*mar.*) richiudere con stoppa o altro

ristoppiàre [da *stoppia*, col pref. *ri-* ✱ 1395] **v. tr.** (*io ristóppio*) ● (*agric.*) seminare a grano o altro cereale un terreno non riposato, che presenta ancora la stoppia dell'anno precedente **SIN.** ringranare①

ristóppio [da *ristoppiare* ✱ 1855] **s. m.** ● (*agric.*) operazione, lavoro del ristoppiare **SIN.** ringrano

ristoraménto [1233] **s. m.** **1** (*lett.*) il ristorare | rifocillamento, ristoro: *Dare albergo e r. a' pellegrini* (D. BARTOLI) **2** †restauro, ripristino **3** (*lett.*) restaurazione politica: *la tirannide del r.* (G. MAZZINI) **4** †risarcimento, indennizzo **5** †rigenerazione, rinascita

ristorànte① **part. pres.** di *ristorare*; anche **agg.** ● (*lett., raro*) ricostituente: *una cura r.*

♦**ristorànte**② [calco sul fr. *restaurant*, a sua volta part. pres. di *restaurer* 'ristorare' ✱ 1798] **A s. m.** ● locale pubblico nel quale si consumano i pasti: *cenare al r.* ‖ **ristorantìno**, **dim.** | **ristorantùccio**, **dim.** **B** in funzione di **agg. inv.** ● (posposto a un sost.) spec. nelle loc.: ***carrozza, vagone r.***; ***albergo r.***, con servizio di ristorante

♦**ristoràre** [lat. *restaurāre* 'restaurare' (V.) ✱ 1266] **A v. tr.** (*io ristòro*) **1** dare ristoro, restituire energia (**anche assol.**): *r. il corpo stanco dal lavoro*; *non sempre il riposo ristora* | rifocillare: *r. lo stomaco dopo il viaggio* | (*fig.*) ricreare, confortare: *r. le forze* **2** †restaurare: *r. un edificio* | (*fig.*) rinnovare: *r. un'usanza* **3** †riparare, rimettere ciò che manca, riempire un vuoto | (*fig., lett.*) ricompensare, contraccambiare, rimeritare | (*fig., lett.*) risarcire, compensare danni, perdite, ecc.: *dur sorge il dì, ch'io ristorar ti possa / di lunghi tuoi per me sofferti affanni* (V. ALFIERI) **B ristoràrsi v. rifl.** **1** riposarsi, rinvigorirsi, riprendere forza: *ci ristoreremo con una bella dormita* | rifocillarsi: *ristorarsi con una minestra calda* **2** (*raro, lett.*) rifarsi di perdite, danni e sim. **C ristoràrsi v. intr. pron.** ● †rinnovarsi, riprodursi

ristoratìvo [1353] **A agg.**; anche **s. m.** ● (*raro, lett.*) detto di ciò che ha potere, forza di ristorare: *bevanda ristorativa*; *prendere un r.* **B s. m.** ● (*fig., lett.*) conforto, consolazione: *il r. delle illusioni* (R. BACCHELLI)

ristoratóre [1589] **A agg.** (**f. -*trice***) ● che ristora, rinnova: *sonno r.*; *pioggia ristoratrice* **B s. m.** **1** (**f. -*trice***) gestore di ristorante **2** (*disus.*) ristorante, spec. in una stazione ferroviaria **3** (*raro*) preparato medicinale che rinvigorisce

ristorazióne [lat. tardo *restauratiōne(m)*. V. *restaurazione* ✱ av. 1294] **s. f.** **1** settore commerciale che si occupa delle attività legate alla produzione e alla distribuzione di pasti nei pubblici esercizi | ***r. collettiva***, produzione su scala industriale di pasti da distribuire alle collettività (scuole, aziende, ecc.) | ***r. rapida***, il settore che produce fast food **2** †riparazione, restaurazione | compenso | risarcimento

ristornàre [comp. di *ri-* e *stornare* ✱ 1872] **A v. intr.** (*io ristórno*; **aus.** *essere*) ● (*tosc.*) tornare, rimbalzare indietro **B v. tr.** **1** (*econ.*) stornare di nuovo **2** (*econ.*) effettuare un ristorno

ristórno [da *ristornare* ✱ 1872] **s. m.** **1** (*tosc.*) rimbalzo **2** (*econ.*) sconto che un venditore offre a un cliente qualora i suoi acquisti raggiungano un determinato importo nell'arco di un certo periodo di tempo

ristòro [1308] **s. m.** **1** sollievo, conforto, recupero di energia e vigore: *cercare, dare r. a qlcu.*; *trovare r. dalla fatica nel sonno* | ciò che ristora fisicamente o spiritualmente: *questa bevanda è un ottimo r.*; *Qualche r. a questo cor desio* (P. METASTASIO) **2** †risarcimento, compenso | (*lett.*) ***per r.***, (*iron.*) per giunta **3** †rifacimento, restauro

ristrappàre [comp. di *ri-* e *strappare* ✱ 1872] **v. tr.** ● strappare di nuovo

ristrettézza [av. 1320] **s. f.** **1** scarsità di spazio, strettezza: *la r. del luogo non consente molto movimento* **2** (*fig.*) limitatezza, scarsità: *c'è una grande r. di denaro* | (**spec. al pl.**) condizione che impone privazioni per l'insufficienza di cose necessarie: *vivere in grandi ristrettezze* **3** (*fig.*) meschinità, grettezza: *r. d'idee, di cuore*

†**ristrettìva** [f. sost. di *ristrettivo* ✱ av. 1635] **s. f.** **1** restrizione, limitazione **2** cifra, abbreviazione, sigla

ristrettìvo [da *ristretto* ✱ av. 1577] **agg.** ● (*raro*) restrittivo ‖ **ristrettivaménte**, **avv.** (*raro*) restrittivamente

ristrétto **A** **part. pass.** di †*ristringere* e *restringere*; anche **agg.** **1** nei sign. del v. | stretto, angusto, dallo spazio insufficiente: *vivere in un appartamento r.* | limitato, ridotto, scarso: *un r. numero di inviti*; *una ristretta cerchia di conoscenti* | ***pranzo, ricevimento r.***, riservato a pochi intimi | ***mezzi ristretti***, ridotti, insufficienti a vivere comodamente | (*lett., raro*) ***vita ristretta***, senza agi e comodità | ***mercato r.***, V. *mercato* nel sign. 2

r

2 racchiuso, serrato: *paese r. tra alti monti* | (*raro*) rinchiuso: *persone ristrette in carcere* **3** (*fig.*) specifico, proprio, circoscritto: *significato, uso r. di una parola* CONTR. esteso **4** (*lett.*) così vicino da toccare chi è accanto: *ristrette, / vennon sì verso me le giovinette* (F. SACCHETTI) | †***combattere a r.***, a corpo a corpo **5** condensato, concentrato: *brodo r.*; *caffè r.* | ridotto di volume: *sugo r.* | (*fig.*) riassunto: *romanzo r. in poche pagine* | (*raro*) ***in r.***, sommariamente, riassumendo **6** (*fig.*) gretto, meschino: *mente ristretta*; *giudizi ristretti* **7** (*raro*) detenuto, prigioniero ‖ **ristrettaménte**, avv. in modo ristretto (*anche fig.*) **B** s. m. **1** (*lett.*) riassunto, compendio: *pubblicare il r. di un'opera famosa* | (*lett.*) sintesi, essenza **2** (*econ.*) mercato ristretto, mercatino **3** †piccolo crocchio, gruppo chiuso di persone

†**ristrignere** ➤ **restringere**

†**ristringere** ① ➤ **restringere**

ristringere ② [comp. di *ri-* e *stringere* ✱ 1268] **A** v. tr. (coniug. come *stringere*) **1** stringere di nuovo | (*lett.*) anche in forma pron.: *poi tutto al petto si ristringe el figlio* (A. POLIZIANO) **2** (*raro* o *tosc.*) restringere: *r. un intingolo*; *r. un abito* **B** **ristringersi** v. intr. pron. **1** (*raro* o *tosc.*) restringersi **2** (*raro, lett.*) avvicinarsi, farsi accanto a qlcu.

ristringiménto [da *ristringere* ✱av. 1320] s. m. ● restringimento

ristrutturàbile [1987] agg. ● che si può ristrutturare

ristrutturànte **A** part. pres. di *ristrutturare*; anche agg. ● che rinvigorisce, che rigenera: *una crema ad azione r.* | detto di cosmetico che ricostituisce la struttura della pelle o dei capelli **B** s. m. ● cosmetico ristrutturante

ristrutturàre [comp. di *ri-* e *strutturare* ✱ 1963] v. tr. **1** dare una nuova struttura, spec. con riferimento ad aziende e industrie, mediante riorganizzazione e revisione di ruoli, costi e sistemi lavorativi e di produzione **2** (*edil.*) eseguire opere di restauro e di ripristino di edifici intervenendo sulle strutture murarie e sugli impianti, a scopo di recupero, mantenimento e rivalutazione economica dell'edificio stesso: *r. un antico casale*
SFUMATURE ➤ *modificare*

ristrutturàto part. pass. di *ristrutturare*; anche agg. ● nei sign. del v.: *vendesi mansarda completamente ristrutturata*

ristrutturazióne [1873] s. f. ● insieme di operazioni volte a ristrutturare spec. aziende e industrie | (*dir.*) ***accordo di r.***, concluso fra un imprenditore in stato di crisi e i terzi che rappresentano almeno il sessanta per cento dei crediti per il pagamento degli stessi in misura o con modalità diverse da quelle originariamente pattuite | opera di restauro e ripristino di edifici

ristuccaménto [av. 1604] s. m. **1** (*raro*) il ristuccare **2** (*fig., lett.*) nausea, noia

ristuccàre ① [comp. di *ri-* e *stuccare*② ✱sec. XV] v. tr. (*io ristùcco, tu ristùcchi*) ● stuccare di nuovo, ridare lo stucco: *r. la finestra*

ristuccàre ② [comp. di *ri-* e *stuccare*② ✱av. 1388] v. tr. (*io ristùcco, tu ristùcchi*) ● (*raro*) saziare fino alla nausea | (*fig.*) annoiare

ristuccatùra [1872] s. f. ● operazione del ristuccare | l'opera ristuccata

ristucchévole [comp. di *ri-* e *stucchevole* ✱ 1597] agg. ● (*raro*) che nausea | (*fig.*) fastidioso SIN. stucchevole

ristùcco [da *ristuccare* ✱sec. XIII] agg. (pl. m. *-chi*) ● sazio fino alla nausea: *siamo stucchi e ristucchi di questi minestroni* (C. GOLDONI) | (*fig.*) stufo, infastidito

ristudiàre [comp. di *ri-* e *studiare* ✱ 1600] v. tr. (*io ristùdio*) ● studiare di nuovo o meglio

ristupìre [comp. di *ri-* e *stupire* ✱av. 1636] **A** v. tr. (*io ristupisco, tu ristupìsci*) ● stupire di nuovo **B** **ristupìrsi** v. intr. pron. ● stupirsi di nuovo: *vi esorterei a ristupirvi ..., e poi a tacere, come disperato di poter mai trovar concetti di quella sorte* (G. GALILEI)

ristuzzicàre [comp. di *ri-* e *stuzzicare* ✱av. 1694] v. tr. (*io ristùzzico, tu ristùzzichi*) ● stuzzicare di nuovo

risucchiàre [comp. di *ri-* e *succhiare* ✱ 1861] v. tr. (*io risùcchio*) **1** succhiare di nuovo **2** attirare in un risucchio | (*fig.*) attirare, coinvolgere, trascinare | (*lett.*) anche nella forma pron. (con valore intens.) **risucchiàrsi**, assorbire, aspirare: *riuscì a risucchiarsi le ultime lagrime dal naso* (L. PIRANDELLO)

risùcchio [da *risucchiare* ✱ 1804] s. m. ● vortice provocato da incontro di correnti, dal moto delle eliche, da una nave che affonda | ***r. d'aria***, aspirazione prodotta da una zona d'aria in depressione

risudàre [vc. dotta, lat. *resudāre*, comp. di *re-* e *sudāre* ✱sec. XIV] v. intr. (aus. *avere*) **1** sudare di nuovo **2** †trasudare

risuggellàre [comp. di *ri-* e *suggellare* ✱sec. XV] v. tr. (*io risuggèllo*) ● suggellare di nuovo | (*fig.*) riconfermare, riaffermare

risùlta (o -ṣ-) [deriv. di *risultare* ✱ 1959] s. f. ● (*tecnol.*) nella loc. agg. ***di r.***, detto di materiali o acque residuati da lavori di scavo, demolizione e sim., di processi di lavorazione di materie prime o di processi di depurazione delle acque; (*fig.*) residuo, restante: *un libro fatto di testi di r.*

risultàbile (o -ṣ-) o (*raro*) **resultàbile** (o -ṣ-) [av. 1799] agg. ● che può risultare

risultaménto (o -ṣ-) [1612] s. m. ● (*raro, lett.*) conseguenza, esito, risultato

risultànte (o -ṣ-) o (*raro*) **resultànte** (o -ṣ-) **A** part. pres. di *risultare*; anche agg. ● che deriva: *l'effetto r.* **B** s. m. e f. ● (*fis.*) forza la cui azione equivale a quella del sistema di forze date | ***r. di due equazioni algebriche***, polinomio che si annulla se e solo se queste hanno una radice comune **C** s. f. ● (*fig.*) risultato, esito di una serie di fatti, azioni, operazioni, ecc.: *quella evoluzione ... che è la r. d'infinite forze* (A. FOGAZZARO)

risultànza (o -ṣ-) o (*raro*) **resultànza** (o -ṣ-) [da *risultante* ✱ 1671] s. f. **1** (*lett.*) esito, risultato, conseguenza: *Molte furono le battaglie, poche le risultanze* (U. FOSCOLO) **2** (*burocr.*, spec. al pl.) risultato, esito: *le risultanze dell'inchiesta ministeriale saranno pubblicate presto*
SFUMATURE ➤ *risultato*

♦**risultàre** (o -ṣ-) o (*raro*) **resultàre** (o -ṣ-) [vc. dotta, lat. *resultāre*, comp. di *re-* e *saltāre* ✱ 1282] v. intr. (aus. *essere*) **1** derivare come conseguenza da una causa, un fatto o una determinata condizione: *dal loro disaccordo risulteranno molti danni*; *questo composto risulta dalla mescolanza di vari elementi* **2** scaturire come conclusione definitiva da indagini, ricerche e sim.: *la sua colpevolezza risulta da tutte le testimonianze* | (*assol.*) constare, essere noto, accertato (+ *che* seguito da congtv.): *non mi risulta che sia partito* | constare (+ inf.); *il fermato non risulta avere precedenti penali* **3** (*est.*) rivelarsi, dimostrarsi: *le vostre preoccupazioni risultano infondate* | riuscire: *è risultato eletto fra molti candidati* **4** †rimbalzare, echeggiare, detto di voci, rumori e sim. **5** †risaltare, sporgere in fuori

risultatìvo (o -ṣ-) [da *risultato*, sul modello del fr. *résultatif* ✱ 1983] agg. **1** che contiene o esprime un risultato **2** (*ling.*) detto di verbi e di aspetto verbale che esprimono uno stato presente risultante da azione passata (come *io so*, che risulta da *ho appreso*) ‖ **risultativaménte**, avv.

♦**risultàto** (o -ṣ-) o (*raro*) **resultàto** (o -ṣ-) **A** part. pass. di *risultare* ● nei sign. del v. | derivato come conseguenza **B** s. m. ● ciò che rappresenta l'esito, l'effetto, la conseguenza di cause, operazioni, attività varie: *il r. di un'indagine*; *il r. delle elezioni* | (*mat.*) il numero o la formula che si ottengono al termine di un'operazione o di un problema: *il r. di una divisione* | punteggio di un incontro sportivo: *il r. parziale, finale, di una partita* | ***fare r.***, (*gerg.*) ottenere un risultato utile ai fini della classifica (cioè almeno un pareggio) | (spec. al pl.) esito, conclusione di un'attività, ciò che si è ottenuto: *essere, non essere, soddisfatto dei risultati*; *il lavoro fatto ha dato ottimi risultati*

SFUMATURE DI SIGNIFICATO

risultato - effetto - risultanza - riuscita
Risultato è ciò che risulta, deriva da un'azione, un'iniziativa, un fatto. **Effetto** ha lo stesso significato, ma mette l'accento sul processo causale che è all'origine del risultato. **Risultanza** è equivalente di *risultato* nel linguaggio burocratico. Anche **riuscita** indica l'esito di qualcosa, ed è per lo più usato in accezione positiva, per indicare un risultato soddisfacente per chi l'ha prodotto.

risuolàre o **risolàre** [comp. di *ri-* e *s(u)olare* ✱ 1353] v. tr. (*io risuòlo, pop. risòlo*; coniug. come *suolare*) ● rimettere nuove suole alle calzature

risuolatùra o **risolatùra** [1312] s. f. ● operazione del risuolare | nuova suola che sostituisce quella consumata

risuolifìcio [1993] s. m. ● locale attrezzato per il servizio di risuolatura automatica delle calzature

♦**risuonàre** o **risonàre** [vc. dotta, lat. *resonāre*, comp. di *re-* e *sonāre* 'suonare' ✱av. 1292] **A** v. tr. (*io risuòno*; coniug. come *suonare*) **1** suonare di nuovo: *r. uno strumento* **2** †intonare, cantare, fare echeggiare (*anche fig.*): *r. un canto, un sospiro* | proferire | (*lett.*) esprimere poeticamente **B** v. intr. (aus. *essere* o *avere*) **1** suonare di nuovo: *il campanello ha* (o *è*) *risuonato* **2** mandare un suono lungo e cupo, detto di corpi percossi: *la parete, battuta con un bastone, risuonò a lungo* | produrre risonanza ampliando e facendo riecheggiare i suoni: *è una sala che risuona troppo* SIN. rimbombare **3** echeggiare, diffondersi, detto di suoni: *né mai quel canto risonò più forte / e più soave* (G. PASCOLI) | (*fig.*) riecheggiare, ritornare: *mi risuonano alla mente le sue raccomandazioni*

risuonatóre ➤ **risonatore**

risupplicàre [comp. di *ri-* e *supplicare* ✱av. 1552] v. tr. (*io risùpplico, tu risùpplichi*) ● supplicare di nuovo

†**risùrgere** ➤ **risorgere**

†**Risurrèsso** ➤ **Resurressi**

risurrezióne (o -ṣ-) ➤ **resurrezione**

risuscitaménto [sec. XIV] s. m. ● (*raro, lett.*) risurrezione | (*fig.*) rinascita

risuscitàre o **resuscitàre** [vc. dotta, lat. *resuscitāre*, comp. di *re-* e *suscitāre* ✱ 1268] **A** v. tr. (*io risùscito*) **1** richiamare in vita: *r. un morto*; *r. dal sepolcro* | ***r. qlcu. da morte a vita***, (*fig.*) sollevarlo da gravi preoccupazioni o tormenti **2** (*fig.*) rimettere in uso, riproporre, rinnovare: *r. un'usanza, un vocabolo, una moda, un'istituzione* | (*fig.*) suscitare di nuovo, far risorgere, riaccendere: *r. le speranze* **B** v. intr. (aus. *essere*) **1** ritornare in vita: *Cristo risuscitò il terzo giorno* SIN. risorgere **2** (*iperb.*) riprendersi nel fisico o nel morale: *con il riposo risusciterai* | (*iperb.*) ***bevanda, cibo che fa r.***, che ritempra, rinvigorisce

risuscitàto part. pass. di *risuscitare*; anche agg. **1** ritornato in vita **2** (*fig.*) ***morto r.***, persona che riappare inaspettata, dopo una lunga assenza, o scampata da grave pericolo

risuscitatóre [vc. dotta, lat. tardo *resuscitatōre(m)*, da *resuscitātus* 'risuscitato' ✱ sec. XIV] **s. m. (f. -*trice*); anche agg.** ● (*lett.*) chi (o che) risuscita (*anche fig.*): *r. di morti*; *r. di memorie, di discordie*; *padre e r. d'una città memorabile* (F. Guicciardini)

risuscitazióne [vc. dotta, lat. tardo *resuscitatiōne(m)*, da *resuscitātus* 'risuscitato' ✱ av. 1342] **s. f.** ● (*lett.*) risurrezione

risvegliaménto [1505] **s. m.** ● (*lett.*) risveglio (*anche fig.*)

♦**risvegliàre** [comp. di *ri-* e *svegliare* ✱ 1250 ca.] **A v. tr.** (*io risvéglio*) **1** svegliare, ridestare: *r. qlcu. dal sonno a mattina inoltrata* **2** (*fig.*) scuotere, riscuotere spec. richiamando all'azione: *r. i pigri, gli illusi* | (*fig.*) riaccendere, ravvivare, rieccitare: *r. la memoria*; *r. l'odio, la discordia, la gelosia* | (*fig.*) stimolare: *r. il gusto, l'appetito, l'interesse* **B risvegliàrsi v. intr. pron. 1** svegliarsi, svegliarsi di nuovo dal sonno: *ci siamo risvegliati di buon'ora*; *risvegliarsi da un brutto sogno*; *risvegliarsi dal letargo* **SIN.** ridestarsi | riprendere conoscenza: *risvegliarsi dall'anestesia, dal coma* **2** (*fig.*) riscuotersi dall'inerzia morale o intellettuale **SIN.** ridestarsi **3** (*fig.*) riprendere la propria attività: *il vulcano si è risvegliato* **4** (*fig.*) rinascere, riaccendersi: *Si risvegliò in lui quel ricordo* (G. D'Annunzio)

risvegliàto part. pass. di *risvegliare*; **anche agg.** ● nei sign. del v. | (*fig.*) richiamato: *seguendo il filo dei pensieri risvegliati dal canto degli uccelli* (I. Calvino)

♦**risvéglio** [1640] **s. m. 1** il risvegliarsi dal sonno: *lo scoppio ha causato il r. di tutti*; *il r., pensa il r., noi due soli in tanto / squallore* (U. Saba) | il momento in cui avviene il risveglio: *ci vedremo al tuo r.* | (*fig.*) ritorno alla realtà: *un brusco, un amaro r. dopo le illusioni* **2** (*est.*) ripresa: *il r. della primavera* | (*fig.*) ritorno all'attività, all'operosità: *favorire il r. dell'industria* | (*fig.*) rinnovamento, rinascita: *il r. delle coscienze, degli studi*

risvenìre [comp. di *ri-* e *svenire* ✱ av. 1742] **v. intr.** (**coniug. come** *venire*; **aus.** *essere*) ● svenire di nuovo

risvòlta [da *risvoltare* ✱ av. 1616] **s. f. 1** (*raro*) svolta, voltata | controcurva **2** risvolto di giacca o mantello **3** †parte incurvata, piegata di qlco.

risvoltàre① [comp. di *ri-* e *svoltare*① ✱ 1887] **v. tr.** (*io risvòlto*) ● (*raro*) svolgere di nuovo qlco. che era arrotolato | rivoltare

risvoltàre② [comp. di *ri-* e *svoltare*② ✱ 1872] **v. intr. e tr.** (*io risvòlto*; **aus.** *avere*) ● svoltare di nuovo: *r. a destra*; *tornò indietro e risvoltò l'angolo*

risvòlto [da *risvoltare* ✱ 1858] **s. m. 1** parte di indumento femminile o maschile rovesciato in fuori: *i risvolti della giacca*; *pantaloni con i risvolti*; *tasca con r.* **2** (*edit.*) parte della sopraccoperta di un libro ripiegata all'interno **SIN.** aletta, bandella | (*est.*) il testo che vi è stampato, contenente spec. indicazioni sull'opera, sull'autore e notizie pubblicitarie **3** (*fig.*) aspetto, conseguenza, riflesso secondario ma non trascurabile di un fatto, di un fenomeno o di un problema: *esaminare i risvolti culturali, politici, economici di una situazione* **4** (*edil.*) struttura muraria secondaria che continua i motivi e le funzioni di quella principale ‖ **risvoltìno, dim.** | **risvoltóne, accr.**

♦**ritagliàre** [comp. di *ri-* e *tagliare* ✱ av. 1292] **A v. tr.** (*io ritàglio*) **1** tagliare di nuovo **2** tagliare seguendo le linee esterne che chiudono un disegno o altro: *r. un'immagine, una fotografia, un articolo* | (*fig.*) isolare, circoscrivere: *Il poeta ha ritagliato una sua società di lettori ideali all'interno del mondo dei lettori* (I. Calvino) | (*fig.*) ricavare, riservare **3** †limare in modo fraudolento una moneta metallica **SIN.** tosare nel sign. 6 **B ritagliàrsi v. tr. pron.** (**aus.** *essere*) ● (*fig.*) riservare per sé: *nel corso della settimana cerca di ritagliarsi alcune ore per l'attività fisica* | (*fig.*) ***ritagliarsi uno spazio***, creare un ambito personale, costruirsi un ruolo specifico all'interno di un'attività **C ritagliàrsi v. intr. pron.** ● (*lett.*, *raro*) stagliarsi, spiccare: *Azzurra in cielo si ritaglia / ogni cresta dei monti* (G. Pascoli)

ritagliatóre [av. 1400] **s. m.** (**f.** -*trice*) **1** (*raro*) chi ritaglia **2** †venditore di stoffe in tagli

†**ritaglière** [da *ritaglio* ✱ 1337] **s. m.** ● venditore di stoffe al minuto

ritàglio [da *ritagliare* ✱ 1353] **s. m. 1** ciò che si toglie ritagliando: *ritagli di giornale* **2** †la parte ritagliata da un tessuto; scampolo | ***vendere a r.***, al minuto **3** resto, scarto di stoffa, carta o sim. che avanza dopo che è stato tagliato ciò che serve | (*fig.*) ***r. di tempo***, breve periodo che si riesce a sottrarre al lavoro o ad altre attività **SIN.** avanzo ‖ **ritagliétto, dim.** | **ritaglìno, dim.**

ritàno ➤ **rittano**

ritappàre [comp. di *ri-* e *tappare* ✱ 1840] **A v. tr.** ● tappare di nuovo **B ritappàrsi v. rifl.** ● chiudersi di nuovo spec. in casa propria

ritardàbile [1872] **agg.** ● che si può ritardare: *pubblicazione, termine r.* **SIN.** differibile, rimandabile

ritardaménto [1451 ca.] **s. m.** ● (*lett.*) indugio, ritardo | rallentamento

ritardàndo [da *ritardare* ✱ 1954] **s. m. inv.** ● (*mus.*) rallentando **CONTR.** accelerando

ritardànte [1983] **part. pres.** di *ritardare*; **anche agg.** ● che ritarda, che rallenta: *effetto r.*

†**ritardànza** [sec. XV] **s. f.** ● ritardo, indugio | rallentamento

♦**ritardàre** [vc. dotta, lat. *retardāre*, comp. di *re-* e *tardāre* ✱ 1282] **A v. intr.** (**aus.** *avere*) **1** tardare a giungere: *la posta ritarda* | essere in ritardo: *oggi il bus ritarda notevolmente*; *il treno ha ritardato di venti minuti* | essere indietro, detto dell'orologio **2** fare o terminare qlco. oltre il tempo fissato o opportuno (+ *a*, + *in*, **spec. seguiti da inf.**): *ho dovuto r. a consegnarvi il denaro* (A. Palazzeschi) **SIN.** tardare **B v. tr.** ● rallentare: *r. il moto* | rimandare, differire: *r. il pagamento, la consegna* | (*mus.*) ***r. una nota***, eseguirla con ritardo, prolungandone l'effetto nell'accordo successivo

ritardatàrio [da *ritardato* ✱ 1848] **s. m.** (**f.** -*ia*); **anche agg. 1** chi (o che) non è puntuale o arriva in ritardo: *i ritardatari non saranno ammessi al lavoro*; *viaggiatori ritardatari* **2** chi (o che) indugia a fare qlco.

ritardàto A part. pass. di *ritardare*; **anche agg. 1** nei sign. del v. | che avviene in ritardo: *inizio r.* | ***a scoppio r.***, V. *scoppio* nel sign. 1 | rallentato: *moto r.* **2** che presenta ritardo mentale **3** (*mus.*) rallentando **B s. m.** (**f.** -*a*) ● (*psicol.*) ***r. mentale***, (*ellitt.*) ***ritardato***, chi presenta ritardo mentale

ritardatóre [1481] **s. m. 1** (**f.** -*trice*) (*raro*) chi provoca un ritardo o un rallentamento **2** sostanza o dispositivo che rallentano un'azione, una reazione, un moto e sim.

ritardazióne [vc. dotta, lat. *retardatiōne(m)*, da *retardātus* 'ritardato' ✱ 1521] **s. f. 1** †rallentamento **2** (*lett.*) ritardo | (*lett.*) divagazione

ritardìssimo [da *ritardo* col suff. *-issimo* dei superl. ✱ 1986] **s. m.** ● (*colloq.*) grande ritardo, spec. nella loc. ***in ritardissimo***: *scusa, non posso fermarmi a parlare con te, sono in r.*

ritardìsta [da *ritardo* ✱ 1983] **s. m. e f.** (**pl. m.** -*i*) ● (*sport*) paracadutista esperto nella tecnica di protrarre al massimo il momento di apertura del paracadute durante un lancio

♦**ritàrdo** [av. 1492] **A s. m. 1** superamento del termine stabilito od opportuno; il periodo di tempo in cui tale termine viene superato: *il r. di un treno*; *il r. della posta continua*; *il tuo r. non è scusabile*; *giungere in r.*; *un r. di mezz'ora*; *il treno sta recuperando il r.*; *scusa il r.*; *Luigi arriva sempre in r.*; *quest'anno la primavera è in r.* **2** indugio: *datevi da fare senza r.* **3** (*mus.*) prolungazione dell'effetto di una nota nell'accordo successivo **4** (*psicol.*) ***r. mentale***, condizione di deficit intellettivo che può essere superato con un recupero più o meno lento fino alla normalità **B in funzione di agg. inv.** ● (posposto al sost.) (*farm.*) ***effetto r.***, quello di un farmaco che viene assorbito lentamente esplicando la sua azione in modo graduale e prolungato

ritassàre [comp. di *ri-* e *tassare* ✱ 1872] **v. tr.** ● tassare di nuovo

ritassazióne [comp. di *ri-* e *tassazione* ✱ 1872] **s. f.** ● nuova tassazione

ritastàre [comp. di *ri-* e *tastare* ✱ av. 1389] **v. tr.** ● tastare di nuovo o più volte

†**ritégna** [av. 1388] **s. f. 1** sostegno, appoggio **2** esitazione, ritegno

ritégno [da *ritenere* ✱ av. 1294] **s. m. 1** freno che consente di controllare impulsi, passioni, sentimenti: *non avere r.*; *perdere ogni r.*; *senza alcun r. ... spogliatasi, se n'entrò nel letto* (G. Boccaccio) | riserbo, riguardo: *non abbiamo r. a dirti ciò che pensiamo* | misura, discrezione, controllo: *approfitta della nostra casa senza r.*; *spendere con r.*; *il r. di chi sa fin dall'inizio che il suo tema è disperato* (P. Levi) **2** †argine | †chiusura: *un r. di mattoni* **3** (*fig.*) †ostacolo, impedimento **4** †sostegno, appoggio | (*fig.*) †aiuto: *O de le mie fatiche alto r.* (G. Stampa)

†**ritemènza** [comp. di *ri-* e †*temenza* ✱ av. 1250] **s. f.** ● timore, paura

ritemére [comp. di *ri-* e *temere* ✱ 1266] **A v. tr.** (*io ritémo* o *ritèmo*) **1** temere di nuovo (*anche assol.*) **2** †temere fortemente **B ritemérsi v. intr. pron.** ● †peritarsi, vergognarsi

♦**ritempràre** o (*raro*) **ritemperàre** [comp. di *ri-* e *temprare* ✱ 1300 ca.] **A v. tr.** (*io ritèmpro*) **1** ridare la tempra **2** (*fig.*) rafforzare, rinvigorire: *r. le forze, il carattere* **B ritempràrsi v. rifl.** ● (*fig.*) riprendere vigore, forza: *ritemprarsi dalle fatiche*; *è andata a ritemprarsi in montagna*

ritèndere [comp. di *ri-* e *tendere* ✱ 1313] **v. tr.** (**coniug. come** *tendere*) ● tendere di nuovo

ritenèndo [sec. XX] **s. m. inv.** ● (*mus.*) ritenuto

†**ritenènza** ➤ †**retinenza**

♦**ritenére** [vc. dotta, lat. *retinēre*, comp. di *re-* e *tenēre* ✱ 1211] **A v. tr.** (**coniug. come** *tenere*) **1** (*raro*) tenere di nuovo | (*lett.*) trattenere, contenere, arrestare, fermare: *r. le lacrime*; *non poter r. la piena* | (*fig.*, *lett.*) frenare, reprimere, controllare: *r. le ingiurie*; *r. il desiderio di partire* **2** (*fig.*) ricordare: *r. a memoria una lunga poesia* | †conservare, mantenere: *r. un segreto* **3** trattenere una parte di una somma dovuta a qlcu.: *mi hanno ritenuto il cinque per cento* **4** credere, giudicare, pensare (+ *che* **seguito da congtv. o fut.**; + *di* **seguito da inf.**): *ritengo che abbia ragione*; *ritengo di aver agito per il meglio* | stimare, reputare (seguito da un compl. predicativo dell'oggetto): *lo ritengo onesto*; *la ritengo un'ottima insegnante* **5** (*mus.*) ritenuto **6** †possedere, avere **7** †accettare, accogliere: *r. costumi, usanze* **8** †ospitare, albergare | †detenere, tenere prigioniero **B rite-**

nérsi v. rifl. **1** stimarsi, considerarsi (seguito da un compl. predicativo del soggetto): *si ritiene un buon conoscitore della musica* **2** (*lett.*) trattenersi, frenarsi dal fare qlco. **C** **ritenérsi** v. intr. pron. ● †fermarsi in un luogo | †trattenersi con qlcu.: *usava molto nella casa di messer Lizio e molto con lui si riteneva* (G. Boccaccio)

†**riteniménto** [sec. XIII] s. m. ● il trattenere | (*med.*) ritenzione

†**ritenitiva** ▸ **ritentiva**

ritenitivo [da *ritenere* ✱ av. 1406] agg. ● (*raro*) ritentivo

ritenitóre [1336 ca.] **A** s. m. (f. *-trice*) **1** (*raro*) chi trattiene **2** †manutengolo, complice **B** agg. ● (*raro*) che trattiene: *facoltà ritenitrice*

ritentàre [vc. dotta, lat. *retemptāre*, comp. di *re-* e *temptāre* 'tentare' ✱ 1338 ca.] v. tr. (*io ritènto*) **1** tentare di nuovo (*anche assol.*): *r. l'impresa*; *ritentai di afferrare la presa*; *tentare e r.* SIN. riprovare **2** indurre di nuovo in tentazione

†**ritentire** ▸ †**retentire**

ritentiva o (*raro*) **retentiva**, †**ritenitiva** [f. sost. di *ritentivo* ✱ 1319] s. f. ● (*lett.*) memoria

ritentivo o **retentivo** [dal lat. *retĕntus*, part. pass. di *retinēre* 'ritenere' ✱ av. 1294] agg. ● (*raro*) atto a trattenere | che fa ricordare: *capacità ritentiva* ‖ **ritentività**, s. f. inv. (*raro*) capacità della memoria di trattenere o di richiamare i ricordi

ritenùta [f. sost. di *ritenuto* ✱ 1510] s. f. **1** (*raro*) sbarramento, argine, riparo **2** detrazione da un importo che si paga: *r. d'imposta a garanzia, cautelare* | ***r. diretta***, che lo Stato trattiene a titolo d'imposta quando corrisponde un reddito | ***r. alla fonte***, che il datore di lavoro e sim. opera su compensi o altre erogazioni a titolo di imposta sul reddito | ***r. d'acconto***, che andrà in conto dell'imposta dovuta dal percipiente **3** (*mar.*) cima usata per impedire il movimento di un oggetto a bordo: *r. del boma*

ritenutézza [da *ritenuto* ✱ av. 1686] s. f. ● (*lett.*) riserbo, riguardo, ritegno nel parlare, nell'agire, e sim. | (*lett.*) verecondia: *deridendo e denigrando la r. delle giovani* (R. Bacchelli)

ritenùto part. pass. di *ritenere*; anche agg. **1** nei sign. del v. | trattenuto **2** (*lett.*) cauto, circospetto | riservato **3** (*mus.*) indicazione agogica che prescrive una riduzione di velocità immediata e relativa a un breve inciso del brano | rallentando ‖ **ritenutaménte**, avv. (*raro*) con ritenutezza

ritenzióne o †**retenzióne** [vc. dotta, lat. *retentiōne(m)*, da *retĕntus*, part. pass. di *retinēre* 'ritenere' ✱ sec. XIV] s. f. **1** (*lett.*) contenimento | mantenimento **2** (*med.*) mancata eliminazione di elementi dall'organismo | ***r. urinaria***, impossibilità di eliminare l'urina dalla vescica | ***r. idrica***, accumulo di acqua nei tessuti **3** (*disus.*) ritenuta | (*dir.*) ***diritto di r.***, diritto di chi ha il possesso o la detenzione di un bene di rifiutarne la restituzione finché non è stato soddisfatto il suo credito per spese sostenute o prestazioni svolte in relazione al bene stesso **4** (*psicol.*) immagazzinamento delle informazioni nella memoria **5** †arresto, detenzione **6** †possesso

ritéso (o -ṣ-) part. pass. di *ritendere* ● (*raro*) nel sign. del v.

ritèssere [vc. dotta, lat. *retĕxere*, comp. di *re-* e *tĕxere* 'tessere' ✱ av. 1327] v. tr. (coniug. come *tessere*) ● tessere di nuovo | (*fig.*) *r.* ***un racconto, una storia***, esporli, raccontarli di nuovo in modo ordinato

ritessitùra [comp. di *ri-* e *tessitura* ✱ 1872] s. f. ● il ritessere (*anche fig.*)

ritidectomìa [vc. dotta, comp. del gr. *rytís*, genit. *rytídos* 'piega della pelle, ruga' (V. *ritisma*) e di *-ectomia* ✱ 1981] s. f. ● lifting

ritidòma [vc. dotta, gr. *rytídōma* 'increspamento', da *rytís* 'ruga'. V. *ritisma* ✱ 1940] s. m. (pl. *-i*) ● (*bot.*) parte della corteccia esterna del fusto e delle radici delle piante legnose, che invecchiando si stacca a placche o a strisce

†**ritignere** ▸ **ritingere**

†**rìtimo** ▸ **ritmo**

ritina [dal gr. *rytís* 'ruga, grinza' (V. *ritisma*); detto così dalla pelle rugosa ✱ 1835] s. f. ● grosso e tozzo mammifero dei Sirenidi oggi estinto, che popolava le coste dell'isola di Bering fino alla fine del XVIII sec. (*Hydrodamalis stelleri*)

ritìngere o †**ritignere** [comp. di *ri-* e *tingere* ✱ sec. XIV] **A** v. tr. (coniug. come *tingere*) **1** tingere di nuovo **2** tingere con un altro colore: *r. un vestito* **B** **ritingersi** v. tr. pron. e intr. pron. (aus. *essere*) ● tingersi di nuovo o in modo diverso: *Ti dai certo il belletto ..., cara, e ti ritingi i capelli* (L. Pirandello)

ritinto part. pass. di *ritingere*; anche agg. **1** tinto di nuovo o in modo diverso **2** (*fig.*, *scherz.*) ***tinto e r.***, con i capelli tinti o il viso truccato

ritintùra [da *ritinto* ✱ 1942] s. f. ● operazione del ritingere

†**ritiraménto** [sec. XIV] s. m. **1** il ritrarsi **2** ritirata, fuga **3** ritiro spirituale

♦**ritiràre** [comp. di *ri-* e *tirare* ✱ 1313] **A** v. tr. **1** tirare di nuovo: *r. la corda, il pallone* **2** tirare indietro, ritrarre: *r. la mano dopo averla tesa*; *la chiocciola ritira le corna nel guscio* **3** (*est.*) far tornare indietro, richiamare: *r. le truppe dalla località occupata*; *r. un ambasciatore in patria*; *r. una squadra da un torneo* **4** (*est.*) farsi dare, farsi consegnare: *r. un pacco, un permesso, il passaporto* | riscuotere, prelevare qlco. che ci appartiene: *r. lo stipendio*; *r. un pegno dal Monte di Pietà* | togliere dalla circolazione: *r. monete fuori corso*; *r. tutte le copie non firmate* **5** (*fig.*) revocare, annullare, disdire: *r. un decreto*; *r. la propria candidatura*; *r. una promessa* | (*fig.*) ritrattare: *r. la parola, l'accusa* **6** †allontanare qlcu. da qlco. **7** (*lett.*) ricondurre all'origine **8** †accorciare, assottigliare **B** **ritiràrsi** v. rifl. **1** (*raro*) spostarsi indietro: *ognuno s'ingegnava di ritirarsi, per fargli largo* (A. Manzoni) | indietreggiare, ripiegare di fronte a un pericolo, un ostacolo: *tutto l'esercito si ritirò in buon ordine*; *le truppe si ritirarono dal fronte* **2** (*est.*) allontanarsi da un luogo per rientrare a casa: *ci ritireremo a tarda notte*; *la gente cominciò a ritirarsi ... silenziosamente* (A. Fogazzaro) | trasferirsi in un luogo appartato, per sempre o temporaneamente: *ritirarsi in convento, in campagna, nel proprio studio*; *San Francesco si ritirò alla Porziuncola* | andare a dormire: *buonanotte, mi ritiro* | ***ritirarsi in sé stesso***, chiudersi in sé stesso a meditare | (*fig.*) ***ritirarsi nel proprio guscio***, evitare ogni contatto con gli altri | (*fig.*) ***ritirarsi sull'Aventino***, V. *Aventino* | (*raro*) andare ad abitare lontano: *si ritirò in Francia* **3** abbandonare un ufficio, un'attività pubblica o privata spec. definitivamente: *ritirarsi dopo venticinque anni di servizio*; *si è ritirato dalla politica*; *dopo alcune difficoltà, si è ritirato dal commercio*; *ritirarsi a vita privata* | rinunciare a prendere parte o a condurre a termine: *ritirarsi da un esame, un concorso, una gara* | disdire un impegno, una parola: *si sono ritirati dalla scommessa* **C** **ritiràrsi** v. intr. pron. **1** restringersi, accorciarsi, detto spec. di tessuti: *dopo molte lavature, la coperta di lana si è ritirata* **2** scorrere via, defluire: *dopo l'inondazione, il mare si ritirò gradatamente* | arretrare: *i ghiacciai si stanno ritirando*

ritiràta [da *ritirato* ✱ av. 1540] s. f. **1** arretramento, ripiegamento spec. di forze militari | (*lett.*) ritiro di truppe da un territorio | (*fig.*) rinuncia, abbandono: *fare una r. di fronte a un ostacolo imprevisto* | ***battere in r.***, (*fig.*) partire, andarsene in gran fretta o rinunciare a qlco. | (*milit.*) ***r. strategica***, arretramento effettuato in vista di un nuovo piano d'azione | ***fare una r. strategica***, (*fig.*, *iron.*) coprire un insuccesso rinunciando ai propri obiettivi **2** rientro in caserma dei soldati, annunciato con apposito segnale di tromba, al termine della libera uscita | il segnale che annuncia tale rientro o l'ora in cui tale rientro avviene **3** †luogo appartato in una casa: *de la stanza regal le ritirate interne* (T. Tasso) **4** (*disus.*) latrina, gabinetto SIN. cesso **5** †ritiro, abbandono di un incarico

ritiratézza [da *ritirato* ✱ 1540] s. f. **1** (*raro*, *lett.*) vita ritirata: *la r. del chiostro* **2** (*lett.*) riservatezza

ritiràto part. pass. di *ritirare*; anche agg. **1** nei sign. del v. **2** appartato, isolato: *fare vita ritirata* | ***uomo r.***, che tende ad avere pochi rapporti con gli altri ‖ **ritirataménte**, avv. in modo ritirato, appartatamente

ritiro [av. 1557] s. m. **1** il ritirare, il prendere in consegna: *il r. di un pacco* | richiamo: *il r. della flotta*; *decidere il r. dei rappresentanti diplomatici, delle truppe di occupazione* | revoca: *r. della patente* | annullamento, disdetta: *r. di una proposta* | riscossione: *il r. dello stipendio* | esclusione dalla circolazione: *il r. di un farmaco nocivo* **2** (*raro*) ritorno a casa: *ora del r.* | (*est.*) il ritirarsi in un luogo appartato, isolato: *abbiamo deciso un breve r. in montagna* | ***r. collegiale***, (*ellitt.*) ***ritiro***, raduno di una squadra in luogo idoneo alla preparazione in vista dei futuri impegni agonistici | luogo lontano e appartato dove si può trovare quiete, solitudine o riposo: *quel paese di confine è un ottimo r.* | (*est.*, *raro*) asilo, rifugio, ricovero | ***buon r.***, adattamento di *buen retiro* (V.) **3** abbandono di un ufficio, di un'attività pubblica o privata: *il r. di un cantante*; *l'atleta ha deciso il suo r. dalle competizioni*; *non approviamo il tuo r. dalla vita pubblica* | abbandono di una gara: *l'infortunio ha costretto il ciclista al r.* **4** contrazione che si produce nei metalli o nelle leghe metalliche allo stato liquido durante la solidificazione e il raffreddamento

ritiṣma [vc. dotta, gr. *rýtisma* 'rammendo, pezza' (da *rytís* 'piega della pelle, ruga', da *erýein* 'tirare', di etim. incerta): detto così perché forma sulle foglie degli stromi neri in forma di croste ✱ 1835] s. m. (pl. *-i*) ● genere di Funghi degli Ascomiceti, parassiti spec. dell'acero (*Rhytisma*) | ogni individuo appartenente a tale genere

ritmàre [da *ritmo* ✱ sec. XIV] v. tr. **1** adattare a un certo ritmo: *r. la corsa* | scandire secondo un certo ritmo: *r. una danza battendo le mani*; *Ritmavo le mie poesie mugolando* (C. Pavese) **2** †verseggiare

ritmàto part. pass. di *ritmare*; anche agg. ● nei sign. del v. | scandito secondo un ritmo ben percepibile

rìtmica [vc. dotta, lat. tardo *rhȳthmica(m)*, f. sost. di *rhȳthmicus* 'ritmico' ✱ 1585] s. f. ● studio del ritmo musicale e metrico | ritmo caratteristico di un autore o di un testo: *la r. di D'Annunzio*

rìtmico [vc. dotta, lat. tardo *rhȳthmicu(m)*, dal gr. *rythmikós*, da *rythmós* 'ritmo' ✱ av. 1328] agg. (pl. m. *-ci*) **1** che segue un ritmo, che è caratterizzato da un ritmo: *andatura ritmica*; *visitatori diligenti col r. su e giù del capo* (I. Calvino) | ***disegno r.***, detto del ritmo che caratterizza una melodia, una danza | ***ginna-***

stica ritmica, V. *ginnastica* | ***prosa ritmica***, che presenta in posizioni determinate una regolare disposizione di accenti | (*est.*) che presenta una successione armonica e regolare di elementi: *il r. succedersi delle stagioni*; *ordine r. di archi in una navata* **2** che imprime un ritmo | ***accento r.***, che si ripete isocronicamente **3** (*letter.*) detto del verso fondato sugli accenti, come in italiano, invece che sulla quantità delle sillabe, come in latino ‖ **ritmicaménte**, **avv.** **1** con ritmo, seguendo un ritmo: *battere ritmicamente* **2** sotto l'aspetto del ritmo ‖ **ritmicità**, **s. f. inv.**: *la ritmicità di un movimento*

♦**rìtmo** o †**rìtimo** [vc. dotta, lat. *rhȳthmu(m)*, dal gr. *rythmós*, dalla stessa radice indeur. di *rêin* 'scorrere' ✻av. 1375] **s. m.** **1** successione regolare nel tempo di suoni, accenti, cadenze, movimenti e sim. (*anche fig.*): *il r. della danza*; *il r. del cuore*; *il r. delle stagioni*; *il r. della fucileria* **2** (*mus.*) organizzazione dei suoni per quanto riguarda la loro durata | nella musica occidentale, successione regolare di unità metriche uniformi, con costante dislocazione degli accenti | scansione regolare del tempo nella battuta | ***r. binario, ternario***, costituito da due, tre unità di tempo | composizione in cui la scansione del tempo prevale sulla melodia: *la radio trasmette ritmi sudamericani* | ***a r. di***, in base al ritmo di: *danzare a r. di samba* **3** (*letter.*) movimento cadenzato risultante dal ripetersi degli accenti metrici a intervalli determinati nella struttura di una poesia | componimento poetico medievale in volgare, anonimo, costituito in genere di lasse monorime e versi di misura diseguale: *r. cassinese*, *r. laurenziano* | (*ling.*) ricorrenza regolare di elementi prosodici nella catena parlata **4** (*fig.*) andamento, intensità di un fenomeno, di un'attività: *il r. della crescita, dello sviluppo industriale*; *il r. frenetico della vita moderna* | (*fig.*) andamento veloce, serrato: *un film ricco di r.* | ***a pieno r.***, al massimo della capacità: *la produzione va a pieno r.* **5** (*fig.*) il succedersi nello spazio di forme, linee architettoniche o motivi ornamentali: *il r. di un porticato*

ritmologìa [comp. di *ritmo* e *-logia* ✻1965] **s. f.** (**pl.** *-gìe*) ● (*mus.*) studio dei ritmi

ritmomanìa [comp. di *ritmo* e *-mania* ✻1970] **s. f.** ● (*psicol.*) mania di canterellare

ritmomelòdico [comp. di *ritmo* e *melodico* ✻1987] **agg.** (**pl. m.** *-ci*) ● (*mus.*) detto di complesso od orchestra di musica leggera che elaborano spunti melodici tradizionali su basi ritmiche caratteristiche del jazz

ritmosinfònico [comp. di *ritmo* e *sinfonico* ✻1944] **agg.** (**pl. m.** *-ci*) ● detto di composizione musicale che presenta le caratteristiche sia della musica ritmica che della musica sinfonica | detto di orchestra che esegue abitualmente tali composizioni: *complesso r.*

♦**rìto** [vc. dotta, lat. *rītu(m)*, di orig. indeur. ✻av. 1306] **s. m.** **1** nelle religioni, comportamento relativo al culto, consistente in azioni, preghiere o formule che sono fissate dalla tradizione e tendono a realizzare, nell'individuo o nella comunità, il rapporto con il mondo divino | (*antrop.*) ***r. di passaggio***, complesso di cerimonie che accompagnano e rendono pubblico il passaggio di un individuo da una condizione a un'altra, come la nascita, la pubertà, il fidanzamento, il matrimonio, la morte **2** modalità con cui si compiono le funzioni sacre: *il r. del battesimo*; *il r. della Messa*; *r. solenne* | liturgia: *Chiesa cattolica di r. bizantino*; *r. ambrosiano* | cerimonia religiosa: *celebrare il r. nuziale* **3** (*est.*) usanza, consuetudine (*anche iron.*): *il r. dei doni natalizi*; *il r. delle assemblee studentesche* | cerimonia: *sposarsi con r. civile* | ***di r.***, usuale, consueto: *scambiarsi gli auguri di r.* **4** (*dir.*) procedura: *r. civile*, *r. penale*; *r. abbreviato*, *r. formale*; *pregiudiziale di r.* | ***questioni, eccezioni di r.***, procedurali, che si riferiscono alla procedura, spec. nelle cause civili

SFUMATURE DI SIGNIFICATO

rito - liturgia

Nelle religioni, **rito** è l'insieme delle azioni, delle preghiere, delle altre cerimonie attraverso le quali si pratica il culto della divinità; in accezione più ristretta il *rito* è il modo e l'ordine con cui si compiono le funzioni sacre. In quest'ultima accezione il *rito* corrisponde alla **liturgia**, intesa come complesso degli atti cerimoniali con cui si svolgono pubblicamente gli atti di culto.

SFUMATURE ➤ ***cerimonia***

ritoccaménto [sec. XIV] **s. m.** ● (*raro*) il ritoccare, il rifinire | ritocco

ritoccàre [comp. di *ri-* e *toccare* ✻1336 ca.] **A** **v. tr.** (*io ritócco, tu ritócchi*) **1** toccare di nuovo: *Dopo più ritoccarlo conobbe che egli era morto* (G. BOCCACCIO) **2** (*fig.*) tornare su qlco. per correggere, ravvivare, abbellire o cambiare: *r. un disegno, una poesia* | ***r. una fotografia***, correggerla, modificarla | (*sport*) migliorare di poco: *r. un primato, un limite* | ***r. un prezzo***, (*eufem.*) aumentarlo, rincararlo | anche nella forma pron. **ritoccàrsi**, ravvivare, correggere il trucco: *si ritoccò le labbra con il rossetto*; modificare una parte del corpo con un intervento di chirurgia estetica: *ritoccarsi il seno, il naso* **3** (*fig.*) †replicare, ribattere, insistere (*anche assol.*): *Rinaldo pure Orlando ritoccava / che si dovesse con ogni supplicio / uccider Gan* (L. PULCI) **4** †percuotere di nuovo **5** †riscuotere **B** **v. intr.** (**aus.** *essere*) ● spettare di nuovo: *mi è ritoccato fare le pulizie*

SFUMATURE ➤ ***rivedere***

ritoccàta [da *ritoccato* ✻1872] **s. f.** ● atto del ritoccare rapidamente: *dare una r. a un quadro*; *darsi una r. al trucco* ‖ **ritoccatina**, **dim.**

ritoccàto **part. pass.** di *ritoccare*; anche **agg.** ● nei sign. del v.

ritoccatóre [1940] **s. m.** (**f.** *-trice*) **1** (*lett.*) restauratore **2** chi ritocca, rifinisce | in fotomeccanica, l'operaio che apporta piccole modifiche alle matrici finite

ritoccatùra [1835] **s. f.** ● ritocco

ritocchìno [1872] **s. m.** **1** dim. di *ritocco* **2** (*fam.*, *disus.*) merenda, spuntino

ritócco [av. 1696] **s. m.** (**pl.** *-chi*) ● operazione del ritoccare per correggere, abbellire, modificare, ecc.: *dare un leggero r. a un dipinto, a un romanzo, a una fotografia, al trucco*; *un r. al seno* | il risultato di tale operazione: *i ritocchi non si notano* **SIN.** correzione, modificazione, revisione | ***r. dei prezzi, delle tariffe***, (*eufem.*) aumento ‖ **ritocchìno**, **dim.** (V.)

ritògliere o (*lett.*) **ritòrre** [comp. di *ri-* e *togliere* ✻1312] **A** **v. tr.** (**coniug. come** *togliere*) **1** togliere di nuovo **2** riprendere ciò che si era dato ad altri o ci era stato sottratto: *r. la preda, il maltolto* | †accogliere di nuovo la propria moglie dopo un abbandono o sim. **3** (*raro*, *lett.*) sottrarre, liberare da qlcu. o da qlco. **B** **ritògliersi** **v. intr. pron.** ● (*raro*, *lett.*) sottrarsi, liberarsi

ritòlto **part. pass.** di *ritogliere* ● nei sign. del v.

ritonàre ➤ **rituonare**

ritondàre [da †*ritondo* ✻av. 1400] **v. tr.** (*io ritóndo*) **1** rendere rotondo, arrotondare **2** †pareggiare, tagliando le sporgenze: *levare ora in un luogo ed ora in un altro, ritondando la figura* (B. CELLINI)

†**ritondeggiàre** [da †*ritondo*, sul modello di *tondeggiare* ✻1600] **v. intr.** ● rotondeggiare | essere tornito, florido

†**ritondézza** [da †*ritondo* ✻av. 1332] **s. f.** ● rotondezza

†**ritondità** [da †*ritondo* ✻1320] **s. f.** ● rotondità

†**ritóndo** [lat. parl. **retŭndu(m)*, per il classico *rotŭndu(m)* 'rotondo' ✻1266] **agg. e s. m.** ● rotondo

ritóne [1835] **s. m.** ● adattamento di *rhyton* (V.)

ritonfàre [comp. di *ri-* e *tonfare* ✻1872] **v. intr.** (*io ritónfo*; **aus.** *essere*) ● (*raro*) tonfare di nuovo

ritòrcere [lat. parl. **retŏrcere*, per il classico *retorquēre*, comp. di *re-* e *torquēre* 'torcere' ✻1321] **A** **v. tr.** (**coniug. come** *torcere*) **1** torcere di nuovo o con energia: *torcere e r. il bucato* **2** (*lett.*) rivolgere in senso contrario: *quel mio ferro, / che ad altri in petto immerger non mi lasci, / nel tuo petto il ritorci* (V. ALFIERI) | (*fig.*) ***r. un argomento, un'accusa***, rivolgerli contro chi li ha avanzati, formulati **3** (*tess.*) eseguire la ritorcitura **B** **ritòrcersi** **v. intr. pron.** **1** torcersi, rivolgersi indietro | contorcersi **2** (*fig.*) rivolgersi contro: *Non vedi che … tutto qua si ritorce contro di me?* (L. PIRANDELLO)

ritorcìbile [1872] **agg.** ● (*raro*) che si può ritorcere (*spec. fig.*): *accusa r.*

ritorciménto [1554] **s. m.** ● (*raro*) il ritorcere | (*lett.*) ritorsione

ritorcitóio [1931] **s. m.** (**pl.** *-ói*) ● macchina per la ritorcitura dei filati

ritorcitrìce [1959] **s. f.** ● ritorcitoio

ritorcitùra [sec. XIV] **s. f.** ● operazione tessile del ritorcere insieme più fili

ritormentàre [comp. di *ri-* e *tormentare* ✻av. 1604] **v. tr.** (*io ritorménto*) ● tormentare di nuovo

†**ritornaménto** [av. 1347] **s. m.** ● ritorno

†**ritornànza** [1250 ca.] **s. f.** ● (*raro*) ritorno

♦**ritornàre** [comp. di *ri-* e *tornare* ✻1213] **A** **v. intr.** (*io ritórno*; **aus.** *essere*) **1** tornare, venire di nuovo nel luogo, nello stato, nella condizione in cui si era venuti prima o da cui si era partiti: *r. indietro, a casa, a Roma*; *r. in famiglia*; *r. da capo, alla verità, al dovere*; *r. sul luogo del misfatto*; *r. dalla visita ai parenti, dall'America*; *r. dai genitori* | ***r. in sé***, riacquistare i sensi | ***r. su qlco.***, considerare, studiare, cercare di nuovo **2** ricomparire, rivenire, ripresentarsi: *gli è ritornata la febbre*; *ritorna il cattivo tempo*; *non mi ritorna in mente* (o *alla mente*) | ricorrere, detto di festa, ricorrenza, e sim. **3** tornare a essere, diventare di nuovo: *r. buono, calmo, ricco* **4** (*lett.*) rivolgersi, volgersi, riuscire: *ciò ritornerà in danno* | (*raro*) presentarsi sotto forma di: *le nubi sono ritornate in pioggia* **5** (*raro*) derivare, provenire: *ne ritornerà onore* **B** **v. tr.** **1** (*merid.*) restituire, ridare: *r. una somma*; *r. una cortesia*; *Le ritorno la prefazione degli editori* (G. LEOPARDI) **2** †(*lett.*) Riportare allo stato di prima: *Deh, fratel, ritornami / vivo* (L. ARIOSTO) **3** †ricondurre, richiamare **4** †volgere indietro | (*fig.*) †deviare, stornare **C** **ritornàrsi** **v. intr. pron.** **1** †ritornare: *e lei lasciata, a suoi compagni si ritornò* (G. BOCCACCIO) **2** **ritornàrsene**, tornare (con valore intens.): *non vede l'ora di ritornarsene al suo paese* **D** **ritornàrsi** **v. rifl.** ● †rivolgersi indietro

†**ritornàta** [da *ritornato* ✻1294] **s. f.** ● ritorno

ritornàto **part. pass.** di *ritornare*; anche **agg.** ● nei sign. del v.

ritornèllo [da *ritornare* ✻sec. XIII] **s. m.** **1** verso o gruppo di versi che si ripetono all'interno di una struttura poetica | †commiato di canzone | †coda di sonetto **2** (*mus.*) nome italiano del refrain | parte del madrigale italiano | brano strumentale del sec. XVII con funzione di introduzione e interludio tra le strofe di un'aria | nel concerto grosso, ognu-

r

na delle parti suonate dalla sezione preponderante dell'orchestra (*tutti*), in dialogo con quelle eseguite dal concertino | segno grafico a inizio e fine di una parte di composizione da ripetersi | nella musica leggera, motivo ricorrente molto orecchiabile **3** (*letter.*) nella ballata antica, ripresa **4** (*fig.*) discorso ripetuto con monotonia troppe volte: *lo rimproverava sempre con lo stesso r.* | †ripetizione di una richiesta

♦**ritórno** [da *ritornare* ✱ av. 1294] **s. m.** **1** il ritornare nel luogo da cui si era partiti o in cui si era già stati: *un triste r. a casa, in patria*; *smarrire la via del r.*; *I ritorni in famiglia erano sempre stati assai malinconici* (A. Moravia) | ***sono di r.***, sono appena tornato | ***sarò di r.***, tornerò | ***nel r.***, ritornando | ***punto di non r.***, V. *punto*① nel sign. 8 | ricomparsa: *il r. della febbre, della primavera* CFR. palin- | ***teoria dell'eterno r.***, palingenesi | ***analfabeta di r.***, chi, pur avendo un tempo imparato a leggere e scrivere, per lunga desuetudine deve ritenersi ora analfabeta | ***r. di fiamma***, fenomeno che si verifica nei motori a benzina quando, per una valvola difettosa o altra causa, i gas incendiati ritornano al carburatore attraverso i condotti d'aspirazione; (*fig.*) rinascita, reviviscenza improvvisa di una passione, spec. amorosa, sopita o dimenticata | ***r. d'immagine***, V. *immagine* | ***r. in cuffia***, eco anomala del segnale audio avvertibile in un dispositivo di ascolto | ***leva del r.***, nelle macchine per scrivere a carrello mobile, leva che permette il ritorno a capo del carrello e insieme l'esecuzione dell'interlinea | ***tasto del r.***, nelle macchine per scrivere, comando che riporta indietro il carrello di una battuta **2** (*fig.*) il volgersi di nuovo con la mente, per riconsiderare, rivivere un'esperienza: *r. all'infanzia* | riscoperta, rivalutazione, riproposizione: *r. del barocco*; *il r. della minigonna* **3** restituzione: *avere qlco. di r.* | ***conto di r.***, documento di banca giustificativo dell'addebitamento al cliente in caso di mancato buon fine di una cambiale scontata | ***bottiglia, vetro di r.***, che si restituisce vuoto al venditore **4** (*econ.*) reddito derivante da un investimento in attività produttive o in valori mobiliari **5** ***girone di r.***, (*ellitt.*) ***ritorno***, nel calcio e sim., serie di incontri che costituiscono il secondo di due turni di partite durante il quale le squadre si incontrano per la seconda volta: *vincere il girone di r.*; *perdere un incontro del r.* **6** (*mar.*) parte di un cavo corrente che, dopo essere passato in una puleggia per un verso, esce dall'altro **7** †giro, girata

ritòrre ➤ **ritogliere**

ritorsióne [da *ritorcere*, sul modello di *torsione* ✱ 1872] **s. f.** **1** (*lett.*) replica, risposta | il ritorcere un'offesa o sim. contro l'autore: *la r. di un'ingiuria* **2** comportamento con cui ci si rivale su qlcu. di un danno ricevuto: *la sua è stata una r. perché non l'abbiamo invitato* | ripicca: *per r. rifiuta di incontrarlo* **3** (*dir.*) causa speciale di esclusione della punibilità prevista per il delitto di ingiuria, nel caso di reciprocità delle offese | ***r. fra Stati***, rappresaglia

ritorsìvo [1933] **agg.** ● di ritorsione, che ha natura di ritorsione: *atto r.*; *spirito r.* ‖ **ritorsivaménte**, **avv.**

ritòrta [da *ritorto* ✱ 1313] **s. f.** **1** legaccio costituito da ramoscelli flessibili attorcigliati, usato per legare fascine e sim. **2** (*mar.*) sagola doppia e attorcigliata | †sartia **3** (*mus.*) negli ottoni, tubo addizionale per ottenere la serie degli armonici, in uso fino al sec. XVIII, poi sostituito dai pistoni **4** †corda, fune, catena per legare i prigionieri

†**ritortìglio** [da *ritorto* ✱ av. 1685] **s. m.** ● filo attorcigliato

ritòrto **A** **part. pass.** di *ritorcere*; anche **agg.** **1** nei sign. del v. **2** contorto: *ramo r.* | attorcigliato: *filo r.* **B** **s. m.** **1** filato ottenuto con la ritorcitura di più capi **2** (**al pl.**) (*mus.*) elementi tubolari inseriti nel corpo della tromba o di altro strumento a fiato che, allungando la canna dell'aria, rendono più gravi i suoni: *ritorti fermi, amovibili*

ritòrtola [1473] **s. f.** ● (*tosc.*) ritorta: *m'ha legato con cento ritortole* (L. de' Medici)

ritoṣàre [comp. di *ri-* e *tosare* ✱ 1619] **v. tr.** (*io ritóṣo*) ● tosare di nuovo o meglio

ritossìre [comp. di *ri-* e *tossire* ✱ 1872] **v. intr.** (*io ritossisco* o *raro ritósso, tu ritossisci* o *raro ritóssi*; **aus.** *avere*) ● tossire di nuovo o a propria volta, come cenno d'intesa o di avvertimento

ritradótto **part. pass.** di *ritradurre*; anche **agg.** ● nei sign. del v.

ritradùrre [comp. di *ri-* e *tradurre* ✱ av. 1729] **v. tr.** (**coniug. come** *condurre*) **1** tradurre di nuovo: *ci sono troppi errori: devi r. tutto il brano* **2** tradurre una traduzione o tradurre di nuovo nella lingua originale

ritraduzióne [1950] **s. f.** ● nuova traduzione | traduzione nella lingua originaria | traduzione di una traduzione in una terza lingua

ritraènte **part. pres.** di *ritrarre* ● nei sign. del v. | che ritrae | (*lett.*) che deriva

†**ritraère** ➤ **ritrarre**

†**ritràggere** ➤ **ritrarre**

†**ritraiménto** [da †*ritraere* ✱ 1308] **s. m.** ● il ritrarsi, l'astenersi: *lo pudore è uno r. d'animo di laide cose, con paura di cadere in quelle* (Dante)

ritràngola [etim. incerta ✱ av. 1400] **s. f.** ● (*dir.*) antica forma di usura consistente nel ricomprare a minor prezzo un bene da colui al quale lo si era venduto a un prezzo elevato

ritràngolo [da *ritrangola* ✱ av. 1625] **s. m.** ● ritrangola

ritranquillàre [comp. di *ri-* e *tranquillare* ✱ 1612] **A** **v. tr.** ● (*lett.*) calmare di nuovo **B** **ritranquillàrsi** **v. intr. pron.** ● (*lett.*) calmarsi di nuovo

ritrapiantàre [comp. di *ri-* e *trapiantare* ✱ av. 1597] **v. tr.** ● trapiantare di nuovo

ritràrre o †**retràrre**, †**ritràere**, †**ritràggere** [lat. *retrăhere*, comp. di *re-* e *trăhere* 'trarre' ✱ 1250 ca.] **A** **v. tr.** (**coniug. come** *trarre*) **1** tirare indietro, tirare via o allontanare, distogliere: *r. la mano, il piede*; *r. gli occhi da qlcu.*; *r. qlcu. da un pericolo* **2** (*raro*) prendere, ricavare, ottenere (*anche fig.*): *r. una discreta rendita*; *r. onore, ammaestramento* | (*lett.*) ricavare notizia, venire a sapere **3** †copiare fedelmente: *sono più facili a r. le cose dipinte che le scolpite* (L.B. Alberti) | riprodurre, rappresentare una figura con il disegno, la pittura, la fotografia, e sim.: *r. le sembianze di qlcu., un paesaggio*; *r. al vivo, al naturale, dal vero* | (*assol.*) ***farsi r.***, farsi fare un ritratto | (*est.*) ***r. in poche parole***, descrivere in breve | (*est.*) rappresentare, raccontare: *r. una situazione a fosche tinte* **4** †riferire, riportare, rapportare **5** †indurre **6** †esportare di nuovo **7** †riscuotere, ricevere: *egli ritraeva una certissima pensione* (P. Metastasio) **8** (*dir.*) riscattare, da parte di un coerede, la quota venduta dal coerede che non ha rispettato il diritto di prelazione degli altri **B** **v. intr.** (**aus.** *avere*) ● (*raro*) avere somiglianza, sembrare: *quel ragazzo ritrae dal padre* | (*est.*, *raro*) ***r. da un luogo***, risentire l'influenza di un luogo in cui si è vissuto SIN. accostarsi, somigliare **C** **ritràrsi** **v. rifl.** **1** farsi indietro | (*fig.*) ritirarsi, sottrarsi dal fare, dal realizzare qlco.: *ritrarsi da un proposito, un'impresa* SIN. distogliersi **2** †ricoverarsi: *ora oportuna da ritrarsi in porto* (L. Ariosto) **3** †limitarsi **4** (*raro*) rappresentare sé stesso | farsi un ritratto **5** †accostarsi, stringersi a qlcu. **D** **ritràrsi** **v. intr. pron.** **1** (*ling.*) detto di accento, spostarsi indietro su una sillaba lontana dall'ultima: *l'accento si ritrae sulla terzultima* **2** †contrarsi, accorciarsi

ritrascórrere [comp. di *ri-* e *trascorrere* ✱ 1835] **v. tr.** (**coniug. come** *correre*) ● trascorrere di nuovo

ritrascórso **part. pass.** di *ritrascorrere* ● (*raro*) nel sign. del v. | (*lett.*) percorso più volte: *nei luoghi già trascorsi e ritrascorsi* (R. Bacchelli)

ritrasformàre [comp. di *ri-* e *trasformare* ✱ av. 1449] **A** **v. tr.** (*io ritrasfórmo*) ● trasformare di nuovo | fare tornare nella forma primitiva **B** **ritrasformàrsi** **v. intr. pron.** ● trasformarsi nuovamente nella forma primitiva

ritraṣméttere [comp. di *ri-* e *trasmettere* ✱ 1953] **v. tr.** (**coniug. come** *mettere*) ● trasmettere di nuovo: *r. un messaggio in codice* | mandare di nuovo in onda: *r. un vecchio film*

ritraṣmissióne [comp. di *ri-* e *trasmissione* ✱ 1965] **s. f.** ● (*raro*) trasmissione ripetuta una seconda volta

ritraspórre [comp. di *ri-* e *trasporre* ✱ 1600] **v. tr.** (**coniug. come** *porre*) ● trasporre di nuovo

†**ritràtta** [da *ritrarre* ✱ av. 1348] **s. f.** **1** ritirata: *già suona a r. il capitano* (T. Tasso) **2** riesportazione di una merce

ritrattàbile [1851] **agg.** ● che si può ritrattare, disdire, ritirare: *affermazione non r.* ‖ **ritrattabilità**, **s. f. inv.**

ritrattaménto [av. 1729] **s. m.** **1** †ritrattazione **2** nuovo trattamento | (*ing.*) trattamento del combustibile nucleare irradiato in un reattore nucleare per liberarlo dai prodotti di fissione nocivi al funzionamento del reattore e recuperare tali prodotti SIN. rigenerazione

ritrattàre① [da *ritratto* ✱ 1784] **v. tr.** ● (*raro, lett.*) ritrarre

ritrattàre② [vc. dotta, lat. *retractāre*, comp. di *re-* e *tractāre* 'trattare' ✱ 1350] **v. tr.** **1** trattare di nuovo: *r. un composto chimico* | esporre di nuovo: *r. un argomento* **2** †narrare, riferire

ritrattàre③ [vc. dotta, lat. *retractāre* 'ritirare, revocare', comp. di *re-* e *tractāre* 'trattare' ✱ 1261 ca.] **A** **v. tr.** **1** disdire, ripudiare una propria affermazione come non più giusta o vera: *r. in pubblico un'opinione* SIN. rimangiare, rinnegare **2** (*dir.*) dichiarare falsa una testimonianza o una perizia e manifestare il vero nel corso dello stesso procedimento (*spec. assol.*) **3** †annullare, revocare, abrogare **B** **ritrattàrsi** **v. rifl.** ● (*lett.* o *raro*) smentirsi, ricredersi

SFUMATURE DI SIGNIFICATO

ritrattare - smentire - negare

Ritrattare significa riconoscere come sbagliata un'affermazione fatta in precedenza. **Smentire** ha lo stesso significato, ma può essere riferito anche all'azione di dichiarare falso ciò che altri hanno affermato come vero. Il termine più generale per dire che una cosa non è vera è **negare** (*negare di averlo detto, negare l'evidenza, negare l'esistenza di Dio*).

ritrattatóre [vc. dotta, lat. tardo *retractatōre(m)* 'colui che rifiuta', da *retractātus* 'ritrattato' ✱ 1872] **s. m.** (**f.** *-trice*) ● (*raro*) chi ritratta, disdice, rinnega le proprie opinioni o affermazioni

ritrattazióne o †**retrattazióne** [vc. dotta, lat. *retractatiōne(m)*, da *retractātus* 'ritrattato' ✱ 1557] **s. f.** ● il ritrattare | smentita, sconfessione di affermazioni, giudizi, opinioni precedentemente espressi | dichiarazione con cui si ritratta pubblicamente qlco.

ritrattìṣmo [1922] **s. m.** ● l'arte di eseguire ritratti, sia in campo figurativo che in musica o in letteratura: *il r. di Grazia Deledda* | ritrattistica: *il r. fotografico*

ritrattìsta [1677] **s. m. e f.** (**pl. m.** *-i*) ● pittore o scultore che si dedica in particolar modo ai ritratti | (*est.*) scrittore particolarmente abile nel descrivere personaggi, luoghi o avvenimenti

ritrattìstica [1950] **s. f.** ● in pittura e in scultura, l'arte del ritratto | (*est.*) l'insieme delle opere prodotte: *la r. dell'Ottocento*

ritrattìstico [1959] **agg.** (**pl. m.** *-ci*) ● relativo alla ritrattistica: *tecnica ritrattistica*

†**ritrattìvo** [da *ritratto* ✱ av. 1406] **agg.** ● che distoglie

♦**ritràtto** **A** **part. pass.** di *ritrarre*; anche **agg.** ● nei sign. del v. | raffigurato | (*lett.*) nascosto: *degli uomini / ritratti / nelle trincee* (G. UNGARETTI) **B** **s. m.** **1** opera d'arte che rappresenta, totalmente o parzialmente, la figura umana: *r. a mezzo busto, a figura intera*; *r. a penna, a olio, fotografico* | (*est.*) ogni figura che riproduce qlco. al naturale: *due perfetti ritratti di animali* | (*est.*) descrizione precisa e particolareggiata di luoghi, persone, avvenimenti: *ha fatto un efficace r. della vita di provincia* **2** (*fig.*) immagine, figura umana che ha somiglianza con cose o persone: *sembri il r. della salute*; *è il r. di suo padre* **3** †descrizione: *un r. di queste … risse e vendette* (L.A. MURATORI) | †relazione scritta di un avvenimento storico **4** †copia ricavata da un originale **5** (*lett.*) ricavato di vendita **6** †risultato, conclusione || **ritrattino**, **dim.**

ritraversàre [comp. di *ri-* e *traversare* ✱ 1806] **v. tr.** (*io ritravèrso*) ● traversare di nuovo o in senso inverso

ritraziòne [vc. dotta, lat. *retractiōne(m)*, da *retrāctus*, part. pass. di *retrāhere* 'ritrarre' ✱ av. 1384] **s. f.** **1** il ritrarre, il ritrarsi | (*ling.*) spostamento dell'accento verso la parte iniziale di una parola (per es. *àdulo* rispetto ad *adùlo*) | (*raro*) diminuzione, restringimento **2** (*med.*) retrazione

ritrécine [etim. incerta ✱ av. 1562] **s. m.** **1** †ruota a palette da mulino, con asse verticale | ***andare a r.***, andare in rovina **2** (*tosc.*) rete da pesca simile al giacchio, ma più piccola

ritremàre [comp. di *ri-* e *tremare* ✱ 1550] **v. intr.** (*io ritrèmo*; **aus.** *avere*) ● tremare di nuovo

ritrinciàre [comp. di *ri-* e *trinciare* ✱ 1363] **v. tr.** (**pres.** *io ritrincio*; **fut.** *io ritrincerò*) **1** trinciare di nuovo | tagliare **2** (*lett.*) eliminare, troncare

ritritàre [comp. di *ri-* e *tritare* ✱ av. 1577] **v. tr.** ● tritare di nuovo | (*fig., lett.*) riproporre, imitare: *tritare e r. … i poeti latini* (G. CARDUCCI)

ritrìto [comp. di *ri-* e *trito* ✱ 1872] **agg.** ● (*raro*) trito, tritato molto e molte volte | (*fig.*) ***trito e r.***, ridetto, ripetuto più volte, sfruttatissimo, ormai privo d'ogni originalità, e sim.: *argomento trito e r.*

ritroncàre [comp. di *ri-* e *troncare* ✱ 1593] **v. tr.** (*io ritrónco, tu ritrónchi*) ● troncare di nuovo

ritrósa (o **-ṣ-**) [da *ritroso* ✱ 1618] **s. f.** **1** (*tosc.*) ciuffo di capelli disposto in direzione opposta agli altri **2** †tortuosità, meandro **3** (*tosc.*) nassa

ritrosàggine (o **-ṣ-**) [av. 1557] **s. f.** ● (*lett.*) atteggiamento abituale di chi è ritroso, scontroso

✱**ritrosìa** (o **-ṣ-**) [av. 1292] **s. f.** **1** caratteristica, atteggiamento di chi è restio a fare qlco. o ad acconsentire a qlco., spec. per timidezza, modestia, riserbo o verecondia **SIN.** riluttanza, renitenza **2** (*lett.*) caratteristica di chi è poco socievole: *trattenuto da quella r. che non gli faceva mai rivolgere parola ai villici ed ai servi* (I. CALVINO) **SIN.** scontrosità

†**ritrosìre** (o **-ṣ-**) [av. 1400] **v. intr.** ● dimostrare avversione verso qlcu. o qlco.

ritrosità (o **-ṣ-**) [av. 1595] **s. f. inv.** **1** †alterigia, scontrosità | avversione, ribellione **2** (*raro*) esitazione | ritrosia

✱**ritróso** (o **-ṣ-**) o †**retróso** [lat. *retrōrsu(m)*. V. *retrorso* ✱ 1266] **A** **agg.** **1** (*lett.*) che va all'indietro, in senso contrario: *cammino r.* **2** †altero, scontroso, bisbetico: *costui ebbe per moglie una donna tanto ritrosa e tanto perversa* (G. BOCCACCIO) | avverso, nemico | ribelle, turbolento: *la gente ingrata, mobile e retrosa* (DANTE *Par.* XXXII, 132) **3** riservato, timido, schivo: *ragazzo r.*; *carattere r.* | (*lett.*) che non accetta profferte amorose: *D'amor tutte parole / la ritrosa fanciulla ebbe in dispregio* (V. MONTI) **4** restio, riluttante (+ *a*, anche seguito da inf.): *essere r. ai desideri, agli argomenti di qlcu.*; *pareva r. a partire* **SIN.** riottoso **5** †vorticoso: *il mare … pieno di ritrosa schiuma* (LEONARDO) || **ritrosétto**, **dim.** || †**ritrosaménte**, **avv.** con ritrosia || **ritrosità**, **s. f. inv.** (V.) **B** nella loc. avv. ***a r.*** ● all'indietro, al contrario (anche in senso temporale): *uscì a r., inchinandosi* (G. VERGA); *andare a r. nei propri ricordi* **C** **s. m.** **1** (**f.** *-a*) persona riservata, timida, scontrosa e sim. | persona che non accetta qlco., che rifugge da qlco.: *ho preso a far meno la ritrosa con Raimondo* (I. NIEVO) **2** in alcuni tipi di rete da pesca, come la nassa, imboccatura a imbuto volta all'interno attraverso la quale il pesce entra facilmente ma non può uscire **3** †vortice d'acqua o di vento

SFUMATURE ➤ *riservato*

ritrovàbile [av. 1729] **agg.** ● che si può ritrovare || **ritrovabilità**, **s. f. inv.**

ritrovaménto [1505] **s. m.** ● il ritrovare | rinvenimento di qlco., spec. dopo una ricerca: *r. di oggetti smarriti, della verità* | (*raro*) invenzione: *il r. della bussola*

♦**ritrovàre** o †**ritruovàre** [comp. di *ri-* e *trovare*① ✱ 1266] **A** **v. tr.** (*io ritròvo*) **1** rinvenire una cosa perduta, smarrita: *r. il cappello, le chiavi di casa* | rintracciare, rivedere o incontrare chi non si vedeva da tempo: *r. un amico d'infanzia* | (*fig.*) recuperare, riacquistare: *r. la salute, la pace dello spirito* | (*fig.*) riuscire a trovare, vedere, scoprire o capire, dopo una ricerca più o meno laboriosa: *r. il cammino, l'errore, il filo del discorso*; *r. un rimedio, la soluzione, la causa di un fenomeno*; *Ulisse … va in Efira, per rituovarvi le velenose erbe* (G. VICO) | (*lett., fig.*) inventare: *r. un congegno meccanico* | (*fig.*) riconoscere: *r. le sembianze di qlcu. in una fotografia* **2** trovare di nuovo: *le rondini ritrovano sempre il loro nido* **3** †ripassare un disegno nei suoi contorni | (*scherz., fig.*) †***r. le costure***, battere, picchiare **4** †cogliere, raggiungere per colpire **B** **ritrovàrsi** **v. tr. pron.** (aus. *essere*) ● (*fig., colloq.*) trovarsi ad avere: *con la sfortuna che si ritrova, gli toccherà fare tutto il viaggio in piedi*; *dopo tanti sacrifici si è ritrovato un bel gruzzoletto* **C** **ritrovàrsi** **v. rifl. recipr.** ● incontrarsi di nuovo: *ci siamo ritrovati in un bar* | trovarsi di nuovo insieme: *ci ritroveremo tutti il mese prossimo* **D** **ritrovàrsi** **v. intr. pron.** **1** accorgersi di essere capitato in un luogo inaspettatamente o involontariamente: *chiacchierando, ci ritrovammo in piazza, alla stazione*; *mi ritrovai per una selva oscura* (DANTE *Inf.* I, 2) | (*fig.*) venire a trovarsi, capitare in una situazione all'improvviso: *si ritrovò povero da un giorno all'altro* **2** raccapezzarsi, orientarsi: *con quel buio non si ritrovano* | (*fam.*) sentirsi a proprio agio: *in una città così grande non mi (ci) ritrovo* | riconoscersi: *non mi ritrovo nell'immagine di persona dura*

ritrovàto **A** **part. pass.** di *ritrovare*; anche **agg.** ● nei sign. del v. **B** **s. m.** **1** tutto ciò che si scopre con indagini, studi, ricerche di vario genere: *i moderni ritrovati della cosmesi* **SIN.** invenzione, scoperta **2** (*lett.*) espediente, trovata, stratagemma: *Tutti i ritrovati, tutte le astuzie per salvar la roba* (A. MANZONI)

ritrovatóre [av. 1292] **s. m.** (**f.** *-trice*) ● chi ritrova **SIN.** inventore, scopritore

ritròvo [da *ritrovare* ✱ av. 1600] **s. m.** **1** (*raro*) il ritrovarsi | riunione: *luogo di r.* **2** luogo o locale pubblico in cui incontrarsi e intrattenersi: *quel parcheggio è diventato un r. di sfaccendati*; *gli eleganti ritrovi della capitale*

†**rituovàre** ➤ **ritrovare**

ritta [f. di *ritto* ✱ 1598] **s. f.** ● (*lett.*) parte destra: *da r., da manca, guerrieri venir* (A. MANZONI) | (*lett.*) mano destra

rittàno o **ritàno** [vc. piemontese (cfr. il comune di *Rittana*, in provincia di Cuneo), d'orig. sconosciuta ✱ 1949] **s. m.** ● (*sett.*) profondo scoscendimento fra le pareti di due colline opposte, spesso coperte da folta vegetazione, attraverso cui scorre un piccolo torrente, tipico delle Langhe: *Ora il r. stava livellandosi ai prati soprastanti, radure fra castagni* (B. FENOGLIO)

ritto [variante di *retto* ✱ 1282] **A** **agg.** **1** dritto in piedi, eretto, detto di persona: *quando sarai stanco di stare seduto, mettiti r.* | ***stare r.***, stare in piedi | in posizione verticale, detto di cosa: *conficcare un palo r. in terra* | ***per r.***, con il lato più lungo in posizione verticale | levato in alto, alzato: *stare col naso r.* | ***avere i capelli ritti***, (*fig.*) per l'orrore, lo spavento, il raccapriccio **2** (*tosc.*) destro: *andare a mano ritta* **3** †retto, diretto | †***a r.***, in linea retta || †**rittaménte**, **avv.** per diritto, direttamente **B** **s. m.** **1** elemento verticale con funzione di sostegno, spec. nell'edilizia o in architettura **2** (*sport*) nel salto con l'asta e in alto, ciascuna delle due aste graduate su cui scorrono i supporti che sostengono l'asticella o altro **SIN.** saltometro **3** ciascuno dei bracci incrociati nella guardia di una spada o di una daga | (*est.*) il braccio della crociera della baionetta **4** nelle armi da fuoco portatili, piastrina metallica incernierata allo zoccolo dell'alzo su cui scorre la tacca di mira **5** diritto, faccia principale contrapposta al rovescio di qlco.: *il r. di una medaglia* **CONTR.** rovescio **C** **avv.** ● †direttamente, in linea retta | anche iter.: *andarsene r. r. all'inferno* **D** **prep.** ● †verso: *r. tramontana*

rittochìno [comp. di *ritto* e *chino* ✱ 1942] **s. m.** ● tipo di sistemazione del terreno di collina con i campi disposti secondo la linea di massima pendenza

✱**rituàle** [vc. dotta, lat. *rituāle(m)*, da *rītus* 'rito' ✱ 1499] **A** **agg.** **1** relativo a un rito, una cerimonia **2** (*est.*) conforme all'uso, all'abitudine: *accolsero il festeggiato con i rituali auguri* **SIN.** abituale, consueto || **ritualménte**, **avv.** secondo il rito || **ritualità**, **s. f. inv.** **1** caratteristica di ciò che è rituale: *ritualità di un atto, di una formula* **2** insieme di riti o di abitudini rituali **B** **s. m.** **1** l'insieme dei riti o dei comportamenti cultuali esterni di una religione **2** l'insieme delle cerimonie proprie di una festa o di una liturgia: *il r. della Pasqua*; *r. per l'incoronazione dei re* **3** libro che contiene le norme che regolano un determinato rito: *r. ambrosiano, cattolico, romano* **4** norma, regola o insieme di regole che disciplinano lo svolgimento di un rito | (*est.*) cerimoniale: *osservare il r.* | (*est.*) complesso di comportamenti ripetitivi (talvolta con una connotazione negativa o ironica):

una specie di r. del litigio (A. MORAVIA); *Negli aeroporti ancora il r. degli addii* (I. CALVINO)
SFUMATURE ➤ ***abituale***, ➤ ***cerimoniale***

ritualìsmo [comp. di *rituale* e *-ismo* ✱ 1878] **s. m. 1** prevalenza delle osservanze cultuali esteriori sugli altri elementi del rapporto religioso **2** (*est.*) rigida osservanza di convenzioni tradizionali: *i ritualismi del pranzo natalizio*

ritualìsta [da *rituale* ✱ 1804] **s. m. e f.** (**pl. m.** *-i*) **1** esperto in materia di riti e di rituali **2** chi attribuisce funzione preminente ai comportamenti rituali nel rapporto religioso

ritualìstica [dall'agg. sostantivato *ritualistico* ✱ 1895] **s. f.** ● codice di comportamento o procedura ispirati a un rigido formalismo

ritualìstico [1912] **agg.** (**pl. m.** *-ci*) ● relativo a rito e a rituale | (*spec. spreg.*) che ha carattere di rituale ‖ **ritualisticamènte**, **avv.**

ritualizzàre [1959] **A v. tr. 1** fare diventare rituale **2** dare forma fissa di rito ad un comportamento religioso **B ritualizzàrsi v. intr. pron.** ● diventare rituale: *procedure che rischiano di ritualizzarsi* ‖ **ritualizzazióne**, **s. f.**

rituffàre [comp. di *ri-* e *tuffare* ✱ 1520] **A v. tr.** ● tuffare di nuovo **B rituffàrsi v. rifl.** ● tuffarsi di nuovo (*anche fig.*): *rituffarsi in mare*; *si è rituffato nel lavoro*

rituonàre o (*raro*) **ritonàre** [comp. di *ri-* e *t(u)onare* ✱ av. 1566] **A v. intr.** (*io rituòno*; **coniug. come** *tuonare*; **aus.** *avere*) ● tuonare di nuovo **B v. intr. impers.** (**aus.** *essere* o *avere*) ● tornare a tuonare

rituràre [comp. di *ri-* e *turare* ✱ 1287] **v. tr.** ● turare di nuovo: *r. la bottiglia* | (*raro*) turare, chiudere meglio: *r. tutti i buchi* | †ostruire

riturbàre [comp. di *ri-* e *turbare* ✱ 1342] **v. tr.** ● (*lett.*) turbare di nuovo

ritwittàre o **retwittàre** [comp. di *ri-* e *twittare* ✱ 2010] **v. tr.** (*io ritwìtto*) ● (*Internet*) inoltrare un tweet, talora con un breve commento

riubriacàre [comp. di *ri-* e *ubriacare* ✱ 1872] **A v. tr.** (*io riubrìaco, tu riubrìachi*) ● ubriacare di nuovo **B riubriacàrsi v. rifl.** ● ubriacarsi di nuovo

riudìre [comp. di *ri-* e *udire* ✱ 1321] **v. tr.** (**coniug. come** *udire*) ● udire di nuovo (*anche fig.*)

†**riumiliàre** [comp. di *ri-* e *umiliare* ✱ av. 1556] **v. tr.** ● umiliare, mortificare

riùngere [comp. di *ri-* e *ungere* ✱ 1340 ca.] **v. tr.** (**coniug. come** *ungere*) ● ungere di nuovo

riunificàre [comp. di *ri-* e *unificare* ✱ 1966] **A v. tr.** (*io riunìfico, tu riunìfichi*) ● unificare di nuovo ciò che era diviso: *Il loro matrimonio può r. una proprietà* (L. SCIASCIA) | riunire, unificare **B riunificàrsi v. rifl. recipr.** ● unificarsi di nuovo ‖ **riunificazióne**, **s. f.**: *la riunificazione della Germania*

†**riuniménto** [1668] **s. m.** ● ricongiungimento

♦**riunióne** [comp. di *ri-* e *unione*, sul modello del fr. *réunion* ✱ av. 1557] **s. f. 1** (*raro*) ricomposizione, ricongiungimento: *la r. dei margini di una ferita* **2** ricongiunzione, unificazione: *la r. di due province* | riconciliazione: *la r. dei due sposi è fallita* **3** raduno, incontro di più persone che si ritrovano per discutere, conversare o assistere a qualche avvenimento: *abbiamo partecipato a un'animata r.*; *r. politica, sindacale* **4** complesso di gare disputate in uno o più giorni: *r. di pugilato, di trotto*; *r. ciclistica in pista* ‖ **riunioncìna**, **dim.**

♦**riunìre** [comp. di *ri-* e *unire* ✱ 1308] **A v. tr.** (*io riunìsco, tu riunìsci*) **1** unire di nuovo: *r. parti disgiunte* | mettere di nuovo insieme cose o persone: *r. i fogli sparsi*; *r. l'esercito sbandato* **2** (*fig.*) riconciliare: *le avversità hanno riunito padre e figlio* **3** unire, adunare, mettere insieme nello stesso luogo cose o persone: *r. i francobolli in una scatola*; *il direttore ha riunito gli impiegati nel suo ufficio* | convocare: *r. il collegio docenti* **B riunìrsi v. intr. pron. 1** ricongiungersi: *i due gitanti si sono riuniti al gruppo*; *i fratelli decisero di riunirsi alla famiglia*; *desiderio … di poter presto riunirsi con sua madre* (A. MANZONI) **2** radunarsi, raccogliersi, fare una riunione: *i soci si sono riuniti per discutere il bilancio*; *il consiglio si riunirà per deliberare* **C riunìrsi v. rifl. recipr.** ● tornare insieme: *i due sposi si sono finalmente riuniti*
SFUMATURE ➤ ***raccogliere***

♦**riunìto A part. pass.** di *riunire*; anche **agg. 1** nei sign. del v. **2** associato, consociato: *ospedali riuniti*; *cooperative riunite* **B s. m.** ● complessa apparecchiatura dentistica che unisce in un'unica e funzionale struttura poltrona, trapano, lavabo, lampada e sim.

riunitóre [1846] **s. m.** (**f.** *-trice*) **1** (*raro*) chi riunisce **2** operaio tessile addetto alla riunitrice

riunitrìce [da *riunito* ✱ 1844] **s. f.** ● macchina tessile per la preparazione dei pettinati

riùnto part. pass. di *riungere*; anche **agg. 1** unto di nuovo | lercio, unto e bisunto **2** (*tosc.*) ***villano, pidocchio r.***, persona rozza e volgare arricchitasi

riurlàre [comp. di *ri-* e *urlare* ✱ 1872] **v. tr.** ● urlare di nuovo o a propria volta

riurtàre [comp. di *ri-* e *urtare* ✱ 1575] **A v. tr. e intr.** (**aus.** *avere*) ● urtare di nuovo | urtare a propria volta **B riurtàrsi v. intr. pron. e rifl. recipr.** ● urtarsi di nuovo (*anche fig.*)

riusàbile [1991] **agg.** ● che si può riusare

riusàre [comp. di *ri-* e *usare* ✱ 1627] **v. tr.** ● usare di nuovo

riuscìbile [1508] **agg.** ● (*lett.*) che può riuscire: *nella guerra niuna impresa è tanto r. quanto quella che il nimico non crede* (N. MACHIAVELLI) **SIN.** attuabile | (*lett.*) efficace ‖ †**riuscibilménte**, **avv.** probabilmente ‖ **riuscibilità**, **s. f. inv.**

†**riusciménto** [av. 1363] **s. m.** ● riuscita, esito: *memorie di qualche avventuroso r. in guerra* (D. BARTOLI)

♦**riuscìre** o (*pop.*) **riescìre** [comp. di *ri-* e *uscire* ✱ 1268] **v. intr.** (**coniug. come** *uscire*; **aus.** *essere*) **1** uscire di nuovo: *è tornato a casa dal lavoro ed è subito riuscito*; *l'acqua riesce dal canale* **2** sboccare, fare capo, finire: *la strada riesce nella valle*; *amo le strade che riescono agli erbosi / fossi* (E. MONTALE) | (*raro*) corrispondere: *il salone riesce con la camera da letto* **3** avere esito, andare a finire, concludersi, detto di attività, fatti, imprese ecc.: *il lavoro è riuscito bene, male, secondo i desideri* | (*assol.*) avere esito positivo: *l'esperimento non è riuscito* | risultare: *r. utile, dannoso, vano*; *r. vincitore, eletto* **4** detto di persona, raggiungere il fine, lo scopo (+ *a*, **anche seguito da inf.**, + *in*): *siamo riusciti all'esame, nella gara* | ottenere un certo risultato (*anche iron.*): *è riuscito a convincermi*; *è riuscito solo a farsi disprezzare da tutti* | aver fortuna, successo (*anche assol.*): *per lui è stato facile r. nella carriera*; *è un ragazzo che certamente riuscirà* | venire a capo di qlco., arrivare a qlco. dopo studi, ricerche, ecc.: *siamo riusciti a portare a termine un'importante scoperta* **5** essere capace, essere in grado di fare qlco. (+ *a* **seguito da inf.**): *non tutti riescono a imparare le lingue* | anche impers. (+ *di*): *non mi riesce di incontrarlo*; *Così mi riesce di dimenticarmi ch'io vivo* (U. FOSCOLO) | avere la possibilità: *quest'anno non riusciamo ad andare in vacanza* | **riuscìrci**, farcela: *ho provato ma non ci riesco*; *bravo, ci sei riuscito!* | avere attitudine, capacità (+ *in*): *r. in disegno, negli studi* **6** essere, dimostrarsi, risultare: *riesce gradito a tutti*; *il tuo amico riusciva di peso a tutti*

riuscìta [da *riuscito* ✱ av. 1348] **s. f. 1** esito, risultato: *la splendida r. di un'impresa*; *aspettiamo la r. di quel nuovo ritrovato* | buona prova: *un abito che ha fatto r.* **SIN.** risultato **2** †uscita, sbocco: *un vicolo senza r.* **3** †conclusione

SFUMATURE DI SIGNIFICATO

riuscita - successo - trionfo

Riuscita è l'esito, il risultato di un'azione, un'operazione, un'iniziativa; spesso accompagnato da aggettivi come *buona, bella, ottima,* il termine si avvicina al significato di **successo**, che descrive il pieno ottenimento di un risultato, un obiettivo. In altra accezione, *successo* sottolinea il riconoscimento di tali risultati da parte di altri. Se il risultato ottenuto è particolarmente buono, decisamente superiore a quello di iniziative analoghe e si risolve in un riconoscimento pubblico di eccezionale entusiasmo, si parla allora di **trionfo**.

SFUMATURE ➤ ***risultato***, ➤ ***successo***②

riuscìto part. pass. di *riuscire*; anche **agg.** ● nei sign. del v. | che ha avuto un determinato esito: *un matrimonio r. male* | che ha avuto successo: *un tentativo pienamente r.* | ***mal r.***, V. *malriuscito*

riùso [comp. di *ri-* e *uso*② ✱ 1969] **s. m. 1** nuovo uso, nuova utilizzazione **2** (*edil.*, *urbanistica*) riutilizzazione, per finalità abitative o sociali, del patrimonio edilizio e urbanistico esistente, sottoposto a opportuno recupero

riutilizzàbile [1984] **agg.** ● che si può riutilizzare ‖ **riutilizzabilità**, **s. f. inv.**

riutilizzàre [comp. di *ri-* e *utilizzare* ✱ 1959] **v. tr.** ● utilizzare di nuovo cose già usate destinandole anche a usi diversi dal precedente: *r. un giornale vecchio per incartare qlco.* ‖ **riutilizzazióne**, **s. f.** riutilizzo

riutilìzzo [deriv. di *riutilizzare* ✱ 1980] **s. m.** ● nuovo utilizzo, reimpiego: *il r. degli scarti*; *il r. di un'area industriale dismessa* **SIN.** riutilizzazione

♦**rìva** [lat. *rīpa(m)*, di orig. indeur. ✱ 1282] **s. f. 1** estrema parte di terra che limita le acque di un mare, un fiume, un lago, un canale e sim.: *passeggiare lungo la r. del fiume* | spiaggia, litorale: *le rive del Tirreno* | sponda, proda, argine: *toccare la r.* | a Venezia, via o calle che fiancheggia un canale o la laguna: *R. degli Schiavoni* | (*lett.*, *fig.*) ***essere, giungere a r.***, essere arrivato al termine di qlco. **2** †orlo, margine, ciglio: *Noi ricidemmo il cerchio a l'altra r.* (DANTE *Inf.* VII, 100) **3** (*lett.*, *sett.*) terreno in forte pendenza: *Padrino aveva allora … quella r. dei noccioli* (C. PAVESE) **4** (*mar.*) parte alta dell'alberatura e tutto ciò che vi si trovi: *avere uomini, vele, bandiere a r.* | ***a r.!, abbasso da r.!***, voci di comando per ordinare ai gabbieri di salire o scendere dall'alberatura

rivaccinàre [comp. di *ri-* e *vaccinare* ✱ 1872] **A v. tr.** ● vaccinare di nuovo **B rivaccinàrsi v. rifl.** ● sottoporsi di nuovo a vaccinazione

rivaccinazióne [comp. di *ri-* e *vaccinazione* ✱ 1872] **s. f.** ● nuova vaccinazione: *r. antivaiolosa*

†**rivàggio** [fr. *rivage*, da *rive* 'riva' ✱ sec. XIII] **s. m.** ● riva | tratto di mare vicino a riva

♦**rivàle**① [vc. dotta, lat. *rivāle(m)*, propr. 'chi ha in comune con altri l'uso di un canale' (*rīvus*; V. *rivo*) ✱ sec. XIV] **agg. e s. m. e f.** ● che (o chi) compete con altri: *essere rivali in amore* | concorrente, competitore: *atleti rivali*; *sono rivali nella professione* | ***essere senza rivali, non avere*** (o ***non temere***) ***rivali***, essere nettamente superiore ‖ **rivalità**, **s. f. inv.** (V.)

SFUMATURE DI SIGNIFICATO

rivale - avversario - oppositore - nemico

Rivale è chi compete con altri per avere qualcosa che uno soltanto può ottenere; in origine era colui che contendeva al vicino l'uso dell'acqua di un ruscello, oggi si usa soprattutto in riferimento a chi è in competizione con altri per conquistare l'amore di una persona. **Avversario** è invece chi sta dalla parte avversa, specialmente nello sport o in un confronto politico; ma se il rivale è in genere uno solo, gli avversari possono essere anche più di uno contemporaneamente. Il significato di **oppositore** non fa riferimento a un contrasto fra persone per raggiungere uno scopo o guadagnare un obiettivo, ma a una contrapposizione di idee, principi, scelte. In **nemico** la rivalità, il contrasto si alimenta di sentimenti di avversione, ostilità, odio; è infatti l'unico termine a essere utilizzato per indicare le parti che si combattono in una guerra.

SFUMATURE ➤ *concorrente*

rivàle② [da *riva*; nel sign. 2, detta così perché usata per pescare dalla *riva* ✱av. 1320] **s. m.** **1** striscia di terreno lungo il lato maggiore dell'appezzamento: *le macchie, i rivali e le ombre dove eravamo usati posare nelle nostre scorrerie* (I. NIEVO) SIN. proda | argine erboso di un corso d'acqua **2** rete da pesca rettangolare con due pali ai lati per trascinarla

rivaleggiàre [da *rivale*① ✱1636] **v. intr.** (**pres.** *io rivaléggio*; **fut.** *io rivaleggerò*; **aus.** *avere*) ● essere rivale, competere con altri in qlco.: *r. nella politica* | (*fig.*) stare quasi alla pari, reggere il confronto con qlcu.: *è un artista che può r. con i più famosi*

rivalérsi [comp. di *ri-* e del lat. *valēre* 'essere in forze'. V. *valere* ✱av. 1478] **v. intr. pron.** (**coniug. come** *valere*) **1** valersi di nuovo (*spec. fig.*): *mi rivarrò dei tuoi consigli* **2** rifarsi di un danno o una perdita, prendersi una rivincita o soddisfazione su qlcu.: *r. di qlco. su qlcu.*; *E siete libera di rivalervi ... sugli avventori* (R. BACCHELLI) **3** †rimettersi in salute

rivalicàre [comp. di *ri-* e *valicare* ✱av. 1348] **v. tr.** (*io rivàlico, tu rivàlichi*) ● valicare di nuovo

†**rivalidàre** [da *convalidare*, con cambio di pref. ✱av. 1552] **v. tr.** **1** convalidare | ripristinare **2** risanare

rivalità [vc. dotta, lat. *rivalitāte(m)*, da *rivālis* 'rivale' ✱1598] **s. f. inv.** ● situazione, atteggiamento di antagonismo e competizione tra rivali, contendenti e sim.: *la r. nella professione, nell'arte, nello sport*; *r. in amore*

SFUMATURE ➤ *invidia*

rivalorizzàre [comp. di *ri-* e *valorizzare* ✱1984] **A v. tr.** ● valorizzare di nuovo o di più **B rivalorizzàrsi v. intr. pron. e rifl.** ● riacquistare valore ‖ **rivalorizzazióne**, **s. f.**

rivàlsa [part. pass. f. sost. di *rivalersi* ✱1812] **s. f.** **1** compensazione per rifarsi di un danno, una spesa, un affare andato male, ecc.: *cercava una r. in speculazioni sbagliate*; *la squadra cercava una r. alla sua recente sconfitta* | (*fig.*) soddisfazione che permette di rifarsi nei confronti di qlcu.: *il successo del film fu, per il regista, una r. su quanti lo denigravano* SIN. rivincita | reazione polemica, ritorsione: *per r. non si è fatto trovare al telefono* **2** (*ragion.*) tratta spiccata dal beneficiario o giratario sul girante precedente in caso di mancato pagamento di una cambiale alla scadenza

rivàlso **part. pass.** di *rivalersi* ● nei sign. del v.

rivalutàre [comp. di *ri-* e *valutare* ✱1940] **A v. tr.** (*io rivàluto* **o, etim. più corretto ma meno diffuso,** *rivalùto*) **1** valutare di nuovo: *ho fatto r. i miei quadri*; *occorre r. la questione* **2** elevare il valore di qlco.: *r. gli stipendi* | ***r. la moneta***, aumentarne il potere d'acquisto **3** (*fig.*) restituire, riconoscere il valore di cosa o persona che era stata sottovalutata o mal giudicata: *r. una commedia stroncata dai critici*; *r. un regista, un musicista, un filosofo* **B rivalutàrsi v. intr. pron.** ● aumentare di valore: *l'immobile si è rivalutato molto da quando l'abbiamo acquistato*

rivalutatìvo [1928] **agg.** ● che concerne la rivalutazione

rivalutazióne [1914] **s. f.** ● il rivalutare (*anche fig.*): *la r. della moneta*; *la r. di un'opera d'arte*

rivangàre [comp. di *ri-* e *vangare* ✱av. 1580] **v. tr.** (*io rivàngo, tu rivànghi*) **1** (*raro*) vangare di nuovo **2** (*fig.*) rievocare o riproporre episodi o questioni vecchie, incresciose o spiacevoli: *r. il passato*; *ti sconsiglio di r. quella faccenda* | †***r. uno scritto***, riesaminarlo

rivangatùra [da *rivangare* ✱av. 1825] **s. f.** ● (*raro*) il vangare di nuovo: *la r. del campo*

rivarcàre [comp. di *ri-* e *varcare* ✱1554] **v. tr.** (*io rivàrco, tu rivàrchi*) ● varcare, attraversare di nuovo, spec. ritornando

rivascolarizzazióne [comp. di *ri-* e *vascolarizzazione* ✱1959] **s. f.** ● (*med.*) ripristino del flusso ematico in una parte del corpo dove la vascolarizzazione risulta ridotta

♦**rivedére** [lat. *revidēre*, comp. di *re-* e *vidēre* 'vedere' ✱1219] **A v. tr.** (**coniug. come** *vedere*; **il part. pass.** *rivisto* **è usato spec. nel sign. 1, il part. pass.** *riveduto* **spec. nel sign. 3**) **1** vedere, guardare o incontrare di nuovo: *r. il proprio paese dopo molti anni*; *r. un film*; *ogni tanto lo rivedo*; *né te né la tua bella compagnia / riveder posso, ovunque miri intorno* (L. DE' MEDICI) | ***r. il sole, la luce***, tornare all'aperto; (*fig.*) riacquistare la libertà dopo la prigionia, la salute dopo una lunga o grave malattia | (*scherz.*) ***beato chi ti rivede, chi non muore si rivede***, saluti rivolti a chi si era perso di vista o non si faceva vivo da tempo **2** rileggere, ripassare: *r. la lezione, gli appunti, la parte* **3** riesaminare per correggere, per apportare modifiche o per controllare: *r. un processo*; *r. un regolamento*; *r. le liste elettorali*; *r. un'opera per una nuova edizione* | cambiare, modificare: *r. un'opinione* | verificare, riscontrare: *r. i conti* | controllare il funzionamento di un meccanismo, un impianto e sim.: *r. un motore* | ritoccare: *r. i prezzi* | (*scherz.*, *fig.*) ***r. il pelo, le costole a qlcu.***, picchiarlo | (*fig.*) ***r. le bucce a qlcu.***, ricercare nel suo operato difetti, errori, mancanze **B rivedérsi v. tr. pron.** (**aus.** *essere*) **1** guardare di nuovo (con valore intens.): *mi sono rivisto 'Via col vento'* **2** rileggere, riesaminare (con valore intens.): *l'avvocato è andato a rivedersi le motivazioni della sentenza* **C rivedérsi v. rifl. recipr.** ● ritrovarsi, incontrarsi di nuovo, vedersi insieme un'altra volta: *ci rivedremo tutti dopo le ferie* | anche come minaccia: *ci rivedremo!* | ***a rivederci***, V. *arrivederci* | (*disus.*) ***a ben rivederla, a buon rivederla***, arrivederla | ***ci rivedremo a Filippi!***, formula di congedo con cui si minaccia una prossima vendetta o rivincita (espressione che, dopo l'uccisione di Cesare, un fantasma avrebbe rivolto a Bruto, riferendosi alla battaglia di Filippi, nel 42 a.C., in cui Bruto stesso trovò la morte)

SFUMATURE DI SIGNIFICATO

rivedere - riesaminare - ritoccare

Rivedere è l'atto di riconsiderare, rileggere per controllare ed eventualmente correggere, apportare modifiche. Se la revisione consiste in una riconsiderazione approfondita di quanto è stato detto o fatto, si ha **riesaminare**. Con **ritoccare** si aggiunge all'operazione del rivedere o del riesaminare quella dell'eseguire piccole correzioni.

SFUMATURE ➤ *correggere*

rivedìbile [1865] **agg.** **1** che si può rivedere | che deve essere rivisto, revisionato **2** al tempo del servizio militare obbligatorio, detto di iscritto alla leva riconosciuto temporaneamente inabile al servizio militare e rinviato alla successiva chiamata ‖ **rivedibilità**, **s. f. inv.** (V.)

rivedibilità [da *rivedibile* ✱1959] **s. f. inv.** ● al tempo del servizio militare obbligatorio, condizione di chi era rivedibile

†**riveditóre** [1309] **s. m.** (**f.** *-trice*) **1** chi rivede per correggere, verificare, riscontrare SIN. revisore **2** revisore del bilancio

rivedùta [da *riveduto* ✱1521] **s. f.** ● rapida revisione: *dare una r. alle bozze*

rivedùto **part. pass.** di *rivedere*; **anche agg.** **1** nei sign. del v., spec. nel sign. 3 **2** (*edit.*) ***edizione riveduta***, riesaminata, controllata con cura, per migliorarla rispetto alla precedente | (*fig.*, *spec. iron.*) ***r. e corretto***, detto di persona o cosa molto cambiata rispetto a un modello precedente: *un liberale r. e corretto* (F. DE SANCTIS)

rivelàbile [av. 1712] **agg.** ● che si può rivelare: *piano non r.* ‖ **rivelabilità**, **s. f. inv.**

rivelaménto [sec. XIV] **s. m.** ● (*raro*) rivelazione

rivelànte **part. pres.** di *rivelare*; **anche agg.** ● nei sign. del v.

♦**rivelàre** o †**revelàre** [vc. dotta, lat. *revelāre*, da *vēlum* 'velo', col pref. *re-* ✱av. 1306] **A v. tr.** (*io rivélo* (o *-è-*)) **1** svelare, far conoscere ciò che non è noto, è poco chiaro o nascosto (**qlco.; + di seguito da inf., + che**): *r. un segreto*; *ti rivelerò in confidenza le mie intenzioni*; *ha rivelato di essere già sposato*; *l'inchiesta ha rivelato che oltre la metà degli utenti è insoddisfatta* **2** (*relig.*) trasmettere la verità, da parte di Dio all'uomo **3** dare indizio, segno: *una risposta che rivela una certa ignoranza* | (*est.*) manifestare, palesare con evidenza: *tutto rivela la sua malafede*; *la luna ... di lontan rivela / serena ogni montagna* (G. LEOPARDI) **4** rendere osservabili fatti, fenomeni non percepibili ai sensi: *apparecchio per r. gli elettroni* **B rivelàrsi v. intr. pron.** ● mostrarsi, dimostrarsi: *le doti dello scrittore si sono rivelate appieno nell'ultimo romanzo*; *ogni sforzo si è rivelato inutile* **C rivelàrsi v. rifl.** **1** farsi conoscere per ciò che si è: *rivelarsi profondamente onesto*; *alla fine si è rivelato un autentico mascalzone* **2** manifestarsi di Dio all'uomo

SFUMATURE ➤ *confidare*

rivelatìvo [av. 1642] **agg.** ● che rivela, che fa capire SIN. significativo

rivelàto **part. pass.** di *rivelare*; **anche agg.** **1** nei sign. del v. **2** che trae la propria origine direttamente da Dio: *verità rivelata* | ***religione rivelata***, che si fonda sulla rivelazione divina, come Ebraismo, Cristianesimo, Islamismo

rivelatóre [vc. dotta, lat. tardo *revelatōre(m)*, da *revelātus* 'rivelato' ✱av. 1328] **A agg.** (**f.** *-trice*) ● che rivela: *fenomeno r.* | che lascia intendere, che fa capire: *frase rivelatrice di uno stato d'animo* **B s. m.** **1** (**f.** *-trice*) (*raro*) chi rivela: *ignoro i rivelatori delle tue confidenze* | †delatore: *il Duca non solamente non ricercò la cosa, ma fece il r. miseramente morire* (N. MACHIAVELLI) **2** ogni apparecchio o strumento che rivela fenomeni di vario tipo | (*fig.*) indizio, sintomo: *il rialzo dei prezzi è un r. della crisi economica* **3** (*elettron.*) demodulatore, in un apparecchio radioricevente **4** (*fotogr.*) soluzione chimica impiegata per rendere visibile l'immagine latente di un'emulsione fotografica

rivelazióne o †**revelazióne** [vc. dotta, lat. tardo *revelatiōne(m)*, da *revelātus* 'rivelato' ✱av. 1294] **A s. f.** **1** il rivelare | svelamento, divulgazione di ciò che non è o non deve essere noto, che è poco chiaro, e sim.: *la r. di un segreto* | ciò che viene rivelato: *le tue rivelazioni ci hanno sorpreso* **2** (*relig.*) il manifestarsi di Dio all'uomo in modo soprannaturale | la trasmissione della verità da parte di Dio all'uomo SIN. teofania | il testo scritto, la tradizione orale che contengono la verità rivelata da Dio: Bibbia, Scrittura, Corano **3** (*iperb.*) chi (o ciò che) rivela in modo inaspettato le sue qualità: *la sua abilità di cuoco è stata una r. per tutti; il giovane pianista è stato la r. della serata* **4** (*elettron.*) demodulazione, in un apparecchio radioricevente **B** anche in funzione di agg. inv. nel sign. 3 (posposto a un sost.): *il cantante r. del festival; una delle squadre r. del campionato*

rivellìno o **revellìno** [da *riva* ✱av. 1470] s. m. ● nelle antiche fortificazioni, opera staccata che aveva lo scopo di proteggere la cinta muraria

rivéndere [vc. dotta, lat. tardo *revĕndere*, comp. di *re-* e *vēndere* ✱av. 1292] v. tr. (coniug. come *vendere*) **1** vendere di nuovo | vendere ciò che era stato precedentemente acquistato **2** (*fig., tosc.*) superare qlcu. in qlco., saperne di più: *lo rivende in astuzia*

†**rivenderìa** [da *rivendere* ✱av. 1342] s. f. ● baratteria | frode

rivendìbile [1835] agg. ● che si può rivendere ‖ **rivendibilità**, s. f. inv.

rivéndica o **revìndica** [1791 ca.] s. f. ● (*dir.*) rivendicazione: *azione di r.*

rivendicàre [comp. di *ri-* e *vendicare* ✱sec. XIV] **A** v. tr. (*io rivéndico* (o *-è-*), *tu rivéndichi* (o *-è-*)) **1** vendicare di nuovo **2** (*dir.*) chiedere giudizialmente da parte del proprietario la restituzione della cosa e il riconoscimento del proprio diritto: *r. un bene mobile, immobile* **3** (*est.*) riaffermare, esigere il riconoscimento di un diritto o di un bene morale sottratti ingiustamente: *r. un diritto; r. la priorità di una scoperta* | ***r. un'opera***, attribuirsi la paternità di un'opera letteraria, scientifica, musicale e sim. **4** attribuirsi la responsabilità di un'azione: *l'attentato è stato rivendicato da un'organizzazione terroristica* **5** (*lett., raro*) riscattare: *r. in libertà un popolo oppresso* | restituire: *r. la libertà a un'intera nazione* **B** **rivendicàrsi** v. intr. pron. **1** vendicarsi di nuovo **2** †liberarsi, riscattarsi

rivendicatìvo [da *rivendicare* ✱1962] agg. ● che riguarda o ha come scopo la rivendicazione di un diritto: *piattaforma, azione rivendicativa*

rivendicatóre [1797] agg. e s. m. (f. *-trice*) ● (*lett.*) chi (o che) rivendica: *r. delle glorie, dell'onore di una nazione; ti sei fatto sodale e r. dell'onor mio presso i nostri concittadini* (I. NIEVO)

♦**rivendicazióne** [1569] s. f. **1** (*dir.*) azione giudiziaria del rivendicare **2** riaffermazione di un proprio legittimo diritto: *r. della proprietà di una scoperta* | ***rivendicazioni sindacali***, richieste economiche e normative nell'ambito sindacale **3** attribuzione a sé della responsabilità di un'azione: *la r. di un attentato*

rivendicazionìsmo [da *rivendicazione* ✱1979] s. m. ● tendenza a promuovere frequenti azioni rivendicative: *il r. sindacale*

rivéndita [1581] s. f. **1** atto del rivendere: *non sempre la r. è vantaggiosa* **2** negozio per la vendita di merci al minuto: *r. di generi alimentari*

rivenditóre [1377] s. m. (f. *-trice*) **1** chi rivende | chi rivende oggetti di seconda mano, rigattiere **2** chi rivende al minuto: *r. di auto usate*

rivendùgliolo [1543] s. m. (f. *-a*) ● rivenditore al minuto di oggetti di poco valore o di generi alimentari

rivendùto part. pass. di *rivendere*; anche agg. ● nei sign. del v.

riveniènte part. pres. di *rivenire*; anche agg. ● nei sign. del v. | derivante, proveniente: *azioni rivenienti da un aumento di capitale*

rivenìre [vc. dotta, lat. *revenīre*, comp. di *re-* e *venīre* ✱1233] v. intr. (coniug. come *venire*; aus. *essere*) **1** venire di nuovo, ritornare: *r. a casa, a vedere* | (*fig.*) ripresentarsi: *mi riviene in mente il suo nome* **2** †rinvenire, tornare in sé **3** †provenire, venire, derivare **4** †risolversi, riuscire

rivenùto part. pass. di *rivenire*; anche agg. ● ritornato

†**rivèra** ➤ **riviera**

riverberaménto [av. 1320] s. m. ● (*raro*) il riverberare | riverberazione

riverberàre o †**reverberàre** [vc. dotta, lat. *reverberāre* 'respingere, rimbalzare, riflettersi', comp. di *re-* e *verberāre* 'percuotere, colpire'. V. *verberare* ✱av. 1328] **A** v. tr. (*io rivèrbero*) **1** riflettere la luce o mandare luce riflessa: *lo specchio riverbera i raggi del sole* | (*est.*) riflettere il calore o mandare calore riflesso | (*est., raro*) ripercuotere un suono **2** (*fig.*) †abbagliare, abbacinare **B** v. intr. ● †riverberarsi **C** **riverberàrsi** v. intr. pron. ● riflettersi, detto della luce e (*raro*) del calore o del suono: *Il sole ... si reverbera nelle pareti della sala* (G. GALILEI) | (*fig.*) ripercuotersi: *questa religione della famiglia che si riverbera sul mestiere* (G. VERGA)

riverberatóio [da *riverberare* ✱1835] s. m. (pl. *-ói*) ● schermo metallico o di refrattario, posto davanti alla bocca di un forno per impedire il riverbero delle fiamme e per riflettere la fiamma sul minerale da fondere

riverberazióne o †**reverberazióne** [1282] s. f. **1** riflessione della luce | irradiazione di calore **2** in acustica, fenomeno di riflessioni multiple e disordinate del suono determinato dalle pareti di un ambiente

♣**rivèrbero** [av. 1294] s. m. **1** riflesso luminoso: *il debole r. di una stoffa cangiante; proteggere gli occhi dal r. del sole* | riflessione del calore o (*raro*) del suono | (*est.*) calore che irraggia da tutto ciò (muri, strade ecc.) che è stato battuto dal sole: *il r. dell'asfalto nelle serate estive* | ***forno, fornace a r.***, in cui il fuoco, non a contatto col materiale, irraggia calore dalla volta verso la parte inferiore | ***di r.***, di riflesso; (*fig.*) indirettamente | (*fig.*) ripercussione, riflesso: *negli atti composti, freddi ... v'ha un r. delle cerimonie di corte* (A. BOITO) **2** negli strumenti elettronici per l'amplificazione e la riproduzione del suono, accorgimento tecnico che consente di creare e di variare l'effetto di riverberazione **3** disco concavo di metallo per far riverberare la luce: *lume, lampada a r.*

riverènte o (*raro*) **reverènte** part. pres. di *riverire*; anche agg. ● che sente o manifesta riverenza, grande rispetto: *un discepolo r. verso il* (o *lett. al*) *suo maestro; ammirazione r.; parole riverenti* SIN. ossequioso ‖ **riverenteménte**, avv. in modo riverente, con riverenza

riverènza o (*raro*) **reverènza**, †**reverènzia** [vc. dotta, lat. *reverĕntia(m)*, da *rĕverens*, genit. *reverĕntis* 'riverente' ✱1261 ca.] s. f. **1** profondo rispetto, talvolta accompagnato da soggezione, verso qlcu., osservanza rispettosa nei confronti di qlco.: *r. verso i genitori, l'autorità, le tradizioni* SIN. deferenza, ossequio **2** inchino, genuflessione o cenno di genuflessione in segno di deferenza: *fare una profonda r.* **3** (*lett.*) espressione di rispetto, ossequio: *si compiaccia di accettare le cordiali riverenze della mia famiglia* (G. LEOPARDI) **4** †titolo di persona, spec. ecclesiastico, degna di riverenza

SFUMATURE ➤ *rispetto*

riverenziàle ➤ **reverenziale**

riverginàre [da *vergine*, col pref. *ri-* ✱av. 1803] v. tr. (*io rivérgino*) ● (*lett.*) rinverginare

♣**riverìre** o †**reverìre** [lat. parl. **reverīre*, per il classico *reverēri* 'aver soggezione, rispetto', comp. di *re-* e *verēri* 'aver timore', di orig. indeur. ✱av. 1292] v. tr. (*io riverisco, tu riverisci*) **1** rispettare profondamente qlcu. o qlco.: *r. i genitori, la memoria dei caduti* **2** salutare con molto rispetto e ossequio: *La riverisco, avvocato!; i nipotini andarono a r. il nonno* | (*raro*) visitare per fare atto di ossequio SIN. ossequiare

riverìto part. pass. di *riverire*; anche agg. ● che merita o suscita rispetto, riverenza: *un nome amato e r.* | nelle formule di cortesia epistolare del passato: *Riverito Signor mio, scrivo a Lei questa lettera per ...* | nelle formule di saluto verbale (*anche scherz.*): *r., signor sindaco!; r., avvocato!*

rivernicìare [comp. di *ri-* e *verniciare* ✱1872] v. tr. (pres. *io rivernìcio*; fut. *io rivernicerò*) ● verniciare di nuovo

rivernicìata [da *riverniciare* ✱1987] s. f. ● il riverniciare in modo rapido e sommario: *dare una riverniciata alle persiane* ‖ **riverniciatìna**, dim.

riverniciatùra [1952] s. f. ● operazione e modalità del riverniciare: *r. a pennello, a spruzzo* | strato di vernice che copre quello precedente

riversaménto [av. 1597] s. m. **1** il riversare, il riversarsi **2** operazione del riversare qlco., spec. da un supporto a un altro

riversàre [vc. dotta, lat. tardo *reversāre*, comp. di *re-* e *versāre* ✱1313] **A** v. tr. (*io rivèrso*) **1** versare di nuovo **2** versare, spargere | (*fig.*) indirizzare, concentrare: *r. nel lavoro le proprie energie* | attribuire qlco. ad altri, far ricadere su altri: *ha riversato tutte le colpe sugli amici* **3** trasferire una registrazione su un nuovo supporto: *r. un compact disc su una cassetta; r. i dati dal disco rigido su una memoria esterna* | (*est.*) trascrivere un testo registrato: *r. una conferenza in un file* **4** (*lett.*) reclinare: *r. il capo* | †rovesciare | (*est.*) †sbaragliare, sconfiggere **B** **riversàrsi** v. intr. pron. **1** †rovesciarsi **2** traboccare, detto di liquidi | (*fig.*) precipitarsi in massa e disordinatamente: *gli spettatori si riversarono all'aperto* | (*fig.*) volgersi, dirigersi: *l'attività degli abitanti si riversava fuori del villaggio* (I. SVEVO) **3** (*fig.*) ricadere: *tutta la responsabilità si riversa sulle sue spalle*

riversàto part. pass. di *riversare*; anche agg. **1** nei sign. del v. **2** †supino | ripiegato all'indietro: *Il conte r. adietro inchina* (M.M. BOIARDO)

riverseggiàre [comp. di *ri-* e *verseggiare* ✱1803] v. tr. (pres. *io riverséggio*; fut. *io riverseggerò*) ● (*lett.*) rimettere in versi

riversìbile e deriv. ➤ **reversibile** e deriv.

riversìna ➤ **reversina**

riversióne ➤ **reversione**

rivèrso [vc. dotta, lat. *revĕrsu(m)*, part. pass. di *revĕrtere* 'ritornare', comp. di *re-* e *vĕrtere* 'volgere'. V. *vertere* ✱1312] **A** agg. **1** †rovesciato, rovescio | †***alla riversa***, al contrario **2** supino: *il cadavere di un uomo r. nell'erba; cader del ponte si lasciò r.* (L. ARIOSTO) **B** s. m. **1** †rovescio, risvolto **2** †franamento **3** manrovescio

†**rivèrtere** o †**rivertìre** [vc. dotta, lat. *revĕrtere*. V. *riverso* ✱1313] v. tr. ● rivoltare

rivestimentìsta [1959] s. m. e f. (pl. m. *-i*) ● operaio edile che esegue lavori decorativi, di rivestimento

rivestiménto [1855] s. m. **1** operazione del rivestire: *il r. di una parete, di una pol-*

a b c d e f g h i j k l m n o p q r s t u v w x y z

trona **2** materiale che serve a rivestire, coprire: *un r. di cemento; r. pregiato, impermeabile, refrattario*

♦**rivestire** [vc. dotta, lat. tardo *revestire*, comp. di *re-* e *vestire* ✱ av. 1292] **A v. tr.** (*io rivèsto*) **1** vestire di nuovo (**anche fig.**): *r. un cadavere; il verde faggio, / che di frondi ... / le sue braccia / rivestì* (P. Metastasio) | (**est.**) provvedere di abiti o di nuovi abiti: *fu rivestito completamente da un ricco parente* | (**lett., fig.**) investire, insignire: *r. uno di una dignità* **2** vestire, indossare un indumento che simboleggia un'attività: *r. l'uniforme, la tonaca, la toga* | (**fig.**) assumere: *ciò riveste un carattere di segretezza; questo particolare riveste la massima importanza* **3** ricoprire: *r. di mattoni, caucciù, stucco* | ***r. un muro***, ricoprirlo di calce, gesso, marmo, e sim. **SIN.** incamiciare **4** foderare, coprire per preservare dall'usura, ornare, ecc.: *r. il divano con una stoffa vivace* | (**fig.**) velare, mascherare, coprire: *riveste la sua altezzosità di* (o *con*) *falsa condiscendenza* **5** (**fig.**) ricoprire una carica, un ufficio, una dignità: *r. il grado di generale* **B rivestirsi v. rifl. 1** vestirsi di nuovo: *dopo il bagno, si rivestì in fretta* **2** cambiarsi i vestiti o provvedersi di nuovi abiti **3** mettersi, indossare (+ *di*): *rivestirsi della corazza* **C rivestirsi v. intr. pron.** ● ricoprirsi (+ *di*): *i prati si sono rivestiti di fiori*

rivestito part. pass. di *rivestire*; anche **agg. 1** nei sign. del v. | ricoperto **2** ***villano r.***, (**fig.**) V. *villano* **3** (**fig.**) insignito: *r. di un'autorità più legittima* (V. Alfieri)

rivestitura [1872] **s. f.** ● (*raro*) il rivestire | rivestimento | materiale che viene impiegato a rivestire qlco.

rivettare [1889] **v. tr.** (*io rivétto*) ● unire con rivetti

rivettatrice [da *rivettare* ✱ 1973] **s. f.** ● (**mecc.**) attrezzo ad azionamento manuale o elettropneumatico per la ribaditura dei rivetti mediante compressione tra due ganasce

rivettino [1853] **s. m. 1** dim. di *rivetto*② **2** ripiegatura dell'orlo della coccia, per sviare i colpi della spada nemica e proteggere la mano

rivetto① [fr. *rivet*, da *river* 'attaccare', da *rive* 'bordo, riva' ✱ 1905] **s. m.** ● ribattino

rivetto② [sec. XIV] **s. m. 1** dim. di *rivo* **2** †orlo ‖ **rivettino, dim.** (V.)

rivibrare [vc. dotta, lat. tardo *revibrāre* 'riverberare', comp. di *re-* e *vibrāre* ✱ av. 1642] **v. tr. e intr.** (**aus.** *avere*) **1** vibrare di nuovo **2** †riverberare, riflettere

†**rivicello** [sovrapposizione di *ruscello* a *rivo* ✱ 1374] **s. m.** ● ruscello, rivolo

rividi ➤ **rivedere**

riviera o †**rivera** [fr. *rivière*, dal lat. *ripāria(m)*, f. di *ripārius* 'che sta sulla riva', da *rīpa* 'riva' ✱ 1250 ca.] **s. f. 1** riva: *Se camminerai per una r. d'un fiume* (Leonardo) | tratto costiero, litorale: *la r. romagnola* | (**per anton.**) la riviera ligure: *R. di Levante, di Ponente; va in vacanza in R.* **2** (**lett.**) fiume, corso d'acqua: *una donna che ne la r. / di Senna era caduta* (L. Ariosto) **3** (**sport**) nell'equitazione, tipo di ostacolo usato nei concorsi ippici, costituito da un fossato pieno d'acqua preceduto da una piccola siepe | in atletica, ostacolo dei tremila siepi

rivieràsco [da *riviera* col suff. *-asco* ✱ 1540] **agg.** (**pl. m.** *-schi*) ● che abita lungo le rive di un fiume o di un lago, o lungo la costa | costiero, litoraneo: *un piccolo centro r.*

†**rivilicare** [etim. incerta ✱ 1483] **A v. tr.** ● ricercare con minuziosa diligenza **B v. intr.** ● spettegolare

rivincere [vc. dotta, lat. *revincere*, comp. di *re-* e *vincere* ✱ av. 1348] **v. tr.** (**coniug. come** *vincere*) **1** vincere di nuovo **2** vincere a propria volta recuperando ciò che si era perduto: *r. una somma perduta al gioco*

rivincita [da *rivincere* ✱ av. 1850] **s. f. 1** seconda partita concessa a chi ha perduto perché possa rifarsi: *chiedere inutilmente la r.* **2** (**est.**) successo o soddisfazione che permette di rivalersi su qlcu., vendicarsi di un torto subìto, rifarsi di un insuccesso, una sconfitta e sim.: *è stato offeso, ma si è preso una bella r.; tenterà la r. alle prossime elezioni* | (**fig.**) rivalsa: *è la r. dell'intelligenza sulla forza bruta; ecco la r. sulla sensualità mera* (C. Pavese) **SIN.** riscatto

rivinto part. pass. di *rivincere*; anche **agg.** ● nei sign. del v.

rivisitare [vc. dotta, lat. *revisitāre*, comp. di *re-* e *visitāre* ✱ 1554] **v. tr.** (*io rivisito*) **1** visitare di nuovo | rendere la visita **2** †riconsiderare, riandare con il pensiero **3** (**fig.**) riesaminare o riproporre da un altro punto di vista, interpretare secondo un gusto mutato: *r. la poesia dannunziana; r. alcuni piatti della cucina regionale*

rivisitato part. pass. di *rivisitare*; anche **agg. 1** nei sign. del v. **2** riveduto e corretto: *testo r.; cucina toscana rivisitata*

rivisitazione [da *rivisitare* ✱ 1974] **s. f.** ● il rivisitare

rivissuto part. pass. di *rivivere*; anche **agg.** ● nei sign. del v.

♦**rivista** [da *rivisto*; nel sign. 3, calco sul fr. *révue* ✱ av. 1595] **s. f. 1** il rivedere | controllo, riesame, revisione: *dare una r. ai manoscritti* **2** (**milit.**) schieramento e sfilata di forze militari (truppe, mezzi, navi ecc.) e loro presentazione a un'autorità che le passa in rassegna: *la r. per la festa della Repubblica; passare in r.* | ispezione di vario genere da parte di ufficiale incaricato: *r. alle armi, al corredo* **3** periodico in cui, in modo approfondito e talora specializzato, si trattano argomenti di carattere scientifico, letterario, artistico, politico, economico e sim.: *Nuova r. musicale italiana* **SIN.** rassegna | (**est.**) periodico illustrato di attualità, spec. settimanale o mensile: *ti ho comprato qualche r. da leggere in treno* **4** (**teatro**) spettacolo comico-musicale di varietà, composto di molte scene e quadri per lo più indipendenti tra loro, in cui si recita, canta e danza: *andare alla r.; attrice di r.; compagnia di riviste* ‖ **rivistaccia, pegg.** | **rivistina, dim.** | (**spreg.**) **rivistucola, dim.**

rivistaiolo [1936] **agg.** ● (**spreg.**) da spettacolo di varietà, da rivista: *una stupida parodia di tipo r.* (C. Pavese) | frivolo, superficiale: *battuta rivistaiola*

rivisto part. pass. di *rivedere*; anche **agg. 1** nei sign. del v. | revisionato **2** ***cose viste e r.***, arcinote, ovvie

rivitalizzare [comp. di *ri-* e *vitalizzare* ✱ 1946] **A v. tr.** ● rinvigorire | (**fig.**) rendere nuovamente efficiente, dinamico, vivace: *r. l'economia; r. un centro storico* **B rivitalizzarsi v. intr. pron.** ● riacquistare vitalità ‖ **rivitalizzazione, s. f.** (V.)

rivitalizzazione [1946] **s. f.** ● il rivitalizzare | trattamento consistente nel rivitalizzare spec. la pelle

rivivenza [1903] **s. f.** ● (*raro*) resurrezione (**anche fig.**)

rivivere [vc. dotta, lat. *revīvere*, comp. di *re-* e *vīvere* ✱ 1313] **A v. intr.** (**coniug. come** *vivere*; **aus.** *essere*, **raro** *avere*) **1** ritornare in vita: *Parevan le morte / ninfe r.* (G. D'Annunzio) **SIN.** rinascere, risorgere **2** (**fig.**) riacquistare forza, vigore: *con questa quiete mi pare di r.* | (**fig.**) tornare in uso, rifiorire, detto di usi, tradizioni, ecc.: *una moda che sembra r.* **3** continuare a vivere, tramandarsi, perpetuarsi e sim.: *r. nella memoria di qlcu.; il padre rivive nel figlio; una civiltà che rivive ai giorni nostri* **SIN.** riapparire **B v. tr. 1** tornare a vivere: *r. una vita più tranquilla* **2** ricordare qlco. provando le stesse sensazioni di un tempo: *Rivivevo le scoperte selvatiche di allora* (C. Pavese)

rivivificare [comp. di *ri-* e *vivificare* ✱ av. 1406] **A v. tr.** (*io rivivìfico, tu rivivìfichi*) ● riportare in vita, ravvivare (**spec. fig.**) **B rivivificarsi v. intr. pron.** ● ritornare a essere vitale, vigoroso e sim. ‖ **rivivificazione, s. f.**

rivivire [V. *rivivere* ✱ 1340 ca.] **A v. intr.** (*io rivivisco, tu rivivisci*; **difettivo del part. pass. e dei tempi composti**) ● (**lett.**) risorgere, risuscitare **B** †**rivivirsi v. intr. pron.** ● acquistare le qualità originarie, rinvenire

riviscenza e deriv. ➤ **reviviscenza** e deriv.

♣**rivo** [vc. dotta, lat. *rīvu(m)*, da una radice indeur. che significa 'sgorgare' ✱ 1294] **s. m. 1** (**lett.**) breve corso d'acqua: *tu sol mi ascolti, o solitario r.* (U. Foscolo) **2** (**est., lett.**) acqua corrente | (**est.**) liquido di varia natura che scorre (**anche iperb.**): *rivi di lava; un r. di lacrime* | (**fig., raro**) grande flusso: *un r. di eloquenza* ‖ **rivetto, dim.** (V.)

rivocare e deriv. ➤ **revocare** e deriv.

rivogare [comp. di *ri-* e *vogare* ✱ 1872] **A v. intr.** (*io rivógo* (o *-ò-*), *tu rivóghi* (o *-ò-*); **aus.** *avere*) ● (*raro*) vogare di nuovo **B v. tr. 1** (**lett.**) trasportare su una barca a remi **2** (**lett., fig.**) rifilare, appioppare

rivolare [vc. dotta, lat. *revolāre*, comp. di *re-* e *volāre* ✱ 1319] **v. intr.** (*io rivólo*; **aus.** *essere* o *avere*) ● volare di nuovo | (**est.**) tornare indietro volando | (**fig.**) tornare col pensiero: *r. con la mente all'infanzia*

rivolere [comp. di *ri-* e *volere*① ✱ sec. XIII] **v. tr.** (**coniug. come** *volere*) **1** volere di nuovo **2** voler riavere ciò che si è prestato o si è perduto (**anche fig.**): *rivoglio tutti i miei libri; r. la libertà*

♦**rivolgere** [lat. *revŏlvere*, comp. di *re-* e *vŏlvere*. V. *volgere* ✱ av. 1292] **A v. tr.** (**coniug. come** *volgere*) **1** volgere di nuovo: *r. i passi, il cammino in una direzione* **2** far girare più volte: *r. la chiave nella serratura* | (**fig.**) agitare nell'animo, rimuginare, meditare: *r. fra sé e sé un'offesa; Questi pensieri e ricordi e propositi rivolgeva in sé* (L. Pirandello) **3** volgere verso una direzione, indirizzare verso qlcu. o qlco. (**anche fig.**): *r. gli occhi al cielo; r. la parola, il saluto a qlcu.; r. il discorso al vicino, il pensiero alla famiglia; r. enormi sforzi al conseguimento della laurea* **SIN.** dirigere **4** volgere dalla parte opposta o indietro: *ha rivolto gli occhi per non vedermi* | (**est., lett.**) voltare sottosopra, rovesciare: *r. la barca* | (**fig., lett.**) rimuovere, dissuadere, distogliere **5** (*raro*) incitare alla rivolta **6** (**fig.**) †convertire alle proprie idee facendo mutare parere **7** †esaminare con cura, consultare un testo **B rivolgersi v. tr. pron.** (**aus.** *essere*) ● indirizzare l'uno all'altro (con valore recipr.): *non si sono rivolti la parola per tutta la serata* **C rivolgersi v. rifl. 1** voltarsi indietro, in giro, dalla parte opposta o in una determinata direzione: *mi rivolsi a cercare i compagni* **SIN.** rigirarsi | (**fig.**) darsi, applicarsi (+ *a*): *dopo qualche successo, si è rivolto alla pittura* **2** volgersi verso una persona, spec. per parlarle (+ *a*): *si rivolse a un vigile per un'informazione stradale* | ricorrere a qlcu. per informazioni: *rivolgersi all'ufficio personale* | indirizzarsi: *rivolgersi al ministro con una petizione* | interpellare qlcu.: *mi rivolgerò a un avvocato* | raccomandarsi a qlcu. per avere conforto, aiuto e sim.: *se ne hai bisogno, rivolgiti pure a me; rivolgersi a Dio* **D rivolgersi v. intr. pron. 1** †ruotare in cielo, detto di astri **2** †ribellarsi **3** †convertirsi alle idee altrui, cambiare di parere

rivolgiménto [av. 1348] **s. m.** **1** †movimento rotatorio: *[una retta] si gira intorno a un dei suoi estremi punti, fisso come centro del suo r.* (G. GALILEI) **2** (*fig.*) sconvolgimento, cambiamento radicale dell'ordine civile, di istituzioni, situazioni politiche, e sim.: *una fase di grandi rivolgimenti sociali* SIN. mutamento **3** (*med.*) manovra ostetrica con cui si modifica la presentazione del feto in una più favorevole per il parto

rivolgitóre [da *rivolg(ere)* con il suff. *-tore* ✱ 1336 ca.] **agg. e s. m.** (**f.** *-trice*) ● (*lett.*) che (o chi) causa un cambiamento radicale: *o misera fortuna ... rivolgitrice de' mondani onori e beni* (G. BOCCACCIO)

rìvolo [vc. dotta, lat. *rīvulu(m)*, dim. di *rīvus* 'rivo' ✱ av. 1320] **s. m.** ● piccolo rivo | (*iperb.*) fiotto, flusso: *rivoli di sudore*; *un r. di sangue* ‖ **rivolétto**, **dim.**

rivòlta [da *rivoltare* ✱ 1374] **s. f.** **1** (*lett.*) il rivolgere all'intorno, altrove: *r. d'occhi* (F. PETRARCA) **2** improvvisa ribellione accompagnata da tumulti: *nel popolo scoppiò una violenta r.* SIN. insurrezione, sommossa | (*est.*) forte protesta, opposizione, dissenso: *gli aumenti hanno provocato la r. dei consumatori*; *la r. ... contro l'accademismo letterario* (B. CROCE) **3** †giro, avvolgimento **4** †svolta di una strada, una linea, un fiume, ecc. **5** (*lett.*) risvolto di un abito; bavero: *il tabarro colle rivolte di seta sul braccio* (G. VERGA)

SFUMATURE ➤ *ribellione*

rivoltaménto [sec. XIV] **s. m.** ● (*lett.*, *raro*) rivolgimento

rivoltànte **part. pres.** di *rivoltare*; anche **agg.** ● che provoca ripugnanza, disgusto (*anche fig.*): *un sapore r.*; *un discorso r.*

rivoltàre [comp. di *ri-* e *voltare* ✱ av. 1328] **A** **v. tr.** (*io rivòlto*) **1** voltare nuovamente **2** voltare dall'altra parte, dal lato opposto: *r. un quadro*; *r. una bistecca* | ***r. la frittata***, (*fig.*) V. *frittata* | rimestare: *r. il condimento, l'insalata* | sostituire il rovescio al diritto: *r. una federa* | (*fig.*) ***r. qlco. come un guanto, come un calzino***, farla oggetto di ricerca o indagine minuziosa e accurata | (*lett.*, *fig.*) ***r. la colpa a un altro***, attribuirla a un altro **3** provocare disgusto, sconvolgere: *quella pietanza mi ha rivoltato lo stomaco* | (*fig.*) turbare la coscienza, causare ripugnanza morale: *il tuo cinismo ci rivolta* **4** (*raro*, *lett.*) indurre alla rivolta, fare sollevare, ribellare **5** (*fig.*) †cambiare, mutare **B** **v. intr.** ● †tornare indietro **C** **rivoltàrsi** **v. rifl.** **1** voltarsi indietro, in giro, da un'altra parte, dalla parte opposta: *appena ci vide, si rivoltò* | (*fig.*) ***rivoltarsi nella tomba***, V. *tomba* **2** †indirizzarsi, rivolgersi: *rivoltarsi a Dio* **D** **rivoltàrsi** **v. intr. pron.** **1** ribellarsi, agitarsi contro qlcu. o qlco., organizzare una sommossa, una rivolta: *rivoltarsi all'autorità*; *il popolo si rivoltò contro l'oppressore* SIN. insorgere **2** (*lett.*) mutarsi, trasformarsi **3** sconvolgersi: *fingeva che lo stomaco le si rivoltasse* (G. VERGA)

rivoltàta [1334] **s. f.** ● il rivoltare una volta: *dare una r. alla braciola* ‖ **rivoltatina**, **dim.**

rivoltàto **part. pass.** di *rivoltare*; anche **agg.** **1** nei sign. del v. | (*fig.*, *lett.*) presentato in altro modo: *Ma comunque rivoltata, la vicenda aveva un che di equivoco, di ambiguo* (L. SCIASCIA) **2** ***abito r.***, con la parte interna messa al di fuori **3** (*arald.*) detto di figura volta o riguardante verso la sinistra anziché verso la destra dello scudo **4** (*mus.*) detto di accordo in posizione di rivolto

rivoltatùra [1872] **s. f.** ● lavoro del rivoltare un abito e sim.

rivoltèlla [da *rivoltare*, sul modello dell'ingl. *revolver* (V.) ✱ 1872] **s. f.** ● pistola a tamburo rotante SIN. revolver

rivoltellàta [1876] **s. f.** ● colpo di rivoltella SIN. revolverata

rivòlto **A** **part. pass.** di *rivolgere*; anche **agg.** **1** nei sign. del v. | girato, volto: *sedeva col viso r. all'insù* **2** (*fig.*) destinato, indirizzato: *le accuse rivolte a un amico* **3** (*fig.*) intento, dedito: *con la mente rivolta alla ricerca del vero* **B** **s. m.** ● (*mus.*) posizione dell'accordo in cui viene mutato l'ordine relativo degli intervalli, utilizzando come nota bassa la terza o la quinta, anziché la fondamentale | ***primo r.***, quando al basso è posta la terza nota | ***secondo r.***, quando al basso è posta la quinta nota

rivoltolaménto [1631] **s. m.** **1** il rivoltolare, il rivoltolarsi **2** †rotazione

rivoltolàre [comp. di *ri-* e *voltolare* ✱ av. 1597] **A** **v. tr.** (*io rivòltolo*) **1** voltolare di nuovo | rigirare **2** (*raro*) mettere sottosopra | rimescolare **B** **rivoltolàrsi** **v. rifl.** ● voltolarsi più volte, continuamente

rivoltolìo [1872] **s. m.** (**pl.** *-ii*) ● continuo e prolungato rivoltolare o rivoltolarsi SIN. rimescolio, rimestio

rivoltolóne [1872] **s. m.** ● il rivoltolarsi bruscamente o all'improvviso | (*fig.*) cambiamento radicale

rivoltóso (o **-ṣ-**) o †**rivoltuóso** [1578] **A** **agg.** ● che è in rivolta o si rivolta, detto di persona: *soldati rivoltosi* | (*raro*) relativo a una rivolta, che costituisce rivolta: *movimento r.* **B** **s. m.** (**f.** *-a*) ● chi si ribella o partecipa a una rivolta: *i rivoltosi rifiutavano di trattare* SIN. insorto, ribelle

rivoltùra [av. 1348] **s. f.** **1** (*lett.*) rivoluzione, rivolta, rivolgimento **2** †curvatura, tortuosità | burrasca **3** (*lett.*) repentino cambiamento: *r. del tempo* **4** †giro di denaro o di crediti

rivoluzionàre [fr. *révolutionner*, da *révolution* 'rivoluzione' ✱ 1798] **v. tr.** (*io rivoluzióno*) **1** †fare insorgere contro un ordine sociale o politico **2** (*fig.*) cambiare radicalmente: *il progresso tecnico ha rivoluzionato la nostra vita* **3** (*fig.*) mettere in disordine, sottosopra: *mi hai rivoluzionato i cassetti della scrivania*

SFUMATURE ➤ *modificare*

rivoluzionàrio [fr. *révolutionnaire*, da *révolution* 'rivoluzione' ✱ 1790] **A** **agg.** **1** di una rivoluzione, della rivoluzione: *governo r.* | ***tribunale r.***, istituito e funzionante durante una rivoluzione | relativo a una rivoluzione: *ideali rivoluzionari*; *capi rivoluzionari* **2** (*fig.*) che rinnova, che trasforma radicalmente: *iniziativa rivoluzionaria*; *una scoperta rivoluzionaria* **B** **s. m.** (**f.** *-ia*) ● chi promuove una rivoluzione (*anche fig.*): *i rivoluzionari russi*; *quell'artista è un r.*

SFUMATURE ➤ *avanzato*①, ➤ *sovversivo*

rivoluzionarìṣmo [comp. di *rivoluzionario* e *-ismo* ✱ 1898] **s. m.** ● ideologia e prassi che tende, spec. in modo confuso, a modificare con la rivoluzione un determinato contesto politico-sociale

♦**rivoluzióne** o †**revoluzióne** [vc. dotta, lat. tardo *revolutiōne(m)*, da *revolūtus*, part. pass. di *revŏlvere* 'rivolgere'; nel sign. politico, calco sul fr. *révolution* ✱ 1282] **s. f.** **1** violento, profondo rivolgimento dell'ordine politico-sociale costituito, tendente a mutare radicalmente governi, istituzioni, rapporti economico-sociali e sim.: *è scoppiata la r.* | ***R. francese***, quella che, iniziata nel 1789, distrusse in Francia il regime feudale assolutista esprimendo i suoi principi ispiratori nella dichiarazione dei diritti dell'uomo e del cittadino | ***R. d'ottobre***, quella che, nell'ottobre del 1917, rovesciò il governo provvisorio di Kerenskij e portò al potere, in Russia, la frazione bolscevica del partito socialdemocratico guidata da Lenin, segnando la nascita del nuovo Stato sovietico | ***R. culturale***, movimento politico-sociale che mirava a cambiare anche i valori ideali e i modi di pensare degli individui, sviluppatosi in Cina negli anni 1966-69 **2** (*est.*) rapida e radicale trasformazione economico-sociale, dovuta all'applicazione sistematica e su scala sempre più vasta di nuove scoperte scientifiche e tecnologiche: *la r. industriale inglese*; *l'automazione è stata definita come la seconda r. industriale*; *la r. informatica*; *la r. di Internet* | ***r. verde***, radicale processo di modernizzazione e meccanizzazione dei sistemi di coltivazione della terra **3** (*est.*) profondo e sostanziale rinnovamento in campo artistico, scientifico, culturale e sim.: *la r. copernicana* (V. anche *copernicano*); *la r. di Darwin*; *r. nei rapporti tra genitori e figli*; *r. sessuale* **4** (*fig.*, *fam.*) confusione, turbamento, scompiglio: *il suo arrivo ha scatenato la r. in casa* **5** movimento di un corpo intorno a un centro o asse: *r. della ruota* | ***solidi di r.***, generati dalla rotazione di una curva piana intorno a un asse contenuto nel suo piano **6** (*astron.*) moto di un corpo celeste che descrive un'orbita ellittica attorno ad un altro: *la r. della Terra attorno al Sole* CFR. rotazione ‖ (*lett.*) **rivoluzioncèlla**, **dim.** | **rivoluzioncìna**, **dim.**

SFUMATURE ➤ *insurrezione*

†**rivòlvere** [lat. *revŏlvere*. V. *rivolgere* ✱ 1262 ca.] **A** **v. tr.** **1** rivolgere, far girare (*anche fig.*) | (*fig.*) capovolgere una frase **2** (*fig.*) distogliere **3** (*fig.*) considerare, rimuginare: *rivolve tuttavia tra sé Rinaldo / chi sia l'estraneo cavaliere* (L. ARIOSTO) **B** †**rivòlversi** **v. intr. pron.** **1** ruotare, girare **2** ritornare alle parole già dette: *Ancora in dietro un poco ti rivolvi* (DANTE *Inf.* XI, 94) | ripensare al passato

rivomitàre [comp. di *ri-* e *vomitare* ✱ av. 1519] **v. tr.** (*io rivòmito*) ● vomitare di nuovo | (*fig.*, *lett.*) restituire a viva forza: *sarebbero stati capaci di fargli r. la roba altrui* (G. VERGA)

rivotàre① [comp. di *ri-* e *votare*① ✱ 1882] **v. tr. e intr.** (*io rivóto*; aus. *avere*) ● votare di nuovo

rivotàre② ➤ **rivuotare**

rivulària [dal lat. *rīvulus* 'piccolo rio (*rīvus*)' ✱ 1929] **s. f.** ● alga azzurra le cui cellule sono riunite in colonie filiformi a forma di pennello o ventaglio (*Rivularia*)

rivulsióne ➤ **revulsione**

rivulsìvo ➤ **revulsivo**

rivuotàre o (*raro*) **rivotàre**② [comp. di *ri-* e *vuotare* ✱ av. 1342] **v. tr.** (*io rivuòto* o *raro rivòto*; coniug. come *vuotare*) ● vuotare di nuovo

-rìẓa [dal gr. *rhíza* 'radice', di diffusione indeur.] **secondo elemento** ● in parole composte della terminologia scientifica, significa 'radice': *coleorriza, micorriza*

riẓàtono ➤ **rizoatono**

riẓèna [dal gr. *ryzêin* 'latrare', di orig. onomat. ✱ 1937] **s. f.** ● mammifero carnivoro, affine alla mangusta (*Rhyzaena*)

riẓìna [dal gr. *ríza* 'radice', di orig. indeur. ✱ 1835] **s. f.** ● produzione pelosa lunga e sottile che si sviluppa sulla parte inferiore dei licheni, a cui assicura l'aderenza al substrato e l'assorbimento

riẓo- [dal gr. *rhíza* 'radice', di orig. indeur.] **primo elemento** ● in parole scientifiche composte, significa 'radice' (*anche ling.*): *rizobio, Rizoforacee, rizoatono, rizotonico*

riẓoartròṣi [comp. di *rizo-* e *artrosi* ✱ 1964] **s. f. inv.** ● (*med.*) patologia artrosica della mano che interessa la radice del pollice, ov-

a b c d e f g h i j k l m n o p q r s t u v w x y z

vero la base del primo osso metacarpale e il trapezio

rizoàtono o **rizàtono** [comp. di *rizo-* e *atono* ✱1959] **agg.** ● (*ling.*) detto di parola che non ha l'accento sulla sillaba radicale ma sul prefisso o sul suffisso (per es. *parlàvo* rispetto a *pàrlo*) **SIN.** arizotonico **CONTR.** rizotonico

rizòbio [comp. di *rizo-* e *-bio* ✱1865] **s. m.** ● batterio che si sviluppa sulle radici di leguminose e fissa azoto atmosferico (*Rhizobium leguminosarum*)

rizocàrpico [comp. di *rizo-* e un deriv. di *-carpo* ✱1835] **agg.** (**pl. m.** *-ci*) ● detto di vegetale i cui frutti nascono dalla radice

Rizoforàcee [comp. di *rizo-* e *-foro* col suff. *-acee* ✱1936] **s. f. pl.** (**sing.** *-a*) ● (*bot.*) famiglia di piante tropicali delle Dicotiledoni che si fissano al suolo mediante radici avventizie originate da rami (*Rhizophoraceae*)

rizòide [comp. di *rizo-* e *-oide* ✱1940] **s. m.** ● (*bot.*) organo delle Tallofite simile alla radice per aspetto e funzione

rizollàre [comp. di *ri-* e *zollare* ✱1991] **v. tr.** (*io rizòllo*) ● ricoprire con un nuovo manto di zolle erbose: *r. un campo di calcio*

rizòma [vc. dotta, gr. *rízōma* 'radice', da *ríza* 'radice'. V. *rizo-* ✱1829] **s. m.** (**pl.** *-i*) ● (*bot.*) fusto orizzontale simile a una radice, sotterraneo o strisciante in superficie, con squame in luogo delle foglie, che costituisce un organo di riserva; da esso si staccano le radici e lo scapo fogliare e fiorifero

rizomatóso (o **-ṣ-**) [1940] **agg.** ● (*bot.*) detto di vegetale provvisto di rizoma | detto di organo con natura di rizoma

rizomòrfo [comp. di *rizo-* e *-morfo* ✱1906] **agg.** ● (*bot.*) che ha forma di radice

Rizòpodi [comp. di *rizo-* e *-pode* ✱1869] **s. m. pl.** (**sing.** *-e*) ● (*zool.*) classe di Protozoi capaci di emettere pseudopodi per la locomozione e la presa dell'alimento (*Rhizopoda*)

rizostòma [comp. di *rizo-* e del gr. *stóma* 'bocca'. V. *stoma* ✱1835] **s. m.** (**pl.** *-i*) ● medusa delle acque costiere tropicali, priva di tentacoli, che ha il canale dell'esofago ramificato e quindi numerose aperture boccali (*Rhizostoma pulmo*)

rizotàssi [comp. di *rizo-* e *-tassi* ✱1959] **s. f. inv.** ● (*bot.*) disposizione delle ramificazioni della radice

rizotonìa [da *rizotonico* ✱1986] **s. f.** ● (*ling.*) caratteristica di una parola rizotonica

rizotònico [comp. di *rizo-* e *tonico* ✱1901] **agg.** (**pl. m.** *-ci*) ● (*ling.*) detto di parola il cui accento tonico cade su una sillaba che è costitutiva della sua radice (per es. *càntano* rispetto a *canterànno*, che è invece rizoatona) **CONTR.** arizotonico, rizoatono

rìzza [da *rizzare*① ✱1804] **s. f.** ● (*mar.*) sistema di cavi o catene capace di trattenere un oggetto mobile durante i movimenti della nave

rizzacùlo [comp. di *rizza(re)*① e *culo*; detto così perché quando spruzza il veleno alza l'addome ✱1803] **s. m.** (**pl.** *-i*) ● formica comune nell'Europa mediterranea, che cammina tenendo l'estremità posteriore dell'addome ripiegata in alto e in avanti (*Crematogaster scutellare*)

rizzaffàre [comp. di *ri-* e *zaffare* ✱av. 1400] **v. tr.** **1** (*lett.*) turare di nuovo: *Si chinò, rizzaffò la buca* (L. Pirandello) **2** †imbottire: *La rizzafferanno con la bambagia* (F. Sacchetti)

rizzàgio ➤ **rezzaglio**

rizzaménto [av. 1320] **s. m.** ● (*raro*) il rizzare, il rizzarsi | (*raro*) erezione

♦**rizzàre**① [lat. parl. **rectiāre*, da *rēctus* 'retto, ritto' ✱1287] **A** **v. tr.** **1** mettere, alzare in modo che stia ritto, eretto: *r. una tenda, una bandiera* | issare: *r. le vele* | ***r. il capo***, (*fig.*) risentirsi o farsi rispettare | ***r. la coda, la cresta***, (*fig.*) imbaldanzirsi, diventare superbi | ***r. gli orecchi***, (*fig.*) ascoltare, prestare attenzione | ***r. il pelo***, spaventarsi o diventare aggressivo, detto di animali **SIN.** erigere, ergere, levare **2** costruire, innalzare, erigere: *r. un edificio, un argine, una statua; sapeva r. un po' di tettoia* (G. Verga) **B** **rizzàrsi** **v. rifl.** ● alzarsi ritto in piedi: *rizzarsi da terra dopo una caduta* | mettersi in posizione eretta: *rizzarsi a sedere sul letto* **SIN.** ergersi, ergersi, levarsi **C** **rizzàrsi** **v. intr. pron.** **1** diventare ritto: *per l'orrore, gli si rizzarono i capelli* **2** diventare turgido, eretto, detto del pene **3** ergersi: *Alberi frondosi si rizzano sulle torri* (E. De Amicis)

rizzàre② [da *rizza* ✱1814] **v. tr.** ● (*mar.*) fermare oggetti di bordo per evitarne spostamenti con il mare agitato

rizzàta [da *rizzare*① ✱1897] **s. f.** ● atto del rizzare: *una r. d'orecchie* (C.E. Gadda)

rizzatùra [1814] **s. f.** ● (*mar.*) operazione del rizzare | insieme di rizze

RNA /'ɛrre enne'a*/ [sigla dell'ingl. *RiboNucleic Acid* 'acido ribonucleico' ✱1970] **s. m. inv.** ● (*biol.*) acido ribonucleico, che si trova sia nel nucleo sia nel citoplasma delle cellule, la cui funzione principale è la sintesi proteica | ***RNA messaggero***, molecola di RNA trascritta da una molecola di DNA con singolo filamento a cui risulta complementare, che trasmette ai ribosomi le informazioni per la sintesi proteica | ***RNA di trasporto, di trasferimento, solubile***; la più piccola molecola di RNA presente nelle cellule; ha la funzione di adattare i vari amminoacidi alle triplette presenti nell'RNA messaggero

ro ➤ **rho**

road map /ingl. 'rəud,mæp/ [loc. ingl., propr. 'carta (*map*) stradale (*road*)' ✱1997] **loc. sost. f. inv.** (**pl. ingl.** *road maps*) ● spec. nel linguaggio giornalistico, piano programmatico che prevede varie tappe in vista di un obiettivo: *road map per la pace* | (*est.*) tabella di marcia: *rispettare la road map*

road movie ➤ **movie**

road pricing /rod'praisin(g), *ingl.* 'rəud-,praɪsɪŋ/ [loc. ingl., da *road* 'via' e *pricing* 'assegnazione di un prezzo' ✱1989] **loc. sost. m. inv.** ● circolazione urbana a pagamento per autoveicoli privati in zone a traffico limitato **CFR.** Ecopass

road show /ingl. 'rəud,ʃəu, -d'ʃəu/ ➤ **show**

roadster /'rodster, *ingl.* 'rəudstə(r)/ [vc. ingl., da *road* 'strada' ✱1988] **s. m. o f. inv.** ● (*autom.*) automobile scoperta, spec. a due posti **CFR.** cabriolet, spider

roaming /'romin(g), *ingl.* 'rəumɪŋ/ [vc. ingl., propr. 'che vaga', dal v. *to roam* 'girovagare' di orig. germ. ✱1993] **s. m. inv.** ● (*tel.*) nella telefonia mobile cellulare, accordo tra società di gestione del servizio che offre la possibilità agli utenti di una società di utilizzare la rete delle altre

roàno o †**rovàno** [sp. *roano*, dal lat. *rāvidu(m)* 'di color grigiastro', da *rāvus* 'grigiastro', di etim. incerta ✱1532] **A** **s. m.; anche agg.** ● mantello equino formato di peli bianchi, rossi e neri mescolati, mentre coda, criniera ed estremità degli arti sono neri: *mantello r.* | cavallo con tale mantello: *passò la contessa ... guidando un r.* (G. D'Annunzio) **B** **agg.** ● (*lett.*) che è di color rossastro, rugginoso

ròar /'rɔar, *ingl.* 'rɔː(r)/ [vc. ingl., dal v. onomat. *to roar* 'ruggire' ✱1949] **A** **inter.** ● nel linguaggio dei fumetti, voce che riproduce un ruggito o il rombo di un motore **B** **in funzione di s. m. inv.** ● il ruggito o il rombo stessi

roast-beef /'rozbif, *ingl.* 'rəus(t),biːf/ [loc. ingl., propr. 'manzo arrostito', comp. di *roast*, dal fr. *rôtir* '(ar)rostire', e *beef*, dal lat. *bŏve(m)* 'bove' ✱1819] **s. m. inv.** ● carne di manzo, tagliata nello scannello o nella lombata, cotta a fuoco vivo per arrostirla all'esterno mantenendola al sangue all'interno: *roast-beef allo spiedo, al forno; roast-beef freddo* **CFR.** rosbif

♦**ròba**① o †**ròbba** [francone *rauba* 'vestito' ✱1266] **s. f.** **1** insieme dei mezzi di sostentamento: *consumare tutta la propria r.* | (*est.*) complesso di beni, proprietà, possedimenti: *ha lasciato tutta la sua r. ai nipoti; non aveva altro che la sua r.* (G. Verga) | ***r. di casa***, mobili, suppellettili, ecc. **2** ogni oggetto o insieme di oggetti: *chi ha portato questa r.?* | il materiale di cui qlco. è fatto: *non sappiamo di che r. è* | ***r. di valore***, gioielli, oggetti preziosi | cibo, bevanda: *c'è r. per un mese; è tutta r. buona!* | opera, lavoro (**spec. spreg.**): *non leggo quella r.!; Aveva una raccolta di libri ...: tutta r. scelta* (A. Manzoni) | ***che r.!***, che cosa strana, inconsueta | affare, faccenda: *non è r. che ti riguardi* | (*fam.*) ***r. da matti, da chiodi!***, cose incredibili, fuori del comune | (*spreg., iron.*) ***bella r.!***, bella cosa, bel lavoro! **3** stoffa: *r. di lana, fine, comune* | (*est.*) abito, indumento: *r. da lavare, d'inverno; indossare r. nuova* | (*lett.*) ***capo di r.***, capo di vestiario | †***r. lunga***, veste lunga e ampia, con larghe maniche, tipica di personaggi eminenti: *certi imbasciadori di r. lunga* (F. Guicciardini) **4** merce, mercanzia, articolo: *r. di scarto, di prima qualità, cara, rubata; vetrina piena di r.; r. comprata d'occasione* **5** (*gerg.*) sostanza stupefacente ‖ **robàccia**, **pegg.** (V.) | **robétta**, **robettìna**, **dim.** | **robìna**, **dim.** | (*spreg.*) **robùccia**, **dim.**

SFUMATURE ➤ ***possedimento***

†**ròba**② [fr. *robe*. V. *roba*① ✱1291] **s. f.** ● veste, vestito ‖ †**robóne**, **accr. m.** (V.)

robàccia [pegg. di *roba*① ✱av. 1597] **s. f.** (**pl.** *-ce*) **1** (*spreg.*) quantità di materiali, di oggetti vecchi, rotti, inquinanti ecc.: *un camion ha scaricato della r. in una buca abusiva* | cosa di nessun valore o di pessima qualità: *io non la comprerei, è solo r.; non ti fai coscienza di darci a ingollare questa r. qua?* (L. Pirandello) **2** opera, testo, discorso ecc. molto scadente, dal contenuto spregevole: *quel libro? r. pornografica!*

†**robàre** ➤ **rubare**

†**ròbba** ➤ **roba**①

róbbia (o **-ò-**) [lat. *rŭbia(m)*, da *rŭber* 'rosso', V. †*rubro* ✱av. 1320] **s. f.** ● pianta delle Rubiacee con rizoma strisciante, fusto quadrangolare e aculeato, foglie in verticilli; un tempo coltivata per il colorante rosso estratto (*Rubia tinctorum*) **SIN.** garanza | ***r. peregrina***, molto simile alla precedente e comune allo stato selvatico nelle siepi o boscaglie (*Rubia peregrina*)

†**róbbio** (o **-ò-**) o †**róggio** (o †**-ò-**) [lat. *rŭbeu(m)*, var. di *rŭbru(m)* 'rosso'. V. †*rubro* ✱1319] **A** **agg.** ● rosso, fulvo **B** **s. m.** ● panno rosso usato come supporto per i distintivi di determinati ufficiali

robe /fr. rɔb/ [vc. fr., propr. 'vestito'. V. *roba*① ✱1905] **s. f. inv.** ● abito femminile di taglio elegante, a un solo pezzo

robe-manteau /fr. rɔbmɑ̃'to/ [vc. fr., propr. 'vestito mantello', comp. di *robe* (V.) e *manteau* che ha la stessa etim. dell'it. *mantello* ✱1970] **s. f. inv.** (**pl. fr.** *robes-manteaux*) ● abito femminile di modello simile a un cappotto, abbottonato sul davanti

robìglio o **rubìglio** [dal lat. *ervilia* ✱1991] **s. m.** ● (*bot.*) varietà di pisello coltivata come foraggio e spesso inselvatichita

robinétto e deriv. ➤ **rubinetto** e deriv.

robìnia [da J. *Robin* (1550-1628) che la importò dal Canada ✱1801] **s. f.** ● albero delle Papilionacee con foglie imparipennate, stipole spinose e fiori bianchi profumati riuniti in grappoli, di origine nordamericana, naturalizzato nelle regioni temperate dell'Europa (*Robinia pseudacacia*) **SIN.** gaggia, pseudacacia

robiòla [da *Robbio*, località della Lomellina dove viene prodotta (?) * 1549] **s. f.** ● formaggio dolce, tenero, non stagionato, tipico della Lombardia e del Piemonte, confezionato gener. in panetti rettangolari ‖ **robiolina**, **dim.** | **robiolino**, **dim. m.** formaggio molle di latte vaccino o misto con latte di pecora o capra

robivècchi [da *roba vecchia* * 1795 ca.] **s. m. e f. inv.** ● chi compra oggetti usati e li rivende **SIN.** rigattiere

roboànte ➤ **reboante**

robóne [1536] **s. m.** **1** accr. di †*roba*② **2** antica veste ampia e pomposa indossata un tempo da dottori e magistrati: *un r. di drappo pesante, di broccato*

†**roboràre** [vc. dotta, lat. *roborāre* 'rinforzare', da *rōbur*, genit. *rōboris* 'legno di rovere', poi 'forza'. V. *rovere* * sec. XIII] **v. tr.** ● corroborare, fortificare

♦**robot** /ro'bo*, ro'bɔt, *ceco* 'rɔbɔt/ [dal ceco *rōbota* 'lavoro': il n. fu coniato dallo scrittore ceco K. Čapek (1890-1938) per gli automi che agivano nel suo dramma *'R.U.R.'* * 1940] **s. m. inv.** **1** nella fantascienza, creatura meccanica che interagisce con gli uomini | dispositivo meccanico che riproduce i movimenti umani **CFR.** androide, droide **2** in cibernetica, apparecchio automatico programmabile che sostituisce l'uomo in alcune attività della produzione industriale o della ricerca scientifica **3** piccolo elettrodomestico usato in cucina per svariate operazioni come, per es., tagliare, tritare, grattugiare, impastare **CFR.** mixer **4** (*fig.*) chi agisce e si muove in modo meccanico, senza rendersi conto dei propri atti ‖ **robottino**, **dim.**

robòtica [f. sost. di *robotico* * 1964] **s. f.** ● parte della cibernetica che si occupa dello studio, della costruzione e dell'applicazione dei robot

robòtico [da *robot* * 1968] **A agg.** (**pl. m.** *-ci*) ● di robot | relativo alla robotica **B s. m.** (**f.** *-a*) ● esperto di automazione industriale

robotizzàre [fr. *robotiser*, da *robot* * 1966] **A v. tr.** **1** attrezzare, fornire di robot: *r. una fabbrica* **2** (*fig.*) rendere qlcu. simile a un robot, disumanizzare **B robotizzàrsi v. intr. pron.** **1** trasformarsi in seguito all'introduzione e all'uso di robot: *la fabbrica si è robotizzata* **2** (*fig.*) disumanizzarsi come un robot ‖ **robotizzazióne**, **s. f.** automatizzazione; (*fig.*) disumanizzazione

robotizzàto **part. pass.** di *robotizzare*; anche **agg.** **1** nei sign. del v. | funzionante in modo del tutto automatico: *sistema produttivo r.* **2** (*fig.*) disumanizzato: *in questo momento l'uomo r. trionfa* (E. MONTALE)

roburìte [dal lat. *rōbur* 'forza'. V. *rovere* * 1891] **s. f.** ● esplosivo di sicurezza a base di nitrato ammonico, usato nelle miniere

robustézza [av. 1328] **s. f.** ● caratteristica di chi (o di ciò che) è robusto (*anche fig.*): *la r. di un atleta, di una parete, di una connessione* **SIN.** forza, gagliardia, resistenza

SFUMATURE DI SIGNIFICATO

robustezza - vigore - prestanza

Robustezza è la qualità di chi, dotato di un fisico vigoroso, possiede forza, energia. Il **vigore** è propriamente la forza vitale di un organismo vivente, dunque l'energia, la vitalità, che possono anche essere indipendenti dalla robustezza fisica. La **prestanza** fa invece riferimento alla robustezza fisica associata a un bell'aspetto.

SFUMATURE ➤ ***energia***

♦**robùsto** [vc. dotta lat. *robŭstu(m)*, da *rōbus*, forma originale di *rōbur* 'forza'. V. *rovere* * 1319] **agg.** **1** che possiede forza, energia, detto di persona: *un bambino r.*; *Era frate Alberto bello uomo del corpo e r.* (G. BOCCACCIO) | resistente, vigoroso, detto del corpo o delle sue parti: *sana e robusta costituzione*; *braccia robuste* | (*eufem.*) grasso: *un ragazzo un po' r.* **SIN.** forte **2** solido, resistente, detto di cosa: *una catena robusta* | ***quercia, pianta robusta***, che è ben radicata e provvista di grosso fusto | (*est.*) consistente, abbondante (*anche fig.*): *una robusta colazione*; *robuste dosi di ironia* | ***vino r.***, di alta gradazione alcolica: *gusta quest'altro / vin r.* (F. REDI) **3** (*fig.*, *lett.*) intrepido, saldo, coraggioso: *animo r.* | ***stile r.***, efficace, molto espressivo | ***discorso r.***, incisivo, eloquente **4** (*fig.*) acuto, pronto, vigoroso: *ingegno r.*; *la fantasia tanto è più robusta quanto è più debole il raziocinio* (G. VICO) ‖ **robustèllo**, **dim.** | **robustino**, **dim.** ‖ **robustaménte**, **avv.** **SIN.** gagliardamente

SFUMATURE DI SIGNIFICATO

robusto - massiccio - possente

Robusto è ciò che è solido e vigoroso, in grado di sostenere grandi fatiche; riferito alla costituzione fisica di una persona o di un animale indica una struttura ossea e muscolare forte. **Massiccio** è ciò che è particolarmente solido, forte e pesante, e suggerisce anche visivamente l'idea dell'imponenza e della robustezza. L'idea della forza e dell'imponenza fisica è espressa con intensità ancora maggiore da **possente**.

SFUMATURE ➤ ***imponente***, ➤ ***tarchiato***

†**robustóso** (o **-ṣo**) [da *robusto* col suff. *-oso*③ * 1224 ca.] **agg.** ● robusto: *ed ello è bello et iocundo et r. et forte* (FRANCESCO D'ASSISI)

rocàggine [1691] **s. f.** ● condizione di chi (o di ciò che) è roco: *soffrire di r.*; *la r. di un suono* **SIN.** fiochezza

rocaille /fr. rɔ'kaj/ [vc. fr., V. *rococò* * 1905] **s. f. inv.** ● tipo di architettura rustica da giardino con grotte artificiali, agglomerati di pietre, conchiglie, fontane e sim. in voga nei secc. XVII e XVIII | motivo decorativo di mobili e altri oggetti d'ornamento a conchiglie, volute, riccioli, tipico dello stile rococò francese

rocambolésco [fr. *rocambolesque*, da *Rocambole*, n. dello spericolato protagonista dei romanzi di Ponson du Terrail (1829-1871) * 1904] **agg.** (**pl. m.** *-schi*) ● detto di azione così avventurosa e audace da parere incredibile, o portata a termine con grande astuzia e spericolatezza: *fuga rocambolesca*; *furto r.* ‖ **rocambolescaménte**, **avv.**

ròcca① (o **-ò-**) [got. *rukka* * sec. XIII] **s. f.** **1** strumento per filare a mano, costituito da un'asta lunga circa un metro con un'estremità rigonfia attorno a cui si arrotola la lana che si fa poi scorrere per alimentare il fuso | ***la r. e il fuso, la r. e l'ago***, (*fig.*, *disus.*) i lavori femminili **SIN.** conocchia **2** (*tess.*) confezione di filato cilindrica o conica, su un tubetto conico, troncoconico o cilindrico **3** (*edil.*) fumaiolo ‖ **rocchèlla**, **dim.** (V.) | **rocchétta**, **dim.** (V.) | **rocchétto**, **dim. m.** (V.)

ròcca② [vc. di orig. preindeur. * 1250 ca.] **s. f.** **1** fortezza di grandi dimensioni costruita di solito in cima a un monte o in un luogo elevato, dirupato e scosceso; frequente nei nomi propri di luogo: *R. Priora*; *R. di Papa* **2** in alpinismo, cima isolata con pareti nude, quasi verticali, che termina con una piccola spianata **3** (*raro*) torre, nel gioco degli scacchi **4** (*anat.*) ***r. petrosa***, formazione piramidale endocranica dell'osso temporale in cui è contenuto l'orecchio interno **5** †roccia | ***di r.***, estratto da miniere: *rubini di r.* (LEONARDO) | ***allume di r.***, V. *allume* | ***cristallo di r.***, V. *cristallo* ‖ **rocchétta**, **dim.**

roccafòrte o (*raro*) **ròcca fòrte** [comp. di *rocca*② e *forte* * 1260 ca.] **s. f.** (**pl.** *rocchefòrti* o *roccafòrti*, *raro ròcche fòrti*) **1** fortezza, città fortificata **2** (*fig.*) luogo, ambiente in cui si concentra la maggiore forza di qlcu. o di qlco.: *l'Inghilterra resta … la r. del vero liberalismo* (E. MONTALE) **SIN.** baluardo

roccàta [da *rocca*① * av. 1328] **s. f.** ● pennecchio

roccatrìce [da *rocca*① * 1949] **s. f.** ● (*tess.*) macchina destinata alla roccatura di un filato

roccatùra [da *rocca*① * 1959] **s. f.** ● (*tess.*) operazione con cui si confeziona in un'unica rocca, avvolgendolo a spire incrociate sulla roccatrice, il filato svolto successivamente da più confezioni provenienti dalla filatura o dalla torcitura

roccèlla [V. *oricello*① * 1823] **s. f.** ● (*bot.*) genere di licheni delle regioni mediterranee e delle isole del Capo Verde; da alcune specie si ricava l'oricello (*Roccella*)

rocchèlla [dim. di *rocca*① * sec. XIV] **s. f.** ● (*tess.*) rocchetto

rocchétta [da *rocca* * 1612] **s. f.** **1** dim. di *rocca* **2** (*milit.*) artificio di guerra per illuminazione o segnalazioni luminose

rocchettàro ➤ **rockettaro**

rocchettièra [da *rocchetto*① * 1922] **s. f.** ● (*tess.*) macchina, simile a una roccatrice, impiegata per l'incannatura, spec. di un filato di seta o di un filamento di tecnofibre, su un rocchetto

rocchétto① [dim. di *rocca*① * sec. XIV] **s. m.** **1** piccolo cilindro cavo di vario materiale, con bordi sporgenti alle estremità, su cui è avvolto un filato per cucire e che può essere inserito nell'apposito alloggiamento di una macchina per cucire | (*est.*) gomitolo cilindrico: *un r. di filo da ricamo* **2** nell'industria tessile, confezione di un filato di seta o di un filamento di tecnofibre, avvolto a spire parallele su un cilindro di legno, cartone, plastica o sim. **3** (*tecnol.*) in una coppia di ruote dentate, quella di minore diametro con un numero di denti uguale o prossimo a quello minimo possibile | in una coppia di ruote dentate a dentatura interna, la ruota interna **4** (*teatro*) rullo di legno impiegato per far scorrere le funi che sostengono gli elementi di scena **5** oggetto che nella forma ricorda un rocchetto: *tacco a r.* **6** (*cinema*) piccolo cilindro, dentato e non, che provvede al trascinamento o scorrimento della pellicola cinematografica all'interno di cineprese, proiettori, sviluppatrici e sim. **7** (*elettr.*, *disus.*) bobina | ***r. di induzione, di Ruhmkorff***, trasformatore atto a trasformare una corrente continua a basso potenziale e alta intensità, erogata da una pila o sim., in una corrente discontinua a bassa intensità e alto potenziale; usato in passato per studiare le onde hertziane e la scarica nei gas rarefatti e oggi in campo didattico per illustrare le leggi dell'induzione elettromagnetica | ***r. d'accensione***, bobina d'accensione | ***r. di Tesla***, trasformatore alimentato da una corrente ad alta frequenza e capace di fornire un'alta tensione ad alta frequenza per applicazioni spec. terapeutiche

rocchétto② [fr. *rochet*, dal francone *hrok* * av. 1535] **s. m.** ● sopravveste liturgica di lino bianco con pizzo, lunga fino a mezza gamba, portata dal Papa, dai vescovi, dai prelati e, per concessione, da altri ecclesiastici

rocchigiàno [sec. XV] **s. m.** (**f.** *-a*) **1** abitante o nativo di una località nel cui nome appare il toponimo *Rocca*, come *Rocca San Casciano* **2** †custode o governatore di una rocca

ròcchio [lat. tardo *rŏtulu(m)*. V. *rotolo*① * 1313] **s. m.** **1** (*archit.*) ciascuno degli elementi pressoché cilindrici del fusto di una colonna di pietra non monolitica, spesso uniti tra loro da punti metallici in asse **2** (*est.*) pezzo cilindrico tozzo e non molto grande: *un r. di legno* | ***r. di salsiccia***, ogni porzione compresa tra due nodi del budello | ***r. di carne***, pezzo di carne senz'osso | ***r. di anguilla, di nasello***, porzione cilindrica | ***r. di fichi secchi***, fichi incastellati a rocchio

♦**ròccia** [fr. *roche*, corrispondente all'it. *rocca*② ✱ sec. XIII] **s. f.** (**pl.** *-ce*) **1** aggregato di minerali dovuto a fenomeni geologici **CFR.** lito-, -lito①, petro- | ***r. metamorfica***, derivante da profonde modificazioni di rocce eruttive o di rocce sedimentarie | ***r. sedimentaria***, dovuta a deposito di materiale solido trasportato dall'acqua o dall'aria | ***r. eruttiva***, derivante dal consolidamento di un magma **2** correntemente, parte più dura e compatta della superficie terrestre: *strada scavata nella r.* | parete scoscesa di pietra viva (spec. in alpinismo): *arrampicata su r.*; *chiodi, scarpe da r.* | ***fare r.***, scalare | ***palestra di r.***, V. *palestra* | ***lana di r.***, V. *lana* nel sign. 5 **3** (*fig.*) persona moralmente salda o fisicamente molto robusta e resistente **4** (*fam., tosc.*) incrostazione di sudiciume: *avere la r. tra le dita* ‖ **roccétta**, **dim.** | **roccióne**, **accr. m.**

rocciatóre [da *roccia* ✱ 1935] **s. m.** (**f.** *-trice*) ● nell'alpinismo, chi arrampica su roccia

roccióso (o **-ṣ-**) [1871] **agg. 1** costituito da rocce, sassoso: *mare dal fondo r.*; *suolo r.* **2** (*fig.*) forte, nerboruto: *mani rocciose* | (*fig.*) duro, deciso: *un difensore r.* | (*fig.*) tenace, ostinato: *carattere r.* **3** (*fam., tosc.*) coperto di sudiciume indurito ‖ **rocciosaménte**, **avv.** ‖ **rocciosità**, **s. f. inv. 1** caratteristica di terreno o paesaggio roccioso **2** (*fig.*) fermezza, saldezza, tenacia

ròcco [dal persiano *rōkh* 'elefante che porta sul dorso una torre con un arciere'; non si esclude un accostamento al pastorale ✱ 1319] **s. m.** (**pl.** *-chi*) **1** bastone o pastorale degli arcivescovi e di alcuni vescovi, ritorto in cima, con piccola torre e croce **2** †torre degli scacchi

roccocò ➤ **rococò**

roccolàno [dal n. corrente della città, *Rocca*, con il doppio suff. *-ol(o)*④ e *-ano*① ✱ sec. XX] **A agg.** ● di Roccaraso **B s. m.** (**f.** *-a*) ● abitante o nativo di Roccaraso

ròccolo [da avvicinare a *rocca*② (?) ✱ 1844] **s. m.** ● tesa classica agli uccelli, con reti verticali disposte attorno a piante e boschetti opportunamente preparati in precedenza

rochézza [sec. XIV] **s. f.** ● rocaggine

rock /rɔk, *ingl.* rɒk/ [1962] **A s. m. inv.** ● accorc. di *rock and roll* **B in funzione di agg. inv.**: *complesso r.*; *concerto r.*

rockabilly /rɔkka'billi, *ingl.* 'rɒkəˌbɪlɪ/ [vc. dell'ingl. d'America, comp. di *rock a(nd roll)* e *(hill-)billy* 'musica di chi proviene dalle regioni sudorientali degli Stati Uniti' ✱ 1982] **s. m. inv.** ● genere musicale statunitense nato dalla fusione del rock and roll con elementi country e western

rock and ròll /rokken'rɔl, *ingl.* rɒk ən'rəʊl/ o **rock'n'ròll** /rokken'rɔl, *ingl.* rɒkn'rəʊl/ [ingl., propr. 'dondola e rotola', comp. di *to rock* 'cullare, dondolare', di orig. germ., e *to roll* 'rotolare', dal fr. *rouler* (stessa etim. dell'it. *rotolare*) ✱ 1957] **loc. sost. m. inv.** ● genere musicale, derivato da swing e rhythm and blues, di ritmo molto accentuato su terzine, sorto in Nord America nei primi anni '50 del Novecento in contrasto con la musica melodica in voga all'epoca

ròcker /'rɔker, *ingl.* 'rɒkə(r)/ [vc. ingl., da *rock* ✱ 1964] **s. m. e f. inv. 1** autore o esecutore di musica rock **2** appassionato, cultore di musica rock

rockettàro o **rocchettàro** [da *rock*, sul modello di *gruppettaro* e sim. ✱ 1980] **s. m.** (**f.** *-a*) ● giovane compositore, cantante o esecutore di musica rock (*spec. iron.*) | fanatico di musica rock

rock-jazz /rok'dʒɛts, -dʒaz, *ingl.* 'rɒkˌdʒæz/ [vc. ingl., comp. di *rock* e *jazz* ✱ 1979] **s. m. inv.** ● (*mus.*) corrente jazzistica che assume alcuni caratteri del rock

rock'n'ròll ➤ **rock and roll**

rockstàr /roks'tar, *ingl.* 'rɒkˌstɑː(r)/ [vc. ingl., comp. di *rock* e *star* ✱ 1977] **s. f. inv.** ● musicista rock di grande successo, divo o diva del rock

♣**ròco** [lat. *răucu(m)* 'rauco' ✱ 1319] **agg.** (**pl. m.** *-chi*) ● rauco, detto di persona: *essere r. per il mal di gola* | fioco, soffocato o aspro, detto di suono, voce o altro: *o r. mormorio di luci-d'onde* (F. PETRARCA) ‖ **rocaménte**, **avv. SIN.** raucamente, fiocamente

rococò o (*raro*) **roccocò** [fr. *rococo*, deformazione di *rocaille* 'pietrame' (per ornamento di grotte artificiali, ecc.) poi 'motivo decorativo', da *roche* 'roccia' ✱ 1839] **A s. m. inv.** ● stile settecentesco decorativo e architettonico di origine francese caratterizzato da forme capricciose e mosse e da elementi decorativi quali foglie, volute, conchiglie, riccioli disposti asimmetricamente **B agg. inv. 1** relativo a tale stile: *mobile r.* **2** (*est.*) lambiccato, artificioso: *pettinatura r.*

rodàggio [fr. *rodage*, da *roder* 'levigare per attrito', dal lat. *rōdere* ✱ 1939] **s. m. 1** operazione consistente nel fare funzionare una macchina, un motore, un veicolo nuovi per un certo tempo senza superare i limiti di velocità indicati dal costruttore e senza sforzi eccessivi, per consentire l'assestamento dei vari organi: *automobile in r.* **2** (*fig.*) tempo necessario per adattarsi a persone, luoghi, ambienti nuovi

rodàre [da *rodaggio* ✱ 1935] **v. tr.** (*io ròdo*) **1** sottoporre a rodaggio **2** (*fig.*) abituare a nuove necessità o a nuovi ambienti | cominciare a usare qlco. di nuovo: *r. le nuove scarpe*

rodènse [sec. XX] **A agg.** ● di Rodi, isola della Grecia **B s. m. e f.** ● abitante o nativo di Rodi, isola della Grecia **SIN.** rodiese, rodiota **CFR.** rodiano

rodènte **part. pres.** di *rodere*; anche **agg.** ● nei sign. del v. | (*fig., lett.*) assillante: *Un altro sentimento era, duro r. indefinibile* (L. PIRANDELLO)

rodenticìda [comp. di *rodente* e *-cida* ✱ 1978] **A s. m.** (**pl.** *-i*) ● (*chim., agric.*) pesticida usato nella lotta contro i roditori **B anche agg.**

ròdeo① [gr. *ródeos* 'roseo', da *ródon* 'rosa' (V. *rodio*①), dal colore del maschio ✱ 1930] **s. m.** ● piccolo pesce dei Ciprinidi di acqua dolce, europeo, con vivace livrea nuziale nel maschio (*Rhodeus amarus*)

rodèo② /ro'dɛo, *sp.* ʀɔ'ðeo/ [sp., da *rodear* 'girare intorno', dal lat. *rŏta* 'ruota' ✱ 1950] **s. m.** (**pl.** *rodèi* o **sp.** *rodeos*) ● gara tra cowboy, consistente nel cavalcare senza sella o nell'atterrare cavalli e torelli non ancora domati

♣**ródere** [lat. *rōdere*, di orig. onomat. ✱ av. 1292] **A v. tr.** (**pres.** *io ródo*; **pass. rem.** *io rósi, tu rodésti*; **part. pass.** *róso*) **1** tritare, sgretolare, rosicchiare con i denti: *r. un osso* | consumare progressivamente in modo analogo, detto di certi insetti: *il tarlo rode il legno; tutti que' bruchi, che negli orti rodono la verdura* (F. REDI) | (*fig., lett.*) ***r. il freno***, reprimere l'impazienza, lo sdegno, ecc. **2** logorare, consumare, distruggere a poco a poco (*anche fig.*): *lo scoglio rode le gomene*; *r. il ferro con la lima; il fèr torrente ... / superbo ... le contrarie ripe rode* (L. DE' MEDICI); *essere roso dal rimorso* | corrodere, erodere: *un acido che rode*; *l'acqua rode le rocce* | guastare, rovinare, detto di malattie o altro: *la piaga gli rode la pelle* **3** (*fig.*) causare rabbia, irritazione, tormento: *lo rodeva la gelosia*; *ho qui qualche cosa che m'opprime, che mi rode* (A. MANZONI) **4** (*lett.* o *scherz.*) mangiare: *cosa mi dai da r.?* **B v. intr.** (**aus.** *avere*) ● (*fig., colloq.*) provocare rabbia, dispiacere, risentimento: *gli rode non essere stato invitato* **C ródersi v. tr. pron.** (**aus.** *essere*) ● rosicchiarsi: *rodersi le unghie* | (*fig.*) ***rodersi il fegato, la bile***, logorarsi per la rabbia o il rancore **D ródersi v. rifl.** ● (*fig.*) consumarsi, tormentarsi, affliggersi: *rodersi di rabbia, dalla bile, per una passione non corrisposta* **SIN.** consumarsi, struggersi **E ródersi v. rifl. recipr.** ● (*lett., fig.*) combattersi, odiarsi: *rodersi l'un l'altro*

rodiàno [1353] **A agg.** ● di Rodi Garganico, in provincia di Foggia, o di Rodi, isola della Grecia **B s. m.** (**f.** *-a*) ● abitante o nativo di Rodi Garganico o dell'isola di Rodi

rodiàre [da *rodio*① ✱ 1970] **v. tr.** (*io ròdio*) ● rivestire i metalli di un sottilissimo strato di rodio per mezzo di bagno galvanico

rodiatùra [1959] **s. f.** ● operazione del rodiare

rodìbile [1779] **agg.** ● (*raro*) che può essere eroso

ròdico [1614] **agg.** (**pl. m.** *-ci*) ● (*chim.*) di composto del rodio

rodièse (o **-ṣ-**) [1860] **A agg.** ● di Rodi, isola della Grecia **B s. m. e f.** ● abitante o nativo di Rodi, isola della Grecia **SIN.** rodense, rodiota **CFR.** rodiano

rodìggio [vc. d'orig. sconosciuta ✱ 1930] **s. m.** ● insieme degli organi di un veicolo ferroviario, quali i cerchioni, le ruote, gli assi, i cuscinetti, le boccole, compresi tra il binario e la sospensione elastica

rodigìno [da *Roda*, n. mediev. di *Rovigo* ✱ av. 1556] **A agg.** ● di Rovigo **B s. m.** (**f.** *-a*) ● nativo, abitante di Rovigo **SIN.** rovigotto, rovighese

rodilégno [comp. di *rodere* e *legno* ✱ 1927] **s. m.** (**pl. inv.** o *-i*) ● insetto dei Lepidotteri massiccio, peloso, con larve dalle mandibole robustissime che scavano gallerie anche nei legni più duri (*Cossus cossus*) **SIN.** perdilegno

rodiménto [av. 1320] **s. m. 1** il rodere | erosione: *il r. delle acque di un fiume* **2** (*fig.*) rovello, cruccio interiore: *il r. dell'invidia, dell'odio, della gelosia*

ròdio① [dal gr. *ródon* 'rosa', dal colore di molti suoi composti ✱ 1829] **s. m.** (**pl.** *-i* o *-ii*) ● elemento chimico, metallo del gruppo del platino, presente in sabbie aurifere, usato per catalizzatori e, in lega col platino, per coppie termoelettriche **SIMB.** Rh **NUM. AT.** 45

†**ròdio**② [vc. dotta, gr. *ródeos*, agg. di *ródon* 'rosa', di orig. preindeur. ✱ 1568] **agg.** ● roseo, rosaceo: *legno r.*

ròdio③ [vc. dotta, lat. *Rhŏdiu(m)*, dal gr. *Ródios* 'di Rodi (*Ródos*)' ✱ 1520] **agg.** ● di Rodi: *le antiche città rodie*

rodìo④ [1840] **s. m.** (**pl.** *-ii*) **1** rodimento insistente: *il r. del tarlo* | (*raro*) erosione **2** (*fig.*) rovello prolungato: *L'ira non è mai improvvisa. Nasce da un lungo r. precedente* (C. PAVESE)

rodiòta [1860] **A agg.** (**pl. m.** *-i*) ● di Rodi, isola della Grecia **B s. m. e f.** ● abitante o nativo di Rodi, isola della Grecia **SIN.** rodense, rodiese **CFR.** rodiano

rodìte [detto così perché è un parassita della *rosa* (gr. *ródon*: V. *rodio*①); nel sign. 2, del colore *rosa* della lega ✱ 1835] **s. f. 1** piccolo insetto degli Imenotteri le cui femmine pungendo le piante di rosa per deporre le uova provocano l'insorgere di caratteristiche galle (*Rhodites rosae*) **2** lega naturale di oro e rodio

roditóre [1361] **agg.** (**f.** *-trice*) ● (*lett.*) che rode (*anche fig.*): *verme r.*; *rimorso r.*

Roditóri [1895] **s. m. pl.** (**sing.** *-e*) ● (*zool.*) ordine di Mammiferi privi di canini ma con incisivi sviluppatissimi a crescita continua,

r

frugivori od onnivori, spesso dannosi (*Rodentia*) SIN. (*pop.*) Rosicanti

roditrice [1983] **s. f.** ● (*tecnol.*) attrezzo manuale del lattoniere, simile alla cesoia ordinaria, usato per praticare feritoie o aperture nella lamiera tagliandola lungo il loro contorno

ròdo- [dal gr. *rhódon* 'rosa'] **primo elemento** ● in parole composte scientifiche, significa 'rosa' o indica colorazione rosea: *rododendro*, *Rodoficee*

rodocroṣìte [dal gr. *rhodóchroos* 'del colore della rosa' ✻ 1821] **s. f.** ● (*miner.*) carbonato di manganese, comunemente in masse concrezionali rosa, usato come pietra semipreziosa

rododèndro [vc. dotta, gr. *rodódendron*, comp. di *rhódon* 'rosa' (V. *rodo-*) e *-dendro* ✻ av. 1557] **s. m.** ● arbusto delle Ericacee caratteristico della flora alpina, con fusto tortuoso, foglie coriacee e persistenti, rugginose sulla faccia inferiore, fiori rossi in corti grappoli (*Rhododendron ferrugineum*) | *r.* ***irsuto***, piccolo rododendro, con foglie verdi anche nella faccia inferiore, cigliate sui margini, endemico delle Alpi calcaree e dolomitiche (*Rhododendron hirsutum*)

Rodofìcee [comp. di *rodo-* e del gr. *phŷkos* 'alga' (V. *ficocianina*) ✻ 1957] **s. f. pl.** (**sing.** *-a*) ● (*bot.*) classe di organismi pluricellulari spec. marini, di forma varia e colore gener. rosso (*Rhodophyceae*) SIN. Alghe rosse

Rodòfite [vc. dotta, comp. di *rodo-* e del pl. f. di *-fito* ✻ 1936] **s. f. pl.** (**sing.** *-a*) ● (*bot.*) divisione che riunisce tutte le alghe rosse e comprende la sola classe delle Rodoficee (*Rhodophyta*)

rodomontàta [1605] **s. f.** ● comportamento, azione o discorso da rodomonte SIN. spacconata, smargiassata

✦**rodomónte** [dal n. di un personaggio dell'"Orlando furioso' di L. Ariosto (1474-1533) ✻ 1545] **s. m.** ● chi fa lo spavaldo vantando azioni strabilianti e affronta imprese temerarie solo per esibire la propria forza SIN. bravaccio, smargiasso, spaccone

rodomontésco [1619] **agg.** (**pl. m.** *-schi*) ● da rodomonte

rodonìte [dal gr. *rhódon* 'rosa' (V. *rodio*①), per il colore e *-ite*② ✻ 1930] **s. f.** ● (*miner.*) silicato di manganese in masse microcristalline di colore rosa-violaceo, comunemente usato per collane

rodopsìna [comp. di *rodo-* e del gr. *ópsis* 'vista', di orig. indeur., col suff. *-ina* ✻ 1940] **s. f.** ● (*biol.*) cromoproteina presente nella retina con funzione di recettore della luce

rodotàmno [comp. di *rodo-* e del gr. *thámnos* 'arboscello, pianta', da avvicinare a *thaminós* 'frequente, spesso', di orig. indeur. ✻ 1965] **s. m.** ● arbusto delle Ericacee con foglie semplici, persistenti, che cresce sulle Alpi orientali (*Rhodotamnus chamaecistus*)

Ròe /rɔe/ [sigla ingl. di *R(eturn) o(n) e(quity)* 'ritorno, provento del capitale' ✻ 1988] **s. m. inv.** ● nella tecnica aziendale, indice di bilancio che misura la redditività del capitale proprio; è pari al rapporto tra il reddito di esercizio e il capitale

roentgen e deriv. ➤ **röntgen** e deriv.

roentgènio (roent-gen-io, roent-ge-nio) /roent'gɛnjo/ [da W. C. Röntgen. Cfr. *röntgen* ✻ 2004] **s. m.** ● elemento chimico, metallo sintetico radioattivo ottenuto artificialmente SIMB. Rg NUM. AT. 111

†**róffia** [longob. *hruf* 'forfora' ✻ 1321] **s. f. 1** ripulitura, spuntatura di pelli conciate **2** (*est.*) cosa che insozza, imbratta, macchia | rifiuto, scoria **3** (*fig.*) nebbia, caligine

rogànte **A** **part. pres.** di *rogare*; **anche agg.** ● nei sign. del v. **B** **s. m. e f.** ● (*dir.*) parte che stipula un contratto notarile

rogàre [vc. dotta, lat. *rogāre* 'chiedere, presentare un disegno di legge', dalla stessa radice di *rēgere* 'dirigere', V. *reggere* ✻ 1362] **v. tr.** (*io rògo, tu ròghi*) **1** richiedere a una autorità giudiziaria, da parte di un altro organo giudiziario, di compiere determinate incombenze processuali **2** riferito all'attività di un notaio, stipulare un atto

rogatàrio [da *rogato* ✻ 1959] **s. m.** (**f.** *-ia*) ● (*dir.*) chi, su richiesta del rogante, stende un atto notarile

rogatóre [vc. dotta, lat. *rogatōre(m)*, da *rogātus* 'rogato' ✻ av. 1363] **s. m.** (**f.** *-trice*) ● negli atti notarili, rogante

rogatòria [f. sost. di *rogatorio* ✻ 1892] **s. f.** ● (*dir.*) atto con cui una autorità giudiziaria richiede a un'altra di compiere determinate incombenze processuali

rogatòrio [da *rogato* ✻ 1804] **agg.** (**pl. m.** *-i* o *raro -ii*) ● di rogatoria | ***atto r.***, eseguito in adempimento di una rogatoria

rogazióne [vc. dotta, lat. *rogatiōne(m)*, da *rogātus* 'rogato' ✻ 1363] **s. f. 1** nella Roma repubblicana, proposta di legge presentata come interrogazione dal magistrato al popolo riunito nei comizi **2** †atto pubblico, notarile **3** (**al pl.**) processioni penitenziali cattoliche di propiziazione per il buon esito delle semine e dei raccolti, celebrate spec. in passato, con apposita liturgia e con il canto delle litanie, il 25 aprile e tre giorni prima dell'Ascensione

ròger /'rɔdʒer, *ingl.* 'rɒdʒə(r)/ [dal nome proprio *Roger* la cui iniziale sta per *received* ✻ 1956] **avv.** ● nei collegamenti radiotelefonici, ricevuto! | (*est., colloq.*) d'accordo SIN. ok

róggia (o **-ò-**) [lat. *arrūgia(m)* 'galleria di una miniera', di orig. preindeur. ✻ 1465 ca.] **s. f.** (**pl.** *-ge*) ● (*sett.*) piccolo canale artificiale, spec. per l'irrigazione: *Le foglie dei sambuchi, che sulle rogge / sbucano dai caldi e tondi rami* (P.P. Pasolini)

†**róggio** (o **-ò-**) ➤ †**robbio**

rogitàre [da *rogito* ✻ sec. XIV] **v. intr.** (*io rògito*; **aus.** *avere*) ● (*dir.*) stipulare un rogito

rògito [dal lat. *rogitāre*, intens. di *rogāre* ✻ av. 1484] **s. m.** ● atto pubblico redatto da un notaio nelle forme previste dalla legge

rógna [etim. incerta ✻ sec. XIII] **s. f. 1** (*veter.*) infestazione contagiosa della cute di animali domestici causata dalla femmina dell'acaro *Sarcoptes scabiei* | (*pop.*) scabbia **2** (*bot.*) ***r. nera delle patate***, fungo dei Ficomiceti, i cui sporangi stanno nell'interno della pianta ospite e producono ingenti danni (*Synchytrium endobioticum*) | ***r. nera dell'ulivo***, malattia dovuta a un batterio (*Pseudomonas savastanoi*) che penetra nei tessuti attraverso le ferite formando tumori di varia grandezza SIN. tubercolosi dell'ulivo **3** (*fig., colloq.*) cosa o persona molto fastidiosa o molesta: *quell'individuo è una r.*; *quell'affare è una vera r.* | guaio, fastidio: *va in cerca di rogne* | (*fig., lett.*) peccato, vizio morale: *e lascia pur grattar dov'è la r.* (Dante *Par.* XVII, 129) ‖ **rognàccia**, **pegg.** | **rognétta**, **dim.**

rognàre [vc. region. di discussa etim. ✻ 1606] **v. intr.** (*io rógno*; **coniug. come** *segnare*; **aus.** *avere*) ● (*sett.*) brontolare, lamentarsi, protestare

rognonàta [1640] **s. f.** ● pietanza a base di rognoni

rognóne [lat. parl. **reniōne(m)*, da *rēn*, genit. *rēnis* 'rene' ✻ sec. XIV] **s. m. 1** rene di bestia macellata | (*est.*) pietanza a base di rognoni: *r. trifolato* **2** nell'alpinismo, formazione rocciosa affiorante nel mezzo di un ghiacciaio ‖ **rognoncìno**, **dim.**

rognóso (o **-ṣ-**) [av. 1373] **agg. 1** affetto da rogna o da scabbia **2** (*fig.*) fastidioso, noioso, detto di persona | complicato, difficile, fastidioso, detto di impegno, questione e sim.: *è un affare r.* ‖ **rognosétto**, **dim.** ‖ **rognosaménte**, **avv.** ‖ **rognosità**, **s. f. inv.**

rògo (o **-ó-**) [vc. dotta, lat. *rŏgu(m)*, di etim. incerta ✻ 1336 ca.] **s. m.** (**pl.** *-ghi*) **1** catasta di legna su cui si bruciavano i cadaveri o i condannati a morte mediante l'omonimo supplizio: *allestire un r.*; *l'eretico fu condannato al r.* SIN. pira **2** (*est.*) falò, incendio: *un r. di libri*; *la foresta ormai è un r.* **3** (*fig., lett.*) morte: *oltre il r. non vive ira nemica* (V. Monti)

Ròi /rɔi/ [sigla ingl. di *R(eturn) o(n) i(nvestment)* 'ritorno, redditività dell'investimento' ✻ 1993] **s. m. inv.** ● nella tecnica aziendale, indice di bilancio che misura la redditività del capitale investito; è pari al rapporto tra il risultato operativo e il totale degli investimenti

role playing /rol'plein(g), *ingl.* 'rəul,pleɪŋ/ [loc. ingl., comp. di *role* 'ruolo' e *playing* 'gioco' ✻ 1992] **loc. sost. m. inv.** (**pl. ingl.** *role playings*) ● gioco di ruolo

ròlfing /'rɔlfin(g), *ingl.* 'rɒlfɪŋ/ [dal n. dell'inventrice, I. *Rolf* (1896-1979) ✻ 1983] **s. m. inv.** ● (*med.*) pratica fisioterapica simile alla chiroterapia, consistente nella manipolazione dei muscoli, del tessuto connettivo e delle ossa, in grado di migliorare la postura e il senso dell'equilibrio e di ottimizzare l'allineamento della struttura del corpo

rolìno ➤ **ruolino**

rollàre① [fr. *rouler* 'arrotolare'. V. *rullare*① ✻ 1804] **v. tr.** (*io ròllo*) ● (*mar.*) arrotolare strettamente

rollàre② o **rullàre** [fr. *rouler* 'rotolare, ruotare': V. *rullare*① ✻ 1804] **v. intr.** (*io ròllo*; **aus.** *avere*) ● (*mar., aeron.*) compiere movimenti di rollio, detto di nave e di aeromobile

rollàta [da *rollare*② ✻ 1854] **s. f.** ● repentina e pronunciata oscillazione di rollio, di aereo o nave

rollatùra ➤ **rullatura**

roll-bàr /rol'bar, *ingl.* 'rəul,bɑ:(r)/ [vc. ingl., propr. 'barra tubolare', comp. di *roll* 'rotolo, cilindro' (dal fr. ant. *rolle*: stessa etim. dell'it. *rotolo*①) e *bar* 'barra' (V.) ✻ 1983] **s. m. inv.** (**pl. ingl.** *roll-bars*) ● (*autom.*) dispositivo di sicurezza di un veicolo fuoristrada costituito da una struttura tubolare a forma di U capovolta, larga e alta come l'abitacolo, fissata inferiormente alla scocca, che protegge il pilota e i passeggeri in caso di rovesciamento del veicolo

rollè [fr. *roulé*, part. pass. di *rouler* 'arrotolare'. V. *rullare*① ✻ 1942] **A** **s. m.** ● carne disossata di petto di vitello o altro, steccata di lardo, arrotolata e arrostita **B** (*raro*) **anche agg.**

ròller① /'roller, *ingl.* 'rəulə(r)/ [dall'ingl. *rollerball* 'sfera rotolante' ✻ 1987] **A** **s. m. inv.** ● penna a sfera fornita di uno speciale inchiostro liquido che rende la scrittura particolarmente scorrevole **B** **anche agg. inv.**: *penna r.*

Rollerblade® /roller'ble(i)d, *ingl.* 'rəulə,bleɪd/ [vc. ingl., propr. 'lamina (*blade*) di rotelle (*roller*)' ✻ 1991] **s. m. inv.** ● tipo di pattini con rotelle disposte in linea ‖ **ròller**②, **accorc.**

rollìno ➤ **rullino**

rollìo o **rullìo** [da *rollare*② col suff. *-io*① ✻ 1804] **s. m.** (**pl.** *-ii*) **1** (*mar., aeron.*) oscillazione di nave o aereo intorno al proprio asse longitudinale | (*aeron.*) ***r. olandese***, rollio di un velivolo accompagnato da serpeggiamento | (*mar.*) ***alette di r.***, pinne metalliche fissate di taglio lungo i fianchi della carena immersa per contrastare il movimento di rollio della nave CFR. beccheggio, imbardata **2** (*est., sport*) nel nuoto a crawl e sul dorso, movimento di torsione del busto attorno all'asse longitudinale

ròllo [ingl. *roll* (V. *roll-bar*) ✻ 1959] **s. m. 1** ro-

a b c d e f g h i j k l m n o p q **r** s t u v w x y z

tolo di carta da parati **2** V. *rullo* nel sign. 4

rollòmetro [comp. di *roll(are)* e *-metro* ✱ 1937] **s. m.** ● (*mar.*) oscillometro

roll-òn roll-òff /roll'ɔn roll'ɔf, *ingl.* 'rəʊl,ɒn 'rəʊl,ɒf/ [loc. ingl., comp. dei v. *to roll on* 'caricare rotolando' e *to roll off* 'scaricare rotolando' ✱ 1989] **loc. agg. inv.** ● detto di nave da carico, spec. di linea, spesso attrezzata anche per il trasporto passeggeri, fornita di apposite rampe per l'accesso diretto di autotreni, semirimorchi e sim.

♦**rom**① /rɔm/ [vc. zingarica, che significa 'uomo, marito' ✱ 1977] **s. m. e f. inv.; anche agg. inv.** ● (*antrop.*) zingaro: *lingua rom*; *insediamento di rom*

rom② /rɔm/ [sigla ingl. di *r(ead) o(nly) m(emory)* 'memoria a sola lettura' ✱ 1971] **s. f. inv.** ● (*inform.*) tipo di memoria nella quale sono registrati permanentemente dati e programmi che, spec. negli elaboratori elettronici, devono essere presenti nel sistema fin dall'accensione per permetterne il corretto avviamento

♦**romagnòlo** [1312] **A agg. 1** della Romagna **2** †detto di panno di lana grezza, di colore naturale **B s. m.** (**f.** *-a*) ● abitante o nativo della Romagna **C s. m. solo sing.** ● dialetto gallo-italico parlato in Romagna

romàico o **romèico** [vc. dotta, gr. *rōmaikós* 'che riguarda l'Impero romano (d'Oriente)', da *Rṓmē* 'Roma' ✱ 1869] **A agg.** (**pl. m.** *-ci*) ● relativo alla lingua greca moderna **B s. m.** ● lingua greca moderna

romaiolàta ➤ **ramaiolata**

romaiòlo ➤ **ramaiolo**

†**romaiuòlo** ➤ **ramaiolo**

romànce /ro'manse, *sp.* *rɔ'manθe, -se/ [vc. sp., deriv. di *romano* 'romano①' ✱ 1934] **s. f. inv.** (**pl. sp.** *romances*) ● componimento epico-lirico spagnolo, scritto in doppi ottonari in assonanza

romàncio [romancio *rumantsch*, dal lat. *Romānicu(m)*. V. *romanico* ✱ 1861] **A agg.** (**pl. m.** *-ci*; **pl. f.** *-ce*) ● relativo alla lingua costituita dai dialetti ladini parlati nella regione dei Grigioni, in Svizzera **B s. m. solo sing.** ● una delle quattro lingue nazionali parlate nella regione dei Grigioni in Svizzera, costituita dai dialetti ladini dei Grigioni

romàndo [fr. *romand*, da *roman* 'romanzo①', rifatto su *allemand* 'tedesco' ✱ 1942] **A agg.** ● che parla uno dei dialetti franco-provenzali che si usano nella Svizzera occidentale: *popolazione romanda* | relativo alla zona della Svizzera dove si parlano tali dialetti: *cantoni romandi* | ***la Svizzera romanda***, la Svizzera di lingua francese **B s. m. solo sing.** ● l'insieme dei dialetti franco-provenzali che si parlano nei cantoni della Svizzera occidentale

romanèlla [da *romano*① ✱ 1884] **s. f.** ● (*letter.*) rispetto di quattro endecasillabi tipico della Romagna, simile a quello toscano

romanésca [f. sost. di *romanesco* ✱ 1635] **s. f.** ● melodia popolare del secolo XVI usata da molti compositori come tema di partite e variazioni

romanésco [da *romano*① ✱ av. 1336] **A agg.** (**pl. m.** *-schi*) ● della Roma attuale, dell'uso romano o degli abitanti di Roma a partire dal Medioevo: *dialetto r.*; *cucina romanesca* | ***alla romanesca***, (*ellitt.*) secondo l'uso romanesco ‖ **romanescaménte**, **avv. B s. m.** ● dialetto italiano dell'area centro-meridionale, parlato a Roma

romànico [vc. dotta, lat. *Romānicu(m)*, da *Romānus* 'romano①' ✱ 1872] **A agg.** (**pl. m.** *-ci*) ● detto dello stile artistico affermatosi in Europa occidentale a partire dal sec. XI, caratterizzato in architettura da volte a botte o a crociera, pilastri polistili, arco a tutto sesto e prevalenza del pieno sul vuoto, in pittura e scultura da una plasticità rude ed essenziale ricca di stilemi barbarici e bizantini ‖ **romanicaménte**, **avv. B s. m. solo sing.** ● stile, periodo romanico: *La città era costruita in falso r.* (L. ROMANO)

romanìsmo [fr. *romanisme*, dal lat. *Romānus* 'romano' col suff. *-isme* '-ismo' ✱ 1870] **s. m. 1** (*ling.*) modo di dire tipico del dialetto parlato a Roma **2** (*relig.*) opinione di chi parteggia per l'autorità della curia pontificia e per l'obbedienza a Roma **3** (*lett.*) amore, interesse per Roma, per ciò che è romano e sim.

romanìsta [fr. *romaniste*, da *romanisme* 'romanismo' ✱ 1872] **A s. m. e f.** (**pl. m.** *-i*) **1** studioso di diritto romano **2** studioso di filologia romanza **3** studioso di antichità romane **4** sostenitore o giocatore della squadra di calcio della Roma **SIN.** lupo **B anche agg.**: *giocatore, tifoso r.*

romanìstica [da *romanista* ✱ 1941] **s. f. 1** insieme degli studi di diritto romano **2** filologia romanza

romanìstico [1930] **agg.** (**pl. m.** *-ci*) **1** concernente gli studi di diritto romano o di antichità romane **2** concernente la filologia romanza

romanità [vc. dotta, lat. tardo *romanitāte(m)*, da *Romānus* 'Romano' ✱ 1846] **s. f. inv. 1** caratteristica, condizione di chi (o di ciò che) è romano | spirito, tradizione, civiltà della Roma antica **2** i popoli sottoposti alla giurisdizione dell'antica Roma

romanizzàre [da *romano*① ✱ 1792] **A v. tr.** ● rendere romano per lingua, istituzioni, costumi e sim., spec. in riferimento alla civiltà romana antica **B romanizzàrsi v. intr. pron.** ● assumere modi e costumi romani ‖ **romanizzazióne**, **s. f.**

♦**romàno**① [vc. dotta, lat. *Romānu(m)*, agg. etnico di *Rōma* ✱ sec. XII] **A agg. 1** di Roma antica: *senato e popolo r.*; *Impero r.*; *consoli, magistrati romani*; *curia romana*; *la letteratura romana* | ***numeri romani***, quelli rappresentati da lettere, come I, V, X, L, C, D, M | ***saluto r.***, V. *saluto* nel sign. 1 **2** di Roma moderna | ***pagare, fare alla romana***, pagare ciascuno la propria quota dopo aver diviso la cifra totale in parti uguali | ***gnocchi alla romana***, V. *gnocco* **3** relativo alla Chiesa cattolica o di Roma: *Chiesa cattolica apostolica romana*; *rito r.*; *breviario, rituale r.*; *curia romana* **4** (*tipogr.*) ***carattere r.***, denominazione generica del carattere tipografico con forma tonda e linee regolari che, nel tempo, è stato ridisegnato ed elaborato assumendo altre denominazioni come Bodoni e Times New Roman ‖ **romanaménte**, **avv.** secondo l'uso, il costume romano, spec. antico; ***salutare romanamente***, facendo il saluto romano **B s. m.** (**f.** *-a*) **1** cittadino dell'antica Roma **2** abitante o nativo della Roma moderna | ***r. di Roma***, di famiglia romana da molte generazioni ‖ **romanàccio**, **pegg.** | **romanino**, **dim.**

romàno② [arabo *rummāna* 'stadera'; in orig. 'melagrana', per la forma del peso ✱ 1279] **s. m.** ● il contrappeso che si fa scorrere lungo il braccio graduato della stadera

romano-barbàrico [sec. XX] **agg.** (**pl. m.** *-ci*) ● detto di fatti storici, linguistici e culturali dovuti all'incontro fra la civiltà romana e quella barbarica

romanocèntrico [comp. di *romano*① e *-centrico* ✱ 1964] **agg.** (**pl. m.** *-ci*) ● detto di concezione che attribuisce un ruolo fondamentale alla città di Roma, con riferimento sia alla Roma antica sia a quella moderna sia a Roma quale sede del papato e della Chiesa cattolica

romanticheggiànte **part. pres.** di *romanticheggiare*; **anche agg. 1** che si rifà ai modelli e al gusto del Romanticismo: *una musica dallo stile r.* **2** che manifesta un accentuato sentimentalismo: *un film dal finale r.*

romanticheggiàre [da *romantico* ✱ 1883] **v. intr.** (**pres.** *io romantichéggio*; **fut.** *io romanticheggerò*; **aus.** *avere*) ● ispirarsi al Romanticismo in arte o letteratura

romanticherìa [da *romantico* ✱ 1818] **s. f.** ● affettazione di atteggiamenti o modi esageratamente romantici, sentimentali e sim. **SIN.** smanceria

♦**romanticìsmo** [comp. di *romantico* e *-ismo* ✱ 1817] **s. m. 1** movimento culturale affermatosi nell'Europa del XIX sec. che, opponendosi all'illuminismo e al classicismo, propugnò una nuova visione del mondo e un tipo di sensibilità basati sul culto delle tradizioni popolari e della storia, sulla coscienza dell'identità nazionale, sull'individualismo animato dalla fantasia e dal sentimento **2** in arte e letteratura, atteggiamento esistenziale o culturale improntato a tale movimento: *il r. di Byron, Manzoni, Hugo, Schumann, Géricault* **3** in musica, corrente che portò in pieno sviluppo stili e forme del periodo classico, affiancandole con forme nuove, più libere, tendenti alla grandiosità o viceversa alla stringatezza **4** tendenza al sentimentalismo, alla fantasticheria: *il r. dei giovani* **5** capacità di ispirare sentimenti romantici, malinconici, detto di paesaggi o sim.: *il r. di un tramonto*

♦**romàntico** [ingl. *romantic*, propr. 'romanzesco', dal fr. *romantique*, da *roman* 'romanzo' ✱ 1816] **A agg.** (**pl. m.** *-ci*) **1** del romanticismo, relativo al romanticismo: *una sinfonia romantica* | di chi è un esponente o un seguace del romanticismo: *un poeta r.* **2** che è sentimentale, di indole appassionata o incline alla malinconia e all'evasione fantastica, detto di persona: *una ragazza romantica* **SIN.** sognatore **3** che ispira vaghi sentimenti di malinconia, che favorisce il sogno o commuove teneramente, detto di luoghi, paesaggi o sim.: *un paesino r.* | che ispira sentimenti amorosi o ne è pervaso: *passeggiata r.*; *una cena romantica al lume di candela* ‖ **romanticaménte**, **avv. 1** secondo il romanticismo **2** in modo sentimentale, passionale, nostalgico ecc. **B s. m.** (**f.** *-a*) **1** seguace, sostenitore del romanticismo: *le polemiche tra classicisti e romantici* **2** persona incline alle suggestioni fantastiche, al sentimentalismo o alla malinconia: *fare il r.* **SIN.** sentimentale, sognatore

romanticùme [comp. di *romantic(o)* e *-ume* ✱ 1872] **s. m.** ● (*spreg.*) romanticismo esasperato e banalizzato: *una telenovela di un r. sciropposo* | (*est.*) atteggiamenti pieni di languida sentimentalità o di esagerata passione: *il r. di quell'autore è venuto a noia a tutti*

romantizzàre [1906] **v. tr.** ● (*raro*, *lett.*) far diventare romantico: *romantizzò, per così dire, la purità del sentimento greco* (G. CARDUCCI) ‖ **romantizzazióne**, **s. f.**

romànza [fr. *romance*, dallo sp. *romance* 'romanzo①' ✱ av. 1557] **s. f. 1** componimento poetico di carattere narrativo e sentimentale, in versi brevi con ritornello, affermatosi in Italia durante l'epoca romantica: *le romanze del Berchet* **2** (*mus.*) composizione da camera per canto e pianoforte, di epoca romantica: *la r. da salotto*; *le romanze di Tosti* | nel melodramma, aria di tono sentimentale | breve composizione strumentale di carattere lirico affine a quella vocale: *le romanze senza parole di Mendelssohn*; *le romanze per violino e pianoforte di Beethoven*

romanzàre [da *romanzo*② ✱ sec. XIV] **A v. tr.** ● narrare in forma di romanzo, talvolta aggiungendo elementi fantastici: *r. la vita di Napoleone* | raccontare un fatto aggiungendo al vero elementi romanzeschi: *r. un viaggio*, *un'avventura* **B** v. intr. (aus. *avere*) ● (*lett.*) scrivere romanzi

romanẓàto part. pass. di *romanzare*; anche agg. ● nei sign. del v.: *biografia romanzata*

romanẓatóre [da *romanzare* ✻1570] s. m. (f. *-trice*, *raro*) ● (*raro*, *lett.*) romanziere, narratore

romanẓeggiàre [da *romanzare* ✻av. 1686] v. tr. e intr. (pres. *io romanẓéggio*; fut. *io romanẓeggerò*; aus. *avere*) ● (*raro*, *lett.*) romanzare

romanẓèro ▸ **romanziero**

romanẓésco [da *romanzo*② ✻1708] **A** agg. (pl. m. *-schi*) **1** relativo al romanzo | relativo al romanzo medievale | ***poema r.***, che narra le avventure e gli amori dei cavalieri medievali **2** (*fig.*) di avventure, fatti, avvenimenti così singolari, strani o straordinari da apparire quasi inverosimili, degni di un romanzo: *amori romanzeschi* | ***realtà romanzesca***, serie di fatti che appaiono inverosimili, quasi tratti da un romanzo ‖ **romanẓescaménte**, avv. in modo romanzesco (*spec. fig.*) **B** s. m. solo sing. ● singolarità, straordinarietà, come quella degli eventi narrati in un romanzo: *la sua fuga ha del r.* SIN. avventuroso, fantastico

romanẓétto [1726] s. m. **1** dim. di *romanzo*② | (*spreg.*) romanzo di scarso valore **2** (*fig.*) relazione, avventura amorosa di breve durata: *il loro r. è finito bruscamente*

romanẓière [1602] s. m. (f. *-a*) ● scrittore di romanzi

romanẓièro o **romanẓèro** [da *romance* ✻1651] s. m. **1** (f. *-a*) (*letter.*) scrittore di romances **2** (*letter.*) raccolta di romances

†**romanẓina** ▸ **ramanzina**

romànẓo① [ant. fr. *romanz*, dalla locuzione lat. *romānice lōqui* 'parlare in una lingua romana' (cioè 'neolatina') ✻1708] agg. ● detto di ciascuna lingua derivata dal latino | ***gruppo r.***, gruppo linguistico che comprende tutte le lingue romanze | ***filologia romanza***, studio filologico delle lingue e delle letterature romanze

♦**romànẓo**② [ant. fr. *romanz*, in orig. 'racconto in lingua francese', poi 'racconto'; V. *romanzo*① ✻sec. XIII] s. m. **1** nel mondo classico, ampia narrazione continua, complessa e avventurosa, spesso con mescolanza di stili e toni narrativi: *i romanzi alessandrini*; *il r. di Petronio* | nel mondo medievale, ampia narrazione in volgare di fatti di argomento cavalleresco, eroico e amoroso: *i romanzi del ciclo bretone* **2** nel mondo moderno, ampio componimento narrativo in cui si tratta delle vicende, realistiche o fantastiche, di uno o più personaggi: *i romanzi di Dostoevskij* | ***r. storico***, ambientato in un contesto storico reale | ***r. gotico***, V. *gotico* | ***r. psicologico***, che segue spec. le vicende interiori di uno o più personaggi | ***r. di formazione***, che segue la formazione morale, intellettuale e civile del personaggio dalla giovinezza alla maturità | ***r. d'avventure***, con prevalenza dell'azione e dell'intreccio sulle altre strutture narrative | ***r. educativo, filosofico***, con finalità morali o speculative | ***r. epistolare***, in cui la vicenda emerge da un carteggio, spec. tenuto dai protagonisti | ***r. d'appendice***, pubblicato in appendice a giornali; (*spreg.*) opera letteraria a tinte forti, che va incontro ai gusti del grosso pubblico | ***r. ciclico***, che racconta le vicende di più generazioni | ***r. fiume***, lunghissimo | ***r. nero***, che cerca cupe sollecitazioni nel lettore con storie truci e tragiche | ***r. giallo***, poliziesco | ***r. rosa***, con zuccherose vicende d'amore sempre a lieto fine | ***r. sceneggiato***, adattamento di un romanzo alla rappresentazione televisiva **3** (*est.*) storia incredibile, frutto di fantasia o di invenzione: *la sua vita è un r.!* **4** (*est.*) intreccio avventuroso, vicenda complessa, quasi usciti dall'immaginazione di un romanziere: *ti racconterò il r. del loro incontro* | relazione amorosa: *il loro r. continua* ‖ **romanẓàccio**, pegg. | **romanẓétto**, dim. (V.) | **romanẓóne**, accr. | **romanẓùccio**, dim.

Definizione d'autore

Per **romanzo** s'intende quel dispositivo narrativo, scritto, tramite cui si rende straordinario l'ordinario e stupefacente l'ovvio. Il fine del **romanzo** è di raggiungere la fine delle vicissitudini attraverso le quali si deve conseguire un obiettivo, bellico, finanziario, amoroso, lavorativo, scientifico, e così via. A quale prezzo riusciranno a sposarsi, ammesso che ci riescano, Renzo e Lucia, Tristano e Isotta, Giulietta e Romeo? Dopo quanto tempo riuscirà a tornare a casa Ulisse, Holden Caulfield, Robinson Crusoe? Per quali vie Drogo scoprirà di amare la Fortezza Bastiani e Hans Castorp il sanatorio di Berghof? Peculiarità del **romanzo** è di non trattare mai di felicità perché finisce sempre e comunque un attimo prima del suo raggiungimento... *E vissero felici e contenti.*

Marcello Fois

SFUMATURE DI SIGNIFICATO

romanzo - novella - racconto

Oggi con **romanzo** si intende un componimento letterario in prosa di ampio respiro che narra le vicende di uno o più personaggi, che possono avere un qualche fondamento storico o essere del tutto inventate. La **novella** è invece una narrazione più breve del romanzo, in genere in prosa ma talora anche in versi, anche questa con un fondamento storico o frutto completamente d'invenzione; il termine tuttavia si riferisce soprattutto alle composizioni di questo tipo fino a tutto l'Ottocento. Per indicare un componimento analogo dal Novecento in poi si preferisce il termine **racconto**.

rómba① [da *rombare* ✻av. 1756] s. f. ● (*lett.*) rumore cupo, rintronamento continuato: *la r. del cannone*

†**rómba**② [vc. di orig. onomat. ✻1483] s. f. ● fionda, frombola | il proiettile lanciato

rombànte part. pres. di *rombare*; anche agg. ● nei sign. del v.: *motocicletta r.* | (*lett.*) reboante: *nelle vanterie rombanti delle frasi* (G. Carducci)

rombàre [da *rombo*① ✻av. 1328] v. intr. (*io rómbo*; aus. *avere*) ● produrre un rombo prolungato: *romba il cannone*; *i motori rombano nell'autodromo* | (*est., lett.*) fare strepito, ronzio, rumore | (*est., lett.*) frullare: *la passeretta gracchia e attorno romba* (A. Poliziano)

†**rombàzzo** [da *rombo*① ✻av. 1449] s. m. ● (*lett.*) strepito, fracasso, frastuono

rombencèfalo [comp. di *rombo*② (per la forma del suo ventricolo) ed *encefalo* ✻1959] s. m. ● (*anat.*) sezione caudale dell'encefalo comprendente il bulbo, il ponte di Varolio e il cervelletto

rombétto [av. 1585] s. m. **1** dim. di *rombo*② **2** una delle specie di rombo che vivono nei mari italiani (*Rhombus laevis*)

rómbico [da *rombo*② ✻1545] agg. (pl. m. *-ci*) **1** (*mat.*) che è proprio di un rombo, che ha forma di rombo **2** (*miner.*) ***sistema r.***, V. *ortorombico*

♦**rómbo**① [da *rombo* 'trottola' (V. *rombo*②), per il rumore che produce ✻1313] s. m. **1** rumore grave e forte, breve rimbombo: *il r. del cannone, del tuono* **2** †ronzio, frullio, strepito

SFUMATURE DI SIGNIFICATO

rombo - fragore

Un rumore forte, profondo, cupo e vibrante di una certa durata si dice **rombo**. **Fragore** è invece un rumore improvviso, forte, violento e intenso.

rómbo② [vc. dotta, lat. *rhŏmbu(m)*, 'trottola magica usata negli incantesimi', poi 'figura geometrica a quattro lati', dal gr. *rómbos*, da *rémbein* 'girare, errare qua e là', di orig. indeur.; nel sign. 4 per la forma ✻av. 1327] s. m. **1** (*mat.*) quadrilatero equilatero **2** (*antrop.*) tavoletta vibrante che viene fatta ruotare mediante una cordicella, usata da molte popolazioni australiane in cerimonie iniziatiche **3** gioco enigmistico consistente nel trovare parole che disposte a rombo si leggono secondo le diagonali **4** (*zool.*) correntemente, ciascuno dei vari pesci marini commestibili dei Pleuronettiformi, il cui corpo ha forma grossolanamente romboidale | ***r. maggiore, chiodato***, dell'Atlantico e Mediterraneo (*Psetta maxima*) ‖ **rombétto**, dim. (V.)

rómbo③ [dalla forma di *rombo* allungato che aveva l'ago nelle prime bussole ✻av. 1375] s. m. ● (*mar.*) suddivisione del quadrante della bussola corrispondente alla trentaduesima parte dell'angolo giro | (*est., disus.*) linea di rotta

rombododecaèdro [comp. di *rombo*② e *dodecaedro* ✻1829] s. m. ● (*mat.*) poliedro con dodici facce rombiche uguali

romboèdrico [1872] agg. (pl. m. *-ci*) ● che ha forma di romboedro | (*miner.*) ***sistema r.***, V. *trigonale*

romboèdro [da *rombo*②, sul modello di *poliedro* ecc. ✻1865] s. m. ● (*mat.*) poliedro con sei facce rombiche uguali

romboidàle [1684] agg. ● a forma di romboide | a forma di rombo

rombòide [vc. dotta, gr. *romboeidés*, comp. di *rómbos* 'rombo' (V. *rombo*②) ed *-eidés* '-oide' ✻sec. XIV] **A** s. m. ● (*mat.*) parallelogramma **B** agg.; anche s. m. ● (*anat.*) detto di muscolo della parete posteriore del torace

†**rómbola** [da †*rombolare* ✻1268] s. f. ● frombola

†**rombolàre** [lat. parl. *rhombulāre 'girare come una trottola', da *rhŏmbus* 'trottola'. V. *rombo*② ✻av. 1292] v. intr. ● tirare di rombola

†**rombolatóre** [da †*rombolare* ✻av. 1347] s. m. ● fromboliere

romeàggio [da *romeo* ✻1294] s. m. ● (*raro*) pellegrinaggio a Roma o in altro luogo sacro | (*est., lett.*) viaggio

romèico ▸ **romaico**

♦**romèno** o **rumèno** [romeno *român, rumân*, dal lat. *Romānu(m)* 'romano' ✻1684] **A** agg. ● della Romania **B** s. m. **1** (f. *-a*) abitante o nativo della Romania **2** (solo sing.) lingua del gruppo romanzo, parlata dai Romeni

romèo① [dal gr. *rōmâios* 'romano', da *Rṓmē* 'Roma' ✻1211] **A** s. m. (f. *-a*) ● (*lett.*) pellegrino che andava a Roma o in Terra Santa | (*est., lett.*) pellegrino: *entra qui che ci sono ... molti romei* (F. Sacchetti) **B** agg. ● relativo ai pellegrini che si recavano a Roma: *strada romea* | ***via Romea***, un tempo, la strada fra Adria e Rimini, poi quella fra Ravenna e Ferrara; oggi, la strada che collega Ravenna a Mestre ‖ †**romeìno**, dim.

Romèo② [n. del protagonista maschile della tragedia '*Romeo e Giulietta*' di W. Shakespeare ✻1951] s. m. ● (*raro*) giovane innamorato o fidanzato

rómice [lat. *rŭmice(m)*, di etim. incerta ✻sec. XIV] s. f. ● (*bot.*) pianta delle Poligonacee, cosmopolita, comune nei luoghi erbosi umidi, con foglie basali lanceolate e a margini crespi, la cui radice è usata in medicina (*Rumex crispus*) SIN. lapazio

†**romìre** [etim. incerta ✻1261 ca.] v. intr. ● risuonare | rumoreggiare, vociare

romitàggio ▸ **eremitaggio**

romitàno ▸ **eremitano**

†**romìtico** ▸ **eremitico**

♦**romìto** [aferesi e deformazione di *eremita* ✻

1261 ca.] **A** **agg.** ● (*lett.*) solitario: *solo e r.* | isolato: *luogo r.* | raccolto, appartato: *l'ombra, tutta in sé romita* (DANTE *Purg.* VI, 72) **B** **s. m.** (**f.** *-a*) ● †V. *eremita* ‖ (*lett.*) **romitèllo**, **dim.**

romitòrio o †**romitòro**, †**remitòrio**, †**eremitòrio**, †**eremitòro** [da *romito*, sul modello di *eremitorio* ✱ 1320] **s. m.** (**pl.** *-i* o *raro -ii*) **1** eremitaggio, eremo **2** (*est.*) luogo solitario

romóre e deriv. ➤ **rumore** e deriv.

♦**rómpere** [lat. *rŭmpere*, di orig. indeur. ✱ av. 1250] **A** **v. tr.** (**pass. rem.** *io rùppi*, *evit. rompéi*, *tu rompésti*; **part. pass.** *rótto*) **1** spezzare, spaccare, dividere qlco. in più parti spec. con la forza: *r. un bastone*; *r. una catena*; *r. il pane in tre parti* | staccare: *r. un ramo dal tronco* | infrangere: *r. un vetro, un piatto, un vaso* | **PROV.** ***chi rompe paga, e i cocci sono suoi***, chi provoca un danno ne subisce le conseguenze | stritolare: *r. un osso, una pietra* | ***r. le ossa, la faccia a qlcu.***, (*fig.*) picchiarlo con violenza, prenderlo a botte | ***r. il ghiaccio***, (*fig.*) V. *ghiaccio*[①] | ***r. il fiato***, V. *fiato*, sign. 4 | ***r. i timpani***, (*fig.*) assordare con eccessivo rumore | (*volg.*) ***r. le palle, i coglioni***; (*fam.*, *eufem.*) ***r. le scatole, l'anima, le tasche***, seccare, infastidire; (*anche assol.*) *smettila di r.!* | ***r. le uova nel paniere***, (*fig.*) V. *uovo*, sign. 3 | (*milit.*) ***rompete le righe!***, comando dato per sciogliere una formazione militare allineata | ***r. le righe***, (*fig.*) sciogliere una riunione, un raduno, un'assemblea e sim. | (*fig.*) ***r. i ponti con qlcu.***, troncare ogni rapporto con qlcu. **SIN.** frangere **2** travolgere con forza: *r. l'assedio*; *il fiume ha rotto gli argini* | dividere per aprirsi un varco: *r. la corrente con i remi*; *r. la folla, la calca* **3** guastare, deteriorare: *r. l'orologio, un giocattolo* | (*fig.*) ***r. l'incantesimo, l'incanto***, turbare, dissolvere un'atmosfera perfettamente serena o felice **SIN.** rovinare **4** interrompere (*anche fig.*): *r. il sonno, la conversazione, il digiuno, il silenzio*; *r. un'amicizia*; *r. la noia, la monotonia*; *pria flebilmente il suo lamento esprime, / poi rompe in un sospir la canzonetta* (G.B. MARINO) | (*sport*) ***r. l'andatura***, (*assol.*) ***rompere***, detto di cavallo che, in una corsa al trotto, passi all'andatura di galoppo | ***r. gli indugi***, porre fine a una fase di attesa e agire **5** (*fig.*) non rispettare, violare un obbligo morale: *r. un accordo, la pace, la tregua* | non tener fede, violare: *r. un patto, un proponimento* | ***r. la parola data***, non mantenere una promessa, un impegno | †trasgredire, violare: *r. le leggi* **6** †respingere, rintuzzare un attacco | (*lett.*) †sbaragliare, sconfiggere, mettere in rotta: *L'esercito attraversava per ogni verso il popolo rotto e domo* (C. CATTANEO) **7** †impedire, ostacolare **B** **v. intr.** (**aus.** *avere*) **1** straripare: *il fiume ruppe in più punti* **2** (*lett.*) scoppiare, prorompere: *r. in pianto* | †uscire, sgorgare: *il sangue rompe dalle vene* **3** troncare un'amicizia, un rapporto d'affetto, una trattativa (+ *con*): *ha rotto con il padre* **4** †frangersi, detto dell'acqua **5** †naufragare, fare naufragio **6** (*lett.*) †spuntare, apparire: *il sereno rompe là da ponente* (G. LEOPARDI) **7** †mettersi al brutto, detto del tempo **C** **rómpersi** **v. tr. pron.** (**aus.** *essere*) ● spezzarsi fratturarsi: *rompersi un braccio, una gamba, la testa* | ***rompersi le gambe***, (*fig.*) stancarsi molto camminando | ***rompersi la schiena***, (*fig.*) faticare, lavorare faticosamente | ***rompersi l'osso del collo***, fare una caduta rovinosa, mortale; (*fig.*) rovinarsi in modo irreparabile | ***rompersi la testa***, (*fig.*) arrovellarsi, scervellarsi per trovare una soluzione, una risposta a qlco. | (*fam.* o *volg.*) ***rompersi le scatole, l'anima, le tasche***, ecc., seccarsi, infastidirsi **D** **rómpersi** **v. intr. pron.** **1** spezzarsi, infrangersi, spaccarsi, cedere: *il muro si è rotto in più punti* | guastarsi, deteriorarsi: *si è rotto l'orologio* | (*est.*, *gerg.*) nel linguaggio sportivo, infortunarsi **2** (*fig.*) interrompersi, cessare, venir meno: *usciti di là, l'incanto s'era rotto* (G. DELEDDA) **3** †lasciarsi abbattere dai mali, dalle disgrazie, ecc. **4** (*fig.*, *colloq.*) annoiarsi, seccarsi, averne abbastanza: *mi sono rotto delle loro richieste!*

SFUMATURE ➤ *rovinare*

rómpi [1968] **s. m. e f. inv.** ● (*fam.*) accorc. di *rompiscatole*

rompibàlle ➤ **rompipalle**

rompibile [1871] **agg.** ● che si può rompere

rompicàpo [comp. di *rom(pere)* e *capo* ✱ 1564] **s. m.** **1** indovinello, rebus **2** fastidio, preoccupazione: *Lo invidio ... Non ha rompicapi, non si fa bile* (L. CAPUANA) **3** problema di difficile o impossibile soluzione

rompicàzzo o **rompicàzzi** [comp. di *rom(pere)* e *cazzo* ✱ 1871] **s. m. e f.** (**pl. inv.** o *-i*) ● (*volg.*) rompiscatole, fastidioso seccatore **CFR.** scassacazzi

rompicoglióni [comp. di *rom(pere)* e del pl. di *coglione* ✱ 1841] **s. m. e f. inv.** ● (*volg.*) rompiscatole

rompicòllo [comp. di *romp(ere)* e *collo* ✱ 1532] **s. m.** (**anche f. nel sign. 1; pl. m.** *-i*; **pl. f. inv.**) **1** persona sconsiderata, scapestrata | chi è troppo impulsivo **SIN.** scavezzacollo **2** (*raro*) luogo pericoloso e disagevole **3** nella loc. avv. ***a r.***, a rotta di collo, precipitosamente e pericolosamente: *scendere le scale a r.*; *veniva giù in bicicletta a r.*

rompifiàmma [comp. di *romp(ere)* e *fiamma* ✱ 1983] **s. m. inv.** **1** (*milit.*) riduttore di vampa **2** reticella che si posa sui fornelli a gas per evitare il contatto diretto tra la fiamma e le pentole **CFR.** spartifiamma

rompigètto [comp. di *romp(ere)* e *getto* ✱ 1991] **s. m. inv.** ● dispositivo che si applica a rubinetti o a costruzioni idrauliche e che serve a rompere o a regolare un getto d'acqua

rompighiàccio [comp. di *romp(ere)* e *ghiaccio*, calco sull'ingl. *ice-breaker* ✱ 1906] **s. m. inv.** **1** nave appositamente costruita e attrezzata per aprirsi la strada nei mari polari rompendo la crosta di ghiaccio che li ricopre **2** attrezzo a punta col quale si rompe il ghiaccio

rompiménto [1268] **s. m.** **1** (*raro*) il rompere | rottura **2** (*fig.*) seccatura, scocciatura

rompipàlle o **rompibàlle** [comp. di *romp(ere)* e il pl. di *palla* nel sign. di 'testicolo' ✱ av. 1950] **s. m. e f. inv.** ● (*pop.*) chi dà noia, fastidio **CFR.** scassapalle

rompiscàtole [comp. di *romp(ere)* e il pl. di *scatola*, eufem. per 'testicolo' ✱ 1869] **s. m. e f. inv.** ● (*colloq.*) chi dà noia, fastidio

rompitàsche [comp. di *romp(ere)* e il pl. di *tasca*, eufem. per 'testicolo' ✱ 1872] **s. m. e f. inv.** ● (*raro*) rompiscatole

rompitóre [1308] **s. m.** (**f.** *-trice*) **1** (*raro*) chi rompe: *empio, e r. di fede e crudele* (N. MACHIAVELLI) | (*fig.*, *raro*) rompiscatole **2** †trasgressore

rompitùra [da *rompere* ✱ av. 1332] **s. f.** ● (*raro*) rottura

†**rompizòlle** (o *-z-*) [comp. di *romp(ere)* e il pl. di *zolla* ✱ av. 1673] **s. m. inv.** ● contadino, villano

romùleo [vc. dotta, lat. *romŭleu(m)*, da *Rōmulus* 'Romolo' ✱ av. 1499] **agg.** ● (*lett.*) di Romolo | (*lett.*) di Roma | ***la città romulea***, Roma

romùlide [vc. dotta, lat. *Romŭlide(m)*, da *Rōmulus* 'Romolo' ✱ 1835] **s. m.** ● (*lett.*) discendente di Romolo | romano

rónca [da *roncare* ✱ sec. XIV] **s. f.** **1** roncola, potatoio **2** antica arma in asta con ferro falcato verso l'apice, filo all'interno e costola esterna ‖ **ronchétto**, **dim. m.** (V.) | **róncola**, **dim.** (V.)

roncàre [lat. *runcāre*, di orig. indeur. ✱ 1313] **v. tr.** (*io rónco, tu rónchi*) ● (*raro*) tagliare, estirpare usando la ronca (*spec. assol.*): *monti di Luni, dove ronca / lo Carrarese* (DANTE *Inf.* XX, 47-48)

roncàso [etim. incerta ✱ 1823] **s. m.** ● (*zool.*) francolino di monte

roncatùra [da *roncare* ✱ 1854] **s. f.** ● operazione del tagliare i rami con la ronca | ripulire con una zappetta i seminati dalle erbe infestanti **SIN.** sarchiatura

†**roncheggiàre** [sec. XIV] **v. intr.** ● roncare

ronchétto [av. 1712] **s. m.** **1** dim. di *ronca* **2** piccola ronca, usata spec. per ripassare i tagli della potatura

rónchio [etim. incerta ✱ 1313] **s. m.** **1** (*lett.*) rupe, sporgenza rocciosa **2** †bernoccolo, bitorzolo ‖ **ronchióne**, **accr.**

ronchióso (o *-ṣ-*) [da *ronchio* ✱ 1313] **agg.** ● (*lett.*) roccioso, accidentato, disagevole | (*lett.*) irregolare

†**roncigliàre** [1313] **v. tr.** ● prendere col ronciglio

†**ronciglio** o †**runciglio** [etim. incerta ✱ 1313] **s. m.** ● ferro adunco per uncinare **SIN.** raffio, rampino, uncino

roncinàto [dal lat. *runcināre* 'piallare', da *rŭncina* 'pialla', dal gr. *rykánē*, di etim. incerta ✱ av. 1523] **agg.** **1** piegato a uncino **2** (*bot.*) detto di foglia pennatifida con lobi acuti rivolti verso il picciolo e di maggiori dimensioni nella porzione distale

†**roncióne** ➤ †**ronzone**[②]

rónco[①] [vc. dotta, lat. *rŏnchu(m)*, dal gr. *rónchos* 'rumore di chi russa', da *ronchiân* 'russare' ✱ 1829] **s. m.** (**pl.** *-chi*) ● (*med.*) rumore bronchiale di tonalità bassa e sonora da stenosi del bronco

rónco[②] [etim. incerta ✱ 1726] **s. m.** (**pl.** *-chi*) ● (*tosc.*) strada cieca, che non ha uscita | ***essere nel r.***, (*fig.*) non riuscire a togliersi da un impaccio

rónco[③] [etim. incerta ✱ 1925] **s. m.** (**pl.** *-chi*) ● (*zool.*) spinarello

rónco[④] [da *roncare* ✱ sec. XVIII] **s. m.** (**pl.** *-chi*) **1** terreno disboscato e arso in modo da essere pronto per una nuova coltivazione: *Bianche galline (...) beccano, sperdute nel r.* (C.E. GADDA) | anche come nome proprio di luogo: *R. Scrivia* **2** (*raro*) terrazzamento

róncola [dim. di *ronca* ✱ 1516] **s. f.** ● attrezzo con lama ricurva, di diverse dimensioni, fissata a un manico di legno; si usa per la potatura dei rami grossi **SIN.** potatoio, ronca

roncolàre [da *roncola* ✱ 1872] **v. tr.** (*io róncolo*) ● (*raro*) tagliare, sarchiare, potare con la roncola

roncolàta [1872] **s. f.** ● colpo di roncola o di roncolo

róncolo [da *roncola* ✱ 1778] **s. m.** ● coltello da giardinaggio e vendemmia, con lama ricurva e ripiegabile nel manico

roncóne [lat. tardo *runcōne(m)*, da *runcāre* 'roncare' ✱ 1342] **s. m.** ● antica arma in asta con lama falcata dalla parte del filo, punta a due tagli e due uncini rivolti in basso

roncopatìa [comp. di *ronco*[①] e *-patia* ✱ 1994] **s. f.** ● (*med.*) disturbo respiratorio che si manifesta durante il sonno, caratterizzato da emissione di rumori respiratori rauchi o gorgoglianti prodotti dal passaggio dell'aria in tratti dell'albero bronchiale parzialmente ostruiti

rónda [sp. *ronda*, dal fr. *ronde*, dalla loc. *à la ronde* 'in giro, intorno', f. sost. di *rond* 'rotondo' ✱ av. 1557] **s. f.** ● servizio armato svolto da più militari al comando di un graduato, a scopo di vigilanza mobile spec. notturna | ***cammino di r.***, spazio per il passaggio delle ronde lungo la merlatura delle cortine e delle torri o lungo i parapetti dei terrapieni | servizio di controllo organizzato a bordo delle navi e svolto da pattuglie appositamente addestrate | ***fare la r. a un luogo***, sorvegliarlo | ***fare la r. a una donna***, (*fig.*) corteggiarla

†**rondàre** [sp. *rondar*, da *ronda* 'ronda' ✱ 1641] **A** **v. tr.** ● ispezionare, controllare: *r. le strade* **B** **v. intr.** ● fare la ronda, andare in ronda

ronde /*fr.* rɔ̃d/ [vc. fr., f. sost. di *rond* 'rotondo' ✱ 1959] **s. f. inv.** ● scrittura calligrafica in carattere rotondo

rondeau /*fr.* rɔ̃'do/ [1758] **s. m. inv.** (**pl. fr.** *rondeaux*) ● (*mus.*) rondò

rondèlla [fr. *rondelle*, da *rond* 'rotondo' ✱ 1561] **s. f.** **1** (*mecc.*) dischetto, spec. metallico, forato al centro, che si inserisce fra il dado e la vite in un bullone per migliorarne la chiusura | ***r. elastica***, quella che impedisce a un dado di bloccaggio di allentarsi sotto l'azione di vibrazioni, scosse e sim. | ***r. grover***, quella che ha un taglio radiale con i bordi sfalsati, destinato a migliorare il fissaggio del dado quando questo viene stretto **SIN.** rosetta **2** (*est.*) tutto ciò che ha la forma di un disco forato

rondèllo ① [fr. *rondel*, forma ant. di *rondeau* (V.) ✱ 1872] **s. m.** **1** (*letter.*) rondeau **2** (*mus.*) forma musicale di origine medievale, evolutasi nel tempo, simile al rondeau, caratterizzata da un ritornello ricorrente

rondèllo ② [da *ronda* ✱ av. 1708] **s. m.** ● (*milit.*) cammino di ronda sugli spalti di una fortezza o fortificazione

rondes /*fr.* rɔ̃:d/ [fr., da *ronde* 'rotondo', perché si cantavano a turno ✱ 1970] **s. f. pl.** ● (*mus.*) canti normanni di carattere leggendario, epico o narrativo

rondìcchio [da *rondine* col suff. *-icchio* ✱ sec. XVII] **s. m.** ● (*zool.*) balestruccio

♦**róndine** o (*lett.*) **iróndine** [lat. *(hi)rŭndine(m)*, di orig. onomat. ✱ av. 1292] **A** **s. f.** ● uccello dei Passeriformi con lunghe ali falcate, coda forcuta, piumaggio densissimo nero dorsalmente e bianco ventralmente, insettivoro (*Hirundo rustica*) | **PROV.** ***una r. non fa primavera***, un solo segno positivo non costituisce una regola **CFR.** garrire, stridere | ***r. di mare***, uccello dei Lariformi slanciato ed elegante, nero sul dorso e cenerino sul ventre, prevalentemente marino, che popola anche le acque interne (*Sterna hirundo*) | ***r. di mare***, dattilottero | ***nidi di r.***, specialità della cucina cinese a base di nidi di salangana e alghe | ***coda di r.***, frac, marsina | ***a coda di r.***, con le estremità che si allargano e terminano a punta: *merlatura a coda di r.* ‖ **rondinèlla**, **dim.** (V.) | **rondinétta**, **dim.** | **rondinìna**, **dim.** | **rondinino**, **dim. m.** (V.) | **rondinòtto**, **dim. m.** (V.) **B** in funzione di **agg. inv.** ● (posposto al sost.) solo nella loc. ***pesce r.*** V. *pesce*

rondinèlla [1319] **s. f.** **1** dim. di *rondine* **2** (*zool.*) ***r. di mare***, esoceto

rondinino [sec. XIV] **s. m.** (**f.** *-a*) **1** dim. di *rondine* **2** il piccolo nato dalla rondine **SIN.** rondinotto

rondinòtto [1872] **s. m.** (**f.** *-a*) **1** dim. di *rondine* **2** rondinino nel sign. 2

rondìsmo [comp. di *(La) Rond(a)*, n. di una rivista romana, e *-ismo* ✱ 1942] **s. m.** ● movimento letterario sorto in Italia nel 1919 e improntato a un classicismo che trovava spec. in Leopardi un modello di stile

rondìsta [1927] **s. m. e f.** (**pl. m.** *-i*) ● seguace del rondismo

rondò [dal fr. *rondeau*, in orig. 'ballo in tondo', dal lat. parl. **retundĕllu(m)*, dim. di *rotŭndus* 'rotondo' ✱ 1803] **s. m. inv.** **1** (*letter.*) piccolo componimento di vario metro della poesia francese antica, spesso musicato, in cui il primo o i primi versi si ripetevano al mezzo o alla fine **2** (*mus.*) composizione vocale del Medioevo francese, più tardi anche strumentale, caratterizzata dalla ricorrenza di un episodio a mo' di ritornello | composizione strumentale a struttura circolare che alterna un episodio fisso con altri in tonalità diverse, spesso usato come movimento finale in sinfonie, sonate, quartetti **3** isola spartitraffico circolare, situata all'incrocio di più strade

rondóne [lat. parl. **(hi)rundōne(m)*, per il classico *(hi)rŭndine(m)* 'rondine' ✱ av. 1320] **s. m.** ● uccello degli Apodiformi, nero con gola bianca, coda forcuta, migratorio, caratteri che lo fanno somigliare in apparenza alla rondine, dalla quale invece è molto diverso per abitudini e per ordine tassonomico (*Apus apus*) | ***r. alpino***, uccello degli Apodiformi, con piumaggio bruno scuro sul dorso, bianco sul ventre, che vive sui monti dell'Europa meridionale e dell'Asia migrando nell'inverno (*Apus melba*)

†**rónfa** [etim. incerta ✱ 1576] **s. f.** ● gioco di carte simile alla primiera

ronfaménto [1959] **s. m.** ● (*raro*) il ronfare

ronfàre o (*raro*) **ronfiàre** [sovrapposizione di *soffiare* a *roncare* 'russare' ✱ 1342] **v. intr.** (*io rónfo*; **aus.** *avere*) **1** (*fam.*) russare forte **2** (*est.*) fare le fusa, detto del gatto

ronfàta [da *ronfare* ✱ 1989] **s. f.** ● (*fam.*) dormita lunga e profonda

ron ròn /ron'rɔn/ [vc. onomat. ✱ 1970] **loc. inter.** **1** riproduce il rumore fatto da chi russa **2** riproduce il rumore del gatto che fa le fusa

röntgen /'rentgen, *ted.* 'rœntgn/ o **roentgen** /*ted.* 'rœntgn/ [dal n. del fisico ted. W. C. *Röntgen* (1845-1923) ✱ 1927] **s. m. inv.** ● unità di misura dell'intensità di radiazione X che libera 1 unità di carica elettrica CGS, per effetto ionizzante, da 1 centimetro cubo d'aria **SIMB.** R

röntgenografìa (rönt-gen-o-gra-fia, rönt-ge-no-gra-fia) /ˌrentgenogra'fia, ˌrœntgə-/ o **roentgenografia** [comp. di *Röntgen* e *-grafia* ✱ 1970] **s. f.** **1** (*fis.*) studio di materiali mediante i raggi Röntgen **2** stratigrafia②

röntgenstratigrafìa /ˌrentgenstratigra'fia, ˌrœntgən-/ o **roentgenstratigrafia** [comp. di *Röntgen* e *stratigrafia*② ✱ 1983] **s. f.** ● (*med.*) tomografia

röntgenterapìa /ˌrentgentera'pia, ˌrœntgə-/ o **roentgenterapia** [comp. di *Röntgen* e *-terapia* ✱ 1930] **s. f.** ● (*med.*) uso dei raggi Röntgen nella cura di certe malattie

ronẓaménto [1585] **s. m.** ● (*raro*) il ronzare | ronzio

♣**ronẓàre** [vc. onomat. ✱ 1478] **v. intr.** (*io rónẓo*; **aus.** *avere*) **1** emettere un caratteristico rumore sordo e vibrante, detto di zanzare, vespe, mosconi, api e sim. o (*est.*) di aeroplani, frecce e sim. | (*est.*) volare, detto di insetti: *non ronzava una mosca* **2** (*fig.*) girare, mulinare: *troppe idee ti ronzano in testa*; *tutti questi pensieri ronzavano nel capo ... di don Abbondio* (A. MANZONI) **SIN.** frullare **3** (*fig.*) girare intorno a un luogo o una persona: *ho veduto r. attorno alla casa ... delle figure sospette* (E. SALGARI) | ***r. intorno a una ragazza***, corteggiarla

ronẓatóre [1758] **s. m.** (**f.** *-trice*); anche **agg.** ● (*raro*) chi (o che) ronza (*anche fig.*)

ronẓinànte [sp. *Rocinante*, n. del cavallo di don Chisciotte, da *rocín* 'ronzino', rifatto sull'it. *ronzino* ✱ 1728] **s. m.** ● cavallo vecchio e stanco

ronẓìno [ant. fr. *roncin*: stessa etim. di *rozza* (?) ✱ 1240] **s. m.** (**f.** *-a*) ● cavallo di poco pregio, o in cattive condizioni

♣**ronẓìo** [da *ronzare* col suff. *-io*① ✱ av. 1712] **s. m.** (**pl.** *-ii*) ● rumore continuato di insetti che ronzano | (*est.*) rumore sordo e vibrante simile al ronzare di insetti volanti: *il r. di un motore* | (*med.*) ***r. auricolare***, risposta sonora a stimoli o lesioni delle vie acustiche provocate da affezioni dell'orecchio e da altre malattie | (*est.*) mormorio, brusio di voci lontane

rónẓo [da *ronzare* ✱ av. 1470] **s. m.** ● (*lett.*) ronzamento, ronzio: *era poc'anzi nella valle il r. dell'altre sere* (G. PASCOLI)

ronẓóne ① [da *ronzare* ✱ 1765] **s. m.** **1** (*raro*) insetto che ronza | (*fig.*) †corteggiatore **2** maggiolino

†**ronẓóne** ② o †**roncióne** [da *ronzino* ✱ sec. XIII] **s. m.** ● stallone: *dicea Morgante: leva su, r.; / e 'l va pur punzecchiando con lo sprone* (L. PULCI)

rood /*ingl.* ru:d/ [vc. ingl., propr. 'canna', vc. germ. di orig. indeur. ✱ 1749] **s. m. inv.** ● unità di misura inglese di superficie pari a 1011,71 m^2

roof /*ingl.* ru:f/ [1982] **s. m. inv.** ● accorc. di *roof garden*

roof garden /*ingl.* 'ru:fˌgɑ:d(ə)n/ [loc. ingl., comp. di *roof* 'tetto' (d'orig. germ.) e *garden* 'giardino' (d'orig. germ.) ✱ 1917] **loc. sost. m. inv.** (**pl. ingl.** *roof gardens*) ● grande terrazza sul tetto di un edificio, adorna di piante, adibita a bar, ristorante, ritrovo elegante

rooseveltiàno (roo-se-velt-ia-no, roo-se-vel-tia-no) /ruzvel'tjano/ [1934] **A** **agg.** ● relativo a F. D. Roosevelt (1882-1945), presidente degli Stati Uniti dal 1933 al 1945, alle sue idee, alla sua politica **B** **agg.; anche s. m.** (**f.** *-a*) ● sostenitore di F. D. Roosevelt

ropàlico [vc. dotta, lat. tardo *rhopălicu(m)*, dal gr. *rópalon* 'clava', la cui sezione aumenta verso l'estremità ✱ 1835] **A** **s. m.** (**pl.** *-ci*) ● nella poesia classica, spec. della tarda latinità, verso formato da una serie di parole che aumentano via via di una sillaba **B** anche **agg.**: *verso r.*

Ropalòceri [comp. del gr. *rópalon* 'mazza, bastone', da *répein* 'inclinare, abbassare', di orig. indeur., e *kéras* 'corno' (V. *cerambice*) ✱ 1932] **s. m. pl.** (**sing.** *-o*) ● (*zool.*) gruppo di farfalle diurne con antenne rigonfiate a clava all'estremità, che, in riposo, tengono le ali erette verticalmente (*Ropalocera*)

roquefort /*fr.* rɔk'fɔr/ [vc. fr., dal n. del luogo di produzione, *Roquefort(-sur-Soulzon)* ✱ 1895] **s. m. inv.** ● formaggio francese di latte di pecora con muffe verdi sparse uniformemente nella pasta

roràre [vc. dotta, lat. *rorāre*, da *rōs*, genit. *rōris* 'rugiada'. V. †*rore* ✱ 1321] **v. tr.** (*io ròro*) ● (*poet.*) bagnare, cospargere, irrorare di rugiada: *la vaga opra fatale / rorò di rugiada* (U. FOSCOLO) | (*fig.*) rinfrescare, ristorare

†**ròre** [vc. dotta, lat. *rōre(m)*, di orig. indeur. ✱ av. 1389] **s. m.** ● (*poet.*) rugiada

♣**ròrido** [vc. dotta, lat. *rōridu(m)*, da *rōs*, genit. *rōris* 'rugiada'. V. †*rore* ✱ 1499] **agg.** ● (*lett.*) rugiadoso: *nube rorida*; *mattino r.*; *bello il tuo manto, o divo cielo, e bella / sei tu, rorida terra* (G. LEOPARDI) | (*est.*, *poet.*) ***r. di morte***, bagnato del sudore della morte

Ro-Rò [1992] **agg. inv.** ● accorc. di *roll-on roll-off*

Ros /rɔs/ [sigla ingl. di *R(eturn) o(n) s(ales)* 'ritorno, redditività delle vendite' ✱ 1998] **s. m. inv.** ● nella tecnica aziendale, indice di bilancio che misura il rendimento lordo delle vendite; è pari al rapporto tra il risultato operativo e i ricavi netti

♦**ròṣa** ① [lat. *rŏsa(m)*, di orig. preindeur. ✱ av. 1250] **A** **s. f.** **1** arbusto delle Rosacee fornito di spine ricurve, con foglie pennato-composte, fiori grandi variamente profumati e colorati (*Rosa*) **CFR.** rodo- | ***r. antica***, qualsiasi varietà coltivata di rosa a molti petali ottenuta per mutazione o per ibridazione di rose selvatiche, senza utilizzare rose cinesi o giapponesi | *r.* ***botanica***, in floricoltura, denominazione di qualsiasi specie selvatica del genere *Rosa* | *r.* ***canina, di macchia***, arbusto comunissimo nelle siepi e nelle boscaglie, con fiori a cinque petali color carne e frutto rosso (*Rosa canina*) | *r.* ***del Giappone***, camelia | *r.* ***delle Alpi***, rododendro | *r.* ***di Gerico***, anastatica | *r.* ***di Natale***, elleboro nero **2** il fiore di tale pianta: *un mazzo di rose; rose bianche, rosse, gialle* | ***la stagione delle rose***, la primavera | ***il mese delle rose***, il mese di maggio | ***fresco come una r.***, (*fig.*) in ottime condizioni fisiche | ***bocciolo di r.***, (*fig.*) detto di ragazza giovane e bella | ***stare su un letto di rose***, (*fig.*) in condizioni privilegiate o in circostanze particolarmente fortunate | ***non sono tutte rose e fiori***, (*fig.*) detto di tutto ciò che si presenta in maniera allettante, nascondendo, in realtà, difficoltà o lati negativi | ***all'acqua di rose***, (*fig.*) attenuato, poco efficace: *una cura all'acqua di rose*; superficiale: *una preparazione all'acqua di rose*; (**lett.**) edulcorato | ***Pasqua di rose***, la Pentecoste | (*fig.*) ***R. mistica***, la Vergine Maria | **PROV.** ***non c'è r. senza spine***, anche le cose più belle hanno risvolti negativi; ***se son rose, fioriranno***, se una cosa è positiva come sembra, si potrà capirlo solo dagli sviluppi **3** (*poet.*) colorito rosa delle guance o delle labbra: *torna a fiorir la r. / che pur dianzi languia* (G. PARINI) **4** (*fig.*) gruppo, insieme di persone tra cui operare una scelta: *la r. dei candidati* **SIN.** cerchia | (*sport*) insieme di giocatori: *la r. dei titolari di una squadra* **5** †macchia rosea lasciata sulla pelle da punture di insetti, morsi e sim. **6** (*arald.*) figura formata da cinque petali, talora alternati a spine, bottonata al centro e senza gambo **7** (*mus.*) foro di risonanza negli strumenti a pizzico, anticamente a forma di rosa **8** (*sett.*) parte interna della coscia del bue e del vitello macellati, posta sotto il girello **SIN.** noce **9** proiezione dei pallini da caccia che fuoriesce dalla canna, prendendo una forma circolare **10** *r.* ***dei venti***, figura a forma di stella a sedici punte che rappresenta il sistema dei venti in relazione ai punti cardinali; vi compare anche la denominazione locale dei venti **11** (*mar.*) *r.* ***della bussola***, figura circolare applicata alla bussola con indicate le direzioni dei quattro punti cardinali e quelle intermedie **12** (*sett.*) ciuffo di capelli disposto a spirale **CFR.** ritrosa, vertigine **13** (*zool.*) *r.* ***di mare***, attinia **B** **s. m. inv.** • colore che sta tra il bianco e il rosso: *dipingere senza usare il r.* **C** **agg. inv.** **1** di color rosa: *vestito, gonna, nuvole r.* **CFR.** rodo- | ***maglia r.***, maglia indossata dal corridore ciclista che è in testa alla classifica del Giro d'Italia | ***foglio r.***, V. *foglio* nel sign. 2 | *r.* ***shocking***, V. *shocking* | ***vedere tutto r.***, (*fig.*) vedere il lato positivo di ogni cosa, essere ottimisti **2** femminile (dal colore che tradizionalmente contraddistingue le bambine) | ***fiocco r.***, che segnala la nascita di una bambina | ***letteratura, romanzo, cronaca r.***, che trattano vicende sentimentali | ***stampa r.***, destinata a un pubblico femminile | ***quote r.***, V. *quota* nel sign. 2 | ***balletti r.***, V. *balletto* ‖ **roṣétta**, **dim.** (V.) | **roṣellìna**, **dim.** (V.) | **roṣìna**, **dim.** | **roṣìno**, **dim. m.** (V.)

rósa② (o -ṣ-) [f. sost. di *roso* ✱1400 ca.] **s. f.** **1** †erosione **2** (*tosc.*) prurito, pizzicore

roṣàcea [da *rosaceo* ✱sec. XX] **s. f.** • (*med.*) acne rosacea (V. *acne*)

Roṣàcee [V. *rosaceo* ✱1892] **s. f. pl.** (**sing.** -*a*) • (*bot.*) famiglia di piante delle Dicotiledoni con fiori regolari a cinque petali liberi, numerosi stami, foglie alterne dentate e stipolate (*Rosaceae*)

roṣàceo [vc. dotta, lat. tardo *rosāceu(m)*, da *rŏsa* ✱1499] **agg.** • (*raro*) di colore rosa | di rosa, simile alla rosa | (*med.*) ***acne rosacea***, V. *acne*

roṣàio [lat. *rosāriu(m)*, da *rŏsa* ✱1309 ca.] **s. m.** (**pl.** -*ai*) • arboscello di rosa | (*raro*) roseto

roṣalìa • (*evit.*) ➤ **rosolia**

roṣanéro [comp. di *rosa* e *nero*, colori della squadra ✱1930] **agg. inv.; anche s. m. e f.** (**pl. m. inv.** o *raro* -*i*; **pl. f. inv.**) • che (o chi) gioca nella squadra di calcio del Palermo o ne è sostenitore

roṣanilìna [comp. di *rosa* e *anilina* ✱1872] **s. f.** • (*chim.*) fucsina

roṣàrio [vc. dotta, lat. *rosāriu(m)*, agg. di *rŏsa* ✱1509] **s. m.** **1** nel cattolicesimo, pratica devota consistente nella meditazione su avvenimenti della vita di Cristo e della Madonna (*misteri*) e nella recita di quattro gruppi di cinque decine di Ave Maria, precedute ciascuna da un Paternoster e da un Gloria, per il conteggio delle quali ci si serve di una corona di grani | corona di grani utilizzata per questo scopo **2** (*est.*) sequela, serie: *un r. di insolenze, di disgrazie* **3** (*anat.*) *r.* ***rachitico***, catena di nodosità al punto di giunzione della parte ossea e della cartilagine delle coste propria del rachitismo dell'infanzia **4** (*bot.*) ***albero del R.***, abro ‖ **roṣarìno**, **dim.** | **roṣariétto**, **dim.**

roṣàta [1970] **s. f.** • rosa di pallini da caccia

roṣàto [vc. dotta, lat. tardo *rosātu(m)*, da *rŏsa* ✱av. 1250] **A** **agg.** **1** di colore di rosa: *labbra rosate; vino r.* **SIN.** roseo **2** (*raro*) di rosa | †preparato con petali di rosa o con essenza di rosa | (*fig.*, *pop.*) ***Pasqua rosata***, Pentecoste | ***miele r.***, decotto di miele e di foglie di rosa **B** **s. m.** **1** (*raro*) colore roseo: *il r. del cielo; il r. delle guance* **2** vino di colore rosato **3** †panno, tessuto di colore rosato ‖ **roṣatèllo**, **dim.**

ròṣbif o (*tosc.*) **roṣbìffe** [1800] **s. m. inv.** • adattamento di *roast-beef* (V.)

†**ròscido** [vc. dotta, lat. *rōscidu(m)*, da *rōs*, genit. *rōris* 'rugiada'. V. †*rore* ✱1340 ca.] **agg.** • rugiadoso, umido

róscio ➤ **rosso**

rosé /fr. roˈze/ [vc. fr., da *rose* 'rosa' ✱1938] **agg. e s. m. inv.** • (*enol.*) rosato, detto di vino: *vino r.; un bicchiere di r.*

roṣellìna [av. 1565] **s. f.** **1** dim. di *rosa*① nel sign. A **2** varietà di ranuncolo coltivato per i fiori ornamentali stradoppi (*Ranunculus orientalis*)

♦**ròṣeo** [vc. dotta, lat. *rŏseu(m)*, da *rŏsa* ✱av. 1320] **A** **agg.** **1** di colore rosa: *viso r.; petali rosei* | che tende al rosa: *giallo r.* | ***la rosea***, (*per anton.*) il giornale La Gazzetta dello Sport (per il tradizionale colore rosa delle sue pagine) | (*fig.*) ottimistico: *previsioni rosee* | ***speranze rosee***, lusinghiere | sereno, lieto, felice: *avvenire r.* | ***vedere tutto r.***, sotto una luce favorevole **2** rosé **B** **s. m.** • colorito roseo delle guance o del viso | colore roseo

roṣèola [fr. *roséole*, da *rose* 'rosa' ✱1895] **s. f.** • (*med.*) eruzione generalizzata o localizzata di chiazze rosse con tendenza alla risoluzione rapida; è tipica della sifilide, della scarlattina, del colera

roṣéto [vc. dotta, lat. *rosētu(m)*, da *rŏsa* ✱1485] **s. m.** • luogo piantato a rose | cespuglio di rose

roṣétta [1336 ca.] **s. f.** **1** dim. di *rosa*① nel sign. A **2** diamante di lieve spessore tagliato a forma di piramide sfaccettata **3** (*bot.*) disposizione particolare delle foglie a ciuffo basale per l'annullarsi degli internodi **4** panino rotondo, lavorato in modo che, nella parte superiore, si presenti come una rosa **5** (*mecc.*) rondella ‖ **roṣettìna**, **dim.**

Rosh ha-Shana /ebr. roʃ haʃʃaˈna/ [ebr. *rōsh ha-shshānāh* 'capo d'anno' ✱1985] **loc. sost. f. inv.** • capodanno ebraico, celebrato l'1 e il 2 del mese di *tishrì* (settembre-ottobre)

rósi ➤ **rodere**

Rosicànti (o -ṣ-) [part. pres. sost. di *rosicare* ✱1872] **s. m. pl.** (**sing.** -*e*) • (*zool.*, *pop.*) Roditori

rosicàre (o -ṣ-) [lat. parl. **rosicāre*, intens. di *rōdere* ✱sec. XIV] **A** **v. tr.** (*io rósico, tu rósichi*) **1** rodere a poco a poco **SIN.** rosicchiare **2** (*fig.*) riuscire a guadagnare qlco. | **PROV.** ***chi non risica non rosica***, chi non rischia non ottiene nulla **B** **v. intr.** (**aus.** *avere*) • (*centr.*) rodersi, tormentarsi: *r. di rabbia, di invidia*

rosicatùra (o -ṣ-) [da *rosicare* ✱1687] **s. f.** • azione del rosicare | insieme di residui di tale azione: *r. di tarme*

rosicchiaménto (o -ṣ-) [1872] **s. m.** • il rosicchiare | il rumore che si fa rosicchiando

♦**rosicchiàre** (o -ṣ-) [lat. parl. **rosiculāre*, intens. di **rosicāre* 'rosicare' (V.) ✱1395] **A** **v. tr.** (*io rosìcchio*) • rodere di continuo e leggermente: *r. un osso; il tarlo rosicchia il legno* | mangiucchiare: *r. un pezzo di pane* **SIN.** rosicare **B** anche **rosicchiàrsi** **v. tr. pron.** (**aus.** *essere*): *rosicchiarsi le unghie; andava a rincantucciarsi ... per rosicchiarsi quel suo pane di otto giorni* (G. VERGA) **SIN.** rosicare

rosìcchio (o -ṣ-) o **rosicchìolo** (o -ṣ-) [av. 1837] **s. m.** • (*raro*) tozzo di pane secco avanzato

rosichìo (o -ṣ-) [1905] **s. m.** (**pl.** -*ii*) • (*raro*) rosicchiamento continuo: *il r. del tarlo* (G. PASCOLI)

roṣicoltóre o **roṣicultóre** [da *rosa*①, sul modello di *agricoltore* ✱1959] **s. m.** (**f.** -*trice*) • chi coltiva rose

roṣicoltùra o **roṣicultùra** [comp. di *ros(a)* e -*coltura* ✱1959] **s. f.** • coltivazione delle rose

rosicóne (o -ṣ-) [da *rosicare* nel sign. B ✱1907] **agg. e s. m.** (**f.** -*a*) • (*centr.*) che (o chi) si rode d'invidia per i successi altrui

†**roṣignòlo** o †**ruṣignòlo**, †**ruṣignuòlo**, †**roṣignuòlo** [provenz. *rosinhol*, dal lat. parl. **luxiniŏlu(m)*. V. *usignolo* ✱sec. XIII] **s. m.** • (*lett.*) usignolo: *quel rosignuol che sì soave piagne* (F. PETRARCA) ‖ †**roṣignolétto**, **dim.**

roṣìno [av. 1481] **s. m.** **1** dim. di *rosa*① **2** (*raro*) colore rosa chiaro

roṣmarìno [lat. *rōs marīnu(m)*, propr. 'rugiada di mare'. V. †*rore* e *marino* ✱av. 1375] **s. m.** **1** arbusto delle Labiate con foglie piccole, lineari, bianche inferiormente, selvatico nelle regioni italiane a clima mediterraneo e coltivato come pianta aromatica per cucina (*Rosmarinus officinalis*) **SIN.** (*tosc.*) ramerino **2** sostanza aromatica costituita dalle foglie secche del rosmarino, usata per preparazioni farmaceutiche

roṣminiàna [1905] **s. f.** • (*relig.*) suora appartenente alla Congregazione della Provvidenza, fondata da A. Rosmini

roṣminianìṣmo [comp. di *rosminian(o)* e -*ismo* ✱1843] **s. m.** • il sistema filosofico di forte impronta cattolica elaborato da Rosmini

roṣminiàno [1831] **A** **agg.** • relativo al filosofo e sacerdote Antonio Rosmini (1797-1855) **B** **s. m.** (**f.** -*a* (V.)) **1** (*filos.*) chi segue il pensiero di Rosmini **2** (*relig.*) religioso appartenente all'Istituto della Carità, congregazione fondata da Rosmini

♦**róso** (o -ṣ-) **A** **part. pass.** di *rodere*; **anche agg.** **1** nei sign. del v. | corroso, intaccato: *in larghi scialli ... rosi dalle tarme* (E. MORANTE) | consunto, sciupato: *volto r. dalla salsedine* (I. CALVINO) | minato da una malattia: *organismo r. dal cancro* **2** (*fig.*) afflitto, tormentato: *Magro, tutto occhi, come r. dentro*

r

(L. PIRANDELLO) **B** **s. m.** ● †piccola insenatura marina o fluviale formatasi per corrosione

rosolàccio [da *rosa*① ✱sec. XIV] **s. m.** ● pianta delle Papaveracee, con foglie pelose, fiori rossi di quattro petali, talora con una larga macchia nera alla base; è comune e infestante nei campi e fiorisce da maggio a luglio (*Papaver rhoeas*) **SIN.** papavero selvatico

rosolàre [etim. discussa: longob. *rosa* 'crosta' (che si forma sulle vivande) (?) ✱av. 1573] **A** **v. tr.** (*io ròsolo*) **1** fare cuocere allo spiedo, in forno o al tegame carne o altre vivande in modo che vi si formi una crosta dal caratteristico colore bruno-rossiccio **2** (*tosc., fig., scherz.*) criticare, canzonare | (*tosc., fig.*) conciare male **B** **rosolàrsi** **v. intr. pron.** **1** cuocersi assumendo una caratteristica crosta bruno-rossiccio **2** (*fig.*) nella loc. ***rosolarsi al sole***, stare lungamente distesi al sole per abbronzarsi

rosolàta [da *rosolare* ✱1987] **s. f.** ● rosolatura rapida e sommaria

rosolatùra [1611] **s. f.** ● cottura con formazione di una crosta bruno-rossiccia

rosolìa, (*evit.*) **rosalìa** [da *rosa*①, per il colore che assume la pelle ✱av. 1306] **s. f.** ● malattia virale esantematica frequente nell'infanzia, che si manifesta con tipico arrossamento cutaneo e adenopatia laterocervicale **SIN.** rubeola

rosòlida [lat. mediev. *rōs* (nom.) *sōlis* 'rugiada del sole'. V. †*rore* e *sole* ✱1835] **s. f.** ● (*bot.*) drosera

rosolièra [da *rosolio* ✱1891] **s. f.** ● servizio di bottiglia e bicchierini per rosolio e bevande simili

rosòlio [stessa etim. di *rosolida* ✱1671] **s. m.** **1** liquore, molto diffuso in passato, preparato con alcol, zucchero e acqua nella stessa proporzione, con in più un'essenza che gli dà il nome: *r. di menta, di cedro, alla vaniglia; cioccolatino al r.* | (*est., disus.*) squisitezza: *vino che pare un r.; dolce come un r.* **2** un tempo, cioccolatino farcito di rosolio: *egli a ogni ritorno le portava … una scatola di rosolii* (G. D'ANNUNZIO)

ròsolo [da *rosolare* ✱1872] **s. m.** ● rosolatura | colore che assume una vivanda rosolata: *arrosto che non ha il r.*

rosóne [dalla forma di grande *rosa* ✱1550] **s. m.** **1** motivo ornamentale, gener. inscritto in un cerchio, composto di motivi vegetali disposti attorno a un centro, per ornare soffitti, lacunari, medaglioni **2** (*archit.*) vetrata circolare con motivi raggianti, a forma di rosa o ruota e in genere di marmo, posta sopra la porta centrale di facciata delle chiese romaniche e gotiche, per illuminarne la navata centrale

ròspo [etim. incerta ✱av. 1455] **s. m.** **1** (**f.** *-a*) anfibio anuro dal corpo tozzo e dalla pelle spessa e verrucosa, ricca di ghiandole che secernono un liquido acre e irritante (*Bufo*) | ***r. comune***, di colore bruniccio (*Bufo bufo*) **SIN.** botta | ***r. smeraldino***, più piccolo del rospo comune, grigio, con macchie scure sui toni del verde (*Bufo viridis*) | ***r. ostetrico***, alite | ***r. scavatore***, rinofrino | ***r. cornuto***, iguana | ***ingoiare il r.***, (*fig.*) tollerare un fatto spiacevole, una situazione incresciosa | ***sputare il r.***, (*fig.*) esprimere liberamente, senza più esitazioni, un motivo di preoccupazione, uno stato d'animo di sofferenza, o sim. **2** ***coda di r.***, V. *coda* nel sign. 3 **3** (**f.** *-a*) (*fig., spreg.*) persona di aspetto molto sgradevole, ripugnante | (*est., spreg.*) persona scontrosa, di non facile compagnia ‖ **rospàccio**, **pegg.** | **rospétto**, **rospettìno**, **dim.** | **rospìno**, **dim.**

rossàstro [da *rosso*, sul modello del fr. *rougeâtre* ✱sec. XIV] **agg.** ● che tende al colore rosso, ma di una sfumatura un po' opaca, smorzata: *luce rossastra; le fiamme rossastre e fumose si disegnavano … sopra il cielo che s'imbruniva* (I. NIEVO)

rosseggiànte **part. pres.** di *rosseggiare*; anche **agg.** ● di colore rosso o tendente al rosso: *nelle vigne … brillavan le foglie rosseggianti* (A. MANZONI)

rosseggiàre [da *rosso* ✱1319] **v. intr.** (**pres.** *io rosséggio*; **fut.** *io rosseggerò*; **aus.** *avere*) ● apparire rosso o tendere al rosso: *al tramonto il cielo comincia a r.; le nuvole rosseggiano, poi vanno languendo, e pallide finalmente si abbuiano* (U. FOSCOLO)

rossèllo [da *rosso* ✱1872] **s. m.** ● macchia, chiazza rossa sulla pelle | (*tosc.*) pomello arrossato della guancia

Rossése (o *-ṣe*) [dal colore *rosso* dell'uva ✱1931] **s. m.** ● vino rosso di color rubino a volte quasi violaceo, dal profumo di fiori e dal sapore morbido e fruttato, prodotto in Liguria dal vitigno omonimo: *R. di Albenga; R. di Dolceacqua*

rossétta [dal colore *rosso* ✱av. 1803] **s. f.** ● correntemente, pipistrello dal muso volpino, densa pelliccia rossastra e alimentazione a base di frutti, che vive nell'Africa e nell'Asia meridionale (*Pteropus edulis*)

rossétto [1677] **s. m.** **1** dim. di *rosso* **2** colorante rosso **3** cosmetico pastoso o cremoso per labbra: *matita, bastoncino di r.; un r. color fragola* | (*raro*) fard

rossézza [av. 1313] **s. f.** ● (*raro*) caratteristica di ciò che è rosso

rossicànte **part. pres.** di *rossicare*; anche **agg.** ● (*raro, lett.*) rosseggiante

rossicàre [da *rosso* ✱av. 1406] **v. intr.** (*io róssico, tu róssichi*; **aus.** *avere*) ● (*raro, lett.*) rosseggiare: *le vecchie tele … rossicarono e nereggiarono su le mura* (G. D'ANNUNZIO)

rossìccio [1340 ca.] **A** **agg.** (**pl. m.** *-ci*; **pl. f.** *-ce*) ● piuttosto rosso, ma tenue, sbiadito | rossastro **B** **s. m.** ● colore che tende al rosso

rossìgno [av. 1370] **agg.** ● (*raro*) leggermente rosso o rossiccio: *pelo r.; cade il fiore r. del cipresso* (G. D'ANNUNZIO)

rossiniàno [1827] **A** **agg.** ● che concerne il musicista Gioachino Rossini (1792-1868) e la sua arte: *crescendo r.* **B** **s. m.** (**f.** *-a*) ● ammiratore, imitatore di Rossini

rossìno [1565] **A** **agg.** ● (*raro*) rossiccio **B** **s. m.** (**f.** *-a*) ● (*fam.*) persona con i capelli rossi: *una rossina tutta picchiettata d'innumerevoli … lentiggini* (I. CALVINO)

♦**rósso** o (*centr.* o *disus.*) **róscio** [lat. *rŭssu(m)*, dalla stessa radice di *rŭber*. V. †*rubro* ✱1282] **A** **agg.** **1** che è del colore del sangue vivo, della porpora, del rubino e sim.: *smalto, inchiostro, abito, vino r.* **CFR.** eritro-, pirro- | ***Camicie rosse***, i volontari garibaldini, che indossavano camicie di tale colore | ***bandiera rossa***, bandiera usata per segnalare un pericolo; la bandiera dei partiti comunisti e socialisti | ***a luci rosse***, detto di tutto ciò che riguarda la pornografia: *cinema, locale, film a luci rosse* (calco sull'ingl. *red light*, dall'usanza di indicare con tale segnale un bordello) | ***capelli rossi***, fulvi o rossicci | ***diventare r.***, arrossire per vergogna, rabbia o sim. | ***diventare r. come un peperone***, avere la pelle scottata dal sole; arrossire violentemente | ***avere gli occhi rossi***, averli arrossati; avere pianto | ***essere bianco e r.***, avere un bel colorito in viso per buona salute | ***vedere r.***, (*fig.*) provare un'ira violenta | ***la rossa***, (*ellitt., per anton.*) la vettura da corsa della Ferrari | (*biol.*) ***globulo r.***, contenente emoglobina, destinato al trasporto dell'ossigeno e dell'anidride carbonica **2** ispirato, influenzato, amministrato dai partiti della sinistra: *cooperative rosse; regioni rosse* **3** (*banca*) nella loc. ***clausola rossa***, condizione di utilizzazione di crediti documentari, per cui la banca è autorizzata a concedere anticipi a un esportatore, prima della presentazione dei documenti di spedizione | ***debito r.***, caratterizzato da tale clausola **B** **s. m.** **1** il colore rosso: *r. scuro, bruno, fiammante* | **PROV.** ***r. di sera, bel tempo si spera*** **2** (*chim.*) ciascuna delle sostanze naturali o artificiali, organiche o inorganiche usate come coloranti rossi: *r. di anilina* **3** (**f.** *-a*) persona che ha i capelli rossi **4** (**f.** *-a*) (**spec. al pl.**) aderente a un partito di sinistra **5** luce rossa del semaforo stradale o ferroviario che indica l'obbligo di fermarsi: *fermarsi al r.; passare col r.* **6** materia rossa | ***r. d'uovo***, il tuorlo **7** metà dei numeri della roulette, colorati appunto in rosso, su cui si può puntare: *è uscito il r.* **8** (*banca, econ.*) posizione di debito in un conto, in contrapposizione a *nero* | ***in r.***, in passivo: *essere, andare in r.* **9** vino rosso (anche come denominazione): *un bicchiere di r.; Rosso Piceno; Rosso di Montalcino* ‖ **rossàccio**, **pegg.** | **rossétto**, **dim.** (V.) | **rossìno**, **dim.**

rossoblù [comp. di *rosso* e *blu*, colori della squadra ✱1935] **agg. e s. m. inv.** ● che (o chi) gioca nelle squadre di calcio del Bologna, del Genoa, del Cagliari, o ne è sostenitore

rossocrociàto [comp. di *rosso* e *crociato* ✱1956] **A** **agg.** ● caratterizzato da una croce bianca su sfondo rosso, come la bandiera svizzera **B** **agg. e s. m.** (**f.** *-a*) ● svizzero

róssola ➤ **russola**

rossonéro [comp. di *rosso* e *nero*, colori della squadra ✱1912] **agg. e s. m.** (**f.** *-a*; **pl. m.** *-i*) ● che (o chi) gioca nella squadra di calcio milanese del Milan e del Foggia, o ne è sostenitore

♦**rossóre** [1313] **s. m.** **1** colorito rosso assunto dalla pelle spec. del viso per pudore, vergogna, ira o rabbia: *sentirsi salire il r. alle guance* | (*fig.*) vergogna, pudore: *uomo senza r.; non sentire r.* | ***il r. è sparito dalla sua faccia***, (*fig.*) non si vergogna più di niente **2** (*lett.*) colore rosso: *un picciol fiumicello, / lo cui r. ancor mi raccapriccia* (DANTE *Inf.* XIV, 77-78) **SIN.** rossezza

ròsta [longob. *hrausta* 'frasca' ✱1282] **s. f.** **1** (*archit.*) inferriata semicircolare o semiellittica a forma di raggiera **2** †sbarramento, riparo artificiale **3** †ventaglio, ventola o scacciamosche fatti di frasche | (*est.*) ventaglio **4** (*raro, poet.*) intrico, ostacolo di rami

rosticcère ➤ **rosticciere**

rosticcerìa [da *rosticciere*, sul modello del fr. *rôtisserie* ✱1863] **s. f.** ● locale dove si preparano e si vendono arrosti o altre vivande

rosticciàna [da *rostire* ✱1865] **s. f.** ● costola di maiale rosolata in padella o arrostita alla griglia

rosticcière o (*raro*) **rosticcère** [da *rostire*, sul modello del fr. *rôtisseur* ✱1863] **s. m.** (**f.** *-a*) ● gestore di una rosticceria

rostìccio [da †*rostire* ✱av. 1673] **s. m.** **1** pezzo di calcina secca su un muro non intonacato **2** scoria di ferro o altro metallo, nella fornace **3** (*disus., spreg.*) persona magra e sgraziata

rostièra [vc. sett., da †*rostir(e)* 'arrostire' ✱1992] **s. f.** ● (*sett.*) teglia ovale o rettangolare per cuocere cibi arrosto

†**rostire** [germ. **raustjan* ✱1342] **v. tr.** ● arrostire

†**rósto** [da †*rostire* ✱av. 1328] **s. m.** ● arrosto

rostràle [vc. dotta, lat. tardo *rostrāle(m)*, da *rōstrum* 'rostro' ✱av. 1574] **agg.** **1** (*lett.*) rostrato | nella Roma antica, detto di corona fregiata di rostri, data come altissima ricompensa per vittorie navali **2** in un organismo animale, situato verso l'estremo cefalico **CONTR.** caudale

rostràto [vc. dotta, lat. tardo *rostrātu(m)*, da *rōstrum* 'rostro' ✱ 1464] **agg.** ● fornito di rostro: *uccello r.* | ***colonna rostrata***, nell'antica Roma, monumento commemorativo costituito da una colonna ornata coi rostri tolti alle navi nemiche

ròstro [vc. dotta, lat. *rōstru(m)* 'becco', da *rōdere* ✱ 1321] **s. m. 1** (*zool.*) becco, spec. quello adunco dei rapaci | prolungamento dello scudo osseo di alcuni crostacei che sporge al di sopra del capo | apparato boccale, pungente e succhiante, tipico di vari insetti | †muso, grugno, spec. di animale selvatico **2** (*anat.*) qualsiasi struttura o appendice a forma di becco: *r. del corpo calloso*; *r. dello sfenoide* **3** (*bot.*) prolungamento a forma di becco o di punta di organi vegetali o di frutti **4** (*ing.*) sperone sporgente a monte della pila di un ponte, che serve a regolare il deflusso delle acque SIN. avambecco **5** in un'automobile, elemento cromato per coprire l'attacco del paraurti alla carrozzeria **6** trave in bronzo o ferro sporgente dalla parte inferiore della prua delle antiche navi, usata per speronare le navi nemiche SIN. sperone **7** (**al pl.**) tribuna per gli oratori nel Foro dell'antica Roma, presso il luogo dove erano i rostri delle navi conquistate agli Anziati

†**rosùme** (o **-ṣ-**) [da *roso* ✱ 1612] **s. m.** ● residuo di materiali rosicchiati: *il r. dei bachi da seta*

rosùra (o **-ṣ-**) [da *roso* ✱ 1309] **s. f. 1** (*raro*) erosione | fenditura provocata dall'erosione **2** †rimasuglio di cose rose o erose

ròta [lat. *rŏta(m)* 'ruota' ✱ 1308] **s. f. 1** V. *ruota* **2** ***Tribunale Apostolico della Rota Romana*** (o, un tempo, ***Tribunale della Sacra Rota***), organo giudiziario ordinario della S. Sede, con competenza contenziosa e penale, che giudica in prima istanza le cause di sua esclusiva competenza e quelle appositamente avocate a sé, in seconda istanza le cause sulle quali si sono già pronunciati i tribunali diocesani **3** (*mus.*) tipo di canone circolare in cui ogni voce, sfasata rispetto alle altre, terminata la melodia, la ricomincia da capo (per es. *Fra Martino campanaro*)

rotàbile [vc. dotta, lat. tardo *rotābile(m)*, da *rotāre* ✱ 1855] **A agg.** ● percorribile da veicoli a ruote: *strada r.* SIN. carrozzabile | (*raro*) che ha le ruote | ***materiale r.***, insieme di veicoli ferroviari, tranviari e sim. **B s. f.** ● strada carrozzabile **C s. m.** ● veicolo ferroviario o tranviario

rotacìṣmo [dalla lettera gr. *rho*, secondo il modello di *solecismo* ✱ av. 1796] **s. m. 1** (*ling.*) passaggio di un suono consonantico a /r/ (per es. il suono /l/ del lat. *cultĕllu(m)* nel dial. *cortello*) **2** pronuncia difettosa del suono /r/

rotaciẓẓàre [1905] **A v. tr.** ● (*ling.*) modificare un suono per rotacismo **B rotaciẓẓàrsi v. intr. pron.** ● (*ling.*) subire rotacismo, detto di consonante ‖ **rotaciẓẓazióne**, **s. f.**

♦**rotàia** [da *r(u)ota* ✱ 1612] **s. f. 1** (*ferr.*) guida in acciaio, di sezione caratteristica, appaiata in un binario e costituente il piano di rotolamento delle ruote dei veicoli ferroviari e tranviari | ***r. a zampa di lepre***, nello scambio, quella, opportunamente piegata, che consente l'incrocio di due linee di rotaie | (*fig.*, *raro*) norma, regola: *uscire dalle rotaie* **2** (*mecc.*) guida metallica destinata a costituire il piano di corsa uniforme e di minima resistenza al rotolamento: *le rotaie di una porta scorrevole* **3** solco lasciato nel terreno dalle ruote di un veicolo: *La strada era ... solcata da rotaie profonde, che, dopo una pioggia, diventavan rigagnoli* (A. MANZONI)

rotàle [vc. dotta, lat. tardo *rotāle(m)*, da *rŏta* 'ruota' ✱ 1499] **agg. 1** †attinente a ruota **2** relativo al Tribunale della Rota Romana: *avvocato r.*; *sentenza r.*

rotaménto [av. 1313] **s. m.** ● (*raro*) rotazione

rotàmetro [comp. di *rota(re)* e *-metro* ✱ 1991] **s. m.** ● (*fis.*) flussometro in cui un corpo dotato di palette viene mantenuto in rotazione dal movimento del fluido di cui si vuole misurare il flusso

ròtang [malese *rōtan* ✱ 1895] **s. m. inv.** ● palma asiatica, con fusto flessuoso e sottile usato per lavori di intreccio (*Calamus rotang*)

rotànte o (*raro*) **ruotànte part. pres.** di *ruotare*; anche **agg.** ● nei sign. del v. | che ruota

rotàre e deriv. ➤ **ruotare** e deriv.

rotariàno [dal nome del '*Rotary* club', dall'ingl. *rotary* 'rotatorio, a rotazione', associazione fondata a Chicago nel 1905 con finalità di beneficenza; il nome del club e il suo simbolo (una ruota) derivano dall'abitudine originaria di riunirsi a rotazione nella casa di ogni singolo membro ✱ 1930] **A agg.** ● del Rotary Club **B s. m.** ● socio del Rotary Club

rotatìva [f. di *rotativo*, sul modello del fr. *rotative* e dell'ingl. *rotative* ✱ av. 1920] **s. f.** ● macchina da stampa in cui matrice e organo di pressione sono entrambi cilindrici: *r. tipografica*, *r. offset*, *r. rotocalco*

rotativìsta [1959] **s. m. e f.** (**pl. m.** *-i*) ● l'operaio addetto alla rotativa

rotatìvo [dal lat. *rotātus*, part. pass. di *rotāre* ✱ sec. XV] **agg. 1** che ha un moto rotatorio | ***pompa rotativa***, in cui l'elemento che spinge il liquido è dotato di moto rotatorio anziché alternativo **2** ***sistema agrario r.***, realizzato con l'avvicendamento delle colture; che avviene per avvicendamento **3** (*banca*) ***credito r.***, concesso alle condizioni che, ad utilizzo effettuato, venga ripristinato per l'importo originario

rotàto part. pass. di *ruotare*; anche **agg. 1** nei sign. del v. **2** (*raro*, *lett.*) fornito di ruote **3** (*ling.*) detto del suono vibrante *r* **4** (*bot.*) ***corolla rotata***, corolla regolare, a petali saldati, con lembo disteso e appiattito

rotatòria [f. sost. di *rotatorio* ✱ 1954] **s. f.** ● segnale stradale che indica l'obbligo, per la circolazione, di ruotare intorno a un'isola rotazionale | (*est.*) isola rotazionale

rotatòrio [da *ruotatore* ✱ 1819] **agg.** (**pl. m.** *-i* **o** *raro -ii*) ● di rotazione, caratterizzato da rotazione: *circolazione rotatoria* | (*fis.*) del moto di rotazione di un corpo attorno ad un altro: *moto r. della Terra*

rotazionàle [1933] **agg. 1** di rotazione: *movimento, moto r.* **2** ***isola r.***, area rialzata circolare situata all'incrocio di più strade, attorno a cui i veicoli devono girare

rotazióne [vc. dotta, lat. *rotatiōne(m)*, da *rotātus*, part. pass. di *rotāre* ✱ 1395] **s. f. 1** il ruotare | movimento circolare intorno a qlco. CFR. giro-, roto- | (*astron.*) movimento di un corpo che gira intorno a un asse passante per il proprio baricentro: *r. terrestre* CFR. rivoluzione | ***armi a r.***, a tamburo **2** (*mat.*) operazione consistente nel muovere una figura piana o spaziale in modo che la distanza di ciascun suo punto da un punto o da ogni punto di una retta resti costante | movimento di un piano o di uno spazio su sé stesso che associa le posizioni iniziale e finale di un punto sottoposto a una rotazione **3** (*ling.*) insieme di mutamenti consonantici ad andamento ciclico **4** (*sport*) movimento eseguito dal corpo dell'atleta superando l'asticella nel salto in alto e nel salto con l'asta **5** (*fig.*) avvicendamento, ordinato susseguirsi di cicli chiusi: *r. delle cariche*; *la r. dei titolari in una squadra* | ***a r.***, a turno; con successione regolare: *i loro musei debbono ... offrire mostre a r.* (E. MONTALE) | ***r. agraria***, successione delle colture su uno stesso appezzamento della durata di due o più anni

roteaménto [av. 1294] **s. m.** ● (*raro*) roteazione

roteànte part. pres. di *roteare*; anche **agg.** ● nei sign. del v. | che compie traiettorie circolari: *Guarda un falco r.* (G. CARDUCCI) | che rotea: *occhi roteanti*

roteàre [da *r(u)ota* ✱ 1321] **A v. intr.** (**pres.** *io ròteo*; **fut.** *io roteerò*; **aus.** *avere*) ● muoversi più volte e continuamente su sé stesso o in giro: *spesso intorno al fonte, roteando, / guidan felice e dilettoso ballo* (A. POLIZIANO) | volare descrivendo larghi cerchi **B v. tr.** ● muovere, girare rapidamente intorno con rapidità: *r. la spada* SIN. mulinare | ***r. gli occhi***, girarli qua e là esprimendo ira, ostilità o terrore

roteazióne [av. 1406] **s. f.** ● il roteare | movimento rotatorio

†**roteggiàre** [sec. XV] **v. intr.** ● roteare, girare

rotéggio [da *roteggiare* ✱ 1838] **s. m. 1** rotismo **2** (*disus.*) movimento di veicoli

♦**rotèlla** o (*raro*) **ruotèlla** [lat. tardo *rotĕlla(m)*, dim. di *rŏtula*, dim. di *rŏta* 'ruota' ✱ 1325 ca.] **s. f. 1** piccola ruota | ***a rotelle***, munito di rotelle: *pattini a rotelle*; *sedia a rotelle* | ***r. tagliapasta***, (*ellitt.*) ***rotella***, V. *tagliapasta* **2** piccola ruota di un meccanismo: *le rotelle dell'orologio* | ***gli manca qualche r.***, ***ha qualche r. fuori posto***, (*fig.*) è una persona strana, non molto equilibrata **3** ***r. metrica***, strumento per la misurazione diretta sul terreno, costituita da una fettuccia di tessuto rinforzato da fili metallici o interamente di acciaio, racchiusa in una custodia circolare o avvolta su un rullo SIN. fettuccia, nastro **4** piccolo scudo rotondo e convesso, in uso nei secc. XIV e XV **5** (*anat.*) rotula ‖ **rotellétta**, **dim.** | **rotellìna**, **dim.** | **rotellìno**, **dim. m.** | **rotellóna**, **accr.** | **rotellóne**, **accr. m.**

rotellìsta [1955] **s. m. e f.** (**pl. m.** *-i*) ● chi pratica gli sport in cui vengono impiegati i pattini a rotelle

rotèllo [da *rotolo* ✱ 1904] **s. m.** ● (*raro*) rotolo di tela o panno

Rotìferi [comp. del lat. *rŏta* 'ruota' (dalla forma delle ciglia) e *-fero* ✱ av. 1799] **s. m. pl.** (**sing.** *-o*) ● (*zool.*) gruppo di animali acquatici piccoli, non metamerici, con capo non distinto dal tronco, che si spostano grazie a un piede retrattile posteriore e si nutrono grazie a un disco anteriore con margini ciliati (*Rotifera*)

rotìno ➤ **ruotino**

rotìṣmo o **ruotìṣmo** [comp. di *r(u)ota* e *-ismo* ✱ 1804] **s. m.** ● sistema di ruote dentate ingrananti fra loro per la trasmissione del moto | ***r. ordinario***, se gli assi delle ruote sono fissi | ***r. epicicloidale***, se gli assi di una o più ruote sono mobili SIN. roteggio, treno di ingranaggi

ròto- [dal lat. *rŏta* 'ruota'] **primo elemento** ● in parole composte moderne, fa riferimento a meccanismi rotanti o comunque a movimento rotatorio: *rotocalcografia*, *rotocompressore*

rotobàlla [comp. di *roto-* e *balla* ✱ 1989] **s. f.** ● (*agric.*) grossa balla di fieno o paglia di forma cilindrica

rotocàlco [abbr. di *rotocalco(grafia)* ✱ 1934] **s. m.** (**pl.** *-chi*) **1** sistema di stampa, in cui gli elementi stampanti sono incisi in incavo, quasi esclusivamente rotativo, a foglio o a bobina, usato in particolare per i periodici illustrati **2** rivista realizzata con il sistema rotocalcografico | (*est.*) periodico illustrato, spec. settimanale | (*fig.*) ***r. televisivo***, (*ellitt.*) ***rotocalco***, trasmissione composta di servizi su fatti e notizie d'attualità

rotocalcografìa [comp. di *roto-* e *calcografia* ✱ 1930] **s. f. 1** procedimento di stampa in rotocalco **2** lo stabilimento in cui si stampa in rotocalco

rotocalcogràfico [1932] **agg.** (**pl. m.** *-ci*) ● relativo alla rotocalcografia ‖ **rotocalcograficaménte**, **avv.** mediante procedimento rotocalcografico; in rotocalco

rotocalcògrafo [1970] **s. m.** (**f.** *-a*) ● operaio addetto a una delle varie operazioni del ciclo di lavoro rotocalcografico

rotocompressóre [comp. di *roto-* e *compressore* ✻ 1937] **s. m.** ● (*mecc.*) compressore centrifugo

rotoidàle [da *rotoide* ✻ 1931] **agg.** ● (*mecc.*) detto di coppia cinematica le cui superfici a contatto sono superfici di rotazione

rotòide [da *rot(are)* col suff. *-oide* ✻ 1930] **s. m.** ● (*mecc.*) ognuno dei due elementi della coppia rotoidale

rotoimballatrice [comp. di *roto-* e *imballatrice* ✻ 1982] **s. f.** ● (*agric.*) macchina agricola per raccogliere fieno o paglia in rotoballe

rotolaménto [av. 1730] **s. m.** ● il rotolare, il rotolarsi | (*sport*) in ginnastica, rotazione del corpo di 360° attorno all'asse trasversale o longitudinale per punti successivi di contatto

♦**rotolàre** [da *rotolo*① ✻ av. 1400] **A** **v. tr.** (*io ròtolo*, †*ruòtolo*) **1** fare avanzare un corpo di forma tondeggiante o cilindrica facendolo contemporaneamente girare su sé stesso: *r. un masso per la china*; *r. una botte, un tronco* **2** (*raro*) arrotolare: *r. della stoffa* **B** **v. intr.** (**aus.** *essere*) ● avanzare girando su di sé: *il pallone rotola sul prato* | ruzzolare: *r. dalle scale* **C** **rotolàrsi** **v. rifl.** ● girare su sé stesso, voltolarsi, detto di persone: *si rotolava sul pavimento*

rotolàto **part. pass.** di *rotolare*; anche **agg.** ● nei sign. del v.

rotolìno [1985] **s. m.** **1** dim. di *rotolo* **2** (*fam.*) rullino di pellicola per macchine fotografiche

rotolìo [1806] **s. m.** (**pl.** *-ii*) ● un rotolare continuo | il rumore che ne deriva: *un r. di ruote sul selciato* (R. Bacchelli)

ròtolo① o †**ruòtolo** [lat. *rŏtulu(m)*, dim. di *rŏta* 'ruota' ✻ av. 1347] **s. m.** **1** materiale avvolto su sé stesso in forma più o meno cilindrica: *un r. di carta, di tela*; *un r. di stoffa*; *il r. dei disegni sotto il braccio* (A. Manzoni) | ***r. di pellicola fotografica***, rullino | (*est.*) pacchetto cilindrico: *un r. di monete* **2** (*colloq.*) ***andare a rotoli***, (*fig.*) andare in malora, in rovina: *un'impresa che va a rotoli*; *l'azienda sta andando a rotoli* | (*colloq.*) ***mandare a rotoli***, far fallire: *ha mandato tutto a rotoli* **3** antica unità archivistica formata da più fogli di pergamena, di carta, di papiro e sim., cuciti o incollati insieme per le estremità e conservati arrotolati **4** †libro dell'estimo | ruolo dei contribuenti | elenco ‖ **rotolétto**, **dim.** | **rotolino**, **dim.** (V.) | **rotolóne**, **accr.** (V.)

ròtolo② [arabo *raṭl* ✻ 1398] **s. m.** ● antica unità di misura di peso, pari a Napoli a 0,891 kg, a Palermo a 0,793 kg

rotolóne [1872] **s. m.** **1** accr. di *rotolo*① **2** capitombolo, ruzzolone: *fare un r. dalle scale* | il rotolarsi, spec. per gioco: *facevano rotoloni sul pavimento*

♦**rotolóni** [da *rotolare* ✻ av. 1584] **avv.** **1** rotolando: *cadere, precipitare r.*; *veniva giù per la china r.* | anche nella loc. avv. ***a r.*** **2** (*fig.*, *raro*) nella loc. avv. ***a r.***, in malora, a rotoli: *i suoi piani sono andati a r.*

rotonàve [comp. di *roto-* e *nave* ✻ 1927] **s. f.** ● nave mossa dall'azione del vento su cilindri rotanti verticali, realizzata solo sperimentalmente

rotónda [f. di *rotondo* ✻ av. 1571] **s. f.** **1** costruzione di forma rotonda o quasi rotonda **2** terrazza, piazzale a pianta più o meno circolare: *la r. di uno stabilimento balneare* **3** isola rotazionale **4** mantella di pelliccia portata dalle signore alla fine dell'Ottocento

rotondàre [vc. dotta, lat. *rotundāre*, da *rotŭndus* 'rotondo' ✻ 1499] **v. tr.** (*io rotóndo*) ● (*raro*) arrotondare (*anche fig.*): *r. i contorni di qlco.*; *r. il conto*

rotondeggiànte **part. pres.** di *rotondeggiare*; anche **agg.** ● tondeggiante

rotondeggiàre [1733] **v. intr.** (**pres.** *io rotondéggio*; **fut.** *io rotondeggerò*; **aus.** *avere*) ● avere o assumere forma rotonda o quasi rotonda **SIN.** tondeggiare

rotondétto [da *rotondo* col suff. *-etto* ✻ 1583] **agg.** ● che ha forme gradevolmente abbondanti: *una ragazza rotondetta*; *guance rotondette* **SIN.** pienotto

rotondézza [sec. XIV] **s. f.** ● (*raro*) caratteristica di ciò che è rotondo **SIN.** rotondità

rotondità [vc. dotta, lat. *rotunditāte(m)*, da *rotŭndus* 'rotondo' ✻ av. 1373] **s. f. inv.** **1** caratteristica di ciò che è rotondo: *la r. della Terra* | (*fig.*) armonia, equilibrio, spec. di un testo, di un discorso e sim.: *Le parole ... acquistavano una r. ciceroniana* (G. D'Annunzio) **2** (**spec. al pl.**) forma tondeggiante del corpo: *le rosee esuberanti r. del seno* (L. Pirandello)

♦**rotóndo** [lat. *rotŭndu(m)*, da *rŏta* 'ruota' ✻ 1282] **A** **agg.** **1** che ha forma di globo, ruota, cerchio, cilindro e sim.: *la Terra è rotonda, ma non perfettamente* | ***vaso r.***, cilindrico | ***tavola rotonda***, V. *tavola* | ***tempio r.***, circolare | ***cima, punta rotonda***, arrotondata | ***scrittura rotonda***, le cui lettere presentano giuste proporzioni fra altezza e larghezza | ***pedalata rotonda***, armonica e regolare, senza strappi | (*anat.*) detto di muscolo o legamento di forma arrotondata: *muscolo grande r.* | (*colloq.*) grassoccio, rotondetto: *un tipo piccolo e un po' r.* **2** (*fig.*) che ha un andamento largo, armonioso, equilibrato, detto di discorso, di testo, di stile: *periodo r.* | (*fig.*) in una competizione, detto di punteggio che sancisce una vittoria molto netta; (*est.*) detto della vittoria stessa: *il Torino vince con un r. 4-0*; *r. successo dell'Italia* | (*fig.*) detto di vino dal sapore morbido e pieno **3** (*fig.*, *raro*) senza frazioni o decimali: *cifra rotonda* ‖ **rotondaménte**, **avv.** (*raro*) in modo rotondo **B** **s. m.** ● parte rotonda di qlco. ‖ (*raro*) **rotondèllo**, **dim.** | **rotondétto**, **dim.** ‖ **rotondino**, **dim.**

rotóne [comp. di *roto-* e *-one*③ ✻ 1991] **s. m.** ● (*fis.*) quanto di moto rotazionale in un fluido

ròtor /'rɔtor, *ingl.* 'rəutə(r)/ [vc. ingl. *rotor* propr. 'rotore, girante' ✻ 1992] **s. m. inv.** **1** impianto dei luna park costituito da un cilindro verticale che ruota ad alta velocità; all'interno i visitatori aderiscono alle pareti per effetto della forza centrifuga che simula l'effetto dell'assenza di gravità **2** cartellone pubblicitario su cui ruotano a brevi intervalli immagini diverse: *r. digitale*

rotóre [ingl. *rotor*, dal lat. *rŏta* 'ruota', sul modello di *motor* 'motore' ✻ 1930] **s. m.** **1** in meccanica e in elettrotecnica, parte mobile rotante di un sistema | qualsiasi apparato propulsore terminante in pale elicoidali | ***r. di elicottero***, grande elica ad asse orientabile con funzione di sostentamento e propulsione **2** (*mat.*) operatore che misura la tendenza di un campo vettoriale a ruotare intorno a un punto

rotòrico [1959] **agg.** (**pl. m.** *-ci*) ● relativo a rotore: *asse, disco, flusso r.*

rotovìa [da *r(u)ota*, sul modello di *funivia* ✻ 1959] **s. f.** ● funicolare terrestre che corre su pista con carrello e ruote gommate

♦**rótta**① [lat. *rŭpta(m)*, part. pass. f. di *rŭmpere* 'rompere' ✻ sec. XIII] **s. f.** **1** †rottura | in alcune loc.: ***a r. di collo***, a precipizio, in gran fretta; ***essere in r. con qlcu.***, avere rotto l'amicizia, aver troncato le buone relazioni | †***andare in r.***, ***venire alle rotte con qlcu.***, essere in collera, entrare in discordia con qlcu. **2** rottura dell'argine di un fiume: *i gravi danni prodotti dalle rotte del Po* **3** grave sconfitta, disfatta: *la r. di Roncisvalle*; *mettere in r.*; *un esercito in r.*; *il paventar la r. / peggio è che averla* (V. Alfieri) **4** †naufragio

♦**rótta**② [lat. (*vĭam*) *rŭpta(m)* 'via aperta' ✻ 1812] **s. f.** **1** percorso seguito da una nave in mare o da un aeromobile in aria: *r. marittima, aerea*; *r. per New York, per l'America*; *r. atlantica, transpolare*; *fare r., essere in r. per Cardiff, su Nantucket*; *seguire la r., una r.*; *cambiare, mutare r.* | ***r. assistita***, quella facilitata dalla radionavigazione | ***giusta r.***, in una regata velica, qualsiasi percorso che un'imbarcazione può seguire, in assenza di altre imbarcazioni, per giungere più rapidamente al traguardo | ***r. di collisione***, quella che, se mantenuta, condurrebbe una nave a investire un'altra nave, un aeromobile un altro aeromobile; (*fig.*) tendenza a un contrasto radicale e violento | (*aeron.*) ***giornale di r.***, quello, analogo al giornale di bordo delle navi, su cui si annota l'andamento della navigazione di un aeromobile **2** (*aeron.*, *mar.*) ***angolo di r.***, (*ellitt.*) ***rotta***, angolo, misurato in gradi e in senso orario, compreso fra una direzione fissa di riferimento e la prua della nave o dell'aeromobile | ***r. vera***, quella riferita al Nord geografico, che si traccia sulla carta di navigazione | ***calcolare, convertire la r.***, passare dalla rotta vera, tracciata sulla carta di navigazione, alla prua bussola, da dare al timoniere | ***correggere la r.***, passare dalla prua bussola, seguita dal timoniere, alla rotta vera, da tracciare sulla carta di navigazione | ***dare la r.***, fornire al timoniere la prua su cui deve governare | ***ufficiale di r.***, incaricato di calcolarla e di sorvegliare che sia seguita **3** (*mar.*, *aeron.*) rappresentazione grafica, su carta geografica o altro, del percorso di una nave o di un aeromobile: *tracciare la r.* | (*mar.*) ***tracciatore di r.***, ***registratore di r.***, dispositivo che, collegato con gli strumenti di navigazione, traccia automaticamente la rotta seguita dalla nave **4** (*est.*) viaggio, percorso, compiuto o da compiere, secondo una direzione o verso una meta prefissata: *col suo camper quest'estate ha fatto r. sulla Spagna* **5** (*fig.*) linea di condotta seguita da qlcu., modo di comportarsi: *dopo l'insuccesso elettorale, quel partito ha mutato radicalmente r.*

ròtta③ [ingl. *crowd*, di orig. celtica ✻ sec. XIII] **s. f.** **1** (*mus.*) antico strumento a corde, d'origine celtica, simile alla cetra **SIN.** crotta **2** (*mus.*) †salterio

rottamàggio [1968] **s. m.** ● (*raro*) rottamazione

rottamàio [1969] **s. m.** (**pl.** *-ai*) **1** (**f.** *-aia*) chi ricerca e recupera rottami per rivenderli **2** deposito di rottami

rottamàre [1966] **v. tr.** **1** procedere allo smantellamento di autoveicoli o macchinari recuperandone parti ancora utilizzabili e inviando le rimanenti parti metalliche alle fonderie | (*est.*) demolire, distruggere **2** (*est.*) sostituire un bene in seguito a incentivi fiscali: *r. un frigorifero* **3** (*fig.*, *anche scherz.*) abbandonare, superare; allontanare e sostituire chi viene considerato sorpassato: *una moda, un'ideologia da r.*; *r. un gruppo dirigente*

rottamatóre [1990] **s. m.** (**f.** *-trice*) **1** chi si occupa della rottamazione spec. di autoveicoli **2** (*fig.*) nel linguaggio giornalistico e della politica, chi si propone di allontanare e sostituire un gruppo dirigente considerato antiquato

rottamazióne [1967] **s. f. 1** recupero e riutilizzo di rottami spec. di autoveicoli **2** sostituzione di un bene, favorita da incentivi e sgravi fiscali: *la r. dei motorini inquinanti*

rottàme [da *rotto* * 1442] **s. m. 1** frammento o insieme di frammenti di cosa rotta: *rottami di ferro* | ammasso di cose rotte o di meccanismi non funzionanti: *quella nave è ormai un r.* **2** (*fig.*) persona molto provata nel fisico o nel morale: *che giornata faticosa: mi sento proprio un r.!* **3** (*lett., fig.*) vestigia: *il machiavellismo su' rottami del medio evo abbozza un mondo ... fondato sulla patria, sulla nazionalità* (F. De Sanctis)

SFUMATURE DI SIGNIFICATO

rottame - relitto - rudere

Una cosa rotta o una parte di essa staccata dal resto e non più utilizzabile è un **rottame**. **Relitto** è ciò che resta di una nave naufragata o incagliata, o anche il rottame di un velivolo precipitato. I resti di un edificio o di un monumento antico sono invece un **rudere**. Si noti però che tutt'e tre i termini possono essere impiegati in modo figurato per descrivere una persona in pessime condizioni fisiche o in stato di abbandono morale.

rottamìsta [1983] **s. m. e f.** (**pl. m.** *-i*) ● rottamaio

rottincùlo [dalla loc. *rotto in culo* * 1914] **agg. e s. m. e f. inv.** (**f. anche** *rottancùlo*) **1** (*volg., spreg.*) che (o chi) ha subìto rapporti anali | (*est., volg.*) persona spregevole (come epiteto gravemente ingiurioso) **2** (*volg., scherz.*) che (o chi) è molto fortunato

♦**rótto** **A** **part. pass.** di *rompere*; **anche agg. 1** nei sign. del v. | spezzato, infranto: *vaso r.* | fratturato: *braccio r.* | guasto: *televisore r.* | ***strada rotta***, impraticabile **2** (*est.*) pesto, malconcio: *ossa rotte* | (*est.*) incrinato: *voce rotta dal pianto* | (*fig.*) interrotto: *il silenzio r. ... dai fruscii lievi delle foglie cadenti* (F. De Roberto) **3** (*raro, lett.*) rifratto, detto di raggio luminoso: *Come color dinanzi vider rotta / la luce in terra dal mio destro canto* (Dante *Purg.* III, 88-89) **4** abituato, assuefatto: *r. alle intemperie, alle fatiche*; *r. a ogni vizio* | †sfrenato, irruente, sboccato ‖ **rottaménte**, **avv. 1** (*raro*) in modo spezzato, frammentario, senza legamenti **2** †dirottamente **3** †sfrenatamente **B** **s. m.** ● (*raro*) rottura, spacco, strappo | ***passare, farcela per il r. della cuffia***, riuscire a cavarsela a malapena **C** **rótti** **s. m. pl.** ● spiccioli di una cifra tonda: *cinquanta euro e rotti* | (*est.*) quantità minima, non esattamente calcolata: *ne arriveranno quattrocento e rotti*

rottòrio [da *rotto* * av. 1449] **s. m. 1** †cauterio **2** (*disus.*) noia, seccatura, rottura di scatole

rottùra [vc. dotta, lat. tardo *ruptūra(m)*, da *rŭptus* 'rotto' * av. 1250] **s. f. 1** il rompere, il rompersi | spaccatura: *la r. di un vetro*; *la r. degli argini causò molti danni* | parte dove qlco. è rotto: *saldare la r.* | (*fam.* o *volg.*) ***r. di scatole, di tasche, di palle, di corbelli***, (*ellitt.*) ***rottura***, noia, scocciatura **CFR.** -clastia **2** (*fig.*) interruzione, cessazione: *la r. dei negoziati* | violazione: *denunceremo la r. della tregua* **3** (*fig.*) brusca cessazione di rapporti in seguito a discordia, controversia: *fra i due amici ci fu una clamorosa r.* | (*fig.*) contestazione, contrapposizione rispetto a una tradizione culturale: *un romanzo di r.* **4** breccia, sfondamento: *r. del fronte* | †***r. della guerra, r. di guerra***, avvio delle ostilità **5** (*mar.*) rinuncia o interruzione del viaggio di una nave mercantile **6** (*sport*) nell'ippica, il passaggio del cavallo dall'andatura di trotto a quella di galoppo: *r. prolungata* **7** (*med.*) frattura: *r. di un braccio, delle costole* **8** (*fig.*) brusco peggioramento delle condizioni meteorologiche o per improvviso mutamento o per passaggio di stagione: *r. del tempo* **9** †frammento, pezzo di cosa rotta

rottweiler /rot'vailer, *ted.* 'rɔt,vaelʌ/ [n. ted., propr. 'di Rottweil', cittadina del Württemberg * 1959] **s. m. inv.** (**pl. ted. inv.**) ● (*zool.*) cane da guardia e da difesa selezionato in Germania a partire dal mastino italiano

ròtula [vc. dotta, lat. *rŏtula(m)*, dim. di *rŏta* 'ruota', per la forma * 1499] **s. f.** ● (*anat.*) osso sesamoide contenuto nel tendine del muscolo quadricipite femorale **SIN.** patella, rotella

rotùleo [1887] **agg.** ● della rotula: *riflesso r.*

rough /raf, *ingl.* rʌf/ [vc. ingl., propr. 'ruvido, rozzo', di base e diffusione indeur. * 1992] **s. m. inv. 1** primo abbozzo disegnato di un messaggio pubblicitario **2** (*sport*) nel golf, zona del percorso non curata

roulette /*fr.* ru'lɛt/ [vc. fr., da *rouler* 'rotolare, girare', da *rouelle* 'rotella', dal lat. *rotĕlla(m)*, V. *rotella* * 1874] **s. f. inv. 1** gioco d'azzardo in cui vince chi indovina il numero o il colore (o una loro combinazione) su cui si arresta una pallina gettata su un piatto girevole **2** ***r. russa***, prova temeraria, consueta un tempo spec. fra gli ufficiali e gli aristocratici della Russia zarista, consistente nel premere il grilletto di un revolver puntato alla tempia, nel cui tamburo, fatto girare casualmente, sia stato collocato un solo proiettile; (*fig.*) azione o situazione estremamente rischiosa

roulotte /*fr.* ru'lɔt/ [vc. fr., da *rouler* 'rotolare'. V. *rullare*① * 1911] **s. f. inv.** ● rimorchio per autovetture, attrezzato come un'abitazione per campeggio o per viaggiare; si usa talvolta anche come abitazione d'emergenza oppure come ambulatorio medico, mostra di libri, bar e sim. **SIN.** caravan

roulottìsta /rulot'tista/ o **rulottìsta** [da *roulotte* * 1958] **s. m. e f.** (**pl. m.** *-i*) ● chi viaggia, campeggia o vive in roulotte **SIN.** caravanista

roulottòpoli /rulot'tɔpoli/ o **rulottòpoli** [da *roulotte* * 1983] **s. f. inv.** ● agglomerato di roulotte installate su un terreno in prossimità di un centro abitato colpito da una calamità naturale, per accogliere gli abitanti che abbiano dovuto abbandonare le loro case o per ospitare profughi, senzatetto e sim.

round /*ingl.* raʊnd/ [vc. ingl., propr. 'giro, turno', dal lat. *rotŭndu(m)* 'rotondo' * 1828] **s. m. inv. 1** nel pugilato e negli sport di lotta, ripresa: *combattimento in tre r.* | nel golf, serie di buche, in genere 18, che costituiscono il percorso di gara **2** (*est.*) fase, momento di una disputa, di un confronto o sim. particolarmente vivace: *primo r. fra governo e sindacati* **3** (posposto a un sost.) negoziato internazionale, spec. in materia di commercio: *Kennedy r.*

rousseauiàno /russo'jano/ o **russoiàno**, **russoviàno** [1958] **A** **agg.** ● relativo al filosofo J.-J. Rousseau (1712-1778) e al suo pensiero **B** **s. m.** ● seguace del pensiero di J.-J. Rousseau

router /'ruter, *ingl.* 'ru:tə(r)/ [vc. ingl., dal v. *to router* 'instradarsi', da *route* 'strada' * 1996] **s. m. inv.** ● (*inform.*) dispositivo elettronico che consente di gestire il collegamento tra due o più reti

routier /*fr.* ru'tje/ [vc. fr., da *route* 'strada', V. *routine* * 1905] **s. m. inv.** ● nel ciclismo, stradista

routinàrio /ruti'narjo/ o **rutinàrio** [adattamento di *routinier* * 1983] **A** **agg.** ● di routine, basato sulla routine **B** **s. m.** (**f.** *-ia*) ● (*raro*) routiniero

routine /*fr.* ru'tin/ [vc. fr., dim. di *route* 'strada', dal lat. *(vĭam) rŭpta(m)* '(via) rotta', cioè 'aperta, segnata' * 1818] **s. f. inv. 1** andamento uniforme, monotono, ripetitivo di vita o di lavoro: *è la solita r.* | ***di r.***, normale, secondo la prassi: *un controllo di r.* **2** (*est.*) pratica, esperienza derivata dalla ripetizione di un comportamento, spec. professionale: *ormai ha fatto una certa r. nel suo lavoro* **3** (*inform.*) sequenza di istruzioni di programmazione con compiti specifici ben definiti, che viene richiamata nel suo insieme ogni volta che tali compiti debbano essere ripetuti

SFUMATURE ➤ ***quotidianità***

routinièro /ruti'njɛro/ o **rutinièro** [adattamento del fr. *routinier*, da *routine* * 1983] **agg. e s. m.** (**f.** *-a*) ● che (o chi) segue una routine | routinario

roux /*fr.* ru/ [1910] **A** **s. m. inv.** ● (*cucina*) preparazione di base ottenuta facendo cuocere la farina, ed eventualmente altri ingredienti, nel burro fuso; si impiega come addensante di salse troppo liquide **B** in funzione di **agg. inv.**: *salsa r.*

rovàio [lat. parl. **boreāriu(m)*, da *bŏreas* 'borea', accostato per etim. pop. a *rovo*, perché pungente (?) * 1309 ca.] **s. m.** (**pl.** *-ai*) ● (*lett.*) borea, tramontana: *vento di r.*; *le lunghe ire / del r. che a notte urta le porte* (G. Pascoli)

†**rovàno** ➤ **roano**

†**rovèlla** [av. 1665] **s. f.** ● (*tosc.*) rovello

♣**rovèllo** [lat. parl. **rebĕllu(m)*, da *rebellāre* 'ribellarsi' * av. 1400] **s. m. 1** (*lett.*) stizza rabbiosa | †***che ti venga il r.!***, che ti divori la rabbia! **2** tormento interiore, assillo: *consumarsi per il r.*; *liberarsi da un r.*

roventàre [da *rovente* * 1340 ca.] **v. tr.** (*io rovènto*) ● (*raro, lett.*) arroventare

♣**rovènte** [lat. *rubĕnte(m)*, part. pres. di *rubēre* 'rosseggiare', da *rŭber* 'rosso'. V. †*rubro* * 1313] **agg.** ● infuocato, arroventato: *ferro r.* | che scotta, che brucia (***anche fig.***): *fornace r.*; *dolore r.* | (*fig.*) acceso, infiammato: *parole roventi* | (*fig.*) molto teso, agitato: *atmosfera r.*; *negli anni roventi della rivoluzione* (P. Levi) | †di colore rosso acceso: *Io facea con l'ombra più r. / parer la fiamma* (Dante *Purg.* XXVI, 7)

roventìno [da *rovente*, nel sign. di 'caldo' * 1726] **s. m.** ● (*tosc.*) frittata di sangue di maiale con uva passa e pinoli, cotta in padella con un po' di strutto, condita con sale e parmigiano grattugiato o zucchero

róver /'rover, *ingl.* 'rəʊvə(r)/ [vc. ingl., propr. 'giramondo, girovago', da *to rove* 'vagare, errare, vagabondare' * 1989] **s. m. inv.** ● boy scout di età superiore ai 17 anni, talora con compiti di addestramento dei compagni più giovani **CFR.** scolta

róvere [lat. *rōbore*, abl. di *rōbur* 'rovere, quercia', poi 'forza', di orig. indeur. * av. 1320] **s. m. o f. 1** (*bot.*) albero delle Cupulifere che può raggiungere grandi dimensioni e fornisce un legno molto robusto (*Quercus petraea* o *Quercus sessiliflora*) **SIN.** quercia comune **2** il legno di tale albero: *una madia in r.*; *caratello in r.*

roverèlla [da *rovere* * 1959] **s. f.** ● quercia con tronco spesso contorto e nodoso, con i piccoli rami e la parte inferiore delle foglie pelosi (*Quercus pubescens*)

roveréto [av. 1320] **s. m.** ● bosco di roveri

†**róvero** [av. 1367] **s. m.** ● rovere

rovèscia [f. di *rovescio* * 1560] **s. f.** (**pl.** *-sce*) **1** (*raro*) lato opposto al diritto | ***alla r.***, al contrario, all'opposto, all'inverso | ***conto alla r.***, V. *conto*① **2** risvolto: *maniche con le rovesce*

rovesciàbile [1914] **agg.** ● che si può rovesciare ‖ **rovesciabilità**, **s. f. inv.**

rovesciaménto [1745] **s. m.** ● il rovesciare, il rovesciarsi: *il r. di un'imbarcazione* | (*fig.*) abbattimento: *il r. di un governo* | capovolgimento, sovvertimento: *il r. di una si-*

r

tuazione; *r. delle alleanze* | (*fig.*) mutamento improvviso di una situazione nel suo opposto (spec. in campo militare o sportivo): *r. di fronte* | (*sport*) in ginnastica, rotazione del corpo di 360° in avanti o indietro intorno all'asse sagittale o trasversale con appoggio successivo delle mani e dei piedi | (*aeron.*) figura acrobatica costituita da una rotazione di 180° attorno all'asse longitudinale dell'aereo per passare al volo rovescio

♦**rovesciàre** [lat. parl. *reversiāre*, var. di *reversāre*. V. *riversare* ✱1287] **A** **v. tr.** (**pres.** *io rovèscio*; **fut.** *io rovescerò*) **1** versare, far cadere un liquido: *r. olio sul pavimento* | (*fig.*) riversare: *r. insulti su qlcu.*; *r. la colpa su qlcu.* | (*raro, eufem.*) vomitare: *ha rovesciato il pranzo* **2** voltare sottosopra, dalla parte opposta al diritto: *r. la terra, un foglio, un abito*; *il vento rovesciò la barca* | ***r. il sacco***, (*fig.*) vuotare il sacco (V. *vuotare*) | (*fig.*) ***r. la situazione***, mutarla radicalmente **SIN.** capovolgere, invertire, rivoltare **3** gettare per terra chi (o ciò che) era in piedi o diritto: *r. una sedia*; *r. qlcu. urtandolo* | (*fig.*) ***r. un governo***, abbatterlo, farlo cadere **4** (*milit.*) †atterrare, abbattere: *r. una città, le trincee nemiche* | †sbaragliare: *r. le truppe nemiche* **5** reclinare, piegare all'indietro: *rovesciò il capo sulla spalliera* (V. Pratolini) **B** **rovesciàrsi** **v. tr. pron.** (**aus.** *essere*) **1** versare qlco. su di sé: *si è rovesciato addosso dell'acqua bollente* **2** rivoltare qlco. che si indossa | ***rovesciarsi le tasche***, mettere all'esterno la fodera, spec. per mostrare che non c'è nulla **C** **rovesciàrsi** **v. intr. pron.** **1** cadere giù: *per il vento l'albero si rovesciò sul tetto*; *si è rovesciata la bottiglia* | capovolgersi: *la barca si rovesciò a due miglia dalla costa* | abbandonarsi, lasciarsi cadere, detto di persone: *si rovesciò esausto sul divano* **2** versarsi uscendo da un recipiente: *il vino si è rovesciato sulla tovaglia* | cadere dall'alto, con impeto e abbondanza: *la cascata si rovescia a valle*; *a sera una grandinata si rovesciò sui campi* **3** (*fig.*) accorrere in gran numero o rumorosamente: *la folla si rovesciò nelle strade*

rovesciàta [da *rovesciato* ✱1858] **s. f.** **1** (*raro*) rovesciamento | (*fig., lett.*) capovolgimento, sovvertimento **2** (*sport*) tiro al volo mediante il quale un calciatore colpisce la palla inviandola alle proprie spalle | ***r. acrobatica***, quella effettuata sollevando entrambe le gambe

rovesciàto **part. pass.** di *rovesciare*; anche **agg.** **1** nei sign. del v. **2** (*arald.*) detto delle figure volte verso la punta anziché verso il capo dello scudo **3** (*bot.*) ***corolla rovesciata***, con labbro superiore più aperto dell'inferiore | (*bot.*) ***foglia rovesciata***, con la pagina inferiore rivolta in alto | (*bot.*) ***ovulo r.***, ovulo anatropo

rovesciatóre [sec. XVI] **agg. e s. m.** (**f.** *-trice*) ● (*raro*) che (o chi) rovescia

rovescina [da *rovescio* ✱av. 1584] **s. f.** ● reversina

rovescìno [1869] **s. m.** **1** dim. di *rovescio* **2** serie delle maglie a punto rovescio che formano la cucitura della calza lavorata ai ferri **3** reversino

rovèscio [lat. *revĕrsu(m)* 'riverso', sul modello di *rovesciare* ✱1342] **A** **agg.** (**pl. m.** *-sci*; **pl. f.** *-sce*, **lett., raro** *-scie*) ● voltato in senso contrario, dalla parte opposta al diritto | ***giacere r.***, supino | ***cadere r.***, disteso | ***a r.***, in posizione capovolta; (*fig.*) in modo opposto a quello giusto o normale | ***intendere, capire a r.***, nel significato opposto a quello esatto | (*raro*) ***di r., per r.***, al contrario | †***mandare a r.***, mandare a rotoli | ***per dritto e per r.***, in ogni modo **CONTR.** diritto **B** **s. m.** **1** caduta violenta, di breve durata, detto spec. di pioggia o (*est.*) di qualsiasi altro materiale (*anche fig.*): *r. di pioggia, di grandine*; *venne giù un r. di sassi dal pendio*; *un r. di improperi* | ***r. temporalesco***, accompagnato da tuoni e lampi | (*fig.*) ***r. di fortuna***, rovina economica, grave dissesto finanziario | (*fig.*) disgrazia, sconfitta: *subire una serie di rovesci* **2** parte opposta a quella diritta, superficie posteriore: *il r. di una stoffa* | dorso della mano: *passandosi il r. della mano sugli occhi* (G. Verga) | nei lavori a maglia, punto ottenuto infilando il ferro dal retro delle maglie del giro precedente | (*fig.*) modo opposto al giusto, al normale: *capisce sempre il r. di ciò che gli si dice* **CONTR.** diritto **3** (*numism.*) lato secondario, meno importante sotto l'aspetto tipologico o tecnico, di una moneta o di una medaglia | ***il r. della medaglia***, (*fig.*) il lato negativo di una situazione **4** (*milit.*) in un'opera di fortificazione, la parte esposta verso l'interno, volta nella direzione da cui è improbabile che giungano le offese del nemico **5** colpo dato col dorso della mano **SIN.** manrovescio **6** nel tennis, uno dei tiri fondamentali, effettuato colpendo la palla con l'esterno della racchetta incrociando il braccio davanti al corpo ‖ **rovescìno**, **dim.** (V.) | **rovescióne**, **accr.** (V.)

rovescióne ① [1804] **s. m.** **1** accr. di *rovescio* **2** scroscio di pioggia violento e improvviso **3** colpo dato di rovescio con la mano o con un'arma | manrovescio

rovescióne ② o **rovescióni** [da *rovesciare* ✱1525] **avv.** ● in posizione rovesciata, lungo disteso, supino: *finire r.*; *buttarsi r. sul letto*

rovéto [lat. *rubētu(m)*, da *rŭbus* 'rovo' ✱1589] **s. m.** ● cespuglio di rovi o terreno coperto di rovi

rovighése (o *-ṣ-*) [1789] **A** **agg.** ● di Rovigo **B** **s. m. e f.** ● nativo, abitante di Rovigo **SIN.** rodigino, rovigotto

†**rovigliaménto** [etim. incerta ✱av. 1527] **s. m.** ● rovistio

rovigòtto [da *Rovig(o)* col suff. proprio di alcuni etnici *-otto* ✱1871] **agg. e s. m.** (**f.** *-a*) ● rodigino **SIN.** rovighese

♦**rovina** o (*lett.*) **rụina** [lat. *ruīna(m)*, da *rŭere* 'precipitare', di orig. indeur., con epentesi (cioè inserzione) della *-v-* ✱1261 ca.] **s. f.** **1** caduta, crollo: *l'improvvisa r. del muro*; *la r. del ponte è stata causata dalle inondazioni* | (*est.*) grave deterioramento: *la r. di un antico palazzo* | ***un edificio in r.***, cadente **2** cosa che è caduta, precipitata, rovinata | (**spec. al pl.**) rudere, avanzo di edifici antichi o demoliti con azione violenta: *il paese è tutto una r.*; *le rovine di Troia*; *le rovine della devastazione* | ***risorgere dalle rovine***, (*fig.*) trovare la forza per uscire da una situazione disastrosa **SIN.** macerie **3** (*fig.*) sfacelo, disfacimento di istituzioni, governi, civiltà: *la r. della nazione è irreparabile* | (*est.*) disgrazia, tracollo, disastro economico o morale: *mandare, andare in r.*; *la sua incompetenza negli affari l'ha portato alla r.*; *errò … el duca in questa elezione, e fu cagione dell'ultima ruina sua* (N. Machiavelli) | chi (o ciò che) è causa del danno, dello sfacelo: *è stata la r. della sua famiglia*; *i cattivi esempi sono la r. della gioventù* **4** (*lett.*) impeto, irruenza, furia, violenza **5** †strage, morte **6** †scoscendimento, dirupo, franamento

SFUMATURE DI SIGNIFICATO

rovina - crac - fallimento

In senso proprio **rovina** è il crollo di un edificio o di parte di esso; figuratamente indica invece un disfacimento, un tracollo definitivo. Più specificamente, un tracollo economico improvviso si definisce **crac**; talvolta il termine viene adoperato per designare genericamente una cattiva riuscita, un insuccesso. In modo analogo si articolano i significati di **fallimento**, che in senso proprio è un procedimento giudiziario nei confronti di un imprenditore insolvente, e correntemente indica un completo insuccesso.

SFUMATURE ➤ ***disastro***, ➤ ***tracollo***, ➤ ***vestigio***

rovinàccio [da *rovina* ✱1683] **s. m.** ● materiale proveniente da muri rovinati o demoliti

rovinafamìglie [comp. di *rovina(re)* e del pl. di *famiglia* ✱1954] **A** **s. m. e f. inv.** ● chi intreccia relazioni con persone coniugate provocando la rottura del loro matrimonio **B** in funzione di **agg. inv.**: *un dongiovanni r.*

†**rovinaménto** [av. 1348] **s. m.** ● crollo, cedimento di costruzioni | frana | (*fig.*) rovina

♦**rovinàre** o (*lett.*) **ruinàre** [da *rovina* ✱1261 ca.] **A** **v. intr.** (**aus.** *essere*) **1** cadere giù crollando con impeto e fragore: *l'edificio rovinò per il terremoto* **SIN.** crollare **2** precipitare, cadere dall'alto: *le acque della cascata rovinano a valle* | franare: *Non vorrei che questo tratto di trincea rovinasse* (G. Stuparich) | †cadere in basso, detto di persona **3** (*raro, lett.*) andare in rovina, in sfacelo **B** **v. tr.** **1** (*raro*) abbattere, far cadere: *la piena ha rovinato il ponte* | **PROV.** ***l'acqua cheta rovina i ponti***, V. *acqua* **2** guastare, sciupare (*anche fig.*): *la grandine ha rovinato i vigneti*; *il suo arrivo ci ha rovinato la festa* | anche nella forma pron. **rovinàrsi**, danneggiare, guastare qlco. di proprio: *ti sei rovinato la giacca nuova!*; *Guardi di non rovinarsi la salute per la troppa commozione* (I. Svevo) **3** (*fig.*) mandare in sfacelo, in fallimento: *la guerra ha rovinato l'economia*; *lo ha rovinato il gioco* **C** **rovinàrsi** **v. rifl. e intr. pron.** ● danneggiarsi gravemente: *rovinarsi al gioco* (o *con il gioco*); *l'affresco si è rovinato per l'umidità*

SFUMATURE DI SIGNIFICATO

rovinare - precipitare - stramazzare

Rovinare è cadere giù violentemente, fragorosamente. **Precipitare** aggiunge una sfumatura di grande rapidità, suggerisce l'idea di una caduta libera; in senso figurato definisce l'evolversi improvviso di un evento, una situazione. Diversamente dai precedenti, **stramazzare** si riferisce solo a persone o animali per indicarne il cadere a terra pesantemente, di botto, per malore o percosse.

rovinare - danneggiare - rompere

Rovinare è rendere qualcosa più brutto, meno pregiato o addirittura inservibile. **Danneggiare** ha lo stesso significato, ma suggerisce una maggiore concretezza del danno e si usa infatti di preferenza in riferimento a oggetti, congegni, impianti. **Rompere** esprime con nettezza l'idea di un guasto che impedisce completamente il funzionamento di qualcosa e la rende, almeno in via temporanea, inservibile.

SFUMATURE ➤ ***cadere***, ➤ ***guastare***

rovinatìccio [av. 1606] **agg.** (**pl. m.** *-ci*; **pl. f.** *-ce*) ● (*raro*) alquanto rovinato

♦**rovinàto** o (*lett.*) **ruinàto** **part. pass.** di *rovinare*; anche **agg.** ● nei sign. del v. | ***siamo rovinati***, abbiamo perduto tutti i beni

rovinatóre [1536] **agg. e s. m.** (**f.** *-trice*) ● (*raro*) che (o chi) rovina

♦**rovinìo** [sec. XIV] **s. m.** (**pl.** *-ii*) **1** caduta rovinosa, franamento: *r. di pietre* **2** rumore, fracasso di cose che crollano, si rompono e sim.: *un r. di piatti*

rovinìṣmo [comp. di *rovina* e *-ismo* ✱1970] **s. m.** ● gusto estetico per le rovine, affermatosi spec. nel sec. XVII e XVIII in pittura e anche in poesia

rovinìsta [comp. di *rovina* e *-ista* ✱1922] **s. m. e f.** (**pl. m.** *-i*) ● pittore, poeta specializzato nella rappresentazione di rovine di edifici, spec. dell'età classica: *i rovinisti del Seicento*

rovinografìa [comp. di *rovina* e *-grafia*: cal-

a b c d e f g h i j k l m n o p q **r** s t u v w x y z

co sull'ingl. *doomwriting* 'narrazione di catastrofi', comp. di *doom* 'distruzione, rovina' e *writing* 'scrittura, presagio', da *to write* 'scrivere' ✱ 1971] **s. f.** ● in opere letterarie e cinematografiche, descrizione apocalittica di sciagure, catastrofi e rovine

rovinologìa [comp. di *rovina* e *-logia* ✱ 1982] **s. f.** (**pl.** *-gìe*) ● (*raro*) studio dei danni che l'uomo ha causato distruggendo l'ambiente naturale con l'inquinamento e sim.

rovinòlogo [1980] **s. m.** (**f.** *-a*; **pl. m.** *-gi*) ● esperto di rovinologia

rovinóso (o -ṣ-) o (*lett.*) **ruinóso** (o -ṣ-), †**ruvinóso** [da *rovina*, sul modello del lat. *ruinōsus* ✱ av. 1332] **agg. 1** che porta rovina, danni gravissimi: *tempesta rovinosa* | disastroso: *una scelta rovinosa*; *un investimento r.* **2** impetuoso, furioso: *fiume r.* **3** (*lett.*) cadente: *le mura rovinose* (I. NIEVO) **4** (*lett.*) dirupato, scosceso **5** †inferocito, furioso ‖ **rovinosaménte**, **avv.** con grande rovina, furiosamente, violentemente; disastrosamente; (*raro*) dirottamente ‖ **rovinosità**, **s. f. inv.** caratteristica di ciò che è rovinoso, disastroso

SFUMATURE ➤ *deleterio*

✦**rovistàre** [lat. *revisitāre* 'rivisitare' ✱ av. 1311] **A v. tr.** ● frugare minuziosamente qlco., cercando e mettendo in disordine (*anche assol.*): *r. i cassetti, le tasche*; *abbiamo rovistato inutilmente*; *mi misi a r. alcuni fogli polverosi e giallognoli* (I. NIEVO) **B v. intr.** (**aus.** *avere*) ● frugare, cercare minuziosamente: *r. in una cassa, in un cassonetto, tra vecchi documenti*; *aveva rovistato nel proprio animo* (I. SVEVO)

rovistatóre [1872] **s. m.** (**f.** *-trice*) ● (*raro*) chi rovista, fruga

rovistìo [1726] **s. m.** (**pl.** *-ii*) **1** un rovistare affannoso o continuo **2** rumore di cose spostate da chi rovista

✦**róvo** [lat. *rŭbu(m)*, affine a *rŭber* 'rosso' (V. †*rubro*), per il colore rosso scuro ✱ av. 1320] **s. m.** ● arbusto delle Rosacee con fusti sdraiati, angolosi, aculeati, e foglie bianche inferiormente; i fiori sono rosei e i frutti commestibili sono detti more (*Rubus fruticosus*)

royalty /'rɔjalti, *ingl.* 'rɔɪəltɪ/ [vc. ingl., 'regalità', nel sign. orig. di 'diritto del re, regalia', dall'ant. fr. *roialté* (fr. moderno *royauté*): stessa etim. dell'it. *regalità* ✱ 1957] **s. f. inv.** (**pl. ingl.** *royalties*) ● percentuale sugli utili corrisposta a chi concede lo sfruttamento di giacimenti petroliferi, miniere, foreste, brevetti e sim. | compenso corrisposto all'autore di un'opera dell'ingegno (libro, disco, canzone, ecc.) come percentuale sulle vendite

ròzza o **rózẓa** [ted. *Ross* 'cavallo', di orig. germ. ✱ av. 1412] **s. f. 1** cavallo di poco pregio, ronzino **2** (*fig.*) †prostituta (anche come ingiuria) ‖ **rozzóne**, **accr. m.**

rozẓézza [1342] **s. f.** ● caratteristica, condizione di chi (o di ciò che) è rozzo (*spec. fig.*): *r. di modi, di stile* **SIN.** grossolanità, ruvidezza

✦**rózẓo** [lat. *rŭdius*, compar. nt. di *rŭdis* 'rude' ✱ 1261 ca.] **agg. 1** non lavorato, non rifinito: *lana, pietra rozza* | scabro, ruvido: *panno r.* | ***muro r.***, non intonacato, rustico | povero, fatto alla buona, non elegante: *mobile r.* | ***statua rozza***, appena abbozzata | (*fig.*) grossolano: *i rozzi versi e poco ornati / daremo al vento* (L. DE' MEDICI) **SIN.** grezzo **2** (*fig.*) non ingentilito né raffinato dall'educazione, detto di persona: *un uomo ancora r.* **SIN.** incolto | ***società rozza***, primitiva | (*raro*) rustico, brusco: *parole rozze ma sincere* | (*spreg.*) zotico, villano, sgarbato: *nonostante gli sforzi dei genitori, è un ragazzo r. e grossolano*; *modi rozzi* ‖ **rozẓàccio**, **pegg.** | **rozẓétto**, **dim.** | **rozẓóne**, **accr.** ‖ **rozẓaménte**, **avv.** in modo rozzo, con rozzezza

SFUMATURE DI SIGNIFICATO

rozzo - incolto - grossolano

Chi non è ingentilito né raffinato da educazione, buone maniere, cultura si definisce **rozzo**, termine che, in accezione spregiativa, identifica anche chi si comporta in modo sgarbato e maleducato. Se si intende mettere l'accento sulla mancanza di istruzione e cultura, piuttosto che sulla sgradevolezza del comportamento, è più appropriato ricorrere al termine **incolto**. **Grossolano** è invece chi si dimostra privo di grazia, di finezza e dunque è volgare, tanto nel pensare e giudicare quanto nel comportarsi.

SFUMATURE ➤ ***maleducato***, ➤ ***primitivo***

†**rozẓóre** [av. 1492] **s. m.** ● rozzezza

†**rozẓùme** [sec. XIV] **s. m.** ● rozzezza

rrrr /rr/ [vc. onomat. ✱ 1930] **inter. 1** riproduce il rumore di un'automobile che accelera **2** riproduce il rumore di un motorino fuoribordo

rùa ➤ †**ruga**[2]

ruandése (o -ṣ-) [1990] **A agg.** ● della Repubblica del Ruanda, Stato dell'Africa centro-orientale **B s. m. e f.** ● abitante o nativo della Repubblica del Ruanda

✦**rùba** [da *rubare* ✱ sec. XIII] **s. f. 1** †rapina, furto, saccheggio: *far r. di bestiami* (V. MONTI) | †***mettere a r. e a sacco***, saccheggiare **2** ***andare a r.***, trovare rapidamente un gran numero di compratori, detto di merci varie

rubacchiaménto [1536] **s. m.** ● (*raro*) il rubacchiare | serie di continui piccoli furti

rubacchiàre [intens. di *rubare* ✱ 1525] **v. tr.** (*io rubàcchio*) ● rubare di quando in quando, poco per volta, qua e là

rubacchiàto **part. pass.** di *rubacchiare*; anche **agg.** ● nei sign. del v.

rubacchiatóre [1872] **agg. e s. m.** (**f.** *-trice*) ● che (o chi) rubacchia

rubacuòri o (*pop.*) **rubacòri** [comp. di *ruba(re)* e il pl. di *cuore* ✱ 1473] **s. m. e f. inv.**; anche **agg. inv.** ● chi (o che) fa innamorare o attira tutte le simpatie: *fare il r.*; *sguardo r.*

†**rubadóre** ➤ †**rubatore**

rubagallìne [comp. di *ruba(re)* e del pl. di *gallina* ✱ 1957] **s. m. e f. inv.** ● ladruncolo

rubaiuòlo o **rubaiòlo** [da *rubare* ✱ av. 1704] **A agg.** ● †di furto, latrocinio **B s. m.** ● (*lett.*, *raro*) ladro

rubàlda ➤ **ribalda**

†**rubàldo** e deriv. ➤ **ribaldo** e deriv.

rubamàzzo [comp. di *ruba(re)* e *mazzo* ✱ 1959] **s. m.** ● gioco di carte consistente nel sottrarsi vicendevolmente i vari mazzetti delle carte prese, qualora si abbia in mano una carta uguale a quella posta in cima a uno di essi; vince chi, alla fine del gioco, ha accumulato il maggior numero di carte

rubaménto [av. 1349] **s. m. 1** (*lett.*) furto, rapina | ruberia **2** †saccheggio, razzia

rubamónte [comp. di *ruba(re)* e *monte*, come termine di gioco ✱ 1872] **s. m.** ● (*raro*) rubamazzo

rubapallóni [comp. di *ruba(re)* e del pl. di *pallone* ✱ 1993] **s. m. e f. inv.** ● spec. nel linguaggio giornalistico, calciatore abile nel portare via la palla agli avversari

✦**rubàre** o †**rubbàre**, †**robàre** [got. *raubōn*, da *rauba* 'bottino' ✱ 1268] **A v. tr. 1** prendere di nascosto o con la violenza ciò che appartiene ad altri: *r. una valigia, dei gioielli* | ***r. lo stipendio***, (*fig.*) percepirlo senza meritarlo | **PROV.** ***a rubar poco si va in galera, a rubar tanto si fa carriera*** | (*fig.*) carpire: *r. un segreto*; *r. la fiducia di qlcu.* | rapire, portare via all'improvviso: *la morte lo ha rubato troppo giovane* **2** (*est.*) sottrarre, portare via qlcu. o qlco. che è di altri, spetta ad altri, e sim.: *r. la moglie a un amico, il fidanzato*; *r. l'affetto di un figlio*; *ha rubato il posto al collega*; *quella squadra ha rubato la vittoria con l'aiuto dell'arbitro* | anche scherz.: *ti rubo il marito per il prossimo ballo* | ***r. il cuore a qlcu.***, (*fig.*) farlo innamorare | (*fig.*) far perdere tempo a qlcu., allontanarlo dalle sue attività: *ti rubo solo dieci minuti* | (*fig.*) ***r. ore al sonno***, impegnare in qlco. le ore di riposo | (*fig.*) ***r. il mestiere a qlcu.***, fare qlco. che è di competenza altrui | (*fig.*) ***r. un'invenzione, un'idea***, farla passare per propria | (*fig.*) ***r. la vista***, nasconderla, detto di edificio costruito in luogo e maniera tali da impedirla a un altro edificio | (*sport*) ***r. la palla***, spec. nel calcio, sottrarre regolarmente la palla all'avversario | (*fig.*) ***r. la scena a qlcu.***, V. *scena* nel sign. 7 **3** (*assol.*) commettere un furto: *r. per vizio, per necessità*; *hanno rubato in banca* | ***r. sul peso***, farlo aumentare con frode | ***r. a man salva***, rubare più che si può, sicuri di non essere scoperti **4** †saccheggiare, rapinare con violenza: *cominciarono a r. tutto il paese* (N. MACHIAVELLI) | †derubare, spogliare: *r. i soldati* **5** (*mar.*) ***r. il vento***, mettersi sopravvento a un veliero in modo da impedire alle vele di questo di prendere vento **B rubàrsi v. tr. pron.** (**aus.** *essere*) **1** rubare (con valore intens.): *i ladri si sono rubati tutto* | (*fig.*) ***rubarsi qlcu. con gli occhi***, mostrare con lo sguardo di desiderarlo molto **2** (con valore recipr.) contendersi la presenza, l'attenzione di qlcu.: *gli invitati si rubavano l'ospite d'onore*

rubàsca [vc. russa, da *rub* 'abito grossolano, straccio, brandello', di orig. slava ✱ 1935] **s. f.** ● camiciotto del costume nazionale maschile russo, allacciato da un lato e stretto alla vita da una fascia

rubàto **part. pass.** di *rubare*; anche **agg. 1** nei sign. del v.: *denaro r.* | (*fig.*) ***foto rubata***, scattata all'insaputa di chi ne è il soggetto | (*fig.*) frettoloso, goduto di nascosto: *baci rubati*; *io ho mai goduto pure un momento … di piacere rubato* (G. LEOPARDI) | (*fig.*) ottenuto senza merito o per un colpo di fortuna: *vittoria rubata* **2** (*mus.*) ***tempo r.***, (*ellitt.*) ***rubato***, V. *tempo*

†**rubatóre** o †**rubadóre** [av. 1292] **s. m.** (**f.** *-trice*) ● masnadiero, ladro, brigante

†**rubatùra** [av. 1400] **s. f.** ● ruberia

†**rubbàre** ➤ **rubare**

rubber /*ingl.* 'rʌbə(r)/ [vc. ingl., di etim. incerta ✱ 1958] **s. m. inv.** ● nel bridge, la partita costituita da due manche

rùbbio [lat. *rŭbeu(m)* 'rosso' (V. †*rubro*), per le strisce rosse che segnavano le divisioni ✱ 1350 ca.] **s. m.** (**pl.** *rùbbi*, **m.** o *rùbbia*, **f.**) **1** antica misura per aridi dell'Italia centrale, pari a circa 290 litri | (*raro*) ***aver denari a rubbia***, essere ricchissimo **2** nell'Italia centrale, unità di misura di superficie agraria, pari a circa 18500 m^2

rùbbo [arabo *rub'*, n. di misura di capacità ✱ av. 1347] **s. m.** ● antica unità di misura di peso di varie città italiane oscillante tra gli 8 e i 9 kg

†**rubèca** ➤ **ribeca**

†**rubécchio** [lat. parl. **rubĭculu(m)*, da *rŭber* 'rosso'. V. †*rubro* ✱ 1319] **agg.** ● rosseggiante: *tu vedresti il Zodiaco r.* (DANTE *Purg.* IV, 64)

rubefacènte [vc. dotta, lat. *rubefacĕnte(m)*, part. pres. di *rubefăcere* 'tingere in rosso', comp. di *rŭber* 'rosso' (V. †*rubro*) e *făcere* 'fare' ✱ 1835] **A s. m.** ● medicamento che provoca un temporaneo aumento della quantità di sangue presente nei capillari di un organo **B** anche **agg.**: *medicamento r.*

rubefazióne [dal lat. *rubefăctus*, part. pass. di *rubefăcere*. V. *rubefacente* ✱ 1773] **s. f. 1** colorazione rossastra assunta da alcune rocce per l'ossidazione di componenti ferrosi **2** (*med.*) iperemia cutanea

†**rubellàre** e deriv. ➤ **ribellare** e deriv.

rubellite [dal lat. *rubĕllus* 'rossiccio', dim. di *rŭber* 'rosso' (V. †*rubro*), per il colore ✱ 1823] **s. f.** ● (*miner.*) varietà limpida di tormalina di colore rosso, usata in gioielleria

†rubèllo ➤ **ribelle**

✦**rubènte** [vc. dotta, lat. *rubĕnte(m)*, part. pres. del v. *rubēre* 'diventar rosso', rosseggiare ✱ 1499] **agg.** ● (*lett.*) rosseggiante, rossastro: *Gioconda vite … custodisci i tuoi rubenti grappoli* (G. D'Annunzio)

rubèola [dal lat. *rŭbeus* 'rosso', da *rŭber* 'rubro' ✱ 1908] **s. f.** ● (*med.*) rosolia

ruberìa [1282] **s. f. 1** furto abituale, continuato: *vivere di ruberie* | ***è una r.***, è una frode, un'azione da ladri | truffa, speculazione, malversazione, pretesa esosa, e sim. **2** (*lett.*) saccheggio, razzia **3** †rapimento **4** †preda, bottino

rubescènte [vc. dotta, lat. *rubescĕnte(m)*, part. pres. di *rubēscere* 'rosseggiare', intens. di *rubēre* 'essere rosso', da *rŭber* 'rubro②' ✱ 1877] **agg.** ● (*raro*) erubescente

rubèsto [variante di *robusto* ✱ 1313] **agg. 1** (*lett.*) robusto, gagliardo **2** (*lett.*) tumultuoso, impetuoso: *fiume, vento r.* **3** (*fig.*) †burbero, scontroso ‖ **†rubestaménte**, **avv.**

Rubiàcee [vc. dotta, comp. dal lat. *rŭbia* 'robbia' e *-acee* ✱ 1865] **s. f. pl.** (**sing.** *-a*) ● (*bot.*) famiglia di piante delle Dicotiledoni con fusti prismatici e foglie lineari disposte in verticillo, le cui stipole spesso sono eccezionalmente sviluppate (*Rubiaceae*)

†rubicànte [lat. tardo *rubicănte(m)* 'rosseggiante', part. pres. di *rubicāre* 'rosseggiare', da *rŭbeus* 'rosso' (V. †*robbio*) ✱ sec. XIV] **agg.** ● rosseggiante

✦**rubicóndo** [vc. dotta, lat. *rubicŭndu(m)*, da *rubēre* 'essere rosso'. V. *rubescente* ✱ 1308] **agg.** ● di colore rosso vivo o rosseggiante, detto spec. del viso o di sue parti: *faccia rubiconda; naso r.*

rubìdio [dal lat. *rŭbidus* 'rosso', da *rŭber* 'rosso'. V. †*rubro* ✱ 1872] **s. m.** (**pl.** *-i* o *raro -ii*) ● elemento chimico della famiglia dei metalli alcalini, analogo al potassio, presente nei minerali di questi in piccolissime quantità; si usa nella fabbricazione di tubi elettronici e, sotto forma di sali, nella produzione di vetro e ceramica **SIMB.** Rb **NUM. AT.** 37

rubìgine [lat. *rubīgine(m)*, da *rŭber* 'rosso'. V. †*rubro* ✱ av. 1320] **s. f. 1** †ruggine **2** (*med.*) macchia corneale

rubìglio ➤ **robiglio**

rubinetterìa o (*raro*) **robinetterìa** [fr. *robinetterie*, da *robinet* 'rubinetto' ✱ 1931] **s. f.** ● insieme degli organi di regolazione della portata dei liquidi in tubazioni di piccolo diametro

✦**rubinétto** o (*raro*) **robinétto** [fr. *robinet*, da *robin*, n. pop. del montone, perché i rubinetti erano spesso ornati con la testa di un montone. *Robin* è un dim. del n. proprio *Robert* ✱ 1598] **s. m. 1** dispositivo di intercettazione e di regolazione del flusso di un liquido o gas in una tubazione azionabile manualmente mediante una chiavetta: *il r. dell'acqua; il r. del gas; aprire, chiudere il r.* **2** (*fig.*) ciò che ha funzione di interrompere o riattivare il flusso di qlco., spec. di crediti e sim.: *la Cassa di risparmio riapre il r. dei mutui fondiari*

rubìno [dal lat. *rŭbeus* 'rosso'. V. †*rubro* ✱ av. 1250] **A** **s. m. 1** (*miner.*) varietà rossa di corindone, usata come gemma **2** (*est.*, **spec. al pl.**) ciascuna delle pietre sintetiche, spesso di colore rosso, incassate nel metallo delle piastre di un orologio, nelle quali si praticano i fori che accolgono i perni degli organi in movimento **3** (*fig., lett.*) colore vermiglio delle labbra **4** (*est., fotogr.*) vetro di colore rosso intenso usato come filtro delle fonti di luce in un laboratorio **B** **in funzione di agg. inv.** ● (posposto a un sost.) che ha il colore rosso intenso e acceso caratteristico della pietra omonima: *uno smalto rosso r.* ‖ (*lett.*) **rubinétto**, **dim.**

†rubinóso (o -ṣ-) [av. 1587] **agg.** ● di colore vermiglio, rosseggiante

✦**rubìzzo** (o -ẓẓ-) [sp. *roblizo* 'sodo, duro', da *roble* 'rovere' ✱ 1481] **agg.** ● di aspetto ancora fresco e florido, di colorito sano, detto spec. di persona anziana: *un vecchio r.*

rùblo [russo *rubl'* 'ritaglio (d'argento)', da *rubit'* 'tagliare' ✱ av. 1557] **s. m.** ● unità monetaria della Russia, divisa in cento copechi **SIMB.** R

†rubóre [vc. dotta, lat. *rubōre(m)*, da *rŭber* 'rosso' (V. †*rubro*) ✱ av. 1311] **s. m.** ● rossore

rubrìca, (*evit.*) **rùbrica** [vc. dotta, lat. *rubrīca(m)* '(terra) rossa' (usata un tempo per scrivere; V. sign. 7), f. sost. di *rubrīcus* 'rosso', da *rŭbor* 'rossore' ✱ 1294] **s. f. 1** quaderno con margini a scaletta, segnati con le lettere dell'alfabeto per facilitarne la consultazione, contenente indirizzi, numeri telefonici, appunti di vario genere, e sim. | (*est.*) elenco di indirizzi o numeri telefonici su un supporto elettronico: *la r. del telefono cellulare* | (*est., ragion.*) elenco alfabetico o numerico dei conti di un libro mastro o di un partitario **2** (*dir.*) titolo di un articolo di codice **3** (*ragion.*) ciascuno dei titoli in cui sono distinte le entrate e le uscite di un bilancio di previsione **4** sezione di un giornale, pubblicazione periodica, trasmissione radiofonica o televisiva relativa a un determinato argomento: *r. finanziaria, teatrale, mondana* **5** (*relig.*) nota, spesso scritta con inchiostro rosso, posta nel testo di un breviario o di un messale, contenente le regole da osservare nella celebrazione delle funzioni liturgiche | ***è di r.***, è di regola **6** titolo, intestazione, lettera iniziale, richiamo o prospetto in un libro, in un manoscritto o in un codice, spec. se scritto con inchiostro rosso: *le rubriche di un codice del Quattrocento* **7** tipo di argilla rosso ocra un tempo usata per scrivere titoli, intestazioni, lettere iniziali e sim. in un libro o in un incunabolo ‖ **rubrichétta**, **dim.** | **rubrichìna**, **dim.**

rubricàre [vc. dotta, lat. *rubricāre* 'scrivere in lettere rosse', da *rubrīca*. V. *rubrica* ✱ 1337] **v. tr.** (*io rubrìco*, (*evit.*) *rùbrico, tu rubrìchi*, (*evit.*) *rùbrichi*) **1** nella pratica degli antichi amanuensi, scrivere lettere o titoli con inchiostro rosso **2** (*raro*) segnare, annotare in una rubrica **3** (*fig.*) classificare, catalogare: *r. un episodio nella (o sotto la) categoria 'bullismo'* **4** †descrivere, narrare

SFUMATURE ➤ ***catalogare***

rubricàrio [1614] **s. m.** ● in un codice o incunabolo, il prospetto dei titoli

rubricàto **part. pass.** di *rubricare*; anche **agg. 1** nei sign. del v. **2** †scritto, tinto in rosso | †macchiato di sangue

rubricatóre [1673] **s. m.** (**f.** *-trice*); anche **agg.** ● chi (o che) rubrica | †copista, amanuense

rubricazióne [1945] **s. f.** ● operazione del rubricare

rubrichìsta o **rubricìsta** [da *rubrica* nei sign. 4 e 5 ✱ 1745] **s. m. e f.** (**pl. m.** *-i*) **1** redattore di una rubrica giornalistica, radiofonica o televisiva **2** studioso di regole liturgiche

†rùbro [vc. dotta, lat. *rŭbru(m)*, di orig. indeur. ✱ 1321] **agg.** ● (*lett.*) rosso

rùca [lat. *erūca(m)*. V. *eruca* ✱ av. 1320] **s. f. 1** (*bot.*) ruchetta **2** (*pop.*) bruco

ruche /fr. ryʃ/ [fr., vc. di orig. gallica, propr. 'scorza', poi 'alveare', perché un tempo gli alveari si facevano con le scorze ✱ 1905] **s. f. inv.** ● striscia di tessuto con crespe, usata per guarnire indumenti femminili

ruchétta o (*centr.*) **rughétta** [dim. di *ruca*, nel sign. 1 ✱ 1344] **s. f.** ● erba delle Crocifere di cui si usano le foglie aromatiche mescolate con l'insalata (*Eruca sativa*) | ***r. selvatica***, pianta erbacea perenne delle Crocifere con foglie pennato-lobate, spontanea su rocce e muri, con foglie usate in erboristeria per l'azione astringente ed espettorante (*Diplotaxis tenuifolia*)

rùcola [1572] **s. f.** ● (*sett.*) ruchetta

✦**rùde** [lat. *rŭde(m)*, di etim. incerta ✱ 1319] **agg. 1** (*lett.*) rozzo, grossolano, detto di persona | (*raro*) ruvido, scabro, detto di cose | ***lavoro r.***, (*fig.*) duro, faticoso **2** che rivela una durezza franca e risoluta, ma non grossolana, detto di persona o di cosa: *un r. uomo dei campi; una risposta r. ma sincera* ‖ **rudeménte**, **avv.**

rudentàto [da *rudente* ✱ 1499] **agg.** ● detto di colonna ornata di rudenti

rudènte [vc. dotta, lat. *rudĕnte(m)*, di etim. incerta ✱ sec. XIV] **s. m. e f. 1** (*poet.*) †fune **2** (*archit.*) in una colonna, elemento decorativo a forma di bacchetta cilindrica, che talvolta riempie la parte inferiore di ogni scanalatura

ruderàle [da *rudere* ✱ 1809] **agg.** ● che vive tra i ruderi, detto spec. di pianta o animale

rùdere o (*raro*) **rùdero** [vc. dotta, lat. *rūdere*, abl. di *rūdus*: da avvicinare a *rŭdis* nel senso di 'grezzo, informe' (V. *rude*) ✱ 1685] **s. m. 1** (**spec. al pl.**) avanzo di edifici, costruzioni o monumenti antichi: *i ruderi del Foro romano* | (**spec. al pl.**, *fig.*) memoria, ricordo, testimonianza: *i ruderi di un'antica grandezza* **2** (*fig.*) persona ridotta in pessime condizioni fisiche o morali: *dopo la malattia, è ridotto a un r.*

SFUMATURE ➤ ***rottame***, ➤ ***vestigio***

✦**rudézza** [1363] **s. f.** ● caratteristica, condizione di chi (o di ciò che) è rude, aspro, brusco

✦**rudimentàle** [da *rudimento* ✱ av. 1752] **agg. 1** elementare, limitato a una fase iniziale di apprendimento: *nozioni rudimentali* **2** (*est.*) informe, non ben definito: *una concezione r. dell'arte* | rozzo, primitivo: *tecniche rudimentali; servirsi di mezzi rudimentali* **3** (*biol.*) detto di organo vegetale o animale ridotto, incompletamente sviluppato o non funzionale rispetto a organi omologhi in specie affini: *occhi rudimentali degli animali sotterranei* **4** (*bot.*) che è allo stato di abbozzo ‖ **rudimentalménte**, **avv.** ‖ **rudimentalità**, **s. f. inv.** caratteristica di ciò che è elementare, primitivo

rudimentazióne [da *rudimento* ✱ 1959] **s. f. 1** (*biol.*) formazione di un rudimento nel corso dello sviluppo di un organismo **2** (*biol.*) fenomeno evolutivo per cui una struttura, ben sviluppata in alcuni gruppi arcaici, risulta invece appena abbozzata nelle forme attuali

✦**rudiménto** [vc. dotta, lat. *rudimĕntu(m)*, da *rŭdis* 'grezzo, informe' (V. *rude*) ✱ 1442] **s. m. 1** (**spec. al pl.**) principio elementare di un'arte o una disciplina: *i primi rudimenti della geometria* | (**spec. al pl.**) avviamento, primo ammaestramento: *i rudimenti del sapere* **2** (*est.*) abbozzo, accenno: *r. di ali, di unghie* | (*anat., biol.*) struttura vestigiale che, in un embrione o in un individuo adulto, rimane in forma di abbozzo, come traccia di un organo ancestrale

rudìsta [dal lat. *rŭdis* 'ruvido' (V. *rude*) ✱ 1929] **s. m.** (**pl.** *-i*) ● mollusco fossile dei Bivalvi, lungo fino a 1 m, con conchiglia spessa a forma conica, vissuto nel Cretaceo

ruèda de casino /ru'ɛda deka'sino, *sp.* 'rrweða deka'sino/ [loc. sp. d'America, propr. 'ruota (*rueda*) della salsa (*casino*, n. cubano della salsa③)' ✱ 1993] **loc. sost. f. inv.** (**pl. sp.** *ruedas de casino*) ● danza cubana di gruppo su ritmo di salsa, caratterizzata da forte ironia e giocosità, nella quale i ballerini si dispongono a formare un cerchio

†**rùere** [vc. dotta, lat. *rŭere* 'precipitare'. V. *rovina* ✱1313] **v. intr. (difett. del pass. rem., del part. pass. e dei tempi composti) 1** precipitare, cadere (*anche fig.*) **2** avventarsi con impeto

rùffa [etim. discussa: di orig. espressiva (?) ✱av. 1400] **s. f.** ● †calca disordinata di più persone che cercano di afferrare, arraffare qlco. | ***fare a r. raffa***, lottare per afferrare qlco. per primi; darsi da fare per arraffare, per rubare

ruffèllo [da *ruffa* ✱1864] **s. m.** ● (*tosc.*) groviglio di fili, nodo di matassa arruffata | ciuffo di capelli aggrovigliati

ruffianàre [da *ruffiano* ✱sec. XIII] **v. tr.** ● (*raro*) arruffianare

ruffianàta [1959] **s. f.** ● (*spreg.*) azione da ruffiano

†**ruffianéccio** [1375] **s. m.** ● ruffianeria

ruffianeggiàre [1524] **v. intr. (pres.** *io ruffianéggio*; **fut.** *io ruffianeggerò*; **aus.** *avere*) ● fare il ruffiano (*anche fig.*)

ruffianerìa [sec. XIV] **s. f.** ● caratteristica di chi è ruffiano, spec. nel sign. 2 | comportamento servile, adulatorio e sim.

ruffianésco [1534] **agg. (pl. m.** *-schi*) ● da ruffiano (*spec. fig.*): *parole ruffianesche*; *falsità ruffianesca*

ruffianésimo o †**ruffianésmo** [1353] **s. m. 1** (*raro*) attività del ruffiano **2** (*raro, fig.*) ruffianeria

†**ruffianìa** [1340] **s. f.** ● ruffianesimo

ruffiàno [etim. incerta ✱sec. XIII] **A s. m. (f. -a) 1** chi agevola gli amori altrui | (*est.*) chi, per lucro, fa da intermediario in un incontro amoroso spec. illecito | lenone **SIN.** mezzano **2** (*fig.*) chi cerca di ingraziarsi qlcu. o di ottenere vantaggi e favori con una subdola e ostentata adulazione ‖ **ruffianàccio**, **pegg.** | **ruffianèllo**, **dim.** | **ruffianóne**, **accr. B anche agg.** ● (*raro*) ruffianesco: *cortesia ruffiana*

†**ruffolàre** ➤ **grufolare**

rufiya /*singalese* ru'fija/ [n. locale della *rupia* ✱1993] **s. f. inv.** ● (*econ.*) unità monetaria delle Maldive

†**rùfo** [vc. dotta, lat. *rūfu(m)* 'rosso', di orig. indeur. (V. †*rubro*) ✱sec. XIII] **agg.** ● rossiccio | rosso fulvo

rùfola [da avvicinare a *rufolare* ✱1738] **s. f.** ● (*pop.*) grillotalpa

†**rufolàre** ➤ **grufolare**

◆**rùga** ① [lat. *rūga(m)*, di orig. indeur. ✱1342] **s. f. 1** grinza, sottile solco che si forma sulla pelle spec. del viso sia a causa dell'età sia per la contrazione dei muscoli: *fronte coperta di rughe* **2** (*fig.*) segno di decadenza: *un'ideologia che mostra molte rughe* | (*lett.*) difetto **3** (*anat.*) piega sulla mucosa di un organo: *r. vaginale* | (*bot.*) piega sulla superficie di un organo vegetale **4** (*geol.*) corrugamento sottomarino **5** (*bot.*) solco nella scorza di una pianta legnosa ‖ **rugàccia**, **pegg.** | **rughétta**, **dim.** | **rughìna**, **dim.**

†**rùga** ② o **rùa** [lat. *rūga(m)* 'solco'. V. *ruga* ① ✱av. 1311] **s. f.** ● (*napol., venez.*) strada, via, vicolo

rùga ③ [V. *ruca* nel sign. 2 ✱av. 1602] **s. f.** ● (*pop.*) bruco

rugantino [dal n. di una maschera romana, *Rugantino*, a sua volta dal roman. *rugà* 'brontolare minacciando'. V. *rugare* ✱1851] **s. m.** ● (*raro*) persona arrogante, irritabile

rugàre [etim. discussa di orig. espressiva (?) ✱1585] **v. tr.** (*io rùgo, tu rùghi*) **1** (*assol., pop.*) mormorare minacciosamente, borbottare **2** (*sett.*) infastidire, seccare

rugàto [da *ruga* ① ✱1499] **agg.** ● aggrinzato, rugoso: *viso r. e prosciugato* (R. BACCHELLI)

rugbìsta /reg'bista, ra-, ru-/ [1938] **s. m. (pl. -i)** ● giocatore di rugby

rugby /'regbi, 'ragbi, *ingl.* 'rʌgbɪ/ [dalla città inglese omonima ✱1927] **s. m. inv.** ● (*sport*) confronto tra due squadre che si contendono la caratteristica palla ovale, sia con le mani che con i piedi, cercando di infilare delle mete o di trasformare calci piazzati attraverso la porta avversaria

NOMENCLATURA

rugby = rugby-football = gioco della palla ovale
● *campo di gioco*: linea di pallone morto, linea di meta, linea di touche, pali di porta, porta, linea dei 22-metri, linea dei 10-metri, linea dei 15-metri, linea dei 5-metri, linea di metà campo, area di meta;
● *formazione*: quindici, 8 avanti (tallonatore, 2 piloni, 2 seconde linee, 3 terze linee), 2 mediani (di mischia e di apertura), 4 trequarti (centro interno, centro esterno, ala destra, ala sinistra), 1 estremo;
● *svolgimento del gioco*: calcio di invio, calcio libero, calcio di punizione, calcio a volo, calcio di rimbalzo, drop, meta, calcio di trasformazione meta: touche, rimessa laterale (o rimessa in gioco), pacchetto di mischia, mischia (aperta o chiusa), ruck, maul, placcaggio, fuorigioco, mark; in-avanti; calcio piazzato; rugbista, piazzatore; paradenti, paraorecchie.

ruggènte **part. pres.** di *ruggire*; **anche agg. 1** nei sign. del v. **2** (*fig.*) ***anni ruggenti***, caratterizzati da un grande fervore di attività: *dei ruggenti anni trenta / e dei raglianti cinquanta* (E. MONTALE); (*per anton.*) quelli compresi tra il 1920 e il 1929, così detti per la febbrile corsa al benessere

rùggere ➤ **ruggire**

rugghiàre [sovrapposizione di *mugghiare* a *ruggire* ✱1313] **v. intr.** (*io rùgghio*; **aus.** *avere*) ● (*raro, lett.*) ruggire | (*est.*) strepitare, rumoreggiare cupamente e a lungo

✦**rùgghio** [da *rugghiare* ✱1478] **s. m.** ● (*lett.*) ruggito | (*est.*) cupo urlo o rumore assordante e prolungato

rùggine [lat. *(ae)rūgine(m)* 'ruggine, verderame', da *āes*, genit. *āeris* 'rame, bronzo'. V. *erario* ✱1261 ca.] **A s. f. 1** carbonato basico idrato di ferro che si genera, per effetto dell'aria umida, sulla superficie del ferro, formando uno strato non aderente che si sgretola, cosicché la sua formazione può procedere indefinitamente **2** †sozzura, sporcizia | (*fig.*) †pensiero ingannevole, fallace: *acciò che di loro false ragioni nulla r. rimanga nella mente* (DANTE) **3** ***r. del grano, dei cereali***, fungo delle Uredinali che attacca le Graminacee con pustole rossastre che poi divengono strie nerastre pulverulente (*Puccinia graminis*) | ***r. delle crocifere***, fungo delle Peronosporacee che forma macchie bianche sulle foglie delle Crocifere (*Gystopus candidus*) **4** (*fig.*) malanimo, rancore, astio: *avere della r. con qlcu.*; *tra loro c'è della r.* ‖ (*lett.*) **rugginùzza**, **dim. B in funzione di agg. inv.** ● (posposto a un sost.) detto di colore tra il marrone e il rosso scuro tendente al giallastro: *un abito r.*

SFUMATURE ➤ ***astio***, ➤ ***discordia***

†**rugginènte** [propr. part. pres. di *rugginire* ✱1340] **agg.** ● arrugginito, rugginoso

†**rugginire** [da *ruggine* ✱av. 1519] **v. intr.** ● arrugginire

rugginóso (o -ṣ-) [lat. *aeruginōsu(m)*, da *aerūgo*, genit. *aerūginis* 'ruggine', rifatto su *ruggine* ✱sec. XIII] **agg. 1** coperto di ruggine: *ferro r.* **2** (*est.*) di colore simile a quello della ruggine: *macchie rugginose* **3** (*lett., fig.*) trascurato, non esercitato **4** detto di bozzolo con macchie color ruggine ‖ **rugginosità**, **s. f. inv. 1** (*raro*) caratteristica di ciò che è rugginoso **2** ***rugginosità della frutta***, alterazione della buccia che si presenta ruvida e di color ruggine

✦**ruggìre** o (*lett.*) **rùggere** [lat. *rugīre*, di orig. indeur. ✱av. 1342] **A v. intr.** (*io ruggìsco, tu ruggìsci, egli ruggìsce, noi ruggiàmo, voi ruggìte, essi ruggìscono*; **aus.** *avere*; **la var.** *ruggere* **è usata all'inf. e nelle forme** *egli rùgge* **e** *essi rùggono* **del pres. indic.**) **1** gridare, urlare nel modo caratteristico, detto del leone e (*est.*) di altre belve **2** (*fig.*) strepitare, urlare, gridare orribilmente, detto di persona | (*fig.*) rumoreggiare fragorosamente e in modo minaccioso, detto spec. di fenomeni naturali: *la tempesta ruggisce* | (*fig., lett.*) agitarsi, fremere: *quello spirto guerrier ch'entro mi rugge* (U. FOSCOLO) **3** †borbottare, gorgogliare, detto degli intestini **B v. tr.** ● (*fig.*) urlare a gran voce e in tono iroso o sdegnato: *r. frasi terribili*

✦**ruggito** [lat. tardo *rugītu(m)*, da *rugīre* 'ruggire' ✱av. 1311] **s. m. 1** il verso tipico del leone e di altri felini **2** (*est.*) urlo rabbioso o sdegnato | (*fig.*) strepito, fragore, detto di cose: *il r. del vento* **3** †borborigmo

rughétta ➤ **ruchetta**

rugiàda [forma sett. *rosada*, dal lat. *rōs*, genit. *rōris* 'rugiada', d'orig. indeur. ✱sec. XIII] **s. f. 1** (*meteor.*) deposito su oggetti al suolo di goccioline d'acqua provenienti dalla condensazione del vapor acqueo contenuto nell'aria | (*lett., fig.*) ***r. del pianto***, lacrime **2** (*lett., fig.*) consolazione, sollievo, conforto: *alcuna r. sopra il mio fuoco comincerò a sentire* (G. BOCCACCIO)

✦**rugiadóso** (o -ṣ-) [1336 ca.] **agg. 1** (*raro*) di rugiada, della rugiada: *rugiadose stille* (L. DE' MEDICI) **2** bagnato, umido di rugiada: *prato r.* | ***notte rugiadosa***, in cui si è formata molta rugiada | (*est., lett.*) lacrimoso: *occhi rugiadosi* | (*lett.*) bagnato di lacrime: *guance rugiadose* **3** (*raro, lett.*) ricco di succo, fresco, detto di frutti | (*fig.*) sano, florido, detto di persona: *fra l'altre immortali ultima venne / rugiadosa la bionda Ebe* (U. FOSCOLO) **4** (*fig., spreg.*) untuoso, mellifluo: *con r. eufemismo* (R. BACCHELLI) ‖ **rugiadosaménte**, **avv.**

rugliàre [sovrapposizione di *mugliare* a *ruggire* ✱av. 1543] **v. intr.** (*io rùglio*; **aus.** *avere*) **1** brontolare cupamente o minacciosamente, detto di animali (per es. l'orso o il cane) **2** (*lett.*) rumoreggiare, risuonare, detto di elementi naturali: *la cascata rugliava sordamente*; *r. in piena due torrenti e un fiume* (G. PASCOLI)

rùglio [1902] **s. m.** ● (*tosc.* o *lett.*) il rugliare | mugolio: *ogni colpo gli strappava come un r. di rabbia dal petto* (L. PIRANDELLO)

†**rugomàre** ➤ **rugumare**

rugóso (o -ṣ-) [vc. dotta, lat. *rugōsu(m)*, da *rūga* 'ruga ①' ✱1342] **agg.** ● pieno, coperto di rughe: *volto r.* | (*est.*) grinzoso, increspato: *superficie rugosa* ‖ **rugosétto**, **dim.** ‖ **rugosità**, **s. f. inv. 1** condizione di ciò che è rugoso: *la rugosità della pelle*; ciò che è rugoso **SIN.** grinzosità **2** (*mecc.*) scabrosità

rugumàre o †**rugomàre** [metatesi del lat. *rumigāre* 'ruminare', da *rūmis* 'mammella', di etim. incerta ✱1268] **v. intr.** (*io rùgumo*; **aus.** *avere*) ● (*pop., tosc.*) ruminare

rụina e deriv. ➤ **rovina** e deriv.

rùling /'rulin(g), *ingl.* 'ru:lɪŋ/ [vc. ingl., dal v. *to rule* 'deliberare, pronunciarsi', detto di un'autorità ✱1978] **s. m.** ● in ambito fiscale, interpello | (*dir.*) ***r. internazionale***, istituto che consente a un'impresa che esercita attività internazionale un accordo preventivo col fisco del Paese in cui va a operare, al fine di risolvere in anticipo eventuali controversie tributarie

rullafiòcco [comp. di *rulla(re)* nel senso di 'avvolgere' e *fiocco* ✱1997] **s. m. (pl. inv. o** *-chi*)

●(*mar.*) avvolgifiocco
rullàggio [da *rullare*① ✻1929] **s. m. 1** movimento a terra sulle ruote compiuto da un aereo prima del decollo o dopo l'atterraggio **2** (*sport*) rullata
rullaménto [1888] **s. m.** ● (*raro*) scorrimento di un rullo o su rulli | rullaggio
rullànte A part. pres. di *rullare*①; anche **agg.** ● nei sign. del v. **B s. m.** ● (*mus.*) nella batteria, piccolo tamburo che ha, nella faccia inferiore, spirali metalliche tese che danno un suono secco e prolungano l'effetto del rullio
rullarànda [comp. di *rulla(re)* nel senso di 'avvolgere' e *randa* ✻1982] **s. m. inv.** ● (*mar.*) avvolgiranda
rullàre① [fr. *rouler* 'rotolare, far andare avanti e indietro', dal lat. parl. **rotulāre*, da *rŏtulus* 'rotolo' ✻av. 1380] **v. intr.** (aus. *avere*) **1** risuonare, detto del tamburo battuto con colpi rapidi e frequenti **2** (*aeron.*) eseguire il rullaggio **3** (*sport*) nell'atletica, eseguire il movimento della rullata **4** †girare, rotolare, ruzzolare **5** V. *rollare*②
rullàre② [da *rullo* ✻1804] **v. tr.** ● comprimere, pareggiare, spianare con un rullo | (*agric.*) ***r. un terreno***, costipario
rullàta [1939] **s. f. 1** (*aeron.*) rullaggio **2** (*sport*) nel passo della marcia e nel salto, movimento con il quale il piede, dal tallone alla punta, tocca progressivamente il terreno
rullatrice [da *rullare*② ✻1987] **s. f. 1** (*mecc.*) macchina operatrice utilizzata per la curvatura delle lamiere **2** (*mecc.*) macchina utensile automatica con cui si esegue la filettatura di pezzi cilindrici, bulloni, viti e sim., facendoli rotolare fra matrici filettate, il cui profilo si imprime, per deformazione plastica, sul pezzo
rullatùra o **rollatùra** [da *rullare*② ✻1887] **s. f. 1** operazione che consiste nell'incurvare le lamiere secondo un raggio prestabilito **2** (*agric.*) costipazione di un terreno **3** cilindratura nel sign. 2
rullétto [1965] **s. m. 1** dim. di *rullo* **2** attrezzo dell'incisore, terminante con una rotella zigrinata
rullìno o **rollìno** [1946] **s. m. 1** dim. di *rullo* **2** rotolo di pellicola fotografica **3** ***chiave a r.***, tipo di chiave inglese
rullìo [1883] **s. m.** (pl. *-ii*) **1** un continuo rullare di tamburi **2** V. *rollio*
rùllo o **ròllo** spec. nel sign. 4 [deriv. di *rullare*① anche per calco sull'ingl. *roll* 'rotolo' (V. *rollo* e *roll-bar*) nel sign. 4 ✻av. 1537] **s. m. 1** suono continuo prodotto da una serie di colpi rapidissimi del tamburo o di strumenti simili | (*mus.*) tremulo **2** qualsiasi oggetto di forma cilindrica a sezione piena, cava o profilata, girevole attorno al proprio asse: *r. di legno, di ferro* | ***r. compressore***, per comprimere e livellare il terreno; (*fig.*) chi (o ciò che) è capace di abbattere ogni ostacolo | (*edit.*) ***r. inchiostratore***, nelle macchine da stampa, quello usato per stendere sulla matrice il velo d'inchiostro da trasferire sulla carta | ***r. porta carta***, parte del carrello di una macchina per scrivere, costituita da un rullo gommato sul quale si avvolge la carta | ***r. massaggiatore***, quello di gomma, a superficie non liscia, usato per massaggiare il corpo **3** (*tosc.*) birillo di legno per giocare **4** (*cinema, fotogr.*) rotolo di pellicola: *r. coi titoli di coda* **5** (*mecc.*) rotolo di carta speciale con perforazioni per pianola **6** attrezzo per la pesca di frutti di mare, formato da un semicerchio di legno con tre aste, tenuto teso in basso da una piastra di ferro e assicurato al pescatore da una fascia **7** tombolo② nel sign. 1 **8** (al pl.) apparecchiatura impiegata dai ciclisti per l'allenamento al coperto nei mesi invernali, formata da cilindri mobili su cui la bicicletta funziona senza avanzare ‖ **rullétto dim.** (V.) | **rullìno dim.** (V.)
rulottìsta ▸ **roulottista**
rulottòpoli ▸ **roulottopoli**
rum o **rhum** /rum/ [ingl. *rum*, da un precedente *rumbullion*, di etim. incerta ✻1708] **s. m. inv.** ● acquavite ottenuta dalla distillazione del succo o della melassa fermentata della canna da zucchero **CFR.** rumme
rumàre [vc. dotta, lat. tardo *rumāre*, forma errata per *ruminare* ✻av. 1389] **v. tr. 1** †ruminare **2** (*pop., tosc.*) mescolare
rùmba [sp. di Cuba *rumba*, di etim. incerta ✻1927] **s. f.** (pl. *-e*) ● danza afrocubana, vivace, di ritmo binario sincopato
rùmble /'rumble, *ingl.* 'rʌmb(ə)l/ [vc. onomat.; ingl., propr. 'rombo, brontolio cupo' ✻1960] **A inter.** ● spec. nel linguaggio dei fumetti, riproduce il rumore di un fabbricato che crolla o il brontolio di una persona scontenta **B s. m.** ● rumore di fondo che si produce durante la lettura del solco di un disco fonografico in un giradischi, quando le vibrazioni meccaniche del motore si trasmettono alla puntina
rumèno ▸ **romeno**
rumènta [vc. piemontese, dal lat. *ramentu(m)* 'truciolo', da *rādere* ✻av. 1311] **s. f.** ● (*sett.*) spazzatura, immondizia
rumentièra [da *rumenta* ✻1937] **s. f.** ● (*disus., mar.*) cassetta per la raccolta della spazzatura
†**rumigàre** [V. *rugumare* ✻sec. XIII] **v. tr.** ● ruminare
ruminànte part. pres. di *ruminare*; anche **agg.** ● nei sign. del v. | (*fig.*) che borbotta: *più r., più imbronciato che mai* (R. BACCHELLI)
Ruminànti [av. 1730] **s. m. pl.** (sing. *-e*) ● (*zool.*) gruppo di Mammiferi degli Artiodattili privi di incisivi superiori, con 2 o 4 dita munite di zoccoletti e stomaco composto di quattro cavità
ruminàre [vc. dotta, lat. *rumināre*, da *rūmen*, genit. *rūminis* 'rumine' ✻av. 1292] **v. tr.** (*io rùmino*) **1** detto dei ruminanti, far ritornare il cibo dal rumine alla bocca per masticarlo con cura **2** (*est., lett.*) masticare a lungo il cibo in bocca: *venne ruminando una castagna secca* (G. VERGA) | (*fig.*) biascicare: *i due vecchi ruminano le preghiere* (I. CALVINO) **3** (*fig.*) riconsiderare attentamente, riandare con il pensiero: *r. fra sé e sé un progetto*; *vegeta ruminando i suoi ricordi* (I. SILONE) **SIN.** rimuginare, ripensare
ruminazióne [vc. dotta, lat. *ruminatiōne(m)*, da *rumināre* ✻1427] **s. f. 1** funzione e attività del ruminare **2** (*lett.*) considerazione, ripensamento
rùmine [vc. dotta, lat. *rūmine*, abl. di *rūmen*: da avvicinare a *rūmis* 'mammella' (V. *rugumare*) (?) ✻1871] **s. m.** ● la più ampia delle quattro cavità dello stomaco dei Ruminanti, a forma di sacco **SIN.** digrumale, pancione **CFR.** abomaso, omaso, reticolo
rùmme [1867] **s. m.** ● (*disus.*) adattamento di *rum* (V.)
rùmor /'rumor, *ingl.* 'ru:mə(r)/ [vc. ingl., variante amer. di *rumour* 'diceria, voce incontrollata' ✻1987] **s. m. inv.** ● nel linguaggio giornalistico, voce non confermata: *un r. di borsa*
♦**rumóre** o (*lett.*) **romóre** [lat. *rumōre(m)*, di orig. indeur. ✻1250 ca.] **s. m. 1** qualsiasi fenomeno acustico, gener. irregolare, casuale e non musicale, spec. se sgradevole, fastidioso, molesto: *r. impercettibile, lieve, secco, sordo, cupo, intermittente, insistente, assordante, nocivo*; *non fare r.*; *i rumori della strada mi hanno impedito di dormire*; *udiva un r. strano che lo faceva destare di soprassalto* (G. VERGA); *r. della pioggia, della grandine*; *r. di passi*; *r. di una motocicletta, del traffico urbano*; *r. di un motore, di una fabbrica* | ***inquinamento da r.***, presenza, in un determinato ambiente, di suoni di frequenza e/o intensità eccessive, tali da danneggiare la salute delle persone che ci vivono o lavorano | ***patologia da r.***, l'insieme degli effetti nocivi provocati dal rumore sull'apparato uditivo, sulla psiche, sul sistema nervoso e sull'equilibrio endocrino dell'uomo | ***r. ambientale, di fondo***, il livello sonoro, gener. uniforme e continuo, abitualmente presente in un ambiente **2** nella scienza e nella tecnica, ogni disturbo, regolare o no, che si sovrappone al valore di una variabile | (*fis.*) ***r. di fondo***, segnale in uscita da un amplificatore in assenza di segnale in ingresso | (*fis.*) ***r. bianco***, quello costituito da vibrazioni la cui intensità è distribuita uniformemente in tutto il campo delle frequenze | (*fis.*) ***r. colorato***, quello in cui le vibrazioni di determinate frequenze hanno un'intensità prevalente sulle altre | (*elettron.*) ***r. elettrico***, fluttuazione casuale della corrente o della tensione in un dispositivo elettronico, tale da nascondere segnali deboli o da rendere problematica la loro elaborazione | (*elettron.*) ***generatore di r.***, generatore di segnali costituenti un rumore bianco | (*elettron.*) ***r. del cielo***, segnale captato dall'antenna ricevente di un sistema di radiocomunicazione a causa di radiazioni di origine cosmica e dell'agitazione termica di particelle cariche presenti nell'atmosfera | (*elettron.*) ***r. televisivo***, qualunque tipo di disturbo al segnale televisivo **3** (*cinema*) ***colonna dei rumori***, colonna sonora di un film, contenente gli effetti necessari alla sonorizzazione di questo **4** (*med.*) fenomeno acustico di interesse semeiologico, percepibile con l'auscultazione: *rumori cardiaci, bronchiali* **5** (*fig.*) risonanza, scalpore: *la notizia ha destato grande r. in città*; *si è fatto molto r. per nulla* | diceria, voce, pettegolezzo: *Né io avrei badato a' rumori… sopra di me* (U. FOSCOLO) | †***levare r.***, far parlare molto di sé, diventare famoso, ottenere successo | (*lett.*) fama: *Non è il mondan romore altro ch'un fiato / di vento* (DANTE *Purg.* XI, 100-101) **6** (*fig.*) ***rumori di guerra***, segni di una guerra imminente o già in atto **7** †tumulto, sollevazione, rivolta di popolo | †***mettere a r.***, sconvolgere, suscitare discordie, sollevazioni e sim. | †scontro armato ‖ **rumoràccio pegg.** | **rumorétto dim.** | **rumorìno dim.**

SFUMATURE DI SIGNIFICATO
rumore - fracasso
Un suono irregolare e privo di armonia, che può risultare sgradevole o fastidioso si definisce in generale **rumore**. **Fracasso** è più specificamente un rumore molto forte, soprattutto di qualcosa che si rompe, che va in pezzi.

NOMENCLATURA
rumore (cfr. suono, udito, orecchio)
● *tipi di rumore*: rombo = boato = rimbombo, eco; tonfo; schiocco; colpo, botto, sparo = scoppio = esplosione = detonazione = conflagrazione = deflagrazione; schianto = rovinio = sconquasso; rintronamento; urlo; fischio = sibilo; trillo = squillo; sferragliamento, clangore; scroscio; clamore, schiamazzo = baccano = cagnara = casino = trambusto = fracasso = tumulto, fragore = gazzarra = bailamme = baraonda; rumorio = vocio, gridio, strepitio, stridore, stridio, scricchiolio = cigolio; tintinnio = scampanellio; tramenio; ticchettio; singhiozzo, singulto; fiotto, gorgoglio = ribollio, sciabordio; crepitio = scoppiettio; tacchettio = calpestio = scalpiccio = trepestio = scalpitio; ciottolio = acciottolio; frullo; fruscio; mugugno, borbottio, brontolio, balbettio, bisbiglio, sussurro = mormorio = brusio = ronzio; rantolo, fremito; sospiro, respiro; soffio; borborigmo = borborismo; (*med.*) battito; crepitio; rantolo; ronco; sfregamento; sibilo; soffio;

• *caratteristiche*: basso = cupo = grave = profondo ⇔ alto = acuto, penetrante = lacerante; stridulo, stridente; insistente, irritante, fastidioso, molesto, nocivo; secco; soffocato = sordo ⇔ sonoro; forte = assordante ⇔ debole = flebile, leggero, lieve; chiaro = distinto ⇔ confuso = indistinto, impercettibile; improvviso, repentino ⇔ continuo; breve ⇔ prolungato; intenso; di fondo, ambientale, bianco, colorato;
• *azioni*: crepitare, scricchiolare, cigolare, stridere, squillare, fischiare, sibilare, sferragliare, rombare, ruggire, risuonare; frastornare, assordare, stordire, rintronare, rimbambire; gridare, urlare, strepitare, vociferare, vociare, strombazzare, sbattere, battere; auscultare; insonorizzare, isolare, barrare;
• *oggetti*: sordina, silenziatore, pannello isolante, barriera antirumore, tappi antirumore, fonometro, intonarumori;
• *persone*: rumorista, tecnico del suono.

rumoreggiaménto o †**romoreggiaménto** [1587] **s. m.** • (*raro*) il rumoreggiare | (*lett.*) rumore

rumoreggiànte o (*lett.*) **romoreggiànte** **part. pres.** di *rumoreggiare*; anche **agg.** • nei sign. del v.

rumoreggiàre o (*lett.*) **romoreggiàre** [sec. XIV] **A** **v. intr.** (**pres.** *io rumoréggio*; **fut.** *io rumoreggerò*; **aus.** *avere*) **1** fare rumore a lungo e ripetutamente **2** (*est.*) mostrare disapprovazione, protestare, mormorare: *i presenti cominciarono a r. per la lunga attesa* **3** †spargere voce **B** **v. tr.** • †far sollevare una popolazione, un paese
SFUMATURE ➤ *schiamazzare*

rumoreggiatóre [av. 1384] **agg. e s. m.** (**f.** *-trice*) • (*raro*) che (o chi) rumoreggia

♦**rumorìo** o (*lett.*) **romorìo** [1686] **s. m.** (**pl.** *-ii*) • rumore continuato, confuso, ma non molto alto | brusio

rumorìsta [comp. di *rumore* e *-ista* * 1950] **s. m. e f.** (**pl. m.** *-i*) • tecnico che, soprattutto un tempo, era addetto alla produzione di rumori e altri effetti sonori per un film o uno spettacolo teatrale, radiofonico, ecc.

♦**rumoróso** (o -ṣ-) o (*lett.*) **romoróso** (o -ṣ-) [sec. XIV] **agg.** **1** che fa molto rumore: *traffico r.* | che è pieno di rumore: *strada, città troppo rumorosa* SIN. chiassoso **2** (*lett., fig.*) che suscita interesse, polemiche, chiacchiere e sim. SIN. clamoroso **3** (*fis., elettron.*) che è caratterizzato da un elevato rumore ambientale o rumore proprio: *ambiente, apparecchio elettroacustico r.* ‖ **rumorosaménte**, **avv.** in modo rumoroso ‖ **rumorosità**, **s. f. inv.** **1** caratteristica di ciò che è rumoroso: *la rumorosità del traffico* **2** (*elettron.*) entità del rumore presentato da un dispositivo, un circuito o un apparecchio elettronico

rùna [ted. *Rune*, dal norreno *rūnar* 'scrittura (segreta)' * 1744] **s. f.** • (*ling.*) segno di scrittura dell'antico alfabeto dei popoli nordici

†**runcìglio** ➤ †**ronciglio**

run flàt /run'flat, *ingl.* 'rʌn,flæt/ o **runflat**, **run-flat** [loc. ingl., comp. del v. *to run* 'andare, viaggiare' e *flat* 'sgonfio' * 1978] **loc. agg. invar.** • di pneumatico che non si sgonfia completamente in caso di foratura

rùnico [da *runa* * 1674] **agg.** (**pl. m.** *-ci*) • (*ling.*) relativo alle rune: *scrittura runica; iscrizioni runiche*

runner /'ranner, *ingl.* 'rʌnə(r)/ [vc. ingl., propr. 'corridore', da *to run* 'correre' * 1992] **A** **s. m. e f. inv.** • chi pratica la corsa veloce | nel baseball, corridore **B** **s. m. inv.** • tovaglia lunga e stretta o striscia ornamentale su tavoli, cassepanche, e sim.

ruolìno o **rolìno** [1906] **s. m.** **1** dim. di *ruolo* | piccolo registro, elenco dei componenti di un gruppo **2** (*milit.*) *r. di marcia*, elenco dei nominativi di militari di una colonna in marcia, completo delle loro mansioni e dei principali fatti accaduti durante la marcia stessa; (*fig.*) piano di svolgimento di una serie di compiti da portare a termine

ruolizzàre [1991] **v. tr.** **1** (*sociol.*) attribuire a qlcu. un ruolo, uno schema di comportamento all'interno di un gruppo **2** (*raro, burocr.*) immettere in ruolo un lavoratore ‖ **ruolizzazióne**, **s. f.**

♦**ruòlo** [fr. *rôle*, dal lat. *rŏtulu(m)* 'rotolo', cioè 'manoscritto arrotolato su cui erano scritti i nomi' * 1528] **s. m.** **1** registro di pratiche giudiziarie, secondo l'ordine in cui devono essere trattate davanti a una determinata autorità: *r. d'udienza; r. generale degli affari contenziosi; iscrizione della causa nel r.* **2** elenco di persone redatto nelle più varie organizzazioni a fini amministrativi: *r. normale, speciale; ruoli dell'esercito; r. dei contribuenti* | numero ed elenco dei lavoratori la cui assunzione in amministrazioni pubbliche o private assicura a essi la relativa stabilità dell'occupazione: *personale effettivo o di r.; r. organico di un'impresa; andare, essere fuori r.* | ***r. aperto***, che prevede nuove assunzioni o possibilità di carriera | ***professore di r.***, V. *professore* | ***impiegato, funzionario di r.***, che ricopre un posto previsto da un organico **3** in diritto tributario, atto contenente l'importo delle imposte dirette dovute dai singoli contribuenti, in base al quale l'esattore può procedere alla riscossione: *r. ordinario, straordinario* **4** parte sostenuta da un personaggio in novelle, racconti, romanzi, rappresentazioni teatrali o cinematografiche, ecc.: *il protagonista ha il r. di seduttore* | (*est.*) funzione, mansione: *svolgere il r. di guida* | (*sport*) funzione che ciascun giocatore ricopre all'interno di una squadra: *gioca nel r. di libero* **5** (*sociol.*) comportamento che un individuo assume all'interno di un gruppo o un sistema sociale: *sostenere un r. sgradito; conflitti di r.* | (*est.*) parte, funzione, peso: *nella sua carriera hai avuto un r. determinante; ai fini della sua decisione, il guadagno ha giocato un r. non secondario* ‖ **ruolìno**, **dim.** (V.)

♦**ruòta** o (*centr., merid., lett.*) **ròta** [lat. *rŏta(m)*, di orig. indeur. * av. 1257] **s. f.** **1** parte di macchina, normalmente circolare, girevole attorno a un asse e, in dati casi, dotata anche di contemporaneo movimento di traslazione: *r. di autoveicolo, di bicicletta* CFR. ciclo-, -ciclo | ***r. a disco***, ruota di autoveicolo, il cui cerchio è collegato al mozzo da un disco di lamiera stampata o di lega d'alluminio fusa | ***r. motrice***, in un veicolo, quella che, comandata dal motore, imprime il movimento al veicolo stesso | ***r. direttrice***, quella che, mediante il movimento impressole dallo sterzo, consente al veicolo di seguire la direzione voluta | ***r. libera***, meccanismo, usato spec. sulle biciclette, che trasmette il moto di rotazione alla ruota in un solo senso, lasciandola libera quando i pedali sono fermi o girano in senso opposto | (*fig.*) ***a r. libera***, senza controllo o freno: *parlare a r. libera* | ***r. a raggi***, il cui cerchio è collegato al mozzo da asticelle metalliche pressoché radiali; usata per cicli, motocicli e auto sportive | ***r. lenticolare***, V. *lenticolare* | ***tre ruote***, motoveicolo con due ruote posteriori e una anteriore, fornite di grossi pneumatici, progettato spec. per terreni accidentati | ***r. di scorta***, di cui sono dotati gli automezzi per la pronta sostituzione di un'altra avariata; (*fig.*) persona o elemento che in caso di necessità può fornire aiuto o costituire un'alternativa | ***r. a gabbia***, nei trattori agricoli, per evitare il costipamento del terreno o per avanzare sul terreno bagnato | ***r. dentata***, per ingranare con altra ruota o con le maglie di una catena | ***r. idraulica***, provvista di un certo numero di pale o di cassette, che può servire per la produzione di forza motrice utilizzando un salto d'acqua | ***r. panoramica***, nei parchi di divertimento, gigantesca struttura metallica circolare, provvista di piccoli abitacoli panoramici, che viene fatta girare lentamente | ***r. del mulino***, le cui pale, fatte girare dall'acqua o dal vento, trasmettono il moto alla macina | ***a r.***, nel ciclismo, detto di chi si trova o arriva immediatamente dietro a un altro corridore; (*fig., colloq.*) subito dopo: *prima è stato servito un vino bianco e a r. un rosso più corposo* | ***tenere la r.***, non farsi distaccare | ***mettersi alla r.***, farsi tirare | (*fig.*) ***succhiare la r.***, fare il succhiaruote (V.) | ***r. della fortuna***, una delle figure nel gioco dei tarocchi | ***la r. della fortuna***, (*fig.*) la volubilità della fortuna o delle condizioni umane | ***ungere le ruote***, (*fig.*) corrompere con denaro per ottenere qlco. | ***mettere i bastoni tra le ruote***, (*fig.*) sollevare impedimenti o difficoltà alla realizzazione di qlco. | ***l'ultima r. del carro***, (*fig.*) chi non conta, non è considerato niente **2** (*mar.*) elemento principale dell'ossatura della nave, che dall'estremità della chiglia arriva in forma arcuata sino all'estremità anteriore (*r. di prua*) e posteriore (*r. di poppa*) | ***da r. a r.***, da un'estremità all'altra della nave | ***fil di r.***, andatura a vela con il vento che spira di poppa esattamente nell'asse longitudinale dello scafo | ***timone di r.***, a poppa | ***r. del timone***, ruota verticale che trasmette il movimento alla barra del timone | propulsore formato da un cerchione fornito di molte pale mosse da un motore: *piroscafo a r.* **3** disco girevole mosso orizzontalmente sul quale il vasaio dà la forma tonda ai vasi di terra | pezzo di arenaria circolare per dare una prima levigatura ai marmi o per arrotare lame **4** (*milit.*) ***r. di fuoco***, grosso cerchio di ferro a punte acuminate, provvisto di materiale incendiario, che un tempo si faceva rotolare dalle mura o dalle brecce di una fortezza assediata per scacciarne gli assalitori **5** nelle antiche armi da fuoco, rotella d'acciaio azionata da un mollone che, per attrito contro un pezzo di pirite, produceva scintille per accendere l'innesco: *moschetto, pistola a r.* **6** in un convento di clausura, cassetta rotonda che, girando su di un perno, nell'apertura del muro, serve a ricevere o a dare all'esterno oggetti e generi vari | (*est.*) ***r. degli esposti, dei trovatelli***, congegno analogo alla ruota dei conventi che negli antichi brefotrofi consentiva l'abbandono dei neonati senza che si potesse riconoscere chi lo compiva **7** urna girevole del lotto | ciascuna delle dieci sedi di estrazione dei cinque numeri: Bari, Cagliari, Firenze, Genova, Milano, Napoli, Palermo, Roma, Torino, Venezia **8** supplizio, usato fino al XVIII sec., che consisteva nel lasciar morire il condannato legato supino ad una ruota girevole, posta spec. in cima a un alto palo, dopo avergli spezzate le ossa degli arti e del bacino **9** †sfera celeste, cielo | †***la r. del Sole***, il globo, il disco del Sole **10** (**al pl.**) tipo di pasta alimentare a forma di disco con raggi che si uniscono al centro **11** tutto ciò che ha forma di ruota, di cerchio, di disco: *ritagliare una r. nella carta; la r. della roulette* | esercizio acrobatico consistente nel rotolarsi di lato, tenendo gli arti distesi e appoggiandosi alternativamente sulle mani e sui piedi | volo circolare: *l'aquila si avvicinava a r.* | ***a r.***, a forma circolare | ***mantello a r.***, formato da un cerchio di stoffa forato nel centro e aperto lungo un raggio | ***gonna a r.***, a campana | ***fare la r.***, aprire la coda a ventaglio, detto del pavone e del tacchino; (*fig.*) darsi delle arie, farsi bello, pavoneggiarsi | ***fare la r. a una donna***, (*fig., scherz.*) farle la corte **12** (*fig.*) avvicen-

r

damento più o meno regolare: *la r. / delle stagioni e il gocciare / del tempo inesorabile* (E. MONTALE) || **rotèlla**, **dim.** (V.) | **ruotìna**, **dim.** | **ruotìno**, **dim. m.** (V.) | **ruotóna**, **accr.** | **ruotóne**, **accr. m.**

♦**ruotàre** o (*centr., merid., lett.*) **rotàre** [vc. dotta, lat. *rotāre*, da *rŏta* 'ruota' ✱ av. 1292] **A** **v. intr.** (*io ruòto, centr., merid., lett. ròto*; in tutta la coniug. di *rotare* la *-o-* dittonga in *-uo-* soprattutto se accentata; aus. *avere*; aus. *essere* o *avere* nel sign. 3) **1** muoversi girando attorno al proprio asse o attorno a un altro corpo: *la Terra ruota attorno al Sole* **2** volare facendo ampi giri: *il rapace ruotava sul gregge* **3** (*est.*) gravitare: *tutto in casa ruota intorno a lei* | (*fig.*) vertere, incentrarsi, imperniarsi: *il dibattito è ruotato intorno al concetto di 'progresso'* **B** **v. tr.** **1** voltare, volgere in giro, spec. velocemente e con energia: *r. il braccio, la spada* **2** avvicendare: *r. le colture* **C** **ruotàrsi** **v. intr. pron.** ● (*lett.*) ruotare, muoversi in circolo: *chi vide sotto l'etereo padiglion rotarsi / più mondi* (U. FOSCOLO)

ruotatóre o **rotatóre** [vc. dotta, lat. *rotatōre(m)* 'che guida in giro', da *rotātus*, part. pass. di *rotāre* ✱ 1661] **A** **s. m.** (f. *-trice*); anche **agg.** ● (*raro*) chi (o che) ruota **B** **agg.** ● relativo a rotazione | che consente una rotazione: *muscoli rotatori*

ruotèlla ➤ **rotella**

ruotìno o **rotìno** [1665] **s. m.** **1** dim. m. di *ruota*: *i ruotini laterali di un triciclo per bambini* | in alcune autovetture, ruota di scorta di peso e dimensioni ridotte rispetto a quelle montate, per percorsi brevi in caso di emergenza **2** piccola mola usata per rifinire i bordi delle tessere di un mosaico, in modo che combacino perfettamente

ruotìsmo ➤ **rotismo**

ruòto [var. merid. di *ruota* ✱ 1984] **s. m.** ● (*merid.*) teglia rotonda per la cottura di cibi al forno

†**ruòtolo** ➤ **rotolo**①

rùpe [vc. dotta, lat. *rūpe(m)*, da *rŭmpere* 'rompere' ✱ 1321] **s. f.** ● roccia erta e scoscesa: *salire su una r.*; *precipitare da una r.*; *la r. Tarpea*

♣**rupèstre** [comp. di *rup(e)* e *-estre* ✱ 1892] **agg.** **1** edificato sulla roccia, su un monte: *gli eremi e i monasteri rupestri* (R. BACCHELLI) | ***paesaggio r.***, costituito prevalentemente da rupi **2** eseguito, realizzato su rupi o pareti rocciose: *incisioni rupestri* **3** (*bot.*) rupicolo: *piante rupestri* | ***stazione r.***, area di ambiente naturale adatto alla vita delle piante rupestri

rùpia① [gr. *rýpos* 'sudiciume', di etim. incerta ✱ 1891] **s. f.** ● (*med.*) formazione crostosa sulla cute

rupìa② [ingl. *rupee*, dall'indiano *rupia* ✱ 1623] **s. f.** ● (*econ.*) unità monetaria dell'India, dell'Indonesia, del Pakistan, del Bhutan, delle Mauritius, del Nepal, delle Seychelles e dello Sri Lanka

rupìcola [comp. di *rupe* e *-cola* ✱ 1897] **s. f.** ● (*zool.*) galletto di roccia

rupìcolo [comp. di *rupe* e *-colo*: detto così perché abita in zone di montagna ✱ 1892] **agg.** ● detto di animale o vegetale che vive sulle rocce

rupofobìa [comp. del gr. *rhýpos* 'sporcizia', di etim. sconosciuta, e *-fobia* ✱ 1881] **s. f.** ● (*psicol.*) misofobia || **rupofòbico**, **agg.** (pl. m. *-ci*); anche **s. m.** (f. *-a*) nel sign. 2 **1** relativo a rupofobia **2** rupofobo || **rupòfobo**, **agg.** e **s. m.** (f. *-a*) che (o chi) soffre di rupofobia

rùppi ➤ **rompere**

rùppia [chiamata così in onore di H. B. *Ruppins* ✱ 1933] **s. f.** ● pianta marina delle Potamogetonacee, le cui foglie nastriformi sono accumulate dalle onde sulle spiagge spesso in pallottole feltrate (*Ruppia*)

rùptile o **rùttile** [vc. dotta, dal lat. *rŭptus* 'rotto' ✱ 1906] **agg.** ● (*bot., raro*) detto di frutto che si apre spontaneamente a maturità

♦**ruràle** [vc. dotta, lat. tardo *rurāle(m)*, da *rūs*, genit. *rūris* 'campagna', di orig. indeur. ✱ av. 1494] **A** **agg.** ● di campagna, della campagna: *popolazione, paesaggio r.* | relativo alla campagna, all'agricoltura: *attrezzi rurali* | (***banca***) ***cassa r.***, società cooperativa di credito e risparmio fra piccoli agricoltori || **ruralità**, **s. f. inv.** carattere rurale; condizione rurale **B** **s. m. e f.** ● chi abita o lavora in campagna

ruralìsmo [da *rurale* ✱ av. 1937] **s. m.** ● tendenza a privilegiare l'agricoltura, a esaltare le caratteristiche e i valori della civiltà contadina

ruralìsta [1946] **A** **s. m. e f.** (pl. m. *-i*) ● sostenitore del ruralismo **B** **agg.** ● ruralistico

ruralìstico [1946] **agg.** (pl. m. *-ci*) ● del ruralismo | che si ispira al ruralismo

ruralizzàre [da *rurale* ✱ 1927] **A** **v. tr.** ● in un territorio, fare prevalere un'economia basata sull'agricoltura **B** **ruralizzàrsi** **v. intr. pron.** ● acquistare caratteristiche tipiche della campagna || **ruralizzazióne**, **s. f.**

Ruscàcee [comp. di *rusc(o)* e *-acee* ✱ 1987] **s. f. pl.** (sing. *-a*) ● (*bot.*) famiglia di piante monocotiledoni comprendente arbusti e liane, con foglie ridottissime sostituite da cladodi, tipiche delle regioni tropicali e temperate calde (*Ruscaceae*)

ruscellaménto [da †*ruscellare* ✱ 1959] **s. m.** ● scorrimento d'acqua | dilavamento

ruscellàre [da *ruscello* ✱ av. 1311] **v. intr.** (aus. *avere*) **1** scorrere come un ruscello **2** (*est.*) scorrere in rivoli: *il sudore gli ruscella sul viso* (A. MORAVIA) **3** (*fig., lett.*) espandersi, erompere, fluire

♦**ruscèllo** [lat. parl. **rivuscĕllu(m)*, dim. di *rīvus* 'rivo' ✱ 1266] **s. m.** ● breve corso d'acqua: *dal monte scorre un r. chiaro e limpido* || **ruscellétto**, **dim.** | **ruscellìno**, **dim.**

rùsco [lat. *rūscu(m)*, di etim. incerta ✱ 1504] **s. m.** (pl. m. *-schi*) ● (*bot.*) genere (*Ruscus*) delle Asparagacee comprendente varie specie di piante cespugliose sempreverdi, con foglie ridotte a brattee e cladodi pungenti che portano al centro piccoli fiori bianchi, cui appartiene il pungitopo (*Ruscus aculeatus*)

rusé /fr. ʀy'ze/ [vc. fr., propr. 'astuto', da *ruse* 'astuzia' di etim. discussa ✱ 1857] **agg. inv.** ● astuto, smaliziato

rush /raʃ*, ingl. rʌʃ/ [vc. ingl., 'fretta, furia', da *to rush* 'correre a gran velocità', dall'ant. fr. *reüser* (moderno *ruser*), in orig. 'tornare indietro, ritirarsi', dal lat. *recusāre* 'rifiutare' (nel lat. parl. 'spingere indietro'). V. *ricusare* ✱ 1903] **s. m. inv.** (pl. ingl. *rushes*) ● in una gara sportiva, sforzo finale in vista del traguardo | (*fig.*) momento di massimo sforzo per completare un lavoro o raggiungere un obiettivo

†**rusignòlo** ➤ †**rosignolo**

†**rusignuòlo** ➤ †**rosignolo**

rùspa [av. 1694] **s. f.** **1** (*raro*) il ruspare | rastrellamento del terreno per raccogliere le castagne: *andare alla r.* **2** macchina per movimento terra, a ruote o cingoli, dotata di una specie di grande cucchiaio mosso idraulicamente e fornito di denti in acciaio per sgretolare, raccogliere e trasportare il terreno

♣**ruspànte** **part. pres.** di *ruspare*; anche **agg.** **1** che razzola | detto di pollo che si alleva lasciandolo libero di razzolare sul terreno **2** (*fig.*) naturale, genuino, autentico

ruspàre [lat. tardo *ruspāre* 'ricercare', di etim. incerta ✱ av. 1472] **A** **v. intr.** (aus. *avere*) ● razzolare per cercare cibo, detto dei polli | rastrellare il terreno per raccogliere spec. le castagne **B** **v. tr.** ● livellare con la ruspa

ruspatóre [1872] **s. m.** (f. *-trice*); anche **agg.** ● (*raro*) che (o chi) ruspa il terreno per cercare le castagne

ruspìsta [1970] **s. m. e f.** (pl. m. *-i*) ● operaio addetto alla ruspa

rùspo [etim. discussa: da *ruspare* (?) ✱ 1539] **A** **agg.** ● †ruvido, quasi scabro | ***moneta ruspa***, coniata da poco **B** **s. m.** **1** ducato d'oro di Firenze coniato dal granduca Cosimo III nel XVIII sec., e poi rimasto in corso fino agli inizi del XIX sec. **2** (al pl., *tosc.*) denari, quattrini: *è pieno di ruspi*; *ci vogliono dei bei ruspi* **3** †ciò che si trova ruspando, razzolando

russaménto [av. 1665] **s. m.** ● (*raro*) il russare

russàre [longob. *hrūzzan* ✱ sec. XIV] **v. intr.** (aus. *avere*) **1** emettere, dormendo, un suono rumoroso col respiro: *r. in modo fastidioso* **2** (*est., lett.*) produrre ripetutamente un rumore cupo, grave: *si udiva il mare che russava lì vicino* (G. VERGA)

russificàre [fr. *russifier*, comp. di *russe* 'russo' e *-fier* '-ficare' ✱ 1900] **A** **v. tr.** (*io russìfico, tu russìfichi*) ● adattare, assimilare ai costumi e alle idee russe | rendere russo per lingua, cultura, cittadinanza, chi non lo è per origine **B** **russificàrsi** **v. intr. pron.** ● diventare russo o adottare costumi o idee russe || **russificazióne**, **s. f.**

russìsmo [1984] **s. m.** ● (*ling.*) parola o locuzione propria del russo entrata in un'altra lingua

russìsta [da *russo* ✱ 1965] **s. m. e f.** (pl. m. *-i*) ● studioso della lingua, della letteratura e della cultura russa

rùsso① [1618] **s. m.** ● (*raro*) il russare | il rumore fatto da chi russa: *e non s'udia che il r. de i dormenti* (G. D'ANNUNZIO)

♦**rùsso**② [dal russo *rús'*, di orig. nord., da un precedente *róthsmenn* 'rematore' ✱ av. 1363] **A** **agg.** ● della Russia: *letteratura russa* | ***alfabeto r.***, cirillico | ***insalata russa***, piatto freddo di verdure varie lessate, tagliate a dadini e condite con maionese | ***uova alla russa***, uova sode con insalata russa | ***roulette russa***, V. *roulette* | ***orso r.***, V. *orso* | ***montagne russe***, V. *montagna* **B** **s. m.** (f. *-a*) ● abitante o nativo della Russia **C** **s. m. solo sing.** ● lingua del gruppo slavo, parlata in Russia

rùsso-, -rùsso primo e secondo elemento ● in parole composte fa riferimento alla Russia o ai Russi: *russo-giapponese, franco-russo*

russòfilo [comp. di *russo* e *-filo* ✱ 1872] **agg. e s. m.** (f. *-a*) ● che (o chi) simpatizza per la civiltà e la cultura russe

russòfono [comp. di *russo* e *-fono* ✱ 1990] **agg. e s. m.** (f. *-a*) ● che (o chi) parla russo

russoiàno ➤ **rousseauiano**

rùssola o **rùssula**, **róssola** [f. del lat. tardo *rŭssulus* 'rossiccio', da *rŭssus* 'rosso' ✱ 1835] **s. f.** ● fungo delle Agaricacee, senza latice e con cappello vivacemente colorato, che comprende alcune specie commestibili e numerose specie velenose (*Russula*)

russoviàno ➤ **rousseauiano**

rùssula ➤ **russola**

rusticàggine [da *rustico* ✱ 1691] **s. f.** ● rustichezza di modi

rusticàle [sec. XIII] **agg.** ● (*lett.*) agreste, rurale | ***poesie rusticali***, componimenti in cui intervengono contadini e campagnoli, o ne sono rappresentati i sentimenti e la vita || †**rusticalménte**, **avv.**

rusticàno [vc. dotta, lat. *rusticānu(m)*, da *rūsticus* 'rustico' ✱ 1361] **agg.** ● campagnolo, contadinesco: *semplicità rusticana* | ***duello r.***, combattuto fra due contadini secondo una procedura rozza e semplice | ***cavalleria rusticana***, codice dell'onore basato su una tradizione contadina e popolana **SIN.** campagnolo, contadinesco

†**rustichévole** [av. 1584] **agg.** • rustico, contadinesco

rustichézza [1336 ca.] **s. f.** • caratteristica di chi è rustico, rude, poco socievole nei modi, nel comportamento, nel carattere | modo di fare brusco: *con una certa r. cordiale* (A. MANZONI) **SIN.** ritrosia, rozzezza, selvatichezza

rusticità [vc. dotta, lat. *rusticitāte(m)*, da *rūsticus* 'rustico' ✱1342] **s. f. inv.** **1** carattere rude, poco socievole, rozzo: *aveva serbato intatte la r. e semplicità originarie* (A. MORAVIA) **2** caratteristica di ciò che è grezzo, non rifinito, e sim.: *la r. di un tavolo*

✤**rùstico** [vc. dotta, lat. *rūsticu(m)*, da *rūs*, genit. *rūris* 'campagna' (V. *rurale*) ✱1282] **A** **agg.** (**pl. m.** *-ci*) **1** di campagna: *gente, casetta rustica; fondo r.* **SIN.** campagnolo, rurale **CONTR.** urbano **2** (*fig.*) non molto socievole, né molto raffinato di modi, detto di persona: *un ragazzo r. e selvatico; questo signor Cavaliere, r. come un orso* (C. GOLDONI) | (*est.*) timido, scontroso, schivo | (*est.*) semplice, sbrigativo: *modi rustici e sinceri* **SIN.** rozzo, ruvido, scontroso **3** grezzo, non rifinito: *un tavolo r.* | semplice, non ricercato: *una cena rustica* | ***alla rustica***, in modo non raffinato | (*edit.*, *disus.*) ***legatura alla rustica***, brossura || **rusticaménte**, **avv.** in modo rustico (*anche fig.*) || **rusticità**, **s. f. inv.** (V.) **B** **s. m.** **1** fabbricato annesso a fattorie o ville, adibito ad alloggio per i contadini o a deposito per gli attrezzi agricoli **2** (*edil.*) edificio ancora privo delle opere di rifinitura: *il r. della casa* | ***al r.***, detto di struttura, o complesso di strutture, non ancora rifinite: *edificio, muri al r.* **3** (*raro*, *lett.*) contadino: *i rustici si ritrassero nelle case immediatamente* (R. BACCHELLI) **4** (**spec. al pl.**) formella circolare di pasta lievitata e cotta al forno, farcita di ripieno piccante || **rusticàccio**, **pegg.** | **rustichétto**, **dim.** | **rusticóne**, **accr.**
SFUMATURE ➤ ***sgraziato***

rùta [lat. *rūta(m)*: di orig. gr. (?) ✱av. 1320] **s. f.** • pianta perenne delle Rutacee che cresce nei luoghi aridi e ha fiori gialli a 5 petali; glabra, con odore intenso, si usa per aromatizzare liquori (*Ruta graveolens*) | ***r. di muro***, piccola felce comune sulle rocce e sui muri con foglie piccole, coriacee, verde cupo (*Asplenium ruta muraria*)

Rutàcee [da *rutaceo* ✱1835] **s. f. pl.** (**sing.** *-a*) • (*bot.*) famiglia di piante delle Dicotiledoni sempreverdi con forte odore aromatico e foglie ricche di ghiandole traslucide (*Rutaceae*)

rutàceo [vc. dotta, lat. tardo *rutāceu(m)*, da *rūta* ✱1872] **agg.** • (*bot.*) simile alla ruta

rutènico [av. 1557] **agg.** (**pl. m.** *-ci*) • (*chim.*) di composto del rutenio esavalente | ***acido r.***, non noto allo stato libero ma sotto forma di sali

rutènio [chiamato così dal chimico russo Claus, che lo scoprì nel 1845, in onore della *Rutenia* (Piccola Russia) ✱1840] **s. m.** • elemento chimico, il più raro dei metalli del gruppo del platino, assai duro e fragile, impiegato per particolari processi catalitici, e in gioielleria in lega con il platino **SIMB.** Ru **NUM. AT.** 44

rutèno [da *Rutenia*. V. *rutenio* ✱av. 1348] **A** **agg.** **1** (*stor.*) della Rutenia, nome latinizzato della Russia nel Medioevo | oggi, della Rutenia Transcarpatica, regione occidentale dell'Ucraina | ***Chiesa rutena***, di rito ortodosso-orientale, prima separata poi riunita alla Chiesa cattolica **2** (*lett.*) russo **B** **s. m.** (**f.** *-a*) **1** (*stor.*) abitante o nativo della Rutenia | oggi, abitante della Rutenia Transcarpatica **2** cattolico della Chiesa rutena

rutherford /ˈraterford, *ingl.* ˈrʌðəfəd/ [dal n. del fisico ingl. E. *Rutherford* (1871-1937) ✱1949] **s. m. inv.** • (*fis.*) unità di misura della radiazione ionizzante, corrispondente a una quantità di materiale radioattivo in cui si abbiano 10^6 decadimenti al secondo **SIMB.** Rd

rutherfòrdio (ru-ther-ford-io, ru-ther-for-dio) /ruterˈfɔrdjo/ [dal n. del fisico inglese E. *Rutherford* (1871-1937) ✱1973] **s. m.** • elemento chimico transuranico artificiale **SIMB.** Rf **NUM. AT.** 104

✤**rutilànte** [sec. XIV] **agg.** **1** (*lett.*) rosso acceso **2** (*est.*) splendente, risplendente: *città r. di luci*

rutilàre [vc. dotta, lat. *rutilāre*, da *rŭtilus* 'rosso acceso', della stessa famiglia di *rŭber* 'rubro' ✱sec. XIV] **v. intr.** (*io rùtilo*; **aus.** *avere*) • (*raro*, *lett.*) rosseggiare | rifulgere, luccicare, risplendere: *parmi un sol che risplenda e rutili* (I. SANNAZARO)

rutilìsmo [vc. dotta, comp. del lat. *rŭtilu(m)* 'di un rosso vivo', dalla base **ru-* 'rosso', ma con il resto della parola non chiarito, e il suff. *-ismo* ✱1959] **s. m.** • (*antrop.*) tendenza al colore rosso dei capelli: *il r. degli scozzesi*

rùtilo ① [lat. *rŭtilu(m)* 'rosso acceso'. V. *rutilare* ✱1504] **agg.** • (*lett.*) rosseggiante, fulvo

rùtilo ② [da *rutilo* ①, per il colore dei suoi cristalli ✱1819] **s. m.** • (*miner.*) diossido di titanio in cristalli prismatici di colore rosso, frequentemente geminati

rutìna [da *ruta* ✱1891] **s. f.** • glucoside contenuto spec. nella ruta, usato in medicina contro la fragilità capillare

rutinàrio ➤ **routinario**

rutinièro ➤ **routiniero**

ruttàre [lat. *ructāre*, intens. di **rūgere*. V. *rutto* ✱sec. XIV] **A** **v. intr.** (**aus.** *avere*) • emettere un rutto o più rutti **B** **v. tr.** • (*fig.*, *lett.*) eruttare

ruttatóre [1374] **agg. e s. m.** (**f.** *-trice*) • (*raro*) che (o chi) rutta

rùttile ➤ **ruptile**

rùtto [lat. *rūctu(m)*, da **rūgere* 'ruttare', di orig. indeur. ✱av. 1320] **s. m.** • rumorosa emissione dalla bocca di aria proveniente dallo stomaco || **ruttìno**, **dim.** (*per anton.*) piccolo rutto che il lattante fa dopo una poppata per eliminare l'aria ingerita

ruttóre [vc. dotta, lat. *ruptōre(m)*, da *rŭptus* 'rotto' ✱1952] **s. m.** • (*elettr.*) dispositivo che, togliendo e creando contatti, interrompe e distribuisce la corrente elettrica in vari circuiti

✤**ruvidézza** [sec. XIV] **s. f.** **1** caratteristica di ciò che è ruvido: *la r. di un panno* **2** (*fig.*) asprezza di carattere, scontrosità, modo brusco di comportarsi: *r. di maniere* **SIN.** rozzezza

✤**ruvidità** [da *ruvido* ✱av. 1565] **s. f. inv.** • (*lett.*) scabrosità | (*fig.*) rozzezza

✤**rùvido** [lat. parl. **rūgidu(m)*, da *rūga* ✱1313] **agg.** **1** scabro, non liscio, non levigato: *r. al tatto; corteccia, pietra ruvida* | grezzo: *panno r.* | rugoso, screpolato: *pelle ruvida; Mi sentii sotto la mano il suo collo freddo e r.* (C. PAVESE) | †gelido: *acque ruvide* **2** (*enol.*) di vino che si presenta piuttosto aspro al palato nella degustazione (caratteristica positiva solo in un vino giovane) **CONTR.** morbido, vellutato **3** (*fig.*) di maniere brusche, di carattere scontroso, detto di persona: *uomo r. nel parlare* | (*fig.*) che ha un tono duro, aspro: *rispose una voce ruvida e grossa* (R. BACCHELLI) **4** (*fig.*, *lett.*) rozzo, non ben rifinito, detto di lavori, opere letterarie, e sim. || **ruvidétto**, **dim.** | **ruvidìno**, **dim.** || **ruvidaménte**, **avv.** **1** (*raro*) grossolanamente: *forma ruvidamente sbozzata* (I. SVEVO); †In modo gelido, pungente **2** (*fig.*) aspramente, scortesemente

†**ruvinóso** ➤ **rovinoso**

†**ruzzaménto** [1342] **s. m.** • movimento agitato

ruzzànte **part. pres.** di *ruzzare*; **anche agg.** • nei sign. del v. | che salta, gioca e sim.: *il vociò dei bambini ruzzanti* (E. MONTALE)

✤**ruzzàre** [vc. di orig. onomat. ✱1342] **v. intr.** (**aus.** *avere*) **1** fare chiasso, strepitare, agitarsi, detto di animali | giocare, saltare o correre per gioco, detto di bambini: *bambini già pallidi e disfatti, che non si sa ... come ruzzeranno sull'erba* (G. VERGA) **2** (*lett.*) fare giochi amorosi, avere rapporti sessuali

rùzzo [1354] **s. m.** **1** il ruzzare | strepito, chiasso di chi ruzza **2** voglia, capriccio, eccitazione: *domani, vedrete se gli sarà passato il r.* (A. MANZONI)

rùzzola [da *ruzzolare* ✱1631] **s. f.** • girella nel sign. A 2: *fare, giocare alla r.*

ruzzolànte [da *ruzzola* ✱1632] **s. m. e f.** • giocatore di ruzzola

ruzzolàre [lat. parl. **roteolāre*, da *rŏta* 'rota' (?) ✱1621] **A** **v. intr.** (*io rùzzolo*; **aus.** *essere*) • cadere, precipitare rotolando: *r. dalle scale, dal letto* | (*lett.*) rotolare: *un guscio di noce, / che ruzzola con rumor secco* (G. PASCOLI) **B** **v. tr.** • far rotolare: *r. un sasso*
SFUMATURE ➤ ***ribaltare***

ruzzolàta [1940] **s. f.** • ruzzolone

ruzzolìo [1891] **s. m.** (**pl.** *-ii*) • un ruzzolare continuato

ruzzolóne [da *ruzzolare* ✱1863] **s. m.** • caduta, rotolone che si fa ruzzolando | (*fig.*) tracollo, spec. finanziario

✤**ruzzolóni** o **ruzzolóne** [da *ruzzolare* ✱av. 1597] **avv.** • ruzzolando: *cadere, scendere, venire giù r.; finì r. per terra; fece le scale r.* | anche nella loc. ***a ruzzoloni***

ryton ➤ **rhyton**

s, S

I suoni rappresentati in italiano dalla lettera *S* sono principalmente quelli delle due consonanti costrittive, o fricative, dentali solcate: l'*S* non-sonora o 'aspra' /s/ e l'*S* sonora o 'dolce' /z/. Nella maggior parte delle posizioni in cui si può trovare, la lettera *S* corrisponde costantemente o all'uno o all'altro di questi due suoni. *S* è sempre non-sonora quando è doppia (es. *òsso* /'ɔsso/), quando si trova in principio di parola davanti a una vocale (es. *séme* /'seme/), quando è preceduta da una consonante (es. *órso* /'orso/), quando è finale di parola (es. *càos* /kaos/), quando è seguita da una consonante non-sonora (es. *còsto* /'kɔsto/). Se seguita da una consonante sonora è invece sempre sonora (es. *còsmo* /'kɔzmo/). Soltanto quando è semplice tra due vocali (o tra una vocale e un'approssimante, o semiconsonante) all'interno di una parola, la lettera *S* può avere, secondo i casi, il suono non-sonoro (es. *còsa* /'kɔsa/, *rìso* /'riso/, *risàlto* /ri'salto/) o quello sonoro (es. *càuṣa* /'kauza/, *deriṣo* /de'rizo/, *eṣàlto* /e'zalto/). Ne segue che la consonante *S* sonora è sempre semplice (es. *ìṣola* /'izola/, *Àṣia* /'azja/; *àṣma* /'azma/, *ṣlàvo* /z'lavo/). Invece l'*S* non-sonora, quando è in mezzo a due vocali, può essere, secondo i casi, semplice (es. *càsa* /'kasa/, *di sópra* /di'sopra/; *Càrso* /'karso/, *il sópra* /il'sopra/) o geminata (es. *càssa* /'kassa/, *là sópra* /las'sopra/). La lettera *S* fa poi parte del digramma *sc*, per il quale V. la lettera *C*.

s, (*maiusc.*) **S** [1516] **s. f. o m. inv.** • diciannovesima lettera dell'alfabeto italiano (nome per esteso *èsse*): *s minuscola, S maiuscolo* | ***S impura***, quando è seguita da una consonante | nella compitazione spec. telefonica it. *s come Savona*; in quella internazionale *s come sierra* | (sempre con iniziale maiuscola) sigla di Sud: *vento da SE* | ***curva a S***, formata da due curve successive, prima a destra, poi a sinistra o viceversa | ***tubo a S***, a doppio gomito

s- /s, z/ [pref. che inizialmente riproduceva il corrispondente lat. *ex-* con la duplice idea di 'uscire da un luogo o da uno stato' o di 'essere privo', ma poi ha avuto uno sviluppo indipendente con valore essenzialmente neg. e, talvolta, intens.] **pref. 1** fa assumere significato contrario ai verbi cui è premesso (*sfiorire, sgonfiare, slegare*) e a sostantivi e aggettivi (*sfiducia, sproporzione, scontento, sleale*) **2** ha valore privativo peggiorativo negli aggettivi derivati da sostantivi (*scostumato, sfaccendato, sgrammaticato*) e in alcuni verbi tratti da sostantivi (*sgovernare, sragionare*) **3** indica separazione, allontanamento e sim. in verbi derivati da sostantivi o da altri verbi: *sconfinare, sfornare, svaligiare, sfuggire* **4** ha valore privativo o detrattivo in verbi derivati da sostantivi: *sfamare, sfondare, sbucciare, sbocciare, spolverare* **5** valori vari o funzione semplicemente derivativa ha in altri verbi derivati da verbi o sostantivi o da aggettivi: *scadere, sbracciarsi, sguazzarsi, sbiancarsi, sdoppiare, slargarsi* **6** ha valore intensivo in verbi derivati da altri verbi: *sbeffeggiare, strascinare, scancellare*

sa ▸ **sapere**①

sabadìglia [dallo sp. *cebadilla*, dim. di *cebada* 'orzo', da *cebar* 'alimentare', dal lat. *cibāre*. V. *cibare* ✱ 1872] **s. f.** • liliacea originaria dell'America centrale, con fiori gialli e frutti contenenti diversi semi (*Sabadilla officinalis*)

sabàtico ▸ **sabbatico**

sabatìno [av. 1712] **agg.** • (*raro*) di sabato, che ha luogo di sabato | ***cena sabatina***, cena di grasso consumata un tempo dopo la mezzanotte del venerdì

♦**sàbato** o (*centr.*) †**sàbbato** [lat. *săbbatu(m)*, gr. *sábbaton*, dall'ebr. *shabbath* '(giorno di) riposo' ✱ 1272] **s. m. A differenza degli altri giorni della settimana, che sono invariabili, 'sabato' e 'domenica' hanno regolarmente il plurale. Perciò il plurale di 'sabato' è *sabati*: *ci incontriamo tutti i sabati*. Il pl. della loc. *'il sabato sera'* è *'i sabati sera'*; ma la loc. può anche essere considerata inv. (come, per es., *'fine settimana'*); perciò anche *tutti i sabato sera* è un'espressione corretta** • sesto giorno della settimana civile, settimo di quella liturgica | per gli Ebrei, giorno consacrato a Dio, che in esso cessò l'opera della creazione **CFR.** Shabbat | ***S. grasso***, ultimo sabato di Carnevale | ***S. di Passione***, quello precedente la domenica delle Palme | ***S. santo***, quello precedente la domenica di Pasqua | **PROV.** ***Dio non paga il s.***, la giustizia divina giunge sempre, anche se tarda (con riferimento all'uso di pagare il salario il sabato sera)

sabàudo [vc. dotta, dall'etnico lat. *Sapāudi* (nom. pl.), dal lat. tardo *Sapāudia* 'Sabaudia', prob. dalla vc. prelatina *sappus* 'abete', cfr. il lat. *săppium, sapīnus* 'abete' e il fr. *sapin* ✱ 1843] **agg. e s. m.** (**f.** *-a*) • appartenente o relativo alla casa Savoia: *stemma s.*; *dinastia sabauda*; *i sabaudi*

sàbba [dall'ant. fr. *sabbat* 'riunione di streghe', spreg. di *săbbatum*, istituzione ebr. V. *sabato* ✱ 1874] **s. m.** (**pl.** *sàbba* o *sàbbati*) • nelle credenze relative alla stregoneria medievale, convegno settimanale notturno di streghe e stregoni, che sono trasportati attraverso l'aria e adorano il diavolo

sabbàtico o **sabàtico** [vc. dotta, dal gr. *sabbatikós*, da *sábbaton* 'sabato', attraverso il fr. *sabbatique* ✱ 1741] **agg.** (**pl. m.** *-ci*) • relativo al sabato ebraico | (*est.*) festivo: *una cena speciale, quasi sabbatica* (B. FENOGLIO) | ***anno s.***, il settimo, nel quale gli Ebrei antichi si astenevano dai lavori campestri e dalla riscossione dei crediti; attualmente, anno di congedo retribuito, cui hanno diritto periodicamente i docenti universitari per dedicarsi alla ricerca scientifica e all'aggiornamento

†**sàbbato** ▸ **sabato**

♦**sàbbia** [lat. *săbula*, nt. pl. di *săbulum* 'sabbia', prob. di orig. indeur. ✱ 1440] **A s. f. 1** tritume di minerali a forma di granelli provenienti dalla disgregazione di rocce preesistenti: *s. minutissima*; *un granello di s.*; *la s. del mare, della spiaggia, del deserto* **CFR.** psammo- | ***sabbie mobili***, depositi di sabbia impregnati d'acqua, presenti spec. in zone paludose, da cui, se vi si affonda, difficilmente si può uscire; (*fig.*) situazione pericolosa in cui si rischia di rimanere coinvolti | (*fig.*) ***costruire sulla s.***, fare qlco. destinato a non durare | (*fig.*) ***seminare nella s.***, fare qlco. di inutile | (*fig.*) ***essere scritto nella s.***, di cosa di cui rimarrà breve ricordo | ***bagno di s.***, sabbiatura **2** (*med.*) renella **B in funzione di agg. inv.** • (posposto a un sost.) che ha il colore tra il beige e il grigio chiaro caratteristico della sostanza omonima: *un golfino color s.* || **sabbiétta**, **dim.** || **sabbiolìna**, **dim.**

sabbiàre [da *sabbia* ✱ av. 1698] **v. tr.** (*io sàbbio*) **1** (*raro*) coprire di sabbia **2** (*tecnol.*) spruzzare sabbia sulla superficie di un oggetto di metallo per renderlo opaco

sabbiàto **part. pass.** di *sabbiare*; anche **agg. 1** nei sign. del v. **2** ***immagine sabbiata***, immagine televisiva difettosa, quasi fosse coperta da sabbia in movimento

sabbiatóre [1950] **s. m.** (**f.** *-trice*) **1** cavatore di sabbia: *I due o tre sabbiatori / … scavano il fondo* (C. PAVESE) **2** nell'industria vetraria e meccanica, operaio addetto alla sabbiatrice

sabbiatrice [da *sabbiare* ✱ 1958] **s. f.** • macchina usata per la smerigliatura di lastre di vetro o la pulitura di oggetti metallici

sabbiatùra [da *sabbiare* ✱ 1926] **s. f. 1** trattamento di alcune forme reumatiche con copertura di sabbia calda o medicamentosa **2** (*tecnol.*) operazione di finitura, eseguita mediante lancio di sabbia, destinata a migliorare l'aspetto superficiale dei pezzi metallici nelle parti che non devono subire successive lavorazioni | smerigliatura mediante sabbia

sabbièra [da *sabbia* ✱ 1940] **s. f. 1** recipiente contenente sabbia da usare per l'aumento temporaneo del coefficiente di aderenza tra ruota e rotaia nelle locomotive, tram e sim. **2** in parchi o giardini, struttura delimitata gener. da sponde di legno e contenente sabbia, dove far giocare i bambini **3** automezzo con particolare dispositivo atto a contenere e spargere sabbia sulle strade, dopo abbondanti nevicate, per evitare che gli automezzi scivolino sul ghiaccio | (*est.*) spandisabbia

sabbionàio [da *sabbione* (V.) ✱ 1897] **s. m.** (**pl.** *-ai*) • cavatore di sabbia, renaiolo

sabbióne [lat. *sabulōne(m)*, *sablōne(m)*, identico a *săbulum*. V. *sabbia* ✱ 1313] **s. m. 1** sabbia mescolata con molta ghiaia: *s. di cava* **2** terreno sabbioso, distesa di sabbia: *un sentiero che andava a perdersi nel s.* (B. FENOGLIO) || **sabbioncèllo**, **dim.**

sabbionìccio [da *sabbione* ✱ av. 1557] **s. m.** • terreno sabbioso, terra mista a sabbia

†**sabbionóso** (o **-ṣo**) [da *sabbione*, sul model-

lo di *sabbioso* ✱ av. 1328] **agg.** ● sabbioso

sabbióso (o -ṣo) [lat. *sabulōsu(m)*, da *sābulum* 'sabbia' ✱ 1340 ca.] **agg. 1** costituito di sabbia, ricco di sabbia: *terreno s.*; *riva sabbiosa* **2** che è simile a sabbia: *materiale s.* | (*med.*) che si presenta in forma di sabbia: *calcolo s.* ‖ **sabbiosità**, **s. f. inv.**

sabeìṣmo [vc. dotta, comp. di *sabeo* e *-ismo* ✱ 1780] **s. m.** ● antico culto astrale mesopotamico

sabelliàno [vc. dotta, lat. tardo *Sabelliānu(m)*, da *Sabĕllius* 'Sabellio' (sec. III) ✱ sec. XIV] **agg. e s. m.** ● che (o chi) segue l'eresia cristiana di Sabellio, la quale affermava l'assoluta unità di Dio e considerava suoi attributi le tre persone della Trinità **CFR.** monarchianismo

sabèllico [vc. dotta, lat. *Sabĕllicu(m)*, connesso con *Sabĕlli*, *Sabīni*, n. di ant. popolazioni italiche. V. *sabina*, *sabino* ✱ 1891] **agg.** (**pl. m.** *-ci*) ● relativo ai Sabelli, antica popolazione dell'Italia centrale

sabèo [vc. dotta, dal lat. *Sabāeu(m)* 'abitante della Saba' ✱ 1524] **A agg.** ● di Saba, regione e città dell'Arabia **B s. m.** (**f.** *-a*) ● abitante o nativo dell'antica città e regione di Saba **C s. m. solo sing.** ● lingua dell'antica Arabia meridionale

sabìna o **savìna** [lat. *sabīna(m)*, popolarmente raccostato all'etnico *Sabīnus* 'originario della Sabina', ma di orig. mediterr. ✱ av. 1320] **s. f.** ● arbusto delle Cupressacee, che forma cespugli molto ramosi con foglie piccole e scagliose e fiori insignificanti, usato in medicina (*Juniperus sabina*)

sabìno [vc. dotta, dal lat. *Sabīni* (nom. pl.), di etim. incerta ✱ 1321] **A agg.** ● della Sabina, regione storica dell'Italia centrale | dei Sabini **B s. m.** (**f.** *-a*) ● abitante o nativo della Sabina

sabìr [dallo sp. *saber* 'sapere' ✱ 1932] **s. m. inv.** ● (*ling.*) antica lingua franca, basata su un lessico misto (italiano e spagnolo, con alcune voci arabe) e su una grammatica semplificata, parlata fino all'Ottocento nel bacino del Mediterraneo | (*est.*) ogni lingua con caratteritiche analoghe, formatasi per consentire la comunicazione pratica fra gruppi linguistici diversi che abbiano frequenti contatti, spec. negli scambi commerciali

†**sabòrra** ➤ **zavorra**

†**saborràre** ➤ **zavorrare**

sabot /fr. sa'bo/ [vc. fr., propr. 'calzatura da contadini' (variante di *bot(te)* 'calzatura grossolana': di orig. germ.?), così chiamata per la sua forma ✱ 1813] **s. m. inv. 1** cassetta per distribuire le carte da gioco, usata, spec. nei casinò, per evitare ogni trucco col mazzo in quei giochi in cui il banchiere cambia carte a ogni giro **2** tipo di scarpa femminile con tacco piuttosto alto aperta sul tallone

sabotàggio [dal fr. *sabotage*. V. *sabotare* ✱ 1908] **s. m. 1** reato di chi danneggia gli edifici o gli strumenti destinati alla produzione agricola o industriale al solo scopo d'impedire o turbare il normale svolgimento del lavoro | reato di chi distrugge o rende inservibili in tutto o in parte strumenti od opere militari o adibite al servizio delle forze armate dello Stato **2** (*est.*) atto di chi, per motivi politici o sim., danneggia costruzioni di pubblica utilità, ostacola il funzionamento dei servizi pubblici e sim.: *atto di s.*; *il s. del nuovo ponte*; *hanno tagliato i fili della luce per s.* | in operazioni belliche, azione compiuta per danneggiare mezzi o intralciare attività nemiche **3** (*fig.*) atto inteso a intralciare, svalutare, denigrare l'attività di qlcu. o la realizzazione di qlco.: *il s. del nuovo ministro*; *il s. di una riunione*

sabotàre [dal fr. *saboter* 'fare un lavoro male, senza attenzione', propr. 'urtare con gli zoccoli, rompere', da *sabot* 'zoccolo' ✱ 1914] **v. tr.** (*io sabòto*) **1** distruggere o deteriorare volontariamente uno strumento di lavoro, di industria o di commercio: *s. le macchine*, *la produzione* | compiere atti di sabotaggio: *s. una linea ferroviaria* **2** ritardare, denigrare, ostacolare (*anche fig.*): *s. il nuovo programma*

sabotatóre [1914] **s. m.** (**f.** *-trice*); **anche agg.** ● chi (o che) sabota: *azione sabotatrice*

sàbra /ebr. 'sabra/ o **sàbre** /ebr. 'sabre/ [ebr. *ṣābrāh* 'cactus', che nasce in terreno arido ed ha vita difficile ✱ 1983] **s. m. e f. inv.** (**pl. ebr.** *sabres* o *sabresim*) ● ebreo nato in Palestina prima dell'istituzione dello Stato di Israele (1948) | (*est.*) ebreo nato in Israele

†**sabùrra** ➤ **zavorra**

saburràle [vc. dotta, dal lat. *saburrāle(m)*, da *sabŭrra* 'zavorra' ✱ 1957] **agg.** ● solo nella loc. (*med.*) ***lingua s.***, patinosa, biancastra, propria dei disturbi digestivi, accompagnata da emissione di odori nauseabondi dallo stomaco

sac à poche /fr. saka'pɔʃ/ [loc. fr., propr. 'borsa a tasca' ✱ 1887] **loc. sost. m. o f. inv.** (**pl. fr.** *sacs à poche*) ● (*cucina*) tasca da pasticciere

sàcca [f. di *sacco*① (V.) ✱ 1291] **s. f. 1** sacco largo e poco profondo, di materiale flessibile, usato per tenervi viveri, indumenti, biancheria e sim.: *s. da viaggio*, *da notte* | ***s. da piedi***, foderata di pelliccia per tenere caldi i piedi | bisaccia: *la s. dei frati questuanti* | borsa da lavoro, da spiaggia e sim. **2** (*med.*) involucro di materia plastica per conservare il sangue destinato alle trasfusioni **3** (*merid.*) tasca **4** formazione cava, spec. in organi o tessuti animali o vegetali: *s. di pus*, *di liquido* | (*bot.*) ***sacche polliniche***, logge all'interno delle antere, disposte in coppie e contenenti il polline **5** curvatura, insenatura, rientranza: *le sacche di un fiume* | ***far s.***, formare una rientranza | (*fig.*) ***s. d'aria***, vuoto d'aria **6** area circoscritta di un territorio nella quale si verifica un determinato fenomeno, per lo più negativo e residuale: *sacche di arretratezza*, *di analfabetismo*, *di resistenza* **7** nell'altoforno, struttura di forma troncoconica allargata verso l'alto, unita al crogiolo nella parte inferiore ‖ **sacchétta**, **dim.** (V.)

saccàde [deriv. del fr. *saccade* 'movimento brusco, scossone' dal v. dial. *saquer* 'scuotere' ✱ 1975] **s. m.** ● (*med.*) rapido movimento involontario degli occhi che si verifica quando cambia il punto di fissazione dello sguardo

saccàdico [1986] **agg.** (**pl. m.** *-ci*) ● (*med.*) riferito a saccade

saccàia [lat. *saccāria(m)*, f. sost. di *saccārius*, agg. da *săccus* 'sacco' ✱ 1566] **s. f. 1** (*tosc.*) sacco, bisaccia **2** in una casa colonica, deposito di sacchi | assicella o bastone sospeso a due funi nel granaio, per tenere in alto i sacchi vuoti e salvarli così dai topi **3** (*disus.*) accumulo di pus in una ferita

saccapàne [adattamento del fr. *sac à pain*, propr. 'sacco da pane' ✱ 1888] **s. m.** ● (*raro*) tascapane

saccaràṣi [comp. di *saccaro-* e *-asi* ✱ 1957] **s. f. inv.** ● (*chim.*) enzima che trasforma il saccarosio in glucosio e fruttosio

saccàrdo [da *sacco*① col suff. spreg. *-ardo*, di orig. germ. ✱ av. 1363] **s. m. 1** negli eserciti feudali, l'incaricato di portare i bagagli, i sacchi, gli arnesi **2** (*raro*, *lett.*) rapinatore, saccheggiatore: *il s. che mai non si commosse / al dolore dei vinti* (G. D'ANNUNZIO)

sàccari- ➤ **saccaro-**

saccàride [comp. di *saccar(o)-* e *-ide* ✱ 1850] **s. m.** ● (*chim.*) glucide

saccarìfero [da *saccari-*, con *-fero* ✱ 1872] **agg. 1** che contiene zucchero: *piante*, *sostanze saccarifere* **2** relativo alla produzione dello zucchero: *industria saccarifera*

saccarificàre [comp. di *saccari-* e *-ficare* ✱ 1830] **v. tr.** (*io saccarìfico*, *tu saccarìfichi*) ● (*chim.*) trasformare, mediante idrolisi acida o enzimatica, carboidrati complessi in zuccheri ‖ **saccarificazióne**, **s. f.**

saccarimetrìa o **saccarometrìa** [comp. di *saccari-* e *-metria* ✱ 1865] **s. f.** ● (*chim.*) disciplina che studia la determinazione quantitativa del saccarosio in soluzione mediante saccarimetro

saccarimètrico o **saccaromètrico** [da *saccarimetria* ✱ 1983] **agg.** (**pl. m.** *-ci*) ● (*chim.*) relativo alla saccarimetria | ***grado s.***, percentuale di saccarosio in una soluzione, determinata mediante saccarimetro

saccarìmetro o **saccaròmetro** [comp. di *saccari-* e *-metro* ✱ 1794] **s. m.** ● (*chim.*) polarimetro munito di scala graduata adatta alla determinazione della percentuale di saccarosio in una soluzione

saccarìna [comp. di *saccar(o)-*, con *-ina* ✱ 1888] **s. f.** ● composto organico a elevato potere dolcificante, prodotto per sintesi di sostanze organiche solforate; è usata, in luogo dello zucchero, nelle diete alimentari e nell'industria farmaceutica

saccarinàto [da *saccarina* ✱ 1918] **agg.** ● che contiene saccarina, che è addizionato di saccarina | che deriva dalla saccarina

sàccaro- o **sàccari-** [dal lat. *săccharu(m)* 'zucchero', dal gr. *sákcharon*, di orig. indeur.] **primo elemento** ● in parole composte scientifiche significa 'che ha relazione con lo zucchero' o ' che contiene zucchero': *saccarosio*, *saccarimetria*

saccaròide [comp. di *saccar(o)-* e *-oide* ✱ 1817] **A s. m.** ● minerale che ha aspetto simile a quello dello zucchero **B anche agg.**: *marmo s.*

saccarometrìa ➤ **saccarimetria**

saccaromètrico ➤ **saccarimetrico**

saccaròmetro ➤ **saccarimetro**

saccaromicète [comp. di *saccaro-* e del gr. *mýkēs*, genit. *mýkētos* 'fungo' ✱ 1930] **s. m.** ● fungo microscopico, unicellulare, degli Ascomiceti, che si riproduce per gemmazione o per spore e provoca le fermentazioni (*Saccaromyces*)

saccaròṣio o (*raro*) **saccaròṣo** [comp. di *saccar(o)-* e *-osio* ✱ 1872] **s. m.** ● (*chim.*) disaccaride, composto di una molecola di glucosio e una di fruttosio, contenuto spec. nella barbabietola e nella canna da zucchero; costituisce lo zucchero comune in commercio

saccàta [av. 1673] **s. f.** ● quantità di roba che può essere contenuta in un sacco: *una s. di paglia* | ***roba a saccate***, in gran quantità

saccàto [da *sacco* ✱ 1750] **agg.** ● (*med.*) ***pleurite saccata***, in cui il liquido essudato è raccolto in sacche

saccatùra [da *sacca* ✱ 1985] **s. f.** ● (*meteor.*) propaggine allungata di una zona di bassa pressione che si estende in una zona a pressione superiore

saccènse [agg. da una forma lat. mediev. del n. della città, *Săcca(m)* ✱ sec. XIX] **A agg.** ● di Sciacca **B s. m. e f.** ● abitante o nativo di Sciacca

♣**saccènte** [lat. *sapiĕnte(m)*, part. pres. di *sapĕre* 'essere saggio' (V. *sapere*①), attraverso i dial. merid. ✱ 1250 ca.] **agg. e s. m. e f. 1** che (o chi) ostenta, talora in modo irritante, la propria cultura, capacità e sim.: *le persone saccenti risultano noiose*; *un ragazzino antipatico e s.* **2** †sapiente, esperto | †sagace, accorto, abile: *un de' suoi, il più s., ... mandò allo abate* (G. BOCCACCIO) ‖ **saccentèllo**, **dim.** | **saccentìno**, **dim.** | **saccentóne**, **accr.** | **sac-**

centùzzo, **dim.** || **saccentemènte**, **avv.** **1** da saccente, con tono saccente **2** †con convenienza, giudizio

saccenterìa [1468] **s. f.** ● presunzione di sapere: *poetava d'amore o per usanza cortigiana, o per s. di scuola* (L. SETTEMBRINI) | atteggiamento saccente

saccheggiaménto [sec. XIV] **s. m.** ● (*raro*) il saccheggiare | rovina, devastazione

saccheggiàre [da *sacco*② ✱av. 1478] **v. tr.** (**pres.** *io sacchéggio*; **fut.** *io saccheggerò*) ● mettere a sacco, fare prede e bottino di tutto quanto è possibile, portando rovina e devastazione: *s. città, villaggi, case, navi*; *gli invasori saccheggiarono l'intero paese* | (*est.*) derubare, svaligiare, rapinare: *s. un supermercato* | (*scherz.*) svuotare: *gli amici di Carlo hanno saccheggiato il frigorifero*; *schiere di turisti hanno saccheggiato i negozi di souvenir* | (*fig.*) ***s. un libro, un autore*** e sim., appropriarsi di idee, espressioni, passi e sim. altrui

saccheggiatóre [1527] **s. m.** (**f.** *-trice*); **anche agg.** ● chi (o che) saccheggia: *folla saccheggiatrice*

sacchéggio [1709] **s. m.** ● il saccheggiare (*anche fig.*): *dare il s. a una città*; *permettere il s.*; *un s. di idee altrui* **SIN.** depredazione, devastazione, rapina, razzia, sacco②

saccherìa [1872] **s. f.** ● fabbrica di sacchi | reparto di stabilimento tessile in cui si confezionano sacchi di iuta

sacchétta [1872] **s. f.** **1** dim. di *sacca* nei sign. 1 e 3 **2** piccolo sacco con la biada che si appende al muso di cavalli, asini o muli **SIN.** musetta① || **sacchettina**, **dim.**

sacchettatrice [da *sacchetto* ✱1970] **s. f.** ● macchina per fabbricare sacchetti di carta

sacchettifìcio [comp. di *sacchetto* e *-ficio* ✱1970] **s. m.** ● fabbrica di sacchetti

♦**sacchétto** [dim. di *sacco*① ✱1291] **s. m.** **1** piccolo involucro a forma di sacco, di materiale vario, usato per contenere e trasportare merci od oggetti diversi: *un s. di tela, di juta, di carta, di plastica* | (*bot.*) ***s. pollinico***, sacca pollinica | (*milit.*) ***sacchetti a terra***, quelli che, riempiti di terra o sabbia, servono per innalzare ripari, rinforzare le scarpate interne delle trincee, coprire ricoveri, linee e sim. | ***a s.***, a sacco: *giacca a s.* **2** quantità di roba contenuta in un sacchetto: *un s. di zucchero, farina, caffè* **3** (*raro, lett., sett.*) tasca grande, borsa: *il s. dei denari* | borsettina || **sacchettino**, **dim.** | **sacchettóne**, **accr.**

saccifórme [comp. di *sacci-*, da *sacco*, e *-forme* ✱1878] **agg.** ● che ha forma di sacco

†**sacciutézza** [da *sacciuto* ✱1600] **s. f.** ● saccenteria

†**sacciùto** [forma analogica (merid.) su *saccio*, *saccente*. V. *saputo* ✱av. 1565] **agg. e s. m.** ● saccente, saputo | sapiente, dotto || †**sacciutèllo**, **dim.**

♦**sàcco**① [lat. *săccu(m)*, dal fenicio *śáq*, 'stoffa grossa, sacco', attraverso il gr. *sákkos* ✱sec. XII] **s. m.** (**pl.** *sàcchi*, **m.**, †*sàcca* **f.**) **1** recipiente di tela, grossa carta o altro materiale, piuttosto lungo e stretto, aperto in alto, usato per contenere materiali in pezzi o in polvere od oggetti di dimensioni ridotte: *bocca, fondo del s.*; *s. rotto*; *riempire, vuotare un s.*; *trasportare, scaricare i sacchi* | ***sacchi per la corrispondenza, sacchi postali***, quelli in cui vengono raccolti dalla Posta plichi e lettere diretti alla stessa destinazione | ***corrispondenza fuori s.***, V. *fuorisacco* | ***tela di, da s.***, tela ruvida, a trama larga, con cui si confezionano i sacchi | ***ago da s.***, robusto e con la cima larga, adatto per cucire la bocca dei sacchi con lo spago | ***a s.***, si dice di cose, spec. abiti, che cadono diritti, senza modellature: *linea, abito a s.* | ***corsa nei sacchi***, scherzosa competizione di sagre paesane, in cui si procede a balzi con la parte inferiore del corpo chiusa in un sacco legato alla vita | ***sembrare, parere un s.***, di indumento malfatto che rende goffo chi lo indossa | ***colmare il s.***, (*fig.*) oltrepassare i limiti, la misura | ***vuotare il s.***, (*fig.*) dire tutto ciò che si pensa, senza riserve o pudori; confessare | ***tenere, reggere il s. a qlcu.***, (*fig.*) esserne complice in qualche impresa, spec. riprovevole | ***mettere qlcu. nel s.***, (*fig.*) ingannarlo o superarlo in bravura, abilità e sim. | ***cogliere qlcu. con le mani nel s.***, (*fig.*) coglierlo in flagrante | ***fare qlco. con la testa nel s.***, (*fig.*) alla cieca, sbadatamente | ***tornare, tornarsene con le pive nel s.***, (*fig.*) scornato, deluso, senza avere combinato nulla | ***farina del proprio s.***, (*fig.*) opera propria, originale, non plagiata | ***fare il s.***, scherzo tipico di caserme o collegi, consistente nel ripiegare il lenzuolo formando come un sacco, per impedire a chi vi si corica di allungare le gambe nel proprio letto | **PROV.** ***non dire quattro se non l'hai nel s.*** **2** ciò che è contenuto in un sacco: *un s. d'orzo, di caffè, di farina, di patate, di cemento* | ***s. di stracci***, (*fig., spreg.*) persona vestita molto male | ***s. d'ossa***, (*fig.*) persona magrissima **3** antica unità di misura di capacità per aridi usata in varie province con valori compresi fra circa 70 e 130 litri **4** (*fig., colloq.*) gran numero: *c'è un s. di gente*; *avere un s. di quattrini*; *dare, prendere un s. di botte, di legnate*; *fare un s. di domande*; *dire un s. di bugie*; *dirne, darne un s. e una sporta*; *volersi un s. di bene*; *avere un s. di guai* | ***un s.***, molto, moltissimo: *'ti sei divertito?' 'un s.!'* | ***a sacchi***, in grande quantità **5** tela con cui si fanno i sacchi | ***tessuto a s.***, con trama molto rada e fili piuttosto grossi | (*est.*) rozza veste, spec. di eremiti, penitenti e sim., indossata in segno di dolore o di penitenza: *coprirsi di un s.*; *vestire il s.*; *essere vestito di s.* | saio: *vestire il s. di S. Francesco* **6** (*est.*) recipiente, di materiale vario e adibito a usi diversi, simile nella forma a un sacco: *s. da viaggio* | ***s. alpino, da alpinista, da montagna***, zaino di tela impermeabile, portato in spalla da alpinisti ed escursionisti | ***s. a pelo***, sacco imbottito, talvolta impermeabile, usato per dormire all'aperto o in luoghi non riscaldati | ***sacco-piuma***, sacco a pelo imbottito di piumino, usato prevalentemente dagli alpinisti per dormire all'addiaccio | ***s. da bivacco***, sacco a pelo totalmente impermeabile, leggero e poco ingombrante, usato dagli alpinisti per dormire in parete | ***al s.***, detto di colazione o pranzo consumati all'aperto, durante un'escursione, con viveri portati con sé in una borsa, un sacchetto o sim. | nel pugilato, punching-bag | nel calcio, rete della porta: *pallone nel s.* **7** (*biol.*) formazione cava, più o meno simile a un sacco, fisiologica o patologica, di varia dimensione, in organismi animali o vegetali: *s. lacrimale* **CFR.** asco- | ***s. aneurismatico***, cavità aneurismatica | ***s. delle acque, s. amniotico***, amnio | (*est.*) membrana che riveste tale formazione | ***s. vitellino***, membrana di rivestimento del tuorlo dell'uovo **8** sacca, nei sign. 1 e 3: *s. da notte, da viaggio*; *far s.* | ***s. della rete***, parte chiusa della rete, a maglia più stretta, dove si raccoglie il pescato **9** (*mus.*) parte del fagotto **SIN.** stivale **10** (*pop., scherz.*) stomaco: *riempirsi il s.*; *avere il s. pieno*; *mettere qlco. in s.* **11** (*gerg.*) prima dell'introduzione dell'euro, banconota da mille lire: *costa cinque sacchi* || **saccàccio**, **pegg.** | **sacchétto**, **dim.** (V.) | **saccóne**, **accr.** (V.)

sàcco② [da *sacco*① attrav. il concetto di 'mettere nel sacco' ✱av. 1363] **s. m.** (**pl.** *sàcchi*) ● saccheggio: *il s. di Roma del 1527*; *mettere a s. una regione*

saccòccia [da *sacco*① col suff. vezz. *-occio* ✱1479] **s. f.** (**pl.** *-ce*) **1** (*centr.*) tasca: *Tommasino s'accomodò vicino a lui ... con le mani in s.* (P.P. PASOLINI) | ***mettere qlco. in s.***, intascarla | (*disus.*) ***avere le saccocce piene***, essere stufo, annoiato | (*disus.*) ***rompere, riempire le saccocce a qlcu.***, annoiarlo, infastidirlo **2** †sacchetto, bisaccia

saccocciàta [av. 1910] **s. f.** ● quantità di roba che può essere contenuta in una saccoccia

sàccolo o **sàcculo**, nel sign. 1 [lat. *săcculu(m)*, dim. di *săccus* 'sacco' ✱1618] **s. m.** **1** (*lett.*) piccolo sacco, sacchetto **2** borsettina a sacchetto, a rete, a maglia, a perline

†**saccomannàre** [da *saccomanno* ✱av. 1500] **v. tr.** ● saccheggiare

saccomànno [dal medio alto ted. *sackman* 'addetto alle vettovaglie, brigante', comp. di *sack* 'sacco' e *man* 'uomo' ✱av. 1363] **s. m.** **1** †brigante, saccheggiatore, ladrone **2** (*lett.*) sacco, saccheggiamento: *fare s.*; *porre, mettere a s.*

saccóne [sec. XII] **s. m.** **1** accr. di *sacco*① **2** grosso sacco, solitamente ripieno di foglie di granturco o di paglia, usato un tempo come materasso o tra il telaio del letto e il materasso || (*lett.*) **sacconcèllo**, **dim.** | **sacconcìno**, **dim.**

saccopelìsta [da *sacco (a) pelo* ✱1983] **s. m. e f.** (**pl. m.** *-i*) ● chi pernotta all'aperto in un sacco a pelo, spec. in zone urbane o di grande affluenza turistica: *centro storico vietato ai saccopelisti*

sacculàre [da *sacculo* ✱1959] **agg.** ● (*anat.*) relativo al sacculo: *nervo s.*

sàcculo [av. 1364] **s. m.** **1** V. *saccolo* **2** (*anat.*) piccola cavità membranosa dell'orecchio interno **3** (*biol.*) ognuna delle cavità delimitate da membrana, che costituisce l'unità elementare del dittiosoma

sacèllo [vc. dotta, dal lat. *sacĕllu(m)*, dim. sost. di *săcer*, genit. *săcri* 'sacro, consacrato' ✱1340] **s. m.** **1** piccola cappella, oratorio **2** presso gli antichi Romani, luogo scoperto e recintato, con altare dedicato a una divinità

sacerdotàle [vc. dotta, dal lat. *sacerdotāle(m)*, da *sacērdos*, genit. *sacerdōtis* 'sacerdote' ✱av. 1306] **agg.** ● relativo al sacerdote o al suo ufficio: *dignità, ordine, ufficio s.* | ***beneficio s.***, patrimonio o rendita spettante a un sacerdote per l'esplicazione del proprio ufficio || **sacerdotalménte**, **avv.** da sacerdote: *vestito sacerdotalmente* || **sacerdotalità**, **s. f. inv.** carattere sacerdotale

♦**sacerdòte** o †**sacerdòto** [vc. dotta, dal lat. *sacerdōte(m)*, comp. dell'agg. *săcer*, genit. *săcri* 'sacro①', e di un elemento dalla radice indeur. **dhē-* 'porre, fare' ✱1065] **s. m.** (**f.** *-éssa* (V.)) **1** chi, per investitura ricevuta direttamente da una divinità o dal gruppo, è considerato mediatore tra il gruppo medesimo e il mondo divino, con poteri e privilegi connessi alla sua funzione | prete, ministro di una religione o di un culto: *s. cattolico*; *ottimo, buon s.*; *s. esemplare*; *vocazione del s.* | ***sommo, gran S.***, nell'ebraismo antico, capo dei sacerdoti del tempio | ***sommo S.***, nella religione cattolica, il Papa **2** (*fig.*) chi esercita la propria attività con particolare passione, quasi fosse una missione sacra: *sacerdoti della giustizia, della scienza, del vero, dell'ideale* | ***s. di Temi***, magistrato | ***s. di Esculapio***, medico | ***s. delle Muse***, poeta

sacerdotéssa [vc. dotta, dal lat. tardo *sacerdotīssa(m)*, f. di *sacērdos*, genit. *sacerdōtis* 'sacerdote' ✱1336 ca.] **s. f.** ● donna che, in alcune religioni, esercita il ministero sacerdotale | ***s. di Venere***, (*eufem.*) prostituta

†**sacerdòto** ▸ **sacerdote**

sacerdòzio [vc. dotta, lat. *sacerdōtiu(m)*, da

sacĕrdos, genit. *sacerdōtis* 'sacerdote' ✱ 1321] **s. m. 1** condizione, dignità, ufficio propri del sacerdote: *seguire il s.*; *avviare al s.*; *l'alta missione del s.*; *i doveri del s.* **2** mediazione sacerdotale fra il gruppo e la divinità | ***s. universale***, quello di tutti i cristiani **3** (*fig.*) alta missione sociale: *il s. della scienza, dell'insegnamento*

sacertà [adattamento del ted. *Sazertät*, falso latinismo da *săcer* 'sacro' ✱ 1950] **s. f. inv.** ● (*lett.*) sacralità

sachè **s. m. inv.** ● adattamento di *sakè* (V.)

Sàcher® /'saker, *ted.* 'zaxʌ/ [1959] **s. f. inv.** ● accorc. di *Sachertorte*

Sachertòrte® /saker'tɔrte, *ted.* 'zaxʌ-ˌtɔʌtə/ [vc. ted., dal nome della famiglia austriaca proprietaria degli alberghi e ristoranti *Sacher* di Vienna, che l'ha proposta ai primi dell'Ottocento ✱ av. 1973] **s. f. inv. (pl. ted.** *Sachertorten***)** ● (*cucina*) torta tipica viennese a base di farina impastata con zucchero, burro, uova e cioccolato fondente, farcita con un sottile strato di marmellata d'albicocca e ricoperta da una glassa di cioccolato fondente

†**sàcoma** ➤ **sagoma**

†**sàcra** ➤ **sagra**

♦**sacràle**① [da *sacro*① ✱ 1499] **agg.** ● che ha carattere sacro: *cerimonia, rito s.* ‖ **sacralménte**, **avv.** ‖ **sacralità**, **s. f. inv.** caratteristica di ciò che è sacro o sacrale

sacràle② [da *sacro*② ✱ 1922] **agg.** ● (*anat.*) che concerne l'osso e la regione del sacro

sacralgìa [comp. di *sacro*② e *-algia* ✱ 1922] **s. f. (pl. -gìe)** ● (*med.*) dolore del sacro

sacralizzàre [da *sacrale*① ✱ 1967] **A v. tr.** ● attribuire carattere sacro a una persona, una cosa, un luogo, un tempio **B sacralizzàrsi** **v. rifl. e intr. pron.** ● attribuirsi o assumere un carattere sacro ‖ **sacralizzazióne**①, **s. f.** (V.)

sacralizzazióne① [da *sacralizzare* ✱ 1988] **s. f.** ● atto rituale o processo storico-religioso, attraverso i quali una persona, una cosa, un luogo, un tempio perdono il carattere profano e acquistano quello sacro CONTR. desacralizzazione

sacralizzazióne② [da *sacrale*② ✱ 1957] **s. f. 1** (*med.*) anomalia di sviluppo in cui la quinta e talvolta la quarta vertebra lombare assumono caratteri morfologici simili a quelli delle vertebre sacrali **2** (*anat., zool.*) specializzazione di una o di alcune vertebre che, nei Vertebrati terrestri, si connettono con l'ileo per formare la cintura pelvica

sacramentàle o †**sagramentàle** [vc. dotta, dal lat. tardo (eccl.) *sacramentāle(m)*, da *sacramĕntum* 'sacramento' ✱ av. 1328] **A agg. 1** (*relig.*) relativo a un sacramento | ***Grazia s.***, nella dottrina cattolica, il diritto alle grazie necessarie per conseguire il fine proprio di ciascun sacramento **2** (*fig., scherz.*) abituale, rituale: *la s. partenza per la villeggiatura* ‖ **sacramentalménte**, **avv.** per mezzo del sacramento; in modo sacramentale **B s. m.** ● nella teologia e nella liturgia cattoliche, ciascuno degli atti rituali e degli oggetti che, distinti dai sacramenti, hanno natura ed efficacia di veicoli di grazia attuale e producono benefici spirituali

sacramentàre o †**sagramentàre** [da *sacramento* ✱ sec. XIV] **A v. tr.** (*io sacraménto*) **1** amministrare i sacramenti, spec. il sacramento dell'eucaristia **2** giurare | (*est.*) affermare risolutamente: *sacramentò di non sapere nulla*; *giurava e sacramentava che era innocente* **B v. intr.** (aus. *avere*) ● (*pop.*) imprecare, bestemmiare: *egli entrava nella chiesa a cavallo, sacramentando come un turco* (G. VERGA) **C sacramentàrsi** **v. rifl.** ● ricevere i sacramenti: *prima di morire volle sacramentarsi*

sacramentàrio① [vc. dotta, dal lat. eccl. *sacramentāriu(m)*, da *sacramĕntum* 'sacramento' ✱ 1838] **s. m.** ● antico rituale per la celebrazione della Messa e l'amministrazione dei sacramenti

sacramentàrio② [da *sacramento* ✱ 1499] **A agg.** ● che riguarda i sacramenti: *teoria sacramentaria* **B s. m.** ● seguace della riforma protestante che modificava la dottrina di Lutero circa il sacramento dell'eucaristia, attribuendo a essa solo valore commemorativo e rigettando la dottrina della presenza reale

sacramentàto **part. pass.** di *sacramentare*; anche **agg. 1** nei sign. del v. | (*pop.*) dannato, maledetto **2 *Gesù s.***, che è presente nell'ostia consacrata

sacramentina [dal SS. *Sacramento*, alla cui adorazione sono particolarmente votate ✱ 1872] **s. f. (m. -o)** ● religiosa cattolica votata alla perpetua adorazione del SS. Sacramento

sacraménto o †**sagraménto** [vc. dotta, dal lat. *sacramĕntu(m)*, nel significato eccl. di 'sacramento', da *sacrāre* 'consacrare' ✱ 1287] **s. m. (pl. -i**, †*sacraménta*, **f.) 1** (*relig.*) nella teologia cattolica, segno sensibile, sacro, istituito permanentemente da Gesù Cristo, quale mezzo primario di santificazione e di salvezza, per significare la Grazia e per conferirla: *amministrare i sacramenti*; *ricevere un s.* | ***i sette sacramenti***, battesimo, cresima o confermazione, eucaristia, penitenza o riconciliazione, unzione degli infermi, ordine e matrimonio | ***fare qlco. con tutti i sacramenti***, (*fig., fam.*) con tutte le regole, con ogni scrupolo **2** nella teologia riformata, veicolo santificante che conferma la condizione di grazia acquistata per sola fede **3** (*relig., per anton.*) eucaristia, ostia consacrata: *il Santo, il Divino, il Santissimo Sacramento*; *ricevere il Sacramento* **4** interiezione blasfema: *Ma Luca, 'sacramento!', voleva vedere come andavano le cose* (G. VERGA); *per tutti i sacramenti!* **5** (*lett.*) †giuramento: *né alcuno d'infima fortuna pensò di violare il s.* (N. MACHIAVELLI) | (*lett.*) ***fare s.***, giurare solennemente | (*lett.*) ***fare mille sacramenti***, giurare pure sapendo di non poter mantenere ciò che si giura

sacràre o **sagràre**, spec. nel sign. C [vc. dotta, dal lat. *sacrāre*, da *săcer*, genit. *săcri* 'sacro①' ✱ 1261 ca.] **A v. tr.** ● (*raro, lett.*) consacrare | (*est.*) dedicare a titolo di onore, in memoria e sim.: *in Maratona / ove Atene sacrò tombe a' suoi prodi* (U. FOSCOLO) | †sacrificare **B v. intr.** (aus. *avere*) ● (*pop.*) imprecare, bestemmiare **C sacràrsi** **v. rifl.** ● (*lett.*) consacrarsi, dedicarsi, votarsi

sacràrio [vc. dotta, dal lat. *sacrāriu(m)*, da *săcer*, genit. *săcri* 'sacro①' ✱ 1476] **s. m. 1** parte del tempio in cui viene conservata l'immagine di un dio | (*raro*) tabernacolo **2** vaschetta con tubo di scarico nella sacrestia, presso l'altare o dietro l'altare, nella quale si versano le lavature dei vasi sacri o i residui degli oggetti sacri o consacrati ridotti in cenere **3** edificio consacrato alla memoria di persone che sono oggetto di comune venerazione: *il s. dei caduti* **4** (*fig.*) ciò che è considerato sacro, intimo, riservato: *il s. della famiglia, delle pareti domestiche*; *nel s. del proprio cuore, della propria coscienza*

sacràto① **part. pass.** di *sacrare*; anche **agg.** (**superl.** *sacratissimo*) **1** consacrato: *era un tempietto s. a Bacco* (A. CARO) **2** (*lett.*) sacro: *si ch'ella giunga a la città sacrata* (T. TASSO) | santo: *il sacratissimo cuore di Cristo* | †degno di rispetto e obbedienza

sacràto② ➤ **sagrato**①

sacrestàna ➤ **sagrestana**

sacrestàno ➤ **sagrestano**

sacrestìa ➤ **sagrestia**

sacrificàbile [da *sacrificare* ✱ 1959] **agg.** ● che può essere sacrificato

sacrificàle [vc. dotta, dal lat. *sacrificāle(m)*, connesso con *sacrificāre*, *sacrificium* ✱ 1499] **agg.** ● relativo a un sacrificio religioso: *ara, fuoco s.*; *vittima s.*

†**sacrificaménto** [da *sacrificare* ✱ av. 1642] **s. m.** ● sacrificio

♦**sacrificàre** o (*lett., sett.*) †**sagrificàre** [vc. dotta, dal lat. *sacrificāre*, comp. di *săcrum* 'azione sacra' e *-ficāre*, da *făcere* 'fare' ✱ sec. XIII] **A v. tr.** (*io sacrìfico, tu sacrìfichi*) **1** nelle religioni pagane, offrire in sacrificio al dio o agli dei, immolare una vittima (*anche assol.*): *s. capre, buoi, agnelli, vittime umane*; *s. a Diana, a Giove* **2** (*assol.*) nella religione cattolica, celebrare la Messa: *il sacerdote sacrifica* | †***s. il sacrifizio, s. il corpo di Cristo***, celebrare la Messa **3** rinunciare a qlco. cui si tiene molto per il conseguimento di un dato fine che si ritenga utile a sé stessi o agli altri: *s. i propri interessi per il benessere generale*; *ha sacrificato la vita per la libertà del paese*; *sacrificò ogni sua aspirazione alla famiglia* **4** mortificare le doti, le possibilità e sim., di qlcu. o di qlco. costringendolo a una sistemazione inferiore a quella desiderata o meritata: *sacrifica la sua intelligenza in un'esistenza mediocre*; *non facendo studiare quel ragazzo lo sacrificano*; *che peccato s. quel bel mobile in un angolo!* **B v. intr.** (aus. *avere*) ● (*est.*) fare manifestamente atto e opera di devozione, attaccamento, ossequio e sim. (+ *a*): *s. alla bellezza, alla morale* | (*eufem.*) ***s. a Venere***, compiere l'atto sessuale | (*eufem.*) ***s. a Bacco***, bere vino più del solito, gustandolo **C sacrificàrsi** **v. rifl.** **1** offrirsi in sacrificio: *i martiri cristiani si sacrificavano per la fede* **2** (*est.*) sopportare volontariamente privazioni e sim. per il benessere altrui o per il conseguimento di un dato fine: *i genitori si sacrificano sempre per i figli*; *per finire gli studi si è molto sacrificato*

sacrificàto① **part. pass.** di *sacrificare*; anche **agg. 1** offerto in sacrificio **2** (*est.*) che è costretto a subire privazioni, afflizioni e sim.: *vita sacrificata* **3** non valorizzato: *in quel lavoro è s.*; *con questa luce il quadro è s.* SIN. sprecato

sacrificàto② [vc. dotta, dal lat. *sacrificātu(m)* 'che ha sacrificato', part. pass. di *sacrificāre* 'sacrificare' ✱ 1342] **s. m.** ● (**spec. al pl.**) ciascuno degli antichi cristiani che, per sfuggire alle persecuzioni, parteciparono ai sacrifici dei pagani

sacrificatóre [vc. dotta, dal lat. tardo *sacrificatōre(m)*, da *sacrificātus*, part. pass. di *sacrificāre* 'sacrificare' ✱ 1336 ca.] **s. m. (f. -trice)**; anche **agg.** ● (*lett.*) chi (o che) sacrifica | chi (o che) celebra un sacrificio

♦**sacrificio** o (*lett.*) **sacrifizio**, (*lett., sett.*) †**sagrificio**, (*lett.*) †**sagrifizio** [dal lat. *sacrificiu(m)*, comp. di *săcrum* 'azione sacra' e di un deriv. di *făcere* 'fare' ✱ 1282] **s. m. 1** atto religioso mediante il quale si rende sacro un animale, una persona o una cosa materiale offrendoli a un dio, a più dei o a una forza divina non personificata, al fine di incrementare la potenza divina, di placarne la collera, di propiziarsela o semplicemente di glorificarla o ringraziarla: *fare, compiere un s.*; *offrire una vittima in s. a Giunone*; *fare un s. in onore di Pallade* | ***s. cruento***, con spargimento di sangue | ***s. incruento***, senza spargimento di sangue | ***s. umano***, in cui la vittima è una persona | ***s. espiatorio***, mediante il quale si libera un individuo o una comunità dalle conseguenze di un'omissione religiosa o di un peccato | ***s. di cento buoi***, ecatombe | rituale che accompagna l'atto sacrificale **2** nella teologia cattolica: ***s. della Messa***, in cui la vittima che si offre volontaria-

mente è il Cristo | *s. d'espiazione*, la Messa, nella quale si rinnova l'offerta espiatoria del Cristo | *s. divino, santo s., s. dell'altare*, la Messa | *s. della croce*, quello in cui il Cristo si offre al Padre per tutta l'umanità **3** (*est.*) offerta non materiale fatta a Dio o agli dei in segno di devozione: *offrire in s. a Dio le proprie pene* **4** offerta della vita per la realizzazione di un ideale, per il bene degli altri e sim.: *l'estremo s.*; *fare s. di sé* **5** grave privazione, danno subìto volontariamente, rinuncia imposta dalla volontà o dalle situazioni: *studia a costo di grandi sacrifici*; *vivere là è proprio un s.*; *fare una vita di s.*; *non conoscere altro che sacrifici*
SFUMATURE ➤ *privazione*

sacrìfico [vc. dotta, dal lat. *sacrĭficu(m)*, comp. di *săcrum* 'azione sacra' e *-ifico* ✱1838] **agg.** (**pl. m.** *-ci*) **1** (*lett.*) relativo a un sacrificio **2** nell'antica Roma, detto di chi offriva un sacrificio agli dei

sacrifìzio ➤ **sacrificio**

✦**sacrilègio** o †**sagrilègio** [vc. dotta, dal lat. *sacrilĕgiu(m)*, astratto di *sacrĭlegus* 'sacrilego' ✱1261 ca.] **s. m.** **1** profanazione, con atti o parole, di persona, cosa o luogo sacri o consacrati: *fare s.*; *commettere un s.* **2** (*fig.*) mancanza di rispetto, di riverenza verso persone o cose che ne sono degne: *è un s. insultare i genitori*

sacrìlego o †**sagrìlego** [vc. dotta, dal lat. *sacrĭlegu(m)*, comp. di *săcrum* 'cosa sacra' e *-lĕgus*, da *lĕgere* 'cogliere, prendere' ✱1261 ca.] **A agg.** (**pl. m.** *-ghi*) **1** che commette o ha commesso un sacrilegio: *ladro s.*; *mani sacrileghe* **2** (*est.*) empio, irriverente: *parole sacrileghe* | ***lingua sacrilega***, di maldicente, bestemmiatore ‖ **sacrilegaménte**, **avv.** con sacrilegio **B s. m.** (**f.** *-a*) ● autore di un sacrilegio: *un fremito d'orrore corre intorno alla sacrilega* (G. D'ANNUNZIO)

sacripànte [da *Sacripante*, personaggio dei poemi cavallereschi ✱1624] **A s. m.** ● uomo grande e grosso che incute timore | ***fare il s.***, fare il bravaccio, lo smargiasso | (*scherz.*) briccone **B in funzione di inter.** ● esprime irritazione, meraviglia, stupore e sim.: *s., potevi dirlo prima!*

sacrìsta o **sagrìsta** [vc. dotta, dal lat. mediev. *sacrĭsta(m)*, da *săcer*, genit. *săcri* 'sacro' ✱1526] **s. m.** (**pl.** *-i*) ● sagrestano | ecclesiastico che, nelle collegiate, ha cura della sagrestia | ***s. del Papa***, ecclesiastico a cui era affidata la cura delle suppellettili sacre del Papa, poi dal 1929 anche vicario generale per la Città del Vaticano con la dignità di vescovo; nel 1968 il titolo è stato abolito e le mansioni trasferite ad altre cariche

sacristàno ➤ **sagrestano**

sacristìa ➤ **sagrestia**

✦**sàcro**① o †**sàgro** [lat. *săcru(m)*, di orig. indeur. ✱av. 1311] **A agg.** **1** che appartiene alla divinità, che partecipa della potenza divina, anche se non personificata, che è separato dal profano: *luoghi, anelli, paramenti sacri*; *le sacre reliquie* CFR. iero- | ***il s. fonte***, il fonte battesimale | ***ordine s.***, il sacerdozio | ***S. collegio***, il Collegio cardinalizio | ***Libri sacri, Sacra Scrittura***, la Bibbia, i libri del Vecchio e del Nuovo Testamento | ***le sacre bende***, i veli monacali | ***i sacri bronzi***, le campane | ***la Sacra famiglia***, Gesù, Giuseppe e Maria | ***S. Cuore (di Gesù)***, Gesù Cristo considerato spec. nel suo amore per gli uomini | ***arte sacra***, di soggetto religioso | ***musica sacra***, composta per cerimonie religiose | ***il poema sacro***, (*per anton.*) la Divina Commedia, perché tratta di materia religiosa | ***sacre rappresentazioni***, rappresentazioni drammatiche su temi religiosi, diffuse in Italia soprattutto nel XV sec. | ***fuoco s.***, nell'antica Roma, quello tenuto sempre acceso dalle vestali; (*pop.*) herpes zoster, fuoco di S. Antonio | ***guerre sacre***, nell'antica Grecia, quelle combattute in difesa di luoghi sacri agli dei **2** (*est.*) che è degno di rispetto, ossequio, venerazione: *sacra maestà*; *persona sacra e inviolabile*; *l'ospite è s.*; *la sacra memoria della madre*; *i sacri diritti dell'uomo*; *i sacri ideali del Risorgimento* | (*est.*) inviolabile, intangibile: *il giuramento è s.*; *questo è un dovere s.*; *L'ultimo desiderio della defunta era bensì s. per me* (G. VERGA) **3** consacrato, dedicato (+ *a*): *l'amore è s. a Venere*; *visitare i luoghi sacri alla patria* **4** di cosa la cui maestosità incute un senso di riverenza e attonito stupore, quasi religioso: *il s. silenzio della notte*; *la visione lo pervase di s. orrore* ‖ **sacraménte**, **avv.** **B s. m.** ● (**solo sing.**) ordine delle realtà e delle potenze che, per natura o per destinazione, sono opposte al profano: *i contrasti fra il s. e il profano*

sàcro② [vc. dotta, dal lat. *săcru(m)*, calcato sul gr. *hieròn ostéon*, propr. 'osso grosso', interpretato come 'sacro' ✱1584] **A s. m.** ● (*anat.*) osso del bacino, formato dalla fusione di cinque o più vertebre sacrali **B anche agg.**: *osso s.*

sacrosànto [vc. dotta, dal lat. *sacrosānctu(m)* 'inviolabile', giustapposizione di *săcro*, strumentale di *săcer*, genit. *săcri* 'sacro①', e *sānctus*. V. *santo* ✱1319] **agg.** **1** sacro e santo, in quanto sottratto a ogni profanazione: *il nome s. di Dio*; *i sacrosanti misteri della Fede* **2** inviolabile, sicuro da ogni offesa, ingiuria e sim.: *obblighi, diritti sacrosanti*; *leggi sacrosante* | (*est.*) indubitabile: *verità sacrosanta* **3** (*iperb.*) fatto, detto, dato e sim. a proposito, meritatamente: *le tue sono parole sacrosante*; *hai avuto una sacrosanta lezione!* ‖ **sacrosantaménte**, **avv.** in modo sacrosanto; con scrupolosa osservanza

sadducèo o (*raro*) **saducèo** [vc. dotta, dal lat. tardo (eccl.) *Sadducāeu(m)*, prob. dall'ebr. *saddiq* 'giusto' ✱av. 1311] **s. m.; anche agg.** ● seguace del partito aristocratico giudaico che, nel I sec. a.C., negò la validità della legge orale, la prescienza divina e l'immortalità dell'anima

sadiàno [dal fr. *sadien* ✱1909] **agg.** ● relativo allo scrittore e saggista D.-A.-F. de Sade (1740-1814), al suo pensiero o alla sua produzione: *opera sadiana*; *studi sadiani*

sàdico [vc. dotta, dal fr. *sadique*, dal n. del marchese D.-A.-F. *de Sade* ✱1889] **A agg.** (**pl. m.** *-ci*) ● che ha carattere di sadismo, che dimostra sadismo: *piacere s.* ‖ **sadicaménte**, **avv.** **B s. m.** (**f.** *-a*) ● chi è affetto da sadismo | (*est.*) chi prova piacere nel tormentare gli altri
SFUMATURE ➤ *crudele*

sadìsmo [dal fr. *sadisme*, dal n. del marchese D. A. F. de *Sade* (1740-1814), con *-isme* '-ismo' ✱1892] **s. m.** **1** (*psicol.*) tendenza ad associare la soddisfazione sessuale con l'infliggere dolori al partner o alla partner CFR. algolagnia, masochismo **2** (*est.*) crudeltà fine a sé stessa che si manifesta nel molestare e tormentare gli altri senza alcun motivo

sadomàso [1981] **A agg. inv.** ● accorc. di *sadomasochistico* **B s. m. e f. inv.** ● accorc. di *sadomasochista*

sadomasochìsmo [comp. di *sad(ismo)* e *masochismo* ✱1963] **s. m.** ● (*psicol.*) coesistenza in uno stesso soggetto di sadismo e di masochismo

sadomasochìsta [1959] **s. m. e f.** (**pl. m.** *-i*) ● (*psicol.*) chi è affetto da sadomasochismo

sadomasochìstico [da *sadomasochista* ✱1964] **agg.** (**pl. m.** *-ci*) ● (*psicol.*) che rivela sadomasochismo o è proprio del sadomasochista: *tendenze sadomasochistiche* ‖ **sadomasochisticaménte**, **avv.**

sadrìsta [dal nome del leader sciita Muqtada al-*Sadr* ✱2002] **A agg.** (**pl. m.** *-i*) ● relativo a un movimento politico-religioso fondamentalista islamico diffuso soprattutto fra la parte più povera della popolazione sciita dell'Iraq **B s. m. e f.** ● aderente a tale movimento

saducèo ➤ **sadduceo**

saecula saeculorum, in ➤ **in saecula saeculorum**

†**saéppolo** [di etim. discussa: sovrapposizione di *pollone* a *saettolo* (?) ✱av. 1320] **s. m.** **1** pollone della vite **2** arco per lanciare pallottole

✦**saétta** [lat. *sagĭtta(m)*, prob. di orig. etrusca ✱1261 ca.] **s. f.** **1** (*lett.*) freccia, strale, dardo: *gli ho nel cor diritta una s.* (A. POLIZIANO) **2** (*fig., poet.*) raggio di sole **3** folgore, fulmine (*anche fig.*): *correre come una s.*; *essere veloce come una s.*; *sembrare una s.* | (*fig., fam.*) ***è una s.***; ***che s.!***, persona molto rapida nell'agire **4** (*sport*) nel calcio, tiro rapido e improvviso a rete **5** (*raro*) niente, con valore rafforz., nelle loc. negative ***non sapere, non importare, una s., neanche una s.*** **6** (*raro*) colpo, accidente, nelle imprecazioni: *ti pigli, ti venga una s.!* **7** (*edil.*) asta inclinata della capriata del tetto | rinforzo di intelaiature, travi e puntoni **8** (*mecc.*) utensile da trapano per alesare o eseguire grandi fori **9** (*disus.*) lancetta dell'orologio ‖ **saettèlla** **dim.** (V.)

†**saettàme** [da *saetta* ✱sec. XIV] **s. m.** ● (*lett.*) quantità di frecce lanciate simultaneamente | insieme di frecce o di proiettili

saettaménto [da *saettare* ✱1287] **s. m.** **1** (*lett.*) tiro continuato di frecce | (*raro, fig.*) continuazione, ripetizione: *un s. di domande, di parole* **2** (*lett.*) uccisione mediante frecce **3** †quantità di saette

saettànte **A part. pres.** di *saettare*; anche **agg.** **1** (*lett.*) che scaglia saette: *il saettante figlio di Giove rispettate* (V. MONTI) **2** (*est.*) rapido, guizzante: *sguardo s.* **B s. m.** ● (*lett., per anton.*) il dio Apollo

✦**saettàre** [lat. tardo *sagittāre*, da *sagĭtta* 'saetta' ✱1266] **A v. tr.** (*io saétto* o *saètto*) **1** (*lett.*) ferire, colpire con frecce **2** scagliare frecce | gettare a mo' di freccia: *s. dardi, fuoco* | (*fig., lett.*) emanare raggi, detto del sole: *Il sol che nasce / i suoi tremuli rai … saetta* (G. LEOPARDI) | (*fig.*) lanciare: *s. parole, sguardi* **3** nel calcio, effettuare un tiro rapido e potente (*anche assol.*): *s. in, a rete* **B v. intr.** (**aus.** *essere*) ● sfrecciare: *quell'apparizione … che saettava per le vie con un boato misto a un ronzio* (I. CALVINO) **C v. intr. impers.** (**aus.** *avere* o *essere*) ● (*raro*) cadere, scaricarsi (detto di fulmini)

†**saettàta** [da *saettare* ✱av. 1584] **s. f.** ● tiro di freccia

saettàto [da *saetta* ✱1353] **agg.** ● (*bot.*) sagittato

saettatóre [dal lat. tardo *sagittatōre(m)*, da *sagittātus*, part. pass. di *sagittāre* 'saettare' ✱av. 1328] **A s. m.** (**f.** *-trice*); **anche agg.** ● (*lett.*) chi (o che) lancia frecce **B s. m.** ● †arciere, balestriere

saettèlla [dim. di *saetta* 'punta, lancia' ✱av. 1537] **s. f.** ● (*tecnol.*) punta di trapano per lavori fini in pietra, legno, metallo

saettìa① [vc. genovese, dal lat. *sagittāria(m)*, f. sost. di *sagittārius* 'saettatore', da *sagĭtta* 'saetta' ✱av. 1348] **s. f.** ● (*mar.*) piccola nave, sottile e velocissima, con tre alberi a vele latine, in uso nel Cinquecento | imbarcazione a vela e a remi, veloce e leggera, usata in passato nella marina militare

saettìa② [da *saetta* ✱1872] **s. f.** ● candelabro triangolare usato nel corso della Settimana santa

†**saettièra** [da *saettiere* (V.) ✱av. 1557] **s. f.** ● apertura nei parapetti delle antiche mura, balestriera, feritoia

†**saettière** [vc. dotta, dal lat. *sagittāriu(m)* 'saettatore'. V. *sagittario*① ✱ av. 1557] **s. m.** ● arciere

saettifórme [comp. di *saetta* e *-forme* ✱ 1906] **agg.** ● (*bot.*) sagittato

†**saéttolo** [lat. *sagĭttula(m)*, dim. di *sagĭtta* 'saetta, punta del germoglio', con cambio di genere ✱ 1340 ca.] **s. m.** ● saeppolo

saettóne [da *saetta* ✱ av. 1665] **s. m.** **1** (*zool.*) colubro di Esculapio **2** (*edil.*) saetta

saettùzza [da *saetta* 'punta, lancia' ✱ av. 1400] **s. f.** ● saettella

safàri [vc. suahili, deriv. dall'arabo *sāfara* 'viaggiare' ✱ 1955] **s. m. inv.** ● partita di caccia grossa nell'Africa orientale e centrale | ***s. fotografico***, viaggio in territori ricchi di animali, spec. feroci, per fotografarli nel loro ambiente naturale

safarìsta [1973] **s. m. e f.** (**pl. m.** *-i*) ● chi partecipa a un safari

safèna [vc. dotta, dal lat. mediev. *saphēna(m)*, dall'arabo *sāfin*, dal gr. *saphēnḗs* 'visibile, evidente' ✱ sec. XIV] **s. f.** ● (*anat.*) ciascuna delle due vene superficiali dell'arto inferiore | ***grande s.***, sulla faccia interna della gamba, dal malleolo alla coscia | ***piccola s.***, sulla faccia esterna della gamba, dal malleolo alla cavità poplitea

safèno [1838] **agg.** ● (*anat.*) detto di vena o nervo, più o meno superficiale, degli arti inferiori: *nervo s.* | ***vena safena***, safena

safety car /ˈse(i)fəti kar, *ingl.* ˈseɪftɪˌkɑː(r)/ [loc. ingl., propr. 'automobile (*car*) di sicurezza (*safety*)' ✱ 1993] **loc. sost. f. inv.** (**pl. ingl.** *safety cars*) ● (*sport*) nell'automobilismo sportivo, vettura di servizio che, in caso di incidente o di situazioni di pericolo, si colloca davanti ai concorrenti e ne rallenta l'andatura | (*est.*) autopattuglia che, in caso di nebbia fitta, percorre una autostrada alla velocità di sicurezza e fa rispettare tale velocità ai veicoli che seguono

safety engineer /ˈse(i)fəti endʒiˈnier, *ingl.* ˈseɪftɪ endʒɪˈnɪə(r)/ [loc. ingl., propr. 'tecnico della sicurezza' ✱ 1990] **loc. sost. m. e f. inv.** (**pl. ingl.** *safety engineers*) ● (*org. az.*) tecnico responsabile delle procedure di sicurezza in un luogo di lavoro

sàffica [f. sost. di *saffico* ✱ 1838] **s. f.** ● nella poesia greco-latina e nella metrica barbara, ode composta in metri saffici

sàffico [vc. dotta, dal lat. *săpphicu(m)*, dal gr. *sapphikós*, da *Sapphṓ* 'Saffo' (sec. VII a.C.) ✱ av. 1472] **agg.** (**pl. m.** *-ci*) **1** detto di verso della poesia greca e latina con un numero fisso di sillabe | ***sistema s. minore***, formato da tre endecasillabi saffici e da un adonio | ***sistema s. maggiore***, formato da un aristofaneo e da un verso saffico di quindici sillabe **2** relativo a saffismo: *amore s.* SIN. lesbico ‖ **safficaménte**, **avv.**

†**saffìro** ➤ **zaffiro**

saffìsmo [comp. di *Saffo* (n. della poetessa greca a cui la tradizione attribuì tale tendenza sessuale) e *-ismo*, sul modello del fr. *saphisme* ✱ 1908] **s. m.** ● omosessualità femminile SIN. lesbismo

sàffo [dal lat. *Săppho*, dal gr. *Sapphṓ*. V. *saffismo* ✱ 1965] **s. f. inv.** ● uccello dei Colibrì, verde, rosso e bruno, con coda lateralmente più sviluppata che al centro (*Sappho sparganura*)

safranàle [dal fr. *safran* 'zafferano' ✱ 1959] **s. m.** ● sostanza organica aromatica che si trova nello zafferano

✦**sàga**① [dal ted. *Sage* 'racconto', connesso con *sagen* 'dire' ✱ 1819] **s. f.** ● racconto tradizionale germanico, leggenda mitica o eroica | (*est.*) storia romanzata di una famiglia o di un personaggio
SFUMATURE ➤ *epopea*

†**sàga**② [lat. *săga(m)*, f. sost. di *săgus* 'presago', di orig. indeur. ✱ av. 1367] **s. f.** ● (*lett.*) strega, incantatrice, fattucchiera: *non val liquor, non vale impiastro, / … né imagine di s.* (L. ARIOSTO)

✦**sagàce** o †**segàce** [lat. *sagāce(m)*, dall'agg. *sāgus*, di orig. indeur. V. †*saga*② ✱ av. 1292] **agg.** **1** (*lett.*) che ha l'odorato fino: *cane s.*; *le sagaci nari* **2** (*fig.*) accorto, scaltro, avveduto: *commerciante s.*; *ingegno s.* | fatto, detto e sim. con accorgimento, scaltrezza: *risposta, piano s.* ‖ **sagaceménte**, **avv.** con accortezza

✦**sagàcia** [1563] **s. f.** (**pl.** *-cie*) ● caratteristica di chi (o di ciò che) è sagace SIN. acume, avvedutezza

sagacità o †**segacità** [vc. dotta, dal lat. *sagacitāte(m)*, da *săgax*, genit. *sagācis* 'sagace' ✱ 1268] **s. f. inv.** **1** (*lett.*) scaltrezza, astuzia: *Tutta la s. e la scaltrezza del Griso* … (A. MANZONI) **2** (*lett.*) avvedutezza, acume

sàgari [vc. dotta, dal gr. *ságaris* 'bipenne', di orig. persiana ✱ 1909] **s. f. inv.** ● anticamente, ascia bipenne da combattimento

sagàrzia [adattamento dotto moderno del gr. *Sagártioi* (nom. pl.), n. di un popolo che combatteva con una specie di *lazo*, con allusione ai filamenti dell'invertebrato ✱ 1930] **s. f.** ● attinia rosea che vive spesso fissata sui granchi (*Sagartia*)

sagèna① [lat. *sagēna(m)*, dal gr. *sagḗnē*, di etim. incerta ✱ sec. XIII] **s. f.** **1** (*disus.*) piccola rete da pesca o da caccia **2** imbarcazione usata nel Medioevo per la navigazione litoranea

sagèna② [dal russo *sažĕn'* 'largo' ✱ 1938] **s. f.** ● unità di misura di lunghezza russa, non più in uso

saggézza [da *saggio*① ✱ av. 1535] **s. f.** ● capacità di pensare e agire secondo criteri di prudenza, di equilibrio e di accortezza acquisiti anche in base all'esperienza: *dar prova di s.*; *Il vecchio ortolano parlava con la modesta s. di chi ne ha viste tante* (I. CALVINO) | ciò che rivela tale capacità: *la s. di un consiglio, di una decisione*

SFUMATURE DI SIGNIFICATO

saggezza - senno - avvedutezza - oculatezza

Saggezza è capacità di agire secondo criteri di prudenza, equilibrio e accortezza, maturati soprattutto con l'esperienza. **Senno** non fa tanto riferimento a un agire accorto quanto alla facoltà di discernere, giudicare con ponderatezza. In **avvedutezza** al senno si unisce una certa accortezza nel prevedere gli accadimenti futuri, così da non andare incontro a situazioni sgradevoli. Stesso significato e analoga relazione con il saper ben vedere ha **oculatezza**, che ha la sua radice etimologica appunto in *occhio*.
SFUMATURE ➤ *giudizio*, ➤ *senno*

saggiàre [da *saggio*② ✱ av. 1294] **v. tr.** (**pres.** *io sàggio*; **fut.** *io saggerò*) **1** fare il saggio di un metallo prezioso per determinarne il grado di purezza **2** (*est.*) provare, cercare di conoscere la natura, le caratteristiche e sim. di qlcu. o di qlco.: *s. l'avversario, il terreno* **3** (*centr.*) assaggiare, degustare, assaporare: *s. il vino, la minestra*

saggiatóre [da *saggiare* ✱ 1324] **s. m.** **1** (**f.** *-trice*) chi saggia i metalli preziosi, per provarne la purezza **2** bilancia di precisione per il saggio dei metalli preziosi **3** tipo di sgorbia per assaggiare il formaggio

saggiatùra [1891] **s. f.** ● operazione del saggiare metalli preziosi | segno che rimane sul metallo saggiato

saggiavìno [comp. di *saggia(re)* e *vino* ✱ 1891] **s. m. inv.** ● (*enol.*) cannello di vetro, rigonfio a una estremità, usato per attingere il vino dalle botti nelle prove di assaggio

saggìna o (*tosc.*) **saìna** [lat. *sagīna(m)* 'nutrimento, ingrasso di animali domestici', di etim. incerta ✱ 1284] **s. f.** ● graminacea alta fino a tre metri, con foglie piatte e infiorescenza lunga e vellutata, che si coltiva come foraggio fresco e per i semi utili come becchime (*Sorghum vulgare*) | ***s. da granate***, specie che si coltiva per estrarre zucchero dal midollo e per usare le infiorescenze nella fabbricazione di scope e spazzole (*Sorghum saccharatum*): *par pan di grano, ed è pan di s.* (C. ANGIOLIERI) SIN. sorgo ‖ **sagginèlla**, **dim.** (V.)

sagginàle o **sanàle** nel sign. 1, (*tosc.*) **sainàle** nel sign. 1 [av. 1320] **s. m.** **1** fusto secco della saggina **2** †zufolo fatto dal fusto della saggina

sagginàre o (*lett.*) **saginàre** [lat. *sagināre* 'ingrassare, nutrire', da *sagīna* 'saggina' ✱ 1598] **v. tr.** ● ingrassare animali, spec. maiali e volatili: *s. i tordi*

sagginàto① o (*lett.*) **saginàto** **part. pass.** di *sagginare*; **anche agg.** ● ingrassato, tenuto all'ingrasso: *tordi sagginati*

†**sagginàto**② [da *saggina*, per il colore ✱ sec. XIII] **agg.** ● roano

sagginèlla [av. 1606] **s. f.** **1** dim. di *saggina* **2** correntemente, nome di alcune Graminacee

✦**sàggio**① [dall'ant. fr. *sage*, dal lat. parl. **săpiu(m)*, connesso con *săpere* 'avere senno'. V. *sapere*①, *savio* ✱ 1250 ca.] **A** **agg.** (**pl. f.** *-ge*) **1** che pensa, agisce e sim. secondo criteri di accortezza, prudenza, assennatezza: *l'età rende saggi*; *un vecchio s.* | che è pensato, detto, fatto e sim. in modo assennato, prudente: *una saggia decisione*; *un s. consiglio*; *sagge parole*; *un s. proverbio*; *questa è la soluzione più saggia* SIN. accorto, avveduto, giudizioso **2** †dotto, esperto nella propria arte, attività e sim. ‖ **saggiaménte**, **avv.** da saggio, con saggezza **B** **s. m.** (**f.** *-gia*) ● persona saggia: *comportarsi da s.* | sapiente: *i sette saggi dell'antichità* | esperto al di sopra delle parti, designato per fornire un parere in una questione controversa od opinabile

✦**sàggio**② [lat. tardo *exăgiu(m)* 'peso, bilancia', da *exigere* nel senso di 'pesare', comp. di *ĕx-* e *ăgere* 'muovere', di orig. indeur.; nel sign. 4, calco sull'ingl. *essay*, a sua volta dal fr. *essai* 'saggio' ✱ 1319] **s. m.** **1** operazione sperimentale che mira a determinare la natura, le proprietà, il valore e sim. di qlco. | ***s. dell'oro***, operazione sperimentale con cui si riconoscono i metalli preziosi e se ne determina il titolo | ***prova di s.***, piccola quantità di metallo prezioso tolta dal lingotto per fare il saggio | ***tubo da s.***, provetta **2** campione da cui si possono desumere le caratteristiche del tutto o della serie cui appartiene: *un s. di olio, di vino*; *un s. delle sue opere* | ***copia, esemplare di s.*** o (*assol.*) ***saggio***, copia, esemplare di un periodico, un libro e sim. spedita gratuitamente dall'editore per pubblicità | †assaggio **3** prova in cui si mostrano agli altri le proprie attitudini, la maturità o il grado di preparazione raggiunti in una disciplina, un'arte e sim.: *dare s. di sé*; *dare s. della propria bravura, forza, capacità* | ***s. ginnico, di ginnastica, s. musicale*** e sim., nelle scuole, manifestazione che gli allievi eseguono pubblicamente per mostrare quanto hanno imparato **4** ricerca, studio scritto su di un particolare problema, evento, personaggio: *un s. su Hegel, sul diritto pubblico, sulla fisica quantistica*; *è uno studioso con molti saggi al suo attivo* **5** (*econ.*) tasso, misura percentuale dell'interesse o dello sconto: *s. dei profitti* ‖ **saggétto**, **dim.** | **saggìno**, **dim.** | **saggiòlo**, **dim.** (V.)

saggiòlo o (*lett.*) **saggiuòlo** [dim. di *saggio*② ✱ av. 1400] **s. m.** **1** (*raro*) campione di vino od olio da saggiare | †fiaschetto nel quale si poneva questo campione **2** †bilancetta di precisione per pesare le monete

saggìsmo [da *saggio*② nel sign. 4 ✱ 1936] **s. m.** ● attività del saggista | genere letterario dei saggi | (*raro*) produzione di saggi CFR. saggistica

saggìsta [da *saggio* 'studio', sul modello dell'ingl. *essayist*, a sua volta dal fr. *essayiste* ✱ 1925] **s. m. e f. (pl. m. *-i*)** ● chi scrive saggi

saggìstica [f. sost. di *saggistico* ✱ 1950] **s. f. 1** arte e tecnica dello scrivere saggi | genere letterario dei saggi CFR. saggismo **2** produzione, insieme di saggi in una data epoca, in un determinato Paese o su un dato argomento: *la s. tedesca*; *la s. umanistica*

saggìstico [da *saggista* ✱ 1950] **agg. (pl. m. *-ci*)** ● relativo ai saggi letterari, alla saggistica

saggiuòlo ➤ **saggiolo**

†**sagìna** [da †*sagire* ✱ 1287] **s. f.** ● (*raro*) possesso, signoria

saginàre ➤ **sagginare**

saginàto ➤ **sagginato**①

†**sagìre** [dal lat. mediev. *sacīre*, venuto dall'ant. fr. *saisir*, sovrapposizione del francone *sakjan* 'rivendicare' a *satjan* 'porre' (?) ✱ av. 1348] **v. tr.** ● sottomettere: *Se n'andò il re in Puglia ... per s. i baroni* (G. VILLANI)

†**sagitta** [vc. dotta, dal lat. *sagĭtta(m)*. V. *saetta* ✱ sec. XIV] **s. f.** ● saetta, freccia

sagittàle [vc. dotta, dal lat. mediev. *sagittāle(m)*, da *sagĭtta* 'saetta' ✱ 1499] **agg.** ● (*anat.*) detto di piano di sezione che divide il corpo in due parti specularmente identiche | ***sutura s.***, fra le ossa parietali || **sagittalménte**, **avv.**

†**sagittàre** [vc. dotta, dal lat. *sagittāre*. V. *saettare* ✱ av. 1557] **v. tr.** ● saettare

sagittària [vc. dotta, dal lat. *sagĭtta* 'freccia, saetta', sul modello dell'agg. *sagittārius* 'sagittario' ✱ 1891] **s. f.** ● pianta erbacea delle Alismatacee con foglie triangolari saettiformi (*Sagittaria sagittifolia*)

sagittàrio① [vc. dotta, dal lat. *sagittāriu(m)* 'arciere, saettatore', da *sagĭtta* 'freccia, saetta' ✱ av. 1348] **s. m.** ● (*zool.*) serpentario

Sagittàrio② [V. *sagittario*① ✱ 1282] **A s. m. 1** (*astron.*) costellazione dello zodiaco che si trova fra quella dello Scorpione e quella del Capricorno **2** (*astrol.*) nono segno dello zodiaco, compreso tra i 240 e i 270 gradi dell'anello zodiacale, che domina il periodo compreso fra il 23 novembre e il 21 dicembre **3** †arciere **B s. m. e f. inv.** ● persona nata sotto il segno del Sagittario

sagittàto [da *sagitta* ✱ 1475] **agg.** ● (*bot.*) detto di foglia con lembo appuntito all'apice e provvisto di due lobi acuti rivolti in basso, simmetrici rispetto all'inserzione del lembo sul picciolo, con forma simile alla punta di una freccia SIN. saettato

†**sagittìfero** [vc. dotta, dal lat. *sagittĭferu(m)*, comp. di *sagĭtta* 'saetta' e *-fĕr* '-fero' ✱ 1499] **agg.** ● (*raro, lett.*) che contiene frecce

sàglia ➤ **saia**

†**sagliènte** ➤ **saliente**

†**saglire** ➤ **salire**

†**sagnàre** [dal fr. *saigner* 'sanguinare, salassare', dal lat. tardo *sanguināre* ✱ av. 1250] **v. tr.** ● ferire facendo uscire il sangue

sàgo① [lat. *sāgu(m)* 'mantello, coperta', vc. celtica di prob. orig. indeur. ✱ sec. XIV] **s. m. (pl. *-ghi*) 1** mantello militare usato dai soldati dell'antica Roma | pezzo di stoffa steso sul dorso del cavallo per proteggerne il pelame **2** (*lett.*) saio

sàgo② ➤ **sagù**

†**sàgo**③ [vc. dotta, dal lat. *sāgu(m)* 'presago'. V. †*saga*② ✱ av. 1547] **agg. 1** sagace **2** magico

sàgola o †**sàgora** [dal tema **saga-*, di orig. mediterr. (?) ✱ 1602] **s. f.** ● (*mar.*) cima sottile impiegata gener. per alzare bandiere o far da messaggero a cime di manovra o d'ormeggio | cavetto che collega la freccia al fucile subacqueo o alla boa di segnalazione

sàgoma o †**sàcoma** [lat. *sacōma*, genit. *sacōmatis* 'contrappeso, della stadera', dal gr. *sákōma* ✱ 1572] **s. f. 1** profilo, linea, forma esterna di edificio, mobile, vettura e sim.: *s. snella, tozza, elegante, aerodinamica*; *la s. di una nave, di un aereo* | ***s. limite, di carico***, in ferrovia, sezione di massimo ingombro, le cui dimensioni non devono essere superate dal profilo trasversale del materiale rotabile e dei carichi fatti su carri scoperti in circolazione sulle linee ferroviarie **2** forma esemplare, modello in legno, cartone o altro per l'esecuzione artigianale o industriale di lavori vari **3** nel tiro a segno, riproduzione stilizzata di uomo o animale, usata come bersaglio: *s. cadente, fissa, mobile* | bersaglio sul quale si prova la compattezza delle rosate dei pallini **4** (*fig., colloq.*) tipo bizzarro, divertente, ricco di idee originali: *che s.!*; *è una bella s.*; *lo sai che sei proprio una s.?* **5** †romano della bilancia || **sagométta**, **dim.** | **sagomina**, **dim.**

sagomàre [da *sagoma* ✱ 1781] **v. tr.** (*io sàgomo*) **1** dare, delineare la sagoma: *s. la carrozzeria di un'auto* **2** †misurare la capacità dei recipienti usati per il vino e l'olio

sagomàto part. pass. di *sagomare*; anche **agg.** ● nei sign. del v.: *una cornice ben sagomata*

sagomatóre [da *sagomare* ✱ 1419] **s. m. 1** (**f.** *-trice*) chi esegue sagomature **2** †controllore dei recipienti da vino e da olio

sagomatrìce [da *sagomare* ✱ 1936] **s. f.** ● macchina utensile per sagomare, usata spec. nella lavorazione di legnami e pietre da costruzione

sagomatùra [1953] **s. f. 1** operazione del sagomare **2** sagoma nel sign. 1

†**sàgora** ➤ **sagola**

sàgra o †**sàcra** [f. sost. di †*sagro* 'sacro' (V.) ✱ 1353] **s. f. 1** festa nell'anniversario della consacrazione di una chiesa **2** (*est.*) festa popolare con fiera e mercato: *la s. del villaggio, della contrada*; *la s. della braciola* **3** (*lett.*) rievocazione, celebrazione

SFUMATURE ➤ ***kermesse***

†**sagraménto** e deriv. ➤ **sacramento** e deriv.

sagràre ➤ **sacrare**

sagràto① o (*lett.*) **sacràto**② [lat. *sacrātu(m)*, part. pass. di *sacrāre* 'consacrare'. V. *sacrare* ✱ av. 1400] **s. m. 1** spazio, spesso sopraelevato, antistante alla chiesa che, consacrato, godeva originariamente di immunità ed era destinato alla sepoltura dei morti **2** †cimitero adiacente la chiesa

sagràto② [part. pass. sost. di *sagrare* (V.) ✱ sec. XVIII] **s. m.** ● (*pop.*) bestemmia, imprecazione: *attaccare un s.*; *tirare sagrati*

sagrestàna o **sacrestàna** [f. di *sagrestano* ✱ 1320] **s. f. 1** monaca addetta alla sagrestia del convento **2** (*pop.*) moglie del sagrestano

sagrestàno o **sacrestàno**, (*raro*) **sacristàno** [dal lat. mediev. *sacristānu(m)*, da *sacrĭsta* 'addetto alle cose sacre'. V. *sacrista* ✱ 1353] **s. m. (f. *-a* (V.))** ● custode della sagrestia e degli arredi sacri

sagrestìa o **sacrestìa**, **sacristìa**, †**sagristìa** [da *sagrista* ✱ sec. XIII] **s. f. 1** locale nella chiesa, quasi sempre adiacente al coro e comunicante con esso, nel quale si conservano i paramenti, gli arredi sacri, i libri liturgici e le reliquie, e dove i sacerdoti si vestono e si spogliano per le funzioni | ***c'è odore di s.***, (*fig.*) con allusione ad ambienti in cui si nota l'influenza del clero **2** (*raro*) nelle banche, stanza sotterranea corazzata in cui sono custoditi i valori

sagrì [dal turco *sağri* 'pelle conciata'. V. *zigrino* ✱ av. 1636] **s. m. inv.** ● piccolo squalo a corpo slanciato, con due pinne dorsali aculeate, pelle nerastra con caratteristiche squamette placoidi (*Etmopterus spinax*) SIN. sagrino, zigrino

†**sagrificàre** ➤ **sacrificare**

†**sagrifìcio** ➤ **sacrificio**

†**sagrifìzio** ➤ **sacrificio**

†**sagrilègio** ➤ **sacrilegio**

†**sagrìlego** ➤ **sacrilego**

sagrinàto [da *sagri(no)*, variante di *zigrino* (V.) ✱ 1711] **agg.** ● (*raro*) zigrinato

sagrìno [1994] **s. m.** ● (*zool.*) sagrì

sagrìsta ➤ **sacrista**

†**sagristìa** ➤ **sagrestia**

†**sàgro** ➤ **sacro**①

sagù o (*raro*) **sàgo**② [dal fr. *sagou*, risalente al malese *sāgū*, prob. attraverso il portog. *sagu* ✱ 1525] **s. m. inv.** ● farina alimentare usata dagli indigeni delle zone equatoriali e ricavata dal midollo di parecchie specie di palme

saguàro [vc. indigena dell'Arizona e del Messico ✱ 1959] **s. m.** ● (*bot.*) cactacea caratteristica delle regioni tropicali del Nord America, con fusto poco ramificato, fiori bianchi all'estremità dei rami e frutto a bacca con polpa rossa (*Carnegiea gigantea*)

sahariàna /saa'rjana/ [f. sost. di *sahariano* ✱ 1935] **s. f.** ● ampia giacca di tela con grandi tasche sul petto e sui fianchi, un tempo molto diffusa nei territori africani

sahariàno /saa'rjano/ [da *Sahara* ✱ 1959] **A agg.** ● del deserto del Sahara **B s. m.** ● (*geol., raro*) Quaternario

saheliàno /sae'ljano/ [dall'ingl. *Sahelian*, da *sahel*, in arabo *sāḥil* 'riva, bordo' ✱ sec. XIX] **agg.** ● che riguarda la fascia a sud del Sahara, zona di transizione tra il deserto e le regioni tropicali umide: *steppa, siccità saheliana*

sahib /sa'ib, 'saib, *ingl.* 'sɑːib, *urdu* 'saːhɪb, *arabo* 'sɒːħɪb/ [dall'arabo *ṣāḥib* 'amico' e 'signore', poi diffusasi in lingue dell'India ✱ 1828] **s. m. inv. (pl. arabo *ashàb*; ingl. *sahibs*)** ● nel linguaggio coloniale inglese, padrone e (*est.*) uomo bianco

sài ➤ **sapere**①

sàia o (*sett.*) **sàglia** [dall'ant. fr. *saie*, dal lat. *săga*, nt. pl. di *săgum* 'mantello'. V. *sago*① ✱ 1262] **s. f.** ● armatura fondamentale dei tessuti, che presenta rigature oblique dovute all'intrecciarsi dei fili di ordito con la trama in diagonale | il tessuto ottenuto con tale armatura || **saiétta**, **dim.**

sàiga [dal russo *saigá* 'antilope', dal turco tataro *saiga* ✱ 1936] **s. f.** ● antilope delle steppe asiatiche, piuttosto tozza, con lungo muso convesso, che forma come una corta proboscide (*Saiga tatarica*)

†**saìme** [lat. parl. **sagīme(n)* (nt.), connesso con *sagīna* 'ingrasso, nutrimento'. V. *saggina* ✱ 1340 ca.] **s. m.** ● lardo, grasso, strutto

saìna ➤ **saggina**

sainàle ➤ **sagginale**

saint-honoré /*fr.* ˌsɛ̃tɔnɔ'ʀe/ [vc. fr., dal n. di rue *Saint-Honoré*, via di Parigi in cui abitava il pasticciere che l'ideò ✱ 1942] **s. m. o f. inv. (pl. fr. inv. o *saint-honorés*)** ● dolce di pasta sfoglia con una corona di bignè alla crema chantilly inframmezzati di panna montata

saintpàulia /sem'paulja/ [dal n. del barone tedesco W. von *Saint Paul* (1860-1910) ✱ 1959] **s. f. inv.** ● (*bot.*) violetta africana

sàio [sovrapposizione dell'ant. fr. *saie* 'tessuto di lana' all'it. *sago*. V. *sago*① ✱ av. 1494] **s. m. (pl. *sài*) 1** abito monacale degli appartenenti ad alcuni ordini mendicanti: *il s. dei francesca-*

ni | ***vestire, prendere il s.***, abbracciare la vita religiosa **2** †sopravveste usata dai soldati romani || **saiétto**, **dim.** | **saióne**, **accr.** (V.)

saióne [1534] **s. m. 1** accr. di *saio* **2** †panno pesante a lisca di pesce **3** †specie di pesante mantello a forma di saio

sàiride [dal gr. *sâura* 'lucertola', con *-ide*. V. *sauro* ✱1875] **s. m.** ● pesce osseo dei mari nordici, simile alle aguglie, dalle carni pregiate (*Scomberesox saurus*)

saìtico [vc. dotta, dal lat. *Saïticu(m)*, deriv. dal gr. *Saïtikós*, da *Sáis* 'Sais' ✱1959] **agg.** (**pl. m.** *-ci*) ● relativo all'epoca storica d'Egitto in cui la capitale era Sais (VII-VI secc. a.C.)

sakè o **sàke** [vc. giapp., *sake*, giuntaci attraverso l'ingl., fr. *saké* ✱1841] **s. m. inv.** ● bevanda alcolica, tipica del Giappone, ottenuta dalla fermentazione del riso **CFR.** sachè

♦**sàla** ① [dal longob. *sala* 'abitazione, sala'. V. ted. *Saal* ✱av. 1292] **s. f. 1** locale ampio e spazioso in edifici pubblici e privati, destinato ad usi di rappresentanza, riunione e sim.: *s. da pranzo, da ballo, da ricevimento*; *s. di rappresentanza*; *fai accomodare gli ospiti in s.* | ***s. d'aspetto***, nelle stazioni, uffici, ambulatori e sim., quella destinata alla gente in attesa | ***s. da tè***, locale all'interno di un bar dove si viene serviti al tavolo **SIN.** tea-room | ***s. di consultazione***, negli istituti archivistici, locale in cui il pubblico è ammesso alla consultazione dei documenti | ***s. di convegno***, locale di ritrovo e di svago nelle caserme | ***s. corse***, locale pubblico per scommesse sui risultati delle gare ippiche | ***s. giochi***, locale attrezzato con videogiochi, biliardini e sim. | ***s. di lettura***, nelle biblioteche, quella riservata alla lettura e alla consultazione dei libri richiesti | ***s. professori***, destinata ai docenti di una scuola | ***s. macchine***, ampio locale dove si trovano motori, spec. su navi | ***s. operatoria***, negli ospedali, quella in cui hanno luogo le operazioni chirurgiche | ***s. del commiato***, nei cimiteri, locale adibito alla celebrazione di funerali laici | ***s. di proiezione***, sala cinematografica, adibita soprattutto a visioni di film per scopi tecnici o commerciali | ***s. scarto***, nei lanifici, reparto nel quale si esegue la cernita delle lane | ***s. di scherma, d'armi***, palestra destinata all'insegnamento e alla pratica della scherma | ***s. stampa***, locale in cui i giornalisti scrivono e trasmettono al giornale i propri servizi, allestito nelle sedi di certe istituzioni pubbliche o in occasione di manifestazioni **2** pubblico di una sala di spettacoli: *la s. proruppe in applausi* **3** †casa di campagna (sign. presente in nomi propri di luogo come *Sala Biellese*, *Sala Bolognese* o *Sala Consilina*) || **salétta**, **dim.** (V.) | **salóne**, **accr. m.** (V.)

S

sàla ② [lat. parl. **axāle(m)*, da *ăxis* 'asse del carro', dalla radice indeur. **aks-* 'ascella, asse' ✱av. 1320] **s. f.** ● in carri o carrozze, asse delle ruote

sàla ③ [di etim. discussa: da una vc. mediterr. *sala* 'acquitrino' (?) ✱1618] **s. f.** ● (*bot.*) biodo

sàla ④ [voce germanica, dall'ant. ted. *saljan* 'dare' ✱1819] **s. f.** ● nel diritto germanico, complesso degli atti mediante i quali si realizzava il passaggio di proprietà

salàcca o (*piemontese*) **saràcca** [scozzese *sillok* (proveniente da una lingua dell'Europa sett.), deformato per accostamento paretimologico a *sale* ✱1651] **s. f. 1** correntemente, alosa che vive in acqua salata o dolce, di colore verde oliva sul dorso con riflessi metallici e fianchi splendenti di riflessi dorati (*Alosa alosa*) **2** (*centr.*, *sett.*) aringa o altro pesce simile conservato sotto sale o affumicato | (*est.*) cibo misero, da poveri: *campare con una s.* | (*fig.*) persona magra, patita: *sembrare una s.*; *essere magro come una s.* **3** (*scherz.*) sciabola | botta data a mano aperta o con un oggetto largo || **salacchìno**, **dim. m.** | **salaccóne**, **accr. m.**

salaccàio [1872] **s. m.** (**f.** *-aia*, **pl. m.** *-ai*) **1** venditore di salacche, spec. ambulante **2** (*spreg.*, *tosc.*) libraccio vecchio e sudicio

salàccio [pegg. di *sale* ✱1704] **s. m.** ● sale non raffinato che si sparge sulle strade in inverno per favorire lo scioglimento della neve ed evitare la formazione di ghiaccio

♣**salàce** [vc. dotta, dal lat. *salāce(m)*, agg. da *salīre* 'accoppiarsi, montare'. V. *salire* ✱1499] **agg. 1** †eccitante, afrodisiaco: *erba s.* **2** (*est.*) lascivo: *motti, frasi, salaci* | scurrile, indecente: *storielle salaci* **3** (*est.*) mordace, pungente: *epigrammi salaci* || **salaceménte**, **avv.**

♣**salacità** [vc. dotta, dal lat. *salacitāte(m)*, astratto di *sălax*, genit. *salācis* 'lascivo' ✱1598] **s. f. inv.** ● caratteristica di chi (o di ciò che) è salace

salafìta [dall'arabo *salif* 'antenato' ✱1998] **A s. m. e f.** (**pl. m.** *-i*) ● seguace di una dottrina religiosa islamica che propugna il ritorno alla purezza della tradizione musulmana, se necessario anche con metodi violenti **B** anche **agg.** ● dei salafiti, relativo ai salafiti

salagióne [1840] **s. f.** ● salatura, spec. del pesce

†**salàia** [f. sost. dall'agg. lat. *salāriu(m)* 'attinente al sale', da *sāl*, genit. *sălis* 'sale' ✱sec. XIV] **s. f. 1** magazzino, rivendita del sale **2** privativa del sale | imposta sul sale

†**salaiòlo** o †**salaiuòlo** [da †*salaia* ✱sec. XIII] **s. m.** ● venditore di sale al minuto

salàma [f. di *salame* ✱1905] **s. f.** ● (*cucina*) ***s. da sugo***, o (*ellitt.*) ***salama***, insaccato di carne e fegato di maiale, condito con spezie e vino rosso, viene bollito a lungo a fuoco lento e servito con purè di patate; piatto tipico della cucina ferrarese

salamàndra [lat. *salamăndra(m)*, prestito dal gr. *salamándra*, di etim. incerta ✱av. 1250] **s. f.** ● nome comune degli Anfibi degli Urodeli appartenenti ai generi *Salamandra* e *Andrias* | ***s. pezzata***, di colore nero con macchie gialle o aranciate (*Salamandra salamandra*) | ***s. gigante del Giappone***, lunga circa 150 cm (*Andrias japonicus*) | ***essere una s., avere la pelle di s.***, (*fig.*) non bruciarsi al calore del fuoco

salamànna o **alamànna** [da *(Mes)s(er) Alamanno* (Salviati), che l'importò in Italia ✱1712] **s. f.** ● (*agric.*) uva pregiata da tavola, di colore giallo ambrato, con acini grandi e ovoidali

♦**salàme** [dal lat. mediev. *salāmen* 'insieme di cose salate', da *sāl*, genit. *sălis* 'sale' ✱av. 1494] **s. m. 1** carne suina tritata e salata, insaccata in budelli con cubetti o fettine di grasso e grani di pepe, che si lascia stagionare: *s. crudo, cotto*; *s. all'aglio*; *una fetta di s.*; *mangiare pane e s.*; *essere legato come un s.* | ***s. di pesce***, carne di pesce di seconda qualità, aromatizzata e insaccata in budelli di origine suina **2** (*est.*) dolce di forma allungata, simile a un salame: *s. di cioccolato*; *s. di fichi* | ***s. inglese***, pan di Spagna ripieno **3** (*fig.*) persona goffa, impacciata, che non sa muoversi: *starsene lì come un s.*; *muoviti, s.!* || **saламétto**, **dim.** | **salamìno**, **dim.** (V.) | **salamóne**, **accr.** | **salamòtto**, **alter.**

♣**salamelècco** o †**salamelècche** [dall'arabo *as-salāmu 'alayk* 'pace su te' ✱1481] **s. m.** (**pl.** *-chi*) ● atto di ossequio, saluto, complimento, eccessivamente cerimonioso e adulatorio: *fare troppi, mille, salamelecchi a qlcu.*; *senza tanti salamelecchi*

salamèlla [da *salame* ✱1931] **s. f.** ● salame dalla caratteristica forma a ferro di cavallo, preparato con impasto magro di maiale, che si può consumare anche dopo brevissima stagionatura

salamìno [1872] **s. m. 1** dim. di *salame* | tipo di insaccato simile al salame, di formato più piccolo, da mangiarsi spec. affettato e talora anche cotto: *s. alla cacciatora* **2** in tipografia, colonna di righe di giustezza minore **SIN.** colonnino

†**salamìstra** [sovrapposizione pop. di *Salomone* 'sapiente', a *salmista* (V.) ✱av. 1563] **s. f.** ● donna presuntuosa, saccente

salamòia [lat. tardo *salemŏria(m)*, *salimŭria(m)*, comp. di *sāl*, genit. *sălis* 'sale' e *mŭria* 'salamoia', di etim. discussa ✱av. 1320] **s. f. 1** soluzione acquosa concentrata di un qualsiasi sale | ***s. di cloruro di sodio***, (*per anton.*) ***salamoia***, per la conservazione di pesci, olive e sim.: *molluschi in s.* **2** liquido incongelabile che nella tecnica frigorifera serve da intermediario tra il fluido frigorifero e i corpi da raffreddare

salamoiàre [av. 1410] **v. tr.** (*io salamòio*) ● mettere in salamoia: *s. le olive*

†**salamóne** ① ➤ **salmone**

salamóne ② ➤ **salomone**

salangàna [dal fr. *salangane*, risalente a una vc. filippina ✱1708] **s. f.** ● uccelletto degli Apodiformi, affine al rondone, di colore bruno scuro, il cui nido, costruito con una sostanza gommosa secreta da ghiandole mandibolari che all'aria indurisce, è considerato commestibile da alcune popolazioni orientali (*Collocalia fucifaga*)

salànte **part. pres.** di *salare*; anche **agg. 1** (*raro*) nei sign. del v. **2** ***bacini salanti***, vasche o compartimenti delle saline, in cui si deposita il sale

salapùzio [vc. dotta, dal lat. *salapūt(t)iu(m)* 'nanerottolo, cosino', parola di carattere familiare e di etim. incerta ✱1805] **s. m.** ● (*raro*, *lett.*) uomo piccolo di statura e saccente

♦**salàre** [da *sale* ✱1320] **v. tr. 1** trattare un cibo con sale per dargli sapore o per conservarlo: *s. la carne, la minestra, l'insalata*; *s. il prosciutto, il pesce* | (*fig.*, *centr.*, *sett.*) ***s. la scuola, una lezione***, non andarvi, marinarla **2** cospargere di sale il lato carnoso delle pelli, al fine di preservarle dalla putrefazione e di conservarle sino al momento della concia

salariàle [1941] **agg.** ● relativo al salario, ai salari: *aumenti salariali*

salariàre [1353] **v. tr.** (*io salàrio*) ● retribuire con un salario | (*est.*) assumere a pagamento

salariàto **A** **part. pass.** di *salariare*; anche **agg. 1** retribuito con un salario **2** (*raro*, *spreg.*) che viene pagato per parlare, scrivere, e sim. in modo gradito a chi paga: *scrittore s.* **SIN.** prezzolato **B** **s. m.** (**f.** *-a*) ● chi presta la propria opera dietro corresponsione di un salario: *i salariati dello Stato, di un'azienda* | ***s. agricolo***, bracciante | ***s. fisso***, lavoratore agricolo a contratto annuo

salàrio o †**salàro** [vc. dotta, dal lat. *salāriu(m)* 'razione di sale, indennità', nt. sost. di *salāriu(m)* 'attinente al sale', da *sāl*, genit. *sălis* 'sale' ✱1279] **s. m. 1** retribuzione del lavoro dipendente degli operai, pagata dal datore di lavoro sulla base delle ore o della quantità di lavoro prestata, regolata per lo più da contratti collettivi di lavoro: *s. settimanale, mensile*; *riscuotere, percepire, pagare il s.* | ***s. nominale***, fissato in termini monetari, senza riferimento al potere d'acquisto della moneta stessa | ***s. reale***, valutato in termini di potere d'acquisto della moneta | ***s. d'ingresso***, quello temporaneamente inferiore ai minimi sindacali vigenti, per consentire una maggiore occupazione, spec. di giovani lavoratori **2** retribuzione di un lavoratore dipendente in genere **3** †retta: *Suor Contessa ... mi domanda il s. per il convento* (G. Ga-

LILEI) ‖ **salariétto**, **dim.** | **salariùccio**, **dim.**
SFUMATURE ➤ *compenso*, ➤ *paga*

salassàre [dal lat. tardo *sănguinem laxāre* 'far scorrere il sangue' ✱ sec. XIII] **A** **v. tr.** **1** praticare un salasso, sottoporre a salasso **2** (*fig.*) spremere molto denaro (*anche assol.*): *questa spesa mi ha salassato il portafoglio*; *questo è un ristorante che salassa* **B** **salassàrsi** **v. intr. pron.** ● (*fig.*, *colloq.*) sottoporsi a gravi sacrifici economici: *si sono salassati per far studiare i figli*

salassàta [da *salassare* in senso figurato ✱ 1992] **s. f.** ● (*fig.*, *scherz.*) esborso, spesso imprevisto o forzato, di molto denaro: *più che una vacanza è stata una s.*

salassatóre [av. 1806] **s. m.** (**f.** *-trice*) ● (*raro*) chi salassa (*anche fig.*)

salassatùra [av. 1557] **s. f.** ● (*raro*) il salassare | (*raro*) salasso

salàsso [da *salassare* ✱ av. 1320] **s. m.** **1** intervento con cui, per mezzo di aghi, praticando un'incisione o anche applicando delle sanguisughe, si sottraeva all'organismo una quantità più o meno grande di sangue **2** (*fig.*, *scherz.*) esborso di una notevole somma di denaro: *ho subìto un bel s.*; *mi hanno proprio fatto un s.*

salàta [1879] **s. f.** ● atto del salare: *dare una s. alla carne* ‖ **salatina**, **dim.**

salatìno [dim. sost. di *salato* ✱ 1923] **s. m.** ● biscottino salato da consumare con aperitivi o tè

♦**salàto** **A** **part. pass.** di *salare*; **anche agg.** **1** che contiene sale: *l'acqua salata del mare* **2** insaporito con sale: *burro s.*; *pane s.* | che contiene troppo sale: *com'è salata questa carne!* **CONTR.** insipido, scipito | conservato sotto sale: *acciughe salate*; *carne salata* **3** (*fig.*) che ha un prezzo troppo elevato: *conto s.* | ***pagarla salata***, scontarla duramente: *i suoi capricci li ha pagati salati* **4** (*fig.*) pungente, mordace, arguto: *discorso s.*; *risposta salata*; *parole salate* | (*raro*) piccante, salace: *Continuava a biasciarle delle barzellette salate nell'orecchio* (G. VERGA) ‖ **salatamènte**, **avv.** **1** (*raro*, *fig.*) in modo pungente **2** (*fig.*) a caro prezzo **SIN.** profumatamente **B** **s. m.** **1** sapore salato: *preferire il s. al dolce* **CONTR.** dolce **2** salume, affettato: *pranzarono con un po' di s.* ‖ **salatino**, **dim.** (V.)

salatóio [da *salare* ✱ 1912] **s. m.** (**pl.** *-ói*) ● locale del caseificio in cui si procede alla salatura del formaggio

salatóre [da *salare* ✱ 1891] **s. m.** (**f.** *-trice*) ● operaio addetto alla salatura di carni, formaggi e sim.

salatùra [1865] **s. f.** **1** operazione del salare un alimento | nella concia delle pelli, procedimento del salare **2** operazione consistente nel cospargere una strada di sale per evitare la formazione di ghiaccio

†**sàlavo** [dal longob. *salawer* 'sudicio' ✱ av. 1294] **agg.** ● (*raro*, *tosc.*) sudicio, sporco

salbànda [dal ted. *Salband* 'cimosa' ✱ 1932] **s. f.** ● (*geol.*) insieme di materiali detritici, spec. argillosi, che separa un filone metallifero dalla roccia incassante

salbastrèlla ➤ **salvastrella**

sàlce ➤ **salice**

salcerèlla [da *salce*, col doppio suff. *-ario* ed *-ella* ✱ 1813] **s. f.** ● (*bot.*) litracea dei luoghi paludosi con fusto eretto, foglie lanceolate e fiori porporini in lunghe spighe terminali (*Lythrum salicaria*)

salcéto ➤ **saliceto**

salciàia [da *salce*, *salcio* ✱ 1872] **s. f.** **1** riparo di piccoli salici intrecciati situato lungo gli argini di fiumi, torrenti e sim. **2** (*raro*) saliceto

salciaiòla [da *salce*, *salcio* ✱ 1855] **s. f.** ● uccello dei Passeriformi castano olivastro sul dorso, bianco sul ventre, che vive nelle zone paludose (*Locustella luscinioides*)

salcìccia ➤ **salsiccia**

salcìgno [da *salcio*, *salce* con sovrapposizione di *saligno* ✱ av. 1665] **agg.** **1** di salice: *fronde salcigne* | (*est.*) detto di legname nodoso, difficile a lavorarsi **2** (*tosc.*) detto di carne o sim., dura, tigliosa | detto di pane, umidiccio, poco cotto, mal lievitato **3** (*fig.*, *tosc.*) detto di persona, segaligno, legnoso: *un vecchio alto e s.* (G. PASCOLI) | intrattabile, di carattere difficile

sàlcio ➤ **salice**

salciòlo o (*lett.*) **salciuòlo** [da *salce*, *salcio* ✱ 1625] **s. m.** ● vermena di salice usata per legare viti e altre piante al sostegno

salcràuti ➤ **sarcrauti**

sàlda ① [da *saldare* ✱ av. 1492] **s. f.** ● (*tess.*) soluzione di amido, gomma o altre sostanze vischiose, in acqua, impiegata come appretto per i tessuti

sàlda ② [f. di *saldo* ① ✱ 1872] **s. f.** ● (*raro*, *tosc.*) terreno lasciato a erba d'inverno per pascolo al bestiame

saldàbile [da *saldare* ✱ 1959] **agg.** ● che può essere saldato ‖ **saldabilità**, **s. f. inv.** (V.)

saldabilità [da *saldabile* ✱ 1959] **s. f. inv.** ● attitudine di alcuni materiali, di uguale o diversa natura chimica, di unirsi saldamente fra loro in determinate condizioni fisiche

saldacónti o **saldacónto** [comp. di *salda(re)* e il pl. di *conto* ✱ 1957] **s. m. inv.** ● libro in cui vengono registrati tutti i movimenti di credito e debito | ufficio di un'azienda addetto ai rapporti con la clientela, spec. per quanto riguarda la riscossione dei crediti

saldacontìsta [1970] **s. m. e f.** (**pl. m.** *-i*) ● persona addetta alla tenuta del saldaconti

saldacónto ➤ **saldaconti**

saldaménto [1305] **s. m.** **1** il saldare | saldatura **2** (*med.*) cicatrizzazione, ricongiunzione: *s. osseo* **3** †saldo di un debito

saldàre [da *saldo* ① ✱ 1262] **A** **v. tr.** **1** congiungere, unire fra loro due o più parti, pezzi e sim., in modo da formare un tutto organico: *s. un vaso con del mastice* | (*fig.*) coordinare fra loro dei concetti e sim.: *i brani lirici non sono saldati col resto dell'opera* **2** unire in un corpo due pezzi metallici col fuoco e la saldatura, oppure fondendo il metallo sui due margini accostati: *s. un tubo, una padella che perde*; *s. all'ossigeno, con lo stagno*; *s. due pezzi di ferro* | (*oreficeria*) ***s. a oro, s. ad argento***, unire alcuni pezzi con saldature a base di oro o d'argento | ***s. a stagno***, stagnare, unire con lega di stagno e piombo **3** pareggiare il dare con l'avere di un conto, pagare quanto dovuto: *s. il conto, una fattura* | ***s. un conto, una partita*** e sim., (*fig.*) fare i conti con qlcu. **4** cicatrizzare, rimarginare **B** **saldàrsi** **v. intr. pron.** **1** cicatrizzarsi, rimarginarsi: *la ferita si salda bene* **2** (*fig.*) coordinarsi in maniera armonica: *le due parti dell'opera si saldano efficacemente*

saldàto **part. pass.** di *saldare*; **anche agg.** ● nei sign. del v. | (*fig.*) pagato: *conto s.* | (*fig.*) soddisfatto di un credito: *mi dichiaro s. della somma fra noi convenuta* (G. CARDUCCI)

saldatóio [av. 1537] **s. m.** (**pl.** *-ói*) ● utensile per saldare

saldatóre [1831] **s. m.** **1** (**f.** *-trice*) chi esegue saldature | operaio addetto a una saldatrice **2** utensile per saldare, saldatoio

saldatrìce [f. di *saldatore* ✱ 1941] **s. f.** **1** apparecchiatura che realizza la saldatura elettrica **2** macchina impiegata per la saldatura dei lembi di confezioni e imballaggi in materia plastica o accoppiati

saldatùra [sec. XIV] **s. f.** **1** operazione tecnica del saldare **CFR.** brasatura | ***s. a stagno***, col saldatore | ***s. autogena***, tra due pezzi dello stesso metallo, direttamente, cioè senza lega, con la fusione o la fiamma ossidrica | ***s. ossidrica, ossiacetilenica***, fatta con la fiamma omonima | ***s. elettrica ad arco***, quella che sfrutta il calore dell'arco elettrico per la fusione del metallo di apporto e dei lembi del materiale da saldare **SIN.** saldatura a filo | ***s. a filo***, saldatura elettrica ad arco | ***s. a filo continuo***, saldatura ad arco che impiega corrente elettrica continua | ***s. elettrica a resistenza***, quella che si basa sul passaggio localizzato di elettricità, come fonte di calore, fra vari punti di due superfici metalliche da saldare | (*est.*) ciò (metallo, lega o altro) che si usa per saldare | (*est.*) il punto, il tratto saldato **2** (*fig.*) congiunzione, unione, coordinazione: *non vi è s. fra i due temi del film* | collegamento fra due periodi storici, due tradizioni e sim.: *nella musica, l'impressionismo funge da s. tra Ottocento e Novecento*

♣**saldézza** [1340 ca.] **s. f.** **1** caratteristica, condizione di chi (o di ciò che) è saldo: *s. d'animo, di carattere, di propositi* **2** †blocco, masso, di marmo o pietra: *di questo granito ... le maggiori saldezze ... sono nell'isola dell'Elba* (G. VASARI)

♦**sàldo** ① [sovrapposizione del lat. *vălidus* 'forte' al lat. *sŏlidu(m)* 'solido'. V. *sodo* ✱ 1287] **A** **agg.** **1** (*lett.*) compatto, intero, privo di rotture, crepe e sim.: *legno s.*; *intero e s.* | massiccio, tutto d'un pezzo: *vogliam ... / un simulacro farti d'oro s.* (L. PULCI) | †***pasta salda***, quasi dura **2** (*lett.*) che ha consistenza materiale: *trattando l'ombre come cosa salda* (DANTE *Purg.* XXI, 136) **3** (*est.*) resistente, forte: *il cuore è ancora s.*; *mura salde*; *essere s. come l'acciaio* | (*est.*) fisso, stabile: *un s. appoggio*; *questa scala sembra poco salda*; *tenetevi saldi* **4** (*fig.*) fermo, costante, irremovibile: *essere s. nei propri principi, nella propria fede*; *animo s.*; *un s. proposito* | ***avere, tenere i nervi saldi***, avere la capacità di dominarsi, di mantenersi tranquillo | (*est.*) tenace, duraturo: *sentimento s.*; *amicizia ben salda* | fondato su valide ragioni: *argomentazioni salde* ‖ **saldamènte**, **avv.** **1** in modo saldo, con saldezza: *afferrare qlco. saldamente* **2** (*fig.*) stabilmente, tenacemente: *un concetto saldamente radicato* **B** **avv.** ● †saldamente, in modo saldo: *che mai più s. in marmo non si scrisse* (F. PETRARCA)

♦**sàldo** ② [da *saldare* (V.) ✱ 1444] **s. m.** **1** in un conto, differenza fra il complesso delle partite attive e il complesso delle partite passive: *s. attivo, passivo* | ***fare il s.***, la quietanza | ***fare i saldi dei conti***, pareggiare i conti **2** ammontare ancora dovuto per estinguere un debito già parzialmente soddisfatto: *darò il s. a fine mese* | ***s. dividendo***, utili corrisposti, dopo l'approvazione dell'assemblea della società per azioni, ai soci che abbiano già ricevuto un acconto dividendo | completa estinzione di un debito: *pagare a s.* **3** (**spec. al pl.**) merce rimasta alla fine di una partita, messa in vendita a basso prezzo allo scopo di terminarla

saldobraṣatùra [comp. di *saldo* ① e *brasatura* (V.) ✱ 1970] **s. f.** ● (*tecnol.*) saldatura di due pezzi metallici ottenuta fondendo nella zona di unione un metallo con temperatura di fusione inferiore a quella delle due parti

♦**sàle** [lat. *sāle(m)*, di orig. indeur. ✱ 1233] **s. m.** **1** composto ottenuto per combinazione di un acido con una base **CFR.** alo- | ***s. comune, s. da cucina***, costituito da cloruro sodico, contenuto in quantità enormi nell'acqua del mare e in altre acque, diffuso nel sottosuolo come salgemma, usato per fabbricare tutti i composti del sodio, per condire vivande, nella conservazione delle pelli e degli alimenti, nell'industria dei coloranti e sim. | *s. idrato*, legato con una o più molecole d'acqua | *s. inglese*, costituito da solfato di magnesio, usato come purgante, e nelle industrie dei tessuti, della carta e in tintoria | *s. marino*, cloruro di sodio derivante dall'evaporazione dell'acqua del mare a opera del calore del sole in saline; V. anche *salmarino*① | *sali da bagno*, cristalli di sostanze cosmetiche o medicamentose che si sciolgono nell'acqua del bagno | *sali di tintura*, basi organiche coloranti che si impiegano nelle tinture con naftoli | (**al pl.**) sali ammoniacali di odore pungente usati un tempo per rianimare persone svenute **2** correntemente, cloruro di sodio: *s. grosso, fino, da cucina, da tavola; un pizzico, un pugno di s.; mettere il s. nel brodo; mettere, conservare, sotto s.; va bene di s.?; manca il s.; c'è poco, troppo s.* | *essere giusto di s.*, contenerne la giusta misura | *sapere di s.*, averne il sapore; (*fig.*, *lett.*) essere amaro, duro a sopportarsi | (*lett.*) *essere dolce di s.*, contenerne troppo poco; (*fig.*, *lett.*) essere sciocco | *color di s. e pepe*, grigiastro | *non metterci né s. né pepe, né s. né olio* e sim., (*fig.*) raccontare le cose come realmente stanno; (*est.*) rimanere indifferenti | (*fig.*) *rimanere di s.*, restare attonito, sbalordito (con riferimento all'episodio biblico della moglie di Lot, tramutata in una statua di sale per essersi girata a guardare l'incendio di Sodoma) | (*fig.*) †*acconciarla senza s.*, sparlare di qlcu. senza riguardo **3** (*agric.*) correntemente, concime azotato distribuito in superficie | *dare il s.*, concimare **4** (*fig.*) senno, giudizio, saviezza: *non avere, avere poco s. in zucca* | (*fig.*) *con un grano di s.*, con discernimento e avvedutezza (dalla loc. lat. *cum grano salis* (V.)) **5** (*fig.*) arguzia, mordacità: *parole senza s.* | (*lett.*, **spec. al pl.**) arguzia, facezia **6** (*poet.*) mare: *metter potete ben per l'alto s. / vostro navigio* (DANTE *Par.* II, 13-14) **7** *il s. della terra*, i discepoli di Gesù, secondo le sue parole **8** †eritema, erpete || †**salina**②, **dim. f.** (V.)

†**saleggiàre** [av. 1557] **v. tr.** ● (*raro*) salare

salèggiola [dal lat. *senecióne(m)*, da *sĕnex* 'vecchio', per i peli bianchi, con sovrapp. di *sale*, *saleggiare* ✱ 1838] **s. f.** ● (*bot.*) acetosella

sale marino ➤ **salmarino**①

salentino [vc. dotta, dal lat. *Salentīnu(m)* 'Salentino' ✱ 1506] **A agg.** ● del Salento, subregione della Puglia **B s. m.** (**f.** *-a*) ● abitante o nativo del Salento

salernitàno [vc. dotta, dal lat. *Salernitānu(m)*, deriv. di *Salĕrnum* 'Salerno' ✱ sec. XIV] **A agg.** ● di Salerno **B s. m.** (**f.** *-a*) ● abitante o nativo di Salerno **C s. m. solo sing.** ● zona circostante Salerno

sales engineer /*ingl.* 'seɪls endʒɪ'nɪə(r)/ [loc. ingl., propr. 'esperto di vendita', comp. di *sale* 'vendita' (d'orig. germ.) e *engineer* 'ingegnere' ✱ 1989] **loc. sost. m. e f. inv.** (**pl. ingl.** *sales engineers*) ● (*org. az.*) tecnico, perito o laureato, specializzato nella distribuzione di strumenti, materiali o prodotti molto sofisticati tali da richiedere una particolare competenza tecnica per poterli rendere funzionali alle diverse esigenze

salesiàna (o **-eṣi-**) [f. di *salesiano* ✱ 1851] **s. f.** ● suora della congregazione fondata da S. Maria Domenica Mazzarello con la regola di S. Giovanni Bosco

salesiàno (o **-eṣi-**) [dal nome di *Sales*, castello dell'Alta Savoia, patria del Santo ✱ 1879] **A agg.** ● relativo a S. Francesco di Sales (1567-1622) e alla congregazione dei salesiani **B s. m.** (**f.** *-a* (V.)) ● membro laico o ecclesiastico della congregazione fondata da S. Giovanni Bosco nel 1859

salesman /*ingl.* 'seɪlsmən/ [vc. ingl., comp. di *sale* 'vendita' e *man* 'uomo' (entrambi di orig. germ.) ✱ 1950] **s. m. inv.** (**pl. ingl.** *salesmen*) ● (*org. az.*) agente, funzionario di vendita

sales manager /*ingl.* 'seɪls,mænɪdʒə(r)/ [loc. ingl., comp. di *sale* 'vendita' (d'orig. germ.) e *manager* (V.) 'dirigente' ✱ 1983] **loc. sost. m. e f. inv.** (**pl. ingl.** *sales managers*) ● (*org. az.*) dirigente responsabile dell'organizzazione di vendita

salétta [1353] **s. f. 1** dim. di *sala*① **2** sala da pranzo degli ufficiali sulle navi mercantili || **salettìna**, **dim.**

salgèmma [comp. di *sal(e)* e *gemma*, per il suo aspetto cristallino ✱ av. 1320] **s. m. inv.** ● (*miner.*) cloruro di sodio in cristalli cubici incolori o in masse granulari biancastre che si estrae in miniera

sàlgo ➤ **salire**

saliàre [vc. dotta, dal lat. *Saliāre(m)*, agg. da *Sălii*, n. riconnesso col v. *salīre* 'saltare, fare danze sacre' ✱ 1499] **agg.** ● relativo ai Salii | *carme s.*, quello che i Salii cantavano in alcuni riti romani | *pranzo s.*, lauto e solenne, come usavano i Salii nelle grandi feste di marzo

salìbile [1499] **agg.** ● (*raro*) che si può salire

Salicàcee [vc. dotta, comp. dal lat. *sălix*, genit. *sălicis* 'salice' e *-acee* ✱ 1895] **s. f. pl.** (**sing.** *-a*) ● (*bot.*) famiglia di piante delle Dicotiledoni arboree, a foglie alterne, semplici, fiori unisessuali in amenti su piante diverse (*Salicaceae*)

†**salicàle** [av. 1492] **s. m.** ● (*raro*, *poet.*) boschetto di salici

Salicàli [dal lat. *sălix*, genit. *sălicis* 'salice' ✱ 1959] **s. f. pl.** (**sing.** *-e*) ● (*bot.*) ordine di piante legnose delle Dicotiledoni, comprendente le famiglie delle Salicacee, molto diffuse nelle zone temperate e umide (*Salicales*)

♦**sàlice** o (*lett.*) **sàlce**, (*pop.*) **sàlcio** [lat. *sălice(m)*, vc. di orig. indeur. ✱ av. 1294] **s. m.** ● grande albero delle Salicacee con corteccia grigia e screpolata, foglie aguzze e seghettate biancastre inferiormente, comune lungo i corsi d'acqua (*Salix alba*) | *s. da vimini*, a foglie molto più lunghe che larghe, inferiormente pelose (*Salix viminalis*) | *s. piangente*, coltivato come albero ornamentale per l'ampia chioma con rami penduli (*Salix babylonica*) | *s. rosso*, brillo②

salicéto o (*pop.*) **salcéto** [lat. tardo *salicētu(m)*, da *sălix*, genit. *sălicis* 'salice' ✱ av. 1320] **s. m.** ● terreno piantato a salici

saliciIammìde [comp. di (*acido*) *salicil(ico)* e *ammide* ✱ 1875] **s. f.** ● (*chim.*) ammide dell'acido salicilico, impiegata nell'industria conserviera per combattere le muffe e in medicina come sedativo e antireumatico

salicilàto [comp. di *salicil(e)* e *-ato* ✱ 1872] **s. m.** ● (*chim.*) sale o estere dall'acido salicilico, di vario impiego come conservante e in medicina

salicìle [comp. di *salic(e)* e *-ile*② ✱ 1872] **s. m.** ● (*chim.*) radicale monovalente derivato dall'acido salicilico

salicìlico [comp. di *salicil(e)* e *-ico* ✱ 1872] **agg.** (**pl. m.** *-ci*) ● (*chim.*) detto di ossiacido aromatico monocarbossilico, presente in molti fiori e piante, variamente impiegato in medicina: *acido s.*

salicilizzazióne [da *salicile* ✱ 1970] **s. f.** ● preservazione di sostanze mediante salicilato: *s. di conserve alimentari, di vini*

salicìna [dal fr. *salicine*, deriv. dal lat. *sălix*, genit. *sălicis* 'salice' con *-ine* '-ina' ✱ 1869] **s. f.** ● (*chim.*) glucoside contenuto nella corteccia di salici e di alcuni pioppi, usato spec. come febbrifugo

salicìneo [1875] **agg.** ● relativo al salice

sàlico [vc. dotta, dal lat. tardo *Sălicu(m)*, da *Sălii* (nom. pl.), popolo franco ✱ 1540] **agg.** (**pl. m.** *-ci*) ● relativo ai Franchi Salii | *legge salica*, compilazione giuridica (risalente alla fine del V sec.) nella quale le donne venivano escluse dalla successione al trono

salicóne [da *salice* ✱ av. 1380] **s. m.** ● salicacea comunissima nei luoghi umidi, non molto alta, con foglie ovali dal lungo peduncolo (*Salix caprea*)

salicòrnia [adattamento dell'arabo *sala alqarah*, attraverso il fr. *salicor*, *salicorne* ✱ av. 1758] **s. f.** ● pianta erbacea delle Chenopodiacee, con rami formati da articoli cilindrici e da foglie carnose opposte, frequente sulle spiagge umide e salate (*Salicornia*)

♣**saliènte** o †**sagliènte** [vc. dotta, dal lat. *saliĕnte(m)*, part. pres. di *salīre* 'saltare' ✱ 1525] **A agg. 1** (*lett.*) che sale: *Il grosso vapore della nebbia s.* (G. CARDUCCI) **2** sporgente, prominente **3** (*fig.*) fondamentale, notevole, rilevante: *fatti, caratteristiche, punti salienti* **B s. m. 1** salienza: *s. roccioso, collinare* **2** (*milit.*) settore più avanzato di uno schieramento di truppe **3** angolo formato da due fianchi di un'opera fortificata, col vertice verso l'esterno **4** (*archit.*) elemento orientato verso l'alto | *facciata a salienti*, il cui profilo segue le diverse altezze delle navate interne, come per es. si trova nelle chiese romaniche

saliènza [da *saliente* ✱ 1869] **s. f. 1** sporgenza, prominenza **2** (*fig.*, *raro*) importanza

salièra [prob. dall'ant. fr. *salière*, f. sost. dal lat. *salārius*, agg. da *sāl*, genit. *sălis* 'sale' ✱ av. 1350] **s. f. 1** vasetto nel quale si tiene il sale in tavola **2** †salina || **salierìna**, **dim.**

salìfero [comp. di *sale* e *-fero* ✱ 1855] **agg.** ● che contiene o produce sale: *acque salifere*; *giacimento s.* | relativo alla produzione del sale: *industria salifera*

salificàbile [1795] **agg.** ● che si può salificare

salificàre [1701] **v. tr.** (*io salìfico, tu salìfichi*) ● (*chim.*) fare reagire una base con un acido per ottenere un sale || **salificazióne**, **s. f.** formazione di un sale

†**salìgno**① [vc. dotta, dal lat. *salĭgnu(m)*, da *sălix*, genit. *sălicis* 'salice' ✱ sec. XVI] **agg.** ● (*raro*) di salice

salìgno② [lat. parl. **salīneu(m)*, da *sāl*, genit. *sălis* 'sale' ✱ av. 1574] **agg. 1** di sale, simile al sale: *sostanza, pietra saligna* **2** che è impregnato di salsedine e ne trasuda: *marmo s.*

†**salimbàcca** [comp. di *sale*, *in* e *bacca* 'vaso', dal lat. tardo *băcca(m)* 'vaso' connesso col lat. tardo *baccīnum* 'recipiente', sul modello dell'ant. fr. *seel en bache*, propr. 'sigillo in scatola', confuso poi con *sel* 'sale' ✱ av. 1449] **s. f.** ● sigillo usato anticamente spec. per i sacchi di sale | scatola piatta dove si conservava il sigillo | (*fig.*) *portare acque con la s.*, fare qlco. di inutile, perdere tempo

†**saliménto** [da *salire* ✱ 1268] **s. m.** ● atto del salire

salìna① [lat. *salīna(m)*, f. sost. di *salīnus* 'salino' ✱ av. 1348] **s. f. 1** serie di compartimenti stagni o vasche litorali in cui circola l'acqua del mare, per ricavare il sale mediante l'evaporazione | miniera di salgemma **2** deposito naturale di sali diversi che si forma in zone costiere o depresse

†**salìna**② [1310] **s. f. 1** dim. di *sale* **2** sale da cucina

salinàio o (*centr.*) **salinàro** [lat. *salinārıu(m)*, da *salīnus* 'salino' ✱ sec. XIV] **s. m.** (**f.** *-aia*, **pl. m.** *-ai*) **1** chi lavora in una salina **2** †proprietario di saline

salinàre [da *salina*① ✱ 1412] **v. intr.** (**aus.** *avere*) ● estrarre il sale nelle saline

salinàro ➤ **salinaio**

salinaròlo [da *salinaro* ✱ av. 1537] **s. m.** ● salinaio

salinatóre [dal lat. *salinatōre(m)*, da *salīnus* 'salino' ✱ 1585] **s. m.** ● salinaio | †appaltatore della gabella del sale

salinatùra [da *salinare* ✱ 1855] **s. f.** ● operazione per estrarre il sale dalle acque del mare

salinèlla [da *salina*② ✱ 1959] **s. f.** ● (*geol.*) sorgente fredda di acqua, gas e melma ricca di cloruri e altri sali

salinità [da *salino* ✱ 1929] **s. f. inv.** ● rapporto tra la massa di sale, misurata di solito in grammi, contenuta in una data quantità di acqua e la quantità di acqua stessa, misurata in litri

salìno [lat. *salīnu(m)*, da *sāl*, genit. *sălis* 'sale' ✱ 1681] **A agg. 1** di sale: *sostanza salina* **2** che contiene sale: *acque saline* | che ha aspetto o proprietà di sale **B s. m. 1** salsedine **2** (*sett.*) saliera

salinòmetro [comp. di *salino* e *-metro* ✱ 1959] **s. m.** ● apparato per la misurazione della salinità dell'acqua marina

†**salinóso** (o **-ṣo**) [1499] **agg.** ● (*lett.*) salino

sàlio [sing. di *Salii*, vc. dotta deriv. dal lat. *Sălii* (nom. pl.) 'sacerdoti di Marte', prob. connesso con *salīre* 'saltare', per le danze rituali, di carattere guerresco, annualmente celebrate nelle processioni di questo collegio sacerdotale ✱ 1589] **s. m.** (**pl.** *-ii*) ● membro di un collegio sacerdotale degli antichi Romani, dedito al culto di Marte e alle cerimonie relative all'apertura e chiusura dell'anno militare **CFR.** saliare

♦**salìre** o †**saglìre** [lat. *salīre* 'saltare', di orig. indeur. ✱ av. 1257] **A v. intr.** (**pres.** *io sàlgo, pop. salìsco,* †*sàglio, tu sàli, pop. salìsci,* †*sàgli, egli sàle, pop. salìsce,* †*sàglie, noi saliàmo,* †*sagliàmo, voi salìte,* †*saglìte, essi sàlgono, pop. salìscono,* †*sàgliono*; **fut.** *io salirò,* †*sarrò*; **pass. rem.** *io salìi,* †*sàlsi,* †*salètti, tu salìsti*; **congtv. pres.** *io sàlga, pop. salìsca,* †*sàglia, noi saliàmo,* †*sagliàmo, voi saliàte,* †*sagliàte, essi sàlgano, pop. salìscano,* †*sàgliano*; **condiz. pres.** *io salirèi,* †*sarrèi,* †*sarrìa*; **gerund.** *salèndo,* †*saglièndo*; **part. pres.** *salènte* o *saliènte,* †*sagliènte*; **aus.** *essere*) **1** andare su, verso l'alto o verso un luogo più alto, a piedi e per gradi: *s. sul tetto, per le scale, su per le scale, sulla torre, in cima alla torre, in vetta, fino in vetta; s. piano, lentamente, faticosamente; salire al quarto piano; s. in casa, in ufficio* | ***s. da qlcu.***, andare in casa sua per intrattenervisi più o meno a lungo: *vuoi s. da noi?; perché non salite un po'?* | montare: *s. su una sedia; s. sul treno, in tram; s. a cavallo, in groppa, in sella* | ***s. sulla nave***, imbarcarsi | ***s. in cattedra***, (*fig.*) fare il saccente | (*fig.*) ***s. in superbia, in collera***, insuperbirsi, incollerirsi **2** andare su, verso l'alto o verso un luogo più alto utilizzando un veicolo e con movimento regolare e continuo: *s. con l'ascensore, in ascensore, con la funicolare, con la funivia* **3** andare verso l'alto, levarsi in volo, in aria (*anche fig.*): *il dirigibile salì molto in alto; l'aereo sale fino a tremila metri; dal cratere salgono nuvole di vapore; le fiamme salirono fino alla casa; le urla salirono al cielo* | ***s. in Paradiso, al Cielo***, (*fig., eufem.*) morire | levarsi all'orizzonte, sorgere: *il sole sale; salì la luna* **4** ergersi: *la catena montuosa sale fino ad altezze inaudite* | essere in salita: *la strada sale; il sentiero sale dolcemente* **5** (*fig.*) pervenire a una condizione migliore, più alta: *s. nella considerazione, nella stima degli altri; s. in ricchezza, in potere, in fama, in gran fama; s. in grado, di grado; s. dal niente, da umile stato* | ***s. al trono***, (*fig.*) diventare re **6** (*fig.*) aumentare, crescere, d'intensità, numero, quantità, livello e sim.: *la voce salì di un tono; il numero degli abitanti sale continuamente; la temperatura è salita; il livello del fiume tende a s.* | rincarare: *i prezzi salgono; la frutta è salita alle stelle; la benzina sale ancora* **7** (*lett.*) †balzare, saltare: *del palafreno il cacciator giù sale* (L. ARIOSTO) **B v. tr. 1** percorrere andando dal basso verso l'alto: *s. le scale, una montagna; s. i gradini a due a due, uno per volta* **2** (*fig., poet.*) superare, oltrepassare: *e tu, lieta e pensosa, il limitare / di gioventù salivi?* (G. LEOPARDI)

saliṣburghése (o **-ṣe**) [sec. XV] **A agg.** ● di Salisburgo **B s. m. e f.** ● abitante o nativo di Salisburgo

saliscéndi (o **-è-**), †**saliscéndo** (o **-è-**) [comp. di *sali(re)* e *scendere* ✱ av. 1400] **s. m. inv. 1** sistema di chiusura per porte e finestre, costituito da una spranghetta mobile di ferro fissata a un battente che va a incastrarsi in un gancio o nasello infisso nell'altro battente **2** dispositivo per regolare l'altezza delle lampade dal soffitto **3** alternanza di salite e di discese

♦**salìta** [da *salire* ✱ 1308] **s. f. 1** azione del salire: *la s. del monte; fare una s.; la s. è stata dura* | ***strada in s.***, ripida, che sale | ***tappa in s.***, nel ciclismo su strada, quella effettuata su strade di montagna | ***in s.***, (*fig.*) difficile, irto di ostacoli: *in s. la trattativa tra governo e sindacati* | arrampicata, come esercizio ginnico: *s. alla fune, alla pertica* **CONTR.** discesa **2** percorso, strada, per cui si sale: *all'inizio, a metà della s.; in fondo, in cima alla s.; camminare in s.* **SIN.** erta **CONTR.** china, declivio, discesa **3** (*fig.*) assunzione di un incarico, ascesa al potere: *s. al trono* ‖ **salitàccia**, **pegg.** | **salitèlla**, **dim.** | **salitìna**, **dim.** | **salitóna**, **accr.**

salìto **part. pass.** di *salire* ● nei sign. del v.

salitóio [da *salire* ✱ av. 1400] **s. m.** (**pl.** *-ói*) ● (*raro*) scaletta o attrezzo usati per salire

†**salitóre** [1319] **s. m.** (**f.** *-trice*); **anche agg.** ● (*lett.*) chi (o che) sale

salìva o †**scialìva**, †**scilìva** [lat. *salīva(m)*, di etim. incerta ✱ 1287] **s. f.** ● liquido incolore, filante, prodotto dalle ghiandole salivari situate nella mucosa del cavo orale, che ha alcune attività digestive | (*fam., fig.*) ***essere attaccato con la s.***, di cosa che non regge, che si stacca subito **CFR.** scialo-

salivàre① o **salivàle** [1829] **agg.** ● di saliva, relativo alla saliva: *ghiandola s.; dotto s.*

salivàre② [lat. *salivāre*, da *salīva* 'saliva' ✱ 1745] **v. intr.** (**aus.** *avere*) ● produrre saliva

salivatòrio [da *salivare*② ✱ 1745] **agg.** (**pl. m.** *-i* o *raro -ii*) ● relativo alla salivazione

salivazióne [lat. tardo *salivatiōne(m)*, da *salivāre* ✱ av. 1712] **s. f.** ● produzione ed escrezione della saliva

†**salìvo** [av. 1494] **s. m.** ● (*disus., sett.*) saliva

sallustiàno [lat. *Sallustiānu(m)*, dal n. proprio *Sallūstius* 'G. Sallustio' (86-35 a.C.) ✱ sec. XV] **agg.** ● relativo allo storico romano Sallustio e alle sue opere

sàlma [lat. tardo *săgma(m)* 'basto, sella', dal gr. *ságma*, genit. *ságmatos*. V. *soma*① ✱ av. 1294] **s. f. 1** †soma, bagaglio pesante | (*est.*) †armatura pesante **2** (*poet.*) corpo umano, rispetto all'anima: *'l Figliuol di Dio / carcar si volse de la nostra s.* (DANTE *Par.* XXXI, 113-114) **3** spoglie mortali, corpo di una persona defunta composto per le esequie: *qui giace la s.; trasporto, traslazione, benedizione, deposizione, ricognizione, della s.* **4** misura italiana di capacità per aridi e liquidi, usata in varie province con valori compresi fra circa 70 e 300 litri | misura italiana di superficie, usata in varie province con valori compresi fra circa 1 e 4 ettari: *aveva potuto acquistare due 'salme' di terreno per un pezzo di pane* (G. TOMASI DI LAMPEDUSA)

salmarìno① o **sal marìno**, **sàle marìno** [comp. di *sal(e)* e *marino* ✱ 1957] **s. m.** (**pl.** *sàli marìni*) ● (*chim.*) cloruro sodico

salmarìno② ➤ **salmerino**

♣**salmàstro** [dal lat. *salmăcidu(m)* 'salmastro', comp. di *sălgama* (nt. pl.) 'conserve' e *ăcidus* 'aspro', attraverso l'ant. fr. *saumastre* ✱ av. 1320] **A agg.** ● che contiene sali marini in concentrazione inferiore a quella del mare: *stagno, estuario s.* | ***piante salmastre***, che vivono in acque salse | caratteristico del sale o della salsedine: *odore s.* **B s. m.** ● sapore, odore di salsedine: *sapere, sentire, di s.*

salmastróso (o **-ṣo**) [da *salmastro* ✱ 1891] **agg.** ● che ha sapore di salmastro: *acqua salmastrosa* | che contiene sale: *terreno s.*

salmeggiaménto [av. 1694] **s. m.** ● (*raro*) il salmeggiare

salmeggiàre [sec. XIV] **A v. intr.** (**pres.** *io salméggio*; **fut.** *io salmeggerò*; **aus.** *avere*) ● cantare, recitare salmi: *s. a Dio, pregare e s.* **B v. tr.** ● (*lett.*) recitare o cantare un salmo e sim.: *e le monache [si ridussero] al coro per salmeggiarvi ... la compieta* (I. NIEVO)

salmerìa [da *salma* (V.) ✱ av. 1348] **s. f.** ● (spec. al pl.) insieme di veicoli, carri e animali da soma adibiti al trasporto di materiali vari, armi, munizioni, viveri, artiglieria someggiata e sim. | insieme dei materiali così trasportati

salmerìno o (*ven.*) **salmarìno**② [dial. trentino *salmarin*, dal ted. tirolese *salmling*, da *Salm* 'salmone' ✱ 1875] **s. m.** ● robusto pesce dei Salmonidi grigio olivastro con pinne giallastre, pregiato e allevato in acque fresche (*Salvelinus salmarinus*)

salmerìsta [1942] **s. m.** (**pl.** *-i*) ● soldato addetto alle salmerie di un reparto

salmì [dal fr. *salmis*, abbr. di *salmigondis*, dall'it. *salami conditi* ✱ 1741] **s. m. inv.** ● intingolo preparato con pezzi di selvaggina macerati in vino e poi cotti in un sugo aromatico: *lepre in s.; s. di pernice*

salmiàco [dal lat. *sāl Ammonĭacu(m)* (nom.) 'sale dell'oasi di Ammonio' ✱ 1959] **s. m.** (**pl.** *-ci*) ● minerale costituito da cloruro ammonico

†**salmisìa** o †**sal mi sìa** [abbr. tosc. di *salvo mi sia* ✱ 1612] **inter.** ● (*tosc.*) Dio mi scampi, Dio me ne liberi (con valore deprecativo parlando di sventure, disgrazie, malanni e sim.)

salmìsta [vc. dotta, dal lat. tardo (eccl.) *psalmĭsta(m)*, adattamento del gr. *psalmistḗs*, da *psalmós* 'salmo' ✱ 1308] **s. m.** (**pl.** *-i*) ● poeta autore di salmi | ***il Salmista***, (*per anton.*) il re David, compositore di salmi

salmistràre [dal veneto *salmistro* 'salnitro'. V. *salnitro* ✱ 1858] **v. tr.** ● (*cucina*) trattare la lingua di bue con salnitro e sale, lasciandola poi alcuni giorni in salamoia con spezie e infine lessandola

salmistràto **part. pass.** di *salmistrare*; **anche agg.** ● nel sign. del v.: *lingua salmistrata*

sàlmo [dal lat. tardo (eccl.) *psălmu(m)*, dal gr. *psalmós*, da *psállein* 'cantare al suono della cetra', di orig. indeur. ✱ 1287] **s. m. 1** ciascuna delle centocinquanta composizioni religiose ritmate, in parte attribuite a Davide, destinate al canto, le quali costituiscono il Libro dei Salmi nella Bibbia ebraica e cristiana | **PROV.** ***tutti i salmi finiscono in gloria***, certi discorsi o certi eventi si concludono sempre allo stesso modo **2** (*mus.*) canto della chiesa comprendente quattro elementi, l'intonazione o preludio, il tenore, la cadenza media, la cadenza finale

salmodìa o †**psalmodìa** [vc. dotta, dal lat. tardo (eccl.) *psalmōdia(m)*, dal gr. *psalmōidía*, comp. di *psalmós* 'salmo' e *ōidḗ* 'canto' ✱ sec. XIII] **s. f.** ● canto di salmi | modo di cantare i salmi

salmodiànte **part. pres.** di *salmodiare*; **anche agg. 1** nel sign. del v.: *processione s.* **2** (*est.*) che parla, recita o canta con tono lento e monotono: *voce, coro s.*

salmodiàre [da *salmodia* ✱ 1842] **v. intr.** (*io salmòdio*; **aus.** *avere*) ● cantare salmi, inni religiosi, spec. in coro

salmòdico [1781] **agg.** (**pl. m.** *-ci*) ● di salmodia, di salmi: *canto s.*

salmògrafo [vc. dotta, dal lat. tardo (ecclesiastico) *psalmŏgraphu(m)*, comp. di *psălmus* 'salmo' e *-grăphus* '-grafo' ✱ 1585] **s. m.** ● (*lett.*) salmista

salmonàre [da *salmone* ✱ 1903] **v. tr.** (*io salmóno*) ● conferire la salmonatura alla carne di alcune specie di trota in allevamento, aggiungendo crostacei alla loro alimentazione

salmonàto **part. pass.** di *salmonare*; anche **agg.** ● nel sign. del v.: *trota salmonata*

salmonatùra [1983] **s. f.** ● colorazione roseo-arancione che compare nella carne dei salmoni e di alcune specie di trota che si cibano di crostacei ricchi di carotene

salmóne o †**salamóne**① nel sign. A, †**sermóne**② nel sign. A [lat. *salmōne(m)*, di orig. celt. ✱ 1287] **A** **s. m.** **1** pesce osseo dei Salmonidi, pregiatissimo, che abita le acque fredde dell'Atlantico e si riproduce nei fiumi (*Salmo salar*) | ***s. del Danubio***, huco **2** (*mar.*) pezzo lungo e grosso di ferro o di piombo per zavorra ‖ **salmoncino**, **dim.** **B** **in funzione di agg. inv.** ● (posposto a un sost.) che ha il colore rosa carico tendente all'arancione caratteristico della carne affumicata del pesce omonimo: *un vestito s.*; *una tovaglia rosa s.*

salmonèlla [dal n. del medico ingl. D. E. *Salmon* (1850-1914) ✱ 1957] **s. f.** ● (*biol.*) batterio che può provocare un'infezione intestinale sia negli uomini sia negli animali (*Salmonella*)

salmonellòṣi [comp. di *salmonell(a)* e *-osi* ✱ 1908] **s. f. inv.** ● (*med.*) ogni infezione causata da batteri del genere *Salmonella*, che comprende infezioni gastrointestinali, batteriemie, febbre tifoide e sim.

Salmònidi [comp. di *salmone* e *-idi* ✱ 1931] **s. m. pl.** (**sing.** *-e*) ● (*zool.*) famiglia di Pesci ossei dei Clupeiformi, di carni molto pregiate, caratterizzati dall'avere la seconda pinna dorsale adiposa (*Salmonidae*)

salmoriglio [dallo sp. *salmorejo* 'salsa di acqua, aceto, olio, sale e pepe', deriv. di *salmuera* 'salamoia' ✱ 1989] **s. m.** ● (*cucina*) salsa siciliana a base di olio, limone, sale, pepe, aglio, prezzemolo e origano, usata per condire il pesce cotto alla griglia

salnitràio [1872] **s. m.** (**pl.** *-ai*) ● (*raro*) operaio addetto alla fabbricazione del salnitro

salnìtro o †**sannitrio** [dal lat. *sāl nĭtru(m)* (nom.) 'nitro, salnitro'. V. *nitro* ✱ sec. XIV] **s. m.** ● correntemente, nitrato di potassio

salnitróso (o **-ṣo**) [1531] **agg.** ● che contiene salnitro

salodiàno [da *Salò*, con inserimento della *-d-* per ragioni eufoniche ✱ 1585] **A** **agg.** ● di Salò **B** **s. m.** (**f.** *-a*) ● abitante o nativo di Salò **CFR.** saloino

saloìno [da *Salò* con il suff. *-ino*, frequente negli etnici ✱ 1965] **agg.** ● relativo alla Repubblica Sociale Italiana (1943-45), il cui governo ebbe sede a Salò **SIN.** repubblichino **CFR.** salodiano

salòlo [comp. di *sal(icile)* e *-olo*① ✱ 1905] **s. m.** ● (*chim.*) salicilato di fenile usato in medicina per le proprietà antisettiche

salomóne o (*pop.*) **salamóne**② [nome dell'antico re d'Israele famoso per l'eccezionale saggezza (dal lat. *Salamōne(m)*, dal gr. *Salōmōn*, dall'ebr. *Shelōmōh* connesso con *shālōm* 'pace') ✱ 1584] **s. m.** ● (*per anton.*) persona eccezionalmente saggia e sapiente: *parlare come Salomone*; *credersi un s.*; *essere un s.*

♦**salomònico** [1880] **agg.** (**pl. m.** *-ci*) **1** relativo al biblico re Salomone: *sapienza, saggezza salomonica* **2** (*fig.*) giusto, imparziale: *giudizio s.* ‖ **salomonicaménte**, **avv.** in modo rigidamente imparziale

♦**salóne** [accr. di *sala*①; nei sign. A 2 e A 3, cfr. il fr. *salon* ✱ 1550] **A** **s. m.** **1** in un appartamento, ampio soggiorno | ampia sala con particolari funzioni di rappresentanza: *s. da ballo*; *s. affrescato, istoriato*; *aprire i saloni per un ricevimento* **2** mostra di prodotti artigianali o industriali che ha luogo periodicamente: *il s. dell'automobile, della tecnica, della moda, dell'alimentazione* | luogo, edificio in cui tale mostra si svolge **3** (*merid.*) negozio di barbiere o di parrucchiere | ***s. di bellezza***, locale dove si praticano trattamenti estetici **B** **in funzione di agg. inv.** ● (posposto al sost.) nella loc. ***vettura s.***, vettura ferroviaria di lusso, con poltrone e tavolini ‖ **saloncino**, **dim.**

saloon /sa'lun, *ingl.* sə'lu:n/ [vc. ingl. d'America, dal fr. *salon*, a sua volta deriv. dall'it. *salone* ✱ 1921] **s. m. inv.** ● caratteristico locale pubblico degli Stati Uniti dell'epoca della conquista del West (nella seconda metà del sec. XIX), dove si consumavano bevande alcoliche, si giocava d'azzardo e si tenevano spettacoli di varietà

salopette /*fr.* salɔ'pɛt/ [vc. fr., prob. da *salope* 'persona mal vestita, poco pulita', comp. di *sale* 'sporco' e *hoppe*, var. dial. di *huppe* 'upupa', uccello ritenuto poco pulito ✱ 1923] **s. f. inv.** ● indumento costituito da pantaloni con pettorina e bretelle, usato per comodità, come tuta da lavoro o come capo d'abbigliamento sportivo: *una s. di tela jeans*; *s. e giacca a vento*

†**salòtta** [f. di *salotto* ✱ 1550] **s. f.** ● piccola sala, spec. di palazzo

salottièro [1931] **agg.** ● relativo ai salotti mondani | (*est.*) vacuo, superficiale, frivolo: *poeta s.*; *discorsi salottieri*; *società, cultura salottiera*

♦**salòtto** [da *sala*① ✱ 1521] **s. m.** **1** stanza, generalmente arredata con particolare cura e fornita di divano e poltrone, con funzioni di ricevimento, conversazione e sim.: *ricevere qlcu. nel s.*; *passare in s.* | ***s. buono***, spec. un tempo, quello arredato bene, particolarmente adatto alle grandi occasioni; (*fig.*) Nel linguaggio giornalistico, gruppo esclusivo di persone o aziende: *il s. buono della finanza italiana* | (*est.*) insieme dei mobili che costituiscono l'arredamento di tale stanza: *un s. rosso*; *comprare un s. nuovo*; *cambiare il s.* **2** (*est.*) riunione mondana, culturale, artistica o sim. che ha luogo in un'abitazione privata: *s. letterario*; *il s. della signora è sempre ben frequentato*; *tiene s. ogni venerdì*; *fa parte di uno dei migliori salotti della città* | ***chiacchiere da s.***, discorsi frivoli, superficiali | ***fare s.***, intrattenersi conversando su argomenti futili | (*est.*) insieme delle persone che abitualmente partecipano a tali riunioni: *è molto conosciuta nei salotti* ‖ **salottino**, **dim.**

sàlpa o (*sicil.*) **sàrpa** [lat. *sălpa(m)*, dal gr. *sálpē*, di orig. mediterr. ✱ 1476] **s. f.** ● (*zool.*) tunicato dei Taliacei, con corpo trasparente e di forma cilindrica, che vive trasportato dalle correnti, senza prendere contatto con il fondo marino (*Salpa*)

salpàncora o **salpàncore** [comp. di *salp(are)* e *ancora* ✱ 1957] **s. m. inv.** ● (*mar.*) argano o verricello, azionato da motore elettrico o idraulico, che sulle navi serve a recuperare la catena dell'ancora

♦**salpàre** o †**sarpàre** [dal catalano parl. **exharpāre*, che è dal gr. *exharpázein* 'strappare (le ancore)' ✱ av. 1388] **A** **v. tr.** ● recuperare, sollevare dal fondo del mare: *s. una mina, l'ancora* **B** **v. intr.** (**aus.** *essere*) **1** partire dal luogo dell'ancoraggio: *s. da Napoli per New York* **2** (*fig., scherz.*) partire, andarsene

salpìnge [vc. dotta, dal lat. tardo *salpĭnge(m)* 'tromba', dal gr. *sálpinx*, genit. *sálpingos*, di orig. mediterr. (?) ✱ 1829] **s. f.** **1** (*anat.*) struttura anatomica a forma di tubo con un'estremità dilatata | ***s. uterina***, tuba uterina | ***s. uditiva***, tromba uditiva, tromba di Eustachio **2** (*archeol.*) tromba lunga anche più di due metri e diritta, usata presso gli antichi Greci spec. nelle azioni militari e talvolta nelle processioni religiose

salpingectomìa [comp. di *salping(e)* ed *-ectomia* ✱ 1890] **s. f.** ● (*chir.*) asportazione chirurgica mono- o bilaterale delle salpingi uterine

salpingìte [comp. di *salping(e)* e *-ite*① ✱ 1890] **s. f.** ● (*med.*) infiammazione della salpinge

salpingografìa [comp. di *salping(e)* e *-grafia* ✱ 1959] **s. f.** ● (*med.*) indagine radiografica delle salpingi mediante immissione di un mezzo di contrasto radiopaco attraverso il canale uterino

salpingoplàstica [comp. di *salping(e)* e *-plastica* ✱ 1959] **s. f.** ● (*chir.*) intervento di chirurgia plastica eseguito sulle salpingi spec. per tentare di ristabilirne la pervietà

♦**sàlsa**① [dal lat. *sălsa(m)*, f. sost. di *sălsus* 'salso' ✱ 1289] **s. f.** ● condimento più o meno denso o cremoso, preparato a parte per aggiungere sapore a certe vivande: *s. di pomodoro, verde, piccante, bianca, tartara, maionese* | ***s. dolce***, conserva di pomodoro addolcita con zucchero, diluita con aceto e aromatizzata con spezie e aromi | sugo, intingolo | (*fig., scherz.*) ***s. di S. Bernardo***, fame | ***cucinare qlco. in tutte le salse***, (*fig.*) presentare una stessa cosa in modi diversi ‖ **salsétta**, **salsettina**, **dim.** | **salsina**, **dim.**

sàlsa② [da *salso* ✱ sec. XVI] **s. f.** ● pozza di fango ribollente per emissione di metano dalle rocce del sottosuolo

salsa③ /*sp.* 'salsa/ [n. della danza nello sp. d'America, propr. 'salsa' ✱ 1980] **s. f. inv.** ● (*mus.*) musica dei Caraibi, caratterizzata da ritmo vivace, detta anche jazz afro-cubano

salsamentàrio [dal lat. *salsamentāriu(m)* 'salumaio', da *salsamĕntum* 'pesce salato'. V. †*salsamento* ✱ 1812] **s. m.** (**f.** *-ia*) ● (*tosc.*) salumiere

salsamenterìa [comp. di *salsament(ario)* ed *-eria* ✱ 1931] **s. f.** ● (*tosc.*) salumeria

†**salsaménto** [lat. *salsamĕntu(m)* 'pesce salato', da *sălsus* 'salato' ✱ sec. XIV] **s. m.** ● vivanda piccante, preparata con salsa o sale

salsapariglia [dallo sp. *zarzaparilla*, comp. di *zarza* 'arbusto', dall'arabo *šaras* 'pianta spinosa', e *parrilla*, dim. di *parra* 'vite' ✱ 1567] **s. f.** ● liliacea rampicante dell'America centrale con rizoma duro e tenace, foglie lunghe con lungo picciolo, usato nella medicina popolare (*Smilax medica*) | (*raro, scherz.*) ***avere preso la s.***, di chi si copre molto quando fa caldo

salsàto [1970] **agg.** ● arricchito con salsa: *pomodori pelati salsati*

salsèdine [vc. dotta, dal lat. tardo *salsēdine(m)*, da *sălsus* 'salato' ✱ av. 1466] **s. f.** **1** caratteristica di ciò che è salso: *la s. del mare* | insieme di elementi salini nell'aria: *vento impregnato di s.* | residuo secco lasciato dall'acqua salata: *viso incrostato di s.* **2** †erpete, eritema

salsedinóso (o **-ṣo**) [1750] **agg.** ● che è pieno, ricco di salsedine

salsèfrica o **salsèfica**, **sassèfrica** [vc. dotta, dal lat. *saxĭfraga(m)* (*herba(m)*). V. *sassifraga* ✱ 1612] **s. f.** ● (*bot.*) barba di becco

salsése (o **-ṣe**) [da *Salso* ✱ 1993] **A** **agg.** ● di

Salsomaggiore **B** **s. m. e f.** ● abitante o nativo di Salsomaggiore

salsézza [1340 ca.] **s. f.** ● (*lett.*) salsedine | sapore di salso

salsìccia o (*pop.*) **salcìccia** [dal lat. *salsīcia* (nt. pl.), sovrapposizione di *sălsus* 'salato' ad *insīcia* 'cicciolo, polpetta', da *īn* e *secāre* 'tagliare' ✱ 1353] **s. f.** (**pl.** *-ce*) **1** carne di maiale tritata e insaccata, con sale e aromi, in budella minute di porco: *polenta e s.*; *s. con le uova*; *risotto con s.* | (*fam., fig.*) ***fare s., salsicce, di qlcu.***, malmenarlo violentemente, farlo a pezzi | (*fig.*) †***legare la vigna, le viti, con le salsicce***, vivere nell'abbondanza, fare grande spreco: *Bengodi, nella quale si legano le viti con le salsicce* (G. Boccaccio) **2** †fascina usata come rivestimento e sostegno della terra in opere terrapienate **3** lunga sacca in tela o cuoio contenente miscela da sparo, funzionante come miccia per mine e brulotti, nelle antiche guerre navali ‖ **salsiccétta**, **dim.** | **salsiccìna**, **dim.** | **salsicciòna**, **accr.** | **salsicciòne**, **accr. m.** | **salsicciòtto**, **alter.**

salsicciàio [av. 1543] **s. m.** (**f.** *-aia*, **pl. m.** *-ai*) ● chi fa o vende salsicce | salumiere, pizzicagnolo

salsicciòtto [da *salsiccia* ✱ 1478] **s. m.** **1** grossa salsiccia da mangiarsi cruda | (*fam.*) ***sembrare un s.***, di persona o cosa dall'aspetto goffo, eccessivamente pingue e sim. **2** rotoletto di lana cardata per il filatoio a macchina

salsièra [1836] **s. f.** ● piccolo recipiente, di materiale e forma vari, usato per portare la salsa in tavola

♣**sàlso** [lat. *sălsu(m)*, part. pass. di *săllere* 'salare', connesso con *săl*, genit. *sălis* 'sale' ✱ 1282] **A** **agg.** ● che contiene sale, che sa di sale: *l'acqua salsa del mare* **B** **s. m.** ● salsedine | sapore di sale

salsobromoiòdico [comp. di *salso*, *bromo* e *iodio* ✱ 1912] **agg.** (**pl. m.** *-ci*) ● che contiene cloruro, bromuro e ioduro di sodio | detto di acque, fanghi e sim. che contengono tali sali | detto di cura praticata con acque, fanghi e sim. salsobromoiodici

salsoiòdico [comp. di *salso* e *iodico* ✱ 1872] **agg.** (**pl. m.** *-ci*) ● che contiene cloruro e ioduro di sodio | detto di acque, fanghi e sim. che contengono tali sali | detto di cura praticata con acque, fanghi, e sim. salsoiodici

salsùggine [lat. *salsūgine(m)*, da *sălsus* 'salso' ✱av. 1320] **s. f.** ● (*lett.*) salsedine

salsugginóso (o **-ṣo**) [da *salsuggine* ✱av. 1698] **agg.** ● (*raro, lett.*) salsedinoso

salsùme [da *salso* ✱ 1306] **s. m.** **1** (*raro*) sapore salso **2** †salume

saltabécca [comp. di *salta(re)* e *becco* 'corno' ✱av. 1704] **s. f.** ● (*pop.*) cavalletta | (*pop.*) cervo volante

saltabeccàre [da *saltabecca* ✱ 1566] **v. intr.** (*io saltabécco, tu saltabécchi*; **aus.** *avere*) **1** procedere a salti **2** (*fig.*) passare rapidamente e per lo più casualmente da un elemento, da un argomento o sim. all'altro: *s. tra gli articoli di un giornale*

saltabellàre [da *saltabeccare* con sovrapposizione del comune suff. *-ellare* ✱ 1353] **v. intr.** (*io saltabèllo*; **aus.** *avere*) ● (*raro, lett.*) saltellare: *tre cavalli neri … saltabellavano su per un pascolo* (G. D'Annunzio)

†**saltabèllo** [da *saltabellare* ✱ 1684] **s. m.** ● (*lett.*) saltello

saltafòssi [comp. di *salta(re)* e il pl. di *fosso* ✱ 1870] **s. m. inv.** **1** specie di calesse a due ruote **2** barca fluviale molto leggera, usata nelle valli di pesca

saltafòsso [comp. di *salta(re)* e *fosso*, in senso figurato ✱ 1958] **s. m.** ● (*sett.*) tranello

†**saltaimbàrca** ➤ †**saltambarca**

saltaleóne [comp. di *salta(re)* e *leone* ✱ 1706] **s. m.** ● filo d'acciaio, ottone o altro metallo avvolto strettamente a spirale e compresso, che, lasciato libero, scatta per la sua grande elasticità

saltamacchióne [comp. di *salta(re)* e *macchione* ✱ 1891] **s. m.** ● tipo di taglio di boschi cedui

saltamartìno [comp. di *salta(re)* e *Martino*. V. *martino*②, *martinello* ✱ 1618] **s. m.** **1** (*pop.*) grillo, cavalletta **2** (*fig.*) bambino vivace e irrequieto **3** giocattolo formato da mezzo guscio di noce che viene fatto saltare mediante una molla **4** cannoncino campale usato dai veneziani nel XVI e XVII secc.

saltambànco ➤ **saltimbanco**

†**saltambàrca** o †**saltaimbàrca** [comp. imperat. di *saltare*, *(i)n* e *barca* ✱ 1516] **s. m. inv.** ● mantella marinaresca

†**saltaménto** [da *saltare* ✱sec. XIII] **s. m.** ● salto

†**saltamindòsso** [comp. di *saltami* e *indosso* ✱av. 1400] **s. m. inv.** ● (*tosc.*) abito misero e striminzito: *un mantellino, che parea un s.* (F. Sacchetti)

†**saltanséccia** [comp. di *salta(re)*, *(i)n* e *seccia* (V.) ✱sec. XIV] **s. f.** ● (*raro, fig.*) persona volubile e leggera | ragazzina

saltapàsta [comp. di *salta(re)* e *pasta* ✱ 2001] **agg. inv.**; **anche s. f. inv.** ● detto di padella dal fondo antiaderente e dai bordi piuttosto alti che si usa per saltare e condire la pasta

♦**saltàre** [lat. *saltāre*, iter. intens. di *salīre* 'saltare, ballare'. V. *salire* ✱ 1250 ca.] **A** **v. intr.** (**aus.** *avere* **se si indica l'azione in sé come esercizio fisico;** *essere*, **se si indica l'azione con riferimento a un punto di partenza o di arrivo, e negli usi figurati**) **1** sollevarsi di slancio da terra rimanendo per un attimo con entrambi i piedi privi di appoggio e ricadendo poi sul punto di partenza o poco più lontano: *prendere lo slancio per s.*; *ho saltato a piedi pari*; *s. sul piede destro, sul piede sinistro, su un piede solo* | (*est.*) ***s. dalla gioia, dall'allegria, dalla felicità*** e sim., manifestare tali sentimenti in modo vivace e rumoroso | compiere un balzo in alto, in basso, in avanti o di lato, in modo da ricadere su un punto diverso da quello di partenza: *s. dalla finestra, dal ponte, dal trampolino, dal letto*; *s. in mare, nell'acqua*; *s. a terra*; *s. oltre il ruscello*; *s. giù da una sedia*; *s. come una capra, come un camoscio, come un grillo, come una cavalletta*; *la palla è saltata dall'altra parte della rete*; (come pratica sportiva) *s. in lungo, in alto, con l'asta* | ***s. agli occhi***, (*fig.*) di ciò che si manifesta con chiara evidenza: *la sua innocenza mi è saltata subito agli occhi* | ***s. al collo di qlcu.***, per malmenarlo, picchiarlo o per abbracciarlo | ***s. addosso a qlcu.***, assalirlo, aggredirlo (anche solo a parole); (*fig.*) avvicinarsi a qlcu. tentando un approccio sessuale | ***s. in testa, per la testa, in mente, per la mente***; ***s. il capriccio, il ticchio, il grillo***, di idea, pensiero, capriccio e sim. che si manifestano improvvisamente e senza alcun motivo plausibile: *che cosa ti salta in mente?*; *gli è saltato il ticchio di partire* | (*fig.*) ***mi è saltata la mosca al naso***, ho perso la pazienza, mi sono arrabbiato | ***s. fuori***, apparire improvvisamente, farsi avanti: *dall'automobile sono saltati improvvisamente fuori due banditi*; (*est.*) essere trovato: *bisogna far s. fuori i soldi per la spesa*; *il libro che non trovi prima o poi salterà fuori*; (*fig.*) dire, esprimere le proprie opinioni, parlare e sim. in modo improvviso e inatteso: *s. fuori con un discorso, con una proposta*; *è saltato fuori con le sue solite sciocchezze* | (*fig.*) ***s. su a dire, a fare*** e sim., dire, fare, qlco. tutto d'un tratto e spesso a sproposito: *è saltato su a dire che avevo torto* **2** schizzare, volar via, uscir fuori con impeto: *le schegge saltarono fino al soffitto*; *sono saltati (via) due bulloni*; *mi è saltato un bottone dal vestito* | ***s. in aria***, di costruzione, edificio e sim. che viene squarciato e lanciato in aria da uno scoppio o da un'esplosione: *a causa della fuga di gas l'intera casa è saltata in aria*; *il siluro fece s. in aria la nave* | ***fare s.***, distruggere in modo violento, spec. con un'esplosione: *i ribelli fecero s. la ferrovia*; (*fig.*) provocare una grave crisi in un'istituzione: *hanno fatto s. il governo*; (*fig.*) destituire qlcu. da un incarico, un ufficio e sim.: *il direttore generale è stato fatto s.* | (*fig.*) ***far s. il banco***, nei giochi d'azzardo, sbancare | ***farsi s. le cervella***, uccidersi con un colpo di pistola, spec. diretto alla tempia **3** salire, montare: *è saltato in groppa, in sella, a cavallo, sul tram in corsa* | (*poet.*) †levarsi del vento: *la tempesta saltò tanto crudele, / che sbigottì* (L. Ariosto) **4** (*fig.*) passare da un punto a un altro non logicamente connesso col primo: *saltate al capitolo seguente*; *da pagina 10 salteremo a pagina 100* | ***s. di palo in frasca***, passare da un argomento a un altro completamente diverso in modo brusco e illogico **5** guastarsi, bloccarsi, smettere all'improvviso di funzionare: *è saltata la corrente, la lampadina*; *sono saltati i terminali* | (*fig.*) ***gli sono saltati i nervi***, ha perso il controllo **6** (*fig.*) andare improvvisamente a monte, essere annullato, fallire: *l'incontro tra i due dirigenti è saltato*; *l'accordo rischia di s.* **7** (*lett.*) ballare, danzare: *una coppia saltava alla maniera rustica* (G. D'Annunzio) **B** **v. tr.** **1** oltrepassare, attraversare con un salto: *s. una siepe, un ostacolo* | ***s. il fosso***, (*fig.*) passare risolutamente sopra a una difficoltà, risolverla con decisione **2** (*fig.*) omettere, tralasciare, spec. nel parlare, nello scrivere, nel leggere e sim.: *ho saltato due parole*; *nella traduzione saltò mezza pagina*; *saltate il primo capitolo*; *salta una riga del dettato*; *nell'elenco degli invitati abbiamo saltato i Rossi* | ***s. il pasto, il pranzo, la cena*** e sim., non consumarli, digiunare | ***s. una classe***, guadagnare un anno del regolare corso di studi superando privatamente gli esami prescritti per la classe seguente a quella attualmente frequentata **3** (*cucina*) rosolare a fiamma viva, con olio o burro: *s. la carne*

†**saltarellàre** ➤ **salterellare**

saltarèllo o (*raro*) **salterèllo** [da *saltare* ✱ av. 1502] **s. m.** ● danza di carattere brioso dei secc. XIV e XV | danza popolare abruzzese e ciociara, di ritmo e movimento vivaci

saltarùpe [comp. di *salta(re)* e *rupe* ✱ 1891] **s. m. inv.** ● agilissima piccola antilope dei monti africani con pelliccia densa e ispida a peli fragili (*Oreotragus oreotragus*)

saltàto **part. pass.** di *saltare*; **anche agg.** **1** nei sign. del v. | (*cucina*) rosolato a fuoco vivo, al salto: *verdura saltata* **2** ***ballo s.***, che si fa saltando | ***lana saltata***, tratta da pecore che sono state lavate prima della tosa

saltatóio [1891] **s. m.** (**pl.** *-ói*) ● luogo, oggetto, su cui si salta | bacchettina sulla quale gli uccelli in gabbia saltano e si posano

saltatóre [dal lat. *saltatōre(m)*, da *saltātus* 'saltato' ✱ 1336 ca.] **A** **agg.** (**f.** *-trice*) **1** che salta: *insetto s.* **2** detto di cavallo o altro animale abile nel salto o che ha l'abitudine di saltare **B** **s. m.** (**f.** *-trice*) **1** (*lett.*) acrobata, saltimbanco | ballerino **2** (*sport*) atleta specialista delle gare di salto | nello sci, specialista delle gare del trampolino | nell'ippica, cavallo addestrato per le corse con ostacoli

Saltatóri [1895] **s. m. pl.** (**sing.** *-e*) ● (*zool.*) sottoclasse di Anfibi privi di coda con zampe posteriori allungate e atte al salto, che da adulti hanno respirazione polmonare mentre da larve respirano per branchie

†**saltatòrio** [1549] **agg.** ● relativo alla danza

saltazióne [vc. dotta, dal lat. *saltatiōne(m)*, da *saltātus* 'saltato' ✱ av. 1348] **s. f. 1** (*lett.*) danza, ballo **2** presso gli antichi Greci e Romani, danza, esercizio ginnico

saltellaménto [1872] **s. m.** ● il saltellare

saltellànte **part. pres.** di *saltellare*; anche **agg.** ● nei sign. del v. | che cammina saltellando: *Ecco capitare tutto s. ... il bell'avvocatino* (I. NIEVO)

♦**saltellàre** [da *saltello* ✱ 1313] **v. intr.** (*io saltèllo*; aus. *avere*) **1** avanzare a salti piccoli e frequenti: *il ranocchio saltellava sulla riva* **SIN.** balzellare, ballonzolare, salterellare **2** (*fig.*) palpitare, battere: *sentì il cuore saltellargli nel petto* | (*lett.*) vagare, aleggiare: *va saltellando il riso / tra i muscoli del labro* (G. PARINI)

saltellàto **part. pass.** di *saltellare*; anche **agg. 1** nei sign. del v. **2** (*mus.*) balzato, gettato

saltellìo [1940] **s. m.** (pl. *-ii*) ● un saltellare continuato

saltèllo [sec. XIV] **s. m. 1** dim. di *salto*① | serie di piccoli salti **2** (*pop.*) cavalletta ‖ **saltellìno**, dim.

♣**saltellóni** o (*raro*) **saltellóne** [da *saltello* ✱ 1541] **avv.** ● a piccoli salti, a saltelli: *venire avanti s.* | anche nella loc. avv. ***a s.***

salterellàre o †**saltarellàre** [da *salterello* ✱ 1612] **v. intr.** (*io salterèllo*; aus. *avere*) ● fare salti piccoli e frequenti

salterèllo [dim. di *salto*① ✱ 1561] **s. m. 1** saltello, saltino **2** fuoco d'artificio contenuto in un involucro di carta ripiegata, che scoppiando saltella **3** (*mus.*) asticciola facente parte della meccanica del clavicembalo che serve a pizzicare le corde dello strumento **4** V. *saltarello*

salterìno [da *saltare* ✱ 1854] **agg.** ● che si muove a salti: *grillo s.*

saltèrio o †**saltèro**, †**psaltèrio**, †**psaltèro** [vc. dotta, dal lat. *psaltēriu(m)* 'cetra', dal gr. *psaltḗrion*, da *psállein* 'cantare con la cetra' ✱ av. 1292] **s. m. 1** (*mus.*) in Grecia, termine che indicava tutti gli strumenti a corde pizzicate con le dita | nel Medioevo, strumento formato da una cassetta di legno triangolare o più spesso trapezoidale, sopra la quale erano tese da 6 a 16 corde da pizzicare con il plettro o con le dita | strumento cordofono a percussione, di forma trapezoidale | libro liturgico dei testi e delle musiche dei salmi gregoriani, che gli Ebrei accompagnavano col salterio **2** (*est.*) †velo delle suore **3** (*zool.*, *raro*) omaso

S

salticchiàre [da *saltare* col suff. iter.-dim. *-icchiare* ✱ 1527] **v. intr.** (*io saltìcchio*; aus. *avere*) ● (*raro*) saltellare

sàltico [vc. dotta, dal lat. *sălticu(m)* 'danzante', da *saltāre* 'danzare' ✱ 1970] **s. m.** (pl. *-ci*) ● piccolo ragno nero con fitta peluria grigia che cattura le prede grazie alla sua abilità di saltatore (*Salticus scenicus*)

saltimbànco o (*raro*) **saltambànco**, †**saltimbànca** [comp. di *salt(are)*, *in* e *banco* ✱ 1582] **s. m.** (f. *-a*; pl. m. *-chi*) **1** acrobata che si esibisce nei circhi, nei baracconi, nelle feste paesane, e sim. **2** (*fig.*, *spreg.*) professionista, esponente politico, artista e sim. privo di serietà professionale e di senso di responsabilità **SIN.** ciarlatano

saltimbócca [comp. di *salt(are)*, *in* e *bocca* ✱ 1855] **s. m. inv.** ● fettina di vitello guarnita con prosciutto e salvia fissati con uno stecchino, rosolata in tegame, specialità della cucina romana

saltimpàlo [comp. di *salt(are)*, *in* e *palo* ✱ 1869] **s. m.** ● uccello dei Passeriformi a becco appuntito e coda breve (*Saxicola torquata*)

♦**sàlto**① [lat. *săltu(m)*, part. pass. sost. di *salīre* 'saltare', per calco sul fr. *à la sautée* nel sign. 7 ✱ 1266] **s. m. 1** atto del saltare | movimento per cui il corpo, abbassato sulle gambe per mettere i muscoli in stato di rilassamento, si solleva con rapidissima contrazione di essi a una certa altezza dal suolo: *fare un s.*; *spiccare il, un s.*; *s. in aria, in avanti, all'indietro*; *camminare a salti*; *fare un s. dalla finestra, nel vuoto*; *con un s. superò l'ostacolo*; *il s. dello stambecco, della cavalletta, del grillo* | ***s. di montone***, (*fig.*) movimento che un animale compie di sorpresa, per disarcionare il cavaliere o come vivace espressione di gaiezza | ***s. della quaglia***, (*fig.*, *gerg.*) situazione che si verifica quando un partito o un suo esponente scavalcano, gener. in senso più radicale, le posizioni politiche di un altro partito o esponente | ***s. nel buio***, (*fig.*) impresa, decisione e sim. di cui non si possono prevedere le conseguenze, ma il cui esito appare molto incerto | (*colloq.*) ***fare due salti, quattro salti***, ballare un po', in famiglia o tra amici | ***s. di corsia***, in un'autostrada a doppia carreggiata, scavalcamento accidentale della banchina spartitraffico da parte di un autoveicolo **2** (*sport*) nell'atletica leggera, successione di movimenti che portano allo stacco da terra del corpo e al successivo atterraggio: *gara di s.*; *s. in alto, in lungo, con l'asta, triplo, da fermo* | nello sci, esercizio in cui si esegue un volo in lunghezza, o una acrobazia, prendendo velocità dal trampolino | ***s. mortale***, in ginnastica e sim., rotazione in volo del corpo di 360° intorno all'asse trasversale in avanti o indietro; correttamente, salto giro | ***fare i salti mortali***, (*fig.*) affrontare grandi difficoltà, fare enormi sacrifici, pur di riuscire in un intento | ***fare i salti mortali dalla gioia, dalla felicità*** e sim., (*fig.*) manifestare tali sentimenti in modo esuberante **3** (*est.*) spostamento rapido e sbrigativo, scappata: *farò un s. in città*; *ha fatto un s. a casa* | brevissima visita: *domani farò un s. da te* | brevissimo spazio di tempo: *in un s. arrivo a scuola*; *in due salti sono in centro* **4** (*est.*) brusco dislivello: *fra le due scale c'è un s. di un metro*; *il s. di una cascata, di una rapida* **5** (*fig.*) rapido passaggio da un punto a un altro, da una condizione a un'altra, che si compie tralasciando le condizioni o i punti intermedi: *con la promozione a direttore ha fatto un bel s.*; *pochi anni fa era povero e oggi è il più ricco del paese, che s.!*; *suo figlio ha fatto il s. dalla prima alla terza* | ***s. di qualità***, rilevante mutamento qualitativo | omissione, lacuna: *nel libro c'è un s. di una pagina*; *la traduzione ha un s. di tre righe* | sbalzo, cambiamento improvviso: *s. di vento*; *tra ieri e oggi c'è stato un bel s. di temperatura* | brusco rincaro di prezzi: *la frutta ha fatto un s. sul mercato* | ***a salti***, senza continuità, in modo saltuario: *procedere, leggere, a salti* **6** (*mus.*) intervallo molto ampio, frequente in una linea melodica strumentale, più raro in quella vocale: *s. di settima, di nona* **7** (*cucina*) nella loc. agg. inv. e nella loc. avv. ***al s.***, di cibo rosolato in tegame a fuoco vivo: *risotto al s.*; *cuocere al s.* **8** †danza, ballo ‖ **saltèllo**, dim. (V.) | **salterèllo**, dim. (V.) | (*lett.*) **saltétto**, dim. | **saltino**, dim. | **saltóne**, accr.

sàlto② [vc. dotta, dal lat. *săltu(m)* 'salto, balza', da *salīre* 'saltare' ✱ 1321] **s. m.** ● (*lett.*) bosco | pascolo montano

saltòmetro [comp. di *salto*① e *-metro* ✱ 1965] **s. m.** ● (*sport*) ritto

Saltràto® [deriv. dell'ingl. *salt* 'sale' ✱ 1920] **s. m.** ● nome commerciale di sali cristallini da bagno o per pediluvi, con proprietà emollienti e decongestionanti

♣**saltuarietà** [1917] **s. f. inv.** ● caratteristica, condizione di ciò che è saltuario

♣**saltuàrio** [da *saltare*, *salto*, con la *u* dell'avv. lat. *saltuātim* 'a salti' ✱ 1812] **agg.** ● che procede senza continuità, senza ordine, con frequenti interruzioni: *visite, letture saltuarie* **SIN.** discontinuo ‖ **saltuariaménte**, **avv.** a intervalli irregolari, in modo discontinuo

sàltum [vc. lat., propr. 'salto' ✱ sec. XX] **s. m. inv.** (pl. lat. *saltus*) ● (*dir.*) ***ricorso per s.***, impugnazione di una sentenza di primo grado mediante ricorso alla Corte di Cassazione omettendo, su accordo delle parti, il giudizio di appello

salubèrrimo [vc. dotta, dal lat. *salubĕrrimu(m)*, superl. di *salūber* 'salubre' ✱ 1481] **agg.** ● superl. di *salubre* | che è molto salubre

♣**salùbre** o, diffuso ma etim. meno corretto, **sàlubre** [vc. dotta, dal lat. *salūbre(m)*, da *sălus* (nom.) 'sanità' col suff. *-ber*, connesso con *fĕrre* 'portare' ✱ av. 1320] **agg.** (superl. *saluberrimo* (V.)) **1** che dà salute, che giova alla salute: *clima, aria, ambiente s.* **SIN.** salutare① **CONTR.** insalubre **2** (*fig.*) †che dà la salvezza spirituale: *il dono s. / del ciel s.* (T. TASSO) ‖ **salubreménte**, **avv.** con salubrità

♣**salubrità** [dal lat. *salubritāte(m)*, da *salūber* 'salubre' ✱ av. 1320] **s. f. inv.** ● condizione di ciò che è salubre

salùki [arabo *salūqī*, dal n. della città dell'Arabia merid., dove la razza era già presente nei tempi ant. ✱ 1994] **s. m. e f. inv.** ● cane molto slanciato di origine mediorientale, con testa stretta e allungata, orecchi pendenti e collo lungo, adatto alla corsa e alla caccia **SIN.** levriero persiano

salumàio [1767] **s. m.** (f. *-aia*, pl. m. *-ai*) ● salumiere

♦**salùme** [dal lat. mediev. *salūmen* (nt.) 'insieme di cose salate', da *săl*, genit. *sălis* 'sale' ✱ av. 1556] **s. m. 1** (spec. al pl.) ogni prodotto alimentare lavorato partendo da carne spec. suina sia salata, aromatizzata e stagionata (prosciutto, capocollo, spalla ecc.) sia tritata e insaccata (salame, mortadella, salsiccia ecc.) | comunemente ogni tipo di affettato: *un antipasto di salumi misti* **2** †cibo preparato e conservato col sale

♦**salumerìa** [1901] **s. f.** ● negozio in cui si vendono salumi **SIN.** pizzicheria, salsamenteria

♦**salumière** [1831] **s. m.** (f. *-a*) ● venditore di salumi **SIN.** pizzicagnolo, salsamentario, salumaio | (*est.*) salumeria

salumifìcio [comp. del pl. di *salume* e *-ficio* ✱ 1942] **s. m.** ● fabbrica di salumi

salurèṣi [da *sale* e *urina* ✱ 1963] **s. f. inv.** ● (*med.*) aumentata eliminazione urinaria di sali minerali

salurètico [da *saluresi* ✱ 1963] **A** **s. m.** (pl. *-ci*) ● (*med.*) qualsiasi agente o condizione che favorisce la saluresi **B** anche **agg.**

†**salùta** ➤ **salute**

†**salutaménto** [da *salutare*② ✱ sec. XIII] **s. m.** ● (*raro*) il salutare | saluto

♦**salutàre**① [vc. dotta, dal lat. *salutāre(m)*, da *sălus*, genit. *salūtis* 'salute' ✱ 1354] **agg. 1** che dà salute, che è di giovamento alla salute: *cura, medicina s.* **SIN.** salubre **2** (*fig.*) che aiuta, che salva da eventuali pericoli: *ammonimento, consiglio s.* | (*est.*) utile, vantaggioso: *gli ha dato una s. lezione* ‖ **salutarménte**, **avv.**

♦**salutàre**② [lat. *salutāre* 'augurare salute, salutare', da *sălus*, genit. *salūtis* 'salute' ✱ av. 1257] **A** **v. tr. 1** rivolgere a qlcu. che si incontra o da cui ci si accomiata parole o cenni che esprimono deferenza, ossequio, rispetto, amicizia e sim.: *s. con la mano, con la testa, con un sorriso, con un inchino*; *s. togliendosi il cappello, dicendo 'buongiorno', sventolando il fazzoletto*; *s. i presenti, quelli che rimangono*; *saluta tuo padre da parte mia*;

salutami tuo padre; non si degna di salutarci; non saluta nessuno | ***s. la bandiera, il Sacramento, un funerale***, onorarli togliendosi il cappello in segno di rispetto | ***mandare a s. qlcu.***, trasmettergli i propri saluti per mezzo di una terza persona | ***andare alla stazione*** o sim. ***a s. qlcu.***, andare ad accomiatarsi da qlcu. che parte o ad accogliere qlcu. che arriva | ***andare, passare, venire, a s. qlcu.***, fargli visita: *prima di cena passeremo a salutarvi* | (*colloq.*) ***ti saluto!, vi saluto!***, e sim., per troncare una conversazione, per congedarsi bruscamente da qlcu., per piantare in asso qlcu.; (*iron.*) per esprimere rammarico o amarezza | ***saluto, salutando***, e sim. ***affettuosamente, caramente, cordialmente, rispettosamente*** e sim., formule usate nei saluti epistolari | (*milit.*) eseguire il saluto **2** accogliere con manifestazioni di gioia, plauso, approvazione: *il suo arrivo fu salutato da un lungo applauso; un'ovazione salutò il discorso* | (*iron.*) accogliere, ricevere con indifferenza od ostilità: *il ministro fu salutato con una lunga salva di fischi* | (*est.*) guardare, considerare, con compiacimento e ammirazione: *s. una nuova era; s. il sole che nasce; salutiamo in lui un nuovo poeta* **3** (*lett.*) proclamare, acclamare: *lo salutarono presidente dell'assemblea; fu salutato re* **B** **salutàrsi v. rifl. recipr.** ● scambiarsi saluti nell'incontrarsi o nel separarsi: *salutarsi per strada, per telefono; salutarsi cordialmente, freddamente* | ***non salutarsi più***, avere rotto ogni rapporto

salutatóre [vc. dotta, dal lat. *salutatōre(m)*, da *salutātus* 'salutato' ✱ 1441] **s. m.** (**f.** *-trice*) ● (*lett.*) chi saluta | (*stor.*) nell'antica Roma, chi si recava a rendere omaggio al patrono

salutatòrio [vc. dotta, dal lat. *salutatōriu(m)*, da *salutātus* 'salutato'; come s. m., dal lat. tardo *salutatōriu(m)*, nt. sost. dell'agg. ✱ sec. XIV] **A** **agg.** (**pl. m.** *-i* o *raro -ii*) ● (*raro*) relativo al saluto o al salutare **B** **s. m.** **1** nell'antica Roma, sala di ricevimento o di udienza **2** luogo in cui il vescovo riceveva i pellegrini | †parlatorio | †sagrestia

salutazióne [vc. dotta, dal lat. *salutatiōne(m)*, da *salutātus* 'salutato' ✱ 1261 ca.] **s. f.** ● (*lett.*) il salutare | (*lett.*) saluto | ***s. angelica***, parole rivolte dall'angelo a Maria nell'Annunciazione

♦**salùte** o †**salùta**, spec. nel sign. A 6 [lat. *salūte(m)* 'salute, salvezza', di orig. indeur., da *sălvus* 'salvo' ✱ 1261 ca.] **A** **s. f.** **1** complesso delle condizioni fisiche in cui si trova, abitualmente o attualmente, un organismo umano: *chiedere notizie, informarsi della s. di qlcu.; la sua s. migliora, peggiora; avere una s. cagionevole, vacillante, cattiva; godere buona, ottima, florida s.; star bene in s.; essere in buone, in cattive condizioni di s.; essere preoccupato per la s. di qlcu.; non ha più la s. di una volta; essere assente, andare in congedo, chiedere un permesso, dimettersi* e sim. *per ragioni, motivi di s.* | ***Ministero della S.***, che soprintende alla situazione sanitaria **2** stato di pieno benessere fisico e psichico dell'organismo: *s. fisica, mentale; avere, non avere s.; essere in s.; essere pieno di s.; avere una s. di ferro; avere s. da vendere; crepare di s.; sembrare, essere il ritratto della s.; sprizzare, schizzare s. da tutti i pori; conservarsi in s.; guastarsi, rovinarsi la s.; perdere, riacquistare, recuperare la s.; rimetterci la s.; quando c'è la s. c'è tutto; la s. è il bene più grande* | (*pop.*) ***pensare alla s.***, non occuparsi di una data faccenda, non intromettersi, lasciar correre | (*pop.*) ***gli puzza la s.***, di chi vuole mettersi nei guai, finire male | ***bere, brindare*** e sim. ***alla s. di qlcu.***, in suo nome, in suo onore **3** (*lett.*) salvezza, salvamento: *la s. pubblica, della patria, del mondo, del genere umano; in forse è la civil s.* (G. PARINI) | ***s. eterna***, la salvazione dell'anima, il Paradiso | ***ultima s.***, il supremo bene, la contemplazione di Dio | †***la nostra s.***, la redenzione, la nascita di Cristo, formula usata anticamente nelle date | †***era della nostra s.***, quella che ha inizio dalla nascita di Gesù Cristo | (*raro, lett.*) rifugio, scampo: *trovare s. da un pericolo; porto di s.* **4** in teologia, salvezza, effetto della salvezza **5** (*est.*) ciò che contribuisce a mantenere, o a rendere, buone le condizioni fisiche di un organismo: *il moto è tutta s.; l'aria del mare è tanta s.; quel viaggio fu la sua s.* | (*disus., eufem.*) ***casa di s.***, clinica privata, spec. per malattie nervose (calco sul fr. *maison de santé*) | (*lett.*) ciò che è causa di bene, felicità: *quella donna è la sua dolce s.; la morte del lupo è la s. delle pecore* **6** †saluto: *inviare s.* | †***rendere s.***, salutare | †***darsi s.***, salutarsi **B** **in funzione di inter.** ● si usa come espressione augurale spec. nei brindisi o a chi starnuta oppure come formula di saluto confidenziale: *s. e figli maschi!; s.! dove vai?* | esprime meraviglia: *s.! come ti tratti bene!*

SFUMATURE ➤ *sanità*

salutévole o †**salutévile** [da *salute* ✱ 1268] **agg.** **1** (*lett.*) salutare, che apporta salute **2** (*lett.*) di saluto, che esprime un saluto: *un salutevol segno / mi fa il coro gentil che vi circonda* (G. CARDUCCI) **3** †salubre ‖ †**salutevolménte**, **avv.** **1** vantaggiosamente, proficuamente **2** felicemente, senza danni: *giungere salutevolmente in porto*

†**salutìfero** [vc. dotta, dal lat. *salutĭferu(m)*, comp. di *sălus*, genit. *salūtis* 'salute', e *-fĕr* '-fero' ✱ av. 1328] **agg.** ● che è vantaggioso per la salute fisica o morale | che è portatore di salvezza ‖ †**salutiferaménte**, **avv.** salutarmente

salutìno [1905] **s. m.** **1** dim. di *saluto* **2** (*fam.*) breve visita: *passeremo dopo cena per un s.*

salutìsmo [da *salute* ✱ 1928] **s. m.** ● concezione, comportamento di chi attribuisce importanza prioritaria all'osservanza delle norme igieniche e alla cura della salute fisica

salutìssimo [da *saluto* col suff. *-issimo* del superl. ✱ 1957] **s. m.** ● (**spec. al pl.**) formula amichevole di saluto usata spec. nella corrispondenza epistolare

salutìsta [comp. di *salute* e *-ista* ✱ 1886] **A** **s. m. e f.** (**pl. m.** *-i*) **1** fautore del salutismo **2** chi appartiene all'Esercito della Salvezza **B** **agg.** ● salutistico

salutìstico [1980] **agg.** (**pl. m.** *-ci*) ● che riguarda il salutismo: *regole salutistiche* | da salutista: *dieta salutistica* ‖ **salutisticaménte**, **avv.**

♦**salùto** [da *salutare*② ✱ av. 1250] **s. m.** **1** atto del salutare | cenno, gesto, parole con cui si manifesta ad altri riverenza, rispetto, cordialità, simpatia, affetto e sim. spec. durante incontri, visite, commiati, e sim.: *rivolgere, ricevere un s.; ricambiare il s.; rispondere al s.; fare un cenno di s.; levarsi il cappello in segno di s.; s. ossequioso, rispettoso, cordiale, gentile, affettuoso, freddo* | ***levare, togliere, il s. a qlcu.***, cessare di salutarlo per rancore, sdegno, disistima; (*est.*) troncare ogni rapporto con lui | ***s. militare***, che si esegue portando la mano destra distesa alla visiera del berretto | ***s. romano***, forma di saluto fatto alzando e tendendo il braccio destro e la mano, in uso nell'antica Roma e obbligatorio nel periodo fascista | ***s. alla voce***, in marina, grido dell'equipaggio disposto in coperta, al passaggio di un'autorità cui esso spetta **2** (*est.*) breve discorso di benvenuto, di omaggio e sim., spec. in occasione di assemblee o riunioni pubbliche: *rivolgere un s. agli intervenuti; porgere al direttore un s. a nome dei colleghi* | ***estremo s.***, cerimonia funebre **3** (**spec. al pl.**) formula di cortesia, spec. nei saluti epistolari: *porta i miei saluti a tua madre; con i migliori saluti; distinti, cordiali, affettuosi, cari saluti; tanti saluti* CFR. salutissimo | (*colloq., iron.*) ***tanti saluti!***, espressione usata per troncare un discorso, prendere bruscamente congedo da qlcu., e sim. ‖ **salutino**, **dim.** (V.) | **salutóne**, **accr.**

sàlva o (*pop.*) **sàlve**② [dal fr. *salve*, dal lat. *sălve* 'salute'. V. *salve*① ✱ 1614] **s. f.** **1** sparo simultaneo di più armi da fuoco o pezzi di artiglieria, eseguito con cartucce e cariche speciali, prive di proiettile, in segno d'onore e di saluto o in occasione di feste e celebrazioni particolari | ***caricare, sparare a s., a salve***, senza proiettili **2** tiro contemporaneo di più pezzi di artiglieria su uno stesso obiettivo | (*est., lett.*) scarica di percosse: *Amministrò a tutti e due tal s. di calci e schiaffi* (G. VERGA) **3** (*fig.*) manifestazione improvvisa, fragorosa e simultanea di qlco.: *una s. di applausi, di fischi* **4** (*agric., tosc.*) matricina, riserva **5** †assaggio di vivanda durante un pranzo per togliere ogni sospetto di veleno SIN. credenza① nel sign. 6

sàlva- primo elemento ● forma aggettivi e sostantivi che fanno riferimento a qlco. che si vuole proteggere, salvaguardare o sanare: *salvavita, salvaschermo, salvapensioni, salvabanche*

salvàbile [1947] **A** **agg.** ● che può essere salvato ‖ **salvabilità**, **s. f. inv.** **B** **s. m.** ● ciò che può essere salvato: *censire il s. dopo un rogo* | (*colloq.*) ***salvare il s.***, salvare tutto ciò che può essere salvato

salvacondótto o †**salvocondótto** [calco sull'ant. fr. *saufconduit* 'scorta', con mutamento di senso ✱ av. 1348] **s. m.** **1** permesso scritto, rilasciato dall'autorità spec. militare competente, che autorizza a entrare e circolare in zone operative e militarizzate o in territori occupati **2** un tempo, documento rilasciato dall'autorità giudiziaria a persona imputata e latitante affinché potesse presentarsi in giudizio senza timore di essere arrestata

salvacuòre [comp. di *salva-* e *cuore* ✱ 1982] **agg. inv.** ● spec. nel linguaggio giornalistico, detto di ciò che contribuisce a prevenire le malattie cardiovascolari: *dieta s.*

salvadanàio o **salvadanàro** [comp. di *salva-* e *danaio*, forma tosc. per *danaro* (V.) ✱ av. 1446] **s. m.** (**pl.** *-ai*) ● recipiente di metallo, terracotta e sim., munito di una fessura attraverso la quale si introducono i denari da risparmiare

†**salvadóre** ➤ **salvatore**

salvadorégno (o **-è-**) [sp. *salvadoreño*, da *El Salvador* ✱ 1959] **A** **agg.** ● del Salvador, Stato dell'America Centrale **B** **s. m.** (**f.** *-a*) ● abitante o nativo del Salvador

salvagènte [comp. di *salva-* e *gente* ✱ 1854] **A** **s. m.** (**pl.** *salvagènti* o *salvagènte*, **nel sign. A 1, inv. nel sign. A 2**) **1** qualsiasi mezzo galleggiante in grado di mantenere a galla chi vi si appoggi o lo indossi | cintura di salvataggio **2** isola spartitraffico **B** **agg.** ● ***giubbotto s.***, specie di panciotto in tela o plastica, ripieno di sughero o materiale espanso, destinato a tenere a galla chi cade in acqua

†**salvàggio** e deriv. ➤ **selvaggio** e deriv.

†**salvagióne** ➤ **salvazione**

salvagócce [comp. di *salva-* e il pl. di *goccia* ✱ 1959] **s. m. inv.** ● speciale tappo o guarnizione che si applica alle bottiglie per evitare che ne colino gocce

salvagónna (o **-ò-**) [comp. di *salva-* e *gonna* ✱ 1983] **s. m. inv.** ● balayeuse

salvaguardàre [calco sul fr. *sauvegarder* 'proteggere' ✱ 1877] **A** **v. tr.** ● custodire, difendere, proteggere: *s. il proprio onore, i propri diritti* **B** **salvaguardàrsi** **v. rifl.** ● difendersi, tutelarsi: *salvaguardarsi da un pericolo*

a b c d e f g h i j k l m n o p q r s t u v w x y z

salvaguàrdia [calco sul fr. *sauvegarde*, comp. di *sauve*, f. di *sauf*, dal lat. *sălvu(m)* 'salvo', e *garde* 'guardia' ✱1585] **s. f. 1** custodia, difesa: *la s. della legge*; *a s. della libertà* **2** †speciale protezione accordata in guerra a persone, cose o località
SFUMATURE ➤ ***difesa***

†**salvamàno** [comp. di *salva* e *mano* ✱av. 1294] **vc.** ● solo nella loc. avv. ***a s.***, a man salva

salvaménto [vc. dotta, dal lat. tardo (eccl.) *salvamĕntu(m)*, da *salvāre* ✱1268] **s. m. 1** (*raro*) il salvare, il salvarsi | salvezza: *condurre, portare, a s.* | †***a s.***, senza danno, sano e salvo **2** (*raro*) salvataggio: *battello di s.* | (*ferr.*) ***binario di s.***, in contropendenza rispetto alla linea in forte discesa, destinato a ricoverare il treno discendente che ha acquistato velocità eccessiva assicurandone l'arresto **3** (*sport*) ***nuoto di s.***, disciplina costituita da prove di nuoto con tratti subacquei, trasporto di manichino, lancio di salvagente e percorso su barca a remi

salvamotóre [comp. di *salva-* e *motore* ✱1959] **s. m. inv.** ● (*mecc.*) dispositivo, costituito da un interruttore automatico o da un fusibile, che ha la funzione di proteggere i motori elettrici da forti variazioni di tensione o di carico

salvamùro [comp. di *salva-* e *muro* ✱1983] **s. m. inv.** ● battiscopa

salvapùnte [comp. di *salva-* e il pl. di *punta* ✱1942] **s. m. inv. 1** piccolo cappuccio di protezione per la punta di una matita **2** mezzaluna metallica applicata a protezione sotto la punta della scarpa

salvàre [lat. tardo *salvāre*, da *sălvus*. V. *salvo* ✱sec. XII] **A v. tr. 1** sottrarre a un pericolo, a un danno e sim.: *s. un naufrago, un ferito, un malato grave*; *s. le proprie sostanze*; *s. qlcu. dal fallimento, da un insuccesso*; *s. una casa dalle fiamme* | sottrarre alla morte: *s. la vita*, (*pop.*) *la pelle, a qlcu.*; *s. un innocente dalla condanna*; *salvò la donna in procinto di annegare*; *i medici disperano di poterlo s.* | anche in forma pron.: *salvarsi la vita* **2** custodire, preservare, difendere da pericoli, minacce e sim.: *la naftalina salva la lana dalle tarme*; *s. il proprio nome, l'onore, la reputazione* | ***s. le apparenze***, (*pop.*) ***la faccia***, riuscire a far apparire meno grave del reale un insuccesso allo scopo di non perdere il rispetto e la considerazione della gente | ***s. la porta, la propria rete*** e sim., nel calcio, evitare un gol | (*inform.*) effettuare la copia di programmi e dati su memorie di massa **3** (*sett.*) conservare, serbare: *s. frutta per l'inverno* **B salvàrsi v. rifl. 1** sottrarsi a un grave pericolo, spec. mortale (+ *da*): *salvarsi in un incidente*; *salvarsi dalla morte, dalla rovina*; *si salvò a stento*; *si salvò a nuoto*; *fece appena in tempo a salvarsi* | ***si salvi chi può!***, grido d'allarme rivolto, in caso di grave pericolo, da chi ha la responsabilità della vita di molte persone alle persone stesse affinché ognuna di esse pensi a salvarsi coi propri mezzi | ***salvarsi in extremis, per il rotto della cuffia***, e sim., riuscire a evitare un pericolo proprio all'ultimo momento | ***salvarsi in corner***, nel calcio, detto di un giocatore o del portiere che evita un gol deviando la palla oltre il fondo; (*fig.*) riuscire a cavarsela all'ultimo momento in una situazione difficile **2** trovare scampo, rifugio: *durante la guerra si salvò sulle montagne* **3** difendersi, proteggersi: *salvarsi dalla maldicenza, dalle critiche degli altri* | (*colloq.*) cavarsela, difendersi: *a scuola non va bene, si salva solo in matematica* **4** acquistarsi la salvezza, in senso religioso, accettando una rivelazione e una fede
SFUMATURE ➤ ***aiutare***

†**salvaròba** [comp. di *salva-* e *roba* ✱av. 1482] **s. f.** ● stanzino, ripostiglio | dispensa

salvaschérmo [comp. di *salva-* e *schermo* ✱1994] **s. m.** ● (*inform.*) applicazione del computer che sostituisce dopo un certo tempo di inattività l'immagine dello schermo con il suo oscuramento o con un'animazione **SIN.** screen saver

salvaslìp [comp. di *salva-* e *slip* ✱1995] **s. m. inv.** ● assorbente igienico femminile di dimensioni ridotte, fissato allo slip da un adesivo

salvaspàzio [comp. di *salva-* e *spazio* ✱1985] **agg. inv. (posposto a un sost.)** ● detto di confezione resa compatta, in modo da occupare uno spazio minore

salvastrèlla o **selvastrèlla**, (*tosc.*) **salbastrèlla**, †**selbastrèlla**, †**serbastrèlla** [dall'agg. lat. *silvĕstre(m)* 'selvatico' con suff. dim. V. *silvestre* ✱1400 ca.] **s. f.** ● (*bot.*) pianta erbacea perenne delle Rosacee, spontanea nelle regioni temperate dell'Europa, dell'Asia e dell'America settentrionale, con foglie imparipennate e piccoli fiori riuniti in spighe oblunghe; è usata in erboristeria come emostatico, astringente e detergente (*Sanguisorba officinalis*) **SIN.** sanguisorba

salvatàcco [comp. di *salva-* e *tacco* ✱1911] **s. m. (pl. -*chi*)** ● lunetta di gomma o di metallo che si applica al tacco di una scarpa per non farlo consumare

salvatàggio [dal fr. *sauvetage*, da *sauver* 'salvare', dal lat. *salvāre* ✱1847] **s. m. 1** insieme di operazioni che hanno lo scopo di salvare persone o cose in grave pericolo, spec. naufraghi, navi in procinto di affondare, aerei in procinto di precipitare, e sim.: *fare, compiere, operare, un s.*; *tentare un s.*; *lancia, scialuppa, cintura di s.*; *operazioni di s.*; *il s. è riuscito, è fallito* **2** (*fig.*) aiuto dato a persone, società e sim., per salvarle da una situazione particolarmente grave: *il s. di una banca* **3** (*inform.*) effettuazione della copia di programmi e dati su memorie di massa **4** (*sport*) nel calcio, azione del portiere, o giocatore, che evita un gol: *s. sulla linea di porta*

salvatelecomàndo [comp. di *salva-* e *telecomando* ✱1990] **s. m.** ● involucro di gomma o simile materiale per proteggere un telecomando da urti o cadute

salvàtico e deriv. ➤ **selvatico** e deriv.

salvàto **part. pass.** di *salvare* ● nei sign. del v.

salvatóre o †**salvadóre** [lat. tardo (eccl.) *salvatōre(m)*, da *salvātus* 'salvato' ✱1287] **A s. m. (f. -*trice*)** ● chi salva: *ringraziare il proprio s.*; *il s. della patria* | ***il Salvatore***, (*per anton.*) Gesù Cristo **B agg.** ● (*lett.*) che dà la salvezza spirituale: *rimorso s.*; *fede salvatrice*

salvatùtto [comp. di *salva-* e *tutto* ✱1989] **agg. inv.** ● che si dimostra essenziale per risolvere una questione, una situazione: *espediente s.*

salvavìta [comp. di *salva-* e *vita* ✱1974] **A s. m. inv. 1** ***Salvavita***®, marchio registrato di interruttore differenziale da applicare agli impianti elettrici come sistema di sicurezza **2** farmaco salvavita (V. *farmaco*) **B in funzione di agg. inv. (posposto a un sost.)** ● che garantisce la sicurezza o la sopravvivenza: *interruttore s.*; *farmaco s.* | ***cane s.***, cane addestrato alla ricerca di persone vittime di incidenti, calamità naturali e sim.

salvazióne o †**salvagióne** [vc. dotta, dal lat. tardo (eccl.) *salvatiōne(m)*, da *salvātus* 'salvato' ✱av. 1294] **s. f.** ● (*lett.*) il salvarsi, spec. in senso spirituale: *la s. dell'anima*; *la s. eterna*; *la via della s.* | ***luogo di s.***, il Purgatorio o il Paradiso | nel cristianesimo, liberazione del genere umano dal peccato originale e riconciliazione di esso con Dio, operate attraverso il sacrificio di Gesù Cristo e realizzate in ogni credente attraverso il battesimo

sàlve[1] [imperat. pres., sing., del v. lat. *salvēre* 'star bene, star sano', da *sălvus* 'sano, salvo' ✱1521] **inter.** ● (*colloq.*) si usa come espressione di saluto augurale: *s.!, come va?*; *s.! ci rivedremo presto!* **SIN.** salute | anche in tono elevato: *s., Umbria verde* (G. Carducci); *S. regina* (V.)

sàlve[2] ➤ **salva**

Sàlve regìna o †**Salveregìna** [loc. lat., propr. 'salve, o Regina'. V. *salve*[1] ✱1319] **loc. sost. m. o f. (pl. m. inv.; pl. f. inv. o *Salve regìne*)** ● orazione a Maria Vergine che si recita alla fine o al principio del rosario

salvézza [da *salvo* ✱1312] **s. f. 1** il salvare, il salvarsi | condizione, di chi (o di ciò che) è salvo: *pensare alla propria s.*; *c'è ancora una possibilità, una via, di s.*; *non c'è più speranza di s.* **2** (*est.*) chi (o ciò che) ha salvato o può salvare: *sei stato la mia s.*; *quella testimonianza fu la nostra s.* | ***ancora di s.***, (*fig.*) ultima speranza, rimedio estremo | ***partita della s.***, nel calcio e sim., incontro decisivo per rimanere nella serie di appartenenza **3** (*lett.*) salvazione

sàlvia [lat. *sălvia(m)*, da *sălvus* 'salvo', per le sue qualità benefiche ✱1282] **s. f. 1** pianta perenne medicinale delle Labiate, con fusto quadrangolare, foglie picciolate e rugose coperte di peluria grigia, fortemente odorose, e infiorescenze di fiori violacei (*Salvia officinalis*) | ***s. dei prati***, labiata perenne comune nei prati con foglie a margine crenato (*Salvia pratensis*) | ***s. splendida***, coltivata per ornamento (*Salvia splendens*) | ***s. divinorum***, erba annuale delle Labiate le cui foglie, in infuso, fumate o masticate sono usate come droga **2** (*est.*) foglie secche della pianta omonima, usate come condimento

salviétta [dal fr. *serviette*, da *servir* 'servire', dal lat. *servīre* ✱1524] **s. f. 1** tovagliolo, spec. di carta **2** (*sett.*) asciugamano ‖ **salviettina**, **dim.**

†**salvificànte** [vc. dotta, dal lat. tardo (eccl.) *salvificānte(m)*, part. pres. di *salvificāre*, comp. di *sălvus* 'salvo' e *-ficāre* ✱1374] **agg.** ● (*lett.*) che rende possibile la salvazione e la salvezza: *la grazia s., o vogliam dir beatificante* (G. Boccaccio)

salvìfico [vc. dotta, dal lat. tardo (eccl.) *salvĭficu(m)*, comp. di *sălvus* 'salvo' e *-ifico* ✱1872] **agg. (pl. m. -*ci*)** ● che offre la salvazione: *verbo s.*

salvìnia [dal n. di A. M. *Salvini* (1653-1729), linguista fiorentino ✱1922] **s. f.** ● (*bot.*) erba pesce

sàlvo [lat. *sălvu(m)* 'incolume, intatto', vc. indeur. di carattere religioso e sacrale ✱1264] **A agg. 1** che è scampato a un pericolo, anche grave, senza riportarne alcun danno: *uscire s. da un'impresa*; *arrivare sano e s.*; *eccoti qua sano e s.*; *è s. per miracolo*; *la barca è uscita salva dalla tempesta*; *le bottiglie sono arrivate sane e salve*; *l'onore è s.*; *il nostro buon nome è s.* | fuori pericolo: *i dottori dicono che è s.*; *grazie a Dio siamo salvi!*; *ormai si può dire s.* | (*relig.*) nella teologia cattolica, libero dall'Inferno, non dannato: *preghiamo perché la sua anima sia salva* | ***avere salva la vita***, non venire ucciso: *promettere, lasciare, salva la vita a qlcu.* | ***rubare a man salva***, a più non posso, senza impedimento **2** (*assol.*) a patto che non venga compromesso o danneggiato qlco. (anche nella forma ***fatto s.***): *è necessario decidere, salvi i diritti acquisiti*; *le modifiche sono opportune, fatti salvi i principi generali della riforma* **3** †sicuro: *a luoghi salvi si condussero* (M.M. Boiardo) | †***per s. modo***, con mezzi sicuri, con sicurezza ‖ †**salvaménte**, **avv.** senza danno **B s. m.**

1 nella loc. ***in s.***, al sicuro, lontano da ogni pericolo: *mettere, mettersi, in s.*; *portare, condurre, in s.*; (*sett.*) in serbo: *mettere, tenere, avere qlco. in s.* **2** †riserva pattuita: *i patti e salvi furon questi* (G. VILLANI) **C** **prep.** ● eccetto, all'infuori di: *il negozio è aperto tutti i giorni s. la domenica*; *s. errori, ho liquidato tutti* | ***s. il vero***, se non sbaglio | ***s. il caso che***, tranne il caso che | ***s. errori od omissioni***, clausola conclusiva nelle fatture o nei conti quale riserva per errori che possono essere stati commessi negli stessi | ***s. buon fine***, clausola limitativa del rischio della banca nell'operazione di incasso di effetti o assegni con accreditamento immediato, che indica che l'effetto verrà riaddebitato al cliente in caso di mancato buon fine **D** **nelle loc. cong.** ***s. che***, ***raro s. se*** ● a meno che, eccetto il caso che (introduce una prop. eccettuativa esplicita con il v. all'indic. o al congtv.): *tollera tutto s. che si rida di lui*; *verrò presto, s. se capitasse un contrattempo* **E** **cong.** ● a parte però il fatto, la possibilità che (introduce una prop. eccettuativa implicita con il v. all'inf.): *ora è convinto della sua decisione, s. poi pentirsene più tardi* | tranne che: *stando ... senza far niente s. chiacchierare al telefono* (A. MORAVIA)

SFUMATURE DI SIGNIFICATO

salvo - indenne - illeso - immune

Salvo è chi, avendo corso un pericolo che ne metteva a rischio la condizione fisica o anche morale o economica, ne è uscito senza subire danni rilevanti. **Indenne**, la cui etimologia significa "senza danno", definisce lo stato di chi è uscito salvo da un pericolo: si usa in relazione alla sfera morale o economica più che a quella fisica. In quest'ultimo caso, infatti, il termine più appropriato è **illeso**, letteralmente "che non ha subìto lesioni", cioè ferite o altri danni fisici. **Immune** si dice invece di chi è in una condizione che lo preserva dal subire danni, offese o anche malattie.

†salvocondótto ➤ **salvacondotto**

sàmara [vc. dotta, dal lat. *sămara(m)*, *sămera(m)*, di orig. celtica (?) ✱ 1813] **s. f.** ● (*bot.*) frutto secco indeiscente con un solo seme all'interno, il cui pericarpo forma un'ala membranosa che facilita la disseminazione

samarìdio [da *samara* ✱ 1875] **s. m.** (**pl.** *-i* o *raro -ii*) ● (*bot.*) disamara

samàrio [tratto da *samarskite*, minerale così detto in onore del mineralogista russo V. E. *Samarskij* (sec. XIX) ✱ 1920] **s. m.** ● (*chim.*) elemento chimico dotato di debole radioattività SIMB. Sm NUM. AT. 62

samaritàno [dal lat. tardo (eccl.) *Samaritānu(m)*, da *Samarĭa*, dall'aramaico *Šămĕrāyin* ✱ 1319] **A** **agg.** ● relativo a Samaria, antica città della Palestina, e all'omonima regione **B** **s. m.** (**f.** *-a*) **1** abitante o nativo di Samaria o della Samaria **2** appartenente alla setta giudaica, abitante la Samaria, che accettò soltanto il Pentateuco, respingendo gli altri libri biblici e la legge orale | ***il buon s.***, secondo il Vangelo, quello che soccorse un giudeo ferito sebbene questi appartenesse a un popolo nemico | (*est.*) persona buona e caritatevole **C** **s. m. solo sing.** ● lingua della famiglia semitica, parlata in Samaria

sàmba [dal portog. *samba* 'ballo', di orig. brasiliana ✱ 1927] **s. m. o f.** (**pl. m. inv.; pl. f.** *raro -e*) ● (*mus.*) danza popolare brasiliana caratterizzata da un ritmo sincopato più o meno veloce, poi esportata e diffusa come forma di ballo da sala

sambabilìno ➤ **sanbabilino**

sambernàrdo ➤ **sanbernardo**

sambìsta [vc. portog., da *samba* ✱ 1983] **s. m. e f.** (**pl. m.** *-i*) ● chi balla, compone o canta il samba

sàmbo /*russo* 'sambo/ [vc. russa, sigla di *samooborona bez oružija* 'autodifesa senza armi' ✱ 1988] **s. m. inv.** ● arte marziale che combina vari stili di lotta, ideata nel 1923 in Unione Sovietica come forma di addestramento della polizia segreta, poi evolutasi in disciplina sportiva

sambòdromo [comp. di *samb(a)* e *-dromo* ✱ 1984] **s. m.** ● stadio o arena destinati a esibizioni di ballerini di samba

†sàmbra ➤ **†zambra**

sambùca ① [lat. *sambūca(m)*, prestito dal gr. *sambýkē*, di orig. orient. ✱ av. 1292] **s. f.** **1** antico strumento musicale a corde di forma triangolare | nel Medioevo, nome di vari strumenti a fiato **2** (*lett.*) zampogna: *ode la sera il suon de la s.* (L. ARIOSTO) **3** antica macchina da guerra per dare la scalata alle mura

sambùca ② [da *sambuco* ① ✱ 1931] **s. f.** ● liquore simile all'anisetta, tipico del Lazio ‖ **sambuchina**, **dim.**

†sambucàto [da *sambuco* ① ✱ 1364] **agg.** ● mescolato con fiori di sambuco: *le frittelle sambucate* (G. BOCCACCIO)

sambùco ① [lat. *sambūcu(m)*, *sabūcu(m)*, di etim. incerta ✱ sec. XIII] **s. m.** (**pl.** *-chi*) ● alberetto delle Caprifogliacee con fusto ricco di midollo, foglie imparipennate, grandi infiorescenze bianchicce e odorose da cui deriva una infruttescenza di piccole bacche nere (*Sambucus nigra*)

sambùco ② o **†zambùco** [dall'arabo *sunbūq*, forse dall'indiano *sambu*, *zambu* ✱ 1505] **s. m.** (**pl.** *-chi*) ● barca attrezzata con vele latine, usata nel Mar Rosso

†sàmeto ➤ **sciamito**

samizdàt /*russo* sʌmjiz'dụat/ [vc. russa, propr. 'autoedizione', comp. di *sam* 'sé stesso' e *izdat*, abbreviazione delle parole che significano 'editore' ed 'edizione' ✱ 1970] **s. m. inv.** (**pl.** russo *samizdaty*) ● a partire dagli anni '60 e fino agli anni '80 del Novecento, pubblicazione clandestina di opere di autori dissidenti dal regime nell'Unione Sovietica

sammarinése (o **-ṣe**) o **sanmarinése** (o **-ṣe**) [1860] **A** **agg.** ● di San Marino **B** **s. m. e f.** ● abitante o nativo di San Marino

sammarzàno ➤ **San Marzano**

samoàno [1927] **A** **agg.** ● relativo alle isole Samoa **B** **s. m.** (**f.** *-a*) ● abitante o nativo delle isole Samoa, appartenenti al gruppo polinesiano **C** **s. m. solo sing.** ● lingua del gruppo maleo-polinesiaco, parlata nelle isole Samoa

samoièdo [dal russo *sámojed*, forse di orig. lappone ✱ 1754] **A** **s. m.** (**f.** *-a*) **1** ogni appartenente ai Samoiedi, popolazione della famiglia uralo-altaica, con forte influenza mongolica, stanziata nelle steppe che costeggiano l'Oceano Glaciale Artico **2** razza nordica di cani di grande mole usati spec. per trainare slitte **B** **agg.** ● relativo ai Samoiedi e alla loro lingua o dialetto **C** **s. m.** ● gruppo di lingue o dialetti appartenente alla famiglia uralica

samovàr [vc. russa, comp. di *sam(o)-* 'sé stesso' e *var* 'acqua bollente', da *varit* 'bollire', cioè 'acqua che bolle da sé' ✱ 1867] **s. m. inv.** ● recipiente di rame o d'argento, a forma di vaso, usato per ottenere e conservare l'acqua bollente spec. per la preparazione del tè; è tipico della Russia e di altri Paesi dell'Europa Orientale

sampàn o **sampàng** [dal cinese *san* 'tre' e *pan* 'bordo', attraverso il fr. e ingl. *sampan* ✱ 1874] **s. m. inv.** ● imbarcazione costiera con piccola vela a stuoie di canna e con remo che funge anche da timone, usata in Estremo Oriente

sampdoriàno [dalla squadra di calcio *Sampdoria*, nata dalla fusione delle società sportive *Samp(ierdarenese)* e *Doria* ✱ 1967] **s. m.** (**f.** *-a*); **anche agg.** ● chi (o che) gioca nella squadra di calcio genovese della Sampdoria o ne è sostenitore

sampièro ➤ **sampietro**

sampietrìno o **sanpietrìno** [1828] **s. m.** **1** a Roma, operaio addetto alla manutenzione o all'addobbo della basilica di S. Pietro **2** moneta d'argento romana del Senato coniata nel XIII sec. | moneta papale di rame coniata alla fine del XVIII sec. **3** pietra usata per la pavimentazione di molte strade di Roma e di piazza San Pietro, e in seguito diffusasi anche altrove

sampiètro o **sampièro**, **sanpiètro** [da *San Pietro*, apostolo e pescatore ✱ 1483] **s. m.** ● (*zool.*) pesce San Pietro

sampógna ➤ **zampogna**

samsàra /*sanscrito* sām'saːra/ [sanscrito *samsārah*, propr. 'passaggio (*sārah*) attraverso (*sam*)' ✱ 1895] **s. m. inv.** (**pl.** sanscrito *samsaro*) ● nelle dottrine religiose e filosofiche indiane, ciclo della trasmigrazione delle anime

samùm ➤ **simun**

samurài [attraverso l'ingl., dal giapp. *samurai*, da *samurau* 'essere al servizio di un signore' ✱ 1895] **s. m. inv.** ● nel Giappone feudale, guerriero al servizio di un signore | successivamente, membro della classe militare che poteva esercitare solo le armi e gli uffici pubblici

san **agg. m. sing.** ● forma tronca di *santo*

sanàbile [vc. dotta, dal lat. *sanābile(m)*, da *sanāre* ✱ 1300 ca.] **agg.** **1** che si può sanare: *ferita s.* **2** (*dir.*) che può essere corretto o reso valido: *negozio giuridico s.* ‖ **sanabilménte**, **avv.** ‖ **sanabilità**, **s. f. inv.**

sanàle ➤ **sagginale**

sanaménto [sec. XIII] **s. m.** ● (*raro*) guarigione | risanamento, bonifica

sanàre [lat. *sanāre*, da *sānus* 'sano' (V.) ✱ av. 1257] **A** **v. tr.** **1** rendere sano, risanare, guarire (**anche fig.**): *s. un ammalato, una piaga, una ferita, una lesione*; *s. gli infermi*; *il tempo sanerà il suo dolore* **2** (*est.*) correggere una situazione particolarmente difficile riportandola alla normalità: *s. una piaga sociale, un bilancio, un passivo* | (*dir.*) ***s. un atto processuale***, renderlo valido ed efficace **3** bonificare: *s. un terreno* **4** †castrare **B** **v. intr.** (*lett.*; aus. *essere*) e **sanàrsi** **v. intr. pron.** ● guarire | (*fig.*) ritornare alla normalità

sanativo [vc. dotta, dal lat. tardo (eccl.) *sanatīvu(m)*, da *sanātus* 'sanato ①' (V.) ✱ av. 1320] **agg.** ● (*raro*) atto a sanare, che ha virtù di sanare

sanàto ① **part. pass.** di *sanare*; **anche agg.** ● guarito

†sanàto ② ➤ **senato** ①

sanàto ③ [part. pass. di *sanare* nel sign. A 4 ✱ 1963] **s. m.** ● (*sett.*) vitello macellato ancora lattante

sanatóre [vc. dotta, dal lat. tardo (eccl.) *sanatōre(m)*, da *sanātus* 'sanato' ✱ 1308] **s. m.** (**f.** *-trice*); **anche agg.** ● (*lett.*) chi (o che) sana: *voi pie sanatrici divine* (G. CARDUCCI)

sanatòria [ellissi di *sentenza sanatoria* ✱ av. 1712] **s. f.** **1** (*dir.*) eliminazione, nei modi indicati dalla legge, della causa di invalidità di un atto giuridico o di un provvedimento amministrativo **2** condono

SFUMATURE ➤ ***grazia***

sanatoriàle [da *sanatorio* ✱ 1936] **agg.** ● di sanatorio: *cura s.*

sanatòrio [vc. dotta, lat. tardo (eccl.) *sanatōriu(m)*, da *sanātus* 'sanato' ✱ 1745] **A** **agg.** (**pl. m.** *-i* o *raro -ii*) ● (*dir.*) di atto o fatto diretto a sanare l'invalidità o irregolarità di un precedente atto **B** **s. m.** ● edificio che ospita gli ammalati di forme tubercolari | ***s. climatico***, luogo di ricovero e di cura di malati di tubercolosi, posto in particolari condizioni di clima, favorevoli alla guarigione della malattia

sanazióne [vc. dotta, dal lat. *sanatiōne(m)*, da *sanātus* 'sanato' ✱ 1427] **s. f. 1** †guarigione **2** nel diritto canonico, legittimazione di un matrimonio invalido per impedimenti

sanbabilìno o **sambabilìno** [da (piazza) *San Babila*, luogo d'incontro nel centro storico di Milano ✱ 1973] **s. m. (f. -*a*); anche agg.** ● spec. negli anni 1960-70, giovane milanese con tendenze neofasciste e comportamento spesso prepotente o facinoroso

sanbernàrdo /samber'nardo/ o **San Bernàrdo** /samber'nardo/, **sambernàrdo** [dall'ospizio del Gran *San Bernardo*, dove i monaci ne curavano l'addestramento al salvataggio dei viaggiatori sperduti nella neve ✱ 1930] **s. m. (pl. inv.** o *sanbernàrdi* o *sambernàrdi*) ● razza di cani da soccorso molto grossi, con pelo lungo o corto, testa grossa e mantello bianco a chiazze marroni

sancìre [vc. dotta, dal lat. *sancīre* 'sancire, statuire', della stessa radice di *sacro* e *santo* (V.) ✱ sec. XIV] **v. tr.** (*io sancìsco, tu sancìsci*) **1** imporre d'autorità, da parte della legge, un dato comportamento ai destinatari della stessa minacciando l'irrogazione di una sanzione agli inadempienti SIN. sanzionare, statuire **2** (*est.*) dare carattere stabile e decisivo: *s. un diritto con l'uso* **3** (*lett.*) affermare solennemente

✦**sàncta sanctòrum** [loc. lat., trad. del gr. *tà hágia tōn hagíōn* 'le parti sante fra le sante' ✱ av. 1306] **loc. sost. m. inv. 1** la parte più interna del tempio di Gerusalemme, accessibile soltanto al sommo sacerdote | (*est.*) parte intima o sacello di un tempio o di un luogo cultuale di qualsiasi religione | tabernacolo sull'altare dove si conserva il SS. Sacramento **2** (*fig.*) luogo riservato e accessibile a pochi (*anche scherz.*)

sanctificètur o **santificètur**, spec. nel sign. B [vc. lat., propr. 'sia santificato', congtv. passivo di *sanctificāre* 'santificare' (V.) ✱ 1300] **A s. m. inv.** ● espressione della formula latina del Pater Noster **B s. m. e f. inv.** ● (*iron.*) persona ipocrita e bigotta che ostenta devozione

sànctus [lat. *sānctus* 'santo'. V. *santo* ✱ 1353] **s. m. inv. (pl. lat. *sancta*)** ● espressione di glorificazione di Dio ripetuta tre volte durante la Messa; (*est.*, con iniziale maiuscola) la parte della Messa comprendente tale espressione, sostituita da 'Santo' dopo il Concilio Vaticano II

sanculòttidi [da *sanculotto* ✱ 1970] **s. m. pl.** (**sing.** -*e*) ● nel calendario repubblicano francese, giorni complementari che si aggiungevano alla fine dell'anno in numero di cinque, o sei negli anni bisestili

sanculòtto [dal fr. *sans-culottes* 'senza calzoni (corti)', da *cul* 'culo' ✱ 1794] **A s. m. (f. -*a*) 1** durante la Rivoluzione francese, nome con cui gli aristocratici designavano i rivoluzionari, a causa della loro adozione dei pantaloni lunghi in luogo di quelli corti **2** (*est.*) rivoluzionario estremista **B anche in funzione di agg. (posposto a un sost.)**: *La canaglia sanculotta* (G. CARDUCCI)

sandalifìcio [comp. di *sandalo*② e *-ficio* ✱ 1959] **s. m.** ● fabbrica di sandali

sandalìno ➤ **sandolino**

sàndalo① [dall'arabo *ṣandal*, di orig. orient. ✱ av. 1350] **s. m.** ● albero indo-malese delle Santalacee da cui si ricava un olio etereo di gradevole odore (*Santalum album*) | ***essenza di s.***, usata come antisettico e in profumeria | leguminosa dell'India e delle Filippine di cui si usa il legno per oggetti ornamentali (*Pterocarpus santalinus*)

sàndalo② [dal gr. *sándalon* 'sandalo con legacci di cuoio', di orig. iranica (?) ✱ 1669] **s. m. 1** calzatura estiva costituita dalla suola e da una tomaia a strisce di cuoio o altro materiale | ***sandali alla schiava***, legati al piede da lacci che salgono oltre la caviglia **2** calzatura usata dal Papa e da alcuni prelati in funzioni pontificali | calzatura propria dei membri di alcuni ordini religiosi mendicanti ‖ **sandalàccio**, **pegg.** | **sandalétto**, **dim.** | **sandalìno**, **dim.** | **sandalóne**, **accr.** (V.) | **sandalùccio**, **dim.**

sàndalo③ o **sàndolo** [dal gr. biz. *sándalis* 'sandalo②', per la forma piatta ✱ av. 1367] **s. m.** ● (*mar.*) barca a fondo piatto in uso nella laguna veneta per trasportare merci | barca a sponde basse per la caccia alla spingarda

sandalóne [accr. di *sandalo*②; nel sign. 2, dai sandali indossati dai protagonisti, prob. calco sull'ingl. *sword and sandal film* 'film di spada e sandalo' ✱ 1979] **s. m. 1** sandalo di grosse dimensioni **2** nel gergo cinematografico, film in costume di carattere storico o mitologico, ambientato spec. nell'antichità greco-romana CFR. peplum

San Danièle [1955] **A loc. sost. m. inv.** ● prosciutto dolce prodotto nell'omonima località del Friuli **B anche in funzione di loc. agg. inv.**: *prosciutto San Daniele*

†**sanderàca** ➤ **sandracca**

sàndhi /'sandi, *sanscrito* 'sʌndhi/ [vc. sanscrita, propr. 'legamento' ✱ 1898] **s. m. inv.** ● (*ling.*) mutamento fonetico che si produce nell'incontro fra due fonemi contigui nella catena parlata e che può essere recepito anche nello scritto (per es. il raddoppiamento sintattico in *dappoco* o l'assimilazione della nasale in *compaesano*)

sandinìsta [dal n. del generale A. César *Sandino*, ucciso nel 1934 ✱ 1975] **A s. m. e f. (pl. m. -*i*)** ● appartenente al movimento rivoluzionario che ha governato il Nicaragua dal 1979 al 1990 **B anche agg.**: *esercito s.*

sandolìno o (*raro*) **sandalìno** [da *sandalo*③ ✱ 1876] **s. m.** ● (*mar.*) imbarcazione a fondo piatto con poppa e prua aguzze, con remo a pala doppia, per un solo vogatore: *riportavamo alla spiaggia tutti i sandalini capovolti e molti remi spezzati* (G. STUPARICH)

sandolìsta [da *sandol(ino)* ✱ 1983] **s. m. e f. (pl. m. -*i*)** ● chi conduce un sandolino

sàndolo ➤ **sandalo**③

sàndra [latinizzazione scient. del n. ted. *Zander*, forse di orig. slava ✱ 1930] **s. f.** ● luccioperca

sandràcca o †**sandràca**, †**sanderàca** [lat. *sandăraca(m)*, dal gr. *sandarákē*, di orig. assira ✱ 1573] **s. f.** ● resina estratta da un albero di alcune Conifere dell'Africa e dell'India

sandwich /'sɛndwitʃ, *ingl.* 'sænwɪdʒ, -ɪtʃ/ [vc. ingl., dal n. di John Montague conte di *Sandwich* (1718-1792), il cui cuoco inventò questo modo di cibarsi per risparmiargli di abbandonare il tavolo da gioco ✱ 1874] **A s. m. inv. (pl. ingl. *sandwiches*)** ● panino imbottito, tramezzino: *un s. al prosciutto* **B in funzione di agg. inv.** ● (posposto al sost.) nella loc. ***uomo s.***, pagato per portare in giro due cartelloni pubblicitari, uno appeso al petto e l'altro alle spalle | ***strutture s.***, nelle costruzioni meccaniche, spec. aeronautiche, strutture costituite da elementi resistenti esterni di piccolo spessore, collegati fra loro da un riempimento interno

sanése (o **-ṣe**) [1309 ca.] **A agg. e s. m. e f.** ● †V. **senese B s. m.** ● moneta d'oro di Siena coniata nel XIV sec.

sanfasòn ➤ **sans façon**

sanfedìṣmo [comp. di *San(ta) Fed(e)* e *-ismo* ✱ 1851] **s. m. 1** attività delle bande armate di contadini nell'Italia meridionale, organizzate per la prima volta dal cardinale Ruffo, nell'Esercito della Santa Fede, alla fine del XVIII sec., per combattere la Repubblica partenopea | attività di numerose sette reazionarie, attive nello Stato pontificio, dopo la Restaurazione **2** (*est.*) atteggiamento politico reazionario e clericale

sanfedìsta [1846] **s. m. e f. (pl. m. -*i*) 1** seguace, sostenitore del sanfedismo **2** (*est.*) reazionario e clericale

sanforiẓẓàre [adattamento dell'ingl.-amer. *sanforize*, deriv. dal n. dell'americano *Sanford* L. Cluett (1874-1968), inventore del processo ✱ 1959] **v. tr.** ● sottoporre i tessuti di cotone al processo di sanforizzazione (V.)

sanforiẓẓazióne [1959] **s. f.** ● trattamento per rendere irrestringibili i tessuti di cotone

sangàllo [dal n. della città svizzera di *San Gallo* (ted. *Sankt Gallen*) ✱ 1965] **s. m.** ● varietà di pizzo o di tessuto a pizzo per guarnizioni, camicette e sim.

sangiaccàto [da *sangiacco* ✱ av. 1557] **s. m.** ● (*stor.*) circoscrizione delle province nell'Impero ottomano

sangiàcco [dal turco *sancak* (pronunciato *sangiak*) 'bandiera, governo' ✱ av. 1557] **s. m. (pl. -*chi*) 1** (*stor.*) governatore di un sangiaccato **2** †sangiaccato

Sangiovése (o **-ṣe**) [abbr. di *sangiovannese* 'abitante di S. Giovanni Valdarno' (?) ✱ av. 1739] **s. m. 1** vitigno molto diffuso in Italia che dà un'uva di color viola scuro; è il vitigno fondamentale nella produzione di vini celebri come il Chianti o il Brunello di Montalcino **2** vino di color rosso carico, profumo vinoso e sapore lievemente amarognolo, prodotto spec. in Romagna e nelle Marche dal vitigno omonimo

sangrìa [sp. *sangría* 'salasso', da *sangre* 'sangue' ✱ 1970] **s. f. inv.** ● bevanda a base di vino rosso allungato con acqua, zucchero e limone, servita ghiacciata, talvolta con frutta in infusione

✦**sàngue** [lat. *sānguε(m)* per il class. *sānguine(m)*, di etim. incerta ✱ 1261 ca.] **A s. m. (pl. *lett.* o *raro* -*i*, †anche f.) 1** liquido che circola nel sistema arterio-venoso dei Vertebrati, costituito da una parte liquida detta plasma e da elementi corpuscolati rappresentati da globuli rossi, globuli bianchi e piastrine: *animali a s. caldo, a s. freddo*; *fare l'esame del s.*; *trasfusione di s.*; *datore, donatore, di s.*; *goccia di s.*; *s. vivo, nero, rosso*; *s. raggrumato*; *fare, gettare, sputare s.*; *essere grondante di s.*; *essere macchiato di s.*; *essere rosso come il s.* CFR. emo-, emato-, -emia | nell'antica medicina, uno dei quattro umori dell'organismo umano CFR. atrabile, bile, flemma | ***bistecca al s.***, poco cotta, ancora un po' sanguinante | effusione di sangue: *macchie, tracce di s.*; *lago, pozza di s.* | ***battere, percuotere, picchiare, qlcu. a s.***, con tanta violenza da farlo sanguinare | ***duello all'ultimo s.***, fino alla morte dell'avversario | (*est.*) ferimento, omicidio, morte, e sim.: *scorrerà presto il s.*; *quanto s. si è versato!*; *c'è stato spargimento di s.* | ***spargere s.***, commettere stragi, delitti | ***con, senza, spargimento di s.***, in modo cruento, in modo incruento | ***fatto di s.***, delitto, strage | (*lett.*) ***uomo di s.***, violento, sanguinario | (*fig.*) ***avere sete, essere assetato, di s.***, essere spinto a uccidere dalla vendetta o dalla follia | ***avere orrore del s., aborrire il s.***, detestare ogni forma di violenza | ***notte, giorno***, e sim. ***di s.***, in cui si compiono delitti, uccisioni | ***pagare qlco. col s.***, rimetterci la vita | ***pagare un tributo di s. per una causa, un ideale***, e sim., sacrificare ad essi molte vite umane | ***dare, versare, il proprio s. per la patria, un ideale***, e sim., morire per essi | (*fig.*) ***offesa che va lavata col s.***, che va vendicata

S

con la morte dell'offensore | ***soffocare una rivolta nel s.***, domarla con uccisioni, stragi, violenze | (*lett.*) ***essere scritto a caratteri di s.***, di grandi avvenimenti storici, politici, e sim. la cui realizzazione è costata la vita di molte persone | (**bot.**) ***s. di drago***, resina estratta dai frutti della palma *Calamus draco* e dalla corteccia della liliacea *Dracaena draco* **2** (*fig.*) spirito, forza, vigore, vitalità | ***non avere più s. addosso, non avere più una goccia di s. nelle vene***, sentirsi mancare le forze | ***sudare s.***, durare grande fatica | ***costare s.***, costare grande fatica, grandi sacrifici **3** (*fig.*) stato d'animo, sentimento, cuore | ***guastarsi il s., farsi cattivo s., s. cattivo, il s. amaro***, irritarsi, arrabbiarsi, rodersi l'animo | ***correre cattivo s., non esserci*** (o ***non correre***) ***buon s.***, esserci ostilità | ***sentirsi rimescolare, ribollire, il s.***, provare ira, sdegno, violenta indignazione | ***sentirsi gelare, agghiacciare, il s.***, provare un improvviso spavento, terrore e sim. | ***sentirsi andare, montare, il s. alla testa, accendersi il s.***, essere preso da violenta collera, ira, rabbia | ***piangere lacrime di s.***, cocenti di amaro pentimento | ***il s. gli fece un tuffo***, per esprimere la repentinità e la violenza di un'emozione | ***non avere s. nelle vene***, essere insensibile, gelido | indole, carattere | ***avere qlco. nel s.***, sentirsene fortemente attratti, avere un'innata disposizione per essa | ***avere il s. bollente, il s. caldo***, essere facile preda dell'entusiasmo, dell'ira, delle passioni | ***s. freddo***, calma e ponderazione, perfetta padronanza dei propri nervi: *conservare, non perdere, il proprio s. freddo; mostrare un ammirevole s. freddo* | ***a s. freddo***, posatamente, con piena consapevolezza, con assoluta padronanza di sé: *uccidere qlcu. a s. freddo* | ***calma e s. freddo!***, invito alla riflessione e alla calma rivolto a chi si lascia prendere dall'impazienza o dall'agitazione **4** (*fig.*) famiglia, parentela, discendenza, stirpe: *vincoli del s.; legami di s.; nobiltà, gentilezza, di s.; essere di s. nobile, popolano* | ***avere lo stesso s., essere dello stesso s.***, appartenere alla stessa famiglia | ***avere il s. blu***, essere nobile | ***s. del proprio s.***, il figlio, i figli | ***la voce del s.***, l'istinto naturale che porta a riconoscere e ad amare i propri parenti | **PROV.** ***buon sangue non mente***, si dice di un giovane che dimostra le stesse qualità dei genitori | ***il s. non è acqua***, i vincoli di parentela sono molto forti | ***principe di s. reale, principe del s.***, discendente di una famiglia reale | (*lett.*) nazione: *Latin s. gentile* (F. PETRARCA) **5** (*zootec.*) insieme dei caratteri ereditari insiti in una razza | ***puro s.***, V. *purosangue* | ***mezzo s.***, V. *mezzosangue* **6** (*fig.*) tutto ciò che si possiede (denaro, lavoro, e sim.): *succhiare il s. altrui; queste tasse ci prendono tutto il s.; strozzino arricchito col s. dei poveri* | (*disus.*) ***cavata di s.***, spesa, sborso, spec. eccessivi **7** nelle loc. inter. eufem. che esprimono imprecazione, minaccia, disappunto e sim.: ***s. di Bacco!, s. d'un cane!, s. di Giuda!*** **8** (al pl.) †mestrui || (*lett.*) **sanguàccio**, **pegg.** **B** in funzione di agg. inv. ● (posposto a un sost.) che ha il colore rosso vivo e intenso caratteristico del liquido omonimo: *rosso s.; un tramonto color s.*

SFUMATURE ➤ ***stirpe***

sanguemìsto o **sàngue mìsto** [comp. di *sangue* e *misto* ✱ 1957] **s. m. e f.** (**pl. m.** *sanguemìsti*; **pl. f. inv.**) ● nella genetica umana, meticcio | nella genetica animale, ibrido, incrocio

sanguétta [da *sangue* ✱ 1550] **s. f.** ● (*pop.*) sanguisuga

sanguìfero [comp. di *sangue* e *-fero* ✱ 1726] **agg.** ● che porta sangue, relativo alla circolazione del sangue

sanguificàre [comp. di *sangue* e *-ficare* ✱ av. 1673] **A** **v. intr.** (*io sanguìfico, tu sanguìfichi*; **aus.** *avere*) ● produrre sangue; stimolare la produzione di sangue **B** **v. intr.** (**aus.** *avere*) e **sanguificàrsi** **v. intr. pron.** ● trasformarsi in sangue || **sanguificazióne**, **s. f.** (*raro*) ematopoiesi

sanguificatóre [1872] **agg.** (**f.** *-trice*) ● (*disus.*) che sanguifica | ematopoietico

sanguìgna o (*raro*) **sanguìna** [f. sost. di *sanguigno*, sul modello del fr. *sanguine* 'ocra', da *sang* 'sangue' ✱ 1765] **s. f.** **1** argilla ferruginosa di tono rosso più o meno scuro con cui si prepara un pastello usato per disegnare | (*est.*) disegno eseguito con la sanguigna | il pastello stesso **2** †sanguisuga

†**sanguignàre** [sovrapposizione di *sanguigno* a *sanguinare* ✱ av. 1527] **v. intr.** ● sanguinare

✱**sanguìgno** [dal lat. *sanguĭneu(m)* 'sanguigno', da *sănguis*, genit. *sănguinis* 'sangue' ✱ 1246] **A** **agg.** **1** di sangue, del sangue: *vaso, gruppo s.; pressione sanguigna* **2** che abbonda di sangue: *complessione, costituzione sanguigna* | (*fig.*) ***individuo, carattere s.***, impetuoso, focoso **3** (*lett.*) che ha colore simile al sangue: *uva sanguigna* | (*est., lett.*) insanguinato: *fece l'erba sanguigna di lor sangue* (F. PETRARCA) | ***diaspro s.***, varietà macchiettata di rosso scuro **4** (*lett.*) sanguinoso **B** **s. m.** ● colore del sangue

sanguìna ➤ **sanguigna**

sanguinàccio [dal lat. *sănguine(m)* 'sangue' ✱ sec. XIV] **s. m.** ● vivanda a base di sangue di maiale, fatto friggere con sale e farina | insaccato di sangue e grasso di maiale | dolce a base di latte, cioccolato e sangue di maiale, con canditi e uva passa **SIN.** buristo **CFR.** biroldo, mallegato

sanguinaménto [da *sanguinare* ✱ 1983] **s. m.** ● perdita di sangue: *s. di una ferita*

sanguinànte **part. pres.** di *sanguinare*; anche **agg.** ● nei sign. del v. | (*fig.*) straziato dal dolore: *animo s.*

sanguinàre [lat. tardo *sanguināre* 'sanguinare, insanguinare', da *sănguis*, genit. *sănguinis* 'sangue' ✱ 1319] **A** **v. intr.** (*io sànguino*; **aus.** *avere*) **1** versare, stillare sangue: *la ferita sanguina; le gengive continuano a s.; il poveretto sanguinava come un ecce homo* | ***la bistecca sanguina***, non è cotta a sufficienza **2** (*fig.*) provocare grave dolore: *quell'ingiuria sanguina sempre* | ***mi sanguina il cuore***, sono angosciato, addolorato: *Mi sanguina il cuore a lasciarti solo lì dentro* (B. FENOGLIO) **B** **v. tr.** ● (*raro, lett.*) insanguinare

sanguinària [vc. dotta, dal lat. *sanguināria(m)*, f. sost. dell'agg. *sanguinārius* 'sanguigno' ✱ av. 1320] **s. f.** ● papaveracea dell'America settentrionale il cui rizoma è usato come sostanza medicinale (*Sanguinaria canadensis*)

sanguinàrio [vc. dotta, dal lat. *sanguināriu(m)*, da *sănguis*, genit. *sănguinis* 'sangue' ✱ 1483] **agg. e s. m.** (**f.** *-ia*; **pl. m.** *-i* o *lett.* *-ii*) **1** che (o chi) è incline a ferire o uccidere: *pazzo s.* | che (o chi) ha istinti omicidi **2** (*est.*) che (o chi) si avvale dell'omicidio e dello spargimento di sangue come mezzo di conseguimento dei propri fini spec. politici: *tiranno s.; Maria la Sanguinaria* || **sanguinariaménte**, **avv.**

sanguinazióne [1935] **s. f.** ● (*lett.*) sanguinamento

sanguìne [vc. dotta, dal lat. *sănguine(m)*, per il colore rosso dei rami ✱ av. 1320] **s. m.** ● (*bot.*) sanguinella

sanguinèlla [dal lat. *sănguis*, genit. *sănguinis* 'sangue' ✱ 1550] **s. f.** **1** (*bot.*) arbusto delle Cornacee con rami di color rosso scuro e fiori bianchi, simile al corniolo (*Cornus sanguinea*) **SIN.** sanguine **2** (*bot.*) erba annuale delle Graminacee che vive su suoli disturbati e come infestante delle colture (*Digitaria sanguinalis*)

sanguinèllo [dal lat. *sănguis*, genit. *sănguinis* 'sangue', per il colore ✱ 1959] **s. m.** ● (*bot.*) varietà di arancio, coltivato in Sicilia, il cui frutto ha la polpa color rosso sangue

†**sanguinènte** [lat. tardo *sanguilĕntu(m)*, *sanguinĕntu(m)* 'sanguinolente', da *sănguis*, genit. *sănguinis* 'sangue' ✱ 1313] **agg.** ● (*lett.*) sanguinante: *sarien ristoro al mio cor s.* (U. FOSCOLO) | sanguinoso

sanguìneo [vc. dotta, dal lat. *sanguĭneu(m)*, da *sănguis*, genit. *sănguinis* 'sangue' ✱ av. 1328] **A** **agg.** ● (*raro, lett.*) sanguigno, insanguinato **B** **s. m.** (**f.** *-a*) ● †consanguineo

sanguineròla [dal lat. *sănguis*, genit. *sănguinis* 'sangue' ✱ 1934] **s. f.** ● piccolo pesce dei Ciprinidi a corpo allungato e livrea variabile verde e dorata con ventre rosso, talvolta allevato in acquario (*Phoxinus phoxinus*)

†**sanguinità** [dal lat. *sănguis*, genit. *sănguinis* 'sangue' ✱ 1294] **s. f.** ● consanguineità, parentela

sanguinolènto o †**sanguinolènte** [vc. dotta, dal lat. *sanguinolĕntu(m)* 'sanguinoso', da *sănguis* genit. *sănguinis* 'sangue' ✱ av. 1463] **agg.** **1** sanguinante, che cola sangue: *mano, carne sanguinolenta* | †sanguinoso, cruento **2** †sanguinario, avido di sangue || **sanguinolenteménte**, **avv.** con spargimento di sangue

sanguinóso (o **-ṣo**) [dal lat. tardo *sanguinōsu(m)* 'sanguigno', da *sănguis*, genit. *sănguinis* 'sangue' ✱ av. 1292] **agg.** **1** (*raro*) pieno di sangue, lordo di sangue, insanguinato: *mani sanguinose; ferita sanguinosa* **2** che avviene con molto spargimento di sangue: *combattimento s.; battaglia, vittoria sanguinosa* **SIN.** cruento **3** (*fig.*) che fa soffrire molto, che offende gravemente: *ingiuria sanguinosa* **4** (*fig., lett.*) sanguinario, crudele: *un tiranno s. e bestiale* (F. GUICCIARDINI) **5** †sanguigno | †del colore del sangue || **sanguinosaménte**, **avv.** in modo sanguinoso, con spargimento di sangue || **sanguinosità**, **s. f. inv.** caratteristica di chi (o di ciò che) è sanguinoso

sanguisòrba [comp. di *sangui-* 'sangue' e un deriv. del lat. *sorbēre* 'assorbire' per il suo potere astringente ✱ 1824] **s. f.** **1** (*bot.*) genere di piante erbacee delle Rosacee, spontanee nelle regioni eurasiatiche, con piccoli fiori ermafroditi riuniti in spighe dense, simili a capolini (*Sanguisorba*) **2** (*bot.*) salvastrella

sanguisùga o †**sansùga** [lat. *sanguisūga(m)*, comp. di *sănguis*, genit. *sănguinis* 'sangue' e da *sūgere* 'succhiare'. V. *suggere* ✱ sec. XIV] **s. f.** **1** anellide degli Irudinei, di acqua dolce, frequente sui fondi melmosi, che si nutre succhiando sangue dai Vertebrati, un tempo usato per fare salassi (*Hirudo medicinalis*) **SIN.** mignatta **2** (*fig.*) persona avida, che spilla denaro agli altri | (*fig.*) persona importuna e noiosa

sanguìvoro [comp. di *sangue* e *-voro* ✱ sec. XVIII] **agg.** ● (*raro*) che si nutre di sangue, che succhia il sangue

†**sanicàre** [da *sano* (V.) ✱ sec. XIV] **A** **v. tr.** ● sanare, risanare | (*fig.*) rigenerare, redimere **B** **v. intr.** ● recuperare la salute | (*fig.*) purificarsi

sanìcola [lat. *sanĭcula(m)*, da *sānus* 'sano', per le sue qualità medicinali ✱ 1872] **s. f.** ● (*bot.*) pianta perenne delle Apiacee con foglie palmate e fiori in piccole ombrelle che cresce in luoghi ombrosi e boschi umidi; le foglie e il rizoma hanno proprietà astringenti (*Sanicula europaea*) **SIN.** erba fragolina

sanidìno [fr. *sanidine*, dal gr. *sanís*, genit. *sanídos* 'tavoletta', detto così per la forma ✱ 1930] **s. m.** ● (*miner.*) feldspato potassico presente nelle rocce vulcaniche recenti

a b c d e f g h i j k l m n o p q r s t u v w x y z

sànie [vc. dotta, dal lat. *sănie(m)* 'marcia'② ✻ sec. XIII] **s. f. inv.** ● (*raro*) materiale purulento, pus

sanificànte **A** **part. pres.** di *sanificare*; anche **agg.** ● che serve per la sanificazione: *azione, trattamento, prodotto s.* **B** **s. m.** ● prodotto capace di svolgere sia un'azione detergente che sanitizzante

sanificàre [1306] **v. tr.** (*io sanìfico, tu sanìfichi*) **1** sottoporre a sanificazione: *s. il latte* **2** †rendere sano, risanare | bonificare: *uomini … i quali con la coltura sanifichino la terra* (N. MACHIAVELLI) ‖ **sanificazióne**, **s. f.** (V.)

sanificàto **part. pass.** di *sanificare*; anche **agg.** ● nei sign. del v.: *impianto, latte s.*

sanificazióne [1991] **s. f.** ● insieme dei processi atti a rendere igienicamente idonei alla produzione di alimenti gli impianti e gli ambienti destinati a essa, o a rendere igienico un alimento, riducendo in misura sufficiente la carica microbica mediante la detergenza e sanitizzazione

sanióso (o -ṣo) [vc. dotta, lat. *saniōsu(m)*, da *sănie(m)* 'marcia, sanie' ✻ 1547] **agg.** ● (*lett.*) fetido, purulento

sanità o †**sanitàde**, †**sanitàte**, †**santà** [lat. *sanitāte(m)*, da *sānus* 'sano' ✻ 1268] **s. f. inv.** **1** condizione del corpo che può compiere tutte le sue funzioni, buona salute: *recuperare la s.*; *la s. di un organo*; *s. di mente* | †***bere in s. di qlcu.***, alla sua salute **2** condizione di ciò che è sano moralmente: *s. di principi* **3** salubrità: *s. dell'aria, dell'acqua* **4** tutela della salute di una comunità | insieme degli organismi, delle persone e dei mezzi preposti a tale tutela: *lavora nel settore della s.* | (*milit.*) corpo costituito da ufficiali medici e chimico-farmacisti, che assicura il servizio sanitario dell'esercito: *sezione di Sanità* | in marina, ufficio della capitaneria di porto preposto al controllo della salute dell'equipaggio e delle condizioni igieniche delle navi e del loro carico | ***S. marittima, di porto***, organismo statale a tutela della salute pubblica contro il diffondersi delle malattie infettive portate da equipaggi di navi

SFUMATURE DI SIGNIFICATO

sanità - salute - benessere

Sanità esprime la condizione di un organismo sano. **Salute** invece è termine che definisce lo stato fisico o anche psichico di un individuo, e in quanto tale si accompagna in genere con aggettivi che ne specificano la qualità (*buona, cattiva, cagionevole* ecc.); in espressioni ellittiche come *essere in salute, non avere salute* e sim. si fa tuttavia riferimento alla buona salute. **Benessere** esprime la sensazione soggettiva di chi avverte di star bene, in senso fisico o anche morale.

S

sanitàrio [1798] **A** **agg.** ● della sanità, relativo alla sanità: *condizioni sanitarie* | relativo alla sanità pubblica e agli uffici ad essa preposti: *provvedimenti sanitari*; *misure, precauzioni sanitarie* | ***impianti sanitari***, l'insieme delle apparecchiature destinate all'igiene della persona e all'eliminazione dei rifiuti organici | ***ufficiale s.***, medico comunale dell'ufficio di Sanità | ***cordone s.***, sistema di sorveglianza inteso a circoscrivere e isolare una zona colpita da malattie infettive | ***bollettino s.***, emanato dai medici curanti sulle condizioni di salute di una nota personalità | ***operatore s.***, persona che esplica la propria attività nel campo dell'assistenza medica; correntemente, chi appartiene al personale paramedico spec. infermieristico **B** **s. m.** **1** (**f.** *-ia*) (*burocr.*) medico: *le prescrizioni dei sanitari* **2** (**al pl.**) impianti sanitari

sanitarìsta [da *sanitario* ✻ 1991] **s. m. e f.** (**pl. m.** *-i*) ● fabbricante o commerciante di articoli sanitari

†**sanitàte** ➤ **sanità**

sanitizzànte **A** **part. pres.** di *sanitizzare*; anche **agg.** ● nei sign. del v.: *azione, trattamento, prodotto s.* **B** **s. m.** ● prodotto ad azione microbicida, quale la formaldeide, l'acqua ossigenata o l'ossido di etilene, che riduce in misura sufficiente la carica microbica in un impianto destinato alla produzione di alimenti

sanitizzàre [ingl. *to sanitize*, da *sanity* 'sanità' ✻ 1983] **v. tr.** ● sottoporre a sanitizzazione (V.)

sanitizzàto **part. pass.** di *sanitizzare*; anche **agg.** ● nel sign. del v.: *impianto s.*

sanitizzazióne [1983] **s. f.** ● secondo stadio di un trattamento di sanificazione, attuato mediante l'applicazione di prodotti capaci di ridurre in misura sufficiente la carica microbica: *s. degli impianti lattiero-caseari*

sanitòmetro [comp. di *sanit(à)* e *-metro* sul modello di *redditometro* ✻ 1995] **s. m.** ● strumento che, sulla base di una serie di parametri (reddito, composizione del nucleo familiare, età e sim.), determina il diritto del cittadino all'esenzione parziale o totale dal ticket per le prestazioni sanitarie

sanmarinése ➤ **sammarinese**

San Marzàno o **sammarzàno** [dal n. della località salernitana *San Marzano*, dove è prodotto ✻ 1985] **loc. sost. m. inv.** ● (*bot.*) varietà di pomodoro con frutti cilindrici rosso vivo, polpa abbondante e pochi semi | il frutto di tale pianta, pregiato per la confezione di pelati e conserve

†**san mi sìa** [*sano mi sia* ✻ av. 1584] **inter.** ● (*raro*) Dio mi salvi (con valore deprecativo nominando accidenti, malanni, disgrazie e sim.) **SIN.** †salmisia

†**sànna** ➤ **zanna**

sannìta o (*lett.*) **sannìte** [vc. dotta, dal lat. *Samnīte(m)*, da *Sămnium* 'Sannio' ✻ 1308] **A** **agg.** (**pl. m.** *-i*) ● del Sannio, regione situata a nord-est della Campania **B** **s. m. e f.** ● abitante del Sannio

sannìtico [vc. dotta, dal lat. *Samnĭticu(m)*, da *Samnītes* 'Sanniti' ✻ 1499] **agg.** (**pl. m.** *-ci*) **1** del Sannio | dei Sanniti | ***guerre sannitiche***, combattute dai Romani contro i Sanniti tra il 343 e il 290 a.C. **2** (*arald.*) ***scudo s. antico, moderno***, rettangolare con il lato inferiore ogivale e a forma di graffa

†**sannìtrio** ➤ **salnitro**

sànno ➤ **sapere**①

†**sannùto** ➤ **zannuto**

♦**sàno** [lat. *sānu(m)*, di etim. incerta ✻ av. 1250] **A** **agg.** **1** che non ha malattie, infermità, disturbi, che gode buona salute fisica e psichica: *ragazzo s. e robusto*; *si vede che è una donna sana*; *crescere, conservarsi, mantenersi s.*; *essere s. di mente* | ***s. e salvo***, illeso, incolume | ***s. e vegeto***, sanissimo, spec. di persona anziana o di chi è recentemente guarito da una malattia | ***s. come un pesce***, sanissimo **CONTR.** malato **2** che rivela buona salute: *aspetto, colorito s.* **SIN.** florido **3** non viziato, non guasto, non alterato da difetti, disfunzioni, malformazioni: *cuore s.*; *polmoni sani*; *denti bianchi e sani*; *frutta sana*; *pesche sane* **4** salubre, salutare, giovevole alla salute: *casa, aria, vita, sana*; *clima s.* **5** intero, integro, non rotto: *il vaso è arrivato s.* | (*raro, centr., merid.*) tutto intero, completo: *ho mangiato un cocomero s.*; *ha cotto una gallina sana* | ***di sana pianta***, completamente, da cima a fondo: *se l'è inventato di sana pianta*; *ha dovuto rifare il lavoro di sana pianta* **6** (*fig.*) onesto, moralmente retto: *ambiente s.*; *persona di sani principi*; *avere una sana educazione*; *seguire una sana norma di vita* | (*est., lett.*) esente da errori, giusto: *morale, dottrina sana* ‖ **sanaménte**, **avv.** **1** con sanità, in modo sano **2** bene, rettamente, saggiamente **3** †certamente, di sicuro **B** **s. m.** (**f.** *-a*) ● persona sana: *i sani e i malati* **CONTR.** malato

sanpietrìno ➤ **sampietrino**

sanpiètro ➤ **sampietro**

sanremése (o -ṣe) [1868] **A** **agg.** ● di San Remo **B** **s. m. e f.** ● abitante o nativo di San Remo

sanrocchìno o (*pop.*) **sarrocchìno** [da *San Rocco* ✻ av. 1665] **s. m.** ● mantelletta, ornata di conchiglie, un tempo usata dai pellegrini

sànsa① [lat. *sămpsa(m)*, di etim. incerta ✻ av. 1320] **s. f.** ● residuo della macinazione e torchiatura delle olive, che viene di nuovo spremuto e trattato con solventi per ricavarne olio di qualità inferiore: *olio di s.*

sànsa② [dall'arabo *ṣanǧ* 'cembalo' ✻ 1959] **s. f.** ● strumento musicale africano composto di linguette di ferro assicurate a una sbarretta trasversale che, se toccate, vibrano risuonando

sanscrìtico [da *sanscrito* ✻ 1843] **agg.** (**pl. m.** *-ci*) ● relativo al sanscrito: *filologia sanscritica*

sanscritìsta [da *sanscrito* ✻ 1873] **s. m. e f.** (**pl. m.** *-i*) ● chi studia la lingua e la letteratura sanscrita

sànscrito [vc. dotta, dal sanscrito *saṃskṛta* 'compiuto, perfetto (grammaticalmente)' ✻ 1819] **A** **s. m. solo sing.** ● antica lingua indiana di cultura, appartenente alla famiglia indoeuropea **B** **anche agg.**: *lingua sanscrita, testi sanscriti*

sansepolcrìsta [1936] **s. m. e f.** (**pl. m.** *-i*) ● nel periodo fascista, chi aveva partecipato alla riunione tenuta il 23 marzo 1919 a Milano, in piazza S. Sepolcro, dalla quale erano sorti i Fasci italiani di combattimento

sansevièria [deriv. scient. moderna dal n. di Raimondo di Sangro, principe di *Sansevero* (1710-1771) ✻ 1875] **s. f.** ● pianta rizomatosa ornamentale con foglie radicali lanceolate e glabre (*Sansevieria trifasciata*)

sans façon /fr. sɑ̃fa'sɔ̃/ o (*fam.*) **sanfasòn** [loc. fr., *sans façon*, comp. di *sans* 'senza' e *façon* 'complimento', dal lat. *factiōne(m)* 'fattura' ✻ 1786] **loc. avv.** ● alla buona, senza cerimonie

sans-gêne /sɑ̃'ʒɛn/ [vc. fr., propr. 'senza imbarazzo' ✻ 1905] **A** **avv.** ● senza soggezione e imbarazzo **B** **agg. inv.** ● disinvolto, quasi sfrontato

sansifìcio [da *sansa*① ✻ 1935] **s. m.** ● stabilimento per la lavorazione della sansa

sansimoniàno [1840] **A** **agg.** ● relativo al sansimonismo **B** **s. m.** (**f.** *-a*) ● seguace del sansimonismo **SIN.** sansimonista

sansimonìṣmo [1846] **s. m.** ● dottrina sociale di Claude-Henri de Rouvroy conte di Saint-Simon (1760-1825) e dei suoi seguaci, che propugna una radicale trasformazione della società tramite l'abolizione del principio di eredità e lo sviluppo scientifico e industriale

sansimonìsta [1840] **s. m. e f.** (**pl. m.** *-i*) ● sansimoniano

sansìno [da *sansa*① ✻ 1872] **A** **s. m.** ● olive rimacinate una terza volta da cui si estrae l'olio omonimo **B** **agg.** ● detto di olio di terza estrazione

sansóne [Giudice di Israele, eroe nazionale famoso per la sua forza (dall'ebr. *šimšōn*, agg. da *šemes* 'sole') ✻ 1838] **s. m.** ● (*per anton.*) uomo eccezionalmente forte

sans papiers /fr. sɑ̃pa'pje/ [loc. fr., propr. 'senza (*sans*) carta, documento (*papier*)' ✻ 1996] **loc. sost. m. e f. inv.** (**pl. fr. inv.**) ● spec. in Francia, immigrato clandestino privo di documenti validi per il soggiorno

†**sansùga** ➤ **sanguisuga**

†**santà** ➤ **sanità**

santabàrbara [da *Santa Barbara*, patrona degli artiglieri ✱av. 1727] **s. f.** (**pl.** *santebàrbare*) **1** nelle navi militari, polveriera **2** (*fig.*) situazione critica, esplosiva

Santalàcee [dal gr. *sántalon* 'sandalo, pianta', d'orig. orient. V. *sandalo*① ✱1895] **s. f. pl.** (**sing.** *-a*) ● (*bot.*) famiglia di piante delle Dicotiledoni erbacee e legnose provviste in genere di austori radicali, con fiori piccoli e frutto a noce o a bacca (*Santalaceae*)

Santalàli [dal gr. *sántalon* 'sandalo', d'orig. orient. V. *sandalo*① ✱sec. XX] **s. f. pl.** (**sing.** *-e*) ● (*bot.*) ordine di piante delle Dicotiledoni, parassite su diverse piante, con foglie coriacee, fiori in spighe o glomeruli, frutto a bacca

santarèlla o **santerèlla** [f. di *santarello* ✱ 1524] **s. f.** ● (*raro*) donna onesta e devota ‖ **santarellìna**, **dim.** (V.)

santarellìna o **santerellìna** [dim. di *santarella* ✱av. 1835] **s. f.** (**m.** *-o*) ● (*iron.*) ragazza che si finge innocente e ingenua: *fare la s.*; *faccia da s.*; *con quella s. ipocrita, con quella svergognata* (I. CALVINO)

santarèllo ➤ **santerello**

santé /fr. sɑ̃'te/ [vc. fr., *santé* 'salute', dal lat. *sanitāte(m)*. V. *sanità* ✱1910] **s. f. inv.** ● nella loc. ***zuppa alla s.***, di verdura e crostini, in brodo

santerèlla ➤ **santarella**

santerellìna ➤ **santarellina**

santerèllo o **santarèllo** [av. 1502] **s. m.** (**f.** *-a* (V.)) **1** dim. di *santo* nel sign. B **2** (*iron.*) chi, in contrasto con i suoi reali sentimenti, ostenta pietà religiosa, devozione, umiltà, e sim.: *sembra proprio un s.* ‖ **santerellìno**, **dim.**

santése (o **-ṣe**) [da *santo*, nel sign. ant. di 'chiesa' ✱av. 1338] **s. m. e f.** **1** (*lett.*, *sett.*) custode di una chiesa, mansionario | sagrestano: *credeva ... disavvezzarmi ... immischiandomi coi fanciulletti del s.* (I. NIEVO) **2** †bigotto

santiaghèno [adattamento dello sp. *santiagueño* ✱1993] **A** **agg.** ● di Santiago, capitale del Cile **B** **s. m.** (**f.** *-a*) ● abitante o nativo di Santiago

santiddìo o **sant'Iddìo**, **sànto Dìo** [comp. di *sant(o)* e *Iddio* ✱1830] **inter.** ● esprime impazienza, disappunto, meraviglia, ira, e sim.: *s. come ti sei conciato!*

santificaménto [sec. XIV] **s. m.** ● (*raro*) santificazione

santificànte **part. pres.** di *santificare*; anche **agg.** ● che santifica | ***Grazia s.***, che rende grati a Dio e che fa santi

santificàre [vc. dotta, dal lat. tardo (eccl.) *sanctificāre*, comp. di *sānctus* 'santo' e *-ficāre* ✱ sec. XIII] **A** **v. tr.** (*io santìfico, tu santìfichi*) **1** sottrarre all'uso profano, rendere santi qlcu. o qlco. (*anche assol.*): *il matrimonio santifica l'amore*; *la grazia santifica* **2** dichiarare santo, canonizzare, elevare agli altari **3** (*est.*) venerare con devozione, glorificare: *s. il nome di Dio* | ***s. le feste***, osservare le norme religiose che riguardano i giorni dedicati a Dio e al suo culto **B** **v. intr.** (**aus.** *essere*) ● †diventare santo **C** **santificàrsi** **v. rifl.** ● divenir santo, rendersi degno della grazia santificante nella perfetta vita religiosa ‖ **santificazióne**, **s. f.**

santificatìvo [1745] **agg.** ● (*raro*) santificante

santificàto **part. pass.** di *santificare* ● nei sign. del v.

santificatóre [vc. dotta, dal lat. tardo (eccl.) *sanctificatōre(m)*, da *sanctificātus* 'santificato' ✱av. 1348] **s. m.** (**f.** *-trice*); anche **agg.** ● (*raro*) chi (o che) santifica: *Iddio s.*; *ostia santificatrice*

santificètur ➤ **sanctificetur**

santimònia [vc. dotta, dal lat. *sanctimōnia(m)* 'santità', da *sānctus* 'santo' ✱av. 1311] **s. f.** **1** (*spreg.*) ipocrita affettazione di santità di vita **SIN.** bacchettoneria, bigottismo **2** †santità di istituzioni, di valori religiosi e sim.: *la s. del matrimonio*

santimoniàle [vc. dotta, dal lat. tardo *sanctimoniāle(m)*, da *sanctimōnia* 'santità' ✱av. 1424] **agg.** ● (*raro*) di santimonia

santìno [av. 1712] **s. m.** **1** dim. di *santo* nel sign. B | piccola immagine sacra su cui è riprodotta la figura di un santo o di un oggetto sacro **2** (*est.*) cartoncino che ricorda una persona defunta | cartoncino commemorativo della prima comunione o di altro sacramento

santìppe [vc. dotta, dal lat. *Xanthíppe(m)*, dal gr. *Xanthíppē* 'Santippe', moglie di Socrate famosa per il suo carattere bisbetico ✱1872] **s. f. inv.** ● (*per anton.*) moglie bisbetica e brontolona

santìssimo [1319] **A** **agg.** (con l'iniziale maiuscola nei sign. A2 e B1; abbr. *SS.*) **1** superl. di *santo*: *fammi il s. piacere di smetterla!* **2** che esige il massimo rispetto e la massima venerazione, detto di cose religiose: *la Santissima Trinità*; *Maria Santissima* | ***Santissimo Sacramento***, ostia consacrata, Sacramento dell'altare, ostia esposta in ostensorio | ***S. Padre***, titolo del Papa **B** **s. m.** **1** (*ellitt.*) Santissimo Sacramento, ostia consacrata: *esposizione del Santissimo*; *portare il Santissimo in processione* **2** (al **pl.**, *pop.*) testicoli: *non rompetemi i santissimi*

santità [dal lat. *sanctitāte(m)*, da *sānctus* 'santo' ✱1268] **s. f. inv.** (*Santità* nel sign. 5) **1** condizione di ciò che è santo: *la s. di un rito, di una preghiera* | stato di chi nella vita terrena si è ispirato ai principi religiosi, cercando di metterli in pratica in conformità alla volontà divina: *aspirare alla s.*; *raggiungere la s.*; *vivere, morire, in odore di s.* **2** condizione propria di Dio e di tutto ciò che gli appartiene, gli si riferisce o da Lui deriva: *la s. di Dio, di Cristo, di Maria Vergine* **3** condizione di ciò che è sacro e inviolabile: *la s. del giuramento, della famiglia, dei sepolcri* **4** probità, integrità, di vita e di costumi: *s. di opere, di propositi, di intenzioni* **5** titolo attribuito al Pontefice: *Sua Santità*; *Vostra Santità*

♦**sànto** [lat. *sānctu(m)* 'sacro, inviolabile', part. pass. di *sancīre* 'rendere sacro'. V. *sancire, sacro* ✱ 960] **A** **agg.** (**superl.** *santissimo* (V.)) *Santo* si tronca in *san* davanti a nome che comincia per consonante o per *i semiconsonante* (cioè seguita da vocale): *san Carlo, san Francesco, san Gennaro, san Jacopo*; mantiene però la forma *santo* davanti a *s impura*: *santo Stefano*. Davanti a vocale generalmente si elide: *sant'Ignazio, sant'Ilario, sant'Uffizio*. Nel femminile mantiene la forma *santa*, che per lo più elide in *sant'* davanti a vocale: *santa Marta, sant'Anna*. Si scrive generalmente con la minuscola per indicare la persona ed anche la ricorrenza: *oggi è sant'Ambrogio*; si scrive con la maiuscola quando è un titolo a sé stante (*il Santo ha fatto la grazia*), quando indica personalità, istituzione o sim. (*Santo Padre, Santa Sede, Terra Santa*) o quando indica una chiesa col nome del Santo: *una visita a Sant'Ambrogio, a San Miniato*. Si abbrevia spesso in *s.* o *S.* al singolare (*s. Antonio, S. Marco*) e in *ss.*, *SS.* o *Ss.* al plurale: *i ss. Pietro e Paolo*. (V. note d'uso ELISIONE e TRONCAMENTO e MAIUSCOLA) **1** intangibile, inviolabile, che deve essere rispettato e venerato in quanto sancito da una norma morale, civile o sim.: *il giuramento è s.*; *la patria è santa*; *la santa memoria dei martiri* **SIN.** sacro **2** (*per anton.*) attributo proprio di Dio: *Dio s.*; *lo Spirito Santo* **3** (*est.*) che attiene o si riferisce a Dio e alla religione, o da essi deriva: *il s. nome di Dio*; *il s. legno della croce di Cristo*; *farsi il segno della santa croce*; *acqua santa*; *arca, porta santa*; *olio s.*; *la santa Chiesa*; *la santa fede*; *la santa Messa*; *la santa Comunione*; *l'Ostia santa*; *il s. Natale*; *la santa Pasqua* | ***campo s.***, V. *camposanto* | ***la santa insegna***, la croce | ***il S. Monte***, il Purgatorio | ***il Santo Sepolcro***, quello di Gesù a Gerusalemme | ***Città Santa***, (*per anton.*) Gerusalemme | ***Terra Santa***, la Palestina | ***luoghi santi***, quelli della Palestina | ***il Santo Padre***, il Papa | ***la Santa Sede***, la Chiesa cattolica, la Curia romana | ***Sant'Uffizio***, sacra congregazione fondata nel XVI sec. per combattere le eresie; più volte riformata nei secoli successivi, poi sostituita dalla Congregazione per la dottrina della fede | ***Settimana santa***, quella antecedente la Pasqua | ***Anno S.***, Giubileo | (*pop.*) ***Dio s.!, Cristo s.!, s. Cielo!*** e sim., escl. che esprimono disappunto, stizza, collera e sim. **4** che è stato dichiarato santo dalla Chiesa e come tale è venerato: *i santi confessori*; *i santi vescovi*; *i santi martiri*; *le sante vergini* | che è appartenuto a un santo: *le sante reliquie* **5** (*ellitt.*) seguito dal nome proprio del santo indica il giorno in cui ne viene celebrata la festa, la chiesa che gli è intitolata, l'effigie che lo rappresenta: *per Santo Stefano andremo in montagna*; *davanti San Guido*; *il San Sebastiano di Antonello da Messina* **6** pio, religioso: *fare una santa morte*; *il s. timore di Dio*; *anima santa*; *pensieri, propositi santi* | (*est.*) buono, giusto, probo, retto: *condurre una vita santa*; *è proprio un sant'uomo*; *quella santa donna di tua madre* | (*est.*) ***parole sante!***, giustissime | ispirato, dettato, da motivi religiosi, spec. nelle loc. ***guerra santa***; ***lega santa***; ***Sant'Alleanza*** **7** (*fig.*, *fam.*) salutare, efficace, utile: *rimedio s.*; *medicina santa* | ***Vin S.***, V. *Vinsanto* **8** (*colloq.*) anteposto a un sost. ha valore rafforz. nelle loc. ***santa fretta***; ***tutto il s. giorno***; ***in santa pace***; ***fare il s. piacere*** | ***di santa ragione***, con piena ragione, con forza, in gran quantità: *picchiare qlcu., prenderle, darle*, e sim. *di santa ragione* | ***santa pazienza!***, escl. che esprime disappunto, impazienza e sim. ‖ **santaménte**, **avv.** **1** con santità: *vivere santamente* **2** con religiosità: *amare santamente il bene* **B** **s. m.** **1** (**f.** *-a*) chi, per diretta esperienza del divino o per eccezionali virtù, ha raggiunto la perfezione nella vita religiosa **CFR.** agio- | nella religione cattolica, chi gode della visione beatifica di Dio ed è elevato al culto attraverso il processo di beatificazione e canonizzazione: *culto, patrocinio dei Santi*; *il s. patrono della città*; *il s. del giorno*; *i santi del Paradiso*; *vite, leggende dei Santi* | ***S. dei Santi***, Dio, Gesù | ***i Santi, tutti i Santi***, il primo novembre, festa di Ognissanti | ***la città del Santo***, (*per anton.*) Padova | ***avere qualche s. dalla propria***, avere molta fortuna spec. in situazioni rischiose o pericolose | ***avere dei santi in paradiso***, avere un amico potente, avere un protettore particolarmente influente | ***qualche s. aiuterà***, per esprimere ottimismo, fiducia nel futuro e sim. | ***non sapere a che s. votarsi***, non sapere a chi rivolgersi, trovandosi in stato di bisogno, pericolo e sim. | ***non c'è s. (che tenga)***, non c'è niente che possa impedire un dato fatto, è inevitabile | **PROV.** ***scherza coi fanti e lascia stare i santi***, V. *fante*① **2** (**f.** *-a*) (*est.*) persona dotata di grande virtù, bontà, animo profondamente religioso e sim.: *vivere, morire, come un s.*; *fare una vita, una morte, da s.*; *avere una pazienza da s.*; *quella donna è una santa* | ***non essere uno stinco di s.***, (*scherz.*) essere tutt'altro che un galantuomo, comportarsi in modo non conforme alla morale (con riferimento alle reliquie di santi negli ossari) **3** (**f.**

-*a*) figura, immagine, che rappresenta un santo: *regalare un s.* | †*giocare, tirare, a santi o palle*, con le monete, a testa o croce **4** (*fam.*) onomastico, spec. unito a un agg. poss. o seguito da un compl. di specificazione: *per il mio s. ho avuto molti regali*; *oggi è il s. di Giovanni* **5** †luogo sacro, chiesa: *io ti veddi tornar ... dal s.* (L. DE' MEDICI) | (*tosc.*) ***entrare, rientrare, in s.***, ritornare pura, detto della donna che va in chiesa per la prima volta dopo il parto: *farolla venire alla chiesa ad entrare in s.* (N. MACHIAVELLI) ‖ **santerèllo**, dim. (V.) | **santìno**, dim. (V.) | **santóne**, accr.

santocchierìa [1597] **s. f.** ● (*raro*) atto o comportamento da santocchio

santòcchio [da *santo* col suff. spreg. *-occhio* ✱ 1554] **A** **s. m.** (**f.** *-ia*) ● (*raro*) bigotto, ipocrita, bacchettone **B** **anche agg.**

santòccio [da *santo* ✱ 1353] **agg. e s. m.** (**f.** *-ia*) **1** †ingenuo, sciocco **2** (*lett.*) bigotto

sànto Dìo ➤ **santiddio**

santofìlla ➤ **xantofilla**

sàntola [f. di *santolo* ✱ av. 1406] **s. f.** ● (*sett.*) madrina, comare

santolìna [dissimilazione da *santonina* (V.) sul modello del fr. *santoline* ✱ 1585] **s. f.** ● (*bot.*) pianta perenne delle Composite di odore intenso, con foglie lineari dentate e fiori gialli in capolini (*Santolina chamaecyparissus*)

sàntolo [vc. dial. sett. dal lat. *sănctulu(m)*, dim. di *sănctus* 'santo' nel sign. ant. di 'padrino' ✱ sec. XIV] **s. m.** (**f.** *-a* (V.)) ● (*sett.*) padrino, compare: *s. di cresima, di battesimo*

santóne [da *santo* ✱ 1524] **s. m.** **1** monaco, eremita, asceta che, in religioni superiori non cristiane, è circondato di fama di santità **2** (**f.** *-a*) (*iron.*) capo carismatico

santònico [vc. dotta, dal lat. *Santŏnicu(m)*, dal gr. *santonikón* 'assenzio', da *Santŏnes*, popolazione gallica ✱ sec. XIV] **s. m.** (**pl.** *-ci*) ● (*bot.*) nome di alcune specie di *Artemisia*, tipo *Artemisia maritima* dalle cui sommità fiorite si estrae la santonina

santonìna [da *santonico* ✱ 1864] **s. f.** ● principio attivo, contenuto nelle sommità fiorite di alcune Artemisie, dotato di proprietà vermifughe ma tossico spec. per il sistema nervoso e i reni

santopìa ➤ **xantopsia**

santopsìa ➤ **xantopsia**

santoràle [da *santo* ✱ 1957] **s. m.** ● nella liturgia romana, parte dell'Antifonario, che contiene i canti relativi ai singoli santi

santoréggia [lat. *saturēia(m)*, avvicinata a *san(i)tà* 'salute', per le qualità mediche ✱ av. 1320] **s. f.** (**pl.** *-ge*) ● (*bot.*) satureia

santuàrio o †**santuàre** [vc. dotta, dal lat. *sanctuāriu(m)*, sovrapposizione di *sănctus* 'santo' e *sacrārium* 'sacrario'; calco sull'ingl. *sanctuary* nel sign. 4 ✱ 1363] **s. m.** **1** luogo sacro | (*fig.*) luogo in cui si custodiscono gli affetti, le memorie, i sentimenti più sacri e intimi: *il s. della coscienza*; *il s. domestico* **2** edificio o luogo sacro | chiesa cattolica che è centro di particolari devozioni o nella quale sono conservate reliquie **3** parte interiore di un tempio, l'accesso alla quale è riservato ai soli sacerdoti **4** (*est.*) luogo protetto e inaccessibile: *i santuari del potere economico*

S

†**sànza** ➤ **senza**

sanzionàbile [da *sanzionare* ✱ 1985] **agg.** ● che può essere sottoposto a sanzione ‖ **sanzionabilità**, **s. f. inv.**

sanzionàre [1789] **v. tr.** (*io sanzióno*) **1** dare la sanzione, sancire, confermare (*anche fig.*): *il capo dello Stato ha sanzionato un decreto*; *una lunga tradizione sanziona questa usanza* **2** fare oggetto di sanzioni punitive

sanzionatóre [1892] **agg. e s. m.** (**f.** *-trice*) ● che (o chi) sanziona

sanzionatòrio [1910] **agg.** (**pl. m.** *-i* o *raro -ii*) ● che riguarda una sanzione | che sanziona o costituisce una sanzione: *procedimento, sistema s.*

•**sanzióne** [vc. dotta, dal lat. *sanctiōne(m)* 'sanzione', da *sănctus* 'santo, inviolabile' ✱ av. 1564] **s. f.** **1** nel linguaggio forense, approvazione di un atto legislativo o amministrativo da parte dell'autorità competente: *la legge ha ottenuto la s. del Parlamento* **2** (*fig.*) approvazione, conferma: *ha ottenuto la s. dei superiori* **3** nei documenti medievali, formula con la quale si tendeva a garantire l'osservanza delle disposizioni in essi contenute, con la minaccia di una pena o con la promessa di una ricompensa | ***prammatica s.***, V. *prammatico* **4** (*est.*) evento dannoso cui i destinatari della legge devono soggiacere in caso di trasgressione della stessa: *s. civile, penale, amministrativa, fiscale* | ***cadere sotto la s. della legge***, violare la legge | (**spec. al pl.**) provvedimento economico, militare o politico adottato da uno o più soggetti di diritto internazionale nei confronti di uno o più altri

SFUMATURE DI SIGNIFICATO

sanzione - ammenda - penale

La punizione in cui rischia di incorrere chi non rispetta la legge si chiama generalmente **sanzione**. Per alcuni reati, la sanzione può consistere in un'**ammenda**, cioè nell'obbligo di pagare una certa somma di denaro. Nel caso in cui a essere contravvenuta sia non una norma generale ma un obbligo stabilito da un contratto privato, la sanzione prende il nome di **penale**, somma di denaro stabilita preventivamente come riparazione del danno eventualmente derivante da inadempienza contrattuale.

sanzionìșmo [1945] **s. m.** ● tendenza a sollecitare o ad applicare sanzioni in campo economico o politico

sanzionìsta [1936] **agg.** (**pl. m.** *-i*) ● che è fautore di una politica ispirata al sanzionismo: *stato s.*

sanzionìstico [1936] **agg.** (**pl. m.** *-ci*) ● improntato a sanzionismo: *provvedimento s.*

saòr o **savòr** [vc. venez. 'sapore', dal lat. *sapōre(m)* ✱ 1931] **s. m. inv.** ● (*cucina*) solo nella loc. sost. f. pl. ***sarde in saor***, piatto tipico della cucina veneziana costituito da strati di sarde infarinate e fritte alternati con altri di cipolle cotte nell'aceto, pinoli e spezie varie; si consuma freddo

sàpa [lat. *săpa(m)*, di orig. indeur. ✱ 1340 ca.] **s. f.** ● mosto concentrato mediante cottura, che serve come condimento o per preparare mostarde

sapèrda [vc. dotta, dal lat. *sapērda(m)*, dal gr. *sapérdēs* 'tipo di pesce marino', di orig. orient. ✱ av. 1729] **s. f.** ● coleottero dei Cerambici le cui larve scavano gallerie nel legno del pioppo e del salice danneggiando gravemente le piantagioni (*Saperda carcharias*)

•**sapére** ① o †**savére** [lat. parl. **sapēre* per il classico *săpere* 'aver sapore, essere savio', di orig. indeur. ✱ 960] **A** **v. tr.** (**pres.** *io so* /sɔ*/, **merid.** †*sàccio*, †*sàppo*, †*sào*, *tu sài*, †*sàpi*, *egli sa* /sa*/, **merid.** †*sàpe*, *noi sappiàmo*, †*sapiémo*, **merid.** †*sapémo*, *voi sapéte*, *essi sànno*, **merid.** †*sàcciono*; **fut.** *io saprò*, †*saperò*; **pass. rem.** *io sèppi* (o *-é-*), †*sapéi*, *tu sapésti*; **congtv. pres.** *io sàppia*, **merid.** †*sàccia*, *noi sappiàmo*, **merid.** †*sacciàmo*, *voi sappiàte*, **merid.** †*sacciàte*, *essi sàppiano*, **merid.** †*sàcciano*; **condiz. pres.** *io saprèi*, †*saperèi*, †*saprìa*; **imperat.** *sàppi*, **merid.** †*sàcci*, *sappiàte*, **merid.** †*sacciàte*; **gerund.** *sapèndo*, †*sapièndo*, †*sappièndo*; **part. pass.** *sapùto*, **merid.** †*sacciùto*; **difett. del part. pres.**) **ATTENZIONE!** *so* e *sa* **non vanno accentati.** (V. nota d'uso ACCENTO) **1** possedere una serie più o meno vasta di conoscenze e nozioni acquisite mediante lo studio, l'informazione, l'applicazione, l'apprendimento e sim.: *s. il francese, la grammatica, la matematica, le lingue*; *s. la lezione, la parte*; *s. un sacco di cose*; *è uno che non sa niente*; *certuni credono di s. tutto*; *quei che manco intendono, credono s. di più, e quei che sono al tutto pazzi, pensano s. tutto* (G. BRUNO) | ***s. qlco. dall'a alla zeta, per filo e per segno, come l'avemmaria*** e sim., averla imparata molto bene ed essere in grado di ripeterla a memoria con assoluta padronanza | seguito da un partitivo, indica conoscenza, talvolta generica: *s. di musica, di pittura*; *s. di tutto*; *ella ... vuol s. di tutto, vuole entrare in tutto* (C. GOLDONI) | (*assol.*) essere particolarmente dotto, esperto: *un uomo che sa*; *colui che sa*; *l'uomo tanto può quanto sa* **2** possedere una serie di nozioni, spec. pratiche, derivanti dall'esperienza, dall'esercizio e sim.: *s. il proprio mestiere*; *s. le regole del gioco* | ***sa il fatto suo***, di persona particolarmente abile nel suo lavoro, o valida in molte circostanze e sim. | ***saperla lunga, saperla tutta***, e sim., essere molto astuto | ***saperla lunga ma non saperla raccontare***, essere astuto ma non fino al punto di ingannare colui col quale si sta parlando | †***sapersela***, sapere il fatto proprio | (*fig.*) ***s. dove il diavolo tiene la coda*** e sim., essere molto scaltro, conoscere ogni inganno **3** conoscere per aver visto, provato, sperimentato: *s. che cos'è la vita*; *s. come vanno le cose*; *s. come va il mondo*; *s. del mondo, delle cose del mondo, le cose del mondo*; *sa per esperienza che cosa sia il dolore*; *so per prova quanto sia difficile riuscire*; *so io quello che costa studiare*; *quanta strada ho fatto lo sanno le mie gambe*; (**lett.**) *s. povertà, miseria* e sim. **4** avere conoscenza, notizia, di un determinato fatto: *sai che ore sono?*; *sapete che cos'è questo?*; *so dove trovarlo*; *so il suo segreto*; *so la ragione della sua fuga*; *sa vita, morte, miracoli di tutti*; *so che partirà domani*; *sa che non voglio vederlo*; *sappiamo tutto di lui*; *sappiamo tutto sul suo conto*; *sono lieto di saperlo felice*; *lo so felice*; *so che è felice* | venire a conoscenza, essere informato di un determinato fatto: *ho saputo tutto da altri*; *venni a s. che aveva tradito*; *sono venuto per s. la verità*; *vuole s. i fatti nostri*; *voglio s. se quello che hai detto è vero*; *voglio s. chi te l'ha detto*; *vorrei s. con chi devi uscire*; *vorrei proprio s. cosa vuoi da me* | ***fare s. qlco. a qlcu.***, informarlo, riferire: *fammi s. quando partirai* | ***non volerne sapere di qlcu., di qlco.***, disinteressarsene, non volerci avere a che fare: *non vuol saperne di studiare*; *non ne voglio s. di lui* | apprendere: *da chi l'hai saputo?*; *ho saputo la notizia dai giornali*; *abbiamo saputo della disgrazia*; *ho saputo che presto ti sposerai*; *hai saputo di Maria?* | ***sappi*** (o ***sappiate***), ***ti*** (o ***vi***) ***basti s.***, formule usate per ammonire, mettere in guardia e sim.: *sappi che questa è l'ultima che combini!*; *ti basti s. che ho preso la mia decisione* | ***sai, devi s., dovete s.*** e sim., formule usate all'inizio e durante un discorso o una narrazione per annunciare qlco. o per richiamare l'attenzione di chi ascolta | ***sai, sapete*** e sim. ***com'è***, formula usata per sottolineare l'ovvietà di ciò che si sta dicendo: *sai com'è, un bicchiere tira l'altro ...* | ***se tu sapessi! se sapeste!*** e sim., formule usate per introdurre la descrizione di un fatto particolarmente grave, o per lasciarlo immaginare: *che dolore, se tu sapessi!* | ***sai bene, sapete benissimo, sai meglio di me*** e sim., formule usate per ricordare cose ben note, o per sottolineare ciò che si sta dicendo: *tu sai benissimo la mia condizione*; *sapete meglio di me che voglio andarmene* |

si sa, formula usata per sottolineare l'ovvietà di quanto si sta dicendo, spec. negli incisi: *in autunno, si sa, piove spesso* | ***Dio sa***, formula usata per sottolineare la veridicità di ciò che si sta dicendo: *Dio sa se gli voglio bene* | ***Dio solo (lo) sa, solo Iddio (lo) sa***, e sim., *di cosa ignota, sconosciuta, incomprensibile*: *Dio solo sa come farà ad arrivare* | ***per quanto io sappia, che io sappia***, e sim., per quel che è a mia conoscenza: *che io sappia non è partito* | ***se lo vuoi (proprio) s., per chi non lo sapesse*** e sim., formule usate per esporre, dichiarare, chiarire un fatto, anche in tono risentito: *per chi non lo sapesse questa roba è mia!* | ***(a) saperlo!, (ad) averlo saputo!*** e sim., formule usate per esprimere rammarico per non essersi comportati nel modo che sarebbe stato opportuno: *a saperlo, venivamo con voi!* | ***chi sa***, formula usata per esprimere dubbio, incertezza; V. anche *chissà* | ***che so***, (*fam.*) ***chessò***, per esempio: *potrebbe, che so, essersene dimenticato* **5** essere consapevole di un determinato fatto, conoscerne i motivi, le ragioni (+ *che*, + *di* **seguito da inf.**): *so perché ha agito così; non sa quello che dice; sa che si è comportato male; sa di aver commesso un errore* | avere ben chiara nella mente una determinata linea di condotta: *so io quello che faccio; so come devo comportarmi con voi; solo lui sa farsi obbedire dai ragazzi; è un tipo che sa quello che vuole; in questo caso non so come fare* | presagire, prevedere (+ *che*): *sapevo che sarebbe finita così* | (*scherz.*) ***sapevamcelo***, ce lo aspettavamo, non è una novità **6** in funzione servile, seguito da un infinito, indica la capacità o la particolare abilità di compiere l'azione espressa dall'infinito stesso: *s. leggere, scrivere, nuotare; sa giocare bene a tennis; bisogna saper fare tutto; è un tipo che non sa vivere*; (**pleonast.**) *non sa fare altro che lamentarsi* | quando è seguito da un verbo riflessivo, può anticipare la particella pronominale: *sapersi difendere, vestire; bisogna sapersi accontentare; è uno che non si sa decidere* | ***saperci fare***, essere in gamba, uscire vantaggiosamente da ogni situazione | ***sappimi dire***, informati e riferiscimi | ***mi saprai dire!***, per invitare qlcu. a sperimentare qlco. che si è certi che lascerà piacevolmente o spiacevolmente stupiti **7** in forma negativa, seguito da una prop. interrog. indiretta, esprime esitazione, dubbio, incertezza: *non so come sia successo; non so che cosa dirti; non sa più che cosa fare; non so se devo fidarmi di lui; non sa più che pesci prendere; non so come si possa vivere con gente simile; il ragazzo non sa che studi scegliere* | ***non si sa mai***, formula usata per esprimere il timore di un'eventualità: *non andare là, non si sa mai chi potresti incontrare; prendi l'ombrello, non si sa mai ...* | (*colloq.*) ***sai mai***, non si sa mai (come inciso): *bevi un caffè prima di partire, sai mai, qualche colpo di sonno* | (*colloq.*) ***sai mai che, sai mai se***, metti il caso che, nell'eventualità che: *meglio prenotare, sai mai che sia tutto pieno* | (*ellitt.*) ***non saprei***, formula usata per esprimere incertezza anche nelle risposte: *se dovessi scegliere, proprio non saprei; 'Che cosa mi consigli?' 'Non saprei'* **8** †nella loc. ***s. grado***, essere riconoscente, provare gratitudine: *s. grado a qlcu. di qlco.* **B v. intr.** (**aus.** *avere*) **1** avere sapore (+ *di*): *questo pane sa di sale; l'insalata sa troppo di aceto; s. di bruciato, di stantio, di vecchio* e sim. | ***s. di poco***, avere poco sapore; (*fig.*) avere poco valore, destare scarso interesse | ***s. di nulla, di niente***, non avere sapore; (*fig.*) non avere valore, non destare alcun interesse | avere odore: *la stanza sa di chiuso; le lenzuola sanno di pulito* | ***s. di buono***, avere buon sapore o buon odore **2** (*fig.*) avere determinate caratteristiche (+ *di*): *una compostezza che sapeva di ostentazione; Codesto vocabolo sa troppo d'impero* (G. CARDUCCI) | (*tosc.*) ***mi sa male***, mi dispiace, mi sembra una brutta cosa: *mi sa male dirgli di no* | †***mi sa peggio***, mi sembra una cosa molto grave | parere, sembrare: *mi sa cent'anni che non lo vedo* | ***mi sa che***, ho l'impressione che: *mi sa che non sia vero; mi sa che stia per piovere; Mi sa che lui non sarà contento* (R. BACCHELLI)

♦**sapére**② o †**savére** [da sapere① ✱ av. 1250] **s. m.** ● complesso di nozioni, conoscenze e sim. acquisite dall'umanità o possedute da un singolo individuo: *il s. medievale; i saperi moderni; i rami del s.; l'umano s.; essere amante del s.; una persona di grande s.; un mostro di s.; ostentare il proprio s.*

†**sapévole** [da *sapere*. V. *consapevole* ✱ 1342] **agg.** **1** che sa **2** consapevole **3** esperto

✱**sapidità** [1895] **s. f. inv.** ● (*lett.*) caratteristica di ciò che è sapido

✱**sàpido** [lat. tardo *săpidu(m)* 'saporito', da **sapĕre* 'aver sapore'. V. *sapere*① ✱ 1340 ca.] **agg.** **1** (*lett.*) saporito, gustoso | (*enol.*) detto di vino che ha sapore vivo e pieno **2** (*fig.*) arguto, spiritoso: *novelle sapide* ‖ **sapidaménte**, **avv.** in modo arguto

♦**sapiènte** o †**sappiènte** [dal lat. *sapiĕnte(m)*, part. pres. di *săpere* 'avere senno'. V. *sapere*① ✱ av. 1294] **A agg.** **1** che possiede vaste conoscenze e cognizioni apprese mediante lo studio, la riflessione, l'esperienza: *maestro s.; un governante s.* **2** che mostra abilità, esperienza nello svolgimento della propria professione o del proprio lavoro: *medico, cuoco s.* **3** che rivela capacità, perizia, esperienza: *mano s.; un s. tocco delle mani; arte, studio, s.* **4** detto di animale, ammaestrato: *cane s.* **5** †molto saporito: *cacio s.* ‖ **sapienteménte**, **avv.** con sapienza, saggiamente: *reggere sapientemente lo stato* **B s. m. e f.** ● persona dotata di saggezza e sapienza: *fu una grande s.; i sette sapienti della Grecia; fa la s.* **C s. m.** ● nel Medioevo, membro di consiglio o magistrature ‖ (*spreg.*) **sapientèllo**, **dim.** | **sapientìno**, **dim.** | **sapientóne**, **accr.** (V.)

sapientóne [av. 1691] **agg. e s. m.** (**f.** *-a*) **1** (*raro*) accr. di *sapiente*: *stimandolo un grande ingegno, un s.* (A. FOGAZZARO) **2** che (o chi) ostenta un sapere e un'esperienza che spesso in realtà non possiede: *fare il s.*

♦**sapiènza** o †**sapiènzia** [lat. *sapiĕntia(m)* 'sapienza', deriv. di *săpiens*, genit. *sapiĕntis* 'sapiente'. V. *sapere*① ✱ 1261 ca.] **s. f.** **1** vasta, completa e approfondita conoscenza delle cose: *s. umana, divina; la s. poetica ... fu la prima s. della gentilità* (G. VICO) | sapere vasto e profondo unito a doti morali e spirituali: *la s. degli antichi legislatori; la s. di re Salomone* **SIN.** saggezza | perizia, abilità, capacità: *cucinare con grande s.* **2** antica denominazione di alcune università italiane: *la Sapienza di Pisa* **3** (*relig.*) nel tardo giudaismo, manifestazione di Dio come creatore e ordinatore provvidenziale del mondo | nella teologia cristiana, attributo divino che si identifica con il Verbo o Figlio | nella teologia cattolica, uno dei sette doni dello Spirito Santo, che conferisce la grazia del discernimento delle realtà soprannaturali | uno dei libri dell'Antico Testamento

sapienziàle [vc. dotta, dal lat. tardo (eccl.) *sapientiāle(m)*, da *sapiĕntia* 'sapienza' ✱ av. 1565] **agg.** ● relativo alla sapienza | ***Libri sapienziali***, ciascuno dei libri del canone cristiano dell'Antico Testamento che contengono insegnamenti gnomici e sono ispirati dalla sapienza di Dio

Sapindàcee [da *sapindo* ✱ 1869] **s. f. pl.** (**sing.** *-a*) ● (*bot.*) famiglia di piante delle Dicotiledoni legnose prevalentemente tropicali, con foglie sparse e ricche di cellule secretrici (*Sapindaceae*)

sapìndo [contrazione dal lat. *săpo ĭndicus* 'sapone indiano' ✱ 1838] **s. m.** ● albero delle Sapindacee dai cui frutti si ricava saponina (*Sapindus saponaria*) **SIN.** albero del sapone

†**sàpio** [dal lat. parl. **săpiu(m)* 'saggio', da *săpere* 'essere saggio'. V. *sapere*① ✱ 1250 ca.] **agg. e s. m.** (**f.** *-a*) ● (*raro*) savio

saponàceo [1743] **agg.** ● che ha la natura o le proprietà del sapone

saponàia ➤ **saponaria**

saponàio o (*centr.*) **saponàro** [1444] **s. m.** (**f.** *-aia*, **pl. m.** *-ai*) ● chi fabbrica o vende sapone

saponària o **saponàia** [vc. dotta, dal lat. *saponāria(m)*, f. sost. di *saponārius* 'saponario' ✱ av. 1577] **s. f.** ● pianticella delle Cariofillacee che forma graziosi cespi vellutati, spontanea fra le rupi e spesso coltivata (*Saponaria ocymoides*) **SIN.** ocimoide | ***albero della s.***, quillaia

saponàrio [vc. dotta, dal lat. *saponāriu(m)*, da *săpo*, genit. *sapōnis* 'sapone' ✱ 1959] **agg.** **1** relativo al sapone: *prodotto, stabilimento, s.* | ***radice, radica saponaria***, radice e rizoma di saponaria, utilizzata come detergente e per sgrassare stoffe di lana **2** (*miner.*) ***pietra saponaria***, saponite

saponàro ➤ **saponaio**

saponàta [lat. tardo *saponāta*, nt. pl. di *saponātum* 'acqua e sapone', da *săpo*, genit. *sapōnis* 'sapone' ✱ av. 1492] **s. f.** ● acqua con sapone disciolto | schiuma abbondante fatta da quest'acqua

♦**sapóne** [lat. tardo *sapōne(m)* 'miscela di sego e cenere per tingere i capelli', di orig. celt. o germ. ✱ 1313] **s. m.** **1** prodotto detergente costituito spec. da sale alcalino di acidi grassi a elevato numero di atomi di carbonio: *s. da bucato, da toeletta; s. in polvere, a scaglie; s. alla lavanda* | ***s. di Marsiglia***, impiegato per usi domestici | ***s. medicinale***, cui sono state incorporate sostanze medicamentose e disinfettanti | ***bolla di s.***, ottenuta soffiando con una cannuccia in acqua saponata; (*fig.*) ciò che risulta vano, che finisce in nulla: *la polemica si è risolta in una bolla di s.* | (*est.*) pezzo di sapone, saponetta: *comprare un s.* | ***acqua e s.***, (*fig.*) V. *acqua* nel sign. A 1 **2** ***s. dei vetrai***, diossido di manganese, il più antico e noto decolorante **3** (*bot.*) ***albero del s.***, sapindo ‖ **saponcìno**, **dim.** | **saponétta**, **dim. f.** (V.) | (*lett.*) **saponétto**, **dim.**

saponerìa [1561] **s. f.** ● saponificio | negozio in cui si vende il sapone e generi affini

saponétta o (*raro*, *sett.*) **savonétta** [dim. di *sapone*, sul modello del fr. *savonnette*, dim. di *savon* 'sapone'; nel sign. 2, cfr. il fr. *montre à savonnette* 'orologio a saponetta' ✱ 1508] **s. f.** **1** pezzo di sapone per la pulizia personale, spec. profumato: *s. alla rosa* **2** orologio piatto da tasca, a tre calotte, in uso nel secolo XIX

saponièra [da *sapone*, sul modello del fr. *savonnière* ✱ 1883] **s. f.** ● piccola scatola, di materiale e forma varia, usata per tenervi la saponetta **SIN.** portasapone

saponière [1936] **s. m.** (**f.** *-a*) **1** operaio di un saponificio **2** chi fabbrica, o commercia in saponi

saponièro [1896] **agg.** ● relativo al sapone o alla sua produzione

saponificàbile [da *saponificare* ✱ 1987] **agg.** ● che si può saponificare | proprietà di un acido grasso, o di un suo derivato, a essere trasformato in sapone

saponificàre [da *sapone* ✱ 1865] **v. tr.** (*io saponìfico, tu saponìfichi*) ● (*chim.*) sottoporre al processo che permette di trasformare i grassi e gli oli in sapone ‖ **saponificazióne**, s. f. (V.)

saponificatóre [da *saponificare* ✱1950] **s. m.** (**f.** *-trice*) ● chi è addetto alla trasformazione di sostanze grasse in sapone

saponificazióne [da *saponificare* ✱1829] **s. f.** ● operazione che permette di trasformare i grassi e gli oli in sapone | scissione idrolitica di qualsiasi derivato degli acidi ad acidi o a sali

saponifìcio [comp. di *sapone* e *-ficio* ✱1926] **s. m.** ● stabilimento per la fabbricazione del sapone

saponìna [da *sapone*, con *-ina* ✱1869] **s. f.** ● glucoside di origine vegetale, ad azione tossica ed emolitica che forma con l'acqua soluzioni schiumose

saponìte [da *sapone*, con *-ite*② ✱1891] **s. f.** ● varietà magnesifera di montmorillonite

saponóso (o **-ṣo**) [1833] **agg.** ● simile al sapone, che ha l'aspetto, le proprietà, del sapone: *polvere saponosa*

saporàre [lat. tardo *saporāre* 'render saporito', da *săpor*, genit. *sapōris* 'sapore' ✱av. 1294] **v. tr.** (*io sapóro*) **1** †assaporare **2** †insaporire **3** (*lett.*) gustare, provare piacere: *ella ti apprese a s. il sangue* (V. Alfieri)

♦**sapóre** o †**savóre** [lat. *sapōre(m)*, da *săpere* 'aver gusto'. V. *sapere*① ✱1250 ca.] **s. m. 1** sensazione, gradevole o sgradevole, prodotta da determinate sostanze sugli organi del gusto: *s. buono, cattivo, dolce, amaro*; *s. forte, delicato, frizzante, piccante*; *s. acido, nauseante*; *non sentire nessun s.* | (*est.*) proprietà per cui determinate sostanze producono tale sensazione: *il s. del caffè*; *il s. aspro del limone*; *la banana ha un s. particolare*; *che delizioso s. ha questa minestra!*; *cibo senza s., con poco s.*; *il sale dà s. ai cibi* **2** (*fig.*) particolare modo di esprimere ciò che si sente o si pensa: *frasi di s. amaro*; *parole di s. sarcastico*; *quella lettera aveva un s. di mistero*; *una novella di s. romantico* **SIN.** tono | (*assol.*) vivacità, colore, insieme di caratteristiche che attraggono: *romanzo, conversazione senza s.*; *complimento privo di s.*; *discorreva, con gran s. della gran figura ch' ... avrebbe fatta* (A. Manzoni) | ***dare s. a qlco.***, (*fig.*) renderla attraente, interessante **3** (*fis.*) numero quantico che caratterizza i diversi tipi di quark **4** (**al pl.**) erbe aromatiche, odori **5** (*tosc.*) †salsa, condimento aromatico **CFR.** saor | †sapa ‖ **saporàccio**, **pegg.** | **saporétto**, **dim.** | **saporìno**, **dim.**

Definizione d'autore

Il **sapore** è un insieme di alchimie emotive. Nella costruzione di un piatto io leggo uno studio approfondito e un lavoro intenso ma anche il contrario: la trascuratezza e il pressappochismo. Vi leggo il ritratto di un luogo o di un'etnia. Preferisco il **sapore** delle materie prime, pure, mangiate nella loro terra di origine nel giusto periodo dell'anno: è una sensazione di completezza, come se tutto fosse al posto giusto nel momento giusto. Esistono sapori che sanno dare conforto e quiete: gustarli vuol dire seguire i nostri ricordi, le nostre esperienze e inclinazioni. Nei miei sapori ci sono io, la mia storia, la mia vita: io e il **sapore** camminiamo insieme da sempre, e nella sua evocazione io trovo il mio rifugio.

Bruno Barbieri

NOMENCLATURA

sapore (cfr. gusto, bocca)
● *caratteristiche*: dolce = amabile = zuccherino ⇔ amaro = come il veleno = come il fiele, dolciastro ⇔ amarognolo, aspretto = acidulo = agresto = acetoso, aspro = asprigno ⇔ soave = ambrosio, salato = salino = salso = salmastro, acre = agro = acido, buono = gradevole ⇔ sgradevole = cattivo, stantio, delizioso = prelibato = squisito ⇔ disgustoso = nauseante = ripugnante = stucchevole = stomachevole; sapido = gustoso = saporito = saporoso = succulento ⇔ insipido = insapore = scipito = sciapo = insulso, scondito; ricco = deciso = pieno = rotondo = forte ⇔ debole, intenso = acuto ⇔ tenue = sottile, grossolano ⇔ delicato = fine; pepato = piccante, fragrante, ghiotto = appetitoso = stuzzicante, pungente = vespigno, frizzante, aromatico, astringente, rancido, agliaceo, agrodolce, metallico, alcalino; semplice ⇔ complesso; aroma, gusto, retrogusto = retrosapore;
● *azioni*: gustare = assaggiare = assaporare, sorbire, spilluzzicare, degustare = sentire il sapore, trovar saporito; insaporire, condire, aromatizzare, insaporire; rifarsi la bocca, allappare la lingua, allegare i denti, attaccare in gola = pizzicare; sapere di poco = di nulla, perdere sapore; deliziare il palato, avere il palato fine.

saporìre [da *sapore* ✱av. 1367] **v. tr.** (*io saporisco, tu saporisci*) **1** (*raro*) insaporire | rendere saporito **2** assaporare, gustare

♦**saporìto** **part. pass.** di *saporire*; **anche agg. 1** nei sign. del v. | che ha sapore, che ha buon sapore, gustoso: *la carne bianca è poco saporita*; *i frutti di mare sono molto saporiti* **2** che eccede leggermente nel sale, ma senza risultare sgradevole: *la minestra è un po' troppo saporita* | ***cibo poco s.***, insipido | (*fig.*) ***conto s.***, caro, salato **3** (*fig.*) che si fa con piacere, con gusto: *farsi una saporita risata, una saporita dormita*, e sim. | arguto: *storiella, notizia, saporita* | vivace, brillante: *stile s.*; *prosa saporita* ‖ (*lett.*) **saporitìno**, **dim.** ‖ **saporitaménte**, **avv. 1** con sapore: *condito saporitamente* **2** gustosamente: *bere saporitamente*; ***dormire saporitamente***, con tranquillità e pace, come gustando il riposo

saporóso (o **-ṣo**) [lat. tardo *saporōsu(m)*, da *săpor*, genit. *sapōris* 'sapore' ✱av. 1294] **agg. 1** (*raro*) che ha sapore intenso e gradevole: *carne saporosa*; *salsa troppo saporosa* **2** (*raro, fig.*) saporito: *racconto, particolare, s.* ‖ **saporosaménte**, **avv. 1** con sapore, saporitamente **2** gustosamente, di gusto ‖ **saporosità**, **s. f. inv.**

sapòta [dallo sp. *zapote*, dall'azteco *zápotl* 'frutto della sapota' ✱1959] **s. f.** ● albero delle Sapotacee diffuso nei Paesi tropicali per i frutti commestibili (*Achras sapota*)

Sapotàcee [da *sapota* ✱1871] **s. f. pl.** (**sing.** *-a*) ● (*bot.*) famiglia di piante tropicali delle Dicotiledoni legnose, con foglie a margine intero caratterizzate da numerosi canali secretori (*Sapotaceae*)

sapotìglia [dallo sp. *zapotillo, -a*, da *zapote* ✱1891] **s. f.** ● (*bot.*) sapotilla

sapotilla /*sp.* sapo'tiʎa, -ija/ [sp. *zapotilla*, dall'azteco *tzapotl* ✱1875] **s. f. inv. 1** (*bot.*) sapota **2** (*bot.*) frutto della sapota, a forma di mela tondeggiante od ovale con polpa bianca sugosa e rinfrescante **SIN.** sapotiglia

sàppi ➤ **sapere**①

†**sappiènte** ➤ **sapiente**

sàpro- [dal gr. *saprós* 'putrefatto, passato', di orig. oscura] **primo elemento** ● in parole composte della terminologia scientifica, significa 'putrefazione' o 'decomposizione': *saprofago, saprofilo, saprofito*

sapròbio [comp. del gr. *saprós* 'marcio' e *-bio* ✱1959] **s. m.; anche agg.** ● (*biol.*) batterio o fungo saprotrofo

saprofagìa [comp. del gr. *saprós* 'marcio' e *-fagia* ✱1959] **s. f.** (**pl.** *-gìe*) ● (*biol.*) condizione degli animali saprofagi

sapròfago [comp. di *sapro-* e *-fago* ✱1959] **agg.** (**pl. m.** *-gi*) ● detto di animale che vive e si sviluppa nutrendosi di sostanze organiche in decomposizione **SIN.** saprozoico

saprofilìa [comp. del gr. *saprós* 'marcio' e *-filia* ✱sec. XIX] **s. f.** ● (*biol.*) condizione degli organismi saprofili

sapròfilo [comp. di *sapro-* e *-filo* ✱1959] **agg.** ● detto di organismo che vive di preferenza su sostanze organiche in decomposizione

sapròfita [1895] **agg. e s. m.** (**pl.** *-i*) ● saprofito

saprofitìṣmo [da *saprofit(o)*, con *-ismo* ✱1906] **s. m.** ● (*bot.*) modo di nutrizione caratteristico di vegetali non autotrofi, come i Funghi, a spese di sostanze organiche in decomposizione

sapròfito [comp. di *sapro-* e *-fito* ✱1895] **A agg.** ● detto di vegetale privo di clorofilla che si nutre di sostanze organiche in decomposizione **B anche s. m.**: *parassiti e saprofiti*

saprofitòfago [comp. del gr. *saprós* 'marcio', *fito-* e *-fago* ✱1993] **agg.** (**pl. m.** *-gi*) ● (*biol.*) detto di animale che si nutre di organismi vegetali in decomposizione

saprògeno [comp. del gr. *saprós* 'marcio' e *-geno* ✱1875] **agg.** ● (*biol.*) detto di organismo che causa processi di decomposizione di materiali biologici

sapropèl [abbr. di *sapropelite* (V.) ✱1935] **s. m. inv.** ● fanghiglia organica formata per putrefazione, in ambiente asfittico subacqueo, di sostanza organica, da cui derivano bitumi, asfalti e petroli

sapropèlico [1959] **agg.** (**pl. m.** *-ci*) ● detto di organismo che si sviluppa nel sapropel

sapropelìte [comp. di *sapro-* e *-pelite*, deriv. dal gr. *pēlós* 'fango', con *-ite*② ✱1959] **s. f.** ● (*geol.*) strato di sedimenti e materiali di origine organica

saprotrofìa [comp. del gr. *saprós* 'marcio' e *-trofia* ✱1993] **s. f.** ● (*biol.*) condizione degli organismi saprotrofi ‖ **sapròtrofo**, **agg.; anche s. m.** detto di organismo eterotrofo che si nutre di materiale biologico in decomposizione

saproẓòico [comp. del gr. *saprós* 'marcio' e *-zoico* ✱1993] **agg.** (**pl. m.** *-ci*) ● (*biol.*) saprofago

saproẓoìte [comp. del gr. *saprós* 'marcio' e *-zoite*, da *zoo-* col suff. *-ite* ✱1993] **s. m.** ● (*biol.*) organismo animale o protozoo saprotrofo

sapùta [f. sost. di *saputo* ✱sec. XIII] **s. f.** ● (*lett.*) conoscenza di un fatto, di una notizia e sim. spec. nelle loc.: ***con s. di qlcu.***; ***a mia, a tua, a sua s.***, per quanto ne so io, ne sai tu, ne sa lui; ***senza s.***, all'insaputa; ***per s.***, per sentito dire

saputèllo [1664] **agg. e s. m.** (**f.** *-a*) **1** dim. di *saputo* **2** che (o chi), essendo in giovanissima età, si atteggia con una certa petulanza a persona adulta intervenendo nei discorsi, parlando di ciò che non conosce, e sim.: *è un bambino un po' troppo s.*; *smettila di fare la saputella*

♦**sapùto** **A part. pass.** di *sapere*; **anche agg. 1** nei sign. del v. | che si sa, che si conosce: *un fatto s. e risaputo* **2** (*lett.*) che sa | ***fare s. qlcu.***, informarlo | che conosce, che è esperto **3** (*est., lett.*) saggio, cauto, prudente: *lui, / ... mi pare non assai giusto e s.* (L. Pulci) ‖ **saputaménte**, **avv. 1** (*lett.*) consapevolmente **2** con aria da persona saputa **B agg. e s. m.** (**f.** *-a*) ● che (o chi) ostenta le proprie conoscenze o la propria cultura, e presume di sapere tutto e meglio di chiunque altro: *è un vecchio s. e pedante*; *le persone sapute sono insopportabili*; *su, non fare il s.!* ‖ **saputèllo**, **dim.** (V.) | **saputóne**, **accr.**

♦**sarabànda** [dallo sp. *zarabanda*, dall'arabo-persiano *serbend* 'danza con canto' ✱1623] **s. f. 1** (*mus.*) danza di probabile origine orientale dapprima di carattere sfrenato, diffusasi dalla Spagna nell'Europa centrale nel XVI e XVII secolo, e quivi trasformatasi in forma lenta e grave, infine usata, in forma stilizzata, come terzo movimento della suite strumentale **2** (*fig.*) chiasso, rumore, confusione

saràcca ➤ **salacca**

saràcchio [etim. incerta ✱ 1838] **s. m.** ● (*bot.*) ampelodesma

saràcco [dal lat. *sĕrra(m)* 'sega', di etim. incerta ✱ 1891] **s. m.** (**pl.** *-chi*) ● sega a lama trapezoidale, libera a un capo e all'altro fermata a una corta impugnatura | ***s. a costola***, con una striscia metallica di rinforzo avvitata sulla costola ‖ **saracchìno**, **dim.**

saracènico [1819] **agg.** (**pl. m.** *-ci*) ● (*raro*) dei Saraceni: *invasioni saraceniche*

saracèno [lat. tardo *Saracēnu(m)*, con influenza della pron. biz. dal gr. *Sarakēnós*, dall'arabo *šarqī* 'orientale' ✱ sec. XIII] **A s. m.** (**f.** *-a*, *raro*) ● musulmano, spec. nell'antica terminologia risalente alle crociate **B agg. 1** dei Saraceni, antica tribù semitica di predoni nomadi del Sinai meridionale (il termine si estese poi a indicare generic. i pirati e i combattenti musulmani nelle crociate): *le invasioni saracene* **2** ***grano s.***, pianta erbacea delle Poligonacee a fusto eretto, foglie triangolari e fiori bianchi o rosei riuniti in grappoli; se ne ricava una farina di colore scuro (*Polygonum fagopyrum*)

saracinésca [abbr. di *porta saracinesca*, f. di *saracinesco* (V.) ✱ 1353] **s. f. 1** chiusura metallica di sicurezza per porte e finestre formata di elementi avvolgibili su rullo e scorrenti verticalmente su guide laterali **SIN.** serranda **2** anticamente, cancellata di ferro o di travi calata con catene o funi per sbarrare l'accesso al castello o alla città **3** (*idraul.*) ***valvola a s.***, valvola nella quale il passaggio del fluido viene interrotto facendo scorrere trasversalmente una piastra sull'orifizio

†**saracinésco** [av. 1348] **agg.** (**pl. m.** *-schi*) ● degli Arabi, dei Saraceni | ***porta saracinesca***, saracinesca

saracìno o (*napol.*) **sarracìno**, †**seracìno** nel sign. A [V. *saraceno* ✱ 1264] **A agg. e s. m.** (**f.** *-a*, *raro*) ● († o *pop.*) saraceno **B s. m.** ● fantoccio girevole raffigurante un saraceno, usato in una giostra di origine medievale, detta quintana, che si svolge ogni anno in alcune città dell'Italia centrale | ***giostra del S.***, quella che si tiene ogni anno ad Arezzo

sàrago o **sàrgo** [lat. *sărgu(m)*, dal gr. *sargós*, di orig. mediterr. ✱ 1560] **s. m.** (**pl.** *-ghi*) ● pesce osseo marino, che vive sui fondali rocciosi, con corpo compresso striato di scuro e carni apprezzate (*Diplodus sargus*)

†**saramentàre** [da †*saramento*. V. *sacramentare* ✱ av. 1348] **v. tr. e intr.** ● giurare

†**saraménto** [dall'ant. fr. *sairement* 'giuramento', dal lat. *sacramĕntu(m)*. V. *sacramento* ✱ av. 1250] **s. m.** ● giuramento: *si prese concordie sotto s. ... di fare la detta battaglia* (G. Villani)

✦**sarcàṣmo** [vc. dotta, dal lat. *sarcăsmu(m)*, dal gr. *sarkasmós*, da *sarkázein* 'lacerare le carni', da *sárx*, genit. *sarkós* 'carne' ✱ 1575] **s. m.** ● ironia amara e pungente mossa da animosità verso qlcu. o da personale amarezza: *parole piene di s.*; *parlare, rispondere con s.*; *fare del s.* | (*est.*) parola, frase, osservazione e sim. sarcastica: *siamo ormai abituati ai suoi sarcasmi*

SFUMATURE ➤ ***umorismo***②

✦**sarcàstico** [1827] **agg.** (**pl. m.** *-ci*) ● che contiene o esprime sarcasmo: *parole sarcastiche*; *tono s.*; *espressione sarcastica* **SIN.** mordace, sprezzante ‖ **sarcasticaménte**, **avv.** con sarcasmo

sarchiaménto [sec. XIV] **s. m.** ● sarchiatura

sarchiapóne [da un n. napol. di persona diventato parola comune col sign. corrente sia di 'furbacchione, finto tonto', sia di 'sciocco, melenso'; in una famosa scenetta teatrale degli anni intorno al 1950 W. Chiari cercava di capire da C. Campanini che cosa fosse, fingendo di saperlo ✱ 1986] **s. m.** ● (*scherz.*) animale od oggetto non esistenti, ma creduti tali da chi ne riceve una descrizione allusiva

sarchiàre [lat. tardo *sarculāre*, da *sărculum* 'sarchio' ✱ 1308] **v. tr.** (*io sàrchio*) ● smuovere il terreno con piccole zappe o con attrezzi trainati per aerarlo e liberarlo dalle erbacce (*anche assol.*): *s. il grano, il mais, le cipolle*; *s. tutto il giorno*

sarchiàta [1891] **s. f. 1** lavoro del sarchiare una volta sola un determinato terreno **2** (*agric.*) coltura che richiede ripetute sarchiature

sarchiatóre [1258] **s. m. 1** (**f.** *-trice*) chi sarchia **2** sarchiatrice

sarchiatrìce [f. di *sarchiatore* ✱ 1922] **s. f.** ● macchina agricola a traino animale o meccanico per sarchiare il terreno negli interfilari di piante: *s. semplice, multipla*; *s. a utensili fissi, a utensili rotanti* | zappatrice

sarchiatùra [1340 ca.] **s. f.** ● lavoro, tempo e spesa del sarchiare

sarchiellàre [1340 ca.] **v. tr.** (*io sarchièllo*) ● togliere le erbacce col sarchiello: *s. l'aia, le aiuole*

sarchièllo [da *sarchio* ✱ 1340 ca.] **s. m. 1** dim. di *sarchio* **2** piccola zappa a manico lungo, spec. per orto e giardino ‖ **sarchiellétto**, **dim.** | **sarchiellìno**, **dim.**

sàrchio [lat. *sărculu(m)*, da *sarīre* 'sarchiare', vc. di orig. indeur. ✱ av. 1320] **s. m.** ● piccola zappa a manico lungo e pala stretta, o anche a pale opposte, di forma diversa, che serve a smuovere il terreno e a togliere le erbe infestanti ‖ **sarchièllo**, **dim.** (V.) | **sarchiétto**, **dim.**

†**sàrcina** [lat. *sărcina(m)* 'carico', da *sarcīre* 'racconciare', vc. di orig. indeur. ✱ sec. XIV] **s. f. 1** fagotto che il soldato portava in cima a un bastone **2** (*lett.*, *est.*) peso, soma, bagaglio

sàrco- [dal gr. *sárx*, genit. *sarkós* 'carne'] **primo elemento** ● in parole composte dotte o della terminologia scientifica, significa 'carne', 'parte carnosa': *sarcofilo*, *sarcoplasma*

Sarcodìni [vc. dotta, dal gr. *sarkṓdēs* 'di carne', da *sárx*, genit. *sarkós* 'carne' ✱ 1935] **s. m. pl.** (**sing.** *-o*) ● (*zool.*) classe di Protozoi il cui corpo può modificare la sua forma per l'emissione di pseudopodi e può essere protetto da un guscio calcareo o siliceo (*Sarcodina*)

sarcòfaga [vc. dotta, dal lat. *sarcŏphaga(m)*, f. di *sarcŏphagus* 'carnivoro'. V. *sarcofago* ✱ 1821] **s. f.** ● insetto dei Ditteri simile a un moscone, viviparo, che depone le larve sulla carne o su sostanze in decomposizione (*Sarcophaga carnaria*)

Sarcofàgidi [da *sarco-*, *-fago* e la terminazione *-idi* ✱ 1959] **s. m. pl.** (**sing.** *-e*) ● (*zool.*) famiglia di Ditteri comprendente in prevalenza forme vivipare, con larve saprofaghe o parassite di organismi animali (*Sarcophagidae*)

sarcòfago [vc. dotta, dal lat. *sarcŏphagu(m)* 'carnivoro', dal gr. *sarkophágos*, comp. di *sárx*, genit. *sarkós* 'carne' e *-phágos*, da *phagêin* 'mangiare' ✱ 1374] **s. m.** (**pl.** *-ghi* o *-gi*) ● grossa urna sepolcrale in pietra, marmo, terracotta, alabastro o legno spesso scolpita o istoriata, usata nell'antichità per racchiudere i defunti

SFUMATURE ➤ ***tomba***

sarcofìllo [comp. di *sarco-* e *-fillo* ✱ 1959] **s. m.** ● (*bot.*) foglia modificata come organo di riserva per l'acqua o sostanze organiche

sarcòfilo [comp. di *sarco-* e *-filo* ✱ 1891] **s. m.** ● marsupiale carnivoro con pelame scuro a macchie bianche, simile a un piccolo orso ma con lunga coda, aggressivo e feroce (*Sarcophylus harrisii*)

sarcòide [comp. di *sarc(o)-* e *-oide* ✱ 1959] **s. m.** ● (*med.*) neoformazione a decorso benigno che somiglia a tumore sarcomatoso senza esserlo

sarcoidòṣi [comp. di *sarcoid(e)* e del suff. *-osi* ✱ 1984] **s. f. inv.** ● (*med.*) malattia sistemica, cronica, caratterizzata dalla presenza di granulomi in vari organi del corpo, spec. polmoni, linfonodi e fegato

sarcolèmma [comp. di *sarco-* e *lemma*, dal gr. *lémma*, genit. *lémmatos* 'involucro', da *lépein* 'scortecciare', di orig. indeur. ✱ 1940] **s. m.** (**pl.** *-i*) ● (*anat.*) membrana plasmatica di una cellula muscolare o di una fibra muscolare

sarcolìte [comp. di *sarco-* e *-lite* ✱ 1824] **s. f.** ● (*miner.*) silicato sodico calcico in bei cristalli trasparenti

sarcòma [vc. dotta, dal lat. *sarcōma* (nt.), dal gr. *sárkōma*, genit. *sarkṓmatos* 'escrescenza carnosa', da *sárx*, genit. *sarkós* 'carne' ✱ 1598] **s. m.** (**pl.** *-i*) ● (*med.*) tumore maligno originato da uno qualunque dei tessuti connettivi

sarcomatòṣi [da *sarcoma* (V.), con *-osi* e la *-t-* dei casi obliqui ✱ 1899] **s. f. inv.** ● (*med.*) manifestazione plurima di sarcomi

sarcomatóso (o **-ṣo**) [da *sarcoma* (V.), con la *-t-* dei casi obliqui ✱ 1838] **agg.** ● attinente a sarcoma: *cellule sarcomatose*

sarcòmero [comp. di *sarco-* e *-mero* ✱ 1983] **s. m.** ● (*anat.*) ciascuna delle unità strutturali che formano le miofibrille delle fibre muscolari striate

sarcoplàṣma [comp. di *sarco-* e *plasma* (V.) ✱ 1899] **s. m.** (**pl.** *-i*) ● (*biol.*) citoplasma delle cellule e delle fibre muscolari

sarcràuti o **salcràuti** [dal ted. *Sauerkraut*, comp. di *sauer* 'acido' e *Kraut* 'cavolo' ✱ 1908] **s. m. pl.** (**sing.** *raro* *-o*) ● (*disus.*) crauti

sàrda① [lat. *sărda(m)* 'sarda', f. di *Sărdus* 'della Sardegna'. V. *sardina* ✱ sec. XIV] **s. f. 1** sardina | ***pasta con le sarde***, minestra asciutta di maccheroni o spaghetti condita con sarde fresche, acciughe salate, finocchio selvatico e olio; specialità siciliana | ***sarde a beccafico***, V. *beccafico* | ***sarde in saor***, V. *saor* **2** genere di Pesci degli Scombridi caratterizzato da specie con lunghezza fino a 80 cm, che comprende la palamita (*Sarda*)

sàrda② [lat. *sărda(m)* 'pietra preziosa', dal gr. *Sárdeis* 'Sardi', città della Lidia da cui proveniva ✱ 1599] **s. f.** ● (*miner.*) varietà rosso-bruna di calcedonio, usata per gemme incise

sardàgata [comp. di *sard(a)*② e *agata* (V.) ✱ sec. XIX] **s. f.** ● (*miner.*) varietà di agata a zonature alterne rosso-brune e chiare, usata per cammei

sardagnòlo ➤ **sardegnolo**

sardàna [vc. catalana di etim. incerta ✱ 1940] **s. f.** ● antica danza catalana a catena, di ritmo molto vivace

sardanapalésco [da *Sardanapalo* ✱ 1584] **agg.** (**pl. m.** *-schi*) ● (*lett.*) che è dedito alla crapula, al lusso, ai piaceri | (*est.*) sfarzoso, lussuoso

sardanapàlico [av. 1676] **agg.** (**pl. m.** *-ci*) ● (*lett.*) sardanapalesco

Sardanapàlo [lat. *Sardanapālu(m)*, dal gr. *Sardanápal(l)os* 'Sardanapalo' (669-627 ca. a.C.), n. di un antico re assiro di leggendaria dissolutezza ✱ 1321] **s. m.** ● (*per anton.*, *lett.*) persona dedita al lusso e ai piaceri: *il lombardo ... Sardanapalo* (U. Foscolo)

sardegnòlo o **sardagnòlo**, **sardignòlo** [1908] **agg.** ● (*pop.*) della Sardegna, spec. riferito agli animali: *somaro s.*

sardèlla [da *sarda*① ✱ av. 1400] **s. f. 1** (*zool.*) sardina **2** sarda in salamoia o in barile ‖ **sardellìna**, **dim.**

†**sardésco** [da *sardo* ✱ 1299 ca.] **agg.** ● della Sardegna

sardìgna [da *Sardigna*, variante ant. di *Sardegna*, dal lat. *Sardĭnia(m)*, da *Sărdus* 'Sardo', forse con allusione all'aria della Sardegna, un tempo considerata malsana a causa della malaria ✱ 1726] **s. f.** ● anticamente, luogo fuori porta in cui si ammucchiavano le carogne e i rifiuti della macellazione | (*centr.*) reparto del macello adibito alla distruzione delle carni infette o avariate

sardignòlo ➤ **sardegnolo**

sardìna [lat. tardo *sardīna(m)*, da *sărda* 'sardina'. V. *sarda*① ✱ sec. XIV] **s. f.** ● genere di pesci dei Clupeidi con esemplari non più lunghi di 30 cm, molto apprezzato dal punto di vista alimentare (*Sardina pilchardus*) | (*fig.*) ***stare come sardine in scatola, essere pigiati come sardine***, stare accalcati in uno spazio ristretto **SIN.** sarda, sardella

sardìṣmo [da *sardo* ✱ 1959] **s. m. 1** movimento per l'autonomia amministrativa sarda, formatosi in Sardegna dopo la prima Guerra mondiale **2** (*ling.*) parola, locuzione, struttura sintattica propria dei dialetti sardi

sardìsta [da *sardo* ✱ 1959] **A s. m. e f.** (**pl. m.** *-i*) ● seguace del sardismo **B anche agg.**: *movimento s.*

sardità [da *sardo* ✱ 1937] **s. f. inv.** ● condizione di chi (o di ciò che) è sardo | sentimento di appartenenza alla tradizione, ai costumi e alla cultura sarda **CFR.** sarditudine

sarditùdine [da *Sard(egna)*, sul modello di *negritudine* ✱ 1977] **s. f.** ● il complesso delle consuetudini e delle caratteristiche culturali attribuite ai sardi **CFR.** sardità

♦**sàrdo** [lat. *Sărdu(m)* 'Sardo' ✱ sec. XIII] **A agg.** ● della Sardegna | ***razza sarda***, pregiata razza ovina a prevalente attitudine per la produzione del latte **B s. m.** (**f.** *-a*) ● abitante o nativo della Sardegna **C s. m.; anche agg.** ● lingua del gruppo romanzo, parlata in Sardegna: *i dialetti sardi*

sardònia [vc. dotta, dal lat. *sardŏnia(m)*, dal gr. *sardónion* 'sardonio', per etim. pop. 'pianta della Sardegna' ✱ 1544] **s. f.** ● pianta delle Ranuncolacee, velenosa, comune in fossi e paludi, con fusto fistoloso, foglie palmate e trifide a piccoli fiori gialli (*Ranunculus sceleratus*)

sardònica① [vc. dotta, dal lat. *Sardŏnica(m)*, f. sost. dal gr. *Sardonikós* 'Sardo'. V. *sardonia* ✱ 1550] **s. f.** ● (*bot.*) sardonia

sardònica② [comp. da *sarda*② e *onice* ✱ av. 1364] **s. f.** ● (*miner.*) varietà di calcedonio a strati alternativamente bianchi e bruni, usata spec. per cammei **SIN.** sardonice

sardònice [1499] **s. m.** ● (*miner.*) sardonica②

♣**sardònico** [dal fr. *sardonique*, dal gr. *sardánios* 'amaro, convulso' ✱ av. 1613] **agg.** (**pl. m.** *-ci*) ● maligno, ironico, beffardo, detto di riso e (*est.*) di espressione del volto: *riso s.*; *ghigno s.*; *espressione, faccia sardonica* | (*med.*) ***riso s.***, atteggiamento stirato delle labbra nel tetano per contrattura dei muscoli labiali e delle guance || **sardonicaménte**, **avv.**

sarèi ➤ **essere**①

†**sargàno** [da avvicinare all'ant. it. *sarga* 'specie di pannolano', della stessa etim. di *sargia* (V.) ✱ av. 1348] **s. m.** ● panno grossolano

sargàsso [dal fr. *sargasse*, dallo sp. *sargazo*, da *sarga* 'vimine', lat. parl. **sălica(m)* 'salice' ✱ 1562] **s. m.** ● alga oceanica delle Feoficee con tallo frondoso laminare con margini seghettati e vescicole aerifere grosse come piselli, spesso in grandi banchi (*Sargassum bacciferum*) **SIN.** uva di mare | ***Mar dei Sargassi***, parte dell'Oceano Atlantico a nord-est delle Antille, caratterizzata dalla copiosa presenza di sargassi

†**sargènte** ➤ **sergente**

sàrgia [dall'ant. fr. *sarge*, lat. parl. **sārica*, variante di *sērica* (nt. pl.) 'stoffe di seta', da *Sēres*, dal gr. *Sēres* 'Seri', popolo asiatico. V. *serico* ✱ 1282] **s. f.** (**pl.** *-ge*) **1** stoffa di lana a più colori per tendaggi, in uso in epoca medievale e rinascimentale **2** †coperta da letto, di cotone, a righe multicolori e con frange **3** tessuto di lana pettinata in cui il diritto è a effetto di ordito, usato per mobili

sàrgo ➤ **sarago**

sàri [deriv., attraverso l'ingl., dall'indiano *sāri* ✱ 1817] **s. m. inv.** ● ampia veste delle donne indiane, che copre il petto girando su una spalla e lasciando scoperta l'altra

sarìga [dal fr. *sarigue*, risalente, attraverso il portog. *sarigue*, alla vc. sudamericana (tupi) *sarighe* ✱ 1864] **s. f.** ● marsupiale americano a lunga coda squamosa e prensile, muso appuntito, orecchie membranose prive di peli e morbida pelliccia (*Didelphis*)

Sarin® /*ted.* 'zarin/ [vc. ted., di formazione sconosciuta ✱ 1992] **s. m. inv.** ● nome commerciale di un potente gas nervino usato nella fabbricazione di armi chimiche

sarìssa [vc. dotta, dal lat. *sarī(s)sa(m)*, dal gr. *sárisa* 'lancia macedone', vc. macedone di orig. oscura ✱ 1483] **s. f.** ● lunga asta usata dai Macedoni in guerra

sarissòforo [vc. dotta, dal lat. *sari(s)sŏphoru(m)*, dal gr. *sarisophóros* 'portatore di sarissa, lanciere', comp. di *sárisa* 'sarissa' e *-phóros* '-foro' ✱ 1554] **s. m.** ● soldato armato di sarissa

sàrmata [vc. dotta, lat. *Sărmata(m)*, dal gr. *Sarmátēs* ✱ av. 1292] **A agg.** (**pl. m.** *-i*) ● sarmatico **B agg. e s. m. e f.** ● appartenente a un'antica popolazione di origine iraniana stanziatasi nel III sec. a.C. nella Sarmazia, pianura a nord del Mar Nero

sarmàtico [vc. dotta, dal lat. *Sarmăticu(m)*, da *Sarmătia* 'paese dei Sarmati', sul modello del gr. *Sarmatikós* 'Sarmatico' ✱ 1440] **agg.** (**pl. m.** *-ci*) ● della Sarmazia, pianura situata a nord del Mar Nero

sarmentàceo [1891] **agg.** ● (*raro*) di sarmento, che è simile a sarmento

sarménto o †**serménto** [lat. *sarmĕntu(m)* 'tralcio, pollone', da *sărpere* 'potare, tagliare', di orig. indeur. ✱ av. 1320] **s. m.** ● fusto prostrato o rampicante con internodi molto lunghi e foglie distanziate, che produce gemme che si fissano originando nuove piante | tralcio di vite, edera o altre piante rampicanti

sarmentóso (o **-ṣo**) [lat. *sarmentōsu(m)*, da *sarmĕntum* 'tralcio' ✱ av. 1577] **agg.** ● che è ricco di sarmenti

†**sarnàcchio** ➤ †**sornacchio**

sarò ➤ **essere**①

saròng [deriv., attraverso l'ingl., dal malese *sārung*, prob. dal sanscrito *sāranga* 'variegato' ✱ 1843] **s. m. inv.** ● veste maschile e femminile dell'arcipelago malese, generalmente di seta o di cotone stampato

sàros [dal gr. *sáros* (*sarós*) 'ciclo di anni babilonese', di orig. orientale ✱ 1838] **s. m. inv.** ● (*astron.*) periodo di 18 anni e 11 giorni, alla fine del quale ricorrono ciclicamente le eclissi di Luna e di Sole

sàrpa ➤ **salpa**

†**sarpàre** ➤ **salpare**

sarracènia [deriv. scient. moderna dal n. del naturalista canadese J. F. *Sarrazin* (XVII sec.) ✱ 1869] **s. f.** ● pianta erbacea delle Sarraceniacee originaria americana, a foglie trasformate in ascidi tubolari con parte superiore a forma di coperchio che servono per la cattura di insetti (*Sarracenia*)

Sarraceniàcee [da *sarracenia* ✱ 1959] **s. f. pl.** (**sing.** *-a*) ● (*bot.*) famiglia di piante delle Dicotiledoni, palustri, perenni, con foglie ad ascidio, fiori emiciclici e frutto a capsula (*Sarraceniaceae*)

sarracìno ➤ **saracino**

sarrocchìno ➤ **sanrocchino**

sarrussòfono o **sarruṣòfono** [dal fr. *sarrusophone*, comp. di *Sarrus*, n. dell'inventore, e *-phone* '-fono' ✱ 1902] **s. m.** ● (*mus.*) strumento di ottone ad ancia doppia, tubo conico di grande dimensione e meccanismo simile all'oboe e al fagotto; è usato spec. nelle bande

sàrta [f. di *sarto* ✱ av. 1527] **s. f. 1** donna che taglia e confeziona abiti, spec. femminili | stilista, creatrice di moda **2** addetta alla manutenzione dei costumi di un teatro o di una compagnia teatrale || **sartìna**, **dim.**

sartàno [1999] **s. m.** ● (*farm.*) farmaco antiipertensivo in grado di bloccare i recettori dell'angiotensina II

sàrtia, (*evit.*) **sartìa** [dal gr. tardo *exártia*, nt. pl. di *exártion* 'attrezzatura della nave' ✱ 1306] **s. f.** (**pl.** *sàrtie*, †*sàrte*) **1** (*mar.*) ciascuna delle manovre dormienti, spec. in cavo metallico, che sostengono lateralmente l'albero sotto sforzo | ***sartie di scale***, quelle che sostengono le griselle | ***sartie alte, sartie intermedie, sartie basse***, quelle collegate rispettivamente alla testa d'albero, a un punto intermedio e al livello delle crocette più basse | ***sartie volanti***, quelle messe in tensione sopravvento per bilanciare la trazione di vele di prua non collegate in testa d'albero, con funzione simile al paterazzo | ***sartie maggiori, sartie minori***, nell'attrezzatura tradizionale, quelle che sostengono rispettivamente i fusti principali degli alberi e gli alberi di gabbia **2** (**al pl.**) †corde, cavi, di ogni specie || **sartiétta**, **dim.** | **sartiòla**, **dim.**

sartiàme [da *sartie* ✱ av. 1557] **s. m. 1** cordame, sartie **2** †insieme di corde e cavi di ogni specie

sartiàre [da *sartia* ✱ 1805] **v. tr.** (*io sàrtio*) ● (*mar.*; *disus.*) fare scorrere nelle pulegge e sim. una manovra

sartiòla [da *sartia* ✱ 1872] **s. f.** ● (*mar.*, **spec. al pl.**) ciascuna delle sartie degli alberetti

♦**sàrto** o (*lett.*) **sartóre** [lat. tardo *sărtor* (nom.) 'rammendatore', da *sărtus*, part. pass. di *sarcīre* 'rammendare'. V. †*sarcina* ✱ 1261 ca.] **s. m.** (**f.** *-a* (**V.**), †*-éssa*, †*-óra*, †*-oréssa*) ● chi esegue abiti su misura per un cliente | (*est.*) ideatore ed esecutore di modelli per una casa di moda: *un grande s. italiano* **SIN.** stilista || **sartìno**, **dim.** | (*raro*, *spreg.*) **sartùcolo**, **dim.**

sartorìa [da *sartore* ✱ 1553] **s. f.** ● casa di mode: *abito fatto in s.* | settore di attività dei sarti; produzione di abiti: *la s. italiana è apprezzata ovunque* | ***s. teatrale***, specializzata nella confezione di costumi per rappresentazioni teatrali o cinematografiche

sartoriàle [da *sartoria*, sul modello dell'ingl. *sartorial* ✱ 1942] **agg.** ● relativo alla sartoria o ai sarti: *industria, attività, s.* || **sartorialménte**, **avv.** || **sartorialità**, **s. f. inv.** professionalità di chi taglia e confeziona abiti di buona fattura: *la moda rilancia la sartorialità*

sartòrio [dal lat. *sărtor*, genit. *sartōris* 'sarto', cosiddetto dalla posizione dei sarti, a gamba flessa, quando cuciono ✱ av. 1673] **s. m.** ● (*anat.*) muscolo lungo e stretto della coscia dall'anca alla faccia interna del ginocchio, che flette la gamba e abduce la coscia

sartotècnica [comp. di *sarto* e *tecnica* ✱ 1959] **s. f.** ● tecnica della sartoria

sartriàno [fr. *sartrien*, da J.-P. *Sartre* (1905-1980) ✱ 1953] **agg.** ● relativo a Jean-Paul Sartre, alle sue opere, al suo pensiero

sartù [vc. napol. d'orig. sconosciuta ✱ 1931] **s. m. inv.** ● (*cucina*) specialità napoletana consistente in uno sformato di riso condito con sugo e polpettine di carne, uova sode, moz-

S

zarella, funghi e cotto al forno

sasànide o **sassànide** [dal persiano *Sâsân*, n. del re fondatore della dinastia ✱ 1851] **agg.** ● relativo alla dinastia persiana regnante dal III al VII secolo d.C. | relativo alla Persia nel periodo in cui fu governata da tale dinastia

sashìmi /saʃˈʃimi, *giapp.* sa.ɕi.mi/ [n. giapp. del piatto ✱ 1991] **s. m. inv.** ● (*cucina*) piatto giapponese a base di pesce crudo con salse d'accompagnamento

sassafràsso o **sassofràsso** [dal fr. *sassafras*, dallo sp. *sasafrás*, attraverso l'andaluso, dal lat. *saxĭfraga(m)* 'sassifraga' (V.) ✱ 1573] **s. m.** ● pianta arborea delle Lauracee, dell'America settentrionale, utilizzata in medicina e per il suo legname rossiccio e aromatico (*Sassafras officinale*)

sassàia [da *sasso* ✱ 1688] **s. f. 1** terreno pieno di sassi | strada sassosa **2** riparo di sassi costruito in zona franosa, spec. lungo i fiumi

sassaiòla o (*lett.*) **sassaiuòla** [da *sasso* ✱ sec. XIV] **s. f.** ● lancio ripetuto di sassi: *lo accolsero con una violenta s.* | battaglia coi sassi, spec. fra ragazzi: *fare la s.*; *essere ferito in una s.*

sassaiòlo o (*lett.*) **sassaiuòlo** [sec. XIV] **agg.** ● che sta tra i sassi | ***colombo s.***, piccione selvatico

sassaiuòla ➤ **sassaiola**

sassànide ➤ **sasanide**

sassarése (o **-ṣe**) [1868] **A agg.** ● di Sassari, città della Sardegna **B s. m. e f.** ● abitante o nativo di Sassari

sassàta [1441] **s. f.** ● colpo di sasso: *tirare una s.*; *prendere a sassate*; *fare alle sassate*

sassèfrica ➤ **salsefrica**

Sassèlla [dal n. di una località e di una zona coltivata a vite della provincia di Sondrio, deriv. di *sassa* 'sasseto', dal lat. *săxea(m)* (*tĕrra(m)*) '(terra) sassosa' ✱ 1881] **s. m. inv.** ● vino rosso rubino, dal profumo delicato e persistente, asciutto e nervoso, prodotto in Valtellina dal vitigno Chiavennasca (denominazione locale del Nebbiolo)

sassèllo [da *sasso* ✱ 1481] **A s. m.** ● specie di tordo poco più piccolo del tordo comune, bruno sul dorso, rossastro sui fianchi, macchiettato inferiormente (*Turdus musicus*) **B** anche **agg.**: *tordo s.*

sàsseo [vc. dotta, dal lat. *săxeu(m)* 'di pietra', da *săxum* 'roccia' ✱ 1374] **agg.** ● di sasso | simile a sasso

sasséto [lat. *saxētu(m)* 'luogo sassoso', da *săxum* 'pietra' ✱ 1768] **s. m.** ● tratto di terreno coperto di sassi

sassìcolo [vc. dotta, lat. tardo *saxĭcola(m)* 'abitante (V. *-colo*) fra i sassi' ✱ 1959] **agg.** ● (*biol.*) detto di organismo vegetale o animale che vive in ambiente sassoso

†**sassificàre** [av. 1638] **v. tr.** ● pietrificare

sassìfraga o †**sassifràgia** [vc. dotta, dal lat. *saxĭfraga(m)* (*hĕrba(m)*) '(erba) che spezza i sassi', f. di *saxĭfragus*, comp. di *săxum* 'sasso' e *-frăgus*, connesso con *frăngere* 'rompere' ✱ av. 1320] **s. f.** ● sassifragacea che cresce fra le rupi con rosette di foglie carnose e seghettate, che portano al centro fusti eretti con fiori bianchi a grappolo (*Saxifraga aizoon*)

Sassifragàcee [da *sassifraga* ✱ 1869] **s. f. pl.** (**sing.** *-a*) ● (*bot.*) famiglia di piante delle Dicotiledoni, erbacee e arbustive, con piccoli fiori in infiorescenza (*Saxifragaceae*)

†**sassifràgia** ➤ **sassifraga**

sassiṣmo [da *sasso* ✱ 1983] **s. m.** ● pratica sportiva che consiste nell'arrampicarsi su massi o piccole formazioni rocciose **SIN.** bouldering

sassìsta [1983] **s. m. e f.** (**pl. m.** *-i*) ● chi pratica il sassismo

♦**sàsso** [lat. *săxu(m)* 'pietra, masso', di orig. indeur. ✱ 1282] **s. m. 1** pietra, roccia di forma e dimensioni varie, così come si trova in natura | masso, blocco, macigno: *il nudo, il duro s.*; *sedere sopra un s.*; *mettersi un s. al collo*; *spaccare i sassi* | (*fig.*) ***essere un s., essere di s., essere duro come un s.***, essere duro, insensibile d'animo | (*fig.*) ***non essere di s.***, essere soggetto alle tentazioni, ai sentimenti e sim. tipici dell'essere umano | (*fig.*) ***avere un cuore di s.***, essere crudele e spietato | (*fig.*) ***rimanere di s.***, profondamente stupito, sorpreso, spaventato e perciò incapace di muoversi, di parlare e sim. | (*fig.*) ***dormire come un s.***, dormire profondamente e senza interruzioni **2** materia pietrosa: *s. arenoso, da calce, spezzato*; *casa fondata sul s.*; *scolpire, incidere, scavare nel s.* **3** ciottolo, frammento di pietra: *tirare sassi a qlcu.*; *un tiro di s.*; *fare ai sassi*; *una strada tutta sassi* | ***lanciare un s. nello stagno***, (*fig.*) in una situazione tranquilla, provocare deliberatamente polemiche e contestazioni | ***tirare, gettare sassi in piccionaia, in colombaia***, (*fig.*) agire in modo da danneggiare sé stessi | ***gettare il s. e nascondere la mano***, (*fig.*) cercare di danneggiare qlcu. senza esporsi | ***far piangere i sassi, fare pena, compassione, ai sassi***, (*fig.*) di persona, cosa, situazione particolarmente triste, penosa o ridicola **4** (*lett.*) parete rocciosa e scoscesa di un monte | (*est.*) monte dai fianchi scoscesi: *nel crudo s. intra Tevero e Arno* (DANTE *Par.* XI, 106) | luogo sassoso, montuoso: *è nato fra quei sassi*; *i sassi alpestri* **5** (*lett.*) pietra sepolcrale, sepolcro: *duro s. / che 'l mio caro tesoro in terra asconde* (F. PETRARCA) ‖ **sassétto**, **sassettino**, **dim.** | **sassolino**, **dim.** | **sassóne**, **accr.** | (*lett.*) **sassuòlo**, **dim.**

sassofonìsta o (*raro*) **saxofonista** [1959] **s. m. e f.** (**pl. m.** *-i*) ● chi suona il sassofono

sassòfono o (*raro*) **saxòfono** [adattamento del fr. *saxophone*, comp. dal nome dell'inventore, il belga A. *Sax* (1814-1894), e *-phone* '-fono' ✱ 1895] **s. m.** ● (*mus.*) strumento di ottone ad ancia simile a quello del clarinetto, di largo uso nella musica leggera e nel jazz dal quale è passato nella musica colta del Novecento

sassofràsso ➤ **sassafrasso**

sàssola o **sèssola** [di etim. incerta, prob. onomat. ✱ 1561] **s. f. 1** (*mar.*) grosso cucchiaio di legno usato per togliere l'acqua dal fondo di un'imbarcazione **SIN.** gottazza **2** (*est.*) cucchiaia di vario materiale che serve per asportare o trasportare piccole quantità di farina, granaglie e sim.

sassolìno ① [dal toponimo *Sasso*, in Toscana, dove si trovano i soffioni che danno questo minerale ✱ 1936] **s. m.** ● sassolite in pagliuzze o in incrostazioni bianche

sassolìno ② [dal n. della località di *Sassuolo* (Modena) ✱ 1934] **s. m.** ● liquore aromatizzato con anice

sassolite [dal toponimo *Sasso*, con *-lite* ② ✱ 1930] **s. f.** ● idrossido di boro in cristalli tabulari, madreperlacei, solubili in acqua

sàssone [vc. dotta, dal lat. *Săxone(m)* ✱ 1619] **A agg.** ● della Sassonia, regione della Germania centrale | (*ling.*) ***genitivo s.***, V. *genitivo* **B s. m. e f.** ● abitante o nativo della Sassonia **C s. m. solo sing.** ● lingua degli antichi Sassoni | dialetto della Sassonia

sassóso (o **-ṣo**) [lat. *saxōsu(m)* 'pietroso', da *săxum* 'sasso' ✱ 1340 ca.] **agg.** ● pieno di sassi: *terreno s.* | (*raro, lett.*) simile a sasso: *grandine sassosa* ‖ **sassosità**, **s. f. inv.**

sassotrómba o **saxotrómba** [adattamento di *saxotromba*, comp. di *saxo-*, dal n. del belga A. *Sax* (1814-1894), inventore dello strumento, e *tromba* ✱ 1959] **s. f.** ● famiglia di strumenti a fiato a pistoni brevettati da Adolphe Sax nel 1845

Sàtana o †**Satànno** [lat. tardo *sătan*, dal gr. *satân*, dall'ebr. *śātān* 'nemico, avversario' ✱ av. 1311] **s. m. inv.** ● nella Bibbia, il nemico di Dio e del bene | nel cristianesimo, lo spirito del male

satanàsso ① [lat. tardo (eccl.) *sătanas*, dal gr. *satanâs*, variante di *satân* 'Satana' ✱ av. 1292] **s. m. 1** (*pop.*) Satana **2** (*est.*) persona violenta, furiosa: *gridare come un s.*; *sembrare un s.* | persona irrequieta, sempre in attività: *è un s. che non sta fermo un momento* | ragazzo molto vivace

satanàsso ② [da *satanasso* ①, per l'aspetto ✱ 1970] **s. m.** ● scimmia sudamericana dei Cebidi con imponente capigliatura e lunga barba di colore scuro (*Chiropotes satanas*)

sataneggiàre [da *Satana* ✱ av. 1850] **v. intr.** (**pres.** *io satanéggio*; **fut.** *io sataneggerò*; **aus.** *avere*) ● manifestare spec. in opere letterarie e sim. sentimenti di violenza, ribellione, di esaltazione del male in ogni sua forma, di negazione della divinità, e sim.

satànico [vc. dotta, dal gr. *satanikós*, da *satân* 'Satana' ✱ sec. XIV] **agg.** (**pl. m.** *-ci*) **1** di Satana: *culto satanico* | diabolico **2** (*fig.*) che rivela perfidia, malignità, disumanità: *piano, progetto s.* ‖ **satanicaménte**, **avv.**

sataniṣmo [da *Satana*, con *-ismo*, sul modello dell'ingl. *satanism* ✱ 1894] **s. m. 1** indirizzo che, all'interno di alcune religioni, pratica il culto dello spirito del male e predica la ribellione a Dio | indirizzo proprio di alcune sette religiose o del quale alcune di esse furono accusate **2** nella letteratura del romanticismo e del decadentismo, atteggiamento libertario di cosciente lotta contro le idee morali e spec. religiose viste come limite a una libera espansione delle forze intellettuali

satanìsta [1906] **agg. e s. m. e f.** (**pl. m.** *-i*) **1** che (o chi) pratica il satanismo **2** appartenente alla corrente culturale del satanismo

†**Satànno** ➤ **Satana**

♦**satellitàre** [denominale di *satellite* ✱ 1985] **A agg.** ● di un satellite | detto di dispositivo basato sull'impiego di segnali scambiati con satelliti artificiali: *telefono s., localizzatore s., navigatore s.* **B** anche **s. m.**

satellitàrio [1964] **agg.** ● satellitare

♦**satèllite** [vc. dotta, dal lat. *satĕllite(m)* 'guardia del corpo', di presunta orig. etrusca ✱ av. 1455] **A s. m. 1** †guardia del corpo, accompagnatore di persona potente | (*lett.*) sbirro, sgherro: *Renzo era levato; i due satelliti gli stavano ai fianchi* (A. MANZONI) | (*est.*) seguace, persona di fiducia | (*spreg.*) chi, per motivi di opportunismo, dipende in modo servile da un personaggio potente **2** (*astron.*) corpo celeste che orbita intorno a un pianeta: *la Luna è l'unico s. della Terra* | ***satelliti galileiani***, i satelliti di Giove scoperti da G. Galilei **3** (*aeron.*) ***s. artificiale***, oggetto fabbricato dall'uomo e da questi messo in orbita mediante un razzo vettore intorno a un corpo celeste, gener. la Terra, a scopo di comunicazione, osservazione, ricerca e sim. **CFR.** biosatellite, geostazionario | ***s. attivo***, satellite artificiale contenente sistemi di comunicazione, usato come stazione ripetitrice di ponte radio per telecomunicazioni commerciali, assistenza alla navigazione aerea e marittima, osservazione meteorologica, ricerca di risorse terrestri e ricognizione militare | ***s. passivo***, satellite artificiale che non contiene apparecchiature elettroniche ma è costituito da materiali capaci di riflettere le radioonde | ***s. meteorologico***, satellite artificiale destinato alla sorveglianza continua della superficie e dell'atmosfera terrestre **CFR.** Meteosat | ***s. spia***, satellite artificiale dotato di potenti apparecchiature di osservazione e di intercettazione radio, utilizzato

a b c d e f g h i j k l m n o p q r s t u v w x y z

per scopi militari | ***trasmissione, collegamento via s.***, quella televisiva intercontinentale effettuata per mezzo di satelliti artificiali | ***s. pellicolare***, satellite artificiale costituito da un involucro in sottilissima pellicola che viene lanciato ripiegato nello spazio e qui gonfiato **4** (*mecc.*) ruota dentata, montata su braccio mobile di un rotismo epicicloidale, che ingrana sul solare e sulla corona **SIN.** ruota planetaria | ruota intermedia spostabile di un cambio di velocità **5** (*anat.*) struttura vascolare, nervosa o muscolare che si affianca ad altra struttura con funzione più importante: *il sartorio è chiamato anche s. dell'arteria femorale* **6** (*biol.*) parte di cromosoma collegata al corpo di questo da un filamento sottilissimo, più o meno lungo **7** (*inform.*) elaboratore elettronico collegato a distanza con un altro più potente **8** (*autom.*) comando a distanza posto in prossimità del volante che permette al conducente di azionare facilmente accessori o apparecchiature, come l'autoradio **B** **in funzione di agg.** ● (posposto a un sost.) che ruota intorno, che è funzionale a qlco. o che dipende da qlco. | ***edificio, struttura s.***, o (*ellitt.*) ***satellite***, autonomo, indipendente, ma collegato a un corpo centrale | ***Stato, partito s.***, che dipende politicamente da un altro | ***città s.***, complesso di abitazioni autosufficienti nelle vicinanze di una città più importante

satellitismo [1967] **s. m.** ● condizione di dipendenza politico-economica di uno stato da un altro più potente

satellìzio [vc. dotta, dal lat. tardo *satellĭtiu(m)* 'guardia, scorta', da *satĕlles*, genit. *satĕllitis* 'guardia del corpo' ✻ av. 1639] **s. m.** **1** (*lett.*) insieme di guardie del corpo, seguaci e sim. | (*est., lett.*) schiera, corteo: *Il s. dei fratelli e dei cugini si teneva a breve distanza* (L. Pirandello) **2** †insieme di satelliti e loro influsso astrologico **3** (*lett.*) sottomissione a un dominio oppressivo

satellizzàre [1963] **v. tr.** **1** (*raro*) inviare nello spazio un corpo con velocità e traiettoria tali da farne un satellite artificiale **2** ridurre Paesi più piccoli in stato di dipendenza politica, militare, economica e sim. ‖ **satellizzazióne**, **s. f.**

satellòide [comp. di *satell(ite)* e *-oide* ✻ 1963] **s. m.** ● satellite artificiale previsto per orbitare nell'altissima atmosfera, dotato di mezzi di propulsione per superare la pur minima resistenza aerodinamica

satem /avestico 'satəm/ [adattamento dell'avestico *satem* 'cento', dalla base indeur. **kmtom* ✻ 1933] **agg. inv.** ● (*ling.*) ***lingue s.***, insieme di lingue indoeuropee del gruppo orientale (per es. l'armeno e lo slavo) che hanno cambiato la velare occlusiva sorda /k/ in una sibilante /s/ e /ʃ/ **CFR.** centum

sàti o **satì** [fr. *sâti*, dall'hindi *sâti*, f. di *sat* 'saggio' ✻ 1954] **A** **s. f. inv.; anche agg. inv.** ● nella religione induista, sposa virtuosa e fedele che alla morte del marito si sacrifica sul rogo assieme al cadavere di lui: *vedova s.* **B** **s. m. inv.** ● il sacrificio stesso della vedova

satin /fr. sa'tɛ̃/ [vc. fr., dall'arabo *Zaitūm*, n. della città cinese da cui veniva il prodotto ✻ 1835] **s. m. inv.** ● tessuto di cotone morbido e lucente, simile alla seta, usato spec. come fodera

satinàre [adattamento del fr. *satiner* ✻ 1905] **v. tr.** (*io sàtino*) **1** (*tess.*) calandrare una stoffa, dandole lucentezza serica **2** (*carta*) sottoporre a satinatura **3** (*tecnol.*) rendere opaca la superficie di un oggetto di metallo spec. d'oro o d'argento

satinàto **part. pass.** di *satinare*; **anche agg.** ● nei sign. del v.: *carta satinata* | (*fig.*) simile alla seta: *pelle satinata*

satinatrìce [da *satinare* ✻ 1959] **s. f.** ● (*tess.*) tipo di calandra impiegata per l'operazione di stiramento del satin

satinatùra [1942] **s. f.** **1** operazione del satinare **2** operazione di levigatura e lucidatura del foglio di carta o di cartone

satinèlla [da *satin* (V.) ✻ 1974] **s. f.** ● stoffa di seta simile al satin

♦**sàtira** [vc. dotta, dal lat. *sătira(m)*, variante di un ant. *sătura* 'satira, componimento misto di prosa e versi', abbreviazione di *sătura lānx* 'piatto ricolmo, macedonia di frutta e legumi'. V. *saturo* ✻ 1308] **s. f.** **1** componimento poetico che, con arguzia e ironia e in forme più o meno polemiche, critica le debolezze umane, spec. con intenti didattici e moralistici | insieme dei componimenti satirici di un autore, un periodo, una letteratura: *la s. di Giovenale*; *la s. classica*; *la s. latina* **2** (*est.*) discorso, scritto, atteggiamento e sim. che ha lo scopo di mettere in ridicolo ambienti, concezioni, modi di vivere e sim.: *il suo racconto è una s. del mondo artistico*; *essere portato alla s.*; *mettere in s.*; *fare oggetto di s.*; *la s. dei costumi moderni* ‖ **satiràccia**, **pegg.** | **satirétta**, **dim.**

Definizione d'autore

La **satira** è un racconto deformato della vita sociale nel tentativo di svelarne i meccanismi. Sia scritta, disegnata, recitata, si fonda sulla manipolazione di informazioni che la precedono. La caricatura di un volto non può essere apprezzata se non si conosce l'originale; l'imitazione non ha senso se non si è mai udita la voce imitata; la **satira** arriva a segno solamente se autore e pubblico condividono la conoscenza del bersaglio. Una battuta sul governo indiano, fatta in Svizzera, ha scarse possibilità di arrivare a segno. Allo stesso modo una vignetta sul governo svizzero pubblicata a Calcutta. In questo senso la **satira** è un linguaggio "difficile". È una branca della comicità che non si accontenta di lavorare sull'universalità delle vicissitudini umane (l'indiano che inciampa fa ridere anche in Svizzera, lo svizzero che inciampa fa ridere anche in India). Lavora su vicende politiche e culturali complesse e controverse. Per questo, mentre la comicità può essere un linguaggio molto popolare, la **satira** lo è raramente. La sua sovraesposizione aumenta la possibilità di malintesi e di incidenti semantici.

Michele Serra

satireggiàre [da *satira* ✻ av. 1541] **A** **v. tr.** (**pres.** *io satiréggio*; **fut.** *io satireggerò*) ● mettere in satira, biasimare mediante la satira: *s. i costumi* **B** **v. intr.** (**aus.** *avere*) ● fare della satira | scrivere satire

satirésco [da *satiro*① ✻ 1623] **agg.** (**pl. m.** *-schi*) **1** di satiro, da satiro: *orecchie satiresche* | (*fig.*) sfrenato: *ballo s.* | (*fig.*) sarcastico, beffardo: *Uno scoppio di riso s.* (G. Deledda) | (*fig., raro*) osceno **2** nella loc. ***dramma s.***, dramma giocoso rappresentato dopo una trilogia tragica nella Grecia classica ‖ **satirescaménte**, **avv.** a maniera di satiro

satirìaṣi [vc. dotta, dal lat. tardo *satyrĭasi(m)* 'priapismo doloroso', dal gr. *satyríasis*, da *Sátyros* 'satiro, essere licenzioso' ✻ av. 1698] **s. f. inv.** ● (*psicol.*) esagerazione morbosa del desiderio sessuale nell'uomo **CFR.** ninfomania

♦**satìrico**① [vc. dotta, dal lat. tardo *satĭricu(m)*, da *sătira* 'satira' ✻ av. 1406] **A** **agg.** (**pl. m.** *-ci*) ● di satira, che ha caratteri di satira: *discorso, componimento, s.* **SIN.** burlesco, caustico, ironico, mordace, sarcastico, sferzante ‖ **satiricaménte**, **avv.** in modo satirico, per mezzo della satira **B** **s. m.** ● scrittore di satire

†**satìrico**② [vc. dotta, dal lat. *satўricu(m)* 'satiresco', dal gr. *satyrikós*, da *Sátyros* 'satiro' ✻ 1575] **agg.** ● di satiro, proprio dei satiri

satirióne [dal lat. *satўrion* (nt.), prestito del gr. *satýrion*, da *Sátyros* 'satiro, essere licenzioso' ✻ av. 1320] **s. m.** ● (*bot.*) fallo②

†**satirìsco** [vc. dotta, dal lat. *satyrĭscu(m)* 'satiretto', dal gr. *Satyrískos*, dim. di *Sátyros* 'satiro' ✻ 1374] **s. m.** ● piccolo satiro

satirista [vc. dotta, dal gr. *satyristḗs* (nom.) 'attore di dramma satiresco', da *satyrízein* 'fare il satiro', da *Sátyros* 'satiro' ✻ av. 1910] **s. m. e f.** (**pl. m.** *-i*) ● scrittore di satire

satirizzàre [av. 1613] **v. tr. e intr.** (**aus.** *avere*) ● (*raro*) satireggiare

sàtiro① [vc. dotta, dal lat. *Sătyru(m)*, dal gr. *Sátyros* 'divinità boschereccia compagna di Bacco', di orig. incerta ✻ sec. XIII] **s. m.** **1** nella mitologia greco-romana, divinità dei boschi, con figura umana, piedi e orecchie caprini, coda di cavallo o di capro; era comunemente incluso, con le Ninfe, nel corteo di Bacco **2** (*fig.*) uomo dalla sensualità morbosa (con riferimento alla lascivia attribuita ai satiri): *un vecchio s.* **3** (*fig.*) †uomo rozzo e selvatico: *il s. si anderà a poco a poco addomesticando* (C. Goldoni) ‖ **satiràccio**, **pegg.** | **satirèllo**, **dim.** | **satirétto**, **dim.** | **satirìno**, **dim.**

†**sàtiro**② [da *satira*, con sovrapposizione di *satiro*① ✻ 1308] **s. m.** ● autore di satire, poeta satirico: *l'altro è Orazio s.* (Dante *Inf.* IV, 89)

†**satisfàre** e deriv. ➤ **soddisfare** e deriv.

satisfattòrio [dal lat. *satisfăctus* 'soddisfatto' ✻ av. 1342] **agg.** (**pl. m.** *-i* o *raro* *-ii*) **1** (*dir.*) che libera da una obbligazione: *pagamento s.* **2** V. †*soddisfattorio*

satìvo [vc. dotta, dal lat. *satīvu(m)* 'coltivato', da *sătus*, part. pass. di *sĕrere* 'seminare'. V. *seme* ✻ av. 1320] **agg.** ● (*lett.*) atto a essere seminato o coltivato: *terreno, campo s.*; *piante sative*

†**sàto** [lat. tardo (eccl.) *sătum*, dal gr. *sáton*, dall'ebr. *seah* ✻ sec. XIII] **s. m.** ● antica misura di capacità, presso gli Ebrei, pari a circa 12 litri

satólla [da *satollare* ✻ sec. XIV] **s. f.** ● (*tosc.*) grande quantità di cibo | (*tosc.*) scorpacciata: *imbanditelo caldo a chi sta col desiderio di farne una buona s.* (P. Artusi)

satollaménto [1268] **s. m.** ● (*raro, lett.*) il saziarsi di cibo

satollàre [lat. *satullāre*, da *satŭllus* 'satollo' ✻ 1268] **A** **v. tr.** (*io satóllo*) ● rendere satollo, saziare di cibo **SIN.** rimpinzare **B** **satollàrsi** **v. intr. pron.** ● mangiare a sazietà, riempirsi di cibo: *satollarsi di dolci*

♦**satóllo** [lat. *satŭllu(m)*, da *sătur*, genit. *sături* 'sazio'. V. *saturo* ✻ av. 1294] **agg.** **1** sazio, pieno di cibo **2** †pago, soddisfatto: *I potenti / di lor potenza non son mai satolli* (N. Machiavelli)

†**sàtoro** ➤ **saturo**

†**sàtrapa** ➤ **satrapo**

sàtrape ➤ **satrapo**

satrapéssa [f. di *satrapo* ✻ 1891] **s. f.** **1** moglie del satrapo **2** (*fig.*) donna eccessivamente autoritaria

satrapìa [vc. dotta, dal lat. *satrapīa(m)* 'provincia governata da un satrapo', dal gr. *satrapéia*, da *satrápēs* 'satrapo' ✻ 1597] **s. f.** ● nell'impero persiano, distretto governato da un satrapo | dignità di satrapo | durata di tale dignità

satràpico [vc. dotta, dal gr. *satrapikós*, da *satrápēs* 'satrapo' ✻ 1580] **agg.** (**pl. m.** *-ci*) ● di satrapo, dei satrapi

sàtrapo o (*raro*) **sàtrape**, †**sàtrapa** [vc. dotta, dal lat. *sătrape(m)*, dal gr. *satrápēs* 'governatore persiano di provincia', adattamento dell'ant. persiano *xšathrapa* 'signore (*-pā*) del regno (*xšathra-*)' ✻ 1464] **s. m.** (**f.** *-éssa* (V.)) **1** nell'impero persiano, dignitario posto a capo di un distretto **2** (*fig.*) chi approfitta della pro-

S

pria carica, posizione e sim. per spadroneggiare sugli altri: *essere un s.*; *fare il s.* ‖ **satrapóne**, **accr.**

satsùma /sat'suma, sat'suma/ [dal n. della provincia giapp. *Satsuma* o *Satzuma* ✱ 1922] **s. m. inv.** ● (*bot.*) piccolo albero delle Rutacee ottenuto per ibridazione di due specie di mandarini (*Citrus reticulata* e *Citrus ichangensis*) | frutto commestibile prodotto da tale albero

sàtura [vc. dotta, dal lat. *sătura(m)*, prob. ellissi di *sătura lanx* 'piatto farcito, macedonia', con allusione a un genere letterario misto di prosa e di versi. V. *satira* ✱ 1959] **s. f.** ● nell'antica letteratura latina, forma teatrale con mescolanza di musica, canto e parti danzate

saturàbile [1611] **agg.** ● che si può saturare ‖ **saturabilità**, **s. f. inv.**

saturàre [vc. dotta, dal lat. *saturāre* 'saziare', da *sătur*, genit. *sături* 'saturo, pieno' ✱ 1483] **A v. tr.** (*io sàturo*) **1** (*chim.*) sciogliere sostanze in un solvente fino alla massima concentrazione possibile | trasformare un composto contenente legami multipli in un altro avente solo legami semplici **2** (*elettr.*, *elettron.*) portare a saturazione un circuito magnetico o un dispositivo elettronico **3** (*fig.*) riempire eccessivamente: *studiare non significa saturarsi il cervello di date e nomi*; *s. il mercato di autoveicoli* **4** †saziare **B saturàrsi v. intr. pron.** ● riempirsi (*anche fig.*) (+ *di*): *quel settore del mercato si saturerà presto*; *l'aria si saturò di fumi e vapori*; *saturarsi di chiacchiere*

saturatóre [da *saturare*: cfr. il lat. tardo *saturātor*, genit. *saturatōris* ✱ 1959] **s. m.** (**f.** *-trice*) ● qualunque dispositivo atto a produrre una saturazione

saturazióne [vc. dotta, dal lat. *saturatiōne(m)* 'satollamento', da *saturātus* 'saziato' ✱ 1748] **s. f. 1** condizione di ciò che ha raggiunto la massima concentrazione possibile (*anche fig.*): *la s. di un composto chimico*; *s. del mercato* **2** (*scient.*) condizione in cui un aumento in una causa di qualsiasi tipo non produce un ulteriore aumento nell'effetto risultante | (*est.*) presenza, in un dato ambiente, della massima quantità possibile di una sostanza | ***punto di s.***, temperatura alla quale, per una data pressione costante, il vapore di una sostanza diventa saturo, cioè inizia la liquefazione | ***arrivare al punto di s.***, (*fig.*) averne abbastanza, non sopportare oltre e sim. | ***tensione di s.***, pressione esercitata dal vapore di una data sostanza, quando, nell'unità di volume dello spazio occupato dal vapore, se ne trova la massima quantità possibile | ***s. magnetica***, stato raggiunto da un circuito magnetico per il quale un aumento della corrente eccitatrice non fa più aumentare sensibilmente il flusso **3** (*psicol.*) ***s. cromatica***, proprietà psicologica del colore, determinata dal numero delle diverse lunghezze d'onda presenti nella luce | ***s. psichica***, condizione determinata dalla presenza di un'azione che si ripete a lungo in un contesto invariato

saturèia [vc. dotta, dal lat. *saturēia(m)* 'santoreggia'. V. *santoreggia* ✱ 1546] **s. f.** ● pianta erbacea delle Labiate con radice a fittone, fusto rossastro, foglie lanceolate e fiori bianchi punteggiati di rosa (*Satureja hortensis*) **SIN.** santoreggia

†**saturità** [vc. dotta, dal lat. *saturitāte(m)* 'sazietà', da *sătur*, genit. *sături* 'sazio' ✱ 1525] **s. f. 1** sazietà **2** grande abbondanza

saturnàle [vc. dotta, dal lat. *Saturnāle(m)* 'proprio di Saturno', da *Satŭrnus* 'Saturno' ✱ av. 1405] **A agg.** ● (*lett.*) del dio Saturno, che è sacro al dio Saturno **B Saturnàli s. m. pl. 1** presso gli antichi Romani, feste popolari celebrate a dicembre, in onore di Saturno, a chiusura dell'anno vecchio e ad apertura dell'anno nuovo **2** (*fig.*, *lett.*) tempo di baldorie, di licenza sfrenata: *questi saturnali del caldo* (E. MONTALE)

satùrnia [vc. dotta, dal lat. *Satŭrnia(m)* 'Giunone, figlia di Saturno', f. di *Satŭrnius*, da *Satŭrnus* 'Saturno': così detta per le macchie sulle ali, simili a quelle del pavone (sacro a Giunone) ✱ 1875] **s. f.** ● farfalla notturna spesso di grandi dimensioni a livrea elegante, ma non appariscente, con larve voracissime divoratrici di qualunque vegetale (*Saturnia*)

saturniàno [dal n. del pianeta *Saturno*, sul modello dell'ingl. *Saturnian* ✱ 1945] **A agg.** ● del pianeta Saturno | ***temperamento s.***, caratterizzato dal prevalere degli influssi di Saturno sul temperamento del tipo astrologico **B s. m.** (**f.** *-a*) ● ipotetico abitante del pianeta Saturno

✱**saturnìno** [vc. dotta, dal lat. *Saturnīnu(m)* 'di Saturno', da *Satŭrnus* 'Saturno' ✱ 1282] **agg. 1** (*raro*) del pianeta Saturno **2** (*lett.*) malinconico, triste **3** (*med.*) detto di malattia provocata da intossicazione da piombo

satùrnio [vc. dotta, dal lat. *Satŭrniu(m)*, da *Satŭrnus* 'Saturno' ✱ 1342] **A agg.** ● (*lett.*) del dio Saturno, sacro al dio Saturno | ***Terra saturnia***, l'Italia che, secondo la leggenda, ebbe Saturno come re **B agg.; anche s. m.** ● detto di verso della poesia latina arcaica

saturnìsmo [da *saturno*② con *-ismo* ✱ 1885] **s. m.** ● (*med.*) intossicazione cronica da piombo che si manifesta principalmente con disturbi intestinali, colorazione grigio-bluastra delle gengive a livello del colletto e talvolta con lesioni muscolari e nervose

Satùrno① [dal lat. *Satŭrnu(m)*, forse di orig. etrusca; nel sign. 2, per la forma ✱ 1282] **s. m. 1** (*astron.*) sesto pianeta, in ordine di distanza dal Sole, dal quale in media dista 1428 milioni di kilometri, la cui massa è 95 volte quella della Terra; è circondato dai caratteristici anelli e di esso si conoscono 18 satelliti | (*astrol.*) pianeta che domina i segni zodiacali del Capricorno e dell'Acquario **2** (con iniziale minuscola) cappello di forma circolare, a larghe tese, usato dai sacerdoti della Chiesa cattolica; è chiamato anche 'cappello romano'

satùrno② [dal n. del pianeta *Saturno*, secondo l'attribuzione degli alchimisti ✱ 1559] **s. m.** ● nell'alchimia medievale, piombo

sàturo o †**sàtoro** [vc. dotta, dal lat. *săturu(m)* 'sazio', di orig. indeur. V. *saziare* ✱ sec. XIV] **agg. 1** †satollo, sazio **2** (*scient.*) che ha raggiunto la saturazione | ***soluzione satura***, in cui non si può sciogliere ulteriore sostanza | ***aria satura d'umidità***, in cui il grado igrometrico è 100 **3** (*chim.*) detto di composto organico nel quale gli atomi di carbonio sono uniti fra loro con legami semplici: *idrocarburo s.* **CFR.** insaturo **4** (*fig.*) pieno, traboccante: *sguardi saturi di odio*

satyagràha /satja'graa, *sanscrito* satja:'grafia/ [vc. sanscrita, propr. 'insistenza, ostinazione (*āgraha*) per la verità (*satya*)' ✱ 1930] **s. m. inv.** ● metodo di lotta politica basato sulla non violenza, teorizzato e praticato per la prima volta dal politico indiano M. K. Gandhi (1869-1948)

saudàde /*portog.* sau'ðaðə, -'dadʒi/ [vc. portog., che continua il lat. *solitāte(m)* 'isolamento, solitudine', da *sōlus* 'solo' ✱ 1950] **s. f. inv.** (**pl. portog.** *saudades*) ● nostalgia, rimpianto malinconico tipico della cultura letteraria e musicale portoghese

saudiàno [1929] **agg.** ● saudita

saudìta [1959] **A agg.** (**pl. m.** *-i*) ● relativo alla dinastia di Ibn Sa'ūd (1902-1969) o al territorio su cui tale dinastia regna: *Arabia Saudita* **B s. m. e f.** ● abitante o nativo dell'Arabia Saudita

sàuna [vc. finnica, propr. 'stanza da bagno' ✱ 1932] **s. f. 1** pratica fisioterapica di origine nordica consistente in un bagno di vapore alternato con docce fredde e massaggi **2** luogo in cui si fa questo bagno | (*fig.*) luogo chiuso eccessivamente caldo

Sàuri [vc. dotta, dal lat. tardo *sāuri* (nom. pl.) 'rettili', dal gr. *sâuros*, pl. *sâuroi* ✱ 1864] **s. m. pl.** (**sing.** *-o*) ● (*zool.*) rettili con corpo allungato, quattro arti pentadattili talora rudimentali o mancanti per riduzione secondaria, pelle rivestita da squame, riproduzione ovipara (*Sauria*)

Saurìschi [comp. di *saur(o)* e *ischio* ✱ 1982] **s. m. pl.** (**sing.** *-sco*) ● (*zool.*) gruppo di Arcosauri estinti, caratterizzati da una cintura pelvica tipicamente rettiliana (*Saurischia*)

sàuro [dal provenz. *saur* 'bruno chiaro', dal francone *saur* 'secco, giallo-bruno' ✱ av. 1375] **A agg.** ● detto di mantello equino con peli di colore variato dal biondo al rosso **B s. m.** ● cavallo con mantello sauro

sauròctono [vc. dotta, dal lat. *Sauroctŏnu(m)*, dal gr. *Sauroktónos* '(Apollo) uccisore di lucertole', comp. di *sâuros* 'lucertola' e *-któnos*, da *ktéinein* 'uccidere' ✱ av. 1886] **agg.** ● (*lett.*) uccisore di lucertole (epiteto di Apollo)

Sauròpsidi [comp. di *saur(o)* e del gr. *ópsis* 'aspetto, apparenza' ✱ 1895] **s. m. pl.** (**sing.** *-e*) ● (*zool.*) superclasse comprendente i Rettili e gli Uccelli in quanto organismi filogeneticamente e anatomicamente affini (*Sauropsida*)

Sauropterìgi [comp. del gr. *sâuros* 'lucertola' e *pterýgion* 'paletta', dim. di *ptéryx*, genit. *ptérygos* 'ala' ✱ 1895] **s. m. pl.** (**sing.** *-gio*) ● rettili marini di grandi dimensioni, con arti pinniformi, vissuti nel Trias e nel Cretaceo (*Sauropterygia*)

Saurùri [comp. del greco *sâuros* 'lucertola', e di *-uro*② ✱ 1829] **s. m. pl.** (**sing.** *-o*) ● sottoclasse di Uccelli fossili con lunga coda, tre dita con unghie alle ali e mascelle fornite di denti (*Saururae*)

saussuriàno /sossu'rjano, sosy-/ [fr. *saussurien* ✱ 1967] **agg.** ● (*ling.*) relativo al linguista svizzero Ferdinand de Saussure (1857-1913), alle sue teorie e alla sua produzione scientifica

sauté /*fr.* so'te/ [vc. fr., part. pass. di *sauter* 'saltare', poi 'rosolare' ✱ 1895] **A agg. inv.** ● (*cucina*) rosolato a fuoco vivo, saltato | ***à la s.***, al salto, di cibo rapidamente rosolato in padella **B s. m. inv.** ● (*cucina*) vivanda cotta al salto: *un s. d'agnello*

Sauternes /*fr.* so'tɛʀn/ [dal nome di un comune della zona di origine, nei pressi di Bordeaux ✱ 1895] **s. m. inv.** ● pregiato vino bianco francese ricavato da uve sensibili all'azione della *Botrytis cinerea* (V. *marciume*); è un vino dal colore giallo dorato, profumo di frutta e caratteristico sapore dolce

Sauvignon /*fr.* sovi'ɲɔ̃/ [n. fr. di orig. sconosciuta ✱ 1894] **s. m. inv. 1** vitigno originario della Francia occidentale (Loira e Bordeaux), coltivato largamente anche in Italia (spec. nelle regioni nordorientali), che dà un'uva bianca di color giallo dorato | ***Cabernet Sauvignon***, V. *Cabernet* **2** vino di color giallo paglierino con riflessi verdognoli o dorati, sottile profumo di fiori, sapore vellutato e persistente, ottenuto dal vitigno omonimo

savàna o (*raro*) **savànna** [dallo sp. *sabana*, da una vc. del taino, lingua indigena di Haiti ✱ 1565] **s. f.** ● formazione vegetale di alte erbe e alberi sparsi, estesa ai margini della foresta equatoriale, con alterne stagioni secche e umide

savarin /*fr.* sava'ʀɛ̃/ [vc. fr., dal n. del gastronomo A. Brillat-*Savarin* (1755-1826) ✱ 1910] **s. m. inv.** ● dolce a forma di ciambella, il cui impasto è simile a quello del babà

savate /fr. sa'vat/ [vc. fr., propr. 'ciabatta' ✻ 1928] **s. f. inv.** ● sport di combattimento simile al pugilato, ma che ha nei colpi sferrati coi piedi, calzati da apposite scarpe, il principale strumento di offesa **SIN.** boxe francese

†**savére** ➤ **sapere**① e **sapere**②

savétta [vc. dell'Italia sett., d'orig. sconosciuta ✻ 1959] **s. f.** ● pesce dei Ciprinidi che vive nei fiumi dell'Italia settentrionale (*Chondrostoma soetta*)

saviézza [1268] **s. f.** ● (*lett.*) assennatezza, saggezza

savìna ➤ **sabina**

♣**sàvio** [dal provenz. *sabi, savi*, dal lat. parl. **săpiu(m)* 'saggio', da *săpere* 'essere saggio'. V. *sapere*① ✻ 1261 ca.] **A agg. 1** che è dotato di assennatezza, saggezza, accortezza, prudenza: *essere, diventare, mostrarsi s.*; *è una ragazza poco savia per l'età che ha* | (*raro*) di bambino, quieto, giudizioso | che è pensato, detto o fatto in modo savio: *consiglio s.*; *parole savie*; *comportamento s.* **SIN.** accorto, assennato, avveduto, prudente, saggio, sensato **2** (*lett.* o *raro*) che è in pieno possesso delle proprie facoltà mentali: *parlare, comportarsi, agire, da persona savia* **CONTR.** matto, pazzo **3** †dotto, abile, in una scienza o disciplina: *questo re fu s. di scienze e di costumi* (G. VILLANI) ‖ **saviaménte**, **avv.** con saggezza, con buon senso **B s. m. 1** (f. *-ia*) persona assennata, saggia, accorta **2** (f. *-ia*) (*raro*) chi è in pieno possesso delle proprie facoltà mentali: *i savi e i matti* **CONTR.** matto, pazzo **3** uomo dotato di grande esperienza e sapienza: *i grandi savi dell'antichità*; *i sette savi di Grecia*; *quel s. gentil, che tutto seppe* (DANTE *Inf.* VII, 3) | *il Savio*, (*per anton.*) Salomone **4** nel Medioevo e nel Rinascimento, magistrato anziano e particolarmente esperto con funzioni spec. consultive in organi collegiali: *il consiglio dei savi*; *i venti savi*

savoiàrdo [da *Savoia*, dal lat. tardo *Sapăudia(m)*, dall'etnico ant. *Sapăudi, Sabăudi* ✻ 1525] **A agg.** ● della Savoia **B s. m. 1** (f. *-a*) abitante o nativo della Savoia **2** biscotto oblungo, soffice e molto nutriente, a base di farina, uova e zucchero **C s. m. solo sing.** ● dialetto parlato nella Savoia

savoir-faire /fr. sa,vwaʀ'fɛʀ/ [vc. fr., propr. 'saper (*savoir*) fare (*faire*)' ✻ 1858] **s. m. inv.** ● capacità di destreggiarsi in ogni evenienza con tatto, accortezza e cortesia

SFUMATURE ➤ *tatto*

savoir-vivre /fr. sa,vwaʀ'vivʀ/ [vc. fr., propr. 'saper vivere' ✻ 1813] **s. m. inv.** ● capacità di comportarsi con tatto e disinvoltura, basata sulla conoscenza del mondo e sul rispetto delle convenienze sociali

savonaròla [dalla sedia di G. *Savonarola* (1452-1498), frate domenicano, in S. Marco a Firenze ✻ 1923] **s. f.** ● tipo di sedia o poltrona d'antica origine toscana, costituita da un numero variabile di stecche incrociate, da braccioli diritti e da una spalliera di cuoio, stoffa o legno

savonése (o **-ṣe**) [1483] **A agg.** ● di Savona **B s. m. e f.** ● abitante o nativo di Savona

savonétta ➤ **saponetta**

savonnage /fr. savɔ'naʒ/ [vc. fr. 'insaponatura' ✻ 2003] **s. m. inv.** ● spec. in un centro benessere, massaggio effettuato con la schiuma di particolari saponi dalle proprietà purificanti, idratanti e sim.

savòr ➤ **saor**

†**savóre** ➤ **sapore**

savoréggia [variante di *santoreggia* (V.), con sovrapposizione di *savore* 'sapore', per l'uso culinario ✻ 1550] **s. f.** (pl. *-ge*) ● (*bot.*) santoreggia

†**savórna** ➤ **zavorra**

†**savòrra** ➤ **zavorra**

†**savorràre** ➤ **zavorrare**

sax [dal n. del belga A. *Sax* (1814-1894), l'inventore ✻ 1970] **s. m. inv.** ● (*mus.*) accorc. di *saxofono*

sàxhorn /ingl. 'sæks,hɔːn/ [vc. ingl., comp. di *sax* (V.) e *horn* 'corno' ✻ 1932] **s. m. inv.** ● strumento a fiato in ottone, a bocchino e pistoni, con tubo leggermente conico terminante in un ampio padiglione

saxofonìsta ➤ **sassofonista**

saxòfono ➤ **sassofono**

saxotrómba ➤ **sassotromba**

saziàbile [vc. dotta, dal lat. tardo *satiābile(m)*, da *satiāre* 'saziare' ✻ av. 1328] **agg.** ● (*raro*) che si può saziare ‖ **saziabilménte**, **avv.** con sazietà ‖ **saziabilità**, **s. f. inv.**

saziaménto [1308] **s. m.** ● (*raro, lett.*) soddisfazione della fame | (*fig.*) appagamento

♣**saziàre** [vc. dotta, dal lat. *satiāre* 'saziare', da *sătis* 'abbastanza', della stessa radice di *sătur* 'sazio'. V. *saturo* ✻ 1268] **A v. tr.** (*io sàzio*) **1** soddisfare interamente la fame, l'appetito, il desiderio di cibo (**anche assol.**): *s. la fame, lo stomaco, un affamato*; *s. il digiuno*; *questo pane non basta a s. tutto il paese*; *è un cibo che sazia* | (*raro*) ***s. la sete***, dissetare | (*est.*) nauseare, stuccare (**anche assol.**): *tutto questo dolce mi ha saziato* **2** (*fig.*) appagare, soddisfare completamente: *s. il desiderio di gloria, la sete di sapere*; *s. la vista, le brame, la mente, l'anima*; *quanti libri tiene il mondo / non saziâr l'appetito mio profondo* (T. CAMPANELLA) | (*est., raro*) annoiare (**anche assol.**): *quel tipo ormai ha saziato* **B v. intr.** † e **saziàrsi v. intr. pron. 1** riempirsi di cibo fino alla completa soddisfazione dell'appetito (+ *di*): *non si sazia mai*; *saziarsi di dolci, di frutta* **2** (*fig.*) appagarsi, contentarsi (+ *di*, **anche seguito da inf.**): *saziarsi di luce, di poesia*; *non si saziava di contemplarla*

SFUMATURE DI SIGNIFICATO

saziare - disgustare

Saziare è in senso proprio l'atto di soddisfare completamente la fame, l'appetito, il desiderio di cibo; in usi figurati indica un appagamento, una soddisfazione completa. Analogo doppio significato ha **disgustare**: rispetto al cibo è dare la nausea, stomacare; in usi figurati, infastidire o addirittura provocare insofferenza, ripugnanza.

♣**sazietà** [vc. dotta, dal lat. *satietāte(m)* 'abbondanza', da *sătis* 'abbastanza'. V. *saziare* ✻ av. 1332] **s. f. inv.** ● condizione di chi è sazio (**anche fig.**): *s. di cibo, di piaceri*; *raggiungere la s.*; *mangiare fino alla s.*; *Ci aiuta la scienza, ci aiuta la s.* (L. SCIASCIA) | ***a s.***, fino a essere sazio o (*est.*) in abbondanza: *mangiare, bere, ballare, a s.*; *cose già viste e a s. riviste* (G. CARDUCCI) | (*est.*) disgusto, noia, fastidio: *provare un senso di s.*

saziévole [1342] **agg. 1** (*lett.*) saziabile | che si sazia facilmente **2** (*lett., fig.*) stucchevole ‖ **sazievolménte**, **avv.**

sazievolézza [av. 1565] **s. f.** ● (*raro, lett.*) caratteristica di ciò che è sazievole | sazietà (**anche fig.**)

♣**sàzio** [da *saziare* ✻ av. 1311] **agg. 1** che ha mangiato fino a soddisfare completamente la fame, l'appetito, il desiderio di cibo (+ *di*): *essere, sentirsi, s.*; *essere s. di frutta* | ***mai s.***, insaziabile **SIN.** pieno, satollo, saturo **2** (*est.*) che è completamente appagato in ogni desiderio fino a provare quasi un senso di noia (+ *di*): *essere s. di divertimenti, di giochi* | (*est.*) nauseato, stufo: *siamo sazi di chiacchiere*; *molto sazia / era del mondo* (L. ARIOSTO)

ṣbaccanàre [da *baccano*, con *s-* ✻ 1891] **v. intr.** (aus. *avere*) ● (*raro*) fare molto baccano

ṣbaccaneggiàre [1618] **v. intr.** (pres. *io ṣbaccanéggio*; fut. *io ṣbaccaneggerò*; aus. *avere*) ● (*lett.*) sbaccanare

ṣbaccellàre [da *baccello*, con *s-* ✻ 1741] **v. tr.** (*io ṣbaccèllo*) ● togliere dal baccello, sgranare, sgusciare: *s. le fave, i piselli*

ṣbaccellàto part. pass. di *sbaccellare*; **anche agg.** ● nel sign. del v.

ṣbaccellatùra [1891] **s. f.** ● attività dello sbaccellare

ṣbacchettàre [da *bacchettare*, con *s-* ✻ 1866] **v. tr.** (*io ṣbacchétto*) ● battere con una bacchetta o sim. abiti, tappeti, coperte e sim. per scuoterne via la polvere

ṣbacchettàta [1865] **s. f.** ● rapida sbacchettatura

ṣbacchettatùra [1838] **s. f.** ● azione dello sbacchettare

ṣbacchiàre [comp. di *s-* e *bacchiare* ✻ av. 1735] **v. tr.** (*io ṣbàcchio*) ● (*tosc.*) gettare, sbattere con violenza: *s. qlcu. in terra*; *s. qlco. sul muso a qlcu.*

ṣbaciucchiaménto [1863] **s. m.** ● lo sbaciucchiare, lo sbaciucchiarsi

ṣbaciucchiàre [comp. di *s-* e *baciucchiare* ✻ 1863] **A v. tr.** (*io ṣbaciùcchio*) ● baciare ripetutamente **B ṣbaciucchiàrsi v. rifl. recipr.** ● baciarsi ripetutamente

ṣbaciucchìo [1863] **s. m.** (pl. *-ii*) ● lo sbaciucchiare o lo sbaciucchiarsi continuo

ṣbadatàggine [av. 1698] **s. f. 1** caratteristica di chi è sbadato **2** atto o comportamento caratterizzato da disattenzione, distrazione, negligenza

♣**ṣbadàto** [da *badare* con *s-* privativo ✻ av. 1372] **A agg.** ● che non bada a quello che fa, che non riflette: *un ragazzo un po' s.* | detto di ciò che manifesta distrazione, incuria, negligenza e sim.: *Mi sembra che il linguaggio venga sempre usato in modo … casuale, s.* (I. CALVINO) | ***alla sbadata***, (*ellitt., lett.*) distrattamente, a caso **SIN.** disattento, distratto, inavveduto, irriflessivo, sventato ‖ **ṣbadataménte**, **avv.** da sbadato, inconsideratamente **B s. m.** (f. *-a*) ● persona sbadata ‖ **ṣbadatàccio**, **pegg.** | **ṣbadatèllo**, **dim.** | **ṣbadatino**, **dim.** | **ṣbadatóne**, **accr.**

SFUMATURE DI SIGNIFICATO

sbadato - disattento - distratto - inavveduto

Sbadato è chi non bada a quello che fa, non riflette. Chi è sbadato è anche **disattento**, cioè non riesce a concentrarsi e per questo frequentemente sbaglia. Molto vicino a questo significato, e anzi nella maggior parte degli usi sovrapponibile, è **distratto**, che descrive chi appare assorto nei propri pensieri, lontano dunque dalle cose presenti e reali; in riferimento a gesti, comportamenti e sim., *distratto* è ciò che è fatto senza pensare, quasi inavvertitamente. Di uso meno frequente rispetto ai precedenti è **inavveduto**, che definisce chi non solo è sbadato e distratto, ma manca anche di accortezza, di prudenza.

ṣbadigliaménto o †**ṣbavigliaménto** [av. 1566] **s. m.** ● lo sbadigliare | serie di sbadigli

♦**ṣbadigliàre** o †**ṣbavigliàre** [comp. di *s-* e un desueto *badigliare*, dal lat. tardo *batac(u)lāre* 'sbadigliare', dal lat. parl. **batāre, badāre* 'aprire la bocca' ✻ 1313] **A v. intr.** (*io ṣbadiglio*; aus. *avere*) ● fare sbadigli (+ *di*, + *per*, + *da*): *s. di noia, di fame*; *s. per il sonno*; *cominciò a s. dal grande appetito* (C. COLLODI); *poi tornava a s. dietro i vetri del balcone* (G. VERGA) **B v. tr.** ● (*lett., fig.*) fare qlco., spec. scrivere, parlare e sim., senza alcun interesse: *l'oratore sbadigliò qualche parola di ringraziamento*

ṣbadigliarèlla o **ṣbadiglierèlla** [da *sbadigliare* ✻ 1891] **s. f.** ● (*fam.*) seguito irreprimibile di sbadigli: *farsi prendere dalla s.*

♦**ṣbadìglio** o †**ṣbavìglio** [da *sbadigliare* ✻ sec. XV] **s. m.** ● atto respiratorio accessorio che consiste in una lenta e profonda inspirazione seguita da una breve espirazione, cui si accompagnano caratteristici rumori e, spesso, stiramenti delle braccia e del tronco: *lo s. è contagioso; sbadigli sguaiati; sbadigli di fame, di noia, di sonno* ‖ **ṣbadigliétto**, **dim.** | **ṣbadiglióne**, **accr.**

ṣbadire [da *ribadire*, con cambio di pref. ✱ 1838] **v. tr.** (*io ṣbadisco, tu ṣbadisci*) ● togliere la ribaditura di chiodi, uncini, graffe e sim.

ṣbafàre [vc. roman. dalla radice onomat. **baf(f)-*, con *s-* ✱ 1863] **v. tr.** ● (*fam.*) mangiare con avidità | mangiare a ufo, scroccare (*anche assol.*): *io pago e lui sbafa* | anche in forma pron. (con valore intens.): *si è sbafato in un attimo tutto il pranzo*

ṣbafàta [da *sbafare* ✱ 1911] **s. f.** ● (*fam.*) mangiata abbondante: *fare, farsi, una s., una bella s.*

ṣbafatóre [1910] **s. m.** (**f.** *-trice*) ● (*pop.*) chi sbafa **SIN.** scroccone

ṣbaffàre [da *sbaffo* ✱ 1920] **A** **v. tr.** ● fare degli sbaffi su qlcu. o qlco.: *s. un muro* **B** **ṣbaffàrsi** **v. rifl.** ● farsi degli sbaffi: *sbaffarsi di rossetto*

ṣbàffo [da *baffo* con pref. *s-* ✱ 1959] **s. m.** ● macchia, sgorbio, segno a forma di baffo

ṣbàfo [da *sbafare* ✱ 1910] **s. m.** ● lo sbafare, spec. nella loc. avv. ***a s.***, senza pagare, a spese d'altri: *mangiare, vivere a s.*

ṣbagagliàre [comp. di *s-* e di *bagaglio* ✱ 1587] **v. intr.** (**aus.** *avere*) ● (*raro*) deporre il bagaglio

♦**ṣbagliàre** [comp. di *s-* e di un ant. *bagliare*, affine ad *abbagliare* (V.) ✱ av. 1463] **A** **v. tr.** (*io ṣbàglio*) **1** compiere un'azione ottenendo un risultato impreciso, non esatto, errato: *s. il colpo, la mira, il passo; s. i conti, i calcoli; ha sbagliato la costruzione della frase* | fare una cattiva scelta: *ha sbagliato mestiere* | ***s. un selvatico***, nel linguaggio venatorio, mancare il colpo **2** scambiare, confondere, una persona o una cosa con un'altra simile: *s. strada, indirizzo, porta, treno* | ***s. numero***, nelle comunicazioni telefoniche, compiere un errore nel comporre il numero voluto **3** (*colloq.*) ingannarsi, illudersi, nella loc. ***sbagliarla***: *Oh, voi la sbagliate di molto, se ciò vi credete!* (G. PARINI) **B** **v. intr.** (**aus.** *avere*) **1** commettere un errore di ordine materiale o morale: *s. di molto, di poco, di grosso; la memoria sbaglia; spesso l'occhio sbaglia; il cuore non sbaglia mai; si è pentito di aver sbagliato* | equivocare: *mi scusi, ma lei sbaglia; s. di persona* | ***se non sbaglio, non vorrei s., sbaglierò***, e sim., formule usate per attenuare un'affermazione | commettere una colpa, un delitto: *se ho sbagliato, è giusto che paghi* **2** operare, lavorare in modo impreciso, non esatto, errato (+ *in*, **anche seguito da inf.**; + *a* **seguito da inf.**): *hai sbagliato nel calcolo delle entrate; s. nel prendere una misura, nell'applicare una regola, nel copiare un compito; s. a leggere, a scrivere, a tradurre* **3** agire, comportarsi in modo non giusto, non adatto, non conveniente, non buono (+ *a*, + *in* **seguiti da inf.**, + *con*): *sbagli a parlare così; sbagliano a tenere quell'atteggiamento; sbagli nel giudicarlo così negativamente; hai proprio sbagliato con tuo padre*; (*impers.*) *a non reagire talvolta si sbaglia* **C** **ṣbagliàrsi** **v. intr. pron.** ● essere in errore, giudicare erroneamente: *credevo che fosse colpevole, ma mi sono sbagliato; se credi che ti chieda scusa ti sbagli* | ***se non mi sbaglio, non vorrei sbagliarmi, mi sbaglierò***, e sim., formule usate per attenuare un'affermazione

♦**ṣbagliàto** **part. pass.** di *sbagliare*; anche **agg.** **1** scambiato con un'altra cosa o persona: *hai spedito la lettera all'indirizzo s.* **2** fatto male: *lavoro s.* | scelto male: *nel momento s.* | pensato o fatto male: *impresa, mossa, sbagliata* **3** erroneo: *giudizio s.* | che è contrario o non conforme a precise norme: *pronuncia sbagliata*

♦**ṣbàglio** o (*disus.*) **iṣbàglio**, spec. nel sign. 2 [1666] **s. m.** **1** errore di ordine materiale o morale: *grosso, piccolo s.; fare, commettere, uno s.; s. di calcolo, di misura; che s. ad agire così!* **2** equivoco, disattenzione, svista: *è stato uno s.* | ***per s.***, (*disus.*) ***per isbaglio***, in seguito a disattenzione, inavvedutezza: *per s. ho preso il suo libro* **3** colpa morale (*anche eufem.*): *sono sbagli di gioventù* ‖ **ṣbagliétto**, **dim.**

†**ṣbaiaffàre** [comp. di *s-*, *baia*① (V.) e *fare*① (V.) ✱ 1542] **v. intr.** ● (*raro, pop.*) cianciare, ciarlare

ṣbaionettàre [comp. di *s-* e di *baionetta* ✱ 1872] **v. tr.** (*io ṣbaionétto*) ● (*disus.*) colpire con la baionetta

ṣbaldanzìre [da *imbaldanzire*, con cambio di pref. (*s-*) ✱ sec. XIII] **A** **v. tr.** (*io ṣbaldanzìsco, tu ṣbaldanzìsci*) ● (*lett.*) privare della baldanza, scoraggiare **B** **v. intr.** (**aus.** *essere*) e **ṣbaldanzìrsi** **v. intr. pron.** ● (*lett.*) perdere la baldanza, la sicurezza

†**ṣbaldiménto** [da *sbaldire*, sul modello del provenz. *esbaldement* ✱ av. 1250] **s. m.** ● (*lett.*) baldanza, allegria

†**ṣbaldìre** [dall'ant. fr. *esbaldir*, moderno *ébaudir* 'mettere allegria', da *bald, baud* 'gioioso'. V. *baldo* ✱ av. 1250] **v. intr.** e †**ṣbaldìrsi** **v. intr. pron.** ● (*lett.*) diventare allegro, felice

ṣbalestraménto [1631] **s. m.** ● lo sbalestrare | disorientamento, stordimento

♣**ṣbalestràre** [comp. di *s-* e *balestrare*, da *balestra* (V.) ✱ 1427] **A** **v. intr.** (*io ṣbalèstro*; **aus.** *avere*) **1** †sbagliare il colpo tirando con la balestra **2** (*fig.*) divagare **B** **v. tr.** **1** tirare, gettare, scagliare: *il vento sbalestrò la barca contro gli scogli* **2** (*fig.*) costringere a trasferirsi in una sede lontana: *s. un impiegato in una zona disagevole* **SIN.** scaraventare **3** (*fig.*) mettere in uno stato di stordimento, di confusione **C** **ṣbalestràrsi** **v. intr. pron.** ● (*raro*) sbilanciarsi | (*raro*) rovinarsi economicamente

ṣbalestràto **part. pass.** di *sbalestrare*; anche **agg.** **1** nei sign. del v. **2** che si sente a disagio: *è ancora s. nella nuova città* **3** disordinato, dissestato, spostato: *vita sbalestrata* ‖ **ṣbalestrataménte**, **avv.**

ṣballaménto [da *sballare* ✱ 1940] **s. m.** ● (*raro*) sballatura

ṣballàre [comp. di *s-* e di *balla* (V.) ✱ av. 1449] **A** **v. tr.** **1** togliere qlco. dall'imballaggio: *la merce deve essere sballata con precauzione* **2** raccontare frottole, enormità, fandonie: *quegli le sballa più grosse* (L. PIRANDELLO) **3** rovinare, guastare una macchina: *s. il motore* **B** **v. intr.** (**aus.** *avere*) **1** in alcuni giochi di carte, oltrepassare il numero dei punti stabiliti, perdendo la posta **2** (*est.*) sbagliare per eccesso uscendo dai limiti fissati: *s. nel fare un conto* **3** (*gerg.*) essere sotto l'effetto di una sostanza stupefacente | (*est.*) essere euforici, esaltarsi **4** (*raro, lett.*) morire

ṣballàto o (*raro*) **spallàto** **A** **part. pass.** di *sballare*; anche **agg.** **1** nei sign. del v. **2** privo di equilibrio, di fondamento, di logica: *affare s.; notizia sballata; ragionamento s.* **SIN.** insensato, sbagliato **B** **agg.** e **s. m.** (**f.** *-a*) ● che (o chi) conduce una vita irregolare, disordinata | (*gerg.*) che (o chi) è sotto l'effetto di una sostanza stupefacente

ṣballatùra [da *sballare* ✱ 1872] **s. f.** ● operazione dello sballare

ṣbàllo [deriv. di *sballare* ✱ 1959] **s. m.** **1** sballatura **2** (*gerg.*) effetto di una sostanza stupefacente o di un consumo eccessivo di alcolici **3** (*est.*) situazione esaltante, entusiasmante: *la festa è stata un vero s.!; una moto da s.*

ṣballonàta [da *sballone* ✱ 1865] **s. f.** ● fandonia, smargiassata

ṣballóne [da *sballare* ✱ 1872] **s. m.** (**f.** *-a*) ● chi racconta balle, frottole: *Re degli sballoni era Momo Cariolin* (L. PIRANDELLO)

ṣballottaménto [1922] **s. m.** ● lo sballottare, il venire sballottato | (*fig.*) continuo mutamento o trasferimento: *La vita umana è un vertiginoso … s. da una in altra condizione* (B. CROCE)

ṣballottàre [comp. di *s-* e *ballottare* ✱ 1863] **v. tr.** (*io ṣballòtto*) **1** (*raro*) agitare in qua e in là, come una palla, qlco. che si tiene fra le mani: *sballottava il bambino per farlo tacere* **2** scuotere, muovere rapidamente, in qua e in là: *il treno in corsa sballotta i passeggeri* | (*fig.*) mandare di qua e di là: *mi hanno sballottato da un ufficio all'altro*

ṣballottìo [1957] **s. m.** (**pl.** *-ii*) ● sballottamento continuo

ṣballottolàre [1863] **v. tr.** (*io ṣballòttolo*) ● (*raro*) sballottare

♣**ṣbalordiménto** [av. 1698] **s. m.** ● lo sbalordire | profondo stupore, sgomento, sbigottimento

♣**ṣbalordìre** [comp. di *s-* e di *balordo* (V.) ✱ av. 1422] **A** **v. tr.** (*io ṣbalordìsco, tu ṣbalordìsci*) **1** (*raro*) far perdere i sensi, stordire: *s. qlcu. con un pugno; il colpo improvviso lo sbalordì* **2** (*est.*) frastornare, intontire: *per il fracasso che lo sbalordiva* (A. MANZONI) | (*est.*) impressionare, turbare, stupire profondamente: *lo spettacolo ci sbalordì tutti; la storia romana sbalordisce qualunque scortissimo leggitore* (G. VICO) **B** **v. intr.** (**aus.** *avere*) e **ṣbalordìrsi** **v. intr. pron.** **1** (*raro*) rimanere privo di sensi, stordito: *al primo colpo il farò s.* (L. PULCI) **2** (*est.*) rimanere profondamente impressionato, stupito, stupefatto: *sono cose da s.; a quella notizia sbalordì; con una fretta, … una furia da sbalordirsi a pensarla* (G. LEOPARDI)

SFUMATURE DI SIGNIFICATO

sbalordire - sconcertare - turbare

Far restare stupefatto, attonito per la meraviglia o la sorpresa si dice **sbalordire**; in accezione negativa il termine descrive l'azione di confondere profondamente, di lasciare quasi sconvolti. In questo senso *sbalordire* è vicino a **sconcertare**, che descrive l'azione di spiazzare completamente l'interlocutore, al punto di privarlo temporaneamente della capacità di reagire. **Turbare** definisce invece un processo più profondo e doloroso, che altera in maniera più o meno duratura l'equilibrio o la serenità di una persona.

SFUMATURE ➤ ***impressionare***

ṣbalorditàggine [da *sbalordito* ✱ 1872] **s. f.** **1** storditaggine, sventatezza, balordaggine **2** atto, discorso e sim. da persona sbalordita

ṣbalorditìvo [av. 1704] **agg.** ● che fa sbalordire: *abilità, capacità sbalorditiva* | incredibile, straordinario, esagerato: *prezzo, affitto s.* ‖ **ṣbalorditivaménte**, **avv.** in modo da sbalordire

♣**ṣbalordìto** **part. pass.** di *sbalordire*; anche **agg.** **1** profondamente stupito, sconcertato: *la notizia mi lascia s.* **2** (*raro*) balordo, tonto

ṣbalorditóio [av. 1803] **agg.** (**pl. m.** *-ói*) ● (*raro, lett.*) sbalorditivo

ṣbaluginàre o **ṣbalugginàre** [comp. di *s-* e *baluginare* (V.) ✱ 1891] **v. intr.** (*io ṣbalùgino*; **aus.** *essere* o *avere*) **1** (*raro*) mandare scintille, bagliori **2** (*fig., raro*) venire in mente, baluginare: *Non mi sbalùgina né meno per la mente* (F. TOZZI)

ṣbalzaménto [da *sbalzare*① ✱ av. 1786] **s. m.** ● lo sbalzare

ṣbalzàre① [comp. di *s-* e *balzare* (V.) ✱ av. 1519] **A** **v. tr.** **1** far balzare, far saltare, lanciare violentemente: *fu sbalzato da cavallo; la tempesta lo sbalzò in mare* **2** (*fig.*) rimuovere, esautorare: *s. dal trono* **B** **v. intr.** (**aus.** *essere*) **1** balzare di scatto (**anche fig.**): *s. da una sedia; la temperatura è sbalzata oltre 30 gradi* **2** rimbalzare

ṣbalzàre② [da *sbalzo*② ✱ 1930] **v. tr.** ● modellare figure e ornamentazioni a sbalzo

ṣbalzàto **part. pass.** di *sbalzare*②; **anche agg.** ● nel sign. del v.

ṣbalzatóre [da *sbalzare*② ✱ 1931] **s. m.** (**f.** *-trice*) ● chi esegue lavori a sbalzo

ṣbalzellàre [comp. di *s-* e *balzellare* ✱ 1872] **v. intr.** (*io ṣbalzèllo*; **aus.** *avere*) ● fare piccoli e frequenti sbalzi

ṣbalzellìo [1879] **s. m.** (**pl.** *-ii*) ● (*raro*) lo sbalzellare continuo

ṣbalzellóni o (*raro*) **ṣbalzellóne** [da *sbalzellare* ✱ 1872] **avv.** ● (*raro*) balzelloni

ṣbàlzo① [da *sbalzare*①. V. *balzo*① ✱ av. 1568] **s. m.** **1** rapido e inatteso spostamento: *fare uno s.; dare uno s.; con uno s. cadde per terra; avanzare, procedere, a sbalzi* **2** (*fig.*) oscillazione improvvisa: *s. dei prezzi; con questi sbalzi di temperatura è facile ammalarsi* | progresso, avanzamento, rapido e imprevisto: *ha fatto un bello s. nella carriera* | ***di s.***, di botto, senza passare attraverso i gradi intermedi: *è stato nominato dirigente di s.* | ***a sbalzi***, irregolarmente

ṣbàlzo② [comp. di *s-* e *balzo*① ✱ 1895] **s. m.** **1** arte e tecnica del modellare figure e ornati su lastre d'oro, argento, rame e altri metalli con i ceselli mediante spinta dal rovescio **2** elemento che sporge da una struttura o da una costruzione

ṣbambagiàre [comp. di *s-* e di *bambagia* (V.) ✱ 1865] **v. intr.** (**pres.** *io ṣbambàgio*; **fut.** *io ṣbambagerò*; **aus.** *essere*) e **ṣbambagiàrsi** **v. intr. pron.** ● sfilacciarsi: *questo cotone sbambagia facilmente; è un tessuto che non si sbambagia*

ṣbancaménto [da *sbancare*② ✱ 1939] **s. m.** ● (*edil.*) opera di scavo destinata a modificare in modo permanente la superficie preesistente del terreno

ṣbancàre① [comp. di *s-* e di *banco* 'cassa' ✱ av. 1589] **A** **v. tr.** (*io ṣbànco, tu ṣbànchi*) **1** in un gioco d'azzardo, vincere tanto da superare la somma disponibile da chi tiene banco: *s. il casinò* | (*est.*, *assol.*) conseguire un successo straordinario: *un film che ha sbancato al botteghino* **2** (*fig.*) mandare in rovina: *le ultime spese lo hanno sbancato* **B** **v. intr.** (**aus.** *essere*) ● (*raro*) perdere tutta la posta e abbandonare il banco, in un gioco: *il banco sbanca* **C** **ṣbancàrsi** **v. intr. pron.** ● (*fig.*) rovinarsi economicamente: *per comprare l'automobile si è sbancato*

ṣbancàre② [comp. di *s-* e di *banco* 'rialzo di terreno' ✱ 1942] **v. tr.** (*io ṣbànco, tu ṣbànchi*) ● asportare uno strato di terreno, un banco di roccia, e sim.

ṣbandaménto① [da *sbandare*① ✱ 1657] **s. m.** **1** dispersione, spec. di truppe **2** (*fig.*) disgregazione, divisione che provoca scompiglio morale: *s. di un partito politico; lo s. del dopoguerra*

ṣbandaménto② [da *sbandare*② ✱ 1876] **s. m.** **1** inclinazione laterale di aereo o natante: *s. a dritta, a sinistra; s. forte, lieve* | ***s. reale***, rispetto alla verticale | ***s. apparente***, rispetto alla verticale apparente **2** (*fig.*) disorientamento, disordine mentale, deviazione da una linea di condotta considerata giusta: *attraversare un periodo di s.*

♦**ṣbandàre**① [comp. di *s-* e di *banda*③ ✱ 1546] **A** **v. tr.** **1** †sciogliere una banda armata | (*est.*) smobilitare un esercito **2** (*raro*) disperdere, sparpagliare: *s. la folla* **B** **ṣbandàrsi** **v. intr. pron.** **1** sparpagliarsi, disperdersi andando in direzioni diverse: *la folla si era sbandata disordinatamente* **2** (*fig.*) dividersi, disgregarsi, perdere il senso di coesione: *la famiglia si è sbandata dopo il disastro*

♣**ṣbandàre**② [comp. di *s-* e di *banda*① ✱ 1813] **v. intr.** (**aus.** *avere* o *essere*) **1** detto di nave, ruotare intorno all'asse longitudinale, rimanendo inclinata su un fianco **2** procedere serpeggiando o di traverso, senza guida, detto di autoveicoli, per rottura dello sterzo, strada ghiacciata e sim. **3** (*fig.*) deviare da una condizione o da una linea di condotta ritenute giuste (**anche assol.**): *ha cominciato a s. a causa delle cattive compagnie*

ṣbandàta [da *sbandare*② ✱ 1815] **s. f.** **1** brusco sbandamento di una nave o di un aereo | brusca e improvvisa deviazione di un veicolo: *s. in curva* **2** (*fig.*) deviazione dalla norma, dal comportamento abituale e sim. | (*fig.*, *colloq.*) ***prendere, prendersi una s. per qlcu.***, innamorarsene violentemente
SFUMATURE ➤ ***innamoramento***

ṣbandàto① **A** **part. pass.** di *sbandare*①; **anche agg.** **1** nei sign. del v. **2** disperso: *soldati sbandati* **3** che, nel modo di pensare, agire, vivere, manifesta uno stato di confusione e disorientamento morale e ideologico: *la gioventù sbandata del dopoguerra* ‖ **ṣbandataménte**, **avv.** **B** **s. m.** (**f.** *-a*) ● persona, spec. giovane, sbandata ‖ **ṣbandatèllo**, **dim.**

ṣbandàto② **part. pass.** di *sbandare*②; **anche agg.** ● nei sign. del v.

†**ṣbandeggiaménto** [1336 ca.] **s. m.** ● esilio, bando

†**ṣbandeggiàre** [comp. di *s-* e *bandeggiare*, da *bando* (V.) ✱ 1312] **v. tr.** ● esiliare, bandire

ṣbandellàre [comp. di *s-* e *bandella* (V.) ✱ av. 1704] **v. tr.** (*io ṣbandèllo*) ● (*raro*) togliere le bandelle: *s. un uscio*

ṣbandieraménto [1891] **s. m.** ● lo sbandierare | nel calcio, movimento del guardalinee che agita una bandierina per segnalare qlco.

♣**ṣbandieràre** [comp. di *s-* e *bandiera* (V.) ✱ 1891] **v. tr.** (*io ṣbandièro*) **1** fare sventolare le bandiere in segno di festa (**anche assol.**): *s. i vessilli; la folla sbandiera davanti all'eroe* **2** (*fig.*) ostentare: *s. i propri meriti*

ṣbandieràta [da *sbandierare* ✱ 1848] **s. f.** ● sventolamento di bandiere | cerimonia folcloristica che comprende varie evoluzioni compiute dagli sbandieratori

ṣbandieratóre [da *sbandierare* ✱ 1975] **s. m.** (**f.** *-trice*) ● chi, nel corso di manifestazioni folcloristiche, cortei o parate, fa volteggiare, lancia in alto e poi riprende la bandiera di cui è portatore

ṣbandiménto [da *sbandire* ✱ 1238] **s. m.** ● (*lett.*, *raro*) lo sbandire | esilio, bando

ṣbandìre [comp. di *s-* intens. e *bandire* ✱ 1261 ca.] **v. tr.** (*io ṣbandìsco, tu ṣbandìsci*) **1** (*lett.*) dare il bando, bandire, mandare in esilio | †proibire per legge: *aveva per nuova legge sbandito che ... non si portassi ... più tali cinture* (B. CELLINI) **2** (*est.*, *lett.*) cacciare via, scacciare, allontanare (**anche fig.**) **3** (*raro*, *lett.*) raccontare a tutti, divulgare: *come il padre ... era andato sbandendo per tutto il paese* (L. PIRANDELLO)

ṣbandìto **part. pass.** di *sbandire*; **anche agg.** ● nei sign. del v.

ṣbàndo [deriv. da *sbandare*② ✱ 1972] **s. m.** ● nella loc. ***allo s.***, alla deriva, senza guida, subendo passivamente gli eventi: *un Paese allo s.*

ṣbandòmetro [comp. di *sbandare* e *-metro* ✱ 1954] **s. m.** ● (*mar.*) inclinometro

ṣbaraccàre [da *baracca*, con *s-* ✱ 1935] **v. tr.** (*io ṣbaràcco, tu ṣbaràcchi*) ● (*colloq.*) togliere di mezzo, rimuovere: *Se si potesse s. tutto dalla finestra* (E. MONTALE) | (*assol.*) lasciare libero un luogo, andarsene portandosi dietro tutta la propria roba: *ormai fa freddo, è meglio s.*

ṣbaragliaménto [1551] **s. m.** ● (*raro*) lo sbaragliare

ṣbaragliàre [dal provenz. *baralhar* 'agitarsi, battersi', da *baralh* 'disordine, rumore', di etim. incerta, con *s-* intens. ✱ av. 1370] **v. tr.** (*io ṣbaràglio*) **1** mettere in rotta il nemico, travolgendolo completamente: *s. le schiere avversarie* | disperdere, mettere in fuga: *la polizia sbaragliò i dimostranti* **2** (*est.*) infliggere una dura sconfitta in gare sportive, lotte politiche e sim.: *s. la squadra avversaria; s. gli avversari alle elezioni*
SFUMATURE ➤ ***sconfiggere***①

ṣbaraglìno [da *sbaragliare* ✱ av. 1535] **s. m.** ● tric-trac, tavola reale

ṣbaràglio [av. 1535] **s. m.** **1** lo sbaragliare | dura sconfitta, disfatta | ***condurre, mandare, mettere, porre, qlcu. allo s.***, esporlo a un grave pericolo senza i mezzi necessari per affrontarlo | ***buttarsi, gettarsi, allo s.***, avventurarsi, avventarsi, in un'impresa rischiosa senza prendere alcuna precauzione **2** †gioco da tavolo simile allo sbaraglino, con tre dadi

†**ṣbarattàre** [comp. di *s-* e *barattare* 'sbaragliare', d'uso roman., marchigiano e umbro, come *baratta* 'contesa'; V. *sbrattare*① 'sgombrare' ✱ av. 1348] **v. tr.** ● (*lett.*) sgominare, sconfiggere, sbaragliare: *come de' Teucri sbarattar le file / videlo Enea, si mosse* (V. MONTI)

ṣbarazzàre [da *imbarazzare* (V.) con cambio di pref. (*s-*) ✱ 1605] **A** **v. tr.** ● liberare una persona, una cosa, un luogo, da tutto ciò che impedisce, impaccia, ingombra (+ *da*): *s. qlcu. da un peso, da una seccatura; s. una stanza dai mobili;* (*fig.*) *s. il terreno dagli equivoci; Il cantoniere, onde s. le rotaie, aveva adagiato il cadavere nel prato* (G. VERGA) | ***s. la tavola***, sparecchiarla **B** **ṣbarazzàrsi** **v. rifl.** ● liberarsi da chi (o da ciò che) procura impiccio o fastidio (+ *di*, *raro* + *da*): *sbarazzarsi di un intruso, di un vecchio mobile; Nicoletta avrebbe potuto sbarazzarsi di lui* (L. PIRANDELLO); *Collini, che cercava sbarazzarsi da quella stretta* (G. VERGA)

ṣbarazzìna [da *sbarazzino* ✱ 1965] **s. f.** ● gioco di carte, simile alla scopa, in cui chi ha in mano un determinato asso prende tutte le carte in tavola

ṣbarazzinàta [da *sbarazzino* ✱ 1872] **s. f.** ● (*raro*) birichinata

♣**ṣbarazzìno** [da *sbarazzare* ✱ 1839] **A** **s. m.** (**f.** *-a*) ● ragazzo irrequieto, vivace e scanzonato: *me ne combina una ogni giorno, quello s.!; aria, atteggiamento, gesto da s.* **B** **agg.** ● irrequieto, vivace, scanzonato: *ragazzo s.; avere un'aria sbarazzina* | ***asso s.***, nel gioco della sbarazzina, quello che permette di prendere tutte le carte in tavola | ***alla sbarazzina***, (*ellitt.*) con atteggiamento sbarazzino | ***cappello alla sbarazzina***, inclinato e portato molto all'indietro

ṣbarbàre [comp. di *s-* e *barbare* (V.), da *barba*① ✱ 1470 ca.] **A** **v. tr.** **1** svellere dalle barbe, sradicare: *s. un'erba, una pianta* **2** (*fig.*, *lett.*) estirpare, fare scomparire: *s. una vecchia consuetudine* **3** radere la barba **4** (*est.*) togliere la peluria dal feltro per cappelli **B** **ṣbarbàrsi** **v. rifl.** ● radersi, farsi la barba: *ogni giorno si sbarba con cura*

ṣbarbarìre [da *imbarbarire*, con cambio di pref. (*s-*) ✱ 1872] **v. tr.** (*io ṣbarbarìsco, tu ṣbarbarìsci*) ● (*raro*, *lett.*) togliere dalla barbarie, incivilire

ṣbarbatèllo [1545] **s. m.** **1** dim. di *sbarbato* **2** ragazzo giovane, immaturo e privo di esperienza che ostenta una certa presunzio-

S

ne di sapere

♦**ṣbarbàto** **A** **part. pass.** di *sbarbare*; anche **agg.** ● nei sign. del v., spec. di persona con la barba rasata **B** **agg. e s. m.** ● imberbe | (*est.*) immaturo, inesperto: *Tu non parlerai più con quello s. dall'occhio di triglia* (R. BACCHELLI) ‖ **ṣbarbatèllo**, **dim.** (V.)

ṣbarbatóre [da *sbarbare* ✳ 1959] **s. m.** (**f.** *-trice*) **1** nell'industria dei cappelli, operaio addetto all'eliminazione della peluria dal feltro **2** in siderurgia, sbavatore

ṣbarbatrìce [da *sbarbare* nel senso di 'asportare peli metallici' ✳ 1940] **s. f.** ● (*mecc.*) macchina utensile per la finitura di ingranaggi mediante rodaggio per strisciamento con un utensile, simile a una ruota dentata

ṣbarbatùra [da *sbarbare* ✳ 1940] **s. f.** **1** il radere, il radersi | la pelle rasata **2** operazione eseguita con la sbarbatrice

†**ṣbarbazzàre** [da *barbazzale* (V.), catenella situata dietro la *barbozza* 'labbro inferiore del cavallo', con *s-* ✳ av. 1552] **v. tr.** **1** dare strappate di barbazzale alla cavalcatura tirando con violenza le briglie **2** (*raro, fig.*) riprendere, rimproverare

†**ṣbarbazzàta** [1566] **s. f.** **1** tirata di briglie **2** (*fig.*) rimprovero, riprensione: *fare, dare, una s.*

ṣbarbettàre [da *barbetta*, dim. di *barba* 'radice', con *s-* ✳ 1959] **v. tr.** (*io ṣbarbétto*) ● eseguire la sbarbettatura

ṣbarbettatùra [da *sbarbettare* ✳ 1937] **s. f.** ● (*agric.*) soppressione delle radici eventualmente emesse al di sopra del punto d'innesto per evitare l'affrancamento della marza

ṣbarbicaménto [1745] **s. m.** ● (*raro*) lo sbarbicare

ṣbarbicàre [comp. di *s-* e *barbicare* 'mettere le radici' (V.) ✳ 1441] **v. tr.** (*io ṣbàrbico, tu ṣbàrbichi*) ● (*raro*) sbarbare, sradicare, estirpare, svellere (*lett.*, *anche fig.*)

ṣbarbificàre [da *barba*, con *s-* ✳ 1879] **A** **v. tr.** (*io ṣbarbìfico, tu ṣbarbìfichi*) ● (*raro, scherz.*) radere, fare la barba **B** **ṣbarbificàrsi** **v. rifl.** ● (*raro, scherz.*) radersi, farsi la barba

ṣbarbìno [dim. di *sbarb(at)o*, con *-ino* ✳ 1961] **s. m.** (**f.** *-a*) **1** dim. di *sbarbo* **2** (*sett.*) ragazzo privo di esperienza che vuole apparire già smaliziato

ṣbàrbo [da *sbarb(atell)o* ✳ 1988] **s. m.** (**f.** *-a*) ● (*sett.*) ragazzo, giovane senza esperienza ‖ **ṣbarbìno**, **dim.** (V.)

♦**ṣbarcàre** [comp. di *s-* e *barca*② ✳ 1539] **A** **v. tr.** (*io ṣbàrco, tu ṣbàrchi*) **1** scaricare, fare scendere a terra da un'imbarcazione persone o cose: *s. passeggeri, truppe, merci* | (*est.*) fare scendere da un qualsiasi mezzo di trasporto: *l'autobus ci sbarca in centro*; *l'aereo sbarcò il malato al più vicino aeroporto* | (*fig.*) allontanare da qlco.: *s. un partito dal governo* **2** (*fig.*) passare, trascorrere, più o meno bene un determinato periodo di tempo: *abbiamo sbarcato anche questo inverno* | ***s. il lunario***, riuscire a vivere alla meno peggio a forza di piccoli espedienti, rinunce, sacrifici | (*pop.*) **ṣbarcàrla** (con il pron. *la* indeterm.), sbarcare il lunario, tirare avanti, anche nella forma pron. **ṣbarcàrsela**: *intendeva sbarcarsela un po' con la moglie, un po' con l'amante* (L. PIRANDELLO) **B** **v. intr.** (**aus.** *essere*) **1** scendere a terra da una nave: *sbarcammo a Napoli* | (*est.*) scendere da un qualsiasi mezzo di trasporto: *i passeggeri sbarcano dall'aereo* **2** mettere piede su un territorio nemico, o controllato, governato o sim. da nemici, spec. come operazione offensiva eseguita da reparti militari e sim.: *gli alleati sbarcarono di notte*

SFUMATURE ➤ ***smontare***

ṣbarcàto **part. pass.** di *sbarcare*; anche **agg.** ● nei sign. del v.

ṣbarcatóio [da *sbarcare* sul modello di *imbarcatoio* ✳ 1872] **s. m.** (**pl.** *-ói*) ● (*mar.*) ogni impianto a riva per l'imbarco o lo sbarco di persone

♦**ṣbàrco** [da *sbarcare* ✳ 1587] **s. m.** (**pl.** *-chi*) **1** lo sbarcare: *lo s. dei passeggeri, dell'equipaggio* **2** operazione militare consistente nello sbarcare in un territorio controllato dal nemico: *lo s. in Normandia*; *lo s. di Anzio* | (*milit.*) ***forza da s.***, unità militare addestrata a sbarcare in assalto | ***testa di s.***, zona occupata inizialmente nel corso di un'operazione di sbarco e (*est.*) complesso delle forze da sbarco | ***mezzo da s.***, speciale nave a ridotta immersione con grande portello anteriore per consentire lo sbarco diretto di truppe e materiali sulla costa **3** luogo in cui si sbarca

ṣbardàre [comp. di *s-* e *bardare* (V.) ✳ 1970] **v. tr.** ● togliere la bardatura del cavallo

ṣbardellàre [comp. di *s-* e *bardellare* (V.) ✳ 1441] **v. tr.** (*io ṣbardèllo*) **1** cavalcare puledri col bardellone, per domarli **2** (*raro, fig.*) †palesare, spiattellare: *s. un segreto*

ṣbardellàto **part. pass.** di *sbardellare*; anche **agg.** **1** nei sign. del v. | (*lett.*) sguaiato **2** (*lett.*) sfrenato, enorme, smisurato: *una voglia sbardellata* ‖ †**ṣbardellataménte**, **avv.** fuor di misura: *ridere sbardellatamente*

ṣbarellaménto [da *sbarellare* ✳ 1980] **s. m.** **1** lo sbarellare **2** (*gerg.*) effetto della droga

ṣbarellàre [da *barellare* 'vacillare', col prefisso *s-* nel sign. 5 ✳ 1959] **v. intr.** (*io ṣbarèllo*; **aus.** *avere*) **1** (*fam.*) camminare ondeggiando, vacillando **2** (*fig., fam.*) comportarsi da persona che non si controlla, non sa quello che dice

ṣbarèllo [comp. di *s-* e *barella, barellare* ✳ 1891] **s. m.** ● barroccio a cassone ribaltabile e scarico posteriore

♦**ṣbàrra** [comp. di *s-* e *barra* (V.) ✳ av. 1348] **s. f.** **1** asta, spranga di materiale vario, usata spec. per limitare, impedire, chiudere, un passaggio e sim.: *le sbarre del passaggio a livello*; *le sbarre della dogana*; *sollevare, alzare le sbarre* | ***essere dietro le sbarre***, (*fig.*) essere in prigione | (*est.*) asta, spranga di materiale vario, usata per rinforzo, chiusura o per collegamento e sostegno **2** tramezzo che nell'aula giudiziaria separa la parte riservata ai giudici da quella in cui stanno gli imputati | (*est.*) ***andare, presentarsi*** e sim. ***alla s.***, in tribunale, in giudizio | (*fig.*) ***mettere qlcu., qlco. alla s.***, sottoporlo a un severo giudizio, spec. pubblico **3** (*est.*) bastone, spranga: *il ladro lo colpì con una s.* | barra: *la s. del timone*; *una s. metallica* **4** (*sport*) attrezzo della ginnastica artistica composto da due montanti e da un corrente: *esercizi alla s.* | (*raro*) nel sollevamento pesi, l'asta che porta alle estremità i pesi **5** segno grafico verticale od obliquo tracciato su un foglio o su un assegno | barra, sbarretta **6** (*arald.*) pezza formata da una striscia, che attraversa il campo di uno scudo diagonalmente dall'angolo sinistro del capo all'angolo destro della punta ‖ **ṣbarrétta**, **dim.** (V.)

ṣbarraménto [1865] **s. m.** **1** azione dello sbarrare: *disporre lo s. delle strade* **2** insieme di elementi, opere, strutture e sim. atte a chiudere, a impedire un passaggio, una via di comunicazione, d'accesso e sim.: *s. stradale*; *uno s. di travi, di filo spinato* | ***diga di s.***, diga di ritenuta | ***azione di s.***, nella tecnica militare, azione di fuoco effettuata dalle artiglierie per arrestare l'attaccante **3** (*polit.*) ***clausola di s.***, soglia di voti che una lista deve superare per aver accesso al Parlamento; nella legge elettorale italiana, ne è prevista una al 4% per accedere alla ripartizione dei seggi per la Camera col sistema proporzionale

ṣbarràre [da *sbarra* ✳ 1313] **v. tr.** **1** chiudere con una sbarra o con sbarre: *s. il cancello, la porta* **2** (*est.*) ostacolare, impedire, l'accesso, il passaggio e sim.: *un carro sbarrava il passaggio*; *un mendicante gli sbarrò il passo*; *il guardiano ha sbarrato tutte le uscite del palazzo* **3** spalancare, aprire largamente in seguito a forte stupore, paura, terrore e sim., detto degli occhi: *a quelle parole sbarrò gli occhi e tacque* | †***s. le braccia***, stenderle, allargarle **4** segnare con una o più sbarre: *s. una casella* | ***s. un assegno***, tracciare sulla faccia anteriore dell'assegno due righe trasversali parallele, allo scopo di renderlo riscuotibile solo tramite banca **5** †fendere il ventre per toglierne le interiora: *sulla piazza dei priori ... sbarrato come porco* (G. VILLANI)

†**ṣbarràta** [da *sbarrare* ✳ 1648] **s. f.** ● riparo di sbarre

ṣbarràto **A** **part. pass.** di *sbarrare*; anche **agg.** **1** nei sign. del v.: *portone s.*; *strada sbarrata* **2** spalancato, detto degli occhi **3** segnato con una sbarra trasversale: *devi prendere l'autobus 68 s.*; *assegno s.* **4** (*arald.*) detto di scudo col campo costituito da sbarre in regola in numero di sei, a smalti alternati | detto di figura coperta da sbarre a smalti alternati **B** **s. m.** ● (*arald.*) scudo sbarrato

ṣbarratùra [da *sbarrare* ✳ 1874] **s. f.** ● chiusura con una sbarra o con sbarre | ***s. di un assegno***, linea tracciata trasversalmente spec. nella faccia anteriore di un assegno per renderlo riscuotibile solo tramite banca

ṣbarrétta [1922] **s. f.** **1** dim. di *sbarra* **2** segno grafico costituito da una lineetta orizzontale, verticale od obliqua

ṣbarrìsta [1902] **s. m. e f.** (**pl. m.** *-i*) ● ginnasta o acrobata specialista negli esercizi alla sbarra

†**ṣbàrro** [da *sbarrare* ✳ 1319] **s. m.** ● sbarramento | (*fig.*) ostacolo: *secure d'ogn'intoppo e d'ogni s.* (DANTE *Purg.* XXXIII, 42)

†**ṣbasìre** [comp. di *s-* e *basire* (V.) ✳ av. 1566] **v. intr.** ● morire | venir meno, basire

ṣbassaménto [1612] **s. m.** ● (*raro*) lo sbassare | abbassamento, diminuzione, riduzione

ṣbassàre [da *abbassare*, con cambio di pref. (*s-*) ✳ av. 1250] **A** **v. tr.** **1** abbassare, fare più basso: *s. i piedi del tavolino, i tacchi delle scarpe*; *s. il livello di un fiume* | porre più basso: *s. un bottone* **2** (*raro, fig.*) diminuire: *s. l'orgoglio, la potenza*; *Le donne filando sbassavano la voce* (I. NIEVO) | †***s. i prezzi***, ribassarli **B** **ṣbassàrsi** **v. rifl.** ● abbassarsi: *appena vedessero un cotale ... sbassarsi come per deporre il sacco o la gerla* (I. NIEVO)

ṣbàsso [da *sbassare* ✳ av. 1742] **s. m.** ● (*raro*) abbassamento | ribasso

ṣbastìre [contr. di *imbastire*, con cambio di pref. (*s-*) ✳ 1963] **v. tr.** (*io ṣbastisco, tu ṣbastisci*) ● scucire togliendo l'imbastitura

ṣbatacchiaménto [1872] **s. m.** ● violento e ripetuto sbattimento, spec. di porte e finestre

ṣbatacchiàre① [comp. di *s-* e *batacchiare* ✳ av. 1600] **A** **v. tr.** (*io ṣbatàcchio*) ● sbattere violentemente e ripetutamente in qua e in là: *il vento sbatacchia porte e finestre*; *s. le ali*; *s. per terra qlco.* | agitare con forza: *s. le campane* **B** **v. intr.** (**aus.** *avere*) ● sbattere violentemente: *c'è una porta che sbatacchia* **C** **ṣbatacchiàrsi** **v. rifl.** ● (*raro*) agitarsi, dibattersi: *si sbatacchiava qua e là per la disperazione*

ṣbatacchiàre② [da *sbatacchio*① ✳ 1959] **v. tr.** (*io ṣbatàcchio*) ● puntellare mediante sbatacchi le pareti di uno scavo

ṣbatacchiàta [da *sbatacchiare*① ✳ 1891] **s.**

a b c d e f g h i j k l m n o p q r **s** t u v w x y z

f. • lo sbatacchiare una volta

ṣbatàcchio ① [da *batacchio* 'bastone' ✻ 1957] **s. m.** • trave di sostegno in lavori di scavo, puntello

ṣbatacchìo ② [da *sbatacchiare*① col suff. *-io*① ✻ 1872] **s. m.** (**pl.** *-ii*) • lo sbatacchiare continuo: *uno s. di porte*

ṣbatacchióne [da *sbatacchiare*① ✻ 1959] **s. m.** • violento colpo con cui si provoca lo sbatacchiamento di qlco.: *dare uno s. alla finestra*

ṣbattagliàre [comp. di *s-* e di *battaglio* (V.) ✻ av. 1749] **v. intr.** (*io ṣbattàglio*; **aus.** *avere*) • (*raro*) sbatacchiare, detto del battaglio delle campane | (*est.*) suonare a distesa: *le campane sbattagliano a festa*

♦**ṣbàttere** [comp. di *s-* e *battere* (V.) ✻ 1250 ca.] **A v. tr.** (**coniug. come** *battere*) **1** battere forte e ripetutamente: *s. i panni, i tappeti, i piedi per terra* | ***s. le ali***, agitarle con forza e ripetutamente | ***s. le palpebre, gli occhi***, chiudere e aprire velocemente le palpebre: *Contemplava intanto il suo podere, sbattendo … gli occhietti* (L. PIRANDELLO) **2** gettare violentemente, scagliare: *s. la porta*; *s. qlco. per terra, contro il muro* | ***s. qlco. in faccia a qlcu.***, rinfacciargliela, dirgliela con sdegno, violenza | ***s. la porta in faccia a qlcu.***, (*fig.*) rifiutargli un aiuto **3** (*est.*) mandare, cacciare qlcu. sgarbatamente, in malo modo, con violenza: *s. qlcu. fuori (della porta)*; *s. in galera* | mettere, buttare dove capita, senza badare: *sbatti la borsa dove ti pare* | urtare contro qlco.: *la nave sbatté la prua contro gli scogli* | ***non sapere dove s. la testa***, (*fig.*) trovarsi in gravi difficoltà, non sapere più a chi rivolgersi **4** agitare una sostanza spec. liquida, affinché assuma consistenza, si amalgami con altre, e sim.: *s. la panna per farla montare*; *s. le uova per la frittata* | ***s. gelatina***, (*fig.*) nel gergo teatrale, esagerare nel sentimentalismo dei gesti e della recitazione per accattivarsi il pubblico **5** (*giornalismo*) presentare in modo scandalistico una notizia: *la storia fu sbattuta in prima pagina* **6** (*volg.*) possedere carnalmente **7** (*fig., fam.*) conferire un colorito pallido, un aspetto smorto (**anche** *assol.*): *quel verde ti sbatte il viso*; *è un colore che sbatte molto* **8** †diminuire, sminuire | †defalcare, detrarre **9** †ribattere, confutare **B v. intr.** (**aus.** *avere*) **1** urtare con forza: *l'auto andò a s. contro un palo*; *ho sbattuto contro uno spigolo* | ***andare a s.***, (*fig., colloq.*) fallire rovinosamente: *se continua così, il partito rischia di andare a s.* **2** battere violentemente, per vento e sim.: *attento, che la porta sbatte* | scuotersi, agitarsi, gonfiarsi e sgonfiarsi alternativamente, per il vento: *la tenda sbatte contro la ringhiera*; *le vele sbattono* **C ṣbàttersi v. intr. pron. 1** (*lett.*) agitarsi, dibattersi: *adesso che mi vo sbattendo per questa gabbia* (G. LEOPARDI) **2** (*fam.*) darsi da fare, impegnarsi **3** (*fig.*) **ṣbàttersene**, (*volg.*) infischiarsene

SFUMATURE ➤ *agitare*, ➤ *scuotere*

ṣbattezẓàre [comp. di *s-* e *battezzare* (V.) ✻ 1481] **A v. tr.** (*io ṣbattéẓẓo*) **1** costringere ad abbandonare la religione cristiana **2** (*raro*) cambiare nome a qlcu. **B ṣbattezẓàrsi v. intr. pron. 1** rinnegare la religione cristiana **2** cambiare nome **3** (*fig., scherz.*) fare qualunque cosa, essere pronto a tutto: *si sbattezzerebbe pur di andare alla festa!* **4** †arrabattarsi, darsi da fare | †disperarsi

ṣbattezẓàto **part. pass.** di *sbattezzare*; **anche agg. e s. m.** (**f.** *-a*) **1** che ha abbandonato la religione cristiana | detto anche di chi ha richiesto che tale abbandono sia annotato nei registri parrocchiali **2** (*est., spreg.*) empio, rinnegato

ṣbattéẓẓo [da *sbattezzare* ✻ 1986] **s. m.** • rinuncia al sacramento del battesimo e conseguente abbandono della religione cristiana

ṣbattighiàccio [comp. di *sbattere* e *ghiaccio* ✻ 1926] **s. m. inv.** • shaker

ṣbattiménto [av. 1320] **s. m. 1** lo sbattere | scuotimento **2** (*fig., pop.*) grande noia: *che s., quella festa!* | (*fig., pop.*) il darsi un gran da fare: *è stata una giornata di veri sbattimenti!*

ṣbattiòva ➤ **sbattiuova**

ṣbàttito [da *sbattere*. V. *battito* ✻ sec. XIV] **s. m. 1** (*raro, lett.*) sbattimento | (*fig.*) †intenso turbamento **2** †detrazione

ṣbattitóia [1891] **s. f.** • attrezzo per sbattere | ***s. del lavatoio***, lastra inclinata su cui si sbattevano e si torcevano i panni

ṣbattitóio [1959] **s. m.** (**pl.** *-ói*) • sbattitoia

ṣbattitóre [1841] **A s. m.** (**f.** *-trice*); **anche agg.** • chi (o che) sbatte **B s. m.** • elettrodomestico munito di una frusta per sbattere uova, maionese, creme, verdure e sim.

ṣbattitùra [av. 1597] **s. f.** • sbattimento

ṣbattiuòva o **ṣbattiòva** [comp. di *sbattere* e il pl. di *uovo* ✻ 1883] **s. m. inv.** • frusta o frullino per le uova

ṣbattùta [av. 1712] **s. f.** • atto dello sbattere una volta ‖ **ṣbattutìna**, **dim.**

ṣbattùto **part. pass.** di *sbattere*; **anche agg. 1** nei sign. del v. **2** frullato: *uovo s.* **3** (*fig.*) abbattuto, smorto, pallido: *viso s.*; *avere un'aria sbattuta*

†**ṣbaudìre** [dal provenz. *esbaudir*. V. †*sbaldire* ✻ sec. XIII] **v. intr.** e †**ṣbaudìrsi v. intr. pron.** • sbaldire

ṣbavagliàre [da *imbavagliare* (V.) con cambio di pref. (*s-*) ✻ 1612] **v. tr.** (*io ṣbavàglio*) • (*raro*) liberare dal bavaglio

ṣbavaménto [da *sbavare*② ✻ 1838] **s. m.** • (*raro*) emissione di bava

ṣbavàre ① [comp. di *s-* e *bava* nel sign. 4 ✻ 1561] **v. tr.** • (*tecnol.*) togliere le bave ai pezzi ottenuti per fusione

ṣbavàre ② [comp. di *s-* e *bava* nel sign. 1 ✻ 1561] **A v. intr.** (**aus.** *avere*) **1** mandare bava dalla bocca: *il bambino sbava* | (*fig., fam.*) ***s. dietro, per, qlcu. o qlco.***, desiderare intensamente, in modi anche eccessivi **2** spandersi al di fuori della linea di contorno, detto di colore, vernice e sim.: *il rossetto ha sbavato* **B v. tr.** • sporcare di bava: *i bambini sbavano spesso i vestiti* **C ṣbavàrsi v. rifl.** • sporcarsi di bava: *si è tutto sbavato*

ṣbavàto **part. pass.** di *sbavare*; **anche agg.** • nei sign. del v.

ṣbavatóre [da *sbavare*① ✻ 1960] **s. m.** (**f.** *-trice*) • in siderurgia, operaio addetto alla sbavatura **SIN.** sbarbatore, scalpellatore

ṣbavatrìce [da *sbavare* ✻ 1960] **s. f.** • (*mecc.*) macchina operatrice che ha come utensile caratteristico una mola usata per asportare le bave dai pezzi grezzi di fusione

ṣbavatùra ① [da *sbavare*① ✻ 1935] **s. f.** • in siderurgia, asportazione delle bave metalliche rimaste dopo lo stampaggio a caldo di due pezzi

ṣbavatùra ② [da *sbavare*② ✻ 1668] **s. f. 1** lo sbavare | strascico di bava: *le sbavature delle lumache* **2** traccia di colore che esce dalla linea di contorno **3** (*fig.*) divagazione dal tema principale, in scritti, narrazioni e sim. | imperfezione, lieve difetto **4** bava di fusione

ṣbavazzàre [comp. di *s-* e *bava* ✻ 1872] **v. intr.** (**aus.** *avere*) **e tr.** • (*raro*) sbavare

†**ṣbavigliàre** e deriv. ➤ **sbadigliare** e deriv.

ṣbavóne [da *sbavare*② ✻ 1891] **s. m.** (**f.** *-a*); **anche agg.** • (*fam.*) chi (o che) sbava continuamente

ṣbeccàre [da *becco*①, con *s-* ✻ 1942] **A v. tr.** (*io ṣbécco, tu ṣbécchi*) • rompere un recipiente di terracotta, porcellana o sim. facendone saltare il beccuccio **B ṣbeccàrsi v. intr. pron.** • rompersi al beccuccio o all'orlo, detto di recipienti di terracotta, porcellana o sim.: *il vaso si è sbeccato*

ṣbeccucciàre [comp. di *s-* e *beccuccio* (V.) ✻ 1872] **v. tr.** (**pres.** *io ṣbeccùccio*; **fut.** *io ṣbeccuccerò*) e **ṣbeccucciàrsi v. intr. pron.** • sbeccare, sbeccarsi

†**ṣbeffaménto** [1552] **s. m.** • (*raro*) beffa, derisione | burla

ṣbeffàre [comp. di *s-* e *beffare* (V.) ✻ 1441] **v. tr.** (*io ṣbèffo*) • (*raro*) schernire, deridere in modo crudele e maligno: *nè gli bastò … avere offeso il pontefice, … lo volle ancora con le parole … s.* (N. MACHIAVELLI)

ṣbeffatóre [av. 1745] **s. m.** (**f.** *-trice*); **anche agg.** • (*raro*) chi (o che) sbeffa

†**ṣbeffatùra** [1679] **s. f.** • (*raro*) scherno, derisione

ṣbeffeggiaménto [av. 1712] **s. m.** • (*raro*) lo sbeffeggiare | dileggio, derisione

ṣbeffeggiàre [da *beffeggiare* (V.), con *s-* ✻ av. 1543] **v. tr.** (**pres.** *io ṣbefféggio*; **fut.** *io ṣbeffeggerò*) • deridere continuamente e con malignità: *tutti lo sbeffeggiano*

ṣbeffeggiatóre [1612] **s. m.** (**f.** *-trice*) • (*raro*) chi sbeffeggia

ṣbellicàre [comp. di *s-* e *bellico*② (V.) ✻ av. 1704] **A v. tr.** (*io ṣbèllico, tu ṣbellìchi* **o, più diffuso ma etim. meno corretto,** *io ṣbèllico, tu ṣbèllichi*) • †far ridere smodatamente **B ṣbellicàrsi v. intr. pron.** • nella loc. ***sbellicarsi dalle risa, dal ridere***, ridere smodatamente, crepare dal ridere

SFUMATURE ➤ *ridere*

ṣbendàre [comp. di *s-* e *bendare* (V.) ✻ av. 1294] **v. tr.** (*io ṣbèndo* (o *-é-*)) • liberare da una benda o dalle bende: *s. una ferita, gli occhi* | anche in forma pron.: *sbendarsi la caviglia*

ṣbèrcia [da *sberciare*① ✻ 1618] **s. f.** (**pl.** *-ce*) • (*fam., tosc.*) persona maldestra, incapace **SIN.** schiappa

ṣberciàre ① [da *imberciare* 'colpire nel segno', con cambio di pref. (*s-*) ✻ av. 1735] **v. intr.** (**pres.** *io ṣbèrcio*; **fut.** *io ṣbercerò*; **aus.** *avere*) • (*fam., tosc.*) sbagliare tirando al bersaglio

ṣberciàre ② [comp. di *s-* e *berciare* (V.) ✻ 1872] **v. intr.** (**pres.** *io ṣbèrcio*; **fut.** *io ṣbercerò*; **aus.** *avere*) • (*tosc.*) gridare, parlare, in modo sguaiato

ṣbèrcio [da *sberciare*② ✻ 1959] **s. m.** • (*tosc.*) urlo, grido sguaiato

†**ṣbèrgo** ➤ **usbergo**

ṣbèrla [vc. dial. sett., di etim. incerta ✻ 1888] **s. f. 1** schiaffo, manrovescio **2** (*est., fam.*) pugno | (*gerg.*) nel calcio, tiro molto forte: *palla al bomber, tiro: che s.!*; gol: *tre sberle del Torino a Bergamo* **3** (*fig., fam.*) aspra critica, insulto e sim.: *ne ho prese di sberle per quella proposta!* | (*fig.*) nel linguaggio giornalistico, grave colpo, dura sconfitta: *s. elettorale* | (*fig., fam.*) spesa molto onerosa, salasso: *ho ricevuto il conto del dentista: che s.!* ‖ **ṣberlétta**, **dim.** | **ṣberlóna**, **accr.** | **ṣberlóne**, **accr. m.** | **ṣberlòtto**, **dim. m.**

♣**ṣberlèffo** o †**ṣberlèffe** [da *berleffe* (V.), dall'ant. ted. *leffur* 'labbro', con *s-* ✻ av. 1553] **s. m. 1** †taglio, sfregio, sul viso **2** gesto, espressione di scherno: *fare uno s. a qlcu.*; *fare gli sberleffi*; *lo s. tra sprezzante e violento della bocca* (A. MORAVIA)

ṣberrettàrsi [comp. di *s-* e *berretta* (V.) ✻ 1534] **v. intr. pron.** (*io mi ṣberrétto*) • (*raro*) levarsi il berretto in segno di saluto, spec. esageratamente rispettoso

ṣberrettàta [1497] **s. f.** • atto dello sberrettarsi: *I Malavoglia lo pagavano a furia di sberrettate* (G. VERGA)

ṣbertàre [comp. di *s-* e di *berta*① (V.) * av. 1726] **v. tr.** (*io ṣbèrto*) ● (*lett.*) schernire

♦**ṣbertucciàre** [comp. di *s-* e di *bertuccia* (V.) * 1839] **v. tr.** (**pres.** *io ṣbertùccio*; **fut.** *io ṣbertuccerò*) **1** sgualcire, stropicciare: *s. un cappello* **2** (*est.*) schernire, beffare

ṣbevacchiàre [comp. di *s-* intens. e †*bevere* * av. 1653] **v. intr.** (*io ṣbevàcchio*; **aus.** *avere*) ● (*raro, lett.*) sbevazzare

ṣbevazzaménto [1612] **s. m.** ● (*raro*) lo sbevazzare

ṣbevazzàre [comp. di *s-* e *bevazzare* (V.), da †*bevere* * 1534] **v. intr.** (**aus.** *avere*) ● (*spreg.*) bere molto, con avidità, in modo sregolato: *va sbevazzando da un'osteria all'altra*

ṣbevazzatóre [da *sbevazzare* * 1657] **s. m.** (**f.** *-trice*) ● (*raro*) chi ha l'abitudine di sbevazzare: *Alceo poeta, taverniere e s.* (D. Bartoli)

ṣbevicchiàre [comp. di *s-* e *bevicchiare* (V.) * 1872] **v. intr.** (*io ṣbevìcchio*; **aus.** *avere*) ● sbevucchiare

ṣbevucchiàre [comp. di *s-* e *bevucchiare* * 1872] **v. intr.** (*io ṣbevùcchio*; **aus.** *avere*) ● bere poco per volta, ma molto spesso

†**ṣbiadàto** o †**ṣbiavàto** [comp. di *s-* e †*biado*① (V.) * sec. XIV] **agg.** **1** di colore turchino **2** tenue, sbiadito

♦**ṣbiadìre** [comp. di *s-* e †*biado*① (V.) * 1757] **A** **v. tr.** (*io ṣbiadìsco, tu ṣbiadìsci*) ● far perdere il colore: *il sole ha sbiadito la tappezzeria* **B** **v. intr.** (**aus.** *essere*) e **ṣbiadìrsi** **v. intr. pron.** ● diventare pallido, smorto, perdere intensità e vivacità, detto di colori: *col sole il rosso sbiadisce* | (*est.*) perdere il colore: *questo tessuto si è sbiadito subito* **SIN.** scolorire, stingere

♦**ṣbiadìto** **part. pass.** di *sbiadire*; anche **agg.** **1** che ha perduto intensità e vivacità: *colore s.* **2** (*fig.*) scialbo, privo di vivacità: *stile s.* | sfiorito: *bellezza sbiadita* || **ṣbiaditaménte**, **avv.**

ṣbiànca [da *sbiancare* * 1930] **s. f.** ● nell'industria tessile e cartaria, candeggio, imbianchimento

ṣbiancànte **A** **part. pres.** di *sbiancare*; anche **agg.** ● nei sign. del v. **B** **s. m.** ● sostanza, prodotto per sbiancare, per candeggiare

♦**ṣbiancàre** [comp. di *s-* e *bianco* (V.) * av. 1406] **A** **v. tr.** (*io ṣbiànco, tu ṣbiànchi*) **1** far diventare bianco: *s. un lenzuolo* | ***s. il riso***, toglierne il pericarpo, raffinarlo **2** sottoporre qlco. all'operazione di sbianca **B** **v. intr.** (**aus.** *essere*) e **ṣbiancàrsi** **v. intr. pron.** ● diventare bianco | perdere il colore, impallidire: *dallo spavento si sbiancò in viso*

ṣbiancàto **part. pass.** di *sbiancare*; anche **agg.** ● nei sign. del v.

ṣbiancatóre [da *sbiancare* * 1945] **s. m.** (**f.** *-trice*) ● operaio di riseria addetto alla pulitura

ṣbiancatrìce [da *sbiancare* * 1940] **s. f.** ● macchina per raffinare il riso scortecciato attraverso successive operazioni

ṣbianchettàre [da *bianchetto* col pref. sottrativo *s-* * 1994] **v. tr.** (*io sbianchétto*) ● (*colloq.*) cancellare con il bianchetto (*anche assol.*): *s. una firma, una clausola*; *inchiostro che non si può s.*

ṣbianchiménto [da *sbianchire* * 1959] **s. m.** **1** lo sbianchire **2** nell'industria tessile e cartaria, sbianca

ṣbianchìre [comp. di *s-* e *bianchire* (V.) * 1574] **A** **v. tr.** (*io ṣbianchìsco, tu ṣbianchìsci*) **1** far diventare bianco **2** tuffare carne o verdura in acqua bollente **SIN.** sbollentare, scottare **B** **v. intr.** (**aus.** *essere*) ● diventare bianco, chiaro: *allo sbianchir del giorno* (G. Pascoli)

ṣbiascicàre ➤ **biascicare**

†**ṣbiavàto** ➤ †**sbiadato**

ṣbicchieràre [comp. di *s-* e *bicchiere* (V.) * 1872] **v. intr.** (*io ṣbicchièro*; **aus.** *avere*) **1** (*disus.*) vendere il vino a bicchieri **2** (*tosc., disus.*) bere allegramente in compagnia

ṣbicchieràta [da *bicchierata*, con *s-* * 1895] **s. f.** ● bevuta fatta in allegra compagnia: *farsi una bella s.*

ṣbiecàre [da *sbieco* * av. 1574] **A** **v. tr.** (*io ṣbièco, tu ṣbièchi*) ● (*raro*) mettere in posizione sbieca **B** **v. intr.** (**aus.** *avere* o *essere*) **1** (*raro*) avere una direzione sbieca **2** (*raro*) torcersi, detto degli occhi

♦**ṣbièco** [da *bieco* (V.), con *s-* * av. 1574] **A** **agg.** (**pl. m.** *-chi*) ● non diritto, fuori di squadra: *muro, pavimento s.*; *linea, stoffa sbieca* | obliquo, storto | ***a s., di s., per s.***, obliquamente, per traverso: *mettere di s.* | ***guardare di s.***, guardare di traverso, torcendo gli occhi; (*fig.*) guardare con sdegno, diffidenza || **ṣbiecaménte**, **avv.** obliquamente, di sbieco **B** **s. m.** ● tessuto tagliato obliquo rispetto al dritto filo

ṣbiellàre [comp. parasintetico di *biella*, col pref. *s-* * 1955] **v. intr.** (*io ṣbièllo*; **aus.** *essere* o *avere*) ● rompere una o più bielle, detto di motore a scoppio | (*fig.*) perdere l'equilibrio psichico, uscire di senno

†**ṣbièscio** [da †*biescio* (V.) * 1632] **agg.** ● sbieco

†**ṣbietolàre** [comp. di *s-* e *bietola* (V.) * 1667] **v. intr.** ● intenerirsi, piangere scioccamente

ṣbiettàre [comp. di *s-* e *bietta* (V.) * sec. XIV] **A** **v. tr.** (*io ṣbiétto*) ● togliere la bietta **B** **v. intr.** (**aus.** *essere* o *avere* **nel sign. 1**, *essere* **nel sign. 2**) **1** (*raro, fig.*) non poggiare con sicurezza, detto spec. dei piedi **2** (*est., raro, fig.*) sfuggire, sgusciare via

ṣbiettatùra [1872] **s. f.** ● lo sbiettare | segno che lascia la bietta uscendo dal legno che ha spaccato

ṣbigliettaménto [comp. di *s-* e un deriv. di *biglietto* * 1966] **s. m.** ● emissione dei biglietti per uno spettacolo teatrale o cinematografico, per una mostra, ecc.

ṣbigonciàre [da *bigoncia* (V.), con *s-* * 1623] **v. intr.** (**pres.** *io ṣbigóncio*; **fut.** *io ṣbigoncerò*; **aus.** *avere* o *essere*) **1** uscire dalla bigoncia per sovrabbondanza, detto di liquidi **2** (*est., tosc.*) essere troppo largo, detto di indumenti: *le scarpe gli sbigonciano*

ṣbigottiménto [1294] **s. m.** ● lo sbigottire | condizione di chi è sbigottito: *lo s. generale* **SIN.** sbalordimento, sconcerto, sgomento **SFUMATURE** ➤ *sgomento*①

♦**ṣbigottìre** [di etim. discussa: dall'ant. fr. *esbahir*, provenz. *esbair* 'sbalordire', per sovrapposizione di *bagutta* 'maschera' (?) * av. 1292] **A** **v. tr.** (*io ṣbigottìsco, tu ṣbigottìsci*) **1** turbare profondamente, in modo da far quasi perdere la capacità di reagire: *le notizie disastrose sbigottirono l'intera città* **SIN.** sconcertare, sgomentare **2** (*raro*) stordire **B** **v. intr.** (**aus.** *essere*) e **ṣbigottìrsi** **v. intr. pron.** ● turbarsi profondamente, spec. per la sorpresa, la preoccupazione, il timore: *si sbigottì per quello che vide*

♦**ṣbigottìto** **part. pass.** di *sbigottire*; anche **agg.** ● nei sign. del v. | attonito, sbalordito: *restare s.*; *la notizia ci lasciò sbigottiti* || †**ṣbigottitaménte**, **avv.** con sbigottimento

†**ṣbigottitóre** [av. 1803] **s. m.** (**f.** *-trice*); anche **agg.** ● chi (o che) sbigottisce: *Sbigottitor di sbigottite donne* (V. Alfieri)

ṣbilanciaménto [1735] **s. m.** ● lo sbilanciare, lo sbilanciarsi

ṣbilanciàre [comp. di *s-* e *bilanciare* (V.) * av. 1556] **A** **v. tr.** (**pres.** *io ṣbilàncio*; **fut.** *io ṣbilancerò*) **1** far perdere l'equilibrio, far traboccare da una parte: *quelle casse sbilanciano il carico del camioncino* **2** (*fig.*) causare difficoltà, impedimenti, nei programmi fissati: *il viaggio improvviso mi sbilancia tutti gli appuntamenti* | dissestare economicamente: *l'acquisto dell'automobile li ha sbilanciati* **B** **v. intr.** (**aus.** *avere*) ● perdere l'equilibrio, pendere da una parte: *il carico sbilancia su un fianco* **C** **ṣbilanciàrsi** **v. intr. pron.** **1** perdere l'equilibrio spostando il proprio peso da un lato **2** (*est., sport*) di una squadra, perdere l'equilibrio tattico: *la squadra si è sbilanciata e ha subito un gol in contropiede* **3** (*fig.*) affermare qualcosa andando oltre i limiti della prudenza: *il ministro non ha voluto sbilanciarsi*

ṣbilanciàto **part. pass.** di *sbilanciare*; anche **agg.** ● nei sign. del v.

ṣbilàncio [da *sbilanciare* * 1662] **s. m.** **1** squilibrio, disegualità: *s. di spese rispetto alle entrate* **2** saldo, somma da iscriversi a pareggio di un conto

ṣbilancióne [da *sbilanciare* * 1696] **s. m.** ● (*raro*) salto spropositato, balzo | ***a sbilancioni***, a salti, a balzi

♦**ṣbilènco** (o *-é-*) o †**ṣbilèncio** (o *-é-*) [comp. di *s-* e *bilenco* (V.) * 1623] **agg.** (**pl. m.** *-chi*) ● storto, pendente da una parte, detto spec. di persona: *vecchietta sbilenca*; *camminare tutto s.*; *spalle sbilenche*; *andatura sbilenca*; *muro, tavolo s.* | (*fig.*) malfatto, balordo: *idea sbilenca*; *fra un pettegolezzo, una disputa e un ragionamento s.* (S. Aleramo) || **ṣbilencaménte**, **avv.**

ṣbiliardàre [comp. parasintetico di *biliardo* col pref. *s-* * 1872] **v. intr.** (**aus.** *avere*) ● nel biliardo, urtarsi, toccarsi più volte, detto delle palle in gioco

†**ṣbillàcco** ➤ **bislacco**

ṣbiluciàre [sovrapposizione di *sbirciare* (V.) a *luciare* 'guardare fissamente' (?) * av. 1523] **v. intr.** (**pres.** *io ṣbilùcio*; **fut.** *io ṣbilucerò*; **aus.** *avere*) ● (*tosc.*) guardare di sottecchi

ṣbiòbbo [da *sbobba* (V.) * 1855] **agg.** ● (*pop., tosc.*) piccolo, storto e rachitico, detto di persona || (*lett.*) **ṣbiobbìno**, **dim.**

ṣbioccàre [da *biocco* con il pref. *s-* * 1963] **v. intr.** (*io ṣbiòcco*; **aus.** *essere*) e **ṣbioccàrsi** **v. intr. pron.** ● (*lett.*) sfilacciarsi, sfrangiarsi: *lo squarcio che si sbiocca sui nevati / gioghi di Lunigiana* (E. Montale)

ṣbirbàre [comp. di *s-* e *birba*② (V.) * av. 1742] **v. tr.** ● (*tosc.*) ottenere qlco. usando modi non onesti | riuscire a evitare un impegno | (*fam.*) ***sbirbarsela***, spassarsela

ṣbirciàre [comp. di *s-* e *bircio* 'di vista corta, losco' (V.). V. *sbiluciare* * av. 1665] **v. tr.** (**pres.** *io ṣbìrcio*; **fut.** *io ṣbircerò*) **1** guardare di sfuggita, senza farsi notare (*anche assol.*): *s. una vetrina*; *s. in qua e in là* | guardare di nascosto: *s. stando dietro le imposte* **2** cercare di vedere meglio qlcu. o qlco. socchiudendo gli occhi | guardare attentamente, squadrare: *s. qlcu. da capo a piedi*

ṣbirciàta [1872] **s. f.** ● atto dello sbirciare in fretta e una sola volta: *dare una s. a qlcu.* || **ṣbirciatìna**, **dim.**

ṣbirràglia o **birràglia** [da *sbirro*①, sul modello di *canaglia* * 1532] **s. f.** ● insieme di sbirri: *il capo della s.* | (*spreg.*) insieme di poliziotti

ṣbirreggiàre [da *sbirro*① * 1833] **v. intr.** (**pres.** *io ṣbirréggio*; **fut.** *io ṣbirreggerò*; **aus.** *avere*) ● (*raro*) comportarsi da sbirro

†**ṣbirrerìa** o †**birrerìa**② [da *sbirro*① * av. 1535] **s. f.** **1** sbirraglia **2** residenza degli sbirri

ṣbirrésco o (*raro*) **birrésco** [da *sbirro*① * 1545] **agg.** (**pl. m.** *-schi*) ● di sbirro | brutale, violento: *modi sbirreschi*; *Io non difendo punto quella legge che sapeva di birresco* (G. Giusti) || **ṣbirrescaménte**, **avv.**

ṣbìrro① o **birro**① [da *birro*①, con *s-*, dal lat. tardo *bĭrru(m)* 'rosso', per il colore della veste, per *bŭrru(m)*, dal gr. *pyrrós*, di etim. incerta ✻av. 1336] **A** **s. m.** **1** †agente di polizia, guardia **2** (**f.** *-a*) (*spreg.*) poliziotto, sgherro: *avere grinta, faccia, modi, da s.*; *gli sbirri lo costringevano a fare infamità* (L. Sciascia) (V. nota d'uso STEREOTIPO) ‖ **ṣbirràccio**, **pegg.** **B** **agg.** **1** †sbirresco **2** (*fam.*) furbo, malizioso: *espressione sbirra*; *donna sbirra*

ṣbìrro② ➤ **birro**②

†**ṣbiṣacciàre** [comp. di *s-* e *bisaccia* (V.) ✻ 1520] **A** **v. tr.** ● togliere dalla bisaccia **B** †**ṣbiṣacciàrsi** **v. intr. pron.** ● togliersi un abito

ṣbiṣoriàre [sovrapposizione di *orare* a *bisbigliare* (?) ✻1864] **v. intr.** (*io ṣbiṣòrio*; **aus.** *avere*) ● (*raro*, *pop.*, *tosc.*) pregare bisbigliando, biascicando

ṣbiẓẓarrìre [comp. di *s-* e *bizzarro*, V. *imbizzarrire* ✻1479] **A** **v. tr.** (*io ṣbiẓẓarrìsco, tu ṣbiẓẓarrìsci*) **1** liberare: *s. la propria fantasia* **SIN.** sbrigliare, sfrenare **2** (*raro*) far passare i capricci, i vizi a qlcu. **B** **ṣbiẓẓarrìrsi** **v. intr. pron.** **1** sfogare il proprio estro, la propria inventiva: *sbizzarrirsi a dipingere*; *sbizzarrirsi in cucina* **2** (*raro*) soddisfare i propri capricci; spassarsela: *è l'età sua, e deve sbizzarrirsi, ... come un puledro generoso* (R. Bacchelli)

ṣbiẓẓìre [comp. di *s-* e *bizza*. V. *imbizzire* ✻av. 1850] **v. intr.** (*io ṣbiẓẓìsco, tu ṣbiẓẓìsci*; **aus.** *essere*) e **ṣbiẓẓìrsi** **v. intr. pron.** ● (*raro*) sfogare le bizze

ṣbloccàggio [1939] **s. m.** ● sblocco

ṣbloccaménto [1942] **s. m.** ● (*raro*) sblocco

ṣbloccàre [comp. di *s-* e *bloccare* (V.) ✻1799] **A** **v. tr.** (*io ṣblòcco, tu ṣblòcchi*) **1** liberare da un blocco: *s. un meccanismo*; *s. una città assediata* | (*fig.*) eliminare ostacoli, impedimenti: *s. una situazione* | (*fig.*) liberare da un blocco psicologico: *è necessario sbloccarlo dalle sue paure* **2** (*fig.*) svincolare abolendo limitazioni e divieti: *s. gli affitti, i prezzi* **B** **v. intr.** (**aus.** *avere*) ● nel biliardo, detto della palla avversaria che rimbalza dalla buca verso la quale era stata mal diretta **C** **ṣbloccàrsi** **v. intr. pron.** ● tornare a condizioni o funzioni normali dopo un blocco, un'interruzione (*anche fig.*): *il traffico si è sbloccato*; *la trattativa si è sbloccata* | (*fig.*) liberarsi da un blocco psicologico: *dopo quel terribile shock non parlava più, ma ora si è sbloccato*

ṣblòcco [1942] **s. m.** (**pl.** *-chi*) ● lo sbloccare (*spec. fig.*): *lo s. degli affitti*

ṣbòbba o **ṣbòba**, **bòbba**, **bòbbia**, **bòba**① [vc. onomat. ✻1872] **s. f.** **1** (*pop.*) minestra, brodaglia o sim. dall'aspetto e dal sapore sgradevoli | (*gerg.*) vitto che passa il carcere **2** (*raro*, *fig.*) miscuglio, guazzabuglio

ṣbobinaménto [da *sbobinare* ✻1987] **s. m.** ● operazione dello sbobinare

ṣbobinàre [da *bobina* (di nastro magnetico) col pref. *s-* ✻1981] **v. tr.** ● trascrivere il contenuto della registrazione su nastro magnetico di un discorso, un'intervista e sim.

ṣbobinatùra [1987] **s. f.** ● sbobinamento | il testo trascritto dal nastro sbobinato: *rileggere la s. di una conferenza*

ṣboccaménto [da *sboccare* ✻av. 1519] **s. m.** ● (*raro*) sbocco | (*raro*) foce

ṣboccàre [comp. di *s-* e *boccare*, da *bocca* (V.) ✻av. 1348] **A** **v. intr.** (*io ṣbócco, tu ṣbócchi*; **aus.** *essere*) **1** †uscire dalla bocca **2** sfociare, gettarsi, detto di corsi d'acqua: *non tutti i fiumi sboccano nel mare* | uscire fuori: *l'acqua sbocca da una polla* **3** immettersi, detto di strade: *molte strade sboccano in piazza Maggiore* **4** arrivare in un dato luogo alla fine di un percorso, detto di persone: *il drappello ... percorre la viuzza e sbocca sulla riva* (E. Salgari) **5** fuoriuscire da una trincea o da una galleria nell'interno di un'opera fortificata assediata **6** (*fig.*) andare a finire, risolversi: *il malcontento generale sboccò in una rivolta* **7** (*raro*) prorompere, scoppiare: *s. in maledizioni, in contumelie* **8** (*fam.*) vomitare **9** †straripare, traboccare, detto di acque **B** **v. tr.** **1** togliere da un recipiente una parte del liquido che lo riempie: *s. un fiasco* **2** rompere all'imboccatura, alla bocca: *s. un vaso*; *s. un pezzo d'artiglieria*

†**ṣboccàta** [av. 1685] **s. f.** ● (*raro*) sbocco: *qualche improvvisa s. del monte* (D. Bartoli)

ṣboccatàggine [1872] **s. f.** ● modo di esprimersi sboccato

ṣboccàto① **part. pass.** di *sboccare*; anche **agg.** ● nei sign. del v.

ṣboccàto② [da *bocca*, con *s-* ✻1354] **agg.** **1** che si esprime in modo volgare: *quei ragazzi dovrebbero essere meno sboccati* **SIN.** scurrile, spudorato **2** che ha l'imboccatura rotta, detto di recipienti: *fiasco s.* | ***puleggia sboccata***, che ha il cavetto fuori della gola, tra la girella e le pareti **3** †che ha l'imboccatura più larga del collo, detto spec. di recipienti ‖ **ṣboccatàccio**, **pegg.** | **ṣboccatèllo**, **dim.** ‖ **ṣboccataménte**, **avv.** in modo sboccato; senza freno e ritegno: *parlare sboccatamente*

SFUMATURE ➤ ***volgare***①

†**ṣboccatóio** [da *sboccato*① ✻1550] **s. m.** ● sbocco di un condotto, un corso d'acqua, e sim.

ṣboccatùra [1464] **s. f.** **1** operazione dello sboccare un fiasco o una bottiglia | liquido che viene espulso in tal modo: *bere, gettare via, la s.* | nella produzione di uno spumante con il metodo classico (o champenois), eliminazione del sedimento che si forma durante il processo di rifermentazione in bottiglia **SIN.** dégorgement **2** †sbocco di un corso d'acqua | †termine di una strada e sim.

✦**ṣbocciàre**① [da *boccia* nel sign. 6, con *s-* ✻1623] **v. intr.** (**pres.** *io ṣbòccio*; **fut.** *io ṣboccerò*; **aus.** *essere*) **1** aprirsi, schiudersi, detto di fiori, di gemme, e sim.: *i fiori sono sbocciati di notte* | (*fig.*) raggiungere il pieno rigoglio fisico: *era sbocciata in una bellezza inattesa* (E. Morante) **2** (*fig.*) nascere, avere origine, rivelarsi: *la poesia sboccia nell'animo*; *è sbocciato un amore*

ṣbocciàre② ➤ **bocciare**

ṣbòccio [da *sbocciare*① ✻1891] **s. m.** ● il fatto di sbocciare: *lo s. di una rosa* | ***fiori di s.***, appena sbocciati | ***di primo s.***, (*fig.*) nel fiore degli anni

ṣbocciolatùra [deriv. di *bocciolo*, con *s-* privativo ✻1959] **s. f.** ● nella floricoltura, asportazione di gemme fiorali per aumentare le dimensioni dei fiori residui

ṣbócco [1600] **s. m.** (**pl.** *-chi*) **1** lo sboccare: *s. di acque* | luogo in cui sfocia un fiume, mette capo una strada e sim.: *s. di una valle* | (*est.*) uscita, apertura: *strada senza s.*; *lo s. della grotta* | (*fig.*) soluzione, conclusione: *una situazione senza sbocchi* **2** fuoriuscita | ***s. di sangue***, (*pop.*) emottisi **3** (*econ.*) collocamento dei prodotti sul mercato: *si prevede una crisi degli sbocchi* | mercato, complesso degli acquirenti di un prodotto o di più prodotti

ṣbocconcellàre [comp. di *s-* (intens. nel sign. 1 e neg. nei sign. 2 e 3) e *bocconcello* ✻1534] **v. tr.** (*io ṣbocconcèllo*) **1** mangiare a piccoli bocconi, talvolta svogliatamente: *s. pasticcini, pezzetti di pane*; *vorrei qualcosa da s.* **2** (*est.*) sbreccare leggermente recipienti di terracotta, ceramica, vetro e sim. **3** (*raro*) dividere in piccole parti qlco.

ṣbocconcellatùra [da *sbocconcellare* ✻1872] **s. f.** ● lo sbocconcellare | frammento, residuo di oggetto sbocconcellato | segno che resta sull'oggetto sbocconcellato

ṣbòffo ➤ **sbuffo**

ṣbofonchiàre ➤ **bofonchiare**

ṣboglientàre ➤ **sbollentare**

ṣbolinàto [comp. di *s-* e del part. pass. di *bolinare* 'tirare le boline, le vele', da *bolina* (V.) ✻1937] **agg.** ● (*pop.*, *fam.*) trasandato, disordinato, trascurato

ṣbollàre [comp. di *s-* e *bollare*, da *bollo*② (V.) ✻1858] **v. tr.** (*io ṣbóllo*) ● privare del bollo

ṣbollentàre o (*raro*, *lett.*) **ṣboglientàre** [comp. di *s-* e *bollente* ✻sec. XIV] **A** **v. tr.** (*io ṣbollènto*) **1** immergere cibi, spec. verdure, nell'acqua bollente, tenendoveli pochissimo tempo **2** (*fig.*) †accendere, infiammare **B** **v. intr.** ● †bruciare, ardere **C** **ṣbollentàrsi** **v. rifl.** ● (*raro*) scottarsi

ṣbollìre [comp. di *s-* e *bollire* ✻1619] **v. intr.** (*io ṣbollìsco* o *ṣbóllo*, *tu ṣbollìsci* o *ṣbólli*; **aus.** *avere* **nel sign. 1**, *essere* **nel sign. 2**) **1** cessare di bollire **2** (*fig.*) calmarsi, placarsi, raffreddarsi: *la rabbia gli è sbollita*

ṣbolognàre [comp. di *s-* e *Bologna*, città dove si facevano oggetti d'oro falso ✻1923] **v. tr.** (*io ṣbológno*; **coniug. come** *segnare*) **1** dare via, rifilare ad altri oggetti difettosi o inutili: *s. un vecchio soprammobile* **2** (*fig.*) levarsi di torno, togliersi dai piedi: *s. un rompiscatole* | nella forma pron. (con valore intens.) **ṣbolognàrsela** (con il pron. *la* indeterm.), (*fam.*) battersela, svignarsela

†**ṣbolzonàre** ➤ †**bolzonare**

ṣboom /zbum/ [da *boom* con *s-* neg. ✻1965] **s. m. inv.** ● improvvisa e rapida inversione di tendenza di un fenomeno o di una moda, di una positiva congiuntura economica o demografica: *lo s. delle nascite* **CONTR.** boom

†**ṣborbottàre** [comp. di *s-* e *borbottare* (V.) ✻av. 1698] **v. tr.** ● rimbrottare, rimproverare

ṣbordàre [comp. di *s-* e *bordare*①, da *bordo* 'orlo' (V.) ✻1872] **v. tr.** (*io ṣbórdo*) ● (*raro*) togliere il bordo: *s. un vestito*

ṣbordellàre [comp. di *s-* e *bordellare*, da *bordello* (V.) ✻sec. XVI] **v. intr.** (*io ṣbordèllo*; **aus.** *avere*) ● (*pop.*) condurre una vita licenziosa | †fare chiasso e confusione

✦**ṣbòrnia** [lat. parl. **ebriōnia(m)*, da *ēbrius* 'ubriaco' (?). V. *ebbro* ✻1841] **s. f.** **1** ubriacatura: *prendere, prendersi, una s.*; *smaltire la s.*; *una bella s.*; *una s. solenne* | nella loc. sost. m. inv. ***dopo s.*** o (con grafia unita) ***doposbornia***, periodo che segue una sbornia: *mal di testa da dopo sbornia* **2** (*fig.*) infatuazione, cotta ‖ **ṣborniàccia**, **pegg.** | **ṣborniétta**, **dim.**

ṣborniàre [da *sbornia* ✻1872] **A** **v. tr.** (*io ṣbòrnio*) ● (*pop.*, *raro*) ubriacare **B** **ṣborniàrsi** **v. intr. pron.** ● ubriacarsi, prendersi una sbornia

ṣborniόne [da *sborniare* ✻1889] **s. m.** (**f.** *-a*) ● (*pop.*) chi ha l'abitudine di sborniarsi

ṣborràre① [comp. di *s-* e di *borro* 'fosso, torrente' (V.) ✻1536] **v. intr.** (*io ṣbórro*; **aus.** *essere* **nel sign. 1**, *avere* **nel sign. 2**) **1** †uscire con impeto, sgorgare **2** (*volg.*) eiaculare

ṣborràre② [comp. di *s-* e di *borra* 'cimatura, lana grezza' (V.) ✻1821] **v. tr.** (*io ṣbórro*) ● levare la borra

ṣborsaménto [1536] **s. m.** ● (*raro*) pagamento, esborso

ṣborsàre [comp. di *s-* e di *borsa*① (V.) ✻1478] **v. tr.** (*io ṣbórso*) ● pagare in contanti: *devi s. cinquanta euro*

SFUMATURE ➤ ***spendere***

ṣbórso [av. 1556] **s. m.** ● lo sborsare | denaro sborsato: *un forte s.*; *rifondere lo s.*

ṣboscaménto [da *sboscare* ✻1789] **s. m.** ● (*pop.*) disboscamento

ṣboscàre [comp. di *s-* e di *bosco*. V. *disboscare* ✻1585] **v. tr.** (*io ṣbòsco, tu ṣbòschi*) ●

(*pop.*) disboscare

+ṣbottàre [da *botta*①, con *s-* ✻ 1539] **v. intr.** (*io ṣbòtto*; **aus.** *essere*) ● erompere, scoppiare (**+ *a* seguito da inf., + *in***): *s. a piangere, a ridere*; *s. in un pianto dirotto* | (**assol.**) non riuscire a contenere i propri sentimenti o a trattenere le parole: *ho provato a tacere ma poi sono sbottato*

ṣbottàta [1872] **s. f.** ● lo sbottare | parole dette sbottando: *la sua s. fu clamorosa*

ṣbòtto [1940] **s. m.** ● improvviso sfogo di sentimenti o impulsi a lungo trattenuti: *s. di pianto, di risa*; *dare in uno s. di pianto*

ṣbottonàre① [da *abbottonare*, da *bottone* (V.), con cambio di pref. (*s-*) ✻ sec. XIV] **A v. tr.** (*io ṣbottóno*) ● aprire un indumento facendo uscire i bottoni dagli occhielli: *s. il soprabito a qlcu.* **CONTR.** abbottonare **B ṣbottonàrsi v. rifl. e tr. pron.** (**aus.** *essere*) **1** slacciare i bottoni di un indumento, aprendolo: *sbottonati, che qui fa caldo*; *sbottonarsi la giacca*; *egli si sbottonò con impeto la giubba sul petto* (G. VERGA) **2** (*fig., colloq.*) aprirsi, confidarsi, palesare liberamente i propri pensieri: *è un tipo che non si sbottona*

ṣbottonàre② [da *sbottare*, rifatto secondo *sbottonare*① ✻ 1872] **v. tr.** (*io ṣbottóno*) ● (*tosc., disus.*) dire in modo sconsiderato: *s. improperi, insulti*

ṣbottonàto **part. pass.** di *sbottonare*①; anche **agg.** ● non abbottonato: *aveva il cappotto tutto s.*

ṣbottonatùra [da *sbottonare*① ✻ 1879] **s. f.** **1** lo sbottonare, lo sbottonarsi **2** (*agric.*) eliminazione di bottoni fiorali per aumentare lo sviluppo di quelli rimasti: *s. di garofani, dalie, rose, crisantemi*

ṣbottoneggiàre [da *sbottonare*② ✻ av. 1565] **v. tr.** (**pres.** *io ṣbottonéggio*; **fut.** *io ṣbottoneggerò*) ● (*raro, tosc.*) prendere in giro | (**assol.**) sparlare di qlcu.

ṣbòvo [prob. connesso con *boa*② ✻ 1937] **s. m.** ● (*mar.*; *disus.*) molinello, argano orizzontale

ṣbozzacchìre (o **-ẓẓ-**) [da *imbozzacchire* 'intristire' (V.) con cambio di pref. (*s-*) ✻ 1869] **A v. intr.** (*io ṣbozzacchìsco, tu ṣbozzacchìsci*; **aus.** *essere*) ● riaversi riacquistando freschezza e vigore, detto di piante e animali **B v. tr.** **1** far riacquistare freschezza e vigore **2** (*fig.*) dirozzare, ingentilire

ṣbozzàre [comp. di *s-* e †*bozzare* (V.) ✻ av. 1535] **v. tr.** (*io ṣbòzzo*) **1** dare la prima forma alla materia da scolpire: *s. il marmo* | (*est.*) tracciare le linee essenziali di una figura, un dipinto, e sim.: *s. una statua, un paesaggio* **2** (*fig.*) delineare in modo sintetico ed essenziale un progetto, uno scritto e sim.: *s. un discorso, un dramma*

ṣbozzatóre [da *sbozzare* ✻ 1865] **A agg. e s. m.** (**f.** *-trice*) ● che (o chi) sbozza: *fresa sbozzatrice* **B s. m.** (**f.** *-trice*) ● marmorario che digrossa il blocco prima di passarlo allo scultore

ṣbozzatùra [da *sbozzare* ✻ av. 1673] **s. f.** **1** lo sbozzare: *la s. di un libro* **2** operazione che precede lo stampaggio a caldo di un pezzo metallico, dandogli la forma grossolana che dovrà raggiungere

ṣboẓẓimàre [comp. di *s-* e di *bozzima* 'appretto, salda' (V.) ✻ 1691] **v. tr.** (*io ṣbòẓẓimo*) ● (*tess.*) levare la bozzima

ṣboẓẓimatrìce [1984] **s. f.** ● (*tess.*) macchina per sbozzimare

ṣboẓẓimatùra [1959] **s. f.** ● (*tess.*) operazione dello sbozzimare

ṣbozzìno [da *sbozzare* ✻ 1865] **s. m.** ● utensile per levare al legno la sua ruvidità

ṣbòzzo [da *sbozzare*. V. *abbozzo* ✻ av. 1673] **s. m.** **1** lo sbozzare | abbozzo **2** blocco di vetro grezzo che ha approssimativamente la forma della lente che se ne deve ricavare

ṣbozzolàre① [comp. di *s-* nel sign. 4 e *bozzolo*① (V.) ✻ 1612] **v. tr.** (*io ṣbòzzolo*) ● levare i bozzoli del baco da seta dal bosco

ṣbozzolàre② [comp. di *s-* nel sign. 3 e *bozzolo*① (V.) ✻ 1891] **v. intr.** (*io ṣbòzzolo*; **aus.** *avere*) ● uscire dal bozzolo, detto della crisalide

†ṣbozzolàre③ [comp. di *s-* e *bozzolo*② (V.) ✻ av. 1400] **v. tr.** ● prendere una parte del cereale lavorato, misurandone nei bozzoli la quantità spettante (talvolta con intenti fraudolenti) come compenso per la macinatura | (*est.*) portar via, scroccare: *vedendo … che non potea s. come volea* (F. SACCHETTI)

ṣbozzolàto① **part. pass.** di *sbozzolare*① ● nel sign. del v.

ṣbozzolàto② **part. pass.** di *sbozzolare*②; anche **agg.** **1** nel sign. del v. **2** (*fig.*) cresciuto: *otto figli / già sbozzolati* (G. PASCOLI)

ṣbozzolatóre [da *sbozzolare*① ✻ 1879] **s. m.** (**f.** *-trice*, **pop., disus.** *-tóra*) ● chi sbozzola

ṣbozzolatùra [da *sbozzolare*① ✻ 1879] **s. f.** ● raccolta dei bozzoli del baco da seta | tempo in cui avviene questa raccolta

ṣbracalàto [comp. di *s-* e †*bracale* (V.). V. *bracalone, sbracato* ✻ 1891] **agg.** ● (*raro*) sbracato

ṣbracalìo [comp. di *s-* neg.-sottratt. e di †*bracale* (V.) ✻ 1882] **s. m.** (**pl.** *-ii*) ● (*raro*) condizione di chi è sbracalato

ṣbracaménto [da *sbracare* ✻ 1961] **s. m.** ● trasandatezza, scompostezza | (*fig.*) sciattezza, sguaiataggine | (*fig.*) cedimento, degrado

ṣbracàre o (*sett.*) **ṣbragàre**① [comp. di *s-* e *braca* (V.) ✻ 1536] **A v. tr.** (*io ṣbràco, tu ṣbràchi*) ● togliere le brache, i pantaloni **B v. intr.** (**aus.** *avere*) ● (*fam.*) lasciarsi andare, degenerare **C ṣbracàrsi v. rifl.** **1** (*raro*) togliersi le brache, i pantaloni **2** (*raro* o *lett.*) slacciarsi, sbottonarsi gli abiti per mettersi più comodo, a proprio agio | (*fig.*) ***sbracarsi per qlcu., per qlco.***, dimostrare grande sollecitudine | (*fig.*) ***sbracarsi dalle risa***, ridere smodatamente **3** (*fig.*) lasciarsi andare ad atteggiamenti sguaiati, scomposti

ṣbracàto o (*sett.*) **ṣbragàto** **part. pass.** di *sbracare*; anche **agg.** **1** nei sign. del v. **2** (*fam.*) che ha i calzoni cascanti | (*est.*) che è vestito in modo disordinato e trasandato **SIN.** sbracalato **3** (*fig.*) scomposto, sguaiato: *riso, linguaggio s.* ‖ **ṣbracataménte**, **avv.** **1** †spensieratamente, beatamente **2** in modo disordinato, trasandato; in modo sguaiato, scomposto

ṣbraccettàre [denominale di *braccetto*, con *s-* ✻ av. 1850] **v. tr.** (*io ṣbraccétto*) ● (*disus.*) condurre a braccetto (*anche scherz.*)

ṣbracciàre [comp. di *s-* e *braccio* ✻ av. 1400] **A v. tr.** ● †liberare, staccare dal braccio: *non potendo sbaracciar lo palvese* (F. SACCHETTI) **B ṣbracciàrsi v. intr. pron.** (**pres.** *io mi ṣbràccio*; **fut.** *io mi ṣbraccerò*) **1** denudarsi le braccia tirandosi su le maniche: *sbracciarsi fino al gomito* | indossare vestiti privi di maniche: *sbracciarsi per il caldo* **2** muovere le braccia facendo grandi gesti: *si sbraccia a salutare*; *si sbraccia per mostrarmi il pericolo* **3** (*fig.*) darsi da fare in ogni modo, affannarsi: *sbracciarsi per farsi notare*

ṣbracciàta [da *sbracciarsi* ✻ 1940] **s. f.** ● (*raro*) brusco e rapido movimento delle braccia

ṣbracciàto **part. pass.** di *sbracciarsi*; anche **agg.** **1** che ha le braccia nude: *ragazze sbracciate* **2** che ha le maniche molto corte, o ne è completamente privo, detto di indumento: *vestito s. e scollato*

ṣbràccio① [da *sbracciarsi* ✻ 1940] **s. m.** ● (*sport, gerg.*) movimento del braccio nell'atto di lanciare un giavellotto, un disco e sim. | (*milit.*) atto di abbassare il fucile già portato alla spalla

ṣbràccio② [da *braccio*, con *s-* ✻ 1872] **s. m.** **1** (*tosc.*) spazio necessario a muovere liberamente le braccia: *qui non c'è s.* **2** (*cinema, tv*) massimo allungamento possibile del braccio mobile di una giraffa, di una gru e sim.

ṣbraciàre [comp. di *s-* e *bracia, brace* ✻ av. 1565] **A v. tr.** (**pres.** *io ṣbràcio*; **fut.** *io ṣbracerò*) ● smuovere la brace accesa per ravvivarla: *s. il fuoco* **B v. intr.** (**aus.** *avere*) ● (*tosc.*) vantarsi, fare lo smargiasso **C v. intr.** (**aus.** *avere*) e **ṣbraciàrsi v. intr. pron.** ● alzarsi, sprigionarsi dalle braci: *Ardean, lievi sbraciando, le faville* (G. PASCOLI)

ṣbraciàta o (*sett.*) **ṣbraṣàta** nel sign. 2 [1723] **s. f.** **1** (*raro*) atto dello sbraciare il fuoco, una sola volta o frettolosamente **2** (*fig., tosc.*) spacconata, smargiassata ‖ **ṣbraciatìna**, **dim.**

ṣbraciatóio [1872] **s. m.** (**pl.** *-ói*) ● attrezzo per smuovere le braci nei forni a legna

ṣbracìo [1611] **s. m.** (**pl.** *-ii*) ● (*fig., tosc.*) sfoggio, vanteria

ṣbracióne o (*sett.*) **ṣbraṣóne** [da *sbraciare* ✻ 1872] **s. m.** (**f.** *-a*) ● (*tosc.*) spaccone, smargiasso

ṣbragàre① e deriv. ➤ **sbracare** e deriv.

ṣbragàre② [prob. dal dial. *sbregare* 'strappare' con intrusione di *sbragare*① ✻ 1959] **A v. tr.** ● (*sett.*) strappare, squarciare **B ṣbragàrsi v. intr. pron.** ● (*sett.*) strapparsi, rompersi: *la tenda si è sbragata*

ṣbràgo [da *sbragare*② ✻ 1986] **s. m.** (**pl.** *-ghi*) **1** (*sett.*) squarcio, strappo **2** (*sett., fig.*) scadimento, sbracamento **3** (*gerg.*) spettacolo, situazione, personaggio molto divertenti o eccitanti: *che s.!*; *quel comico è uno s.*

†ṣbraìre ➤ †**braire**

ṣbraitaménto [1872] **s. m.** ● lo sbraitare

ṣbraitàre [comp. di *s-* e *braitare* 'urlare' (V.) ✻ 1730] **v. intr.** (*io ṣbràito*; **aus.** *avere*) ● gridare, strepitare, vociare adiratamente: *s. contro qlcu.*

SFUMATURE ➤ ***gridare***

ṣbraitìo [1891] **s. m.** (**pl.** *-ii*) ● lo sbraitare continuo

ṣbramàre① [comp. di *s-* e *brama* (V.). V. *bramare* ✻ 1336 ca.] **v. tr.** ● (*lett.*) togliere la brama (*spec. fig.*): *lo sdegno, / premilo in petto, se sbramarlo or vuoi* (V. ALFIERI)

ṣbramàre② [da un dial. piemontese *bran, bren* 'crusca', dal lat. parl. **brĕnnu(m)*, di orig. gallica, con *s-* ✻ 1959] **v. tr.** ● spogliare delle glumette il risone con lo sbramino

ṣbramatùra [da *sbramare*② ✻ 1965] **s. f.** ● operazione dello sbramare il riso

ṣbramìno [da *sbramare*②, con *-ino* suff. di mestiere ✻ 1940] **s. m.** ● macchina per togliere le glumette e l'embrione al risone

ṣbranaménto [1579] **s. m.** ● lo sbranare, lo sbranarsi (*anche fig.*)

ṣbranàre [da *brano*, con *s-* ✻ av. 1332] **A v. tr.** **1** fare a pezzi, divorare: *la tigre sbranò il vitello* | (*est.*) lacerare, strappare **2** (*fig., lett.*) causare grande dolore: *Il cor mi sbrana / un dubbio orrendo* (V. ALFIERI) **3** (*fig., iperb.*) detestare qlcu., maltrattarlo, tentare di distruggerlo: *s. l'avversario* **B ṣbranàrsi v. rifl. recipr.** **1** lacerarsi l'un l'altro, distruggersi (*anche fig.*): *sbranarsi come lupi*; *quelle popolazioni si sbranarono con continue lotte* **2** (*fig., iperb.*) detestarsi e tentare con ogni mezzo di nuocersi reciprocamente: *le due rivali si sbranano tra loro*

ṣbrancaménto [da *sbrancare*① ✻ av. 1566] **s. m.** ● (*raro*) dispersione di un branco, di una schiera, di un gruppo

ṣbrancàre① [comp. di *s-* e *branco* (V.) V. *imbrancare* ✻ 1502] **A v. tr.** (*io ṣbrànco, tu* *ṣbrànchi*) ● fare uscire dal branco: *s. gli agnelli dal gregge* | disfare, disperdere, il branco: *s. il gregge* | (*est., raro*) disfare, disperdere, un gruppo di persone **B** **ṣbrancàrsi** **v. intr. pron. 1** uscire dal branco | (*est.*) sparpagliarsi, fuggire: *sbrancarsi per la campagna* **2** (*raro*) sciogliere una schiera o una colonna, sparpagliandosi, detto di soldati: *numerosi soldati si sbrancarono sulle montagne*

ṣbrancàre② [comp. di *s-* e *branca* 'ramo' (V.) ✱ av. 1374] **A** **v. tr.** (*io ṣbrànco, tu ṣbrànchi*) ● troncare, tagliare via i rami grossi **B** **ṣbrancàrsi** **v. intr. pron.** ● suddividersi in branche, detto di tronco d'albero

ṣbrancicàre [comp. di *s-* e *brancicare* (V.) ✱ 1836] **v. tr.** (*io ṣbràncico, tu ṣbràncichi*) ● (*fam.*) brancicare frequentemente e insistentemente

ṣbrandellàre [comp. di *s-* e di *brandello* (V.) ✱ sec. XIV] **v. tr.** (*io ṣbrandèllo*) ● (*raro*) fare a brandelli

ṣbràno [da *sbranare* ✱ av. 1367] **s. m. 1** (*raro*) sbranamento **2** (*tosc.*) strappo, lacerazione: *farsi uno s. nella giacca, nel braccio*

ṣbraṣàta ➤ **sbraciata**

ṣbraṣóne ➤ **sbracione**

ṣbrattàre① [da *imbrattare* (V.), con cambio di pref. (*s-*) ✱ av. 1320] **v. tr.** ● liberare da ciò che imbratta, insudicia, ingombra (*anche assol.*): *s. una camicia; se andate via tutti posso s.*

ṣbrattàre② ➤ **brattare**

ṣbrattàta [da *sbrattare*① ✱ 1872] **s. f.** ● atto dello sbrattare frettolosamente || **ṣbrattatìna**, dim.

ṣbràtto① [da *sbrattare*① ✱ 1879] **s. m.** ● lo sbrattare | (*raro*) ***stanza di s.***, ripostiglio

ṣbràtto② ➤ **bratto**

ṣbravazzàre [comp. di *s-* e *bravazzare*, da *bravazzo* (V.) ✱ 1849] **v. intr.** (aus. *avere*) ● (*lett.*) fare il bravaccio, lo smargiasso SIN. bravare, bravazzare, braveggiare

ṣbravazzàta [da *bravazzata*, con *s-* ✱ 1865] **s. f.** ● (*lett.*) bravata, smargiassata

ṣbreccàre [dal longob. *brehhan*, V. ted. *brechen* 'rompere', con *s-* ✱ 1863] **v. tr.** (*io ṣbrécco, tu ṣbrécchi*) ● rompere all'orlo un vaso, un piatto e sim.

ṣbreccàto **part. pass.** di *sbreccare*; anche **agg.** ● nel sign. del v.: *mattoni sbreccati*

ṣbrecciàre [comp. di *s-* e di *breccia*① 'rottura' (V.) ✱ 1651] **v. tr.** (pres. *io ṣbréccio*; fut. *io ṣbreccerò*) **1** (*raro*) aprire una breccia, una crepa nel muro | (*est.*) rompere, spaccare **2** sbreccare, scheggiare

ṣbrecciàto **part. pass.** di *sbrecciare*; anche **agg.** ● che presenta crepe, fenditure; spaccato: *muro s.* | che ha il bordo rotto, scheggiato: *gli mise fra le mani un piatto s.* (R. BACCHELLI)

ṣbrégo [deriv. del sett. *sbregar* 'strappare', dal gotico *brikan* 'rompere' ✱ 1983] **s. m.** (pl. *-ghi*) ● (*sett.*) strappo, squarcio, lacerazione

ṣbrendolàre [da *sbrendolo* ✱ 1863] **v. intr.** (*io ṣbrèndolo* o *ṣbréndolo*; aus. *avere*) ● (*tosc.*) cadere a brandelli: *quel vestito sbrendola da ogni parte*

ṣbrèndolo (o *-é-*) [da *brendolo*, con *s-* ✱ 1836] **s. m.** ● (*tosc.*) brandello cascante di abito

ṣbrendolóne [da *sbrendolare* ✱ 1879] **s. m.** (f. *-a*) ● (*tosc.*) chi indossa un abito con molti sbrendoli | (*est.*) persona trascurata e disordinata nel vestire

†**ṣbrìcco** [dal provenz. *bric* 'masnadiere', con *s-*. V. *briccone* ✱ av. 1535] **s. m.** ● masnadiero, briccone, sgherro

ṣbriciàre [da *bricia* (V.), con *s-* ✱ 1891] **v. tr.** (pres. *io ṣbrìcio*; fut. *io ṣbricerò*) e **ṣbriciàrsi** **v. intr. pron.** ● sbriciolare, frantumare, sbriciolarsi

ṣbrìcio [da *sbriciare* ✱ av. 1665] **agg.** (pl. f. *-cie*, raro *-ce*) ● (*tosc.*) meschino, povero: *abito s.*

ṣbriciolaménto [av. 1704] **s. m.** ● lo sbriciolare, lo sbriciolarsi

ṣbriciolàre [da *briciola*, con *s-*. V. *sbricio* ✱ 1596] **A** **v. tr.** (*io ṣbrìciolo*) **1** ridurre in briciole: *s. un biscotto* | (*est., iperb.*) annientare, distruggere: *se non taci ti sbriciolo con un pugno* **2** (*fig., fam.*) cospargere di briciole: *ha sbriciolato tutta la poltrona* **B** **ṣbriciolàrsi** **v. intr. pron.** ● ridursi in briciole, in piccoli pezzi: *i biscotti si sono sbriciolati*

ṣbriciolatùra [1872] **s. f.** ● sbriciolamento | insieme di briciole

ṣbrigaménto [av. 1347] **s. m.** ● (*raro*) rapido disbrigo

♦**ṣbrigàre** [da *briga* (V.), con *s-* ✱ 1268] **A** **v. tr.** (*io ṣbrìgo, tu ṣbrìghi*) **1** porre fine, con sollecitudine, a quello che si sta facendo: *s. una faccenda, una pratica, un affare* | (*burocr.*) ***s. la posta***, evaderla, smistarla SIN. disbrigare, disimpegnare, sbrogliare **2** (*est.*) prendere congedo da una persona dopo averne soddisfatte le richieste: *in un attimo sbrigo il cliente; aspetta che sbrighi quel seccatore* **3** nella forma pron. (con valore intens.) **ṣbrigàrsela** (con il pron. *la* indeterm.), disimpegnarsi: *con tuo padre me la sbrigo io* | liberarsi da un impegno: *me la sbrigo presto* | trarsi dai pasticci, cavarsela, sbrogliarsela: *lei è in grado di sbrigarsela da sola* **B** **ṣbrigàrsi** **v. intr. pron. 1** fare presto, in fretta, spicciarsi (+ *a* seguito da inf.): *sbrigati a vestirti; su, sbrigati!; bisogna sbrigarsi* **2** liberarsi di qlcu. o di qlco. (+ *di*, + *da*): *sbrigarsi da (o di) una noia; gli parve subito miglior partito sbrigarsi da coloro, che rimanere* (A. MANZONI)

SFUMATURE DI SIGNIFICATO

sbrigare - finire - evadere

Portare a termine un lavoro con sollecitudine, risolvere con una certa rapidità un'incombenza si dice **sbrigare**. Anche **finire** indica il compimento di un'azione, ma è verbo piuttosto generico, a differenza di *sbrigare* che suggerisce una sfumatura di rapidità. Nel linguaggio burocratico, l'azione di sbrigare pratiche, corrispondenza, affari si definisce **evadere**.

ṣbrigatìvo [1684] **agg. 1** che si fa in fretta, in poco tempo: *lavoro s.; pranzo s.* **2** deciso, risoluto, nell'agire, nel comportarsi, e sim.: *una persona sbrigativa* | ***modi sbrigativi***, rapidi, energici, talvolta bruschi | (*est.*) superficiale: *è un parere un po' troppo s.* || **ṣbrigativaménte**, avv. || **ṣbrigatività**, s. f. inv. caratteristica di chi (o di ciò che) è sbrigativo; (*est.*) superficialità

ṣbrigliaménto [1557] **s. m.** ● lo sbrigliare, lo sbrigliarsi

ṣbrigliàre [da *briglia* (V.), con *s-* ✱ 1552] **A** **v. tr.** (*io ṣbrìglio*) **1** liberare dalle briglie | (*fig.*) togliere ogni freno, dare piena libertà: *s. la fantasia, l'immaginazione* **2** (*chir.*) liberare da tessuti che strozzano o comprimono: *s. un'arteria, un nervo* **B** **ṣbrigliàrsi** **v. intr. pron.** ● (*fig.*) perdere ogni freno, manifestarsi in piena libertà: *la fantasia del poeta si è sbrigliata*

ṣbrigliàta [da *sbrigliare* ✱ 1562] **s. f. 1** (*raro*) tirata di briglie **2** (*fig.*) ramanzina, rabbuffo: *prendersi, dare, una s.*

ṣbrigliatézza [1858] **s. f. 1** (*raro, lett.*) comportamento sfrenato, sregolato **2** (*lett.*) disinvoltura, spregiudicatezza

♣**ṣbrigliàto** **part. pass.** di *sbrigliare*; anche **agg.** ● nei sign. del v. | libero da ogni freno, smodato | (*lett.*) disinvolto, spigliato: *un ragazzo s.* || **ṣbrigliataménte**, avv. senza freno

ṣbrinaménto [da *sbrinare* ✱ 1959] **s. m.** ● operazione che tende a rimuovere lo strato di brina o di ghiaccio che va accumulandosi sulle superfici di raffreddamento negli impianti frigoriferi | negli autoveicoli, operazione di disappannamento del parabrezza o del lunotto

ṣbrinàre [da *brina*, con *s-* ✱ 1963] **v. tr.** ● eliminare da un impianto frigorifero le fini incrostazioni di ghiaccio | negli autoveicoli, effettuare il disappannamento del parabrezza e del lunotto

ṣbrinatóre [da *sbrinare* ✱ 1956] **s. m.** ● nei frigoriferi domestici, dispositivo automatico che ne arresta periodicamente il funzionamento per effettuare lo sbrinamento | negli autoveicoli, impianto che invia aria calda sulla superficie interna del parabrezza per impedirne l'appannamento | analogo impianto costituito da resistenze elettriche inserite nel lunotto posteriore (che prende il nome di *lunotto termico*)

ṣbrinatùra [1974] **s. f.** ● sbrinamento

ṣbrindellàre [da *brindello*, con *s-* ✱ 1865] **A** **v. tr.** (*io ṣbrindèllo*) ● ridurre a brandelli **B** **v. intr.** (aus. *avere* o *essere*; raro nei tempi composti) ● cadere a brandelli: *il vestito sbrindella qua e là*

♣**ṣbrindellàto** **part. pass.** di *sbrindellare*; anche **agg. 1** nei sign. del v.: *un giaccone s.* | (*est.*) sciatto, malconcio, trasandato: *due ragazzotti sbrindellati* **2** stracciato

ṣbrindèllo [da *sbrindellare* ✱ 1872] **s. m.** ● (*pop.*) brandello

ṣbrindellóne [da *sbrindellare* ✱ 1872] **s. m.** (f. *-a*) ● sbrendolone

ṣbrinz [da *Brienz*, città svizzera del cantone di Berna, con *s-* ✱ 1891] **s. m. inv.** ● formaggio svizzero da tavola, di pasta dura, cotta, confezionato in grandi forme

ṣbriṣolóna [vc. dial., dal v. *sbrisolar* per la facilità di ridursi in briciole ✱ sec. XX] **s. f.** ● (*cucina*) dolce tipico della cucina mantovana a base di farina, zucchero, burro, uova, mandorle o noci, a pasta molto dura ma che si sbriciola con facilità

†**ṣbrizzàre** ➤ **sprizzare**

ṣbroccàre① [da *brocco* nel sign. 5, con *s-* ✱ 1872] **v. tr.** (*io ṣbròcco, tu ṣbròcchi*) ● ripulire la seta dalla sporcizia che vi si è attaccata durante la filatura

ṣbroccàre② [da *brocco* nel sign. 1, con *s-* ✱ av. 1750] **v. tr.** (*io ṣbròcco, tu ṣbròcchi*) ● ripulire le piante dai brocchi o rami inutili

†**ṣbroccàre**③ ➤ **sbrucare**

ṣbroccàre④ [da *brocca*② o *brocco* 'germoglio', con il pref. *s-* ✱ av. 1574] **v. intr.** (*io ṣbròcco, tu ṣbròcchi*; aus. *avere*) ● (*lett.*) sbottare, reagire con impeto, sfogarsi: *certe cose non posso vederle e star zitto. E se parlo, sbrocco* (R. BACCHELLI)

ṣbroccàre⑤ [da *imbroccare*① con cambio di pref. (*s-*) ✱ 1992] **v. intr.** (*io ṣbròcco, tu ṣbròcchi*; aus. *avere*) ● (*roman.*) perdere la testa, perdere il controllo

ṣbroccatùra [da *sbroccare* ✱ 1872] **s. f.** ● operazione, lavoro dello sbroccare

ṣbròcco [sovrapposizione di *brocco* a *sprocco* (V.) ✱ 1872] **s. m.** (pl. *-chi*) ● brocco, ramo secco

ṣbrodàre [da *brodo* (V.), con *s-* ✱ 1891] **v. tr.** (*io ṣbròdo*) e **ṣbrodàrsi** **v. rifl.** ● macchiare, macchiarsi di brodo o di unto

ṣbrodolaménto [1940] **s. m. 1** lo sbrodolare, lo sbrodolarsi **2** (*fig.*) prolissità, verbosità

♣**ṣbrodolàre** [da *brodo* (V.), con suff. iter. e *s-* ✱ 1869] **A** **v. tr.** (*io ṣbròdolo*) **1** insudiciare di brodo, di sugo, di unto e sim.: *s. la tovaglia* **2** (*fig.*) rendere prolisso, noioso un discorso, uno scritto: *ha sbrodolato una lunga*

S

conferenza **B** **ṣbrodolàrsi** **v. rifl. e tr. pron.** (aus. *essere*) **1** insudiciarsi con brodo, sugo, unto o sim., spec. mangiando: *ti sei tutto sbrodolato; sbrodolarsi il vestito* **2** (*fig.*) dilungarsi in modo prolisso su un argomento

ṣbrodolàta [da *sbrodolare* ✻ 1921] **s. f.** ● (*fig.*) scritto o discorso prolisso e noioso: *non me la sento di sorbirmi un'altra s.*

ṣbrodolàto **part. pass.** di *sbrodolare*; anche **agg.** ● nei sign. del v.

ṣbrodolóne [1872] **agg. e s. m.** (f. *-a*) **1** che (o chi) è solito sbrodolarsi, spec. mangiando o bevendo **2** (*fig.*) che (o chi) è prolisso, noioso, confuso nello scrivere o nel parlare

ṣbròglia [da *sbrogliare* ✻ 1959] **s. f.** ● la parte più scadente dello scarto della lana

ṣbrogliaménto [1803] **s. m.** ● (*raro*) lo sbrogliare

♣**ṣbrogliàre** [calco su *imbrogliare* (V.) con cambio di pref. (*s-*) ✻ 1598] **A** **v. tr.** (*io ṣbròglio*) **1** sciogliere nodi, grovigli | ***s. una matassa***, trovarne il bandolo; (*fig.*) trovare la soluzione di una faccenda complicata | (*mar.*) sciogliere gli imbrogli delle vele **2** (*fig.*) risolvere una questione particolarmente intricata e complessa: *devo s. un affare delicato* | anche nella forma pron. (con valore intens.) **ṣbrogliàrsela** (con il pron. *la* indeterm.), sbrigarsela **3** sgombrare, sbarazzare: *s. un armadio* **B** **ṣbrogliàrsi** **v. rifl.** ● (*fig.*) liberarsi da un imbroglio, da un pasticcio

SFUMATURE ➤ *risolvere*

ṣbròglio [da *sbrogliare* ✻ 1959] **s. m.** ● (*raro*) sgombro: *stanza di s.*

ṣbrónza (o **-z-**) [vc. roman. di etim. incerta, ma prob. affine a *sbornia* (V.) ✻ 1927] **s. f.** ● (*colloq.*) ubriacatura, sbornia

ṣbronẓàre (o **-z-**) [da *sbronza* ✻ 1931] **A** **v. tr.** (*io ṣbrónzo*) ● (*colloq.*) ubriacare, far prendere una sbronza: *Senti ... volevo sbronzarti stasera* (C. PAVESE) **B** **ṣbronẓàrsi** **v. rifl.** ● (*colloq.*) ubriacarsi, prendersi una sbronza

ṣbrónẓo (o **-z-**) [agg. da *sbronzar(si)* ✻ 1935] **agg.** ● (*colloq.*) ubriaco

ṣbròscia ➤ **broscia**

ṣbrucàre o †**ṣbroccàre**③ [da *brucare* (V.), con *s-* ✻ av. 1573] **v. tr.** (*io ṣbrùco, tu ṣbrùchi*) **1** togliere tutte le foglie a un ramo facendo scivolare su di esso con forza la mano chiusa **2** †portare via, strappare via

ṣbruffàre [da una radice onomat. *sbruff-* ✻ sec. XIV] **v. tr.** **1** spruzzare spec. un liquido dalla bocca o dal naso | aspergere, irrorare: *s. di profumo* **2** (*fig.*) raccontare fatti, imprese esagerate, spec. vantandosi (*anche assol.*) **3** (*fig.*, *raro*) corrompere con doni e sim.

ṣbruffàta [av. 1704] **s. f.** **1** atto dello sbruffare una volta **2** (*raro*) spruzzo d'acqua

ṣbrùffo [av. 1665] **s. m.** **1** atto dello sbruffare | liquido sbruffato **2** (*fig.*) denaro, dono che si dà per ottenere un favore, per corrompere qlcu.: *dare, pigliare, lo s.*

ṣbruffonàta [1922] **s. f.** ● atto, discorso e sim. da sbruffone

ṣbruffóne [da *sbruffare* ✻ 1931] **s. m.** (f. *-a*); anche **agg.** ● spaccone, gradasso: *fare lo s.* ‖ **ṣbruffoncèllo**, **dim.**

ṣbruffoneggiàre [1992] **A** **v. intr.** (pres. *io sbruffonéggio*; fut. *io sbruffoneggerò*; aus. *avere*) ● fare lo sbruffone **B** **v. tr.** ● dire qlco. vantando meriti eccezionali e inverosimili

ṣbruffonerìa [da *sbruffone* ✻ 1949] **s. f.** ● caratteristica di chi è sbruffone | sbruffonata

♦**ṣbucàre** [da *buco, buca* (V.), con *s-* ✻ av. 1449] **A** **v. intr.** (*io ṣbùco, tu ṣbùchi*; aus. *essere*) **1** venire fuori da una buca, da una tana, detto di animali: *due topi sbucarono da quella crepa* | (*est.*) uscire da un luogo buio, chiuso: *sbucò finalmente all'aria aperta* | (*est.*) detto di strade, immettersi, andare a finire (+ *in*, + *su*): *il sentiero sbuca in una radura; la pista sbucava su una strada sterrata* **2** apparire, comparire improvvisamente: *da dove sarà sbucato?* **B** **v. tr.** ● stanare un animale selvatico dalla sua buca | (*est.*) †fare uscire

†**ṣbucchiàre** ➤ **sbucciare**

ṣbucciaménto [av. 1597] **s. m.** ● (*raro*) lo sbucciare

ṣbucciapatàte [comp. di *sbuccia(re)* e il pl. di *patata* ✻ 1926] **s. m. inv.** ● pelapatate

ṣbucciàre o †**ṣbucchiàre** [da *buccia* (V.), con *s-* ✻ av. 1320] **A** **v. tr.** (pres. *io ṣbùccio*; fut. *io ṣbuccerò*) **1** privare della buccia: *s. le castagne* **2** produrre un'abrasione, una piccola ferita: *lo spigolo gli sbucciò un braccio* **3** ***s. la palla***, nel gioco del calcio, svirgolare **B** **ṣbucciàrsi** **v. tr. pron.** (aus. *essere*) **1** sbucciare (con valore intens.): *non sei capace di sbucciarti una mela?* **2** (*fam.*) procurarsi una ferita su una parte del corpo: *cadendo, si è sbucciato il gomito* **C** **ṣbucciàrsi** **v. intr. pron.** ● spogliarsi dell'involucro, cambiare la pelle: *un rettile che si sbuccia a primavera*

ṣbucciatóre [1959] **s. m.** **1** (f. *-trice*) chi sbuccia **2** coltellino da cucina per sbucciare frutta, verdura e sim.

ṣbucciatùra [1841] **s. f.** **1** operazione, lavoro dello sbucciare **2** ferita superficiale: *farsi una s.* ‖ **ṣbucciaturìna**, **dim.**

†**ṣbuccinàre** ➤ **buccinare**

ṣbudellaménto [1612] **s. m.** ● atto dello sbudellare | (*fig.*, *iperb.*) strage, massacro

ṣbudellàre [da *budello* (V.), con *s-* ✻ 1312] **A** **v. tr.** (*io ṣbudèllo*) **1** aprire il ventre di un animale per farne uscire le interiora: *s. un vitello* **2** ferire in modo grave al ventre: *lo sbudellò con una sciabolata* **B** **ṣbudellàrsi** **v. rifl. recipr.** ● sventrarsi a coltellate: *per una cosa da nulla quasi si sbudellavano* **C** **ṣbudellàrsi** **v. rifl.** ● (*fig.*) nella loc. ***sbudellarsi dalle risa***, sbellicarsi dalle risa, ridere a più non posso

ṣbudellatóre [1427] **s. m.** (f. *-trice*); anche **agg.** ● (*raro*) chi (o che) sbudella

ṣbuffaménto [1550] **s. m.** ● (*raro*) lo sbuffare, spec. del cavallo

ṣbuffànte **part. pres.** di *sbuffare*; anche **agg.** **1** nei sign. del v.: *Se n'erano andati via, sbuffanti* (L. PIRANDELLO); *Da lontano vedeva passare il treno s.* (G. VERGA) **2** detto di abito o di parte di abito, spec. femminile, rigonfio, a sbuffi

ṣbuffàre [da *buffare* (V.), con *s-* ✻ av. 1328] **A** **v. intr.** (aus. *avere*) **1** soffiare forte, emettere buffi, per sforzo fisico, impazienza, noia, collera e sim., detto di persona: *s. per il caldo; era appena arrivato e già sbuffava per andarsene* | soffiare, detto del cavallo: *i cavalli sbuffavano per lo spavento* **2** gettare buffi di fumo: *la locomotiva arrivò sbuffando* **B** **v. tr.** ● (*raro*) emettere sbuffando, spec. fumo

ṣbuffàta [1748] **s. f.** ● atto dello sbuffare, spec. di persona ‖ **ṣbuffatìna**, **dim.**

ṣbùffo o **ṣbòffo** nel sign. 2 [deriv. di *sbuffare* ✻ av. 1389] **s. m.** **1** atto dello sbuffare | (*est.*) aria, fumo, vapore e sim. sbuffato | (*est.*) soffio impetuoso, folata: *uno s. di vento fece sbattere le finestre* **2** (*abbigliamento*) rigonfiamento di manica o altro, spec. in abito femminile: *vestito con gli sbuffi* | ***a s.***, che presenta un rigonfiamento: *maniche, camicetta, pantaloni a s.* ‖ **ṣbuffétto**, **dim.**

ṣbufonchiàre ➤ **bofonchiare**

ṣbugiardàre [da *bugiardo* (V.), con *s-* ✻ av. 1606] **v. tr.** ● dimostrare che una data persona è bugiarda **SIN.** smentire

ṣbullettàre [da *bulletta* (V.), con *s-* ✻ 1681] **A** **v. tr.** (*io ṣbullétto*) ● togliere le bullette **B** **v. intr.** (aus. *avere*) ● detto di intonaco, coprirsi di buchi simili a quelli che possono lasciare i chiodi, per effetto del rigonfiamento e della successiva caduta dei pezzettini di calce non bene spenta **C** **ṣbullettàrsi** **v. intr. pron.** ● perdere le bullette: *le sedie si sono sbullettate*

ṣbullettatùra [1872] **s. f.** ● lo sbullettare di un intonaco | scrostatura che si produce in un intonaco che sbulletta

ṣbullonaménto [1987] **s. m.** ● operazione dello sbullonare

ṣbullonàre [da *bullone* (V.), con *s-* V. *imbullonare* ✻ 1939] **v. tr.** (*io ṣbullóno*) ● liberare dai bulloni

ṣbullonàto **part. pass.** di *sbullonare*; anche **agg.** **1** nel sign. del v. **2** (*est.*, *gerg.*) detto di persona, molto eccentrico, svitato

ṣburocratiẓẓàre [1918] **A** **v. tr.** ● ridurre gli eccessi burocratici **B** **ṣburocratiẓẓàrsi** **v. rifl. e intr. pron.** ● rendersi o diventare meno burocratico ‖ **ṣburocratiẓẓazióne**, **s. f.**

ṣburràre [da *burro* (V.), con *s-* ✻ 1759] **v. tr.** ● togliere il grasso dal latte per farne burro o panna

ṣbuẓẓàre [da *buzz(o)*① 'pancia' (V.), con *s-* ✻ av. 1742] **A** **v. tr.** **1** (*tosc.*) aprire il buzzo, sbudellare: *s. i polli* | (*est.*, *pop.*) ferire gravemente al ventre: *lo sbuzzò con un colpo di baionetta* **2** (*est.*) aprire togliendo l'involucro: *s. un pacco, una lettera* | ***s. il materasso***, sventrarlo per rinnovargli la lana **B** **ṣbuẓẓàrsi** **v. intr. pron.** ● (*fig.*, *fam.*) rompersi, aprirsi, lasciando uscire il contenuto: *il materasso si è sbuzzato*

scàbbia [lat. tardo *scăbia(m)* 'asperità, rugosità', per il classico *scăbies*, da *scăbere* 'grattare', di orig. indeur. ✻ 1313] **s. f.** **1** (*med.*) malattia cutanea pruriginosa causata dalla femmina dell'acaro *Sarcoptes scabiei* (varietà *hominis*), che scava cunicoli nella pelle e produce vescicole spec. fra le dita e nelle pieghe cutanee in genere **CFR.** rogna **2** (*est.*) †aridità, secchezza: *asciutta s. / che mi scolora ... la pelle* (DANTE *Purg.* XXIII, 49-50)

scabbiósa ➤ **scabiosa**

scabbióso (o **-ṣo**) [lat. *scabiōsu(m)* 'rugoso', da *scăbies* 'scabbia' ✻ av. 1328] **A** **agg.** **1** che è affetto da scabbia **2** †ruvido, scabroso **B** **s. m.** (f. *-a*) ● chi è affetto da scabbia

scabéccio o **scabécio** [var. ligure di *scapece* ✻ 1985] **s. m.** ● (*cucina*) termine ligure per *scapece* (V.)

†**scabèllo** ➤ **sgabello**

scabinàto [1931] **s. m.** ● carica, ufficio e dignità di scabino

scabìno [lat. mediev. *scabīnu(m)*, adattamento del francone *skapīns* 'colui che fa', appartenente alla famiglia del ted. *schaffen* 'fare' ✻ av. 1348] **s. m.** ● nel diritto franco, funzionario eletto dal popolo per l'organizzazione e il funzionamento dei tribunali

scabiósa (o **-ṣa**) o **scabbiósa** (o **-ṣa**) [dal lat. *scabiōsa(m)*, da *scabĭes -ēi* 'scabbia', perché ritenuta antidoto contro la scabbia ✻ av. 1320] **s. f.** ● erba delle Dipsacacee alta fino a 1 m, con capolini rosati circondati da brattee (*Knautia arvensis*)

scabrézza [lat. *scabrĭtia(m)* 'ruvidità', da *scăber*, genit. *scābri* 'ruvido' ✻ av. 1730] **s. f.** ● caratteristica di ciò che è scabro

♣**scàbro** [lat. *scăbru(m)* 'scabroso, ruvido', connesso con *scăbere* 'grattare', di orig. indeur. V. *scabbia* ✻ av. 1320] **A** **agg.** **1** ruvido, aspro al tatto, non liscio: *superficie scabra* **2** (*lett.*, *fig.*) pietroso, brullo, detto di terreno: *Su per i greppi delle scabre montagne* (L. PIRANDEL-

LO) **3** (*fig.*) conciso, essenziale, privo di ornamenti: *stile s.*; *prosa scabra* ‖ **scabraménte**, **avv.** **B** **s. m.** ● (*raro*) scabrezza

scabrosità (o **-ṣi-**) [1464] **s. f. inv.** **1** caratteristica, condizione di ciò che è scabroso (*anche fig.*) | parte o punto ruvido, scabroso: *togliere, limare, le s.* **2** (*mecc.*) l'insieme delle irregolarità di una superficie metallica sottoposta a lavorazione meccanica **SIN.** rugosità

♣**scabróso** (o **-ṣo**) [lat. tardo *scabrōsu(m)*, da *scăber*, genit. *scăbri* 'ruvido' ✱ av. 1320] **agg.** **1** scabro, non liscio né piano: *ramo s.* **2** (*est., raro*) difficile, malagevole: *percorso s.*; *sentiero s.* **3** (*fig.*) non facile da intendere, risolvere e sim.: *problema s.*; *gli scabrosi princìpi della grammatica* (G. VASARI) | non facile né semplice da trattare per la materia delicata che coinvolge o per la possibilità di turbare la sensibilità, l'innocenza, il pudore altrui: *affare s.*; *dallo spettacolo fu tagliata una scena molto scabrosa*; *bisogna parlare con cautela ai ragazzi di questi argomenti scabrosi* ‖ **scabrosétto**, **dim.** ‖ **scabrosaménte**, **avv.** ‖ **scabrosità**, **s. f. inv.** (V.)

scacazzaménto [1612] **s. m.** ● (*volg.*) lo scacazzare

scacazzàre o (*sett.*) **scagazzàre** [da *cacare*, con un suff. iter. intens. e *s-* ✱ av. 1449] **A** **v. intr.** (**aus.** *avere*) ● (*volg.*) defecare qua e là | defecare con frequenza **B** **v. tr.** ● (*volg.*) lordare defecando

†**scaccàta** [av. 1529] **s. f.** ● (*raro*) mossa al gioco degli scacchi: *una s. col re* | (*raro*) colpo dato con uno scacco: *un gentiluomo ... diede in sulla testa alla scimia una grande s.* (B. CASTIGLIONE)

scaccàto [av. 1400] **agg.** ● fatto, disegnato a scacchi: *calze scaccate*; *bandiera scaccata*

scaccheggiàto [da *scaccato*, con suff. iter. intens. ✱ 1623] **agg.** ● (*raro*) scaccato

scacchiàre [da *cacchio*②, con *s-* ✱ 1592] **v. tr.** (*io scàcchio*) ● togliere in primavera i cacchi o germogli inutili: *s. le viti, il pomodoro*

scacchiatùra [da *scacchiare* ✱ 1738] **s. f.** ● soppressione dei getti inutili lungo il tronco e le branche

scacchièra [da *scacco*, sul modello dell'ant. fr. *eschaquier* ✱ av. 1388] **s. f.** **1** tavola quadrata divisa in sessantaquattro riquadri, alternati a due colori, per giocare a scacchi o a dama | (*fig.*) *sciopero a s.*, a reparti alternati **2** rete da pesca simile alla bilancia

scacchière o †**scacchièro** nel sign. 1 [da *scacco*: nel sign. 1 e 2 sul modello dell'ant. fr. *eschaquier* 'scacchiere', nel sign. 3 sul modello dell'ingl. *exchequer*, ant. 'tavola a caselle per fare i conti' e oggi 'erario', anch'esso a sua volta dall'ant. fr. *eschaquier* ✱ sec. XIII] **s. m.** **1** †scacchiera | (*est., mar., milit.*) *a s.*, detto di unità alternate nella loro disposizione come i riquadri della scacchiera: *formazione a s.*; *avanzare a s.* **2** (*milit.*) parte di un teatro di operazioni con propria individualità geografica e strategica che consente una condotta unitaria di operazioni belliche: *s. del Mediterraneo*; *s. atlantico* **3** nella loc. *Cancelliere dello S.*, ministro delle Finanze e del Tesoro inglese

scacchiṣmo [da *scacco* ✱ 1982] **s. m.** ● insieme di attività, comportamenti, decisioni inerenti al gioco degli scacchi

scacchìsta [1888] **s. m. e f.** (**pl. m.** *-i*) ● chi gioca a scacchi

scacchìstico [1922] **agg.** (**pl. m.** *-ci*) ● di scacchista: *circolo s.* | relativo al gioco degli scacchi: *torneo s.* ‖ **scacchisticaménte**, **avv.** dal punto di vista scacchistico

scàccia [da *scaccia(re)* ✱ 1891] **s. m. inv.** ● (*caccia*) chi, in una battuta, scaccia gli animali spingendoli alla posta **SIN.** battitore

scacciacàni [comp. di *scaccia(re)* e il pl. di *cane* ✱ 1927] **A** **s. f. o m. inv.** ● pistola che spara a salve, usata per spaventare o nei giochi infantili **B** **anche agg. inv.**: *pistola s.*

scacciadiàvoli [comp. di *scaccia(re)* e il pl. di *diavolo* ✱ 1940] **s. m. inv.** ● pezzo di artiglieria, in uso nel XVI e nel XVII sec., che lanciava granate esplosive

scacciafùmo [comp. di *scaccia(re)* e *fumo* ✱ 1940] **s. m. inv.** ● dispositivo automatico ad aria compressa per espellere da una bocca da fuoco i gas residui della carica di lancio

scacciaguài [comp. di *scaccia(re)* e del pl. di *guaio* ✱ 1989] **A** **s. m. inv.** ● oggetto al quale si attribuisce un valore propiziatorio e scaramantico **B** **anche agg. inv.**: *amuleto s.*

scacciaménto [av. 1348] **s. m.** ● (*raro*) cacciata

scacciamósche o **cacciamósche** [comp. di *scaccia(re)* e il pl. di *mosca* ✱ av. 1637] **s. m. inv.** ● specie di ventaglio usato per scacciare le mosche

scacciapensièri [comp. di *scaccia(re)* e il pl. di *pensiero* ✱ av. 1584] **A** **s. m. inv.** **1** (*mus.*) piccolo strumento popolare, tipico della Sicilia, costituito da un telaio che si tiene fra i denti e da una linguetta metallica che si pizzica con un dito **2** (*raro, fig.*) passatempo, svago **B** **anche in funzione di agg. inv. nel sign. A 2**: *una serata s.*

♦**scacciàre** [da *cacciare*, con *s-* ✱ 1260 ca.] **v. tr.** (**pres.** *io scàccio*; **fut.** *io scaccerò*) **1** mandare via bruscamente, cacciare via, fuori: *s. qlcu. di casa*; *s. le mosche* | **PROV.** ***chiodo scaccia chiodo***, V. *chiodo* **2** (*fig.*) far dileguare, far passare: *s. le tenebre*; *s. la malinconia, la noia*

scacciaspìriti [comp. di *scaccia(re)* e del pl. di *spirito* ✱ sec. XX] **s. m. inv.** ● oggetto che si appende in genere in prossimità della porta di casa con intento benaugurante, costituito da campanelle o filamenti pendenti di stelline, perline ecc., che mossi dal vento si toccano emettendo un suono gradevole

scacciàta [da *cacciata*, con *s-* intens. ✱ 1735] **s. f.** ● atto dello scacciare

scacciàto **A** **part. pass.** di *scacciare*; **anche agg.** ● nei sign. del v. **B** **s. m.** ● †bandito, esule

scacciatóre [av. 1332] **s. m.** (**f.** *-trice*); **anche agg.** ● chi (o che) scaccia

scaccìno [da *scacciare* col suff. *-ino* di mestiere; detto così perché un tempo aveva anche il compito di scacciare dalla chiesa i cani randagi o eventuali disturbatori ✱ 1824] **s. m.** ● inserviente addetto alla pulizia della chiesa

scàcco o (*lett.*) **iscàcco** [dal provenz. *escac*, risalente, attraverso lo sp. e l'arabo, al persiano *šāh* 're'. V. *scià* ✱ 1287] **s. m.** (**pl.** *-chi*; **la forma letteraria** *iscacco* **è oggi usata solo se preceduta da** *in*) **1** (**al pl.**) antichissimo gioco d'origine indiana, con trentadue pezzi che si muovono nelle sessantaquattro caselle della scacchiera: *giocare agli scacchi* **2** (*disus.*) ciascuno dei pezzi del gioco degli scacchi **SIN.** pezzo **3** mossa della partita che minaccia un pezzo importante dell'avversario: *s. alla regina* | ***dare s. matto al re***, mettere il re avversario nell'impossibilità di difendersi; V. anche *scaccomatto* **4** (*fig.*) insuccesso, sconfitta: *ricevere, subire, uno s.* | ***tenere qlcu. in s.***, metterlo nell'impossibilità di agire, costringerlo in uno stato di inferiorità **5** (*disus.*) ciascuno dei riquadri della scacchiera **SIN.** casa **6** (*est.*) piccolo riquadro, quadretto: *stoffa a scacchi*; *lavorato, disegnato, a scacchi* | ***vedere il sole a scacchi***, (*scherz.*) vederlo attraverso le inferriate, cioè essere in prigione ‖ **scacchétto**, **dim.**

scaccografìa [comp. di *scacco* e *-grafia* ✱ 1930] **s. f.** ● trascrizione con numeri e sigle delle mosse di una partita a scacchi

scaccogràmma [comp. di *scacco* e *-gramma* ✱ 1959] **s. m.** (**pl.** *-i*) ● rappresentazione grafica di un determinato momento di una partita a scacchi

scaccolàre [da *caccola* (V.), con *s-* ✱ 1872] **A** **v. tr.** (*io scàccolo*) ● (*pop.*) togliere le caccole dal naso **B** **scaccolàrsi** **v. rifl.** ● (*pop.*) togliersi le caccole dal naso

scaccomàtto o **scàcco màtto** [dal persiano arabo *šāh māt* 'il re è morto'. V. *scacco* ✱ 1260 ca.] **s. m.** (**pl.** *scacchimàtti*) **1** nel gioco degli scacchi, mossa con cui si mette l'avversario nell'impossibilità di difendersi ponendo fine alla partita **2** (*fig.*) sconfitta, insuccesso, completo e definitivo: *dare s. a qlcu.*

scaciàto [da *cacio*, con *s-* ✱ av. 1565] **agg.** **1** nella loc. (*tosc.*) ***bianco s.***, bianchissimo **2** (*centr.*) trasandato, trascurato

♣**scadènte** **part. pres.** di *scadere*; **anche agg.** **1** nei sign. del v. **2** di poco pregio, di qualità inferiore: *prodotto, merce, s.* **SIN.** difettoso, imperfetto, mediocre **3** insufficiente, scarso: *voto, alunno, s.*; *è s. in matematica*

SFUMATURE DI SIGNIFICATO

scadente - dozzinale - corrente

Si definisce **scadente** una cosa di poco pregio, di scarsa qualità, difettosa, malfunzionante. Significato non molto diverso ha **dozzinale**, che è anch'esso attributo di cosa di poco pregio, tuttavia il giudizio negativo di valore non è messo in relazione con la scarsa qualità quanto piuttosto con il suo carattere ordinario, comune, e dunque si suppone non curato, non raffinato. **Corrente** in questo ambito di significati connota ciò che è generalmente usato, quindi condivide con *dozzinale* l'aspetto della grande diffusione, senza però implicare per questo quello dell'insufficiente qualità.

scadènza [da *scadente* ✱ 1818] **s. f.** **1** termine di tempo oltre il quale cessa la validità di un documento, di un prodotto e sim.: *s. del passaporto*; *s. di un medicinale* | termine entro il quale si deve effettuare un pagamento, adempiere un'obbligazione e sim.: *pagare l'affitto alla s. contrattuale* | termine posto alla durata di una carica, di un incarico lavorativo e sim.: *s. del mandato parlamentare* | ***a breve s., a lunga s.***, entro poco tempo, o molto: *ci vedremo a breve s.* **2** (*est.*) pagamento da effettuare, obbligazione da adempiere, e sim.: *far fronte alle scadenze annuali*

scadenzàre [da *scadenza* ✱ 1965] **v. tr.** (*io scadènzo*) ● nel linguaggio burocratico, mettere a scadenza stabilendo la data entro cui dovrà essere compiuto un dato atto o alla cui scadenza dovrà essere riesaminata una data pratica

scadenzàrio o **scadenziàrio** [da *scadenza* ✱ 1875] **s. m.** ● libro, schedario, raccolta di documenti e sim., disposti in modo da registrare in ordine cronologico le scadenze: *s. dei pagamenti*; *s. degli incassi*

scadére [lat. parl. **excadēre* 'venir meno, cadere', rifacimento del classico *excĭdere* e comp. di *ĕx-* (*s-*) e **cadēre* per il classico *cădere* 'cadere' ✱ av. 1348] **v. intr.** (**coniug. come** *cadere*; **aus.** *essere*) **1** declinare, perdere pregio, valore, stima, forza e sim. (+ *di*, + *in*): *s. di qualità, di prezzo, di livello, di tono*; *s. nel credito, nell'opinione pubblica*; *s. nella salute* **2** giungere al tempo fissato di pagamento o di adempimento, detto di obbligazioni, contratti e sim.: *domani scade la cambiale* | superare il limite massimo di validità o di durata: *la tua patente è scaduta*; *questo farmaco è scaduto* **3** (*mar.*) spostarsi lateralmente per effetto del vento o della corrente | rimanere indietro rispetto a un'altra nave per minore velocità **4** †occorrere, accadere: *era ... scaduta una differenza tra lui e i Sanesi* (D. COMPAGNI) **5** †pervenire in eredità

S

SFUMATURE DI SIGNIFICATO

scadere - decadere - declinare - degradarsi

Il fatto di perdere pregio, valore, stima, forza o altre caratteristiche positive si definisce generalmente **scadere**. **Decadere** indica più precisamente il passare da uno stato caratterizzato da prosperità e forza a uno contrassegnato da miseria e debolezza. **Declinare** si distingue perché può indicare una diminuzione di intensità e potenza oltre che di valore, e quindi, in certi contesti, evoca l'idea del tramonto, di uno spegnersi progressivo, di un avviarsi verso la fine più che quella del peggioramento. Per esprimere un processo di scadimento e deterioramento che riguarda elementi sociali, urbanistici o ecologici è appropriato l'uso di **degradarsi**.

SFUMATURE ➤ ***deperire***, ➤ ***peggiorare***

scadiménto [da *scadere* ∗av. 1348] **s. m.** ● decadenza, declino: *lo s. delle arti, della nazione* | calo, deterioramento: *s. di forma*

scadùto **part. pass.** di *scadere*; **anche agg.** **1** nei sign. del v. **2** che ha superato il termine di validità: *passaporto s.*; *medicina scaduta*

†**scàfa** [lat. *scăpha(m)* 'navicella, barchetta', dal gr. *skáphē*, da *skáptein* 'scavare' ∗av. 1292] **s. f.** ● piccola barca in uso presso i Romani | nel Medioevo, qualsiasi imbarcazione ausiliaria di un'unità maggiore

†**scafaiuòlo** [av. 1484] **s. m.** ● barcaiolo

scafàndro [dal fr. *scaphandre* 'cintura di salvataggio', vc. dotta, comp. del gr. *skáphos* 'scafo' e *anḗr*, genit. *andrós* 'uomo' ∗1775] **s. m.** ● speciale indumento impermeabile dotato di dispositivi vari, che consente di operare in ambienti altrimenti incompatibili con la resistenza umana, cioè sott'acqua, nell'alta atmosfera, nello spazio, tra le fiamme, e sim.: *lo s. dei palombari, degli aviatori, degli astronauti, dei pompieri* | (*mar.*) ***s. metallico snodato***, usato in marina per immersioni fino a una profondità massima di 250 m

scafàre [dial. roman. da *scafa* 'baccello', traslato di *scafa* 'bacino, barchetta' ∗1846] **A** **v. tr.** **1** (*roman.*) sgusciare, togliere dal baccello **2** (*fam.*, *est.*) rendere meno ingenuo e impacciato: *l'ambiente universitario lo scaferà* **SIN.** scaltrire, smaliziare **B** **scafàrsi** **v. intr. pron.** ● (*fam.*) acquisire spigliatezza, disinvoltura: *devi scafarti, ragazzo mio*

scafàto **part. pass.** di *scafare*; **anche agg.** ● nei sign. del v. | (*fam.*) scaltro, smaliziato

scàffa [dal longob. *skafa* 'palco di tavole' ∗1483] **s. f.** **1** (*tosc.*) ripiano, scaffale **2** (*sport*) nell'alpinismo, specie di gradino praticabile formato dalla rientranza o dalla sporgenza di una parete rocciosa

scaffalàre [1891] **v. tr.** **1** munire di scaffali, spec. una parete, una stanza e sim. **2** mettere negli scaffali: *s. i libri*

scaffalàta [da *scaffalare* ∗1891] **s. f.** ● quantità di oggetti, spec. libri, che riempiono uno scaffale

scaffalatùra [1891] **s. f.** **1** (*raro*) lo scaffalare **2** serie di scaffali: *la s. è in legno bianco*

♦**scaffàle** [da un desueto *scaffa*, dal longob. *skafa* 'palco di tavole' ∗1612] **s. m.** ● tipo di mobile, composto da una serie di ripiani sovrapposti sui quali si ripongono libri od oggetti di qualsiasi genere ‖ **scaffalétto**, **dim.** | **scaffalìno**, **dim.** | **scaffalóne**, **accr.**

scafìsta [1935] **s. m. e f.** (**pl. m.** *-i*) **1** (*mar.*) operaio addetto alla manutenzione di scafi di navi o aerei **2** motoscafista **3** chi trasporta clandestini su motoscafi o gommoni

scàfo [dal gr. *skáphos* 'carena, scafo', connesso con *skáptein* 'scavare', di orig. indeur. V. †*scafa* ∗1612] **s. m.** **1** (*mar.*) nelle navi, barche, idrovolanti e sim., l'insieme degli elementi che costituiscono quella parte cui è affidato il galleggiamento **2** (*est.*) nucleo centrale corazzato di un carro armato, cannone semovente e sim., che contiene gli organi di comando e l'equipaggio **3** (*est.*) nello scarpone da sci, struttura che avvolge la scarpetta interna, di forma e rigidità appropriata per trasmettere i movimenti dei piedi agli sci

scàfo- [dal gr. *skáphos* 'scafo'] **primo elemento** ● in parole composte, indica forma o struttura simile a quella di una barca: *scafocefalo*

-scàfo /ˈskafo, skafo/ [dal gr. *skáphos* 'scafo, imbarcazione', da *skáptein* 'scavare'] **secondo elemento** ● in parole composte, indica natante, mezzo marino le cui caratteristiche sono specificate dal primo elemento: *aliscafo, batiscafo, motoscafo*

scafocefalìa [da *scafocefalo* ∗1874] **s. f.** ● (*med.*) alterazione di forma del cranio che appare allungato in alto a forma di scafo

scafocefàlico [1957] **agg.** (**pl. m.** *-ci*) ● (*med.*) di scafocefalia

scafocèfalo [comp. di *scafo-* e *-cefalo* ∗1957] **agg. e s. m.** (**f.** *-a*) ● che (o chi) è affetto da scafocefalia

scafòide [vc. dotta, dal gr. *skaphoeidḗs* 'a forma di barca', comp. di *skáphos* 'barca' e *-eidḗs* '-oide' ∗av. 1673] **A** **s. m.** ● (*anat.*) nome di due ossa del carpo e del tarso | ***s. del carpo***, si articola col radio e con alcune ossa del carpo | ***s. del tarso***, si articola con l'astragalo e con le tre ossa cuneiformi **B** **anche agg.**: *osso s.*

Scafòpodi [comp. di *scafo* e *-pode* ∗1936] **s. m. pl.** (**sing.** *-e*) ● (*zool.*) classe di Molluschi marini con conchiglia conica o tubolare aperta alle due estremità, da cui sporgono assieme al piede cirri filiformi (*Scaphopoda*)

scagazzàre ➤ **scacazzare**

†**scàggia** [vc. merid., della stessa orig. di *scabbia* (V.) ∗1340] **s. f.** ● infermità, malattia

scaggiàle ➤ **scheggiale**

scagionàre [da *cagionare* 'incolpare' (V.), con *s-* ∗1313] **A** **v. tr.** (*io scagióno*) ● discolpare, scusare, giustificare **B** **scagionàrsi** **v. rifl.** ● discolparsi: *scagionarsi da una colpa, da un'accusa*

scàglia ① [dal got. *skalja* 'scheggia, squama' ∗1296] **s. f.** **1** (*zool.*) ciascuna delle placchette ossee di varia forma, talora munite di spine, dalle quali è formato il dermascheletro dei Pesci **2** ciascuna delle piastre di rivestimento nelle corazze e armature antiche **3** (*est.*) falda, placca, frammento di spessore e dimensioni varie, spec. di forma appiattita: *scaglia di roccia, di pietra*; *scaglie metalliche*; *sapone in scaglie* | ***tetto, cupola, a scaglie***, con disposizione delle tegole in file parallele, appoggiate e un poco sporgenti su quelle sottostanti | (*est.*) scheggia che si stacca da pietra o metallo lavorati con martello e scalpello **4** (*bot.*) catafillo **5** †testuggine ‖ **scagliétta**, **dim.**

scàglia ② [da *scagliare* ① ∗av. 1631] **s. f.** ● (*lett.*) mitraglia: *sotto il nembo della nostra s. e della nostra fucileria* (G. Verga)

scagliàbile [da *scagliare* ① ∗av. 1704] **agg.** ● (*raro*) che si può scagliare

scagliaménto [da *scagliare* ① ∗1631] **s. m.** ● (*raro*) lo scagliare

scagliàre ① [da *scaglia* ① ∗av. 1400] **A** **v. tr.** (*io scàglio*) **1** lanciare lontano da sé, gettare via con forza: *s. sassi, pietre, frecce*; *Sollevò la sedia e la scagliò con forza contro il lord* (E. Salgari) **SIN.** proiettare, scaraventare, tirare **2** (*fig.*) dire, pronunciare con rabbia, ira: *s. insulti, ingiurie* **B** **scagliàrsi** **v. rifl.** **1** avventarsi, gettarsi, lanciarsi: *scagliarsi contro qlcu., addosso a qlcu.* **2** (*fig.*) inveire, aggredire con ingiurie, accuse e sim.: *si scagliò contro di noi con parole d'odio*

scagliàre ② [da *scaglia* ① ∗av. 1616] **A** **v. tr.** (*io scàglio*) **1** (*raro*) levare le scaglie ai pesci **2** rompere in scaglie **B** **scagliàrsi** **v. intr. pron.** **1** rompersi in scaglie **2** squamarsi, detto spec. dei pesci

scagliatóre [da *scagliare* ① ∗1621] **s. m.** (**f.** *-trice*); **anche agg.** ● (*raro*) chi (o che) scaglia

scagliòla o (*lett.*) **scagliuòla** [da *scaglia* ① ∗sec. XIV] **s. f.** **1** polvere di gesso utilizzata variamente per la prontezza della presa | ***lisciatura a s.***, finimento interno dell'intonaco di abitazioni con scagliola lisciata | tipo di stucco usato un tempo a imitazione del marmo per paliotti d'altare, per piani di tavoli, mensole, cornici e sim. **2** erba delle Graminacee a spiga nuda verde e bianca i cui semi si usano come mangime per gli uccelli (*Phalaris canariensis*)

scaglionaménto [da *scaglionare* ① ∗1866] **s. m.** **1** distribuzione a intervalli regolari: *lo s. delle ferie* **2** (*milit.*) ripartizione in profondità delle forze, per garantirne la sicurezza e per assicurare continuità ed elasticità all'azione

scaglionàre ① [da *scaglione* ② ∗1872] **v. tr.** (*io scaglióno*) **1** disporre a scaglioni: *s. le truppe* | disporre a distanza, a intervalli opportunamente calcolati: *s. i pagamenti*; *s. le partenze per le vacanze* **2** distribuire in profondità truppe, organi logistici, opere di difesa

scaglionàre ② [da *scaglione* ③, con *s-* ∗1872] **v. tr.** (*io scaglióno*) ● (*veter.*) estrarre i denti scaglioni

scaglióne ① [da *scaglia* ① ∗1306] **s. m.** **1** (*lett.*) gradino, scalino: *vide il suo amico seduto sullo s. del marciapiede* (G. Verga) | ampio gradino sulle pendici di un monte o lungo una costa **2** (*arald.*) pezza formata da una banda e da una sbarra, moventi dagli angoli inferiori dello scudo, riunite e terminanti al centro ‖ **scaglioncìno**, **dim.**

scaglióne ② [da *scaglione* ①, con influenza del fr. *échelon* 'gradino' ∗1831] **s. m.** **1** (*milit.*) aliquota di forza che costituisce un'unità tattica o logistica | ***s. di marcia***, frazione di un'autocolonna in movimento per rendere più elastica e ordinata la marcia | contingente di leva: *partire col secondo s.* | (**al pl.**) liste di passamano ad angolo anticamente cucite sulle maniche per distintivo **2** (*econ.*) frazionamento del reddito imponibile in quote successive, ai fini dell'applicazione delle aliquote crescenti di un'imposta

scaglióne ③ [da *scaglione* ① ∗av. 1320] **s. m.** ● (*zool.*) ciascuno dei quattro denti canini degli equidi presenti normalmente nei soli maschi

scaglióso (o **-ṣo**) [da *scaglia* ① ∗sec. XIV] **agg.** **1** pieno di scaglie, fatto a scaglie: *pelle, superficie, scagliosa* **2** che si divide in scaglie: *pietre scagliose*

scagliuòla ➤ **scagliola**

scagnàre [da *cagna*, con *s-* ∗1872] **v. intr.** (**coniug. come** *segnare*; **aus.** *avere*) ● abbaiare ritmicamente, acutamente, detto dei cani da séguito al primo sentire l'usta della selvaggina

scàgno [lat. *scămnu(m)* 'scanno' attraverso i dial. sett. V. *scanno* ∗1572] **s. m.** **1** (*sett.*) sgabello | †scanno **2** (*sett.*) banca, ufficio: *gli uffici, gli scagni, chiudevano alle cinque del pomeriggio* (E. Montale) ‖ **scagnétto**, **dim.**

scagnòzzo [da *scagnare* col suff. pegg. *-ozzo* ∗1808] **s. m.** **1** prete povero e privo di dignità che va in cerca di messe, elemosine, funerali, per guadagnare qlco. **2** (**f.** *-a*) (*est.*) persona di scarso valore o di poca dignità **3** (**f.** *-a*) (*spreg.*) passivo esecutore di ordini al servizio di un personaggio potente **SIN.** tirapiedi

♦**scàla** ① [lat. *scāla(m)* 'scala, gradino', connesso con *scăndere* 'salire', di orig. indeur. V. *scandire* ∗

1250 ca.] **s. f.** **I** struttura fissa o mobile, a scalini o a pioli, che permette di superare a piedi un dislivello **1** (*edil.*) elemento architettonico, che fa parte integrante di un edificio a più piani, costruito in un apposito vano detto gabbia, costituito da una o più serie di scalini dette rampe, disposte secondo piani variamente inclinati, separate da pianerottoli se più di una, che consente di superare un dislivello posando il piede su elementi piani detti pedate: *s. di pietra, di marmo*; *s. larga, stretta, interna, esterna*; *s. ripida, pericolosa*; *s. principale*; *la ringhiera della s.*; *la tromba delle scale* | ***s. regia***, quella principale in un palazzo signorile | ***s. di sicurezza, s. antincendio***, costruita gener. all'estremità di edifici in cui possono essere presenti numerose persone, con accessi esterni sui vari pianerottoli allo scopo di facilitare il rapido sfollamento in caso di incendio | ***s. di servizio***, in un edificio provvisto di scala principale, quella riservata al passaggio di domestici, fornitori e sim. | ***s. a chiocciola***, scala elicoidale su pianta circolare, senza pozzo centrale, con pedate triangolari | ***s. alla marinara***, quella a rampe verticali, costituite da gradini di ferro murati in una parete | ***s. alla cappuccina***, quella costituita da una sola rampa in cui gli scalini hanno grande alzata e piccola pedata | ***s. a pozzo***, scala su pianta rettangolare o quadrata, a rampe separate da pianerottoli, nel mezzo della quale rimane uno spazio residuo detto pozzo o tromba | ***s. mobile***, scala a gradini articolati e mobili, destinata a trasportare rapidamente i passeggeri da un piano all'altro, in edifici a intenso traffico di persone **2** (al pl.) scalinata, insieme di rampe di scale: *salire, scendere le scale*; *ruzzolare, cadere per le scale, giù per le scale* | (*colloq.*) ***fare le scale***, salirle **3** apparecchio spostabile di legno, metallo e sim., costituito essenzialmente da due montanti paralleli collegati da una serie di pioli trasversali sui quali si poggia il piede: *s. a pioli*; *s. portatile* | ***s. a libretto***, quella che è costituita da una scala semplice incernierata superiormente con un telaio della stessa lunghezza e che, aprendosi, è capace di reggersi senza necessità di appoggi SIN. scaleo | ***s. di corda***, successione di staffe collegate lateralmente da una corda di nylon o da un cavetto di acciaio, usata spec. da alpinisti e speleologi | ***s. Porta, s. aerea***, scala retrattile, montata su un automezzo, costituita da più tronchi che si sfilano successivamente | ***s. romana, all'italiana***, scala a pioli, gener. di legno, costituita da più tronchi conformati in modo che nell'estremità superiore di uno possa essere incastrata l'estremità inferiore del successivo, usata da vigili del fuoco, elettricisti e sim. per raggiungere notevoli altezze | ***s. a ganci***, scala a pioli, munita di grandi ganci di ferro e usata dai vigili del fuoco per salire ai piani superiori di un edificio dall'esterno | (*mar.*) ***s. reale, s. di dritta***, il barcarizzo di dritta sulle navi mercantili | (*mar.*) ***s. volante, a tarozzi***, biscaglina **II** ogni strumento, dispositivo, struttura a forma o con funzione di scala **1** ***s. di Caronte***, meccanismo che, nel teatro greco antico, permetteva agli attori di scendere sottoterra nella finzione scenica **2** ***s. di monta, di risalita***, dispositivo costruito lungo un corso d'acqua, in corrispondenza di un ostacolo, per consentire ai pesci migratori di risalire la corrente **3** (*anat.*) ***s. timpanica***, tratto inferiore del canale spirale della chiocciola dell'orecchio interno, comunicante con la cassa del timpano attraverso la finestra rotonda | ***s. vestibolare***, tratto superiore del canale spirale della chiocciola dell'orecchio interno, comunicante con il vestibolo **4** (*sport*) ***s. svedese***, attrezzo ginnico simile a una scala a pioli, che può essere verticale per eseguire esercizi di salita o discesa, oppure orizzontale per eseguire esercizi di traslazione e rotazione con le braccia **5** (*alpinismo*) roccia a scaglioni | successione di cenge **III** successione regolare di valori o sempre crescente o sempre decrescente | insieme di enti, qualità, oggetti, organismi e sim. ordinati dal meno al più complesso, dal meno al più importante o viceversa **1** ***s. di misura, s. di misurazione***, in uno strumento di misura tarato mediante una graduazione, la parte dove si legge il valore della grandezza fisica: *s. della bilancia*; *s. del regolo calcolatore* **2** (*biol.*) prima dell'affermazione delle teorie evoluzionistiche, ordinamento degli esseri viventi secondo gradi crescenti e impercettibili di complessità strutturale, ma senza rapporto di discendenza **3** (*econ.*) ***s. mobile dei salari, degli stipendi***, sistema in cui una parte o la totalità della retribuzione di un lavoratore dipendente varia al variare dell'indice del costo della vita secondo criteri convenzionali | (*econ.*) ***economia di s.***, vantaggio che si ricava, in termini di risparmio di costi medi unitari di produzione, dall'adeguamento a dimensioni ottimali di un impianto, una fabbrica o un'azienda **4** (*elettron.*) ***s. di sintonia***, in un radioricevitore sonoro o televisivo, scala su cui un indice solidale con la manopola di sintonia indica la frequenza o la lunghezza d'onda o il canale relativi al segnale ricevuto o che si vuole ricevere | (*disus.*) ***s. parlante***, in un radioricevitore, scala di sintonia che indica i nomi delle principali stazioni di radiodiffusione **5** (*fig.*) ***s. di valori***, gerarchia di valori che serve come riferimento nei giudizi, nel comportamento e sim. **6** (*fis.*) ***s. di riferimento***, successione di numeri che fornisce, secondo un criterio convenzionale, il valore di una grandezza fisica | ***s. termometrica, s. della temperatura***, scala di misurazione della temperatura, definita o attribuendo valori convenzionali a due stati termici, detti punti fissi, di un materiale e stabilendo la regola di interpolazione fra essi o ricorrendo ai principi della termodinamica | ***s. Celsius, s. centigrada***, scala termometrica empirica, usata nella maggior parte dei Paesi europei, nella quale è attribuito valore 0 alla temperatura del ghiaccio fondente e valore 100 alla temperatura di ebollizione dell'acqua alla pressione di 1 atmosfera e l'intervallo fra i due punti fissi è diviso in 100 parti uguali, ciascuna delle quali è detta grado Celsius | ***s. Fahrenheit***, scala termometrica empirica, usata principalmente nei Paesi anglosassoni, nella quale è attribuito valore 32 alla temperatura del ghiaccio fondente e valore 212 alla temperatura di ebollizione dell'acqua alla pressione di 1 atmosfera e l'intervallo fra i due punti fissi è diviso in 180 parti uguali, ciascuna delle quali è detta grado Fahrenheit | ***s. Réaumur, s. ottantigrada***, scala termometrica empirica, ormai caduta in disuso, nella quale è attribuito valore 0 alla temperatura del ghiaccio fondente e valore 80 alla temperatura di ebollizione dell'acqua alla pressione di 1 atmosfera e l'intervallo fra i due punti fissi è diviso in 80 parti uguali, ciascuna delle quali è detta grado Réaumur | ***s. Kelvin, s. assoluta di temperatura***, scala termometrica termodinamica nella quale è attribuito valore 273,15 alla temperatura del ghiaccio fondente e valore 373,15 alla temperatura di ebollizione dell'acqua alla pressione di 1 atmosfera, l'intervallo fra i due punti fissi è diviso in 100 parti uguali ciascuna delle quali è detta grado kelvin, e lo zero coincide con lo zero assoluto **7** (*geogr.*) ***s. di riduzione***, in cartografia, rapporto fra una lunghezza misurata sulla carta, detta lunghezza grafica, e la corrispondente lunghezza reale ridotta all'orizzonte, detta lunghezza oggettiva | ***s. numerica***, in cartografia, scala di riduzione espressa sotto forma di frazione che ha come numeratore uno e come denominatore il numero per cui si deve moltiplicare la lunghezza misurata sulla carta per ottenere la lunghezza reale: *s. di uno a venticinquemila, a centomila*; *rappresentare in s.*; *riproduzione in s.* | ***s. grafica***, in cartografia, segmento di retta suddiviso in centimetri o in millimetri e che ha le indicazioni delle corrispondenti lunghezze reali | (*est.*) ***su larga s., su piccola s., su s. ridotta***, in grande, in piccolo, in proporzioni minori | ***s. della latitudine, della longitudine***, in una carta geografica, ciascuna delle due graduazioni uguali stampate lungo i margini verticali od orizzontali e riportanti rispettivamente i valori della latitudine e della longitudine **8** (*geol.*) ***s. sismica, s. dei terremoti***, scala di intensità dei terremoti | ***s. Mercalli***, scala sismica suddivisa in 12 gradi, nella quale l'intensità di un terremoto in una certa zona è definita in base ai suoi effetti prodotti sugli edifici presenti in quella particolare zona ed è quindi indipendente dalle caratteristiche intrinseche del terremoto stesso | ***s. Richter***, suddivisa in 9 gradi, per valutare l'intensità dei terremoti **9** (*giochi*) nel gioco del poker, serie di cinque carte di valore crescente SIN. sequenza | ***s. reale***, se le cinque carte in scala sono dello stesso seme | ***s. quaranta***, gioco di carte simile al ramino **10** (*ing.*) ***effetto di s.***, in ingegneria, spec. navale e aeronautica, influenza perturbatrice che ha sul prototipo l'avere trascurato nel modello alcuni fattori relativi alle grandezze che intervengono nei fenomeni studiati **11** (*mat.*) successione o crescente o decrescente di numeri reali | ***s. graduata***, ente unidimensionale, gener. una retta, su cui è stabilita una graduazione, ossia un sistema di ascisse | ***s. metrica***, scala graduata in cui gli intervalli fra graduazioni corrispondenti sono uguali a uno stesso segmento o a sottomultipli decimali del segmento stesso | ***s. funzionale***, con riferimento a una funzione di una variabile, scala metrica a ciascun punto della quale è associato il valore che la funzione assume in tale punto | ***s. logaritmica***, scala funzionale di una funzione logaritmica | ***s. dei quadrati, dei cubi***, in un regolo calcolatore, la scala che permette di calcolare, rispettivamente, il quadrato o il cubo di un dato numero **12** (*meteor.*) ***s. di Beaufort, s. dei venti, s. del vento***, scala numerica della forza del vento, suddivisa in 12 gradi legati alla velocità media del vento, dalla calma all'uragano (oltre 118 km/h) **13** (*miner.*) ***s. (di) Mohs***, scala di durezza all'incisione dei minerali, formata da dieci minerali posti in corrispondenza con i primi dieci numeri naturali, costituenti la misura convenzionale della durezza, e tali che ciascuno scalfisce i precedenti ed è scalfito dai successivi **14** (*mus.*) ***s. musicale***, serie di note in ordine progressivo rispetto all'altezza, dal grave all'acuto, nei limiti di un'ottava, che caratterizza un sistema musicale | ***s. cromatica***, V. *cromatico* | ***s. esatonale***, V. *esatonia* | ***s. maggiore***, V. *maggiore* | ***s. minore***, V. *minore* | ***s. naturale***, V. *naturale* | ***s. temperata***, V. *temperato* | ***fare le scale***, eseguirle per esercizio su uno strumento SIN. gamma **15** (*ottica*) ***s. dei colori***, successione di colori ordinati dal più chiaro al più scuro SIN. gamma **16** (*sport*) ***s. delle difficoltà***, in alpinismo, classificazione delle difficoltà di un'ascensione secondo gradi convenzionali successivi, dal meno al più difficile **17** (*psicol.*) ***s. mentale***, serie di test di intelligenza, disposti in ordine di difficoltà, usata per valutare le capacità intellettive ‖ **scalàccia**, **pegg.** | **scalèlla**, **dim.** (V.) | **scalétta**, **dim.** (V.) | **scalétto**, **dim. m.** scala a libretto | **scalóne**, **accr. m.** (V.) | (*lett.*) **scalùccia**, **dim.**

NOMENCLATURA

scala

● *caratteristiche*: buia, scomoda ⇔ comoda, agevole, larga ⇔ stretta, ripida, salda, sicura ⇔ pericolante, pericolosa; interna ⇔ esterna, fissa ⇔ mobile, portatile; principale, regia, d'onore ⇔ di servizio; di sicurezza, antincendio;

● *tipi di scala*: scalone, scalinata, gradinata, scalera, scala mobile, a cassetta, a chiocciola, a pioli, a sdrucciolo, a pozzo, a libretto = scaleo, alla marinara, alla cappuccina, romana = all'italiana, aerea, a ganci, volante = a tarozzi = biscaglina; reale = di dritta; di corda, di legno, di ferro, di ghisa, di marmo, di pietra;

● *parti della scala*: gradino = scalino, alzata = frontalino, pedata, pianerottolo, rampa, tromba = pozzo, lucernario, ringhiera, guardamano = corrimano, sottoscala; piolo, cavicchio.

†**scàla**② [f. di *scalo* (V.) ✱ 1432] **s. f.** ● luogo di approdo, porto, scalo | ***fare s.***, prendere porto

scalàbile [1833] **agg.** **1** che si può scalare: *montagna s.*; *una società difficilmente s.* | che può essere detratto, defalcato **2** (*inform.*) nell'ingegneria del software, detto di sistema che è in grado di crescere o descrescere di scala, cioè di incrementare o di ridurre le proprie prestazioni a seconda delle necessità ‖ **scalabilità**, **s. f. inv.**

†**scalabróne** ➤ **calabrone**

†**scalaménto** [da *scalare*② ✱ av. 1463] **s. m.** ● (*raro*) scalata

scalàndo [gerundio di *scalare*② ✱ 1959] **s. m. inv.** ● (*borsa*) condizione di prezzo per cui la vendita o l'acquisto sono eseguiti in due o più volte, a prezzi progressivamente migliori

scalandróne [dal gr. *skálanthron* 'pertica', connesso con *skaléuein* 'smuovere, sarchiare', avvicinato a *scala* ✱ 1889] **s. m.** **1** (*mar.*; *disus.*) banchina inclinata che si prolunga in acqua per agevolare il varo o l'alaggio di imbarcazioni **2** (*mar.*) passerella mobile fra la nave e la terra per carico e scarico di merci o passeggeri

†**scalappiàre** [da *calappio* (V.), con *s-* ✱ 1319] **A** **v. tr.** ● liberare da un'insidia **B** **v. intr.** e †**scalappiàrsi** **v. rifl.** ● liberarsi da un impedimento, da una difficoltà

scalàre① [vc. dotta, dal lat. *scalāre(m)* 'di scala, di gradino', da *scāla* 'scala' ✱ 1793] **A** **agg.** **1** fatto, disposto a scala | (*fig.*) graduato **2** (*mat.*) detto di grandezza, individuata solo da un numero reale, spec. in contrapposizione a grandezza vettoriale | ***funzione s.***, funzione della posizione e del tempo il cui valore in ciascun punto è uno scalare, in contrapposizione a funzione vettoriale **3** (*banca*) detto di metodo per la tenuta di conti correnti, in base al quale gli interessi sono calcolati sui saldi e per il periodo di tempo intercorrente fra la scadenza di una operazione e quella della successiva | ***forma s.***, di conto in cui i capitali a debito e a credito sono rilevati in un'unica colonna ed accompagnati dal relativo segno ‖ **scalarménte**, **avv.** gradualmente, a scala ‖ **scalarità**, **s. f. inv.** caratteristica di ciò che è scalare; (*fig.*) progressione, graduazione **B** **s. m.** **1** (*mat.*) grandezza scalare | funzione scalare **2** (*banca*) prospetto per il calcolo degli interessi nei conti correnti bancari

♦**scalàre**② [da *scala*① ✱ av. 1388] **A** **v. tr.** **1** salire, spec. per mezzo di una scala, fino alla sommità: *s. le mura, una fortezza* **2** (*sport*) in alpinismo, salire in arrampicata, effettuare una ascensione: *s. la parete nord del Cervino* **3** (*econ.*) tentare di acquisire il controllo di una società con il rastrellamento di azioni o con un'offerta pubblica di acquisto **4** detrarre, diminuire | ***s. un debito***, estinguerlo con pagamenti rateali **5** disporre in ordine decrescente | ***s. i colori***, dal più intenso al meno intenso | ***s. i capelli***, tagliarli sempre più corti via via che si scende verso il collo | ***s. una marcia***, nella guida di un veicolo a motore, passare da una marcia superiore a una inferiore: *s. dalla terza in seconda* | (*assol.*) ***a s.***, secondo una scala, un ordine graduale spec. decrescente: *il primo premio è di mille euro, il secondo di 800 e gli altri a s.* **6** (*scient.*) variare in modo uniforme tutte le dimensioni di un fenomeno, rappresentandolo e studiandolo in una scala differente **B** **v. intr.** (**aus.** *avere*) ● spostarsi all'interno di una disposizione ordinata | ***s. di un posto*** (o ***di una fila***), spostarsi in quello (o quella) precedente o successivo

scalàre③ [da *scalo* ✱ 1983] **v. intr.** (**aus.** *essere*) ● (*raro*) fare scalo | sostare

scalària [da *scala*①, per la forma della conchiglia, sul modello del lat. *scalārius*, da *scāla* ✱ 1932] **s. f.** ● mollusco gasteropodo dei mari tropicali con conchiglia a forma di torre (*Scalaria praetiosa*)

scalarifórme [comp. di *scalare*① e *-forme* ✱ 1959] **agg.** ● a forma di scala

scalarità ➤ **scalare**①

scalàta [da *scalare*② ✱ 1614] **s. f.** **1** azione dello scalare: *dare la s. alle mura della città, a una fortezza* | (*fig.*) serie di attività volte a raggiungere un obiettivo, a ottenere qlco.: *dare la s. al potere, al governo* | (*econ.*) ***dare la s. a un titolo***, rastrellarne sul mercato il maggiur quantitativo possibile al fine di assicurarsi il controllo della società **2** (*sport*) in alpinismo, arrampicata, ascensione | nel ciclismo, superamento di un percorso in salita

scalatóre [da *scalare*② ✱ 1447] **s. m.** (**f.** *-trice*) **1** chi scala **2** (*sport*) in alpinismo e nel ciclismo, arrampicatore **3** (*econ.*) chi tenta di acquisire il controllo di una società con il rastrellamento di azioni sul mercato o con offerte pubbliche di acquisto

scalcagnàre [da un desueto *calcagnare*, da *calcagno*, con *s-* ✱ sec. XIV] **A** **v. tr.** (**coniug.** come *segnare*) ● pestare col calcagno | rovinare nella parte del calcagno: *s. le scarpe* **B** **v. intr.** (**aus.** *avere*) ● battere i calcagni l'uno contro l'altro

scalcagnàto **part. pass.** di *scalcagnare*; anche **agg.** **1** nei sign. del v. **2** che ha i calcagni consumati, che è senza calcagno, detto di scarpa: *scarpe vecchie e scalcagnate* **3** (*est.*) male in arnese, malridotto, detto di cosa o persona: *una vecchia auto scalcagnata*; *un poveraccio tutto s.* **SIN.** scalcinato, sgangherato ‖ **scalcagnataménte**, **avv.**

†**scalcàre**① [da *calcare*①, con *s-* ✱ av. 1311] **v. tr.** ● calcare, pestare

scalcàre② [da *scalco* ✱ 1805] **v. tr.** (*io scàlco, tu scàlchi*) ● trinciare le carni cotte per servirle in tavola

†**scalcheggiàre** [da †*scalcare*① ✱ *sec. XIII*] **A** **v. intr.** ● scalciare, recalcitrare **B** **v. tr.** ● colpire a calci | (*fig.*) maltrattare: *sì ch'ogni villanel te non scalcheggi* (F. SACCHETTI)

†**scalcherìa** [da *scalco* ✱ 1612] **s. f.** ● arte, tecnica dello scalco | luogo di scalco delle carni

scalciàre [da *calciare*, con *s-* ✱ av. 1712] **v. intr.** (**pres.** *io scàlcio*; **fut.** *io scalcerò*; **aus.** *avere*) ● tirare calci, detto spec. di animali

scalciàta [1957] **s. f.** ● lo scalciare

scalcinàre [da *calcina*, con *s-* ✱ av. 1400] **A** **v. tr.** ● togliere la calcina dai muri **B** **scalcinàrsi** **v. intr. pron.** ● (*raro*) perdere la calcina: *il muro si scalcina per l'umidità*

♣**scalcinàto** **part. pass.** di *scalcinare*; anche **agg.** **1** nel sign. del v. **2** (*fig.*) malridotto, in cattivo stato, trasandato: *appartamento s.*; *Era ritornato a Trieste senza un soldo e s.* (I. SVEVO) ‖ **scalcinataménte**, **avv.**

scalcinatùra [1827] **s. f.** ● lo scalcinare, lo scalcinarsi | parte scalcinata: *le scalcinature del muro*

scàlco [dal longob. *skalk* 'servo'. V. *siniscalco* ✱ 1478] **s. m.** (**pl.** *-chi*) **1** servo incaricato di trinciare le vivande alla mensa dei signori medievali e rinascimentali | (*est.*) maggiordomo, direttore di mensa **SIN.** trinciante① **2** nell'antica corte pontificia, cameriere che presiedeva alla mensa del Papa **3** (*raro*) atto dello scalcare, nel sign. di *scalcare*②: *coltello da s.*

scaldaàcqua o **scaldàcqua** [comp. di *scalda(re)* e *acqua* ✱ 1949] **s. m. inv.** ● apparecchio per scaldare acqua, impiegato per usi industriali o domestici: *s. a gas, elettrico, istantaneo* | ***s. ad accumulazione***, boiler

♦**scaldabàgno** [comp. di *scalda(re)* e *bagno* ✱ 1922] **s. m.** (**pl.** *scaldabàgno* o *scaldabàgni*) ● scaldaacqua di uso domestico

scaldabànchi [comp. di *scalda(re)* e il pl. di *banco* ✱ 1959] **s. m. e f. inv.** ● alunno disattento, svogliato, negligente

scaldacòllo [comp. di *scalda(re)* e *collo* ✱ 1992] **s. m.** (**pl inv.** o *-i*) ● corta sciarpa ad anello, di lana, pile o altro materiale, che si indossa attorno al collo per proteggerlo dal freddo

scaldàcqua ➤ **scaldaacqua**

scaldacuòre [comp. di *scalda(re)* e *cuore* ✱ 1998] **s. m.** (**pl. inv.** o *raro -i*) ● (*abbigliamento*) maglia o gilerino femminile che si incrocia sul davanti formando una scollatura a V e si allaccia dietro la schiena o sui fianchi **SIN.** cache-coeur

scaldalètto [comp. di *scalda(re)* e *letto* ✱ av. 1535] **s. m.** (**pl.** *scaldalètti* o *scaldalètto*) ● un tempo, pentola di rame contenente braci, oppure bottiglia con acqua calda, o anche intelaiatura (detta *prete* o *trabiccolo*) contenente uno scaldino o sim. per scaldare il letto; oggi, specie di disco riscaldato elettricamente

scaldamàni o **scaldamàno** [comp. di *scalda(re)* e *mano* ✱ 1565] **s. m. inv.** **1** piccolo oggetto in cui viene accumulato calore con sistemi diversi, usato per scaldarsi le mani **2** gioco da ragazzi che si fa tra due o più persone, mettendo le mani a vicenda una sopra l'altra e battendo forte, quando si sovrappone l'ultima in basso alla prima in alto

scaldaménto [da *scaldare* ✱ av. 1698] **s. m.** ● (*raro*) riscaldamento

scaldamùscoli [comp. di *scalda(re)* e il pl. di *muscolo* ✱ 1983] **s. m. inv.** ● specie di calza pesante, gener. di lana, senza piede, che va dalla caviglia al ginocchio o poco oltre, usata da ballerini, ginnasti e sim. durante gli allenamenti

scaldapànche [comp. di *scalda(re)* e il pl. di *panca* ✱ 1863] **s. m. e f. inv.** ● scaldabanchi

scaldapiàtti [comp. di *scalda(re)* e del pl. di *piatto* ✱ 1892] **s. m. inv.** ● apparecchio, di tipo e funzionamento vari, per scaldare i piatti da portare in tavola e talvolta le vivande stesse **CFR.** scaldavivande

scaldapièdi [comp. di *scalda(re)* e il pl. di *piede* ✱ 1561] **s. m. inv.** ● recipiente di forma e materiale vari usato per scaldarsi i piedi: *s. a brace, ad acqua bollente, elettrico*

scaldaràncio [comp. di *scalda(re)* e *rancio* ✱ 1918] **s. m.** ● cartuccia combustibile ideata durante la prima Guerra mondiale e distribuita ai soldati per scaldare il rancio in pochi minuti

♦**scaldàre** [lat. tardo *excaldāre* 'riscaldare', da

căl(i)dus 'caldo', con *ĕx-* (*s-*) ✻1268] **A** **v. tr.** **1** rendere caldo o più caldo: *s. l'acqua, il letto, il ferro da stiro*; *Il sole scaldava il fogliame ... e il frumento* (R. BACCHELLI) | (*assol.*) dare calore: *oggi il sole scalda* | ***s. la sedia, il posto, il banco*** e sim., (*fig.*) di impiegati o studenti oziosi e svogliati | anche in forma pron.: *scaldarsi la cena*; *seguitava a scaldarsi le mani sul braciere* (G. VERGA) **2** (*fig.*) accendere, agitare, eccitare: *s. la testa*; *l'entusiasmo lo scalda subito* **B** **v. intr.** (**aus.** *avere*) ● raggiungere un calore eccessivo: *il ferro da stiro scalda troppo* **C** **scaldàrsi** **v. rifl.** ● procurarsi calore: *scaldarsi al fuoco, al sole*; *scaldiamoci con un tè bollente!*; *scaldarsi camminando* | detto di un atleta, fare esercizi di riscaldamento: *l'attaccante si sta scaldando ai bordi del campo* **D** **scaldàrsi** **v. intr. pron.** **1** diventare caldo o più caldo: *la stanza comincia a scaldarsi* **2** (*fig.*) eccitarsi, appassionarsi: *tutto il teatro si scaldò a quella vista*; *scaldarsi per il derby* | accalorarsi: *scaldarsi nel discutere* | irritarsi, perdere il controllo di sé stesso: *su, non scaldarti tanto!*; *è un tipo che si scalda in fretta*

scaldasèggiole [comp. di *scalda(re)* e il pl. di *seggiola* ✻1872] **s. m. e f. inv.** ● persona che partecipa passivamente a lezioni, lavori, spettacoli e sim. | persona oziosa

scaldàta [1872] **s. f.** ● atto dello scaldare, spec. in fretta e una volta: *dare una s. al brodo* || **scaldatìna**, **dim.**

scaldavivànde [comp. di *scalda(re)* e il pl. di *vivanda* ✻av. 1557] **s. m. inv.** ● apparecchio, di forma e funzionamento vari, per tenere in caldo le vivande che si servono in tavola

scàldico [1819] **agg.** (**pl. m.** *-ci*) ● di scaldo, degli scaldi

scaldìglia [da *scaldare* ✻1902] **s. f.** ● qualunque recipiente metallico riempito d'acqua calda e usato, spec. in passato, per riscaldare la persona

scaldìno [da *scaldare* ✻1754] **s. m.** ● recipiente di rame, terracotta o sim. riempito di braci e usato, spec. in passato, per scaldarsi le mani o riscaldare il letto

scàldo [dall'ant. nordico *skald* 'rapsodo', di etim. incerta ✻1789] **s. m.** ● presso gli antichi Scandinavi, poeta di corte

scalducciàrsi [da *calduccio* 'un po' caldo', con *s-* ✻1858] **v. rifl.** (**pres.** *io mi scaldùccio*; **fut.** *io mi scalduccerò*) ● (*fam.*) scaldarsi alquanto | starsene al calduccio

scalèa [lat. parl. **scalēria*, var. di *scalāria* 'scala', nt. pl. sost. di *scalārius*, da *scāla* 'scala①' ✻1313] **s. f.** ● scala monumentale all'aperto, con funzione urbanistica, che dà accesso a una chiesa, a un edificio architettonicamente notevole, a un parco e sim.

scalèlla [propr. dim. di *scala*① ✻av. 1409] **s. f.** ● (*caccia*) piccola scala di legno usata nei capanni e nei roccoli, per appendere gabbie e sim. | scalini di discesa per entrare in un capanno o paretaio

scalèno [vc. dotta, lat. tardo *scalēnu(m)* 'scaleno', dal gr. *skalēnós* 'disuguale, zoppicante', di orig. indeur. ✻av. 1572] **A** **agg.** ● (*mat.*) detto di triangolo con i tre lati disuguali o di trapezio con i lati a due a due disuguali **B** **agg.**; **anche s. m.** ● (*anat.*) detto di tre muscoli del collo tesi dalle vertebre cervicali alle prime due coste

scalenoèdro [comp. di *scaleno* e *-edro* ✻1875] **s. m.** ● solido geometrico le cui dodici facce sono triangoli scaleni uguali | in cristallografia, una delle forme semplici di cristalli

scalèo [lat. parl. **scalēriu(m)*, variante di *scalārius* 'a scala', da *scāla* 'scala①' ✻1319] **s. m.** **1** scala a pioli doppia e incernierata nella parte superiore, quindi apribile e capace di reggersi senza bisogno di appoggi **SIN.** scala a libretto | mobile di legno o metallo a due o tre scalini con larghi ripiani per tenervi vasi di fiori o per arrivare ai palchetti superiori di una scaffalatura di negozio, magazzino, biblioteca **2** †scala, scalea

scalèra [forma sett. di *scalea* (V.) ✻av. 1742] **s. f.** ● scala diramata in due rampe semicircolari

scalessàre [da *calesse*, con *s-* ✻1694] **v. intr.** (**aus.** *avere*) ● (*lett.*) andare girando qua e là in calesse

scalétta [1319] **s. f.** **1** dim. di *scala*① | scala a libretto, (V. *scala*①) **2** primo e schematico abbozzo di elaborazione cinematografica, televisiva e sim. **CFR.** trattamento, nel sign. 3 **3** abbozzo scritto di un discorso, relazione e sim. che ne individua gli argomenti essenziali in maniera rapida e sommaria **4** (*fam.*) disuguaglianza nel taglio dei capelli || **scalettìna**, **dim.**

SFUMATURE ➤ ***traccia***

scalettàre [1879] **v. tr.** (*io scalétto*) ● tagliare o disporre a scaletta

scalfàre [metatesi di **sfalcare*, dal longob. *falkan* 'spogliare, togliere', con *s-* (?) ✻sec. XIV] **v. tr.** ● allargare lo scalfo della manica

scalferòtto o **scalfaròtto** [da *scalfare* ✻1585] **s. m.** ● (*sett.*) pantofola con pelo, calzatura di lana per stare caldo

†**scalficcàre** [sovrapposizione di *ficcare* a un deriv. dal lat. tardo *scarificāre*, prob. prestito dal gr. *skariphâesthai* 'scalfire', dalla radice indeur. che genera anche il lat. *scrībere* 'scrivere' (V.). V. *scalfire* ✻av. 1704] **v. tr.** ● scalfire

♣**scalfìre** [di etim. discussa: dal lat. parl. **scalfire*, variante di *scarifāre* 'incidere' (?). V. †*scalficcare*, *scarificare* ✻av. 1604] **v. tr.** (*io scalfìsco, tu scalfìsci*) ● incidere, intaccare alla superficie (*anche fig.*): *il chiodo ha scalfito il cristallo*; *quelle calunnie non hanno nemmeno scalfito la sua reputazione* | ferire leggermente: *la scheggia gli ha scalfito il braccio* | anche in forma pron.: *si è scalfito la pelle con il rasoio*

scalfìto o †**scalfitto** **A** **part. pass.** di *scalfire*; **anche agg.** ● nei sign. del v. **B** **s. m.** ● †scalfittura

scalfittùra [sec. XIV] **s. f.** ● lo scalfire | lesione superficiale: *uscì dall'incidente con qualche s.*

scàlfo [da *scalfare* (V.) ✻1965] **s. m.** ● parte della manica che si attacca alla spalla

scalifìcio [comp. di *scala* e *-ficio* ✻1970] **s. m.** ● fabbrica di scale

scalìgero [vc. dotta, dal lat. mediev. *Scalīgeru(m)* 'colui che porta (*-gerus*, da *gĕrere* 'portare') la scala', latinizzazione del cognome dei signori *Della Scala* ✻1554] **agg.** **1** relativo ai Della Scala, signori di Verona nei secc. XIII e XIV **2** (*est.*) di Verona: *la città scaligera* **3** relativo al teatro alla Scala di Milano (così chiamato perché fatto costruire sull'area della chiesa di S. Maria della Scala): *le serate scaligere*

scalinàre [da *scalino* ✻1934] **v. tr.** ● (*sport*) in alpinismo, gradinare

scalinàta [da *scalino* ✻1617] **s. f.** ● scala di notevoli dimensioni, che dà accesso a un edificio di importanza architettonica

scalinatùra [da *scalinare* ✻1959] **s. f.** ● (*sport*) in alpinismo, gradinamento

♦**scalìno** [da *scala*① ✻av. 1328] **s. m.** **1** elemento costruttivo di cui si compone la scala, composto da un tratto piano orizzontale o *pedata* e uno verticale o *alzata* corrispondente a un passo umano in salita **2** (*sport*) in alpinismo, gradino **3** (*fig.*) grado, livello: *scendere di uno s. nella scala sociale* **4** (*fig.*) variazione rilevante in una successione di valori numerici **CFR.** scalone || **scalinétto**, **dim.** | **scalinóne**, **accr.**

scalmàna o †**scarmàna** [da *calma*, con *s-* ✻av. 1556] **s. f.** **1** (*pop.*) raffreddore, malessere, causato da brusco raffreddamento dopo essersi riscaldato correndo o affaticandosi | vampata di calore al viso **2** (*fig.*) infatuazione, entusiasmo eccessivo: *prendersi una s. per qlcu. o per qlco.*

♣**scalmanàrsi** [da *scalmana* ✻1688] **v. intr. pron.** **1** affaticarsi, sudare, nel correre, nel fare qlco. in fretta e sim. **2** (*fig.*) agitarsi, darsi da fare con grande impegno: *non scalmanarti a cercarlo* | scaldarsi, accendersi, nel parlare: *non si scalmani tanto, per favore*

scalmanàta [1953] **s. f.** ● grande agitazione, fatica e sim.

scalmanàto **A** **part. pass.** di *scalmanarsi*; **anche agg.** ● nei sign. del v. **B** **s. m.** (**f.** *-a*) ● persona turbolenta, fanatica, sfrenata: *un gruppo di scalmanati provocò l'incidente*

scalmanatùra [av. 1698] **s. f.** ● lo scalmanarsi | scalmana: *è una s. passeggera*

scalmièra [da *scalmo* ✻1813] **s. f.** ● incavo o forcella di metallo inserita sul bordo di una imbarcazione, in cui viene appoggiato il remo senza essere assicurato con un legaccio

scalmière [1930] **s. m.** ● (*mar.*) scalmiera

scàlmo o †**scàrmo** [lat. *scălmu(m)* 'scalmo', dal gr. *skalmós*, connesso con *skállein* 'scavare', di orig. indeur. ✻av. 1470] **s. m.** **1** elemento in legno o metallo collocato sul bordo di un'imbarcazione, gener. a forcella, su cui si appoggia il remo **2** nella costruzione in legno, elemento che fa parte delle coste di una nave in prolungamento degli staminali o dei madieri | ***fuori s.***, outrigger

scàlo [da *scalare*② ✻av. 1764] **s. m.** **1** piano inclinato verso l'acqua per varare le navi o tirarle in secca | ***s. di alaggio***, su cui si ala una nave per ripararla o pulirla | ***s. coperto***, cantiere con tutte le sue attinenze | ***s. scoperto***, piano inclinato senza tettoia, costruito per le costruzioni navali | ***s. fisso***, scalandrone **2** (*est.*) complesso di attrezzature necessarie all'arrivo, alla sosta e alla partenza di merci e passeggeri, in stazioni ferroviarie, porti e aeroporti | ***s. merci***, in una stazione o in un porto, complesso dei piani caricatori, magazzini, binari di carico e scarico e uffici per tutte le operazioni relative al traffico delle merci | ***s. aereo***, aeroscalo **3** fermata intermedia per imbarcare o sbarcare passeggeri o merci, per fare rifornimento e sim.: *volo senza s.*; *fare s. in un porto* | ***s. tecnico***, per operazioni tecniche e non commerciali **4** luogo in cui si fa scalo: *questo è l'ultimo s. prima della grande traversata*

scalòccio [da *scala*① ✻1614] **A** **s. m.** ● (*mar.*) scala non molto grande, nella galea | ***remo a s.***, remo lungo maneggiato, nelle galee, da più uomini disposti a scala **B** **anche agg.** (**pl. f.** *-ce*): *remo s.*

scalógna① o (*pop.*) **scarógna** [di etim. discussa: dal lat. *calŭmnia(m)* 'raggiro, frode', con *s-*. V. *calunnia* ✻1898] **s. f.** ● iettatura, sfortuna: *che s.!*; *avere s.*; *portare s.*

scalógna② [av. 1526] **s. f.** ● scalogno

scalognàto o (*pop.*) **scarognàto** [da *scalogna*① ✻av. 1936] **agg.** ● sfortunato, disgraziato: *quello per noi fu un periodo veramente s.*

scalógno [dal lat. *ascalōnia(m)*, ellitt. per *Ascalōnia cēpa* 'cipolla di Ascalonia', città della Palestina ✻1287] **s. m.** ● (*bot.*) liliacea originaria dell'Asia Minore, con foglie a lesina e fiori rossi (*Allium ascalonicum*) | il bulbo commestibile di tale pianta, dall'odore simile a quello della cipolla

scalóne [da *scala*①; nel sign. 3, da *scalino*, con sostituzione del suff. *-ino* con *-one* ✻1819] **s. m.** **1** accr. di *scala* **2** scala interna di palazzo, di grandi e imponenti proporzioni **3** (*fig.*) va-

S

riazione molto rilevante in una successione di valori numerici CFR. scalino

scàlopo [vc. dotta, dal gr. *skálops*, genit. *skálopos* 'talpa', connesso con *skállein* 'scavare, frugare', di orig. indeur. * 1838] **s. m.** ● mammifero americano molto simile alla talpa, eccellente scavatore (*Scalopus aquaticus*)

scalòppa [dal fr. *escalope*, prob. dall'ingl. *scallop*, risalente, attraverso l'ant. fr. *escalope* 'guscio', al neerl. *scholpe* * 1895] **s. f.** ● scaloppina

scaloppìna [da *scaloppa* * 1884] **s. f.** ● fettina di carne di vitello, manzo, maiale, pollo e sim., infarinata e cotta a fuoco vivo talora con aggiunta di vino: *scaloppine al marsala*

scalpàre [1942] **v. tr. 1** privare dello scalpo **2** (*med.*) produrre uno scalpo

scalpellàre o (*pop.*) **scarpellàre** [lat. tardo *scalpellāre* 'incidere', da *scalpĕllum* 'scalpello' * av. 1320] **v. tr.** (*io scalpèllo*) **1** lavorare con lo scalpello per incidere, intagliare, scheggiare e sim.: *s. il marmo, la pietra* | ***s. un'iscrizione***, cancellarla con lo scalpello **2** (*chir.*) incidere, modellare con lo scalpello

scalpellàto **part. pass.** di *scalpellare* ● nei sign. del v.

scalpellatóre o (*pop.*) **scarpellatóre** [sec. XIV] **A** **s. m.** (**f.** *-trice*); **anche agg.** ● (*raro*) chi (o che) scalpella **B** **s. m.** ● in siderurgia, sbavatore

scalpellatùra o (*pop.*) **scarpellatùra** [av. 1472] **s. f.** ● lo scalpellare | lavoro di scalpello

scalpellinàre o (*pop.*) **scarpellinàre** [da *scalpellino* * 1872] **v. tr.** ● (*tosc.*) scalpellare

scalpellìno o (*pop.*) **scarpellìno** [da *scalpello* col suff. di mestiere *-ino* * 1520] **s. m.** (**f.** *-a*) **1** operaio che lavora pietre e marmo con lo scalpello **2** (*spreg.*) scultore privo di abilità

scalpèllo o (*pop.*) **scarpèllo** [lat. *scalpĕllu(m)*, dim. di *scălprum* 'lancetta, scalpello', connesso con *scălpere* 'grattare', di etim. incerta * av. 1320] **s. m. 1** utensile da taglio in acciaio, usato nella lavorazione a mano di legni, pietre e metalli, su cui si picchia col martello: *s. da muratore*; *s. per metalli* | ***s. da falegname, per legno***, con taglio unghiato e manico di legno **2** strumento usato dallo scultore | (*per anton.*) ***arte dello s.***, la scultura | ***lavoro, opera di s.***, scultura | (*est.*) ***un valente s.***, un valente scultore **3** (*chir.*) strumento tagliente per operare sulle ossa o sulle formazioni dure **4** attrezzo usato per perforare pozzi, spec. petroliferi: *s. a diamanti*; *s. a rulli conici* ‖ **scalpellétto**, **dim.** | **scalpellìno**, **dim.**

scalpicciaménto [av. 1320] **s. m.** ● lo scalpicciare | rumore che si fa scalpicciando

scalpicciàre o (*pop.*) **scarpicciàre**, †**calpicciàre** [connesso con *scalpitare*, con sovrapposizione di *pesticciare* (?) * av. 1320] **A** **v. tr.** (**pres.** *io scalpìccio*; **fut.** *io scalpiccerò*) **1** (*lett.*) calpestare ripetutamente con i piedi | †***s. un luogo***, frequentarlo **2** (*raro, lett.*) maltrattare **B** **v. intr.** (**aus.** *avere*) ● camminare strisciando i piedi sul pavimento, con movimento rapido e leggero

♣**scalpiccìo** o (*pop.*) **scarpiccìo** [1353] **s. m.** (**pl.** *-ii*) ● lo scalpicciare continuo | rumore che si fa scalpicciando

scàlping /'skalpin(g), *ingl.* 'skælpɪŋ/ [vc. ingl., propr. 'scotennamento', da *scalp* 'scalpo' * 1998] **s. m. inv.** ● (*borsa*) forma estrema di intraday trading che limita a pochi minuti o addirittura a secondi l'intervallo tra acquisto e vendita di un titolo

scalpitaménto [av. 1363] **s. m.** ● (*raro*) lo scalpitare: *[lo] s. de' cavalli ansanti* (G. PASCOLI)

scalpitànte **part. pres.** di *scalpitare*; **anche agg.** ● nei sign. del v.: *cavallo s.* | (*fig.*) irrequieto, impaziente di fare qlco.

scalpitàre o †**calpitàre** [lat. parl. **scalpitāre*, frequentativo di *scălpere* 'grattare', di etim. incerta * 1275] **A** **v. tr.** (*io scàlpito*) **1** †calpestare: *le rugiadose erbe con lento passo scalpitando* (G. BOCCACCIO) **2** (*fig.*) †opprimere **B** **v. intr.** (**aus.** *avere*) ● pestare il terreno con gli zoccoli, in segno di impazienza o irrequietezza, detto spec. del cavallo: *un incalzar di cavalli accorrenti / scalpitanti su gli elmi a' moribondi* (U. FOSCOLO) | (*fig.*) detto di persona, manifestare impazienza, irrequietezza

♣**scalpitìo** [1374] **s. m.** (**pl.** *-ii*) ● lo scalpitare continuo | il rumore che ne deriva

scàlpito [1891] **s. m.** ● (*lett.*) lo scalpitare

scàlpo [dall'ingl. *scalp* 'cuoio capelluto', con vari corrispondenti nelle ant. lingue germ. * 1942] **s. m. 1** cuoio capelluto asportato dagli indiani d'America dal cranio del nemico vinto per conservarlo come trofeo **2** (*med.*) lesione traumatica con scollamento del cuoio capelluto dal cranio

♣**scalpóre** [da *scalpitare*, sul modello di *bagliore*, *rumore* e sim. * 1400 ca.] **s. m. 1** manifestazione concitata di risentimento, indignazione e sim. **2** nella loc. ***destare, fare s.***, fare parlare molto di sé, suscitando la curiosità e l'interesse generali, sollevando commenti, critiche e sim.: *la sua rinuncia ha fatto s.* SIN. chiasso, rumore

SFUMATURE DI SIGNIFICATO

scalpore - eco - scandalo

Scalpore è l'insieme delle reazioni dell'opinione pubblica a un evento che ha fatto sensazione: commenti, critiche, indignazione, stupore ecc. Anche **eco** è utilizzato per definire le reazioni suscitate da un fatto ma, rispetto a *scalpore*, suggerisce l'idea di una risonanza che desta minore sensazione. Se le reazioni sono invece conseguenti a profondo turbamento della coscienza e della sensibilità il termine più pertinente è **scandalo**.

†**scalterìre** ▸ **scaltrire**

♣**scaltrézza** [1611] **s. f.** ● caratteristica di chi (o di ciò che) è scaltro SIN. astuzia, destrezza, furbizia

†**scaltriménto** [da *scaltrire* * av. 1250] **s. m.** ● scaltrezza, astuzia | stratagemma: *certi scaltrimenti suoi malvagi* (L. PULCI)

♣**scaltrìre** o †**scalterìre** [da †*calterire* (V.) con *s-*, nel senso di 'bruciare fino in fondo' * 1319] **A** **v. tr.** (*io scaltrisco, tu scaltrisci*) ● rendere scaltro, accorto, avveduto: *l'esperienza lo ha scaltrito* | ***s. la lingua, lo stile***, dirozzare, affinare **B** **scaltrìrsi** **v. intr. pron. 1** diventare scaltro, o più scaltro **2** acquistare perizia, sicurezza, padronanza nell'esercizio di un mestiere, una professione, un'arte

†**scaltritézza** [da *scaltrito* * 1765] **s. f.** ● (*raro*) scaltrezza

scaltrìto **part. pass.** di *scaltrire*; **anche agg.** ● nei sign. del v. | reso scaltro, avveduto: *una persona scaltrita dall'esperienza* | smaliziato | esperto ‖ **scaltritaménte**, **avv.** in modo scaltrito, da persona provetta e perita; accortamente

♣**scàltro** [da *scaltrire* * av. 1328] **agg.** ● che, nell'agire, nel comportarsi o nel parlare mostra di possedere astuzia, avvedutezza, esperienza, unite a una certa malizia: *commerciante s.*; *bada a quel tipo, è molto s.* SIN. accorto, astuto, dritto, furbo CONTR. ingenuo, semplice, sempliciotto, sprovveduto | che denota scaltrezza, astuzia: *idea, risposta, mossa scaltra* ‖ **scaltraménte**, **avv.** in modo scaltro, con scaltrezza

scalvàre [da un ant. *calvare*, da *calvo* nel sign. 2, con *s-* * sec. XIV] **v. tr.** ● tagliare i rami di una pianta rasente il fusto per ottenere nuovi germogli

scalvatùra [1959] **s. f.** ● lavoro dello scalvare

scàlvo [av. 1829] **s. m.** ● scalvatura

scalzacàne o **scalzacàni** [comp. di *scalza(re)* e *cane* * av. 1556] **s. m. e f. 1** (*spreg.*) persona malvestita, misera, di umile condizione sociale: *non crediate ... che io tratti soltanto con gaglioffi e scalzacani* (R. BACCHELLI) **2** chi manca di abilità e capacità nell'esercizio del proprio mestiere o della propria professione: *quel chirurgo è uno s.*

†**scalzagàtto** o †**scalzagàtti** [comp. di *scalza(re)* e *gatto* * av. 1665] **s. m.** ● scalzacane: *adesso ... ogni s. vorrà dir la sua* (A. MANZONI)

scalzaménto [1427] **s. m.** ● operazione dello scalzare | scalzatura

scalzapèlli [comp. di *scalza(re)* e il pl. di *pelle* * 1965] **s. m. inv.** ● piccolo strumento usato per scalzare le pelli dalle unghie

scalzàre [lat. *excalceāre*, comp. di *ĕx-* (*s-*) e di *calceāre*, da *călceus* 'scarpa'. V. *calza* * sec. XIII] **A** **v. tr. 1** togliere le scarpe e le calze: *s. i piedi per lavarli* **2** rimuovere il terreno intorno al piede di un albero o alle radici di piante per abbatterle, irrigarle o concimarle **3** (*est.*) smuovere dalla base, privare del sostegno: *s. un muro*; *s. qlco. dalle fondamenta* | (*fig.*) indebolire, scuotere, con accuse, calunnie e sim.: *s. l'autorità, il credito, di qlcu.* | rimuovere, soppiantare qlcu. dal posto che occupa, dalla carica che riveste e sim.: *è riuscito a s. il collega e ne ha preso il posto* **4** (*raro* o *lett.*) indurre qlcu. a rivelare ciò che non vorrebbe **B** **scalzàrsi** **v. rifl.** ● togliersi le scarpe e le calze

scalzatóre [1872] **s. m.** (**f.** *-trice*); **anche agg.** ● (*raro*) chi (o che) scalza

scalzatùra [av. 1597] **s. f.** ● operazione dello scalzare | incavo, cavità nel terreno alla base di una pianta

scàlzo [lat. tardo (eccl.) *excălciu(m)*, *excălceu(m)* 'scalzato', da *excalceāre* 'scalzare' * av. 1327] **agg. 1** che ha i piedi nudi, che non ha né scarpe né calze: *camminare, andare s.* | ***a piedi scalzi***, a piedi nudi | (*spreg.*) †di bassa condizione **2** (*relig.*) detto degli appartenenti ad alcuni ordini e congregazioni che, per stretta osservanza della regola o per riforma della medesima, vanno senza calze, con i soli sandali ai piedi: *carmelitane scalze*

scamatàre o †**camatàre** [av. 1400] **v. tr.** ● (*raro*) battere materassi, cuscini e sim. con lo scamato

scamàto o †**camàto** [gr. *kámax*, genit. *kámakos* 'bastone, pertica', con diversi riscontri indeur. * 1325 ca.] **s. m. 1** bacchetta usata per battere la lana di materassi, cuscini e sim. **2** nell'antica liturgia cattolica, bacchetta con cui i penitenzieri toccavano i penitenti in segno di assoluzione

scambiàbile [da *scambiare* * 1959] **agg.** ● che si può scambiare ‖ **scambiabilità**, **s. f. inv.**

scambiaménto [da *scambiare* * 1513] **s. m.** ● (*raro*) scambio

♦**scambiàre** [da *cambiare* (V.), con *s-* * 1320] **A** **v. tr.** (*io scàmbio*) **1** confondere una persona o una cosa per un'altra, per errore, distrazione e sim.: *ti ho scambiato per tua madre*; *scambiarono l'aceto per il vino* | dare o prendere qlco. confondendola per errore con un'altra simile: *al guardaroba mi hanno scambiato il cappello* | (*assol.*) †sbagliare **2** barattare, fare uno scambio: *s. merci*; *s. un disco con un libro* | cambiare una banconota o una moneta con altre di valore equivalente e di taglio inferiore: *mi può s. cinquecento euro?* **3** discorrere, conversare, spec. nelle loc.: ***s. una parola, due parole***; ***s. impressioni, opinioni*** e sim. **B** **scambiàrsi** **v. tr. pron.** (**aus.** *essere*) ● (con valore recipr.) darsi, dirsi, farsi e sim. scambievolmente: *scambiarsi sguardi, confidenze, insulti, regali, visite* | fare uno scambio: *scambiarsi il posto; scambiarsi il partner ballando* **C** **scambiàrsi** **v. rifl.** ● sostituirsi: *scambiarsi di posto con il vicino di fila* | alternarsi: *scambiarsi alla guida di un veicolo*

scambiatóre [1949] **s. m.** **1** (**f.** *-trice*) chi scambia **2** dispositivo atto a trasferire spec. energia termica da un fluido ad un altro: *s. di calore* | ***s. a controcorrente***, in cui i due fluidi si muovono in sensi opposti

scambiettàre [da *scambietto* ✻ av. 1446] **v. tr. e intr.** (**aus.** *avere*) ● (*lett.*) fare scambietti nel ballo: *poi torna indietro, e due salti scambietta* (L. DE' MEDICI)

scambiétto [da *scambio* ✻ av. 1400] **s. m.** **1** saltello che si fa ballando, invertendo la posizione dei piedi **2** (*fig.*) gioco di parole, doppio senso

scambiévole [da *scambiare* ✻ 1438] **agg.** ● vicendevole, reciproco: *aiuto, affetto s.* ‖ **scambievolménte**, **avv.** **1** in modo scambievole, vicendevolmente **2** †invece, viceversa, in cambio

scambievolézza [1636] **s. f.** ● (*raro*) condizione di ciò che è scambievole | reciprocità

♦**scàmbio** [da *scambiare* ✻ sec. XIII] **s. m.** **1** confusione fatta per errore, per distrazione e sim.: *uno s. di persone; c'è stato uno s. di posti* | ***in s.***, invece, in luogo, al posto: *prendere, pigliare, in s.* **2** lo scambiare, lo scambiarsi qlco. | il dare una cosa e il riceverne un'altra in cambio: *s. di saluti, di cortesie, di insulti; s. di doni* | (*gramm.*) ***complemento di sostituzione o s.***, V. *sostituzione* | ***s. di prigionieri***, reciproca restituzione di prigionieri da parte di Paesi in guerra | ***s. delle consegne***, tra guardie e ufficiali di servizio montanti e quelli cedenti; (*est.*) trasferimento di atti, documenti e sim. a chi succede in un incarico | ***s. del pallone***, nel calcio, passaggio | nel tennis, serie di colpi tra un giocatore e il suo avversario | ***s. di coppia***, incontro erotico tra due o più coppie che si scambiano reciprocamente i partner | ***voto di s.***, V. *voto*① **3** (*disus.*) sostituto temporaneo **4** (*econ.*) cessione di un bene contro un altro, commercio | ***libero s.***, commercio non gravato di dazi protettivi **5** (*chim.*) ***s. ionico, di ioni***, reazione chimica in cui avviene il passaggio di uno ione da una soluzione elettrolitica a un solido ionico e il passaggio inverso di uno ione proveniente dal solido: *resine a s. ionico* **6** (*ferr.*) dispositivo che effettua uno dei raccordi possibili fra più binari confluenti, al fine di consentire il passaggio dei veicoli ferroviari o tranviari **SIN.** deviatoio **7** gioco enigmistico consistente nell'ottenere da una parola data una parola di significato diverso, scambiando di posto due lettere o due sillabe (per es. corAllO, corOllA; diGERIre, diRIGEre) **8** nella loc. prep. †***s. di***, in cambio di, invece di ‖ **scambiétto**, **dim.**

S

scambişmo [da *scambista* nel sign. 3 ✻ 1997] **s. m.** ● (*gerg.*) scambio di partner per scopi sessuali

scambista [comp. di *scamb(io)* e *-ista* ✻ 1857] **s. m. e f.** (**pl. m.** *-i*) **1** (*ferr.*) deviatore **2** (*econ.*) chi svolge attività di scambio **3** (*gerg.*) chi pratica lo scambismo

scameràre [da *camera*① 'erario pubblico', con *s-*. V. *incamerare* ✻ 1600] **v. tr.** (*io scàmero*) ● (*raro*) fare uscire determinate somme da un bilancio **CONTR.** incamerare | liberare da sequestro, da una confisca

scamiciaménto [comp. parasintetico di *camicia*, col pref. *s-* ✻ 1918] **s. m.** ● in un proiettile di arma da fuoco, perdita della camicia nell'attraversamento di un ostacolo molto resistente

scamiciàrsi [da *camicia*, con *s-* ✻ 1846] **v. rifl.** (**pres.** *io mi scamicio*; **fut.** *io mi scamicerò*) ● togliersi la giacca rimanendo in maniche di camicia: *s. per il caldo*

scamiciàto① **A** **part. pass.** di *scamiciarsi*; **anche agg.** ● nel sign. del v. | (*est.*) vestito in modo disordinato, scomposto **B** **s. m.** ● abito, tunica o giacca scollati e senza maniche indossati su una camicetta o una maglietta

scamiciàto② [calco sullo sp. *descamisado*, termine con cui nei Paesi di lingua sp. si sono definiti i rivoluzionari o, in genere, gli appartenenti alle classi infime ✻ 1970] **s. m.** (**f.** *-a*) ● (*raro*) descamisado

scammonèa ➤ **scamonea**

scamóne [vc. lombarda, di etim. incerta ✻ 1905] **s. m.** ● parte posteriore delle bestie macellate, esclusa la coscia; usato spec. per bistecche e fettine

scamonèa o **scammonèa** [vc. dotta, dal lat. *scammōnea(m)* 'scamonea', dal gr. *skammōnía*, connesso con l'ebr. *kammōn* 'cumino' ✻ av. 1320] **A** **s. f.** ● convolvulacea dalla cui radice si estrae una resina usata in medicina (*Convolvulus scammonia*) **B** **s. m. inv. e s. f.** ● (*fig.*, *disus.*) persona malaticcia, noiosa e senza importanza

†**scamònio** [vc. dotta, dal lat. *scammōniu(m)* 'sugo di scamonea', dal gr. *skammṓnion* 'pianta della scammonea' ✻ av. 1525] **s. m.** ● (*bot.*) scamonea

scamòrza o (*raro*) **scamòzza** [da *scamozzare* (V.) ✻ 1895] **s. f.** **1** formaggio tenero non fermentato, a pasta filata, in forma di pera o fiaschetta, ottenuto con latte di vacca o misto di vacca e capra **2** (*fig.*, *scherz.*) persona di scarso valore intellettuale, di scarsa abilità e sim. **SIN.** schiappa

scamosceria [da *scamosciare* ✻ 1916] **s. f.** ● concia all'olio, usata per le pelli da scamosciare

scamosciàre [da *camosciare*, con *s-* ✻ 1895] **v. tr.** (**pres.** *io scamòscio* o *scamóscio*; **fut.** *io scamoscerò*) ● conciare e lavorare le pelli in modo da renderle vellutate come quella di camoscio

scamosciàto **A** **part. pass.** di *scamosciare*; **anche agg.** ● nel sign. del v. **B** **s. m.** ● pellame di aspetto vellutato ottenuto per concia all'olio

scamosciatóre [da *scamosciato* ✻ 1824] **s. m.** (**f.** *-trice*) ● conciatore di pelli in olio

scamosciatùra [1959] **s. f.** ● operazione, tecnica dello scamosciare

scamòscio① (o **-ó-**) [da *scamosciare* ✻ 1872] **agg.** (**pl. m.** *-sci*; **pl. f.** *-sce*) ● (*raro*) scamosciato

†**scamòscio**② (o **-ó-**) ➤ **camoscio**①

scamòzza ➤ **scamorza**

scamozzàre [da *ca(po)mozzare*, comp. di *capo* e *mozzare*, con *s-* ✻ 1441] **v. tr.** (*io scamòzzo*) ● scapezzare, scapitozzare

scamozzatùra [1891] **s. f.** ● operazione dello scamozzare | parte tolta scamozzando

†**scamózzolo** ➤ †**scamuzzolo**

†**scàmpa** [da *scampare* ✻ sec. XIII] **s. f.** ● (*lett.*) scampo: *perché guardi intorno / le scampe della pugna?* (V. MONTI)

scampafórca [comp. di *scampa(re)* e *forca* ✻ 1618] **s. m. e f.** (**pl.** *scampafórca*, o *scampafórche*) ● (*raro*) furfante, avanzo di galera

scampagnàre [da *campagna*, con *s-* ✻ 1858] **v. intr.** (**coniug. come** *segnare*; **aus.** *avere*) ● (*raro*) andare a divertirsi in campagna | fare una scampagnata

scampagnàta [da *scampagnare* ✻ 1828] **s. f.** ● gita in campagna

scampanacciàta [da *campanaccio*, sul modello di *scampanata* (V.) ✻ 1940] **s. f.** ● frastuono che si fa con campanacci, oggetti metallici, e sim. spec. in segno di scherno

scampanaménto [1858] **s. m.** **1** (*raro*) scampanata **2** battito irregolare dello stantuffo nel cilindro dei motori a scoppio e sim. per eccessiva usura

scampanàre [da *campana*, con *s-* ✻ 1548] **A** **v. intr.** (**aus.** *avere*) **1** suonare a distesa, detto delle campane **2** fare la scampanacciata a qlcu. **3** allargarsi sul fondo, detto di abiti **B** **v. tr.** ● modellare qlco. secondo una forma tronco-conica, a campana: *s. una gonna*

scampanàta [da *scampanare* ✻ 1534] **s. f.** **1** suonata a distesa di campane **2** scampanacciata **3** figura acrobatica di aeromobile

scampanàto **part. pass.** di *scampanare*; **anche agg.** ● nei sign. del v. | allargato sul fondo: *un abito s.* **SIN.** svasato

scampanatùra [da *scampanato* ✻ 1966] **s. f.** ● modellatura a campana del fondo di un abito femminile

scampanellàre [da *campanello*①, con *s-* ✻ 1726] **v. intr.** (*io scampanèllo*; **aus.** *avere*) ● suonare un campanello con forza e insistenza

scampanellàta [da *scampanellare* ✻ 1855] **s. f.** ● suonata di campanello forte e prolungata

scampanellìo [1865] **s. m.** (**pl.** *-ii*) ● lo scampanellare continuo

♣**scampanìo** [1612] **s. m.** (**pl.** *-ii*) ● suono di campane forte e continuo: *lo s. delle campane a festa*

scampàre [da *campo* (*di battaglia*), con *s-* ✻ 1261 ca.] **A** **v. tr.** ● liberare, salvare da un male, da un grave pericolo, e sim.: *ringraziate il Signore, che v'ha scampati da un gran pericolo* (A. MANZONI); (*escl.*) *Dio ci scampi, Dio ce ne scampi e liberi* e sim. | evitare un male, un grave pericolo e sim.: *s. le malattie, la morte, la prigione* | **scampàrla** (con il pron. *la* indeterm.) o, nella forma pron. (con valore intens.), **scampàrsela**, salvarsi, uscire indenne da un grave pericolo, incidente e sim. (*anche fig.*): *è riuscito a scamparla, a scamparsela; l'ha scampata bella!* **B** **v. intr.** (**aus.** *essere*) ● uscire salvo, illeso, da un male, un grave pericolo, e sim. (+ *a*, + *da*): *pochi scamparono alla strage; riuscì a s. al disastro; s. al naufragio, al massacro; s. da una malattia* | trovare scampo, rifugio: *scamparono all'estero, in Francia*

SFUMATURE ➤ *scappare*

scampàto **A** **part. pass.** di *scampare*; **anche agg.** ● nei sign. del v. | che è stato evitato: *la gioia per lo s. pericolo* **B** **agg. e s. m.** (**f.** *-a*) ● che (o chi) si è salvato da un grave pericolo (+ *a*, + *da*): *persone scampate alla strage; si ritenevano scampati da qualche pericolo* (L. PIRANDELLO)

scampionatùra [comp. parasintetico di *campione* col pref. *s-* ✻ 1959] **s. f.** ● (*tess.*) insieme delle analisi cui viene sottoposto un campione di tessuto per conoscerne le caratteristiche necessarie per riprodurlo

scàmpo① [da *scampare* ✻ 1312] **s. m.** ● salvezza, liberazione | mezzo, modo, con cui si scampa a un pericolo: *cercare, trovare uno s.; cercare, trovare una via di s.; cercare s. nella fuga; quella vostra seccatura di dover morire, tutti, senza s.* (P. LEVI) | ***non c'è via di s.***, non c'è più niente da fare, la situazione è disperata

scàmpo② [vc. venez., dal gr. *(hippó)kampos* 'cavalluccio marino', con *s-* ✻ 1923] **s. m.** ● crostaceo marino dei Decapodi, roseo, con antenne sottili e carni pregiate (*Nephrops norvegicus*) **SIN.** nefrope

♣**scàmpolo** [da *scampare* 'fuggire', e quindi 'avanzare' ✻ 1298] **s. m.** **1** avanzo di una pezza di tessuto, generalmente venduto a prezzo ridotto: *uno s. di due metri; vendita di scampoli di fine stagione* **2** (*est.*) pezza, avanzo, rimasuglio: *s. di terreno, di carta;*

approfittare degli ultimi scampoli dell'estate | (*raro, spreg.*) **s. d'uomo**, persona piccola e gracile || **scampolétto, dim.** | **scampolìno, dim.**
SFUMATURE ➤ *scarto*①

scamùffo [etim. incerta; forse da *camuffare* ✱ 1964] **agg.** ● (*colloq.*) mediocre, scadente: *un alberghetto s.*

†**scamùzzolo** o †**scomùzzolo**, †**scamózzolo** [da *scamozzare* ✱ sec. XIV] **s. m.** ● (*tosc.*) minuzzolo, minima parte: *vorrei della sua grazia uno s.* (A. POLIZIANO)

†**scàna** [sovrapposizione di *cane*① a *san(n)a* 'zanna' ✱ 1313] **s. f.** ● zanna: *con l'agute scane / mi parea lor veder fender li fianchi* (DANTE *Inf.* XXXIII, 35-36)

scanagliàre [da *canaglia*, con *s-* intens. ✱ 1846] **A** **v. intr.** (*io scanàglio*; aus. *avere*) ● (*disus.*) comportarsi da canaglia **B** **scanagliàrsi v. intr. pron.** ● (*raro*) assumere modi tipici della canaglia **C** **scanagliàrsi v. rifl. recipr.** ● (*disus.*) trattarsi al modo tipico della canaglia

scanalàre① [da *canale* con *s-* estrattivo ✱ 1612] **v. tr.** ● incavare longitudinalmente legno, pietra, metallo e sim., formando una o più scanalature: *s. una colonna*

scanalàre② [da *canale* con *s-* sottratt. ✱ 1992] **v. intr.** (**aus.** *avere*) ● (*raro*) uscire dal canale: *le acque hanno scanalato*

scanalàto **part. pass.** di *scanalare*①; anche **agg.** **1** nel sign. del v. **2** ***colonna scanalata***, che presenta scanalature verticali lungo la superficie del fusto | ***albero s.***, organo meccanico con scanalature longitudinali che, impegnandosi in una sede corrispondente su altro elemento, ne impediscono la rotazione

scanalatrìce [1942] **s. f.** ● macchina per scanalare

scanalatùra [av. 1698] **s. f.** **1** operazione dello scanalare **2** incavo ricavato longitudinalmente su qlco.: *le scanalature di una colonna*

scancellàre e deriv. ➤ **cancellare** e deriv.

†**scancìa** ➤ **scansia**

scancìo o **schiancìo**, **ṣguancìo**② [di etim. discussa: dall'ant. fr. *guenchier, guenchir* 'piegare, sviarsi', di orig. germ. (?) ✱ av. 1320] **s. m.** (**pl.** *-ii*) ● (*tosc.*) sghembo, sbieco, linea obliqua, spec. nelle loc. avv. ***a s., di s., per s.***: *porta, finestra a s.*; *mettere di s.*; *tagliare a s.*

scandagliaménto [1937] **s. m.** ● misurazione della profondità delle acque per mezzo di uno scandaglio

scandagliàre [da *scandaglio* ✱ 1339] **v. tr.** (*io scandàglio*) **1** misurare la profondità di mari, laghi, e sim. mediante lo scandaglio **2** (*fig.*) tentare di conoscere; indagare, saggiare: *s. l'anima, i sentimenti, le intenzioni di qlcu.* **3** †calcolare esattamente

scandagliàta [1848] **s. f.** ● (*raro*) atto dello scandagliare una volta

scandagliatóre [1872] **A** **agg. e s. m.** (**f.** *-trice*) ● che (o chi) scandaglia **B** **s. m.** ● (*mar.*; *disus.*) chi è addetto alla manovra dello scandaglio

scandàglio [lat. parl. **scandāc(u)lu(m)* 'scaletta', connesso con *scāndere* 'salire', attraverso i dial. sett. ✱ 1300] **s. m.** **1** strumento per la misurazione della profondità di mari, laghi e sim.: *s. a sagola*; *s. idropneumatico, acustico*; *ruotare, gettare lo s.* **2** misurazione effettuata con tale strumento: *fare lo s.* **3** (*fig.*) calcolo, esperimento, esame preventivo e accurato: *fare uno s. delle opinioni altrui*

†**scandaleggiàre** ➤ **scandalizzare**

scandaleẓẓàre ➤ **scandalizzare**

scandalìṣmo [comp. di *scandal(o)* e *-ismo* ✱ 1942] **s. m.** ● tendenza a promuovere, esagerare o inventare scandali, per attirare l'interesse e la curiosità della gente

scandalìsta [1923] **s. m. e f.** (**pl. m.** *-i*) ● chi promuove scandali, spesso esagerandoli o inventandoli, per trarre profitto, per nuocere ad altri e sim.

scandalìstico [1929] **agg.** (**pl. m.** *-ci*) ● che tende a provocare scandali: *settimanale s.* || **scandalisticaménte**, **avv.**

scandaliẓẓaménto [sec. XIII] **s. m.** ● (*lett.*) scandalo

scandaliẓẓàre o (*lett.*) **scandaleẓẓàre**, (*lett.*) **scandoleẓẓàre**, †**scandaleggiàre** [vc. dotta, dal lat. tardo (ecclesiastico) *scandalizāre* 'scandalizzare', calco sul gr. *skandalízein*, da *skándalon* 'insidia, scandalo' ✱ av. 1306] **A** **v. tr.** ● dare scandalo | suscitare sdegno e indignazione negli altri con atti, discorsi, comportamenti scandalosi: *scandalizzò tutti col suo linguaggio sboccato* | turbare col cattivo esempio: *non bisogna s. gli innocenti* **B** **scandaliẓẓàrsi v. intr. pron.** **1** provare sdegno, indignazione, vergogna, per atti, discorsi, comportamenti contrari alla morale, alla decenza, alla convenienza, al decoro (+ *di*, + *per*; + *che* **seguito da congtv.**, + *se* **seguito da indic.**): *non è il caso di scandalizzarsi*; *si è scandalizzato del nostro abbigliamento*; *non scandalizzarti per così poco*; *mi scandalizzo che sia proprio lui a protestare*; *non mi scandalizzo se chiede di venire anche lui* **2** †adirarsi, spazientirsi

scandaliẓẓàto **part. pass.** di *scandalizzare*; anche **agg.** ● che prova o esprime turbamento o sdegno per ciò che offende la morale, la decenza, la giustizia, e sim. (+ *da*, + *di*, + *per*; + *che* **seguito da congtv.**): *appariva s. dalla mia decisione, della mia proposta, per quanto successo*; *si dichiara s. che le spese siano state così elevate*; *rispondere con tono s.*

scàndalo o (*lett.*) **scàndolo** [vc. dotta, dal lat. tardo (ecclesiastico) *scăndalu(m)* 'impedimento', dal gr. *skándalon* 'pietra d'inciampo, insidia', di orig. indeur. ✱ 1268] **s. m.** **1** grave turbamento della coscienza, della sensibilità, della moralità e sim. altrui suscitato da atto, discorso, comportamento, avvenimento, contrario alle leggi della morale, del pudore, della decenza e sim.: *fare, dare s.*; *essere di s.*; *gridare allo s.* | atto, discorso, comportamento, avvenimento e sim. che suscita sdegno, riprovazione, disgusto in quanto contrario alle leggi della morale, del pudore, della decenza e sim.: *quel film è un vero s.*; *si veste che è uno s.*; *non dovremmo permettere certi scandali*; *costei è la causa principale degli scandali di questa casa* (C. GOLDONI) | (*fig.*) ***pietra dello s.***, chi (o che) è causa di scandalo, discordia e sim. (locuzione di origine biblica) **2** fatto, avvenimento, che presenta aspetti contrastanti con la morale corrente e suscita l'interesse e la curiosità dell'opinione pubblica spec. in quanto coinvolge persone o ambienti in vista: *lo s. delle tangenti*; *hai sentito dello s. Rossi?*; *quel settimanale è stato il primo a denunciare lo s.* **3** (*est.*) chiasso, clamore indesiderato attorno a un avvenimento spiacevole che diventa di pubblico dominio: *bisogna evitare gli scandali*; *se non paghiamo farà uno s.*; *cerca di non fare scandali*; *soffocare, sopire, lo s.* **4** †discordia: *i seminatori degli scandali* (D. COMPAGNI) || **scandalétto**, **dim.** | **scandalùccio**, **dim.**
SFUMATURE ➤ *scalpore*

scandalóso (o **-ṣo**) [vc. dotta, dal lat. tardo *scandalōsu(m)*, da *scăndalum* 'scandalo' ✱ av. 1463] **agg.** **1** che dà scandalo, che è causa di scandalo: *libro s.*; *condotta scandalosa* **2** (*iperb.*) eccessivo, smodato: *hai una fortuna scandalosa!* | vergognoso: *prezzi scandalosi* || **scandalosétto**, **dim.** || **scandalosaménte**, **avv.** in modo scandaloso, con scandalo || **scandalosità**, **s. f. inv.**: *la scandalosità di una commedia*

scandènte **part. pres.** di *scandere*; anche **agg.** ● (*bot.*) detto di fusto che si attacca ai sostegni vicini con cirri, spine e sim. **SIN.** rampicante

scàndere [vc. dotta, dal lat. *scăndere* 'salire, scandire', di orig. indeur. V. *scala*①, *scandaglio* ✱ 1321] **v. tr.** (**pass. rem.** *io scandéi*, o *scandètti, tu scandésti*; **difett. del part. pass. e dei tempi composti**) **1** †salire: *Lo ben che tutto il regno che tu scandi / volge e contenta* (DANTE *Par.* VIII, 97-98) **2** (*raro*) scandire

†**scandescènza** ➤ **escandescenza**

scandinàvo o, meno corretto ma più diffuso, **scandìnavo** [1475] **A** **agg.** ● della Scandinavia **B** **s. m.** (**f.** *-a*) ● abitante o nativo della Scandinavia

scàndio [vc. dotta, dal lat. *Scăndia(m)* 'Scandinavia', perché scoperto dallo scienziato L. F. Nilson (1840-1899), di nazionalità svedese e perciò di orig. scandinava ✱ 1889] **s. m.** (**pl.** *-i* o *raro -ii*) ● elemento chimico, metallo del gruppo delle terre rare **SIMB.** Sc **NUM. AT.** 21

✦**scandìre** [vc. dotta, lat. *scăndere*, propr. 'misurare (i versi)', dalla radice indeur. **sk-* col sign. fondamentale di 'saltare', passato a diversa coniug. ✱ av. 1411] **v. tr.** (*io scandìsco, tu scandìsci*) **1** (*ling.*) in metrica, isolare l'uno dall'altro i piedi del verso **2** (*est.*) pronunciare le parole in modo lento e distinto, staccando le sillabe **3** (*est.*) dividere e segnare lo scorrere del tempo a intervalli più o meno regolari: *i rintocchi delle campane scandivano le ore*; *la giornata è stata scandita da una serie di impegni* **4** (*tv*) esplorare, mediante un fascio elettronico che passa in sequenza per ogni punto, linea o campo del mosaico di un tubo per telecamera, o dello schermo di un tubo televisivo **5** (*inform.*) effettuare una scansione **SIN.** scannerizzare

scàndola [lat. *scăndula(m)* 'assicella', di etim. incerta ✱ 1570] **s. f.** ● assicella di legno, generalmente di abete rosso, usata in località di montagna per copertura di tetti: *il tetto ... ha cominciato a slabbrarsi, qualche s. rotolava via* (D. BUZZATI)

scandoleẓẓàre ➤ **scandalizzare**

scàndolo ➤ **scandalo**

†**scanfàrda** [dal sign. primitivo di 'scodella (sporca)': da *scafa*, nel senso di 'vasca' (?) ✱ 1513] **s. f.** ● (*raro, spreg.*) sgualdrina, baldracca

scangèo [etim. incerta ✱ 1855] **s. m.** ● (*pop., tosc.*) pandemonio, confusione

scannafòsso [comp. di *scanna(re)*① e *fosso* ✱ 1516] **s. m.** **1** canaletto, fosso scavato fra i campi o vicino a una costruzione, per la raccolta e il convogliamento delle acque di scolo **2** nell'antica fortificazione, condotto murato per raggiungere il fosso

scannaménto [av. 1649] **s. m.** ● lo scannare, nel sign. di *scannare*① | uccisione, strage

†**scannaminèstre** [comp. di *scanna(re)*① e *minestra* ✱ 1534] **s. m. e f. inv.** ● (*spreg.*) millantatore | fannullone

†**scannapagnòtte** [comp. di *scanna(re)*① e *pagnotta* ✱ av. 1556] **s. m. e f. inv.** ● persona fannullona, buona a nulla

†**scannapàne** [comp. di *scanna(re)*① e *pane* ✱ 1566] **s. m. e f. inv.** ● scannapagnotte

scannàre① [da *canna* (*della gola*), con *s-* ✱ av. 1250] **A** **v. tr.** **1** uccidere, spec. animali, tagliando la canna della gola: *s. una pecora* **SIN.** sgozzare | (*est.*) uccidere brutalmente: *i barbari scannarono donne e bambini* **2** (*fig.*) opprimere con tasse, prezzi e sim. troppo gravosi: *s. qlcu. con le usure* **3** ***s. il fosso***, tagliarlo per derivarne l'acqua **B** **scannàrsi v. rifl. recipr.** ● (*iperb.*) darsi battaglia, litigare violentemente: *sono disposti a scannarsi pur di far prevalere i loro in-*

a b c d e f g h i j k l m n o p q r s t u v w x y z

teressi
scannàre② [da *canna*, con *s-* ✱ 1618] **v. tr.** ● (*tess.*) scannellare①
scannàto **part. pass.** di *scannare*①; anche **agg.** **1** nei sign. del v. **2** ***tasso s.***, ridotto all'osso, non remunerativo per chi lo applica
scannatóio [da *scannare*① ✱ 1615] **s. m.** (**pl.** *-ói*) **1** luogo in cui si scannano gli animali da macello **2** (*fig.*) locale equivoco, casa di malaffare, da gioco, e sim. in cui si attira gente ricca per farle perdere molto denaro
scannatóre [da *scannare*① ✱ 1598] **s. m.** (**f.** *-trice*); anche **agg.** ● (*raro*) chi (o che) scanna
scannatùra [da *scannare*① ✱ 1582] **s. f.** ● lo scannare animali da macello | punto in cui l'animale è stato scannato
scannellaménto [1728] **s. m.** ● (*raro*) scannellatura
scannellàre① [da *cannello*, con *s-* sottratt. ✱ av. 1555] **v. tr.** (*io scannèllo*) ● (*tess.*) svolgere, togliere il filo dal cannello **SIN.** scannare②
scannellàre② [da *cannello*, con *s-* intens. ✱ 1872] **v. tr.** (*io scannèllo*) ● scanalare, ornare di scanalature
scannellàto **A** **part. pass.** di *scannellare*②; anche **agg.** ● nel sign. del v. **B** **s. m.** ● lavoro di scannellatura su metallo, vetro, marmo
scannellatùra [da *scannellare*② ✱ av. 1555] **s. f.** ● scanalatura
scannèllo① [dim. di *scanno*; cfr. lat. tardo *scamnĕllu(m)* 'sgabello', dim. di *scămnum* 'scanno' ✱ 1380] **s. m.** ● specie di cassetta rettangolare con leggio coperto di panno, tenuta spec. in passato sulla scrivania per leggere o scrivere più comodamente, o usata per conservarvi carte, documenti e sim.
scannèllo② [da *cannello*, dim. di *canna*, con *s-* ✱ sec. XVI] **s. m.** ● taglio magro di carne bovina, nella regione del culaccio più vicina alla coscia **SIN.** controgirello
scànner /'skanner, *ingl.* 'skænə(r)/ [vc. ingl., da *to scan* 'esaminare minuziosamente' (dal lat. *scăndere* 'scandire') ✱ 1965] **s. m. inv.** **1** in varie tecnologie di ricerca scientifica, dispositivo elettronico che può esplorare una certa zona o parte di un oggetto in esame **2** (*inform.*) dispositivo optoelettronico in grado di leggere un'immagine piana (diagrammi, testi, fotografie) scomponendola in punti che vengono convertiti in impulsi elettrici e trasmessi a un sistema di elaborazione
scanneràre [adattamento del v. ingl. *to scan* 'esaminare, analizzare' ✱ 1989] **v. tr.** ● (*inform.*) scandire, effettuare una scansione
scannerizzàre [da *scanner* ✱ 1992] **v. tr.** ● (*inform.*) scandire, effettuare una scansione ‖ **scannerizzazióne**, **s. f.** scansione
scànning /'skannin(g), *ingl.* 'skænɪŋ/ [da *to scan* (V. *scanner*) ✱ 1979] **s. m. inv.** ● scansione nel sign. 2
scànno [lat. *scămnu(m)* 'scanno', di orig. indeur. ✱ av. 1320] **s. m.** **1** sedile, seggio, isolato o facente parte di un ordine, che si trova spec. in luoghi particolarmente importanti e solenni: *gli scanni del parlamento, del tribunale*; *gli scanni del coro dei canonici* | (*raro*) sgabello, panca **2** (*fig., lett.*) grado, dignità **3** (*sett.*) banco di sabbia sommerso sul quale si frange il mare ‖ **scannèllo**, **dim.**
scansabrighe [comp. di *scansa(re)* e del pl. di *briga* ✱ 1876] **s. m. e f. inv.** ● chi, per amore del quieto vivere, cerca di evitare fastidi e seccature
scansafatiche [comp. di *scansa(re)* e il pl. di *fatica* ✱ 1872] **s. m. e f. inv.** ● chi ha poca voglia di lavorare e cerca di evitare il più possibile qualunque fatica
scansaménto [av. 1729] **s. m.** ● (*raro*) lo scansare, l'evitare un inconveniente
scansàre [da *cansare* (V.), con *s-* ✱ av. 1372] **A** **v. tr.** **1** allontanare, rimuovere, trarre da parte: *s. un mobile dalla parete* **2** schivare, evitare: *s. un colpo, un pugno*; *s. un ciclista* | (*est.*) sfuggire, sottrarsi, a situazioni pericolose, indesiderate e sim.: *s. un pericolo, una difficoltà, una fatica, un cattivo incontro, una punizione* | (*est.*) evitare una persona, fare in modo di non incontrarla: *devi s. quella compagnia*; *per il suo brutto carattere tutti lo scansano* **B** **scansàrsi** **v. rifl.** ● scostarsi, farsi da parte per far largo ad altri, per non essere colpito e sim.: *scansati che devo passare*; *se non si fosse scansato in tempo l'avrebbero investito*
scansìa o †**scancìa** [dal venez. *scansia*, di etim. incerta ✱ 1612] **s. f.** ● mobile a ripiani usato per contenere libri, carte, oggetti vari, e sim. | scaffale
scansionàre [da *scansione* ✱ 1996] **v. tr.** (*io scansióno*) ● (*inform.*) scandire, effettuare una scansione
scansióne [vc. dotta, dal lat. *scansiōne(m)* 'scansione', da *scānsus*, part. pass. di *scăndere* 'salire'. V. *scandire* ✱ 1499] **s. f.** **1** divisione del verso nei suoi elementi costitutivi | ***s. delle parole, delle sillabe***, pronuncia distinta | (*est., lett.*) articolazione ritmica: *la diversa s. del primo tema del preludio* (E. MONTALE) **2** metodo di esplorazione scientifica basato sull'impiego di onde elettromagnetiche, ultrasuoni e sim. e sulla successiva misurazione del diverso potere riflettente delle varie parti che formano l'oggetto in esame | (*med.*) tecnica per la diagnosi morfologica di diverse malattie cellulari | ***microscopio elettronico a s.***, microscopio elettronico in cui un fascio di elettroni opportunamente accelerati esplora una superficie da osservare fornendo una immagine tridimensionale; usato in fisica, in metallurgia, in medicina **SIN.** scanning **3** (*inform.*) lettura di un documento mediante uno scanner che lo trasforma in un file di dati binari | analisi della memoria del computer effettuata da uno specifico software al fine di rilevare al suo interno la presenza di particolari elementi, come virus, spyware e sim.
scànso [da *scansare* ✱ 1640] **s. m.** **1** †scansamento **2** nella loc. prep. ***a s. di***, per evitare, per prevenire: *a s. di equivoci, di oneri, di responsabilità*, e sim.
scantinàre [da *cantino* 'corda più sottile del violino', da *canto*, con *s-* ✱ 1872] **v. intr.** (**aus.** *avere*) **1** (*raro*) uscire di tono nel suonare uno strumento a corda **2** (*raro, fig.*) dire, fare, qlco. che non si dovrebbe fare: *s. nel parlare*
scantinàto [da *cantina*, con *s-* ✱ 1922] **s. m.** ● piano dell'edificio interamente o parzialmente sotto il livello del terreno
scantonaménto [1728] **s. m.** ● (*raro*) lo scantonare, nel sign. di *scantonare*②
scantonàre① [da *cantone*①, con *s-* estrattivo ✱ av. 1497] **v. tr.** (*io scantóno*) ● (*raro*) togliere gli spigoli, smussare gli spigoli: *s. un tavolo*
✦**scantonàre**② [da *cantone*①, con *s-* intens. ✱ 1353] **v. intr.** (*io scantóno*; **aus.** *avere*) **1** voltare rapidamente l'angolo di una strada, spec. per sfuggire a qlcu., per non essere visto, e sim.: *quando ci vede scantona* | (*est.*) svignarsela **2** (*fig.*) evitare un argomento delicato o difficile divagando: *di fronte a una scelta così impegnativa, ha cercato di s.* | (*fig., raro*) sbagliare
scantonatùra [av. 1696] **s. f.** ● (*raro*) operazione dello scantonare, nel sign. di *scantonare*① | smussatura di spigoli di pareti, in modo da evitare lo spigolo vivo
scanzonàto [da *canzone*, con *s-* ✱ 1930] **agg.** ● che evita, con scherzosa ironia, di prendere le cose sul serio, anche problemi o fatti generalmente considerati gravi e importanti: *gioventù scanzonata* ‖ **scanzonataménte**, **avv.**
scapaccionàre [da *scapaccione* ✱ 1872] **v. tr.** (*io scapaccióno*) ● (*fam.*) dare scapaccioni
scapaccióne [doppio accr. di *capo*, con *s-* ✱ 1836] **s. m.** ● colpo dato a mano aperta sulla parte posteriore del capo: *dare, prendere uno s.*; *prendere qlcu. a scapaccioni* | (*disus.*) ***essere promosso a scapaccioni***, senza meritarlo, per indulgenza di chi esamina
scapàre [da *capo*, con *s-* estrattivo ✱ 1838] **v. tr.** ● (*tosc.*) levare la testa alle acciughe prima di salarle
scapàrsi [da *capo*, con *s-* privativo ✱ av. 1858] **v. rifl.** ● (*tosc., fam.*) lambiccarsi il cervello
scapatàggine [1837] **s. f.** **1** caratteristica di chi è scapato **SIN.** sconsideratezza, sventatezza **2** azione riprovevole, sconveniente: *il compagno delle antiche scapataggini* (L. PIRANDELLO) | disattenzione, svista
scapàto [da *capo*, con *s-* neg. ✱ 1841] **A** **agg.** ● che non ha la testa a posto, senza senno, senza giudizio: *ragazzaccio s.* | (*est.*) sventato, leggero, ma simpatico | ***alla scapata***, (*ellitt.*; *disus.*) in modo imprudente, sventatamente ‖ **scapataménte**, **avv.** sventatamente **B** **s. m.** (**f.** *-a*) ● persona scapata ‖ **scapatèllo**, **dim.**
scapecchiàre [da *capecchio*, con *s-* ✱ 1838] **v. tr.** (*io scapécchio*) ● pulire lino o canapa dal capecchio
scapèce [vc. napol., dallo sp. *escabeche* 'salsa all'aceto', 'pesce marinato' di provenienza araba ✱ 1869] **s. m.** ● (*cucina*) preparazione gastronomica, gener. per pesci e verdure, che consiste nel friggerli e successivamente marinarli in aceto e aromi vari
†**scapestràre** o †**scaprestàre** [da *capestro*, con *s-* ✱ 1374] **A** **v. tr.** **1** liberare un cavallo dalla cavezza | (*fig.*) liberare da un legame spec. amoroso **2** (*fig.*) guastare, corrompere **B** **v. intr.** e †**scapestràrsi** **v. intr. pron.** **1** liberarsi dal capestro o (riferito a cavallo e sim.) dalla cavezza **2** (*fig.*) liberarsi da un impaccio, da un legame **3** (*fig.*) condurre una vita sregolata, dissoluta
scapestratàggine [1858] **s. f.** **1** caratteristica di chi è scapestrato **2** azione da persona scapestrata
✦**scapestràto** **A** **part. pass.** di †*scapestrare*; anche **agg.** **1** †nei sign. del v. **2** che conduce una vita licenziosa, dissoluta, priva di freno e di ordine **SIN.** dissoluto, scapigliato, scioperato, sregolato | che conduce una vita disordinata, che agisce con imprudenza ‖ **scapestrataménte**, **avv.** dissolutamente; sfrenatamente **B** **s. m.** (**f.** *-a*) ● persona scapestrata: *quel locale è un ritrovo di scapestrati* ‖ **scapestratèllo**, **dim.**
scapezzaménto [av. 1597] **s. m.** ● (*raro*) operazione dello scapezzare
scapezzàre o **scavezzàre**① [dall'ant. *capezzo*, lat. *capĭtium* 'estremità', con *s-* ✱ sec. XIII] **v. tr.** (*io scapézzo*) **1** tagliare i rami sino al tronco **SIN.** scamozzare, scapitozzare **2** (*est.*) mozzare nella parte superiore: *s. una torre* | †decapitare
†**scapezzóne** [da *capezzo*, con *s-* intens. ✱ sec. XIV] **s. m.** ● scapaccione
scapicollàrsi [da un comp. di *capo* e *collo*, con *s-* ✱ 1870] **v. intr. pron.** (*io mi scapicòllo*) ● (*centr.*) precipitarsi a rompicollo giù per un pendio | (*est.*) accorrere velocemente | (*est.*) affannarsi, agitarsi, per un determinato fine: *si è scapicollato per arrivare in tempo*
scapicòllo [da *scapicollarsi* ✱ 1930] **s. m.** ● (*centr.*) luogo scosceso, pendio | ***a s.***, a rompicollo, a precipizio
scapigliàre [da *capegli*, pl. ant. di *capello*,

S

con *s-*. V. *capigliatura, accapigliare* ✻1261 ca.] **A** **v. tr.** (*io scapiglio*) ● scompigliare i capelli: *il vento la scapiglia* **B** **scapigliàrsi** **v. rifl. e intr. pron.** ● scompigliarsi i capelli **C** **scapigliàrsi** **v. intr. pron.** ● (*fig.*) †vivere dissolutamente, da scapigliato

scapigliàto **A** **part. pass.** di *scapigliare*; anche **agg.** **1** nei sign. del v. **2** (*fig.*) sfrenato, dissoluto **3** detto di artista aderente alla scapigliatura ‖ **scapigliataménte**, **avv.** **B** **s. m.** (**f.** *-a*) ● artista aderente alla scapigliatura

scapigliatùra [da *scapigliato*; nel sign. 2 attraverso parte del titolo di un romanzo del 1862 di Carlo Righetti (*La scapigliatura e il 6 febbraio*) a sua volta trad. del fr. *bohème* ✻1611] **s. f.** **1** (*lett.*) dissolutezza e sfrenatezza di vita **2** movimento letterario e artistico sorto alla fine del XIX sec. in ambiente lombardo, spec. milanese, che, in opposizione a certo gusto borghese o tardo-romantico, proponeva, anche nei modi di una vita anarchica e dissipata vissuta dai suoi protagonisti, un'arte realistica, libera nelle forme, aperta agl'influssi della cultura europea e in rapporto con le urgenze e i temi di una società in via d'industrializzazione

†**scapitaménto** [da *scapitare* ✻av. 1342] **s. m.** ● scapito

♣**scapitàre** [da *capitare* 'far capo' con *s-* e sovrapposizione di *capitale* ✻av. 1292] **A** **v. intr.** (*io scàpito*; aus. *avere*) **1** perdere, ricevere un danno materiale o morale: *s. nella stima, nella reputazione* **2** **scapitàrci**, rimetterci: *con simili prezzi ci si scapita*; *a fare una buona azione non ci si scapita mai* (C. COLLODI) | apparire inferiore in un confronto: *quanto a fascino, chiunque accanto a lei ci scapita* **B** **v. tr.** ● †perdere

♣**scàpito** [da *scapitare* ✻1611] **s. m.** ● perdita di guadagno, di denaro: *vendere a s.* | danno materiale o morale: *avere, ricevere s. da qlco.*; *con grave s. dell'onore*; *ciò ti reca s.*; *va tutto a tuo s.* | ***a s. di***, con pregiudizio, danno: *agisce così a s. della nostra amicizia*

scapitozzàre [da *capitozzare*, con *s-*. V. *capitozza* ✻av. 1505] **v. tr.** (*io scapitòzzo*) ● scapezzare, scamozzare: *s. i gelsi*

scàpo [vc. dotta, dal lat. *scāpu(m)* 'fusto', prob. prestito dal gr. *skápos* 'ramo' ✻av. 1452] **s. m.** **1** fusto di colonna **2** (*bot.*) asse fiorifero privo di foglie che parte dalla radice | peduncolo fiorale **3** (*zool.*) articolo basale delle antenne genicolate degli Insetti **4** (*zool.*) parte assile della penna che si divide in calamo e rachide **5** (*anat.*) la porzione di un pelo esterna alla cute

scapocchiàre [da *capocchia*, con *s-* ✻1872] **v. tr.** (*io scapòcchio*) ● privare della capocchia: *s. un fiammifero*

scàpola o †**scàpula** [vc. dotta, dal lat. tardo *scăpula(m)*, variante del classico *scăpulae* (pl.) 'spalle', forse da *scăbere* 'grattare', per la forma appuntita ✻av. 1498] **s. f.** ● (*anat.*) osso piatto, triangolare, applicato alla parete posteriore del torace SIN. omoplata

scapolàggine [da *scapolo* ✻1950] **s. f.** ● (*scherz.*) condizione, di chi è scapolo | ostinata fedeltà al celibato

scapolàre[1] [1922] **agg.** ● (*anat.*) della scapola | ***cingolo s.***, complesso delle formazioni ossee che uniscono l'arto superiore al torace

scapolàre[2] o †**scapulàre** [vc. dotta, dal lat. tardo *scapulāre* 'scapolare', agg. nt. sost. da *scăpula* 'scapola' ✻1353] **s. m.** ● parte dell'abito monastico, striscia di stoffa con apertura per la testa, pendente sul petto e sul dorso | distintivo dei terziari carmelitani e di altre confraternite, consistente in due piccoli pezzi di stoffa con immagine sacra riuniti da nastri che poggiano sulle spalle | sopravveste senza maniche per religiosi

scapolàre[3] [lat. parl. **excapulāre* 'disbrigarsi', comp. di *ĕx* (*s-*) e di *căpulus* 'cappio'. V. *cappio* ✻sec. XIII] **A** **v. tr.** (*io scàpolo*) **1** (*mar.*) passare oltre un ostacolo, fisso o mobile, a poca distanza o con qualche difficoltà **2** (*fig., fam.*) sfuggire, evitare una situazione difficile, pericolosa, indesiderata: *il passo più rischioso è scapolato* (R. BACCHELLI) | **scapolàrla** (con il pron. *la* indeterm.), scamparla, cavarsela: *in quel giorno l'avea scapolata bella* (I. NIEVO) | anche nella forma pron. (con valore intens.) **scapolàrsela**, scamparla; svignarsela **3** †mettere in libertà, far fuggire **B** **v. intr.** (**aus.** *essere*) ● (*fam.*) sottrarsi a una situazione difficile, pericolosa o indesiderata: *s. da un pericolo, da un impegno insostenibile*

scapolìte [vc. fr., formata con il lat. *scāpu(m)* 'fusto, gambo' e il suff. *-lite* ✻1838] **s. f.** ● (*miner.*) gruppo di alluminosilicati di sodio e calcio contenenti anioni addizionali quali cloruro, solfato e carbonato, presenti sotto forma di cristalli prismatici striati verticalmente in rocce calcaree metamorfosate

scàpolo [da *scapolare*[3] ✻av. 1449] **A** **agg.** ● †libero da soggezione, vincolo, dovere: *s. e libero dall'altre stelle* (G. GALILEI) **B** **agg. e s. m.** ● che (o chi) non è ammogliato: *uomo s.*; *vita da s.*; *è uno s. impenitente*; *un vecchio s.* SIN. celibe ‖ **scapolóne**, accr. (V.) **C** **s. m.** **1** †chi militava su navi e galee libero da catena **2** pietra grezza, a forma irregolare, usata nelle costruzioni

scapolóne [1931] **s. m.** (**f.** *scherz.* *-a*) **1** accr. di *scapolo* nel sign. B **2** (*fam., scherz.*) uomo non più giovane rimasto scapolo: *uno s. impenitente*

scàpolo-omeràle [comp. di *scapolo-*, da *scapola*, e *omerale*[1] ✻1959] **agg.** (**pl.** *scàpolo-omeràli*) ● (*anat.*) relativo alla scapola e all'omero | ***articolazione scapolo-omerale***, tra la testa dell'omero e la scapola

scaponire [calco su *incaponire* (V.) con cambio di pref. (*s-*) ✻1612] **v. tr.** (*io scaponisco, tu scaponisci*) ● (*tosc.*) persuadere una persona caparbia | (*est.*) rendere docile, arrendevole

scapotàre ➤ **scappottare**[2]

scappaménto [da *scappare* ✻1772] **s. m.** **1** complesso di tubi, condotti e marmitta per il convogliamento, il raffreddamento e lo scarico dei gas combusti dai motori a combustione interna | ***s. aperto, libero***, privo di silenziatore **2** parte dell'orologio, situata fra il rotismo e l'organo regolatore, che riceve la forza del rotismo e la distribuisce al bilanciere **3** (*mus.*) meccanismo, esistente fra gli strumenti a tastiera solo nel pianoforte, per il quale il martelletto, colpita la corda, ricade all'indietro

♦**scappàre** [lat. parl. **excappāre* 'togliersi la cappa, fuggire', comp. di *ĕx-* (*s-*) e di *căppa* 'cappa[1]' ✻1224 ca.] **v. intr.** (**aus.** *essere*) **1** darsi alla fuga, sottrarsi con la fuga a un pericolo, un rischio, un danno e sim.: *il ladro scappò col bottino*; *scappa altrimenti sei finito!*; *vieni qui, non s.* | (***di qui***) ***non si scappa***, la situazione ha una scelta obbligata: *Per amare le cose, bisogna amare anche le persone. Non si scappa* (C. PAVESE) | fuggire: *s. di casa, dal collegio*; *sono scappati in America*; *sono scappati insieme*; *il canarino è scappato dalla gabbia* | evadere: *s. di prigione* **2** correre, andare via, allontanarsi in fretta: *è tardi, scappo a telefonare*; *scusami ma devo s.*; *scappo in ufficio e torno* | (*tosc.*) ***a scappa e fuggi***, in fretta e furia **3** sfuggire: *lasciarsi s. l'occasione*; *il vaso mi è scappato di mano*; *gli è scappato il treno* **4** (*sport, raro*) nel ciclismo, andare in fuga **5** (*fig.*) sfuggire inavvertitamente, detto di cose o sentimenti che non si riesce a trattenere o a controllare: *mi è scappato di mente il tuo indirizzo*; *ogni tanto gli scappa qualche errore*; *quelle parole mi scapparono di bocca*; *non farti s. ciò che ti ho detto*; *se continui così, mi farai s. la pazienza* | non potersi contenere ed erompere, detto di stimolo fisico, bisogno, necessità e sim. (+ *da*, + *di* **seguiti da inf.**): *mi scappa da ridere*; *gli scappava da orinare*; *mi scappa la pipì*, (*fam., ellitt.*) *mi scappa*; *gli scappò di dirlo*; *non volevo dirlo, mi è proprio scappato* **6** uscire, saltar fuori, da ciò che contiene, copre, protegge e sim.: *un foglio bianco scappa dal quaderno*; *mi scappa fuori il vestito dal cappotto* **7** (*fig.*) fare, dire e sim. inaspettatamente e inconsideratamente: *s. fuori a dire*; *ogni tanto scappa fuori con una nuova trovata*; *s. su a raccontare*; *scappò in un'imprecazione, in una risata* **8** **scappàrci**, (*colloq.*) verificarsi, detto gener. di qlco. di negativo: *qui ci scappa il morto* | (*colloq.*) venir fuori, essere possibile: *forse ci scappa una fetta di torta anche per te*; *ci è scappata anche la mancia*

SFUMATURE DI SIGNIFICATO

scappare - scampare - dileguarsi

L'allontanarsi da un posto con la maggiore rapidità possibile si dice **scappare**; il risultato di tale allontanamento, cioè il trovare riparo e rifugio si definisce **scampare**, mentre **dileguarsi** mette l'accento sull'effetto della fuga, ossia il rendersi irreperibile.

SFUMATURE ➤ ***fuggire***

scappàta [da *scappare* ✻1600] **s. f.** **1** azione dell'andare in un luogo rapidamente e per poco tempo: *devo fare una s. in centro*; *faremo una s. al mare*; *fai una s. da noi!* **2** espressione inaspettata e incontrollata di un pensiero, sfogo, sortita: *Nelle sue scappate volteriane contro le accademie* (G. CARDUCCI) | parola, frase, detta inaspettatamente o inconsideratamente: *questa s. da te non me l'aspettavo*; *ha certe scappate divertenti!*; *a quella s. rimasi offeso* SIN. uscita **3** mancanza, trasgressione commessa per debolezza, leggerezza, imprudenza: *ogni tanto fa le sue scappate*; *è una s. giovanile* **4** scoppio contemporaneo, levata in alto: *la s. dei razzi* **5** rapida corsa di cavalli | partenza veloce di cavalli ‖ **scappatàccia**, **pegg.** | **scappatèlla**, **dim.** (V.) | **scappatina**, **dim.**

scappatèlla [av. 1629] **s. f.** **1** dim. di *scappata* **2** leggerezza, trasgressione temporanea e non grave di certe leggi morali solitamente accettate: *s. di gioventù* | avventura extraconiugale di breve durata

scappàto **part. pass.** di *scappare*; anche **agg.** **1** nei sign. del v. **2** ***uccelli, uccelletti scappati***, involtini di carne guarniti con lardo ed erba salvia e arrostiti allo spiedo come se fossero uccelli o cotti al tegame

scappatóia [da *scappare* ✻1612] **s. f.** ● espediente per uscire da una situazione difficile, pericolosa e sim.: *cercare, trovare una s.*; *c'è una s.*; *non c'è nessuna s.* SIN. scappavia, sotterfugio

SFUMATURE ➤ ***pretesto***

scappatóre [1872] **agg.** (**f.** *-trice*, *pop., disus.* *-tóra*) ● (*pop., tosc.*) che scappa, corre velocemente: *cavallo s.*

scappavìa [comp. di *scappa(re)* e *via* ✻1790] **s. m. inv.** **1** (*raro*) piccolo corridoio segreto di uscita **2** (*raro, fig.*) scappatoia: *trovare degli s.* **3** (*raro*) nella loc. avv. ***a s.***, in fretta e furia, alla svelta: *è un lavoro fatto a s.* **4** (*mar.*; *raro*) imbarcazione a remi, leggera e sottile, simile alla iole

scappellàre [da *cappello*, con *s-* ✻1464] **A** **v. tr.** (*io scappèllo*) **1** privare del cappello | privare della cappella: *s. un fungo* | †togliere il cappuccio ai falconi **2** (*raro*) salutare levandosi il cappello: *s. un superiore* **B** **scappellàrsi** **v. rifl.** ● levarsi il cappello per salutare, in segno di rispetto, omaggio, anche esagerato od ostentato: *scappellarsi davanti a una signora*

scappellàta [1734] **s. f.** ● gesto di saluto fatto levandosi il cappello: *fare grandi scappellate a qlcu.*

scappellatùra [av. 1837] **s. f.** ● scappellata insistita e cerimoniosa

scappellottàre [av. 1704] **v. tr.** (*io scappellòtto*) ● (*fam.*) dare scappellotti

✦**scappellòtto** [da *cappello*, con *s-* ✱ 1618] **s. m.** ● leggero scapaccione dato in modo confidenziale: *dare, prendere, uno s.*; *prendere qlcu. a scappellotti* | ***entrare, passare*** e sim. ***con lo s., con uno s., a scappellotti***, (*disus.*) per grazia, indulgenza altrui; (*est.*) senza pagare

†**scàppia** ➤ **schiappa**①

†**scappiàrsi** [da *cappio*, con *s-* ✱ av. 1484] **v. intr. pron.** ● aprirsi, detto di serratura

†**scappìno** [vc. dial. sett. da *scarpa*: V. il veneto *scapin* 'pedùle, scarpino' ✱ sec. XIII] **s. m.** ● pedule di calza o scarpa: *rattoppare gli scappini*

scapponàta [da *capponata*①, con *s-* ✱ 1611] **s. f.** ● (*tosc.*) mangiata di capponi

scappottàre① [da *cappotto*②, con *s-* ✱ 1872] **v. intr.** (*io scappòtto*; **aus.** *avere*) ● evitare il cappotto, giocando a carte

scappottàre② o **scapotàre** [da *cappotta*①, con *s-* ✱ 1959] **v. tr.** (*io scappòtto*) ● scoprire un'automobile togliendo o abbassando la cappotta

scappucciàre① [da *cappuccio*①, con *s-* sottrattivo ✱ av. 1400] **A v. tr.** (**pres.** *io scappùccio*; **fut.** *io scappuccerò*) ● levare il cappuccio **B scappucciàrsi v. rifl.** ● levarsi il cappuccio

scappucciàre② o (*sett.*) **scapuzzàre** [di etim. incerta: da *cappuccio*① (sugli occhi) con *s-* intens. (?) ✱ sec. XIV] **v. intr.** (**pres.** *io scappùccio*; **fut.** *io scappuccerò*; **aus.** *avere*) ● (*raro*) inciampare | (*fig.*) sbagliare

scappucciàta [da *scappucciare*② ✱ sec. XV] **s. f.** ● scappuccio, inciampo

scappùccio o (*sett.*) **scapùzzo** [da *scappucciare*② ✱ av. 1565] **s. m.** ● inciampo | (*raro*, *fig.*) errore, fallo

†**scaprestàre** ➤ †**scapestrare**

scapricciàre [da *capriccio*, con *s-* ✱ 1585] **A v. tr.** (**pres.** *io scaprìccio*; **fut.** *io scapriccerò*) ● levare un capriccio o i capricci **B scapricciàrsi v. intr. pron.** ● togliersi un capriccio, i capricci | sfogarsi, sbizzarrirsi: *scapricciarsi a leggere*

scapriccìre [da *scapricciare*, con cambio di suff. ✱ 1618] **v. tr.** (*io scapriccìsco, tu scapriccìsci*) e **scapriccìrsi v. intr. pron.** ● scapricciare, scapricciarsi

scapsulàre [da *incapsulare*, con cambio di pref. ✱ 1959] **v. tr.** (*io scàpsulo*) ● privare della capsula

†**scàpula** ➤ **scapola**

†**scapulàre** ➤ **scapolare**②

scapuzzàre ➤ **scappucciare**②

scapùzzo ➤ **scappuccio**

scarabàttola① [1685] **s. f.** ● scarabattolo

scarabàttola② ➤ **carabattola**

scarabàttolo [di etim. incerta: dallo sp. *escaparate* 'vetrina', dal neerl. *schaprade* 'armadio, credenza', con sovrapp. di *carabattola* (V.) ✱ 1666] **s. m. 1** elegante stipetto a vetri in cui si conservano ninnoli, oggetti pregiati e sim. **2** edicola a vetri in cui una immagine sacra è esposta alla devozione dei fedeli

Scarabèidi [comp. di *scarabeo* e *-idi* ✱ 1838] **s. m. pl.** (**sing.** *-e*) ● (*zool.*) famiglia di Insetti dei Coleotteri a corpo tozzo, ali atte al volo, larve a mandibole robuste (*Scarabeidae*)

scarabèo [vc. dotta, lat. *scarabāeu(m)* 'scarafaggio', dal gr. *kárabos*, di orig. mediterr. ✱ av. 1525] **s. m.** (*Scarabeo* **nel sign. 3**) **1** nome comune di varie specie di Coleotteri, in particolare di quelle del genere *Scarabaeus*, che presentano un corpo tozzo protetto da un esoscheletro durissimo, ali atte al volo e gli ultimi segmenti delle antenne trasformati in lamelle | ***s. sacro***, venerato nell'antico Egitto (*Scarabaeus sacer*) | ***s. stercorario***, V. *stercorario* | ***s. rinoceronte***, il cui maschio porta sul capo una formazione sporgente arcuata (*Oryctes nasicornis*) | ***s. ercole***, gigantesco e robusto con due formazioni sporgenti anteriori di cui la più breve inarcata verso l'alto e l'altra, più lunga, ricurva verso il basso (*Dynastes hercules*) **2** antico sigillo egiziano a imitazione del coleottero omonimo, eseguito in pietra dura e montato su anelli o ciondoli **3** ***Scarabeo®***, marchio registrato di un gioco consistente nel formare su una scacchiera con apposite pedine, sulle quali è riportata una lettera alfabetica, parole di senso compiuto **CFR.** scrabble

†**scarabillàre** [etim. incerta ✱ av. 1565] **v. tr.** ● pizzicare la corda di uno strumento musicale

scarabìllo [V. †*scarabillare* ✱ 1910] **s. m.** ● (*raro*) oggetto portafortuna

scarabocchiàre [da *scarabocchio* ✱ 1598] **v. tr.** (*io scarabòcchio*) **1** coprire di scarabocchi: *ha scarabocchiato tutto il quaderno* **2** (*fig.*) scribacchiare svogliatamente: *s. una lettera* | scrivere male, senza attitudine: *questi moderni goffi e sciagurati, che … vanno … scarabocchiando commedie impure* (G. Baretti)

scarabocchiatóre [1765] **s. m.** (**f.** *-trice*) ● (*raro*, *spreg.*) chi scarabocchia

scarabocchiatùra [1872] **s. f.** ● lo scarabocchiare | scarabocchio

✦**scarabòcchio** [dal fr. *escarbot* 'scarafaggio', sovrapposizione di *escargot* 'chiocciola' all'ant. *écharbot* 'scarafaggio' ✱ 1598] **s. m. 1** insieme di segni senza significato: *una pagina di quaderno piena di scarabocchi* **SIN.** ghirigoro | parola illeggibile, mal scritta: *questa firma è uno s.* **SIN.** sgorbio | macchia d'inchiostro fatta scrivendo **2** disegno fatto alla peggio **3** (*fig.*) persona piccola e mal fatta: *uno s. presuntuoso*

†**scarabóne** [dal lat. *crabrōne(m)* 'calabrone', vc. di orig. indeur., forse con sovrapposizione di *scarabeo* ✱ 1340 ca.] **s. m. 1** calabrone **2** sgherro, soldataccio

scaracchiàre o (*roman.*) **scaracciàre** [dalla radice onomat. *(s)cr-*, cfr. il lat. *screāre* 'spurgarsi' ✱ 1779] **v. intr.** (*io scaràcchio*; **aus.** *avere*) ● (*pop.*) emettere sputi catarrosi

scaràcchio o (*roman.*) **scaràccio** [da *scaracchiare* ✱ 1640] **s. m.** ● (*pop.*) sputo catarroso

scaracchióne o (*roman.*) **scaraccióne** [1891] **s. m.** (**f.** *-a*) ● (*pop.*) chi scaracchia frequentemente

scaracciàre e deriv. ➤ **scaracchiare** e deriv.

scarafàggio [lat. parl. **scarafāiu(m)* 'scarafaggio', variante di *scarabāeus*. V. *scarabeo* ✱ 1300 ca.] **s. m.** ● insetto infestatore di case, magazzini e sim. con corpo piatto e lucido di colore bruno scuro, antenne filiformi e lunghe zampe (*Blatta orientalis*) ‖ **scarafaggétto**, **dim.** | **scarafaggìno**, **dim.** | **scarafaggióne**, **accr.**

†**scaraffàre**① [dal longob. *skarpfan* 'grattare' (?) ✱ 1676] **v. tr.** ● (*raro*) arraffare

scaraffàre② [da *caraffa* con *s-* ✱ 1989] **v. tr.** ● versare in una caraffa | travasare un vino rosso di pregio in una caraffa a bocca larga, in modo da favorirne la decantazione e l'ossigenazione

scarafóne o **scarrafóne**, **scaraffóne**, **scardafóne**, **scardofóne** [dial. merid. per *scarafaggio* (V.) ✱ av. 1540] **s. m.** ● (*merid.*) scarafaggio

scaramàntico [da *scaramanzia* ✱ 1953] **agg.** (**pl. m.** *-ci*) ● di scaramanzia, che ha valore di scaramanzia: *gesto s.* ‖ **scaramanticaménte**, **avv.**

scaramanzìa [sovrapposizione pop. di *gramanzia* 'negromanzia' a *chiromanzia*, con *s-* ✱ 1872] **s. f.** ● parola, gesto, segno e sim. che, nella superstizione popolare, libera dal malocchio o difende da esso: *fare s.*; *per s.*; *fare, dire, qlco. per s.*

scaramàzza [di etim. incerta ✱ 1671] **A agg. solo f.** ● detto di perla di forma non perfetta, non perfettamente sferica **B s. f.** ● perla scaramazza

✦**scaramùccia** [di etim. discussa: sovrapposizione del francone *skara* 'schiera' a un dim. di *scherma* (V.) ✱ av. 1328] **s. f.** (**pl.** *-ce*) **1** scontro non decisivo e di breve durata tra pattuglie o reparti armati di scarsa consistenza **2** (*fig.*) piccola polemica, breve scontro: *scaramucce letterarie* **SIN.** contesa, contrasto, schermaglia

SFUMATURE ➤ ***battaglia***

scaramucciàre [av. 1328] **A v. intr.** (**pres.** *io scaramùccio*; **fut.** *io scaramuccerò*; **aus.** *avere*) ● (*lett.*) combattere in una scaramuccia, per scaramuccia (*anche fig.*) **B scaramucciàrsi v. rifl.** ● (*raro*, *fig.*) †difendersi

†**scaramùccio** o †**scarmùgio** [av. 1348] **s. m.** ● scaramuccia

scaraventàre [di etim. discussa: dal lat. parl. **crepantāre* 'rompere, spezzare', da *crepāre*, attraverso i dial. sett., con sovrapp. di *scagliare* (?) ✱ av. 1600] **A v. tr.** (*io scaravènto*) **1** scagliare, gettare con impeto: *scaraventò i libri dalla finestra* | spingere con violenza qlcu. facendolo cadere: *lo spostamento d'aria ci scaraventò a terra*; *scaraventai Cecilia sul divano* (A. Moravia); *con un pugno l'ha scaraventato per terra* **2** (*fig.*) trasferire un funzionario, un impiegato, e sim. in una sede molto lontana da quella attuale: *lo hanno scaraventato in un'isola* **SIN.** sbalestrare **B scaraventàrsi v. rifl.** ● gettarsi con impeto, foga: *scaraventarsi contro, addosso, a qlcu.*; *si scaraventò giù dalla discesa*

scaravoltàre [da *scarav(entare)* con intrusione di *(v)oltare* ✱ 1902] **v. tr.** (*io scaravòlto*) ● (*sett.*) capovolgere, voltare sottosopra | (*fig.*) cambiare radicalmente: *s. l'organizzazione dell'ufficio*

scarbonàre [da *carbone*, con *s-* ✱ 1872] **v. tr.** (*io scarbóno*) ● (*raro*) disfare la carbonaia, toglierne il carbone (*anche assol.*)

scarcàre ➤ **scaricare**

scarcassàto [da *carcassa*, con *s-* ✱ 1953] **agg.** ● (*fam.*) sgangherato, malridotto: *una vecchia automobile scarcassata*

scarceraménto [1745] **s. m.** ● scarcerazione

scarceràre [da *carcere*, con *s-* ✱ av. 1375] **v. tr.** (*io scàrcero*) ● liberare dal carcere

scarcerazióne [da *scarcerare* ✱ 1666] **s. f.** ● liberazione dell'imputato sottoposto a custodia cautelare, al verificarsi delle ipotesi previste dalla legge | correntemente, liberazione di un detenuto dal carcere

scàrco ➤ **scarico**① e **scarico**②

scardaccióne o **scardiccióne**, **scardàccio** [da *cardo*, con *s-* ✱ 1427] **s. m.** ● (*bot.*) cardo dei lanaioli | stoppione

scardafóne ➤ **scarafone**

scardàre [da *cardo*① 'riccio', con *s-* ✱ 1838] **v. tr.** ● togliere il riccio alle castagne **SIN.** sdiricciare

scardassàre [da *scardasso* ✱ 1481] **v. tr.**

S

1 cardare la lana con lo scardasso: *una donna ... scardassava un mucchio di lana nera con due pettini di ferro* (G. DELEDDA) **2** (*fig.*, *disus.*) maltrattare

scardassatóre [av. 1563] **s. m.** (**f.** *-trice*, *pop.*, *disus.* *-tora*) ● chi scardassa la lana

scardassatùra [1819] **s. f.** ● operazione dello scardassare

scardassière o †**scardazzière** [da *scardasso* ✱ av. 1348] **s. m.** (**f.** *-a*) ● scardassatore

scardàsso o (*centr.*, *merid.*) †**scardàzzo** [da *cardo*① 'pettine' e *-asso*, forma sett. di *-azzo*, con *s-* ✱ 1353] **s. m.** ● attrezzo a denti uncinati per pettinare la lana **SIN.** cardo①

†**scardazzière** ➤ **scardassiere**

†**scardàzzo** ➤ **scardasso**

scardiccióne ➤ **scardaccione**

scardinaménto [1909] **s. m.** ● lo scardinare | (*fig.*) sovvertimento, disgregazione

scardinàre [da *cardine*, con *s-* ✱ 1632] **A v. tr.** (*io scàrdino*) **1** levare con forza dai cardini: *s. una finestra, una porta* **2** (*fig.*) demolire: *s. un impianto accusatorio* | disgregare: *s. le istituzioni democratiche* **B scardinàrsi v. intr. pron. 1** uscire dai cardini **2** (*fig.*) disgregarsi

scardofóne ➤ **scarafone**

scàrdola o **scàrdova** [dal lat. tardo *scărda(m)* 'specie di pesce', di etim. incerta ✱ 1313] **s. f.** ● ciprinide bruno verdastro e argenteo sul ventre che popola laghi e stagni a fondo fangoso (*Scardinius erythrophtalmus*)

scarduffàre [sovrapp. di *scardare*, *scardassare* (V.) a *scarruffare* ✱ av. 1850] **v. tr.** ● (*tosc.*) scarmigliare

scaréggio [da *ascaro*, *aschero* (V.) con aferesi ✱ av. 1523] **s. m.** ● (*tosc.*) senso di schifo, ribrezzo

scàrica [da *scaricare* ✱ 1699] **s. f. 1** sparo simultaneo di più armi da fuoco: *s. di fucileria* | rapida successione di colpi sparati da un'arma: *una s. di mitra* **2** grande quantità di cose che si scaricano, cadono, colpiscono e sim.: *s. di grandine, di sassi, di pugni, di improperi* **SIN.** rovescio, subisso **3** violenta evacuazione: *s. intestinale* **4** ***s. elettrica***, passaggio di cariche elettriche da un conduttore a un altro a potenziale diverso, attraverso un dielettrico interposto che si è ionizzato | ***s. di un accumulatore***, fase in cui l'accumulatore cede l'energia elettrica precedentemente accumulata | ***tubo a s.***, tubo a gas

scaricabarìle o *raro* **scaricabarili** [comp. di *scarica(re)* e *barile* ✱ av. 1602] **s. m. inv.** ● gioco di ragazzi che si fa a coppie, e consiste nel sollevarsi a vicenda, volgendosi le spalle l'un l'altro e tenendosi per le braccia | ***fare a s.***, (*fig.*) addossarsi l'un l'altro responsabilità o colpe

scaricalàsino [comp. di *scarica(re)* e *asino* con *-l-* art. concresciuto ✱ 1838] **s. m. solo sing.** ● gioco di ragazzi consistente nel portarsi a vicenda a cavalcioni

scaricaménto [1353] **s. m.** ● lo scaricare | ***piano di s.***, piazzale sopraelevato sul piano stradale, posto davanti alle aperture di entrata e uscita delle merci in mercati, magazzini e industrie, destinato a facilitare il carico e lo scarico degli autocarri **SIN.** piano caricatore

♦**scaricàre** o (*poet.*) **scarcàre** [da *caricare*, con *s-* ✱ 1336 ca.] **A v. tr.** (*io scàrico, tu scàrichi*) **1** levare il carico, sgravare del carico: *s. il carro, il camion*; *s. la merce dalla nave*; *s. la zavorra* | deporre il carico: *s. le valigie in terra* | far scendere, lasciare a destinazione: *l'automobile ci scaricò nella piazza* **2** (*est.*) svuotare: *bisogna s. la cisterna* | ***s. un'arma***, togliere i proiettili; svuotarla sparando tutti i colpi contro qlcu.: *gli ha scaricato contro la rivoltella*; *scaricò sull'anima-le tutti i proiettili* | (*raro*) ***s. la testa***, liberarla dal senso di pesantezza | (*raro*) ***s. la vescica***, orinare | (*raro*) ***s. il ventre***, andare di corpo **3** immettere, versare, detto di corsi d'acqua: *il fiume scarica le sue acque in mare* **4** (*fig.*) rendere libero da un peso morale: *s. la propria coscienza da un peccato* | sfogare: *s. l'ira repressa* | riversare, far ricadere su altri: *s. le proprie responsabilità, i propri compiti, su qlcu.* | (*colloq.*) ***s. qlcu.***, abbandonarlo, lasciarlo, liberarsene spec. perché ritenuto molesto o sgradito **5** scagliare, scaraventare (*anche fig.*): *gli scaricò addosso una gragnuola di pugni*; *s. ingiurie* **6** (*fis.*) privare della carica elettrica: *s. l'elettroscopio* **7** (*comm.*) registrare l'uscita, la cessione o la perdita di beni materiali già in carico | detrarre dall'imponibile, detto di una spesa, di un costo **8** (*inform.*) trasferire dati da una fonte esterna a un proprio dispositivo: *s. un file da Internet*; *s. una suoneria sul telefonino* **B v. intr.** (**aus.** *essere*) ● (*raro*) perdere vivacità, sbiadire, detto di colore: *è un rosso che scarica facilmente* **C scaricàrsi v. tr. pron.** ● scaricare (con valore intens.): *scaricarsi un programma, un film da Internet* | (*fig.*) ***scaricarsi la coscienza***, liberarla da un peso morale **D scaricàrsi v. rifl. 1** togliersi un peso di dosso (+ *di*): *scaricati <u>dello</u> zaino* **2** (*fig.*) liberarsi da un peso morale, un dolore, e sim. (+ *di*): *si è scaricato con noi <u>del</u> suo segreto* **3** (*assol.*, *fig.*) distendersi, rilassarsi, allentare la tensione: *per scaricarmi ogni sera faccio una lunga passeggiata* **4** (*fam.*) defecare **E scaricàrsi v. intr. pron. 1** mettere foce, versarsi, detto di corsi d'acqua (+ *in*): *il fiume si scarica <u>in</u> mare* **2** scoppiare (+ *in*, + *su*): *il fulmine si è scaricato <u>nel</u> giardino, <u>sul</u> tetto*; *il temporale si scarica lontano* **3** di orologio o accumulatore, perdere, esaurire la carica

scaricatóio [da *scaricare* ✱ 1567] **s. m.** (**pl.** *-ói*) **1** luogo adibito allo scarico **2** †deposito di merci di rifiuto o di scarico **3** canale di scarico

scaricatóre [da *scaricare* ✱ 1776] **A s. m. 1** operaio addetto al carico e allo scarico di merci: *gli scaricatori del porto* **2** dispositivo per lo scarico: *s. per carri* **3** apparecchio di protezione di un impianto elettrico, che serve a scaricare a terra eventuali sovratensioni che si manifestassero lungo la linea di alimentazione **B anche agg.** (**f.** *-trice*) ● che scarica: *fossato s.*; *chiavica scaricatrice*

scaricatùra [da *scaricare* ✱ av. 1564] **s. f.** ● (*raro*) scarico, nel sign. di *scarico*②

scaricazióne [da *scaricare* ✱ 1618] **s. f.** ● (*raro*) scarico, nel sign. di *scarico*②

♦**scàrico**① o (*poet.*) **scàrco** [da *scaricare* ✱ 1319] **agg.** (**pl. m.** *-chi*; **superl.** *scarichissimo*) **1** libero dal carico: *carro, automezzo, s.*; *il carretto ritorna s.* **2** privo, vuoto (*spec. fig.*): *coscienza scarica di rimorsi* | ***sentirsi l'animo s.***, sentirsi tranquillo | ***cielo s.***, sereno, senza nubi | (*fam.*) ***capo s.***, V. *caposcarico* **3** che ha esaurito la carica: *orologio s.*; *batteria scarica* | ***fucile s.***, senza cartucce **4** †chiaro, limpido: *vino s.*

♦**scàrico**② o (*poet.*) **scàrco** [da *scaricare* ✱ 1313] **s. m.** (**pl.** *-chi*) **1** operazione del togliere un carico dal mezzo che lo contiene e lo trasporta: *s. delle merci*; *s. del legname da un carro*; *s. di una nave*; *operazioni di s.*; *iniziare lo s.* **2** atto del gettare via rifiuti, immondizie e sim.: *divieto di s.*; *qui è vietato lo s.* | luogo in cui vengono scaricati rifiuti, immondizie e sim.: *lo s. dei rifiuti*; *gettare allo s.* | (*est.*, **al pl.**) l'insieme dei rifiuti scaricati: *scarichi fognari, urbani, industriali, chimici* **3** (*raro*, *fig.*) discarico, giustificazione: *a mio, a tuo, a suo, s.*; *per mio s.* **4** in varie tecnologie, eliminazione di materiali, svuotamento, deflusso: *valvola, tubo di s.* | (*est.*) dispositivo che consente e regola lo scarico | ***s. sincrono***, quello, usato spesso nelle turbine, che permette di chiudere rapidamente il distributore che invia l'acqua alla girante senza ridurre troppo la portata della condotta forzata, così da evitare il colpo d'ariete **5** quarta e ultima parte del funzionamento del motore a scoppio, che consiste nell'espulsione dei prodotti della combustione | ***tubo di s.***, nei motori a scoppio, parte del tubo di scappamento **6** uscita di merce o denaro: *registro di carico e s.*

scarifica [da *scarificare* ✱ sec. XX] **s. f.** ● nelle lavorazioni stradali, la frantumazione e rimozione del vecchio manto bituminoso prima di gettare il nuovo

scarificàre [vc. dotta, dal lat. tardo *scarificāre* 'incidere', variante di *scarifāre*, dal gr. *skariphâesthai* 'scalfire'. V. *scalfire*, †*scalficcare* ✱ sec. XIV] **v. tr.** (*io scarìfico, tu scarìfichi*) **1** (*chir.*) incidere leggermente in superficie la cute o la mucosa per terapia o profilassi **2** (*agric.*) incidere con strumenti scarificatori: *s. un tronco*; *s. un prato* **3** nelle lavorazioni stradali, effettuare una scarifica ‖ **scarificazióne**, **s. f.** (V.)

scarificatóre [da *scarificare* ✱ 1838] **A s. m. 1** (*med.*) strumento chirurgico per scarificare **2** attrezzo agricolo munito di robuste punte d'acciaio per rompere gli strati profondi del terreno senza rivoltarlo **SIN.** ripper **B anche agg.** (**f.** *-trice*): *strumento s.*

scarificatùra [da *scarificare* ✱ 1940] **s. f.** ● scarificazione

scarificazióne [vc. dotta, dal lat. tardo *scarificatiōne(m)* 'incisione', da *scarificātus* 'scarificato' ✱ sec. XIV] **s. f. 1** (*agric.*) lavoro dello scarificare: *s. di un tronco, di un terreno* **2** (*chir.*) incisione superficiale della pelle per terapia o profilassi (anche come metodo di tatuaggio presso alcune popolazioni dell'Africa e dell'Oceania)

scariòla ➤ **scarola**

scariolàre e deriv. ➤ **scarriolare** e deriv.

scarióso (o **-ṣo**) [fr. *scarieux*, da un lat. moderno *scariosus* di oscura orig. ✱ 1865] **agg.** ● (*bot.*) detto di parte della pianta di consistenza membranacea e colore simile alla pergamena

scarlattiàno [av. 1952] **agg.** ● che riguarda Alessandro Scarlatti (1660-1725) e spec. il figlio Domenico Scarlatti (1685-1757), la loro produzione di compositori musicali, il loro stile: *sonata scarlattiana*

scarlattìna [comp. di *scarlatto* e *-ina* ✱ 1772] **s. f.** ● malattia infettiva acuta esantematica, a carattere contagioso e diffusivo, prodotta da streptococco, caratterizzata da angina, esantema puntiforme e tendenza alla desquamazione

†**scarlattino** [1340] **A agg.** ● scarlatto | ***febbre scarlattina***, scarlattina **B s. m.** ● panno tinto di scarlatto

scarlattinóso (o **-ṣo**) [1959] **A agg.** ● di scarlattina: *esantema s.* **B agg. e s. m.** (**f.** *-a*) ● che (o chi) è affetto da scarlattina

♣**scarlàtto** [dal persiano *säqirlāt* 'abito tinto di rosso con chermes o cocciniglia' ✱ 1275] **A agg.** ● che ha un colore rosso molto vivace: *guance scarlatte*; *fiori scarlatti*; *farsi s. in viso* **B s. m. 1** il colore scarlatto **2** †panno pregiato tinto in colore scarlatto: *una cappa di s.*; *sulle scansie rosseggiavano le pezze dello s.* (G. DELEDDA)

scarlèa ➤ **sclarea**

†**scarmàna** ➤ **scalmana**

scarmigliàre [lat. tardo *excarmināre* 'cardare', comp. di *ĕx* (*s-*) e di *cărmen*, genit. *cărminis* 'pettine per cardare', con sovrapposizione di *scapigliare*. V. †*carminare*① ✱ 1481] **A v. tr.** (*io scarmìglio*) ● spettinare, scompigliare i capelli | †*s. la lana*, carminarla, cardarla, pettinarla **B scarmigliàrsi v. rifl. e intr. pron.** ● spettinarsi, scompigliarsi i capelli: *non vedi come ti sei scarmigliata?* **C scarmigliàrsi v. intr. pron.** ● †azzuffarsi: *Rinaldo si scarmiglia col lione* (L. PULCI)

scarmigliàto part. pass. di *scarmigliare*; **anche agg.** ● nei sign. del v. | spettinato | (*est.*) scomposto, esagitato

scarmiglióne [da *scarmigliare* ✻ 1889] **s. m.** (**f.** *-a*) ● (*raro*) chi ha i capelli scompigliati

†**scàrmo** ➤ **scalmo**

†**scarmùgio** ➤ †**scaramuccio**

scarnaménto [av. 1320] **s. m.** ● (*raro*) scarnificazione

scarnàre [lat. tardo *excarnāre* 'scarnare', comp. di *ĕx-* (*s-*) e di *căro*, genit. *cărnis* 'carne' ✻ av. 1320] **A v. tr. 1** †scarnificare | (*est.*, *raro*) graffiare **2** effettuare la scarnatura **B scarnàrsi v. intr. pron.** ● †dimagrire

scarnatóio [1838] **s. m.** (**pl.** *-ói*) ● coltello per scarnare le pelli da conciare

scarnatùra [da *scarnare* ✻ 1838] **s. f.** ● eliminazione del tessuto sottocutaneo dalle pelli in trippa

scarnificàre [vc. dotta, dal lat. *excarnificāre* 'dilaniare, strappare la carne', comp. di *ĕx-* (*s-*) e *carnificāre*, da *căro*, genit. *cărnis* 'carne' e *-ficāre* ✻ av. 1557] **v. tr.** (*io scarnìfico, tu scarnìfichi*) **1** levare la carne che sta attorno: *s. un'unghia* **2** lacerare, strappare la carne, spec. la muscolatura scheletrica | spolpare un animale **3** (*fig.*) ridurre all'essenziale: *s. ogni concetto per ridurlo a pura essenza* (I. CALVINO) ‖ **scarnificazióne**, **s. f.**

scarnificàto part. pass. di *scarnificare*; **anche agg. 1** nei sign. del v. **2** (*fig.*) ridotto all'essenziale: *linguaggio s.*; *prosa scarnificata*

scarnìre [da *carne*, con *s-*. V. *scarnare* ✻ av. 1597] **v. tr.** (*io scarnìsco, tu scarnìsci*) **1** liberare della carne che sta attorno: *s. un'unghia* **2** (*fig.*) rendere scarno, spoglio: *s. il proprio linguaggio*

scarnìto part. pass. di *scarnire*; **anche agg.** ● nei sign. del v.

scarnitùra [av. 1597] **s. f.** ● lo scarnire | brandello di polpa che ne rimane

♣**scàrno** [da *scarnare* ✻ av. 1327] **agg. 1** magro, affilato: *viso s.*; *mani scarne* **2** (*fig.*) povero di contenuto, insufficiente: *trattazione scarna* **3** (*fig.*) ridotto all'essenziale, spoglio: *stile, linguaggio s.* **SIN.** asciutto, sobrio ‖ **scarnaménte**, **avv.**

scàro [lat. *scăru(m)* 'scaro', dal gr. *skáros*, di orig. indeur. ✻ 1585] **s. m.** ● pesce marino dei Perciformi, erbivoro, a bellissimi colori rosso, arancio e violaceo (*Scarus cretensis*) **SIN.** pesce pappagallo

scarógna e deriv. ➤ **scalogna**① e deriv.

scarognàre [da *carogna*, con *s-* intens. ✻ 1872] **v. intr.** (*io scarógno*; **coniug. come** *segnare*; **aus.** *avere*) ● (*raro*) fare la carogna, lavorare svogliatamente

scarognìre [da *carogna*, con *s-* sottrattivo ✻ 1872] **A v. tr.** (*io scarognisco, tu scarognìsci*; **coniug. come** *grugnire*) ● levare l'abitudine di fare la carogna, far diventare meno carogna **B scarognìrsi v. intr. pron.** ● diventare meno carogna

scaròla o **scarìola**, †**scheruòla** [lat. tardo *scariŏla(m)*, da un precedente **escarĭola*, da *ēsca* 'cibo'. V. *esca*① ✻ sec. XIV] **s. f.** ● varietà di indivia con grandi foglie, che si consuma come ortaggio **SIN.** indivia riccia, indivia scarola | (*centr.*) lattuga, cicoria

♦**scàrpa**① [dal germ. **skarpa* 'tasca di pelle' ✻ 988 ca.] **s. f. 1** calzatura costituita dalla tomaia e dalla suola, che copre il piede dalla pianta alla caviglia, e in certi casi fin sopra la caviglia: *scarpe di cuoio, raso, seta, corda*; *scarpe scollate, accollate, alte, basse*; *scarpe col tacco alto, col tacco basso*; *risuolare le scarpe*; *consumare, sfondare le scarpe*; *quale numero di scarpe porti?*; *mettersi, infilarsi, togliersi le scarpe*; *scarpe che calzano bene, che non calzano* | (*fig.*, *disus.*) ***scarpe che ridono, che hanno fame*** e sim., scarpe rotte, con la parte anteriore della tomaia completamente separata dalla suola | ***s. bullonata***, quella dei calciatori **SIN.** scarpino | ***fare le scarpe a qlcu.***, (*fig.*) spec. in un ambiente di lavoro, danneggiarlo nascondendosi sotto una falsa apparenza di amico | ***rimetterci anche le scarpe, anche le suole delle scarpe***, (*fig.*) rovinarsi economicamente in un affare sfortunato | ***avere il cervello nelle scarpe, avere il giudizio sotto la suola delle scarpe***, avere pochissimo giudizio o niente del tutto | ***morire con le scarpe ai piedi***, morire ammazzato di morte improvvisa e violenta | ***non avere scarpe ai piedi***, essere molto povero | ***non esser degno di lustrare le scarpe a qlcu.***, essergli molto inferiore | ***levarsi un sassolino dalla s.***, (*fig.*) esprimere un'opinione, prendere una risoluzione, liberandosi da un peso, un fastidio, un problema **2** (*fig.*, *fam.*) persona incapace: *al gioco sei proprio una s.* | (*fam.*, *spreg.*) ***s. vecchia***, persona ormai sorpassata, inutile o invecchiata **3** ferro incurvato che agisce da freno sulla ruota di carro o carrozza | cuneo di puntello che si mette sotto la ruota di un veicolo fermo su terreno in pendenza **4** sostegno della barra falciante posto alle estremità **5** (*ferr.*) fermacarro | staffa **6** (*raro*) ***s. dell'ancora***, piano di lamiera leggermente inclinato, su cui si appoggiano le marre dell'ancora traversata | fodera di legno con cui si ricoprono le marre dell'ancora affinché non graffino il bordo nel salpare ‖ **scarpàccia**, **pegg.** | **scarpétta**, **dim.** (V.) | **scarpìna**, **dim.** | **scarpìno**, **dim. m.** (V.) | **scarpóne**, **accr. m.** (V.) | **scarpùccia**, **dim.**

scàrpa② [dal got. **skrapa* 'appoggio, sostegno' ✻ av. 1465] **s. f.** ● scarpata | parete inclinata, di un parapetto, di un terrapieno e sim. | ***a s.***, in pendio

scarpàio o (*centr.*) **scarpàro** [da *scarpa*① ✻ 1872] **s. m.** (**f.** *-aia*, **pl. m.** *-ai*) **1** (*raro*) calzolaio **2** venditore ambulante di scarpe e sim. **3** (*centr.*) persona incompetente, incapace (spec. nella var. *scarparo*)

scarpàro ➤ **scarpaio**

scarpàta① [da *scarpa*① ✻ 1872] **s. f.** ● colpo dato con una scarpa

scarpàta② [da *scarpa*② ✻ 1847] **s. f. 1** superficie laterale di un terreno o terrapieno a forte pendenza | (*geogr.*) ***s. continentale***, tratto della parte sommersa dei continenti, in forte pendenza, che salda la piattaforma continentale al fondo degli oceani **2** costruzione militare a superficie fortemente inclinata

scarpèllo e deriv. ➤ **scalpello** e deriv.

scarpétta [1289] **s. f. 1** dim. di *scarpa*① **2** scarpa da bambino o da donna | scarpa bassa e leggera: *scarpette da ginnastica*; *scarpette da ballo*; *scarpette da sci di fondo* | ***scarpette chiodate***, quelle calzate nelle corse di atletica, fornite di punte d'acciaio per meglio aderire al terreno | ***scarpette da pugile***, stivaletto in pelle leggera e morbida | ***s. interna***, nello scarpone da sci la parte interna, imbottita e impermeabilizzata **3** (*fig.*, *fam.*) ***fare la s.***, raccogliere il sugo rimasto in un piatto servendosi di un pezzetto di pane **4** (*bot.*) ***s. di Venere***, cipripedio ‖ **scarpettàccia**, **pegg.** | **scarpettina**, **dim.**

scarpicciàre e deriv. ➤ **scalpicciare** e deriv.

scarpièra [1942] **s. f. 1** mobile, custodia, per riporvi le scarpe **2** borsa da viaggio a scomparti, per le scarpe

scarpinàre [da *scarpina*, dim. di *scarpa*① ✻ 1536] **v. intr.** (**aus.** *avere*) ● (*fam.*) camminare a lungo e con fatica

scarpinàta [da *scarpinare* ✻ 1940] **s. f.** ● (*fam.*) camminata lunga e faticosa

†**scarpinèllo** [da *scarpino*, dim. di *scarpa*① ✻ 1592] **s. m.** ● calzolaio

scarpìno [sec. XV] **s. m. 1** dim. di *scarpa*① | scarpa per giocare al calcio, rinforzata da tacchetti sulla suola | ***appendere gli scarpini al chiodo***, (*fig.*) abbandonare la carriera calcistica **2** calzatura elegante che lascia scoperta gran parte del piede: *scarpini da ballo, di raso*

†**scarpióne** ➤ **scorpione**①

scarpóne [sec. XIII] **s. m. 1** accr. di *scarpa*① **2** grossa scarpa con suola doppia e tomaia alta: *scarponi da montagna, da roccia, da soldato* | ***s. per alta montagna***, con suola di gomma rigida, disegno appositamente studiato per la progressione su qualunque tipo di terreno, con tomaia alta, talvolta doppia per le ascensioni invernali e su ghiaccio | ***s. da sci***, calzatura a struttura rigida, sagomata nella parte anteriore e posteriore per l'aggancio agli attacchi degli sci **3** (*fig.*, *scherz.*) chi appartiene, o ha appartenuto, alle truppe alpine **4** (*scherz.*, *spreg.*) giocatore di calcio mediocre e che fa molti falli ‖ (*raro*) **scarponcèllo**, **dim.** | **scarponcino**, **dim.**

scarràbile [comp. di *s-* e *carrabile* ✻ 1937] **agg.** ● detto di cassone o altra struttura (gru, piattaforma aerea, compattatore ecc.) montata su autocarro ma rimovibile

scarrafóne ➤ **scarafone**

†**scarrièra** [da *carriera*, con *s-* ✻ av. 1449] **s. f.** ● spec. nella loc. avv. ***di s.***, occultamente, di contrabbando | ***gente di s.***, che si dedica ad attività losche, illecite

scarriolànte o **scariolànte** [da *scarriolare* ✻ 1940] **s. m.** ● bracciante che, tra la fine dell'Ottocento e l'inizio del Novecento, prestava la sua opera nei lavori di bonifica del delta padano, spec. trasportando la terra con la carriola

scarriolàre o **scariolàre** [comp. parasintetico di *carriola* col pref. *s-* ✻ 1959] **v. tr.** (*io scarriòlo*) ● trasportare materiali con la carriola o sim.: *s. sacchi di cemento*

scarrocciàre [da *carro*, con *s-* e suff. iter. intens. ✻ 1846] **v. intr.** (**pres.** *io scarròccio*; **fut.** *io scarroccerò*; **aus.** *avere*) ● andare a scarroccio

scarròccio [da *scarrocciare* ✻ 1614] **s. m. 1** (*mar.*) moto laterale rispetto alla rotta cui una nave è soggetta per l'azione del vento sulla sua parte emersa | ***angolo di s.***, l'angolo formato tra la rotta vera della nave e la sua prua vera a causa dello scarroccio **2** (*aeron.*, *raro*) derapata | derapata verso l'esterno in virata

scarrozzàre [da *carrozza*, con *s-*. V. *carrozzare* ✻ 1694] **A v. tr.** (*io scarròzzo*) ● portare qua e là in giro, con la carrozza o (*est.*) con un altro veicolo: *s. un ospite per la città* **B v. intr.** (**aus.** *avere*) ● andare qua e là in giro, con la carrozza o con un altro veicolo

scarrozzàta [da *scarrozzare* ✻ 1865] **s. f.** ● passeggiata in carrozza o con altro veicolo

scarrozzìo [da *scarrozzare* col suff. *-io*① ✻ 1872] **s. m.** (**pl.** *-ii*) ● (*raro*) andirivieni di carrozze | rumore continuo di ruote di carrozze o sim.

scarròzzo [vc. sicil., da *scarruzzari* 'scarrozzare' ✻ 1977] **s. m.** ● (*sicil.*) passo carraio

scarrucolaménto [da *scarrucolare*① e (2) ✻ 1688] **s. m.** ● (*raro*) lo scarrucolare

scarrucolàre① [da *carrucola*, con *s-* intens. ✻ av. 1704] **v. intr.** (*io scarrùcolo*; **aus.** *avere*)

● scorrere sulla girella della carrucola, detto di funi, catene e sim.

scarrucolàre② [da *carrucola*, con *s-* estrattivo ✱ 1612] **v. tr.** (*io scarrùcolo*) ● togliere la fune, la catena e sim. dalla carrucola

scarrucolìo [1872] **s. m.** (**pl.** *-ii*) ● lo scarrucolare continuo, nel sign. di *scarrucolare*①, e il cigolio insistente che ne deriva

scarruffàre o **scaruffàre** [sovrapposizione di *scarmigliare* ed *arruffare* (V.) ✱ 1863] **A v. tr.** ● arruffare, scompigliare i capelli **B scarruffàrsi v. intr. pron.** ● arruffarsi i capelli

scarrupàto ➤ **sgarrupato**

scarseggiàre [av. 1446] **v. intr.** (**pres.** *io scarséggio*; **fut.** *io scarseggerò*; **aus.** *avere*) **1** (*assol.*) essere scarso: *i viveri scarseggiano*; *il denaro comincia a s.* **2** mancare, difettare di qlco. (+ *di*): *la stanza scarseggia di luce*; *la lingua francese e la latina scarseggiano di vera sinonimia* (G. LEOPARDI) **3** (*mar.*) diminuire d'intensità, detto del vento, senza cambiare direzione | rifiutare

scarsèlla [di etim. discussa: dal provenz. *escarsela* 'borsa del mendicante o del pellegrino', prob. dal francone *skërpa* (?). V. *scarpa*① ✱ 1287] **s. f. 1** anticamente, borsa di cuoio tenuta appesa al collo o alla cintura, usata per riporvi il denaro **2** (*ven.*) tasca | *in s.*, in tasca | ***mettere mano alla s.***, accingersi a sborsare denaro **3** (*archit.*) tipo di abside della chiesa a pianta rettangolare **4** nelle antiche armature, fiancale ‖ **scarsellétta**, **dim.** | **scarsellìna**, **dim.**

scarsellóne [da *scarsella* ✱ 1550] **s. m.** ● nelle antiche armature del cavallo in battaglia, piastra laterale di copertura atta a proteggere il fianco del cavallo dalle offese del nemico

scarsézza [av. 1294] **s. f.** ● caratteristica, condizione di chi (o di ciò che) è scarso: *s. di mezzi, di personale, di denaro, di fantasia* **SIN.** insufficienza, mancanza

scarsità [av. 1294] **s. f. inv.** ● scarsezza, mancanza: *c'è una grande s. di verdura*

♦**scàrso** [lat. parl. **excārpsu(m)*, tardo rifacimento di *excĕrptus*, part. pass. di *excĕrpere* 'tirar fuori, togliere', da *ĕx-* (*s-*) e *cārpere* 'prendere'. V. *carpire* ✱ av. 1257] **A agg. 1** manchevole, insufficiente, inadeguato, rispetto a quanto sarebbe necessario (+ *di*): *raccolto, patrimonio, nutrimento, s.*; *mezzi scarsi*; *acque scarse*; *annata scarsa*; *quel libro s. di mole* (A. MANZONI); *non mi crediate sì scarsa di giudizio* (C. GOLDONI) | ***tempi scarsi***, di carestia | ***luce scarsa***, fioca | ***vento s.***, che non ha forza | (*est.*) mancante, povero, di qlco. (+ *di*): *essere s. di ingegno, di fantasia* | carente (+ *in*): *essere s. in fisica* | ***essere s. a quattrini***, averne pochi **CONTR.** abbondante, dovizioso, esuberante **2** inferiore di poco alla misura fissata: *è un kilo s.*; *ha percorso cento metri scarsi* | ***colpo s.***, che non coglie in pieno il bersaglio | stretto, corto o sim., detto di abiti: *il cappotto gli va s.* **3** †avaro, limitato nello spendere, nel concedere, e sim.: *ho servito a signor crudele e s.* (F. PETRARCA) | †***andare s. nel fare qlco.***, usare parsimonia | †restio: *essere s. a fare, a dire* e sim. | †lento, rado: *passi scarsi* ‖ **scarsétto**, **dim.** ‖ **scarsaménte**, **avv.** con scarsezza, in modo scarso: *profittare, partecipare scarsamente* **B s. m.** ● †penuria, mancanza: *era carestia e s. di vittuaglia* (G. VILLANI)

SFUMATURE DI SIGNIFICATO

scarso - insufficiente - inadeguato

Scarso è ciò che è manchevole, povero, privo di qualcosa rispetto a quanto sarebbe necessario. Suo sinonimo è **insufficiente**, che si riferisce, come del resto *scarso*, soprattutto a cose; in più, nel linguaggio scolastico, *insufficiente* definisce un profitto inferiore al minimo prescritto. **Inadeguato**, se ci si riferisce a cose, è sinonimo di *insufficiente*; detto di persone, ne sottolinea la non idoneità, la non completa capacità a svolgere un compito.

scart /skart/ [sigla fr. di *S(yndicat des) C(onstructeurs d') A(ppareils) R(adio-récepteurs et) T(eleviseurs)*, Associazione dei Costruttori di Apparecchi Radio-ricevitori e Televisori ✱ 1996] **s. f. inv.** ● (*elettr.*) connettore standard per il collegamento tra apparecchi di ricezione e riproduzione del segnale video, quali televisori e videoregistratori

♣**scartabellàre** [da *scartabello* (V.) ✱ 1550] **v. tr.** (*io scartabèllo*) ● voltare, scorrere in fretta e piuttosto disordinatamente le pagine di un libro o sim. alla ricerca di ciò che interessa (*anche assol.*): *s. vocabolari, schedari, elenchi*; *s. senza trovare nulla*

†**scartabèllo** [etim. incerta ✱ av. 1508] **s. m.** ● libro, quaderno, scartafaccio | opuscolo

scartafàccio [vc. d'orig. sconosciuta ✱ 1525] **s. m. 1** quaderno di più fogli, anche non legati insieme, usato per minute, per prendere appunti, e sim. | libro malridotto **2** libro o scheda in cui vengono registrate le prime note di un'azienda

scartaménto [da *scartare*③ ✱ 1886] **s. m. 1** (*ferr.*) distanza fra due rotaie misurata fra le facce interne | ***s. normale***, adottato in quasi tutti i Paesi, con misura di 1435 mm | ***s. ridotto***, adottato in alcune ferrovie secondarie, con misure variabili da 600 a 1100 mm | ***a s. ridotto***, (*fig.*) in proporzioni inferiori a quelle normali **2** distanza fra le due funi portanti di una funivia

♦**scartàre**① [da *carta* nel sign. 1, con *s-* nel sign. 4. V. *incartare* ✱ 1891] **v. tr.** ● togliere un oggetto dalla carta in cui è avvolto: *s. un regalo, un pacco*

♦**scartàre**② [da *carta* nel sign. 8, con *s-* nel sign. 3 ✱ av. 1552] **v. tr. 1** eliminare, buttare a monte le carte da gioco che si hanno in più o si rifiutano: *s. un fante*; (*assol.*) *s. alto, s. basso* **2** respingere, eliminare, mettere da parte, come non buono, non utile, non idoneo, e sim.: *s. un piano, un'ipotesi*; *tre dei concorrenti sono stati scartati*; *fu scartato alla visita di leva*

♦**scartàre**③ [dal fr. *écarter* 'separare', che è dal lat. parl. **exquartāre* 'dividere', da *ĕx-* (*s-*) e *quārtus* 'quarto'. V. *squartare* ✱ 1855] **A v. intr.** (**aus.** *avere*) ● deviare bruscamente dal proprio cammino, fare uno spostamento laterale, detto di veicoli o animali: *l'automobile scartò improvvisamente* | nel ciclismo, spostarsi di lato con azione improvvisa per ostacolare gli avversari durante la disputa della volata **B v. tr.** ● (*sport*) ***s. un avversario***, nel calcio, superarlo in dribbling eludendone l'intervento

scartàta① [da *scartare*① ✱ 1959] **s. f.** ● (*raro*) atto del togliere un oggetto dalla carta in cui è avvolto

scartàta② [da *scartare*③ ✱ 1840] **s. f. 1** brusca deviazione da una parte: *una s. del cavallo* **2** (*lett., fig.*) azione scriteriata, avventata

scartavetràre [da *carta vetrata* ✱ 1959] **v. tr.** (*io scartavétro*) ● (*fam.*) cartavetrare, carteggiare

scartavetràta [da *scartavetrare* ✱ 1970] **s. f.** ● rapida e superficiale levigatura con la carta vetrata

scartellaménto [1959] **s. m.** ● lo scartellare

scartellàre [da *cartello*② 'accordo tra imprenditori', con *s-* ✱ 1959] **v. intr.** (*io scartèllo*; **aus.** *avere*) ● (*econ.*) derogare alle norme del cartello bancario praticando alla clientela della banca condizioni più favorevoli delle minime per gli impieghi, spec. sotto forma di prestiti, e delle massime per i depositi

scartìna [da *scarto*① ✱ 1959] **s. f. 1** carta da gioco di poco valore **2** (*fam.*) persona che non vale nulla nell'attività che esplica: *quell'atleta è proprio una s.*

scartinàre [da *scartino* ✱ 1959] **v. tr.** ● in tipografia, intercalare gli scartini

scartìno [da *scarto*① ✱ 1957] **s. m. 1** scartina **2** in tipografia, taglio intercalato tra un foglio di stampa e l'altro per evitare sporchi, controstampe, e sim.

♣**scàrto**① [da *scartare*② ✱ 1640] **s. m. 1** atto dello scartare carte da gioco | insieme delle carte scartate **2** eliminazione di qlco. in una scelta: *fare lo s.*; *fare lo s. dei libri, dei vestiti*; *roba, mercanzia di s.* | ciò che viene scartato, in quanto inutile, inservibile, non buono e sim.: *s. di magazzino, di fabbrica* | (*fig.*) persona che non vale niente: *è uno s. d'uomo* **3** gioco enigmistico consistente nel trovare, in base alle indicazioni date, due parole di cui la seconda è ottenuta scartando da un'altra una lettera o una sillaba (per es. maDre, mare; soLIsta, sosta) **CFR.** zeppa | ***s. iniziale***, in cui la seconda parola è ottenuta dalla prima scartando la lettera o la sillaba iniziale (per es. Amare, mare; TORmenta, menta) | ***s. finale***, in cui la seconda parola è ottenuta dalla prima scartando la lettera o la sillaba finale (per es. mareA, mare; sellaIO, sella)

SFUMATURE DI SIGNIFICATO

scarto - scampolo - rimasuglio - cascame

Si definisce **scarto** tutto ciò che viene buttato, eliminato, rifiutato come non buono, non utile, non idoneo. Un tipo particolare di scarto è lo **scampolo**, avanzo di una pezza di tessuto, che tuttavia non viene buttato ma venduto a prezzo ridotto. Con **rimasuglio** si definisce ciò che avanza o che rimane inutilizzato di qualcosa, che è generalmente di quantità limitata e di nessun valore. **Cascame**, infine, è lo scarto o il sottoprodotto di una lavorazione industriale, specialmente di fibre tessili; in uso figurato è l'aspetto tardo e deteriore di un fenomeno culturale o di un'ideologia.

scàrto② [da *scartare*③ ✱ 1906] **s. m. 1** salto brusco, improvviso spostamento laterale del cavallo o (*est.*) di veicoli: *il cavallo fece uno s. e disarcionò il cavaliere*; *la macchina ebbe uno s.* **2** (*est.*) deviazione, spostamento: *il proiettile ha pochi centimetri di s.* **3** (*mat.*) differenza fra i valori di una variabile e un valore fisso | misura dell'insieme di tali differenze | (*stat.*) ***s. semplice medio***, media aritmetica dei valori assoluti degli scarti | (*stat.*) ***s. quadratico medio***, media quadratica degli scarti dalla media aritmetica **4** differenza, distacco: *fra i due concorrenti c'è uno s. di cinque punti*

scàrto③ [agg. da *scartare*② ✱ 1924] **agg.** ● (*ven.*) di qualità scadente, di poco valore: *roba scarta*

scartocciaménto [1965] **s. m.** ● scartocciatura

scartocciàre [da *cartoccio*, con *s-* ✱ 1752] **v. tr.** (**pres.** *io scartòccio*; **fut.** *io scartoccerò*) **1** disfare un cartoccio **2** levare le brattee o cartocci alle spighe di mais

scartocciatùra [1891] **s. f.** ● lavoro dello scartocciare il granoturco | epoca in cui ciò avviene

scartòccio [da *cartoccio*, con *s-* ✱ 1534] **s. m.** ● (*raro*) cartoccio ‖ **scartoccétto**, **dim.**

scartòffia o (*raro*) **cartòffia** [dal milan. *scartoffia* 'cartaccia (nel gioco)', da *carta*, con *s-* e il suff. pegg. *-offia* ✱ av. 1876] **s. f.** ● (*scherz.* o *spreg.*, **spec. al pl.**) incartamento, pratica di ufficio e sim.: *oggi piano le mie scartoffie e vado al mare*

scartòmetro [comp. di *scarto*② e *-metro* ✱ 1991] **s. m.** ● parte essenziale di un sistema per la guida dei missili, che misura istante per istante lo scarto tra la rotta seguita dal missile e quella programmata, fornendo il dato di scarto utile per calcolare la correzione da far osservare al sistema di guida

scaruffàre ➤ **scarruffare**

†**scàrzo** [variante tosc. di *scarso* (?) ✱ 1520] **agg.** ● esile, snello: *io paio ... più giovane, più s.* (N. MACHIAVELLI)

scasàre (o **-aṣà-**) [da *casa*, con *s-* ✱ av. 1827] **A v. tr.** ● (*tosc.*) sfrattare da una casa o da un podere **B v. intr.** (**aus.** *avere*) **1** (*tosc.*) cambiare casa, traslocare **2** (*sicil.*) uscire di casa in massa: *Tutta la gente è scasata a vederla* (L. PIRANDELLO)

†**scaṣimodèo** ➤ †**squasimodeo**

scàssa [da *scasso* ✱ 1838] **s. f.** ● (*mar.*) alloggio del piede d'albero fissato sulla chiglia o sul paramezzale | ***s. della deriva***, alloggiamento solidale allo scafo in cui scorre la deriva mobile

scassacàzzi [dal v. *scassa(re)* e il pl. di *cazzo* ✱ 1986] **s. m. e f. inv.** ● (*volg.*) persona fastidiosa, invadente o puntigliosa | seccatore **CFR.** rompicazzo

scassapàlle [dal v. *scassa(re)* e il pl. di *palla* ✱ 1996] **s. m. e f. inv.** ● (*volg.*) scassacazzi **CFR.** rompipalle

scassaquìndici [comp. di *scassa(re)*② e *quindici* ✱ 1940] **s. m. solo sing.** ● gioco simile alla morra, che si svolge fra due giocatori, e in cui vince chi, per primo, raggiunge o si avvicina di più ai quindici punti

scassàre① [da *cassa*, con *s-* ✱ 1566] **v. tr.** ● estrarre, levare dalla o dalle casse: *s. le merci*

scassàre② [dal lat. *quassāre* 'sbattere, fracassare', intens. da *quăssus*, part. pass. di *quătere* 'scuotere', con *s-*. V. *scuotere* ✱ av. 1327] **A v. tr.** **1** arare il terreno a notevole profondità per l'impianto di vigneti, frutteti, oliveti e sim. o per metterlo a coltura **2** (*colloq.*) rompere, rovinare: *ha già scassato la bicicletta nuova* | (*volg.*) ***s. le palle, i coglioni a qlcu.***, rompergli le scatole, infastidirlo pesantemente | anche in forma pron. nella loc. (*volg.*) ***scassarsi le palle, i coglioni***, infastidirsi o annoiarsi al massimo grado **B scassàrsi v. intr. pron.** **1** (*colloq.*) rompersi, rovinarsi: *il computer si è scassato* **2** (*volg.*) seccarsi, stufarsi: *mi sono scassato, andiamocene!*

scassàre③ ➤ **cassare**

scassàto **part. pass.** di *scassare*②; anche **agg.** ● nei sign. del v. | (*fig.*) acciaccato, malridotto: *Mi sentivo le anche scassate* (C. PAVESE)

scassatùra [av. 1696] **s. f.** ● operazione dello scassare, nel sign. di *scassare*①

scassettàre [da *cassetta*, con *s-* ✱ 1891] **v. tr.** (*io scassétto*) ● togliere dalla cassetta

scassinaménto [1940] **s. m.** ● atto dello scassinare

scassinàre [da *scassare*①, con suff. intens. ✱ 1525] **v. tr.** (*io scassino*) ● rompere per aprire con la forza: *s. porte, finestre, serrature*

scassinatóre [1890] **s. m.** (**f.** *-trice*) ● chi scassina | chi compie furti con scasso SFUMATURE ➤ *ladro*

scassinatùra [1940] **s. f.** ● scassinamento, scasso

scàsso [da *scassare*② ✱ av. 1729] **s. m.** **1** (*dir.*) azione violenta e delittuosa tendente a rompere determinate difese | ***furto con s.***, aggravato da effrazione **2** lavorazione profonda del terreno per piantarvi alberi, vivai, colture erbacee speciali o metterlo per la prima volta a coltura **3** (*mar.*) incavo praticato per la scassa

scat /*ingl.* skæt/ [vc. ingl. da *to scatter* 'frammentare' ✱ 1959] **s. m. inv.** ● (*mus.*) nel jazz, esecuzione improvvisata su sillabe prive di senso e atta a imitare il suono degli strumenti

scatafàscio ➤ **catafascio**

scataròscio [sovrapposizione di *catarro* a *scroscio* ✱ 1872] **s. m.** ● (*pop.*) scroscio improvviso di pioggia

scatarràre [da *catarro*, con *s-* ✱ 1615] **v. intr.** (**aus.** *avere*) ● tossire ed emettere catarro

scatarràta [av. 1742] **s. f.** ● atto dello scatarrare

scatarróne [1872] **s. m.** (**f.** *-a*) ● (*pop.*) chi scatarra spesso e molto

scatenacciàre① [da *catenaccio*, con *s-* privativo ✱ 1787] **v. tr.** (**pres.** *io scatenàccio*; **fut.** *io scatenaccerò*) ● togliere il catenaccio

scatenacciàre② [da *catenaccio*, con *s-* intens. ✱ 1787] **v. intr.** (**pres.** *io scatenàccio*; **fut.** *io scatenaccerò*; **aus.** *avere*) ● agitare catene facendo grande rumore

scatenacciò [da *scatenacciare*② col suff. *-io*① ✱ 1872] **s. m.** (**pl.** *-ii*) ● rumore continuo di catenacci o di catene trascinate

scatenaménto [av. 1556] **s. m.** ● lo scatenare, lo scatenarsi | (*fig.*) manifestazione sfrenata, incontenibile di sentimenti, istinti e sim.: *s. dei sensi, delle passioni*

♦**scatenàre** [da *catena*, con *s-*. V. *incatenare* ✱ av. 1348] **A v. tr.** (*io scaténo*) **1** (*raro*) liberare dalla catena **2** (*fig.*) aizzare, sollevare, incitare: *s. il popolo alla rivolta* **B scatenàrsi v. rifl.** ● (*raro*) liberarsi della catena **C scatenàrsi v. intr. pron.** ● (*fig.*) sollevarsi, agitarsi, con furia e impeto: *la folla si è scatenata*; *scatenarsi contro qlcu.* | agitarsi eccessivamente, abbandonarsi a qlco., sfrenarsi (**+ *a* seguito da inf.**): *i bambini si sono scatenati*; *dopo cena ci siamo scatenati a ballare* | prendere a infuriare: *si sta scatenando una bufera* | prorompere, insorgere con impeto: *lo scatenarsi delle passioni*

scatenàto **part. pass.** di *scatenare*; anche **agg.** **1** nei sign. del v. **2** ***essere, sembrare, parere*** e sim. ***un diavolo s.***, essere infuriato, agitato o (*est.*) vivace e sempre in movimento

scatenìo [da *catena*, con *s-* ✱ 1872] **s. m.** (**pl.** *-ii*) ● rumore continuo di catene e sim.

scàto- [dal gr. *skôr*, genit. *skatós* 'sterco'] **primo elemento** ● in parole composte del linguaggio scientifico, significa 'sterco', 'escrementi': *scatofagia, scatologia*

scatofagìa [comp. di *scato-* e *-fagia* ✱ 1959] **s. f.** (**pl.** *-gìe*) ● coprofagia

♦**scàtola** [con metatesi, dal lat. mediev. *căstula(m)* 'cassa, cesta', dal francone *kasto* ✱ 1353] **s. f.** **1** contenitore con coperchio, a forma cilindrica o più spesso parallelepipeda, di limitate dimensioni, realizzato in legno, metallo, cartone, plastica e sim., e destinato a contenere i più svariati prodotti: *s. di latta, d'argento* | quantità di roba contenuta in una scatola: *una s. di confetti, di biscotti, di fiammiferi* | ***cibi in s.***, conservati in recipienti gener. metallici ermeticamente chiusi | ***comprare, accettare*** e sim. ***a s. chiusa***, (*fig.*) senza controllare ciò che si compra o si riceve: *ho accettato la proposta a s. chiusa* | ***caratteri, lettere, di s.***, (*fig.*) cubitali **2** (**al pl.**) (*eufem.*) testicoli | (*pop., fig.*) ***rompere, far girare le scatole a qlcu.***, infastidirlo, seccarlo | ***levarsi, togliersi, dalle scatole***, andarsene, lasciare in pace | ***averne piene le scatole***, non poterne più di qlco. o qlcu. **3** (*est.*) oggetto, elemento, dispositivo e sim., a forma di scatola, chiuso come una scatola o destinato a contenere, a custodire qlco. | ***s. armonica, musicale***, carillon | ***s. cranica***, involucro osseo della testa | ***s. a mitraglia***, antico proiettile di artiglieria formato da un involucro metallico pieno di pallette di ferro | ***s. di derivazione***, quella contenente i collegamenti delle condutture in diramazione con la conduttura elettrica principale | (*elettron., tecnol.*) ***s. nera***, qualsiasi componente o sistema, gener. elettronico, di cui si conoscono i parametri di ingresso e di uscita ma di cui si può non conoscere la struttura interna particolareggiata | (*aeron.*) ***s. nera***, apparecchio elettronico contenuto in un involucro metallico resistente al fuoco e agli urti violenti, che registra automaticamente i principali dati del volo quali ora, altitudine, velocità dell'aria, prua magnetica, accelerazione verticale **SIN.** registratore di volo | (*autom.*) ***s. sterzo, s. guida***, quella contenente il meccanismo che trasmette il moto dal volante di guida al sistema di aste e leve destinato a sterzare le ruote | ***scatole cinesi***, serie di scatole di misura decrescente, che si possono inserire una dentro l'altra; (*fig.*) sottile e raffinato gioco a incastro | ***s. di montaggio***, scatola contenente i componenti di un oggetto che l'acquirente dovrà montare da sé | ***s. vuota***, (*fig.*) detto di ente o istituzione privo di compiti o poteri reali o di società che non esercita un'effettiva attività economica ‖ **scatolétta**, **dim.** (V.) | **scatolìna**, **dim.** | **scatolìno**, **dim. m.** | **scatolóna**, **accr.** | **scatolóne**, **accr. m.** grossa scatola in cartone usata spec. per imballaggi o traslochi

scatolàio [1838] **s. m.** (**f.** *-aia*, **pl. m.** *-ai*) ● chi fabbrica e vende scatole

scatolàme [1942] **s. m.** **1** insieme di scatole **2** commestibili vari conservati in scatola

scatolàre [1959] **agg.** ● fatto a scatola, che ha forma di scatola, in particolare in edilizia: *struttura s.*

scatolàta [1959] **s. f.** ● quantità di roba contenuta in una scatola

scatolàto [da *scatola* ✱ 1942] **agg. e s. m.** ● conservato in scatola: *prodotti scatolati*; *aumento del prezzo degli scatolati*

scatolétta [1666] **s. f.** **1** dim. di *scatola* **2** piccola scatola di latta a chiusura ermetica, destinata a contenere prodotti conservati dell'industria alimentare

scatolifìcio [comp. di *scatola* e *-ficio* ✱ 1952] **s. m.** ● stabilimento in cui si fabbricano scatole e contenitori di carta

scatòlo [comp. di *scato-* e *(ind)olo* ✱ 1895] **s. m.** ● (*chim.*) molecola organica costituita da un nucleo aromatico e da uno eterociclico azotato, responsabile dell'odore sgradevole delle feci

scatologìa [vc. dotta, dal fr. *scatologie*, comp. di *scato-* e *-logia* ✱ 1882] **s. f.** (**pl.** *-gìe*) ● trattazione scherzosa di argomenti triviali riguardanti spec. gli escrementi

scatològico [da *scatologia*, sul modello del fr. *scatologique* ✱ 1889] **agg.** (**pl. m.** *-ci*) ● relativo alla scatologia

scatòrcio ➤ **catorcio**

scattànte **part. pres.** di *scattare*; anche **agg.** **1** nei sign. del v. **2** svelto, veloce: *impiegato s.* | (*est.*) agile: *figura s.*

♦**scattàre** [lat. parl. **excaptāre*, comp. di *ĕx-* (*s-*) e *captāre* 'afferrare', intens. da *căptus*, part. pass. di *căpere* 'prendere' ✱ av. 1573] **A v. intr.** (**aus.** *essere* **nei sign. 2, 3, 4,** *essere* **o** *raro avere* **nel sign. 1**) **1** liberarsi dello stato di tensione, detto di congegni, molle e sim.: *il grilletto è scattato*; *la trappola scatta* **2** (*est.*) balzare, saltare, muoversi repentinamente: *s. in piedi, sull'attenti, alla partenza* | (*fig.*) avere inizio in modo fulmineo o entrare improvvisamente in azione: *l'assalto è scattato all'ora prevista*; *la trappola è scattata* | aumentare di colpo la velocità durante una corsa: *s. sul rettilineo d'arrivo* **3** (*fig.*) prorompere in manifestazioni o parole di ira, insofferenza e sim.: *non gli si può parlare che subito scatta*; *non ha resistito all'insinuazione ed è scattato* **4** †mancarci,

S

correrci, esserci differenza, nelle loc.: ***poco ci scatta che …***; ***ci scatta un pelo, un capello***; ***non ci scatta nulla***, e sim. **B** **v. tr.** ● agire sull'otturatore di una macchina fotografica per riprendere un'immagine impressionando la pellicola: *s. un'istantanea*

scàttering /ˈskatterin(g)/, *ingl.* ˈskætərɪŋ/ [vc. ingl., gerundio di *to scatter* 'sparpagliare, disseminare' ✱ 1958] **s. m. inv.** ● (*fis.*) deviazione, diffusione, sparpagliamento

scattinàre e deriv. ➤ **schettinare** e deriv.

scàttino ➤ **schettino**

scattìsta [da *scatto* ✱ 1953] **s. m. e f. (pl. m. -*i*)** **1** atleta dotato di scatto | nell'atletica leggera, specialista delle gare di velocità **2** (*abbigliamento*) chi adatta, mediante i drop, le taglie convenzionali degli abiti confezionati

scattivàre [da *cattivo*, con *s-* ✱ 1872] **v. tr.** ● (*tosc.*) levare il cattivo, il guasto, spec. a frutta o verdura | (*tosc.*) ***s. una stoffa***, rammendarla

♦**scàtto** [da *scattare* ✱ 1552] **s. m.** **1** lo scattare di congegni, molle e sim.: *lo s. del grilletto, del cane, del percussore, dell'otturatore* | ***s. a vuoto***, quello in cui per difettoso funzionamento del congegno di sparo di un'arma o di una bocca da fuoco, non si accende la carica di lancio e quindi il colpo non parte **2** dispositivo, congegno e sim. che scatta, che funziona scattando | ***s. dell'otturatore***, meccanismo che determina l'apertura e la successiva chiusura dell'otturatore, in una macchina fotografica | (*est.*) fotogramma: *di questo soggetto abbiamo pochi scatti* | nelle armi da fuoco, dente mobile che tiene il cane o il percussore nella posizione di sparo | (*tecnol.*) ***trasmissione a s. libero***, nella bicicletta, sistema di trasmissione del moto dall'asse della pedaliera al mozzo posteriore, che si stacca automaticamente quando si cessa di pedalare permettendo di procedere per inerzia o gravità | (*est.*) rumore che un congegno, una molla e sim. fa, scattando: *udire uno s.* **3** balzo, movimento brusco e impetuoso: *ebbe uno s.* | ***di s.***, con impeto repentino: *alzarsi, sedersi, partire, di s.* | ***a scatti***, con movimenti bruschi, senza continuità SIN. slancio, sussulto **4** accelerazione massima, rapida e improvvisa, della velocità | azione con cui un atleta accelera al massimo delle proprie possibilità, da fermo o in movimento: *s. iniziale, s. finale*; *effettuare uno s.* | capacità fisica di effettuare tali azioni: *atleta dotato di un notevole s.* | ***s. bruciante***, nel finale di una corsa, quella con cui ci si impone all'avversario **5** nei servizi telefonici, addebito di una cifra fissa alla risposta o dopo un tempo determinato **6** (*tess.*) proprietà dei tessuti di riacquistare la forma primitiva dopo avere subìto una piegatura **7** (*elettron.*) ***segnale di s.***, (*ellitt.*) ***scatto***, segnale di comando che viene applicato a certi dispositivi o circuiti per farli passare da un particolare stato di funzionamento a un altro **8** (*fig.*) improvvisa e brusca manifestazione di ira, collera, nervosismo e sim.: *uno s. d'ira*; *ha degli scatti da matto* **9** (*fig.*) aumento di grado, di livello, di qualità: *s. d'anzianità* | ***s. di stipendio, di retribuzione***, aumento del corrispettivo spettante al lavoratore subordinato, in base a contratto o al regolamento interno dell'impresa, o all'avanzamento in carriera del lavoratore stesso || **scattino**, **dim.**

scaturìgine [dal lat. *scaturīgine(m)* 'sorgente', da *scaturīre* 'scaturire' ✱ 1485] **s. f.** **1** (*lett.*) sorgente: *si vedeano molte scaturigini … che rifondevano acque* (I. SANNAZARO) **2** (*lett.*, *fig.*) origine: *le scaturigini della filosofia*

♦**scaturìre** [lat. *scaturīre*, iter. di *scatēre* 'zampillare', di orig. indeur. ✱ 1342] **v. intr.** (*io scaturìsco, tu scaturìsci*; aus. *essere*) **1** zampillare dalla terra, dalla roccia e sim., detto spec. di acque | (*est.*) sgorgare: *un pianto dirotto le scaturì dagli occhi* **2** (*fig.*) derivare, provenire, avere origine: *da queste premesse scaturiscono interessanti conseguenze*

scàut e deriv. ➤ **scout** e deriv.

scautìsmo e deriv. ➤ **scoutismo** e deriv.

scavabùche [comp. di *scava(re)* e del pl. di *buca* ✱ 1985] **s. m. inv.** ● (*agric.*) attrezzo agricolo, gener. montato su trattore, per lo scavo di buche

scavafòssi [comp. di *scava(re)* e del pl. di *fosso* ✱ 1974] **s. f. inv.** ● (*agric.*) macchina agricola per lo scavo di fossi

scavalcaménto [1957] **s. m.** **1** (*raro*) lo scavalcare (*anche fig.*) **2** (*milit.*) operazione tattica mediante la quale una unità oltrepassa una unità antistante proseguendone l'azione

♦**scavalcàre** [da *cavalcare*, con *s-* ✱ av. 1292] **A** **v. tr.** (*io scavàlco, tu scavàlchi*) **1** gettare giù da cavallo, sbalzare a terra | (*est.*) ***s. una bocca da fuoco***, toglierla dall'affusto **2** passare al disopra: *s. un ostacolo* | ***s. un punto***, nei lavori a maglia, passarlo senza lavorarlo **3** (*fig.*) superare chi si trova in posizione più avanzata, in una corsa, una competizione, una professione e sim.: *ha scavalcato tutti i concorrenti*; *è riuscito a s. il capufficio* | (*fig.*) rivolgersi direttamente a una persona di grado più elevato senza informare il proprio diretto superiore, oppure a una persona di grado inferiore senza informare il suo diretto superiore: *ha preso la decisione scavalcando il direttore* | assumere una posizione politica più estrema rispetto ad altri: *s. a destra, a sinistra* **B** **v. intr.** (aus. *essere*) ● (*lett.*) scendere, smontare, da cavallo | (*est.*) †fermarsi, sostare

scavallàre[1] [da *cavallo*, con *s-* intens. ✱ 1340] **v. intr.** (aus. *avere*) **1** correre, far rumore, come cavalli in libertà, detto spec. di ragazzi che giocano **2** (*fig.*) fare una vita sregolata

†**scavallàre**[2] [da *cavallo*, con *s-* sottratt. ✱ av. 1348] **v. tr.** ● scavalcare, disarcionare, sbalzare a terra

scavallatrìce [da *scavallare*[2] 'scavalcare' ✱ 1993] **A** **s. f.** ● (*agric.*) macchina agricola in grado di operare tra coltivazioni a filari **B** **anche agg. solo f.**: *macchina s.*

scavaménto [1670] **s. m.** ● (*raro*) lo scavare | scavo

♦**scavàre** o (*raro*) **escavàre** [lat. *excavāre* 'scavare', comp. di *ĕx-* (*s-*) e *cavāre* 'cavare' ✱ av. 1320] **A** **v. tr.** **1** rendere cavo, vuoto: *la goccia scava la pietra* **2** formare una cavità nel terreno, di forma e destinazione particolari: *s. una buca, un fosso, un cunicolo, una galleria, una trincea* | (*est.*) fare un incavo: *s. un tronco per fare una barca* | ***s. il collo di un abito, l'attaccatura di una manica*** e sim., allargarne il giro **3** (*fig.*) indagare, studiare, a fondo (*spec. assol.*): *a forza di s. seppi che mentiva* **4** riportare alla luce, trarre di sottoterra: *s. una città sepolta* | (*fig.*) trovare, escogitare: *da dove avrà scavato questa storia?* **B** **scavàrsi** **v. tr. pron.** (aus. *essere*) ● scavare per sé: *l'animale si è scavato una fossa profonda* | ***scavarsi la fossa (con le proprie mani)***, (*fig.*) essere la causa della propria rovina

scavàto **part. pass.** di *scavare*; anche **agg.** **1** nei sign. del v. **2** (*fig.*) di volto particolarmente magro e sofferente SIN. smunto

scavatóre o **escavatóre** nel sign. A e B2 [av. 1685] **A** **agg.** (**f. -*trice***) ● che scava, che serve a scavare: *macchina scavatrice* **B** **s. m.** **1** V. *escavatore* nel sign. B **2** (**f. -*trice***) chi scava | operaio addetto a lavori di scavo **3** strumento chirurgico

scavatrìce ➤ **escavatrice**

scavatùra [av. 1597] **s. f.** **1** azione, lavoro dello scavare | terra, materiale scavato **2** scavo, scollo, di un vestito

scavazióne ➤ **escavazione**

scavezzacòllo [comp. di *scavezza(re)*[1] e *collo* ✱ av. 1535] **A** **s. m.** (**pl.** *scavezzacòlli, raro scavezzacòllo*) ● precipizio, discesa ripida | (*est.*) caduta rovinosa | ***a s.***, a precipizio, di gran furia: *correre, scendere, gettarsi, venir giù a s.* **B** **s. m. e f.** (**pl. f. inv.**) ● (*fig.*) persona, spec. giovane, che conduce una vita sregolata o si comporta in modo imprudente

scavezzàre[1] [variante sett. di *scapezzare* ✱ av. 1400] **A** **v. tr.** (*io scavézzo*) **1** V. *scapezzare* **2** rompere, spezzare | ***scavezzarsi il collo***, fare una caduta rovinosa, rompersi il collo **3** nella lavorazione della canapa, ridurre in frammenti gli steli legnosi della fibra **B** **scavezzàrsi** **v. intr. pron.** ● (*raro*) rompersi, spezzarsi

scavezzàre[2] [comp. parasintetico di *cavezza*, con *s-* privativo ✱ 1891] **v. tr.** (*io scavézzo*) ● togliere la cavezza

scavezzàto **part. pass.** di *scavezzare*[1]; anche **agg.** ● (*raro*) nei sign. del v.

scavézzo [part. pass. contratto di *scavezzare*[1] ✱ av. 1597] **A** **agg.** **1** †scavezzato: *strascinavasi come le serpi scavezze a mezzo* (D. BARTOLI) **2** †detto di arma da fuoco portatile con la cassa in due pezzi incernierati e pieghevoli **B** **s. m.** **1** ciascuno dei cavi che uniscono la rete a strascico al divergente **2** †pendio, scoscendimento **3** †scampolo

scavìno [da *scavare*, con *-ino* di mestiere ✱ 1965] **s. m.** ● piccolo utensile domestico usato per svuotare frutta, ortaggi e sim.

scavizzolàre o †**scavitolàre** [lat. parl. **excavitiāre*, intens. di *excavāre* 'scavare', con suff. dim. *-ol-* ✱ av. 1698] **v. tr.** (*io scavìzzolo*) ● (*tosc.*) tirare fuori frugando, trovare: *s. un documento* | (*fig.*, *tosc.*, *lett.*) escogitare: *s. pretesti*

♦**scàvo** [av. 1537] **s. m.** **1** operazione, lavoro dello scavare: *lo s. di una galleria*; *lavori di s.* | luogo scavato | (*fig.*) approfondimento: *s. psicologico* **2** (*archeol.*) esplorazione scientifica del terreno per ricercare strutture e manufatti dell'antichità che permettano di ricostruire la storia delle civiltà | l'area dove si è fatta tale esplorazione e le strutture e i manufatti ritrovati: *visitare gli scavi di Pompei* **3** incavo, incavatura: *lo s. del collo della camicia*

scazónte o †**scazzónte** [vc. dotta, dal lat. *scazōnte(m)*, da gr. *skázon*, genit. *skázontos*, part. pres. di *skázein* 'zoppicare', di orig. indeur. ✱ 1592] **A** **s. m.** ● coliambo **B** **anche agg.**: *metro s.*

scazóntico [av. 1742] **agg.** (**pl. m.** *-ci*) ● di scazonte

scazzàre [da *incazzarsi* con cambio di pref. ✱ 1982] **A** **v. tr.** ● (*gerg.*) sbagliare clamorosamente: *ho scazzato la verifica di chimica* SIN. toppare, cannare **B** **v. intr.** (aus. *avere* o *essere*) ● (*pop.*) seccare, dare fastidio: *mi ha scazzato non esserci* **C** **scazzàrsi** **v. intr. pron.** **1** (*pop.*) litigare, adirarsi con qlcu. | scontrarsi con un problema difficile, un'impresa ardua **2** (*est.*) perdersi d'animo, avvilirsi | annoiarsi

scazzàto **part. pass.** di *scazzarsi*; anche **agg.** **1** nei sign. del v. **2** (*pop.*) sconfortato scoraggiato | annoiato, seccato

scàzzo [deriv. di *scazzarsi* ✱ 1978] **s. m.** **1** (*volg.*) dissapore, dissenso, screzio | diverbio, litigio **2** (*volg.*) situazione difficile, noiosa e sim.

scazzóne [prob. da *cazzo* per la forma ✱ 1931] **s. m.** ● pesce dei Teleostei della famiglia dei

Cottidi, con testa grande, spinosa, bocca larga, grandi labbra, occhi molto ravvicinati e situati in alto, diffuso nelle acque dolci europee (*Cottus gobio*) **SIN.** magnarone

†**scazzónte** ➤ **scazonte**

scazzottàre [da *cazzottare*, con *s-* ✱ 1909] **A** **v. tr.** (*io scazzòtto*) ● (*pop.*) prendere a cazzotti, picchiare con forza **B** **scazzottàrsi** **v. rifl. recipr.** ● (*pop.*) prendersi a cazzotti: *si sono scazzottati di santa ragione*

scazzottàta [da *scazzottare* ✱ 1959] **s. f.** ● (*pop.*) scontro a cazzotti, scambio reciproco di cazzotti

scazzottatùra [1902] **s. f.** ● (*pop.*) violenta scazzottata

sceccàrio [da *chèque*, secondo la pronuncia fr. ✱ 1942] **s. m.** ● libretto di assegni per un conto corrente bancario

scecheràre **v. tr.** (*io scèchero*) ➤ **shakerare**

†**scèda** o †**iscèda** [dal lat. *schĕda(m)* 'foglio di papiro', dal gr. *schédē*, di orig. indeur. ✱ 1313] **s. f.** **1** burla, scherno | ***fare s. di qlcu.***, schernirlo **2** facezia, spiritosaggine: *si va con motti e con iscede / a predicare* (DANTE *Par.* XXIX, 115-116)

♦**scégliere** o (*poet.*) **scèrre** [lat. parl. **exelĭgere*, comp. di *ĕx-* (*s-*) ed *elĭgere* 'scegliere'. V. *eleggere* ✱ 1268] **A** **v. tr.** (**pres.** *io scélgo*, **pop.** †*scéglio, tu scégli*; **fut.** *io sceglierò*, †*scerrò*; **pass. rem.** *io scélsi, tu scegliésti*; **congtv. pres.** *io scélga*, **pop.** †*scéglia*; **condiz. pres.** *io sceglierèi*, †*scerrèi*; **part. pass.** *scélto*) **1** distinguere, indicare, prendere, tra più persone, cose, soluzioni e sim., quella che, secondo un determinato criterio o per un determinato fine, sembra la migliore (**anche assol.**): *s. una stoffa, una professione, una casa*; *hai scelto le parole adatte*; *scegli tra questi libri quello che preferisci*; *s. qlcu. per moglie, per amico, per guida*; *s. qlcu. in moglie*; *come residenza ho scelto un piccolo paese*; *si sceglie sempre la cosa più bella* | ***c'è da s.!, abbiamo da s., possiamo s.*** e sim., c'è molta abbondanza, le possibilità sono molte e varie | ***non c'è molto da s., non c'è da s., c'è poco da s.*** e sim., la scelta è limitata a ben poche possibilità **2** prendere la parte migliore separandola da quella peggiore: *s. la frutta, la lana*; *s. fior da fiore* **3** preferire (**+ di seguito da inf.**): *ha scelto l'amore*; *piuttosto che stare con loro scelgo di stare da solo* **B** anche **scégliersi** **v. tr. pron.** (**aus.** *essere*): (con valore intens.) *scegliersi una cravatta*; *ti sei scelto il posto migliore*; *Aveva commesso l'errore di scegliersi la moglie d'un paraggio superiore al suo* (L. PIRANDELLO)

†**scegliménto** [sec. XIII] **s. m.** ● scelta

scegliticcio [da *scegliere* ✱ 1612] **s. m.** ● (*raro*) parte peggiore delle cose scelte

sceglitóre [sec. XIV] **s. m.** (**f.** *-trice*) **1** (*raro*) chi sceglie **2** operaio addetto a operazioni di scelta: *s. di frutta e verdura*

sceiccàto [1963] **s. m.** **1** titolo, ufficio e dignità di sceicco **2** territorio soggetto al dominio di uno sceicco

sceìcco [dal fr. *scheik*, dall'arabo *šayḫ* 'vegliardo, capo' ✱ 1542] **s. m.** (**pl.** *-chi*) **1** capo dei clan delle tribù beduine o libico-berbere che governa grazie al prestigio personale o alla ricchezza **2** presso i Musulmani, titolo di distinzione usato per le persone investite di autorità pubblica o tribale, per gli alti dignitari religiosi, per i ministri di culto e per chiunque sia degno di rispetto

sckeràre ➤ **shakerare**

†**sceleràre** e deriv. ➤ †**scellerare** e deriv.

†**scèlere** o †**scèllere** [vc. dotta, dal lat. **scĕlere(m)*, da *scĕlus*, genit. *scĕleris* 'delitto', di orig. indeur. ✱ 1476] **s. m.** ● (*lett.*) scelleratezza, delitto

†**scelèsto** [vc. dotta, dal lat. *scelĕstu(m)* 'scellerato', da *scĕlus*, genit. *scĕleris* 'delitto' ✱ 1442] **agg.** ● (*lett.*) scellerato

scélgo ➤ **scegliere**

scelleràggine o †**sceleràggine** [da †*scellere* ✱ av. 1364] **s. f.** ● (*lett.*) scelleratagine: *doviamo esser puniti ... per le gravissime scelleraggini e delitti* (G. BRUNO)

scellerànza o †**scelerànza** [da †*scellerare* ✱ av. 1342] **s. f.** ● (*lett.*) scelleratezza

†**scelleràre** o †**sceleràre** [dal lat. *scelerāre* 'macchiare di un delitto', da *scĕlus*, genit. *scĕleris* 'delitto' ✱ av. 1332] **v. tr.** ● (*lett.*) macchiare di delitto, di colpa

scelleratàggine [1468] **s. f.** **1** caratteristica di chi (o di ciò che) è scellerato **2** atto, comportamento e sim. da scellerato: *compiere una s.*

scelleratézza o †**sceleratézza** [av. 1332] **s. f.** **1** caratteristica di chi è scellerato | inclinazione naturale al male, al delitto **2** misfatto, scelleratagine
SFUMATURE ➤ ***malefatta***

♣**scelleràto** o †**sceleràto** [lat. *scelerātu(m)*, part. pass. di *scelerāre* 'macchiare di un delitto' ✱ 1268] **A** **agg.** **1** che si è macchiato di atroci delitti: *anima scellerata*; *mani scellerate*; *sono ... molti animi scelerati che hanno grazia di bello aspetto* (B. CASTIGLIONE) **SIN.** infame, iniquo, nefando **2** malvagio, cattivo, nefando, detto di cose: *parole scellerate, vita scellerata* ‖ **scellerataménte**, **avv.** **B** **s. m.** (**f.** *-a*) ● persona scellerata

†**scèllere** ➤ †**scelere**

†**scellerità** [da †*scellere* ✱ sec. XIV] **s. f.** ● (*raro*) scelleratezza

scellìno [dal fr. *schelling*, dall'ingl. *shilling*, risalente al germ. **skilling* 'specie di scudo' ✱ 1667] **s. m.** ● unità monetaria inglese, pari alla ventesima parte della sterlina, in uso fino al 1971 | unità monetaria di Kenia, Somalia, Tanzania, Uganda e, fino all'introduzione dell'euro (2002), Austria **SIMB.** S

†**scèlo** [vc. dotta, dal lat. *scĕlus* (nt.) 'delitto'. V. †*scelere* ✱ 1476] **s. m.** ● (*lett.*) scelleratezza, misfatto: *ecco / dove tu commettesti il grande s.!* (L. PULCI)

scélsi ➤ **scegliere**

♦**scélta** [f. sost. di *scelto* ✱ av. 1292] **s. f.** **1** atto dello scegliere: *fare una s.*; *è una buona, una cattiva s.*; *la sua è stata una libera s.* | ***di prima s.***, di prima qualità | ***di seconda s.***, di qualità piuttosto scadente | possibilità, facoltà, di scegliere: *qui c'è poca s.* | ***non c'è s., non c'è altra s.***, e sim., la situazione ha una via di uscita obbligata | ***a s.***, come si preferisce | ***s. di tempo***, tempestività, tempismo **2** parte migliore, di maggior qualità, valore, e sim.: *una s. di liriche*; *la s. e 'l fior d'ogni guerriero* (L. ARIOSTO) **SIN.** assortimento, selezione

SFUMATURE DI SIGNIFICATO

scelta - opzione - elezione

La **scelta** consiste nell'individuare e prendere, tra più persone, cose o soluzioni possibili, quella che secondo un dato criterio o per un dato fine sembra la migliore. Un equivalente di scelta è **opzione**, termine che ha una più specifica connotazione tecnica. Nell'uso letterario una scelta può anche essere detta **elezione**, parola che si riferisce solitamente a concetti astratti.
SFUMATURE ➤ ***selezione***

sceltézza [1557] **s. f.** ● condizione di ciò che è scelto, elegante, raffinato: *s. di stile, di espressione*

scélto **part. pass.** di *scegliere*; anche **agg.** **1** che è il risultato di una scelta, di una selezione: *brani scelti* **2** di ottima qualità: *merce, frutta, roba scelta*; *di fiori scelti mi fa ghirlandette* (L.B. ALBERTI) **SIN.** eccellente, selezionato **3** (*est.*) elegante, raffinato, distinto: *maniere scelte*; *uno s. pubblico* **4** particolarmente abile e addestrato in un settore di una determinata disciplina: *tiratore s.*; *guardia scelta* **SIN.** specializzato ‖ **sceltaménte**, **avv.** con distinzione, eleganza, squisitezza: *mangiare, scrivere, parlare sceltamente*

scemaménto [av. 1348] **s. m.** ● (*lett.*) diminuzione: *lo s. del prezzo* (G. LEOPARDI)

scemàre [lat. parl. **exsemāre*, comp. di *ĕx-* (*s-*) e dell'agg. tardo *sēmus* 'mezzo', da *sēmis* 'metà': propr. 'togliere la metà' ✱ sec. XIII] **A** **v. tr.** (*io scémo*) ● (*tosc., lett.*) ridurre, diminuire: *s. il prezzo, le spese, i debiti* | (*raro*) levare vino o altro liquido dal recipiente colmo che lo contiene: *s. il fiasco* **B** **v. intr.** (**aus.** *essere*) **1** venir calando, diminuire di intensità, energia, quantità, e sim. (**+ di**): *la piena delle acque tende a s.*; *le forze vanno scemando*; *s. di peso, di autorità* **2** (*lett.*) diminuire di luminosità o di fase, detto di un astro **C** **scemàrsi** **v. intr. pron.** ● (*lett.*) ridursi, diminuire: *Rimbalzando (...), la sua velocità scemerà* (G. GALILEI) | (*lett.*) dividersi: *La sesta compagnia in due si scema* (DANTE *Inf.* IV, 148)

scemàta [da *scemo* ✱ 1891] **s. f.** ● sciocchezza, irritante banalità: *quante scemate in quell'articolo!* | comportamento, frase da scemo: *fare, dire scemate*

scemènza [1916] **s. f.** **1** condizione, caratteristica di chi (o di ciò che) è scemo: *la s. di quei discorsi* **2** atto o discorso da scemo: *non badare alle sue scemenze* ‖ **scemenzuòla**, **dim.**

scemenzàio [da *scemenza* col suff. *-aio*① ✱ 1987] **s. m.** (**pl.** *-ai*) ● (*raro*) sciocchezzaio

♦**scémo** [agg. da *scemare* ✱ 1313] **A** **agg.** **1** (*tosc., lett.*) che non è pieno, non è intero: *luna scema*; *fiasco, vaso, s.* | (*archit.*) ***arco s.***, arco a sesto ribassato, costituito da un arco di circonferenza minore della semicirconferenza | †***monte s.***, scosceso: *gente seder propinqua al loco s.* (DANTE *Inf.* XVII, 36) **2** che manca di giudizio, di senno, di intelligenza, detto di persona: *quel tipo mi pare un po' s.*; *non perderti con compagnie sceme* | (**colloq.**, **scherz.**) anche in forma attenuativa, come rimprovero benevolo, commento amichevole o sim.: *che s., lo sai che ti voglio bene!* | che è pensato, detto o fatto in modo sciocco, stupido: *la tua idea è proprio scema*; *frasi, parole, sceme* | (**est.**) insulso, privo di valore e di significato: *libro, film, s.* **3** †privo, mancante: *per farla rimaner d'effetto scema* (L. ARIOSTO) **4** †troncato, mozzo ‖ **scemaménte**, **avv.** **B** **s. m.** **1** (**f.** *-a*) persona sciocca, stupida: *su, non fare lo s.*; *è un povero s.*; *si perde con quella scema*; *non voglio passare da s.* | ***lo s. del villaggio, del paese***, persona beffeggiata, fatta oggetto di scherno collettivo per il suo comportamento ritenuto strano o ridicolo **SIN.** deficiente, imbecille **2** †diminuzione, calo | †difetto | †mancanza ‖ **scemétto**, **dim.** | **scemìno**, **dim.** | **scemóne**, **accr.** | **scemòtto**, **alter.**

scempiàggine [da *scempio*① ✱ 1612] **s. f.** **1** (*raro*) caratteristica di chi è scemo **2** atto o discorso da scemo **SIN.** dappocaggine, tontaggine

scempiaménto [da *scempiare*① ✱ 1940] **s. m.** ● lo scempiarsi | (*ling.*) riduzione di consonanti lunghe o geminate a brevi o semplici **SIN.** degeminazione

scempiàre① [da *scempio*① ✱ 1681] **A** **v. tr.** (*io scémpio*) ● rendere scempio, sdoppiare **B** **scempiàrsi** **v. intr. pron.** ● diventare scempio, semplice

scempiàre② [da *scempio*② ✱ av. 1342] **v. tr.** (*io scémpio*) **1** (*lett.*) straziare, fare scempio **2** deturpare, devastare: *s. una collina con nuove costruzioni*

scempiatàggine [da *scempiato* ✻ av. 1704] **s. f.** ● (*raro*) scempiaggine

scempiàto **part. pass.** di *scempiare*①; anche **agg. 1** nel sign. del v. **2** (*tosc., lett.*) sciocco, scemo: *Tonio, con lo s. di Gervaso* (A. Manzoni) ‖ **scempiataménte**, **avv.** da sciocco, semplice, scempio

scempietà [da *scempio*① ✻ av. 1529] **s. f. inv.** ● (*raro*) scempiaggine

scémpio① [sovrapposizione di *scemo* al lat. *sĭmplu(m)* 'semplice', variante di *sĭmplex*, genit. *sĭmplicis*. V. *semplice*① ✻ sec. XIII] **A agg. 1** semplice, non doppio: *filo, fiore s.* **CONTR.** doppio **2** (*ling.*) breve, semplice, detto spec. di consonanti ‖ **scempiaménte**, **avv.** da scempio **B agg. e s. m.** (**f.** *-ia*) ● (*raro*) sciocco, scemo | (*lett.*) privo di senno, stolto: *quel che più ti graverà le spalle, / sarà la compagnia malvagia e scempia* (Dante *Par.* XVII, 61-62)

scémpio② [lat. *exĕmplu(m)* 'esempio, pena'. V. *esempio* ✻ 1313] **s. m. 1** strazio, grave tormento: *da ... lungo s. / vedi afflitta costei* (G. Leopardi) | ***fare s. di qlcu.***, straziarlo | massacro, strage, sterminio: *Lo strazio e 'l grande s. / che fece l'Arbia colorata in rosso* (Dante *Inf.* X, 85-86) **2** (*fig.*) rovina, deturpazione, spec. di ciò che possiede un valore particolare: *quel grattacielo è uno s. della piazza* | ***fare s. di qlco.***, rovinarla completamente

†**scemunito** ▸ **scimunito**

♦**scèna** [lat. *sc(ă)ena(m)*, dal gr. *skēnḗ* 'tenda', poi 'scena', di etim. incerta ✻ 1374] **s. f. 1** parte unitaria del dramma teatrale, in cui agiscono gli stessi attori | ***comparire, entrare in s.***, ***essere di s.***, detto dell'attore che è impegnato nella recitazione | ***mettere in s.***, rappresentare | ***andare in s.***, essere rappresentato spec. per la prima volta: *l'Amleto va in s. domenica* **2** (*est.*, **spec. al pl.**) teatro: *è la prima volta che la commedia compare sulle nostre scene; è un dramma nuovo per le scene romane* | ***darsi alle scene, calcare le scene***, e sim., intraprendere la carriera teatrale | ***ritirarsi dalle scene***, lasciare, abbandonare la carriera teatrale **3** parte dell'antico teatro greco costituita dalla piattaforma su cui recitavano gli attori e dalla parete che le faceva da sfondo | (*est.*) palcoscenico: *salire sulla s.* | (*est.*) insieme degli elementi scenografici fissi o montati sul palcoscenico | ***s. multipla***, composta di vari ambienti | ***dietro le scene***, dietro le quinte | ***cambiamento di s.***, (*fig.*) mutamento improvviso e radicale: *nella situazione politica c'è stato un cambiamento di s.* **4** luogo in cui avviene, o si finge avvenuta, l'azione teatrale: *nell'ultimo atto del Faust la s. è in Paradiso* **5** azione, comportamento dei personaggi teatrali | ***fare s.***, possedere la capacità di richiamare l'attenzione e l'interesse degli spettatori | ***avere s.***, essere disinvolto nel recitare | ***non avere s.***, essere goffo, impacciato, nel recitare | ***s. muta***, senza dialogo | ***fare s. muta***, (*est.*) rispondere col silenzio assoluto a una domanda, un'interrogazione e sim. **6** momento unitario dell'azione drammatica, definibile mediante la compiutezza del dialogo e la presenza in scena di un numero determinato di attori | ***s. madre***, quella più importante, fondamentale; (*fig.*) in un litigio, una scenata e sim., momento in cui si raggiunge l'acme | ***colpo di s.***, (*fig.*) avvenimento improvviso che produce notevoli cambiamenti **7** (*fig.*) luogo, àmbito in cui si svolge la vita reale | ***essere di s.***, avere un ruolo importante, essere al centro dell'attenzione | ***rubare la s. a qlcu.***, porsi al centro dell'attenzione, mettersi in mostra al posto di qlcu. | ***scomparire, uscire, ritirarsi*** e sim. ***dalla s. politica, letteraria*** e sim., abbandonare tali attività | ***scomparire, uscire, dalla s. del mondo***, morire **8** (*est.*) spettacolo naturale: *l'incantevole s. dell'alta montagna* | fatto, azione, della vita reale: *assistere a una s. di sangue* | avvenimento, situazione, paesaggio e sim. fatti oggetto di rappresentazioni artistiche: *il bassorilievo rappresenta una s. di guerra* **9** (*fig.*) dimostrazione, spec. ostentata e insincera, di sentimenti o passioni: *non ti commuovere: la sua è tutta scena* **SIN.** simulazione | (**spec. al pl.**) sfogo incontrollato, litigio, scenata: *ti prego di non fare scene; qui non voglio scene* ‖ **scenàccia**, **pegg.** | **scenétta**, **dim.** (V.)

Definizione d'autore

È un luogo che, in un tempo limitato, può dare immensa gioia e provocare dolore. La **scena** è la pancia del teatro dove nascono sentimenti forti e corto circuiti. Può essere riempita di scenografie e costumi o tenuta sgombra di tutto. A volte quando è troppo piena, questa pancia si gonfia di indigestioni violente, rigettando sul pubblico inutili travasi di bile. A volte è nuda e, pur essendo fedele alla riflessione che nutre dentro di sé, schiamazza e danza con leggerezza. Quella che io chiamo "**scena** idiota" è la mia preferita, magra e pura. Fa ruote, capriole e piroette, portando il pubblico a vederla rovesciata, sottosopra, in subbuglio... La **scena** è un tempo, un luogo, un dolore. Il ventre dove il teatro digerisce e genera vita.

Emma Dante

scenàrio [vc. dotta, dal lat. *sc(a)enāriu(m)*, nt. sost. di *sc(a)enārius* 'attinente al teatro', da *sc(ă)ena* 'scena' ✻ 1611] **s. m.** (**pl.** *-i* **o** *lett. -ii*) **1** insieme dei fondali e delle quinte che costituiscono la scena in cui ha luogo l'azione teatrale o viene ripresa un'azione cinematografica o televisiva **SIN.** apparato scenico **2** (*est.*) paesaggio, spec. naturale, che fa da sfondo a un avvenimento: *l'incomparabile s. della costa ligure* **3** (*teatro*) canovaccio scritto della commedia dell'Arte, contenente lo schema della trama e le annotazioni sceniche utili per la recitazione improvvisata **4** (*cinema*) soggetto e sceneggiatura di un film **5** (*est.*) nel linguaggio giornalistico, il contesto di una determinata situazione: *lo s. politico postelettorale; uno s. alternativo* **SFUMATURE** ▸ ***panorama***

scenarìsta [da *scenario*, con *-ista* ✻ 1930] **s. m. e f.** (**pl. m.** *-i*) ● soggettista o sceneggiatore cinematografico

scenàta [da *scena* ✻ 1803] **s. f.** ● violenta manifestazione di sdegno, ira e gelosia, accompagnata da urla, minacce e sim., fatta anche in presenza di terzi: *fare una s. a qlcu.; assistere a una s.* **SIN.** chiassata, piazzata ‖ **scenatàccia**, **pegg.**

♦**scéndere** (o **-è-**) [aferesi di *discendere* (V.) ✻ 1250 ca.] **A v. intr.** (**pres.** *io scéndo* **o** *scèndo*; **pass. rem.** *io scési, tu scendésti*; **part. pass.** *scéso*; **aus.** *essere*) **1** dirigersi, muoversi dall'alto verso il basso, o verso un luogo più basso: *s. dal colle, dalla torre, dal quarto piano; s. nel baratro, nel fosso, in cantina; s. all'inferno; il Po scende dal Monviso* | ***s. di cattedra***, (*fig.*) assumere atteggiamenti meno saccenti | smontare: *s. da cavallo, dal treno, dal tram; s. di sella; s. dalla nave; s. a terra; alla prossima fermata devo s.* **2** provenire da un luogo posto più a settentrione: *il Barbarossa scese in Italia nel 1154* **3** sostare, prendere alloggio: *s. a una locanda, in un albergo* **4** presentarsi, venire, nelle loc.: ***s. in lizza, in campo, in pista*** e sim., accingersi ad affrontare una gara, uno scontro, (*anche fig.*) | ***s. in piazza***, prendere parte a una manifestazione popolare di protesta **5** essere in pendenza, in discesa: *la strada scende; il sentiero scende verso la costa* **6** (*fig.*) indursi, piegarsi: *s. a patti, a più miti consigli* | ***s. al cuore***, di parole, situazioni e sim., commuovere | abbassarsi: *s. a suppliche, a villanie, a insulti* | ***s. nei particolari***, esporre o analizzare i dettagli, le singole circostanze | pervenire a una condizione peggiore, più bassa: *s. di grado, di condizione; è sceso nella nostra stima; non credevo che fossero scesi così in basso* **7** (*fig.*) diminuire di intensità, valore, livello, e sim.: *la voce è scesa di tono; la temperatura scende sotto lo zero; il livello delle acque continua a s.; il prezzo della frutta è sceso di poco; il prezzo del petrolio è sceso a cinquanta dollari il barile* | calare: *scende la notte* | pendere: *dal soffitto scende un ricco lampadario; i capelli le scendono sulle spalle* **8** (*sport*) ***s. a rete***, nel calcio, eseguire una discesa verso la porta avversaria; nel tennis, portarsi a giocare vicino alla rete **9** †avere origine, discendere **B v. tr. 1** percorrere andando dall'alto verso il basso: *s. una montagna, le scale, i gradini* **2** (*merid.*) calare, porre giù: *s. un paniere*

SFUMATURE DI SIGNIFICATO

scendere - fluire - digradare

Scendere è il termine più generale per indicare qualsiasi movimento o andamento dall'alto verso il basso. Se è un liquido a sgorgare e a scorrere verso il basso è pertinente **fluire. Digradare** esprime invece uno scendere poco a poco, quasi di grado in grado, e si riferisce prevalentemente ai terreni in declivio.

scendibàgno [comp. di *scendere* e *bagno* ✻ 1963] **s. m. inv.** ● piccolo tappeto, di forma e materiale vari, che si stende accanto alla vasca da bagno

scendilètto [comp. di *scendere* e *letto* ✻ 1897] **s. m.** (**pl. inv.** **o** *-i*) **1** piccolo tappeto, di forma e materiale vari, che si stende accanto al letto **2** veste da camera da indossare appena alzati

sceneggiàre [da *scena* ✻ 1858] **v. tr.** (**pres.** *io scenéggio*; **fut.** *io sceneggerò*) ● ridurre un soggetto narrativo in forma adatta per il teatro, per il cinema o per la televisione | ***s. un soggetto cinematografico***, sviluppare in forma dialogata e con tutte le annotazioni tecniche necessarie il nucleo narrativo contenuto nel soggetto

sceneggiàta [vc. napol., da *scenejà* 'mettere in scena' ✻ 1976] **s. f. 1** genere teatrale napoletano, nato sul finire dell'Ottocento, che si compone di un esile dialogo intervallato da canzoni, e che culmina in una canzone di successo che dà il titolo all'intero spettacolo **2** (*est.*) messinscena per commuovere o per indurre a un atteggiamento di benevolenza o per far credere il contrario di quello che si pensa o si ha intenzione di fare

sceneggiàto **A part. pass.** di *sceneggiare*; anche **agg.** ● nel sign. del v. **B s. m.** ● rappresentazione televisiva, gener. a puntate, di un soggetto narrativo spesso tratto da un'opera letteraria

sceneggiatóre [da *sceneggiare* ✻ 1928] **s. m.** (**f.** *-trice*) ● autore di una sceneggiatura cinematografica o televisiva; scrittore specializzato nella elaborazione di sceneggiature cinematografiche o televisive

sceneggiatùra [da *sceneggiare* ✻ 1784] **s. f.** ● testo definitivamente elaborato di un film o di un programma televisivo, con le annotazioni tecniche necessarie al lavoro di produzione | ***s. di ferro***, rigorosissima, che prevede la lavorazione del film in tutti i particolari

scenétta [1872] **s. f. 1** dim. di *scena* **2** scena comica di breve durata | (*est.*) episodio che diverte, che suscita ilarità ‖ **scenettina**, **dim.**

scènico [vc. dotta, dal lat. *sc(ă)enicu(m)* 'della scena, attore', da *sc(ă)ena* 'scena', sul modello del gr. *skēnikós* 'scenico' ✱ av. 1332] **A** **agg.** (**pl. m.** *-ci*) ● relativo alla scena: *apparato, effetto s.* | ***palco s.***, V. *palcoscenico* ‖ **scenicaménte**, **avv.** con rappresentazione scenica; da un punto di vista scenico **B** **s. m.** ● †attore

scenofonìa [comp. di *scen(a)* e *-fonia* ✱ 2001] **s. f.** ● arte e tecnica di scegliere le musiche e le altre sonorità di uno spettacolo teatrale | (*est.*) l'insieme delle musiche e sonorità prescelte, in quanto integrano funzionalmente gli altri aspetti dello spettacolo ‖ **scenofònico**, **agg.** (**pl. m.** *-ci*) relativo alla scenofonia: *effetti scenofonici*

scenografìa [vc. dotta, dal gr. *skēnographía* 'scenografia', comp. di *skēnḗ* 'scena' e *-graphía* '-grafia-' ✱ av. 1555] **s. f.** **1** arte e tecnica di ideare e realizzare le scene di uno spettacolo teatrale, cinematografico o televisivo **2** insieme degli elementi scenici montati o da montare per uno spettacolo **3** †prospettiva

scenogràfico [vc. dotta, dal gr. *skēnographikós* 'scenografico', da *skēnographía* 'scenografia' ✱ 1771] **agg.** (**pl. m.** *-ci*) **1** di scenografia **2** (*fig.*) appariscente, spettacolare ‖ **scenograficaménte**, **avv.** ‖ **scenograficità**, **s. f. inv.**

scenògrafo [vc. dotta, dal gr. *skēnográphos* 'scenografo', comp. di *skēnḗ* 'scena' e *-gráphos* '-grafo' ✱ 1821] **s. m.** (**f.** *-a*) **1** realizzatore del bozzetto scenico teatrale, dipinto di solito da un architetto o da un pittore **2** creatore della scenografia cinematografica o televisiva

Scenopegìa [vc. dotta, dal gr. *skēnopēgía* 'alzamento di una tenda', comp. di *skēnḗ* 'tenda' e della radice di *pēgnýnai* 'piantare' ✱ 1614] **s. f.** (**pl.** *-gìe*) ● festa ebraica delle Capanne o dei Tabernacoli

scenotècnica [comp. di *scena* e *tecnica* ✱ 1872] **s. f.** ● tecnica dell'allestimento scenico

scenotècnico [comp. di *scena* e *tecnico* ✱ 1872] **A** **agg.** (**pl. m.** *-ci*) ● relativo alla scenotecnica **B** **s. m.** (**f.** *-a*) ● (*raro*) tecnico di scena

scentràre /*ʃen'trare, stʃen'trare/ [comp. parasintetico di *centro*, col pref. *s-* nel sign. 3 ✱ 1957] **v. tr.** (*io scèntro*) ● (*tecnol.*) determinare una scentratura

scentràto /*ʃen'trato, stʃen'trato/ **part. pass.** di *scentrare*; anche **agg.** **1** nel sign. del v. **2** (*fig.*) svitato, fuori fase, detto di persona

scentratùra /*ʃentra'tura, stʃentra'tura/ [1978] **s. f.** ● (*tecnol.*) sbilanciamento di organo rotante di cui l'asse di rotazione non è asse principale d'inerzia

scèpsi o (*raro*) **schèpsi** [vc. dotta, dal gr. *sképsis* 'revisione', da *sképtesthai* 'osservare', di orig. indeur. ✱ 1905] **s. f. inv.** ● (*filos.*) atteggiamento di dubbio verso i risultati di un processo cognitivo che costituisce punto di partenza per ulteriori e più rigorose ricerche

sceratrìce /*ʃera'tritʃe, stʃera'tritʃe/ [da *cera*①, con *s-* ✱ 1983] **s. f.** ● macchina per sciogliere la cera dei favi

scerbàre [lat. *exherbāre* 'togliere via le erbe', comp. di *ĕx-* (*s-*) ed *herbāre*, da *hĕrba* 'erba' ✱ 1903] **v. tr.** (*io scèrbo*) ● togliere a mano o mediante sarchiature le piante che infestano le colture

scerbatùra [1942] **s. f.** ● (*agric.*) operazione dello scerbare

♦**scerìffo**① [dal fr. *chérif*, dall'ingl. *sheriff*, risalente all'anglosassone *scīrgerēfa* 'magistrato (*gerēfa*, ingl. *reeve*) di contea (*scīr*, ingl. *shire*)' ✱ 1498] **s. m.** **1** in Gran Bretagna, nome di funzionario pubblico a capo di una contea (Inghilterra e Galles) o preposto all'amministrazione della giustizia (Scozia) | negli Stati Uniti, capo della polizia in una contea **2** (*est.*) sorvegliante, guardia privata che presta servizio di protezione a favore di enti o istituti privati o di cittadini che temono per la loro incolumità **SIN.** vigilante②

scerìffo② [dall'arabo *šarīf* 'nobile' ✱ sec. XVI] **s. m.** ● titolo spettante ai discendenti di Maometto

scèrnere [aferesi di *discernere* (V.) ✱ av. 1294] **v. tr.** (**pass. rem.** *io scèrsi* o *scernéi*, o *scernètti, tu scernésti*; **part. pass.** *raro scernito*; *raro* **nei tempi composti**) **1** (*lett.*) discernere, distinguere | (*est.*) intendere, capire | (*est.*) vedere **2** (*lett.*) scegliere: *s. ... i pochi per averli migliori* (N. MACHIAVELLI)

†**scerniménto** [da *scernere* ✱ 1268] **s. m.** ● discernimento

scerpàre [lat. *excĕrpere* 'estrarre' (V. †*scerpere*), con sovrapposizione di *strappare* ✱ 1313] **v. tr.** (*io scèrpo*) ● (*lett.*) svellere, strappare | schiantare: *ella ... gli scavava il petto, glielo scerpava* (G. D'ANNUNZIO)

scerpellàto o †**sciarpellàto** [etim. incerta: forse sovrapp. di *scerpellino* a *scalpellato* ✱ sec. XIV] **agg.** ● (*raro*) scerpellino

scerpellìno o **cerpellìno**, †**sciarpellìno** [etim. incerta: forse da *scerpare* ✱ 1479] **agg.** ● (*pop.*, *tosc.*) che ha le palpebre rovesciate e arrossate, detto di occhio | (*est.*) che ha gli occhi scerpellini, detto di persona

scerpellóne o **cerpellóne** [forse da *scerpellino*, come se fosse errore compiuto da persona che non vede bene ✱ 1560] **s. m.** ● (*raro*) errore grossolano, strafalcione

†**scèrpere** [lat. *excĕrpere* 'strappare', comp. di *ĕx-* (*s-*) e *cărpere* 'afferrare' ✱ 1313] **v. tr.** ● scerpare

scèrre ➤ **scegliere**

scèrsi ➤ **scernere**

scervellàrsi /*ʃervel'larsi, stʃervel'larsi/ [da *cervello*, con *s-* ✱ 1856] **v. intr. pron.** (*io mi scervèllo*) ● affaticarsi la mente, lambiccarsi il cervello su un problema, una questione e sim. particolarmente complicati: *s. su, intorno a, un compito*

♣**scervellàto** /*ʃervel'lato, stʃervel'lato/ [av. 1632] **A** **agg.** ● privo di senno, di giudizio ‖ **scervellataménte**, **avv.** **B** **s. m.** (**f.** *-a*) ● persona sbadata, senza giudizio

scésa (o **-ṣa**) [aferesi di *discesa* (V.) ✱ 1313] **s. f.** **1** azione dello scendere: *qui la s. è difficile* **2** strada in pendio, discesa: *fare una s.*; *al principio, a metà, della s.*; *la s. è molto ripida* **3** (*fig.*, *tosc.*) capriccio, ghiribizzo, nella loc. ***s. di testa*** | (*pop.*) ***a s. di testa***, con impegno, con ostinazione **4** †infreddatura, catarro

scéso (o **-ṣo**) **A** **part. pass.** di *scendere* ● nei sign. del v. **B** **prep.** ● (*tosc.*) in fondo a: *s. la scala*

scespirìano ➤ **shakespeariano**

scetavajàsse /*ʃetava'jasse, *napol.* *-ˌʃetʌvʌ'jassə/ [vc. merid., propr. 'sveglia (dal v. *sceta*) popolane (*vajasse*)' ✱ 1883] **s. m. inv.** ● (*mus.*) strumento popolare dell'Italia meridionale, costituito da un legno tenuto come un violino e sfregato da un'assicella ornata di sonagli

♦**scetticìṣmo** [dal fr. *scepticisme*, da *sceptique* col suff. *-isme* '-ismo' ✱ 1693 ca.] **s. m.** **1** nel pensiero greco antico, indirizzo filosofico che, in polemica con l'epicureismo e lo stoicismo, negava la possibilità della conoscenza assoluta, attribuendo relatività a ogni sapere | in età moderna, concezione che nega la possibilità di conoscenze sistematiche o fondate su presupposti concettuali o metafisici: *lo s. di Montaigne* **2** (*est.*) incredulità abituale, inclinazione a dubitare di tutto **SFUMATURE** ➤ *disincanto*

♦**scèttico** [vc. dotta, dal fr. *sceptique*, dal gr. *skeptikós*, da *sképtesthai* 'osservare'. V. *scepsi* ✱ 1587] **A** **agg.** (**pl. m.** *-ci*) **1** (*filos.*) relativo allo scetticismo **2** (*est.*) incredulo, proclive a dubitare di tutto, sia in assoluto sia in relazione a realtà particolari: *l'esperienza lo ha reso s.*; *in fatto di politica è s.*; *sono s. sull'effetto di questa cura*; *la borghesia gaudente e scettica* (F. DE SANCTIS) ‖ **scetticaménte**, **avv.** in modo scettico, come chi non è disposto a credere, con freddezza e incredulità: *considerare scetticamente* **B** **s. m.** (**f.** *-a*) **1** chi segue o si ispira allo scetticismo **SIN.** aporetico **2** (*est.*) persona scettica | (*iron.*) ***s. blu***, chi, con enfasi e ostentazione, si atteggia a persona cinica (dal nome di un personaggio del varietà degli anni 1920-1930, che interpretava una canzone dal titolo 'Scettico blues')

scettràto [av. 1638] **agg.** ● (*lett.*) munito di scettro | (*est.*) che ha il potere regale

♣**scèttro** (o **-é-**) [vc. dotta, dal lat. *scēptru(m)*, dal gr. *skêptron* 'bastone', da *skḗptesthai* 'appoggiarsi', di orig. indeur. ✱ 1336 ca.] **s. m.** **1** simbolo della maestà | (*est.*) potere monarchico: *prendere, usurpare lo s.* **2** (*est.*) potere assoluto, primato, in una disciplina, un'arte, uno sport e sim.: *conquistare, detenere, deporre lo s.*

scevà [ebr. *shewà*, da *shwa* 'niente' ✱ 1818] **s. m. inv.** ● (*ling.*) simbolo grafico della vocale neutra, indistinta, presente nella pronuncia di varie lingue e di alcuni dialetti italiani

sceveraménto [av. 1292] **s. m.** ● (*lett.*) separazione, distinzione | differenza

sceveràre o †**scevràre**, †**severàre** [lat. parl. **exseperāre*, comp. di *ĕx-* (*s-*) e **seperāre*, per il classico *separāre* 'dividere'. V. *separare* ✱ 1268] **v. tr.** (*io scévero* o *scèvero*) **1** (*lett.*) separare: *il generoso ... orgoglio / che ti scevra dal vulgo* (G. PARINI) **2** (*fig.*) distinguere, vagliare: *s. il bene dal male*

†**scévero** (o **-è-**) ➤ **scevro**

sceviò [1943] **s. m. inv.** ● adattamento di *cheviot* (V.)

†**scevràre** ➤ **sceverare**

♣**scévro** (o **-è-**) o †**scévero** (o †**-è-**), †**sèvro** [da *sceverare* ✱ 1306] **agg.** **1** (*lett.*) privo, esente (+ *di*, + *da*): *essere s. di colpa*; *dottrina non scevra di errori*; *un atteggiamento s. da pregiudizi*; *Lasciate ch'io men vada s. da insulti e scorni* (C. GOLDONI) **2** †separato, lontano

Schadenfreude /*ted.* 'ʃa:dn,frɔødə/ [vc. ted. comp. di *Schaden* 'danno' e *Freude* 'gioia' ✱ 1923] **s. f. inv.** ● maligna soddisfazione, sottile compiacimento per le sfortune altrui

♦**schèda** [vc. dotta, dal lat. *schĕda(m)* 'scheda', dal gr. *schédē* 'foglio di papiro'. V. †*sceda* ✱ av. 1750] **s. f.** **1** documento, cartaceo o elettronico, suddiviso in diversi campi su cui si registrano dati (per es. nome, cognome, indirizzo ecc.), e destinato a essere raccolto insieme ad altri in uno schedario per la successiva consultazione | ***s. bibliografica***, di formato standard per la catalogazione dei dati che individuano un volume in una biblioteca e permettono di reperirlo negli scaffali | ***s. anagrafica***, scheda contenente i dati personali di un individuo | ***s. segnaletica***, insieme di informazioni su un individuo (dati personali, foto, impronte digitali ecc.) registrato negli archivi della polizia | ***s. del casellario giudiziario***, scheda personale contenente l'estratto di una sentenza di condanna | (*inform.*) ***s. perforata***, V. *perforato* | (*inform.*) ***s. magnetica***, tessera con banda magnetica che permette di accedere a dei servizi | ***s. telefonica***, tessera magnetica prepagata che, inserita in un apposito apparecchio telefonico ne consente il funzionamento; oggi, più comunemente, scheda il cui credito si attiva digitando un codice in essa stampato **2** modulo a stampa o digitale che si compila per accedere a un servizio o partecipare a un'attività | ***s. elettorale***, su cui l'elettore esprime il proprio voto | ***s. bianca***, quella che l'eletto-

S

re consegna senza avere espresso il voto | ***s. nulla***, scheda elettorale non valida per errori o irregolarità nella compilazione | ***s. di valutazione***, V. *valutazione* **3** (*edit.*) in un'opera a stampa, breve testo, gener. racchiuso in un riquadro, destinato a chiarire, approfondire o riassumere un argomento | (*est.*) breve servizio radiofonico o televisivo, a carattere illustrativo **4** (*inform.*) lastra di materiale isolante su cui sono montati componenti elettronici collegati da circuiti stampati | ***s. madre***, componente essenziale del computer, che contiene l'unità centrale di elaborazione (CPU) | ***s. video*** o ***grafica***, componente che converte i dati digitali in dati grafici visualizzabili a video | ***s. audio***, che in entrata converte il suono in dati digitali e li riconverte in suono in uscita | ***s. di memoria***, supporto magnetico per l'immagazzinamento dei dati di un dispositivo digitale (computer, fotocamera, telefono cellulare, ecc.) CFR. memory card | ***scheda SD***, scheda di memoria (comp. con la sigla di *Secure Digital* 'digitale sicura') | ***s. di rete***, dispositivo che fa da interfaccia fra il computer e la rete **5** (*dir.*) ***s. testamentaria***, documento che contiene un testamento **6** in papirologia, ciascuna delle striscioline tagliate dal fusto del papiro che sovrapposte e incollate formano il foglio ‖ **schedìna**, **dim.** (V.) | **schedóne**, **accr. m.** (V.)

schedàre [da *scheda* ✱ 1905] **v. tr.** (*io schèdo*) **1** registrare su apposita scheda dati relativi a persone o cose a scopo di consultazione, studio e sim. | ***s. un libro, un autore***, prendere nota degli argomenti, dei dati e sim. che più interessano **2** registrare qlcu. negli schedari della polizia per precedenti penali, ragioni politiche, o sim.: *hanno schedato tutti gli oppositori del regime*
SFUMATURE ➤ ***catalogare***

schedàrio [da *scheda* ✱ 1891] **s. m.** **1** raccolta di schede ordinate nei modi e secondo i criteri più opportuni | ***s. elettorale***, raccolta dei nominativi degli elettori iscritti nelle liste del comune **2** (*est.*) mobile o dispositivo destinato alla raccolta e alla consultazione di schede | ***s. rotante*** o ***rotativo***, in cui le schede, allo scopo di facilitarne la consultazione, sono disposte su supporti fatti a ruota **3** (*est.*) ufficio destinato alla conservazione e gestione di schedari: *s. generale dei titoli azionari* | ***s. tributario***, anagrafe tributaria

schedarìsta [1950] **s. m. e f.** (**pl. m.** *-i*) ● persona addetta alla gestione di schedari

schedarìstico [1942] **agg.** (**pl. m.** *-ci*) ● relativo allo schedario o alle schede

schedàto **A** **part. pass.** di *schedare*; anche **agg.** ● nei sign. del v. **B** **s. m.** (**f.** *-a*) ● persona registrata negli schedari della polizia per precedenti penali, per ragioni politiche, o sim.: *l'elenco degli schedati*

schedatóre [da *schedare* ✱ 1950] **s. m.** (**f.** *-trice*) ● chi è addetto alla compilazione di schede

schedatùra [1952] **s. f.** **1** operazione dello schedare **2** redazione o compilazione delle indicazioni e dei dati idonei a identificare un elemento bibliografico o archivistico

schedìna [1877] **s. f.** **1** dim. di *scheda* **2** foglietto predisposto per i giochi del totocalcio, totip e superenalotto: *giocare una s.*

schedogràfico [da *scheda* ✱ 1983] **agg.** (**pl. m.** *-ci*) ● relativo a scheda o a schedario | ***cartoncino s.***, quello con caratteristiche idonee alla fabbricazione di schede, spec. meccanografiche

schedóne① [1954] **s. m.** **1** accr. di *scheda* **2** ***s. indicatore***, scheda più alta e gener. più spessa del normale, talvolta colorata diversamente, che viene interposta fra le altre schede per suddividerle | ***s. amministrativo***, scheda bibliografica di dimensioni maggiori del consueto | (*org. az.*) ***s. contabile***, scheda intestata a ogni voce di spesa o di ricavo in cui vengono registrati i movimenti contabili

†**schedóne**② ➤ **schidione**

schèdula [vc. dotta, dal lat. tardo *schĕdu-la(m)*, dim. di *schĕda* ✱ sec. XIV] **s. f.** ● (*raro*) scheda | nota, foglietto

schedulàre [dall'ingl. *to schedule* 'programmare, fissare' (V. *scheduler*) ✱ 1987] **v. tr.** (*io schèdulo*) **1** programmare cronologicamente un evento o un'attività: *s. una riunione* **2** (*inform.*) programmare l'esecuzione di un processo

schèduler /'skeduler, *ingl.* 'skedjulə(r)/ [vc. ingl., da *schedule* 'scheda', di orig. lat. ✱ 1991] **s. m. inv.** ● (*inform.*) programma che consente di determinare l'ordine e il momento dell'esecuzione delle attività dell'elaboratore

♦**schéggia** [lat. *schĭdia(m)*, dal gr. *schídia*, n. pl. di *schídion* 'scheggia', connesso con *schízein* 'fendere', di orig. indeur. ✱ 1313] **s. f.** (**pl.** *-ge*) **1** pezzetto, frammento, di legno, pietra, vetro o sim. che viene a staccarsi da un corpo | ***s. di granata***, prodotta dallo scoppio | (*fig.*) ***s. impazzita***, frammento (individuo, gruppo o settore) di un fenomeno più generale, che agisce in modo imprevedibile e gener. dannoso | (*fig., colloq.*) persona o cosa velocissima: *il nuovo computer è una s.* | (*fig., fam.*) ***a s.***, a gran velocità **2** (*raro, lett.*) blocco di pietra di forma irregolare e scosceso: *il resto è schegge e macigni* (A. MANZONI) ‖ **scheggétta**, **dim.** | **scheggìna**, **dim.** | **scheggiolìna**, **dim.**
SFUMATURE ➤ ***frammento***

scheggiàle o **scaggiàle** [di etim. incerta ✱ sec. XIII] **s. m.** ● nel Medioevo e nel Rinascimento, cintura di cuoio o stoffa preziosa con fibbia ornata di smalto o di gioielli, cui gli uomini appendevano la spada o il corno da caccia e le donne la scarsella, il necessario per il lavoro, uno specchio e sim.

scheggiaménto [av. 1704] **s. m.** ● (*raro*) lo scheggiare, lo scheggiarsi

♦**scheggiàre** [da *scheggia* ✱ 1321] **A** **v. tr.** (**pres.** *io schéggio*; **fut.** *io scheggerò*) ● rompere facendo schizzare via una o più schegge: *s. un piatto* **B** **scheggiàrsi** **v. intr. pron.** ● rompersi in schegge: *il bicchiere si è scheggiato*

scheggiàto **part. pass.** di *scheggiare*; anche **agg.** **1** nei sign. del v. **2** (*poet.*) frastagliato, coperto di detriti rocciosi: *lo s. colle* (A. MANZONI)

scheggiatùra [1872] **s. f.** ● lo scheggiare, lo scheggiarsi | punto in cui un oggetto è scheggiato | insieme delle schegge saltate via

schéggio [m. di *scheggia* ✱ 1313] **s. m.** ● (*lett.*) macigno, masso, irregolare e scosceso ‖ **scheggióne**, **accr.**

scheggióso (o -so) [1539] **agg.** ● (*raro*) che si scheggia con facilità: *marmo s.* | (*lett.*) scabro, aguzzo: *roccia scheggiosa* | pieno di detriti, di pietre: *sentiero s.*; *la via sì aspra e scheggiosa* (D. BARTOLI)

schèi o **sghèi** [dalla scritta *scheid.munz* (abbreviazione di *Scheidemünze* 'moneta divisionale', che si leggeva su alcune monete austriache) ✱ 1886] **s. m. pl.** (**sing.** *-èo*) ● (*ven.*) quattrini

scheletògeno o **scheletrògeno** [comp. del gr. *skeletós* 'scheletro' e *-geno* ✱ 1959] **agg.** ● (*anat., biol.*) detto di struttura o di processo coinvolto nella formazione di segmenti scheletrici: *mesenchima s.*

scheletràto [da *scheletro* ✱ 1980] **s. m.** ● (*med.*) in odontotecnica, protesi mobile inserita tra due denti così da sostituire quelli mancanti

schelètrico [1896] **agg.** (**pl. m.** *-ci*) **1** di scheletro: *apparato s.*; *sistema s.* **2** (*est.*) scarno, scarnito, estremamente magro: *corpo s.* **3** (*fig.*) secco, essenziale, ridotto al minimo: *componimento s.*; *note scheletriche* ‖ **scheletricaménte**, **avv.** ‖ **scheletricità**, **s. f. inv.**

scheletrìre [1872] **A** **v. tr.** (*io scheletrìsco, tu scheletrìsci*) ● ridurre come uno scheletro: *la sofferenza lo ha scheletrito* **B** **scheletrìrsi** **v. intr. pron.** ● ridursi come uno scheletro

scheletrìto **part. pass.** di *scheletrire*; anche **agg.** **1** nei sign. del v. **2** secco, nudo: *ramo s.* | (*fig.*) ridotto al minimo, all'essenziale: *stile s.*

♦**schèletro** (o -é-) o (*poet.*) **schèltro** (o -é-), †**schèretro** (o †-é-) [vc. dotta, dal gr. *skeletós* 'mummia, scheletro', da *skéllein* 'disseccare', di orig. indeur., con inserzione di *-r-* ✱ 1612] **s. m.** **1** (*anat.*) complesso delle ossa e delle cartilagini che costituiscono l'apparato di sostegno del corpo dell'uomo e degli altri Vertebrati | ***sembrare uno s., essere ridotto uno s., essere magro come uno s.***, essere molto magro | (*fig.*) ***lo s. nell'armadio***, fatto o avvenimento del passato, che si preferisce tenere nascosto in quanto ritenuto riprovevole **2** (*bot.*) insieme dei fasci vascolari più resistenti di fusti, foglie o fiori che rimangono inalterati allorché si lascia macerare un vegetale in acqua **3** (*est.*) ossatura, intelaiatura, struttura di sostegno: *lo s. di una nave, di un mobile* | (*fig.*) schema, trama: *s. di un romanzo* ‖ **scheletrìno**, **dim.**

scheletrògeno ➤ **scheletogeno**

schélmo (o -è-) [variante di *scalmo* (V.) ✱ 1516] **s. m.** **1** (*mar.*; *disus.*) battello, palischermo **2** (*mar.*) lo spazio tra due scalmi

schèltro (o -é-) ➤ **scheletro**

♦**schèma** [vc. dotta, dal lat. *schēma* (nt.) 'atteggiamento, figura', dal gr. *schêma*, genit. *schḗmatos* 'configurazione', connesso con *échein* 'avere' ✱ 1499] **s. m.** (**pl.** *-i*) **1** complesso delle linee principali di un disegno, un progetto, un fenomeno e sim.: *lo s. di un aereo* | ***s. elettrico***, rappresentazione grafica di un circuito elettrico | ***s. di flusso***, rappresentazione grafica del flusso di un prodotto attraverso la fabbrica o di un documento attraverso gli uffici, ottenuto registrando mediante simboli tutte le operazioni che lo riguardano; (*inform.*) diagramma di flusso **2** trama, abbozzo, progetto: *lo s. di un romanzo* | ***s. di legge***, disegno, proposta **3** sistema, modello, che non ammette variazioni, mutamenti o innovazioni, spec. in campo letterario, artistico, politico e sim.: *ribellarsi agli schemi*; *rinnovare i vecchi schemi*; *s. mentale* **4** in alcuni giochi di squadra, modello tattico predisposto dall'allenatore: *il singolo giocatore deve adattarsi agli schemi* **5** (*filos.*) nella logica aristotelica, figura del sillogismo | ***s. trascendentale***, nella filosofia di Kant, determinazione intermedia che permette di applicare le categorie alle manifestazioni fenomeniche ‖ **schemétto**, **dim.** | **schemìno**, **dim.**
SFUMATURE ➤ ***tabella***

schemàtico [vc. dotta, dal gr. *schēmatikós*, da *schêma*, genit. *schḗmatos* 'configurazione' ✱ 1894] **agg.** (**pl. m.** *-ci*) **1** che rappresenta qlco. nelle sue linee essenziali: *disegno, racconto s.*; *forma schematica* SIN. abbozzato, sommario **2** (*spreg.*) rigido, limitato, angusto: *ragionamento s.* | che segue schemi precostituiti, che è poco flessibile: *non essere così s.!* ‖ **schematicaménte**, **avv.** ‖ **schematicità**, **s. f. inv.**

schematìsmo [vc. dotta, dal gr. *schēmatismós* 'figura, espressione', da *schêma*, genit. *schḗmatos* 'configurazione', con *-ismós* '-ismo' ✱ 1850] **s. m.** **1** caratteristica di chi (o di ciò che) è schematico: *un critico che pecca di s.* **2** nella filosofia di Kant, il sistema degli schemi trascendentali che assicurano la mediazione tra le categorie e i dati sensibili

schematiẓẓàre [da *schema*, sul modello del lat. tardo *schematizāre*, adattamento del gr. *schēmatízein*, da *schêma*, genit. *schḗmatos* 'schema' ✻ 1902] **v. tr.** ● semplificare qlco. riducendolo alle sue linee principali ed essenziali ‖ **schematiẓẓazióne**, **s. f.** (V.)

schematiẓẓazióne [1905] **s. f.** ● lo schematizzare | semplificazione eccessiva, schematica: *cadere in schematizzazioni sociologiche* (I. Calvino)

schèpsi ➤ **scepsi**

✦**scheràno** [dal provenz. *escaran* 'brigante', dal got. *skarja* 'capitano'. V. *schiera*, *sgherro* ✻ av. 1294] **A** **s. m.** (**f.** *-a*) ● (*lett.*) individuo facinoroso, brigante | (*lett.*) sgherro, sicario **B** **anche agg.**: *gente scherana o sbandita* (F. Sacchetti)

†**schèretro** ➤ **scheletro**

†**schericàre** ➤ †**schiericare**②

✦**schérma** (o **-è-**) [da *schermire* ✻ 1601] **s. f.** **1** arte e tecnica del combattimento con fioretto, sciabola e spada | disciplina sportiva che si pratica con le armi bianche suddette **2** nel pugilato, tecnica, abilità di eludere gli attacchi avversari, di proteggersi da essi, e contemporaneamente di riuscire a colpire: *avere una buona s.*

NOMENCLATURA

scherma

- *caratteristiche*: con fioretto, con sciabola, con spada;
- *tecnica e colpi*: posizione (di saluto, di guardia = di parata), incrocio (di seconda, di terza, di quarta), linea di offesa, linea direttrice; mulinello, assalto, guardia, misura, invito, affondo, arresto, battuta, botta dritta, fendente, cavazione, finta, filo, stoccata, frecciata;
- *specialità*: fioretto italiano = arma di punta, spada, sciabola leggera (guardia, paramano di cuoio), fioretto francese, stiletto = pugnale;
- *persone*: schermidore.

schermàggio [da *schermare* ✻ 1959] **s. m.** ● difesa di apparecchi, strumenti e macchine dall'azione di campi elettrici e magnetici esterni

✦**schermàglia** [da *scherma* ✻ 1364] **s. f.** **1** †battaglia, duello **2** (*fig.*) sottile scambio polemico, contrasto di opinioni **SIN.** scaramuccia | alternanza di profferte e dinieghi nel corteggiamento: *schermaglie amorose*

SFUMATURE ➤ *zuffa*

schermàre [da *schermo* ✻ 1319] **v. tr.** (*io schérmo* o *schèrmo*) **1** †riparare, proteggere **2** fare schermo, riparare con uno schermo: *s. un riflettore* **3** racchiudere organi elettrici in schermi per impedire che subiscano o producano induzioni

schermàta [da *schermo* (*video*) ✻ 1987] **s. f.** ● (*inform.*) videata

schermàto **part. pass.** di *schermare*; **anche agg.** ● nei sign. del v.

schermatùra [1957] **s. f.** ● lo schermare | (*est.*) ciò che viene usato per schermare

schèrmico [1985] **agg.** (**pl. m.** *-ci*) ● relativo allo schermo cinematografico

schermidóre o **schermitóre**, †**eschermidóre** [sec. XIII] **s. m.** (**f.** *-dora*, *-tora*, *-trice*) **1** chi pratica lo sport della scherma **2** pugile dotato di buona tecnica ma non di potenza

✦**schermìre** [dal longob. *skirmjan* 'proteggere' ✻ 1287] **A** **v. intr.** (*io schermisco, tu schermisci*; **aus.** *avere*) ● (*disus.*) tirare di scherma **B** **v. tr.** ● (*raro*) riparare, proteggere, spec. in forma pron. (con valore intens.): *schermirsi il viso dal sole* **C** **schermirsi** **v. rifl.**; **anche v. tr. pron. nel sign. 1** (**aus.** *essere*) **1** ripararsi, proteggersi (+ *da*): *schermirsi dagli attacchi nemici; schermirsi dal freddo; schermirsi il viso dal sole* **2** (*fig.*) sottrarsi abilmente, cercare di evitare (+ *da*): *schermirsi da domande importune* | (*fig.*) assumere un atteggiamento che manifesta riservatezza, timidezza, ritrosia: *si schermì dai complimenti degli amici; Ella si schermiva ... tutt'accesa nel volto* (G. D'Annunzio)

schermìstico [1908] **agg.** (**pl. m.** *-ci*) ● della scherma, relativo alla scherma: *incontro s.; azione schermistica*

schermitóre ➤ **schermidore**

✦**schérmo** (o **-è-**) [da *schermire* ✻ 1266] **s. m.** **1** riparo, difesa (**anche fig.**): *fare, farsi s. di qlcu. o di qlco.; e vuol che i vostri petti siano schermi / a le Sue spalle* (V. Colonna) | protezione: *crema solare a s. totale* **2** †ostacolo, barriera: *quando de l'Alpi s. / pose fra noi e la tedesca rabbia* (F. Petrarca) **3** qualsiasi dispositivo atto a sottrarre una determinata regione dello spazio all'influenza di un campo di forze: *s. elettrico, magnetico, elettromagnetico* | ***s. luminescente*** o ***fluorescente***, superficie di materiale trasparente a cui aderisce uno strato di sostanza resa luminescente da radiazioni elettromagnetiche e da particelle dotate di una certa energia **4** superficie bianca su cui vengono proiettate le immagini fotografiche o cinematografiche | ***s. ottico***, superficie piana per la riproduzione delle immagini luminose | parte anteriore del cinescopio televisivo, su cui appaiono le immagini | monitor | ***s. piatto***, schermo televisivo che, essendo costituito da cristalli liquidi, non necessita della normale forma ricurva | (*inform.*) ***s. tattile***, che consente all'utente di impartire comandi al sistema toccando sue zone particolari **SIN.** touch screen | ***piccolo s.***, lo schermo televisivo; (*est.*) la televisione | ***grande s.***, lo schermo cinematografico; (*est.*) il cinema **5** (*est.*) cinema, mondo del cinema: *artisti, divi, dello s.; adattare per lo s.* **6** (*mar.*) gruppo di navi o aerei, che svolge azione di esplorazione e pattugliamento a protezione del grosso della squadra ‖ **schermóne**, **accr.**

SFUMATURE ➤ *riparo*

schermografàre [1970] **v. tr.** (*io schermògrafo*) ● eseguire la schermografia

schermografìa [comp. di *schermo* e *-grafia* ✻ 1948] **s. f.** ● (*med.*) ripresa fotografica delle immagini radiologiche prodotte su uno schermo fluorescente

schermogràfico [1946] **agg.** (**pl. m.** *-ci*) ● di schermografia: *centro s.; indagine schermografica* ‖ **schermograficaménte**, **avv.** mediante la schermografia; in base alla schermografia

†**schérna** o †**schérnia** [da *schernire* ✻ av. 1348] **s. f.** ● (*raro*) scherno: *grande s. ne fecero i Sanesi* (G. Villani)

schernévole [da *schernire* ✻ 1294] **agg.** **1** (*lett.*) di scherno, pieno di scherno: *occhi aggressivi e schernevoli* (R. Bacchelli) **2** †degno di scherno ‖ **schernevolménte**, **avv.** con scherno

†**schérnia** ➤ †**scherna**

†**schernidóre** ➤ **schernitore**

†**scherniménto** [da *schernire* ✻ 1268] **s. m.** ● (*lett.*) scherno | raggiro

✦**schernìre** [dal francone *skernjan* 'burlare' ✻ 1268] **v. tr.** (*io schernisco, tu schernisci*) **1** deridere, dileggiare, con disprezzo insultante **2** (*raro, lett.*) ingannare, beffare: *Questi per noi / sono scherniti con danno e con beffa* (Dante *Inf.* XXIII, 13-14)

schernitóre o †**schernidóre** [1268] **s. m.** (**f.** *-trice*); **anche agg.** ● chi (o che) schernisce: *s. della patria; sguardo s.*

✦**schérno** [da *schernire* ✻ 1336 ca.] **s. m.** **1** derisione, irrisione, dileggio: *fare s.; farsi s. di qlcu., di qlco.; fare, dire e sim. qlco. per s.* | parole, gesti e sim. con i quali si schernisce: *grido di s.; essere oggetto di s.* **2** chi viene schernito: *essere lo s. di tutti*

†**scheruòla** ➤ **scarola**

scherzàndo [gerundio sost. di *scherzare* ✻ 1940] **s. m. inv.** ● (*mus.*) indicazione dinamica che richiede briosità e vivacità, usata per specificare movimenti come l'allegro o l'andante **SIN.** scherzoso

✦**scherzàre** o (*lett.*) **ischerzàre** [dal longob. *skërzôn*, cfr. il ted. *scherzen* 'scherzare' ✻ 1319] **A** **v. intr.** (*io schérzo*; **aus.** *avere*) **1** giocare allegramente, trastullarsi: *i bambini scherzano tra loro; il cagnolino scherza col padrone* **2** (*lett.*) muoversi, agitarsi, graziosamente: *il vento le scherza fra i capelli; era nel tempo ... / ... ch'a scherzar comincian le farfalle* (L. Pulci) **3** agire, parlare in modo leggero e divertito, dicendo arguzie e motti di spirito, prendendosi gioco di qlcu. o di qlco., e sim.: *è un tipo a cui piace s.; scherza su tutto; non s., è una cosa seria; non te la prendere, volevo solo s.; con voi non si può s.!; scherzavo quando ho detto che sarei partito* | ***non scherzo***, dico davvero, sul serio | ***c'è poco da s., non si scherza***, e sim., si fa sul serio, è cosa di una certa gravità | ***s. col fuoco, colla morte***, e sim., agire in modo leggero e imprudente in un'impresa pericolosa, rischiosa o mortale **B** **v. tr.** ● (*raro*) schernire: *perché scherzate quel povero ragazzo?*

scherzeggiàre [da *scherzare*, con suff. iter. intens. ✻ 1872] **A** **v. intr.** (**pres.** *io scherzéggio*; **fut.** *io scherzeggerò*; **aus.** *avere*) ● (*raro*) scherzare spesso e in tono piacevole **B** **v. tr.** ● (*raro, lett.*) prendere in giro: *Scherzeggiavano l'Anna* (R. Bacchelli)

scherzévole [1505] **agg.** ● (*lett.*) scherzoso ‖ **scherzevolménte**, **avv.** con scherzo, da scherzo

✦**schérzo** o (*lett.*) **ischérzo** [da *scherzare* ✻ av. 1374] **s. m.** **1** lo scherzare | l'atto o il fatto di dire o fare qlco. in modo leggero e divertito, non seriamente: *prendere qlco., tutto, in s.; volgere qlco. in s.; lasciare, mettere, da parte gli scherzi* **SIN.** gioco, burletta, divertimento, (*lett.*) celia | ***senza scherzi***, seriamente, davvero | ***scherzi a parte***, parlando seriamente, davvero **2** gesto, atto, espressione e sim., fatto o detto scherzando: *s. innocente, licenzioso, riuscito, simpatico, villano, di cattivo gusto* | beffa, burla, presa in giro: *non amo questi stupidi scherzi* | ***non*** (***saper***) ***stare allo s.***, offendersi facilmente | (*fam.*) ***s. da prete***, di cattivo gusto | ***s. di natura***, qualunque cosa fuori dell'ordinario; (*est.*) persona, animale, cosa, mal fatti o ripugnanti | ***s. di penna***, ghirigoro | ***scherzi d'acqua***, zampilli d'acqua disposti in modo da produrre particolari effetti | ***scherzi di luce***, particolari effetti di luce **3** (*est.*) tiro, sorpresa, sgradevole: *la malattia gli ha fatto un brutto s.; a volte il vino fa certi scherzi ...* **4** (*fig.*) ciò che non presenta nessuna difficoltà, cosa da nulla: *oggi andare da Roma a New York in aereo è uno s.; per lui risolvere l'equazione è stato uno s.* **5** nella loc. avv. ***per s.***, non sul serio | ***nemmeno per s.***, per nessuna ragione, assolutamente no **6** (*letter.*) componimento poetico di tono scherzoso, burlesco o faceto **7** (*mus.*) composizione vocale da 3 a 6 voci, introdotta nel sec. XVII e derivata dalla canzonetta rinascimentale, modellata su ritmi di danza | composizione per pianoforte, diffusa dal sec. XIX | movimento di una sinfonia, di una sonata o di una composizione cameristica, caratterizzato da un ritmo ternario rapido ‖ **scherzàccio**, **pegg.** | **scherzétto**, **dim.** | **scherzùccio**, **dim.**

S

SFUMATURE DI SIGNIFICATO

scherzo - canzonatura - burla - beffa
Un atto o una parola volti a suscitare divertimento costituiscono uno **scherzo**; se animato da intenzioni derisorie nei confronti di qualcuno sarà una **canzonatura** o più familiarmente una *presa in giro*; se privo di intenzioni maligne od offensive sarà invece una **burla**; se architettato in maniera complessa sarà una **beffa**.

♦**scherzóso** (o -ṣo) **[1611] agg.** **1** che scherza, che ama scherzare: *ragazzo, cagnolino s.* | (*est., lett.*) capriccioso, mutevole: *un venticello lieve e s.* (R. Bacchelli) **2** che è detto, fatto o sim., scherzando: *parole scherzose*; *tono s.*; *gesto s.* **3** (*mus.*) scherzando ‖ **scherzosétto**, **dim.** ‖ **scherzosaménte**, **avv.** con scherzo, in modo scherzoso ‖ **scherzosità**, **s. f. inv.** caratteristica di chi (o di ciò che) è scherzoso

schettinàggio o (*disus.*) **scattinàggio** [da *schettinare*, sul modello di *pattinaggio* ✶ **1877**] **s. m.** ● pattinaggio a rotelle

schettinàre o (*disus.*) **scattinàre** [adattamento dell'ingl. *skating* 'pattinaggio', gerundio di *to skate* 'pattinare' ✶ **1877**] **v. intr.** (*io schèttino*; **aus.** *avere*) ● pattinare con i pattini a rotelle

schettinatóre o (*disus.*) **scattinatóre** [da *schettinare* ✶ **1877**] **s. m.** (**f.** *-trice*) ● pattinatore con i pattini a rotelle

schèttino o (*disus.*) **scàttino** [da *schettinare*, sul modello di *pattino* ✶ **1877**] **s. m.** ● pattino a rotelle

scheumòrfico o **scheuomòrfico** **[2013]** **agg.** (**pl. m.** *-ci*) ● relativo a scheumorfismo

scheumorfiṣmo o **scheuomorfiṣmo** [vc. dotta, comp. di un deriv. del gr. *skêuos* 'arnese, attrezzo' e *-morphism* '-morfismo', propr. 'l'essere a forma di qualcosa' ✶ **2013**] **s. m.** **1** aspetto di un materiale o di un oggetto di bassa qualità che ne imita uno di pregio: *lo s. di un pavimento finto marmo* **2** (*inform.*) ***s. digitale***, rappresentazione grafica che simula, senza una ragione funzionale, un oggetto reale, per es. un file di testo che si sfoglia a video come le pagine di un libro

schi ➤ **sci**

schiàccia o (*pop., tosc.*) **stiàccia** [da *schiacciare* ✶ av. **1535**] **s. f.** (**pl.** *-ce*) **1** tipo di caccia proibita spec. per uccelli, che rimangono schiacciati sotto una lastra di pietra in bilico | (*fig., disus.*) ***rimanere alla s.***, in una situazione pericolosa, in un grave danno **2** utensile costituito da due dischi imperniati come le forbici, sui quali si versa la pasta per fare cialde, ostie, brigidini **3** (*centr.*) focaccia appiattita **SIN.** schiacciata

schiacciabiàde [comp. di *schiaccia(re)* e il pl. di *biada* ✶ **1965**] **s. m. inv.** ● attrezzo per schiacciare granaglie, spec. quelle destinate ai cavalli **SIN.** frangibiade

schiacciaforàggi [comp. di *schiacciare* e il pl. di *foraggio* ✶ **1974**] **s. m. inv.** ● condizionatrice

schiacciaménto **[1612]** **s. m.** **1** lo schiacciare | il fatto di schiacciarsi, di essere schiacciato **2** (*astron.*) ***s. degli astri***, diminuzione del raggio polare rispetto a quello equatoriale per astri in rotazione

schiaccianóci [comp. di *schiaccia(re)* e il pl. di *noce* ✶ **1803**] **s. m. inv.** ● piccolo utensile da tavola a tenaglia, per schiacciare noci, nocciole, mandorle

schiacciànte **part. pres.** di *schiacciare*; **anche agg.** **1** nei sign. del v. **2** (*fig.*) inoppugnabile, irrefutabile: *prove schiaccianti*; *accusa s.* | molto netto: *maggioranza s.*; *s. superiorità*

schiacciapatàte [comp. di *schiaccia(re)* e il pl. di *patata* ✶ **1959**] **s. m. inv.** ● utensile da cucina per schiacciare le patate bollite

♦**schiacciàre** o (*pop., tosc.*) **stiacciàre** [vc. di orig. onomat. ✶ av. **1321**] **A** **v. tr.** (**pres.** *io schiàccio*; **fut.** *io schiaccerò*) **1** premere e comprimere fortemente, spec. con movimento diretto dall'alto verso il basso, in modo da far perdere la forma originaria, ammaccare, rompere e sim.: *s. le olive, le uova, le patate, le noci*; *si è seduto sul cappello e lo ha schiacciato*; *si schiacciò un dito* | (*est.*) travolgere e stritolare sotto il proprio peso: *l'edificio crollando ha schiacciato i due operai* | (*raro*) investire | pigiare forte: *la folla mi schiaccia* | premere, spingere: *s. un pulsante, l'acceleratore* | ***s. un pisolino***, dormire brevemente **2** (*fig.*) deformare, rendere piatto (**anche assol.**): *quel modello ti schiaccia la figura*; *è una pettinatura che schiaccia* **3** (*fig.*) annientare sotto il peso della forza fisica o morale: *s. l'avversario*; *s. qlcu. sotto il peso della propria cultura*; *s. qlcu. con prove evidenti* | (*tosc.*) bocciare: *s. un ragazzo all'esame* **4** (*sport*) nella pallavolo, nel tennis e nel ping-pong, effettuare una schiacciata **B** **schiacciàrsi** **v. tr. pron.** (**aus.** *essere*) ● comprimere qlco. di proprio: *Egli s'era schiacciato il berretto su la nuca* (G. D'Annunzio) | pestarsi, ammaccarsi: *s'è schiacciato un dito con il martello* **C** **schiacciàrsi** **v. intr. pron.** ● perdere la forma originaria diventando piatto, ammaccato e sim.: *la torta si è schiacciata*

SFUMATURE ➤ ***calpestare***, ➤ ***domare***, ➤ ***premere***

schiacciasàssi [comp. di *schiaccia(re)* e il pl. di *sasso* ✶ **1942**] **s. m. e f. inv.** ● macchina fornita di rullo compressore, usata per la compressione della pavimentazione stradale | (*fig.*) chi procede incurante degli ostacoli o delle esigenze altrui

schiacciàta o (*pop., tosc.*) **stiacciàta** [da *schiacciare* ✶ **1473**] **s. f.** **1** lo schiacciare | forte compressione **2** pestata, ammaccatura **3** (*tosc.*) bocciatura **4** focaccia appiattita **SIN.** schiaccia **5** (*sport*) nella pallavolo, nel tennis e nel ping-pong, forte colpo dall'alto verso il basso con cui si invia la palla a battere sul campo avversario | nella pallacanestro, azione con cui il giocatore spinge la palla con forza direttamente nel cesto ‖ **schiacciatèlla**, **dim.** | **schiacciatìna**, **dim.** | **schiacciatóna**, **accr.**

♦**schiacciàto** o (*pop., tosc.*) **stiacciàto** **part. pass.** di *schiacciare*; **anche agg.** **1** nei sign. del v. **2** piatto, compresso: *naso s.*; *forma schiacciata* | ***becco s.***, (*per anton.*) quello delle anatre selvatiche **3** (*ling.*) detto di suono nella cui articolazione la lingua è schiacciata contro il palato

schiacciatóre **[1803]** **s. m.** (**f.** *-trice*) **1** (*raro*) chi schiaccia **2** (*sport*) giocatore abile nello schiacciare la palla | pallavolista particolarmente abile nell'ottenere punti su schiacciata

schiacciatùra [av. **1320**] **s. f.** ● (*raro*) schiacciamento | punto in cui un oggetto è schiacciato

†**schiàdica** ➤ **sciatica**

schiaffàre [da *schiaffo* ✶ **1840**] **A** **v. tr.** **1** (*colloq.*) mettere con malgarbo e in fretta, gettare, sbattere: *s. i libri in un angolo* | ***s. qlcu. in prigione, s. qlcu. dentro*** e sim., imprigionarlo **2** (*disus.*) schiaffeggiare **B** **schiaffàrsi** **v. intr. pron.** ● (*fam.*) buttarsi, gettarsi con malgarbo: *si è schiaffato in poltrona*

schiaffeggiàre [da *schiaffare*, con suff. iter. intens. ✶ **1598**] **v. tr.** (**pres.** *io schiafféggio*; **fut.** *io schiaffeggerò*) **1** prendere a schiaffi, colpire con uno o più schiaffi: *lo schiaffeggiò in pubblico* **2** (*fig.*) colpire con forza: *gli spruzzi gli schiaffeggiarono il viso* | ***s. la palla***, colpirla con il palmo della mano

schiaffeggiatóre **[1872]** **s. m.** (**f.** *-trice*) ● (*raro*) chi schiaffeggia

schiaffétto **[1891]** **s. m.** **1** dim. di *schiaffo* **2** nella pallacanestro, leggero colpo dato con le dita alla palla su rimbalzo offensivo o difensivo ‖ **schiaffettìno**, **dim.**

schiàffo o (*pop., tosc.*) **stiàffo** [di etim. incerta; da una radice onomat. *sklaf-* (?) ✶ av. **1347**] **s. m.** **1** colpo dato sulla guancia a mano aperta: *dare, prendere, uno s.*; *prendere qlcu. a pugni e a schiaffi* | ***misurare uno s.***, fare il gesto di darlo | ***avere una faccia da schiaffi***, avere un'espressione o un atteggiamento irritanti, indisponenti **2** (*fig.*) umiliazione, mortificazione, smacco: *s. morale* | (*fig.*) ***essere sotto s.***, spec. nel linguaggio giornalistico, essere sottoposto a critica, essere sotto accusa **3** ***tiro di s.***, nel biliardo, quello effettuato colpendo con la propria la palla avversaria dopo averla fatta rimbalzare contro la sponda ‖ **schiaffétto**, **dim.** (V.) | **schiaffóne**, **accr.** (V.)

schiaffóne [vc. napol., da 'schiaffo' con un oscuro passaggio semantico, come in *pacchero* (V.) ✶ **1888**] **s. m.** **1** accr. di *schiaffo* **2** (**spec. al pl.**) pacchero

schiamazzàre [lat. *exclamāre* 'gridare' (V. *esclamare*), con suff. iter.-pegg. ✶ sec. XIII] **v. intr.** (**aus.** *avere*) ● emettere gridi rauchi e striduli, detto delle galline e (*est.*) di volatili: *le oche che schiamazzarono in Campidoglio* | vociare, strepitare, detto di persone

SFUMATURE DI SIGNIFICATO

schiamazzare - strepitare - rumoreggiare
Con **schiamazzare** ci si riferisce propriamente al suono rauco e stridulo che viene da un insieme di galline o di altri volatili; riferito a persona, indica un vociare scomposto, sguaiato. **Strepitare** si dice dell'emissione di un insieme disordinato e confuso di rumori, schiamazzi, grida. **Rumoreggiare** è fare un rumore lungo e ripetuto; si usa soprattutto per definire il manifestare rumorosamente disapprovazione da parte di un insieme di persone.
SFUMATURE ➤ ***gridare***

schiamazzatóre **[1735]** **s. m.** (**f.** *-trice*); **anche agg.** ● chi (o che) schiamazza: *schiamazzatori notturni*

schiamazzìo **[1353]** **s. m.** (**pl.** *-ii*) ● lo schiamazzare continuo

♣**schiamàzzo** [da *schiamazzare* ✶ **1483**] **s. m.** ● rumore di volatili che schiamazzano: *gli schiamazzi del pollaio* (G. Verga) | insieme di grida e di strepiti scomposti, sguaiati e sim. di più persone: *che cos'è questo s.?*; *smettetela con quello s.*; *schiamazzi notturni* | ***fare s.***, schiamazzare

schiancìo ➤ **scancio**

schiantàre o (*pop., tosc.*) **stiantàre** [di etim. discussa: sovrapposizione di *spiantare* a *schiattare* (?) ✶ **1294**] **A** **v. tr.** **1** rompere, spezzare, con forza e violenza: *il temporale schianta gli alberi*; *l'urto ha schiantato la macchina* | (*est.*) strappare, svellere **2** (*fig.*) provocare uno schianto, un grande dolore, spec. nella loc. ***s. il cuore***: *mi schianterai il cuore* **B** **v. intr.** (**aus.** *essere*) ● (*fig., fam.*) scoppiare, crepare, spec. nelle loc.: ***s. dalla fatica, dal dolore, dalla rabbia, dal ridere*** e sim. | morire **C** **schiantàrsi** **v. intr. pron.** ● scoppiare, spezzarsi, rompersi violentemente (**anche fig.**): *la barca si schiantò contro lo scoglio*; *mi si schianta il cuore*

schiantatùra **[1362]** **s. f.** ● (*raro*) rottura violenta, schianto

†**schianteréccio** [sec. XV] **agg.** ● che si schianta facilmente

♣**schiànto** o (*pop., tosc.*) **stiànto** [sec. XIV] **s. m.** **1** lo schiantarsi **2** rumore improvviso prodotto da ciò che si schianta: *lo s. del tuono, del legno non stagionato* **3** (*fig.*) dolore improvviso e lancinante: *provare uno s. al*

a b c d e f g h i j k l m n o p q r **s** t u v w x y z

cuore **4** (*fig., fam.*) persona o cosa estremamente bella, che provoca sensazione: *è uno s. di ragazza; il tuo nuovo vestito è uno s.* **5** nella loc. avv. ***di s.***, all'improvviso, d'un tratto

schiànza [di etim. discussa: sovrapposizione di *schiantare* a *chiazza* (?) ✱ av. 1292] **s. f.** ● (*lett.*) crosta su piaghe, ferite, e sim.: *le mani … incise di porri, di verruche, di schianze* (G. Carducci)

schiàppa① o †**scàppia** nel sign. 1 [da †*schiappare* (V.) ✱ av. 1537] **s. f. 1** †lunga scheggia di legno **2** mezza pelle, ottenuta sezionando una pelle intera lungo la linea dorsale **3** (*fig.*) persona che si dimostra incapace e inesperta in un'attività: *come impiegato è una s.; al poker è proprio una s.* **SIN.** sbercia ‖ **schiappétta**, **dim.** | **schiappìno**, **dim. m.**

†**schiàppa**② [di etim. discussa: sovrapposizione di *schiacciare* a *cappa* o *cioppa* (?) ✱ 1483] **s. f.** ● veste stretta in vita

†**schiappàre** [di etim. incerta: dalla radice onomat. *sclapp-* (?) ✱ av. 1537] **v. tr.** ● tagliare legna, anche per ricavarne schegge: *si schiappano quercie per noi* (G. Pascoli)

schiaràre [lat. *exclarāre* 'illuminare', comp. di *ĕx-* (*s-*) e *clarāre*, da *clārus* 'luminoso' ✱ sec. XIII] **A v. tr.** ● (*raro, lett.*) illuminare, rendere chiaro | (*fig.*) dichiarare, spiegare **B v. intr.** (aus. *essere*) ● **schiaràrsi v. intr. pron.** ● (*raro, lett.*) diventare chiaro: *schiarando il giorno, la gente cominciò ad andare al Prato* (G. Villani)

schiariménto [av. 1698] **s. m. 1** lo schiarire, lo schiarirsi **2** (*fig.*) spiegazione, delucidazione: *chiedere uno s.; avere bisogno di schiarimenti*

schiarìre [da *chiarire*, con *s-* ✱ sec. XIII] **A v. tr.** (*io schiarìsco, tu schiarisci*) **1** rendere chiaro, più chiaro: *s. un colore* | anche in forma pron.: *schiarirsi i capelli; schiarirsi la voce* **2** diradare, spec. piante, boschi e sim. **3** †dichiarare, spiegare **B v. intr. impers.** (aus. *essere* o *avere*) **1** tornare sereno: *dopo il temporale schiarirà* **2** farsi giorno: *in estate schiarisce presto* **C v. intr.** (aus. *essere*) e **schiarìrsi v. intr. pron. 1** diventare chiaro, più chiaro: *è un colore che schiarisce subito; i capelli si sono schiariti* **2** farsi chiaro, tornare sereno: *il cielo schiarisce*

schiarìta [da *schiarire* ✱ 1950] **s. f.** ● rasserenamento: *c'è stata una breve s.* | (*fig.*) miglioramento: *è prevista una s. nei rapporti fra i due Paesi*

schiaritóio [da *schiarire* ✱ 1891] **s. m.** (**pl.** *-ói*) ● locale in cui si schiarisce l'olio, lasciandolo depositare

schiaritùra [1959] **s. f.** ● operazione dello schiarire

schiàtta [dal got. **slahta* 'stirpe' ✱ 1261 ca.] **s. f.** ● (*lett.*) stirpe, discendenza: *essere di antica, di nobile s.*

SFUMATURE ➤ *stirpe*

schiattàre o (*pop., tosc.*) **stiattàre** [di etim. incerta: lat. parl. **exclappitāre* 'scoppiare', dalla radice onomat. **clapp-*, con *ĕx-* (*s-*) (?) ✱ 1483] **v. intr.** (aus. *essere*) ● scoppiare, crepare (*spec. fig.*): *c'è da s.; s. di rabbia, di impazienza; s. dall'invidia*

†**schiattìre** ➤ **squittire**①

schiavacciàre① [da *chiavaccio*, con *s-* estrattivo ✱ 1872] **v. tr.** (**pres.** *io schiavàccio*; **fut.** *io schiavaccerò*) ● (*raro, tosc.*) liberare dal chiavaccio

schiavacciàre② [da *chiave*, con *s-* e suff. iter. intens. ✱ 1872] **v. intr.** (aus. *avere*) ● fare rumore con un mazzo di chiavi

schiavardàre [da *chiavarda*, con *s-* ✱ 1959] **v. tr.** ● togliere le chiavarde

†**schiavàre** [da *chiavare*, con *-s* ✱ 1353] **v. tr.** ● schiodare, scardinare: *schiavava … il perno che reggeva l'angelo* (G. Vasari)

schiavésco [1600] **agg.** (**pl. m.** *-schi*) ● (*raro*) relativo agli schiavi | (*est., spreg.*) servile

schiavettóni [da *schiavo*, passato a significare anche 'anello di catena' ✱ 1959] **s. m. pl.** (**sing.** *-e*) ● (*gerg.*) manette con catene per il trasferimento dei detenuti

schiavìna [da *schiavo* 'slavo' ✱ sec. XIII] **s. f. 1** nel Medioevo, lunga veste con cappuccio dei pellegrini e dei penitenti **2** †coperta da letto di panno pesante

schiavìsmo [da *schiavo*, con *-ismo* ✱ 1906] **s. m. 1** dottrina e sistema economico-sociale fondato sulla schiavitù **2** (*est., spec. iperb.*) tendenza a tenere gli altri in condizioni di forte dipendenza

schiavìsta [1864] **A s. m. e f.** (**pl. m.** *-i*) **1** chi sostiene lo schiavismo **2** (*est., spec. iperb.*) chi tende a tenere gli altri in condizioni di forte dipendenza **B agg.** ● schiavistico

schiavìstico [1948] **agg.** (**pl. m.** *-ci*) ● relativo allo schiavismo e agli schiavisti | ***economia schiavistica***, sistema economico basato sull'utilizzazione, come forza-lavoro fondamentale, di schiavi

schiavitù [da *schiavo* ✱ 1612] **s. f. inv. 1** condizione di chi è schiavo: *ribellarsi alla s.; liberarsi dalla s.; ridurre in s.* | ***riduzione in s.***, reato di chi priva completamente una persona della propria libertà individuale riducendola in condizioni di schiavo o analoghe a quelle di schiavo | ***vivere in s.***, di animale selvatico tenuto in costrizione | ***allevare in s.***, allevare animali, presi da piccoli, dal covo o dal nido **2** mancanza delle libertà politiche | condizione di dipendenza, di soggezione allo straniero: *la s. dell'Italia sotto la Austria* **3** (*fig.*) soggezione, dipendenza forzata, ad altre persone, a passioni, abitudini e sim.: *la s. della famiglia, del fumo, della droga*

SFUMATURE ➤ *servitù*

schiavizzàre [da *schiavo* ✱ 1898] **v. tr.** ● ridurre in schiavitù, rendere schiavo | (*est., anche iperb.*) sottoporre a un'autorità dispotica e intransigente ‖ **schiavizzazióne**, **s. f.**

♦**schiàvo** o (*pop., tosc.*) **stiàvo** nel sign. A [lat. mediev. *sclāvu(m), slāvu(m)* '(prigioniero) slavo', dal gr. mediev. *sklabós* ✱ av. 1294] **A s. m.** (**f.** *-a*); **anche agg. 1** chi (o che), per nascita, per cattura in guerra, per vendita o per condanna, è totalmente privo della libertà individuale e di ogni diritto, soggetto interamente al dominio e alla volontà di un padrone: *gli schiavi greci, romani; acquistare, uccidere uno s.; commercio, tratta, degli schiavi* | ***vita da schiavi***, dura, faticosa | ***essere trattato come uno s.***, duramente, senza pietà **2** chi (o che) soffre soggezione, asservimento, dipendenza e sim. che vincolano e impediscono, in parte o completamente, la sua libertà: *popolo s.; essere s. delle apparenze, dei pregiudizi, delle passioni; non è s. di nessuno; s. d'amore* **3** †forma di saluto (da cui l'attuale *ciao*): *s. suo; s. vostro; amici vi sono s.* (C. Goldoni) ‖ **schiavétto**, **dim.** | (*lett.*) **schiavicèllo**, **dim.** | (*lett.*) **schiavolìno**, **dim. B agg. 1** ***alla schiava***, (*ellitt.*) alla maniera degli schiavi | ***braccialetto alla schiava***, alto, pesante e privo di motivi ornamentali, simile all'anello che incatenava gli schiavi | ***sandali alla schiava***, legati al piede da lacci che salgono oltre la caviglia **2** †della Slavonia: *il mar s. e il tosco* (L. Ariosto)

schiavóne [da *schiavo*. V. il lat. mediev. *S(c)lavones* 'Slavi' ✱ sec. XIV] **A s. m.** (**f.** *-a, raro*); **anche agg.** ● anticamente, slavo delle coste orientali del Mar Adriatico **B s. m.** ● (**spec. al pl.**) soldato slavo al servizio della repubblica di Venezia

schìcchera [vc. roman. di origine espressiva ✱ 1959] **s. f.** ● (*roman.*) rapido movimento compiuto lasciando andare l'indice o il medio dopo averli trattenuti con il pollice, allo scopo di colpire o mandare lontano qlco.: *Strinse tra le dita il mozzone, e, con una s., lo fece volare via* (P.P. Pasolini)

schiccherafògli [comp. di *schicchera(re)*① e il pl. di *foglio* ✱ av. 1729] **s. m. inv.** ● (*raro*) scrittore di nessun valore: *questo mestiere dello s.* (A. Manzoni)

schiccheràre① [vc. di orig. onomat. (?) ✱ 1353] **v. tr.** (*io schìcchero*) ● (*lett.*) disegnare, scrivere, e sim. imbrattando ciò su cui si disegna o si scrive | (*est.*) disegnare, scrivere e sim., alla peggio

schiccheràre② [da *chicchera*, con *s-* ✱ 1734] **v. tr.** (*io schìcchero*) ● (*tosc.*) bere molto e ripetutamente (*anche assol.*): *il nonno schicchera spesso*

schiccheratùra [1680] **s. f.** ● scritto o dipinto mediocre

schiccheróne [1872] **s. m.** (**f.** *-a*) ● (*tosc.*) ubriacone

schidionàre [1805] **v. tr.** (*io schidióno*) ● (*raro*) infilare sullo schidione

schidionàta [1612] **s. f.** ● quantità di carne che si può infilare in una sola volta sullo schidione

schidióne o (*pop., tosc.*) **stidióne**, †**schedóne**② [di etim. discussa: variante di un ant. *schedone*, sovrapposizione di *scheggia* a *spiedo* (?) ✱ av. 1311] **s. m.** ● spiedo lungo e sottile nel quale si infilzano volatili per cuocerli arrosto

♦**schièna** [dal longob. *skëna* ✱ 1282] **s. f. 1** regione dorsale del corpo: *avere mal di s.; sentire un dolore alla s.; avere molti anni sulla s.* **CFR.** noto- | ***filo della s.***, spina dorsale | ***lavoro di s.***, duro, faticoso | ***a forza di s.***, con fatica, lavorando duro | ***colpire alla s.***, a tradimento | ***curvare la s.***, dimostrarsi umile, sottomesso | ***rompersi la s.***, lavorare troppo, o troppo duramente | ***voltare la s.***, andarsene, fuggire | †***stare sulla s.***, fare il superbo | (*raro*) groppa di animale: *trasportare qlco. a s. di mulo; a s. di asino* | ***ponte, strada*** e sim. ***a s. di mulo, a s. di asino***, con sezione ad arco rialzato al centro e spiovente ai lati **2** (*geogr., raro*) dorsale ‖ **schienàccia**, **pegg.** | **schienùccia**, **dim.**

schienàle [da *schiena* ✱ av. 1320] **s. m. 1** †schiena **2** parte di sedia, poltrona, divano, cui si appoggia la schiena **SIN.** spalliera **3** schiena di animale da macello | midollo spinale di bestia macellata **4** †parte della corazza che copre la schiena **5** (*mar.*) tavola al traverso di poppa di una lancia per appoggiarvisi e per separazione dalla timoniera

schienàre [da *schiena* ✱ sec. XX] **v. tr.** (*io schièno*) ● (*sport*) nella lotta, provocare una schienata

schienàta [1959] **s. f. 1** colpo dato con la schiena **2** (*sport*) nella lotta, colpo con cui si mette per alcuni attimi l'avversario con le spalle e la schiena a terra, ottenendo la vittoria

schienùto [sec. XIV] **agg.** ● che ha schiena larga e forte

schièra o †**stièra** [dal provenz. *esquiera*, dall'ant. fr. *eschiere*, risalente al francone *skara*. V. *scherano, sgherro* ✱ av. 1257] **s. f. 1** reparto di soldati armati disposti su una stessa linea nel senso del fronte: *prima, seconda s.; schiere numerose, folte, invitte, gloriose; muovere le proprie schiere; sbaragliare, raccogliere le schiere* **2** (*est.*) moltitudine ordinata di persone o di animali: *s. di collegiali, di seminaristi, di angeli, di gru* | (*est.*) gruppo, compagnia, di persone che hanno qlco. in comune: *la s. dei critici, dei giorna-*

listi | (*generic.*) stuolo, massa, folla: *quei … / ch'uscì per te de la volgare s.?* (DANTE *Inf.* II, 104-105) | ***a s.***, in gruppo ordinato | ***villette a s.***, di identica tipologia e accostate l'una all'altra | ***a schiere***, in gran quantità

SFUMATURE ➤ ***moltitudine***

schieraménto [1691] **s. m. 1** lo schierare, lo schierarsi **2** (*milit.*) disposizione sul terreno, nel senso della fronte e della profondità, di unità, opere di difesa, organi di servizio: *s. serrato, diradato, a scacchiera, offensivo, difensivo* | ***s. per ala***, nel senso del fronte | ***s. per linea***, in profondità | ***s. iniziale***, in primo assunto **3** composizione di una squadra di giocatori e loro disposizione in campo, formazione **4** insieme di persone, mezzi e sim., che si trovano uniti nel sostenere e difendere un'idea, un programma, un partito e sim.: *lo s. dei partiti di sinistra*

SFUMATURE ➤ ***coalizione***

schieràre [da *schiera* ✱ 1288] **A v. tr.** (*io schièro*) **1** ordinare, disporre in schiera: *s. l'esercito a battaglia* | ***s. in campo una squadra, una formazione***, far scendere in campo, o designare i giocatori e il loro schieramento per una partita **2** (*est.*) disporre in file ordinate: *s. i libri negli scaffali* **B schieràrsi v. rifl. 1** ordinarsi in schiera: *schierarsi in ordine di combattimento* **2** (*fig.*) prendere posizione tra i difensori o gli oppositori di una persona, un'idea e sim.: *schierarsi con qlcu., dalla parte di qlcu., contro qlcu.*; *è il momento di schierarsi*

schiericàre① [da *chierico*, con *s-* ✱ 1526] **A v. tr.** (*io schièrico, tu schièrichi*) ● (*disus.*) togliere la dignità di chierico **B schiericàrsi v. intr. pron.** ● (*disus.*) abbandonare l'ufficio di chierico

†**schiericàre**② o †**schericàre** [da *chierica*, con *s-* ✱ av. 1571] **v. tr.** ● togliere la punta a un diamante

✦**schiettézza** [1377] **s. f.** ● caratteristica di chi (o di ciò che) è schietto

SFUMATURE ➤ ***sincerità***

✦**schiètto** (o **-é-**), (*pop., tosc.*) **stiètto** [dal got. *slaíhts* 'semplice', cfr. il ted. *schlecht* 'scarso, misero (cattivo)' ✱ av. 1250] **A agg. 1** puro, privo di contaminazioni e di mescolanze: *la schietta ispirazione artistica* (F. DE SANCTIS) | ***linguaggio s.***, non mescolato con elementi dialettali o stranieri: *parlare un fiorentino s.*; *avere una pronuncia schietta* **2** (*est.*) sano, privo di magagne, imperfezioni: *frutta schietta*; *sano e s.* | ***vino s.***, senza aggiunta di acqua, genuino | ***oro s.***, senza lega, puro | liscio, uniforme, privo di nodosità: *non rami schietti, ma nodosi e 'nvolti* (DANTE *Inf.* XIII, 5) **3** (*est.*) semplice, privo di ornamenti eccessivi: *architettura schietta* | (*arald.*) ***arena schietta***, stemma di famiglia senza brisure o partizioni di dipendenza **4** (*lett.*) agile e asciutto: *magro e s.*; *membra schiette* **5** (*fig.*) sincero, leale: *parole schiette*; *sentimento s.*; *amicizia schietta*; *io sono una donna schietta … quando devo dir, dico* (C. GOLDONI) | ***a dirla, a dirvela schietta***, parlando francamente, chiaramente ‖ **schiettaménte**, **avv.** con schiettezza, sincerità **B in funzione di avv.** ● sinceramente, francamente: *parlare s.*; *te lo dirò s.*

SFUMATURE ➤ ***semplice***①, ➤ ***sincero***

schifàre o †**eschifàre** [variante arcaica di *schivare* (V.) ✱ av. 1257] **A v. tr. 1** avere a schifo, provare disgusto o ripugnanza per qlcu. o qlco.: *s. un ambiente*; *s. una compagnia* **2** fare schifo, provocare nausea, disgusto: *Io non le mangiavo, mi schifavano* (S. SLATAPER) **3** †ricusare, rifiutare **4** †V. *schivare* **B schifàrsi v. intr. pron.** ● provare schifo, nausea, disgusto: *si è schifato della carne*

schifàto **part. pass.** di *schifare*; anche **agg. 1** nei sign. del v. **2** nauseato, disgustato: *ha sempre un'aria schifata* **3** (*raro*) disprezzato, evitato, rifiutato

schifeltà ➤ **schifiltà**

schifènza ➤ **schifezza**

†**schifévole** [da *schifare* ✱ 1505] **agg. 1** schifoso **2** schivo ‖ †**schifevolménte**, **avv.** in modo schifoso; con schifo

schifézza o (*centr.*) **schifènza** [da *schifo*① ✱ av. 1306] **s. f. 1** condizione di chi (o di ciò che) fa schifo **2** (*est.*) cosa schifosa, ripugnante, mal fatta o mal riuscita

schifiltà o **schifeltà**, †**schifità** [da *schifo*① ✱ sec. XIII] **s. f. inv. 1** (*raro*) sentimento di ripugnanza, nausea, ritrosia verso persona o cosa **2** (*est., raro*) atto schifiltoso, ritroso

schifiltóso (o **-ṣo**) [da *schifiltà* ✱ av. 1606] **agg. e s. m.** (**f.** *-a*) ● che (o chi) ha gusti difficili, esigenti: *è molto s. nel mangiare* | che (o chi) è difficile a contentarsi: *non essere troppo s.*; *non fare la schifiltosa* **SIN.** schizzinoso, smorfioso, sofistico ‖ **schifiltosaménte**, **avv.** ‖ **schifiltosità**, **s. f. inv.** (*raro*) caratteristica di chi è schifiltoso; (*lett.*) atteggiamento sprezzante, altezzoso

schifìo [da *schifare* col suff. *-io*① ✱ 1963] **s. m.** (**pl.** *-ii*) ● (*merid.*) schifo | ***a s.***, malamente, nel modo peggiore: *finire a s.*; *sono riusciti a mandare a s. anche l'esercito* (B. FENOGLIO)

†**schifità** ➤ **schifiltà**

✦**schìfo**① [dall'ant. fr. *eschif*, risalente al francone *skiuhjan* 'aver riguardo' ✱ 1266] **A s. m. 1** senso di ripugnanza, nausea, disgusto: *provare, sentire, mettere, s.* | ***fare s. a qlcu.***, destare ripugnanza: *quel cibo mi fa s.* | ***fare s.***, (*iperb.*) essere fatto male, brutto: *il tuo vestito fa s.*; (*est.*) dare un pessimo risultato: *i nostri campioni hanno fatto s.* | ***che s.!***, escl. che esprime ribrezzo, riprovazione per ciò che è fatto male, che dà cattivi risultati e sim. | (*lett.*) ***avere a s.***, avere a noia **2** (*est.*) ciò che provoca un senso di disgusto o che è molto brutto: *quella minestra è un vero s.*; *quel libro è uno s.!* **B agg. 1** (*tosc.*) schifoso, ripugnante **2** (*raro, lett.*) schifiltoso: *e tu s. rifuggi / ogni vivanda* (G. PARINI) **3** †schivo, ritroso: *Laura mia, coi suoi santi atti schifi* (F. PETRARCA) ‖ **schifaménte**, **avv. 1** in maniera da fare schifo **2** in modo schifiltoso

schìfo② [dal longob. *skif* 'nave' ✱ av. 1470] **s. m. 1** (*mar.; disus.*) anticamente, battello di servizio di una grande nave | imbarcazione da corsa, lunga e sottile, per un solo vogatore **2** (*archit.*) ***volta a s.***, a chiglia ‖ **schifétto**, **dim.**

schìfo③ ➤ **scifo**

schifosàggine (o **-oṣà-**) [1940] **s. f.** ● condizione di chi (o di ciò che) è schifoso | cosa, azione e sim., schifosa

schifóso (o **-ṣo**) [da *schifo*① ✱ 1527] **agg. 1** che dà senso di schifo, repulsione: *spettacolo s.*; *piaghe schifose*; *uno di quegli insetti strani, schifosi* (L. PIRANDELLO) **2** detto di persona che si comporta in modo contrario al pudore e alla decenza: *un vecchio s.*; *una donna schifosa* **3** (*est.*) molto scadente, pessimo: *una cena schifosa*; *che tempo s.!* **4** (*iperb., fam.*) grande, smisurato: *avere una fortuna schifosa* ‖ **schifosétto**, **dim.** | **schifosìno**, **dim.** ‖ **schifosaménte**, **avv.** in modo da fare schifo; in maniera disgustosa ‖ **schifosità**, **s. f. inv.** schifosaggine

†**schimbèscio** ➤ **sghimbescio**

†**schìmbo** ➤ **sghembo**

schindàre ➤ **sghindare**

†**schinièra** [av. 1494] **s. f.** ● schiniere

schinière [dal francone *skina* 'tibia' col suff. *-iere* ✱ 1440] **s. m.** ● pezzo di armatura di origine antichissima a difesa dello stinco, a foggia tubolare, di cuoio, bronzo, acciaio

schìno [vc. dotta, dal lat. tardo (ecclesiastico) *schīnu(m)* 'lentisco', dal gr. *schînos*, di etim. incerta ✱ 1838] **s. m.** ● pianta delle Anacardiacee diffusa nelle alberate e nei giardini mediterranei (*Schinus molle*) **SIN.** falso pepe

schiòcca [vc. napol., propr. 'ciocca', perché ivi si trovavano la scultura e l'intaglio ✱ 1814] **s. f.** ● (*mar.; disus.*) parte superiore dello specchio di poppa, con fregi e intagli

schioccàre [da †*chioccare*, con *s-* ✱ 1817] **A v. tr.** (*io schiòcco, tu schiòcchi*) ● agitare, muovere e sim. in modo da produrre uno schiocco: *s. la frusta, le dita, un bacio* | ***s. la lingua***, staccarla dopo averla tenuta premuta contro il palato | ***s. un bacio***, darlo premendo le labbra chiuse e riaprendole rapidamente **B v. intr.** (**aus.** *avere*) ● produrre uno schiocco: *s. con le dita*; *la lingua schiocca*

schioccàta [1872] **s. f.** ● lo schioccare | schiocco

✦**schiòcco** [da *schioccare* ✱ 1817] **s. m.** (**pl.** *-chi*) ● rumore secco e sonoro, simile a quello che si ottiene agitando rapidamente una frusta in aria: *fare uno s. con le dita*; *ascoltare … / schiocchi di merli* (E. MONTALE)

schioccolàre [da *chioccolare*, con *s-* ✱ 1921] **v. intr.** (*io schiòccolo*; **aus.** *avere*) ● (*tosc.*) chioccolare

schiodàre [da *chiodo*, con *s-* ✱ av. 1367] **A v. tr.** (*io schiòdo*) **1** privare dei chiodi | aprire togliendo i chiodi **2** (*fig., colloq.*) spostare, far muovere: *non si riesce a schiodarlo dalla televisione* **3** †togliere il chiodo dal focone di una bocca da fuoco per utilizzarlo di nuovo **B schiodàrsi v. intr. pron.** ● (*fig., colloq.*) alzarsi, muoversi: *schiodati da quella sedia!* | (*fig.*) staccarsi, spostarsi: *un partito che non riesce a schiodarsi dalla vecchia politica*

schiodatùra [1805] **s. f.** ● lo schiodare

schiomàre [da *chioma*, con *s-* ✱ av. 1400] **v. tr.** (*io schiòmo*) ● (*lett.*) scompigliare la chioma

†**schioppàre** ➤ **scoppiare**①

schioppettàre ➤ **scoppiettare**

schioppettàta o †**scoppiettàta** [da *schioppettare* ✱ 1640] **s. f.** ● colpo sparato con lo schioppo o il fucile: *fare alle schioppettate* | ***a una s. da qui***, a un tiro di schioppo

†**schioppetterìa** o †**scoppietterìa** [da *schioppetto* ✱ 1540] **s. f.** ● (*raro*) reparto di soldati armati di schioppo

†**schioppettière** o †**scoppettière** [da *schioppetto* ✱ av. 1524] **s. m.** ● soldato armato di schioppo | fuciliere

schioppétto [1507] **s. m. 1** dim. di *schioppo* **2** V. *scoppietto* ‖ **schioppettóne**, **accr.**

schiòppo o (*pop., tosc.*) **stiòppo**, †**scòppio** [lat. tardo *sclŏppu(m)*, variante di *stlŏppus* 'rumore fatto con la bocca', di orig. onomat. V. *scoppio* ✱ av. 1537] **s. m.** ● arma da fuoco portatile; fucile, spec. da caccia | ***a un tiro di s.***, non molto lontano, cioè alla distanza cui può giungere una palla da schioppo ‖ **schioppàccio**, **pegg.** | **schioppétto**, **dim.** (V.)

schiòvere [vc. napol., da *chiovere* 'piovere', con *s-* intensiva nel sign. 1, sottrattiva nel sign. 2 ✱ 1993] **v. intr. impers.** (**pass. rem.** *schiòvve*; **aus.** *essere* o *avere*) **1** (*napol.*) piovere a dirotto | (*fig.*) ***a s.***, a ruota libera, a vanvera, a sproposito: *parlare a s.* **2** (*napol.*) cessare di piovere **SIN.** spiovere①

schipetàro [adattamento dell'etnico *Shqiptár* 'Albanese', da *Shqipëria* 'Albania' ✱ 1843] **agg. e s. m.** (**f.** *-a*) ● (*lett.*) albanese

schiribilla [di etim. incerta ✱ 1891] **s. f.** ● uccello di palude dei Gruiformi, bruno rossiccio a macchie bianche e fianchi a strisce bianche e nere (*Porzana parva*) **SIN.** gallinella palustre

schiribillóso (o **-ṣo**) [da *schiribilla* ✱ 1891] **agg.** ● (*tosc.*) arzillo

schiribìẓẓo (o **-zz-**) ➤ **sghiribizzo**

schiṣàre [v. deriv. dal gr. *schísis* 'divisione', da *schízein* 'dividere' ✱ av. 1565] **v. tr.** ● (*tosc.*) nella loc. ***s. la palla***, nel gioco del biliardo, colpirla di striscio

schiscétta [dal lomb. *schiscià* 'schiacciare' per la sua forma appiattita con il suff. dim. *-etta* ✱ 1972] **s. f.** ● (*milan.*) pietanziera

schìṣi [vc. dotta, dal gr. *schísis* 'divisione', da *schízein* 'dividere', di orig. indeur. ✱ 1937] **s. f. inv.** ● (*med.*) scissione, fenditura: *s. vertebrale, cranica*

†**schìṣma** ➤ **scisma**

schiṣmèma [da †*schisma*, con *-ema* ✱ 1983] **s. m.** (**pl.** *-i*) ● (*ling.*) giuntura

schiṣmogèneṣi [comp. dal gr. *schismós* (V. *scisma*) e *genesi* ✱ 1984] **s. f. inv.** ● (*antrop.*) processo conflittuale di interazione fra individui o gruppi sociali che porta a un aumento progressivo delle divisioni e può dar luogo, se non interrotto, a situazioni distruttive (come nelle faide)

schìṣo [agg. da *schisare* ✱ av. 1742] **A agg.** ● (*tosc.*) storto, obliquo | ***a, di, per, s.***, obliquamente, di traverso | ***alla, per, schisa***, (*ellitt.*) obliquamente, di traverso **B s. m.** ● †resto, residuo

schìsto e deriv. ➤ **scisto** e deriv.

schìsto- [dal gr. *schistós* 'diviso'] **primo elemento** ● in parole composte del linguaggio scientifico, indica 'scissura', 'fenditura', 'capacità di fendersi': *schistosoma*

schistosòma [comp. di *schisto-* e *-soma* ✱ 1957] **s. m.** (**pl.** *-i*) ● genere di vermi dei Platelminti, parassita dell'uomo e di animali (*Schistosoma*)

schistosomìaṣi [comp. di *schistosom(a)* e *-iasi* ✱ 1912] **s. f. inv.** ● (*med.*) ogni malattia parassitaria cronica causata dai vermi Trematodi del genere *Schistosoma*, parassiti dei vasi sanguigni **SIN.** bilharziosi

schitarraménto [1872] **s. m.** ● lo schitarrare prolungato

schitarràre [da *chitarra*, con *s-* ✱ 1723] **v. intr.** (**aus.** *avere*) ● suonare la chitarra a lungo e non bene

schiùdere [lat. *exclūdere* 'far uscire', comp. di *ĕx-* (*s-*) e *clāudere* 'chiudere' ✱ 1312] **A v. tr.** (**coniug. come** *chiudere*) **1** aprire appena e lentamente (*anche fig.*): *s. le labbra al sorriso; le margherite schiudono i petali; s. l'animo alla pietà* **2** (*fig., lett.*) †insegnare, spiegare **3** †liberare **4** †escludere **B schiùdersi v. intr. pron.** **1** venire fuori, aprirsi, uscire da un involucro: *la rosa si schiuse all'alba; i pulcini si sono schiusi dal guscio* **2** (*fig.*) manifestarsi, mostrarsi: *la lirica è un fiore delicato, che si schiude al sole della poesia* (B. CROCE)

schiudiménto [1865] **s. m.** ● lo schiudere, lo schiudersi

♦**schiùma** [dal longob. *skūm*, con sovrapposizione di *spuma* ✱ av. 1292] **s. f.** **1** aggregato instabile di piccole bolle che si forma alla superficie dei liquidi per effetto dell'ebollizione o di un'agitazione violenta o del gorgogliamento in essi di aria o gas | prodotto schiumoso da toilette, confezionato in bomboletta spray: *s. da barba; s. detergente* | ***bagno di s.***, V. *Bagnoschiuma* **2** (*est.*) bava schiumosa che si forma sulla bocca degli animali | (*est.*) sudore schiumoso che si forma sul corpo dei cavalli molto affaticati | ***fare s. dalla bocca, avere la s. alla bocca*** e sim., (*fig.*) essere in preda a un accesso di collera **3** (*fig.*) feccia, rifiuto: *la s. della società* **CONTR.** crema **4** (*miner.*) ***s. di mare***, sepiolite | ***pipa, bocchino di s.***, di sepiolite ‖ **schiumétta**, **dim.**

schiumaiòla o **schiumaròla**, (*lett.*) **schiumaruòla**, (*disus.*) **schiumaiuòla** [da *schiumare*① ✱ 1817] **s. f.** ● specie di paletta bucherellata, leggermente concava, usata in cucina per schiumare il brodo o altro liquido e per levare il fritto dall'olio

schiumànte [da *schiuma*, sul modello di *deodorante* e sim.] **part. pres.** di *schiumare* (2); **anche agg.** ● nei sign. del v. | (*fig.*) infuriato: *Tuttora s. di rabbia, mi sono alzata* (A. MORAVIA)

schiumàre① [da *schiuma*, con *s-* estrattivo concresciuto ✱ av. 1294] **v. tr.** ● togliere la schiuma: *s. il brodo* | (*fig., lett.*) ***s. il mare***, fare il pirata

schiumàre② [da *schiuma* ✱ av. 1348] **v. intr.** (**aus.** *avere*) **1** fare schiuma: *la birra schiuma* | (*est.*) emettere bava o sudore, detto di animali **2** (*fig.*) essere sopraffatto dall'ira: *s. di rabbia*

schiumaròla ➤ **schiumaiola**

schiumaruòla ➤ **schiumaiola**

schiumatóio [da *schiumare*① ✱ 1765] **s. m.** (**pl.** *-ói*) ● (*raro*) schiumaiola

schiumògeno [comp. di *schiuma* e *-geno* ✱ 1950] **A agg.** ● detto di sostanza che, aggiunta a un liquido, favorisce la formazione e il mantenimento della schiuma **B s. m.** ● estintore

schiumóso (o **-ṣo**) [av. 1333] **agg.** **1** che è simile a schiuma: *latte s.* **2** che fa schiuma: *sapone s.* ‖ **schiumosità**, **s. f. inv.** caratteristica di ciò che è schiumoso o che produce schiuma

schiùsa (o **-ṣa**) [da *schiuso* ✱ 1871] **s. f.** ● lo schiudersi, spec. delle uova di animali: *la s. dei pulcini; la s. dei bachi da seta*

schiùso (o **-ṣo**) **part. pass.** di *schiudere*; **anche agg.** ● nei sign. del v.

schivàbile [1745] **agg.** ● che si può schivare

schivafatìche [comp. di *schiva(re)* e il pl. di *fatica* ✱ 1842] **s. m. e f. inv.** ● (*raro*) scansafatiche

schivàre o †**schifàre**, †**eschivàre** [dal francone *skiuhjan* 'aver riguardo'. V. *schifo*① ✱ 1266] **v. tr.** **1** scansare, evitare (*anche assol.*): *s. un colpo, una persona, un pericolo; s. i pugni dell'avversario; bisogna s. e attaccare immediatamente* **2** †proteggere, difendere: *da grandine il ciel sempre ti schivi* (L. ARIOSTO) **3** †disprezzare

schivàta [1940] **s. f.** ● lo schivare | mossa fatta per schivare un colpo: *s. laterale; s. indietro*

†**schivézza** [da *schivo* ✱ 1524] **s. f.** ● senso di ripugnanza | schifiltà

♦**schìvo** [da *schivare* ✱ 1313] **A agg.** **1** che è riluttante a ricercare o a fare qlco.: *s. di lodi, di onori; mostrarsi s. a frequentare la società* **2** riservato, ritroso, spec. per timidezza, orgoglio, pudore e sim.: *in viso bella, / e nei sembianti accortamente schiva* (L. ARIOSTO) ‖ **schivaménte**, **avv.** **B s. m.** ● †schifo, disgusto, noia, spec. nelle loc. ***avere, prendere a s.***

schìẓo- [dal gr. *schízein* 'dividere', di orig. indeur., connesso col lat. *scĭndere*] **primo elemento** ● in parole scientifiche composte, significa 'fenditura', 'scissione', 'divisione' (*schizomiceti*) o (*fig.*) 'dissociazione' (*schizofrenia*)

schiẓoblefarìa [comp. di *schizo-* e di un deriv. dal gr. *blépharon* 'palpebra' ✱ 1957] **s. f.** ● (*med.*) fenditura della palpebra

schiẓofaṣìa [comp. di *schizo-* e di un deriv. del gr. *phásis* 'voce' ✱ 1899] **s. f.** ● (*psicol.*) disturbo del linguaggio, tipico degli schizofrenici, caratterizzato soprattutto da incoerenza, produzione di parole nuove e perdita dei legami associativi **SIN.** schizolalia

Schiẓofìcee [comp. di *schizo-* e *-ficee* ✱ 1903] **s. f. pl.** (**sing.** *-a*) ● (*bot.*) Cianoficee

schiẓòfita [da *Schizofite* ✱ 1954] **s. f.; anche agg. solo f.** ● (*bot.*) organismo delle Schizofite **SIN.** schizofito

Schiẓòfite [comp. di *schizo-* e *-fito* ✱ 1957] **s. f. pl.** (**sing.** *-a*) ● (*bot.*) divisione comprendente Batteriofite e Cianoficee, organismi che si riproducono esclusivamente per scissione

schiẓòfito [1884] **s. m.; anche agg.** ● (*bot.*) schizofita

schiẓofrenìa [comp. di *schizo-* e *-frenia* ✱ 1926] **s. f.** ● (*psicol.*) gruppo di disturbi mentali psicotici, caratterizzato da un'alterazione profonda del rapporto con la realtà, da dissociazione mentale, da autismo e altri disturbi della sfera affettiva e del comportamento

schiẓofrènico [1931] **A agg.** (**pl. m.** *-ci*) ● di schizofrenia | (*est., iperb.*) folle, pazzesco **B agg. e s. m.** (**f.** *-a*) ● che (o chi) è affetto da schizofrenia ‖ **schiẓofrenicaménte**, **avv.**

schiẓofrenògeno [da *schizofren(ia)* e *-geno* ✱ 1972] **agg.** ● (*psicol.*) che genera schizofrenia **SIN.** schizogeno

schiẓogèneṣi [1936] **s. f. inv.** ● schizogonia

schiẓògeno [1927] **agg.** **1** (*biol.*) detto di spazio intercellulare che si forma per schizogenesi **2** (*psicol.*) schizofrenogeno

schiẓogonìa [comp. di *schizo-* e *-gonia* ✱ 1936] **s. f.** ● (*biol.*) riproduzione per divisione multipla della cellula **SIN.** schizogenesi

schiẓografìa [comp. con *-grafia*, sul modello di *schizofrenia* ✱ 1983] **s. f.** ● (*psicol.*) turba nervosa che si manifesta attraverso scritti incomprensibili formati da parole spesso inventate

schiẓòide [comp. di *schiz(o)-* e *-oide* ✱ 1936] **A agg.** ● (*psicol.*) che assomiglia allo schizofrenico | ***personalità s.***, individuo poco socievole, chiuso in sé stesso, incapace di esprimere i propri sentimenti ad altri e il cui modo di pensare presenta caratteristiche di autismo **B anche s. m. e f.**

schiẓoidìa [1957] **s. f.** ● (*psicol.*) caratteristica della personalità propria dello schizoide

schiẓolalìa [comp. di *schizo-* e *-lalia* ✱ 1959] **s. f.** ● (*psicol.*) schizofasia

schiẓomanìa [comp. di *schizo-* e *mania* ✱ 1959] **s. f.** ● (*psicol.*) forma minore di schizofrenia, manifestantesi più che altro sotto forma di episodi, su di uno sfondo schizoide, ma senza dissociazione

schiẓomicète [comp. di *schizo-* e *-micete*, dal gr. *mýkēs*, genit. *mýkētos* 'fungo' ✱ 1882] **s. m.** ● (*biol.*) batterio

schiẓonòia [da *schizo-*, sul modello di *paranoia* ✱ 1983] **s. f.** ● (*psicol.*) contrasto tra le scelte di vita consapevolmente volute da un individuo e l'inconscio che gli impone un diverso indirizzo

schiẓónte [deriv. di *schizo-* ✱ 1959] **s. m.** ● (*biol.*) nel ciclo degli Sporozoi, organismo intermedio tra trofozoite e merozoite

schiẓotimìa [comp. di *schizo-* e *-timia* ✱ 1959] **s. f.** ● (*psicol.*) tendenza alla chiusura in sé stessi, all'isolamento e alla difficoltà nei rapporti con gli altri

schiẓoẓoìte [comp. di *schizo-*, *zo(o)-* e *-ite* ✱ 1993] **s. m.** ● (*biol.*) merozoite

♦**schizzàre** [vc. di orig. onomat. ✱ av. 1320] **A v. tr.** **1** emettere, gettare fuori schizzi di sostanza liquida o semiliquida: *il rubinetto schizza acqua; la ferita schizza sangue* | (*fig.*) ***s. bile***, manifestare rancore, odio | (*fig.*) ***s. salute***, mostrare un aspetto sano | (*fig.*) ***s. veleno***, manifestare invidia o rancore | (*fig.*) ***s. fuoco dagli occhi***, manifestare

S

grande collera **2** insudiciare con schizzi: *hanno schizzato il pavimento di fango* **3** (*fig.*) disegnare a grandi linee, con pochi tratti rapidi ed essenziali: *s. un ritratto, un paesaggio* | (*est.*) descrivere, trattare, per sommi capi: *mi ha schizzato un quadro della situazione* **B** **v. intr.** (**aus.** *essere*) **1** zampillare, uscire con getto impetuoso, detto di sostanza liquida: *l'acqua schizza dalla fontana; il vino gli schizzò negli occhi* **2** (*est.*) guizzare, saltar fuori, scappare via: *l'anguilla schizza nell'acqua; s. come un fulmine; s. dal letto* | (*fig.*) ***gli occhi gli schizzano dalla testa, dalle orbite*** e sim., per esprimere lo stato di agitazione provocato da grande rabbia, spavento, terrore e sim. **3** †sgretolarsi, screpolarsi **C** **schizzàrsi** **v. tr. pron., rifl. e intr. pron.** (**aus.** *essere*) ● macchiarsi, sporcarsi con schizzi (+ *di*): *si è schizzato il vestito di vino; ti sei schizzato di vino; i pantaloni si sono schizzati di fango*

schizzàta [av. 1566] **s. f.** ● lo schizzare | schizzo: *una s. di fango* ‖ **schizzatìna**, **dim.**

schizzàto① **part. pass.** di *schizzare*; anche **agg.** ● nei sign. del v. | macchiato, imbrattato: *un manovale tutto s. di calce* (C. Pavese)

schizzàto② [forse da *schizo(frenico)* ✱ 1988] **agg.** ● (*colloq.*) fuori di testa, squilibrato **SIN.** svalvolato | (*colloq.*) molto teso e agitato

schizzatóio [av. 1519] **s. m.** (**pl.** *-ói*) ● attrezzo a pompa per spruzzare liquidi

schizzettàre [da *schizzare*, con suff. dim.-iter. ✱ 1838] **v. tr.** (*io schizzétto*) **1** umettare, lavare con lo schizzetto **2** (*fam.*) bagnare con piccoli schizzi

schizzettàta [1872] **s. f.** ● (*raro*) lo schizzettare

schizzettatùra [av. 1735] **s. f.** ● (*raro*) lo schizzettare | il liquido schizzettato

schizzétto [da *schizzo* ✱ 1735] **s. m.** **1** (*med.*) siringa per lavature esterne o di cavità **2** giocattolo con pompetta per schizzare acqua o altro liquido **3** (*scherz.*) fuciletto di poca efficacia **4** (*pop.*) cocomero asinino ‖ **schizzettìno**, **dim.**

♦**schizzinóso** (o **-ṣo**) o (*pop.*) **schizzignóso** (o **-ṣo**) [dal dial. sett. *schizza, schissa* 'naso schiacciato (per disgusto)', da *schizzar, schissar* 'schiacciare' ✱ 1520] **agg. e s. m.** (**f.** *-a*) ● che (o chi) è difficile a contentarsi, ad adattarsi e sim.: *lo inviterei volentieri, ma è così s. nel mangiare; non fare lo s.!* **SIN.** schifiltoso, smorfioso, sofistico ‖ **schizzinosaménte**, **avv.** in maniera schizzinosa ‖ **schizzinosità**, **s. f. inv.**

♦**schìzzo** [da *schizzare* ✱ 1353] **s. m.** **1** lo schizzare | liquido, o sim., schizzato: *s. d'acqua, di calce* | macchia prodotta dal liquido, o sim., schizzato: *è difficile fare andar via dai vestiti gli schizzi di inchiostro* | piccola quantità di liquore con cui si corregge una bevanda: *caffè con lo s.* | (*gerg.*) dose minima di droga **2** primo, rapido disegno per fissare un tema | prima idea di un'opera letteraria: *quell'opera è ... un geniale ... s. di storia politica* (B. Croce) | (*est.*) descrizione rapida e sommaria: *uno s. dell'accaduto* **3** (*fig., tosc., fam.*) persona svelta e vivace ‖ **schizzétto**, **dim.**

SFUMATURE DI SIGNIFICATO

schizzo - abbozzo - bozzetto

In riferimento alla scrittura, **schizzo** è il termine che descrive le prime rapide note messe sulla carta per fissare un tema, un argomento o anche la prima idea di un'opera letteraria. **Abbozzo** è la stesura rapida e sommaria di un testo che dovrà essere sottoposto a successive elaborazioni, quindi rappresenta ancora una redazione provvisoria, seppure più evoluta di uno schizzo. Entrambi questi termini sono riferibili, con significato analogo, al disegno e agli studi preparatori per la realizzazione di opere d'arte. **Bozzetto** è invece nel campo delle arti figurative un modello o disegno preliminare in scala ridotta, mentre in letteratura è un racconto breve che descrive personaggi e situazioni realistiche.

SFUMATURE ➤ ***traccia***

schlemiel /ʃle'mil, *yiddish* ʃlə'mɪil/ [dal n. yiddish, di orig. ebr., di un personaggio, Peter *Schlemiehl*, da un romanzo di A. von Chamisso (1781-1838) ✱ 1996] **s. m. inv.** ● personaggio semplice e sfortunato tipico della tradizione ebraica dell'Europa orientale

Schnàuzer /'ʃnauttser, *ted.* 'ʃnaotsʌ/ [vc. ted., propr. deriv. di *Schnauze* 'muso, grugno' ✱ 1955] **s. m. inv.** (**pl. ted. inv.**) ● cane da guardia caratteristico per il suo pelo ispido e la barba rigida

Schnòrchel /'ʃnɔrkel, *ted.* 'ʃnɔʌçl/ [vc. ted., connesso con *schnarchen* 'russare', a causa del rumore dell'apparecchio ✱ 1948] **s. m. inv.** (**pl. ted. inv.**) ● presa d'aria che consente ai sottomarini di ricambiare l'aria per la respirazione e per l'alimentazione dei motori diesel navigando in immersione; consiste in un tubo affiorante munito di una valvola che impedisce l'entrata dell'acqua

schòla cantòrum /*lat.* 'skɔla kan'tɔrum/ [loc. lat., propr. 'collegio dei cantori' ✱ 1930] **loc. sost. f. inv.** (**pl. lat.** *scholae cantorum*) ● recinto per i cantori spesso sopraelevato e circondato da chiusura, frequente nelle basiliche antiche | insieme dei cantori di una chiesa

schooner /*ingl.* 'sku:nə(r)/ o **scooner** /*ingl.* 'sku:nə(r)/ [vc. ingl., di etim. incerta ✱ 1790] **s. m. inv.** ● (*mar.*) goletta② | imbarcazione a vela, di origine nordamericana, con forme larghe e piatte, attrezzata con due alberi a vele auriche, di altezza quasi uguale **CFR.** scuna, scuner

Schùldfrage /*ted.* 'ʃolt,fʀa:gə/ [vc. ted., comp. di *Schuld* 'colpa, responsabilità' e *Frage* 'questione' ✱ 1923] **s. f. inv.** (**pl. ted.** *Schuldfragen*) ● problema della colpa, della responsabilità, nei confronti di avvenimenti tragici

schuss /*ted.* ʃos/ [vc. ted., propr. 'colpo, lancio' ✱ 1942] **s. m. inv.** (**pl. ted.** *Schüsse*) ● nello sci, parte di pista particolarmente ripida e impegnativa

Schütze /*ted.* 'ʃytsə/ [vc. ted., propr. 'tiratore, fuciliere', dal v. *schiessen* 'tirare' di area germ. ✱ 1983] **s. m. inv.** (**pl. ted.** *Schützen*) ● in Tirolo e in Baviera, appartenente a un'organizzazione paramilitare che si propone la tutela della cultura e delle tradizioni locali

Schwèster /'ʃvester, *ted.* 'ʃvɛstʌ/ [vc. ted., di orig. indeur., propr. 'sorella' ✱ 1953] **s. f. inv.** (**pl. ted.** *Schwestern*) ● bambinaia tedesca

♦**sci** o (*raro*) **ski** /ski, *norvegese* ʃi:/, (*disus.*) **schi** [dal norvegese *ski*, dall'ant. islandese *skīth* 'scheggia, pezzo di legno', di orig. indeur., connesso col lat. *scĭndere* 'dividere' ✱ 1905] **s. m. inv.** **1** ciascuno dei due attrezzi atti a scivolare sulla neve, costituiti da una assicella un tempo di legno, oggi di vario materiale leggero ed elastico, a punta ricurva verso l'alto: *un paio di sci* | ***sci da fondo***, quelli particolarmente adatti per la marcia sulla neve | ***sci d'acqua, acquatici, nautici***, simili nella forma agli sci da neve ma di larghezza maggiore, usati per scivolare sull'acqua trainati da un motoscafo | ***sci d'erba***, attrezzo provvisto di rotelle per scivolare sull'erba con azioni simili allo sci **2** attività sportiva o di svago praticata con gli sci: *gara di sci; praticare lo sci* | ***sci di fondo***, pratica sportiva o di svago che consiste nel percorrere con gli sci itinerari innevati pianeggianti o di modesto dislivello e di varia lunghezza | ***sci nordico***, specialità sportiva, di origine scandinava, comprendente il fondo, il salto con gli sci, la combinata e il biathlon | ***sci acrobatico***, attività sportiva che prevede esercizi acrobatici con gli sci | ***sci estremo***, quello praticato discendendo, con grande difficoltà e rischio, pareti e canaloni ghiacciati a fortissima pendenza | ***sci alpinismo***, V. *sci-alpinismo* | ***sci alpino***, lo sport dello sci sulla neve nelle varie specialità di discesa e slalom | ***sci escursionismo***, V. *sci-escursionismo* | ***sci acquatico, nautico***, attività sportiva o di svago, praticata con gli sci d'acqua | ***sci orientamento***, gara di orientamento con carta e bussola, praticata con gli sci da fondo

NOMENCLATURA

sci

● *caratteristiche*: discesa, schuss, caduta, capitombolo, scivolata, sci di fondo (passo alternato, finlandese, pattinato = skating); marcialonga, staffetta, gran fondo, voltata, cristiania = parallelo, stem-cristiania, spazzaneve, dérapage, salto di voltata, salto di terreno, passo di pattinaggio, telemark, cortoraggio = scodinzolo; salita (passo a scala, passo a spina di pesce), gobba; pista, percorso, porte, paletti, traguardo; slalom (speciale, gigante, parallelo, supergigante), discesa libera, combinata, chilometro lanciato = KL, chilometro da fermo, manche (prima, seconda), tempo (intermedio, finale), pettorale; fuori pista, sci alpinismo, sci escursionismo, sci estremo, biathlon, trampolino, salto, sci acrobatico = freestyle, balletto; slitta (pattini, sostegni, seggiolino), slittino, bob, ciclobob, toboga (base di legno, carenatura), skeleton, bob; stazione sciistica, bollettino della neve, innevamento (naturale, artificiale), cannoni spargineve, gatto delle nevi;

● *attrezzatura*: sci (punta = spatola, coda, suola del pattino, scanalatura di direzione e di scivolamento, lamina; attacco kandahar, attacco di sicurezza, ski-stopper, sci da slalom, da fondo, di legno, di plastica, di metallo; ski-roll); monoscì, snowboard, surf da neve; bastoncino (manopola, cappio, racchetta, puntale); scarpone da sci (con uno o più ganci, a iniezione; lamina di protezione, serratallone, cavigliera), gambaletto, doposcì, guanti, occhiali, casco; sciolina; portascì;

● *mezzi di trasporto*: funivia, seggiovia, cabinovia, ovovia, slittovia, sciovia = skilift, skilift ad ancora, gatto delle nevi, teleferica, cremagliera, slitta, motoslitta; skipass;

● *persone*: istruttore = maestro di sci, sciatore (provetto, principiante, acrobatico, spericolato); slalomista, gigantista, supergigantista, discesista, combinatista, battipista, apripista, skiman, tracciatore, giudice di gara, commissario di porta;

● *azioni*: sciare, caricare, scaricare uno sci, derapare, spigolare, bloccarsi, curvare, inforcare una porta, uscire di pista, tagliare il traguardo, tracciare, battere, aprire la pista; smussare, limare, rettificare, raschiare, levigare, filettare, sciolinare.

scìa [deriv. da *sciare*② ✱ 1772] **s. f.** (**pl.** *scìe*) ● traccia spumosa che un'imbarcazione lascia dietro di sé sulla superficie dell'acqua: *navigare nell'altrui s.* | (*est.*) traccia di fumo, odore, profumo e sim. che una persona o una cosa lasciano dietro di sé nel passare: *la s. di un aereo a reazione* | ***mettersi sulla s., seguire la s. di qlcu.***, (*fig.*) imitarlo

scià /*ʃa*/ o (*raro*) **sciah** /*ʃa*/ [dal persiano *šāh* 're'. V. *scacco* ✱ 1517] **s. m. inv.** ● titolo spettante ai regnanti dell'Iran

sciabécco [dall'arabo *šabbāk* 'piccola nave', attraverso lo sp. *jabeque* ✱ 1768] **s. m.** (**pl.** *-chi*) **1** nave a vela a due o tre alberi attrezzati con vele latine e quadre, usata nel Mediterraneo nei secc. XVII e XVIII, spec. dai pirati barbareschi **2** (*scherz.*) nave malfatta | nave malridotta

sciàbica o †**sciàpica** nel sign. 1 [dall'arabo *šabaka* 'rete', prob. attraverso il siciliano *sciabbica* ✱ av. 1597] **s. f.** **1** rete a strascico per piccole profondità, costituita da due ali e un sacco a maglie diverse **2** (*est.*) imbarcazione a remi per la pesca con l'omonima rete

a b c d e f g h i j k l m n o p q r **s** t u v w x y z

3 (*zool.*) gallinella d'acqua ‖ **sciabichèlla**, dim. | **sciabicóne**, accr. m.

sciabicàre [da *sciabica* ✱ 1838] **A** v. intr. (*io sciàbico, tu sciàbichi*; aus. *avere*) ● trascinare la sciabica **B** v. tr. ● trascinare sul fondo: *s. un cavo*

sciàbile [da *sciare*① ✱ 1903] agg. ● nel linguaggio sciistico, detto di neve che per quantità e consistenza si presta all'uso degli sci ‖ **sciabilità**, s. f. inv.

sciàbola o †**sciàbla** [dal polacco *szabla*, di orig. orient., prob. attraverso il ted. ✱ av. 1667] s. f. **1** arma da taglio e punta a lunga lama più o meno curva, a un filo dal lato convesso **2** una delle tre armi della scherma, il cui colpo è valido sia che arrivi di punta, di taglio o controtaglio: *scherma di s.* ‖ **sciabolétta**, dim. | **sciabolino**, dim. m. | **sciabolóne**, accr. m.

sciabolàre [1763] **A** v. tr. (*io sciàbolo*) ● colpire con la sciabola: *s. il nemico* | (*fig.*) *s. giudizi*, avventarli **B** v. intr. (aus. *avere*) ● dare sciabolate

sciabolàta [av. 1750] s. f. **1** colpo di sciabola: *tirare una s.*; *essere colpito da una s.* **2** (*est.*) nel calcio, forte tiro o traversone CFR. fiondata, rasoiata **3** (*fig.*) giudizio o battuta aspra, fortemente polemica

sciabolatóre [da *sciabolare* ✱ 1872] s. m. (f. *-trice*) **1** chi dà sciabolate **2** chi pratica la scherma di sciabola

sciabordàre [sovrapposizione di *sciacquare* e *bordare*① ✱ 1805] **A** v. tr. (*io sciabórdo*) ● agitare un liquido nel recipiente che lo contiene: *s. vino, olio* | agitare un oggetto immerso in un liquido: *s. i panni nell'acqua* **B** v. intr. (aus. *avere*) ● frangersi contro la riva, la chiglia di una nave o sim., detto di piccole onde tranquille

✱**sciabordìo** [1918] s. m. (pl. *-ii*) ● lo sciabordare continuo, spec. di onde

sciacallàggio [da *sciacallo* nei sign. 2 e 3 ✱ av. 1963] s. m. ● azione, comportamento da sciacallo nel sign. di *sciacallo 2* e *3*

sciacallésco [1969] agg. (pl. m. *-schi*) ● da sciacallo (*spec. fig.*): *ricatto s.*

sciacàllo [dal fr. *chacal*, dal turco *çakal*, risalente al persiano *šaġāl*, a sua volta dal sanscrito *sṛgālá* ✱ 1802] s. m. **1** mammifero carnivoro affine al lupo, di colore rosso fulvo, attivo di notte, che si nutre anche di carogne (*Canis aureus*) **2** (*fig.*) chi ruba nelle case o nei luoghi abbandonati o distrutti in seguito a guerre, terremoti, catastrofi e sim. **3** (*fig.*) persona che approfitta delle disgrazie altrui ‖ **sciacallétto**, dim.

Sciacchetrà [vc. ligure, propr. comp. di *sciacca* 'schiaccia' e *tra* 'togli, tira via', con riferimento al processo di vinificazione, cioè alla pigiatura e alla rapida separazione del mosto dalla vinaccia ✱ 1933] s. m. inv. ● vino bianco da dessert, versione amabile del vino ligure Cinqueterre (V.)

sciaccò [dal fr. *schako*, dall'ungherese *csákó* 'casco' ✱ 1891] s. m. inv. ● copricapo militare in uso nell'esercito ungherese nell'Ottocento

sciacquabócca [comp. di *sciacqua(re)* e *bocca* ✱ 1891] s. m. inv. ● (*disus.*) vasetto, bicchiere di vetro o altro materiale usato per sciacquarsi la bocca

sciacquabudèlla [comp. di *sciacqua(re)* e *budella* ✱ 1896] s. m. inv. ● vinello leggero | brodaglia

sciacquadìta [comp. di *sciacqua(re)* e il pl. di *dito* ✱ 1960] s. m. inv. ● piccola coppa nella quale viene posta dell'acqua per sciacquarsi le dita durante il pranzo

†**sciacquaménto** [1741] s. m. ● lo sciacquare | risciacquo

sciacquàre [lat. tardo *exaquāre*, comp. di *ĕx-* (*s-*) e di *ăqua* 'acqua' ✱ sec. XIII] **A** v. tr. (*io sciàcquo, noi sciacquiàmo*) ● lavare più volte con acqua, spec. per togliere ogni residuo di sapone o altra sostanza detergente: *s. i bicchieri, i panni* **B** v. intr. (aus. *avere*) ● (*raro, lett.*) frangersi, sciabordare: *Sciacquava il mare cerulo … sommesso, come cuore* (G. PASCOLI) | (*est., raro*) muoversi nell'acqua producendo una sorta di gorgoglio **C** **sciacquàrsi** v. rifl. e tr. pron. (aus. *essere*) ● lavarsi in modo veloce e sommario | lavarsi con acqua per togliere ogni residuo di sapone: *attento, sciacquati bene!*; *sciacquarsi le mani, la faccia* | ***sciacquarsi la bocca***, fare sciacqui con acqua o altro liquido; (*est.*) bere una piccola quantità di qlco. | (*fig.*) ***sciacquarsi la bocca sul conto di qlcu.***, sparlarne, dirne male | (*fig., scherz.*) ***sciacquarsi lo stomaco***, bere a digiuno

sciacquàta [av. 1692] s. f. ● lo sciacquare, lo sciacquarsi in modo veloce e sommario ‖ **sciacquatìna**, dim.

sciacquattàre ➤ **sciacquettare**

sciacquatùra [1772] s. f. **1** lo sciacquare: *la s. dei panni* **2** acqua usata per sciacquare: *s. di piatti* | (*est., spreg.*) minestra, bevanda e sim. di sapore sgradevole: *questo brodo sembra s. di piatti*; *un vino che è s. di bicchieri*

sciacquétta [orig. 'servetta che *sciacquetta* (sciacqua) i piatti' ✱ 1957] s. f. ● (*centr., spreg.*) giovane donna insignificante, insulsa, talora dal comportamento frivolo CFR. sciacquino

sciacquettàre o (*raro*) **sciacquattàre** [da *sciacquare* ✱ 1871] **A** v. tr. (*io sciacquétto*) ● sciacquare **B** v. intr. (aus. *avere*) ● sguazzare: *s. in piscina* | agitarsi in un recipiente: *un liquido che sciacquetta in una tanica*

sciacquìno [da *sciacquare* ✱ 1841] s. m. (f. *-a*) ● lavapiatti, sguattero | (*spreg.*) persona di bassa condizione e dai modi rozzi, volgari CFR. sciacquetta

sciacquìo [1890] s. m. (pl. *-ii*) **1** lo sciacquare continuo **2** sciabordio: *fra 'l fievole s. della risacca* (G. PASCOLI)

sciàcquo [da *sciacquare* ✱ 1873] s. m. **1** lavaggio, risciacquo della bocca, spec. a scopo igienico o curativo: *fare gli sciacqui*; *ordinare degli sciacqui* **2** liquido che si usa per sciacquarsi la bocca: *uno s. di acqua ossigenata*

sciacquóne [da *sciacquare* ✱ 1910] s. m. ● dispositivo del water closet per cui l'acqua si scarica dal serbatoio nel vaso | serbatoio di gabinetto all'inglese

sciafilìa [da *sciafilo* ✱ 1936] s. f. ● eliofobia nel sign. 1

sciàfilo [comp. del gr. *skiá* 'ombra' (d'orig. indeur.) e *-filo* ✱ 1838] agg. ● eliofobo nel sign. 1

sciàfita [comp. del gr. *skiá* 'ombra' (V. *sciafilo*) e *-fita* ✱ 1967] s. f.; anche agg. ● pianta che vive solo in luoghi ombrosi

sciaguattaménto [av. 1712] s. m. ● (*raro*) lo sciaguattare

sciaguattàre [di etim. discussa: sovrapposizione di *guattero*, *guazzare* a *sciacquare* (?) ✱ av. 1665] **A** v. tr. ● (*tosc.*) sciacquare, sbattere nell'acqua: *s. i panni* **B** v. intr. (aus. *avere*) **1** diguazzare in un recipiente non completamente pieno, detto di liquidi **2** sguazzare in un liquido

sciagùra o †**sciaùra** [da *sciagurato* ✱ 1287] s. f. ● disgrazia di estrema gravità: *è successa una s.*; *una s. irreparabile*; *rimanere vittima di una s.* | (*est.*) sfortuna, destino avverso: *essere perseguitato dalla s.*

sciaguratàggine [av. 1492] s. f. ● condizione, caratteristica di chi (o di ciò che) è sciagurato | azione, comportamento e sim., sciagurato

sciaguratézza [av. 1556] s. f. ● sciaguratàggine

sciaguràto o †**sciauràto** [lat. *exaugurātu(m)* 'profanato, sconsacrato', comp. di *ĕx-* (*s-*) e di *augurātus*, part. pass. di *augurāre* 'consacrare con gli auguri' ✱ av. 1300] **A** agg. **1** colpito, perseguitato, dalla sciagura: *casa, famiglia, sciagurata* **2** che arreca sciagura: *evento s.*; *è stato un periodo s.* | (*est.*) malaugurato, dissennato: *di chi è la sciagurata idea?* **3** iniquo, malvagio, scellerato: *padre s.*; *madre sciagurata* ‖ **sciagurataménte**, avv. **1** disgraziatamente, purtroppo **2** in maniera empia, malvagia: *si comportò sciaguratamente* **B** s. m. (f. *-a*) **1** persona colpita dalla sciagura: *aiutiamo quei poveri sciagurati* SIN. disgraziato, sventurato **2** persona che arreca sciagura: *è l'ultimo delitto di quello s.* SIN. scellerato | (*fam.*) irresponsabile: *quello s. ha combinato un guaio* ‖ **sciaguratèllo**, dim.

sciah ➤ **scià**

scialacquaménto [sec. XIV] s. m. ● lo scialacquare SIN. sperpero, spreco

scialacquàre [sovrapposizione di *(ann)acquare* a *scialare* ✱ av. 1292] v. tr. (*io scialàcquo, noi scialacquiàmo*) **1** spendere con eccessiva prodigalità, sperperare, dissipare (*anche assol.*): *ha scialacquato il patrimonio di famiglia*; *devi abituarti a non s.* SIN. dilapidare **2** (*fig., lett.*) profondere, prodigare: *s. complimenti, saluti*

scialacquatóre [1354] s. m. (f. *-trice*, *tosc. -tóra*); anche agg. ● chi (o che) scialacqua, sperpera: *s. di patrimoni*

scialacquìo [1539] s. m. (pl. *-ii*) ● (*raro*) lo scialacquare continuo e disordinato SIN. spreco

scialàcquo [av. 1446] s. m. ● lo scialacquare | spreco, sperpero, profusione: *s. di capitali, di parole* | ***a s.***, a profusione, senza economia

scialacquóne [1615] s. m. (f. *-a*) ● (*pop.*) chi ha l'abitudine di scialacquare, di dissipare

scialagògo [comp. del gr. *síalon* 'saliva' e un deriv. di *ágein* 'condurre' (d'orig. indeur.) ✱ 1931] agg.; anche s. m. (pl. m. *-ghi*) ● detto di sostanza o farmaco che aumenta la secrezione salivare o ne provoca un flusso temporaneo

scialaménto [av. 1406] s. m. ● (*raro*) spreco

scialàppa ➤ **gialappa**

✱**scialàre** [lat. *exhalāre* 'esalare', comp. di *ĕx-* (*s-*) e *halāre*. V. *esalare* ✱ sec. XIV] **A** v. tr. ● (*raro*) dissipare, spendere senza risparmio: *ha scialato tutto quello che aveva* **B** v. intr. (aus. *avere*) ● fare vita comoda, lussuosa, spendendo e largheggiando: *in quella casa si usa s.* | ***c'è poco da s., non c'è da s.***, e sim., non c'è troppa abbondanza (*anche fig.*) **C** **scialàrsi** v. rifl. ● (*raro*) divertirsi, spassarsi: *laggiù la gente passa il tempo a scialarsi tutto il giorno* (G. VERGA) | anche nella forma **scialàrsela** (con il pron. *la* indeterm.), darsi alla bella vita, spassarsela: *intanto se la scialava meglio di un principe* (L. CAPUANA)

scialatièllo [vc. campana di orig. sconosciuta ✱ 1994] s. m. ● (spec. al pl.) pasta fresca all'uovo tipica della cucina campana, simile alle fettuccine ma più corta

scialatóre [av. 1749] s. m. (f. *-trice*); anche agg. ● (*raro*) chi (o che) sciala

scialbàre [lat. tardo *exalbāre* 'imbiancare', comp. di *ĕx-* (*s-*) e di *ălbus* 'bianco' ✱ av. 1320] v. tr. ● (*lett.*) imbiancare, intonacare: *s. una stanza*

scialbàto [lat. tardo *exalbātu(m)*, part. pass. di *exalbāre* 'imbiancare' ✱ av. 1342] agg. ● (*lett.*) imbiancato

scialbatùra [da *scialbare* ✱ av. 1698] s. f.

S

1 (*raro*) imbiancatura, intonacatura **2** (*fig.*, *lett.*) apparenza superficiale: *ciò che di me sapeste / non fu che la s.* (E. MONTALE)

♣**sciàlbo** [da *scialbare* ✻ 1319] **A** agg. **1** pallido, scolorito, smorto: *colore s.* **2** (*fig.*) privo di personalità, di carattere, di attrattive: *Quell'omiciattolo … brutto, s., dall'anima apatica* (L. PIRANDELLO) ‖ **scialbaménte**, avv. **B** s. m. ● †intonaco, scialbatura

♣**scialbóre** [1960] s. m. ● condizione di chi (o di ciò che) è scialbo (*spec. fig.*)

scialìtico [comp. di *scia-*, dal gr. *skiá* 'ombra', e *-litico*, dal gr. *lytikós* 'dissolvente', da *lýein* 'sciogliere' ✻ 1931] agg. (pl. m. *-ci*) ● detto di dispositivo illuminante che evita la formazione di ombre | ***lampada scialitica***, che sovrasta e illumina il tavolo operatorio

†**scialìva** ➤ **saliva**

sciallàre [da *scialle* ✻ 1983] v. tr. ● (*raro*) in sartoria, dare forma di scialle al collo di un abito e sim.: *s. un bavero*

sciallàto [da *scialle* ✻ 1920] agg. ● fatto a forma di scialle | ***collo, bavero s.***, più o meno ampio e prolungato verso la vita, senza dentellatura

sciallatùra [da *scialle* ✻ 1983] s. f. ● lo sciallare | parte sciallata

sciàlle o (*roman.*) **sciàllo** [dal fr. *châle*, risalente al persiano *šāl* ✻ 1621] s. m. ● riquadro o triangolo di tessuto, seta o lana, che si indossa per ornare e proteggere le spalle ‖ **scialletto**, **sciallettino**, dim. | **sciallino**, dim. | **sciallóne**, accr. | **scialluccio**, dim.

♣**sciàlo** [da *scialare* ✻ av. 1704] s. m. **1** dissipazione, spreco, sperpero: *qui non c'è s. di niente* | ***a s., a tutto s.***, in grande abbondanza | ***fare s. di qlco.***, consumarne, usarne, senza riguardo o economia (*anche fig.*): *fare s. di citazioni* **2** sfarzo, magnificenza, sfoggio

scialo- [dal gr. *síalon* 'saliva'] primo elemento ● in parole composte del linguaggio scientifico, indica rapporto con la saliva, con le ghiandole e i condotti salivari: *scialografia, scialorrea*

scialoadenìte o **sialoadenìte** [comp. di *scialo-* e *adenite* ✻ 1960] s. f. ● (*med.*) infiammazione di una o più ghiandole salivari

scialografìa [comp. di *scialo-* e *-grafia* ✻ 1960] s. f. ● (*med.*) esame radiografico delle ghiandole salivari, eseguito mediante iniezione di un mezzo di contrasto radiopaco attraverso il dotto escretore principale

scialóne [av. 1742] s. m. (f. *-a*) ● (*fam.*) chi ha l'abitudine di scialare

scialorrèa o **sialorrèa** [comp. di *scialo-* e *-rea* ✻ 1957] s. f. ● (*med.*) ptialismo

sci-alpinismo o **scialpinismo** [comp. di *sci* e *alpinismo* ✻ 1958] s. m. ● attività sportiva che utilizza gli sci per effettuare ascensioni ed escursioni in montagna, caratterizzate da notevole dislivello e discese fuori pista

sci-alpinista o **scialpinista** [1984] s. m. e f. (pl. m. *-i*) ● (*sport*) chi pratica lo sci-alpinismo

sci-alpinìstico o **scialpinìstico** [1967] agg. (pl. m. *-ci*) ● relativo allo sci-alpinismo

scialùppa [dal fr. *chaloupe*, deriv. forse dal neerl. *sloep* 'imbarcazione' ✻ 1667] s. f. ● imbarcazione a remi o a motore a bordo delle navi per eventuali servizi: *s. di salvataggio*; *gettare una s. a mare*

sciamanèsimo ➤ **sciamanismo**

sciamànico [1960] agg. (pl. m. *-ci*) ● relativo allo sciamano e allo sciamanismo

sciamanìsmo o **sciamanèsimo** [dall'ingl. *shamanism*. V. *sciamano* ✻ 1838] s. m. ● concezione del mondo e pratica rituale proprie delle religioni di tipo sciamanico | tendenza ideologica e rituale di tipo sciamanico anche all'interno di altre religioni

sciamanìstico [1983] agg. (pl. m. *-ci*) ● relativo allo sciamanismo

sciamannàre [sovrapposizione del pref. neg. *sci-*, variante di *s-* (lat. *ĕx-*) ad *ammannare* 'apparecchiare'. V. *ammannire* ✻ av. 1596] **A** v. tr. ● (*tosc.*) trattare senza ordine e riguardo: *s. un abito nuovo* **B** **sciamannàrsi** v. rifl. ● (*tosc.*) scomporsi nelle vesti e nella persona

sciamannàto o (*raro*) **sciammannàto** **A** part. pass. di *sciamannare*; anche agg. **1** nei sign. del v. **2** (*raro*) nella loc. ***alla sciamannata***, alla buona, senza eleganza ‖ **sciamannataménte**, avv. **B** s. m. (f. *-a*) ● persona trasandata, sciatta nel modo di vestire e negli atteggiamenti

sciamànno [vc. giudeo-roman.: prob. dall'aramaico *sīmān* 'segno', dal gr. *sêma*, genit. *sêmatos* ✻ 1935] s. m. ● nei regolamenti antisemitici degli antichi Stati italiani, distintivo, generalmente costituito da un pezzo di stoffa gialla sul cappello, che dovevano portare gli Ebrei come segno di riconoscimento

sciamannóne [da *sciamannare* ✻ 1872] s. m. (f. *-a*) ● persona abitualmente sciamannata

sciamàno [dall'ingl. *shaman*, che è dal tunguso (lingua uralo-altaica) *šamān*, a sua volta dal pali (medio indiano) *samana*, deriv. dal sanscrito *śramana* 'monaco' ✻ 1838] s. m. ● in alcune religioni asiatiche e americane, individuo dotato di particolari facoltà taumaturgiche e divinatorie, che esercita in stato di estasi varie funzioni all'interno della propria comunità, spec. quelle di guarire le malattie e di fare da tramite con il mondo soprannaturale

♣**sciamàre** [da *sciame* ✻ av. 1320] v. intr. (aus. *avere* o *raro essere* nel sign. 1, *essere* o *raro avere* nel sign. 2) **1** raccogliersi in sciame, formare un nuovo sciame, detto delle api **2** (*fig.*) partire, allontanarsi in massa, da un luogo a un altro

sciamatùra [1891] s. f. **1** lo sciamare **2** uscita delle api in sciame

♣**sciàme** o †**sciàmo**, †**esciàme** [lat. *exāmen* (nt.) 'sciame', connesso con *exĭgere* 'cacciar fuori', comp. di *ĕx-* (*s-*) e *ăgere* 'spingere' ✻ av. 1320] s. m. **1** gruppo di api che in primavera escono dall'alveare raccogliendosi attorno alla vecchia regina per creare una nuova colonia **2** (*astron.*) ***s. meteorico***, gruppo di meteore che viaggiano con velocità uguali su orbite eliocentriche, originando il fenomeno della pioggia di stelle cadenti se assai numerose **3** (*geol.*) ***s. sismico***, rapido succedersi di scosse sismiche di lieve entità **4** (*fig.*) moltitudine di persone, animali o cose, in movimento: *uno s. di scolari, di moscerini, di motorini* | ***a sciami***, in gran quantità

SFUMATURE ➤ ***moltitudine***

sciàmito o †**sàmeto** [dal gr. biz. *hexámitos* 'tessuto a sei licci', da *héx*, *héxa-* 'sei' e *mítos* 'filo' ✻ 1250 ca.] s. m. ● drappo fine vellutato ‖ **sciamitèllo**, dim.

sciàmma o **sciammà**, **scimma**, **sciùma** [dall'amarico *šāmmā* 'manto' ✻ 1888] s. m. (pl. *-a* o *-i*) ● toga bianca di cotone, tipica di alcune popolazioni etiopiche

sciammannàto ➤ **sciamannato**

†**sciàmo** ➤ **sciame**

sciampàgna [1747] s. m., *raro* f. (pl. *sciampagna*, m., o *sciampagne*, f.) ● adattamento di *champagne* (V.)

sciampagnìno [da *sciampagna* ✻ 1883] s. m. **1** (*disus.*) bibita di acqua gassosa con alcol e zucchero **2** (*fam.*) spumante

sciampagnòtta [da *sciampagna* ✻ 1936] s. f. e agg. solo f. ● detto di bottiglia da vino spumante, di vetro spesso molto resistente alla pressione e della capacità di circa 3/4 di litro

†**sciampiàre** o †**sciampràre** [lat. tardo *exampliāre*, **examplāre* 'allargare', comp. di *ĕx-* (*s-*) e *ampl(i)āre*, da *ămplus* 'ampio' ✻ 1308] **A** v. tr. ● allargare, estendere | tendere **B** †**sciampiàrsi** v. intr. pron. ● (*raro*) allargarsi | (*lett.*, *fig.*) estendersi

†**sciàmpio** [da †*sciampiare* ✻ sec. XIV] s. m. ● (*raro*) ampiezza, larghezza

sciampìsta ➤ **shampista**

sciàmpo ➤ **shampo**

†**sciampràre** ➤ †**sciampiare**

sciancàre [da *anca*, con *sci-* (variante di *s-*) ✻ av. 1375] **A** v. tr. (*io sciànco, tu sciànchi*) ● rendere sciancato, storpio **B** **sciancàrsi** v. intr. pron. ● diventare sciancato, storpio

sciancàto **A** part. pass. di *sciancare*; anche agg. **1** nei sign. del v. | storpio **2** (*raro*) traballante, malandato: *mobile s.* ‖ **sciancataménte**, avv. da sciancato **B** s. m. (f. *-a*) ● persona menomata da una lesione alle gambe: *Zio Mommu lo s.* (G. VERGA) ‖ **sciancatèllo**, dim. | **sciancatìno**, dim.

sciancràre [dal fr. *échancrer* (V. *sciancrato*) ✻ 1963] v. tr. ● rendere sciancrato SIN. sfiancare

sciancràto [adattamento del fr. *échancré*, part. pass. di *échancrer* 'scavare, scollare', da *chancre* 'cancro, ulcera' ✻ 1962] agg. ● detto di abito scavato nel punto di vita | (*sport*) detto di uno sci che presenti un restringimento nella parte centrale

sciancratùra [da *sciancrato*, sul modello del fr. *échancrure*, da *échancrer* 'scavare, scollare' ✻ 1873] s. f. **1** punto in cui l'abito aderisce maggiormente alla vita **2** (*sport*) profilo laterale dello sci che ne identifica la specialità

sciangài o **shangai** [dal n. della città di *Shanghai*, perché il gioco è di orig. cinese ✻ 1963] s. m. inv. ● gioco da tavolo consistente nel lasciar cadere alla rinfusa numerosi bastoncini di legno o plastica e nel raccoglierli uno per uno senza muovere quelli vicini o sovrapposti SIN. mikado

sciànto [da un dial. tosc. *sciantare*, sovrapposizione di *scialare* a *cantare* (?) ✻ av. 1850] s. m. ● (*tosc.*) spasso, riposo, svago: *darsi s.*; *e Joe godrebbe questo po' di s.* (G. PASCOLI)

sciantósa (o *-ṣa*) [adattamento del fr. *chanteuse* 'cantante' ✻ 1918] s. f. ● (*merid.*) canzonettista spec. di caffè concerto

sciàntung [adattamento dell'ingl. *shantung*, dal cinese *Shantung*, n. della regione di origine di questa stoffa ✻ 1943] s. m. inv. ● adattamento di *shantung* (V.)

†**sciàpica** ➤ **sciabica**

sciàpido [dal lat. tardo *săpidu(m)* 'saporito', con *sci-* (variante di *s-*). V. *sapido* ✻ 1745] agg. ● (*raro*) sciapo

sciapìto ➤ **scipito**

♣**sciàpo** [1682] agg. ● (*centr.*) poco saporito, insipido | (*fig.*) banale, scialbo

sciàra [vc. siciliana di orig. araba (*ḥarra* 'zona petrosa, terreno vulcanico, campo di lava', da *ḥarr* 'calore' (?)) ✻ 1880] s. f. ● insieme dei materiali magmatici espulsi da un vulcano, che scivolano lungo le pendici

sciaràda [dal fr. *charade*, che è dal provenz. *charrado* 'chiacchierata', da *charrá* 'chiacchierare', di orig. onomat. ✻ 1808] s. f. **1** gioco enigmistico che consiste nell'unire due parole per ottenerne una terza; per es. *bar + atto = baratto*; *sci + albo = scialbo* **2** (*fig.*) problema, questione e sim. difficile da risolvere, interpretare, capire e sim. CFR. rebus, enigma

sciaradìsta [1841] s. m. e f. (pl. m. *-i*) ● chi è abile nel comporre o nel risolvere sciarade

†**sciaràppa** ➤ **gialappa**

♦**sciàre** ① [da *sci* ✻ 1918] v. intr. (*io scìo*; aus. *avere*) ● procedere, spostarsi con gli sci su terreno coperto di neve | praticare lo sport dello sci

sciàre② o †**siàre** [vc. di orig. onomat. ✱ av. 1470] **v. intr.** (*io sciò*; **aus.** *avere*) ● (*mar.*; *disus.*) vogare a ritroso facendo rallentare o fermare l'imbarcazione | ***scia!***, escl. di comando di sciare rivolta ai rematori | ***scia, voga, scorri***, comandi per far sciare da un lato e vogare per diritto dall'altro, e girare più rapidamente in un ristretto specchio d'acqua

♦**sciàrpa** o (*tosc.*) **ciàrpa** [dal fr. *écharpe*, dal francone **skerpa* 'bandoliera' ✱ av. 1375] **s. f.** **1** lembo di tessuto più o meno stretto, ma lungo, che si avvolge attorno al collo come ornamento o per proteggersi dal freddo | fascia che portano a tracolla o attorno alla vita pubblici funzionari o militari nelle parate o in altre occasioni speciali: *la s. tricolore*; *la s. azzurra degli ufficiali* **2** fasciatura triangolare per sostenere il braccio nelle fratture o nelle lussazioni ‖ **sciarpétta**, **sciarpettina**, **dim.** | **sciarpìna**, **dim.** | **sciarpóna**, **accr.** | **sciarpóne**, **accr. m.**

sciarpàta [1994] **s. f.** ● in uno stadio o in un palazzetto dello sport, espressione coreografica del tifo sportivo da parte degli spettatori, consistente nello sventolamento collettivo delle sciarpe con i colori della propria squadra

†**sciarpellàto** ➤ **scerpellato**

†**sciarpellìno** ➤ **scerpellino**

†**sciàrra** [dall'arabo *šarra* 'lite, contesa', da *šarr* 'cattivo, malvagio' ✱ av. 1449] **s. f.** ● alterco violento, rissa rumorosa | ***fare s.***, fare un gran fracasso

†**sciarraménto** [av. 1348] **s. m.** ● (*raro*) dispersione: *s. de Giudei* (G. VILLANI)

sciarràno o **serràno** [lat. parl. **serrānu(m)*, da *sĕrra* 'sega' ✱ 1891] **s. m.** ● pesce marino dei Perciformi, ermafrodita, bruno chiaro con fasce scure sul tronco (*Serranus cabrilla*) | ***s. gigante***, cernia

†**sciarràre** [da †*sciarra* ✱ av. 1348] **v. tr.** ● sconfiggere, sbaragliare

sciartrósa (o **-ṣa**) [1891] **s. f.** ● adattamento pop. di *chartreuse* (V.)

sciàta① [1960] **s. f.** ● attività dello sciare sulla neve o sull'acqua | modo di sciare | percorso compiuto sciando ‖ **sciatìna**, **dim.** | **sciatóna**, **accr.**

sciàta② [1889] **s. f.** ● atto dello sciare, nel sign. di *sciare*②

sciatalgìa [comp. di *sciat(ico)* e *-algia* ✱ 1954] **s. f.** (**pl.** *-gie*) ● (*med.*) sciatica

sciàtica o †**schiàdica** [f. sost. di *sciatico* ✱ sec. XIV] **s. f.** ● (*med.*) nevralgia del nervo sciatico, caratterizzata da dolori all'anca e all'arto inferiore, accompagnati da disturbi della motilità

sciàtico [dal lat. tardo *sciăticu(m)*, variante di *ischiădicus*, dal gr. *ischiadikós*, da *ischíon* 'ischio' ✱ sec. XIV] **agg.** (**pl. m.** *-ci*) ● detto di ciascuno dei nervi dell'ischio | ***nervo s.***, detto del principale nervo del plesso sacrale, che dal bacino va alla parte posteriore dell'arto inferiore innervando la maggior parte dei muscoli della coscia, della gamba e del piede

sciatóre [da *sciare*① ✱ 1905] **s. m.** (**f.** *-trice*) **1** chi scia | atleta che pratica lo sport dello sci | ***s. acquatico, nautico***, chi si dedica allo sci acquatico **2** (**al pl.**) reparto alpino particolarmente addestrato all'uso dello sci

sciatòrio [1911] **agg.** (**pl. m.** *-i* o *raro -ii*) ● sciistico

sciattàggine [av. 1696] **s. f.** ● (*raro*) sciatteria

sciattàre [lat. parl. **exaptāre* 'sciattare', da *ĕx-* (*s-*) e *aptāre*, da *ăptus* 'in buon ordine, conveniente' ✱ 1694] **v. tr.** ● (*raro*) gualcire, guastare, sciupare: *s. i pantaloni nuovi*

♣**sciatterìa** [av. 1704] **s. f.** ● caratteristica, condizione di chi è sciatto: *s. nel vestire*; *s. di stile* | (*raro*) atto, comportamento e sim., di persona sciatta | (*raro*) cosa sciatta

♣**sciattézza** [1688] **s. f.** ● (*raro*) sciatteria

♣**sciàtto** [lat. parl. **exăptu(m)*, da *ĕx-* (*s-*) e *ăptus* 'in buon ordine, conveniente'. V. *atto*② ✱ av. 1606] **agg.** ● negligente, trasandato, trascurato nella cura della propria persona, nel vestire, nel lavoro, e sim. | goffo, rozzo, non curato: *prosa sciatta*; *scrittore s. nell'uso degli aggettivi* ‖ **sciatterèllo**, **dim.** | **sciattóne**, **accr.** (V.) ‖ **sciattaménte**, **avv.** con sciatteria, trascuratezza

sciattóne [1841] **s. m.** (**f.** *-a*) ● (*fam.*) persona sciatta

†**sciaùra** e deriv. ➤ **sciagura** e deriv.

sciàvero [da **sciaverare*, variante ant. di *sceverare* (V.) ✱ 1838] **s. m.** **1** ciascuna delle assi curve esteriormente che si ricavano da una trave tonda o da un tronco segandolo longitudinalmente **2** ritaglio di cuoio, di pelle o di stoffa

♣**scìbile** [vc. dotta, dal lat. *scībile(m)* 'conoscibile', da *scīre* 'sapere'. V. †*scire*① ✱ 1308] **A agg.** ● †che si può comprendere, conoscere, sapere: *il pensiero dell'autore ... mi si rappresenta più s.* (G. GALILEI) **B s. m.** ● tutto ciò che si può conoscere, sapere, apprendere: *l'immensità dello s.*; *i rami dello s.*; *lo s. umano*; *dare fondo allo s.*

scic o (*tosc.*) **scìcche** [1874] **agg. inv.** (**superl.** *scicchissimo*); **anche s. m. inv.** ● (*raro*) adattamento di *chic* (**spec.** *iron.* o *scherz.*) (V.)

sciccherìa [da *scicche* ✱ 1886] **s. f.** ● (*fam.*, *scherz.*) eleganza: *che s.!* | cosa elegante: *il tuo vestito è proprio una s.*

sciccóso (o **-ṣo**) o **chiccóso** (o **-ṣ-**) [da *scicche* ✱ 1890] **agg.** ● (*colloq.*) elegante ‖ **sciccosaménte**, **avv.**

schìmico [da *chimico*, con un pref. non chiaramente identificato ✱ 1983] **agg.** (**pl. m.** *-ci*) ● detto di acido che si forma in natura dai carboidrati, presente in molte piante e intermedio da cui derivano composti aromatici di origine naturale

science fiction /*ingl.* 'saɪəns 'fɪkʃən/ [loc. ingl., comp. di *science* 'scienza' e *fiction* 'finzione' ✱ 1956] **loc. sost. f. inv.** ● fantascienza

sciènte /*'ʃɛnte, *ʃi'ɛnte/ o †**scièntre** [vc. dotta, dal lat. *sciĕnte(m)*, part. pres. di *scīre* 'sapere' ✱ av. 1294] **agg.** ● (*raro*, *lett.*) che sa | †esperto: *essere s. in qlco.* ‖ **scienteménte**, **avv.** in modo consapevole; con piena cognizione

♦**scientìfico** [vc. dotta, dal lat. tardo *scientĭficu(m)* 'scientifico', comp. di *sciĕntia* 'scienza' e *-ifico* ✱ 1308] **agg.** (**pl. m.** *-ci*) **1** della scienza, relativo alla scienza: *concetto s.*; *ricerca scientifica* | †***uomo s.***, scienziato **2** che si fonda sulla scienza o sulle scienze, o le ha come oggetto: *società scientifica*; *studi scientifici*; *liceo s.* **3** che usa metodi e criteri precisi, rigorosi: *piano di azione s.* | ***Polizia scientifica***, (*ellitt.*) ***la Scientifica***, reparto della polizia che si avvale degli apporti più moderni della scienza nella ricerca della verità relativa ai reati commessi ‖ **scientificaménte**, **avv.** in modo scientifico; secondo i metodi della scienza ‖ **scientificità**, **s. f. inv.** carattere scientifico: *la scientificità di un metodo*

scientìsmo① [dal fr. *scientisme*, da *science* 'scienza', con *-isme* '-ismo' ✱ 1913] **s. m.** ● (*filos.*) atteggiamento di chi considera il sapere delle scienze sperimentali l'unico sapere valido

scientìsmo② [dall'ingl. *scientism*, da *science* 'scienza (cristiana)', con *-ism* '-ismo' ✱ sec. XIX] **s. m.** ● (*relig.*) dottrina e pratica proprie del movimento della Scienza Cristiana

scientista [dal fr. *scientiste*, da *science* 'scienza', con *-iste* '-ista' ✱ 1960] **A s. m. e f.**; **anche agg.** (**pl. m.** *-i*) ● (*filos.*) chi (o che) è fautore dello scientismo **B agg.** ● scientistico

scientìstico [1987] **agg.** (**pl. m.** *-ci*) ● (*filos.*) relativo allo scientismo

scientometrìa [comp. di *scient(ific)o* e *-metria* ✱ 1986] **s. f.** ● disciplina che definisce i metodi per valutare con la maggiore oggettività possibile la quantità e la qualità della produzione scientifica di un ricercatore, di un gruppo di ricerca o di un ente

†**scièntre** ➤ **sciente**

♦**sciènza** /*'ʃɛntsa/ o †**sciènzia** /*'ʃɛntsja, *ʃi'ɛntsja/ [lat. *sciĕntia(m)* 'sapere', da *sciēns*, genit. *sciĕntis*, part. pres. di *scīre* 'sapere'; nel sign. 6 calco sull'ingl. *Christian Science* ✱ av. 1243] **s. f.** **ATTENZIONE: la forma 'scenza', senza la *i*, non è corretta** **1** (*lett.*) cognizione, esperienza: *a sua s.*; *l'albero della s. del Bene e del Male*; *tutti i filosofi studiarono di conseguire la s. di questo mondo naturale* (G. VICO) **CFR.** -sofia | ***di certa s., di sicura s.***, certamente, sicuramente | ***con s.***, con cognizione della cosa | (*dir.*) ***s. ufficiale del giudice***, complesso di nozioni che legislativamente si presumono conosciute dalla autorità giudiziaria | (*dir.*) ***s. privata del giudice***, complesso delle nozioni che il giudice ha acquisito a prescindere dal suo ruolo istituzionale e di cui non può servirsi per assumere le proprie decisioni **2** conoscenza, cultura, sapere: *amore della s.*; *lei che è un uomo di s. che cosa pensa intorno alle teorie dell'eredità?* (I. SVEVO) | ***arca, pozzo, di s.***, persona dottissima | ***spezzare il pane della s.***, insegnare | ***avere la s. infusa***, (*colloq.*) pretendere di sapere tutto senza che ciò sia giustificato da adeguati studi **3** complesso dei risultati dell'attività speculativa umana volta alla conoscenza di cause, leggi, effetti e sim. intorno a un determinato ordine di fenomeni, e basata sul metodo, lo studio e l'esperienza: *i progressi della s.*; *le scoperte della s.* | ***uomo di s.***, scienziato | ***s. pura***, i cui obiettivi sono di ambito speculativo e non collegati direttamente ad applicazioni pratiche | ***scienze applicate***, quelle i cui risultati sono utilizzati per applicazioni tecniche | ***scienze sperimentali***, quelle la cui metodologia si fonda sull'esperienza | ***scienze esatte***, la matematica e le altre discipline che si basano sul calcolo | ***filosofia della s.***, epistemologia **4** (**spec. al pl.**) insieme di discipline che hanno tra loro caratteri di affinità: *scienze storiche, sociali, fisiche, filosofiche, politiche, economiche*; *scienze della Terra, della Natura, dell'uomo*; *s. delle finanze* | ***scienze naturali***, quelle che studiano gli aspetti della natura, come fisica, chimica, botanica, geologia, zoologia e sim. | ***scienze umanistiche***, quelle che hanno per oggetto lo studio delle lingue e delle letterature spec. classiche | ***scienze umane***, il gruppo delle discipline comprendente la sociologia, l'antropologia, la psicologia, la pedagogia e sim. | ***scienze dure***, secondo alcune concezioni, le scienze, come la fisica o la matematica, più rigorose nelle loro basi teoriche e nelle loro metodologie (calco sull'ingl. *hard science*) | ***scienze molli*** o ***scienze deboli***, quelle, come l'ecologia o la pedagogia, considerate, talora con connotazione negativa, meno rigorose (calco sull'ingl. *soft science*) | ***scienze occulte***, quelle che studiano, spec. a fini pratici, i fenomeni ritenuti non spiegabili scientificamente come teosofia, spiritismo, pratiche magiche e sim. **5** (**al pl.**) insieme delle discipline fondate essenzialmente sul calcolo e l'osservazione, come matematica, fisica, chimica, scienze naturali, astronomia: *un allievo dotato per le scienze*; *le scienze e le lettere* | (**per anton.**) le scienze naturali: *essere rimandato in scienze*; *laurearsi in scienze* **6** (*relig.*) ***Scienza Cristiana***, setta cristiana, fondata negli Stati Uniti per combattere, con la preghiera, ogni male fisico e morale

†**scienziàle** [vc. dotta, dal lat. tardo *scientiāle(m)* 'scientifico', da *sciēntia* 'scienza' ✱1585] **agg.** ● scientifico

♦**scienziàto** [da †*scienzia* ✱av. 1328] **A agg.** **ATTENZIONE: la forma 'scenziato', senza la *i*, non è corretta** ● (*raro, lett.*) dotto, fornito di scienza **B s. m.** (**f.** *-a*) ● chi si dedica alla scienza o a una scienza, studiandola, cercandone e promuovendone gli sviluppi, e sim.: *un grande, un famoso s.*; *un congresso di scienziati*

sci-escursionìsmo [comp. di *sci* ed *escursionismo* ✱1982] **s. m.** ● attività escursionistica praticata con gli sci da fondo su percorsi fuori pista

sci-escursionìsta [1989] **s. m. e f.** (**pl. m.** *-i*) ● chi pratica lo sci-escursionismo

sciffonièra [1938 ✱1921] **s. f.** ● adattamento di *chiffonnière* (V.)

scìfo o **schìfo**③ [vc. dotta, dal gr. *skýphos* 'vaso', di etim. incerta ✱1829] **s. m.** ● vaso greco pressoché troncoconico, provvisto di due anse orizzontali all'altezza dell'orlo

scifo- [dal gr. *skýphos* 'tazza'] **primo elemento** ● in parole composte del linguaggio scientifico, indica una struttura concava, a forma di vaso, di tazza

Scifozòi [comp. di *scifo-* e *-zoo* ✱1957] **s. m. pl.** (**sing.** *-zòo*) ● (*zool.*) classe di Celenterati a forma prevalentemente medusoide (*Scyphozoa*)

†**scìgnere** ▸ **scingere**

scigrìgna [da una variante di *sagrino, sigrino* 'zigrino' (V.) ✱1863] **s. f.** ● (*tosc., disus.*) segno lasciato sulla pelle spec. da una frusta

†**scigrignàta** o †**scirignàta** [da †*scigrigna* ✱av. 1400] **s. f.** ● (*raro*) frustata | ferita provocata da un colpo di taglio

sciìsmo [da *sciita* ✱1951] **s. m.** ● corrente e dottrina religiosa degli sciiti

sciìstico [da *sciare*① ✱1932] **agg.** (**pl. m.** *-ci*) ● relativo allo sport dello sci: *gare, competizioni sciistiche*

sciìta o **scìta** [dall'ingl. *shiite*, dall'arabo *šī'ah* 'setta, fazione', abbr. di *šī'at Alī* 'la setta di Alì' ✱1838] **s. m. e f.**; **anche agg.** (**pl. m.** *-i*) ● appartenente agli Sciiti, musulmani che sostengono il diritto esclusivo del califfo Alì, genero di Maometto, e dei suoi discendenti, a governare la comunità dei fedeli **CFR.** sunnita

†**scilécca** ▸ **cilecca**

†**scilìnga** ▸ **siringa**①

scilinguàgnolo [lat. parl. *sublinguāneu(m)* 'che sta sotto (*sŭb*) la lingua (*lĭngua*)', con suff. dim., rifatto su †*scilinguare* (V.) ✱1353] **s. m. 1** (*raro*) frenulo della lingua **2** (*fig.*) parlantina | ***sciogliere lo s.***, parlare molto dopo un prolungato silenzio | ***avere lo s. sciolto***, parlare molto e velocemente

†**scilinguàre** [lat. parl. *exelinguāre*, comp. di *ĕx-* (*sci-*, variante di *s-* intens.) ed *elinguāre*, connesso con *elĭnguis* 'senza lingua, muto' ✱sec. XIV] **v. intr.** ● balbettare, pronunciare male le parole, farfugliare

†**scilinguàto** **A part. pass.** di †*scilinguare*; **anche agg.** ● che balbetta, che farfuglia ‖ †**scilinguataménte**, **avv.** **B s. m.** ● balbuziente

scilinguatùra [1872] **s. f.** ● (*raro*) lo scilinguare | caratteristica di chi è scilinguato | parole pronunciate in modo difettoso

†**scilìva** ▸ **saliva**

scìlla [lat. *scĭlla(m)* 'cipolla marina', dal gr. *skílla*, di etim. incerta ✱1865] **s. f.** ● pianta delle Giacintacee che cresce sulla sabbia con grandi foglie basali, lunghi grappoli di fiori e bulbi utili in medicina (*Scilla maritima*)

scìllaro [dal gr. *skýllaros* 'specie di granchio' ✱1829] **s. m.** ● crostaceo marino dei Decapodi con corpo tozzo, fortemente corazzato, privo di chele e con antenne sagomate a lamella (*Scyllarus arctus*) **SIN.** magnosella

†**scilòcco** ▸ **scirocco**

†**scilòppo** ▸ **sciroppo**

scilp [di orig. onomat. ✱1891] **inter.** ● (*raro, poet.*) riproduce il canto della rondine

†**scìmia** ▸ **scimmia**

†**scimiottàre** ▸ **scimmiottare**

scimitàrra [dal persiano-turco *šimšīr* 'spada', attraverso il fr. *cimeterre* e lo sp. *cimitarra* ✱av. 1405] **s. f.** ● corta sciabola con lama larga ricurva a un taglio, usata fin dai tempi più antichi dai Persiani

†**scimitarràta** [av. 1552] **s. f.** ● colpo di scimitarra

scìmma ▸ **sciamma**

♦**scìmmia** o †**scìmia**, †**sìmia** [lat. *sīmia(m)*, da *sīmus* 'col naso schiacciato', dal gr. *simós* ✱1261 ca.] **s. f. 1** correntemente, ogni specie appartenente ai Primati degli Antropoidei | ***s. cappuccina***, cebo | ***s. leonina***, scimmietta brasiliana con folta criniera giallo-rossastra, arboricola (*Leontocebus rosalia*) | ***s. ragno***, atele | ***s. urlatrice***, scimmia forestale del genere *Alouatta*, con ampia diffusione nelle Americhe, a coda fortemente prensile, erbivora e con voce potente (*Alouatta seniculus*) | ***essere dispettoso come una s.***, essere molto dispettoso | ***arrampicarsi come una s.***, molto agilmente **SIN.** aluatta **2** (*fig.*) persona di aspetto sgradevole e di maniere dispettose, d'animo maligno e sim.: *brutta s.!*; *essere brutto come una s.* | chi contraffà e imita gesti, voce, maniere, di altri | ***fare la s. a qlcu.***, imitarlo, rifargli il verso **3** (*gerg.*) sbornia, sbronza: *prendersi la s., una s.* **4** (*gerg., fig.*) ***avere la s. sulla spalla***, essere drogato, sentire il desiderio e la necessità continua di sostanze stupefacenti ‖ **scimmiétta**, **dim.** | **scimmióna**, **accr.** | **scimmióne**, **accr. m.** (V.)

scimmiàggine [da *scimmia* ✱1872] **s. f.** ● (*raro*) condizione di chi è brutto, dispettoso o maligno come una scimmia

scimmiàta [da *scimmia* ✱av. 1816] **s. f.** ● (*raro*) atto goffo da scimmia

scimmiàtico [da *scimmia* ✱1803] **agg.** (**pl. m.** *-ci*) ● (*raro, lett.*) che ricorda i modi tipici delle scimmie

scimmieggiàre [da *scimmia* ✱1772] **v. tr.** (**pres.** *io scimmiéggio*; **fut.** *io scimmieggerò*) ● (*raro, lett.*) scimmiottare

scimmieggiatùra [da *scimmieggiare* ✱1872] **s. f.** ● (*raro*) scimmiottatura

scimmiésco [1640] **agg.** (**pl. m.** *-schi*) ● di scimmia: *natura scimmiesca* | da scimmia (*spec. spreg.*): *movimenti scimmieschi* ‖ **scimmiescaménte**, **avv.**

scimmióne [sec. XIII] **s. m. 1** accr. di *scimmia* **2** (**f.** *-a*) (*fig.*) persona di grossa corporatura, goffa e sgraziata, talvolta un po' ottusa

scimmiottaménto [da *scimmiottare* ✱1861] **s. m.** ● imitazione goffa e maldestra

scimmiottàre o †**scimiottàre** [da *scimmiotto* ✱1807] **v. tr.** (*io scimmiòtto*) **L'uso della forma arcaica *scimiottare*, con una sola *m*, è oggi sconsigliabile** **1** beffeggiare qlcu. riproducendone in maniera ridicola i gesti, il modo di parlare o di muoversi, la voce, e sim. **2** imitare in maniera goffa, pedestre: *s. usanze straniere*

scimmiottàta [da *scimmiottare* ✱1872] **s. f.** ● (*raro*) scimmiottatura

scimmiottatùra [1926] **s. f.** ● lo scimmiottare, il venire scimmiottato

scimmiòtto [da *scimmia* ✱1598] **s. m. 1** scimmia piccola, giovane | ***fare lo s.***, scimmiottare **2** (*fig.*) persona brutta, malfatta **3** (*fig., fam., scherz.*) bambino, spec. piccolo: *adesso il mio s. va a nanna* ‖ **scimmiottino**, **dim.**

scimpanzé o **scimpanzè** o (*disus.*) **cimpanzé** [dal fr. *chimpanzé*, adattamento di una vc. di un dialetto congolese ✱1875] **s. m. e f. inv.** ● scimmia antropomorfa africana piuttosto alta, robusta, a pelame scuro, di carattere docile, vivace e addomesticabile (*Pan troglodytes*)

scimunitàggine [1612] **s. f.** ● condizione di chi è scimunito | atto o comportamento da scimunito

scimunìto o †**scemunìto** [connesso con *scemo* ✱1336 ca.] **agg. e s. m.** (**f.** *-a*) ● che (o chi) è sciocco, scemo, senza cervello: *che guaio ha combinato quello s.!* ‖ **scimunitèllo**, **dim.** ‖ **scimunitaménte**, **avv.** da scimunito

scinàuta [1988] **s. m. e f.** (**pl. m.** *-i*) ● (*sport*) chi pratica lo sci nautico

scìnco [lat. *scĭncu(m)*, dal gr. *skínkos* ✱1542] **s. m.** (**pl.** *-chi*) ● rettile dei Sauri con muso appuntito, zampe robuste a paletta, squame lucide ed embricate, che vive sprofondato nelle sabbie (*Scincus scincus*)

scìndere [vc. dotta, dal lat. *scĭndere*, di orig. indeur. ✱1319] **A v. tr.** (**pass. rem.** *io scissi, tu scindésti*; **part. pass.** *scisso*) **1** separare, dividere, trattare separatamente (*spec. fig.*): *s. un partito* **2** (*chim.*) frazionare un composto in altri più semplici **3** †stracciare **4** †solcare **B scìndersi v. intr. pron.** ● separarsi, dividersi nettamente (**+ in, + da**): *la società si è scissa in due*; *il gruppo decise di scindersi dal partito*; *Quindi l'impero si era scisso* (G. PASCOLI)

scindìbile [1908] **agg.** ● che si può scindere ‖ **scindibilità**, **s. f. inv.**

scìngere o †**scìgnere** [da *cingere*, con *s-* ✱1333] **A v. tr.** (**coniug. come** *cingere*) ● (*lett.*) slegare, slacciare, un indumento | togliere la spada dalla cintura cui essa è appesa | anche in forma pron.: *qui mi scingo la spada* (T. TASSO) **B scìngersi v. rifl. 1** (*raro, lett.*) togliersi le vesti | togliersi la spada dalla cintura **2** (*fig.*) †svincolarsi, liberarsi (*anche fig.*)

scintigrafìa [comp. di *scinti(lla)* e *-grafia* ✱1965] **s. f.** ● (*med.*) esame diagnostico che consente di registrare impulsi emessi da un organo in cui si siano fatti pervenire isotopi radioattivi **SIN.** scintillografia

scintigràmma [comp. di *scinti(lla)* e *-gramma* ✱1974] **s. m.** (**pl.** *-i*) ● (*med.*) tracciato che si ottiene come risultato della scintigrafia

♦**scintìlla** o †**sintìlla** [lat. *scintĭlla(m)*, di orig. indeur. ✱1321] **s. f. 1** particella incandescente che sprizza da carboni e legna accesi, metalli roventi battuti, e sim. | ***s. elettrica***, effetto luminoso di una scarica elettrica **2** (*med.*) sensazione visiva anomala in alcune affezioni del nervo ottico **3** (*fig.*) illuminazione, sprazzo: *la s. del genio, della creazione* **4** (*fig.*) motivo, causa: *quella fu la s. che fece scoppiare la lite* ‖ **scintillétta**, **dim.** | **scintillùzza**, **dim.**

scintillaménto [da *scintillare* ✱sec. XIV] **s. m.** ● particolare tipo di disturbo nei tubi elettronici causato da irregolare emissione catodica

scintillànte **part. pres.** di *scintillare*; **anche agg.** ● nei sign. del v. | che brilla, che luccica (**+ di**): *stelle scintillanti*; *cielo s. di stelle*; *occhi scintillanti di gioia, di passione* | (*fig.*) molto vivace, originale, estroso: *una conversazione s.* (E. MONTALE)

scintillàre [lat. *scintillāre*, da *scintĭlla* ✱1282] **v. intr.** (**aus.** *avere* o *essere*) **1** produrre, emettere scintille: *il tizzone acceso scintilla* **2** risplendere di vivi sprazzi di luce: *il mare scintilla sotto la luna* | (*fig.*) sfavillare, luccicare (**+ di**): *gli occhi le scintillarono di con-*

tentezza **3** (*astron.*) subire il fenomeno della scintillazione atmosferica

scintillatóre [da *scintillare* ✱ 1965] **s. m.** ● (*fis.*) sostanza che ha la proprietà di emettere radiazioni luminose quando è sottoposta a irradiazione

scintillazióne [dal lat. *scintillatiōne(m)* 'scintillio', da *scintillātus*, part. pass. di *scintillāre* ✱ av. 1328] **s. f. 1** (*lett.*) lo scintillare **2** (*astron.*) fluttuazione rapida della posizione apparente delle stelle e della loro luminosità, dovuta alla incessante variabilità dei coefficienti di rifrazione e di assorbimento dell'atmosfera della Terra **3** (*fis.*) emissione di radiazioni luminose da parte di sostanze sottoposte a irradiazione SIN. radioluminescenza

scintillìo [1864] **s. m.** (**pl.** *-ii*) ● lo scintillare continuo e intenso: *s. di luci, di vetrine illuminate*

scintillografìa [comp. di *scintilla* e *-grafia* ✱ 1974] **s. f.** ● scintigrafia

scintillògrafo [comp. di *scintilla* e *-grafo* ✱ 1970] **s. m.** ● (*med.*) strumento meccanico-elettronico per l'esame delle glandole, che capta le onde emanate dopo la somministrazione al paziente di isotopi radioattivi visualizzandole in un tracciato

scintillòmetro [comp. di *scintilla* e *-metro* ✱ 1930] **s. m.** ● strumento che dà la misura della scintillazione degli astri

scìnto **part. pass.** di *scingere*; anche **agg.** ● (*lett.*) scomposto, in disordine

scintoìsmo o **shintoìsmo** /*ʃinto'izmo/ [dal cino-giapp. *šin-tō* 'la via (*tō*) degli dei (*šin*)', con *-ismo* ✱ 1905] **s. m.** ● religione nazionale del Giappone, anteriore al buddismo, fondata sul culto delle forze naturali e sull'origine divina dell'Imperatore

scintoìsta o **shintoìsta** [1931] **A** **s. m. e f.** (**pl. m.** *-i*) ● fedele dello scintoismo **B** **agg.** ● scintoistico

scintoìstico o **shintoìstico** [1960] **agg.** (**pl. m.** *-ci*) ● relativo allo scintoismo o agli scintoisti

sciò /*ʃɔ*/ [vc. onomat. ✱ av. 1675] **inter.** ● (*spec. iter.*) si usa per disperdere o scacciare i polli o gli animali molesti e (*scherz.*) per allontanare qlcu.

†**scioccàggine** [da *sciocco* ✱ 1520] **s. f.** ● sciocchezza

scioccànte o **shoccànte** /*ʃok'kante/, **shockànte** /*ʃok'kante/ **part. pres.** di *scioccare*; anche **agg.** ● che sconvolge, disorienta, suscita profonda emozione: *notizia, scena s.*

scioccàre o **shoccàre** /*ʃok'kare/, **shockàre** /*ʃok'kare/, (*raro*) **choccàre** /*ʃok'kare/ [da *shock*, con grafia adattata alla pronuncia italiana ✱ 1963] **v. tr.** (*io sciòcco, tu sciòcchi*) ● sbalordire, emozionare fortemente

SFUMATURE ➤ ***traumatizzare***

†**sciocchеggiàre** [da *sciocco* ✱ sec. XIV] **v. intr.** ● fare lo sciocco | fare, dire, sciocchezze

sciocchería [av. 1543] **s. f.** ● (*raro*) condizione di chi è sciocco | azione, comportamento e sim., da sciocco: *Sciocchеrie di poeti!* (L. DA PONTE)

♦**sciocchézza** [1342] **s. f. 1** condizione di chi (o di ciò che) è sciocco **2** azione, parola, fatta o detta senza riflettere, senza prudenza: *fare, dire, un sacco di sciocchezze* SIN. fesseria, stupidaggine **3** cosa da nulla, inezia: *non preoccuparti per questa s.*; *regalare una s.* | ***costare, pagare, una s.***, molto poco ‖ **sciocchezzuòla**, **dim.**

sciocchezzàio [1913] **s. m.** (**pl.** *-ai*) ● insieme, repertorio di sciocchezze, scemenze e banalità SIN. scemenzaio

♦**sciòcco** [lat. tardo (eccl.) *exsūc(c)u(m)* 'senza sugo', comp. di *ĕx-* (*s-*) e *sūcus* 'sugo' (?). V. *sugo* ✱ av. 1292] **A** **agg.** (**pl. m.** *-chi*; **superl.** *scioc-chissimo*) **1** (*tosc.*) che è privo o scarso di sale, che è senza sapore: *brodo s.*; *minestra sciocca* SIN. insipido, scipito **2** che non ha giudizio, senno, criterio, intelligenza, detto di persona: *uomini sciocchi*; *ragazza sciocca* | che è pensato, detto o fatto in modo che rivela scarsa intelligenza e avvedutezza: *idea sciocca*; *parole sciocche*; *azione sciocca* | insulso, stolido: *riso, sorriso, s.*; *espressione sciocca* **3** (*lett.*) †vano, inoffensivo: *per … / … gli … incanti di colui far sciocchi / ti mostrerò un rimedio* (L. ARIOSTO) ‖ **scioccaménte**, **avv.** da sciocco **B** **in funzione di avv.** ● (*raro, tosc.*) scioccamente: *il parlare s.* **C** **s. m.** (**f.** *-a*) ● persona sciocca: *è da sciocchi comportarsi così* | ***non è uno s.***, è una persona che sa il fatto suo SIN. babbeo, citrullo, grullo, sempliciotto, tonto ‖ **sciocchеrèllo**, **dim.** | **sciocchеrellóne**, **accr.** | **sciocchìno**, **dim.** | (*lett.*) **scioccоnàccio**, **pegg.** | **scioccóne**, **accr.**

scioglìbile [av. 1451] **agg.** ● (*raro*) che si può sciogliere ‖ **scioglibilità**, **s. f. inv.**

♦**sciògliere** o (*poet.*) **sciòrre** [lat. *exsŏlvere* 'disciogliere', comp. di *ĕx-* (*s-*) e *sŏlvere* 'sciogliere' V. *solvere* ✱ 1268] **A** **v. tr.** (*poet.* **troncato in** *scior*; **pres.** *io sciòlgo, tu sciògli*; **fut.** *io scioglierò*, †*sciorrò*; **pass. rem.** *io sciòlsi, tu sciogliésti*; **condiz. pres.** *io scioglierèi*, †*sciorrèi*; **part. pass.** *sciòlto*) **1** disfare, svolgere ciò che si trova legato, avvolto, intrecciato, e sim.: *s. un nodo*; *s. un pacco, un sacco*; *s. le chiome, i capelli* | (*lett.*) ***s. le vele***, salpare (*anche assol.*) | (*fig.*) ***s. la lingua a qlcu.***, indurlo a parlare | (*lett.*) ***s. la voce al canto***, cominciare a cantare | (*lett.*) ***s. un canto***, innalzarlo: *e scioglie all'urna un cantico / che forse non morrà* (A. MANZONI) | anche nella forma pron. **sciògliersi**, liberare o slacciare da ciò che lega o trattiene (con valore intens.): *sciogliersi le trecce*; *sciogliersi la cintura* **2** liberare persone o animali da ciò che li tiene legati (+ *da*): *s. i prigionieri*; *s. i buoi dal giogo*; *s. il cane dalla catena* **3** fare soluzione (+ *in*): *s. il sale nell'acqua*; *s. l'oro nell'acqua regia* | liquefare, portare allo stato liquido: *il calore scioglie il ghiaccio* **4** porre fine a un impegno, un'obbligazione e sim.: *s. un contratto, una società, una compagnia* | soddisfare: *s. un obbligo* | adempiere: *s. un voto, una promessa* | liberare una persona da un impegno, un obbligo e sim., assunto (+ *da*): *s. qlcu. da un voto, da una promessa, da un segreto* **5** porre fine a una riunione, far allontanare temporaneamente o definitivamente un gruppo e sim., di persone riunite per uno scopo comune: *s. una seduta, un'assemblea, un'adunanza, un circolo, un'associazione*; *la polizia sciolse la manifestazione*; *squilli di tromba hanno sciolto l'assembramento* | ***s. le Camere***, far cessare, da parte del Presidente della Repubblica, prima della scadenza del termine ordinario, l'attività di una o di entrambe le Camere parlamentari dichiarandone decaduti i componenti **6** spiegare, risolvere: *s. un quesito, un problema, una sciarada, una difficoltà, un imbroglio* | dissipare: *s. un dubbio, un sospetto* | ***s. la riserva, le riserve***, accettare in modo definitivo una proposta o un incarico, superando i precedenti dubbi, perplessità, condizioni | ***s. la prognosi***, V. *prognosi* **7** disimpacciare, rendere agile o più agile: *s. i muscoli, le gambe, le braccia* **B** **sciògliersi** **v. rifl.** ● liberarsi, svincolarsi, da ciò che tiene legato (*anche fig.*) (+ *da*): *sciogliersi dai lacci, dal guinzaglio, dalle catene*; *sciogliersi da un patto, da un obbligo* **C** **sciògliersi** **v. intr. pron.** ● liquefarsi, fondersi: *la neve si scioglie al sole*; *il sale si scioglie nell'acqua* | (*fig.*) uscire da uno stato di imbarazzo, di timidezza, di impaccio: *il pianista era un po' teso ma poi s'è sciolto* | (*fig.*) risolversi, trasformarsi (+ *in*): *la tensione si sciolse in una risata liberatoria*; *Là il gelo d'ogni cor si sciolse in pianto* (P. METASTASIO) | (*fig.*) ***sciogliersi in lacrime***, piangere accoratamente

SFUMATURE DI SIGNIFICATO

sciogliere - slegare - svolgere - snodare - slacciare

Sciogliere equivale a rendere libero ciò che si trova legato, avvolto, intrecciato. Quando ci si riferisce a ciò che è tenuto insieme o fermo da una corda o da un nastro si usa **slegare**. Invece **svolgere** si riferisce all'apertura di un involto, un pacco. Più specifici sono **snodare**, che significa disfare un nodo, e **slacciare**, che significa aprire una chiusura costituita da lacci, fermagli, bottoni.

SFUMATURE ➤ ***squagliare***

scioglilìngua [comp. di *scogli(ere)* e *lingua* ✱ 1887] **s. m. inv.** ● frase o serie di parole difficili a pronunciarsi rapidamente causa la presenza in esse di iati, allitterazioni e sim. (es.: *sopra la panca la capra campa, sotto la panca la capra crepa*)

scioglimento [av. 1348] **s. m. 1** lo sciogliere, lo sciogliersi (*anche fig.*): *s. dei ghiacci*; *s. del Parlamento, di un'assemblea* **2** (*fig.*) conclusione, epilogo: *il dramma ha uno s. inatteso*

scioglitóre [1304] **s. m.** (**f.** *-trice*); anche **agg.** ● (*lett.*) chi (o che) scioglie

sciografìa [vc. dotta, dal gr. tardo *skiographía*, variante di *skiagraphía* 'disegno in prospettiva', comp. di *skiá* 'ombra' e *-graphía* '-grafia' ✱ av. 1555] **s. f.** ● (*astron.*) antico metodo per trovare l'ora del giorno o della notte mediante l'ombra prodotta dal Sole o dalla Luna

sciòlgo ➤ **sciogliere**

sciolina [comp. di *sci* e *olio*, con *-ina* ✱ 1928] **s. f.** ● preparato a base di resine e di altre sostanze che si applica sotto gli sci per accrescerne la scorrevolezza

sciolinàre [da *sciolina* ✱ 1959] **v. tr.** ● applicare la sciolina agli sci

sciolinatùra [da *sciolinare* ✱ 1960] **s. f.** ● operazione dello sciolinare

sciòlo [vc. dotta, dal lat. tardo *scĭolu(m)* 'saputello', dim. di *scĭus* 'che sa', da *scīre* 'sapere' ✱ av. 1742] **s. m.** (**f.** *-a*) ● (*raro, lett.*) saputello, saccente

sciòlsi ➤ **sciogliere**

sciòlta [f. sost. di *sciolto* ✱ 1891] **s. f.** ● (*fam.*) diarrea

scioltézza [1268] **s. f. 1** condizione di chi (o di ciò che) è sciolto: *s. di mano, di lingua* **2** (*est.*) agilità, destrezza, nei movimenti: *di … s. di piedi avanzano tutti gli altri pastori* (I. SANNAZARO) | (*fig.*) disinvoltura nel parlare, nello scrivere, nel comportarsi: *s. di stile, di modi*

♦**sciòlto** **part. pass.** di *sciogliere*; anche **agg.** **1** nei sign. del v. | slegato, svolto, slacciato: *capelli sciolti sulle spalle* | ***cane s.***, V. *cane*[1], sign. 1 **2** (*fig.*) ***avere la lingua sciolta***, parlare con facilità, essere loquace | ***avere le dita sciolte***, essere agile nei movimenti | ***fare s.***, disinvolto | ***a briglia sciolta***, di gran carriera **3** che è privo di legami, vincoli, connessioni, concatenazioni, compattezza e sim. | ***terreno s.***, poco coerente, permeabile, sabbioso | (*disus.*) ***vela sciolta***, con la base non inferita in un pennone | ***versi sciolti***, non rimati | ***abito s., di linea sciolta***, ampio, morbido, non attillato **4** sfuso: *qualche sigaretta sciolta* (A. MORAVIA) **5** (*mus.*) indicazione dinamica che richiede un'esecuzione libera e disinvolta | ***nota sciolta***, che non ha legature | ***fuga sciolta***, con licenze | colpo d'arco degli strumenti ad arco che lo fa scorrere rapidamente per tutta la sua lunghezza ‖ **scioltaménte**, **avv. 1** in maniera sciolta, disinvolta: *parlare, muoversi scioltamente* **2** †dissolutamente, licenziosamente

†sciòlvere ➤ **asciolvere**① e **asciolvere**②

scioperàggine [da *scioperare* ✱ av. 1729] **s. f.** ● (*raro*) scioperataggine

scioperànte **A** **part. pres.** di *scioperare*; anche **agg.** ● nei sign. del v. **B** **s. m. e f.** ● chi prende parte a uno sciopero

scioperàre o **†sciopràre** [lat. parl. **exoperāre*, comp. di *ĕx-* (*sci-*, variante di *s-*) e *operāre* 'lavorare' (V. *operare*) ✱ 1284 ca.] **A** **v. intr.** (*io sciòpero*; aus. *avere*) ● astenersi dal lavoro o (*est.*) dalla propria attività aderendo a uno sciopero **B** **v. tr.** ● †distogliere dal lavoro **C** **scioperàrsi** **v. intr. pron.** ● †smettere, interrompere, il lavoro

scioperatàggine [1715] **s. f.** ● condizione di chi è scioperato | comportamento da scioperato

SFUMATURE ➤ *poltroneria*

scioperatézza [1679] **s. f.** ● scioperataggine

scioperàto [lat. parl. **exoperātu(m)*, comp. di *ĕx-* (*sci-*, variante di *s-*) e *operātus*, da *ŏpus*, genit. *ŏperis* 'lavoro' ✱ 1353] **A** **agg.** ● †sfaccendato, disoccupato **B** **agg. e s. m.** (**f.** *-a*) ● che (o chi) non ha voglia di lavorare e vive alla giornata, in modo disordinato: *da quel perfetto studente s. che sono sempre stato* (I. SVEVO); *essere uno s.*; *fare una vita da s.* **SIN.** fannullone, scapestrato, sfaccendato ‖ **scioperatèllo**, **dim.** ‖ **scioperataménte**, **avv.** da scioperato, oziosamente

scioperìo [da *scioperare* ✱ sec. XIV] **s. m.** (**pl.** *-ii*) ● (*raro, lett.*) impiego inutile del proprio tempo

♦**sciòpero** [da *scioperare* ✱ av. 1866] **s. m.** **1** astensione collettiva dal lavoro da parte di lavoratori, per raggiungere determinati fini d'ordine sindacale (economico o normativo) oppure sociale e politico: *diritto di s.*; *mettersi in s.*; *ricorrere allo s.* | ***s. articolato***, attuato settorialmente e programmato in modo tale che le astensioni dal lavoro avvengano secondo determinate scadenze collegate alle fasi della contrattazione sindacale | ***s. generale***, di tutti gli addetti a tutti i settori economici | ***s. a oltranza, a tempo indeterminato***, fino al raggiungimento del fine inizialmente prefissato | ***s. a catena***, serie di astensioni dal lavoro, in un settore o in diversi settori, a breve distanza fra loro | ***s. a scacchiera***, realizzato in tempi diversi dagli addetti alle diverse fasi della produzione | ***s. a singhiozzo***, con brevi intervalli di lavoro | ***s. a sorpresa***, spontaneo, non voluto né appoggiato dalle organizzazioni sindacali | ***s. bianco***, consistente nell'eseguire il lavoro attuando con puntigliosa meticolosità le norme e i regolamenti a questo relativi, in modo da rallentare la produzione o produrre ingorghi nei servizi | ***s. selvaggio***, sciopero improvviso, non regolamentato, spec. attuato in modo autonomo rispetto alle maggiori organizzazioni sindacali e spesso in forme tali da ledere anche gli interessi degli utenti di un determinato servizio | ***s. di solidarietà***, proclamato in appoggio ad altre categorie in lotta | ***s. della fame***, astensione volontaria dal cibo in segno di protesta | (*fam., scherz.*) ***fare s.***, non lavorare **2** (*est.*) astensione dalla propria attività professionale o abituale a scopo di rivendicazione o protesta: *s. dei negozianti, degli studenti* ‖ **scioperétto**, **dim.** | (*spreg.*) **scioperìcchio**, **dim.**

scioperóne [da *scioperare* ✱ 1483] **s. m.** (**f.** *-a*) ● (*raro*) amante dell'ozio

†sciopràre ➤ **scioperare**

sciòr① ➤ **sciogliere**

sciór② ➤ **sciur**

scioràre o **†soràre** [lat. parl. **exaurāre*, comp. di *ĕx-* (*sci-*, variante di *s-*) e di un denominale di *āura* 'aria', propr. 'spargere all'aria' ✱ av. 1389] **v. intr.** (*io sciòro*; aus. *essere*) **1** †trovare sfogo, spandersi, detto dell'acqua **2** (*tosc.*) sfogarsi, effondersi, rinfrescarsi

sciorinaménto [1546] **s. m.** ● (*raro*) lo sciorinare

sciorinàre [da *sciorare* ✱ sec. XIII] **A** **v. tr.** **1** spiegare, stendere all'aria: *s. il bucato, la biancheria* **2** (*fig.*) mettere in mostra, esporre, ostentare: *s. la propria merce*; *s. lodi, complimenti, la propria cultura* **3** †vibrare: *s. colpi* **B** **v. intr.** ● †scorrere, sgorgare **C** **sciorinàrsi** **v. rifl.** ● †slacciarsi i vestiti per rinfrescarsi, prendere ristoro

sciorìno [da *sciorinare* ✱ 1932] **s. m.** ● (*raro*) esposizione al sole e all'aria di cose bagnate, detto spec. della biancheria dell'equipaggio di una nave e delle attrezzature, come vele, corde e sim., di un veliero

sciòrre ➤ **sciogliere**

sciòtt /*ʃɔt/ [dal fr. *chott*, dall'arabo *šaṭṭ* 'sponda, riva' ✱ 1929] **s. m. inv.** ● bacino chiuso senza sfogo verso il mare, proprio della morfologia desertica, che nei tempi normali si presenta come una vasta pianura nuda, disseminata di pantani

†sciovernàrsi [lat. parl. **exhibernāre* 'svernare', comp. di *ĕx-* (*sci-*, variante di *s-*) e *hibernāre*, da *hibĕrnus* 'invernale' (V. *inverno*) ✱ av. 1306] **v. intr. pron.** ● (*raro*) svernare | (*fig.*) oziare

sciovìa [comp. di *sci* e *via*, sul modello di *ferrovia, funivia* ✱ 1938] **s. f.** ● impianto di traino meccanico di cui si servono gli sciatori per risalire le piste agganciandosi a una fune metallica a corsa continua **SIN.** skilift

sciovïàrio [1942] **agg.** ● di sciovia: *impianto s.*; *attrezzature scioviarie*

sciovinìsmo [dal fr. *chauvinisme*, dal n. di N. *Chauvin* (sec. XVIII-XIX), soldato di Napoleone noto per l'ingenuo fanatismo patriottico ✱ 1884] **s. m.** ● nazionalismo esagerato e fanatico

sciovinìsta [dal fr. *chauviniste* ✱ 1899] **s. m. e f.**; anche **agg.** (**pl. m.** *-i*) ● chi (o che) dà prova di sciovinismo

sciovinìstico [1895] **agg.** (**pl. m.** *-ci*) ● di sciovinismo, da sciovinista: *tendenze scioviniste* ‖ **sciovinisticaménte**, **avv.**

†scipàre [lat. parl. **exsipāre* 'gettar via', comp. di *ĕx-* (*sci-*, variante di *s-*) e *supāre* 'gettare', di etim. incerta (V. *sciupare*) ✱ 1280] **A** **v. tr.** **1** rovinare, guastare **2** (*fig.*) turbare: *la memoria il sangue ancor mi scipa* (DANTE *Inf.* XXIV, 84) **B** **†scipàrsi** **v. intr. pron.** ● abortire

†scipidézza ➤ **scipitezza**

†scipidìre [da *scipido* ✱ av. 1311] **A** **v. intr.** ● diventare insipido, scipito | (*fig.*) diventare ottuso, sciocco **B** **v. tr.** ● (*fig.*) ottundere

†scìpido [lat. parl. **exsĭpidu(m)* 'insipido', comp. di *săpidus* 'saporito' con *ĕx-* (*sci-*, variante di *s-*) (V. *insipido*) ✱ 1306] **agg.** ● insipido, scipito

scipitàggine [av. 1629] **s. f.** ● (*raro, lett.*) scipitezza | (**spec. al pl.**) discorso o atto insulso

✣**scipitézza** o **†scipidézza** [1287] **s. f.** ● (*lett.*) condizione di chi (o di ciò che) è scipito | atto, affermazione o comportamento sciocco, futile, banale: *Non era con tali scipitezze che si poteva conquistare una moglie* (I. SVEVO)

✣**scipìto** o (*tosc.*) **sciapìto** [part. pass. di *scipire*, variante ant. di *†scipidire* ✱ av. 1342] **agg.** **1** privo di sapore: *carne scipita* **SIN.** insipido **CONTR.** salato **2** (*fig.*) insulso, privo di spirito: *barzelletta scipita* ‖ **scipitèllo**, **dim.** ‖ **scipitaménte**, **avv.** in maniera scipita

scippàre [vc. napol. di etim. incerta: propr. 'strappare' ✱ 1963] **v. tr.** **1** derubare qlcu. strappandogli, con rapidità e talora violenza, qlco. di mano o di dosso spec. in una pubblica via **2** (*est.*) privare qlcu., senza che se lo aspetti, di qlco. ritenuta ormai acquisita, certa, ovvia e sim.: *nel finale della partita, la Juve ha scippato la vittoria al Torino*

scippatóre [da *scippare* ✱ av. 1960] **s. m.** (**f.** *-trice*) ● chi fa uno scippo

SFUMATURE ➤ *ladro*

scìppo [da *scippare* ✱ 1950] **s. m.** ● furto compiuto strappando qlco. di mano o di dosso a qlcu., spec. in una pubblica via

†scìre① [vc. dotta, dal lat. *scīre*, di orig. indeur. ✱ av. 1294] **v. tr.** (**difett. usato solo all'inf. e al part. pres.** *sciente*, **lett.**) ● (*raro*) sapere

†scìre② ➤ **uscire**

†scirignàta ➤ **†scigrignata**

†scirìnga ➤ **siringa**①

sciroccàle [1745] **agg.** ● di scirocco

sciroccàta [1937] **s. f.** ● lo spirare dello scirocco | (*est.*) tempesta di mare provocata dallo scirocco

sciroccàto [da *scirocco*, il vento che provocherebbe mutamenti di umore ✱ 1949] **agg. e s. m.** (**f.** *-a*) ● (*gerg.*) che (o chi) ha un comportamento bizzarro e stravagante o appare imbambolato e un po' tonto

sciròcco o **†siròcco**, **†scilòcco**, **†silòcco** [forse dall'arabo *šurūq* 'levata del sole' e poi '(vento di) levante', divenuto 'vento di sud-est' nella cultura europea ✱ av. 1294] **s. m.** (**pl.** *-chi*) ● vento caldo da sud-est, proveniente dall'Africa, che si arricchisce di umidità attraversando il Mediterraneo ‖ **sciroccàccio**, **pegg.** | **sciroccchétto**, **dim.**

sciroccóso (o **-ṣ-**) [1796] **agg.** ● relativo a scirocco | caratterizzato da scirocco e perciò caldo e umido: *pomeriggio s.*

sciroppàre [1400] **A** **v. tr.** (*io sciròppo*) ● preparare la frutta in uno sciroppo zuccherato per conservarla **B** **sciroppàrsi** **v. tr. pron.** (**aus.** *essere*) ● (*fig., colloq.*) sopportare con pazienza persona o cosa noiosa, indesiderata, e sim: *gli è toccato sciropparsi tutta la conferenza!*

sciroppàto **A** **part. pass.** di *sciroppare*; anche **agg.** ● nel sign. del v.: *frutta sciroppata* **B** **s. m.** ● †sciroppo

sciròppo o (*raro*) **siròppo**, **†scilòppo** [dall'arabo *šarūb* 'bibita' ✱ av. 1320] **s. m.** ● soluzione concentrata di zucchero in acqua | ***s. di frutta***, nell'industria alimentare, prodotto liquido denso a base di succo di frutta o concentrato di succo e zucchero | ***s. (medicinale)***, soluzione dolciastra addizionata di farmaci ‖ **sciroppétto**, **dim.** | **sciroppìno**, **dim.**

✣**sciroppóso** (o **-ṣo**) [1839] **agg.** **1** che ha la densità e la consistenza di uno sciroppo: *liquido, vino, s.* **2** (*fig.*) che eccede in sentimentalismo, in leziosità, in dolcezza, e sim.: *film, romanzo, s.* ‖ **sciropposità**, **s. f. inv.** caratteristica di ciò che è sciropposo; (*fig.*) sdolcinatezza

scirpéto [da *scirp(o)* con il suff. *-eto* ✱ 1960] **s. m.** ● zona ai margini di laghi e paludi, caratterizzata da una vegetazione parzialmente sommersa

scìrpo [dal lat. *scĭrpu(m)* 'giunco', di etim. incerta ✱ 1499] **s. m.** ● (*raro, lett.*) giunco: *lo s. che riveste / il gonfio vetro* (G. D'ANNUNZIO)

scìrro [dal lat. *scīrru(m)*, dal gr. *skírros* 'tumore', di etim. incerta ✱ 1651] **s. m.** ● (*med.*) tumore epiteliale maligno duro, fibroso, a carattere infiltrante

scìṣma o **†schìṣma** [vc. dotta, dal lat. tardo (ecclesiastico) *schĭsma* (nt.) 'separazione', dal gr. *schísma*, genit. *schísmatos*, da *schízein* 'dividere' ✱ sec. XIII] **s. m.** o **†f.** (**pl. m.** *-i*) **1** separazione da una Chiesa o da una comunità di un gruppo di fedeli, che ne rifiutano l'autorità come illegittima e si costituiscono in Chiesa o in comunità autonoma **2** (*est.*) divisione, separazione che ha luogo in comunità, partiti politici, e sim. a causa di discordie o divergenze intorno ad argomenti fondamentali

sciṣmàtico [vc. dotta, dal lat. tardo (ecclesiastico) *schismăticu(m)*, dal gr. *schismatikós*, da *schísma*, genit. *schísmatos* 'scisma' ✱av. 1328] **A** **agg.** (**pl. m.** *-ci*) ● relativo a scisma ‖ **sciṣmaticaménte**, **avv.** in modo scismatico, che presenta caratteri di scisma **B** **s. m.** (**f.** *-a*) ● chi provoca o segue uno scisma

scìssile [vc. dotta, dal lat. *scĭssile(m)* da *scĭssus*, part. pass. di *scĭndere* 'scindere' ✱1550] **agg.** ● che si sfalda o si scinde facilmente

scissióne [vc. dotta, dal lat. *scissiōne(m)*, da *scĭssus* 'scisso' ✱1584] **s. f.** **1** lo scindere, lo scindersi | scomposizione: *la s. di un composto* | (*fig.*) divisione, frazionamento, rottura: *la s. di un gruppo, di un partito* | ***s. nucleare***, scissione del nucleo atomico prodotta con bombardamento di neutroni **CFR.** schisto-, schizo- **SIN.** fissione **2** (*biol.*) processo in cui una cellula o un gruppo di cellule si dividono agamicamente **3** (*psicoan.*) coesistenza di due personalità nell'apparato psichico, come risultato della presenza di un conflitto **4** (*dir.*) trasferimento dell'intero patrimonio di una società o di una parte di esso a due o più società preesistenti o di nuova costituzione

scissioniṣmo [1930] **s. m.** ● tendenza a provocare scissioni all'interno del proprio partito

scissionìsta [1922] **s. m. e f.** (**pl. m.** *-i*) ● chi aderisce a un movimento scissionistico

scissionìstico [1950] **agg.** (**pl. m.** *-ci*) ● relativo allo scissionismo o agli scissionisti

scissìparo [comp. di *scissi(one)* e *-paro* ✱1960] **agg.** ● (*biol.*) detto di organismo che si riproduce per scissione

scìsso **part. pass.** di *scindere*; anche **agg.** ● nei sign. del v.

scissùra [vc. dotta, dal lat. *scissūra(m)* 'divisione', da *scĭssus* 'diviso' ✱av. 1320] **s. f.** **1** (*raro*) fessura **2** (*fig.*) discordia, dissidio: *nata grande s. nel seno del comitato* (G. Carducci) **3** (*anat.*) fessura | ***s. cerebrale***, fenditura fra le circonvoluzioni cerebrali | ***s. di Rolando***, che divide il lobo frontale cerebrale da quello parietale

scìsto o (*raro*) **schìsto** [vc. dotta, dal lat. *schĭstu(m) lăpide(m)* '(pietra) che si divide', dal gr. *schistós*, agg. verb. di *schízein* 'dividere' ✱1550] **s. m.** ● roccia scistosa

scistóso (o *-ṣo*) o (*raro*) **schistóso** (o *-ṣo*) [da *scisto* ✱1817] **agg.** ● (*miner.*) detto di struttura nella quale gli elementi della roccia sono distribuiti in piani paralleli o quasi | detto di roccia con struttura scistosa ‖ **scistosità**, **s. f. inv.** facile divisibilità in piani paralleli di alcune rocce metamorfiche

scìta ➤ **sciita**

scitàle o **scìtala** [vc. dotta, dal gr. *skytálē* 'bastone', di orig. indeur. ✱av. 1367] **s. f.** ● presso gli Spartani, lettera scritta su una striscia avvolta a un bastoncino, che poteva essere letta solo se riavvolta su un bastoncino analogo

Scitamìnee [dal lat. *scitamĕnta* 'leccornie, delicatezze' (nel lat. mediev. 'aromi'): forse da *scīre* 'sapere' (V. †*scire*①) ✱1869] **s. f. pl.** (**sing.** *-a*) ● (*bot.*) ordine di piante monocotiledoni tropicali, comprendente piante utili nell'alimentazione, aromatiche, ornamentali (*Scitamineae*)

scìtico [vc. dotta, dal lat. *Scy̆thicu(m)*, dal gr. *Skythikós*, da *Skythía* 'Scizia' ✱1340] **agg.** (**pl. m.** *-ci*) ● degli Sciti, antico popolo della Russia meridionale

sciugàre e deriv. ➤ **asciugare** e deriv.

sciùma ➤ **sciamma**

sciumbàsci [dall'amarico *šumbāši*, sovrapposizione di *šum* 'capo' al turco *yüzbaşı* 'capitano', da *yüz* 'cento' ✱1959] **s. m. inv.** ● nei reparti coloniali indigeni di un tempo, il più elevato grado di truppa

sciuntàre ➤ **shuntare**

sciupacchiàre [1872] **v. tr.** (*io sciupàcchio*) ● (*fam.*) sciupare alquanto

sciupafémmine [comp. di *sciupa(re)* e del pl. di *femmina*; orig. vc. napol.: *sciupafemmenë* ✱sec. XVIII] **s. m. inv.** ● (*scherz.*) dongiovanni, seduttore

sciupàre [lat. parl. **exsupāre* 'gettar via', comp. di *ĕx-* (*sci-*, variante di *s-*) e *supāre* 'gettare', di etim. incerta (V. †*scipare*) ✱1612] **A** **v. tr.** **1** conciare male, ridurre in cattivo stato: *s. un indumento nuovo, un monile* | anche in forma pron.: *sciuparsi la salute, la vista, l'appetito*; *Non volevano sciuparsi gli abiti di seta* (L. Pirandello) **2** (*est.*) impiegare senza ricavare alcuna utilità: *s. tempo, fatica, le proprie forze, un'occasione*; *sciupa la sua intelligenza in lavori banali* **SIN.** sprecare | consumare in quantità eccessiva: *qui si sciupa il pane*; *la carne costa, non sciuparla* | dissipare, spendere male: *s. denaro, un patrimonio, un'eredità* **B** **sciupàrsi** **v. intr. pron.** ● ridursi in cattivo stato, guastarsi: *gli indumenti delicati si sciupano a lavarli senza precauzioni*; *Codesti begli occhi ... non ebbero a sciuparsi molto* (L. Pirandello) | deperire nel fisico: *si è sciupata a studiare tanto* | (*fam.*, *iron.*) fare un grande sforzo, un grosso sacrificio (+ *a* **seguito da inf.**): *non si è certo sciupata a farci quel regalo!*

SFUMATURE ➤ *guastare*

sciupàto **part. pass.** di *sciupare*; anche **agg.** **1** nei sign. del v.: *cappotto s.*; *mani sciupate* **SIN.** malandato, rovinato **2** sprecato: *tempo s.*; *è tutto fiato s.* | deperito, sfiorito: *è una bella donna, anche se un po' sciupata* ‖ **sciupatèllo**, **dim.** | **sciupatìno**, **dim.**

sciupatóre [1765] **s. m.** (**f.** *-trice*, *pop.*, *disus.* *-tóra*); anche **agg.** ● (*raro*) chi (o che) sciupa

sciupinìo [da *sciupare* col suff. *-io*① ✱av. 1584] **s. m.** (**pl.** *-ii*) ● (*tosc.*) sciupio

sciupìo [da *sciupare* col suff. *-io*① ✱1691] **s. m.** (**pl.** *-ii*) ● spreco continuato: *s. di tempo, di denaro*; *fare s.*; *è tutto uno s.*

sciùpo [1841] **s. m.** ● (*raro*) deterioramento: *s. di scarpe* (L. Pirandello) | spreco, sperpero

sciupóne [1841] **s. m.** (**f.** *-a*); anche **agg.** ● chi (o che) sciupa molto

sciùr [vc. lomb., abbr. di *signor(e)*, in posizione proclitica ✱1881] o **sciór**② **s. m.** (**f.** *sciura*; **pl. m.** *sciuri*; **pl. f.** *sciure*) ● (*lomb.*) signore, nei sign. A 4 e A 8: *stiamo più allegri noi che i sciori* (A. Fogazzaro) ‖ **sciurétta**, **dim. f.**

Sciùridi /*ˈʃuridi, *ʃiˈu-/ [dal lat. *sciūru(m)* 'scoiattolo', dal gr. *skíouros*, propr. 'che fa ombra (*skiá*) con la coda (*ourá*)', col suff. *-ide* ✱1936] **s. m. pl.** (**sing.** *-e*) ● (*zool.*) famiglia di Mammiferi dei Roditori con testa tondeggiante e coda coperta di peli (*Sciuridae*)

sciuscià [adattamento pop. merid. dell'ingl. *shoeshine* 'lucidatura di scarpe' ✱1945] **s. m. inv.** ● ragazzino che fa il lustrascarpe | durante l'occupazione anglo-americana dell'Italia, successiva alla seconda Guerra mondiale, ragazzo che si prestava a umili servizi, o trafficava più o meno illecitamente con i soldati stranieri

sciusciuliàre [vc. onomat. ✱sec. XIX] **v. intr.** (**aus.** *avere*) ● (*lett.*) sciabordare

scivolaménto [1916] **s. m.** ● lo scivolare (*anche fig.*)

♦**scivolàre** [vc. di orig. onomat. (?) ✱av. 1704] **v. intr.** (*io scìvolo*; **aus.** *essere* **nei sign. 2, 3, 4,** *essere* **o** *raro* *avere* **nel sign. 1**) **1** scorrere leggermente e rapidamente su una superficie liscia, levigata o in pendenza: *s. sul ghiaccio, su una pista, lungo una china*; *s. dalla sedia* **2** sdrucciolare perdendo l'equilibrio: *sulle strade bagnate si scivola facilmente* | ***s. su una buccia di banana***, (*fig.*) incorrere in un errore, in una difficoltà imprevista **3** (*est.*) sfuggire dalle mani, venir meno alla presa: *l'anguilla scivola via*; *i libri mi scivolano da sotto il braccio* | ***far s. qlco. in tasca a qlcu.***, dargliela di nascosto | cercare di evitare incontri, colloqui e sim., detto di persona: *riesce sempre a s. via* | (*fig.*) ***s. su un argomento, su un discorso*** e sim., evitarlo, non insistere, passare oltre **SIN.** glissare | andare a finire, passare gradualmente: *il discorso è scivolato sulla situazione politica* | scadere: *s. nel banale* | (*fig.*) arretrare: *l'euro scivola nei confronti del dollaro*; *la squadra è scivolata in fondo alla classifica* **4** entrare, infilarsi: *Scivolò sotto le coltri* (A. Moravia)

scivolàta [1726] **s. f.** **1** lo scivolare | scivolone | nel calcio, intervento con le gambe in avanti, falloso se colpisce le gambe dell'avversario: *entrare in s.* **2** derapata verso il lato basso dell'aereo | ***s. d'ala***, figura acrobatica dei velivoli, consistente in una scivolata generalmente ripida e prolungata **3** (*fig.*) brusco peggioramento: *s. in Borsa del Mibtel* **SIN.** scivolone **4** †componimento in settenari sdruccioli senza rima

scivolàto **part. pass.** di *scivolare*; anche **agg.** **1** nei sign. del v. **2** ***abito s.***, di linea sciolta, non aderente | (*mus.*) ***note scivolate***, eseguite passando rapidamente la mano sui tasti o sulle corde di uno strumento musicale

♦**scìvolo** [da *scivolare* ✱1723] **s. m.** **1** piano inclinato, spec. quello utilizzato in varie tecnologie per fare scivolare materiali, macchine e sim. in una data direzione **2** gioco costituito da un piano inclinato su cui ci si lascia scivolare cadendo in acqua, sulla sabbia e sim. **3** (*raro*) pendio ‖ **scivolétto**, **dim.** | **scivolìno**, **dim.**

scivolóne [da *scivolare* ✱1872] **s. m.** **1** caduta fatta scivolando: *fare uno s.* **2** (*fig.*) grave errore o svista | sconfitta inaspettata, spec. nel linguaggio calcistico | brusco peggioramento: *s. del dollaro*

scivolóso (o *-ṣo*) [da *scivolare* ✱1913] **agg.** **1** detto di superficie o sim. su cui si scivola con facilità **SIN.** sdrucciolevole **2** che sfugge alla presa | (*fig.*) che comporta rischi, pericoli: *argomento s.*; *terreno di discussione s.* | (*fig.*) detto di persona che nasconde le sue vere intenzioni dietro un'apparenza esageratamente cortese e complimentosa ‖ **scivolosétto**, **dim.** ‖ **scivolosaménte**, **avv.** ‖ **scivolosità**, **s. f. inv.** **1** condizione di ciò che è scivoloso **SIN.** sdrucciolevolezza **2** (*fig.*) insincerità, mellifluità

†**sclamàre** e deriv. ➤ **esclamare** e deriv.

sclarèa o (*tosc.*) **scarlèa** [lat. *sclārea(m)*, d'orig. sconosciuta ✱1550] **s. f.** ● varietà di salvia presente in Europa e Asia e coltivata per le sommità fiorite con profumo di moscato (*Salvia sclarea*)

scledènse [dal n. mediev. della città *Scledo*, dal lat. *aesculētu(m)*, bosco di lecci ✱sec. XX] **A** **agg.** ● di Schio **B** **s. m. e f.** ● abitante o nativo di Schio

sclèra [vc. dotta, dal gr. *sklērós* 'duro' ✱1829] **s. f.** ● (*anat.*) porzione biancastra, non trasparente della membrana esterna dell'occhio **SIN.** sclerotica

scleràle [1889] **agg.** ● della sclera, relativo alla sclera | ***lente s.***, lente a contatto per la correzione dei difetti della vista, composta da una parte centrale correttiva e da una parte marginale che serve da supporto

scleràre [da una riduzione gerg. di *(arterio)sclero(tico)* ✱1995] **v. intr.** (*io sclèro*; **aus.** *avere*) ● spec. nel gergo giovanile, non connettere, sragionare

sclerèide [da *sclero-* ✱sec. XIX] **s. f.** ● (*bot.*)

cellula vegetale a parete ispessita e lignificata

sclerènchima [sul modello di *parenchima* (V.) col pref. *sclero-* ✱ 1875] **s. m. (pl. -*i*)** ● tessuto vegetale di cellule con membrana totalmente ispessita, lignificata o mineralizzata

sclerenchimàtico [1960] **agg. (pl. m. -*ci*)** ● dello sclerenchima

sclerìte ① [da *scler(a)* con *-ite*① ✱ 1838] **s. f.** ● (*med.*) infiammazione della sclera

sclerìte ② [da *scler-*, con *-ite*② ✱ 1884] **s. f.** ● (*zool.*) ognuna delle spicole calcaree o silicee delle Spugne

sclèro- [dal gr. *sklērós* 'duro'] **primo elemento** (*scler-* **davanti a vocale**) ● in parole scientifiche composte, significa 'indurimento', 'irrigidimento', o anche 'sclera': *scleroso, sclerometro*

sclerodermìa [comp. di *sclero-* e *-dermia* ✱ 1872] **s. f.** ● malattia autoimmune con alterazioni infiammatorie della cute e di vari organi interni (polmoni, cuore, tratto gastrointestinale)

scleròma [vc. dotta, dal gr. *sklḗrōma*, genit. *sklērṓmatos* 'durezza', da *sklērós* 'duro' ✱ 1821] **s. m. (pl. -*i*)** **1** (*med.*) sclerosi **2** (*bot.*) stereoma

sclerometrìa [comp. di *sclero-* e *-metria* ✱ 1936] **s. f.** ● tecnica di misurazione della durezza dei minerali

scleròmetro [comp. di *sclero-* e *-metro* ✱ 1895] **s. m.** ● particolare durometro che determina la forza necessaria perché una punta scalfisca un dato materiale

scleroproteìna [comp. di *sclero-* e *proteina* ✱ 1957] **s. f.** ● (*biol., chim.*) qualsiasi proteina semplice caratterizzata da notevole resistenza alle sollecitazioni meccaniche e ai trattamenti chimici

sclerosànte [dal v. *sclerosare* 'provocare la sclerosi', denominale di *sclerosi* ✱ 1987] **A s. m.** ● (*med.*) sostanza chimica che, iniettata in un vaso sanguigno, produce infiammazione e fibrosi della sua parete, con conseguente obliterazione del lume e degenerazione del vaso stesso; è usata nel trattamento delle vene varicose **B anche agg.**: *iniezioni sclerosanti*

sclerosàre [1950] **v. tr.** (*io scleròso*) ● (*med.*) rendere sclerotico **SIN.** sclerotizzare

sclerò̀si o (*meno comune*) **scleròsi** [vc. dotta, dal gr. tardo *sklḗrōsis* 'indurimento', da *sklērós* 'duro' ✱ sec. XIV] **s. f. inv.** **1** (*med.*) indurimento, perdita di elasticità dei tessuti | *s. a placche, multipla*, malattia demielinizzante del sistema nervoso centrale caratterizzata da focolai di rammollimento della sostanza bianca, con alterazione della funzione motoria muscolare | *s. laterale amiotrofica*, malattia degenerativa che colpisce i motoneuroni centrali e periferici; in sigla Sla **SIN.** morbo di Lou Gehrig **2** (*fig.*) perdita di elasticità da parte di persone, enti e sim. che impedisce di adattarsi a situazioni mutevoli: *la s. della vita politica*

scleróso (o -*so*) [da *sclero-* ✱ 1960] **agg.** ● relativo allo sclerenchima

scleròtica [vc. dotta, dal lat. mediev. *sclerōtica(m)*, dal gr. *sklērótēs* 'durezza', da *sklērós* 'duro' ✱ sec. XV] **s. f.** ● (*anat.*) sclera

scleròtico [sec. XIV] **agg. e s. m. (f. -*a*; pl. m. -*ci*)** **1** che (o chi) è affetto da sclerosi **2** (*fig.*) obsoleto, antiquato: *concezioni sclerotiche* | burocratico, rigido, non efficiente: *struttura organizzativa sclerotica*

sclerotizzàre [da *sclerotico* ✱ 1949] **A v. tr.** **1** (*med.*) provocare un processo di sclerosi **SIN.** sclerosare **2** (*fig.*) irrigidire, privare di elasticità, rendere inerte, detto di principio ideologico, sistema economico e sim. **B sclerotizzàrsi v. intr. pron.** **1** (*med.*) subire un processo di sclerosi **2** (*fig.*) irrigidirsi, perdere elasticità ‖ **sclerotizzazióne**, **s. f.** (V.)

sclerotizzazióne [1964] **s. f.** ● (*fig., raro*) sclerosi (*spec. fig.*): *s. ideologica*

sclerotomìa [comp. di *sclero-* e *-tomia* ✱ 1940] **s. f.** ● (*chir.*) incisione della sclera

scleròtomo [comp. di *sclero-* e *-tomo* ✱ 1960] **s. m.** **1** (*med.*) strumento utilizzato per la sclerotomia **2** (*anat.*) porzione di un somite implicata nella formazione di una vertebra

scleròzio [dal gr. *sklērótēs* 'durezza' (V. *sclerotica*) ✱ 1821] **s. m.** ● (*bot.*) insieme di ife fungine intrecciate strettamente, protette da membrane ispessite, in cui sono accumulate sostanze nutritive

†**sclùso** ➤ **escluso**

scoagulàre [comp. di *s-* e *coagulare* ✱ 1971] **v. tr.** (*io scoàgulo*) ● eseguire una scoagulazione

scoagulazióne [1988] **s. f.** ● (*med.*) prevenzione della coagulazione del sangue mediante trattamento con farmaci anticoagulanti, come l'eparina o la cumarina

†**scóbbia** ➤ **sgorbia**

scòcca [dal dial. sett. *scòca* 'cassetta', dal longob. *skokka* 'dondolo' ✱ 1960] **s. f.** ● insieme dell'ossatura e dei rivestimenti esterni di una carrozzeria d'automobile | *s. portante*, carrozzeria portante | nell'arredamento, insieme della struttura portante e del rivestimento esterno di poltrone, divani e sim.

♣**scoccàre** [da *cocca*③, con *s-* ✱ 1287] **A v. tr.** (*io scòcco* o *scócco, tu scòcchi* o *scócchi*) **1** tirare, scagliare, con forza: *s. una freccia, un tiro, un pugno* **2** suonare, battere le ore, detto degli orologi a suoneria: *l'orologio scoccò le sei* **3** (*fig.*) mandare, rivolgere, con impeto o rapidità: *s. un bacio, occhiate d'intesa* **B v. intr.** (aus. *essere*) **1** di filo, sciogliersi dalla cocca del fuso | scattare: *la trappola è scoccata* **2** suonare, battere, detto delle ore: *scoccano le sei* **3** sprigionarsi, balenare: *nella tenebra scoccavano biancori* (B. FENOGLIO) **4** (*fig.*) nascere all'improvviso: *tra i due scoccò la scintilla della passione*

scocciànte **part. pres.** di *scocciare*②; **anche agg.** ● (*colloq.*) fastidioso, noioso

scocciàre ① [da *coccio*, con *s-* ✱ 1855] **v. tr.** (**pres.** *io scòccio*; **fut.** *io scoccerò*) ● (*centr.*) rompere oggetti fragili: *s. uova, vasi*

scocciàre ② [da *coccia* 'testa, guscio', con *s-* ✱ 1838] **A v. tr.** (**pres.** *io scòccio*; **fut.** *io scoccerò*) ● (*colloq.*) importunare, infastidire, seccare: *lo sai che mi hai scocciato?; non scocciarmi con le tue storie* **B scocciàrsi v. intr. pron.** ● (*colloq.*) seccarsi, annoiarsi: *si è scocciato di ascoltarci*

scocciàre ③ [comp. di *s-* e di un deriv. del dial. *coccia* 'testa' sul modello di *incocciare* ✱ 1838] **A v. tr.** (**pres.** *io scòccio*; **fut.** *io scoccerò*) ● (*mar.*) sfilare un gancio, l'estremità di un cavo e sim. da un anello e sim. **B scocciàrsi v. intr. pron.** ● (*pesca*) liberarsi dall'amo, detto del pesce

scocciàto **part. pass.** di *scocciare*②; **anche agg.** ● (*colloq.*) seccato, infastidito

scocciatóre [da *scocciare*② ✱ 1905] **s. m. (f. -*trice*)** ● (*colloq.*) persona noiosa, importuna e seccatrice: *liberarsi degli scocciatori*

scocciatùra [da *scocciare*② ✱ 1905] **s. f.** ● (*colloq.*) seccatura, fastidio, noia

scoccigliàre [da *coccio*, con *s-* e suff. iter. ✱ 1879] **v. intr.** (*io scocciglio*; aus. *avere*) ● (*raro, pop.*) muovere piatti, tegami, e sim. facendo rumore

scòcco [da *scoccare* ✱ 1550] **s. m. (pl. -*chi*)** **1** lo scoccare: *non poteva terminare una preghiera* (...) *che lo s. della campana aveva troncata* (A. MANZONI) **SIN.** rintocco, suono **2** tiro, lancio: *come le corde degli archi dopo lo s.* (G. D'ANNUNZIO) **3** (*mar.*) ***gancio a s.***, con braccio movibile tenuto chiuso da un anello scorrevole che, fatto scivolare, ne determina l'apertura

scoccolatùra [da *coccola*, con *s-* ✱ 1960] **s. f.** ● (*bot.*) asportazione dei fiori del ficodindia in maggio, allo scopo di ottenere una seconda fioritura e una fruttificazione tardiva, commercialmente pregiata, in ottobre-dicembre

scocuzzolàre [da *cocuzzolo*, con *s-* ✱ 1872] **v. tr.** (*io scocùzzolo*) ● (*raro*) privare del cocuzzolo

scodàre [da *coda*, con *s-* ✱ 1483] **v. tr.** (*io scódo*) ● privare della coda: *s. un cavallo*

scodàto **part. pass.** di *scodare*; **anche agg.** **1** privo o privato della coda **2** (*raro*) che ha la coda mozza: *scimmia scodata*

♦**scodèlla** o †**scudèlla** [lat. *scutĕlla(m)*, da *scŭtra* 'piatto', di etim. incerta ✱ 1193] **s. f.** **1** piatto fondo, usato spec. per servire la minestra: *s. di porcellana* | quantità di cibo contenuta in una scodella: *mangiare due scodelle di minestra* **2** ciotola, tazza priva di manico, di grandezza e materiale diversi, adibita a vari usi **3** cavità a forma di scodella, nel terreno, nella roccia e sim. ‖ **scodellétta**, **dim.** | **scodellìna**, **dim.** (V.) | **scodellìno**, **dim. m.** (V.) | **scodellóna**, **accr.** | **scodellóne**, **accr. m.** | **scodellùccia**, **dim.**

†**scodellàio** [sec. XIII] **s. m.** ● chi fa o vende scodelle | vasaio

scodellàre [av. 1557] **v. tr.** (*io scodèllo*) **1** versare minestra o altri cibi, spec. brodosi, nella scodella (*anche assol.*): *s. la polenta* **2** (*sport*) nel calcio, effettuare un passaggio preciso, spec. un lancio parabolico (*anche assol.*): *s. un cross; Pirlo scodella al centro dell'area* | ***s. la palla***, rimetterla in gioco da parte dell'arbitro, dopo un'interruzione della partita (per es. per la presenza di due palloni in campo), alzandola leggermente e facendola ricadere a terra davanti a due giocatori avversari **3** (*fig., fam., scherz.*) dire, dare, fare e sim. con grande facilità: *s. bugie, fandonie, giustificazioni; scodella un figlio ogni anno*

scodellàta [av. 1573] **s. f.** ● quantità di cibo contenuta in una scodella: *una s. di minestra*

scodellàto **part. pass.** di *scodellare*; **anche agg.** **1** nei sign. del v. **2** (*fig., fam.*) ***volere la pappa bell'e scodellata***, volere le cose bell'e fatte

scodellìna [da *scodella* ✱ av. 1400] **s. f.** **1** dim. di *scodella* **2** (*bot.*) ombelico di Venere

scodellìno [1561] **s. m.** **1** dim. di *scodella* **2** nelle antiche armi da fuoco ad avancarica, piccola cavità dove veniva posta la polvere per l'innesco **3** (*pittura*) piccolo contenitore per il diluente

scodinzolaménto [da *scodinzolare* ✱ 1895] **s. m.** **1** lo scodinzolare **2** (*autom.*) andamento serpeggiante di un veicolo per squilibrio strutturale o ridotta aderenza delle ruote posteriori

♦**scodinzolàre** [da *codinzolo*, doppio dim. di *coda*, con *s-* ✱ 1772] **v. intr.** (*io scodìnzolo*; aus. *avere*) **1** dimenare la coda: *il cane scodinzola in segno di festa* **2** (*fig.*) camminare ancheggiando, detto spec. di donna **3** (*fig.*) avere un atteggiamento molto deferente e talvolta servile, adulatorio o sim.: *E allora io la guardai, scodinzolando* (I. SVEVO)

scodinzolìo [1891] **s. m. (pl. -*ii*)** ● lo scodinzolare continuo

scodìnzolo [deriv. di *scodinzolare* ✱ 1987] **s. m.** ● nello sci, serie di curve a corto raggio con gli sci paralleli e ravvicinati

scoffìna e deriv. ➤ **scuffina** e deriv.

scòglia ① [dal lat. *spŏlia*, nt. pl. di *spŏlium* 'spoglia, pelle', con sovrapposizione di *scaglia* ✻ 1340 ca.] **s. f. 1** (*lett.*) involucro corneo deposto dai rettili con la muta **CFR.** esuvia **2** (*raro, lett.*) involucro | (*fig.*) strato di ignoranza, di peccato che avvolge le anime

†**scòglia** ② [f. di *scoglio* ① ✻ av. 1276] **s. f.** ● scoglio ①

scoglièra [da *scoglio* ① ✻ sec. XIII] **s. f.** ● successione di scogli che affiorano o emergono dal mare | ***s. corallina***, cintura di scogli formata da colonie di coralli che si sviluppano intorno alle coste nei mari caldi

♦**scòglio** ① [adattamento tosc. del genovese *scogiu*, dal lat. *scŏp(u)lu(m)* 'scoglio', risalente al gr. *skópelos*, di orig. prob. indeur. ✻ 1266] **s. m. 1** porzione di roccia che emerge dalle acque del mare **2** (*est., lett.*) rupe, masso scosceso **3** (*fig.*) ostacolo, grave difficoltà: *questo è uno s. per il buon esito del progetto* ‖ **scogliétto, dim.**

†**scòglio** ② [m. di *scoglia* ① ✻ 1319] **s. m.** ● scoglia ①: *Correte al monte a spogliarvi lo s. / ch'esser non lascia a voi Dio manifesto* (DANTE *Purg.* II, 122-123)

scoglionaménto [1993] **s. m.** ● (*volg.*) lo scoglionare, lo scoglionarsi | scoglionatura

scoglionàre [da *coglione* con *s-* intensivo ✻ 1882] **A v. tr.** (*io scoglióno*) ● (*volg.*) seccare profondamente, infastidire **B scoglionàrsi v. intr. pron.** ● (*volg.*) seccarsi, annoiarsi, non poterne più di qlcu. o di qlco. **SIN.** scocciare ②

scoglionàto [da *coglione*, con *s-* ✻ 1890] **agg.** ● (*volg.*) annoiato, infastidito | (*raro*) scontento

scoglionatùra [da *scoglionato* ✻ 1969] **s. f.** ● (*volg.*) noia, fastidio **SIN.** scoglionamento

scoglióso (o -*ṣo*) [da *scoglio* ① ✻ av. 1321] **agg.** ● pieno di scogli: *mare s.* | fatto di scogli: *riva scogliosa*

†**scognóscere** e deriv. ➤ **sconoscere** e deriv.

scoiàre e deriv. ➤ **scuoiare** e deriv.

†**scoiàtto** [1481] **s. m.** ● (*raro*) scoiattolo

♦**scoiàttolo** [dal lat. *scuriŏlu(m)*, dim. dissimilato di *sciūrus* 'scoiattolo', col suff. dim. -*attolo* (V. *Sciuridi, scheruolo*) ✻ 1476] **s. m.** ● roditore degli Sciuridi con grandi occhi vivaci e lunga coda, arboricolo e vivacissimo (*Sciurus vulgaris*): *essere agile, svelto, come uno s.* | ***correre, arrampicarsi e sim. come uno s.***, in modo agile e veloce | ***s. volante***, nome comune di un piccolo roditore arboricolo notturno la cui pelle dai fianchi si estende come una membrana tesa fra le zampe anteriori e posteriori di ciascun lato ‖ **scoiattolìno, dim.**

scòla ➤ **scuola**

scolabottìglie [comp. di *scola(re)* ① e il pl. di *bottiglia* ✻ 1973] **s. m. inv. 1** struttura, spec. metallica, su cui si infilano le bottiglie capovolte a scolare **2** (*fig., fam.*) ubriacone

scolabròdo ➤ **colabrodo**

scolafèccia [comp. di *scola(re)* ① e *feccia* ✻ 1970] **s. f.** (**pl.** -*ce*) ● (*enol.*) sacco a punta dove si mette a scolare la feccia del vino

scolafrìtto [comp. di *scola(re)* ① e *fritto* ✻ 1891] **s. m. inv.** ● utensile da cucina costituito da un recipiente metallico bucherellato in cui si mette a scolare il fritto

†**scolàio** ➤ **scolaro**

scolaménto [da *scolare* ① ✻ av. 1597] **s. m.** ● (*raro*) lo scolare | scolo

scolapàsta ➤ **colapasta**

scolapiàtti [comp. di *scola(re)* ① e il pl. di *piatto* ✻ 1970] **s. m. inv.** ● intelaiatura su cui si mettono verticalmente i piatti lavati, perché ne scoli l'acqua

scolàrca [vc. dotta, dal gr. *scholárchēs*, comp. di *scholḗ* 'scuola' e -*árchēs*, da *árchein* 'comandare, guidare' ✻ 1929] **s. m.** (**pl.** -*chi*) ● nell'antichità greco-romana, capo riconosciuto di una scuola filosofica

scolarcàto [1960] **s. m.** ● titolo, funzione e dignità di scolarca

scolàre ① [da *colare*, con *s-* ✻ av. 1320] **A v. tr.** (*io scólo*) ● fare scorrere o gocciolare lentamente da un recipiente il liquido, o il residuo di liquido, in esso contenuto: *occorre s. le bottiglie prima di riempirle* | far sgocciolare da verdure, cibi o sim. l'acqua in cui sono stati cotti, lavati e sim.: *s. la pasta, l'insalata* **B v. intr.** (**aus.** *essere*) ● scorrere verso il basso, colare giù, detto di liquidi **C scolàrsi v. tr. pron.** (**aus.** *essere*) ● (con valore intens.) tracannare, svuotare bevendo tutto il contenuto: *scolarsi un fiasco, una bottiglia*

scolàre ② [vc. dotta, dal lat. tardo *scholā̆re(m)*, agg. da *schŏla* 'scuola' ✻ 1960] **agg.** ● solo nella loc. ***età s.***, età in cui si è soggetti agli obblighi scolastici ‖ **scolarità, s. f. inv.** (V.)

†**scolàre** ③ ➤ **scolaro**

scolarésca [1671] **s. f.** ● insieme degli scolari di una classe, di una scuola, di un istituto

scolarésco [1584] **agg.** (**pl. m.** -*schi*) ● lo scolaro | scolastico (*spec. spreg.*): *gli scolareschi compilatori di manuali storici* (B. CROCE) ‖ **scolarescaménte, avv.** da scolaro

scolarétto [sec. XIV] **s. m.** (**f.** -*a*) **1** dim. di *scolaro* **2** (*est.*) persona ingenua o goffa: *arrossire, comportarsi, essere impacciato, come uno s.*

scolarità [fr. *scolarité*, dal lat. mediev. *scholaritāte(m)*, deriv. di *scholāris*: V. *scolare* ② ✻ 1973] **s. f. inv. 1** (*lett.*) condizione di scolaro **2** indice di frequenza scolastica

scolarizzàre [fr. *scolariser*, da *scolaire* 'scolastico' ✻ 1972] **v. tr.** ● porre in atto provvedimenti idonei per recuperare all'istruzione obbligatoria quanti ne sono rimasti esclusi | sottoporre all'obbligo scolastico ‖ **scolarizzazióne, s. f.** lo scolarizzare; indice di frequenza scolastica

♦**scolàro** o (*disus.*) **scolàre** ③, †**scolàio** [dalla forma sost. dell'agg. lat. tardo *scholāre(m)* 'di scuola', da *schŏla* 'scuola' (V. *scuola*) ✻ 1261 ca.] **s. m.** (**f.** -*a*) **1** chi frequenta una scuola, spec. dell'ordine inferiore: *s. delle elementari, delle medie*; *Dice uno scolaio contra ad un altro: 'Tu se' venuto troppo tardi a scuola'* (B. LATINI) **SIN.** allievo, alunno **2** discepolo, seguace, di un maestro o di una scuola: *gli scolari del De Sanctis* ‖ **scolarétto, dim.** (V.) | **scolarùccio, dim.**

scolàstica [vc. dotta, dal lat. mediev. *scholā̆stica(m)*, f. sost. di *scholā̆sticus* 'scolastico' ✻ av. 1667] **s. f.** ● il pensiero filosofico e teologico medievale, elaborato prima nelle scuole monastiche poi presso le università, che interpreta l'aristotelismo alla luce delle verità della rivelazione cristiana: *san Tommaso è il più importante esponente della s.*

scolasticàto [da *scolastico* ✻ 1960] **s. m. 1** periodo successivo ai primi due anni di noviziato dei gesuiti **2** l'edificio sede di scolasticato

scolasticherìa [da *scolastico* ✻ av. 1852] **s. f. 1** (*raro*) pedanteria scolastica **2** (*raro*) ragionamento pedante e astruso caratteristico dei seguaci della Scolastica

scolasticìsmo [1819] **s. m. 1** (*raro*) carattere scolastico, ripetitivo, privo di originalità **2** (*filos.*) l'insieme dei metodi e delle dottrine dei filosofi scolastici

♦**scolàstico** [vc. dotta, dal lat. *scholā̆sticu(m)* 'scolastico', dal gr. *scholastikós*, da *scholḗ* 'scuola' ✻ 1374] **A agg.** (**pl. m.** -*ci*) **1** relativo alla scuola, che riguarda la scuola: *legislazione scolastica*; *doveri, libri, scolastici*; *questioni scolastiche*; *aula scolastica*; *ispettore, calendario, s.* | ***anno s.***, periodo, solitamente da settembre a giugno, durante il quale si svolge l'attività della scuola primaria e secondaria in Italia **2** (*fig., spreg.*) che risente troppo di schemi, regole, principi rigidi, che è privo di apporti personali: *stile s.* **3** relativo alla scolastica ‖ **scolasticaménte, avv. 1** in modo scolastico **2** da un punto di vista scolastico, didattico **3** secondo i principi della filosofia scolastica ‖ **scolasticità, s. f. inv.** condizione di chi (o di ciò che) è scolastico (*spec. spreg.*): *la prosaicità e la scolasticità degli ultimi versi* (G. CARDUCCI) **B s. m. 1** (*filos.*) seguace della filosofia e teologia scolastica **2** nel Medioevo, maestro di scuola **3** (*dir.*) nei secc. XIV e XV, giurista commentatore (V. *commentatore* nel sign. 3) **4** in taluni ordini religiosi, chi si prepara a ricevere il sacerdozio dopo aver terminato il noviziato

scolasticùme [da *scolasti(co)* con il suff. spreg. -*ume* ✻ 1869] **s. m.** ● (*spreg.*) dogmatismo e formalismo propri dei filosofi scolastici | (*est., spreg.*) pedanteria, eccessiva cavillosità

scolatìccio [1952] **s. m.** ● colaticcio

scolàto **part. pass.** di *scolare* ① ● nei sign. del v.

scolatóio [av. 1406] **A s. m.** (**pl.** -*ói*) ● piano inclinato su cui si mette qlco. a scolare: *lo s. della lavanderia* **B agg.** ● (*raro*) che serve a scolare o a fare scolare: *solco s.*

scolatùra [av. 1328] **s. f.** ● lo scolare | liquido scolato

scolecìte [vc. dotta, dal gr. *skṓlēx*, genit. *skṓlēkos* 'verme', di orig. indeur., con -*ite* ② ✻ 1875] **s. f.** ● (*miner.*) zeolite di calcio in cristalli fibrosi raggiati di colore bianco

scolìaste o (*raro*) **scolìasta** [vc. dotta, dal gr. *scholiastḗs*, da *schólion* 'scolio' ✻ 1583] **s. m.** ● anticamente, chiosatore, annotatore di antichi poeti

scòlice [dal lat. *scolēce(m)* 'verme', dal gr. *skṓlēx*, genit. *skṓlēkos*, di orig. indeur. ✻ 1891] **s. m.** ● (*zool.*) estremità cefalica del corpo dei Cestodi, munita di organi di attacco alla parete intestinale

scolìna [da *scolo* ✻ 1940] **s. f.** ● piccolo canale ai margini dell'appezzamento per la raccolta delle acque

scòlio ① [vc. dotta, dal gr. *schólion* 'scolio, glossa', da *scholḗ* 'scuola' (V. *scuola*) ✻ 1619] **s. m.** (**pl.** -*i* o *raro* -*ii*) ● chiosa, annotazione

scòlio ② [vc. dotta, dal gr. *skólion* (*mélos*) '(canto) obliquo', perché i convitati vi si avvicendavano senza un ordine stabilito ✻ 1826] **s. m.** (**pl.** -*i* o *raro* -*ii*) ● nell'antica Grecia, carme conviviale

scolio ③ [1891] **s. m.** (**pl.** -*ii*) ● lo scolare continuo

scolìoṣi [vc. dotta, dal gr. tardo *skolíōsis* 'incurvamento', da *skolíos* 'curvo', di orig. indeur. ✻ 1821] **s. f. inv.** ● (*med.*) deviazione laterale a larga curvatura della colonna vertebrale

scoliòtico [1939] **agg. e s. m.** (**f.** -*a*; **pl. m.** -*ci*) ● che (o chi) è affetto da scoliosi

Scolìtidi [lat. scient. *Scolytidae*, dal nome del genere *Scolytus*, dal gr. *skolýptein* 'tagliare, lacerare', di orig. indeur., allusivo all'azione distruttrice di questi insetti ✻ 1931] **s. m. pl.** (**sing.** -*e*) ● (*zool.*) famiglia di Insetti dei Coleotteri che scavano gallerie nel legno e sotto la corteccia (*Scolytidae*)

scollacciàrsi [da *scollare* ①, con suff. pegg. ✻ 1865] **v. rifl.** (**pres.** *io mi scollàccio*; **fut.** *io mi scollaccerò*) ● indossare abiti che scoprono troppo il collo e il petto

scollacciàto **part. pass.** di *scollacciarsi*; **anche agg. 1** nel sign. del v. **2** (*fig.*) licenzioso, audace: *discorsi scollacciati*

scollacciatùra [da *scollacciare* ✻ 1906] **s. f.** • scollatura troppo ampia

scollaménto [da *scollare*② ✻ 1960] **s. m.** **1** lo scollare, lo scollarsi **2** distacco di due superfici o di due organi ottenuto con manovre di taglio o di strappo **3** (*fig.*) perdita di coesione, distacco fra persone o parti di organismo politico, sociale e sim. legate ideologicamente od organizzativamente: *lo s. fra i partiti della maggioranza*

scollàre① [da *collo*①, con *s-* ✻ 1846] **A** **v. tr.** (*io scòllo*) • modellare con le forbici la parte anteriore di un indumento, aprendola più o meno in corrispondenza della parte da cui esce il collo: *s. un vestito, una camicia* | fare lo scollo, o la scollatura a un abito femminile: *s. a punta, a tondo, a quadro* **B** **scollàrsi** **v. intr. pron.** • vestire abiti eccessivamente aperti sul petto: *ti sei scollata troppo*

scollàre② [da *colla*②, con *s-* ✻ 1604] **A** **v. tr.** (*io scòllo*) **1** staccare cose incollate fra loro **2** (*chir.*) disgiungere due organi normalmente o patologicamente uniti **B** **scollàrsi** **v. intr. pron.** • disgiungersi, sconnettersi, detto di cose incollate fra loro

scollàto① **part. pass.** di *scollare*①; anche **agg.** **1** che lascia scoperto il collo, il petto, le spalle, detto di abito | ***scarpa scollata***, scarpa di linea classica che lascia scoperto il collo del piede **CONTR.** accollato **2** che indossa un abito scollato: *signore scollate*

scollàto② **part. pass.** di *scollare*②; anche **agg.** **1** nei sign. del v. **2** (*raro, fig.*) ***testa scollata***, di persona confusionaria, disordinata

scollatùra① [da *scollare*① ✻ 1336 ca.] **s. f.** **1** lo scollare un indumento **2** apertura di un indumento, spec. femminile, sul collo, sul petto o sulle spalle: *s. tonda, quadrata, a goccia, a V, a U* | parte del collo, del petto o delle spalle che la scollatura lascia vedere

scollatùra② [da *scollare*② ✻ 1922] **s. f.** • distacco di parti incollate insieme

scollegaménto [1745] **s. m.** **1** (*raro*) lo scollegare **2** asindeto

scollegàre [da *collegare*, con *s-* ✻ 1838] **A** **v. tr.** (*io scollégo* (o *-è-*), *tu scolléghi* (o *-è-*)) **1** disunire, disgiungere (*anche fig.*) **2** disconnettere: *s. un cavo, una periferica* **B** **scollegàrsi** **v. rifl.** • disconnettersi (+ *da*): *scollegarsi da Internet*

scollegàto **part. pass.** di *scollegare*; anche **agg.** • nel sign. del v. | (*fig.*) privo di connessione, di collegamento logico: *episodi, ragionamenti del tutto scollegati*

scollettatrìce [da *colletto*, con *s-* ✻ 1960] **s. f.** • macchina per effettuare la scollettatura

scollettatùra [da *colletto*, con *s-* ✻ 1960] **s. f.** • asportazione del colletto e delle foglie da radici di barbabietole e di altre piante

scollinàre [da *collina*, con *s-* ✻ 1587] **v. intr.** (aus. *avere* o *essere*) • (*raro*) valicare colline | nel linguaggio giornalistico, superare un valico, detto di corridori ciclisti | (*fig., colloq.*) superare un limite, andare oltre | †passeggiare per le colline

scòllo [da *scollare*① ✻ 1905] **s. m.** • apertura di un indumento, spec. femminile, sul collo, sul petto o sulle spalle: *s. a V, a U* | parte del collo o del petto che lo scollo lascia vedere

scolmàre [da *colmare*, con *s-* ✻ av. 1606] **v. tr.** (*io scólmo*) • (*raro*) diminuire la colmatura di qlco.

scolmatóre [da *scolmare* ✻ 1952] **A** **s. m.** • canale che scarica l'eccesso delle piene di un fiume convogliandone le acque in altro di portata maggiore, in un lago o nel mare **B** anche **agg.** (**f.** *-trice*): *canale s.*

scolmatùra [da *scolmatore* ✻ 1960] **s. f.** • abbassamento delle acque di piena di un fiume per mezzo di scolmatori

scólo [da *scolare*① ✻ av. 1580] **s. m.** **1** lo scolare di un liquido: *lo s. delle acque* | materia che scola: *lo s. ha otturato la tubatura* | condotto, tubatura o sim., attraverso cui un liquido scola | ***canale di s.***, nel quale vengono trasportate le acque, o sim., di scarico **2** (*med.*) fuoriuscita a goccia di umori | (*pop.*) blenorragia

scolopèndra [vc. dotta, dal lat. *scolopĕndra(m)*, dal gr. *skolópendra*, di etim. incerta ✻ 1552] **s. f.** • piccolo animale dei Chilopodi a corpo appiattito diviso in anelli, bruno, agile, dotato di veleno per paralizzare le prede (*Scolopendra cingulata*)

scolopèndrio [lat. *scolopendrium* ✻ 1838] **s. m.** • (*bot.*) lingua cervina

scolòpio [vc. dotta, comp. dal lat. *schŏla* 'scuola' e *pĭus* 'pio' ✻ av. 1850] **s. m.** • membro della comunità religiosa regolare delle Scuole Pie, fondata a Roma nel 1617 da S. Giuseppe Calasanzio, prima riconosciuta come congregazione e in seguito elevata a ordine

scoloraménto [1666] **s. m.** • (*raro*) lo scolorare, lo scolorarsi

scoloràre [da *colorare*, con *s-* ✻ 1313] **A** **v. tr.** (*io scolóro*) • far perdere il colore, la vivacità del colore | (*est.*) fare impallidire **B** **v. intr.** (*lett.*; aus. *essere*) e **scoloràrsi** **v. intr. pron.** • perdere il colore, la vivacità del colore | (*est.*) impallidire: *scolorarsi in viso*

scoloriménto [av. 1694] **s. m.** • lo scolorire: *tinta soggetta a s.*

scolorìna® [da *scolor(are)*, con *-ina* ✻ 1891] **s. f.** • preparato chimico a base di cloro o di permanganato che si usa per togliere macchie d'inchiostro dalla carta e dai tessuti

scolorìre [da *colorire*, con *s-* ✻ av. 1375] **A** **v. tr.** (*io scolorisco, tu scolorìsci*) • far perdere il colore: *il sole scolorisce le tinte vivaci* | (*fig.*) far perdere vivezza, intensità: *il tempo ha scolorito i ricordi* **B** **v. intr.** (**aus.** *essere*) e **scolorìrsi** **v. intr. pron.** • perdere il colore, la vivacità del colore: *il rosso scolorisce facilmente; è una stoffa che non si scolorisce* | (*est.*) impallidire: *s., scolorirsi, in volto, in viso*

scolorito **part. pass.** di *scolorire*; anche **agg.** • nei sign. del v.: *un tessuto s.* | ***volto s.***, pallido | (*fig.*) scialbo, inespressivo: *il suo linguaggio s. e sommario* (A. MORAVIA) | (*fig.*) ***ricordi scoloriti***, attenuati, sbiaditi

†**scólpa** [da *scolpare* (V. *discolpa*) ✻ av. 1380] **s. f.** • discolpa

scolpàre [da *colpa*, con *s-* ✻ 1319] **A** **v. tr.** (*io scólpo*) • difendere, liberare, da un'accusa, da una colpa **B** **scolpàrsi** **v. rifl.** • difendersi da un'accusa, da una colpa

scolpiménto [1282] **s. m.** • (*raro*) lo scolpire

scolpìre [dal lat. *scŭlpere* (con cambio di coniug.), vc. di orig. indeur. affine a *scalpĕllum* 'scalpello' ✻ 1282] **v. tr.** (*io scolpìsco, tu scolpìsci*) **1** lavorare pietra, marmo, legno, metallo e sim. in modo da formare una o più figure: *s. il marmo* | ritrarre, effigiare, con la scultura: *s. una statua* **2** incidere: *scolpirono i loro nomi su un tronco d'albero* **3** (*fig.*) imprimere, fissare: *s. un ricordo nell'anima, nella mente* **4** rilevare con la voce, con la pronuncia, scandire: *scolpisci meglio le parole* (G. LEOPARDI) **5** †riconoscere, ravvisare

scolpitézza [av. 1636] **s. f.** • (*fig., lett.*) evidenza espressiva, vigore di linguaggio, di stile: *nella precisa efficacia e s. … del Redi, del Galilei* (G. LEOPARDI)

scolpìto **part. pass.** di *scolpire*; anche **agg.** **1** nei sign. del v. **2** adorno di sculture, di fregi: *marmo s.* **3** (*fig.*) distinto, rilevato, netto: *carattere ben s.* | (*fig.*) segnato: *un volto s. dagli anni* **4** detto di battistrada di pneumatico da fuoristrada o motocross con tacche molto rilevate e incavi profondi || **scolpitaménte**, **avv.** come scolpendo; distintamente; incisivamente

scolpitóre [1282] **s. m.** (**f.** *-trice*); anche **agg.** • (*raro*) chi (o che) scolpisce | †scultore

scolpitrìce [da *scolpire* ✻ 1993] **s. f.** • macchina per lavorare il legno e riprodurre in serie uno stesso modello scolpito

scolpitùra [da *scolpito* (V. *scultura*) ✻ sec. XIV] **s. f.** **1** (*raro*) lo scolpire | †scultura | effigie, impronta **2** disegno inciso sul battistrada dello pneumatico per conferirgli aderenza

scólta (o *-ò-*) o †**ascólta**① [dal lat. tardo *scŭlca(m)* 'guardia', dal got. **skulka* 'spia', con sovrapposizione di *ascoltare* ✻ 1362 ca.] **s. f.** **1** (*lett., stor.*) sentinella, guardia: *fare la s.* **2** nello scoutismo, giovane esploratrice di età superiore ai 17 anni **CFR.** rover

†**scoltàre** ➤ **ascoltare**

scólto ➤ **sculto**

†**scoltùra** ➤ **scultura**

scombaciàre [da *combaciare*, con *s-* ✻ 1823] **v. tr.** (**pres.** *io scombàcio*; **fut.** *io scombacerò*) • disgiungere due cose, parti o sim. combaciate fra loro

†**scombavàre** [da *bava*, con doppio pref. *s-* e *con-* ✻ 1342] **v. tr.** e †**scombavàrsi** **v. rifl.** • sporcare, sporcarsi di bava

scombiccheràre [variante dell'ant. *scorbicchierare*, da *scorbio* 'sgorbio', con suff. iter. ✻ av. 1564] **v. tr.** (*io scombìcchero*) • (*raro, fam.*) scrivere, disegnare, malamente, scarabocchiare **SIN.** schiccherare

scombiccheratóre [av. 1789] **s. m.** (**f.** *-trice*) • (*raro*) chi scombicchera

scombinaménto [1965] **s. m.** • (*raro*) lo scombinare | scompiglio, scombussolamento: *gli lasciavano addosso un'impressione di s. d'abitudini* (I. CALVINO)

scombinàre [da *combinare*, con *s-* sottratt.-neg. ✻ av. 1729] **v. tr.** **1** scomporre, mettere in disordine: *hai scombinato tutti i fogli* **2** mandare a monte: *s. un matrimonio, un affare*

♣**scombinàto** **A** **part. pass.** di *scombinare*; anche **agg.** **1** nei sign. del v. **2** sconclusionato, sregolato, incoerente: *mente, testa, scombinata* **B** **s. m.** (**f.** *-a*) • persona scombinata

Scómbridi (o *-ò-*) [da *scombro*, con *-ide* ✻ 1957] **s. m. pl.** (**sing.** *-e*) • (*zool.*) famiglia di Pesci ossei veloci nuotatori, con squame piccole, bocca ampia e carni commestibili (*Scombridae*)

scómbro o **sgómbro**③ [lat. *scŏmbru(m)*, dal gr. *skómbros*, di etim. incerta ✻ 1476] **s. m.** • pesce degli Scombridi blu metallico con strie sinuose nere, apprezzato per le carni bianche e sode (*Scomber scombrus*) **SIN.** (*sett., pop.*) lacerto①

†**scombugliàre** ➤ **scombuiare**

†**scombùglio** [sovrapposizione di *sobbuglio* a *scompiglio* ✻ 1612] **s. m.** • scompiglio, confusione

scombuiàre o †**scombugliàre** [lat. parl. **combulliāre*, da *bŭlla* 'bolla d'aria', con *s-* (V. *subbuglio*) ✻ av. 1606] **v. tr.** (*io scombùio*) • (*raro*) disordinare, mettere sossopra | (*lett.*) confondere, frastornare: *comunicazioni che mi hanno scombuiato il cervello* (A. FOGAZZARO)

scombussolaménto [1726] **s. m.** • lo scombussolare | disordine, scompiglio | (*fig.*) turbamento, sconvolgimento

scombussolàre [da *bussola*, col doppio pref. *s-* e *con-* ✻ av. 1698] **v. tr.** (*io scombùssolo*) • causare disordine, confusione, scompiglio: *il suo arrivo scombussola i nostri progetti* | (*fig.*) confondere, frastornare: *la giornata faticosa ci ha scombussolati*

SFUMATURE DI SIGNIFICATO

scombussolare - turbare
Causare disordine, scompiglio, confusione si dice **scombussolare**; riferito a persona significa confondere, frastornare, far perdere temporaneamente il controllo di sé. **Turbare** descrive un'azione di disturbo ancora maggiore su una situazione o un ambiente; *turbare* una persona è invece renderla inquieta, agitarla profondamente.

scombussolio [da *scombussolare* col suff. *-io*① ✱ 1862] **s. m.** (**pl.** *-ii*) ● confusione, grande scombussolamento

scòmma [dal lat. *scōmma* 'sarcasmo', dal gr. *skômma*, genit. *skṓmmatos*, di etim. incerta ✱ 1584] **s. m.** (**pl.** *-i*) ● (*lett.*) motto pungente, arguzia: *non è … tanto armato di raggioni, quanto di … scommi* (G. Bruno)

♦**scommèssa** [f. sost. di *scommesso* ✱ 1543] **s. f. 1** patto fra due o più persone in base al quale chi sbaglia una previsione, fa un'affermazione errata, o sim., si impegna a pagare agli altri una data somma, a effettuare una data prestazione, ecc.: *fare, vincere, perdere, una s.* | puntata in giochi d'azzardo, incontri sportivi, corse di cavalli, ecc.: *scommesse clandestine* **CFR.** calcioscommesse **2** somma impegnata nello scommettere: *la s. è di cinquanta euro; una s. troppo alta* **3** impresa difficile, rischiosa, che si presenta incerta: *raggiungere la vetta è una vera s.* **SIN.** azzardo

scommésso① **part. pass.** di *scommettere*①; **anche agg.** ● nei sign. del v.

scommésso② **part. pass.** di *scommettere*②; **anche agg.** ● nei sign. del v.

scomméttere① [da *commettere*, con *s-* ✱ 1313] **A v. tr.** (**coniug. come** *mettere*) **1** disunire cose o parti congiunte fra loro: *s. le assi di un pavimento* **2** †slogare **3** (*fig.*) †mettere in contrasto, dividere | †spargere discordia **B scomméttersi v. intr. pron.** ● disunirsi, sconnettersi

♦**scomméttere**② [etim. incerta, prob. da *scommettere*①, con passaggio semantico poco chiaro ✱ 1640] **v. tr.** (**coniug. come** *mettere*) **1** fare una scommessa (**anche assol.**): *s. cinque euro; s. un pranzo; s. sull'esito delle elezioni; s. a favore di qlcu.*; (**iperb.**) *s. la testa, l'osso del collo* e sim.; *non mi piace s.; non scommetto mai* | **scommétterci**, essere fermamente convinto di qlco.: *se ce la farò? puoi scommetterci!; ci puoi scommettere!* **2** (*est.*) affermare con certezza, dichiararsi sicuro (+ *che*, + *di* **seguito da inf.**): *scommetto che oggi piove; scommetto che tutto finirà bene; scommettiamo che non ce la fa?; scommetto di riuscirci* **3** puntare denaro al gioco (**anche assol.**): *s. due contro dieci; s. somme molto forti; s. su un cavallo*

†**scommettitóre**① [da *scommettere*① ✱ av. 1367] **s. m.** (**f.** *-trice*); **anche agg.** ● (*raro*) chi (o che) mette discordia

scommettitóre② [da *scommettere*② ✱ 1574] **s. m.** (**f.** *-trice*) ● chi fa scommesse

scommettitùra [da *scommettere*① ✱ av. 1704] **s. f. 1** lo scommettere **2** parte scommessa

†**scommiatàre** [da un ant. *commiatare*, con *s-* (V. *accomiatare*) ✱ sec. XIII] **v. tr. e** †**scommiatàrsi v. intr. pron.** ● accomiatare, accomiatarsi

scommìṣi ➤ **scommettere**①, **scommettere**②

†**scommòsso part. pass.** di *scommuovere*; **anche agg.** ● nel sign. del v. | scommesso | (*fig.*) agitato, turbato

scommòvere ➤ **scommuovere**

scommoviménto [da *commovimento*, con *s-* ✱ av. 1729] **s. m.** ● (*raro, lett.*) scompiglio, sconvolgimento

†**scommovizióne** [da †*commovizione*, con *s-* ✱ av. 1348] **s. f.** ● (*raro*) sommossa, sollevazione

†**scommozióne** [da *commozione*, con *s-* ✱ 1653] **s. f.** ● (*raro, lett.*) agitazione, movimento

†**scommunicàre** e deriv. ➤ **scomunicare** e deriv.

scommuòvere o (*lett.*) **scommòvere** [da *commuovere*, con *s-* ✱ 1333] **v. tr.** (**coniug. come** *muovere*) ● (*raro*) scuotere, agitare con violenza

scomodàre [variante di *incomodare*, con cambio di pref. (*s-*) ✱ av. 1562] **A v. tr.** (*io scòmodo*) **1** mettere in una situazione scomoda: *scusa se ti scomodo per passare* | disturbare qlcu. facendogli perdere tempo: *è inutile s. il medico per un raffreddore* **2** (*fig.*) rivolgersi a persone autorevoli spec. per questioni banali: *per avere il biglietto ha scomodato il ministro* | (*colloq.*) chiamare in causa, tirare in ballo: *Per comporre una novella o una serata, non occorre s. cielo e terra* (C. Pavese) **B v. intr.** (**aus.** *avere*) ● causare disagio, spec. di natura economica: *in questo periodo mi scomoda fare un prestito* **C scomodàrsi v. rifl.** ● muoversi, spostarsi, dal luogo in cui ci si trova: *Ma un asin bigio … non si scomodò* (G. Carducci); *e non si scomodano neppure per raccoglierlo* (A. Manzoni) | prendersi incomodo, fare qlco. che procura disagio, disturbo (+ *a* **seguito da inf.**): *non voglio che vi scomodiate per me; perché ti sei scomodato a farmi un regalo?*; (anche in espressioni di cortesia) *non si scomodi ad alzarsi; pregandola che non si scomodasse ad accompagnarmi* (G. Stuparich)

scomodità [da *scomodo*① ✱ av. 1565] **s. f. inv.** ● condizione, situazione e sim., scomoda: *abitare lontano dal centro è una s.*

♦**scòmodo**① [da *comodo*, con *s-* ✱ 1550] **agg.** (*assol.*; + *da* **seguito da inf.**; + *per*; **raro** + *a*) **1** che non è comodo, che procura disagio, disturbo, fastidio: *letto s.; posizione scomoda; vestito s. da indossare; località scomoda da raggiungere* | (*lett., fig.*) sgradito, spiacevole: *non mi sarebbero punto scomode quaranta lire* (G. Carducci) **SIN.** disagevole, malagevole **2** che non si sente a proprio agio, che prova fastidio, detto di persona: *su questo treno si sta scomodi* **3** (*fig.*) difficile da trattare, detto di persona: *un tipo s.; un personaggio s. per i suoi stessi alleati* | che può creare problemi: *un testimone s.* ‖ **scomodùccio**, **dim.** ‖ **scomodaménte**, **avv. 1** senza comodità **2** disgraziatamente

scòmodo② [da *scomodare* ✱ 1612] **s. m.** ● incomodo, disturbo, fastidio: *oggi mi fa s. pagare; se non ti è di s. preferisco uscire; quanto vi devo per lo s.?*

scompaginaménto [1745] **s. m.** ● lo scompaginare, lo scompaginarsi

scompaginàre [da *compaginare*, con *s-* ✱ av. 1675] **A v. tr.** (*io scompàgino*) **1** turbare, disfare l'ordine, la struttura, l'armonia e sim. di qlco. (**anche fig.**) **2** (*raro*) in tipografia, disfare le pagine **3** disfare, rovinare, la legatura di libri, quaderni, e sim. **B scompaginàrsi v. intr. pron.** ● scomporsi, disgregarsi: *l'unità dello Stato si è ormai scompaginata*

scompaginàto part. pass. di *scompaginare*; **anche agg. 1** nei sign. del v. **2** (*raro, fig.*) in disordine, scomposto: *equilibrio s.*

scompaginatùra [1872] **s. f.** ● scompaginazione

scompaginazióne [1690] **s. f.** ● in tipografia, l'operazione dello scompaginare

scompagnaménto [1745] **s. m.** ● (*raro*) lo scompagnare

scompagnàre [da *compagno*, con *s-* (V. *accompagnare*) ✱ av. 1332] **A v. tr.** (**coniug. come** *segnare*) **1** (*raro, lett.*) dividere dal compagno o dai compagni: *lei che morte da te scevra e scompagna* (T. Tasso) **2** dividere, separare, due o più cose che, accompagnate tra loro, costituiscono un unico complesso: *s. un servizio di piatti* **B scompagnàrsi v. intr. pron.** ● (*lett.*) separarsi, allontanarsi, dal compagno o dai compagni: *dal tuo fianco ormai / non mi scompagno* (V. Alfieri)

scompagnàto part. pass. di *scompagnare*; **anche agg. 1** nei sign. del v. **2** spaiato: *calze scompagnate*

scompagnatùra [1558] **s. f.** ● (*raro*) condizione di ciò che è scompagnato

scompàgno [da *compagno*, con *s-* ✱ 1866] **agg.** ● scompagnato, spaiato: *scarpe scompagne l'una dall'altra*

scompannàre [da *panno*, con doppio pref. *s-* e *con-* ✱ 1625] **A v. tr.** ● (*pop., tosc.*) scoprire dalle coperte, spec. chi si trova a letto **B scompannàrsi v. rifl.** ● (*pop., tosc.*) scoprirsi dalle coperte, spec. stando a letto

♦**scomparìre** [da *comparire*, con *s-* ✱ 1627] **v. intr.** (**pres.** *io scompàio* **nel sign. 1,** *scomparìsco* **soprattutto nel sign. 2,** *tu scompàri* **nel sign. 1,** *scomparìsci* **soprattutto nel sign. 2; pass. rem.** *io scompàrvi*, **raro** *scompàrsi* **nel sign. 1,** *scomparìi* **soprattutto nel sign. 2,** *tu scomparìsti*; **part. pass.** *scompàrso* **nel sign. 1,** *scomparito* **soprattutto nel sign. 2; aus.** *essere*) **1** sottrarsi alla vista, non farsi più vedere, detto di persona o cosa che prima era presente o visibile: *un attimo fa era qui, ora è scomparso; la luce appare e scompare a intervalli regolari* | non essere più visibile: *l'aereo scomparve tra le nuvole* | non esserci più, estinguersi: *queste specie animali sono scomparse da tempo* | finire: *la febbre è scomparsa; abitudini che vanno scomparendo* | (*eufem.*) morire: *purtroppo è scomparso l'anno scorso* **2** (*fig.*) fare poca o cattiva figura: *s. in presenza di estranei; di fronte alla vostra impresa, noi scompariamo* | non avere spicco, non risaltare: *in quell'angolo il quadro scomparisce*

scomparito part. pass. di *scomparire* ● nel sign. 2 del v.

♦**scompàrsa** [f. sost. di *scomparso* ✱ 1848] **s. f. 1** lo scomparire, il fatto di scomparire: *la s. di un documento; la s. della febbre* | **a s.**, che si può ripiegare dentro un mobile o in apposito spazio: *letto a s.; porta a s.* | (*eufem.*) morte: *la notizia della sua s. è inaspettata* **2** (*dir.*) mancata comparsa di una persona, di cui non si hanno più notizie, nel luogo del suo domicilio o della sua residenza

scompàrso A part. pass. di *scomparire*; **anche agg.** ● nel sign. 1 del v. **B s. m.** (**f.** *-a*) ● (*eufem.*) persona morta: *il caro s.*

scompartiménto [1464] **s. m. 1** (*raro*) lo scompartire **2** ciascuna porzione in cui è suddiviso uno spazio disponibile **SIN.** scomparto **3** (*ferr., mar.*) compartimento: *trovare posto in uno s.; s. stagno*

scompartìre [da *compartire*, con *s-* ✱ av. 1336] **v. tr.** (*io scompartìsco*, o *scompàrto*, *tu scompartìsci*, o *scompàrti*) ● dividere in parti, spartire, distribuire: *s. un terreno*

scompàrto [da *scompartire* ✱ 1812] **s. m. 1** scompartimento: *armadio a due scomparti* | (*est., burocr.*) settore **2** (*archit.*) suddivisione di una parete in varie zone delimitate da modanature o variamente colorate

scompattaménto [2001] **s. m.** ● lo scompattare | (*inform.*) decompressione: *software di s.*

scompattàre [da *compattare* con il pref. neg. *s-* ✱ 1998] **A v. tr. 1** separare elementi di un insieme precedentemente accorpati | (*fig.*) disgregare, scompaginare: *tentativi per s. la maggioranza* **2** (*inform.*) riportare un file compresso alle dimensioni originali **B scompattàrsi v. intr. pron. 1** separarsi,

S

scomporsi | (*fig.*) scompaginarsi **2** (*inform.*) ritornare alle dimensioni originali, detto di file compresso

scompensàre [da *compensare*, con *s-* ✻ 1611] **v. tr.** (*io scompènso*) **1** alterare, rompere un equilibrio **2** (*med.*) provocare scompenso

scompensàto **A** **part. pass.** di *scompensare*; **anche agg.** ● nei sign. del v. **B** **agg. e s. m.** ● (*med.*) che (o chi) è in stato di scompenso

scompènso [da *compenso*, con *s-* sottratt. ✻ 1931] **s. m.** **1** mancanza di compensazione **2** (*med.*) stato di anormalità fra richieste funzionali e capacità di risposta di un organo o apparato: *s. cardiaco, surrenale, renale*

scompiacènte **part. pres.** di *scompiacere*; **anche agg.** ● (*raro* o *lett.*) scortese, sgarbato ‖ **scompiacentemènte**, **avv.**

scompiacènza [1858] **s. f.** ● (*raro* o *lett.*) mancanza di cortesia

scompiacére [da *compiacere*, con *s-* ✻ 1617] **A** **v. intr.** (**coniug. come** *piacere*; **aus.** *avere*) ● mostrarsi scortese nei confronti di qlcu.: *non voglio s. a nessuno* **B** **v. tr.** ● (*lett.*) scontentare **C** **scompiacérsi** **v. intr. pron.** ● (*lett.*) dispiacersi: *sì fatte lodi udir non si scompiacque* (G.B. MARINO)

scompigliàbile [av. 1588] **agg.** ● (*raro*) che si può scompigliare

scompigliaménto [1612] **s. m.** ● lo scompigliare | confusione, disordine

♣**scompigliàre** [da *compigliare* 'ordinare', intens. di *pigliare*, con *s-* ✻av. 1276] **v. tr.** (*io scompìglio*) ● mettere in disordine, in scompiglio: *ha scompigliato tutta la casa* | ***s. i capelli***, spettinarli, arruffarli | (*fig.*) turbare, confondere: *s. le idee, i progetti di qlcu.*

scompigliàto **part. pass.** di *scompigliare*; **anche agg.** ● nei sign. del v. | caratterizzato da confusione, disordine, scompiglio: *in quella scompigliata notte* (A. MANZONI) ‖ **scompigliatamènte**, **avv.** in modo scompigliato, confuso, arruffato

scompìglio ① [da *scompigliare* ✻av. 1348] **s. m.** ● grande confusione, disordine, agitazione (*anche fig.*): *mettere in s.*; *portare lo s.*; *essere in s.*; *qui regna lo s.*; *s. di carte, di libri*; *s. di idee, di menti*

scompìglio ② [da *scompigliare* col suff. *-io*① ✻av. 1348] **s. m.** (**pl.** *-ii*) ● (*raro*) grande confusione: *uno s., uno scappare... di topacci* (A. MANZONI)

scompisciàre [da *pisciare*, con doppio pref. *s-* e *con-* ✻ 1340] **A** **v. tr.** (**pres.** *io scompìscio*; **fut.** *io scompiscerò*) ● (*raro, pop.*) imbrattare di urina **B** **scompisciàrsi** **v. intr. pron.** ● (*pop.*) pisciarsi addosso | (*fig.*) ***scompisciarsi dalle risa***, sbellicarsi, ridere smodatamente

scompletàre [da *completare*, con *s-* ✻ 1840] **v. tr.** (*io scomplèto*) ● (*raro*) rendere incompleto

scomplèto [da *completo*, con *s-* (V. *incompleto*) ✻ 1860] **agg.** ● che non è completo, che è privo, mancante di qualche elemento, dato e sim.: *collezione scompleta*

†**scompónere** ➤ **scomporre**

scomponìbile [da *componibile*, con *s-* ✻ 1891] **agg.** ● che si può scomporre: *mobili scomponibili* ‖ **scomponibilità**, **s. f. inv.**

†**scomponiménto** [da †*scomponere* ✻ 1634] **s. m.** ● lo scomporre | disturbo, alterazione

scompórre o †**scompónere** [da *comporre*, con *s-* ✻av. 1553] **A** **v. tr.** (**coniug. come** *porre*) **1** disfare ciò che era stato composto in un insieme ordinato: *s. gli elementi di una libreria* **2** disfare una composizione tipografica e riporne gli elementi **3** separare un tutto unico nelle parti che lo compongono | (*mat.*) fare in parti, eseguire una scomposizione: *s. un numero in fattori* **4** disordinare, scompigliare: *il vento le scomponeva i capelli* | anche in forma pron.: *scomporsi le vesti* **5** alterare, turbare profondamente: *la notizia lo scompose* **B** **scompórsi** **v. intr. pron.** ● alterarsi, mostrare turbamento: *è un tipo che non si scompone*; *osservò la scena senza scomporsi*

SFUMATURE ➤ *smembrare*

scompositìvo [da *compositivo*, con *s-* ✻av. 1704] **agg.** ● (*raro*) atto a scomporre

scompositóre [da *compositore*, con *s-* sottratt. ✻av. 1704] **agg. e s. m.** (**f.** *-trice*) **1** (*raro*) che (o chi) scompone: *la lezione di Picasso compositore e s. di forme* (E. MONTALE) **2** (*raro*) in tipografia, operaio addetto alla scomposizione

scomposizióne [da *composizione*, con *s-* ✻ 1805] **s. f.** **1** lo scomporre: *s. di un vocabolo in radice, tema e desinenza* | ***s. dei treni***, quando i vagoni vengono selezionati a seconda delle destinazioni CFR. -lisi **2** (*mat.*) divisione in parti, determinazione di insiemi che riuniti diano l'insieme assegnato **3** in tipografia, il rimettere nella cassa i caratteri mobili; (*est.*) il disfare una qualsiasi composizione tipografica e riporre caratteri, fregi, filetti, cliché e sim.

scompostézza [av. 1694] **s. f.** **1** atteggiamento scomposto, trasandato, disordinato **2** intemperanza | mancanza di equilibrio, di coesione

scompósto **part. pass.** di *scomporre*; **anche agg.** **1** nei sign. del v. | (*med.*) ***frattura scomposta***, V. *frattura* **2** sconveniente, sguaiato: *atteggiamento s.*; *gesti scomposti* CONTR. composto **3** (*fig.*) che manca di equilibrio, di coesione: *stile s.* ‖ **scompostamènte**, **avv.** senza compostezza

scomputàbile [1872] **agg.** ● che si può scomputare: *debito s. a rate* ‖ **scomputabilità**, **s. f. inv.**

scomputàre [da *computare*, con *s-* ✻ 1745] **v. tr.** (*io scòmputo*) ● detrarre dal computo: *s. l'anticipo dallo stipendio*; *s. un debito*

scòmputo [da *computo*, con *s-* ✻ 1717] **s. m.** ● detrazione dal computo, da un totale

†**scomunàre** [da *comune*, con *s-* (V. *accomunare*) ✻ 1312] **A** **v. tr.** ● disunire, dividere, rendere discorde: *ordinarono due per contrada, che avessono a corrompere e s. il popolo* (D. COMPAGNI) **B** †**scomunàrsi** **v. intr. pron.** ● dividersi, disunirsi

♦**scomùnica** o †**scommùnica**, †**escomùnica** [da *scomunicare* ✻av. 1348] **s. f.** **1** pena o censura di diritto canonico, comminata soltanto alle persone fisiche o ai singoli componenti delle persone morali, comportante l'esclusione dalla comunione dei fedeli, con i relativi effetti definiti dai canoni | ***avere la s. addosso***, (*fig.*) essere perseguitato dalle disgrazie **2** (*est.*) condanna ideologica | espulsione da un partito da un'organizzazione e sim.

SFUMATURE DI SIGNIFICATO

scomunica - interdetto - anatema

Nel diritto canonico **scomunica** è la pena di esclusione dalla comunità dei fedeli, che comporta il divieto di impartire e ricevere i sacramenti. Se la sanzione non comporta tale esclusione ma consiste nella proibizione di partecipare o celebrare determinati atti di culto si ha un **interdetto**, misura restrittiva che può essere comminata anche a un'intera comunità o a uno Stato. **Anatema**, infine, è una scomunica solenne, rivolta originariamente contro eretici e scismatici, che ha assunto in seguito il significato di maledizione.

†**scomunicagióne** ➤ †**scomunicazione**

scomunicàre o †**scommunicàre**, †**escomunicàre** [dal lat. tardo (eccl.) *excommunicāre* 'scomunicare', comp. di *ĕx-* (*s-*) e *communicāre* 'render partecipe alla comunione' (V. *comunicare*) ✻sec. XIII] **v. tr.** (*io scomùnico, tu scomùnichi*) **1** colpire con la censura o la pena canonica della scomunica **2** (*est.*) escludere dal proprio ambiente, riprovare pubblicamente: *dopo l'accaduto la famiglia lo ha scomunicato* | (*est.*) condannare, sconfessare, espellere: *s. i dissidenti*

scomunicàto o †**scommunicàto**, †**escomunicàto** **A** **part. pass.** di *scomunicare*; **anche agg.** **1** nei sign. del v. **2** (*raro, lett.*) profano, sacrilego **3** (*fig.*) losco, sospetto: *due facce scomunicate* (A. MANZONI) ‖ **scomunicatamènte**, **avv.** da scomunicato **B** **s. m.** (**f.** *-a*) ● persona colpita da scomunica

scomunicatóre [dal lat. tardo (ecclesiastico) *excommunicatōre(m)*, da *excommunicātus* 'scomunicato' ✻av. 1396] **s. m.**; **anche agg.** (**f.** *-trice*) ● (*raro*) chi (o che) scomunica

†**scomunicazióne** o †**scommunicazióne**, †**scomunicagióne**, †**escomunicazióne** [dal lat. tardo (ecclesiastico) *excommunicatiōne(m)* 'scomunica', da *excommunicātus* 'scomunicato' ✻ 1312] **s. f.** ● scomunica

†**scomùzzolo** ➤ †**scamuzzolo**

sconcàre [da *conca*, con *s-* ✻av. 1742] **v. tr.** (*io scónco, tu scónchi*) ● (*agric.*) scavare il terreno intorno al piede di un albero in modo da formare una specie di conca

sconcatenàre [da *concatenare*, con *s-* ✻ 1659] **v. tr.** (*io sconcaténo*) ● (*raro*) dividere, disgiungere cose concatenate fra loro

sconcatenàto [comp. di *s-* e *concatenato*] **part. pass.** di *sconcatenare*; **anche agg.** **1** nel sign. del v. **2** slegato, privo di nessi logici: *discorso s.*

sconcatùra [1967] **s. f.** ● (*agric.*) lavoro dello sconcare | la conca, la fossa scavata

sconcertaménto [1679] **s. m.** ● (*raro*) lo sconcertare, lo sconcertarsi | sconcerto

sconcertànte **part. pres.** di *sconcertare*; **anche agg.** ● nei sign. del v. | che provoca disorientamento, perplessità, imbarazzo: *una risposta s.* ‖ **sconcertantemènte**, **avv.**

♣**sconcertàre** [da *concertare*, con *s-* ✻av. 1557] **A** **v. tr.** (*io sconcèrto*) **1** (*raro* o *lett.*) alterare l'ordine, lo svolgimento, il funzionamento, e sim.: *s. i piani, i progetti* | (*lett.*) danneggiare la salute **2** turbare profondamente, disorientare: *è una notizia che sconcerta tutti* **B** **sconcertàrsi** **v. intr. pron.** ● turbarsi, rimanere disorientato

SFUMATURE ➤ *imbarazzare*, ➤ *sbalordire*

sconcertàto **part. pass.** di *sconcertare*; **anche agg.** **1** disorientato, perplesso **2** (*mus.*) discorde, senza armonia e accordo ‖ **sconcertatamènte**, **avv.** in modo disordinato, senza congruenza

♣**sconcèrto** [da *sconcertare* ✻ 1657] **s. m.** ● turbamento, sconvolgimento, disorientamento

sconcézza [da *sconcio* ✻av. 1347] **s. f.** ● condizione di chi (o di ciò che) è sconcio | azione, parola, cosa sconcia: *fare, dire, sconcezze*; *è una vera s.!*

†**sconchiùdere** e deriv. ➤ **sconcludere** e deriv.

sconciaménto [av. 1729] **s. m.** ● (*raro*) lo sconciare | condizione di ciò che è sconcio

sconciàre [da *conciare*, con *s-* ✻ 1268] **A** **v. tr.** (**pres.** *io scóncio*; **fut.** *io sconcerò*) ● (*raro*) guastare, deformare, deturpare | †***sconciarsi una gamba, un braccio***, e sim., slogarli **B** **sconciàrsi** **v. intr. pron.** ● †abortire

sconciatóre [1550] **s. m.**; **anche agg.** (**f.** *-trice*) ● (*raro*) chi (o che) sconcia

sconciatùra [da *sconciare* ✻ 1534] **s. f.** **1** cosa imperfetta e malfatta | sconcio **2** †aborto

✦**scóncio** [da *sconciare* ✱ av. 1292] **A** **agg.** (**pl. m.** *-ci*; **pl. f.** *-ce*) **1** †non acconcio, disordinato nella persona o nelle vesti: *piuttosto s. che acconcio* (T. Tasso) **2** brutto, deforme, schifoso: *animale s.* **3** vergognoso, turpe, osceno: *azioni, parole sconce; atti sconci* **4** †smodato: *lo s. spendere* (G. Boccaccio) **5** †slogato | †storpio ‖ **sconciaménte**, **avv.** in modo sconcio, sconveniente **B** **s. m.** **1** cosa vergognosa, indecente: *il tuo modo di parlare è uno s.* **SIN.** indecenza **2** cosa fatta male: *questa traduzione è uno s.* **3** †danno, inconveniente
SFUMATURE ➤ *osceno*

sconclùdere o †**sconchiùdere** [da *concludere*, con *s-* ✱ 1536] **A** **v. tr.** (**coniug. come** *concludere*) ● (*raro, lett.*) far fallire, mandare a monte un'intesa, un accordo e sim. già concluso o quasi concluso: *Ho sconcluso il matrimonio e parto domani per l'America* (L. Pirandello) **B** **v. intr.** (**aus.** *essere*) ● (*raro, lett.*) mancare di decisione, di coerenza

sconclusionatézza [1960] **s. f.** ● caratteristica di chi (o di ciò che) è sconclusionato

✦**sconclusionàto** [da *conclusione*, con *s-* ✱ 1803] **agg.** **1** che manca di senso logico, di ordine, di coerenza: *discorso, racconto s.* **SIN.** inconcludente, incongruente, sconnesso **2** che ragiona senza ordine e coerenza, che conclude poco: *è gente sconclusionata* ‖ **sconclusionataménte**, **avv.**

sconclùso o †**sconchiùso** **part. pass.** di *sconcludere*; anche **agg.** ● (*raro*) nei sign. del v.

sconcordànte **part. pres.** di *sconcordare*; anche **agg.** ● discordante

sconcordànza [1615] **s. f.** **1** caratteristica o condizione di chi (o di ciò che) è sconcordante | discordanza | (*lett.*) incongruenza **2** (*gramm.*) errore di concordanza

sconcordàre [da *concordare*, con *s-* ✱ 1858] **v. intr.** (*io sconcòrdo*; **aus.** *avere*) ● (*raro*) non concordare, non essere in concordanza: *due colori che sconcordano tra loro*

sconcòrde [da *concorde*, con *s-* ✱ av. 1685] **agg.** ● (*lett.*) che non è concorde: *essere disuniti e sconcordi*

sconcòrdia [da *concordia*, con *s-* ✱ av. 1348] **s. f.** ● (*lett.*) condizione di chi (o di ciò che) è sconcorde

scondìto [da *condito*, con *s-* ✱ 1612] **agg.** **1** che non è condito o è scarso di condimento: *carne scondita* **2** (*fig.*) †sciocco, insulso

scondizionàrsi [comp. parasintetico di (*buona*) *condizione*, col pref. *s-* ✱ 1963] **v. intr. pron.** (*io mi scondiziónо*) ● rovinarsi, deteriorarsi, detto dell'imballaggio di un pacco, spec. inviato per posta, con possibile danneggiamento o perdita del contenuto: *il pacco si è scondizionato nello smistamento*

scondizionàto **part. pass.** di *scondizionarsi*; anche **agg.** ● nel sign. del v.: *pacco s.*

sconfacènte [da *confacente*, con *s-* ✱ av. 1667] **agg.** ● (*lett.*) che non è confacente, non è appropriato: *condotta s. alla propria posizione*

sconfessàre [da *confessare*, con *s-* ✱ 1342] **v. tr.** (*io sconfèsso*) **1** non condividere, non ammettere o non riconoscere più ciò che si era fatto, detto o professato in precedenza: *s. la propria fede politica* **SIN.** ritrattare **2** disapprovare pubblicamente ciò che è fatto, detto o professato da altri: *il partito sconfessò la dichiarazione del segretario* **SIN.** smentire

sconfessióne [da *confessione*, con *s-* ✱ 1872] **s. f.** ● lo sconfessare | atto o dichiarazione con cui si sconfessa qlcu. o qlco.

sconfezionàre [comp. di *s-* e *confezionare* ✱ 1967] **v. tr.** (*io sconfezióno*) ● togliere un prodotto dalla confezione, dall'imballaggio

sconfezionàto **part. pass.** di *sconfezionare*; anche **agg.** ● che è stato tolto dalla confezione | che è privo di confezione: *prodotti messi in vendita sconfezionati*

sconficcàbile [av. 1704] **agg.** ● (*raro*) che si può sconficcare

sconficcaménto [av. 1704] **s. m.** ● atto dello sconficcare

sconficcàre [da *conficcare*, con *s-* ✱ 1353] **v. tr.** (*io sconficco, tu sconficchi*) ● levare ciò che è conficcato: *s. i chiodi da una cassa* | liberare, aprire qlco. spec. rimuovendone i chiodi: *s. una cassa, una serratura*

†**sconfidànza** [da *confidanza*, con *s-* ✱ av. 1405] **s. f.** ● diffidenza

sconfidàre [da *confidare*, con *s-* ✱ av. 1380] **v. intr.** (**aus.** *avere*) e **sconfidàrsi** **v. intr. pron.** ● (*lett.*) non confidare più, non avere più fiducia, speranza in sé o in altri

sconfidènza [da *confidenza*, con *s-* ✱ 1612] **s. f.** ● (*lett.*) sfiducia

✦**sconfìggere**① [di etim. discussa: dal provenz. *esconfire*, dal lat. **exconficere* 'annientare', da *conficere* 'abbattere', con *ĕx-* (*s-*), con sovrapposizione di *configgere* (?) ✱ av. 1294] **v. tr.** (**pres.** *io sconfiggo, tu sconfiggi*; **pass. rem.** *io sconfissi, tu sconfiggésti*; **part. pass.** *sconfitto*) **1** vincere in combattimento, in battaglia: *Corradino di Svevia fu sconfitto a Tagliacozzo* **2** (*est.*) superare, vincere uno o più avversari in gare, elezioni, lotte politiche, e sim.: *la rappresentativa italiana ha sconfitto quella francese* **3** (*fig.*) eliminare: *s. la paura; s. la corruzione*

SFUMATURE DI SIGNIFICATO

sconfiggere - sbaragliare - sgominare - annientare

Sconfiggere è battere, vincere un nemico, un avversario, un concorrente rispettivamente in guerra o in battaglia, in una gara sportiva, in un concorso o in una competizione di altro genere. Se la sconfitta inflitta è particolarmente dura si ha **sbaragliare**, che è riferibile a tutti gli ambiti d'uso di *sconfiggere*; suo significato originale è battere il nemico travolgendolo. **Sgominare** come *sbaragliare* ha originariamente il significato di disperdere il nemico, ma nell'uso corrente si riferisce soprattutto a bande di criminali o di terroristi che vengono neutralizzate dalle forze di polizia e messe in condizione di non nuocere. **Annientare** è propriamente ridurre a niente, e in questo contesto fa riferimento a un'azione militare che distrugge completamente uomini e mezzi del nemico; in riferimento ad azioni di polizia può essere usato come equivalente di *sgominare*.

sconfìggere② [da *configgere*, con *s-* ✱ 1542] **v. tr.** (**coniug. come** *figgere*) ● (*raro*) sconficcare, schiodare

sconfinaménto [1914] **s. m.** ● lo sconfinare (*anche fig.*)

sconfinàre [da *confinare*, con *s-* ✱ av. 1722] **v. intr.** (**aus.** *avere, raro essere*) **1** uscire dal confine, entrare in territorio di altri: *truppe italiane hanno sconfinato in Austria* **2** (*fig.*) varcare i limiti fissati: *ha sconfinato dal tema assegnato* | (*fig.*) uscire da un determinato ambito: *sconfinando dalla fiaba in altri generi di narrativa orale* (I. Calvino)

sconfinatézza [da *sconfinato* ✱ 1882] **s. f.** ● estensione senza limiti **SIN.** infinità

sconfinàto **part. pass.** di *sconfinare*; anche **agg.** **1** nei sign. del v. **2** senza limiti, immenso, infinito: *deserto s.; amore s.; potere s.* ‖ **sconfinataménte**, **avv.** immensamente, illimitatamente

sconfinferàre [etim. sconosciuta ✱ 1991] **v. intr.** (*io sconfìnfero*; **aus.** *avere*) ● (*fam.*) andare a genio, riuscire gradito: *sono discorsi che non mi sconfinferano*

sconfìtta [f. sost. di *sconfitto*① ✱ av. 1276] **s. f.** **1** disfatta totale di un esercito in combattimento, in battaglia: *dare, infliggere, una s.; riportare, patire, subire una s.* **2** (*est.*) perdita, grave insuccesso: *s. elettorale; s. nelle votazioni* **SIN.** batosta, fallimento, smacco **3** insuccesso in una gara sportiva: *s. dura, umiliante, clamorosa; la squadra ha subito una netta s.*

sconfittìsmo [da *sconfitta* in senso figurato ✱ 1991] **s. m.** ● tendenza a compiere scelte politiche che portano a una sconfitta

sconfìtto① **A** **part. pass.** di *sconfiggere*①; anche **agg.** ● nei sign. del v. **B** **s. m.** (**f.** *-a*) ● chi ha subìto una sconfitta: *gli sconfitti divenivano schiavi*

sconfìtto② **part. pass.** di *sconfiggere*②; anche **agg.** ● nel sign. del v.

†**sconfóndere** [da *confondere*, con *s-* ✱ sec. XIV] **v. tr.** ● confondere grandemente

†**sconfortaménto** [1250 ca.] **s. m.** ● lo sconfortare | sconforto

sconfortànte **part. pres.** di *sconfortare*; anche **agg.** ● che scoraggia, deprime: *una notizia s.* ‖ **sconfortanteménte**, **avv.**

sconfortàre [da *confortare*, con *s-* ✱ av. 1257] **A** **v. tr.** (*io sconfòrto*) **1** togliere coraggio, fiducia, speranza: *il cattivo esito dell'esame lo ha sconfortato* **2** (*lett.*) †dissuadere, sconsigliare: *sconfortava il Re di Francia l'andata del Pontefice ai Principi* (F. Guicciardini) **B** **sconfortàrsi** **v. intr. pron.** ● perdersi d'animo, avvilirsi

sconfortàto **part. pass.** di *sconfortare*; anche **agg.** ● scoraggiato, avvilito, demoralizzato ‖ **sconfortataménte**, **avv.**

sconfortévole [da *confortevole*, con *s-* ✱ 1765] **agg.** ● (*raro*) sconfortante

sconfòrto [da *conforto*, con *s-* ✱ 1261 ca.] **s. m.** ● stato di grave abbattimento dell'animo, di afflizione, di scoramento: *essere preso dallo, essere preda dello s.; cadere nello s.; un attimo di s.* | ciò che provoca sconforto: *che s. vederti ridotto così!; le pene e li tormenti e li sconforti* (C. Angiolieri)
SFUMATURE ➤ *scoraggiamento*

scongelaménto [1970] **s. m.** ● lo scongelare | (*fig., raro*) disgelo

scongelàre [da *congelare*, con *s-* ✱ 1959] **A** **v. tr.** (*io scongèlo*) **1** riportare a temperatura ambiente gli alimenti surgelati o congelati | ***s. il frigo***, sbrinarlo | (*fig.*) rendere meno teso, più cordiale: *s. i rapporti tra due Stati* **2** (*econ.*) sbloccare, rendere disponibile: *s. un credito* **B** **v. intr.** (**aus.** *essere*) e **scongelàrsi** **v. intr. pron.** ● disgelarsi: *la carne non si è ancora scongelata; il terreno non scongelava mai* (P. Levi)

scongelazióne [1970] **s. f.** ● scongelamento

scongiuraménto [1261 ca.] **s. m.** ● (*raro*) supplica | †esorcismo

scongiuràre [da *congiurare*, con *s-* ✱ 1261 ca.] **v. tr.** **1** (*lett.*) costringere con esorcismi o magie uno spirito maligno a lasciare la persona o la cosa che ne è posseduta: *s. Satana* **2** (*fig.*) pregare insistentemente, supplicare, spec. in nome o per amore di qlcu. o di qlco. che è potente, sacro, particolarmente caro, e sim. (**+** ***di*** **seguito da inf.**, **+** ***che*** **seguito da congtv.**): *ti scongiuro in nome di Dio; ti scongiuro di darmi una mano; chiese perdono ai suoi, scongiurando che non lo abbandonassero* (F. De Roberto) **3** (*fig.*) allontanare, evitare: *s. un pericolo, un disastro*

scongiuràto **part. pass.** di *scongiurare*; anche **agg.** ● nei sign. del v. | evitato, scansato: *pare s. il pericolo di complicazioni*

scongiuratóre [av. 1396] **s. m.** (**f.** *-trice*); anche **agg.** ● (*raro*) chi (o che) scongiura

scongiurazióne [1268] **s. f.** **1** (*raro*) lo scongiurare **2** (*lett.*) supplica insistente

scongiùro [da *scongiurare* ✱ 1354] **s. m.**

S

1 atto rituale, con o senza formula orale, per allontanare spiriti malefici e demoni | nelle superstizioni popolari, gesto o formula contro il malocchio e la iettatura: *fare gli scongiuri* **2** (*raro*) appello, supplica **3** †giuramento

sconnessióne [da *sconnesso* (V. *connessione*) ✱ 1741] **s. f.** ● mancanza di connessione

sconnèsso (o **-é-**) **part. pass.** di *sconnettere*; anche **agg.** **1** composto di parti non ben unite tra loro: *pavimento s.* | (*est.*) irregolare: *l'acciottolato ... tutto s. e logoro* (L. PIRANDELLO) **2** (*fig.*) privo di nesso, di logica, di coerenza: *discorso s.*; *parole sconnesse* **SIN.** incongruente, sconclusionato ‖ **sconnessaménte**, **avv.**

sconnessùra [1940] **s. f.** ● (*raro*) sconnessione | punto in cui una cosa è sconnessa

sconnèttere (o **-é-**) [da *connettere*, con *s-* ✱ 1464] **A** **v. tr.** (coniug. come *connettere*) **1** separare, disgiungere, cose connesse tra loro **2** scollegare | disconnettere **B** **v. intr.** (aus. *avere*) ● (*fig.*) non connettere: *l'ubriaco sconnette* **C** **sconnèttersi** **v. intr. pron.** **1** disunirsi: *le piastrelle si sono sconnesse* **2** (*fig.*) perdere coerenza: *Il suo pensiero ... si sconnetteva* (G. D'ANNUNZIO) **D** **sconnèttersi** **v. rifl.** ● disconnettersi: *sconnettersi da Internet*

sconocchiàre [da *conocchia*, con *s-* ✱ av. 1470] **v. tr.** (*io sconòcchio*) **1** trarre il pennecchio dalla conocchia, filare **2** (*fig.*, *tosc.*) mangiare con avidità e senza lasciare avanzi: *sconocchiarsi un pollo* **3** (*fig.*, *centr.*) ridurre in cattive condizioni: *la malattia lo ha sconocchiato*

sconoscènte o †**isconoscènte** **part. pres.** di *sconoscere*; anche **agg.** **1** nei sign. del v. **2** che non è riconoscente **3** †che non sa distinguere, non sa discernere ‖ **sconoscenteménte**, **avv.** da sconoscente

sconoscènza [da (*re*)*conoscenza*, con *s-* ✱ av. 1306] **s. f.** **1** mancanza di riconoscenza, ingratitudine **2** †ignoranza

sconóscere o †**scognóscere** [da *conoscere*, con *s-* ✱ av. 1294] **v. tr.** (coniug. come *conoscere*) ● (*raro*) disconoscere, non volere riconoscere: *s. i meriti altrui*

sconosciménto [av. 1363] **s. m.** ● (*raro*) disconoscimento

♦**sconosciùto** o †**scognosciùto** **A** **part. pass.** di *sconoscere*; anche **agg.** **1** nel sign. del v. | che non è conosciuto, che è ignoto (+ *a*, *raro* + *da*): *paese s.*; *un argomento s. ai più*; *Ma qui, sola con tre bambini, sconosciuta da tutti...* (L. PIRANDELLO) | oscuro, privo di fama: *pittore, scrittore s.* | che non è mai stato provato, sperimentato, prima: *sensazione sconosciuta* **2** di cui non è stata ancora accertata la natura, l'identità e sim. (+ *a*): *malattia sconosciuta*; *i rapinatori sono ancora sconosciuti alla polizia* **3** (*lett.*) misconosciuto, non sufficientemente apprezzato **B** **s. m.** (**f.** *-a*) ● persona di cui si ignora l'identità

sconquassaménto [av. 1694] **s. m.** ● lo sconquassare | sconquasso

sconquassàre [da *conquassare*, con *s-* ✱ sec. XIV] **A** **v. tr.** **1** scuotere, urtare con violenza in modo da rompere, danneggiare, rovinare e sim. **2** (*fig.*) provocare indisposizione, malessere fisico: *quel giro in giostra mi ha sconquassato* **B** **sconquassàrsi** **v. intr. pron.** ● sfasciarsi, rompersi in seguito a colpi o urti violenti: *la nave si sconquassò contro gli scogli* | (*fig.*, *enfat.*) crollare, andare in rovina: *l'universo gli si sconquassava nella testa* (L. PIRANDELLO)
SFUMATURE ➤ *scuotere*

sconquassàto **part. pass.** di *sconquassare*; anche **agg.** ● nei sign. del v.

sconquassatóre [1618] **s. m.** (**f.** *-trice*); anche **agg.** ● (*raro*) chi (o che) sconquassa

sconquàsso [1618] **s. m.** **1** grave danneggiamento, distruzione provocata da urti, colpi violenti, e sim.: *la mareggiata ha provocato uno s. negli stabilimenti balneari* **2** (*fig.*) trambusto, scompiglio, grande confusione: *ha portato lo s. in famiglia*; *che s. per nulla!*

sconsacràre [da *consacrare*, con *s-* ✱ 1650] **v. tr.** ● togliere il carattere sacro a un luogo, un ambiente, un oggetto

sconsacràto **part. pass.** di *sconsacrare*; anche **agg.** ● nel sign. del v.

sconsacrazióne [1940] **s. f.** ● lo sconsacrare | (*raro*, *lett.*) dissacrazione

sconsentìre [da *consentire*, con *s-* ✱ av. 1406] **A** **v. intr.** (*io sconsènto*; aus. *avere*) ● (*lett.*, *raro*) non acconsentire: *s. a una richiesta* **CONTR.** acconsentire, consentire **B** **v. tr.** ● (*lett.*, *raro*) non permettere, proibire: *lo averto per mezzo vostro che mio padre non mi sconsentirebbe la cattedra in Lombardia* (G. LEOPARDI)

sconsideratézza [1612] **s. f.** ● condizione di chi (o di ciò che) è sconsiderato **SIN.** avventatezza

♦**sconsideràto** [da *considerato*, con *s-* ✱ 1539] **A** **agg.** ● che non considera, non riflette, prima di agire: *ragazzi sconsiderati* | che è pensato, detto, o fatto senza alcuna considerazione o riflessione: *idee, parole, sconsiderate* **SIN.** avventato, inconsulto, sbadato, sventato ‖ **sconsiderataménte**, **avv.** da sconsiderato, senza riflessione **B** **s. m.** (**f.** *-a*) ● persona sconsiderata

sconsiderazióne [da *sconsiderato* ✱ av. 1729] **s. f.** ● (*raro*) sconsideratezza

sconsigliàbile [da *sconsigliare* ✱ 1892] **agg.** ● non consigliabile, da evitare (+ **inf.**, + *che* seguito da **congtv.**): *cibo s. per i diabetici*; *è s. avventurarsi in alto mare con questo vento*; *è s. che parta da sola* ‖ **sconsigliabilità**, **s. f. inv.**

sconsigliàre [da *consigliare*, con *s-* ✱ 1353] **v. tr.** (*io sconsiglio*) ● non consigliare (+ *di* seguito da **inf.**): *ti sconsiglio quell'albergo*; *vi sconsiglio di partire* | dissuadere, distogliere dal fare, dal dire, o sim. (+ *da* seguito da **inf.**): *lo sconsigliò dal tentare l'affare*

sconsigliatézza [av. 1729] **s. f.** ● condizione di chi è sconsigliato, nel sign. di *sconsigliato*② **SIN.** avventatezza, sconsideratezza

sconsigliàto① **part. pass.** di *sconsigliare*; anche **agg.** ● nei sign. del v.

sconsigliàto② [da *consiglio*, con *s-* ✱ av. 1374] **agg.** **1** †privo di consiglio **2** che è privo di giudizio, di riflessione **SIN.** inavveduto, incauto, sconsiderato ‖ **sconsigliataménte**, **avv.** in modo inconsulto, sconsideratamente

sconsìglio [da *sconsigliare* ✱ sec. XIV] **s. m.** ● consiglio o raccomandazione di non fare o dire qlco.: *lo s. del ministero degli Esteri di recarsi in un dato Paese*

sconsolànte **part. pres.** di *sconsolare*; anche **agg.** ● che rattrista, avvilisce, sconforta: *un contegno s.* ‖ **sconsolanteménte**, **avv.**

†**sconsolànza** [da *consolanza*, con *s-* ✱ av. 1328] **s. f.** ● sconforto

sconsolàre [da *consolare*, con *s-* ✱ 1336] **A** **v. tr.** (*io sconsólo*) ● sconfortare, rattristare **B** **sconsolàrsi** **v. intr. pron.** ● sconfortarsi, rattristarsi

sconsolatézza [1872] **s. f.** ● (*raro*) tristezza, sconforto

♦**sconsolàto** **part. pass.** di *sconsolare*; anche **agg.** **1** che è privo di consolazione, che non può essere consolato: *vedova sconsolata in veste negra* (F. PETRARCA) **SIN.** inconsolabile **2** che esprime tristezza, sconforto, desolazione: *atteggiamento s.*; *espressione, faccia, sconsolata* **SIN.** afflitto, rattristato ‖ **sconsolataménte**, **avv.** con desolazione, senza conforto: *disperarsi sconsolatamente*

†**sconsolazióne** [da *consolazione*, con *s-* ✱ 1340] **s. f.** ● sconsolatezza

scontàbile [1818] **agg.** ● che si può scontare ‖ **scontabilità**, **s. f. inv.** (V.)

scontabilità [da *scontabile* ✱ 1960] **s. f. inv.** ● possibilità di essere scontato, detto di titoli di credito

†**scontaménto** [1377] **s. m.** ● espiazione

scontànte **A** **part. pres.** di *scontare*; anche **agg.** ● nei sign. del v. **B** **s. m. e f.** ● chi effettua operazioni di sconto, pagando cambiali prima della scadenza

scontàre [da *conto*①, con *s-* (V. *contare*) ✱ 1211] **v. tr.** (*io scónto*) **1** detrarre da un conto | ***s. una cambiale***, ottenerne il pagamento presso banche o privati, prima della scadenza, lasciando una somma a compenso dell'anticipato pagamento | ***s. un debito***, estinguerlo con pagamenti rateali | praticare un ribasso sul prezzo di listino o su quello abitualmente praticato: *su quest'articolo mi ha scontato cinque euro* **2** fare ammenda, pagare le conseguenze di un male commesso da sé stessi o da altri: *s. un peccato*; *spesso i figli scontano le colpe dei genitori* | espiare la pena prevista per il reato commesso: *deve s. dieci anni di carcere*; *ha scontato quasi tutta la pena* | patire le conseguenze di qlco. di negativo: *ora che è vecchio, sconta gli eccessi della gioventù*; *ha scontato la sua inesperienza* | (*colloq.*) **scontàrla** (con il pron. *la* indeterm.), pagarla cara: *verrà il momento in cui dovrà scontarla* **3** nella critica letteraria e artistica, superare influssi, modelli, tecniche e sim. altrui, assimilandoli in modo originale nella propria opera: *non tutti riescono a s. la poetica dell'ermetismo*
SFUMATURE ➤ *dedurre*

scontatàrio [da *scontare* ✱ 1940] **s. m.** (**f.** *-ia*) ● chi cede una cambiale allo sconto, incassandone l'importo prima della scadenza

scontàto **part. pass.** di *scontare*; anche **agg.** **1** detratto da un conto | ***prezzo s.***, ridotto **2** espiato **3** assimilato, acquisito: *un'esperienza scontata* | ampiamente prevedibile, previsto: *una vittoria scontata*; *il fallimento della società era s.*; *il risultato della gara era dato per s.*; *è s. che vincerà lei* | (*est.*) ovvio, banale: *la conclusione del racconto risulta scontata* ‖ **scontataménte**, **avv.** in modo prevedibile

scontentàre [da *contentare*, con *s-* ✱ 1364] **v. tr.** (*io scontènto*) ● non accontentare, lasciare insoddisfatto, inappagato e sim.: *quella politica scontenta la classe operaia*

scontentézza [1528] **s. f.** ● condizione di chi è scontento

scontènto① [da *contento*, con *s-* ✱ 1338 ca.] **agg.** ● non contento, insoddisfatto: *essere s. di qlco.*; *rimanere, mostrarsi s.*; *avere una espressione scontenta*

scontènto② [da *scontentare* ✱ 1551] **s. m.** ● sentimento di insoddisfazione, di scontentezza: *provocare, suscitare lo s. generale*; *c'è un grande s. fra la gente*; *sentire, provare s.*; *essere preso dallo s.*

scontìsta [da *sconto* ✱ av. 1850] **s. m. e f.** (**pl. m.** *-i*) ● chi presenta in anticipo cambiali, da cui dedurre lo sconto

scónto [da *scontare* ✱ 1278] **s. m.** **1** (*dir.*) contratto con cui una banca, previa deduzione di un interesse corrispettivo, anticipa al cliente l'importo di crediti non ancora scaduti, che questi vanta verso terzi: *s. bancario*; *s. cambiario* **2** (*banca*) compenso spettante a chi paga anticipatamente un debito, proporzionale al debito e al tempo di anticipato pagamento | ***s. commerciale***, calcolato sull'ammontare nominale del debito a scadenza | ***s. razionale***, calcolato sul valore attuale | abbuono, riduzione, indicato in percentuale e che costituisce il margine di guadagno del rivenditore: *s. librario* | operazione di sconto **3** ribasso praticato dal venditore sul prezzo di listino o sul prezzo abitualmente praticato: *s. di quantità*; *s. su pronta cassa* | ***non fare sconti***, (*fig.*) mantenere un atteggiamento inflessibile, senza trattamenti di favore: *nella trattativa non faremo sconti a nessuno* ‖ **scenticino**, **dim.**

scontòrcere [da *contorcere*, con *s-* ✻av. 1400] **A v. tr.** (coniug. come *torcere*) ● contorcere, storcere con violenza: *s. il viso, la bocca* | (*raro, fig.*) travisare: *né vi è chi voglia scontorcer luoghi della scrittura* (G. Galilei) **B scontòrcersi v. rifl.** ● contorcersi, divincolarsi: *scontorcersi dal dolore, da una stretta*

scontorciménto [av. 1563] **s. m.** ● (*raro*) lo scontorcere, lo scontorcersi

scontornàre [comp. di *s-* e *contornare* ✻av. 1963] **v. tr.** (*io scontórno*) ● in una fotografia, o in una illustrazione, mettere in evidenza un soggetto eliminando tutto ciò che di superfluo vi si trova intorno

scontòrto **part. pass.** di *scontorcere*; anche **agg.** ● nei sign. del v.

scontràre [da un ant. *scontra* 'contro', dal lat. parl. *ĕx cŏntra*, rafforz. dall'avv. *cŏntra* 'di fronte, contro' ✻1282] **A v. tr.** (*io scóntro*) **1** (*raro* o *lett.*) incontrare: *scontrò un eremita in una valle* (L. Ariosto) **2** †attaccare combattimento, battaglia **3** (*mar.*) nell'accostata, volgere il timone dalla parte opposta per compensare l'inerzia di rotazione dell'imbarcazione | ***s. le vele***, mettere forzatamente le vele a collo per contrastare l'abbrivo residuo **B scontràrsi v. intr. pron.** **1** (*raro* o *lett.*) imbattersi, incontrarsi: *scontrarsi in qlcu.*; *così andando, si venne scontrato in que' due suoi compagni* (G. Boccaccio) **2** andare a cozzare con violenza contro qlco., detto spec. di veicoli in movimento: *un motociclista si scontrò con l'autotreno* **C scontràrsi v. rifl. recipr.** **1** cozzare con violenza l'uno contro l'altro, detto spec. di veicoli in movimento: *sull'autostrada si sono scontrate due automobili* **2** venire a combattimento, a battaglia: *le due fazioni nemiche si scontrarono in piazza* **3** (*fig.*) divergere: *le loro opinioni si scontrano*

†**scontràzzo** [da *scontro* ✻av. 1400] **s. m.** **1** combattimento, scontro violento **2** (*raro*) incontro amichevole, capannello: *giugnendo a uno s. di donne* (F. Sacchetti)

†**scontrinàre** [sovrapposizione di *scontrare* a *scrutinare* ✻1404] **v. tr.** ● (*raro*) scrutinare

♦**scontrino** [da *(ri)scontro* (V.) ✻1796] **s. m.** **1** piccolo biglietto di riscontro che serve a comprovare un pagamento, a testimoniare il diritto a una prestazione, l'adempimento di un obbligo e sim. | ***s. parlante***, quello rilasciato da una farmacia, con l'indicazione sia del nome del farmaco acquistato sia del codice fiscale dell'acquirente, e il cui importo è fiscalmente detraibile **2** †scrutinio

♦**scóntro** [da *scontrare* ✻1282] **s. m.** **1** cozzo violento di due o più veicoli: *uno s. stradale* | ***s. frontale***, V. *frontale* **SIN.** collisione, urto **2** mischia, combattimento | combattimento di breve durata tra forze contrapposte di limitata consistenza **3** (*sport, raro*) nella scherma, combattimento, gara tra due contendenti: *direttore di s.* **4** (*tecnol.*) ciascuno dei risalti della mappa di una chiave a cannello **5** (*tecnol.*) finecorsa **6** (*mar.*) dispositivo o sistema destinato a impedire a una nave di scivolare sul piano di varo fino al momento voluto | dispositivo destinato ad arrestare la corsa di una parte mobile o a fissarla in una posizione voluta **7** (*fig.*) accesa polemica, aspro confronto: *avere uno s. con qlcu.*; *s. verbale* **8** †riscontro, documento di controllo **9** †corrispondenza
SFUMATURE ➤ *battaglia*

scontrosàggine (o **-oṣà-**) [1872] **s. f.** ● carattere, temperamento, scontroso | atto o comportamento di persona scontrosa

scontróso (o **-ṣo**) [da *scontro* ✻av. 1802] **agg. e s. m.** (**f.** *-a*) ● che (o chi) ha un carattere poco socievole, è facile a offendersi, a irritarsi, a contraddire: *un ragazzo s.*; *non fare la scontrosa* **SIN.** ombroso ‖ **scontrosétto**, **dim.** ‖ **scontrosaménte**, **avv.** ‖ **scontrosità**, **s. f. inv.** indole, carattere scontroso; atto o atteggiamento da persona scontrosa

sconturbàre [da *conturbare*, con *s-* ✻av. 1519] **v. tr.** e **sconturbàrsi v. intr. pron.** ● (*raro, tosc.*) turbare, turbarsi profondamente

†**sconvenébole** ➤ **sconvenevole**

†**sconvenènza** ➤ **sconvenienza**

sconvenévole o †**sconvenébole** [da *convenevole*, con *s-* ✻1261 ca.] **agg.** ● (*lett.*) che non si addice, non si conviene alla decenza, alla morale e sim.: *parole sconvenevoli* ‖ **sconvenevolménte**, **avv.** in modo non convenevole

sconvenevolézza [1353] **s. f.** ● (*lett.*) condizione di ciò che è sconvenevole

sconveniènte [da *conveniente*, con *s-* ✻av. 1348] **agg.** **1** che manca di convenienza, decoro, garbo e sim.: *parole, atteggiamenti, sconvenienti*; *risposta s.* **SIN.** disdicevole, scorretto **CONTR.** conveniente, corretto **2** (*raro*) che manca di convenienza economica: *prezzi sconvenienti* ‖ **sconvenientemènte**, **avv.**

sconveniènza o †**sconvenènza** [da *convenienza*, con *s-* ✻av. 1348] **s. f.** **1** mancanza di convenienza, decoro, opportunità e sim. **2** (*raro*) condizione di ciò che è sconveniente economicamente

sconvenìre [da *convenire*, con *s-* (V. *disconvenire*) ✻sec. XIII] **v. intr.** (coniug. come *venire*; aus. *essere*) e **sconvenìrsi v. intr. pron.** ● (*lett.*) non essere degno, conveniente, adatto, opportuno, decoroso e sim.: *lento passo / sconviensi a chi del sospirato fine / tocca la meta* (V. Alfieri)

sconvocàre [comp. di *s-* e *convocare* ✻1683] **v. tr.** (*io scònvoco, tu scònvochi*) ● disdire, annullare, detto di adunanza, assemblea e sim.

sconvolgènte **part. pres.** di *sconvolgere*; anche **agg.** **1** (*raro*) che sconvolge, che sovverte **2** che impressiona, colpisce, turba profondamente: *è stata un'esperienza s.*

♦**sconvòlgere** [da †*convolgere*, con *s-* ✻av. 1400] **A v. tr.** (coniug. come *volgere*) **1** devastare: *l'alluvione ha sconvolto le campagne* | (*fig.*) turbare profondamente: *una notizia che sconvolse il mondo* **2** mettere in disordine, in agitazione, in scompiglio (*anche fig.*): *il vento sconvolge le carte*; *s. le idee, i piani, i progetti di qlcu.* | rimescolare: *s. lo stomaco* **B sconvòlgersi v. intr. pron.** ● turbarsi profondamente (*anche fig.*): *tutto si sconvolse nel suo cuore* (G. D'Annunzio)

sconvolgiménto o †**isconvolgiménto** [1611] **s. m.** ● grave perturbamento, crisi: *lo s. prodotto dalla guerra* | ***s. di stomaco***, malessere, senso di nausea | (*fig.*) profondo turbamento spirituale

sconvolgitóre [1690] **s. m.** (**f.** *-trice*); anche **agg.** ● (*raro*) chi (o che) sconvolge

sconvòlto **part. pass.** di *sconvolgere*; anche **agg.** ● messo sottosopra, scompigliato: *un territorio s. dalla furia del vento* | che è in preda a un malessere fisico, che prova nausea e sim. | (*fig.*) profondamente turbato: *sono ancora s. per ciò che ho visto*

†**sconvoltùra** [1684] **s. f.** ● (*raro*) sconvolgimento

scooner ➤ **schooner**

scoop /*ingl.* sku:p/ [vc. ingl. d'orig. germ. propr. 'mestolo' ✻1963] **s. m. inv.** ● buon colpo giornalistico, notizia sensazionale pubblicata in esclusiva da un giornale

scoordinaménto [comp. di *s-* e *coordinamento* ✻1966] **s. m.** ● mancanza di coordinamento | incapacità di coordinare le idee

scoordinàto [da *coordinato* con *s-* neg. ✻av. 1963] **agg.** ● che è privo di coordinazione: *gesto s.*; *azione scoordinata* ‖ **scoordinataménte**, **avv.**

scoordinazióne [comp. di *s-* e *coordinazione* ✻1960] **s. f.** ● scoordinamento

scooter /'skuter, *ingl.* 'sku:tə(r)/ [vc. ingl., dal v. fam. *to scoot* 'guizzar via' ✻1950] **s. m. inv.** **1** motocicletta con ruote piccole, motore di piccola cilindrata e telaio anteriore a protezione delle gambe di chi guida | ***s. acquatico, s. d'acqua, s. marino***, acqua-scooter **CFR.** scuter **2** imbarcazione a vela fornita di due chiglie che, sotto l'azione del vento, è in grado di slittare sul ghiaccio ‖ **scooterìno**, **dim.** | **scooteróne**, **accr.**

scooterìsta /skute'rista/ o **scuterìsta** [da *scooter*, con *-ista* ✻1957] **s. m. e f.** (**pl. m.** *-i*) ● chi viaggia in motorscooter

♦**scópa** ① [lat. *scōpa(m)*, sing. del più frequente *scōpae* 'crecchia', di orig. prob. mediterr.; nel sign. 2, perché in origine formata coi rami di questa pianta o di piante simili ✻av. 1320] **s. f.** **1** arbusto sempreverde delle Ericacee a rami pelosi e piccole foglie lineari verticillate, usata per confezionare gli omonimi attrezzi per la pulizia dei pavimenti (*Erica arborea*): *La prima fucilata rade / la fiorita di rosmarini e scope* (M. Luzi) **2** attrezzo per spazzare i pavimenti, costituito da un fascio di steli di saggina o d'erica, oppure di filamenti di materia plastica, di frange di cotone e sim., legato a un lungo manico | ***s. metallica***, attrezzo per il giardinaggio | (*fig.*) ***essere magro come una s.***, essere molto magro | (*fig.*) ***avere ingoiato il manico della s.***, di persona che cammina diritta e impettita **3** †supplizio in uso nel Medioevo e nel Rinascimento, consistente nel colpire il condannato con una frusta di fusti di scopa ‖ **scopétta**, **dim.** (V.) | **scopétto**, **dim. m.** (V.) | **scopìna**, **dim.** | **scopìno**, **dim. m.** (V.)

scópa ② [da *scopa*① nel sign. 2, in senso metaforico, perché non si lasciano carte sul tavolo ✻1873] **s. f.** ● gioco di carte tra due giocatori o due coppie, con un mazzo di 40 carte: *giocare a s.*; *fare a s. la primiera e il settebello* | particolare presa del gioco omonimo, quando non si lasciano carte sul tavolo: *fare s.* | ***sotto s.***, (*fig.*) in una situazione di forte rischio: *essere, tenere qlcu. sotto s.*

scopàio [1960] **s. m.** (**f.** *-aia*, **pl. m.** *-ai*) ● chi fabbrica o vende scope, granate, ramazze e sim.

scopaiòlo [da *scopa*① ✻1803] **agg.** ● (*raro*) che vive tra macchie di arbusti, detto di animale selvatico: *lepre scopaiola*

scopamàre [comp. di *scopa(re)* e *mare* ✻1814] **s. m.** ● (*mar.*) vela di bel tempo, aggiunta lateralmente alle vele quadre più basse, per prendere più vento

♦**scopàre** [lat. tardo *scopāre*, da *scōpae* (nom. pl.) 'scopa' ✻sec. XIII] **A v. tr.** (*io scópo*) **1** spazzare il pavimento, pulire il suolo con la scopa (*anche assol.*): *s. la stanza* **2** †sottoporre al supplizio della scopa **3** (*volg.*) possedere sessualmente | avere rapporti sessuali con qlcu. (*spec. assol.*) **B scopàrsi v. tr. pron.** (aus. *essere*) **1** spazzare con la scopa (con valore intens.): *s'è scopato da solo tutto l'appartamento* | (*fig., lett.*) portarsi via: *con questa leva ... che si scopa via tutti i giovinotti del paese* (G. Verga) **2** (*volg.*) possedere sessualmente

scopària [dal lat. scient. *(Erica) scoparia*, da *scōpa* 'scopa' ✱ 1872] **s. f.** ● (*bot.*) erba annuale delle Chenopodiacee, originaria dell'Asia centrale, coltivata per fabbricare scope e per ornamento, naturalizzata nell'Italia settentrionale e centrale (*Kochia scoparia*)

scopàta [1550] **s. f. 1** attività dello scopare **2** colpo dato con la scopa **3** (*volg.*) coito ‖ **scopatina**, **dim.** | **scopatóna**, **accr.**

scopàto **part. pass.** di *scopare*; anche **agg. 1** nei sign. del v. **2** †spazzolato

scopatóre [1353] **s. m.** (f. *-trice*) **1** chi scopa | *s. segreto*, nell'antica Corte pontificia, domestico investito di umili servizi **2** (*volg.*) chi ha frequenti o intensi rapporti sessuali

scopatùra [av. 1557] **s. f. 1** pulitura effettuata con la scopa **2** immondizia raccolta nello scopare **3** †supplizio della scopa | (*est.*) rampogna, rabbuffo

scopàzzo [da *scopa*① nel sign. 1 ✱ 1957] **s. m.** ● (*bot.*) nei vegetali, insieme disordinato di piccoli rami dovuti a insetti, funghi o virus CFR. cladomania

scoperchiàre o †**scoverchiàre** [da *coperchio*, con *s-* ✱ 1313] **v. tr.** (*io scopèrchio*) ● scoprire levando il coperchio: *s. una pentola* | (*est.*) togliere la copertura | *s. una casa*, togliere il tetto

scoperchiatùra [1872] **s. f. 1** (*raro*) lo scoperchiare **2** (*tosc.*) striscia di carne che copre le costole delle bestie macellate, di qualità scadente

scoperéccio [da *scopare* nel senso di 'avere rapporti sessuali' ✱ 1965] **agg.** (**pl. f.** *-ce*) ● (*scherz.*) che riguarda l'attività sessuale, che è disponibile ai rapporti sessuali e sim.: *discorsi scoperecci*; *compagnia, atmosfera scopereccia*

♦**scopèrta** o (*poet.*) **scovèrta** [f. sost. di *scoperto* ✱ av. 1557] **s. f. 1** lo scoprire ciò che prima era ignoto a tutti: *la s. dell'America*; *le grandi scoperte geografiche*; *la s. di un tesoro sepolto*; *una grande s. nel campo della medicina* | (*iron.*) *che s.!, che bella s., fare la s.* e sim., di cose che tutti sanno, o a tutti evidenti **2** chi (o ciò che) è stato scoperto: *il film è interpretato dalla nuova s. del regista*; *utilizzare le recenti scoperte biologiche nella lotta contro il cancro* **3** †spianata **4** †esplorazione, ricognizione **5** (*mar.*) *segnale di s.*, emesso da navi o aerei in esplorazione nell'avvistare altre navi o aerei

scopèrto o (*poet.*) **scovèrto** **A** **part. pass.** di *scoprire*; anche **agg. 1** nei sign. del v. **2** privo di copertura, di riparo, di tetto: *terrazzo s.*; *automobile scoperta* | *dormire s.*, senza coperte, o con le coperte allontanate dal corpo | (*fig.*) *avere i nervi scoperti*, essere molto irritabile | privo di difesa: *un settore dell'esercito rimasto s.* | (*fig.*) *lasciare il fianco s. alle critiche*, non premunirsi da critiche o rimproveri | (*fig.*) privo di titolare: *ruolo, incarico attualmente s.* **3** privo, parzialmente o completamente, di indumenti: *spalle, braccia scoperte* | *a capo s.*, senza cappello **4** (*banca*) privo di copertura: *conto corrente s.*; *un cliente s.*; *assegno s.* **5** visibile | *giocare a carte scoperte*, tenendole sulla tavola con semi e numeri visibili a tutti; (*fig.*) agire senza finzioni **6** (*fig.*) aperto, franco, sincero, spec. nelle loc. avv. *a viso s.*, *a fronte scoperta* ‖ **scopertaménte**, **avv.** in modo scoperto, palesemente: *dichiarare scopertamente le proprie intenzioni* **B** in **funzione di avv.** ● (*lett.*) in modo aperto, franco, esplicito: *parlare s.* **C** **s. m. 1** luogo aperto, libero alla vista, non riparato, nella loc. *allo s.*: *dormire, pernottare, avanzare, trovarsi, rimanere allo s.*; *noi alloggeremo quasi tutti allo s.* (F. GUICCIARDINI) | (*fig.*) *agire, procedere allo s.*, senza finzioni, alla luce del sole **2** *s. di conto*, posizione di credito della banca verso il cliente, per prelevamenti superiori ai depositi | *andare allo s.*, prelevare una somma superiore a quella depositata in un conto corrente bancario | *credito allo s.*, senza garanzie reali | *vendita allo s.*, speculazione che consiste nella vendita di titoli o beni senza averne la disponibilità, prevedendo un calo del loro prezzo e riservandosi perciò di acquistarli in seguito

scopertùra [da *copertura*, con *s-* ✱ av. 1535] **s. f.** ● (*raro*) atto dello scoprire

scopéto [da *scopa*① nel sign. 1 ✱ 1441] **s. m.** ● bosco di eriche

scopétta [dim. di *scopa*① nel sign. 2 ✱ av. 1571] **s. f. 1** piccola scopa per spazzare angoli, mobili e sim. **2** (*centr.*) spazzola ‖ **scopettina**, **dim.**

scopettàre [da *scopetta* ✱ av. 1552] **v. tr.** (*io scopétto*) ● (*tosc.*) spazzolare

scopétto [dim. di *scopa*① nel sign. 2 ✱ 1940] **s. m.** ● scopetta ‖ **scopettóne**, **accr.** (V.)

scopettóne [1923] **s. m. 1** accr. di *scopetto* **2** spazzolone per pulire i pavimenti **3** (**al pl.**) lunghe basette che lasciano scoperto il mento SIN. favoriti, fedine

-scopìa [gr. *-skopía*, dal v. *skopêin* 'vedere attentamente', di orig. indeur.] **secondo elemento** ● in parole composte dotte e scientifiche, significa 'esame', 'osservazione', eseguiti mediante strumenti ottici o a vista: *endoscopia, laringoscopia*

scopiazzàre [deriv. pegg. di *copiare*, con *s-* ✱ 1942] **v. tr.** ● (*spreg.*) copiare male, rabberciando qua e là (*anche assol.*)

scopiazzatóre [1957] **s. m.** (f. *-trice*) ● (*spreg.*) chi scopiazza (*anche scherz.*)

scopiazzatùra [1933] **s. f.** ● lo scopiazzare | cosa scopiazzata

-scòpico **secondo elemento** ● forma aggettivi derivati per lo più da nomi in *-scopia* e *-scopio*: *laringoscopico, microscopico, retroscopico*

scopièra [da *scopa*① nel sign. 2 ✱ 1940] **s. f.** ● armadio usato per tenere le scope

scopinàre [da *scopa*① nel sign. 2 ✱ 1960] **v. tr.** ● sottoporre i bozzoli a scopinatura

scopinatùra [da *scopinare* ✱ 1960] **s. f.** ● nell'industria della seta, operazione compiuta mediante spazzole rotanti per cercare i capi esterni del filo dei bozzoli

scopìno① [da *scopa*① nel sign. 2 col suff. *-ino* di mestiere ✱ 1898] **s. m.** (f. *-a*) ● (*roman.*) spazzino

scopìno② [dim. di *scopa*① nel sign. 2 ✱ 1959] **s. m. 1** piccola scopa, scopetta **2** attrezzo simile a una scopa usato nel gioco del curling ‖ **scopinétto**, **dim.**

-scòpio [dalla seconda parte di comp. gr. (*-skópion, -skopêion*), assunta anche in formazioni autonome, deriv. da *skopêin* 'vedere, osservare', di orig. indeur.] **secondo elemento** ● in parole scientifiche composte, indica strumenti impiegati per l'osservazione di determinati fenomeni: *giroscopio, laringoscopio, microscopio, telescopio* CFR. -grafo, -metro

scopìsta [1940] **s. m. e f.** (**pl. m.** *-i*) ● chi gioca a scopa

scopìstica [da *scopo* ✱ 1976] **s. f.** ● (*psicol.*) analisi del comportamento psicologico e linguistico di una persona, condotta in base agli scopi che agendo si intendono raggiungere

♦**scòpo** [lat. tardo *scŏpu(m)*, dal gr. *skopós* 'meta, mira', connesso con *sképtesthai* 'guardare', di orig. indeur. ✱ 1563] **s. m. 1** †bersaglio | oggi solo nella loc. *falso s.*, punto naturale o artificiale del terreno al quale, nel puntamento indiretto di un'artiglieria, viene diretta la linea di mira del pezzo per dirigere sull'obiettivo la bocca da fuoco; (*fig.*) obiettivo apparente che serve a mascherare quello vero a cui si tende | in topografia, parte mobile delle mire a scopo, costituita da una tavoletta dipinta a quadri bianchi e rossi, o bianchi e neri, la cui mediana orizzontale costituisce la linea di fede **2** fine che si vuole raggiungere e alla cui realizzazione sono rivolti i propri sforzi: *s. degno, indegno, sublime, supremo*; *mirare, tendere a uno s.*; *conseguire, ottenere, prefiggersi, raggiungere, uno s.*; *a che s. fai ciò?*; *a questo s.*; *con questo s.*; *con lo s. di …*; *allo s. di …* | (*gramm.*) *complemento di fine o s.*, V. *fine*① nel sign. C 1 | *senza s.*, senza un fine valido, inutile: *vita senza s.* | (*est.*) chi (o ciò che) costituisce il fine, l'obiettivo delle proprie aspirazioni: *i figli sono lo s. dei suoi sacrifici*; *il lavoro è l'unico s. della sua vita*

scopo-, -scopo [dal gr. *skopêin* 'osservare'] **primo e secondo elemento** ● forma parole composte relative all'osservare, al guardare, oppure designanti persona che compie le osservazioni indicate dal corrispondente termine in *-scopia*: *scopofilia, scopofobia*; *necroscopo, demoscopo*

scopofilìa [comp. di *scopo-* e *-filia* ✱ 1942] **s. f.** ● (*psicol.*) voyeurismo

scopòfilo [1965] **s. m.** (f. *-a*) ● chi pratica la scopofilia

scopofobìa [comp. di *scopo-* (V. *scopofilia*) e *-fobia* ✱ 1983] **s. f.** ● (*psicol.*) paura morbosa di essere visti ‖ **scopofòbico**, **agg.** (**pl. m.** *-ci*); anche **s. m.** (f. *-a*) nel sign. 2 **1** relativo a scopofobo **2** scopofobo ‖ **scopòfobo**, **agg.** e **s. m.** (f. *-a*) che (o chi) soffre di scopofobia

scòpola ➤ **scoppola**

scopolamìna [comp. di un deriv. dal n. del botanico trentino G. A. *Scopoli* (1723-1788), e *am(m)ina* ✱ 1893] **s. f.** ● (*chim.*) alcaloide contenuto in diverse Solanacee, usato come sedativo, ipnotico e nella terapia di alcune forme nervose

†**scòpolo** ➤ †**scopulo**

scopóne [da *scopa*② ✱ 1887] **s. m.** ● gioco di carte simile alla scopa in cui giocano due coppie di due giocatori a cui il mazziere distribuisce inizialmente 9 o 10 carte | *s. a 10 carte*, in cui il mazziere distribuisce inizialmente tutte le carte e cioè 10 per ciascun giocatore | *s. scientifico*, in cui il mazziere distribuisce a ciascun giocatore 9 carte e ne lascia 4 scoperte sul tavolo (impropriamente questa locuzione viene anche usata per indicare lo scopone a 10 carte)

†**scoppettière** ➤ †**schioppettiere**

scoppiaménto [1582] **s. m.** ● lo scoppiare, nel sign. di *scoppiare*② SIN. spaiamento

♦**scoppiàre**① o †**schioppàre** [da *scoppio* ✱ sec. XIII] **v. intr.** (*io scòppio*; aus. *essere*) **1** rompersi, spaccarsi improvvisamente a causa dell'eccessiva tensione, pienezza o forza interna, producendo un grande fragore: *la caldaia è scoppiata*; *è scoppiato uno pneumatico*; *il palloncino scoppiò all'improvviso*; *l'ascesso è scoppiato* | esplodere, detto di arma o di materiale esplosivo: *è scoppiata una bomba*; *fecero s. molti petardi* **2** (*fig.*) prorompere (+ *in*, + *a* **seguito da inf.**): *s. in pianto, in lacrime, in singhiozzi, in invettive*; *s. a ridere, a piangere* **3** (*iperb.*) crepare (+ *da*, + *di*): *mangiare fino a s.*; *s. dal caldo, dal ridere, dalle risa, dalla rabbia, dall'invidia*; *s. di rabbia, di vergogna, di dolore* | *s. di salute*, avere una salute eccellente **4** (*fig.*) non riuscire a frenarsi, non potersi contenere: *devo dirgli ciò che penso, altrimenti scoppio* **5** (*fig.*) accadere, manifestarsi, in modo improvviso e violento, detto spec. di avvenimento grave e tale da diffondersi con rapidità: *è scoppiata una rivolta*; *sta per s. un temporale*; *l'anno in cui scoppiò la guerra* **6** nel linguaggio sportivo, ce-

a b c d e f g h i j k l m n o p q r s t u v w x y z

dere improvvisamente per esaurimento delle energie: *s. alla distanza* **7** (*fig.*) non reggere a eccezionali condizioni di sovraffollamento: *all'inizio delle ferie estive l'autostrada del Sole scoppia per il traffico* **8** †sgorgare

scoppiàre② [da *coppia*, con *s-* ✱ av. 1584] **v. tr.** (*io scòppio*) ● dividere, separare, cose o persone accoppiate tra loro

scoppiàto① **part. pass.** di *scoppiare*①; anche **agg. 1** nei sign. del v. **2** (*raro*) spaccato, screpolato: *mani scoppiate dal, per il freddo* **3** (*fig.*) detto di atleta che ha ceduto bruscamente allo sforzo | (*gerg.*) che è sotto l'effetto di sostanze stupefacenti | (*colloq.*) suonato, rimbambito

scoppiàto② **part. pass.** di *scoppiare*②; anche **agg.** ● nel sign. del v.

scoppiatùra [da *scoppiare*① ✱ 1872] **s. f.** ● (*tosc.*) screpolatura della pelle

scoppiettaménto [av. 1597] **s. m.** ● lo scoppiettare

scoppiettànte **part. pres.** di *scoppiettare*; anche **agg.** ● nei sign. del v. | (*fig.*) gioiosamente vivace: *prosa, allegria s.*

scoppiettàre o (*raro, pop.*) **schioppettàre** [da *scoppietto* (V.), con valore iter. rispetto a *scoppiare* ✱ 1536] **v. intr.** (*io scoppiétto*; aus. *avere*) **1** fare scoppi piccoli e frequenti: *la legna che brucia, scoppietta* **2** (*fig.*) risuonare: *la stanza scoppiettò di risate* | succedersi senza interruzione: *scoppiettavano battute e risatine*

†**scoppiettàta** ➤ **schioppettata**

†**scoppietterìa** ➤ †**schioppetteria**

scoppiettìo [1612] **s. m.** (pl. *-ii*) **1** lo scoppiettare continuo | serie di esplosioni: *lo s. dei mortaretti* (I. Calvino) **2** (*fig.*) rapida successione: *uno s. di esclamazioni ammirative* (L. Pirandello)

scoppiétto o **schioppétto** nel sign. 2 [1521] **s. m. 1** dim. di *scoppio* **2** anticamente, arma da fuoco portatile

♦**scòppio** [lat. *sclŏppu(m)* 'rumore fatto battendo le guance a bocca chiusa', di orig. onomat. ✱ av. 1374] **s. m. 1** improvvisa rottura causata dall'eccessiva tensione interna: *lo s. di una bombola* | esplosione: *lo s. di una bomba* | ***motore a s.***, a combustione interna, in cui l'esplosione della miscela è provocata dalla candela | ***camera di s.***, parte del cilindro in cui avviene l'esplosione della miscela aria-benzina | ***a s. ritardato***, (*fig.*) di azione o reazione che ha luogo in ritardo rispetto a ciò che l'ha provocata **2** rumore di uno scoppio, detonazione | †schiocco: *lo s. della frusta* **3** (*fig.*) improvvisa e violenta manifestazione di avvenimenti gravi, pericolosi e sim.: *lo s. della peste; lo s. della guerra* | (*fig.*) improvviso impeto emotivo: *uno s. di risa, d'ira* e sim. **4** (*raro*) schianto, colpo, spec. nella loc. avv. ***di s.***: *arrivare, cadere, morire* e sim. *di s.* **5** †V. *schioppo* ‖ **scoppiétto**, **dim.** (V.)

scòppola o (*lett.*) **scòpola** [dim. di *coppa*, con *s-* ✱ 1851] **s. f. 1** (*colloq.*) colpo dato con la mano sulla nuca: *prendere qlcu. a scoppole* | (*est.*) colpo: *si è preso una bella s.!* | (*fig.*) batosta, perdita, spec. nel campo economico; pesante sconfitta **2** (*centr.*) berretto

scopribile [1745] **agg.** ● (*raro*) che si può scoprire

scopriménto [1550] **s. m. 1** atto dello scoprire | ***s. di una statua, di un monumento***, e sim., cerimonia inaugurale **2** †scoperta: *lo s. del Nuovo mondo*

♦**scoprìre** o (*poet.*) **scovrire** [da *coprire*, con *s-* ✱ 1282] **A v. tr.** (coniug. come *coprire*) **1** liberare da ciò che copre, ripara, chiude, nasconde e sim.: *s. una pentola* | ***s. una statua, una lapide e sim.***, inaugurarla, facendo cadere il velo o sim., che la riparava | (*fig.*) ***s. gli altarini***, V. *altarino* | liberare dagli indumenti che coprono il corpo o una parte del corpo: *un colpo di vento le scoprì le gambe* | anche in forma pron.: *scoprirsi le braccia; sollevò il velo fitto scoprendosi la bocca* (G. D'Annunzio) | ***scoprirsi il capo***, togliersi il cappello in segno di ossequio **2** lasciare privo di protezione, di difesa: *s. il petto* | ***s. il fianco***, esporsi agli attacchi degli avversari | (*fig.*) ***s. il fianco alle critiche***, esporsi a critiche **3** rendere visibile, lasciar vedere: *s. i denti nel sorridere* | (*fig.*) palesare, mostrare, manifestare: *s. le proprie intenzioni, il proprio animo, i propri sentimenti* | ***s. le carte, il gioco***, (*fig.*) rivelare i propri piani **4** arrivare a conoscere l'esistenza di fatti, luoghi, cose, persone, prima ignoti (qlco.; + *di* seguito da inf., + *che*): *s. la verità; s. la ragione, la causa di qlcu.; s. un segreto, una congiura; hanno scoperto un nuovo farmaco; Cristoforo Colombo scoprì l'America; ha scoperto di avere una sorella; Galileo scoprì che attorno a Giove orbitano quattro satelliti* | ***s. l'America, l'acqua calda, l'ombrello***, (*fig., iron.*) per sottolineare qlco. di ovvio e scontato che viene presentato come nuovo e originale | trovare, in seguito a ricerche o casualmente: *s. un tesoro, una miniera, una sorgente, un nascondiglio* | identificare: *l'assassino è stato scoperto* | (*fig.*) individuare le qualità sinora ignorate di qlcu.: *s. un nuovo attore, una giovane violinista* | (*fig.*) cominciare ad apprezzare ciò che prima non si conosceva: *ho scoperto la musica di Mahler* **5** (*lett.*) riuscire a vedere, a distinguere, spec. in lontananza: *quei monti azzurri / che di qua scopro* (G. Leopardi) **6** †esplorare (anche *assol.*): *s. un paese, un terreno; quelli cavalli, che si mandano avanti a s.* (N. Machiavelli) | (*est., raro, fig.*) informarsi, prendere notizia **B scoprirsi v. rifl. 1** liberarsi degli indumenti che coprono il corpo o una parte del corpo: *oggi ti sei scoperto troppo* | alleggerirsi degli indumenti: *in primavera non bisogna avere fretta di scoprirsi* **2** (*fig.*) manifestare, rivelare, dare a conoscere, il proprio modo di pensare, di agire e sim.: *quando parli con lui stai attento a non scoprirti* **3** uscire dai ripari, venire in luogo aperto: *per attaccare aspettate che il nemico si scopra* | †***scoprirsi contro qlcu.***, dichiararsi suo nemico **4** (*sport*) nel pugilato, abbandonare la posizione di guardia, dando la possibilità all'avversario di mettere a segno un colpo

scopritóre [1615] **s. m.** (f. *-trice*); anche **agg.** ● chi (o che) scopre, chi (o che) rivela cose prima ignote

scopritùra [av. 1320] **s. f.** ● (*raro*) scoprimento

†**scòpulo** o †**scòpolo** [vc. dotta, dal lat. *scŏpulu(m)* 'scoglio', dal gr. *skópelos* (V. *scoglio*①) ✱ av. 1348] **s. m.** ● (*lett.*) scoglio: *quegli scopuli / dove temprava Amor suo' ardenti spiculi* (I. Sannazaro)

scoraggiaménto [1766] **s. m.** ● lo scoraggiarsi | stato d'animo di chi è scoraggiato: *essere preso dallo s.; reagire allo s.*

SFUMATURE DI SIGNIFICATO

scoraggiamento - abbattimento - sconforto

Scoraggiamento è la condizione di chi ha perso fiducia nel proprio agire per il protrarsi di una situazione avversa. Se *scoraggiamento* è riferito per lo più a un motivo particolare od occasionale, **abbattimento** è una forma di avvilimento, di depressione che prende l'animo intero. **Sconforto** è uno stato di abbattimento nel quale vengono meno coraggio, fiducia e speranza.

SFUMATURE ➤ ***disperazione***, ➤ ***pessimismo***

scoraggiànte **part. pres.** di *scoraggiare*; anche **agg.** ● che scoraggia, che deprime ‖ **scoraggianteménte**, **avv.**

scoraggiàre [da *coraggio*, con *s-* ✱ av. 1250] **A v. tr.** (pres. *io scoràggio*; fut. *io scoraggerò*) ● togliere il coraggio, indurre timore e sfiducia: *la dura sconfitta scoraggiò l'esercito* | (*est.*) frenare, sconsigliare: *il maltempo ha scoraggiato i turisti; la politica del governo scoraggia gli investimenti* **B scoraggiàrsi v. intr. pron.** ● perdere il coraggio, la fiducia

scoraggiàto **part. pass.** di *scoraggiare*; anche **agg.** ● che si è perso d'animo; sfiduciato, avvilito, demoralizzato ‖ **scoraggiataménte**, **avv.**

scoraggiménto [da *scoraggire* ✱ 1820] **s. m.** ● (*raro, tosc.*) scoraggiamento

scoraggìre [1765] **v. tr.** (*io scoraggìsco, tu scoraggìsci*) e **scoraggìrsi v. intr. pron.** ● (*tosc.*) scoraggiare, scoraggiarsi

scoraménto [da *scorare* ✱ 1699] **s. m.** ● stato d'animo di chi è privo di fiducia, di ottimismo: *farsi prendere dallo s.*

scoràre [da *c(u)ore*, con *s-* (V. *accorare*) ✱ sec. XIII] **v. tr.** (*io scuòro*, o *scòro*; in tutta la coniug. la *o* dittonga preferibilmente in *uo* se tonica) ● (*lett.*) avvilire, scoraggiare

scoràto **part. pass.** di *scorare*; anche **agg.** ● (*lett.*) sfiduciato, avvilito

scorazzàre ➤ **scorrazzare**

scorbacchiaménto [da *scorbacchiare* ✱ 1726] **s. m.** ● (*raro*) scherno, beffa

scorbacchiàre [da †*corbacchio* (V.), con *s-* ✱ 1525] **v. tr.** (*io scorbàcchio*) ● (*raro*) schernire pubblicamente: *Andava scorbacchiandolo con tutti, amiche e parenti* (G. Verga) **SIN.** svergognare

scorbacchiatùra [1891] **s. f.** ● (*raro*) scorbacchiamento

scorbellàto [da *corbello*, eufem. per 'coglione', con *s-* ✱ 1863] **A agg.** ● (*tosc.*) che è intrattabile, non ha riguardo o pazienza per nessuno | bizzarro, stravagante, estroso **B** anche **s. m.** (f. *-a*)

†**scòrbio** e deriv. ➤ **sgorbio** e deriv.

scorbutamìna [comp. di *scorbut(o)* e (*vit)amina* ✱ 1960] **s. f.** ● acido ascorbico, vitamina C

♣**scorbùtico** [1674] **A agg.** (pl. m. *-ci*) ● di scorbuto **B agg. e s. m.** (f. *-a*) **1** che (o chi) è affetto da scorbuto **2** (*fig.*) che (o chi) ha un carattere difficile, bisbetico, scontroso ‖ **scorbuticaménte**, **avv.** ‖ **scorbuticità**, **s. f. inv.** (*fig.*) scortesia, scontrosità

scorbùto o **scòrbuto** [dal lat. scient. mediev. *scŏrbut(h)u(m)*, attrav. il neerl. *scuerbuyck*. Cfr. il russo mediev. *skrobotŭ* 'grattare' ✱ 1611] **s. m.** ● malattia dovuta a carenza di vitamina C, caratterizzata da cachessia ed emorragie diffuse

scorciaménto [1550] **s. m.** ● (*raro*) accorciamento | riduzione

scorciàre [lat. parl. **excurtiāre*, comp. di *ĕx-* (*s-*) e di un denominale di *cŭrtus* 'corto' ✱ av. 1389] **A v. tr.** (pres. *io scórcio*; fut. *io scorcerò*) **1** rendere più corto, accorciare: *s. un vestito, i capelli* **2** rappresentare in scorcio: *s. un paesaggio* **B v. intr.** (aus. *essere*) e **scorciàrsi v. intr. pron.** ● apparire in scorcio: *secondo che questa o quella parte campeggia o si scorcia* (A. Manzoni) **C scorciàrsi v. intr. pron.** ● diventare più corto: *le giornate si scorciano*

scorciàto **part. pass.** di *scorciare*; anche **agg. 1** nei sign. del v. **2** (*arald.*) detto di pezza che non tocca gli orli dello scudo ‖ **scorciataménte**, **avv.** in modo abbreviato

scorciatóia [da *scorciare* ✱ 1691] **s. f. 1** sentiero, via, strada secondaria che mette in comunicazione due luoghi con un percorso più breve rispetto a quello della strada principale: *prendere una s.; andare per la s.*

S

2 (*fig.*) mezzo più rapido, più spiccio: *per ottenere in tempo il visto è necessaria una s.*

scorciatùra [1865] **s. f.** ● (*raro*) scorciamento

scórcio① [da *scorciare* ✱ 1455] **s. m. 1** rappresentazione di un oggetto che giace su un piano obliquo rispetto all'osservatore in modo da apparire, secondo le norme di una visione prospettica, accorciato | ***di s.***, (*fig.*) di sfuggita, da lontano | vista limitata: *dal lago si può ammirare uno s. delle Alpi* **2** breve tempo che resta alla fine di un'epoca, di un periodo, di una stagione e sim.: *questo s. di secolo, d'autunno; nell'ultimo s. della prima Guerra mondiale*

scórcio② [da *scorciato* ✱ 1532] **agg.** (**pl. f.** *-ce*) ● (*tosc.*) scorciato

scorcióne [da *scorciare* ✱ av. 1850] **s. m.** ● (*tosc.*) scorciatoia

scorcìre [1872] **v. tr.** (*io scorcisco, tu scorcisci*) ● (*tosc.*) scorciare

†**scordaménto**① [da *scordare*① ✱ av. 1306] **s. m.** ● dimenticanza

scordaménto② [1960] **s. m.** ● (*raro*) scordatura

†**scordànza** [da *scordare*② ✱ av. 1288] **s. f.** ● discordia, discordanza | sconcordanza

♦**scordàre**① [calco su *ricordare*, con cambio di pref. (*s-*) ✱ sec. XIII] **A v. tr.** (*io scòrdo*) ● dimenticare, non ricordare più: *s. un nome, un indirizzo; s. le offese ricevute* | tralasciare di fare qlco. per distrazione (**+ *di* seguito da inf., + *che***): *ho scordato un appuntamento; ha scordato di telefonarmi; quasi scordando che parlava con una pazza* (I. NIEVO) **B** anche **scordàrsi v. tr. pron.** (**aus.** *essere*): *scordarsi un appuntamento; è forza, mio core, (...) scordarsi l'amore* (P. METASTASIO) | ***scordatelo, te lo puoi scordare***, (*fig.*, *colloq.*) non ci sperare, levatelo dalla testa: *se speri che sia lei a fare il primo passo, scordatelo!* **C scordàrsi v. intr. pron.** ● dimenticarsi, non ricordare più (**+ *di*, anche seguito da inf., + *che***): *scordarsi di un nome, di un indirizzo; mi sono scordato dell'appuntamento; si è scordato di spegnere la luce; non scordarti che ti hanno aiutato* | **scordàrsene**, (*colloq.*) non contare, non fare affidamento su qlco.: *la vacanza? scordatene!*

scordàre② [calco su *accordare*, con *s-* ✱ av. 1306] **A v. tr.** (*io scòrdo*) ● (*mus.*) guastare l'accordatura a uno strumento **B scordàrsi v. intr. pron. 1** (*raro*, *lett.*) essere in disaccordo: *gli autori si scordan qui con meco* (L. PULCI) **2** (*mus.*) perdere l'accordatura: *il pianoforte si è scordato*

scordàto① **part. pass.** di *scordare*①; anche **agg.** ● dimenticato

scordàto② **part. pass.** di *scordare*②; anche **agg.** ● nei sign. del v.: *un pianoforte s.* ‖ **scordataménte**, **avv.** in modo stonato, senza accordo

scordatùra [da *scordare*② ✱ 1872] **s. f.** ● (*mus.*) alterazione dell'accordatura fondamentale di uno strumento a corde, con funzione di effetti speciali

scòrdeo ➤ **scordio**

scordévole [da *scordare*① ✱ 1541] **agg.** ● (*raro*) che dimentica facilmente

scòrdio o **scòrdeo** [dal lat. *scŏrdiu(m)*, dal gr. *skórdion*, di etim. incerta ✱ 1561] **s. m.** ● pianta delle Labiate con foglie dal forte odore agliaceo che cresce nei luoghi paludosi (*Teucrium scordium*)

scordonàre [da *cordone*, con *s-* (V. *cordonare*) ✱ 1957] **v. tr.** (*io scordóno*) ● (*raro*) disfare un cordone

score /*ingl.* skɔː(r)/ [vc. ingl., propr. 'tacca, intaglio', poi 'punto' ✱ 1923] **s. m. inv. 1** conteggio dei punti conseguiti da un giocatore o da una squadra durante il gioco | taccuino segnapunti **2** punteggio, risultato finale di una gara

scoréggia① o **scorréggia**, (*pop.*) **scuréggia**, †**coréggia**②, †**corréggia**② [da *cor(r)eggia*②, con *s-* ✱ sec. XIV] **s. f.** (**pl.** *-ge*) ● (*pop.*) emissione rumorosa di gas intestinali **SIN.** peto

†**scoréggia**② ➤ **correggia**①

scoreggiàre① o **scorreggiàre**, (*pop.*) **scureggiàre** [da *scoreggia*① ✱ av. 1400] **v. intr.** (**pres.** *io scoréggio*; **fut.** *io scoreggerò*; **aus.** *avere*) ● (*volg.*) fare scoregge

†**scoreggiàre**② [da *coreggia*① con *s-* intens. ✱ 1260 ca.] **v. tr.** ● percuotere con la coreggia

†**scoreggiàta** [da *scoreggiare*② ✱ av. 1375] **s. f. 1** colpo di coreggia: *voglio ... che mi facciate dare cinquanta o bastonate o scoreggiate* (F. SACCHETTI) **2** (*raro*) frusta, coreggia

scoreggióne o **scorreggióne** [da *scoreggia* ✱ 1768] **s. m.** (**f.** *-a*) ● (*pop.*) chi emette frequentemente peti (anche come epiteto ingiurioso)

scòrfano o (*raro*) **scròfano** [m. dal lat. *scorpăena(m)* 'scorpena', dal gr. *skórpaina*, da *skorpíos* 'scorpione marino': la vc. gr. è prob. di orig. mediterr. ✱ 1518] **s. m. 1** (*zool.*) scorpena **2** (**f.** *-a*) (*fig.*, *pop.*) persona molto brutta

♦**scòrgere** [lat. parl. **excorrĭgere* 'guidare, accompagnare con l'occhio', comp. di *ĕx-* (*s-*) e *corrĭgere* 'drizzare, metter sulla retta via' (V. *correggere*) ✱ sec. XIII] **v. tr.** (**pres.** *io scòrgo, tu scòrgi*; **pass. rem.** *io scòrsi, tu scorgésti*; **part. pass.** *scòrto*) **1** (*raro*, *lett.*) guidare, scortare, accompagnare **2** riuscire a vedere, discernere, riconoscere: *s. una luce; s. qlcu. da lontano; scorse l'amico tra la folla* | ***farsi s.***, attirare l'attenzione su di sé; (*lett.*) fare brutta figura: *io non ho da farmi s., non ho da scomparire* (C. GOLDONI) **3** (*fig.*) accorgersi di qlco.: *s. un pericolo, un inganno; s. il vero* **4** †domare, ammaestrare: *si dilettava di s. puledri* (F. SACCHETTI)

†**scorgiménto** [da *scorgere* ✱ av. 1704] **s. m. 1** discernimento **2** (*raro*) cattiva figura

†**scorgitóre** [av. 1406] **s. m.** (**f.** *-trice*) ● chi scorge | guida, scorta

scòria [vc. dotta, dal lat. *scōria(m)* 'scoria', dal gr. *skōría*, da *skôr* 'escremento', di orig. indeur. ✱ av. 1306] **s. f. 1** residuo della fusione del ferro costituito dalle impurità del minerale e dalle materie aggiuntevi per fonderlo | ***scorie Thomas***, sottoprodotto dell'industria dell'acciaio usato, ridotto in polvere, come concime fosfatico | (*fis.*) ***scorie radioattive***, materiali di rifiuto, radioattivi, di un reattore o di un impianto nucleare **2** brandello di lava, spesso spugnoso, espulso da un vulcano come elemento piroclastico o costituente la crosta di una colata **3** (*fig.*, **spec. al pl.**) residuo, parte deteriore: *si vuole ... gittar via le scorie e le male erbe* (F. DE SANCTIS)

scorificànte A part. pres. di *scorificare*; anche **agg.** ● nei sign. del v. **B s. m.** ● (*metall.*) fondente

scorificàre [da *scoria*, sul modello del fr. *scorifier* ✱ 1965] **v. tr.** (*io scorìfico, tu scorìfichi*) ● sottoporre un metallo al processo di scorificazione (V.)

scorificazióne [comp. di *scori(a)* e *-ficazione* ✱ 1786] **s. f.** ● in metallurgia, operazione con cui si promuove la separazione della ganga sotto forma di scoria

scornacchiàre [da *cornacchia*, con *s-* ✱ 1566] **v. tr.** (*io scornàcchio*) ● (*tosc.*) scorbacchiare

scornàre [da *corno*, con *s-* ✱ 1287] **A v. tr.** (*io scòrno*) **1** rompere le corna **2** (*fig.*) svergognare, schernire, mettere in ridicolo **B scornàrsi v. intr. pron. 1** rompersi le corna **2** (*fig.*) fallire in ciò che si è intrapreso traendone delusione e vergogna

scornàto part. pass. di *scornare*; anche **agg. 1** con le corna rotte **2** (*fig.*) svergognato, beffato

scornatùra [da *scornare* ✱ 1535 ca.] **s. f.** ● (*raro*) rottura delle corna

†**scorneggiàre** [da *corneggiare*, con *s-* ✱ 1325 ca.] **v. intr.** ● dare cornate

scorniciaménto [av. 1574] **s. m.** ● (*raro*) lo scorniciare①

scorniciàre① [da *cornice*, con *s-* intens. ✱ av. 1519] **v. tr.** (**pres.** *io scornìcio*; **fut.** *io scornicerò*) ● lavorare a forma di cornice

scorniciàre② [da *cornice*, con *s-* neg. ✱ 1681] **v. tr.** (**pres.** *io scornìcio*; **fut.** *io scornicerò*) ● togliere dalla cornice

scorniciàto [da *scorniciare* ✱ av. 1375] **s. m.** ● (*archit.*) rifinitura con cornici modanate realizzata in un elemento architettonico

scorniciatrìce [da *scorniciare*① ✱ 1960] **s. f.** ● in falegnameria, fresatrice con frese a taglienti sagomati per ricavare vari profili sui listelli usati per fabbricare cornici, per la lavorazione delle perline e sim.

scorniciatùra [da *scorniciare*① ✱ 1851] **s. f.** ● lavorazione a forma di cornice | scorniciato

♣**scòrno** [da *scornare* ✱ av. 1294] **s. m.** ● vergogna, profonda umiliazione, cui spesso s'aggiungono beffe e ridicolo, conseguenti a una sconfitta, un fallimento, un insuccesso: *avere s.; sentire uno s.; a s. di qlcu.; con grave s. di qlcu.*

SFUMATURE ➤ *vergogna*

scoronàre [da *coronare*, con *s-* ✱ 1838] **v. tr.** (*io scoróno*) **1** tagliare gli alberi a corona **2** togliere la corona: *s. un dente*

scorpacciàta [comp. di *s-*, *corpacci(o)* e un deriv. collettivo f. da *-ato*① ✱ 1525] **s. f.** ● grande mangiata, fino alla sazietà (***anche fig.***): *fare, farsi una s. di qlco.*

scorpèna o **scòrpena** [lat. *scorpăena(m)*, dal gr. *skórpaina*, ampliamento di *skorpíos* 'scorpione marino' (V. *scorfano*) ✱ 1544] **s. f.** ● pesce marino degli Scorpeniformi con testa corazzata e munita di spine, ghiandole velenifere connesse ai raggi delle pinne e carni commestibili (*Scorpaena*) **SIN.** scorfano

Scorpenifórmi [comp. di *scorpena* e il pl. di *-forme* ✱ 1983] **s. m. pl.** (**sing.** *-e*) ● (*zool.*) ordine dei Teleostei prevalentemente marini, comprendente, tra le altre, le forme note come scorpene o scorfani, della famiglia degli Scorpenidi, e i caponi, della famiglia dei Triglidi (*Scorpaeniphormes*)

†**scòrpio** ➤ **scorpione**①

scorpiòide [dal lat. *scŏrpio*, genit. *scorpiōnis* 'scorpione', con *-oide*, per una qualche somiglianza con la coda di quell'animale ✱ 1745] **agg.** ● (*bot.*) detto di infiorescenza che si sviluppa con fiori da un lato solo piegandosi come una coda di scorpione | ***ramificazione s.***, terminale, in cui l'accrescimento avviene sempre dalla stessa parte per atrofia dei rami di un lato

scorpióne① o †**scòrpio** nel sign. 3, †**scarpióne** [lat. *scorpiōne(m)*, dal gr. *skorpíos*, genit. *skorpíou*, prob. di orig. mediterr. ✱ av. 1294] **s. m. 1** (*zool.*) nome di vari generi di Aracnidi, con addome che si prolunga in una coda sormontata all'apice da un pungiglione ricurvo velenoso e chele robuste per catturare la preda | ***s. acquatico***, nepa **2** (*fig.*) persona brutta e maligna **3** arma da getto usata dai Romani per lanciare dardi ‖ **scorpioncèllo**, **dim.** | **scorpioncino**, **dim.**

Scorpióne② [V. *scorpione*① ✱ 1282] **A s. m. 1** (*astron.*) costellazione dello zodiaco che si trova fra quella della Bilancia e quella del Sagittario **2** (*astrol.*) ottavo segno dello zodiaco, compreso tra 210 e 240 gradi dell'anello zodiacale, che domina il periodo compreso tra il 24 ottobre e il 22 novembre **B** **s. m. e f. inv.** ● persona nata sotto il segno dello Scorpione

scorporàre [calco su *incorporare* (V.), con *s-* ✱ av. 1444] **v. tr.** (*io scòrporo*) **1** suddividere in più porzioni beni, spec. terreni, precedentemente riuniti e appartenenti a uno stesso proprietario, attribuendo le singole porzioni a diversi proprietari | assegnare, da parte di una azienda ad un'altra azienda, una propria attività economica **2** (*est.*) separare, dividere, togliendo una parte da un intero, un'unità, un insieme: *s. il patrimonio artistico di una fondazione culturale* **3** (*ragion.*) separare i costi di un bene o di un servizio | *s. l'IVA*, determinare l'importo da versare all'erario a titolo di imposta sul valore aggiunto a partire dagli importi complessivi annotati sul registro dei corrispettivi | (*comm.*) indicare separatamente il costo e l'IVA relativi a un bene o servizio

scòrporo [av. 1665] **s. m.** ● operazione dello scorporare | porzione di beni scorporata | nella legge elettorale italiana, sottrazione dal totale dei voti spettanti col sistema proporzionale alla lista che ha avuto il proprio candidato eletto col sistema maggioritario, di tutti (per il Senato) o di una parte (per la Camera) dei voti ottenuti da tale lista col sistema maggioritario stesso

scorrazzaménto [1728] **s. m.** ● (*raro*) lo scorrazzare | †scorreria

♣**scorrazzàre** o (*lett.*) **scorazzàre** [da *scorrere*, con suff. iter. *-azzare* ✱ av. 1600] **A** **v. intr.** (aus. *avere*) **1** correre in qua e in là spec. per divertimento: *i ragazzi scorrazzano in giardino inseguendosi* | girovagare (con intonazione spreg.): *bande di teppisti che scorrazzano nelle periferie della città* **2** (*fig.*) passare rapidamente da un settore, da un interesse, all'altro: *s. in vari generi letterari* **3** †fare scorrerie **B** **v. tr.** ● percorrere rapidamente: *ha scorrazzato mezzo mondo*

scorrazzàta [1965] **s. f.** ● lo scorrazzare rapidamente | breve gita, breve giro all'aperto

scorredàre [da *corredare*, con *s-* ✱ 1960] **v. tr.** (*io scorrèdo*) ● (*raro*) privare del corredo

scorrèggere [da *correggere*, con *s-* ✱ av. 1400] **v. tr.** (coniug. come *reggere*) ● (*raro*) correggere male, aggiungendo errori a ciò che era invece corretto

scorréggia e deriv. ➤ **scoreggia**① e deriv.

scorrènte **part. pres.** di *scorrere*; anche **agg.** ● nei sign. del v.

†**scorrènza** [da *scorrente* ✱ av. 1320] **s. f.** ● fluidità | diarrea

♦**scórrere** [lat. *excŭrrere* 'correr fuori', comp. di *ĕx-* (*s-*) e *cŭrrere* 'correre' ✱ av. 1250] **A** **v. intr.** (coniug. come *correre*; aus. *essere*) **1** muoversi, spostarsi, lungo un percorso tracciato, dentro un condotto, su un supporto e sim.: *la fune scorre nella carrucola*; *il sangue scorre nelle vene*; *il paletto scorre fra gli anelli* | (*est.*) fluire: *l'acqua scorre dal rubinetto*; *il fiume scorre fra due rive* | (*est.*) colare: *dagli occhi le scorrono abbondanti lacrime* **2** correre rapidamente, senza incontrare ostacoli: *il film scorre sullo schermo* | procedere bene, con coerenza: *il ragionamento non scorre* **3** trascorrere, passare: *il tempo scorre rapido* **4** †lasciarsi andare, eccedere: *scorrono spesso in costumi poco moderati* (B. Castiglione) **B** **v. tr. 1** (*lett.*) percorrere saccheggiando, fare scorrerie: *s. un territorio, le campagne* **2** percorrere con lo sguardo, leggere in fretta: *s. un libro, un giornale* | (*lett.*) percorrere col pensiero, con la memoria: *s. il passato*

scorrerìa [da *scorrere* ✱ 1441] **s. f.** ● incursione di banditi, soldati nemici, o sim. in un territorio per saccheggiarlo, devastarlo, portarvi offesa

scorrettézza [1865] **s. f.** ● caratteristica, condizione di chi (o di ciò che) è scorretto: *la s. di un negoziante* | (*est.*) errore, inesattezza: *una traduzione piena di scorrettezze* | (*est.*) atto, discorso e sim., scorretto: *scusarsi di una s.*

scorrètto [da *corretto*, con *s-* ✱ 1552] **A** **agg. 1** che non è corretto, che contiene degli errori: *compito s.*; *traduzione scorretta* SIN. errato **2** che non è conforme ai principi dell'educazione, dell'onestà, della lealtà, del garbo e sim.: *comportamento, gesto s.*; *maniera, parola scorretta*; *essere s. nell'agire* | falso: *gioco, giocatore s.*; *partita scorretta* **3** (*lett.*) licenzioso, intemperante: *costumi scorretti* SIN. disdicevole, sconveniente ‖ **scorrettaménte**, **avv. 1** in modo scorretto: *scrivere scorrettamente* **2** †viziosamente: *vivere scorrettamente* **B** **in funzione di avv.** ● (*raro*) in modo licenzioso, sconveniente: *parlare s.*

♦**scorrévole** [da *scorrere* ✱ 1612] **A** **agg. 1** che scorre: *nastro s.* **2** che scorre facilmente: *inchiostro s.* SIN. fluente, fluido CONTR. viscido, viscoso **3** (*fig.*) che procede con scioltezza, agilità, disinvoltura: *stile, discorso s.*; *prosa colorita e s.* ‖ **scorrevolménte**, **avv.** in maniera scorrevole **B** **s. m.** ● elemento che può scorrere lungo una superficie, un asse, una guida, e sim. | *s. del regolo calcolatore*, parte centrale che si fa scorrere rispetto alla parte fissa

scorrevolézza [1832] **s. f.** ● caratteristica, proprietà di ciò che è scorrevole

scorrezióne [da *correzione*, con *s-* ✱ 1539] **s. f.** ● (*raro*) scorrettezza | errore, inesattezza

scorribànda [comp. di *scorrere* e *banda*③ ✱ 1543] **s. f. 1** breve scorreria di una banda armata: *la recente s. ha portato il panico* **2** (*scherz.*) rapida escursione: *facciamo una s. in città?* **3** (*fig.*) rapida digressione in una materia, un argomento, un campo di studi e sim. diversi dai propri interessi e studi abituali: *facemmo un'affascinante s. nella letteratura orientale*

scorribandàre [1939] **v. intr.** (aus. *avere*) ● (*raro*) compiere scorribande

†**scorribàndola** [av. 1565] **s. f.** ● scorribanda

scorridóra [f. di *scorridore* ✱ 1889] **s. f.** ● anticamente, imbarcazione armata che percorreva le coste per servizi di finanza, sanità, polizia

scorridóre [da *scorrere* ✱ 1325 ca.] **s. m. 1** negli eserciti medievali, soldato mandato in avanscoperta per esplorare o fare scorrerie | (*raro*) bandito: *s. di campagna* | (*raro*) corsaro: *Aveva nelle vene il sangue del formidabile s. del mare* (E. Salgari) **2** †vagabondo: *alcuni … si gloriano, d'avere a pascere molti oziosi o scorridori* (L.B. Alberti)

scorrimàno [comp. di *scorri*, imperat. di *scorrere*, e di *mano* ✱ 1992] **s. m.** (pl. inv. o *-i*) ● corrimano

scorriménto [1340 ca.] **s. m. 1** lo scorrere: *lo s. delle acque, del traffico* | *irrigazione per s.*, consistente nel far scorrere, sul terreno opportunamente sistemato, l'acqua in sottile strato | *strada di s.*, strada urbana di comunicazione veloce **2** (*fis.*) deformazione elastica dei corpi, consistente nello slittamento di strati l'uno sull'altro, dovuta a sollecitazione di taglio o torsione **3** (*mecc.*) differenza di velocità angolare tra il campo magnetico rotante e il rotore nei motori elettrici a induzione **4** †scorreria

†**scorritóio** [da *scorrere* ✱ av. 1400] **agg.** ● scorsoio

†**scorrubbiàrsi** [sovrapposizione di *arrabbiare* e *scorrucciarsi* ✱ av. 1484] **v. intr. pron.** ● crucciarsi, arrabbiarsi: *con Morgante assai si scorrubbiava* (L. Pulci)

scorrucciàrsi [da *corrucciare*, con *s-* ✱ 1536] **v. intr. pron.** (pres. *io mi scorrùccio*; fut. *io mi scorruccerò*) ● (*lett.*) adirarsi, corrucciarsi: *Non scorrucciarti con me ora, o Patroclo* (G. Pascoli)

scorrùccio [da *corruccio*, con *s-* ✱ 1536] **s. m. 1** (*tosc.*) sdegno, corruccio **2** (*lett.*) dolore, afflizione | lutto: *Mi dicono cessato in Parma il carnevale a cagion dello s.* (L.A. Muratori)

scórsa [f. sost. di *scorso* ✱ av. 1566] **s. f. 1** atto dello scorrere qlco. in fretta | lettura rapida e frettolosa: *dare una s. al giornale* SIN. sfogliata **2** (*disus.*) viaggio e breve soggiorno in un luogo: *dare una s. in città*; *dare una s. a Roma* ‖ (*lett.*) **scorsarèlla**, **scorserèlla**, **dim.** | **scorsétta**, **scorsettina**, **dim.**

scòrsi① ➤ **scorgere**

scórsi② ➤ **scorrere**

♦**scórso** **A** **part. pass.** di *scorrere*; anche **agg. 1** nei sign. del v. **2** detto del più recente tempo già passato: *l'anno, il secolo s.*; *nei giorni scorsi* **3** (*lett.*) trascorso, passato **B** **s. m.** ● errore involontario, sfuggito per fretta o distrazione: *uno s. di lingua, di penna*

scorsóio [da *corsoio* (V.), con *s-* ✱ av. 1484] **agg.** (pl. m. *-ói*) ● che è fatto per scorrere, spec. nella loc. *nodo s.*, nodo fatto all'estremità di una fune, un cavo e sim., in modo tale da formare un laccio che quanto più si tira tanto più si stringe

♦**scòrta** o (*lett.*) **iscòrta** nei sign. A [f. sost. di *scorto*① ✱ 1287] **A** **s. f. 1** attività dello scortare per accompagnare, proteggere: *fare la s. a qlcu.*; *essere di s. a qlcu.* | *sotto la s. di qlcu., con la s. di qlcu.*, con l'aiuto, la guida, di qlcu. | *sulla scorta di*, in base a, conformemente a: *ci regoleremo sulla s. della sua opinione* **2** (*est.*) persona o insieme di persone che scortano qlcu. o qlco.: *fare da s.*; *personale di s.*; *la s. di un treno*; *amor … / sia la mia s. e 'nsegnimi 'l cammino* (F. Petrarca) | (*milit.*) drappello o reparto armato al seguito di persone, convogli e sim. per dare protezione contro eventuali offese nemiche **3** provvista di beni e materiali vari accantonata per essere usata in caso di necessità: *avere una piccola s. di denaro*; *fare s. di medicinali*; *portarsi dietro una buona s. di viveri*; *l'esercito ha esaurito le scorte* | *di s.*, si dice di tutto ciò che si conserva per i casi imprevisti, i bisogni improvvisi e sim.: *materiali di s.*; *ruota di s.* **4** (*org. az.*, spec. al pl.) riserva di materiali o di prodotti semilavorati accantonata in attesa di essere utilizzata nella produzione: *scorte di magazzino*; *s. minima, massima* **5** (al pl.) capitale agrario dell'azienda | *scorte vive*, bestiame | *scorte morte*, macchine, attrezzi, mangimi, lettimi, letame, sementi e sim. **B** **in funzione di agg. inv.** ● (posposto a un sost.) che serve o deve servire di scorta: *nave s.*; *auto s.*

scortàre① [da *scorta* ✱ 1313] **v. tr.** (*io scòrto*) ● fare la scorta, accompagnare per proteggere, difendere, onorare e sim.: *s. un prigioniero*; *l'automobile del ministro è scortata da due motociclisti*

scortàre② [dal lat. *curtāre* 'scortare', da *cŭrtus* 'corto', con *s-* ✱ 1325 ca.] **A** **v. tr.** (*io scórto*) **1** (*centr.*, *sett.*) abbreviare, accorciare **2** (*raro*, *lett.*) rappresentare, dipingere in scorcio **B** **v. intr.** ● †apparire in scorcio: *negli spicchi della volta … sono molti putti che scortano* (G. Vasari)

scortecciaménto [1621] **s. m.** ● lo scortecciare

scortecciàre [da *corteccia*, con *s-* ✱ av. 1320] **A** **v. tr.** (pres. *io scortéccio*; fut. *io scorteccerò*) **1** togliere la corteccia: *s. un tronco* **2** (*est.*) togliere l'intonaco, il colore, la vernice e sim. | *s. il pane*, levarne la crosta

B **scortecciàrsi v. intr. pron.** ● perdere la corteccia, l'intonaco, la vernice e sim.

scortecciàto part. pass. di *scortecciare*; **anche agg.** ● nei sign. del v.

scortecciatóio [da *scortecciare* ✱1965] **s. m. (pl. *-ói*)** ● strumento tagliente per togliere la corteccia

scortecciatóre [1957] **s. m. (f. *-trice*)** ● operaio addetto alla scortecciatura delle piante

scortecciatrìce [da *scortecciare* ✱1960] **s. f. 1** macchina che asporta la corteccia dal legno per cellulosa **2** macchina usata per pulire il grano **SIN.** spuntatrice

scortecciatùra [1872] **s. f.** ● operazione dello scortecciare | parte, superficie, scortecciata

scortéṣe [da *cortese*, con *s-* privativo ✱av. 1348] **agg.** ● che manca di cortesia, garbo, gentilezza, educazione: *non essere s. con gli altri* | che è fatto, detto o sim. in modo scortese: *risposta, rifiuto s.*; *parole scortesi* **SIN.** maleducato, sgarbato, villano **CONTR.** cortese, gentile ‖ **scorteṣeménte**, **avv.** senza cortesia, in modo sgarbato

scorteṣìa [da *cortesia*, con *s-* ✱sec. XIII] **s. f.** ● caratteristica di chi (o di ciò che) è scortese | atto, discorso e sim. scortese: *dire, fare, farsi, scortesie*; *è gran s. / a voler contrastar con avvantaggio* (M.M. Boiardo)

scorticagàtti [comp. di *scortica(re)* e il pl. di *gatto* ✱1872] **s. m. e f. inv.** ● (*scherz., disus.*) medico, chirurgo, particolarmente incapace

scorticaménto o †**escorticaménto** [av. 1320] **s. m. 1** atto dello scorticare **2** (*med., raro*) decorticazione

scorticàre [lat. tardo *excorticāre* 'scortecciare', comp. di *ĕx-* (*s-*) e di un denominale di *cŏrtex*, genit. *cŏrticis* 'corteccia' (V. *corteccia*) ✱1287] **v. tr.** (*io scórtico* o *scòrtico, tu scórtichi* o *scòrtichi*) **1** levare la pelle ad animali uccisi **2** produrre un'abrasione, una leggera lacerazione della pelle: *il chiodo m'ha scorticato un dito*; *scorticarsi un braccio, un ginocchio* **3** (*fig.*) richiedere prezzi esagerati: *in quel ristorante scorticano i clienti* **4** (*fig.*) esaminare con rigore ed eccessiva severità: *all'esame ci hanno scorticati*

scorticatóio [1536] **s. m. (pl. *-ói*) 1** luogo addetto alla scorticatura di animali uccisi **2** coltello usato per scorticare gli animali uccisi

scorticatóre [av. 1313] **s. m. (f. *-trice*) 1** chi scortica **2** (*fig.*) strozzino, usuraio

scorticatùra [1340 ca.] **s. f. 1** operazione dello scorticare **2** abrasione della pelle

†**scorticazióne** [sec. XIV] **s. f.** ● scorticatura | parte privata della corteccia

scortichìno [1805] **s. m. 1** (**f.** *-a*) chi scortica le bestie macellate **2** coltello per scorticare, scorticatoio **3** (**f.** *-a*) (*fig.*) strozzino, usuraio

scòrto ① **A** **part. pass.** di *scorgere*; **anche agg. 1** nei sign. del v. **2** †accorto, avveduto **3** †chiaro, disinvolto ‖ †**scortaménte**, **avv.** avvedutamente, accortamente **B** **in funzione di avv.** ● †chiaramente, apertamente: *parlare, giudicare, vedere, s.*; *il tuo parlare assai ci mostra s. / che tu sia grato* (L. Pulci)

†**scórto** ② [da *scortare* ② 'accorciare' ✱av. 1574] **s. m.** ● scorcio, nel sign. di *scorcio* ①

scòrza [lat. *scŏrtea* 'pelle, pelliccia', f. sost. dell'agg. *scŏrteus*, da *scŏrtum* 'pelle, cuoio', connesso con *cŏrium* 'cuoio' (V. *cuoio*) ✱1282] **s. f. 1** parte della corteccia degli alberi all'esterno del fellogeno, costituita da elementi morti **2** (*est.*) grossa buccia di alcuni frutti: *s. del limone, dell'arancia, delle castagne* **3** (*est.*) pelle di alcuni animali: *la s. del serpente* **4** (*fig.*) pelle umana | ***avere la s. dura, essere di s. dura***, e sim., essere particolarmente resistente alle fatiche | (*raro, lett.*) corpo, involucro carnale: *lasciando in terra la terrena s.* (F. Petrarca) **5** (*fig.*) esteriorità, aspetto superficiale: *penetrare entro, oltre, la s.*; *sotto una ruvida s. si nasconde un timido* **6** (*disus.*) niente, con valore rafforz., nelle loc. negative ***non valere, non capire, una s.*** e sim. ‖ **scorzétta**, **dim.** (V.)

scorzàre [sec. XIV] **v. tr.** (*io scòrzo*) ● (*tosc.*) levare la scorza, scortecciare, sbucciare

scorzatrìce [da *scorzare* ✱1963] **s. f.** ● attrezzo usato per togliere la corteccia dalle piante

scorzatùra [1838] **s. f.** ● lo scorzare | parte scorzata

scorzétta [av. 1597] **s. f. 1** dim. di *scorza* **2** piccola e sottile striscia della buccia di frutti, spec. limoni o arance: *aperitivo con la s.*; *scorzette candite* ‖ **scorzettìna**, **dim.**

scòrzo [lat. *scŏrteu(m)* 'sacco di pelle', da *scŏrtum* 'pelle, cuoio' ✱1938] **s. m.** ● unità di misura di superficie ancora usata nella campagna romana, pari a 11,55 are | unità di misura di volume, pari a 13,4 litri

scorzóne ① [lat. tardo *curtiōne(m)* 'vipera', con prob. sovrapposizione di *scŏrtea* 'pelle' ✱av. 1557] **s. m.** ● (*zool.*) pesce della famiglia degli Sparidi con carni abbastanza pregiate (*Cantharus orbicularis*)

scorzóne ② [da *scorza* ✱1566] **s. m.** ● (*raro*) persona rozza e scontrosa

scorzonéra [dallo sp. *escorzonera*, dal catalano *escurçonera*, da *escurçó* 'vipera', che ha uguale orig. dell'it. *scorzone* ① ✱1582] **s. f. 1** genere di piante erbacee perenni delle Composite, a distribuzione eurasiatica, con capolini a fiori gialli, rosei o porporini, e foglie alterne, gener. lineari (*Scorzonera*) **2** radice di *Scorzonera hispanica*, usata come ortaggio

scorzóso (o *-ṣo*) [da *scorza* ✱1865] **agg.** ● (*raro*) che ha scorza dura e spessa

scoscéndere (o *-è-*) [dal lat. *conscĭndere* 'lacerare', comp. di *cŭm* e *scĭndere* 'strappare', con *s-* e inserito nella sfere di *scendere* ✱1313] **A** **v. tr.** (**coniug. come** *scendere*) ● (*lett.*) rompere, schiantare: *s. alberi, rami* **B** **v. intr.** (**aus.** *essere*) e **scoscéndersi v. intr. pron. 1** (*lett.*) rovinare, franare **2** (*lett.*) scendere a valle: *ove il torrente scoscende* (G. Carducci) | scendere a picco, scendere in pendio: *greppo che scoscende, / discende verso il mare* (E. Montale)

scoscendiménto [1612] **s. m. 1** lo scoscendere, lo scoscendersi **2** luogo scosceso **3** frana rapida e improvvisa | caduta di rocce

scoscéso (o *-ṣo*) **part. pass.** di *scoscendere*; **anche agg.** ● che scende a picco o in forte pendio, dirupato, erto: *luogo s.* ‖ **scoscesaménte**, **avv.**

scosciàre [da *coscia*, con *s-* ✱av. 1406] **A** **v. tr.** (**pres.** *io scòscio*; **fut.** *io scoscerò*) **1** slogare le cosce, spec. in seguito a cadute, urti, e sim. **2** rompere, staccare, le cosce di un animale cucinato: *s. un pollo* **B** **scosciàrsi v. intr. pron.** ● nella danza, divaricare al massimo le gambe

scosciàta [1865] **s. f.** ● scoscio, spaccata

scosciàto part. pass. di *scosciare*; **anche agg. 1** nei sign. del v. | che mostra le cosce: *una donna scosciata* **2** detto di indumento che scopre molto le cosce: *slip, costume da bagno s.* **CFR.** sgambato

scosciatùra [da *scosciare* ✱1960] **s. f.** ● rottura per cause accidentali di una branca o di un ramo di un albero in corrispondenza del punto di inserzione

scòscio [da *scosciare* ✱1863] **s. m. 1** movimento di danza in cui il ballerino divarica al massimo le gambe **SIN.** spaccata **2** incavatura tra le cosce dei calzoni

♦**scòssa** [f. sost. di *scosso* ✱1313] **s. f. 1** movimento brusco, violento: *dare, ricevere, una s.* | balzo, sussulto improvviso: *una s. di terremoto* | ***s. di pioggia***, breve rovescio | ***s. elettrica***, senso di tremito che si riceve dalla scarica di una corrente elettrica | ***a scosse***, a balzi: *camminare, procedere, a scosse* **2** (*med.*) applicazione elettroterapica nell'elettroshock **3** (*fig.*) grande dolore, profondo turbamento: *la morte dell'amico per lui è stata una s.* | danno, contrarietà, di ordine finanziario, economico e sim.: *il fallimento della ditta è stato una brutta s.* | (*fig.*) brusca sollecitazione, stimolo che fa uscire dall'inerzia: *ricevere una s. positiva* ‖ **scossarèlla**, **scosserèlla**, **dim.** | **scossétta**, **scossettìna**, **dim.** | **scossóne**, **accr. m.** (V.)

scossàle [vc. dial. sett. dal longob. *skauz* 'lembo dell'abito' ✱1960] **s. m.** ● (*sett.*) grembiule

scossalìna [da *scossale* 'grembiule' in senso figurato ✱1993] **s. f.** ● (*edil.*) elemento, gener. in lamiera di rame o di ferro zincato, posto a protezione dalle infiltrazioni di acqua piovana sulle giunzioni tra le falde

scossàre [da *scossa* ✱1480] **v. tr.** (*io scòsso*) ● (*tosc.*) scuotere, agitare in qua e in là

scòsso part. pass. di *scuotere*; **anche agg. 1** nei sign. del v. | (*fig.*) molto turbato: *è molto s. per la morte dell'amico*; *avere i nervi scossi* **2** †privato, spogliato: *quand'i' sia di questa carne s. / sappia 'l mondo che dolce è la mia morte* (F. Petrarca) | (*tosc.*) ***cavallo s.***, senza cavaliere

scossóne [da *scossa* ✱1913] **s. m. 1** accr. di *scossa* **2** (*anche fig.*) brusca scossa improvvisa

scostaménto [av. 1667] **s. m. 1** allontanamento, separazione **2** (*tecnol.*) distanza dalla dimensione nominale dei limiti di tolleranza massimi e minimi **3** (*stat.*) indice di variabilità | ***s. semplice medio dalla media aritmetica***, media aritmetica delle differenze in valore assoluto degli scarti di ciascun termine dalla loro media aritmetica | ***s. quadratico medio dalla media aritmetica***, media quadratica degli scarti di ciascun termine dalla loro media aritmetica

♣**scostànte part. pres.** di *scostare*; **anche agg. 1** nei sign. del v. **2** che allontana da sé, che suscita antipatia: *che individuo s.!*; *modi scostanti*

SFUMATURE ▸ ***burbero***

scostàre [da *costa*, con *s-* (V. *accostare*) ✱1266] **A** **v. tr.** (*io scòsto*) **1** spostare, allontanare, una persona o una cosa da un'altra cui stava vicino: *s. un tavolo dal muro* **2** evitare, sfuggire: *ora che è malato tutti lo scostano* **3** (*assol.*) discostare, allontanare un'imbarcazione da un'altra, dalla riva o sim. **B** **v. intr.** (**aus.** *avere*) ● (*raro*) rimanere scostato, non accostare: *la poltrona scosta dalla parete* **C** **scostàrsi v. rifl. e intr. pron. 1** allontanarsi, discostarsi, da una cosa o da una persona cui si stava vicino: *scostati, altrimenti non passo* **2** (*fig.*) deviare: *scostarsi dalle proprie abitudini*

†**scòsto** [da *scostare* ✱av. 1472] **agg.** ● (*raro*) discosto, lontano: *Strozzo ... andava s. un poco* (L. de' Medici)

scostolàre [da *costola*, con *s-* ✱1872] **v. tr.** (*io scòstolo*) ● levare la costola, spec. alle verdure

†**scostumatàggine** [av. 1375] **s. f.** ● scostumatezza

scostumatézza [sec. XIV] **s. f.** ● condizione di chi (o di ciò che) è scostumato | atto, discorso e sim., da persona scostumata

scostumàto [da *costume*, con *s-* ✱1338 ca.] **agg. e s. m.** (**f.** *-a*) **1** che (o chi) si comporta in modo contrario alle regole della decenza, della morale: *donna, vita scostumata* **SIN.**

dissoluto, licenzioso, sfrenato CONTR. castigato, morigerato **2** (*lett.*, *centr.*) maleducato, zotico || **scostumataménte**, **avv.** in modo scostumato, senza creanza

†**scostùme** [da *costume*, con *s-* ✻ av. 1400] **s. m.** ● scostumatezza

scòtano [lat. *rōs* (*rhūs*) *cōtanu(m)*, variante di *cōtinus*, dal gr. *kótinos* 'cotino', di etim. incerta ✻ 1303] **s. m.** ● arbusto delle Anacardiacee dal fusto a forte odore resinoso, foglie semplici ovali, ricche di tannino (*Rhus cotinus*) | ***s. americano***, coltivato come arbusto ornamentale, a foglie imparipennate e frutti rossi e pelosi (*Rhus typhina*)

scotch /skɔtʃ, *ingl.* skɒtʃ/ [vc. ingl., propr. 'scozzese' ✻ 1935] **s. m. inv. 1** whisky scozzese **2** ***Scotch***®, marchio registrato di un nastro autoadesivo

scotennaménto [1989] **s. m.** ● atto dello scotennare

scotennàre [da *cotenna*, con *s-* ✻ sec. XIV] **v. tr.** (*io scoténno*) **1** levare la cotenna, spec. ai maiali macellati **2** (*antrop.*) levare il cuoio capelluto: *alcune tribù di pellirosse usavano s. i nemici*

scotennatóio [1838] **s. m.** (**pl.** *-ói*) ● strumento affilato usato per scotennare i maiali

scotennatóre [1909] **s. m.** (**f.** *-trice*); **anche agg.** ● chi (o che) scotenna

scotennatùra [av. 1873] **s. f. 1** operazione dello scotennare **2** (*antrop.*) usanza tribale di togliere al nemico vinto o comunque ucciso il cuoio capelluto per ornarsene la persona, tipica degli Amerindi settentrionali e di alcune popolazioni siberiane e centro-asiatiche

scòtere ➤ **scuotere**

scotésti ➤ **scuotere**

scoticàre [lat. parl. **excuticāre*, comp. di *ĕx-* (*s-*) e di un denominale di **cŭtica* 'cotica' ✻ 1838] **v. tr.** (*io scótico, tu scótichi*) **1** (*tosc.*) scotennare **2** (*agric.*) lavorare il terreno con lo scoticatore

scoticatóre [da *scoticare* ✻ 1960] **s. m.** ● (*agric.*) avanvomere usato per rimuovere la cotica erbosa di prati e sim.

scotiménto ➤ **scuotimento**

scotìo [1872] **s. m.** (**pl.** *-ii*) ● (*raro*) scuotimento prolungato e ripetuto

scotìṣmo [1960] **s. m.** ● complesso delle dottrine filosofico-teologiche di Giovanni Duns Scoto (1266 ca.-1308) e dei suoi seguaci

scotìsta [1585] **s. m. e f.** (**pl. m.** *-i*) ● chi segue lo scotismo

scotìstico [1725] **agg.** (**pl. m.** *-ci*) ● relativo a Duns Scoto e allo scotismo

S

scotitóio ➤ **scuotitoio**

scotitóre ➤ **scuotitore**

scòto o **scòtto**③ [vc. dotta, dal tardo lat. *Scōtu(m)*, sing. di *Scōti* (nom.), n. degli antichi abitanti della Caledonia e dell'Irlanda ✻ av. 1321] **agg. e s. m. 1** appartenente a un antico popolo celtico, originario dell'Irlanda **2** (*lett.*) scozzese: *Lì si vedrà la superbia … / che fa lo Scotto … folle* (DANTE *Par.* XIX, 121-122)

scòto- [dal gr. *skótos* 'tenebre, oscurità' con altri riscontri indeur.] **primo elemento** ● in parole composte della terminologia scientifica, significa 'oscurità', 'tenebre': *scotofilo*, *scotofobia*

scotòfilo [comp. del gr. *skótos* 'oscurità' e *-filo* ✻ 1960] **agg.** ● (*biol.*) detto di organismo che predilige i luoghi poco illuminati

scotofobìa [comp. di *scoto-* e *-fobia* ✻ 1960] **s. f.** ● (*psicol.*) paura morbosa dell'oscurità || **scotofòbico**, **agg.** (**pl. m.** *-ci*); **anche s. m.** (**f.** *-a*) **nel sign. 2 1** relativo a scotofobia **2** scotofobo || **scotòfobo**, **agg. e s. m.** (**f.** *-a*) che (o chi) soffre di scotofobia

scòtola [da *scotolare* ✻ av. 1320] **s. f.** ● stecca di legno o ferro per scotolare lino o canapa

scotolàre [lat. parl. **excutulāre*, iter. di *excŭtere* 'scuotere' (V. *scuotere*) ✻ 1545] **v. tr.** (*io scòtolo*) ● battere lino o canapa con la scotola o con apposita macchina per separare le fibre tessili dalle legnose

scotòma [comp. di *scot(o)-* e *-oma* ✻ 1829] **s. m.** (**pl.** *-i*) ● (*med.*) difetto nel campo visivo causato da lesione di un punto qualsiasi delle vie ottiche, per cui la facoltà di percezione è ridotta o nulla

scotomàtico [vc. dotta, dal lat. *scotomăticu(m)* 'sofferente di scotomia', dal gr. *skotōmatikós*, da *skótōma* 'vertigine' ✻ 1865] **agg.** (**pl. m.** *-ci*) ● (*med.*) di scotoma | che soffre di scotoma

scotomiẓẓàre [1970] **v. tr.** ● (*psicol.*) rifiutarsi di percepire gli aspetti dell'ambiente e di sé che creino un conflitto intrapsichico || **scotomiẓẓazióne**, **s. f.**

scòtta① [dallo sp. *escota*, deriv., attraverso l'ant. fr. *escote*, dall'ant. nordico *skaut* 'angolo inferiore della vela' ✻ 1532] **s. f.** ● (*mar.*) manovra corrente che serve a regolare l'orientamento delle vele | ***angolo, punto di s.***, quello inferiore poppiero della vela, cui è collegata la scotta || **scottìna**, **dim.**

scòtta② [lat. *excŏcta(m)*, part. pass. f. sost. di *excŏquere* 'cuocere', comp. di *ĕx-* (*s-*) e *cŏquere* 'cuocere' ✻ 1612] **s. f.** ● siero non rappreso che rimane nella caldaia quando si fa il formaggio o la ricotta

scottadìto [comp. di *scotta(re)* e *dito* ✻ av. 1704] **agg. inv.**; **anche avv.** ● detto di vivande arrostite spec. a fuoco vivo sulla griglia o alla brace, e subito mangiate: *polpi s.* | spesso nella loc. ***a scottadito***: *cuocere a s.*; *costolette di abbacchio a s.*

scottaménto [1621] **s. m.** ● lo scottare, lo scottarsi | scottatura, ustione

scottànte **part. pres.** di *scottare*; **anche agg. 1** nei sign. del v. **2** (*fig.*) grave, urgente, che necessita una pronta soluzione: *problemi scottanti*

scottàre [lat. parl. **excoctāre*, da *excŏctus*, part. pass. di *excŏquere* 'cuocere', comp. di *ĕx-* (*s-*) e *cŏquere* 'cuocere' ✻ 1483] **A v. tr.** (*io scòtto*) **1** dare senso di bruciore, produrre un'ustione, a causa dell'accostamento a una fonte di calore intenso, al fuoco, ai raggi solari e sim.: *la fiamma mi ha scottato una mano*; *il sole ci scotta le spalle* | anche in forma pron.: *scottarsi le dita, le mani* | ***scottarsi la lingua, il palato*** e sim., bevendo o mangiando cibi troppo caldi **2** (*est.*) sottoporre a una brevissima cottura: *s. la carne, la verdura* **3** (*fig.*) provocare irritazione, dolore, dispiacere: *è stato scottato da quelle parole*; *pagherò la scommessa … ma non è questo quel che più mi scotta* (A. MANZONI) **B v. intr.** (**aus.** *avere*) **1** emettere molto calore, tanto da poter bruciare, ustionare e sim.: *oggi il sole scotta*; *non mangiare subito la minestra perché scotta* | essere molto, troppo caldo: *mi scotta la fronte*; *gli scottano le mani* | (*fam.*) avere la febbre: *ma tu scotti!* | (*fig.*) ***gli scotta la terra sotto i piedi***, è impaziente di fare qlco., ha timore di qlcu. o di qlco. **2** (*fig.*) causare profondo interesse, viva preoccupazione e sim.: *la situazione politica scotta*; *è una questione che scotta*; *il bottino scotta* **C scottàrsi** **v. rifl. e intr. pron.** ● prodursi un'ustione, un senso di bruciore, a causa dell'accostamento a una fonte di calore intenso, al fuoco, ai raggi solari e sim.: *si è scottato con un ferro rovente*; *al mare spesso ci si scotta* **D scottàrsi** **v. intr. pron.** ● (*fig.*) passare attraverso esperienze spiacevoli rimanendone amareggiato, deluso: *con le donne si è scottato diverse volte*

scottàta [1875] **s. f.** ● atto dello scottare leggermente, spec. cibi: *dare una s. al pollo* || **scottatìna**, **dim.**

scottàto **part. pass.** di *scottare*; **anche agg.** ● nei sign. del v. | (*fig.*) profondamente deluso e turbato per un'esperienza negativa: *è già rimasto s. una volta, e non ci riproverà*

scottatrìce [1965] **s. f.** ● macchina per scottare cibi da inscatolare

scottatùra [sec. XIV] **s. f. 1** lo scottare, lo scottarsi: *s. grave, leggera, dolorosa* **2** ustione **3** (*fig.*) esperienza spiacevole che lascia un senso di delusione, dolore e sim.

Scòttex® [dal n. della casa produttrice *Scott* ✻ 1985] **A s. f. inv.** ● nome commerciale di un tipo di carta soffice e assorbente confezionata in rotoli e usata spec. in cucina **B s. m. inv.** ● foglio di tale carta strappato da un rotolo: *asciugare con uno s.*

scòttico [vc. dotta, dal lat. *Scŏtticu(m)*, da *Scōtus* 'Scoto' ✻ 1960] **agg.** (**pl. m.** *-ci*) ● (*lett.*) scozzese

scottìglia [etim. sconosciuta ✻ 1986] **s. f.** ● (*cucina*) piatto toscano a base di tocchi di carni miste rosolate e speziate, cotte prima nel vino e poi nel sugo di pomodoro con l'aggiunta di brodo di ossa e frattaglie; si serve su fette di pane abbrustolito

scòtto① [dal francone *skot* 'tassa' ✻ 1300] **s. m. 1** (*raro*, *lett.*) conto che si paga all'oste | (*fig.*) ***pagare lo s.***, espiare, subire le conseguenze: *ha pagato lo s. della sua inesperienza* **2** †vitto | †***tenere qlcu. a s.***, a pensione

scòtto② **part. pass.** di *scuocere*; **anche agg.** ● che è passato di cottura, che è troppo cotto: *risotto s.*

scòtto③ ➤ **scoto**

scottóna [da *scotta* nel sign. di 'siero del latte' ✻ 1992] **s. f.** ● bovina adulta di età compresa fra i 12 e i 24 mesi | carne di scottona macellata: *filetto di s.* CFR. vitellone

scout /*ingl.* skaʊt/ o **scàut** [vc. ingl., propr. 'esploratore, scopritore', della stessa orig. di *scolta* ✻ 1910] **A s. m. e f. inv.** ● accorc. di *boy scout* CFR. guida | ***talent s.***, V. *talent* **B in funzione di agg. inv.** ● (posposto a un sost.) relativo ai boy scout: *campo, raduno, s.*

scouting /skau'tin(g), *ingl.* 'skaʊtɪŋ/ [vc. ingl., da *to scout* 'esplorare, perlustrare' ✻ 1986] **s. m. inv.** ● ricerca per reperire le persone adatte a una determinata attività

scoutìṣmo /skau'tizmo/ o **scautìṣmo** [da *scout*, con *-ismo* ✻ 1915] **s. m.** ● movimento giovanile fondato nel 1908 da Robert Baden-Powell (1857-1941), che si propone di sviluppare nei giovani l'interesse alla vita democratica, di favorire il loro spirito d'avventura, di porli a diretto contatto con la natura

scoutista /skau'tista/ o **scautista** [1936] **s. m. e f.** (**pl. m.** *-i*) ● chi fa parte di un gruppo di scout

scoutìstico /skau'tistiko/ o **scautìstico** [1942] **agg.** (**pl. m.** *-ci*) ● relativo agli scout, allo scoutismo

scovaménto [av. 1742] **s. m.** ● (*raro*) lo scovare

scovàre [da *covo*, con *s-* ✻ av. 1494] **v. tr.** (*io scóvo*) **1** fare uscire dal covo: *s. la lepre* **2** (*fig.*) scoprire, riuscire a trovar qlcu. o qlco. in modo inatteso o dopo lunghe ricerche: *ti ho scovato, finalmente!*; *ho scovato un negozietto molto conveniente*; *scovammo una rivoltella nascosta* (L. ROMANO)

†**scoverchiàre** ➤ **scoperchiare**

scovolìno [1960] **s. m. 1** dim. di *scovolo* **2** piccolo attrezzo filiforme di feltro per pulire pipe, pistole e altre piccole cavità

scóvolo [lat. *scōpula(m)*, dim. di *scōpa*, *scōpae* 'scopa' con cambio di genere, attraverso i dial. veneti ✻ 1609] **s. m. 1** spazzola cilindrica inastata per pulire l'interno della bocca da fuoco o della canna di un'arma da fuoco **2** spazzola cilindrica munita di un lungo manico usata per pulire l'interno di bottiglie, fiaschi e sim. || **scovolino**, **dim.** (V.)

scovrire e deriv. ➤ **scoprire** e deriv.

scòzia [dal lat. *scŏtia(m)*, dal gr. *skotía*, da *skótos* 'oscurità' ✱ av. 1452] **s. f.** ● (*archit.*) modanatura concava, usata spesso nelle basi delle colonne

scozzàre [calco su *accozzare*, con cambio di pref. (*s-*) ✱ av. 1601] **v. tr.** (*io scòzzo*) ● mescolare le carte da gioco prima di distribuirle

scozzàta [1873] **s. f.** ● rimescolata delle carte: *dare una s.* || **scozzatina**, **dim.**

scozzése (o **-ṣe**) [da *Scozia*, dal lat. tardo *Scōtia(m)* 'Scozia', da *Scōti* ✱ 1532] **A** **agg.** **1** della Scozia | ***stoffa, tessuto*** e sim. ***s.***, caratterizzati dal disegno variamente quadrettato a colori contrastanti che servivano un tempo a distinguere le diverse tribù scozzesi | ***doccia s.***, fatta alternando acqua calda e acqua fredda; (*fig.*) successione rapida e violenta di avvenimenti piacevoli e spiacevoli | ***danza s.***, antica danza popolare della Scozia, di movimento rapido, accompagnata dal suono della cornamusa **2** ***scuola s.***, scuola filosofica fiorita in Scozia tra la seconda metà del XVIII secolo e la prima metà del XIX che, in opposizione allo scetticismo di Hume, faceva appello al senso comune come garante di taluni principi che non possono essere messi in dubbio senza cadere in assurdità speculative e pratiche **B** **s. m. e f.** **1** abitante o nativo della Scozia **2** (*fig.*, *spreg.*) spilorcio (V. nota d'uso STEREOTIPO) **C** **s. m. solo sing.** ● lingua del gruppo gaelico, parlata in Scozia **D** **s. f.** ● danza scozzese

scòzzo [deriv. di *scozzare* ✱ 1879] **s. m.** ● scozzata delle carte da gioco spec. quando un mazzo di carte viene usato per la prima volta

scozzonàre [da *cozzone*, con *s-* ✱ 1476] **v. tr.** (*io scozzóno*) **1** domare e ammaestrare spec. cavalli **2** (*fig.*) dare i primi rudimenti di un mestiere, di una disciplina, e sim.: *s. qlcu. nel latino* | (*est.*) dirozzare: *s. qlcu. negli usi della città*

scozzonatóre [1690] **s. m.** (**f.** *-trice*) ● chi scozzona

scozzonatùra [av. 1712] **s. f.** ● lo scozzonare | (*fig.*) primo addestramento, dirozzamento

scozzóne [da *cozzone*, con *s-* ✱ 1694] **s. m.** ● chi è addetto alla scozzonatura di cavalli e sim.

Scrabble® /*ingl.* 'skræbl/ [nome commerciale del gioco inventato dall'architetto americano A. Butts e depositato come marchio nel 1948 dall'amico J. Brunot ✱ 1984] **s. m. inv.** ● gioco consistente nel formare su una scacchiera parole di senso compiuto mediante apposite tessere sulle quali è riportata una lettera dell'alfabeto **CFR.** Scarabeo nel sign. 3

†**scramàre** ➤ **esclamare**

scràmbler /'skrambler, *ingl.* 'skræmblə(r)/ [vc. ingl., da *to scramble* 'arrampicarsi', d'orig. sconosciuta ✱ 1973] **s. m. inv.** ● moto sportiva dal manubrio alto e largo, forcella a cannocchiale, ruote piccole e ben distanziate dal parafango

scramblerìsta [da *scrambler* ✱ 1983] **s. m. e f.** (**pl. m.** *-i*) ● chi guida uno scrambler

scrànna [dal longob. *skranna* 'panca' (V. *ciscranna*) ✱ 1321] **s. f.** **1** (*lett.*) scranno | ***sedere a s.***, (*lett.*, *fig.*) sentenziare, atteggiarsi a giudice **2** (*centr.*, *sett.*) sedia

scrànno [av. 1388] **s. m.** ● sedia con braccioli e schienale particolarmente alti **SIN.** scranna

scraper /'skre(i)per, *ingl.* 'skreɪpə(r)/ [vc. ingl., propr. 'grattatore, raspatore', da *to scrape* 'raschiare, grattare' (d'orig. germ.) ✱ 1935] **s. m. inv.** ● ruspa

scratch /skretʃ, *ingl.* skrætʃ/ [vc. ingl., dal v. *to scratch*, propr. 'scalfire, cancellare con una riga' ✱ 1902] **s. m. inv.** **1** (*sport*) ***vincere per s.***, nel tennis, essere dichiarato vincitore per rinuncia dell'avversario **2** specialità del ciclismo su pista con partenza in gruppo e volata finale dopo 15 km per gli uomini e 10 km per le donne

scràuso [etim. incerta ✱ 1983] **agg.** ● (*roman.*) spec. nel gergo giovanile, di poco valore, scadente, brutto

scravattàto [da *cravatt(a)* con il pref. privativo *s-* e il suff. *-ato*① ✱ av. 1963] **agg.** ● che non indossa la cravatta: *l'ufficiale era s.* (B. FENOGLIO)

✱**screanzàto** [da *creanza*, con *s-* ✱ 1856] **agg. e s. m.** (**f.** *-a*) ● che (o chi) non ha creanza, educazione **SIN.** insolente, maleducato, villano || **screanzataménte**, **avv.** senza creanza, maleducatamente

†**screàto** o †**scriàto** [da *creato*, part. pass. di *creare*, con *s-* ✱ av. 1444] **agg.** ● gracile, debole

†**scredènte** **part. pres.** di †*scredere*; anche **agg.** **1** nel sign. del v. **2** incredulo, diffidente

†**scrédere** [da *credere*①, con *s-* ✱ 1336 ca.] **v. tr. e intr.** ● non credere, non credere più

screditaménto [da *screditare* ✱ 1908] **s. m.** ● (*raro*) lo screditare, lo screditarsi

screditàre [da *credito*, con *s-* ✱ 1618] **A** **v. tr.** (*io scrédito*) ● privare di credito, danneggiare nella reputazione e nella stima **B** **screditàrsi** **v. intr. pron.** ● perdere di credito, agire in modo da danneggiare la propria reputazione: *si è screditato agli occhi di tutti*

screditàto **part. pass.** di *screditare*; anche **agg.** ● che ha perso la stima, il credito altrui: *un medico s.*; *una teoria screditata*

scrédito [da *credito*, con *s-* ✱ 1735] **s. m.** ● (*raro*) discredito

screech /*ingl.* skriːtʃ/ [vc. ingl., di orig. onomat. dal v. *to screech* 'stridere' ✱ 1982] **inter.** ● nel linguaggio dei fumetti, riproduce il rumore di una brusca frenata

screening /'skrinin(g), *ingl.* 'skriːnɪŋ/ [vc. ingl., da *to screen* 'vagliare' (d'etim. incerta) ✱ 1979] **s. m. inv.** **1** (*biol.*) indagine di massa, condotta gener. su soggetti esposti ad alto rischio di malattie, atta a rilevare l'esistenza di determinate affezioni o condizioni morbose o la predisposizione verso di esse: *fare uno s. per svelare casi di diabete iniziale* **2** (*est.*) qualunque indagine atta a selezionare qlcu. o qlco. in base a determinate caratteristiche

screen saver /skrin'se(i)ver, *ingl.* 'skriːn-ˌseɪvə(r)/ [loc. ingl., propr. 'che salva, risparmia (*saver*) lo schermo (*screen*)' ✱ 1993] **loc. sost. m. inv.** (**pl. ingl.** *screen savers*) ● (*inform.*) salvaschermo

screenshot /skrin'ʃɔt, *ingl.* 'skriːnˌʃɒt/ [vc. ingl., comp. di *screen* 'schermo' e *shot* 'foto' ✱ 1997] **s. m. inv.** ● (*inform.*) immagine registrata dello schermo di un computer

✱**scremàre** [da *crema*, con *s-* ✱ av. 1449] **v. tr.** (*io scrèmo*) **1** privare il latte della crema, della panna **2** (*fig.*) passare al vaglio, selezionare, togliendo ciò che appare superfluo o insufficiente: *s. una lista di candidati*

scremàto **part. pass.** di *scremare*; anche **agg.** ● nei sign. del v.: *latte parzialmente s.*

scrematrìce [1899] **s. f.** ● macchina centrifuga per scremare il latte

scrematùra [1901] **s. f.** **1** operazione dello scremare **2** (*fig.*) selezione, scelta: *da questa prima s. si salvano pochi libri* (E. MONTALE)
SFUMATURE ➤ ***selezione***

†**screménto** e deriv. ➤ **escremento** e deriv.

†**screpàre** [da *crepare*, con *s-* ✱ 1340 ca.] **v. intr.** ● (*raro*) crepare

screpolàre [da *crepolare*, con *s-* ✱ av. 1571] **A** **v. tr.** (*io screpolo*) ● aprire crepe piccole e sottili in più punti: *i detersivi screpolano le mani*; *screpolarsi le labbra* **B** **v. intr.** (**aus.** *essere*) e **screpolàrsi** **v. intr. pron.** ● aprirsi in crepe piccole e sottili: *con l'umidità l'intonaco si è screpolato*; *la pelle lucida screpola facilmente*

screpolàto **part. pass.** di *screpolare*; anche **agg.** ● che presenta piccole e sottili crepe: *muro s.*; *mani screpolate*

screpolatùra [av. 1571] **s. f.** ● lo screpolare, lo screpolarsi | parte screpolata: *le screpolature del muro*

screpolo [1668] **s. m.** ● screpolatura | crepa

†**scréscere** [da *crescere*, con *s-* ✱ av. 1348] **v. intr.** ● diminuire, decrescere

✱**screziàre** [da *screzio* ✱ 1282] **v. tr.** (*io scrèzio*) ● macchiare di più colori | variare un fondo con macchie di più colori

screziàto **part. pass.** di *screziare*; anche **agg.** **1** nei sign. del v. | segnato o cosparso di striature di colore diverso da quello di fondo **2** †che ha vestiti variopinti

screziatùra [1772] **s. f.** **1** (*raro*) caratteristica di ciò che è screziato **2** serie di macchie di colore: *tessuto pieno di screziature*

✱**scrèzio** [di etim. incerta: dal lat. *discrētio* (nom.) 'differenza' (?). V. *discrezione* ✱ av. 1306] **s. m.** **1** (*lett.*) crepa, fessura **2** discordia, dissenso, nato tra persone prima in armonia tra loro: *c'è qualche s. tra noi*; *sono screzi tra fratelli*; *è nato, è sorto, uno s.*; *appianare gli screzi* **SIN.** disaccordo, dissapore **3** (*lett.*) riflesso, sfumatura di colore: *tra lampi di gemme e screzi di sete* (E. MONTALE)

SFUMATURE DI SIGNIFICATO

screzio - dissidio - dissenso

Un disaccordo nato tra due persone che coltivavano in precedenza rapporti amichevoli si definisce **screzio**; se il contrasto si determina per divergenza di interessi e opinioni fra persone o soggetti che dovrebbero avere finalità comuni si parla piuttosto di **dissidio**. **Dissenso** è invece in generale una divergenza di opinioni, e in particolare il distacco dalle direttive di un partito, di un movimento, di un centro di potere.

SFUMATURE ➤ ***contrasto***

scrìa ➤ **cria**①

†**scriàto** ➤ †**screato**

scrìba [vc. dotta, dal lat. *scrība(m)* 'scrivano', da *scrībere* 'scrivere' ✱ av. 1306] **s. m.** (**pl.** *-i*) **1** nel periodo romano e medievale, scrivano di professione | †scrivano, trascrittore **2** nel giudaismo, ciascuno degli esegeti che interpretarono la Bibbia e sistemarono la tradizione orale, associati nel Vangelo ai farisei, come rappresentanti della rigida ortodossia e dell'osservanza zelante

scribacchiàre o (*raro*) **scrivacchiàre** [sovrapposizione di *scriba* a un deriv. di *scrivere*, con suff. iter.-dim. ✱ 1843] **v. tr.** (*io scribàcchio*) ● scrivere malamente e pigramente | (*spreg.*) scrivere cose da poco, senza valore: *s. romanzi, novelle*

scribacchiatóre o (*raro*) **scrivacchiatóre** [1853] **s. m.** (**f.** *-trice*) ● (*raro*) chi scribacchia

scribacchìno [da *scribacchiare* ✱ 1745] **s. m.** (**f.** *-a*) **1** (*spec. spreg.*) scrittore privo di valore **2** impiegato adibito a lavori di poco conto

scricchiàre [da *cricchiare*, con *s-* ✱ av. 1573] **v. intr.** (*io scrìcchio*; **aus.** *avere*) ● (*raro*) scricchiolare

scrìcchio [da *scricchiare* ✱ 1891] **s. m.** ● (*raro*) scricchiolo | (*est.*, *poet.*) il frinire della cicala: *mentre si levano tremuli scricchi / di cicale* (E. MONTALE)

scricchiolaménto [1858] **s. m.** ● lo scricchiolare | rumore prodotto da ciò che scricchiola

scricchiolàre o †**ṣgricchiolàre** [da *scricchiare* col suff. *-ol(o)*② * av. 1463] **v. intr.** (*io scrìcchiolo*; **aus.** *avere*) **1** mandare un suono secco e crepitante, detto spec. di cosa dura, secca o sim., che si fende o si rompe: *il pane scricchiola sotto i denti* | mandare un cigolio a causa di una pressione, di un movimento e sim.: *la sedia scricchiola sotto il nostro peso*; *mi sembra che la porta scricchioli* **2** (*fig.*) dare segni lievi o iniziali di incrinatura, di rottura nella continuità di un rapporto personale o nella stabilità di istituzioni e sim.: *quel matrimonio scricchiolava ormai da sette anni*; *il governo scricchiola*

scricchiolìo [1856] **s. m.** (**pl.** *-ii*) **1** lo scricchiolare continuo: *s. delle ossa* | (*med.*) ***s. polmonare***, crepitio | (*med.*) ***s. osseo***, scroscio **2** (*fig.*) segno lieve o iniziale di incrinatura, di rottura nella continuità di un rapporto personale o nella stabilità di istituzioni e sim.

scrìcchiolo [1960] **s. m.** ● (*raro*) rumore prodotto da ciò che scricchiola **SIN.** scricchio

†**scrìccio** [1481] **s. m.** ● scricciolo

scrìcciolo o †**ṣgrìcciolo** [vc. di orig. onomat. * 1427] **s. m.** **1** uccelletto dei Passeriformi con codina diritta e corta, denso piumaggio bruno-rossiccio, voce trillante e melodiosa (*Troglodytes troglodytes*) **SIN.** troglodita | ***mangiare quanto uno s.***, pochissimo **2** (*fig.*) persona piccola e gracile ‖ **scricciolétto**, **dim.** | **scricciolìno**, **dim.**

scrìgno o †**ṣgrìgno** [lat. *scrīniu(m)* 'cassetta', di etim. incerta * 1282] **s. m.** **1** forziere, cassa, per conservarvi gioielli, oggetti preziosi, e sim. | (*est.*) ciò che contiene qlco. di grande pregio: *quel museo è uno s. di capolavori* | (*fig.*, *lett.*) ***essere uno s. di virtù, di bontà*** e sim., essere molto virtuoso, molto buono e sim. **2** †gobba, spec. del cammello: *Morgante diè di morso nello s. / e tutto lo spiccò* (L. PULCI) ‖ **scrignétto**, **dim.**

†**scrignùto** [da *scrigno* * 1388] **A** **agg.** ● gobbo | (*est.*) arcuato: *naso s.* **B** **s. m.** (**f.** *-a*) ● persona gobba

†**scrìma** [variante ant. di *scherma*, prob. dal provenz. *escrima* 'scherma' * 1464] **s. f.** ● scherma | ***perdere la s.***, (*fig.*) perdere il controllo, confondersi

†**scrimàglia** [variante ant. di *schermaglia*, prob. dal provenz. *escrima* 'scherma' * av. 1375] **s. f.** ● scherma

scriminànte **A** **part. pres.** di *scriminare*; **anche agg.** **1** nel sign. del v. **2** (*dir.*) che costituisce causa di giustificazione del reato: *ragione s.* **B** **s. f.** ● (*dir.*) causa di giustificazione del reato

scriminàre [variante di *discriminare* (V.) * 1960] **v. tr.** (*io scrìmino*) ● (*raro*) discriminare

scriminatùra [da *scriminare* * 1505] **s. f.** ● linea di spartizione dei capelli in alcuni tipi di pettinatura: *portare la s. nel mezzo*

scrìmolo [dim. di un deriv. dal lat. *discrīme(n)* (nt.) 'linea di divisione', connesso con *discĕrnere* 'discernere' (V.) * av. 1850] **s. m.** **1** (*raro*) orlo, bordo, ciglio: *lo s. del tetto, di un burrone* **2** (*geogr.*) cresta montuosa con un versante in dolce declivio e l'altro a precipizio

scrinàre [da *crine*, con *s-* * av. 1348] **v. tr.** ● (*raro*) levare i crini: *s. un cavallo*

scrìo o †**scrìvo** [dal lat. *screāre* 'sputare', di orig. onomat. * av. 1597] **agg.** (**pl. m.** *scrìi*) **1** (*tosc.*) integro, che conserva intatte le sue caratteristiche naturali (*anche iter.*): *vino s.*; *acqua scria scria* **2** (*tosc.*, *fig.*) schietto, puro: *bugia scria*

scripofilìa [dall'ingl. *scripophily*, comp. di *scrip* 'certificato provvisorio' e *-phily* '-filia' * 1983] **s. f.** ● collezionismo di titoli azionari e obbligazionari fuori mercato

scripòfilo [dall'ingl. *scripophile*, comp. di *scrip* 'certificato azionario' e *-phile* '-filo' * 1981] **s. m.** (**f.** *-a*) ● chi si dedica alla scripofilia

script /*ingl.* skrɪpt/ [vc. ingl., propr. 'scrittura' * 1966] **s. m. inv.** **1** copione, sceneggiatura di un film **2** (*inform.*) nella programmazione, serie di istruzioni in codice in formato testo che vengono eseguite da un programma

scrìpta [vc. lat. *scrĭpta* (V. *scritta*) * 1962] **s. f. inv.** (**sing. lat.** *scriptum*) ● in paleografia, termine usato per indicare la lingua scritta dei testi delle origini, spesso molto lontana da quella parlata

scriptòrium /skrip'tɔrjum/ [vc. lat. mediev., da *scrībere*, propr. 'scrittoio' * 1966] **s. m. inv.** (**pl. lat.** *scriptoria*) ● nei conventi medievali, ambiente generalmente annesso alla biblioteca, riservato alla trascrizione dei manoscritti

scrìssi ➤ **scrivere**

scristianàre [da *cristiano*, con *s-* * 1548] **v. tr.** e **scristianàrsi** **v. intr. pron.** ● scristianizzare, scristianarsi

†**scristianìre** [1663] **v. tr.** ● scristianizzare

scristianiẓẓàre [da *cristianizzare*, con *s-* * 1872] **A** **v. tr.** ● far perdere la fede, la religione cristiana, il carattere di cristiano **B** **scristianiẓẓàrsi** **v. intr. pron.** ● passare dalla civiltà e dalla cultura cristiane al paganesimo o ad altre religioni, o a cultura non religiosa ‖ **scristianiẓẓazióne**, **s. f.** (V.)

scristianiẓẓazióne [1960] **s. f.** ● lo scristianizzare | progressivo abbandono del cristianesimo da parte di culture di origine e di influenza cristiana

♣**scriteriàto** [da *criterio*, con *s-* * 1884] **agg.** e **s. m.** (**f.** *-a*) ● che (o chi) è privo di criterio, di giudizio, di senno ‖ **scriteriataménte**, **avv.**

♦**scrìtta** [lat. *scrĭpta* 'scrittura', pl. di *scrĭptum*, part. pass. nt. sost. di *scrībere* 'scrivere' * 1313] **s. f.** **1** parola, frase, breve testo scritto su un foglio, un cartello, una lapide e sim.: *la s. è indecifrabile*; *sul portone c'è una s. in greco* **2** †obbligo, contratto steso per iscritto: *firmare, stracciare la s.* **3** †lista, nota | †scrittura

♦**scrìtto** o **iscrìtto**② , spec. nel sign. B 3 **A** **part. pass.** di *scrivere*; **anche agg.** **1** nei sign. del v.: *ordine s.*; *domanda scritta* | ***esame s.***, fatto mediante scrittura **CONTR.** orale **2** ***legge scritta***, spesso in opposizione a quella naturale | ***lingua scritta***, gener. di tono più formale e meno colloquiale di quella parlata | ***norma scritta***, codificata in un testo **CONTR.** norma consuetudinaria | ***carattere s.***, carattere tipografico che imita una scrittura corsiva **3** destinato, decretato: *era s. in cielo, nei libri del destino*; *era s. che fosse così* **4** (*fig.*) impresso: *il suo nome è s. nel mio cuore* | ***portare qlco. s. in fronte***, mostrarlo chiaramente a tutti **B** **s. m.** **1** qualunque notazione, espressione, comunicazione e sim. realizzata mediante la scrittura: *con lo s. non si può mentire*; *una riga di s.*; *questo s. non si legge* | prova scolastica scritta: *sono insufficiente nello s.*; *gli scritti cominciano lunedì* **CONTR.** orale **2** cosa scritta | opera, lavoro, saggio letterario, scientifico e sim.: *scritti scelti, giovanili, postumi, inediti*; *scritti divulgativi*; *uno s. minore del Leopardi* **3** nelle loc. avv. ***per s., per iscritto***, (*lett.*) ***in s.***, per mezzo di uno scritto: *impegnarsi, rispondere, comunicare, esprimersi e sim. per s.* | ***mettere qlco. per***, (*lett.*) ***in, s.***, scriverla ‖ **scrittàccio**, **pegg.** | **scritterèllo**, **dim.**

scrittogràfico [comp. di *scritto* e *grafico* * 1991] **agg.** (**pl. m.** *-ci*) ● (*burocr.*) relativo a una prova d'esame basata sia su grafici o disegni che su testi scritti

scrittóio [dal lat. mediev. *scriptōriu(m)* 'stanza per scrivere', nt. sost. del lat. tardo *scriptōrius* 'atto a scrivere', da *scrĭptus* 'scritto' * av. 1375] **s. m.** (**pl.** *-ói*) **1** (*disus.*) saletta appartata per scrivere, leggere, e sim.: *si ritirava in casa nello s., dove egli ragguagliava sue scritture* (N. MACHIAVELLI) **2** tavolo per scrivere, scrivania **3** †ufficio ‖ **scrittoiétto**, **dim.**

♦**scrittóre** [dal lat. *scriptōre(m)* 'scrittore', da *scrĭptus* 'scritto' * 1261 ca.] **s. m.** (**f.** *-trice*) **1** chi scrive opere letterarie in prosa: *gli scrittori del Novecento*; *uno s. del Settecento inglese*; *s. mediocre, ottimo, di prima grandezza* **CFR.** -grafo **2** (*raro*) autore di un determinato scritto: *lo s. di queste lettere* **3** nel Medioevo, funzionario di cancelleria o notaio che redigeva materialmente i documenti ‖ **scrittoràccio**, **pegg.** | (*spreg.*) **scrittorèllo**, **dim.** | **scrittoróne**, **accr.** | **scrittorùccio**, **scrittorùzzo**, **dim.** | (*spreg.*) **scrittorùcolo**, **dim.**

†**scrittorìa** [da *scrittore* * 1324] **s. f.** ● ufficio amministrativo

scrittòrio [vc. dotta, dal lat. tardo *scriptōriu(m)* 'atto a scrivere', da *scrĭptus* 'scritto' * 1803] **A** **agg.** (**pl. m.** *-i* o *raro -ii*) ● (*lett.*) che serve per scrivere: *materiale s.*; *la mia impotenza scrittoria era ogni dì più assoluta* (V. ALFIERI) **B** **s. m.** ● nei conventi medievali, il locale destinato al lavoro degli amanuensi

♦**scrittùra** [dal lat. *scriptūra(m)* 'scrittura', da *scrĭptus* 'scritto' * sec. XII] **s. f.** **1** attività dello scrivere: *essere assorto nella s.*; *esercitarsi nella s.*; *apprendere l'uso della s.*; *sala di s.* | tecnica dello scrivere; sistema di segni grafici usati per scrivere: *il punto d'inizio della storia umana, … talora è stato segnato nell'invenzione della s.* (B. CROCE); *s. ideografica, cuneiforme, pittografica, alfabetica*; *s. maiuscola, minuscola* | modo di scrivere: *s. a mano, a macchina, al computer* | ***videosistema di s.***, videoscrittura | (*est.*) calligrafia: *s. bella, chiara, nitida, incerta, leggibile, illeggibile, indecifrabile* | **PROV.** ***chi non sa leggere la sua s. è un asino di natura*** **CFR.** -grafia, grafo- **2** espressione scritta, stesura per iscritto: *affidare qlco. alla s.* **3** (*lett.*) opera storica, letteraria, e sim. **4** (*per anton.*) la Bibbia: *la Sacra Scrittura*; *la Scrittura*; *leggere, interpretare, le Scritture* **5** (*dir.*) documento | ***s. privata***, documento sottoscritto da una o più parti che ne fanno proprio il contenuto giuridicamente rilevante **6** contratto stipulato fra un attore, un regista, un musicista e sim., e un impresario teatrale, cinematografico o televisivo per una prestazione artistica **7** (**spec. al pl.**) nota scritta relativa a fenomeni della gestione di un'azienda: *scritture di rettifica, di completamento, di rinvio* | ***scritture contabili***, libri che l'imprenditore commerciale è obbligato per legge a tenere, per annotarvi tutte le operazioni compiute **SIN.** libri di commercio; libri contabili **8** †cultura letteraria, nella loc.: ***senza s.***, illetterato, analfabeta ‖ **scritturàccia**, **pegg.** | **scritturétta**, **dim.** | **scritturìna**, **dim.**

scritturàbile [1838] **agg.** ● che si può scritturare

scritturàle① [da *scrittura* * 1633] **A** **agg.** ● che deriva da scrittura | ***moneta s.***, costituita da giroconti bancari, senza che esista un titolo o documento rappresentativo **B** **s. m.** ● (*disus.*) scrivano, copista | soldato addetto a compiti di scrivano nell'ambito di un comando militare

scritturàle② [dal lat. tardo (ecclesiastico) *scripturāle(m)* 'scritturale', da *scriptūra* 'Sacra

S

Scrittura' ✱ 1585] **A agg.** ● relativo alla Sacra Scrittura: *interpretazione s.* **B s. m.** ● chi si attiene rigorosamente all'interpretazione letterale della Sacra Scrittura

scritturalìsmo [da *scritturale*②, con *-ismo* ✱ 1960] **s. m.** ● teoria e metodo esegetici che, nell'interpretazione dei fatti teologici cristiani, danno preminenza alla loro origine biblica o scritturale

scritturàre [da *scrittura* ✱ 1650] **v. tr. 1** impegnare per una prestazione professionale, con un contratto di scrittura, un attore o un tecnico dello spettacolo **2** annotare, registrare su libri o scritture spec. contabili

scritturazióne [1837] **s. f. 1** lo scritturare un attore o sim. **2** registrazione di dati contabili | ***s. contabile***, accreditamento in conto di un assegno bancario da accreditare **3** riproduzione di lettere e cifre nelle annotazioni scritte dei disegni tecnici

scritturista [da (*Sacra*) *Scrittura*, con *-ista* ✱ 1585] **s. m. e f. (pl. m. *-i*)** ● chi è esperto nelle Sacre Scritture, nella Bibbia

scritturìstico [da *scritturista* ✱ 1837] **agg. (pl. m. *-ci*)** ● relativo alle Scritture, alla Bibbia

scrivacchiàre e deriv. ➤ **scribacchiare** e deriv.

♦**scrivanìa** [da *scrivano* ✱ 1501] **s. f. 1** mobile per scrivere, di forma e dimensioni svariate, solitamente provvisto di cassetti **2** (*inform.*) desktop **3** †ufficio, carica di scrivano

scrivàno [lat. parl. **scribānu(m)* 'scrivano', variante del classico *scrība*, genit. *scrībae*, con passaggio alla categoria dei n. in *-o* ✱ 1306] **s. m. 1** (**f. *-a***) impiegato che attende alla stesura o alla copiatura di documenti di ufficio **2** (**f.** *-a*) copista, amanuense **3** †secondo ufficiale sulle piccole navi mercantili | qualifica conferita ai diplomati di istituto nautico dopo trenta mesi di imbarco come marinaio, che li abilita a imbarcarsi come ufficiali **4** (*zool.*) ***s. della vite***, insetto dei Coleotteri parassita della vite (*Bromius obscurus*) ‖ **scrivanèllo, dim.**

scrivènte A part. pres. di *scrivere*; anche **agg.** ● nei sign. del v. **B s. m. e f.** ● chi scrive, spec. un'opera letteraria, una domanda, un esposto e sim.: *ai tempi dello s.*; *lo s. dichiara che ...*

♦**scrìvere** [lat. *scrībere* 'tracciare con lo stilo, scrivere', da una radice indeur. ✱ 1261 ca.] **A v. tr. (pass. rem.** *io scrìssi, tu scrivésti*; **part. pass.** *scritto*) **1** rappresentare, esprimere, idee, suoni e sim., mediante il tracciamento su una superficie di segni grafici convenzionali, lettere, cifre, note musicali, e sim. (*anche assol.*): *carta da s.*; *l'occorrente per s.*; *s. con la matita, col gesso, con lo stilo, con la penna*; *s. sulla lavagna, sul foglio, sui muri, sulla sabbia*; *insegnare, imparare, a s.*; *s. musica, una lettera*; *s. a mano, a macchina, con il computer*; *macchina per o da s.*; *s. sotto dettatura*; *s. in maiuscolo, in minuscolo, in stampatello, in corsivo, in rotondo, in gotico, a caratteri cubitali, a caratteri di scatola*; *s. in tedesco, in francese*; *s. rapidamente, lentamente, in modo chiaro, in modo illeggibile* **2** esprimere una parola usando i segni grafici ad essa appropriati: *cuore si scrive con la 'c' e non con la 'q'* **3** fissare, annotare, per mezzo della scrittura: *s. appunti*; *s. la nota della spesa*; *s. la data*; *sul cartello è scritto 'Vietato l'ingresso agli estranei'* | redigere un documento: *s. una domanda, una richiesta, un certificato, il testamento* | ***chi scrive***, il sottoscritto **4** esprimere, rendere noti i propri pensieri, sentimenti e sim. per mezzo della scrittura: *scrisse ciò che l'ira gli dettava*; *non puoi scrivergli questo*; *sono cose che si scrivono*; *scrivilo se hai il coraggio*; *ha deciso di s. le sue memorie*; *s. concisamente, stringatamente, prolissamente, sciattamente*; *s. con eleganza, con garbo, con disinvoltura* **5** comporre un'opera letteraria, teatrale scientifica, musicale e sim. (*anche assol.*): *s. un poema, un'ode, un'orazione, un articolo, una cronaca, un romanzo, una novella, un dramma, un trattato, una sinfonia*; *s. in versi, in prosa*; *s. su Dante*; *s. di astronomia, di grammatica*; *s. per il teatro, per una rivista* e sim. | ***s. in, su, un giornale, una rivista*** e sim., collaborarvi **6** comunicare con altre persone mediante rapporti epistolari (*anche assol.*): *s. lettere, cartoline, biglietti, circolari, avvisi*; *s. spesso, raramente, senza avere risposta*; *s. a nome proprio, a nome di altri*; *s. alla moglie, ai genitori*; *mi ha scritto una notizia importante*; *gli ho scritto che venga subito*; *è un anno che non scrive* **7** detto di scrittori, dire, affermare, sostenere, nelle proprie opere: *come scrive Cicerone ...*; *Dante scrisse che ...* **8** (*fig.*, *lett.*) imprimere, fissare, profondamente: *s. qlco. nella mente, nel cuore* | ***s. qlco. nel libro dell'eternità***, compiere qlco. che sarà sempre ricordato | ***s. una bella, una grande pagina di storia***, compiere un'impresa altamente onorevole, eroica **9** (*raro*) registrare: *s. una partita, un conto*; *s. il dare e l'avere* **10** †ascrivere, attribuire: *s. i beni al fisco*; *s. qlco. a lode, a colpa, a miracolo* **11** †descrivere: *s. le gesta di qlcu.* **B scrìversi v. tr. pron. (aus.** *essere*) ● scrivere (con valore intens.): *aspetta che mi scrivo il tuo numero di telefono*; *il regista si è anche scritto la sceneggiatura* | con valore recipr.: *si scrivono lunghe lettere* **C scrìversi v. rifl. recipr.** ● scambiarsi lettere: *i due innamorati si scrivevano da tempo*

SFUMATURE DI SIGNIFICATO

scrivere - redigere - comporre

Scrivere è il termine più generico per indicare l'atto di tradurre il pensiero in segni grafici che rappresentano le parole. **Redigere** significa raccogliere materiali e scrivere testi in relazione a un determinato argomento. **Comporre** sottolinea l'aspetto creativo, originale della scrittura, non semplicemente quello redazionale.

scrivìbile [av. 1729] **agg.** ● che si può scrivere | (*inform.*) detto di dispositivo su cui è possibile registrare dati

scrivicchiàre ➤ **scrivucchiare**

scrivirìtto [comp. di *scrivere* e *ritto* ✱ 1945] **s. m. inv.** ● (*lett.*) tavolino più alto del comune usato per scrivere stando in piedi

†**scrìvo** ➤ **scrio**

scrivucchiàre o **scrivicchiàre** [da *scrivere*, con suff. iter.-dim. ✱ av. 1803] **v. tr.** (*io scrivùcchio*) ● scrivere poco, di malavoglia, spec. cose senza interesse o importanza (*anche assol.*): *Ei scrivucchia, ei fa leggi, ei fa il guerriero* (V. ALFIERI)

scrizióne① [dal lat. *scriptiōne(m)* 'scrittura', da *scrīptus* 'scritto' ✱ 1374] **s. f. 1** †trascrizione **2** †scrittura | narrazione **3** (*ling.*) grafia

†**scrizióne**② ➤ **iscrizione**

scroccàre① [da *crocco* 'uncino', con *s-* ✱ av. 1389] **v. tr.** (*io scròcco, tu scròcchi*) **1** (*colloq.*) ottenere, assicurarsi qlco. a spese d'altri (*anche assol.*): *s. un pranzo, la colazione*; *campa scroccando qua e là* **2** (*est.*) ottenere, ricevere senza alcun merito: *s. lo stipendio, l'impiego*

†**scroccàre**② [sovrapposizione di *crocco* 'uncino' a *scoccare* ✱ av. 1406] **v. intr.** ● scoccare, scattare

scroccatóre [av. 1566] **s. m. (f.** *-trice*) ● chi scrocca o tenta di scroccare, nel sign. di *scroccare*① **SIN.** parassita, scroccone

scroccherìa [da *scrocco* ✱ av. 1631] **s. f.** ● (*raro*) abitudine di scroccare, nel sign. di *scroccare*①

scrocchiàre [da *crocchiare*, con *s-* ✱ 1612] **v. intr.** (*io scròcchio*; **aus.** *avere*) ● crocchiare, nel sign. 1

scròcchio① o **scròcco**③ [da *scrocchiare* ✱ 1527] **s. m.** ● scricchiolio, stridio: *lo s. della legna secca* | rumore delle scarpe nuove o poco usate: *Potevi sempre sentirlo venire ... perché portava scarpe con lo s.* (B. FENOGLIO)

scròcchio② o **scròcco**① [da *scroccare*① ✱ 1560] **s. m.** ● anticamente, contratto usurario per cui l'usuraio consegnava oggetti di poco valore stimandoli un prezzo altissimo che il debitore si impegnava a dare alla scadenza **CFR.** barocchio, civanzo

scròcco① [1534] **s. m. (pl.** *-chi*) **1** lo scroccare, nel sign. di *scroccare*① | ***a s.***, (*lett.*) ***di s.***, a ufo, a spese d'altri: *vivere a s.* **2** V. *scrocchio*②

scròcco② [da *scroccare*② ✱ av. 1543] **s. m. (pl.** *-chi*) ● scatto | suono prodotto dallo scatto | ***coltello a s.***, a serramanico | ***serratura, lucchetto***, e sim. ***a s.***, che si chiudono con una semplice pressione, senza ricorrere alla chiave | il chiavistello di tale serratura ‖ **scrocchétto, dim.**

scròcco③ ➤ **scrocchio**①

scroccóne [1596] **s. m. (f.** *-a*) ● chi ha l'abitudine di scroccare, nel sign. di *scroccare*①: *essere uno s.*; *fare lo s.*; *fare la figura dello s.* **SIN.** parassita, scroccatore

scrociàre [da *croce*, con *s-* (V. *incrociare*) ✱ 1872] **v. tr. (pres.** *io scrócio*; **fut.** *io scrocerò*) ● (*mar.*) disporre verticalmente un pennone lungo l'albero e ammainarlo in coperta

scròfa [lat. *scrōfa(m)*, vc. di carattere rustico e dial., di etim. incerta ✱ av. 1306] **s. f. 1** femmina del maiale | femmina del cinghiale **2** (*fig.*, *spreg.*) sgualdrina, donna di malaffare ‖ **scrofàccia, pegg.** | **scrofétta, dim.** (V.)

scròfano ➤ **scorfano**

scrofétta [da *scrofa*] **s. f. 1** dim. di *scrofa* **2** giovane scrofa da riproduzione dalla maturità sessuale sino al momento del primo parto

scròfola o (*lett.*) **scròfula** [lat. tardo *scrōfulae* (nom. pl.): calco sul gr. *choirádes* 'scrofole', da *chôiros* 'maiale' (d'orig. indeur.), perché assomiglia a una malattia dei maiali ✱ av. 1320] **s. f.** ● (*med.*) ingrossamento delle linfoghiandole del collo, spesso di natura tubercolare

scrofolòsi o **scrofulòsi** [da *scrofola*, con *-osi* ✱ 1867] **s. f. inv.** ● (*med.*) scrofola diffusa

scrofolóso (o **-so**) o **scrofulóso** (o **-so**) [lat. parl. **scrofulōsu(m)*, da *scrōfulae* 'scrofola' ✱ 1583] **A agg.** ● di scrofola **B s. m. (f.** *-a*) ● chi è affetto da scrofolosi

scròfula e deriv. ➤ **scrofola** e deriv.

scrofulària [da *scrofula*, in quanto ritenuta efficace contro la scrofolosi ✱ av. 1577] **s. f.** ● pianta erbacea o suffruticosa delle Scrofulariacee di cui sono note numerose specie, di aspetto vario, spesso tossiche (*Scrophularia*)

Scrofulariàcee [da *scrofularia* ✱ 1865] **s. f. pl. (sing.** *-a*) ● (*bot.*) famiglia di piante dicotiledoni erbacee o arbustive con foglie sparse e fiori irregolari in infiorescenze (*Scrofulariaceae*)

scroll /ingl. skrɔl/ o **scròlling** /ˈskrɔllin(g), ingl. ˈskrəulɪŋ/ [vc. ingl., dal v. *to scroll* (V. *scrollare*②) ✱ 1989] **s. m. inv.** ● (*inform.*) scorrimento in senso verticale del testo sullo schermo di un computer

scrollaménto [av. 1364] **s. m.** ● lo scrollare

♦**scrollàre**① o (*tosc.*) **sgrollàre** [da *crollare*, con *s-* ✱ 1353] **A v. tr.** (*io scròllo*) ● scuotere, agitare con forza: *s. un ramo* | ***s. il capo***, tentennarlo in segno di disapprovazione, diniego e sim. | ***s. le spalle***, alzarle in segno di indifferenza, disprezzo e sim. | anche nella forma pron. **scrollàrsi**, togliersi qlco. scuotendosi energicamente: *si scrollò dalle spalle il cappotto d'albagio* (L. PIRANDELLO) | ***scrollarsi qlco. di dosso***, (*lett.*) ***d'addosso***, togliersela, liberarsene (*anche fig.*): *scrollarsi di dosso la polvere; per scrollarsi d'addosso ogni responsabilità* (L. PIRANDELLO) **B** **scrollàrsi** **v. intr. pron.** **1** scuotersi, muoversi energicamente **2** (*fig.*) scuotersi dall'abbattimento, dall'indifferenza: *finalmente si è scrollato*

SFUMATURE ➤ *scuotere*

scrollàre② [dal v. ingl. *to scroll* 'far scorrere' ✱ 1960] **v. intr.** (*io scròllo*; **aus.** *essere*) ● (*inform.*) scorrere sullo schermo, detto di flusso di dati

scrollàta [av. 1685] **s. f.** ● energico scuotimento | movimento, gesto dello scrollare spec. le spalle o il capo, in segno di diniego, disapprovazione, indifferenza ecc.: *La Martinella allora mi piantò lì con una s. di spalle* (I. NIEVO) || **scrollatìna**, **dim.**

scrollatùra [1536] **s. f.** ● scrollata

scròlling ➤ **scroll**

scròllo [da *scrollare*① ✱ sec. XIV] **s. m.** ● lo scrollare, lo scrollarsi | scrollata || **scrollóne**, **accr.** (V.)

scrollóne [1957] **s. m.** **1** accr. di *scrollo* **2** scossa, scuotimento vigoroso **3** (*fig.*) brusco danno che provoca instabilità, disgregazione e sim.: *le invasioni barbariche infersero un violento s. all'Impero romano*

†**scròpolo** ➤ **scrupolo**

scrosciànte **part. pres.** di *scrosciare*; anche **agg.** ● nei sign. del v.: *pioggia s.* | ***applausi scroscianti***, fragorosi, entusiastici

scrosciàre [da *crosciare*, con *s-* ✱ av. 1400] **v. intr.** (**pres.** *io scròscio*; **fut.** *io scroscerò*; **aus.** *essere* o *avere*) **1** cadere, riversarsi, facendo un rumore forte, assordante e continuo, detto di acque: *la pioggia scroscia; la cascata scroscia dal monte* **2** (*fig.*) susseguirsi rapidamente e fragorosamente: *al suo apparire gli applausi scrosciarono; in sala scrosciano le risate* **3** (*tosc.*) bollire molto forte, detto di liquidi: *la pentola scroscia* **4** (*tosc.*) scricchiolare: *il pane fresco scroscia; le scarpe scrosciano nel camminare*

scròscio [sec. XIII] **s. m.** **1** lo scrosciare: *s. di pioggia; lo s. di un torrente in piena; uno s. di applausi* | ***a s.***, con impeto, con violenza: *piove a s.* **2** (*med.*) crepitio suscitato dallo sfregamento di frammenti di osso fratturato (*s. osseo*) o di capi articolari resi irregolari da processi patologici (*s. articolare*) **3** nel linguaggio televisivo, interruzione momentanea del segnale video accompagnata da disturbi sonori || **scroscióne**, **accr.**

S

scrostaménto [1745] **s. m.** ● scrostatura

scrostàre [da *crosta*, con *s-* ✱ 1336 ca.] **A** **v. tr.** (*io scròsto*) **1** levare la crosta a una ferita: *s. una bolla, una piaga* **2** (*est.*) levare la parte più esterna e superficiale: *s. l'intonaco* **B** **scrostàrsi** **v. intr. pron.** ● perdere la crosta, lo strato superficiale, e sim.

scrostàto **part. pass.** di *scrostare*; anche **agg.** ● rovinato nello strato superficiale, privato in tutto o in parte della vernice, del colore, dell'intonaco e sim.: *un quadro s.; un muro s.; La lacca dei mobili era scrostata e ingiallita* (A. MORAVIA)

scrostatùra [1765] **s. f.** ● lo scrostare, lo scrostarsi | parte scrostata

scrotàle [da *scroto* ✱ 1900] **agg.** ● (*anat.*) relativo allo scroto

scròto [dal lat. *scrōtu(m)*, di etim. incerta ✱ 1574] **s. m.** ● (*anat.*) sacco muscolo-membranoso in cui sono contenuti i testicoli

scrub /skrab, *ingl.* skrʌb/ [vc. ingl., propr. 'strofinata' ✱ 1990] **s. m. inv.** **1** massaggio effettuato sulla pelle con un guanto ruvido o con un prodotto detergente granulare per favorire l'esfoliazione e l'eliminazione di altre impurità **2** (*est.*) prodotto cosmetico per tale massaggio

♣**scrùpolo** o †**scrópolo**, †**scrùpulo** [vc. dotta, dal lat. *scrŭpulu(m)* 'pietruzza, peso, dubbio', dim. di *scrŭpus* 'sasso puntuto', di etim. incerta ✱ 1377] **s. m.** **1** timore, apprensione, inquietudine morale che porta a considerare colpa o mancanza ciò che in realtà non è tale, o che fa sorgere dubbi riguardo alla correttezza, all'opportunità di un'azione e sim.: *s. religioso, morale, di coscienza; essere tormentato dagli scrupoli; essere pieno di scrupoli; farsi, avere s. di qlco.; venire lo s. di qlco.; lasciare da parte gli scrupoli* | (*est.*) riguardo, premura: *mi faccio s. di disturbarlo; non ha nessuno s. a chiedere favori; non avere tanti scrupoli per lui* | (*est.*) ***persona, gente*** e sim. ***senza scrupoli***, disonesta **2** meticolosa diligenza nell'adempimento di un dovere, di un compito e sim.: *un impiegato che lavora con s.; lavoro fatto con s.* | ***essere onesto, esatto*** e sim. ***fino allo s.***, essere onestissimo, esattissimo e sim. **3** †difficoltà, ostacolo: *faceva s. in contrario il timore che il Re ... abbandonasse gli altri* (F. GUICCIARDINI) **4** antica unità di peso, equivalente alla 24ª parte dell'oncia | (*fig.*) †piccolissima quantità

SFUMATURE DI SIGNIFICATO

scrupolo - esitazione - dubbio

Scrupolo è il timore che porta a considerare colpa o mancanza ciò che in realtà non lo è, o fa sorgere dubbi riguardo alla correttezza o l'opportunità di un'azione. Una stessa condizione di incertezza, di perplessità è implicita in **esitazione**, che non attiene tuttavia alla sfera morale ma a quella psicologica ed esprime lo stato di chi per prudenza o timore è incerto su una decisione da prendere. **Dubbio**, infine, è una condizione di perplessità, di incertezza che può riguardare la mente, ossia l'espressione di un giudizio, oppure la volontà, dunque l'agire; in questo secondo caso coincide con *esitazione*.

scrupolóso (o **-ṣo**) [dal lat. *scrupolōsu(m)*, da *scrŭpulus* 'scrupolo' ✱ 1342] **agg.** **1** che si fa scrupoli, che è pieno di scrupoli, spec. di natura religiosa o morale: *coscienza scrupolosa* **2** che agisce con coscienza, senso di responsabilità, diligenza e sim.: *funzionario attivo e s.* **3** che è eseguito con precisione, accuratezza, e sim.: *resoconto, lavoro, inventario s.* **SIN.** meticoloso, minuzioso || **scrupolosétto**, **dim.** || **scrupolosaménte**, **avv.** in modo scrupoloso, con cura e diligenza: *lavorare scrupolosamente* || **scrupolosità**, **s. f. inv.** **1** caratteristica di chi è scrupoloso **SIN.** serietà, coscienziosità **2** minuziosità, meticolosità

SFUMATURE DI SIGNIFICATO

scrupoloso - timorato - rigoroso

Scrupoloso è chi si interroga continuamente sulla correttezza o l'opportunità dei propri comportamenti, ed è dunque pieno di scrupoli di natura religiosa o morale. Chi è scrupoloso e onesto e cerca sempre di comportarsi con coscienza si definisce **timorato**, termine usato quasi esclusivamente nella locuzione *timorato di Dio*, con la quale si descrive chi teme il giudizio divino. In altra accezione *scrupoloso* è sinonimo di **rigoroso**, che si usa in riferimento a chi agisce con diligenza e senso di responsabilità.

SFUMATURE ➤ *onesto*, ➤ *probo*

†**scrùpulo** ➤ **scrupolo**

scrutàbile [1686] **agg.** ● (*lett.*) che si può scrutare

scrutaménto [1872] **s. m.** ● (*raro*) atto dello scrutare

scrutàre [dal lat. tardo *scrutāre*, variante del classico *scrutāri* 'rovistare', da *scrūta* 'stracci', di etim. incerta ✱ sec. XIV] **v. tr.** **1** guardare con intensità e attenzione per vedere, trovare ciò che non è visibile a un'indagine affrettata: *s. l'orizzonte; s. in volto qlcu.* | (*lett.*) esaminare, cercare di capire: *s. le intenzioni di qlcu., la causa di qlco.* **2** (*raro*) scrutinare

SFUMATURE DI SIGNIFICATO

scrutare - esplorare - frugare

Scrutare è guardare con intensità e attenzione per trovare, scoprire ciò che non è immediatamente visibile. Nel suo primo significato **esplorare** indica il percorrere un territorio ignoto per conoscerlo e descriverlo; in uso estensivo ha significato molto vicino a *scrutare*, a cui aggiunge tuttavia l'idea che l'indagine debba tradursi nella scoperta di cose non prima conosciute. Con **frugare** la ricerca non avviene con la vista ma con le mani, rovistando.

scrutàta [da *scrutare* ✱ 1960] **s. f.** ● sguardo rapido ma intenso e indagatore

scrutatóre [dal lat. *scrutatōre(m)* 'ricercatore', da *scrutātus* 'scrutato' ✱ av. 1342] **A** **s. m.** (**f.** *-trice*) **1** (*lett.*) chi scruta **2** scrutinatore **B** **agg.** ● (*lett.*) che scruta: *occhio s.*

scrutinàre o †**scruttinàre** [dal lat. tardo *scrutināre* 'esaminare', iter. di *scrutāre* 'frugare' ✱ 1355] **v. tr.** **1** (*raro*) indagare, investigare a fondo: *scrutinando sé medesimo e i suoi prossimi* (G. D'ANNUNZIO) **2** procedere allo spoglio delle schede di una votazione **3** decidere sui voti da assegnare agli alunni

scrutinatóre [1865] **s. m.** (**f.** *-trice*) **1** (*lett.*) chi scrutina **2** persona addetta allo scrutinio delle schede, in una votazione **SIN.** scrutatore

scrutìnio o †**scruttìno** [vc. dotta, dal lat. tardo *scrutīniu(m)* 'investigazione, esame', da *scrutināre* ✱ 1337] **s. m.** (**pl.** *-i* o *raro -ii*) **1** (*raro*) esame accurato **2** spoglio dei voti in una votazione | ***s. segreto***, in cui non è resa palese l'identità dei votanti | ***s. uninominale***, sistema elettorale in cui si vota per un solo candidato | ***s. di lista***, sistema elettorale in cui si vota una lista di candidati **3** operazione mediante la quale un'apposita commissione di insegnanti valuta il profitto degli alunni di una classe alla fine di un trimestre, quadrimestre o di un intero anno scolastico

†**scruttinàre** ➤ **scrutinare**

†**scruttìno** ➤ **scrutinio**

scùcchia [etim. incerta ✱ 1951] **s. f.** ● (*centr.*) mento assai sporgente

scucchiaiàre [da *cucchiaio*, con *s-* ✱ 1735] **v. intr.** (*io scucchiàio*; **aus.** *avere*) ● fare rumore con le posate mangiando

†**scuccumèdra** [di etim. incerta: deformazione pop. del lat. *chimāera(m)* 'mostro favoloso', con *s-* (?) ✱ av. 1400] **s. f.** ● (*raro, scherz.*) ronzino

scucìre [da *cucire*, con *s-* ✱ 1310] **A** **v. tr.** (*io scùcio*) **1** disfare una o più cuciture | disgiungere, separare, parti cucite insieme: *s. le maniche di un abito* **2** (*pop.*) tirare fuori: *avanti, scuci i soldi* **B** **scucìrsi** **v. intr. pron.** ● perdere, disfare la cucitura o le cuciture: *si è scucita una tasca*

scucìto **part. pass.** di *scucire*; anche **agg.** **1** nei sign. del v. **2** (*fig.*) sconnesso, incoerente: *discorso s.*

scucitùra [1889] **s. f.** **1** lo scucire, lo scucirsi | parte scucita **2** (*fig., lett.*) incoerenza

†**scudàio** [lat. *scutāriu(m)* 'scudaio', da *scūtum* 'scudo' ✱ 1308] **s. m.** ● fabbricante, venditore, di scudi, nel sign. di *scudo*①

scudàre [da *scudo* (*fiscale*) ✱ 2004] **v. tr.** ● nel linguaggio giornalistico, regolarizzare dei capitali approfittando di una sanatoria di legge ed evitando futuri accertamenti (*anche assol.*)

scudàto① o †**scutàto** [lat. *scutātu(m)* 'armato di scudo', da *scūtum* 'scudo' ✱ av. 1306] **agg.** ● (*lett.*) armato di scudo | protetto da scudo |

artiglieria scudata, dotata di pezzi protetti da scudo

scudàto② part. pass. di *scudare*; anche agg. • che ha usufruito di uno scudo fiscale: *capitali scudati*

†scudèlla ▸ **scodella**

†scuderésco [da *scud(i)ero* ✱ 1340] agg. • (*raro*) di scudiere: *abito s.* (G. Boccaccio)

♦**scuderìa** [da *scud(i)ero* ✱ av. 1430] s. f. **1** impianto edilizio che ospita i cavalli ed è opportunamente attrezzato per il loro ricovero, allevamento e sim. | complesso di cavalli, spec. da corsa, di uno stesso proprietario o allenatore | (*est.*) organizzazione di una scuderia **2** (*est.*) nell'automobilismo, complesso delle macchine da corsa che gareggiano per una casa, e relativa organizzazione | ***ordini di s.***, (*fig.*) ordini provenienti dai vertici di un'organizzazione

♦**scudétto** [da *scudo*① ✱ 1865] s. m. **1** negli sport di squadra, distintivo tricolore che gli atleti vincitori di un campionato nazionale portano sulla maglia nella stagione di gare successiva | ***puntare allo s.***, puntare alla vittoria del massimo campionato nazionale | ***vincere lo s.***, vincere tale campionato | ***squadra da s.***, che ha probabilità di vincerlo **2** (*milit.*) distintivo a forma di piccolo scudo, con l'emblema dell'unità o dell'ente di appartenenza, applicato alla manica sinistra dell'uniforme **3** piccolo schermo metallico eretto dietro lo scodellino degli antichi schioppi a protezione dell'occhio del tiratore dalla fiammata dell'innesco **4** (*agric.*) pezzo di corteccia provvisto di gemma, staccato dal nesto, per eseguire l'innesto a occhio

scudièro o **†scudière**, **†scudièri** [dal provenz. *escudier*, risalente al lat. tardo *scutārius* 'armato di scudo', da *scūtum* 'scudo' ✱ av. 1294] **A** s. m. **1** valletto d'armi, che portava lo scudo del cavaliere al cui servizio si trovava **2** titolo di un dignitario di corte | ***grande s.***, titolo di corte **3** (*disus.*) nel ciclismo, gregario **4** †familiare, servitore: *niuno scudiere, o famigliar che dir vogliamo* (G. Boccaccio) **B** agg. • nella loc. ***alla scudiera***, alla maniera degli scudieri | ***calzoni alla scudiera***, di pelle, stretti alla coscia | ***stivali alla scudiera***, con il risvolto di pelle di colore diverso

scudisciàre [av. 1463] v. tr. (pres. *io scudiscio*; fut. *io scudiscerò*) • percuotere con lo scudiscio

scudisciàta [da *scudisciare* ✱ av. 1566] s. f. • colpo di scudiscio: *dare, prendere una s.*

scudìscio o **†scutìscio**, **†scurìscio** [vc. di orig. sett., dal lat. parl. **scutīciu(m)*, da *scūtica* 'staffile', f. sost. di *scūticus* 'scitico', dal gr. *Skythikós*, da *Skýthai* 'Sciti' ✱ av. 1320] s. m. • frustino flessibile di legno, cuoio o sim. per frustare il cavallo allo scopo di incitarlo, correggerlo o sim. | (*est.*) sferza, frusta

♦**scùdo**① o **†scùto** [lat. *scūtu(m)* 'scudo', di orig. prob. indeur. ✱ 1250 ca.] s. m. **1** arma da difesa in vario materiale, di forma quadrata, oblunga, tonda od ovale, che infilata nel braccio sinistro serviva a difendere il corpo | (*fig.*) ***portare qlcu. sugli scudi***, esaltarlo, acclamarlo | (*fig.*) ***alzata, levata, di scudi***, dimostrazione ostile, ribellione | arma da difesa in plastica trasparente usata da forze di polizia in servizio di ordine pubblico **2** riparo in lamiera d'acciaio fissato agli affusti di pezzi d'artiglieria e mitragliere, per proteggere i serventi da schegge e proiettili di piccolo calibro **3** (*est.*) struttura di rivestimento, protezione e sim. | ***s. termico***, di materiale resistente al calore per proteggere parti di veicoli spaziali dal surriscaldamento aerodinamico, spec. al rientro nell'atmosfera | ***s. di prua***, parte irrigidita della prua del dirigibile **4** (*est.*) difesa, riparo: *fare s. a qlcu. con qlco.* | ***farsi s. di qlcu., di qlco.***, usarli come protezione (*spec. fig.*) | ***s. aereo, missilistico***, sistema di difesa globale da attacchi aerei o missilistici | ***s. spaziale***, sistema difensivo basato su satelliti e armamenti spaziali | ***s. umano***, chi, volontariamente o costretto, protegge con il proprio corpo un obiettivo dalla minaccia di un'arma, nella speranza che chi attacca rinunci | ***s. fiscale***, nel linguaggio giornalistico, condizione di non punibilità del contribuente che ha tenuto un comportamento fiscale o tributario illecito e che successivamente ha aderito a una sanatoria con condono; (*est.*) provvedimento di legge che garantisce questa condizione **5** (*zool.*) ciascuna delle piastre ossee del dermascheletro dei cheloni e dei coccodrilli **6** (*arald.*) parte essenziale dello stemma, formato dal campo e dalle sue eventuali partizioni, su cui sono poste pezze e figure | ***s. crociato***, V. *scudocrociato* **7** struttura mobile impiegata per praticare gallerie sotterranee in terreni acquiferi o al di sotto di corsi d'acqua || (*lett.*) **scudicciuòlo**, dim. | **scudóne**, accr.

scùdo② [da *scudo*①, per lo stemma che ha questa forma, calco sul fr. *écu* 'scudo'; nel sign. 2, incrociato con *ecu* (V.) ✱ av. 1348] s. m. **1** moneta d'oro o d'argento di vario valore con lo scudo del principe o dello Stato emittente raffigurato su una delle facce **2** (*econ.*) ***s. europeo***, ecu

scudocrociàto [da *scudo crociato*, simbolo del partito della Democrazia Cristiana ✱ 1966] agg. e s. m. (f. *-a*) • fino al 1994, relativo, appartenente al partito politico della Democrazia Cristiana

scùffia [da *cuffia*, con *s-* ✱ sec. XIV] s. f. **1** V. *cuffia* **2** (*pop., sett.*) forte innamoramento: *prendersi, avere una s. per qlcu.* | forte ubriacatura: *prendere una s.* **3** capovolgimento di una imbarcazione, spec. nella loc. *fare s.* || **scuffiétta**, dim. | **scuffióne**, accr. m. | **scuffiòtto**, alter. m.

scuffiàre [vc. di orig. onomat. ✱ 1287] **A** v. intr. (*io scùffio*; aus. *avere*) **1** (*mar.*) capovolgersi, ribaltarsi, spec. riferito a imbarcazioni **2** (*raro*) soffiare rumorosamente aria dalle narici mangiando o uscendo dall'acqua: *e scuffian, che parean dell'acqua usciti* (L. Pulci) **B** **scuffiàrsi** v. rifl. • (*fig., pop.*) innamorarsi

scuffìna o **scoffìna** [lat. parl. **scoffīna(m)*, variante dial. di *scobīna* 'raspa', connesso con *scābere* 'grattare', di orig. indeur. ✱ 1550] s. f. • tipo di lima o raspa piatta da falegname

scuffinàre o **scoffinàre** [sec. XVII] v. tr. • limare, raspare con la scuffina

scugnìzzo [vc. napol., da *scugnare* 'scalfire, rompere', dal lat. parl. **excuneāre*, comp. di *ĕx-* (*s-* estrattiva) e *cuneāre* 'finire in punta' (V. *cuneo*) ✱ 1908] s. m. (f. *-a*) • monello napoletano | (*est.*) monello di strada

sculacciàre [da *culo*, *culaccio*, con *s-* ✱ 1536] v. tr. (pres. *io sculàccio*; fut. *io sculaccerò*) • percuotere con la mano aperta sul sedere, spec. i bambini

sculacciàta [da *sculacciare* ✱ av. 1449] s. f. • colpo, insieme di colpi, dati sculacciando: *dare una s.*; *prendere a sculacciate* || **sculacciatìna**, dim.

sculacciòne [da *sculacciare* ✱ 1691] s. m. • forte sculacciata

sculdàscio [dal longob. *skuldhaizo* 'capo di circoscrizione' (V. ted. *Schultheiss* 'giudice, podestà') ✱ av. 1750] s. m. • (*stor.*) nel Medioevo, funzionario di nomina ducale con funzioni amministrative, fiscali, giudiziarie

sculettàre [da *culo*, con *s-* e suff. iter.-vezz. ✱ 1691] v. intr. (*io sculétto*; aus. *avere*) • dimenare le anche e il sedere camminando

†scùlpere v. tr. • (*lett.*) scolpire

†scultàre [da *sculto* ✱ 1483] v. tr. • scolpire

scùlto o **scólto**, part. pass. di †*sculpere*; anche agg. **1** (*poet.*) scolpito | (*fig.*) impresso **2** (*poet.*) †fissato, stabilito: *quando in ciel sia s. / ch'io vi debba morir* (L. Ariosto)

scultóre [lat. tardo *sculptōre(m)* 'scultore', da *scŭlptus* 'scolpito' ✱ 1426 ca.] s. m. (f. *-trice*) • chi esercita l'arte della scultura: *s. in marmo, in legno, in pietra, in avorio*; *i grandi scultori greci*

♦**scultòreo** o **scultòrio**, spec. nel sign. 1 [da *scultore* ✱ 1843] agg. **1** che riguarda la scultura: *arte, produzione scultoria* **2** (*est.*) statuario: *posa, bellezza scultorea* **3** (*fig.*) di forte rilievo, incisivo, lapidario: *stile s.*; *prosa scultorea*

scultùra o (*pop.*) **†scoltùra** [lat. tardo *sculptūra(m)* 'scultura', da *scŭlptus* 'scolpito' ✱ av. 1320] s. f. **1** arte e tecnica dello scolpire: *la s. e la pittura presentano alla nostra mente gli oggetti* (U. Foscolo) **2** (*est.*) opera scolpita: *le sculture del Partenone* **3** (*est.*) insieme di sporgenze e rientranze formatesi naturalmente su una superficie | (*biol.*) insieme di disegni in rilievo sulla superficie di rivestimento di un organo: *s. sui semi delle piante*; *s. sulle elitre degli insetti* **4** (*geol.*) insieme di minute cavità di varia forma che gli agenti atmosferici producono su talune rocce mediante moti vorticosi coadiuvati dalla presenza di particelle minerali che agiscono da abrasivo

sculturàle [1942] agg. • (*lett.*) della scultura: *linguaggio ... musicale, pittorico, s., architettonico* (B. Croce) | (*fig., raro*) plastico, che ricorda una scultura

scùna [av. 1862] s. f. • adattamento di *schooner* (V.)

scùner [1790] s. m. inv. • adattamento di *schooner* (V.)

scuòcere [da *cuocere*, con *s-* ✱ 1934] v. intr. (coniug. come *cuocere*; aus. *essere*) e **scuòcersi** v. intr. pron. • cuocersi eccessivamente, detto di cibi: *la pasta si è scotta*

scuoiaménto o (*lett.*) **scoiaménto** [1960] s. m. • operazione dello scuoiare

scuoiàre o (*lett., raro*) **scoiàre**, **†squoiàre** [lat. tardo (ecclesiastico) *excoriāre* 'scorticare', comp. di *ĕx-* (*s-*) e di un denominale di *cŏrum* 'cuoio' ✱ sec. XIII] v. tr. (*io scuòio*, *lett. scòio*) • levare il cuoio, la pelle, ad animali uccisi o macellati: *s. un'anguilla, un coniglio*

scuoiatóre o (*lett.*) **scoiatóre** [1960] s. m. (f. *-trice*) • addetto allo scuoiamento, in macelleria o conceria

scuoiatùra o (*lett.*) **scoiatùra** [1960] s. f. • (*conceria*) operazione dello scuoiare

♦**scuòla** o (*lett., pop.*) **scòla** [lat. *schŏla(m)* 'scuola', dal gr. *scholḗ* 'tempo libero, occupazione studiosa', connesso con *échein* 'intrattenersi' ✱ sec. XII] **A** s. f. **1** istituzione che persegue finalità educative attraverso un programma di studi o di attività metodicamente ordinate | ***s. dell'infanzia*** (o ***s. materna***), quella per i bambini dai tre ai cinque anni | ***s. primaria*** (o ***s. elementare***), quella per i bambini dai sei (con possibile anticipo ai cinque anni e mezzo) agli undici anni | ***s. secondaria di primo grado*** (o ***s. media***), corso triennale tra la scuola primaria e la secondaria di secondo grado | ***s. dell'obbligo***, quella che ogni ragazzo, entro limiti d'età stabiliti dalla legge, è tenuto a frequentare, e che comprende la scuola primaria e la scuola secondaria | ***s. secondaria di secondo grado*** (o ***s. superiore***), i licei e gli istituti tecnici o professionali | ***s. verticale, verticalizzata***, quella comprensiva di scuola primaria e scuola secondaria inferiore | ***s. pubblica***, quella che dipende direttamente dallo Stato | ***s. pareggiata, parificata*** o ***paritaria***, gestita da un ente privato che rilascia titoli legalmente riconosciuti | ***s. privata***, denominazione gene-

a b c d e f g h i j k l m n o p q r **s** t u v w x y z

rica della scuola non pubblica, spec. quella gestita da un ente privato ma non abilitata a rilasciare titoli legali | ***s. mista***, quella frequentata da allievi di sesso sia maschile che femminile | ***s. serale***, quella frequentata da chi lavora durante il giorno | ***s. speciale***, quella che un tempo forniva educazione e istruzione ai bambini con handicap **2** insieme delle istituzioni scolastiche vigenti in un paese: *urge una riforma della s.*; *per molti la s. italiana è arretrata* **3** (**est.**) attività che ha per scopo l'insegnamento metodico di una disciplina, un'arte, un mestiere e sim.: *frequentare la s.*; *andare a s.*; *fare, tenere, s.*; *mettere qlcu. a s. da un insegnante*; *mettere qlcu. alla s. di un insegnante*; *compagno di s.*; *s. di taglio, di danza*; *s. per traduttori*; *s. di nuoto* | ***s. guida***, autoscuola e (**est.**) l'insegnamento della guida automobilistica | ***oggi non c'è s.***, è vacanza | periodo di tempo durante il quale ha luogo l'attività della scuola: *oggi ho tre ore di s.*; *dopo la s. andremo al cinema* **4** sede in cui si svolge l'attività scolastica: *accompagnare i bambini a s.*; *in città c'è scarsità di scuole*; *la s. è in via Castiglione* | (**est.**) edificio scolastico: *s. vecchia, nuova, moderna*; *non scrivete sui muri nuovi della s.*; *i bambini escono dalla s.* **5** complesso di insegnanti, alunni, e sim. facenti parte di una scuola: *tutta la s. è in festa*; *gita organizzata dalla s.* **6** (***fig.***) ammaestramento, pratica, esercizio: *crescere alla s. del dolore* | ammonimento, esempio: *questo ti serva di s.*; *sotto la s. della madre crescerà educato* **7** insieme di poeti, artisti, filosofi, scienziati e sim., che seguono e sviluppano il metodo e la dottrina di uno stesso maestro: *la s. del De Sanctis, del Bartoli* | insieme di poeti, artisti, filosofi, scienziati e sim. che seguono lo stesso indirizzo o metodo: *i poeti della s. siciliana*; *i medici della s. salernitana* | indirizzo seguito da un insieme di poeti, artisti, filosofi, scienziati e sim.: *la s. senese, fiorentina, hegeliana* | ***fare s.***, (***fig.***) costituire un modello: *non prevedevano che l'esempio avrebbe fatto s.* (R. Bacchelli) | ***s. di pensiero***, indirizzo filosofico o scientifico; (***est., spec. scherz.***) modo di pensare, opinione: *su come cuocere la pasta esistono diverse scuole di pensiero* **8** insieme dei discepoli di un grande maestro (***anche spreg.***): *un dipinto di s.*; *il quadro non è del maestro ma di s.* | (***spreg.***) ***si sente troppo la s., sa di s.***, e sim., di opera letteraria, artistica e sim., in cui l'originalità dell'autore non riesce a superare l'influsso dell'insegnamento **9** (***sport***) ***alta s.***, in equitazione, il complesso di esercizi o arie di alto grado di virtuosismo eseguiti da cavallo e cavaliere in perfetta e affinata sincronia | tecnica, addestramento, diretti a questo scopo **10** †associazione, corporazione: *s. dei gladiatori* | (spec. con iniziale maiuscola) a Venezia, nome di una confraternita e della relativa sede: *S. di San Giorgio*; *S. grande di San Rocco* ‖ **scuolàccia**, **pegg.** | **scuolétta**, **dim.** | **scuolìna**, **dim.** **B** **in funzione di agg. inv.** ● (posposto a un sost.) che ha lo scopo di istruire, ammaestrare e sim.: *cantiere s.* | (***mar.***) ***nave s.***, grande veliero impiegato per l'addestramento dei marinai, degli allievi ufficiali e sottufficiali della marina militare e mercantile; (***fig., scherz.***) donna che inizia un ragazzo alle prime esperienze sessuali | ***aereo s.***, a doppio comando per allievi piloti

Definizione d'autore

A **scuola** i ragazzi arrivano e portano il mondo. Capita che sia ingiusto, diseguale, troppo ricco e troppo povero. Chi ha più di quel che si può e chi non sa come cominciare. La **scuola** dà un posto a ciascuno e protegge da offese ulteriori: almeno nelle aule il buon vivere civile deve essere quotidiano, e visibile. È un andar controvento. Ma i ragazzi sanno che è bello andare controvento. È a **scuola** si trovano le parole per leggere l'ingiustizia, e riconoscere il talento, esercitare il possibile che ci appartiene. A volte a **scuola** i ragazzi non arrivano, e allora bisogna sconfinare sulle strade. Lo dice la Costituzione, la **scuola** è il luogo delle opportunità per tutti. O è niente.

Mariapia Veladiano

NOMENCLATURA

scuola

● *tipi di scuola*: pubblica (statale, provinciale, comunale, regionale) ⇔ privata (pareggiata, parificata, paritaria = legalmente riconosciuta, scuola sussidiata), inferiore ⇔ superiore, maschile ⇔ femminile, mista = promiscua; obbligatoria = dell'obbligo; diurna ⇔ serale, popolare, rurale ⇔ urbana, laica ⇔ confessionale, religiosa = ecclesiastica, parrocchiale; internazionale, europea; militare, carceraria; per corrispondenza, telescuola; a tempo pieno, modulare; scuola speciale, sperimentale, centocinquanta ore, tecnica, politecnica, normale; nido, scuola dell'infanzia = asilo d'infanzia = asilo infantile = scuola materna, scuola primaria = elementare, scuola secondaria = media, ginnasio, liceo (artistico, classico, delle scienze umane, economico, linguistico, musicale, scientifico, tecnologico) = scuola secondaria superiore = le superiori, istruzione o formazione professionale, istituto (magistrale = liceo delle scienze umane, d'arte, professionale, superiore di educazione fisica = ISEF, tecnico industriale, per geometri, per ragionieri, per segretarie d'azienda, per periti aziendali e corrispondenti in lingue estere, per il turismo, chimico, agrario, elettronico, elettrotecnico, odontotecnico, nautico, aeronautico), scuola d'arte, accademia di belle arti, accademia militare; conservatorio; scuola di lingue, scuola enologica, scuola alberghiera; corsi di specializzazione, università (popolare, della terza età), facoltà universitaria (scientifica, umanistica), seminario, politecnico, laurea breve, corsi parauniversitari, scuola di perfezionamento, corso di aggiornamento, master, stage, scuola di specializzazione, dottorato di ricerca;

● *attività scolastiche*: iscrizione, immatricolazione, numero chiuso, esame di ammissione, test psico-attitudinali, esame di idoneità, tasse di iscrizione, borsa di studio, anno scolastico, anno accademico, programma, programmazione didattica, trimestre, quadrimestre, semestre, orario, tempo prolungato, tempo pieno, modulo orario, monte ore, lectio brevis, intervallo = ricreazione, quarto d'ora accademico, corso (annuale, biennale), corso monografico, corso integrativo, corso di orientamento scolastico, prolusione, seminario, piano di studi, frequenza, frequenza obbligatoria, presenza, assenza (giustificata, ingiustificata), scrutinio, corso di recupero; lavoro di gruppo, lavoro interdisciplinare = interdisciplinarietà; insegnamento, materia = disciplina, lezione (lettura, spiegazione, pensierini, dettato, esercitazione), esercizi, studio, ripasso = ripetizione, riassunto, compito, problema, calcolo, soluzione, discussione, compito in classe - foglio protocollo, intestazione, brutta, bella copia -, tema - titolo, schema, svolgimento -, versione, traduzione, disegno, correzione, ricerca, esperimento, dubbio, domanda, apprendimento, verifica = interrogazione (dal posto, alla lavagna, orale, scritta, programmata), sessione di esami, appello, prova scritta, prova orale, colloquio, risultato, punteggio, voto, giudizio, sufficienza, insufficienza, condotta, richiamo, ammonizione, nota (sul diario, sul registro), sospensione, espulsione, riammissione, promozione, bocciatura; licenza elementare, licenza media, esame di maturità, diploma, tesi, relatore, correlatore, commissione esaminatrice, discussione, addottoramento, 110 e lode, dignità di stampa, esame di abilitazione, esame di Stato, di idoneità, di dottorato; assemblea, collettivo, attivo, regolamento scolastico, consiglio di classe, di interclasse, di istituto, rappresentante di classe (degli studenti, dei genitori), collegio dei docenti, incontri con i genitori = ricevimento parenti; autogestione, autonomia amministrativa, doposcuola, gita scolastica, titolo di studio, vacanze, compiti delle vacanze;

● *persone*: scolaro, alunno, studente, allievo, fuori corso, laureando, borsista, dottorando; maestro, insegnante, insegnante di sostegno, team, docente, professore (abilitato, di ruolo, supplente, titolare; di scuola media inferiore, superiore, universitario - associato, incaricato, libero docente, ordinario, fuori ruolo), cultore della materia; commissario d'esame, membro interno, presidente di commissione; direttore, direttore didattico, vicepreside, preside, direttore di dipartimento, rettore; ministro dell'Istruzione, dell'Università e della Ricerca, ispettore ministeriale; bidello, bibliotecario, segretario, tecnico, tecnico laureato;

● *azioni*: conseguire l'abilitazione all'insegnamento; insegnare, interrogare, tartassare, torchiare; giudicare = valutare, ammettere agli esami, promuovere, licenziare, diplomare, bocciare = respingere; adottare un libro di testo; dare ripetizioni; ascoltare, leggere, scrivere, capire, apprendere, imparare, imparare a memoria, recitare, calcolare, studiare, fare i compiti, essere impreparato, fare scena muta = non aprir bocca; frequentare, marinare = bigiare, chiacchierare, distrarsi, disturbare ⇔ stare attenti, seguire, prendere appunti; andare a ripetizione.

scuòlabus o **scuolabùs** [comp. di *scuola* e *-bus* ✱ 1966] **s. m. inv.** ● autobus per il trasporto degli scolari da casa a scuola e viceversa, gener. a cura di un'amministrazione comunale: *servizio di s.*

scuolaguìda [da *scuola* (*di*) *guida* ✱ 1946] **s. f.** (**pl.** *scuoleguìda*) ● scuola per l'insegnamento teorico e pratico della guida degli autoveicoli: *la s. si trova vicino alla piazza* **SIN.** autoscuola

♦**scuòtere** o (***lett.***) **scòtere**, †**escuòtere** [lat. parl. **exquŏtere*, falsa ricomposizione di *excŭtere*, comp. di *ĕx-* (*s-*) e *quătere* 'scuotere' ✱ 1268] **A** **v. tr.** (**pres.** *io scuòto*, **lett.** *scòto*; **pass. rem.** *io scòssi, tu scuotésti*, **lett.** *scotésti*; **part. pass.** *scòsso*) **1** agitare, sbattere con violenza facendo muovere in più direzioni: *il vento scuote gli alberi*; *il terremoto scuote la terra* | ***s. le coperte, i tappeti***, per togliere la polvere | ***s. il capo, la testa***, in segno di scontentezza, dubbio, o rifiuto | ***s. le spalle***, in segno di indifferenza | ***s. qlcu.***, scrollarlo con forza per svegliarlo; (**est.**) incoraggiarlo ad agire, e sim.: *s. qlcu. dal sonno, dal torpore, dall'inerzia* **2** (**est.**) cacciare fuori agitando, togliere (***anche fig.***): *s. la polvere* | (***lett.***) ***s. il giogo, la schiavitù***, e sim., liberarsene **3** (***fig.***) agitare, eccitare (***anche assol.***): *questo ronzio scuote i nervi*; *il traffico scuote* | turbare, commuovere (***anche assol.***): *le sue parole mi scossero*; *è una scena che scuote* **4** (***lett.***) disarcionare: *Il suo destriero / ... giù dall'arcion nell'onda / lo scosse* (A. Manzoni) **B** **scuòtersi** **v. tr. pron.** (**aus.** *essere*) ● rimuovere o far cadere qlco. dalla propria persona scrollandosi: *scuotendosi via di su gli occhi i capelli* (G. D'Annunzio); *scuotersi la polvere di dosso* **C** **scuòtersi** **v. intr. pron.** **1** scrollarsi, sobbalzare, con movimento repentino: *a quel fragore tutti si scossero* | ***scuotersi dal sonno***, svegliarsi bruscamente | ***scuotersi dal sonno, dal torpore, dal letargo*** e sim., (***fig.***) uscire da uno stato di inerzia, di abbattimento **2** (***fig.***) agitarsi, turbarsi, commuoversi: *all'annuncio si scosse*; *è un tipo che non si scuote mai*

SFUMATURE DI SIGNIFICATO

scuotere - scrollare - sbattere - sconquassare

Scuotere è agitare, far muovere qualcosa in più direzioni con grande energia o violenza. **Scrollare** ha lo stesso significato, ma si usa di preferenza in riferimento a parti del corpo. **Sbattere** si riferisce invece a una sostanza liquida, agitata per-

ché prenda consistenza o si amalgami con un'altra. Lo scuotere con tale violenza da rompere, danneggiare, rovinare si dice **sconquassare**.
SFUMATURE ➤ ***impressionare***, ➤ ***spigrire***

scuotiménto o **scotiménto** [av. 1363] **s. m. 1** lo scuotere | scossone, sobbalzo **2** (*fig., lett.*) forte turbamento

scuotipàglia [comp. di *scuotere* e *paglia* ✱ 1960] **s. m. inv.** ● organo della trebbiatrice che con moto alternativo consente alla paglia di fuoriuscire all'esterno separando nel contempo le granelle

scuotitóio o **scotitóio** [da *sc(u)otere* ✱ 1891] **s. m.** (**pl.** *-ói*) **1** macchina in cui un materiale viene sottoposto a scosse durante un processo di lavorazione **2** shaker

scuotitóre o **scotitóre** [av. 1557] **s. m.**; **anche agg. 1** (**f.** *-trice*) (*lett.*) chi (o che) scuote: *Nettuno scotitor de la Terra* (T. Tasso) **2** vibratore meccanico munito di un braccio metallico articolato, usato per la raccolta spec. di olive, noci e sim.

scuponàto [comp. parasintetico di *cupone* col pref. *s-* ✱ 1942] **agg.** ● (*banca*) detto di titolo di credito da cui sia stata staccata la cedola di interesse o il dividendo

scuponatùra [da *scuponato* ✱ 1942] **s. f.** ● (*banca*) l'atto dello staccare la cedola d'interesse o il dividendo da un titolo di credito

†**scùra** ➤ **scure**

†**scuràre** ➤ **oscurare**

scùre o †**scùra**, †**secùre** [lat. *secūre(m)*, con sincope della vocale protonica: vc. deriv. dalla radice indeur. **sek-* 'tagliare' (V. *secare*) ✱ av. 1294] **s. f.** ● utensile destinato all'abbattimento degli alberi e alla lavorazione del legname, costituito da una lama d'acciaio provvista di occhio in cui è inserito il manico di legno e da un tagliente più o meno arcuato, sullo stesso piano con l'asse del manico | ***s. d'arme***, azza | (*fig.*) netto taglio, drastica riduzione in campo economico o finanziario: *la s. del Governo sulla previdenza*

scurèggia e deriv. ➤ **scoreggia**① e deriv.

scurétto [dim. di *scuro*② ✱ 1855] **s. m.** ● scuro, spec. di piccola finestra

scurézza [da *scuro*① ✱ av. 1463] **s. f.** ● condizione, caratteristica di ciò che è scuro

scuriàta o †**scuriàda** [lat. parl. **excorrigiāta*, dal classico *corrĭgia* 'correggia' ✱ 1313] **s. f. 1** †sferza di cuoio, scudiscio **2** (*raro, lett.*) sferzata, scudisciata: *i cavalli, condotti a furia di speroni e di scuriate* (R. Bacchelli)

scurìccio [da *scuro*① ✱ 1858] **agg.** (**pl. m.** *-ci*; **pl. f.** *-ce*) ● di colore tendente allo scuro

scuriosàre ➤ **curiosare**

scurìre [da *scuro*① ✱ av. 1577] **A v. tr.** (*io scurìsco, tu scurìsci*) ● rendere scuro o più scuro: *l'aria scurisce i metalli* **B v. intr. impers.** (aus. *essere* o *avere*) ● annottare: *già scurisce* **C v. intr.** (aus. *essere*) e **scurìrsi v. intr. pron.** ● diventare scuro o più scuro: *i capelli biondi col tempo scuriscono; al sole la pelle scurisce* | (*fig.*) incupirsi, rabbuiarsi: *Si scurisce in viso e si acciglia* (G. D'Annunzio)

†**scurìscio** ➤ **scudiscio**

†**scurità** ➤ **oscurità**

♦**scùro**① [lat. *obscūru(m)* 'oscuro', prob. comp. di *ŏb-* 'davanti' e di un deriv. dalla radice indeur. **skū-* 'coprire' ✱ av. 1250] **A agg. 1** che è privo, parzialmente o completamente, di luce: *notte, stanza, prigione, scura* | ***tramontana scura, bora scura***, che soffia con cielo coperto, nuvoloso: «*... tramontana scura, mettiti in mare senza paura» diceva padron 'Ntoni* (G. Verga) | (*merid.*) ***colpo s.***, nelle sagre paesane, quello sparato senza figurazione luminosa per segnare, con il solo rumore, la fine di uno spettacolo di fuochi artificiali **CONTR.** luminoso **2** detto di colore, che non è chiaro, che ha toni cupi e spenti, che tende al nero: *abito s.; pelle scura; occhi scuri* **CFR.** melano- **CONTR.** chiaro **3** posposto a un agg. qualificativo dei colori, col quale costituisce una loc. inv., indica tonalità più cupa di quella espressa dall'agg. qualificativo: *verde, rosso, s.* **4** (*fig.*) fosco, turbato, torvo: *faccia scura; essere, farsi s. in volto, in viso* **5** (*fig.*) che è difficile a comprendersi, a intendersi: *linguaggio s.; parole scure* **CONTR.** chiaro **6** (*fig.*) triste, penoso: *tempi scuri* **7** (*fig., lett.*) ignoto, oscuro: *millecent'anni e più dispetta e scura / fino a costui si stette* (Dante *Par.* XI, 65-66) **8** (*ling.*) detto di vocale, posteriore ‖ †**scuraménte**, **avv.** oscuramente **B in funzione di avv.** ● (*fig., lett.*) in modo non chiaro: *parlare s.* **C s. m. 1** buio, oscurità: *lo s. del pozzo* | ***essere allo s. di qlco.***, (*fig.*) non esserne informato, ignorarla **2** colore scuro, tonalità scura: *essere vestito di s.; preferire lo s.; lo s. ti dona* **3** parte ombreggiata o tratteggiata di un'opera pittorica: *il chiaro e lo s. di un disegno*

scùro② [dal longob. *skūr* 'riparo contro la luce e il sole', della stessa orig. di *scuro*① ✱ 1640] **s. m.** ● ciascuna delle ante in legno completamente cieche, applicabili all'interno di finestre e porte per oscurare gli ambienti ‖ **scurétto**, **dim.** (V.)

scuròlo [deriv. dial. di *scuro* 'oscuro' ✱ av. 1750] **s. m.** ● tempietto annesso a una chiesa | cripta

†**scùrra** [vc. dotta, dal lat. *scŭrra(m)* 'buffone', prob. di orig. etrusca ✱ av. 1342] **s. m.** (**pl.** *-i*) ● buffone, giullare

♦**scurrìle** [vc. dotta, dal lat. *scurrīle(m)* 'buffonesco', da *scŭrra* 'buffone' ✱ av. 1529] **agg.** ● che manifesta o denota una comicità licenziosa, triviale e sguaiata: *aveva costui / di scurrili indigeste dicerie / pieno il cerèbro* (V. Monti) | (*est.*) triviale: *parole scurrili; gesto s.* **SIN.** salace, sboccato, sguaiato, volgare ‖ **scurrilménte**, **avv.** in maniera scurrile
SFUMATURE ➤ ***volgare***①

♦**scurrilità** [vc. dotta, dal lat. *scurrilitāte(m)* 'buffoneria', da *scurrīlis* 'buffonesco' ✱ sec. XIV] **s. f. inv.** ● condizione di chi (o di ciò che) è scurrile | gesto o espressione scurrile

♦**scùṣa** o †**escùṣa** [da *scusare* ✱ 1294] **s. f. 1** richiesta che ha lo scopo di ottenere il perdono altrui per una colpa o una mancanza commesse: *chiedere, domandare s.; presentare, fare, le proprie scuse a qlcu.* | ***chiedo s.***, formula di cortesia usata quando si interrompe qlcu. in ciò che sta facendo, dicendo e sim. **2** parole, argomenti, atti e sim. con cui ci si scusa: *s. buona, valida, magra, banale; parole, biglietto, lettera di s.* **3** argomento, motivazione, che, costituendo una giustificazione o una parziale discolpa dell'errore in cui si è caduti, ne attenua la gravità: *questa volta non hai scuse; il suo ritardo trova una s. nel traffico intenso; non ammetto le tue scuse; non si accettano scuse* **4** pretesto, falso motivo: *sono tutte scuse; ha sempre una s. pronta; prendere la s. di ...; è una s. bell'e buona; con la s. di uscire mi ha piantato in asso; tutte le scuse sono buone per non lavorare* ‖ **scuṣétta**, **dim.**

SFUMATURE DI SIGNIFICATO
scusa - giustificazione - discolpa
Una richiesta che ha lo scopo di ottenere il perdono altrui per una colpa o una mancanza commessa si definisce **scusa**. Se alla richiesta di scuse si accompagna una spiegazione credibile delle ragioni che sono all'origine della mancanza abbiamo **giustificazione**, che però identifica qualsiasi motivazione del proprio operare, anche non colpevole. Con **discolpa** invece ci si riferisce esclusivamente alla difesa da un'accusa o da un sospetto.

scuṣàbile o †**iscuṣàbile**, †**escuṣàbile** [dal lat. *excusābile(m)*, da *excusāre* 'scusare' ✱ av. 1342] **agg.** ● che si può scusare ‖ **scuṣabilménte**, **avv.** ‖ **scuṣabilità**, **s. f. inv.**

scuṣànte A part. pres. di *scusare*; anche **agg.** ● nei sign. del v. **B s. f.** ● motivo addotto a discolpa, circostanza attenuante: *cercare una s.; avere, non avere, scusanti; questo va detto a sua s.*
SFUMATURE ➤ ***attenuante***

†**scuṣànza** [da *scusare* ✱ av. 1306] **s. f.** ● (*raro*) scusa

♦**scuṣàre** o (*lett.*) †**iscuṣàre**, †**escuṣàre** [lat. *excusāre* 'scusare', comp. di *ĕx-* (*s-*) e di un denominale di *cāusa* 'causa' ✱ av. 1250] **A v. tr. 1** discolpare, scagionare una persona dall'errore che ha commesso o che le viene attribuito: *s. la negligenza di qlcu.; non è possibile scusarlo ancora; niente può s. il suo comportamento; non bisogna s. sempre i figli* **2** addurre a giustificazione, a discolpa: *certe cose si possono s. solo con la giovinezza; l'inesperienza lo scusa dell'accaduto* **3** perdonare, spec. in formule di cortesia (**anche assol.**): *scusi il ritardo; scusate l'ardire, la libertà; mi scusi il disturbo; scusa ma devo andare; scusi, dov'è via Veneto?; scusi, che ore sono?; scusi tanto; scusate il disturbo; scusate per la seccatura* | ***scusate se è poco!***, (**per antifrasi**) escl. che sottolinea qlco. di molto grande o di insolito: *ho camminato per dieci chilometri, e scusate se è poco!* **4** †risparmiare | evitare: *la dipinse volta di spalle, scusando il difetto con l'astuzia* (I. Sannazaro) **5** †esentare, liberare **6** †rifiutare, ricusare **B scuṣàrsi v. rifl.** ● difendersi, giustificarsi, chiedere scusa (**+ *di*, + *per***, **anche seguiti da inf.**, **+ *con***): *scusarsi dell'assenza, dell'equivoco, della dimenticanza; scusarsi di non essere intervenuto; ci scusiamo per l'errore commesso; mi scuso per non averti telefonato; scusarsi con un amico, con la signora; scusarsi presso il ministro; onde scusarsi se non usava riguardi* (G. Verga); *con l'aria di scusarsi che ... meglio di così non ha potuto alloggiarlo* (L. Pirandello) | **PROV.** ***chi si scusa si accusa***, chi si scusa senza esserne richiesto rivela la sua colpevolezza

scuṣàto part. pass. di *scusare*; anche **agg. 1** nei sign. del v. | giustificato, perdonato: *il suo ritardo è s.* **2** †***essere s. da qlco.***, esentato, dispensato | (*raro*) ***avere per s.***, scusare, assolvere da una colpa

scuṣatóre [vc. dotta, dal lat. tardo *excusatōre(m)* 'che scusa', da *excusātus* 'scusato' ✱ sec. XIV] **s. m.** (**f.** *-trice*) ● (*raro*) chi scusa

†**scuṣazióne** ➤ †**escusazione**

scùsso [lat. *excŭssu(m)*, part. pass. di *excŭtere* 'scuoter via' (V. *scuotere*) ✱ sec. XIV] **agg. 1** (*lett.*) privato di tutto, spogliato: *con le lunghissime mani, quasi scusse di carne* (L. Pirandello) **2** (*tosc.*) schietto, puro: *vino s.* | ***pane s.***, senza companatico

†**scutàto** ➤ **scudato**①

scutellària [vc. dotta, dal lat. *scutĕlla(m)* 'scodella'; detta così per la forma del calice ✱ 1838] **s. f.** ● pianta perenne delle Labiate spontanea nei luoghi umidi con fiori azzurro-violacei a corolla tubolare (*Scutellaria galericulata*)

scùter s. m. inv. ● adattamento di *scooter* (V.)

scuterìsta ➤ **scooterista**

scùtica [lat. *scŭtica(m)* 'sferza' (V. *scudiscio*) ✱ 1481] **s. f.** ● (*raro, lett.*) sferza, scudiscio

†**scutìscio** ➤ **scudiscio**

†**scùto** ➤ **scudo**①

scutrettolàre [da *cutrettola*, con *s-* ✱ 1872] **v. intr.** (*io scutréttolo* o *scutrèttolo*; aus. *avere*) ● (*raro*) dimenare la coda, detto di alcuni uccelli | (*est., disus.*) camminare ancheggiando, detto di persona **SIN.** sculettare

ṣdamàre [da *dama*, con *s-* ✱ 1872] **v. intr.** (**aus.** *avere*) ● nel gioco della dama, essere costretto a muovere una propria pedina dall'ultima fila

ṣdàrsi [da *dar(si)*, con *s-* ✱ 1612] **v. intr. pron.** (**coniug. come** *dare*) **1** (*tosc.*) non applicarsi più a un'attività, uno studio e sim.: *s. dal lavoro* | (*est.*) avvilirsi, abbattersi: *alla prima difficoltà si sdava* **2** (*raro*) profondersi, effondersi: *s. in ringraziamenti*

ṣdàto **part. pass.** di *sdarsi*; **anche agg.** **1** nei sign. del v. **2** (*fam., gerg.*) banale, scontato, troppo visto

ṣdaziàbile [1940] **agg.** ● che si può sdaziare

ṣdaziaménto [1891] **s. m.** ● operazione dello sdaziare

ṣdaziàre [da *dazio*, con *s-* ✱ 1841] **v. tr.** (*io ṣdàzio*) ● liberare una merce dal dazio di cui è gravata attraverso il pagamento del dazio stesso

ṣdebitàre [da *debito*, con *s-* ✱ 1319] **A** **v. tr.** (*io ṣdébito*) ● rendere libero dai debiti **B** **ṣdebitàrsi** **v. rifl.** ● rendersi libero dai debiti | (*fig.*) disobbligarsi (+ *di*, + *per*): *sdebitarsi con qlcu. di qlco.*; *sento di dovere sdebitarmi con lui per l'aiuto che mi ha dato*

†**ṣdébito** [da *sdebitare* ✱ 1464] **s. m.** ● pagamento di un debito

†**ṣdegnaménto** [da *sdegnare* ✱ av. 1698] **s. m.** **1** (*raro*) sdegno **2** nausea: *s. di stomaco*

♦**ṣdegnàre** [lat. parl. *disdignāre 'sdegnare', comp. di *dĭs-* (*s-*) e *dignāre* 'stimar degno' (V. *disdegnare*) ✱ av. 1250] **A** **v. tr.** (*io ṣdégno*; **coniug. come** *segnare*) **1** avere in dispregio, aborrire, respingere qlcu. o qlco. ritenendolo indegno: *s. la viltà, la malafede*; *non s. di rispondere, di chiedere*; *s. gli amici interessati*; *sdegnereste dunque l'offerta di un cavaliere?* (C. GOLDONI) **2** provocare sdegno, risentimento, irritazione: *la sua risposta mi ha sdegnato* **3** †sconvolgere causando nausea: *s. lo stomaco* **B** **v. intr.** † e **ṣdegnàrsi** **v. intr. pron.** **1** adirarsi, indignarsi, irritarsi: *sdegnarsi con, contro, qlcu.* **2** (*tosc.*) non voler mangiare o adempiere altre normali funzioni, detto di animali: *la gatta si è sdegnata e non allatta più i gattini*

♣**ṣdegnàto** **part. pass.** di *sdegnare*; **anche agg.** **1** nei sign. del v. **2** indignato, adirato, preso da sdegno: *essere s. verso, contro, qlcu.*; *voce sdegnata* **3** †infiammato, irritato, detto di una parte del corpo ‖ **ṣdegnataménte**, **avv.**

♦**ṣdégno** [da *sdegnare* ✱ 1312] **s. m.** **1** sentimento di riprovazione, indignazione, ira e sim. provocato da chi o da ciò che sembra indegno, intollerabile: *provare, sentire, nutrire, s.*; *s. nobile, santo, giusto*; *trattenere lo s.*; *non poter nascondere lo s.*; *muovere a s.*; *muovere lo s.*; *parole, gesto, di s.* **2** (*lett.*) disprezzo, disdegno: *atteggiamento di s.* | ***avere, tenere, a s. qlcu. o qlco.***, disprezzare **3** †disaccordo, lite: *Ne nacque assai sdegni intra gli amici di Messer Giovanni* (N. MACHIAVELLI) **4** †disturbo digestivo, nausea: *s. di stomaco*

SFUMATURE DI SIGNIFICATO

sdegno - ira
Si chiama **sdegno** un sentimento di riprovazione o indignazione provocato da ciò che sembra indegno, intollerabile. Uno *sdegno* profondo e incontrollabile, che non si riesce a reprimere e che anzi trova manifestazione in forme violente di aggressività verbale o fisica si definisce invece **ira**.
SFUMATURE ➤ ***rabbia***.

sdegno - corruccio - risentimento
Sdegno è un sentimento di viva riprovazione, di disprezzo provocato da chi o da ciò che sembra intollerabile, in genere perché moralmente riprovevole. Per indicare uno sdegno misto a dolore e delusione si adopera invece **corruccio**. **Risentimento** è una reazione di animosità e ostilità verso qualcuno che si ritiene responsabile di un'offesa o un torto subiti; si differenzia da *sdegno* perché non implica una valutazione morale, e da *corruccio* perché esprime una reazione attiva all'offesa.

ṣdegnosàggine (o **-oṣà-**) [av. 1698] **s. f.** ● (*raro*) sdegnosità (*spec. spreg.*)

♣**ṣdegnóso** (o **-ṣo**) [da *sdegnare* ✱ sec. XIII] **agg.** **1** che sente e dimostra sdegno per tutto quanto sembra in contrasto coi propri gusti, coi propri principi, e sim.: *essere s. di viltà, di menzogna* | che esprime sdegno: *sguardo, rifiuto, s.* **2** disdegnoso, altero, sprezzante: *è sempre s. con tutti*; *ha s. il cor quella superba* (M.M. BOIARDO) ‖ **ṣdegnosétto**, **dim.** ‖ **ṣdegnosaménte**, **avv.** in modo sdegnoso, altero ‖ **ṣdegnosità**, **s. f. inv.** caratteristica di chi è sdegnoso **SIN.** alterigia, sussiego

ṣdemanializẓàre [da *demanializzare* col pref. *s-* neg. ✱ 1985] **v. tr.** ● rendere un bene non più demaniale ‖ **ṣdemanializẓazióne**, **s. f.**

ṣdentàre [da *dente*, con *s-* ✱ 1772] **A** **v. tr.** (*io ṣdènto*) ● rompere uno o più denti, spec. a una macchina, un congegno, e sim.: *s. la sega, la ruota* **B** **ṣdentàrsi** **v. intr. pron.** ● rompersi, perdere, i denti: *la sega si è sdentata*; *così giovane si è già sdentato*

ṣdentàto [da *dentato*, con *s-* ✱ 1364] **A** **agg. e s. m.** (**f.** *-a*) ● che (o chi) non ha denti, che (o chi) ha perso i denti: *pettine s.*; *vecchio s.* ‖ **ṣdentatèllo**, **dim.** **B** **Ṣdentàti** **s. m. pl.** ● (*zool.*) ordine di Mammiferi privi di denti o con denti tutti uguali e senza smalto **SIN.** Maldentati

ṣderenàre o **ṣdirenàre** [dal lat. parl. *derenare con *s-* (cfr. †direnare) ✱ av. 1722] **A** **v. tr.** (*io ṣderéno*) ● (*raro o centr.*) rompere le reni per eccessiva fatica, sfiancare, stremare **B** **ṣderenàrsi** **v. intr. pron.** ● (*centr.*) affaticarsi eccessivamente

ṣderenàto o **ṣdirenàto** [1955] **part. pass.** di *sderenare*; **anche agg.** ● (*centr.*) sfiancato, stremato, malconcio | debole, stentato: *oleandretti sderenati lungo il ciglione* (P.P. PASOLINI)

ṣdiacciàre [da *diaccio*①, con *s-* ✱ av. 1779] **A** **v. tr.** (**pres.** *io ṣdiàccio*; **fut.** *io ṣdiaccerò*) ● (*tosc.*) riscaldare un poco ciò che è freddo, gelato **B** **v. intr.** (**aus.** *essere* o *avere*) ● diventare meno freddo: *l'aria, l'acqua è sdiacciata*

†**ṣdicévole** [variante di *disdicevole*, con *s-* al posto di *dis-*① ✱ 1354] **agg.** ● disdicevole | sproporzionato

ṣdifferenziaménto [da *differenziamento*, col pref. *s-* ✱ 1960] **s. m.** ● (*biol.*) in un tessuto animale o vegetale, in un organo o in un suo frammento, perdita totale o parziale, da parte di una o più cellule, delle caratteristiche specifiche realizzate col differenziamento

ṣdigiunàrsi [da *digiunare*, con *s-* ✱ av. 1712] **v. intr. pron.** ● (*raro*) rompere il digiuno | fare la prima colazione | (*est.*) sfamarsi: *spesso ... si sdigiunava con due soldi di pane secco, bagnato nell'acqua* (M. SERAO)

†**ṣdilacciàre** ➤ **dislacciare**

†**ṣdilegàre** ➤ **dislegare**

ṣdilinquiménto [1618] **s. m.** ● lo sdilinquirsi | svenevolezza, smanceria

ṣdilinquìre [dal lat. *delĭnquere* 'mancare', con cambio di coniug. e *s-* (V. *deliquio*①) ✱ 1555] **A** **v. tr.** (*io ṣdilinquìsco, tu ṣdilinquìsci*) ● (*raro*) rendere fiacco **B** **v. intr.** (*lett.*; **aus.** *essere*) e **ṣdilinquìrsi** **v. intr. pron.** **1** venir meno, andare in deliquio: *sdilinquirsi dalla fame* **2** (*fig., lett.*) essere svenevole, smanceroso | (*fig.*) intenerirsi, bearsi, gongolare: *per una parola dolce si sdilinquisce subito*

†**ṣdimenticàre** e deriv. ➤ **dimenticare** e deriv.

†**ṣdiméttere** ➤ **dismettere**

ṣdipanàre [da *dipanare*, con *s-* ✱ 1872] **A** **v. tr.** ● disfare un gomitolo o sim. dipanato | (*fig.*) sbrogliare, risolvere: *s. una faccenda intricata* **B** **ṣdipanàrsi** **v. intr. pron.** ● aprirsi, distendersi | (*fig.*) presentarsi, svilupparsi: *la sua esistenza si sdipanò davanti ai suoi occhi* (V. PRATOLINI)

†**ṣdìre** [variante di *disdire*, con *s-* al posto di *dis-*① ✱ av. 1294] **v. tr.** ● disdire, ritrattare, ciò che si era detto

ṣdirenàre ➤ **sderenare**

ṣdiricciàre [da †*dirricciare*, con *s-* ✱ 1559] **v. tr.** (**pres.** *io ṣdirìccio*; **fut.** *io ṣdiriccerò*) ● togliere le castagne dal riccio

ṣdiricciatùra [1960] **s. f.** ● operazione dello sdiricciare | epoca in cui si sdiricciano le castagne

ṣdoganaménto [1891] **s. m.** ● operazione dello sdoganare | (*fig.*) legittimazione

ṣdoganàre [da *dogana*, con *s-* ✱ 1735] **v. tr.** **1** svincolare la merce trattenuta in dogana pagandone i relativi diritti doganali **2** rendere accettabili e legittimi una persona, un'organizzazione, un concetto e sim. precedentemente oggetti di veto o pregiudizio: *s. un personaggio, un partito politico, una teoria* **SIN.** legittimare

ṣdoganatóre [1886] **agg. e s. m.** (**f.** *-trice*) **1** che (o chi) è addetto alle procedure di sdoganamento **2** (*fig.*) che (o chi) rende legittimo, accettabile qlcu. o qlco.

ṣdogàre [da *doga*, con *s-* ✱ 1838] **A** **v. tr.** (*io ṣdógo* (o *-ò-*), *tu ṣdóghi* (o *-ò-*)) ● togliere le doghe: *s. una botte* **B** **ṣdogàrsi** **v. intr. pron.** ● scommettersi, detto delle doghe

†**ṣdogliàrsi** [da *doglia*, con *s-* ✱ sec. XIV] **v. intr. pron.** ● guarire, cessare di soffrire

ṣdolcinatézza [1872] **s. f.** ● condizione di chi (o di ciò che) è sdolcinato | atto, discorso e sim. sdolcinato

♣**ṣdolcinàto** [da *dolcino*, dim. di *dolce*, con *s-* ✱ av. 1597] **agg.** **1** (*raro*) che è troppo dolce al gusto: *crema sdolcinata* **2** (*fig.*) svenevole, stucchevole: *maniere sdolcinate*; *certi sdolcinati versi del Settecento* ‖ **ṣdolcinataménte**, **avv.** in modo sdolcinato, languido, svenevole

ṣdolcinatùra [1838] **s. f.** ● atto, discorso o comportamento sdolcinato

ṣdolenzìre [calco su *indolenzire*, con *s-* ✱ av. 1597] **A** **v. tr.** (*io ṣdolenzìsco, tu ṣdolenzìsci*) ● (*raro*) togliere, mitigare, l'indolenzimento **B** **ṣdolenzìrsi** **v. intr. pron.** ● diventare meno indolenzito

†**ṣdolére** [da *dolere*, con *s-* ✱ sec. XIV] **v. intr.** ● smettere di dolere, non far più male

ṣdondolàre e deriv. ➤ **dondolare** e deriv.

†**ṣdonnàrsi** [da †*donno*, con *s-* ✱ 1342] **v. intr. pron.** ● (*raro*) sottrarsi a un potere

†**ṣdonneàre** [da †*donneare*, con *s-* neg.-sottratt. ✱ 1292] **v. intr.** ● smettere di conversare con una donna

ṣdoppiaménto [da *sdoppiare*② ✱ 1865] **s. m.** **1** lo sdoppiare, lo sdoppiarsi | ***s. di un composto***, in chimica, scissione in due altri **2** (*psicol.*) ***s. della personalità***, dissociazione della personalità nella schizofrenia; anche sensazione provata da alcuni individui, spec. sonnambuli o isterici, di avere o aver avuto, accanto alla propria, un'altra esistenza

ṣdoppiàre① [da *doppiare*, con *s-* intens. ✱ av. 1563] **v. tr.** (*io ṣdóppio*) ● rendere semplice ciò che è doppio

ṣdoppiàre② [da *doppiare*, con *s-* neg.-sottrattivo ✻ 1869] **A** **v. tr.** (*io ṣdóppio*) ● scindere in due parti: *s. un reggimento* **B** **ṣdoppiàrsi** **v. intr. pron. 1** dividersi in due: *la fila si è sdoppiata* **2** (*psicol.*) essere affetto da sdoppiamento della personalità

ṣdoràre [da *dorare*, con *s-* ✻ av. 1537] **A** **v. tr.** (*io ṣdòro*) ● †privare della doratura **B** **ṣdoràrsi** **v. intr. pron.** ● (*raro*) perdere la doratura

†**ṣdormentàre** [calco su *addormentare*, con *s-* ✻ sec. XIV] **A** **v. tr. 1** svegliare, destare **2** (*fig.*) incitare, stimolare **B** †**ṣdormentàrsi** **v. intr. pron.** ● svegliarsi, destarsi

ṣdossàre [calco su *indossare*, con cambio di pref. (*s-*) ✻ av. 1556] **A** **v. tr.** (*io ṣdòsso*) ● †togliere di dosso **B** †**ṣdossàrsi** **v. tr. pron.** ● levarsi di dosso: *a gran ventura si recò di sdossarsi quel carico* (D. BARTOLI) **C** **ṣdossàrsi** **v. intr. pron. 1** †liberarsi di qlco. (*anche fig.*): *sdossarsi di un peso* **2** (*mar.*, *raro*) allontanarsi dalla costa, dagli scogli

ṣdótto ➤ **sdutto**

†**ṣdottoràre**① [da *dottore*, con *s-* sottrattivo ✻ av. 1543] **v. tr.** ● privare del titolo o della dignità di dottore

ṣdottoràre② [da *dottore*, con *s-* durativo-intens. ✻ 1840] **v. intr.** (*io ṣdottóro*; **aus.** *avere*) ● (*raro*) sdottoreggiare

ṣdottoreggiàre [da *sdottorare*②, con suff. iter. intens. ✻ 1833] **v. intr.** (**pres.** *io ṣdottoréggio*; **fut.** *io ṣdottoreggerò*; **aus.** *avere*) ● parlare in tono saputo, saccente od ostentando la propria cultura

ṣdràia [da *sdraiare* ✻ 1940] **s. f.** ● (*raro*) sdraio

♦**ṣdraiàre** [lat. parl. **exderadiāre*, da *rădius* 'raggio', con doppio pref. *ĕx-dē-*: 'disporre le membra a raggio' ✻ 1618] **A** **v. tr.** (*io ṣdràio*) ● mettere a giacere: *s. un bambino sul letto* **B** **ṣdraiàrsi** **v. rifl. 1** mettersi a giacere, stendersi: *sdraiarsi sull'erba* **2** (*fig.*) esprimere un consenso incondizionato, appiattirsi: *sdraiarsi sulle proposte del governo*

ṣdraiàta [av. 1735] **s. f.** ● (*raro*) atto dello sdraiarsi

♦**ṣdraiàto** **part. pass.** di *sdraiare*; **anche agg. 1** disteso, coricato **2** detto di organo vegetale che si sviluppa adagiato sul terreno

ṣdràio [da *sdraiare* ✻ 1716] **A** **s. m.** ● (*raro*) posizione di chi è sdraiato, disteso, spec. nella loc. avv. ***a s.***, sdraiato: *mettersi, stare, a s.* | ***sedia a s.***, sedia sulla quale ci si può sdraiare, costituita da un telaio regolabile cui è fissata una robusta tela **B** **s. f. inv.** ● sedia a sdraio ‖ **ṣdraiétta**, **dim.** | **ṣdraiétto**, **dim. m.**

ṣdraióni o (*raro*) **ṣdraióne** [da *sdraiare* ✻ av. 1388] **avv.** ● (*raro*) nella posizione di chi sta sdraiato: *buttarsi s. sul letto*

ṣdrammatiẓẓàre [da *drammatizzare*, con *s-* ✻ 1959] **v. tr.** ● togliere carattere drammatico a un avvenimento, un racconto o una notizia (*anche assol.*) ‖ **ṣdrammatiẓẓazióne**, **s. f.**

ṣdrogàrsi [da *drogarsi* col pref. *s-* neg. ✻ 1980] **v. rifl.** (*io mi ṣdrògo, tu ti ṣdròghi*) ● (*raro*) liberarsi dalla tossicodipendenza

ṣdrucciolaménto [1657] **s. m.** ● (*raro*) lo sdrucciolare (*anche fig.*)

ṣdrucciolàre o †**drusciolàre** [lat. parl. **exderoteolāre* 'rotolar giù' comp. di un denominale iter. di **rŏteus*, agg. da *rŏta* 'ruota', con doppio pref. *ĕx-dē-* (V. *ruzzolare*) ✻ av. 1400] **v. intr.** (*io ṣdrùcciolo*; **aus.** *essere* o **raro** *avere* **nei sign.** 1 e 2, *essere* **nel sign.** 3) **1** scivolare su una superficie liscia o su qlco. che non offre appiglio: *è sdrucciolato sulla cera* | cadere in seguito a una scivolata: *è sdrucciolato giù per la china*; *s. dalle scale* **2** (*raro*) pattinare: *s. sul ghiaccio* **3** (*fig.*, *raro*) incorrere, incappare, in qlco. di sconveniente: *s. in un argomento scabroso*; *s. a parlare male di qlcu.* | (*fig.*, *raro*) sorvolare, passare oltre: *s. su un argomento delicato*

ṣdrucciolévole [da *sdrucciolare* ✻ 1481] **agg.** ● su cui si sdrucciola facilmente (*anche fig.*): *terreno, strada s.*; *discorso s.* | (*fig.*, *lett.*) licenzioso: *La conversazione ... prese una piega s.* (G. D'ANNUNZIO) **SIN.** scivoloso ‖ **ṣdrucciolevolménte**, **avv.**

ṣdrucciolevolézza [1960] **s. f.** ● caratteristica di ciò che è sdrucciolevole: *la s. del fondo stradale* **SIN.** scivolosità

ṣdrucciolìo [1872] **s. m.** (**pl.** *-ii*) ● lo sdrucciolare continuo

ṣdrùcciolo① [da *sdrucciolare* ✻ av. 1503] **A** **agg.** ● che ha l'accento sulla terzultima sillaba: *parola sdrucciola* | ***verso s.***, che finisce con parola sdrucciola, e ha una sillaba di più rispetto alla misura normale | ***endecasillabo s.***, usato nel sec. XVI in luogo del trimetro giambico latino | ***ottave sdrucciole***, composte di versi sdruccioli | ***rime a s.***, sdrucciole **B** **s. m.** ● verso sdrucciolo (V. nota d'uso ACCENTO)

ṣdrùcciolo② o †**drùsciolo** [da *sdrucciolare* ✻ 1354] **s. m. 1** (*raro*) scivolone: *fare uno s.*; *un brutto s.* **2** pendenza, inclinazione del terreno: *su e su per tutti quei vicoli a s.* (L. PIRANDELLO) | china, pendio: *avanzavano su per uno s.* | (*tosc.*) viuzza in pendenza ‖ **ṣdrucciolóne**, **accr.** (V.)

ṣdrucciolóne [av. 1704] **s. m. 1** accr. di *sdrucciolo*② nel sign. 1 **2** caduta fatta sdrucciolando: *fare, prendere, uno s.*; *fare gli sdruccioloni sul ghiaccio*

ṣdruccioióni [da *sdrucciolare* ✻ av. 1704] **avv.** ● sdrucciolando: *scendere s. per una china*

ṣdrucciolóso (o **-ṣo**) [da *sdrucciolare* ✻ 1525] **agg.** ● sdrucciolevole ‖ **ṣdrucciolosaménte**, **avv.**

ṣdrùcio [1618] **s. m. 1** (*tosc.*) sdrucitura | punto sdrucito | (*est.*) strappo, buco: *farsi uno s. nella camicia* **2** (*est.*, *fam.*) ferita, lacerazione

ṣdrucìre o (*lett.*) **ṣdruscìre** [lat. parl. **exderesūere*, comp. di *resūere* 'scucire', con doppio pref. *ĕx-dē-* e cambio di coniug. (V. *cucire*) ✻ 1313] **A** **v. tr.** (*io ṣdrucìsco* o *ṣdrùcio*, *tu ṣdrucìsci* o *ṣdrùci*) **1** scucire strappando **2** (*est.*) lacerare, stracciare: *s. un panno* | anche in forma pron.: *si sdrucì la camicia*; *inginocchiato dinanzi allo zio ... si sdruscìva miseramente i calzoni sul pavimento di cotto* (I. NIEVO) | (*fig.*) fendere, tagliare: *s. il ventre, la pelle* **B** **v. intr.** ● †fendersi, aprirsi **C** **ṣdrucìrsi** **v. intr. pron.** ● lacerarsi, strapparsi

ṣdrucìto o (*lett.*) **ṣdruscìto** **A** **part. pass.** di *sdrucire*; **anche agg.** ● scucito, strappato | (*est.*) logoro | †che si è sfasciato: *per fiera tempesta la nostra nave, sdruscita* (G. BOCCACCIO) **B** **s. m.** ● †punto sdrucito, taglio, spaccatura

ṣdrucitùra [av. 1685] **s. f.** ● scucitura | strappo, squarcio

ṣdrumàre [dal friul. *sdrumà*, dal lat. tardo **exderamāre*, der. di *rāmus* 'ramo'; propr. 'scuotere i rami' ✻ 1943] **A** **v. tr. 1** nel gergo aviatorio di un tempo, colpire, bombardare, distruggere **2** (*est.*) nel linguaggio giovanile, rovinare, conciare male, rompere e sim. | picchiare, ferire **B** **v. intr.** (**aus.** *avere*) ● spec. nel gergo del ciclismo, arrancare: *s. per montagne e valli* **C** **ṣdrumàrsi** **v. tr. pron. e rifl.** ● (*sett.*) sfregarsi: *La cagna venne a sdrumarsi contro le gambe di Johnny* (B. FENOGLIO)

ṣdrusciàre ➤ **strusciare**

ṣdruscìre e deriv. ➤ **sdrucire** e deriv.

ṣdurìre [calco su *indurire*, con cambio di pref. (*s-*) ✻ 1891] **A** **v. tr.** (*io ṣdurìsco, tu ṣdurìsci*) ● (*raro*) privare della durezza | rendere meno duro **B** **ṣdurìrsi** **v. intr. pron.** ● (*raro*) perdere la durezza

ṣdùtto o (*raro*) **ṣdótto** [lat. parl. **exdūctu(m)*, part. pass. di *e(x)dūcere* 'tirare (*dūcere*) via (*ĕx*)' ✻ av. 1541] **agg.** ● (*lett.* o *tosc.*) sottile, magro, esile | (*raro*) logoro | detto di pianta, che non cresce bene: *piante sdutte*

†**se**① /se*/ [lat. *sīc* 'così', di orig. indeur., con sovrapposizione di *se*② ✻ 1313] **cong.** ● (*lett.*) così, voglia il cielo che (introduce una prop. condiz. con valore deprecativo, o un'incisiva con valore augurale od ottativo, con il v. spec. al congtv.): *cotal m'apparve, s'io ancor lo veggia, / un lume per lo mar venir sì ratto* (DANTE *Purg.* II, 16-17); *E se tu mai nel dolce mondo regge* (DANTE *Inf.* X, 82); *deh, se Iddio ti dea buona ventura, ... diccelo come tu le guadagnasti* (G. BOCCACCIO)

♦**se**② /se*/ o (*poet.*) †**sed** /sed/ [lat. tardo *sē(d)*, incrocio del classico *sī* 'se', di orig. indeur., con *quĭd* 'che cosa' ✻ sec. XII] **A** **cong.** (**si può elidere davanti a parola che cominci per vocale:** *s'Africa pianse, Italia non ne rise* (F. PETRARCA)) **1** posto che, nel caso che, nell'eventualità che (in un periodo ipotetico, introduce la prop. condiz. subordinata (protasi), con il v. all'indic. o al congtv.): *se tu lo desideri, lo faremo*; *resta pure, se preferisci*; *se è possibile, fate meno rumore*; *se stesse in me, farei diversamente*; *se fossi partito prima, non avresti avuto queste difficoltà*; *e se non piangi, di che pianger suoli?* (DANTE *Inf.* XXXIII, 42) | con valore rafforz. seguito da avv. o loc. avv.: *se poi vi stancaste, potrete ritornare subito a casa*; *se per caso lo incontri, salutamelo* | ***se no***, V. sennò | ***se mai***, qualora (*anche ellitt.*): *se mai arrivasse, chiamami*; *se mai fatemi sapere qlco.*; V. anche *semmai* | (*fam.*, *enfat.*) con la proposizione principale (apodosi) sottintesa in frasi escl. o interr. retoriche, per esprimere desiderio, rammarico, meraviglia, minaccia e sim.: *se voi sapeste!*; *se vedeste com'è bello!*; *ma se tutti lo sanno!*; *se gliel'avessi detto!*; *ma se l'ho visto con i miei occhi!*; *se succede un'altra volta! ...*; *se ti prendo! ...*; *se almeno potessi uscire!*; *se lo avessi saputo!*; *se potessi vederlo!* **2** (*enfat.*) nel caso che, qualora (introduce una prop. incidentale con valore attenuativo, deprecativo, di modestia, di cortesia e sim. con il v. all'indic. o al congtv.): *che io non possa più muovermi di qui se non è vero!*; *non lo venderei neanche se lo pagassero a peso d'oro*; *non lo perdono neanche se mi prega in ginocchio*; *domani, se non sbaglio, è la vostra festa*; *se ben ricordo, c'eri anche tu*; *voi, se ho ben capito, mi aiutereste*; *così è, se vi pare* | ***se Dio vuole***, finalmente: *se Dio vuole ce l'ho fatta!* | ***se non altro***, (*ellitt.*) almeno: *se non altro, ho avuto soddisfazione* **3** nella loc. cong. ***se non***, eccetto, tranne che (introduce una prop. eccettuativa implicita con il v. all'inf.): *non puoi fare altro se non ubbidire*; *liberi non sarem se non siamo uni* (A. MANZONI) | (*ellitt.*) soltanto (in espressioni negative): *non ho parlato se non con lui*; *non ho telefonato se non perché temevo di disturbare* **4** poiché, dato che, dal momento che (introduce una prop. causale con il v. all'indic.): *se ti hanno detto così, non c'è più niente da fare*; *se sei stato tu, perché non l'hai detto?* **5** quand'anche, ammesso che (introduce spec. rafforzato da altre cong., una prop. condiz. con valore concessivo, con il v. al congtv.): *se anche lo volessi, non potrei più modificare nulla*; *non lo prenderei neanche se me lo regalasse* **6** nella loc. cong. ***come se***, quasi, nella maniera di (introduce una prop. compar. ipotetica con il v. al congtv.):

agisce come se fosse lui il padrone; se l'è presa con me come se la colpa fosse mia; fai come se niente fosse | (**enfat.**) con la prop. principale sottintesa in espressioni escl. per esprimere rammarico, sdegno e sim.: *come se non lo conoscessimo bene!; come se fosse facile parlargli!* **7** introduce una prop. dubitativa o interr. indiretta, semplice o disgiuntiva, con il v. all'indic., al congtv., al condiz. o all'inf.: *guarda in libreria se è arrivato il libro che ho ordinato; vedrò se sia il caso di aiutarlo o se invece sia meglio che si arrangi; non so se sarei capace di mentire; non so se prendere l'aereo* | (**colloq.**) con ellissi del v. o (**enfat.**) della prop. reggente: *chiedigli se al mattino o al pomeriggio; se sono stanco? certo che lo sono!; se accetto? con tutto il cuore!* | in prop. escl., con valore affermativo; per es. in: *'Lo conoscete voi Brighella?' ... 'Oh, se lo conosco!'* (C. GOLDONI) **8** come, quanto (introduce una prop. dubitativa con valore modale con il v. all'indic. o al congtv.): *tu sai se mi è dispiaciuto farlo; vedi se ce ne vogliono di soldi!; puoi immaginare se io ci sia rimasto male!* **9** con valore concessivo e, talvolta, temporale o avversativo in espressioni del tipo: *se la nevicata ha creato disagi in città, non minori sono stati i danni nelle campagne; se finora avevo dei dubbi sulla sua sincerità, ormai sono certo che aveva mentito; credo a quanto dice, se pure è vero* **B** **in funzione di s. m. inv.** **1** condizione: *è tutto a posto, c'è solo un ultimo se; sono disposto a esaudire la tua richiesta, ma c'è un se!* **2** esitazione, incertezza, condizione: *con tutti i suoi se non conclude nulla; tu sei l'uomo dei se e dei ma* | ***senza se e senza ma*** o ***senza se e ma***, V. *senza* (V. nota d'uso ACCENTO)

♦**se**③ /se/ [lat. *sē* 'sé' di orig. indeur. ✱ sec. XIII] **pron. pers. atono m. e f. di terza pers. sing. e pl. (forma che il pron.** *si* **assume davanti ai pron. atoni** *la, le, li, lo* **e alla particella** *ne*, **sia proclitici, sia enclitici nelle forme** *-selo, -sele*, **ecc., e** *-sene*; **talora, nell'uso lett.,** *lo* **e** *ne* **proclitici si troncano e si uniscono a** *se* **dando luogo alle forme** *sel* **e** *sen*) **1** si (come compl. di termine, e nella coniug. dei v. pron. e rifl., sia enclitico, sia proclitico): *se lo vide davanti; se lo sono proposto come un dovere; cercò di procurarsela; non tardò a vergognarsene; se ne riconosce colpevole; rompeva, di tanto in tanto ... un pezzo di pane e sel* ('se lo') *recava alla bocca* (C. DOSSI); *di lui nacqui, ed ei sen* ('se ne') *vanta* (I. PINDEMONTE) | (**lett.**) ***se gli*** (seguito da un verbo), gli si: *mentre quegli girava la chiave nella toppa, se gli accostò* (A. MANZONI) | (**pleonast.**) con valore rafforz.: *se lo bevve tutto; se l'è vista brutta; conviene darsela a gambe; lo vidi andarsene; Correndo sen* ('se ne') *portavan caricate / le some* (G. BOCCACCIO) **2** †si (nelle forme rifl. e intr. pron., in posizione enclitica, senza essere seguito da altre particelle pron.): *vostra vista in lui non po' fermarse* (F. PETRARCA)

♦**sé** /se*/ [lat. *sē* 'sé', di orig. indeur. ✱ 1196] **A** **pron. pers. m. e f. di terza pers. sing. e pl.** **1** indica, con valore rifl., le persone e (**fam.**), anche gli animali e le cose cui si riferisce il soggetto stesso e si usa al posto di 'lui', 'lei', 'loro' nei vari compl. quando non vi sia reciprocità d'azione: *parlare di sé; non sono soddisfatte di sé; pensano solo a sé; lo ha tirato a sé con troppa forza; porta sempre l'ombrello con sé; se lo è serbato per sé; custodire in sé un segreto; lo tiene presso di sé come lavorante; ha molto tempo ancora davanti a sé; dentro di sé si rode per il rancore; ha lasciato il rimpianto dietro di sé* **CFR.** auto-①, ego- | con valore rafforz. con 'stesso' e 'medesimo' (in questo caso può essere scritto anche senza l'accento; V. nota d'uso ACCENTO): *si preoccupano solo di sé stessi; ha pensato solo a sé stesso; lo fanno per sé medesimi* | ***avere operai, persone sotto di sé***, alle proprie dipendenze | ***Dio lo ha chiamato a sé***, (**eufem.**) è morto | ***essere pieno di sé***, essere vanitoso, borioso, presuntuoso | ***essere chiuso in sé***, essere introverso | ***tenere qlco. per sé***, non riferirla né confidarla a nessuno | ***dentro di sé, fra sé e sé***, nel proprio intimo | ***essere, non essere in sé***, essere, non essere nel pieno possesso delle facoltà mentali | ***uscire, essere fuori di sé***, perdere il senno o la pazienza | ***rientrare in sé***, riprendere i sensi; (**est.**) rientrare in possesso delle proprie facoltà mentali | ***da sé***, senza l'aiuto o l'intervento d'altri, con le proprie forze: *fare da sé; si è fatto da sé; farsi giustizia da sé; lo sa da sé; la cosa ormai procede da sé* | ***va da sé***, è ovvio, è naturale: *va da sé che ora dovete arrangiarvi* | ***a sé***, a parte, separatamente: *formano un gruppo a sé; fatemi un pacco a sé; è un caso da considerarsi a sé; starsene a sé* | ***di per sé, in sé stesso, in sé e per sé, di per sé stesso***, nel suo significato o valore assoluto, nella sua essenza, nella sua sostanza, considerato indipendentemente da ogni altra cosa: *la cosa di per sé non ha alcuna importanza; il fatto in sé non è allarmante* **2** si usa come compl. oggetto in luogo del pron. atono 'si', quando gli si vuole dare particolare rilievo ed allora è per lo più rafforzato da 'stesso' o 'medesimo': *cerca di scusare sé e incolpa gli altri; per non danneggiare sé non ha avuto scrupoli; cerca di migliorare sé stesso; cercano di convincere sé stessi* | se seguito da *stesso*, anche senza accento: *se la prende con se stesso* **B** **in funzione di s. m.** ● (**lett.**) la propria coscienza, il proprio intimo: *si illudeva nel suo sé di riuscire* | (**psicol.**) sistema costituito dai tratti costanti della personalità, che viene percepito dal soggetto come continuo nel tempo, in relazione con gli altri e portatore di valori

seabòrgio (sea-borg-io, sea-bor-gio) /si'bɔrdʒo, sea'-/ [dal n. del chimico americano G.T. *Seaborg* (1912-1999)] **s. m.** ● elemento chimico transuranico artificiale **SIMB.** Sg **NUM. AT.** 106

seàda o **sebàda** [dal sardo *seu* 'sego' per il suo aspetto lustro ✱ 1985] **s. f.** (**pl.** *seadas* o *sebadas*) ● dolcetto tipico sardo consistente in un involucro sottile di pasta sfoglia, farcito con pecorino sardo tritato, che viene fritto e ricoperto da un velo di miele caldo di corbezzolo

sebàceo [vc. dotta, dal lat. tardo *sebāceu(m)* 'di sego', da *sēbum* 'sego' ✱ 1750] **agg.** ● del sebo | ***ghiandola sebacea***, annessa alla cute, che produce sebo | ***cisti sebacee***, formatesi in una ghiandola sebacea

♦**sebbène** o (**lett.**) **se bène** [comp. di *se*② e *bene* ✱ av. 1342] **cong.** ● benché, quantunque (introduce una prop. concessiva con il v. al congtv. o (**lett.**) all'indic.): *s. non sia compito mio, tuttavia lo farò; s. fosse in ritardo, lo fecero entrare; non son fanciullo, / se ben ho volto fanciullesco* (T. TASSO) | con ellissi del v.: *s. indisposto, lo ricevette; lo farò, s. malvolentieri*

sèbo [vc. dotta, dal lat. *sēbum* 'sego', di etim. incerta ✱ 1895] **s. m.** ● sostanza grassa secreta dalle ghiandole sebacee della cute

seborrèa [comp. di *sebo* e *-rea* ✱ 1895] **s. f.** ● aumento e alterazione della secrezione del sebo

seborròico o **seborrèico** [1889] **agg.** (**pl. m.** *-ci*) ● di seborrea: *acne seborroica*

secànte o †**segànte** **A** **part. pres.** di *secare*; **anche agg.** ● (**mat.**) che interseca, che ha punti comuni **B** **s. f.** ● (**mat.**) retta secante | inverso del coseno

secàre [vc. dotta, dal lat. *secāre* 'tagliare' (V. *segare*) ✱ av. 1374] **v. tr.** (*io séco, tu séchi*) **1** †tagliare, segare | (**est.**) solcare **2** (**mat.**) intersecare

sécca [da *secco*① ✱ 1353] **s. f.** **1** rilievo del fondo del mare che impedisce o rende difficile la navigazione: *andare in s.; dare in s.; dare nelle secche* | ***s. cieca***, sott'acqua | ***s. allo scoperto***, a fior d'acqua **2** (**fig.**) difficoltà, stato di necessità, pericolo, spec. nelle loc.: ***lasciare qlcu. sulle secche, essere, restare, in s.*** | †***rimanere, trovarsi, nelle secche***, non poter procedere, non potere andare avanti **3** aridità, siccità, mancanza d'acqua: *i fiumi della zona sono in s.*

seccàbile [vc. dotta, dal lat. tardo *siccābile(m)* 'essiccativo', da *siccāre* 'seccare' ✱ av. 1320] **agg.** ● (**raro**) che si può seccare: *frutta s.*

seccàggine [da *seccare* ✱ 1353] **s. f.** **1** (**raro**) siccità, aridità **2** (**lett., fig.**) seccatura, noia: *Oggi ufficio mattina e sera da papà. Gran s.* (E. MONTALE)

†**seccagginóso** (o **-so**) [da *seccaggine* ✱ av. 1597] **agg.** **1** arido, secco **2** (**fig.**) noioso, seccante

seccagióne [da *seccare* ✱ 1441] **s. f.** ● (**raro**) seccamento, inaridimento delle piante

†**seccàgna** [lat. *siccānea* (nt. pl.) 'luoghi secchi', da *siccāneus* 'arido' ✱ 1532] **s. f.** ● grande secca | estensione di secche

seccàgno [lat. *siccāneu(m)* 'arido', da *sĭccus* 'secco' ✱ 1516] **agg.** ● († o **merid.**) arido, asciutto, detto spec. di terreno | ***coltura seccagna***, non irrigata

seccàia [da *secco*① ✱ 1891] **s. f.** ● (**tosc.**) insieme di rami, alberi secchi e sim.

secaménto [av. 1320] **s. m.** ● (**raro**) inaridimento | (**fig.**) †seccatura, noia: *produce ... un gentil s.* (C. GOLDONI)

seccànte **part. pres.** di *seccare*; **anche agg.** ● nei sign. del v. | (**fig.**) fastidioso, spiacevole: *un contrattempo s.* **SIN.** molesto

♦**seccàre** [lat. *siccāre* 'seccare', da *sĭccus* 'secco' ✱ 1250 ca.] **A** **v. tr.** (*io sécco, tu sécchi*) **1** rendere secco, privare dell'umidità: *il caldo ha seccato il raccolto* | ***s. frutta, verdura, carne***, e sim., farle asciugare al sole o al forno per conservarle **2** prosciugare, vuotare dell'acqua: *s. una sorgente, uno stagno, un pozzo* | (**mar.**) ***s. la barca***, sgottare l'acqua dalla barca con la sassola | prosciugare tratti di un torrente mediante deviazione dell'acqua per prendere i pesci rimasti all'asciutto **3** (**fig., lett.**) esaurire, svigorire: *la sventura ha seccato la sua vena di artista* **4** (**fig.**) importunare, infastidire, annoiare: *ci secca con continue telefonate; sapete che mi avete proprio seccato?* **B** **v. intr.** (**aus.** *essere*) ● diventare secco: *i fiori seccarono dopo pochi giorni; far s. la verdura al sole* **C** **seccàrsi** **v. intr. pron.** **1** diventare secco, perdere l'umidità: *le piante si sono seccate* **2** prosciugarsi, diventare asciutto (*anche* **fig.**): *il torrente si seccherà presto; se continui a parlare così ti si seccherà la gola* | ***la ferita si secca***, si essicca, si rimargina **3** (**fig.**) annoiarsi, infastidirsi, stancarsi (+ *di*, **anche seguito da inf.**): *mi sono seccato delle sue continue lamentele; si è seccato di aspettare*

SFUMATURE DI SIGNIFICATO

seccare - molestare - irritare

Seccare equivale a importunare, infastidire. Significato analogo ha **molestare**, che suggerisce tuttavia l'idea di atti o comportamenti specifici che procurano un danno o un grave disturbo, come per esempio fare *avances* sessuali inopportune. **Irritare** è ciò che fa perdere la pazienza, la calma ed è una reazione che può essere conseguenza dell'essere seccati o molestati.

seccarèllo [da *secco*① ✱ 1863] **s. m.** ● (**tosc.**) tozzo, rimasuglio di pane secco: *mangiare i*

seccarelli
seccàta [1827] s. f. **1** il seccare, l'essiccare **2** (*fig., raro*) seccatura: *non voglio soffrir queste seccate* (C. GOLDONI)
seccatìccio [da *seccato* * av. 1574] **A** agg. (pl. m. *-ci*; pl. f. *-ce*) ● che è alquanto secco, rinsecchito: *legna seccaticcia* **B** s. m. ● (*raro*) insieme di cose secche
seccatìvo [lat. tardo *siccatīvu(m)* 'essiccativo', da *siccātus* 'seccato' * sec. XIV] agg. ● (*raro*) siccativo
seccàto part. pass. di *seccare*; anche agg. ● nei sign. del v. | (*fig.*) infastidito, irritato: *ha un'aria seccata* || **seccataménte**, avv.
seccatóio [lat. tardo *siccatōriu(m)* 'essiccativo', da *siccātus* 'seccato' * 1625] s. m. (pl. *-ói*) **1** luogo usato per seccarvi frutta, verdura e sim. **2** (*mar.*) raschiatoio di gomma per far defluire l'acqua della coperta agli ombrinali
seccatóre [da *seccare* * 1364] **A** s. m. (f. *-trice, pop., disus. -tóra*) ● chi importuna, infastidisce, annoia: *liberarsi dai seccatori*; *è un terribile s.* SIN. disturbatore, importuno, scocciatore **B** (*lett.*) anche agg.: *due clienti seccatrici* (C. PAVESE)
seccatùra [1747] s. f. **1** (*raro*) operazione del seccare: *la s. del fieno*; *è l'epoca della s.* **2** (*fig.*) ciò che reca noie, importunità, disturbo, fastidio: *è una vera s.*; *vorrei evitare questa s.*; *mi hai dato proprio una s.*; *che s.!*

SFUMATURE DI SIGNIFICATO
seccatura - fastidio - grattacapo
Seccatura è ciò che procura noia, disturbo. **Fastidio** è suo sinonimo, nel quale tuttavia viene accentuato il senso della molestia, del disagio. **Grattacapo** è un fastidio che dà preoccupazione.
SFUMATURE ➤ *incomodo*②

seccheréccio o †**secchericcio** [da *secco*① * av. 1597] **A** agg. (pl. m. *-ci*; pl. f. *-ce*) ● (*raro, tosc.*) rinsecchito **B** s. m. **1** †siccità **2** (*raro, tosc.*) insieme di cose secche | seccume
seccherìa [da *secco* * 1931] s. f. ● (*carta*) sezione dell'impianto per la fabbricazione della carta nella quale avviene l'essiccazione del prodotto
†**secchericcio** ➤ **secchereccio**
secchézza [da *secco*① * 1319] s. f. **1** caratteristica di ciò che è secco: *la s. dell'aria* | (*fig.*) concisione, essenzialità: *s. di stile* | (*lett.*) arsura **2** (*raro*) magrezza accentuata
sécchia [lat. parl. **sĭcla(m)* per il classico *sĭtula* 'secchia', di etim. incerta * av. 1320] s. f. **1** secchio usato spec. per attingere e trasportare acqua: *una s. di rame, di zinco* | (*tosc.*) ***fare come le secchie***, andare in su e in giù | (*tecnol.*) ***s. di colata***, siviera **2** quantità di liquido contenuta in una secchia: *una s. di acqua, di latte* | ***a secchie***, in grande quantità | ***piovere a secchie***, a dirotto **3** (*gerg.*) alunno di capacità limitate che riesce a raggiungere risultati discreti grazie alla volontà e all'applicazione SIN. secchione **4** antica unità di misura per liquidi || (*raro*) **secchiolìna**, dim. | **secchióne**, accr. m. (V.) nel sign. 3
secchiàio [da *secchia* * 1858] s. m. (pl. *-ai*) ● (*sett.*) acquaio
secchiàta [1618] s. f. **1** quantità di liquido contenuto in una secchia: *una s. d'acqua* **2** colpo dato con una secchia o con un secchio **3** (*fig., fam.*) studio faticoso e laborioso
secchìccio [da *secco*① * 1865] agg. (pl. m. *-ci*; pl. f. *-ce*) ● alquanto secco
♦**secchièllo** [da *secchia* * 1553] s. m. **1** piccolo secchio | ***s. per il ghiaccio***, usato per mettere in tavola il ghiaccio o per tenere in fresco i vini bianchi o lo spumante | piccolo secchio di plastica usato dai bambini per giocare: *s. e paletta* | secchio di piccole dimensioni usato nella liturgia cattolica per l'acqua benedetta **2** borsetta, di forma simile a un secchio, che si porta con lunga tracolla sulla spalla || **secchiellìno**, dim. | **secchiellóne**, accr. (V.)
secchiellóne [da *secchiello* * 1973] s. m. **1** accr. di *secchiello* **2** contenitore per liquidi di forma troncoconica con manico
♦**sécchio** [lat. parl. **sĭclu(m)* per il classico *sĭtulus*, variante di *sĭtula* 'secchia' * av. 1328] s. m. **1** recipiente di legno, metallo o plastica, di forma troncoconica, dotato di un manico semicircolare e talvolta di coperchio, usato per contenere o trasportare liquidi o altri materiali: *il s. per il latte* | recipiente di forma cilindrica e di materiale vario, fornito di coperchio: *il s. della spazzatura* **2** quantità di liquido contenuto in un secchio || **secchiétto**, dim. | (*lett.*) **secchiolìno**, dim. | **secchióne**, accr. (V.)
secchióne [1319] s. m. **1** accr. di *secchio* | (*edil.*) recipiente per il trasporto del calcestruzzo, sollevato meccanicamente | (*metall.*) ***s. di colata***, siviera **2** (f. *-a*) (*gerg.*) secchia, sgobbone
†**secchità** [da *secco*① * sec. XIV] s. f. ● secchezza
séccia [lat. *(feni)sĭcia(m)* 'fienagione', comp. di *fēnum* 'fieno' e di un deriv. di *secāre* 'tagliare' * av. 1320] s. f. (pl. *-ce*) ● (*tosc.*) stoppia: *tacciono le cicale / nelle stridule seccie* (G. PASCOLI)
secciàio [1865] s. m. (pl. *-ai*) ● (*tosc.*) campo di secce
♦**sécco**① [lat. *sĭccu(m)* 'secco', di orig. indeur. * 1266] **A** agg. (pl. m. *-chi*; superl. *secchissimo*) **1** che è privo di umidità, di acqua: *aria secca*; *vento, clima, s.* | arido: *terra, pelle, secca* | asciutto, esausto: *pozzo s.*; *palude, terra, sorgente, fonte, secca* | ***botte secca***, senza più vino | ***tosse secca***, V. *tosse* | (*chim.*) ***analisi per via secca***, eseguita senza preventiva dissoluzione della sostanza CFR. xero- **2** essiccato, disseccato: *rami, fiori, secchi*; *legna, carne, secca*; *fra gli arbor secchi stassi il lauro lieto* (L. DE' MEDICI) | ***ramo s.***, (*fig.*) V. *ramo*, sign. 1 | (*est.*) duro | ***pane s.***, raffermo | ***frutto s.***, con pericarpo membranoso, coriaceo o legnoso **3** molto magro: *diventare s.*; *essere s. s.*; *essere lungo e s. come un chiodo, come uno stecco*; *braccia, gambe, secche* **4** (*fig.*) privo di garbo, di grazia, di cordialità: *tono s.*; *un no s.*; *risposta secca*; *maniere secche* | privo di fronzoli, disadorno, essenziale, detto di stile artistico o letterario **5** (*fig.*) reciso, improvviso, netto: *colpo s.* | netto, brusco: *una secca perdita*; *secca sconfitta* | ***colpo s.***, colpo apoplettico | ***fare s. qlcu.***, ucciderlo fulmineamente | ***restarci s.***, morire sul colpo **6** detto di vino, non dolce | detto di liquore, non dolce e molto alcolico **7** nel gioco del lotto, detto di combinazione, giocata sola, su una sola ruota: *ambo, terno s.* | (*est.*) detto di domanda che prevede una risposta senza alternative; detto della risposta stessa: *ti farò una domanda secca*; *il questionario prevede una risposta secca* **8** (*borsa*) ***corso s.***, quotazione al puro valore capitale, escludendo cioè gli interessi maturati | ***cedolare secca***, V. *cedolare* || **seccherèllo**, dim. | **secchétto**, dim. || **seccaménte**, avv. in modo secco, brusco, arido: *parlare seccamente* **B** s. m. **1** luogo asciutto, privo di acqua o di umidità: *mettere, tirare, in, a s., una barca* | (*fig., pop.*) ***lasciare qlcu. in s.***, abbandonarlo in mezzo alle difficoltà | (*fig., pop.*) ***rimanere in, a, s.***, rimanere abbandonato in mezzo alle difficoltà; (*est.*) rimanere al verde, senza soldi o senza mezzi, senza provviste, carburante e sim. **2** aridità, siccità: *tempo di gran s.* **3** (*burocr.*) insieme dei rifiuti casalinghi di tipo non organico: *sacchetti per il s.* CFR. umido **4** nella loc. ***a s.***, senz'acqua | ***lavatura a s.***, eseguita con sostanze chimiche | ***mulino a s.***, non mosso dalla forza dell'acqua | ***muro a s.***, muro di pietra, conci, mattoni senza materiale legante | ***murare a s.***, senza calcina | ***pittura a s.***, fatta sull'intonaco non più fresco | ***a s.***, (*fig., raro*) all'improvviso, inaspettatamente, a un tratto: *voltare, deviare, a s.*; *a s. mi balenò un'idea* | (*sport*) ***allenamento a s.***, nel nuoto, pallanuoto e nuoto sincronizzato, quello effettuato in palestra **C** in funzione di avv. **1** seccamente: *tossì s.*; *rispose s. s.* **2** con decisione, con energia: *Al prossimo caso punisco e punisco s.* (B. FENOGLIO)
SFUMATURE ➤ *arido*
†**sécco**② [av. 1294] agg. (pl. m. *-chi*) ● seccato
†**seccomòro** ➤ **sicomoro**
seccóre [da †*secco*② * av. 1597] s. m. ● (*raro*) siccità
seccùme [da *secco*① * av. 1320] s. m. ● insieme di rami, foglie, frutta o altra cosa secca (*anche spreg.*)
secèdere o †**seccèdere** [vc. dotta, lat. *secēdere*. V. *secessione* * av. 1547] v. intr. (coniug. come *cedere*; aus. *avere*) **1** (*raro*) separarsi: *s. da un gruppo* **2** (*lett.*) ritirarsi, appartarsi: *Secesse in Val di Reno nel paterno predio* (R. BACCHELLI)
secentésco ➤ **seicentesco**
secentèṣimo (o **-é-**) ➤ **seicentesimo**
secentìṣmo e deriv. ➤ **seicentismo** e deriv.
secènto ➤ **seicento**
secèrnere [vc. dotta, dal lat. *secĕrnere* 'separare', comp. di *sē(d)-*, pref. di separazione, e *cĕrnere* 'dividere' * 1481] v. tr. (part. pass. *secrèto*; oggi usato spec. nelle terze pers. sing. e pl. dei tempi semplici) **1** (*biol., fisiol.*) produrre ed elaborare sostanze da immettere in un organismo animale o vegetale, detto di una o più ghiandole o cellule: *il fegato secerne la bile* **2** (*med.*) essudare
secessióne [vc. dotta, dal lat. *secessiōne(m)* 'separazione', da *secēssus*, part. pass. di *secēdere* 'ritirarsi', comp. di *sē(d)-*, pref. di separazione, e *cēdere* 'andare'① * 1865] s. f. **1** ritiro, distacco di un gruppo dall'unità sociale, militare, politica e sim., di cui faceva parte: *le secessioni della plebe romana*; *la s. aventiniana del 1924* **2** (*dir.*) separazione di parte del territorio da uno Stato, senza il consenso di quest'ultimo | (*stor.*) ***guerra di s.***, negli Stati Uniti, quella svoltasi dal 1861 al 1865 fra gli Stati del Nord favorevoli alla soppressione della schiavitù e quelli del Sud, contrari, che si erano staccati dalla confederazione **3** (*est.*) allontanamento di un gruppo dal movimento artistico, letterario e sim. di cui fa parte | (*per anton.*) movimento artistico, spec. nei settori della scultura, della pittura e dell'architettura, fiorito tra la fine dell'Ottocento e l'inizio del Novecento nei Paesi di cultura germanica, che propugnava il distacco dalle accademie e dalle associazioni e istituzioni artistiche ufficiali, a favore della formazione di gruppi autonomi, liberamente rinnovatori del gusto e dello stile
secessionìṣmo [comp. di *secession(e)* e *-ismo* * 1914] s. m. **1** tendenza, orientamento favorevole alla secessione **2** (*raro*) secessione
secessionìsta [1862] **A** s. m. e f.; anche agg. (pl. m. *-i*) ● promotore, fautore di una secessione **B** agg. ● secessionistico
secessionìstico [1960] agg. (pl. m. *-ci*) ● relativo al secessionismo o ai secessionisti
†**secèsso** [vc. dotta, dal lat. *secēssu(m)* 'separazione', da *secēdere* 'ritirarsi' * 1494] s. m. **1** ritiro, recesso **2** latrina **3** (*raro*) evacuazione del ventre
séco [lat. *sēcum*, comp. di *sē* 'sé' e *cŭm* 'con' *

1282] **forma pron.** **1** (*lett.*) con sé, presso di sé: *la vecchiezza ... porta s. tutti i dolori* (G. Leopardi) | (Con valore rafforz. e intens.) ***s. stesso, s. medesimo***: *s. medesmo a suo piacer combatte!* (Dante *Par.* V, 84) | (*intens., pleonast.*) †***con s.***: *in Susa con s. la menò* (G. Boccaccio) **2** (*est.*) tra sé, dentro di sé: *e s. pensa al dì del suo riposo* (G. Leopardi) | (*lett.*) †tra loro: *s. pensarono di fargli ... alcuna beffa* (G. Boccaccio) **3** (*poet.*) †con lui, con lei, con loro: *quel giorno ch'i' lasciai grave e pensosa / Madonna, e 'l mio cor s.!* (F. Petrarca); (*intens., lett.*) †***s. lui***; ***s. lei***; ***s. loro***

secolàre [vc. dotta, dal lat. *saeculāre(m)* 'secolare', e, nel sign. eccl., 'laico', da *sāeculum* 'secolo' ✱ 1268] **A** **agg.** **1** che ha uno o più secoli: *quercia s.* | che dura da secoli: *tradizione s.* **2** che si verifica ogni secolo: *ricorrenza s.* **3** che appartiene al secolo, alla vita laica e civile, spec. in contrapposizione a ecclesiastico: *abito s.* | ***braccio s.***, il potere civile cui venivano affidati i condannati dai tribunali ecclesiastici, per l'esecuzione delle sentenze | ***clero s.***, gli ecclesiastici che non appartengono a ordini o congregazioni, non hanno regola monastica e vivono in contatto con i laici | ***foro s.***, in diritto canonico, il tribunale e la giurisdizione non ecclesiastici **4** mondano, terreno, spec. in contrapposizione a spirituale: *ricchezze, beni, secolari* **5** †illetterato, ignorante || **secolarménte**, **avv.** **1** da secoli, per secoli; per moltissimo tempo: *possesso della terra, secolarmente agognato* (R. Bacchelli) **2** (*lett.*) nel secolo, nella vita terrena e mondana; laicamente || **secolarità**, **s. f. inv.** (*lett.*) durata secolare **B** **s. m.** ● (**spec. al pl.**) laico

SFUMATURE ➤ *profano*

secolarésco [da *secolare* ✱ av. 1311] **agg.** (**pl. m.** *-schi*) ● (*lett.*) laico, mondano: *una monaca singolare: la vita era attillata con una certa cura secolaresca* (A. Manzoni) || **secolarescaménte**, **avv.** in modo secolare, mondano

secolarìṣmo [da *secolare* ✱ 1840] **s. m.** ● declino dell'influenza della religione nella vita pubblica | laicizzazione, laicismo

secolarìsta [1856] **s. m. e f.** (**pl. m.** *-i*); **anche agg.** ● chi (o che) è fautore del secolarismo

secolarità ➤ **secolare**

secolariẓẓàre [dal fr. *séculariser*, da *séculaire* 'secolare' ✱ 1667] **A** **v. tr.** ● sottoporre a secolarizzazione | laicizzare: *s. la cultura* **B** **secolariẓẓàrsi** **v. rifl. o intr. pron.** ● sottoporsi a secolarizzazione | laicizzarsi: *età del Rinascimento, quando ... la storiografia 'si secolarizzò'* (B. Croce) || **secolariẓẓazióne**, **s. f.** (V.)

secolariẓẓazióne [dal fr. *sécularisation*, da *séculariser* 'secolarizzare' ✱ 1667] **s. f.** **1** riduzione a vita laica di chi ha ricevuto ordini religiosi o vive secondo regola conventuale | riduzione di beni destinati dal culto all'uso profano **2** nella riflessione teologica moderna, tendenza ad accentuare l'autonomia del credente e il suo rapporto diretto con la parola di Dio **3** (*est.*) declino dell'influenza della religione sulla società civile **SIN.** disincantamento nel sign. 3, secolarismo

♦**sècolo** o †**sèculo** [vc. dotta, dal lat. *sāeculu(m)* 'generazione', di prob. orig. indeur. ✱ 1250] **s. m.** **1** periodo di cento anni: *è un s. che è morto*; *ha vissuto un s.*; *ha quasi un s.*; *un s. prima*; *due secoli dopo*; *quel regno durò tre secoli*; *al principio del s.* | ciascuno dei periodi di cento anni che hanno inizio il 1° gennaio degli anni 1, 101, 201, ..., 1901, 2001...: *il ventesimo s.*; *nel primo s. dopo Cristo*; *verso la metà del s.*; *alla fine del s.* | (*iperb.*) periodo di tempo che appare molto lungo: *è un s. che ti aspetto*; *a venire ci mette un s.*; *mi sembra un s. che non lo vedo* **2** arco di tempo approssimativamente secolare, segnato da personaggi o eventi particolari: *il s. di Pericle, di Dante*; *il s. delle grandi scoperte* | ***il s. dei lumi***, il Settecento | ***il s. breve***, secondo lo storico inglese E. Hobsbawm (1917-2012), il XX secolo, il cui ciclo sarebbe compreso tra lo scoppio della prima guerra mondiale (1914) e la caduta dell'Unione Sovietica (1991) | età: *s. dell'oro, dell'argento*; *s. barbaro, crudele, folle, malvagio*; *s. di grande splendore, di decadenza* **3** epoca in cui si vive, tempo presente, attuale: *i costumi, la moda del s.*; *le meraviglie del s.*; *il male del s.* | ***avvenimento del s.***, che è considerato caratteristico dell'epoca in cui si è verificato | ***figlio del s.***, particolarmente rappresentativo della generazione cui appartiene | ***roba dell'altro s.***, ormai superata **4** (*est.*, **al pl.**) lungo periodo di tempo: *dall'inizio dei secoli*; *essere benedetto nei secoli*; *coll'andar dei secoli* | ***nel buio, nella notte, dei secoli***, nel passato più lontano | ***per tutti i secoli dei secoli***, eternamente **5** (*lett.*) vita mortale, terrena, spec. in contrapposizione alla vita eterna: *di Silvio il parente, / ... ad immortale / s. andò* (Dante *Inf.* II, 13-15) | †***partire, passare e sim. di questo s.***, morire **6** vita mondana, mondanità, spec. in contrapposizione alla vita religiosa: *le cure, le vanità, le pompe, del s.* | ***ritirarsi, fuggire, dal s., abbandonare, lasciare, il s.***, darsi a vita monastica | ***al s.***, loc. preposta al nome e cognome di un religioso e (*est.*) di chi ha adottato uno pseudonimo: *padre Alessandro, al s. Mario Rossi*; *la cantante Mimì, al s. Maria Rossi* || (*lett., spreg.*) **secolétto**, **dim.**

secónda① [da *secondo*① ✱ 1319] **A** **s. f.** **1** (*ellitt.*) seconda classe di una scuola: *frequentare la s. elementare*; *fa la s. liceo* | seconda classe in un mezzo di trasporto: *viaggiare in s.* **2** (*ellitt.*) la seconda marcia di un cambio di velocità **3** (*mus.*) intervallo che abbraccia due gradi | ***s. del tono***, nota che si trova subito dopo la tonica di una scala diatonica ascendente | corda di minugia che viene subito dopo il cantino nel violino e sim. **4** (*sport*) atteggiamento schermistico: *invito, legamento di s.* | azione difensiva: *parata di s.* | ***punizione di s.***, nel calcio, quella che prevede un passaggio al compagno prima del tiro in porta **5** nella danza classica, posizione a braccia aperte, gambe divaricate, piedi rivolti in fuori e con la distanza di circa un piede tra un tallone e l'altro | (*disus.*) nella ginnastica, posizione in cui le braccia sono unite in basso dietro la schiena **6** nella loc. avv. ***a s.***, nel senso della corrente di un corso d'acqua o nella direzione in cui spira il vento; (*fig.*) in modo favorevole: *andare, navigare a s.*; *tutto gli va a s.* | †***seguire, seguitare alla s.***, secondare① | †direzione che segue la corrente **7** nella loc. agg. inv. ***in s.***, che ha una posizione subordinata, che è secondo di grado: *pilota, comandante in s.* **B** **nella loc. cong.** ***a seconda che***, (*raro*) come, secondo che (introduce una prop. modale con il v. al congtv.): *mi regolerò per uscire a s. che tu venga o no* **C** **nella loc. prep.** ***a seconda di***, conformemente a, secondo: *decideremo a s. delle circostanze*

secónda② [sing. di un deriv. dal lat. tardo *secŭndae* (*membrānae*) 'seconde (membrane)', f. pl. di *secŭndus* 'secondo' ✱ sec. XIV] **s. f.** ● (*anat., pop.*) placenta

secondaménto① [da *secondare*① ✱ 1918] **s. m.** ● l'assecondare, il compiacere

secondaménto② [da *secondare*② ✱ sec. XIII] **s. m.** ● (*med.*) espulsione o estrazione manuale della placenta e del sacco amniotico dall'utero dopo il parto

secondàre① [dal lat. *secundāre*, da *secŭndus* 'secondo' ✱ 1313] **A** **v. tr.** (*io secóndo*) **1** compiacere, assecondare: *s. le voglie, i desideri, di qlcu.*; *s. qlcu. in ogni cosa*; *s. le inclinazioni di qlcu.*; *poco mi costa secondar l'umore di questa pazza* (C. Goldoni) **2** (*lett.*) accompagnare, seguire nello stesso verso: *s. un movimento*; *turba d'aure vezzosa ... / ti corteggia d'intorno e ti seconda* (G.B. Marino) **3** †seguire, tener dietro: *meraviglia udirai se mi secondi* (Dante *Purg.* XVI, 33) | continuare | venire dopo: *Poca favilla gran fiamma seconda* (Dante *Par.* I, 34) **B** **v. intr.** ● †cedere, consentire: *però ch'a le percosse non seconda* (Dante *Purg.* I, 105)

secondàre② [da *seconda*② ✱ 1918] **v. intr.** (*io secóndo*; **aus.** *avere*) ● fuoriuscire, essere espulso al termine del parto, detto della placenta

secondarietà [da *secondario* ✱ 1960] **s. f. inv.** ● caratteristica, condizione di chi (o di ciò che) è secondario

secondàrio [dal lat. *secundāriu(m)*, da *secŭndus* 'secondo' ✱ 1308] **A** **agg.** **1** che, in una successione, viene dopo il primo | ***scuola secondaria***, V. *scuola* | (*geol.*) ***era secondaria***, Mesozoico **2** che, in ordine di importanza, valore e sim., viene dopo il principale: *causa, questione secondaria* | (*gramm.*) ***proposizione secondaria***, che dipende da un'altra | (*ling.*) ***accento s.***, che cade con minore intensità su una sillaba diversa da quella su cui cade l'accento primario di una parola | (*dir.*) ***norma secondaria***, che irroga una sanzione contro chi non osservi una norma primaria | ***parte secondaria***, accessoria, collaterale **CONTR.** principale **3** detto di processo geologico, giacimento, minerale, struttura, formatosi successivamente alle rocce in cui si trova **4** (*astron.*) detto di stella, meno brillante di una binaria **5** (*chim.*) detto di composto in cui il gruppo funzionale è legato a due radicali: *alcol s.* | detto di atomo di carbonio unito a due altri atomi di carbonio | detto di reazione che avviene contemporaneamente a un'altra detta principale **6** (*econ.*) ***attività secondaria***, industria **CFR.** primario, terziario **7** (*psicoan.*) ***processo s.***, V. *processo* || **secondariaménte**, **avv.** **1** in secondo luogo; in grado minore, meno importante **2** in un secondo tempo **B** **s. m.** (**solo sing. nel sign. 1**) **1** (*elettr.*) parte del trasformatore comprendente gli avvolgimenti d'uscita collegati generalmente all'utilizzatore **2** (*econ.*) il settore dell'industria

secondatóre [da *secondare*① ✱ 1784] **s. m.** (**f.** *-trice*); **anche agg.** ● (*lett.*) che (o chi) seconda

secondìno [da *secondo*① ✱ 1812] **s. m.** (**f.** *-a*) ● (*disus.*) agente di polizia penitenziaria

Sĕcond life® /'sekond 'laif, *ingl.* ˌsɛkənd-'laɪf/ [loc. ingl., propr. 'seconda (*second*) vita (*life*)' ✱ 2004] **loc. sost. f. inv.** ● (*Internet*) spazio virtuale tridimensionale all'interno del quale gli utenti, attraverso un proprio avatar, possono simulare tutte le attività della vita reale

♦**secóndo**① [dal lat. *secŭndu(m)*, ant. part. pres. del v. *sĕqui* 'seguire' ✱ 1205] **A** **agg. num. ord.** **1** corrispondente al numero due in una sequenza, in una successione (rappresentato da II nella numerazione romana, da 2° in quella araba): *abitare al s. piano*; *il s. volume di un'opera*; *essere al s. anno di vita*; *il II secolo d.C.*; *il s. atto della commedia*; *atto terzo, scena seconda*; *poltrona di seconda fila*; *classificarsi s. in una gara*; *ingranare la seconda marcia*; *frequentare la seconda classe*; *l'impero di Napoleone III fu detto 'Secondo Impero'*; *papa Giulio II*; *Federico II* **CFR.** deutero- | ***per s.***, con funzione appositiva: *l'ho visto per s.*; *il deputato della sinistra ha parlato per s.*; *sono stata chiamata per seconda* | ***seconda portata, s. piatto***, in

S

un pranzo, le vivande servite in tavola dopo la prima portata | ***s. vino***, ottenuto dalla rifermentazione delle vinacce non torchiate SIN. vinello | ***il s. caso***, il caso del compl. di specificazione, il genitivo | ***in s. luogo***, secondariamente, enunciando possibilità, fatti, condizioni e sim.: *in s. luogo egli ha dei debiti con te* | (*raro*) ***in s.***, in seconda: *comandante in s.* | ***ustioni di s. grado***, non gravissime | ***figli di s. letto***, (*fig.*) nati dalle seconde nozze del padre o della madre | ***passare a seconde nozze***, risposarsi dopo la morte del primo coniuge, l'annullamento del primo matrimonio o il divorzio | ***innalzare un numero alla seconda***, (*ellitt.*) alla seconda potenza, elevarlo al quadrato | ***è la seconda che mi fai oggi!***, (*ellitt.*) la seconda malefatta | ***minuto s.***, erroneamente usato per secondo **2** (*est.*) altro, nuovo e differente rispetto al primo: *non ti verrà offerta una seconda possibilità, se fallisci ora; è stato per noi un s. padre; questa è una seconda giovinezza; lo giudicano un s. Raffaello; è un s. Nerone per la sua ferocia* | ***avere un s. fine***, uno scopo nascosto e diverso da quello palesato o dichiarato | ***seconda casa***, quella acquistata in località di villeggiatura, quando se ne possiede già una in città **3** (*est.*) inferiore per valore, pregio, costo, importanza e sim.: *vettura, cabina di seconda classe; albergo, pensione di seconda categoria, di second'ordine; personaggio, figura di s. piano* | ***passare in seconda linea***, perdere importanza | ***non essere, non ritenersi s. a nessuno***, essere, ritenersi assai abile: *come giocatore di dadi non è s. a nessuno* | ***fare le seconde parti***, quelle meno importanti in una commedia, in un'opera e sim. | ***notizie, informazioni di seconda mano***, (*fig.*) non originali, avute tramite terze persone | ***oggetti di seconda mano***, che si vendono già usati | ***oggetti di seconda scelta***, scelti fra quelli già scartati e quindi scadenti | ***seconda donna***, ruolo del teatro italiano ottocentesco comprendente parti di donna galante, donna maritata, avventuriera e sim., gener. rivale della prima donna **4** (*lett.*) favorevole, prospero, propizio: *avere la fortuna, la sorte seconda; procedere in mare, navigare con vento s.; così gli andaron le cose seconde!* (G. Boccaccio) || †**secondaménte**, **avv.** in secondo luogo; per la seconda volta **B** **avv.** ● in secondo luogo (in correl. con *primo*): *preferisco rimanere a casa, prima perché fa freddo, s. perché ho da fare* SIN. poi **C** **s. m.** **1** (**f.** *-a*) chi (o ciò che) è secondo in una successione, in una sequenza (per ellissi di un sost.): *sono il s. a tentare questa impresa; il s. da sinistra è mio fratello; fra questi libri preferisco il s.* **2** (*ellitt.*) la seconda portata: *cosa vuoi per s.?; cameriere! il s.!; come s. vorrei qualcosa di leggero* **3** (*fis.*) unità di misura del tempo nel Sistema Internazionale, pari alla durata di 9 192 631 770 periodi della radiazione emessa in una particolare transizione da un isotopo dell'atomo di cesio; un tempo definito come 1/86400 del giorno solare medio SIMB. s | ***in un s.***, (*fig.*) in un attimo, subito: *sarò pronta in un s.* | ***zona dei tre secondi***, nella pallacanestro, area dove un giocatore in attacco non può rimanere più di tre secondi **4** (*fis.*) unità di misura degli angoli, definita con la 3600ª parte del grado sessagesimale SIMB. ″ **5** nei duelli, padrino: *mandare i secondi* | nel pugilato, assistente del pugile durante lo svolgimento di un incontro | ***fuori i secondi***, invito dell'arbitro perché i secondi abbandonino il quadrato, prima di ogni round **6** (*mar.*) ufficiale che viene dopo il capitano o il comandante, e in caso di necessità ne fa le veci

♦**secóndo** ② [dal lat. *secŭndum* 'dietro, lungo', da *secŭndus* 'seguente' ✱ av. 1294] **A** **prep.** **1** lungo, nella direzione di: *avanzate s. la linea tratteggiata; sono andati s. la direzione sbagliata; la barca, senza remi, andava s. la corrente; la navigazione s. il vento è più veloce* **2** (*fig.*) nel modo richiesto, voluto, prescritto, o indicato da: *comportarsi, agire s. coscienza, la legge, gli ordini ricevuti; vivere s. natura; operare s. giustizia; comportarsi s. le regole; pettinarsi s. la moda; regolarsi s. le prescrizioni del medico* **3** stando a, conformemente a: *s. la mia opinione, stiamo sbagliando; s. quello che dicono, dovrebbero essere molto ricchi; s. ciò che si afferma, sono stati presi i provvedimenti del caso* | ***s. me, lui, noi***, e sim., stando a come la penso io, lui, noi e sim.: *s. me, qui c'è sotto qualcosa; s. alcuni la ricchezza è un bene, s. altri è un male* | stando a, riferendoci a quanto qlcu. afferma o scrive: *Vangelo s. Matteo; s. la sentenza di Platone* (Dante *Par.* IV, 24); *s. fonti ufficiali i danni sono rilevanti* **4** in rapporto a, in proporzione a: *saranno premiati ciascuno s. il proprio merito; bisogna infliggere le punizioni s. la gravità della colpa; ciascuno sarà aiutato s. il bisogno* **5** in base a, in dipendenza di: *agiremo s. il caso; so comportami s. le circostanze; 'ti tratterrai molto?' 's. il tempo!'; 'vieni anche tu domani?' 's. come starò!'* | (*assol.*) in base alle circostanze, le esigenze del momento (nelle risposte, con valore dubitativo): *'vieni o no?' 's.!'; 'e voi cosa fareste?' 's.!'* **6** †sebbene, per quanto (con valore limitativo): *io ti saprò bene, s. donna, fare un poco d'onore* (G. Boccaccio) **B** **cong.** **1** (*lett.*) nella maniera in cui (introduce una prop. modale con il v. all'indic.): *scrive e parla s. pensa; bisogna comportarsi s. si conviene; per giuoco insomma qui facean, s. / fan gli inimici capitali* (L. Ariosto) | come, stando a quello che: *s. si dice, sarà un'annata fredda* | V. anche *secondoché* **2** (*raro*) se, nel caso, nell'ipotesi che (introduce una prop. condiz., spec. disgiuntiva, con il v. al congtv.): *si può fare in entrambi i modi, s. si voglia o no sfruttare lo spazio* | V. anche *secondoché*

♣**secondoché** o **secóndo che** [comp. di *secondo*② e *che* (cong.) ✱ 1246 ca.] **cong.** **1** (*lett.*) come, nel modo che (introduce una prop. modale con il v. all'indic.): *agisce s. gli piace; consentendo di tremare dal freddo o affogare dal caldo secondo che io voglio* (G. Leopardi) **2** nel caso che, nell'ipotesi che (introduce una prop. condiz., spec. disgiuntiva, con il v. al congtv. o, pop., all'indic.): *lo aiuterò s. riesca o fallisca; s. lo voglia o meno, andrò a trovarlo*

secondogènito [comp. di *secondo*① e *genito* 'nato', sul modello di *primogenito* ✱ av. 1348] **A** **agg.** ● che è nato per secondo: *figlio s.* **B** **anche s. m.** (**f.** *-a*): *ecco il nostro s.*

secondogenitùra [1872] **s. f.** ● (*raro*) condizione di chi è secondogenito

secréta ① ➤ **segreta** ①

secréta ② ➤ **segreta** ②

secretàggio [dal fr. *secrétage*, deriv. di *secret* 'secreto③' ✱ 1960] **s. m.** ● operazione del secretare

secrétaire /fr. s(ə)kʀe'tɛʀ/ [dal fr. *secrétaire* (V. *segretario*) ✱ 1813] **s. m. inv.** ● mobile a due corpi, di cui l'inferiore con cassetti o ante e il superiore con facciata ribaltabile che, aperta, forma il piano per scrivere | piccola scrivania a gambe alte con ribalta | scrivania | stipo, armadio per carte e documenti

secretàre ① [da *secreto*③ nel sign. 2 ✱ 1891] **v. tr.** (*io secréto*) ● inumidire le pelli, destinate alla fabbricazione dei cappelli, con una apposita soluzione chimica, usando contropelo una spazzola, per renderle atte a essere feltrate

secretàre ② ➤ **segretare**

†**secretàrio** ➤ **segretario**

secretìna [ingl. *secretin*, da *secret(ion)* 'secrezione' e *-in* '-ina' ✱ 1940] **s. f.** ● (*biol.*) ormone polipeptidico prodotto dalle cellule del duodeno, la cui azione consiste principalmente nella stimolazione della secrezione pancreatica

secretìvo [da *secreto*③ ✱ 1940] **agg.** ● (*biol.*) relativo alla secrezione, caratterizzato da secrezione | ***fase secretiva***, fase progestinica

secréto ① ➤ **segreto** ①

secréto ② e deriv. ➤ **segreto** ② e deriv.

secrèto ③ **A** **part. pass.** di *secernere*; **anche agg.** ● nei sign. del v. **B** **s. m.** **1** (*biol., fisiol., med.*) prodotto di secrezione **2** nell'industria dei cappelli, particolare soluzione chimica con cui viene trattato il pelo per aumentarne la capacità di feltrare

secretóre [da *secreto*③ ✱ 1869] **agg. e s. m.** (**f.** *-trice*) ● (*biol., fisiol.*) che (o chi) secerne

secretòrio [da *secreto*③ ✱ 1750] **agg.** (**pl. m.** *-i* o *raro -ii*) ● (*biol., fisiol.*) della secrezione, relativo alla secrezione: *dotto s.; attività secretoria*

secrezióne [vc. dotta, dal lat. *secretiōne(m)* 'separazione', da *secrētus* 'separato' ✱ 1745] **s. f.** **1** attività, funzione del secernere: *la s. della saliva; il latte è la s. della mammella* | (*biol., fisiol.*) elaborazione ed espulsione di una sostanza da parte di una o più ghiandole o cellule in un organismo animale o vegetale CFR. -crino | ***s. esterna***, compiuta da ghiandole fornite di dotti escretori, che riversano il secreto in cavità preformate | ***s. interna***, di ghiandole prive di dotti escretori, che riversano il secreto direttamente nel sangue | (*med.*) essudazione sierosa, mucosa o purulenta da una ferita o da una piaga per un processo infiammatorio o irritativo **2** (*ling.*) fenomeno per il quale un elemento componente di parola acquista un significato e un uso autonomo o serve a formare nuove parole; per es. *auto*, che viene da *automobile*, ed è usato anche come prefisso (*autobus, autofficina*)

†**sèculo** ➤ **secolo**

†**secùre** ➤ **scure**

securitàrio [dal fr. *sécuritaire*, deriv. di *sécurité* 'sicurezza' ✱ 1982] **agg.** ● che considera prioritari la sicurezza e l'ordine pubblico e tende a garantirli in modo deciso (spec. con una connotazione polemica)

securitiẓẓazióne [vc. ingl. *securitization*, da *security* 'obbligazione' ✱ 1986] **s. f.** ● (*econ.*) emissione di obbligazioni garantite da crediti vantati dall'emittente

security /se'kjuriti, *ingl.* sɪ'kjʊərətɪ/ [vc. ingl., propr. 'sicurezza' ✱ 1992] **s. f. inv.** **1** sicurezza nel sign. 4 **2** (*inform.*) insieme di misure e attività volte a salvaguardare la sicurezza informatica di aziende, banche, enti e sim.

security tax /se'kjuriti taks, *ingl.* sɪ'kjʊərətɪˌtæks/ [loc. ingl. 'tassa (*tax*) per la sicurezza (*security*)' ✱ 2007] **loc. sost. f. inv.** (**pl. ingl.** *security taxes*) ● tassa applicata al costo del biglietto aereo per finanziare i sistemi di sicurezza antiterrorismo negli aeroporti

†**secùro** e deriv. ➤ **sicuro** e deriv.

†**secuzióne** ➤ **esecuzione**

†**sed** ➤ **se** ②

sedanìno [1891] **s. m.** ● sedano nel sign. 2

sèdano o (*centr., sett.*) **sèllero** [gr. *sélinon*, di etim. incerta ✱ av. 1597] **s. m.** **1** pianta coltivata delle Apiacee di cui si usano come ortaggio le costole delle foglie, aromatiche, bianche e carnose (*Apium graveolens*): *s. a costola; s. da costa* | ***s. rapa***, varietà con radice a forma di tubero, tenera e carnosa | ***s. dei prati***, ombrellifera perenne, spontanea a foglie basali pelose, usata in liquoreria (*Heracleum sphondylium*) **2** (al pl.) pasta alimentare a cannelli rigati ricurvi

sedàre [vc. dotta, dal lat. *sedāre* 'calmare', causativo di *sedēre* 'sedere': propr. 'far sedere' ✱ av. 1373] **v. tr.** (*io sèdo*) ● calmare, placare: *s. il dolore, l'ira* | reprimere: *s. il tumulto, la rivolta*

sedatìvo [dal lat. mediev. *sedatīvu(m)*, da *sedātus* 'sedato' ✱ 1661] **A agg.** ● che calma, che placa spec. il dolore **B s. m.** ● farmaco a lieve azione depressiva, agente spec. sul sistema nervoso centrale

sedàto part. pass. di *sedare*; anche **agg.** ● nei sign. del v. | (*lett.*) pacato, sereno: *correggano e' padri coll'animo s. e vacuo d'ogni iracondia* (L.B. ALBERTI) || **sedataménte**, **avv.** quietamente

sedatóre [dal lat. tardo *sedatōre(m)*, da *sedātus* 'sedato' ✱ 1409] **s. m.** (**f.** *-trice*); anche **agg.** ● (*raro*) che (o chi) seda

sedazióne [deriv. di *sedare* ✱ 1983] **s. f.** ● (*med.*) condizione di minor reattività di un soggetto cui siano stati somministrati farmaci a lieve azione depressiva, spec. sul sistema nervoso centrale

♦**sède** (o *-é-*) [vc. dotta, dal lat. *sēde(m)* 'sede, dimora', connesso con *sedēre* 'sedere' ✱ av. 1348] **s. f. 1** †seggio | oggi solo nelle loc. ***S. apostolica, S. di Pietro, S. papale, Santa S.***, la sede del Papa come rappresentante del governo di tutta la Chiesa cattolica; (*est.*) il governo stesso della Chiesa, come organo di potere | ***S. episcopale, patriarcale, archiepiscopale***, sede e giurisdizione di vescovo, patriarca, arcivescovo | ***s. vacante***, periodo di interregno fra la morte o la rinuncia di un Papa e l'elezione di un nuovo Papa; (*est.*) governo e suoi organi che rappresentano la Chiesa in tale periodo **2** luogo di residenza, dimora, domicilio: *prendere, avere, s. in un luogo*; *cambiare s.* | (*dir.*) ***s. legale della persona giuridica***, domicilio della persona giuridica in base all'atto costitutivo o allo statuto **3** città, luogo, edificio, in cui esplica la sua attività un'autorità, un ufficio, un ente pubblico o privato e sim.: *la s. del governo, del parlamento, dell'ambasciata, del tribunale, del partito*; *Bologna è s. di un'antica università*; *s. ampia, decorosa*; *cambiare s.*; *essere trasferito, destinato, ad altra s.*; *ritornare alla propria s.*; *rientrare alla s.*; *abbandonare la s.* | ***s. stanziale***, quella stabilita dal ministero della Difesa per ogni comando, corpo e reparto in relazione a varie esigenze **4** luogo dove sono istituite le sezioni più importanti di un'azienda, che godono generalmente di maggior autonomia: *la s. centrale di una società* **5** luogo in cui si svolge, spec. temporaneamente, una determinata attività: *Venezia è la s. di un importante festival*; *la scuola sarà s. di esami* | (*est.*) spazio, ambito, punto in cui qlco. si trova o che è predisposto per ricevere, contenere e sim. qlco. | ***s. stradale***, parte della strada riservata ai veicoli SIN. carreggiata | ***s. tranviaria***, riservata al tram | (*mecc.*) ***s. di valvola***, superficie su cui poggiano o fanno tenuta le valvole | (*ling.*) ***s. dell'accento***, sillaba su cui esso cade **6** parte, organo del corpo in cui prende origine una malattia **7** nella loc. prep. ***in s. di***, durante, nel momento in cui si svolge qlco.: *in s. di esami, di bilancio, di liquidazione* | ***in s. legislativa***, nell'uso del Parlamento, detto di una commissione che ha il compito di approvare definitivamente una legge senza rinviarla all'assemblea plenaria | ***in s. referente***, nell'uso del Parlamento, detto di una commissione che esamina un disegno o una proposta di legge senza decidere ma solo allo scopo di riferire poi all'assemblea plenaria | ***in s. redigente***, nell'uso del Parlamento, detto di commissione che redige il testo legislativo, lo prepara e sostanzialmente lo approva nei singoli articoli ma lo rinvia all'assemblea plenaria per la sua approvazione nel complesso | ***in separata s.***, (*fig.*) in privato

†**sedècimo** [comp. di *se(dici)* e *decimo* ✱ 1336 ca.] **agg. num. ord.** ● (*raro*) sedicesimo

sedentarietà [da *sedentario* ✱ 1905] **s. f. inv.** ● caratteristica di chi (o di ciò che) è sedentario: *la tua s. mi sorprende*

♣**sedentàrio** [vc. dotta, dal lat. *sedentāriu(m)*, da *sĕdens*, genit. *sedĕntis*, part. pres. di *sedēre* 'sedere' ✱ 1499] **agg.**; anche **s. m.** (**f.** *-ia*) **nel sign. 2 1** detto di ciò che comporta poco movimento fisico: *occupazione, vita sedentaria* | (*milit.*) ***servizio s.***, cui un tempo erano destinati i soldati non completamente idonei al servizio militare ma atti a disimpegnare servizi di caserma **2** detto di persona che fa poco movimento fisico o conduce una vita poco attiva **3** detto di popolazione che risiede stabilmente in un luogo, spec. in contrapposizione a *nomade* || **sedentariaménte**, **avv.**

sedentariẓẓàre [da *sedentario* ✱ 1978] **v. tr.** e **sedentariẓẓàrsi v. intr. pron.** ● (*antrop.*) trasformare o trasformarsi da nomade in sedentario, detto di un gruppo umano || **sedentariẓẓazióne**, **s. f.**

sedènte part. pres. di *sedere*; anche **agg. 1** nei sign. del v. **2** (*arald.*) detto dei quadrupedi, posati sul treno posteriore

sèder [vc. ebr., propr. 'ordine' ✱ 1973] **s. m. inv.** (**pl. ebr.** *sedarim*) ● rituale di varie festività ebraiche, spec. della Pesah (Pasqua ebraica) | (*est.*) la cena che avviene in tali occasioni

sederàta [1995] **s. f.** ● colpo battuto col sedere, spec. cadendo a terra

♦**sedére** ① [lat. *sedēre* 'star seduto', dalla radice indeur. **sed-* 'sedere' ✱ av. 1182] **A v. intr.** (**pres.** *io sièdo*, **lett.** *sèggo*, **poet.** †*sèggio*, *tu sièdi*, *egli siède*, *noi sediàmo*, **poet.** †*seggiàmo*, *voi sedéte*, *essi sièdono*, **lett.** *sèggono*, **poet.** †*sèggiono*; **fut.** *io siederò* o **lett.** *sederò*; **pass. rem.** *io sedètti* o **lett.** *sedéi*, *tu sedésti*, ... *essi sedèttero* o **lett.** *sedérono*; **imperat.** *sièdi*, *sedéte*; **congtv. pres.** *io sièda*, **lett.** *sègga*, *noi sediàmo*, **poet.** †*seggiàmo*, *voi sediàte*, **poet.** †*seggiàte*, *essi sièdano*, **lett.** *sèggano*; **condiz. pres.** *io siederèi* o **lett.** *sederèi*; **gerund.** *sedèndo*, **poet.** †*seggèndo*; **part. pres.** *sedènte*, **poet.** †*seggènte*; **aus.** *raro avere*) **1** posare le parti posteriori del corpo sopra un appoggio qualsiasi, piegando le gambe o tenendole distese, accavallate, incrociate e sim.: *s. su una sedia, su uno sgabello, sul letto, sui gradini*; *s. in poltrona, in sella, in groppa, in grembo a qlcu.*; *s. a tavola, al banco, allo sportello*; *s. compostamente, scompostamente*; *essere, stare, restare a s.*; *invitare qlcu. a s.*; *accomodarsi a s.* | ***s. su due poltrone***, (*fig.*) avere contemporaneamente due lavori o incarichi, spec. ben retribuiti | ***s. alla turca, come i Turchi***, con le gambe incrociate | ***mettersi a s., mettersi seduto***, sedersi; (*fig.*) mettersi a riposo | ***non stare mai a s.***, (*fig.*) essere sempre in movimento | ***posti a s.***, nei luoghi pubblici, mezzi di trasporto pubblico e sim., poltrone, sedili e sim., su cui sedersi CONTR. posti in piedi | ***dare, porgere, offrire, da s. a qlcu.***, offrirgli qlco. su cui sedersi | ***alzarsi da s.***, smettere di stare seduto | ***trovare da s.***, trovare un posto a sedere **2** svolgere un ufficio, occupare una posizione autorevole, ricoprire una carica: *s. in adunanza, in uditorio, in confessionale*; *s. arbitro, giudice*; *s. in parlamento, in tribunale, in consiglio*; *l'assemblea sedette a lungo* | ***s. in giudizio***, †***s. pro tribunali***, esercitare l'ufficio di giudice | ***s. in cattedra***, insegnare; (*est.*) assumere un tono saccente | ***s. sulla Cattedra di San Pietro***, essere Papa | ***s. in trono***, regnare **3** (*poet.*) stare, trovarsi (*anche fig.*): *giustizia entro al tuo seno / siede* (G. PARINI) **4** (*lett.*) essere situato, stendersi, spec. in luogo basso: *la villa siede tra il piano e il monte*; *siede Parigi in una gran pianura* (L. ARIOSTO) **B sedérsi v. intr. pron.** ● compiere i movimenti necessari per posarsi con le parti posteriori del corpo sopra un appoggio qualsiasi, tenendo le gambe variamente piegate: *mi siedo perché sono stanco*; *non stare in piedi, siediti*; *perché non vi sedete?*; *dove ci sediamo?*; *si è seduto di schianto e la sedia s'è rotta* | (*fig.*) diminuire il proprio impegno, dar prova di un minor dinamismo: *negli ultimi tempi si è un po' seduto*

♦**sedére** ② [da *sedere* ① ✱ 1294] **s. m. 1** il mettersi seduto; lo stare seduto: *il s. a tavola* **2** parte posteriore del corpo, su cui si siede: *battere il s. per terra* | ***prendere qlcu. a calci nel s.***, (*fig., fam.*) trattarlo male, mostrargli ingratitudine | (*fam.*) ***avere s.***, detto di chi è fortunato SIN. culo, deretano, didietro, posteriore **3** †sedia | †parte della sedia su cui ci si siede || **sederìno**, **dim.** (V.) | **sederóne**, **accr.**

sederìno [1838] **s. m. 1** dim. di *sedere* ② **2** (*disus.*) sedile ribaltabile nelle carrozze a due posti

sedevacantìṣmo [da *sede vacante*, con *-ismo* ✱ 1986] **s. m.** ● movimento cattolico tradizionalista che non riconosce la legittimità di alcuni papi seguiti al concilio Vaticano II, ritenendo pertanto vacante la Sede apostolica durante il loro pontificato

sedevacantìsta [1986] **A s. m. e f.** (**pl. m.** *-i*) ● aderente al sedevacantismo **B anche agg.**: *cattolico s.*

♦**sèdia** [metatesi di un ant. *sieda*, da *sedere* ✱ av. 1257] **s. f. 1** sedile per una sola persona, di forma svariata secondo le epoche, gli stili e i materiali impiegati, costituito da una spalliera, un piano orizzontale e gener. quattro gambe o piedi uniti o no da traverse: *s. imbottita, impagliata*; *s. a braccioli*; *s. da giardino*; *s. di vimini, di ferro* | ***s. a dondolo***, su cui si può dondolare grazie ad un telaio di assi ricurve | ***s. a sdraio***, sdraio | ***s. curule***, sedile usato dagli antichi magistrati curuli romani, simbolo del potere giudiziario | ***s. gestatoria***, trono mobile sul quale il Papa era portato dai sediari | ***s. elettrica***, congegno per eseguire le condanne a morte mediante folgorazione, in uso in alcuni Stati degli Stati Uniti | ***s. a rotelle***, munita di ruote per consentire alle persone che non possono camminare di spostarsi **2** †trono: *mettere in s.* | †***levare di s.***, spodestare | †***S. Apostolica***, Santa Sede | †***S. vacante***, sede vacante, per la morte del Pontefice **3** †sede, residenza, dimora (*anche fig.*): *la malinconia è s. di spiriti maligni* (T. CAMPANELLA) || **sediàccia**, **pegg.** | **sediòla**, **sediolìna**, **dim.** | **sediolìno**, **dim. m.** (V.) | **sediòlo**, **dim. m.** (V.) | **sedióne**, **accr. m.**

sediàrio [da *sedia* ✱ 1751] **s. m.** ● chi era addetto a reggere la sedia gestatoria papale

sedicènne [vc. dotta, dal lat. tardo *sedecĕnne(m)*, comp. di *sēdecim* 'sedici' e *ănnus* 'anno' ✱ 1856] **A agg. 1** che ha sedici anni, detto di cosa o di persona: *una ragazza s.* **2** (*raro, lett.*) che dura da sedici anni **B s. m. e f.** ● chi ha sedici anni d'età: *capricci da s.*

♣**sedicènte** [comp. di *sé* e *dicente* sul modello del fr. *soidisant* ✱ 1762] **agg. 1** (*burocr.*) che dichiara di essere, che dice di sé stesso: *il s. Mario Rossi sporge denuncia*; *un gruppo s. anarchico* **2** (*est.*) che dice di essere ciò che non è, che si qualifica in modo abusivo: *un s. dottore*

sedicèṣimo (o *-é-*) **A agg. num. ord.** ● corrispondente al numero sedici in una succes-

S

sione o in una classificazione (rappresentato da XVI nella numerazione romana, da 16° in quella araba): *si è classificato s.*; *arrivò s.*; *ne ho avuto la sedicesima parte*; *è uscito il s. fascicolo*; *Luigi XVI, re di Francia*; *papa Benedetto XVI* | ***tre alla sedicesima***, (*ellitt.*) tre elevato alla sedicesima potenza | ***il secolo XVI***, gli anni dal 1501 al 1600 **SIN.** (*lett.*) decimosesto **B** **s. m.** **1** ciascuna delle sedici parti uguali di una stessa quantità: *calcolare i tre sedicesimi di un numero* | ***in s.***, in tipografia, di foglio su ognuna delle cui facce vengono stampate sedici pagine; in legatoria, del tipo di formato ottenuto piegando in quattro parti tali fogli in modo da ottenerne 16; (*fig., scherz.*) di persona o cosa di ridotte dimensioni o di scarso valore: *volume in s.*; *pianista in s.* **2** (*sport*) ***sedicesimi di finale***, fase di una gara, un torneo, e sim. a eliminazione, che qualifica i concorrenti che disputeranno gli ottavi di finale

♦**sédici** [lat. *sēdecim* 'sedici', comp. di *sĕx* 'sei' e *dĕcem* 'dieci' ✱ 1211] **agg. num. card. inv.**; **anche s. m. e f. inv.** (V. nota d'uso NUMERI E NUMERALI) ● (*mat.*) numero naturale successivo di quindici, rappresentato da *16* nella numerazione araba, da *XVI* in quella romana. **I** come agg. ricorre nei seguenti usi **1** rispondendo o sottintendendo la domanda 'quanti?' indica la quantità numerica di sedici unità (spec. preposto a un sost.): *ho una figlia di s. anni*; *è lungo s. centimetri*; *dista s. kilometri* **2** rispondendo o sottintendendo la domanda 'quale?', identifica qlco. in una pluralità, in una successione, in una sequenza (posposto a un sost.): *leggete a pagina s.*; *sono nato il giorno s.*; *sono le ore s.*; *anno primo, numero s.*; *abito al numero s. di via Roma* | (*pop.*) sedicesimo: *Luigi s., re di Francia* **II** come sost. ricorre nei seguenti usi **1** il numero sedici (per ellissi di un sost.): *il s. nel trentadue sta due volte*; *abito al s. di via Manzoni*; *sarò da te il s. del mese prossimo*; *è stato estratto il s. sulla ruota di Cagliari* | ***le s.***, le quattro del pomeriggio | ***nel '16***, nel 1816 o nel 1916 | (*pop., scherz.*) deretano (rappresentato dal numero sedici nella cabala): *ha battuto il s. per terra* **2** il segno che rappresenta il numero sedici

sedicìna [da *sedici* ✱ 1891] **s. f.** ● complesso di sedici, o circa sedici, unità: *una s. di persone*; *una s. di pagine*

♦**sedìle** [lat. *sedīle* (acc. nt.) 'sedile', da *sedēre* 'sedere' ✱ av. 1306] **s. m.** ● qualunque oggetto o struttura di forma e materiale vari fatto per potervisi sedere: *s. imbottito, pieghevole*; *s. anteriore, posteriore*; *s. della carrozza, del tram, di un'automobile* | ***s. della botte***, trave di sostegno, calastra | (*est.*) piano di una sedia su cui ci si siede ‖ **sedilétto**, **dim.**

sedìme [dal lat. *sēdime(n)* (acc. nt.) 'sedimento', da *sedēre* 'sedere' ✱ av. 1537] **s. m.** **1** (*raro*) sedimento, posatura **2** superficie del terreno su cui poggiano le fondazioni di un manufatto o di un edificio: *il s. di un aeroporto*

sedimentàre [da *sedimento* ✱ 1960] **v. intr.** (*io sediménto*; **aus.** *essere* o *avere*) e **sedimentàrsi** **v. intr. pron.** **1** depositarsi sul fondo, detto di particelle solide sospese in un liquido: *vino che sedimenta lentamente* **2** (*fig.*) trovare nel tempo la giusta collocazione e dimensione: *letture che si sedimentano nella memoria*

sedimentàrio [da *sedimento* ✱ 1864] **agg.** ● che deriva, si è formato e sim., da sedimentazioni | ***processo s.***, formazione dei sedimenti e delle rocce sedimentarie | ***rocce sedimentarie***, rocce derivate dalla diagenesi dei sedimenti

sedimentatóre [da *sedimentare* ✱ 1960] **s. m.**; **anche agg.** (**f.** *-trice*) ● apparecchio o impianto, spec. industriale, destinato all'operazione di sedimentazione: *bacino s.*

sedimentazióne [da *sedimentare* ✱ 1895] **s. f.** **1** deposizione spontanea o provocata, sul fondo di un recipiente, di particelle che si trovano in sospensione in un liquido: *s. di un composto*; *s. del sangue*; *velocità di s.* **CFR.** eritrosedimentazione **2** (*geol.*) azione meccanica della corrente dell'acqua fluviale che lascia depositare sul fondo il materiale trasportato, quale pietrisco, ciottoli e sabbia | ***s. marina***, deposito in fondo al mare di materiali detritici portati dai fiumi e prodotti dalla erosione delle coste **3** (*fig.*) lento accumulo e progressiva maturazione di esperienze, concezioni e sim.

sediménto [dal lat. *sedimĕntu(m)*, da *sedēre* 'sedere' ✱ av. 1595] **s. m.** **1** strato di sostanza solida che si deposita per gravità sul fondo di un recipiente contenente un liquido torbido **2** (*geol.*) materiale depositato alla superficie subaerea o subacquea del globo per effetto della sedimentazione | ***s. bioclastico***, processo di fratturazione delle rocce causato da organismi viventi **3** (*fig., lett.*) deposito, accumulo: *un s. di esperienze passate*

sedimentologìa [comp. di *sedimento* e *-logia* ✱ 1960] **s. f.** (**pl.** *-gìe*) ● (*geol.*) disciplina che studia i processi di sedimentazione e di diagenesi che portano alla formazione di rocce sedimentarie, i meccanismi, la distribuzione, gli ambienti della sedimentazione

sedimentològico [da *sedimentologia* ✱ 1960] **agg.** (**pl. m.** *-ci*) ● relativo alla sedimentologia

sedimentóso (o *-ṣo*) [av. 1698] **agg.** ● (*raro*) che determina la formazione di un sedimento | che risulta da sedimento

†**sèdio** [da *sedere* (V. *sedia*) ✱ av. 1292] **s. m.** **1** seggio **2** (*fig.*) sede, residenza

sediolìno [da *sedia* sul modello di *seggiolino* ✱ 1960] **s. m.** **1** dim. di *sedia* **2** seggiolino

sediòlo o (*lett.*) **sediuòlo** [1796] **s. m.** **1** dim. di *sedia* **2** carrozzino a due ruote per le corse al trotto usato in Italia fino alla fine dell'Ottocento, poi sostituito dal *sulky* (V.)

♣**sedizióne** [vc. dotta, dal lat. *seditiōne(m)*, comp. di *sēd-*, pref. di allontanamento e *ĭtio*, genit. *itiōnis* 'andata', da *ĭtus*, part. pass. di *īre* 'andare' ✱ 1261 ca.] **s. f.** ● ribellione, sommossa di popolo contro l'autorità costituita: *domare, placare, la s.*; *non si è vista ancor in terra repubblica ... senza s. e senza tirannia* (T. CAMPANELLA)

♣**sedizióso** (o *-ṣo*) [vc. dotta, dal lat. *seditiō-su(m)*, da *sedĭtio* 'sedizione' ✱ av. 1342] **A** **agg.** **1** che incita alla sedizione: *notizie sediziose* | che costituisce una sedizione: *adunata sediziosa*; *un'aggressione, un atto s.* (A. MANZONI) **2** che provoca, favorisce, partecipa a una sedizione, detto di persona: *cittadini sediziosi* **SIN.** ribelle, sovversivo ‖ **sediziosaménte**, **avv.** **B** **s. m.** (**f.** *-a*) ● persona sediziosa: *un gruppo di sediziosi*

sèdo [dal lat. *sĕdu(m)* 'erba pignola, vermicularia', di orig. prelatina ✱ 1838] **s. m.** ● genere di piante delle Crassulacee, annue o perenni, con foglie carnose e fiori a stella bianchi, gialli o azzurri (*Sedum*)

sedótto **part. pass.** di *sedurre*; **anche agg.** ● nei sign. del v.

♦**seducènte** **part. pres.** di *sedurre*; **anche agg.** ● nei sign. del v. | (*est.*) affascinante: *un uomo s.*; *sorriso s.* | allettante: *proposta s.* ‖ **seducenteménte**, **avv.**

†**sedùcere** ➤ **sedurre**

†**seduciménto** [da †*seducere* ✱ av. 1294] **s. m.** ● il sedurre | lusinga, allettamento

†**sedulità** [vc. dotta, dal lat. *sedulitāte(m)* 'sollecitudine', da *sēdulus* 'sollecito' ✱ 1525] **s. f.** ● (*lett.*) diligenza, sollecitudine

†**sèdulo** [vc. dotta, dal lat. *sēdulu(m)* 'sollecito', comp. di *sē(d)-* 'senza' e *dŏlus* 'insidia, malizia' ✱ 1242] **agg.** ● (*lett.*) diligente, sollecito

sedùrre o †**sedùcere** [dal lat. *sedūcere* 'sviare', comp. di *sē(d)-* 'via' e *dūcere* 'condurre' (V.) ✱ 1321] **v. tr.** (**coniug. come** *condurre*; **part. pass.** *sedótto*) **1** (*lett.*) indurre al male o in errore con lusinghe, allettamenti, inganni: *fantasia, la quale ci seduce a dire bugie* (U. FOSCOLO) | †sobillare **2** fare innamorare qlcu. con il proprio fascino: *l'ha sedotto con il suo sorriso luminoso* | lusingare, allettare, circuire qlcu. allo scopo di avere con lui o con lei rapporti sessuali: *è stata sedotta e abbandonata* **3** (*est.*) affascinare: *quell'autore mi ha sedotto con il suo stile coinvolgente* | (*est.*) attrarre, avvincere: *l'idea mi seduce*

SFUMATURE DI SIGNIFICATO

sedurre - insidiare

Lusingare, allettare, ricoprire di attenzioni qualcuno allo scopo di intrecciare una relazione sessuale si dice **sedurre**. **Insidiare** ha lo stesso significato, ma con una connotazione di maggiore negatività, implicando un'idea di abbindolamento, circuizione.

SFUMATURE ➤ ***attrarre***, ➤ ***colpo***

sedùta [f. sost. di *seduto* ✱ 1590] **s. f.** **1** lo stare seduto, spec. nella loc. ***per alzata e s.***, sistema di votazione in cui chi vota a favore si alza in piedi e chi vota a sfavore rimane seduto **2** riunione di più persone per discutere, esaminare, deliberare: *aprire, levare, chiudere, sciogliere, rimandare, la s.*; *avere s.*; *s. lunga, breve, tranquilla, agitata*; *s. segreta*; *le sedute del Parlamento* | ***s. stante***, durante la seduta stessa; (*est.*) immediatamente, subito: *te ne andrai s. stante* | (*dir.*) adunanza di un organo collegiale o rappresentativo | ***s. comune del Parlamento***, riunione congiunta dei componenti di entrambi i rami del Parlamento **3** posa di modello, o di persona che fa da modello, per ritratti in pittura o scultura: *ci mise dieci sedute a finire il ritratto* | incontro, appuntamento, che un professionista ha nel suo studio con un cliente per una cura, una visita, un parere: *avere una s. con il dentista, dallo psicoanalista* **4** piano di una sedia, di una poltrona, di un divano e sim.: *una s. in pelle*; *una s. ergonomica, confortevole* ‖ **sedutìna**, **dim.**

sedùto **part. pass.** di *sedere* **1** nei sign. del v. **2** (*aeron., disus.*) cabrato

seduttìvo [calco sull'ingl. *seductive* ✱ av. 1420] **agg.** **1** di seduzione, relativo a seduzione: *potere s.*; *gioco s.* **2** (*raro*) seducente, attraente: *sguardo s.* | allettante ‖ **seduttivaménte**, **avv.** ‖ **seduttività**, **s. f. inv.** capacità di seduzione, di attrazione

seduttóre [vc. dotta, dal lat. tardo *seductō-re(m)* 'seduttore', da *sedūctus* 'sedotto' ✱ av. 1328] **s. m.** (**f.** *-trice*); **anche agg.** ● chi (o che) seduce: *un affascinante s.*; *quella ragazza è una stupenda seduttrice*; *promesse seduttrici*

†**seduttòrio** [vc. dotta, dal lat. tardo *seductō-riu(m)*, da *sedūctus* 'sedotto' ✱ sec. XIV] **agg.** ● (*raro*) seducente ‖ †**seduttoriaménte**, **avv.**

seduzióne [vc. dotta, dal lat. tardo *seductiō-ne(m)*, da *sedūctus* 'sedotto' ✱ av. 1328] **s. f.** **1** (*lett.*) istigazione al male, corruzione: *la s. del vizio* (F. DE SANCTIS) **2** il sedurre: *fare opera di s.*; *l'arte della s.*; *s. di minorenne* **3** capacità di affascinare; attrattiva, incanto, fascino: *la s. della musica, della poesia*; *la s. del denaro* | ciò che seduce: *le seduzioni del mondo*

seed càpital /sid'kapital, *ingl.* 'siːd,kæpɪtl/ [loc. ingl., propr. 'capitale (*capital*) d'avvio (*seed*)' ✱ 1985] **loc. sost. m. inv.** ● (*econ.*) fondo finanziario a cui accede un imprenditore per avviare una nuova attività, riconoscendo al fondo stesso una partecipazione di minoranza nell'impresa

seedling /*ingl.* 'siːdlɪŋ/ [vc. ingl., da *seed* 'seme' ✱ 1950] **s. m. inv.** ● piccola pianta, germogliata da un seme, nel suo primo stadio di vita

sèee o **sèe** [vc. di origine roman. ✱ 1959] **inter.** ● spec. nel linguaggio giovanile, si usa come affermazione equivalente a 'sì', ma con tono tra il perplesso e l'ironico: *io ricco? seee ...*

seènne ➤ **seienne**

seènnio [da *seenne*, sul modello di *biennio* ✱ 1970] **s. m.** ● (*raro*) periodo di sei anni

sefardìta o **shefardìta** /*ʃefar'dita/ [dall'ebr. *Sĕfāraddī*, da *Sĕfārad* 'Spagna' ✱ 1950] **A s. m. e f.** (**pl. m.** *-i*) ● ebreo appartenente ai gruppi della diaspora che si stanziarono nella Penisola Iberica, e che di lì successivamente si diffusero anche altrove CFR. askenazita **B** anche **agg.**

♦**séga** [lat. parl. **sĕca(m)* 'sega', da *secāre* 'segare' (V.) ✱ av. 1342] **A s. f. 1** attrezzo o macchina per tagliare legno o metallo facendovi penetrare solitamente con moto alternato una lama dentata di acciaio: *s. a mano*; *s. circolare* | ***s. meccanica***, segatrice | ***s. per pietre***, con lama senza denti | ***coltello a s.***, con lama seghettata, per affettare pane, dolci e sim. | (*fig.*) ***a denti di s.***, detto di opera fortificatoria dotata di numerosi salienti e rientranti | strumento chirurgico di analoga forma **2** (*elettron.*) ***a dente di s.***, detto di grandezza che cresce o decresce linearmente nel tempo da un certo valore a un altro valore, raggiunto il quale ritorna rapidamente al primo valore ripetendo gener. questo andamento nel tempo: *segnale, tensione, corrente, a dente di s.* **3** (*mus.*) strumento idiofono costituito da una normale sega che, tenuta fra le ginocchia, viene sfregata da un archetto, in uso nel jazz e nella musica contemporanea **4** (*tosc.*) mietitura **5** (*pop.*, *volg.*) masturbazione maschile | niente, con valore rafforz., nelle loc. pop. ***non valere, non capire, una s.*** | (*fig.*, *pop.*) ***mezza s.***, V. *mezzasega* **6** (*centr.*) nella loc. ***fare s.*** (***a scuola***), marinare la scuola ‖ **seghétta**, **dim.** (V.) | **seghétto**, **dim. m.** (V.) | **segóne**, **accr. m. B** in funzione di **agg. inv.** ● (posposto al sost.) nella loc. ***pesce s.***, V. *pesce*

segàbile [av. 1555] **agg.** ● che si può segare

†**segàce** ➤ **sagace**

†**segacità** ➤ **sagacità**

segaiòlo [da *seg(a)* nel senso di 'masturbazione' con il suff. *-aiolo* ✱ 1892] **A s. m. 1** (*volg.*) uomo che si masturba frequentemente **2** (*fig.*, *volg.*) persona inconcludente, perditempo **B** anche **agg.**: *un adolescente s.*

ségale o **ségala** [lat. *sēcale* (acc. nt.), di etim. incerta ✱ 1205 ca.] **s. f. 1** pianta delle Graminacee con fusto sottile, poche foglie e cariossidi allungate e grigiastre (*Secale cereale*) | ***s. cornuta***, malattia della segale e di altre Graminacee, provocata da un fungo parassita dell'ovario; sostanza che se ne ricava per uso terapeutico **2** i granelli commestibili di tale pianta

segalìgno [da *segale*: il sign. di 'persona magra' prob. per analogia col fusto sottile della pianta ✱ 1284] **agg. 1** (*raro*) segalino **2** (*fig.*) detto di persona magra, asciutta: *vecchio s.*

segalìno [1472] **agg.** ● di segale: *pane s.*

segaménto [1282] **s. m. 1** (*raro*) il segare | taglio **2** †intersezione, intersecazione

segànte A part. pres. di *segare*; anche **agg. 1** nei sign. del v. **2** †V. *secante* **B s. f.** ● †V. **secante**

segantìno [da *segante*, con *-ino* di mestiere ✱ 1707] **s. m.** (**f.** *-a*) ● chi per mestiere sega i tronchi

segaòssa o **segaòssi** [comp. di *segare* e il pl. di *osso* ✱ 1973] **s. m. inv. 1** sega a mano o elettrica per segare le ossa delle bestie macellate **2** (*pop.*, *spreg.*) chirurgo

segàre [lat. *secāre* 'tagliare', dalla radice indeur. **sek-* 'tagliare' (V. *secare*) ✱ 1282] **A v. tr.** (*io ségo, tu séghi*) **1** tagliare in due o più parti mediante la sega: *s. un tronco, una trave, un albero* | (*scherz.*) ***s. il violino***, suonarlo **2** recidere, tagliare (*anche assol.*): *s. la gola, le vene; il coltello non sega bene* **3** (*iperb.*) stringere tanto forte da solcare la pelle: *la cintura troppo stretta mi sega i fianchi* **4** (*tosc.*) mietere, falciare: *s. la biada, il fieno* **5** (*fig.*, *gerg.*) bocciare a scuola; licenziare **6** (*centr.*) marinare la scuola (*spec. assol.*) **B v. tr. e segàrsi v. rifl. recipr.** ● †intersecare, intersecarsi: *l'onde colonnali che ... non si segano a mezzo* (LEONARDO)

†**segastóppia** [comp. di *sega(re)* e *stoppia* ✱ av. 1673] **s. m. inv.** ● (*raro*, *spreg.*) contadino

segàta [av. 1580] **s. f.** ● (*raro*) atto del segare in una volta, alla meglio | (*tosc.*) falciatura ‖ **segatina**, **dim.**

segàto A part. pass. di *segare*; anche **agg.** ● nei sign. del v. **B s. m.** ● foraggio d'erba e paglia tritate

segatóre [da *segato* ✱ av. 1320] **s. m.** (**f.** *-trice*) **1** segantino **2** chi sega pietra o marmo, con sega a telaio o filo elicoidale **3** (*tosc.*) falciatore, mietitore

segatrice [f. di *segatore* ✱ 1930] **s. f.** ● macchina utensile, azionata da un motore, che esegue il taglio di metalli, legnami, marmi e sim.: *s. a nastro, a disco, alternativa*

segatùra [1340] **s. f. 1** attività del segare | taglio di materiali, eseguito a mano con seghe o seghetti o meccanicamente con segatrici **2** insieme dei piccoli frammenti prodotti segando il legno o metalli teneri **3** (*tosc.*) mietitura, falciatura

†**sègeta** [vc. dotta, dal lat. *sĕgete(m)* 'seminato', 'messe', di etim. incerta ✱ sec. XIV] **s. f.** ● (*lett.*) biada

segetàle [vc. dotta, lat. *segetāle(m)* 'che cresce nel seminato (V. †*segeta*)' ✱ 1499] **agg.** ● (*bot.*) messicolo

seggétta [av. 1554] **s. f. 1** dim. di †*seggia* **2** comoda **3** †seggiola portatile con due stanghe; portantina ‖ **seggettina**, **dim.**

†**seggettière** [da *seggetta* ✱ 1654] **s. m.** ● portantino

†**sèggia** [variante ant. di *seggio* ✱ av. 1332] **s. f.** ● sedia | trono ‖ **seggétta**, **dim.** (V.)

sèggio [da *seggere*, variante ant. di *sedere* ✱ sec. XIII] **s. m.** (**pl.** *-i*, †*seggiora*, **f.**) **1** †sedia **2** (*est.*, *lett.*) sedile importante e solenne destinato ad alti personaggi, trono: *s. reale, episcopale, papale* | ***S. di San Pietro***, il papato | ***S. dell'Altissimo***, il Paradiso **3** (*est.*) sedile, in cui siedono personaggi autorevoli nell'esercizio delle loro funzioni: *s. della presidenza, dei deputati, degli accademici, dei canonici* | ***sbalzare, togliere qlcu. di s.***, privarlo dell'autorità, del grado che ricopre **4** (*est.*) ciascuno dei posti in un'assemblea elettiva ottenuti da un partito o movimento politico in seguito a elezioni politiche o amministrative: *quel partito ha perso tre seggi* **5** ***s. elettorale***, luogo nel quale si svolgono le operazioni di voto, di spoglio delle schede e di calcolo dei risultati per una elezione | l'insieme delle persone che cura lo svolgimento di tali operazioni: *presidente di s.*

sèggiola [dim. di *seggio*, *-a* ✱ av. 1320] **s. f.** ● sedia ‖ **seggiolàccia**, **pegg.** | **seggiolétta**, **dim.** | **seggiolìna**, **dim.** | **seggiolino**, **dim. m.** (V.) | **seggiolóna**, **accr.** | **seggiolóne**, **accr. m.** (V.)

seggiolàio [1551] **s. m.** (**f.** *-aia*, **pl. m.** *-ai*) ● chi fabbrica, ripara o vende seggiole

seggiolàta [1960] **s. f.** ● colpo di seggiola

seggiolino [av. 1665] **s. m. 1** dim. di *seggiola* **2** sedia piccola e bassa per bambini | seggiola pieghevole | sedile ribaltabile, strapuntino **3** (*aeron.*) ***s. eiettabile***, che in caso d'emergenza può essere espulso violentemente insieme al pilota dall'abitacolo dell'aereo in volo | ***s. regolabile***, congegnato in modo che il pilota possa adattarselo per altezza, distanza dai comandi, e sim.

seggiolóne [da *seggiola* ✱ av. 1587] **s. m. 1** grande e pesante sedile per una persona, in legno talvolta imbottito e ricoperto di cuoio o tessuto, con o senza braccioli: *Trovai la contessa accosciata in un s. di vecchio marocchino nero* (I. NIEVO) **2** alto sedile per bambini munito di un piano ribaltabile che serve d'appoggio al piatto e al bicchiere e impedisce al bambino seduto di cadere in avanti

seggiovìa [comp. di *seggio(la)* e *via*, sul modello di *funivia* ✱ 1948] **s. f.** ● impianto per il trasporto di persone, costituito da un sistema di seggiolini uniti, mediante un'asta metallica, a una fune azionata con movimento continuo, per poter superare dislivelli in montagna

seghedìglia ➤ **seghidiglia**

segherìa [da *segare* ✱ 1886] **s. f. 1** stabilimento per la segatura a macchina di tronchi | reparto di uno stabilimento per la lavorazione del legno **2** reparto o stabilimento dove si segano i blocchi di marmo o pietra provenienti dalle cave

seghétta [1340] **s. f. 1** dim. di *sega* **2** piccola sega per fiale di vetro **3** (*raro*) stringilabbro per animali da tiro

seghettàre [da *seghetta* ✱ 1960] **v. tr.** (*io seghétto*) ● dentellare come la lama di una sega

seghettàto part. pass. di *seghettare*; anche **agg.** ● nel sign. del v.

seghétto [1949] **s. m. 1** dim. di *sega* **2** tipo di sega a mano, spec. per metalli | sega a lama libera a un solo manico per il taglio dei piccoli rami

seghidìglia o **seghedìglia**, **seguidìglia** [1894] **s. f.** ● adattamento di *seguidilla* (V.)

segmentàle [1940] **agg. 1** relativo a un segmento **2** (*ling.*) che si sussegue nella catena parlata **3** (*biol.*) riferito ai segmenti in cui è diviso il corpo di molti animali | (*anat.*) detto di qualsiasi struttura anatomica costituita da una successione di parti di aspetto simile

segmentàre [da *segmento* ✱ 1499] **A v. tr.** (*io segménto*) **1** dividere in segmenti **2** (*fig.*) dividere ulteriormente ciò che è già diviso **B segmentàrsi v. intr. pron.** ● dividersi in segmenti (*anche fig.*)

segmentàrio [da *segmento* ✱ 1960] **agg. 1** relativo a un segmento **2** (*med.*) relativo a una parte di un organo: *resezione segmentaria*

segmentazióne [1914] **s. f. 1** divisione in segmenti (*anche fig.*): *la s. del processo produttivo* **2** (*ling.*) suddivisione del discorso parlato nelle unità componenti, ciascuna delle quali rappresenta un morfema **3** (*biol.*) divisione dell'uovo in blastomeri, che costituisce l'inizio della formazione dell'embrione

segménto [vc. dotta, dal lat. *segmĕntu(m)* 'ritaglio', da *secāre* 'tagliare' ✱ 1499] **s. m. 1** (*mat.*) insieme dei punti di una retta compresi fra due suoi punti dati: *estremi del s.* | ***s. circolare***, parte di cerchio delimitata da una corda, o compresa fra due corde parallele | ***s. sferico***, parte di sfera delimitata da un piano secante, o compresa fra due piani secanti paralleli **2** parte di un corpo qualsiasi compreso tra due estremi | (*biol.*) ciascuna delle sezioni del corpo di vari animali che presentano più o meno le stesse caratteristiche **3** piccola striscia, parte tagliata, e sim.:

un s. di stoffa **4** fascia elastica di stantuffo **5** (*fig.*) sezione, parte: *segmenti di sapere*; *operare in diversi segmenti di mercato* **6** (*tel.*) *s.* ***spaziale***, l'insieme dei satelliti e delle stazioni a terra destinati a uno specifico progetto

ségna-accènto ▸ **segnaccento**

segnacàrte [comp. di *segna(re)* e il pl. di *carta* ✻ 1891] **s. m. inv.** ● segnalibro

segnacàso [comp. di *segna(re)* e *caso* ✻ av. 1648] **s. m. (pl. -*i* o inv.)** ● (*gramm.*) elemento grammaticale che, premesso al nome, ne indica il caso in cui andrebbe posto in latino; per es. le prep. *di* per indicare il caso genitivo, *da* per indicare l'ablativo, *a* il dativo ecc.

segnaccènto o **ségna-accènto** [comp. di *segn(o)* e *accento* ✻ av. 1647] **s. m.** ● segno grafico di accento

segnàcolo o †**signàcolo**, †**signàculo** [dal lat. tardo *signăculu(m)* 'segno', da *signāre* 'segnare' ✻ 1321] **s. m. 1** (*lett.*) segno, insegna, simbolo: *poste ha pria le mani / sopra i santi segnacoli cristiani* (G. Carducci) **2** †segnalibro, segnacarte

segnafile [comp. di *segna(re)* e il pl. di *fila* ✻ 1983] **s. m. inv.** ● (*agric.*) rigatore

segnalaménto [1813] **s. m. 1** il segnalare | uso di segnali spec. per disciplinare il traffico stradale, ferroviario, marittimo e sim. **2** (*mar.*) *s.* ***marittimo***, *s.* ***navale***, sistema usato per garantire lo svolgimento regolare della navigazione, costituito da fanali di bordo e di terra, mede, boe e sim. che aiutano a identificare altre navi, coste, pericoli, ecc. **3** (**al pl.**) l'insieme delle strutture che costituiscono il segnalamento marittimo: *segnalamenti luminosi*; *segnalamenti sonori*

♦**segnalàre** [da *segnale* ✻ 1542] **A v. tr. 1** indicare, comunicare, avvisare per mezzo di segnali (**qlco.**; **+ *di* seguito da inf.**, **+ *che***): *s. un arrivo, una partenza*; *s. un cambio di corsia*; *s. l'arrivo del treno*; *il battello ha segnalato di essere in difficoltà*; *si segnala che il livello dell'acqua comincia a scendere* | (*est.*) dar notizia di qlco., annunciare: *una perturbazione è segnalata sull'Atlantico*; *gli ultimi dati segnalano che l'inflazione è in ripresa* **2** (*fig.*) far conoscere, far distinguere, additare: *mi segnalò un caso interessante*; *il premio ha segnalato un nuovo poeta* | raccomandare: *il candidato è stato segnalato da persone autorevoli* **3** †distinguere con un segnale, mettere il marchio: *s. il bestiame* **B segnalàrsi v. rifl.** ● distinguersi, farsi notare: *segnalarsi nell'arte, in guerra*; *segnalarsi per un'interpretazione teatrale*

segnalàto **part. pass.** di *segnalare*; anche **agg. 1** nei sign. del v. **2** (*lett.*) insigne, illustre: *persona di s. valore* | eccezionale: *segnalate imprese* | (*est.*) generoso, lusinghiero: *mi ha fatto un s. favore* ‖ **segnalataménte**, **avv.** specialmente, particolarmente, segnatamente

segnalatóre [1914] **A s. m. 1** (**f. -*trice***) chi segnala | persona addetta ai servizi di segnalazione **2** strumento per segnalazioni **B anche agg.**: *apparecchio s.*

segnalazióne [1853] **s. f. 1** il segnalare | segnale: *faceva grandi segnalazioni con le braccia* | trasmissione per mezzo di segnali: *segnalazioni ottiche, acustiche, luminose* | ***segnalazioni stradali***, semafori, cartelli, segnaletica orizzontale | ***bandiera da s.***, ***teli da s.***, per il collegamento con gli aerei in volo **2** (*est.*) trasmissione di notizie: *la s. di attacco giunse in ritardo* **3** (*fig.*) indicazione di qlcu. o di qlco. di cui conviene interessarsi: *la s. di un giovane pittore*; *è giunta la s. di un nuovo libro* | raccomandazione: *fare, ricevere, una s. per qlcu.*

♦**segnàle** [lat. tardo *signāle*, nt. sost. di *signālis*, agg. da *sīgnum* 'segno' ✻ 1261 ca.] **s. m. 1** segno conosciuto o convenuto fra due o più persone col quale si dà notizia, avvertimento e sim., di qlco.: *s. ottico, acustico*; *dare, aspettare, ricevere il s.*; *al s. convenuto il plotone si fermò* | *s.* ***orario***, trasmesso dalla radio o dalla televisione a ore fisse per dare l'ora esatta | *s.* ***di soccorso***, segnale radiotelefonico o radiotelegrafico col quale una nave o un aeromobile richiede immediata assistenza; in alpinismo, segnale luminoso o acustico con cui si chiede aiuto | *s.* ***stradale***, simbolo, disegno, cartello o luce che indica una prescrizione, un divieto o altra notizia relativa alla circolazione stradale | (*milit.*) *s.* ***di tromba***, mezzo di comando e di collegamento per indicazioni e ordini da trasmettere in marcia e in manovra **2** (*est.*) dispositivo ottico o acustico atto a emettere segnali | *s.* ***d'allarme***, ***d'emergenza***, nei treni e nelle metropolitane, dispositivo mediante il quale il viaggiatore, in caso di grave necessità, può fare fermare il convoglio in moto **3** segnacarte: *mettere il s. nel libro* **4** *s.* ***elettrico***, variazione di tensione o di corrente presente in un circuito elettronico o telefonico | *s.* ***audio***, grandezza elettrica variabile nel tempo con la stessa legge di variazione dell'intensità sonora | *s.* ***video***, grandezza elettrica variabile nel tempo, con la stessa legge di variazione dell'intensità luminosa di corrente **5** segno, indizio: *un s. di cambiamento, di fiducia*; *segnali di ripresa* ‖ **segnalètto**, **dim.** | **segnalìno**, **dim.** (V.) | **segnalùzzo**, **dim.**

segnalètica [f. sost. di *segnaletico* ✻ 1942] **s. f.** ● insieme di segnali: *s. stradale, ferroviaria* | *s.* ***orizzontale***, i cui segnali sono costituiti di strisce, frecce, scritte e sim. sulla carreggiata | *s.* ***verticale***, quella su cartelli

segnalètico [dal fr. *signalétique*, da *signaler* 'segnalare' ✻ 1901] **agg.** (**pl. m. -*ci***) ● che segnala, contraddistingue, serve a riconoscere | ***dati segnaletici***, quelli che caratterizzano una persona e ne permettono il riconoscimento | ***foto segnaletica***, V. *foto* | ***cartellini segnaletici***, su cui sono impresse le impronte digitali di persone pericolose o sospette

segnalìbro [comp. di *segna(re)* e *libro* ✻ 1891] **s. m. 1** cartoncino, laccetto, striscia di stoffa che si mette fra le pagine di un libro per ritrovare prontamente la pagina voluta **2** (*est.*, *Internet*) indirizzo di un sito web registrato dall'utente in un'apposita rubrica del browser, così da potervi accedere direttamente **SIN.** bookmark

segnalìmite [comp. di *segna(re)* e *limite* ✻ 1974] **s. m.** ● elemento mobile (paletto, prisma di pietra o sim.) che rende visibili i limiti e l'andamento di una carreggiata stradale

segnalinee [comp. di *segna(re)* e il pl. di *linea* ✻ 1920] **s. m. e f. inv.** ● (*sport*) nel calcio, assistente arbitrale (V. *assistente*) **SIN.** guardalinee

segnalino [1992] **s. m. 1** dim. di *segnale* **2** in vari giochi, simbolo che contrassegna la posizione di un giocatore sul tavoliere

segnapàssi [comp. di *segnare* e il pl. di *passo*: calco sull'ingl. *pace-maker* ✻ 1970] **s. m. inv.** ● (*med.*, *raro*) pacemaker

segnapósto [comp. di *segna(re)* e *posto* ✻ 1942] **s. m.** (**pl. inv. o -*i***) ● biglietto, targhetta che indica, mediante il nome e cognome che porta impresso, il posto assegnato a qlcu. in riunioni, congressi, pranzi e anche l'identità di un impiegato o di un funzionario in uffici, banche o sim.

segnaprèzzo [comp. di *segna(re)* e *prezzo* ✻ 1963] **A s. m.** (**pl. inv. o -*i***) ● cartellino su cui è indicato il prezzo di una merce esposta al pubblico **B anche agg. inv.**: *fustelle s.*

segnapùnti [comp. di *segna(re)* e il pl. di *punto* ✻ 1960] **A s. m. e f. inv.** ● persona addetta alla segnatura dei punti di una partita, spec. di pallacanestro **B s. m. inv.** ● dispositivo, lavagnetta, cartoncino, su cui si segnano i punti fatti al gioco

♦**segnàre** [lat. *signāre* 'segnare' da *sīgnum* 'segno' ✻ av. 1294] **A v. tr.** (**pres.** *io ségno*, *noi segniàmo*, †*segnàmo*, *voi segnàte*; **congtv. pres.** *io ségni*, *noi segniàmo*, *voi segniàte*) **1** notare, rilevare, mediante uno o più segni: *s. le note in margine a un libro*; *s. le correzioni da fare*; *s. gli errori con la matita rossa*; *s. una località sulla pianta* **2** indicare mediante un segno particolare, contrassegnare: *s. la pagina con un segnalibro*; *s. qlco. coi piombi, con un sigillo, con una sigla*; *una linea bianca segna il confine*; *uno spillo segna il punto da tagliare* | *s.* ***le pecore, i cavalli***, marcarli | *s.* ***il passo***, nella marcia, marcarlo ritmicamente da fermi; (*fig.*) rimanere fermo, non procedere: *i negoziati segnano il passo* | tracciare: *s. la strada* | truccare: *s. le carte da gioco* **3** (*est.*) prendere nota di ciò che è necessario ricordare: *s. un indirizzo, un appunto* | (*colloq.*) anche nella forma pron. (con valore intens.) **segnàrsi**: *segnarsi un numero di telefono*; *devo segnarmi di spostare l'appuntamento* | (*fig.*) *s.* ***qlco. nella memoria***, imprimerselo in mente | registrare: *s. la spesa*; *s. a debito, a credito* | (*est.*) scrivere: *s. il nome di qlcu. in un elenco*; *s. il prezzo della merce* **4** indicare | *s.* ***a dito***, esporre alla riprovazione generale | indicare mediante la lancetta, la colonna di mercurio e sim., detto di orologi, manometri, termometri e sim.: *l'orologio segna le ore*; *l'orologio segna le cinque*; *il barometro segna pioggia* **5** (*fig.*) annunciare, rappresentare, significare: *il suono delle campane segna il mezzogiorno*; *quel gesto segnò la fine della loro amicizia* **6** scalfire, graffiare, lasciare il segno: *il diamante segna il vetro*; *ha segnato la tavola con la lama del coltello*; *lo schiaffo gli ha segnato la guancia* | (*fig.*) lasciare su qlcu. delle conseguenze durature: *quella tragedia lo ha segnato* **7** (*raro*) fare il segno della croce a qlcu.: *s. un defunto* | impartire la benedizione: *s. le schiere dei fedeli* **8** †firmare: *date qua ... e presolo, di sua mano subito lo segnò* (B. Cellini) **9** †mirare | †cogliere nel segno **10** (*sport*) nel calcio e sim., realizzare un punto a favore della propria squadra (*anche assol.*): *s. un gol*; *s. un cesto*; *s. al decimo minuto* **B segnàrsi v. rifl.** ● farsi il segno della croce

segnasùb [comp. di *segna(re)* e *sub* ✻ 1984] **A s. m.** ● segnale galleggiante che indica la presenza di un sub in immersione **B anche agg. inv.**: *pallone s.*

segnatàrio [dal fr. *signataire*, da *signer* 'firmare, sottoscrivere' ✻ 1872] **s. m.** (**f. -*ia***) ● (*disus.*) firmatario

segnatàsse [comp. di *segna(re)* e il pl. di *tassa* ✻ 1891] **A s. m. inv.** ● francobollo speciale che, applicato sulla corrispondenza con affrancatura mancante o insufficiente, indica la tassa che il destinatario deve pagare al momento della consegna **B anche agg.**: *francobollo s.*

segnatèmpo [comp. di *segnare* e *tempo* ✻ 1960] **s. m. inv.** ● marcatempo

segnàto **part. pass.** di *segnare*; anche **agg. 1** che reca segni, tracce e sim.: *un foglio s.*; *un viso s. dalla sofferenza* | ***s. da Dio, da Cristo***, (*fig.*, *pop.*) di persona fisicamente deforme e dall'animo cattivo **2** deciso, stabilito: *il loro destino è s.* **3** (*ling.*) marcato ‖ **segnataménte**, **avv. 1** particolarmente, specialmente, principalmente **2** †espressamente; †apposta

segnatóio [da *segnare* ✻ 1838] **s. m.** (**pl. -*ói***) ● attrezzo a punta per segnare, tracciare linee o segni che servano di guida in un lavoro **SIN.** truschino

segnatóre [lat. tardo *segnatōre(m)* 'firmatario', da *signātus* 'segnato, firmato' ✱ 1355] **s. m.** (**f.** *-trice*); anche **agg.** ● (*raro*) chi (o che) segna

segnatùra o †**signatùra** [dal lat. mediev. *signatūra(m)*, da *signātus* 'sigillato, firmato' ✱ 1305] **s. f.** **1** (*raro*) il segnare | nel calcio e sim., il numero dei punti realizzati da una squadra in una partita; anche il singolo punto realizzato **2** sistema di cifre o di lettere e cifre, stabilito per identificare ogni unità archivistica o bibliografica in rapporto alla sua collocazione **3** (*edit.*) numero, lettera, segno convenzionale che indica, in un volume, l'esatta progressione dei gruppi di pagine che sono state stampate su un unico foglio, poi piegato e rilegato | ciascuno dei gruppi di pagine così individuato **4** †firma | nell'antica terminologia ecclesiastica, atto con il quale il Papa firmava i provvedimenti di grazia e di giustizia, e approvazione da lui apposta a tali provvedimenti **5** ***Supremo Tribunale della S. Apostolica***, tribunale ecclesiastico della Curia Romana con competenza, fra le altre, in merito alla legittimità delle sentenze emesse dalla Rota Romana e degli atti amministrativi dell'autorità ecclesiastica

segnavènto [comp. di *segna(re)* e *vento* ✱ 1913] **s. m. inv.**; anche **agg. inv.** ● banderuola o elemento simile, posto generalmente sui tetti delle case, destinato a indicare la direzione del vento

segnavìa [comp. di *segna(re)* e *via* ✱ 1942] **s. m. inv.** ● in alpinismo, contrassegno di itinerario costituito da un segno convenzionale, per es. bandierine, dischi o rettangoli colorati con un numero al centro, ripetuto con vernice sulle rocce e su tronchi di alberi lungo la via da percorrere

sègnico [1950] **agg.** (**pl. m.** *-ci*) **1** relativo al segno, nel linguaggio della semiologia: *sistema s.* **2** detto di pittura non figurativa che si vale di particolari elementi grafici, tipica degli anni '50 del Novecento ‖ **segnicità**, **s. f. inv.**

♦**ségno** [lat. *sĭgnu(m)* 'segno', prob. da *secāre* 'tagliare' (V. *segare*) ✱ 1229] **s. m.** **1** indizio, accenno palese da cui si possono trarre deduzioni, conoscenze e sim. riguardo a qlco. che non è manifesto: *segni premonitori*; *questo è un s. di sciagura*; *questo silenzio è aperto s. di disgrazia*; *il cielo nuvoloso è s. di pioggia*; *vedo già i segni della riuscita dell'affare*; *è un piccolo s. del futuro genio* | ***buon s.!***, ***cattivo s.!***, buono o cattivo indizio, presagio | in medicina, ogni manifestazione di malattia rilevata dal medico mediante esame del paziente **CFR.** sintomo | contrassegno, elemento distintivo: *segni di riconoscimento*; *lo riconobbi per certi segni sulla schiena* | ***segni caratteristici***, imperfezioni fisiche, spec. lievi, quali nei, cicatrici, voglie e sim., che rendono più rapido il riconoscimento di una persona e che, generalmente, vengono citati nei documenti di identità | (*raro*) marchio **2** gesto, atto o parola che manifesta un determinato modo di essere, di fare e sim.: *dare segni di gioia, di malvagità, di impazienza, di rabbia, di pazzia*; *non dà s. di andarsene*; *non dava alcun s. di smettere*; *vorrei un s. di comprensione da parte tua*; *è un s. della volontà divina* | ***non dare segni di vita***, essere esanime; (*est.*) non dare più notizie di sé da lungo tempo | ***in, come, s. di***, come prova, attestazione, di: *gli porse la mano in s. di amicizia*; *gradisca questo dono come s. di riconoscenza* | ***s. della croce***, simbolo iconografico della crocifissione del Cristo; (*est.*) atto con il quale il cristiano traccia, sul proprio corpo, a mezzo della mano destra, la croce, pronunciando una formula corrispondente: *fare, farsi, il s. della croce* | ***segni sacramentali***, forme esteriori dei sacramenti, simboli attraverso i quali si attribuisce la grazia **3** cenno, gesto: *mi fece s. di fermarmi*; *mi ha fatto un s. di saluto*; *gli feci s. di tacere*; *mi fa s. di no*; *parlare, capirsi, a segni* **4** qualunque espressione grafica, punto, linea, curva, figura e sim. convenzionalmente assunta a rappresentare ed esprimere un'entità, spec. astratta: *segni alfabetici, ortografici, algebrici*; *segni di punteggiatura, d'interpunzione*; *segni di richiamo, di omissione*; *s. dell'addizione, della sottrazione, della moltiplicazione*; *la parola è il s. dell'idea* | ***s. di croce***, tracciato dagli analfabeti in sostituzione della firma | (*tipogr.*) ***segni speciali***, caratteri non comuni impiegati per comporre testi specialistici **5** procedimento visivo di comunicazione del pensiero | ***s. linguistico***, rapporto tra un concetto o significato o contenuto e un'immagine fonica o significante o espressione **CFR.** semio- **6** (*mat.*) uno dei simboli + e −, i quali, in un numero relativo, indicano se questo è rispettivamente positivo o negativo **7** ***s. astronomico***, simbolo | ***s. dello zodiaco, s. zodiacale***, ciascuna delle dodici parti in cui anticamente veniva diviso lo zodiaco a partire dall'equinozio di primavera e assegnando nell'ordine i nomi delle costellazioni dello zodiaco: *di che s. sei?* **8** qualunque traccia, impronta e sim. visibile lasciata da un corpo su una superficie: *sulla sabbia c'è il s. dei tuoi passi*; *sul letto c'è il s. di un corpo*; *il gatto ha lasciato il s. delle zampe sul tappeto*; *sul muro c'è il s. di un chiodo*; *non fate segni col temperino sui banchi*; *lo schiaffo gli ha lasciato il s. sul viso* | ***lasciare il s.***, (*fig.*) rimanere impresso, avere conseguenze durature | conio, impronta **9** linea, figura e sim. che si traccia per contrassegnare il punto a cui si è arrivati, o si deve arrivare, nel fare qlco.: *fate un s. a pagina dieci*; *taglia fino al s.*; *hai saltato fino a quel s.* | segnalibro: *mettere il, un, s.* | ***tenere, perdere, il s.***, il punto in cui si è interrotta la lettura **10** (*fig.*) limite, misura: *passare, oltrepassare, il s.* | punto, grado: *è arrivato a questo s.?*; *a un certo s. non lo sopporto più* | ***a s.***, a punto, in sesto | ***mettere una macchina a s.***, metterla in grado di funzionare bene | ***mettere, tenere, qlcu. a s.***, richiamarlo ai suoi doveri | ***avere la testa a s.***, essere pienamente padrone di sé stesso | ***a tal s.***, talmente: *non son vile a tal s.* (C. GOLDONI) | (*lett.*) nelle loc. cong. ***a s. che, al s. che***, a un segno tale che, a un punto tale che (introducono una prop. consecutiva esplicita): *son tranquillo a s. / che in me non trova sdegno / per mascherarsi Amor* (P. METASTASIO) | ***per filo e per s.***, punto per punto, ordinatamente, con tutti i particolari **11** punto a cui si mira con un'arma, bersaglio: *tirare a s.* | ***tiro a s.***, sport che consiste nello sparare a bersagli fissi e mobili con armi da fuoco o ad aria compressa di vario tipo | ***mettere a s. un colpo***, colpire il bersaglio | ***cogliere, colpire, dare, nel s.***, mirare giusto; (*fig.*) indovinare, sortire l'effetto voluto | ***fallire il s.***, sbagliare la mira (*anche fig.*) | ***essere fatto s. a, di***, essere oggetto di: *è fatto s. all'esecrazione generale* **12** (*miner.*) ***s. ottico***, carattere ottico di un minerale dipendente dalla forma dell'indicatrice **13** (*lett.*) scopo, fine: *tendere a un s.*; *rivolgere qlco. a un s.* | †***condurre a s.***, a effetto **14** simbolo: *la colomba è s. di pace* **15** †insegna, bandiera: *faccian lor arte / sott'altro s.* (DANTE *Par.* VI, 103-104) **16** †segnale **17** †statua, effigie: *fermava il piè ciascun di questi segni / sopra due belle imagini più basse* (L. ARIOSTO) **18** †campione di urina da analizzare: *Costui porta non il s., ma uno diluvio d'orina al medico* (F. SACCHETTI) ‖ **segnàccio**, **pegg.** | **segnétto**, **segnettino**, **dim.** | **segnìno**, **dim.** | (*raro*) **segnùccio**, **segnùzzo**, **dim.**

†**segnóre** e deriv. ➤ **signore** e deriv.

ségo [lat. *sēbu(m)* 'sego' (V. *sebo*) ✱ 1618] **s. m.** (**pl.** *-ghi*) ● grasso di equini, ovini e spec. bovini, usato in saponeria per fabbricare candele, per estrarne varie sostanze grasse e come antischiumante **SIN.** sevo①

ségolo [dal lat. *sĕcula* 'falce', connesso con *secāre* 'tagliare', con cambio di genere ✱ 1340] **s. m.** ● falcetto per potare **SIN.** roncola

segóso (o *-ṣo*) [lat. *sebōsu(m)*, da *sēbum* 'sego' ✱ av. 1597] **agg.** ● che contiene sego | che è simile al sego

segregaménto [1843] **s. m.** ● (*raro*) segregazione

segregàre① [vc. dotta, dal lat. *segregāre* 'separare dal gregge', comp. di *sē(d)-* 'via' e di un denominale di *grĕx*, genit. *grĕgis* 'gregge' ✱ 1374] **A** **v. tr.** (*io sègrego, tu sègreghi*) ● allontanare, appartare, isolare dagli altri: *s. l'ammalato per evitare un contagio*; *s. un prigioniero pericoloso* **B** **segregàrsi** **v. intr. pron.** ● isolarsi, appartarsi: *segregarsi in casa*

segregàre② [da *segregare*①; per calco sull'ant. fr. *ségréger* 'separare', incrociato col fr. *sécretér* 'secernere' ✱ 1884] **v. tr.** (*io sègrego, tu sègreghi*) ● (*biol.*, *raro*) secernere

segregàto **part. pass.** di *segregare*①; anche **agg.** **1** nei sign. del v. **2** solitario, in disparte: *vivere s. dal mondo* ‖ **segregataménte**, **avv.**

segregazióne [vc. dotta, dal lat. tardo *segregatiōne(m)*, da *segregātus* 'segregato' ✱ 1837] **s. f.** **1** il segregare | condizione di chi è segregato | ***s.*** (***cellulare***), obbligo per un detenuto di rimanere nella sua cella, separato dagli altri carcerati **2** ***s. razziale***, in Paesi a popolazione mista, politica di discriminazione, attuata da governi razzisti, che costringe la popolazione non bianca a una rigida separazione da quella bianca nella vita civile (scuole, ospedali, locali, mezzi pubblici, ecc.) e politica | ***s. occupazionale***, discriminazione per ragioni di genere, etniche, politiche, sindacali e sim. che ostacola l'accesso a particolari occupazioni o, nell'ambito di un rapporto di lavoro, a determinate qualifiche professionali

SFUMATURE ➤ ***emarginazione***

segregazionìṣmo [da *segregazione*, con *-ismo* ✱ 1970] **s. m.** ● politica di segregazione razziale

segregazionìsta [1962] **A** **s. m. e f.**; anche **agg.** (**pl. m.** *-i*) ● sostenitore del segregazionismo **B** **agg.** ● segregazionistico

segregazionìstico [1970] **agg.** (**pl. m.** *-ci*) ● relativo al segregazionismo

segréta① o (*raro*) **secréta**① [da *segreto*① (V.) ✱ 1525] **s. f.** **1** nell'armatura del cavaliere medievale, calotta sottile o cuffia di maglia di acciaio indossata sotto l'elmo, a protezione del capo **2** cella bassa, angusta e priva di finestre in cui erano tenuti i prigionieri perché non avessero alcun contatto con l'esterno **3** parte nascosta di un mobile antico per celare documenti, oggetti e sim.

segréta② o **secréta**② [dal lat. *secrēta*, part. pass. nt. pl. di *secĕrnere* 'separare': propr. 'le offerte' ✱ av. 1396] **s. f.** ● nella liturgia precedente il Concilio Vaticano II, l'orazione recitata a bassa voce, nella Messa, dopo l'offertorio; attualmente, orazione sulle offerte, recitata ad alta voce

segretàre o **secretàre**② [da *segretazione* ✱ 1988] **v. tr.** (*io segréto*) ● (*dir.*) sottoporre a segretazione: *s. il verbale dell'interrogatorio*

segretarìale [1745] **agg.** ● relativo al segretario

segretarìàto [da *segretario* ✱ av. 1556] **s. m.** ● ufficio, carica di segretario | durata di tale ufficio o carica | luogo in cui il segretario lavora | insieme degli uffici e delle persone che fanno capo a un segretario

segretariésco [da *segretario* * 1586] **agg.** (**pl. m.** *-schi*) ● da segretario (*spec. spreg.*): *stile s.*; *nel gergo s.* (A. MANZONI)

♦**segretàrio** o †**secretàrio** [dal lat. mediev. *secretāriu(m)* 'cancelliere', da *secrētus* 'segreto' * av. 1328] **s. m.** (**f.** *-ia*) **1** anticamente, persona di fiducia di un principe, un sovrano e sim. | ***il S. fiorentino***, (*per anton.*) Niccolò Machiavelli in quanto fece parte della segreteria della Signoria di Firenze **2** chi è addetto a una persona o a un ufficio con l'incarico di svolgere mansioni esecutive di fiducia, di curare il buon svolgimento del lavoro dell'ufficio: *s. di direzione* **SIN.** assistente | ***fare da s. a qlcu.***, aiutarlo nello svolgimento della sua attività | ***s. di edizione***, impiegato con funzioni specifiche di segretario durante le lavorazioni di un film o di un programma televisivo | ***s. di produzione***, assistente del direttore di produzione durante le lavorazioni di un film o di un programma televisivo | ***s. di scena***, impiegato addetto all'organizzazione scenografica durante le lavorazioni di un film o di un programma televisivo | ***s. di redazione***, redattore che, presiedendo alla segreteria del giornale, segnala al direttore i fatti più importanti, segue il lavoro dei corrispondenti e dei collaboratori, tiene i contatti con il pubblico, e sim. | ***s. comunale, s. provinciale***, funzionario pubblico, dipendente funzionalmente dal sindaco o dal presidente della provincia, con ampi compiti di sovrintendenza, coordinamento e controllo delle attività amministrative | (*est.*) ***s. galante***, titolo di libri che contenevano modelli di lettere amorose **3** chi, nell'esercizio delle proprie funzioni, dirige un organismo, un'associazione, un partito e sim.: *s. dell'ONU*; *il s. del partito di maggioranza* | ***S. di Stato***, in Italia, qualifica spettante ai ministri; nel governo degli Stati Uniti, ministro degli Esteri; nella Curia romana, cardinale investito delle funzioni proprie della segreteria di Stato **4** †persona fidata, che mantiene i segreti: *pigliando pratica con questa e con quella, diventai secretaria di questa e di quella* (P. ARETINO) **5** (*zool.*) serpentario **SIN.** serpentario① || (*raro*) **segretariétto**, **dim.** | **segretariùccio**, **dim.**

segretazióne [da *segreto*② * 1988] **s. f.** ● (*dir.*) provvedimento con il quale l'autorità dispone, in caso di necessità, il permanere del segreto d'ufficio su atti che, altrimenti, potrebbero essere resi pubblici

segreterìa [da *segretario* * av. 1535] **s. f.** **1** ufficio, carica, di segretario: *lasciare la s. del partito* | insieme delle persone addette a una segreteria e la sede dell'ufficio stesso: *la s. è in ferie*; *recarsi in s. per informazioni* **2** ***s. telefonica***, servizio per gli abbonati al telefono che fornisce le più disparate informazioni; apparecchio che risponde automaticamente alle telefonate in arrivo con un messaggio registrato e registra le comunicazioni dell'interlocutore **3** ***S. di Stato di Sua Santità***, organo della Santa Sede che presiede agli affari politico-religiosi della Chiesa cattolica **4** nelle banche, ufficio addetto all'amministrazione dei fidi **5** antico mobile a cassetti segreti o scrivania con cassetti, per tenervi riposti documenti, lettere, gioielli e sim.

segretézza [da *segreto*① * av. 1529] **s. f.** ● caratteristica di ciò ciò che è segreto: *la s. di un incarico* | capacità di mantenere un segreto: *confido nella tua s.* | ***in tutta s., in gran s., con la massima s.***, e sim., in segreto, di nascosto

♦**segréto**① o (*lett.*) **secréto**① [dal lat. *secrētu(m)*, part. pass. di *secĕrnere* 'separare' (V. *secernere*) * av. 1294] **A** **agg.** **1** (*lett.*) appartato, nascosto: *luogo s.* **2** occulto, celato: *uscita segreta*; *passaggio s.* | che non deve essere divulgato: *accordo, colloquio s.*; *tenere s. un incontro*; *misteri segreti* **3** che è fatto di nascosto dagli altri: *convegno, amore, matrimonio, colloquio s.*; *relazione segreta*; *maneggi segreti*; *società segreta* | ***in s.***, (*ellitt.*) in modo segreto, di nascosto **SIN.** clandestino **4** che è accessibile soltanto a pochi: *schedario s.* | ***voto s.***, votazione in cui non risulta quale voto abbia espresso ogni singolo votante **CONTR.** palese | ***spese segrete, fondi segreti***, del cui impiego non si deve rendere conto **5** che non rivela agli altri la sua vera identità, professione e sim.: *agente s.* **6** (*raro*) che sa custodire quanto gli viene confidato senza riferirlo ad altri: *è una persona segreta e fidata* **7** (*fig.*) intimo, recondito: *gioia segreta*; *pensiero s.*; *come chi finge una pena secreta* (U. SABA) **8** privato, particolare | ***cameriere s.***, V. *cameriere* || **segretaménte**, **avv.** in segreto, di nascosto: *partire, accordarsi segretamente* **B** **in funzione di avv.** ● (*raro*) di nascosto, segretamente

♦**segréto**② o (*lett.*) **secréto**② [dal lat. *secrētu(m)*, nt. sost. di *secrētus* 'segreto' * 1294] **s. m.** **1** ciò che si tiene nascosto nel proprio animo senza rivelarlo a nessuno: *ha sempre qualche s.*; *è il suo dolce s.*; *la sua vita è un doloroso s.*; *quel s. se lo porterà nella tomba*; *è una persona senza segreti* **2** ciò che è conosciuto da pochi e che non deve essere divulgato ad altri: *confidare, rivelare, svelare un s.*; *custodire, mantenere, un s.*; *venire a conoscenza di un s.*; *mettere qlcu. a parte di un s.*; *strappare un s. di bocca a qlcu.*; *non posso dirtelo, è un s.*; *ciò che ti ho detto deve rimanere un s.* | ***non è un s., non è un s. per nessuno, non è certo un s.***, (*scherz.*) ***è il s. di Pulcinella***, di ciò che tutti sanno | ***s. di Stato***, notizia che nell'interesse della sicurezza dello Stato deve rimanere segreta **3** vincolo, ideale o no, con cui ci si impegna a non divulgare ciò che è segreto o molto riservato: *avere l'obbligo del s.*; *tradire, rompere il s.* | ***s. professionale, di ufficio***, quello per cui una persona preposta a un ufficio si impegna a non divulgare notizie apprese in ragione di quest'ultimo | ***s. della confessione, confessionale***, obbligo del sacerdote confessore di non rivelare ciò che ha appreso in confessione | ***s. epistolare***, obbligo previsto dalla legge di non aprire la corrispondenza altrui: *violare il s. epistolare* | ***s. istruttorio***, divieto imposto ai soggetti del processo penale di rivelare ad altri il contenuto degli atti istruttori | ***s. bancario***, quello per cui la banca si impegna, salvo eccezioni spec. per uso fiscale, a non divulgare le operazioni avvenute fra la banca stessa e il cliente **4** mezzo, metodo particolare per raggiungere determinati scopi, che viene tenuto nascosto agli altri o divulgato solo a pochissimi: *conosce il s. per essere felice*; *conosco il s. di convincerlo*; *possiede il s. del successo*; *ti insegnerò i segreti del mestiere* **5** congegno, serratura e sim., complicato e particolare: *il s. del forziere, del baule*; *cassaforte col s.* **6** parte recondita, intimità, spec. nella loc. ***nel s. di***: *nel s. del bosco*; *nel s. del proprio animo*; *nel s. del cuore* || **segretino**, **dim.** | **segretùccio**, **dim.**

Definizione d'autore

Nella sua accezione comune il **segreto** è una condizione, un luogo, un fatto, un'informazione riservata, conosciuta da pochi, che non dev'essere divulgata. Esistono i segreti personali, ma sono più interessanti quelli pubblici. **Segreto** di Stato, i Servizi segreti, un patto – o una sua clausola – **segreto**. Per sua natura il **segreto** dura fino a quando le circostanze o il tempo non permettano di scioglierlo. Diverso il caso del mistero. Se il **segreto** appartiene alla vita civile, il mistero è proprio delle religioni. I misteri eleusini, i misteri del rosario, l'insondabile mistero della Trinità. Quando nella vita pubblica di un Paese i segreti tendono a diventare misteri, vuol dire che le cose non vanno tanto bene.

Corrado Augias

segretùme [da *segreto*① e (2) * 1844] **s. m.** ● (*raro*) insieme di cose dette o fatte in segreto

♣**seguàce** [dal lat. tardo *sequāce(m)*, da *sĕqui* 'seguire' * av. 1257] **A** **agg.** ● (*raro, lett.*) che segue: *donna dagli occhi seguaci* (G. D'ANNUNZIO) | †seguente, successivo: *nel mese s.* **B** **s. m. e f.** ● chi segue una dottrina, una scuola, una corrente, un maestro e sim.: *i seguaci del marxismo*; *i seguaci di Aristotele*

SFUMATURE DI SIGNIFICATO

seguace - discepolo - erede - epigono

Seguace è chi manifesta la sua adesione a una dottrina, a una scuola, a un maestro, condividendone i principi e mettendone in pratica gli insegnamenti. **Discepolo** esprime lo stesso concetto, ma in un rapporto tra maestro e seguace che è diretto, personale. In questo contesto di significati l'**erede** è chi alla morte di un maestro diventa il depositario più autorevole delle sue dottrine. **Epigono** è invece chi continua senza originalità teorie già sostenute da altri; il termine comporta pertanto una sfumatura negativa di giudizio.

SFUMATURE ➤ ***proselito***

♦**seguènte** **A** **part. pres.** di *seguire*; anche **agg.** ● nei sign. del v.: *l'anno s.*; *la pagina s.* **SIN.** successivo | si usa per introdurre un'enunciazione, un elenco e sim.: *si rivolse a me con le seguenti parole* || **seguenteménte**, **avv.** **1** in seguito, successivamente **2** per conseguenza **B** **in funzione di avv.** ● †in seguito, poi **C** **s. m. e f.** ● chi segue, chi viene dopo: *entri il s.*

†**seguènza** ➤ **sequenza**

segùgio [lat. tardo *segūsiu(m)*, di prob. orig. gallica * sec. XIII] **s. m.** (**f.** *-gia*; **pl. f.** *-ge*) **1** cane da seguito di media mole, caratterizzato da testa allungata, orecchie ampie e pendenti, corpo snello e asciutto, pelo corto, unito e aderente **2** (*fig.*) agente di polizia, investigatore

seguidìglia ➤ **seghidiglia**

seguidilla /sp. seɣi'ðiʎa, -ija/ [vc. sp., da *seguida* 'seguito', part. pass. f. sost. di *seguir* 'seguire' * 1781] **s. f. inv.** (**pl. sp.** *seguidillas*) ● vivace danza spagnola, in tempo ternario, spesso accompagnata da nacchere **CFR.** seghidiglia

seguiménto [1516] **s. m.** ● (*raro*) inseguimento | seguito

♦**seguìre** [lat. parl. **sequīre*, accanto a *sĕquere*, variante del classico *sĕqui* 'seguire', vc. di orig. indeur. * 1250 ca.] **A** **v. tr.** (**pres.** *io séguo*, †*seguìsco*, *tu ségui*, †*seguìsci*; **pass. rem.** *io seguìi*, †*seguètti*, *tu seguìsti*) **1** andare dietro a qlcu. o qlco.: *s. una guida, un custode*; *ci ordinò di seguirlo*; *lo seguii per le scale*; *seguimi che ti mostro la strada*; *segua quella macchina*; *una folla commossa seguiva il feretro* | pedinare: *si accorse di essere seguito*; *uno sconosciuto la seguiva* | (*lett.*) inseguire: *s. il nemico* | accompagnare (*anche fig.*): *lo segue dappertutto*; *quel ricordo mi seguirà sempre* **2** procedere, avanzare lungo una direzione determinata: *s. la rotta, la via giusta*; *segui la strada fino al bivio* | ***s. le orme, i passi, di qlcu.***, andargli dietro; (*fig.*) imitarlo | ***s. la corrente***, navigare nel verso della corrente; (*fig.*) fare quello che fa la maggioranza **3** (*fig.*) accettare e professare un'idea, un'opinione, una dottrina e sim.:

a b c d e f g h i j k l m n o p q r s t u v w x y z

s. l'aristotelismo; s. l'ultima corrente letteraria | farsi seguace di un maestro: *s. Kant* | attenersi a quanto detto da altri: *s. le massime degli antichi; s. le prescrizioni dei medici; s. un consiglio* | osservare, conformarsi: *s. la moda* | mettere in atto, in pratica: *s. un sistema, una norma di vita* | (*est.*) imitare: *s. uno stile, l'esempio dei grandi* **4** (*fig.*) accompagnare, tenere dietro, con lo sguardo, l'udito, l'attenzione e sim.: *s. qlcu., qlco., con lo sguardo, con l'occhio, con la coda dell'occhio; s. un rumore con l'orecchio; s. i propri pensieri; s. la lezione* | dedicare attenzione a qlcu., assisterlo: *quel ragazzo ha bisogno di essere maggiormente seguito dai genitori* | fare attenzione (*anche assol.*): *da un certo punto in poi non ti ho seguito; segui quello che dico?; mi segui?; non seguo più* | (*est.*) tenersi informato, al corrente: *s. le novità teatrali, una trasmissione; hai seguito gli ultimi sviluppi del fatto?* | (*est.*) frequentare: *seguo un ciclo di lezioni su Hegel; ha seguito un corso di inglese* **5** †eseguire, osservare: *quantunque, per s. il comandamento fattole dal marito, ella tacesse* (G. Boccaccio) **B** **v. tr. e intr.** (**aus. intr.** *essere* **nel sign. 1,** *avere* **nel sign. 2**) **1** venire dopo, in una successione, una serie, una disposizione e sim.: *nel nostro alfabeto la B segue la A; nel nostro alfabeto alla A segue la B; le conclusioni seguono le premesse; alle premesse seguono le conclusioni* | venire dopo nel tempo: *spesso il pianto segue il riso; spesso al riso segue il pianto; l'arcobaleno segue i temporali; ai temporali segue l'arcobaleno* | ***segue lettera***, clausola che può accompagnare l'accettazione telegrafica di una proposta di contratto **2** (*raro, lett.*) seguitare, proseguire: *s. il parlare, il dire; s. a parlare, a dire* **C** **v. intr.** (**aus.** *essere*) **1** venire dopo in un racconto, un discorso, una citazione e sim.: *mi disse ciò che segue ...; ti ordino quanto segue ...* | ***con*** (***tutto***) ***quel che segue***, per abbreviare qlco. nota a tutti: *mi disse: 'A buon intenditor ...' con tutto quel che segue* **2** conseguire, derivare, venire di conseguenza: *ne seguì una disgrazia; spero che non seguano complicazioni* **3** (*lett.*) accadere, avvenire: *sono cose che seguono!; il che seguì l'anno 1082* (N. Machiavelli) | (*fam.*) ***segua che vuole, segua che può*** e sim., accada quel che vuole **4** continuare, spec. di libri, giornali e sim.: *il testo segue a pag. 12; segue al prossimo numero* | ***segue***, indicazione che, posta in fondo alla pagina, indica che lo scritto continua alla pagina seguente o al prossimo numero

seguitàbile [sec. XIV] **agg.** ● (*raro*) che si può seguitare

†**seguitaménto** [1268] **s. m.** **1** il seguitare **2** continuazione

♣**seguitàre** [sovrapposizione di *seguire* e un deriv. dal lat. parl. **secutāre*, intens. da *secūtus*, part. pass. di *sĕqui* 'seguire' ✻ av. 1257] **A** **v. tr.** (*io séguito*) **1** †seguire: *Egli ... su per le scale la seguitò* (G. Boccaccio) **2** continuare, proseguire (**qlco.; + *a* seguito da inf.**): *s. un discorso, un lavoro, gli studi; ha seguitato a dire, a parlare* **3** detto del cane, continuare a inseguire selvaggina da pelo **4** †inseguire, perseguitare **5** †perseguire, ricercare: *Naturalmente ... si seguita quello che piace più* (L. de' Medici) **B** **v. intr.** (**aus.** *avere* **o** *essere* **nel sign. 1,** *essere* **nei sign. 2 e 3**) **1** continuare, durare: *la pioggia è seguitata fino a sera* | anche impers.: *ha* (o *è*) *seguitato a nevicare* **2** (*lett.*) venire dopo, di seguito, in conseguenza: *seguitarono ... quei luttuosi effetti che egli aveva preveduto* (G. Leopardi) **3** †avvenire

†**seguitatóre** [da *seguitare* ✻ av. 1292] **s. m.** (**f.** *-trice*) ● chi segue **SIN.** seguace

seguìto① **A** **part. pass.** di *seguire*; anche **agg.** ● nei sign. del v. ‖ **seguitaménte**, **avv.** **1** in modo continuativo; integralmente **2** successivamente **B** **s. m.** ● †ciò che è avvenuto, che è successo

♦**séguito**② [da *seguitare* ✻ av. 1348] **s. m.** **1** gruppo di persone che costituiscono l'accompagnamento, il corteo, la scorta, di un personaggio autorevole: *la regina e il suo s.; il presidente viaggia senza s.* **2** insieme di discepoli, scolari, ammiratori, seguaci, di una dottrina, una scuola, un maestro: *le idee dell'Illuminismo ebbero un largo s. in Europa* | favore, consenso: *avere molto s.; non avere s.* **3** sequela, strascico, serie: *è un s. di disgrazie; fu tutto un s. di imbrogli* **4** continuazione, proseguimento: *il s. della storia; leggimi il s.; il s. al prossimo numero* | conseguenza, sviluppo: *la cosa ebbe un s.; tutto si fermò lì e non ebbe s.* | ***di s.***, continuando, senza interruzione | ***e via di s., e così di s.***, e così via | ***in s.***, in un secondo tempo | ***in s. a, a s. di***, a causa di, in conseguenza di | (*burocr.*) ***fare, dare s. a***, riferirsi, ricollegarsi a qlco. **5** inseguimento, spec. nella loc. ***cane da s.***, adibito unicamente a scovare o inseguire selvaggina da pelo | ***caccia al s.***, fatta con cani da seguito **6** (*dir.*) ***diritto di s.***, facoltà di rivendicare la proprietà di un bene anche nei confronti di un terzo acquirente

†**seguitóre** [1336 ca.] **s. m.** (**f.** *-trice*) ● chi segue, seguace

segusìno [dal n. lat. della città, *Segusium*, in lat. mediev. *Segusia(m)*, dalla radice gallica **sego* 'forte' ✻ 1919] **A** **agg.** ● di Susa, comune in provincia di Torino **B** **s. m.** (**f.** *-a*) ● abitante o nativo di Susa

Segway® /seg'wεi, *ingl.* 'sεgweɪ/ [traslitterazione ingl. della pronuncia della vc. it. *segue*, da *seguire*, indicazione musicale di una transizione continua da un tema a un altro; per la facilità di guida del veicolo ✻ 2001] **s. m. inv.** (**pl. ingl.** *Segways*) ● mezzo di trasporto personale a due ruote azionate da un motore elettrico; un manubrio ne regola la velocità e la direzione

Sehnsucht /*ted.* 'zenzuxt/ [vc. ted., propr. 'nostalgia', comp. di un deriv. del v. *sich sehnen* 'sentire nostalgia' e del s. *Sucht* 'brama, desiderio ardente', deriv. di un v. che significava 'essere malato' ✻ 1957] **s. f.** (**pl. ted.** *Sehnsüchte*) ● (*lett.*) aspirazione tipica della sensibilità romantica a desiderare ciò che non si ha e che si sa di non poter ottenere

♦**sèi**① [lat. *sĕx*, di orig. indeur. ✻ av. 1292] **agg. num. card. inv.; anche s. m. e f. inv.** (**V. nota d'uso NUMERI E NUMERALI**) ● (*mat.*) numero naturale successivo di cinque, rappresentato da *6* nella numerazione araba, da *VI* in quella romana. **I** come agg. ricorre nei seguenti usi **1** rispondendo o sottintendendo la domanda 'quanti?', indica la quantità numerica di sei unità (spec. preposto a un sost.): *starò assente da Milano sei giorni; saremo in sei persone a tavola; metti in tavola sei cucchiaini e sei piattini; è un'opera in sei volumi; dividi in sei parti; sarà lontano circa sei chilometri; il cubo è un prisma a sei facce* **CFR.** esa- **2** rispondendo o sottintendendo la domanda 'quale?', identifica qlco. in una pluralità, in una successione, in una sequenza (posposto a un sost.): *verrò il giorno sei; prendi il tram numero sei; fare l'esercizio numero sei* **3** in composizione con altri numeri semplici o composti, forma i numeri superiori: *trentasei, centosei, centoventisei, seicento, seimila* **II** come sost. ricorre nei seguenti usi **1** il numero sei (per ellissi di un sost.): *siamo in sei; è un servizio da sei; apparecchia per sei; dividi in sei; giocherò il sei di picche; parto il sei gennaio; oggi è il sei; mi alzo alle sei; è uscito il sei* | ***tiro a sei***, con tre pariglie di cavalli | ***le sei del pomeriggio***, le ore diciotto | nella valutazione scolastica, il voto di minima sufficienza: *ha strappato un misero sei; ho la media del sei* **2** il segno che rappresenta il numero sei ‖ **seìno**, **dim.**

sèi② ➤ **essere**①

seicentésco o **secentésco** [1819] **agg.** (**pl. m.** *-schi*) ● del Seicento, del secolo XVII: *ampollosità seicentesca*

seicentèṣimo o **secentèṣimo** (o *-é-*) **A** **agg. num. ord.** ● corrispondente al numero seicento in una successione o in una classificazione (rappresentato da DC nella numerazione romana, da 600° in quella araba): *la seicentesima parte di un intero* **B** **s. m.** ● ciascuna delle seicento parti uguali di una stessa quantità

seicentìṣmo o **secentìṣmo** [comp. di *seicent(o)* e *-ismo* ✻ 1745] **s. m.** **1** gusto letterario dominante nell'Europa del XVII sec., caratterizzato dall'esasperato artificio delle forme poetiche e prosastiche e dalla scelta di temi filosofici, morali, storici o grotteschi rivissuti con una sensibilità concettistica e scenografica **2** (*est.*) preziosismo (*anche spreg.*)

seicentìsta o **secentìsta** [1745] **s. m. e f.** (**pl. m.** *-i*) ● (*lett.*) scrittore, artista del Seicento, del sec. XVII

seicentìstico o **secentìstico** [1765] **agg.** (**pl. m.** *-ci*) ● relativo al Seicento, ai seicentisti o al seicentismo

seicènto o (*lett., tosc.*) **secènto** [lat. *sexcĕnti*, con sovrapposizione di *cento* ✻ sec. XIII] **A** **agg. num. card. inv.; anche s. m. e f. inv.** (**V. nota d'uso NUMERI E NUMERALI**) ● (*mat.*) sei volte cento, sei centinaia, rappresentato da *600* nella numerazione araba, da *DC* in quella romana. **I** come agg. ricorre nei seguenti usi **1** rispondendo o sottintendendo la domanda 'quanti?', indica la quantità numerica di seicento unità (spec. preposto a un sost.): *ho fatto un viaggio di s. chilometri; non può costare più di s. euro; la nuova sede conta s. iscritti; il volume è di s. pagine; un motore di s. centimetri cubi di cilindrata* **2** corrispondendo o sottintendendo la domanda 'quale?', identifica qlco. in una pluralità, in una successione, in una sequenza (posposto a un sost.): *siamo arrivati, nella lettura, a pagina s.* **II** come sost. ricorre nei seguenti usi **1** il numero seicento (per ellissi di un sost.): *moltiplica s. per tre* | ***il Seicento***, (*per anton.*) il secolo XVII: *la musica del Seicento; l'arte del Seicento* **2** il segno che rappresenta il numero seicento **B** **s. f. inv.** ● autovettura utilitaria di circa seicento centimetri cubi di cilindrata, prodotta nella sua prima versione in Italia dal 1955 al 1969

seiènne o **seènne** [comp. di *sei*① ed *-enne* ✻ av. 1910] **A** **agg.** **1** (*raro*) che ha sei anni: *un bambino s.* **2** (*raro*) che dura da sei anni: *una tirannia s.* **B** **s. m. e f.** ● chi ha sei anni d'età

seigiórni o **sèi giórni** [comp. di *sei*① e il pl. di *giorno* ✻ 1942] **s. f. inv.** ● gara ciclistica su pista della durata di sei giorni, disputata da coppie di corridori che si alternano in corsa: *correre, vincere, una s.*

seigiornìsta [1960] **s. m. e f.** (**pl. m.** *-i*) ● corridore ciclista che prende parte alle seigiorni

seitàn [vc. giapp. ✻ 1993] **s. m. inv.** ● prodotto ottenuto dal glutine di frumento cotto in un brodo vegetale a base di erbe aromatiche, soia e alghe; ha un elevato tenore proteico e sostituisce la carne, spec. in particolari diete

sèiuga [vc. dotta, dal lat. *sēiugae* (f. pl.) 'tiro a sei cavalli', comp. di *sĕx* 'sei' e *iŭgum* 'giogo', con sovrapposizione di *biga* ✻ 1499] **s. f.** ● cocchio a sei cavalli **SIN.** sestiga

sél ➤ **se**③ nel sign. 1

Selàci [vc. dotta, pl. di un deriv. del gr. *sélachos* 'pesce cartilaginoso', da *sélas* 'splendore', di orig.

indeur. ✱ 1871] **s. m. pl.** (**sing.** *-cio*) ● (*disus.*) Selacimorfi

Selacimòrfi [comp. di *Selaci* e il pl. di *-morfo* ✱ sec. XX] **s. m. pl.** (**sing.** *-o*) ● (*zool.*) superordine di Condroitti degli Elasmobranchi con scheletro cartilagineo, corpo fusiforme o appiattito, bocca in posizione ventrale armata di numerose file di denti aguzzi o di placche trituranti; comprende quattro ordini viventi tra i quali gli Squaliformi (*Selachimorpha*)

selaginèlla [dim. di un deriv. del lat. *selāgine(m)* 'licopodio abetino', di etim. incerta ✱ 1931] **s. f.** ● piantina delle Licopodiali dei pascoli alpini, con piccole foglie e fusto sdraiato-ascendente (*Selaginella helvetica*)

Selaginellàcee [da *selaginell(a)* e *-acee* ✱ 1929] **s. f. pl.** (**sing.** *-a*) ● (*bot.*) famiglia di piante erbacee delle Pteridofite con fusto generalmente strisciante e foglioline squamose, comuni nei luoghi umidi e ombrosi (*Selaginellaceae*)

†**selbastrèlla** ➤ **salvastrella**

sélce o †**sélice** [lat. *sĭlice(m)* 'pietra dura', di etim. incerta ✱ 1306] **s. f. 1** roccia costituita in prevalenza da silice colloidale, molto dura, a frattura concoide; usata in epoca preistorica per fabbricare armi e utensili, nell'antichità anche come pietra focaia, e oggi spec. per pavimentazioni stradali, per ricavarne mole o come materiale da costruzione **2** (**spec. al pl.**) cubo o cuneo di selce per pavimentazione stradale **3** (*poet.*) †pietra **4** †selciato

selciàio [da *selce* ✱ 1905] **s. m.** (**f.** *-aia*, **pl. m.** *-ai*) ● selciatore di strade

selciaiòlo o (*centr.*) **selciaròlo** [da *selce* ✱ 1866] **s. m.** (**f.** *-a*) ● selciaio, selciatore

selciàre [da *selce* ✱ 1310] **v. tr.** (**pres.** *io sélcio*; **fut.** *io selcerò*) ● lastricare, pavimentare con lastre o cubetti

selciaròlo ➤ **selciaiolo**

†**selciàta** [sec. XIII] **s. f.** ● strada lastricata | selciato

selciàto **A** **part. pass.** di *selciare*; **anche agg.** ● nel sign. del v. **B** **s. m.** ● pavimento costituito di selci o altre pietre squadrate, usato per strade, piazze, cortili, sotterranei

selciatóre [1596] **s. m.** (**f.** *-trice*) ● chi è addetto alla selciatura

selciatùra [1838] **s. f.** ● operazione del selciare | selciato | modo in cui è fatto il selciato

selcìno [da *selce*, con *-ino* ✱ 1886] **s. m.** (**f.** *-a*) ● (*tosc.*) selciatore

selcióso (o **-ṣo**) [1785] **agg.** ● di selce | simile a selce

seleniàno [fr. *sélénien*, dal gr. *selḗnē* 'luna' (da *sélas* 'luce, splendore', d'orig. sconosciuta) ✱ 1983] **agg.** ● (*lett.*) lunare, della Luna, spec. con riguardo ai suoi ipotetici abitanti

selènico① [dal gr. *selḗnē* 'luna' ✱ 1821] **agg.** (**pl. m.** *-ci*) ● (*raro, lett.*) lunare, della Luna

selènico② [da *selenio*, con *-ico* ✱ 1829] **agg.** (**pl. m.** *-ci*) **1** detto di minerale contenente selenio **2** (*chim.*) detto di composto del selenio esavalente | ***acido s.***, ossiacido del selenio ottenuto ossidando l'acido selenioso

selènio [vc. dotta, dal gr. *selḗnē* 'luna' ✱ 1821] **s. m.** (**pl.** *-i* o *raro -ii*) ● elemento chimico spesso presente in natura nelle piriti, noto in vari stati allotropici, impiegato per cellule fotoelettriche, come catalizzatore nelle reazioni organiche, nella decorazione di ceramiche, nella colorazione del vetro, e sim. **SIMB.** Se **NUM. AT.** 34

selenióso (o **-ṣo**) [da *selenio*, con *-oso*① ✱ 1824] **agg.** ● (*chim.*) detto di composto del selenio tetravalente | ***acido s.***, ossiacido del selenio ottenuto sciogliendo l'anidride seleniosa in acqua | ***anidride seleniosa***, formata bruciando il selenio in ossigeno

selenìta o **selenìte**② [vc. dotta, dal gr. *selēnítēs* 'lunare', da *selḗnē* 'luna' ✱ 1829] **s. m. e f.** (**pl. m.** *-i*) ● (*lett.*) ipotetico abitante della Luna

selenìte① [vc. dotta, dal lat. *selenīte(m)* 'selenite', adattamento del gr. *selēnítēs* 'pietra lunare', da *selḗnē* 'luna' ✱ sec. XIV] **s. f.** ● (*miner.*) varietà di gesso in grossi cristalli trasparenti e sfaldabili

selenìte② ➤ **selenita**

selenìtico① [da *selenite*①, con *-ico* ✱ 1865] **agg.** (**pl. m.** *-ci*) ● di selenite | che contiene selenite

selenìtico② [V. *selenico*① ✱ 1957] **agg.** (**pl. m.** *-ci*) ● lunare, della Luna: *paesaggio s.*

selèno- o **sèleno-** [gr. *selēno-*, da *selḗnē* 'luna'] **primo elemento** ● in parole composte indica riferimento alla Luna o con forma di luna o mezza luna: *selenografia, selenodonte*

selenodeṣìa [fr. *sélénodésie*, comp. del gr. *selḗnē* (V. *seleniano*) e di *(géo)désie* 'geodesia' ✱ 1983] **s. f.** ● studio della forma della Luna, della sua superficie e del campo gravitazionale a essa connesso

selenodónte [comp. di *seleno-* e del gr. *odóus*, genit. *odóntos* 'dente' ✱ 1936] **agg.**; **anche s. m.** ● detto dei molari di Ruminanti e di Erbivori, la cui corona presenta creste incurvate a mezza luna

selenografìa [comp. di *seleno-* e *-grafia* ✱ 1631] **s. f.** ● descrizione della superficie della Luna

selenogràfico [1838] **agg.** (**pl. m.** *-ci*) ● relativo alla selenografia

selenògrafo [comp. di *seleno-* e *-grafo* ✱ 1631] **s. m.** (**f.** *-a*) ● studioso della selenografia

selenologìa [comp. di *seleno-* e *-logia* ✱ 1957] **s. f.** (**pl.** *-gie*) ● studio della Luna e della sua formazione

selenològico [1987] **agg.** (**pl. m.** *-ci*) ● che riguarda la selenologia

selenòlogo [comp. di *seleno-* e *-logo* ✱ 1987] **s. m.** (**f.** *-a*; **pl. m.** *-gi*) ● studioso di selenologia

selenòṣi [da *selenio* col suff. *-osi* ✱ 1960] **s. f. inv.** ● malattia professionale provocata da intossicazione da selenio

selenotopografìa [comp. di *seleno-* e *topografia* ✱ 1838] **s. f.** ● studio del suolo lunare

selettività [da *selettivo* ✱ 1939] **s. f. inv. 1** caratteristica di ciò che è selettivo | che si basa su una forte selezione: *la s. di una scuola* | ***s. di un filtro***, in fotografia, potere separatore dei colori nella rosa cromatica di un filtro **2** (*elettr.*) idoneità di un radioricevitore a selezionare trasmissioni di diverse lunghezze d'onda di valore prossimo tra loro

selettìvo [da *seletto* ✱ 1905] **A** **agg. 1** capace di selezionare: *una mente selettiva* **2** che tende a selezionare: *s. nella scelta degli amici* **3** basato sulla selezione: *schedatura selettiva* **4** (*elettr.*) che presenta selettività **5** (*chim.*) detto di solvente, che scioglie solo determinate sostanze e non altre ‖ **selettivaménte**, **avv.** ‖ **selettività**, **s. f. inv.** (V.) **B** **anche s. m. nel sign. 5**

†**selètto** [vc. dotta, dal lat. *selēctu(m)*, part. pass. di *selĭgere* 'scegliere', comp. di *sē(d)-*, pref. di allontanamento, e *lĕgere* 'cogliere' ✱ sec. XIV] **agg.** ● (*lett.*) prescelto, eletto

selettocoltùra [comp. di *selett(ivo)* e *coltura* ✱ 1960] **s. f.** ● riproduzione controllata per migliorare la qualità di alcuni animali o piante **SIN.** breeding

selettóre [vc. dotta, dal lat. tardo *selectōre(m)* 'sceglitore', da *selēctus* 'scelto' ✱ 1898] **A** **s. m.** (**f.** *-trice*); **anche agg.** ● (*lett.*) chi (o che) seleziona **B** **s. m.** ● dispositivo che permette di ricevere una determinata gamma d'onda nei radioricevitori e televisori, o di comunicare su una determinata linea, nelle centrali telefoniche automatiche

selezionaménto [1876] **s. m.** ● (*raro*) selezione, scelta

♦**selezionàre** [da *selezione* ✱ 1881] **v. tr.** (*io selezióno*) **1** sottoporre a selezione, individuare gli elementi migliori di un insieme: *s. il personale, il bestiame, la frutta* **2** (*inform.*) marcare uno o più elementi di un file di dati per sottoporli a successiva elaborazione

SFUMATURE ➤ ***distinguere***

selezionàto **part. pass.** di *selezionare*; **anche agg.** ● nel sign. del v. | sottoposto a selezione: *razze bovine selezionate* ‖ **selezionataménte**, **avv.**

selezionatóre [1938] **A** **s. m.** (**f.** *-trice*); **anche agg.** ● chi (o che) seleziona **B** **s. m.** (**f.** *-trice*) ● (*sport*) tecnico che opera la scelta degli atleti per la formazione di una squadra rappresentativa nazionale, regionale o provinciale, seguendone anche la preparazione

selezionatrìce [1960] **s. f.** ● (*agric.*) macchina destinata a suddividere semi della stessa specie in base alle caratteristiche fisiche per selezionare sementi pregiate

♦**selezióne** [vc. dotta, dal lat. *selectiōne(m)* 'scelta', da *selēctus* 'scelto' ✱ 1869] **s. f. 1** scelta degli elementi migliori o più adatti a un determinato fine: *fare, operare, una s.*; *s. scolastica* **2** valutazione delle attitudini e delle capacità professionali o lavorative di un candidato in occasione della assunzione | ***s. attitudinale***, complesso delle operazioni intese a stabilire le caratteristiche psicofisiche dei giovani da arruolare **3** (*biol.*) ***s. naturale***, processo per il quale, nell'evoluzione di una specie, gli individui dotati di caratteri ereditari più favorevoli a un determinato ambiente hanno una maggiore probabilità di riprodursi e perciò di trasmettere tali caratteri ai propri discendenti | ***s. artificiale***, nell'allevamento e nella coltivazione, scelta degli organismi migliori compiuta dall'uomo per ottenere con la riproduzione razze con pregi particolari **4** (*inform.*) operazione consistente nell'estrarre da una sequenza di dati quelli contrassegnati da certi indicativi **5** insieme di cose o persone scelte: *una s. dei migliori atleti*; *una s. di prose* | (*est.*) squadra nazionale: *la s. azzurra* **6** (*tel.*) operazione di scelta di una linea telefonica adatta a effettuare una comunicazione: *s. automatica, manuale* | atto con cui si forma un numero telefonico: *eseguire una s.* | ***s. passante***, sistema per cui i telefoni di una rete interna possono essere chiamati dall'esterno formando un numero comune seguito dal numero dell'interno desiderato

SFUMATURE DI SIGNIFICATO

selezione - vaglio - scrematura - stralcio

Si dice **selezione** la scelta delle persone migliori a svolgere un determinato compito o delle cose più adatte per un certo scopo. Se il processo di valutazione e di analisi è particolarmente diligente e minuzioso si può ricorrere al termine **vaglio.** **Scrematura**, come *selezione*, indica la scelta degli elementi migliori o più adatti in vista di un fine, ma evoca con maggiore forza l'idea della separazione della parte migliore da quella peggiore. Un termine in uso nel linguaggio burocratico per indicare l'estrapolazione di una parte da un tutto è **stralcio.**

SFUMATURE ➤ ***scelta***

selezionìstico [1920] **agg.** (**pl. m.** *-ci*) ● (*raro*) che si basa sulla selezione

self-còntrol /self'kɔntrol, *ingl.* ˌsɛlfkən'trəul/ [vc. ingl., propr. 'controllo di sé stesso' ✱ 1911] **s. m. inv.** ● capacità di controllare i propri nervi, autocontrollo

self-gòvernment /self'gɔvernmənt, *ingl.* ˌsɛlf'gʌvə(n)mənt/ [vc. ingl., propr. 'governo di sé stesso' ✻ 1851] **s. m. inv.** ● autogoverno | sistema politico fondato sulla più ampia partecipazione dei cittadini alla vita pubblica

self-hèlp /self'ɛlp, *ingl.* ˌsɛlf'hɛlp/ [vc. ingl., che vale 'aiutare (*to help*) sé stessi (*self*)' ✻ 1887] **s. m. inv.** ● tecnica e pratica dell'aiutarsi da sé a risolvere problemi psicologici, spec. comportamentali e di relazione

sèlfie /*ingl.* sɛlfi/ [vc. ingl., da *self* 'sé stesso' ✻ 2013] **s. m. inv.** ● foto o immagine di sé stessi realizzata con uno smartphone, una webcam o una fotocamera digitale, per lo più per condividerla sui social network **CFR.** autoscatto

self-made man /self'me(i)dmen, *ingl.* ˌsɛlf'meɪdmæn/ [loc. ingl., propr. 'uomo fatto (*made*) da sé' ✻ 1893] **loc. sost. m. inv.** (**f. ingl.** *self-made woman*, **pl. m.** *self-made men*, **pl. f.** *self-made women*) ● chi partendo da una condizione modesta, ha raggiunto una posizione sociale o professionale di successo grazie alle proprie forze

self publishing /self'pabliʃʃin(g), *ingl.* ˌsɛlf'pʌblɪʃɪŋ/ [loc. ingl., propr. 'pubblicazione (*publishing*) autonoma (*self*)' ✻ 1996] **loc. sost. m. inv.** ● autoeditoria

self-sèrvice /self'sɛrvis, *ingl.* ˌsɛlf'sɜːvɪs/ [vc. ingl., comp. di *self* 'sé stesso' e *service* 'servizio' ✻ 1963] **s. m. inv.; anche agg. inv. 1** tecnica di vendita che elimina o riduce al minimo l'opera dei commessi, permettendo ai clienti di scegliere direttamente e di servirsi da soli delle merci esposte **2** (*est.*) ristorante, negozio e sim., in cui ci si serve da sé

†**sélice** ➤ **selce**

♦**sèlla** [lat. *sĕlla(m)* 'sedia', connesso con *sedēre* 'sedere' ✻ 1282] **s. f. 1** tipo di sedile solitamente rivestito in cuoio che si mette sul dorso di un equino per cavalcarlo comodamente: *fusto, arcioni, staffe, cinghie della s.*; *s. all'inglese*; *cavallo da s.* | ***montare in s.***, a cavallo | ***stare in s.***, stare a cavallo, cavalcare | ***non saper stare in s.***, cavalcare male **2** (*est.*) sedile di vari mezzi di locomozione che si montano a cavalcioni: *la s. della bicicletta, della motocicletta* **3** (*fig.*) posizione eminente, carica importante, spec. nelle loc.: ***sbalzare, levare, cavare, qlcu. di s.***; ***rimanere in s.***; ***rimettersi in s.*** **4** (*geogr.*) valico attraverso una dorsale montuosa, generalmente meno aperto di un colle **5** struttura concava, di varie dimensioni, con funzioni di sostegno, supporto e sim. | (*anat.*) ***s. turcica***, fossetta del corpo dello sfenoide, dove è accolta l'ipofisi **6** taglio di carne del vitello e dell'agnello macellati costituito dalla parte lombare che parte dai cosci e comprende tutte le costolette **7** †seggio, trono **8** †***andare a s.***, andare di corpo ‖ **sellétta**, **dim.** | **sellìno**, **dim. m.** (V.) | **sellóne**, **accr. m.**

sellàio o (*centr.*) **sellàro** [lat. *sellāriu(m)*, da *sĕlla* 'sedia' ✻ 1308] **s. m.** (**f.** *-aia*, **pl. m.** *-ai*) ● chi fabbrica o ripara selle e oggetti di cuoio in genere | ***cucitura a s.***, vistosa cucitura di guanti o borse

sellàre [sec. XIII] **v. tr.** (*io sèllo*) ● mettere la sella (*anche assol.*): *s. i cavalli*

sellàro ➤ **sellaio**

sellatùra [1965] **s. f.** ● operazione del sellare

sellerìa [da *sella* ✻ 1819] **s. f. 1** bottega del sellaio **2** fabbricazione, riparazione e commercio di tutte le parti che compongono i finimenti dei cavalli **3** fabbricazione di tutto ciò che costituisce il rivestimento dell'interno delle automobili | il rivestimento stesso, di pelle o di altro materiale **4** in una scuderia, locale adibito a deposito di selle e finimenti ecc.

sèllero ➤ **sedano**

sellifìcio [comp. di *sella* e *-ficio* ✻ sec. XIX] **s. m.** ● fabbrica di selle e finimenti

sell in /sel'lin, *ingl.* 'sɛlˌɪn/ [loc. ingl., propr. 'vendita in entrata' ✻ 1995] **loc. sost. m. inv.** (**pl. ingl.** *sell-ins*) ● vendita dal produttore all'intermediario commerciale **CFR.** sell out

sellìno [1853] **s. m. 1** dim. di *sella* **2** sella, nel sign. 2 **3** parte del finimento sulla schiena del cavallo da tiro **4** nell'Ottocento, cuscinetto imbottito fissato sotto le gonne negli abiti femminili per rialzarne il drappeggio

sellistèrnio [vc. dotta, dal lat. *sellistĕrniu(m)*, comp. di *sĕlla* 'sedile' e *-sternium*, da *stĕrnere* 'porre, stendere'. V. *lettisternio* ✻ 1960] **s. m.** ● presso gli antichi Romani, rito consistente nell'offerta di un banchetto solenne a divinità femminili

sell out /sel'laut, *ingl.* 'sɛlˌaʊt/ [loc. ingl., propr. 'vendita in uscita' ✻ 1995] **loc. sost. m. inv.** (**pl. ingl.** *sell-outs*) ● vendita dal dettagliante al consumatore finale **CFR.** sell in

-selo ➤ **se**③ nel sign. 1

seltz /sɛlts, *fr.* sɛls/ o **sèlz** /sɛlts/ [fr. *seltz*, dal nome di *Seltz*, ted. *Selters*, città tedesca nota per le sorgenti di acqua gassata ✻ 1865] **s. m. inv.** ● acqua, chiamata anche *acqua di seltz*, addizionata di anidride carbonica, che si usa per allungare un liquore, un aperitivo e sim.: *un rabarbaro al s. e uno liscio*

sélva [lat. *sĭlva(m)* 'bosco', di etim. incerta ✻ 1266] **s. f. 1** bosco esteso con folto sottobosco, foresta **2** (*est.*, *raro*, *poet.*) albero, legno **3** (*fig.*) moltitudine grande e confusa di persone, cose e sim.: *una s. di ammiratori*; *una s. di errori, di capelli, di numeri* **4** (*lett.*) raccolta di pensieri, annotazioni e passi d'autore: *le Selve del Poliziano* ‖ (*lett.*) **selvétta**, **dim.**

selvaggerìa [da *selvaggio*, sul modello del fr. *sauvagerie* ✻ 1873] **s. f. 1** caratteristica di chi (o di ciò che) è selvaggio o (*spreg.*) rozzo, incivile **2** (*est.*) disumanità, brutalità, ferocia | (*fig.*, *raro*) sfrenatezza, aggressività

selvaggìna o †**salvaggìna** [dal provenz. *salvatgina*, da *salvatge* 'selvaggio' ✻ 1309 ca.] **s. f.** ● qualunque animale commestibile, mammifero o uccello, che vive allo stato selvaggio, oggetto di caccia | ***s. di penna***, costituita dagli uccelli | ***s. di pelo***, costituita dai mammiferi | ***s. di allevamento***, allevata artificialmente in voliere o recinti | ***s. stanziale***, che risiede in un paese, non migratrice | ***s. stanziale protetta***, che per legge è proibito cacciare | ***s. nobile***, che si caccia con cani da ferma

♦**selvàggio** o †**salvàggio** [dal provenz. *salvatge*, dal lat. tardo *salvātĭcu(m)*, per il classico *silvātĭcus*. V. *selvatico* ✻ av. 1257] **A agg.** (**pl. f.** *-ge*) **1** (*lett.* o *disus.*) che vive, cresce nelle selve, nelle foreste: *piante selvagge, animali selvaggi* **2** (*est.*) che è privo di coltivazione, di vita umana, detto di luogo: *piana, landa, valle, selvaggia* | orrido: *gola selvaggia* | (*geogr.*) ***acque selvagge***, acque dilavanti **3** rozzo, zotico, rustico: *natio borgo s.* (G. Leopardi) **4** che esprime una società ancora primitiva, fuori della civiltà: *riti selvaggi*; *danze, credenze, selvagge* **5** (*poet.*) ignaro, inesperto, straniero: *La turba ... selvaggia / parea del loco* (Dante *Purg.* II, 52-53) **6** (*fig.*) disumano, crudele, feroce: *un s. assassinio*; *furia selvaggia* | violento: *passione selvaggia*; *vento s.* **7** indiscriminato, al di fuori di ogni regola o controllo: *lottizzazione, ristrutturazione selvaggia* | ***sciopero s.***, V. *sciopero* | ***aquila selvaggia***, sciopero della categoria dei piloti civili ‖ **selvaggiaménte**, **avv. 1** come un selvaggio: *vivere selvaggiamente* **2** (*fig.*) con impeto disumano, crudele: *furono trucidati selvaggiamente* **B agg.; anche s. m.** (**f.** *-a*) ● che (o chi) vive al di fuori della civiltà, in una società ancora primitiva: *tribù selvagge*; *i selvaggi del Borneo*; *vivere come i selvaggi* **CONTR.** civile **C s. m.** (**f.** *-a*) ● persona scontrosa, burbera, schiva dei contatti umani

SFUMATURE ➤ ***sperduto***

selvaggiùme o †**salvaggiùme** [da *selvaggio* ✻ 1362] **s. m.** ● (*raro*, *lett.*) selvaggina

†**selvàno** ➤ **silvano**

selvastrèlla ➤ **salvastrella**

selvatichézza o (*raro*) **salvatichézza** [1266] **s. f. 1** condizione di chi (o di ciò che) è selvatico **2** (*lett.*) scontrosità | (*lett.*) rozzezza

♦**selvàtico** o (*pop.*, *tosc.*) **salvàtico** [dal lat. *silvātĭcu(m)*, da *sĭlva* 'bosco' ✻ 1261 ca.] **A agg.** (**pl. m.** *-ci*, *dial.* †*-chi*) **1** detto di pianta, che cresce e si sviluppa spontaneamente, senza l'intervento e le cure dell'uomo: *erbe selvatiche*; *ulivo, pino, s.*; *rosa selvatica* **2** detto di animale, che cresce e vive in libertà, spec. in contrapposizione a *domestico* e ad *addomesticato*: *lo scoiattolo è un animale s.*; *gatto, cavallo, s.* | indocile, non mansueto: *i gatti sono spesso selvatici* **3** detto di persona poco socievole, priva di garbo, di belle maniere: *non essere così s.*; *è un uomo s. ma buono* **4** (*raro*, *lett.*) rustico, zotico, barbaro: *parole ... così bisbetiche, così salvatiche* (A. Manzoni) **5** †solitario, romito **6** †aspro, severo, inumano ‖ **selvaticaménte**, **avv.** ‖ **selvaticità**, **s. f. inv.** caratteristica di chi (o di ciò che) è selvatico **B s. m. 1** (**solo sing.**) odore, sapore, e sim. caratteristico della selvaggina: *sapere, puzzare di s.*; *perdere il s.*; *togliere il s.*; *mi seccò un certo odore di s. ... che emanava da loro* (I. Svevo) **2** qualunque animale da pelo o da penna, oggetto di caccia **3** luogo ricoperto di piante selvatiche ‖ **selvatichétto**, **dim.** detto di persona poco socievole

SFUMATURE ➤ ***misantropo***

selvaticùme [1472] **s. m.** ● insieme di cose o persone selvatiche (*spec. spreg.*) | (*fig.*, *lett.*) scontrosità di carattere

selvicoltóre o **silvicoltóre**, **silvicultóre** [comp. di *selva* e *-coltore*, sul modello di *agricoltore* ✻ 1892] **s. m.** (**f.** *-trice*) ● chi pratica la selvicoltura

selvicoltùra o **silvicoltùra**, (*raro*) **silvicultùra** [comp. di *selva* e *-coltura*, sul modello di *agricoltura* ✻ 1850] **s. f.** ● branca delle scienze forestali che si occupa della conservazione, utilizzazione e costituzione delle foreste e dei boschi

selvóso (o **-ṣo**) o †**silvóso** [dal lat. *silvōsu(m)*, da *sĭlva* 'selva' ✻ av. 1411] **agg. 1** (*lett.*) coperto, pieno di selve: *montagne selvose* **2** (*fig.*, *lett.*) fitto, folto: *sotto selvose sopracciglia* (R. Bacchelli)

sèlz ➤ **seltz**

sèma [vc. dotta, dal gr. *sêma* (nt.) 'segno', di orig. indeur. ✻ 1960] **s. m.** (**pl.** *-i*) ● (*ling.*) tratto semantico pertinente del significato di una parola

semafòrico [1838] **agg.** (**pl. m.** *-ci*) ● del semaforo, relativo al semaforo

semaforista [da *semaforo*, con *-ista* ✻ 1916] **s. m. e f.** (**pl. m.** *-i*) ● addetto alla manovra di un semaforo

semaforiẓẓàre [da *semaforo* ✻ 1983] **v. tr.** ● provvedere di semafori ‖ **semaforiẓẓazióne**, **s. f.**

♦**semàforo** [vc. dotta, comp. del gr. *sêma* 'segnale' e di *-foro*, sul modello del fr. *sémaphore* ✻ 1838] **s. m. 1** apparecchio di segnalazione luminosa che serve a disciplinare il traffico dei veicoli e dei pedoni negli incroci stradali, indicando con luce verde la via libera, con luce rossa l'ordine di arresto e con luce gialla il prossimo passaggio dal verde al rosso | segnale ferroviario luminoso **2** stazione costiera per vedetta e comunicazioni, in grado di scambiare segnali ottici e radio con le na-

S

vi ‖ **semaforino**, **dim.**

♦**se mài** o (*raro*) **semmài** [comp. di *se*① e *mai* ✱ 1320] **A** **loc. cong.** ● qualora, nel caso che (introduce una prop. condiz. subordinata di un periodo ipotetico con il v. al congtv.): *se mai arrivasse il medico, chiamatemi; se mai vi pentiste, io sono sempre a vostra disposizione* **B** **loc. avv.** ➤ **semmai**

semàio [da *seme* ✱ 1872] **s. m.** (**f.** *-aia*, **pl. m.** *-ai*) **1** (*tosc.*) venditore ambulante di semi di zucca salati e abbrustoliti **2** (*raro*) chi alleva e vende seme da bachi da seta o semi di piante

semantèma [dal fr. *sémantème*, da *sémantique* 'semantico', sul modello di *phonème, morphème*, ecc. V. *fonema, morfema* ✱ 1937] **s. m.** (**pl.** *-i*) ● (*ling.*) unità dei tratti semantici specifici di un semema o lessema

semàntica [dal fr. *sémantique*, f. sost. dal gr. *sēmantikós*, da *sēmáinein* 'significare', sul modello di *grammatica* (V.) ✱ 1898] **s. f.** **1** studio del significato delle parole **2** nella logica contemporanea, parte della semiotica che, trascurando le implicazioni sociologiche e psicologiche del linguaggio, analizza il rapporto tra segno e referente **3** in logica matematica, parte di un sistema formale che, occupandosi dell'aspetto interpretativo, associa a ogni proposizione uno dei segni appartenenti all'universo dei significati

semàntico [vc. dotta, dal lat. tardo *semănticu(m)*, dal gr. *sēmantikós* 'significativo', da *sēmáinein* 'segnalare' ✱ 1917] **agg.** (**pl. m.** *-ci*) **1** che concerne il significato delle parole **2** che concerne la semantica | ***componente s.***, parte di una grammatica generativa che assegna a una struttura sintattica una determinata interpretazione di significato ‖ **semanticaménte**, **avv.** sotto l'aspetto semantico ‖ **semanticità**, **s. f. inv.**

semantista [fr. *sémantiste*, da *sémantique* 'semantica' ✱ 1983] **s. m. e f.** (**pl. m.** *-i*) ● studioso di semantica

semaşiologìa [vc. dotta, comp. del gr. *sēmasía* 'significato', astratto di *sēmáinein* 'significare', e *-logia* ✱ 1831] **s. f.** (**pl.** *-gìe*) ● (*ling.*) studio del significato e del mutamento di significato di ogni parola **CFR.** onomasiologia

semaşiològico [da *semasiologia* ✱ 1891] **agg.** (**pl. m.** *-ci*) ● che concerne il significato delle parole

semaşiòlogo [1891] **s. m.** (**f.** *-a*; **pl. m.** *-gi*) ● studioso di semasiologia

semàta [da *seme* ✱ 1846] **s. f.** ● bibita preparata stemperando in acqua mandorle o semi pesti di orzo, melone, zucca, cocomero **SIN.** lattata, orzata

†**sembiaménto** ➤ †**sembramento**

sembiànte o †**semblànte** [dal provenz. *semblan*, part. pres. di *semblar* 'sembrare' ✱ av. 1250] **A** **agg.** ● (*poet.*) †somigliante: *egregi dicitor, sembianti / alle cicade* (V. MONTI) ‖ †**sembianteménte**, **avv.** similmente **B** **s. m.** o †**f.** **1** (*poet.*) aspetto, apparenza: *in un istante / par che tutto per me cangi s.* (P. METASTASIO) | ***in s., in sembianti***, in apparenza | †***mostrar s.***, manifestare | †***nel primo s.***, a prima vista **2** (*est., poet.*) volto, viso: *con s. lieto e peregrino* (A. POLIZIANO) | (*lett.*) ***far s., far sembianti***, mostrare col volto, con l'atteggiamento; dare a vedere, manifestare, far finta

♦**sembiànza** o †**sembrànza** [dal provenz. *semblanza*, da *semblar* 'sembrare' ✱ sec. XII] **s. f.** **1** (*poet.*) somiglianza, spec. nella loc. ***a s. di***: *Fatto è 'l porto a s. d'una luna* (L. ARIOSTO) | †immagine **2** (*lett.*) aspetto: *Tenne d'Angel s.* (G. GUINIZZELLI) **3** (**spec. al pl.**) lineamenti, fattezze, spec. aggraziate: *una donna di belle sembianze* **4** (*lett.*, **spec. al pl.**) apparenza, aspetto: *l'estreme sembianze e le reliquie / della terra e del ciel* (U. FOSCOLO) | (**spec. al pl.**) apparenza falsa, ingannevole: *presentare il male sotto le sembianze del bene* | (*lett.*) ***in s.***, in apparenza **5** †cenno, segno, nella loc. ***far s.*** (o ***sembianze***)

†**sembiàre** ➤ **sembrare**

†**semblànte** ➤ **sembiante**

†**semblàre** ➤ **sembrare**

†**semblèa** [dall'ant. fr. (*bataille*) *semblée* '(battaglia) attaccata', part. pass. f. di *sembler* 'riunire', dal lat. tardo *similāre*, variante del class. *simulāre* 'essere simile'. V. *simulare* ✱ 1364] **s. f.** ● (*raro*) adunanza

†**sembraménto** o †**sembiaménto** [da *sembrare* ✱ av. 1250] **s. m.** ● (*raro*) sembianza

†**sembrànza** ➤ **sembianza**

♦**sembràre** o †**sembiàre**, †**semblàre** [dal provenz. *semblar*, dal lat. tardo *similāre* 'somigliare', da *sĭmilis* 'simile' ✱ av. 1250] **A** **v. intr.** (*io sémbro*; **aus.** *essere*) ● parere | avere l'aspetto o l'apparenza di altra persona o cosa: *mi sembri tuo fratello; sembrava un galantuomo; così pettinato non sembri più tu; questi fiori sembrano finti; quella donna sembra un angelo* **B** **v. intr. impers.** (**aus.** *essere*) ● dare l'impressione (**+** *che* **seguito da congtv.**, **+** *di* **seguito da inf.**): *sembra che tutto vada bene; sembra sconveniente non accettare; mi sembra di avere la febbre; non ti sembra di esagerare?; mi sembra che le cose vadano meglio; mi sembrava di averti già visto!* | ***sembra ieri!***, in riferimento ad avvenimenti passati da tempo ma ancora molto vivi nella memoria | ***non mi sembra vero!***, per esprimere grande gioia, soddisfazione e sim. | ***sembra che voglia dimettersi***, si dice che, corre voce che

♦**séme** [lat. *sēme(n)*, dalla radice indeur. **sē-* 'seminare, piantare' ✱ 1282] **s. m.** **1** organo di dispersione caratteristico delle Spermatofite, racchiuso o no da un frutto, derivato dalla modificazione di un ovulo fecondato e contenente l'embrione e sostanze di riserva **CFR.** cario-, gono- | ***porre un terreno a s.***, lavorarlo per la semina | ***s. bachi, s. da bachi***, uova del baco da seta pronte per l'incubatrice | ***semi duri***, che non germinano o germinano dopo molto tempo, spec. quelli di leguminose | ***s. fonte***, nella genetica agraria, il seme ottenuto dalla prima generazione di una varietà o di un ibrido | ***s. ibrido***, in agraria, il seme prodotto da piante ibride derivate da più incroci | ***s. santo***, capolini essiccati di alcune specie di Artemisia contenenti santonina, potente antielmintico | ***semi di zucca***, che si mangiano salati e abbrustoliti | ***semi oleosi***, tutti quei semi o frutti di piante o di specie agrarie, diverse dall'ulivo, da cui si ricava un olio alimentare: *olio di semi* | ***si è perso il s.***, (*fig.*) non ce n'è più, non ne nasce più | ***tenere qlco. per s.***, custodire gelosamente quel che resta di qlco. di cui esistevano molti esemplari **2** (*est., pop.*) nocciolo: *ha ingoiato i semi delle ciliegie* **3** (*biol.*) sperma, elemento germinale maschile **4** (**al pl.**) pastina da brodo a forma di semi di cereali **5** (*lett.*) razza, discendenza | antenati, progenitori **6** (*fig.*) origine, principio, causa: *gettare il s. della discordia* **7** ciascuno dei quattro simboli o colori in cui si dividono le carte da gioco, cioè *cuori, quadri, picche, fiori* nelle carte francesi e *coppe, denari, bastoni, spade* nelle carte italiane ‖ **semétto**, **dim.** | **semino**, **dim.** (V.)

semeiografìa ➤ **semiografia**

semeiologìa ➤ **semiologia**

semeiològico o **semiològico** **agg.** (**pl. m.** *-ci*) **1** (*med.*) semeiotico **2** (*raro*) V. *semiologico* nel sign. 1

semeiòlogo o **semiòlogo** [comp. del gr. *sēmêion* 'segno', e *-logo* ✱ 1970] **s. m.** (**f.** *-a*; **pl. m.** *-gi*) **1** (*med.*) specialista in semeiotica **2** (*raro*) V. *semiologo* nel sign. 1

semeiòtica [vc. dotta, dal gr. *sēmeiōtikḗ*, f. sost. di *sēmeiōtikós* 'che osserva i segni', da *sēmeiôun* 'esaminare' ✱ 1829] **s. f.** **1** (*med.*) studio dei segni e dei sintomi delle malattie e dei modi per rilevarli: *s. medica, s. chirurgica* **SIN.** semiologia **2** (*raro*) nelle scienze umane, semiologia

semeiòtico [1892] **agg.** (**pl. m.** *-ci*) ● (*med.*) che riguarda la semeiotica

sèmel o (*pop., tosc.*) **sèmelle** [dal ted. *Semmel*, risalente al lat. *sĭmila* 'semola' ✱ 1822] **s. m. inv.** ● panino soffice da inzuppare nel caffellatte

semellàio [1872] **s. m.** (**f.** *-aia*, **pl. m.** *-ai*) ● (*pop., tosc.*) venditore di semel | (*est.*) fornaio

sèmelle ➤ **semel**

semèma [da *sema* col suff. *-ema* di *fonema, morfema*, ecc. ✱ 1960] **s. m.** (**pl.** *-i*) ● (*ling.*) unità di tratti semantici corrispondente al lessema

seménta① [da *sementare* ✱ 1666] **s. f.** ● semina, spec. del grano: *fare la s.* | epoca in cui si semina: *quest'anno la s. è in ritardo*

seménta② ➤ **semente**

sementàre [lat. *sementāre* 'produrre semenza', da *seměntis* 'seminagione'. V. *semente* ✱ av. 1294] **v. tr.** (*io seménto*) ● (*raro*) seminare (*anche assol.*)

sementatìvo [da *sementare* ✱ av. 1703] **agg.** ● (*raro*) seminativo

sementazióne [da †*sementare* 'seminare' ✱ av. 1794] **s. f.** ● (*disus.*) semina | (*bot.*) ***taglio di s.***, in selvicoltura, taglio selettivo di un bosco per favorire la rinnovazione naturale

seménte o **seménta**② [lat. *seměnte(m)*, connesso con *sēmen* 'seme'. V. *seme* ✱ 1266] **s. f.** ● complesso dei semi destinati alla semina: *affidare la s. al terreno*

sementière [da *semente* ✱ 1983] **s. m.** (**f.** *-a*) ● selezionatore di sementi

sementìno [dal lat. *sementīnu(m)* 'del tempo della semina', da *seměntis* 'semina' ✱ av. 1348] **agg.** **1** (*raro*) adatto, propizio alla semina: *terreno s.; tempo s.* | ***aratro s.***, aratro più piccolo del consueto con cui si tracciano solchi per la semina **2** †che matura nel tempo della semina: *pera sementina*

†**sementìre** [da *sementare*, con cambio di coniug. ✱ av. 1685] **v. intr.** ● far seme, produrre seme

semènza [lat. parl. **seměntia(m)*, connesso con *seměntis* 'semente' ✱ 1287] **s. f.** **1** semente **2** (*tosc.*, **spec. al pl.**) semi di zucca salati e abbrustoliti **3** (*fig., lett.*) origine: *Considerate la vostra s.: / fatti non foste a viver come bruti* (DANTE *Inf.* XXVI, 118-119) | discendenza, stirpe **4** bullettame minuto da scarpe **5** insieme di perle minutissime ‖ **semenzina**, **dim.**

semenzàio [da *semenza* ✱ av. 1320] **s. m.** (**pl.** *-ai*) **1** terreno destinato alla semina per ottenere piantine da trapiantare in vivaio o a dimora **2** (*fig.*) luogo di primo sviluppo: *Firenze è il s. della lingua italiana* | luogo in cui si trovano molti esemplari dello stesso tipo

semenzàle [da *semenza* ✱ 1960] **s. m.** ● (*agric.*) piantina ottenuta da seme

semenzièro [da *semenza* ✱ 1960] **agg.** ● (*raro*) relativo alle sementi

†**semenzìre** [da *semenza* ✱ sec. XIV] **v. intr.** ● sementire

semestràle [da *semestre* ✱ 1745] **A** **agg.** **1** che dura sei mesi: *corso s.* **2** che si verifica ogni sei mesi: *pagamento s.* ‖ **semestralménte**, **avv.** ogni semestre, di semestre in semestre ‖ **semestralità**, **s. f. inv.** durata o periodicità semestrale; rata, importo semestrale **B** **s. f.** ● (*econ.*) relazione semestrale sull'andamento di una società per azioni

C s. m. • periodico che esce ogni sei mesi

semestralizzàre [da *semestrale* ✻ 1985] **v. tr.** • rendere semestrale: *s. una scadenza, una rata* ‖ **semestralizzazióne**, **s. f.**

semèstre [dal lat. *semēstrem*, comp. di *sĕx* 'sei' e *-mēstris*, da *mēnsis* 'mese' ✻ 1615] **s. m. 1** periodo di sei mesi: *un s. di scuola*; *il lavoro di un s.*; *dividere l'anno in due semestri* | ***s. bianco***, nella Repubblica Italiana, periodo degli ultimi sei mesi della carica presidenziale durante il quale il capo dello Stato perde la facoltà di sciogliere le Camere **2** (*est.*) somma che si deve pagare o riscuotere ogni semestre: *un s. anticipato*; *due semestri di affitto*

sèmi- (o **-é-**) [anche in comp. lat. vale 'metà' (*sēmis*, di orig. indeur.)'] **primo elemento** • in numerose parole composte, significa 'mezzo', 'a metà', o 'parzialmente', 'quasi': *semiaperto, semibarbaro*

-semìa [gr. *-sēmía*, da *sêma* 'segno', di orig. indeur.] **secondo elemento** • in parole composte della terminologia linguistica, equivale a 'significato': *polisemìa*

semiabbandóno [comp. di *semi-* e *abbandono*] **s. m.** • stato di incuria, trascuratezza: *un museo in stato di s.* | (*dir.*) ***s. permanente***, situazione di parziale abbandono di un minore che non risulta inquadrabile nei casi in cui la legge prevede che il minore stesso risulti adottabile

semiacèrbo [vc. dotta, dal lat. *semiacĕrbu(m)*, comp. di *sēmi-* 'semi-' e *acĕrbus* 'acerbo' ✻ 1872] **agg.** • detto di frutto, non ancora del tutto maturo

semiàla [comp. di *semi-* e *ala* ✻ 1960] **s. f.** • (*aeron.*) parte di ala compresa tra la fusoliera e l'estremità dell'ala stessa

semiàlbero [comp. di *semi-* e *albero* 'asse' ✻ 1983] **s. m.** • (*mecc.*) semiasse

semianalfabèta [comp. di *semi-* e *analfabeta* ✻ 1883] **agg. e s. m. e f.** (**pl. m.** *-i*) • che (o chi) sa a stento leggere e scrivere | (*est.*) ignorante, illetterato

semianalfabetìsmo [da *semianalfabeta* ✻ 1899] **s. m.** • condizione di semianalfabeta, anche come fenomeno sociale

semiapèrto [vc. dotta, dal lat. *semiapĕrtu(m)* 'semiaperto', comp. di *sēmi-* 'semi-' e *apĕrtus* 'aperto' ✻ 1499] **agg. 1** mezzo aperto, più aperto che chiuso: *uscio s.*; *occhi semiaperti* **2** (*ling.*) in italiano, detto delle vocali *o* ed *e* aperte, come in *còsa* e *zèbra* **CFR.** semichiuso

semiàsse [comp. di *semi-* e *asse*② ✻ 1747] **s. m. 1** (*mat.*) semiretta di un asse cartesiano spiccata dall'origine | ***s. di una conica***, metà di un asse **2** (*mecc.*) ciascuno dei due alberi che trasmettono il moto dal differenziale alle ruote dell'autoveicolo **SIN.** semialbero

semiautomàtico [comp. di *semi-* e *automatico* ✻ 1948] **A agg.** (**pl. m.** *-ci*) • detto di macchina o di meccanismo che esegue in modo automatico solo alcune operazioni | ***arma da fuoco semiautomatica***, che si ricarica automaticamente solo per il colpo successivo al primo **B s. m.** • fucile semiautomatico

semibàrbaro [vc. dotta, dal lat. *semibărbaru(m)* 'semibarbaro', comp. di *sēmi-* 'semi-' e *bărbarus* 'barbaro' ✻ 1803] **agg.** • quasi barbaro, rozzo, incivile

semibarrièra [comp. di *semi-* e *barriera* ✻ 1986] **s. f.** • in un passaggio a livello o in un passo carraio, barriera che chiude solo una delle corsie stradali

semibiscròma [comp. di *semi-* e *biscroma* ✻ 1869] **s. f.** • (*mus.*) figura di nota della durata di 1/64 di semibreve

semibràdo [comp. di *semi-* e *brado* ✻ 1960] **agg.** • detto di bestiame o allevamento che è stabulare solo d'inverno: *cavalli semibradi*

semibrève [comp. di *semi-* e *breve* ✻ 1561] **A agg.** • detto di sillaba quasi breve **B s. f.** • (*mus.*) figura di nota della durata di 4/4 **SIN.** intero

semibùio [comp. di *semi-* e *buio* ✻ 1886] **agg.** (**pl. m.** *-ui*) • che è parzialmente oscuro o non illuminato: *scantinato s.*; *periferia semibuia*

semicabinàto [comp. di *semi-* e *cabinato* ✻ 1972] **s. m.** • imbarcazione con parte abitabile ridotta, generalmente a prua

semicàpro [vc. dotta, dal lat. *semĭcapru(m)* 'semicapro', comp. di *sēmi-* 'semi-' e *căper* 'capro', con spostamento dell'accento ✻ av. 1333] **A s. m.** • essere mitologico che ha il corpo metà umano e metà caprino **CFR.** fauno, satiro **B anche agg.**: *gli Dei semicapri*

semicatìno [comp. di *semi-* e *catino* ✻ 1965] **s. m.** • cupola, costituita da una mezza calotta sferica, che ricopre l'abside di una chiesa

semicérchio [comp. di *semi-* e *cerchio*. V. *semicircolo* ✻ 1563] **s. m.** • metà di un cerchio | segmento circolare staccato da un diametro

semichiùso (o **-ṣo**) [comp. di *semi-* e *chiuso*. V. lat. tardo *semiclūsus* 'semichiuso' ✻ 1624] **agg. 1** mezzo chiuso, quasi chiuso, più chiuso che aperto: *occhi semichiusi* **2** (*ling.*) in italiano, detto delle vocali *o* ed *e* chiuse, come in *nóce* e *vérde* **CFR.** semiaperto

semicingolàto [comp. di *semi-* e *cingolato* ✻ 1960] **A agg.** • detto di veicolo munito di cingoli di trazione e di ruote anteriori sterzanti **B anche s. m.**

semicircolàre o †**semicirculàre** [vc. dotta, dal lat. mediev. *semicirculāre(m)* 'semicircolare', dal classico *semicĭrculus* 'semicerchio' ✻ 1541] **agg.** • che ha forma di semicerchio | (*anat.*) ***canali semicircolari***, formazioni ad anello dell'orecchio medio, che presiedono al senso dell'equilibrio

semicìrcolo [vc. dotta, dal lat. *semicĭrculu(m)* 'semicerchio', comp. di *sēmi-* 'semi-' e *cĭrculus* 'cerchio' ✻ av. 1320] **s. m.** • semicerchio

semicirconferènza [comp. di *semi-* e *circonferenza* ✻ av. 1642] **s. f.** • metà di una circonferenza

†**semicirculàre** ▸ **semicircolare**

sèmico [da *sema* ✻ 1972] **agg.** (**pl. m.** *-ci*) • (*ling.*) relativo al sema: *analisi semica*

†**semicolonnàle** [comp. di *semi-* e *colonnale* ✻ av. 1519] **agg.** • (*raro*) che ha forma di mezza colonna: *l'onda s.* (LEONARDO)

semicólto [comp. di *semi-* e *colto*① ✻ av. 1891] **A agg. e s. m.** (**f.** *-a*) • detto di chi ha ricevuto qualche forma di istruzione ma possiede una scarsa competenza linguistica, spec. nella scrittura **B agg.** • di ciò che denota una scarsa competenza linguistica: *testi semicolti*

semiconduttóre [comp. di *semi-* e *conduttore* ✻ 1948] **s. m.; anche agg.** (**f.** *-trice*) • sostanza solida cristallina la cui conducibilità elettrica, gener. dipendente dalla temperatura, è intermedia fra quella di un conduttore e quella di un isolante

semicongelàto [comp. di *semi-* e *congelato* ✻ 1985] **agg.** • che è parzialmente congelato | (*iperb.*) molto infreddolito: *è tornato dalla passeggiata notturna s.*

semiconservativo [comp. di *semi-* e *conservativo* ✻ 1983] **agg.** • (*biol.*, *chim.*) ***replicazione semiconservativa***, replicazione di una molecola di DNA per separazione longitudinale dei due filamenti complementari da cui è composta, ciascuno dei quali si conserva e funge da modello, o stampo, per la sintesi di un nuovo filamento complementare

semiconsonànte [comp. di *semi-* e *consonante* ✻ 1938] **s. f.** • (*ling.*) suono vocalico che, davanti a un'altra vocale, viene pronunciato con la durata breve di una consonante (per es., in italiano *i* in *ieri* e *u* in *uovo*)

semiconsonàntico [1957] **agg.** (**pl. m.** *-ci*) • (*ling.*) relativo alla semiconsonante

semicontìnuo [comp. di *semi-* e *continuo* ✻ 1966] **agg. 1** parzialmente continuo: *processo, funzionamento s.* **2** (*mat.*) detto di funzione che si presenta come generalizzazione di una funzione continua

semiconvìtto [comp. di *semi-* e *convitto* ✻ 1967] **s. m.** • in un convitto, frequenza limitata alle ore di lezione e di studio: *Sta a s. nel collegio americano* (A. MORAVIA) | collegio o istituto frequentato solo nelle ore diurne

semiconvittóre [comp. di *semi-* e *convittore* ✻ 1960] **s. m.** (**f.** *-trice*) • studente che si trattiene in un convitto solo durante le ore del giorno dedicate alle lezioni e allo studio

semicopèrto [comp. di *semi-* e *coperto* ✻ 1499] **agg.** • appena coperto, coperto per metà

semicòro [comp. di *semi-* e *coro* ✻ 1819] **s. m.** • metà del coro nel dramma greco

semicòtto [comp. di *semi-* e *cotto* ✻ 1932] **agg.** • che è cotto parzialmente o in modo imperfetto | ***formaggio s.***, tipo di formaggio trattato a una temperatura tra i 35 e i 48 °C **CFR.** semicrudo

semicristallìno [comp. di *semi-* e *cristallino* ✻ 1872] **agg.** • quasi cristallino

semicròma [comp. di *semi-* e *croma* ✻ 1562] **s. f.** • (*mus.*) figura di nota della durata di 1/16 di semibreve

semicrùdo [comp. di *semi-* e *crudo* ✻ 1932] **agg.** • che non è del tutto crudo o è cotto in modo insufficiente | ***formaggio s.***, tipo di formaggio trattato a una temperatura tra i 32 e i 35 °C **CFR.** semicotto

semicuòio [comp. di *semi-* e *cuoio* ✻ 1957] **s. m.** (**pl.** *-òi*) • (*carta*) cartoncino usato per cartelle per documenti, carpette e sim., il cui colore tendente al rosso ricorda il cuoio

semicùpio [dal lat. mediev. *semicūpiu(m)* 'semicupio', comp. di *sēmi-* 'semi-' e di un deriv. del classico *cūpa* 'botte', di etim. incerta ✻ av. 1698] **s. m. 1** piccola vasca da bagno in cui si sta seduti **2** (*est.*) bagno fatto in un semicupio

semidènso [comp. di *semi-* e *denso* ✻ 1550] **agg.** • (*fis.*) che ha densità media: *liquido s.*

†**semidèo** ▸ **semidio**

semideponènte [comp. di *semi-* e *deponente* ✻ 1960] **agg.; anche s. m.** • detto di verbo latino che in alcuni tempi, nel perfetto e nei tempi da esso derivati, si coniuga come deponente

semideṣèrto [comp. di *semi-* e *deserto* ✻ 1948] **agg.** • quasi privo di passanti o di frequentatori: *viale, ristorante s.* **SIN.** semivuoto

semidetenùto [comp. di *semi-* e *detenuto* ✻ 1984] **agg. e s. m.** (**f.** *-a*) • che (o chi) fruisce della semidetenzione

semidetenzióne [comp. di *semi-* e *detenzione* ✻ 1981] **s. f.** • (*dir.*) sanzione penale, sostitutiva delle pene detentive brevi, che comporta l'obbligo di trascorrere almeno dieci ore al giorno in un istituto di reclusione

semidiàfano [comp. di *semi-* e *diafano* ✻ 1684] **agg.** • semitrasparente

semidiàmetro [vc. dotta, dal lat. tardo *semidiămetru(m)* 'semidiametro', comp. di *sēmi-* 'semi-' e *diămetros* 'diametro' ✻ 1481] **s. m.** • mezzo diametro | ***s. di una conica***, segmento avente un estremo nel centro e l'altro sulla conica

semidiapènte [comp. di *semi-* e *diapente* ✻ av. 1590] **s. f.** • nella musica greca, intervallo di quinta minore

semidifferènza [comp. di *semi-* e *differenza* ✻ av. 1647] **s. f.** • (*mat.*) la metà di una differenza

semidìo /semi(d)'dio/ o †**semidèo** [dal lat. *semĭdeu(m)* 'semidio', comp. di *sēmi-* 'semi-' e *dēus* 'dio', sul modello del gr. *Hēmítheos*, con l'accento spostato ✱ 1340] **s. m.** (**f.** *semidèa*; **pl. m.** *semidèi, raro semidìi*) **1** nella mitologia greco-romana, chi, nato da una divinità e da un essere umano, partecipa di qualità divine e tuttavia non è immortale **2** (*fig., iron.*) persona superiore agli altri, o che si crede tale

semidistéso (o **-ṣo**) [comp. di *semi-* e *disteso* ✱ 1937] **agg.** ● non del tutto disteso, detto spec. di persona con il busto appoggiato e il resto del corpo disteso: *dormiva s. sul divano*

semidistrùtto [comp. di *semi-* e *distrutto* ✱ av. 1887] **agg.** ● mezzo distrutto, distrutto in parte | (*fig., iperb.*) stanchissimo, sfinito

semidiùrno [comp. di *semi-* e *diurno* ✱ 1552] **agg.** ● relativo alla metà di un giorno

semidólce [comp. di *semi-* e *dolce* ✱ 1796] **agg.** **1** che è leggermente dolce, che tende al dolce: *cioccolato s.*; *panini semidolci* **2** che è poco salato: *prosciutto s.* | (*raro*) che contiene poco sale: *una laguna di acqua s.*

semidóppio [comp. di *semi-* e *doppio* ✱ 1682] **A** **agg.** ● (*bot.*) detto di fiore, in cui parte degli stami sono trasformati in petali **B** **s. m.**; **anche agg.** ● nella liturgia cattolica precedente il Concilio Vaticano II, ufficio nel quale non si duplicava la recita delle antifone

semidòtto [dal lat. *semidŏctu(m)* 'semidotto', comp. di *sēmi-* 'semi-' e *dŏctus* 'dotto' ✱ av. 1606] **agg.** **1** che ha un'istruzione superficiale **2** (*ling.*) detto di parola passata direttamente dal latino a una lingua romanza e che ha subito solo parzialmente adattamento di tipo popolare (per es. *letana*, da *litanīa*; lo spagnolo *siglo*, da *saecŭlum*)

semidùro [comp. di *semi-* e *duro* ✱ 1871] **agg.** ● (*miner.*) che può essere scalfito dall'acciaio

semiellìttico [comp. di *semi-* ed *ellittico*① ✱ 1805] **agg.** (**pl. m.** *-ci*) ● (*mat.*) che ha la forma di una mezza ellisse

semierètto [comp. di *semi-* ed *eretto* ✱ 1987] **agg.** ● che è parzialmente eretto: *pianta col fusto s.*

semieṣònero [comp. di *semi-* ed *esonero* ✱ 1960] **s. m.** ● esonero parziale, limitato alla metà dell'intero obbligo

semifinàle [comp. di *semi-* e *finale* ✱ 1939] **s. f.** ● gara destinata alla selezione dei concorrenti per l'ammissione alle finali: *entrare in s.*; *vincere le semifinali*

semifinalista [comp. di *semi-* e *finalista* ✱ 1960] **A** **s. m. e f.** (**pl. m.** *-i*) ● concorrente o squadra ammessi alle semifinali **B** **anche agg.**

semifinìto [comp. di *semi-* e *finito* ✱ 1986] **agg.** ● che è finito o è lavorato solo parzialmente: *prodotto, materiale s.*

semiflùido [comp. di *semi-* e *fluido* ✱ 1869] **agg.** ● (*fis.*) detto di corpo prossimo allo stato fluido: *olio s.*

semifréddo [comp. di *semi-* e *freddo* ✱ 1851] **A** **agg.** ● detto di un particolare tipo di dolce che viene conservato e servito molto freddo **B** **anche s. m.**

semigòtico [dal fr. *semigothique*, comp. di *semi-* 'semi-' e *gothique* 'gotico' ✱ 1765] **agg.** (**pl. m.** *-ci*) ● detto di scrittura fondamentalmente simile alla gotica, ma semplificata e alleggerita nel tratto

semigràsso [comp. di *semi-* e *grasso* ✱ 1932] **agg.** ● che non è completamente grasso | ***formaggi semigrassi***, uno dei tre tipi in cui la legge italiana classifica i formaggi

semigratùito o (*raro, lett.*) **semigratuìto** [comp. di *semi-* e *gratuito* ✱ 1872] **agg.** ● mezzo gratuito, gratuito in parte

semiinfermità ➤ **seminfermità**

semiinférmo ➤ **seminfermo**

semiinterràto ➤ **seminterrato**

semilàmpo [comp. di *semi-* e *lampo* ✱ 1963] **agg. inv.** ● nel gioco degli scacchi, detto di partita o torneo nei quali a ciascun giocatore è concesso un tempo massimo complessivo di riflessione di quindici minuti

semilavoràto [comp. di *semi-* e *lavorato* ✱ 1932] **A** **agg.** ● detto di prodotto che ha subito una parziale lavorazione, e viene impiegato in un successivo processo produttivo che lo utilizza come materia prima **B** **anche s. m.**

semilìbero [vc. dotta, dal lat. *semilībēru(m)* 'semilibero', comp. di *sēmi-* 'semi-' e *līber* 'libero' ✱ 1872] **A** **agg.** ● che non gode di una perfetta libertà **B** **agg. e s. m.** **1** (*dir.*) anticamente, che (o chi) era in condizione intermedia tra quella di libero e quella di schiavo, in modo da godere solo parzialmente dei diritti sociali e delle capacità giuridiche **2** (*dir.*) detenuto che gode della condizione di semilibertà

semilibertà [comp. di *semi-* e *libertà* ✱ 1803] **s. f. inv.** ● condizione di chi è semilibero | (*dir.*) opportunità, per i detenuti che abbiano scontato metà della pena e abbiano tenuto un buon comportamento, di uscire dal carcere nelle ore diurne per lavorare e reinserirsi così nel contesto sociale

semilìquido [comp. di *semi-* e *liquido* ✱ 1797] **agg.** ● quasi liquido

semilùcido [comp. di *semi-* e *lucido* ✱ 1977] **agg.** ● quasi lucido, poco lucido

semilunàre [comp. di *semi-* e *lunare* ✱ 1684] **agg.** ● che ha forma di mezzaluna | (*anat.*) ***osso s.***, osso del carpo

semilùnio [comp. di *semi-* e *-lunio*, cfr. *plenilunio* ✱ 1745] **s. m.** (**pl.** *-i* o *raro -ii*) ● epoca in cui la Luna è al primo o all'ultimo quarto

semimetàllo [comp. di *semi-* e *metallo* ✱ 1770] **s. m.** ● (*chim.*) elemento di proprietà intermedie fra quelle dei metalli e dei non metalli

semimìnima [comp. di *semi-* e *minima* ✱ av. 1565] **s. f.** ● (*mus.*) figura di nota della durata di 1/4 di semibreve

semimorfèma [comp. di *semi-* e *morfema* ✱ 1960] **s. m.** (**pl.** *-i*) ● (*ling.*) elemento morfologico che amplia la radice e la collega al morfema vero e proprio

semimòrto [dal lat. *semimŏrtuu(m)* 'mezzo morto', comp. di *sēmi-* 'semi-' e *mŏrtuus* 'morto' ✱ 1336 ca.] **agg.** ● (*raro, lett.*) mezzo morto, quasi morto

semimpermeàbile [comp. di *semi-* e *impermeabile* ✱ 1940] **agg.** ● che è parzialmente impermeabile

sémina① [da *seminare* ✱ 1564] **s. f.** ● lavoro del seminare | epoca in cui si semina

semìna② [da *sema*, variante ant. e dial. di *seme* ✱ 1872] **s. f.** ● (*tosc.*, **spec. al pl.**) seme di zucca salato

seminàbile [1827] **agg.** ● che si può seminare

seminagióne o †**seminazióne** [vc. dotta, dal lat. *seminatiōne(m)*, propr. 'riproduzione', da *seminātus* 'seminato' ✱ av. 1320] **s. f.** ● (*lett.*) semina①

seminàle [vc. dotta, dal lat. *semināle(m)* 'seminale', da *sēmen*, genit. *sēminis* 'seme' ✱ 1308] **agg.** **1** (*bot.*) relativo al seme, alla semente **2** (*biol.*) relativo al seme, allo sperma: *ghiandola, vescichetta, liquido s.* **3** (*fig.*) fecondo (calco sull'ingl. *seminal*): *un'idea s.* | ***un film, un'opera s.***, che costituisce il modello che genera opere successive

◆**seminàre** [lat. *semināre*, da *sēmen*, genit. *sēminis* 'seme' ✱ 1205 ca.] **v. tr.** (*io sémino*) **1** spargere il seme, le sementi (*anche assol.*): *s. il grano*; *s. un terreno a grano* | ***s. sulla, nella sabbia***, (*fig.*) fare qlco. di inutile **2** (*fig.*) spargere qua e là, lasciar cadere: *ha seminato i suoi vestiti per la stanza* **SIN.** disseminare **3** (*fig.*) diffondere, far nascere, suscitare: *s. discordia, zizzania* | **PROV.** ***chi semina vento raccoglie tempesta***, chi provoca del male deve attendersi lo stesso male in proporzioni maggiori **4** nel linguaggio sportivo, prendere un notevole vantaggio sugli avversari: *s. il gruppo, gli inseguitori* | (*est.*) lasciare indietro facendo perdere le proprie tracce: *i ladri sono riusciti a s. la macchina della polizia*

seminariàle [da *seminario* nel sign. 2 ✱ 1976] **agg.** ● relativo a un seminario: *esercitazioni seminariali*; *tecnica seminariale*

seminarìle [da *seminario* nel sign. 1 ✱ 1960] **agg.** ● relativo a un seminario: *collegio s.*

seminàrio [vc. dotta, dal lat. *seminārìu(m)*, da *sēmen*, genit. *sēminis* 'seme' ✱ av. 1320] **s. m.** **1** istituto per la preparazione dei chierici: *s. vescovile, arcivescovile* | ***s. diocesano***, soggetto al vescovo della diocesi | ***s. regionale***, costituito fra più diocesi **2** esercitazione universitaria di carattere specialistico riservata a un numero ristretto di studenti | (*est.*) tecnica di aggiornamento o addestramento di dirigenti spec. aziendali consistente in riunioni di gruppo, guidate da un relatore, per approfondire determinati problemi | (*est.*) riunione di studio, convegno | ***s. online***, i cui partecipanti sono connessi attraverso Internet **3** istituto o aula universitaria riservata allo svolgimento di esercitazioni seminarili: *il s. di inglese* **4** †semenzaio

seminarìsta [da *seminario*, con *-ista* ✱ 1665] **s. m.** (**pl.** *-i*) **1** chierico o laico di un seminario **2** (*fig.*) giovane inesperto, ingenuo: *essere timido, goffo, come un s.*

seminarìstico [da *seminarista* ✱ 1872] **agg.** (**pl. m.** *-ci*) ● di seminario | da seminarista (*anche iron.*): *educazione seminaristica*

seminascósto [comp. di *semi-* e *nascosto* ✱ 1821] **agg.** ● che è visibile solo parzialmente: *una villa seminascosta nel verde*

seminàta [av. 1580] **s. f.** ● (*raro*) semina (*anche fig.*) | insieme delle cose seminate

seminatìvo [da *seminare* ✱ av. 1703] **A** **agg.** ● detto di terreno lavorato e coltivato a cereali, leguminose, piante foraggere, e sim. **B** **anche s. m.**

seminàto **A** **part. pass.** di *seminare*; **anche agg.** **1** nei sign. del v.: *campo s. a granturco* **2** cosparso (*anche fig.*): *sentiero s. di fiori*; *una carriera seminata di difficoltà* **3** (*arald.*) detto dello scudo o di una figura cosparsi di figure più piccole **4** ***pavimento a s.***, con piccoli elementi di colore mescolati all'impasto ‖ †**seminataménte**, **avv.** sparsamente **B** **s. m.** **1** terreno seminato: *danneggiare il s.*; *non camminare sul s.* | ***uscire dal, fuori del, s.***, (*fig.*) deviare dall'argomento trattato; †impazzire, uscire di senno **2** (*edil.*) pavimento a seminato | ***s. alla veneziana***, pavimento alla veneziana

seminatóio [1865] **s. m.** (**pl.** *-ói*) ● attrezzo per seminare: *un s. a mano*

seminatóre [dal lat. *seminatōre(m)*, da *seminātus* 'seminato' ✱ av. 1292] **s. m.** (**f.** *-trice*) ● chi semina

seminatrìce [f. di *seminatore* ✱ 1882] **s. f.** ● macchina per la semina | ***s. di precisione***, per la semina in fila di semi isolati a distanza prestabilita | ***s. spandiconcime***, per localizzare il concime a contatto o in vicinanza del seme contemporaneamente alla semina

seminatùra [av. 1320] **s. f.** ● (*raro*) atto del seminare | semina

†**seminazióne** ➤ **seminagione**

seminfermità o **semiinfermità** [comp. di *semi-* e *infermità* ✱ 1922] **s. f. inv.** ● infermità parziale: *s. di mente*

seminférmo o **semiinférmo** /semiim-

a b c d e f g h i j k l m n o p q r s t u v w x y z

'fermo, -min-/ [comp. di *semi-* e *infermo* ✱ 1960] **agg. e s. m. (f. -*a*)** ● che (o chi) è parzialmente infermo

seminìfero [comp. del lat. *sēmen*, genit. *sēminis* 'seme', e *-fero* ✱ 1838] **agg. 1** (*bot.*) che porta semi **2** (*anat.*) che conduce il seme: *dotto s.*

seminìo [1761] **s. m. (pl. -*ii*)** ● il seminare, il disseminare continuo (*spec. fig.*) | (*fig.*) spreco | insieme di cose disseminate: *quel s., quel polverìo di stelle!* (G. Pascoli)

semìno [1838] **s. m. 1** dim. di *seme* **2** (**al pl.**) pasta minuta da minestra, a forma di semi

seminòma [da *seme* col suff. *-oma* ✱ 1937] **s. m. (pl. -*i*)** ● (*med.*) tumore del testicolo

seminòmade [comp. di *semi-* e *nomade* ✱ 1928] **A agg.** ● (*antrop.*) detto di gruppi che praticano il seminomadismo o di individui che appartengono a tali gruppi **B s. m. e f.** ● chi pratica il seminomadismo

seminomadìsmo [da *seminomade* ✱ 1963] **s. m.** ● (*antrop.*) forma di esistenza fondata sull'alternanza di periodi di nomadismo legato ad attività pastorali o di caccia e raccolta, e di periodi di stanzialità dovuti alla pratica dell'agricoltura

semintèro [comp. di *semi-* e *intero* ✱ 1987] **agg.** ● detto di numero razionale multiplo dispari di 1/2, quale 3/2, 5/2 ecc.

seminterràto o (*raro*) **semiinterràto** /semiinter'rato, -min-/ [comp. di *semi-* e *interrato* ✱ 1935] **s. m.** ● piano di edificio i cui locali sono parzialmente sotto il livello stradale

seminudità [comp. di *semi-* e *nudità* ✱ 1846] **s. f. inv. 1** la condizione di chi è seminudo **2** (**spec. al pl.**) parte del corpo lasciata parzialmente nuda

seminùdo [dal lat. *seminūdu(m)* 'seminudo', comp. di *sēmi-* 'semi-' e *nūdus* 'nudo' ✱ av. 1673] **agg.** ● mezzo nudo, quasi nudo

sèmio- [dal gr. *sēmêion* 'segno'] **primo elemento** ● in parole scientifiche composte, significa 'segno' o indica relazione coi segni: *semiologia*

semiografìa o **semeiografìa** [comp. di *semio-* e *-grafia* ✱ 1829] **s. f.** ● scrittura abbreviata, per mezzo di segni convenzionali: *la stenografia è una s.*

semiologìa o **semeiologìa** [comp. di *semio-* e *-logia* ✱ 1825] **s. f. (pl. -*gìe*) 1** nelle scienze umane, teoria e studio di ogni tipo di segno linguistico, visivo, gestuale ecc., prodotto in base a un codice accettato nell'ambito della vita sociale **SIN.** semiotica **2** (*raro*, *med.*) semeiotica

semiològico o **semeiològico** [1872] **agg. (pl. m. -*ci*) 1** nelle scienze umane, relativo alla semiologia **2** (*raro*) V. *semeiologico* nel sign. 1

semiòlogo o **semeiòlogo** [1966] **s. m. (f. -*a*; pl. m. -*gi*) 1** nelle scienze umane, studioso di semiologia **2** (*raro*) V. *semeiologo* nel sign. 1

semióncia [comp. di *semi-* e *oncia* ✱ 1987] **s. f. (pl. -*ce*)** ● antica unità di misura di peso e monetaria equivalente a metà dell'oncia o a 1/24 dell'asse

semionciàle [comp. di *semi-* e *onciale* ✱ 1873] **agg.; anche s. f.** ● detto di un tipo di scrittura derivata dall'onciale con caratteristiche analoghe ad essa, in uso nell'alto Medioevo

semiónda [comp. di *semi-* e *onda* ✱ 1930] **s. f.** ● (*fis.*) parte di un'onda periodica relativa a un semiperiodo, in cui la grandezza oscillante mantiene lo stesso segno

semiopàco [comp. di *semi-* e *opaco* ✱ 1872] **agg. (pl. m. -*chi*)** ● mezzo opaco, quasi trasparente

semiopàle [comp. di *semi-* e *opale* ✱ 1875] **s. m.** ● (*miner.*) varietà di opale traslucido di durezza moderata

semioscurità [comp. di *semi-* e *oscurità* ✱ 1835] **s. f. inv.** ● oscurità parziale, penombra: *Ci occorsero alcuni istanti perché i nostri occhi si avvezzassero alla s.* (P. Levi)

semioscùro [comp. di *semi-* e *oscuro* ✱ 1878] **agg.** ● che è parzialmente oscuro

semiòsi [dall'ingl. *semiosis*, dal gr. *sēméiōsis* 'significazione', da *sēmeiôun* 'indicare, segnalare' ✱ 1965] **s. f. inv.** ● nelle scienze umane, processo in base al quale qlco. assume la funzione di segno

semiòtica [dall'ingl. *semiotic*. V. *semeiotica* ✱ 1927] **s. f. 1** nelle scienze umane, semiologia **2** (*med.*, *raro*) semeiotica

semiòtico [vc. dotta, dal gr. *sēmeiōtikós* 'diagnostico', da *sēmeiôun* 'osservare' ✱ 1960] **agg. (pl. m. -*ci*)** ● relativo alla semiosi o alla semiotica ‖ **semioticaménte**, **avv.** secondo la semiotica; da un punto di vista semiotico

semipagàno [comp. di *semi-* e *pagano* ✱ 1872] **agg.** ● mezzo pagano, quasi pagano

semiparassìta [comp. di *semi-* e *parassita* ✱ 1932] **s. m. e f.; anche agg. (pl. m. -*i*)** ● (*bot.*) emiparassita

semiperiferìa [comp. di *semi-* e *periferia* ✱ 1960] **s. f.** ● la zona periferica più vicina al centro della città

semiperifèrico [comp. di *semi-* e *periferico* ✱ 1961] **agg. (pl. m. -*ci*)** ● che si trova nella semiperiferia: *quartiere s.*

semiperìmetro [comp. di *semi-* e *perimetro* ✱ 1793] **s. m.** ● metà del perimetro

semiperìodo [comp. di *semi-* e *periodo* ✱ 1936] **s. m.** ● (*fis.*) metà del periodo di un'oscillazione

semipermanènte [comp. di *semi-* e *permanente* ✱ 1943] **agg.** ● che dura nel tempo, ma non è permanente: *trucco s.* | **lente a contatto s.**, che può non essere rimossa quotidianamente

semipermeàbile [comp. di *semi-* e *permeabile* ✱ 1940] **agg.** ● (*fis.*) detto di membrana che manifesta il fenomeno della semipermeabilità ‖ **semipermeabilità**, **s. f. inv.** (V.)

semipermeabilità [comp. di *semi-* e *permeabilità* ✱ 1973] **s. f. inv.** ● (*fis.*) proprietà di alcune membrane che permettono il passaggio del solvente, ma non del soluto

semipiàno [comp. di *semi-* e *piano* ✱ 1960] **s. m.** ● insieme dei punti del piano che stanno da una parte rispetto a una retta assegnata

semipièno [dal lat. *semiplēnu(m)*, comp. di *sēmi-* e *plēnus* 'pieno' ✱ sec. XV] **agg.** ● mezzo pieno, quasi pieno

semipoètico [dal lat. tardo *semipōeta(m)*, comp. di *sēmi-* 'semi-' e *poēta* 'poeta' ✱ 1745] **agg. (pl. m. -*ci*)** ● (*raro*) quasi poetico, affine alla poesia: *le formole semipoetiche dei romantici (Schelling)* (B. Croce) | (*spreg.*) scarsamente poetico

semipotenziàto [comp. di *semi-* e *potenziato* ✱ 1825] **agg.** ● (*arald.*) detto di pezza, le cui estremità terminano ad angolo retto: *croce semipotenziata*

semipresidenzialìsmo [comp. di *semi-* e *presidenzialismo* ✱ 1986] **s. m.** ● sistema politico-costituzionale, tipico della Francia, in cui il Presidente della Repubblica condivide il potere esecutivo con un primo ministro da lui nominato, responsabile di fronte al Parlamento

semipresidenzialista [1986] **A agg. e s. m. e f. (pl. m. -*i*)** ● fautore, sostenitore del semipresidenzialismo **B agg.** ● del semipresidenzialismo, basato sul semipresidenzialismo

semiprezióso (o **-ṣo**) o **sèmi prezióso** (o **-ṣo**) [comp. di *semi-* e *prezioso* ✱ 1711] **agg.** ● detto di materiale di pregio, come per es. le pietre dure, usato in oreficeria o nella fabbricazione di oggetti d'arte: *il lapislazzuli è una pietra semipreziosa*

semiprò [1981] **s. m. e f. inv.** ● accorc. di *semiprofessionista*

semiprodótto [comp. di *semi-* e *prodotto* ✱ 1960] **s. m.** ● (*mat.*) la metà del prodotto di due o più fattori

semiprofessionìsmo [comp. di *semi-* e *professionismo* ✱ 1964] **s. m.** ● (*sport*) condizione di atleti impegnati per contratto a svolgere la propria attività sportiva esclusivamente sotto il patrocinio di una società, rimanendo comunque liberi di esercitare altra attività lavorativa

semiprofessionìsta [comp. di *semi-* e *professionista* ✱ 1964] **s. m. e f. (pl. m. -*i*)** ● (*sport*) chi pratica una attività sportiva in condizioni di semiprofessionismo

semipùbblico [comp. di *semi-* e *pubblico* ✱ 1745] **agg. (pl. m. -*ci*)** ● (*raro*) che non è del tutto pubblico

semiquinària [comp. di *semi-* e *quinaria* ✱ 1922] **agg. solo f.** ● pentemimera

semiraffinàto [comp. di *semi-* e *raffinato* ✱ 1987] **agg.** ● che è stato raffinato solo parzialmente, detto spec. di prodotto alimentare o industriale: *zucchero, sale s.*

semirètta [comp. di *semi-* e *retta* ✱ 1940] **s. f.** ● insieme dei punti di una retta orientata che seguono un punto dato

semirìgido [comp. di *semi-* e *rigido* ✱ 1930] **agg.** ● non completamente rigido | ***dirigibile s.***, con armatura parzialmente articolata

semirimòrchio [comp. di *semi-* e *rimorchio* ✱ 1948] **s. m.** ● rimorchio stradale, la cui parte anteriore, priva di ruote, poggia sulla parte posteriore di una motrice, su cui è articolata

semirotóndo [dal lat. tardo *semirotŭndu(m)* 'semicircolare', comp. di *sēmi-* 'semi-' e *rotŭndus* 'rotondo' ✱ av. 1698] **agg.** ● (*raro*) parzialmente rotondo

semisconosciùto [comp. di *semi-* e *sconosciuto* ✱ 1910] **agg.** ● quasi sconosciuto o non ancora affermato: *ha vinto il premio uno scrittore s.*

semiscopèrto [comp. di *semi-* e *scoperto* ✱ 1872] **agg.** ● mezzo scoperto, quasi scoperto

semisécco [comp. di *semi-* e *secco* ✱ 1970] **agg. (pl. m. -*chi*)** ● detto di vino, che non è né dolce né secco **SIN.** abboccato

semisecolàre [comp. di *semi-* e *secolare* ✱ 1858] **agg.** ● che dura mezzo secolo: *alleanza s.* | che ricorre ogni mezzo secolo: *celebrazione semisecolare*

semiselvàggio [comp. di *semi-* e *selvaggio* ✱ 1818] **agg.; anche s. m. (f. -*gia*; pl. f. -*ge*)** ● che (o chi) è mezzo selvaggio, poco addomesticato, poco civile

semisèrio [comp. di *semi-* e *serio* ✱ 1815] **agg.** ● che sta fra il serio e il buffo, il faceto: *tono s.*; *opera semiseria*

semisettenària [comp. di *semi-* e *settenaria* ✱ 1960] **agg. solo f.** ● eftemimera

semisfèra [comp. di *semi-* e *sfera* ✱ 1865] **s. f.** ● metà di una sfera | segmento sferico determinato da un piano per il centro

semisfèrico [1872] **agg. (pl. m. -*ci*)** ● di semisfera

semisintètico [comp. di *semi-* e *sintetico* ✱ 1970] **agg. (pl. m. -*ci*)** ● (*chim.*) detto di un prodotto derivato dall'elaborazione chimica di sostanze naturali: *antibiotico s.*

semisòlido [comp. di *semi-* e *solido* ✱ 1871] **agg.** ● non del tutto solido

semisómma [comp. di *semi-* e *somma* ✱ 1960] **s. f.** ● metà della somma: *s. di due numeri, di due quantità*

semispàzio [comp. di *semi-* e *spazio* ✱ 1960]

S

s. m. ● insieme dei punti dello spazio che stanno da una stessa parte rispetto a un piano

semispènto (o **-é-**) [comp. di *semi-* e *spento* ✻ 1745] **agg.** ● mezzo spento: *fuoco s.* | (*fig.*) tenue: *voce semispenta*

semìsse [vc. dotta, dal lat. *semĭsse(m)* 'semisse', comp. di *sēmi-* 'semi-' e *ās*, genit. *ăssis* 'asse'. V. *asse*③ ✻ 1838] **s. m.** ● moneta romana di bronzo, di valore equivalente a metà dell'asse nelle varie serie, con l'incisione sul dritto la testa di Giove e l'indicazione del valore espresso con la lettera S o con sei pallini

semiṣvòlto [comp. di *semi-* e *svolto* ✻ 1619] **agg.** ● svolto solo in parte

semìta① [da *Sem*, figlio di Noè, dall'ebr. *Shēm*, con *-ita* ✻ 1843] **A s. m. e f.** (**pl. m.** *-i*) ● appartenente a una delle popolazioni antiche o moderne, distribuite tra l'Asia sud-occidentale e l'Africa settentrionale, parlanti una lingua del ceppo semitico **B agg.** ● semitico

†**sèmita**② [dal lat. *sēmita(m)* 'sentiero', di etim. incerta ✻ sec. XIII] **s. f.** ● sentiero

semitàppa [comp. di *semi-* e *tappa* ✻ 1960] **s. f.** ● nei giri ciclistici, ciascuna delle due parti in cui sono divise alcune tappe, con un proprio ordine d'arrivo

semitendinóso (o **-ṣo**) [comp. di *semi-* e *tendinoso* ✻ 1838] **A agg.** ● (*anat.*) detto di muscolo posteriore della coscia **B s. m.** ● muscolo semitendinoso

semiternària [comp. di *semi-* e *ternario* ✻ 1960] **agg. solo f.** ● tritemimera

semìtico [dal ted. *semitisch*, da *Sem*, figlio di Noè; V. *semita*① ✻ 1838] **A agg.** (**pl. m.** *-ci*) ● relativo ai Semiti | ***lingue semitiche***, famiglia di lingue antiche e moderne geneticamente affini, come l'aramaico, il fenicio, l'etiopico, l'ebraico, l'arabo, ecc. | ***filologia semitica***, studio comparativo delle lingue e letterature semitiche **B s. m.** ● famiglia delle lingue semitiche

semitìsta [da *semita*①, con *-ista* ✻ 1957] **s. m. e f.** (**pl. m.** *-i*) ● chi studia la lingua, la civiltà, la storia e sim. dei semiti

semitìstica [da *semita*①, con *-istico* ✻ 1960] **s. f.** ● studio comparativo delle lingue, culture, storia dei popoli semiti

semitóndo [comp. di *semi-* e *tondo* ✻ av. 1722] **agg.** ● mezzo tondo, quasi tondo

semitònico [da *semitono* ✻ 1960] **agg.** (**pl. m.** *-ci*) ● detto della sillaba su cui cade un accento secondario

semitòno [comp. di *semi-* e *tono*① ✻ av. 1530] **s. m.** ● (*mus.*) intervallo di mezzo tono, 12ª parte dell'ottava

semitrasparènte [comp. di *semi-* e *trasparente* ✻ 1865] **agg.** ● quasi trasparente

semitrasparènza [comp. di *semi-* e *trasparenza* ✻ 1869] **s. f.** ● proprietà, caratteristica di ciò che è semitrasparente

semiufficiàle [comp. di *semi-* e *ufficiale* ✻ 1799] **agg.** ● quasi ufficiale: *notizia s.* ‖ **semiufficialità**, **s. f. inv.** carattere semiufficiale

semivelàto [comp. di *semi-* e *velato* ✻ 1864] **agg.** ● mezzo velato

semivestìto [comp. di *semi-* e *vestito* ✻ 1745] **agg.** ● mezzo vestito, che non ha finito di vestirsi

semivìvo [dal lat. *semivīvu(m)*, comp. di *sēmi-* 'semi-' e *vīvus* 'vivo' ✻ 1334] **agg.** ● (*lett.*) mezzo morto, più morto che vivo

semivocàle [vc. dotta, lat. *semivocāle(m)*, comp. di *semi-* 'semi-' e *vocālis* 'vocale'; calco sul gr. *hēmíphōnos* ✻ 1516] **s. f.** ● (*ling.*) suono vocalico che, preceduto da un'altra vocale, viene pronunciato con durata più breve del consueto (per es., in italiano *i* in *poi* e *u* in *lauro*)

semivocàlico [1957] **agg.** (**pl. m.** *-ci*) ● di semivocale, che ha le caratteristiche di una semivocale

semivuòto [comp. di *semi-* e *vuoto*, sul modello di *semipieno* ✻ 1858] **agg.** ● mezzo vuoto, quasi vuoto

♦**semmài** o **se mài** [comp. di *se*① e *mai*, con raddoppiamento sintattico ✻ 1965] **A cong.** ➤ **se mai B avv.** ● tutt'al più, caso mai: *s. verrò a piedi*

†**semmàna** ➤ **settimana**

semnopitèco [vc. dotta, comp. del gr. *semnós* 'venerabile' e *píthēkos* 'scimmia' ✻ 1838] **s. m.** (**pl.** *-chi* o *-ci*) ● scimmia snella con arti lunghi, musetto piccolo e tasche nelle guance per immagazzinare il cibo (*Semnopithecus*)

sémola [lat. parl. **sĭmula(m)*, per il classico *sĭmila*, di orig. mediterr. ✻ 1309] **s. f. 1** farina di colore giallo paglierino ottenuta dalla macinazione del grano duro, usata nella fabbricazione della pasta alimentare: *pane di s.* | crusca **2** (*pop.*) efelidi, lentiggini

†**semolàio** [av. 1547] **agg.** ● (*raro*) di semola

semolàta [da *semola* ✻ 1891] **s. f.** ● beverone di crusca e acqua, per cavalli

semolàto [da *semola* ✻ 1902] **agg.** ● detto di zucchero raffinato (ridotto cioè in granelli piccoli come quelli della semola)

semolìno [da *semola* ✻ 1735] **s. m. 1** farina di riso o di grano duro macinata grossa, usata per minestre o per budini **2** (*est.*) minestra fatta con tale farina: *s. in brodo*

semolóso (o **-ṣo**) [1567] **agg. 1** ricco di semola **2** (*fig., pop.*) lentigginoso

semovènte [comp. di *sé* e *movente*, part. pres. di *muovere* ✻ 1549] **A agg.** ● che si muove da sé, che ha la proprietà del moto | ***pontone s.***, munito di un piccolo apparato motore, per effettuare limitati spostamenti **B s. m.** ● pezzo d'artiglieria installato su scafo corazzato cingolato che ne costituisce affusto mobile

semovènza [1872] **s. f.** ● (*raro*) capacità di movimento autonomo

†**sémpice** ➤ **semplice**①

†**sempiternàle** [sec. XIII] **agg.** ● sempiterno

†**sempiternàre** [1321] **v. tr.** ● (*lett.*) rendere sempiterno

†**sempiternità** [vc. dotta, dal lat. tardo *sempiternitāte(m)* 'eternità', con troncamento finale; da *sempitĕrnus* 'eterno', come *aetĕrnitas*, genit. *aeternitātis*, da *aetĕrnus* ✻ 1505] **s. f.** ● condizione di ciò che è sempiterno

sempitèrno [vc. dotta, dal lat. *sempitĕrnu(m)* 'eterno', comp. di *sĕmper* 'sempre' ed *aetĕrnus* 'eterno' ✻ 1266] **agg.** ● (*lett.*) che è sempre esistito e non avrà mai fine | ***in s.***, in eterno, perpetuamente **SIN.** eterno, perpetuo ‖ **sempiternaménte**, **avv.** perpetuamente

♦**sémplice**① o †**simplice**, †**sémprice**, (*pop.*) †**sémpice** [lat. *sĭmplice(m)* 'semplice, puro', comp. di *sĕm-* 'una volta' (V. *sempre*) e di un deriv. dal tema di *plĕctere* 'piegare', dalla radice indeur. **plek-* (V. *piegare*): propr. 'piegato una sola volta' ✻ 1261 ca.] **A agg. 1** che consta di un solo elemento (spec. in contrapposizione a *doppio*): *filo, nodo s.*; *consonante s.* **CFR.** aplo- | ***partita s.***, tipo di scrittura contabile che non ha per regola base la costante uguaglianza fra addebitamenti e accreditamenti e che mira semplicemente a registrare o evidenziare i principali fatti di gestione **2** che consta di un solo elemento e non ha nulla di aggiunto o mescolato (spec. in contrapposizione a *composto*): *i tempi semplici di un verbo*; *parola s.* | ***caffè s.***, liscio | ***colonna s.***, senza altre colonne sovrapposte | ***corpo s.***, elemento chimico | ***rocce semplici***, costituite per la maggior parte da un unico tipo di minerale | ***corimbo, fusto, radice, spina, s.***, non ramificati | ***infiorescenza s.***, con fiori inseriti immediatamente sul graspo **CFR.** proto- **3** elementare, privo di complicazioni o di difficoltà (spec. in contrapposizione a *complesso*): *ragioni semplici da capire*; *comincerò la lezione dagli argomenti più semplici*; *l'esposizione dei fatti è stata s. e piana* | facile: *non sarà s. indurlo a partire* **4** privo di ornamenti eccessivi, di artifici: *vestito, decorazione, arredamento s.* | privo di affettazione, di ricercatezza: *stile s.*; *vita s.*; *abitudini, gusti, semplici*; *cose semplici* | (*mus.*) indicazione con cui si richiede un'esecuzione senza ricercatezze | (*mus.*) ***intervallo s.***, quello che non eccede l'ottava | (*mus.*) ***suono s.***, quello puro, senza armonici **5** detto di persona, schietto, sincero, senza malizia: *gente s.*; *è un ragazzo s. e buono* | inesperto, ingenuo: *una contadina s. e rozza* | (*est.*) sciocco, poco accorto: *ma quanto sei s.!*; *che anima s.!* **6** preposto a un sost. ha valore enfatico e rafforzativo e significa 'solamente, nient'altro che, niente più che': *è una s. domanda*; *non offenderti per un s. dubbio*; *mi basta una s. firma*; *non è che un s. impiegato* | anche unito a *puro*, preposto o posposto a un sost.: *dimmi la pura e s. verità*; *è ignoranza pura e s.* **7** posposto a un sost. indica il grado più basso di una carriera, una gerarchia, e sim.: *segretario s.* | ***soldato s.***, non graduato **8** (*ling.*) breve ‖ **sempliceménte**, **avv. 1** in modo semplice, con naturalezza: *parlare, vestire semplicemente* **2** solamente: *dico semplicemente questo!*; veramente: *un film semplicemente meraviglioso* **B s. m. e f.** ● persona schietta, priva di malizia, e spesso sciocca, poco accorta: *gabbare i semplici* ‖ (*lett.*) **semplicèllo**, **dim.** | **semplicétto**, **dim.** | **semplicióne**, **accr.** (V.) | **sempliciòtto**, **alter.** (V.)

> **SFUMATURE DI SIGNIFICATO**
>
> ***semplice - schietto - trasparente - ingenuo***
>
> Detto di persona, **semplice** è chi è privo di malizia, si comporta senza affettazione ed è sincero nel parlare e nel sentire. Analoga sincerità è suggerita da **schietto**, che indica chi è leale, si esprime con franchezza ed è incapace di fingere. Una persona aliena dalle finzioni, che lascia scorgere ciò che pensa, sente o vuole si definisce anche **trasparente**. Chi è semplice, schietto o trasparente può essere talvolta anche un po' **ingenuo**, cioè portato a fidarsi troppo degli altri o a credere eccessivamente alle loro parole.
>
> **SFUMATURE** ➤ ***sincero***

sémplice② [dal lat. mediev. *medicamĕntum sĭmplex* 'medicina semplice' ✻ 1544] **s. m.** ● (**spec. al pl.**) erba medicinale | farmaco, rimedio composto con erbe medicinali | ***giardino dei semplici***, in cui si coltivano erbe medicinali | ***lettura dei semplici***, antico insegnamento universitario dedicato alla descrizione delle erbe medicinali e delle loro applicazioni

sempliciàrio [da *semplice*② ✻ 1618] **s. m.** ● (*raro*) libro che tratta delle erbe medicinali e delle loro virtù terapeutiche

semplicióne [accr. di *semplice*① ✻ 1560] **agg. e s. m.** (**f.** *-a*) ● che (o chi) è ingenuo, sincero, alla buona

semplicioneria [1840] **s. f.** ● caratteristica, condizione di chi è semplicione | dabbenaggine

sempliciòtto [alter. di *semplice*① ✻ av. 1470] **agg. e s. m.** (**f.** *-a*) ● che (o chi) è eccessivamente ingenuo e poco accorto **SIN.** babbeo, citrullo, grullo **CONTR.** furbacchione

semplicìsmo [da *semplice*①, con *-ismo* ✻ 1901] **s. m.** ● maniera troppo semplice e superficiale di ragionare, considerare e sim.: *peccare di s.*

semplicìsta① [da *semplice*①, con *-ista* ✻ 1886] **A s. m. e f.** (**pl. m.** *-i*) ● chi ragiona, giudica e sim., con semplicismo **B** **agg.** • semplicistico

semplicista② [da *semplice*②, con *-ista* ✱ 1544] **s. m. e f.** (**pl. m.** *-i*) **1** anticamente, studioso delle proprietà delle erbe medicinali **2** erborista

semplicìstico [da *semplicista*① ✱ 1902] **agg.** (**pl. m.** *-ci*) • che pecca di semplicismo: *affrontare la complessità del reale rifiutandosi alle visioni semplicistiche* (I. CALVINO) || **semplicisticaménte**, **avv.**

semplicità o †**simplicità** [dal lat. *simplicitāte(m)*, da *sĭmplex*, genit. *sĭmplicis* 'semplice', con troncamento finale ✱ 1268] **s. f. inv.** **1** condizione, caratteristica di chi (o di ciò che) è semplice **2** naturalezza, spontaneità, sobrietà: *vestire, comportarsi, vivere, con s.*; *s. di modi, di stile* **3** inesperienza, ingenuità, dabbenaggine: *tutti approfittano della sua s.*

semplicizzàre [da *semplice*① ✱ 1796] **v. tr.** • (*raro*) semplificare

semplificàre [dal lat. mediev. *simplificāre*, comp. di *sĭmplex* (nom.) 'semplice' e *-ficāre* ✱ 1708] **A** **v. tr.** (*io semplìfico, tu semplìfichi*) • rendere semplice o più semplice: *bisogna s. le cose, non complicarle* | (*mat.*) ***s. una frazione***, ridurre una frazione ai minimi termini, cioè con numeratore e denominatore primi tra loro **B** **semplificàrsi** **v. intr. pron.** • diventare più semplice, più facile: *la questione si semplifica* || **semplificazióne**, **s. f.**

semplificativo [1990] **agg.** • atto a semplificare

semplificatóre [1850] **s. m.** (**f.** *-trice*); **anche agg.** • chi (o che) semplifica

♦**sèmpre** [lat. *sĕmper* 'sempre', comp. di *sĕm-*, dalla radice indeur. **sem-* 'una volta' e *pĕr* 'per': propr. 'una volta per tutte'. V. *semplice*① ✱ 1213] **avv.** **1** senza interruzione, senza termine di tempo (indica continuità ininterrotta nel tempo passato o futuro o in entrambi): *Dio s. è stato e s. sarà*; *il mondo non durerà s.*; *è s. stato così*; *ti vorrò s. bene*; *ho s. fatto del mio meglio*; *s. caro mi fu quest'ermo colle* (G. LEOPARDI); *le cose, dal niente nate, / tornare s. al niente* (T. CAMPANELLA) | con valore rafforz. (*lett.*) ***s. e poi s.***: *ne avrà s. e poi s. rimorso* | con valore rafforz. (*lett.*) ***s. mai, mai s.***: *per far s. mai verdi i miei desiri* (F. PETRARCA) | ***(per) s. tuo, (per) s. vostro***, nella chiusa delle lettere o nelle dediche, precede la firma ed esprime devozione immutata | (con valore rafforz.) ***per s.***, per tutto il tempo, per l'eternità: *Dio regnerà per s.*; *ci ameremo per s.*; *gli avari sono dannati per s.* | ***lasciarsi, dirsi addio per s.***, in modo definitivo | ***te lo dico una volta per s.***, una sola volta, una volta per tutte | ***da s.***, fin dall'origine, da lunghissimo tempo, fin dove giunge il ricordo: *il mondo è così da s.*; *ci conosciamo da s.* | ***di s.***, di tutti i tempi, di ogni occasione o circostanza (con valore aggettivale): *è la storia di s.*; *Io son s. la tua Erminia, (...) quella di s.!* (G. VERGA) **2** continuamente, con persistenza (indica il perdurare o il frequente ripetersi di qlco.): *tossisce s.*; *parlate s.*; *tu sei s. allegro*; *in questo posto piove s.*; *arrivate s. tardi*; *è s. di malumore*; *s. dispiaceri*; *s. preoccupazioni!*; *sei s. la solita!* **3** ogni volta: *ho telefonato, ma era s. occupato*; *quando viene gli faccio s. buona accoglienza*; *non s. è in casa* | con valore rafforz. seguito da un compar.: *lo desidero s. più*; *gli affari gli vanno s. meglio*; *faccio s. maggior fatica a camminare*; *capisce s. meno*; *Leopardo diventava s. più cupo e taciturno* (I. NIEVO) | con il 'più' sottinteso quando nel v. stesso sia contenuto il concetto dell'aumento o della diminuzione: *cresce s.*; *cala s.*; *i prezzi aumentano s.* **4** ancora: *fai s. lo stesso lavoro?*; *abiti s. con tua cognata?*; *soffre s. di mal di fegato?*; *sei venuto un po' tardi, ma s. in tempo per goderti lo spettacolo* **5** ma, però, a patto che (con valore restrittivo esprime una riserva): *puoi uscire, ma s. molto coperto*; *vorrei incominciare subito, s. col tuo permesso* **6** nondimeno, pur tuttavia (con valore avversativo): *ha sbagliato, ma è pur s. tuo fratello*; *il tema non è svolto pienamente, è s. però sufficientemente trattato*; *non si sono comportati bene, ma è s. nostro dovere aiutarli*; *Un posto di confine è s. un posto di confine, effettivamente* (D. BUZZATI)

♦**sempre che** /sempre'ke*, 'sɛmpre ke*/, (*raro*) **sempreché** [comp. di *sempre* e *che* (cong.) ✱ 1308] **loc. cong.** **1** purché, ammesso che (introduce una prop. condiz. con il v. al congtv.): *lo farò, sempre che tu lo voglia*; *rimedieremo, sempre che sia ancora possibile* **2** †ogni volta che (introduce una prop. rel. con valore temporale e il v. all'indic.): *sempre che presso gli venia, quanto potea con mano ... la lontanava* (G. BOCCACCIO) **3** †finché (introduce una prop. temp. con il v. all'indic.): *tu con tuo danno ti ricorderai, sempre che tu ci viverai, del nome mio* (G. BOCCACCIO)

sempreverde [comp. di *sempre* e *verde* ✱ 1620] **A** **s. m. e f.** **1** vegetale che non rimane mai completamente privo di foglie: *siepe di sempreverdi* **2** (*fig.*) calco sull'ingl. *evergreen* (V.) **B** **anche agg.**: *pianta s.*

†**sempreviva** [av. 1327] **s. f.** • (*bot.*) semprevivo

semprevìvo [dal lat. tardo *sempervīvu(m)*, comp. di *sĕmper* 'sempre' e *vīvus* 'vivo', con sovrapposizione di *sempre* ✱ 1542] **s. m.** • erba delle Crassulacee con foglie carnose a rosetta e fiori rossicci (*Sempervivum tectorum*)

†**sémprice** ➤ **semplice**①

Semprònio [dal lat. *Semprōniu(m)*, gentilizio roman. ✱ 1554] **s. m.** (**f.** *-ia*) • designazione di persona ipotetica qualsiasi: *non è il caso di parlarne con Tizio, Caio e S.*

†**semùto** [av. 1342] **agg.** • (*raro*) fornito di semi

sén ➤ **se**③ nel sign. 1

sèna① o **sènna** [dall'arabo *sanā* ✱ av. 1320] **s. f.** • pianta arbustiva delle Leguminose a foglie pennate e grappoli di fiori gialli, usata in medicina (*Cassia angustifolia*)

sèna② [lat. *sēna*, nt. pl. sost. dell'agg. distributivo *sēni* 'sei a sei', da *sĕx* 'sei' ✱ 1873] **s. f.** • (*tosc.*) doppio sei nel gioco dei dadi o del domino: *fare, avere s.*

senàle [dal lat. *sēni* (nom. pl.) 'sei a sei' col suff. *-ale*① ✱ av. 1348] **s. m.** • (*mar.*) albero cilindrico disposto lungo la generatrice poppiera degli alberi maggiori portanti vele quadre e destinato alla guida della gola dal picco che vi corre sopra | canapo a sei cordoni, usato per sartia degli alberi maggiori || **senalétto**, **dim.**

sènapa (o **-é-**) ➤ **senape**

senapàto [1877] **agg.** • che contiene senape | che è preparato con senape: *empiastro, cataplasma, s.*

sènape (o **-é-**) o (*lett.*) **sènapa** (o **-é-**), †**sènepa** (o **-é-**) [lat. *sināpe(m)*, dal gr. *sínapi*, di orig. egiziana ✱ 1286] **A** **s. f.** **1** pianta erbacea delle Crocifere coltivata per i semi giallo-rossastri o rosso-nerastri finemente zigrinati, impiegati in medicina e in culinaria (*Brassica alba*, *Brassica nigra*) **2** salsa piccante a base di farina di senape: *bollito con s.*; *mostarda di s.*; *s. bianca, nera* | (*fig.*) †***venire, far venire la s. al naso***, stizzirsi, fare stizzire **B** **in funzione di agg. inv.** • (posposto a un sost.) che ha il colore intermedio tra il marrone e il giallo spento caratteristico delle salse omonime

senapièra [1846] **s. f.** • vasetto per contenere la salsa di senape o altre salse piccanti

senapìsmo [vc. dotta, dal lat. *sinapĭsmu(m)*, dal gr. *sinapismós*, da *sínapi* 'senape' ✱ sec. XIV] **s. m.** **1** cataplasma revulsivo fatto con farina di senape **2** (*disus.*, *fig.*) persona o cosa noiosa e insopportabile

senàrio [vc. dotta, dal lat. *senāriu(m)*, da *sēni* (nom. pl.), distributivo di *sĕx* 'sei' ✱ 1525] **A** **s. m.** **1** nella metrica italiana, verso la cui ultima sillaba accentata è la quinta; è composto di sei sillabe se termina con parola piana: *Fantasma tu giungi* (G. PASCOLI) (V. nota d'uso ACCENTO) **2** ***s. giambico***, nella metrica classica, verso formato da sei piedi a base giambica, che corrisponde al trimetro giambico greco **B** **anche agg.**: *verso s.*

senàto① o †**sanàto**② [dal lat. *senātu(m)* 'assemblea di anziani', da *sĕnex* 'vecchio', di orig. indeur. V. †*sene* ✱ 1261 ca.] **s. m.** (**spesso scritto con iniziale maiuscola nei sign. 1, 2 e 3**) **1** nell'antica Roma, consiglio composto prima di anziani, poi di dignitari, a fianco del magistrato e dell'assemblea popolare nel governo della cosa pubblica **2** uno dei due rami del Parlamento: *il disegno di legge è già stato approvato dal s.* **3** ***s. accademico***, organo deliberativo delle università che esercita funzioni di indirizzo e governo di carattere generale, con specifica competenza in materia didattica e di ricerca **4** (*est.*) sede del senato: *recarsi in s.* | adunanza, riunione, del senato: *parlare in s.* **5** (*raro*, *scherz.*) gruppo, riunione, di persone anziane

senàto② [associazione scherz. di parole, per *seno* ✱ 1748] **s. m.** • (*pop.*, *scherz.*) voluminoso seno femminile: *Che occhi! ... Che bocca! Che s.!* (C. GOLDONI)

senatoconsùlto [vc. dotta, dal lat. *senātus consŭltu(m)* 'decreto del senato'. V. *consulto* ✱ av. 1580] **s. m.** • nell'antica Roma, parere espresso dal Senato sulle questioni sottopostegli

senatoràto [av. 1742] **s. m.** • (*raro*) ufficio, carica di senatore

senatóre [dal lat. *senatōre(m)*, connesso con *senātus* 'senato' ✱ 1261 ca.] **s. m.** (**f.** *-trice*) **1** membro del Senato: *essere eletto s.*; *è stato nominato s. a vita* **2** (*fig.*, *scherz.*) persona autorevole, spec. anziana

senatoriàle [da *senatore*, sul modello del fr. *sénatorial* ✱ sec. XVIII] **agg.** • del senato, dei senatori

senatòrio [vc. dotta, dal lat. *senatōriu(m)*, da *senātor* 'senatore' ✱ 1308] **agg.** (**pl. m.** *-i* o *raro -ii*) • (*lett.*) relativo al Senato o ai senatori | ***provincia senatoria***, nell'antica Roma, quella il cui governatore era nominato dal Senato || **senatoriaménte**, **avv.** alla maniera dei senatori

†**sèndo** ➤ **essere**①

†**sène** [vc. dotta, dal lat. *sĕne(m)* 'vecchio', dalla radice indeur. **seno-* 'vecchio' ✱ 1321] **agg. e s. m.** • (*poet.*) vecchio

-sene ➤ **se**③ nel sign. 1

senechiàno o **senecàno** [av. 1981] **agg.** • relativo allo scrittore latino L. Anneo Seneca (4 a.C.-65 d.C.) o alle sue opere

senècio o **senecióne** [dal lat. *senecĭōne(m)*, propr. 'vecchio', da *sĕnex* 'vecchio' per la peluria dei capolini simili a capelli bianchi ✱ av. 1577] **s. m.** • (*bot.*) genere di piante della famiglia delle Composite, d'aspetto molto vario, diffuse spec. in climi temperati (*Senecio*)

♦**senegalése** (se-ne-ga-le-se, se-ne-gal-e-se) (o **-ṣe**) [1771] **A** **agg.** • del Senegal **B** **s. m. e f.** • abitante o nativo del Senegal

†**sènepa** ➤ **senape**

✦**senescènte** [vc. dotta, dal lat. *senescĕnte(m)*, part. pres. di *senēscere* 'invecchiare', da *sĕnex* 'vecchio' ✱ 1598] **agg.** • (*lett.*) che sta in-

S

vecchiando, che è nel periodo della senescenza, detto spec. di persona

senescènza [da *senescente* ✻ 1895] **s. f.** ● insieme dei fenomeni involutivi e di esaurimento di molte funzioni organiche che seguono al periodo di accrescimento e di stato di un organismo | (*fig.*) decadenza

senése (o **-ṣe**) o †**sanése** [da *Siena*, con *e* non dittongato perché in posizione atona ✻ av. 1294] **A agg.** ● di Siena **B s. m. e f.** ● abitante o nativo di Siena **C s. m. solo sing.** ● dialetto del gruppo toscano parlato a Siena

senesìṣmo (o **-eṣi-**) [da *senese*, con *-ismo* ✻ 1872] **s. m.** ● espressione tipica del dialetto senese entrata in un altro dialetto o nella lingua italiana

†**senéstro** ➤ **sinistro**

†**senètta** [vc. dotta, dal lat. *senĕcta(m)* 'vecchiaia', da *sĕnex* 'vecchio' ✻ 1308] **s. f.** ● (*poet.*) vecchiaia: *l'anima nobile nella s. si è prudente* (DANTE)

†**senettùte** o †**senettùde**, †**senettù** [vc. dotta, dal lat. *senectūte(m)* 'vecchiaia', da *sĕnex* 'vecchio' ✻ sec. XIII] **s. f.** ● (*lett.*) vecchiaia

senhal /*provenz.* se'ɲal/ [vc. provenz., propr. 'segnale' (V.) ✻ 1942] **s. m. inv.** ● nell'antica poesia provenzale, nome fittizio che adombrava la donna amata, secondo un uso cortese diffusosi anche nella lirica italiana dei primi secoli

senigalliése (o **-ṣe**) [1868] **A agg.** ● di Senigallia, relativo a Senigallia, città in provincia di Ancona: *papa Pio IX era s.* **B s. m. e f.** ● abitante o nativo di Senigallia

✦**senìle** [dal lat. *senīle(m)*, da *sĕnex* 'vecchio' ✻ 1336 ca.] **agg.** ● di vecchio, da vecchio, attinente a vecchio: *età, esperienza, malattia s.* ‖ **senilménte**, avv. da vecchio

senilìṣmo [da *senile*, con *-ismo* ✻ 1912] **s. m.** ● invecchiamento prematuro | (*est.*) involuzione, decadenza

senilità [da *senile* ✻ 1611] **s. f. inv.** ● vecchiezza, vecchiaia | (*med.*) insieme dei caratteri morfologici e funzionali propri dell'organismo umano in età avanzata

senilizzazióne [da *senile* ✻ 1974] **s. f.** ● invecchiamento, con riferimento alle persone e al loro livello generazionale: *la s. dell'agricoltura*

†**sènio** [vc. dotta, dal lat. *sĕniu(m)* 'decrepitezza', connesso con *sĕnex* 'vecchio' ✻ 1308] **s. m.** ● (*lett.*) tarda vecchiaia

sènior [vc. lat., propr. compar. di *sĕnex* 'vecchio' ✻ 1845] **A agg. inv.** ● posposto a nomi propri di persona significa 'più vecchio', ed è usato in caso di omonimie nell'ambito di una stessa famiglia: *Mario Rossi s.* CONTR. junior **B agg. inv.; anche s. m. e f.** (**pl.** *seniores* **nel sign. 1**) **1** (*sport*) appartenente a una categoria superiore sia per età che per requisiti tecnici CONTR. junior **2** (*org. az.*) persona con cultura ed esperienza professionali nella mansione, acquisite in precedenti attività: *consulenti s.*

senióre (o **-ò-**) [vc. dotta, dal lat. *seniōre(m)*, compar. di *sĕnex* 'vecchio'. V. *signore* ✻ 1319] **s. m. 1** (*lett.*) persona più vecchia e autorevole **2** (*stor.*) grado della milizia fascista corrispondente a quello di maggiore nell'esercito

†**seniscàlco** ➤ **siniscalco**

sènna ➤ **sena**①

sennàto [da *senno*. V. *assennato* ✻ 1261 ca.] **agg.** ● (*lett.*) assennato: *accettava i sennati consigli di questo e di quello* (L. PIRANDELLO)

✦**sénno** [dall'ant. fr. *sen*, risalente al francone *sin* 'senno'. V. ted. *Sinn* ✻ av. 1250] **s. m. 1** facoltà di discernere, giudicare, agire e sim. con sensatezza, prudenza, avvedutezza: *il s. vince l'astuzia*; *il s. dei vecchi*; *il s. antico*; *chi non sa con s. correggere, ... merita essere né maestro né padre* (L.B. ALBERTI) | †***di s.***, assennato | ***il s. di poi***, il fatto di esprimere giudizi o valutazioni riguardo a qlco. che, ormai risolta e conclusa, rende inutile ogni commento | PROV. ***del s. di poi son piene le fosse***, la saggezza tardiva non serve a nulla | (*lett.*) ***da s.***, sul serio: *Non so se parlate da s. o per celia* (I. CALVINO) **2** capacità di intendere, di ragionare, di capire: *Astolfo andò nella luna a cercare il s. di Orlando* | ***perdere il s., uscire di s.***, impazzire | ***tornare in s.***, rinsavire **3** †parere, volontà | †***a s.***, secondo la volontà, l'arbitrio: *a s. mio*; *a s. altrui* **4** †senso | †***s. comune***, senso comune ‖ (*lett.*) **sennìno**, **dim.**

SFUMATURE DI SIGNIFICATO

senno - saggezza - buonsenso

Senno è la capacità di giudicare con equilibrio e obiettività e di comportarsi di conseguenza. **Saggezza** se ne distingue parzialmente perché suggerisce una più profonda e generale disposizione dell'animo e dell'intelletto, spesso associata all'età avanzata o a una visione generale e matura delle cose del mondo. Al contrario, il **buonsenso** si lega all'esperienza pratica della vita, e per questo talvolta può essere considerato negativamente o con sufficienza, come accettazione di luoghi comuni o eccessiva semplicità di pensiero.

SFUMATURE ➤ ***prudenza***, ➤ ***saggezza***

sennò o **se no** /se(n)'nɔ*/, †**se non** /se(n)'non/ [comp. di *se*① e *no* ✻ sec. XIII] **avv.** ● (*colloq.*) altrimenti, diversamente, in caso contrario: *se sai, parla, s. taci*; *fai presto, se no me ne vado*

sennonché ➤ **se non che**

séno① [lat. *sĭnu(m)* 'seno, golfo', di etim. incerta ✻ 1266] **s. m. 1** petto: *stringersi qlcu. al s.*; *chinare il capo sul s.* | (*est.*) petto di donna, mammelle femminili; singola mammella: *s. eburneo, candido, floscio*; *il s. sinistro, il s. destro*; *coprire, coprirsi, scoprirsi il s.*; *allattare un neonato al s.* **2** (*eufem.*) utero, ventre materno: *frutto del suo s.*; *portare un figlio in s.* **3** spazio situato sotto un indumento che copre il petto; *trarre qlco. di s.*; *nascondere, mettere, qlco. in s.* | ***nutrire, allevare una serpe in s.***, (*fig.*) beneficare chi si rivelerà ingrato o nemico **4** (*fig.*) animo, cuore, intimità della coscienza: *nutrire un sentimento in s.*; *confidare, versare i propri dolori in s. a un amico*; *deporre un segreto in un s. fidato* **5** (*lett.*) sinuosità, piega: *il s. della veste, della toga* | (*fig.*) parte interna, cavità, viscere: *nel s. della terra, della montagna* **6** nelle loc. ***in s. a, nel s. di***, all'interno di, nell'ambito di: *tornare in s. alla famiglia*; *in s. all'assemblea*; *nel s. della fede, della Chiesa* **7** (*anat.*) cavità | ***s. mammario***, depressione compresa tra le mammelle | ***s. carotideo***, piccola dilatazione fusiforme dell'arteria carotide che regola la pressione del sangue | ***s. durale***, formazione venosa della duramadre | ***s. paranasale***, cavità delle ossa della faccia e della volta cranica, comunicante con il naso | ***s. delle vene cave***, porzione dell'atrio destro che riceve lo sbocco delle vene sistemiche e di quelle cardiache | ***s. venoso***, qualsiasi struttura vasale relativamente ampia nella quale scorre sangue venoso **8** insenatura | porzione di mare che si insinua dentro terra **9** (*lett.*) †capacità di comprendere: *hanno a tanto comprender poco s.* (DANTE *Inf.* XXVIII, 6) ‖ **senìno**, **dim.** | **senóne**, **accr.**

séno② [dal lat. mediev. *sĭnu(m)* 'seno', calco sull'arabo *ǧayb* 'apertura della veste' e anche 'seno', in quest'ultimo sign. risalente al sanscrito *jīva* 'corda' ✻ 1436] **s. m.** ● (*mat.*) funzione trigonometrica | ***s. di un angolo***, funzione che associa a un angolo, formato da un segmento unitario e da una retta, la misura con segno della distanza tra l'estremo libero del segmento e la retta; in un triangolo rettangolo, misura con segno del rapporto tra il lato opposto all'angolo dato e l'ipotenusa

sèno- ➤ **xeno-**

se no ➤ **sennò**

senoatriàle [comp. di *seno*① e *atriale* ✻ 1960] **agg.** ● (*anat.*) relativo al seno delle vene cave e all'atrio destro | ***nodo s.***, gruppo di cellule specializzate del miocardio che danno l'avvio alla contrazione cardiaca

senodòchio ➤ **xenodochio**

senofilìa ➤ **xenofilia**

senòfilo ➤ **xenofilo**

senofobìa e deriv. ➤ **xenofobia** e deriv.

senoglossìa ➤ **xenoglossia**

senologìa [comp. di *seno*① e *-logia* ✻ 1980] **s. f.** (**pl.** *-gìe*) ● (*med.*) branca specialistica della medicina che studia gli aspetti anatomo-patologici del seno

senològico [1982] **agg.** (**pl. m.** *-ci*) ● (*med.*) pertinente alla senologia

senòlogo [da *senologia* ✻ 1985] **s. m.** (**f.** *-a*; **pl. m.** *-gi*) ● (*med.*) medico specialista in senologia

†**se non** ➤ **se no**

✦**se non che** /se(n)non'ke*/ o **senonché**, **sennonché** nel sign. A 2 [comp. di *se*①, *non* e *che* (cong.) ✻ 1353] **A loc. cong. 1** (*lett.*) tranne che, fuorché (introduce una prop. eccettuativa con il v. all'indic.): *non so altro se non che bisogna fare ogni sforzo per riuscire* | (*lett.*) †se non è, se non fosse che: *e se non ch'al disio cresce la speme, / i' cadrei morto* (F. PETRARCA) **2** ma (con valore avversativo, introduce una prop. coordinata): *avrei voluto finire il lavoro ieri, se non che un'improvvisa difficoltà me l'ha impedito* **B loc. avv.** ● †altrimenti, in caso contrario: *noi intendiamo che tu ci doni due paia di capponi, se non che noi diremo a monna Tessa ogni cosa* (G. BOCCACCIO)

†**sensàio** [1309] **s. m.** ● sensale

sensàle [dall'arabo *simsār* 'mediatore', dal persiano *sāpsār* ✻ 1287] **s. m. e f.** (**f. anche** †*-a*) ● mediatore, agente, spec. nel settore agricolo o zootecnico: *col berretto che usano qui ... i sensali di bestiame* (C. ALVARO) | ***s. marittimo***, mediatore in noleggi di navi ‖ **sensalùccio**, **dim.**

†**sensalerìa** [da *sensale* ✻ av. 1739] **s. f.** ● (*raro*) senseria

†**sensarìa** ➤ **senseria**

sensatézza [da *sensato*① ✻ 1735] **s. f.** ● caratteristica di chi (o di ciò che) è sensato

SFUMATURE ➤ ***giudizio***

✦**sensàto**① [dal lat. tardo *sensātu(m)*, da *sēnsus* 'senso, intelligenza' ✻ 1268] **agg.** ● che ha, che dimostra buon senso, giudizio, assennatezza: *discorso s.*; *ragazzo s.*; *risposta sensata* ‖ **sensataménte**, **avv. 1** in modo sensato, con assennatezza **2** †in modo chiaro, evidente

†**sensàto**② [da *senso* ✻ av. 1300] **A agg.** ● sensibile, percepibile dai sensi **B s. m.** ● (*lett.*) †esperienza sensibile

sensazionàle [dal fr. *sensationnel*, da *sensation* 'sensazione' ✻ 1881] **agg.** ● che suscita grande curiosità, interesse, emozione e sim.: *notizia, avvenimento, spettacolo, s.* ‖ **sensazionalménte**, **avv.** ‖ **sensazionalità**, **s. f. inv.** caratteristica di ciò che è sensazionale; carattere sensazionalistico

sensazionalìṣmo [fr. *sensationnalisme*, da *sensationnel* 'sensazionale' ✻ 1933] **s. m.** ● tendenza a diffondere notizie sensazionali o a presentarle in modo esagerato

sensazionalìstico [da *sensazionale* ✻ 1936] **agg.** (**pl. m.** *-ci*) ● che tende al sensazionalismo o lo alimenta: *notizia, stampa sensazionalistica*

✦**sensazióne** [dal lat. mediev. *sensatiōne(m)*,

dal classico *sēnsus* 'senso'; per calco sul fr. *faire sensation, à sensation* 'ad effetto' nel sign. 3 ✱ av. 1460] **s. f. 1** (*fisiol.*) l'unità elementare e non analizzabile di ciò che si percepisce quando certi organi recettori sono stimolati: *s. di caldo, di freddo, di fame* CFR. estesio-, -estesia **2** impressione, percezione vaga (+ *che*, + *di* seguito da inf.): *ho la s. che quel ragazzo finirà male; ho la sensazione di essere stato imbrogliato* **3** senso di vivo stupore, sorpresa, interesse e sim., spec. nella loc. ***fare s., gran s., molta s.***: *le dichiarazioni del ministro hanno fatto s.* | ***a s.***, a forti tinte, che produce grandi effetti: *dramma a s.*
SFUMATURE ➤ *coscienza*, ➤ *feeling*, ➤ *impressione*

sense of humour /sens əf'jumor, *ingl.* ˌsensəf'hjuːmə(r)/ [loc. ingl., propr. 'senso di umorismo' ✱ 1944] **loc. sost. m. inv.** ● senso dell'umorismo, spirito

senserìa o †**sensarìa** [da *sensale* ✱ 1309] **s. f.** ● attività svolta dal sensale | compenso spettante al sensale per le sue prestazioni: *Viveva con le poche lire guadagnate dalla s. del vino* (G. Deledda)

◆**sensìbile** [vc. dotta, dal lat. *sensĭbile(m)*, da *sēnsus*, part. pass. di *sentīre* 'percepire' ✱ av. 1294] **A agg. 1** che si apprende, si percepisce, si conosce e sim. mediante i sensi: *mondo s.; esperienza s.; cose sensibili* **2** che si manifesta ai sensi in modo evidente: *rumore, suono appena s.* | che si fa sentire con una certa intensità: *s. miglioramento* | notevole, rilevante: *la differenza fra i due è s.; è stato un s. danno* | di notevole importanza e particolare delicatezza: *temi eticamente sensibili* | ***obiettivo s.***, V. *obiettivo* | ***dati sensibili***, V. *dato* **3** che sente, riceve impressioni attraverso i sensi: *l'uomo è un essere s.* | che risponde in modo intenso a uno stimolo (+ *a*): *gli occhi sono molto sensibili alla luce artificiale* **4** (*fig.*) che si dimostra particolarmente ricettivo nei confronti di dati stimoli (+ *a*): *essere s. al fascino femminile, alla bellezza, alle lodi, ai rimproveri* **5** che sente in modo particolarmente intenso determinate situazioni emotive, ambientali e sim.: *ha un carattere troppo s.; è una bambina molto s.* SIN. sensitivo CONTR. insensibile **6** (*tecnol.*) detto di strumento di misura, che avverte le variazioni della grandezza da misurare **7** (*fotogr.*) ***materiale s.***, ricoperto da una speciale emulsione che lo rende atto a essere impressionato dalla luce ‖ **sensibilménte**, avv. **1** in modo sensibile, con i sensi: *comprendere sensibilmente* **2** molto, notevolmente: *la qualità è sensibilmente aumentata* **3** †fisicamente ‖ **sensibilità**, s. f. inv. (V.) **B s. m.** ● ciò che si può apprendere, percepire, conoscere e sim. mediante i sensi **C s. f.** ● (*mus.*) settimo grado della scala diatonica, cosiddetto per l'impulso dinamico verso la tonica

sensibilità [vc. dotta, dal lat. tardo *sensibilitāte(m)*, da *sensĭbilis* 'sensibile' ✱ av. 1327] **s. f. inv. 1** facoltà di ricevere impressioni mediante i sensi (+ *a*): *perdere, riacquistare, la s.; la s. di un muscolo; avere s. al dolore; s. della pelle alla luce solare* CFR. estesio-, -estesia **2** disposizione a sentire vivamente emozioni, sentimenti, affetti: *persona di grande s.; s. d'animo; s. acuta, morbosa, malata* | predisposizione estetica (+ *per*): *s. per la musica, per la pittura; s. artistica* | squisitezza, finezza, delicatezza: *un'opera di raffinata s.; suona con grande s.* | interesse, ricettività, capacità di cogliere problemi, fenomeni sociali e sim. (+ *a*, + *per*): *s. ai problemi ambientali; dimostrare s. per i disadattati, per l'assistenza agli anziani* **3** ***s. delle emulsioni fotografiche***, capacità delle emulsioni di dare immagini sotto l'azione delle radiazioni elettromagnetiche | ***s. della pellicola***, grado di rapidità con la quale i granuli dell'emulsione fotografica si modificano sotto l'azione della luce | ***s. di un radioricevitore***, capacità di un radioricevitore di ricevere segnali deboli **4** (*fis.*) negli strumenti di misura, rapporto tra la variazione che viene osservata da chi legge lo strumento e la variazione della grandezza misurata CFR. precisione, riproducibilità

SFUMATURE DI SIGNIFICATO

sensibilità - senso - sentimento

Sensibilità è la facoltà di ricevere impressioni dall'esterno; quindi la disposizione a provare sensazioni, emozioni, affetti. **Senso** è ciascuna delle funzioni percettive dell'organismo umano, le quali trasmettono gli stimoli esterni alla coscienza. **Sentimento** è ogni moto affettivo che nasce dalla sensibilità.
SFUMATURE ➤ *coscienza*

sensibilizzàre [da *sensibile* ✱ 1869] **A v. tr. 1** rendere sensibile o più sensibile | (*biol.*) provocare un processo di sensibilizzazione **2** (*fig.*) rendere cosciente, consapevole, di un problema, una situazione e sim.: *s. i giovani ai problemi dell'ambiente* **3** in fotomeccanica, stendere sulla lastra l'emulsione sensibile alla luce **B sensibilizzàrsi v. intr. pron. 1** (*fig.*) diventare consapevole, sensibile, nei confronti di un determinato problema **2** (*biol.*) subire un processo di sensibilizzazione ‖ **sensibilizzazióne**, s. f. (V.)

sensibilizzatóre [da *sensibilizzare* ✱ 1940] **A agg.** (f. *-trice*) ● (*biol.*) detto di agente che determina la sensibilizzazione **B s. m.** ● (*chim.*) composto alterabile alla luce usato nella preparazione di gelatine fotografiche | sostanza capace di accelerare una reazione a catena

sensibilizzazióne [1957] **s. f. 1** il sensibilizzare, il rendere sensibile: *la s. dell'opinione pubblica sul problema dei diritti umani* **2** (*fotogr.*) operazione mediante la quale l'emulsione sensibile viene resa idonea a subire l'azione fotochimica della luce **3** (*biol.*) esposizione di un organismo a un determinato allergene (farmaco, polline, siero o altro), che provoca una successiva reazione di ipersensibilità nei confronti dello stesso

sensìle [prob. sp. *sencillo*, dal lat. parl. **singĕllu(m)*, dim. di *sĭngulus* 'singolo' ✱ 1957] **agg.** ● (*mar.*) semplice, ordinario | ***remo s.***, (*ellitt.*) ***sensile***, maneggiato da un solo rematore

sensìsmo [da *senso*, con *-ismo* ✱ 1843] **s. m.** ● (*filos.*) dottrina gnoseologica che rifiuta ogni forma di innatismo o concettualismo, riconoscendo nei sensi l'unico mezzo di conoscenza possibile: *il s. di Condillac*

sensìsta [da *senso*, con *-ista* ✱ 1732] **A s. m. e f.** (pl. m. *-i*) ● chi segue o si ispira al sensismo **B agg.** ● (*raro*) sensistico

sensìstico [1872] **agg.** (pl. m. *-ci*) ● relativo al sensismo o ai sensisti ‖ **sensisticaménte**, avv. in base al sensismo

sensitìva [f. sost. di *sensitivo* ✱ 1735] **s. f. 1** pianta delle Mimosacee a fusto erbaceo e spinoso, foglie composte che si ripiegano appena toccate e fiori rosa (*Mimosa pudica*) **2** (*fig., lett.*) persona delicata, che fa la ritrosa: *con quell'aria di innocentina e di s.* (R. Bacchelli)

sensitìvo [dal lat. mediev. *sensitīvu(m)*, dal classico *sēnsus*, part. pass. di *sentīre* 'percepire' ✱ 1294] **A agg. 1** relativo all'attività dei sensi, alla capacità di sentire, conoscere e sim. attraverso i sensi: *facoltà sensitiva; istinto s.* | ***vita sensitiva***, dei sensi, comune agli uomini e agli animali, spec. in contrapposizione a *vita vegetativa* | ***anima sensitiva***, nella filosofia aristotelica, il principio che nell'uomo e negli animali presiede alle funzioni motorie, sensoriali e percettive **2** della sensazione | ***sistema nervoso s.***, che ha la funzione di avvertire e analizzare gli stimoli **3** detto di persona che si lascia facilmente influenzare da situazioni emotive: *carattere s.; natura troppo sensitiva* SIN. sensibile ‖ **sensitivaménte**, avv. ‖ **sensitività**, s. f. inv. caratteristica di chi (o di ciò che) è sensitivo **B s. m.** (f. *-a*) **1** persona sensitiva **2** in parapsicologia, persona che può ricevere stimoli che normalmente non vengono avvertiti

sensitogràmma [comp. di *sensit(ivo)* e *-gramma* ✱ 1983] **s. m.** (pl. *-i*) ● (*ottica*) striscia di materiale fotografico impressionata da un'estremità all'altra con intensità di luce crescente e sviluppata in condizioni standard, mediante un sensitometro

sensitometrìa [comp. di *sensit(ivo)* e *-metria* ✱ 1932] **s. f.** ● (*ottica*) misurazione della sensibilità delle emulsioni fotografiche alle radiazioni visibili e invisibili

sensitomètrico [1960] **agg.** (pl. m. *-ci*) ● (*ottica*) relativo alla sensitometria o al sensitometro: *scala sensitometrica, gradi sensitometrici*

sensitometrìsta [da *sensitometr(o)* col suff. *-ista* ✱ 1994] **s. m. e f.** (pl. m. *-i*) ● (*ottica*) negli impianti di sviluppo e stampa di emulsioni fotografiche, tecnico addetto al sensitometro

sensitòmetro [comp. di *sensit(ivo)* e *-metro* ✱ 1932] **s. m.** ● (*ottica*) apparecchio destinato alla misurazione della sensibilità delle emulsioni fotografiche

sensìvo [av. 1348] **agg. 1** †molto sentito, intenso **2** (*lett., raro*) sensibile ‖ †**sensivaménte**, avv. sensibilmente

◆**sènso** [dal lat. *sēnsu(m)*, da *sentīre* 'percepire' ✱ 1261 ca.] **s. m.** (pl. *-i*, †*sènsora*, f., *raro*) **1** facoltà di sentire, di ricevere impressioni prodotte da stimoli esterni: *l'uomo è dotato di s.; errore, illusione dei sensi* | ciascuna delle funzioni di percezione dell'organismo umano: *organi di s.* | ***i cinque sensi***, comunemente, la vista, l'udito, l'odorato, il gusto, il tatto | ***sesto s.***, sensibilità particolarmente acuta, capacità di previsione, intuito | (*lett.*) ***cadere sotto i sensi*** o (*raro*) ***sotto il s.***, di cosa concreta, tangibile **2** (al pl.) coscienza, consapevolezza, di sé e delle proprie azioni: *perdere, recuperare, riacquistare i sensi; tornare in sensi* **3** (al pl.) sensualità, impulsi sensuali: *piaceri dei sensi; peccato dei sensi; languore, sopore dei sensi; abbandonarsi ai sensi; mortificare i sensi* | ***pace dei sensi***, (*scherz.*) spec. in riferimento a persone in età avanzata, diminuzione o perdita dell'impulso sessuale **4** percezione, avvertimento, di sensazioni o condizioni fisiche o psichiche, spec. vaghe: *avvertire, provare un s. di benessere, di malessere, di stanchezza, di disgusto, di languore allo stomaco; provare un s. di tristezza; sentire un s. di vuoto; penso a lui con un s. di nostalgia; quelle parole ci lasciarono un s. di delusione* | sentimento: *provare un s. di vergogna; andai per un s. di dignità; provo per loro un vivo s. di gratitudine; è una donna di alti sensi* | ***s. di colpa***, sensazione di aver violato principi etici o religiosi, accompagnata da rimorso | impressione, spec. sgradevole, nella loc. ***fare s.***: *quell'uomo mi fa s.* **5** (al pl.) espressione di un sentimento, spec. nei saluti epistolari: *con i sensi della nostra stima; gradite i sensi della mia devozione* e sim. **6** capacità di intuire, comprendere, discernere: *avere, non avere s. della giustizia, della decenza, dell'onore, dell'opportunità* e sim.: *avere il s. della proporzione; essere scarso, privo di s. dell'orientamento; quel quadro offende il nostro s. estetico* | ***s. comune***, il modo di intendere e giudicare della maggior parte della gente | ***s. critico***, autonoma capacità di giudizio | ***s. della misura***, moderazione | ***s. morale***, capacità di discernere tra il bene e il male | ***s. pratico***, capaci-

tà di affrontare e risolvere i fatti della vita pratica | ***buon s.***, V. *buonsenso* **7** (**spec. al sing.**) significato, concetto espresso da una parola, una frase e sim.: *s. chiaro, oscuro; s. letterale, proprio; s. estensivo, traslato, figurato; spiegare il s. di un vocabolo; nel pieno, nel vero s. della parola; il s. riposto, recondito, ambiguo, misterioso di una frase; capire il s. di un brano; non ha colto il s. della frase; non interpreti il passo nel suo vero s.; dimmi in breve il s. del racconto* | ***ripetere qlco. a s.***, ripetere il contenuto di ciò che si è letto, ascoltato e sim., con parole proprie, non a memoria | ***spiegare, tradurre qlco. a s.***, rendendone il significato, non alla lettera | ***costruzione a s.***, senza rigore grammaticale | ***doppio s.***, parola, frase e sim., che si presta a una doppia interpretazione, spec. licenziosa; ambiguità di significato: *non mi piacciono i doppi sensi; barzelletta a doppio s.* | contenuto valido, sorretto dalla logica, spec. in frasi limitative o negative: *sono discorsi senza s.; ciò che scrivi non ha s.; è una lettera vuota di s.* | significato logico di un fatto, un atteggiamento e sim.: *in quello che fai non c'è s.; è un atteggiamento senza s.; il suo modo di parlare è privo di s.* **8** modo: *gli ho risposto in s. affermativo, negativo; in un s. o nell'altro ci vedremo; ti consiglio di agire in questo s.* | ***in un certo s.***, da un certo punto di vista, sotto un certo aspetto **9** direzione, verso: *nel s. della lunghezza, della larghezza; in s. inverso, nel s. opposto; in un s. o nell'altro; in tutti i sensi* | ***s. unico***, l'unico verso in cui è consentito ai veicoli di percorrere una strada; (*est.*) strada percorribile in una sola direzione | ***a s. unico***, (*fig.*) unilaterale, tendenzioso: *le sue sono critiche a s. unico* | ***s. vietato***, nel quale non è consentito ai veicoli di transitare, segnalato da apposito cartello **10** (*burocr.*) conformità, tenore, nelle loc. ***a s. di, ai sensi di***: *a s. dell'articolo di legge; ai sensi del regolamento* **11** †opinione, parere: *ella mi comanda che io ... le debba ... comunicare il mio s. circa le dette opposizioni* (G. GALILEI)
SFUMATURE ➤ ***sensibilità***

sensóre [dall'ingl. *sensor* (stessa etim. dell'it. *sensorio*②) ✻ 1974] **s. m. 1** dispositivo meccanico, elettronico o di altro tipo che rileva il valore di una grandezza fisica trasformandolo in segnali | ***sensori ottici***, fotocellule, fotodiodi ecc. | ***sensori acustici***, microfoni, idrofoni ecc. | ***sensori di pressione***, barometri, altimetri ecc. **2** (*milit.*) insieme di apparati radar, laser acustici e sim. che consente di individuare un obiettivo

sensoriàle [da *sensorio*, sul modello del fr. *sensorial* ✻ 1901] **agg. 1** che concerne le attività di senso **2** (*fisiol.*) relativo ai componenti del sistema nervoso coinvolti nella raccolta degli stimoli ambientali ‖ **sensorialménte**, **avv.** ‖ **sensorialità**, **s. f. inv.** attività dei sensi

sensòrio① [da *senso* ✻ 1860] **agg.** (**pl. m.** *-i* **o** *raro -ii*) ● del senso, dei sensi: *attività sensorie*

sensòrio② [vc. dotta, dal lat. tardo *sensōriu(m)*, da *sēnsus*, part. pass. di *sentīre* 'percepire' ✻ av. 1563] **s. m. 1** complesso delle funzioni sensoriali: *s. integro, obnubilato* **2** (*fis.*) sensore

sensorìstica [da *sensore* ✻ 1986] **s. f.** ● tecnologia della progettazione, produzione e applicazione di sensori

sensorizzàre [da *sensore* ✻ 1991] **v. tr.** ● munire di sensori ‖ **sensorizzazióne**, **s. f.**

sensuàle [dal lat. tardo *sensuāle(m)*, da *sēnsus* 'senso' ✻ 1308] **agg. 1** †sensoriale **2** relativo ai piaceri dei sensi, spec. nella sfera sessuale: *appetito, istinto, vita, godimento s.* | che è sensibile e incline agli impulsi e desideri sessuali: *uomo, donna s.* **3** che rivela sensualità o stimola i desideri sessuali: *voce s.; movenze sensuali* ‖ **sensualóne**, **accr.** ‖ **sensualménte**, **avv.** in modo sensuale ‖ **sensualità**, **s. f. inv. 1** caratteristica di ciò che è sensuale: *la sensualità di uno sguardo*; inclinazione al piacere dei sensi, spec. nella sfera sessuale: *Berni... mena in trionfo la sua... sensualità* (F. DE SANCTIS) **2** †sensibilità

sensualìsmo [da *sensuale*, con *-ismo* ✻ av. 1852] **s. m. 1** atteggiamento che considera il piacere dei sensi come solo criterio direttivo della vita morale | (*filos.*) sensismo **2** nelle arti e in letteratura, propensione a dare risalto agli aspetti sensuali di ciò che viene rappresentato

sensualista [da *sensuale*, con *-ista* ✻ 1830] **s. m. e f.** (**pl. m.** *-i*) ● chi aderisce al sensualismo

sensualìstico [1832] **agg.** (**pl. m.** *-ci*) ● relativo al sensualismo | caratterizzato dal sensualismo

sensualizzàre [da *sensuale*, sul modello dell'ingl. *to sensualize* ✻ 1673] **v. tr.** ● rendere sensuale o più sensuale ‖ **sensualizzazióne**, **s. f.**

sènsu làto ➤ **lato sensu**

sensuóso (o **-óso**) [dall'ingl. *sensuous*, deriv. dal lat. *sēnsus* 'senso' ✻ 1960] **A agg.** ● relativo ai sensi, alle sensazioni, alla sensualità, detto spec. di atteggiamenti, ispirazioni e sim.: *la sensuosa immaginazione del poeta* **B s. m. solo sing.** ● (*raro, lett.*) ciò che è sensuoso: *allora si celebrò il 'sensibile' o 's.' che è nelle immagini della poesia* (B. CROCE) ‖ **sensuosità**, **s. f. inv.**

sènsu strìcto ➤ **stricto sensu**

†**sentàre** [lat. parl. **sedentāre*, da *sēdens*, genit. *sedĕntis*, part. pres. di *sedēre* 'sedere' ✻ 1528] **v. intr. e** †**sentàrsi v. intr. pron.** ● (*sett.*) mettersi a sedere: *lasciate s. a mangiar questi signori* (B. CASTIGLIONE)

sentènza o †**sentènzia** [dal lat. *sentĕntia(m)* 'opinione, parere', da *sentīre* 'percepire' ✻ av. 1250] **s. f. 1** (*dir.*) il tipo più rilevante di provvedimento giurisdizionale con cui sono decise generalmente tutte o parte delle questioni sottoposte all'esame del giudice: *deliberare una s.; s. di condanna; s. passata in giudicato* | ***s. non definitiva***, interlocutoria | ***s. di rettificazione***, con cui la Corte di Cassazione corregge nella sentenza penale impugnata errori di diritto che, per non aver avuto influenza decisiva sul dispositivo, non possono giustificare l'annullamento della sentenza stessa **2** (*raro, lett.*) avviso, parere, opinione: *rimuoversi dalla propria s.; mutare s.; tenere per s.* | †decisione | †***in s.***, in conclusione **3** massima, breve frase che esprime concisamente un principio, una norma, spec. di natura morale, e sim.: *un'aurea s.; un'antica s.* | ***sputare sentenze***, dare giudizi e consigli non richiesti, ostentando una presuntuosa autorità **4** †senso, significato

SFUMATURE DI SIGNIFICATO
sentenza - detto
Una breve frase che esprime concisamente un principio, una norma soprattutto di natura morale si dice **sentenza**. Una sentenza entrata nella tradizione, attribuibile a un autore o anche di origine popolare, può essere definita **detto**.
SFUMATURE ➤ ***adagio***②, ➤ ***proverbio***

sentenziàle [vc. dotta, dal lat. tardo *sententiāle(m)* 'sentenzioso', da *sentĕntia* 'sentenza, massima' ✻ 1612] **agg.** ● (*raro*) relativo alla sentenza | che contiene sentenze: *libro s.* ‖ **sentenzialménte**, **avv.** sentenziosamente

sentenziàre [dal lat. mediev. *sententiāre* 'dar sentenze', dal classico *sentĕntia* 'sentenza' ✻ 1261 ca.] **A v. tr.** (*io sentènzio*) **1** giudicare con sentenza, emanare una sentenza: *il tribunale le sentenziò che fosse liberato; hanno sentenziato la pena di morte* **2** (*raro*) esprimere con autorità e competenza un parere, una decisione: *il consiglio sentenziò di respingere la proposta* **B v. intr.** (**aus.** *avere*) ● giudicare con saccenteria e con scarsa competenza: *sentenzia su tutto; quando sentenzia è insopportabile*

†**sentenziatóre** [1362] **s. m.** (**f.** *-trice*) ● (*lett.*) chi sentenzia

✦**sentenzióso** (o **-óso**) [dal lat. *sententiōsu(m)*, da *sentĕntia* 'sentenza, massima' ✻ av. 1328] **agg. 1** ricco di massime, di sentenze: *libro s.* **2** (*est.*) che ha forma di sentenza: *stile s. ed efficace* **3** che fa uso eccessivo di massime e di sentenze: *un parlatore s. e monotono* ‖ **sentenziosaménte**, **avv. 1** in modo autorevole, sentenzioso **2** †giudiziosamente, saviamente ‖ **sentenziosità**, **s. f. inv.** caratteristica di chi è sentenzioso; tono sentenzioso

sentierìsmo [da *sentiero* ✻ 1938] **s. m.** ● pratica che consiste nel percorrere sentieri o mulattiere che collegano località anche lontane fra loro seguendo vecchi tracciati

sentierìstica [da *sentier(o)* ✻ 1988] **s. f.** ● insieme dei sentieri di una determinata area | attività di tracciamento, realizzazione e manutenzione di sentieri

sentierìstico [1982] **agg.** (**pl. m.** *-ci*) ● relativo ai sentieri e al sentierismo

✦**sentièro** o †**sentière**, †**sentièri** [dall'ant. fr. *sentier*, dal lat. tardo *semitāriu(m)*, agg. sost. da *sēmita* 'sentiero', di orig. prob. indeur. ✻ 1266] **s. m. 1** viottolo, gener. stretto, che in luoghi campestri, montani e sim. si è formato in seguito al frequente passaggio di persone o animali, o è stato approntato per escursioni turistiche: *un s. attraversa il bosco; prendiamo il s.; il rifugio si raggiunge seguendo il s. segnato* | (*aeron.*) ***s. luminoso***, fila di luci che di notte segnala all'aereo in atterraggio la posizione della pista **2** (*fig.*) via: *è sul s. del vizio; seguire il retto s.* | ***essere, marciare, sul s. di guerra***, (*fig., scherz.*) dare inizio a una controversia, a un litigio; (*est.*) avere intenzioni bellicose ‖ **sentieràccio**, **pegg.** | (*raro*) **sentierétto**, **dim.** | **sentierino**, **dim.** | (*lett.*) †**sentierùzzo**, **dim.** | **sentierùcolo**, **dim.** | (*lett.*) **sentieruòlo**, **dim.**

sèntiment /ingl. 'sɛntɪmənt/ [vc. ingl., propr. (al pl.) 'parere, avviso' ✻ 1971] **s. m. inv.** ● opinione, stato d'animo, aspettativa nei confronti di qlco.: *il s. degli investitori sulle prospettive economiche*

sentimentàle [da *sentimento*, sul modello del fr. *sentimental* ✻ 1790] **A agg. 1** relativo al sentimento o ai sentimenti: *la sua arte ... aveva ... un'efficacia s.* (B. CROCE) **2** che prova sentimenti teneri, gentili, malinconici: *ragazza s.* | che è incline al sentimentalismo: *per me sei troppo s.* **SIN.** romantico **3** che dimostra, ispira e sim., sentimenti teneri, gentili, delicati: *libro, canzone, commedia s.* ‖ **sentimentalménte**, **avv.** in modo sentimentale; per quanto riguarda i sentimenti; da un punto di vista sentimentale; ***essere legato sentimentalmente a qlcu.***, avere un rapporto amoroso con qlcu. ‖ **sentimentalità**, **s. f. inv.** caratteristica di chi (o di ciò che) è sentimentale; (*lett.*) sentimentalismo: *una sentimentalità lagrimosa, struggente e perenne* (A. MORAVIA) **B s. m. e f.** ● persona sentimentale: *fare il s.; è una s.* **SIN.** romantico ‖ **sentimentalóne**, **accr.**

sentimentalìsmo [dal fr. *sentimentalisme*, da *sentimental*, con *-isme* '-ismo' ✻ 1816] **s. m. 1** tendenza a una sentimentalità esagerata e affettata: *il s. della fine Ottocento* | atteggiamento o espressione eccessivamente sentimentale: *detesto i sentimentalismi* **2** indirizzo filosofico inglese del XVIII sec. che, opponendosi all'intellettualismo, fonda il criterio dell'agire morale sulla facoltà innata del sentimento piuttosto che sulla ragione

sentimentalista [da *sentimentale* ✱ 1940] **s. m. e f.** (**pl. m.** *-i*) **1** chi mostra sentimentalismo nel parlare, nell'agire, e sim. | chi si atteggia a sentimentale (*spec. spreg.*) **2** chi attribuisce eccessiva importanza ai sentimenti, dimostrando scarse capacità pratiche **3** chi segue o si ispira all'indirizzo filosofico del sentimentalismo

sentimentalistico [da *sentimentale* ✱ 1898] **agg.** (**pl. m.** *-ci*) ● che rivela sentimentalismo: *atteggiamento, romanzo s.* || **sentimentalisticaménte**, **avv.**

♦**sentiménto** [lat. mediev. *sentimĕntu(m)* 'sentimento', da *sentīre* 'percepire' ✱ 1261 ca.] **s. m.** (**pl.** *-i*, †*sentiménta* **f.**) **1** (*lett.*) facoltà del sentire, senso: *Ogni nostra cognizione prencipia da' sentimenti* (LEONARDO) **2** (*raro* o *lett.*) coscienza, consapevolezza di sé, della propria esistenza, delle proprie azioni: *avere s. di sé* | ***perdere i sentimenti***, svenire; (*est.*) entrare in agonia | ***uscire di s., di sentimenti, essere fuori del s., dei sentimenti***, (*fam.*) perdere il senno, la ragione; (*est.*) essere fuori di sé per ira, rabbia e sim. | (*fam.*) ***fare qlco. con tutti i sentimenti, mettere tutto il s. nel fare qlco.***, farla con ogni cura, alla perfezione **3** ogni moto affettivo, emotivo: *s. di gioia, di allegria, di gratitudine, di pietà; s. di odio, di vendetta; manifestare, nascondere, un s.; provare, nutrire un s. di... per qlcu., verso qlcu.; in lui c'è un s. nuovo; siamo legati da un s. d'amicizia; non ha nascosto i suoi sentimenti verso di me; l'ha offeso nei suoi sentimenti più cari* CFR. -patia **4** coscienza, consapevolezza, intima accettazione di valori, princìpi e sim.: *il s. della famiglia è vivo in tutti noi; il s. del bene e del male; avere, non avere, s. religioso, estetico, morale; ha un alto s. dell'onore; ha perso il s. del pudore* | ***s. comune, s. generale***, senso comune, opinione generale **5** (**spec. al pl.**) modo di pensare, di sentire, di comportarsi, da un punto di vista etico: *persona di nobili, elevati, sani, buoni, ottimi, onesti sentimenti; persona di sentimenti cattivi, bassi, volgari, ignobili* | (*raro*) parere, opinione: *ha mutato sentimenti* **6** (**al sing.**, *assol.*) sfera affettiva, emozionale, spec. in contrapposizione a *ragione*: *parlare al s.; ascoltare il s. e non la ragione* | ***toccare la corda del s.***, dire parole capaci di commuovere | sensibilità, disposizione a sentire vivamente: *educare il s.; parlare, amare, cantare, suonare* e sim. *con s.; poesia piena di s.; scrive bene ma senza s.* **7** senno, giudizio: *è un ragazzo con poco s.; per la sua età ha molto s.*

SFUMATURE ➤ ***emozione***, ➤ ***sensibilità***

sentina [lat. *sentīna(m)*, di etim. incerta ✱ av. 1294] **s. f. 1** parte più bassa e interna della nave, dove si raccolgono gli scoli **2** (*fig.*, *lett.*) ricettacolo di brutture, scelleratezze e sim.: *o d'ogni vizio fetida s.* (L. ARIOSTO)

sentinèlla [di etim. discussa: dall'ant. *sentina* 'accortezza', da *sentire*. V. il lat. tardo *sentināre* 'evitare con astuzia un pericolo' ✱ 1525] **s. f.** ● soldato armato che, a turno fra quelli componenti la guardia, vigila a custodia e protezione di persone o cose militari | servizio di guardia svolto da tale soldato | ***doppia s.***, servizio effettuato in coppia | ***fare la s., stare di s., montare di s., essere di s.***, eseguire il servizio di sentinella; (*fig.*) stare fermo e attento a guardare, a vigilare, a sorvegliare e sim.

♦**sentìre** [lat. *sentīre* 'percepire, sentire', di orig. indeur. ✱ sec. XII] **A** **v. tr.** (*io sènto*) **I** in un primo gruppo di significati, con riferimento alle facoltà sensoriali, esprime l'acquisizione di conoscenze dal mondo esterno attraverso gli organi dei sensi, tranne quello della vista **1** percepire con l'udito, udire: *s. un suono, un rumore, uno sparo; non senti che confusione?; avete sentito il campanello?; non sento nulla; ho sentito qlcu. suonare*, (*ellitt.*) *ho sentito suonare* | udire ciò che viene detto da altri e comprenderne il significato: *non sento la tua voce; parla più forte che non ti sento; muoviti, hai sentito quello che ho detto?* | ascoltare: *i bambini non devono s. queste cose; s. la lezione, una conferenza* | dare retta, ascolto: *senti il mio consiglio; sente solo suo padre; stammi a s.; stammi bene a s.* | sapere, conoscere: *vorrei s. il tuo parere al riguardo* | consultare: *voglio s. il medico* | (*colloq.*) comunicare con qlcu. al telefono: *cerca di sentirlo entro stasera* | venire a sapere, apprendere: *hai sentito la notizia?; se ne sentono delle belle sul suo conto; al giorno d'oggi se ne sentono di tutti i colori* | informarsi: *senti che cosa vogliono; vai a s. se ha bisogno di qlco.; vuoi s. se la cena è pronta?* | assistere a qlco.: *sentire la Messa; vado a s. la Traviata* | **sentìrci**, avere l'udito più o meno buono: *è anziano e ci sente poco; alla sua età ci sente ancora bene* | ***non ci sente***, è sordo | ***non sentirci da un orecchio***, (*fig.*) non voler assolutamente discutere di qlco., non essere disposto a cedere su qlco., e sim. | ***a s. lui...***, secondo quanto dice lui | ***adesso mi sentirà***, gli darò il rimprovero che si merita | (*assol.*) ***sentiamo!, su sentiamo, sentiamo allora*** e sim., incoraggiando a parlare qlcu. che ci si accinge ad ascoltare | (*assol.*) ***senti, senta, sentite, senti tu***, e sim., per richiamare l'attenzione di qlcu. | ***ma senti un po'!, sentite!, sentitelo!, senti che roba!*** e sim., escl. di meraviglia, incredulità, sdegno e sim. | ***hai sentito l'ultima?, vuoi sentirne una?, senti questa*** e sim., per sottolineare la sorpresa, lo sdegno e sim. suscitato dal fatto che si sta per raccontare | ***non voler s. ragioni***, ostinarsi a non voler dare retta a niente e a nessuno | ***s. tutte e due le campane***, ascoltare le due versioni diverse e contrastanti di uno stesso fatto **2** avvertire una sensazione con l'olfatto: *s. un odore, un profumo; senti che puzzo!* | ***s. qlco. all'odore***, riconoscerla, giudicarla, annusandola **3** avvertire, percepire col gusto: *s. un sapore; senti la dolcezza di questo vino; senti com'è buono questo dolce* | assaggiare: *senti se la minestra è cotta; ti dispiace s. se il caffè è amaro?* | ***s. qlco. al gusto***, riconoscerla, giudicarla, assaggiandola **4** avvertire una sensazione col tatto: *senti la morbidezza di questa lana* | ***s. se a qlcu. scotta la fronte, s. se qlcu. scotta***, per controllare se ha la febbre | ***s. il polso a qlcu.***, per controllarne le pulsazioni; (*fig.*) sondarne le intenzioni | ***s. qlco. al tatto***, riconoscerla, giudicarla, toccandola **II** in un secondo gruppo di significati, con riferimento alle facoltà fisiche e psichiche, esprime l'avvertimento di sensazioni, impressioni e sim. **1** provare una sensazione fisica generale o localizzata in una parte del corpo: *s. caldo, freddo, fame, sete, appetito, sonno, stanchezza, malessere; s. male alla testa; s. pesantezza alle gambe; s. bruciore allo stomaco; s. i brividi lungo la schiena; s. l'acquolina in bocca* | ***non s.*** o, in forma pron., ***non sentirsi, le gambe, le braccia*** e sim., avere perso, gener. temporaneamente, la sensibilità a causa di forte stanchezza, sforzi e sim. | ***farsi s.***, pesare, avere ripercussioni sul fisico: *il caldo si fa s.; gli anni si fanno s.*; (*fig.*) avere conseguenze dirette: *gli effetti della recessione si fanno s.*; detto di persona, farsi viva, mettersi in contatto: *fatti s. tra qualche giorno*; (*fig.*) farsi ascoltare, far valere con forza le proprie ragioni: *mi raccomando, fatti s.!* **2** provare una sensazione psichica, anche accompagnata da una sensazione fisica: *s. dolore, tristezza, nostalgia, piacere per qlcu. o per qlco.* **3** provare le conseguenze di qlco., risentire: *s. la fatica, la noia; le piante sentono la siccità* | ***s. il tempo***, di individuo meteoropatico | ***s. la primavera***, di chi si mostra particolarmente vivace e inquieto, o comunque diverso dal solito **4** accorgersi, avere sentore di qlco.: *s. la presenza di qlcu.; sente gli sguardi di tutti addosso a lui; sento che c'è qlco. sotto* | presentire, presagire: *sentivo che sarebbe finita così; sento che presto se ne andrà* **III** in un terzo gruppo di significati, con riferimento alle facoltà emotive, affettive, intellettive e sim., esprime sentimenti e stati d'animo **1** provare un sentimento, o un insieme di sentimenti: *s. affetto, amore, gratitudine, riconoscenza, stima, pena, compassione, pietà per qlcu.; s. rimorso per aver fatto qlco.; sento qlco. per lui; non so definire quello che sento per te* | ***non s. nulla***, essere insensibile, indifferente **2** avere coscienza di un sentimento, di una situazione emotiva, sentimentale e sim.: *sente molto la nostra mancanza; sento di non amarlo più; sento di essermi comportato male* **3** essere in grado di ammirare, gustare, comprendere qlco.: *s. la musica, la poesia, la bellezza, il bello; senti la bontà del suo gesto?* | (*assol.*) essere dotato di sensibilità, di alti sentimenti morali: *s. altamente, nobilmente; una persona che sente poco* **4** (*raro*) essere di un certo parere, stimare, giudicare: *dice le cose come le sente; io la sento diversamente da te* | (*lett.*, *assol.*) ***s. molto, altamente, umilmente*** e sim. ***di sé***, avere una grande, una modesta, opinione di sé stesso **5** †acconsentire, approvare: *confessarono che sentirono il trattato* (G. VILLANI) **B** **v. intr.** (**aus.** *avere*) **1** avere odore, sapore, di qlco. (+ *di*): *le cantine sentono di muffa; questa carne sente di rancido* **2** avere sentore di qlco. (+ *di*): *questa storia sente d'inganno* **3** venire a sapere qlco. in modo indiretto (+ *di*): *hai sentito della disgrazia?; ho sentito di Fabio; aveva sentito della sua nomina a comandante* (B. FENOGLIO) **4** (*fig.*) †avere qualità, somiglianza: *frate Alberto conobbe incautamente che costei sentia dello scemo* (G. BOCCACCIO) **C** **in funzione di s. m. solo sing.** (*raro*, *lett.* **pl.** *-i*) **1** il fatto di sentire o di avere sentito **2** (*lett.*) sentimento, sensibilità: *donna di alto s.* **3** (*lett.*) parere, opinione: *secondo il mio s.* | ***il comune s., il s. comune***, l'opinione, la sensibilità generale: *queste prime rozze formazioni così piene della vita e del s. comune* (F. DE SANCTIS) **D** **sentìrsi** **v. tr. pron.** (**aus.** *essere*) ● provare una sensazione fisica o psichica (con valore intens.): *si sentiva addosso la febbre, i brividi; sentirsi allargare il cuore; sentirsi la tremarella addosso; sentirsi un nodo in gola; Renzo però si sentiva addosso una smania d'andare* (A. MANZONI) | ***me lo sentivo, me la sentivo***, lo intuivo, lo presentivo: *me lo sentivo che avremmo vinto; Me la sentivo che doveva finire malamente* (D. BUZZATI) **E** **sentìrsi** **v. rifl. 1** provare una sensazione fisica o psichica: *sentirsi bene, male, meglio, peggio; sentirsi debole, forte, in gamba; sentirsi in vena di fare qlco.; sentirsi svenire, venir meno, mancare, morire, riavere; sentirsi debole, sfinito, a pezzi; sentirsi a proprio agio, a disagio; sentirsi come un pesce fuor d'acqua; sentirsi sollevato* **2** provare un sentimento, uno stato d'animo: *sentirsi commosso, turbato, offeso; sentirsi in debito, in obbligo verso qlcu.; sentirsi fiero, orgoglioso di qlcu. o di qlco.; sentirsi legato a qlcu. o a qlco.; sentirsi in colpa, colpevole, dalla parte del torto; sentirsi in grado, capace di fare qlco.* **3** essere in grado (+ *di* **seguito da inf.**):

S

non mi sento di arrivare fin lassù; ti senti di cantare questo brano? | (*colloq.*) **sentirsela** (con il pron. *la* indeterm.), essere in condizione, avere sufficiente forza o coraggio per fare qlco. (+ *di* **seguito da inf.**): *te la senti di alzarti?; non me la sento di fare sacrifici; non se l'è sentita di dirglielo* **4** (*colloq.*) comunicare telefonicamente con qlcu. (anche con valore recipr.): *devo sentirmi con lui domattina; ci sentiamo in settimana?*

SFUMATURE DI SIGNIFICATO

sentire - percepire - provare

Il fatto di acquisire informazioni e conoscenze dal mondo esterno attraverso i sensi si definisce genericamente **sentire**, che si utilizza anche in riferimento al fatto di avvertire sensazioni fisiche generali. In altro significato, il verbo si riferisce alle facoltà emotive e affettive e dunque alla capacità di avere sentimenti e di averne coscienza. Nella sfera semantica attinente alle facoltà sensoriali *sentire* può essere sostituito da **percepire**, che definisce appunto il cogliere la realtà esterna attraverso i sensi o anche l'intuito. Con riguardo invece alla sfera dei sentimenti e delle sensazioni, dunque a ciò che non proviene dall'esterno ma nasce all'interno della coscienza, un equivalente di *sentire* è **provare**.
SFUMATURE ➤ ***udire***

sentìta [da *sentire* ✱ av. 1337] **s. f. 1** †il sentire | †accortezza: *con buona s. di guerra* (D. Bartoli) **2** (*tosc.*) nelle loc. ***andare a s.***, procedere con accortezza | ***camminare a s.***, tastando per non inciampare

sentìto **part. pass.** di *sentire*; **anche agg. 1** nei sign. del v. | ***un problema molto s. tra i giovani***, avvertito in modo vivo, con partecipazione **2** ***per s. dire***, per averlo sentito dire da altri, per conoscenza indiretta **3** vivo, sincero, cordiale, spec. in formule di cortesia o nei saluti epistolari: *sentiti ringraziamenti; voglia gradire i più sentiti auguri* **4** †accorto, cauto, giudizioso || **sentitaménte**, **avv.** vivamente, con sentimenti autentici: *ringraziare sentitamente*

♦**sentóre** [dal lat. parl. **sentōre(m)*, da *sentīre* 'percepire' ✱ av. 1250] **s. m. 1** percezione o notizia vaga, incerta: *ho avuto s. di qualche novità in ufficio* | vaga intuizione, presentimento: *io avea già avuto s. di quello che doveva succedere* (I. Nievo) **2** †sentimento, sensibilità, capacità di provare qlco.: *di nulla passione avere s.* (Dante) **3** (*lett.*) profumo, odore: *s. di rose* **4** †rumore

senussìa [1923] **s. f.** ● confraternita, comunità dei Senussi

senussìṣmo [da *senusso*, con *-ismo* ✱ 1915] **s. m.** ● dottrina e predicazione proprie del movimento religioso e politico dei Senussi

senussìta [1940] **A agg.** (**pl. m.** *-i*) ● dei Senussi **B s. m. e f.** ● chi aderisce alla confraternita dei Senussi

senùsso [dal n. proprio arabo M. ibn 'Ali as-*Sanūsī* ✱ 1911] **s. m.** (**f.** *-a*) ● membro della confraternita islamica dei Senussi, che predicava il ritorno al puro Islam con larga influenza politica | ciascuno dei capi della confraternita e dei discendenti del fondatore Muhammad ibn 'Alī as Sanūsi (1787-1859)

♦**sènza** o †**sànza** [lat. *absĕntia*, propr. 'in assenza di' ✱ 1104] **A prep.** (**si può elidere in** *senz'* **davanti a parole che iniziano per vocale, spec. per** *a*: *senz'acqua; senz'auto; senz'anima*; **l'elisione è più rara oppure lett. davanti alle altre vocali:** *senz'ombra di dubbio; senz'essere osservato* (A. Manzoni); *in pace e senz'invidia* (L. Pirandello); *giungendo alla porta senz'uscio* (G. Verga). **L'elisione è obbligatoria in** *senz'altro* **e nella loc. giuridica** *senz'appello*, **ma non nella formula est.** *senza appello* (**V.** *appello*)) **1** privo di (indica mancanza e regge il compl. di privazione): *è un povero orfano s. padre e s. madre; sono rimasto s. soldi e s. lavoro; cosa farei s. il vostro affetto?; il signore viaggia s. bagaglio?; non uscire s. ombrello; le finestre sono s. vetri; mangia tutto s. sale; sono rimasto s. parole; è un uomo s. pietà e s. scrupoli; è una bambina s. malizia; è un caso s. precedenti; è di una bellezza s. paragone; si tratta di una malattia s. speranza; chi può vantarsi / s. difetti* (P. Metastasio); *s. baci moriste e s. pianto* (G. Leopardi); *senz'amor, s. vita* (G. Leopardi); *soli eravamo e sanza alcun sospetto* (Dante *Inf.* V, 129) | in contrapposizione a 'con': *pantaloni con o s. risvolti; caffè con panna o s.?* | ***essere, rimanere s. qlco.***, esserne, rimanerne privo, sprovvisto | ***vivere, fare s. qlco.***, farne a meno, rinunciarvi | (con valore rafforz.) ***non s.***, con un certo: *me ne sono andato non s. rimpianto; ho perdonato non s. fatica* | nella loc. prep. ***s. di*** (quasi sempre con la prep. 'di' se seguito da pron. pers., spesso se seguito da un pron. dimostr.): *dovrò arrangiarmi s. di voi; s. di te non posso stare; s. (di) quello la ricetta non riesce; né tu s. me, né io s. te* (G. D'Annunzio) **CONTR.** con **2** escludendo, con assenza di (regge il compl. d'esclusione): *mangia le patate lessate s. condimento; non ci sono gioie s. dolori; calcola cinquanta euro, s. le mance; non fa scienza, / sanza lo ritenere, avere inteso* (Dante *Par.* V, 41-42); *pini ed abeti s. aura di vento* (G. Carducci) | per ellissi del v. 'fare': *svelto, s. tante chiacchiere!; studiate, s. tante storie; me ne sono andato s. cerimonie; si accomodi, prego, s. complimenti!* | in correl. con 'né' o con 'e': *agisci s. amore né carità* | ***s. numero***, innumerevoli: *ha patito sofferenze s. numero* | ***s. pretese***, semplice, alla buona: *una trattoria senza pretese* | ***s. riposo, s. sosta, s. tregua***, incessantemente: *correva s. sosta; lavora s. tregua* | ***s. modo***, smisuratamente: *mangia e beve s. modo* | ***s. indugio***, subito: *verrò s. indugio* | ***s. dubbio, s. forse, senz'altro***, sicuramente, con certezza: *s. dubbio gliene hai parlato; telefonerò senz'altro* | ***senza se e senza ma***, senza condizioni né dubbi (con riferimento a opinioni, affermazioni, decisioni e sim.) | (*lett.*) ***s. più***, subito, immediatamente | ***s. meno***, immancabilmente | ***s. impegno***, non assumendosi alcun impegno, non con certezza assoluta: *verrò s. impegno per un colloquio; ci vediamo domani, ma s. impegno* **3** (*dir.*) ***s. spese***, clausola con cui il traente o il girante o l'avallante di una cambiale dispensano il portatore dal protesto per mancata accettazione o pagamento **4** (*elettr.*) ***s. fili***, detto di comunicazione che avviene tramite radioonde **B cong.** ● indica il mancato verificarsi di una circostanza (introduce una prop. esclusiva con valore modale, implicita con il v. all'inf., esplicita nella loc. cong. ***s. che*** con il v. al congtv.): *ho trascorso tutta la notte s. chiudere occhio; non devi parlare s. riflettere; è uscito s. che io lo sapessi; ha ascoltato i rimproveri s. batter ciglio* | anche preceduta da negazione: *egli uscì non s. avere titubato per qualche istante* (I. Svevo) | ***s. dire, s. contare che***, tanto più che, e inoltre: *doveva sapere che c'era pericolo, s. dire che l'avevo avvertito anch'io; non gli hanno dato quanto gli spettava, s. contare il modo in cui l'hanno trattato*

senzacàsa (o **-ṣa**) [1980] **s. m. e f. inv.; anche agg. inv.** ● chi (o che) non ha casa **SIN.** senzatetto

senzadìo /sentsa(d)'dio/ o **sènza Dìo** [comp. di *senza* e *Dio* ✱ 1930] **s. m. e f. inv.** ● chi non crede in Dio o manca di senso religioso | (*est.*) chi è privo di scrupoli morali

senzalavóro o **sènza lavóro** [comp. di *senza* e *lavoro* ✱ 1985] **s. m. e f. inv.; anche agg. inv.** ● disoccupato

senzapàtria [comp. di *senza* e *patria* ✱ 1905] **s. m. e f. inv.** ● chi non ha patria | (*est.*, *spreg.*) chi rinnega la propria patria

senzatétto [comp. di *senza* e *tetto* ✱ 1908] **s. m. e f. inv.** ● chi è rimasto privo di abitazione, spec. in seguito a una calamità naturale **SIN.** senzacasa

senzïènte [vc. dotta, dal lat. *sentiĕnte(m)*, part. pres. di *sentīre* 'percepire' ✱ sec. XIV] **agg. 1** (*lett.*) che è dotato di senso, di sensibilità, e la esercita **2** (*raro*, *lett.*) †pensante

sepaiòla o †**sepaiuòla** [da *s(i)epe* ✱ 1483] **s. f.** ● (*zool.*, *pop.*) scricciolo

sèpalo [dal fr. *sépale*, dal lat. *sāepes* 'recinto', sul modello di *pĕtalum* 'petalo' ✱ 1865] **s. m.** ● (*bot.*) ciascuna delle foglioline che formano il calice

separàbile [vc. dotta, dal lat. *separābile(m)*, da *separāre* ✱ 1511] **agg.** ● che si può separare **CONTR.** inseparabile || **separabilità**, **s. f. inv.**

separaménto [sec. XIV] **s. m.** ● (*raro*) separazione

separàndo [da *separa(re)*, con il suff. *-ando* ✱ 1832] **s. m.** (**f.** *-a*) ● (*burocr.*) che (o chi) è in procinto di cessare la convivenza: *coniugi separandi*

♦**separàre** [dal lat. *separāre*, comp. di *sē(d)-* 'via' e *parāre* 'apprestare' ✱ av. 1328] **A v. tr.** (*io sepàro* **o raro, secondo il modello latino,** *sèparo*) **1** disgiungere, disunire persone o cose vicine, unite e sim. fra loro: *s. i letti, due litiganti; la politica separa anche gli amici; oltre la virtù di separar le cose unite, ha la mente virtù d'unir le separate* (P. Sarpi) **2** tenere distinto, sceverare: *s. il bene dal male; s. i quaderni dai libri* **3** tenere diviso, fare da confine (*anche assol.*): *le Alpi separano l'Italia dalla Francia; un giardino separa la casa dalla strada; il mare unisce, non separa* **4** (*raro*) segregare, tenere in disparte: *s. un malato contagioso dagli altri* **B separàrsi v. rifl. e rifl. recipr.** ● dividersi, lasciarsi, disfacendo un rapporto di lavoro, amicizia, affetto, e sim.: *si è separato per sempre dal socio; i due amici si separarono con dolore* | di coniugi, cessare la convivenza, andare a vivere ognuno per proprio conto: *dopo pochi anni di matrimonio si separarono*
SFUMATURE ➤ ***dividere***

separatézza [1872] **s. f.** ● caratteristica, condizione di chi (o di ciò che) è separato | (*raro*) emarginazione

separatìṣmo [da *separato*, con *-ismo* ✱ 1857] **s. m.** ● movimento che, per ragioni etniche, economiche, geografiche, tende a rendere autonoma una regione nei confronti dell'organizzazione statale di cui fa parte | sistema di separazione tra la Chiesa e lo Stato

separatìsta [da *separato*, con *-ista* ✱ 1869] **A s. m. e f.; anche agg.** (**pl. m.** *-i*) ● chi (o che) propugna il separatismo **B agg.** ● separatistico

separatìstico [1913] **agg.** (**pl. m.** *-ci*) ● relativo al separatismo o ai separatisti

separatìvo [dal lat. tardo *separatīvu(m)* 'disgiuntivo', da *separātus* 'separato' ✱ 1552] **agg.** ● (*raro*) che serve a separare | ***congiunzione separativa***, disgiuntiva || **separativaménte**, **avv.**

separàto **A part. pass.** di *separare*; **anche agg. 1** nei sign. del v. **2** ***in separata sede***, in privato, senza testimoni **3** detto di coniuge, che ha cessato di convivere con l'altro **4** (*mus.*) portato **B s. m.** (**f.** *-a*) ● coniuge separato: *il problema dei separati* | ***separati in casa***, coniugi legalmente separati che tuttavia convivono; (*fig.*) persone, organismi o realtà contraddittorie che coesistono in una medesima situazione || **separataménte**, **avv.** in modo separato: *vivere separatamente*; uno alla volta: *interrogare separatamente*

a b c d e f g h i j k l m n o p q r s t u v w x y z

separatóre [dal lat. tardo *separatōre(m)*, da *separātus* 'separato' ✱ 1666] **A** **s. m.** (**f.** *-trice*); **anche agg.** ● chi (o che) separa: *imbuto, diaframma, s.* **B** **s. m.** ● macchina per selezionare sostanze o prodotti diversi: *s. di sementi* | ***s. magnetico***, che impiega elettromagneti per liberare sostanze polverose, granulose e sim., da parti metalliche ferrose | ***s. elettrostatico***, purificatore che utilizza le forze di natura elettrostatica per fare precipitare particelle, goccioline e sim.

separazióne [dal lat. *separatiōne(m)*, da *separātus* 'separato' ✱ av. 1328] **s. f.** **1** il dividere | divisione, disgiunzione di cose vicine, unite, mescolate e sim. fra loro: *s. della crusca dalla farina* **CFR.** -lisi | allontanamento, distacco da qlcu.: *s. dolorosa, triste; s. dagli amici, dai parenti* | condizione di ciò che è distinto: *s. della Chiesa dallo Stato* | (*gramm.*) ***complemento di s. o allontanamento***, V. *allontanamento* | ***teoria dei sei gradi di s.***, ipotesi secondo la quale ogni persona può essere collegata a qualunque altra da una serie di rapporti di conoscenza diretta costituita da non più di sei passaggi **2** (*dir.*) condizione di persona o cosa che è separata | ***s. personale dei coniugi***, cessazione della convivenza | ***s. di fatto***, per concorde volontà dei coniugi non omologata dall'autorità giudiziaria | ***s. giudiziaria***, chiesta da uno o entrambi i coniugi all'autorità giudiziaria, quando si verificano fatti tali da rendere intollerabile la prosecuzione della convivenza | ***s. consensuale***, omologata dal giudice sulla base dell'accordo fra i coniugi di cessare la convivenza | ***s. dei beni***, quando i coniugi hanno convenuto che ciascuno di essi conserva la titolarità dei beni acquistati durante il matrimonio | ***s. dei beni del defunto***, atto con cui i creditori del defunto acquistano il diritto di soddisfare, con i beni del defunto, i propri crediti a preferenza dei creditori dell'erede | ***diritto di s.***, dei creditori del defunto di ottenere la separazione dei beni ereditari da quelli dell'erede | ***s. dei giudizi***, disposta dal giudice quando ritiene che la trattazione congiunta di più cause ritarderebbe o renderebbe più gravoso il processo

séparé /*fr.* sepa'ʀe/ [vc. fr., propr. part. pass. di *séparer* 'separare' ✱ 1931] **s. m. inv.** ● salottino appartato, in caffè, ristoranti, locali pubblici

†**sepelìre** ➤ **seppellire**

†**sèpia** ➤ **seppia**

sepiménto [vc. dotta, dal lat. *saepimĕntu(m)* 'recinto', da *saepīre* 'cingere', da *sāepes* 'siepe' ✱ 1869] **s. m.** ● (*anat., bot.*) setto①

sepìola [dal lat. *sepĭola(m)*, dim. di *sēpia* 'seppia' ✱ 1960] **s. f.** ● mollusco marino dei Cefalopodi simile alla seppia, con due brevi alette ai lati del sacco (*Sepiola*)

sepiolìte [comp. del gr. *sēpía*, nel senso erroneo di 'schiuma di mare', e *-lite* ✱ 1922] **s. f.** ● (*miner.*) silicato idrato di magnesio, del tipo a strati, in masse bianche leggere e compatte, adatte per intagli

sepolcràle o †**sepulcràle** [vc. dotta, dal lat. *sepulcrāle(m)*, da *sepŭlcrum* 'sepolcro' ✱ 1319] **agg.** **1** di sepolcro: *iscrizione, monumento, lapide s.* | ***poesia s.***, genere letterario molto diffuso tra il XVIII e il XIX sec., con tematiche funebri oscillanti tra visioni di paesaggi cimiteriali e soliloqui metafisici **2** (*fig.*) triste, tetro, come di tomba, di sepolcro: *silenzio, buio s.* **SIN.** tombale | ***voce s.***, cupa, cavernosa, come se uscisse da un sepolcro

sepolcréto [vc. dotta, dal lat. *sepulcrētu(m)*, da *sepŭlcrum* 'sepolcro' ✱ av. 1796] **s. m.** ● cimitero, luogo in cui sono più tombe o sono inumate, anche senza tomba, più persone | cimitero antico

sepólcro o †**sepùlcro** [vc. dotta, dal lat. *sepŭlcru(m)*, da *sepelīre* 'seppellire' ✱ 1268] **s. m.** **1** monumento funebre che custodisce e insieme commemora un defunto illustre: *il s. degli Scipioni; il s. di Cecilia Metella* | ***Santo Sepolcro***, quello di Gesù Cristo a Gerusalemme | (*fig.*) ***essere con un piede nel s.***, essere vicino alla morte | ***scendere nel s.***, (*fig.*) morire | ***condurre al s.***, (*fig.*) far morire | ***s. imbiancato***, ipocrita (Gesù paragonò gli scribi e i farisei a sepolcri imbiancati che, belli all'aspetto esteriore, intimamente sono pieni di ogni marciume) **2** (*pop.*, **spec. al pl.**) repositorio in cui viene conservato il SS. Sacramento per la comunione dopo la Messa del Giovedì santo e per l'azione liturgica del Venerdì santo | (*relig.*) speciale addobbo delle chiese nella Settimana santa, fino alla resurrezione

SFUMATURE DI SIGNIFICATO

sepolcro - mausoleo - cenotafio

Il **sepolcro** è un monumento funebre, in genere in una chiesa o in un cimitero, che costituisce la tomba di un defunto e nello stesso tempo ne onora con la sua imponenza o bellezza la memoria. **Mausoleo**, che prende il nome dal sepolcro in onore di Mausolo re di Caria, eretto in Alicarnasso nel IV secolo avanti Cristo, è un grandioso monumento funebre, degno appunto della grandezza di un re o di un imperatore. **Cenotafio** è invece un monumento sepolcrale in onore di un grande personaggio i cui resti sono sepolti altrove.

SFUMATURE ➤ ***tomba***

sepólto o †**sepùlto** **A** **part. pass.** di *seppellire*; **anche agg.** **1** nei sign. del v. | ***morto e s.***, (*fig., colloq.*) di persona o cosa completamente dimenticata **2** (*est.*) ricoperto, sommerso: *un paesino s. sotto la neve* | (*fig., raro*) immerso, sprofondato: *Aperse la finestra su la città sepolta nel sonno* (L. CAPUANA) **3** (*fig.*) occultato, coperto, nascosto: *manoscritti sepolti in fondo a un cassetto; segreto s. nel proprio cuore* **B** **s. m.** (**f.** *-a*) ● persona morta e seppellita | ***le sepolte vive***, suore di clausura

sepoltùra o †**sepultùra** [dal lat. *sepultūra(m)*, da *sepŭltus* 'sepolto' ✱ sec. XIII] **s. f.** **1** deposizione nella tomba: *privare della s.* | ***dare s.***, seppellire | cerimonia funebre, funerale: *intervenire, essere presente, alla s.* **2** luogo in cui viene sepolto un morto, tomba, sepolcro: *non conoscere la s. di qlcu.*

sepòy /*ingl.* 'siːpɔɪ/ [vc. ingl., dal persiano *sipāhi* 'soldato a cavallo', da *sipāh* 'esercito' ✱ 1896] **s. m. inv.** (**pl. ingl.** *sepoys*) ● nel periodo coloniale, soldato indigeno dell'esercito regolare britannico in India

seppelliménto [av. 1574] **s. m.** ● inumazione, sepoltura

♦**seppellìre** o †**sepelìre**, †**soppellìre** [lat. *sepelīre*, vc. indeur. di carattere rituale ✱ av. 1182] **A** **v. tr.** (**pres.** *io seppellìsco, tu seppellìsci*; **part. pass.** *sepólto*, o *seppellìto*, †*sepùlto*) **1** deporre nella tomba: *s. un morto; s. qlcu. con grande onore* | (*fig.*, **anche scherz.**) veder morire gli altri, rimanere in vita dopo gli altri: *i giovani seppelliscono i vecchi; quello ci seppellirà tutti!* **2** mettere sotto terra, spec. per nascondere: *s. un oggetto rubato, un tesoro* | nascondere, occultare: *ha sepolto l'arma in cantina* | ricoprire: *la strada è sepolta dalla neve* **3** (*fig.*) dimenticare, non parlare più di qlco.: *s. il passato, i torti subiti* **B** **seppellìrsi** **v. intr. pron.** ● (*fig.*) stare rinchiuso, nascosto, appartato: *si è seppellito in casa* | immergersi: *seppellirsi tra i libri*

seppellìto **part. pass.** di *seppellire*; **anche agg.** ● sepolto | ***morto e s.***, (*fig., pop.*) di persona o cosa completamente dimenticata

seppellitóre [1745] **s. m.** (**f.** *trice*) ● (*raro*) chi seppellisce

sèppi ➤ **sapere**①

séppia o †**sèpia** [lat. *sēpia(m)*, dal gr. *sēpía*, di etim. incerta ✱ sec. XIV] **A** **s. f.** ● mollusco marino commestibile dei Cefalopodi con corpo ovale, depresso e bocca circondata da 10 braccia | ***osso di s.***, formazione calcarea corrispondente a una conchiglia interna rudimentale | ***nero di s.***, liquido nero secreto dall'animale per nascondersi in caso di pericolo; (*est.*) colore intermedio fra il grigio, il bruno e il nero ‖ **seppiétta**, **dim.** | **seppiolìna**, **dim.** **B** **in funzione di agg. inv.** ● (posposto a un sost.) che ha il colore intermedio tra il grigio, il bruno e il nero caratteristico del mollusco omonimo **C** **s. m. inv.** ● il color seppia: *stampare in s.*

seppiàre [da *seppia* ✱ 1872] **v. tr.** (*io séppio*) ● levigare strofinando con osso di seppia

seppiàto [1872] **agg.** ● che ha color seppia

♦**seppùre** o **se pùre** [comp. di *se*② e *pure* ✱ 1668] **cong.** (talora troncato in *seppur* o *se pur*) **1** se anche, quand'anche, ammesso pure che (introduce una prop. condiz. con valore concessivo con il v. al congtv.): *s. tutto finisse bene, la tua trascuratezza non potrà essere perdonata; lo farò s. dovessi rimetterci del mio* **2** anche se (introduce una prop. incisiva ipotetica con il v. all'indic. o al congtv. ed esprime dubbio, riserva e sim.): *il suo appoggio, s. ci sarà, non servirà a nulla; si trovò coinvolto, se pur suo malgrado* (C.E. GADDA)

sèpsi [vc. dotta, dal gr. *sêpsis* 'putrefazione', da *sḗpein* 'imputridire' ✱ 1829] **s. f. inv.** ● (*med.*) infezione e suppurazione delle ferite

septicemìa ➤ **setticemia**

†**sepulcràle** ➤ **sepolcrale**

†**sepùlcro** ➤ **sepolcro**

†**sepùlto** ➤ **sepolto**

†**sepultùra** ➤ **sepoltura**

se pùre ➤ **seppure**

sèquano [vc. dotta, lat. *Sēquanu(m)* ✱ 1481] **agg. e s. m.** (**f.** *-a*) ● (*stor.*) appartenente a un'antica popolazione celtica della Gallia, rivale dei confinanti Edui, scontratasi con i Romani nel I sec. a.C.

sequel /'sikwel, *ingl.* 'siːkwəl/ [vc. ingl., dal fr. ant. *sequelle*, che continua il lat. *sequēla(m)* 'sequela, serie' ✱ 1985] **s. m. inv.** ● seguito di un film o di uno spettacolo di successo **CFR.** newquel, prequel | episodio di una serie televisiva a puntate

♣**sequèla** [vc. dotta, dal lat. tardo *sequēla(m)* 'seguito', da *sĕqui* 'seguire'. V. *seguire* ✱ av. 1348] **s. f.** **1** serie di cose e fatti, spec. sgradevoli, che accadono uno di seguito all'altro: *s. di noie, di accidenti, di guai* **SIN.** catena, sfilza **2** (*med.*) condizione morbosa che consegue a un'altra patologia **3** (*raro*) adesione a una dottrina, una fede e sim.: *s. di Cristo* | †séguito di sostenitori, gruppo di seguaci **4** †conseguenza

sequènza o †**seguènza** nel sign. 5 [vc. dotta, dal lat. tardo *sequĕntia(m)*, da *sĕquens*, genit. *sequĕntis* 'seguente'; nei sign. 3 e 4 cfr. il fr. *séquence* 'sequenza' ✱ av. 1449] **s. f.** **1** serie ordinata di cose, fatti e sim. che si susseguono: *una s. di domande* **2** in varie tecnologie, serie di elementi, dati, operazioni e sim. successivi: *s. di lavorazione di un pezzo* | (*inform.*) ***s. di dati***, insieme di dati ordinato in base a certi indicatori | ***s. di programma***, parte di programma costituente, da un punto di vista logico, una unità di trattamento a sé stante | (*ling.*) successione ordinata di elementi sintatticamente connessi nella frase **3** serie di inquadrature cinematografiche atte a esprimere un singolo nucleo narrativo unitario | ***piano s.***, V. *piano*② nel sign. 5 | (*est.*) serie di elementi narrativi, poetici e sim. **4** nel poker e giochi affini, serie progressiva di carte **SIN.** scala **5** nella liturgia di rito romano, canto che viene dopo l'alleluia, in alcune messe | nelle messe dei Santi, inno sostitutivo dei melismi e contenente le lodi del Santo **6** (*mus.*) ripetizione di una melodia su altro grado della scala **SIN.** andamento | nella musica contemporanea, titolo di composizioni con prevalenti criteri di successione o di ripetizione di formule: *le 9 sequenze per uno strumento o una voce di Berio* **7** (*mat.*) associazione degli elementi di un insieme all'insieme dei numeri naturali | insieme ben ordinato **8** (*chim.*) l'ordine in cui si succedono le unità elementari in una macromolecola come una proteina o un acido nucleico

sequenziàle [da *sequenza* ✱ 1940] **A agg.** **1** relativo a una sequenza, a una serie **2** (*autom.*) detto di cambio automatico in cui il passaggio da una marcia all'altra può essere comandato dal guidatore tramite la leva di comando del cambio o con apposite levette poste dietro al volante ‖ **sequenzialménte**, **avv.** ‖ **sequenzialità**, **s. f. inv.** caratteristica di ciò che è sequenziale **B agg.; anche s. m.** ● detto di libro liturgico che contiene le sequenze, disposto secondo i vari giorni dell'anno

sequenziaménto [da *sequenziare* ✱ 1987] **s. m.** **1** definizione o ricostruzione dell'ordine di una sequenza **2** (*chim.*) determinazione dell'ordine con cui succedono i nucleotidi in una molecola di acido nucleico o gli amminoacidi in un peptide o una proteina: *s. delle proteine, s. del DNA* **SIN.** sequenziazione

sequenziàre [1986] **v. tr.** (*io sequènzio*) ● stabilire o ricostruire l'ordine di una sequenza: *s. il genoma umano*

sequenziatóre [1980] **s. m.** ● (*chim.*) strumento utilizzato per determinare la sequenza di un polimero biologico, in particolare DNA o proteine

sequenziazióne [1998] **s. f.** ● (*chim.*) sequenziamento

sequestràbile [1872] **agg.** ● detto di un bene che può essere posto sotto sequestro | (*raro*) che può essere sequestrato ‖ **sequestrabilità**, **s. f. inv.**

sequestrànte **A part. pres.** di *sequestrare*; **anche agg.** **1** nei sign. del v. **2** (*dir.*) che chiede all'autorità giudiziaria di disporre il sequestro di dati beni: *parte s.* **3** (*chim.*) detto di sostanza capace, in soluzione, di alterare o mascherare le proprietà chimiche delle sostanze con cui si combina **B s. m. e f.** ● (*dir.*) chi promuove o esegue un sequestro

sequestràre [vc. dotta, dal lat. tardo *sequestrāre* 'mettere in deposito', da *sequĕstrum* 'deposito' ✱ 1319] **v. tr.** (*io sequèstro*) **1** (*dir.*) disporre o eseguire un sequestro, porre sotto sequestro **2** (*est.*) togliere dalla circolazione qlco. il cui uso è vietato da determinate norme, principi, regole e sim.: *s. un giornale pornografico*; *l'insegnante gli ha sequestrato il walkman* **3** privare illegalmente della libertà personale: *s. qlcu. a scopo di estorsione* | occupare a mano armata: *s. un aereo, una nave* **4** costringere qlcu. a rimanere fermo in un luogo, bloccare: *la pioggia ci sequestra in casa* | (*disus.*) isolare: *s. un malato per motivi igienici* **5** (*raro*, *lett.*) allontanare, separare: *conosco di essermi alquanto sequestrato dalle strade dritte e popolari* (G. GALILEI)

sequestratàrio [da *sequestrato* ✱ 1589] **s. m.** (**f.** *-ia*) ● custode di beni sequestrati

sequestràto **A part. pass.** di *sequestrare*; **anche agg.** **1** nei sign. del v. **2** di cosa o persona sottoposta a sequestro: *bene s.* **B s. m.** (**f.** *-a*) ● proprietario o possessore di beni sottoposti a sequestro

sequestratóre [vc. dotta, dal lat. tardo *sequestratōre(m)*, da *sequestrātus* 'sequestrato' ✱ 1872] **s. m.** (**f.** *-trice*); **anche agg.** **1** (*dir.*, *raro*) chi (o che) chiede o esegue un sequestro **SIN.** sequestrante **2** chi compie un sequestro di persona

sequèstro [dal lat. *sequĕstru(m)* 'deposito', nt. sost. di *sequĕster* 'intermediario, depositario', da *sĕcus* 'a fianco': propr. 'deposito a fianco' ✱ sec. XIV] **s. m.** **1** (*dir.*) provvedimento giurisdizionale cautelare che fa sorgere un vincolo di indisponibilità sui beni colpiti dallo stesso: *s. conservativo, giudiziario, speciale*; *s. di cose pertinenti al reato* | ***s. di un film, di un libro***, provvedimento volto a ritirare tale materiale dalla circolazione | ***s. convenzionale***, accordo per cui più persone depositano presso un terzo ciò che è oggetto di controversia tra loro, affinché venga custodito e restituito successivamente a chi di diritto **2** ***s. di persona***, reato di chi priva qlcu. della libertà personale per un certo tempo **3** (*med.*) frammento necrotico di osso trattenuto nel contesto dell'osso sano

sequestrotomìa [comp. di *sequestro* nel sign. 3 e *-tomia* ✱ 1935] **s. f.** ● (*chir.*) incisione per l'asportazione del sequestro

sequòia [dall'ingl. *sequoia*, adattamento della vc. indiana (amer. sett.) *Sequoiah*, n. proprio del meticcio civilizzatore degli indiani *Cherokee* ✱ 1875] **s. f.** ● genere di alberi delle Taxodiacee originari della California, comprendente solo due specie viventi che possono raggiungere età e dimensioni eccezionali (*Sequoia gigantea* e *Sequoia sempervirens*)

†**ser** /sɛr/ [1250 ca.] **s. m. inv.** ● forma tronca di †*sere*

♦**séra** [lat. tardo *sēra(m)*, ellitt. per *sēra dies* 'giorno tardo', dall'agg. *sērus* 'tardo'. V. *seriore*, *sezzo* ✱ 1250 ca.] **A s. f.** **1** tarda parte del giorno che va dal tramonto al principio della notte: *scende la s.*; *viene la s.*; *si fa s.*; *fa s.* | ***di prima s., verso s., sul far della s.***, all'imbrunire | ***a s., di s.***, (*lett.*) ***da s.***, quando è sera | ***da mattina a s., da mane a s.***, continuamente, senza interruzione | ***lavorare, studiare*** e sim. ***dalla mattina alla s.***, tutto il giorno | ***giornale della s.***, edito nel pomeriggio | ***domani s., ieri s., questa s., lunedì s.*** e sim., la sera di domani, di oggi, di lunedì e sim. | ***una s., una di queste sere***, una sera non precisata ma vicina nel tempo | ***s. inoltrata***, quasi notte **CONTR.** mattina **2** periodo di tempo compreso tra l'ora di cena, o dopocena, e la notte: *questa s. andremo al cinema*; *esco spesso di s.* | ***abito da s.***, da società | ***abito da mezza s.***, meno impegnativo di quello da sera, adatto per pranzi, cocktail e sim. **3** (*tosc.*) seconda parte del giorno, a partire dal primo pomeriggio **4** (*fig.*, *poet.*) vecchiaia | morte: *di dì in dì spero ormai l'ultima s.* (F. PETRARCA) **B in funzione di agg. inv.** ● (posposto a un sost.) della sera, riferito a edizioni di giornali che compaiono in edicola nel tardo pomeriggio: *stampa s.*

seraccàta [1924] **s. f.** ● nel linguaggio alpinistico, tratto di ghiacciaio ricoperto di seracchi

seràcco [dal fr. *sérac*, risalente al dial. savoiardo *serac* 'formaggio bianco, compatto', dal lat. *sĕrum* 'siero' ✱ 1908] **s. m.** (**pl.** *-chi*) ● nel linguaggio alpinistico, blocco di ghiaccio di vari metri di altezza a forma di guglia, piramide, torre, originato dal frantumarsi della superficie di un ghiacciaio per il sollevamento del fondo o per l'incontro con un altro ghiacciaio

†**seracìno** ➤ **saracino**

♣**seràfico** [dal lat. mediev. *seraphicu(m)*, dal lat. tardo (eccl.) *Sĕraphin* 'i Serafini'. V. *serafino* ✱ av. 1306] **agg.** (**pl. m.** *-ci*) **1** nella teologia cristiana, di serafino, che è proprio dei serafini: *ardore s.* | ***il Padre S., il S., il S. d'Assisi***, San Francesco d'Assisi | ***ordine s., serafica famiglia***, l'ordine dei francescani | ***dottore s.***, San Bonaventura **2** (*fig.*, *colloq.*) tranquillo, sereno, pacifico: *espressione serafica* ‖ **seraficaménte**, **avv.** ‖ **seraficità**, **s. f. inv.** tranquillità, imperturbabilità

serafìno o (*poet.*) **sèrafo** [lat. tardo (eccl.) *Sĕraphin*, risalente, attraverso il gr. *Seraphín*, all'ebr. *sĕrāphīm* (pl.) 'gli ardenti', da *sāraph* 'ardere' ✱ av. 1306] **s. m.** ● nella Bibbia, ciascuno degli angeli che sono intorno al trono di Dio | nella teologia cristiana, ciascuno degli angeli che formano il più alto coro della prima gerarchia

seràle [1798] **agg.** ● della sera: *ore serali* | che ha luogo di sera: *spettacolo s.*; *passeggiata s.* | ***scuola s.***, le cui lezioni si svolgono di sera per chi lavora durante il giorno ‖ **seralménte**, **avv.** ogni sera; di sera

serapèo [vc. dotta, dal lat. *Serapēu(m)*, dal gr. *Serapêion* 'tempio di Serapide', da *Sérapis* 'Serapide' ✱ 1838] **s. m.** ● tempio dedicato al dio greco-egiziano Serapide

♦**seràta** [da *sera* ✱ 1499] **s. f.** **1** la sera, con riferimento alla sua durata, al modo di trascorrerla e alle condizioni atmosferiche: *verrò da te in s.*; *la s. non finiva mai*; *è stata una bella s.*; *dove vai in s.?*; *le lunghe serate invernali*; *una s. calda, afosa, primaverile* | ***prima, seconda s.***, nella programmazione televisiva, la fascia oraria serale che precede o, rispettivamente, segue le 22.30 circa: *un film presentato in seconda s.* **2** (*est.*) festa, ricevimento, spettacolo e sim. che ha luogo di sera: *una s. a teatro, al circolo, al night*; *s. danzante*; *l'incasso della s.* | ***s. di gala***, spettacolo, festa, ballo e sim. particolarmente elegante | ***s. d'onore***, spettacolo in onore del primo attore o della prima attrice, o (*est.*) di qlcu. | recita compiuta per un attore | recita di una compagnia teatrale, dedicata a una particolare circostanza: *s. d'addio*; *s. di beneficenza* ‖ **seratàccia**, **pegg.** (V.) | **seratìna**, **dim.** | **seratóna**, **accr.**

seratàccia [pegg. di *serata* ✱ 1883] **s. f.** (**pl.** *-ce*) **1** serata di forte maltempo: *tra i lampi, il vento e la pioggia d'una s. infernale* (L. PIRANDELLO) **2** serata molto negativa, sfortunata, spiacevole: *s. dell'Inter*

seratànte [da *serata* ✱ 1863] **s. m. e f.** ● attore, attrice, per cui viene compiuta una speciale recita, detta beneficiata, o serata di gala

serbàbile [dal lat. *servābile(m)* 'conservabile', da *servāre* 'conservare' ✱ sec. XIV] **agg.** ● (*raro*) che si può serbare, conservare ‖ **serbabilità**, **s. f. inv.**

†**serbànza** [astratto dal lat. *servānte(m)*, part. pres. di *servāre* 'conservare' ✱ 1266] **s. f.** **1** il serbare | ***dare in s.***, in deposito **2** custodia in un convento o sim.: *Lasciò una sua figliuola … in s. in uno ministero* (N. MACHIAVELLI)

♣**serbàre** o †**servàre** nei sign. A 1 e 2 [lat. *servāre* 'conservare, sorvegliare', prob. da *sĕrvus* 'servo, guardiano'. V. *servo* ✱ 1268] **A v. tr.** (*io sèrbo*) **1** mettere da parte qlco. in luogo sicuro per servirsene a suo tempo, al momento opportuno: *s. del pane*; *s. una lettera*; *s. denaro per la vecchiaia* **2** conservare, mantenere, custodire: *s. intatto il decoro*; *s. un segreto, una promessa* | nutrire in sé: *s. odio, rancore, verso qlcu.* | (*lett.*) anche in forma pron. (con valore intens.): *né sanno serbarsi dentro al petto secreto alcuno* (L.B. ALBERTI) **3** †differire, indugiare | (*lett.*) †*s. fuori*, eccettuare **B serbàrsi v. rifl.** ● conservarsi, mantenersi, riservarsi: *serbarsi puro, onesto*; *serbarsi per grandi prove*

†**serbastrèlla** ➤ **salvastrella**

serbatóio [lat. tardo *servatōriu(m)* 'magazzino', da *servātus* 'conservato', con sovrapposizione di *serbare* ✱ 1534] **A s. m.** (**pl. m.** *-ói*) **1** recipiente di varia forma e grandezza atto a contenere gas o liquidi | *s. della benzina, del lubrificante*, negli autoveicoli, negli aeromobili | *s. dell'inchiostro*, nelle penne stilografiche, parte interna in cui è contenuto l'inchiostro | (*fig.*) riserva: *s. elettorale* **2** recipiente fisso o amovibile che nelle armi da fuoco portatili contiene le cartucce per il tiro a ripetizione **3** *s. magmatico*, spazio interno alla crosta terrestre occupato da magma, che può essere in comunicazione con l'esterno attraverso un condotto vulcanico **B** **in funzione di agg.** • (posposto al sost.) nella loc. *carro s.*, per trasporto di acqua, cereali alla rinfusa, carburanti, oli vegetali e animali, acidi, e sim.

serbatóre [dal lat. *servatōre(m)* 'conservatore', da *servātus* 'conservato' ✱ sec. XIII] **s. m.** (**f.** *-trice*) • (*raro*) chi serba

serbévole [forma pop. di *serbabile* ✱ av. 1320] **agg.** • che si può conservare, che si conserva facilmente, detto spec. di vino e di frutta

serbevolézza [1942] **s. f.** • caratteristica di ciò che è serbevole, detto spec. di vini o prodotti agricoli **CFR.** conservabilità

sèrbico [da *serbo*② ✱ 1849] **agg.** (**pl. m.** *-ci*) • (*raro*) della Serbia: *lingua serbica*

✦**sèrbo**① [da *serbare* ✱ 1548] **s. m.** • il serbare, solo nelle loc. *in s.*, †*a s.*, da parte: *mettere, tenere, dare, avere qlco. in s.*

✦**sèrbo**② [dal serbo *srbin* 'serbo', abitante della Serbia (*Srbija*) ✱ av. 1557] **A** **agg.** • della Serbia **B** **s. m.** (**f.** *-a*) • abitante o nativo della Serbia **C** **s. m. solo sing.** • lingua parlata dai serbi

serbocroàto [comp. di *serbo* e *croato* ✱ 1915] **A** **agg.** • relativo ai Serbi e ai Croati | *lingua serbocroata*, lingua del gruppo slavo, parlata dai serbi e croati **B** **s. m. solo sing.** • lingua nazionale della ex Iugoslavia, scritta in Serbia in caratteri cirillici, in Croazia nell'alfabeto latino

†**sère** [lat. *sĕ(ni)or* (nom.), compar. di *sĕnex* 'vecchio' con epitesi vocalica; V. *signore* ✱ 1313] **s. m.** (**troncato in** *ser*, **spec. se davanti a nome proprio**) **1** signore: *donna Berta e ser Martino* (DANTE *Par.* XIII, 139) | (*tosc.*) anche in senso ironico: *ser saccente* **2** titolo onorifico dato spec. a notaio o a prete: *Siete voi qui, ser Brunetto?* (DANTE *Inf.* XV, 30) | (*est.*) parroco, prete: *Dirai così al sere da mia parte* (G. BOCCACCIO) | notaio

†**serème** (o *-é-*) [comp. di *sei*① e *remo*, sul modello di *trireme* (V.) ✱ sec. XVII] **s. f.** • nave a sei ordini di remi sovrapposti

†**serèna** ➤ sirena①

serenàre [lat. *serenāre* 'far sereno', da *serēnus* 'sereno' ✱ av. 1374] **A** **v. tr.** (*io seréno*) • (*lett.*) rasserenare (*spec. fig.*) **B** **v. intr.** (**aus.** *avere*) • (*raro*, *lett.*) accamparsi all'aria aperta | dormire all'aria aperta, all'addiaccio: *bisogna s. dieci notti prima di trovare una capanna* (I. NIEVO) **C** **serenàrsi** **v. intr. pron.** • (*lett.*) rasserenarsi

serenàta [da *sereno* ✱ av. 1484] **s. f.** **1** cantata con accompagnamento musicale che si fa o si fa fare di sera all'aperto in onore o presso la casa dell'amata **2** (*iron.*, *raro*) serie di canti rumorosi e sguaiati, schiamazzi e sim. fatti sotto le finestre di qlcu. in segno di beffa | serie di versi di animali: *una s. di gatti* **3** (*mus.*) composizione vocale e strumentale, a volte in parecchi tempi

serenatóre [dal lat. *Serenatōre(m)*, propr. epiteto di Giove 'rasserenatore (del cielo)', da *serenātus* 'rasserenato' ✱ 1499] **agg. e s. m.** (**f.** *-trice*) • (*lett.*) che (o chi) serena (*anche fig.*): *parole serenatrici*

serendipità [ingl. *serendipity*, da *Serendip*, antico nome dell'isola di Ceylon: vc. coniata da H. Walpole (1717-1797) con riferimento a una fiaba persiana intitolata *I tre principi di Serendip* i cui protagonisti, per caso o per sagacia, scoprono continuamente cose che non stavano cercando ✱ 1974] **s. f. inv.** • il trovare una cosa non cercata e imprevista mentre se ne cerca un'altra: *la scoperta dell'America fu un caso di s.* | nella ricerca scientifica, attitudine, capacità di individuare e valutare correttamente dati o risultati imprevisti rispetto ai presupposti teorici di partenza

serenèlla [da *sereno* ✱ 1872] **s. f.** • (*bot.*, *centr.*) lillà

Serenìssima [1647] **A** **agg. solo f.** • titolo attribuito alla Repubblica di Venezia **B** **s. f.** **1** (*per anton.*) la repubblica di Venezia | nel linguaggio giornalistico, Venezia **2** nome dell'autostrada Brescia-Venezia

serenìssimo [av. 1348] **agg.** **1** superl. di *sereno* **2** titolo attribuito ai principi cadetti di famiglie reali: *principe s.*; *altezza serenissima* | titolo attribuito a grandi principi, e rimasto al doge della Repubblica di Venezia

✦**serenità** [dal lat. *serenitāte(m)*, da *serēnus* 'sereno' ✱ 1268] **s. f. inv.** **1** condizione di ciò che è sereno, limpido: *s. del cielo* | (*fig.*) tranquillità interiore, calma: *s. dell'animo*; *affrontare la vita con s.*; *Goethe, poeta di passione e di s.* (B. CROCE) | (*fig.*) obiettività, equilibrio: *giudicare con s.* **2** titolo adulatorio rivolto ai principi

✦**seréno** [lat. *serēnu(m)*, propr. 'secco', poi 'sereno', di orig. indeur. ✱ 1224 ca.] **A** **agg.** (**superl.** *serenissimo* (V.)) **1** chiaro, limpido, sgombro di nuvole: *cielo, mattino, s.*; *aria serena*; *la luna ... / chiara fulgea nel ciel quieto e s.* (L. DE' MEDICI) | *a ciel s.*, all'aria aperta | *fulmine a ciel s.*, (*fig.*) fatto, spec. spiacevole, improvviso e inaspettato **CONTR.** nuvoloso **2** (*fig.*) quieto, tranquillo, libero da ogni turbamento, preoccupazione, passione e sim.: *vita serena*; *animo s.*; *pensieri sereni*; *aspetto s.*; *fronte serena* | obiettivo, imparziale: *giudizio s.* ‖ **serenaménte**, **avv.** **1** in modo sereno, senza turbamenti: *parlare serenamente* **2** in modo imparziale: *giudicare serenamente* **B** **s. m.** **1** cielo, tempo, sereno: *il s. della notte*; *il s. durerà poco* | *è tornato il s.*, (*fig.*) è tornata la calma, la quiete **CONTR.** nuvolo **2** aria aperta: *dormire, accamparsi, al s.* | (*poet.*) freddo notturno: *né aveva dove porsi a sedere né dove fuggire il s.* (G. BOCCACCIO) **3** (*lett.*) aspetto limpido del cielo | (*fig.*, *poet.*) fulgore dello sguardo

serge /fr. ˈsɛʀʒə/ [dall'ant. fr. *sarge*. V. *sargia* ✱ 1929] **s. f. inv.** • tessuto leggero di lana per abiti, con intreccio diagonale

sergènte o †**sargènte** [dall'ant. fr. *sergent* 'servo', dal lat. *serviĕnte(m)*, part. pres. di *servīre* 'servire' ✱ 1266] **s. m.** **1** fino al XVIII secolo, grado relativo a varie categorie di ufficiali da subalterni a generali; successivamente, grado della categoria dei sottufficiali | grado relativo al primo gradino della gerarchia dei sottufficiali dell'esercito, marina e aeronautica, a cui corrisponde il comando di una squadra o unità equivalente | *s. maggiore, s. maggiore capo*, rispettivamente secondo e terzo grado della gerarchia dei sottufficiali dell'esercito e dell'aeronautica **2** (*fig.*) persona di carattere duro e dispotico: *sua moglie è un vero s.* **3** utensile usato in falegnameria per stringere i pezzi di legno appena incollati **4** †inserviente, servitore: *ben vanno perciò de' suoi sergenti spesso dattorno* (G. BOCCACCIO) **5** †soldato a piedi | †sbirro

sergentìna [da *sergente* ✱ 1618] **s. f.** • arma in asta simile allo spuntone usata anticamente dai graduati della fanteria

†**sergière** o **sergère** [da *sergente*, con cambio di suff. (*-iere*) ✱ 1478] **s. m.** • salamelecco: *pien d'inchini e di sergeri* (A. POLIZIANO)

sergozzóne o **sorgozzóne** [comp. di *sorge* e di un deriv. di *gozzo* ✱ 1353] **s. m.** • (*tosc.*, *lett.*) colpo dato al mento o alla gola col pugno chiuso

sèri- [ricavato da *seri(co)*] **primo elemento** • in parole composte, significa 'di seta', 'della seta', 'serico': *sericoltura, serigrafia*

serial /ˈsirjal, sɛ-, ingl. ˈsɪərɪəl/ [vc. ingl., propr. 'di serie', da *serial (story)* 'romanzo a puntate' ✱ 1966] **s. m. inv.** • trasmissione radiofonica o televisiva in più puntate o episodi in cui figurano gli stessi personaggi

seriàle [da *serie* ✱ 1903] **agg.** **1** in varie discipline e tecnologie, appartenente a una serie, costitutivo di una serie, ordinato secondo una serie | (*inform.*) *stampante s.*, quella che si collega al computer tramite una porta seriale **2** detto di musica basata sull'uso della serie ‖ **serialménte**, **avv.** secondo una serie, in serie ‖ **serialità**, **s. f. inv.** caratteristica di ciò che è seriale

serialìṣmo [1987] **s. m.** • carattere della musica seriale

serialiẓẓàre [1965] **v. tr.** • in varie discipline e tecnologie, ordinare, disporre secondo una serie | (*inform.*) trasformare una informazione fornita sotto forma parallela in una informazione sotto forma seriale ‖ **serialiẓẓazióne**, **s. f.**

serial killer /sirjalˈkiller, sɛ-, ingl. ˈsɪərɪəl-ˌkɪlə(r)/ [dall'ingl. *serial* 'in serie' e *killer* 'assassino' ✱ 1990] **loc. sost. m. e f. inv.** (**pl. ingl.** *serial killers*) • criminale che compie una serie di delitti con le stesse modalità

seriàre [1932] **v. tr.** (*io sèrio*) • ordinare, disporre secondo una serie | classificare allo scopo di esaminare analiticamente

seriàto [da *seriare* 'disporre in serie' ✱ 1838] **agg.** • (*biol.*) detto di organo, di organismo o di colonia di individui formati da una serie ordinata di elementi | *sezione seriata*, ognuna delle sezioni di un organo raccolte in una precisa sequenza, utilizzate dalla microscopia ottica

seriazióne [1907] **s. f.** **1** disposizione, suddivisione secondo una serie | (*stat.*) successione ordinata delle frequenze di un fenomeno, in cui si tiene conto delle loro caratteristiche quantitative, operando una graduazione secondo le grandezze, le quali possono essere continue o discontinue **2** (*biol.*) formazione o disposizione di parti anatomiche o di organismi in una serie più o meno ordinata

serìceo [vc. dotta, dal lat. tardo *sericeu(m)*, da *sēricus* 'di seta' ✱ 1499] **agg.** **1** (*lett.*) simile alla seta: *lucentezza, morbidezza sericea* **2** (*bot.*) rivestito di peli setosi

sericìgeno [comp. di *serico* e *-geno* ✱ 1957] **agg.** • che produce, che secerne seta: *ghiandole sericigene*

sericìna [da *serico*, con *-ina* ✱ 1872] **s. f.** • sostanza proteica gommosa, solubile nel sapone, che riveste e incolla insieme due bave di fibroina di cui è costituito il filo di seta **SIN.** gomma della seta

sericìte [da *serico*, con *-ite*② ✱ 1930] **s. f.** • varietà di mica sfaldabile in piccole lamelle

✦**sèrico** [dal lat. *sēricu(m)*, dal gr. *sērikós*, propr. 'dei Seri' (popolo asiatico) ✱ 1342] **agg.** (**pl. m.** *-ci*) • relativo alla seta: *industria serica* | (*lett.*) di seta: *veste serica* | (*fig.*) simile alla seta: *capelli serici* ‖ **sericità**, **s. f. inv.**

sericolìte [comp. di *serico* e *-lite* ✱ 1935] **s. f.** • (*miner.*) varietà fibrosa di gesso simile a seta bianca

serìcolo [comp. di *seri-* e *-colo* ✱ 1872] **agg.** • relativo alla sericoltura

sericoltóre o **sericultóre** [comp. di *seri-* e *-coltore* ✱ 1869] **s. m.** (**f.** *-trice*) • chi esercita la sericoltura

sericoltùra o **sericultùra** [comp. di *seri-* e *coltura* ✱ 1864] **s. f.** • bachicoltura e produ-

S

zione della seta greggia

sericultóre ➤ **sericoltore**

sericultùra ➤ **sericoltura**

♦**sèrie** [dal lat. *sĕrie(m)* 'fila', da *sĕrere* 'mettere in fila, concatenare', di orig. indeur. ✱ 1563] **s. f. inv. 1** successione ordinata di cose, fatti, persone, connesse tra loro e disposte secondo un certo criterio d'ordine: *una s. di colpi, di avvenimenti, di teorie, di guai, di sventure, di numeri, di clienti*; *s. di suoni* | (*elettr.*) ***in s.***, di componenti elettrici attraversati dalla stessa corrente | (*miner.*) ***s. isomorfa***, insieme di minerali che, restando simili per struttura, variano di composizione tra due termini estremi come conseguenza di una vicarianza | (*chim.*) ***s. elettrochimica***, successione ordinata degli elementi in base alla loro elettropositività **2** raccolta di fascicoli o numeri di periodici progressivamente sino a un numero stabilito o che seguono un particolare indirizzo | ***s. radiofonica*** o ***televisiva***, serial | (*est.*, *scherz.*) ***della s.***, ***per la s.***, del tipo, del genere, della specie: *per la s. 'capitano tutte a lui'* (talvolta con riferimento al titolo di una serie televisiva o cinematografica); *della s. 'Anche i ricchi piangono'* | complesso di atti e documenti archivistici, formatosi nell'espletamento di affari analoghi **3** insieme di francobolli di diverso valore facciale, facenti parte della stessa emissione | insieme di biglietti di banca, tagliandi di lotterie e sim., che portano una stessa marca identificativa (in genere una o più lettere) e numero progressivo individuale: *numero di s.* **4** (*mat.*) algoritmo che a una successione di numeri o funzioni (addendi o termini) associa la successione delle somme dei primi *n* (somme parziali), e, se esiste, il limite di quest'ultima | (*impropr.*) successione, sequenza **5** successione di dati statistici di frequenza o di intensità in corrispondenza di modalità qualitative **6** (*mus.*) successione rigorosamente preordinata di note o di intervalli che nella dodecafonia, ma anche in altre tendenze della musica contemporanea, costituisce il nucleo su cui si sviluppa la composizione **7** (*org. az.*) molteplicità di pezzi finiti uguali fra loro e prodotti di seguito in un certo periodo in modo unitario relativamente a mezzi produttivi e metodi di lavoro | ***produzione, lavorazione, fabbricazione in s.***, con tecniche industriali secondo un unico modello | (*est.*) ***in s.***, detto di prodotto di poco pregio, senza originalità | ***di s.***, detto di autoveicoli e sim., prodotti in serie | ***fuori s.***, V. *fuoriserie* | ***fine s.***, detto di articolo commerciale del quale è quasi esaurito l'assortimento: *abiti fine s.* **8** suddivisione comprendente atleti o squadre in base al loro valore: *giocatori, pugilatori, di prima, seconda serie*; *squadre di serie A, B*; *passare da una s. inferiore a una superiore* | (*fig.*) ***di s. B***, di seconda scelta, di minor valore, di scarto: *cittadino di s. B* **9** (*lett.*) †discendenza

serietà [dal lat. tardo *serietāte(m)*, da *sērius* 'serio' ✱ 1673] **s. f. inv.** ● caratteristica di chi (o di ciò che) è serio: *parlare con s.*; *agire senza s.*; *atteggiare il viso a s.*; *s. di vita, di costumi*; *donna di discutibile s.*; *la s. di un'azienda*; *s. vuol dire che l'intelletto non si arresti alla superficie, ma scruti le cose nella loro intimità* (F. De Sanctis)

SFUMATURE ➤ ***contegno***

serigrafàre [deriv. di *serigrafia* ✱ 1985] **v. tr.** (*io serìgrafo*) ● stampare con il metodo della serigrafia

serigrafia [comp. di *seri-* e *-grafia* ✱ 1960] **s. f.** ● metodo di stampa in cui l'inchiostro viene fatto passare attraverso le maglie di un tessuto di seta, preventivamente otturate nelle zone non stampanti | stampa così ottenuta

serigràfico [1970] **agg.** (**pl. m.** *-ci*) ● che serve alla serigrafia, che si ottiene con la serigrafia ‖ **serigraficaménte**, **avv.** mediante serigrafia

serìmetro [comp. di *seri-* e *-metro* ✱ 1930] **s. m.** ● apparecchio che serve a misurare la tenacità della seta, cioè la resistenza che il filo, stirato nel senso della lunghezza, oppone alla rottura

serìna [da *seri(co)*, poiché fu isolata dalla seta, col suff. *-ina* ✱ 1889] **s. f.** ● (*chim.*) amminoacido a tre atomi di carbonio presente in molte proteine, impiegato in cosmesi per le sue proprietà protettive della pelle

♦**sèrio** [dal lat. *sēriu(m)* 'serio, grave', di orig. indeur. ✱ 1499] **A agg. 1** che nel comportamento, negli atti, nelle parole e sim., denota ponderatezza, senso di responsabilità, coscienza dei propri doveri e compiti, risultando alieno da leggerezza e superficialità: *uomo s.*; *impiegato s. e coscienzioso*; *ditta seria*; *è una persona seria*; *conduce una vita seria*; *ha abitudini molto serie* | che ha coscienza e rispetto della propria moralità sul piano sessuale, detto spec. di donna: *donna, ragazza, seria* CONTR. leggero **2** severo, accigliato, pensoso, preoccupato: *viso, sguardo, s.*; *espressione seria* CONTR. allegro, gaio, lieto **3** detto di ciò che è importante, grave, che dà preoccupazioni per sé stesso o per le sue eventuali conseguenze: *è un affare s.*; *le condizioni del malato sono serie*; *le cose si fanno serie*; *il matrimonio è una cosa seria* | profondo, schietto: *sentimento s.* **4** detto di opera musicale o letteraria, di contenuto non scherzoso, priva di parti buffe CONTR. buffo, giocoso ‖ **seriùccio**, **dim.** ‖ **seriaménte**, **avv. 1** in modo serio, con serietà: *comportarsi seriamente* **2** gravemente: *è seriamente ammalato* **B s. m. solo sing.** ● ciò che è serio: *tra il s. e il faceto* | ***sul s.***, davvero, senza scherzi: *sul s. mi porterai con te?*; *dici sul s.?* | ***fare sul s.***, non scherzare, avere intenzioni serie | ***prendere qlco. sul s.***, affrontarla con impegno, con intenzioni serie

SFUMATURE DI SIGNIFICATO

serio - coscienzioso - affidabile

Serio è chi ha un atteggiamento composto, misurato, che comunica un'idea di assennatezza, giudizio e perciò ispira fiducia. In **coscienzioso** sono invece sottolineati il senso di responsabilità, la diligenza nello svolgere il proprio dovere e quindi l'accuratezza dei risultati che ne risultano. Con **affidabile** si considerano le qualità del soggetto, comunque serio e coscienzioso, in relazione alla fiducia che gli si accorda.

seriografìa [comp. di *serie* e *-grafia* ✱ 1960] **s. f.** ● (*med.*) tecnica che consiste nell'eseguire diverse radiografie a brevi intervalli di tempo, utile spec. nello studio della mobilità degli organi quali stomaco e intestino e nella ricerca di lesioni delle pareti degli organi stessi

seriògrafo [comp. di *serie* e *-grafo* ✱ 1960] **s. m.** ● (*med.*) accessorio di apparecchio radiologico usato nella seriografia

serìola [dal lat. *serĭola(m)*, dim. di *sēria* 'giara', di orig. mediterr. ✱ 1838] **s. f.** ● (*zool.*) ricciola

serióre (o *-ò-*) [vc. dotta, dal lat. *seriōre(m)*, comp. di *sērus* 'tardo'. V. *sera* ✱ 1942] **agg.** ● (*lett.*) che accade, si manifesta e sim. in un tempo successivo, in epoca posteriore ‖ **seriorménte**, **avv.**

seriorità [da *seriore* ✱ 1970] **s. f. inv.** ● (*lett.*) condizione di ciò che è posteriore, che viene dopo nel tempo

♣**serióso** (o *-ṣo*) [dal lat. tardo *seriōsu(m)*, da *sērius* 'serio' ✱ 1364] **agg.** ● serio, grave, spec. in modo ostentato ‖ **seriosaménte**, **avv.** ‖ **seriosità**, **s. f. inv.** atteggiamento serioso

serìr [arabo *serīr* ✱ 1929] **s. m. inv.** ● deserto pietroso con ciottoli e ghiaie misti a sabbia, tipico del Sahara orientale

serittèrio [vc. scient. moderna, comp. di *seri-* e *-(t)terio*, dal gr. *thēríon* 'animale' ✱ 1913] **s. m.** ● organo del baco da seta, in cui si forma la massa filabile, disposto ai lati e sotto la faccia inferiore del tubo intestinale e completato da una filiera da cui escono le bave che servono al baco per costruire il bozzolo

serìzzo [dal milan. e lombardo *sarīz* 'granito', deriv. dal lat. *silĭceu(m)* 'siliceo', da *sĭlex* 'selce'. V. *selce* ✱ 1934] **s. m.** ● varietà di granito a grossi cristalli di ortoclasio

serliàna [dal nome dell'architetto S. *Serlio* (1475-1554) ✱ 1929] **s. f.** ● (*archit.*) finestra o porta trifora con le aperture laterali architravate e quella centrale ad arco

†**serménto** ➤ **sarmento**

†**sèrmo** ➤ **sermone**①

†**sermocinàre** [vc. dotta, dal lat. tardo *sermocināre*, per il classico *sermocināri* 'discorrere, sermonare', sovrapposizione di forme come *patrocināre, vaticināri*, a *sĕrmo*, genit. *sermōnis* 'discorso' ✱ sec. XIV] **v. intr.** ● (*lett.*) fare sermoni, discorrere

sermollìno ➤ **serpollino**

sermonàre [dal lat. tardo *sermonāre*, variante di *sermonāri* 'conversare', da *sĕrmo*, genit. *sermōnis* 'discorso' ✱ 1287] **v. intr.** (*io sermóno*; **aus.** *avere*) ● (*raro, lett.*) fare sermoni | parlare a lungo

†**sermonatóre** [da *sermonare* ✱ av. 1294] **s. m.** (**f.** *-trice*) ● (*lett.*) chi tiene sermoni

sermoncìno [av. 1704] **s. m. 1** dim. di *sermone*① | breve ammonizione, predicozzo **2** breve poesia recitata dai bambini a Natale davanti al presepio

sermóne① o (*poet.*) †**sèrmo** [vc. dotta, dal lat. *sermōne(m)* 'discorso', da *sĕrere* 'allineare, mettere in serie', di orig. indeur. V. *serie* ✱ 1266] **s. m. 1** (*lett.*) †lingua, linguaggio, idioma: *temprar non sanno / con le galliche grazie il sermon nostro* (G. Parini) **2** (*lett.*) discorso, conversazione: *tenere s. con qlcu.*; *cambiare s.* **3** discorso fatto dal sacerdote ai fedeli raccolti in chiesa per illuminarli su argomenti di religione o di morale | discorso scritto su argomenti religiosi | predica rivolta ai fedeli da pastore o ministro di comunità protestante **4** discorso di ammonimento, lungo rimprovero (*anche scherz.*): *fare un s. a qlcu.*; *sono stanco dei tuoi sermoni* SIN. paternale **5** componimento morale, quasi satirico, in versi sciolti ‖ **sermoncèllo**, **dim.** | **sermoncìno**, **dim.** (V.)

†**sermóne**② ➤ **salmone**

sermoneggiàre [da *sermone*①, con suff. iter. intens. ✱ av. 1328] **v. intr.** (**pres.** *io sermonéggio*; **fut.** *io sermoneggerò*; **aus.** *avere*) ● (*raro*) fare sermoni, predicare

sèro-① ➤ **xero-**

sèro-② ➤ **siero-**

†**seròcchia** ➤ †**sirocchia**

serologìa ➤ **sierologia**

†**seróso** e deriv. ➤ **sieroso** e deriv.

♣**seròtino** o, diffuso ma etim. meno corretto, **serotìno** [dal lat. *serōtinu(m)* 'serotino, tardivo', dall'avv. *sēro* 'tardi', da *sērus* 'tardo'. V. *sera* ✱ 1308] **agg. 1** (*lett.*) di sera **2** tardivo, che matura o fiorisce tardi: *frutto s.*; *pianta serotina* CONTR. primaticcio | ***parto s.***, tardivo, oltre il duecentonovantesimo giorno di gravidanza ‖ **serotinaménte**, **avv.** tardivamente

serotonìna [vc. scient. moderna, comp. del lat. *sĕrum* 'siero', del gr. *tónos* 'tensione' e del suff. *-ina* ✱ 1960] **s. f.** ● (*biol.*) sostanza distribuita in tutte le specie del regno animale, dotata di azione antiemorragica e protettiva sui capillari; è uno dei mediatori chimici dei processi infiammatori e un neurotrasmettitore del sistema nervoso centrale

sèrpa o (*tosc.*) **sèrpe**② [lat. *scĭrpea(m)*, *sĭr-*

a b c d e f g h i j k l m n o p q r s t u v w x y z

pea(m) 'cestone da porre sul carro', da *scĭrpus, sĭrpus* 'giunco', di etim. incerta ✱ 1805] **s. f. 1** cassetta a due posti su cui siede il cocchiere: *Io monterò in s.* (E. Vittorini) | sedile coperto di diligenza, situato dietro la cassetta del cocchiere **2** sedile posto fuori bordo all'estrema prua delle navi a vela, utilizzato un tempo come latrina

serpàio ① [da *serpe*①, con suff. *-aio*① ✱ av. 1742] **s. m.** (**pl.** *-ai*) ● luogo pieno di serpi

serpàio ② o (*centr.*) **serpàro** [da *serpe*①, con suff. *-aio*② ✱ 1905] **s. m.** (**f.** *-aia*, **pl. m.** *-ai*) ● chi cattura e addomestica serpenti

serpànte [da *serpa* ✱ 1866] **s. m.** ● (*disus.*) marinaio addetto alla pulizia delle latrine di bordo

serpàro ➤ **serpaio**②

sèrpe ① [lat. *sĕrpens* (nom.) 'serpe', part. pres. di *sĕrpere* 'strisciare'. V. *serpente* ✱ av. 1276] **s. f.** e *lett.* **m. 1** serpente | biscia | ***s. nasuto***, driofide | ***s. d'acqua***, natrice | ***a s.***, a spirale | ***scaldare, scaldarsi, una s. in seno***, beneficare chi poi si rivelerà ingrato, nemico **2** (*fig.*) persona infida e ipocrita ‖ **serpàccia**, **pegg.** | **serpétta**, **dim.** | (*lett.*) **serpicèlla**, **dim.** | (*lett.*) **serpicìna**, **dim.**

sèrpe ② ➤ **serpa**

serpeggiaménto [1550] **s. m. 1** andamento sinuoso: *il s. di una strada, di un fiume* **2** moto con traiettoria sinusoidale in un piano orizzontale percorsa a mo' di serpente da un aereo, missile, siluro

serpeggiànte **part. pres.** di *serpeggiare*; anche **agg. 1** nei sign. del v.: *il percorso s. di un fiume*; *il malcontento s. tra i soldati* **2** (*bot.*) detto di fusto che si allunga sul terreno emettendo radici

serpeggiàre [da *serpe*①, con suff. iter. intens. V. *serpere* ✱ 1478] **v. intr.** (**pres.** *io serpéggio*; **fut.** *io serpeggerò*; **aus.** *avere*) **1** procedere o svilupparsi con movimento tortuoso, simile a quello dei serpenti: *la strada serpeggiando arriva fino in cima*; *una bella corrente d'acqua, ... serpeggiava nella pianura* (I. Nievo) **2** (*mar.*) avanzare seguendo una rotta non rettilinea, per cattivo governo, avaria al timone o per evitare attacchi nemici, detto di nave e sim. **3** (*fig.*) insinuarsi, circolare occultamente, prima di manifestarsi in forma più ampia: *il malcontento serpeggia tra la popolazione*

serpeggìo [1957] **s. m.** (**pl.** *-ii*) ● serpeggiamento

†**serpentàre** [da *serpente* ✱ av. 1565] **v. tr.** ● (*pop.*) molestare, importunare

serpentària [dal lat. tardo *serpentāria(m)*, ellitt. per *serpentāria hĕrba* 'erba dracontea', da *sĕrpens*, genit. *serpĕntis* 'serpente' ✱ av. 1320] **s. f.** ● (*bot.*) pianta erbacea delle Aracee con rizoma ritorto come un serpente, foglie che ricoprono quasi totalmente lo scapo e una grande spata che avvolge l'infiorescenza dall'odore cadaverico (*Dracunculus vulgaris*)

serpentàrio ① [dal lat. mediev. *serpentāriu(m)*, dal classico *sĕrpens*, genit. *serpĕntis* 'serpente' ✱ sec. XIV] **s. m.** ● uccello falconiforme africano divoratore di serpenti, con zampe altissime, ciuffo erigibile occipitale e coda con due lunghe penne (*Sagittarius serpentarius*) **SIN.** sagittario, segretario

serpentàrio ② [da *serpente* ✱ 1965] **s. m.** ● istituto in cui si allevano e si studiano i serpenti

†**serpentàto** [1618] **agg.** ● (*raro*) ornato di serpenti: *caduceo s.*

♦**serpènte** [lat. *serpĕnte(m)*, part. pres. di *sĕrpere* 'strisciare'. V. *serpe*① ✱ av. 1250] **s. m. 1** ogni rettile degli Ofidi, caratterizzato da corpo allungato, cilindrico, senza arti, rivestito di squame e, in alcune specie, ghiandole situate nella testa che secernono liquidi velenosi **CFR.** sibilare, ofio- | ***s. a sonagli***, crotalo | ***s. corallo***, nome generico di serpenti americani dai colori bellissimi, velenosi ma non aggressivi (*Micrurus*) | ***s. dagli occhiali***, cobra | ***s. d'acqua***, natrice | ***s. di mare***, serpente che vive in mare e sulla terraferma, vivacemente colorato, velenoso (*Lauticada colubrina*); (*fig.*) fandonia, notizia falsa, ma sensazionale | ***fossa dei serpenti***, (*fig.*) manicomio; (*est.*) luogo orribile **2** pelle conciata dell'animale omonimo, usata in pelletteria: *una borsetta di s.* **3** (*fig.*) persona infida e maligna: *non fidarti di lui: è un vero s.!* | †Satana, il diavolo tentatore **4** (*econ.*) ***s. monetario europeo***, sistema di cambio vigente tra le monete dei Paesi appartenenti alla CEE tra il 1972 e il 1978, sostituito successivamente dallo SME ‖ **serpentàccio**, **pegg.** | **serpentèllo**, **dim.** | **serpentóne**, **accr.** (V.)

serpentésco [da *serpente* ✱ 1940] **agg.** (**pl. m.** *-schi*) ● (*fig.*) da serpente; che rivela doppiezza e malignità: *perfidia serpentesca*

serpentìfero [comp. di *serpente* e *-fero* ✱ 1664] **agg.** ● (*lett.*) che produce serpenti

serpentifórme [vc. dotta, dal lat. tardo *serpentifŏrme(m)*, comp. di *sĕrpens*, genit. *serpĕntis* 'serpente' e *-fŏrmis* '-forme' ✱ av. 1730] **agg.** ● che ha forma di serpente

†**serpentìle** [da *serpente* ✱ 1516] **agg.** ● (*raro*) di serpente

serpentìna ① [da *serpente* ✱ sec. XV] **s. f.** ● grossa artiglieria antica

serpentìna ② [da *serpentino*② ✱ 1599] **s. f. 1** (*geol.*) roccia metamorfica composta in prevalenza da serpentino **SIN.** serpentinite **2** (*tecnol.*) serpentino②

serpentìna ③ [da *serpentino*① ✱ 1895] **s. f. 1** linea serpeggiante: *sentiero a s.* | nello sci, serie di curve ravvicinate descritte dallo sciatore durante una discesa | nel calcio, dribbling ripetuto per scartare più avversari **2** (*aeron.*) traiettoria sinusoidale percorsa serpeggiando

†**serpentinàto** [da *serpentino*① ✱ av. 1600] **agg.** ● (*raro*) tortuoso come un serpente

serpentìno ① [lat. tardo *serpentīnu(m)*, da *sĕrpens*, genit. *serpĕntis* 'serpente' ✱ av. 1328] **agg.** ● di serpente: *pelle serpentina* | che ha forma, colore, caratteristiche e sim. di serpente (*anche fig.*): *denti, occhi, serpentini*; *lingua serpentina* | (*zool.*) ***lingua serpentina***, atteggiamento anomalo degli animali, spec. bovini ed equini, consistente nell'estroflettere e nel ritirare rapidamente la lingua, alla maniera dei serpenti

serpentìno ② [uso sost. di *serpentino*①, per analogia di colore nel sign. 1, di forma negli altri sign. ✱ 1483] **s. m. 1** (*miner.*) nome collettivo di alcuni silicati idrati di magnesio del tipo a strati, comunemente di colore verde, costitutivi di rocce e di certi asbesti **CFR.** antigorite, crisotilo **2** (*geol.*) roccia verde screziata di qualsiasi composizione usata per rivestimenti **3** (*tecnol.*) tubo a spirale usato per scambiare calore fra un fluido che circola all'interno e uno che circola all'esterno **SIN.** serpentina② **4** nelle antiche armi portatili, piccola leva a forma di serpente che abbassava la miccia accesa a contatto con la carica di lancio; (*est.*) la stessa arma portatile | nel Rinascimento, apparecchio di accensione a miccia sistemato su una lastra di metallo a cartella, applicabile alla cassa di ogni arma da fuoco portatile

serpentóne [propr. accr. di *serpente*; detto così per la forma ✱ 1838] **s. m. 1** accr. di *serpente* **2** strumento a fiato in uso fino all'Ottocento, dalla caratteristica forma a S, che aveva la funzione di cornetto contrabbasso **3** lungo corteo o processione ad andamento serpeggiante **4** sbarramento longitudinale che delimita corsie preferenziali in strade urbane per agevolare il traffico ai mezzi di trasporto pubblico **SIN.** cordolo | grosso edificio in cemento a forma di S **5** (*gerg., tv*) titolo che scorre orizzontalmente nella parte bassa del teleschermo

serpentóso (o *-ṣo*) [sec. XIV] **agg.** ● (*lett.*) costituito, folto, di serpenti (detto della chioma della Gorgone) | (*est.*) folto di ricci: *una criniera serpentosa* (G. D'Annunzio) | (*fig.*) subdolo

sèrpere [vc. dotta, dal lat. *sĕrpere* 'serpeggiare', di orig. indeur. ✱ 1374] **v. intr.** (**pass. rem.** *io serpéi*; **part. pass.** *serpìto*; raro nei tempi composti) ● (*lett.*) serpeggiare (*spec. fig.*): *il tedio a la fine serpe tra i vostri / così lunghi ritiri* (G. Parini)

serpìgine o (*lett.*) **serpìgo** [lat. parl. **serpīgine(m)*, variante del tardo *serpēdo*, genit. *serpēdinis* 'erisipela', da *sĕrpere* 'serpeggiare', sul modello del gr. *hérpēs* 'erpete'. V. *erpete* ✱ av. 1320] **s. f.** ● (*med.*) eruzione cutanea che si propaga in forma tortuosa e irregolare, come la tigna

serpiginóso (o *-ṣo*) [da *serpigine* ✱ 1544] **agg. 1** (*med.*) a forma di serpe, tortuoso o irregolare, detto di tragitto fistoloso o di processo settico che si diffonde nei tessuti contigui **2** (*med.*) relativo a serpigine

serpìgno [da *serpe*① ✱ 1561] **agg. 1** (*lett.*) di serpe | simile a una serpe **2** (*fig., lett.*) maligno, infido: *piccoli occhi grigi e molto duri, serpigni* (A. Moravia)

serpìgo ➤ **serpigine**

serpìllo [dal lat. *serpĭllu(m)*, variante di *serpŭllum, serpȳllum* 'sermollino'. V. *serpollo* ✱ av. 1320] **s. m.** ● (*bot.*) timo

serpollìno o (*pop., tosc.*) **sermollìno** [dim. di *serpollo* ✱ av. 1340] **s. m.** ● (*bot.*) timo

serpóllo [dal lat. *serpŭllu(m)* 'sermollino', sovrapposizione del lat. *sĕrpere* 'serpeggiare' al gr. *hérpyllon* 'sermollino', da *hérpein* 'strisciare', di orig. indeur. ✱ sec. XIV] **s. m.** ● (*bot., sett., pop.*) timo

serpóso (o *-ṣo*) [da *serpe*① ✱ 1619] **agg.** ● (*raro*) pieno di serpi: *bosco s.*

sèrpula [vc. dotta, dal lat. tardo *sĕrpula(m)* 'biscia', da *sĕrpere* 'strisciare' ✱ 1929] **s. f.** ● anellide polichete che vive in tubi calcarei rossi fissati a rocce o a corpi sommersi (*Serpula*)

sérqua (o *-è-*) [lat. *sĭliqua(m)* 'baccello', di etim. incerta ✱ 1279] **s. f. 1** (*centr.*) dozzina: *s. d'uova* **2** (*est.*) grande numero o quantità: *una s. di pugni, di parolacce* ‖ **serquettina**, **dim.**

♦**sèrra** ① [da *serrare* ✱ av. 1294] **s. f. 1** ambiente chiuso, di solito protetto da grandi vetrate, nel quale si coltivano piante in condizioni climatiche particolari | ***s. olandese***, quella che ha il tetto vetrato a due versanti e riceve la luce da ambo i lati | ***s. fredda***, quella sprovvista di condizionamento termico artificiale **SIN.** tepidario | ***s. calda***, quella riscaldata artificialmente | (*est.*) ***effetto s.***, V. *effetto* | ***essere allevato in una s., essere un fiore di s.*** e sim., di persona delicata e cagionevole **2** (*tosc.*) parte superiore dei calzoni o delle mutande, dove si stringono alla vita **3** †luogo chiuso **4** †calca, ressa, tumulto

sèrra ② [lat. *sĕrra(m)* 'sega', di etim. incerta ✱ sec. XIII] **s. f.** ● catena montuosa allungata e senza forti avvallamenti

serrabòzze [comp. di *serra(re)* e il pl. di *bozza* ✱ 1838] **s. m. inv.** ● (*mar.*) pezzo di cavo o catena fermato al bordo, destinato a cingere il fuso delle ancore quando non servono in mare

serradàdi [comp. di *serra(re)* e il pl. di *dado* ✱ 1942] **s. m. inv.** ● attrezzo per avvitare i

S

dadi

serradèlla [dal portog. *serradela* ✱ 1957] **s. f.** ● (*bot.*) pianta erbacea annuale delle Papilionacee, spontanea nell'Europa sud-occidentale e nell'Africa settentrionale, coltivata come foraggiera su terreni sabbiosi aridi (*Ornithopus sativus*)

serrafila [comp. di *serra(re)* e *fila*, sul modello del fr. *serre-file* ✱ 1647] **A** **s. m. e f. (pl. -*e*)** **1** (*disus.*) chi marcia per ultimo in una fila di ginnasti o soldati, in opposizione al capofila **2** †ufficiale o sottufficiale posto in coda a un reparto schierato **B** **s. f.** ● nave che marcia all'estremità di un reparto

serrafilo [comp. di *serra(re)* e *filo* ✱ 1899] **s. m.** ● congegno a vite o a pinzetta per eseguire collegamenti elettrici

serrafórme [comp. di *serrare* e il pl. di *forma* ✱ 1937] **s. m. inv.** ● attrezzo meccanico usato in tipografia per fissare le forme tipografiche nel telaio di stampa

serràggio [dal fr. *serrage*, da *serrer* 'stringere' ✱ 1960] **s. m.** ● operazione del serrare viti, bulloni e sim. di una macchina

serràglia [da *serraglio*① ✱ sec. XIV] **s. f.** **1** †ciò che chiude | †sbarramento **2** (*archit.*) chiave d'arco, di volta

serràglio① [dal provenz. *serralh*, dal lat. tardo *serrăculu(m)* 'chiusura', da **serrāre* 'chiudere'. V. *serrare* ✱ 1312] **s. m.** **1** †riparo difensivo | †cinta muraria | †barricata | †luogo chiuso **2** raccolta di animali rari, esotici o sim. a scopo di spettacolo o attrazione | luogo in cui tali animali sono raccolti

serràglio② [dal turco *saray* 'corte, palazzo' ✱ 1502] **s. m.** **1** nell'Impero ottomano, la residenza del sultano o di personaggi d'alto rango **2** harem

serramànico [comp. di *serra(re)* e *manico* ✱ 1883] **s. m. (pl. -*ci*)** **1** nella loc. ***coltello a s.***, in cui la lama si può far rientrare nel manico che fa da custodia **2** il coltello stesso

serràme [da *serrare* ✱ 1296] **s. m.** ● qualunque dispositivo atto a serrare porte, finestre e sim.

serraménto [da *serrare* ✱ 1336 ca.] **s. m. (pl. -*i* o, con valore collettivo, al f.,** *le serraménta*) ● struttura mobile articolata a un infisso destinata a chiudere un'apertura nella parte muraria di un edificio | correntemente, infisso

serrànda [vc. di orig. sett., da *serra(re)*, con il suff. *-ando* ✱ 1877] **s. f.** **1** chiusura a saracinesca, spec. di negozio: *abbassare la s.*; *s. avvolgibile* **2** chiusino del forno

serràno ➤ **sciarrano**

serranòdo [comp. di *serra(re)* e *nodo* ✱ 1960] **s. m.** ● (*chir.*) strumento chirurgico utilizzato per stringere le suture chirurgiche nelle cavità profonde

serrapennóne [comp. di *serra(re)* e *pennone* ✱ 1824] **s. m.** ● (*mar.*) caricabolina

serrapiède [comp. di *serra(re)* e di *piede* ✱ 1960] **s. m.** ● (*sport, disus.*) nel ciclismo, fermapiede

serràre [lat. parl. **serrāre*, da *sĕra* 'serratura', di etim. incerta, con sovrapposizione di *sĕrra* 'sega' o *fĕrrum* 'ferro' ✱ 1250 ca.] **A** **v. tr.** (*io sèrro*) **1** chiudere, sbarrare in modo da impedire il passaggio, il transito e sim.: *s. con la chiave, col catenaccio, col lucchetto*; *s. la porta, la finestra*; *s. una cassa, un baule* | (*fig.*) ***s. bottega***, sospendere un'attività **2** stringere con forza, chiudere stringendo: *s. i pugni, le mani, gli occhi* | (*fig.*) ***s. il cuore, la gola*** e sim., di emozione, turbamento e sim. intenso che sembra impedisca di respirare, parlare e sim. | ***s. le file, le fila***, accostarsi, di più persone riunite in fila, le une alle altre, in modo che fra loro non vi siano spazi vuoti; (*fig.*) stringersi compatti per affrontare una difficoltà | (*mar.*) ***s. le vele***, arrotolarle e stringerle con legature ai pennoni e alle antenne **3** rendere più intenso, più rapido: *s. il ritmo di lavoro* | (*mar.*) ***s. la voga***, accelerare il ritmo della palata **4** premere, incalzare | ***s. il nemico***, incalzarlo da presso | cingere d'assedio **5** (*raro*) chiudere dentro, rinchiudere: *s. qlcu. dentro casa*; *s. il cavallo nella stalla* | chiudere circondando: *s. un castello con un fossato* **6** †nascondere, celare **7** †rendere compatto, indurire **B** **v. intr. (aus. *avere*)** ● (*tosc.*) combaciare, commettere: *la finestra non serra bene* **C** **serràrsi v. rifl.** ● chiudersi, stringersi: *serrarsi in difesa*

serraschière [dal turco *serasker* 'generale in capo', comp. di *ser* 'capo' e *âsker* 'esercito' ✱ 1684] **s. m. inv.** ● capo delle forze armate nell'Impero turco

sèrra sèrra [propr. imperat. di *serrare* ✱ 1960] **loc. sost. m. inv.** ● affannoso e disordinato incalzare di persone, animali e sim.

serràta [sec. XIV] **s. f.** **1** (*raro*) il serrare **2** sospensione dell'attività imprenditoriale da parte del datore di lavoro, al fine di imporre la sua volontà in occasione di controversie sindacali o come rappresaglia | (*est.*) chiusura, sospensione della propria attività a scopo di protesta, detto di negozianti e artigiani **3** †riparo, sbarramento | †diga

serràte [propr. imperat. (II pers. pl.) di *serrare* ✱ 1911] **A** **s. m. inv.** ● (*sport*) ***s. finale***, nel calcio e sim., sforzo, vigorosa azione collettiva d'attacco in cui si produce una squadra sul finire di una partita **B** **in funzione di inter.** ● (*disus.*) si usa come ordine impartito a ginnasti schierati a intervalli perché riprendano l'ordine chiuso

serràto **part. pass.** di *serrare*; **anche agg.** **1** nei sign. del v. **2** fitto, compatto: *tessuto, panno, s.* | folto: *schiere serrate* | (*bot.*) detto di grappolo d'uva con granelli molto fitti **CONTR.** spargolo **3** (*fig.*) stringato, conciso: *discorso, ragionamento, s.* | rapido, veloce: *ritmo, tratto s.* | stringente, incalzante: *interrogatorio s.* **4** (*zootec.*) detto di cavallo in cui, per difetto di appiombo, lo spazio esistente fra gli zoccoli anteriori è minore della lunghezza di uno di essi ‖ **serrataménte**, **avv.** **1** in modo serrato, conciso **2** †profondamente: *dormire serratamente*

serràtula [vc. dotta, dal lat. *serrātu(m)* 'seghettato', da *sĕrra* 'sega', con suff. dim. ✱ sec. XVIII] **s. f.** ● pianta delle Composite che vive in ambiente umido, con foglie seghettate e capolini color porpora (*Serratula tinctoria*)

serratùra [da *serrare* ✱ 1325 ca.] **s. f.** ● congegno meccanico, costituito da uno o più catenacci scorrevoli che entrano in apposite cavità e dai relativi comandi, manovrabili gener. mediante una chiave e destinato a chiudere con sicurezza porte, cancelli, cassetti, casseforti e sim.: *s. a leve, a cilindro* | ***s. a combinazione***, quella in cui lo scorrimento del catenaccio è consentito dall'azionamento, secondo un certo codice, di una serie di bottoni o di una manopola graduata | ***s. elettrica***, quella destinata alla chiusura di portoni e porte esterne, apribile dall'interno mediante un elettromagnete azionato a distanza

serrétta [da *serra*① ✱ 1838] **s. f.** ● (*mar.*) chiusura reticolata | nelle navi in legno, ognuna delle tavole costituenti il pagliolo

serrettàme [da *serretta* ✱ 1866] **s. m.** ● (*mar.*) quantità di serrette

♣**sèrto** [dal lat. *sĕrtu(m)* 'corona', nt. sost. di *sĕrtus*, part. pass. di *sĕrere* 'intrecciare'. V. *serie* ✱ 1321] **s. m.** ● (*lett.*) ghirlanda, corona: *s. di fiori* | ***s. nuziale***, corona intrecciata di fiori d'arancio che la sposa porta sul capo; (*fig.*) raccolta di versi scritti in occasione di nozze | ***s. regale***, corona regale

sèrva [lat. *sĕrva(m)*, f. di *sĕrvus* 'servo, schiavo' ✱ 1353] **s. f.** **1** donna di servizio (termine oggi usato solo in senso spreg., e sostituito da *domestica, cameriera, collaboratrice familiare* o *colf*): *queste sono faccende da s.* | ***s. padrona***, domestica che ha preso il sopravvento sui padroni | (*fam.*) ***essere il figlio della s.***, essere maltrattato, non essere tenuto in alcun conto **2** (*fig., spreg.*) persona meschina, di mentalità ristretta, pettegola: *chiacchiere da s.* (V. nota d'uso STEREOTIPO) **3** appartenente a talune congregazioni religiose: *s. di Maria, s. di Gesù* ‖ **servàccia**, **pegg.** | **servétta**, **dim.** (V.) | (*lett.*) **servicciuòla**, **dim.** | (*lett.*) **servicèlla**, **dim.** | **servòtta**, **dim.** | **servùccia**, **dim.**

servàggio [dall'ant. fr. *servage*, dal lat. *sĕrvu(m)* 'schiavo, servo' ✱ av. 1257] **s. m.** ● (*lett.*) stato di servitù morale, sociale, politica

servàlo [dal fr. *serval*, adattamento dello sp. o portog. *(gato-)cerval* 'cerviere, che attacca il cervo', da *ciervo* 'cervo' ✱ 1936] **s. m.** ● (*zool.*) mammifero dei Felidi simile al leopardo **SIN.** gattopardo africano

†**servàre** [dal lat. *servāre* 'serbare'. V. *serbare* ✱ 1268] **v. tr.** **1** V. *serbare* **2** osservare, seguire | eseguire, non trasgredire: *servi le leggi tue l'auriga* (G. PARINI)

†**servatóre** [dal lat. *servatōre(m)* 'conservatore'. V. *serbatore* ✱ 1353] **s. m. (f. -*trice*)**; **anche agg.** **1** chi (o che) conserva | chi (o che) osserva, adempie **2** (*lett.*) salvatore

servènte [da *servire*] **A** **part. pres.** di *servire*; **anche agg.** **1** nei sign. del v. **2** †servizievole, cortese | ***cavalier s.***, damerino, cicisbeo **3** (*dir.*) ***fondo s.***, su cui grava una servitù prediale **B** **s. m.** ● soldato o marinaio addetto al servizio di un pezzo d'artiglieria o di un'arma da fuoco pesante **C** **s. m. e f.** ● †inserviente, persona che serve

serventése ➤ **sirventese**

sèrver /'sɛrver, *ingl.* 'sɜːvə(r)/ [vc. ingl., propr. 'servitore', dal v. medio-ingl. *serven* 'servire' ✱ 1980] **s. m. inv.** ● (*inform.*) funzione implementata su un host computer che consente di mettere in condivisione servizi diversi, come posta elettronica, stampa e gestione dei file | (*est.*) il computer stesso **CFR.** client

servétta [av. 1735] **s. f.** **1** dim. di *serva* **2** ruolo del teatro italiano comprendente parti di cameriera vivace e spigliata

serviàno [1957] **agg.** ● relativo all'antico re romano Servio Tullio: *mura serviane*; *costituzione serviana*

servìbile [1546] **agg.** **1** che si può servire a tavola: *il gelato è s.* **2** che si può utilizzare **CONTR.** inservibile

sèrvice /'servis, *ingl.* 'sɜːvɪs/ [vc. ingl., propr. 'servizio' ✱ 1985] **s. m. inv.** ● azienda che fornisce attrezzature, assistenza e servizi specializzati: *un s. di fotocomposizione*

servidoràme ➤ **servitorame**

†**servidóre** ➤ **servitore**

serviènte [dal lat. *serviĕnte(m)*, part. pres. di *servīre* 'servire' ✱ 1803] **s. m.** ● chi serve il sacerdote durante la celebrazione della Messa

servigiàle o **serviziàle**② [dal lat. tardo *servitiāle(m)* 'servente', da *servĭtiu(m)* 'servizio', con sovrapposizione di *servigio* ✱ 1294] **A** **s. m. e f.** **1** †inserviente, domestico **2** (*raro*) in un convento, laico che provvede ai servizi: *per mezzo d'una s. del monastero riceveva qualche notizia* (I. NIEVO) **B** **agg.** **1** †da servo **2** †servizievole

servìgio [lat. *servĭtiu(m)* 'servitù', attraverso i dial. sett. V. *servizio* ✱ 1266] **s. m.** **1** azione compiuta a beneficio di altri senza mirare ad alcuna ricompensa: *rendere un s. a qlcu.*; *fare un s. a qlcu.*; *i servigi resi alla patria* | beneficio **2** †servizio | rapporto di sudditanza,

a b c d e f g h i j k l m n o p q r s t u v w x y z

di vassallaggio **3** †negozio, faccenda: *tiratevi indietro e lasciate questo s. fare a me* (G. Boccaccio) ‖ **servigétto**, dim.

✦**servìle** [dal lat. *servīle(m)*, da *sĕrvus* 'schiavo, servo' ✱ av. 1328] **agg. 1** di servo, relativo ai servi: *lavoro, mestiere, opera s.* | ***opera, lavoro s.***, nella dottrina cristiana, opera manuale che costituisce violazione del precetto festivo **2** (*spreg.*) basso, vile, privo di dignità: *animo s.*; *maniere servili* | pedissequo: *fredda e s. imitazione* (G. Leopardi) **3** (*gramm.*) ***verbo s.***, che si unisce con un altro di modo infinito per esprimere possibilità, volontà, dovere e sim. (per es. *potere, volere, dovere* nelle frasi: *non posso uscire*; *vorrei restare a casa*; *devo studiare*) ‖ **servilménte**, avv.

servilìsmo [da *servile*, con *-ismo* ✱ 1850] **s. m.** ● propensione a sottomettersi e a obbedire agli ordini e ai desideri altrui, spec. dei potenti, per interesse, viltà e sim.

servilità [av. 1673] **s. f. inv.** ● (*raro* o *lett.*) servilismo | (*raro*) atto servile

†**serviménto** [1250 ca.] **s. m.** ● il servire | servitù

♦**servìre** [lat. *servīre*, da *sĕrvus* 'servo, schiavo' ✱ sec. XII] **A v. tr.** (*io sèrvo*) **1** essere in stato di schiavitù, di soggezione ad altri (*anche assol.*): *s. lo straniero*; *sempre fu chi serve e chi comanda* (N. Machiavelli) **2** lavorare alle dipendenze altrui, detto di domestici: *s. una famiglia ricca* | ***s. lo Stato***, esercitare un pubblico impiego, rivestire una carica pubblica | ***s. Dio, il Signore, al Signore***, scegliere la vita ecclesiastica, ufficiare il culto divino, vivere conformemente alla norma religiosa imposta da Dio | ***servire Messa***, nella liturgia cattolica precedente il Concilio Vaticano II, il rispondere al celebrante e assisterlo nella celebrazione da parte di chierico o di laico, che sostituiva, nella risposta, il popolo di Dio **3** detto di negozianti, commercianti e sim., fornire ciò che occorre al cliente, soddisfarne le richieste (*anche assol.*): *servo subito la signora*; *vi servo subito*; *chi serve a questo banco?* | (*fig.*) ***s. qlcu. di barba e capelli, di barba e di parrucca***, trattarlo come si merita (*anche iron.*) | avere come cliente abituale: *da dieci anni serviamo di scarpe la famiglia Rossi* **4** presentare le vivande in tavola, anche sostituendo le stoviglie tra una portata e l'altra (*anche assol.*): *s. a tavola, in tavola*; †*s. la tavola, le tavole*; *s. i convitati, un rinfresco* **5** adoperarsi per i bisogni altrui, essere utile agli altri: *s. la patria, la nazione*; *per servirla*; *in che cosa posso servirla?*; *la signora sarà servita* | ***adesso la servo io, l'ho servito a dovere*** e sim., ha avuto quello che si meritava | (*lett.*) corteggiare: *s. una donna* **6** ***s. un compagno***, nel calcio, passargli la palla **7** fornire un servizio di pubblica utilità: *la nuova linea della metropolitana servirà i quartieri orientali della città* **8** †meritare | †rimeritare **B v. intr. 1** (aus. *avere*) essere alle dipendenze altrui come persona di servizio: *sono vari anni che serve in casa nostra*; *s. come cameriere, come autista* | esercitare un'attività militare: *s. in marina, nell'artiglieria*; *s. sotto la bandiera di uno Stato* **2** (aus. *essere*) giovare, essere utile (+ *a*, anche seguito da inf.): *le note servono <u>alla</u> chiarezza del testo*; *gli esempi servono <u>a</u> esplicitare un concetto*; *<u>a</u> che serve questo attrezzo?*; *<u>a</u> che servirebbe fuggire?*; *non serve ripetere le stesse cose* | svolgere una funzione, fare l'ufficio di, essere utile per qlco. (+ *per*, anche seguito da inf., + *da*, + *di*): *la videocamera serve <u>per</u> la videoconferenza*; *le posate servono <u>per</u> mangiare*; *la notizia mi serve <u>da</u>* (o *<u>di</u>*) *indizio*; *quanto è accaduto ti servirà <u>di</u>* (o *<u>da</u>*) *esempio* **3** (aus. *essere*) essere necessario, occorrere, bisognare: *mi serve un libro*; *ti serve qlco.?*; *non ci serve nulla*; *mi servirebbe il tuo aiuto* | (*tosc.*) bastare al bisogno: *non mi occorre nulla, mi serve ciò che ho* | anche impers. (+ *che* seguito da congtv.): *serve <u>che</u> tu stia calmo*; *a che serve <u>che</u> vi preoccupiate?* **4** (aus. *avere*) (*sport*) nel tennis, nel ping-pong e nella pallavolo, effettuare il servizio **C servìrsi v. intr. pron. 1** usare, adoperare (+ *di*): *posso servirmi <u>della</u> tua macchina?*; *ha un ottimo registratore, ma non sa servirsene*; *serviti pure <u>delle</u> dita per mangiare il pollo* | giovarsi di qlco., o dell'operato, dell'aiuto e sim., di qlcu.: *per fargli capire il discorso mi sono servito <u>di</u> un esempio*; *in India ci servimmo <u>di</u> un interprete*; *si è servita <u>di</u> lui, poi l'ha cacciato via* | prendere ciò che viene offerto: *serviti pure*; *prego, si serva* **2** essere cliente abituale (+ *in*, + *da*): *da molti anni mi servo <u>in</u> quel negozio*; *mi sono sempre servito <u>da</u> voi*

servisòl [comp. di *servi(re)* e *sol(o)*] **s. m. inv.; anche agg. inv.** ● (*elvet.*) self-service: *ristorante con s.*; *spaccio s.*

servìta [da *servo*, sul modello di *cenobita*, *eremita*, ecc. ✱ sec. XV] **s. m.** (**pl.** *-i*) ● religioso dei Servi di Maria, ordine fondato in Firenze nel Duecento

servìto A part. pass. di *servire*; **anche agg. 1** nei sign. del v. **2** detto di pasto, pronto per essere consumato: *il pranzo è s.*; *la cena è servita* **3** detto di persona, che ha ricevuto quanto ordinato o richiesto: *il signore è s.* | ***resti s.***, (*disus.*) formula usata per invitare qlcu. a pranzo **4** detto di giocatore di poker che non intende ricevere altre carte **B s. m. 1** (*tosc.*) servizio da tavola **2** †portata di vivande

servitoràme o (*lett.*) **servidoràme** [da *servitore* ✱ av. 1606] **s. m. 1** (*raro*) insieme dei servitori (*anche spreg.*): *Lui, il barone, era sceso giù, col s.* (G. Verga) **2** (*fig.*, *spreg.*) insieme di adulatori, di piaggiatori

servitóre o †**servidóre** [dal lat. tardo *servitōre(m)*, da *servītus* 'servito' ✱ av. 1250] **s. m. 1** (**f.** *-tóra*, *lett.* *-trice*) chi presta servizio in casa privata: *un vecchio s.*; *il suo fedele s.* **SIN.** cameriere, domestico **2** (**f.** *-tóra*, *lett.* *-trice*) (*est.*) chi si dedica con devozione e fedeltà a servire una persona, un ideale e sim.: *s. della patria, dello Stato, del sovrano* | ***servitor suo, vostro e sim.***, formule di cortesia usate in passato spec. nei saluti epistolari: *mi creda suo devotissimo s.* **3** attaccapanni mobile | tavolinetto spostabile tenuto presso la tavola da pranzo ‖ **servitoràccio**, pegg. | **servitorèllo**, dim. | **servitorétto**, dim. | **servitorìno**, dim.

servitorésco [1849] **agg.** (**pl. m.** *-schi*) ● da servitore (*spec. spreg.*): *inchini servitoreschi* ‖ **servitorescaménte**, avv. in modo servitoresco

servitù o †**servitùde**, †**servitùte** [dal lat. *servitūte(m)* 'condizione servile', da *sĕrvus* 'servo' ✱ 1268] **s. f. inv. 1** condizione, stato di chi serve, è schiavo, soggetto: *vivere, ridurre in s.*; *liberare, liberarsi dalla s.*; *s. al peccato* | ***s. della gleba***, colonato | prigionia, cattività: *animale nato in s.* **2** (*fig.*) ciò che limita la libertà di azione: *la s. dell'orario* **3** insieme dei servitori, delle persone di servizio: *la casa richiede una grande s.*; *rinnovare la s.* **4** (*dir.*) ***s. prediale***, o (*ellitt.*) ***servitù***, diritto reale gravante su un fondo per l'utilità di un altro fondo appartenente a diverso proprietario: *s. di passaggio, di scolo* | ***s. apparente***, per il cui esercizio occorrono opere visibili e permanenti sul fondo servente | ***s. legale***, imposta dalla legge | ***s. volontaria***, costituita per contratto o testamento | ***s. militari***, disposte per esigenze delle forze armate

SFUMATURE DI SIGNIFICATO

servitù - schiavitù - soggezione

Servitù è la condizione in cui si trova un individuo quando svolge un'attività lavorativa in condizione di sottomissione psicologica, senza potere rivendicare la propria autonomia o dignità. Se a questo stato si accompagnano la negazione di diritti elementari e addirittura la privazione della libertà personale si ha la **schiavitù**. Con il termine **soggezione** si fa riferimento a uno stato di dipendenza psicologica, che si manifesta come imbarazzo e rispetto timoroso, e che comunque non implica volontà di prevaricazione da parte di colui che di fatto lo determina.

serviziàle① [da *servizio* ✱ av. 1535] **s. m.** ● (*raro*) clistere: *uno sgabuzzino pieno di … serviziali dell'età molièriana* (A. Savinio)

serviziàle② ➤ **servigiale**

✦**serviziévole** [da *servizio* ✱ 1819] **agg.** ● che presta volentieri la sua opera, il suo aiuto ‖ **servizievolménte**, avv.

♦**servìzio** [dal lat. *servĭtiu(m)* 'servitù', da *sĕrvus* 'servo'; per calco sull'ingl. *service* 'servizio, battuta' nel sign. 14 ✱ sec. XII] **s. m. 1** (*raro*) il servire | rapporto di servitù, di dipendenza | attività svolta a favore di qlcu. o di qlco.: *sono al vostro s.!*; *essere al s. della patria, di un ideale* **2** attività lavorativa prestata in casa privata come domestico: *prendere, mettere a s.*; *andare a s.*; *lasciare il s.*; *donna, persona di s.* | ***i servizi***, i lavori domestici | ***mezzo s.***, V. *mezzo*② nel sign. A 1 | ***scala, porta, di s.***, in abitazioni signorili, quella riservata alla servitù e ai fornitori | (*est.*) prestazione del cameriere di un ristorante e sim.: *il conto è di quaranta euro, compreso il s.* **3** attività lavorativa di un prestatore di lavoro subordinato, spec. pubblico impiegato: *anzianità di s.*; *entrare in s.*; *prendere s.*; *fare, prestare s.*; *lasciare, abbandonare il s.*; *andare in pensione dopo trenta anni di s.* **4** ***s. militare***, quello svolto sotto le armi, secondo gli obblighi e nelle forme previste dalla legge | ***s. permanente effettivo***, degli ufficiali e sottufficiali di carriera | ***s. civile***, quando la leva era obbligatoria, servizio sostitutivo di quello militare | (*est.*) singola prestazione cui è tenuto un militare: *s. di guardia, di ronda, di picchetto* | ***essere in, di s.***, essere impegnato in un servizio | ***fuori s.***, nelle ore libere; (*est.*) detto di impianto, non funzionante: *ascensore fuori s.* **5** (*relig.*) culto prestato a Dio: *s. sacerdotale* | funzione liturgica: *s. divino*; *s. funebre* **6** incarico particolare conferito a un inviato o collaboratore di giornale, ente radiofonico, televisivo e sim.; l'articolo o il reportage preparati in base a tale incarico: *essere in s. speciale*; *s. speciale del giornale radio* | ***s. in voce, s. in video***, servizio giornalistico radiotelevisivo in diretta o registrato dal giornalista stesso e non letto dallo speaker **7** (*fig.*) favore, cortesia (*anche iron.*): *ti ringrazio del s. che mi hai reso*; *mi avete fatto proprio un bel s.!* **8** (*fam.*) faccenda, affare: *ho vari servizi da fare* | (*raro*) ***fare un viaggio e due servizi***, ottenere un duplice risultato con una sola azione | (*eufem.*) †bisogno corporale **9** (*econ.*) serie di prestazioni organizzate su vasta scala dallo Stato, da un ente pubblico e sim., destinate a provvedere ai bisogni di una collettività: *il s. telefonico, postale* | (*est.*) insieme di persone, uffici e mezzi destinati a fornire tali prestazioni | (**al pl.**) ***i servizi***, il settore dell'economia (comprendente commercio, trasporti, credito, pubblicità, scuola, ecc.) che fornisce tali prestazioni: *l'occupazione è in aumento nei servizi* **CFR.** terziario | ***S. sanitario nazionale***, complesso delle attività di carattere pubblico svolte a tutela della salute dei cittadini | ***servizi segreti, servizi di sicurezza***, o (*ellitt.*) ***servizi***, organismi solitamente alle dipendenze delle forze armate, che hanno per compito istituzionale la difesa dello Stato tramite l'organizzazione di servizi d'informazione e della lotta contro lo spionaggio | ***s. sociale***, attività gestita da un ente territoriale, in genere ASL o Comune, per l'assistenza a persone o famiglie in condizione di grave disagio sociale | ***s. meteorologico***, quello che si occupa su scala nazionale di studi, ricerche e attività pratiche nel campo della meteorologia | (*dir.*) ***s. universale***, servizio di pubblica utilità, come la distribuzione dell'energia elettrica o le poste, i cui gestori sono obbligati a garantire l'accesso all'intera comunità **10** (*org. az.*) raggruppamento di uffici o reparti non a livello direttivo | reparto della redazione di un giornale: *il s. esteri*; *s. cronaca* **11** insieme di oggetti che servono a un determinato scopo: *s. da tè*; *s. per dodici* | ***s. da tavola***, ogni serie completa di posate, stoviglie, tovagliato e sim. per apparecchiare la tavola | ***s. all'americana***, V. *americano* **12** insieme di attrezzature destinate a uno scopo determinato: *s. antincendio* | ***area, stazione di s.***, spiazzo, edificio munito di attrezzature per il rifornimento e l'assistenza ad automobilisti e autoveicoli **13** (**al pl.**) in una abitazione e sim., complesso di vani e attrezzature destinate alla cucina e agli apparecchi igienici: *due locali più i servizi* | ***servizi (igienici)***, impianti e locali per l'igiene personale e i bisogni fisiologici: *doppi servizi* **SIN.** bagno **14** (*sport*) nel tennis, nel ping-pong e nella pallavolo, colpo con cui si mette la palla in gioco **SIN.** battuta || **serviziàccio**, **pegg.** | **serviziétto**, **dim.** | **servizióne**, **accr.** nel sign. 14

♦**sèrvo** [lat. *sĕrvum* 'schiavo', in orig. 'guardiano', dalla radice indeur. **swer-* 'osservare' ✻ sec. XIII] **A s. m. 1** (**f.** *-a*) chi è in stato di servitù (*lett., anche fig.*): *i servi dello straniero*; *esso diventa de' suoi tesori vilissimo s.* (G. BOCCACCIO) | ***servi della gleba***, nel diritto feudale, i contadini, privi di diritti politici e civili, legati di padre in figlio a un terreno che non potevano abbandonare **2** (**f.** *-a*) chi presta la propria opera come domestico (termine oggi disusato, o usato in senso spreg., e sostituito da *domestico* o *cameriere*): *Presto, scaricate! – ordinò ai servi e ai carrettieri* (L. PIRANDELLO) (V. nota d'uso STEREOTIPO) | (*raro*) ***s. suo, s. vostro, s. umilissimo*** e sim., formule di cortesia | ***s. di scena***, facchino di teatro a cui è affidato il lavoro di trasporto dell'arredamento di scena dal magazzino al palcoscenico **3** (**f.** *-a*) (*est.*) chi si dedica con devozione e fedeltà a servire una persona, un ideale e sim. | ***s. di Dio***, cristiano morto in fama di santità, che può essere venerato con il culto pubblico solo dopo la sua elevazione a Beato, mediante la causa di beatificazione | ***S. dei servi di Dio***, formula usata dai papi in segno di umiltà **4** ***s. muto***, piccolo scaffale o tavolino a ripiani collocato vicino alla tavola da pranzo; piccolo mobile da camera su cui riporre gli abiti e gli indumenti quando ci si sveste **5** ***s. scala***, V. *servoscala* **6** (*tecnol.*) elemento asservito di un servosistema || **servàccio**, **pegg.** | **servétto**, **dim.** **B agg. 1** (*lett.*) schiavo: *Ahi serva Italia, di dolore ostello!* (DANTE *Purg.* VI, 76) **2** (*lett.*) servile: *vergin di s. encomio e di codardo oltraggio* (A. MANZONI)

sèrvo- [da *servo* con l'idea di 'asservimento'] **primo elemento** ● in parole composte della terminologia tecnica, sta a indicare che il dispositivo o lo strumento espresso dal secondo elemento è asservito o appartiene a un sistema asservito: *servofreno*, *servosistema*

servoassìstere [comp. di *servo-* e *assistere* ✻ 1983] **v. tr.** (**coniug. come** *assistere*) ● (*tecnol.*) azionare mediante un servomeccanismo

servoassistìto **part. pass.** di *servoassistere*; **anche agg.** ● nel sign. del v.

servocomàndo [comp. di *servo-* e *comando* ✻ 1963] **s. m. 1** (*tecnol.*) servosistema in cui la grandezza variabile d'uscita segue prontamente le variazioni di quella d'ingresso **2** (*tecnol.*) comando attuato mediante un servosistema o un servomeccanismo

servocontròllo [comp. di *servo-* e *controllo* ✻ 1989] **s. m.** ● (*tecnol.*) sistema di regolazione ad anello chiuso | servosistema in cui si assegna un determinato valore alla grandezza d'ingresso e la grandezza d'uscita viene mantenuta costante a un valore corrispondente, indipendentemente dalle variazioni di altre grandezze esterne: *s. della temperatura ambiente*

servofréno (o **-è-**) [comp. di *servo-* e *freno* ✻ 1930] **s. m.** ● (*autom.*, *tecnol.*) negli autoveicoli, servomeccanismo comandato gener. dal freno a pedale e destinato ad amplificare, mediante un servomotore, la forza esercitata sul pedale dal guidatore

servomeccànica [comp. di *servo-* e *meccanica* ✻ 1989] **s. f.** ● parte della meccanica che studia i servomeccanismi

servomeccanìsmo [comp. di *servo-* e *meccanismo* ✻ 1960] **s. m.** ● (*tecnol.*) servocontrollo in cui la grandezza d'uscita è una grandezza meccanica, e cioè la posizione, la velocità o l'accelerazione di un elemento meccanico

servomotóre [comp. di *servo-* e *motore* ✻ 1905] **A s. m.** ● (*tecnol.*) in un servomeccanismo, attuatore o motore ausiliario il cui moto determina quello dell'organo comandato | (*mar.*) ***s. del timone***, quello che è comandato dalla ruota di governo e determina la posizione del timone **B agg.** (**f.** *-trice*) ● (*aeron.*) ***aletta servomotrice***, in un velivolo di grandi dimensioni, aletta destinata al comando indiretto della relativa superficie mobile

servoscàla o **sèrvo scàla**, **servoscàle** [comp. di *servo-* e *scala* ✻ 1988] **s. m. inv.** ● congegno per il trasporto di persone invalide lungo una scala

servosistèma [comp. di *servo-* e *sistema* ✻ 1960] **s. m.** (**pl.** *-i*) ● (*tecnol.*) sistema di regolazione in cui una grandezza variabile dipendente d'uscita, detta asservita o controllata, varia secondo una determinata legge al variare di una grandezza variabile indipendente d'ingresso, detta di comando | ***s. ad anello chiuso, a ciclo chiuso, a catena chiusa, chiuso***, quello in cui l'asservimento fra le grandezze d'uscita e d'ingresso è effettuato mediante retroazione negativa | ***s. ad anello aperto, a ciclo aperto, a catena aperta, aperto, diretto***, quello privo di retroazione negativa

servostèrzo [comp. di *servo-* e *sterzo* ✻ 1954] **s. m.** ● (*autom.*, *tecnol.*) negli autoveicoli, servomeccanismo comandato dal volante di guida e destinato ad amplificare lo sforzo di sterzata del conducente

sèsamo o †**sìsamo** [dal lat. *sēsamu(m)*, dal gr. *sésamon*, di orig. orient. ✻ 1340 ca.] **s. m.** ● pianta tropicale erbacea della famiglia delle Pedaliacee i cui semi sono usati per la preparazione di pane e dolci, come spezie, e per produrre un olio commestibile (*Sesamum indicum*) | ***apriti s.!***, nella novella 'Alì Babà e i quaranta ladroni' di *'Mille e una notte'*, formula magica usata per aprire l'entrata di una caverna; (*fig.*) aiuto insperato, intervento prodigioso

sesamòide [vc. dotta, dal lat. *sesamoīde(m)*, dal gr. *sēsamoeidḗs* 'simile a sesamo', comp. di *sésamon* 'sesamo' ed *-eidḗs* '-oide' ✻ 1659] **A s. m.** ● (*anat.*) osso contenuto nello spessore di tendini o di capsule articolari **B anche agg.**: *osso s.*

seduzióne [fr. *sexduction*, comp. di *sexe* 'sesso' e del lat. *ductiōne(m)* (da *dūcere* 'tirare': V. †*ducere*) ✻ 1983] **s. f.** ● (*biol.*) trasferimento di un carattere ereditario da una cellula batterica a un'altra a mezzo del fattore del sesso

sèse o **sèso** [etim. sconosciuta ✻ 1906] **s. m.** ● (*archeol.*) costruzione funeraria di età eneolitica a forma di tronco di cono, tipica di Pantelleria, realizzata con cumuli di pietre che lasciavano all'interno uno o più piccoli ambienti per i riti funebri

sèsia [dal gr. *sḗs* 'tignola', di etim. incerta ✻ 1869] **s. f.** ● farfalla ad ali strette, lunghe e trasparenti e con larve dannose per le gallerie scavate nel legno degli alberi (*Sesia*) **SIN.** trochilia

sesìno [milan. *sesìn*, moneta da sei denari, da *ses* 'sei' ✻ av. 1449] **s. m.** ● antica moneta coniata in diverse zecche italiane dalla metà del XIV sec. fino al XVI sec. e del valore prima di sei poi di otto denari

sesòtho /se'sɔto/ [propr. 'lingua dei *Sotho*', n. della popolazione che la parla' ✻ 1976] **s. m. solo sing.** ● lingua bantu parlata in Sudafrica

sèsqui- [lat. *sēsqui-*, per *sēm(i)sque*, propr. 'e (*-que*) metà (*sēmis*)' sottinteso 'in più'] **primo elemento** ● in parole composte dotte e scientifiche, indica un rapporto di tre a due: *sesquiossido*

sesquiàltera [vc. dotta, lat. *sesquiăltera(m)*, agg. col sign. propr. di 'e metà in più (V. *sesqui-*) dell'altra' ✻ 1499] **s. f.** ● (*mus.*) nella notazione mensurale, modo di diminuire il valore delle note analogo alla moderna terzina **SIN.** emiolia | registro dell'organo che realizza il terzo e il quinto armonico del suono fondamentale

sesquiòssido [comp. di *sesqui-* e *ossido* ✻ 1869] **s. m.** ● (*chim.*) ossido di elemento chimico trivalente, formato da due atomi del metallo e da tre di ossigeno

sesquipedàle [vc. dotta, dal lat. *sesquipedā-le(m)* 'di un piede e mezzo', comp. di *sēsqui-* e *pedālis* 'pedale' ✻ 1499] **agg.** ● (*lett.*) grande, enorme: *naso s.*

sèssa [adattamento del fr. svizzero *seiche*, n. che indica le oscillazioni del lago di Ginevra ✻ 1890] **s. f.** ● variazione periodica di livello dell'acqua di un lago o anche di un mare interno prodotta da turbamenti atmosferici

sessadecimàle [comp. di *sessa(gesimale)* e *decimale* ✻ 1932] **agg.** ● (*geom.*) detto di sistema di misurazione degli angoli piani che rappresenta in gradi sessagesimali le unità e in decimali i sottomultipli: *15° 30' sessagesimali corrispondono a 15,50° sessadecimali*

sessagenàrio [vc. dotta, dal lat. *sexagenā-riu(m)*, da *sexagēni*, da *sexagĭnta* 'sessanta' ✻ av. 1566] **agg. e s. m.** (**f.** *-ia*) ● (*lett.*) che (o chi) ha sessant'anni di età: *un servitore s.*; *una sessagenaria in gamba*

sessagèsima (o **-é-**) [f. sost. di *sessagesimo* ✻ av. 1328] **s. f.** ● nel calendario liturgico preconciliare, domenica che precedeva di due settimane la prima domenica di Quaresima, cadente circa sessanta giorni prima di Pasqua

sessagesimàle [da *sessagesimo* ✻ 1869] **agg.** ● (*fis.*) detto di divisione successiva in sessantesimi come quella dell'angolo e quella del tempo

sessagèsimo (o **-é-**) [vc. dotta, dal lat. *sexagēsimu(m)* 'sessantesimo', ord. di *sexagĭnta* 'sessanta' ✻ sec. XIV] **agg. num. ord.**; **anche s. m.** ● (*lett.*) sessantesimo

sessàggio [1970] **s. m.** ● in pollicoltura, operazione del sessare

♦**sessànta** [lat. parl. **sexā(g)inta*, da *sĕx* 'sei' ✻ 1282] **agg. num. card. inv.** (**si elide davanti ad** *anni*: *sessant'anni*); **anche s. m. e f. inv.** (**V. nota d'uso NUMERI E NUMERALI**) ● (*mat.*) sei volte dieci, sei decine, rappresentato da *60* nella numerazione araba, da *LX* in quella romana. **I** come agg. ricorre nei seguenti usi **1** rispondendo o sottintendendo la domanda 'quanti?', indica la quantità numerica di sessanta unità (spec. preposto a un sost.): *ha già sessant'anni; abito a circa s. chilometri dalla città; è lungo s. centimetri* **2** rispondendo o sottintendendo la domanda 'quale?', identifica qlco. in una pluralità, in una successione, in una sequenza (posposto a un sost.): *riguardati il paragrafo s.; abito al numero s. di via Mazzini* | ***gli anni S.***, in un secolo, spec. il XIX e il XX, quelli compresi fra sessanta e sessantanove | ***il s.***, nel secolo di cui si parla, il sessantesimo anno: *nel s. si è realizzata l'unità d'Italia*, nel 1860 **3** in composizione con altri numeri semplici o composti, forma i numeri superiori: *sessantuno; sessantadue; sessantatré; sessantotto; centosessanta; milleduecentosessantotto; sessantamila* **II** come sost. ricorre nei seguenti usi **1** il numero sessanta (per ellissi di un sost.): *il cinque nel s. sta dodici volte; era presente il s. per cento degli invitati* | ***i s.***, i sessant'anni nell'età di un uomo | ***essere sui s.***, avere circa sessant'anni **2** il segno che rappresenta il numero sessanta

sessantamìla [comp. di *sessanta* e *mila*] **agg. num. card. inv.; anche s. m. e f. inv. (V. nota d'uso NUMERI E NUMERALI)** • sessanta volte mille, sessanta migliaia, rappresentato da *60 000* nella numerazione araba, da $\overline{LX}$ in quella romana. **I** come agg. ricorre nei seguenti usi **1** rispondendo o sottintendendo la domanda 'quanti?', indica la quantità numerica di sessantamila unità (spec. preposto a un sost.): *ho già versato s. euro di anticipo per l'appartamento; la mia macchina ha già fatto s. kilometri; una popolazione di s. abitanti* **2** rispondendo o sottintendendo la domanda 'quale?', identifica qlco. in una pluralità, in una successione, in una sequenza (posposto a un sost.): *abbonamento numero s.* **II** come sost. ricorre nei seguenti usi **1** il numero sessantamila (per ellissi di un sost.): *il s. nel centottantamila sta tre volte* **2** il segno che rappresenta il numero sessantamila

sessantanòve [dalla rappresentazione grafica del numero, comp. degli opposti *6* e *9* ✱ av. 1916] **s. m. inv.** • (*volg.*) pratica erotica che comporta nello stesso tempo cunnilinctus e fellatio

sessantaquattrèṣimo (o -é-) **A agg. num. ord.** • corrispondente al numero sessantaquattro in una sequenza, in una successione, in una serie (rappresentato da LXIV nella numerazione romana, da 64° in quella araba): *la sessantaquattresima parte di un foglio; classificarsi s.* **B s. m.** • ciascuna delle sessantaquattro parti uguali di una stessa quantità: *calcolare i tre sessantaquattresimi di cento* | ***in s.***, in tipografia, di foglio su ognuna delle cui facce vengono stampate sessantaquattro pagine; in legatoria, del tipo di formato ottenuto piegando tali fogli in modo da ottenerne 64; (*fig., scherz.*) di persona o cosa di ridotte dimensioni o di scarso valore: *volume in s.; è un Cesare in s.*

sessantenàrio [da *sessanta*, sul modello di *centenario* (V.) ✱ 1960] **A agg. 1** (*raro*) che ha sessant'anni, detto di cosa o di persona **2** che ricorre ogni sessant'anni **B s. m.** • ricorrenza del sessantesimo anno da un avvenimento memorabile: *celebrare il s. della nascita di qlco.* | (*est.*) la cerimonia che si celebra in tale occasione

sessantènne [comp. di *sessant(a)* ed *-enne* ✱ 1858] **A agg. 1** che ha sessant'anni **2** (*raro*) che dura da sessant'anni **B s. m. e f.** • chi ha sessant'anni d'età

sessantènnio [comp. di *sessant(a)* ed *-ennio* ✱ 1954] **s. m. (pl. -i o raro -ii)** • periodo di sessant'anni: *un s. di guerre*

sessantèṣimo (o -é-) **A agg. num. ord. 1** corrispondente al numero sessanta in una successione o in una classificazione (rappresentato da LX nella numerazione romana, da 60° in quella araba): *il s. compleanno; il s. anniversario della fondazione; classificarsi s.* | ***due alla sessantesima***, (*ellitt.*) due elevato alla sessantesima potenza **SIN.** (*lett.*) sessagesimo **2** in composizione con altri numerali, semplici o composti, forma gli ordinali superiori: *sessantesimoprimo, centosessantesimo; milleduecentosessantesimo* **B s. m.** • ciascuna delle sessanta parti uguali di una stessa quantità: *un s. del totale; nove sessantesimi*

sessantìna [da *sessanta* ✱ sec. XV] **s. f. 1** complesso, serie di sessanta o circa sessanta unità: *una s. di persone; una s. di biglietti da visita* **2** i sessant'anni d'età: *avvicinarsi alla s.* | ***essere sulla s.***, avere circa sessant'anni di età

sessantottésco [da *sessantotto*, anno in cui scoppiò la contestazione giovanile ✱ 1977] **agg. (pl. m. -schi)** • del sessantotto, relativo alla contestazione giovanile, spec. studentesca, del 1968: *movimento s.*

sessantottino [1978] **s. m. (f. -a)** • chi ha partecipato al movimento di contestazione giovanile, spec. studentesca, del 1968

sessantottìṣmo [1977] **s. m.** • ideologia che si richiama ai motivi ispiratori della contestazione giovanile, spec. studentesca, del 1968

sessantòtto [comp. di *sessant(a)* e *otto*] **agg. num. card. inv.; anche s. m. e f. inv. (V. nota d'uso NUMERI E NUMERALI)** • sei volte dieci, o sei decine, più otto unità, rappresentato da *68* nella numerazione araba, da *LXVIII* in quella romana. **I** come agg. ricorre nei seguenti usi **1** rispondendo o sottointendendo la domanda 'quanti?', indica la quantità numerica di sessantotto unità (spec. preposto a un sost.): *ha già compiuto s. anni* **2** rispondendo o sottintendendo la domanda 'quale?', identifica qlco. in una pluralità, in una successione, in una sequenza (posposto a un sost.): *abito al numero s. di questa strada; ho preso l'autobus s.* **II** come sost. ricorre nei seguenti usi **1** il numero sessantotto (per ellissi di un sost.): *abito al s.; sessantadue e sei fa s.* | ***il s., il S., il '68***, l'anno 1968, quello in cui esplose il movimento di contestazione giovanile, spec. studentesca, in alcuni Paesi industrializzati occidentali | (*est.*) il movimento di contestazione giovanile esploso nel 1968 **2** il segno che rappresenta il numero sessantotto

sessàre [da *sesso* ✱ 1970] **v. tr.** (*io sèsso*) • in pollicoltura, distinguere il sesso dei pulcini

sessatóre [1970] **s. m. (f. -trice)** • specialista addetto al sessaggio

sessennàle [da *sessennio* ✱ 1940] **agg. 1** (*lett.*) che dura sei anni: *contratto s.* **2** (*lett.*) che ricorre ogni sei anni: *rinnovo s.*

sessènne [vc. dotta, dal lat. *sexĕnne(m)*, comp. di *sĕx* 'sei' ed *-ĕnnis*, da *ănnus*, 'anno' ✱ 1940] **agg. e s. m. e f.** • (*lett.*) seienne

sessènnio [vc. dotta, dal lat. *sexĕnniu(m)*, comp. di *sĕx* 'sei' e *ănnus* 'anno' ✱ 1735] **s. m.** • (*lett.*) periodo di tempo di sei anni | durata in carica per sei anni di un organo pubblico

sèssile [vc. dotta, dal lat. *sĕssile(m)*, da *sĕssus*, part. pass. di *sedēre* 'sedere' ✱ 1805] **agg. 1** (*bot.*) detto di organo che è attaccato a un altro direttamente mediante la base e non è sostenuto da una parte ristretta | ***fiore s.***, quello privo di peduncolo | ***foglia s.***, quella priva di picciolo **2** (*zool.*) detto di organo non peduncolato: *occhi sessili* **3** (*zool.*) detto di organismo fissato mediante una base estesa: *polipo s.* **4** (*zool.*) detto di organismo incapace di movimento, fissato in permanenza a un substrato: *animali e piante marini sessili* **5** (*med.*) detto di formazione normale o patologica fissata mediante una base estesa su un tessuto o un organo: *polipo, verruca, tumore s.*

sessióne [vc. dotta, dal lat. *sessiōne(m)* 'seduta', da *sĕssus*, part. pass. di *sedēre*, 'sedere' ✱ av. 1540] **s. f.** • seduta o serie di sedute collegiali e periodiche di un'assemblea, un consiglio e sim.: *la s. del Consiglio; s. di esami; s. estiva, autunnale*

sessìṣmo [fr. *sexisme*, da *sexe* 'sesso' ✱ 1974] **s. m.** • tendenza per cui, nella vita sociale, la valutazione delle capacità intrinseche delle persone viene fatta in base al sesso, discriminando spec. quello femminile, rispetto a quello maschile

sessìsta [fr. *sexiste*, da *sexisme* 'sessismo' ✱ 1977] **agg. e s. m. e f. (pl. m. -i)** • che (o chi) è favorevole o incline al sessismo

sessitùra [lat. tardo *subsutūra(m)* 'balza, orlo', comp. di *sŭb* 'sotto' e *sutūra* 'cucitura' ✱ sec. XIV] **s. f.** • balza imbastita in fondo alla gonna per poterla eventualmente allungare

♦**sèsso** [vc. dotta, dal lat. *sĕxu(m)*, di etim. incerta ✱ 1282] **s. m. 1** insieme dei caratteri che in individui della stessa specie contraddistinguono soggetti diversamente predisposti alla funzione riproduttiva | (*spec. scherz.*) ***s. forte***, gli uomini | (*spec. scherz.*) ***s. debole, gentil s.***, le donne | ***terzo s.***, gli ermafroditi; gli omosessuali | (*fig.*) ***il s. degli angeli***, problema irresolubile e immaginario **2** (*est.*) l'attività sessuale e i problemi ad essa attinenti: *affrontare il tema del s.* | ***fare s.***, avere rapporti sessuali | ***s. sicuro***, praticato con le precauzioni igieniche necessarie per evitare trasmissione di malattie | ***s. estremo***, con pratiche rischiose per l'incolumità personale | ***s. virtuale***, simulato, senza che vi sia un reale rapporto (per es. al telefono, in Internet ecc.) **3** (*est.*) insieme degli organi genitali esterni maschili o femminili: *insultava il s. della sorella o della madre del suo nemico* (C. ALVARO)

sessodipendènte [1988] **s. m. e f.; anche agg.** • chi (o che) ha un bisogno frequente e spesso incontrollabile di avere rapporti sessuali **CFR.** erotomane

sèssola ➤ **sassola**

sessuàle [vc. dotta, dal lat. tardo *sexuāle(m)* 'pertinente al sesso', da *sĕxus* 'sesso' ✱ 1819] **agg.** • relativo al sesso | ***ormone s.***, prodotto prevalentemente dalle ghiandole sessuali e responsabile dei caratteri sessuali secondari | ***psicopatia s.***, alterazione dell'istinto sessuale, perversione | ***educazione s.***, volta a dare corrette e opportune informazioni sul tema della riproduzione sessuale e dei rapporti sessuali ‖ **sessualménte**, **avv.** dal punto di vista sessuale; tramite rapporti sessuali: *malattia sessualmente trasmessa* ‖ **sessualità**, **s. f. inv.** (V.)

sessualìṣmo [da *sessuale* ✱ 1908] **s. m. 1** esasperazione, ostentazione della sessualità | (*psicoan.*) pansessualismo **2** (*bot.*) teoria secondo cui le differenze sessuali esisterebbero anche nel mondo vegetale

sessualità [av. 1852] **s. f. inv. 1** insieme dei caratteri e dei fenomeni sessuali **2** attività sessuale: *la s. giovanile; ricerca sulla s. degli scimpanzé* | insieme dei caratteri fisici, funzionali, psicologici e culturali legati all'attività sessuale: *una s. matura, repressa, disturbata*

sessualiẓẓàre [da *sessuale* ✱ 1882] **A v. tr.** • (*raro*) considerare in prospettiva sessuale, dare valore sessuale **B sessualiẓẓàrsi v.**

intr. pron. ● diversificarsi sessualmente ‖ **sessualizzazióne**, **s. f.** il sessualizzare, il sessualizzarsi; (*biol.*) in alcuni animali inferiori, acquisizione di proprietà sessuali da parte di certi organi

sessuàto [da *sesso*, con sovrapposizione di *sessuale* * 1949] **agg.** ● detto di essere vivente provvisto di organi della riproduzione

sessuofobìa [comp. di *sessu(ale)* e *-fobia* * 1959] **s. f.** ● (*psicol.*) paura morbosa della sessualità ‖ **sessuofòbico**, **agg.** (**pl. m.** *-ci*) (*psicol.*) relativo alla sessuofobia ‖ **sessuofobicaménte**, **avv.** ‖ **sessuòfobo**, **agg. e s. m.** (**f.** *-a*) che (o chi) soffre di sessuofobia

sessuologìa [comp. di *sessu(ale)* e *-logia* * 1935] **s. f.** (**pl.** *-gìe*) ● studio dei fenomeni relativi al sesso

sessuològico [1942] **agg.** (**pl. m.** *-ci*) ● relativo alla sessuologia

sessuòlogo [1957] **s. m.** (**f.** *-a*; **pl. m.** *-gi*) ● studioso di sessuologia | (*est.*) esperto di problemi di sessuologia

sessuòmane [comp. di *sessu(ale)* e *-mane* * 1948] **s. m. e f.; anche agg.** ● chi (o che) manifesta sessuomania

sessuomanìa [comp. di *sessu(ale)* e *-mania* * 1948] **s. f.** ● (*psicol.*) attrazione morbosa per tutto ciò che riguarda il sesso | (*est.*) eccessiva o non sempre controllata propensione al sesso

sèsta ① [ellitt. per *ora sesta*, dal lat. *hōra(m) sĕxta(m)* * av. 1342] **s. f.** **1** ora canonica corrispondente al mezzogiorno **2** (*mus.*) sesto grado della scala diatonica | intervallo che abbraccia sei gradi: *s. maggiore, minore, napoletana* **3** nella danza classica, posizione a piedi uniti e corpo fermo, come sull'attenti | atteggiamento schermistico: *invito, legamento di s.*

sèsta ② [f. sost. di *sesto*①, perché misura la sesta parte del cerchio tracciato dalla sua apertura * 1306] **s. f.** **1** (**anche al pl.**) †compasso | †ciascuna delle due aste che costituiscono il compasso: *Con una medesima apritura di seste si descrive il circolo* (LEONARDO) **2** (*tosc.*, *scherz.*, **al pl.**) gambe molto lunghe

sestànte [vc. dotta, dal lat. *sextānte(m)* 'sesta parte dell'unità', da *sĕxtus* 'sesto' * 1631] **s. m.** **1** strumento ottico che serve a misurare l'angolo formato dalle visuali di due oggetti, e in particolare l'altezza degli astri sull'orizzonte, costituito da un settore circolare ampio sessanta gradi **2** moneta romana repubblicana di bronzo uguale a un sesto di asse o due once con l'incisione sul dritto della testa di Mercurio

†**sestàre** ➤ **assestare**

sestàrio [vc. dotta, dal lat. *sextāriu(m)* 'sesta parte di una misura', da *sĕxtus* 'sesto' * 1442] **s. m.** ● nell'antica Roma, misura di capacità

sestèrno o **sesternióne** [da *sesto*①, sul modello di *quaderno* * 1560] **s. m.** ● gruppo di sei fogli piegati in due e inseriti l'uno dentro l'altro

sestèrzio [vc. dotta, dal lat. *sestĕrtiu(m)*, ellitt. per *sestĕrtius nŭmmus* 'moneta di due assi e mezzo', da **semistĕrtius*, comp. di *sēmi(s)-* 'semi-' e *tĕrtius* 'terzo' * 1440] **s. m.** ● piccola moneta romana repubblicana d'argento del valore di due assi e mezzo, poi di quattro assi | grande moneta romana imperiale di oricalco del valore di quattro assi

sestétto [da *sesto*① * 1825] **s. m.** **1** insieme di sei persone che fanno la medesima cosa contemporaneamente | (*disus.*) ***s. difensivo***, nel calcio, il portiere, i due terzini e i tre mediani di una squadra considerati nel loro complesso | ***s. base***, nella pallavolo, la formazione tipo **2** (*mus.*) composizione per sei strumenti o voci | complesso degli esecutori di tale genere di composizione

sestière [dall'ant. fr. *se(s)tier* 'sesta parte di una misura', dal lat. *sextāriu(m)* * 1312] **s. m.** **1** anticamente, ciascuna delle sei parti in cui erano divise alcune città italiane: *furono deputati i Cremonesi ad atterrare il s. di Porta Romana* (L.A. MURATORI) **2** ciascuna delle sei parti in cui è divisa la città di Venezia: *il s. di Dorsoduro*

sestiga [da *sesto*①, sul modello di *biga*, *quadriga*, ecc. * 1858] **s. f.** ● seiuga

sestiglia [da *sest(o)* con la terminazione di *(quadr)iglia* * sec. XX] **s. f.** ● nelle associazioni dei giovani esploratori, gruppo di sei lupetti o coccinelle

sestile [vc. dotta, dal lat. *sextīle(m)*, ellitt. per *sextīlis mēnsis* 'mese sesto', da *sĕxtus* 'sesto', perché l'antico calendario romano cominciava con marzo * av. 1327] **s. m.** **1** sesto mese dell'anno romano, corrispondente all'odierno mese di agosto **2** (*astrol.*) posizione di due pianeti distanti tra loro 60 gradi

sestina [da *sesto*① * sec. XV] **s. f.** **1** canzone di sei stanze, ciascuna di sei endecasillabi, con rime ripetute dalla prima stanza per tutte le altre, così che la seguente le prende dalla precedente | stanza di sei endecasillabi, o versi minori, di cui i primi quattro a rima alternata, e gli ultimi a rima baciata **2** (*mus.*) figura ritmica di sei note di uguale valore che si eseguono nello stesso tempo complessivo di quattro note di identico valore **3** nel gioco della roulette, combinazione di sei numeri, disposti in due file orizzontali di tre numeri, una sotto l'altra, su cui si può puntare **SIN.** trasversale semplice

♦**sèsto** ① [lat. *sĕxtu(m)*, da *sĕx* 'sei' * 1261 ca.] **A** **agg. num. ord.** ● corrispondente al numero sei in una successione o in una classificazione (rappresentato da VI nella numerazione romana, da 6° in quella araba): *la sesta sinfonia di Beethoven; il s. battaglione; giugno è il s. mese dell'anno; Giorgio VI d'Inghilterra; io fui s. tra cotanto senno* (DANTE *Inf.* IV, 102) | ***due alla sesta***, (*ellitt.*) due elevato alla sesta potenza | ***ora sesta***, (*ellitt.*) ***sesta***, ora canonica, corrispondente a mezzogiorno e (*est.*) l'ufficio che si diceva a quell'ora | ***sesta rima***, sestina: *poema in sesta rima* | ***s. grado***, nella scala tradizionale delle difficoltà alpinistiche, grado che stava ad indicare il limite delle possibilità umane fino all'introduzione di gradi successivi | massimo grado di difficoltà finora superato nella discesa dei fiumi in kayak | ***il s. continente***, il mondo subacqueo; l'Antartide | (*fig.*) ***s. senso***, particolare intuito, capacità di previsione | (*med.*) ***sesta malattia***, malattia esantematica dell'infanzia **B** **s. m.** **1** ciascuna delle sei parti uguali di una stessa quantità: *i cinque sesti di un numero; un s. di cento* **2** (**f.** *-a*) chi (o ciò che) viene a trovarsi dopo altri cinque, che viene al sesto posto: *è il s. di otto fratelli; stai più attento con quei piatti: è il s. che rompi in una settimana!* **3** †sestiere, spec. a Firenze

sèsto ② [da *sesto*① * av. 1537] **s. m.** **1** (*archit.*) curvatura di un arco | ***arco a tutto s.***, semicircolare | ***arco a s. rialzato, arco a s. ribassato***, con saetta maggiore o minore del raggio **2** †compasso

sèsto ③ [variante di *assesto* * av. 1511] **s. m.** **1** posizione, disposizione, normale: *essere, mettere, porre, in, a s.; non essere in s.* **SIN.** ordine | ***essere, sentirsi, fuori s., fuori di s.***, non essere in condizioni normali | ***rimettersi in s.***, tornare alla condizione normale **2** †rimedio

sestodècimo [vc. dotta, dal lat. *sĕxtu(m) dĕcimu(m)* 'sedicesimo', comp. di *sĕxtus* 'sesto' e *dĕcimus* 'decimo' * 1308] **agg. num. ord.; anche s. m.** ● (*raro*, *lett.*) sedicesimo

sestogradista [1959] **s. m. e f.** (**pl. m.** *-i*) ● arrampicatore che compie scalate su vie di sesto grado

sestùltimo o **sest'ùltimo** [comp. di *sest(o)*① e *ultimo* * 1641] **agg.** ● corrispondente al numero sei, a partire dall'ultimo, in una sequenza o in una classificazione

sestuplicàre [da *sestuplice* * 1960] **v. tr.** (*io sestùplico, tu sestùplichi*) ● moltiplicare per sei, accrescere di sei volte: *s. i propri guadagni*

sestùplice [da *sesto*①, sul modello di *quadruplice* * 1957] **agg.** ● (*lett.*) che si compone di sei parti, anche diverse fra loro: *una s. intesa*

sèstuplo [da *sesto*①, sul modello di *quadruplo* * 1585] **A** **agg.** ● che è sei volte maggiore, relativamente ad altra cosa analoga: *ora ha un rendimento s. rispetto a prima* **B** **s. m.** ● quantità, misura sei volte maggiore: *ho guadagnato il s. di quanto avevo speso*

set /ingl. sɛt/ [vc. ingl., propr. 'partita' * 1905] **s. m. inv.** **1** (*sport*) ciascuna delle partite, suddivise in giochi (o 'game'), di cui si compone un incontro di tennis | ***incontro al meglio dei tre, dei cinque set***, incontro di tennis nel quale il vincitore deve conquistare rispettivamente due e tre set | ciascuna partita di un incontro di pallavolo | nella loc. sost. f. inv. ***set ball***, nelle discipline le cui competizioni sono articolate in set, la palla decisiva ai fini della conquista della frazione che si sta giocando | nella loc. sost. m. inv. ***set point***, punto che determina la conquista del set | ***annullare un set point***, conquistare il punto che avrebbe dato all'avversario la vittoria del set **2** luogo in cui vengono effettuate le riprese cinematografiche: *abbandonare il set; essere impegnato sul set* **3** serie di oggetti dello stesso tipo, insieme di cose affini: *un set di valigie; set di pelle da scrivania*

♦**séta** ① [lat. *sēta(m)*, variante rustica di *sāeta* 'setola', di etim. incerta * sec. XIII] **s. f.** **1** fibra tessile prodotta dal baco da seta, costituita dai filamenti continui, lunghi fino a 800 metri, con i quali il baco forma i bozzoli **CFR.** seri- | ***s. greggia***, ottenuta dipanando i bozzoli | ***s. cruda***, non sgommata | ***s. cotta, sgommata***, privata della sericina | ***s. artificiale***, denominazione data un tempo alle fibre artificiali di cellulosa | ***s. selvatica***, prodotta da bachi selvatici, non allevati | ***s. marina***, bisso | (*est.*) tessuto di seta: *una camicia di s.; vestirsi di s.* | ***misto s.*** o (con grafia unita) ***mistoseta***, detto di tessuto ottenuto mescolando seta con altre fibre: *fodera mistoseta; camicetta in misto s.* **2** (*zool.*) materiale fibroso prodotto da specifiche ghiandole degli Artropodi per formare bozzoli protettivi o strumenti di predazione **3** (*bot.*) filamento che sorregge l'organo che porta le spore (*urna*) nei muschi **4** (*est.*) cosa sottile, morbida e vellutata: *capelli di s.; pelle che è una s.; barba che pare una s.*

†**séta** ② ➤ **sete**

setacciàre o (*tosc.*) **stacciàre** [lat. tardo *s(a)etaciāre*, da *s(a)etācium* 'crivello' * av. 1574] **v. tr.** (**pres.** *io setàccio*; **fut.** *io setaccerò*) **1** separare le parti più grossolane dalle più fini dei cereali macinati: *s. la farina* **2** (*fig.*) esaminare con minuzia e accuratezza: *s. un archivio*

setacciàta o (*tosc.*) **stacciàta** [sec. XIV] **s. f.** ● operazione del setacciare una volta | quantità di farina o altro che si fa passare in una volta nel setaccio ‖ **setacciatina**, **dim.**

setacciatóre o (*tosc.*) **stacciatóre** [1970] **s. m.** (**f.** *-trice*); **anche agg.** ● chi (o che) setaccia

setacciatùra o (*tosc.*) **stacciatùra** [av. 1566] **s. f.** ● operazione del setacciare | cruschello o altro residuo che non passa attraverso il setaccio

setàccio o (*tosc.*) **stàccio** [lat. tardo *s(a)etāciu(m)* 'crivello', da *sāeta* 'setola, crine' ✻ sec. XIV] **s. m.** ● attrezzo costituito da una rete di seta, tela, crine o fili metallici, usato per separare i vari prodotti della macinazione dei cereali | (*miner.*) *s. molecolare*, minerale, come la zeolite, capace di lasciarsi attraversare da una soluzione trattenendo alcuni cationi e lasciandone passare altri, utilizzato per la purificazione delle acque | ***passare al s.***, (*fig.*) esaminare con minuzia e accuratezza || **setaccino**, **dim.**

setàceo [da *seta*① ✻ 1805] **agg.** ● che per finezza, morbidezza, lucentezza e sim. è simile alla seta

setaiòlo o (*lett.*) **setaiuòlo** [da *seta*① ✻ 1272] **s. m.** (**f.** *-a*) ● chi lavora o commercia in seta | operaio di setificio

setàle [da *seta*① ✻ av. 1933] **s. m.** ● (*pesca*) finale

†**setardènte** [comp. di *set(e)* e *ardente* ✻ av. 1698] **agg.** ● (*raro, lett.*) che fa venire una sete intensa: *in questa spiaggia s. ed orrida* (F. Redi)

♦**séte** o (*merid.*) †**séta**② [lat. *sĭti(m)*, di orig. indeur. ✻ 1268] **s. f. 1** sensazione che spinge a bere: *s. ardente, insopportabile*; *avere s.*; *soffrire la s.*; *spegnere, appagare, togliere la s.*; *lasciar morire di fame e di s. nelle stalle il bestiame* (R. Bacchelli) | ***bruciare, morire***, e sim. ***di s.***, (*iperb.*) essere molto assetato **2** (*est.*) aridità, secchezza, nelle piante, nel terreno e sim.: *la terra ha s.* **3** (*fig.*) ardente desiderio, avidità, bramosia: *s. di denaro, di potere, di sangue*

setería [da *seta*① ✻ 1771] **s. f. 1** setificio | negozio di tessuti di seta **2** (**al pl.**) filati e tessuti di seta

seticoltùra [comp. di *seta*① e *-coltura* ✻ 1891] **s. f.** ● (*raro*) sericoltura

setificàre [da *set(a)*① ✻ 1990] **v. tr.** (*io setìfico, tu setìfichi*) ● rendere simile alla seta, spec. per morbidezza e lucentezza || **setificazióne**, **s. f.**

setificàto [da *set(a)*① ✻ 1990] **agg.** ● detto di tessuto o di fibra tessile che hanno subìto un processo di lavorazione che li ha resi simili alla seta: *collant s.*; *filato sintetico s.*

setifìcio [comp. di *seta*① e *-ficio* ✻ 1787] **s. m. 1** stabilimento per la lavorazione della seta **2** (*raro*) arte e tecnica di produrre e lavorare la seta

sétola① [lat. tardo *sētula(m)*, variante di *sāetula*, dim. di *sāeta* 'setola, crine' ✻ 1340 ca.] **s. f. 1** pelo grosso, duro, rigido, che si ottiene da alcuni animali quali il maiale, il cinghiale, il cavallo | ***s. di Firenze***, filo grosso di seta, impermeabile e resistente, ottenuto spremendo leggermente il baco da seta **CFR.** cheto-① **2** (*est., scherz.*) pelo duro di barba, capello ispido **3** spazzola di setole, spec. quella usata in tipografia per ripulire i caratteri dall'inchiostro nella stampa a piombo || **setolétta**, **dim.** | **setolina**, **dim.**

S

sétola② [deriv. dim. del lat. *sĕcta*, f. sost. del part. pass. di *secāre* 'tagliare', con sovrapposizione di *setola*① ✻ av. 1320] **s. f. 1** (*pop.*) ragade **2** (*veter.*) fenditura longitudinale dell'unghia degli equini

setolàre [da *setola*① ✻ 1525] **v. tr.** (*io sétolo*) **1** nel procedimento di stampa a piombo pulire i caratteri dall'inchiostro con una spazzola imbevuta di benzina o altro solvente **2** †spazzolare: *s. i panni*

setolinàre [1872] **v. tr.** ● (*raro*) spazzolare col setolino: *s. un cappello*

setolìno [da *setola*① ✻ 1865] **s. m.** ● piccola spazzola di setola usata spec. per pulire cappelli, panni e sim.

setolóso (o **-ṣo**) [da *setola*① ✻ 1340 ca.] **agg.** ● pieno, ricoperto di setole | ispido come setola

setolùto [da *setola*① ✻ av. 1333] **agg.** ● (*lett.*) coperto di setole

setosità (o **-oṣi-**) [da *setoso*③ ✻ 1922] **s. f. inv.** ● caratteristica di ciò che è setoso: *la s. di un tessuto*

setóso① (o **-ṣo**) [lat. *setōsu(m)*, var. di *saetōsus* 'setoloso', da *sāeta* 'setola' ✻ av. 1320] **agg. 1** †setoloso **2** (*lett.*) peloso: *petto s.*

†**setóso**② (o **-ṣo**) [da *sete* ✻ av. 1571] **agg.** ● sitibondo

setóso③ (o **-ṣo**) [da *seta*① ✻ 1922] **agg.** ● che ha l'aspetto e la consistenza della seta: *stoffa setosa* || **setosità**, **s. f. inv.** (V.)

sètta [dal lat. *sĕcta(m)* 'parte, frazione', f. sost. di **sĕctus* per *secūtus*, part. pass. di *sĕqui* 'seguire' ✻ av. 1306] **s. f. 1** gruppo di persone che professano una particolare dottrina politica, filosofica, religiosa e sim., in contrasto o in opposizione a quella riconosciuta o professata dai più: *s. clericale*; *s. eretica* | ***s. cristiana***, ciascuno dei movimenti che respingono l'organizzazione e le dottrine del Cattolicesimo e delle Chiese derivate dalla Riforma | ***spirito di s.***, faziosità **2** società segreta: *s. massonica, dei carbonari* **3** †compagnia, moltitudine di seguaci

settàggio [da *settare* ✻ 1996] **s. m.** ● il settare | (*inform.*) definizione dei parametri di un programma

♦**settànta** [lat. parl. **septuā(g)inta*, per il classico *septuagĭnta*, da *sĕptem* 'sette' ✻ 1270] **agg. num. card. inv.** (**si elide davanti ad** *anni*: *settant'anni*); **anche s. m. e f. inv.** (**V. nota d'uso NUMERI E NUMERALI**) ● (*mat.*) sette volte dieci, sette decine, rappresentato da *70* nella numerazione araba, da *LXX* in quella romana. **I** come agg. ricorre nei seguenti usi **1** rispondendo o sottintendendo la domanda 'quanti?', indica la quantità numerica di settanta unità (spec. preposto a un sost.): *ha ormai settant'anni*; *vado a una media di s. kilometri all'ora* | ***s. volte sette***, (*est.*) infinite volte: *bisogna perdonare s. volte sette* **2** rispondendo o sottintendendo la domanda 'quale?', identifica qlco. in una pluralità, in una successione, in una sequenza (posposto a un sost.): *leggi a pagina s.*; *abito al numero s.* | ***gli anni S.***, in un secolo, quelli compresi fra il settanta e il settantanove **3** in composizione con altri numeri semplici o composti, forma i numeri superiori: *settantuno*; *settantadue*; *settantatré*; *settantotto*; *settantamila*; *trecentosettanta* **II** come sost. ricorre nei seguenti usi **1** il numero settanta (per ellissi di un sost.): *il cinque nel s. sta quattordici volte*; *ho pagato solo il s. per cento del totale* | ***i s.***, i settant'anni d'età | ***essere sui s.***, avere circa settant'anni | ***Versione dei Settanta, i Settanta***, la prima traduzione greca dell'Antico Testamento | ***il s.***, nel secolo di cui si parla, il settantesimo anno: *Roma divenne capitale d'Italia nel s., nel 1870* | ***Consiglio dei Settanta***, nella Firenze medicea, magistratura con funzioni deliberative **2** il segno che rappresenta il numero settanta

settantamìla [comp. di *settanta* e *mila*] **agg. num. card. inv.**; **anche s. m. e f. inv.** (**V. nota d'uso NUMERI E NUMERALI**) ● settanta volte mille, settanta migliaia, rappresentato da *70 000* nella numerazione araba, da $\overline{LXX}$ in quella romana. **I** come agg. ricorre nei seguenti usi **1** rispondendo o sottintendendo la domanda 'quanti?', indica la quantità numerica di settantamila unità (spec. preposto a un sost.): *ho già versato s. euro*; *la mia macchina ha già fatto s. kilometri*; *una popolazione di s. abitanti* **2** rispondendo o sottintendendo la domanda 'quale?', identifica qlco. in una pluralità, in una successione, in una sequenza (posposto a un sost.): *abbonamento numero s.* **II** come sost. ricorre nei seguenti usi **1** il numero settantamila (per ellissi di un sost.): *il s. nel duecentodiecimila, sta tre volte* **2** il segno che rappresenta il numero settantamila

settantenàrio [da *settanta*, sul modello di *centenario* (V.) ✻ 1960] **A agg. 1** (*raro*) che ha settant'anni, detto di cosa o di persona **2** che ricorre ogni settant'anni **B s. m.** ● ricorrenza del settantesimo anno da un avvenimento memorabile: *oggi si celebra il s. della sua morte* | (*est.*) la cerimonia che si celebra in tale occasione

settantennàle [da *settantenne* ✻ 1960] **A agg. 1** (*raro*) che dura settant'anni **2** (*raro, lett.*) che ricorre ogni settant'anni: *celebrazione s.* **B** anche **s. m.**

settantènne [comp. di *settant(a)* ed *-enne* ✻ 1858] **A agg. 1** che ha settant'anni d'età **2** (*raro*) che dura da settant'anni **B s. m. e f.** ● chi ha settant'anni d'età

settantènnio [comp. di *settant(a)* ed *-ennio* ✻ 1960] **s. m.** (**pl.** *-i* o *raro -ii*) ● periodo di settant'anni: *la fondazione compie oggi un s. di vita*

settantèṣimo (o **-é-**) **A agg. num. ord. 1** corrispondente al numero settanta in una successione o in una classificazione (rappresentato da LXX nella numerazione romana, da 70° in quella araba): *compie il s. anno d'età*; *oggi ricorre il s. anniversario* | ***due alla settantesima***, (*ellitt.*) due elevato alla settantesima potenza **SIN.** (*lett.*) settuagesimo **2** in composizione con altri numerali, semplici o composti, forma gli ordinali superiori: *settantesimoprimo*, *centosettantesimo*, *milletrecentosettantesimo* **B s. m.** ● ciascuna delle settanta parti uguali di una stessa quantità: *un s. del totale*; *cinque settantesimi*

settantìna [da *settanta* ✻ 1829] **s. f. 1** complesso, serie di settanta o circa settanta unità: *una s. di invitati* **2** i settant'anni d'età: *avvicinarsi alla s.* | ***essere sulla s.***, avere circa settanta anni di età

settàre [adattamento dell'ingl. *set* (*up*) 'predisporre, organizzare' ✻ 1988] **v. tr.** (*io sètto*) ● impostare, predisporre: *s. il termostato a 20°*; *s. i valori iniziali di un programma*

♦**settàrio** [da *setta* ✻ 1598] **A agg. 1** di setta, relativo a una setta: *movimento, scopo, fine s.* **2** (*fig.*) fazioso: *spirito s.* || **settariaménte**, **avv.** con spirito settario **B s. m.** (**f.** *-ia*) **1** (*raro*) seguace di una setta, un partito, una fazione **2** persona faziosa

settarìṣmo [1915] **s. m.** ● atteggiamento settario, fazioso

SFUMATURE DI SIGNIFICATO

settarismo - faziosità

Il comportamento, l'atteggiamento mentale di chi sostiene le proprie idee in modo intransigente, esclusivo, non prendendo in considerazione né tollerando le idee altrui si definisce **settarismo. Faziosità** ha lo stesso significato di difesa intransigente delle proprie idee o di quelle della parte (fazione) a cui si appartiene; in accezione più generale il termine allarga però il suo ambito d'uso a descrivere l'atteggiamento di chi agisce in modo smaccatamente parziale.

settàto [1971] **agg.** ● (*biol.*) che è provvisto di setti

settatóre [vc. dotta, dal lat. *sectatōre(m)* 'seguace', da *sectātus*, part. pass. di *sectāri*, intens. di *sĕqui* 'seguire' ✻ av. 1332] **s. m.** (**f.** *-trice*) ● (*raro, lett.*) seguace, partigiano

♦**sètte** [lat. *sĕptem*, di orig. indeur. ✻ 1261 ca.] **agg. num. card. inv.**; **anche s. m. e f. inv.** (**pl.** †*setti*) (**V. nota d'uso NUMERI E NUMERALI**) ● (*mat.*) numero naturale successivo di sei, rappresentato da *7* nella numerazione araba, da *VII* in quella romana. **I** come agg. ricorre nei seguenti usi **1** rispondendo o sottintendendo la domanda 'quanti?', indica la quantità numerica di sette unità (spec. preposto a un sost.): *i s. giorni della settimana; i s. sacramenti; i s. dolori di Maria; le s. virtù; i s. doni dello Spirito Santo; le s. chiese di Roma; la leggenda dei s. dormienti; gli stivali delle s. leghe; la guerra dei s. anni; 'I s. a Tebe' è una tragedia di Eschilo; i s. sapienti; i s. ottavi di un numero* **CFR.** epta- | ***le s. meraviglie del mondo***, V. *meraviglia* | ***elevare, portare qlcu. ai s. cieli***, (*fig.*) magnificarlo, esaltarlo facendone le lodi | ***chiudere a s. chiavi, con s. sigilli***, chiudere ermeticamente | ***avere s. spiriti come i gatti***, avere una vitalità eccezionale | ***di s. in s., a s. a s.***, sette per volta | (***lett.***) moltissimo (con valore indet.): *per ogni volta che passarvi solea, credo che poscia vi sia passato s.* (G. Boccaccio) **2** rispondendo o sottintendendo la domanda 'quale?', identifica qlco. in una pluralità, in una successione, in una sequenza (posposto a un sost.): *prendi l'autobus numero s.; abito al numero s.; sono le ore s. e trenta* **3** in composizione con altri numeri, semplici o composti, forma i numeri superiori: *settantasette; settecento; settecentomila; milleduecentosettanta* **II** come sost. ricorre nei seguenti usi **1** il numero sette (per ellissi di un sost.): *posso farti uno sconto del s. per cento; gioca il s. di spade; ho in mano il s. bello; verrò il s. gennaio; è questa la fermata del s.?; il s. nel quaranta sta cinque volte e avanza cinque* | ***giocare a s. e mezzo***, V. *sette e mezzo* | nella valutazione scolastica, il voto superiore di un punto alla sufficienza: *avere la media del s.; ho in pagella tutti s. e due sei* | (***colloq.***) ***le s. pomeridiane***, le ore diciannove | ***il s. del mese***, il settimo giorno **2** il segno che rappresenta il numero sette: *scrivo il s. e riporto il due* | (***est., fam.***) strappo, spec. nella stoffa, a forma della cifra araba: *sono rimasto impigliato in un chiodo e mi sono fatto un s. nei pantaloni* **3** (***sport***) squadra di pallanuoto, in quanto formata da sette componenti: *il s. azzurro* **CFR.** settebello, setterosa | nel calcio, l'incrocio dei pali della porta: *il pallone si è infilato nel s.*

settebèllo o **sètte bèllo**, spec. nel sign. 1 [comp. di *sette* e *bello* ✱ 1891] **s. m.** (*Settebello* **nei sign. 2 e 3**) **1** sette di denari nelle carte italiane, o di quadri nelle carte francesi, che nel gioco della scopa vale un punto **2** elettrotreno rapido di lusso che collegava Roma e Milano **3** nel linguaggio giornalistico, nome attribuito alla nazionale italiana maschile di pallanuoto **CFR.** Setterosa

settecentésco [1900] **agg.** (**pl. m.** *-schi*) ● del Settecento, del secolo XVIII: *la cultura e l'arte settecentesca*

settecentèṣimo (o **-é-**) **A agg. num. ord.** ● corrispondente al numero settecento in una successione o in una classificazione (rappresentato da DCC nella numerazione romana, da 700° in quella araba): *la settecentesima parte* **B s. m.** ● ciascuna delle settecento parti uguali di una stessa quantità

settecentista [1757] **A s. m. e f.** (**pl. m.** *-i*) ● scrittore, artista del Settecento | studioso del Settecento **B agg.** ● del Settecento: *scrittore s.*

settecentìstico [da *settecentista* ✱ 1765] **agg.** (**pl. m.** *-ci*) ● relativo al Settecento o ai settecentisti: *il pensiero s.*

settecènto [comp. di *sette* e *cento*. V. lat. *septingĕnti* (nom. pl.) 'settecento' ✱ 1308] **agg. num. card. inv.; anche s. m. e f. inv. (V. nota d'uso NUMERI E NUMERALI)** ● (*mat.*) sette volte cento, sette centinaia, rappresentato da *700* nella numerazione araba, da *DCC* in quella romana. **I** come agg. ricorre nei seguenti usi **1** rispondendo o sottintendendo la domanda 'quanti?', indica la quantità numerica di settecento unità (spec. preposto a un sost.): *ho fatto un viaggio di s. kilometri* **2** rispondendo o sottintendendo la domanda 'quale?', identifica qlco. in una pluralità, in una successione, in una sequenza (posposto a un sost.): *leggete a pagina s.; nell'anno s. d.C.; il numero s.* **II** come sost. ricorre nei seguenti usi **1** il numero settecento (per ellissi di un sost.): *moltiplica s. per tre; elevare s. al quadrato* | ***il Settecento***, (***per anton.***) il secolo XVIII: *erudizione, enciclopedismo del Settecento; il sensismo e il materialismo del Settecento; i sovrani riformatori del Settecento in Italia* **2** il segno che rappresenta il numero settecento

sètte e mèẓẓo [1987] **loc. sost. m. inv.** ● gioco d'azzardo, fatto con un mazzo di quaranta carte, nel quale i giocatori devono raggiungere, ma non oltrepassare, i sette punti e mezzo

♦**settèmbre** [lat. *septĕmbre(m)*, ellitt. per *mēnsis septĕmbris* 'settimo mese', da *sĕptem* 'sette', perché il calendario arcaico romano cominciava con marzo ✱ 1211] **s. m.** ● nono mese dell'anno nel calendario gregoriano, di 30 giorni

†**settembrìa** [da *settembre* ✱ av. 1348] **s. f.** ● (*raro*) autunno

settembrìno [1694] **agg.** ● di settembre, relativo a settembre: *giornata settembrina* | ***lana settembrina***, di pecore tosate in settembre | ***fichi settembrini***, che maturano in settembre

settembriẓẓatóre [fr. *septembrisateur*, da *septembre* 'settembre' ✱ 1799] **s. m.** ● durante la Rivoluzione francese, chi prese parte ai massacri di settembre del 1792 | (***est., lett.***) autore di spietati delitti politici

settèmplice (o **-é-**) [vc. dotta, dal lat. *septĕmplice(m)*, da *sĕptem* 'sette', sul modello di *sĭmplex*, genit. *sĭmplicis* 'semplice' (V. *semplice*①) ✱ av. 1556] **agg.** ● (*lett.*) che è formato di sette parti, anche diverse tra loro | che è rinforzato a sette doppi: *saettò d'Aiace / il s. scudo* (V. Monti)

settemviràto o **settenviràto** [1745] **s. m.** ● ufficio, dignità di settemviri | durata di tale ufficio

settèmviro o **settènviro** [vc. dotta, dal lat. *septĕmviri* (nom. pl.), comp. di *sĕptem* 'sette' e *vĭr*, genit. *vĭri* 'uomo' ✱ 1745] **s. m.** ● nell'antica Roma, ciascuno degli appartenenti a un collegio di sette magistrati | ***settemviri epuloni***, che curavano la divisione dell'agro pubblico ai coloni

settenàrio [vc. dotta, dal lat. *septenāriu(m)* 'di sette', da *septēni* (nom. pl.) 'sette a sette' ✱ av. 1595] **A s. m.** **1** nella metrica italiana, verso la cui ultima sillaba accentata è la sesta; è composto di sette sillabe se termina con parola piana: *ove le belle membra* (F. Petrarca) (V. nota d'uso ACCENTO) **2** nella metrica classica, verso composto da sette piedi a mezzo, ma con tipologie differenti: *s. anapestico, s. giambico, s. trocaico* **B agg.** **1** detto di tale verso **2** (*mus.*) detto di misura di sette tempi

settennàle [da *settenne* ✱ av. 1498] **A agg.** **1** che dura da sette anni: *incarico s.* **2** che ricorre ogni sette anni: *nomina s.* **B** anche **s. m.**

settennàto [da *settenne* ✱ 1891] **s. m.** ● periodo di tempo di sette anni | durata in carica di sette anni di un organo pubblico; (*per anton.*) durata in carica del Presidente della Repubblica: *il s. di Einaudi* **SIN.** settennio

settènne [vc. dotta, dal lat. tardo *septĕnne(m)* 'di sette anni', comp. di *sĕptem* 'sette' e *ănnus* 'anno' ✱ 1640] **A agg.** **1** che ha sette anni **2** che dura da sette anni **B s. m. e f.** ● chi ha sette anni d'età

settènnio [vc. dotta, dal lat. tardo *septĕnniu(m)* 'spazio di sette anni', da *sĕptem* 'sette' e *ănnus* 'anno' ✱ 1611] **s. m.** (**pl.** *-i* o *raro -ii*) ● (*lett.*) periodo di tempo di sette anni **SIN.** settennato

♦**settentrionàle** [dal lat. *septemtrionāle(m)*, da *septemtriōnes* 'Orsa Maggiore' ✱ 1282] **A agg.** **1** che si trova a settentrione: *Paesi settentrionali; Europa s.* | che guarda verso settentrione: *versante s.; lato s. del portico* **CFR.** nord- **2** che proviene da settentrione: *venti settentrionali* | che è caratteristico dei popoli e delle regioni del settentrione: *usanze settentrionali* **3** che è nativo delle zone settentrionali di un Paese: *i francesi settentrionali; gli abitanti settentrionali* **CFR.** meridionale ‖ **settentrionalménte**, **avv.** **1** a Nord **2** (*raro*) secondo gli usi settentrionali ‖ **settentrionalità**, **s. f. inv.** caratteristica di ciò che è settentrionale; (***est.***) l'insieme di ciò che, nei costumi, nella mentalità, negli atteggiamenti, contraddistingue tradizionalmente gli abitanti dell'Italia settentrionale **B s. m. e f.** ● chi è nativo della zona settentrionale di un Paese **CONTR.** meridionale

settentrionalìṣmo [comp. di *settentrional(e)* e *-ismo* ✱ 1832] **s. m.** **1** nella seconda metà dell'Ottocento, tendenza politica ed economica italiana a porre il Nord dell'Italia in una posizione di predominio rispetto al Sud **2** particolarità dei dialetti settentrionali

settentrionalìsta [da *settentrionale* ✱ 1982] **s. m. e f.; anche agg.** (**pl. m.** *-i*) ● chi (o che) è sostenitore del settentrionalismo

settentrionalìstico [1982] **agg.** (**pl. m.** *-ci*) ● che riguarda il settentrionalismo o i settentrionalisti: *politica, teoria, prospettiva settentrionalistica*

♦**settentrióne** [dal lat. *septemtriōne(m)*, sing. di *septemtriōnes*, propr. 'sette buoi', nome delle stelle dell'Orsa Maggiore, comp. di *sĕptem* 'sette' e *trĭo*, genit. *triōnis* 'bue da lavoro' ✱ 1282] **s. m.** **1** Nord: *la bussola indica il s.; dirigersi a s.* | ***vento di s.***, che viene dal Nord **CONTR.** Sud **2** regione posta a nord in un dato Paese | insieme di regioni situate a nord in un dato Paese: *il s. d'Italia* **CONTR.** meridione, mezzogiorno

settenviràto ➤ **settemvirato**

settènviro ➤ **settemviro**

sètte ottàvi [comp. di *sette* e il pl. di *ottavo* ✱ 1965] **A loc. sost. m. inv.** ● giaccone lungo che ricopre di sette ottavi la lunghezza dell'abito che accompagna **B** anche **loc. agg. inv.**: *una giacca sette ottavi*

sètter /ˈsɛtter, *ingl.* ˈsetə(r)/ [vc. ingl., da *to set* 'fermare' ✱ 1875] **s. m. inv.** ● cane da ferma di origine inglese, di grossa taglia, elegante, con orecchie pendenti e lungo pelo setoso

setterème (o **-é-**) ➤ **settireme**

Setteròṣa [comp. di *sette*, numero delle componenti la squadra, e *rosa*, simbolo femminile, opposto all'*azzurro* maschile ✱ 1994] **s. m. inv.** ● nel linguaggio giornalistico, nome attribuito alla nazionale italiana femminile di pallanuoto **CFR.** Settebello

setticemìa o (*disus.*) **septicemìa** [comp. di *settic(o)* ed *-emia* ✱ 1875] **s. f.** ● (*med.*) stato morboso infettivo caratterizzato dalla penetrazione e dalla permanenza nel sangue di germi patogeni

setticèmico [1875] **A agg.** (**pl. m.** *-ci*) ● di setticemia, relativo a setticemia **B agg. e s. m.** (**f.** *-a*) ● che (o chi) è affetto da setticemia

setticlàvio [comp. di *sette* e di un deriv. del lat. *clāvis* 'chiave', sul modello di *laticlavio* ✱ 1826] **s. m.** ● (*mus.*) complesso delle sette chiavi

sèttico [vc. dotta, dal lat. *sēpticu(m)*, dal gr. *sēptikós* 'putrefattivo', connesso con *sēpein* 'putrefare' ✱ 1598] **agg.** (**pl. m.** *-ci*) ● (*med.*) relativo a sepsi | che produce sepsi

settifórme [vc. dotta, dal lat. tardo (eccl.) *septifōrme(m)*, comp. di *sĕptem* 'sette' e di un deriv. di *fōrma* ✱ 1745] **agg.** ● (*raro, lett.*) che ha sette forme, solo nella loc. ***la s. grazia dello Spirito Santo***

sèttile [vc. dotta, dal lat. *sĕctile(m)* 'segato', da *sĕctus*, part. pass. di *secāre* 'tagliare' ✱ 1960] **agg.** ● che è tagliato in lamine, frammenti | ***opera s.***, tecnica di esecuzione di un pavimento consistente nell'adattamento l'uno all'altro di frammenti di marmo di diversa forma e di vari colori

settilùstre [comp. di *sette* e di un deriv. agg. di *lustro* ✱ 1872] **agg.** ● (*raro, lett.*) di sette lustri, cioè di trentacinque anni

sèttima [f. sost. di *settimo* ✱ 1308] **s. f.** **1** (*mus.*) settimo grado della scala diatonica, detto sensibile | intervallo che abbraccia sette gradi **2** (*sport*) atteggiamento schermistico: *invito, legamento di s.*

♦**settimàna** o †**semmàna** [dal lat. tardo *septimāna(m)*, f. sost. di *septimānus* 'di sette', da *sĕptimus* 'settimo'; calco sul gr. *hebdomás* ✱ sec. XII] **s. f.** **1** periodo di sette giorni, spec. dal lunedì alla domenica successiva: *lavorare tutta la s.*; *la prima s. del mese*; *l'ultima s. di settembre*; *il principio, la fine della s.*; *a metà s.* | ***s. corta***, suddivisione dell'orario di lavoro settimanale in cinque giorni anziché in sei | ***s. bianca***, quella trascorsa d'inverno in una località di montagna dedicandosi alle attività sciistiche; ***s. verde***, in campagna o in montagna d'estate; ***s. azzurra*** (o ***blu***), al mare o al lago | ***S. santa***, quella che precede la domenica di Pasqua | (*milit.*) ***servizio di s.***, svolto a turno tra gli ufficiali inferiori e subalterni e tra i sottufficiali **2** salario corrispondente a una settimana di lavoro: *lavorare a s.*; *pagare, riscuotere, la s.* **3** (*est.*) periodo di sette giorni: *starò via circa una s.*; *è una s. che non lo vedo* **4** gioco di ragazzi SIN. campana

♦**settimanàle** [1761] **A** **agg.** ● della settimana, di ogni settimana: *lavoro, orario s.* | che è valido per una settimana: *skipass s.* | ***rivista s.***, che esce una volta la settimana SIN. (*lett.*) ebdomadario ‖ **settimanalménte**, **avv.** ogni settimana **B** **s. m.** **1** periodico che esce ogni settimana: *s. sportivo, per la donna, di moda, di cucina, umoristico* | ***s. politico d'informazione***, formula dei più diffusi rotocalchi, che compendiano in uno tutti gli altri generi **2** biglietto valido per un'intera settimana **3** (*raro*) settimanile

settimanalizzazióne [da *settimanale* ✱ 1987] **s. f.** ● pubblicazione da parte di un quotidiano di inserti speciali o rotocalchi che gli fanno assumere le caratteristiche di un settimanale

settimanìle [forse da *settimana*; nel lat. mediev. *septimanālis* voleva dire anche 'quotidiano', quindi si tratterebbe di un mobile in cui tenere i vestiti di tutti i giorni ✱ 1973] **s. m.** ● piccolo mobile con sette cassetti sovrapposti

†**settimèstre** [vc. dotta, dal lat. tardo *septemmēstre(m)* 'di sette mesi', da *sĕptem*, sul modello di *bimēstris* 'bimestre', con sovrapposizione di *settimo* ✱ av. 1758] **agg.** ● (*lett.*) settimino, nel sign. A

settimìno [da *settimo* ✱ 1872] **A** **agg. e s. m.** (**f.** *-a*) ● che (o chi) è nato al settimo mese di gravidanza: *una bambina settimina*; *spesso i settimini sono delicati* **B** **s. m.** **1** (*mus.*) composizione per sette strumenti o voci | complesso degli esecutori di tale genere di composizione **2** (*merid.*) settimanile

♦**sèttimo** [lat. *sĕptimu(m)*, da *sĕptem* 'sette' ✱ 1268] **A** **agg. num. ord.** ● corrispondente al numero sette in una sequenza, in una successione, in una classificazione, in una serie (rappresentato da VII nella numerazione romana, da 7° in quella araba): *luglio è il s. mese dell'anno*; *classificarsi s. in una gara*; *Enrico VII*; *papa Gregorio VII*; *il s. giorno Dio si riposò*; *il s. comandamento è: non rubare*; *il s. sacramento è il matrimonio* | ***il s. sigillo***, l'ultimo, dell'Apocalisse, con cui è sigillato il libro del giudizio universale | ***essere al s. cielo***, (*fig.*) essere al colmo della gioia | ***s. grado***, nella scala delle difficoltà alpinistiche attualmente in uso ma in continua evoluzione, grado che designa passaggi in arrampicata libera riconosciuti più difficili del tradizionale sesto grado | ***due alla settima***, (*ellitt.*) elevato alla settima potenza **B** **s. m.** **1** ciascuna delle sette parti uguali di una stessa quantità: *calcolare i tre settimi di un numero*; *ho avuto un s. dell'eredità* **2** (**f.** *-a*) chi (o ciò che) viene al settimo posto: *si è classificato s.*; *basta cioccolatini: è il s. che mangi!*

setting /'settin(g), *ingl.* 'setɪŋ/ [vc. ingl., propr. 'scenario' ✱ 1985] **s. m. inv.** **1** (*teatro, cinema*) ricostruzione di un ambiente entro cui far svolgere una scena **2** (*psicol.*) insieme di aspettative connesse a una situazione in base all'esperienza pregressa, che rende il soggetto particolarmente sensibile nel cogliere determinati particolari di essa **3** nell'ambito delle scienze sociali, il contesto in cui un evento si verifica

settirème (o *-é-*) o **setterème** (o *-é-*) [vc. dotta, dal lat. *septirēme(m)* 'nave a sette ordini di remi', comp. di *sĕptem* 'sette' e di un deriv. di *rēmus* 'remo'; calco sul gr. *heptḗrēs* ✱ 1614] **s. f.** ● presso gli antichi Greci e Romani, nave a sette ordini di remi

sètto ① [vc. dotta, dal lat. *sāeptu(m)* 'recinto, barriera', connesso con *sāepes* 'recinto, siepe' ✱ 1574] **s. m.** **1** (*anat.*) parete, membrana che divide una cavità dall'altra: *s. nasale* SIN. sepimento **2** (*zool.*) lamina membranosa che divide i vari segmenti del corpo degli Anellidi **3** (*bot.*) ogni parete che divide un frutto in varie logge SIN. sepimento **4** (*tecnol.*) elemento, struttura e sim. con funzione di separazione o diaframma

†**sètto** ② [dal lat. *sĕctu(m)*, part. pass. di *secāre* 'tagliare' ✱ sec. XIV] **agg.** ● (*raro*) diviso, separato

settónce [dal lat. *septŭnce(m)*, comp. di *sĕptem* 'sette' e di un deriv. di *ŭncia* 'oncia, porzione' ✱ 1932] **s. m. o f.** ● modo di piantare gli alberi a dimora disponendoli ai vertici di un triangolo equilatero

set-top-box /set'tɔp bɔks, *ingl.* ˌsetɒp-'bɒks/ [vc. ingl., propr. 'scatola (*box*) sopra (*top*) il televisore (*set*)' ✱ 1996] **s. m. inv.** (**pl. ingl.** *set-top-boxes*) ● apparecchio elettronico che consente la ricezione televisiva su un monitor o un videoproiettore; in sigla *STB*

settóre ① [dal lat. *sectōre(m)* 'tagliatore, settore', da *sĕctus*, part. pass. di *secāre* 'tagliare' ✱ 1865] **A** **s. m.** (**f.** *-trice*) ● (*med.*) chi pratica la sezione dei cadaveri: *s. anatomico* **B** **in funzione di agg.** (**posposto al sost.**) **1** (*med.*) nella loc. ***perito s.***, chi pratica la sezione dei cadaveri per fini legali **2** (*mat.*) nella loc. ***curva settrice***, V. *settrice*

♦**settóre** ② [vc. dotta, dal tardo lat. *sectōre(m)*, da *sĕctus*, part. pass. di *secāre* 'tagliare' ✱ sec. XIV] **s. m.** **1** (*mat.*) ***s. circolare***, parte di un cerchio compresa in un angolo il cui vertice è nel centro | ***s. sferico***, parte di sfera compresa entro un cono circolare il cui vertice è nel centro **2** zona, spazio, a forma di settore circolare: *il s. di sinistra, di centro, della Camera dei deputati* **3** (*est.*) qualunque spazio materialmente o idealmente delimitato: *s. di attacco* | ***s. d'azione***, parte di terreno assegnata a un'unità spec. militare come spazio di manovra | ***s. di tiro***, spazio angolare entro cui può intervenire un'arma automatica | ***s. telefonico***, un tempo, ciascuna delle aree geografiche in cui era suddiviso il territorio nazionale agli effetti del servizio telefonico CFR. area locale | (*sport*) nei campi per i giochi di palla, ciascuna delle due parti in cui si schierano i contendenti **4** (*fig.*) ramo, sfera, campo di un'attività: *il s. della ricerca scientifica, dell'istruzione*; *s. pubblico, privato* | ***s. primario***, insieme delle attività economiche produttive agricole | ***s. secondario***, insieme delle attività industriali | ***s. terziario***, insieme dei servizi | ***terzo s.***, settore distinto da quello privato e da quello pubblico, costituito dall'insieme delle organizzazioni che non hanno scopo di lucro (per es. le associazioni di volontariato, le cooperative sociali, ecc.)

settoriàle [da *settore*② ✱ 1960] **agg.** **1** relativo a un settore, spec. economico **2** (*fig.*) particolare, circoscritto | ***linguaggio s.***, caratteristico di un determinato settore di attività (per es. sportivo, medico, giuridico ecc.) ‖ **settorialménte**, **avv.** in modo settoriale; per settori ‖ **settorialità**, **s. f. inv.** carattere settoriale

settorialìsmo [da *settoriale*, con *-ismo* ✱ 1970] **s. m.** ● tendenza a vedere i problemi particolari, perdendo la visione d'insieme

settorialìstico [da *settoriale* ✱ 1992] **agg.** (**pl. m.** *-ci*) ● ispirato, improntato a settorialismo: *politica settorialistica*

settorializzàre [1984] **A** **v. tr.** ● dividere in settori specifici: *s. gli investimenti* | rendere settoriale: *s. le competenze* **B** **settorializzàrsi** **v. rifl. e intr. pron.** ● diventare settoriale, cadere nel settorialismo: *la medicina moderna rischia di settorializzarsi* ‖ **settorializzazióne**, **s. f.** (V.)

settorializzazióne [da *settoriale* ✱ av. 1980] **s. f.** ● divisione in settori chiusi: *la s. del mercato del lavoro* | rigida visione settoriale: *evitare la s.*

settorìsta [da *settore*②, con *-ista* ✱ 1965] **s. m. e f.** (**pl. m.** *-i*) ● funzionario di banca che segue i clienti di alcune categorie economiche affidategli

settrìce [f. di *settore*①; V. anche *bisettrice* ✱ 1987] **s. f.; anche agg. solo f.** ● in geometria, curva che divide un angolo in parti uguali

settuagenàrio [vc. dotta, dal lat. tardo *septuagenāriu(m)* 'di settanta anni', da *septuagēni*, num. distributivo di *septuagĭnta* 'settanta' ✱ 1577] **agg. e s. m.** (**f.** *-ia*) ● (*lett.*) che (o chi) ha settant'anni di età: *una settuagenaria molto arzilla*

settuagèsima (o *-é-*) [dal lat. tardo (eccl.) *Septuagēsima(m)*, f. sost. di *septuagēsimus* 'settantesimo' ✱ av. 1396] **s. f.** ● nel calendario liturgico preconciliare, terza domenica precedente alla Quaresima, cadente circa settanta giorni prima di Pasqua

settuagèsimo (o *-é-*) [vc. dotta, dal lat. *septuagēsimu(m)*, num. ord. di *septuagĭnta* 'settanta' ✱ sec. XIV] **agg. num. ord.; anche s. m.** ● (*lett.*) settantesimo

settuplicàre [da *settuplo*, sul modello di *duplicare* ✱ 1865] **v. tr.** (*io settùplico, tu settùplichi*) ● moltiplicare per sette, accrescere di sette volte: *s. i propri incassi*

sèttuplo [dal lat. tardo *sĕptuplu(m)*, da *sĕptem* 'sette', sul modello di *quădruplus* 'quadruplo' ✱ sec. XIV] **A** **agg.** ● che è sette volte maggiore, relativamente ad altra cosa analoga: *un guadagno s. rispetto al precedente* **B** **s. m.** ● quantità, misura sette volte maggiore: *rendere il s.*

setup /se'tap, *ingl.* ˌset'ʌp/ [vc. ingl. 'installazione, avviamento' ✱ 1992] **s. m. inv.** ● (*inform.*) installazione, spec. di computer, periferiche e programmi

†**severàre** ➤ **sceverare**

severità [dal lat. *severitāte(m)* 'severità, gravità', da *sevērus* 'severo' ✻ 1320] **s. f. inv.** ● caratteristica di chi (o di ciò che) è severo, intransigente, inflessibile: *la scuola ora ha perduto la s. di una volta*; *punire con s.* | austerità: *s. di vita, di costumi* | rigore: *s. di studi, di metodo* | sobrietà, misura: *la s. di linee di una costruzione*

SFUMATURE DI SIGNIFICATO

severità - rigore - intransigenza

Severità è il modo di agire di chi, convinto dei propri principi, non ammette deroghe. **Rigore** esprime un'analoga inflessibilità, ma aggiunge con la maggiore rigidità una sfumatura di durezza, di asprezza. **Intransigenza** è la caratteristica di chi non transige, cioè è irremovibile nelle proprie idee, il che può essere motivo di merito ma anche segno di ottusità o irragionevolezza.

♦**sevèro** [lat. *sevēru(m)*, di orig. indeur. ✻ 1313] **agg.** **1** che si attiene a rigidi principi morali: *un padre s.*; *una famiglia severa e intransigente* **2** che rifugge dall'indulgenza, dai compromessi, dalle concessioni: *giudice, esaminatore s.* **SIN.** intransigente, inflessibile **3** (*est.*) austero, serio, grave: *aspetto s.*; *uno sguardo severo* | ***studi severi***, eseguiti con il massimo impegno **4** sobrio, privo di elementi meramente esornativi, spec. con riferimento alle arti plastiche e figurative: *la severa linearità di un palazzo cinquecentesco* **5** rilevante: *l'esercito ha conquistato la posizione subendo severe perdite* **6** (*med.*) grave: *sindrome severa*; *coma s.* ‖ **severaménte**, **avv.** con severità: *guardare qlcu. severamente*

SFUMATURE DI SIGNIFICATO

severo - fermo - rigido - intransigente

Chi impone con rigore il rispetto di principi etici o di norme sociali, senza alcuna indulgenza o compromesso, si definisce **severo**. Chi non si sposta dalle sue convinzioni o decisioni può essere definito **fermo**, parola che suggerisce una risolutezza decisa ma giusta, oppure **rigido**, se si intende al contrario suggerire un'inflessibilità ottusa di giudizio. Chi è irremovibile nelle proprie idee e non concede nulla alle opinioni altrui si definisce anche **intransigente**.

SFUMATURE ➤ ***rigoroso***

sevìzia [vc. dotta, dal lat. *saevĭtia(m)* 'ferocia', da *sāevus* 'crudele' ✻ av. 1363] **s. f.** ● (**spec. al pl.**) tormento fisico e morale, tortura crudele: *essere sottoposto a sevizie* | (*fig., scherz.*) persecuzione, angheria: *non fa che subire sevizie dal capufficio*

seviziàre [1883] **v. tr.** (*io sevìzio*) ● usare sevizie, assoggettare a sevizie | violentare sessualmente | (*fig.*) maltrattare, tormentare: *il marito la sevizia continuamente*

seviziatóre [av. 1952] **s. m.** (**f.** *-trice*) ● chi sevizia

sévo ① [lat. *sēvu(m)* 'sego', variante di *sēbu(m)* (V. *sebo*) ✻ 1313] **s. m.** ● sego

†**sèvo** ② [dal lat. *sāevu(m)* 'crudele', forse di orig. indeur. ✻ av. 1400] **agg.** ● crudele, spietato

†**sèvro** ➤ **scevro**

sevrùga [dal suo n. russo *sevrjuga*, vc. di orig. tatara da una base che significa 'punta' ✻ 2001] **s. m. inv.** ● varietà pregiata di caviale caratterizzato da uova di colore verde-nero di piccolissime dimensioni, ricavato dallo storione *Acipenser stellatus*

sex /ingl. sɛks/ [vc. ingl., dal lat. *sĕxus*, nom., 'sesso' ✻ 1928] **s. m. inv.** ● sesso, in alcune loc. sost. m. inv. | ***sex appeal***, fascino costituito prevalentemente dall'attrattiva sessuale (comp. con *appeal* 'richiamo') | ***sex symbol***, personaggio, per lo più del mondo dello spettacolo, che per la sua carica erotica diventa il simbolo di un'epoca, una società, un ambiente: *Rita Hayworth è stata un sex symbol del cinema americano* (comp. con *symbol* 'simbolo') | ***sex shop***, negozio in cui si vendono giornali, film e altro materiale erotico e pornografico (comp. con *shop* 'negozio') | ***sex toy***, oggetto prodotto per giochi e attività erotiche (comp. con *toy* 'giocattolo')

sexting /ingl. 'sɛkstɪŋ/ [vc. ingl., comp. di *sex* 'sesso' e *(tex)ting* 'invio di un sms' ✻ 2009] **s. m. inv.** ● invio di immagini o testi a contenuto sessuale tramite Internet o telefono cellulare

sèxy /ingl. 'sɛksɪ/ [agg. ingl. da *sex* 'sesso': propr. 'erotico, conturbante' ✻ 1948] **agg. inv.** ● eroticamente attraente, dotato di sex appeal: *donna, attrice s.* | erotico: *film s.*

sezionàle [1942] **agg.** ● di sezione, relativo a sezione

sezionaménto [av. 1910] **s. m.** ● divisione in sezioni | (*med.*) dissezione

sezionàre [1831] **v. tr.** (*io sezióno*) **1** dividere in sezioni | (*fig.*) analizzare in modo particolareggiato, scomporre: *s. un testo* **2** (*med.*) praticare una sezione **3** (*elettr.*) isolare una parte di un impianto elettrico mediante sezionatori

sezionàto **part. pass.** di *sezionare*; anche **agg.** **1** nei sign. del v. **2** (*bot.*) detto di foglia le cui divisioni giungono alla rachide

sezionatóre [da *sezionare* ✻ 1960] **s. m.** ● (*elettr.*) apparecchio di manovra negli impianti elettrici che apre e chiude circuiti non percorsi da corrente ma che possono essere in tensione allo scopo di rendere visibile l'avvenuta apertura dei circuiti stessi

sezionatùra [da *sezionare* ✻ 1991] **s. f.** ● sezionamento

♦**sezióne** [dal lat. *sectiōne(m)*, da *sĕctus*, part. pass. di *secāre* 'tagliare' ✻ av. 1328] **s. f.** **1** (*med.*) separazione di organi o tessuti per incisione chirurgica **2** (*mat.*) operazione che consiste nel tagliare una figura con una retta o con un piano: *retta, piano di s.* | risultato di tale operazione | ***s. piana***, intersezione con un piano | ***s. aurea***, parte di un segmento che è media proporzionale fra l'intero segmento e la parte complementare | (*fis.*) ***s. d'urto***, area caratteristica delle reazioni atomiche o nucleari proporzionale alla probabilità delle reazioni stesse **3** in varie tecnologie, figura intercettata da un oggetto sul piano col quale si immagina tagliato, particolarmente utile nel disegno tecnico e architettonico per rappresentare le strutture interne di organi, pezzi, edifici e sim.: *s. longitudinale, s. trasversale, s. frontale* | (*mar.*) ***s. maestra***, quella perpendicolare alla sezione longitudinale nel punto di maggior larghezza della nave **4** (*fig.*) ripartizione in cui è suddiviso un tutto organico, spec. suddivisione interna attuata in base a precisi criteri, nell'ambito di enti, organizzazioni, istituti, uffici e sim.: *la classe II, s. C, del nostro liceo*; *le sezioni cittadine di un partito*; *sezioni civili e penali del Tribunale*; *la s. degli strumenti a fiato, ad arco* | (*dir.*) ***sezioni unite della Corte di Cassazione***, V. *cassazione*② | ***s. elettorale***, suddivisione della circoscrizione elettorale **5** (*milit.*) unità organica esistente in alcune armi e specialità, corrispondente al plotone | unità organica di taluni organi dei servizi: *s. di sanità, di commissariato* **6** succursale di un'azienda **7** parte di una trattazione: *il manuale è diviso in dieci sezioni* ‖ **sezioncìna**, **dim.**

SFUMATURE ➤ ***parte***

†**sezzàio** [da †*sezzo* ✻ av. 1292] **agg. e s. m.** (**f.** *-a*) ● ultimo: *da i primieri a i sezzai ... / passa il terror* (T. Tasso)

†**sèzzo** [lat. *sētius* 'più tardi', prob. connesso con *sērus* 'tardivo' ✻ av. 1292] **agg.** ● ultimo | ***da s.***, in ultimo, alla fine | V. anche †*dassezzo*

†**sfabbricàre** [da *fabbricare*, con *s-* ✻ sec. XIV] **v. tr.** ● demolire un fabbricato

sfaccendàre [da *faccenda*, con *s-* durativa-intensiva ✻ 1838] **v. intr.** (*io sfaccèndo*; **aus.** *avere*) ● compiere con zelo una serie di lavori diversi, spec. domestici: *sua moglie sfaccenda tutto il giorno*

♣**sfaccendàto** [calco su *affaccendato*, con cambio di pref. (*s-*) ✻ 1498] **agg. e s. m.** (**f.** *-a*) **1** (*lett.* o *raro*) che (o chi) non ha lavoro, occupazione e sim.: *Io me ne seggo qui tristo e s.* (G. Carducci) **2** che (o chi) non ha voglia di lavorare: *non lavora perché è uno s.* **SIN.** fannullone, ozioso, scioperato, sfaticato ‖ **sfaccendataménte**, **avv.**

sfaccettàre [da *faccetta*, con *s-* ✻ av. 1704] **v. tr.** (*io sfaccétto*) ● faccettare | fare le faccette alle pietre preziose | (*fig.*) ***s. un argomento, una questione***, e sim., considerarli sotto diversi aspetti e punti di vista

sfaccettàto **part. pass.** di *sfaccettare*; anche **agg.** **1** nei sign. del v. **2** (*fig.*) che si presenta sotto molteplici aspetti: *il secolo XVIII ... lo scopro sempre più ricco, s., pieno di fermenti contraddittori* (I. Calvino)

sfaccettatùra [1725] **s. f.** ● operazione dello sfaccettare | parte sfaccettata | (*fig.*) ciascun aspetto di un problema, di una situazione o sim.

♣**sfacchinàre** [da *facchino*, con *s-* ✻ 1734] **v. intr.** (**aus.** *avere*) ● fare un lavoro faticoso, pesante: *per sistemare la casa ha sfacchinato un mese* **SIN.** sgobbare

sfacchinàta [da *facchinata*, con *s-* ✻ 1933] **s. f.** ● lavoro molto faticoso **SIN.** sgobbata | (*est.*) sforzo intenso, grande fatica: *dopo quella s. in treno* (B. Fenoglio)

sfacciàre [da *faccia*① nel sign. 3 ✻ av. 1537] **v. tr.** (**pres.** *io sfàccio*; **fut.** *io sfaccerò*) ● (*raro*) sfaccettare

sfacciatàggine [1524] **s. f.** ● caratteristica di chi (o di ciò che) è sfacciato | comportamento sfacciato

sfacciatézza [1268] **s. f.** ● (*raro*) sfacciataggine

♣**sfacciàto** [da *faccia*①, con *s-* ✻ 1250 ca.] **A** **agg.**; anche **s. m.** (**f.** *-a*) ● che (o chi) non ha modestia, ritegno, pudore: *ragazzo, discorso s.* **SIN.** impudente, sfrontato **B** **agg.** **1** vistoso, chiassoso: *abbigliamento, colore s.* **2** clamoroso, eccessivo al punto di creare indignazione: *mi disse che ammirava la sua sfacciata fortuna* (I. Svevo) **3** detto di cavallo che presenta una macchia bianca sulla fronte e sulla faccia ‖ **sfacciatèllo**, **dim.** ‖ **sfacciataménte**, **avv.** da sfacciato, sfrontatamente

sfacciatóre [da *sfacciare* ✻ 1779] **s. m.** ● (*mecc.*) intestatore

sfacciatùra [da *sfacciare* ✻ 1562] **s. f.** ● (*mecc.*) intestatura

sfàccio [comp. di *s-* e di un deriv. di *faccia* ✻ 1974] **s. m.** ● nel biliardo, tiro che imprime un effetto alla bilia avversaria colpendola non in pieno ma lateralmente

sfacèlo [vc. dotta, dal gr. *sphákelos* 'cancrena', forse di orig. indeur. ✻ 1661] **s. m.** **1** dissoluzione necrotica di un organo o di un membro | †gangrena umida **2** (*fig.*) disfacimento, rovina: *abitazione in s.*; *lo s. di una famiglia*

sfaciménto [da *disfacimento* ✻ 1746] **s. m.** ● (*raro*) disfacimento

sfagiolàre [da *fagiolo* 'favore, voto favorevole (?)', con *s-* ✻ 1891] **v. intr.** (*io sfagiòlo*; **aus.** *essere*) ● (*fam.*) andare a genio, piacere: *quel tizio non mi sfagiola*

sfagliàre o **fagliàre** nel sign. A [dallo sp. *fallar* 'scartare' nel gioco delle carte, deriv. di *falla* 'carenza, difetto', con *s-* intens.; nel sign. B, per analogia con *scartare* (V.) ✻ av. 1675] **A** **v. tr. e intr.** (*io sfàglio*; **aus.** *avere*) ● nel gioco, disfarsi di una carta, scartare: *s. un fante*; *s. a cuori* **B** **v. intr.** (**aus.** *avere*) ● fare uno scarto improvviso, detto di animale

sfàglio o **fàglio** nel sign. 1 [da *sfagliare*① ✱ 1847] **s. m. 1** lo sfagliare le carte al gioco | carte sfagliate, scarto **2** scarto veloce e imprevedibile di un cavallo adombrato, un animale selvatico e sim.

sfagnéto [da *sfagno* ✱ 1960] **s. m.** ● (*bot.*) tipo di vegetazione formato da sfagni

sfàgno [dal lat. *sphăgnu(m)* 'stagno', dal gr. *sphágnos*, di orig. prob. indeur. ✱ 1838] **s. m.** ● (*bot.*) pianta delle Briofite con ramificazioni regolari, foglioline prive di nervature, colore verde biancastro

sfàlcio [da *falciare*, con *s-* ✱ 1884] **s. m.** ● taglio delle colture da foraggio, degli erbai: *primo, secondo s.*

sfàlda [da *falda*, con *s-* ✱ av. 1597] **s. f.** ● (*raro*) falda che si separa facilmente dal resto

sfaldàbile [1865] **agg.** ● che si può sfaldare, che si sfalda facilmente ‖ **sfaldabilità**, **s. f. inv.**

sfaldaménto [1674] **s. m.** ● lo sfaldare, lo sfaldarsi | (*fig.*) disgregazione

sfaldàre [da *falda*, con *s-* ✱ 1550] **A v. tr.** ● dividere in falde **B sfaldàrsi v. intr. pron. 1** dividersi in falde **2** (*fig.*) disgregarsi, scomporsi

sfaldatùra [1743] **s. f. 1** sfaldamento **2** (*miner.*) proprietà dei cristalli di rompersi secondo superfici piane predeterminate SIN. clivaggio

sfaldellàre [da *faldella*, con *s-* ✱ av. 1698] **v. tr.** (*io sfaldèllo*) ● disfare in faldelle lana, ovatta e sim.

sfalerite [ted. *Sphalerit*, comp. del gr. *sphalerós* 'incerto, malsicuro' e del suff. *-it* '-ite②' ✱ 1981] **s. f.** ● (*miner.*) solfuro di zinco cubico, in cristalli perfettamente sfaldabili e luccicanti di colore da rosso a nero, fonte principale per l'estrazione dello zinco

†**sfallìre** [da *fallire*, con *s-* intens. ✱ sec. XIV] **v. tr. e intr.** ● (*raro*) fallire

sfalsaménto [1940] **s. m.** ● lo sfalsare

sfalsàre [da *falso*, con *s-* ✱ 1553] **v. tr. 1** disporre due o più oggetti verticalmente od orizzontalmente in modo che non risultino allineati: *s. i piani di un armadio* | (*est.*) differenziare sul piano temporale, rendere non coincidenti: *il Comune ha deciso di s. gli orari di apertura degli uffici* **2** deviare, scansare: *s. i colpi dell'avversario*; *s. il tiro*

sfalsàto **part. pass.** di *sfalsare*; anche **agg. 1** che non è allineato o parallelo: *il basamento ... che sembrava dritto e invece era s.* (P. LEVI) **2** (*est.*) che non è sincrono, che non è coincidente: *orari sfalsati nelle scuole*; *segno e senso, in un'opera d'arte, possono anche ... restare sfalsati* (P.P. PASOLINI)

sfalsatùra [1938] **s. f.** ● l'essere sfalsato, cioè non allineato o non sincrono

sfamàre [da *fame*, con *s-* ✱ 1287] **A v. tr.** ● liberare dalla fame: *il pranzo non lo sfamò*; *s. gli indigenti* **B sfamàrsi v. rifl.** ● levarsi la fame, saziarsi: *non ha neppure da sfamarsi*

sfanalàre [comp. di *s-* e *fanale* ✱ 1927] **A v. tr.** ● (*raro*) spalancare gli occhi su qlcu.: *sfanalarono su di lei occhialacci* (C.E. GADDA) **B v. intr.** (aus. *avere*) ● (*colloq.*) usare ripetutamente gli abbaglianti dell'automobile per segnalare qlco.

sfanculàre [comp. di *s-* intens., *fanculo* e il suff. *-are*① ✱ 1989] **v. tr.** ● (*volg.*) mandare a quel paese

sfangaménto [da *sfangare* ✱ 1960] **s. m.** ● operazione consistente nell'asportare dal minerale utile le parti terrose o argillose che vi aderiscono

sfangàre [da *fango*, con *s-* estrattiva ✱ 1314] **A v. tr.** (*io sfàngo, tu sfànghi*) **1** (*lett.*) ripulire dal fango: *Questo ragazzo va sfangato* (C. PAVESE) **2** (*fig., fam.*) **sfangàrla** (con il pron. *la* indeterm.) o nella forma pron. (con valore intens.) **sfangàrsela**, cavarsela: *anche questa volta l'ha sfangata, se l'è sfangata* **3** sottoporre i minerali a sfangamento **B v. intr.** (aus. *essere* o *avere*) **1** †uscire dal fango **2** (*lett.*) muoversi a stento nel fango: *[lo] zio Mommu, che sfangava nel greto* (G. VERGA)

sfangatóre [1960] **s. m.** ● operaio di miniera che sfanga i minerali

sfàre [da *fare*①, con *s-* ✱ av. 1250] **v. tr.** (pres. *io sfàccio* o *sfo* /sfɔ*/, *tu sfài*; anche nelle altre forme coniug. come *fare*) e **sfàrsi v. intr. pron.** ● disfare, disfarsi | (*fam.*) ***a sfare***, in abbondanza: *di torte ce n'erano a sfare*

sfarfallaménto [da *sfarfallare* ✱ 1933] **s. m. 1** (*zool.*) lo sfarfallare, l'uscire dal bozzolo **2** (*fig.*) atteggiamento o comportamento volubile, incostante **3** (*ottica*) variazione ritmica di luminosità dell'immagine cinematografica o televisiva | (*elettr.*) tremolio nella luce delle lampade elettriche spec. fluorescenti **4** (*mecc.*) farfallamento di valvole o ruote

sfarfallàre [da *farfalla*, con *s-* estrattivo nel sign. 1, intens. negli altri sign. ✱ 1612] **v. intr.** (aus. *avere*) **1** uscire dal bozzolo, detto della crisalide divenuta farfalla **2** volare qua e là come una farfalla | di persona, muoversi di qua e di là rapidamente e senza una direzione precisa **3** (*fig.*) mostrare incostanza, leggerezza, nei sentimenti, nelle occupazioni, e sim.: *sfarfalla da un amore all'altro* **4** (*fig., fam.*) commettere errori grossolani, fare sfarfalloni **5** provocare un effetto di sfarfallamento, detto di proiettori cinematografici, lampade fluorescenti e sim.

sfarfallàto **part. pass.** di *sfarfallare*; anche **agg.** ● (*zool.*) detto di bozzolo forato per la fuoriuscita della farfalla

sfarfallatùra [da *sfarfallare* ✱ av. 1718] **s. f.** ● (*zool.*) sfarfallamento nel sign. 1

sfarfalleggiàre [da *farfall(a)* con *s-* intens. ✱ 1942] **v. intr.** (pres. *io sfarfallèggio*; fut. *io sfarfalleggerò*; aus. *avere*) ● sfarfallare nei sign. 2 e 3

sfarfallìo [da *sfarfallare* col suff. *-io*① ✱ 1916] **s. m.** (pl. *-ii*) **1** lo sfarfallare continuo **2** sfarfallamento nel sign. 3

sfarfallóne [da *farfallone* nel sign. 3, con *s-* intens. ✱ av. 1698] **s. m.** ● (*fam.*) grosso sproposito, grave errore

sfarinàbile [1872] **agg.** ● che si può sfarinare

sfarinaménto [1681] **s. m.** ● lo sfarinare, lo sfarinarsi | (*fig.*) perdita di coesione; disgregazione: *lo s. della maggioranza*

sfarinàre [da *farina*, con *s-* ✱ 1464] **A v. tr.** ● ridurre in farina: *s. il frumento* | (*est.*) ridurre in polvere simile a farina **B v. intr.** (aus. *essere*) e **sfarinàrsi v. intr. pron. 1** ridursi in farina, in polvere simile a farina **2** (*fig.*) disgregarsi, scomporsi

sfarinàto **A part. pass.** di *sfarinare*; anche **agg. 1** nei sign. del v. **2** ***pere, mele sfarinate***, troppo mature, dalla polpa molle **B s. m.** ● ogni farina ottenuta con la prima macinazione: *s. di grano duro*

✱**sfàrzo** [dal napol. *sfarzo* 'vanto bugiardo', da *sfarzare*, risalente allo sp. *disfrazar* 'travestire, truccare', di etim. incerta ✱ 1660] **s. m.** ● grande sfoggio di ricchezze, lusso appariscente: *un ricevimento pieno di s.*; *palazzo addobbato con s.*; *uno s. di luci*

sfarzóso (o **-ṣo**) [1715] **agg.** ● pieno di sfarzo, fatto con sfarzo: *apparato s.* ‖ **sfarzosaménte**, **avv.** con sfarzo: *illuminare sfarzosamente* ‖ **sfarzosità**, **s. f. inv. 1** caratteristica di ciò che è sfarzoso SIN. fastosità, sontuosità **2** ostentazione di sfarzo

sfaṣaménto [da *sfasare* ✱ 1935] **s. m. 1** (*elettr.*) differenza di fase tra due grandezze alternate di ugual periodo | (*fig., lett.*) non coincidenza, mancanza di corrispondenza **2** (*fig., colloq.*) stato di disorientamento, di confusione: *un periodo di s.*

sfaṣàre [da *fase*, con *s-* ✱ 1930] **v. tr. 1** (*elettr.*) assegnare alla differenza di fase fra due grandezze alternative valori diversi da zero **2** (*fig., colloq.*) disorientare

sfaṣàto **part. pass.** di *sfasare*; anche **agg. 1** che è fuori fase, detto di motore | (*fig.*) che non collima, che è in contrasto: *una linea politica sfasata rispetto a quella ufficiale del partito* **2** (*fig., colloq.*) disorientato, confuso: *essere, sentirsi, apparire, s.*; *ero sempre ... stonata, sfasata, fuori centro* (A. MORAVIA) ‖ **sfaṣataménte**, **avv.**

sfaṣatùra [1960] **s. f.** ● mancanza di corrispondenza, di raccordo | sfasamento

sfasciacarròzze [comp. di *sfascia(re)*② e il pl. di *carrozza* ✱ 1970] **s. m. e f. inv.** ● (*centr.*) chi acquista vecchie automobili per smontarle e rivenderne le parti utilizzabili SIN. demolitore | (*fig., spreg.*) chi avanza critiche demolitrici, distruttive

sfasciafamìglie [comp. di *sfascia(re)* e del pl. di *famiglia* ✱ 1992] **s. m. e f. inv.** ● rovinafamiglie

sfasciaménto [1745] **s. m.** ● lo sfasciare, lo sfasciarsi, nei sign. di *sfasciare*②

sfasciàre① [da *fasciare*, con *s-* ✱ 1320] **v. tr.** (pres. *io sfàscio*; fut. *io sfascerò*) ● levare dalle fasce: *s. un bambino* | disfare la fasciatura: *s. una ferita* | anche in forma pron.: *sfasciarsi la caviglia*

sfasciàre② [da *fascio*, con *s-* sottratt.-neg. ✱ sec. XV] **A v. tr.** (pres. *io sfàscio*; fut. *io sfascerò*) **1** rompere, sconquassare: *s. una porta, una sedia* | (*fig.*) mandare in rovina, dissolvere **2** smantellare, abbattere mura, opere di fortificazione **B sfasciàrsi v. intr. pron. 1** rompersi, sconquassarsi **2** (*fig.*) andare in rovina, crollare, dissolversi **3** (*fig., colloq.*) perdere la snellezza, l'agilità del corpo, detto spec. di donna: *dopo il parto si è sfasciata*

sfasciàto **part. pass.** di *sfasciare*②; anche **agg. 1** nei sign. del v.: *mobile s.* **2** (*fig.*) che si è disgregato, si è dissolto o è andato in rovina: *una famiglia sfasciata*; *un grande impero ormai s.*

sfasciatùra [av. 1576] **s. f.** ● operazione dello sfasciare, nel sign. di *sfasciare*①

sfascicolàre [da *fascicolo*, con *s-* ✱ 1960] **v. tr.** (*io sfascìcolo*) ● scomporre un libro, un quaderno e sim., nei fascicoli da cui è formato

sfàscio [da *sfasciare*② ✱ av. 1742] **s. m. 1** distruzione **2** (*fig.*) sfacelo, rovina totale: *il paese è allo s.*

sfascìsmo [da *sfasciare* ✱ 1980] **s. m.** ● nella polemica politica, atteggiamento negativo di chi, in un periodo di crisi istituzionale, politica e morale di uno Stato, ne favorisce o ne accelera la disgregazione

sfascìsta [1977] **A s. m. e f.** (pl. m. *-i*) ● chi favorisce, alimenta lo sfascismo **B** anche **agg.**: *atteggiamento, politicante s.*

sfasciùme [da *sfasciare*② ✱ av. 1566] **s. m. 1** insieme di cose sfasciate | insieme di rottami | (*fig., spreg.*) sfacelo **2** (*fig.*) persona dal corpo sfiorito, cascante **3** (*geol.*) ammasso incoerente di terriccio derivato dalla disgregazione di pareti rocciose che si accumula alla base di queste: *s. morenico*

sfataménto [av. 1726] **s. m.** ● (*raro*) lo sfatare: *lo s. di una leggenda*

✱**sfatàre** [da *fatare*, con *s-* ✱ sec. XIII] **v. tr. 1** (*disus.*) togliere l'incantesimo **2** (*est.*) dimostrare inattendibile, inconsistente, ciò in cui si credeva: *s. una leggenda, una diceria*

sfaticàre [da *faticare*, con *s-* ✱ 1921] **v. intr.** (*io sfatìco, tu sfatìchi;* **aus.** *avere*) ● (*tosc.*) affaticarsi molto, fare gran fatica

sfaticàta [da *sfaticare* col suff. *-ata* ✱ av. 1911] **s. f.** ● grande fatica, spec. fisica: *una s., ma n'è valsa la pena!*

sfaticàto ① [da *fatica*, con *s-* ✱ 1845] **agg. e s. m.** (**f.** *-a*) ● che (o chi) non ha voglia di lavorare **SIN.** fannullone, ozioso, scioperato, sfaccendato ‖ **sfaticataménte**, **avv.**

sfaticàto ② **part. pass.** di *sfaticare*; anche **agg.** ● (*tosc.*) molto affaticato

sfàtto **part. pass.** di *sfare*; anche **agg.** **1** nel sign. del v. | disfatto: *letto s.* **2** troppo cotto: *minestra sfatta* | troppo maturo: *frutta sfatta* **3** di persona, appesantita, avvizzita, nel corpo | sfinito, esausto, distrutto: *s. dal gran caldo*

sfavillaménto [sec. XIV] **s. m.** ● lo sfavillare

sfavillànte **part. pres.** di *sfavillare*; anche **agg.** ● nei sign. del v. (+ *di*): *viali sfavillanti di luci* | (*fig.*) raggiante: *occhi sfavillanti di felicità; I suoi grandi occhi bruni sfavillanti di pensieri* (G. DELEDDA) ‖ **sfavillanteménte**, **avv.**

✦**sfavillàre** [da *favilla*, con *s-* ✱ 1313] **A** **v. intr.** (**aus.** *avere*) **1** mandare faville: *le fiamme sfavillano* | (*est.*) risplendere di luce intensa: *il diamante sfavilla* **2** (*fig.*) mostrare intensamente un sentimento (+ *di*): *il suo viso sfavilla di gioia* **B** **v. tr.** ● (*raro, lett.*) dardeggiare (*anche fig.*): *s. ardore, amore*

sfavìllio [1872] **s. m.** (**pl.** *-ii*) ● lo sfavillare continuo

sfavóre [da *favore*, con *s-* ✱ 1539] **s. m.** ● contrarietà, disfavore | ***a s. di, in s. di***, a danno, a svantaggio

sfavorévole [da *favorevole*, con *s-* ✱ 1611] **agg.** ● non favorevole, contrario, avverso: *opinione, giudizio, voto, s.* | negativo: *risposta s.* **CONTR.** favorevole ‖ **sfavorevolménte**, **avv.**

SFUMATURE DI SIGNIFICATO

sfavorevole - svantaggioso - avverso

Sfavorevole comporta una disposizione negativa, è ciò che non giova, danneggia. **Svantaggioso** mette in risalto l'aspetto dell'inferiorità, della minor convenienza rispetto ad altro o ad altri. **Avverso** sottolinea non lo sfavore o lo svantaggio, ma la contrarietà, l'opposizione, l'ostilità.

✦**sfavorìre** [da *favorire*, con *s-* ✱ 1525] **v. tr.** (*io sfavorìsco, tu sfavorìsci*) **1** danneggiare, svantaggiare **2** †disapprovare

sfavorìto **part. pass.** di *sfavorire*; anche **agg.** ● che viene considerato come probabile perdente in una gara, una competizione, una sfida e sim: *partire s.*

sfebbràre [da *febbre*, con *s-* ✱ 1826] **v. intr.** (*io sfèbbro;* **aus.** *essere*) ● cessare di avere la febbre: *entro una settimana sfebbrerà*

sfebbràto **part. pass.** di *sfebbrare*; anche **agg.** ● che non ha più la febbre

sféci ➤ **sfare**

Sfècidi o **Sfègidi** [dal gr. *sphḗx*, genit. *sphēkós* 'vespa', di etim. incerta ✱ 1933] **s. m. pl.** (**sing.** *-e*) ● (*zool.*) famiglia di Insetti degli Imenotteri aculeati, alati, che nutrono le loro larve con prede che hanno prima paralizzate (*Sphecidae*)

sfegatàrsi [da *fegato*, con *s-* ✱ 1855] **v. intr. pron.** (*io mi sfégato*) ● adoperarsi in ogni modo, spec. con zelo eccessivo, per la riuscita di qlco.: *non sfegatarti tanto per difenderlo*

✦**sfegatàto** **A** **part. pass.** di *sfegatarsi*; anche **agg.** ● appassionato, sviscerato: *amore s.* | incallito: *è un giocatore s.* ‖ **sfegatataménte**, **avv.** in modo sfegatato, svisceratamente **B** **s. m.** (**f.** *-a*) ● (*colloq.*) persona impetuosa, fanatica, irriflessiva

Sfègidi ➤ **Sfecidi**

sfeltràre [da *feltro*, con *s-* ✱ 1960] **v. tr.** (*io sféltro*) ● raddrizzare le fibre della lana cardata, prima di pettinarla

sfeltratùra [1933] **s. f.** ● operazione dello sfeltrare

sfemminellatùra [da *femminella*, con *s-* ✱ 1937] **s. f.** ● asportazione della femminella, o germogli secondari, dalla vite

sfènda [retroformazione di *sfendone* (?) ✱ 1983] **s. f.** ● sfendone

†**sfèndere** e deriv. ➤ **fendere** e deriv.

sfendóne [vc. dotta, dal gr. *sphendónē* 'fionda, benda', di etim. incerta ✱ 1838] **s. m.** ● striscia o nastro di tessuto ricamato usato dalle donne greche nell'antichità per ornare e raccogliere i capelli **SIN.** sfenda

Sfenisciformi [comp. del gr. *sphenískos* (dim. di *sphḗn* 'cuneo', d'orig. incerta) e del pl. di *-forme*, detti così per il loro aspetto ✱ 1960] **s. m. pl.** (**sing.** *-e*) ● (*zool.*) ordine di Uccelli marini, tuffatori, con ali corte atte al nuoto, non al volo, becco lungo, piedi palmati, posizione quasi eretta (*Sphenisciformes*) **SIN.** Impenni

sfenodónte [comp. del gr. *sphḗn*, genit. *sphēnós* 'cuneo' (V. *sfenoide*) e *-odonte* ✱ 1952] **s. m.** ● (*zool.*) specie di enorme lucertola, appartenente all'ordine dei Rincocefali, con una cresta longitudinale sul dorso e sulla coda formata da protuberanze spinose (*Sphenodon punctatum*)

sfenoidàle [da *sfenoide*, sul modello del fr. *sphénoïdal* ✱ 1821] **agg.** ● (*anat.*) relativo allo sfenoide

sfenòide [vc. dotta, dal gr. *sphēnoeidḗs* 'cuneiforme', comp. di *sphḗn*, genit. *sphēnós* 'cuneo' e *-eidḗs* '-oide' ✱ 1745] **s. m.** **1** (*anat.*) osso impari mediano della base del cranio, tra l'etmoide e l'occipite **2** (*miner.*) forma cristallina costituita di 2 facce a cuneo

✦**sfèra** [vc. dotta, dal lat. *sphaera(m)*, dal gr. *sphâira*, di orig. indeur. ✱ av. 1327] **s. f.** **1** (*mat.*) solido la cui superficie è il luogo geometrico dei punti dello spazio equidistanti da un punto interno, detto centro **2** (*est.*) corpo, oggetto, strumento, a forma di sfera: *s. di metallo* | ***s. di cristallo***, usata dagli indovini per prevedere il futuro | ***s. di cuoio***, (*assol.*) ***sfera***, nel calcio, il pallone | ***s. armillare***, in astronomia, strumento usato per spiegare i moti apparenti del Sole e degli astri | ***penna a s.***, in cui il pennino è costituito da una sfera di materiale vario, cui affluisce un inchiostro particolarmente denso e pastoso | ***cuscinetto a sfere***, tipo di cuscinetto a rotolamento, che contiene piccole sfere d'acciaio | (*est.*) formazione sferica | ***s. celeste***, quella che idealmente ci circonda e nella quale abbiamo l'impressione che avvengano i fenomeni celesti | (*biol.*) ***apparato della s.***, insieme di formazioni endocellulari particolarmente evidenti al momento della divisione cellulare **3** parte a raggiera dell'ostensorio che circonda l'ostia **4** lancetta di orologio **5** (*fig.*) condizione, grado sociale: *fare parte di una s. elevata* | (*fig.*) ***le alte sfere***, l'insieme delle personalità più potenti, influenti e sim. **6** (*fig.*) ambito, campo, settore: *s. d'azione; nella s. delle idee; ciò va oltre la mia s. di attività* | ***s. d'influenza***, territorio sul quale si riconosce che uno Stato eserciti la propria predominante influenza politica, economica e militare; (*fig.*) limite entro il quale si esercita l'influenza o il potere di una persona, un partito, un ente e sim. | ***s. sessuale***, insieme degli elementi psichici relativi al sesso ‖ **sferétta**, **dim.**

†**sferàle** [vc. dotta, dal lat. tardo *sphaerāle(m)* 'sferico', da *sphaera* 'sfera' ✱ 1521] **agg.** ● (*raro*) sferico

Sferiàli [vc. scient. moderna, dal gr. *sphâira* 'sfera' ✱ 1960] **s. m. pl.** (**sing.** *-e*) ● (*bot.*) ordine di Funghi degli Ascomiceti con corpo fruttifero rotondo, per la maggior parte parassiti o saprofiti (*Sphaeriales*)

sfèrico [vc. dotta, dal lat. tardo *sphaericu(m)*, dal gr. *sphairikós*, da *sphâira* 'sfera' ✱ av. 1327] **agg.** (**pl. m.** *-ci*) **1** di sfera, relativo a una sfera: *forma sferica* | ***astronomia sferica***, parte dell'astronomia che studia le posizioni e i moti dei corpi celesti sulla sfera celeste apparente **2** a forma di sfera | ***lente sferica***, che ha per facce delle porzioni di superficie sferica ‖ **sfericaménte**, **avv.** in maniera sferica ‖ **sfericità**, **s. f. inv.** conformazione sferica

sferìre [da *infierire*, con cambio di pref. (*s-*) ✱ 1815] **v. tr.** (*io sferìsco, tu sferìsci*) ● (*mar.*) togliere ciò che è inferito: *s. le vele*

sferistèrio [vc. dotta, dal lat. *sphaeristē̆riu(m)*, dal gr. *sphairistḗrion* 'luogo per il gioco della palla', da *sphairistḗs* 'giocatore', da *sphâira* 'palla' ✱ 1872] **s. m.** ● luogo attrezzato per lo svolgimento del gioco del pallone a bracciale, del tamburello, della pelota e sim.

sferìstico [da *sfera* ✱ 1805] **agg.** (**pl. m.** *-ci*) ● relativo a qualsiasi sport che prevede l'impiego della palla o del pallone

sferoidàle [1660] **agg.** ● che ha forma di sferoide

sferòide [vc. dotta, dal lat. *sphaeroīde(m)*, dal gr. *sphairoeidḗs* 'sferoide', da *sphâira* 'sfera' con *-eidḗs* '-oide' ✱ 1660] **s. m.** ● solido approssimativamente sferico

sferolìte o (*raro*) **sferulìte** [comp. di *sfer(a)* e *-lite* ✱ 1957] **s. f.** ● (*miner.*) aggregato tondo di uno o più minerali a struttura fibroso-concentrica, depositato da una soluzione in una roccia diversa, in genere vulcanica o sedimentaria

sferòmetro [comp. di *sfera* e *-metro* ✱ 1838] **s. m.** ● strumento per la misura del raggio di curvatura di superfici sferiche di solidi, spec. delle lenti

sferoscòpio [comp. di *sfera* e *-scopio* ✱ 1960] **s. m.** ● (*fis.*) strumento usato per identificare gli astri

sfèrra [da *sferrare* ✱ 1562] **s. f.** ● ferro rotto o vecchio, tolto dallo zoccolo del cavallo

sferracavàllo [comp. di *sferra(re)* e *cavallo* ✱ av. 1577] **s. m.** ● (*bot.*) pianta erbacea delle Papilionacee a foglie composte e fiori gialli con lungo peduncolo, così chiamata per il legume a siliqua a forma di ferro di cavallo (*Hippocrepis comosa*)

sferragliaménto [1960] **s. m.** ● lo sferragliare | suono prodotto sferragliando

sferragliàre [da *ferraglia*, con *s-* ✱ 1934] **v. intr.** (*io sferràglio;* **aus.** *avere*) ● produrre un forte rumore di ferri smossi

✦**sferràre** [da *ferro*, con *s-* ✱ av. 1327] **A** **v. tr.** (*io sfèrro*) **1** togliere i ferri dagli zoccoli di cavalli e sim. **2** liberare dai ferri, dalle catene, chi è imprigionato: *sferrare i prigionieri* | †togliere i ceppi ai galeotti che stanno al remo **3** (*fig.*) tirare, lanciare, con forza: *s. un calcio, un assalto* | muovere un violento assalto o sim.: *s. un attacco, una controffensiva* **4** †togliere un ferro, spec. un'arma da taglio, da dove è conficcato: *sferrarsi una spada dal petto* **5** (*mar., assol.*) perdere violentemente la ritenuta, detto delle ancore **B** **sferràrsi** **v. intr. pron.** **1** perdere i ferri dagli zoccoli, detto di cavalli e sim. **2** (*raro*) liberarsi dai ferri, dalle catene **3** avventarsi, scagliarsi, con impeto: *sferrarsi contro qlcu.*; *un bello e orribile / mostro si sferra* (G. CARDUCCI)

sferràto **part. pass.** di *sferrare*; anche **agg.** ● nei sign. del v.

sferratùra [1838] **s. f.** ● lo sferrare, lo sferrarsi, detto di cavalli e sim.

sferruzzàre [da *ferr(o)* (*da maglia*), con *s-* e

col suff. *-uzzare* ✱ 1895] **v. intr.** (**aus.** *avere*) ● lavorare alacremente a maglia coi ferri

sfèrula [vc. dotta, lat. *sphaērula(m)* dim. di *sphaēra* 'sfera' ✱ 1869] **s. f.** ● (*lett.*) piccola sfera

sferulìte ➤ **sferolite**

sfervoràto [da *infervorato*, con cambio di pref. (*s-*) ✱ 1612] **agg.** ● (*raro*) che non ha più fervore, entusiasmo

sfèrza o **fèrza**, **fèrsa**② [da *sferzare* ✱ 1306] **s. f. 1** frusta: *un colpo di s.* **2** (*fig.*) ciò che colpisce violentemente, come una sferza: *la s. del caldo, del sole* | (*est.*) censura, aspra critica: *la s. del maestro, della critica*

sferzànte **part. pres.** di *sferzare*; **anche agg.** ● nei sign. del v. | (*fig.*) aspro, sarcastico: *con voce ironica e s.* (A. MORAVIA) ‖ **sferzanteménte**, **avv.**

♣**sferzàre** [etim. incerta ✱ av. 1328] **v. tr.** (*io sfèrzo*) **1** battere con la sferza | (*est.*) colpire con violenza: *le onde sferzavano la riva* **2** (*fig.*) criticare, biasimare aspramente | (*fig.*) incitare, pungolare

sferzàta [1395] **s. f. 1** colpo di sferza **2** (*fig.*) critica aspra, severa | (*fig.*) energico stimolo: *L'incontro col vecchio pittore mi ha dato una s.* (B. FENOGLIO) ‖ **sferzatina**, **dim.**

sferzatóre [av. 1729] **s. m.** (**f.** *-trice*); **anche agg.** ● (*raro*) chi (o che) sferza

sferzìna [da *sferza* ✱ 1824] **s. f.** ● (*mar.*) cavo sottile e resistente, che serve a trascinare le reti da pesca e nei lavori di tonneggio e di rimorchio

sferzìno [da *sferza* ✱ 1838] **s. m.** ● sverzino

sfèrzo [da *ferzo*, con *s-* ✱ 1937] **s. m.** ● (*mar.*) ferzo | copertura di tela usata per proteggere materiali e sim. in coperta

sfiaccolàre [da *fiaccolare* (V.), con *s-* durativa-intensiva ✱ av. 1850] **v. intr.** (*io sfiàccolo*; **aus.** *avere*) ● (*raro*) risplendere vivamente, fare una fiamma troppo grande, detto di lumi, candele e sim.

sfiaccolàto [da *fiacco*, con *s-*, sul modello di *dinoccolato* ✱ av. 1850] **agg.** ● (*tosc.*) stremato, spossato | infiacchito

sfiammàre [da *fiamma*, con *s-* ✱ 1869] **A v. tr.** ● attenuare, togliere l'infiammazione **B v. intr.** (**aus.** *avere*) ● fare molta fiamma bruciando **C sfiammàrsi v. intr. pron.** ● attenuarsi, mitigarsi, detto di infiammazione: *la ferita va sfiammandosi*

sfiancaménto [av. 1758] **s. m.** ● lo sfiancare, lo sfiancarsi | (*fig.*) spossatezza, logoramento

sfiancàre [da *fianco*, con *s-* ✱ 1634] **A v. tr.** (*io sfiànco, tu sfiànchi*) **1** rompere nei fianchi, nelle parti laterali: *la piena sfiancò gli argini* **2** (*est.*) spossare, affaticare, togliere ogni forza: *la lunga marcia ci ha sfiancati* **3** segnare marcatamente con un incavo il punto della vita **SIN.** sciancrare **B sfiancàrsi v. intr. pron. 1** rompersi nei fianchi: *la nave si è sfiancata* **2** (*est.*) cedere per troppo sforzo: *gli si è sfiancato il cuore dal dolore* | (*fig.*) spossarsi

SFUMATURE ➤ *stancare*

sfiancàto **part. pass.** di *sfiancare*; **anche agg. 1** nei sign. del v. | (*fig.*) spossato, sfinito **2** detto di cavallo che presenta il fianco infossato e irrigidito

sfiataménto [sec. XIV] **s. m.** ● lo sfiatare, lo sfiatarsi | fuoriuscita di vapori, gas e sim. da un'apertura

sfiatàre [da *fiatare*, con *s-* ✱ 1340 ca.] **A v. intr.** (**aus.** *avere* **nel sign.** 1, *avere* **o** *essere* **nel sign.** 2) **1** emettere fiato, vapori e sim.: *l'animale sfiata per la fatica* **2** fuoriuscire da un'apertura naturale o artificiale, detto di vapori, gas e sim.: *il vecchio fucile sfiata*; *il gas sfiata dalla tubazione* **B v. tr. 1** †emettere fumo, vapori **2** (*raro*) rovinare uno strumento a fiato | togliere il fiato **C sfiatàrsi v. intr. pron. 1** perdere il timbro, detto di strumenti musicali **2** (*fam.*) perdere il fiato a parlare, gridare: *ci sfiatammo a chiamarlo*

sfiatàto **part. pass.** di *sfiatare*; **anche agg. 1** nei sign. del v. **2** (*fam.*) senza voce: *cantante s.*

sfiatatóio [da *sfiatare* ✱ av. 1537] **s. m.** (**pl.** *-ói*) **1** dispositivo di cui possono essere muniti serbatoi, tubazioni, macchine, gallerie e sim., che serve a lasciare sfuggire all'esterno aria, gas o vapori indesiderati **SIN.** sfiato **2** (*zool.*) apertura singola o doppia sulla parte dorsale del capo dei Cetacei, corrispondente alle narici e con funzione prevalentemente respiratoria, da cui vengono emessi getti di vapore che, condensandosi, simulano uno zampillo d'acqua

sfiatatùra [av. 1597] **s. f. 1** sfiatamento **2** apertura da cui sfiatano gas, vapori e sim.

sfiàto [da *sfiatare* ✱ 1805] **s. m.** ● sfiatatoio

sfibbiaménto [sec. XVIII] **s. m.** ● (*raro*) lo sfibbiare

sfibbiàre [lat. tardo *exfibulāre*, da *fibula* 'fibbia', con *ĕx-* (*s-*) ✱ av. 1400] **A v. tr.** (*io sfìbbio*) ● aprire, slacciare sciogliendo la fibbia o le fibbie: *s. un abito* **B sfibbiàrsi v. tr. pron.** (**aus.** *essere*) **e rifl.** ● togliersi un indumento sciogliendo la fibbia o le fibbie: *sfibbiarsi le scarpe*; *Medardo … si sfibbiò, scese di sella* (I. CALVINO)

sfibbiatùra [1922] **s. f.** ● (*raro*) sfibbiamento

sfibraménto [av. 1704] **s. m.** ● lo sfibrare, lo sfibrarsi | (*fig.*) logoramento: *lo s. dell'attesa*

sfibrànte **part. pres.** di *sfibrare*; **anche agg.** ● (*fig.*) logorante: *un caldo, un lavoro s.* ‖ **sfibranteménte**, **avv.**

♣**sfibràre** [da *fibra*, con *s-* ✱ av. 1564] **A v. tr. 1** privare delle fibre vegetali tessuti, carta e sim.: *s. il legno* **2** (*fig.*) indebolire, svigorire, la fibra di un organismo: *il lavoro lo sfibra* **B sfibràrsi v. intr. pron.** ● logorarsi, ridursi allo stremo

sfibràto **part. pass.** di *sfibrare*; **anche agg. 1** nei sign. del v. **2** (*fig.*) spossato, privo di energia

sfibratrìce [1960] **s. f.** ● macchina per la sfibratura

sfibratùra [1960] **s. f.** ● operazione industriale dello sfibrare tessuti vegetali

†**sficcàre** [da *ficcare*, con *s-* ✱ 1534] **A v. tr.** ● sconficcare, togliere **B** †**sficcàrsi v. intr. pron.** ● sconficcarsi | (*fig.*) distogliersi: *tanto più vi si ferma e affligge, e con più fatica si sficca* (L.B. ALBERTI)

♦**sfìda** [da *sfidare*① ✱ av. 1374] **s. f. 1** invito a battersi con le armi o a misurarsi in una gara, spec. sportiva: *mandare, lanciare la s.*; *accettare, rifiutare la s.* | **cartello, lettera di s.**, che contiene una sfida | (*fig.*) provocazione: *sguardo, parole di s.*; *una s. alla società, ai valori tradizionali* | (*fig.*) competizione: *s. economica, commerciale* | (*fig.*) impegno consistente nell'assumersi un compito particolarmente difficile: *quell'incarico è per lui una vera s.*; *una s. con sé stesso* **2** (*sport*) nel pugilato, incontro valevole per l'assegnazione di un titolo

†**sfidaménto** [av. 1348] **s. m.** ● sfida

sfidànte **A part. pres.** di *sfidare*①; **anche agg. 1** nei sign. del v. **2** (*colloq.*) che costituisce una sfida, un impegno a misurarsi in qlco. (sul modello dell'ingl. *challenging*): *un progetto s.*; *una scelta s.* **B s. m. e f.** ● chi sfida qlcu. a duello, in una gara sportiva o in una competizione | nel pugilato, atleta cui è stato riconosciuto il diritto di incontrare il detentore di un titolo

†**sfidànza** [da †*fidanza*, con *s-* ✱ av. 1400] **s. f.** ● sfiducia

sfidanzàrsi [comp. di *s-* d'allontanamento e *fidanzarsi* ✱ 1937] **v. rifl. e rifl. recipr.** ● (*fam.*) lasciarsi, rompere un fidanzamento

♦**sfidàre**① [da *(di)sfidare*① ✱ 1287] **A v. tr. 1** invitare un avversario a battersi con le armi o a misurarsi in una gara, spec. sportiva: *s. qlcu. a duello, a battaglia, a poker, alla corsa*; *ti sfido a chi arriva primo laggiù*; †*s. qlcu. di morte* **2** (*est.*) incitare qlcu. a dire, fare, e sim. qlco. che si ritiene impossibile, non corrispondente alla realtà e sim.: *ti sfido a presentarmi le prove di quanto dici*; *vi sfido a fare quello che faccio io* | (*colloq.*, *assol.*) ***sfido!***, ***sfido io!***, ***sfido che …***, escl. che sottolineano l'ovvietà di un dato fatto: *sfido che sei stanco! Non ti riposi mai* **3** (*fig.*) affrontare con coraggio: *s. il pericolo, la morte, la tempesta, la furia degli elementi* **4** †scoraggiare, togliere fiducia **B sfidàrsi v. rifl. recipr.** ● mandarsi la sfida, chiamarsi l'un l'altro a misurarsi con le armi o in una gara: *sfidarsi a duello*; *i due campioni si sono sfidati*

†**sfidàre**② [da *fidare*, con *s-* ✱ 1353] **v. intr. e** †**sfidàrsi v. intr. pron.** ● diffidare

sfidàto① **A part. pass.** di *sfidare*①; **anche agg.** ● nei sign. del v. **B s. m.** (**f.** *-a*) ● chi ha ricevuto una sfida: *lo sfidante e lo s.*

sfidàto② [da *sfidare*② ✱ 1821] **agg. 1** (*tosc.*) diffidente **2** (*lett.*) considerato senza speranza: *s. dai medici*

sfidatóre [da *sfidare*① ✱ av. 1638] **s. m.** (**f.** *-trice*); **anche agg.** ● (*lett.*) sfidante

sfidùcia [da *fiducia*, con *s-* ✱ 1858] **s. f.** (**pl.** *-cie*) ● mancanza di fiducia: *avere s. in qlcu.*; *nutrire s. per qlcu. o per qlco.*; *guardare a un'impresa con s.*; *esprimere la propria s.* | **voto di s.**, quello con cui il Parlamento fa cadere il Governo | ***s. costruttiva***, procedura che prevede la possibilità di presentare e votare una mozione di sfiducia al Governo soltanto se essa contiene anche la proposta per un nuovo Governo **CONTR.** fiducia

SFUMATURE ➤ *pessimismo*

sfiduciàre [da *fiducia*, con *s-* sottratt. ✱ 1855] **A v. tr.** (**pres.** *io sfidùcio*; **fut.** *io sfiducerò*) **1** privare della fiducia **SIN.** avvilire, scoraggiare **2** (*polit.*) votare la sfiducia al governo **B sfiduciàrsi v. intr. pron.** ● perdere la fiducia: *ti sfiduci troppo*

♦**sfiduciàto** **part. pass.** di *sfiduciare*; **anche agg.** ● nei sign. del v. | privato della fiducia politica | privo di fiducia: *essere, sentirsi s.* **SIN.** avvilito, scoraggiato ‖ **sfiduciataménte**, **avv.**

sfìga [da *figa*, var. sett. di *fica*, col pref. *s-* nel sign. 1 ✱ 1974] **s. f.** ● (*colloq.*) sfortuna, iella

sfigàto [1980] **agg. 1** (*colloq.*) sfortunato, iellato | (*pop.*) che vale poco, che è maldestro **2** (*colloq.*) sgradevole, poco attraente: *che posto s.!* ‖ **sfigatèllo**, **dim.** | **sfigatìno**, **dim.**

sfìgmico [vc. dotta, dal gr. *sphygmikós* 'del polso', da *sphygmós* 'pulsazione', connesso con *sphýzein* 'palpitare', di orig. indeur. ✱ 1838] **agg.** (**pl. m.** *-ci*) ● (*med.*) relativo al polso, alle pulsazioni

sfigmo- [dal gr. *sphygmós* 'pulsazione'] **primo elemento** ● in parole composte della terminologia medica, significa 'pulsazione' o indica relazione con pulsazione: *sfigmografo*

sfigmografìa [comp. di *sfigmo-* e *-grafia* ✱ 1821] **s. f.** ● (*med.*) registrazione grafica dell'onda pulsatile arteriosa

sfigmògrafo [comp. di *sfigmo-* e *-grafo* ✱ 1891] **s. m.** ● apparecchio per la sfigmografia

sfigmomanòmetro [comp. di *sfigmo-* e *manometro* ✱ 1888] **s. m.** ● (*med.*) apparecchio per la misurazione della pressione sanguigna nelle arterie

sfigmòmetro [comp. di *sfigmo-* e *-metro* ✱ 1838] **s. m.** ● apparecchio per la misurazione della forza e frequenza del polso

sfiguràre [comp. parasintetico di *figura*, col pref. *s-* ✱ av. 1375] **A v. tr.** ● alterare, deturpare la figura e i lineamenti: *l'incidente gli sfigurò il viso* **B v. intr.** (aus. *avere*) ● fare cattiva figura, dare agli altri una cattiva impressione: *tra quella gente sfigura*; *di fronte a noi sfigurate*; *non fatemi s.*

sfiguràto **part. pass.** di *sfigurare*; anche **agg.** ● deturpato | (*est.*) stravolto per una forte emozione: *volto s. dall'ira*

sfilàccia [da *sfilacciare* ✱ 1865] **s. f.** (**pl.** *-ce*) ● materiale tessile costituito da fibre ricavate dalla sfilacciatura di manufatti tessili, spec. cordami

sfilacciaménto [1914] **s. m.** ● (*raro*) sfilacciatura | (*fig.*) progressivo deterioramento: *lo s. della situazione politica*

sfilacciàre [da *filaccia*, con *s-* ✱ 1618] **A v. tr.** (**pres.** *io sfilàccio*; **fut.** *io sfilaccerò*) ● ridurre in filacce, sfilare un tessuto **B v. intr.** (aus. *essere*) e **sfilacciàrsi** **v. intr. pron.** **1** ridursi in filacce, perdere le fila dell'ordito: *il tessuto sfilaccia facilmente*; *la corda si è sfilacciata* **2** (*fig.*) disgregarsi, scomporsi

sfilacciàto **A part. pass.** di *sfilacciare*; anche **agg.** **1** nei sign. del v. **2** (*fig.*) sconnesso, disorganico, disunito **B s. m.** ● cotone o altro ricavato dalla sfilacciatura degli stracci

sfilacciatrìce [da *sfilacciare* ✱ 1931] **s. f.** ● macchina tessile a tamburi rotanti con denti d'acciaio per disintegrare gli stracci e ridurli in fibre da riutilizzare

sfilacciatùra [1865] **s. f.** **1** lo sfilacciare, lo sfilacciarsi | parte sfilacciata **2** operazione tessile per ricavare dagli stracci fibre da riutilizzare

sfilaccicàre [da *filaccica*, con *s-* ✱ av. 1604] **v. tr.**, **intr.** (*io sfilàccico, tu sfilàcchichi*; **aus. intr.** *essere*) e **sfilaccicàrsi** **v. intr. pron.** ● (*tosc.*) sfilacciare, sfilacciarsi

sfilaménto ① [da *sfilare* ① ✱ 1865] **s. m.** **1** lo sfilare **2** fase iniziale dell'apertura del paracadute, nella quale escono dalla custodia la calotta e il fascio delle funi

sfilaménto ② [da *sfilare* ③ ✱ 1873] **s. m.** ● (*raro*) sfilata

♦**sfilàre** ① [da *(in)filare*, con cambio di pref. (*s-*) ✱ sec. XIV] **A v. tr.** **1** togliere ciò che è infilato: *s. le perle di una collana, l'ago* | rubare da una borsa o sim.: *il ladro gli ha sfilato il portafoglio dalla tasca* | ***s. l'arrosto***, toglierlo dallo spiedo | ***s. la corda***, nell'alpinismo, farla uscire da un moschettone o da un anello, tirandola a sé **2** levare qualche filo spec. da un tessuto: *s. l'orlo di un lenzuolo per ricamarlo* | (*est.*) ***s. la carne***, toglierne i nervi **B sfilàrsi** **v. tr. pron.** (**aus.** *essere*) ● togliersi qlco. che era infilato: *sfilarsi l'anello dal dito* | togliersi di dosso: *sfilarsi le scarpe, i guanti*; *si sfilò il vestito*; *sfilarsi i pantaloni* **C sfilàrsi** **v. intr. pron.** **1** uscire o sfuggire dal filo, dall'infilato: *la collana si è sfilata* **2** disfarsi nel filato, perdere i fili, detto di tessuto | smagliarsi: *la calza si è sfilata*

sfilàre ② [da *filo*, con *s-* ✱ sec. XVIII] **A v. tr.** ● (*raro*) far perdere il filo a una lama **B sfilàrsi** **v. intr. pron.** ● (*raro*) perdere il filo, detto di lame e sim.

♦**sfilàre** ③ [da *fila*, con *s-* ✱ 1641] **A v. intr.** (**aus.** *essere* o *avere* **nel sign. 1**, *essere* **nel sign. 2**) **1** procedere in fila: *s. tra due ali di popolo* | passare in fila davanti a superiori, autorità, pubblico, durante una rivista, detto di reparti inquadrati: *s. in parata* | presentare i modelli di una collezione di moda: *le indossatrici sfilano in passerella*; *Armani ha sfilato a Milano* **2** (*fig.*) susseguirsi, succedersi, spec. rapidamente: *nella sua mente sfilano mille pensieri* **B sfilàrsi** **v. intr. pron.** ● andarsene, spec. alla chetichella: *Si sfilarono tutti, in punta di piedi* (B. Fenoglio) | (*fig.*) sottrarsi a un impegno, defilarsi: *alcuni deputati cominciarono a sfilarsi*

♦**sfilàta** [da *sfilare* ③ ✱ 1630] **s. f.** **1** passaggio di persone, animali o mezzi disposti in fila: *assistere a una s.*; *la s. dei soldati* | ***s. di moda***, presentazione di nuovi modelli fatta sfilando davanti al pubblico **2** serie di cose disposte in fila: *una s. di stanze, di alberi*

sfilatìno [comp. parasintetico di *filo* ✱ 1942] **s. m.** ● (*centr.*) filoncino di pane

sfilàto **A part. pass.** di *sfilare* ①; anche **agg.** ● nei sign. del v. **B s. m.** ● ricamo eseguito sfilando un numero variabile di fili di un tessuto e riunendo in maniera diversa quelli rimasti per ottenere svariati motivi | ***s. siciliano***, antico ricamo a telaio eseguito con fili sfilati, cordoncino e punto tela a disegni di stemmi, animali, fiori e piante | ***s. sardo***, tipo di ricamo simile al siciliano con in più nodi, motivi a punto reale e rilievi

sfilatùra [da *sfilare* ① ✱ 1940] **s. f.** ● lo sfilare, lo sfilarsi | parte sfilata | smagliatura: *una s. nella calza*

sfilettàre [comp. parasintetico di *filetto* ③ nel sign. 2, col pref. *s-* ✱ 1943] **v. tr.** (*io sfilétto*) ● (*cucina*) ridurre in filetti levando le lische, detto di pesce o con riferimento al pesce

sfìlza [da *filza*, con *s-* ✱ 1960] **s. f.** ● lunga serie, grande numero: *una s. di case, di errori* **SIN.** catena, sequela

sfilzàre [da *infilzare*, con cambio di pref. (*s-*) ✱ 1552] **A v. tr.** ● disfare l'infilzato: *s. un pollo dallo spiedo* **B sfilzàrsi** **v. intr. pron.** ● †sfilarsi

sfinàre [deriv. di *fino* con *s-* con valore derivativo ✱ 1959] **A v. tr.** ● (*fam.*) rendere, fare apparire più magro: *questo modello ti sfina* **B sfinàrsi** **v. intr. pron.** ● diventare magro, sottile

♦**sfìnge** [vc. dotta, dal lat. *Sphinge(m)*, dal gr. *Sphínx*, genit. *Sphingós*, connesso con *sphíngein* 'stringere', di orig. indeur. ✱ 1319] **s. f.** **1** nella mitologia greco-romana, mostro alato, con corpo leonino, testa umana, coda di serpente, che proponeva enigmi insolubili | nella mitologia egizia, la stessa rappresentazione, ma priva di coda e di ali **2** (*fig.*) persona enigmatica di cui non si riesce a capire il pensiero, i sentimenti, le intenzioni **3** correntemente, farfalla della famiglia degli Sfingidi | ***s. del ligustro***, sfingide dalla bellissima livrea, il cui bruco divora le foglie del ligustro (*Hyoloicus ligustri*) | ***s. testa di morto***, acheronzia

sfingenìna [dal gr. *sphíngein* 'stringere' (V. *sfinge*) ✱ 1957] **s. f.** ● (*biol.*, *chim.*) amminoalcol insaturo, solido cristallino presente nelle sfingomieline **SIN.** sfingosina

sfìngeo [1915] **agg.** ● (*lett.*) di sfinge | (*fig.*) enigmatico

sfìngico [da *sfinge* ✱ 1918] **agg.** (**pl. m.** *-ci*) **1** della sfinge, delle sfingi **2** (*fig.*, *lett.*) impenetrabile, enigmatico: *un muto sorriso, s.* (B. Fenoglio)

Sfìngidi [vc. scient. moderna, comp. da *sfing(e)* e *-idi* ✱ 1932] **s. m. pl.** (**sing.** *-e*) ● (*zool.*) famiglia di farfalle con corpo robusto e molto peloso, ali strette e appuntite, abitudini crepuscolari e notturne (*Sphingidae*)

sfingomielìna [comp. del gr. *sphíngein* 'condensare' (d'etim. incerta) e *mielina* ✱ 1929] **s. f.** ● fosfolipide insolubile in etere, costituente essenziale della guaina mielinica delle fibre nervose

sfingoṣìna [1957] **s. f.** ● (*biol.*, *chim.*) sfingenina

sfiniménto [da *sfinire* ✱ 1353] **s. m.** ● grave prostrazione, grande indebolimento: *uno s. di origine nervosa*

SFUMATURE ➤ ***stanchezza***

sfinìre [da *finire* ①, con *s-* ✱ av. 1400] **A v. tr.** (*io sfinìsco, tu sfinìsci*) **1** provocare uno stato di grave prostrazione, lasciare senza forze (*anche assol.*): *la fatica lo sfinisce*; *quest'ansia sfinisce* **2** †definire, risolvere: *il magno re gallico sfinirà la quistione* (F. Sacchetti) **B sfinìrsi** **v. intr. pron.** ● perdere la capacità di resistenza, le energie, la forza: *a forza di studiare si è sfinito*

SFUMATURE ➤ ***stancare***

sfinitézza [da *sfinito* ✱ 1858] **s. f.** ● stato di grave prostrazione, mancanza di forza, energia e sim.

♦**sfinìto** **part. pass.** di *sfinire*; anche **agg.** ● privo di forze, prostrato

sfintère [vc. dotta, dal lat. tardo *sphinctē-re(m)*, dal gr. *sphinktḗr*, connesso con *sphíngein* 'stringere', di orig. indeur. ✱ 1681] **s. m.** ● (*anat.*) muscolo anulare: *s. pilorico, anale*

sfintèrico [1970] **agg.** (**pl. m.** *-ci*) ● (*anat.*) relativo a sfintere: *apparato s.*

sfioccaménto [1612] **s. m.** ● (*raro*) riduzione in fiocchi

sfioccàre [da *fiocco*, con *s-* ✱ 1612] **A v. tr.** (*io sfiòcco, tu sfiòcchi*) ● sfilacciare facendo fiocchi, nappe e sim.: *s. una stoffa* **B sfioccàrsi** **v. intr. pron.** ● ridursi, rompersi in fiocchi: *nel cielo si sfioccano le nuvole*

sfiocinàre [da *fiocinare*, con *s-* ✱ 1838] **v. tr.** (*io sfiòcino*) ● (*mar.*) fiocinare, colpire con la fiocina

sfiondàre [da *fionda*, con *s-* ✱ 1623] **v. tr.** (*io sfióndo*) ● (*raro*) scagliare con la fionda | (*est.*) lanciare con le mani: *sfiondò una bomba a mano* (B. Fenoglio)

sfioraménto [1940] **s. m.** ● atto dello sfiorare, nel sign. di *sfiorare* ①

♦**sfioràre** ① [da *fiore*, nel senso di 'sommità', con *s-* ✱ 1532] **A v. tr.** (*io sfióro*) **1** toccare leggermente, di sfuggita: *un'automobile mi ha sfiorato*; *l'aereo sfiora l'acqua*; *gli sfiorò il viso con un bacio* | anche in forma pron.: *parlava a mezza voce … sfiorandosi con una mano la fronte* (A. Fogazzaro) | (*fig.*) trattare superficialmente: *s. un argomento* | ***essere sfiorato da un dubbio, da un sospetto***, avvertirlo appena | (*fig.*) essere molto vicino al conseguimento di qlco.: *s. il successo, la vittoria, il trionfo* **2** (*lett.*) toccare, raggiungere **B sfioràrsi** **v. rifl. recipr.** ● toccarsi leggermente, di sfuggita: *Ambedue rimanevano … seduti a canto, sfiorandosi con i gomiti* (G. D'Annunzio)

SFUMATURE ➤ ***toccare***

sfioràre ② [da *fiore*, nel senso di 'parte migliore', con *s-* ✱ av. 1294] **v. tr.** (*io sfióro*) **1** †privare del fiore o dei fiori: *Guardo le piante … e le strappo e le sfioro* (U. Foscolo) **2** scremare, privare della panna, del fiore: *s. il latte* **3** †scegliere, prendere il meglio di una merce

sfioratóre [da *sfiorare* ② ✱ 1774] **s. m.** ● dispositivo che impedisce che la superficie libera di un serbatoio o di un canale superi una quota massima stabilita

sfioratùra [1651] **s. f.** ● operazione dello sfiorare, nel sign. di *sfiorare* ②

sfiorettàre [da *fiorettare*, con *s-* ✱ 1872] **v. intr.** (*io sfiorétto*; **aus.** *avere*) ● (*raro*) fare uso eccessivo di ornamenti nel linguaggio letterario o musicale

sfiorettatùra [1940] **s. f.** ● lo sfiorettare | ornamento, abbellimento, eccessivo

♦**sfiorìre** [da *fiorire*, con *s-* ✱ av. 1294] **v. intr.** (*io sfiorìsco, tu sfiorìsci*; **aus.** *essere*) **1** perdere il fiore, appassire **2** (*fig.*) perdere la freschezza, il rigoglio giovanile: *la bellezza sfiorisce presto*

sfiorìto **part. pass.** di *sfiorire*; anche **agg.** ● nei sign. del v.: *rose sfiorite*; *una bellezza or-*

mai sfiorita

sfioritùra [av. 1698] **s. f.** • lo sfiorire

sfióro [deriv. di *sfiorare* in senso tecnico ✱ 1989] **s. m.** • (*idraul.*) ***canale di s.***, canale per la scolmatura di un bacino, spec. artificiale

sfiossàre [da *fiosso*, con *s-* ✱ 1872] **v. tr.** (*io sfiòsso*) • (*calzature*) fare il fiosso nelle scarpe

sfiossatùra [da *sfiossare* ✱ 1891] **s. f.** • (*calzature*) operazione dello sfiossare

sfirèna [dal lat. *sphyrāena(m)*, dal gr. *sphýraina*, da *sphŷra* 'martello', di orig. indeur. ✱ 1561] **s. f.** • voracissimo pesce osseo marino dei Perciformi dal muso allungato con mandibola prominente e denti robusti, apprezzato per le sue carni (*Sphyraena sphyraena*) **SIN.** luccio di mare, luccio imperiale

sfissàre [da *fissare*, con *s-* ✱ 1872] **v. tr.** • (*raro*, *fam.*) annullare, disdire ciò che si era fissato

sfittàre [da *affittare*, con cambio di pref. (*s-*) ✱ 1789] **A v. tr.** • rendere sfitto **B sfittàrsi v. intr. pron.** • rimanere sfitto

sfittìre [comp. parasintetico di *fitto* col pref. *s-* ✱ 1960] **A v. tr.** (*io sfittìsco, tu sfittìsci*) • diradare, rendere meno fitto **B sfittìrsi v. intr. pron.** • diventare meno fitto

sfìtto [da *sfittare* ✱ 1848] **agg.** • non affittato: *appartamento s.*

♣**sfìzio** [vc. merid. di etim. incerta ✱ 1889] **s. m.** • voglia, capriccio: *levarsi lo s. di qlco.* | ***per s.***, per puro capriccio, per divertimento ‖ **sfiziétto**, **dim.**

sfizióso (o **-ṣo**) [da *sfizio* ✱ av. 1712] **agg.** • che soddisfa un capriccio, una voglia: *concedersi una serata sfiziosa* | (*fam.*) particolarmente piacevole, attraente, originale o gustoso: *mi ha fatto un regalino s.*; *un antipasto s.* ‖ **sfiziosaménte**, **avv.** ‖ **sfiziosità**, **s. f. inv.** **1** caratteristica di ciò che è sfizioso **2** cosa sfiziosa; cibo appetitoso, raffinato: *gustare le sfiziosità locali*

sfocàre o **sfuocàre** [da *f(u)oco*, con *s-* ✱ 1940] **v. tr.** (*io sfuòco* o *sfòco, tu sfuòchi* o *sfòchi*; in tutta la coniug. la *o* può dittongare in *uo* soprattutto se tonica) • attenuare la nitidezza di una immagine, spec. fotografica

sfocàto o **sfuocàto** **part. pass.** di *sfocare*; **anche agg.** **1** nel sign. del v. | (*fig.*) vago, indistinto: *ricordo s.* **2** (*fig.*) che non è ben delineato, ben definito: *personaggio s.* **SIN.** insignificante, scialbo ‖ **sfocataménte**, **avv.**

sfocatùra o **sfuocatùra** [da *sfocare* ✱ 1928] **s. f.** • imprecisione dei dettagli di una immagine fotografica dovuta a difettosa messa a fuoco

sfociaménto [1767] **s. m.** • (*raro*) lo sfociare | (*disus.*) sfociatura

sfociàre [da *foce*, con *s-* ✱ 1767] **A v. tr.** (**pres.** *io sfócio*; **fut.** *io sfocerò*) • (*raro*) rendere più larga la foce di un corso d'acqua **B v. intr.** (**aus.** *essere*, *raro*, *lett.* *avere*) **1** mettere foce, sboccare (+ *in*): *i fiumi sfociano nel mare* **2** (*fig.*) andare a finire, concludersi (+ *in*): *la divergenza di opinioni sfociò in una rissa*

sfociatùra [da *sfociare* ✱ 1761] **s. f.** • allargamento della foce di un corso d'acqua

sfócio [1960] **s. m.** **1** atto dello sfociare **2** (*fig.*) rasentare: *s. il ridicolo* | (*fig.*) soluzione, esito: *situazione senza s.*

sfoconàre [da *focone*, con *s-* ✱ 1641] **v. tr.** (*io sfocóno*) • (*centr.*) sbraciare, ravvivare il fuoco

sfoconatóio [comp. parasintetico di *focone* ✱ 1824] **s. m.** (**pl.** *-ói*) • sfondatoio

sfoderàbile [da *sfoderare*② ✱ 1983] **agg.** • detto di poltrona, divano e sim., la cui tappezzeria può essere asportata, come una fodera, per essere lavata o sostituita ‖ **sfoderabilità**, **s. f. inv.**

sfoderaménto [1838] **s. m.** • atto dello sfoderare, nel sign. di *sfoderare*① | (*fig.*, *lett.*) ostentazione

sfoderàre① [da *fodero*, con *s-* ✱ av. 1519] **v. tr.** (*io sfòdero*) **1** levare dal fodero | ***s. la spada***, sguainarla **2** (*fig.*) mostrare, presentare in modo improvviso e inaspettato: *ha sfoderato il suo solito umorismo*; *Il napoletano allora sfoderò un sorriso arguto e diabolico* (P.P. PASOLINI) | ostentare, sfoggiare: *s. la propria cultura*

sfoderàre② [da *foderare*, con *s-* ✱ 1600] **v. tr.** (*io sfòdero*) • levare la fodera, la copertura: *s. una giacca*

sfoderàto **part. pass.** di *sfoderare*②; **anche agg.** **1** nel sign. del v. **2** privo di fodera: *impermeabile s.*

sfogaménto [1336 ca.] **s. m.** • (*raro*) lo sfogare, lo sfogarsi

♦**sfogàre** [da *foga*, con *s-* ✱ sec. XIII] **A v. tr.** (*io sfógo* (o *-ò-*), *tu sfóghi* (o *-ò-*)) • dare libera manifestazione a sentimenti, passioni, stati d'animo, fino a quel punto contenuti o repressi: *s. la rabbia, la stizza, l'ira*; *gli uomini sfogano le grandi passioni* (G. VICO) **B v. intr.** (**aus.** *essere*) **1** uscir fuori dal chiuso, esalare: *il gas sfoga attraverso il tubo* **2** manifestarsi liberamente diminuendo d'intensità: *lasciamo che il raffreddore sfoghi*; *ne parleremo quando gli sarà sfogata la rabbia* **C sfogàrsi v. intr. pron.** **1** liberarsi da uno stato di tensione, manifestare le proprie pene, preoccupazioni, ansie e sim. spec. confidandole a qlcu.: *mi sono sfogato a raccontarle tutto*; *si è sfogato con me dell'umiliazione subita* | ***sfogarsi su qlcu.***, far ricadere ingiustamente su qlco. il malumore, l'ira e sim. provocati da altri **2** levarsi la voglia, soddisfare un desiderio, un istinto (+ *a* **seguito da inf.**): *sfogarsi a correre, a saltare, a mangiare*

sfogatèllo [da *sfogato* ✱ 1934] **s. m.** • fungo delle Agaricacee, carnoso, privo di volva e di anello (*Tricholoma effecatellum*)

sfogàto **part. pass.** di *sfogare*; **anche agg.** **1** nei sign. del v. **2** (*raro*, *tosc.*) ampio, arioso: *stanza sfogata* | ***voce sfogata***, acuta ‖ **sfogataménte**, **avv.** liberamente, senza impedimento

sfogatóio [da *sfogare* ✱ 1520] **s. m.** (**pl.** *-ói*) • apertura fatta per dare sfogo

sfoggiaménto [1589] **s. m.** • (*raro*) sfoggio

♣**sfoggiàre** [da *foggia*, con *s-* ✱ sec. XIV] **A v. tr.** (**pres.** *io sfòggio*; **fut.** *io sfoggerò*) **1** esibire con compiacimento qlco. di elegante, lussuoso e sim.: *s. la nuova automobile, una pelliccia di visone* **2** (*fig.*) mettere in mostra, ostentare: *s. bravura, erudizione* **B v. intr.** (**aus.** *avere*) • fare sfoggio: *s. nel vestire*; *s. in pellicce* | vivere nel lusso, nello sfarzo: *quella famiglia sfoggia molto*

sfòggio [da *sfoggiare* ✱ 1612] **s. m.** **1** ostentazione di lusso, sfarzo, sontuosità: *fare s. di abiti*; *c'era un grande s. di argenteria* **2** (*fig.*) ostentazione delle proprie doti: *fare s. di cultura*

sfòglia① o (*centr.*) **spòglia**② [da *sfogliare*② ✱ 1550] **s. f.** **1** falda, lamina sottilissima: *una s. d'oro* **2** (*cucina*) impasto di farina e uova ridotto in strato sottile col mattarello o con apposita macchina: *tagliare la s.* | ***pasta s.***, pasta a base di burro e farina, che, cuocendo, si sfalda in sottili strati **3** (*centr.*) cartoccio del granturco ‖ **sfogliétta**, **dim.**

sfòglia② [da *foglia*, con *s-*, per la forma ✱ av. 1548] **s. f.** • (*centr.*, *sett.*) sogliola

sfogliàre① [lat. tardo *exfoliāre*, comp. di *ĕx-* (*s-*) e di un deriv. di *fŏlium* 'foglia' ✱ 1250 ca.] **A v. tr.** (*io sfòglio*) • levare le foglie: *s. un ramoscello* **B sfogliàrsi v. intr. pron.** • perdere le foglie, i petali: *in autunno gli alberi si sfogliano*

♦**sfogliàre**② [da *foglio*, con *s-* ✱ 1612] **A v. tr.** (*io sfòglio*) **1** scorrere rapidamente le pagine di un libro, un giornale, una rivista e sim., leggendo qua e là: *sfogliò tutto il volume per trovare una frase* **2** tagliare le pagine di un libro intonso **3** (*raro*) contare le carte da gioco per distribuirle ai giocatori **4** (*cucina*) stendere la pasta riducendola a una sfoglia sottile **B sfogliàrsi v. intr. pron.** • ridursi in lamine sottili: *quel minerale si sfoglia facilmente*

sfogliaṣgranatrìce [comp. di *sfoglia(trice)* e *sgranatrice* ✱ 1960] **s. f.** • (*agric.*) macchina agricola combinata per scartocciare e sgranare le pannocchie di mais

sfogliàta① [da *sfogliare*① ✱ 1960] **s. f.** • attività dello sfogliare una pianta

sfogliàta② [da *sfogliare*② ✱ 1875] **s. f.** • atto dello scorrere in fretta un libro e sim.: *dare una s. al giornale* **SIN.** scorsa, sfoglio

sfogliàta③ [da *sfoglia*① ✱ av. 1548] **s. f.** • torta di pasta sfoglia con ripieno: *una s. con crema e uva passa* ‖ **sfogliatèlla**, **dim.** (V.) | **sfogliatìna**, **dim.**

sfogliatèlla [1891] **s. f.** **1** dim. di *sfogliata*③ **2** piccolo dolce di pasta sfoglia (o talora di pasta frolla) ripiegata, farcita di ricotta, canditi e spezie, e cotta al forno: *s. riccia, frolla*

sfogliàto **part. pass.** di *sfogliare*①; **anche agg.** • (*raro*) privato o privo delle foglie

sfogliatrìce [da *sfogliare*② 'ridurre in fogli' ✱ 1940] **s. f.** **1** in falegnameria, macchina per ricavare fogli di legno per impiallacciature da un tronco d'albero fatto ruotare contro uno speciale coltello **2** (*agric.*) macchina agricola per scartocciare le pannocchie di mais **3** macchina per pasticceria usata per la lavorazione della pasta sfoglia

sfogliatùra① [1862] **s. f.** • operazione dello sfogliare un albero, un ramo e sim. | ***s. del gelso***, per alimentare i bachi da seta | ***s. del granoturco***, per scartocciarlo | ***s. della vite***, per soleggiare i grappoli

sfogliatùra② [da *sfogliare*② ✱ 1940] **s. f.** **1** difetto del formaggio, consistente in una serie di sfaldature interne, per difetto di lavorazione **2** sfaldatura prodotta nel ferro dal maglio

sfòglio [da *sfogliare*② ✱ av. 1936] **s. m.** **1** (*raro*) distribuzione delle carte da gioco; (*est.*, *tosc.*) partita a carte **2** rapida scorsa: *lo s. dei giornali, dei periodici* **SIN.** sfogliata

†**sfoglióso** (o **-ṣo**) [da *sfoglio*, antico m. di *sfoglia*① ✱ 1550] **agg.** • che si sfoglia

sfognàre [da *fogna*, con *s-* ✱ 1613] **v. intr.** (*io sfógno*; coniug. come *segnare*; **aus.** *essere*) • (*raro*) sboccare, traboccare dalla fogna

♦**sfógo** (o **-ò-**) [da *sfogare* ✱ av. 1574] **s. m.** (**pl.** *-ghi*) **1** lo sfogare; fuoriuscita, sbocco | passaggio attraverso cui sgorgano liquidi, gas, vapori, e sim.: *trovare, avere, uno s.*; *dare, aprire, uno s.* | ***senza s.***, chiuso, angusto, detto di ambienti: *stanza senza s.* **2** sbocco, apertura: *un paese senza s. sul mare* **3** (*fig.*) libera manifestazione di stati d'animo, sentimenti, passioni e sim.: *dare s. al dolore*; *cercare s. nel pianto*; *non trovare s.*; *avere bisogno di uno s.*; *io mai altro ho cercato nell'amicizia se non … il reciproco s. delle umane debolezze* (V. ALFIERI) **4** (*pop.*) eruzione cutanea

sfolgoraménto [1682] **s. m.** • (*raro*) lo sfolgorare

sfolgorànte **part. pres.** di *sfolgorare*; **anche agg.** • risplendente, brillante (+ *di*): *sole s.*; *occhi sfolgoranti di felicità*; *palazzo s. di luci* | radioso: *bellezza s.* ‖ **sfolgoranteménte**, **avv.**

sfolgoràre [da *folgorare*, con *s-* ✱ sec. XIII]

A **v. intr.** (*io sfólgoro*; aus. *avere*) ● risplendere di luce intensa (*anche fig.*) (+ *di*): *il sole sfolgora nel cielo*; *il viso gli sfolgorava di contentezza* **B** **v. tr.** ● (*lett.*) colpire con fulmini

sfolgoràto **part. pass.** di *sfolgorare*; anche **agg.** **1** (*lett.*) colpito dal fulmine **2** (*lett.*) splendente | (*fig.*) straordinario, enorme || **sfolgorataménte**, **avv.** smisuratamente

sfolgoreggiàre [da *folgoreggiare*, con *s-* ✻ 1812] **v. intr.** (**pres.** *io sfolgoréggio*; **fut.** *io sfolgoreggerò*; aus. *avere*) ● (*raro*, *lett.*) sfolgorare

♣**sfolgorìo** [1715] **s. m.** (**pl.** *-ii*) ● lo sfolgorare continuo: *uno s. di luci*

sfollagènte [comp. di *sfolla(re)* e *gente* ✻ 1935] **s. m. inv.** ● bastone piuttosto corto, rivestito di gomma o sim., usato dalla polizia in occasione di disordini

sfollaménto [1922] **s. m.** **1** lo sfollare | evacuazione della popolazione per motivi di sicurezza **2** diminuzione di personale

sfollàre [da *folla*, con *s-* ✻ 1660] **A** **v. tr.** (*io sfóllo* (o *-ò-*)) **1** sgombrare, liberare dall'affollamento: *il giorno dell'Anno / che sfolla le caserme* (E. MONTALE) **2** diminuire il personale di un'azienda **B** **v. intr.** (**aus.** *essere*, *raro avere*) **1** diradarsi della folla: *la gente cominciò a s.* **2** allontanarsi dai centri popolosi a causa di eventi bellici o di catastrofi naturali: *s. in campagna, sulle montagne*; *s. dalla città*

sfollàto **A** **part. pass.** di *sfollare*; anche **agg.** ● nei sign. del v. **B** **s. m.** (**f.** *-a*) ● chi si è trasferito in luogo diverso da quello di residenza abituale a causa di eventi bellici o di catastrofi naturali

sfoltiménto [1960] **s. m.** ● lo sfoltire

sfoltìre [da *folto*, con *s-* ✻ 1941] **A** **v. tr.** (*io sfoltìsco, tu sfoltìsci*) ● rendere meno folto: *s. un bosco*; *s. un testo delle troppe citazioni* **B** **sfoltìrsi** **v. intr. pron.** ● diventare meno folto: *la vegetazione si sfoltisce*

sfoltìta [1960] **s. f.** ● atto dello sfoltire, spec. rapido: *dare una s. ai capelli*

sfoltitrìce [da *sfoltire* ✻ 1983] **s. f.** ● tipo di rasoio a mano libera con lama seghettata per sfoltire i capelli

sfoltitùra [1944] **s. f.** ● operazione dello sfoltire: *s. dei capelli, delle vigne, di un testo*

sfondagiàco [comp. di *sfonda(re)* e *giaco* ✻ 1838] **s. m.** (**pl.** *-chi*) ● antico pugnale con lama quadrangolare assai robusta, atta a trapassare il giaco di maglia di ferro

sfondaménto [av. 1348] **s. m.** **1** lo sfondare; rottura violenta, grave frattura, e sim.: *s. della volta cranica* | (*fig.*) superamento, sforamento: *lo s. del tetto della spesa pubblica* | (*sport*) nella pallacanestro, fallo commesso in attacco dal giocatore che urta scorrettamente un difensore | ***centravanti di s.***, nel calcio, quello che ha una particolare prestanza fisica **2** rottura del fronte nemico e penetrazione nello stesso

♦**sfondàre** [lat. parl. **exfundāre* 'distruggere', comp. di *ĕx-* (*s-*) e *fŭndus* 'fondo' ✻ 1353] **A** **v. tr.** (*io sfóndo*) **1** rompere il fondo: *s. una cassa di legno* | (*fig.*) superare, sforare: *s. un limite di spesa* | ***s. le scarpe***, consumarne la suola camminando | (*iperb.*, *tosc.*) ***s. lo stomaco***, di cibo pesante, dalla digestione laboriosa | ***s. il pavimento***, farlo crollare **2** (*est.*) schiantare, aprirsi un passaggio: *s. una porta, una parete* | ***s. una porta aperta***, (*fig.*) sprecare la fatica, affannarsi per qlco. di inutile **3** rompere il fronte difensivo nemico e penetrarvi **B** **v. intr.** (**aus.** *avere*) ● affermarsi, avere successo in un ambiente, un'attività: *è riuscito a s.*; *ha sfondato nel cinema* **C** **sfondàrsi** **v. intr. pron.** ● rompersi, cedere nel fondo: *il baule sta per sfondarsi*

sfondàto **A** **part. pass.** di *sfondare*; anche **agg.** **1** nei sign. del v.: *una botte sfondata* **2** (*fam.*) ingordo, insaziabile **3** nella loc. (*colloq.*) ***ricco s.***, ricchissimo, enormemente ricco || **sfondataménte**, **avv.** **B** **s. m.** ● tipo di decorazione pittorica, già in uso nell'epoca ellenistico-romana e ripreso poi nel sec. XV, il quale apre illusoriamente pareti, volte, soffitti e cupole su visioni di spazi liberi

sfondatóio [da *sfondare* ✻ 1824] **s. m.** (**pl.** *-ói*) ● attrezzo che serviva per pulire il focone delle artiglierie a retrocarica o per forare il cartoccio che conteneva la carica di lancio per facilitarne l'accensione **SIN.** sfoconatoio

sfondatóre [av. 1646] **s. m.** (**f.** *-trice*); anche **agg.** ● chi (o che) sfonda (*spec. scherz.*): *voi, voi sfondatori di porte atterrate* (G. CARDUCCI) | (*raro*) nel calcio, attaccante che gioca di potenza, aggredendo la difesa avversaria e puntando a rete

sfondatùra [1544] **s. f.** **1** (*raro*) sfondamento **2** †sfondo

sfóndo [da *sfondare* ✻ 1735] **s. m.** **1** incassatura di archi o volte per dipingervi ornati e figure **2** campo di un quadro nel quale è dipinto il soggetto: *figure di s.*; *lo s. dell'Annunciazione*; *uno s. d'oro* **3** parte ultima di una scena teatrale | parete variamente colorata o disegnata che costituisce il fondo di una scena **4** in un campo visivo, la parte più distante rispetto a chi guarda: *il mare ha come s. una catena di monti*; *uno s. di boschi* **5** (*abbigliamento*) ***s. piega***, motivo ottenuto facendo combaciare due pieghe piatte **6** (*fig.*) ambiente, contesto storico, sociale e sim. in cui si svolge una narrazione o si verifica un determinato fatto: *il romanzo ha per s. la guerra di secessione*; *film a s. sociale*; *un delitto a s. passionale*

†**sfondolàre** [lat. parl. **exfunderāre* 'sfondare', comp. di *ĕx-* (*s-*) e di un deriv. del tardo *fŭndus*, genit. *fŭnderis*, per il classico *fŭndus*, genit. *fŭndi* 'fondo' ✻ av. 1292] **v. tr.** ● sfondare

sfondóne [vc. umbro-roman., propr. 'colpo dato sotto le coste': da *sfondare* ✻ 1942] **s. m.** ● (*fam.*) sbaglio madornale, grosso errore

sforacchiàre [da *foracchiare*, con *s-* ✻ sec. XIV] **v. tr.** (*io sforàcchio*) ● fare piccoli fori qua e là **SIN.** bucherellare

sforacchiatùra [1867] **s. f.** ● lo sforacchiare | complesso di piccoli fori

sforaménto [1985] **s. m.** ● superamento di un determinato limite: *lo s. di un budget*; *s. dell'orario stabilito*

sforàre [da *foro* col pref. *s-* e intrusione di *sfondare* ✻ 1980] **A** **v. tr.** (*io sfóro* (o *-ò-*)) ● oltrepassare un limite consentito o programmato: *il disavanzo ha sforato le ultime previsioni*; *s. i tempi di programmazione* **B** **v. intr.** (**aus.** *avere*) ● andare oltre i limiti di tempo stabiliti, detto spec. di una trasmissione televisiva o radiofonica: *spesso il telegiornale sfora di qualche minuto* | sfondare un tetto di spesa: *abbiamo sforato per poche migliaia di euro*

sforbiciàre [da *forbice*, con *s-* ✻ 1927] **A** **v. tr.** (**pres.** *io sfòrbicio*; **fut.** *io sforbicerò*) ● tagliare qua e là con le forbici (*anche assol.*) | (*fig.*) tagliare, censurare | ridurre una spesa **B** **v. intr.** (**aus.** *avere*) ● (*sport*) eseguire una sforbiciata

sforbiciàta [da *sforbiciare* ✻ 1960] **s. f.** **1** colpo di forbici | (*fig.*) taglio a una spesa, una tassa ecc. **2** (*sport*) rapido movimento a forbice delle gambe || **sforbiciatina**, **dim.**

sformàre [da *forma*, con *s-* ✻ 1312] **A** **v. tr.** (*io sfórmo*) **1** deformare, alterare nella forma: *s. le scarpe, un cappello* **2** levare dalla forma: *s. un dolce* **B** **sformàrsi** **v. intr. pron.** ● perdere la forma

sformàto **A** **part. pass.** di *sformare*; anche **agg.** **1** nei sign. del v. **2** (*raro*) deforme **3** †smisurato, smoderato, eccessivo | †stravagante: *venutogli uno pensiero assai s.* (F. SACCHETTI) **B** **s. m.** ● vivanda a base di verdure, carni, formaggi o altro impastate con uova sbattute, cotta in uno stampo da cui viene tolta a cottura avvenuta: *s. di carciofi* || **sformatìno**, **dim.**

SFUMATURE > ***deforme***

sformatùra [1891] **s. f.** ● (*tecnol.*) operazione, a mano o a macchina, che separa il modello dalla formatura o l'anima dalla scatola

sfornaciàre [da *fornace*, con *s-* ✻ 1872] **v. tr.** (**pres.** *io sfornàcio*; **fut.** *io sfornacerò*) ● estrarre dalla fornace il materiale cotto

sfornàre [da *forno*, con *s-* ✻ av. 1400] **v. tr.** (*io sfórno*) **1** estrarre dal forno i prodotti già cotti **2** (*fig.*) far uscire, produrre in abbondanza: *quel produttore sforna un film al mese*

sfornàta [1858] **s. f.** **1** lo sfornare | insieme di cibi sfornati: *una s. di dolci* **2** (*est.*) abbondante e spesso simultanea produzione: *una s. di buoni film* | (*fig.*) grande quantità: *con una s. di ragioni, semplici, evidenti* (C. DOSSI)

sfornellàre [da *fornello*, con *s-* ✻ 1963] **v. intr.** (*io sfornèllo*; aus. *avere*) ● (*fam.*) stare fra i fornelli, cucinare

sfornìre [da *fornire*, con *s-* ✻ av. 1363] **A** **v. tr.** (*io sfornìsco, tu sfornìsci*) ● (*raro*) privare dei rifornimenti, delle provviste: *s. l'accampamento delle vettovaglie* **B** **sfornìrsi** **v. rifl.** ● privarsi di ciò che è necessario

sfornìto **part. pass.** di *sfornire*; anche **agg.** ● privo, mancante: *una casa sfornita di mobili* | non fornito: *un negozio s.*

sfóro (o *-ò-*) [da *foro*, con *s-* ✻ 1932] **s. m.** ● (*teatro*) spazio libero fra due elementi di scena sottratto alla vista degli spettatori

♦**sfortùna** [da *fortuna*, con *s-* ✻ sec. XIV] **s. f.** ● cattiva fortuna, sorte avversa: *avere s.*; *avere s. al gioco, con le donne*; *essere perseguitato dalla s.*; *s. volle che...*; *è proprio una s.*; *che s.!* | (*est.*) evento sfortunato, disgrazia: *è lui la causa delle mie sfortune* **CONTR.** fortuna

♦**sfortunàto** [da *fortunato*, con *s-* ✻ 1336 ca.] **agg.** **1** che è perseguitato dalla sfortuna, dalla sorte avversa: *essere s. al gioco, in amore* **CONTR.** fortunato **2** che non ha avuto o non ha fortuna, successo: *un'impresa sfortunata*; *un film s.* | avverso, infausto: *quello per noi fu un anno s.* || **sfortunataménte**, **avv.** disgraziatamente, per sfortuna

sforzaménto [1344 ca.] **s. m.** **1** (*lett.*) lo sforzare | sforzo | imposizione **2** (*mus.*) ***s. della corda***, spingendo il dito in fuori o stendendola per ottenere un suono che con la regolare posizione non sarebbe possibile

sforzàndo [da *sforzare*① ✻ 1940] **s. m. inv.** ● (*mus.*) indicazione dinamica che viene applicata a singoli suoni o accordi per indicare una marcata accentuazione **SIMB.** sf

sforzàre① [da *forzare*, con *s-* ✻ av. 1250] **A** **v. tr.** (*io sfòrzo*) **1** assoggettare a sforzo: *s. il motore dell'auto*; *s. la voce nel parlare* | ***s. le vele***, spiegarne al vento il maggior numero possibile **2** usare la forza per aprire qlco.: *s. un cancello, una porta* | scassinare: *s. uno scrigno, un cassetto, una serratura* | †occupare con la forza **3** costringere, fare forza su qlcu.: *s. qlcu. a parlare*; *l'amor mi sforza / ch'eo vi deggia contare* (G. GUINIZZELLI) **4** (*mus.*; *raro*) indicazione dinamica equivalente a sforzando **5** †violentare: *Sforzar la figlia, ed ammazzar il padre* (L. DA PONTE) **B** **sforzàrsi** **v. intr. pron.** ● adoperarsi con tutte le forze per il raggiungimento di un dato fine (+ *di*, *raro* + *a*, seguito da **inf.**; *raro* + *che* seguito da **congtv.**): *sforzarsi di studiare*; *sforzarsi di vincere la paura*; *deve sforzarsi a parlare in inglese*; *s'era sforzato* *che non pervenisse* (G. Villani)

†**sforzàre**② [da *forza*, con *s-* ✱ av. 1348] **v. tr.** ● indebolire, privare di forza: *Però ch'Amor mi sforza / e di saver mi spoglia* (F. Petrarca)

sforzàto **A** **part. pass.** di *sforzare*①; anche **agg. 1** nei sign. del v. **2** (*fig.*) non semplice, non naturale, artificioso: *sorriso s.* **3** (*fig.*) arbitrario: *l'interpretazione del testo è sforzata* ‖ **sforzataménte**, **avv.** a forza, contro voglia: *mangiare sforzatamente*; in modo artefatto, forzato: *sorridere sforzatamente* **B** **s. m. inv.** ● (*mus.*) sforzando

†**sforzatóre** [da *sforzare*① ✱ av. 1328] **s. m.** ● chi sforza, chi usa violenza

sforzatùra [1687] **s. f.** ● (*raro*) lo sforzare, nel sign. di *sforzare*① | (*fig.*) esagerazione, forzatura

sforzésco [dal n. degli *Sforza*, signori di Milano ✱ av. 1446] **agg.** (**pl. m.** *-schi*) ● relativo agli Sforza: *dinastia sforzesca*

†**sforzévole** [av. 1328] **agg.** ● (*raro*) violento | irresistibile ‖ †**sforzevolménte**, **avv.** con sforzo, violenza

♦**sfòrzo**① [da *sforzare*① ✱ 1312] **s. m. 1** impiego straordinario di forza fisica o psichica, fatto nell'intento di raggiungere un dato scopo: *s. muscolare, mentale*; *s. di ingegno, di memoria*; *fare uno s.*; *fare uno s. di volontà* | ***costare molto, poco, nessuno s.***, di ciò che richiede molto, poco o nessun impegno | ***fare ogni s., tutti gli sforzi, tutti i propri sforzi per ...***, metterci tutto il proprio impegno | ***con s.***, con difficoltà | ***senza s.***, con facilità | (*iron.*) ***che s.!, bello s.!, ha fatto lo s.!*** e sim., di azione che non richiede alcun impegno, sacrificio, fatica e sim. da parte di chi la compie **2** (*mecc.*) forza generata da sollecitazioni esterne nelle strutture di macchine o costruzioni

sfòrzo② [da *forza*, con *s-* ✱ av. 1292] **s. m.** ● (*lett.*) esercito, moltitudine di armati: *per l'Engadina due scomunicati / arcivescovi trassero lo s.* (G. Carducci) | †***fare s.***, radunare un esercito

†**sforzóso** (o *-ṣo*) [da *sforzo*① ✱ av. 1328] **agg.** ● forzato | violento ‖ †**sforzosaménte**, **avv.**

sfossàre [da *fossa*, con *s-* ✱ 1745] **v. tr.** (*io sfòsso*) **1** levare dalla fossa: *s. il grano* **2** scavare fosse (*anche assol.*)

sfottènte **part. pres.** di *sfottere*; anche **agg.** ● (*pop.*) che sfotte, che prende in giro: *tono s., sorriso s.*

sfóttere [da *fottere*, in senso figurato, con *s-* ✱ 1913] **A** **v. tr.** ● (*pop.*) farsi gioco di qlcu., prendere in giro qlcu.: *lo sfottono per la sua inesperienza* **B** **sfóttersi** **v. rifl. recipr.** ● prendersi in giro l'un l'altro

sfotticchiàre [da *sfott(ere)* col suff. dim. e frequentativo *-icchiare* ✱ 1991] **A** **v. tr.** (*io sfottìcchio*) ● sfottere ripetutamente, ma senza acrimonia **B** anche **sfotticchiàrsi** **v. rifl. recipr.**: *si divertono a sfotticchiarsi*

sfottiménto [1922] **s. m.** ● (*pop.*) lo sfottere | scherno, derisione

sfottitóre [da *sfottere* ✱ 1914] **s. m.** (**f.** *-trice*) ● chi sfotte

sfottitòrio [da *sfottere* ✱ 1952] **agg.** ● (*pop.*) derisorio, canzonatorio: *atteggiamento s., intento s.*

sfottitùra [1955] **s. f.** ● (*pop.*) sfottimento | presa in giro, derisione

sfottò [deriv. scherz. di *sfottere* ✱ 1923] **s. m. inv.** ● (*pop., fam.*) sfottitura, presa in giro

sfracassàre e deriv. ➤ **fracassare** e deriv.

sfracellàre o (*pop.*) †**sfragellàre** [da *fracellare*, variante di *fragellare* (V.), con *s-* ✱ sec. XIV] **A** **v. tr.** (*io sfracèllo*) ● rompere, schiacciare, massacrare, con urti, colpi e sim., di grande violenza: *l'incidente gli ha sfracellato le gambe* | anche in forma pron.: *sfracellarsi un braccio* **B** **sfracellàrsi** **v. intr. pron.** ● rimanere schiacciato, massacrato, in seguito a urti, colpi e sim., di grande violenza: *l'automobile si è sfracellata contro un treno*

♣**sfracèllo** [da *sfracellare* ✱ 1856] **s. m. 1** macello, strage, sconquasso | (*fig.*) ***fare sfracelli***, compiere imprese prodigiose, prodezze e sim. **2** (*fam.*) grande quantità

sfragìstica [dal fr. *sphragistique*, dal gr. *sphragistikḗ* (*téchnē*) '(arte) sfragistica', da *sphragís* 'sigillo', di etim. incerta ✱ 1829] **s. f.** ● (*numism.*) scienza che si occupa dello studio delle tecniche di incisione, della classificazione e della datazione dei sigilli **SIN.** sigillografia

sfragìstico [av. 1910] **agg.** (**pl. m.** *-ci*) ● relativo alla sfragistica

sfranàre e deriv. ➤ **franare** e deriv.

sfranceṣàre [da *francese*, con *s-* ✱ 1869] **A** **v. tr.** (*io sfrancéṣo*) ● (*raro*) liberare da modi, usi e sim., tipicamente francesi: *s. la lingua* **B** **v. intr.** (**aus.** *avere*) ● (*raro*) parlare francese male o a sproposito

sfranchìre [da *franco*, con *s-* ✱ 1865] **A** **v. tr.** (*io sfranchìsco, tu sfranchìsci*) ● (*raro*) rendere franco o più franco: *s. la mano a scrivere*; *fatelo stare in mezzo alle bambine, sfranchitelo, incoraggiatelo* (E. De Amicis) **B** **sfranchìrsi** **v. intr. pron.** ● acquistare una maggior franchezza

sfrangiàre [da *frangia*, con *s-* ✱ 1612] **A** **v. tr.** (**pres.** *io sfràngio*; **fut.** *io sfrangerò*) ● sfilacciare, ridurre in frange l'orlo di un tessuto: *s. una coperta* **B** **sfrangiàrsi** **v. intr. pron.** ● sfilacciarsi in frange

sfrangiàto **part. pass.** di *sfrangiare*; anche **agg. 1** nel sign. del v. **2** (*bot.*) detto del margine di un organo vegetale suddiviso in molte lacinie sottili: *foglia sfrangiata* ‖ **sfrangiataménte**, **avv.**

sfrangiatùra [av. 1712] **s. f.** ● lo sfrangiare, lo sfrangiarsi | parte sfrangiata

♣**sfrànto** [da *franto* con il pref. *s-* intensivo ✱ 1912] **agg. 1** (*centr.*) detto di un frutto, troppo maturo | detto di un fiore, spampanato **2** (*centr.*) rotto, infranto (*anche fig.*): *ella piangeva col cuore sfranto* (L. Pirandello) | (*fig.*) abbattuto, affranto

sfrascàre① [da *frasca*, con *s-* sottrattivo ✱ 1561] **v. tr.** (*io sfràsco, tu sfràschi*) **1** privare delle frasche: *s. un albero* **2** levare dalle frasche: *s. i bozzoli*

sfrascàre② [da *frasca*, con *s-* durativo-intens. ✱ av. 1708] **v. intr.** (*io sfràsco, tu sfràschi*; **aus.** *avere*) ● (*raro*) stormire, muoversi delle frasche

sfratàrsi [da *frate*, con *s-* ✱ 1534] **v. intr. pron.** ● uscire da un ordine religioso, lasciare la tonaca di frate

sfrattàre [da *fratta* 'recinto', con *s-* ✱ sec. XIV] **A** **v. tr. 1** obbligare, in forza di un provvedimento dell'autorità giudiziaria, il conduttore di un immobile ad abbandonare l'immobile stesso | (*est.*) compiere, a opera di un privato, l'attività necessaria a fare entrare in funzione l'autorità giudiziaria a tal fine **2** allontanare da un luogo, da un locale (*spec. scherz.*): *mi hanno sfrattato dalla mia camera!* **B** **v. intr.** (**aus.** *avere, raro essere*) ● andare via da un paese, un fondo, una casa: *è stato costretto a s.* | (*est.*) lasciare un luogo alla svelta

sfrattàto **A** **part. pass.** di *sfrattare*; anche **agg.** ● nei sign. del v. **B** **s. m.** (**f.** *-a*) ● chi ha ricevuto uno sfratto

sfràtto [1858] **s. m. 1** atto dello sfrattare: *ordinanza di s.* | ***procedimento per convalida di s.***, processo civile destinato a soddisfare la pretesa di un locatore a ottenere la riconsegna dell'immobile locato, per scadenza del termine di locazione o morosità del conduttore | (*est.*) provvedimento dell'autorità giudiziaria che dispone la liberazione coattiva di un immobile **2** ***palla a s.***, V. *pallasfratto* | ***linea di s.***, linea che delimita il fondo del campo nel gioco della palla a sfratto

sfrecciàre [da *freccia*, con *s-* ✱ 1942] **v. intr.** (**pres.** *io sfréccio*; **fut.** *io sfreccerò*; **aus.** *essere*) ● passare veloce come una freccia: *gli aerei sfrecciano nel cielo*

sfreddàre [da *freddo*, con *s-* ✱ 1858] **v. tr.** (*io sfréddo*) ● (*raro*) raffreddare | (*fig., lett.*) temperare

sfregaménto [sec. XIV] **s. m. 1** lo sfregare **2** (*med.*) rumore prodotto dall'attrito tra i due foglietti di una sierosa nelle forme infiammatorie senza versamento: *s. pleurico, pericardico*

sfregàre [da *fregare*, con *s-* ✱ 1340 ca.] **A** **v. tr.** (*io sfrégo, tu sfréghi*) **1** passare più volte con la mano, o con un oggetto tenuto in mano, su una superficie, esercitando una certa pressione: *s. i mobili per lucidarli*; *s. la gomma sul foglio* | anche nella forma pron. **sfregàrsi**, strofinarsi: *sfregarsi le mani*; *sfregarsi gli occhi* **2** strisciare o urtare leggermente facendo uno o più freghi (*anche assol.*): *s. il muro con la sedia*; *s. una sedia contro il muro*; *mi ha sfregato il motorino*; *la poltrona sfrega contro il muro* **B** **sfregàrsi** **v. intr. pron.** ● strusciarsi: *Lei si sfrega come il gatto* (C. Pavese)

sfregàta [da *sfregare*, sul modello di *fregata* ✱ 1891] **s. f.** ● (*raro*) atto dello sfregare una volta: *E gli daremo una s. d'aglio* (R. Bacchelli)

sfregatùra [1872] **s. f.** ● sfregamento | segno lasciato sfregando

sfregiàre [da *fregio*, con *s-* ✱ 1316] **A** **v. tr.** (**pres.** *io sfrégio* o *sfrègio*; **fut.** *io sfregerò*) **1** rovinare con uno o più sfregi: *s. l'avversario, il rivale*; *s. un quadro* | anche in forma pron.: *sfregiarsi il viso* **2** (*lett.*) disonorare, offendere, screditare **B** **sfregiàrsi** **v. intr. pron.** ● prodursi uno sfregio: *nell'incidente si è sfregiato*

sfregiàto **A** **part. pass.** di *sfregiare*; anche **agg.** ● nei sign. del v. **B** **s. m.** (**f.** *-a*) ● chi ha il viso deturpato da uno sfregio (usato spec. come soprannome): *piglia con te ... lo sfregiato e il tira dritto* (A. Manzoni)

sfregiatóre [1891] **s. m.** (**f.** *-trice*) ● chi sfregia

♣**sfrégio** (o *-è-*) [da *sfregiare* ✱ av. 1584] **s. m. 1** taglio, ferita, bruciatura e sim. che altera o deturpa il viso: *fare, farsi uno s.* | (*est.*) cicatrice deturpante rimasta sul viso: *avere uno s. sulla guancia* | (*est.*) graffio: *la scrivania è piena di sfregi* **2** (*fig.*) grave offesa, disonore: *fare, ricevere, sopportare, uno s.*
SFUMATURE ➤ ***offesa***

sfrenaménto [sec. XIV] **s. m.** ● (*lett.*) lo sfrenare, lo sfrenarsi | sfrenatezza

sfrenàre [da *freno*, con *s-* ✱ sec. XIII] **A** **v. tr.** (*io sfréno* o *sfrèno*) **1** (*raro*) liberare dal freno **2** (*raro, poet.*) scagliare, scoccare **3** (*fig.*) lasciare libero da ogni freno, moderazione, controllo: *s. le passioni, gli istinti, la fantasia* **B** **sfrenàrsi** **v. intr. pron.** ● (*fig.*) abbandonarsi senza ritegno o controllo ai propri impulsi: *sfrenarsi nel bere*; *oggi i bambini si sono sfrenati troppo*

†**sfrenatàggine** [av. 1581] **s. f.** ● sfrenatezza

sfrenatézza [av. 1406] **s. f. 1** mancanza di ritegno, di moderazione, di controllo e sim. **2** (**spec. al pl.**) atto, comportamento e sim. privo di ritegno, di controllo, di misura: *le sfrenatezze proprie della giovinezza* **SIN.** eccesso

S

♣**sfrenàto** **part. pass.** di *sfrenare*; anche **agg.** **1** nei sign. del v. | (*fig.*) incalzante, scatenato: *il ritmo s. di una danza* **2** (*fig.*) privo di ritegno, di controllo, di moderazione e sim.: *passione, ambizione, sfrenata* | eccessivo, smodato: *lusso s.* ‖ **sfrenataménte**, **avv.** senza ritegno, freno; licenziosamente

sfrenellàre [da †*frenellare*, con *s-* ✱ 1478] **v. tr.** (*io sfrenèllo*) ● (*mar.*) sciogliere il frenello

sfrìdo [vc. dial. merid. di etim. discussa: lat. parl. **frīvidu(m)*, connesso con *frīvolus* 'ridotto in frammenti' (?) ✱ 1853] **s. m.** **1** calo cui vanno soggette le merci nelle operazioni di carico, scarico, travasamento e sim. **2** parte del materiale che viene scartata durante la lavorazione in quanto eccedente rispetto al semilavorato o pezzo finito da ottenere

sfrìggere [da *friggere*, con *s-* durativo-intens. ✱ 1872] **v. intr.** (**coniug. come** *friggere*; **aus.** *avere*) ● emettere continui scoppiettii, crepitii, caratteristici di ciò che frigge: *il pesce sfrigge nell'olio bollente* | (*est.*) scoppiettare, crepitare: *la legna nel camino sfriggeva*

♣**sfrigolàre** o **sfriggolàre** [da *friggere*, con *s-* durativo-intens. ✱ av. 1574] **v. intr.** (*io sfrìgolo*; **aus.** *avere*) ● sfriggere

sfrigolìo [1882] **s. m.** (**pl.** *-ii*) ● lo sfrigolare continuo

sfringuellàre [da *fringuello*, con *s-* ✱ 1600] **A** **v. intr.** (*io sfringuèllo*; **aus.** *avere*) **1** (*raro*) cantare a distesa, incessantemente, detto spec. dei fringuelli **2** (*fig.*, *disus.*) parlare con troppa facilità e poco ponderatamente **B** **v. tr.** ● (*fig.*, *disus.*) riferire, raccontare, segreti, cose riservate e sim.

sfrișàre [da *frisare*, con *s-* ✱ 1935] **v. tr.** **1** frisare **2** (*centr.*, *sett.*) fare sfreghi, graffi o sim., a qlco.: *mi hanno sfrisato la carrozzeria dell'automobile*

sfrișatùra [da *sfrisare* ✱ 1965] **s. f.** ● (*centr.*, *sett.*) segno lasciato sfrisando

sfrìșo [1935] **s. m.** **1** atto dello sfiorare, del toccare appena: *urtare di s.* | **di s.**, (*fig.*, *raro*) incidentalmente **2** (*centr.*, *sett.*) sfrisatura

sfrittellàre [da *frittella*, con *s-* ✱ 1872] **A** **v. tr.** (*io sfrittèllo*) ● (*fam.*) macchiare di unto | anche in forma pron.: *sfrittellarsi il vestito* **B** **v. intr.** (**aus.** *avere*) ● (*raro*, *fam.*) cucinare molte frittelle

sfrìtto [da *fritto*, col pref. *s-* ✱ 1987] **agg.** ● (*fam.*) detto di olio già usato per friggere

sfrombolàre [da *frombolare*, con *s-* ✱ 1618] **v. tr.** (*io sfrómbolo*) ● (*raro*) frombolare

sfrondaménto [1745] **s. m.** ● lo sfrondare (*spec. fig.*)

♣**sfrondàre** [da *fronda*, con *s-* ✱ av. 1449] **A** **v. tr.** (*io sfróndo*) **1** levare, diradare le fronde: *s. un albero, un ramo* **2** (*fig.*) eliminare tutto ciò che è superfluo, inutile: *s. un discorso, uno scritto* **B** **sfrondàrsi** **v. intr. pron.** ● perdere le fronde

sfrondàto **part. pass.** di *sfrondare*; anche **agg.** ● nei sign. del v.

sfrondatùra [av. 1822] **s. f.** ● sfrondamento

†**sfrontàre** [da *fronte*, con *s-* ✱ sec. XIV] **A** **v. tr.** ● privare della vergogna: *l'assuefare ad una la fronte al rossore della vergogna … è … sfrontarlo* (D. Bartoli) **B** †**sfrontàrsi** **v. intr. pron.** ● diventare ardito o sfacciato

sfrontatàggine [1745] **s. f.** ● (*raro*) sfrontatezza

sfrontatézza [1728] **s. f.** ● caratteristica, condizione di chi (o di ciò che) è sfrontato | mancanza di ritegno | (*raro*) azione sfrontata: *Vada se non è una s.* (I. Svevo)
SFUMATURE ➤ ***petulanza***

♣**sfrontàto** [da *fronte*, con *s-* ✱ sec. XIV] **A** **agg.** ● che si comporta o parla in modo sfacciato, insolente, villano o sim. senza provarne vergogna: *si abbrutì, divenne cinico, s. e volgare* (F. De Sanctis) | impudente, provocatorio: *un atteggiamento, un discorso s.*; *un piglio quasi s., polemico* (I. Calvino) ‖ **sfrontataménte**, **avv.** sfacciatamente, senza vergogna **B** **s. m.** (**f.** *-a*) ● persona sfrontata ‖ **sfrontatàccio**, **pegg.** | **sfrontatèllo**, **dim.**

sfrottolàre [da *frottola*, con *s-* ✱ 1734] **v. intr.** (*io sfròttolo*; **aus.** *avere*) ● (*lett.*) chiacchierare del più o del meno: *se ne stavano in ozio, a s.* (L. Pirandello)

sfruconàre [da *frucone*, con *s-* ✱ 1865] **v. tr.** (*io sfrucóno*) ● (*tosc.*, *raro*) cercare di rimuovere ciò che ostruisce un condotto e sim., con le dita o con un oggetto allungato e sottile: *s. il tubo del lavandino*; *s. il cannello della pipa* | (*est.*) pungolare

sfruculiàre o **sfrugugliàre** [napol. *sfruculià*: prob. dal lat. parl. **furiculāre*, var. di **furicāre* (V. *frugare*) ✱ 1957] **v. tr.** (*io sfrucùlio*) ● (*merid.*) infastidire, stuzzicare con ironia pungente

sfrusciàre [da *frusciare*, con *s-* ✱ 1865] **v. intr.** (**pres.** *io sfrùscio*; **fut.** *io sfruscerò*; **aus.** *avere*) ● frusciare lungamente

sfruscìo [da *sfrusciare* col suff. *-io*① ✱ 1873] **s. m.** (**pl.** *-ii*) ● fruscio continuato

sfruttàbile [da *sfruttare* ✱ 1959] **agg.** ● che si può sfruttare ‖ **sfruttabilità**, **s. f. inv.**

sfruttaménto [1884] **s. m.** **1** lo sfruttare, il ricavare il massimo utile, il massimo rendimento: *lo s. di un terreno, di una miniera* **2** lo sfruttare, il ricavare il massimo vantaggio approfittando di qlcu. | ***s. della prostituzione***, reato che consiste nel farsi mantenere da una persona con ciò che questa guadagna prostituendosi **3** nella teoria marxista, meccanismo dell'economia capitalistica per cui il lavoratore viene pagato meno del valore dei beni che ha prodotto **CFR.** plusvalore

SFUMATURE DI SIGNIFICATO

sfruttamento - utilizzazione - depauperamento
L'azione di usare qualcosa in modo da ricavarne il massimo rendimento si definisce **sfruttamento.** Per descrivere la stessa azione in modo neutro, senza far riferimento né alle modalità in cui è condotta né alle sue possibili conseguenze, è più pertinente **utilizzazione**. Se invece lo sfruttamento di una risorsa è talmente prolungato e intensivo da provocarne il deterioramento o addirittura l'esaurimento si parla di **depauperamento.**

♦**sfruttàre** [da *frutto*, con *s-* ✱ 1574] **v. tr.** **1** far rendere il più possibile un terreno o un'altra risorsa naturale: *s. un fondo*; *s. una cava, un giacimento petrolifero* | far rendere un terreno più di quel che potrebbe senza sostenerlo con adeguate concimazioni e lavorazioni | ***s. una miniera, una cava***, trarne il massimo rendimento, esaurirla **2** (*fig.*) trarre profitto dal lavoro altrui senza retribuirlo convenientemente: *s. gli operai, i dipendenti* | ***s. una donna***, farsi mantenere da lei con ciò che guadagna spec. prostituendosi **3** (*est.*) mettere a profitto: *s. la situazione propizia, l'occasione, la sorpresa, la propria superiorità* | abusare, approfittare, di: *s. l'ingenuità altrui*

sfruttàto **part. pass.** di *sfruttare*; anche **agg.** e **s. m.** (**f.** *-a*) ● nei sign. del v.

sfruttatóre [1889] **agg.** e **s. m.** (**f.** *-trice*) ● che (o chi) sfrutta: *industriale s.*; *s. di donne*

♣**sfuggènte** **part. pres.** di *sfuggire*; anche **agg.** **1** nei sign. del v. | poco pronunciato: *mento s.* | ***fronte s.***, bassa e volta all'indietro **2** (*fig.*) ambiguo, equivoco, non chiaro: *sguardo, sorriso s.* ‖ **sfuggenteménte**, **avv.**

♣**sfuggévole** [av. 1347] **agg.** **1** che sfugge, che è vago, confuso, indistinto: *immagine s.*; *impressione s.*; *indizi così sfuggevoli* (C.E. Gadda) | (*fig.*) impenetrabile, misterioso: *la tua s. natura* (I. Nievo) **2** (*est.*) che ha breve durata: *sguardo, occhiata, s.* **SIN.** fugace, fuggevole ‖ **sfuggevolménte**, **avv.** fugacemente

sfuggevolézza [av. 1729] **s. f.** ● caratteristica di ciò che è sfuggevole

sfuggiménto [1552] **s. m.** **1** †sfuggire **2** (*lett.*) fuga

♦**sfuggìre** [da *fuggire*, con *s-* ✱ av. 1320] **A** **v. tr.** (*io sfùggo, tu sfùggi*) ● schivare, evitare: *s. un incontro non desiderato, un pericolo, una discussione*; *le foglie di lauro sfuggono il fuoco e resistono inarcandosi contro il calore* (T. Campanella) **B** **v. intr.** (**aus.** *essere*) **1** riuscire a sottrarsi a qlcu. o a qlco.: *s. agli inseguitori, alla polizia, alla cattura, alla giustizia* **2** cadere, scivolare via inavvertitamente, detto di cose: *mi è sfuggita la corda* | ***s. di mano***, cadere; (*fig.*) andare fuori controllo: *la situazione gli è sfuggita di mano* | scappare (**anche fig.**): *gli è sfuggito un colpo dal fucile*; *nello scrivere mi è sfuggito un errore* | venire pronunciato senza riflettere: *gli sfuggì di bocca il nome del complice*; *nell'ira gli è sfuggita una parola offensiva* | ***lasciarsi s. l'occasione***, non approfittarne **3** passare inosservato, essere trascurato: *nel rileggere le bozze gli sono sfuggiti molti errori*; *nulla sfugge alla sua osservazione* | uscire di mente, non venire in mente (+ *che*): *mi è sfuggito <u>che</u> oggi è il tuo onomastico*; *ho letto il libro ma ora mi sfugge il titolo* | ***non mi sfugge***, ho notato (+ *che*): *non gli sfuggiva <u>che</u> l'atmosfera era molto tesa* **4** †apparire all'occhio come sfuggente, degradante

sfuggìta [1353] **s. f.** ● scappata, rapida corsa in un luogo, spec. nella loc. ***fare una s.*** | (*lett.*) ***alla s.***, rapidamente, in fretta: *M'apparecchiava a venire alla s. sino a Firenze* (U. Foscolo) | ***di s.***, (*lett.*) ***alla s.***, fugacemente, sommariamente: *ne ho sentito parlare di s.*; *Avevo veduta una sola volta, e di s., … Roma* (G. Leopardi)

♣**sfumàre** o †**sfummàre** [da *fumo*, con *s-* ✱ av. 1320] **A** **v. tr.** **1** diminuire gradatamente la tonalità di un colore: *s. l'azzurro nel celeste* | far rilevare un disegno con tenui passaggi dal chiaro allo scuro | (*fig.*) attenuare, ammorbidire: *s. i toni di una polemica* **2** (*est.*) attenuare gradatamente l'intensità di un suono, di una voce e sim. | (*est.*) interrompere l'esecuzione radiofonica o discografica di un brano musicale attenuandolo gradatamente, per passare a un pezzo o a un programma successivi **3** (*est.*) accorciare gradatamente dall'alto verso il basso, spec. sulla nuca, detto dei capelli **B** **v. intr.** (**aus.** *essere*) **1** dissolversi, dileguarsi: *la nebbia sfuma lentamente* | (*fig.*) andare in fumo, svanire: *il nostro sogno è sfumato* **2** diminuire gradualmente d'intensità, detto della tonalità di un colore: *un blu che sfuma nell'azzurro* | farsi vago, impreciso: *nell'allontanarsi, il paesaggio andava sfumando ai suoi occhi* **3** †esalare, evaporare

♣**sfumàto** **A** **part. pass.** di *sfumare*; anche **agg.** **1** nei sign. del v.: *tinte sfumate*; *capelli sfumati sulla nuca* | attenuato: *contorni sfumati* | svanito, andato in fumo: *illusioni sfumate* **2** (*fig.*) vago, impreciso, indefinito: *ricordo s.* **3** detto di tessuto stirato con ferro caldissimo ‖ **sfumataménte**, **avv.** **B** **s. m.** ● chiaroscuro estremamente sottile nei passaggi dalla luce all'ombra, morbido e ombroso, che spoglia le forme della loro determinatezza fondendole con l'atmosfera che le attornia

♦**sfumatùra** [da *sfumare* ✱ 1759] **s. f.** **1** passaggio di tono dal chiaro allo scuro, o viceversa, di un medesimo colore: *una delicata s. di rosa* **2** leggero, sapiente effetto di stile in un'opera letteraria, musicale e sim., mirante a ottenere una maggiore espressività: *cogliere tutte le sfumature di un'opera; una prosa ricca di sfumature* | ***s. di significato***, mutamento di significato lieve, quasi impercettibile **3** (*fig.*) particolare intonazione di voce, lieve accenno mimico e sim., che esprimono uno stato d'animo: *una s. di ironia, di scherno; con una s. d'incredulità in viso* (E. MONTALE) **4** taglio graduato dei capelli sulla nuca: *fare la s. alta, bassa*

sfumino [da *sfumare* ✱ 1838] **s. m.** ● rotoletto cilindrico di pelle, seta o carta, usato per sfumare disegni a matita, a carbone o a pastello

†**sfummàre** ➤ **sfumare**

sfùmo [da *sfumare* ✱ 1960] **s. m.** ● attenuazione graduata dei tratti di un disegno a matita o a carboncino ottenuta sfregandovi sopra un pezzo di carta, stoffa e sim.

sfuocàre e deriv. ➤ **sfocare** e deriv.

sfuriàre [da *furia*, con *s-* ✱ 1536] **v. tr. e intr.** (*io sfùrio*; **aus.** *avere*) ● (*raro*) sfogare un sentimento, spec. l'ira, con discorsi o atti di violenza: *s. la rabbia, la passione; lasciatelo s.*

♣**sfuriàta** [da *sfuriare* ✱ av. 1712] **s. f. 1** sfogo violento di impazienza, ira, rabbia e sim.: *sopportare le sfuriate di qlcu.* | rabbuffo, rimprovero furioso: *fare una s. a qlcu.* **2** (*est.*) tempesta violenta e di breve durata: *una s. di vento* || **sfuriatàccia**, **pegg.**

sfùso [da *fuso*①, con *s-* ✱ 1942] **agg. 1** sciolto, reso liquido: *strutto s.* **2** detto di merce che si vende sciolta, non confezionata: *vino s.; cioccolatini sfusi*

ṣgabbiàre [da *gabbia*, con *s-* ✱ 1612] **v. tr.** (*io ṣgàbbio*) ● (*raro*) levare dalla gabbia

ṣgabellàre [da *gabellare*, con *s-* ✱ av. 1405] **A v. tr.** (*io ṣgabèllo*) **1** †sdaziare **2** (*raro, fig.*) †liberare **B ṣgabellàrsi v. intr. pron.** ● (*raro*) liberarsi di qlcu. o qlco. noioso, sgradito e sim.

ṣgabellàta [1959] **s. f.** ● colpo di sgabello

ṣgabèllo o †**scabèllo** [lat. *scabĕllu(m)*, dim. di *scămnum* 'scanno' ✱ sec. XIV] **s. m.** ● piccolo sedile senza spalliera e gener. senza braccioli | (*fig.*) ***farsi s. di qlcu.***, servirsene senza riguardo per i propri fini || **ṣgabellétto**, **dim.** | **ṣgabellìno**, **dim.** | **ṣgabellóne**, **accr.**

ṣgabuẓẓìno [dal neerl. *kabuis* 'cambusa' ✱ av. 1742] **s. m.** ● stanzino che funge da ripostiglio

ṣgagliardìre [da *gagliardo*, con *s-* ✱ av. 1463] **v. tr.** (*io ṣgagliardisco, tu ṣgagliardìsci*) ● (*raro*) privare della gagliardia, del coraggio

ṣgallàre [da *galla*, con *s-* ✱ 1865] **v. tr.** ● (*raro*) formare una galla, una vescica, per scottature, percosse e sim.

ṣgallatùra [da *sgallare* ✱ 1913] **s. f.** ● (*raro*) formazione di galla o vescica

ṣgallettàre [da *galletto*, con *s-* ✱ 1838] **v. intr.** (*io ṣgallétto*; **aus.** *avere*) ● fare il galletto con le donne | essere vivace e ardito anche eccessivamente

ṣgallettàto [1972] **agg. e s. m.** (**f.** *-a*) ● (*tosc.*) che (o chi) non si regge bene sulle gambe | che (o chi) ostenta brio, vivacità e sim. | che (o chi) è eccessivamente disinvolto o sguaiato

ṣgallinàre [deriv. da *gallina* con il pref. intens. *s-* ✱ 1536] **A v. tr.** ● †razziare galline nei pollai | † (*est.*) Derubare, saccheggiare **B v. intr.** (**aus.** *avere*) **1** †fare razzie | (*raro*) fare ruberie, lucrare: *s. negli appalti* **2** fare chiasso, detto di galline | (*est.*) schiamazzare **3** (*fig.*) comportarsi in modo sciocco, da gallina

ṣgamàre [prob. dal roman. *sgam(uffà)* 'camuffare' ✱ 1955] **v. tr.** ● (*gerg.*) cogliere, intuire qlco. che altri vuole nascondere (*anche assol.*): *per poco non ha sgamato* | (*gerg.*) cogliere sul fatto

ṣgamàto **part. pass.** di *sgamare*; **anche agg. 1** nei sign. del v. **2** (*centr.*) smaliziato, esperto, navigato

ṣgambaménto [da *sgambare*② ✱ 2000] **s. m.** ● piccola corsa, soprattutto di cani e cavalli, per sciogliere i muscoli: *area di s. per cani* **SIN.** sgambatura

ṣgambàre① [da *gambo*, con *s-* ✱ 1873] **v. tr.** ● (*raro*) levare il gambo a un fiore

ṣgambàre② [da *gamba*, con *s-* ✱ av. 1665] **v. intr.** (**aus.** *essere*) e (*raro*) **ṣgambàrsi v. intr. pron.** ● camminare a lunghi passi | camminare molto e in fretta: *per arrivare laggiù bisogna s.; si mise a sgambare sulle peste dei cani* (M. RIGONI STERN)

ṣgambàta [da *sgambare*② ✱ 1873] **s. f. 1** camminata lunga e faticosa: *è stata una bella s.!* **2** (*sport*) sgambatura

ṣgambàto **part. pass.** di *sgambare*②; **anche agg. 1** nei sign. del v. **2** detto di indumento che non copre le cosce: *costume da bagno s.* **CFR.** scosciato

ṣgambatùra [da *sgambare*② ✱ 1970] **s. f. 1** piccola corsa o serie di scatti effettuati da un atleta per riscaldare i muscoli prima di un allenamento o di un incontro **SIN.** sgambata | riferito a cani e cavalli, sgambamento **2** apertura di un indumento in corrispondenza della coscia

ṣgambettaménto [1965] **s. m.** ● atto dello sgambettare

ṣgambettàre [da *gambetta*, con *s-* ✱ av. 1530] **A v. intr.** (*io ṣgambétto*; **aus.** *avere*) **1** dimenare le gambe in qua e in là, stando seduti o sdraiati: *il neonato sgambetta sul lettino* **2** camminare a passi piccoli e veloci | di bambini, cominciare a camminare, muovere i primi passi **B v. tr.** ● fare cadere qlcu. mediante uno sgambetto (*anche fig.*): *il calciatore fu sgambettato in area di rigore*

ṣgambettàta [1838] **s. f.** ● (*raro*) rapida camminata

ṣgambétto [da *gambetto*, con *s-* ✱ 1618] **s. m.** ● mossa con cui si fa inciampare e cadere qlcu. | ***fare lo s. a qlcu.***, (*fig.*) prendere il suo posto servendosi di mezzi sleali; giocargli un tiro mancino, danneggiarlo

ṣgamollatùra [vc. d'orig. sconosciuta ✱ 1983] **s. f.** ● (*agric.*) potatura per piante cedue consistente nell'asportazione periodica dei rami laterali lasciando intatta la parte superiore della chioma

ṣgamòllo [1983] **s. m.** ● (*agric.*) ***ceduo a s.***, tipo di ceduo nel quale si fa il taglio dei rami lasciando intatto il fusto di un albero

ṣganasciaménto [1865] **s. m.** ● (*raro*) lo sganasciare, lo sganasciarsi

♣**ṣganasciàre** [da *ganascia*, con *s-* ✱ 1611] **A v. tr.** (**pres.** *io ṣganàscio*; **fut.** *io ṣganascerò*) **1** (*raro*) slogare le ganasce: *s. qlcu. con un pugno* **2** (*lett.*) mangiare con avidità | (*fig., lett.*) rubare (*anche assol.*) **3** (*fig., tosc.*) sfasciare, rompere: *s. un mobile, una sedia* | disgiungere, sconnettere: *s. un libro* **B ṣganasciàrsi v. intr. pron.** ● slogarsi le ganasce | ***sganasciarsi dalle, per le, risa***, (*iperb.*) ridere smodatamente

ṣganasciàta [1865] **s. f.** ● (*raro*) lo sganasciare, lo sganasciarsi | risata lunga e fragorosa

ṣganascióne o (*centr.*) **ṣganassóne** [da *sganasciare* ✱ 1785] **s. m.** ● (*pop.*) ceffone

ṣganciàbile [1960] **agg.** ● che si può sganciare

ṣganciabómbe [comp. di *sganciare* e il pl. di *bomba* ✱ 1960] **s. m. inv.** ● negli aerei da bombardamento, lanciabombe

ṣganciaménto [1929] **s. m.** ● lo sganciare, lo sganciarsi | (*milit.*) azione di ripiegamento allo scopo di rompere il contatto col nemico

ṣganciàre [da *gancio*, con *s-* ✱ 1865] **A v. tr.** (**pres.** *io ṣgàncio*; **fut.** *io ṣgancerò*) **1** liberare dal gancio o dai ganci: *s. un rimorchio* | ***s. veicoli***, staccarli dagli altri | ***s. bombe, spezzoni, siluri***, lanciarli da bombardieri, da aerosiluranti (*anche assol.*): *i bombardieri hanno rinunciato a s.* | anche nella forma pron. **ṣganciàrsi**, slacciare qlco. di proprio: *non riesco a sganciarmi gli sci; cominciando a sganciarsi la veste* (L. PIRANDELLO) **2** (*fig., fam.*) sborsare denaro, spec. malvolentieri e dopo continue richieste: *quante storie per s. qualche soldo* **B ṣganciàrsi v. intr. pron. 1** liberarsi dal gancio: *il rimorchio si è sganciato dalla motrice* **2** (*milit.*) rompere il contatto col nemico per sottrarsi alla sua pressione o evitare il combattimento **3** (*fig., fam.*) riuscire a liberarsi di chi (o di ciò che) è inadatto, inopportuno, molesto e sim.: *sganciarsi da un ambiente equivoco, da un amico noioso* | (*sport*) spec. nel calcio, liberarsi dal controllo dell'avversario

ṣgàncio [deriv. di *sganciare* ✱ 1960] **s. m.** ● sganciamento, spec. di bombe

ṣgangheraménto [av. 1566] **s. m.** ● lo sgangherare | (*fig., raro*) disordine, scombussolamento

ṣgangheràre [da *ganghero*, con *s-* ✱ av. 1449] **A v. tr.** (*io ṣgànghero*) ● levare dai gangheri: *s. la porta* | (*est.*) sfasciare: *s. un baule, una cassa* **B ṣgangheràrsi v. intr. pron.** ● (*scherz.*) sganasciarsi: *sgangherarsi dalle risa, per il ridere*

ṣgangheratàggine [1613] **s. f.** ● (*raro*) caratteristica di ciò che è sgangherato | (*fig.*) comportamento sguaiato

ṣgangheràto **part. pass.** di *sgangherare*; **anche agg. 1** scardinato | (*est.*) sconquassato, sfasciato | (*est.*) rovinato, in pessimo stato: *c'era uno s. tavolo* (L. ROMANO) **2** (*fig.*) sconnesso, illogico: *periodo, stile s.* | scombinato, confuso: *una proposta sgangherata* | volgare, sguaiato: *risata sgangherata* | male in arnese: *è un vecchio s.* || **ṣgangherataménte**, **avv.** in modo sguaiato, scompostamente

†**ṣgannaménto** [1576] **s. m.** ● disinganno

†**ṣgannàre** [calco su *ingannare*, con cambio di pref. (*s-*) ✱ 1313] **A v. tr.** ● disingannare, trarre d'inganno: *e questo sia suggel ch'ogn'omo sganni* (DANTE *Inf.* XIX, 21) **B v. intr.** e †**ṣgannàrsi v. intr. pron.** ● liberarsi da un inganno, da un errore, da un'illusione

†**ṣgaràre** [da *gara*, con- *s-* ✱ 1509] **v. tr.** ● vincere, superare

ṣgarbatàggine [1745] **s. f.** ● (*raro*) sgarbatezza

ṣgarbatézza [av. 1786] **s. f.** ● caratteristica di chi (o di ciò che) è sgarbato **SIN.** scortesia | atto o frase sgarbata **SIN.** sgarbo

♣**ṣgarbàto** [da *garbato*, con *s-* ✱ 1528] **A agg. 1** che non ha garbo, grazia: *voce sgarbata* **CONTR.** garbato **2** che è privo di cortesia e di educazione nei rapporti con gli altri: *ragazzo s.* | scortese, villano: *risposta sgarbata* || **ṣgarbatèllo**, **dim.** | **ṣgarbatóne**, **accr.** || **ṣgarbataménte**, **avv.** in modo sgarbato, scortese **B s. m.** (**f.** *-a*) ● persona scortese, ineducata

ṣgarberìa [da *sgarbo* ✱ 1858] **s. f.** ● atto, frase o comportamento sgarbato

ṣgàrbo [da *garbo*, con *s-* ✱ av. 1698] **s. m. 1** (*raro*) modo di fare sgarbato, brusco e sim. **2** atto sgarbato, villano: *fare uno s. a qlcu.; sopportare gli sgarbi di qlcu.*

ṣgarbugliàre [contr. di *ingarbugliare*, con cambio di pref. (*s-*) ✱ 1884] **v. tr.** (*io ṣgarbùglio*) **1** districare un garbuglio: *s. un gomitolo* **2** (*fig.*) chiarire qlco. di complicato, oscuro: *s. una faccenda poco chiara*

S

ṣgarettàre e deriv. ➤ **sgarrettare** e deriv.

ṣgargarizẓàre ➤ **gargarizzare**

✦**ṣgargiànte** [da *sgargiare*, sul modello del fr. *criard* 'chiassone', da *crier* 'urlare' (?) ✱ 1840] **agg.** **1** di colore intenso e vivo: *rosso s.* **2** (*raro*) appariscente, chiassoso: *oggi è tutta s.* ‖ **ṣgargiantemènte**, avv.

✦**ṣgargiàre** [dial. merid. *sgargiare* 'gridare a perdifiato' da *gargia* 'bocca aperta', di orig. onomat. ✱ 1872] **v. intr.** (**pres.** *io ṣgàrgio*; **fut.** *io ṣgargerò*; aus. *avere*) ● (*raro*) essere eccessivamente vivace o vistoso, detto di colori, abiti e sim.

†**ṣgarìglio** o †**ṣgherìglio** [da *sgherro* (V.) ✱ sec. XIV] **s. m.** ● sgherro, scherano: *v'erano tutti i gonfaloni del popolo, co' soldati e con gli sgarigli* (D. COMPAGNI)

†**ṣgarraménto** [av. 1729] **s. m.** ● lo sgarrare

ṣgarràre① [dall'ant. fr. *esguarer* 'errare', da *guarer* 'proteggere', risalente al francone *warôn* 'aver cura' (?) ✱ 1615] **A** **v. intr.** (aus. *avere*) **1** mancare di precisione: *quell'orologio non sgarra mai* **2** venir meno al proprio dovere: *in vent'anni di lavoro non ha mai sgarrato* **B** **v. tr.** ● sbagliare: *a tennis non sgarra un colpo*

ṣgarràre② [vc. onomat. ✱ 1955] **A** **v. tr.** ● (*centr., merid.*) strappare, lacerare **B** **ṣgarràrsi** **v. intr. pron.** ● (*centr., merid.*) strapparsi, lacerarsi, rompersi: *gli si sono sgarrati i pantaloni*

ṣgarrettàre o **ṣgarettàre** [da *garretto*, con *s-* ✱ av. 1566] **v. tr.** (*io ṣgarrétto*) **1** tagliare i garretti a un animale **2** (*agric.*) tagliare una piantina alla base per rinforzarla

ṣgarrettatùra o **ṣgarettatùra** [da *sgarrettare* ✱ 1960] **s. f.** ● operazione dello sgarrettare (nei sign. 1 e 2)

ṣgàrro① [deriv. di *sgarrare* ✱ 1660] **s. m.** **1** trasgressione dal dovere, negligenza | mancanza di esattezza, di precisione: *non ammetto il minimo s.* **2** nel linguaggio della malavita, spec. meridionale, offesa, onta

ṣgàrro② [deriv. di *sgarrare*② ✱ 1960] **s. m.** ● (*centr.*) strappo, squarcio, lacerazione

ṣgarrupàto o **scarrupàto** [dal v. napol. *scarrupa'*, appartenente, prob., a una serie di v. lat. con *rupāre* 'dirupare' ✱ 1582] **agg.** ● (*napol.*) cadente, fatiscente, diroccato: *muro, edificio s.*

ṣgàrẓa [da *garza*①, con *s-* ✱ 1831] **s. f.** ● (*zool.*) airone cinerino

ṣgarẓàre [da avvicinare a *garzare* ✱ 1957] **v. tr.** ● cancellare mediante sgarzino

ṣgarẓìno [da avvicinare a *garzare* ✱ 1957] **s. m.** ● tipo di coltello a lama assai affilata, gener. retrattile nel manico per maggior sicurezza, usato per eseguire tagli netti di carte, cartoni, pellicole, pelli e sim. | piccola lama usata dai grafici e dai disegnatori per cancellare mediante raschiatura

ṣgarẓolìno [vc. dial. di etim. discussa ✱ 1963] **A** **s. m.** (**f.** *-a*) ● (*sett.*) persona, spec. giovane donna, vivace, avvenente e disinvolta: *pensa alle calze nere … di una certa sgarzolina* (D. BUZZATI) **B** **agg.** ● (*colloq.*) curioso, divertente, intrigante: *una serata sgarzolina*

ṣgaṣàre① o **ṣgassàre** nel sign. A [comp. parasintetico di *gas*, col pref. *s-* sottratt. ✱ 1982] **A** **v. tr.** ● privare di gas, detto spec. di bevande **B** **ṣgaṣàrsi** **v. intr. pron.** ● (*gerg.*) abbattersi, smontarsi CONTR. gasarsi

ṣgaṣàre② o **ṣgassàre** [comp. parasintetico di *gas*, col pref. *s-* intens. ✱ 1983] **v. intr.** (aus. *avere*) ● (*fam.*) accelerare il motore dell'automobile da ferma o in partenza per fare chiasso o per un avvio più rapido

ṣgaṣàto **part. pass.** di *sgasare*①; anche **agg.** **1** nel sign. del v. **2** (*fam., gerg.*) depresso, giù di corda

ṣgassàre ➤ **sgasare**①

ṣgattaiolàre [da *gattaiola*, con *s-* ✱ 1805] **v. intr.** (*io ṣgattàiolo* o *raro ṣgattaiòlo*; aus. *avere*) ● uscire con grande sveltezza attraverso un'apertura, come fa il gatto | (*est.*) allontanarsi silenziosamente, senza farsi notare: *è sgattaiolato via e nessuno se n'è accorto*

ṣgavazzàre [da *gavazzare*, con *s-* ✱ sec. XIV] **v. intr.** (aus. *avere*) ● (*lett.*) spassarsela, fare baldoria

ṣgelàre [da *gelare*, con *s-* ✱ av. 1685] **A** **v. tr.** (*io ṣgèlo*) ● sciogliere, liberare dal ghiaccio: *il sole sgela i campi* SIN. disgelare **B** **v. intr. impers.** (aus. *essere* o *avere*) ● sciogliersi, del ghiaccio: *presto sgelerà* **C** **v. intr.** (aus. *essere*) e **ṣgelàrsi** **v. intr. pron.** ● liberarsi dal ghiaccio, dal gelo: *il lago è sgelato*; *i ghiacciai si stanno sgelando*

ṣgèlo [da *sgelare* (V. *disgelo*) ✱ av. 1907] **s. m.** ● disgelo: *Quest'anno tarderà lo s.* (G. PASCOLI)

ṣghèi ➤ **schei**

ṣghembàre [da *sghembo* ✱ 1858] **v. intr.** (*io ṣghémbo*; aus. *avere*) ● (*raro*) cadere a sghembo, non pari: *il vestito sghemba a destra*

ṣghémbo o †**schìmbo** [lat. tardo *sclīmbu(m)* 'obliquo', dal got. **slimbs* 'obliquo' ✱ 1319] **A** **agg.** **1** (*lett.*) tortuoso: *sentiero s.* **2** obliquo: *muro s.* | ***a s.***, a sghimbescio, per storto: *camminare a s.* **3** (*mat.*) detto di rette non complanari: *rette sghembe* **B** **in funzione di avv.** ● obliquamente, a sghimbescio: *camminare s.*

†**ṣgherìglio** ➤ †**sgariglio**

†**ṣghermìre** [da *ghermire*, con *s-* ✱ av. 1406] **v. tr.** ● lasciare ciò che era ghermito

†**ṣghermitóre** [da *ghermitore*, con *s-* ✱ 1313] **s. m.** (**f.** *-trice*); anche **agg.** ● chi (o che) fa lasciare ciò che si era ghermito

ṣgheronàto [da *gherone*, con *s-* ✱ 1681] **agg.** ● detto di abito, allargato con l'inserimento di uno o più gheroni

✦**ṣghèrro** (o **-é-**) [dal longob. *skarr(j)o* 'capitano' (V. *scherano, schiera*) ✱ av. 1342] **A** **s. m.** (**f.** *-a*) **1** anticamente, uomo d'armi al servizio di un privato: *assoldare degli sgherri* | (*est.*) individuo prepotente e violento: *maniere, faccia da s.* **2** (*spreg.*) poliziotto, spec. di un regime oppressivo SIN. sbirro ‖ **ṣgherràccio**, pegg. **B** **agg.** ● (*raro, lett.*) da sgherro: *un giovinastro di malavita … riconoscibile … ad una sua camminata sgherra* (R. BACCHELLI) | ***alla sgherra***, (*ellitt.*) alla maniera degli sgherri, in modo spavaldo: *portare il cappello alla sgherra*

ṣghiacciàre [da *ghiacciare*, con *s-* ✱ av. 1389] **A** **v. tr.** (**pres.** *io ṣghiàccio*; **fut.** *io ṣghiaccerò*) ● ricondurre ciò che è ghiacciato a una temperatura normale o più elevata: *s. la carne surgelata prima della cottura* **B** **v. intr.** (aus. *essere*) e **ṣghiacciàrsi** **v. intr. pron.** ● sgelare, sgelarsi

ṣghiaiàre [da *ghiaia*, con *s-* ✱ 1965] **v. tr.** (*io ṣghiàio*) ● sgombrare canali, fiumi, bacini artificiali e sim. dalla ghiaia che vi si deposita

ṣghiaiatóre [da *sghiaiare* ✱ 1960] **s. m.** ● dispositivo posto all'imbocco di un canale derivato per impedire l'ingresso della ghiaia

ṣghignàre ➤ **ghignare**

ṣghignazzaménto [1525] **s. m.** ● lo sghignazzare | sghignazzata

ṣghignazzàre [da *ghignazzare*, con *s-* ✱ av. 1400] **v. intr.** (aus. *avere*) ● ridere in modo rumoroso e sguaiato con intenzione di scherno: *stanno sghignazzando di te*
SFUMATURE ➤ ***ridere***

ṣghignazzàta [1640] **s. f.** ● risata provocatoria

ṣghignazzìo [1612] **s. m.** (**pl.** *-ii*) ● (*raro*) serie di sghignazzate

ṣghignàzzo [deriv. di *sghignazzare* ✱ 1838] **s. m.** ● risata sguaiata, spec. beffarda o sarcastica

ṣghimbèscio o †**schimbèscio** [sovrapposizione di *sghembo* all'ant. *biescio* 'bieco', o *rovescio* ✱ av. 1704] **agg.** (**pl. m.** *-sci*; **pl. f.** *-sce*) ● sghembo, obliquo, storto, spec. nelle loc. ***a s., di s.***: *camminare a s.*; *scrivere di s.*

ṣghindàre o (*disus.*) **schindàre** [da *ghindare*, con *s-* ✱ 1846] **v. tr.** ● (*mar.*) ammainare in coperta gli alberetti

ṣghiribiẓẓàre (o **-zz-**) [da *ghiribizzare*, con *s-* ✱ av. 1566] **v. intr.** (aus. *avere*) ● (*raro*) ghiribizzare

ṣghiribìẓẓo (o **-zz-**) o (*pop.*) **schiribìẓẓo** (o **-zz-**) [da *ghiribizzo*, con *s-* ✱ 1554] **s. m.** ● ghiribizzo

ṣgiudiziàto [da *giudizio*, con *s-* ✱ av. 1704] **agg.** ● (*raro, lett.*) senza giudizio

ṣgnaccàre [vc. gerg. militare, propr. 'schiacciare', di orig. onomat. ✱ 1908] **v. tr.** (*io ṣgnàcco, tu ṣgnàcchi*) ● spec. nel gergo militare, sbattere, schiaffare: *s. qlcu. dentro*; *s. qlcu. in prigione*

ṣgobbàre [da *gobbo, gobba*, con *s-* ✱ av. 1742] **v. intr.** (*io ṣgòbbo*; aus. *avere*) ● (*colloq.*) applicarsi a un lavoro, uno studio e sim., con grande impegno e fatica: *s. sui libri, a tavolino*; *s. otto ore al giorno*

ṣgobbàta [da *sgobbare* ✱ 1911] **s. f.** ● (*colloq.*) sforzo prolungato e senza soste, spec. sul lavoro e nello studio: *la tradizionale s. prima degli esami*

ṣgòbbo [1855] **s. m.** ● (*raro*) lo sgobbare | sgobbata

ṣgobbóne [da *sgobbare* ✱ 1841] **s. m.** (**f.** *-a*) ● chi si applica allo studio, al lavoro, con grande fatica e impegno (*anche spreg.*)

ṣgocciolaménto [da *sgocciolare*① ✱ 1877] **s. m.** ● lenta caduta di gocciole

ṣgocciolàre① [da *gocciolare*, con *s-* ✱ av. 1565] **v. intr.** (*io ṣgócciolo*; aus. *essere*) ● cadere a gocciole, gocciolare: *la pioggia sgocciola sui vetri*; *il vino sgocciola sul pavimento*

ṣgocciolàre② [da *gocciola*, con *s-* ✱ av. 1449] **A** **v. tr.** (*io ṣgócciolo*) **1** far cadere a gocciole: *attento a non s. il vino sulla tovaglia!* **2** vuotare un recipiente delle ultime gocce di liquido in esso contenuto: *s. un fiasco, una bottiglia* | (*fig.*) ***sgocciolarsi un fiasco, una bottiglia***, e sim., berne tutto il contenuto | †*s.*, ***sgocciolarsi il bariletto***, (*fig.*) dire tutto ciò che si sa **B** **v. intr.** (aus. *avere*) ● vuotarsi delle ultime gocce di liquido contenuto, detto di recipienti: *la botte ha sgocciolato*; *ho messo la bottiglia a s. sul lavandino*

ṣgocciolatóio [da *sgocciolare*① ✱ 1745] **s. m.** (**pl.** *-ói*) **1** recipiente atto a raccogliere ciò che sgocciola **2** scolapiatti

ṣgocciolatùra [1470] **s. f.** **1** lo sgocciolare nel sign. di *sgocciolare*① | gocciole cadute, sparse o residue in fondo a un recipiente | †***ridursi alla s.***, ridursi agli sgoccioli **2** (*est.*) segno lasciato dalle gocciole cadute

ṣgocciolìo [da *sgocciolare*① ✱ 1891] **s. m.** (**pl.** *-ii*) ● lo sgocciolare continuo

ṣgócciolo [av. 1742] **s. m.** ● sgocciolatura, spec. nella loc. ***agli sgoccioli***, al finire, al termine, agli ultimi residui, di qlco.: *l'estate è agli sgoccioli*; *lo zucchero è agli sgoccioli*; a esaurimento: *la mia pazienza era agli sgoccioli*; senza risorse: *Ora si era veramente agli sgoccioli* (A. MORAVIA)

ṣgolàrsi [da *gola*, con *s-* ✱ 1791] **v. intr. pron.** (*io mi ṣgólo*) ● affaticare la voce nel cantare, nel parlare, nel gridare: *s. a far lezione* |

a b c d e f g h i j k l m n o p q r s t u v w x y z

(*est.*, *iperb.*) sfiatarsi: *s. a spiegare*

†**ṣgolàto** [da *scollato*, con sovrapposizione di *gola* ✱ av. 1311] **agg.** ● scollato: *andava con un tabarro sempre s.* (F. Sacchetti)

†**ṣgomberaménto** ➤ †**sgombramento**

ṣgomberàre ➤ **sgombrare**

ṣgomberatóre o **ṣgombratóre** [1838] **s. m.** (**f.** *-trice*) ● (*raro*) chi sgombera | chi è addetto al trasporto in un trasloco

ṣgomberatùra [av. 1742] **s. f.** ● (*raro*) trasloco

ṣgómbero ① o **ṣgómbro** ② [da *sgomberare* ✱ av. 1363] **s. m. 1** lo sgomberare | (*milit.*) attività diretta a portare via dall'area della battaglia persone o materiali: *s. dei feriti* **2** cambiamento di casa, di abitazione: *si avvicina il tempo dello s.* **SIN.** trasloco

ṣgómbero ② ➤ **sgombro** ①

†**ṣgombraménto** o †**ṣgomberaménto** [1505] **s. m.** ● atto dello sgombrare (*spec. fig.*)

ṣgombranéve [comp. di *sgombra(re)* e *neve* ✱ 1936] **A s. m. inv.** ● speciale autoveicolo attrezzato per sgombrare la neve dalle strade o dai binari **B anche agg. inv.**: *mezzi s.*

ṣgombràre o **ṣgomberàre**, spec. nel sign. A 2 [calco su *ingombrare*, con cambio di pref. (*s-*) ✱ sec. XIII] **A v. tr.** (*io ṣgómbro*) **1** liberare un luogo da ciò che lo ingombra (*anche fig.*): *s. il mercato, la strada, una stanza*; *il vento sgombra il cielo dalle nuvole*; *s. l'anima dalle passioni* | liberare un luogo andandosene od obbligando chi lo occupa ad andarsene: *i dimostranti hanno sgombrato la piazza*; *in caso di agitazioni il presidente farà s. l'aula* | ***s. una posizione***, abbandonarla **2** evacuare un luogo (*anche assol.*): *s. il paese*; *s. tutta la zona*; *l'esercito comincia a s.* | lasciare libero un appartamento, un locale e sim., traslocare (*anche assol.*): *bisogna s. il palazzo*; *tutti gli inquilini sgombreranno la casa*; *il mese prossimo sgomberiamo* | (*assol.*, *fam.*) andarsene (spec. con tono ultimativo): *sgombra!*; *ti ho detto di s.!* **3** portare via ciò che costituisce un ingombro: *s. la propria roba* | †***s. qlco. in un luogo***, portarvela per metterla al sicuro **4** (*raro*, *lett.*) scacciare, allontanare: *sgombri il Padre del Ciel da i nostri petti / peste sì rea* (T. Tasso) | †mandare via: *s. da sé* **B ṣgombràrsi v. intr. pron.** ● (*lett.*) liberarsi da ogni ingombro: *sgombrasi la campagna* (G. Leopardi)

ṣgombratóre ➤ **sgomberatore**

ṣgómbro ① o **ṣgómbero** ② [da *sgombrare* ✱ av. 1363] **agg.** ● libero, vuoto da ingombri (*anche fig.*): *stanza sgombra*; *appartamento s.*; *cielo s. di nuvole*; *mente sgombra dalle passioni*

ṣgómbro ② ➤ **sgombero** ①

ṣgómbro ③ ➤ **scombro**

ṣgomentàre [lat. parl. **excommentāre* 'turbare', comp. di *ĕx-* (*s-*) e **commentāre* per il classico *commentāri* 'meditare', connesso con *mēns*, genit. *mĕntis* 'mente' ✱ 1319] **A v. tr.** (*io ṣgoménto*) ● produrre sgomento: *la responsabilità è tale da s. chiunque* **B ṣgomentàrsi v. intr. pron.** ● provare sgomento, perdersi d'animo: *sgomentarsi di qlco.*; *sgomentarsi a vedersi abbandonato*; *sgomentarsi per un insuccesso*

ṣgomentàto **part. pass.** di *sgomentare*; anche **agg.** ● nei sign. del v. | (*lett.*) impaurito, atterrito: *Il gentile uomo ... trovò la donna sua ... tutta sgomentata e piena di paura* (G. Boccaccio) | profondamente turbato, sgomento

ṣgomentévole [da *sgomentare* ✱ 1618] **agg.** ● che provoca sgomento, inquietudine **SIN.** inquietante

ṣgomentìre [da *sgomentare*, con cambio di coniug. ✱ 1612] **v. tr.** (*io ṣgomentìsco, tu ṣgomentìsci*) e **ṣgomentìrsi v. intr. pron.** ● (*lett.*) sgomentare, sgomentarsi

♦**ṣgoménto** ① [da *sgomentare* ✱ av. 1342] **s. m.** ● stato di turbamento, depressione, ansia angosciosa, provocato da avvenimenti esterni: *essere in preda allo s.*; *lasciarsi prendere, vincere, dallo s.*; *superare, vincere, lo s.*; *riaversi dallo s.*

SFUMATURE DI SIGNIFICATO

sgomento - sbigottimento - smarrimento

Sgomento è uno stato di angoscia che provoca un profondo turbamento. In **sbigottimento** allo sgomento si associa l'incapacità di reagire, il restare come intontiti. Se il restare sbigottiti e incapaci di reagire o di ragionare dipende da imbarazzo, confusione piuttosto che da paura, è più pertinente **smarrimento**.

SFUMATURE ➤ ***orrore***, ➤ ***paura***

♣**ṣgoménto** ② [av. 1726] **agg.** ● in preda a smarrimento, a turbamento: *sentirsi s.* | che esprime, denota smarrimento, turbamento: *occhi sgomenti*; *facce sgomente*

ṣgomentóso (o **-ṣo**) [sec. XIII] **agg. 1** (*lett.*) che incute sgomento **2** (*lett.*) che prova sgomento

♣**ṣgominàre** [lat. parl. **excombināre* 'disunire', comp. di *ĕx-* (*s-*) e *combināre* 'mettere insieme'. V. *combinare* ✱ av. 1449] **v. tr.** (*io ṣgòmino* (o *-ó-*)) **1** sconfiggere, sbaragliare, mettere in fuga rovinosa **2** †mettere in disordine: *Ei ti pare a te una favola avere a s. tutta la casa?* (N. Machiavelli)

SFUMATURE ➤ ***sconfiggere*** ①

ṣgominìo [da *sgominare* col suff. *-io* ① ✱ 1726] **s. m.** (**pl.** *-ii*) ● (*raro*) scompiglio | distruzione

ṣgomitàre [comp. parasintetico di *gomito*, col pref. *s-* ✱ 1948] **A v. tr.** (*io ṣgómito*) ● (*raro*) colpire con i gomiti **B v. intr.** (**aus.** *avere*) ● farsi largo a gomitate (*anche fig.*)

ṣgomitolàre [da *gomitolare*, con *s-* ✱ sec. XIV] **A v. tr.** (*io ṣgomìtolo*) ● disfare un gomitolo **B ṣgomitolàrsi v. intr. pron. 1** disfarsi, detto di gomitoli **2** (*raro*, *fig.*) susseguirsi con ordine: *quelle parole ... venivano una dopo l'altra come sgomitolandosi* (A. Manzoni)

ṣgommàre [da *gomma*, con *s-* ✱ 1598] **A v. tr.** (*io ṣgómmo*) **1** togliere l'ingommatura **2** trattare la seta con soluzioni saponose per liberarla dalla sericina **B v. intr.** (**aus.** *avere*) ● detto di un autoveicolo o del guidatore, partire di colpo facendo stridere gli pneumatici su un terreno spec. asfaltato **C ṣgommàrsi v. intr. pron.** ● perdere l'ingommatura: *spesso i francobolli si sgommano*

ṣgommàta [1978] **s. f.** ● partenza rapida dell'automobile, che provoca un forte stridio degli pneumatici sull'asfalto stradale

ṣgommàto **part. pass.** di *sgommare*; anche **agg. 1** nei sign. del v. **2** detto di autoveicolo o sim. privo di pneumatici o con pneumatici logori

ṣgommatùra [1927] **s. f.** ● operazione dello sgommare la seta

ṣgonfiaménto [av. 1519] **s. m.** ● lo sgonfiare, lo sgonfiarsi, nel sign. di *sgonfiare* ①

ṣgonfiàre ① [da *gonfiare*, con *s-* sottrattivo ✱ 1364] **A v. tr.** (*io ṣgónfio*) **1** togliere parzialmente o totalmente aria o gas da una cavità elastica: *s. un salvagente di gomma* **2** (*est.*) togliere il gonfiore: *un bagno ti sgonfierà le caviglie* **3** (*fig.*) ridurre, ridimensionare: *s. l'orgoglio, la superbia* | ***s. una notizia, un avvenimento***, nel gergo giornalistico, toglierne importanza, minimizzare, accordando poco spazio e usando titoli non appariscenti **4** (*pop.*) annoiare, seccare: *Saprai che mi sta sgonfiando perché gli comperi ... un vitello* (B. Fenoglio) **5** (*fig.*) †sbudellare, sventrare **B v. intr.** (**aus.** *essere*) e **ṣgonfiàrsi v. intr. pron. 1** perdere la gonfiezza o il gonfiore: *il materassino si è sgonfiato*; *la gengiva si è sgonfiata* **2** (*fig.*) perdere la superbia, la tracotanza: *con la brutta figura che ha fatto si è sgonfiato* | (*fig.*) perdere lo slancio, l'entusiasmo **3** (*fig.*) ridimensionarsi: *la sua popolarità ha cominciato a sgonfiarsi*; *la vicenda si è sgonfiata*

ṣgonfiàre ② [da *gonfiare*, con *s-* durativo-intens. ✱ av. 1519] **A v. tr.** ● †gonfiare **B v. intr.** (*io ṣgònfio*; non usato nei tempi composti) ● fare gonfiezza in qualche parte, detto di abiti: *il vestito sgonfia sulle spalle*

ṣgonfiàto ① **part. pass.** di *sgonfiare* ①; anche **agg.** ● nei sign. del v.: *Il pallone gonfiato pesa più che s.* (G. Galilei)

ṣgonfiàto ② **part. pass.** di *sgonfiare* ②; anche **agg. 1** †gonfiato **2** che presenta rigonfiamenti: *pantaloni ... sgonfiati in infinite pieghette* (R. Bacchelli)

ṣgonfiatùra [1942] **s. f.** ● lo sgonfiare, lo sgonfiarsi, nel sign. di *sgonfiare* ①

ṣgónfio ① [da *sgonfiare* ① ✱ av. 1562] **agg.** ● sgonfiato, non gonfio: *pallone, pneumatico, s.* **CONTR.** gonfio

ṣgónfio ② [da *sgonfiare* ② ✱ av. 1574] **s. m.** ● rigonfiatura di veste o di una sua parte: *manica con lo s.*

ṣgonfiòtto [da *sgonfio* ② ✱ 1855] **s. m. 1** (*tosc.*) involucro di pasta lievitata che cuocendo si gonfia: *sgonfiotti con ripieno di marmellata* **2** sgonfio, nel sign. di *sgonfio* ②

ṣgonnellàre [da *gonnella*, con *s-* ✱ 1855] **v. intr.** (*io ṣgonnèllo*; **aus.** *avere*) ● (*fam.*) muoversi in modo civettuolo per farsi notare e ammirare, detto di donna | (*raro*) affaccendarsi, darsi da fare

ṣgórbia (o **-ò-**), †**scóbbia** [da *gorbia*, con *s-* ✱ 1561] **s. f. 1** scalpello incavato per lavori di falegnameria e intaglio **2** (*chir.*) strumento per l'asportazione di schegge ossee **3** scalpello concavo a sezione semicircolare, usato in xilografia ‖ **ṣgorbiétta**, **dim.**

ṣgorbiàre o †**scorbiàre** [av. 1449] **v. tr.** (*io ṣgòrbio*) ● imbrattare con sgorbi | scarabocchiare

ṣgorbiatùra [1873] **s. f.** ● sgorbio, scarabocchio

ṣgòrbio o †**scòrbio** [lat. *scŏrpiu(m)*, dal gr. *skorpíos* 'scorpione', in senso metaforico ✱ av. 1449] **s. m. 1** macchia d'inchiostro fatta per disattenzione, disavventura e sim., spec. scrivendo: *lettera costellata di sgorbi* | (*est.*) parola scritta male: *non riesco a leggere i tuoi sgorbi* | (*est.*) scritto, disegno e sim., malfatto: *questo quadro è uno s.* **SIN.** scarabocchio **2** (*fig.*) persona brutta e sgraziata ‖ **ṣgorbiàccio**, **pegg.** | **ṣgorbiétto**, **dim.**

ṣgorgaménto [av. 1348] **s. m.** ● (*raro*) lo sgorgare

ṣgorgàre [da *gorgo*, con *s-* ✱ 1319] **A v. intr.** (*io ṣgórgo, tu ṣgórghi*; **aus.** *essere*) **1** uscire con impeto e in abbondanza, detto di liquidi: *l'acqua sgorga dalla sorgente*; *il sangue sgorgava dalla ferita* | (*fig.*) provenire direttamente e spontaneamente: *queste parole sgorgano dal cuore* **SIN.** scaturire **2** †sfociare, detto di corsi d'acqua **B v. tr.** ● liberare un condotto da ciò che lo ostruisce: *s. un lavandino*

†**ṣgorgàta** [da *sgorgare* ✱ av. 1642] **s. f.** ● (*raro*) quantità di liquido che sgorga in una volta sola

ṣgórgo [sec. XIV] **s. m.** (**pl.** *-ghi*) ● lo sgorgare | †***a s.***, in abbondanza

ṣgottàre [da *aggottare*, con sostituzione di pref. (*s-*) ✱ 1550] **v. tr.** (*io ṣgòtto*) ● (*mar.*) togliere l'acqua da una imbarcazione con la gottazza

ṣgovernàre [da *governare*, con *s-* ✱ av. 1400] **v. tr.** (*io ṣgovèrno*) ● (*raro*, *lett.*) governare male (*anche assol.*): *la politica violenta insieme e corruttrice ... sgovernò le province del mezzogiorno* (G. CARDUCCI)

ṣgovèrno [da *governo*, con *s-* ✱ 1873] **s. m.** ● (*raro, lett.*) malgoverno

ṣgozzaménto [da *sgozzare*① ✱ 1898] **s. m.** ● lo sgozzare, il venire sgozzato, nel sign. di *sgozzare*①

ṣgozzàre① [da *gozzo*, con *s-* ✱ av. 1400] **v. tr.** (*io ṣgózzo*) **1** scannare: *s. un capretto* **2** (*fig.*) imporre condizioni da usura prestando denaro

†**ṣgozzàre**② [da *ingozzare*, con cambio di pref. (*s-*) ✱ av. 1400] **v. tr.** ● sopportare, tollerare

ṣgozzatóre [1872] **s. m.** (**f.** *-trice*) ● (*raro*) chi sgozza, nel sign. di *sgozzare*①

ṣgozzatùra [1872] **s. f.** ● sgozzamento | (*fig.*) il fatto di essere sgozzato da uno strozzino o sim.

♦**ṣgradévole** [da *gradevole*, con *s-* ✱ av. 1685] **agg.** ● che non si gradisce: *sapore s.* | che risulta sgradito: *persona, compagnia, s.* **CONTR.** gradevole ‖ **ṣgradevolménte**, **avv.**

SFUMATURE DI SIGNIFICATO

sgradevole - indesiderabile - brutto

Sgradevole si dice di una persona o una cosa che non piace, che risulta sgradevole al contatto, alla vista. Anche **indesiderabile** esprime una stessa sensazione di rifiuto, ma con riferimento alla volontà di non avere contatti con chi o ciò che si rifiuta. In senso proprio, **brutto** mette l'accento sull'aspetto estetico della sgradevolezza; in senso esteso è usato anche per descrivere ciò che è contrario alla morale, al buon gusto, ecc.

SFUMATURE ➤ ***spiacevole***

ṣgradevolézza [da *sgradevole* ✱ 1901] **s. f.** ● caratteristica di chi (o di ciò che) è sgradevole

ṣgradiménto [comp. di *s-* e *gradimento* ✱ 1865] **s. m.** ● disapprovazione, ostilità | nel linguaggio della diplomazia, dichiarazione di non gradimento

ṣgradìre [da *gradire*, con *s-* ✱ 1292] **A** **v. tr.** (*io ṣgradìsco, tu ṣgradìsci*) ● (*raro*) mal gradire, non accettare: *s. un invito, un regalo* **B** **v. intr.** (**aus.** *essere*) ● (*raro*) dispiacere

ṣgradìto **part. pass.** di *sgradire*; **anche agg.** ● nei sign. del v.: *un incontro s.*; *una sgradita sorpresa*

ṣgraffiàre [da *graffiare*, con *s-* ✱ av. 1406] **v. tr.** (*io ṣgràffio*) **1** (*pop.*) graffiare **2** incidere decorazioni sul metallo in maniera affrettata e mal fatta | segnare inavvertitamente una pietra preziosa provocandone un difetto **3** (*raro*) rubare, portare via

ṣgraffiatùra [da *sgraffiare* ✱ 1611] **s. f.** ● (*pop.*) graffiatura

ṣgraffignàre o **ṣgraffignàre** [prob. da avvicinare a *graffa* nel sign. di 'artiglio' ✱ 1536] **v. tr.** (**coniug. come** *segnare*) ● (*fam.*) portare via di nascosto e con destrezza: *s. il portafoglio a qlcu.*

ṣgràffio [da *sgraffiare*, sul modello di *graffio* ✱ 1561] **s. m.** ● (*pop.*) graffio

†**ṣgramaticàre** ➤ **sgrammaticare**

ṣgrammaticaménto [av. 1827] **s. m.** ● (*lett., raro*) sgrammaticatura

ṣgrammaticàre o †**ṣgramaticàre** [da *grammatica*, con *s-* ✱ av. 1561] **v. intr.** (*io ṣgrammàtico, tu ṣgrammàtichi*; **aus.** *avere*) ● fare errori di grammatica parlando o scrivendo

ṣgrammaticàto **part. pass.** di *sgrammaticare*; **anche agg.** **1** che, parlando o scrivendo, fa molti errori di grammatica **2** che è pieno di errori di grammatica: *tema s.*

ṣgrammaticatùra [da *sgrammaticare* ✱ 1803] **s. f.** ● errore di grammatica

ṣgranaménto [1865] **s. m.** ● lo sgranare, nel sign. di *sgranare*①

ṣgranàre① [da *grano*, con *s-* ✱ av. 1449] **v. tr.** ● far uscire i grani di un frutto dalla loro sede: *s. i fagioli* | ***s. il granoturco***, staccarne i grani dalle pannocchie | ***s. il cotone***, staccare i semi dalle fibre | ***s. il rosario***, (*fig.*) recitarlo, facendo scorrere fra le dita i grani della catena | (*est.*) ***s. avemarie, paternostri***, recitarli in serie | (*est.*) ***s. bestemmie***, dirne una dopo l'altra | (*fig.*) ***s. gli occhi***, spalancarli, come se stessero per uscire dall'orbita

ṣgranàre② [contr. di *ingranare* (V.), con cambio di pref. (*s-*) ✱ 1960] **v. tr.** ● (*mecc.*) togliere dall'ingranaggio | disinserire una o più parti da un ingranaggio | disfare un ingranaggio

ṣgranàre③ [da *grana* col pref. *s-* neg. ✱ 1599] **A** **v. tr.** **1** disfare, rompere la grana di un materiale **2** (*fig., fam.*) mangiare con gusto: *s. pagnotte, biscotti* | (*assol.*) mangiare: *pensa sempre a s.* **B** **ṣgranàrsi** **v. intr. pron.** ● rompersi, disfarsi, disgregarsi, perdendo la compattezza o mutando nella struttura: *con il calore l'acciaio si sgrana*; *una roccia che non si sgrana facilmente*

ṣgranàto① **part. pass.** di *sgranare*①; **anche agg.** ● nei sign. del v.: *fagioli sgranati*; (*fig.*) *occhi sgranati*

ṣgranàto② **part. pass.** di *sgranare*③; **anche agg.** ● nei sign. del v. | (*fotogr.*) di immagine fotografica molto ingrandita, in cui è visibile la granulosità della pellicola | di immagine digitale che appare non compatta per l'ingrandimento dei pixel

ṣgranatóio [da *sgranare*① ✱ 1930] **s. m.** (**pl.** *-ói*) ● macchina azionata a mano per sgranare le pannocchie di mais

ṣgranatóre [1891] **s. m.** (**f.** *-trice*); **anche agg.** ● chi (o che) sgrana, nel sign. di *sgranare*①

ṣgranatrìce [f. di *sgranatore* ✱ 1892] **s. f.** **1** macchina ad azionamento meccanico per sgranare le pannocchie di mais già scartocciate **2** macchina per la sgranatura del cotone

ṣgranatùra① [1872] **s. f.** **1** operazione dello sgranare, nel sign. di *sgranare*①: *s. di legumi, del granturco* **2** azione esercitata dalla sgranatrice per separare il cotone dai semi

ṣgranatùra② [1973] **s. f.** ● (*fotogr.*) granulosità | pixellizzazione

ṣgranchiàre [da *granchio* 'crampo', con *s-* ✱ 1481] **v. tr.** (*io ṣgrànchio*) ● († o *tosc.*) sgranchire

ṣgranchìre [contr. di *aggranchire*, con cambio di pref. (*s-*) ✱ 1726] **A** **v. tr.** (*io ṣgranchìsco, tu ṣgranchìsci*) ● sciogliere gli arti o il corpo dall'irrigidimento dovuto all'immobilità, al freddo e sim.: *devi sgranchire le gambe con la ginnastica* | anche in forma pron., spec. nella loc. ***sgranchirsi le gambe***, fare due passi, fare una breve passeggiata a piedi **B** **ṣgranchìrsi** **v. rifl.** ● sciogliersi i muscoli: *Vogliono sgranchirsi: girano e rigirano il collo* (L. PIRANDELLO)

ṣgranellaménto [av. 1799] **s. m.** ● (*raro*) lo sgranellare

ṣgranellàre [da *granello*, con *s-* ✱ av. 1494] **A** **v. tr.** (*io ṣgranèllo*) ● staccare i granelli dal grappolo: *s. l'uva* | privare dei granelli **B** **ṣgranellàrsi** **v. intr. pron.** ● (*raro*) frantumarsi in granelli

ṣgranellatùra [1838] **s. f.** ● operazione dello sgranellare

ṣgranocchiàre [da *sgranare*, con suff. iter. intens. ✱ av. 1665] **v. tr.** (*io ṣgranòcchio*) ● (*colloq.*) mangiare con gusto, a piccoli morsi, cibi che crocchiano sotto i denti: *s. pasticcini*

ṣgrappolàre [da *grappolo*, con *s-* ✱ 1965] **v. tr.** (*io ṣgràppolo*) ● separare i graspi dagli acini, dopo la vendemmia

ṣgrappolatóio [da *grappolo*, con *s-* ✱ 1891] **s. m.** (**pl.** *-ói*) ● graticcio di legno per levare i raspi all'uva

ṣgrappolatrìce [1965] **s. f.** ● macchina per sgrappolare l'uva

ṣgrassàre [da *grasso*, con *s-* ✱ 1802] **v. tr.** **1** rendere privo o povero di grasso: *s. il brodo* | ***s. le pelli***, togliere l'eccesso di sostanze grasse naturali da talune pelli, spec. prima della concia **2** (*est.*) ripulire da macchie di unto: *s. un vestito*

SFUMATURE ➤ ***smacchiare***①

ṣgrassatóre [da *sgrassare* ✱ 1752] **s. m.** **1** prodotto sgrassante **2** (**f.** *-trice*) in conceria, operaio addetto alla sgrassatura delle pelli **3** †grassatore

ṣgrassatùra [1924] **s. f.** **1** lo sgrassare | parte grassa tolta sgrassando **2** operazione con la quale si asporta dalla lana greggia la parte grassa e cerosa **SIN.** lavaggio

†**ṣgratàre** [da *grato*, con *s-* ✱ 1342] **v. intr.** ● (*raro*) dispiacere: *lo star mi sgrata* (G. BOCCACCIO)

ṣgraticciàre [da *graticciare*, con *s-* sottratt.-neg. ✱ av. 1685] **v. tr.** (**pres.** *io ṣgratìccio*; **fut.** *io ṣgraticcerò*) ● districare, sbrogliare

ṣgravaménto [av. 1410] **s. m.** ● (*raro*) lo sgravare | sgravio

ṣgravàre [da *gravare*, con *s-* ✱ sec. XIV] **A** **v. tr.** ● liberare, alleggerire, alleviare da un peso (***spec. fig.***): *s. le spalle dal carico*; *s. la coscienza da un rimorso*; *s. il popolo da un'imposta* | (*fig.*) anche in forma pron.: *sgravarsi la coscienza* **B** **v. intr.** (**aus.** *avere*) e **ṣgravàrsi** **v. intr. pron.** ● (*pop.*) partorire: *sgraverà alla fine del mese*; *si è sgravata ieri* **C** **ṣgravàrsi** **v. intr. pron.** ● liberarsi, alleggerirsi (*anche fig.*): *sgravarsi di una responsabilità*

†**ṣgravidàre** [da †*gravidare*, con *s-* ✱ 1541] **v. intr.** ● sgravarsi, partorire

ṣgràvio [contrario di *aggravio*, con cambio di pref. (*s-*) ✱ 1444] **s. m.** **1** alleggerimento | riduzione di un onere fiscale: *s. d'imposta*; *sgravi contributivi* **2** (*fig., lett.*) eliminazione di pesi morali, nelle loc. ***a s. di, per s. di***: *Don Gesualdo allora disse di sì, ... per s. di coscienza* (G. VERGA) **3** (*fig.*) †giustificazione, discolpa, nelle loc. ***a s. di, a mio, tuo, suo, s.*** **4** (*lett.*) parto **5** †evacuazione di escrementi

ṣgraziatàggine [av. 1620] **s. f.** ● caratteristica, condizione di chi è sgraziato

ṣgraziàto [da *grazia*, con *s-* ✱ 1268] **agg.** **1** privo di grazia, di garbo, di armonia: *andatura, persona, voce, sgraziata* **CONTR.** aggraziato **2** †disgraziato, sfortunato ‖ **ṣgraziatèllo**, **dim.** ‖ **ṣgraziataménte**, **avv.** **1** senza garbo, grazia **2** †per disgrazia

SFUMATURE DI SIGNIFICATO

sgraziato - goffo - rustico

Chi o ciò che è privo di grazia e di armonia, e dunque risulta di aspetto sgradevole o inelegante si definisce **sgraziato**. Chi è particolarmente sgraziato nel muoversi si dice **goffo**, termine che aggiunge una sfumatura di impaccio e di imbarazzo e si riferisce per lo più a chi è o si sente inadeguato a svolgere un compito o a gestire una situazione sociale. Una condizione di inadeguatezza sociale si riferisce anche **rustico**, che in senso figurato connota chi è uso a vivere in solitudine e dunque, più per disabitudine ai contatti che per cattiva educazione, fa mostra di una certa rozzezza di comportamento.

ṣgretolaménto [1745] **s. m.** ● lo sgretolare (*anche fig.*) | (*fig.*) disgregazione

ṣgretolàre [da *gretola*, con *s-* ✱ sec. XIV] **A** **v. tr.** (*io ṣgrétolo* (o *-è-*)) **1** spezzare, ridurre in piccole schegge: *l'umidità sgretola l'intonaco* **2** (*fig.*) distruggere, demolire a poco a poco: *s. le tesi dell'avversario* | disgregare **3** (*raro, lett.*) digrignare (i denti) **B** **ṣgretolàrsi** v. intr. pron. ● fendersi, rompersi in schegge: *il muro si sgretola* | (*fig.*) disgregarsi, sfasciarsi

ṣgretolàto part. pass. di *sgretolare*; anche agg. ● nei sign. del v.

+**ṣgretolìo** [av. 1698] s. m. (pl. *-ii*) ● lo sgretolare, lo sgretolarsi continuo | rumore prodotto da qlco. che si sgretola

ṣgreẓẓàre [da *grezzo* col pref. *s-* ✻ 1983] **A** v. tr. (*io ṣgréẓẓo*) **1** lavorare un materiale ancora grezzo avviandolo a una successiva rifinitura **2** (*fig.*) migliorare, raffinare, ingentilire SIN. sgrossare, dirozzare **B** **ṣgreẓẓàrsi** v. intr. pron. ● (*fig.*) migliorarsi, raffinarsi, ingentilirsi

†**ṣgricchiolàre** ➤ **scricchiolare**

†**ṣgrìcciolo** ➤ **scricciolo**

ṣgridaménto [av. 1576] s. m. ● (*raro*) sgridata

♦**ṣgridàre** [da *gridare*, con *s-* ✻ 1287] v. tr. **1** riprendere severamente, gridando | (*est.*) rimproverare, spec. bambini: *il padre lo ha sgridato per il brutto voto* **2** †rivolgersi a qlcu. gridando

SFUMATURE ➤ *rimproverare*

ṣgridàta [da *sgridare* ✻ 1841] s. f. ● rabbuffo, rimprovero, spec. fatto ad alta voce: *prendersi una s.*; *fare una s.* ‖ **ṣgridatàccia**, pegg. | **ṣgridatìna**, dim.

†**ṣgridatóre** [1353] s. m. (f. *-trice*); anche agg. ● (*raro*) chi (o che) sgrida

ṣgrigiolàre ➤ **sgrigliolare**

ṣgrigliatóre [da *griglia*, con *s-* ✻ 1965] s. m. ● dispositivo per ripulire la griglia dai materiali trattenuti, che viene posto all'imbocco delle derivazioni idrauliche

ṣgrigliolàre o **ṣgrigiolàre** [var. tosc. di *scricchiolare* ✻ 1618] v. intr. (*io ṣgrìgliolo*; aus. *avere*) ● (*tosc.*) scricchiolare

†**ṣgrìgno** ➤ **scrigno**

ṣgrillettàre [da *grillettare*, con *s-* ✻ 1855] v. intr. (*io ṣgrillétto*; aus. *avere*) ● sfrigolare, crepitare, di vivanda messa a friggere in olio bollente

ṣgrìnfia ➤ **grinfia**

ṣgrollàre ➤ **scrollare**①

ṣgrommàre [da *gromma*, con *s-* ✻ 1872] v. tr. (*io ṣgrómmo*) ● ripulire dalla gromma: *s. le botti*

ṣgrommatùra [da *sgrommare* ✻ 1869] s. f. ● operazione dello sgrommare | strato di gromma

ṣgrondàre [da *grondare*, con *s-* ✻ 1738] **A** v. tr. (*io ṣgróndo*) ● vuotare un recipiente delle ultime gocce di liquido in esso contenuto: *s. un fiasco* **B** v. intr. (aus. *avere* nel sign. 1, *essere* nel sign. 2) **1** grondare: *l'albero sgronda di acqua* **2** fare scolare verso il basso il liquido che riempie un recipiente o che impregna di sé un oggetto: *metti l'ombrello a s.*; *fai s. i panni sul lavatoio*

ṣgrondatóre [1960] s. m. ● (*enol.*) macchina costituita da un grosso cilindro rotante a pareti forate, atta alla separazione per caduta del mosto dalle vinacce

ṣgrondatùra [1891] s. f. **1** (*raro*) sgocciolamento da una grondaia **2** (*enol.*) operazione di separazione del mosto dalle vinacce

ṣgrondìo [1891] s. m. (pl. *-ii*) ● (*raro*) lo sgrondare continuo

ṣgróndo [1865] s. m. ● lo sgrondare | acqua, liquido che sgronda | ***mettere, tenere, qlco. a s.***, a sgrondare | ***tetto a s.***, con una pendenza maggiore di quella normale

ṣgroppàre① o (*raro*) **ṣgruppàre**② [da *groppo*, con *s-* ✻ 1314] **A** v. tr. (*io ṣgróppo* (o *-ò-*)) ● sciogliere un groppo, un nodo: *s. la corda* **B** **ṣgroppàrsi** v. intr. pron. ● (*lett.*, *fig.*) distendere le membra rattrappite

ṣgroppàre② [da *groppa*, con *s-* ✻ 1483] **A** v. tr. (*io ṣgròppo*) ● rovinare, guastare la groppa a cavalli, bestie da soma e sim. | (*est.*) stancare, affaticare **B** v. intr. (aus. *avere*) ● compiere una sgroppata, detto di cavalli **C** **ṣgroppàrsi** v. intr. pron. ● (*lett.*) stancarsi, sfiancarsi

ṣgroppàta o **groppàta** nel sign. 1 [da *sgroppa(re) (2)* col suff. *-ata* ✻ 1869] s. f. **1** movimento mediante il quale gli arti pelvici del cavallo vengono sollevati ed estesi posteriormente **2** breve cavalcata **3** (*sport*) nel ciclismo, calcio e sim., breve corsa di allenamento ‖ **ṣgroppatìna**, dim.

ṣgroppàto part. pass. di *sgroppare*②; anche agg. **1** nel sign. del v. **2** magro, privo di groppa, di fianchi, detto di cavallo, bestia da soma e sim. **3** †magro, detto di persona

ṣgroppìno [dal v. *sgropp(are)* 'togliere un peso dallo stomaco' con il suff. *-ino* ✻ 1992] s. m. ● (*enol.*) sorbetto, spec. di limone, con vodka, spumante e sim.

ṣgropponàre [da *groppone*, con *s-* ✻ 1872] v. intr. (*io ṣgroppóno*; aus. *avere*) e **ṣgropponàrsi** v. intr. pron. ● (*fam.*) sgobbare, faticare a lungo in un lavoro pesante: *sgropponarsi a lavare pavimenti*

ṣgropponàta [1940] s. f. ● (*fam.*) lo sgropponarsi SIN. sgobbata

ṣgrossaménto [1525] s. m. ● lo sgrossare, lo sgrossarsi (*anche fig.*)

+**ṣgrossàre** [da *grosso*, con *s-* ✻ 1585] **A** v. tr. (*io ṣgròsso*) **1** togliere il superfluo a un materiale per portarlo alla forma voluta: *s. un blocco di marmo* | (*est.*) dare la prima forma a un lavoro: *s. la trama di un romanzo* SIN. sgrezzare **2** (*fig.*) rendere meno rozzo, istruendo, correggendo e sim.: *la scuola è servita a sgrossarlo*; *s. qlcu. nella tecnica del comporre* **B** **ṣgrossàrsi** v. intr. pron. ● raggentilirsi, dirozzarsi

ṣgrossàta [da *sgrossare* ✻ 1962] s. f. ● veloce e superficiale sgrossamento (*anche fig.*) ‖ **ṣgrossatìna**, dim.

ṣgrossatùra [1590] s. f. ● sgrossamento | procedura usata per sgrossare

ṣgrottaménto [sec. XVIII] s. m. **1** †scavo | smottamento **2** (*agric.*) operazione dello sgrottare

ṣgrottàre [da *grotta*, con *s-* ✻ av. 1527] **A** v. tr. (*io ṣgròtto*) **1** (*agric.*) ampliare la buca per la messa a dimora di un albero **2** †scavare una fossa; sottoporre a scavo | (*lett.*) erodere: *l'impeto delle correnti aveva sgrottato tutte le terre* (L. PIRANDELLO) **B** v. intr. ● †smottare

ṣgrottatùra [da *sgrottare* ✻ 1803] s. f. **1** (*disus.*) smottamento, fenditura **2** (*agric.*, *raro*) sgrottamento

ṣgrovigliàre [da *groviglio*, con *s-* ✻ 1872] v. tr. (*io ṣgrovìglio*) ● disfare un groviglio (*anche fig.*): *s. un gomitolo*; *s. una questione complicata*

ṣgrugnàre [da *grugno*, con *s-* ✻ av. 1566] **A** v. tr. (coniug. come *segnare*) ● (*pop.*) rompere, pestare il grugno a qlcu. **B** **ṣgrugnàrsi** v. intr. pron. ● (*pop.*) rompersi il grugno

ṣgrugnàta [da *sgrugnare* ✻ av. 1566] s. f. ● (*pop.*) pugno, colpo dato o preso sul grugno

ṣgrùgno [da *sgrugnare*, sul modello di *grugno* ✻ 1558] s. m. ● (*pop.*) sgrugnata ‖ **ṣgrugnóne**, accr.

ṣgrumàre [da *gruma*, con *s-* ✻ 1841] v. tr. ● sgrommare

ṣgruppàre① [da *gruppo*, con *s-* ✻ 1540] **A** v. tr. ● (*raro*) disfare un gruppo **B** **ṣgruppàrsi** v. intr. pron. ● (*raro*) separarsi da un gruppo

ṣgruppàre② ➤ **sgroppare**①

ṣguaiatàggine [av. 1712] s. f. ● caratteristica, condizione di chi (o di ciò che) è sguaiato | atto, discorso e sim., sguaiato

ṣguaiaterìa [av. 1793] s. f. ● (*raro*) sguaiataggine

+**ṣguaiàto** [da *guaio*, con *s-*, propr. 'fuori dai guai' (?) ✻ 1566] **A** agg. **1** detto di chi manca di decoro, educazione, decenza: *un ragazzo s.* **2** scomposto, volgare: *gesto s.*; *risata sguaiata* ‖ **ṣguaiataménte**, avv. in modo sguaiato **B** s. m. (f. *-a*) ● persona sguaiata: *non sopporto gli sguaiati* ‖ **ṣguaiatàccio**, pegg. | **ṣguaiatèllo**, dim.

ṣguainàre [da *guaina*, con *s-* ✻ 1280] v. tr. (*io ṣguaìno* o, più diffuso ma etim. meno corretto, *ṣguàino*) ● estrarre dalla guaina: *s. la sciabola* | (*fig.*) ***s. le unghie***, prepararsi a lottare con tutte le forze SIN. sfoderare

+**ṣgualcìre** [da *gualcire*, con *s-* ✻ 1618] **A** v. tr. (*io ṣgualcìsco, tu ṣgualcìsci*) ● deformare con pieghe, grinze e sim., spec. stoffa o carta: *s. un vestito* | anche in forma pron.: *sgualcirsi la gonna* **B** **ṣgualcìrsi** v. intr. pron. ● prendere pieghe, grinze

+**ṣgualcìto** part. pass. di *sgualcire*; anche agg. ● nei sign. del v.: *un giornale s.*

ṣgualcitùra [da *sgualcire* ✻ 1960] s. f. ● lo sgualcire, lo sgualcirsi | la parte sgualcita, spiegazzatura

ṣgualdrìna [prob. deriv., con cambio di suff., di *sgualdracca*, variante ant. di *baldracca* ✻ 1550] s. f. ● (*spreg.*) donna dal comportamento sessuale considerato immorale | (*est.*) prostituta ‖ **ṣgualdrinàccia**, pegg. | **ṣgualdrinèlla**, dim. (V.)

ṣgualdrinèlla [1752] s. f. **1** dim. di *sgualdrina* **2** (*est.*) ragazza molto seduttiva, che appare disponibile a relazioni sessuali: *vedo le studentesse ... svestite, da parere un po' vittime e un po' sgualdrinelle* (P.P. PASOLINI)

ṣguància [da *guancia*, con *s-* ✻ 1612] s. f. (pl. *-ce*) ● nella testiera del cavallo, montante

ṣguanciàre [di etim. discussa: dall'ant. fr. *guenchier, guenchir* 'piegare, sviarsi', di orig. germ. V. *sguancio*①, *scancio* ✻ 1872] v. tr. (pres. *io ṣguàncio*; fut. *io ṣguancerò*) ● (*raro*) fare gli sguanci a porte o finestre

ṣguàncio① o **ṣguìncio** [da *sguanciare* ✻ 1855] s. m. ● spalletta di porta o finestra tagliata obliquamente dietro lo stipite

ṣguàncio② ➤ **scancio**

†**ṣguaraguatàre** [da *sguaraguato*, variante di un ant. *scaraguaiata* 'sentinella', dal francone *skarawahta*, comp. di *skara* 'schiera' e *wahta* 'sentinella'. V. †*guaita, guatare* ✻ sec. XIV] v. intr. ● (*raro*) fare attenzione, fissare lo sguardo

†**ṣguardàre** o †**eṣguardàre** [da *guardare*, con *s-* ✻ av. 1250] v. tr. e intr. **1** guardare, osservare **2** considerare, riflettere

ṣguardàta [da *sguardare* ✻ av. 1294] s. f. ● (*lett.*) sguardo, occhiata: *certe sguardate velenose* (C.E. GADDA) ‖ **ṣguardatàccia**, pegg.

ṣguardàto [da *sguardare* (?) ✻ av. 1306] agg. ● (*mar.*) detto di oggetto o anche cavo o catena distesi che fanno un angolo con l'asse longitudinale della nave

†**ṣguardatùra** [da *guardatura*, con *s-* ✻ sec. XIII] s. f. ● (*raro*) sguardata

♦**ṣguàrdo** [da *sguardare* ✻ 1250 ca.] s. m. **1** atto del guardare | occhiata: *dare, gettare, uno s.*; *rispondere allo s. di qlcu.*; *non degnare d'uno s.* | ***al primo s.***, a prima vista, subito | occhiata che esprime uno stato d'animo: *s. languido, furtivo, penetrante, fiero, truce, dolce, ridente*; *s. pieno d'amore*; *quest'uomo ... gitta sul passato lo s. del disinganno* (F. DE SANCTIS) | rapida lettura, scorsa: *dare uno s. al giornale* **2** la funzione della vista: *fin dove arriva lo s.* | (*est.*) occhi: *un lampo dello s.*; *accennare con lo s.*; *abbassare, alzare, sollevare, lo s.*; *tenere lo s. fisso, basso*; *fissare lo s. su qlco.* | (*lett.*) espressione: *occhi infossati, ... privi di s.* (A. MORAVIA) **3** veduta: *da qui si ha uno splendido s. sul mare* | ***bello s.***, luogo da cui si gode un bel panorama, usato spec. in toponomastica: *la villa di Bellosguardo presso Firenze* **4** (*raro*) benevola attenzione ‖ **sguardino**, **dim.** | (*lett.*) **sguardolino**, **dim.**

Definizione d'autore
Per un fotografo parlare di **sguardo** è come per un artista parlare di creatività, per un fornaio parlare di farina, per un sacerdote parlare di anima. La religione musulmana crede che la fotografia rubi l'anima. Questa affermazione mi ha sempre incuriosito e affascinato: essendo l'anima immateriale, com'è possibile fotografarla? L'anima si concretizza nello **sguardo**: per questa ragione guardarsi negli occhi è spesso difficile. Lo **sguardo** è il certificato di esistenza di chi guarda, non di chi è guardato. Fra tutti i mezzi di comunicazione nessuno è più forte e profondo dello **sguardo**, perché lo **sguardo** si stupisce, si commuove, è un giudizio e un esame, ama e odia, è l'espressione della condizione umana ed è, infine, l'immagine della nostra forza e vulnerabilità.
Oliviero Toscani

sguarnìre o (*lett.*) **sguernìre** [da *guarnire*, con *s-* ✻av. 1348] **v. tr.** (*io sguarnisco, tu sguarnìsci*) **1** rendere privo di guarnizioni: *s. un cappello* **2** (*mar.*) privare dell'attrezzatura **3** (*milit.*) levare mezzi e truppe da un settore, da una posizione, da una fortezza | togliere le difese | (*est.*) privare del necessario

sguarnìto o (*lett.*) **sguernito** **part. pass.** di *sguarnire*; **anche agg.** ● nei sign. del v. | (*est.*) sfornito: *un negozio s.*

sguàttero o (*raro*) **guàttero** [da *guattero*, longob. *wàhtari* 'guardiano', con *s-* ✻av. 1375] **s. m.** (**f.** *-a*) ● aiutante cuoco, addetto ai servizi più umili e faticosi di cucina | (*fam.*) ***trattare da s., come uno s.***, e sim., trattare male, senza nessun riguardo

sguazzaménto [da *sguazzare* ✻1969] **s. m.** ● lo sguazzare

sguazzàre [da *guazzare*, con *s-* ✻1483] **v. intr.** (**aus.** *avere*) **1** stare nell'acqua muovendosi e sollevando schizzi e spruzzi: *il bambino si diverte a s. nella vasca*; *i porci sguazzano nel brago* **2** (*fig.*) trovarsi a proprio agio: *nei pettegolezzi ci sguazza* **3** (*fig.*) avere qlco. in abbondanza: *s. nell'oro, nell'abbondanza* | ***s. nelle scarpe, nel vestito***, starci largo **4** (*lett.*) godersela, divertirsi: *a cantar vittoria e a sguazzar per Milano* (A. MANZONI) **5** sbattere, sciaguattare, detto di liquido nel fondo di un recipiente: *l'acqua sguazza nel secchio*

sguerciàre [da *guercio*, con *s-* ✻1874] **A** **v. tr.** (**pres.** *io sguèrcio*; **fut.** *io sguercerò*) ● (*raro*) rovinare gli occhi, la vista: *leggere con poca luce ti sguercerà* **B** **sguerciàrsi** **v. intr. pron.** ● rovinarsi la vista

sguercìre [1922] **v. tr.** (*io sguercisco, tu sguercìsci*) e **sguercirsi** **v. intr. pron.** ● (*raro*) sguerciare, sguerciarsi

sguerguènza [dallo sp. *vergüenza* 'vergogna', risalente al lat. *verecŭndia(m)*, con *s-* ✻1865] **s. f.** ● (*pop., tosc.*) birichinata | atto o comportamento maleducato | (*lett.*) leziosità

sguernìre e deriv. ➤ **sguarnire** e deriv.

sguinciàre [da *sguincio* ✻1483] **v. tr.** (**pres.** *io sguìncio*; **fut.** *io sguincerò*) ● tagliare a sguincio

sguìncio o (*tosc.*) **squìncio** [dall'ant. fr. *guenchir*, dal francone *wenkjan* 'andar di traverso', con *s-* ✻1340 ca.] **s. m.** **1** sbieco, sghembo, spec. nelle loc. avv. ***a, di, s.*** **2** V. *sguancio*①

sguinzagliàre [da *guinzaglio*, con *s-* ✻1470] **v. tr.** (*io sguinzàglio*) **1** sciogliere dal guinzaglio: *s. i cani* **2** (*fig.*) mettere alle calcagna, mandare alla ricerca di qlcu.: *s. i poliziotti dietro a un ladro*

sguisciàre [sovrapposizione di *guizzare* a *sgusciare* ✻1728] **v. intr.** (**pres.** *io sguiscio*; **fut.** *io sguiscerò*; **aus.** *essere*) ● (*tosc.*) sgusciare, nel sign. di *sgusciare*②: *Dovettero s. per evitare una nera, silenziosa berlina* (B. FENOGLIO)

†**sguittìre** ➤ **squittire**①

sguizzàre ➤ **guizzare**

sguìzzo [da *sguizzare*, sul modello di *guizzo* ✻1891] **s. m.** ● guizzo

sguràre [etim. incerta ✻av. 1910] **v. tr.** ● (*sett.*) strofinare per pulire, lucidare | sturare

sgusciàre① [da *guscio*, con *s-* ✻av. 1492] **A** **v. tr.** (**pres.** *io sgùscio*; **fut.** *io sguscerò*) ● togliere dal guscio, privare del guscio: *s. piselli, fave*; *s. le castagne* **B** **v. intr.** (**aus.** *essere*) ● uscire dal guscio dell'uovo: *i pulcini sono già sgusciati* **C** **sgusciàrsi** **v. intr. pron.** **1** uscire dal guscio: *questi fagioli non si sgusciano* **2** perdere la spoglia, detto di rettili: *è la stagione in cui i serpenti si sgusciano*

sgusciàre② [prob. vc. onomat. ✻1550] **v. intr.** (**pres.** *io sgùscio*; **fut.** *io sguscerò*; **aus.** *essere*) **1** scappare via, scivolare di mano, sfuggire alla presa: *mi è sgusciato un bicchiere di mano* | sfuggire, scivolare via: *il gatto gli sgusciò tra i piedi* **2** andar via, svignarsela: *sgusciò via senza farsi vedere* | infilarsi, spec. in modo furtivo: *Sollevai la portiera e Dina sgusciò dentro* (C. PAVESE) | (*fig.*) sottrarsi a qlco. di sgradito, indesiderato e sim.: *non gli si può parlare, sguscia sempre via*

sgusciàto **part. pass.** di *sgusciare*①; **anche agg.** ● nei sign. del v.

sgusciatrìce [da *sgusciare*① ✻1929] **s. f.** ● macchina per sgusciare i semi vegetali

sgusciatùra [1773] **s. f.** ● operazione dello sgusciare, nel sign. di *sgusciare*①

sgùscio [da *sgusciare*① ✻av. 1764] **s. m.** **1** modanatura a profilo concavo **2** (*mar.*) sulle navi militari, rientranza dell'opera morta per aumentare l'angolo di tiro delle artiglierie **3** tipo di sgorbia per argentieri e cesellatori

†**sgustàre** [da *gustare*, con *s-* ✻av. 1555] **v. tr.** ● disgustare

Shabbàth /ebr. ʃab'bat/ [ebr. *shabbāth*, propr. 'cessazione', perché è il giorno in cui Dio finì la creazione del mondo ✻sec. XX] **s. m. inv.** ● sabato, nella religione ebraica giorno consacrato a Dio e dedicato al riposo, contraddistinto da numerose prescrizioni e divieti volti a salvaguardarne il carattere di festività religiosa

shabby /ingl. 'ʃæbi/ [vc. ingl. 'malconcio' ✻av. 1963] **agg. inv.** **1** malconcio, in cattivo stato **2** detto di oggetti di arredamento, e spec. di mobilio, cui è stato conferito un aspetto invecchiato | nel linguaggio della moda, trasandato: *abbigliamento s.*; *stile s.* | ***s. chic***, trasandato elegante

shahid /ʃa'id, arabo ʃah'i:d/ [vc. araba, propr. 'martire' ✻1988] **s. m. e f. inv.** ● termine coranico che indica il combattente islamico che dà testimonianza della sua fede accettando di morire in battaglia

shahtoosh ➤ **shatush**

shake /*ʃe(i)k, ingl. ʃeɪk/ [vc. ingl., propr. 'scuotimento', da *to shake* 'scuotere' ✻1966] **s. m. inv.** ● ballo dal ritmo veloce e scandito

shaker /*'ʃe(i)ker, ingl. 'ʃeɪkə(r)/ [vc. ingl., propr. 'sbattitore', da *to shake* 'scuotere' ✻1926] **s. m. inv.** ● recipiente nel quale, scuotendoli, si mescolano i vari ingredienti di un cocktail **SIN.** sbattighiaccio

shakeràre /*ʃeke'rare/ o **scekeràre**, **scecheràre** [da *shaker* ✻1974] **v. tr.** (*io shàkero*) ● scuotere, amalgamare gli ingredienti dei cocktail con lo shaker

shakespeariàno /*ʃe(k)spi'rjano/ o **scespiriàno** [adattamento dell'ingl. *shakespearian* ✻1884] **agg.** ● relativo al poeta e drammaturgo inglese W. Shakespeare (1564-1616)

shale /*ʃeil, ingl. ʃeɪl/ [vc. ingl., 'scisto' ✻1921] **s. m. inv.** ● scisto, in alcune loc. | ***s. gas***, metano estratto da rocce scistose | ***s. oil***, petrolio estratto da rocce di scisto bituminoso

shalòm /ebr. ʃa'lɔm/ [vc. ebr., *shālōm* 'pace' ✻1985] **inter.** ● espressione di saluto in ebraico

shampista /*ʃam'pista/ o **sciampista** [da *shamp(oo)* col suff. *-ista* ✻1973] **s. m. e f.** (**pl. m.** *-i*) ● lavorante di un negozio di parrucchiere per signora che lava i capelli alle clienti

shàmpo o **sciàmpo** [1939] **s. m.** (**pl. inv.** o *-i*) ● adattamento di *shampoo* (V.)

shàmpoo /*'ʃampo, ingl. ʃæm'pu:/ [vc. ingl., propr. 'lavatura dei capelli', V. *shampooing* ✻1930] **s. m. inv.** (**pl. ingl.** *shampoos*) ● miscela detersiva liquida, profumata e schiumogena, usata per lavare i capelli | ***fare lo s.***, lavare i capelli | ***s. secco***, polvere sgrassante per pulire i capelli senza bagnarli **CFR.** shampo

shampooing /ingl. ʃæm'pu:ɪŋ/ [vc. ingl. dal v. *to shampoo* 'frizionare', dall'indi *chāmpo* imperat. di *chāmpnā* 'premere', attraverso il fr. ✻1895] **s. m. inv.** ● lavatura e frizione dei capelli con lo shampoo

shangài ➤ **sciangai**

shàntung /*'ʃantun(g), ingl. ʃæn'tʌŋ/ [dal cinese *Shantung*, n. della regione di provenienza di questo tessuto ✻1931] **s. m. inv.** ● tessuto di seta originario della Cina, caratterizzato da una superficie ineguale dovuta a ingrossamenti di fili con sete non molto pregiate, o con scarti | (*est.*) tessuto di qualsiasi fibra dall'aspetto simile al vero shantung **CFR.** sciantung

share /*ʃɛr, ingl. ʃeə/ [vc. ingl. di orig. indeur., propr. 'parte, porzione, quota' ✻1983] **s. m. inv.** ● percentuale di spettatori sintonizzati su una rete televisiva in una determinata fascia oraria

shareware /*'ʃɛrwer, ingl. 'ʃeə,weə/ [vc. ingl., propr. '(soft)ware a quota, porzione' (*share*, dal v. *to share* 'partecipare, condividere') ✻1995] **s. m. inv.** ● (*inform.*) software distribuito liberamente, il cui autore viene compensato con elargizioni volontarie dagli utenti soddisfatti **CFR.** freeware

sharìa /arabo ʃa'rija/ [1960] **s. f. inv.** (**pl.** arabo *sharà'ia*) ● legge islamica che regola i comportamenti pubblici e privati, religiosi e civili dei fedeli; è formata dalle prescrizioni del Corano e dalle aggiunte di interpreti ed esegeti dei primi secoli dopo la morte di Maometto

shatoosh ➤ **shatush**

shatùsh /*ʃa'tuʃ, persiano ʃɑ:'tuʃ/ o **shatoosh** o **shahtoosh** [vc. persiana, comp. di *shah* 're' e il kashmiri *tosha* 'scialle', quindi 'scialle regale', attrav. l'ingl.; nel sign. 2 per somiglianza con le striature del colore delle sciarpe ✻1996] **s. m. inv.** **1** sciarpa soffice e leggerissima confezionata con una lana pregiata che si ricava dall'antilope tibetana **2** decolorazione dei capelli progressivamente più intensa verso le punte, che produce un effetto di schiarimento naturale

shàtzu ➤ **shiatsu**

Shavuot /ebr. ʃavu'ot/ [ebr. *shābhū'oth*, propr. 'settimane' ✻sec. XX] **s. f. o m. inv.** ● festa ebraica che si svolge sette settimane dopo Pesach e che celebra la consegna delle ta-

a b c d e f g h i j k l m n o p q r s t u v w x y z

vole della legge a Mosè sul monte Sinai come narrato nel libro biblico dell'Esodo **SIN.** Pentecoste, nel sign. 1

shearling /*ˈʃerlin(g), *ingl.* ˈʃɪəlɪŋ/ [vc. ingl., comp. di *to shear* 'tosare' e della terminazione di appartenenza a un gruppo *-ling* * 1989] **s. m. inv.** ● pelle di montone conciata e opportunamente trattata per la confezione di giacconi, cappotti e sim. | capo confezionato con tale pelle

shed /*ingl.* ʃɛd/ [vc. ingl., alterazione dell'ant. *shadde* 'luogo scuro' * 1922] **s. m. inv.** ● (*edil.*) tipo di copertura con profilo a denti di sega, che assicura una buona illuminazione diurna e favorisce il ricambio dell'aria, usata spec. per strutture o edifici industriali: *capannone, stalla con copertura a s.*

shefardìta ➤ **sefardita**

sheffield /*ingl.* ˈʃɛfiːld/ [vc. ingl., dal n. della città di *Sheffield*, riduzione di *sheffield plate* 'metallo placcato (di) Sheffield' * sec. XX] **s. m. inv.** ● procedimento che consiste nel fare aderire a caldo un foglio d'argento su una lastra di rame, in uso spec. fino alla prima metà del XIX sec.: *placcatura a s.* | il materiale metallico così ottenuto

shell /*ingl.* ʃɛl/ [vc. ingl., propr. 'conchiglia' * 1997] **s. f. inv.** ● (*inform.*) programma a interfaccia testuale o grafica che permette all'utente di impartire istruzioni di funzionamento al computer

shèqel /*ebr.* ˈʃɛkel/ [vc. ebr. * 1993] **s. m. inv.** (**pl. ebr.** *sheqalim*) ● (*econ.*) unità monetaria di Israele

shèrpa /*ˈʃɛrpa, *ingl.* ˈʃɜːpə/ [adattamento del tibetano *Sharpa*, n. di una popolazione mongoloide tibeto-birmana di lingua tibetana: propr. 'abitante delle regioni orientali' * 1930] **s. m. inv.** (**pl. ingl.** *sherpa* **o** *sherpas*) **1** guida, portatore nelle spedizioni alpinistiche sull'Himalaya, appartenente all'omonima popolazione abitante lungo le frontiere del Nepal e del Tibet | (*est.*) aiutante, gregario **2** (*fig.*) nel linguaggio giornalistico, funzionario, burocrate che svolge compiti preparatori nei grandi summit

Shèrry /*ˈʃɛrri, *ingl.* ˈʃɛrɪ/ [vc. ingl., dallo sp. *Xeres* (oggi *Jerez de la Frontera*), città dell'Andalusia * 1830] **s. m. inv.** (**pl. ingl.** *Sherries*) ● vino bianco liquoroso prodotto nel territorio di Jerez, in Spagna **CFR.** Amontillado, Manzanilla

shètland /*ˈʃɛtland, *ingl.* ˈʃɛtlənd/ [dal n. delle isole britanniche *Shetland* * 1960] **A** **s. m. inv.** ● filato o tessuto ruvido e peloso, ricavato dalla lana di pecora delle omonime isole britanniche **B** **anche agg. inv.**: *lana s.*

shiàtsu /*ʃiˈattsu, *giapp.* ɕi.a.tsɯ/ o **shàtzu** /*ˈʃattsu, *ʃiˈa-, *giapp.* ɕi.a.tsɯ/ [vc. giapp., propr. 'digitopressione', comp. di *shi* 'dita' e *atsu* 'pressione' * 1976] **A** **s. m. inv.** ● pratica terapeutica mirante al riequilibrio energetico del soggetto trattato e consistente nell'esercitare con le mani un massaggio a pressione sui punti generalmente trattati con l'agopuntura **B** **in funzione di agg. inv.** (**posposto a un sost.**): *tecnica, massaggi s.*

shibbolèth /*ebr.* *ʃiboˈlɛθ/ [vc. ebr., s. f., propr. 'torrente'; nella Bibbia (*Giudici* 12, 4-7) si narra dei Galaaditi che, per riconoscere gli Efraiti fuggiaschi dopo la sconfitta, chiedevano loro di pronunciare la parola *shibboleth*, il cui suono iniziale era per loro impronunciabile, così riconoscendoli e uccidendoli * 1825] **s. m. inv.** (**pl. ebr.** *shibollìm*, **f.**) ● (*ling.*) parola che contiene un suono difficile da pronunciare per un parlante di altra lingua, attraverso la quale può essere riconosciuto un individuo non appartenente al proprio gruppo etnico o linguistico

shift /*ingl.* ʃɪft/ [vc. ingl., propr. 'spostamento' * sec. XX] **s. m. inv.** ● (*inform.*) tasto, gener. contrassegnato da una freccia verso l'alto, che abilita la scrittura in maiuscolo delle lettere o la scrittura del carattere che compare in alto nei tasti che ne riportano due

shìmmy /*ingl.* ˈʃɪmɪ/ [vc. ingl.-amer., abbr. di *shimmy shake*, propr. 'scuotimento (*shake*) della camicia (*shimmy*, adattamento del fr. *chemise*)' * 1929] **s. m. inv.** **1** ballo di origine nordamericana, simile al fox-trot ma di ritmo più vivace **2** farfallamento delle ruote e conseguente forte vibrazione dell'avantreno degli autoveicoli

shintoìsmo e deriv. ➤ **scintoismo** e deriv.

Shoàh o **Shoa** /*ebr.* ʃoˈa/ [vc. ebr. propr. 'catastrofe' * 1985] **s. f. inv.** (**pl. ebr. inv.**) ● lo sterminio degli Ebrei a opera dei nazisti durante la seconda Guerra mondiale **SIN.** Olocausto, nel sign. 3

shoccàre e deriv. ➤ **sciocсare** e deriv.

shock /*ʃɔk, *ingl.* ʃɔk/ [vc. ingl., propr. 'colpo', da *to shock* 'percuotere'. V. *choc* * 1899] **A** **s. m. inv.** **1** (*med.*) condizione morbosa caratterizzata da abbassamento improvviso di tutte le facoltà vitali, vegetative e di relazione, causato da un disturbo circolatorio periferico di varia origine **2** (*est.*) emozione improvvisa e violenta: *è ancora sotto s.*; *subire uno s.* **SIN.** choc **B** **in funzione di agg. inv.** ● (posposto a un sost.) che colpisce emotivamente, che sconvolge: *testimonianza s.*; *dichiarazioni s.*

shockàre e deriv. ➤ **sciocсare** e deriv.

shòcking /*ˈʃɔkkin(g), *ingl.* ˈʃɒkɪŋ/ [vc. ingl., propr. part. pres. del v. *to shock* 'colpire, impressionare' * 1895] **agg. inv.** ● impressionante, emozionante | sconvolgente **SIN.** scioccante | ***rosa s.***, rosa molto intenso e brillante

shockterapìa /*ʃokteraˈpia/ [comp. di *shock* e *terapia* * 1949] **s. f.** ● metodo di cura, spec. di malattie psichiatriche, basato sulla provocazione brusca di uno stato di shock con meccanismi vari

shodo /*ʃoˈdɔ, *giapp.* ʃo.doː/ [giapp. *shodō* 'arte della scrittura' * 1984] **s. m. inv.** ● arte giapponese della calligrafia

shògun /*ˈʃɔgun, *giapp.* ɕoː.gɯŋ/ [vc. giapp. di orig. cinese, propr. 'generale' * 1960] **s. m. inv.** ● titolo che nell'antico Giappone era conferito al capo di una spedizione militare | nel Giappone dal XIII al XIX sec., titolo ereditario dei governatori del Paese | (*fig.*) personaggio autoritario e dispotico o capo che esercita il potere in modo tirannico

shogunàto /*ʃoguˈnato/ [da *shogun* con il suff. *-ato*, come nell'ingl. *shogunate* * 1960] **s. m.** ● nell'antico Giappone, carica e potere dello shogun | epoca storica del dominio degli shogun

shojo ➤ **shoujo**

shònen /*ˈʃɔnen, *giapp.* ɕoː.neŋ/ [giapp. *shōnen* 'ragazzo' * 1997] **s. m. inv.** ● manga per ragazzi (anche nella loc. ***s. manga***) | ***s. anime***, film di animazione giapponese per ragazzi

shooting /*ˈʃutin(g), *ingl.* ˈʃuːtɪŋ/ [vc. ingl., propr. 'fotografare, filmare', da *to shoot* 'sparare' * 1990] **s. m. inv.** ● servizio fotografico, spec. di moda

shòpper /*ˈʃɔpper, *ingl.* ˈʃɒpə(r)/ [vc. ingl., dove ha, però, il sign. di 'acquirente, chi va a comperare (*to shop*)' * 1985] **s. m. inv.** ● sacchetto con manici, di plastica o di carta, fornito ai clienti da negozi o grandi magazzini per il trasporto della merce acquistata

shòpping /*ˈʃɔppin(g), *ingl.* ˈʃɒpɪŋ/ [vc. ingl., propr. gerundio di *to shop* 'comperare' * 1931] **s. m. inv.** ● attività consistente nell'andare in giro per negozi allo scopo di fare acquisti spec. di generi voluttuari: *esco a fare s.*; *dedicare il pomeriggio allo s.* | ***social s.***, commercio elettronico basato sulla cooperazione tra utenti per lo scambio di consigli o per la costituzione di gruppi d'acquisto in grado di ottenere prezzi vantaggiosi (comp. con *social* (V.))

SFUMATURE ➤ ***acquisto***

shòpping cènter /*ˈʃɔppin(g) ˈsɛnter, *ingl.* ˈʃɒpɪŋˌsɛntə(r)/ [loc. ingl., propr. 'centro di acquisti', comp. di *shopping* 'acquisti, compere' (da *to shop* 'fare acquisti', d'orig. germ.) e *center* 'centro' * 1957] **loc. sost. m. inv.** (**pl. ingl.** *shopping centers*) ● centro di vendita al dettaglio, situato spec. agli estremi margini delle grandi città, che comprende negozi, bar, ristoranti ed è circondato da ampi spazi destinati al parcheggio

short /*ʃɔrt, *ingl.* ʃɔːt/ [vc. ingl., abbr. di *short film* 'breve pellicola, cortometraggio' * 1932] **s. m. inv.** ● cortometraggio cinematografico: *s. pubblicitario* | ***s. story***, racconto breve

shortìno /*ʃorˈtino/ [da *shottino*, dim. di *shot* (V.), con influenza di *short* 'corto' e prob. dell'uso roman. * 2008] **s. m.** ● (*gerg.*) bicchierino di bevanda molto alcolica

shorts /*ʃɔrts, *ingl.* ʃɔːts/ [vc. ingl., pl. sost. dell'agg. *short* 'corto' * 1935] **s. m. pl.** ● corti calzoncini da uomo o da donna

short selling /*ʃortˈsɛllin(g), *ingl.* ˌʃɔːtˈsɛlɪŋ/ [loc. ingl., 'vendita (*selling*) allo scoperto (*short*)' * 1989] **loc. sost. m. inv.** ● (*econ.*) vendita allo scoperto

short tràck /*ʃorˈtrak, *ingl.* ˈʃɔːtˌtræk/ [loc. ingl., propr. 'pista (*track*) breve (*short*)' * 1988] **loc. sost. m. inv.** ● (*sport*) gara di pattinaggio su ghiaccio su breve percorso ovale o circolare

shot /ʃɔt, *ingl.* ʃɒt/ [vc. ingl. 'colpo' * 1984] **s. m. inv.** **1** nel pugilato, colpo, pugno: *uno s. di sinistro* | ***drop s.***, V. *drop* **2** bicchierino di liquore, che si beve tutto d'un fiato **CFR.** chupito ‖ **shottino**, **dim.**

shoujo /*ʃo(u)ˈjɔ, *giapp.* ʃoː.jo/ o **shojo** [giapp. *shōjo* 'ragazza' * 1991] **s. m. inv.** ● manga per ragazze (anche nella loc. ***s. manga***) | ***s. anime***, film di animazione giapponese per ragazze

show /*ʃo*, *ingl.* ʃəʊ/ [vc. ingl., propr. 'mostra, esibizione', da *to show* 'mostrare' * 1954] **s. m. inv.** **1** spettacolo di varietà | spettacolo televisivo leggero o di varietà imperniato sulla partecipazione di un attore presentatore protagonista | in alcune loc. sost. m. inv.: ***cooking s.***, esibizione o corso di cucina da parte di uno o più cuochi, sia come programma televisivo che come iniziativa aperta al pubblico (comp. con *cooking* 'il cucinare') | ***one-man s.***, spettacolo, spec. teatrale o televisivo, condotto e interpretato da una sola persona (comp. con *one-man* 'una sola persona') | ***reality s.***, programma televisivo che manda in onda situazioni in cui per un periodo di tempo relativamente lungo e in particolari condizioni (case, isole ecc.) dei personaggi reali agiscono senza seguire un copione preciso (comp. con *reality* 'realtà') | ***road s.***, (*econ.*) l'attività di incontri e presentazioni con investitori internazionali svolta da esponenti di una società nei giorni precedenti la quotazione del suo titolo in Borsa (propr. 'spettacolo itinerante', comp. con *road* 'strada') | ***s. business***, industria dello spettacolo; affari, attività economiche che gravitano intorno al mondo dello spettacolo (comp. con *business* 'affari') | ***talk s.***, programma radiofonico o televisivo in cui un conduttore conversa con noti personaggi del mondo della politica, dello spettacolo, dello sport, ecc. (comp. con *talk* 'conversazione') | ***talent s.***, V. *talent* | V. anche *peepshow, pornoshow, showbiz, showboat, showdown, showgirl, showman, showroom, ShowView, slideshow* **2** (*colloq.*) esibizione spettacolare in pubblico o in privato: *il comizio si è trasformato in uno s.*

showbìz /*ʃo'biz, *ingl.* 'ʃəʊ,bɪz/ [vc. ingl., riduzione di *show business* ✱ 1983] **s. m. inv.** ● forma contratta di *show business* (V. *show*)

showboat /*ʃo'bot, *ingl.* 'ʃəʊ,bəʊt/ [vc. ingl.-amer., propr. 'nave (*boat*) per spettacoli (*show*)' ✱ 1937] **s. m. inv. (pl. ingl.** *showboats***)** ● battello attrezzato a teatro, frequente durante il XIX secolo sui grandi fiumi dell'America del Nord, per offrire al pubblico varie forme di spettacolo

showdown /*ʃo'daun, *ingl.* 'ʃəʊ,daʊn/ [vc. ingl., propr. 'mostra giù', comp. di *to show* 'mostrare' (d'orig. germ.) e *down* 'giù' (V. *countdown*) ✱ 1962] **s. m. inv.** ● nel poker, il mettere le carte in tavola | (*fig.*) chiarificazione decisiva, resa dei conti

showgirl /*ʃo'gerl, *ingl.* 'ʃəʊ,gɜːl/ [vc. del gergo teatrale ingl.-amer., comp. di *show* 'spettacolo' e *girl* 'ragazza' ✱ 1967] **s. f. inv. (pl. ingl.** *showgirls***)** ● attrice o ballerina, dotata di molta comunicativa, in grado di esibirsi in varie forme di spettacolo

showman /*ʃo'mɛn, *ingl.* 'ʃəʊmən/ [vc. del gergo teatrale ingl.-amer., comp. di *show* 'spettacolo' e *man* 'uomo' ✱ 1957] **s. m. inv. (pl. ingl.** *showmen***)** ● attore o presentatore dotato di molta comunicativa, animatore principale di varie forme di spettacolo | (*est.*) persona che si comporta in pubblico con preordinata esibizione delle proprie qualità allo scopo di guadagnarsi il favore o il consenso della gente

showroom /*ʃo'rum, *ingl.* 'ʃəʊ,rʊm, -ruːm/ [vc. ingl., 'sala d'esposizione', comp. di *show* 'mostra' (V. *showdown*) e *room* 'sala, stanza' (V. *tea-room*) ✱ 1979] **s. m. o (***raro***) f. inv. (pl. ingl.** *showrooms***)** ● (*org. az.*) ambiente che, nel sistema distributivo di un'azienda di prodotti industriali, costituisce punto di esposizione e talora di vendita promozionale | (*est.*) qualunque ambiente adibito all'esposizione di prodotti vari

ShowView® /*ʃo'vju, *ingl.* 'ʃəʊ,vjuː/ [in ingl. 'visione (*view*) dello spettacolo (*show*)' ✱ 1993] **s. m. inv.** ● sistema che consente la registrazione differita di un programma televisivo mediante la digitazione di un codice numerico che identifica la data, il canale, l'esatto inizio e la durata del programma stesso

shràpnel /'ʃrapnel, *ingl.* 'ʃræpn(ə)l/ [vc. ingl., dal n. del Gen. H. *Shrapnel* (1761-1842) che l'inventò ✱ 1879] **s. m. inv.** ● granata contenente pallette e una piccola carica che, azionata da una spoletta a tempo, esplode a una prestabilita altezza dall'obiettivo proiettando le pallette a guisa di altrettanti proiettili: *Incomincia una pioggia di shrapnels* (G. STUPARICH)

shtetl /*yiddish* ʃtɛtl/ [vc. yiddish, dim. di *shtot* (cfr. il ted. *Stadt*) 'città' ✱ 1967] **s. m. o f. inv. (pl. yiddish** *shtetlakh***)** ● nome che indica una cittadina o un villaggio dell'Europa centro-orientale abitati da comunità ebraiche

shunt /*ʃunt, *ingl.* ʃʌnt/ [vc. ingl., propr. 'derivazione' ✱ 1899] **s. m. inv. 1** conduttore elettrico che viene inserito fra due punti di un circuito allo scopo di deviare parte della corrente, usato comunemente negli amperometri | derivatore **2** (*med.*) raccordo anomalo, naturale o creato chirurgicamente, che comporta la deviazione di un flusso

shuntàre /*ʃun'tare/ o **sciuntàre** [dalla vc. ingl. *shunt* 'derivazione, circuito' ✱ 1960] **v. tr.** ● (*elettr.*) inserire uno shunt: *s. un amperometro*

shutdown /*ʃat'daun, *ingl.* 'ʃʌt,daʊn/ o **shut down** [vc. ingl., comp. di *shut* 'arresto' e *down* 'giù' ✱ 1995] **s. m. inv. 1** chiusura di un'attività o di un servizio **2** (*inform.*) arresto del sistema operativo allo spegnimento del computer

shuttle /*'ʃattəl, *ingl.* 'ʃʌt(ə)l/ [vc. ingl. d'orig. germ.: 'navetta' ✱ 1982] **s. m. inv.** ● accorc. di *space-shuttle*

♦**si** ① /si/ [lat. *sē* 'sé', in posizione proclitica. V. *sé* ✱ av. 1250] **pron. pers. atono di terza pers. sing. e pl. (formando gruppo con altri pron. atoni si pospone a** *mi, ti, ci, vi, gli*: *mi si è rotto; lo vedemmo buttarglisi addosso.* **Assume la forma** *se* **(V.) davanti ai pron. atoni** *la, le, li, lo* **e alla particella** *ne.* **Si usa in posizione proclitica (***lett.* **o** *burocr.* **in posizione enclitica) con i v. nei modi finiti, in posizione enclitica (***lett.* **in posizione proclitica) con i v. nei modi indefiniti:** *si lava; si calmò; Placossi alfin* (A. MANZONI)*; non si fa credito; affittansi camere; vendonsi pellicce; nascondersi; vistosi perduto; sentendosi osservato; non si sentendo colpevole* (M. D'AZEGLIO)**)** **1** sé (come compl. oggetto enclitico e proclitico nella coniug. dei v. rifl. e rifl. recipr.): *si rade ogni mattina; può pettinarsi meglio; non riesce a nascondersi; si devono armare di coraggio; si colpiscono a vicenda; li ho uditi ingiuriarsi; non possono sopportarsi a vicenda* **2** sé (enclitico e proclitico nella coniug. dei v. intr. pron.): *deve vergognarsi della sua condotta; si sono molto pentiti dell'acquisto; si stupisce di tutto; la corda si è spezzata* **3** a sé (come compl. di termine, enclitico e proclitico nella coniug. dei v. tr. pron.): *è meglio darsi una regola precisa; si è tolto due denti; non si è fatta male; si tolga il cappello!* | per sé: *si è comprato un vestito; si sono fatti un nome; deve prepararsi tutto da sola* | come dativo etico, con valore intens., per esprimere partecipazione: *si faccia gli affari suoi!; si godano i loro giorni di vacanza; si fa le sue nove ore di sonno* **4** uno, qualcuno (premesso alla terza pers. sing. di tutti i tempi di tutti i verbi, dà loro la forma impers.): *si dice che sia molto ricco; si racconta che il Santo si sia fermato in questa casa; non si vive di solo pane; tra poco si parte; si raccomanda di non fumare; qui si fa l'Italia o si muore; ci si accorge tardi dei propri errori* | (*poet.* o *burocr.*) in posizione proclitica: *vuolsi così colà dove si puote / ciò che si vuole* (DANTE *Inf.* III, 95-96) | (*colloq.*) in espressioni esortative o che esprimono comando: *non si sta seduti in quel modo; non si risponde in questi termini!* | (*fam., spec. tosc.*) riferito a un soggetto di prima pers. pl.: *noi si credeva che avrebbe acconsentito; è proprio ciò che si diceva noi; noi si parte domani* **5** premesso alla terza pers. sing. e pl. di tutti i tempi semplici di un verbo nella forma attiva, lo rende passivo: *queste cose si usavano una volta; l'ufficio si apre alle ore nove; non si fa credito; sono film che si vedono volentieri* | (*proclitico*) *Affittansi box; vendonsi appartamenti* **6** (*pleonast.*) con valore rafforz. e intens.: *alla fine si tacque; non sa più quel che si dica* (A. MANZONI); *et ella si sedea / umile in tanta gloria* (F. PETRARCA) (V. note d'uso ACCENTO ed ELISIONE e TRONCAMENTO)

♦**si** ② /si*, si/ [dalle iniziali dell'invocazione *S(ancte) J(ohannes)* che chiude la strofa dell'inno scelto da Guido d'Arezzo a fondamento della scala musicale ✱ 1805] **s. m. inv.** ● (*mus.*) settima nota della scala musicale di *do* (V. nota d'uso ACCENTO)

♦**sì** ① /si*/ o (*tosc., enfat.*) **sìe** nel sign. A 1 [lat. *sīc* 'così', particella affermativa nella formula *sīc ēst* 'così è' ✱ sec. XIII] **A avv. 1** si usa come affermazione di ciò che viene domandato o proposto ed equivale a un'intera frase: *'avete terminato il lavoro?' 'sì'; 'vuoi uscire con noi?' 'sì!'; 'hai proprio capito bene?' 'sì'* | (*iter.*) con valore rafforz.: *'allora, ti sbrighi?' 'sì sì!'* | con valore intens. accompagnato da rafforzativi: *oh sì!; sì certo; certo che sì!; sì certamente; sì e poi sì* | ***ma sì!***, si usa per riaffermare qlco. che si considerava palese, acquisito o scontato | V. anche *massì* | ***sì, domani!, sì, proprio!***, (*iron., per antifrasi*) no, assolutamente no | ***forse (che) sì, forse (che) no***, può darsi (come risposta che esprime incertezza) | ***più sì che no***, probabilmente sì | ***più no che sì***, probabilmente no | ***dire, rispondere, accennare, fare di sì***, accettare, acconsentire, dare risposta affermativa, fare segno di affermare: *ha fatto di sì con la testa; scuoteva la testa ma gli occhi dicevano di sì; devi dirmi o sì o no* | (*colloq.*) ***sì no***, formula con la quale da un lato (mediante il *sì*) ci si collega a quanto detto dall'interlocutore affermando di aver capito, dall'altro (mediante il *no*) si espone una propria obiezione oppure una precisazione, un chiarimento ecc. | ***pare, sembra di sì***, pare, sembra vero | ***speriamo (proprio) di sì***, speriamo che sia vero, che sia così, che accada | ***se sì***, in caso affermativo: *pensaci e se sì, telefona* | ***sì sì, no no***, espressione con cui si vuole indicare la necessità di una opinione o di una decisione netta, priva di ambiguità: *voglio da te una risposta chiara: sì sì, no no!* | ***e sì che***, e pensare, e dire che (esprimendo rammarico, disappunto, dispiacere, rimpianto e sim.): *e sì che l'avevamo avvisata!; e sì che avevamo tanto insistito!* CONTR. no **2** con funzione affermativa in una prop. disgiuntiva o in contrapposizione con un altro termine: *voglio una risposta: o sì o no!; chi sì e chi no* | ***uno sì e uno no***, uno ogni due, alternativamente (con valore distributivo): *fate un passo avanti uno sì e uno no* | ***un giorno sì e uno no***, a giorni alterni | ***sì o no?***, esprime impazienza: *volete finirla, sì o no?; ci muoviamo, sì o no?* | ***sì e no***, a mala pena, neanche: *saranno sì e no quaranta persone* CONTR. no **3** (*enfat.*) davvero, proprio: *questa sì che è nuova!; questa sì è giustizia!; questa sì è bella* **4** in tono interrogativo rispondendo al telefono con il sign. di 'pronto?' o rispondendo a qlcu. che chiama con il sign. di 'eccomi', 'dica' e sim. **B cong.** ● (*lett.*) †tuttavia, nondimeno (con valore avversativo): *e se io nol credo, sì 'l fa* (G. BOCCACCIO) **C s. m. 1** assenso, risposta affermativa: *la risposta è sì; non mi aspettavo un sì così pieno d'entusiasmo; gli sposi hanno già pronunciato il fatidico sì; al momento del sì la sposa è svenuta; che sì e no nel capo mi tenciona* (DANTE *Inf.* VIII, 111) | ***essere, stare tra il sì e il no***, essere incerto, indeciso su qlco. | ***concludere, decidere, risolversi per il sì***, decidere di fare qlco.; concludere, in senso positivo | ***la lingua del sì***, l'italiano: *del bel paese là dove 'l sì suona* (DANTE *Inf.* XXXIII, 80) CONTR. no **2** (**spec. al pl.**) voto, risposta favorevole a ciò che è stato proposto, domandato: *centoventi sì e quaranta astenuti; vittoria dei sì al referendum* CONTR. no **D in funzione di agg. inv.** ● (posposto a un sost.) favorevole, positivo: *giornata, momento, sì* CONTR. no (V. nota d'uso ACCENTO)

♦**sì** ② /si*/ [abbr. di *(co)sì* ✱ 1065] **A avv. 1** (*lett.*) †così, in questo modo, con valore modale: *presso a Gaeta, / prima che sì Enea la nomasse* (DANTE *Inf.* XXVI, 92-93) | (*fam.*) †***sì e sì***, in questo e quel modo (alludendo a cose già dette): *hanno cotante galee in mare, con le quali v'hanno fatto e sì e sì* (F. SACCHETTI) | in correl. con 'come', nelle similitudini: *Come la navicella esce di loco / in dietro, in dietro, sì quindi si tolse* (DANTE *Inf.* XVII, 100-101) **2** (*lett.*) tanto, talmente (preposto a un agg. o a un avv.): *non ho mai visto nessuno agire sì freddamente; quali a noi secoli / sì mite e bella ti tramandarono?* (G. CARDUCCI) | (con valore correl.) ***sì ... sì***, sia ... sia, tanto ... quanto: *m'apparecchiava a sostener la guerra / sì del cammino e sì de la pietate* (DANTE *Inf.* II, 4-5) | in correl. con 'come' e 'quanto': *volta ver me, sì lieta come bella* (DANTE *Par.* II, 28) **B cong. 1** (*lett.*) a tal punto (in correl. con 'che' introduce una prop. consecutiva esplicita con il v. all'indic., al condiz., o al congtv., in correl. con 'da', introduce una prop. consecutiva implicita con il v. all'inf.): *gli amorosi affanni / mi spaventar sì ch'io lasciai / l'impresa* (F. Petrarca); *da' medici fu guarita, ma non sì, che tutta la gola e una parte del viso non avesse … guasta* (G. Boccaccio) | in modo che: *provvediamo per tempo, sì da non essere colti alla sprovvista*; *e faccian siepe ad Arno in su la foce, / sì ch'elli annieghi in te ogne persona!* (Dante *Inf.* XXXIII, 83-84) | ***fare sì che***, (*raro*) ***fare sì da***, fare in modo che, da: *fate sì che nessuno rimanga scontento* **2** (*lett.*) così (introduce una prop. coordinata con valore conclusivo): *Vegna Medusa: sì 'l farem di smalto* (Dante *Inf.* IX, 52) **3** (*lett.*) non appena che (seguito da 'come', introduce una prop. temporale con il v. all'indic.): *m'era in disio d'udir lor condizioni, / sì come a li occhi mi fur manifesti* (Dante *Par.* V, 113-114) **4** †finché (introduce una prop. temp. con il v. all'indic.): *né ci addemmo di lei, sì parlò pria* (Dante *Purg.* XXI, 12)

♦**sia** [terza pers. del congtv. pres. di *essere*, tratta dal lat. *sīt* ✱ sec. XIV] **cong.** ● tanto, così, non solo, come (introduce una prop. disgiuntiva sempre in correl. con 'sia', 'che', 'o', 'quanto', 'come' e sim.): *voglio essere informato subito, sia di giorno, sia di notte*; *non è mai stanco, sia che lavori, sia che non lavori*; *sia lui come un altro, per me è indifferente*; *sia che tu lo voglia o non lo voglia, verrò anch'io*; *verremo sia io che mia moglie* | analogo valore ha la forma pl. ***siano***: *siano poemi propriamente detti, siano romanzi* (G. Leopardi) **CFR.** fosse

sial [abbr. di *si(licati)* di *al(luminio)* ✱ 1933] **s. m. inv.** ● (*geol.*) strato superficiale della sfera terrestre, sovrastante il sima, caratterizzato da prevalenza di silicati alluminiferi

sialoadenite ➤ **scialoadenite**

sialorrèa ➤ **scialorrea**

siamése (o **-ṣe**) [da *Siam*, vecchio nome della Tailandia ✱ 1765] **A** **agg.** **1** del Siam **2** ***fratelli siamesi***, gemelli uniovulari uniti per una parte del corpo (così detti per il caso di due gemelli del Siam vissuti nell'Ottocento); (*fig.*, *scherz.*) persone che stanno sempre insieme **3** ***gatto s.***, color avana con mascherina scura, estremità delle zampe e della coda scure, e occhi azzurri **B** **s. m. e f.** **1** abitante o nativo del Siam **2** (*ellitt.*) gatto siamese **C** **s. m. solo sing.** ● lingua della famiglia cino-tibetana, parlata nel Siam

siàmo ➤ **essere**①

siàno ➤ **essere**①, **sia**

†**siàre** ➤ **sciare**②

siasi ➤ **essere**①

✦**sibarìta** [dal lat. *sybarīta(m)*, dal gr. *sybarítēs* 'abitante di Sibari', da *Sýbaris* 'Sibari' ✱ 1550] **s. m. e f.** (**pl. m.** *-i*) **1** abitante o nativo dell'antica città di Sibari, nella Magna Grecia **2** (*fig.*, *lett.*) persona dedita ai piaceri e al lusso più raffinato

✦**sibarìtico** [dal lat. *sybarīticu(m)* 'voluttuoso', dal gr. *Sybaritikós*, da *Sýbaris* 'Sibari' ✱ 1627] **agg.** (**pl. m.** *-ci*) **1** relativo a Sibari o ai Sibariti **2** (*fig.*) da sibarita, voluttuoso, lussuoso: *piaceri sibaritici* ‖ **sibariticaménte**, **avv.**

sibbène o **sì bène** [comp. di *sì*② e *bene*, con raddoppiamento sintattico ✱ av. 1571] **cong.** ● (*raro*, *lett.*) ma invece, bensì (con valore avversativo e sempre preceduta da una prop. negativa): *non è colpa sua, s. di chi l'ha educato male*

sibèria [dal nome della *Siberia*, russo *Sibir'*, regione famosa per il suo rigidissimo clima invernale e nota in passato per essere un luogo di deportazione ✱ 1873] **s. f.** ● (*per anton.*, *iperb.*) luogo molto freddo: *questa stanza è una s.*

siberiàno [1817] **A** **agg.** ● della Siberia | (*est.*) ***freddo s.***, molto intenso **B** **s. m.** (**f.** *-a*) ● abitante o nativo della Siberia

siberìte [comp. di *Siberia*, e *-ite*② ✱ 1957] **s. f.** ● varietà rosso-scura di tormalina

sibilànte [part. pres. di *sibilare*, sul modello del fr. *sifflant*, part. pres. di *siffler*, dal lat. *sifilāre*, variante rustica di *sibilāre* ✱ av. 1642] **A** **agg.** ● (*ling.*) detto di suono della voce umana nella cui articolazione l'aria espirata produce un effetto di sibilo: *la 's' è una consonante s.* **B** **s. f.** ● consonante sibilante

sibilàre [vc. dotta, dal lat. *sibilāre* 'fischiare', da *sībilus* 'fischio'. V. *zufolare* ✱ av. 1306] **v. intr.** (*io sibilo*; **aus.** *avere*) ● emettere fischi molto acuti: *il serpente sibila*; *il vento sibila tra le vele*

sibilatóre [dal lat. tardo *sibilatōre(m)*, da *sibilātus*, part. pass. di *sibilāre* ✱ av. 1786] **s. m.** (**f.** *-trice*); **anche agg.** ● (*lett.*) chi (o che) sibila

sìbilo [av. 1673] **s. m.** (**pl.** *-ii*) ● il sibilare continuo

sibìlla [dal lat. *Sibȳlla(m)*, dal gr. *Síbylla* 'profetessa', di orig. orient. ✱ 1308] **s. f.** **1** presso gli antichi Greci e Romani, profetessa che, ispirata da Apollo, concedeva presagi e oracoli **2** (*fig.*, *scherz.*) donna che predice il futuro

✦**sibillìno** [dal lat. *Sibyllīnu(m)*, da *Sibȳlla* ✱ 1374] **agg.** **1** relativo alla Sibilla | ***Oracoli sibillini***, raccolte di profezie attribuite alle Sibille, di varia origine ed epoca | ***libri sibillini***, nell'antica Roma, libri profetici consultati in occasioni eccezionali **2** (*fig.*) oscuro, misterioso, enigmatico: *linguaggio s.*; *parole sibilline* ‖ **sibillinaménte**, **avv.** in modo enigmatico, misterioso

SFUMATURE ➤ ***ermetico***①

♦**sìbilo** [dal lat. *sībilu(m)* 'fischio', forse di orig. indeur. ✱ 1485 ca.] **s. m.** **1** fischio acuto, sottile e continuo **2** (*med.*) rumore patologico di origine bronchiale

✦**sic** [dal lat. *sīc* 'così', da un ant. **sēi*, con la particella *-c(e)* ✱ 1846] **A** **avv.** ● così, proprio così (posto tra parentesi dopo una parola o una intera frase, citata o riportata, richiama su di essa l'attenzione rilevandone l'inesattezza, l'errore o la stranezza fedelmente trascritta o riportata e perciò non imputabile a svista) **B** **nella loc. avv.** ***sic et simpliciter***, semplicemente, puramente, senza aggiungere altro (loc. latina *sic et simplìciter* 'così e semplicemente'): *Se gli avessero chiesto, sic et simpliciter … di dimettersi dalla diocesi* (L. Sciascia) | V. anche *rebus sic stantibus*

sìca [dal lat. *sīca(m)* 'pugnale', di etim. incerta ✱ 1892] **s. f.** ● pugnale con lama ricurva e aguzza, usato spec. dagli antichi Traci

sicàno [dal lat. *Sicānu(m)* 'della Sicilia' ✱ 1340] **A** **agg.** **1** dei Sicani, popolazione preistorica della Sicilia occidentale: *civiltà sicana*; *lingua sicana* **2** (*poet.*) siciliano: *Su la spiaggia sicana il corso affrena* (P. Metastasio) **B** **s. m.** **1** (**f.** *-a*) appartenente alla popolazione dei Sicani **2** lingua parlata da tale popolazione

sicàrio [dal lat. *sicāriu(m)* 'assassino', da *sīca* 'pugnale' ✱ av. 1483] **s. m.** (**f.** *-ia*) ● chi uccide o commette azioni delittuose per mandato altrui

sìcav [sigla di *S(ocietà di) I(nvestimento a) CA(pitale) V(ariabile)* ✱ 1985] **s. f. inv.** ● (*borsa*) società specializzata nella gestione del risparmio, che opera in modo simile ai fondi comuni, ma di cui l'investitore acquista e rivende azioni e non quote, determinando così variazioni del capitale sociale

siccatìvo [dal lat. *siccāre* 'seccare' ✱ 1922] **agg.** ● (*chim.*) detto di composto che ha la facoltà di indurire o di fare indurire le sostanze alle quali viene mescolato ‖ **siccatività**, **s. f. inv.**

†**sìccera** o †**sìcera** [lat. tardo (eccl.) *sīcera(m)* 'pozione inebriante', dal gr. *síkera*, di orig. ebr. ✱ sec. XIV] **s. f.** ● nell'antichità ebraica, specie di sidro

♦**sicché** o (*lett.*) **sì che** /sik'ke*, 'si kke*/, spec. nel sign. 1 e (*raro*) nel sign. 2 [comp. di *sì*② e *che*② ✱ av. 1292] **cong.** **1** così che, di modo che (introduce una prop. consecutiva con il v. all'indic. o, raro, al condiz. o al congtv.): *si è comportato male, s. ho dovuto punirlo*; *Fieramente furo avversi / a me e a miei primi e a mia parte, / sì che per due fiate li dispersi* (Dante *Inf.* X, 46-48) **2** e perciò, e quindi (introduce una prop. conclusiva con il v. all'indic.): *non trovammo nessuno, s. tornammo a casa* **3** (*ellitt.*) allora, dunque, e così (in espressioni interr. come invito, sollecitazione a concludere un discorso o a trarne le conseguenze): *s.? si parte o no?*; *s.? come hai impostato l'affare?*

sìcciolo ➤ **cicciolo**

♦**siccità** o †**siccitàde**, †**siccitàte** [vc. dotta, dal lat. *siccitāte(m)*, da *sĭccus* 'secco' ✱ 1282] **s. f. inv.** ● scarsezza o assoluta mancanza di pioggia per un periodo di tempo relativamente lungo: *i danni della s.* | aridità, secchezza: *la s. dell'aria* **CONTR.** umidità

siccitóso (o **-ṣo**) [da *siccità* ✱ 1938] **agg.** ● che è caratterizzato da frequenti periodi di siccità

♦**siccóme** o (*lett.*) **sì cóme** /sik'kome/ nei sign. 2, 3, 4 A e nel sign. B. [comp. di *sì*② e *come* ✱ av. 1243] **A** **cong.** **1** poiché, giacché (introduce una prop. causale con il v. all'indic.): *s. insiste, non sarà facile rifiutare l'invito*; *s. era tardi, abbiamo rimandato ogni decisione*; *era caro, ma s. mi piaceva molto, l'ho acquistato* **2** (*lett.*) come, nel modo in cui (introduce una prop. modale con il v. all'indic.): *accolgono lo straniero con festeggiamenti, s. vuole la loro tradizione*; *onde, s. suole, / ornare ella si appresta* (G. Leopardi) **3** (*lett.*) come, in quel modo (introduce una prop. dichiarativa con il v. all'indic., al congtv. o al condiz.): *ti raccontai s. la conobbi* **4** (*raro*, *lett.*) appena che (introduce una prop. temp. con il v. all'indic.): *s. seppi che era venuto, mi precipitai a salutarlo* **B** **avv.** ● (*lett.*) come: *s. il sol che schiude / dal pigro germe il fior* (A. Manzoni)

siceliòta o **siciliòta** [vc. dotta, dal gr. *Sikeliṓtēs* 'greco stanziato in Sicilia', da *Sikelía* 'Sicilia' ✱ 1860] **s. m. e f.** (**pl. m.** *-i*) ● anticamente, greco abitante nelle colonie greche della Sicilia

†**sìcera** ➤ †**siccera**

✦**sic et simplìciter** ➤ **sic**

sì che ➤ **sicché**

siciliàna [f. sost. di *siciliano* ✱ 1585] **s. f.** ● antica danza in movimento grave e lento

sicilianìṣmo [da *siciliano*, con *-ismo* ✱ 1891] **s. m.** ● vocabolo, locuzione, costrutto e sim. tipico del dialetto siciliano

sicilianità [da *siciliano* ✱ 1897] **s. f. inv.** ● condizione di chi (o di ciò che) è siciliano | sentimento di appartenenza alla tradizione, ai costumi e alla cultura siciliana **CFR.** sicilitudine

♦**siciliàno** o †**ciciliàno** [1268] **A** **agg.** ● della Sicilia | ***scuola siciliana, scuola poetica siciliana***, quella fiorita alla corte di Federico II di Svevia nel Duecento | ***vespri siciliani***, moto popolare scoppiato a Palermo nel marzo 1282 contro la dominazione angioina | †***grano s.***, granoturco | ***alla siciliana***, (*ellitt.*) alla maniera dei siciliani, conformemente alle loro abitudini e tradizioni: *cassata alla siciliana* **B** **s. m.** (**f.** *-a*) ● abitante o nativo della Sicilia **C** **s. m. solo sing.** ● ogni dialetto parlato in Sicilia

siciliòta ▸ **siceliota**

sicilitùdine o **sicilianitùdine** [da *Sicilia*, sul modello di *negritudine* ✱ 1969] **s. f.** ● il complesso delle consuetudini e delle caratteristiche culturali attribuite ai siciliani CFR. sicilianità

sicìnno [vc. dotta, dal gr. *síkinnon*, di orig. tracio-frigia ✱ 1872] **s. m.** ● danza di satiri accompagnata da suoni e canti

sìclo [lat. tardo (eccl.) *sĭclu(m)*, risalente all'ebr. *sheqel* ✱ sec. XIV] **s. m.** ● unità della moneta d'argento della Persia antica e in genere dell'Oriente

sicofànte o †**sicofànta** [vc. dotta, dal gr. *sykophántēs* 'denunciatore', comp. di *sŷkon* 'fico' e *-phántes*, da *pháinein* 'manifestare': propr. 'delatore (di ladri) di fichi' ✱ 1353] **s. m.** (**pl.** *-i*) **1** nella Grecia antica, accusatore di professione, calunniatore, ricattatore | nella Roma antica, imbroglione **2** (*est.*, *lett.*) delatore, spia, calunniatore

sì cóme ▸ **siccome**

sicomòro o (*raro*) **sicòmoro**, †**seccomòro** [dal lat. *sycŏmoru(m)*, dal gr. *sykómoros*, comp. di *sŷkon* 'fico' e *móron* 'mora' ✱ av. 1320] **s. m. 1** grande albero africano delle Moracee, anticamente fornitore del legno per i sarcofagi egiziani (*Ficus sycomorus*) SIN. loto bianco | (*est.*) frutto di tale albero **2** acero montano

sicònio o **sicòno** [vc. dotta, dal gr. *sykón*, genit. *sykônos* 'fichereto', da *sŷkon* 'fico', di orig. mediterr. ✱ 1818] **s. m.** (**pl.** *-i* o *raro -ii*) ● (*bot.*) infiorescenza e infruttescenza formata dal ricettacolo carnoso e chiuso sulle cui pareti sono inseriti fiorellini da cui si origineranno piccoli acheni

sicòsi [vc. dotta, dal lat. *sycōsiu(m)*, dal gr. *sýkosis*, da *sŷkon* 'fico' ✱ 1829] **s. f. inv.** ● (*med.*) suppurazione diffusa dei peli del viso

sìculo [dal lat. *Sĭculu(m)* ✱ 1340] **A agg. 1** dei Siculi, popolo anticamente abitante in Sicilia **2** (*est.*, *lett.*, *scherz.*) siciliano **B s. m.** (**f.** *-a*) **1** antico abitante o nativo della Sicilia **2** (*est.*, *lett.*, *scherz.*) abitante della Sicilia

♣**sicumèra** [di etim. discussa: da *sicuro* (?) ✱ 1544] **s. f.** ● ostentazione di grande sicurezza di sé

sicùra [f. sost. di *sicuro* ✱ 1922] **s. f. 1** congegno di sicurezza che nelle armi da fuoco portatili consente di bloccare il meccanismo di sparo, impedendone il funzionamento accidentale: *mettere, togliere, la s.* | ***mettere in s.***, mettere un'arma da fuoco in posizione di non sparo **2** (*est.*) ogni congegno che impedisce il funzionamento di un meccanismo: *mettere la s. alla portiera dell'automobile*; *la s. del bracciale, della collana*

†**sicuraménto** [da *sicurare* ✱ av. 1294] **s. m.** ● (*raro*) sicurezza

†**sicurànza** o †**securànza** [da *sicuro*, sul modello del provenz. *seguranza*, da *segur* 'sicuro' ✱ av. 1250] **s. f. 1** certezza, sicurezza **2** baldanza **3** assicurazione: *quel signor … / mi dona s. / che voi sarete amica di pietate* (DANTE)

†**sicuràre** o †**securàre** [da *sicuro* ✱ 1268] **v. tr.** e †**sicuràrsi v. rifl.** ● rendere, rendersi sicuro: *chi altri offende sé non sicura* (LEONARDO)

♦**sicurézza** [da *sicuro* ✱ av. 1328] **s. f. 1** condizione o caratteristica di ciò che è sicuro, privo di rischi o di pericoli: *la s. del viaggio, della strada*; *automobile che offre la massima s.*; *garantire la s. economica*; *problemi della s. militare* | ***per maggior s.***, per evitare comunque che si verifichi qlco. di spiacevole, di dannoso e sim. | ***margine, limite di s.***, oltre il quale sussistono reali possibilità di pericolo, danno e sim. | ***mettere in s.***, rendere sicuro o protetto: *mettere in s. un impianto, un palazzo, una parete, una galleria* | ***uscita di s.***, nei locali pubblici, porta che si apre in caso di pericolo per rendere più celere lo sfollamento | ***serratura di s.***, munita di un dispositivo che ne impedisce il funzionamento se non si usa la chiave costruita appositamente per tale serratura | ***cassette di s.***, collocate in camere corazzate, predisposte dalle banche perché i clienti vi possano riporre gioielli, valori, documenti e sim. | ***congegno, dispositivo di s.***, quello che impedisce il funzionamento accidentale o prematuro dei più vari meccanismi, o lo blocca in caso di anomalie | ***valvola di s.***, per impedire lo scoppio di caldaie e sim. | ***fiammifero di s.***, che si può accendere solo sfregandolo su materiale apposito | ***lampada di s.***, per minatori, che si spegne in presenza di grisù | ***vetro di s.***, infrangibile, ottenuto mediante particolari tecniche di lavorazione | (*ferr.*) ***impianto di s.***, complesso di apparecchiature e segnali atti a garantire la marcia dei treni | ***carico di s.***, frazione del carico di rottura di un dato materiale, rispetto a una data sollecitazione, che consente sufficiente stabilità alla struttura | ***grado di s.***, rapporto fra il carico di rottura e il corrispondente carico di sicurezza | (*dir.*) ***misura di s.***, provvedimento applicabile dall'autorità giudiziaria a soggetti che abbiano commesso un reato e siano socialmente pericolosi; (*fig.*) precauzione: *lo faccio solo per misura di s.* | ***pubblica s.***, attività della pubblica amministrazione diretta alla tutela dell'ordine pubblico; (*est.*) apparato che esplica tale attività | ***agente di pubblica s.***, agente della polizia di Stato | ***s. sociale***, complesso di misure stabilite dalla legge, atte a garantire ai membri di una comunità o ai lavoratori di certe categorie produttive un reddito minimo e l'assistenza medica quando si trovino in particolari condizioni | ***carcere di massima s.***, quello per detenuti di particolare pericolosità sociale | ***camera di s.***, cella in cui si rinchiudono individui sospetti di reato in commissariati e questure **2** condizione di chi è sicuro di sé: *agire, muoversi, scrivere, parlare, con s.*; *s. d'animo*; *acquistare s. nel ballare* **3** certezza: *ho la s. della vittoria*; *mi dimostrò la s. delle prove in suo potere* | fiducia: *avere s. nell'avvenire*; *ispirare s. a qlcu.* **4** insieme del personale addetto alla sorveglianza di uffici, strutture industriali, turistiche e sim.: *la s. di una banca*; *chiamare la s.* SIN. security nel sign. 1

†**sicurità** ▸ †**sicurtà**

♦**sicùro** o †**secùro** [lat. *secūru(m)*, da *sē(d)* 'senza' e *cūra* 'affanno', propr. 'senza preoccupazione' ✱ 1250 ca.] **A agg. 1** che è privo di qualsiasi timore, che si sente tranquillo, quieto: *dormire, sentirsi, vivere s.*; *essere s. da un pericolo* | (*lett.*) ***fare s. qlcu.***, rassicurarlo **2** che non presenta pericoli: *viaggio s.*; *strada sicura* | che è immune da pericoli, che è ben difeso: *luogo, asilo s.*; *mura sicure*; *luogo s. da offesa, dal pericolo*; *non temere, la barca è sicura* **3** che sa con certezza, detto di persona (+ *di*, **anche seguito da inf.**, + *che*): *essere s. di qlco.*; *sei s. di quello che dici?*; *sono bene s. di averlo visto*; *sei proprio s. che fosse lui?*; *sono s. che domani pioverà*; *farò come dici, sta' s.* | certo, convinto: *sono s. di farcela* CONTR. dubbioso, incerto **4** che nell'agire, nel comportarsi, nel compiere determinati atti, mostra abilità, perizia, fiducia in sé stesso, mancanza assoluta di esitazioni o timori: *è molto s. nel maneggiare le armi*; *non mi sento ancora s. per l'esame*; *non si sente s. nel tradurre*; *è troppo s. di sé* | (*fam.*) ***essere, mostrarsi s. del fatto proprio***, di chi agisce sapendo bene ciò che vuole | che dimostra sicurezza: *avanza con passo s.* | che non sbaglia: *colpire con mira sicura*; *prendere qlco. con mano sicura*; *tiro, colpo s.* **5** che non dà motivo di sospetto, dubbio e sim.: *la notizia è sicura*; *l'informazione viene da fonte sicura* | fidato, detto di persona: *quello è un amico s.* **6** che dà la certezza di avvenire secondo le previsioni: *l'affare, il guadagno è s.*; *questo è un rimedio s. per te*; *salvare qlcu. da morte sicura*; *ormai la vittoria è sicura* | ***tempo, mare s.***, che dà la certezza di mantenersi buono | ***cavallo s.***, su cui si può scommettere con la certezza di vincere | ***andare a colpo s.***, (*fig.*) affrontare un'impresa sapendo in anticipo quale ne sarà lo svolgimento o l'esito SIN. certo **7** detto di congegno, attrezzo e sim. che funziona perfettamente: *arma, macchina sicura* **8** †audace, coraggioso: *i più sicuri uomini … avevan paura* (G. BOCCACCIO) || **sicuraménte**, **avv. 1** con sicurezza, in modo sicuro: *asserire sicuramente* **2** certamente: *arriveranno sicuramente* **B in funzione di avv.** ● certamente, sì, certo (spec. nelle risposte con valore fortemente affermativo): *s. che ci sarò anch'io!*; *'l'hai visto proprio?' 's.!'*; *'verrai con me?' 'ma s.!'* | anche nella loc. avv. ***di s.***, senza dubbio, certamente: *sì, di s.*; *lei rise ma disse che no, di sicuro non ci andava* (L. SCIASCIA) **C s. m. solo sing. 1** ciò che è sicuro, certo | ***dare qlco. per s.***, averne la certezza | ***dare per s. che***, essere certo che **2** luogo sicuro, protetto, esente da pericoli: *andare, trovarsi, credersi al s.*; *qui siamo al s. dalla pioggia* | ***camminare, andare sul s.***, (*fig.*) non correre rischi

†**sicurtà** o †**securtà**, †**sicurità** [lat. *securitāte(m)* 'sicurezza', da *secūrus* 'sicuro' ✱ av. 1257] **s. f. 1** sicurezza **2** fiducia **3** cauzione, garanzia, mallevadoria: *fare s.*; *ricevere la s.* | (*est.*) garante **4** assicurazione | oggi usato in alcune loc. del linguaggio giuridico: *polizza, premio, ordinativo, di s.*

sidebag /said'bɛg, *ingl.* 'saɪd,bæg/ [vc. ingl. comp. di *bag* 'borsa, sacco' e *side* 'lato' sul modello di *airbag* ✱ 1998] **s. m. inv.** ● (*autom.*) airbag laterale

sidecar /'saidkar, *ingl.* 'saɪd,kɑː(r)/ [vc. ingl., propr. 'carrozzino (*car*) a lato (*side*)' ✱ 1918] **s. m. inv.** ● carrozzino di motocicletta | motocarrozzetta

♣**sideràle** [vc. dotta, dal lat. *siderāle(m)*, da *sīdus*, genit. *sīderis* 'stella', di etim. incerta ✱ 1598] **agg. 1** (*astron.*) relativo agli astri, ai corpi celesti e allo spazio cosmico in cui essi si trovano | ***giorno s.***, V. *giorno* nel sign. 1 | ***rivoluzione s.***, intervallo di tempo tra due successive congiunzioni di un pianeta con una stessa stella | ***anno s.***, V. *anno* nel sign. 1 **2** (*est.*) gelido, glaciale: *temperatura s.* | ***luce s.***, chiara ma fredda, metallica **3** (*fig.*) enorme, abissale, profondo: *lontananza, silenzio s.* || **sideralménte**, **avv.** (*fig.*) incommensurabilmente: *due concezioni sideralmente lontane*

siderazióne [vc. dotta, dal lat. tardo *siderātiōne(m)* 'disseccazione degli alberi', da *siderātus*, part. pass. di *siderāri* 'soffrire un colpo di sole', da *sīdus*, genit. *sīderis* 'astro'; nel sign. 2, dal lat. *sideratiōne(m)* 'l'essere fulminato' ✱ 1838] **s. f. 1** (*agric.*) sovescio di piante concimate con fertilizzanti minerali **2** morte provocata da un investimento di corrente elettrica ad alta tensione SIN. folgorazione

†**sìdere** [vc. dotta, dal lat. *sīdere* 'posarsi, giacere' ✱ 1321] **v. intr.** ● (*lett.*) stare, trovarsi: *O luce etterna che sola in te sidi* (DANTE *Par.* XXXIII, 124)

sideremìa [comp. di *sider(o)-* ed *-emia* ✱ 1948] **s. f.** ● (*med.*) quantità di ferro presente nel sangue

sidèreo [vc. dotta, dal lat. *sidĕreu(m)*, da *sīdus*, genit. *sīderis* 'astro' ✱ av. 1396] **agg.** ● (*astron.*)

a b c d e f g h i j k l m n o p q r s t u v w x y z

siderale | ***universo s.***, l'insieme dei corpi celesti e dello spazio in cui risiedono | ***pietre sideree***, sideroliti

siderìte [vc. dotta, dal lat. *siderīte(n)*, dal gr. *sidērítēs*, da *sídēros* 'ferro', di etim. incerta ✱ 1550] **s. f. 1** (*miner.*) carbonato di ferro, in cristalli incolori o gialli con croste brune, spesso in banchi massicci adatti per estrazione mineraria **2** meteorite costituita in prevalenza da una lega ferro-nichel

sìdero- [dal gr. *sídēros* 'ferro'] **primo elemento** ● in parole scientifiche composte, significa 'ferro' o indica relazione col ferro: *siderosi*

siderografìa [comp. di *sidero-* e *-grafia* ✱ 1940] **s. f.** ● incisione su lastra di acciaio

siderolìte [comp. di *sidero-* e *-lite* ✱ 1940] **s. f.** ● meteorite costituito da silicati e leghe ferro-nichel in parti circa uguali

sideropenìa [comp. di *sidero-* e *-penia* ✱ 1985] **s. f.** ● (*med.*) carenza di ferro nell'organismo, in particolare nel sangue

sideròṣi [comp. di *sidero-* e *-osi* ✱ 1930] **s. f. inv.** ● colorazione bruna della pelle e degli organi interni del corpo per assunzione eccessiva di sali di ferro

sideròstato [comp. di *sidero-* e *-stato* ✱ 1936] **s. m.** ● (*astron.*) celostata

siderurgìa [dal gr. *sidērourgía*, comp. di *sídēros* 'ferro' e *-ourgía*, da *érgon* 'lavoro' ✱ 1829] **s. f.** (**pl.** *-gìe*) ● (*tecnol.*) settore della metallurgia che concerne la preparazione e la lavorazione del ferro

siderùrgico [1864] **A agg.** (**pl. m.** *-ci*) ● della siderurgia: *industria siderurgica* **B s. m.** (**f.** *-a*) ● operaio, impiegato, dell'industria siderurgica | industriale siderurgico

sì dice [comp. di *sì*① e della terza pers. del pres. indic. di *dire* ✱ 1948] **loc. sost. m. inv.** ● (**spec. al pl.**) affermazione corrente e ripetuta, voce, diceria: *stando ai si dice, sono in procinto di sposarsi*; *un si dice può mandarlo alla forca* (L. Settembrini)

†**sìdo** [lat. *sīdus* (nt.) 'astro, stella', di etim. incerta. V. *assiderare* ✱ av. 1306] **s. m.** ● freddo eccessivo

sìdro [dal fr. *cidre*, dal lat. tardo (eccl.) *sīcera(m)* 'bevanda inebriante', risalente attraverso il gr. *síkera* all'ebr. *šēchār* 'bevanda di frutta e miele' ✱ av. 1597] **s. m.** ● bevanda a bassa gradazione alcolica, di sapore dolce acidulo, ottenuta dalla fermentazione di succhi di frutta, spec. di mele e pere

sìe ➤ **sì**①

sièdo ➤ **sedere**①

siemens /'simens, *ted.* 'zi:məns/ [dal nome dello scienziato ted. W. von *Siemens* (1816-1892) ✱ 1937] **s. m. inv.** ● unità elettrica di misura della conduttanza pari a 1 (ohm)$^{-1}$ **SIMB.** S

sienìte (o **sie-**) [da *Siene*, città egiziana (oggi Assuan); dal lat. *Syēne(n)*, dal gr. *Syḗnē* ✱ 1594] **s. f.** ● roccia feldspatica composta di ortoclasio, plagioclasio e orneblenda, cui spesso si associano piccole quantità di quarzo e biotite

siepàglia [sec. XIV] **s. f.** ● siepe folta e disordinata

siepàia [1856] **s. f.** ● siepaglia

†**siepàre** [av. 1406] **v. tr.** ● cingere di siepe

♦**sièpe** [lat. *sāepe(m)*, di etim. incerta ✱ 1280] **s. f. 1** riparo di piante, rami o materiali diversi intorno a orti, campi, giardini e sim. | ***s. viva, naturale***, con piante vegetanti | ***s. morta, artificiale***, con frasche, rami secchi, e sim. | ***s. ornamentale***, nei giardini per segnare i limiti tra le varie parti **2** (*est.*) quantità di persone o cose disposte insieme in modo tale da formare un riparo, un ostacolo, un impedimento: *una s. di poliziotti, di baionette* | (*lett.*) ***far s.***, fare da sbarramento, da ostacolo: *muovasi la Capraia e la Gorgona, / e faccian s. ad Arno in su la foce* (Dante *Inf.* XXXIII, 82-83) **3** (*sport*) nelle gare ippiche, tipo di ostacolo costituito da vegetazione o arbusti | ***tremila siepi***, nell'atletica leggera, classica gara con ostacoli vari ‖ **siepétta**, **dim.** | **siepóne**, **accr. m.**

sièrico [1960] **agg.** (**pl. m.** *-ci*) ● del siero

sièro [lat. *sĕru(m)* 'parte acquosa del latte', di orig. indeur. ✱ av. 1320] **s. m. 1** ***s. del latte***, liquido giallo verdastro, torbido, che resta nella caldaia dopo la separazione del formaggio **2** parte liquida del sangue quale si separa dalle parti solide per effetto della coagulazione | medicamento iniettabile, preparato utilizzando il siero del sangue di animali immunizzati contro determinate malattie, usato per la cura o la prevenzione di queste nell'uomo: *s. antivipera* | ***s. della verità***, farmaco ad azione nervosa centrale, spec. barbiturico, che rimuove le inibizioni nel soggetto favorendo la disponibilità al dialogo, usato per ottenere da qlcu. informazioni

sièro- o **sèro-**② [da *siero*] **primo elemento** ● in parole composte usate nel linguaggio medico e biologico indica relazione con il siero sanguigno o con un siero: *sieroprofilassi, sierologia*

sieroalbumìna [comp. di *siero-* e *albumina* ✱ 1957] **s. f.** ● (*chim.*) albumina presente nel siero ematico

sierodi̯àgnoṣi [comp. di *siero-* e *diagnosi* ✱ 1941] **s. f. inv.** ● diagnosi delle malattie infettive mediante l'esame del siero o del plasma per la ricerca degli anticorpi e per l'individuazione degli antigeni specifici della malattia in esame

sierodiagnòstica [da *sierodiagnosi* ✱ 1960] **s. f.** ● insieme delle tecniche con cui si esegue la sierodiagnosi

sierodiagnòstico [1991] **agg.** (**pl. m.** *-ci*) ● (*med.*) relativo a sierodiagnostica

sieroglobulìna [comp. di *siero-* e *globulina* ✱ 1960] **s. f.** ● (*chim.*) globulina presente nel siero ematico

sierologìa o **serologìa** [comp. di *siero-* e *-logia* ✱ 1911] **s. f.** (**pl.** *-gìe*) ● ramo della biologia che si occupa dello studio del siero per la ricerca di anticorpi e di antigeni circolanti | (*est.*) ricerca di anticorpi e antigeni in altri liquidi corporei

sierològico [1960] **agg.** (**pl. m.** *-ci*) ● della sierologia

sieromucóso (o **-ṣo**) [comp. di *siero-* e *mucoso* ✱ 1960] **agg.** ● (*med.*) di essudato tipico nelle flogosi delle mucose

sieronegativo [comp. di *siero-* e *negativo* ✱ 1986] **agg.**; anche **s. m.** ● detto di chi, sottoposto a esame sierologico per la ricerca di anticorpi specifici verso un determinato antigene, ne risulta privo ‖ **sieronegatività**, **s. f. inv.** (*med.*) risposta negativa in un test diagnostico sierologico per assenza di anticorpi specifici contro un determinato antigene (es. microrganismo)

sieropoṣitivo [comp. di *siero-* e *positivo* ✱ 1985] **agg.**; anche **s. m.** (**f.** *-a*) ● detto di chi, sottoposto a esame sierologico, presenta anticorpi specifici verso un determinato antigene | (*per anton.*) detto di individuo portatore del virus dell'AIDS e con anticorpi specifici rilevabili mediante sierodiagnosi ‖ **sieropoṣitività**, **s. f. inv.** (*med.*) risposta positiva in un test diagnostico eseguito sulle immunoglobuline del siero per presenza di anticorpi specifici contro un determinato antigene (es. microrganismo)

sieroprofilàssi [comp. di *siero-* e *profilassi* ✱ 1960] **s. f. inv.** ● (*med.*) profilassi mediante siero contenente gli anticorpi di una determinata malattia

sieroproteìna [comp. di *siero-* e *proteina* ✱ 1987] **s. f.** ● (*chim.*) proteina presente nel siero ematico

sieróṣa (o **-ṣa**) [f. sost. di *sieroso* ✱ 1895] **s. f.** ● (*anat.*) membrana di rivestimento delle grandi cavità del corpo umano, derivata dalla primitiva membrana celomatica: *s. peritoneale, pleurica, pericardica*

sieróso (o **-ṣo**) o †**seróso** [1611] **agg.** ● di siero: *versamento s.* | simile a siero: *liquido s.* ‖ **sierosità** o †**serosità**, **s. f. inv.** caratteristica di ciò che è sieroso; liquido sieroso

sieroterapìa [comp. di *siero-* e *terapia* ✱ 1894] **s. f.** ● cura di malattie infettive mediante siero di animali opportunamente trattati o di persona che ha superato la stessa malattia, contenenti anticorpi specifici ‖ **sieroteràpico**, **agg.** (**pl. m.** *-ci*) relativo a sieroterapia: *istituto sieroterapico*

sierra /*sp.* 'sjɛrra/ [vc. sp., propr. 'sega', dal lat. *sĕrra(m)* 'sega' ✱ 1839] **s. f.** (**pl.** *sièrre* **o sp.** *sierras*) ● in Spagna e nell'America Latina, catena montuosa dalla caratteristica linea seghettata

sièsta [dallo sp. *siesta* '(ora) sesta', dal lat. *sĕxta(m)* (*hōra(m)*) 'ora sesta, mezzogiorno' ✱ 1698] **s. f.** ● breve riposo dopo il pasto di mezzogiorno, spec. nella stagione calda: *fare la s.*

siète ➤ **essere**①

sievert /'sivert/ [dall'ingl. *sievert* (*unit*), n. dato in onore del radiologo svedese R. M. *Sievert* (1896-1966) ✱ 1974] **s. m. inv.** ● (*fis.*) unità di misura dell'equivalente di dose nel Sistema Internazionale, definita come la dose assorbita di qualsiasi radiazione ionizzante che ha la stessa efficacia biologica di 1 gray di raggi X **SIMB.** Sv

siffàtto o **sì fàtto** [comp. di *sì*② e *fatto* ✱ av. 1300] **agg.** ● così fatto, tale (spesso con una connotazione spreg.): *a siffatte domande non rispondo*; *tanto ... valeva il tuo ideale, che tu lo vendessi per siffatta guisa e a gente siffatta?* (G. Carducci) ‖ **siffattaménte** o †**sì fattaménte**, **avv.** in tal modo, in maniera siffatta

sifìlide [dal n. del pastore *Sȳphilus*, di orig. classica, protagonista del poemetto scient. di G. Fracastoro *Syphilis, sive de morbo gallico* ✱ av. 1698] **s. f.** ● malattia infettiva trasmessa con i rapporti sessuali, prodotta dalla Spirocheta pallida, che colpisce diffusamente l'organismo, spesso con gravi ripercussioni sul sistema nervoso **SIN.** lue, mal francese

sifilìtico [1794] **A agg.** (**pl. m.** *-ci*) ● della sifilide **B agg. e s. m.** (**f.** *-a*) ● che (o chi) è affetto da sifilide

sifilodèrma [comp. di *sifil(ide)* e *-derma* ✱ 1876] **s. m.** (**pl.** *-i*) ● (*med.*) qualsiasi manifestazione a carico della cute nel periodo secondario della sifilide

sifilòma [comp. di *sifil(ide)* e del suff. *-oma* ✱ 1905] **s. m.** (**pl.** *-i*) ● (*med.*) lesione ulcerativa della cute o delle mucose caratteristica del primo stadio della sifilide, che si manifesta nel sito di penetrazione del batterio infettante (*Treponema pallidum*)

sifonàggio [da *sifone* ✱ 1983] **s. m.** ● svuotamento del sifone di un apparecchio igienico-sanitario per effetto del risucchiamento prodotto dalla caduta di materiali nella colonna di scarico, con ingresso di cattivi odori nell'ambiente

Sifonàli [da *sifono-* e *-ali* ✱ 1931] **s. f. pl.** (**sing.** *-e*) ● (*bot.*) classe di alghe verdi con tallo formato da un'unica grande cellula con numerosi nuclei (*Siphonales*)

sifonaménto [da *sifone* ✱ 1960] **s. m. 1** (*ing.*) insieme di opere civili e idrauliche necessarie per far passare nel sottosuolo dei centri urbani canali e tubature **SIN.** imbottamento **2** infiltrazione d'acqua alla base di una costruzione o di un argine, che può causare frane o cedimenti

sifonàre [da *sifone* ✱ 1889] **v. tr.** (*io sifóno*) ● travasare un liquido attraverso un sifone: *s. l'acqua dell'acquario*

sifóne [dal lat. *siphōne(m)*, dal gr. *síphōn*, genit. *síphōnos* 'tubo, doccia', di etim. incerta ✱ 1567] **s. m. 1** conduttura idraulica che porta un liquido da un serbatoio a un altro situato a livello inferiore, toccando quote superiori al livello dell'acqua nel serbatoio più alto **2** specie di bottiglia molto resistente, atta a contenere acqua gassata la cui fuoriuscita si ottiene premendo una levetta: *il s. del seltz* **3** (*zool.*) tromba degli Insetti | tubo carnoso retrattile che sporge dalla conchiglia dei Molluschi bivalvi per permettere la circolazione dell'acqua **4** (*enol.*) prodotto ottenuto dal mosto, di gradazione alcolica complessiva naturale non inferiore a 12°, reso non fermentabile mediante aggiunta di acquavite di vino o di alcol fino a raggiungere una gradazione fra i 16° e i 18°; si usa nella preparazione del vino marsala **5** (*geol.*) cavità all'interno di una roccia, che comunica con l'esterno attraverso un canale a gomito | in un corso d'acqua, depressione formata per erosione in una roccia sommersa, nella quale l'acqua si incanala ‖ **sifoncìno**, **dim.**

sifòno- [dal gr. *síphōn*, genit. *síphōnos* 'tubo', di etim. incerta] **primo elemento** ● in parole composte della terminologia scientifica, indica la presenza di un organo a forma di tubo: *sifonali, Sifonofori, sifonogamo*

Sifonòfori [comp. di *sifono-* e del pl. di *-foro* ✱ 1936] **s. m. pl.** (**sing.** *-o*) ● (*zool.*) ordine di Celenterati marini degli Idrozoi che formano colonie galleggianti costituite da molti individui diversi fra loro (*Siphonophora*)

sifonògamo [comp. di *sifono-* e *-gamo* ✱ 1936] **agg.** ● (*bot.*) detto di pianta fornita di tubo pollinico

sigaràia [1873] **s. f. 1** f. di *sigaraio* **2** venditrice di sigari e sigarette in caffè, teatri, sale da ballo

sigaràio [da *sigaro* ✱ 1863] **s. m.** (**pl.** *-ai*) **1** (**f.** *-aia*) operaio che lavora la foglia di tabacco in una manifattura **2** (*zool.*) nome comune di alcuni Coleotteri appartenenti ai generi *Rhynchites* e *Byctiscus*, così definiti per l'abitudine di arrotolare le foglie di varie piante, per nascondervi le uova: *s. del pioppo, s. della vite* **SIN.** tortiglione

♦**sigarétta** [da *sigaro*, sul modello del fr. *cigarette* ✱ 1845] **s. f. 1** cilindretto di carta velina ripieno di tabacco trinciato, da fumare: *un pacchetto di sigarette* | ***s. elettronica***, dispositivo elettronico simile a una sigaretta, che consente di inalare un vapore contenente nicotina, per questo ritenuto meno nocivo per la salute **2** (*est.*) oggetto dalla forma simile a quella di una sigaretta | ***s. di cioccolato***, cioccolatino cilindrico a forma di sigaretta | ***a s.***, detto di pantaloni o gonna molto stretti e affusolati, dalla linea diritta **3** filato di seta o cotone avvolto su un cilindretto di cartone **SIN.** spagnoletta ‖ **sigarettìna**, **dim.**

sigarétto [da *sigaretta* ✱ 1834] **s. m.** ● sigaro di piccole dimensioni | sigaretta rivestita di foglia di tabacco, anziché di carta

sigarièra [1851] **s. f.** ● (*raro*) scatola di materiale vario per riporvi i sigari

♦**sìgaro** [dallo sp. *cigarro*, da *jigar* della lingua Maia (Messico) ✱ 1824] **s. m.** ● rotoletto di foglia di tabacco, da fumare: *fumare, fumarsi, un s.* | ***s. toscano***, fusiforme | ***s. napoletano***, cilindrico | ***s. Virginia***, lungo e sottile, confezionato con foglie di vari tipi di tabacchi pregiati ‖ **sigaràccio**, **pegg.** | **sigarétto**, **dim.** | **sigarìno**, **dim.** | **sigaróne**, **accr.**

sigh /sig, *ingl.* saɪ/ [vc. ingl., propr. 'sospiro', di orig. onomat. ✱ 1970] **inter.** ● riproduce il rumore di un sospiro o di un flebile singhiozzo che esprime malinconia

sigillànte **A** **part. pres.** di *sigillare*; anche **agg.** ● nei sign. del v. **B** **s. m.** ● materiale plastico, generalmente a base di silicone, usato per chiudere ermeticamente fessure di serramenti, strutture, elementi componibili

sigillàre [dal lat. tardo *sigillāre*, da *sigĭllum* 'sigillo' ✱ 1308] **A** **v. tr. 1** chiudere con un sigillo, mettere il sigillo a una chiusura: *s. un plico; s. con l'anello, con la ceralacca* **2** (*est.*) chiudere bene, ermeticamente: *s. una botte di vino; s. con un turacciolo* | (*fig.*) ***s. le labbra, la bocca a qlcu.***, farlo tacere **3** (*dir.*) apporre i sigilli, da parte dell'autorità giudiziaria o di un pubblico ufficiale nella esplicazione delle proprie funzioni **4** (*fig.*, *lett.*) concludere in modo definitivo: *Aveva poi una sua sentenza ... con la quale sigillava sempre i discorsi* (A. Manzoni) | (*fig.*, *lett.*) confermare, suggellare: *Sigillavano il patto con una stretta di mano* (R. Bacchelli) **SIN.** suggellare **B** **sigillàrsi** **v. intr. pron.** ● †chiudersi (*anche fig.*)

sigillària [dal lat. *sigĭllum* 'impronta, segno' (V. *sigillo*) ✱ 1895] **s. f.** ● pianta fossile delle Sigillariacee, tipica del Carbonifero superiore, con fusto eretto, midollo sviluppato e foglie lineari

Sigillariàcee [vc. dotta, comp. di *sigillari(a)* e *-acee* ✱ 1934] **s. f. pl.** (**sing.** *-a*) ● (*bot.*) famiglia di Pteridofite fossili reperite in strati geologici risalenti al Carbonifero superiore (*Sigillariaceae*)

sigillàrio [vc. dotta, dal lat. *sigillāriu(m)*, agg. da *sigĭllum* 'sigillo' ✱ 1585] **s. m.** (**f.** *-ia*) ● incisore specializzato nel fabbricare sigilli

sigillàto **part. pass.** di *sigillare*; anche **agg.** **1** nei sign. del v. | (*fig.*) serrato: *C'è chi lo sa magari ma ha la bocca / sigillata e non parla* (E. Montale) **2** ***terra sigillata***, V. *terra* ‖ †**sigillataménte**, **avv.** punto per punto

†**sigillatóre** [lat. tardo *sigillatōre(m)*, da *sigillātus* 'cesellato, adorno di figurine in rilievo' ✱ 1674] **s. m.** (**f.** *-trice*); anche **agg.** ● chi (o che) sigilla

sigillatùra [1872] **s. f. 1** chiusura per mezzo di sigilli **2** in odontoiatria, applicazione di una sostanza resinosa sui solchi e le fossette dei molari, a prevenzione della carie

sigìllo [vc. dotta, dal lat. *sigĭllu(m)*, dim. di *sīgnum* 'segno' ✱ 1279] **s. m. 1** strumento di pietra, di osso o di metallo, sulla cui superficie piana sono incisi lettere, cifre, stemmi, simboli ecc. che si imprimono su cera o ceralacca per autenticare o salvaguardare l'integrità di lettere, plichi o documenti | (*est.*) l'impronta ottenuta; la cera o la ceralacca che riporta l'impronta: *La marchesa ruppe il bel s. di ceralacca violetta e lesse* (G. D'Annunzio) | (*fig.*, *lett.*) conferma, approvazione: *e da lui ebbe primo s. a sua religione* (Dante *Par.* XI, 92-93) **2** accessorio di metallo o plastica a forma di piccolo disco o di fascetta, applicato sull'imballaggio quale garanzia dell'integrità del prodotto contenuto **3** (*dir.*) segno materiale, che si appone su locali al fine di impedire che alcuno vi penetri o su documenti al fine di autenticarli o di impedire che alcuno ne prenda conoscenza: *apporre i sigilli* | ***s. dello Stato, governativo***, quale simbolo dell'autorità dello Stato | ***violazione dei sigilli***, reato di chi rompe i sigilli **4** (*est.*) qualsiasi mezzo usato per sigillare: *mettere un s. al cassetto* | (*fig.*) ***avere il s. alle labbra***, non poter parlare | ***mettere il s. alle labbra a qlcu.***, impedirgli di parlare | (*fig.*) impronta, marchio: *il s. del genio* | ***s. sacramentale***, dovere imposto al confessore di non rivelare il contenuto di una confessione **5** (*bot.*) ***s. di Salomone***, nome volgare delle specie di *Polygonatum* spontanee in Italia

SFUMATURE ➤ *bollo*[2]

sigillografìa [comp. di *sigillo* e *-grafia* ✱ 1891] **s. f.** ● (*numism.*) sfragistica

sigìzia e deriv. ● (*evit.*) ➤ **sizigia** e deriv.

sìgla [dal lat. tardo *sĭgla* (nt. pl.) 'abbreviature', abbr. di *sĭngula sĭgna* 'abbreviazioni' ✱ av. 1750] **s. f. 1** abbreviazione di una o più parole, spec. nomi di enti, ditte, associazioni e sim., generalmente formata dalle loro iniziali: *ACI è la s. dell'Automobile Club Italiano* **SIN.** acronimo (V. nota d'uso SIGLA) | (*est.*) nel linguaggio giornalistico, organizzazione identificata da una sigla: *allo sciopero aderiscono oltre dieci sigle sindacali* **2** firma abbreviata, variamente composta, apposta a un articolo, una lettera, un documento e sim.: *spesso i giornalisti usano la s. invece della firma* **3** breve brano musicale o serie di immagini che introducono, accompagnano o concludono tradizionalmente una trasmissione radiofonica o televisiva, o un comunicato commerciale **CFR.** jingle **4** (*fig.*) elemento caratteristico, impronta distintiva: *s. stilistica* **SIN.** cifra ‖ **siglétta**, **dim.**

SFUMATURE DI SIGNIFICATO

sigla - acronimo - monogramma - abbreviazione
Sigla è la rappresentazione del nome di enti, imprese, associazioni attraverso le lettere iniziali delle parole che lo compongono; in altro significato è la firma abbreviata di una persona. L'**acronimo** è un nome costituito dalla lettera o dalle lettere iniziali di una o più parole, dunque coincide con il primo significato qui descritto di *sigla*. **Monogramma** è l'intreccio, graficamente curato, delle iniziali o di alcune lettere di un nome proprio, usato come simbolo del nome stesso. Ognuno dei termini precedenti costituisce un'**abbreviazione**.

NOTA D'USO

sigla
Le sigle si scrivono generalmente con l'iniziale maiuscola: *Tci, Aci, Cai* ecc. L'iniziale minuscola è limitata ad alcuni casi di sigle divenute nell'uso lemmi veri e propri: *radar, laser, modem*. Per ciò che riguarda le lettere successive alla prima e l'uso dei punti fra una lettera e l'altra, le soluzioni pratiche sono differenziate: *Cgil*, oppure *CGIL* o *C.G.I.L.* Tuttavia, man mano che una sigla diventa di uso corrente, si tende, soprattutto nella scrittura giornalistica, a omettere i punti e anche le maiuscole successive all'iniziale: *Cisl, Onu*. Nelle sigle le lettere vengono pronunciate separatamente, per es. *ADSL* (*a di esse elle*) o *DNA* (*di enne a*); oppure, se la sequenza lo consente, come una parola vera e propria, per es. *IRPEF, FIAT, TAEG* o *GIP*. Va infine segnalata la nascita di derivati da sigle, come *piduista* (da *P2*), *onusiano* (da *ONU*) o *cislino* (da *CISL*).

siglàre [1940] **v. tr.** (**in tutta la coniug. la 'g' mantiene il suono duro:** *io siglo, tu sigli, noi sigliàmo*) **1** segnare con una sigla | apporre la propria sigla | firmare, sottoscrivere, approvare: *s. un accordo* **2** (*fig.*) nel calcio, segnare un gol

siglàrio [1950] **s. m.** ● elenco di sigle, con la relativa spiegazione

siglatùra [1960] **s. f.** ● atto del siglare

sigma [vc. dotta, dal lat. *sĭgma* (nt.), dal gr. *sígma*, n. della lettera *S* (Σ, σ o ς); nel sign. B per la forma ✱ 1821] **A** **s. f. o m. inv.** ● diciottesima lettera dell'alfabeto greco **B** **s. m. inv.** ● (*anat.*) tratto dell'intestino crasso, posto a sinistra nella cavità addominale, tra colon discendente e retto

sigmàtico [da *sigma* ✱ 1960] **agg.** (**pl. m.** *-ci*) ● (*ling.*) nella morfologia del greco, detto di flessione del verbo o del nome che presenta il fonema *sigma*, assente in altre flessioni concorrenti, dette perciò *asigmatiche*: *aoristo s.* | (*est.*) in altre lingue, detto di forma che presenta una *s* nella sua flessione

sigmatìsmo [da *sigma*, sul modello del fr. *sig-*

a b c d e f g h i j k l m n o p q r s t u v w x y z

matisme ✱ 1932] **s. m.** ● pronuncia difettosa delle sibilanti

sigmoidèo [vc. dotta, dal gr. *sigmoeidḗs* 'in forma di sigma', comp. di *sígma* ed *-eidḗs* '-oide' ✱ 1838] **agg.** ● che ha la forma di un sigma o di una esse | (*anat.*) relativo al sigma: *ansa sigmoidea*

sigmoidìte [da *sigmoid(eo)*, e *-ite*① ✱ 1930] **s. f.** ● (*med.*) infiammazione del sigma

†**signàcolo** ➤ **segnacolo**

†**signàculo** ➤ **segnacolo**

†**signatùra** ➤ **segnatura**

signìfero [vc. dotta, dal lat. *signĭferu(m)* 'portainsegna', comp. di *sīgnum* 'segno, insegna' e *-fĕr* '-fero' ✱ av. 1292] **agg. e s. m.** ● (*stor., lett.*) che (o chi) porta l'insegna

†**significaménto** [1261 ca.] **s. m.** ● significato, senso

significànte [part. pres. di *significare*; come s. m., sul modello del fr. *signifiant*] **A agg.** **1** (*lett.*) espressivo, efficace: *occhiata s.* **2** importante per quel che rivela, per ciò che implica, che comporta e sim.: *indizio s.* SIN. significativo CONTR. insignificante **B s. m.** ● (*ling.*) aspetto grafico o fonico che, insieme al significato, costituisce il segno linguistico

†**significànza** [vc. dotta, dal lat. tardo *significāntia(m)* 'significato', da *significāre* ✱ 1266] **s. f.** **1** significato **2** segnale, indizio | *fare s.*, dimostrare

♦**significàre** [dal lat. *significāre*, comp. di *sīgnum* 'segno' e *-ficāre* '-ficare' ✱ sec. XII] **v. tr.** (*io significo, tu significhi*) **1** (*lett.*) esprimere pensieri, sentimenti, idee e sim. mediante il linguaggio, scritto od orale, o mediante cenni, gesti e sim.: *s. il proprio pensiero a qlcu.*; *s. qlco. per lettera*; *in tutte le lingue ... i vocaboli sono trasportati da' corpi ... a s. le cose della mente e dell'animo* (G. VICO) **2** voler dire, avere un dato senso o significato, detto di parole, locuzioni e sim.: *la parola 'osfialgia' significa sciatica*; *che cosa significa questa parola inglese?* | essere indizio, segnale: *il suo ritardo significa disinteresse per noi*; *che cosa significa il tuo atteggiamento?*; *il suo silenzio significa che si sente in colpa* | simboleggiare: *il rosso significa passione* **3** avere importanza, valore: *per lui quella donna significa la vita*; *le tue parole non significano niente* ‖ **significazióne**, **s. f.** (V.)

significatìvo [dal lat. tardo *significatīvu(m)*, da *significātus*, part. pass. di *significāre* 'significare' ✱ av. 1328] **agg.** **1** (*raro*) che serve a significare: *parola significativa di verità* **2** ricco di significato, eloquente: *sguardo s.*; *il suo silenzio è s.* | importante, di rilievo: *un dato s.*; *un successo s.* **3** (*mat.*) ***cifre significative***, nel risultato di operazioni fra numeri approssimati, le cifre decimali che hanno un effettivo significato ‖ **significativaménte**, **avv.** in modo significativo; efficacemente ‖ **significatività**, **s. f. inv.**

significàto① **part. pass.** di *significare*; anche **agg.** ● (*lett.*) nei sign. del v.

♦**significàto**② [dal lat. tardo *significātu(m)*, da *significāre* 'significare' ✱ 1353] **s. m.** **1** concetto contenuto in un qualunque mezzo di espressione: *s. chiaro, ambiguo*; *il s. di una parola, di un vocabolo, di un simbolo, di un disegno, di una locuzione straniera*; *s. proprio e s. figurato*; *discorsi, parole*, e sim. *senza s.* CFR. -semia SIN. senso | (*ling.*) elemento concettuale del segno linguistico | contenuto semantico, mentale, emotivo di una qualsiasi espressione linguistica, parola o frase **2** (*est.*) importanza, rilievo, valore di un gesto, di un'espressione, di un fatto o, in generale, di qlco.: *il s. del suo comportamento mi è oscuro*; *la sua presenza qui ha un s. ben preciso*; *mi rivolse uno sguardo pieno di s.*; *quelle parole hanno assunto un s. di rivelazione*; *il lavoro ha per lui un grande s.*

significatóre [dal lat. tardo (eccl.) *significatōre(m)* 'che indica', da *significātus*, part. pass. di *significāre* 'significare' ✱ av. 1328] **s. m.** (**f.** *-trice*); anche **agg.** ● (*raro*) chi (o che) significa

significazióne [dal lat. *significatiōne(m)*, da *significātus*, part. pass. di *significāre* 'significare' ✱ 1224 ca.] **s. f.** ● (*raro*) il significare | (*lett.*) significato

signìno [dalla loc. lat. *ŏpus* (opera) *signīnu(m)* (di Signa, l'odierna Segni) ✱ 1960] **s. m.** ● (*archeol.*) cocciopesto

♦**signóra** o †**segnóra** [f. di *signore* ✱ av. 1503] **s. f.** **1** (*lett.*) padrona, dominatrice: *Venezia fu la s. dei mari* | ***Nostra S.***, (*per anton.*) la Madonna, Maria Vergine: *Nostra S. del Rosario, della Misericordia* e sim. | (*scherz.*) ***la S., la vecchia S. del calcio italiano***, (*per anton.*) la squadra torinese della Juventus **2** padrona di casa, per i domestici: *la s. è partita* **3** titolo di reverenza, appellativo, premesso o al nome o al cognome o al nome e cognome o al titolo di una donna sposata o, sempre più spesso, anche di una donna non sposata (frequente, nell'uso scritto, la forma abbreviata *sig.ra*): *la s. Maria*; *la s. Bianchi*; *le presento la s. Maria Bianchi*; *buongiorno, s. marchesa*; (*raro*) *la s. professoressa, la s. maestra* | ***sì s., no s.***, per rispondere affermativamente o negativamente (anche *sissignora, nossignora*) | ***signore e signori***, frase con cui ci si rivolge al pubblico prima di iniziare un discorso, una conferenza e sim. **4** moglie: *il professor Rossi e s.*; *intervennero tutti gli insegnanti e le rispettive signore*; *i miei ossequi alla s.*; *come sta la s.?*; *mi saluti la sua s.* **5** persona di sesso femminile; donna: *la s. seduta accanto a noi*; *una s. vuole parlarti*; *parrucchiere per s.*; *club per signore* | cliente: *la s. è servita*; *servi subito la s.* **6** donna che mostra educazione, gentilezza nel trattare, raffinatezza di gesti, abitudini e sim.: *è una s.*; *è una vera s.*; *è un gesto da s.* **7** donna benestante, ricca: *vivere da s.*; *fare la s.*; *fare una vita da s.* ‖ (*raro*) **signoràccia**, **signoràzza**, **pegg.** | (*lett.*) **signorétta**, **dim.** | **signoróna**, **accr.**

signoràggio [dal provenz. *senhoratge*, da *senhor* 'signore' ✱ 1250 ca.] **s. m.** **1** †dominio, signoria **2** (*econ.*) il guadagno che lo Stato realizza nel coniare moneta, che è dato dalla differenza fra il valore nominale e i costi di produzione e distribuzione della stessa (monetaggio)

†**signorànza** o †**segnorànza** [dal provenz. *senhoranza*, da *senhor* 'signore' ✱ sec. XIII] **s. f.** ● signoria, dominio

♦**signóre** o †**segnóre** [lat. *seniōre(m)*, compar. di *sĕnex* 'vecchio' ✱ 1219] **A s. m.** (**troncato in** *signor* **davanti a nomi propri o comuni, titoli e sim.** (**es.** *signor preside*); **V. nota d'uso ELISIONE e TRONCAMENTO; f.** *-a* (V.), †*-éssa*) **1** anticamente, possessore di un dominio | principe, sovrano: *Cangrande della Scala s. di Verona*; *i Medici erano signori di Firenze*; *"Ai Signori d'Italia" è il titolo di una canzone del Petrarca* | governatore, reggitore | ***Palazzo dei Signori***, in alcune città italiane, palazzo del Governo **2** (*est.*) padrone, dominatore: *il s. del castello, del paese*; *Dio è il s. dell'universo* | ***Signori della guerra***, in Cina, nei primi decenni del XX secolo, i generali imperiali che guidarono la guerra civile contro le forze repubblicane; (*est.*) uomini potenti che traggono profitto, spec. economico, da una guerra che contribuiscono a scatenare o a mantenere viva | †***essere s. di fare qlco.***, avere la libertà di fare qlco. | padrone di casa, per i domestici: *il s. non è in casa* **3** (*per anton.*) Dio, Gesù Cristo: *S. Iddio*; *Dio S.*; *con l'aiuto del S.*; *nella pace del S.*; *pregare, adorare, ringraziare, il S.*; *che il S. ti assista*; *il S. sia con te* | ***Nostro S.***, Gesù Cristo | ***addormentarsi nel bacio del S.***, (*eufem.*) morire | ***la vigna del S.***, la Chiesa | ***la casa del S.***, qualsiasi chiesa **4** titolo di reverenza, appellativo, premesso o al nome o al cognome o al nome e cognome o al titolo di un uomo (frequente, nell'uso scritto, la forma abbreviata *sig.*): *ecco il signor Ettore*; *è in casa il signor Bianchi?*; *le presento il signor Ettore Bianchi*; *buon giorno, signor barone*; *Dirà il signor curato, che son venuto tardi* (A. MANZONI) CFR. sciur, sior, sor | ***i signori Rossi***, il signor Rossi e la moglie | (*iron.*) ***signor Nessuno***, persona sconosciuta, che non conta nulla: *alla presidenza è stato nominato un signor Nessuno* | ***sì s., signor sì, no s., signor no***, V. *signorsì, sissignore, nossignore* e *signornò* **5** persona di sesso maschile; uomo: *c'è un s. che chiede di te*; *lo conosci quel s. che ha salutato?*; (*iron.*) *di' a quel s. che non si faccia più vedere*; *toilette per signori* | cliente: *il s. desidera?*; *il s. è servito*; *il s. è rimasto soddisfatto?* **6** (**al pl.**) insieme di persone di sesso diverso: *ci sono dei signori che desiderano visitare l'appartamento*; *servite subito i signori*; *avanti, signori!*; *signori, c'è posto* | ***signori e signore***, frase con cui ci si rivolge al pubblico prima di iniziare un discorso, una conferenza e sim. **7** uomo che mostra educazione, gentilezza nel trattare, raffinatezza di gesti, abitudini e sim.: *è un vero s.*; *è proprio un s.*; *ha modi da s.*; *se fosse un s. non agirebbe così* SIN. gentiluomo **8** uomo ricco, ragguardevole: *prima era povero, adesso è un s.* | ***trattarsi da s., fare la vita del s., fare il s.***, trattarsi con ogni agio, spendere a profusione | ***un gran s.***, un uomo molto ricco **9** (**al pl.**, *gener.*) l'insieme delle persone ricche: *i signori e i poveri* **B in funzione di agg.** (**premesso a un sost.**) ● (*enfat.*) eccellente, eccezionale, di ottima qualità: *un signor cappotto*; *una signora cena* ‖ (*raro*) **signoràccio**, **signoràzzo**, **pegg.** | **signorèllo**, **dim.** | (*lett.*) **signorétto**, **dim.** | **signoróne**, **accr.** (V.) | **signoròtto**, **alter.** (V.)

signoreggiaménto [av. 1320] **s. m.** ● (*raro, lett.*) il signoreggiare

signoreggiàre o †**segnoreggiàre** [da *signore* ✱ 1250 ca.] **A v. tr.** (**pres.** *io signoréggio*; **fut.** *io signoreggerò*) **1** (*lett.*) dominare, tenere sotto la propria autorità: *s. un paese, una città*; *il sentimento nell'uomo di s. ... un altro uomo* (P. VERRI) | (*lett., fig.*) tenere a freno: *s. le passioni* **2** (*fig., raro*) soprastare: *la casa signoreggia tutto il paesaggio* **B v. intr.** (**aus.** *avere*) ● (*lett.*) esercitare un dominio, un'autorità: *s. su un paese, su una città*

†**signoreggiatóre** [av. 1292] **s. m.** (**f.** *-trice*); anche **agg.** ● chi (o che) signoreggia

signorésco [av. 1400] **agg.** (**pl. m.** *-schi*) ● (*lett.*) signorile: *palazzo s.* ‖ **signorescaménte**, **avv.**

†**signorévole** o †**signorévile** [da *signore* ✱ av. 1328] **agg.** **1** che signoreggia | autoritario **2** (*lett.*) signorile ‖ †**signorevolménte**, **avv.**

signorìa o †**segnorìa** [1238] **s. f.** **1** (*lett.*) condizione di signore, facoltà di comandare | dominio, potestà, governo: *tenere qlcu. in s.*; *essere sotto la s. di qlcu.* **2** forma di governo instauratasi in molte città italiane nella seconda metà del sec. XIII, caratterizzata dall'accentramento dei poteri comunali in una sola persona, la quale li esercitava a vita: *palazzo della Signoria*; *l'epoca delle signorie*; *dalla s. si passò al principato* | (*est.*) città governata da una signoria: *la s. di Verona, di Milano* **3** anticamente, titolo di onore attribuito a persona autorevole: *vostra Signoria*; *Sua Signoria* | oggi usato nel linguaggio burocratico: *il sottoscritto fa domanda alla Signoria Vostra ...* **4** †facoltà, arbitrio, potere

signorìle [1336 ca.] **agg. 1** di signore, attinente a signore: *palazzo, casa, s.* **2** che è caratteristico di chi possiede educazione, gentilezza nel trattare, raffinatezza di gesti, abitudini e sim.: *educazione s.*; *maniere, gesti, signorili* **SIN.** distinto, raffinato ‖ **signorilménte**, **avv.** in maniera signorile

signorilità [av. 1704] **s. f. inv.** ● condizione, caratteristica di chi (o di ciò che) è signorile

SFUMATURE DI SIGNIFICATO
signorilità - distinzione - stile
Una grande educazione, una raffinatezza di modi che si accompagna ad eleganza di sentire si dice **signorilità**. Anche **distinzione** indica raffinatezza di modi, ma suggerisce più compostezza e appropriatezza formali che un'autentica qualità morale. **Stile** riassume il significato dei termini precedenti, e lo arricchisce di una sfumatura di ricercatezza estetica.

♦**signorìna** [da *signora* ✱1605] **s. f. 1** titolo di cortesia, appellativo, (che tende in molti casi ad essere sostituito da *signora*) premesso o al nome o al cognome o al nome e cognome o al titolo di una donna non sposata (frequente, nell'uso scritto, la forma abbreviata *sig.na*): *la s. Carla*; *la s. Bianchi*; *la s. Carla Bianchi*; *la s. maestra*; *la s. contessa* **2** donna giovane non ancora sposata: *questo gioiello non è adatto a una s.*; *giovanotti e signorine* | donna non sposata: *alla sua età è ancora s.*; *ha preferito rimanere s.* **SIN.** zitella | ragazza in età puberale: *è già s.*; *è diventata s.* | giovane ragazza cresciuta rapidamente: *è diventata una s.!*; *si è fatta proprio una s.!* | (*fam.*) bambina: *oggi la s. non ha fame!* | (*fig.*) ***da, per signorine***, poco faticoso o poco duro, violento e sim.: *il calcio non è uno sport per signorine*; *al confronto il lavoro della Lancia era da signorine* (P. LEVI) ‖ **signorinèlla**, **dim.** | **signorinétta**, **dim.**
SFUMATURE ➤ ***nubile***

signorìno [da *signore* ✱1539] **s. m. 1** (*disus.* o *raro*) figlio giovane del padrone di casa, per i domestici: *il s. è uscito* **2** giovanetto delicato, difficile a contentare (***spec. iron.*** o ***spreg.***): *non sono un s. avvezzo a star nel cotone* (A. MANZONI)

signornò o (*raro*) **signór no**, (*raro*) **signórno**, (*raro, ven.*) **gnor no** /*ɲorˈnɔ*/, (*merid.*) **gnornò** [comp. di *signor(e)* e *no* ✱1526] **avv.** ● no, signore! (si usa, come forma di rispettosa negazione assoluta nel linguaggio militare o scherz. nel linguaggio fam., nelle risposte a un superiore)

signoróne [1873] **s. m.** (**f.** *-a*) **1** accr. di *signore* **2** (*fam.*) persona molto ricca

signoròtto [alter. di *signore* ✱1502] **s. m.** ● signore di un piccolo dominio o di una modesta proprietà: *un s. di campagna*

signorsì o (*raro*) **signór sì**, (*raro, ven.*) **gnor sì**, (*merid.*) **gnorsì** [comp. di *signor(e)* e *sì* ✱1400 ca.] **avv.** ● sì, signore (si usa come forma di rispettosa affermazione assoluta nel linguaggio militare o, scherz., nel linguaggio fam., nelle risposte a un superiore) | eccomi, presente (rispondendo a una chiamata di un superiore)

†**signórso** o †**segnórso** [comp. di *signor(e)* e dell'enclitico *-so*, dal lat. *sŭu(m)* 'suo' ✱1313] **s. m.** ● (*raro*) suo signore

†**signórto** [comp. di *signor(e)* e dell'enclitico *-to*, dal lat. *tŭu(m)* 'tuo' ✱1353] **s. m.** ● (*raro*) tuo signore: *ma tu, perché non vai per s.?* (G. BOCCACCIO)

†**sigrìno** ➤ **zigrino**

sii ➤ **essere**①

sikh /sik, *hindi* sɪkh/ [vc. hindi, propr. 'discepolo' ✱1960] **s. m. e f. inv.; anche agg.** ● (*relig.*) membro di una comunità religiosa del Punjab, costituitasi in base all'insegnamento del guru Nanak (sec. XVI) che propose una sintesi tra induismo e Islam su base monoteistica

sikhìṣmo /siˈkizmo/ [da *sikh* col suff. *-ismo* ✱1933] **s. m.** ● (*relig.*) la religione dei sikh

sil- ➤ **sin-**

silàggio [da *silo* ✱1905] **s. m.** ● operazione dell'insilare

silàno [vc. dotta, lat. *Silānu(m)* ✱1864] **agg.** ● della Sila, zona montuosa della Calabria: *turismo s.*

silèma e deriv. ➤ **xilema** e deriv.

silène [dal n. di *Sileno*, essere mitologico che si rappresenta gonfio come un otre ✱1813] **s. f.** ● (*bot.*) erba del cucco

silèno [dal lat. *Silēnu(m)*, dal gr. *Silēnós* ✱1554] **s. m.** ● scimmia indiana bruna con capigliatura e barba bianche e callosità ischiatiche rosse (*Macaca albibarbata*)

♣**silènte** [dal lat. *silĕnte(m)*, part. pres. di *silēre* 'tacere' ✱1499] **agg.** ● (*lett.*) silenzioso, tacito: *l'atra notte e la s. riva* (G. LEOPARDI) ‖ †**silenteménte**, **avv.** silenziosamente

silenziàbile [da *silenziare* ✱1988] **agg.** ● che si può silenziare

silenziàre [da *silenzio* ✱1942] **v. tr.** (*io silènzio*) **1** (*raro*) ridurre al silenzio | (*milit.*) ridurre all'impotenza una postazione nemica **2** rendere il più silenziosi possibile motori e sim. | (*est.*) ***s. una pistola***, dotarla di silenziatore

silenziàrio [dal lat. tardo *silentiāriu(m)*, propr. 'schiavo o usciere incaricato dell'ordine e del silenzio', da *silĕntium* 'silenzio' ✱av. 1672] **s. m.** ● servo addetto a far osservare il silenzio nelle case patrizie dell'antica Roma

silenziatóre [adattamento dell'ingl. *silencer*, sul modello dei m. in *-tore* ✱1913] **s. m. 1** dispositivo inserito sul tubo di scappamento dei motori a combustione interna per attenuare il rumore provocato dai gas di scarico **2** dispositivo applicato alla bocca delle armi da fuoco portatili per attutire il rumore dello sparo **3** (*fig.*) ***mettere il s.***, attenuare, ridurre: *mettere il s. alle notizie sulla criminalità*

♦**silènzio** [dal lat. *silĕntiu(m)*, da *sĭlens*, genit. *silĕntis*, part. pres. di *silēre* 'tacere', di orig. indeur. ✱1268] **s. m. 1** mancanza completa di suoni, rumori, voci e sim.: *s. profondo, perfetto, glaciale, di tomba, assoluto, sepolcrale*; *s. del chiostro*; *nel s. della notte*; *qui c'è un gran s.*; *un grido ruppe il s.* | (***est.***) quiete: *il s. della campagna, dei boschi* | (***milit.***) ***ridurre al s.***, mettere fuori uso artiglierie, mitragliatrici o altre bocche da fuoco nemiche, colpendole con mezzi di varia natura bellica **2** cessazione del parlare, astensione dal parlare: *imporre, raccomandare, esigere, il s.*; *restare, rimanere, ascoltare, in s.* | ***fare s.***, tacere | ***s.!***, invito, comando e sim., a tacere | ***rompere il s.***, cominciare a parlare dopo aver taciuto per un periodo più o meno lungo | ***costringere, ridurre, l'avversario, l'interlocutore*** e sim. ***al s.***, metterlo a tacere confutandolo in modo tale da non ammettere repliche | (*fig.*) ***Chiesa del s.***, espressione usata per indicare le condizioni delle Chiese cristiane nei Paesi a regime comunista | ***s. radio***, nelle operazioni militari o di polizia, totale astensione delle comunicazioni radio fra unità operative per evitare di essere individuati o intercettati dal nemico o dai delinquenti; (*aeron.*) interruzione delle trasmissioni radio tra le basi di terra e le capsule spaziali per la mancata propagazione delle onde dovuta a cause ambientali | ***s. stampa***, astensione dal divulgare, tramite i giornali, la radio o la televisione, notizie relative a un determinato fatto: *la famiglia del rapito chiese il s. stampa*; anche, rifiuto di fare dichiarazioni ai giornalisti | (*dir.*) ***s. rifiuto***, quando la mancata risposta dell'autorità amministrativa ad una domanda deve considerarsi un diniego | (*dir.*) ***s. accoglimento, s. assenso***, quando la mancata risposta dell'autorità amministrativa deve intendersi come una concessione di quanto richiesto | **PROV.** ***il s. è d'oro***, in certi casi, tacere è la cosa migliore **3** (***est.***) il fatto di non dare notizie di sé: *sono meravigliato del suo s.*; *questo lungo s. mi preoccupa* | (*fig.*) assenza della vita pubblica: *l'uomo politico si è rifatto vivo dopo un lungo s.* **4** oblio, dimenticanza: *avvolgere un fatto nel s.* | ***cadere nel s.***, essere dimenticato | ***vivere nel s.***, senza far parlare di sé | ***passare qlco. sotto s.***, non farne menzione, tralasciare di parlarne **5** segnale di tromba che impone il silenzio e stabilisce l'inizio del riposo notturno dei soldati: *suonare il s.* | ***s. fuori ordinanza***, variante musicale del segnale regolamentare, che viene suonata in occasione di particolari ricorrenze **6** regola religiosa o monastica che obbliga a tacere e ad astenersi da qualsiasi rumore | ***dispensare dal s.***, autorizzare gli obbligati al silenzio a parlare, a conversare liberamente in talune occasioni

♦**silenzióso** (o **-ṣo**) [dal lat. tardo *silentiōsu(m)*, da *silĕntium* 'silenzio' ✱1533] **agg. 1** privo di rumori, quieto: *quartiere s.*; *notte silenziosa* **CONTR.** rumoroso **2** che non fa rumore: *motore s.* **CONTR.** rumoroso **3** che parla poco, taciturno, detto di persona: *se ne stava s. in un angolo* ‖ **silenziosaménte**, **avv.** in silenzio, in modo silenzioso ‖ **silenziosità**, **s. f. inv.** caratteristica di ciò che (o, raro, di chi) è silenzioso: *la silenziosità di una lavastoviglie*

†**silére** o **sìlere** [vc. dotta, dal lat. *silēre* 'tacere', di orig. indeur. ✱av. 1306] **v. intr.** ● (*raro*) tacere: *Or dubbi tu e dubitando sili* (DANTE *Par.* XXXII, 49)

silèṣia [dall'ingl. *silesia*, latinizzazione di *Slesia*, regione di origine del tessuto ✱1942] **s. f.** ● tessuto di cotone apprettato e calandrato, per fodere

♣**sìlfide** [da *silfo* ✱1739] **s. f. 1** compagna e sposa del silfo **2** (*fig.*) donna snella, leggera, agile e graziosa

sìlfio [dal gr. *sílphion* 'laserpizio', di orig. mediterr. (?) ✱1476] **s. m.** ● (*bot.*) pianta erbacea ornamentale delle Composite a fusto quadrangolare alto fino a 2 metri, con foglie opposte grandi e fiori gialli (*Silphium perfoliatum*)

sìlfo [da *sylphus*, vc. coniata da Paracelso adattando al ted. il lat. *silvĕster* 'silvestre' ✱av. 1653] **s. m.** ● nella mitologia nordica, genio maschile dell'aria, delle foreste e delle acque

silhouette /*fr.* siˈlwɛt/ [vc. fr., dal nome del finanziere E. de *Silhouette* (1709-1767), con allusione all'estrema parsimonia della sua amministrazione ✱1828] **s. f. inv. 1** modo di rappresentare figure, spec. ritratti di profilo, indicandone i contorni pieni contro un fondo contrastante **2** (*est.*) profilo, linea del corpo spec. femminile: *aver una bella s.* **CFR.** siluetta

silicàtico [da *silicato* ✱1983] **agg.** (**pl. m.** *-ci*) ● a base di silice o di silicati

silicàto [da *silice*, con *-ato* ✱1829] **s. m. 1** (*miner.*) minerale che ha come componenti chimici caratteristici il silicio e l'ossigeno, appartenente al gruppo più diffuso nella litosfera; è il costituente essenziale di quasi tutte le rocce **2** (*chim.*) sale degli acidi silicici, principali costituenti della crosta terrestre

sìlice [vc. dotta, dal lat. *sĭlice(m)* 'selce' ✱1483] **s. f.** ● (*miner.*) diossido di silicio molto diffuso in natura, sia in cristalli ben sviluppati (quarzo) sia in aggregati microcristallini (quarzite) sia in forma colloidale o semicristallina (opale)

silìceo [dal lat. *silĭceu(m)*, da *sĭlex* 'selce' ✱ 1499] **agg.** ● di silice | che contiene silice: *roccia silicea*

silìcico [1829] **agg.** (**pl. m.** *-ci*) ● di silicio, del silicio: *acido s.*

silìcio [da *silice* ✱ 1865] **s. m.** ● elemento chimico diffusissimo in natura ma non allo stato libero, non metallo bruno, polverulento; ha proprietà di semiconduttore ed è largamente usato in elettronica **SIMB.** Si **NUM. AT.** 14

silicizzàre [da *silice* ✱ 1872] **A** **v. tr.** ● provocare un processo di silicizzazione **B** **silicizzàrsi** **v. intr. pron.** ● subire un processo di silicizzazione (V.)

silicizzàto **part. pass.** di *silicizzare*; anche **agg.** ● nei sign. del v. | fossilizzato

silicizzazióne [1960] **s. f.** ● processo di arricchimento in silice di rocce o parte di rocce di diversa composizione | fossilizzazione

siliconàre [da *silicone* ✱ 1982] **v. tr.** (*io silicóno*) ● sigillare con il silicone: *s. il telaio di una finestra*

siliconàto **part. pass.** di *siliconare*; anche **agg.** **1** nel sign. del v. **2** che ha subito uno o più interventi di chirurgia estetica con inserimento di protesi al silicone: *seno s.*; *un'attrice siliconata*

silicóne [da *silic(io)* ✱ 1875] **s. m.** ● (*chim.*) polimero contenente nella catena principale atomi alternati di ossigeno e di silicio e gruppi alchilici o arilici legati chimicamente al silicio; è usato come lubrificante, elastomero, sigillante

silicònico [1983] **agg.** (**pl. m.** *-ci*) ● (*chim.*) detto di sostanza derivata o a base di silicone

silicòsi [da *silic(e)*, con *-osi* ✱ 1933] **s. f. inv.** ● (*med.*) malattia professionale da inalazione prolungata di polvere di silice, con formazione di noduli fibrosi polmonari

sìlio ➤ **psillio**

sìliqua ① [vc. dotta, dal lat. *sĭliqua(m)* 'baccello' e 'misura', di etim. incerta ✱ av. 1320] **s. f.** ● (*bot.*) frutto secco deiscente che si apre in due valve e porta i semi attaccati a un setto mediano ‖ **siliquétta**, **dim.**

sìliqua ② [vc. dotta, lat. *sĭliqua(m)* nel senso di 'misura', di etim. incerta ✱ av. 1342] **s. f.** **1** nell'antica Roma, unità di misura di peso equivalente a un sesto dello scrupolo, cioè a 0,9 grammi **2** (*numism.*) moneta romana coniata in argento dall'età di Costantino

siliquàstro [dal lat. *siliquăstru(m)*, da *sĭliqua* ✱ 1476] **s. m.** ● albero mediterraneo delle Leguminose che in primavera si copre di fiori rossi a mazzetti (*Cercis siliquastrum*) **SIN.** albero di Giuda

sìllaba [vc. dotta, dal lat. *sўllaba(m)*, dal gr. *syllabḗ*, connesso con *syllambánein* 'prendere insieme' ✱ av. 1292] **s. f.** **1** elemento della parola formato da un suono o da un complesso di suoni raggruppati intorno a un centro | ***s. breve, s. lunga***, nella prosodia classica, sillaba che contiene, rispettivamente, una vocale breve o una vocale lunga **CFR.** sinalefe **2** niente, nessuna parola, con valore rafforz., nelle loc. (*fam.*) ***non dire, non proferire, non rispondere, una s.***; ***non capire una s., una sola s.***; ***non cambiare una s.***; ***non mancare di una s.***

NOTA D'USO

sillaba

Specialmente quando dobbiamo spezzare una parola alla fine della riga per andare a capo, si presenta il problema concreto della divisione in sillabe: *i-so-la* o *is-o-la*? *pas-ta* o *pa-sta*? *pa-rco* o *par-co*? *a-cca-nto* o *ac-can-to*? E come comportarsi quando c'è di mezzo un apostrofo, per es. se dobbiamo dividere *nell'officina*? Per risolvere questi dubbi è importante conoscere le regole per la divisione dei vocaboli in sillabe. Ricordiamo brevemente con gli opportuni esempi le regole che si applicano alle parole italiane:

- ogni sillaba è costituita da:
  - nessuna, una o più consonanti iniziali: *a-mo, sa-le, spa-ro, stra-to*
  - una o più vocali consecutive centrali: *ric-co, rio-ne, o-riuo-lo*
  - nessuna, una o più consonanti finali: *ma, gol, volt;*
- le consonanti iniziali di ogni parola fanno sillaba con la prima vocale che le segue: *va-no, gra-ve, spro-ne;*
- le consonanti finali fanno sillaba con la vocale che le precede: *per, o-vest;*
- una consonante fra due vocali fa sillaba con quella che segue: *vo-la-re, ro-to-lo, te-go-la, pa-ri-fi-ca-re;*
- le consonanti doppie si dividono a metà: ***ac-can-to, at-trez-zo, stel-la, oc-chio, an-nes-so, ber-ret-to, soq-qua-dro;*** si comporta analogamente il gruppo *cq* (assimilato a *qq*): ***ac-qua, nac-que;***
- nel caso di due o tre consonanti diverse tra loro:

  a) se si tratta di un gruppo di consonanti che nella lingua italiana può trovarsi in principio di parola, allora tale gruppo **non si divide** e fa sillaba con la vocale che segue: ***o-stri-ca, ve-spro, ve-tro, qua-dro, a-gro, vi-bra-re.*** Infatti in italiano abbiamo parole che cominciano con *str-*: ***stret-to, stra-da;*** parole che cominciano con *tr-*: ***tra-ma, tre-no;*** con *spr-*: ***spro-lo-quio, spro-na-re;*** con *dr-*: ***dram-ma, dre-nag-gio;*** con *gr-*: ***gran-de, grep-pia;*** con *br-*: ***bra-vo, bre-ve.*** In questo gruppo va considerata la *s impura* (cioè la *s* seguita da consonante), che si unisce sempre alle consonanti che seguono e mai alla vocale che precede: *pa-sta, a-stro, o-spi-te* e **non** *pas-ta, as-tro*, ecc.;

  b) se invece si tratta di un gruppo di due o più consonanti che nella nostra lingua non può venire a trovarsi in principio di parola, allora tale gruppo **si divide**: la prima consonante del gruppo va con la vocale precedente, l'altra o le altre con la vocale della sillaba che segue: ***ar-ma, tec-ni-ca, par-co, rit-mo, lam-po, en-tra-re, ol-trag-gio.*** Non ci sono infatti in italiano parole che cominciano con *rm-*, con *rc-*, con *mp-*, con *ntr-* o con *ltr-*. Questa regola però non si applica ai gruppi di lettere che in italiano iniziano solo parole colte di origine greca, come i gruppi *cn-* (*cnidio*), *ft-* (*ftaleina*), *pt-*, *tm-* (*tmesi*): si divide perciò ***arac-nide, cap-tare, at-mo-sfera;***
- se in una parola ci sono più vocali consecutive, esse possono formare un dittongo (***mie-le, dai-no, cau-sa***), un trittongo (*a-**iuo**-la, cuoi-o*) o un quadrittongo (***os-se-quiai, rab-buiai***): dittonghi, trittonghi e quadrittonghi appartengono alla stessa sillaba. In altri casi le vocali consecutive formano uno iato (***a-or-ta, cu-ne-o, pa-u-ra, mi-o-pe, de-a-e-ra-re, ne-o-at-ti-co***): lo iato separa le vocali che lo formano in sillabe diverse.

Quando si ha dittongo e quando si ha iato? Le regole sono semplici:

– un dittongo è formato da una fra le vocali *a, e, o* preceduta o seguita da una *i* o da una *u* purché queste ultime non siano accentate: ***pia-no, pie-de, dai-no, cuo-re, fau-na, ac-que-o;***

– all'inizio o alla fine di un dittongo si possono aggiungere un'altra *i* o *u* non accentate, formando un trittongo: ***ac-ciai, ac-quai, col-lo-quio, a-iuo-la.*** Tuttavia una doppia *i* o una doppia *u* provocano uno iato: ***bi-ie-zio-ne, du-un-vi-ra-to;***

– fanno eccezione a quanto sopra alcune parole composte con prefissi che anche nella pronuncia rivelano la separazione fra le due vocali. Questo vocabolario le indica con un trattino sotto la prima vocale dello iato: ***diàdico*** > *di-a-di-co*, ***autoingànno*** > *au-to-in-gan-no;*

- nel caso in cui si giunga in fin di riga con un apostrofo, è consigliabile mantenere l'integrità della sillaba che comprende l'apostrofo. Perciò si dividerà: *nell'im-/presa, dell'at-/tesa, quell'uo-/mo*. È da evitare invece la 'non-divisione' *nella/impresa, della/attesa, quello/uomo*, che modifica il testo originale ed è sgradevole alla lettura. Tende ad affermarsi invece, specialmente sui giornali, l'uso non scorretto di lasciare l'apostrofo (senza trattino, in quanto non si tratta di divisione di sillaba) in fin di riga: perciò *nell'/impresa, dell'/attesa, quel-l'/uomo;*
- nel caso in cui si debba dividere in fin di riga una parola composta contenente un trattino (per es. *guerra russo-giapponese, full-time*) è opportuno segnare il trattino due volte, una in fin di riga (*russo-/, full-/*), l'altra all'inizio della riga seguente (*-giapponese, -time*). Infatti la presenza di un solo trattino in fin di riga eliminerebbe dal testo un'informazione preziosa, quella dell'esistenza del trattino in mezzo alle due parole che altrimenti potrebbero invece essere state scritte *russogiapponese* o *fulltime*.

Le regole per la sillabazione non esauriscono i problemi derivanti dall'andare a capo.

È sempre opportuno evitare di lasciare una vocale singola a fine o a inizio riga: evitare, per es., di andare a capo lasciando a fine riga la *a-* di *asterisco*, o di mettere a inizio riga la *-o* di *scalpiccio*.

La sillabazione ha anche un possibile uso espressivo, sia come forma di scansione che per conferire a una parola un tono enfatico, per es. nella frase: *"Ti ripeto che devi farlo subito, hai capito? su-bi-to!"*. Tale uso, più frequente a livello orale, si può ritrovare anche in qualche testo scritto: *"Vivo, capisci? de-li-zi-o-sa-men-te, nell'assoluto di una pura forma astratta!"* (L. Pirandello).

sillabàre [da *sillaba* ✱ sec. XIV] **v. tr.** (*io sìllabo*) ● pronunciare o scrivere le parole staccando le sillabe: *sillabava il nome scritto sulla facciata* (C. Alvaro) | compitare

sillabàrio [tratto dal lat. tardo *syllabārii* (nom. pl.) 'ragazzi che sanno soltanto compitare', da *sўllaba* 'sillaba' ✱ 1869] **s. m.** ● testo scolastico sul quale gli scolari delle prime classi della scuola primaria imparano a leggere e a scrivere secondo il metodo sillabico

sillabazióne [1798] **s. f.** ● divisione in sillabe

sillàbico [vc. dotta, dal lat. *syllăbicu(m)*, dal gr. *syllabikós*, da *syllabḗ* 'sillaba' ✱ 1585] **agg.** (**pl. m.** *-ci*) ● di sillaba, relativo a sillaba | ***accento s.***, che cade su una sillaba della parola | ***ritmo s.***, che è fondato sul numero delle sillabe | ***aumento s.***, secondo la grammatica greca, sillaba premessa al tema verbale nella formazione dei tempi storici | ***scrittura sillabica***, i cui segni rappresentano sillabe | ***canto s.***, in musica, stile di canto in cui a ogni sillaba corrisponde una nota | ***metodo s.***, in passato, metodo di apprendimento della lettura fondato sulla scomposizione delle parole in sillabe ‖ **sillabicaménte**, **avv.** mediante le sillabe

sìllabo [vc. dotta, dal lat. tardo *sўllabu(m)* 'sommario', dal gr. *sýllabos* 'collezione', da *syllambánein* 'raccogliere' ✱ 1736] **s. m.** **1** †raccolta, collezione **2** elenco (pubblicato nel 1864) di ottanta proposizioni estratte da vari documenti pontifici di Pio IX, le quali condannavano le posizioni ideologiche, teologiche e politiche moderne, considerate come errori dell'epoca **3** programma di insegnamento delle lingue, spec. straniere

sillèssi o **sillèpsi** [vc. dotta, dal lat. tardo *syllēpsi(m)*, dal gr. *sýllēpsis*, connesso con *syllambánein* 'raccogliere insieme' ✱ 1540] **s. f. inv.** ● (*ling.*) concordanza a senso (in genere, numero, persona o tempo) di due o più termini, che grammaticalmente richiederebbero invece una diversa costruzione: *però che gente di molto valore / conobbi che 'n quel limbo eran sospesi* (Dante *Inf.* IV, 44-45)

sìllio ➤ **psillio**

sìllo [vc. dotta, dal gr. *síllos*, di etim. incerta ✱

1586] **s. m.** ● nell'antica poesia greca, componimento satirico e parodistico

✦**sìlloge** [vc. dotta, dal gr. *syllogḗ* 'raccolta', da *syllégein*, comp. di *sýn* 'insieme' e *légein* 'raccogliere', di orig. indeur. ✻ 1841] **s. f.** ● (*lett.*) collezione, raccolta, di decreti, editti, scritture, brani di uno o più scrittori e sim. **SIN.** antologia, florilegio

sillogìsmo [vc. dotta, dal lat. *syllogĭsmu(m)*, dal gr. *syllogismós*, connesso con *syllogízesthai* 'dedurre' ✻ av. 1306] **s. m.** ● tipo di ragionamento deduttivo formale tale che, date due proposizioni, le premesse, ne segua di necessità una terza, la conclusione (per es.: *tutti gli Stati hanno dei confini; l'Italia è uno Stato; quindi, l'Italia ha dei confini*) | (*est.*) dimostrazione, argomentazione, ragionamento, talvolta astruso, cavilloso o sim.

SFUMATURE ➤ ***deduzione***

sillogìstica [f. sost. di *sillogistico* ✻ av. 1852] **s. f.** ● parte della logica che tratta del sillogismo | dottrina del sillogismo

sillogìstico [vc. dotta, dal lat. *syllogĭsticu(m)*, dal gr. *syllogistikós*, da *syllogismós* 'sillogismo' ✻ av. 1375] **agg.** (**pl. m.** *-ci*) ● relativo al sillogismo | che procede per sillogismi ‖ **sillogisticaménte**, **avv.** in modo sillogistico, per via di sillogismo

sillogizzàre [vc. dotta, dal lat. *syllogizāre*, adattamento del gr. *syllogízesthai* 'ragionare conseguentemente', comp. di *sýn* 'con' e *logízesthai*, da *lógos* 'parola' ✻ 1308] **A v. tr.** ● dedurre per sillogismi, esporre sotto forma di sillogismo **B v. intr.** (**aus.** *avere*) ● ragionare per sillogismi | (*est.*) ragionare, argomentare: *I matti sillogizzano come noi, salvo che sono alterate le premesse* (R. BACCHELLI) | (*est., lett.*) almanaccare

silo /*sp.* 'silo/, (*evit.*) **silos** [vc. sp., risalente al lat. *sīru(m)*, dal gr. *seirós* 'buca da grano', di etim. incerta ✻ 1838] **s. m.** (**pl.** *sili* o sp. *silos*) La forma *silos* è il plurale spagnolo di *silo*, perciò non va usata in riferimento al singolare: la frase 'un silos' è scorretta **1** costruzione a uno o più elementi verticali in muratura, cemento armato, lamiera, plastica, destinata a contenere e conservare merci e prodotti sciolti polverulenti o granulosi **2** (*milit.*) pozzo cilindrico atto a contenere la rampa di lancio di un missile a medio o a lungo raggio | *s. sigillato*, posto in località segreta e la cui apertura è celata dal terreno circostante **3** vasto locale per parcheggio urbano di autoveicoli, a più piani, anche sotterraneo

silo- o **xilo-** [dal gr. *xýlon* 'legno'] primo elemento ● in parole composte, significa 'legno' o relazione col legno: *silografia, silometro, siloteca*

†**silòcco** ➤ **scirocco**

siloétta ➤ **siluetta**

silòfago ➤ **xilofago**

silòfono e deriv. ➤ **xilofono** e deriv.

silografìa e deriv. ➤ **xilografia** e deriv.

silologìa o **xilologìa** [comp. di *silo-* e *-logia* ✻ 1829] **s. f.** (**pl.** *-gìe*) ● studio dei legnami e delle piante

silològico o **xilològico** [1957] **agg.** (**pl. m.** *-ci*) ● relativo alla silologia

silòlogo o **xilòlogo** [comp. di *silo-* e *-logo* ✻ 1957] **s. m.** (**f.** *-a*; **pl. m.** *-gi*) ● studioso di silologia

silòmetro [comp. di *silo-* e *-metro* ✻ 1931] **s. m.** ● (*mar.*) solcometro

silotèca o **xilotèca** [comp. di *silo-* e *teca* ✻ 1963] **s. f.** ● luogo di raccolta e conservazione del legno a scopo di studio

siltite [comp. dell'ingl. *silt* 'materiale detritico', di area germ. e orig. scandinava, e *-ite*② ✻ 1970] **s. f.** ● (*geol.*) roccia clastica costituita spec. da quarzo, minerali argillosi, miche ed altri silicati, a granuli angolosi minutissimi e con struttura compatta o laminata

siluétta o **siloétta** [1838] **s. f.** ● adattamento di *silhouette* (V.)

silumìn [abbr. di *sil(icio)* e *(all)umin(io)* ✻ 1960] **s. m. inv.** ● lega di alluminio e silicio

siluraménto [1918] **s. m. 1** il silurare | danneggiamento o affondamento di una nave nemica per mezzo di siluri **2** (*fig.*) allontanamento, rimozione da una carica | (*fig.*) affossamento di un'iniziativa, di una proposta e sim.

silurànte A part. pres. di *silurare*; anche **agg. 1** nei sign. del v. **2** detto di nave, aereo e sim. dotati di lanciasiluri: *nave s.* **B s. f.** ● (*ellitt.*) nave silurante

siluràre [da *siluro*② ✻ 1905] **v. tr. 1** colpire con siluro **2** (*fig.*) privare improvvisamente del comando: *s. un generale, un alto funzionario* **3** (*fig.*) mandare a monte, far fallire: *s. una proposta di legge*

siluratóre [1922] **s. m.**; anche **agg.** (**f.** *-trice*) ● chi (o che) silura

siluriàno [dall'ingl. *silurian*, tratto dal n. dei *Sĭlures*, ant. popolazione del Galles orient. ✻ 1875] **A agg.** ● del secondo periodo del Paleozoico **SIN.** silurico **B** anche **s. m.**

silùrico [1922] **agg.** e **s. m.** (**pl. m.** *-ci*) ● siluriano

Silùridi [da *siluro*① ✻ 1932] **s. m. pl.** (**sing.** *-e*) ● (*zool.*) famiglia di Pesci teleostei dei Cipriniformi, con corpo siluriforme, pelle sprovvista di scaglie ma a volte con scudi ossei, bocca grande e barbigli, che vivono spec. in acque dolci (*Siluridae*)

silurifìcio [comp. di *siluro*② e *-ficio* ✻ 1891] **s. m.** ● stabilimento per la fabbricazione dei siluri

silurifórme [comp. di *siluro*② e *-forme* ✻ 1960] **agg.** ● che ha forma di siluro, nel sign. di *siluro*②

siluripèdio [comp. di *siluro*② e *-pedio*, sul modello di *balipedio* (V.) ✻ 1889] **s. m.** ● (*mar.*) impianto di collaudo per siluri

silurista [1889] **s. m.** (**pl.** *-i*) ● marinaio specializzato in siluri

silùro① [dal lat. *silūru(m)*, dal gr. *sílouros*, comp. di **sil-* 'ripiegato' e *ourá* 'coda', propr. 'pesce che dimena la coda' ✻ 1476] **s. m.** ● ***s. d'Europa***, pesce dei Siluridi d'acqua dolce, carnivoro, vorace, con testa grandissima munita di sei barbigli, pelle nuda e viscida (*Silurus glanis*)

silùro② [da *siluro*①, per analogia di forma ✻ 1879] **A s. m. 1** grosso proiettile fusiforme carico d'esplosivi, che, lanciato mediante uno speciale tubo ad aria compressa, prosegue sott'acqua, grazie a un proprio motore e a un organo di direzione, e scoppia urtando contro un corpo solido | ***s. aereo***, atto a essere lanciato da un aeromobile | ***s. umano***, nel primo e secondo conflitto mondiale, combattente volontario che in immersione o in superficie dirigeva, su un siluro da lui stesso guidato, una carica esplosiva contro la nave nemica **2** (*fig.*) manovra, iniziativa che tende, spec. improvvisamente, a screditare, esautorare una o più persone, a far fallire un'iniziativa e sim.: *un s. al governo* **B** in funzione di **agg. inv.** ● (posposto al sost.) nella loc. ***uomo s.***, siluro umano

Silvàner ➤ **Sylvaner**

silvàno o †**selvàno** [dal lat. *Silvānu(m)*, n. di divinità silvestre, da *sĭlva* 'selva' ✻ 1319] **agg.** ● (*lett.*) di selva, relativo alle selve: *pianta silvana*

silver gòl /silver'gɔl/ [loc. comp. dell'ingl. *silver* 'd'argento' e di *gol* ✻ 1998] **loc. sost. m. inv.** ● in alcuni tornei di calcio, il gol decisivo segnato in uno dei due tempi supplementari dopo che quelli regolamentari sono terminati in parità; a differenza del golden gol, il tempo supplementare in cui il gol viene realizzato deve in ogni caso essere portato a termine **CFR.** golden gol

silverplate /silver'ple(i)t, *ingl.* 'sɪlvə,pleɪt/ [vc. ingl., propr. lamina 'd'argento' ✻ av. 1927] **s. m. inv.** ● metallo, generalmente ottone, placcato d'argento: *posate in s.*

✦**silvèstre** o †**silvèstro** [vc. dotta, dal lat. *silvēstre(m)*, da *sĭlva* 'selva' ✻ 1261 ca.] **agg. 1** (*lett.*) di selva, che vive, cresce nelle selve: *fiore s.* | selvatico: *frutto s.* | selvoso: *luogo s.* **2** (*est.*) †duro, difficile, faticoso: *nel cielo è voluto / ch'i' mostri altrui questo cammin silvestro* (DANTE *Inf.* XXI, 83-84)

sìlvia① [dal lat. *sĭlva* 'foresta' ✻ 1831] **s. f.** ● passeraceo piccolo o piccolissimo con zampe sottili, becco diritto e poco robusto, abile costruttore di nidi (*Sylvia*)

sìlvia② [tratto dal lat. *sĭlva(m)* 'selva' ✻ 1876] **s. f.** ● (*bot.*) pianta erbacea delle Ranuncolacee con fiori a tepali bianchi o rosa e foglie che si sviluppano dopo la fioritura (*Anemone nemorosa*)

silvìcolo [vc. dotta, dal lat. *silvĭcola(m)*, comp. di *sĭlva* 'selva' e *-cŏla* '-cola' ✻ 1499] **agg.** ● che riguarda i boschi: *patrimonio s.* **SIN.** boschivo | che vive nei boschi: *animali silvicoli*

silvicoltùra e deriv. ➤ **selvicoltura** e deriv.

silvicultùra e deriv. ➤ **selvicoltura** e deriv.

sìlvio [dal n. dell'autore della prima opera stampata con questo carattere (?) ✻ av. 1755] **s. m.** ● (*raro*) specie di carattere tipografico analogo all'agostino per stile e dimensioni

silvìte [dall'ant. n. scient. lat. (*sāl digestīvus*) *Sÿlvii* 'sale digestivo di Silvio', dal n. del medico di orig. ted. Franz de le Boë *Sylvius* (1614-1672), col suff. *-ite*② ✻ 1931] **s. f.** ● (*miner.*) cloruro potassico in cristalli cubici od ottaedrici oppure in masse bianche nei giacimenti di salgemma e sali potassici

†**silvóso** ➤ **selvoso**

Sim① [sigla di *S(ocietà)* di *I(ntermediazione) M(obiliare)* ✻ 1988] **s. f. inv.** ● (*econ.*) società di intermediazione mobiliare (V. *società*)

SIM② [sigla ingl. di *S(ubscriver) I(dentity) M(odule)* 'scheda identificatrice dell'abbonato (alla telefonia mobile)' ✻ 1992] **s. f. inv.** ● (*tel.*) scheda che, inserita in un telefono cellulare GSM, identifica l'abbonato e gli consente di accedere al servizio | anche nella loc. sost. f. inv. ***SIM card*** (loc. ingl., 'carta SIM') | nella loc. agg. e sost. f. inv. ***dual SIM***, detto di telefono cellulare che consente l'utilizzo contemporaneo di due SIM card

sim- ➤ **sin-**

sìma① [vc. dotta, dal lat. *sīma(m)* 'gola dritta' ✻ av. 1472] **s. f.** ● (*archeol.*) parte terminale del tetto di un tempio o di un edificio comprendente i gocciolatoi per lo scarico delle acque piovane

sìma② [abbr. di *si(licato)* di *ma(gnesio)* ✻ 1930] **s. m. solo sing.** ● (*geol.*) livello inferiore della litosfera a composizione basica e densità elevata

Simarubàcee [dal fr. *simarouba*, risalente al caraibico *simaruba* ✻ 1936] **s. f. pl.** (**sing.** *-a*) ● (*bot.*) famiglia di piante legnose tropicali delle Dicotiledoni (*Simarubaceae*)

simbiónte [adattamento del gr. *symbiōntes*, part. pres. pl. di *symbiôun*, comp. di *sýn* 'insieme' e *biôun* 'vivere' ✻ 1906] **s. m.** ● (*biol.*) ognuno degli individui viventi in simbiosi

✦**simbiòsi** (o **-biò-**) [vc. dotta, dal gr. *symbíōsis* 'convivenza', da *symbiôun* 'vivere insieme' ✻ 1884] **s. f. inv. 1** (*biol.*) associazione fra individui di specie diversa che vivono in stretta relazione; tale rapporto determina una serie di vantaggi o di svantaggi, di entità variabile per gli organismi contraenti | ***s. antagonisti-***

a b c d e f g h i j k l m n o p q r s t u v w x y z

ca, quando privilegia un organismo al limite del parassitismo | ***s. mutualistica***, quando comporta vantaggi reciproci **2** (*fig.*) stretto rapporto fra cose, fatti o persone diverse: *la s. tra storia e filosofia* **3** (*psicol.*) rapporto di dipendenza totale ed esclusiva con la madre che caratterizza i primi trenta mesi di vita del bambino

simbiòtico [1946] **agg.** (**pl. m.** *-ci*) ● di simbiosi, relativo a simbiosi | (*fig.*) molto stretto || **simbioticaménte**, **avv.**

simboleggiaménto [av. 1704] **s. m.** ● il simboleggiare

simboleggiàre [da *simbolo*. V. *simbolizzare* ✱ 1622] **v. tr.** (**pres.** *io simboléggio*; **fut.** *io simboleggerò*) ● significare, rappresentare, con simboli: *le chiavi simboleggiano la potestà spirituale del Papa*

simboleggiatùra [da *simboleggiare* ✱ av. 1686] **s. f.** ● insieme di simboli | uso di un insieme di simboli per un dato scopo

simbòlica [f. sost. di *simbolico* ✱ 1821] **s. f.** ● disciplina che studia i simboli e il loro uso: *la s. cristiana* **SIN.** simbologia

simbòlico [vc. dotta, dal lat. tardo *symbŏlicu(m)*, dal gr. *symbolikós*, da *sýmbolon* 'contrassegno' ✱ av. 1544] **agg.** (**pl. m.** *-ci*) **1** di simbolo, attinente a simbolo **2** che ha natura di simbolo: *gesto s.* | che ha valore non tanto in sé, quanto per ciò che rappresenta: *dono s.*; *protesta simbolica* | ***prezzo s., risarcimento s.***, molto esiguo, non collegato con il valore di un bene o con l'entità di un danno **3** che si esprime mediante simboli: *linguaggio s.* || **simbolicaménte**, **avv.** in modo simbolico, mediante simboli || **simbolicità**, **s. f. inv.**

simbolìsmo [da *simbolo*, con *-ismo*; per calco sul fr. *symbolisme* nel sign. 5 ✱ 1843] **s. m. 1** carattere simbolico: *il s. di un oggetto ... esiste sempre* (I. CALVINO) **2** uso di particolari simboli per rappresentare qlco.: *il s. della fisica* | complesso dei simboli usati per rappresentare qlco. **3** (*psicoan.*) insieme dei processi tramite i quali un'idea, un conflitto o un desiderio rimossi vengono rappresentati in modo indiretto e figurato **4** (*relig.*) tendenza spontanea a trasformare le esperienze conoscitive in simboli mitici | forma di interpretazione dei materiali storico-religiosi (miti, riti, espressioni figurative), che vengono considerati rappresentazioni di realtà spirituali, di idee e di istinti diversi da quelli risultanti dalla loro forma esteriore | forma di espressione del linguaggio e della comunicazione religiosa, quando un segno contiene un messaggio diverso o più ampio di quello letterale o esterno: *s. della Bibbia, dell'Apocalisse* **5** (*arte, letter.*) in arte e letteratura, l'impiego, spec. sistematico, di simboli all'interno di un'esigenza espressiva: *il s. delle incisioni del Dürer* | corrente letteraria di origine francese, diffusasi in Europa nella seconda metà del XIX sec., che vedeva nel simbolo, ottenuto con trapassi analogici e metaforici, un archetipo della poesia e una proiezione di situazioni esistenziali

simbolìsta [1887] **A s. m. e f.**; anche **agg.** (**pl. m.** *-i*) ● seguace del simbolismo, spec. in letteratura **B agg.** ● simbolistico

simbolìstico [1894] **agg.** (**pl. m.** *-ci*) ● del simbolismo, dei simbolisti || **simbolisticaménte**, **avv.**

simbolizzàre [vc. dotta, dal lat. mediev. *symbolizāre*, da *sȳmbolus* 'simbolo' ✱ 1659] **v. tr.** ● (*raro*) attribuire un significato simbolico: *s. gli eventi quotidiani* | simboleggiare || **simbolizzazióne**, **s. f.**

♦**sìmbolo** [vc. dotta, dal lat. *sȳmbolu(m)*, dal gr. *sýmbolon* 'contrassegno', connesso con *symbállein*, comp. di *sýn* 'insieme' e *bállein* 'mettere' ✱ av. 1328] **A s. m. 1** elemento materiale, oggetto, figura animale, persona e sim., considerato rappresentativo di un'entità, un'idea, una condizione ecc.: *la bandiera è il s. della patria*; *la colomba è il s. della pace* **2** espressione grafica convenzionalmente assunta a rappresentare in modo sintetico un qualsiasi ente: *'m' è il s. della massa* | ***s. astronomico***, per indicare brevemente il Sole, la Luna e le sue fasi, i pianeti, le costellazioni dello zodiaco, e sim. | ***s. cartografico***, segno che serve a indicare su una carta un qualsiasi oggetto geografico **3** abbreviazione convenzionale formata da una o due lettere, usata per designare un elemento chimico **4** segno che rappresenta una religione o una particolare forma della vita e del pensiero religiosi: *s. della Croce, del Tao, del Giudaismo* | ***S. niceno***, degli Apostoli, il Credo, come compendio degli articoli della fede cristiana || **simbolétto**, **dim.** | **simbolino**, **dim.** **B in funzione di agg. inv.** ● (posposto a un sost.) che è rappresentativo di qlco.: *Betlemme è uno dei luoghi simbolo della cristianità*

simbologìa [comp. di *simbo(lo)* e *-logia* ✱ 1821] **s. f.** (**pl.** *-gìe*) **1** simbolica **2** insieme di simboli o di figure simboliche: *la s. cattolica*; *la s. logica*

Simbranchifórmi [comp. di *simbranchi-*, da *sin-* e *branchi(a)* e del pl. di *-forme* ✱ 1965] **s. m. pl.** (**sing.** *-e*) ● (*zool.*) ordine di Pesci ossei di acqua dolce con le aperture branchiali unite ventralmente in modo da formare una sola fessura (*Synbranchiformes*)

simetrìa ➤ **simmetria**

Simhat Tora /ebr. sim'xat to'ra/ o **Simchat Tora** [loc. ebr., propr. 'celebrazione della Tora' ✱ sec. XX] **loc. sost. f. o m. inv.** ● festa ebraica che cade il 23 del mese di *tishri* (settembre-ottobre) e celebra la fine del ciclo annuale di lettura della Tora e l'inizio del successivo

†**sìmia** ➤ **scimmia**

sìmico [da *sima*② ✱ 1855] **agg.** (**pl. m.** *-ci*) ● del sima, nel sign. di *sima*②

simigliàre e deriv. ➤ **somigliare** e deriv.

similàre [da *simile*, forse sul modello del fr. *similaire* ✱ 1549] **agg.** ● simile, omogeneo, della stessa natura: *prodotti similari* || **similarménte**, **avv.** || **similarità**, **s. f. inv.** condizione di ciò che è similare

♦**sìmile** o (*poet.*) **sìmile** [dal lat. *sĭmile(m)*, dalla radice indeur. *sem- 'unico'. V. *semplice*① ✱ av. 1250] **A agg.** (**superl.** *similissimo* o †*simìllimo* (V.)) **1** che ha alcune caratteristiche significative in comune con un'altra persona o un'altra cosa (+ *a*, + *in*, *raro* + *di*): *avere gusti simili*; *persone di s. condizione*; *quell'albero è s. a una quercia*; *quei due ragazzi sono simili in tutto*; *questi abiti sono simili di forma*; *nulla v'era s. di lei* (G. BOCCACCIO) | somigliante (+ *a*): *il ritratto è molto s. all'originale* **CFR.** iso-, omo-, omeo-, para-, pseudo- **SIN.** analogo **CONTR.** dissimile **2** tale, di tale fatta, di tale sorta: *con gente s. non si può parlare*; *non ho mai visto una cosa s.*; *non mi aspettavo un s. trattamento* **SIN.** siffatto **3** (*mat.*) corrispondente in una similitudine | che ha uguale forma || **similménte**, **avv.** allo stesso modo, analogamente **B in funzione di avv.** ● †così pure, similmente: *di Firenze vi fu molta buona gente, e s. di Pisa* (G. VILLANI) **C s. m.** ● (*raro, lett.*) cosa simile, cosa analoga: *il s. toccò ad Agamede* (G. LEOPARDI) | ***e simili*** (frequente nell'uso scritto la forma abbreviata *e sim.*), per indicare un seguito di elementi dello stesso genere di quelli già nominati **D s. m. e f. 1** essere appartenente alla stessa specie: *gli elefanti comunicano con i loro simili* | persona che si trova nella stessa condizione o che ha le stesse caratteristiche: *s. qui con s. è sepolto* (DANTE *Inf.* IX, 130) **2** (**spec. al pl.**) ogni essere umano, il prossimo: *bisogna amare i propri simili*

SFUMATURE DI SIGNIFICATO
simile - somigliante - affine
La persona o la cosa che hanno alcune caratteristiche significative in comune con un'altra si definisce **simile**. Se i tratti in comune riguardano l'aspetto fisico, l'esteriorità, la forma, è appropriato l'uso di **somigliante**. Si ricorre invece più spesso ad **affine** per evocare una conformità di idee, atteggiamenti.

†**similitudinàrio** [1521] **agg.** ● di similitudine | fondato su una similitudine || †**similitudinariaménte**, **avv.** per via di similitudine

similitùdine [dal lat. *similitūdine(m)*, da *sĭmilis* 'simile' ✱ 1261 ca.] **s. f. 1** (*raro, lett.*) somiglianza, conformità: *a s. di*; *Le biade ... dal principio hanno quasi una s. ne l'erba* (DANTE) **2** (*ling.*) figura retorica che consiste nel paragonare tra loro concetti, immagini o cose, sulla base della somiglianza di alcuni caratteri comuni; per es. in: *La memoria, / amica come l'edera alle tombe* (U. SABA) **3** (*mat.*) affinità tale che il rapporto di segmenti corrispondenti sia costante

SFUMATURE DI SIGNIFICATO
similitudine - metafora - allegoria
I termini identificano tutti figure retoriche basate sul paragone o sull'analogia fra fatti, oggetti, immagini diversi che sono tuttavia per qualche aspetto assimilabili. La **similitudine** consiste nel paragonare concetti, immagini o cose sulla base di uno o più caratteri comuni. La **metafora** si basa sulla sostituzione di una parola o di una frase con un'altra, in base a un rapporto di analogia tra loro esistente. L'**allegoria** è invece la rappresentazione di idee o concetti mediante figure e immagini a cui si attribuisce un significato diverso da quello letterale.
SFUMATURE ➤ ***paragone***

†**simìllimo** [vc. dotta, dal lat. *simĭllimu(m)*, superl. di *sĭmilis* 'simile' ✱ av. 1375] **agg.** ● superl. di *simile* | molto simile: *la ignoranza è simillima alla notte* (G. BOCCACCIO)

similòro [comp. di *simil(e)* e *oro* ✱ 1745] **s. m.** ● lega di zinco, stagno e rame, gialla come l'oro

similpèlle [da *pelle*, sul modello di *similoro* ✱ 1973] **s. f.** ● materiale sintetico simile alla pelle naturale, usato per fabbricare valigie, borse e sim., per rivestimenti di divani e poltrone e nell'abbigliamento **CFR.** vinilpelle, Skai

simmetrìa o (*raro*) **simetrìa** [vc. dotta, dal gr. *symmetría*, comp. di *sýn* 'sin-' e *-metría* '-metria' ✱ av. 1455] **s. f. 1** in un oggetto, un corpo, un insieme, una struttura e sim., disposizione dei vari elementi che lo compongono tale che rispetto a un dato punto, asse o piano cui si fa riferimento vi sia tra esse piena corrispondenza di forma, dimensione, posizione e sim.: *edificio privo di s.*; *questo dipinto eccede in s.* **2** (*fig.*) equilibrio di proporzioni, combinazioni, e sim.: *la s. tra le parti di un testo narrativo* **3** (*biol.*) disposizione regolare delle parti di un organismo rispetto a un piano o a un asse **4** rispondenza nella struttura dei cristalli rispetto a linee rette, o assi, e a piani **5** (*mus.*) rispondenza di frasi o periodi nel giro delle melodie, o nella qualità degli accordi, o nella durata delle note o nella dimensione dei membri **6** (*fis.*) proprietà di cui godono i sistemi o le leggi fisiche che si mantengono invariati a seguito di una trasformazione | ***s. temporale***, quella delle leggi della meccanica, che non variano se si inverte il segno della coordinata temporale

simmètrico [vc. dotta, dal gr. *symmetrikós*, connesso con *symmetría* ✱ 1584] **agg.** (**pl. m.** *-ci*) ● che ha simmetria, dotato di simmetria: *la porta è simmetrica rispetto alla finestra* | (*mat.*) ***proprietà simmetrica***, detto di relazione nella quale se *a* è associato a *b* anche *b* è associato ad *a* **CONTR.** asimmetrico || **simmetricaménte**, **avv.** con simmetria || **simmetricità**, **s. f. inv.** (*mat.*) proprietà di ciò che è simmetrico

simmetrizzàre [dall'ingl. *to symmetrize* ✱ 1790] **v. tr.** ● rendere simmetrico | mettere, disporre in simmetria

simmorìa [vc. dotta, dal gr. *symmoría*, da *sýmmoros* 'che contribuisce', da *sýn* 'insieme' e *méiresthai* 'avere in sorte' ✱ 1931] **s. f.** ● nell'antica Atene, uno dei raggruppamenti nei quali erano divisi i cittadini agiati per la riscossione dei tributi

sìmo [dal lat. *sīmu(m)* 'camuso', dal gr. *simós*, di etim. incerta. V. *scimmia* ✱ av. 1472] **agg.** ● (*lett.*) che ha il naso schiacciato, ripiegato in dentro: *va con l'altra schiera / del s. gregge* (L. ARIOSTO) **SIN.** camuso

†**simolàcro** ➤ **simulacro**

simoneggiàre o †**simonizzàre** [1313] **v. intr.** (**pres.** *io simonéggio*; **fut.** *io simoneggerò*; **aus.** *avere*) ● (*lett.*) fare simonia

simonìa [dal lat. tardo (eccl.) *simonīa(m)*, da *Sīmon* 'Simon Mago', n. ebr. di un Samaritano che cercò di comperare da S. Pietro il potere di trasmettere i doni dello Spirito Santo ✱ 1261 ca.] **s. f.** ● nel diritto canonico, delitto consistente nel vendere o comprare, o anche nella sola intenzione di commerciare, cose sacre o spirituali | peccato corrispondente al delitto di simonia

simonìaco [dal lat. tardo (eccl.) *simonīacu(m)*, da *simonīa* ✱ av. 1294] **A** **agg. e s. m.** (**f.** *-a*; **pl. m.** *-ci*) ● che (o chi) si rende colpevole di simonia **B** **agg.** ● che deriva da simonia: *beni simoniaci*

†**simonizzàre** ➤ **simoneggiare**

Simpamìna® [marchio registrato ✱ 1941] **s. f.** ● farmaco stimolante del sistema nervoso centrale ad azione euforizzante, che consente una maggiore resistenza all'affaticamento fisico e mentale ma porta a fenomeni di farmacodipendenza

simpatètico [vc. dotta, dal gr. *sympathētikós*, da *sympathêin* 'soffrire, sentire insieme'. V. *simpatia* ✱ 1744] **agg.** (**pl. m.** *-ci*) ● che è in perfetto accordo con le qualità, le caratteristiche, di altra persona o cosa || **simpateticaménte**, **avv.** || **simpateticità**, **s. f. inv.**

♦**simpatìa** [vc. dotta, dal lat. *sympathīa(m)*, dal gr. *sympátheia* 'conformità nel sentire', da *sýn* 'sin-' e *-pátheia* '-patia' ✱ 1521] **s. f.** **1** attrazione e inclinazione istintiva verso persone o cose: *avere, nutrire, provare, sentire, s. per* (*o verso*) *qlcu. o qlco.*; *ispirare s.*; *entrare in s. a qlcu.* | ***giudicare per s., andare a s., a simpatie, badare alle simpatie***, e sim., giudicare con parzialità, seguendo le simpatie personali **CFR.** filo-①, -filo, -filia **CONTR.** antipatia **2** intesa sentimentale, propensione amorosa: *tra loro c'è una certa s.*; *è una semplice s.*; *si tratta di s., non di amore* **3** caratteristica di chi è simpatico: *un tipo di una s. eccezionale* **4** (*med.*) tendenza delle parti dell'organismo a subire le stesse malattie **5** (*est.*) fenomeno per cui in oggetti non posti a contatto tra loro si verificano le stesse modificazioni: *scoppio per s.*

SFUMATURE ➤ ***favore***

simpaticità [da *simpatico* ✱ 1960] **s. f. inv.** ● (*raro*) condizione di chi (o di ciò che) è simpatico

♦**simpàtico①** [da *simpatia* ✱ 1661] **A** **agg.** (**pl. m.** *-ci*) **1** che desta simpatia: *essere s. a qlcu.*; *non essere, non riuscire, s. a qlcu.*; *non è bello ma è s.* | (*est.*) divertente, gradevole, piacevole: *ritrovo, locale, s.*; *compagnia simpatica* **CONTR.** antipatico **2** ***inchiostro s.***, che non lascia traccia sulla carta, e compare solo per mezzo di reagenti chimici || **simpaticaménte**, **avv.** con simpatia, destando simpatia || **simpaticità**, **s. f. inv.** (*raro*) caratteristica di chi (o di ciò che) è simpatico **B** **s. m.** (**f.** *-a*) ● persona simpatica **CONTR.** antipatico || **simpaticóne**, **accr.** (V.)

simpàtico② [vc. dotta, dal gr. *sympathikós* 'che sente la stessa influenza', connesso con *sympátheia* 'simpatia' ✱ 1775] **A** **s. m.** (**pl.** *-ci*) ● (*anat.*) componente del sistema nervoso autonomo controllata dal tratto toracico e da quello lombare del nevrasse | ***gran s.***, il complessivo sistema nervoso autonomo **B** **anche agg.**

simpaticolìtico [comp. di *simpatico②* e *litico②* ✱ 1960] **A** **agg.** (**pl. m.** *-ci*) ● (*farm.*) detto di agente capace di bloccare la trasmissione sinaptica del sistema nervoso simpatico: *farmaco s.* **B** **anche s. m.**

simpaticomimètico [comp. di *simpatico②* e *mimetico* ✱ 1991] **A** **agg.** (**pl. m.** *-ci*) ● (*farm.*) detto di agente capace di evocare effetti fisiologici analoghi a quelli prodotti dalla stimolazione del sistema nervoso simpatico: *farmaco s.* **B** **anche s. m.**

simpaticóne [1883] **s. m.** (**f.** *-a*); **anche agg.** **1** accr. di *simpatico①* **2** chi (o che) è brillante, affabile e cordiale

simpaticotònico [comp. di *simpatico②* e *-tonico* ✱ 1935] **A** **agg.** (**pl. m.** *-ci*) ● (*farm.*) detto di agente capace di accentuare gli effetti della stimolazione del sistema nervoso simpatico **B** **anche s. m.**

simpatizzànte **A** **part. pres.** di *simpatizzare*; **anche agg.** ● nei sign. del v. **B** **s. m. e f.** ● chi ha o dimostra affinità di opinioni, idee, con un movimento, un partito e sim., pur senza aderirvi

SFUMATURE DI SIGNIFICATO

simpatizzante - sostenitore - fan - tifoso

Il termine **simpatizzante** definisce chi ha o dimostra affinità di opinioni o di idee con un movimento, un partito, un'ideologia, o anche con una personalità, senza tuttavia operare attivamente a suo vantaggio. Se l'adesione non si limita soltanto alla condivisione di opinioni, ma dà luogo ad atti concreti di sostegno abbiamo un **sostenitore**. L'essere un *sostenitore* entusiasta di un personaggio dello spettacolo fa di qualcuno un **fan**, parola inglese che è abbreviazione di *fanatic* 'fanatico'. Se lo stesso sostegno entusiasta è rivolto a un personaggio dello sport o a una squadra il termine specifico è **tifoso**.

simpatizzàre [da *simpatia*, forse sul modello del fr. *sympathiser* ✱ 1598] **v. intr.** (**aus.** *avere*) ● entrare in un rapporto di reciproca simpatia: *s. con qlcu.*; *i due ragazzi hanno subito simpatizzato* | (*est.*) avere affinità di sentimenti, idee, opinioni con persone, movimenti, ideologie: *s. per il movimento ecologista* || **simpatizzazióne**, **s. f.**

simpatrìa [comp. di *sim-*, *patr(ia)* e del suff. *-ia②* ✱ 1983] **s. f.** ● (*biol.*) condizione di coabitazione geografica di popolazioni o specie diverse **CFR.** allopatria, parapatria, peripatria

simpàtrico [1951] **agg.** (**pl. m.** *-ci*) ● (*biol.*) riferito a insieme di popolazioni o di specie caratterizzate da simpatria

simpètalo [comp. di *sim-* e *petalo* ✱ 1957] **agg.** ● (*bot.*) gamopetalo

simplèsso [comp. di *sim-* e *plesso* ✱ 1960] **s. m.** ● (*mat.*) ***s. astratto***, o (*ellitt.*) ***simplesso***, insieme di elementi che costituiscono una generalizzazione del concetto di segmento, triangolo e sim.: *metodo, criterio del s.* | ***s. orientato***, in cui gli elementi sono ordinati | ***s. non orientato***, in cui gli elementi non sono ordinati

sìmplex [vc. lat., propr. 'semplice, univoco'. V. *semplice①* ✱ 1960] **A** **s. m. inv.** (**pl. lat.** *simplices*) ● collegamento telefonico nel quale l'abbonato dispone interamente di una linea **B** in funzione di **agg. inv.** ● in una trasmissione seriale, detto di collegamento che permette la comunicazione in una sola direzione **CFR.** duplex

†**sìmplice** ➤ **semplice①**

Simplicidentàti [comp. del lat. *sĭmplex*, genit. *sĭmplicis* 'semplice' e dell'it. *dentato* ✱ 1895] **s. m. pl.** (**sing.** *-o*) ● (*zool.*) sottordine di Roditori caratterizzati dalla presenza, sulla mascella superiore, di un solo paio di incisivi (*Simplicidentata*)

simplòche [gr. *symplokḗ* 'intreccio' ✱ 1695] **s. f.** ● (*ling.*) figura retorica che combina l'anafora con l'epifora; si ha quando due o più frasi successive iniziano e finiscono allo stesso modo o con un identico modulo lessicale o sintattico: *E il giovinetto non intese, e pianse. / E la fanciulla si confuse, e pianse* (G. PASCOLI)

simpodiàle [da *simpodio* ✱ 1884] **agg.** ● (*bot.*) simpodico

simpòdico [da *simpodio* ✱ 1906] **agg.** (**pl. m.** *-ci*) ● (*bot.*) detto di ramificazione nella quale uno dei due rami che si formano a ciascuna biforcazione cresce più dell'altro, in modo da simulare la presenza di un ramo principale **SIN.** simpodiale

simpòdio [vc. dotta, dal gr. *sýmpous*, genit. *sýmpodos* 'legato ai piedi', comp. di *sýn* 'insieme' e *póus*, genit. *podós* 'piede' ✱ 1883] **s. m.** (**pl.** *-i* o *raro -ii*) ● (*bot.*) organo o ramificazione simpodica

simposìaco [vc. dotta, dal lat. *symposiăcu(m)*, dal gr. *symposiakós*, da *sympósion* 'simposio' ✱ av. 1606] **agg.** (**pl. m.** *-ci*) ● (*lett.*) di simposio, relativo a un simposio

simposiàrca [vc. dotta, adattamento del gr. *symposiárchēs*, comp. di *sympósion* 'simposio' e *-árchēs* '-arca' ✱ av. 1686] **s. m.** (**pl.** *-chi*) **1** nell'antichità greca, capo di un simposio **2** (*lett.*) chi presiede a un simposio, a un cenacolo letterario

♣**simpòsio** [vc. dotta, dal lat. *sympŏsiu(m)*, dal gr. *sympósion*, comp. di *sýn* 'insieme' e di un deriv. di *pósis* 'bevuta', da *pínein* 'bere'; per calco sull'ingl. *symposium* nel sign. 3 ✱ 1546] **s. m.** **1** nell'antichità greca, riunione che si svolgeva dopo il pranzo e durante la quale si assisteva a danze e canti bevendo copiosamente **2** (*lett.*) banchetto, convito **3** convegno organizzato per consentire a più persone, spec. studiosi, ricercatori e sim., di discutere questioni e argomenti di comune interesse **SIN.** symposium

simulàbile [av. 1909] **agg.** ● che può essere simulato: *dolore non s.* | (*tecnol.*) che può essere riprodotto artificialmente: *fenomeni fisici simulabili con il computer* || **simulabilità**, **s. f. inv.**

simulàcro o †**simulàgro**, †**simolàcro** [vc. dotta, dal lat. *simulācru(m)*, da *simulāre* 'rappresentare' ✱ av. 1342] **s. m.** **1** (*lett.*) statua, ritratto, immagine, spec. di divinità, personaggi illustri, e sim.: *un s. di bronzo*; *il s. di Ilaria del Carretto* **2** (*lett., fig.*) parvenza, immagine lontana dal vero: *un s. dell'antica potenza*; *vani simulacri del vero*; *non potendo avere la realtà mi appago del suo s.* (F. DE SANCTIS) **3** (*fig., lett.*) ombra, spettro **4** †vista, spettacolo **5** †modello

simulaménto [dal lat. *simulamĕntu(m)*, da *simulāre* ✱ av. 1406] **s. m.** ● (*raro*) simulazione

simulàre [vc. dotta, dal lat. *simulāre*, da *sĭmilis* 'simile' ✱ 1294] **v. tr.** (*io sìmulo*) **1** fingere, far parere che ci sia qlco. che in realtà non c'è: *s. un sentimento, un affetto, un furto*; *s. amicizia per qlcu.* **CFR.** dissimulare **2** (*raro*) imitare: *s. il verso del merlo* **3** (*tecnol.*) riprodurre qlco. artificialmente a scopo di esperimento, di studio: *s. un volo*

simulàto **part. pass.** di *simulare*; **anche agg.** ● nei sign. del v.: *sentimento s.*; *volo s.* || **simulataménte**, **avv.** con simulazione

simulatóre [dal lat. *simulatōre(m)*, da *simulātus* 'simulato' * av. 1328] **s. m.** **1** (**f.** *-trice*) chi simula **SIN.** bugiardo, impostore, ipocrita **CFR.** cripto- **2** dispositivo o impianto che riproduce particolari condizioni di funzionamento e di ambiente per l'addestramento di piloti, astronauti e sim. o per l'allenamento sportivo: *s. di guida*; *s. di volo*

SFUMATURE DI SIGNIFICATO

simulatore - impostore - commediante

Simulatore è chi per suoi scopi finge ipocritamente quello che non pensa, non sente o che non esiste. In **impostore** è la fraudolenza a prevalere sull'ipocrisia; descrive infatti chi, profittando della credulità o della buona fede altrui, falsifica o deforma la realtà per trarne dei vantaggi. **Commediante** definisce invece l'agire di chi simula, quasi recitando una parte in commedia, ed è pertanto termine che non esclude una sfumatura di simpatia o di divertimento verso chi si comporta in questo modo.

SFUMATURE ➤ ***insincero***, ➤ ***ipocrita***

simulatòrio [vc. dotta, dal lat. tardo (eccl.) *simulatōriu(m)*, da *simulātus* 'simulato' * av. 1342] **agg.** (**pl. m.** *-i* o *raro -ii*) ● (*lett.*) fatto con simulazione | di simulazione

simulazióne [vc. dotta, dal lat. *simulatiōne(m)*, da *simulātus* 'simulato' * av. 1342] **s. f.** **1** il simulare | finzione | atto, comportamento e sim. che mirano a simulare qlco. | (*sport*) ***fallo di s.***, quello di chi finge di aver subìto un fallo da parte dell'avversario allo scopo di procurarsi un calcio di punizione o un calcio di rigore **2** (*dir.*) accordo con cui due o più parti fingono di porre in essere un negozio giuridico mentre in realtà non ne pongono nessuno o uno diverso da quello apparente: *s. assoluta, relativa* | ***s. di reato***, illecito di chi afferma falsamente che è avvenuto un reato o ne simula le tracce in modo che si possa iniziare un procedimento penale per accertarlo **3** riproduzione strumentale di un processo naturale o di una situazione complessa, o di alcune sue caratteristiche: *simulazione di volo*

Simùlidi [comp. del v. lat. *simul(āre)* 'simulare' e *-idi* * 1960] **s. m. pl.** (**sing.** *-e*) ● (*zool.*) famiglia ampiamente diffusa di Ditteri simili a piccole mosche, con larve a vita acquatica e con femmine adulte ematofaghe, vettrici di malattie pericolose per l'uomo e per il bestiame (*Simulidae*)

simùlio [dal lat. *simulāre* 'somigliare', per la loro somiglianza con le mosche * 1970] **s. m.** ● genere di Ditteri simili a una piccola mosca con larve acquatiche e adulti ematofagi (*Simulium*)

simultànea [f. sost. di *simultaneo* * 1989] **s. f.** ● traduzione simultanea

simultaneìsmo [da *simultaneo*, con *-ismo* * 1914] **s. m.** ● tecnica pittorica consistente nella sovrapposizione, nello stesso oggetto, di due diversi punti di vista

simultaneìsta [da *simultaneo* * 1930] **s. m. e f.; anche agg.** (**pl. m.** *-i*) **1** interprete, specialista di traduzioni simultanee **2** nel gioco degli scacchi, chi conduce un certo numero di partite simultanee

simultaneità [1818] **s. f. inv.** ● condizione di ciò che avviene in modo simultaneo

SFUMATURE DI SIGNIFICATO

simultaneità - coincidenza - sincronia

Simultaneità rappresenta la condizione di ciò che ha luogo o viene fatto nello stesso tempo; il termine si riferisce a eventi che hanno relazione stretta fra loro. **Coincidenza** è invece la concomitanza spesso fortuita fra due o più fatti. **Sincronia** esprime lo stesso concetto, ma sottolinea ancora più di *simultaneità* la coordinazione esistente, soprattutto in ambito tecnico, fra fatti correlati che avvengono nello stesso tempo; in linguistica il termine ha un significato specifico per indicare dei fenomeni considerati nelle loro interrelazioni, indipendentemente dallo sviluppo storico di cui sono l'esito.

simultàneo [vc. dotta, dal lat. mediev. *simultāneu(m)*, dall'avv. *sīmul* 'nello stesso tempo', sul modello del lat. tardo *momentāneus* 'momentaneo' * 1612] **agg.** ● che avviene o si fa nel medesimo tempo: *moto s.*; *avvenimento s. a un altro* | ***traduzione simultanea***, in congressi, assemblee e sim. dove si parlino lingue diverse, quella che un interprete effettua man mano che l'oratore parla | (*scacchi*) ***partite simultanee***, quelle disputate contemporaneamente da un unico giocatore contro più avversari su scacchiere diverse ‖ **simultaneaménte**, **avv.** in modo simultaneo, nello stesso intervallo di tempo

simùn o (*raro*) **samùm** [attraverso il fr. *simoun*, dall'arabo *samūm* * av. 1652] **s. m. inv.** ● (*meteor.*) vento caldo e secco che soffia da sud nei deserti africani e nel Medio Oriente sollevando dense nuvole di sabbia

sin- [riproduce la prep. gr. *sýn* 'assieme, con', senza sicure corrispondenze fuori del gr.] **pref.** (**subisce assimilazione davanti a parole che iniziano con** *l-*, *m-*, *r-*, *s-*, **e la** *-n-* **si muta in** *-m-* **davanti a** *b-* **e** *p-*) ● indica, in parole composte di origine greca o di moderna formazione, unione, connessione, coesione, completamento, contemporaneità: *sillaba, sinclinale, simpatia, simmetria, sissizio*

sinafìa [vc. dotta, dal lat. *synaphīa(m)*, dal gr. *synápheia* 'congiunzione, collegamento', da *sýn* 'insieme' e *-apheia*, da *háptein* 'attaccare, unire' * av. 1604] **s. f.** ● (*ling.*) legame metrico tra due versi, per il quale la sillaba finale del primo (spesso ipermetro) viene contata nella misura metrica del secondo: *E' l'alba: si chiudono i peta-li / un poco gualciti; si cova...* (G. PASCOLI)

sinagòga [vc. dotta, dal lat. tardo (eccl.) *synagōga(m)*, dal gr. *synagōgḗ* 'assemblea', da *synágein*, comp. di *sýn* 'insieme' e *ágein* 'condurre' * sec. XIII] **s. f.** **1** edificio destinato al culto religioso degli Ebrei | tempio | adunanza di Israeliti **2** (*est.*) nazione, religione, ebraica: *le persecuzioni sofferte dalla s.*

sinagogàle [1932] **agg.** ● relativo alla sinagoga e ai suoi riti: *canto s.*; *libri sinagogali*

sinaìtico [ingl. *Sinaitic*, dal monte *Sinai* * 1925] **agg.** (**pl. m.** *-ci*) ● del monte Sinai

sinalèfe [vc. dotta, dal lat. tardo *synalōephe(m)*, dal gr. *synaloiphḗ* 'fusione', comp. di *sýn* 'insieme' e *aloiphḗ*, da *aléiphein* 'ungere', di orig. indeur. * 1528 ca.] **s. f.** ● (*ling.*) in metrica, fusione in un'unica sillaba della vocale finale e della vocale iniziale di due parole contigue; per es. nel verso: *A qualunque animale alberga in terra* (F. PETRARCA) **CONTR.** dialefe

sinallàgma [vc. dotta, dal gr. *synállagma* (nt.) 'contratto', connesso con *synallássein*, comp. di *sýn* 'insieme' e *allássein* 'scambiare' * 1838] **s. m.** (**pl.** *-i*) ● (*dir.*) nesso di reciprocità che lega le prestazioni nei contratti a prestazioni corrispettive

sinallagmàtico [vc. dotta, dal gr. *synallagmatikós*, agg. da *synállagma*, genit. *synallágmatos* 'contratto' * 1821] **agg.** (**pl. m.** *-ci*) ● di sinallagma, spec. nella loc. ***contratto s.***, a prestazioni corrispettive

sinàntropo [comp. di *sin(a)*, dal lat. mediev. *Sīna(m)* 'Cina', e *-antropo* * 1960] **s. m.** ● tipo fossile da taluni ritenuto umanoide, benché con caratteristiche fisiche ancora proprie delle scimmie antropomorfe, i cui resti fossili furono rinvenuti in località cinesi

sinàpsi [vc. dotta, dal gr. *sýnapsis* 'unione', da *synáptein*, comp. di *sýn* 'insieme' e *háptein* 'connettere' * 1921] **s. f. inv.** ● (*med.*) giunzione tra fibre e cellule nervose o tra fibre ed effettori nervosi

Sinàpsidi [comp. del gr. *sýnapsis* 'unione, collegamento', dal v. *synáptein* 'attaccare (*áptein*) assieme (*syn-*)' e *-idi* * 1993] **s. m. pl.** (**sing.** *-e*) ● (*zool.*) sottoclasse dei Rettili, completamente estinta, alla quale appartenevano i progenitori dei Mammiferi (*Synapsida*)

sinàptico [1960] **agg.** (**pl. m.** *-ci*) ● della sinapsi, relativo a sinapsi

sinarchìa [comp. di *sin-* e *-archia*, sul modello del fr. *synarchie* * 1846] **s. f.** ● ipotetico governo occulto che decide le sorti politiche ed economiche di un Paese o del mondo intero

sinartròṣi [dal gr. *synárthrōsis* 'giuntura', comp. di *sýn* 'insieme' e *árthrōsis* 'articolazione', da *árthron* 'giuntura, articolazione' * 1771] **s. f. inv.** ● (*med.*) articolazione fissa

sinàssi [vc. dotta, dal lat. tardo (eccl.) *sýnaxi(m)*, dal gr. *sýnaxis* 'riunione', da *synágein*, da *sýn* 'insieme' e *ágein* 'condurre' * 1766] **s. f. inv.** ● presso gli antichi cristiani, riunione dei fedeli per la lettura dei testi sacri | (*est.*) assemblea eucaristica dei fedeli

sinattantoché [comp. di *sino, a, tanto* (avv.), *che* (cong.) * 1869] **cong.** ● (*enfat.*, *raro*) fintantoché, finché: *non cederò s. non avrò ottenuto ciò che voglio*

sincàrpico [1869] **agg.** (**pl. m.** *-ci*) ● (*bot.*) sincarpo

sincàrpio [da *sincarpo* * 1960] **s. m.** ● (*bot.*) frutto unico all'aspetto, ma composto di tanti frutti riuniti fra loro

sincàrpo [comp. di *sin-* e *-carpo* * 1821] **agg.** ● (*bot.*) detto di organo vegetale formato di parti saldate fra loro | ***frutto s.***, formato da più carpelli uniti | ***gineceo s.***, formato da più pistilli fusi **SIN.** sincarpico

sincategorematico [vc. dotta, dal gr. *synkatēgorēmatikós*, da *synkatēgórēma*, genit. *synkatēgorḗmatos* 'vc. significante con altre', da *sýn* 'insieme' e *katēgórēma* 'predicato', da *katēgoreîn* 'asserire, mostrare' * 1561] **agg.** (**pl. m.** *-ci*) ● nella grammatica e nella logica medievale, detto di quei termini (per es. gli articoli o le congiunzioni) che acquistano una dimensione semantica solo quando entrano in relazione con altre parti del discorso **CONTR.** categorematico

sincèllo [biz. *sýnkellos* 'compagno di cella', comp. di *sýn* (V. *sin-*) e del lat. *cĕlla* * 1717] **s. m.** ● nella Chiesa bizantina, ecclesiastico posto al fianco di un prelato come persona di fiducia o come presunto successore

sinceràre [da *sincero* * av. 1328] **A v. tr.** (*io sincèro*) **1** (*lett.*) rendere certo, convinto, persuaso, della verità di qlco.: *ho pregato, l'ho sincerata, l'ho vinta* (C. GOLDONI) **2** †giustificare **B sinceràrsi v. intr. pron.** ● accertarsi, assicurarsi (+ *di* **anche seguito da inf.**, + *che* **seguito da congtv.**): *sincerarsi di qlco.*; *sincerarsi della realizzazione di qlco.*; *sincerati di avere chiuso tutte le finestre, che la porta sia ben chiusa*

sincerità o †**sinceritàde**, †**sinceritàte** [dal lat. *sinceritāte(m)* 'purezza', da *sincērus* 'puro, schietto' * 1320] **s. f. inv.** **1** condizione di chi (o di ciò che) è sincero **SIN.** franchezza, schiettezza **2** (*raro*) autenticità: *la s. di un codice*

SFUMATURE DI SIGNIFICATO

sincerità - schiettezza - lealtà

Sincerità è la condizione di chi, nel dire e nell'agire, si comporta senza mai fingere o mentire, esprimendo dunque con assoluta verità ciò che sente o pensa. **Schiettezza** esprime lo stesso concetto ma aggiunge una sfumatura di semplicità, essendo in questo caso la sincerità quasi conseguenza dell'immediatezza, del carattere non sofisticato, non complicato. **Lealtà** è invece propriamente la qualità di chi mantiene fede alla parola data, alle promesse, ai patti; per estensione si identifica poi con *sincerità* e *schiettezza*.

♦**sincèro** [dal lat. *sincēru(m)* 'schietto, puro', comp. di *sin-*, dalla radice **sem-* 'unico' e *-cērus*, da *crēscere*, propr. 'di una sola origine' ✱ sec. XIII] **agg.** **1** †non mescolato con altro, puro, genuino, non alterato | oggi solo nelle loc. ***olio, vino***, e sim., ***s.*** **2** che nell'agire, nel parlare e sim., esprime con assoluta verità ciò che sente, ciò che pensa: *devi essere s. con tuo padre; un amico s.; sono un vostro s. ammiratore* CONTR. bugiardo **3** (*est.*) alieno da simulazione o da finzione: *pentimento, pianto, s.; amicizia sincera; parole di sincera gratitudine* CONTR. falso **4** †chiaro, evidente **5** †sano, non malato ‖ **sinceróne**, **accr.** ‖ **sinceraménte**, **avv.** **1** con sincerità: *credere sinceramente* **2** davvero, in verità: *sinceramente non riesco a comprenderti*

SFUMATURE DI SIGNIFICATO

sincero - genuino - vero - semplice

Sincero è chi dice veramente quello che pensa o sa; riferito a parole, sentimenti, slanci esprime verità, onestà, sincerità. **Genuino** è ciò che è naturale, non artefatto né contraffatto; si usa soprattutto in riferimento a prodotti alimentari ma anche ad azioni, comportamenti. Più adatto a definire la sfera dei comportamenti è **vero**, che oltre a indicare onestà e lealtà aggiunge una sfumatura di profondità e intensità di sentimenti. Riferito a persona, **semplice** sottolinea la schiettezza, l'assenza di malizia, ma suggerisce nel contempo un'idea di ingenuità, di sprovvedutezza.

♦**sinché** o **sin che** [comp. di *sin(o)* e *che* (cong.) ✱ 1476] **cong.** ● (*raro*) finché: *proverò s. non sarò riuscito*

sìnchiṣi [vc. dotta, dal lat. tardo *sȳnchysi(m)* 'iperbato', dal gr. *sýnchysis* 'confusione', da *synchêin* 'mescolare' ✱ 1695] **s. f. inv.** ● (*ling.*) confusione nell'ordine delle parole risultante da una costruzione sintattica intricata | figura retorica consistente nella combinazione, anche ripetuta, di anastrofi e iperbati; per es. in: *il divino del pian silenzio verde* (G. CARDUCCI)

sinceneṣìa [comp. di *sin-* e *-cinesia*, dal gr. *kínēsis* 'movimento' ✱ 1915] **s. f.** ● (*med.*) movimento involontario suscitato irresistibilmente da movimenti volontari con i quali non è necessariamente legato

sincìpite [vc. dotta, dal lat. *sĭnciput*, genit. *sincĭpitis* 'mezza testa', da **sēm(i)căput*, comp. di *sēmi-* 'semi-' e *căput*, genit. *căpitis* 'testa' ✱ 1584] **s. m.** ● (*anat.*) parte più elevata del cranio

sinciziàle [da *sincizi(o)* con il suff. *-ale*① ✱ 1932] **agg.** ● (*biol.*) relativo a sincizio | ***trofoblasto s.***, strato esterno, plurinucleato, del trofoblasto

sincìzio [vc. scient. moderna, comp. di *sin-* e *-cizio*, dal gr. *kýtos* 'cavità'. V. *cito-* ✱ 1931] **s. m.** ● (*biol.*) massa citoplasmatica contenente molti nuclei derivata dalla fusione di più cellule

sinclàṣi [vc. dotta, gr. *sýnklasis* 'collisione, rottura', comp. di *syn-* 'sin-' e *klásis* 'frattura' ✱ 1885] **s. f. inv.** ● (*geol.*) frattura nella roccia determinata da forte escursione termica

sinclinàle [comp. di *sin-* e di un deriv. dal gr. *klínein* 'piegare'. V. *-clino* ✱ 1895] **s. f.** ● (*geol.*) piega al cui nucleo si trova il termine più recente di una serie di strati facenti parte della piega stessa

sincopàle [1737] **agg.** ● (*med.*) relativo a sincope, caratterizzato da sincope

sincopàre [da *sincope* ✱ 1546] **v. tr.** (*io sìncopo*) **1** (*ling.*) sottoporre una parola a sincope **2** effettuare delle sincopi in musica

sincopàto **part. pass.** di *sincopare*; anche **agg.** **1** detto di parola che ha subito una sincope **2** (*mus.*) detto di stile o di brano musicale caratterizzato da sincopi ‖ **sincopataménte**, **avv.**

sìncope [vc. dotta, dal lat. tardo *sȳncope(m)*, dal gr. *synkopḗ*, deriv. di *synkóptein* 'spezzare', comp. di *sýn* 'insieme' e *kóptein* 'tagliare' ✱ av. 1342] **s. f.** **1** (*ling.*) caduta di una vocale, e quindi di una sillaba, all'interno di una parola; per es. la caduta della seconda *e* all'interno di 'lettere' in: *scrivi quel che vedesti in lettre d'oro* (F. PETRARCA) **2** (*med.*) improvvisa, completa perdita di coscienza e di tono muscolare, ad andamento transitorio **3** (*mus.*) cambiamento della normale accentuazione ottenuto prolungando un suono emesso su tempo debole nel tempo forte successivo, con effetto di sfasatura ritmica; ampiamente sfruttato nel jazz e nella musica leggera

sincràṣi [vc. dotta, dal gr. *sýnkrasis* 'mescolanza', connesso con *synkerannýnai*, comp. di *sýn* 'insieme' e *kerannýnai* 'mescolare' ✱ 1957] **s. f. inv.** ● (*ling.*) fusione di più sillabe in una sola sillaba, come *acciaio* che è bisillabo anziché trisillabo nel verso: *con un baston d'acciaio, chiaro e forbito* (G. BOCCACCIO)

sincrètico [1843] **agg.** (**pl. m.** *-ci*) **1** relativo a sincretismo, caratterizzato da sincretismo **2** (*psicol.*) ***percezione sincretica***, nella psicologia dell'età evolutiva, quella propria dell'età infantile, che tende a cogliere la realtà esterna non nei suoi particolari, ma in modo globale ‖ **sincreticaménte**, **avv.**

sincretiṣmo [vc. dotta, dal gr. *synkrētismós*, propr. 'confederazione alla maniera cretese', da *synkretízein*, comp. di *sýn* 'insieme' e di un deriv. di *Krḗtē* 'Creta' ✱ 1771] **s. m.** **1** fusione di elementi mitologici, culturali e dottrinari di varie religioni, anche in forme incoerenti **2** conciliazione di dottrine filosofiche o religiose diverse in una nuova dottrina **3** (*ling.*) fenomeno per cui una sola forma esprime più funzioni già espresse in forme diverse (per es. il caso ablativo latino, che raccoglie anche le funzioni del locativo e dello strumentale indoeuropei)

sincretìsta [1806] **s. m. e f.** (**pl. m.** *-i*) ● chi sostiene il sincretismo

sincretìstico [1892] **agg.** (**pl. m.** *-ci*) ● relativo al sincretismo o ai sincretisti ‖ **sincretisticaménte**, **avv.**

sìncro [1986] **s. m. inv.** ● accorc. di *nuoto sincronizzato*

sincro- [sta per *sincrono*, sul modello dell'ingl. *synchro-* per *synchronous*] **primo elemento** ● in parole composte della terminologia tecnica e scientifica, fa riferimento al sincronismo o alla sincronizzazione: *sincrociclotrone*

sincrociclotróne [comp. di *sincro-* e *ciclotrone* ✱ 1948] **s. m.** ● acceleratore a campo magnetico fisso, in cui le particelle vengono accelerate da un campo elettrico di frequenza variabile e percorrono una traiettoria a spirale di raggio crescente

sincronétta [dall'ingl. *synchronette*, dal v. *to synchronize* 'sincronizzare' ✱ 1991] **s. f.** (**m.** *-o*) ● atleta che pratica il nuoto sincronizzato

sincronìa [da *sincrono*, sul modello del fr. *synchronie* ✱ 1865] **s. f.** **1** condizione di ciò che è sincrono: *essere, stare, in s. con qlco.* **2** insieme di fatti o elementi (storici, linguistici ecc.) considerati in un preciso momento, indipendentemente dalla loro evoluzione nel tempo CONTR. diacronia ‖ **sincrònico**, **agg.** (**pl. m.** *-ci*) di sincronia, relativo a sincronia; ***linguistica sincronica***, studio dei fenomeni linguistici in una data fase, indipendentemente dal loro evolversi nel tempo CONTR. diacronico ‖ **sincronicaménte**, **avv.**

SFUMATURE ➤ ***simultaneità***

sincroniṣmo [vc. dotta, dal gr. *synchronismós*, da *sýnchronos* 'sincrono' ✱ 1771] **s. m.** **1** condizione di ciò che è sincrono SIN. simultaneità **2** (*fis.*) uguaglianza dei periodi di fenomeni periodici **3** contemporaneità di fatti o fenomeni diversi | nella tecnica cinematografica e televisiva, contemporaneità di immagini e di suoni a esse attinenti | ***regolatore di s.***, negli apparecchi televisivi, particolare circuito destinato a mantenere il sincronismo

sincronìstico [1872] **agg.** (**pl. m.** *-ci*) ● (*raro*) che concerne il sincronismo | che si verifica in sincronismo

sincroniẓẓàre [adattamento del gr. *synchronízein* 'essere contemporaneo', da *sýnchronos* 'sincrono' ✱ 1928] **A** **v. tr.** **1** rendere sincroni più sistemi, funzioni, apparecchi, ecc: *s. due orologi* **2** in un filmato, far corrispondere con esattezza le immagini ai suoni **3** (*inform.*) ordinare delle operazioni eseguite in parallelo in maniera che non nascano conflitti | aggiornare automaticamente file, cartelle, ebook e sim. su più dispositivi mediante procedura telematica **B** **sincroniẓẓàrsi** **v. intr. pron.** ● rendersi sincrono | (*fig.*) procedere in modo coordinato: *Regione e Comune devono cercare di sincronizzarsi* ‖ **sincroniẓẓazióne**, **s. f.**

sincroniẓẓàto **part. pass.** di *sincronizzare*; anche **agg.** ● nei sign. del v. | ***nuoto s.***, V. *nuoto* | ***tuffi sincronizzati***, V. *tuffo* ‖ **sincroniẓẓataménte**, **avv.**

sincroniẓẓatóre [1931] **s. m.** **1** apparecchio atto a sincronizzare: *s. di alternatori* **2** dispositivo facente parte del cambio di velocità degli autoveicoli, che facilita il cambiamento di marcia tendendo a eguagliare la velocità degli organi rotanti da accoppiare prima che l'accoppiamento sia completo

sìncrono [vc. dotta, dal lat. tardo (eccl.) *sȳnchronu(m)*, dal gr. *sýnchronos* 'contemporaneo', comp. di *sýn* 'insieme' e *chrónos* 'tempo' ✱ 1745] **agg.** **1** che avviene nel medesimo tempo o nello stesso spazio di tempo: *movimento s. con altri* **2** (*lett.*) contemporaneo: *avvenimenti, fatti sincroni* **3** detto di macchina elettrica la cui velocità di rotazione dipende rigidamente dalla frequenza della corrente e dal numero di poli **4** (*aeron.*) ***satellite s.***, satellite geostazionario

sincronoscòpio o **sincroscòpio** [comp. di *sincrono* e *-scopio* ✱ 1960] **s. m.** ● dispositivo che indica se due grandezze fisiche, due fenomeni periodici e sim. sono sincroni

sincrotróne [adattamento dell'ingl. *synchrotron*, fusione di *synchro(nized elec)tron* 'elettrone sincronizzato' ✱ 1946] **s. m.** ● acceleratore di particelle a funzionamento ciclico usato per produrre fasci di elettroni o protoni di altissima energia

sindacàbile [av. 1831] **agg.** ● che si può sindacare CONTR. insindacabile ‖ **sindacabilità**, **s. f. inv.**

sindacàle① [da *sindaco* ✱ 1676] **agg.** **1** (*raro, burocr.*) relativo al sindaco di un comune: *ordinanza s.* **2** (*dir.*) relativo ai sindaci di una società per azioni: *collegio s.*

sindacàle② [dal fr. *syndical*, con sovrapposizione di *sindaco* ✱ 1905] **agg.** ● del sindacato, dei sindacati, nel sign. di *sindacato*③: *organizzazione, lotta s.* | ***diritto s.***, complesso degli atti legislativi che disciplinano le attività dei sindacati e i rapporti alle stesse conseguenti | ***libertà s.***, di costituzione di sindacati e partecipazione agli stessi ‖ **sindacalménte**, **avv.** mediante il sindacato; da un punto di vista sindacale; in forma di sindacato

sindacalése (o **-ṣe**) [da *sindacal(e)* col suff. *-ese*② ✱ 1977] **A** **s. m.** ● (*iron.*) linguaggio tipico dei sindacalisti, di difficile comprensione per i termini e i riferimenti tecnici, politici, burocratici **B** **anche agg.**: *gergo s.*

sindacaliṣmo [da *sindacale*②, con *-ismo*, sul modello del fr. *syndicalisme* ✱ 1905] **s. m.** ● programma mirante a organizzare i lavoratori

a b c d e f g h i j k l m n o p q r s t u v w x y z

in sindacati al fine di garantirne gli interessi nei confronti dei datori di lavoro | movimento sindacale

sindacalìsta [dal fr. *syndacaliste* ✱ 1904] **s. m. e f. (pl. m. -*i*) 1** chi sostiene il sindacalismo **2** dirigente, funzionario, militante di un sindacato, nel sign. di *sindacato*③

sindacalìstico [1914] **agg. (pl. m. -*ci*)** ● relativo al sindacalismo

sindacalizzàre [da *sindacale*② ✱ 1949] **A v. tr.** ● organizzare in sindacato | rendere sensibile, aderente, adeguato alle idee e agli scopi del sindacato **B sindacalizzàrsi v. intr. pron.** ● acquisire una coscienza sindacale, aderire a un sindacato || **sindacalizzazióne, s. f.**

sindacaménto [av. 1698] **s. m.** ● (*raro*) il sindacare | (*lett.*) controllo, giudizio

sindacàre① [da *sindaco* ✱ 1324] **A v. tr.** (*io sìndaco, tu sìndachi*) **1** esaminare minutamente, rivedere, controllare, l'operato di persone, enti, amministrazioni e sim. **2** (*fig.*) sottoporre a controlli, critiche e sim.: *s. la vita privata di qlcu.* **B v. intr.** (aus. *avere*) ● esprimere valutazioni gener. negative entrando in merito alle scelte altrui (+ *su*): *continua a s. su come mi vesto e su dove vado!*

SFUMATURE DI SIGNIFICATO

sindacare - biasimare - criticare

Sindacare significa sottoporre a controllo con minuziosità e insistenza, esprimendo giudizi su persone, azioni e fatti. **Biasimare** comporta un giudizio morale fortemente negativo sull'operato di qualcuno ma non suggerisce in nessun modo il processo di valutazione che ha portato al giudizio. **Criticare** può significare sia sottoporre a esame, a giudizio critico, sia fare oggetto di giudizi e commenti sfavorevoli.

sindacàre② [da *sindacato*③ ✱ 1909] **v. tr.** (*io sìndaco, tu sìndachi*) **1** (*disus.*) iscrivere a una associazione sindacale **2** (*econ.*) immettere una partecipazione azionaria in un sindacato, in un cartello

sindacàto① **part. pass.** di *sindacare*; anche **agg.** ● nei sign. del v.

sindacàto② [da *sindacare*① ✱ av. 1292] **s. m. 1** controllo dell'attività di un subordinato oppure di un ente, un organismo ecc.: *s. di idoneità, di legittimità* **2** spec. in età comunale, rendiconto dovuto da alcuni magistrati o amministratori ai loro superiori

sindacàto③ [dal fr. *syndicat*, con sovrapposizione di *sindacato*① ✱ 1895] **s. m. 1** organizzazione che associa i membri di una categoria operante sul mercato del lavoro, allo scopo di rappresentarne e difenderne gli interessi economici e professionali: *s. dei lavoratori*; *s. dei datori di lavoro*; *s. dei dirigenti d'azienda*; *s. dei coltivatori diretti* **2** correntemente, associazione rappresentativa dei lavoratori dipendenti: *sindacati di categoria* | (*fig.*) ***sindacati gialli***, V. *giallo* **3** (*banca*) ***s. di collocamento, s. di sottoscrizione, s. finanziario***, raggruppamento temporaneo di più banche che si prefigge la collocazione fra i risparmiatori di titoli di nuova emissione e l'acquisto di un certo numero di questi o, eventualmente, della parte rimasta invenduta | ***s. di controllo, s. di voto, s. azionario***, in una società per azioni, gruppo di alcuni soci che si accordano fra loro per votare in assemblea allo stesso modo e quindi orientare la conduzione della società | ***s. di blocco***, in una società per azioni, accordo fra i soci che limita la libertà di vendita delle azioni **4** (*econ.*) ogni forma di accordo a carattere monopolistico fra più imprese, quali il cartello, il pool e il trust **5** (*gerg.*) racket

sindacàto④ [da *sindaco* ✱ 1887] **s. m.** ● (*raro*) ufficio di sindaco | durata di tale ufficio

sindacatóre [1309] **s. m. (f. -*trice*)**; anche **agg.** ● chi (o che) sindaca (*anche fig.*)

sindacatùra [av. 1294] **s. f.** ● (*raro*) sindacamento

♦**sìndaco** o †**sìndico** [lat. tardo *sȳndicu(m)* 'rappresentante di una comunità', dal gr. *sýndikos*, da *sýn* 'insieme' e un deriv. di *díkē* 'giustizia' ✱ 1241] **s. m. (f. -*a*, *scherz. sindachéssa*; pl. m. -*ci*; V. anche nota d'uso FEMMINILE) 1** capo dell'amministrazione comunale, eletto direttamente dai cittadini; è anche ufficiale del governo per determinate funzioni (liste di leva, anagrafe, igiene ecc.) | ***acqua del s.***, V. *acqua* nel sign. A 1 **2** (**spec. al pl.**, *dir.*) nelle società per azioni, professionista che ha l'obbligo di controllare l'amministrazione e vigilare sull'osservanza della legge e dell'atto costitutivo || (*raro*) **sindachétto, dim.**

sindattilìa [comp. di *sin-* e un deriv. di *-dattilo* ✱ 1891] **s. f. 1** (*biol.*) nei Vertebrati, fusione o ancoraggio reciproco tra le dita di un arto specializzato, quale l'arto scavatore della talpa o la pinna dei Mammiferi acquatici **2** (*med.*) malformazione trasmessa per via ereditaria, consistente nella fusione più o meno estesa di due o di più dita adiacenti

sindèresi o **sintèresi** [vc. dotta, dal gr. *syntḗrēsis* 'esame', da *syntérein* 'vigilare', passato attraverso la pron. biz. al lat. mediev. *syndēresis* ✱ sec. XIV] **s. f. inv. 1** nella filosofia scolastica, facoltà innata nell'uomo di distinguere il bene dal male **2** (*est., disus.*) coscienza di sé, capacità di connettere: *perdere la s.*

sìndesi [gr. *sýndesis* 'collegamento', da *syndêin* 'collegare', comp. di *sýn-* 'con' (V. *sin-*) e *dêin* 'legare' (d'orig. indeur.) ✱ 1960] **s. f. inv.** ● (*ling.*) collegamento di frasi o di elementi di una frase tra loro mediante congiunzioni; per es. in: *Vergine chiara et stabile in eterno* (F. PETRARCA) **CFR.** asindeto, polisindeto

sindètico [1960] **agg. (pl. m. -*ci*)** ● (*ling.*) di sindesi, realizzato mediante sindesi

sìndhi /'sindi/ [da *Sindhi*, n. di orig. sanscrita (*sindhu* 'fiume') della regione dove è parlato ✱ 1861] **s. m. solo sing.** ● lingua del gruppo indoario con influenze dravidiche, parlata in Pakistan, India e altri paesi asiatici

†**sìndico** ➤ **sindaco**

sìndone [dal lat. tardo *sīndone(m)* 'mussolina', dal gr. *sindṓn*, genit. *sindónos*, di orig. semitica ✱ sec. XIV] **s. f.** ● presso gli antichi Ebrei, lenzuolo di lino in cui avvolgere i morti | ***Sacra Sindone***, secondo la convinzione tradizionale di molti fedeli della Chiesa cattolica, lenzuolo nel quale fu avvolto Gesù morto e che porta impressa l'immagine del corpo di lui **CFR.** mandylion

sindonologìa [comp. di *sindone* e *-logia* ✱ 1939] **s. f. (pl. -*gìe*)** ● studio storico e scientifico della Sacra Sindone

sindonòlogo [1983] **s. m. (f. -*a*; pl. m. -*gi*)** ● esperto di sindonologia

sìndrome [vc. dotta, dal gr. *syndromḗ* 'concorso', comp. di *sýn* 'insieme' e *-dromḗ*, connesso con *drómos* 'corsa' ✱ 1665 ca.] **s. f. 1** (*med.*) insieme di sintomi che concorrono a caratterizzare un quadro clinico | ***s. di Down***, dovuta a una anomalia cromosomica congenita, solitamente la trisomia del cromosoma 21; si manifesta con una serie di difetti di gravità variabile come ritardo mentale, aspetto mongoloide, macroglossia **SIN.** mongolismo, trisomia 21 | ***s. di Asperger***, disturbo dello sviluppo neuropsichico, più leggero dell'autismo **CFR.** aspie | ***s. da immunodeficienza acquisita***, AIDS | ***s. del tunnel carpale***, complesso di sintomi causati dalla compressione del nervo mediano entro il canale carpale del polso | ***s. di Hansen***, lebbra | ***s. da astinenza***, quella determinata spec. in un tossicodipendente dall'astinenza dalla droga a cui è dedito | ***s. di Stoccolma***, condizione di dipendenza e collaborazione di un sequestrato nei confronti dei sequestratori (dal comportamento di alcuni ostaggi in una banca di Stoccolma nel 1973) | ***s. di Stendhal***, stato di forte emozione e serie di disturbi conseguenti alla visione di opere d'arte (che Stendhal confessò di aver provato durante una visita alla chiesa di Santa Croce a Firenze; dal titolo di un libro del 1989 di G. Magherini) | ***s. di Peter Pan***, comportamento dei giovani che rifiutano di assumersi le responsabilità che la vita adulta comporta | ***s. di Nimby***, V. *Nimby* **2** (*est.*) insieme di segni tramite i quali si palesa una determinata condizione: *s. da innamoramento*; *la s. degli esami*; *la s. del teledipendente*
SFUMATURE ➤ ***malattia***

sìne [da *sì*① con componente rafforzativa ✱ av. 1596] **avv.** ● (con valore rafforz.) († o *centr., merid.*) sì

sinechìa o **sinèchia** [vc. dotta, dal gr. *synécheia* 'continuità', da *synéchein* 'tenere insieme', da *sýn* 'insieme' ed *échein* 'avere' ✱ 1821] **s. f.** ● (*med.*) aderenza anomala che si stabilisce tra parti del corpo normalmente separate, come tra iride e cornea

sinecìsmo [vc. dotta, dal gr. *synoikismós* 'unione', da *synoikízein* 'unire, ridurre sotto un'unica capitale', comp. di *sýn* 'insieme' e *oikízein* 'colonizzare', da *oikía* 'casa, abitazione' ✱ 1930] **s. m. 1** nell'antica Grecia, fenomeno per cui gli abitanti di due o più Stati si raccoglievano a vivere in un unico agglomerato diventando cittadini di uno stesso Stato **2** (*est.*) accentramento in un'unica città della popolazione prima dispersa per le campagne

sinecùra [lat. *sīne cūra* 'senza cura (d'anime)' ✱ 1849] **s. f. 1** beneficio ecclesiastico senza obbligo di uffizi e funzioni **2** (*est.*) occupazione, ufficio poco faticoso e di poca responsabilità

sinèddoche [vc. dotta, dal lat. *synĕcdoche*, dal gr. *synekdochḗ*, da *synekdéchesthai* 'ricevere insieme', da *sýn* 'insieme' e *déchesthai* 'accogliere' ✱ sec. XIV] **s. f.** ● (*ling.*) figura retorica che consiste nel trasferire un termine dal concetto cui strettamente si riferisce ad un altro con cui è in rapporto di quantità (il tutto per la parte, il singolare per il plurale, il genere per la specie e sim., e viceversa); per es. 'vele' per 'navi' in: *il Turco sollicitava l'armata, che sarìa di 150 vele* (N. MACHIAVELLI)

♣**sìne die** [loc. lat., propr. 'senza un giorno (stabilito)' ✱ 1895] **loc. avv.** ● a tempo indeterminato, indefinitamente: *aggiornare i lavori sine die*

sinèdrio [vc. dotta, dal lat. tardo (eccl.) *synĕdriu(m)*, dal gr. *synédrion* 'assemblea', comp. di *sýn-* 'con' e un deriv. di *hédra* 'seggio' ✱ 1682] **s. m. 1** nell'antichità greca, assemblea, consiglio, senato **2** presso gli antichi Ebrei, supremo organo legislativo e giurisdizionale | luogo dove si riuniva il sinedrio **3** (*fig.*) complesso, consesso (*spec. scherz.*)

sinedrìta [1960] **s. m. (pl. -*i*)** ● chi fa parte di un sinedrio

sinègoro [dal gr. *synḗgoros*, deriv. di *synagoréuō* 'io parlo a favore' ✱ 1783] **s. m.** ● (*stor.*) nel diritto ateniese antico, che non prevedeva il ruolo dell'avvocato, figura che interveniva nel processo a tutela dell'interesse pubblico, ma solo eccezionalmente aveva parte nelle controversie private

Sinentognàti [comp. di *sin-*, *ento-*, del gr. *entós* 'dentro', e il pl. di *-gnato* ✱ 1960] **s. m. pl. (sing. -*o*)** ● (*zool.*) Esocetoidei (*Synenthognati*)

♣**sìne qua non** [loc. lat., propr. 'senza la quale (sottinteso *condicio* 'condizione') non si può fare qualcosa' ✱ 1765] **loc. agg. inv.** ● che è condizione necessaria, imprescindibile: *una clausola sine qua non* **CFR.** condicio sine qua non

sinèreṣi [vc. dotta, dal lat. tardo *synaeresi(m)*, dal gr. *synáiresis* 'restringimento', da *synairêin* 'raccogliere', comp. di *sýn* 'insieme' e *hairêin* 'prendere' ✱ 1540] **s. f. inv. 1** (*ling.*) in metrica, fusione di due vocali in un'unica sillaba all'interno di parola: *Morte bella parea nel suo bel viso* (F. PETRARCA) **CONTR.** dieresi **2** (*chim.*) espulsione dell'elemento liquido da parte di un colloide

sinerètico [1985] **agg.** (**pl. m.** *-ci*) ● (*ling.*) caratterizzato o prodotto da sineresi: *dittongo s.*

sinergìa [vc. dotta, dal gr. *synergía* 'cooperazione', da *sýn* 'con' ed *-ergía*, da *érgon* 'opera' ✱ av. 1855] **s. f.** (**pl.** *-gìe*) **1** (*fisiol.*) azione simultanea di vari organi per compiere una determinata funzione **2** (*farm.*) sinergismo **3** spec. nel campo economico o editoriale, azione combinata, concentrazione di due o più elementi, che risulta di efficacia potenziata rispetto a una loro semplice sommatoria: *le sinergie fra giornali e reti televisive* | (*est.*) coordinamento, interazione

sinèrgico [da *sinergia* ✱ 1838] **agg.** (**pl. m.** *-ci*) ● (*fisiol., farm.*) relativo a sinergia | ***muscoli sinergici***, che hanno la stessa azione | ***farmaci sinergici***, che determinano il sinergismo farmacologico ‖ **sinergicaménte**, **avv.**

sinergìṣmo [comp. di *sinerg(ia)* e *-ismo* ✱ 1932] **s. m. 1** (*farm.*) potenziamento dell'effetto terapeutico prodotto dall'associazione di due o più farmaci **2** dottrina teologica che fonda la salvezza dell'anima non solo sulla grazia divina ma anche sul libero arbitrio umano e sulle opere buone

sìneṣi [gr. *sýnesis* 'riunione, punto di riunione', da *syniénai* 'mettere insieme', comp. di *sýn-* 'sin-' e *iénai* 'mandare' (d'orig. indeur.) ✱ 1930] **s. f. inv.** ● (*gramm.*) costruzione a senso consistente nell'accordo di un sostantivo singolare con un verbo plurale (es. *un gruppo di ragazzi giocavano a rincorrersi*)

sinestèṣi [vc. dotta, dal gr. *synáisthēsis* 'percezione simultanea', comp. di *sýn* 'con' e *áisthēsis*, da *aisthánesthai* 'percepire' ✱ 1930] **s. f. inv.** ● (*psicol.*) sinestesia

sinesteṣìa [vc. scient. moderna, dal gr. *synáisthēsis* 'percezione simultanea'. V. *sinestesi* ✱ 1930] **s. f. 1** (*psicol.*) fenomeno per cui la percezione di determinati stimoli è accompagnata da particolari immagini proprie di un'altra modalità sensoriale **SIN.** sinestesi **2** (*ling.*) figura retorica consistente nell'associazione di due parole relative a sfere sensoriali diverse; per es. in: *fredde luci / parlano* (E. MONTALE)

†**sinéstro** ➤ **sinistro**

sinfaròṣa ➤ **sinforosa**

sìnfiṣi [vc. dotta, dal gr. *sýmphysis* 'coesione', da *symphýein*, comp. di *sýn* 'insieme' e *phýein* 'crescere' ✱ 1574] **s. f. inv.** ● (*med.*) articolazione fissa in cui il mezzo di unione dei due capi ossei è rappresentato da tessuto fibroso e cartilagineo: *s. pubica* | aderenza di due superfici sierose, per infiammazione: *s. pleurica*; *s. pericardica*

sinfonìa [vc. dotta, dal gr. *symphōnía* 'concerto', comp. di *sýn* 'insieme' e un deriv. di *phōnḗ* 'voce' ✱ 1321] **s. f. 1** (*mus.*) composizione orchestrale, di solito in quattro movimenti | brano strumentale preposto a un'opera o a un oratorio **2** (*fig.*) complesso armonioso di suoni, colori e sim. **3** (*fam., per antifrasi*) complesso sgradevole di suoni, rumori, grida e sim.: *che s. fanno quei due che litigano!* **4** (*fig., fam.*) discorso noioso, rimprovero e sim., ripetuto monotonamente: *ogni giorno comincia la sua s.* ‖ **sinfoniétta**, **dim.** (V.)

sinfònico [1875] **agg.** (**pl. m.** *-ci*) ● (*mus.*) di sinfonia o di altra forma per orchestra ‖ **sinfonicaménte**, **avv.** dal punto di vista sinfonico; nel genere musicale della sinfonia ‖ **sinfonicità**, **s. f. inv.**

sinfoniétta [1965] **s. f. 1** (*mus.*) dim. di *sinfonia* **2** (*mus.*) sinfonia di piccole dimensioni o di organico strumentale ridotto

sinfonìṣmo [da *sinfonia* ✱ 1925] **s. m.** ● (*mus.*) l'insieme delle caratteristiche proprie della forma sinfonica | il genere musicale della sinfonia: *il s. romantico*; *il s. del Novecento*

sinfonista [1778] **s. m. e f.** (**pl. m.** *-i*) ● (*mus.*) compositore o esecutore di sinfonie

sinforòṣa o **sinfaròṣa** [dal n. di un personaggio di una commedia di G. Giraud (1776-1834) ✱ 1905] **s. f. 1** (*disus.*) donna di una certa età che si veste e si comporta come una ragazzina | ragazza dai modi leziosi **2** nell'Ottocento, cappello femminile a tesa larga fissato sotto il mento con un largo nastro annodato

singalése (o **-ṣe**) o **cingalése** (o **-ṣ-**) [dal sanscrito *Simhala*, n. dell'isola di Ceylon, da *simhah* 'leone' ✱ 1765] **A agg.** ● dell'isola di Ceylon (oggi Sri Lanka) **B s. m. e f.** ● abitante o nativo dell'isola di Ceylon **C s. m. solo sing.** ● lingua della famiglia indoeuropea, parlata nell'isola di Ceylon; oggi, lingua ufficiale dello Sri Lanka

singamìa [comp. di *sin-* e *-gamia* ✱ 1960] **s. f.** ● (*biol.*) unione del gamete femminile con quello maschile | (*biol.*) fusione dei corredi cromosomici di due gameti sessualmente diversi

singaporiàno [1973] **A agg.** ● di Singapore **B s. m.** (**f.** *-a*) ● abitante o nativo della città e dell'isola di Singapore

singèneṣi [vc. dotta, dal gr. *syngénēsis* 'unione', comp. di *sýn* 'insieme' e *génēsis* 'origine' ✱ 1875] **s. f. inv.** ● origine, formazione, contemporanea

singenètico [da *singenesi* ✱ 1940] **agg.** (**pl. m.** *-ci*) ● che presenta il fenomeno o il carattere della singenesi | ***giacimento minerario s.***, formatosi in seguito agli stessi processi che hanno originato le rocce che lo includono

singenìònimo [dal gr. *syngenḗs* 'parente' e *-onimo* ✱ 1974] **s. m.** ● (*ling.*) nome che designa un grado di parentela (per es. *madre*, *cugino*, *nonno*)

†**singhiottóso** ➤ †**singhiozzoso**

singhiozzàre [lat. parl. **singluttiāre*, sovrapposizione di *gluttīre* 'inghiottire' a *singultāre*, da *singŭltus* 'singhiozzo' ✱ av. 1342] **v. intr.** (*io singhiózzo*; **aus.** *avere*) **1** avere il singhiozzo: *smettila di s.* **2** piangere a singhiozzi, dirottamente: *s. per il dolore* **3** (*fig.*) andare avanti a scatti, a balzi: *la vecchia motocicletta camminava singhiozzando*

SFUMATURE ➤ ***piangere***

singhiozzìo [1842] **s. m.** (**pl.** *-ii*) ● il singhiozzare continuo

singhiózzo [da *singhiozzare* ✱ sec. XIII] **s. m. 1** movimento respiratorio spastico, caratterizzato da repentina contrazione del diaframma cui si associa una brusca, parziale chiusura della glottide: *avere il s.*; *soffrire di s.*; *far passare il s. a qlcu.* **SIN.** singulto **2** (**spec. al pl.**) pianto convulso accompagnato da rapida successione di inspirazioni ed espirazioni: *scoppiare, prorompere in singhiozzi*; *voce rotta dai singhiozzi* **3** (*fig.*) sbalzo, frequente interruzione, nella loc. ***a s., a singhiozzi***: *procedere, avanzare, a s.* | ***sciopero a s.***, con alternanze di sospensioni e riprese del lavoro

†**singhiozzóso** (o **-ṣo**) o †**singhiottóso** [da *singhiozzare* ✱ sec. XIV] **agg.** ● (*lett.*) inframmezzato dai singhiozzi

single /*ingl.* 'sɪŋg(ə)l/ [vc. ingl., propr. 'singolo, solo' ✱ 1985] **s. m. e f. inv.** ● singolo nel sign. B 2

SFUMATURE ➤ ***nubile***

singleton /*ingl.* 'sɪŋg(ə)ltən/ [vc. ingl., da *single* 'singolo' ✱ 1958] **s. m. inv. 1** nel bridge, unica carta di un dato seme posseduta da un giocatore **2** (*mat.*) insieme composto di un solo elemento

singletùdine [da *single*, sul modello di *solitudine* ✱ 1990] **s. f.** ● spec. nel linguaggio giornalistico, condizione di chi vive da solo o comunque non ha un rapporto sentimentale stabile

Singnàtidi /siɲ'ɲatidi/ [1957] **s. m. pl.** (**sing.** *-e*) ● (*zool.*) famiglia di Pesci dei Teleostei dei Signatiformi cui appartengono, tra le specie più note, il pesce ago e il cavalluccio marino (*Syngnathidae*)

Singnatifórmi /siɲɲati'formi/ [comp. di *si(n)gnato*, nome italianizzato del genere di pesci *Syngnatus*, e il pl. di *-forme* ✱ 1965] **s. m. pl.** (**sing.** *-e*) ● (*zool.*) ordine di Pesci ossei marini con bocca priva di denti, muso tubolare e corpo allungato (*Syngnathiformes*)

♦**singolàre** o †**singulàre** [dal lat. *singulā-re(m)*, da *sĭngulus* 'unico' ✱ 1261 ca.] **A agg. 1** (*lett.*) che si riferisce a una sola persona o cosa | (*lett.*) che riguarda due soli combattenti: *i due si sono appartati per un duello s.* (I. CALVINO) | ***venire a singolar tenzone, affrontarsi in singolar tenzone***, e sim., battersi, scontrarsi con un unico avversario (*anche fig., scherz.*) **2** (*gramm.*) ***numero s.***, quello proprio delle forme che indicano una sola persona o cosa e l'azione fatta o subita da una sola persona o cosa **3** (*est.*) unico, caratteristico, particolare: *ha un modo s. di parlare* | raro, insolito, eccellente: *un'opera s.*; *donna di s. bellezza*; *uomo di s. ingegno* | (*est.*) bizzarro, strano: *spesso i filosofi sono tipi singolari* **4** (*mat.*) ***punto s.***, punto di discontinuità di una funzione **SIN.** singolarità ‖ **singolarménte**, **avv. 1** particolarmente, specialmente: *una donna singolarmente elegante*; in modo strano: *era singolarmente nervoso* **2** uno a uno: *ringraziare singolarmente* ‖ **singolarità**, **s. f. inv.** (V.) **B s. m. 1** (*gramm.*) caso grammaticale della categoria del numero che esprime la singolarità dei nomi numerabili: *aggettivo, sostantivo, verbo al s.* **2** (*sport*) incontro disputato tra due giocatori: *s. di tennis*; *s. maschile, femminile*

SFUMATURE DI SIGNIFICATO

singolare - peregrino - curioso

Chi o ciò che è diverso dal solito, talvolta strano, ma anche originale o addirittura eccellente si definisce **singolare**. Anche **peregrino** indica ciò che è raro e singolare, ma nell'uso corrente è adoperato quasi esclusivamente con intento ironico, per definire qualcosa di eccessivamente strano, strampalato. Ciò che invece per la sua singolarità suscita interesse si dice **curioso**.

SFUMATURE ➤ ***infrequente***, ➤ ***particolare***, ➤ ***raro***

singolarìsta [1963] **s. m. e f.** (**pl. m.** *-i*) ● (*sport*) chi disputa incontri di singolare

singolarità o †**singularità** [vc. dotta, dal lat. tardo *singularitāte(m)* 'unicità', da *singulāris* 'singolare' ✱ 1306] **s. f. inv. 1** caratteristica di chi (o di ciò che) è singolare | unicità | peculiarità | eccezionalità: *fama di s. appetiva* (G. CARDUCCI) | stranezza: *colpito dalla s. del caso* (G. D'ANNUNZIO) **2** (*mat.*) punto singolare

singolarizzàre [da *singolare*, con suff. iter. intens. ✱ av. 1328] **v. tr. 1** (*gramm.*) ridurre al singolare **2** elencare, spiegare, specificare caso per caso | rendere individuale, soggettivo ‖ **singolarizzazióne**, **s. f.**

singolatìvo [da *singolo* ✱ 1935] **agg.** ● (*gramm.*) detto di nome che indica una persona o una cosa singola (per es. *pecora* rispetto a *gregge*) **CONTR.** collettivo

singolétto [da *singolo* ✱ 1960] **s. m. 1** (*mat.*) insieme dotato di un unico elemento **2** (*fis.*) stato fisico simmetrico rispetto allo scambio di numeri quantici

singolìsta [da *singolo* ✱ 1960] **s. m. e f. (pl. m. -*i*)** ● (*sport*) in alcuni sport, chi pratica la specialità del singolo

♦**singolo** o †**singulo** [vc. dotta, dal lat. *sīngulu(m)* 'unico' (usato spec. al pl. come distributivo di *ūnus* 'uno'), connesso con *sĭmplex*. V. *semplice*①
✱ av. 1332] **A agg. 1** che è considerato in sé, separatamente dagli altri: *i singoli casi*; *le singole prove*; *ogni s. avvenimento della vita* **2** che è costituito da un solo elemento CFR. aplo- | ***camera, cabina singola***, per una sola persona | ***collegamento s.***, in telefonia, simplex **B s. m. 1** (**f. -*a***) persona, individuo: *l'interesse del s. non può andare a scapito della collettività* **2** (**f. -*a***) persona non sposata | persona che non ha un legame sentimentale stabile | persona che vive da sola (calco sull'ingl. *single* (V.)) **3** tipo di collegamento telefonico che utilizza una coppia di fili per ogni abbonato **4** (*sport*) nel tennis, incontro disputato tra due giocatori SIN. singolare | nel canottaggio, imbarcazione a un solo vogatore | nel nuoto sincronizzato, solo **5** (*mus.*) brano di musica leggera pubblicato singolarmente

sìngrafe o (*raro*) **sìngrafa** [vc. dotta, dal lat. *sȳngrapha(m)* 'cambiale', adattamento del gr. *syngraphḗ* 'contratto', da *syngráphein* 'redigere', comp. di *sýn* 'insieme' e *gráphein* 'scrivere' ✱ 1765] **s. f.** ● nel diritto greco antico e nel diritto romano, documento contenente un contratto scritto e sottoscritto dai contraenti

Singspiel /*ted.* ˈzɪŋˌʃpiːl/ [vc. ted., comp. di *singen* 'cantare' e *Spiel* 'recitazione, spettacolo' ✱ 1930] **s. m. inv. (pl. ted. *Singspiele*)** ● genere di teatro musicale tedesco dei secc. XVIII e XIX, con brani parlati e cantati di tipo favolistico e popolaresco

†**singulàre** e deriv. ➤ **singolare** e deriv.

†**singulo** ➤ **singolo**

singultìo [1911] **s. m. (pl. -*ii*)** ● (*lett.*) il singultire continuo

singultìre [vc. dotta, dal lat. tardo *singultīre*, da *singŭltus* 'singhiozzo' ✱ 1561] **v. intr.** (*io singultìsco, tu singultìsci*; **aus.** *avere*) ● (*lett.*) singhiozzare, piangere con singulti

singùlto [vc. dotta, dal lat. *singŭltu(m)* 'singhiozzo', di orig. indeur. ✱ 1294] **s. m.** ● singhiozzo: *avere il s.*; *scoppiare in singulti*

sinìbbio [etim. incerta: forse lat. parl. **subnībulu(m)* per il class. *subnūbilu(m)* 'oscuro, tenebroso' (comp. di *sub-* 'sub-' e *nūbilus* 'nuvoloso' (V. *nuvolo*)) ✱ 1882] **s. m.** ● (*tosc.*) vento sferzante con neve

siniscalcàto [av. 1348] **s. m. 1** ufficio del siniscalco | durata di tale ufficio **2** †provincia governata dal siniscalco

siniscàlco o †**seniscàlco** [dal lat. mediev. *siniscălcu(m)*, dal francone *siniskalk*, comp. di *sini-* 'vecchio', di orig. indeur. (V. *signore*, *senato*) e *skalk* 'servo' ✱ av. 1238] **s. m. (pl. -*chi*)** ● nell'alto Medioevo, ufficiale di palazzo incaricato di sovrintendere al servizio di tavola della mensa del re | alto grado militare e amministrativo dell'epoca carolingia

sinìstr o **sinìst** [abbr. di *sinistro* ✱ 1957] **A inter.** ● si usa per indicare la parte sinistra nei comandi di esecuzione a militari e, un tempo, a ginnasti dopo un comando di avvertimento: *fronte s.!* **B anche in funzione di s. f. inv.**: *attenti a s.!*; *squadra a s.!* e sim.

♦**sinìstra** [f. sost. di *sinistro* ✱ 1268] **s. f. 1** mano che è dalla parte del cuore: *scrivere con la s.*; *agitare la s.* **2** parte, lato, che corrisponde alla mano sinistra: *alla mia s.*; *girare a s.*; *a s. risponde uno squillo* (A. MANZONI) | ***sulla s., alla s., di qlcu.***, sulla parte sinistra di chi percorre una strada, un sentiero e sim. od osserva da un punto determinato | ***a destra e a s.***, da ogni parte, di qua e di là | ***tenere la s.***, mantenersi sul lato sinistro di una strada e sim. o rispetto a un punto di riferimento | ***attenti a s., fronte a s., squadra a s.***, comandi di avvertimento a militari e, un tempo a ginnasti; V. anche *sinistr* **3** (*mar.*) parte sinistra della nave **4** in Parlamento, l'insieme delle forze politiche che stanno a sinistra del banco del Governo e che, secondo la tradizione, rappresentano le tendenze progressiste | (*est.*) ala progressista, radicale, all'interno di un partito o di un raggruppamento di partiti | (*iron.*) ***s. al caviale***, l'insieme di coloro che ostentano idee politiche di sinistra godendo di un tenore di vita molto elevato (calco sul fr. *gauche caviar*) CFR. radical-chic | (*fig.*) all'interno di una tendenza ideologica, di una corrente filosofica, di un movimento artistico o culturale, la componente più aperta a innovazioni nei confronti della dottrina originaria: *la s. hegeliana*

sinistràre [da *sinistro* ✱ av. 1380] **A v. tr.** ● danneggiare, colpire con un sinistro: *il terremoto ha sinistrato l'intera regione* **B v. intr. (aus. *avere*) 1** †imbizzarrirsi | opporsi | tergiversare **2** †imperversare, infuriare **C sinistràrsi v. intr. pron.** ● †scomodarsi

sinistràto A part. pass. di *sinistrare*; **anche agg.** ● nei sign. del v. **B s. m. (f. -*a*)** ● chi è stato colpito, danneggiato, da un sinistro: *i sinistrati di guerra*

sinistrése (o **-ṣe**) [comp. di *sinistr(a)* ed *-ese*② ✱ 1977] **s. m.; anche agg.** ● (*iron.*) insieme delle parole e delle locuzioni tipiche o frequenti di chi fa parte dell'area politica della sinistra italiana

sinistrìṣmo [da *sinistro, -a*, con *-ismo* ✱ 1932] **s. m. 1** (*raro*) mancinismo **2** tendenza politica, culturale e sim. a portarsi verso posizioni ideologiche di sinistra (*spec. spreg.*): *il s. degli intellettuali*

♦**sinìstro** o †**sinéstro**, †**senéstro** [lat. *sinĭstru(m)*, propr. 'differente (dal destro)', di orig. indeur. ✱ av. 1294] **A agg. 1** che sta dalla parte del cuore: *fianco, braccio, piede, s.*; *mano sinistra* **2** che è a sinistra rispetto a un punto di riferimento: *lato s.*; *parte, ala, sinistra* | ***riva sinistra di un corso d'acqua***, quella a sinistra di chi guarda la foce voltando le spalle alla sorgente **3** (*fig.*) non favorevole, contrario, avverso: *presagi, tempi, sinistri* | minaccioso, bieco: *sguardo s.*; *un s. figuro*; *luogo s.* ‖ **sinistraménte**, **avv. 1** minacciosamente, lugubremente: *un urlo risuonò sinistramente nella notte*; trucemente: *rise sinistramente* **2** in modo funesto, infausto **B s. m. 1** evento fortuito dannoso, disgrazia: *è accaduto un s.*; *assicurazione contro i sinistri della grandine*; *s. marittimo* **2** (*sport*) nel pugilato, pugno sinistro; colpo sferrato con tale pugno | ***giocare, tirare, colpire di s.***, nel calcio, detto di intervento effettuato col piede sinistro

sinistrochèrio [parziale traduzione del gr. *aristerócheir*, propr. 'mancino', comp. di *aristerós* 'sinistro' (propr. 'migliore', denominazione eufemistica, essendo ritenuta la parte sinistra sfavorevole) e *chéir* 'mano', ma anche 'braccio' ✱ 1960] **s. m.** ● (*arald.*) braccio sinistro uscente dal fianco destro dello scudo

sinistrogìro [comp. di *sinistro* e *-giro*, da *girare* ✱ 1947] **agg. 1** sinistrorso **2** di sistema chimico o fisico capace di far ruotare a sinistra il piano di polarizzazione di un fascio di luce polarizzata che l'attraversa

sinistròide [comp. di *sinistr(o)* e *-oide* ✱ 1945] **s. m. e f.; anche agg.** ● chi (o che) manifesta simpatie politiche per la sinistra (*spec. spreg.*)

sinistròrso [vc. dotta, dall'avv. lat. *sinistrŏrsus* 'a sinistra', comp. di *sinĭster* 'sinistro' e *vŏrsum* 'girato, voltato' ✱ 1906] **A agg. 1** che è volto o può volgersi da destra verso sinistra **2** detto del verso di rotazione di eliche, viti e sim., che all'osservatore appare come antiorario **3** (*fis.*) sinistrogiro **B agg.; anche s. m. (f. -*a*)** ● sinistroide (*anche scherz.*)

sinistrosità (o **-oṣi-**) [da *sinistro* nel senso di 'evento dannoso' ✱ 1963] **s. f. inv.** ● nel linguaggio assicurativo, numero o percentuale di sinistri che si verificano in un'area geografica o in un determinato periodo di tempo, interessando singoli o categorie di assicurati: *area, zona ad alta s.*

siniżèṣi [vc. dotta, dal lat. tardo *synizēsi(m)*, dal gr. *synízēsis*, propr. 'caduta', da *synizánein* 'tornare allo stato di prima' ✱ 1821] **s. f. inv.** ● (*ling.*) sineresi

siniżżàre [da *sino-* ✱ 1987] **A v. tr.** ● fare assumere caratteristiche cinesi SIN. cinesizzare **B siniżżàrsi v. intr. pron.** ● assumere caratteristiche, costumi, gusti cinesi ‖ **siniżżazióne**, **s. f.**

♦**sìno** [sovrapp. di *sì*② a *fino*① ✱ av. 1250] **A prep. (troncato in *sin*. Ha gli stessi sign. di 'fino'. Si preferisce l'una o l'altra forma per evitare la cacofonia: *s. a Firenze*)** ● fino: *giungerò sin lassù*; *aspetta s. a domani*; *spende s. all'ultimo soldo*; *lo conosco sin dall'infanzia* | V. anche *sinattantoché*; *sinché*; *sinora*; *sintantoché* **B avv.** ● (*raro*) perfino: *ho parlato sin troppo*

sìno- [dal lat. mediev. *Sina* 'Cina'] **primo elemento** ● in parole composte, indica riferimento alla Cina: *sinologia, sinologo*; *sinizzare*

sinodàle [vc. dotta, dal lat. tardo (eccl.) *synodāle(m)*, da *sȳnodus* 'sinodo' ✱ 1354] **agg.** ● attinente a sinodo, relativo a decisione presa in sinodo | ***padri sinodali***, sacerdoti che partecipano a un sinodo | ***età s.***, quella, non inferiore ai quarant'anni, prescritta per le donne che possono svolgere la funzione di domestica di un sacerdote: *Perpetua ... aveva passata l'età s. dei quaranta* (A. MANZONI); (*fig.*, *scherz.*) età matura o avanzata ‖ **sinodalménte**, **avv.** secondo le prescrizioni del sinodo ‖ **sinodalità**, **s. f. inv.** carattere sinodale: *la sinodalità della Chiesa*

sinòdico [vc. dotta, dal lat. tardo ed eccl. *synŏdicu(m)*, dal gr. *synodikós*, da *sýnodos* 'convegno, congiunzione' ✱ 1745] **agg. (pl. m. -*ci*) 1** (*relig.*) †relativo al sinodo **2** (*astron.*) ***rivoluzione sinodica***, intervallo di tempo tra due successive congiunzioni di un pianeta col Sole

sìnodo① [vc. dotta, dal lat. tardo *sȳnodu(m)*, dal gr. *sýnodos* 'convegno', comp. di *sýn* 'insieme' e *hodós* 'via' ✱ av. 1342] **s. m. o †f.** ● riunione, consiglio, assemblea di sacerdoti, di vescovi, di prelati, per decidere su questioni normative o di fede | ***s. ecumenico***, concilio ecumenico | ***s. episcopale***, nella Chiesa cattolica, riunione dei vescovi convocata dal Pontefice | ***s. diocesano***, riunione dei canonici e sacerdoti di una diocesi | ***s. protestante***, delle Chiese evangeliche | ***santo s.***, organo sovrano che regge ciascuna delle Chiese ortodosse autocefale

†**sìnodo**② [vc. dotta, dal gr. *sýnodos* 'congiunzione' ✱ sec. XIV] **s. m.** ● (*astron.*) congiunzione

sìnolo [vc. dotta, dal gr. *sýnolon*, nt. sost. di *sýnolos* 'totale, complessivo', comp. di *sýn* 'insieme' e *hólos* 'tutto' ✱ 1929] **s. m.** ● nella filosofia di Aristotele, la sostanza concreta, composta di materia e di forma

sinologìa [comp. di *sino-* e *-logia* ✱ 1843] **s. f. (pl. -*gìe*)** ● disciplina che studia la lingua, la letteratura, la civiltà dei cinesi

sinològico [da *sinologia* ✱ 1935] **agg. (pl. m. -*ci*)** ● che riguarda la sinologia: *studi sinologici*

sinòlogo [comp. di *sino-* e *-logo* ✱ 1840] **s. m.**

(f. *-a*; **pl. m.** *-gi*) ● chi si occupa di sinologia

sinonimìa [vc. dotta, dal gr. *synōnymía*, da *synṓnymos* 'sinonimo' ✻ 1575] **s. f.** ● (*ling.*) condizione di intercambiabilità di parole in ogni contesto dato, senza sostanziali variazioni di significato **CONTR.** antonimia | (*est.*) sinonimo: *usare una s.*

sinonìmico [1582] **agg.** (**pl. m.** *-ci*) ● (*ling.*) di sinonimo, dei sinonimi ‖ **sinonimicaménte**, **avv.** mediante un sinonimo o dei sinonimi

sinonimizzàre [da *sinonimo*, con suff. iter. intens. ✻ av. 1642] **v. intr.** (**aus.** *avere*) ● (*ling.*) fare uso, spec. eccessivo, di sinonimi

sinònimo [vc. dotta, dal lat. *synōnymu(m)*, dal gr. *synṓnymos* 'di ugual nome', comp. di *sýn* 'insieme' e *ónoma* 'nome'. V. *onomastico* ✻ 1363] **A s. m.** ● (*ling.*) vocabolo che ha lo stesso significato fondamentale di un altro ma forma fonetica diversa **B anche agg.**: *parole sinonime* **CONTR.** antonimo, contrario

sinòpia [adattamento del lat. *sinōpis*, genit. *sinōpidis*, dal gr. *sinōpís* 'terra rossa', da *Sinṓpē* 'Sinope', città del Mar Nero donde proveniva l'ocra ✻ 1303] **s. f.** **1** terra rossa usata per tracciare il disegno negli affreschi | ***filo della s.***, cordicella sporcata con ocra rossa che imbianchini e falegnami usavano per segnare la riga da seguire nell'imbiancare o nel segare **2** disegno preparatorio di un affresco tracciato sull'intonaco

sinòpsi [dall'ingl.-amer. *synopsis*. V. *sinossi* ✻ 1765] **s. f. inv.** **1** V. *sinossi* **2** prima e schematica stesura del soggetto di un film

♦**sinóra** [comp. di *sino* (*ad*) *ora* ✻ 1525] **avv.** ● finora: *s. non è venuto nessuno*

sinòssi o (*raro*) **sinòpsi** [vc. dotta, dal lat. tardo *synŏpsi(m)* 'elenco', dal gr. *sýnopsis* 'compendio', comp. di *sýn* 'insieme' e *ópsis* 'sguardo' ✻ av. 1676] **s. f. inv.** **1** (*lett.*) prospetto della materia di un trattato | compendio sistematico, esposizione sintetica **2** ***s. biblica***, ***del Nuovo Testamento***, il giustapporre brani di diversi testi biblici che hanno analogie o che riferiscono la medesima narrazione
SFUMATURE ➤ *sintesi*

sinostòsi [comp. di *sin-* e *ostosi*, dal gr. *ostéon* 'osso', con *-osi* ✻ 1821] **s. f. inv.** ● (*med.*) saldatura tra due ossa

sinotibetàno [comp. di *sino-*, dal lat. mediev. *Sīna(m)* 'Cina', e *tibetano* ✻ 1960] **agg.** ● detto di una famiglia di lingue, di cui fanno parte il cinese e il tibetano

sinòttico [vc. dotta, dal gr. *synoptikós* 'comprensivo', da *sýnopsis* 'compendio' ✻ av. 1712] **agg.** (**pl. m.** *-ci*) ● esposto, presentato, in forma di sinossi | ***tavole sinottiche***, in cui le notizie sono disposte in modo tale da farne facilmente cogliere e ricordare l'ordine e le connessioni | ***Vangeli sinottici***, V. *Vangelo* ‖ **sinotticaménte**, **avv.** in modo sinottico; dal punto di vista della sinossi

sinòvia [vc. coniata da Paracelso, di formazione ignota ✻ 1749] **s. f.** ● (*anat.*) liquido contenuto nelle cavità articolari

sinoviàle [1771] **agg.** ● di sinovia: *membrana s.*

sinovite [da *sinovia*, con *-ite*① ✻ 1875] **s. f.** ● infiammazione della membrana sinoviale

sinsàcro [comp. di *sin-* e (*osso*) *sacro* ✻ 1960] **s. m.** ● (*zool.*) osso sacro degli Uccelli, molto esteso in lunghezza poiché derivato dalla fusione di numerose vertebre

sinsemàntico [comp. di *sin-* e *semantico* ✻ 1993] **agg.** (**pl. m.** *-ci*) ● (*ling.*) detto di parola che ha solo una funzione sintattica e acquista significato dal contesto in cui si trova **CONTR.** autosemantico

sinsèpalo [comp. di *sin-* e *sepalo* ✻ 1967] **agg.** ● (*bot.*) gamosepalo

sintàgma [vc. dotta, dal gr. *sýntagma* (nt.) 'composizione', da *syntássein* 'comporre', comp. di *sýn* 'insieme' e *tássein* 'ordinare'. V. *sintassi* ✻ 1919] **s. m.** (**pl.** *-i*) ● (*ling.*) gruppo minimo di elementi significativi che forma l'unità base della struttura sintattica di una frase | ***s. nominale***, unità costituita da un nome e da un determinante (articolo, aggettivo ecc.) | ***s. preposizionale***, unità costituita da una preposizione seguita da un nome | ***s. verbale***, unità costituita da una voce verbale con il suo ausiliare ed eventualmente seguita da un sintagma nominale o preposizionale

sintagmàtico [vc. dotta, dal gr. *syntagmatikós*, agg. da *sýntagma*, genit. *syntágmatos* 'sintagma' ✻ 1919] **agg.** (**pl. m.** *-ci*) ● (*ling.*) che è proprio delle unità di lingua considerate in successione nell'ambito del contesto | ***rapporto s.***, relazione di successione tra gli elementi della frase **CFR.** paradigmatico ‖ **sintagmaticaménte**, **avv.** dal punto di vista sintagmatico; in modo sintagmatico

sintantoché o **sintànto che** [comp. di *sino*, *tanto* (avv.) e *che* (cong.) ✻ 1765] **cong.** ● (*enfat.*) finché: *aspetterò s. non si sarà deciso a dire la verità*

sintàssi [vc. dotta, dal lat. tardo *syntăxi(m)*, dal gr. *sýntaxis* 'ordinamento, sistema', da *syntássein* 'comporre', comp. di *sýn* 'insieme' e *tássein* 'ordinare' ✻ 1598] **s. f. inv.** **1** (*ling.*) la parte della grammatica che contiene le regole di combinazione degli elementi lessicali e significativi, e quindi di formazione delle frasi **2** (*filos.*) ***s. logica***, sintattica **3** nelle arti figurative e grafiche, nella musica e nello spettacolo, il complesso di rapporti intercorrenti fra le parti significative di una certa composizione espressiva o fra le loro rispettive funzioni: *la s. dei colori in un quadro*; *la s. del montaggio in un film*; *la s. armonica di Wagner*

sintàttica [f. sost. di *sintattico*, sul modello dell'ingl. *syntactic* ✻ 1946] **s. f.** ● nella logica contemporanea, parte della semiotica che all'interno di un determinato sistema linguistico studia i rapporti tra i segni facendo astrazione dal loro significato

sintàttico [vc. dotta, dal gr. *syntaktikós*, da *sýntaxis* 'composizione, sintassi' ✻ 1872] **agg.** (**pl. m.** *-ci*) ● (*ling.*) attinente alla sintassi | ***componente s.***, parte di una grammatica generativa comprendente regole di riscrittura e trasformazionali tali da assegnare a ciascuna frase due livelli di rappresentazione, profondo e superficiale | ***fonetica sintattica***, relativa ai punti di giuntura tra elementi fonici appartenenti a parole diverse unite in un medesimo contesto frasale ‖ **sintatticaménte**, **avv.** in modo sintattico; dal punto di vista della sintassi

sintèma [gr. *sýnthēma* 'relazione, rapporto comune', da *syntithénai* 'mettere insieme', comp. di *sýn-* 'sin-' e *tithénai* 'porre' (di orig. indeur.) ✻ 1966] **s. m.** (**pl.** *-i*) ● (*ling.*) nella terminologia usata da A. Martinet, segmento minimo di una frase formato da monemi lessicali

sintèresi ➤ **sinderesi**

sinterizzàre [dall'ingl. *to sinter*, con suff. iter. intens. ✻ 1948] **v. tr.** ● (*tecnol.*) agglomerare in una massa solida le particelle di polveri metalliche, mediante conveniente riscaldamento ‖ **sinterizzazióne**, **s. f.**

♦**sìntesi** [vc. dotta, dal lat. tardo *sўnthesi(m)*, dal gr. *sýnthesis* 'composizione', da *syntithénai* 'riunire' comp. di *sýn* 'insieme' e *tithénai* 'porre' ✻ 1711] **s. f. inv.** **1** (*filos.*) ogni forma di unificazione del molteplice operata dal giudizio **CONTR.** analisi | nella dialettica di Hegel, il giudizio che supera, unificandoli, gli opposti di tesi e antitesi **2** (*est.*) riduzione a un'unità di più idee, concetti, nozioni, e sim.: *s. di elementi diversi* | (*est.*) riepilogo, compendio | ***in s.***, in breve, in poche parole: *in s., ha preso e se n'è andato* **3** esposizione conclusiva, riassuntiva: *dimmi la s. di quello che hai letto*; *dire, esporre, esprimere, in s.*; *fare una s. di qlco.* **4** operazione di riunione delle parti divise in chirurgia **5** (*chim.*) processo per cui si ottengono composti a partire dagli elementi componenti o da composti più semplici | ***s. clorofilliana***, fotosintesi **6** (*biol.*, *chim.*) ***s. proteica***, fenomeno per cui, nelle cellule viventi, partendo dagli aminoacidi si giunge alla formazione di nuove strutture e sostanze indispensabili per la vita di un organismo

SFUMATURE DI SIGNIFICATO
sintesi - sommario - sinossi
Sintesi è un'esposizione breve, completa nella sostanza ma senza abbondanza di particolari, degli argomenti salienti di uno scritto o di un discorso. Anche **sommario** è un'esposizione per sommi capi di una materia o un argomento; in altra accezione è un breve riassunto degli argomenti trattati nelle singole parti di un libro, anche organizzato in forma di indice, oppure una breve sintesi del contenuto di un articolo, posta sotto il titolo dell'articolo stesso. Una trattazione breve e schematica che presenta tutt'insieme una materia o il contenuto di uno scritto si definisce invece **sinossi**.
SFUMATURE ➤ ***compendio***, ➤ ***riassunto***

♦**sintètico** [vc. dotta, dal gr. *synthetikós*, da *sýnthesis* 'composizione' ✻ 1725] **agg.** (**pl. m.** *-ci*) **1** di sintesi, che è proprio della sintesi, che procede per via di sintesi: *metodo s.* | capace di sintesi: *intelligenza sintetica* **2** (*est.*) ridotto all'essenziale: *trattazione sintetica* **SIN.** conciso, succinto **3** (*ling.*) ***lingua sintetica***, quella (per es. il latino) che esprime i rapporti grammaticali per mezzo di modificazioni interne delle parole | (*gramm.*) organico nel sign. A 5 **4** (*mat.*) detto dello studio di un problema geometrico, che non faccia uso di metodi analitici **5** detto di sostanze, prodotti e sim., ottenuti artificialmente per mezzo di sintesi chimiche: *fibre sintetiche* | ***pietra sintetica***, pietra preziosa ottenuta artificialmente, ma che riproduce con precisione quella naturale ‖ **sinteticaménte**, **avv.** **1** in modo sintetico: *descrivere sinteticamente i fatti* **2** per via di sintesi: *un composto chimico ottenuto sinteticamente* ‖ **sinteticità**, **s. f. inv.** concisione, essenzialità

sintetìsmo [vc. dotta, dal gr. *synthetismós*, da *synthetízesthai* 'disporre insieme con ordine' ✻ 1838] **s. m.** ● ogni dottrina filosofica che riconosce la possibilità di ricondurre a un principio unitario la molteplicità degli elementi che costituiscono il reale

sintetizzàre [da *sintetico*, con suff. iter. intens. V. il gr. *synthetízesthai* 'disporre con ordine' ✻ 1862] **v. tr.** **1** riunire in sintesi, riassumere in forma sintetica (*anche assol.*): *s. una situazione in poche parole*; *cerca di s.!* **2** (*chim.*) ottenere, produrre per mezzo di sintesi ‖ **sintetizzazióne**, **s. f.** (V.)

sintetizzatóre [da *sintetizzare* ✻ av. 1890] **A s. m.** (f. *-trice*); **anche agg.** ● chi (o che) sintetizza **B s. m.** ● (*mus.*) strumento elettronico costituito da un insieme di circuiti in grado di controllare i principali parametri, come estensione, timbro, dinamica espressiva del suono; usato sia in fase compositiva che esecutiva: *s. analogico*, *s. digitale*

sintetizzazióne [1948] **s. f.** ● (*raro*) il sintetizzare | nella musica elettronica, controllo e modificazione delle varie componenti del suono

sinti [vc. zingarica di etim. oscura ✻ 1986] **s. m. e f. inv.**; **anche agg. inv.** ● (*antrop.*) nome di alcuni gruppi di nomadi dell'Europa occidentale di cui è incerta l'appartenenza al popolo degli zingari

†**sintìlla** ➤ **scintilla**

sintoamplificatóre [comp. di *sinto(nizza-*

tore) e amplificatore ✶ 1989] **s. m.** ● (*elettron.*) in un impianto ad alta fedeltà, dispositivo che combina le funzioni di un sintonizzatore e di un amplificatore

sintogràmma [comp. di *sinto(nia)* e *-gramma* ✶ 1939] **s. m.** (**pl.** *-i*) ● dispositivo che in un apparecchio radio ricevente rende visibile l'operazione di sintonia

†**sintòma** ➤ **sintomo**

sintomàtico [vc. dotta, dal gr. *symptōmatikós* 'accidentale', da *sýmptōma* 'avvenimento fortuito' ✶ av. 1686] **agg.** (**pl. m.** *-ci*) **1** (*med.*) attinente a sintomo | ***terapia sintomatica***, che si limita ad eliminare o attenuare i sintomi di una malattia: *terapia sintomatica delle forme influenzali* **2** (*fig.*) significativo: *il suo silenzio è s.* || **sintomaticaménte**, **avv.** in maniera sintomatica || **sintomaticità**, **s. f. inv.**

sintomatologìa [dal gr. *sýmptōma*, genit. *symptṓmatos* 'sintomo' e *-logia* ✶ 1821] **s. f.** (**pl.** *-gìe*) ● (*med.*) insieme di sintomi

sìntomo o †**sintòma** [variante di un desueto *sintoma*, vc. dotta dal gr. *sýmptōma* (nt.) 'avvenimento fortuito', da *sympíptein* 'accadere', comp. di *sýn* 'insieme' e *píptein* 'cadere' ✶ 1561] **s. m.** **1** (*med.*) ogni manifestazione che accompagna una malattia e che viene avvertita dal paziente: *s. patognomonico* **CFR.** segno **2** (*fig.*) indizio: *s. di pervertimento, di bassezza d'animo*

SFUMATURE ➤ *avvisaglia*

sintonìa [vc. dotta, dal gr. *syntonía* 'accordo', comp. di *sýn* 'insieme' e *-tonía*, da *tónos* 'tono' ✶ 1907] **s. f.** **1** accordo, concordanza di frequenza fra un trasmettitore e un ricevitore | ***comando di s.***, dispositivo che nei circuiti radio e televisivi permette di scegliere la frequenza di valore voluto, cioè la trasmissione desiderata **2** (*fig.*) accordo, armonia: *essere in s. con qlcu., con qlco.*; *non c'è s. tra voi* **CFR.** distonia

sintònico [1908] **agg.** (**pl. m.** *-ci*) ● di sintonia | che è in sintonia

sintonìsmo [da *sintonia*, con *-ismo* ✶ 1922] **s. m.** ● (*fis.*) accordo in sintonia

sintonizzàre [da *sintonia* ✶ 1909] **A** **v. tr.** ● portare in risonanza su di una determinata frequenza uno o più circuiti elettrici allo scopo predisposti **B** **sintonizzàrsi** **v. intr. pron.** ● porsi in sintonia (+ *su*): *sintonizzarsi su una stazione radio* | (*fig.*) essere in armonia, in accordo (+ *con*): *sintonizzarsi con i colleghi di lavoro*; *sintonizzarsi con le idee di qlcu.* || **sintonizzazióne**, **s. f.**

sintonizzatóre [da *sintonizzare* ✶ 1932] **s. m.** ● negli impianti ad alta fedeltà, apparecchio che consente la ricezione dei programmi radiofonici

sintropìa [comp. di *sin-* e *-tropia* ✶ 1956] **s. f.** ● (*fis.*) grandezza fisica caratterizzante una classe di fenomeni, detti sintropici, i quali sarebbero governati da un principio di finalità e tenderebbero a realizzare sistemi materiali sempre più ordinati e differenziati, a differenza dei fenomeni entropici, i quali, governati da un principio di causalità, tendono a disgregare i sistemi materiali e a degradare l'energia **CONTR.** entropia

sintròpico [1960] **agg.** (**pl. m.** *-ci*) ● (*fis.*) relativo alla sintropia: *fenomeni sintropici* | ***differenziazione sintropica***, principio tendente a ritardare la degradazione dell'energia e a realizzare sistemi materiali sempre più ordinati e differenziati

sinuàto [vc. dotta, lat. *sinuātu(m)*, part. pass. di *sinuāre* 'curvare, piegare', da *sīnus* 'seno, sinuosità' ✶ 1499] **agg.** ● (*bot.*) detto di organo che presenta pieghe od ondulazioni

sinuóso (o *-so*) [dal lat. *sinuōsu(m)* 'tortuoso', da *sīnus* 'sinuosità'. V. *seno*① ✶ 1499] **agg.** ● che si svolge alternando convessità e concavità: *corso s. del fiume* **SIN.** tortuoso **CFR.** spiro- | (*est.*) che ha forme e curve accentuate: *una modella dal corpo s.*; *labbra sinuose* | (*fig.*) contorto, ambiguo: *un discorso s., pieno di sottintesi e di velate allusioni* (L. PIRANDELLO) **CONTR.** lineare || **sinuosaménte**, **avv.** con sinuosità, in modo sinuoso, tortuoso || **sinuosità**, **s. f. inv.** caratteristica o aspetto di ciò che è sinuoso; tratto sinuoso

sinusàle [comp. del lat. *sīnu(m)* e del suff. *-ale*① ✶ 1960] **agg.** ● (*anat.*) relativo a un seno venoso o a una struttura complessa comprendente un seno venoso | ***ritmo s.***, il normale ritmo cardiaco controllato dal nodo senoatriale

sinusìa [vc. dotta, dal gr. *synousía* 'unione, coessenza', comp. di *sýn* 'insieme' e *ousía*, da *êinai* 'essere', di orig. indeur. ✶ 1930] **s. f.** ● nel linguaggio teologico cristiano, unione delle tre persone della Trinità in un'unica sostanza, secondo alcune correnti di pensiero orientale

sinusiàsta [vc. dotta, dal gr. *synousiastḗs*, da *sinousía* 'sinusia' ✶ 1745] **s. m. e f.** (**pl. m.** *-i*) ● seguace antitrinitario delle dottrine eretiche proclamanti la sinusia

sinusìte [vc. dotta, dal lat. *sīnus* 'seno (paranasale)', con *-ite*① ✶ 1900] **s. f.** ● (*med.*) infiammazione dei seni paranasali

sinusìtico [1960] **agg.** (**pl. m.** *-ci*) ● di sinusite, relativo a sinusite

sinusoidàle [1895] **agg.** ● che ha forma di sinusoide || **sinusoidalménte**, **avv.**

sinusòide① [vc. dotta, dal lat. *sīnus* 'seno', con *-oide* ✶ 1895] **s. f.** ● (*mat.*) curva rappresentativa della funzione trigonometrica seno

sinusòide② [1957] **s. m.** ● (*anat.*) ognuno dei voluminosi capillari, caratterizzati da discontinuità nella parete, presenti in corrispondenza di ghiandole endocrine o di altri organi

-sióne ➤ **-zione**

sionìsmo [da *Sion*, dall'ebr. *Syyon*, attraverso il gr. *Síon*, lat. *Sīon*, con *-ismo* ✶ 1899] **s. m.** ● movimento sorto verso la fine dell'Ottocento tendente a costituire uno Stato ebraico in Palestina | dopo la costituzione dello Stato d'Israele (1948), movimento per la difesa di tale Stato e, più in generale, con compiti di propaganda e di educazione

sionìsta [1899] **A** **s. m. e f.**; **anche agg.** (**pl. m.** *-i*) ● sostenitore del sionismo **B** **agg.** ● relativo al sionismo, ai sionisti: *movimento s.*

sionìstico [1909] **agg.** (**pl. m.** *-ci*) ● del sionismo, dei sionisti

siór① ➤ **sor**

siór② [vc. ven., abbr. di *signor(e)*, in posizione proclitica ✶ av. 1726] **s. m.** (**f.** *sióra*; **pl. m.** *sióri*; **pl. f.** *sióre*) ● (*ven.*) signore, nei sign. A 4 e A 8: *Sto regalo ve l'ha fatto sior conte Silvio* (C. GOLDONI)

†**sìpa** [variante di *sipo*, comp. di *sì*① e *po* rafforz., dal lat. *pŏst* 'poi' ✶ 1313] **avv.** ● (*bolognese*) sia pure, sì (con valore fortemente affermativo): *tante lingue non son ora apprese / a dicer 's.' tra Savena e Reno* (DANTE *Inf.* XVIII, 60-61)

sipahi /sipa'i, *persiano* sepɒ:'hi:/ [1937] **s. m. inv.** ● sepoy

sipài [1895] **s. m. inv.** ● adattamento di *sipahi* (V.)

sipariétto [1943] **s. m.** **1** dim. di *sipario* **2** leggero sipario supplementare usato fra un quadro e l'altro della rivista, durante i cambi di scena | (*est.*) breve numero di intermezzo eseguito davanti a tale sipario | (*fig.*) scenetta bizzarra, esibizione divertente o sim.

sipàrio [vc. dotta, dal lat. *sipāriu(m)* 'paravento', connesso con *sūpparus* 'velo', di etim. incerta ✶ 1499] **s. m.** **1** pesante tendaggio (o, *est.*, ogni altro mezzo) posto tra palcoscenico e sala teatrale per nascondere al pubblico la scena prima o dopo lo spettacolo o durante le sue eventuali pause: *alzare, abbassare, calare il s.* | **calare il s. su qlco.**, (*fig.*) concluderla, o non nominarla **2** (*polit.*) ***s. di ferro***, cortina di ferro (V. *cortina*①) || **sipariétto**, **dim.** (V.)

siparìsta [1965] **s. m. e f.** (**pl. m.** *-i*) ● chi è incaricato della chiusura e apertura del sipario

sipontìno [lat. *Sipontīnu(m)*, abitante della città di *Sipōntu(m)* 'Siponto', vicino alla quale fu fondata nel Medioevo Manfredonia ✶ av. 1498] **A** **agg.** ● di Manfredonia **B** **s. m.** (**f.** *-a*) ● abitante o nativo di Manfredonia

Sipuncùlidi [vc. scient. moderna, dal lat. *sip(h)ŭnculus*, dim. di *sīpho*, genit. *siphōnis* 'tubo, sifone' ✶ 1936] **s. m. pl.** (**sing.** *-e*) ● (*zool.*) gruppo di vermi marini cilindrici, affini agli Anellidi, privi di metameria, con cuticola chitinosa e proboscide cefalica (*Sipunculoidea*)

sir /ser, *ingl.* sɜ:(r)/ [vc. ingl., dal fr. *sire* 'signore' (V. *sire*) ✶ av. 1850] **s. m. inv.** ● titolo inglese riservato a baronetti e cavalieri | titolo inglese di cortesia

sir- ➤ **sin-**

siracusàno [av. 1367] **A** **agg.** ● di Siracusa **B** **s. m.** (**f.** *-a*) ● abitante o nativo di Siracusa **SIN.** aretuseo

sìre o †**sìri** [dall'ant. fr. *sire*, dal lat. *seniōre(m)*. V. *signore* ✶ sec. XII] **s. m.** **1** †signore, sovrano | †***l'Alto, l'Eterno, il Giusto S.***, Dio **2** titolo usato per rivolgersi a un re

sirèna① (o *-é-*) o †**serèna** (o *-é-*) [dal lat. tardo *sirēna(m)*, variante del classico *Sīren*, dal gr. *Seirḗn*, genit. *Seirênos* 'Sirena', di etim. incerta ✶ av. 1250] **s. f.** **1** (**m.** *-o*) creatura favolosa della mitologia classica, raffigurata come essere umano (spec. donna) giovane e bello con la parte inferiore a forma di uccello (e più tardi, spec. nel Medioevo, a forma di pesce), il cui canto affascinava i naviganti e provocava i naufragi **2** (*est.*) donna allettatrice, incantevole | (*fig.*) lusinga, richiamo **3** anfibio americano degli Urodeli, vermiforme, con branchie persistenti, privo di arti posteriori (*Siren lacertina*) || **sirenétta**, **dim.** (V.) | **sirenétto**, **dim. m.** (V.)

sirèna② (o *-é-*) [da *sirena*①, attraverso il fr. *sirène*, per la sua capacità di attirare l'attenzione ✶ 1838] **s. f.** ● apparecchio che genera segnali acustici continui e intensi, usato da alcuni stabilimenti industriali, da veicoli di impiego urgente (vigili del fuoco, polizia, pronto soccorso), per allarmi aerei in guerra e sim.; è generalmente costituito da un disco girevole munito di ugelli, attraverso i quali è spinta l'aria: *il fischio della s.* | ***s. d'allarme***, in tempo di guerra, per segnalare alla popolazione l'avvicinarsi di aerei nemici

sirenétta [1821] **s. f.** **1** dim. di *sirena*① | (*est.*) giovane donna graziosa e seducente **2** (*mus.*) strumento che imita il canto degli uccelli

sirenétto [1981] **s. m.** ● dim. m. di *sirena* | (*iron.*) giovane uomo, spec. in abbigliamento balneare, che ostenta la bellezza del suo corpo

Sirèni [vc. scient. moderna, dal lat. *Sīren*, genit. *Sirēnis* 'sirena', per l'aspetto di questi animali ✶ 1934] **s. m. pl.** (**sing.** *-e*) ● (*zool.*) ordine di Mammiferi adattati alla vita acquatica con corpo tozzo, grossa testa, orecchie prive di padiglioni, arti anteriori trasformati in pinne, pelle spessa e setole sulle grosse labbra (*Sirenia*)

Sirènidi [da *sirena*①, sul modello del gr. *Seirḗnides* 'Sirene' ✶ 1875] **s. m. pl.** (**sing.** *-e*) ● (*zool.*) famiglia nordamericana di Anfibi degli Urodeli comprendente individui anguilliformi, acquatici e privi degli arti posteriori

S

(*Sirenidae*)

sirenomelìa [vc. dotta, comp. del lat. *sirē-na(m)* e di *-melìa* ✱ 1948] **s. f.** ● (*med.*) anomalia congenita caratterizzata dalla fusione degli arti inferiori, spec. dei piedi

†**sìri** ➤ **sire**

sirìaco [vc. dotta, dal lat. *Syrĭacu(m)*, dal gr. *Syriakós*, da *Syría* 'Siria' ✱ 1476] **A agg.** (**pl. m.** *-ci*) ● dell'antica Siria: *arte siriaca* | ***Chiesa siriaca***, quella propria della Siria e della Mesopotamia, dalla quale si staccarono varie Chiese autonome **B s. m. solo sing.** ● lingua letteraria della Chiesa siriaca

♦**siriàno** [1594] **A agg.** ● della Siria, moderno Stato arabo: *territorio s.* **B s. m.** (**f.** *-a*) ● abitante o nativo della Siria **C s. m. solo sing.** ● lingua araba moderna della Siria

sirìce [vc. scient. moderna, adattamento irregolare del lat. *Sīren*, genit. *Sirēnis* 'Sirena' ✱ 1875] **s. m.** ● genere di grossi Insetti imenotteri dei Siricidi che vivono spec. nelle foreste di regioni fredde e temperate (*Sirex*)

Sirìcidi [da *sirice* ✱ 1960] **s. m. pl.** (**sing.** *-e*) ● (*zool.*) famiglia di Insetti degli Imenotteri con corpo robusto, allungato, munito di lunghe antenne, le cui femmine depongono le uova nei tronchi degli alberi (*Siricidae*)

sìrima o **sìrma** [vc. dotta, dal lat. *sýrma* (nt.), dal gr. *sýrma*, genit. *sýrmatos* 'veste tragica, strascico', poi 'coda della strofe', connesso con *sýrein* 'trascinare', di orig. indeur. ✱ 1563] **s. f.** ● (*ling.*) nella metrica italiana, seconda parte della stanza di canzone, talora divisibile in due parti uguali dette volte

♦**sirìnga**[1] o †**sciringa**, †**scilinga** [vc. dotta, dal lat. tardo *sy̆rĭnga(m)*, variante del classico *sȳrinx*, dal gr. *sýrinx*, genit. *sýringos* 'siringa, zampogna', di etim. incerta ✱ av. 1494] **s. f. 1** (*mus.*) strumento a fiato, formato da una o più canne tenute insieme da cera o corda, usato già dagli antichi pastori della Grecia, diffuso in forme varie in tutti i continenti **SIN.** flauto di Pan **2** cilindro di vetro o di plastica con stantuffo, munito di un ago cavo, usato spec. per iniezioni o per prelevare sangue o altri liquidi | ***s. a perdere, usa e getta***, siringa sterilizzata di materiale plastico, che si getta dopo l'uso **3** utensile a stantuffo usato in cucina per introdurre la crema nei bignè o per decorare variamente le torte ‖ **siringhétta**, **dim.** | **siringóna**, **accr.** | **siringóne**, **accr. m.**

sirìnga[2] [vc. scient. moderna, dal gr. *sýrinx*, genit. *sýringos* 'zampogna' ✱ 1625] **s. f.** ● (*bot.*) lillà

siringàre [da *siringa*[1] ✱ 1550] **v. tr.** (*io sirìngo, tu sirìnghi*) **1** (*med.*) introdurre una siringa in una cavità naturale dell'organismo per svuotarla o per immettervi sostanze medicamentose: *s. la sinovia* **2** (*med., raro*) cateterizzare

siringatùra [1891] **s. f.** ● operazione del siringare

sirìnge [vc. dotta, dal lat. *sȳrinx*, genit. *syrĭngis*, dal gr. *sýrinx*, genit. *sýringos* 'zampogna, cannello'. V. *siringa*[1] ✱ 1940] **s. f.** ● (*zool.*) organo vocale degli uccelli

sìrma [variante di *sirima* ✱ 1927] **s. f. 1** V. *sirima* **2** nell'antica Grecia, lunga veste con strascico, tipica degli attori tragici

sìro [dal lat. *Sȳru(m)*, dal gr. *Sýros*, della Siria' ✱ av. 1374] **A agg.** ● (*lett.*) siriaco **B s. m.** (**f.** *-a*) ● abitante o nativo dell'antica Siria

†**siròcchia** o †**seròcchia** [lat. *sorōcula(m)*, dim. di *sŏror*, genit. *sorōris* 'sorella'. V. *sorella, suora* ✱ av. 1292] **s. f.** ● sorella: *non aveva costui altri che una s.* (N. MACHIAVELLI)

†**sirocchiévole** [da *sirocchia* ✱ av. 1543] **agg.** ● (*raro*) di sorella ‖ †**sirocchievolménte**, **avv.** da sorella, con affetto di sorella

†**siròcco** ➤ **scirocco**

siròppo ➤ **sciroppo**

sirtàki /gr. moderno sirta'ki/ [vc. gr., dim. (*-akí*) di *syrtós* 'tipo di danza' ✱ 1965] **s. m. inv.** ● danza popolare greca originaria dell'isola di Creta | musica dal ritmo cadenzato che accompagna tale danza

sìrte [vc. dotta, dal lat. *Sy̆rte(m)*, dal gr. *Sýrtis*, genit. *Sýrtidos* 'Sirte' ✱ av. 1367] **s. f. 1** (*lett.*) bassofondo di sabbie mobili, pericoloso per la navigazione **2** (*fig., lett.*) pericolo, insidia

sìrtico [vc. dotta, dal lat. *Sy̆rtĭcu(m)*, da *Sy̆rtis* 'Sirte' ✱ 1911] **agg.** (**pl. m.** *-ci*) ● della Sirte, delle Sirti (nome di due ampie insenature della costa mediterranea dell'Africa, in Tunisia e in Libia)

sirventése (o **-ṣe**) o **serventése** (o **-ṣe**) [dal provenz. *sirventes*, da *sirven* 'servente', propr. 'poesia da servi' o 'poesia del trovatore servente al signore' ✱ sec. XII] **s. m.** ● componimento strofico di origine provenzale, di contenuto originariamente politico, poi morale, religioso e sim.

sis- ➤ **sin-**

sìṣal[1] [dal porto di *Sisal* nello Yucatán (Messico) ✱ 1929] **s. f. inv. 1** fibra tessile ricavata dalle foglie di una varietà di agave **2** varietà di agave dalle cui foglie si ricava la fibra omonima (*Agave sisalana*)

Sìṣal[2] [sigla di *S(port) I(talia) S(ocietà) A (responsabilità) L(imitata)* ✱ 1946] **s. f. inv.** ● concorso a pronostici sulle partite di calcio, dal 1949 denominato totocalcio

†**sìṣamo** ➤ **sesamo**

sìṣaro [lat. parl. **sīsaru(m)*, variante di *sīser*, genit. *sīseris* (nt.), dal gr. *sísaron* 'pastinaca', di etim. incerta ✱ 1476] **s. m.** ● (*bot.*) pastinaca

sìṣifo [dal lat. *Sīsiphu(m)*, dal gr. *Sísyphos* 'Sisifo' ✱ 1930] **s. m.** ● genere di Insetti dei Coleotteri coprofagi, di modeste dimensioni e con lunghe zampe (*Sisyphus*)

sì signóre ➤ **sissignore**

sìṣma o **sìṣmo** [vc. dotta, dal gr. *seismós* 'scossa', da *séiein* 'scuotere', di orig. indeur. ✱ 1586] **s. m.** (**pl.** *-i*) ● movimento della crosta terrestre **SIN.** terremoto

sìṣmico [da *sismo* ✱ 1872] **agg.** (**pl. m.** *-ci*) ● relativo ai sismi: *movimento s.* | ***zona, regione, sismica***, colpita più frequentemente dai terremoti | ***carta sismica***, in cui sono riportate le zone sismiche | ***lampo s., boato s.***, lampo, boato, che spesso accompagnano terremoti ‖ **siṣmicaménte**, **avv.** dal punto di vista sismico ‖ **siṣmicità**, **s. f. inv.** caratteristica di una regione soggetta a fenomeni sismici; frequenza di fenomeni sismici

sìṣmo ➤ **sisma**

sìṣmo-, -sìṣmo [dal gr. *seismós* 'scossa (di terremoto)', dal v. *séiein* 'scuotere', di orig. indeur.] **primo e secondo elemento** ● in parole scientifiche composte, fa riferimento a movimento tellurico, a terremoto: *sismografo, sismologia, sismologo; bradisismo*

siṣmografìa [comp. di *sismo-* e *-grafia* ✱ 1938] **s. f.** ● tecnica di registrazione dei fenomeni sismici basata sull'impiego dei sismografi e sull'ottenimento di sismogrammi

siṣmogràfico [1945] **agg.** (**pl. m.** *-ci*) ● relativo a sismografia, a sismografo: *registrazione sismografica*

siṣmògrafo [comp. di *sismo-* e *-grafo* ✱ 1872] **s. m.** ● strumento di osservazione e registrazione delle vibrazioni della crosta terrestre: *s. verticale, orizzontale*

siṣmogràmma [comp. di *sismo-* e *-gramma* ✱ 1909] **s. m.** (**pl.** *-i*) ● diagramma tracciato da un sismografo mentre si manifesta il movimento tellurico

siṣmologìa [comp. di *sismo-* e *-logia* ✱ 1865] **s. f.** (**pl.** *-gìe*) ● parte della geofisica che studia le scosse telluriche e oceaniche e le oscillazioni secondarie della crosta terrestre

siṣmològico [1872] **agg.** (**pl. m.** *-ci*) ● di sismologia ‖ **siṣmologicaménte**, **avv.** dal punto di vista sismologico

siṣmòlogo [comp. di *sismo-* e *-logo* ✱ 1872] **s. m.** (**f.** *-a*; **pl. m.** *-gi*) ● studioso di sismologia

sissignóre o **sì signóre** /sissiɲ'ɲore/ [comp. di *sì*[1] e *signore* ✱ av. 1815] **avv.** (anche nelle forme *sissignóri, sissignóra, sissignóre* se ci si rivolge a più persone maschili o a una o più persone femminili) **1** (*intens.*) sì (si usa come risposta affermativa rivolgendosi a un superiore o a persona di riguardo): *s., vado subito* **2** (*fam., iron.*) certo, proprio così: *l'ho detto e lo ripeto, s.!; s.! faccio proprio quello che voglio*

sissìzio [vc. dotta, dal gr. *syssítion* 'banchetto comune', connesso con *syssitéin*, comp. di *sýn* 'insieme' e *sitêin* 'mangiare', da *sîtos* 'grano, cibo', di etim. incerta ✱ av. 1729] **s. m.** (**pl.** *-zi* o *sissì-zie*, **f.**) ● pasto in comune che usavano fare i cittadini greci di origine dorica e al quale contribuivano versando cibarie e una certa somma

♦**sistèma** [vc. dotta, dal lat. tardo *systēma* (nt.), dal gr. *sýstēma*, genit. *systḗmatos*, propr. 'riunione', da *synistánai* 'riunire', comp. di *sýn* 'insieme' e *histánai* 'porre', dalla radice indeur. **sthā-* 'stare' ✱ 1508] **s. m.** (**pl.** *-i*) **I** pluralità di elementi materiali coordinati tra loro in modo da formare un complesso organico **1** (*astron.*) insieme di corpi celesti appartenenti a un unico complesso organico | ***s. solare***, costituito dal Sole e dai pianeti che orbitano attorno ad esso **2** insieme di organi, animali o vegetali, che svolgono una funzione vitale ben definita: *s. nervoso, respiratorio; s. fogliare* | ***s. immunitario***, V. *immunitario* **SIN.** apparato **3** insieme di organi, meccanismi, elementi strutturali e sim. destinati a utilizzazioni tecniche: *s. di pulegge, di ingranaggi; s. di navigazione aerea* | (*milit.*) ***s. d'arma***, complesso comprendente un'arma e le apparecchiature che ne consentono e ne facilitano l'uso **4** (*geol.*) complesso di rocce formatesi durante un periodo: *s. cretacico, eocenico* | (*geogr.*) ***s. orografico, montuoso***, insieme di montagne di una data zona, aventi caratteristiche analoghe | ***s. idrografico, fluviale***, insieme dei fiumi di una data zona **5** organizzazione politica, giuridica, economica e sociale di uno Stato: *s. democratico; s. repubblicano, monarchico; s. capitalistico, socialista* | l'insieme degli elementi istituzionali, politici, culturali e sociali che costituiscono e caratterizzano uno Stato, una nazione: *il s. Italia; il s. Paese* | ***fare s.***, (*fig.*) promuovere iniziative coordinate per ottenere miglioramenti in campo politico, economico, culturale e sim. | (*spreg.*) il potere costituito, il regime politico-sociale esistente: *integrarsi nel s.; contestare il s.* **6** (*econ.*) ***s. bancario***, insieme degli istituti bancari operanti in un dato paese | ***s. monetario***, complesso delle monete aventi corso legale in uno Stato o in un'unione di Stati | ***s. economico nazionale***, complesso delle attività produttive di beni e servizi, dei rapporti economici e sociali e degli indirizzi di politica economica, che caratterizza la vita economica di un dato Paese **II** pluralità di elementi astratti coordinati fra loro **1** (*mat.*) insieme di enti, i quali solitamente sono a loro volta degli insiemi: *s. di curve, di superfici* | ***s. di equazioni***, insieme di equazioni simultanee, le cui soluzioni sono cioè le soluzioni contemporanee di tutte le equazioni | ***s. formale***, in logica matematica, sistema di simboli la cui sintassi è definita secondo precise regole di formazione e di inferenza **2** (*fis.*) corpi, elementi o enti che, per essere considerati cumulativamente o per le loro proprietà, costituiscono un insieme: *s. di punti* | ***s. elastico***, che permette qualche modificazione negli elementi o nelle parti che lo compongono | ***s. rigido***, che non permette alcuna modificazione | ***s. di coordinate***, sistema di riferimento, atto a individuare, mediante un insieme ordinato di numeri, un ente geometrico | ***s. di riferimento***, insieme di elementi (origine, assi, unità di misura e sim.) variabile da caso a caso, che permette di associare a ogni ente geometrico un ente analitico | (*mat.*) ***s. dinamico***, processo naturale o modello matematico in cui ogni stato successivo è funzione del precedente **3** (*chim.*) insieme di una o più fasi | ***s. omogeneo***, che contiene una sola fase | ***s. eterogeneo***, con più fasi **4** (*ling.*) insieme di elementi in reciproco rapporto fra loro: *s. fonematico, morfologico* **5** (*antrop.*) l'insieme dei termini e delle relazioni di parentela vigenti presso una determinata popolazione **6** (*mus.*) insieme di regole che governano i rapporti armonici: *s. modale, tonale, dodecafonico* | ***s. perfetto***, nell'antica musica greca, quello che arrivava a includere due ottave **III** pluralità di elementi coordinati fra loro allo scopo di servire a una data operazione **1** insieme dei dati convenzionalmente stabiliti che consentono di misurare una grandezza: *s. di misura* | ***s. metrico decimale***, sistema di misura basato sul principio della suddivisione dell'unità in sottomultipli, il cui rapporto con l'unità sia un multiplo di dieci | ***s. CGS***, sistema assoluto di unità di misura, avente per unità fondamentali il centimetro, il grammo e il secondo | ***S. Internazionale***, sistema assoluto di unità di misura avente per unità fondamentali il metro, il kilogrammo, il secondo, l'ampere, il kelvin, la candela e la mole **2** ***scienza, teoria dei sistemi***, disciplina che studia i sistemi complessi, rappresentandoli mediante modelli matematici, con ampio impiego dell'elaboratore elettronico **SIN.** sistemistica | ***ingegneria dei sistemi***, scienza dei sistemi applicata ai sistemi materiali che sono almeno in parte opera dell'uomo | (*inform.*) ***s. per l'elaborazione dei dati***, insieme di apparecchiature, destinato all'elaborazione dei dati | ***s. elettronico per l'elaborazione dei dati***, composto da una unità centrale e di elaborazione alla quale sono collegate unità di entrata e di uscita dei dati e unità di memoria ausiliarie | ***s. di trattamento automatico delle informazioni***, qualunque insieme di apparecchiature che permette il trattamento automatico di informazioni opportunamente formalizzate e materializzate negli opportuni supporti | (*inform.*) ***s. operativo***, V. *operativo* | (*inform.*) ***s. esperto***, V. *esperto* | (*inform.*) ***analisi dei sistemi***, studio che ha lo scopo di determinare il modo di impiego di un elaboratore elettronico per progettare un nuovo sistema in grado di analizzare e risolvere un determinato problema | (*inform.*) ***s. autore***, programma utilizzato per la realizzazione di una presentazione grafica o multimediale **3** in ragioneria, complesso di scritture che hanno un dato scopo e oggetto: *s. del reddito*; *s. patrimoniale*; *s. della partita semplice, della partita doppia* **IV** pluralità di elementi disposti secondo determinati criteri di ordinamento, classificazione e sim. **1** (*miner.*) ciascuno dei sette raggruppamenti maggiori in cui si suddividono i cristalli secondo la combinazione di elementi di simmetria di rotazione **2** (*chim.*) ***s. periodico degli elementi***, classificazione degli elementi chimici in base al loro numero atomico e alla forma massima di combinazione, con disposizione degli stessi elementi in serie orizzontali, dette periodi, e verticali, dette gruppi, che mettono in evidenza certe proprietà essenziali ricorrenti **V** complesso di teorie, principi e sim. logicamente connessi **1** insieme dei principi ispiratori della disciplina relativa a un istituto o complesso di istituti: *s. di segregazione cellulare*; *s. processuale inquisitorio* | ***s. elettorale***, metodo previsto dalla legge per l'elezione delle assemblee rappresentative; metodo previsto dalla legge o da regolamenti per l'elezione di organi rappresentativi collegiali o individuali **2** (*filos.*) complesso organizzato di idee o di dottrine: *il s. aristotelico, hegeliano* **3** teoria matematica o filosofica che si propone di spiegare il meccanismo dei sistemi astronomici: *s. tolemaico*; *s. copernicano* **4** metodo seguito nel fare, realizzare, organizzare qlco.: *s. di fortificazione*; *nuovi sistemi di riscaldamento, illuminazione, irrigazione*; *i vari sistemi di coltivazione* **5** metodo che tende a razionalizzare i giochi incentrati su pronostici: *un s. per giocare al totocalcio* **6** nel calcio, schieramento tattico ideato dagli Inglesi e introdotto in Italia intorno al 1940, basato su una diversa marcatura degli attaccanti avversari e su una maggiore verticalità del centrocampo e dell'attacco, rispetto all'altra tecnica di gioco chiamata *metodo* (V.) **7** (*fig.*) ordine che si segue nelle proprie azioni, regola di condotta: *s. di vita*; *avere, adottare, seguire, un s.*; *cambiare, mutare, s.* | (*est.*) consuetudine, attitudine: *fare qlco. per s.*; *avere il s. di fare qlco.* **8** (*fig., fam.*) modo, maniera: *bel s.*; *brutto s.*; *che s. sarebbe?*; *questo non è il s. di studiare*; *se non cambi adotterò il s. forte* ‖ **sistemìno**, **dim.** | **sistemóne**, **accr.** nel sign. V 5

♦**sistemàre** [da *sistema* ✻ 1668] **A** **v. tr.** (*io sistèmo*) **1** (*raro*) organizzare in un sistema: *Pensare è s.* (B. Croce) **2** ordinare, mettere in assetto: *s. la casa, le proprie cose, i conti* | mettere al proprio posto, disporre: *s. i libri sullo scaffale* | anche in forma pron.: *sistemarsi la giacca, gli occhiali sul naso* **3** risolvere, definire: *s. una faccenda, una lite* **4** (*est.*) dare un alloggio adeguato: *ha sistemato la famiglia in un grande appartamento* **5** procurare un'occupazione, un lavoro: *ha sistemato il figlio in banca*; *bisogna aiutarla a s. il marito* **6** far sposare, spec. in modo economicamente vantaggioso: *ha sistemato tutte le figlie* **7** (*fam.*) dare una punizione, un castigo: *se non studi ti sistemo io*; *il padre l'ha sistemato per le feste* **B** **sistemàrsi** **v. rifl.** **1** trovare un alloggio adeguato: *ci siamo sistemati in una villa, in città, in una camera doppia*; *si sono sistemati provvisoriamente da* (o *presso*) *alcuni parenti* | mettersi, accomodarsi: *sistemarsi sulla poltrona* **2** trovare un'occupazione, un lavoro (+ *a*, + *in*): *si è sistemato alle Poste, in una piccola ditta* **3** sposarsi: *si è sistemato con una bella ragazza*

sistemàta [da *sistemare* ✻ 1957] **s. f.** ● veloce e sommaria sistemazione, spec. per fare ordine o rassettare: *dare una s. all'archivio* ‖ **sistematìna**, **dim.**

sistemàtica [f. sost. di *sistematico* ✻ av. 1904] **s. f.** ● metodo per ordinare in un sistema un insieme di conoscenze | branca della biologia che studia le norme e i procedimenti che consentono di classificare gli organismi viventi in base ai loro caratteri

sistemàtico [vc. dotta, dal lat. tardo *systemăticu(m)*, dal gr. *systēmatikós*, da *sýstēma*, genit. *systḗmatos* 'sistema' ✻ 1755] **A** **agg.** (pl. m. *-ci*) **1** relativo a un sistema | che è conforme a un sistema: *metodo, ordine, s.* | ***unità sistematiche***, in biologia, i generi, le famiglie, gli ordini, animali o vegetali **2** che è attuato secondo un sistema: *classificazione sistematica* | (*est.*) regolare: *fatto, fenomeno, s.* **3** (*filos.*) che costituisce o tende a costituirsi in un sistema **4** rigoroso e metodico, detto di persona: *studioso, ricercatore, s.*; *mente sistematica* **5** fatto per principio, in modo preconcetto: *opposizione sistematica* ‖ **sistematicaménte**, **avv.** **1** in modo sistematico, rigoroso: *portare a termine un progetto sistematicamente* **2** per partito preso: *rifiutò sistematicamente ogni confronto*; regolarmente: *telefona sistematicamente tutte le sere* ‖ **sistematicità**, **s. f. inv.** caratteristica di ciò che (o di chi) è sistematico **B** **s. m.** (**f.** *-a*) ● studioso che si occupa della classificazione degli esseri viventi

sistematizzàre [da *sistematico* ✻ av. 1855] **A** **v. tr.** ● rendere sistematico, regolare secondo criteri sistematici **B** **sistematizzàrsi** **v. intr. pron.** ● diventare sistematico, assumere un carattere sistematico ‖ **sistematizzazióne**, **s. f.**

sistemazióne [1791] **s. f.** **1** il sistemare | organizzazione, disposizione in un complesso ordinato | (*fig.*) risoluzione, composizione: *la s. di una questione* **2** alloggio: *ha trovato s. in un garni* | impiego, posto di lavoro: *ha trovato una buona s. presso il Comune* | matrimonio

sistèmico [1950] **agg.** (pl. m. *-ci*) **1** relativo a un sistema, proprio di un sistema, che interessa un sistema | (*fisiol.*) ***circolazione sistemica***, circolazione del sangue arterioso attraverso le arterie, i capillari e le vene, dal ventricolo sinistro all'atrio destro | ***malattia sistemica***, (*med.*) quella che interessa la totalità o una parte di un sistema o di un apparato organico di un organismo superiore **CFR.** locoregionale, metastatico; (*agric.*) malattia parassitaria in cui il parassita attacca tutti gli organi della pianta | (*farm.*) ***farmaco per via sistemica***, quello che, dopo il suo assorbimento, agisce raggiungendo le sedi di azioni desiderate, trasportato dal sistema ematico | (*chim.*) ***insetticida s.***, insetticida che è innocuo a una pianta o a un animale superiore ma viene assorbito nella corrente della linfa o del sangue rendendo l'intero organismo tossico per Artropodi quali gli afidi, gli acari e le zecche | (*ling.*) ***linguistica sistemica***, quella che ha per oggetto la struttura profonda della frase, e cioè la sua organizzazione a livello astratto **2** sistemistico | ***approccio s.***, analisi dei sistemi ‖ **sistemicaménte**, **avv.** dal punto di vista sistemico ‖ **sistemicità**, **s. f. inv.** caratteristica di ciò che è sistemico

sistemista [da *sistema*, nel sign. V 5 ✻ av. 1873] **A** **s. m. e f.** (pl. m. *-i*) **1** giocatore di concorsi a pronostico che effettua le giocate secondo un sistema **2** esperto in ingegneria dei sistemi | (*inform.*) esperto in analisi dei sistemi **B** **agg.** ● (*sport, raro*) ***squadra s.***, nel calcio, quella che applica la tattica del sistema

sistemìstica [da *sistema* ✻ 1974] **s. f.** ● scienza dei sistemi

sistemìstico [1974] **agg.** (pl. m. *-ci*) ● relativo alla sistemistica, alla scienza dei sistemi: *problema s.*

sìstilo [vc. dotta, dal gr. *sýstylos* 'a colonne fitte' (lat. *systȳlus*), comp. di *sýn* 'insieme' e *-stilo* ✻ 1521] **s. m.** ● (*archit.*) misura dell'intercolunnio con distanza tra una colonna e l'altra di due diametri

sistìno [sec. XVI] **agg.** ● relativo a uno dei papi di nome Sisto | ***Cappella Sistina***, quella fatta edificare da Sisto IV (1414-1484) nei palazzi vaticani

sìstola [sovrapposizione del lat. *fistula* 'tubo' a un deriv. dal lat. *sĭtula(m)* 'secchia' (?) ✻ 1922] **s. f.** ● tubo di canapa impermeabile, gomma o plastica, munito di chiavetta metallica, per innaffiare o per estinguere incendi

sìstole [vc. dotta, dal gr. *systolḗ* 'contrazione', da *systéllein* 'contrarre', comp. di *sýn* 'insieme' e *stéllein* 'porre' ✻ 1561] **s. f.** **1** (*med.*) fase di contrazione del muscolo cardiaco **CFR.** diastole **2** (*ling.*) nella metrica latina abbrevia-

S

mento di vocale normalmente lunga | nella metrica italiana, spostamento dell'accento per ragioni ritmiche verso l'inizio della parola: *dai quai per tanto spazio oggi mi dívido* (I. SANNAZARO)

sistòlico [av. 1730] **agg.** (**pl. m.** *-ci*) ● (*med.*) relativo a sistole: *soffio s.*

sistro [dal lat. *sīstru(m)*, dal gr. *sêistron*, connesso con *séiein* 'scuotere', di orig. indeur. ✱ sec. XIV] **s. m.** ● (*mus.*) antico strumento di culto, spec. di Iside, consistente in una lamina metallica ripiegata, con manico, attraversata da verghe mobili che risuonano alla scossa

sitar [da una vc. urdu ✱ 1895] **s. m. inv.** ● strumento musicale indiano, simile al liuto

sitàre [da *sito*② ✱ 1681] **v. intr.** (**oggi difett. dei tempi composti**) ● (*lett., tosc.*) mandare cattivo odore: *s. di muffa*

sitarìsta [1983] **s. m. e f.** (**pl. m.** *-i*) ● suonatore di sitar

sit-com /ˈsitkom, *ingl.* ˈsɪtˌkɒm/ [1983] **s. f. inv.** (**pl. ingl.** *sit-coms*) ● accorc. di *situation comedy*

sitibóndo [vc. dotta, dal lat. tardo *sitibūndu(m)* 'assetato', da *sĭtis* 'sete' ✱ av. 1342] **agg.** **1** (*lett.*) che ha sete, assetato **2** (*lett., fig.*) avido, bramoso: *s. di onori, di potere; sono venuto ... per cercar libertà ... assai s. dopo tanti guai* (T. CAMPANELLA)

sit-in /siˈtin, *ingl.* ˈsɪtˌɪn/ [vc. ingl., comp. del v. sostantivo *sit* 'atto di sedere' e *in* 'dentro' con valore loc. di stato ✱ 1960] **s. m. inv.** (**pl. ingl.** *sit-ins*) ● raduno di dimostranti che, stando seduti per terra, occupano luoghi pubblici a scopo di protesta

sitiofobìa ▸ **sitofobia**

sitiologìa ▸ **sitologia**

sitiòlogo ▸ **sitologo**

sitiomanìa ▸ **sitomania**

sitìre [vc. dotta, dal lat. *sitīre* 'aver sete', da *sĭtis* 'sete' ✱ av. 1306] **A v. intr.** (**pres.** *io sitìsco, tu sitìsci*; **part. pass.** *raro sitìto*) ● †avere sete **B v. tr.** ● (*lett.*) essere assetato di qlco., bramare: *Sangue sitisti, ed io di sangue t'empio* (DANTE *Purg.* XII, 57); *s'avessi più tesor che mai s. / potesse cupidigia feminile* (L. ARIOSTO)

♦**sito**① [dal lat. *sĭtu(m)* 'positura', da *sĭnere* 'porre, lasciare', di orig. indeur. ✱ 1282] **s. m.** **1** †posizione: *una fonte / ... ombrosa e di giocondo s.* (L. ARIOSTO) | †disposizione, aspetto **2** (*lett.*) luogo, località: *alcuni siti lontani* **3** in balistica, dislivello dell'obiettivo rispetto all'orizzonte del pezzo | ***linea di s.***, che congiunge la bocca da fuoco puntata con il segno | ***angolo di s.***, tra la linea di sito e l'orizzonte del pezzo **4** (*biol.*) localizzazione nelle strutture organiche della sede di importanti processi biologici | (*farm.*) ***s. di azione di un antibiotico***, nelle cellule batteriche, il punto in cui un farmaco interferisce con i processi vitali dei batteri stessi **5** (*Internet*) luogo virtuale in cui un utente presenta e offre servizi agli altri utenti della rete (calco sull'ingl. *site* 'luogo')

sito② [dal lat. *sĭtu(m)* 'muffa', propr. 'abbandono, trascuratezza'; V. *sito*① ✱ av. 1320] **s. m.** ● (*tosc.*) cattivo odore, tanfo: *sull'aia stagnava ... un s. umano e di truppe* (R. BACCHELLI) || (*raro*) **siterèllo**, **dim.**

♦**sito**③ [vc. dotta, dal lat. *sĭtu(m)*, part. pass. di *sĭnere* 'porre, lasciare', di orig. indeur. ✱ 1334] **agg.** ● situato, posto, collocato: *una casa sita in via Roma*

sito- [dal gr. *sîtos* 'grano, cibo'] **primo elemento** ● in parole scientifiche composte, significa 'cibo' o indica relazione con cibo: *sitomania*

sitofobìa o **sitiofobìa** [comp. di *sito-* e *-fobia* ✱ 1875] **s. f.** ● (*psicol.*) avversione morbosa per il cibo || **sitofòbico**, **agg.** (**pl. m.** *-ci*); anche **s. m.** (**f.** *-a*) nel sign. 2 **1** relativo a sitofobia **2** sitofobo || **sitòfobo**, **agg. e s. m.** (**f.** *-a*) che (o chi) soffre di sitofobia

sitografìa [comp. di *sito*① e *-grafia*, sul modello di *bibliografia* ✱ 1997] **s. f.** ● elenco dei siti Internet riguardanti un determinato argomento || **sitogràfico**, **agg.** (**pl. m.** *-ci*) relativo alla sitografia: *repertori sitografici*

sitologìa o **sitiologìa** [comp. di *sito-* e *-logia* ✱ 1765] **s. f.** (**pl.** *-gìe*) ● scienza dell'alimentazione

sitòlogo o **sitiòlogo** [comp. di *sito-* e *-logo* ✱ 1983] **s. m.** (**f.** *-a*; **pl. m.** *-gi*) ● studioso, specialista di sitologia

sitomanìa o **sitiomanìa** [comp. di *sito-* e *-mania* ✱ 1930] **s. f.** ● bisogno insaziabile di mangiare

situ, in ▸ **in situ**

†**situagióne** ▸ **situazione**

♦**situàre** [vc. dotta, dal lat. mediev. *situāre*, dal classico *sĭtus* 'positura'. V. *sito*① ✱ av. 1320] **A v. tr.** (*io sìtuo, noi situiàmo*) ● porre, collocare (*anche fig.*): *l'albergo è situato sulla costa; la villa è situata a oriente; s. uno scrittore nel suo contesto culturale* **B situàrsi v. intr. pron.** ● porsi, collocarsi (*anche fig.*) (+ *in*, + *tra*): *un pittore che si situava nella corrente impressionista; il margine di errore si situa tra il 5% e il 7%*

situation còmedy /situˈeʃʃon ˈkɔmedi, *ingl.* sɪtjuˈeɪʃən ˈkɒmɪdɪ/ [loc. ingl., propr. 'commedia (*comedy*) di situazioni (*situation*)' ✱ 1983] **loc. sost. f. inv.** (**pl. ingl.** *situation comedies*) ● serie di telefilm girati sempre negli stessi ambienti, con personaggi che vivono situazioni di vita quotidiana e generalmente divertenti CFR. sit-com

situàto **part. pass.** di *situare*; anche **agg.** ● posto, collocato (*anche fig.*)

situazionàle [1962] **agg.** ● che concerne una situazione | (*ling.*) ***contesto s.***, insieme di condizioni extralinguistiche (psicologiche, sociali, culturali) che condizionano l'emissione e la comprensione di espressioni linguistiche in determinati momenti e luoghi | (*ling.*) ***programma s.***, schema di insegnamento delle lingue che prevede diverse situazioni in cui possono collocarsi differenziati usi della lingua appresa

♦**situazióne** o †**situagióne** [da *situare* ✱ av. 1463] **s. f.** **1** condizione, stato in cui si trova qlcu. o qlco.: *la presente s.; la s. politica del Paese* | ***s. contabile***, prospetto che si forma con tutti i saldi dei conti in un determinato momento | ***s. economica***, ciò che si riferisce alla redditività aziendale | ***s. finanziaria***, capacità dell'azienda di far fronte a impegni con incassi | ***s. mercantile***, prospettive di collocamento della produzione aziendale | ***s. patrimoniale***, elenco di tutte le attività, passività e capitale netto di un'azienda in un determinato momento **2** circostanza, complesso di circostanze: *essere, trovarsi, in una brutta s.; mettersi nella s. di qlcu.; nella tua s. io partirei* | ***essere, mostrarsi, all'altezza della s.***, sapersi comportare nel modo più adatto alla circostanza in cui ci si trova | ***fare il punto della*** (o ***sulla***) ***s.***, definirne esattamente i termini, lo stato attuale **3** (*sociol.*) l'insieme dei condizionamenti che l'individuo riceve dall'ambiente in cui vive e che ne determinano il pensare e l'agire **4** (*ling.*) contesto situazionale **5** (*milit.*) dislocazione, forza ed efficienza di un'unità, in un determinato momento operativo **6** †posizione

situazionìsmo [da *situazion(e)* con il suff. *-ismo* secondo il modello del fr. *situationnisme*, deriv. di *situation* 'situazione (collettiva)' ✱ 1985] **s. m.** ● movimento politico-culturale sorto in Francia alla fine degli anni '50 del Novecento, fortemente critico nei confronti dell'arte e della cultura borghesi

situazionìsta [1957] **A agg.** (**pl. m.** *-i*) ● relativo al situazionismo **B agg. e s. m. e f.** ● sostenitore, seguace del situazionismo

situla [vc. dotta, lat. *sĭtula(m)* (V. *secchia*) ✱ 1825] **s. f.** ● (*archeol.*) vaso in metallo o in argilla a forma di tronco di cono, poggiante sulla parte stretta, con o senza manici, diffusosi dall'antico Egitto e dalla Grecia al mondo etrusco e romano

sivè [adattamento del fr. (*lièvre en*) *civet* '(lepre col) sugo di cipolle', da *cive* 'cipolla', che è il lat. *cāepa(m)* ✱ 1965] **s. m. inv.** ● (*sett.*) lepre in civet

sivièra [vc. sett., dal lat. parl. **cibāria(m)*, f. sost. dell'agg. lat. *cibārius*, da *cĭbus* 'cibo'; propr. 'cesto per i cibi' ✱ 1932] **s. f.** ● secchione metallico, rivestito di materiale refrattario, nel quale viene colato dal forno il metallo liquido, per colarlo poi nelle forme

sizìgia, (*evit.*) **sigìzia** [dal lat. tardo *syzy̆gia(m)*, dal gr. *syzygía* 'congiunzione', *sýzygos* 'accoppiato', da *sýn* 'insieme' e *zygón* 'giogo', di orig. indeur. ✱ 1749] **s. f.** (**pl.** *-gie*) **1** (*ling.*) dipodia | triade lirica **2** (**al pl.**, *astron.*) posizioni dell'orbita della Luna in cui questa si trova in congiunzione o in opposizione al Sole

sizigiàle, (*evit.*) **sigiziàle** [1934] **agg.** ● (*astron.*) relativo o che si verifica alle sizigie: *marea s.*

sìzio [adattamento del lat. *sĭtio*, prima pers. sing. del pres. indic. di *sitīre* 'aver sete', da *sĭtis* 'sete'. La sua popolarità deriva dal testo evangelico, secondo il quale tra le ultime parole pronunciate da Gesù crocifisso vi fu anche: 'ho sete' ✱ av. 1850] **s. m.** ● (*tosc.*) fatica, lavoro gravoso, spec. nelle loc. ***essere, mettersi, tornare, venire***, e sim. ***al s.***

sizza [di orig. onomat. (?) ✱ 1825] **s. f.** ● (*tosc.*) vento molto freddo: *senti che s.!; soffia una s. che toglie il respiro* || **sizzettìna**, **dim.**

ska /*ingl.* skaː/ [etim. incerta ✱ 1980] **s. m. inv.** ● (*mus.*) tipo di reggae molto sincopato e accompagnato da ottoni che ha favorito la diffusione del genere fuori dalla Giamaica, specie in Gran Bretagna

Skài® [marchio registrato ✱ 1970] **s. m. inv.** ● tipo di similpelle usata in valigeria e per ricoprire divani, poltrone e sim.

skateboard /ˈske(i)tbord, *ingl.* ˈskeɪtˌbɔːd/ [vc. ingl., comp. di *skate* 'pattino' e *board* 'asse' (entrambe d'orig. germ.) ✱ 1978] **s. m. inv.** (**pl. ingl.** *skateboards*) ● stretta tavola montata su quattro piccole ruote che si dirige con la pressione di uno o di entrambi i piedi | (*est.*) l'attività praticata su tale tavola: *è un appassionato di s.* | (*est.*) sport consistente in prove di slalom e prove acrobatiche su speciali piste || **skate**, **accorc.**

skater /*ingl.* ˈskeɪtə(r)/ [vc. ingl., propr. 'schettinatore, pattinatore' ✱ 1992] **s. m. e f. inv.** ● chi pratica lo skateboard

skating /ˈske(i)tin(g), *ingl.* ˈskeɪtɪŋ/ [vc. ingl., gerundio di *to skate* 'pattinare'. V. *schettinare* ✱ 1885] **s. m. inv.** **1** pattinaggio su ghiaccio e a rotelle **2** nello sci di fondo, passo pattinato **3** tendenza del braccio del giradischi a spostarsi verso l'interno del disco

skeet /*ingl.* skiːt/ [vc. ingl. di etim. incerta ✱ 1964] **s. m. inv.** ● (*sport*) particolare gara di tiro al piattello nella quale il concorrente, che ha a disposizione un solo colpo per ogni bersaglio, deve sparare da otto postazioni diverse

skeg /*ingl.* skɛg/ [vc. ingl. di orig. nordica ✱ sec. XX] **s. m. inv.** ● (*mar.*) pinna di deriva fissa posta a pruavia del timone per proteggerlo e migliorarne l'efficacia idrodinamica

skèleton /*ingl.* ˈskɛlɪtən/ [vc. ingl., propr. 'scheletro', per la semplicità della sua struttura ✱ 1911] **s. m. inv.** ● slitta monoposto a pattini d'acciaio che sviluppa notevole velocità | (*est.*) sport praticato con tale slitta

sketch /*ingl.* sketʃ/ [vc. ingl., a sua volta deriv., attraverso il neerl. *schets*, dall'it. *schizzo* ✱ 1915] **s. m. inv. (pl. ingl. *sketches*)** ● breve numero comico parlato, o parlato e cantato, eseguito da uno o più attori: *s. pubblicitario*

ski ➤ **sci**

skìbob /'skibob, *ingl.* 'skiːbɒb/ [vc. ingl., comp. di *ski* 'sci' e *bob* ✱ 1989] **s. m. inv.** ● veicolo leggero per scivolare sulla neve, costituito da una specie di slitta che si guida mediante un manubrio stando seduti su un sellino SIN. bicicletta da neve

ski cross o **skicròss** /ski'krɔs, *ingl.* 'skiː,krɒs/ [loc. ingl., comp. di *ski* 'sci' e *cross(-country)* 'corsa campestre' ✱ 2001] **loc. sost. m. inv.** ● (*sport*) disciplina sciistica nella quale i concorrenti scendono contemporaneamente lungo una pista particolarmente accidentata

skiff /*ingl.* skɪf/ [Cfr. *schifo*② ✱ 1908] **s. m. inv.** ● nel canottaggio, singolo

ski-lift /*ingl.* 'skiː,lɪft/ o **skilift** [vc. ingl., comp. di *ski* 'sci' e *lift* 'ascensore' ✱ 1957] **s. m. inv.** ● sciovia

skìman /*ingl.* 'skiː,mæn/ [comp. di *ski* 'sci' e *man* 'uomo' (d'orig. germ.) ✱ 1967] **s. m. inv. (pl. ingl. *skimen*)** ● (*sport*) addetto all'assistenza tecnica di uno sciatore nelle competizioni sportive

skìmmer /'skimmer, *ingl.* 'skɪmə(r)/ [vc. ingl., propr. 'scrematore', da *to skim* 'scremare' (forse dal fr. ant. *escumer* 'schiumare') ✱ 1983] **s. m. inv.** ● dispositivo che nelle piscine aspira ogni impurità depositata sulla superficie dell'acqua

skin① /skin/ [1986] **s. m. e f. inv.** ● accorc. di *skinhead*

skin② /*ingl.* skɪn/ [vc. ingl., 'rivestimento', propr. 'pelle, pellicola' ✱ sec. XX] **s. f. inv. 1** (*inform.*) modo in cui si presenta nella grafica e nei colori un programma, una pagina web, un display **2** custodia di pelle o altro materiale per telefoni cellulari o altre piccole apparecchiature elettroniche portatili

skinhead /ski'nɛd, *ingl.* 'skɪn,hɛd/ [vc. ingl. di orig. gergale, propr. 'testa (*head*) rasata fino alla pelle (*skin*)' ✱ 1983] **s. m. e f. inv.** ● ciascuno degli appartenenti a gruppi e bande giovanili, sorti in Gran Bretagna negli anni 1970-80, che si caratterizzano per il cranio rasato a zero e, in alcune loro frange, per le manifestazioni di fanatismo e violenza SIN. testa rasata CFR. naziskin

skìnner /'skinner, *ingl.* 'skɪnə(r)/ [vc. ingl., prob. col senso gergale di 'truffatore', propr. 'scuoiatore' ✱ 2004] **s. m. inv.** ● congegno elettronico che inserito abusivamente nei POS registra i codici della carta di credito o della tessera bancomat, consentendone la clonazione

skinneriàno (skin-ner-ia-no, skin-ne-ria-no) [da B. F. *Skinner*, psicologo americano ✱ 1983] **A agg.** ● relativo allo psicologo B. F. Skinner (1904-1990) e alla sua opera **B s. m.** ● seguace, sostenitore delle idee di B. F. Skinner

skìnny /'skinni, *ingl.* 'skɪnɪ/ [vc. ingl., propr. 'di pelle, come pelle' ✱ 2000] **agg. inv.** ● nel linguaggio della moda, di indumento molto aderente, attillato (anche preposto al sost.): *pantaloni s.*; *T-shirt s.*; *s. jeans*

ski-pàss /ski'pas, *ingl.* 'skiː,pɑːs/ o **skipàss** [vc. ingl., comp. di *ski* 'sci' e *pass* 'tessera di accesso, lasciapassare' ✱ 1970] **s. m. inv. (pl. ingl. *ski-passes*)** ● abbonamento di libera circolazione su tutti gli impianti di una determinata zona sciistica: *ski-pass settimanale, stagionale* | la tessera o il dispositivo elettronico che identificano il titolare dell'abbonamento

skìpper /'skipper, *ingl.* 'skɪpə(r)/ [vc. ingl., dal medio basso ted. *schipper*, da *schip* 'nave' ✱ 1906] **s. m. e f. inv.** ● (*mar.*) chi comanda un'imbarcazione da diporto | (*disus.*) comandante di piccolo mercantile

ski-ròll /ski'rɔl, *ingl.* 'skiː,rəʊl/ [vc. ingl., comp. di *ski* 'sci' e *roll* 'rullo', quest'ultimo dal fr. ant. *rolle*, dal lat. *rŏtulu(m)*, dim. di *rŏta* 'ruota' ✱ 1970] **s. m. inv.** ● (*sport*) ognuno dei due piccoli sci da fondo montati su rotelle sui quali è possibile percorrere tracciati stradali o campestri | l'attività sportiva nella quale si usano tali attrezzi

ski-stòpper /ski'stɔpper, *ingl.* 'skiː,stɒpə(r)/ [vc. ingl., comp. di *ski* 'sci' e *stopper* 'che ferma, arresta' (V. *stopper*) ✱ 1983] **s. m. inv. (pl. ingl. *ski-stoppers*)** ● dispositivo gener. metallico a due punte che, applicato agli sci in corrispondenza dello scarpone, in caso di apertura dell'attacco di sicurezza sporge dal profilo dello sci arrestandolo

skunk /*ingl.* skʌŋk/ [vc. ingl., dall'algonchino *segongue* 'moffetta' ✱ 1901] **s. m. inv. 1** (*zool.*) moffetta **2** (*est.*) pelliccia di moffetta

skylab /'skailab, *ingl.* 'skaɪlæb/ [vc. ingl., propr. 'laboratorio (*lab* per *laboratory*) del cielo (*sky*)' ✱ 1974] **s. m. inv.** ● laboratorio spaziale attrezzato ed equipaggiato per ricerche ed esperimenti tecnici e scientifici

skylight /*ingl.* 'skaɪ,laɪt/ [vc. ingl., comp. di *sky* 'cielo' e *light* 'luce' ✱ 1979] **s. m. inv.** ● filtro fotografico che conferisce all'immagine una leggera luce rosata, riducendo la foschia atmosferica

skyline /*ingl.* 'skaɪ,laɪn/ [vc. ingl., propr. 'linea (*line*) del cielo (*sky*)', cioè 'profilo contro il cielo' ✱ 1937] **s. f. o m. inv.** ● profilo di un panorama, spec. degli edifici di una città, che si delinea all'orizzonte: *la s. di New York*

ȿla [sigla di *S(clerosi) L(aterale) A(miotrofica)* ✱ 1993] **s. f. inv.** ● (*med.*) sclerosi laterale amiotrofica (V. *sclerosi*)

ȿlabbràre [da *labbro*, con *s-* ✱ av. 1704] **A v. tr.** ● rovinare, rompere, ai labbri, agli orli: *s. una tazza, un tessuto* | lacerare i margini di una ferita **B v. intr. (aus. *essere* o *avere*)** ● (*raro*) traboccare: *l'acqua slabbrò dal secchio* **C ȿlabbràrsi v. intr. pron.** ● subire una rottura o una lacerazione agli orli, ai labbri o ai margini

ȿlabbràto **part. pass.** di *slabbrare*; anche **agg.** ● nei sign. del v.: *una ferita slabbrata*; *un maglione s.*

ȿlabbratùra [1863] **s. f.** ● rottura dei labbri, dei margini, degli orli | parte slabbrata

ȿlacciàre [da *laccio*, con *s-* ✱ 1313] **A v. tr. (pres. *io ȿlàccio*; fut. *io ȿlaccerò*)** ● sciogliere da ciò che allaccia: *s. i bottoni della giacca* **B ȿlacciàrsi v. tr. pron. (aus. *essere*)** ● sciogliere i lacci, i ganci o i bottoni di qlco. che si indossa: *slacciarsi le scarpe, la cintura di sicurezza*; *slacciati il cappotto* **C ȿlacciàrsi v. intr. pron.** ● sciogliersi da ciò che allaccia: *la camicia continua a slacciarsi* **D ȿlacciàrsi v. rifl.** ● †sciogliersi dai lacci
SFUMATURE ➤ *sciogliere*

ȿladinàre [vc. d'orig. sett., da *ladino* 'facile, scorrevole', con *s-*. V. *ladino*② ✱ 1942] **v. tr. 1** (*mecc., sett.*) rodare: *s. un meccanismo, un motore* **2** (*milit., gerg.*) allenare: *s. un reparto*

ȿladinatùra [1939] **s. f.** ● (*sett.*) rodaggio

ȿlàlom [vc. norvegese, comp. di *sla* 'piegato' e *låm* 'traccia dello sci' ✱ 1934] **s. m. inv. 1** (*sport*) nello sci, gara di discesa lungo un tracciato delineato da una serie di passaggi obbligati segnati da coppie di paletti | ***s. speciale***, gara che si disputa su di un percorso di notevole pendenza in cui vengono disposte 55-75 porte abbastanza ravvicinate tra loro | ***s. gigante***, gara che si disputa su di un percorso maggiore di quello dello slalom speciale con un minor numero di porte più distanziate fra loro CFR. supergigante | ***s. parallelo***, gara di slalom speciale in cui due concorrenti scendono contemporaneamente su due percorsi paralleli e quasi identici, su cui si alternano nelle due manche **2** in altre specialità sportive, ogni percorso segnato da passaggi obbligati o da ostacoli da superare: *canoa da s.* | ***fare lo s.***, (*fig.*) evitare, eludere ostacoli o problemi

ȿlalomeggiàre [da *slalom* ✱ 1986] **v. intr. (pres. *io ȿlaloméggio*; fut. *io ȿlalomeggerò*; aus. *avere*)** ● scendere con gli sci eseguendo degli slalom | (*est.*) procedere a zigzag: *s. con il motorino tra le macchine in coda* | (*fig., raro*) destreggiarsi tra varie difficoltà

ȿlalomìsta [1960] **s. m. e f. (pl. m. *-i*)** ● specialista delle gare di slalom

ȿlam① /zlɛm, *ingl.* slæm/ [vc. ingl., di etim. incerta ✱ 1943] **s. m. inv. 1** nel bridge, serie di dodici o tredici prese di carte effettuate in una manche dalla stessa coppia di giocatori: *piccolo, grande, s.* **2** ***grande s.***, nel tennis, la vittoria, nella stessa stagione e da parte di un unico giocatore, nei quattro principali tornei internazionali (Open d'Australia; Roland Garros, a Parigi; Wimbledon, a Londra; Flushing Meadows, a New York); (*est.*) nel basket e in altri sport, vittoria sia in campionato che in altri tornei; (*fig.*) nel linguaggio giornalistico, serie di due o più successi (per es. in diverse tornate elettorali)

ȿlam② /zlɛm, *ingl.* slæm/ [vc. ingl., di orig. onomat. dal v. *to slam* 'sbattere, chiudere con forza'; nel sign. B, con il valore di 'colpo', 'botta', per la tradizione di fare svolgere la gara di poesia su di un ring ✱ 1963] **A inter.** ● riproduce il rumore di una porta sbattuta violentemente **B s. m. inv.** ● sfida, in alcune loc. sost. m. inv. | ***poetry s.***, gara di poesia (comp. con *poetry* 'poesia') | ***translation s.***, gara di traduzione (comp. con *translation* 'traduzione')

ȿlamàre① [da *lama* 'motta di terra', con *s-* ✱ 1682] **v. intr. (aus. *essere*)** ● smottare

ȿlamàre② [da *amo*, col pref. *s-* (la *l* è forse analogica su parole come *slargare, slogare* ecc.) ✱ 1983] **A v. tr.** ● togliere un pesce dall'amo quando lo si è pescato: *s. un pesce* **B ȿlamàrsi v. intr. pron.** ● liberarsi dall'amo, detto del pesce: *il pesce si è slamato*

ȿlamatóre [da *slamare* ✱ 1988] **s. m.** ● (*pesca*) piccolo strumento che si usa per slamare il pesce

ȿlanatùra [comp. parasintetico di *lana*, col pref. *s-* ✱ 1960] **s. f.** ● nell'industria laniera, operazione mediante la quale si separa la lana dalle pelli degli animali morti o macellati

ȿlanciaménto [1758] **s. m.** ● (*raro*) lo slanciare | slancio

ȿlanciàre [da *lanciare*, con *s-* ✱ av. 1463] **A v. tr. (pres. *io ȿlàncio*; fut. *io ȿlancerò*) 1** (*raro*) lanciare con impeto **2** rendere snello: *quella gonna ti slancia* **B ȿlanciàrsi v. rifl.** ● gettarsi con impeto e accanimento: *slanciarsi nella mischia, contro il nemico, all'assalto* **C ȿlanciàrsi v. intr. pron.** ● protendersi verso l'alto: *la torre si slancia verso il cielo*

ȿlanciàto① **part. pass.** di *slanciare*; anche **agg.** ● nei sign. del v.

✦**ȿlanciàto**② [calco semantico sul fr. *élancé* 'slanciato' ✱ 1884] **agg.** ● che ha corporatura alta e snella: *ragazza, figura, slanciata*

ȿlàncio [1696] **s. m. 1** atto dello slanciarsi: *con uno s. fu sul treno* | ***prendere lo s.***, prendere la rincorsa | ***di s.***, di scatto, con un balzo; (*fig.*) con decisione, con impeto: *gettarsi di s. in un'impresa* SIN. scatto **2** (*sport*) specialità del sollevamento pesi, con cui si porta prima il bilanciere al petto e poi al di sopra del capo a braccia tese con una azione coordinata delle gambe | in ginnastica, passaggio rapido degli arti da un atteggiamento lungo a uno analogo | ***slanci in sospensione, in appoggio***, in ginnastica artistica, quelli eseguiti con moto pendolare sospesi o in appoggio agli attrezzi **3** (*fig.*) impeto emotivo: *uno s. di passione, di amore*; *Con uno s. generoso le proposi di… venire a stare da noi* (I. SVEVO) | (*fig.*) impulso, stimolo: *dare nuovo s. a un'attività* **4** ***s. vitale***, nella filosofia di H.-L. Bergson (1859-1941), principio dinamico che penetra nella materia e determina l'evoluzione delle forme di vita nella loro molteplicità **5** aspetto slanciato: *lo s. di un palazzo*

slang /zlɛn(g), *ingl.* slæŋ/ [vc. ingl., propr. 'gergo', di etim. incerta ✱ 1927] **s. m. inv.** ● linguaggio gergale di determinate categorie, classi, gruppi di persone, usato in luogo di quello comune perché più espressivo e immediato

slap /zlap, *ingl.* slæp/ [vc. ingl. di orig. onomat. ✱ 1989] **s. m. inv.** ● (*mus.*) tecnica specifica del basso elettrico nata nell'ambito del genere funky, che consiste nel percuotere o dare strappi alle corde per ottenere un effetto percussivo marcatamente ritmico

slapstick /'zlɛpstik, *ingl.* 'slæp,stɪk/ [vc. ingl. 'spatola, bastone' ✱ 1955] **s. m. inv.** ● genere di commedia teatrale o cinematografica, spec. del cinema muto, che punta su una comicità farsesca con scene di inseguimento, di cadute, di finta brutalità o gag come quella delle torte in faccia

ṣlargaménto [av. 1696] **s. m.** ● lo slargare, lo slargarsi | allargamento

ṣlargàndo [propr. gerundio di *slargare* ✱ 1960] **s. m. inv.** ● (*mus.*) rallentando **CONTR.** accelerando

ṣlargàre [da *largo*, con *s-* ✱ av. 1468] **A** **v. tr.** (*io ṣlàrgo, tu ṣlàrghi*) **1** accrescere in larghezza, in ampiezza: *s. una porta, una strada* | (*raro, fig.*) ***s. il cuore***, consolare, rendere felice **2** (*mus.*) indicazione agogica equivalente a rallentando **SIN.** indugiare **CONTR.** accelerare **B** **ṣlargàrsi** **v. intr. pron.** **1** diventare più largo **2** lasciare maggiore larghezza, non rimanere stretti: *slargatevi un po', così entro anch'io*

ṣlargàto [sec. XX] **s. m.** ● (*mus.*) rallentando

ṣlargatùra [1865] **s. f.** ● slargamento | punto slargato

ṣlàrgo [da *slargare* ✱ 1935] **s. m.** (**pl.** *-ghi*) ● punto in cui si allarga una strada, un terreno o sim.

slash /zlɛʃ*, *ingl.* slæʃ/ [vc. ingl., propr. 'taglio' ✱ sec. XX] **s. m. inv.** (**pl. ingl.** *slashes*) ● (*inform.*) lineetta obliqua (/) utilizzata spec. come separatore **SIN.** barra

slàsher /'zlaʃʃer, *ingl.* 'slæʃə(r)/ [vc. ingl., da *to slash* 'tagliare' ✱ 1988] **A** **s. m. inv.** ● nel cinema e in letteratura, sottogenere dell'horror nel quale un maniaco perseguita e uccide serialmente le sue vittime, accoltellandole in maniera cruenta **B** **in funzione di agg. inv.**: *film s.*

slat /zlɛt, *ingl.* slæt/ [vc. ingl., propr. 'assicella', dalla vc. germ. **slaitan* 'fendere' ✱ 1989] **s. m. inv.** ● (*aeron.*) dispositivo ipersostentatore posto sul bordo delle ali per ritardare lo stallo e rendere più agevole il controllo dell'aereo

ṣlatentiẓẓàre [da *latent(e)* con *s-* ✱ 1941] **v. tr.** **1** (*med.*) rendere manifesta una condizione patologica latente: *un forte stress può s. una cardiopatia* **2** (*est.*) rendere palese, esplicito ‖ **ṣlatentiẓẓazióne**, **s. f.**

ṣlatinàre [da *latino*, con *s-* ✱ 1633] **v. intr.** (**aus.** *avere*) ● (*iron., raro*) citare passi latini, mescolare parole latine nel discorso

ṣlattaménto [1865] **s. m.** ● lo slattare **SIN.** svezzamento

ṣlattàre [calco su *allattare*, con cambio di pref. (*s-*) ✱ av. 1455] **v. tr.** ● cessare di allattare: *s. un bambino* **SIN.** divezzare, svezzare

ṣlattàto **part. pass.** di *slattare*; anche **agg.** ● svezzato: *Tu ora sei come la lepre appena slattata* (G. DELEDDA)

ṣlattatùra [1865] **s. f.** ● (*raro*) slattamento

✱**ṣlavàto** [da *lavato*, con *s-* ✱ 1561] **agg.** **1** che ha un colore sbiadito, smorto, scialbo: *occhi di un azzurro s.*; *tinta slavata* **2** (*fig.*) che manca di vivacità, forza espressiva: *stile, narratore s.*; *figure slavate*

ṣlavatùra [av. 1764] **s. f.** ● condizione di ciò che è slavato | cosa, parte, slavata

ṣlavìna [da *lavina*, con *s-* ✱ 1934] **s. f.** ● massa di neve che scivola da un pendio montano

ṣlaviṣmo [comp. di *slavo* e *-ismo* ✱ 1859] **s. m.** **1** parola o locuzione di origine slava **2** tendenza degli slavi a costituirsi in unità **CFR.** panslavismo

ṣlavista [da *slavo* ✱ 1891] **s. m. e f.** (**pl. m.** *-i*) ● chi si occupa di slavistica

ṣlavìstica [da *slavista* ✱ 1915] **s. f.** ● studio comparativo delle lingue, letterature e culture degli slavi

ṣlaviẓẓàre [1898] **A** **v. tr.** ● rendere slavo: *s. un paese* | ***s. una lingua***, introdurvi slavismi **B** **ṣlaviẓẓàrsi** **v. intr. pron.** ● acquistare modi slavi ‖ **ṣlaviẓẓazióne**, **s. f.**

ṣlàvo [dal lat. mediev. *Slāvu(m)*, adattamento dell'originario etnico slavo. V. *schiavo* ✱ 1536] **A** **agg.** ● relativo ai popoli che abitano la parte orientale dell'Europa: *popolazioni slave* | ***lingue slave***, gruppo di lingue della famiglia indoeuropea **B** **s. m.** (**f.** *-a*) ● chi fa parte di un popolo slavo: *slavi orientali, meridionali, occidentali* **C** **s. m. solo sing.** ● lingua slava | ***s. ecclesiatico***, paleoslavo

ṣlàvo-, -ṣlàvo primo e secondo elemento ● in parole composte, fa riferimento alle popolazioni slave, alla loro cultura e civiltà: *slavofilia, slavofobo; iugoslavo*

ṣlavofilìa [comp. di *slavo-* e *-filia* ✱ 1985] **s. f.** ● simpatia per la cultura, civiltà e popolazione slava

ṣlavofiliṣmo [da *slavofilia* ✱ 1877] **s. m.** **1** movimento culturale russo di ispirazione romantica sviluppatosi nella prima metà del sec. XIX, che propugnava il ritorno alla tradizione popolare e religiosa russa in forte polemica con il pensiero occidentale **2** (*raro*) slavofilia

ṣlavòfilo [comp. di *slavo-* e *-filo* ✱ 1910] **agg. e s. m.** (**f.** *-a*) ● che (o chi) dimostra simpatia per gli slavi

ṣlavofobìa [comp. di *slavo-* e *-fobia* ✱ 1902] **s. f.** ● atteggiamento di forte avversione, di ostilità verso la popolazione slava e tutto ciò che è slavo ‖ **ṣlavofòbico**, **agg.** (**pl. m.** *-ci*) relativo a slavofobia, caratterizzato da slavofobia ‖ **ṣlavòfobo**, **agg. e s. m.** (**f.** *-a*) che (o chi) dimostra slavofobia

ṣlavòfono [comp. di *slavo-* e *-fono* ✱ 1955] **agg. e s. m.** (**f.** *-a*) ● che (o chi) parla slavo

ṣleàle [da *leale*, con *s-* ✱ 1354] **agg.** **1** che manca di lealtà, di senso dell'onore, di onestà: *uomo, avversario s.* **CONTR.** leale **2** che è fatto in modo sleale: *atto, mezzo s.* | ***concorrenza s.***, che si vale di mezzi scorretti allo scopo di danneggiare gli altri concorrenti **CONTR.** leale ‖ **ṣlealménte**, **avv.** in modo sleale, senza lealtà

ṣlealtà [sec. XIII] **s. f. inv.** ● caratteristica di chi (o di ciò che) è sleale | atto o comportamento sleale

ṣlèbo [ingl. *slab* 'piastra', vc. d'orig. oscura ✱ 1960] **s. m.** ● (*metall.*) bramma

sled dòg /zled'dɔg, *ingl.* 'slɛd,dɒg/ [loc. ingl., propr. 'cane' *dog* '(da) slitta' *sled*, derivata dall'espressione *sled dog race* 'gara di slitte trainate da cani' ✱ 1986] **loc. sost. m. inv.** (**pl. ingl.** *sled dogs*) ● (*sport*) gara di slitte trainate da una muta di cani, gener. husky

sleeping car /'zlipin kar, *ingl.* 'sliːpɪŋ,kɑː(r)/ [loc. ingl., comp. di *sleeping*, propr. gerundio di *to sleep* 'dormire', e *car* 'carrozza' ✱ 1908] **loc. sost. m. inv.** (**pl. ingl.** *sleeping cars*) ● (*ferr.*) vagone letto

ṣlegaménto [1691] **s. m.** ● (*raro*) lo slegare, lo slegarsi | (*fig., lett.*) incoerenza, incongruenza

ṣlegàre [da *legare*, con *s-* ✱ 1319] **A** **v. tr.** (*io ṣlégo, tu ṣléghi*) **1** sciogliere da un legame: *s. un pacco, il cane dalla catena* | anche nella forma pron. **ṣlegàrsi**, slacciare qlco. che si indossa: *La moglie del carbonaio si slega il grembiule* (I. CALVINO) **2** (*fig., lett.*) liberare: *s. l'immaginazione* **B** **ṣlegàrsi** **v. intr. pron.** ● sciogliersi da un legame: *i cavalli si sono slegati* **C** **ṣlegàrsi** **v. rifl.** ● (*raro, lett., fig.*) liberarsi: *sì com'om che dal sonno si slega* (DANTE *Purg.* XV, 119)

SFUMATURE ➤ ***sciogliere***

ṣlegàto **part. pass.** di *slegare*; anche **agg.** **1** nei sign. del v. **2** non rilegato: *libro s.* **3** (*fig.*) sconnesso, non coerente: *idee, frasi, slegate; concetti slegati*

ṣlegatùra [av. 1707] **s. f.** **1** lo slegare **2** (*fig., lett.*) sconnessione

ṣlembàre [da *lembo*, con *s-* ✱ 1872] **v. intr.** (*io ṣlémbo*; **aus.** *essere*) ● non essere in pari, pendere con un lembo da una parte, detto di orli, coperte e sim.: *la coperta slemba a sinistra*

ṣlentàre [da *allentare*, con cambio di pref. (*s-*) ✱ 1843] **v. tr.** (*io ṣlènto*) e **ṣlentàrsi** **v. intr. pron.** ● (*tosc.*) allentare, allentarsi (*anche fig.*): *s. il busto, la briglia*; *il nodo della gelosia si slentava* (R. BACCHELLI)

ṣlentatùra [1775] **s. f.** ● (*raro*) allentamento

ṣlèppa [vc. onomat. ✱ av. 1793] **s. f.** **1** (*centr., sett.*) schiaffo, sberla **2** (*centr., sett.*) grande quantità

slice /zlais, *ingl.* slaɪs/ [vc. ingl., propr. 'fetta', da *to slice* 'tagliare a fette' ✱ 1989] **A** **s. m. inv.** ● (*sport*) nel tennis, ping-pong e sim., rotazione, effetto che si imprime alla palla affinché questa descriva una traiettoria tendente a farla uscire lateralmente dal campo di gioco dopo il rimbalzo | colpo eseguito imprimendo alla palla tale effetto **B** anche **agg. inv.**: *servizio, rotazione s.*

slide /zlaid, *ingl.* slaɪd/ [vc. ingl., da *to slide* 'scivolare, scorrere' (d'orig. germ.) ✱ 1972] **s. f. inv.** **1** (*fotogr.*) diapositiva **2** immagine proiettata da lavagna luminosa o da computer durante una presentazione

slideshow /zlaid'ʃo*, *ingl.* 'slaɪd,ʃəʊ/ [vc. ingl., comp. di *slide* 'diapositiva' e *show* 'spettacolo' ✱ 1996] **s. m. inv.** ● (*inform.*) presentazione a video di una serie di foto in successione automatica

ṣlinguàre [da *lingua* con il pref. *s-* ✱ 1985] **v. tr.** (*io ṣlìnguo, noi ṣlinguiàmo*) ● (*pop.*) leccare | (*est.*) baciare in modo profondo (*anche assol.*) **SIN.** slinguazzare

ṣlinguazzàre [comp. parasintetico di *lingua* con il pref. *s-* e il suff. *-azzare* ✱ 1976] **v. tr.** ● (*pop.*) leccare **SIN.** slinguare

ṣlinguazzàta [da *slinguazzare* ✱ sec. XX] **s. f.** ● (*pop.*) leccata | bacio profondo, bacio alla francese

slinky /*ingl.* 'slɪŋkɪ/ [vc. ingl., prob. da *to slink* 'strisciare' (d'orig. germ.) ✱ 1983] **s. f. inv.** (**pl. ingl.** *slinkies*) ● molla elicoidale di acciaio lunga, sottile, molto flessibile ed elastica, usata come giocattolo e come modello didattico in esperimenti sulle oscillazioni

ṣlip [vc. ingl., da *to slip* 'scivolare, scorrere', propr. 'indumento che s'infila con facilità' ✱ 1935] **s. m. inv.** ● mutandine cortissime sgambate, anche da bagno || **ṣlippìno**, **dim.**

ṣliricàto [da *lirico*, con *s-* ✱ av. 1874] **agg.** ● (*lett.*) che ha perso il lirismo, la liricità

ṣlìtta [dal longob. *slita* ✱ 1624] **s. f. 1** veicolo privo di ruote, a trazione animale o a mezzo fune, che si sposta su superfici ghiacciate o innevate | attrezzo sportivo per una o due persone, che si muove su un pendio innevato o ghiacciato per forza di gravità **2** (*tecnol.*) congegno scorrevole | ***s. del tornio***, gruppo scorrevole su guide rettilinee al quale è fissato l'utensile **3** parte superiore degli affusti a deformazione sulla quale scorre la massa rinculante costituita dalla bocca da fuoco e da parte degli organi elastici || **ṣlittìna**, **dim.** | **ṣlittìno**, **dim. m.** (V.)

ṣlittaménto [1922] **s. m. 1** lo slittare (*anche fig.*) | (*fig.*) rinvio: *lo s. della convocazione di una riunione* | ***s. monetario***, perdita progressiva del valore di una moneta **2** (*ling.*) fenomeno per il quale un elemento fonetico o semantico è sostituito da un equivalente vicino

ṣlittàre [da *slitta* ✱ av. 1803] **v. intr.** (**aus.** *avere* **nel sign.** 1, *essere* **o** *avere* **nei sign.** 2, 3, 4, 5) **1** andare in slitta **2** scivolare su superfici bagnate, gelate o sim., per mancanza di attrito, detto spec. di autoveicoli: *la macchina slitta sulla neve* | girare su sé stesse, a vuoto, per mancanza di attrito, detto delle ruote di autoveicoli **3** (*fig.*) allontanarsi dalla linea di condotta tradizionalmente seguita, spec. nell'ambito politico: *il partito tende a s. a sinistra* **4** (*fig.*) ribassare, detto di monete: *la sterlina continua a s.* **5** (*fig.*) tardare, essere rinviato a data successiva: *l'uscita del dizionario è slittata di sei mesi*

ṣlittinìsta [1964] **s. m. e f.** (**pl. m.** *-i*) ● chi pratica lo sport dello slittino

ṣlittìno [1936] **s. m. 1** dim. di *slitta* **2** (*sport*) tipo di slitta, a uno o due posti, con pattini d'acciaio, che il guidatore, seduto o sdraiato, dirige spostando il peso del corpo e frena con i talloni o le punte delle scarpe di tipo speciale | lo sport praticato con tale slitta

ṣlittopiàno [comp. di un deriv. di *slittare* e *piano* ✱ 1994] **s. m.** ● (*miner.*) operazione del reticolo cristallino che combina una riflessione secondo un piano a un movimento secondo una linea giacente sul piano stesso

ṣlittovìa [comp. di *slitta* e *via*, sul modello di *funivia* ✱ 1941] **s. f.** ● (*disus.*) funicolare terrestre nella quale una o più grandi slitte superavano pendii nevosi

ṣlìvoviz [dal ted. *Sliwowitz*, adattamento (con sovrapposizione di *Witz* 'alcol, spirito') del serbo *šljivovica*, da *šljiva* 'prugna' ✱ 1875] **s. m. inv.** ● distillato di prugne, molto diffuso nella penisola balcanica, in Austria e, in Italia, nel Friuli

ṣlòca [dal sanscrito *śloka-* 'distico', propr. 'suono, inno', di orig. indeur., attraverso l'ingl. *sloka* ✱ 1891] **s. m.** (**pl.** *-chi*) ● distico dell'antico indiano, con versi di sedici sillabe e ritmo determinato

ṣlogaménto [1614] **s. m.** ● (*raro*) slogatura

ṣlògan /ˈzlɔgan, *ingl.* ˈsləʊgən/ [vc. ingl., dallo scozzese *sluagh-ghairm* 'grido (*ghairm*) di guerra (*sluagh*)' ✱ 1930] **s. m. inv.** ● breve frase che esprime in modo sintetico ed efficace un concetto, usato nella propaganda e nella pubblicità

ṣloganìstica [da *sloganistico* ✱ 1953] **s. f.** ● insieme di slogan | linguaggio basato su slogan

ṣloganìstico [da *slogan* ✱ 1956] **agg.** (**pl. m.** *-ci*) ● caratteristico dello slogan: *linguaggio s.* | basato su slogan: *propaganda sloganistica*

ṣlogàre [da *l(u)ogo*, con *s-*, propr. 'togliere dal suo luogo' ✱ 1598] **A v. tr.** (*io ṣlògo, tu ṣlòghi*) ● produrre una slogatura **B ṣlogàrsi v. tr. pron.** (**aus.** *essere*) ● prodursi una slogatura: *slogarsi una spalla; cadendo, si è slogato una caviglia* **C ṣlogàrsi v. intr. pron.** ● subire una slogatura: *mi si è slogata una mano*

ṣlogàto **part. pass.** di *slogare*; **anche agg. 1** nei sign. del v.: *polso s.* **2** che è capace di movimenti eccezionalmente ampi e liberi

ṣlogatùra [da *slogare* ✱ av. 1681] **s. f.** ● nell'uso comune, distorsione o lussazione articolare

ṣloggiaménto [1782] **s. m.** ● (*raro*) lo sloggiare

ṣloggiàre [calco su *alloggiare*, con cambio di pref. (*s-*) ✱ 1548] **A v. tr.** (**pres.** *io ṣlòggio*; **fut.** *io ṣloggerò*) ● costringere ad abbandonare un alloggio, un luogo: *il padrone di casa ha sloggiato gli inquilini*; *s. il nemico da una posizione, da una zona* **B v. intr.** (**aus.** *avere*) ● andarsene da un alloggio, da un luogo: *s. da un appartamento* | abbandonare una posizione occupata | (*fam.*) andarsene: *sloggia di qui che ho da fare*

ṣlòggio [1858] **s. m.** ● (*raro*) lo sloggiare

ṣlombàre [da *lombo*, con *s-* ✱ 1598] **A v. tr.** (*io ṣlómbo*) ● (*raro*) sfiancare, indebolire **B ṣlombàrsi v. intr. pron.** ● (*raro*) sfiancarsi, indebolirsi

ṣlombàto **part. pass.** di *slombare*; **anche agg. 1** nei sign. del v. | privo di forze, spossato: *un vecchio ... bavoso e s.* (I. NIEVO) **2** (*fig.*) fiacco, debole: *la slombata prosa settecentesca* (B. CROCE) **3** dilombato || **ṣlombataménte**, **avv.**

ṣlontanaménto [da *slontanare* ✱ 1679] **s. m.** ● (*raro*) allontanamento

ṣlontanàre [da *allontanare*, con cambio di pref. (*s-*) ✱ av. 1503] **v. tr. e ṣlontanàrsi v. intr. pron.** ● (*lett.*) allontanare, allontanarsi

sloop /zlup, *ingl.* sluːp/ [vc. ingl., dal neerl. *sloep* (pronuncia *šlup*) passato nel fr. *chaloupe* e poi nell'it. *scialuppa* (V.) ✱ 1790] **s. m. inv. 1** (*mar.*) piccola nave a vela del XVII-XVIII sec. | piccola nave militare di scorta e di vigilanza, usata nella prima Guerra mondiale **2** (*mar.*) imbarcazione a vela con un solo albero, con randa e un fiocco | ***s. Marconi***, quello in cui la randa è triangolare

slop /zlɔp, *ingl.* slɒp/ [vc. ingl., propr. 'acqua sporca, brodaglia' ✱ 1985] **s. m. inv.** ● (*chim.*) miscela di prodotti di scarto della raffinazione del petrolio che viene unita al petrolio grezzo per essere sottoposta a una ulteriore raffinazione

slot /zlɔt, *ingl.* slɒt/ [vc. ingl., presa dal fr. ant., propr. 'apertura stretta, fessura' ✱ 1983] **s. m. inv. 1** (*aeron.*) regolatore a fessura del flusso d'aria praticato sul bordo d'attacco alare allo scopo di abbassare la velocità di stallo e migliorare la controllabilità dell'aereo **2** (*elettron.*) connettore per schede aggiuntive opzionali nei computer **3** (*aeron.*) spazio di tempo nel quale un aeroplano può atterrare o decollare in un aeroporto

slot machìne /zlɔt maʃˈʃin, *ingl.* ˈslɒtməˌʃiːn/ [loc. ingl., comp. di *slot* 'fessura', e *machine* 'macchina' ✱ 1953] **loc. sost. f. inv.** (**pl. ingl.** *slot machines*) ● apparecchio automatico o semiautomatico a gettone o a monete installato in un pubblico locale per il gioco d'azzardo

♦**ṣlovàcco** [dallo slovacco *Slovák* ✱ 1860] **A agg.** (**pl. m.** *-chi*) ● della Slovacchia **B s. m.** (**f.** *-a*) ● abitante o nativo della Slovacchia **C s. m. solo sing.** ● lingua del gruppo slavo parlata nella Slovacchia

♦**ṣlovèno** [adattamento dallo sloveno *slovenski* ✱ 1860] **A agg.** ● della Slovenia **B s. m.** (**f.** *-a*) ● abitante o nativo della Slovenia **C s. m. solo sing.** ● lingua del gruppo slavo parlata nella Slovenia

slow /zlo*, *ingl.* sləʊ/ [vc. ingl., propr. 'lento' ✱ 1939] **s. m. inv.** ● fox-trot o ritmo lento

slow food /zloˈfud, *ingl.* ˌsləʊˈfuːd/ [vc. ingl., propr. 'cibo, alimento (*food*) lento (*slow*)', sul modello dell'opposto *fast-food* ✱ 1986] **loc. sost. m. inv.** ● orientamento gastronomico che si propone di rivalutare la buona cucina tradizionale, i cibi genuini e il piacere della tavola, spec. in contrapposizione alle scelte e alle modalità della ristorazione rapida **CFR.** fast food

slow mótion /zloˈmoʃʃon, *ingl.* ˌsləʊˈməʊʃ(ə)n/ [loc. ingl., propr. 'moto (*motion*) lento (*slow*)' ✱ 1992] **loc. sost. m. o f. inv.** (**pl. ingl.** *slow motions*) ● (*cinema, tv*) effetto di rallentamento ottenuto riproducendo le immagini a velocità più bassa di quella in cui sono state girate **CFR.** rallentatore, ralenti

slum /zlam, *ingl.* slʌm/ [vc. ingl., di etim. incerta ✱ 1932] **s. m. inv.** ● quartiere di case povere e malsane

ṣlumacàre [da *lumacare*, con *s-* ✱ 1891] **v. tr.** (*io ṣlumàco, tu ṣlumàchi*) ● allumacare

ṣlumacatùra [da *slumacare* ✱ 1865] **s. f.** ● allumacatura

ṣlumàre [comp. di *s-* intens. e *lumare* ✱ 1974] **v. tr.** ● (*sett.*) adocchiare, sbirciare

ṣlungàre [da *lungo*, con *s-* ✱ 1508] **A v. tr.** (*io ṣlùngo, tu ṣlùnghi*) ● (*raro*) rendere più lungo, allungare **B ṣlungàrsi v. intr. pron. 1** allungarsi, prolungarsi **2** dilungarsi **3** †allontanarsi

ṣlurp /zlurp, *ingl.* sləːp/ [vc. ingl. di orig. onomat. dal v. *to slurp* 'sorbire rumorosamente' ✱ sec. XX] **inter.** ● riproduce il rumore che si fa mangiando ingordamente o pregustando qlco. di succulento

†**ṣmaccàre** [di etim. discussa: dal longob. *smahh(j)an* 'rendere piccolo, basso' (?) ✱ av. 1566] **v. tr.** ● svergognare, umiliare | ***s. una cosa***, svalutarla, deprezzarla

ṣmaccàto **part. pass.** di †*smaccare*; **anche agg. 1** †nei sign. del v. **2** (*raro*) troppo dolce, nauseante **3** (*fig.*) esagerato, eccessivo: *adulazione smaccata; lodi smaccate* || **ṣmaccataménte**, **avv.** in modo esagerato, sfacciato

ṣmacchiàre① [da *macchiare*, con *s-* ✱ av. 1733] **v. tr.** (*io ṣmàcchio*) ● togliere le macchie | anche in forma pron.: *smacchiarsi la camicia*

SFUMATURE DI SIGNIFICATO

smacchiare - sgrassare

Smacchiare è l'operazione di togliere una macchia, cioè un segno di sporco depositatosi su qualcosa. Se lo sporco è costituito da una macchia di unto si può usare anche **sgrassare**, che è però di uso specifico soprattutto in riferimento a operazioni che hanno il fine di eliminare il grasso da una sostanza che lo contiene.

SFUMATURE ▸ ***pulire***

ṣmacchiàre② [da *macchia*, con *s-* ✱ sec. XV] **A v. tr.** (*io ṣmàcchio*) ● (*raro*) tagliare la macchia, disboscare **B v. intr.** ● †uscire dalla boscaglia

ṣmacchiatóre [1855] **s. m. 1** (**f.** *-trice*, *tosc.* *-tora*) chi per mestiere smacchia i vestiti **2** sostanza usata per eseguire la smacchiatura

ṣmacchiatùra [da *smacchiare*① ✱ 1865] **s. f.** ● operazione che ha lo scopo di togliere le macchie dai tessuti

ṣmacchinàre [1989] **v. intr.** (*io ṣmàcchino*; **aus.** *avere*) ● lavorare con una macchina da cucire, per maglieria e sim.

ṣmàcco [da *smaccare* ✱ av. 1566] **s. m.** (**pl.** *-chi*) ● insuccesso, sconfitta umiliante: *subire uno s.*; *non aver vinto è stato per lui un grave s.* | †***fare s. a qlcu.***, recargli danno, offesa

ṣmack /zmak, *ingl.* smæk/ [vc. ingl., di orig.

onomat. dal v. *to smack* 'schioccare (baci)' ✱ 1970] **inter.** ● riproduce il rumore che si fa baciando qlcu. o qlco. impetuosamente, con slancio e in modo sonoro

†**ṣmacràre** ➤ **smagrare**

ṣmadonnàre [da *madonna* nel senso di 'bestemmia' con *s-* intens. ✱ av. 1921] **v. intr.** (*io smadònno;* **aus.** *avere*) ● (*gerg.*) bestemmiare, imprecare

†**ṣmagaménto** [sec. XIII] **s. m.** ● turbamento, smarrimento

ṣmagàre [lat. parl. **exmagāre*, dal got. *magan* 'potere', con *ĕx* (*s-*) ✱ av. 1294] **A v. tr. 1** (*lett.*) turbare, emozionare: *quasi com'uom cui troppa voglia smaga* (DANTE *Par.* III, 36); *in tue succinte vesti / entri, e mi smaghi* (U. SABA) **2** †distogliere: *E sogno un'arte reproba / che smaga il mio pensiero* (A. BOITO) **3** (*lett.*, *raro*) disilludere **B ṣmagàrsi v. intr. pron. 1** †distogliersi, distrarsi: *tu ti smaghi / di buon proponimento* (DANTE *Purg.* X, 106-107) **2** (*lett.*) turbarsi, smarrirsi | (*lett.*) disilludersi

ṣmagatézza [1978] **s. f. 1** caratteristica di chi è smagato | (*colloq.*) capacità, abilità che deriva dall'esperienza **2** disincanto, distacco dalla realtà di chi non si fa illusioni

✦**ṣmagàto** **part. pass.** di †*smagare*; anche **agg. 1** †nei sign. del v. | †confuso, smarrito **2** (*lett.*) astratto dalla realtà **3** disincantato, disilluso **4** (*colloq.*) smaliziato, esperto

✦**ṣmagliànte** **part. pres.** di †*smagliare*②; anche **agg. 1** splendente, rifulgente: *colori, tinte smaglianti* **2** (*fig.*) acceso di viva e intensa luminosità: *una bellezza s.*; *la accolse con uno s. sorriso* | (*est.*) ottimo, eccellente: *ti trovo in forma s.*

ṣmagliàre① [da *maglia*, con *s-* sottratt. V. †*magliare* ✱ av. 1374] **A v. tr.** (*io ṣmàglio*) **1** (*lett.*) rompere le maglie: *Amor, che smaglia / ogni lorica* (G. STAMPA) **2** †sciogliere dalle maglie: *s. le balle* **3** disfare le maglie: *lo spillo mi ha smagliato le calze* **4** (*raro*) provocare smagliature sulla cute: *il parto le ha smagliato la pelle* **B ṣmagliàrsi v. intr. pron. 1** rompersi, disfarsi, detto delle maglie, spec. di calze femminili: *queste calze si smagliano con facilità* **2** presentare smagliature, detto della cute: *col parto le si è smagliata la pelle*

†**ṣmagliàre**② [di etim. discussa: dall'ant. fr. *esmal(t)*, dal francone *smalt* 'smalto', propr. 'brillare come smalto' (?) ✱ av. 1584] **v. intr.** (**aus.** *avere*) ● brillare, risplendere, scintillare

ṣmagliàto **part. pass.** di *smagliare*①; anche **agg. 1** nei sign. del v. **2** che presenta smagliature: *calza, pelle, smagliata*

ṣmagliatùra [1846] **s. f. 1** lo smagliare, lo smagliarsi, nel sign. di *smagliare*① | negli indumenti a maglia, rottura dovuta al disfacimento di una o più maglie: *ha una s. nella calza* **2** (*med.*) linea atrofica che si presenta sulla cute a causa di un cedimento dello strato elastico: *smagliature del ventre* **3** (*fig.*) mancanza di continuità, di coesione, fra le varie parti di un insieme: *il film mostra varie smagliature*

ṣmagnetiẓẓàre [da *magnetizzare*, con *s-* ✱ 1884] **A v. tr.** ● (*fis.*) privare del magnetismo **B ṣmagnetiẓẓàrsi v. intr. pron.** ● perdere la magnetizzazione ‖ **ṣmagnetiẓẓazióne**, **s. f.**

ṣmagnetiẓẓatóre [da *smagnetizzare* ✱ 1960] **A s. m.** ● (*fis.*) apparecchio atto a smagnetizzare un corpo **B** anche **agg.** (**f.** *-trice*): *testina smagnetizzatrice*

ṣmagràre o †**ṣmacràre** [1287] **v. tr.**, **intr.** (**aus. intr.** *essere*) e **ṣmagràrsi v. intr. pron.** ● (*raro*) smagrire, smagrirsi

ṣmagriménto [av. 1698] **s. m.** ● il fatto di smagrire **SIN.** dimagrimento

ṣmagrìre [da *magro*, con *s-* ✱ av. 1449] **A v. tr.** (*io ṣmagrìsco, tu ṣmagrìsci*) **1** rendere magro: *la malattia lo ha smagrito* **2 s. un fiume**, renderlo povero di acqua | **s. un terreno**, esaurire le sostanze che lo rendono fertile **B v. intr.** (**aus.** *essere*) e **ṣmagrìrsi v. intr. pron.** ● diventare magro, dimagrire: *con la malattia è molto smagrito; si smagrisce con continui digiuni*

ṣmagrìto **part. pass.** di *smagrire*; anche **agg.** ● nei sign. del v. | dimagrito | smunto, affilato: *volto s.*

ṣmaliziàre [da *malizia*, con *s-* ✱ 1813] **A v. tr.** (*io ṣmalìzio*) ● privare dell'ingenuità, rendere più esperto, più scaltro: *le nuove amicizie lo hanno smaliziato* **B ṣmaliziàrsi v. intr. pron.** ● diventare più scaltro, esperto: *smaliziarsi in un lavoro*

✦**ṣmaliziàto** **part. pass.** di *smaliziare*; anche **agg. 1** scaltro, esperto: *un commerciante s.* | (*est.*) competente: *un lettore s.* (I. CALVINO) **2** non più ingenuo: *una ragazza smaliziata* ‖ **ṣmaliziataménte**, **avv.**

SFUMATURE ➤ *furbo*

ṣmalizzìre [1953] **v. tr.** (*io ṣmalizzìsco, tu ṣmalizzìsci*) e **ṣmalizzìrsi v. intr. pron.** ● (*raro*) smaliziare, smaliziarsi

small /zmɔl, *ingl.* smɔːl/ [vc. ingl., propr. 'piccolo' ✱ 1979] **agg. inv.** ● detto di capo di abbigliamento di taglia piccola **SIMB.** S

ṣmallàre [da *mallo*, con *s-* ✱ av. 1449] **v. tr.** ● privare le noci del mallo | (*est.*) privare della buccia

ṣmaltàre [da *smalto* ✱ sec. XIII] **A v. tr. 1** ricoprire di smalto: *s. un vaso, una padella di ferro* | anche in forma pron.: *smaltarsi le unghie* **2** (*lett.*, *fig.*) coprire, cospargere di colori brillanti, smaglianti **B ṣmaltàrsi v. intr. pron.** ● (*raro*, *lett.*) †ornarsi: *le valli e i campi che si smaltano / di color mille* (I. SANNAZARO)

ṣmaltàto **part. pass.** di *smaltare*; anche **agg.** ● nei sign. del v.

ṣmaltatóre [1562] **A s. m.** (**f.** *-trice*) **1** chi smalta | orafo che fa lavori di smalto **2** operaio addetto alla smaltatura **B agg.** ● *pressa smaltatrice*, smaltatrice

ṣmaltatrìce [f. di *smaltatore* ✱ 1970] **s. f.** ● (*fotogr.*) apparecchiatura per ottenere, generalmente mediante calore, la smaltatura delle fotografie

ṣmaltatùra [1521] **s. f. 1** operazione dello smaltare | smalto applicato **2** (*fotogr.*) procedimento per ottenere una superficie lucida sulle copie fotografiche

ṣmalterìa [da *smalto* ✱ 1960] **s. f.** ● fabbrica di oggetti smaltati

ṣmaltiménto [1610] **s. m.** ● lo smaltire: *s. dei rifiuti*

ṣmaltìno [dim. di *smalto* ✱ 1709] **s. m.** ● pigmento vetroso blu-cobalto, usato un tempo in pittura e oggi in operazioni di restauro

✦**ṣmaltìre** [dal got. *smaltjan* 'fondere'; cfr. il ted. *schmelzen* 'rendere fluido' ✱ 1306] **v. tr.** (*io ṣmaltìsco, tu ṣmaltìsci*) **1** digerire: *è difficile s. questo cibo; è un cibo duro da s.* | (*fig.*) far passare: *s. la sbornia; s. l'ira; Se ne andava all'osteria a s. l'uggia* (G. VERGA) **2** (*raro*, *fig.*) tollerare, sopportare: *s. un'ingiuria, un'offesa, un dolore* **3** vendere completamente, esaurire: *in pochi giorni smaltì tutte le confezioni* | portare a termine, sbrigare: *s. il lavoro, la corrispondenza* **4** far defluire acque, eliminare immondizie e sim.: *un canale per s. le acque di scarico* | far scorrere: *una nuova tangenziale per s. il traffico* | (*est.*) perdere, eliminare: *s. i chili di troppo*

ṣmaltìsta [av. 1712] **s. m. e f.** (**pl. m.** *-i*) ● artigiano, artista, che decora in smalto

ṣmaltìte [comp. di *smalto* e *-ite*② ✱ 1929] **s. f.** ● arseniuro di cobalto in incrostazioni microcristalline di color grigio chiaro e dalla lucentezza metallica

ṣmaltitóio [da *smaltire* ✱ 1550] **s. m.** (**pl.** *-ói*) ● luogo di spurgo di acque superflue o sporche, in modo che vengano assorbite dal terreno

ṣmaltitóre [1766] **A agg.** (**f.** *-trice*) ● che smaltisce: *canale, fosso, s.* **B** anche **s. m.**: *s. di rifiuti*

ṣmàlto [dal francone *smalt*, vc. tecnica della ceramica, dal ted. *Schmelz* 'smalto' ✱ sec. XIII] **s. m. 1** massa vetrosa di composizione varia generalmente opaca, colorata o no, usata per rivestire e decorare superfici metalliche o ceramiche | **oggetto a s.**, smaltato **2** oggetto smaltato, spec. artistico: *Palazzo Pitti vanta una bella collezione di smalti* **3 s. per unghie**, cosmetico femminile usato per colorare o rendere brillanti le unghie **4** (*med.*) sostanza dura, bianca, che ricopre la corona dentaria **5** (**al pl.**, *arald.*) nome generico dei metalli e dei colori **6** †impasto di ghiaia, calce e acqua, per rivestire pavimenti e muri in pietra **7** (*lett.*) cosa dura come smalto: *vedete che madonna ha 'l cor di s.* (F. PETRARCA) **8** (*fig.*) brillantezza, vivacità, dinamismo: *la squadra ha perso lo s.; l'attore ha riacquistato lo s. dei giorni migliori* **9** (*lett.*) †terreno: *si ritrova in sull'erboso s.* (L. ARIOSTO) **10** †lastrico: *Alfin Marco rimase in su lo s.* (N. MACHIAVELLI) ‖ **ṣmaltìno**, **dim.**

ṣmammàre [vc. region., prob. da *mamma*, con *s-* ✱ 1948] **v. intr.** (**aus.** *avere*) ● (*centr.*, *pop.*) levarsi di torno, andarsene via: *su ragazzi, smammate!*

ṣmammolàrsi [da *mammolo*, con *s-* ✱ 1873] **v. intr. pron.** (*io mi ṣmàmmolo*) ● (*raro*, *tosc.*) sdilinquirsi

ṣmanacciàre o (*centr.*) **ṣmanazzàre** [da *mano*, con suff. iter. intens. e *s-* ✱ 1873] **A v. intr.** (**pres.** *io ṣmanàccio*; **fut.** *io ṣmanaccerò*; **aus.** *avere*) ● (*fam.*) muovere le mani, gesticolare troppo, parlando, lavorando e sim. **B v. tr. 1** manipolare alla meno peggio un congegno: *s. il telecomando* | (*sport*) **s. il pallone**, respingerlo maldestramente con le mani **2** (*pop.*) palpeggiare

ṣmanacciàta o (*centr.*) **ṣmanazzàta** [1873] **s. f.** ● (*raro*) atto dello smanacciare | colpo dato con la mano

ṣmanaccióne o (*centr.*) **ṣmanazzóne** [1942] **s. m.** (**f.** *-a*) ● (*fam.*) chi è solito gesticolare troppo

ṣmanazzàre e deriv. ➤ **smanacciare** e deriv.

✦**ṣmancerìa** [etim. incerta, prob. da *smanziere* (V.) ✱ 1353] **s. f.** ● (**spec. al pl.**) atteggiamento svenevole, lezioso; moina: *non sopporto le smancerie; non fare tante smancerie*

SFUMATURE ➤ *smorfia*①

ṣmanceróso (o -ṣo) o †**ṣmanzieróso**, †**ṣmanzeróso** [av. 1400] **agg.** ● che fa smancerie, che è pieno di smancerie **SIN.** affettato, lezioso, smorfioso ‖ **ṣmancerosaménte**, **avv.**

ṣmandrappàto [forse da *gualdrappato* con *s-* neg. ✱ 1955] **agg.** ● (*gerg.*) malvestito, malmesso, male in arnese | malridotto, scalcinato

ṣmanettàre [prob. da *manetta* nel sign. 1, col pref. *s-* ✱ 1971] **v. intr.** (*io ṣmanétto;* **aus.** *avere*) **1** (*colloq.*) azionare ripetutamente la manopola dell'acceleratore di una motocicletta per ottenere brusche accelerazioni | correre in moto a grande velocità **2** (*inform.*, *colloq.*) utilizzare con disinvoltura e abilità computer, programmi e sim.

ṣmanettóne [da *smanettare* ✱ 1983] **s. m.** (**f.** *-a*) **1** (*colloq.*) chi continua a smanettare | (*colloq.*) chi ama correre in motocicletta a gran velocità **2** (*inform.*, *colloq.*) chi è abile e disinvolto nell'uso di strumenti informatici

ṣmangiàre [da *mangiare*①, con *s-* ✱ 1838] **A** **v. tr.** (**pres.** *io ṣmàngio;* **fut.** *io ṣmangerò*) ● (*raro*) consumare, corrodere: *era quasi un secolo che la lebbra lo smangiava* (D. BUZZATI) **B** **ṣmangiàrsi** **v. intr. pron.** ● (*raro*) consumarsi, corrodersi (*anche fig.*): *smangiarsi per la rabbia*

ṣmàngio [da *smangiare* ✱ 1873] **s. m.** ● in tipografia, lembo di pagina rimasto non impresso

ṣmangiucchiàre ➤ **mangiucchiare**

✱**ṣmània** o (*disus.*) **iṣmània** [da *smaniare* ✱ 1268] **s. f.** **1** agitazione, inquietudine fisica e psichica dovute a impazienza, tensione, nervosismo, fastidio e sim.: *avere, sentirsi, la s.*; *avere una gran s.*; *avere la s. addosso*; *dare, mettere, la s. a qlcu.*; *mettere la s. addosso a qlcu.*; *Quella, per Nino, fu la stagione della s.* (E. MORANTE) | ***dare in smanie***, manifestare una grande agitazione **2** (*fig.*) desiderio intenso: *avere la s. di andarsene*; *s. di successo, di divertimenti*
SFUMATURE ➤ ***desiderio***

✱**ṣmaniàre** [di etim. discussa: lat. *imaginãre* 'rappresentare', con *s-* (?) ✱ sec. XIII] **v. intr.** (*io ṣmànio;* **aus.** *avere*) **1** agitarsi, essere in preda alla smania (+ *per*): *s. per la febbre, per il caldo; ha smaniato tutta la notte* **2** (*fig.*) desiderare fortemente (+ *di* **seguito da inf.**, + *per*, **anche seguito da inf.**): *smania di partire; io smaniavo di averla finalmente accanto* (I. SVEVO); *s. per il potere; non smanio per ottenere quel riconoscimento*

ṣmanicàre① [da *manico*, con *s-* ✱ av. 1850] **A** **v. tr.** (*io ṣmànico, tu ṣmànichi*) ● (*raro*) levare, rompere il manico: *s. un tegame* **B** **ṣmanicàrsi** **v. intr. pron.** ● (*raro*) rompersi, sfilarsi, detto del manico

ṣmanicàre② [da *manica*, con *s-* ✱ av. 1793] **A** **v. tr.** (*io ṣmànico, tu ṣmànichi*) ● privare delle maniche un indumento **B** **ṣmanicàrsi** **v. rifl.** ● rimboccarsi le maniche

ṣmanicàto **part. pass.** di *smanicare*②; anche **agg.** **1** detto di indumento privo di maniche **2** che non è coperto da maniche: *gridava, agitando le lunghe braccia smanicate* (L. PIRANDELLO)

ṣmanicatùra [da *manico*, con *s-* e il suff. *-tura* ✱ 1826] **s. f.** ● (*mus.*) nella tecnica degli strumenti ad arco, cambio di posizione della mano sinistra

ṣmanieràto [da *maniera*, con *s-* ✱ 1872] **agg.** ● (*disus.*) che non ha buone maniere, sgarbato

†**ṣmanìglia** o †**manìglia** [dallo sp. *manilla* 'braccialetto', dim. dal lat. *mānu(m)* 'mano', con *s-* ✱ sec. XIV] **s. f.** ● braccialetto d'oro con pietre preziose su sfondo di velluto nero | (*est.*) monile

ṣmanigliàre [calco su *ammanigliare*, con cambio di pref. (*s-*) ✱ 1937] **v. tr.** (*io ṣmanìglio*) ● (*mar.*) disgiungere un pezzo di catena da un altro, o dall'ancora | aprire una maniglia

†**ṣmanìglio** o †**manìglio** [sec. XV] **s. m.** ● smaniglia

✱**ṣmanióso** (o **-ṣo**) [sec. XIV] **agg.** **1** che ha la smania, che è pieno di smanie **2** bramoso, molto desideroso: *s. di avere qlco.*; *Batteva l'ora su estrema / riva d'Europa, insistente, smaniosa / d'innocenza* (S. QUASIMODO) **3** (*raro*) che dà la smania: *caldo s.*; *attesa smaniosa* || **ṣmaniosaménte**, **avv.** in modo smanioso, con bramosia || **ṣmaniosità**, **s. f. inv.**

†**ṣmannàta** [da *manna*②, con *s-* ✱ av. 1565] **s. f.** ● frotta, brigata

ṣmantellaménto [1600] **s. m.** ● lo smantellare | demolizione | (*fig.*) chiusura: *lo s. di un'azienda*

ṣmantellàre [da *mantello*, con *s-* ✱ sec. XV] **v. tr.** (*io ṣmantèllo*) **1** abbattere le mura di una città, di una piazzaforte: *s. una fortezza, un'opera di difesa* **2** demolire il fasciame di una nave **3** (*est.*) demolire, rendere inefficiente: *s. i macchinari di una fabbrica* | (*est.*) sciogliere, eliminare: *s. una struttura organizzativa* | (*fig.*) ***s. una tesi, un'accusa***, e sim., mostrarle prive di fondamento

†**ṣmanzeróso** ➤ **smanceroso**

†**ṣmanzière** [da *(a)manza* 'amore', con *s-* intens. ✱ av. 1492] **s. m.** (**f.** *-a*) ● (*lett.*) persona vaga di amori: *non prendete alcuno sdegno / d'esser chiamati smanzieri* (L. DE' MEDICI)

†**ṣmanzieróso** ➤ **smanceroso**

ṣmarcaménto [1926] **s. m.** ● lo smarcare, lo smarcarsi

ṣmarcàre [da *marcare* 'controllare, bollare l'avversario', con *s-* ✱ 1935] **A** **v. tr.** (*io ṣmàrco, tu ṣmàrchi*) ● nel calcio e sim., fare in modo che un compagno si sottragga alla marcatura dell'avversario **B** **ṣmarcàrsi** **v. intr. pron.** ● sottrarsi al marcamento avversario

ṣmargiassàre [av. 1729] **v. intr.** (**aus.** *avere*) ● (*raro*) fare lo smargiasso

ṣmargiassàta [av. 1643] **s. f.** ● atto, discorso, impresa, da smargiasso

ṣmargiasserìa [1618] **s. f.** ● (*raro*) atteggiamento da smargiasso | smargiassata

✱**ṣmargiàsso** [di etim. discussa: da *maxazo*, possibile accr. dello sp. *majo* 'spaccone', con *s-* (?) ✱ 1614] **s. m.** (**f.** *-a*) ● chi si vanta a sproposito di aver compiuto o di poter compiere imprese eccezionali **SIN.** fanfarone, gradasso, spaccone || **ṣmargiassóne**, **accr.**

ṣmarginàre [da *margine*, con *s-* ✱ 1865] **A** **v. tr.** (*io ṣmàrgino*) ● in legatoria, tagliare i margini delle pagine | in tipografia, togliere le marginature alle forme stampate **CONTR.** marginare **B** **v. intr.** (**aus.** *avere*) ● uscire dai margini della composizione tipografica: *le illustrazioni smarginano*

ṣmarginàto **part. pass.** di *smarginare*; anche **agg.** **1** nel sign. del v. | ***esemplare s.***, composizione tipografica nella quale la riga non copre tutta la giustezza, venendo lasciato un margine bianco sia a destra che a sinistra **2** (*bot.*) detto di organo che presenta intaccature superficiali o terminali

ṣmarginatùra [1960] **s. f.** **1** lo smarginare **2** (*bot.*) incisione leggera all'apice di un organo

ṣmargottàre [da *margotta*, con *s-* ✱ 1738] **v. tr.** (*io ṣmargòtto*) ● (*agric.*) separare le margotte dalla pianta madre per porle a dimora

ṣmarinàre [da *smarino* ✱ 1993] **v. tr.** ● smaltire materiali di risulta

ṣmarìno [etim. sconosciuta ✱ 1978] **s. m.** ● materiale di scavo di una galleria **SIN.** marino③

ṣmarmittàto [da *marmitt(a)* con il pref. privativo *s-* e il suff. *-ato*① ✱ 1959] **agg.** **1** detto di veicolo, con la marmitta manomessa: *un cinquantino s.* **2** (*est., colloq.*) detto di persona, che ha un'andatura incerta, ciondolante | (*fig.*) squinternato, strano, sbalestrato

ṣmarràre [da *marra*, con *s-* ✱ 1891] **v. tr.** ● (*agric., raro*) pulire le ceppaie con la marra

ṣmarriménto [av. 1294] **s. m.** **1** lo smarrire, l'avere smarrito: *denunciare lo s. della patente* **2** (*fig.*) momentanea perdita di coscienza, di lucidità: *andare soggetto a smarrimenti; avere uno s. improvviso; s. di coscienza* **3** (*fig.*) turbamento, sbigottimento: *un attimo di s.*; *riprendersi dallo s.*; *lo s. che al fervore / dei miei sogni seguiva* (U. SABA)
SFUMATURE ➤ ***sgomento***①

✱**ṣmarrìre** [dal francone *marrjan* 'disturbare', con *s-* ✱ av. 1276] **A** **v. tr.** (*io ṣmarrìsco, tu ṣmarrìsci*) **1** non trovare più, non sapere più dove si trova qlco.: *s. gli occhiali, le chiavi di casa* | non sapere più qual è la via giusta: *s. la strada, il cammino* | (*fig.*) ***s. la ragione***, impazzire | ***s. i sensi***, svenire | ***s. il filo del discorso***, non riuscire a proseguire un discorso, dimenticare ciò che si stava dicendo **2** †perdere di vista **3** (*fig.*) †confondere, turbare **4** (*raro, lett.*) dimenticare: *smarriremo / la memoria del sole* (E. MONTALE) **B** **v. intr.** e **ṣmarrìrsi** **v. intr. pron.** ● †perdere il colore, sbiadire **C** **ṣmarrìrsi** **v. intr. pron.** **1** perdersi, non trovare più la strada: *smarrirsi nel bosco* **2** (*fig.*) sbigottirsi, turbarsi, confondersi: *alla notizia si smarrì; in quell'occasione mi sono smarrito* **3** †allontanarsi, non farsi più trovare: *smarrirsi da qlcu.* **4** †offuscarsi, dello sguardo: *La vista mia ne l'ampio e ne l'altezza / non si smarriva* (DANTE *Par.* XXX, 118-119)

ṣmarrìto o (*poet.*) †**ṣmarrùto** **part. pass.** di *smarrire*; anche **agg.** **1** nei sign. del v. **2** (*fig.*) sbigottito, confuso: *mostrarsi, apparire, s.* | che mostra smarrimento: *occhio, sguardo, s.* **3** †perfido, scellerato

ṣmarronàre [da *marrone*① nel sign. 3 ✱ av. 1910] **v. intr.** (*io ṣmarróno;* **aus.** *avere*) ● (*fam.*) dire o fare errori dovuti a ignoranza o imperizia | comportarsi a sproposito

ṣmarronàta [da *smarronare* ✱ 1884] **s. f.** ● (*fam.*) grosso sproposito | comportamento grossolano, fuori luogo

smart /zmart, *ingl.* smaːt/ [vc. ingl., 'elegante, bello' o, in altri casi, 'intelligente' ✱ 1962] **agg. inv.** ● in alcune loc.: nella loc. sost. m. inv. ***smart set***, bel mondo, ambiente elegante e raffinato dell'alta società (comp. con *set* 'ambiente, mondo') | nella loc. sost. f. inv. ***s. drug***, sostanza che, agendo sui neuroni, si presume possa accrescere le capacità cognitive (comp. con *drug* 'farmaco') **CFR.** nootropo | ***s. glass***, vetro da costruzioni in grado di modificare l'intensità della luce e del calore che l'attraversa, così da rendere più confortevoli gli interni abitativi e ridurre i consumi ambientali: *finestre s. glass* (comp. con *glass* 'vetro') | ***s. watch*** o (con grafia unita) ***smartwatch***, orologio da polso con le funzionalità di uno smartphone (comp. con *watch* 'orologio') | V. anche *smart card*, *smartphone*

smart càrd /zmart'kard, *ingl.* 'smaːt,kaːd/ [loc. ingl., propr. 'carta (*card*) intelligente (*smart*)' ✱ 1992] **loc. sost. f. inv.** (**pl. ingl.** *smart cards*) **1** (*tv*) scheda che, inserita in un decodificatore, consente all'utente di visualizzare i programmi di una pay tv **2** tessera dotata di un microprocessore che consente la memorizzazione e l'elaborazione di dati, utilizzata spec. nell'ambito dei sistemi telefonici e bancari

ṣmartellàre [da *martellare*, con *s-* ✱ 1585] **v. tr.** (*io ṣmartèllo*) ● percuotere col martello, martellare (*anche assol.*)

smàrtphone /'zmartfon, *ingl.* 'smaːt,fəʊn/ [vc. ingl. comp. di *smart* 'intelligente' e *phone* 'telefono' ✱ 1996] **s. m. inv.** ● apparecchio elettronico tascabile che è insieme telefono cellulare e computer palmare

smart sèt /zmart'set, *ingl.* 'smaːt,set/ [loc. ingl., propr. 'società (*set*) brillante (*smart*)' ✱ 1962] **loc. sost. m. inv.** ● bel mondo, ambiente elegante e raffinato dell'alta società

ṣmascellaménto [1745] **s. m.** ● (*raro*) lo smascellarsi | risata fragorosa

ṣmascellàre [da *mascella*, con *s-* ✱ 1353] **A** **v. tr.** (*io ṣmascèllo*) ● (*raro*) slogare le mascelle **B** **v. intr.** † e **ṣmascellàrsi** **v. intr. pron.** ● (*raro*) slogarsi la mascella | spec. nella loc. ***smascellarsi*** (o †***smascellare***) ***dalle risa*** (o †***delle risa***), (*iperb.*) ridere a crepapelle, smodatamente

ṣmascheraménto [av. 1750] **s. m.** ● lo smascherare (*anche fig.*)

ṣmascheràre [da *mascherare*, con *s-* ✱ av. 1562] **A** **v. tr.** (*io ṣmàschero*) **1** privare della maschera **2** (*fig.*) rivelare la vera natura di persone o azioni camuffate sotto false apparenze: *s. un nemico, un traditore*; *s. l'impostura di qlcu.* **B** **ṣmascheràrsi v. rifl.** ● togliersi la maschera | (*fig.*) rivelare la propria natura, le proprie intenzioni

ṣmascheratóre [1832] **s. m.** (**f.** *-trice*); **anche agg.** ● (*raro, fig.*) chi (o che) smaschera: *s. di imbrogli*

ṣmascolinàto [da *mascolino*, con *s-* ✱ 1765] **agg.** ● (*lett.*, *raro*) effeminato: *individuo s.* | (*fig.*) privo di forza, di vigore: *stile s.*

smash /zmɛʃ*, *ingl.* smæʃ/ [vc. ingl., da *to smash* 'colpire con violenza' ✱ 1926] **s. m. inv.** (**pl. ingl.** *smashes*) ● nel tennis, schiacciata

ṣmassàre [comp. parasintetico di *massa*, col pref. *s-* ✱ 1777] **v. tr.** ● (*raro*) rimuovere il materiale infiammabile o già bruciato: *i vigili del fuoco hanno provveduto a s. il materiale carbonizzato*

ṣmatassàre [da *matassa*, con *s-* ✱ 1872] **v. tr.** ● (*raro*) disfare la matassa

ṣmaterializẓàre [da *materializzare*, con *s-* ✱ 1840] **A** **v. tr.** ● liberare dalla materia, dalla realtà materiale **B** **ṣmaterializẓàrsi v. intr. pron.** ● liberarsi dalla materia, dalla realtà materiale, acquistare spiritualità ‖ **ṣmaterializẓazióne, s. f.**

ṣmattonàre [da *mattonare*, con *s-* ✱ av. 1536] **v. tr.** (*io ṣmattóno*) ● privare dei mattoni: *s. un muro, un pavimento*

ṣmattonatùra [1765] **s. f.** ● operazione dello smattonare | punto in cui un ammattonato è rotto

ṣmazzàre [da *mazzo* col pref. *s-* ✱ 1940] **v. tr.** ● distribuire ai giocatori le carte di un mazzo

ṣmazzàta [da *mazzo*, con *s-* ✱ 1958] **s. f.** ● distribuzione di un intero mazzo di carte ai giocatori durante una partita

ṣmèctico o **ṣmèttico** [dal gr. *smēktikós*, deriv. di *smḗchein* 'pulire, lavare', con allusione alle proprietà sgrassanti e decoloranti ✱ 1838] **agg.** (**pl. m.** *-ci*) ● (*chim.*) detto di stato mesomorfo in cui le molecole sono disposte in strati perpendicolari al loro asse e facilmente scorrevoli l'uno sull'altro, conferendo gener. alla sostanza la viscosità della vaselina | ***argilla smectica***, varietà di argilla caratterizzata da alta plasticità, alto potere assorbente selettivo e alta capacità di scambio di cationi, usata oggi spec. per decolorare gli oli alimentari e minerali e rigenerare questi ultimi e un tempo per feltrare la superficie delle stoffe

ṣmègma [vc. dotta, dal lat. *smēgma* (nt.), dal gr. *smêgma*, genit. *smḗgmatos* 'unguento', connesso con *smḗchein* 'ripulire', di etim. incerta ✱ 1838] **s. m.** (**pl.** *-i*) ● (*anat.*) materiale di secrezione e di desquamazione che si raccoglie attorno agli organi genitali

ṣmelàre e deriv. ➤ **smielare** e deriv.

ṣmembraménto [1641] **s. m.** ● lo smembrare (*spec. fig.*) | divisione, dispersione: *lo s. di una famiglia*

ṣmembràre o **†ṣvembràre** [da *membro*, con *s-* ✱ 1282] **A** **v. tr.** (*io ṣmèmbro*) **1** (*raro*) squartare, tagliare a pezzi un corpo **2** (*fig.*) scindere, frazionare un complesso organico in più parti: *s. uno stato, una tenuta, un podere*; *s. un'opera d'arte, una raccolta di opere d'arte* **B** **ṣmembràrsi v. intr. pron.** ● frazionarsi, disgregarsi: *un imperio che tornò tosto a smembrarsi fra le tribù afgane* (C. CATTANEO)

SFUMATURE DI SIGNIFICATO

smembrare - scomporre - disgregare

Smembrare è dividere, frazionare un organismo unitario in più parti. **Scomporre**, comunemente usato come *smembrare*, in realtà fa riferimento all'operazione di separare gli elementi di cui un insieme è costituito. In **disgregare** il separare gli elementi costitutivi di un insieme comporta un'idea di scardinamento, di scomposizione irreversibile.

SFUMATURE ➤ ***frazionare***

†ṣmemoràbile [da *memorabile*, con *s-* ✱ av. 1400] **agg.** ● (*raro*) sciocco

†ṣmemoràggine [da *smemorare* ✱ 1354] **s. f.** ● smemorataggine

ṣmemoraménto [1354] **s. m.** ● (*lett.*) amnesia

ṣmemoràre [da *memore*, con *s-* ✱ 1306] **A** **v. intr.** (*io ṣmèmoro*; **aus.** *essere*) ● †perdere la memoria | (*est.*) confondersi, turbarsi **B** **ṣmemoràrsi v. intr. pron.** ● (*raro, lett.*) dimenticarsi di tutto: *non potrò mai più / smemorarmi in un grido* (G. UNGARETTI)

ṣmemoratàggine [1513] **s. f.** ● (*lett.*) smemoratezza

ṣmemoratézza [av. 1566] **s. f.** ● caratteristica di chi è smemorato; sbadataggine | atto da persona smemorata **SIN.** smemorataggine

✦ṣmemoràto o **†ṣmimoràto** **A** **part. pass.** di *smemorare*; **anche agg. 1** che ha perduto la memoria | che dimentica facilmente: *Che s. sono io!* (G. CARDUCCI) **2** †stupido, insensato ‖ **ṣmemorataménte, avv.** da smemorato **B** **s. m.** (**f.** *-a*) ● chi ha perduto la memoria | (*est.*) chi è sbadato, disattento

ṣmemoriàto [sovrapposizione di *memoria* a *smemorato* ✱ 1753] **agg.** ● (*tosc.*, *pop.*) smemorato

ṣmenàre ① [da *menare* con il pref. intens. *s-* ✱ 1250 ca.] **v. tr.** (*io ṣméno*) **1** †scuotere | (*fig.*) tormentare, affliggere **2** (*raro* o *lett.*) dare colpi violenti: *essi ammazzano urlando e smenando* (B. FENOGLIO)

ṣmenàre ② [dal region. *menare*, denominale di *meno*, con il pref. intens. *s-* ✱ 1885] **v. tr.** (*io ṣméno*) **1** (*sett.*) perdere una somma di denaro: *s. una fortuna al gioco* **2** (*lomb.*) spacciare, smerciare: *sono articoli che non riusciamo a s.* | (*colloq.*) **smenàrci**, rimetterci: *non voglio smenarci troppo*

†ṣmenticàre [da *dimenticare*, con cambio di pref. (*s-*) ✱ sec. XIV] **v. tr.** e **†ṣmenticàrsi v. intr. pron.** ● dimenticare, dimenticarsi

ṣmentìre [da *mentire*, con *s-* ✱ sec. XIII] **A** **v. tr.** (*io ṣmentisco, tu ṣmentìsci*) **1** negare, dimostrare falso ciò che altri asserisce o ha asserito: *la notizia è stata smentita dall'interessato*; *ha smentito ogni voce sul suo conto* | sbugiardare: *riuscirò a smentirlo pubblicamente* **2** non riconoscere ciò che si era precedentemente affermato: *il testimone smentì la sua deposizione* **SIN.** sconfessare **3** contraddire una qualità con cui ci si era conquistate la considerazione e la stima altrui: *s. la propria fama, la propria serietà, il proprio buon nome* **B** **ṣmentìrsi v. rifl. 1** dire cose non conformi a quanto affermato in precedenza; contraddirsi **2** agire in modo contrario a quello abituale (gener. in un contesto negativo): *neppure in questa occasione si è smentito* | ***non smentirsi mai***, non cambiare mai, essere sempre lo stesso

SFUMATURE ➤ ***ritrattare*** ③

✦ṣmentìta [1873] **s. f.** ● lo smentire | dichiarazione, iniziativa con cui si smentisce: *dare una s. a qlco.*; *una s. recisa*; *s. ufficiale*; *una s. dei fatti*

SFUMATURE DI SIGNIFICATO

smentita - negazione

La **smentita** è in genere una dichiarazione ufficiale che nega la veridicità di affermazioni attribuite pubblicamente a un personaggio autorevole. Rispetto al precedente, **negazione** è il dir di no, riguarda qualsiasi espressione di rifiuto, di disaccordo e ha un ambito d'uso molto più ampio.

ṣmentitóre [av. 1712] **s. m.** (**f.** *-trice*); **anche agg.** ● (*raro*) chi (o che) smentisce

ṣmeraldìno [da *smeraldo* ✱ 1294] **agg.** ● che ha colore verde smeraldo: *verde s.*; *occhi smeraldini*

ṣmeràldo [lat. parl. **smarăudu(m)* per il classico *smarăgdus* 'smeraldo', dal gr. *smáragdos* 'pietra verde', di orig. orient. ✱ av. 1250] **A** **s. m.** **1** varietà verde-erba di berillo, usata come gemma **2** (*poet.*) colore verde: *una gran pianta / che fronde ha di s.* (A. POLIZIANO) **B** **in funzione di agg. inv.** ● (posposto a un sost.) che ha un colore verde vivo e brillante, caratteristico della pietra preziosa omonima: *color s.*; *verde s.*

ṣmerciàbile [1960] **agg.** ● che si può smerciare ‖ **ṣmerciabilità, s. f. inv.**

ṣmerciàre [da *merce*, con *s-* ✱ 1770] **v. tr.** (**pres.** *io ṣmèrcio*; **fut.** *io ṣmercerò*) ● vendere, spacciare la merce: *s. le rimanenze*

ṣmèrcio [av. 1764] **s. m.** ● vendita, spaccio di una merce: *un articolo che ha poco s.*; *di questo prodotto c'è un grande s.*

ṣmerdàre [da *merda*, con *s-* ✱ av. 1704] **A** **v. tr.** (*io ṣmèrdo*) **1** (*volg.*) sporcare di merda | (*est.*) insudiciare, insozzare **2** (*fig.*, *volg.*) svergognare **3** (*raro*, *volg.*) pulire dalla merda **B** **ṣmerdàrsi v. intr. pron. 1** (*volg.*) sporcarsi di merda | (*est.*) insudiciarsi **2** (*fig.*, *volg.*) coprirsi di vergogna, di disonore **SIN.** sputtanarsi

ṣmèrgo o **mèrgo** [lat. *mĕrgu(m)*, propr. 'l'uccello che s'immerge', da *mĕrgere* 'immergere', con *s-* ✱ sec. XIII] **s. m.** (**pl.** *-ghi*) ● correntemente, uccello degli Anseriformi, abile nel nuoto sopra e sotto la superficie dell'acqua | ***s. maggiore***, con ciuffo di penne sul capo (*Mergus merganser*) | ***s. minore***, vive in Italia d'inverno (*Mergus serrator*)

ṣmerigliàre [da *smeriglio* ① ✱ av. 1597] **v. tr.** (*io ṣmerìglio*) **1** strofinare con smeriglio o altro abrasivo per lucidare e levigare: *s. il pavimento* **2** lavorare con lo smeriglio per rendere traslucido: *s. i vetri*

ṣmerigliàto **part. pass.** di *smerigliare*; **anche agg. 1** nei sign. del v. **2** ***carta smerigliata***, con una faccia ricoperta di polvere di smeriglio, per lucidare, pulire, lisciare superfici varie **3** reso traslucido mediante smerigliatura: *vetro s.* | ***tappo s.***, in vetro smerigliato nella parte che entra nel collo della bottiglia, così da chiudere meglio

ṣmerigliatóre [da *smerigliare* ✱ 1960] **s. m.** (**f.** *-trice*) ● operaio che esegue lavori di smerigliatura

ṣmerigliatrice [f. di *smerigliatore* ✱ 1949] **s. f.** ● macchina impiegata per smerigliatura, che ha per utensile un nastro rotante sulla cui superficie attiva sono fissati con adesivo i grani abrasivi

ṣmerigliatùra [av. 1712] **s. f.** ● finitura di superficie ottenuta facendovi passare sopra il nastro abrasivo della smerigliatrice oppure, a mano, la polvere di smeriglio

ṣmerìglio ① o **†ṣmirìllo** [dal gr. biz. **smyrídion*, dim. del classico *smýris*, genit. *smýridos* 'smeriglio', di etim. incerta ✱ sec. XIV] **s. m.** **1** varietà di corindone finemente granulare, di colore brunastro **2** polvere dello smeriglio con cui si brunisce l'acciaio, si segano e puliscono i marmi, e sim.

ṣmerìglio ② [fr. ant. *esmeril*, dal francone *smiril* ✱ sec. XIII] **s. m.** ● piccolo falco macchiettato di bianco e nero, aggressivo (*Falco columbarius*)

ṣmerìglio ③ [dal gr. *smarís*, genit. *smarídos* 'pesce di scarsa qualità', di etim. incerta ✱ 1825] **s. m.** ● squalo con muso prominente, ampia bocca, feroce ed aggressivo, ottimo nuotatore (*Lamna nasus*) **SIN.** squalo nasuto

†ṣmeriglióso (o **-ṣo**) [da *smeriglio* ① ✱ av. 1574] **agg.** ● che contiene molto smeriglio, detto di marmo: *essendo il marmo che lavorava ... s. e cattivo, gli pareva gittar via il tempo* (G. VASARI)

ṣmerìnto [vc. dotta, dal gr. *(s)mḗrinthos* 'cordicella', di etim. incerta ✻ 1838] **s. m.** ● farfalla delle Sfingi con ali posteriori ornate di macchie simili a occhi (*Smerinthus ocellata*)

ṣmerlàre [da *merlo*, con *s-* ✻ 1865] **v. tr.** (*io ṣmèrlo*) ● orlare con un ricamo a smerlo: *s. una tovaglia*

ṣmerlàto **part. pass.** di *smerlare*; anche **agg.** **1** nel sign. del v. **2** (*bot.*) detto di foglia a denti ottusi

ṣmerlatùra [1940] **s. f.** ● lo smerlare | orlatura a smerlo

ṣmerlettàre [da *merletto*, con *s-* ✻ 1884] **v. tr.** (*io ṣmerlétto*) ● smerlare

ṣmèrlo [da *smerlare* ✻ av. 1449] **s. m.** ● orlatura a festone eseguita per rifinire biancheria personale o da casa | ***punto a s.***, quello a punti fitti e regolari fermati da piccoli nodi

ṣmésso **part. pass.** di *smettere*; anche **agg.** **1** nei sign. del v. | che non si indossa più: *regalavano alla Emilia i vestiti smessi* (C. PAVESE) **2** (*tosc.*) detto di persona, che non esercita più la propria professione (*spec. spreg.*): *serva smessa* | ***prete s.***, spretato

♦**ṣméttere** [da *mettere*, con *s-* ✻ 1582] **A** **v. tr.** (coniug. come *mettere*) **1** interrompere momentaneamente o definitivamente ciò che si sta facendo: *s. il lavoro, gli studi, una discussione, una lite* | **ṣmétterla** (con il pron. *la* indeterm.), non continuare a fare qlco. (gener. in frasi imperative) (+ *di* seguito da inf.; + *con*): *è ora di smetterla!; smettila di raccontare storie; smettetela di litigare!; smettetela con queste chiacchiere!; Eh! eh! smettete con que' ferri* (A. MANZONI) **2** non indossare più, non usare più, detto di indumenti: *s. un abito, un cappello* | (*tosc.*) ***s. la casa***, disfarsi di tutto ciò che contiene e trasferirsi **3** (*fig.*) mettere da parte, deporre: *puoi smetterle con me, sai, codeste arie!* (L. PIRANDELLO) **B** **v. intr.** (aus. *avere*, raro *essere*) ● cessare, terminare: *il maltempo non dà segno di s.; non smetteva in lui il rimorso d'essere così egoista* (I. CALVINO); (*anche impers.*) *ha smesso* (o *è smesso*) *di piovere*

ṣmèttico ➤ **smectico**

ṣmezzaménto [1683] **s. m.** ● (*raro*) lo smezzare

ṣmezzàre [da *mezzo*, con *s-* ✻ av. 1492] **v. tr.** (*io ṣmèzzo*) **1** dividere a metà: *s. il pane* **2** ridurre alla metà: *s. una bottiglia di liquore*

ṣmidollàre [da *midolla*, con *s-* ✻ av. 1606] **A** **v. tr.** (*io ṣmidóllo*) **1** levare il midollo o la midolla: *s. una canna, il pane* **2** (*fig.*) svigorire, infiacchire **B** **ṣmidollàrsi** **v. intr. pron.** ● (*raro, fig.*) svigorirsi, diventare debole, fiacco

♣**ṣmidollàto** **A** **part. pass.** di *smidollare*; anche **agg.** **1** nei sign. del v. **2** (*fig.*) privo di vigore, di forza: *sentirsi s.* | (*est.*) privo di carattere, di energia morale, di forza di volontà: *uomini smidollati* **B** **s. m.** (f. *-a*) ● persona smidollata

ṣmielàre o **ṣmelàre** [da *m(i)ele*, con *s-* ✻ 1865] **v. tr.** (*io ṣmièlo*) ● levare il miele dai favi, dall'alveare

ṣmielàto o **ṣmelàto** **part. pass.** di *smielare*; anche **agg.** ● nel sign. del v. | dolcissimo, troppo dolce | (*centr., fig.*) smanceroso

ṣmielatóre o **ṣmelatóre** [1895] **s. m.** ● macchina centrifuga per smielare i favi senza romperli

ṣmielatùra o **ṣmelatùra** [1865] **s. f.** ● operazione dello smielare | tempo in cui tale operazione si effettua

ṣmìlace [dal lat. *smīlace(m)*, dal gr. *smîlax*, genit. *-akos*, nome della pianta ✻ av. 1527] **s. f.** o **m.** ● salsapariglia

smiley /'zmaili, *ingl.* 'smaɪlɪ/ [vc. ingl., da *smile* 'sorriso' ✻ 1996] **s. m. inv.** (pl. ingl. *smileys*) ● immagine che rappresenta una piccola faccia che sorride CFR. faccina

ṣmilitarizzàre [da *militarizzare*, con *s-*, sul modello del fr. *démilitariser* ✻ 1857] **A** **v. tr.** **1** restituire alla condizione civile ciò che prima era militare o era stato militarizzato: *s. la polizia* **2** privare un Paese, un territorio, di qualsiasi installazione militare **B** **ṣmilitarizzàrsi** **v. rifl.** ● privarsi delle strutture militari | trasformarsi da corpo militare in corpo civile: *i gruppi amati dovranno smilitarizzarsi* ‖ **ṣmilitarizzazióne**, **s. f.**

ṣmilitarizzàto **part. pass.** di *smilitarizzare*; anche **agg.** **1** nei sign. del v. **2** ***zona smilitarizzata***, striscia di terra spec. tra belligeranti, nella quale non è ammesso alcun militare; è generalmente controllata dalle forze armate delle Nazioni Unite

†**ṣmillantàre** e deriv. ➤ **millantare** e deriv.

♣**ṣmìlzo** [dall'ant. *milzo*, forse connesso con *milza*, con *s-* intens. ✻ 1541] **agg.** **1** che ha corporatura magra, snella, sottile: *un ragazzo s.* **2** (*est.*) breve, scarno: *uno s. resoconto* | (*lett., fig.*) inconsistente, esile: *uno stile s.*

†**ṣmimoràto** ➤ **smemorato**

ṣminaménto [1950] **s. m.** ● operazione dello sminare

ṣminàre [da *minare*, con *s-* ✻ 1949] **v. tr.** ● bonificare una zona minata, liberandola dalle mine mediante rimozione o brillamento

ṣminatóre [1950] **s. m.** (f. *-trice*) ● chi esegue lo sminamento

ṣminatùra [1950] **s. f.** ● sminamento

†**ṣminchionàre** [da *minchionare*, con *s-* ✻ av. 1686] **A** **v. tr.** **1** burlare, irridere **2** scaltrire **B** **v. intr.** ● scaltrirsi

ṣminchionàto [comp. parasintetico di *minchione*, col pref. *s-* ✻ 1923] **agg. e s. m.** ● (*volg.*) scocciato

†**ṣminchionìre** [1547] **v. tr. e intr.** ● †sminchionare

ṣminuiménto [1525] **s. m.** ● (*raro*) lo sminuire | riduzione d'importanza

ṣminụìre [calco su *diminuire*, con cambio di pref. (*s-*) ✻ sec. XIV] **A** **v. tr.** (*io ṣminụìsco, tu ṣminụìsci*) ● rendere minore, limitare, svalutare (*spec. fig.*): *s. l'importanza di qlco.; s. i meriti di qlcu.* **B** **v. intr.** (aus. *essere*) ● (*raro, lett.*) ridursi a meno, diventare sempre più piccolo: *e sminuiva, e già di lui non c'era / ... che cinque sterline d'oro* (G. PASCOLI) **C** **ṣminụìrsi** **v. rifl.** ● considerarsi da meno di ciò che realmente si è: *non sminuirti così!* SIN. sottovalutarsi, svalutarsi CONTR. sopravvalutarsi

†**ṣminuitóre** [av. 1729] **s. m.** (f. *-trice*); anche **agg.** ● (*raro*) chi (o che) sminuisce

ṣminuzzaménto [1631] **s. m.** ● lo sminuzzare | frammentazione (*anche fig.*)

ṣminuzzàre [da *minuzzare*, con *s-* ✻ av. 1342] **A** **v. tr.** **1** ridurre in pezzettini: *s. i biscotti* | (*est.*) dividere, frammentare: *s. le terre del comune fra i più poveri* (G. VERGA) **2** (*fig., raro*) spezzettare; esporre con minuzia eccessiva: *va (...) sminuzzando e allungando la descrizione per desiderio di fare effetto* (G. LEOPARDI) **B** **ṣminuzzàrsi** **v. intr. pron.** ● ridursi in pezzettini

ṣminuzzàto **part. pass.** di *sminuzzare*; anche **agg.** ● nei sign. del v.

ṣminuzzatóre [1691] **s. m.** (f. *-trice*); anche **agg.** ● (*raro*) chi (o che) sminuzza: *macchina sminuzzatrice*

ṣminuzzatrìce [f. di *sminuzzatore* ✻ 1838] **s. f.** ● macchina che riduce in frammenti minuti il legno da cellulosa SIN. truciolatrice

ṣminuzzatùra [1872] **s. f.** ● operazione dello sminuzzare | insieme di minuzzoli

ṣminuzzolaménto [1779] **s. m.** ● lo sminuzzolare

ṣminuzzolàre o †**minuzzolàre** [da *minuzzolo*, con *s-* ✻ 1480 ca.] **A** **v. tr.** (*io ṣminùzzolo*) **1** ridurre in frammenti minuti: *s. il pane* | sbriciolare: *s. il basilico secco* **2** (*raro, fig.*) frammentare: *s. una descrizione* **B** **ṣminuzzolàrsi** **v. intr. pron.** ● †struggersi per la gioia

ṣmiracolàre [da *miracolo*, con *s-* ✻ 1542] **v. intr.** (*io ṣmiràcolo*; aus. *avere*) ● (*raro, tosc.*) meravigliarsi, sbalordire di fronte a cose banali come se fossero miracoli: *s. di ogni cosa*

†**ṣmiràre** ➤ **mirare**

†**ṣmirìllo** ➤ **smeriglio**①

ṣmìṣi ➤ **smettere**

ṣmistaménto [1885] **s. m.** ● operazione dello smistare: *lo s. della corrispondenza; stazione di s.*

ṣmistàre [da *misto*, con *s-* ✻ 1905] **v. tr.** **1** suddividere un insieme avviandone i componenti alle rispettive destinazioni: *s. la corrispondenza; s. le reclute* **2** ripartire le vetture di un treno secondo le rispettive destinazioni sui binari di un fascio di smistamento **3** (*sport*) ***s. il pallone***, nel calcio e sim., passarlo a un compagno

ṣmistatóre [1970] **agg. e s. m.** (f. *-trice*) ● che (o chi) smista

†**ṣmiṣurànza** [da †*smisurare*, prob. sul modello del provenz. *desmesuransa* ✻ sec. XIII] **s. f.** ● eccesso, dismisura | immensità, enormità

†**ṣmiṣuràre** [da *misura*, con *s-* ✻ sec. XIII] **v. intr.** ● eccedere la misura

ṣmiṣuratézza [sec. XIV] **s. f.** ● condizione di ciò che è smisurato

♣**ṣmiṣuràto** [da *misura*, con *s-* ✻ av. 1237] **A** **agg.** ● che eccede le normali misure, che non si può misurare: *spazio s.; smisurata altezza / quando può una saetta ... salire* (M.M. BOIARDO) | (*est.*) grandissimo, straordinario, enorme: *amore s.; bontà smisurata; guadagni smisurati* ‖ **ṣmiṣurataménte**, **avv.** in maniera smisurata, eccessiva **B** in funzione di **avv.** ● †smisuratamente

ṣmithiàno (smith-ia-no, smi-thia-no) /zmi'tjano/ [av. 1855] **A** **agg.** ● relativo al pensiero economico di Adam Smith (1723-1790) **B** **s. m.** ● seguace, sostenitore delle idee di Smith

ṣmithsonìte /zmitso'nite/ [dal n. del chimico J. L. *Smithson* (1765-1829) ✻ 1957] **s. f.** ● carbonato di zinco in masse stalattitiche o in incrostazioni cristalline di colore vario

ṣmitizzàre [da *mito*, con *s-* ✻ 1936] **A** **v. tr.** ● togliere il carattere di mito | attribuire a un personaggio, un movimento, un periodo storico e sim., una valutazione più obiettiva e realistica di quella avuta finora: *s. il Romanticismo* **B** **ṣmitizzàrsi** **v. rifl.** ● privare sé stesso del carattere di mito ‖ **ṣmitizzazióne**, **s. f.**

ṣmobiliàre [da *mobilia*, con *s-* ✻ 1776] **v. tr.** (*io ṣmobìlio*) ● vuotare, in tutto o in parte, dal mobilio: *s. un appartamento* CONTR. ammobiliare

ṣmobilitàre [da *mobilitare*, con *s-* ✻ 1922] **A** **v. tr.** (*io ṣmobìlito*) **1** riportare le forze armate mobilitate all'organizzazione di pace, adottando i necessari provvedimenti CONTR. mobilitare **2** (*est.*) chiudere, smantellare e sim.: *s. un cantiere* | (*fig., raro*) riportare alla situazione di normalità ciò che prima si era mobilitato **B** **v. intr.** (aus. *avere*) **1** ritornare a un normale assetto di pace **2** (*fig.*) cessare l'impegno, la mobilitazione e sim., ritornando a una situazione di normalità

ṣmobilitazióne [da *smobilitare*, sul modello di *mobilitazione* (V.) ✻ 1917] **s. f.** **1** lo smobilitare (*anche fig.*) **2** complesso delle operazioni mediante le quali, a pace conclusa, le for-

S

ze armate di uno Stato belligerante passano dallo stato di mobilitazione all'organizzazione di pace

ṣmobiliẓẓàre [da *mobilizzare* con *s-* ✱ 1908] **v. tr.** ● convertire in moneta valori immobilizzati: *s. un credito* ‖ **ṣmobiliẓẓazióne**, **s. f.**

ṣmobilìẓẓo [contr. di *immobilizzo*, con cambio di pref. (*s-*) ✱ 1922] **s. m.** ● operazione con cui valori mobiliari divengono liquidi | ***effetto di s.***, cambiale rilasciata in bianco a favore della banca da chi ottiene una concessione di credito allo scoperto

ṣmocciàre [da *moccio*, con *s-* ✱ 1841] **v. tr.** (**pres.** *io ṣmóccio*; **fut.** *io ṣmoccerò*) ● (*fam.*) togliere il moccio dal naso: *s. un bambino*

ṣmoccicàre [da *moccicare*, con *s-* ✱ sec. XVI] **A** **v. tr.** (*io ṣmóccico, tu ṣmóccichi*) ● (*fam.*) sporcare di moccio **B** **v. intr.** (**aus.** *avere*) ● (*fam.*) colare moccio: *gli smoccica il naso*

ṣmoccolàre [da *moccolo*, con *s-* ✱ av. 1412] **A** **v. tr.** (*io ṣmòccolo* (o *-ó-*)) ● levare il moccolo | accorciare lo stoppino o il lucignolo carbonizzato: *s. una candela, un lume a petrolio* **B** **v. intr.** (**aus.** *avere*) **1** lasciar cadere cera fusa, detto di candela: *questa candela smoccola* **2** (*fam.*) bestemmiare, tirar moccoli

ṣmoccolatóie [1846] **s. f. pl.** ● smoccolatoio

ṣmoccolatóio [1598] **s. m.** (**pl.** *-ói*) ● attrezzo per smoccolare, a forma di forbici con un piccolo incavo nella parte superiore in cui si chiude la smoccolatura

ṣmoccolatùra [av. 1556] **s. f.** **1** lo smoccolare **2** parte carbonizzata del lucignolo o dello stoppino: *togliere la s.* | scolatura di cera lungo una candela o un cero

†**ṣmodàrsi** [da *modo*, con *s-* ✱ av. 1347] **v. intr. pron.** ● (*raro*) diventare smodato

ṣmodatézza [da *smodato* ✱ 1962] **s. f.** ● mancanza di misura, di moderazione

♣**ṣmodàto** [da *modo*, con *s-* ✱ av. 1276] **agg.** ● che eccede la giusta misura, smoderato, eccessivo: *ambizione smodata*; *s. desiderio di potere*; *risa smodate* ‖ **ṣmodataménte**, **avv.** in maniera smodata, oltre misura

†**ṣmoderaménto** [da †*smoderarsi* ✱ 1560] **s. m.** ● smoderatezza

†**ṣmoderànza** [da †*smoderarsi* ✱ sec. XIV] **s. f.** ● mancanza di moderazione | (*lett.*) eccesso

†**ṣmoderàrsi** [da *moderare*, con *s-* ✱ av. 1625] **v. intr. pron.** ● diventare smoderato

ṣmoderatézza [1618] **s. f.** ● caratteristica di chi (o di ciò che) è smoderato | intemperanza, smodatezza

ṣmoderàto [contr. di *moderato*, con *s-* ✱ 1268] **agg.** ● che eccede la moderazione, i giusti limiti: *comportamento s.*; *essere s. nel bere, nel mangiare* ‖ **ṣmoderataménte**, **avv.** senza moderazione

ṣmog /zmɔg, *ingl.* smɒg/ [vc. ingl., sovrapposizione di *smoke* 'fumo' a *fog* 'nebbia' ✱ 1955] **s. m. inv.** ● insieme di nebbia, fumo e fini residui di combustione che inquinano l'atmosfera spec. dei grandi centri industriali
SFUMATURE ➤ *fumo*

†**ṣmogliàrsi** [da *moglie*, con *s-* sottratt. V. *ammogliare* ✱ 1667] **v. intr. pron.** ● (*raro*) abbandonare lo stato coniugale

ṣmòking /'zmɔkin(g)/ [vc. ingl., abbr. di *smoking-jacket* 'giacca indossata per fumare' (sostituita poi in ingl. con *dinner jacket*) ✱ 1891] **s. m. inv.** ● abito maschile da sera, gener. di panno nero con risvolti di seta, a volte con giacca bianca o colorata

ṣmollàre ① [da *molle*, con *s-* durativa-intensiva V. *ammollare*② ✱ 1888] **A** **v. tr.** (*io ṣmòllo*) **1** (*sett.*) allentare **2** (*sett., fam.*) dare, affibbiare: *s. uno schiaffo* **3** (*fam.*) cedere, vendere: *mi ha smollato il suo vecchio motorino* | prestare: *smollami 100 euro* **4** (*fam.*) lasciare, abbandonare: *ha appena smollato la ragazza* **B** **ṣmollàrsi** **v. intr. pron.** **1** (*sett.*) allentarsi: *si è smollato l'elastico* **2** (*fig., colloq.*) mostrarsi meno rigido, lasciarsi andare: *è un tipo che non si smolla mai*

ṣmollàre ② [da *mollare*② con il pref. intens. *s-* ✱ 1872] **v. tr.** (*io ṣmòllo*) ● (*raro*) lasciare a mollo i panni sporchi prima di lavarli

ṣmollicàre [da *mollica*, con *s-* ✱ 1550] **A** **v. tr.** (*io ṣmollìco, tu ṣmollìchi*) ● ridurre in molliche: *s. il pane* **B** **ṣmollicàrsi** **v. intr. pron.** ● ridursi in molliche: *il pane si è smollicato*

ṣmonacàre [da *monacare*, con *s-* ✱ av. 1562] **A** **v. tr.** (*io ṣmònaco, tu ṣmònachi*) ● privare dello stato e dell'abito monastico **B** **ṣmonacàrsi** **v. intr. pron.** ● abbandonare lo stato e l'abito monastico

ṣmontàbile [1907] **agg.** ● che si può smontare: *libreria s.* | ***casa s.***, le cui pareti sono costituite da pannelli di legno uniti da cerniere, che ne permettono l'appiattimento ‖ **ṣmontabilità**, **s. f. inv.**

ṣmontàggio [da *smontare* (macchine), sul modello del fr. *démontage* ✱ 1908] **s. m.** ● operazione dello smontare meccanismi, macchine e sim.

ṣmontaménto [da *smontare* ✱ 1779] **s. m.** ● (*raro*) smontaggio

♦**ṣmontàre** [da *montare*, con *s-* ✱ av. 1292] **A** **v. tr.** (*io ṣmónto*) **1** (*raro*) fare scendere da un mezzo di trasporto: *smontami in centro* **2** scomporre un meccanismo nei pezzi che lo compongono: *s. un orologio, un armadio, una macchina* | ***s. pietre preziose***, toglierle dalla loro montatura, dal castone | ***s. una bocca da fuoco***, toglierla dall'affusto | (*est.*) distruggere, rendere inefficiente: *s. coi propri tiri le artiglierie nemiche* | (*fig.*) demolire, dimostrare l'infondatezza di qlco.: *s. un ragionamento, una tesi, un'accusa* **3** fare sgonfiare, afflosciare, sostanze liquide o semiliquide, sbattute o frullate: *il caldo smonta la panna* **4** (*fig.*) rendere privo di entusiasmo, voglia di fare, fiducia in sé: *la tua risposta mi ha smontato* | ***s. una notizia, un avvenimento*** e sim., diminuirne l'importanza, sgonfiarla **B** **v. intr.** **1** (aus. *essere*) scendere: *s. dalla scala, da una sedia* | scendere da un mezzo di trasporto: *s. dal tram, da cavallo*; *s. di sella, di macchina* | (*raro*) ***s. a terra, in terra***, sbarcare **2** (aus. *essere*) terminare il proprio turno di lavoro e sim.: *s. di guardia, di servizio*; *la sentinella smonta alle nove* **3** (aus. *essere* o *avere*) (*raro*) schiarire, scolorire, stingere, detto di colori: *il blu di quel vestito ha smontato subito* **4** (aus. *essere* o *avere*) sgonfiarsi, detto di sostanze liquide o semiliquide battute, frullate o sim.: *il soufflé smonta* **5** †prendere alloggio, fermarsi in un luogo durante un viaggio: *s. in un albergo* **6** †tramontare, del sole **C** **ṣmontàrsi** **v. intr. pron.** ● perdere l'entusiasmo, la fiducia in sé stessi e nei propri propositi: *è un tipo che non si smonta mai*

SFUMATURE DI SIGNIFICATO
smontare - sbarcare - atterrare - ammarare
Il primo significato di **smontare** è scendere a terra da un mezzo di trasporto. Se si scende a terra da un natante è più preciso l'uso di **sbarcare**, che tuttavia viene impiegato anche in relazione alla discesa da mezzi aerei. Se invece di far riferimento alle persone ci si riferisce alla discesa a terra di un aereo, si ha **atterrare** se questa avviene su una pista, oppure **ammarare** se avviene in mare o in un altro specchio d'acqua.

ṣmontàto **part. pass.** di *smontare*; anche **agg.** ● nei sign. del v.

ṣmontatóre [da *smontare* ✱ 1941] **s. m.** (**f.** *-trice*) ● chi esegue lavori di smontaggio

ṣmontatùra [1884] **s. f.** ● (*raro*) smontaggio | (*fig.*) scoraggiamento

ṣmonticatùra [da *monticare*, con *s-* ✱ 1960] **s. f.** ● ritorno al piano del bestiame che stava all'alpeggio

ṣmonticazióne [1960] **s. f.** ● smonticatura

smoothie /'zmuti, *ingl.* 'smuːðɪ/ [vc. ingl., da *smooth* 'ben amalgamato' ✱ 2008] **s. m. inv.** ● bevanda costituita da un frullato di frutta o verdura fresche, a volte con l'aggiunta di yogurt

ṣmorbàre [da *morbo*, con *s-* ✱ av. 1527] **v. tr.** (*io ṣmòrbo*) ● (*raro*) liberare, purificare da ciò che ammorba: *s. l'aria*

ṣmòrfia ① [dall'ant. *morfia* 'bocca', con *s-* e sviluppo semantico gerg. ✱ 1583] **s. f.** **1** contrazione del viso, tale da alterarne il normale aspetto, dovuta a sensazioni spiacevoli: *una s. di dolore*; *non potersi trattenere dal fare una s.* | ***fare le smorfie***, fare le boccacce, spec. per scherno **2** atto svenevole, lezioso, affettazione, posa: *ragazza tutta smorfie*; *le tue smorfie non m'incantano* ‖ **ṣmorfiàccia**, **pegg.** | **ṣmorfiétta**, **dim.** | **ṣmorfiùccia**, **dim.**

SFUMATURE DI SIGNIFICATO
smorfia - smanceria - svenevolezza
Una contrazione innaturale del viso è una **smorfia**, parola che descrive anche un atteggiamento lezioso, affettato. **Smanceria** si usa soprattutto al plurale per indicare una serie di complimenti insistiti, di parole dolci dette per compiacere. **Svenevolezza** identifica il carattere o le azioni di chi si atteggia languidamente, fa lo sdolcinato per attirare l'attenzione altrui.

ṣmòrfia ② [sovrapposizione di *smorfia*① a *Morfeo*, n. del mitico dio del sonno ✱ 1844] **s. f.** ● (*merid.*) manuale usato nel gioco del lotto, contenente il valore numerico da uno a novanta di immagini ricavate da sogni o da altri avvenimenti

ṣmorfióso (o **-ṣo**) [da *smorfia*① ✱ 1726] **A** **agg.** ● che ha l'abitudine di fare smorfie: *bambino s.* | lezioso, svenevole, smanceroso: *ragazza smorfiosa* ‖ **ṣmorfiosaménte**, **avv.** in maniera smorfiosa ‖ **ṣmorfiosità**, **s. f. inv.** **B** **s. m.** (**f.** *-a*) ● persona smorfiosa: *non sopporto quella smorfiosa* | ***fare la smorfiosa con qlcu.***, civettare ‖ **ṣmorfiosétto**, **dim.**

ṣmorìre [da *morire*, con *s-* ✱ 1294] **v. intr.** (**coniug. come** *morire*; **difett. dei tempi composti**) e **ṣmorìrsi** **v. intr. pron.** ● (*lett.*) diventare pallido, smorto

†**ṣmorsàre** [da *morso*② nel sign. 7 ✱ 1342] **A** **v. tr.** ● liberare dal morso | (*fig.*) liberare da un legame **B** †**ṣmorsàrsi** **v. intr. pron.** ● allontanarsi

†**ṣmortézza** [av. 1574] **s. f.** ● condizione di ciò che è freddo, è smorto

ṣmortìre [av. 1428] **A** **v. intr.** (*io ṣmortìsco, tu ṣmortìsci*; **aus.** *essere*) ● (*raro*) diventare smorto, pallido | diventare sbiadito **B** **v. tr.** ● (*raro*) scolorare, smorzare: *s. i colori*

♣**ṣmòrto** **part. pass.** di *smorire*; anche **agg.** **1** che ha un colorito pallido, spento: *faccia smorta*; *avere il viso s.*; *essere s. in viso*; *al tuo partir pallida e smorta / ... restai* (L. DE' MEDICI) **2** che è privo di splendore e vivacità, detto di colori e sim.: *tinta smorta*; *rosso s.* **3** (*fig.*) che è privo di vigore espressivo: *stile s.*; *rappresentazione smorta* ‖ **ṣmortìno**, **dim.**

ṣmorzacandéla o **ṣmorzacandéle** [comp. di *smorza(re)* e *candela* ✱ 1786] **s. m. o f. inv.** ● (*scherz.*) nell'atto sessuale, posizione in cui la donna è accovacciata sopra l'uomo disteso supino **SIN.** spegnicandela

ṣmorzaménto [1745] **s. m.** ● lo smorzare, lo smorzarsi | (*fig.*) attenuazione

ṣmorzàndo [propr. gerundio di *smorzare* ✱ 1826] **s. m. inv.** ● (*mus.*) diminuendo **SIMB.**

smorz CONTR. crescendo

ṣmorzàre [calco su *ammorzare*, con cambio di pref. (*s-*) * av. 1315] **A** **v. tr.** (*io ṣmòrzo*) **1** spegnere: *s. il fuoco, l'incendio, una candela* | ***s. la calce viva***, spegnerla nell'acqua | (*centr.*) ***s. la luce***, spegnerla **2** (*fig.*) attutire, estinguere: *s. la sete, il desiderio, le passioni* **3** attenuare, diminuire d'intensità, forza e sim. (*anche fig.*): *s. i suoni*; *s. una polemica* | ***s. la voce***, abbassarla | ***s. le tinte, i colori***, attenuarne la vivacità | ***s. la palla***, nel tennis, effettuare una smorzata **4** (*fis.*) ridurre progressivamente, facendo perdere o diminuire energia, un fenomeno ondulatorio **5** (*mus.*) diminuendo **B** **ṣmorzàrsi** **v. intr. pron.** • spegnersi: *il fuoco va smorzandosi* | (*fig.*) attenuarsi, attutirsi: *i rumori si sono smorzati*

ṣmorzàta [da *smorzare* * 1951] **s. f.** • (*sport*) nel tennis, colpo dato alla palla in modo da diminuirne notevolmente la velocità di rinvio rispetto a quella d'arrivo e farla cadere nel campo avversario appena oltre la rete | nel baseball, battuta eseguita in modo da colpire debolmente la palla e indirizzarla con velocità ridotta all'interno del diamante

ṣmorzàto **part. pass.** di *smorzare*; anche **agg.** • nei sign. del v. | ***rumori smorzati***, attenuati | ***colore s.***, tenue, non vivace | (*mus.*) diminuendo

ṣmorzatóre [1726] **A** **s. m.** (**f.** *-trice*); anche **agg.** • (*raro*) chi (o che) smorza **B** **s. m.** • (*mus.*) parte della meccanica di clavicembalo e pianoforte, costituita da feltri che riposano sulle corde in modo che quelle non percosse non vibrino per simpatia

ṣmorzatùra [1865] **s. f.** • smorzamento

†**ṣmòssa** [da *mossa*, con *s-* * sec. XIII] **s. f.** • movimento, mossa | ***s. di corpo***, diarrea

ṣmòsso **part. pass.** di *smuovere*; anche **agg.** **1** nei sign. del v. **2** ***terreno s.***, arato, lavorato di recente | ***dente s.***, malfermo

ṣmòtta [da *motta*, con *s-* * 1738] **s. f.** • (*raro*) smottamento

ṣmottaménto [da *smottare* * 1550] **s. m.** **1** frana, generalmente lenta, di un terreno imbevuto d'acqua | colata di fango **2** (*fig.*) calo, cedimento: *lo s. elettorale di un partito*

ṣmottàre [da *motta*, con *s-* * 1550] **v. intr.** (*io ṣmòtto*; aus. *essere*) • franare lentamente

ṣmottatùra [da *smottare* * 1872] **s. f.** **1** (*raro*) smottamento **2** punto in cui si è verificato uno smottamento | terra smottata

ṣmòvere ➤ **smuovere**

ṣmozzàre [da *mozzare*, con *s-* * 1560] **v. tr.** (*io ṣmózzo*) • mozzare: *s. i rami di un albero*

S

ṣmozzatùra [1539] **s. f.** • mozzatura

ṣmozzicaménto [av. 1604] **s. m.** • lo smozzicare

ṣmozzicàre [da *mozzicare*, con *s-* * 1313] **v. tr.** (*io ṣmózzico, tu ṣmózzichi*) **1** tagliare in piccoli pezzi: *s. un dolce, il pane* | †fare a pezzi, dilaniare: *s. un corpo* **2** (*fig.*) pronunciare male, in modo confuso o spezzettato: *s. il discorso, le parole*

ṣmozzicàto **part. pass.** di *smozzicare*; anche **agg.** • nei sign. del v. | (*est.*) sbrecciato: *dietro le mura smozzicate* (R. BACCHELLI) | (*fig.*) pronunciato male, farfugliato: *frase smozzicata*

ṣmozzicatùra [1612] **s. f.** • smozzicamento | parte mozzicata

♦**sms** /'ɛsse emme'ɛsse/ [dalla sigla ingl. di *S(hort) M(essage) S(ervice)* 'servizio per l'invio di messaggi brevi' * 1996] **s. m. inv.** • (*tel.*) messaggino

†**ṣmucciàre** [da *mucciare*, con *s-* * 1304] **v. intr.** • scivolare, sdrucciolare

ṣmucinàre [vc. laziale di etim. sconosciuta * 1955] **v. intr.** (*io ṣmùcino*; aus. *avere*) • (*roman.*) rimestare, armeggiare, frugare: *smucinava in fondo a una saccoccia* (P.P. PASOLINI)

ṣmùngere o †**ṣmùgnere** [da *mungere*, con *s-* * av. 1375] **v. tr.** (coniug. come *mungere*) **1** (*raro*) mungere fino all'ultimo | (*est.*) asciugare, esaurire **2** (*fig.*) inaridire, togliere la floridezza **3** (*fig., lett.*) sfruttare, togliere denaro: *Era nella condizione di dover s. la borsa dei suoi amanti* (G. VERGA)

♦**ṣmùnto** **part. pass.** di *smungere*; anche **agg.** **1** nei sign. del v. **2** pallido, emaciato, scarno: *viso s.*; *essere s. in viso*; *faccia smunta dalla fatica*

ṣmuòvere o (*pop., lett.*) **ṣmòvere** [lat. parl. **exmovēre*, comp. di *ĕx-* (*s-*) e *movēre* 'muovere', con sovrapposizione di *muovere* * av. 1292] **A** **v. tr.** (coniug. come *muovere*) **1** spostare con fatica un oggetto pesante: *riuscimmo a s. l'armadio* | ***s. il terreno***, con la zappa, l'aratro, e sim. **2** (*fig.*) dissuadere da un proposito, da una decisione: *bisogna smuoverlo da questa idea* | riuscire a commuovere, a piegare alla propria volontà: *con preghiere e suppliche smosse l'animo del padre* | riuscire a far abbandonare uno stato di inerzia, di torpore: *beato chi riesce a smuoverlo!*; *quello lo smuove solo il denaro!* **B** **ṣmuòversi** **v. intr. pron.** **1** non stare più fermo, spostarsi per non essere ben connesso, legato, piantato e sim.: *con la piena del fiume si sono smosse tutte le barche* **2** muoversi, spostarsi: *non si smuove dalla poltrona!* **3** (*fig.*) cambiare proposito, idea: *si è smosso infine dalla sua idea*

ṣmuràre [da *murare*, con *s-* * av. 1348] **v. tr.** **1** abbattere, demolire una struttura o una costruzione in muratura (*anche assol.*): *s. un muro, una fortezza*; *i guastatori seguitavano a s.* (A. MANZONI) **2** togliere dal muro ciò che vi era infisso: *s. una lapide*

ṣmuṣàre [da *muso*, con *s-* * 1872] **A** **v. tr.** • (*tosc.*) rompere il muso a qlcu. **B** **v. intr.** (aus. *avere*) • fare una smusata

ṣmuṣàta [da *smusare*, sul modello di *musata* * av. 1850] **s. f.** • (*raro*) smorfia che manifesta disgusto, disprezzo e sim.

ṣmussaménto [av. 1704] **s. m.** • smussatura | (*fig.*) attenuazione degli aspetti più aspri di qlco.

♦**ṣmussàre** [dal fr. *émousser*, da *mousse* 'mozzo'. V. *mozzo*②, *smozzare* * 1521] **A** **v. tr.** **1** privare dell'angolo vivo, arrotondare lo spigolo: *s. uno stipite* | far perdere il filo a una lama o alla sua punta: *s. un coltello* **2** (*fig.*) togliere asprezza, attenuare, addolcire: *s. il proprio carattere*; *s. ogni motivo di litigio* **B** **ṣmussàrsi** **v. intr. pron.** **1** perdere il filo, la punta, detto di lame: *il coltello si è smussato* **2** (*fig.*) addolcirsi, mitigarsi

ṣmussàto **part. pass.** di *smussare*; anche **agg.** • nei sign. del v. (*anche fig.*)

ṣmussatùra [sec. XVIII] **s. f.** • lo smussare, lo smussarsi | parte smussata

ṣmùsso① [av. 1519] **s. m.** **1** smussatura **2** arrotondamento degli spigoli di pezzi metallici che ha lo scopo di evitare il pericolo di tagli per chi li maneggia **3** scalpello per smussare

ṣmùsso② [av. 1519] **agg.** • smussato

ṣmutandàto [da un deriv. di *mutande* col pref. sottrativo *s-* * 1993] **A** **agg.** **1** (*raro*) che non indossa le mutande **2** abbigliato in modo che si vedano le mutande **B** **s. m.** (**f.** *-a*) • (*fig., spreg.*) persona priva di pudore o dalla cattiva reputazione: *è solo una smutandata*

snack /znɛk, *ingl.* snæk/ [vc. ingl. * 1959] **s. m. inv.** **1** spuntino | cibo, spec. di fabbricazione industriale, consumato come spuntino **2** accorc. di *snack-bar*

snack-bàr /znɛk'bar, znak-, *ingl.* 'snæk-ˌbɑː(r)/ [vc. ingl., comp. di *snack* 'spuntino' e *bar* * 1959] **s. m. inv.** • bar dove si consumano anche spuntini

†**ṣnamoràre** [calco su *innamorare*, con cambio di pref. (*s-*) * sec. XIII] **v. tr.** e †**ṣnamoràrsi** **v. intr. pron.** • disinnamorare, disinnamorarsi (*spec. scherz.*)

snap /znap, *ingl.* snæp/ [vc. ingl., di orig. onomat. dal v. *to snap* 'schioccare (le dita)' * 1989] **inter.** • riproduce lo schiocco di due dita

ṣnaturaménto [1798] **s. m.** • lo snaturare, lo snaturarsi | stravolgimento

ṣnaturàre [da *natura*, con *s-* * sec. XIII] **A** **v. tr.** **1** far cambiar natura, far degenerare la natura di qlcu.: *il vizio snatura l'uomo* **2** (*est.*) alterare qlco. nelle sue caratteristiche fondamentali: *i critici hanno snaturato le intenzioni dell'autore* CFR. deformare, stravolgere, travisare **B** **ṣnaturàrsi** **v. intr. pron.** • (*raro*) cambiare in peggio la propria natura: *Io era fatto per la vita aperta … non per gli studi in cui mi snaturo* (G. CARDUCCI)

ṣnaturatézza [da *snaturato* * 1818] **s. f.** • (*raro*) condizione di chi (o di ciò che) è snaturato | (*lett.*) bizzarria

ṣnaturàto **part. pass.** di *snaturare*; anche **agg.** e **s. m.** (**f.** *-a*) • che (o chi) si comporta in modo contrario ai sentimenti, ai principi, ai doveri e sim. insiti nella natura umana: *padre, figlio s.*; *essere uno s.* SIN. degenere, disumano, inumano ‖ **ṣnaturataménte**, **avv.** in modo snaturato

ṣnazionaliẓẓàre [da *nazionale*, con *s-* * 1861] **v. tr.** **1** privare dei caratteri nazionali: *s. una popolazione* **2** (*econ.*) ripristinare la proprietà e la gestione privata di attività economiche ‖ **ṣnazionaliẓẓazióne**, **s. f.**

sneaker /'znikər, *ingl.* 'sniːkə(r)/ [vc. ingl., dal v. *to sneak* 'muoversi furtivamente' * 1992] **s. f. inv.** • scarpa con suola di gomma, simile a quella da ginnastica

ṣnebbiàre [da *nebbia*, con *s-* * 1623] **v. tr.** (*io ṣnébbio*) **1** sgombrare dalla nebbia **2** (*fig.*) liberare da ciò che impedisce la comprensione | anche in forma pron.: *snebbiarsi il cervello*

ṣnèkar [dal nordico antico *snákr* * 1907] **s. m. inv.** • antica imbarcazione scandinava, a vela e a remi, simile al drakar

ṣnellènte **part. pres.** di *snellire*; anche **agg.** • nei sign. del v.

ṣnellézza [av. 1294] **s. f.** • caratteristica di chi (o di ciò che) è snello

ṣnelliménto [1960] **s. m.** • lo snellire (*spec. fig.*): *lo s. della procedura giudiziaria*

ṣnellìre [1874] **A** **v. tr.** (*io ṣnellisco, tu ṣnellisci*) **1** rendere o far apparire snello, o più snello (*anche assol.*): *quel vestito ti snellisce i fianchi*; *è un modello che snellisce* **2** (*fig.*) rendere più rapida, semplice e agevole l'esecuzione di qlco. eliminando ogni ostacolo o intralcio: *s. i servizi pubblici, una pratica burocratica*; *s. lo stile* **B** **ṣnellìrsi** **v. intr. pron.** • diventare snello, o più snello: *con lo sport si è snellito*

♦**ṣnèllo** [dal francone *snël* 'rapido'; V. ted. *schnell* * av. 1292] **agg.** **1** agile, svelto, leggero nei movimenti: *gli snelli piedi e le canore labbra* (G. PARINI) **2** che ha forma slanciata, sottile ed elegante: *ragazza snella*; *forme snelle*; *dita, gambe, snelle*; *torre snella* CONTR. tarchiato, tozzo **3** (*fig.*) scorrevole, privo di ogni elemento superfluo: *stile s.* | (*fig.*) agevole, semplice: *rendere più snella una procedura* ‖ (*lett.*) **ṣnellétto**, **dim.** ‖ **ṣnellaménte**, **avv.** in modo snello, svelto, leggero

†**ṣnerbàre** ➤ **snervare**

ṣnervaménto [av. 1594] **s. m.** **1** estenuazione, logoramento fisico o nervoso

2 (*mecc.*) fenomeno che si presenta nei materiali quando, avendo la sollecitazione raggiunto un determinato valore, cessano di comportarsi come corpi elastici e si comportano come plastici, presentando forti deformazioni permanenti

ṣnervànte o †**iṣnervànte** **part. pres.** di *snervare*; anche **agg.** ● estenuante, logorante: *caldo s., attesa s.* ‖ **ṣnervanteménte**, **avv.**

ṣnervàre o †**ṣnerbàre**, †**iṣnervàre** [da *nervo*, con *s-* sottratt. ✱ sec. XIII] **A** **v. tr.** (*io ṣnèrvo*) ● estenuare, logorare, spossare nel fisico e nel morale (*anche assol.*): *questa continua incertezza mi snerva; è un lavoro che snerva; l'ozio snerva* **B** **ṣnervàrsi** **v. intr. pron.** ● infiacchirsi, logorarsi, nel fisico e nel morale

SFUMATURE ➤ *fiaccare*

ṣnervatézza [1686] **s. f.** ● condizione di chi (o di ciò che) è snervato | fiacchezza, rilassatezza: *Il suo celibe autore l'ha scritto con tutta quella s. … che principalmente caratterizza gli Arcadi* (G. BARETTI)

ṣnervàto o †**iṣnervàto** **part. pass.** di *snervare*; anche **agg.** ● nei sign. del v. | privo di energie, esausto | estenuato ‖ **ṣnervataménte**, **avv.** con fiacchezza, senza forza

ṣnervatrìce [da *snervare* ✱ 1983] **s. f.** ● in macelleria, apparecchio costituito da una placca di metallo, fornita di lamine lunghe e sottili, che si abbassa su un pezzo di carne e ne spezza i tendini e i nervi rendendola più tenera

ṣnidàre [da *nido*, con *s-* ✱ sec. XIII] **A** **v. tr.** **1** far uscire un animale dalla tana o dal nido: *s. una lepre, una volpe* **2** (*milit.*) costringere nuclei nemici a uscire dai propri accampamenti o ricoveri **3** (*fig.*) fare uscire qlcu. da un nascondiglio, da un rifugio e sim.: *la polizia snidò i ricercati dal loro rifugio* | (*fig.*) far uscire allo scoperto: *provvedimenti presi allo scopo di s. gli evasori; s. gli oppositori interni* **B** **v. intr.** ● †uscire dal nido | (*est.*) sloggiare

sniff /znif, *ingl.* snɪf/ [vc. ingl., di orig. onomat. dal v. *to sniff* 'annusare, fiutare' ✱ 1937] **inter.** ● riproduce l'annusare del cane o di altro animale (*spec. iter.*) | (*est.*) esprime curiosità e ricerca

ṣniffàre [ingl. *to sniff* 'annusare, aspirare, fiutare' (vc. d'orig. imitativa) ✱ 1974] **v. tr.** ● (*gerg.*) fiutare, annusare cocaina

ṣniffàta [da *sniffare* ✱ 1979] **s. f.** ● (*gerg.*) atto dello sniffare, spec. cocaina o altre droghe

snìffer /'zniffer, *ingl.* 'snɪfə(r)/ [vc. ingl., propr. 'chi fiuta' ✱ 1999] **s. m. inv.** ● (*Internet*) programma in grado di intercettare le informazioni che viaggiano in rete; può essere usato a fini leciti, come il controllo della funzionalità della rete stessa, o illeciti, come la cattura di password

ṣnìffo [da *sniffare* ✱ 1974] **s. m.** ● (*gerg.*) sniffata | dose, presa di cocaina

snipe /*ingl.* snaɪp/ [vc. ingl., corrispondente all'it. *beccaccino* ✱ 1965] **s. m. inv.** ● (*mar.*) beccaccino

snippet /'znippet, *ingl.* 'snɪpɪt/ [vc. ingl. 'frammento', da *to snip* 'tagliare (con le forbici)' ✱ 2004] **s. m. inv.** **1** (*inform.*) porzione funzionale di codice estratta da un programma e resa disponibile in rete **2** parte di un libro offerta in lettura a scopo pubblicitario | righe di un libro rese visibili da un motore di ricerca, che permettono di leggere la parola trovata nel suo contesto

snob /znɔb, *ingl.* snɒb/ [vc. ingl., di orig. scandinava, propr. 'calzolaio, uomo rozzo'; divulgata dal *Libro degli Snob*, di W. M. Thackeray (1811-1863), ma presente nel gergo ant. dell'Università di Cambridge per indicare ogni estraneo a quell'ambiente e come tale non socialmente qualificato ✱ 1897] **A** **s. m. e f. inv.** ● chi ostenta modi raffinati ed eccentrici, per imitazione di ciò che ritiene caratteristico dei ceti più elevati e per la volontà di distinguersi rispetto a gusti considerati plebei **B** **agg. inv.** (**superl.** *ṣnobbissimo* o *ṣnobissimo*) ● che è caratteristico degli snob: *gusti s.* ‖ **ṣnobbétto**, **dim.** | **ṣnobbìno**, **dim.** | **ṣnobbóne**, **accr.**

SFUMATURE DI SIGNIFICATO

snob - dandy - eccentrico - affettato

Colui che ostenta raffinatezza di gusti, spesso unitamente a maniere stravaganti e ricercate, si definisce con il termine inglese **snob**; con sfumatura spregiativa, *snob* è chi è elitario e sprezzante nel trattare o giudicare gli altri. Compiaciuta raffinatezza ed eleganza caratterizzano anche il **dandy**, altra parola inglese che descrive chi cura il proprio aspetto e il proprio abbigliamento con attenzione, adeguandosi alle tendenze più esclusive e ricercate. Chi è *snob* o *dandy* è senz'altro un **eccentrico**, cioè fuori dalle convenzioni e dalla norma per aspetto, gusti, abitudini e modi di vita, anche se *snob* e *dandy* suggeriscono un compiacimento che *eccentrico* non possiede. Connotazione più spiccatamente negativa ha il termine **affettato**, che si riferisce a chi è privo di naturalezza, si comporta in modo artificioso e improntato a una ricercatezza eccessiva.

ṣnobbàre [adattamento dell'ingl. *to snub* 'umiliare' ✱ 1931] **v. tr.** (*io ṣnòbbo*) ● ostentare disinteresse, indifferenza e superiorità nei confronti di qlcu. o di qlco.: *lui voleva ballare, ma lei l'ha snobbato; s. un invito a cena*

ṣnobìṣmo [dall'ingl. *snobbism*, da *snob* con *-ism* '-ismo' ✱ 1891] **s. m.** ● caratteristica di chi (o di ciò che) è snob | atto o comportamento da snob

ṣnobìsta [1896] **s. m. e f.** (**pl. m.** *-i*) ● chi si comporta da snob, chi si atteggia a snob

ṣnobìstico [da *snob* ✱ 1903] **agg.** (**pl. m.** *-ci*) ● relativo a snobismo | tipico dello snob o dello snobista ‖ **ṣnobisticaménte**, **avv.**

ṣnocciolaménto [1840] **s. m.** ● lo snocciolare (*anche fig.*)

ṣnocciolàre [da *nocciolo*, con *s-* ✱ 1483] **v. tr.** (*io ṣnòcciolo*) **1** togliere il nocciolo dalla frutta **2** (*fig.*) esporre, pronunciare rapidamente: *s. bugie, orazioni* | dire per filo e per segno: *snocciolò tutto il fatto; Non tutte le cose che … aveva snocciolato come autentiche lo erano veramente* (A.M. ORTESE) **3** (*fig., fam.*) sborsare denaro in abbondanza: *gli ha snocciolato una serie di banconote*

ṣnocciolatóio [da *snocciolare* ✱ 1895] **s. m.** (**pl.** *-ói*) ● piccolo utensile usato per estrarre il nocciolo da olive, ciliegie, prugne e sim.

ṣnocciolatùra [da *snocciolare* nel sign. 1 ✱ 1960] **s. f.** ● operazione dello snocciolare nel sign. 1

ṣnodàbile [1930] **agg.** ● che si può snodare ‖ **ṣnodabilità**, **s. f. inv.**

ṣnodaménto [1555] **s. m.** ● lo snodare | †snodo

ṣnodàre [da *nodo*, con *s-* ✱ av. 1311] **A** **v. tr.** (*io ṣnòdo*) **1** disfare il nodo, i nodi; liberare dal nodo, dai nodi: *s. una fune, una corda* **2** sciogliere e sveltire nei movimenti, rendere agile e scattante: *un po' di ginnastica ti snoderà le gambe* | **s. il passo**, muoverlo | ***s. la lingua***, (*fig.*) cominciare a parlare **3** rendere mobile e pieghevole un elemento rigido o formato di più elementi rigidi connessi tra loro **B** **ṣnodàrsi** **v. intr. pron.** **1** sciogliersi, disfarsi, detto di ciò che è annodato **2** articolarsi per mezzo di giunture a snodo, detto di una struttura costituita da più elementi rigidi: *il braccio di questa lampada si snoda in avanti* **3** avere un andamento serpeggiante: *la strada si snoda lungo i fianchi del monte* | distendersi in spire o volute: *il serpente si snodava nell'erba* | (*fig.*) trascorrere, succedersi: *le giornate si snodavano lente* | (*fig.*) svolgersi, detto di una storia, di una vicenda

SFUMATURE ➤ *sciogliere*

ṣnodàto **part. pass.** di *snodare*; anche **agg.** ● nei sign. del v. | agile, sciolto: *articolazioni snodate* | che ha una o più snodature: *uno scafandro s.*

SFUMATURE ➤ *flessuoso*

ṣnodatùra [av. 1537] **s. f.** **1** lo snodare | punto in cui un oggetto si snoda **2** snodo

ṣnodévole [da *snodare*, sul modello di *pieghevole* ✱ av. 1727] **agg.** ● (*raro*) snodabile

ṣnòdo [da *snodare* ✱ av. 1799] **s. m.** ● giunzione articolata tra due pezzi in modo che possano muoversi senza perdere coesione | ***s. autostradale***, svincolo, diramazione | (*fig.*) punto chiave di una vicenda

snooze /*ingl.* snu:z/ [vc. ingl., propr. 'sonnellino' ✱ 1992] **s. m. inv.** ● nelle sveglie digitali, funzione che interrompe la suoneria e la fa ripartire automaticamente alcuni minuti dopo | (*est.*) tasto della sveglia che attiva tale funzione

snòrkeling /'znɔrkəlin(g), *ingl.* 'snɔ:k(ə)lɪŋ/ [vc. ingl., dal v. *to snorkel* 'nuotare (con la faccia) sott'acqua' ✱ 1992] **s. m. inv.** ● pratica sportiva consistente nell'osservare il fondale marino nuotando in superficie con maschera, boccaglio e pinne

snort /znɔrt, *ingl.* snɔ:t/ [vc. ingl., di orig. onomat. dal v. *to snort* 'sbuffare, soffiare' ✱ 1965] **inter.** ● riproduce lo sbuffare e il soffiare di un animale, spec. di un toro, infuriato | (*est.*) esprime sdegno, ira e sim.

snowboard /'znobord, *ingl.* 'snəʊ,bɔ:d/ [vc. ingl., propr. 'asse (*board*) da neve (*snow*)' ✱ 1989] **s. m. inv.** ● (*sport*) tavola simile a un surf, sulla quale è possibile rimanere in piedi e compiere discese ed evoluzioni su pendii innevati | (*est.*) lo sport praticato con tale mezzo

snowpàrk /zno'park, *ingl.* 'snəʊ,pɑ:k/ [vc. ingl. comp. di *snow* 'neve' e *park* 'parco' ✱ 1998] **s. m. inv.** ● area innevata dedicata alla pratica dello snowboard, attrezzata con cunette e dossi pronunciati per compiere salti ed evoluzioni acrobatiche

snowshoeing /znoʃ'ʃouin(g), *ingl.* 'snəʊ-,ʃu:ɪŋ/ [vc. ingl., comp. di *snow* 'neve' e *shoeing* 'indossare scarpe' ✱ 1994] **s. m. inv.** ● pratica sportiva consistente nel fare passeggiate o escursioni sulla neve con le racchette ai piedi, aiutandosi con bastoncini simili a quelli dello sci di fondo

snow tubing /zno'tjubin(g), *ingl.* 'snəʊ-,tju:bɪŋ/ [loc. ingl., propr. '(discesa su) tubo (*tubing*) nella neve (*snow*)' ✱ 2002] **loc. sost. m. inv.** ● (*sport*) discesa sulla neve a bordo di robusti gommoni

ṣnudàre [da *nudo*, con *s-*. V. il lat. tardo *enudāre*, comp. di *ĕx-* (*s-*) e *nudāre*, da *nūdus* 'nudo' ✱ av. 1389] **v. tr.** **1** †denudare: *snudarsi il petto* **2** levare dal fodero, sguainare: *s. la spada*

snuff movie ➤ **movie**

so ① ➤ **sapere** ①

†**so** ② ➤ **suo**

sò- /sɔ/ [dal lat. *sŭb-* 'sotto'] **pref.** ● in parole di derivazione latina o di formazione italiana, per lo più verbi, significa 'sotto', 'di sotto' o ha una funzione attenuativa: *soccombere; soffiare, sommergere; sospingere*

soap òpera /so(p)'pɔpera, *ingl.* 'səʊp-,ɒp(ə)rʌ/ [loc. ingl., comp. di *soap* 'sapone' (vc. di orig. germ.) e *opera* 'opera', perché furono le società produttrici di detersivi a sponsorizzare per prime il tipo di trasmissione negli Stati Uniti ✱ 1950] **loc. sost. f. inv.** (**pl. ingl.** *soap operas*) ● serie di trasmissioni radiofoniche o televisive che hanno sempre gli stessi protagonisti principali, che narra spec. la vita di una famiglia e si caratterizza per il convenzionale sentimentalismo delle vicende

†**soàtto** ➤ †**sogatto**

✦**soàve**① o †**suàve** [lat. *suāve(m)* 'attraente, dolce', corradicale di *suadēre*, di orig. indeur. V. *persuadere, suadente* ✻ 1250 ca.] **A agg. 1** che riesce grato, dolce, piacevole, ai vari sensi: *odore, profumo, s.*; *s. al gusto, al tatto, alla vista, all'udito* | che infonde calma, pace e tranquillità: *armonia, canto, visione, sguardo, s.* | ***occhi soavi***, che danno dolcezza a guardarli | (*lett.*) tenero, dolce, amabile: *questi soavi nomi / non son per me* (P. Metastasio) **2** †che non dà fatica, agevole | †tranquillo, lento: *s. passo* **3** (*lett.*) †morbido, liscio, delicato ‖ **soavemènte**, avv. con soavità; †***vivere soavemente***, nelle mollezze **B** in funzione di avv. ● (*raro, poet.*) soavemente, dolcemente: *fatto silenzio, alto e s. parla / il Podestà* (G. Pascoli)

Soàve② [dal n. della località in provincia di Verona dove viene prodotto ✻ 1895] **s. m. inv.** ● vino di colore giallo paglierino chiaro, dal profumo delicato e caratteristico, secco e vellutato, prodotto con uve locali (Garganega, Trebbiano e altre) nella provincia di Verona | ***Recioto di S.***, V. *Recioto*

soavézza [da *soave*① ✻ av. 1306] **s. f.** ● (*lett.*) soavità: *avevo ancora sulle labbra ... la gentile s. degli ultimi tuoi baci* (G. Carducci)

✦**soavità** o †**suavità** [dal lat. *suavitāte(m)* 'dolcezza', da *suāvis* 'soave' ✻ 1268] **s. f. inv.** ● caratteristica di chi (o di ciò che) è soave

sob /sɔb, *ingl.* sɒb/ [vc. ingl., dal v. *to sob* 'singhiozzare' di orig. onomat. ✻ 1964] **inter.** ● nel linguaggio dei fumetti, voce che esprime il pianto, il dispiacere, la delusione

sobbalzàre [comp. di *so-* e *balzare* ✻ 1723] **v. intr.** (aus. *avere*) **1** fare sbalzi continui, detto di cose: *la corriera sobbalzava a ogni curva* **2** trasalire, dare un balzo: *s. di sorpresa*; *s. al sentire un nome*

sobbàlzo [1873] **s. m.** ● scossone, sbalzo: *ci trasportò a sobbalzi il fuoribordo* (E. Montale) | balzo, sussulto: *La custode ebbe un s. di paura* (B. Fenoglio) | ***di s.***, di scatto, di soprassalto

sobbarcàre [lat. parl. **subbrachiāre* 'prendere sotto braccio', comp. di *sŭb* 'sotto' e *brāchium* 'braccio', con sovrapposizione di *barca* ✻ 1319] **A v. tr.** (*io sobbàrco, tu sobbàrchi*) ● (*raro*) sottoporre a una seria responsabilità: *s. qlcu. a una spesa, a un lavoro* **B sobbarcàrsi v. tr. pron.** (aus. *essere*) ● assumersi un onere, un impegno gravoso, una spesa: *sobbarcarsi una fatica*; *tornò a sobbarcarsi i lavori di ridipintura* (I. Calvino) **C sobbarcàrsi v. rifl.** ● solo nella loc. ***sobbarcarsi a qlco.***, assumersi un impegno gravoso, sottoporsi a un'impresa faticosa: *non voglio sobbarcarmi a un così grosso sacrificio*

sobbattitùra [comp. di *so-* e *battitura* ✻ sec. XIV] **s. f.** ● (*veter.*) ecchimosi o contusione della suola, dello zoccolo del cavallo

sobbillàre ➤ **sobillare**

†**sobbissàre** ➤ **subissare**

sobbolliménto [1679] **s. m. 1** (*raro*) il sobbollire | (*fig., lett.*) impulso, scatto: *un lieve s. morale* (I. Svevo) **2** (*enol.*) girato

sobbollìre o (*raro*) **subbollìre** [lat. tardo *subbullīre* 'bollire un poco', comp. di *sŭb* 'sotto' e *bullīre* 'bollire' ✻ av. 1557] **v. intr.** (*io sobbóllo*; aus. *avere*) **1** bollire piano: *il mosto in fermentazione sobbolle* **2** (*raro, fig.*) cominciare a manifestarsi, detto di passioni e sim.: *la vendetta gli sobbolle in animo*

sobbollìto part. pass. di *sobbollire*; anche **agg. 1** nei sign. del v. **2** (*agric.*) ***fieni sobbolliti***, resi friabili e nericci per cattiva conservazione

sobbórgo [sovrapposizione di *so-* e *borgo* a un deriv. dal lat. *subŭrbiu(m)* 'sobborgo', comp. di *sŭb* 'sotto' e di un deriv. di *ŭrbs*, genit. *ŭrbis* 'città' ✻ sec. XIII] **s. m.** (pl. *-ghi*) **1** anticamente, borgo contiguo o vicino alla città, al di fuori delle mura **2** piccolo centro abitato, disposto nelle immediate vicinanze di un centro abitato più importante: *i sobborghi di Parigi, di Londra*

sobbùglio ➤ **subbuglio**

sobillaménto [1612] **s. m.** ● (*raro*) sobillazione

✦**sobillàre** o (*pop.*) **sobbillàre**, †**subbillàre** [lat. parl. **subilāre*, variante del classico *sibilāre*, propr. 'fischiare', nel senso di 'soffiare negli occhi a qlcu.' ✻ av. 1565] **v. tr.** ● istigare di nascosto a manifestazioni di ostilità, di ribellione: *s. gli animi*; *farsi s. da qlcu.*; *s. il popolo contro il governo*

SFUMATURE ➤ *istigare*, ➤ *sollevare*

sobillatóre [1894] **s. m.** (f. *-trice*); anche **agg.** ● chi (o che) sobilla

sobillazióne [da *sobillare* ✻ 1427] **s. f.** ● istigazione

†**sobissàre** ➤ **subissare**

†**sòbole** [vc. dotta, lat. *sōbole(m)*, variante del classico *sŭboles* 'schiatta, prole', comp. di *sŭb* 'sotto' e di un corradicale di *ălere* 'nutrire', di orig. indeur. ✻ sec. XIV] **s. f. solo sing.** ● (*raro*) prole

†**sobranzàre** o †**sovranzàre** [dal provenz. *sobransar* 'sopraffare', da *sobransa*, a sua volta da *sobrar* 'superare' (lat. *superāre*) ✻ sec. XIII] **v. tr. e intr.** ● superare, sovrastare, sopraffare: *Quel che ti sobranza / è virtù da cui nulla si ripara* (Dante *Par.* XXIII, 35-36); *vince la divina volontate: / non a guisa che l'omo a l'om sobranza* (Dante *Par.* XX, 96-97)

✦**sobrietà** [vc. dotta, dal lat. *sobrietāte(m)* 'temperanza', da *sōbrius* 'sobrio' ✻ 1268] **s. f. inv.** ● caratteristica di chi (o di ciò che) è sobrio | moderazione, misura | essenzialità: *s. di stile*

✦**sòbrio** [vc. dotta, dal lat. *sōbriu(m)* 'non ubriaco', comp. di *sō-*, variante di *sē-*, particella separativa di orig. indeur., ed *ēbrius* 'ebbro' ✻ 1321] **agg. 1** parco, temperante, moderato, nel mangiare e nel bere: *essere s. nel vino, nel cibo* CONTR. intemperante, smodato | che è lucido, che non è in stato di ebbrezza: *ha bevuto qualche bicchiere ma è del tutto s.* CONTR. ubriaco **2** (*fig.*) alieno da eccessi o superfluità: *condurre una vita sobria*; *persona di sobrie abitudini*; *essere s. nel vestire*; *vestire in modo s.* | moderato, contenuto: *risposta sobria*; *sobrie parole* | conciso, essenziale: *una prosa sobria* ‖ **sobriaménte**, avv. con sobrietà, parsimonia

SFUMATURE DI SIGNIFICATO

sobrio - parsimonioso - francescano

Chi è parco, temperante nel mangiare e nel bere e, per estensione, nemico dell'eccesso e del superfluo si definisce **sobrio**. Si dice invece **parsimonioso** chi vive in modo sobrio e frugale perché animato dalla volontà di contenere le spese, di risparmiare. Più specifico è il termine **francescano**, che evoca l'essenzialità di vita professata dall'ordine francescano.

sòcca [dal venez. ant. *soca*, dall'istriano *suòchena* 'mantello', di orig. slava ✻ av. 1446] **s. f.** ● sopravveste del costume medievale femminile

✦**socchiùdere** [comp. di *so-* e *chiudere* ✻ 1287] **v. tr.** (coniug. come *chiudere*) ● chiudere non completamente, lasciando un'apertura, una fessura e sim.: *s. la porta, le finestre* | aprire appena una porta o sim. chiusa | ***s. gli occhi***, accostare o aprire appena le palpebre

socchiùso (o **-ṣo**) part. pass. di *socchiudere*; anche **agg.** ● nel sign. del v.

sòccida o †**sòccita** [lat. parl. **sōcietas* (nom.) per il classico *sociētas* 'società', da *sŏcius* 'compagno' ✻ 1262] **s. f.** ● contratto con cui due parti si associano per l'allevamento di bestiame e l'esercizio delle attività a esso connesse | ***s. semplice***, con conferimento di bestiame da parte del soccidante e di lavoro da parte del soccidario | ***s. parziaria***, in cui il bestiame viene conferito da ambo le parti e diviene proprietà comune | ***s. con conferimento di pascolo***, in cui il soccidante conferisce l'uso del terreno e il soccidario il bestiame

soccidànte [1943] **s. m. e f.** ● chi, nella soccida, conferisce generalmente il capitale

soccidàrio [1872] **s. m.** (f. *-ia*) ● chi, nella soccida, conferisce generalmente il lavoro

†**soccìnto** ➤ **succinto**

sòccio [lat. *sŏciu(m)* 'compagno'. V. *socio* ✻ sec. XIII] **s. m. 1** soccidario **2** (*tosc.*) soccida **3** (*tosc.*) bestiame della soccida

†**sòccita** ➤ **soccida**

sòcco [vc. dotta, dal lat. *sŏccu(m)* 'sandalo', forse di orig. mediterr. V. *zoccolo* ✻ av. 1313] **s. m.** (pl. *-chi*) ● nell'antica Roma, calzatura bassa di origine greca usata spec. dalle donne e tipica degli attori comici nella commedia (in contrapposizione al coturno della tragedia) | (*est., lett.*) la commedia: *materia di coturni, e non di socchi* (F. Petrarca) | ***calzare il s.***, (*fig., lett.*) scrivere commedie

soccombènte **A** part. pres. di *soccombere*; anche **agg. 1** che soccombe, che perde **2** (*dir.*) di parte di un processo le cui pretese o ragioni sono state riconosciute in tutto o in parte infondate dal giudice: *parte totalmente, parzialmente s.* **B s. m. e f.** ● parte soccombente

soccombènza [av. 1626] **s. f. 1** †sconfitta, disfatta **2** (*dir.*) condizione della parte soccombente

✦**soccómbere** [dal lat. *succŭmbere* 'cadere', comp. di *sŭb* 'sotto' e **cŭmbere*, connesso con *cubāre* 'giacere' ✻ av. 1342] **v. intr.** (pres. *io soccómbo*; pass. rem. *io soccombètti* o raro *soccombéi, tu soccombésti*; part. pass. raro †*soccombùto*; aus. *essere*) **1** non reggere, essere costretto a cedere (+ *a*): *s. alla violenza* | ***s. al male, all'assalto del male***, morire a causa di una grave malattia **2** restare vinto, perdente: *in gara il più inesperto dovrebbe s.* | (*dir.*) ***s. in giudizio***, perdere una causa giudiziaria | morire: *preferì s. piuttosto che essere catturato*

soccórrere [dal lat. *succŭrrere* 'correre sotto', comp. di *sŭb* 'sotto' e *cŭrrere* 'correre' ✻ 1268] **A v. tr.** (coniug. come *correre*; aus. *avere*) ● accorrere in aiuto, dare aiuto: *s. un ferito*; *s. gli assediati* **B v. intr.** (aus. *avere* nel sign. 1, *essere* nei sign. 2 e 3) **1** (*lett.*) venire in aiuto: *a noi di lieti / inganni ... soccorse / Natura stessa* (G. Leopardi) | †giovare, fornire conforto: *Soccorse alla mia afflizione* (L. de' Medici) **2** (*lett.*) venire alla mente, sovvenire: *in tanto aspro travaglio gli soccorre / che nel medesmo letto ... l'ingrata donna venutasi a porre / col suo drudo più volte esser doveva* (L. Ariosto) **3** †accorrere, intervenire

SFUMATURE ➤ *aiutare*

soccorrévole [sec. XIV] **agg.** ● (*lett.*) che soccorre, che è pronto a soccorrere: *la memoria dei nostri patimenti ci renda ... soccorrevoli ai nostri prossimi* (A. Manzoni) ‖ **soccorrevolménte**, avv.

soccorrìbile [sec. XVI] **agg.** ● (*raro*) che si può soccorrere

soccorriménto [sec. XIII] **s. m.** ● (*raro*) atto del soccorrere

soccorritóre [sec. XIII] **A s. m.** (f. *-trice*); anche **agg.** ● chi (o che) soccorre: *l'arrivo dei soccorritori*; *mano soccorritrice* **B s. m.** ● (*mecc.*) relais

soccórso① part. pass. di *soccorrere*; anche

S

agg. • nei sign. del v.

♦**soccórso**② [da *soccorrere*, sul modello di *corso*② ✱ 1266] **s. m. 1** aiuto prestato a chi si trova in stato di grande bisogno, pericolo e sim.: *dare, prestare s. a qlcu.*; *gridare al s.*; *invocare s.*; *chiamare s.*; *chiamare a s.*; *chiamare qlcu. in s.*; *andare, correre, in s. di qlcu.* | ***s. aereo***, aerosoccorso | ***pronto s.***, prima assistenza prestata a persona malata; ambulatorio o reparto ospedaliero di prima cura | (*dir.*) ***omissione di s.***, reato di chi, trovando abbandonato o smarrito un minore di dieci anni, un incapace, un corpo umano inanimato o una persona ferita o in pericolo, non presta assistenza o non avvisa immediatamente le autorità | (*fig., scherz.*) ***s. di Pisa***, inutile e tardivo, con riferimento a quello che i pisani, assediati dai fiorentini, attesero invano dall'imperatore Massimiliano **2** (*milit.*) intervento a sostegno di una fortezza o piazza assediata **3** (*est.*) sussidio, sovvenzione: *un s. in denaro*; *gli manderò un piccolo s.* **4** (**spec. al pl.**) persone o mezzi inviati in aiuto; (*milit.*) rinforzi, rifornimenti: *bisogna mandare soccorsi agli alluvionati*; *arrivano i soccorsi agli assediati* **5** †soccorritore: *e 'l mio fido s. / vedem'arder nel foco, e non m'aita* (F. PETRARCA) **6** †rimedio: *per la gran rabbia / del pizzicor, che non ha più s.* (DANTE *Inf.* XXIX, 80-81)

SFUMATURE ➤ *aiuto*

soccòscio [comp. di *so-* e *coscio* ✱ 1865] **s. m.** • parte superiore della coscia di bue o manzo macellato **SIN.** sottocoscio

soccotrìno [da *Soc(c)otra* ✱ sec. XV] **s. m.** • varietà di aloe dell'isola di Socotra, nell'Oceano Indiano (*Aloe soccotrina*)

soccutàneo [dal lat. tardo *subcutāneu(m)*, comp. di *sŭb* 'sotto' e di un deriv. di *cŭtis* 'pelle'. V. *cute* ✱ sec. XIV] **agg.** • (*raro*) sottocutaneo

sòcera ➤ **suocera**

sòcero ➤ **suocero**

sociàbile [dal lat. *sociābile(m)* 'atto a unirsi facilmente', da *sociāre* 'associare', da *sŏcius* 'compagno' ✱ av. 1328] **agg.** • (*lett.*) socievole ‖ **sociabilità**, **s. f. inv.** (V.)

sociabilità [1757] **s. f. inv.** • (*lett.*) socievolezza | (*lett.*) tendenza alla socialità, ai rapporti sociali: *argomenti che si adducono a provare la s. naturale dell'uomo* (G. LEOPARDI)

sòcial /ˈsɔtʃal, *ingl.* ˈsəʊʃ(ə)l/ [vc. ingl., 'sociale' ✱ 1959] **agg. inv. 1** sociale, spec. in alcune loc. | nella loc. sost. f. inv. ***s. dance***, ballo di gruppo (comp. con *dance* 'ballo') | nella loc. sost. m. inv. ***s. freezing***, (*biol.*) crioconservazione dei propri ovociti da parte di una donna che intende garantirsi la possibilità di una gravidanza in età più avanzata o in caso di infertilità (comp. con *freezing* 'congelamento') | ***s. card***, V. *card* **2** (*Internet*) detto di rete o sito tramite il quale un gruppo di utenti può scambiare messaggi o condividere testi, immagini, video, ecc. | detto di attività o forma di intrattenimento che implica lo scambio di opinioni, commenti, consigli tra utenti: *ormai anche la medicina è s.* | detto di dispositivo, per es. una fotocamera, in grado di scambiare informazioni con altri utenti | ***s. media***, V. *media*② | ***s. network***, V. *network* | ***s. shopping***, V. *shopping* | ***s. tv***, V. *tv*

socialcomunìsta [comp. di *social(ista)* e *comunista* ✱ 1922] **agg. e s. m. e f.** (**pl. m.** *-i*) • che (o chi) partecipava a un'alleanza costituita dal Partito Comunista Italiano e dal Partito Socialista Italiano: *le giunte socialcomuniste del secondo dopoguerra*

sòcial dance /ˈsɔtʃal dɛns, *ingl.* ˈsəʊʃ(ə)l-ˌdæns/ [1991] **loc. sost. f. inv.** (**pl. ingl.** *social dances*) • ballo di gruppo

socialdemocràtico [comp. di *social(e)* e *democratico*, sul modello del ted. *sozialdemokratisch* ✱ 1896] **A agg.** (**pl. m.** *-ci*) • della socialdemocrazia **B agg. e s. m.** (**f.** *-a*) **1** sostenitore della socialdemocrazia **2** relativo o appartenente al Partito Socialista Democratico Italiano, fondato nel 1947, o a un partito che si ispira alla socialdemocrazia

socialdemocrazìa [comp. di *social(e)* e *democrazia*, sul modello del ted. *Sozialdemokratie* ✱ 1910] **s. f.** • socialismo di tipo riformista, che rifiuta i metodi rivoluzionari

♦**sociàle** [vc. dotta, dal lat. *sociāle(m)*, agg. da *sŏcius* 'compagno' (V. *socio*) ✱ av. 1328] **A agg. 1** che fa vita associata | ***animale s.***, (*per anton.*) l'uomo, la persona **2** relativo alla società umana: *doveri, virtù sociali* | ***scienze sociali***, quelle che hanno per oggetto i problemi della vita associata, cioè sociologia, economia, statistica e sim. | ***giustizia s.***, quella che attua l'uguaglianza sostanziale dei diritti e dei doveri di tutti i membri di una determinata società, spec. con l'equa distribuzione dei beni economici | ***questione s.***, il problema del miglioramento delle condizioni di vita e di lavoro delle classi lavoratrici | ***ordine s.***, particolare disposizione delle varie strutture di una società tale da determinare un armonico funzionamento **3** relativo all'ambiente in cui si vive, ai rapporti con gli altri, ai contatti umani e sim.: *rapporti, convenzioni sociali* **4** che tende ad assicurare benessere e sicurezza a tutti i cittadini: *Ministero del lavoro e delle politiche sociali*; *assicurazione s.* | ***Stato s.***, V. *stato*③ nel sign. 1 | ***sicurezza s.***, V. *sicurezza* nel sign. 1 | ***legislazione s.***, complesso di leggi che hanno per oggetto immediato e specifico la tutela della classe lavoratrice per fini di interesse generale | ***assistenza s.***, V. *assistenza* | ***assistente s.***, V. *assistente* | ***parti sociali***, V. *parte* nel sign. A 6 **5** relativo a un'associazione, una società: *attività s.*; *capitale s.*; *medico s.* | ***libri sociali***, insieme di registri che una società deve per legge tenere per documentare la propria attività **6** che si svolge tra i membri di un'associazione, di una società: *pranzo, gita s.* **7** di alleato | ***guerre sociali***, quelle insorte tra i membri di una stessa confederazione | ***guerra s.***, quella degli alleati italici contro Roma (90-88 a.C.) ‖ **socialménte**, **avv.** in maniera sociale; dal punto di vista sociale: *un comportamento socialmente rilevante*; *lavori socialmente utili* ‖ **socialità**, **s. f. inv.** (V.) **B s. m.** • l'ambito dei problemi sociali: *impegnarsi nel s.*; *avere il senso del s.*

socialfascìsmo [comp. di *social(ismo)* e *fascismo* ✱ 1929] **s. m.** • (*stor.*) termine spregiativo usato dalla terza Internazionale comunista per definire la posizione politica dei socialisti europei

socialfascìsta [1931] **A s. m. e f.** (**pl. m.** *-i*) • (*stor.*) nel linguaggio della terza Internazionale comunista, esponente del socialfascismo **B anche agg.** • relativo al socialfascismo

socialìsmo [da *sociale*, con *-ismo*, sul modello del fr. *socialisme* ✱ 1848] **s. m.** • teoria e movimento politico-economico che propugnano il possesso e il controllo dei mezzi di produzione da parte delle classi lavoratrici per realizzare, mediante una nuova organizzazione della società, l'uguaglianza politica, sociale ed economica di tutti gli uomini: *s. democratico, riformista, rivoluzionario* | ***s. reale***, quello realizzato di fatto come sistema politico e sociale, spec. sino alla fine degli anni '80 del Novecento, nell'Unione Sovietica e in altri Paesi dell'Europa orientale

♦**socialìsta** [da *sociale*, con *-ista*, sul modello del fr. *socialiste* ✱ 1839] **A agg.** (**pl. m.** *-i*) • relativo al socialismo o ai socialisti **B agg. e s. m. e f. 1** che (o chi) segue e sostiene il socialismo **2** relativo o appartenente al Partito Socialista Italiano o ad altro partito che si richiama al socialismo

socialìstico [1850] **agg.** (**pl. m.** *-ci*) • (*raro*) del socialismo, dei socialisti

socialistòide [da *socialista*, con *-oide* ✱ 1894] **A s. m. e f.** • (*spreg.*) chi è incline al socialismo **B anche agg.**: *idee socialistoidi*

socialità [vc. dotta, dal lat. *socialitāte(m)* 'socievolezza', da *sociālis* 'sociale' (V. *sociale*) ✱ 1686] **s. f. inv. 1** tendenza umana alla convivenza sociale **2** complesso di rapporti esistenti fra gli appartenenti a una determinata società o a un determinato ambiente: *la s. di un'iniziativa* | (*est.*) consapevolezza di tali rapporti e dei doveri da essi derivanti: *avere, non avere senso di s.*

socialite /ˈsɔtʃalait, *ingl.* ˈsəʊʃ(ə)laɪt/ [vc. ingl., 'chi fa vita mondana' ✱ 1985] **s. m. e f. inv.** • personaggio noto soprattutto per essere sempre presente agli eventi mondani

socializzàre [da *sociale*, sul modello del fr. *socialiser* ✱ 1890] **A v. tr. 1** trasferire la proprietà e la gestione di mezzi di produzione e distribuzione, o di servizi, allo Stato **2** (*sociol., psicol.*) adattare, educare un individuo, spec. di giovane età, alle norme sociali prevalenti, alle relazioni di gruppo o di società **B v. intr.** (**aus.** *avere*) • (*sociol., psicol.*) sviluppare, intrattenere rapporti sociali nell'ambiente in cui si vive od opera, adattandosi senza difficoltà alle norme di comportamento in questo prevalenti ‖ **socializzazióne**, **s. f.** (V.)

socializzazióne [1889] **s. f. 1** (*econ.*) il socializzare **2** (*sociol., psicol.*) processo di apprendimento e di adattamento alle norme sociali prevalenti | ***s. primaria***, quella che si riferisce alla famiglia e a rapporti diretti, primari | ***s. secondaria***, quella mediata dalle istituzioni sociali

♦**società** o †**societàde**, †**societàte** [lat. *societāte(m)*, da *sŏcius* 'compagno' (V. *socio*) ✱ 1304] **s. f. inv. 1** unione tra esseri viventi che hanno interessi generali comuni: *la s. umana* **2** gruppo umano, più o meno ampio e complesso, costituito al fine di sviluppare la cooperazione tra gli individui e caratterizzato da particolari strutture di relazioni gerarchiche: *far parte della s.*; *essere utile alla s.*; *essere un rifiuto della s.*; *la s. inglese*; *la s. rinascimentale*; *la legislazione considera l'uomo qual è, per farne buoni usi nella umana s.* (G. VICO) | ***s. civile***, l'insieme dei cittadini partecipi di una comunità organizzata; (*est.*) la società considerata dal punto di vista delle sue articolazioni associative, del mondo del lavoro, delle professioni e sim., in contrapposizione all'ambito della politica, degli incarichi pubblici, degli apparati di partito: *un esponente della s. civile* | ***s. industriale***, caratterizzata dalla prevalenza dell'attività economica di tipo industriale | ***s. di massa***, in cui l'influenza della massa, a livello sia economico sia culturale, è divenuta decisiva | ***s. opulenta, affluente, del benessere, consumistica, dei consumi***, in cui l'alto reddito individuale viene speso in beni voluttuari | ***s. molecolare***, (*fig.*) tipo di società postindustriale, non più suddivisa in classi o categorie ben definite ma frammentata in numerose realtà diversificate **3** (*zool.*) associazione di individui di una specie animale che vivono insieme e fanno fronte alle necessità della comunità dividendosi i compiti: *la s. delle api, delle formiche* **4** associazione di persone che hanno determinati fini comuni: *s. sportiva*; *s. di mutuo soccorso* | ***l'onorata s.***, la camorra napoletana e (*est.*) la mafia | ***s. segreta***, associazione i cui membri devono mantenere il silenzio sui riti di iniziazione, sui fini perseguiti e sulle azioni commesse **5** (*dir.*) contratto con cui due o più persone conferiscono beni e servizi per l'esercizio di un'attività economica, allo scopo di dividerne gli utili | ***s. di capitali***, che dà luogo alla creazione di un nuovo soggetto fornito di personalità giuridica | ***s. di persone***, non dotata di personalità giuridica, con almeno un socio illimitatamente responsabile | ***s. di fatto***, costituita mediante comportamento concludente dei soci in assenza di un espresso contratto | ***s. non operativa*** o ***di comodo***, quella che, in considerazione di alcuni parametri di riferimento, si ritiene essere stata creata o per scopi tendenti all'elusione fiscale, e quindi viene assoggettata a un regime fiscale particolare, o anche per finalità diverse, come mettere al riparo un bene dai creditori | ***s. a catena***, collegate da una serie di partecipazioni azionarie, in modo che una prima società detiene il controllo di una seconda, che a sua volta ne controlla una terza e così via | ***s. semplice***, società di persone che non svolge attività commerciale | ***s. in nome collettivo***, società di persone in cui vi è responsabilità solidale e illimitata di tutti i soci | ***s. in accomandita***, società di persone caratterizzata dalla diversa responsabilità verso i terzi dei soci che vi partecipano | ***s. per azioni***, società di capitali in cui le quote sociali sono rappresentate da azioni | ***s. a responsabilità limitata***, società di capitali in cui le quote di partecipazione sociale non possono essere rappresentate da azioni | ***s. cooperativa***, che persegue uno scopo mutualistico | ***s. finanziaria***, avente come scopo l'investimento dei propri capitali in titoli di altra società o enti e il finanziamento di attività produttive anche di privati | ***s. di intermediazione mobiliare***, operatore autorizzato dalla legge a svolgere una o più fra le attività di negoziazione, collocamento, raccolta di ordini, consulenza e gestione in materia di valori mobiliari **SIN.** sim | ***s. di revisione***, che svolge un controllo sull'attendibilità dei bilanci di aziende clienti | ***s. quotata***, con azioni ammesse alla quotazione in un mercato regolamentato | ***s. veicolo***, società che realizza esclusivamente cartolarizzazioni e come tale ha facoltà di emettere strumenti finanziari negoziabili **6** (*est.*) unione di due o più persone che decidono di partecipare insieme a un affare, dividendosi le spese, gli utili e le perdite da esso derivanti: *fare s. con qlcu.*; *essere, mettersi, in s. con qlcu.*; *fare un affare in s. con qlcu.*; *avere qlco. in s. con qlcu.* **7** ambiente sociale elevato: *la buona s.*; *la s. elegante*; *la migliore s. del paese* | **alta s.**, l'insieme delle persone ricche, influenti o prestigiose appartenente ai ceti socialmente più elevati | vita di relazioni, di trattenimenti mondani: *debuttare in s.* | ***abito da s.***, per ricevimenti e feste mondane | ***giochi di s.***, giochi e passatempi da eseguire in casa o durante intrattenimenti, feste e sim., spesso imponendo penitenze a chi perde **8** (*lett.*) compagnia di certe persone: *amare, fuggire, la s.*; *cercare la s. di qlcu.*; *della molestia degli uomini mi liberai facilmente, separandomi dalla loro s.* (G. Leopardi) **CONTR.** isolamento, solitudine

societàrio [da *società*, sul modello del fr. *sociétaire* ✱ 1881] **agg.** ● (*dir.*) delle società, che riguarda le società: *organi societari*

†**societàte** ➤ **società**

♣**socièvole** [lat. *sociābile(m)* 'socievole' ✱ sec. XV] **agg.** **1** (*lett.*) che tende a vivere in società: *l'uomo è un essere s.* **2** che sta volentieri in compagnia: *è un tipo molto s.* | (*est.*) che è cortese e affabile nei rapporti con gli altri: *indole s.*; *è poco s.* **CONTR.** scontroso, selvatico || **socievolménte**, **avv.**

♣**socievolézza** [1766] **s. f.** ● caratteristica di chi (o di ciò che) è socievole | affabilità, cordialità

SFUMATURE ➤ ***cordialità***

socinianìsmo o **socinianèsimo** [da *sociniano*, con *-ismo* ✱ av. 1712] **s. m.** ● dottrina di Fausto e Lelio Socini, teologi del XVI secolo che affermavano la superiorità della ragione umana sulla rivelazione biblica e negavano il dogma trinitario e la divinità del Cristo

sociniàno [av. 1744] **A** **agg.** ● del socinianismo | relativo ai teologi Lelio e Fausto Socini e al loro pensiero **B** **s. m.** (**f.** *-a*) ● seguace del socinianismo

♦**sòcio** o †**sòzio** [vc. dotta, dal lat. *sŏciu(m)* 'compagno', di orig. indeur. ✱ 1221] **s. m.** (**f.** *-cia*; **pl. f.** *-cie*) **1** chi partecipa con altri a qlco.: *i soci dell'impresa*; *in quest'affare ho due soci* | (*spreg.*) compare: *quel losco individuo assieme al suo degno s.* **2** chi è parte di un contratto di società: *soci fondatori* | ***s. d'opera, d'industria***, colui che nel contratto di società conferisce il proprio lavoro **3** membro di un'associazione, un circolo e sim.: *s. del circolo sportivo*; *s. ordinario*; *s. sostenitore*

SFUMATURE ➤ ***membro***

sòcio- [pref. di orig. ingl., rappresentante il lat. *sŏcius* 'compagno', ma inteso più spesso come abbr. di *socio(logico), soci(ale), soci(età)*] **primo elemento** ● in parole composte, significa 'società' o fa riferimento a un fenomeno, a un fattore sociale: *sociogramma, sociologia*

socioambientàle [comp. di *socio-* e *ambientale* ✱ 1985] **agg.** ● che riguarda la condizione sociale e l'ambiente di vita di un individuo o di un gruppo di persone

socioanàliṣi [comp. di *socio-* e *analisi* ✱ 1977] **s. f. inv.** ● (*psicol.*) studio delle dinamiche di gruppo che si creano in strutture organizzate e comunità

sociobiologìa [comp. di *socio-* e *biologia* ✱ 1979] **s. f.** (**pl.** *-gìe*) ● studio sistematico delle basi biologiche, spec. genetiche, di ogni tipo di comportamento sociale degli animali e dell'uomo, nell'ambito della biologia evoluzionistica

sociobiològico [1979] **agg.** (**pl. m.** *-ci*) ● relativo alla sociobiologia

sociobiòlogo [1979] **s. m.** (**f.** *-a*; **pl. m.** *-gi*) ● studioso di sociobiologia

socioculturàle [comp. di *socio-* e *culturale* ✱ 1962] **agg.** ● relativo al livello sociale e culturale di un individuo o di un gruppo sociale

sociodràmma [comp. di *socio-* e *dramma*① ✱ 1954] **s. m.** (**pl.** *-i*) **1** tecnica simile allo psicodramma, nella quale i soggetti improvvisano una drammatizzazione di determinati ruoli sociali, permettendo al sociologo e allo psicologo sociale di studiare gli atteggiamenti di un gruppo sociale verso un altro o le reazioni e i comportamenti di un ruolo sociale diverso **2** psicodramma recitato in riunioni di gruppo

socioeconòmico [comp. di *socio-* ed *economico* ✱ 1965] **agg.** (**pl. m.** *-ci*) ● (*sociol.*, *econ.*) detto di fenomeno o aspetto di una data società, che viene colto nelle sue caratteristiche economiche e sociali

sociogèneṣi [comp. di *socio-* e *genesi* ✱ 1974] **s. f. inv.** ● genesi, riconducibile a fattori sociali, di un fenomeno o di un evento: *la s. della criminalità minorile*

sociogràmma [comp. di *socio-* e *-gramma* ✱ 1963] **s. m.** (**pl.** *-i*) ● diagramma che permette di stabilire l'andamento di un fenomeno sociale

sociogrùppo [comp. di *soci(ale)* e *gruppo* ✱ 1970] **s. m.** ● (*sociol.*) gruppo di persone in cui domina la preoccupazione dell'affinità di complesso e del rendimento funzionale

sociolètto [da *socio-*, sul modello di *dialetto* ✱ 1974] **s. m.** ● (*ling.*) l'insieme degli usi linguistici che caratterizza uno strato sociale o un gruppo di parlanti determinato professionalmente o geograficamente **CFR.** idioletto, regioletto

sociolinguista [1970] **s. m. e f.** (**pl. m.** *-i*) ● studioso di sociolinguistica

sociolinguìstica [comp. di *socio-* e *linguistica* ✱ 1968] **s. f.** ● ramo della linguistica che studia i rapporti tra le condizioni sociali e gli usi linguistici dei parlanti

sociolinguìstico [1969] **agg.** (**pl. m.** *-ci*) ● relativo a sociolinguistica || **sociolinguisticaménte**, **avv.** dal punto di vista della sociolinguistica

sociologìa [dal fr. *sociologie*, comp. di *soci(été)* e *-logie* '-logia' ✱ 1865] **s. f.** (**pl.** *-gìe*) ● scienza che studia i vari fenomeni e processi sociali mediante tecniche di analisi ispirate alla metodologia delle scienze naturali, al fine di elaborare previsioni operative: *s. generale, applicata*; *s. economica, urbana, rurale, del diritto, della religione, dell'arte* | ***s. della conoscenza***, che studia le relazioni tra i sistemi ideologici e le strutture e i processi sociali | ***s. del lavoro***, che indaga sui rapporti che in una data società si stabiliscono tra le condizioni di lavoro, lo sviluppo della tecnica e le strutture socioeconomiche | ***s. criminale***, che studia le cause sociali del delitto, cioè la società sotto il profilo dei fenomeni criminosi che in essa si verificano

sociològico [dal fr. *sociologique*, comp. di *soci(été)* e *-logique* '-logico' ✱ 1884] **agg.** (**pl. m.** *-ci*) ● che attiene alla sociologia: *rivista sociologica* || **sociologicaménte**, **avv.** dal punto di vista della sociologia

sociologìṣmo [da *sociologia*, con *-ismo* ✱ 1902] **s. m.** ● (*spreg.*) tendenza a considerare i fatti umani unicamente dal punto di vista sociologico

sociòlogo [dal fr. *sociologue*, comp. di *soci(été)* e *-logue* '-logo' ✱ 1872] **s. m.** (**f.** *-a*; **pl. m.** *-gi, pop. -ghi*) ● studioso di sociologia

sociometrìa [adattamento dell'ingl. *sociometry*, comp. di *socio(logy)* 'sociologia' e *-metry* '-metria' ✱ 1907] **s. f.** ● branca della sociologia che studia le relazioni sociali mediante tecniche basate sulla misurazione quantitativa

sociomètrico [1966] **agg.** (**pl. m.** *-ci*) ● relativo alla sociometria || **sociometricaménte**, **avv.** dal punto di vista sociometrico

sociopatìa [comp. di *socio-* e *-patia* ✱ 1958] **s. f.** ● stato patologico prodotto da fattori sociali || **sociopàtico**, **agg.** (**pl. m.** *-ci*); **anche s. m.** (**f.** *-a*) **nel sign. 2** **1** che riguarda la sociopatia **2** che (o chi) soffre di sociopatia: *personalità sociopatica*

sociopolìtico [comp. di *socio-* e *politico* ✱ 1983] **agg.** (**pl. m.** *-ci*) ● detto di fenomeno o aspetto di una data società, colto nelle sue caratteristiche politiche e sociali

sociosanitàrio [comp. di *socio-* e *sanitario* ✱ 1983] **agg.** ● relativo all'assistenza medica pubblica | ***agente s.***, barelliere

socioterapìa [comp. di *socio-* e *terapia* ✱ 1935] **s. f.** ● (*psicol.*) metodo psicoterapeutico in cui le interazioni fra i pazienti e il contesto sociale sono rivolte a favorire l'adattamento all'ambiente || **socioterapèutico**, **agg.** (**pl. m.** *-ci*) relativo a socioterapia

socràtico [vc. dotta, dal lat. *Socrătĭcu(m)*, dal gr. *Sōkratikós*, da *Sōkrátēs* 'Socrate' (469-399 a.C.) ✱ 1308] **A** **agg.** (**pl. m.** *-ci*) ● relativo a Socrate, antico filosofo greco: *ironia socratica* | ***metodo s.***, maieutica || **socraticaménte**, **avv.** alla maniera di Socrate **B** **s. m.** (**f.** *-a*) ● chi segue o si ispira alla filosofia di Socrate

socratìṣmo [da *Socrate*, con *-ismo* ✱ 1905] **s. m.** ● il pensiero di Socrate | l'insieme degli aspetti delle dottrine socratiche fatti propri dalla tradizione filosofica successiva

sòda [lat. mediev. *sŏda(m)*, di etim. discussa:

dall'arabo *sarwwād*, n. della pianta dalle cui ceneri si ricavava questo prodotto (?); marchio registrato nel sign. 1 ✱ sec. XV] **s. f. 1** ® Denominazione del carbonato di sodio; è ottenuta industrialmente dal cloruro di sodio mediante processo Solvay ed è usata nella produzione dei saponi, dei detersivi, dei vetri, della carta | ***s. caustica***, denominazione dell'idrossido di sodio; è ottenuta industrialmente per elettrolisi di una soluzione acquosa di cloruro di sodio in speciali celle a diaframma ed è usata per fabbricare saponi, nelle industrie della carta, della cellulosa e sim. **2** acqua gassosa simile al seltz ma con una dose superiore di carbonato di sodio, usata per allungare bevande alcoliche: *un whisky con s.*

sodàglia [da *sodo* (V.), sul modello di *boscaglia*, ecc. ✱ 1778] **s. f.** ● terreno sodo, non dissodato

♣**sodàle** [vc. dotta, dal lat. *sodāle(m)* 'membro di una confraternita', di orig. indeur. ✱ av. 1328] **s. m. e f. 1** compagno, amico, collega **2** nell'antica Roma, chi apparteneva a un sodalizio

sodalità [vc. dotta, lat. *sodalitāte(m)*, da *sodālis* 'sodale' ✱ 1441] **s. f. inv.** ● (*raro, lett.*) cameratismo, amicizia

sodalite [comp. di *soda* e *-lite*, che indica un minerale ricco di soda ✱ 1840] **s. f.** ● (*miner.*) alluminosilicato di sodio contenente cloro, bianco se puro, ma spesso di colore azzurro intenso e in questo caso usato come pietra semipreziosa a imitazione del lapislazzuli

♣**sodalìzio** [vc. dotta, dal lat. *sodalĭciu(m)* 'confraternita', da *sodālis* 'sodale' ✱ 1321] **s. m. 1** associazione, società | ***s. sportivo***, società sportiva **2** comunanza di vita di compagni, amici e sim. | (*lett.*) vincolo affettivo **3** (*poet.*) †gruppo, compagnia: *O s. eletto a la gran cena / del benedetto Agnello* (DANTE *Par.* XXIV, 1-2) **4** nell'antica Roma, associazione religiosa e politica

†**sodaménto** [da *sodare*① e (2) ✱ av. 1348] **s. m. 1** consolidamento **2** (*fig.*) mallevadoria, obbligo

sodanìtro [comp. di *soda* e *nitro* ✱ 1936] **s. m.** ● (*chim.*) nitrato di sodio, bianco, usato come concime azotato e per l'industria degli esplosivi **SIN.** nitratina

sodàre① [da *sodo* ✱ sec. XIII] **v. tr.** (*io sòdo*) ● rassodare un tessuto con la gualchiera, feltrare

†**sodàre**② [da *sodo* nel sign. 4 (V.) ✱ av. 1340] **v. tr. e intr.** ● obbligarsi, impegnarsi, garantire: *avendoli noi facto s. di non partire* (N. MACHIAVELLI)

sodàto [da *soda* nel sign. 2 ✱ 1983] **agg.** ● detto di aperitivo addizionato di soda

sodatóre [da *sodare*① ✱ 1476] **s. m.** (**f.** *-trice*) ● operaio addetto alla sodatura dei tessuti di lana

sodatrice [f. di *sodatore* ✱ 1940] **s. f.** ● (*tess.*) macchina per eseguire la follatura dei tessuti di lana **SIN.** follone

sodatùra [da *sodare*① ✱ av. 1859] **s. f.** ● operazione del sodare i feltri per cappelli, i tessuti di lana

†**soddìacono** (o **-dià-**) ➤ **suddiacono**

soddisfacènte o (*tosc., lett.*) **sodisfacènte** **part. pres.** di *soddisfare*; anche **agg. 1** che soddisfa, che è positivo pur senza essere eccellente: *esito, risultato s.* **2** (*lett.*) esauriente: *Poco s. la risposta al secondo quesito* (G. PASCOLI) ‖ **soddisfacenteménte**, **avv.**

soddisfaciménto o (*tosc., lett.*) **sodisfaciménto** [da *soddisfare*, sul modello di *facimento* ✱ 1306] **s. m.** ● appagamento | pagamento, adempimento: *il s. di un debito* | (*lett.*) riparazione di un'ingiuria, di un'offesa | †***a s., in s., di s.***, in compenso

♦**soddisfàre** o (*tosc., lett.*) **sodisfàre**, †**satisfàre** [lat. *satisfăcere* 'soddisfare', comp. di *sătis* 'abbastanza' e *făcere* 'fare' ✱ 1219] **A v. tr. e intr.** (**pres.** *io soddisfo* **o** *soddisfàccio* **o raro** *soddisfò, tu soddisfi* **o** *soddisfài, egli soddisfa* **o** *soddisfà, noi soddisfacciàmo* **o** *soddisfiàmo, voi soddisfàte, essi soddisfano* **o** *soddisfànno*; **nel fut., nel congtv. pres., nel condiz. pres. e nell'imperat. coniug. come i verbi regolari in** *-are* **oppure (***disus., lett.***) come** *fare*; **negli altri tempi coniug. come** *fare*; **aus.** *avere*) **1** adempiere, appagare: *s.* (*a*) *una domanda,* (*a*) *una richiesta,* (*a*) *una curiosità,* (*a*) *un desiderio* **2** contentare: *s. il pubblico, i lettori, i propri gusti; s. ai gusti di qlcu.*; (*raro*) *s. al pubblico, ai lettori* | piacere: *la tua idea non mi soddisfa; la nostra scelta non soddisfece Giovanni* **3** eseguire ciò che è dovuto, richiesto, e sim.: *s. i propri impegni; s. ai propri impegni* | ***s. un debito***, pagarlo | ***s. le proprie obbligazioni***, farvi fronte | ***s. i creditori***, dare loro quanto spetta | dare soddisfazione, fare ammenda, riparare: *s.* (*a*) *un'offesa,* (*a*) *un peccato,* (*a*) *un danno* **4** essere in corrispondenza, in accordo: *la teoria soddisfa* (*a*) *certe premesse* **5** (*mat.*) rendere vero (detto spec. nel caso di una relazione contenente delle variabili, di valori di queste) **B** **soddisfàrsi v. intr. pron.** ● (*raro*) contentarsi, appagarsi
SFUMATURE ➤ ***adempiere***

♦**soddisfàtto** o (*tosc., lett.*) **sodisfàtto**, †**satisfàtto** **part. pass.** di *soddisfare*; anche **agg. 1** nei sign. del v. | pagato | rimborsato, risarcito **2** che è completamente appagato nei desideri, nelle richieste, e sim. (*+ di, + per, raro + da*): *essere, dichiararsi, mostrarsi s.; sono s. di come procedono le trattative; sono s. per com'è andata; sembrava ch'egli non si fosse mostrato s. di tale collaborazione* (I. SVEVO); *sono assai s. dalle vostre cortesi giustificazioni* (C. GOLDONI) **CONTR.** insoddisfatto

†**soddisfattòrio** o †**satisfattòrio** nel sign. 2 [da *soddisfatto* ✱ av. 1342] **agg.** ● atto a espiare una colpa o sim.

♦**soddisfazióne** o (*tosc., lett.*) **sodisfazióne**, †**satisfazióne** [dal lat. *satisfactiōne(m)* 'soddisfazione', da *satisfăctus* 'soddisfatto' ✱ sec. XIII] **s. f. 1** adempimento di richieste, obblighi, aspettative: *la s. di un desiderio, di una richiesta, delle proprie aspirazioni* | riparazione di offesa, danno e sim.: *chiedere, esigere, dare, ricevere, s. di qlco.; voglio s. dell'offesa ricevuta* **2** compiacimento che prova chi è soddisfatto: *provò una gran s. nel ricevere il premio; ebbe la s. di essere premiato; non voglio dargli la s. di rivolgermi a lui; si prese la s. di piantarlo in asso* | contentezza, gioia: *le soddisfazioni della vita; i figli le danno molte soddisfazioni* | (*est.*) gusto, piacere: *è un lavoro che dà s.; che s. provi a tormentarlo così?* ‖ **soddisfazioncèlla**, **dim.** | **soddisfazioncina**, **dim.**

†**soddomia** e deriv. ➤ **sodomia** e deriv.

†**soddùrre** [sovrapposizione di *so-* a *sedurre* ✱ av. 1276] **v. tr.** ● traviare | sedurre

sodézza [av. 1292] **s. f.** ● condizione di ciò che è sodo

sòdico [1865] **agg.** (**pl. m.** *-ci*) ● del sodio | contenente sodio

sòdio [dall'ingl. *sodium*, da *soda*, prestito dall'it. *soda* (V.) ✱ 1834] **s. m.** (**pl.** *-i* o *-ii*) ● elemento chimico, metallo alcalino bianco argenteo, ottenuto in generale per elettrolisi del cloruro sodico fuso, largamente distribuito in natura nei suoi sali **SIMB.** Na **NUM. AT.** 11

sodisfàre e deriv. ➤ **soddisfare** e deriv.

♣**sòdo** [di etim. discussa: lat. mediev. *sāudu(m)*, da un precedente **sāldus* 'saldo' (?) ✱ 1270] **A agg. 1** compatto, duro al tatto, consistente: *carni sode; pietra soda; legname s.* | ***terreno s.***, incolto, non arato | ***uova sode***, bollite nell'acqua col guscio | (*ellitt.*) ***darle, prenderle, sode***, picchiare, essere picchiato, duramente **CONTR.** molle **2** (*fig., raro*) saldo, solido: *argomenti sodi; ragioni sode* | fondato, serio: *cultura, istruzione, soda* **3** †tutto d'un pezzo, pieno: *muro, oro, s.* | †***pepe, grano s.***, non macinato **4** (*disus.*) fermo: *stare s. in un proposito* | †***beni sodi***, immobili ‖ **sodaménte**, **avv.** in maniera soda, saldamente; ***dormire sodamente***, profondamente **B** in funzione di avv. **1** con forza, duramente: *picchiare s.* **2** con intensità, con serietà: *lavorare, studiare, s.* **3** profondamente: *dormire s.* **C** **s. m. 1** terreno duro, massiccio, fermo: *costruire sul s.* | (*raro*) ***posare, camminare, sul s.***, (*raro, fig.*) su qlco. di consistente **2** (*fig.*) consistenza, reale valore, spec. nelle loc. ***esserci del s.***: *c'è del s. in quell'affare* | ***venire al s.***, parlare dell'argomento più importante, venire al nocciolo di una questione | (*lett.*) ***sul s.***, sul serio, seriamente: *tu folleggi veramente, se parli sul s.* (G. LEOPARDI) **3** †terreno non dissodato **SIN.** sodaglia **4** (*fig.*) †malleveria, garanzia

sodòku /so'dɔku, *giapp.* sɔ.dɔ.kuː/ [vc. giapp., propr. 'veleno da topo' ✱ 1930] **s. m. inv.** ● (*med.*) malattia provocata da uno spirillo, inoculato dal morso di topo o di roditori, che si manifesta con febbre elevata, eritema e ingrossamento di linfonodi

sodomìa o †**soddomia** [da *Sodoma*, dall'ebr. *S(e)dōm*, attraverso il gr. *Sódoma* e il lat. tardo *Sŏdoma* (nt. pl.). V. il lat. tardo (eccl.) *sodŏmia* ✱ sec. XIII] **s. f. 1** omosessualità maschile **2** rapporto sessuale per via anale

sodomìta o †**sodomito**, †**soddomita**, †**soddomito** [vc. dotta, dal lat. tardo (eccl.) *Sodomīta(m)*, dal gr. *Sodomítēs*, da *Sódoma* 'Sodoma' ✱ 1266] **s. m.** (**pl.** *-i*) ● chi è dedito alla sodomia

sodomìtico o †**soddomitico** [vc. dotta, dal lat. *Sodomĭticu(m)*, da *Sodomīta* 'abitante di Sodoma' ✱ 1353] **agg.** (**pl. m.** *-ci*) ● di sodomia, di sodomita: *vizio s.* ‖ **sodomiticaménte**, **avv.**

†**sodomìto** ➤ **sodomita**

sodomiẓẓàre [1888] **v. tr.** ● sottoporre a sodomia ‖ **sodomiẓẓazióne**, **s. f.**

sofà [dal fr. *sofa*, dall'arabo *ṣuffa* 'cuscino, panchina' ✱ 1573] **s. m. inv.** ● tipo di sedile basso, imbottito e ricoperto di tessuto, a due o più posti, con schienali e braccioli | ***s. a orecchioni***, di stile barocchetto, con braccioli grandi fortemente incurvati in fuori, e volute

sofferènte o (*raro*) **soffrènte** **A part. pres.** di *soffrire*; anche **agg.** ● nei sign. del v. | che soffre: *malato s.* | che esprime sofferenza: *volto s.* ‖ **sofferenteménte**, **avv.** con sofferenza **B** **s. m. e f.** ● chi soffre: *pregare per i sofferenti*

♦**sofferènza** o †**soffrènza**, †**sofrènza** [dal lat. tardo *sufferĕntia(m)* 'pazienza', da *sŭfferens*, genit. *sufferĕntis* 'paziente' ✱ sec. XII] **s. f. 1** patimento fisico o morale: *vivere nella s.; le sofferenze dei poveri; una vita piena di sofferenze; morire fra atroci sofferenze* **2** (*econ.*) ritardo nella riscossione di un credito | ***in s.***, detto di crediti non rimborsati alla data di scadenza o di interessi non versati alla data di maturazione; nel gergo bancario, riferito a quelle posizioni per le quali è già stato interessato l'ufficio legale per tentarne il recupero **3** †sopportazione, pazienza: *questo è un volere provocare la mia s.* (C. GOLDONI)

†**sofferére** [variante ant. di *soff(e)rire* ✱ av. 1257] **v. tr. e intr.** ● soffrire

†**sofferiménto** ➤ **soffrimento**

†**sofferìre** ➤ **soffrire**

†**sofferitóre** ➤ **soffritore**

soffermàre [comp. di *so-* e *fermare* ✱ 1684]

a b c d e f g h i j k l m n o p q r **s** t u v w x y z

A v. tr. (*io soffèrmo*) ● fermare per breve tempo, trattenere: *s. lo sguardo su qlco.* **B** **soffermàrsi** v. intr. pron. ● fermarsi alquanto: *soffermarsi a parlare* | indugiare: *soffermarsi sui particolari*

soffèrto **A** part. pass. di *soffrire*; anche agg. **1** nei sign. del v. **2** detto di qualsiasi manifestazione spirituale o artistica che riveli sofferenza interiore: *una teoria molto sofferta*; *è un quadro s.* | (*est.*) che manifesta travaglio, fatica e sim.: *è stata una vittoria sofferta*; *un fidanzamento s.* ‖ **soffertaménte**, avv. **B** s. m. **1** (*lett.*, *raro*) condizione di sofferenza: *tutto questo vissuto e s. di un uomo* (I. Calvino) **2** †periodo di detenzione scontato anteriormente alla condanna

soffì ➤ **sofì**

soffiaménto [1336 ca.] s. m. ● (*raro*) soffio | (*fig.*, *lett.*) insinuazione, maldicenza

soffiànte **A** part. pres. di *soffiare*; anche agg. **1** nei sign. del v. **2** *macchina s.*, quella che ha la funzione di trasmettere a un fluido gassoso, spec. aria, energia di pressione e velocità necessarie a convogliarlo in un percorso di utilizzazione **B** s. f. ● macchina soffiante | *s. a stantuffi*, macchina soffiante a movimento alternativo

♦**soffiàre** [lat. *sufflāre* 'soffiare', comp. di *sŭb* e *flāre* 'spirare' (V. *fiato*) ✱ 1261 ca.] **A** v. tr. (*io sóffio*) **1** spingere fuori con forza dalla bocca fiato, aria, fumo e sim.: *s. il fumo della sigaretta* | (*est.*) produrre un flusso d'aria con uno strumento: *s. l'aria col mantice* | anche in forma pron., nella loc. ***soffiarsi il naso***, liberarlo espellendo il muco attraverso le narici **2** ***s. il vetro***, lavorarlo con il soffio a caldo, usando la canna da vetraio **3** (*pop.*) riferire in segreto, spec. con intenzioni maligne o sobillatrici: *s. un segreto, una parola, e sim. nell'orecchio a qlcu.*; *s. malignità* | (*assol.*, *gerg.*) fare la spia: *i due arrestati hanno soffiato* **4** nella pratica comune del gioco della dama (ma non nei regolamenti ufficiali), eliminare la pedina avversaria che non ha compiuto una mossa obbligatoria **5** (*est.*) sottrarre, portare via ciò che appartiene o spetta ad altri: *gli ha soffiato il posto*; *si è fatto s. la ragazza dall'amico* | ***s. la palla***, nel calcio, sottrarla a un avversario con azione rapida | (*fam.*) rubare: *sulla metro gli hanno soffiato il portafoglio* **B** v. intr. (aus. *avere*) **1** spingere con forza il fiato fuori dalle labbra semichiuse, gonfiando le guance: *s. sulla minestra bollente*; *s. nella tromba* | ***s. nel fuoco***, perché si accenda o si ravvivi | ***s. sul fuoco, nel fuoco***, (*fig.*) fomentare discordie, passioni e sim. **2** sbuffare per ira, impazienza, stanchezza, fatica e sim.: *saliva le scale soffiando*; *s. come un mantice* **3** spirare, detto di venti: *soffia la tramontana*; *vento che soffia da nord-est*

soffiàta [av. 1571] s. f. **1** atto del soffiare una volta **2** (*pop.*) rivelazione di notizia riservata o insinuazione malevola | (*gerg.*) spiata: *la polizia ha ricevuto una s.* ‖ **soffiatina**, dim.

soffiàto ① part. pass. di *soffiare*; anche agg. **1** nei sign. del v. **2** ***vetro s.***, modellato a caldo mediante processo di soffiatura

soffiàto ② [1953] s. m. ● (*raro*) adattamento di *soufflé* (V.)

soffiatóio [lat. tardo (eccl.) *sufflatōriu(m)* 'soffietto', da *sufflātus* 'soffiato' ✱ sec. XIV] s. m. (pl. *-ói*) ● strumento per soffiare

soffiatóre [da *soffiare* ✱ sec. XIV] s. m. **1** (f. *-trice*) operaio vetraio, che, soffiando nella canna, fa assumere al vetro la forma e le dimensioni desiderate **2** (f. *-trice*) (*fig.*, *pop.*) spia

soffiatùra [1553] s. f. **1** il soffiare **2** metodo di fabbricazione di oggetti di vetro che consiste nell'attingere del vetro fuso con l'estremità di una canna e nel modellarlo soffiandovi attraverso **3** (*metall.*) piccola cavità dovuta allo sviluppo di gas disciolti nel metallo fuso, che non si liberano completamente durante il raffreddamento

†**sofficcàre** [comp. di *so-* e *ficcare* ✱ av. 1555] **A** v. tr. ● nascondere, celare **B** †**sofficcàrsi** v. rifl. **1** nascondersi **2** infiltrarsi, penetrare

♦**sòffice** [lat. *sŭpplice(m)* 'supplichevole', con sovrapposizione di **suffiĕctere*, comp. di *flĕctere* 'piegare' (?) ✱ av. 1320] agg. **1** che si piega e cede con facilità alla pressione: *lana morbida e s.*; *guanciale, materasso s.* | (*fig.*) soft SIN. morbido CONTR. duro **2** (*ecologia*) dolce **3** (*aeron.*) ***volo s.***, quello effettuato mediante aeromobili, derivati dal deltaplano, che utilizzano, per la propulsione, l'energia muscolare umana o l'energia solare ‖ **sofficeménte**, avv. in modo soffice

SFUMATURE ➤ ***morbido***

†**sofficiènza** e deriv. ➤ **sufficienza** e deriv.

sofficità [1882] s. f. inv. ● caratteristica di ciò che è soffice SIN. morbidezza

soffierìa [da *soffiare*, sul modello del fr. *soufflerie* 'mantice' ✱ 1806] s. f. **1** impianto, la cui parte essenziale è formata da una o più macchine soffianti, atto a fornire aria sotto pressione per diversi procedimenti industriali **2** in laboratori chimici e fisici, apparecchio che sfrutta aria od ossigeno a pressione moderata per raggiungere temperature elevate in apposito bruciatore

soffiétto [da *soffiare*, sul modello del fr. *souflet* ✱ 1585] s. m. **1** piccolo mantice a mano per accendere o ravvivare il fuoco, per dare lo zolfo alle viti, e sim. **2** mantice di carrozza | involucro a fisarmonica di tela impermeabile, con telai metallici, per i mantici dei veicoli ferroviari **3** dispositivo allungabile, in pelle o tela impenetrabili alla luce, posto fra il dorso e la parte anteriore delle vecchie macchine fotografiche **4** articolo o brano di giornale di tono elogiativo **5** (*fig.*, *disus.*) suggeritore teatrale | delatore ‖ **soffiettino**, dim.

sóffio [da *soffiare* ✱ sec. XIV] s. m. **1** atto del soffiare **2** aria, fiato emesso nel soffiare: *con un s. spense la candela* | spostamento d'aria: *un s. di vento*; *un s. gelato* SIN. alito | (*fig.*) ***in un s.***, in un attimo: *l'amai in un lampo, in un s.* (G. Verga) | (*fig.*) ***d'un soffio***, di pochissimo: *l'ha preceduto d'un s. sul traguardo* | (*fig.*) ***per un s.***, per pochissimo; per un pelo: *ha mancato il bersaglio per un s.*; *la tragedia è stata evitata per un s.* | (*fig.*) ***s. animatore, vitale, divino***, quello con cui Dio donò la vita ad Adamo **3** (*fig.*, *lett.*) ispirazione: *il s. dell'arte, della poesia* **4** leggero rumore, leggero ronzio: *il s. del ventilatore elettrico* **5** (*med.*) rumore patologico che si ascolta sul cuore o in corrispondenza dell'albero respiratorio: *s. sistolico, bronchiale*

soffióne ① [da *soffiare* ✱ 1353] s. m. **1** canna di ferro usata un tempo per ravvivare il fuoco soffiando **2** emissione violenta di vapori e gas surriscaldati e sotto pressione, di origine magmatica, da condotti e spaccature del suolo: *s. boracifero* **3** elemento terminale dell'impianto doccia, in genere a forma di bulbo, da cui fuoriesce il getto d'acqua **4** (f. *-a*) (*fig.*) †persona presuntuosa e superba: *Tu sei una soffiona piena di vento* (N. Machiavelli) **5** †spia, delatore

soffióne ② [da *soffiare*, così detto per il gioco dei bambini che vi soffiano ✱ 1809] s. m. ● (*bot.*) tarassaco

†**soffionerìa** [da *soffione* ① ✱ 1551] s. f. ● (*raro*) caratteristica di chi è soffione

†**soffìsmo** ➤ **sofisma**

†**soffìstico** ➤ **sofistico**

♦**soffìtta** [da *soffitto* ✱ sec. XIV] s. f. **1** vano a tetto, solaio: *mettere, relegare in s.*; *ridursi ad abitare in una s.* | †soffitto **2** parte del palcoscenico al di sopra degli elementi di scena, adibita ai servizi ‖ **soffittàccia**, pegg. | **soffittóne**, accr. m.

soffittàre [da *soffitto* ✱ sec. XV] v. tr. ● munire del soffitto: *s. una stanza*

soffittatùra [da *soffittare* ✱ 1936] s. f. ● rivestimento per soffitti che nasconde la travatura

♦**soffìtto** [lat. parl. **suffictu(m)*, variante del classico *suffixus*, part. pass. di *suffigere* 'coprir sotto'; per calco sul fr. *plafond* nel sign. 3 ✱ 1554] s. m. **1** superficie inferiore di un solaio o di una volta che fa da cielo a un ambiente **2** nell'alpinismo, parte di una parete rocciosa che sporge in fuori ad angolo retto **3** (*aeron.*) tangenza **4** (*sociol.*) ***s. di cristallo***, insieme degli ostacoli socioculturali che si frappongono all'affermazione professionale delle donne, spec. nelle strutture aziendali gerarchizzate

soffocaménto o †**soffogaménto** [sec. XIV] s. m. ● il soffocare, il venire soffocato | difficoltà di respirazione: *provare un senso di s.* | (*fig.*) repressione

soffocànte part. pres. di *soffocare*; anche agg. **1** nei sign. del v. | che rende difficile la respirazione: *caldo s.*; *in una s. notte di estate* (B. Fenoglio) | (*fig.*) opprimente: *un'atmosfera s.* **2** ***gas s.***, aggressivo chimico che agisce sulle vie respiratorie ‖ **soffocanteménte**, avv.

♦**soffocàre** o †**soffogàre**, †**suffocàre** [lat. *suffocāre*, comp. di *sŭb* 'sotto' e da *fāux*, genit. *fāucis* 'gola' ✱ av. 1292] **A** v. tr. (*io sòffoco*, *tu sòffochi*) **1** uccidere impedendo di respirare: *Otello soffocò Desdemona* | impedire di respirare: *questo caldo mi soffoca* | ***s. le fiamme, il fuoco***, spegnerli **2** (*fig.*) reprimere qlco. in modo che non appaia, non si manifesti, non si sviluppi e sim.: *s. una passione*; *s. la libertà* | ***s. uno scandalo***, fare in modo che non se ne parli | ***s. una rivolta nel sangue***, reprimerla con la violenza | (*lett.*) opprimere: *le spine ... degli appetiti, i quali spesso tanto adombrano e suffocano gli animi nostri* (B. Castiglione) **3** opprimere privando dell'aria e della luce: *s. le erbacce, il grano* **4** (*lett.*) †sommergere, affogare **B** v. intr. (aus. *essere*) e **soffocàrsi** v. intr. pron. ● non poter respirare, sentirsi mozzare il respiro: *qui si soffoca dal caldo, per il caldo*; *quasi mi soffocavo nel bere*

soffocàto part. pass. di *soffocare*; anche agg. **1** nei sign. del v. **2** (*fig.*) represso, attutito: *grido, gemito, s.* ‖ **soffocataménte**, avv. in modo soffocato: *piangere soffocatamente*

soffocatóre [av. 1573] s. m. (f. *-trice*); anche agg. ● (*raro*) chi (o che) soffoca (*spec. fig.*)

soffocazióne o †**soffogazióne**, †**suffocazióne** [vc. dotta, dal lat. *suffocatiōne(m)* 'soffocamento', da *suffocātus* 'soffocato' ✱ av. 1320] s. f. ● soffocamento

sòffoco [da *soffocare* ✱ av. 1861] s. m. (pl. *-chi*) ● (*sett.*) afa, aria calda e pesante

†**soffogàre** e deriv. ➤ **soffocare** e deriv.

soffólcere o †**soffólgere**, †**suffólcere** [vc. dotta, dal lat. *suffulcīre* 'puntellare', comp. di *sŭb* 'sotto' e *fulcīre* 'sostenere' ✱ sec. XIII] **A** v. tr. (pres. *io soffólco, tu soffólci*; pass. rem. *io soffólsi, tu soffolcésti*; part. pass. *soffólto*) ● (*poet.*) sorreggere, sostenere | (*fig.*) †confortare **B** **soffólcersi** v. intr. pron. **1** †raccogliersi, accumularsi **2** †concentrarsi, soffermarsi, detto dello sguardo

soffólto o †**soffùlto** part. pass. di †*soffolcere*; anche agg. ● nei sign. del v. | sostenuto, sollevato

soffóndere [dal lat. *suffŭndere* 'spargere', comp. di *sŭb* 'sotto' e *fŭndere* 'versare' ✱ 1858]

A **v. tr.** (coniug. come *fondere*; part. pass. *soffùso*, lett. *suffùso*) ● (*lett.*) cospargere, colorire delicatamente **B** **soffóndersi** **v. intr. pron.** ● (*lett.*) cospargersi, colorirsi: *il viso le si soffuse di rossore*

†**soffornàto** [comp. di *so-* e di *forno*, nel senso di 'caverna' ✱ av. 1405] **agg.** ● (*raro*) incavato

†**soffragàneo** ➤ **suffraganeo**

†**soffràtta** [lat. parl. **suffrăcta(m)*, f. sost. del part. pass. di **suffrăngere* 'spezzare': propr. 'rottura, mancanza' ✱ sec. XIII] **s. f.** ● penuria, mancanza | bisogno

soffreddàre [comp. di *so-* e *freddare* ✱ 1773] **A** **v. tr.** (*io soffréddo*) ● (*raro*) raffreddare alquanto: *lasciar s. la minestra* **B** **v. intr.** (aus. *essere*) e **soffreddàrsi** **v. intr. pron.** ● diventare piuttosto freddo

soffréddo [lat. *suffrīgidu(m)* 'freddino', comp. di *sŭb* 'sotto' e *frīgidus* 'freddo' ✱ 1605] **agg.** ● (*raro*) alquanto freddo

soffregaménto [sec. XIV] **s. m.** ● (*raro*) leggero sfregamento

soffregàre [lat. tardo *suffricāre* 'strofinar leggermente', comp. di *sŭb* 'sotto' e *fricāre* 'fregare' ✱ av. 1537] **A** **v. tr.** (*io soffrégo, tu soffréghi*) ● (*raro*) fregare, stropicciare, strofinare leggermente **B** **soffregàrsi** **v. tr. pron.** (aus. *essere*) ● strofinarsi leggermente: *soffregarsi gli occhi; soggiunse l'Avvocatino soffregandosi il mento* (I. NIEVO)

soffrènte ➤ **sofferente**

†**soffrènza** ➤ **sofferenza**

soffrìbile [sec. XIV] **A** **agg.** ● (*raro*) tollerabile **B** **s. m.** solo sing. ● (*raro*) ciò che si può soffrire, sopportare, tollerare

soffrìggere [comp. di *so-* e *friggere* ✱ sec. XIV] **A** **v. tr.** (coniug. come *friggere*) ● far friggere leggermente, a fuoco basso: *s. una cipolla nel burro* **B** **v. intr.** (aus. *avere*) **1** friggere leggermente: *la cipolla sta soffriggendo* **2** (*raro, fig.*) rammaricarsi borbottando

soffriménto o †**sofferiménto** [1250 ca.] **s. m.** ● (*raro*) sofferenza

◆**soffrìre** o †**sofferìre** [lat. parl. **suff(e)rīre*, variante del classico *suffĕrre* 'sopportare', comp. di *sŭb* 'sotto' e *fĕrre* 'portare', dalla radice indeur. **bher-* ✱ 1250 ca.] **A** **v. tr.** (pres. *io sòffro*; pass. rem. *io soffrìi* o *soffèrsi, tu soffrìsti*; part. pres. *soffrènte* o *sofferènte*; part. pass. *soffèrto*) **1** patire dolori fisici o morali: *s. gravi tormenti, affanni, preoccupazioni, pene* | ***s. le pene dell'inferno***, (*fig.*) soffrire molto | sopportare situazioni particolarmente penose: *s. la fame, la sete, la miseria* | risentire, con particolare disagio, di determinate situazioni: *s. il freddo, il mal d'auto; una pianta che soffre il caldo* **2** tollerare (+ *di* seguito da inf., + *che* seguito da congtv.): *non posso s. i rumori; ha la colite e non soffre il latte; soffre pazientemente gli insulti; io t'ho sofferto un pezzo* (G.B. MARINO); *padron 'Ntoni non poteva s. di andare così per la casa* (G. VERGA); *Non soffro che nessuno m'insulti e mi derida* (C. GOLDONI) | sopportare, spec. in espressioni negative: *non posso s. le persone ipocrite* **3** †reggere, sostenere: *l'un sofferia l'altro con la spalla* (DANTE *Purg.* XIII, 59) **4** †permettere, consentire: *se quello è a lei sofferto che non sarebbe sofferto alla serva* (G. BOCCACCIO) **5** †aspettare, indugiare: *convenne loro sofferir di passar tanto che quelle passate fossero* (G. BOCCACCIO) **B** **v. intr.** (aus. *avere*) **1** patire dolori fisici o morali (+ *per*): *quella donna ha molto sofferto; è un tipo chiuso, ma si vede che soffre; soffre molto per le proprie colpe; Piangeva e soffriva per gli altri* (I. NIEVO) **2** essere soggetto a un disturbo, a una malattia (+ *di*): *s. di mal di testa, di amnesie, di cuore* **3** andare a male, avvizzire, detto di piante (+ *per*): *i gerani hanno sofferto per il freddo* **C** **soffrìrsi** **v. intr. pron.** ● †contenersi, astenersi

soffritóre o †**sofferitóre** [da *soffrito*, desueto part. pass. di *soffrire* ✱ av. 1250] **s. m.** (f. *-trice*) ● (*lett.*) chi soffre | chi sa sopportare, sa essere paziente

soffrìtto **A** **part. pass.** di *soffriggere* ● (*raro*) nei sign. del v. **B** **s. m.** ● battuto di cipolla, erbe odorose, pancetta o prosciutto, che si fa soffriggere con olio e burro prima di aggiungervi la carne ‖ **soffrittino**, dim.

soffrùtice ➤ **suffrutice**

†**soffùlto** ➤ **soffolto**

soffùso o (*lett.*) **suffùso** **part. pass.** di *soffondere*; anche **agg.** ● cosparso lievemente: *volto s. di rossore* | ***parole soffuse di tristezza***, pervase | ***luci soffuse***, attenuate e diffuse in modo uniforme

sofì o **soffì** [adattamento dell'arabo *ṣáfawī* 'discendente di Safi al-Din', dinastia reale persiana dal 1502 al 1736 ✱ 1520] **s. m. inv.** ● anticamente, sovrano persiano

sofìa [dal gr. *sophía* 'sapienza, saggezza' da *sophós* 'colui che sa', di etim. sconosciuta ✱ 1579] **s. f.** ● (*lett.*) sapienza, scienza: *un sillogismo di mistica s.* (G. CARDUCCI)

-sofìa [gr. *-sophía*, da *sophía* 'saggezza, conoscenza', deriv. da *sophós* 'saggio, sapiente'] **secondo elemento** ● in parole composte della terminologia dotta, significa 'scienza', 'dottrina', 'studio' e sim.: *antroposofia, filosofia, teosofia*

sofianìsmo [dal gr. *sophía* col doppio suff. *-ano* e *-ismo*, come in *messianismo* ✱ sec. XX] **s. m.** ● (*relig.*) corrente teologico-mistica sviluppatasi in Russia nell'ambito del cristianesimo nel sec. XIX **SIN.** sofiologia

-sòfico **secondo elemento** ● forma aggettivi derivanti da nomi in *-sofia*: *filosofico, teosofico*

sofiologìa [comp. di *sophio-*, dal gr. *sophía* 'sapienza, saggezza', e *-logia* ✱ 1960] **s. f.** (pl. *-gìe*) ● (*relig.*) sofianismo

sofìsma o †**sofìsmo**, †**soffìsmo** [vc. dotta, dal lat. *sophĭsma* (nt.), dal gr. *sóphisma*, genit. *sophísmatos* 'artificio', da *sophízesthai* 'cavillare', da *sophía* 'sapienza' ✱ sec. XII] **s. m.** (pl. *-i*) **1** (*filos.*) ragionamento valido solo in apparenza, in realtà fallace perché costruito su un procedimento logico formalmente errato **2** (*est.*) ragionamento apparentemente logico, ma in realtà falso e capzioso

sofìsta o †**sofìsto** [vc. dotta, dal lat. *sophĭsta(m)*, adattamento del gr. *sophistḗs* 'uomo dotto, sofista', connesso con *sophízesthai* 'cavillare', da *sophía* 'sapienza' ✱ 1321] **s. m. e f.** (pl. m. *-i*) **1** nel mondo greco dei secoli V e IV a.C., maestro di retorica e di saggezza per professione **2** (*est.*) chi si serve di sofismi, cavillatore

†**sofisterìa** [da *sofista* ✱ av. 1419] **s. f.** ● sofisticheria

sofìstica [vc. dotta, dal gr. *sophistikḗ* (*téchnē*) '(arte) di cavillare', f. sost. di *sophistikós*, da *sophistḗs* 'sofista' ✱ 1261 ca.] **s. f.** ● indirizzo filosofico sviluppatosi in Grecia nei secoli V e IV a.C., che si opponeva all'oggettivismo gnoseologico ed etico della tradizione filosofica precedente in nome del soggettivismo e di un relativismo pragmatico basato sulle abilità retoriche

sofisticàggine [av. 1869] **s. f.** ● (*raro*) sofisticheria

sofisticàre [dal lat. mediev. *sophisticāri* (deponente), da *sophĭsticus* 'capzioso' (V. *sofistico*) ✱ 1364] **A** **v. intr.** (*io sofìstico, tu sofìstichi*; aus. *avere*) ● ragionare per sofismi, sottilizzare, cavillare: *è inutile stare a s. su tutto* **B** **v. tr.** ● alterare con frode gli alimenti posti in commercio: *s. il vino*

sofisticatézza [da *sofisticato* ✱ 1964] **s. f.** ● caratteristica di chi (o di ciò che) è sofisticato

sofisticàto **part. pass.** di *sofisticare*; anche **agg.** **1** adulterato **2** che mostra raffinatezza e ricercatezza, talora a scapito della naturalezza: *donna sofisticata; maniere sofisticate* | (*raro*) complicato, sofistico: *un ragionamento s.* **3** detto di impianto, congegno, attrezzatura ad altissimo grado di perfezione tecnologica sia nei materiali e nei procedimenti, sia nell'affinamento dei risultati e delle prestazioni ‖ **sofisticataménte**, avv.

SFUMATURE ➤ *raffinato*

sofisticatóre [1898] **s. m.** (f. *-trice*) ● chi sofistica una merce

sofisticazióne [1576] **s. f.** **1** adulterazione di sostanze o prodotti alimentari **2** perfezione tecnologica

sofisticherìa [av. 1427] **s. f.** **1** caratteristica di ciò che è sofistico **2** ragionamento, discorso, atto, e sim. sofistico

◆**sofìstico** o †**soffìstico** [vc. dotta, dal lat. tardo *sophĭsticu(m)*, dal gr. *sophistikós*, agg. tratto da *sophistḗs* 'sofista' ✱ 1308] **A** **agg.** (pl. m. *-ci*) **1** (*filos.*) relativo ai sofisti o alla sofistica | caratterizzato da un sofisma **2** (*est.*) che è eccessivamente scrupoloso, cavilloso, pedante: *la gente istruita è sofistica e si arrabbia per le parole* (I. SILONE) **B** **agg. e s. m.** (f. *-a*) ● che (o chi) è schizzinoso, di gusti difficili: *come sei diventato s.!; non fare il s.!* **SIN.** schifiltoso, schizzinoso, smorfioso ‖ **sofisticaménte**, avv.

†**sofìsto** ➤ **sofista**

sòfo [vc. dotta, dal lat. *sŏphu(m)*, dal gr. *sophós* 'saggio', di etim. incerta ✱ sec. XIV] **s. m.** ● (*lett.*) sapiente, saggio, savio (spec. iron. o spreg.): *né scelleranza di sacerdoti né oltracotanza di sofi sequestrerà Dio dalla storia* (G. CARDUCCI)

-sofo /sofo, zofo/ [gr. *-sophos*, da *sophós* 'sapiente, saggio', di etim. incerta] **secondo elemento** ● usato in parole composte designanti persona che svolge l'attività indicata dal corrispondente termine in *-sofia*: *filosofo*

sofoclèo [vc. dotta, dal lat. *Sophoclēu(m)*, dal gr. *Sophókleios*, da *Sophoklês* 'Sofocle' (497-406 a.C.) ✱ av. 1556] **agg.** ● di Sofocle, poeta tragico dell'antica Grecia

sofòra [dall'arabo *ṣufayrā'* ✱ 1813] **s. f.** ● pianta arborea ornamentale delle Leguminose, con grappoli di fiori gialli (*Sophora japonica*)

†**sofrènza** ➤ **sofferenza**

sofrologìa [comp. del gr. *sṓphrōn* 'saggio' (comp. di *sôs* 'sano', d'orig. indeur. e *phrḗn*, genit. *phrenós* 'diaframma', poi 'mente', d'orig. incerta) e *-logia* ✱ 1974] **s. f.** (pl. *-gìe*) ● pratica di rilassamento psicologico basata sull'uso combinato di parole e musica che infonde calma e serenità nei pazienti prima di piccoli interventi operatori

soft /sɔft, *ingl.* sɒft/ [vc. ingl., propr. 'morbido' ✱ 1970] **agg. inv.** ● detto di ciò che ha toni sfumati, tenui e delicati, che è gradevole, rilassante o non impegnativo, spec. in contrapposizione a *hard*: *voce, musica s.; atmosfera, ambiente s.* **SIN.** dolce, morbido, soffice **CONTR.** duro, rigido, deciso

softair o **soft air** /sɔftˈɛr, *ingl.* ˌsɒftˈeə(r)/ [vc. ingl., variante di *airsoft*, dalla loc. *airsoft gun*, propr. 'fucile (per giocare ad) airsoft' ✱ 1993] **s. m. inv.** ● gioco di ruolo, simile al paintball, fra due squadre che si fronteggiano simulando un'azione di guerra armate di fucili giocattolo che sparano pallini sferici non dannosi

sòftball /ˈsɔftbol, *ingl.* ˈsɒftˌbɔːl/ [vc. ingl., propr. 'soffice palla' ✱ 1950] **s. m. inv.** ● gioco femminile simile al baseball che si svolge su un campo di dimensioni minori

sòftcore /ˈsɔftkor, *ingl.* ˈsɒftˌkɔː(r)/ [vc. ingl., comp. di *soft* (V.) e *core* 'nocciolo, centro, nucleo' (d'orig. incerta) ✱ 1980] **agg. inv.** ● detto di film, pubblicazione a stampa e sim. di carattere pornografico, in cui però le scene non sono rappresentate o descritte in modo eccessivamente realistico CONTR. hardcore

soft drìnk /softˈdrink, *ingl.* ˈsɒftˌdrɪŋk/ [loc. ingl., propr. 'bevanda (*drink*) leggera (*soft*)' ✱ 1986] **loc. sost. m. inv.** (**pl. ingl.** *soft drinks*) ● bevanda non alcolica

♦**sòftware** /ˈsɔftwer, *ingl.* ˈsɒftˌwɛə(r)/ [vc. ingl., propr. 'oggetti (*ware*) molli (*soft*)', in contrapposizione a *hardware* 'oggetti (duri: *hard*) di un apparato' ✱ 1969] **s. m. inv.** **1** (*inform.*) corredo dei linguaggi e dei programmi che permettono di svolgere le elaborazioni di un sistema **2** (*est.*) l'insieme dei programmi e della documentazione necessari per una data attività tecnologica

sòftware house /ˈsɔftwer ˈaus, *ingl.* ˈsɒftwɛəˌhaʊs/ [loc. ingl., comp. di *software* (V.) e *house* 'casa' (V.) ✱ 1984] **loc. sost. f. inv.** (**pl. ingl.** *software houses*) ● (*inform.*) azienda la cui attività consiste nello sviluppo e nella commercializzazione di programmi per elaboratori

softwarìsta /softweˈrista/ [da *software* ✱ 1971] **s. m. e f.** (**pl. m.** *-i*) ● tecnico specializzato nella progettazione e applicazione dei software

sóga [lat. tardo *sōca(m)* 'fune', di orig. celtica (?) ✱ sec. XIII] **s. f.** **1** †correggia, cinghia: *di guerrier sudore / bagnerassi la s. dello scudo* (V. MONTI) **2** (*sett.*) fune, grossa corda

†**sogàtto** o †**soàtto**, †**sovàtto**, †**sugàtto** [di etim. discussa: dal lat. *subăctu(m)* (*cŏrium*) '(cuoio) conciato', part. pass. sost. di *subĭgere* 'mettere (*ăgere*) sotto (*sŭb*), trattare, lavorare' (?) ✱ av. 1406] **s. m.** ● cuoio | striscia di cuoio per cavezza o guinzaglio

†**soggettàre** o †**suggettàre** [da *soggetto*①✱ av. 1427] **v. tr.** e †**soggettàrsi** **v. intr. pron.** ● assoggettare, assoggettarsi

soggettàrio [1956] **s. m.** ● in biblioteconomia, catalogo per soggetti

soggettazióne [da *soggettare*, come denominale di *soggetto*② ✱ 1989] **s. f.** ● in biblioteconomia, inserimento di un'opera in un catalogo ordinato per soggetti, sulla base di una breve sintesi del contenuto

soggettìsta [da *soggetto*②, con *-ista* ✱ 1923] **s. m. e f.** (**pl. m.** *-i*) ● autore di soggetti cinematografici, televisivi e sim.

soggettìva [1970] **s. f.** ● (*cinema*) inquadratura ripresa dal punto di vista dell'attore, che tende a far identificare soggettivamente lo spettatore col personaggio

S

soggettivàre [av. 1937] **v. tr.** ● rendere soggettivo | interpretare i fatti e le cose in modo soggettivo

soggettivazióne [1908] **s. f.** **1** procedimento del soggettivare **2** (*cinema*) soggettiva

soggettivìṣmo [da *soggettivo*, con *-ismo* ✱ av. 1855] **s. m.** **1** concezione filosofica che tende a negare la possibilità di una conoscenza oggettiva della realtà, riducendola ai modi in cui il soggetto la conosce **2** (*est.*) modo di interpretare i fatti e le cose in modo soggettivo

soggettivìsta [av. 1855] **A** **s. m. e f.** (**pl. m.** *-i*) **1** chi segue o si ispira al soggettivismo **2** (*est.*) chi interpreta i fatti e le cose in modo molto soggettivo **B** **agg.** ● soggettivistico

soggettivìstico [1908] **agg.** (**pl. m.** *-ci*) **1** (*filos.*) relativo al soggettivismo **2** (*est.*) che è proprio del soggettivista: *valutazioni soggettivistiche*

soggettìvo [dal lat. tardo *subiectīvu(m)* 'relativo al soggetto', da *subiĕctu(m)* 'soggetto' (V. *soggetto*②) ✱ av. 1420] **agg.** **1** che deriva dal modo di sentire, pensare e giudicare propri di un singolo individuo, e che è quindi spesso parziale, limitato e sim.: *giudizio s.*; *opinione, considerazione, soggettiva*; *la sua interpretazione del testo è piuttosto soggettiva* CONTR. obiettivo, oggettivo **2** (*gramm.*) del soggetto | ***proposizione soggettiva***, proposizione subordinata che ha la funzione di soggetto della reggente (per es.: *è meglio che tu taccia*; *sembra che lui non c'entri*; *si dice che si sia fidanzato*; *è ora di andarsene*) | ***genitivo s.***, V. *genitivo* **3** (*filos.*) che concerne il soggetto o che ha fondamento nel soggetto in quanto realtà pensante **4** (*psicol.*) ***metodo s.***, metodo di osservazione che si fonda sull'introspezione ‖ **soggettivaménte**, **avv.** **1** in modo soggettivo; da un punto di vista soggettivo **2** (*gramm.*) in funzione di soggetto ‖ **soggettività**, **s. f. inv.** **1** caratteristica di chi (o di ciò che) è soggettivo: *la soggettività di un giudizio* **2** (*filos.*) condizione, peculiarità del soggetto CONTR. oggettività

♦**soggètto**① o †**suggètto** [lat. *subiĕctu(m)*, part. pass. di *subĭcere* 'sottoporre' comp. di *sŭb* 'sotto' e *iăcere* 'gettare' ✱ av. 1292] **agg.** **1** sottomesso, assoggettato: *mala signoria, che sempre accora / li popoli suggetti* (DANTE *Par.* VIII, 73-74) | sottoposto a un obbligo, a una condizione e sim. (+ *a*): *essere s. a vigilanza speciale*; *il corpo è s. allo spirito* **2** (*est.*) esposto a un'azione proveniente dall'esterno (+ *a*): *il nostro piano è s. a mutamenti* | esposto a danni, disgrazie e sim.: *il paese è s. a frane* **3** detto di persona, che soffre con una certa continuità di un disturbo, una malattia e sim. (+ *a*): *va soggetta a forti emicranie*; *è molto s. alle coliche* **4** †posto in basso, più in basso: *le al Vesuvio soggette auree campagne* (U. FOSCOLO) ‖ **soggettaménte**, **avv.** (*raro*) con soggezione

♦**soggètto**② [lat. tardo *subiĕctu(m)* 'soggetto', nt. sost. di *subiĕctus*, part. pass. di *subĭcere* 'sottoporre'. (V. *soggetto*①) ✱ 1271] **s. m.** **1** argomento, tema: *il s. della conversazione, della lettura*; *un s. ben scelto, infelice, felice*; *allontanarsi dal s. trattato* | trama: *il s. di un film, di una commedia* | ***commedia a s.***, commedia dell'arte, in cui si recitava in base a un canovaccio concordato (lo scenario) | ***recitare a s.***, improvvisare sull'argomento fornito dalla situazione e dal dialogo | ***film a s.***, narrativo, non documentario **2** (*mus.*) nella fuga, tema principale che apre l'esposizione | ***s. cavato***, tema ricavato dalle lettere di un nome o di una frase, corrispondenti alla denominazione alfabetica delle note **3** (*filos.*) l'io in quanto realtà pensante CONTR. oggetto **4** (*gramm.*) ***s.*** (***grammaticale***), la persona o la cosa che fa o subisce l'azione espressa dal verbo o si trova nella condizione indicata dal verbo | ***s. logico***, chi (o ciò che) compie realmente l'azione espressa dal verbo, anche non coincidendo con il soggetto grammaticale (per es. (*i*) *genitori* nella frase *Luigi fu punito dai genitori*) **5** (*med.*) individuo, persona, in quanto presenta determinate caratteristiche cliniche: *s. anemico, isterico, nevrotico* **6** (*dir.*) ***s. di diritto***, possibile titolare di diritti e doveri | ***soggetti del processo***, parti processuali, organo giudiziario e ausiliari di giustizia | ***s. attivo del reato***, chi pone in essere il reato | ***s. passivo del reato***, la persona offesa dal reato **7** (*colloq.*) persona, tipo (**spec. iron.** o **spreg.**): *quel tuo amico è un bel s.*; *cattivo, tristo, pessimo s.* **8** †suddito **9** (*agric.*) pianta o parte di pianta che riceve l'innesto ‖ **soggettàccio**, **pegg.** | **soggettìno**, **dim.** | **soggettóne**, **accr.**

soggettuàle [da *soggetto* ✱ 1974] **agg.** **1** del soggetto **2** (*psicoan.*) che riguarda il rapporto col soggetto CONTR. oggettuale ‖ **soggettualità**, **s. f. inv.** caratteristica di ciò che è soggettuale; tutto ciò che è soggettuale CONTR. oggettualità

soggezióne o (*pop.*) †**suggezióne** [dal lat. *subiectiōne(m)* 'sottomissione', da *subiĕctus* 'soggetto' (V. *soggetto*①) ✱ 1268] **s. f.** **1** (*lett.*) condizione di dipendenza, di sudditanza, di subordinazione: *la s. dalla sovranità della Chiesa* (G. CARDUCCI); *s. alla volontà altrui, alla legge* **2** riguardo timoroso, rispetto misto a imbarazzo e timore che si prova nel trovarsi in ambienti nuovi, insoliti, o al cospetto di persone particolarmente importanti: *dare, ispirare s.*; *provare s.*; *avere s. di qlcu. o di qlco.*; *avere s. a fare qlco.* | ***mettere, tenere, in s.***, intimorire | ***mettersi in s.***, sentirsi intimorito | ***non avere s. di nessuno***, non temere nessuno

SFUMATURE DI SIGNIFICATO
soggezione - sottomissione - dipendenza
Soggezione definisce un atteggiamento di sudditanza o, con sfumatura più leggera, un riguardo timoroso, un rispetto misto a imbarazzo. **Sottomissione** ha un significato più circoscritto, esprimendo la forma di sudditanza psicologica di chi si piega ai voleri altrui. Una forma analoga alla sottomissione è la **dipendenza**, che è dovuta più alla debolezza di carattere di chi ne dà prova che non alla volontà di chi la induce.
SFUMATURE ➤ ***timore***, ➤ ***servitù***

sogghignàre [comp. di *so-* e *ghignare* ✱ 1342] **v. intr.** (**coniug. come** *segnare*; **aus.** *avere*) ● fare sogghigni, in segno di disprezzo, sarcasmo, ironia
SFUMATURE ➤ ***ridere***

sogghignatóre [1872] **s. m.** (**f.** *-trice*) ● (*raro*) chi sogghigna

sogghìgno [da *sogghignare* ✱ av. 1348] **s. m.** ● ghigno dissimulato, leggero, che esprime disprezzo, malignità, ironia: *fare un s.*; *un s. di amarezza*; *Mi accolse ... con un s. pieno di sottintesi* (P. LEVI) ‖ **sogghignétto**, **dim.**

soggiacènte **part. pres.** di *soggiacere*; anche **agg.** **1** nei sign. del v. | (*lett.*) sottostante: *L'idea s. a queste misure* (A. MORAVIA) **2** (*geol.*) ***roccia s.***, che si trova sotto allo strato o alla roccia che serve da riferimento | ***plutone s.***, di cui non è conosciuto il letto e che presumibilmente si congiunge allo strato continuo di sial sottostante i sedimenti **3** (*ling.*) sottostante

soggiacére [dal lat. *subiacēre* 'giacer sotto', comp. di *sŭb* 'sotto' e *iacēre* 'giacere' ✱ av. 1306] **v. intr.** (**coniug. come** *giacere*; **aus.** *essere* o *avere*) **1** essere sottoposto, soggetto (+ *a*): *s. all'autorità, alla legge, alla volontà altrui*; *s. ai capricci di qlcu.*; *le cose materiali vaganti confusamente nello spazio soggiacquero da molti secoli ad una forza ordinatrice* (I. NIEVO) | soccombere: *dopo una strenua resistenza il nemico dovette s.* **2** †essere posto al di sotto: *il mare alto è sempre in quella parte che soggiace alla Luna* (G. GALILEI)

soggiaciménto [av. 1306] **s. m.** ● (*raro, lett.*) sottomissione

soggiogaménto [sec. XIV] **s. m.** ● (*raro*) assoggettamento

♣**soggiogàre** o †**suggiugàre** [dal lat. tardo *subiugāre* 'far passare sotto il giogo', comp. di *sŭb* 'sotto' e di *iŭgum* 'giogo' ✱ av. 1292] **v. tr.** (*io soggiógo* (o *-ò-*), *tu soggióghi* (o *-ò-*)) **1** debellare, mettere sotto il proprio dominio: *Napoleone soggiogò regni e imperi*; *avea fatto proponimento di non portar più corona, se prima non soggiogava il populo di Milano* (L.A. MURATORI) **2** (*fig.*) dominare: *s. qlcu. con lo sguardo* **3** †sovrastare, dominare dall'alto

soggiogatóre [dal lat. tardo *subiugatōre(m)* 'vincitore', da *subiugātus* 'soggiogato' ✱ av. 1396] **s. m.** (**f.** *-trice*); anche **agg.** ● (*lett.*) chi (o che) soggioga

soggiogazióne [vc. dotta, dal lat. tardo *subiugatiōne(m)* 'soggiogamento', da *subiugātus* 'soggiogato' ✱ sec. XIV] **s. f.** ● soggiogamento

†**soggiógo** (o **-ò-**) [comp. di *so-* e *giogo* ✱ av. 1543] **s. m.** ● giogaia dei ruminanti

soggiornàre [lat. parl. **subdiurnāre*, comp. di *sŭb* 'sotto' e di *diŭrnus* 'giornaliero' (V. *giorno*) ✱ av. 1292] **A** **v. intr.** (*io soggiórno*; aus. *avere*) ● trattenersi, fermarsi per un certo tempo nello stesso luogo, spec. a scopo di svago, di riposo e sim.: *s. in Riviera* **B** **v. tr. 1** †ospitare, ricoverare, mantenere | †custodire, accudire il bestiame **2** †*s. una stanza*, darle aria

♦**soggiórno** [da *soggiornare* ✱ av. 1249] **s. m. 1** permanenza per un certo periodo di tempo in un luogo: *s. lungo, breve; s. estivo, invernale; luogo di s.* | (*raro*) ***prendere, fare s. in un luogo***, stabilirvisi per un certo tempo | ***permesso di s.***, autorizzazione concessa a un cittadino straniero a risiedere in uno Stato: *gli è stato revocato il permesso di s.* | (*dir.*) ***contratto di s.***, contratto di lavoro subordinato fra un datore di lavoro e un prestatore di lavoro extracomunitario, che prevede l'obbligo a carico del datore di lavoro di garantire al lavoratore un'abitazione e le spese di rimpatrio | (*dir.*) ***obbligo di s., s. obbligato, divieto di s.***, misura di sorveglianza applicata nei confronti di una persona ritenuta pericolosa, consistente nell'obbligo (o nel divieto) di risiedere temporaneamente in un determinato comune | ***azienda (autonoma) di s.***, ente che cura le attività turistiche in una località | ***imposta di s.***, corrisposta all'ente locale da chi temporaneamente dimora in località diversa dalla propria residenza **2** luogo in cui si soggiorna: *la montagna è un incantevole s.; questo paese è un s. tranquillo* **3** (*est., lett.*) dimora: *tempo verrà ... / ch'a l'usato s. / torni la fera bella* (F. PETRARCA) **4** stanza di dimensioni relativamente ampie dove si vive durante il giorno | (*est.*) l'arredamento di tale stanza: *rinnovare il s.* **5** †indugio

soggiùngere o †**soggiùgnere** [dal lat. *subiŭngere* 'unire', comp. di *sŭb* 'sotto' e *iŭngere* 'attaccare' (V. *giungere*) ✱ 1308] **A** **v. tr.** (**pres.** *io soggiùngo, tu soggiùngi*; **pass. rem.** *io soggiùnsi, tu soggiungésti*; **part. pass.** *soggiùnto*) **1** dire in aggiunta a quanto già detto, riprendendo il discorso, ribattendo e sim. (+ *che*, + *di* **seguito da inf.**): *rispose di no e soggiunse che non avrebbe mai accettato; aveva subito soggiunto di mandarlo a chiamare* (M. SERAO); *'è tardi', soggiunse Giovanni, 'dobbiamo andare'; così disse, e soggiunse: 'Purtroppo!'* **2** †unire, congiungere **B** **v. intr.** ● †sopraggiungere

†**soggiungiménto** [sec. XIV] **s. m.** ● (*raro*) unione

soggiuntìvo o †**subiuntìvo**, spec. nel sign. B [vc. dotta, dal lat. tardo *subiunctīvu(m)* 'soggiuntivo', da *subiūnctus* 'soggiunto' ✱ av. 1472] **A** **agg.** ● (*raro*) che unisce | (*gramm., disus.*) ***modo s.***, congiuntivo **B** **s. m.** ● (*gramm., disus.*) congiuntivo

soggiùnto **part. pass.** di *soggiungere* ● nei sign. del v.

†**soggóla** [1561] **s. f.** ● soggolo

soggolàre [comp. di *so-* e *gola* ✱ av. 1300] **v. tr.** (*io soggólo*) ● fornire del soggolo | far aderire una veste alla gola

soggólo [comp. di *so-* e *gola* ✱ av. 1492] **s. m. 1** nell'abbigliamento femminile medievale e rinascimentale, benda, fascia a largo nastro che passava sotto il mento **2** benda, velo, che le monache portano sotto o intorno alla gola **3** cinghietta che assicura i copricapi militari passando sotto il mento **4** striscia di cuoio che passa sotto la gola del cavallo e si attacca alla testiera

sogguardàre [comp. di *so-* e *guardare* ✱ av. 1735] **v. tr. e intr.** (aus. *avere*) ● guardare di sottecchi, in modo furtivo: *m'avvidi poi ch'egli mi sogguardava amaramente* (U. FOSCOLO)

†**sogguatàre** [comp. di *so-* e *guatare* ✱ av. 1729] **v. tr. e intr.** ● sogguardare

♣**sòglia** [lat. *sŏlea(m)* 'suola', connesso con *sŏlu(m)* 'suolo'. (V. *suolo*) ✱ 1313] **s. f. 1** parte inferiore del vano della porta, spesso formata da una lastra di pietra, che comprende tutta la lunghezza dell'apertura **2** (*est.*) porta, entrata, ingresso: *fermarsi, stare, sulla s.; varcare la s.; non oltrepassare la s.; la compagnia piena di doglia / tutta pensosa entrò dentro alla s.* (A. POLIZIANO) **3** (*geogr.*) ***s. glaciale***, specie di gradino che separa un circo glaciale dalla valle sottostante **4** (*fig.*) inizio, principio: *essere alla, sulla s. della vecchiaia; alle soglie della vita; la primavera è alle soglie; A me, se di vecchiezza / la detestata s. / evitar non impetro* (G. LEOPARDI) **5** limite inferiore, valore minimo necessario per produrre un certo effetto: *il partito non ha superato la s. del 5%* | ***s. di rischio***, valore minimo perché un dato fenomeno diventi pericoloso | ***s. di udibilità***, intensità di un'onda sonora nell'aria, al disotto della quale il suono non viene più udito | (*fisiol.*) ***s. del dolore***, livello minimo di intensità di una sensazione oltre il quale essa è percepita come dolore | (*econ.*) ***s. di povertà***, reddito al di sotto del quale una famiglia non è in grado di acquistare beni ritenuti essenziali alla sua sussistenza

†**sogliàre** [lat. parl. **soleāre*, nt. sost. dell'agg. *soleāris*, da *sŏlea* 'suola' ✱ 1313] **s. m.** ● soglia: *la porta / lo cui s. a nessuno è negato* (DANTE *Inf.* XIV, 86-87)

sòglio① o (*poet.*) **sòlio** [lat. *sŏliu(m)* 'seggio, trono', da un precedente **sŏdium*, corradicale di *sedēre* 'sedere' ✱ av. 1348] **s. m. 1** (*lett.*) trono, seggio di un sovrano: *s. reale, imperiale* | ***S. di San Pietro, S. pontificio***, la cattedra di San Pietro; la carica, il potere papale: *salire al s. pontificio* **2** (*lett.*) sede, regno di un sovrano | dignità, potere, di un sovrano

†**sòglio**② [1313] **s. m.** ● (*lett.*) soglia

sòglio③ ➤ **solere**

sògliola [deriv. dim. del lat. *sŏlea(m)* 'suola' e 'sogliola' (V. *suola*) ✱ av. 1444] **s. f.** ● pesce osseo marino dei Soleidi, dal corpo appiattito, di colore variabile e mimetico con i fondali sabbiosi, dalle carni pregiate (*Solea*) | (*est.*) comunemente, qualunque pesce di forma appiattita, quali la limanda o la passera di mare ‖ **sogliolétta**, **dim.** | **sogliolina**, **dim.**

sognàbile [av. 1704] **agg.** ● che si può sognare

sognànte **part. pres.** di *sognare*; **anche agg. 1** nei sign. del v. | che sembra immerso in un sogno: *sguardo s.* **2** degno di un sogno, una fantasia e sim.: *s. visione; atmosfera s.*

♦**sognàre** o †**somniàre** [lat. *somniāre*, da *sŏmnium* 'sogno' (V. *sogno*) ✱ 1250 ca.] **A** **v. tr.** (*io sógno*; **coniug. come** *segnare*) **1** vedere in sogno (+ *di* **seguito da inf.**, + *che*): *ho sognato mio padre; ho sognato di morire; ho sognato che ero nel deserto; sognando che un servo l'uccida* (F. SACCHETTI) | anche col compl. dell'oggetto interno: *s. un brutto sogno; s. sogni belli* **2** (*fig.*) vagheggiare con la fantasia, desiderare ardentemente: *sogno una casa in campagna; molti sognano la ricchezza* **3** (*fig.*) immaginare, supporre, qlco. di completamente inaspettato, spec. in frasi interrogative o negative: *chi avrebbe mai sognato di rivederti?* **B** **v. intr.** (aus. *avere*) ● fare sogni: *i bambini sognano molto; quando dormo non sogno mai; mi hai svegliato mentre stavo sognando* | ***credere, parere, sembrare***, e sim. ***di s.***, trovarsi di fronte a qlco. tanto straordinaria o insolita da parere incredibile | (*fig.*) fantasticare: *che fai, sogni?* | ***s. a occhi aperti***, immaginare cose lontane dalla realtà, farsi illusioni **C** **v. intr. e sognàrsi v. intr. pron.** (aus. intr. *avere*) ● vedere, credere di vedere, in sogno (+ *di*): *ho sognato di mio padre; si sogna spesso della sua giovinezza* **D** **sognàrsi** **v. tr. pron.** (aus. *essere*) **1** vedere in sogno (con valore intens.): *mi sono sognato mio padre* | ***me lo sono sognato, me lo sarò sognato*** e sim., (*iron.*) per far capire che si crede in ciò che si dice: *tu neghi di averlo detto? Vuol dire che me lo sono sognato!* | ***non ti sognare di farlo!***, non pensarci nemmeno **2** desiderare ardentemente, vagheggiare (con valore intens.): *me la sogno da tanto una casa in campagna; me la sognavo, questa vacanza!* **3** sperare invano, illudersi su qlco.: *tu te la sogni la promozione!; quel viaggio a New York se lo può sognare!* **4** immaginare, supporre (con valore intens.) (+ *di* **seguito da inf.**, + *che*): *in una tal casa dove non mi sarei sognato di poter essere* (C. GOLDONI); *non mi sarei mai sognato che saremmo partiti per l'Australia*

SFUMATURE ➤ *volere*①

sognatóre [dal lat. *somniatōre(m)*, da *somniātus* 'sognato' ✱ sec. XIII] **s. m.** (**f.** *-trice*); **anche agg. 1** (*raro*) chi (o che) sogna **2** (*fig.*) chi (o che) è portato a fantasticare, a illudersi: *i sognatori mancano di spirito pratico; ragazzo s.*

♦**sógno** o †**sómno** [lat. *sŏmniu(m)*, da *sŏmnus* 'sonno' (V. *sonno*) ✱ av. 1292] **s. m. 1** attività psichica, caratterizzata da immagini, pensieri, emozioni, che si svolge durante il sonno: *s. rivelatore, mattutino; s. spaventoso; fare un s.; vedere in s.; apparire in s.; fare qlco. in s.; credere ai sogni; nel s. i simolacri sono in noi, ma paiono fuori* (P. SARPI) **CFR.** oniro- | (*psicol.*) attività psichica che si verifica prevalentemente durante il sonno paradosso ed è accompagnata da modificazioni dell'attività elettrica dei neuroni | ***libro dei sogni***, libro che interpreta i sogni più comuni e spesso ne trae i numeri da giocare al lotto; (*fig.*) progetto irrealizzabile, utopistico | ***sembrare, parere***, e sim. ***un s.***, di cosa talmente straordinaria e insolita da parere incredibile | (*colloq., enfat.*) ***nemmeno, neppure, neanche*** e sim. ***per s.***, neanche per idea, no nel modo più assoluto **2** immaginazione, fantasia, cosa lontana dalla realtà: *era solo un s.; è stato un s.; è tutto un s.; la nostra speranza è un s.; una vita di sogni, di estasi, di fantasia* (F. DE SANCTIS) | illusione in cui è dolce cullarsi: *i dolci sogni della gioventù; l'uomo dei propri sogni; coronare il proprio s. d'amore* | forte desiderio, aspirazione: *il suo s. è di fare il regista* | ***s. proibito***, aspirazione, desiderio irrealizzabile **3** (*lett.*) avvenimento svanito, dileguato: *gli antichi imperi sono ora un s.* **4** persona, cosa, molto bella: *quella ragazza è un s.; è un s. di ragazza; la loro casa è un s.* | ***di s.***, fantastico, meraviglioso, affascinante: *una villa, una vacanza di s.; alzando su di me gli occhi di s.* (U. SABA) ‖ **sognàccio**, **pegg.**

SFUMATURE DI SIGNIFICATO

sogno - illusione - fantasia - utopia

Sogno è l'attività psichica che si verifica durante il sonno e che dà luogo a immagini, pensieri, emozioni che si strutturano in sequenze non logiche, anche se apparentemente reali; da qui si definisce *sogno* ogni immaginazione o desiderio che si vorrebbe realizzato. **Illusione** è una percezione errata della realtà da parte dei sensi, quindi estensivamente ogni immaginazione che corrisponde ai propri desideri, ma che non ha fondamento reale. La facoltà del pensiero di interpretare liberamente i dati dell'esperienza o di rappresentare contenuti inesistenti si definisce invece **fantasia**, termine in cui è messa in primo

piano l'opera creatrice della mente. **Utopia** è un'idea, un progetto dichiaratamente irrealizzabile, che tuttavia riguarda più la sfera pubblica che quella individuale.
SFUMATURE ➤ *speranza*

sòia① [dal giapp. *shōyū*, di orig. manciù ✱ 1895] **s. f.** ● erba cespugliosa delle Leguminose, con baccelli pelosi e semi ricchi di proteine e grassi, usati per l'estrazione di olio, la produzione di sfarinati e sim. o consumati direttamente, spesso anche in germogli SIN. fagiolo cinese

†**sòia**② [propr. 'seta', dal fr. *soie*, dal lat. *sēta(m)* 'setola, seta' ✱ av. 1470] **s. f.** **1** seta **2** (*fig.*) adulazione, lusinga | ***dare la s. a qlcu.***, adularlo, blandirlo

soigné /*fr.* swa'ɲe/ [vc. fr., propr. part. pass. del v. *soigner* 'curare', di orig. germ. ✱ 1891] **agg. inv.** (**f. fr.** *soignée*; **pl. m.** *soignés*; **pl. f.** *soignées*) ● ben curato, elegante, ricercato nei modi e nell'abbigliamento, detto di persona | preciso, molto rifinito, detto di cosa

soirée /*fr.* swa'ʀe/ [vc. fr., propr. 'serata', da *soir* 'sera' ✱ 1846] **s. f. inv.** ● festa mondana, elegante, che ha luogo nella tarda serata

♦**sol**① /sɔl/ [lettere iniziali del terzo verso (*solve polluti labii reatum*) dell'inno a S. Giovanni, scelto da Guido d'Arezzo a fondamento della scala musicale ✱ 1506 ca.] **s. m. inv.** ● (*mus.*) quinta nota della scala musicale di *do* (V. nota d'uso ACCENTO)

sol② /sɔl/ [vc. ingl., da *hydrosol*, comp. di *hydro-* 'idro-' e *solution* 'soluzione' ✱ 1950] **s. m. inv.** ● sospensione finissima di sostanze colloidali in acqua o altro liquido

sol③ /*sp.* sɔl/ [vc. sp., propr. 'sole', così chiamata per l'immagine che vi si trova raffigurata ✱ 1970] **s. m. inv.** (**pl. sp.** *soles*) ● unità monetaria del Perù

sòla [1959] **s. f.** **1** V. *suola* **2** (*centr.*) truffa, imbroglio

†**solàccio** e deriv. ➤ **sollazzo** e deriv.

♦**solàio** o †**solàro** [lat. *solāriu(m)* 'luogo esposto al sole', da *sōl*, genit. *sōlis* 'sole' ✱ sec. XIII] **s. m.** (**pl.** *-ai*) **1** struttura orizzontale che nei fabbricati sopporta il pavimento dei singoli piani e i carichi che gravano su di esso: *s. a travi di legno, in cemento armato* **2** locale tra il tetto e il soffitto dell'ultimo piano di un edificio, spesso usato come ripostiglio SIN. soffitta, sottotetto | (*tosc.*) locale sotto il tetto con un lato aperto, frequente nelle case dei contadini **3** †ciascuno dei piani di un edificio: *casa a tre solai*

Solanàcee [comp. del lat. *solānum*, propr. 'pianta del sole (*sōl*)', col suff. *-acee* ✱ 1865] **s. f. pl.** (**sing.** *-a*) ● (*bot.*) famiglia di piante dicotiledoni erbacee con frutto a bacca o a capsula talora commestibile; vi appartengono vari generi e numerose specie, alcune (per es. la patata, la melanzana, il pomodoro) coltivate, altre contenenti principi medicinali velenosi o narcotici (*Solanaceae*)

solanìna [1825] **s. f.** ● alcaloide velenoso contenuto in molte Solanacee

♦**solàre**① [vc. dotta, dal lat. *solāre(m)*, da *sōl*, genit. *sōlis* 'sole' ✱ av. 1328] **A** **agg.** **1** attinente al Sole: *luce, calore, raggio s.* | ***orologio s.***, meridiana | (*astron.*) ***sistema s.***, insieme del Sole e dei corpi che gravitano intorno a esso | ***macchia s.***, V. *macchia*① **2** di congegno, dispositivo atto a fornire energia di fonte solare | ***batteria s.***, che per funzionare utilizza i raggi del Sole | ***cella s., cellula s.***, congegno che converte la luce del Sole in energia elettrica | ***collettore s.***, V. *collettore* | ***pannello s.***, congegno che converte la luce del Sole in energia termica | ***impianto s.***, insieme di strutture che sfruttano energia, per lo più termica, derivata dal Sole **3** (*astrol.*) ***temperamento s.***, in cui prevalgono gli influssi del Sole **4** (*med.*) ***plesso s.***, plesso celiaco **5** (*fig.*) gioioso, splendente: *sorriso s.* | (*fig., colloq.*) che manifesta ottimismo e serena gioiosità: *persona s.*; *carattere s.* CFR. lunatico | (*poet.*) luminoso, radioso: *risonò la parola s.* (G. D'ANNUNZIO) **6** (*fig.*) lampante, evidentissimo: *una verità s.* ‖ **solarità**, **s. f. inv.** (V.) **B** **s. m.** **1** il complesso degli studi e delle ricerche sull'energia solare e delle tecniche applicative di questa **2** (*mecc.*) in un rotismo epicicloidale semplice, ciascuna delle due ruote dentate d'estremità, intorno al cui asse fisso comune ruota il portatreno

NOMENCLATURA
solare (energia)
● raggiante (= radiazione) solare; costante solare; effetto serra; collettore solare (= pannello solare), fornace solare; eliomotore; eliopompa; centrale elioternica (= solare); impianto termico (= di riscaldamento) a energia solare; accumulatore termico (= di calore); casa solare, solarizzata; cucina solare; distillatore solare; forno solare; cella solare, cella al silicio; batteria solare; il solare.

solàre② ➤ **suolare**

solàre③ [da *solaio* ✱ 1960] **agg.** ● spec. nella loc. ***lastrico s.***, tetto piano e praticabile di un edificio

solariàno [av. 1956] **A** **agg.** ● della rivista culturale e letteraria "Solaria", pubblicata a Firenze fra il 1925 e il 1936 **B** **s. m.** (**f.** *-a*) ● collaboratore di tale rivista, seguace delle tendenze di questa

solarìgrafo [comp. di *solare*① e *-grafo* ✱ 1960] **s. m.** ● solarimetro registratore

solarìmetro [comp. di *solare*① e *metro* ✱ 1960] **s. m.** ● in geofisica, strumento che misura l'intensità del calore irraggiato dal sole

solàrio [1838] **s. m.** ● adattamento di *solarium* (V.)

solarìsta [da *solare*① ✱ 1981] **A** **s. m. e f.** (**pl. m.** *-i*) ● chi si occupa delle tecnologie per la produzione di energia solare **B** **anche agg.**: *tecnico s.*

solarità [da *solare*① ✱ 1669] **s. f. inv.** ● caratteristica di solare | (*fig.*) carattere solare | (*lett.*) luminosità, radiosità

solàrium [vc. dotta, dal lat. *solāriu(m)* 'luogo esposto al sole', da *sōl*, genit. *sōlis* 'sole' (V. *solaio*) ✱ av. 1910] **s. m. inv.** (**pl. lat.** *solaria*) **1** terrazzo esposto al sole, adatto per praticare l'elioterapia CFR. solario **2** lettino solare

solarizzàre [fr. *solariser*, dal lat. *solāris* 'solare①' ✱ 1983] **v. tr.** **1** (*edil.*) applicare collettori solari e relativi impianti a un edificio, spec. a scopo di riscaldamento **2** (*fotogr., bot., ottica*) effettuare, far subire, la solarizzazione ‖ **solarizzazióne**, **s. f.** (V.)

solarizzazióne [fr. *solarisation*, da *solariser* 'solarizzare' ✱ 1983] **s. f.** **1** (*fotogr.*) ***s. di un'emulsione fotografica***, diminuzione dell'annerimento di un'immagine negativa determinata da un tempo di esposizione eccessivo con la conseguenza che nell'immagine positiva le aree più chiare appaiono più o meno scure; oggi può essere simulata con tecniche di fotoritocco **2** (*bot.*) ***s. dei cloroplasti***, fenomeno per cui un'eccessiva esposizione alla luce determina una temporanea o definitiva inattivazione dei cloroplasti con conseguente interruzione della fotosintesi **3** (*ottica*) fenomeno per cui in certi vetri il fattore di trasmissione dell'ultravioletto si riduce notevolmente dopo lunghe esposizioni all'ultravioletto estremo

†**solàro** ➤ **solaio**

solàta [da *sole*, V. il lat. *solātus* 'colpito dal sole', da *sōl*, genit. *sōlis* 'sole' ✱ 1825] **s. f.** ● (*pop.*) colpo di sole

♣**solatìo** o †**solatìvo** [lat. parl. **solatīvu(m)*, dal classico *solātus* 'colpito dal sole', da *sōl*, genit. *sōlis* 'sole' ✱ sec. XIV] **A** **agg.** (**pl. m.** *-ii*) ● (*lett.*) che è esposto al sole SIN. assolato, soleggiato **B** **s. m.** ● luogo volto a mezzogiorno | ***a s.***, dal lato volto a mezzogiorno CONTR. bacìo②

solàto ➤ **suolato**

solatùra [1234] ➤ **suolatura**

solazióne [da *sol*② ✱ 1991] **s. f.** ● trasformazione di una sostanza da gel a sol

solcàbile [vc. dotta, dal lat. tardo *sulcābile(m)* 'arabile', da *sulcāre* 'solcare' ✱ av. 1704] **agg.** ● (*raro*) che si può solcare

solcaménto [1838] **s. m.** ● (*raro*) solcatura

solcàre [lat. *sulcāre* 'far solchi', da *sŭlcus* 'solco' ✱ av. 1320] **v. tr.** (*io sólco, tu sólchi*) **1** fendere con solchi prodotti dall'aratro, arare: *s. il campo* | aprire solchi con la zappa **2** (*fig.*) fendere l'acqua, detto di imbarcazioni: *s. il mare, le onde*; *la nave solca il mare* **3** (*fig.*) lasciare un solco, un segno, una ruga, e sim.: *un fulmine solcò il cielo*; *una cicatrice le solca il viso*

solcàto **part. pass.** di *solcare*; **anche agg.** ● segnato da solchi | (*fig.*) inciso, segnato: *fronte solcata da rughe*

solcatóre [dal lat. *sulcatōre(m)* 'che solca', da *sulcātus* 'solcato' ✱ av. 1768] **A** **s. m.** (**f.** *-trice*); **anche agg.** ● (*lett.*) chi (o che) solca **B** **s. m.** ● (*agric.*) assolcatore

solcatùra [av. 1704] **s. f.** ● attività del solcare | il solco tracciato

♣**sólco** o †**sólgo** [lat. *sŭlcu(m)* 'solco', di orig. indeur. ✱ av. 1320] **s. m.** (**pl.** *-chi*) **1** scavo aperto nel terreno con aratro, assolcatore, zappa e sim.: *aprire i solchi*; *seminare nei solchi* | ***s. acquaio***, aperto dopo la semina per raccogliere l'acqua e allontanarla dal campo | (*fig.*) linea guida, principio ispiratore: *nel s. della tradizione petrarchesca* | ***uscire dal s.***, (*fig.*) deviare, divagare **2** (*est.*) incavatura simile a un solco impressa su una superficie: *i solchi delle ruote del carro* CFR. botrio-① | (*est.*) grinza, ruga: *ha profondi solchi sulla fronte* | (*fig.*) traccia, impronta: *sono esperienze che lasciano un s. profondo* | (*fig.*) divergenza profonda, frattura: *nei rapporti tra i due partiti si è aperto un s.*; *nei nostri rapporti si è aperto un s. incolmabile* **3** (*est.*) scia, spec. di imbarcazioni: *il motoscafo lascia un s. sul lago* | (*raro*) striscia di luce lasciata da corpi luminosi, o sim.: *il s. di una stella cadente nel cielo* ‖ **solcherèllo**, **dim.** | **solchétto**, **dim.**

solcòmetro [comp. di *solco*, nel sign. 3, e *-metro* ✱ 1838] **s. m.** ● (*mar.*) strumento per misurare la velocità di una nave: *s. a barchetta*; *s. meccanico* SIN. log

†**soldanàto** [da *soldano* ✱ sec. XIII] **s. m.** ● sultanato

soldanèlla [da *soldo* perché le foglie sono rotonde come una moneta (?) ✱ 1499] **s. f.** ● piantina alpina delle Primulacee a foglie basali, arrotondate, inferiormente di colore viola (*Soldanella alpina*)

†**soldàno** ➤ **sultano**

†**soldàre** [da *assoldare* ✱ av. 1292] **v. tr.** ● assoldare, ingaggiare a pagamento: *il Papa cerca di s. Svizzeri* (N. MACHIAVELLI)

soldatàglia [da *soldato* ✱ av. 1363] **s. f.** ● (*spreg.*) massa di soldati disordinati e indisciplinati

†**soldaterìa** [da *soldato* ✱ 1368] **s. f.** **1** soldatesca **2** ufficio del soldato

soldatésca [f. sost. di *soldatesco* ✱ 1601] **s. f.** ● (*lett.*) insieme di soldati (*spec. spreg.*)

soldatésco [da *soldato* ✱ av. 1405] **agg.** (**pl. m.** *-schi*) ● da soldato (*spec. spreg.*): *arroganza soldatesca*; *maniere soldatesche* | (*raro*) ***alla soldatesca***, (*ellitt.*) alla maniera dei soldati: *le fatiche di quel viaggiare alla soldatesca* (I. NIEVO) ‖ **soldatescaménte**, **avv.**

S

da soldato; alla maniera militare

soldatéssa [f. di *soldato* ✱1427] **s. f. 1** donna che presta servizio militare **2** (*scherz.*) donna autoritaria

soldatìno [1669] **s. m. 1** dim. di *soldato* **2** figurina di soldato in piombo, plastica o carta, usata come giocattolo o per collezionismo

♦**soldàto** **A** **part. pass.** di †*soldare* ● †nei sign. del v. **B** **s. m.** (f. *-éssa* (V.), *raro -a*; V. anche nota d'uso FEMMINILE) **1** anticamente, chi esercitava il mestiere delle armi al soldo di qlcu. | ***s. mercenario, s. di ventura***, delle Compagnie di ventura del Rinascimento **2** militare | ***fare il s., andare s.***, prestare servizio militare | ***tornare da s.***, tornare a casa dopo aver compiuto il servizio militare CONTR. borghese, civile **3** gradino più basso della gerarchia militare: *gli ufficiali e i soldati* | ***s. semplice***, che non ha alcun grado | ***s. scelto***, qualificato per speciale addestramento in un particolare incarico **4** (*est.*) uomo armato, unità di truppa, senza distinzione di armi e di specialità: *soldati a piedi, a cavallo; un presidio di soldati* **5** (*fig., lett.*) chi esercita una missione, lotta per un ideale e sim., con fede, coraggio e abnegazione: *un s. della pace fra i popoli* | ***soldati di Cristo***, i sacerdoti e tutti i fedeli cresimati **6** (*zool.*) individuo che fa parte delle società delle formiche e delle termiti, privo di ali, con grande sviluppo del cranio e delle mandibole, con compiti spec. difensivi ‖ **soldatàccio**, **pegg.** | (*lett.*) **soldatèllo**, **dim.** | **soldatìno**, **dim.** (V.) | **soldatóne**, **accr.** | **soldatùccio**, (*lett.*) **soldatùzzo**, **dim.**

♦**sòldo** [lat. tardo *sŏl(i)du(m)* (*nŭmmu(m)*) '(moneta) d'oro massiccio', da *sŏlidus* 'massiccio' (V. *solido*②) ✱1219] **s. m. 1** antica moneta europea in uso tra Goti, Franchi e Longobardi, derivata dal solido del tardo Impero romano | ventesima parte della lira sino all'inizio della seconda Guerra mondiale | ***quattro soldi***, poco denaro (*anche spreg.*): *in quell'impiego guadagna quattro soldi; per quei quattro soldi che ci dà chissà cosa crede di fare* | (*fig., scherz.*) ***essere alto quanto un s. di cacio***, essere molto basso di statura **2** (*est.*) quantità minima di denaro, nelle loc.: ***essere senza un s.***; ***non aver neppure un s.***; ***non dare neppure un s. per qlcu. o per qlco.***; ***da me non avrà un s.***; ***roba da pochi soldi*** **3** nulla, nelle loc. ***non spendere, non guadagnare, non valere***, e sim. ***un s., un s. bucato*** **4** (al **pl.**) denaro, quattrini: *essere pieno di soldi; avere molti soldi; avere un sacco di soldi; portare i soldi con sé; con i soldi si fa tutto* | ***fare i soldi***, arricchire | ***mettere da parte i soldi***, risparmiare | ***avere dei soldi da parte***, avere dei risparmi **5** anticamente, paga del soldato mercenario | ***prendere al s.***, reclutare a mercede | (*fig.*) ***essere, al s. di qlcu.***, essere al suo servizio: *traditore al s. del nemico* | paga militare, stipendio **6** (*est.*) †milizia, attività militare: *uomini che usavano lo esercizio del s. per loro propria arte* (N. MACHIAVELLI) ‖ **soldàccio**, **pegg.** | **soldarèllo**, (*raro*) **solderèllo**, **dim.** | **soldìno**, **dim.** | **soldóne**, **accr.** (V.)

soldóne [da *soldo* con suff. accrescitivo ✱av. 1752] **s. m. 1** accr. di *soldo*: *guadagnare un mucchio di soldoni* **2** (al **pl.**, *colloq.*) nella loc. ***in soldoni***, in concreto, in modo semplice e chiaro: *questo, in soldoni, è ciò che è successo*

♦**sóle** [lat. *sōle(m)*, di orig. indeur. ✱sec. XII] **s. m.** (con iniziale maiuscola nell'uso scientifico e astronomico) **1** (*astron.*) la stella più vicina alla Terra attorno alla quale orbitano i pianeti con i loro satelliti, gli asteroidi, le comete e le meteore: *eclissi di S.; il moto apparente del S. intorno alla Terra; i raggi del s.; uscita, levata, tramonto del s.; al levare, al calar del s.; innanzi a tutti te s. altissimo, onoro* (T. CAMPANELLA) CFR. elio- | ***S. vero***, quello effettivamente osservabile e che si muove sull'eclittica di moto non uniforme | ***s. di mezzanotte***, visibile in estate da luoghi situati a latitudini superiori ai circoli polari | ***sotto il s.***, sulla Terra: *nulla di nuovo sotto il s.* **2** (*astrol.*) pianeta che domina il segno zodiacale del Leone **3** (*est.*) luce solare: *c'è s.; non c'è s.; c'è un bel s.; giornata senza s.; s. scialbo, debole, velato, pallido; s. splendente; s. d'agosto; il riflesso del s.; casa piena di s.; luogo dove batte il s.; il s. dardeggia, picchia, scotta* | ***occhiali da s.***, usati per proteggere gli occhi dalle radiazioni solari | ***orologio a s.***, meridiana | ***essere esposto al s.***, a mezzogiorno | (*scherz.*) ***vedere il s. a scacchi***, essere in prigione | ***essere chiaro come il s., come la luce del s., essere più chiaro del s.***, essere evidente, manifesto | ***alla luce del s.***, (*fig.*) apertamente, senza nascondere nulla: *agire alla luce del s.* | ***avere qlco. al s.***, (*fig.*) avere qualche bene immobile | (*fig.*) ***farsi onore, farsi bello, del s. di luglio***, vantarsi di qlco. di cui non si ha merito | ***ombrello da s.***, parasole | ***prendere il s., fare la cura del s.***, esporre il proprio corpo ai raggi solari | ***mettere, mettersi, sdraiarsi, stare, al s.***, in un luogo riscaldato dalla luce solare CFR. elio- **4** in alcune loc., spec. del linguaggio turistico, appartenenza o pertinenza al mezzogiorno d'Italia: *autostrada del S.* **5** (*est.*) ogni corpo celeste che irradia luce propria **6** (*poet.*) giorno: *intero un s. al lagrimar si doni* (V. MONTI) | anno: *nell'isola ... vidi più soli in molta miseria* (G. BOCCACCIO) **7** (*fig.*) simbolo di splendore, bellezza, potenza, e sim.: *essere bello come il s.; essere un raggio di s.; uno spirito celeste, un vivo s. fu quel ch'i' vidi* (F. PETRARCA) | ***Re S.***, appellativo di Luigi XIV, re di Francia | ***il s. dell'avvenire***, simbolo del socialismo | ***S. che ride***, simbolo e denominazione di un movimento politico di ispirazione ambientalista, appartenente al movimento dei Verdi **8** (*fig., poet.*) persona amata sopra ogni altra: *meglio è morire, / che senza te, mio sol, viver poi cieco* (L. ARIOSTO) | ***il Sommo S., il S. degli angeli***, Dio **9** (al **pl.**, *poet., fig.*) occhi di donna, spec. amata: *duo negri occhi, anzi duo chiari soli* (L. ARIOSTO) **10** una delle figure nel gioco dei tarocchi ‖ **solicèllo**, **dim.** (V.) | **solicìno**, **dim.**

soleàre [vc. dotta, lat. tardo *soleāre(m)* 'a forma di sandalo', da *sŏlea* 'sandalo, scarpa, suola' (V. *suola*) ✱av. 1798] **agg.** ● (*zootec.*) relativo alla suola dello zoccolo

solécchio o †**solìcchio** [lat. parl. **solĭculu(m)*, dim. di *sōl*, genit. *sōlis* 'sole' ✱1319] **s. m.** ● nelle loc. ***fare, farsi s.***, (*lett.*) farsi schermo con la mano aperta, accostandola alle sopracciglia, per evitare che una luce troppo viva colpisca gli occhi

solecìsmo [vc. dotta, dal lat. *soloecĭsmu(m)*, dal gr. *soloikismós* 'sgrammaticatura', da *sóloikos* 'sgrammaticato'; Cfr. solecizzare ✱av. 1292] **s. m.** ● (*ling.*) uso errato di forme linguistiche in morfologia o in sintassi; per es.: *di che la donna poco curò, piacendogli esso per altro* (G. BOCCACCIO)

solecizzàre [vc. dotta, dal gr. *soloikízein* 'sgrammaticare', da *sóloikos* 'abitante di Soli (*Sóloi*)', colonia greca in Cilicia, cui si attribuiva una parlata scorretta ✱1620] **v. intr.** (aus. *avere*) ● (*raro*) fare solecismi, nel parlare o nello scrivere

soleggiaménto [av. 1730] **s. m.** ● esposizione ai raggi solari

soleggiànte [da *sole* ✱av. 1729] **agg.** ● (*raro, poet.*) che splende come il sole: *Giuseppe Mazzini ... ebbe sublime, splendente, s., la visione della terza Roma* (G. CARDUCCI)

soleggiàre [1641] **v. tr.** (**pres.** *io solèggio*; **fut.** *io soleggerò*) ● esporre, fare stare al sole, spec. per asciugare: *s. il grano*

soleggiàto **part. pass.** di *soleggiare*; anche **agg. 1** nel sign. del v. **2** bene esposto al sole: *camera soleggiata* SIN. assolato, solatìo

solèggio [da *soleggiare* ✱1970] **s. m.** ● nella loc., tipica del linguaggio marinaresco, ***al s.***, ad asciugare: *mettere le vele al s.*

Solèidi [vc. scient. moderna, dal lat. *sŏlea* (nom.) 'suola, sogliola' ✱1970] **s. m. pl.** (**sing.** *-e*) ● (*zool.*) famiglia di Pesci dei Pleuronettiformi di modeste dimensioni, con corpo ovale e appiattito, occhi entrambi sul lato destro (*Soleidae*)

soleil /fr. sɔ'lɛj/ [vc. fr., propr. 'sole', dal lat. parl. **solĭculu(m)*, dim. di *sōl*, genit. *sōlis* 'sole' ✱1929] **agg. inv.** ● detto di pieghettatura eseguita sul tessuto in sbieco, in modo che le pieghe molto strette in alto si vadano allargando come raggi: *plissé s.; gonna a pieghe s.*

solenìte [da *solene*, dal gr. *sōlḗn*, genit. *sōlênos* 'tubo', con *-ite*② ✱1905] **s. f.** ● polvere senza fumo, formata da fulmicotone, cotone collodio, nitroglicerina, olio minerale, usata spec. a scopo militare

♦**solènne** [vc. dotta, dal lat. *sollĕmne(m)*, comp. di *sŏllus* 'tutto' e di un corradicale di *ănnus* 'anno'; propr. 'ricorrente ogni anno' ✱sec. XIII] **agg. 1** che si celebra con cerimonia particolare: *festa, funzione, benedizione, s.* | ***Messa s.***, cantata | ***voto s.***, che si svolge secondo le formalità prescritte dai canoni | ***giorno s.***, in cui ricorre una festività | ***abito s.***, da cerimonia | che si compie con grande cerimoniale: *adunanza, seduta, ricevimento, s.; giuramento, encomio, s.* **2** formale: *negozio giuridico s.* **3** (*lett.*) insigne, eccellente: *fammi in tra gli altri, o gloria, sì s. / ch'io batta insino al ciel teco le penne* (A. POLIZIANO) **4** (*iron.*) insigne, emerito: *sei un s. briccone; è un s. bugiardo* | molto forte, grave e sim.: *schiaffo, castigo, bastonata, s.* **5** imponente, serio, maestoso: *aspetto, aria, portamento, s.; parlare con tono s.* **6** †squisito, detto di vino: *bevitore e vago de' vini solenni* (G. BOCCACCIO) **7** (*mus.*) indicazione di movimento prescrivente una esecuzione grave e grandiosa ‖ **solennemènte**, **avv.**

SFUMATURE ▸ *austero*

♦**solennità** o †**solennitàde**, †**solennitàte** [vc. dotta, dal lat. tardo *sol(l)emnitāte(m)*, da *sollĕmnis* 'solenne' ✱1295] **s. f. inv. 1** condizione di chi (o di ciò che) è solenne: *la s. di una promessa* **2** ricorrenza, festività solenne: *s. religiosa; la s. della Pasqua*

solennizzàre [vc. dotta, dal lat. tardo *sollemnizāre* 'celebrare solennemente', da *sollĕmnis* 'solenne' ✱1260 ca.] **v. tr.** ● celebrare con solennità: *s. il giorno della Vittoria* ‖ **solennizzazióne**, **s. f.**

solèno- [dal gr. *sōlḗn*, genit. *sōlênos* 'tubo'] **primo elemento** ● in parole composte della terminologia scientifica, significa 'a forma di tubo', 'tubiforme'

Solenogàstri [comp. di *soleno-* e *-gastro* ✱1929] **s. m. pl.** (**sing.** *-o*) ● (*zool.*) ordine di Molluschi a corpo vermiforme con cuticola a spicole calcaree, marini e carnivori (*Solenogastres*)

solenoidàle [da *solenoide* ✱1938] **agg.** ● (*fis.*) di campo vettoriale avente divergenza nulla in ogni punto

solenòide [vc. dotta, dal gr. *sōlēnoeidḗs* 'a forma di tubo', da *sōlḗn*, genit. *sōlênos* 'tubo', con *-eidḗs* '-oide' ✱1865] **s. m.** ● (*elettr.*) avvolgimento cilindrico di filo conduttore disposto a elica, nel cui interno, al passaggio della corrente, si manifesta un intenso campo magnetico

sòleo [dal lat. *sŏlea(m)* 'pianta del piede', per la sua forma ✱1681] **s. m.** ● (*anat.*) muscolo della gamba che provoca la flessione della pianta del piede e il sollevamento del calcagno

♣**solére** [lat. *solēre*, di orig. indeur. (V. *solito*) ✱ av. 1250] **A** **v. intr.** (**pres.** *io sòglio, tu suòli, egli suòle, noi sogliàmo, voi soléte, essi sògliono*; **imperf.** *io solévo*; **pass. rem.** *io soléi, tu solésti*, **raro**; **congtv. pres.** *io sòglia, noi sogliàmo, voi sogliàte, essi sògliano*; **part. pass.** *sòlito*; **difett. del fut., del condiz. pres., dell'imperat., del part. pres. e dei tempi composti; per queste forme si usa la loc.** *èssere sòlito*; **è sempre seguito da un v. all'inf.**) ● avere l'uso, la consuetudine, il costume, essere avvezzo: *suole fare una passeggiata ogni sera*; *i saggi sogliono parlar poco* **B** **v. intr. impers.** (**aus.** *essere*) ● essere solito, consueto: *come si suol dire*; *come suole accadere*; *qui suole piovere d'estate*

♣**solèrte** o †**solèrto** [lat. *sollĕrte(m)* 'abile, capace', comp. di *sŏllus* 'tutto' e *ărs*, genit. *ărtis* 'arte': propr. 'capace d'ogni arte' ✱ av. 1332] **agg.** **1** che adempie alle proprie mansioni con cura, diligenza, attenzione estrema: *insegnante, funzionario s.* **2** svolto con grande cura e diligenza: *studi solerti* ‖ **solerteménte**, **avv.** con solerzia

♣**solèrzia** [vc. dotta, dal lat. *sollĕrtia(m)* 'capacità', da *sŏllers*, genit. *sollĕrtis* 'abile, capace' ✱ 1354] **s. f.** ● caratteristica di chi (o di ciò che) è solerte: *lavorare con s.*; *attendere con s. a un ufficio*

SFUMATURE ➤ *industria*

solétta o **suolétta** [sec. XIV] **s. f.** **1** dim. di *suola* **2** parte della calza che ricopre la pianta del piede **3** suola di feltro o sughero che si inserisce nella scarpa affinché sia più aderente al piede o come protezione del piede: *s. ortopedica* **4** lastra di piccolo spessore, di cemento armato, usata spec. nella costruzione di solai **5** rivestimento della faccia inferiore dello sci ‖ **solettina**, **dim.** | **solettóne**, **accr. m.**

solettàre [av. 1803] **v. tr.** (*io solétto*) ● munire una scarpa di soletta

solettatùra [da *solettare* ✱ 1838] **s. f.** **1** applicazione della soletta a una calzatura **2** costruzione, messa in opera, di solette per solai

solettificio [da *soletta* ✱ 1983] **s. m.** ● stabilimento per la produzione e la lavorazione di solette per calzature

solétto [av. 1276] **agg.** **1** dim. di *solo* **2** nella loc. ***solo s.***, tutto solo: *se ne stava solo s. in un angolo*

sòlfa o (*pop., tosc.*) **zòlfa** [comp. di *sol* e *fa* ✱ av. 1449] **s. f.** **1** (*disus.*) solfeggio | ***battere la s.***, (*disus.*) battere il tempo; (*fig.*) ripetere qlco. insistentemente **2** (*fig.*) ripetizione monotona e noiosa di discorsi, situazioni o (*raro*) suoni: *è sempre la stessa s.*; *basta con questa s.*; *ogni giorno è la solita s.*

solfamìdico ➤ **sulfamidico**

solfanèllo ➤ **zolfanello**

solfanìlico ➤ **sulfanilico**

solfàra o **zolfàra** [da *solfo* ✱ av. 1537] **s. f.** ● miniera di zolfo di natura sedimentaria: *le solfare della Sicilia*

solfàre o **zolfàre** [da *solfo* ✱ av. 1729] **v. tr.** (*io sólfo*) ● (*agric.*) solforare

solfatàio ➤ **solfataro**

solfatàra o (*raro*) **zolfatàra** [da *solfo* ✱ 1550] **s. f.** ● emissione di gas e vapori caldi di origine vulcanica da condotti e fenditure del suolo | deposito, miniera di zolfo

solfatàro o **zolfatàro**, **solfatàio** [1896] **s. m.** ● cavatore in una solfara

solfatazióne [da *solfato* ✱ 1902] **s. f.** ● reazione chimica che avviene durante la scarica degli accumulatori al piombo e per la quale sulle piastre positive e negative si forma del solfato di piombo

solfàtico [1874] **agg.** (**pl. m.** *-ci*) ● che contiene solfati, detto di concime

solfàto [da *solfo*, con *-ato* ✱ 1791] **s. m.** ● sale o estere dell'acido solforico: *s. di sodio*; *s. acido di metile* | composto di addizione di alcuni composti organici di natura basica con l'acido solforico: *s. di chinina*

solfatùra [da *solfare* ✱ av. 1698] **s. f.** ● (*agric.*) solforazione

solfeggiaménto [1775] **s. m.** ● (*raro*) solfeggio

solfeggiàre [da *solfa*, con suff. iter. intens. ✱ 1550] **v. tr.** (**pres.** *io solféggio*; **fut.** *io solfeggerò*) ● (*mus.*) leggere o cantare un brano musicale secondo il solfeggio (*anche assol.*): *s. uno spartito*; *imparare a s.*

solfeggiatóre [1720] **s. m.** (**f.** *-trice*) ● chi solfeggia

solféggio [da *solfeggiare* ✱ 1720] **s. m.** ● (*mus.*) lettura della musica | ***s. parlato***, lettura del nome e del ritmo delle note | ***s. cantato***, se tale lettura è anche intonata | titolo dei brani di esercizio per tale lettura

solferìno [da *Solferino*, luogo della sanguinosa battaglia (1859) ✱ 1872] **A** **agg. inv.** ● (*disus.*) detto di tonalità molto viva di rosso: *color s.*; *rosa s.*; *rosso s.* **B** **s. m. inv.** ● color solferino

solfidràto [da *solfidrico*, con cambio di suff. (*-ato*) ✱ 1872] **s. m.** ● sale ottenuto per parziale neutralizzazione dell'acido solfidrico con una base

solfìdrico [comp. di *solfo* e *idro(geno)*, con *-ico* ✱ 1865] **agg.** (**pl. m.** *-ci*) ● detto di acido velenoso, con caratteristico odore di uova marce, ottenuto per sintesi dagli elementi o trattando un solfuro metallico con acido cloridrico o solforico

solfidrìle [da (*acido*) *solfidrico* col suff. *-ile*② ✱ 1960] **s. m.** ● (*chim.*) radicale monovalente costituito da un atomo di idrogeno e da uno di zolfo, derivato dall'acido solfidrico per perdita di un atomo di idrogeno

solfièro [da *solfo* ✱ 1885] **agg.** ● (*raro*) attinente allo zolfo

solfìfero o **zolfìfero** (o **z-**) [comp. di *solfo* e *-fero* ✱ 1870] **agg.** **1** che contiene zolfo: *depositi solfiferi*; *argilla solfifera* **2** relativo all'estrazione e alla produzione dello zolfo: *industria zolfifera*

solfìmetro [comp. di *solfo* e *-metro* ✱ 1965] **s. m.** ● apparecchio usato nell'industria enologica per dosare l'anidride solforosa

solfìno ➤ **zolfino**

solfitàre [da *solfito* ✱ 1965] **v. tr.** ● trattare mosto o zucchero greggio con anidride solforosa

solfitazióne [1914] **s. f.** ● operazione del solfitare

solfìto [da *solfo*, con *-ito* ✱ 1791] **s. m.** ● sale o estere dell'acido solforoso: *s. di sodio*

sólfo ➤ **zolfo**

solfoantimoniùro [vc. dotta, comp. di *solfo*, *antimoni(o)* e il suff. *-uro*① ✱ 1994] **s. m.** ● (*chim.*) composto chimico di un metallo legato con zolfo e antimonio

solfoarseniùro [vc. dotta, comp. di *solfo*, *arseni(o)* e il suff. *-uro*① ✱ 1994] **s. m.** ● (*chim.*) composto chimico di un metallo legato con zolfo e arsenico

solfobattèrio [comp. di *solfo* e *batterio* ✱ 1930] **s. m.** ● (*biol.*) qualsiasi batterio che ricavi energia per il proprio metabolismo ossidando lo zolfo o composti dello zolfo

solfonàre [da *solfonico* ✱ 1960] **v. tr.** (*io solfóno*) ● (*chim.*) introdurre uno o più gruppi solfonici in una molecola organica per trattamento con acido solforico concentrato

solfonazióne [1960] **s. f.** ● operazione del solfonare

solfóne o **sulfóne** [da *solfo* ✱ 1957] **s. m.** ● (*chim.*) composto caratterizzato da uno o più gruppi solfonici uniti a radicali organici

solfònico [da *solfone* ✱ 1889] **agg.** (**pl. m.** *-ci*) ● detto di composto organico, generalmente della serie aromatica, contenente uno o più gruppi solfonici | ***gruppo s.***, costituito da un atomo di zolfo, tre atomi di ossigeno, uno di idrogeno e avente una valenza libera

solfonìtrico [comp. di *solfo* e *nitrico* ✱ 1960] **agg.** (**pl. m.** *-ci*) ● (*chim.*) ***miscela solfonitrica***, miscela di acido nitrico e acido solforico concentrato, in proporzioni variabili, usata nelle reazioni di nitrazione

solforàre [lat. tardo *sulphurāre* 'dare lo zolfo', da *sŭlphur*, genit. *sŭlphuris* 'zolfo' ✱ av. 1714] **v. tr.** (*io sólforo*) **1** (*agric.*) coprire le piante di polvere di zolfo a scopo anticrittogamico: *s. le viti* **2** (*chim.*) esporre ai vapori di zolfo | ricoprire o intridere di zolfo

solforàto [lat. *sulphurātu(m)* 'solforato', da *sŭlphur*, genit. *sŭlphuris* 'zolfo' ✱ av. 1292] **agg.** ● che contiene zolfo, che è trattato con zolfo | ***idrogeno s.***, acido solfidrico

solforatóio [da *solforare* ✱ 1803] **s. m.** (**pl.** *-ói*) ● locale in cui si esegue una solforazione

solforatrìce [da *solforare* ✱ 1886] **s. f.** ● apparecchio di piccole dimensioni usato per distribuire lo zolfo in polvere nei trattamenti antiparassitari

solforatùra [da *solforare* ✱ 1865] **s. f.** ● (*agric.*) operazione del solforare

solforazióne [dal lat. *sulphuratiōne(m)*, propr. 'infiltrazione solforosa', da *sulphurātus* 'solforato' (V.) ✱ 1862] **s. f.** ● operazione del solforare: *s. dei tessuti*

†**solfòreo** ➤ **sulfureo**

solfòrico [dal fr. *sulphorique*, dal lat. *sŭlphur*, genit. *sŭlphuris* 'zolfo' ✱ 1791] **agg.** (**pl. m.** *-ci*) ● detto di composto dello zolfo esavalente: *anidride solforica* | ***acido s.***, acido inorganico formato da un atomo di zolfo, due di idrogeno e quattro di ossigeno; liquido oleoso, pesante, incolore, fortemente corrosivo

solforóso (o **-ṣo**) [lat. *sulphurōsu(m)*, da *sŭlphur*, genit. *sŭlphuris* 'zolfo' ✱ 1791] **agg.** ● detto di composto dello zolfo tetravalente | ***acido s.***, ipotetico acido meno ossigenato dell'acido solforico, che si ammette si formi trattando l'acqua con anidride solforosa | ***anidride solforosa***, ottenuta industrialmente per arrostimento delle piriti; è usata in enologia come antisettico e antiossidante o, in certi vini, per evitare rifermentazioni | ***acqua solforosa***, contenente acido solfidrico e solfuri di sodio e calcio

solfùreo ➤ **sulfureo**

solfùro [da *solfo*, con *-uro*② ✱ 1791] **s. m.** ● sale dell'acido solfidrico | ***s. di carbonio***, composto liquido usato in agricoltura nella disinfezione del terreno e dei magazzini per la conservazione delle granaglie

†**sólgo** ➤ **solco**

†**solìcchio** ➤ **solecchio**

solicèllo [1536] **s. m.** **1** dim. di *sole* **2** sole leggero e gradevole: *il s. ... illuminava dolce dolce il caseggiato* (P.P. PASOLINI) | sole velato da nuvole o nebbia: *il dì passò tra sole e s.* (G. PASCOLI)

♣**solidàle** [dalla loc. giuridica lat. *in sŏlidum* '(obbligato) in solido' ✱ 1777] **agg.** **1** (*dir.*) di creditore o debitore in solido | di obbligazione, caratterizzata dal vincolo della solidarietà **2** (*fig.*) che condivide opinioni, propositi, idee e sim. di altri, e le responsabilità che possono derivarne: *essere, dichiararsi, s. con qlcu.* | (*est.*) che rivela spirito di solidarietà: *avere un atteggiamento s.*; *federalismo s.* | ***sciopero s.***, forma di sciopero che prevede l'espletamento della normale attività da parte dei lavoratori e il versamento di una parte della retribuzione a favore di iniziative benefiche **3** (*mecc.*) detto di elemento di un meccanismo rigidamente collegato a un altro || **solidalménte**, **avv.**

†**solidàre** [vc. dotta, lat. *solidāre* 'render solido', da *sŏlidus* 'solido' ✱ av. 1375] **v. tr.** ● rendere solido | (*fig.*) consolidare

♦**solidarietà** [da *solidario* ✱ 1793] **s. f. inv.** **1** condizione di chi è solidale con altri | appoggio, sostegno: *in quella vicenda hai tutta la mia s.* **2** sentimento di fratellanza, di vicendevole aiuto, materiale e morale, esistente fra i membri di una società, una collettività: *la s. nazionale; fare appello alla s. umana* **3** (*dir.*) nelle obbligazioni con più soggetti, vincolo in forza del quale ciascun creditore ha diritto di esigere l'intero credito e ciascun debitore può essere costretto a pagare tutto il debito, con l'effetto di estinguere l'intera obbligazione: *s. attiva, passiva*

SFUMATURE DI SIGNIFICATO

solidarietà - fratellanza - carità

Solidarietà è il sentimento di chi si sente legato ai suoi simili da un vincolo di natura morale che lo induce a prestare loro aiuto in caso di necessità, a sentirsi partecipe della loro condizione. Questo sentimento può essere definito anche **fratellanza**, termine che pone tuttavia l'accento più sul legame di fraternità che lega gli uomini fra loro che non, come *solidarietà*, sul sostegno materiale e morale che ne può conseguire. Questi stessi sentimenti, considerati in una prospettiva cristiana, si inscrivono nel concetto di **carità**, che descrive l'amore a cui ogni uomo è tenuto nei confronti del suo prossimo come riflesso e conseguenza dell'amore di Dio.

SFUMATURE ➤ ***umanità***

solidàrio [dal fr. *solidaire*, dalla loc. giuridica lat. *in sŏlidum* '(obbligato) in solido' (V. *solidale*) ✱ 1797] **agg.** ● (*raro*) solidale

solidarìsmo [da *solidario*, con *-ismo*, sul modello del fr. *solidarisme* ✱ 1904] **s. m.** **1** sentimento di solidarietà verso altri **2** dottrina sociale dei movimenti cattolici, che fa appello alla solidarietà come valore fondamentale di ogni comunità e, in generale, della convivenza civile

solidarista [1912] **A** **agg. e s. m. e f.** (**pl. m.** *-i*) ● che (o chi) è fautore del solidarismo **B** **agg.** ● (*raro*) solidaristico

solidarìstico [1914] **agg.** (**pl. m.** *-ci*) ● della solidarietà, che si basa sulla solidarietà | relativo al solidarismo

solidarizzàre [adattamento del fr. *solidariser*, da *solidaire* 'solidario' ✱ 1911] **v. intr.** (**aus.** *avere*) ● dichiararsi, essere solidale: *s. con qlcu.*

solidézza [da *solido*① ✱ av. 1320] **s. f.** ● (*raro*) solidità

solidificàbile [1957] **agg.** ● (*raro*) che si può solidificare

solidificàre [da *solido*① ✱ 1853] **A** **v. tr.** (*io solidifico, tu solidifichi*) ● ridurre un liquido allo stato solido **B** **v. intr.** (**aus.** *essere*) e **solidificàrsi** **v. intr. pron.** ● diventare solido || **solidificazióne**, **s. f.** passaggio di un corpo dallo stato liquido allo stato solido

solidità o †**soliditàde**, †**soliditàte** [vc. dotta, dal lat. *soliditāte(m)* 'compattezza', da *sŏlidus* 'solido' ✱ 1320] **s. f. inv.** ● condizione, caratteristica di ciò che è solido (*anche fig.*): *s. di un muro; s. di un'azienda; s. di cultura*

♦**sòlido**① [vc. dotta, dal lat. *sŏlidu(m)* 'intero, compatto', di orig. indeur. ✱ av. 1320] **A** **agg.** **1** detto di corpo difficilmente deformabile dato l'elevato valore della forza di coesione fra le sue molecole: *stato s.; corpi solidi e corpi liquidi* **CONTR.** fluido **2** (*mat.*) tridimensionale | ***geometria solida***, che studia le figure geometriche solide **CFR.** stereo- **CONTR.** piano **3** stabile, resistente: *edificio s.; base solida; casa con fondamenta solide* | ***stoffa di tinta solida***, che può essere lavata, esposta al sole o trattata in vario modo senza scolorire | forte, robusto: *avere un paio di solide braccia* **4** (*fig.*) ben basato, ben fondato: *ditta, banca, solida; offrire solide garanzie; avere una solida posizione economica; ragionamento che parte da solide basi* | profondo, radicato: *un s. retroterra culturale; solide tradizioni contadine* **5** (*dir.*) nella loc. ***in s.***, in qualità di parte di un'obbligazione solidale: *creditori, debitori in s.* || **solidaménte**, **avv.** con solidità, fermezza e sim. **B** **s. m.** **1** corpo solido: *i solidi e i liquidi* **2** (*mat.*) regione tridimensionale dello spazio ordinario

sòlido② [dal lat. tardo *sŏlidu(m)* 'soldo, moneta' ✱ av. 1580] **s. m.** ● moneta d'oro romana coniata da Costantino, del peso di 1/72 di libbra

solidùngo [comp. di *solido*① e del lat. *ŭnguis* 'unghia, zoccolo' ✱ 1873] **agg.** (**pl. m.** *-ghi*) ● detto di mammifero con piedi forniti di una sola unghia intera, detta anche zoccolo

solidùngolo [comp. di *solido*① e del lat. *ŭngula* 'unghia, zoccolo' ✱ 1873] **agg.** ● (*zool.*) solidungo

soliflussióne [comp. di *soli-*, dal lat. *sŏlum* 'suolo', e *flussione* ✱ 1965] **s. f.** ● (*geogr.*) soliflusso

soliflùsso [comp. di *soli-*, dal lat. *sŏlum* 'suolo', e *flusso* ✱ 1956] **s. m.** ● (*geogr.*) scivolamento di terreno imbevuto d'acqua, frequente lungo i pendii montani di regioni umide e fredde

Solìfughi [comp. di *sol(e)* e un der. del pl. di *-fugo* ✱ av. 1367] **s. m. pl.** (**sing.** *-go*) ● (*zool.*) ordine di Aracnidi di aspetto simile ai ragni, sprovvisti di ghiandole velenifere, dotati di enormi cheliceri, diffusi nelle regioni tropicali o subtropicali (*Solifugae*)

♣**solilòquio** [vc. dotta, dal lat. tardo *solilŏquiu(m)* 'monologo', calco su *collŏquiu(m)* 'colloquio' con l'introduzione di *soli-*, da *sōlus* 'solo' ✱ av. 1342] **s. m.** ● discorso tra sé e sé, a voce più o meno alta, oppure come intima riflessione: *fare dei soliloqui; abbandonarsi a un s.* | in teatro, monologo

†**solimàre** ➤ **sublimare**

solìna [f. sost. di un deriv. dal lat. parl. **solīnu(m)* 'assolato', da *sōl*, genit. *sōlis* 'sole' ✱ 1872] **s. f.** ● (*tosc.*) luogo battuto dal sole

sòling /'sɔlin(g), *ingl.* 'səulɪŋ/ [vc. norvegese comp. dei cognomi dei due progettisti J. *Ling(e)* e S. *(Ol)so(n)* ✱ 1972] **s. m. inv.** ● (*mar.*) grande imbarcazione a vela da regata, costituente classe olimpica, con scafo tondo, chiglia fissa, per tre persone di equipaggio

solìngo [da *solo* col suff. *-ingo*, di orig. germ. (V. *guardingo*) ✱ 1294] **A** **agg.** (**pl. m.** *-ghi*) **1** (*lett.*) detto di luogo, non frequentato, deserto **2** (*lett.*) detto di persona o animale, solitario, che ama star solo: *Pan l'eterno che su l'erme alture / a quell'ora e ne i pian s. va* (G. CARDUCCI) **3** (*lett.*) †solo || **solingaménte**, **avv.** senza compagnia, da solo **B** **s. m.** ● †solitudine: *ricorso al s. d'una mia camera, puosimi a pensare* (DANTE)

solìno [da *solo*, propr. 'staccato dalla camicia' ✱ av. 1712] **s. m.** **1** colletto staccato per camicia da uomo: *s. inamidato, floscio, da prete* **2** ampio bavero azzurro listato di bianco usato dai marinai

sòlio ➤ **soglio**①

solìpede [vc. dotta, sovrapposizione di *solo* al lat. *solidĭpede(m)* 'solidungolo', comp. di *solido*① e *-pede* (V. *solidungolo*) ✱ av. 1565] **A** **agg.** ● (*zool.*) detto di mammifero, come il cavallo, che poggia al suolo con lo zoccolo del solo terzo dito e ha lo zoccolo intero **SIN.** imparidigitato **B** **anche s. m.**

solipsìsmo [vc. dotta, comp. del lat. *sōlus* 'solo' e *ĭpse* 'stesso', con *-ismo* ✱ 1895] **s. m.** **1** (*filos.*) atteggiamento di chi assume la coscienza empirica come unica forma di conoscenza, fondando su di essa e sull'utile individuale la norma etica **2** (*est., lett.*) soggettivismo, individualismo

solipsìsta [1870] **s. m. e f.** (**pl. m.** *-i*) **1** chi aderisce al solipsismo **2** (*est., lett.*) chi è estremamente soggettivista

solipsìstico [1930] **agg.** (**pl. m.** *-ci*) ● che attiene al solipsismo o ai solipsisti || **solipsisticaménte**, **avv.**

solìsta [da *solo* ✱ 1851] **A** **s. m. e f.** (**pl. m.** *-i*) **1** in una composizione vocale o strumentale, cantante o strumentista che ha una sua parte specifica distinta dal coro e dall'orchestra: *i solisti vocali del Requiem di Verdi; il s. dei concerti di Mozart* **SIN.** solo **2** ballerino o ballerina con ruolo principale **B** **anche agg.**: *cantante, ballerino, ballerina, violino, s.*

solìstico [av. 1947] **agg.** (**pl. m.** *-ci*) ● di solista

solitària [da (*ascensione*) *solitaria* ✱ 1983] **s. f.** ● ascensione alpinistica compiuta in totale solitudine

♦**solitàrio** [vc. dotta, dal lat. *solitāriu(m)*, da *sōlus* 'solo'; per calco sul fr. *solitaire* 'solitario' (V. *solo*) nel sign. B 2 ✱ sec. XIII] **A** **agg.; anche s. m.** (**f.** *-a*) **nel sign. 1** **1** che fugge ogni compagnia preferendo la solitudine: *un ragazzo s.; ripeté (…) fra sé, come una solitaria che farnetichi* (E. MORANTE) | che è solo, isolato, appartato: *viandante, passeggero s.* | ***navigatore s.***, chi affronta da solo una lunga navigazione | nelle loc. avv. e agg. ***in s.***, ***in solitaria***, da solo; fatto da solo (ellitt. di 'viaggio', 'navigazione', 'scalata', e sim.): *navigare in s.; traversata, ascensione in solitaria* **2** detto di luogo, non frequentato: *contrada, strada solitaria* **SIN.** deserto, romito **3** detto di animale che vive isolato, non in branchi: *passero s.* | (*pop.*) ***verme s.***, tenia | detto di organo vegetale isolato: *fiore s.* || **solitariaménte**, **avv.** **B** **s. m.** **1** ogni gioco a carte che un giocatore fa da solo, con combinazioni varie **2** brillante incastonato da solo spec. in un anello; (*est.*) anello su cui è montato un solitario **3** †eremita, anacoreta

SFUMATURE DI SIGNIFICATO

solitario - introverso - asociale

Chi rifugge dalla compagnia perché preferisce la solitudine si dice **solitario**. Chi è solitario è spesso **introverso**, ossia ripiegato su sé stesso e più interessato alla propria soggettività che al mondo esterno. **Asociale** descrive invece chi è così chiuso e introverso da non essere in grado di gestire le relazioni, i contatti con gli altri.

SFUMATURE ➤ ***misantropo***

♦**sòlito** [dal lat. *sŏlitu(m)*, part. pass. di *solēre* 'essere solito' (V. *solere*) ✱ av. 1429] **A** **agg.** **1** che è lo stesso delle altre volte, che deriva da lunga abitudine: *troviamoci al s. bar; prendere il s. tram; fare le solite chiacchiere, i soliti discorsi; far la solita vita; incontrare le solite persone; è sempre la solita storia; io prendo il s. caffè;* (*ellitt.*) *io prendo il s.* | di situazione e sim., che si ripete frequentemente e sempre uguale: *ha fatto un'altra delle solite sciocchezze;* (*ellitt.*) *ne ha fatta un'altra delle solite* | (*ellitt.*) ***siamo alle solite***, in riferimento a situazioni spec. negative che si ripetono: *Siamo alle maledette solite con voi giovani* (B. FENOGLIO) | di persona, che mantiene immutate le sue caratteristiche: *tu sei il s. ottimista;* (*ellitt.*) *tu sei sempre il s.; Maria è la solita bugiarda;* (*ellitt.*) *Maria è la solita* **2** nella loc. ***essere s.***: *sono solita leggere prima di addormentarmi; è s. partire presto; è solito piangere per un nonnulla; Io veramente non sono s. a improvvisare* (C. GOLDONI); *Ercole… era s. di frequentar le foreste* (G.B. MARINO) || **solita-**

a b c d e f g h i j k l m n o p q r **s** t u v w x y z

ménte, **avv.** abitualmente, per lo più **B** **s. m. solo sing.** ● ciò che è solito, consueto, che deriva da lunga abitudine: *oggi fa più caldo del s.*; *ha mangiato meno del s.*; *come il s.*; *come al s., oggi studio*; *secondo il mio s. di sera leggo* | ***al s.***, come sempre: *al s. è uscito senza avvertire* | ***di s., per s., per il s.***, d'abitudine, generalmente: *di s. rientra alle sette*

solitóne [ingl. *soliton*, da *solit(ary)* 'solitario', sottinteso *wave* 'onda', col suff. *-on* '-one③' ✱ 1988] **s. m.** ● (*fis.*) onda di grande ampiezza che si propaga senza dispersione né dissipazione

♦**solitùdine** [vc. dotta, dal lat. *solitūdine(m)*, da *sōlus* 'solo' ✱ av. 1294] **s. f.** **1** condizione di chi è, o vive, solo: *vivere in s.*; *desiderare, amare, la s.*; *avere paura, timore, della s.*; *il poeta aveva ... inclinazione alla s., alla contemplazione, al raccoglimento* (F. De Sanctis) **CONTR.** società **2** condizione di un luogo solitario, non frequentato, disabitato: *la s. del deserto* | il luogo stesso: *le solitudini alpine*

solìvago [vc. dotta, dal lat. *solĭvagu(m)* 'che vaga solitario', comp. di *soli-*, da *sōlus* 'solo', e *văgus* 'errante' ✱ av. 1563] **agg.** (**pl. m.** *-ghi*) ● (*raro, lett.*) che va vagando solo

solìvo [vc. sett., lat. parl. **solīvu(m)* 'esposto al sole', da *sōl*, genit. *sōlis* 'sole' ✱ av. 1725] **agg. e s. m.** ● (*raro, tosc.*) solatio | ***a s.***, volto a mezzogiorno: *Per quella macchia aspra, a s.* (G. Pascoli)

†**sollàccio** ➤ **sollazzo**

sollazzaménto [sec. XV] **s. m.** ● (*raro*) il sollazzare, il sollazzarsi | sollazzo

sollazzàre o †**solacciàre** [da *sollazzo* ✱ av. 1250] **A** **v. tr.** ● divertire, rallegrare, intrattenere piacevolmente **B** **v. intr.** † e **sollazzàrsi** **v. intr. pron.** ● divertirsi, svagarsi | (*lett.*) godere di piaceri sessuali: *e con lei ... amorosamente si sollazza* (G. Boccaccio)

sollazzévole [da *sollazzare* ✱ sec. XIII] **agg.** **1** (*lett.*) che ama i sollazzi, le burle, i divertimenti: *quantunque egli amoroso giudice e s. fosse* (P. Bembo) **2** che dà sollazzo, divertimento **SIN.** spassoso, divertente ‖ **sollazzevolménte**, **avv.**

sollàzzo o †**sollàccio**, †**solàccio** [lat. *solātiu(m)*, variante tarda di *solăcium* 'conforto, sollievo', da *solāri* 'ristorare', di etim. incerta ✱ sec. XII] **s. m.** **1** †conforto, consolazione, sollievo **2** (*lett.* o *scherz.*) piacere, divertimento: *con suo grande s.*; *darsi ai sollazzi* | ***dare, recare s., essere di s.***, recare piacere, divertire: *alla primavera la villa ti dona infiniti sollazzi* (L.B. Alberti) | (*lett.*) piacere sessuale | †***donna, femmina da s.***, prostituta: *Il lusso è come ... una donna da s.* (L.A. Muratori) ‖ **sollazzétto**, **dim.**

†**sollazzóso** (o **-ṣo**) [av. 1306] **agg.** ● sollazzevole

sollèciola [dim. dal lat. *senecĭōne(m)*, propr. 'vecchio', da *sĕnex* 'vecchio' per la peluria dei capolini simili a capelli bianchi ✱ av. 1826] **s. f.** ● (*bot.*) erba delle Composite a capolini cilindrici e fiori minuti (*Senecio vulgaris*) **SIN.** calderugia

sollecitaménto [av. 1406] **s. m.** ● (*raro*) sollecitazione

sollecitàre o †**sollicitàre** [vc. dotta, dal lat. *sollĭcitāre* 'agitare', da *sollĭcitus* 'agitato, sconvolto' (V. *sollecito①*) ✱ 1294] **A** **v. tr.** (*io sollécito*) **1** far fretta, premura a qlcu. affinché esegua al più presto ciò che gli si chiede o gli si è chiesto: *s. un operaio perché finisca il lavoro*; *s. una risposta, una richiesta* | affrettare: *s. il passo* **2** chiedere con insistenza, cercare di ottenere qlco.: *s. lavori, missioni, incarichi* **3** stimolare, spronare: *s. la fantasia*; *s. qlcu. a muoversi* | (*lett.*) istigare, incitare: *s. qlcu. al peccato* **4** (*mecc.*) sottoporre a sollecitazione | (*est.*) sottoporre a sforzo: *s. un muscolo dolente* **B** **v. intr.** e **sollecitàrsi** **v. intr. pron.** ● †affrettarsi

SFUMATURE ➤ *spingere①*

sollecitàto **part. pass.** di *sollecitare* ● nei sign. del v.

sollecitatóre [vc. dotta, dal lat. *sollicitatōre(m)*, propr. 'seduttore', da *sollicitātus* 'agitato, turbato' ✱ 1353] **s. m.** (**f.** *-trice*); **anche agg.** ● chi (o che) sollecita: *il s. di una pratica*

sollecitatòria [f. sost. di *sollecitatorio* ✱ 1908] **s. f.** ● lettera di sollecitazione

sollecitatòrio [av. 1874] **agg.** (**pl. m.** *-i* o *raro -ii*) ● detto di lettera o sim. scritta per sollecitare qlco. o qlcu. | (*dir.*) ***termine s.***, che ha la funzione di sollecitare il tempestivo adempimento di una attività

sollecitazióne [vc. dotta, dal lat. *sollicitatiōne(m)* 'pensiero, istigazione', da *sollicitātus* 'agitato' ✱ av. 1328] **s. f.** **1** atto del sollecitare | richiesta, invito fatto a qlcu. affinché esegue al più presto ciò che deve: *scrivere una lettera di s.*; *non ha risposto alle nostre sollecitazioni* **2** (*fig.*) incitamento: *trovare una s. a migliorare* **3** (*fis.*) forza o momento applicato a un corpo | ***s. esterna***, azione di una forza esterna su un corpo elastico | ***s. interna***, in corrispondenza di una certa sezione del solido, risultante delle forze elementari che le due parti nel solido si trasmettono attraverso quella sezione | ***sollecitazioni semplici***, trazione, compressione, flessione, taglio, torsione | ***sollecitazioni composte***, formate da due o più sollecitazioni semplici | (*est.*) azione che sottopone a uno sforzo: *la s. di un'articolazione*

♣**sollécito①** o †**sollìcito** [vc. dotta, dal lat. *sollĭcitu(m)* 'agitato, turbato', comp. di *sŏllus* 'tutto' e *cĭtus*, part. pass. di *ciēre* 'agitare', di orig. indeur. ✱ 1268] **agg.** **1** (*lett.*) che si dà cura, pensiero, per qlcu. o per qlco.: *un padre s. dell'educazione dei figli* **SIN.** premuroso | (*lett.*) preoccupato **2** che agisce con zelo e diligenza: *impiegato s.*; *essere s. nell'adempiere il proprio dovere* | che è pronto, rapido: *essere s. ad alzarsi dal letto* **SIN.** solerte **3** detto di ciò che denota un'attenzione premurosa: *le sollecite cure materne* **4** detto di ciò che è fatto con prontezza, con rapidità, in breve tempo: *confido in una sollecita risposta* ‖ **sollecitaménte**, **avv.** prontamente: *rispondere sollecitamente*; in modo premuroso; diligentemente; †con affanno

SFUMATURE ➤ *premuroso*

sollécito② [da *sollecitare* ✱ 1922] **s. m.** ● (*burocr.*) sollecitazione: *fare un s. telefonico* | sollecitatoria: *ricevere il s. di un ordine*

sollecitùdine o †**sollicitùdine** [vc. dotta, dal lat. *sollicitūdine(m)* 'preoccupazione', da *sollĭcitus* 'agitato' ✱ 1268] **s. f.** **1** caratteristica di chi (o di ciò che) è sollecito | solerte diligenza: *con gran s. lavoravo, per finire la mia opera* (B. Cellini) | riguardo, cura: *la s. verso la propria famiglia* **2** (*lett.*) pensiero, preoccupazione: *il suo dire confuso accrebbe le nostre sollecitudini* (U. Foscolo)

SFUMATURE ➤ *riguardo*

†**sollenàre** [lat. parl. **sublenāre*, da *sublēnis* 'leggero, mitigato', comp. di *sŭb* 'sotto' e *lēnis* 'dolce, lieve' ✱ 1294] **v. tr.** ● (*poet.*) lenire, alleviare

solleóne o (*pop.*) **sollióne** [comp. di *sol(e)* e *leone* ✱ av. 1336] **s. m.** **1** periodo compreso tra la seconda metà di luglio e la prima decade di agosto, quando il Sole si trova nel segno zodiacale del Leone e il caldo è maggiore **2** (*est.*) estate torrida | grande caldo estivo **SIN.** canicola

solleticaménto [av. 1563] **s. m.** ● il solleticare | (*fig.*) lusinga

solleticàre [lat. parl. **subtitillicāre*, comp. di *sŭb* 'sotto' e *titillĭcāre*, v. iter. di *titillāre* 'solleticare', di orig. onomat. ✱ sec. XIV] **v. tr.** (*io sollético, tu sollétichi*) **1** stuzzicare provocando il solletico: *s. i piedi a qlcu.*; *un capello mi solletica il braccio* **2** (*fig.*) eccitare, lusingare, stimolare piacevolmente (*anche assol.*): *s. l'appetito, lo stomaco, i sensi, la vanità, l'amor proprio, di qlcu.*; *anche l'amor delle brutte solletica* (U. Foscolo)

♦**sollético** [da *solleticare* ✱ av. 1388] **s. m.** (**pl.** *-chi*) **1** sensazione provocata da sfregamento lieve della cute: *fare il s. a qlcu.*; *fare il s. sotto i piedi, sul collo* | ***sentire, soffrire il s.***, essere sensibile a ciò che lo provoca | ***non sentire, non soffrire il s.***, rimanere indifferente a ciò che lo provoca | (*fig.*) ***fare il s., non fare neanche il s.***, di ciò che lascia indifferente: *le sue minacce non mi fanno neanche il s.* **2** (*fig.*) eccitamento, stimolo piacevole: *il s. dell'amor proprio* | ***sentire il s. di qlco.***, sentirne la voglia

solleticóso (o **-ṣo**) [1765] **agg.** ● (*lett.*) provocante, invitante: *faceva la giovincella ritrosetta e solleticosa* (R. Bacchelli)

sollevàbile [av. 1557] **agg.** ● che può essere sollevato ‖ **sollevabilità**, **s. f. inv.**

sollevaménto [av. 1306] **s. m.** **1** il sollevare, il sollevarsi **2** (*sport*) ***s. pesi***, specialità maschile e femminile consistente nel sollevare da terra particolari attrezzi di peso graduato **SIN.** pesistica **3** †sollievo, conforto **4** †sollevazione, tumulto **5** †elemento spirituale

♦**sollevàre** o †**sullevàre** [lat. *sublevāre* 'alzar da terra', comp. di *sŭb* 'sotto' e *levāre* 'alzare' (V. *levare①*) ✱ sec. XIII] **A** **v. tr.** (*io sollèvo*) **1** levare, spostare verso una posizione più alta: *s. qlcu. da terra*; *s. un peso, una pietra, un mobile*; *il vento solleva la polvere della strada* | alzare appena: *s. la testa dal cuscino*; *s. gli occhi dal lavoro* **CONTR.** abbassare **2** (*fig.*) innalzare: *s. una preghiera a Dio*; (*lett.*) *s. qlcu. al trono, ai più alti onori* **3** (*fig.*) porre in una condizione materialmente o spiritualmente migliore: *s. qlcu. dalla miseria, dal dolore, dall'abbattimento* | rendere libero da un onere materiale o morale: *s. qlcu. da un lavoro faticoso, da un grave compito* | ***s. qlcu. da un incarico***, (*eufem.*) allontanarlo, licenziarlo | dar sollievo, lenire le sofferenze: *il calmante lo solleverà un po'* | (*est.*) dare conforto: *la lettera del figlio l'ha molto sollevata* **4** (*fig.*) fare insorgere, far ribellare: *s. il popolo contro il tiranno* **5** (*fig.*) far sorgere: *una protesta, un putiferio* | proporre, presentare: *s. un problema, una questione procedurale, un'eccezione* **B** **sollevàrsi** **v. intr. pron.** **1** levarsi verso l'alto: *l'aereo si sollevò nel cielo*; *un turbine si sollevò* | rizzarsi, levarsi: *sollevarsi da terra, dal letto* **CONTR.** abbassare **2** (*fig.*) provar sollievo: *con questa cura ti solleverai* | riaversi, riprendersi: *sollevarsi da una malattia, da uno spavento* **3** (*fig.*) ribellarsi, insorgere (+ *contro*): *sollevarsi <u>contro</u> il tiranno*; *la popolazione si sollevò in massa*

SFUMATURE DI SIGNIFICATO

sollevare - sobillare - aizzare

Spingere un gruppo, una popolazione alla rivolta si dice **sollevare**. Se questa azione di incitamento alla ribellione o comunque ad atti di ostilità e violenza è svolta di nascosto, si dice **sobillare**. **Aizzare** è termine generico, che significa generalmente eccitare a un dato comportamento, accendere gli animi per provocare un'azione; non si riferisce dunque esclusivamente ad atti di ribellione nei confronti di un'autorità.

sollevàto **part. pass.** di *sollevare*; **anche agg.** **1** nei sign. del v. **2** (*fig.*) rianimato, confortato, non più abbattuto: *essere, sentirsi, apparire, s.*; *animo s.* **3** (*fig.*) †insorto, ribellato: *contadini ... sollevati e tumultuosi, per i danni e per le ingiurie ricevute* (F. Guicciardini)

S

sollevatóre [av. 1519] **A** **s. m.** (**f.** *-trice*); **anche agg.** ● che (o chi) solleva | ***s. di pesi***, pesista **B** **s. m.** **1** dispositivo, meccanismo per sollevare | ***s. elettromagnetico***, potente elettromagnete, usato nell'industria per sollevare materiali ferromagnetici **2** autoveicolo dotato di braccio telescopico oleodinamico, per sollevare carichi **3** grosso martinetto idraulico munito superiormente di rotaie, con cui si sollevano gli autoveicoli a scopo di manutenzione e riparazione

sollevazióne [vc. dotta, dal lat. *sublevatiōne(m)* 'alleggerimento', da *sublevātus* 'sollevato' ✱ sec. XIV] **s. f.** **1** (*lett.*) sollevamento | (*fig., raro*) agitazione, turbamento: *un ribollimento, una s. di pensieri e d'affetti* (A. MANZONI) **2** insurrezione, rivolta armata: *preparare, reprimere, soffocare una s. popolare* | decisa reazione, forte protesta collettiva: *la decisione ha provocato la s. delle categorie interessate* **3** (*fig.*) †sollievo | svago **4** (*fig., lett.*) elevazione: *la s. del mio spirito* (G. D'ANNUNZIO)

SFUMATURE ➤ *ribellione*

†**sollìcito** e deriv. ➤ **sollecito**① e deriv.

♦**sollièvo** [da *sollevare* ✱ av. 1463] **s. m.** ● alleviamento di sofferenza fisica o morale: *dare, portare, porgere, s.; trovare un attimo di s.; cercare s. alla miseria* | conforto: *le tue parole mi furono di gran s.* | ***tirare un respiro di s.***, sentirsi sollevato da una preoccupazione, un affanno, e sim.

solliòne ➤ **solleone**

sóllo [di etim. incerta ✱ 1282] **agg.** **1** (*tosc., lett.*) morbido, soffice: *la terra solla, nera, zappata da poco* (L. PIRANDELLO) | (*lett.*) sabbioso: *esto loco s.* (DANTE *Inf.* XVI, 28) **2** (*fig., lett.*) cedevole, ammorbidito: *così, la mia durezza fatta solla* (DANTE *Purg.* XXVII, 40)

sollùcchero ➤ **solluchero**

solluccheràre o **sollucchéràre** [etim. incerta; forse comp. di *so-* e dell'ant. *lucherare* 'stralunare gli occhi (per la beatitudine)' ✱ sec. XIV] **A** **v. tr.** (*io sollùchero*) ● (*raro, tosc.*) mandare in solluchero **B** **solluccheràrsi** **v. intr. pron.** ● (*raro, tosc.*) andare in solluchero

♣**sollùchero** o **sollùcchero** [da *sollucherare* ✱ 1868] **s. m.** ● solo nelle loc. ***andare, mandare, in s.***, provare, far provare, un senso di intimo orgoglio, di compiacimento, derivante dal vedere soddisfatti i propri desideri, lusingata la propria vanità e sim.: *i complimenti mandano in s. i vanitosi*

solmiṣazióne o **solmiẓẓazióne** [deriv. da *sol* e *mi* ✱ 1826] **s. f.** ● (*mus.*) sistema didattico usato fino al XVI sec. per intonare le note individuandole con le sillabe convenzionali *ut, re, mi, fa, sol, la*

♦**sólo** [lat. *sōlu(m)*, dalla radice indeur. **sē-* che indica separazione (V. *severo, sobrio*) ✱ sec. XII] **A** **agg.** (*poet.* **troncato in** *sol* **al m., e** †*al* **f. sing. nella loc.** *una sol volta*) **1** che è senza compagnia, che non ha nessuno accanto, vicino o insieme: *essere s., da s.; rimanere s., da s.; stare, starsene s.; tutto s.;* (*iter.*) *stare, starsene solo solo; camminare s.; vivere, mangiare, dormire s., da s.; essere s. come un cane; essere s. al mondo; essere s. in casa; è triste essere soli* | ***parlare da s.***, parlare ad alta voce, fare soliloqui | ***da s. a s.***, a quattrocchi, senza la presenza di nessun altro: *voglio vederti da s. a s.* **2** (*sport*) specialità del nuoto sincronizzato SIN. singolo **3** nella loc. ***da s.***, senza l'aiuto, l'intervento, la compagnia di altri, raramente unito a un pron. pers.: *faccio tutto da (me) s.; si fa il letto da sola; ve la caverete da soli* | ***essersi fatto da s.***, di persona che ha raggiunto una notevole posizione culturale, economica, sociale e sim. partendo dal nulla e valendosi unicamente delle proprie forze **4** (**spec. al pl.**) che è in compagnia unicamente della persona di cui si parla, escludendo chiunque altro: *cenammo soli; finalmente ci lasciarono soli; siamo stati soli tutto il giorno* **5** posposto a un agg. num. ha valore restrittivo e significa 'solamente, nient'altro che': *verrà uno s.; andammo noi tre soli; due soli di voi verranno con me* **6** preceduto dall'art. indet. *un*, dall'art. determ., dall'agg. num. *uno* o da un agg. dimostr. ha valore restrittivo e significa 'unico, singolo': *c'è un s. Dio; ha un s. figlio; è il s. amico che abbiamo; la camera ha una sola finestra; la verità è una sola; ha quei soli libri; di uomini come lui ce n'è uno s.* | ***non un s.***, neppure uno: *non un s. amico si è ricordato di noi* CFR. mono- **7** (**al pl.**) preposto a un sost. ha valore restrittivo e significa 'solamente, nessun altro che': *ingresso riservato ai soli soci; giornale per soli uomini; club per sole donne* **8** davanti a un sostantivo o a un verbo, significa 'semplice', 'senza aggiunta di altro': *non si vive di s. pane; la sua sola parola mi è di garanzia; al s. pensarci mi torna la paura* **9** che risulta dall'unione di più cose uguali tra loro: *gridare a una sola voce; tanti ruscelli diventano un s. fiume* **10** (*mus.*) detto di composizioni riservate a un unico interprete: *suite per violino s.* **11** (*poet.*) solitario, deserto, detto di luogo: *cercar le selve e le rive più sole* (L. ARIOSTO) ‖ **solétto**, **dim.** (V.) ‖ **solaménte**, **avv.** soltanto **B** **avv.** ● solamente, unicamente, soltanto: *s. il padre mancava; s. Dio può fare ciò; mi è rimasto s. questo; mangio s. pane* | in correl. con 'ma anche': *non s. nega, ma anche insiste* | ellitt. di 'ma anche…' in nomi o insegne di negozi e sim.: *non solo gelati* | (*piemontese*) ***s. più***, ancora soltanto (rispetto a quanto avvenuto prima): *Le mitragliatrici tacevano, scoccava s. piú qualche moschettata* (B. FENOGLIO) | nella loc. cong. ***se s.*** (introduce una prop. condizionale-ottativa con il v. al congtv.): *otterrebbe buoni risultati, se s. studiasse di più; ah, se s. fosse più altruista!* **C** **in funzione di cong.** **1** ma, però (con valore avversativo e limitativo): *ho capito bene, s. vorrei mi fossero chiariti alcuni punti; ho telefonato, s. non ho trovato nessuno* | con valore rafforz. nella loc. cong. ***s. che***: *ci andrò, s. che tu verrai con me* **2** nella loc. cong. ***s. che***, purché, basta che (introduce una prop. subordinata condiz. con il v. al congtv.): *s. che tu lo voglia, potrai utilizzare tutti i miei libri* **D** **s. m.** **1** (**f.** *-a*) l'unico: *sei la sola a saperlo; questo cappotto è il s. che mi stia bene* **2** (**spec. al pl.**, *mus.*) solista nel sign. A1: *concerto per soli, coro e orchestra* **3** (*mus.*) nella loc. ***a s.***, V. *assolo*

SFUMATURE DI SIGNIFICATO

solo - unico

Riferito a persona, è **solo** chi è privo di compagnia o non ha affetti, si sente abbandonato, vive in maniera isolata; detto di cosa, l'aggettivo mette in evidenza che essa è scompagnata, che non si aggiunge ad altro. **Unico**, invece, non si riferisce all'assenza di compagnia di altre persone o alla mancanza di oggetti analoghi, ma descrive piuttosto il carattere esclusivo di una persona o una cosa, la presenza di aspetti o caratteristiche che nessun altro individuo o nessun oggetto analogo ha.

solóne [dal lat. *Solōne(m)*, dal gr. *Sólōn*, genit. *Sólōnos* 'Solone' (640 ca.-560 ca. a.C.), celebre legislatore ateniese ✱ 1610] **s. m.** ● (*per anton.*) legislatore, riformatore di leggi (*anche spreg.*): *i moderni soloni* | (*iron.*) sapientone

solstiziàle [vc. dotta, dal lat. *solstitiāle(m)*, da *solstĭtium* 'solstizio' ✱ 1484] **agg.** ● di solstizio | ***punti solstiziali***, in cui avvengono i solstizi

solstìzio [vc. dotta, dal lat. *solstĭtiu(m)* 'solstizio', comp. di *sōl*, genit. *sōlis* 'sole', e di un corradicale di *sĭstere* 'fermarsi' ✱ 1282] **s. m.** ● istante e punto dell'eclittica in cui il Sole, due volte all'anno, si trova alla massima distanza dall'equatore celeste | ***s. d'estate***, il 21 o 22 giugno | ***s. d'inverno***, il 21 o 22 dicembre

♦**soltànto** o †**sol tànto** [comp. di *sol(o)* e *tanto* ✱ av. 1353] **A** **avv.** ● unicamente, solamente, solo (limita una quantità o un'estensione nel tempo o nello spazio a quanto si sta affermando): *è s. pronto a ricevere, mai a dare; è arrivato s. ora; l'ho saputo s. in questo momento; ho fatto s. un errore* | anche nella loc. (*piemontese*) ***s. più***, solo più (V. *solo* nel sign. B) **B** **cong.** **1** ma, però, tuttavia (con valore avversativo e limitativo): *è un bell'appartamento, s. lo trovo un po' caro; sono due brave ragazze, s. un po' presuntuose* **2** nella loc. cong. ***s. che***, purché (introduce una prop. subordinata condiz. con il v. al congtv.): *potresti riuscire s. che tu fossi disposto a qualche sacrificio*

†**sòlto** ➤ **solvere**

solùbile [vc. dotta, dal lat. tardo *solūbile(m)* 'dissolvibile', da *sŏlvere* 'sciogliere' ✱ av. 1320] **agg.** **1** che si può sciogliere: *s. in acqua; caffè s.* **2** (*fig.*) che si può risolvere, spiegare: *dubbio, problema difficilmente s.* CONTR. insolubile, irresolubile ‖ **solubilità**, **s. f. inv.** (V.)

solubilità [vc. dotta, dal lat. tardo *solubilitāte(m)*, da 'dissolvibile' ✱ 1805] **s. f. inv.** **1** (*chim.*) proprietà di una sostanza consistente nel formare una soluzione con una o più altre **2** (*fig.*) caratteristica di ciò che è risolvibile, spiegabile

solubiliẓẓàre [1931] **v. tr.** ● rendere solubile ‖ **solubiliẓẓazióne**, **s. f.** (V.)

solubiliẓẓazióne [1949] **s. f.** ● operazione del solubilizzare | trattamento termico che rende omogenea una lega metallica

†**solutìvo** [da *soluto* ✱ sec. XIV] **A** **agg.** ● lassativo: *medicamento s.* **B** **s. m.** ● purgante: *prendere un s.*

solùto **A** **part. pass.** di *solvere*; **anche agg.** **1** †nei sign. del v. | risolto: *Così è soluta la questione* (DANTE) **2** †libero da vincoli di matrimonio, da voti religiosi, e sim. ‖ †**solutaménte**, **avv.** scioltamente, liberamente **B** **s. m.** ● sostanza, solida, liquida o gassosa, presente, in quantità minore rispetto al solvente, in una soluzione, in cui è disciolta dal solvente stesso

solutóre [da *soluto*, sul modello del tardo lat. *solūtor*, genit. *solutōris* 'colui che scioglie, paga', da *solūtus* 'sciolto' ✱ 1865] **s. m.** **1** (**f.** *-trice*) chi risolve, spec. un gioco, un enigma e sim.: *i solutori del cruciverba* **2** (*chim.*) apparecchio per soluzioni

♦**soluzióne** [vc. dotta, dal lat. *solutiōne(m)* 'liberazione, dissolvimento', da *solūtus* 'sciolto' ✱ 1268] **s. f.** **1** operazione dello sciogliere una sostanza in un liquido: *la s. del sale in acqua* | miscela così ottenuta: *una s. di sale in acqua* **2** (*chim.*) insieme fisicamente omogeneo di solvente e soluto | ***s. tampone***, soluzione di una sostanza, che si oppone alla variazione di acidità dovuta all'aggiunta di acido o alcali CFR. liso-, -lisi **3** (*mat.*) risoluzione | ***s. di un problema***, ente che risponde alle domande poste dal problema | ***s. di una equazione, a una incognita***, valore che sostituito all'incognita rende vera l'uguaglianza **4** spiegazione: *s. di un quesito, di un indovinello, di un cruciverba* **5** risoluzione di una questione, di una difficoltà: *escogitare una s.; trovare una s.; proporre una s.; non c'è altra soluzione* | risultato ottenuto risolvendo o spiegando qlco.: *s. giusta, sbagliata* | modo di risolvere problemi tecnici, stilistici ecc.: *cambiavo continuamente … le soluzioni narrative* (I. CALVINO) **6** accordo: *venire a una s.; s. pacifica* **7** pagamento, liberazione da un debito | ***pagare in una sola, in un'unica s.***, in una sola volta **8** interruzione, solo nelle loc.: ***s. di continuità***, interruzione nella continuità temporale o spaziale di un fenomeno: *tra i due fatti c'è s. di continuità* | ***senza s. di continuità***, senza interruzione | (*med.*) ***s. di continuo***, interruzione della continuità di un tessuto per ferite o incisioni

solvatàre [1983] **v. tr.** ● (*chim.*) effettuare la solvatazione

solvatazióne [1957] **s. f.** ● (*chim.*) formazione di un solvato

solvàto [adattamento dell'ingl. *solvate*, da *to solve* 'sciogliere' ✱ 1931] **s. m.** ● (*chim.*) complesso costituito da ioni del soluto associati a un certo numero di molecole di solvente

solvènte **A** **part. pres.** di *solvere*; anche **agg. 1** nei sign. del v. **2** (*chim.*) detto di sostanza, generalmente liquida, atta a portare in soluzione altre sostanze senza alterarne la natura chimica **CFR.** lio- **3** (*comm.*) detto di chi è in grado di fare fronte alle passività, alle scadenze fissate, con mezzi normali di pagamento: *debitore s.* **CONTR.** insolvente **B** **s. m.** ● sostanza solvente **C** **s. m. e f.** ● persona solvente

solvènza [da *solvente*, nel sign. A 2 ✱ 1812] **s. f.** ● capacità, spec. di imprenditori commerciali, di fare fronte ai propri impegni finanziari: *stato di s.*

sòlvere [vc. dotta, dal lat. *sŏlvere* 'sciogliere', comp. di *sŏ-* pref. di separazione, e *lŭere* 'sciogliere, pagare', di orig. indeur. ✱ av. 1292] **A** **v. tr.** (**coniug. come** *assolvere*; **part. pass.** †*sòlto* o †*solùto* (V.)) **1** †sciogliere (*spec. fig.*): *s. un matrimonio* | ***s. un desiderio***, appagarlo | ***s. il digiuno***, romperlo **2** †slegare: *s. un nodo* | (*fig.*) liberare da una difficoltà o da un vincolo **3** (*fig.*) †chiarire, risolvere: *desidero ora che mi solviate un altro dubbio* (N. MACHIAVELLI) **4** (*fig.*) †soddisfare, pagare: *s. un impegno, un debito* **B** **sòlversi** **v. intr. pron.** ● (*lett.*) sciogliersi, dissolversi, ridursi | (*fig.*, *lett.*) liberarsi

solvìbile [da *solvere* ✱ 1743] **agg. 1** che è in grado di adempiere le obbligazioni assunte **2** che si può pagare: *debito s.* **3** (*raro, lett.*) che si può risolvere **SIN.** solubile ‖ **solvibilità**, **s. f. inv.** (V.)

solvibilità [1766] **s. f. inv.** ● (*comm.*) condizione di chi è solvibile

†**solvitóre** [av. 1294] **s. m.** (**f.** *-trice*) ● chi risolve (*spec. fig.*) | (*lett.*) chi libera

✦**sòma** ① [lat. tardo *sàuma(m)*, variante di *săgma*, dal gr. *ságma*, genit. *ságmatos* 'basto' ✱ av. 1292] **s. f. 1** carico posto sulla groppa di un quadrupede | ***bestia da s.***, atta al trasporto di carichi; (*fig.*) chi si sottopone a un lavoro eccessivo, sfibrante | †***levare le some***, partire: *Astolfo con costui levò le some* (L. ARIOSTO) **2** (*fig.*, *lett.*) onere morale, impegno gravoso **3** (*fig.*, *lett.*) oppressione, asservimento: *sofferto abbiam ... / sette anni omai sotto la iniqua s.* (T. TASSO) **4** unità di misura per materiali e derrate, usata prima dell'adozione del sistema metrico decimale, con valori variabili fra 66 e 145 litri ‖ **somèlla**, **dim.** | **sométta**, **dim.**

S

sòma ② [vc. dotta, dal gr. *sôma*, genit. *sṓmatos* 'corpo', di orig. indeur. ✱ 1841] **s. m.** (**pl.** *-i*) **1** (*biol.*) insieme delle cellule non riproduttive che costituiscono, come elementi caduchi, il corpo di un metazoo **2** (*biol.*) corpo, considerato spec. in riferimento alla muscolatura del tronco e degli arti, contrapposto ai visceri e alle loro componenti muscolari **3** (*psicol.*) corpo, inteso in contrapposizione a psiche

sòma ③ [dall'ant. indiano *soma-*, attraverso l'ingl. *soma* ✱ 1957] **s. m. inv.** ● nella religione indiana antica, succo di una pianta usato sacramentalmente e capace di conferire la comunione con il mondo divino

-sòma [gr. *sôma* 'corpo', ma etim., secondo riscontri dell'area indeur., '(oggetto) gonfio'] **secondo elemento** ● in parole scientifiche composte specialmente della biologia, significa 'corpo': *cromosoma*

✦**sòmalo** o (*disus.*) **somàlo** [adattamento del somalo *Sōmāli* 'somalo' ✱ 1840] **A** **agg.** ● della Somalia **B** **s. m. 1** (**f.** *-a*) abitante o nativo della Somalia **2** antica unità monetaria della Somalia **C** **s. m. solo sing.** ● lingua del gruppo cuscitico meridionale

somaràggine [1933] **s. f.** ● (*fig.*) condizione di chi è somaro | ignoranza, asineria

somaràta [1866] **s. f.** ● (*raro, fam.*) atto, comportamento o discorso da somaro **SIN.** asinata

somàro [lat. parl. **saumāriu(m)*, per *sagmārius* 'bestia da soma', da *săgma* 'basto' ✱ 1280] **A** **s. m.** (**f.** *-a*) **1** asino, spec. in quanto bestia da soma: *lavorare, faticare, e sim. come un s.* **2** (*fig.*) persona ignorante: *guarda che cosa ha combinato quel s. di commesso!* | zotico, maleducato: *che s.! entra senza salutare* | ragazzo dallo scarso rendimento scolastico: *una classe di somari* **SIN.** asino ‖ **somaràccio**, **pegg.** | **somarèllo**, **dim.** | **somarétto**, **dim.** | **somarino**, **dim.** | **somaróne**, **accr.** **B** in funzione di **agg.** ● ignorante: *che gente somara!* | che non rende nello studio: *è il più s. della scuola* **SIN.** asino

somàsco [da *Somasca* (Lecco), sede principale della congregazione ✱ av. 1750] **A** **agg.** (**f.** *-a*; **pl. m.** *-schi*) ● che è membro della Congregazione di chierici regolari, istituita da S. Girolamo Emiliani (1481-1537), in località Somasca **B** anche **s. m.**: *un gruppo di somaschi*

somàtico [vc. dotta, dal gr. *sōmatikós*, da *sôma*, genit. *sṓmatos* 'corpo', di orig. indeur. ✱ 1838] **agg.** (**pl. m.** *-ci*) **1** (*biol.*) del soma, relativo al soma: *cellule somatiche* **2** relativo al corpo umano: *tratti somatici* ‖ **somaticaménte**, **avv.** da un punto di vista somatico ‖ **somaticità**, **s. f. inv.**

somatizzàre [dal fr. *somatiser*, da *somatique* 'somatico' ✱ 1960] **v. tr.** ● (*med.*) in varie malattie psicosomatiche, convertire disturbi psichici in sintomi organici o funzionali: *s. le proprie frustrazioni* | anche assol.: *è uno che tende a s.* ‖ **somatizzazióne**, **s. f.**

sòmato- [dal gr. *sôma*, genit. *sṓmatos* 'corpo'] **primo elemento** ● in parole composte della terminologia biologica e medica indica attinenza o pertinenza con il corpo e con caratteri fisici di individui e organi: *somatologia*

somatologìa [comp. di *somato-* e *-logia* ✱ 1821] **s. f.** (**pl.** *-gìe*) ● antropologia fisica

somatològico [1869] **agg.** (**pl. m.** *-ci*) ● relativo a somatologia

somatomedìna [dall'ingl. *somatomedin*, comp. di *somato(tropin)* 'che stimola (*-tropo*) la crescita del corpo (*somato-*)', del lat. *mediāre* 'me-d(iare)' e del suff. *-ina* ✱ 1989] **s. f.** ● ormone proteico prodotto spec. dal fegato in risposta alla stimolazione dell'ormone somatotropo (ormone della crescita) di cui media alcune azioni fisiologiche

somatometrìa [comp. di *somato-* e *-metria* ✱ 1902] **s. f.** ● antropometria

somatopsìchico [comp. di *somato-* e *psichico* ✱ 1956] **agg.** (**pl. m.** *-ci*) ● (*med.*) psicosomatico

somatostatìna [dall'ingl. *somatostatin*, comp. di *somato(tropin)* (V. *somatomedina*) e di un elemento tratto dal v. lat. *stāre* nel senso di 'fermare, arrestare' ✱ 1988] **s. f.** ● ormone peptidico prodotto dall'ipotalamo e da altri tessuti; inibisce la liberazione dell'ormone somatotropo (ormone della crescita) dall'ipofisi e quella di altri ormoni

somatotropìna [da *somatotropo* ✱ 1960] **s. f.** ● ormone somatotropo, ormone della crescita

somatòtropo [comp. di *somato-* e *-tropo* ✱ 1948] **agg.** ● ***ormone s.***, detto di ormone secreto dal lobo anteriore dell'ipofisi, implicato nella regolazione di importanti processi metabolici e di azioni fisiologiche quali lo sviluppo delle ossa e delle cartilagini **SIN.** ormone della crescita

sombrèro /som'brɛro, *sp.* sɔm'breɾo/ [vc. sp., da *sombra* 'ombra' ✱ av. 1530] **s. m.** (**pl.** *sombrèri* o **sp.** *sombreros*) **1** copricapo a cupola alta e a tesa larga, piatta o rialzata, tipico della Spagna, dell'America Latina e del Messico **2** (*gerg.*) nel calcio, azione del giocatore che supera l'avversario facendogli passare il pallone sopra la testa

someggiàbile [1905] **agg.** ● che si può someggiare | che è fatto per essere someggiato, detto spec. di materiali militari

someggiàre [da *soma*, con suff. iter. intens. ✱ sec. XIV] **v. tr.** (**pres.** *io soméggio*; **fut.** *io someggerò*) ● trasportare utilizzando bestie da soma, spec. materiali militari (*anche assol.*)

someggiàto **part. pass.** di *someggiare*; anche **agg.** ● nel sign. del v. | ***artiglieria someggiata***, per le truppe da montagna

†**somerìa** [av. 1431] **s. f.** ● salmeria

-somìa [da *-soma*] **secondo elemento** ● in parole scientifiche composte spec. della medicina, significa 'corpo': *ipersomia, iposomia*

somière o **somièro** nel sign. 1 [dall'ant. fr. *somier* 'somaro', dal lat. *sagmāriu(m)* (V. *somaro*) ✱ sec. XIII] **s. m. 1** (*lett.*) bestia da soma: *al somier che va ragghiando* (IACOPONE) **2** (*mus.*) cassa dell'organo mediante la quale l'aria passa dai mantici alle canne, secondo i comandi trasmessi | nel clavicembalo, tavola di legno massiccio sul quale sono infisse le caviglie | nel pianoforte, tavola di legno sulla quale sono infissi i pironi incaricati di tendere le corde **SIN.** pancone

somigliànte o (*lett.*) **simigliànte** **A** **part. pres.** di *somigliare*; anche **agg.** ● che somiglia: *un ritratto poco s.* ‖ **somigliantemènte**, **avv.** in maniera simile, allo stesso modo **B** **s. m. solo sing.** ● cosa simile, uguale ad altra: *qlco. di s.* | (*lett.*) ***fare, dire***, e sim. ***il s.***, fare, dire, la stessa cosa

SFUMATURE ➤ *simile*

somigliànza o (*lett.*) **simigliànza** [av. 1250] **s. f. 1** condizione di chi (o di ciò che) è somigliante ad altri o ad altro: *tra i due c'è una certa s.*; *c'è s. con l'originale*; *c'è s. di gusti* | (*lett.*) ***a s.***, in modo simile: *a immagine e s. di Dio*; *comportarsi a s. di qlcu.* **2** †figura, immagine | aspetto **3** †paragone

✦**somigliàre** o (*lett.*) **simigliàre** [lat. parl. **similiāre*, da *sĭmilis* 'simile' ✱ av. 1276] **A** **v. tr.** (*io somìglio*) **1** (*raro* o *lett.*) ricordare qlcu. o qlco. nella figura, nell'aspetto, nelle caratteristiche: *mala bestia ch'om similia* (DANTE) **2** (*lett.*) paragonare: *la Rettorica, la quale al terzo cielo è simigliata* (DANTE) **B** **v. intr.** (**aus.** *essere* o *avere*) ● essere simile, avere caratteristiche simili (+ *a*): *somiglia a suo padre*; *questa storia somiglia a un'altra* | parere, sembrare: *I suoi occhi, fra i cigli ritoccati col rimmel, somigliavano a due stelle more* (E. MORANTE) **C** **somigliàrsi** **v. rifl. recipr.** ● essere simili, avere somiglianza l'uno con l'altro: *quei due fratelli si somigliano come due gocce d'acqua* **D** **somigliàrsi** **v. intr. pron.** ● (*raro, lett.*) farsi, rendersi, simile: *somigliarsi a Dio*

†**somigliévole** [da *somigliare* ✱ sec. XIII] **agg.** ● somigliante

sòmite [dal gr. *sôma* 'corpo' col suff. *-ite* ③ ✱ 1933] **s. m.** ● (*anat.*) ognuno dei gruppi cellulari, metamerici e pari, che costituiscono l'epimero

✦**sómma** o **sùmma** nei sign. 7 e 8 [lat. *sŭmma(m)*, propr. 'la parte più alta', f. sost. di *sŭmmus* 'sommo' ✱ sec. XIII] **s. f.** **1** risultato di un'addizione: *la s. ammonta a centocinquanta* | **s. zero**, (*fig.*) situazione in cui guadagni e perdite, o (*est.*) vantaggi e svantaggi, si equivalgono: *una proposta a s. zero* **2** correntemente, addizione: *fare la s.*; *sbagliare la s.* | **s. booleana**, V. *unione* | (**lett.**) **tirare la s.**, fare un'addizione | **tirare le somme**, (*fig.*) venire a una conclusione CONTR. sottrazione **3** determinata quantità di denaro: *s. di denaro; costare una bella s.; depositare una s. in banca; ha disponibilità fino a una certa s.; ho perso una forte s.* **4** complesso risultante dall'insieme di più cose: *la s. degli affari* **5** sostanza, essenzialità, conclusione: *questa è la s. del discorso* | (**lett.**) **in s. delle somme**, in ultima analisi **6** (*farm.*) sinergismo in cui l'azione corrispondente all'associazione di due farmaci è pari o inferiore alla somma delle singole azioni **7** (*lett.*) esposizione scolastica medievale di materia teologica o giuridica **8** (*raro, lett.*) compendio, sintesi, sommario: *riflettere nelle somme delle leggi ... i particolari motivi dell'equità* (G. VICO) | **in s.**, in breve, sommariamente | V. anche *insomma* **9** †sommità, massimo grado, nelle loc. **la s. delle cose, la s. del comando**, il potere supremo **10** V. *summa* || (*raro*) **sommarèlla**, (*raro*) **sommerèlla**, **dim.** | **sommètta**, **sommettina**, **dim.**

sommàbile [1936] **agg.** ● che può essere sommato; *grandezze, numeri sommabili* || **sommabilità**, **s. f. inv.**

sommàcco [dall'arabo *summāq* ✱ 1313] **s. m.** (**pl.** *-chi*) ● albero delle Anacardiacee di cui si usano rami, corteccia e foglie per trarne infusi ad azione febbrifuga e prodotti concianti (*Rhus coriaria*)

sommàre [da *somma* ✱ 1261 ca.] **A v. tr.** (*io sómmo*) **1** eseguire un'addizione, calcolare una somma **2** (*est.*) aggiungere, considerare vari elementi nel loro insieme (*anche fig.*): *Somma tutti gli istanti felici ch'ella ti ha fatti passare* (I. NIEVO) **B v. intr.** (**aus.** *avere* o *essere*) ● ammontare, ascendere: *le offerte raccolte sommano a cinquecento euro* **C sommàrsi v. intr. pron.** ● (*fig.*) aggiungersi: *al danno si è sommata la beffa*

sommarietà [av. 1794] **s. f. inv.** ● (*raro*) carattere sommario: *la s. di un giudizio*

sommàrio① [da *somma* ✱ av. 1292] **agg.** **1** fatto, esposto, per sommi capi: *racconto, esame, s.* SIN. schematico | fatto alla svelta, superficiale, approssimativo: *lavoro s.*; *preparazione sommaria* **2** (*dir.*) condotto con formalità semplificate rispetto a quelle ordinarie: *interrogatorio, procedimento s.* | **istruzione sommaria**, nel processo penale, istruzione dotata di formalità più semplici rispetto a quelle dell'istruzione formale | **procedimento, rito s.**, istituto della procedura civile per cui la legge prevede, in determinate circostanze, forme abbreviate | (*est.*) **giustizia, esecuzione sommaria**, eseguita con metodi sbrigativi, al di fuori delle procedure di legge || **sommariaménte**, **avv.** in modo sommario, per sommi capi; alla bell'e meglio

sommàrio② [vc. dotta, dal lat. *summāriu(m)* 'compendio', da *sŭmma* 'somma' ✱ av. 1412] **s. m.** **1** compendio, trattazione ristretta e fatta per sommi capi: *Cesare Balbo scrisse il "Sommario della storia d'Italia"* **2** trattazione sintetica di materia scolastica: *un s. di storia moderna* **3** breve riassunto degli argomenti trattati nelle singole parti di un libro | indice generale | breve sintesi, posta sotto il titolo vero e proprio, del contenuto di un articolo di un giornale o di una rivista

SFUMATURE ➤ *sintesi*

†**sommàte** [vc. dotta, dal lat. *summāte(m)* 'nobile, eminente', da *sŭmmus* 'sommo' ✱ 1342] **s. m.** ● (*raro*) ottimate

sommatìvo [dall'ingl. *summative*, da *summation* 'addizione', a sua volta dal lat. mediev. *summatio* ✱ 1983] **agg.** ● (*raro*) cumulativo, complessivo | (*pedagogia*) **valutazione sommativa**, in docimologia, giudizio globale sulle abilità, capacità e competenze che un allievo ha acquisito complessivamente al termine di un periodo scolastico || **sommatività**, **s. f. inv.** **1** in varie discipline, proprietà di un insieme di elementi in cui l'entità globale di un fenomeno è pari alla somma delle entità del fenomeno stesso nei singoli elementi che lo costituiscono **2** **principio di non sommatività**, secondo cui alcune caratteristiche di un sistema appartengono al sistema nel suo complesso e non ai singoli elementi che lo costituiscono o alla loro somma

sommàto **A part. pass.** di *sommare*; anche **agg.** **1** nei sign. del v. **2** **tutto s.**, tutto considerato, in conclusione, in fin dei conti: *tutto s., possiamo ritenerci soddisfatti* || **sommataménte**, **avv.** sommariamente **B s. m.** ● †somma

sommatóre [1585] **s. m.** **1** (**f.** *-trice*) (*raro*) chi somma **2** (*inform.*) in un elaboratore elettronico, dispositivo che esegue l'operazione aritmetica di addizione

sommatòria [da *sommare* ✱ 1749] **s. f.** ● simbolo (Σ, solitamente munito di indici: Σi, Σik, ...) che indica che, nell'espressione che segue, bisogna dare all'indice, o agli indici, tutti i valori compresi fra i limiti assegnati, e quindi sommare tutte le espressioni ottenute | (*est.*) somma di elementi

sommatòrio [1965] **agg.** (**pl. m.** *-i* o *raro -ii*) ● della sommatoria: *procedimento s.*

sommazióne [ingl. *summation*, propr. 'addizione, somma', dal fr. *sommation* (da *sommer* 'sommare') ✱ 1900] **s. f.** **1** (*fisiol.*) in neurofisiologia, il processo con cui più stimoli, incapaci singolarmente di scatenare un impulso nervoso, riescono a farlo quando raggiungono simultaneamente o in rapida successione un neurone **2** (*farm.*) somma **3** (*mat.*) somma di più quantità, indicata con Σ

sommelier /somme'lje*, *fr.* sɔmə'lje/ [vc. fr., propr. 'conduttore di bestie da soma'; dal lat. *sagmārius*, poi, man mano, 'addetto ai viveri' e, quindi, 'domestico incaricato della tavola' ✱ 1920] **s. m. e f. inv.** (**f. fr.** *sommelière*; **pl. m.** *sommeliers*; **pl. f.** *sommelières*) ● nei grandi ristoranti, esperto addetto alla cantina e alla scelta e al servizio dei vini

sommèrgere [dal lat. *submĕrgere* 'sommergere', comp. di *sŭb* 'sotto' e *mĕrgere* 'immergere', di orig. indeur. ✱ av. 1306] **v. tr.** (**pres.** *io sommèrgo, tu sommèrgi*; **pass. rem.** *io sommèrsi, tu sommergésti*; **part. pass.** *sommèrso*) **1** coprire interamente, detto di acqua che dilaga, straripa e sim.: *l'acqua della diga sommerse l'intera vallata* | affondare, mandare a fondo: *alte onde sommersero l'imbarcazione* | (*fig.*) rovinare: *fu sommerso dai debiti* | (*fig.*) ricoprire: *s. qlcu. di doni* | (*fig.*) travolgere, sopraffare: *L'incantesimo della civiltà ... lo sommerse* (B. FENOGLIO) **2** (*fig., lett.*) estinguere, far scomparire, far dimenticare: *il tempo sommerge ogni ricordo*

sommergìbile [1745] **A agg.** ● che si può sommergere **B s. m.** ● natante in grado di navigare sia in superficie sia in profondità, grazie a uno scafo dotato di intercapedine nella quale si pompa acqua in fase di immersione e si elimina in emersione

SFUMATURE DI SIGNIFICATO

sommergibile - sottomarino

Si chiama **sommergibile** un'imbarcazione in grado di navigare sia in superficie sia in profondità. **Sottomarino** è invece un'unità navale militare che naviga esclusivamente in profondità.

sommergibilìsta [1930] **s. m. e f.** (**pl. m.** *-i*) ● marinaio di un sommergibile

sommersióne [vc. dotta, dal lat. tardo *submersiōne(m)* 'sommersione', da *submĕrsus* 'sommerso' ✱ av. 1328] **s. f.** **1** il sommergere | affondamento | immersione: *il genere umano si salvò dalla s. nelle acque del diluvio* (G. PASCOLI) **2** †inondazione

sommèrso **A part. pass.** di *sommergere*; anche **agg.** **1** nei sign. del v. | immerso | affondato | (*fig.*) avvolto: *un paese s. nell'oscurità* | (*fig.*) completamente assorto, dedito: *s. nel lavoro* | (*fig.*) sopraffatto, oppresso: *s. dai debiti* **2** (*fig.*) detto di attività economica che sfugge a ogni controllo fiscale e previdenziale o statistico: *economia sommersa*; *lavoro s.* | **costo s.**, V. *costo* nel sign. 2 **B s. m.** ● economia sommersa

SFUMATURE ➤ *illegale*

†**sommessióne** ➤ **sommissione**

✦**sommésso**① [dal lat. *submĭssu(m)*, part. pass. di *submĭttere* 'abbassare' ✱ sec. XIII] **A agg.** **1** (*lett.*) sottomesso, umile: *atteggiamento s.*; *Caparbio ancora, / o s. e pentito?* (C. GOLDONI) **2** basso, contenuto, detto di suono: *voce sommessa*; *pianto s.* || **sommessaménte**, **avv.** **1** a bassa voce: *lamentarsi sommessamente* **2** umilmente **B** in funzione di **avv.** ● (*lett.*) piano, sottovoce

†**sommésso**② [vc. ant. e region. prob. deriv. dal lat. *semĭsse(m)* 'mezzo asse, mezza misura', comp. di *sēmi-* 'semi-' e *ăs*, genit. *ăssis* 'asse' ✱ av. 1348] **s. m.** ● (*tosc.*) lunghezza del pugno col dito pollice alzato: *una ... che non era alta un s.* (G. BOCCACCIO)

†**somméttere** [dal lat. *submĭttere* 'abbassare', comp. di *sŭb* 'sotto' e *mĭttere* 'mandare' ✱ av. 1294] **v. tr.** (**coniug. come** *mettere*) ● sottomettere

sommier /*fr.* sɔ'mje/ [vc. fr., abbr. di *sommier de lit* 'saccone, rete da letto', originariamente 'bestia da soma', poi 'trave' e 'materasso, rete da letto': lat. tardo *sagmāriu(m)* 'somaro', *săgma* 'soma' ✱ 1931] **s. m. inv.** ● divano letto

somministrànte **A part. pres.** di *somministrare*; anche **agg.** ● nei sign. del v. **B s. m. e f.** ● (*dir.*) nel contratto di somministrazione, chi è obbligato alla fornitura continuativa o periodica di cose

somministràre [dal lat. *subministrāre* 'somministrare', comp. di *sŭb* 'sotto' e *ministrāre* 'porgere' (V. *ministrare*) ✱ sec. XIV] **v. tr.** **1** dare, fornire, eseguendo un compito, svolgendo una mansione e sim.: *s. viveri ai poveri*; *s. un farmaco*; *il sacerdote somministra i sacramenti* | (*est.*) offrire, produrre: *erbe e ... frutta che la terra e gli arbori somministravano ... spontaneamente* (G. LEOPARDI) **2** (*dir.*) fornire prestazioni in base a un contratto di somministrazione **3** nel linguaggio della didattica, assegnare, far svolgere: *s. un test, una prova di valutazione* | (*scherz.*) affibbiare, appioppare: *s. schiaffoni*

somministratìvo [1551] **agg.** ● (*raro*) che serve a somministrare

somministràto **A part. pass.** di *somministrare*; anche **agg.** ● nei sign. del v. **B s. m.** ● (*dir.*) avente diritto alla somministrazione

somministratóre [dal lat. *subministratōre(m)*, da *subministrātus* 'somministrato' ✱ 1574] **s. m.** (**f.** *-trice*); anche **agg.** ● chi (o che) somministra

somministrazióne [vc. dotta, dal lat. tardo (ecclesiastico) *subministratiōne(m)* 'somministrazione', da *subministrātus* 'somministrato' ✱ 1550] **s. f.** **1** il somministrare | fornitura, distribuzione | cosa somministrata **2** (*dir.*) **contratto di s.**, con cui una parte si obbliga, dietro corrispettivo di un prezzo, a fornire prestazioni continuative o periodiche di cose SIN. contratto di fornitura

sommissióne o †**sommessióne**, †**summessióne** [vc. dotta, dal lat. *submissiōne(m)*

a b c d e f g h i j k l m n o p q r **s** t u v w x y z

'abbassamento', da *submĭssus* 'sommesso' ✱ 1342] **s. f. 1** (*lett.*) atteggiamento umile e dimesso, conscio dell'altrui superiorità: *avere s. per qlcu.*; *essere pieno di s.*; *parlare con s.* **2** (*raro, lett.*) sottomissione ad altri: *La pronta s. di molti Longobardi a Carlo* (A. MANZONI)

sommìsta o **summìsta** [da *somma* nel sign. 7 ✱ 1582] **s. m.** (**pl.** *-i*) ● (*lett.*) autore di esposizioni scolastiche medievali di materia teologica o giuridica

♦**sommità** o †**sommitàde**, †**sommitàte** [dal lat. tardo *summitāte(m)* 'cima', da *sŭmmus* 'sommo' ✱ 1268] **s. f. inv. 1** parte più alta, cima, vertice: *la s. della collina*; *sulla s. del monte* **CFR.** ipso- **SIN.** vetta **2** (*fig.*) eccellenza, sommo grado: *la s. del sapere*; *toccare la s.* | ***conferenza, incontro alla s.***, (*raro*) summit, vertice

sommitàle [1940] **agg.** ● (*raro*) che si trova sulla sommità: *Un'ora più tardi Giovanni Drogo era sulla terrazza s.* (D. BUZZATI) | che forma la sommità: *la parte s. del monte*

†**sommitàte** ➤ **sommità**

♦**sómmo** o †**sùmmo** [lat. *sŭmmu(m)* 'il più alto', da *sŭb*, che indica movimento dal basso in alto ✱ av. 1250] **A agg. L'aggettivo 'sommo' esprime una qualità al massimo grado; non ha perciò né comparativo né superlativo. La forma 'più sommo' è di uso raro e solo letterario:** *tra gli altri miei più sommi pensieri* (G. BOCCACCIO) **1** (*lett.*) che è il più alto di tutti: *salia dell'Athos nella somma vetta* (U. FOSCOLO) **2** (*fig.*) che è superiore a ogni altro, spec. in una gerarchia, una valutazione, e sim.: *il s. grado raggiungibile*; *il s. Sacerdote* | ***il S. Pontefice***, il Papa | ***l'Essere S.***, Dio | ***in s. grado***, sommamente | massimo: *il s. bene*; *ho per lui s. rispetto*; *tributare sommi onori* | eccellente, insigne: *un s. maestro, poeta* | ***il S. Poeta***, (*per anton.*) Dante **3** nella loc. ***per sommi capi***, limitandosi ai punti più rilevanti || **sommaménte**, **avv. 1** grandemente, soprattutto: *amare sommamente la pace, l'onestà* **2** †sommariamente **B s. m.** ● sommità, colmo, apice (*anche fig.*): *riempire qlco. fino al s.*; *il s. del cielo*; *raggiungere il s. del successo* | ***a s., al s. di***, (*lett.*) ***a s. il, in s. a***, in cima, sulla sommità | †***in s.***, in sommo grado, moltissimo

†**sómmolo** [da *sommo* ✱ av. 1400] **s. m.** ● estremità, punta: *tagliò li sommoli dell'alie* (F. SACCHETTI)

sommómmolo o **sommómolo** [comp. di *so-* e *mommolo*, di orig. onomat. ✱ 1612] **s. m. 1** (*tosc.*) frittellina di riso **2** (*tosc.*) forte pugno sferrato al mento dal basso in alto

†**sommormoràre** [lat. tardo *submurmurāre*, comp. di *sŭb* 'sotto' e *murmurāre* 'mormorare' ✱ av. 1342] **v. intr.** ● mormorare leggermente

sommoscàpo [comp. di *sommo* e *scapo* ✱ av. 1502] **s. m.** ● (*archit.*) parte superiore della colonna, sotto il capitello

sommòssa [f. sost. di *sommosso* ✱ av. 1348] **s. f. 1** sedizione, sollevazione popolare: *fare una s.*; *è scoppiata una s.* **SIN.** insurrezione, ribellione, rivolta, tumulto **2** †istigazione, nella loc.: ***a s. di qlcu.***
SFUMATURE ➤ ***ribellione***

sommòsso **part. pass.** di *sommuovere*; **anche agg.** ● nei sign. del v. | (*lett.*) scosso: *sul s. petto* (U. FOSCOLO)

sommòvere ➤ **sommuovere**

sommoviménto [da *sommuovere*, sul modello di *movimento* ✱ av. 1363] **s. m. 1** sconvolgimento, violenta agitazione: *s. del fondo marino* **2** tumulto, sollevazione | †istigazione

sommovitóre [da *somm(u)overe* ✱ av. 1348] **s. m.** (**f.** *-trice*); **anche agg.** ● (*raro*) chi (o che) sommuove | (*lett.*) istigatore

†**sommozióne** [da *sommuovere*, sul modello di *commozione* ✱ av. 1348] **s. f.** ● (*raro*) agitazione

sommozzatóre [dal napol. *sommozzare* 'tuffarsi', dal lat. parl. **subputeāre* 'immergersi' (V. †*soppozzare*) ✱ 1857] **s. m.** (**f.** *-trice*) ● nuotatore in grado di compiere lavori subacquei | appartenente a uno speciale reparto di un corpo militare, della polizia o dei vigili del fuoco specializzato nel compiere lavori subacquei con autorespiratore **SIN.** uomo rana

sommuòvere o (*pop., lett.*) **sommòvere** [dal lat. *submovēre* 'allontanare', comp. di *sŭb* 'sotto' e *movēre* 'muovere' ✱ av. 1276] **v. tr.** (**coniug. come** *muovere*) **1** (*lett.*) smuovere con violenza, agitare (*anche fig.*): *l'onda sommovi, e pesca / insidioso nel turbato stagno* (G. PARINI); *s. gli animi* **2** (*fig., lett.*) indurre, istigare, alla rivolta: *s. il popolo contro l'oppressore*

†**somniàre** e deriv. ➤ **sognare** e deriv.

somnòṣi [dal lat. *sŏmnus* 'sonno' col suff. *-osi* ✱ 1983] **s. f. inv.** ● (*psicol.*) sonnambulismo provocato durante il sonno ipnotico

son /sɔn/ [da *son(oro)*, come parallelo di *fon*② ✱ 1976] **s. m. inv.** ● (*fis.*) unità di misura dell'intensità sonora soggettiva; il valore di 1 son corrisponde a un livello di intensità sonora soggettiva di 40 phon; successivamente un aumento di 10 phon comporta un raddoppio dei son

sonàbile o **suonàbile** [vc. dotta, dal lat. *sonābile(m)* 'risonante, sonoro', da *sonāre* 'risuonare' ✱ av. 1328] **agg.** ● (*raro*) che si può suonare

sonacchiàre ➤ **sonicchiare**

sonagliàre [av. 1306] **v. intr.** (*io sonàglio*; **aus.** *avere*) **1** (*lett.*) far risuonare i sonagli: *all'erta solitaria / sonagliano gli armenti* (I. NIEVO) **2** (*est.*) †sferragliare

sonaglièra [da *sonaglio* ✱ 1375] **s. f.** ● fascia di cuoio o tela con sonagli pendenti, che si mette al collo di cavalli, muli, asini

sonàglio [dal provenz. *sonalh*, dal lat. parl. **sonāculu(m)*, da *sonāre* 'suonare' ✱ sec. XIII] **s. m. 1** piccolo globo cavo di rame, bronzo o sim., con due fori tondi collegati da una fessura, contenente una pallottolina di ferro che urtando contro le pareti tintinna **2** (*zool.*) ***serpente a sonagli***, crotalo **3** †bolla che si forma in un liquido in ebollizione, agitato, e sim.: *fa già l'acqua qualche s.* (G. PASCOLI) **4** †gioco simile alla mosca cieca || **sonagliétto**, **dim.** | **sonaglino**, **dim.** | (*lett.*) **sonagliùzzo**, **dim.**

sonànte① **part. pres.** di *suonare*; **anche agg. 1** nei sign. del v. | che suona: *Già sentir pargli le trombe sonanti* (A. POLIZIANO) | che risuona **2** ***moneta s.***, metallica; (*est.*) moneta contante: *pagare, riscuotere, in moneta s.* **3** (*fig.*) che ha proporzioni clamorose: *vittoria, punteggio, s.*

sonànte② [dal ted. *Sonant* (fr. *sonante*), estratto da *Konsonant* 'consonante' ✱ 1957] **agg.; anche s. f.** ● (*ling.*) detto di consonanti la cui articolazione presenta il più debole grado di ostacolo, come nasali, liquide, semivocali

sònar [vc. ingl., abbr. di *so(und) n(avigation) a(nd) r(anging)*, propr. 'navigazione e misurazione per mezzo del suono' ✱ 1950] **s. m. inv.** ● ecogoniometro

sonàre ➤ **suonare**

sonàta o **suonàta** nei sign. 1, 3 e 4 [av. 1410] **s. f. 1** il suonare | il suono che si produce **2** (*mus.*) anticamente, composizione strumentale in opposizione a quella vocale | dalla fine del XVII sec., composizione per uno o due, raramente tre, strumenti, in tre o quattro tempi, in contrasto tematico e ritmico fra loro ma collegati dalla tonalità | ***forma s.***, nello stile classico-romantico, struttura del primo movimento di sonata, sinfonia, quartetto, concerto, consistente in esposizione di due temi contrastanti, sviluppo e ripresa degli stessi e coda finale **3** (*fam.*) spesa forte, conto salato: *vedrete che suonata in quel negozio!* **4** (*fam.*) imbroglio: *prendersi una suonata* | (*fam.*) bastonatura: *dare una s., una bella suonata a qlcu.* || **sonatina**, **dim.** (V.)

sonatìna [av. 1704] **s. f. 1** dim. di *sonata* **2** (*mus.*) pezzo strumentale solitamente più breve, facile o leggero della sonata

sonatiṣmo [da *sonata* ✱ 1987] **s. m.** ● (*raro*) stile compositivo strettamente legato alla sonata

sonatìsta [da *sonata* ✱ 1960] **s. m. e f.** (**pl. m.** *-i*) ● (*mus.*) autore di sonate e di musiche in forma sonata

sonatìstico [da *s(u)onare* ✱ 1941] **agg.** (**pl. m.** *-ci*) ● di sonata, relativo a sonata nel sign. 2

sonàto ➤ **suonato**

sonatóre ➤ **suonatore**

sonatùra [sec. XIV] **s. f.** ● (*raro*) atto del suonare

sónda [dal fr. *sonde*, abbr. dell'anglosassone *sundgyrd*, comp. di *sund* 'braccio di mare' e *gyrd* 'pertica' ✱ 1481] **A s. f. 1** macchina per la perforazione profonda del suolo ed eventualmente il prelievo di campioni delle rocce attraversate: *s. petrolifera* | ***s. a rotazione, a percussione***, a seconda del tipo di movimento dell'utensile perforante | (*ing.*) tubo d'acciaio con bordo inferiore tagliente usato per eseguire pali trivellati di fondazione **2** (*fis., tecnol.*) dispositivo atto a effettuare rilevazioni e misurazioni che gli strumenti ordinari potrebbero perturbare o in posizioni o luoghi a essi difficilmente accessibili | elemento sensibile di dispositivo o strumento di misurazione | ***s. acustica***, dispositivo destinato a misurare la pressione sonora **3** (*aeron.*) ***s. spaziale***, veicolo spaziale lanciato mediante razzi vettori e contenente apparecchiature atte a effettuare rilevamenti, misurazioni e fotografie nello spazio extraterrestre, spec. in prossimità di pianeti e satelliti del sistema solare, e a trasmettere alla Terra le informazioni raccolte: *s. lunare, s. solare* | ***s. atmosferica***, razzo o pallone contenente apparecchiature per ricerche negli strati alti dell'atmosfera | ***s. meteorologica***, apparecchio o dispositivo per misurazioni meteorologiche in alta quota **4** (*med.*) strumento tubolare cavo o pieno, per dilatare un organo o per esplorarlo, o per aspirarne il contenuto o introdurre liquidi: *s. gastrica*; *s. uretrale* **5** (*med.*) spec. in odontoiatria, specillo **B in funzione di agg.** ● (posposto al sost.) spec. nella loc. ***pallone s.***, piccolo aerostato munito di strumenti per registrare la pressione, la temperatura e sim. delle regioni aeree attraversate || **sondino**, **dim. m.**

sondàbile [1960] **agg.** ● che si può sondare || **sondabilità**, **s. f. inv.**

♦**sondàggio** [dal fr. *sondage*, da *sonde* 'sonda' ✱ 1859] **s. m. 1** esplorazione eseguita mediante una sonda: *il s. del sottosuolo*; *s. gastrico*; *s. atmosferico* **2** (*fig.*) indagine, inchiesta, compiuta per conoscere qlco., saggiare eventuali reazioni e sim.: *fare, effettuare, compiere, un s.*; *s. d'opinioni*; *s. preelettorale* **3** (*stat.*) procedimento di raccolta di dati individuali per campione || **sondaggino**, **dim.**

sondaggìsta [da *sondagg(io)* col suff. *-ista* ✱ 1991] **s. m. e f.** (**pl. m.** *-i*) ● chi per professione si occupa di sondaggi demoscopici

sondàre [dal fr. *sonder*, da *sonde* 'sonda' ✱ 1490] **v. tr.** (*io sóndo*) **1** esaminare con la sonda: *s. il fondo del mare* **2** (*fig.*) saggiare, cercare di conoscere, di sapere: *s. le intenzioni, gli umori di qlcu.* | ***s. il terreno***, (*fig.*) cercare di capire le possibili reazioni a una proposta o a un'iniziativa

sondatóre [da *sondare* ✱ 1960] **s. m.** (**f.** *-trice*) ● tecnico addetto al funzionamento e al-

la manovra di una sonda
sondriése (o -ṣe) [1832] **A agg.** ● di Sondrio **B s. m. e f.** ● abitante o nativo di Sondrio
soneria ➤ **suoneria**
†**sonettàre** [av. 1400] **v. intr.** ● comporre sonetti
†**sonettatóre** [sec. XIV] **s. m. (f. -trice)** ● sonettista
sonettéssa [da *sonetto* ✱1586] **s. f. 1** sonetto caudato **2** †sonetto privo di valore
†**sonettière** [1370] **s. m. (f. -a)** ● sonettista
sonettìsta [av. 1729] **s. m. e f. (pl. m. -i)** ● compositore di sonetti
sonétto [dal provenz. *sonet*, dim. di *son* 'melodia, poema' ✱sec. XII] **s. m.** ● composizione lirica formata di quattordici endecasillabi, variamente rimati, di cui i primi otto formano due periodi di quattro ciascuno, o quartine, e gli altri sei formano due periodi di tre ciascuno, o terzine | ***s. caudato, con la coda***, che ha un verso in più, ovvero tre, di cui il primo settenario ‖ **sonettàccio**, **pegg.** | **sonettino**, **dim.** | (*lett.*) **sonettùccio**, (*lett.*) **sonettùzzo**, **dim.**
†**sonévole** [da *s(u)onare* ✱av. 1375] **agg.** ● risonante
sonicchiàre ➤ **suonicchiare**
sònico [da *suono*, sul modello dell'ingl.-amer. *sonic* ✱1949] **agg. (pl. m. -ci)** ● relativo al suono, alla velocità del suono: *muro, boato, s.; barriera sonica*
sonìo [da *s(u)onare* col suff. *-io*① ✱1870] **s. m. (pl. -ii)** ● il suonare continuo
sònito [vc. dotta, dal lat. *sŏnitu(m)* 'rumore, strepito', connesso con *sonāre* 'risuonare' ✱sec. XIII] **s. m.** ● (*poet.*) suono, strepito
sonnacchiàre ➤ **sonnecchiare**
sonnacchióso (o -ṣo) o **sonnecchióso**, †**sonnocchióso** [lat. *somniculōsu(m)* 'sonnolento', da *somnĭculus*, dim. di *sŏmnus* 'sonno' ✱1338 ca.] **agg. 1** pieno di sonno, intontito dal sonno: *occhi sonnacchiosi; finalmente il cappellano tutto s. venne ad aprire* (I. NIEVO) **2** (*fig.*) inoperoso, inattivo: *cittadina sonnacchiosa* | (*fig., lett.*) abulico, indolente: *ne' figli sonnacchiosi ed egri* (G. LEOPARDI) **3** †che induce al sonno: *i sonnacchiosi papaveri con le inclinate teste* (I. SANNAZARO) ‖ **sonnacchiosaménte**, **avv.** in modo sonnacchioso
sonnambòlico [fr. *somnambulique*, da *somnambule* 'sonnambulo' ✱1894] **agg. (pl. m. -ci)** ● (*raro*) di sonnambulo, da sonnambulo
sonnàmbolo e deriv. ➤ **sonnambulo** e deriv.
sonnàmbula o (*raro*) **sonnàmbola** [1787] **s. f. 1** f. di *sonnambulo* **2** (*pop.*) donna che, facendosi credere in stato ipnotico, predice l'avvenire
sonnambulìṣmo o (*raro*) **sonnambolìṣmo** [dal fr. *somnambulisme*, da *somnambule*, con *-isme* '-ismo' ✱1819] **s. m.** ● stato caratteristico di chi, durante il sonno, compie azioni più o meno complesse senza svegliarsi
sonnàmbulo o (*raro*) **sonnàmbolo** [dal fr. *somnambule*, comp. del lat. *sŏmnus* 'sonno' e *ambulāre* 'camminare', sul modello di *funămbulus* 'funambolo' ✱1743] **agg. e s. m. (f. -a (V.))** ● che (o chi) è affetto da sonnambulismo
sonnecchiàre o (*tosc.*) **sonnacchiàre** [lat. parl. *somniculāre, da *somnĭculus*, dim. di *sŏmnus* 'sonno' col suff. *-ecchiare* ✱av. 1306] **v. intr.** (*io sonnécchio*; aus. *avere*) **1** stare fra la veglia e il sonno, dormire a tratti **2** (*fig.*) essere poco attivo
sonnecchióso (o -ṣo) ➤ **sonnacchioso**
†**sonneferàre** ➤ †**sonniferare**
sonnellìno [doppio dim. di *sonno* ✱av. 1386] **s. m.** ● sonno non profondo né lungo: *fare un s.*; (*fam.*) *schiacciare un s.*; *s. pomeridiano*
†**sonniferàre** o †**sonneferàre** [da *sonnifero* ✱sec. XIII] **v. intr.** ● sonnecchiare
sonnìfero [vc. dotta, dal lat. *somnĭferu(m)* 'soporifero', comp. di *sŏmnus* 'sonno' e *-fĕr* '-fero' ✱sec. XIV] **A agg.** ● (*raro, lett.*) che provoca il sonno: *oppio s.; sostanze sonnifere* **B s. m.** ● preparato medicinale che provoca il sonno
sonnilòquio [comp. di *sonno* e *-loquio* 'parlata', sul modello di *soliloquio* ✱1819] **s. m.** ● (*raro*) discorso pronunciato nel sonno | (*fig.*) discorso privo di senso
sonnìloquo [comp. di *sonno* e *-loquo*, dal lat. *-lŏquus* 'che parla', da *lŏqui* 'parlare' (V. *loquace*) ✱1819] **s. m. (f. -a)** ● chi parla durante il sonno
♦**sónno** (o -ò-) [lat. *sŏmnu(m)* 'sonno', di orig. indeur. ✱av. 1250] **s. m. 1** stato fisiologico di sospensione delle attività psichiche superiori e della iniziativa motoria, soprattutto in rapporto alla vita di relazione: *s. tranquillo, agitato; s. ristoratore; s. leggero, pesante, duro; s. del giusto; essere immerso nel s.; fare un bel s.; dormire di un s. tranquillo; avere il s. tranquillo; conciliare, facilitare, il s.; far passare, levare, togliere, il s.; parlare, gridare, nel s.; il s. ha similitudine colla morte* (LEONARDO) **CFR.** ipno-, narco-① | ***prendere s.***, addormentarsi | ***riprendere s.***, riaddormentarsi | ***essere nel primo s., nel più bello del s.***, nelle prime ore da che ci si è addormentati, quando il sonno è più profondo | ***fare tutto un s.***, dormire dalla sera alla mattina senza risvegli intermedi | ***rubare tempo, ore, al s., perdere il s.***, dormire meno del necessario, vegliare | ***dormire sonni tranquilli***, (*fig.*) vivere in tranquillità | ***difendere i propri sonni***, (*fig.*) difendere la propria tranquillità | ***terapia, cura del s.***, trattamento usato per la cura di affezioni mentali o connesse a fenomeni mentali, consistente nel provocare al paziente, mediante farmaci, uno stato di sonno quasi ininterrotto per più giorni | ***s. lento*** o ***NREM***, fase caratterizzata da contenuti mentali simili al pensiero | ***s. paradosso*** o ***REM***, fase in cui compaiono i sogni | (*fig.*) ***l'ultimo s., il s. eterno***, la morte | (*fig.*) ***il s. della ragione***, l'irrazionalismo **2** (*med.*) ***malattia del s.***, tripanosomiasi africana **3** senso di torpore, bisogno di dormire: *avere, non avere, s.; essere preso dal s.; vincere il s.* | (*iperb.*) ***cadere, cascare, crollare, dal s., essere morto di s.***, avere molto sonno | ***far venire s., mettere s.***, (*fig.*) essere causa di grande noia: *certi film fanno venire s.* **4** (*fig.*) calma, silenzio: *un paese immerso nel s.* **5** (*poet.*) sogno: *e Iulio a lui dentro al fallace s. / parea risponder* (A. POLIZIANO) **6** (*raro, gerg.*) sospensione dell'attività di un adepto in una società massonica | (*est.*) ***in s.***, detto di spia o terrorista che per periodi anche lunghi conduce una vita apparentemente normale, in attesa di un segnale che lo induca a entrare in azione **SIN.** dormiente ‖ **sonnellino**, **dim.** (V.) | **sonnétto**, **dim.**
†**sonnocchióso** ➤ **sonnacchioso**
sonnolènto o †**sonnolènte** [dal lat. tardo *somnolĕntu(m)* 'sonnolento', da *sŏmnus* 'sonno' ✱sec. XIII] **agg. 1** che è assonnato, pieno di sonno **2** che induce al sonno: *pomeriggio s.* | immerso nella quiete: *il paese s.* (G. PASCOLI)
sonnolènza o †**sonnolènzia** [dal lat. tardo *somnolĕntia(m)*, da *somnolĕntus* 'sonnolento' ✱sec. XIII] **s. f. 1** torpore provocato dalla necessità di dormire: *s. febbrile; avere addosso una gran s.; essere preso dalla s.; la s. del pomeriggio; l'aria calda dà s.* **2** (*fig.*) pigrizia, lentezza, mancanza di vivacità mentale, spirituale e sim.
sòno① ➤ **suono**
sóno② ➤ **essere**①
sòno- [da *s(u)ono*] **primo elemento** ● in parole composte della terminologia tecnica, fa riferimento a fenomeni o effetti sonori: *sonografo, sonogramma*
sonografìa [comp. di *sono-* e *-grafia* ✱1983] **s. f.** ● (*med.*) ecografia
sonògrafo [comp. di *sono* e *-grafo* ✱1974] **s. m.** ● (*fis.*) strumento per rappresentare graficamente le caratteristiche di un segnale sonoro
sonogràmma [comp. di *sono* e *-gramma* ✱1977] **s. m. (pl. -i)** ● (*fis.*) grafico delle proprietà di un segnale sonoro
sonòmetro [comp. di *sono-* e *-metro* ✱1821] **s. m.** ● (*fis.*) strumento per sperimentare le vibrazioni delle corde sonore
sonorànte [da *sonoro* ✱1983] **agg.; anche s. f.** ● (*ling.*) detto di suoni della voce umana comprendenti articolazioni vocaliche, semivocaliche, liquide e nasali
sonorìsta [da *sonoro* ✱1963] **s. m. e f. (pl. m. -i)** ● tecnico che si occupa della colonna sonora di un film
♣**sonorità** o †**sonoritàde**, †**sonoritàte** [dal lat. tardo *sonoritāte(m)*, da *sonōrus* 'sonoro' ✱av. 1328] **s. f. inv. 1** caratteristica di ciò che è sonoro **2** (*fis.*) proprietà di un ambiente di riverberare i suoni **3** (*ling.*) carattere dei suoni sonori
sonorizẓàre [da *sonoro* ✱1938] **A v. tr. 1** (*ling.*) trasformare un suono sordo nel corrispondente sonoro **2** (*cinema*) effettuare una sonorizzazione **3** dotare di un sottofondo musicale, spec. per creare una particolare atmosfera in negozi, alberghi ecc.: *s. un ristorante* **B sonorizẓàrsi v. intr. pron.** ● (*ling.*) subire una sonorizzazione ‖ **sonorizẓazióne**, **s. f.** (V.)
sonorizẓatóre [da *sonorizzare* ✱1933] **s. m. (f. -trice)** ● tecnico che cura la sonorizzazione di un film, una trasmissione radiofonica o televisiva
sonorizẓazióne [1931] **s. f. 1** (*ling.*) passaggio di un suono sordo al corrispondente suono sonoro **CONTR.** assordimento **2** (*cinema*) aggiunta della colonna sonora a un film
♦**sonòro** [lat. *sonōru(m)*, da *sŏnor*, genit. *sonōris* 'suono', connesso con *sŏnus* 'suono' ✱1338 ca.] **A agg. 1** di suono, relativo a suono: *onde sonore; effetti sonori* | che emette suono, che risuona: *nel cavo ventre del s. legno* (G.B. MARINO) | che dà risonanza: *volta sonora* | ***colonna sonora***, V. *colonna*① nel sign. 12 **2** che ha un suono forte, chiaro: *voce sonora* | (*est.*) rumoroso: *risa sonore* | ***un s. ceffone***, un ceffone così forte da risuonare **3** (*fig.*) enfatico, altisonante: *dimmi tu le tue frasi sonore* (G. VERGA) | (*fig.*) clamoroso, grave: *una sonora sconfitta* **4** (*ling.*) detto di consonante la cui emissione è accompagnata da vibrazioni laringee, come la *s* di *ṣdraio* o *obeṣo* e la *z* di *ẓenit* o *aẓalea* **CONTR.** sordo **5** ***cinema s.***, che utilizza la colonna sonora **CONTR.** muto ‖ **sonoraménte**, **avv. 1** in modo sonoro, con sonorità: *ridere sonoramente* **2** (*fig.*) clamorosamente **B s. m. 1** cinema sonoro: *l'avvento del s.* **2** parte sonora di una ripresa cinematografica, spec. se eseguita in registrazione diretta
sontuàrio ➤ **suntuario**
♣**sontuóso** (o -ṣo) o (*raro*) **suntuóso** (o -ṣo) [vc. dotta, dal lat. *sumptuōsu(m)*, da *sūmptus* 'spesa' (V. *suntuario*) ✱av. 1419] **agg.** ● pieno di lusso, fasto, sfarzo: *ricevimento s.* | costruito con magnificenza e ricchezza: *una sontuosa cappella* (D. BARTOLI) ‖ **sontuosaménte**, **avv.** in modo sontuoso, con sontuosità ‖ **sontuosità**, **s. f. inv.** caratteristica di ciò che è sontuoso: *la sontuosità di un banchetto* **SIN.** fastosità

a b c d e f g h i j k l m n o p q r s t u v w x y z

soperchiànte ➤ **soverchiante**

soperchiàre ➤ **soverchiare**

soperchiatóre o **soverchiatóre** [1308] **s. m. (f. *-trice*); anche agg.** ● (*lett.*) chi (o che) soverchia: *uomo terribile, s. e abisso d'ogni malizia* (L. PIRANDELLO)

♣**soperchierìa** o (*lett.*) **soverchierìa** [da *soverchiare* ✱ av. 1535] **s. f.** ● sopraffazione, prepotenza | atto arrogante, prepotente **SIN.** sopruso

†**soperchiévole** ➤ †**soverchievole**

†**sopèrchio** ➤ **soverchio**

sopiménto [1644] **s. m.** ● (*raro, lett.*) assopimento | (*fig.*) attenuazione, lenimento

sopìre [dal lat. *sopīre* 'assopire', dalla radice indeur. **swep-* di *sōpor* e *sŏmnus* (V. *sopore* e *sonno*) ✱ av. 1389] **v. tr.** (*io sopisco, tu sopisci*) **1** (*raro, lett.*) addormentare, assopire **2** (*fig.*) acquietare, calmare, lenire (*anche assol.*): *sopìan gli affanni e raddolcìano i cori* (T. TASSO) **3** (*fig., lett.*) mettere a tacere: *s. uno scandalo*; *S., troncare, padre molto reverendo: troncare, s.* (A. MANZONI)

♣**sopìto** **part. pass.** di *sopire*; **anche agg.** ● nei sign. del v.

sopitóre [av. 1608] **s. m. (f. *-trice*); anche agg.** ● (*lett.*) chi (o che) sopisce

♣**sopóre** [vc. dotta, dal lat. *sopōre(m)*, dalla stessa radice di *sŏmnus* 'sonno' ✱ sec. XIV] **s. m.** ● stato di rilassamento fisico e psichico simile al sonno, da cui differisce per la non completa sospensione della coscienza: *essere immerso nel s.*; *placido, leggero, s.* | (*fig.*) quiete, calma: *il s. … della Venezia invernale* (R. BACCHELLI)

soporìfero [vc. dotta, dal lat. *soporĭferu(m)*, comp. di *sŏpor*, genit. *sopōris* 'sopore', e *-fer* '-fero' ✱ 1521] **agg. 1** che dà sopore, sonno: *preparato s.*; *sostanza soporifera* **SIN.** soporoso **2** (*fig., scherz.*) noioso, che fa venire sonno: *film s.*

soporóso (o **-ṣo**) [da *sopore* ✱ 1499] **agg.** ● (*lett.*) soporifero

soppalcàre [1960] **v. tr.** (*io soppàlco, tu soppàlchi*) ● (*raro*) munire, dotare di un soppalco: *s. un soggiorno*

soppàlco [comp. di *so-* e *palco* ✱ 1324] **s. m.** (**pl.** *-chi*) **1** palco, soffittatura **2** locale accessorio ricavato suddividendo orizzontalmente ambienti di una certa altezza | specie di armadio a palco ricavato nella parte alta di un locale

soppannàre [da *soppanno* ✱ 1459] **v. tr.** ● mettere il soppanno, foderare

soppànno [comp. di *so-* e *panno* ✱ 1353] **A** **s. m.** ● tipo di fodera pesante per mantelli o per interno di scarpe **B** **avv.** ● †sotto i panni: *avendosi tutte le carni dipinte s. di lividori* (G. BOCCACCIO)

soppàsso [comp. di *so-* e *passo*② ✱ av. 1524] **agg.** ● († o *tosc.*) quasi appassito: *uva soppassa* | quasi asciutto, quasi secco: *muro s.*; *calcina soppassa*

soppedàneo ➤ **suppedaneo**

†**soppediàno** o †**soppidiàno** [lat. tardo (eccl.) *suppedāneu(m)* 'da tenere ai piedi' ✱ 1303] **s. m.** ● cassone per capi di vestiario e oggetti di valore, posto ai piedi del letto | cassa per conservare valori e documenti pubblici e privati

†**soppellìre** ➤ **seppellire**

soppélo [comp. di *so-* e *pelo* ✱ 1838] **s. m.** ● taglio di carne bovina costituito dalla punta attaccata alla spalla

sopperìre [da *supplire*, attraverso **sopprire*, con anaptissi ✱ 1339] **v. intr.** (*io sopperìsco, tu sopperisci*; **aus.** *avere*) ● far fronte, provvedere: *s. a un bisogno, a una spesa*

♣**soppesàre** (o **-eṣà-**) [comp. di *so-* e *pesare* ✱ av. 1422] **v. tr.** (*io soppéso*) **1** giudicare il peso di un oggetto alzando e abbassando ripetutamente la mano su cui lo si tiene **2** (*fig.*) esaminare con cura, prendere in attenta considerazione: *s. i vantaggi e gli svantaggi, i pro e i contro*

†**soppestàre** [comp. di *so-* e *pestare* ✱ 1359] **v. tr.** ● pestare, sminuzzare: *s. i fiori d'arancio freschi* (F. REDI)

soppiantaménto [sec. XIV] **s. m.** ● (*raro*) il soppiantare

soppiantàre o †**supplantàre** [lat. *supplantāre* 'sgambettare', comp. di *sŭb* 'sotto' e *plănta* 'pianta del piede' ✱ sec. XIII] **v. tr. 1** †mettere sotto i piedi **2** (*fig.*) †disprezzare | ingannare **3** subentrare a qlcu. in una data posizione, spec. con metodi non corretti: *s. i colleghi nella simpatia del direttore* | prendere il posto, sostituire: *l'aereo ha soppiantato il treno*

soppiatterìa [1746] **s. f.** ● (*raro*) comportamento subdolo

♣**soppiàtto** [comp. di *so-* e *piatto* 'nascosto' ✱ sec. XIV] **agg. 1** †subdolo | (*raro*) nascosto, celato: *la speranza, il desiderio, l'illusione soppiatta* (L. PIRANDELLO) **2** nella loc. avv. ***di s.***, di nascosto, badando a non farsi scorgere: *agire di s.*; *entrare, guardare*, e sim. *di s.*

soppiattóne [da *soppiatto* ✱ av. 1527] **A** **s. m. (f. *-a*)** ● (*disus.*) persona subdola, che fa le cose di nascosto **B** **in funzione di avv.** ● †di soppiatto

soppiattonerìa [da *soppiattone* ✱ 1872] **s. f.** ● (*raro*) soppiatteria

†**soppidiàno** ➤ †**soppediano**

†**soppórre** [dal lat. *suppōnere* 'metter sotto', comp. di *sŭb* 'sotto' e *pōnere* 'porre' (V. *supporre*) ✱ av. 1276] **v. tr.** ● (*lett.*) sottoporre: *essi / sopporran volontari a te se stessi* (T. TASSO)

sopportàbile [1481] **agg.** ● che si può sopportare (*spec. fig.*) **CONTR.** insopportabile ‖ **sopportabilménte**, **avv.** in modo sopportabile ‖ **sopportabilità**, **s. f. inv.**

†**sopportaménto** [sec. XIV] **s. m.** ● sopportazione

sopportànte **A** **part. pres.** di *sopportare*; **anche agg.** ● nei sign. del v. **B** **s. m. e f.** ● †contribuente

♦**sopportàre** o †**supportàre**① [lat. tardo *supportāre* 'sostenere', comp. di *sŭb* 'sotto' e *portāre* ✱ av. 1257] **v. tr.** (*io soppòrto*) **1** reggere, sostenere su di sé: *i pilastri sopportano il peso delle volte* **2** (*fig.*) subire, sostenere un disagio, un onere e sim.: *s. una perdita, una spesa* **3** (*fig.*) soffrire, patire: *s. miserie, dolori*; *la poveretta sopporta continui sacrifici* **4** (*fig.*) resistere a situazioni più o meno disagevoli senza risentirne: *s. il freddo, il caldo*; *quando dormo non sopporto la luce*; *gli agrumi non sopportano il freddo intenso* | tollerare, accettare, senza reagire: *sopporto tutto ma non questo* | ***non s.***, detestare (+ *che* **seguito da congtv.**, + *di* **seguito da inf.**): *non sopporto i maleducati, le persone ipocrite*; *non sopporta che lo si prenda in giro*; *non sopporto di assistere a queste prepotenze!* **5** (*fig., lett.*) concedere, permettere: *parlerò in quel modo … che la materia per sé medesima sopporta* (N. MACHIAVELLI)

sopportàto **part. pass.** di *sopportare*; **anche agg.** ● nei sign. del v.

sopportatóre [1438] **s. m. (f. *-trice*)** ● (*raro*) chi sopporta

♦**sopportazióne** [vc. dotta, dal lat. tardo *supportatiōne(m)*, da *supportātus* 'sopportato' ✱ 1340] **s. f. 1** il sopportare **2** pazienza, tolleranza: *possedere una grande s.*; *spirito, capacità, di s.*; *la nostra s. ha un limite*; *hai raggiunto il limite della s.* **3** atteggiamento di degnazione, di malcelata sufficienza: *trattare qlcu. con un'aria di s.* **4** †permesso, licenza, nelle loc. avv. ***con s., con s. di qlcu., con vostra s.***

soppòrto ➤ **supporto**

†**soppozzàre** [lat. parl. **subputeāre* 'sommergere', comp. di *sŭb* 'sotto' e di un deriv. di *pŭteus* 'pozzo' (V. *sommozzatore*) ✱ sec. XIII] **v. tr.** ● affondare, sommergere

†**sopprèndere** ➤ **sorprendere**

sopprèssa [da *soppressare* ✱ sec. XIV] **s. f. 1** †pressa, torchio, macchina di compressione **2** salame di puro suino con spiccato gusto di aglio, tipico del basso e medio Veneto

†**soppressàre** [comp. di *so-* e *pressare* ✱ av. 1320] **v. tr.** (*io sopprèsso*) **1** stringere sotto la soppressa, pressare forte **2** (*fig.*) opprimere, sopraffare

soppressàta o **sopressàta**, (*tosc.*) **soprassàta** [di etim. discussa: dal provenz. moderno *saupressado* '(carne) pressata col sale' (?) ✱ av. 1524] **s. f.** ● (*merid.*) salume di carne di maiale macinata o tritata con pezzetti di lardo, condita con sale e pepe e ben calcata | (*tosc., sett.*) salume fatto con carne, grasso, cartilagini e cotiche ricavate dalla testa del maiale, bollite, tritate, salate e insaccate

soppressióne [vc. dotta, dal lat. *suppressiōne(m)* 'sottrazione', da *supprĕssus* 'soppresso' ✱ 1540] **s. f. 1** abolizione, eliminazione | (*dir.*) ***s. di stato***, delitto di chi occulta un neonato, così da omettere di registrarne la nascita nello stato civile **2** uccisione violenta

soppressìvo [da *soppresso* ✱ 1872] **agg.** ● che sopprime, che serve a sopprimere: *legge soppressiva*

sopprèsso **part. pass.** di *sopprimere*; **anche agg.** ● nei sign. del v. | eliminato, annullato: *volo s.* | (*lett.*) trattenuto, represso

soppressóre [da *soppresso* ✱ 1869] **s. m.; anche agg.** (**f.** *raro* *soppримitrice*) **1** (*raro*) chi sopprime **2** (*tel.*) dispositivo che sopprime l'eco telefonico: *s. d'eco*

sopprìmere [vc. dotta, dal lat. *supprĭmere* 'trattenere, impedire', comp. di *sŭb* 'sotto' e *prĕmere* ✱ 1313] **v. tr.** (**pass. rem.** *io soppréssi, tu sopprimésti*; **part. pass.** *soppresso*) **1** abolire, annullare: *s. una disposizione, una legge* | (*lett.*) censurare, eliminare: *s. tutte le copie di un libro* **2** uccidere, togliere di mezzo: *s. un prigioniero, un testimone pericoloso* **3** †calcare, calpestare **4** †reprimere, soffocare

soppùnto [comp. di *so-* e *punto* ✱ 1825] **s. m.** ● punto leggero e rado per cui non si trapassa tutto lo spessore del tessuto in modo che dal lato esterno il punto stesso rimanga invisibile

sopr- ➤ **sopra-**

♦**sópra** /'sopra*, 'sopra *nel sign. A*; *solo* 'sopra *nei sign. B, C, D*/ o (*lett.*) **sóvra** [lat. *sŭpra*, avv. di orig. indeur. ✱ 1211] **A** **prep.** (*raro, lett.*) **Si può elidere davanti a parola che comincia per vocale:** *sopr'ogni altra considerazione*. **1** indica una posizione più elevata rispetto a qlco. che, posta inferiormente e a contatto con questa, ne costituisce il sostegno o l'appoggio (con v. di stato o di moto regge il compl. di stato in luogo o di moto a luogo, anche fig.): *metti un coperchio s. la pentola*; *non appoggiare il ferro s. il mobile*; *sedetevi s. quegli sgabelli*; *il monastero poggia s. un roccione*; *è inutile scrivere s. la sabbia*; *segnati l'indirizzo e il numero telefonico s. il taccuino*; *appoggia pure la mano s. il mio braccio*; *fondo i miei sospetti s. buone ragioni*; *tu ti fondi s. semplici congetture* | con riferimento a qlco. che ne avvolge, ricopre o riveste un'altra: *indossa una maglia s. quell'abito*; *s. la pelle porta solo la camicia*; *mettiti il cappotto s. le spalle*; *stendete una coperta s. il letto* | ***essere, andare s. coperta, s. tolda***, sul ponte di una nave, di un'imbarcazione | anche nella loc. prep. ***al di s. di***: *sono al di s. di ogni sospetto*; *vivono al di s.*

delle loro possibilità **CONTR.** sotto **2** indica il disporsi o l'accumularsi di cose in posizioni gradatamente più alte e (*fig.*) il succedersi di qlco. a ritmo incalzante: *abito un appartamento s. il negozio; ho conosciuto gli inquilini che stanno s. di noi; si costruì la casa mattone s. mattone; il terremoto non ha lasciato pietra s. pietra; restituirò i denari uno s. l'altro; riporta vittoria s. vittoria; mi rivolge domande s. domande; accumula debiti s. debiti* | ***mettere una pietra s. qlco.***, (*fig.*) cercare di dimenticarsene **3** indica luogo più alto o posizione superiore, incombente o dominante rispetto a qlco. (con v. di stato o di moto, regge i compl. di stato in luogo o di moto a luogo, anche fig.): *è stato costruito un nuovo ponte s. il fiume; il lampadario deve pendere s. il tavolo; l'aeroplano vola s. le nubi; gli stava s. con la spada sguainata; una maledizione grava s. di loro* | (*fig.*) indica superiorità, protezione, dominio e sim.: *governare s. un popolo; vigilare s. i lavori; avere un grande vantaggio s. il nemico; comandare s. una città* | indica vicinanza immediata a qlco. in una posizione però dominante: *l'albergo è proprio s. il mare; si costruisce una villa s. la città; si trova s. Sorrento; abitano una casa s. il fiume* | †***s. sera***, verso sera **4** addosso (con v. di moto, indica qlco. o qlcu. che cade o cala dall'alto e regge il compl. di moto a luogo, anche fig.): *la pioggia scende s. i campi; la maledizione è scesa s. il nostro capo; l'aquila volò lenta s. gli agnelli; la sera calava s. i borghi e le vallate; le nostre colpe ricadono s. i nostri figli* | (*est.*) contro: *gli si gettarono s. in quattro; si è buttato s. il nemico con coraggio; mi si è scagliato s. per immobilizzarmi* | ***dare s. a qlcu.***, dargli addosso, dargli torto | ***stare s. qlcu.***, stargli addosso, insistere presso qlcu. per ottenere qlco. **5** dopo: *bevi un po' di vino s. la pastasciutta; prendi dello zucchero s. la medicina* **6** oltre, più in su di: *cento metri s. il livello del mare; porta le gonne s. il ginocchio; è già s. i sessant'anni; votano solo le persone s. i diciotto anni; sono cinque gradi centigradi s. lo zero* | al di là da, più a nord di: *s. l'equatore; s. il 30° parallelo; dieci chilometri s. Bologna* | superiore a, più di: *i bambini s. il metro pagano il biglietto; si dovrà spendere s. i cinquemila euro; peserà s. il quintale* | ***essere s. pensiero***, V. soprappensiero | ***averne fin s. i capelli***, (*fig.*) essere nauseato o stufo di qlcu. o qlco. **7** intorno a, riguardo a (regge il compl. di argomento o, più genericamente, indica interessamento per qlco. o qlcu.): *una conferenza s. la riforma monetaria; voglio un parere s. quanto hai sentito; piangere s. la morte di un amico; fare assegnamento s. qlcu. o qlco.; accampare i propri diritti s. un terreno* | ***tornare s. una decisione***, rimetterla in discussione o annullarla | ***avere delle idee s. qlcu. o qlco.***, avere delle mire, farci assegnamento | ***giocare, puntare s. un numero, una carta, un cavallo*** e sim., puntare su quel numero, carta, cavallo e sim., una somma di denaro o altro bene | ***prestito s. pegno***, garantito da un pegno | ***giurare s. il proprio capo, s. qlcu. o qlco.***, giurare per, in nome del proprio capo, di qlcu. o qlco.: *lo giuro s. il Vangelo* **8** più di, più che (indica preminenza o preferenza): *mi interessa s. ogni altra cosa; è meritevole s. tutti gli altri; lo amo s. ogni cosa* | ***s. modo***, V. soprammodo | ***s. tutto***, V. soprattutto **9** (*raro*) prima di (regge il compl. di tempo determinato): *la notte s. il sabato* **SIN.** su **10** †durante, sul momento di: *essendo s. rinnovare le leggi* (D. COMPAGNI) | †***essere, stare s. qlco.***, essere in procinto o intento a farla **11** †conforme a, secondo: *fare qlco. s. modello; s. misura* **12** anche nella loc. prep. ***s. di*** (spec. seguito dai pron. pers.) e ***s. a***: *guarda s. al tavolo; cerca di passare s. a queste sciocchezze; non devi prendere s. di te questi impegni; abita s. di noi* **B** **avv.** **1** in luogo o posizione o parte più elevata rispetto ad altra: *il libro si è un po' rovinato s.; sotto è di ferro, ma s. è ricoperto in plastica; s. puoi verniciarlo di bianco; voglio un dolce con s. uno strato di cioccolata* | ***più s.***, più in alto: *appoggialo più s.* | ***berci s.***, per mandare giù; (*fig.*) per dimenticare qlco. | ***dormirci s.***, (*fig.*) rimandare al giorno seguente una decisione, un problema e sim. | ***non dormirci s.***, (*fig.*) non perdere tempo | (*iter., intens.*) alla sommità: *sopra sopra abita un'altra famiglia* | con valore rafforz. preceduto da altro avv. di luogo: *appoggia tutto lì s.; cerca qua s.; qui s. deve esserci il libro che cerchiamo* | (*est.*) al piano superiore: *s. sono venuti ad abitare nuovi inquilini; la mamma è s. che fa i letti* | anche nelle loc. avv. ***di s.*** e (*raro*) ***al di s.***: *vado a cercare di s.; guarda di s.; chi sta di s. fa dispetto a chi sta di sotto; le nuvole al di s. passano veloci* (V. anche *disopra*) | preceduto da una prep.: *i rumori vengono da s.; passate per s.; lenzuola con s. il monogramma* | (*raro*) addosso: *chi porta s. questa reliquia, è immune* **2** precedentemente: *con riferimento a quanto detto s.; come ho già spiegato s., la questione è spinosa; le parole s. citate sono di un'autorevole persona* | ***di cui s.***, che è stato precedentemente menzionato: *il personaggio di cui s.* | ***vedi s., come s.***, nei rinvii **3** oltre: *cerca di passar s.* **C** **in funzione di agg. inv.** ● superiore, più alto: *cercalo nel piano s. dello scaffale; l'errore è nella riga s.* | anche nella loc. agg. inv. ***di s.***: *la parte di s. è rovinata; a tutti altri sapori esto è di s.* (DANTE *Purg.* XXVIII, 133) **D** **in funzione di s. m. inv.** ● la parte superiore, più alta, soprastante: *il s. è bianco; lava il s. del tavolo* | anche nella loc. sost. ***il di s.***: *il di s. della scrivania è di mogano*

sópra- o **sóvra-** [lat. *sŭpra*, subentrato al pref. *super-*, che in lat. aveva analoghe funzioni] **pref.** (**sopr-**, o **sovr-** davanti a vocale) **1** indica che una cosa si trova sopra un'altra, o la copre, la riveste: *sopracciglio, soprascarpe* **2** indica aggiunta, supplemento: *soprannome, soprattassa* **3** esprime il superamento di un limite (quindi anche eccesso): *soprannumero, sopravvalutare* **4** indica superiorità di grado o funzione: *soprintendente* o *sovrintendente* **5** esprime trascendenza: *soprannaturale, sovrumano* **6** conferisce all'aggettivo valore di superlativo: *sopraffino, sovrappieno*

†**soprabbévere** [comp. di *sopra-* e *bevere* (V. il lat. *superbĭbere*, comp. di *sŭper* 'oltre' e *bĭbere* 'bere') ✱ av. 1758] **v. tr.** ● (*raro*) bere sopra a qlco.

soprabbondàre e deriv. ➤ **sovrabbondare** e deriv.

soprabbùsto [comp. di *sopra-* e *busto* ✱ 1539] **s. m.** ● copribusto

♦**sopràbito** [comp. di *sopr-* e *abito* ✱ 1804] **s. m.** ● cappotto leggero per la mezza stagione ‖ **soprabitìno**, **dim.** | **soprabitóne**, **accr.** | (*spreg.*) **soprabitùccio**, **dim.**

sopraccàlza [comp. di *sopra-* e *calza* ✱ 1588] **s. f.** ● calzino corto, spec. di lana, infilato sulla calza più lunga

sopraccàpo [comp. di *sopra-* e *capo* ✱ av. 1422] **s. m.** **1** †soprintendente, superiore **2** (*raro*) preoccupazione: *avere dei sopraccapi*

sopraccaricàre ➤ **sovraccaricare**

sopraccàrico ➤ **sovraccarico**

sopraccàrta [comp. di *sopra-* e *carta* ✱ av. 1685] **s. f.** **1** carta che ne ricopre un'altra **2** anticamente, prima dell'uso delle buste, faccia esterna del foglio piegato su cui era scritto l'indirizzo del destinatario | (*est.*) indirizzo

†**sopraccàssa** [comp. di *sopra-* e *cassa* ✱ 1681] **s. f.** ● nell'orologio, controcassa

†**sopraccelèste** o †**sovraccelèste** [vc. dotta, dal lat. tardo *supracaelēste(m)*, comp. di *sŭpra* 'sopra' e *caelēstis* 'celeste' ✱ sec. XIV] **agg.** ● che sta sopra il cielo | divino | soprannaturale

sopraccennàto [comp. di *sopr-* e *accennato* ✱ 1596] **agg.** ● predetto, suddetto

sopraccièlo [comp. di *sopra-* e *cielo* ✱ sec. XIV] **s. m.** **1** (*raro*) soffitto di un ambiente **2** specie di baldacchino quadrangolare della grandezza del letto fissato in alto vicino al soffitto | parte superiore del baldacchino del letto o della carrozza

sopracciglière ➤ **sopracciliare**

♦**sopraccìglio** [lat. *supercĭliu(m)* 'sopracciglio', comp. di *sŭper* 'sopra' e *cĭlium* 'ciglio', con sovrapposizione di *sopra-* ✱ sec. XIII] **s. m.** (**pl.** *sopraccìgli*, **m.**, o *sopraccìglia*, **f.**) ● rilievo arcuato, ricoperto di peli, sul margine superiore della cavità orbitale

sopracciliàre o **sopraccigliàre**, **sopraciliàre** [1771] **agg.** ● del sopracciglio: *arcata s.*

sopracciò [comp. di *sopra-* e *ciò* ✱ sec. XV] **s. m. e f. inv.** **1** †soprintendente, supervisore **2** (*fig.*) chi vuole comandare, vuole imporre la propria volontà (*anche fig.*): *fare il s.; fare da s.*

sopraccitàto o **sopracitàto** [comp. di *sopra-* e *citato* ✱ 1574] **agg.** ● citato in precedenza

sopraccóda o **sopracóda** [comp. di *sopra-* e *coda* ✱ 1604] **s. f. o m.** (**pl.** *sopraccóde*, **f.**, o *sopraccóda*, **m.**) ● insieme delle penne copritrici che stanno sopra le remiganti della coda degli uccelli

†**sopraccòllo** [comp. di *sopra-* e *collo*[2] ✱ av. 1540] **s. m.** ● sovraccarico | ***milizie di s.***, imbarcate su navi per essere trasportate

sopraccolóre [comp. di *sopra-* e *colore* ✱ 1873] **s. m.** ● (*raro*) colore che si sovrappone a un altro della stessa qualità ma di gradazione diversa

sopraccòmito o **sovraccòmito** [comp. di *sopra-* e *comito* ✱ av. 1428] **s. m.** ● comandante della galea

sopraccopèrta o **sovraccopèrta**, **sovracopèrta**, nei sign. A [comp. di *sopra-* e *coperta* ✱ 1598] **A** **s. f.** **1** coperta leggera che si mette spec. per ornamento sopra il letto **2** foglio di carta avvolto intorno a un volume per proteggere la copertina e utilizzato a scopo pubblicitario e di richiamo **3** (*mar.*) tutto ciò che sta sul ponte di coperta, in contrapposizione a *sottocoperta* **B** **in funzione di avv.** ● nelle costruzioni navali, sul ponte di coperta: *andare, salire, stare s.*

†**sopraccréscere** [dal lat. *supercrēscere* 'crescer sopra', comp. di *sŭper* 'sopra' e *crēscere*, con sovrapposizione di *sopra-* ✱ sec. XIII] **v. intr.** (**coniug. come** *crescere*; **aus.** *essere*) **1** crescere sempre più **2** crescere dalla parte di sopra

sopraciliàre ➤ **sopracciliare**

sopracitàto ➤ **sopraccitato**

sopracóda ➤ **sopraccoda**

sopraconduttóre [comp. di *sopra-* e *conduttore* ✱ 1934] **s. m.** ● (*fis.*) superconduttore

sopraconduzióne [comp. di *sopra-* e *conduzione* ✱ 1965] **s. f.** ● (*fis.*) superconduzione

sopràcqueo [comp. di *sopr-* e *acqueo* ✱ 1889] **agg.** ● (*raro*) che è sopra l'acqua **CONTR.** subacqueo

sopracùto [comp. di *sopr-* e *acuto* ✱ av. 1574] **agg.** ● (*mus.*) acutissimo, il più acuto possibile: *mi s.*

sopraddàzio o **sovraddàzio** [comp. di *so-*

pra- e *dazio* ✱ av. 1801] **s. m.** ● diritto supplementare pagato oltre al dazio ordinario
sopraddétto o **sopradétto**, (*raro*) **sópra détto**, †**sovraddétto** [comp. di *sopra-* e *detto* ✱ sec. XIII] **agg.** ● detto prima, suddetto
sopraddominànte o **sopradominànte** [comp. di *sopra-* e *dominante* ✱ 1826] **s. f.** ● (*mus.*) sesto grado della scala diatonica, così detto perché segue la dominante
†**sopraddòta** ➤ **sopraddote**
sopraddotàle [comp. di *sopra-* e *dotale* ✱ 1612] **agg.** ● di sopraddote
sopraddotàre [comp. di *sopra-* e *dotare* ✱ av. 1566] **v. tr.** (*io sopraddòto*) ● dotare di sopraddote
sopraddòte o †**sopraddòta** [comp. di *sopra-* e *dote* ✱ av. 1444] **s. f.** ● controdote
sopradétto o **sópra détto** ➤ **sopraddetto**
sopradimensionàto ➤ **sovradimensionato**
sopradominànte ➤ **sopraddominante**
sopraebollizióne [comp. di *sopra-* ed *ebollizione* ✱ 1891] **s. f.** ● (*fis.*) stato di un liquido che non bolle pur avendo superato la sua normale temperatura di ebollizione
sopraeccèdere e deriv. ➤ **sopreccedere** e deriv.
†**sopraeccellènte** ➤ †**sopreccellente**
sopraeccitàre e deriv. ➤ **sovreccitare** e deriv.
sopraedificàre o **sopredificàre** [vc. dotta, dal lat. tardo *superaedificāre*, comp. di *sŭper* 'sopra' ed *aedificāre* 'costruire', con sovrapp. di *sopra-* ✱ av. 1420] **v. tr.** (*io sopraedìfico, tu sopraedìfichi*) ● edificare sopra un preesistente edificio ‖ **sopraedificazióne** o **sopredificazióne**, **s. f.** il sopraedificare; costruzione, parte sopraedificata
sopraelencàto o **soprelencàto** [comp. di *sopra-* ed *elencato* ✱ 1922] **agg.** ● in uno scritto o discorso, elencato in precedenza
sopraelevaménto o **soprelevaménto** [1926] **s. m.** ● soprelevazione
sopraelevàre o **soprelevàre** [comp. di *sopra-* ed *elevare*; V. il lat. tardo ecclesiastico *superelevāre*, comp. di *sŭper* 'sopra' ed *elevāre* ✱ 1917] **v. tr.** (*io sopraelèvo*) ● alzare il fabbricato di uno o più piani | elevare al disopra del piano normale: *s. una strada*
sopraelevàta o **soprelevàta** [f. sost. di *soprelevato* ✱ av. 1926] **s. f.** ● ferrovia, strada, curva sopraelevata
sopraelevàto o **soprelevàto** **part. pass.** di *sopraelevare*; anche **agg.** **1** nei sign. del v. **2** ***strada, ferrovia sopraelevata***, che corre su un viadotto, scavalcando le altre | ***curva sopraelevata***, con pendenza verso l'interno per opporsi alla forza centrifuga, consentendo maggiore velocità
sopraelevazióne o **soprelevazióne** [1922] **s. f.** **1** il sopraelevare | parte sopraelevata di una costruzione **SIN.** sopralzo **2** (*ferr.*) dislivello esistente tra le due rotaie di un binario in curva
†**sopraeminènte** ➤ †**sovreminente**
†**sopraeminènza** ➤ †**sovreminenza**
sopraespósto o **soprespósto** [comp. di *sopra-* ed *esposto* ✱ 1820] **agg.** ● esposto precedentemente
sopraffàre [comp. di *sopra-* e *fare*① ✱ av. 1348] **v. tr.** (**pres.** *io sopraffàccio* o *sopraffò, tu sopraffài, egli sopraffà*; nelle altre forme, **coniug. come** *fare*) **1** soverchiare, dominare, usando prepotenza, soprusi: *s. i deboli*; *non credere di sopraffarci con le tue chiacchiere* | superare, vincere (*anche fig.*): *s. l'avversario in battaglia*; *il rumore della strada sopraffà le nostre voci*; *una dolcezza tale, che tu ne sarai sopraffatto* (G. Leopardi) **2** (*assol.*) †strafare, fare più di ciò che si dovrebbe **3** †sovrastare, dominare, essere a cavaliere: *un aspro monte che sopraffà la Murata* (F. Guicciardini)
sopraffàscia [comp. di *sopra-* e *fascia* ✱ 1872] **s. f.** (**pl.** *-sce*) ● (*raro*) fascia che ne ricopre un'altra
sopraffàtto **part. pass.** di *sopraffare*; anche **agg.** ● vinto | (*fig.*) dominato: *era s. dalla stanchezza, dall'angoscia*
sopraffattóre [da *sopraffare* ✱ 1798] **s. m.** (**f.** *-trice*); anche **agg.** ● chi (o che) sopraffà | prepotente
sopraffattòrio [1960] **agg.** (**pl. m.** *-i* o *raro -ii*) ● che tende a sopraffare: *atto, temperamento s.*
sopraffazióne [da *sopraffatto* ✱ 1634] **s. f.** ● il sopraffare | atto di prepotenza: *patire una s.* **SIN.** soperchieria, sopruso
SFUMATURE ➤ ***imposizione***
sopraffilàre [da *sopraffilo* ✱ 1872] **v. tr.** ● (*raro*) fare il sopraffilo
sopraffilo [comp. di *sopra-* e *filo* ✱ 1873] **s. m.** ● punto lungo e rado usato per orlare il tessuto, dove non c'è cimosa, in modo che non si sfilacci
sopraffinèstra [comp. di *sopra-* e *finestra* ✱ av. 1555] **s. f.** ● finestrella posta sopra una porta o la finestra principale, per dare aria e luce all'ambiente
♣**sopraffino** [comp. di *sopra-* e *fino* ✱ av. 1499] **agg.** ● molto fino, eccellente: *pranzo s.* | di qualità superiore: *vino s.* | (*fig.*) raffinato, straordinario: *malizia, astuzia, sopraffina*
sopraffollàto ➤ **sovraffollato**
†**sopraffóndere** [dal lat. tardo *suprafūndere* 'spargere sopra', comp. di *sŭpra* 'sopra' e *fūndere* 'spargere' ✱ av. 1685] **v. tr.** ● spargere sopra
sopraffóndo [comp. di *sopra-* e *fondo* ✱ 1910] **s. m.** ● base rialzata di una scatola o sim. | cornice di cartone in cui si introduce un foglio con ritratto, disegno e sim.
sopraffuşióne o **soprafuşióne** [comp. di *sopra-* e *fusione* ✱ 1875] **s. f.** ● (*fis.*) condizione instabile di un corpo che si trova allo stato liquido pur trovandosi a temperatura inferiore a quella di solidificazione
sopraffùşo [comp. di *sopra-* e *fuso*① ✱ 1889] **agg.** ● (*fis.*) detto di corpo in stato di sopraffusione
soprafuşióne ➤ **sopraffusione**
sopraggittàre [comp. di *sopra-* e *gittare* ✱ 1726] **v. tr.** ● (*raro*) cucire con il sopraggitto
sopraggitto [da *sopraggittare* ✱ av. 1543] **s. m.** ● cucitura molto fitta per unire due pezzi di tessuto: *cucire qlco. a s.* **SIN.** soprammano①
†**sopraggiudicàre** [comp. di *sopra-* e *giudicare* ✱ av. 1349] **v. tr.** ● (*raro*) sovrastare
sopraggiùngere o †**sovraggiùngere**, †**sopraggiùgnere**, †**sovraggiùgnere** [comp. di *sopra-* e *giungere* ✱ av. 1257] **A** **v. intr.** (**coniug. come** *giungere*; **aus.** *essere*) **1** arrivare improvvisamente: *sopraggiunse un messaggero*; *è sopraggiunta la notizia della sua morte* | arrivare in aggiunta ad altri: *è sopraggiunto un nuovo ospite* **2** accadere improvvisamente: *è sopraggiunta una difficoltà nell'affare* | †essere comunicato: *mi sopraggiunse ch'e' s'appiccò fuoco nella bottega* (B. Cellini) | accadere in aggiunta ad altro: *sono sopraggiunte complicazioni nella malattia* **B** **v. tr.** **1** (*raro*) cogliere, prendere di sorpresa: *lo sopraggiunse un malore*; *il temporale ci ha sopraggiunti per la strada* **2** (*raro*) raggiungere: *il coniglio fu sopraggiunto dai cani* **3** †aggiungere in più
†**sopraggiungiménto** [1746] **s. m.** ● arrivo
sopraggiùnta [comp. di *sopra-* e *giunta* ✱ 1313] **s. f.** **1** nuova aggiunta | ***per s.***, per di più, per giunta **2** †arrivo improvviso
sopraggiùnto **part. pass.** di *sopraggiungere*; anche **agg.** ● nei sign. del v.: *il s. sergente* (B. Fenoglio); *sopraggiunte complicazioni*
†**sopraggrànde** o †**sovraggrànde** [comp. di *sopra-* e *grande* ✱ av. 1342] **agg.** ● molto grande | più grande della norma
sopraggravàre [dal lat. tardo *supragravāre* 'sovraccaricare', comp. di *sŭpra* 'sopra' e *gravāre* ✱ 1505] **v. tr.** ● (*raro*) aggravare ulteriormente
sopraggràvio [comp. di *sopr-* e *aggravio* ✱ 1872] **s. m.** ● (*raro*) aggravio ulteriore
†**sopraggridàre** o †**sopragridàre** [comp. di *sopra-* e *gridare* ✱ 1319] **v. intr.** ● gridare più forte degli altri
soprạimbótte o **soprimbótte** [comp. di *sopra-* e *imbotte* ✱ 1940] **s. f.** ● superficie esterna della struttura di una volta **SIN.** estradosso
soprạindicàto o **soprindicàto** [comp. di *sopra-* e *indicato* ✱ 1738] **agg.** ● indicato precedentemente
soprainnestàre ➤ **sovrainnestare**
soprainnèsto ➤ **sovrainnesto**
soprạinségna o **soprinségna**, **sopransègna**, †**soprassègna** [comp. di *sopra-* e *insegna* ✱ sec. XIII] **s. f.** ● anticamente, contrassegno particolare sull'armatura per distinguere i cavalieri
soprạinsième [comp. di *sopra-* e *insieme* ✱ 1987] **s. m.** ● (*mat.*) insieme che contiene tutti gli elementi dell'insieme dato
sopraintèndere e deriv. ➤ **soprintendere** e deriv.
sopraliminàle o **supraliminàle** [sul modello di *subliminale*, con sostituzione di *sub-* con *sopra-* ✱ 1960] **agg.** ● (*psicol.*) detto dello stimolo che opera al di sopra della soglia della percezione e della coscienza e quindi viene percepito **CONTR.** subliminale
sopralleġàto [comp. di *sopra* e *allegato* ✱ av. 1536] **agg.** ● (*raro*) allegato, citato, precedentemente
sopralloдàto [comp. di *sopra-* e *lodato* ✱ 1735] **agg.** ● (*raro*) sullodato, già ricordato con lode
sopralluògo o **sopraluògo** [comp. di *sopra-* e *luogo* ✱ 1699] **A** **s. m.** (**pl.** *-ghi*) **1** (*dir.*) ispezione di luoghi disposta ed eseguita di persona dall'autorità giudiziaria per fini probatori **2** (*est.*) visita, ispezione eseguita da tecnici direttamente sul luogo **B** **avv.** ● †sul luogo stesso: *fare un'indagine s.*
sopralùce [propr. 'luce di sopra' ✱ 1957] **s. m. inv.** ● (*edil.*) piccola finestra situata sopra una porta per dare più aria e luce a un ambiente **SIN.** soprapporta
sopraluògo ➤ **sopralluogo**
sopràlzo o **sovràlzo** [comp. di *sopr-* e *alzo* ✱ 1927] **s. m.** ● parte di edificio eseguita successivamente alla costruzione principale esistente, sovrastante gli ultimi piani | sopraelevamento di rotaie
sopramàno ➤ **soprammano**①
†**sópra màno** ➤ †**soprammano**②
sopramentovàto ➤ **soprammentovato**
sopramenzionàto ➤ **soprammenzionato**
soprammànica [comp. di *sopra-* e *manica* ✱ 1584] **s. f.** **1** mezza manica di rasatello nero che, spec. in passato, si infilava a protezione della manica della giacca o della camicia **2** anticamente, parte di abito che, per ornamento, ricopriva le maniche degli abiti femminili
soprammàno① o **sopramàno** [comp. di *sopra-* e *mano* ✱ 1312] **s. m.** ● sopraggitto: *ella / facea l'imbastitura e il sopramano* (G. Pa-

scoli)

†**soprammàno**② o †**sópra màno** [comp. di *sopra-* e *mano* ✱ 1312] **A** **avv.** **1** con la mano alzata al di sopra della spalla, detto spec. di colpi inferti con armi, bastoni e sim.: *ferì con una lancia sopra mano / al supplicante il delicato petto* (L. Ariosto) **2** ostentatamente: *i cittadini di parte Nera parlavano sopra mano* (D. Compagni) | in tono irato **3** (*raro*) sommamente **B** **in funzione di s. m.** ● percossa o colpo d'arma, spec. di spada, vibrato dall'alto al basso

soprammattóne [comp. di *sopra-* e *mattone* ✱ av. 1400] **s. m.** ● esile muro divisorio di mattoni disposti a coltello l'uno sopra l'altro

soprammentovàto o **sopramentovàto**, †**sovrammentovàto** [comp. di *sopra-* e *mentovato* ✱ 1674] **agg.** ● (*lett.*) mentovato prima

soprammenzionàto o **sopramenzionàto** [comp. di *sopra-* e *menzionato* ✱ av. 1701] **agg.** ● menzionato prima

soprammercàto [comp. di *sopra-* e *mercato* ✱ av. 1547] **avv.** ● senza spendere nulla in più | spec. nella loc. avv. ***per s.***, per giunta, per di più

soprammésso **part. pass.** di *soprammettere*; **anche agg.** ● nel sign. del v. | sovrapposto

soprammèttere [comp. di *sopra-* e *mettere* (V. il lat. tardo *supermĭttere*, comp. di *sŭper* 'sopra' e *mĭttere* 'versare') ✱ av. 1798] **v. tr.** (**coniug.** come *mettere*) ● (*raro*) mettere sopra

†**soprammiràbile** o †**sovrammiràbile** [comp. di *sopra-* e *mirabile* ✱ sec. XIV] **agg.** ● (*raro*) molto mirabile

soprammiṣùra [comp. di *sopra-* e *misura* ✱ av. 1226] **avv.** ● (*raro*) grandemente, oltremodo: *è bella s.*

soprammòbile [comp. di *sopra-* e *mobile* ✱ 1900] **s. m.** ● oggetto artistico che si mette per ornamento sopra un mobile

soprammòdo o **sopramòdo**, **sópra mòdo** [comp. di *sopra-* e *modo* ✱ av. 1363] **avv.** ● (*lett.*) oltremodo, sommamente: *meravigliandosene sopra modo* (G. Leopardi)

soprammondàno ➤ **sopramondano**

soprammóndo ➤ **sopramondo**

soprammontàre [comp. di *sopra-* e *montare* ✱ av. 1293] **A** **v. tr.** (*io soprammónto*) ● (*lett.*) soverchiare | (*fig.*) soppiantare **B** **v. intr.** (**aus.** *essere*) **1** salire sopra **2** crescere, sovrabbondare

sopramòdo ➤ **soprammodo**

sopramondàno o **soprammondàno** [comp di *sopra-* e *mondano* ✱ 1551] **agg.** ● (*raro*) che va oltre le cose del mondo

sopramóndo o **soprammóndo** [comp. di *sopra-* e *mondo* ✱ 1940] **s. m.** ● (*raro*) mondo ultraterreno, che trascende la realtà naturale

sopràna [f. sost. di *soprano* ✱ av. 1556] **s. f.** ● sopravveste senza maniche indossata sulla veste da alcuni seminaristi

sopranaṣàle (o **-aṣà-**) [comp. di *sopra-* e *naso*, con suff. aggettivale ✱ 1957] **agg.** ● (*anat.*) che è situato sopra il naso

sopranazionàle ➤ **sovranazionale**

sopranazionalità ➤ **sovranazionalità**

sopranìle [da *soprano* ✱ 1950] **agg.** ● (*raro*) da soprano, di soprano: *voce s.*

sopranista [da *soprano* ✱ 1954] **s. m.** (**pl.** *-i*) ● cantante di sesso maschile che sosteneva ruoli di soprano ottenendone il registro, nei secc. XVII e XVIII in seguito a evirazione, attualmente mediante l'emissione di testa **CFR.** controtenore

soprannarràto [comp. di *sopra-* e *narrato* ✱ av. 1597] **agg.** ● (*lett.*) narrato prima

soprannaturàle o **sovrannaturàle** [comp. di *sopra-* e *naturale* ✱ av. 1308] **A** **agg.** ● che supera i limiti della natura, che trascende la natura | che appartiene al mondo divino: *ordine s.* | nella teologia cattolica, detto di ciò che si produce o si manifesta nell'uomo, in virtù della grazia, in forme che superano la sua natura: *felicità, virtù, fede, grazia, s.* | (*fig., iperb.*) straordinario: *ha una forza s.* ‖ **soprannaturalménte**, **avv.** ‖ **soprannaturalità**, **s. f. inv.** condizione di ciò che è soprannaturale **B** **s. m. solo sing.** ● ciò che supera, che trascende la natura

soprannaturalìṣmo [da *soprannaturale*, con *-ismo* ✱ 1846] **s. m.** ● dottrina filosofica che si fonda sulla credenza nel soprannaturale

soprannazionàle ➤ **sovranazionale**

soprannazionalità ➤ **sovranazionalità**

soprannestàre ➤ **sovrainnestare**

soprànno [comp. di *sopr-* e *anno* ✱ 1312] **agg.** ● detto di animale che ha più di un anno di età

soprannòlo [comp. di *sopra-* e *nolo*, sul modello del fr. *surcharge* ✱ 1970] **s. m.** ● sovrapprezzo imposto, in certe situazioni, al carico imbarcato a bordo di navi

†**soprannomàre** [comp. di *sopra-* e *nomare* ✱ sec. XIV] **v. tr.** ● soprannominare

♦**soprannóme** (o **-ò-**) o †**sopranóme** (o **-ò-**) [dal lat. mediev. *supernōme(n)*, comp. di *sŭper* 'sopra' e *nōmen*, genit. *nōminis* 'nome', con sovrapposizione di *sopra-* ✱ av. 1292] **s. m.** **1** †casato, cognome: *gli era de' Grimaldi caduto il s.* (G. Boccaccio) **2** appellativo, spesso legato a particolari caratteristiche individuali o ambientali, che si sostituisce al vero nome e cognome di una persona: *Giovan Francesco Barbieri è noto con il s. di 'il Guercino'*; *nel quartiere è conosciuto col s. di Gambacorta*; *è così furbo che per s. lo chiamano la volpe*

SFUMATURE DI SIGNIFICATO

soprannome - nomignolo - epiteto

Il **soprannome** è un appellativo, spesso legato a una caratteristica fisica o morale della persona, che altri le attribuiscono e che col tempo finisce quasi per sostituirsi al vero nome e cognome, divenendo il modo con cui quella persona è individuata. **Nomignolo** ha lo stesso significato, ma suggerisce spesso una sfumatura offensiva, denigratoria. **Epiteto** è un sostantivo, un aggettivo o una locuzione che si accompagna a un nome per qualificarlo, indicandone le caratteristiche, ma che, a differenza del soprannome, non tende a sostituire il nome.

SFUMATURE ➤ ***pseudonimo***

soprannominàre [dal lat. tardo *supernomināre* 'soprannominare', comp. di *sŭper* 'sopra' e *nomināre*, con sovrapposizione di *sopra-* ✱ av. 1348] **v. tr.** (*io soprannòmino*) ● designare con un soprannome: *Venezia fu soprannominata la Serenissima*

soprannominàto① **part. pass.** di *soprannominare*; **anche agg.** ● chiamato con soprannome: *Mario Rossi, s. il Riccio*

soprannominàto② ➤ **sopranominato**

†**soprannotàre** ➤ **soprannuotare**

soprannotàto o **sopranotàto**, **sópra notàto** [comp. di *sopra-* e *notato* ✱ 1308] **agg.** ● notato, indicato, prima

soprannumeràrio o **sovrannumeràrio** [vc. dotta, dal lat. tardo *supernumerāriu(m)*, comp. di *sŭper* 'sopra' e *numerārius*, da *nŭmerus* 'numero' ✱ 1532] **agg.** ● che è in soprannumero: *insegnanti soprannumerari* | (*anat.*) che supera il numero normale: *dito s.*

soprannùmero o **sovrannùmero** [comp. di *sopra-* e *numero* ✱ sec. XIV] **A** **avv.** ● oltre il numero prestabilito: *ho carta e penne s.* | anche nella loc. avv. e nella loc. agg. inv. ***in s.***: *gli impiegati sono in s.*; *insegnante in s.* **B** **in funzione di agg. inv.** ● extra, più dell'usuale o del prestabilito: *il lavoro s. verrà pagato a parte*

soprannuotàre o †**soprannotàre** [comp. di *sopra-* e *nuotare* ✱ 1340 ca.] **v. intr.** (*io soprannuòto*; **aus.** *avere*) ● (*lett.*) galleggiare in un liquido: *Il vaso, che soprannuota* (G. Galilei) | (*fig., lett.*) sopravvivere: *Egli è un pover'uomo ... che per s. lavora ... come un facchino* (G. Carducci)

sopràno [lat. parl. *sup(e)rānu(m) 'che sta sopra', da *sŭper* 'sopra' ✱ av. 1294] **A** **agg.** **1** †che sta sopra, più in alto: *contrade soprane* (G. D'Annunzio) **2** (*fig.*) †superiore per qualità e pregio: *non apprezzò ... cosa sì soprana* (L. Ariosto) **3** (*fig.*) †regale, relativo al sovrano **4** che sta sopra, superiore, spec. usato in toponomastica in contrapposizione a *sottano*: *Petralia Soprana* **B** **s. m.; anche agg.** ● (*mus.*) la più acuta delle voci femminili: *voce di s.*, *voce soprana* **C** **s. m. o f.** (**pl. m.** *soprani*, **pl. f. inv.**) ● chi canta con voce di soprano: *la sala ha applaudito entusiasticamente il s.* **D** **agg. inv.** ● (posposto a un sost.) (*mus.*) detto di strumento musicale che, nell'ambito della propria famiglia, ha estensione simile a quella della voce di soprano: *sax s.* ‖ **sopranino**, **dim.**

†**sopranóme** (o **-ò-**) ➤ **soprannome**

sopranominàto o **sópra nominàto**, (*raro*) **soprannominàto**② [comp. di *sopra-* e *nominato*, sul modello del lat. tardo *supranominātus* ✱ 1342] **agg.** **1** nominato precedentemente **2** †menzionato sopra: *calcolare le loro... eclissi e gli altri accidenti sopranominati* (G. Galilei)

sopranormàle [comp. di *sopra-* e *normale* ✱ 1960] **A** **agg.** ● (*raro*) superiore al normale **B** **s. m. solo sing.** ● insieme dei fenomeni metapsichici

sopranotàto o **sópra notàto** ➤ **soprannotato**

sopranségna ➤ **soprainsegna**

†**soprantèndere** ➤ **soprintendere**

†**sopraordinàrio** [comp. di *sopra-* e *ordinario* ✱ 1585] **agg.** ● straordinario

sopraòsso ➤ **soprosso**

soprapagàre o **soprappagàre** [comp. di *sopra-* e *pagare* ✱ sec. XIII] **v. tr.** (*io soprapàgo, tu soprapàghi*) ● (*raro*) pagare più del consueto, del normale

†**soprapagatóre** [av. 1722] **s. m.** (**f.** *-trice*) ● (*raro*) chi soprapaga

sópra pàrto ➤ **soprapparto**

soprapassàggio [comp. di *sopra-* e *passaggio* ✱ 1962] **s. m.** ● ponte, spec. stradale, che scavalca una strada o ferrovia **SIN.** cavalcavia

sópra pensièro ➤ **soprappensiero**

†**soprapórre** ➤ **sovrapporre**

soprapòrta ➤ **soprapporta**

soprappàga [comp. di *sopra-* e *paga* ✱ 1543] **s. f.** **1** (*raro*) paga corrisposta in più della paga normale **2** (*fig.*) nella loc. avv. ***per s.***, per di più, inoltre, per giunta

soprappagàre ➤ **soprapagare**

soprappàrto o **sópra pàrto** nel sign. B [comp. di *sopra-* e *parto* ✱ av. 1604] **A** **s. m.** ● parto che segue immediatamente il primo nei parti gemellari **B** **avv.** ● sul punto di partorire: *essere, stare, s.*; *morire s.*

soprappassàggio ➤ **sovrappassaggio**

soprappàsso ➤ **sovrappasso**

soprappensièro o **sópra pensièro**, **sovrappensièro** [comp. di *sopra-* e *pensiero* ✱ av. 1543] **avv.** ● assorto nei propri pensieri in modo da non prestare attenzione a ciò che avviene intorno o da agire distrattamente: *essere s.*; *fare qlco. s.*; *stavo s. e non ho capito quanto hai detto*

soprappéso (o **-ṣo**) [comp. di *sopra-* e *peso* ✱ sec. XIII] **s. m.** **1** (*raro*) peso che si aggiunge al peso normale | *per s.*, per giunta, per di più **2** (*med.*) V. *sovrappeso*

†**soprappièno** o †**sovrappièno** [comp. di *sopra-* e *pieno* ✱ av. 1294] **agg.** ● stracolmo

soprappiù ➤ **sovrappiù**

soprappórre e deriv. ➤ **sovrapporre** e deriv.

soprappòrta o **soprapòrta**, **sovrappòrta** [comp. di *sopra-* e *porta* ✱ av. 1400] **s. f.** **1** ornamento scultorio o pittorico sovrastante l'architrave o il fregio di una porta nell'interno di un edificio **2** finestrino situato sopra una porta, per dare più aria e luce all'ambiente SIN. sopraluce

†**soprapprèndere** [comp. di *sopra-* e *prendere* ✱ sec. XIII] **v. tr.** ● sorprendere: *la notte oscura il soprapprese di lungi del castello* (G. BOCCACCIO)

†**soprappréso** (o -ṣo) **part. pass.** di †*soprapprendere* ● sorpreso | confuso

soprapprèzzo ➤ **sovrapprezzo**

soprapproduzióne ➤ **sovrapproduzione**

soprapprofitto o **sopraprofitto**, **sovrapprofitto**, **sovraprofitto** [comp. di *sopra-* e *profitto* ✱ 1916] **s. m.** ● (*econ.*) profitto eccedente il livello normale, in genere dovuto ad avvenimenti eccezionali, come una guerra, o a congiunture particolari

soprraprèzzo ➤ **sovrapprezzo**

sopraprofìtto ➤ **soprapprofitto**

soprapùbico [comp. di *sopra* e *pubico* ✱ 1888] **agg.** (**pl. m.** *-ci*) ● (*anat.*) relativo alla regione del bacino al di sopra del pube | (*med.*) ***prostatectomia soprapubica***, rimozione della prostata tramite un'incisione addominale al di sopra della sinfisi pubica

soprarazionàle o (*raro*) **sovrarazionàle** [comp. di *sopra-* e *razionale* ✱ av. 1588] **agg.**; anche **s. m.** ● detto di ciò su cui la ragione con gli strumenti a sua disposizione non può pronunciarsi

†**sopràre** ➤ **superare**

soprariferìto ➤ **soprarriferito**

†**sopraripresnióne** [comp. di *sopra-* e *riprensione* ✱ av. 1566] **s. f.** ● nella retorica classica, parte del discorso che segue alla riprensione

soprariscaldaménto ➤ **soprarriscaldamento**

sopraràzzo [comp. di *sopra-* e di una var. sett. di *riccio*① ✱ 1523] **A** **s. m.** ● tipo di velluto con motivi in rilievo su fondo liscio **B** anche **agg.**: *velluto s.*

soprarriferito o **soprariferito** [comp. di *sopra-* e *riferito* ✱ 1664] **agg.** ● (*raro*) riferito precedentemente

soprarriscaldaménto o **soprariscaldaménto** [comp. di *sopra-* e *riscaldamento* ✱ 1965] **s. m.** ● (*fis.*) surriscaldamento

soprarrivàre [comp. di *sopr-* e *arrivare* ✱ 1516] **v. intr.** (**aus.** *essere*) ● (*lett.*) sopraggiungere, sopravvenire

soprarrivàto **A** **part. pass.** di *soprarrivare*; anche **agg.** ● nei sign. del v. **B** **s. m.** (**f.** *-a*) ● (*lett.*) persona sopraggiunta

†**soprasalàre** [comp. di *sopra-* e *salare* ✱ av. 1400] **v. tr.** ● salare oltre il dovuto

soprasaturazióne ➤ **soprassaturazione**

soprasàturo ➤ **soprassaturo**

soprascàrpa [comp. di *sopra-* e *scarpa* ✱ 1838] **s. f.** ● galoscia

soprascrìtta [comp. di *sopra-* e *scritta* ✱ 1261 ca.] **s. f.** **1** (*raro*) indirizzo, di lettere o sim. **2** (*raro*) iscrizione su lapidi, cartelli e sim.

soprascrìtto ➤ **sovrascritto**

soprascrìvere ➤ **sovrascrivere**

†**soprasedére** ➤ **soprassedere**

soprasegmentàle o **sovrasegmentàle** [ingl. *suprasegmental*, comp. di *supra-* 'sopra-' e *segmental* 'segmentale' ✱ 1960] **agg.** ● (*ling.*) detto dei tratti prosodici (come l'accento, l'intonazione, la durata) che, nella catena parlata, contraddistinguono un tratto più lungo del fonema

soprasensìbile o **sovrasensìbile** [comp. di *sopra-* e *sensibile* ✱ 1843] **A** **agg.** ● detto di ciò di cui è impossibile avere qualsiasi tipo di conoscenza sensibile **B** **s. m.** solo **sing.** ● ciò che è soprasensibile

soprasènso o **sovrasènso** [comp. di *sopra-*, *sovra-* e *senso* ✱ 1308] **s. m.** **1** (*lett.*) capacità sensoriale superiore a quella normale **2** (*letter.*) nella critica letteraria, significato nascosto, metaforico

soprasottàna [comp. di *sopra-* e *sottana* ✱ sec. XVIII] **s. f.** ● negli antichi costumi, gonna generalmente aperta davanti o ripresa in un drappeggio in modo da lasciar vedere la gonna sottostante

†**sopraspèndere** [comp. di *sopra-* e *spendere* ✱ 1340] **v. tr.** ● spendere eccessivamente

soprassàlto [comp. di *sopra-* e *salto* ✱ av. 1532] **s. m.** ● movimento del corpo brusco e repentino: *avere, fare, un s.*; *essere preso da un s.* | ***di s.***, con un sussulto, con un movimento brusco; (*est.*) d'un tratto, bruscamente: *svegliarsi di s.*

soprassàta ➤ **soppressata**

soprassaturazióne o **soprasaturazióne** [comp. di *sopra-* e *saturazione* ✱ 1875] **s. f.** ● condizione di ciò che è soprassaturo: *grado di s.*

soprassàturo o **soprasàturo** [comp. di *sopra-* e *saturo* ✱ 1872] **agg.** ● detto di vapore o di soluzione che contiene una quantità di soluto superiore a quella massima consentita nelle stesse condizioni di temperatura e di pressione

soprassedére o †**soprasedére** [dal lat. tardo **suprasedēre* 'differire', variante di *supersedēre*, comp. di *sŭpra* 'sopra' e *sedēre* 'sedere' ✱ av. 1332] **v. intr.** (**coniug. come** *sedere*; **aus.** *avere*) **1** differire l'esecuzione di qlco., aspettare prima di decidere o di agire (+ *a*; anche *assol.*): *s. a una decisione* | (*est.*, *colloq.*) lasciar perdere, tralasciare: *è meglio s.* **2** †sedere sopra, essere sopra, sovrastare **3** †dimorare

†**soprasségna** ➤ **soprainsegna**

soprassegnàre [comp. di *sopra-* e *segnare* ✱ 1305] **A** **v. tr.** (*io soprasségno*; **coniug. come** *segnare*) ● contrassegnare **B** **soprassegnàrsi** **v. rifl.** ● †mettersi una soprainsegna

soprasségno [comp. di *sopra-* e *segno* ✱ 1483] **s. m.** **1** contrassegno **2** †insegna sulla sopravveste: *ch'al s. t'ho riconosciuto* (L. PULCI)

soprassèlla [comp. di *sopra-* e *sella* ✱ 1961] **s. m. inv.** ● nel linguaggio del ciclismo, la zona del perineo

soprassèllo [lat. tardo *supersĕlliu(m)*, propr. 'gualdrappa', comp. di *sŭper* 'sopra' e *-sĕllium*, da *sĕlla*. V. *sella* ✱ av. 1364] **s. m.** **1** †carico aggiunto alla soma normale **2** (*fig.*, *disus.*) giunta, aggiunta, spec. nella loc. avv. ***per s.***, in aggiunta

soprassicurazióne [comp. di *sopra-* e *assicurazione* ✱ 1960] **s. f.** ● assicurazione per una somma superiore al valore di ciò che si assicura CFR. sottoassicurazione

soprassòglio [comp. di *sopra-* e *soglio* 'soglia' ✱ av. 1342] **s. m.** **1** architrave **2** rialzo provvisorio costruito con sacchi di terra sugli argini di un corso d'acqua per fronteggiare una piena eccezionale

soprassòldo [comp. di *sopra-* e *soldo* ✱ av. 1806] **s. m.** ● (*disus.*) aumento di paga per particolari incarichi

soprassuòla [comp. di *sopra-* e *suola* ✱ 1960] **s. f.** **1** mezza suola in gomma sulla parte anteriore della scarpa per isolare maggiormente il piede **2** (*est.*) protezione che si mette ai cingoli di trattori e sim. quando avanzano su una superficie rigida, perché non la rovinino

soprassuòlo o (*impropr.*) **soprasuòlo** [comp. di *sopra-* e *suolo* ✱ av. 1862] **s. m.** **1** strato coltivabile del terreno, spec. in contrapposizione a sottosuolo **2** insieme delle piante arboree di un terreno

soprastallìa [comp. di *sopra-* e *stallia* ✱ 1813] **s. f.** ● (*disus.*, spec. al **pl.**) sosta di una nave in un porto per attendere il carico

soprastampàre e deriv. ➤ **sovrastampare** e deriv.

soprastànte **A** **part. pres.** di *soprastare*; anche **agg.** ● nei sign. del v. **B** **s. m.** ● (*disus.*) vigilante, sorvegliante, custode: *il s. della prigione*; *Era stato Russo, il s., a rinvenire quella cosa* (G. TOMASI DI LAMPEDUSA)

soprastànza [1305] **s. f.** **1** †superiorità **2** (*disus.*) soprintendenza

soprastàre [comp. di *sopra-* e *stare*, sul modello del lat. *superstāre* 'stare (*stāre*) sopra (*sŭper*)' ✱ 1261 ca.] **A** **v. intr.** (**pres.** *io soprastò, tu soprastài, egli soprastà*; **nelle altre forme coniug. come** *stare*; **aus.** *essere*, *raro avere*) **1** †stare a capo, essere superiore, soprintendere CONTR. sottostare **2** (*raro*, *lett.*) dominare, sopraffare **3** †trattenersi in un luogo: *soprastette la notte di fuori* (F. SACCHETTI) | (*fig.*) †indugiare, soprassedere **4** †cessare **5** V. *sovrastare* **B** **v. tr.** ● †vincere, sopraffare

soprastruttùra ➤ **sovrastruttura**

soprasuòlo ➤ **soprassuolo**

sopratàcco ➤ **soprattacco**

†**sopratàglio** [comp. di *sopra-* e *taglio* ✱ av. 1536] **s. m.** ● apertura di indumento con spacchi orlati di passamano, da cui si intravede il tessuto sottostante d'altro colore | anche nella loc. agg. inv. ***a s.***: *brache, giustacuore a s.*

sopratàssa ➤ **soprattassa**

sopratassàre ➤ **soprattassare**

sopratemporàle ➤ **sovratemporale**

sópra tèrra o **sopratèrra** ➤ **sopratterra**

sopraterréno [comp. di *sopra-* e *terreno* ✱ 1680] **agg.** ● (*lett.*) ultraterreno

sopratìtolo ➤ **soprattitolo**

sopratònica [comp. di *sopra-* e *tonica* ✱ 1801] **s. f.** ● (*mus.*) secondo grado della scala diatonica, così detto perché segue la tonica

soprattàcco o **sopratàcco** [comp. di *sopra-* e *tacco* ✱ 1805] **s. m.** (**pl.** *-chi*) ● tacco di rinforzo, consistente in un pezzo di cuoio o di gomma, che si sovrappone al tacco originario della scarpa

soprattàssa o **sopratàssa**, **sovrattàssa** [comp. di *sopra-* e *tassa* ✱ 1802] **s. f.** ● sanzione fiscale costituita da una somma di denaro di ammontare pari all'imposta, o a una frazione o a un multiplo della stessa

soprattassàre o **sopratassàre** [comp. di *sopra-* e *tassare* ✱ av. 1861] **v. tr.** ● gravare di soprattassa

soprattènda [comp. di *sopra-* e *tenda* ✱ 1922] **s. f.** ● ciascuna delle due strisce di tessuto poste ai lati di una tenda di finestra spec. per ornamento

†**soprattenére** [comp. di *sopra-* e *tenere* ✱ 1353] **v. tr.** ● trattenere oltre il dovuto

soprattèrra o **sópra tèrra**, **sopratèrra** [comp. di *sopra-* e *terra* ✱ av. 1374] **avv.** ● (*raro*) a fior di terra, sopra la superficie del suolo: *sporgere mezzo metro s.* | (*fig.*) †sulla terra, nel mondo

S

soprattétto [comp. di *sopra-* e *tetto* ✱ 1618] **A** avv. ● (*raro*) sopra il tetto di un edificio: *un'ampia terrazza costruita s.; un ripostiglio posto s.* **B** in funzione di agg. inv. ● (*raro*) che sta sopra il tetto: *una stanza s.* **C** s. m. ● nelle tende da campeggio, telo esterno spec. in materiale impermeabile

soprattìtolo o **sopratìtolo** [comp. di *sopra-* e *titolo* ✱ 1960] s. m. **1** (*tipogr.*) occhiello nel sign. 5 **2** testo originale (o traduzione) di un'opera teatrale che viene proiettato sopra o ai lati della scena per favorirne la comprensione da parte del pubblico **3** (*edit.*) titolo secondario premesso a quello principale di un libro per dare maggiore evidenza all'argomento trattato

♦**soprattùtto** o (*raro*) **sópra tùtto**, (*raro*) **sopratùtto** [comp. di *sopra-* e *tutto* ✱ sec. XIII] avv. ● prima o più d'ogni altra cosa: *ciò che conta è s. l'onestà; mi piace s. il teatro; desidero s. che stiate sereni* | specialmente, più di tutto: *mi raccomando s. la puntualità; e cercate s. di non fare rumore; s., cerca di stare calmo*

†**soprаumàno** ➤ **sovrumano**

sopravalutàre e deriv. ➤ **sopravvalutare** e deriv.

sopravanzàre [comp. di *sopr-* e *avanzare* ✱ sec. XIII] **A** v. tr. ● (*raro*) superare **B** v. intr. (aus. *essere* nel sign. 1, *avere* nel sign. 2) **1** (*raro*) avanzare, restare d'avanzo: *ciò che sopravanza lo distribuiscano gli altri* (L.A. MURATORI) **2** †sporgere in fuori | †sovrastare

sopravànzo [da *sopravanzare* ✱ 1551] s. m. ● ciò che sopravanza | (*raro*) ***di s.***, per soprappiù

sopravènto ➤ **sopravvento**

†**sopravèste** ➤ **sopravveste**

sopravvalutàre o **sopravalutàre** [comp. di *sopra-* e *valutare* ✱ 1923] **A** v. tr. (*io sopravvàluto* o, etim. più corretto ma meno diffuso, *sopravalùto*) ● attribuire a qlcu. o a qlco. maggiore importanza o valore di quanto realmente ne abbiano: *s. il nemico, le forze nemiche; s. una persona; s. una difficoltà* CONTR. sottovalutare **B** **sopravvalutàrsi** v. rifl. ● attribuirsi un valore, un'importanza o delle capacità maggiori di quelle reali CONTR. sminuirsi, sottovalutarsi, svalutarsi

sopravvalutazióne o **sopravalutazióne** [da *sopravvalutare* ✱ 1906] s. f. ● valutazione eccessiva, oltre il reale o il giusto

†**sopravvedére** [comp. di *sopra-* e *vedere*① ✱ sec. XIV] **A** v. tr. ● sorvegliare, controllare **B** v. intr. ● sovrintendere: *Egli dèe s. al mangiar della dama* (G. CARDUCCI)

sopravvegliànza [comp. di *sopra-* e *vegliànza*; 1802 ✱ 1797] s. f. ● (*disus.*) sorveglianza; supervisione

†**sopravvegnènte** ➤ †**sopravveniente**

†**sopravvegnènza** ➤ **sopravvenienza**

†**sopravveniènte** o †**sopravvegnènte** [vc. dotta, dal lat. *superveniĕnte(m)*, part. pres. di *supervenīre* 'sopravvenire' ✱ sec. XIII] agg. ● che sopravviene

sopravveniènza o †**sopravvegnènza** [da *sopravveniente* ✱ 1512] s. f. **1** (*raro*) il sopravvenire | arrivo o evento imprevisto **2** entrata o uscita che si verifica imprevedibilmente in un'azienda, causata da fatti estranei alla normale gestione

†**sopravveniménto** [1308] s. m. ● sopravvenienza

sopravvenìre [dal lat. *supervenīre*, comp. di *sŭper* 'sopra' e *venīre*, con sovrapposizione di *sopra-* ✱ sec. XIII] **A** v. intr. (coniug. come *venire*; aus. *essere*) **1** (*raro*) sopraggiungere: *sopravvenne il maestro e tutti tacquero* **2** accadere, succedere all'improvviso: *sono sopravvenute complicazioni* **B** v. tr. ● †sorprendere, cogliere

sopravventàre [da *sopravvento* ✱ 1814] v. tr. (*io sopravvènto*) ● (*mar.*; *disus.*) guadagnare al vento, lasciare sottovento un'altra nave, un'isola, una punta di terra (*anche assol.*)

sopravvènto o (spec. nei sign. A, B e C 1) **sopravènto** [comp. da *sopra-* e *vento* ✱ av. 1364] **A** avv. ● dal lato da cui spira il vento | (*mar.*) ***essere, navigare sopravento***, trovarsi più vicino al lato da cui spira il vento rispetto ad un oggetto fisso o mobile in mare CONTR. sottovento **B** in funzione di agg. inv. ● detto del fianco di una montagna esposto all'azione diretta del vento, dove, con condizioni atmosferiche particolari, si hanno nubi cumuliformi e precipitazioni: *lato, versante sopravento* **C** in funzione di s. m. solo sing. **1** (*mar.*) lato da cui spira il vento, rispetto all'asse longitudinale della nave **2** (*fig.*) vantaggio, posizione vantaggiosa, predominio: *avere, prendere il s. su qlcu.*

†**sopravvenùta** [comp. di *sopra-* e *venuta* ✱ sec. XIV] s. f. ● venuta improvvisa

sopravvenùto part. pass. di *sopravvenire*; anche agg. ● nei sign. del v. | giunto all'improvviso | accaduto in un secondo tempo, in modo imprevisto

sopravvèste o †**sopravèste**, †**sopravvèsta** [comp. di *sopra-* e *veste* ✱ 1312] s. f. **1** indumento che, spec. un tempo, si indossava sopra un'altra veste: *Paolo porta una lunga e ricca s.* (G. D'ANNUNZIO) | veste interamente aperta sul davanti in modo da lasciar vedere l'abito sottostante, tipica spec. del Medioevo **2** (*est.*) soprabito: *scorciava e raddrizzava giacche e sopravvesti* (R. BACCHELLI)

†**sopravvestìre** [dal lat. tardo (eccl.) *supervestīre* 'rivestire', comp. di *sŭper* 'sopra' e *vestīre*. V. *vestire*① ✱ sec. XIII] v. tr. ● mettere la sopravveste | (*lett.*) ricoprire

sopravvìa [comp. di *sopra-* e *via* ✱ 1891] s. f. ● (*disus.*) strada sopraelevata

sopravvìncere [dal lat. tardo *supervĭncere* 'stravincere', comp. di *sŭper* 'sopra' e *vĭncere*, con sovrapposizione di *sopra* ✱ sec. XIII] **A** v. tr. (coniug. come *vincere*) ● (*raro, lett.*) sopraffare: *si lasciava s. da una specie di ebrietà panica* (G. D'ANNUNZIO) **B** v. tr. e intr. ● †stravincere

†**sopravvìnto** part. pass. di *sopravvincere*; anche agg. **1** nel sign. del v. **2** sopraffatto: *molti sopravvinti dal sonno si addormentarono* (I. SANNAZARO)

sopravvissùto **A** part. pass. di *sopravvivere*; anche agg. **1** nei sign. del v. **2** che è rimasto in vita dopo la morte di altri (+ *a*): *i marinai sopravvissuti al naufragio; i padroni sopravvissuti pensavano già a cercare ... operai* (A. MANZONI) **3** (*fig.*) che ha mentalità, idee, e sim. arretrate, sorpassate **B** s. m. (f. *-a*) ● persona sopravvissuta (*anche fig.*)

sopravvìtto [comp. di *sopra-* e *vitto* ✱ 1898] s. m. ● nelle grandi comunità carcerarie, vitto sostitutivo o aggiuntivo dei pasti ordinari, che l'ospite o il recluso si procura a proprie spese

sopravvivènte **A** part. pres. di *sopravvivere*; anche agg. ● nei sign. del v. **B** s. m. e f. ● chi sopravvive

♦**sopravvivènza** [1634] s. f. ● il sopravvivere; condizione o stato di chi (o di ciò che) sopravvive: *dubito della sua s.; la s. di istituzioni arcaiche* | ***certificato di s.***, che attesta che una persona è ancora in vita | (*stat.*) ***tavola di s.***, tavola di mortalità | (*stat.*) ***probabilità di s.***, rappresenta la probabilità che un individuo di una data età sopravviva per un dato numero di anni | survival: *corso di s.*

♦**sopravvìvere** [dal lat. tardo *supravīvere*, variante di *supervīvere*, comp. di *sŭpra* 'sopra' e *vīvere*. V. *vivere*① ✱ sec. XIII] v. intr. (fut. *io sopravviverò* o *sopravvivrò*; condiz. pres. *io sopravviverèi* o *sopravvivrèi*; nelle altre forme coniug. come *vivere*; aus. *essere*) **1** continuare a vivere dopo la morte di altre persone (+ *a*): *è sopravvissuto al figlio* | scampare a disgrazie, sciagure, e sim. in cui altri hanno trovato la morte: *sopravvissero al naufragio* **2** rimanere vivo (*anche fig.*) (+ *in*): *s. dopo una difficile operazione; gli artisti sopravvivono nelle loro opere; voglio s. in voi* (G. VERGA) | (*fig.*) perdurare, mantenersi: *antiche superstizioni che tuttora sopravvivono*

sopreccedènte o **sovreccedènte**, (*raro*) **sopraeccedènte** part. pres. di *sopreccedere*; anche agg. ● eccedente, eccessivo | (*lett., raro*) straordinario

sopreccedènza o **sovreccedènza**, (*raro*) **sopraeccedènza** [1694] s. f. ● (*raro*) il sopreccedere | eccedenza | ***in s.***, in più

sopreccèdere o **sovreccèdere**, (*raro*) **sopraeccèdere** [comp. di *sopr-* ed *eccedere* ✱ sec. XV] **A** v. tr. (coniug. come *eccedere*) ● (*raro*) eccedere superando **B** v. intr. (aus. *avere*) ● essere in più, essere d'avanzo

†**sopreccellènte** o †**sopraeccellènte** [vc. dotta, dal lat. tardo *superexcellĕnte(m)* 'superiore a tutto', comp. di *sŭper* 'sopra' ed *excĕllens* 'eccellente', con sovrapposizione di *sopra-* ✱ av. 1419] agg. ● straordinario

sopreccitàre e deriv. ➤ **sovreccitare** e deriv.

sopredificàre e deriv. ➤ **sopraedificare** e deriv.

soprelencàto ➤ **sopraelencato**

soprelevàre e deriv. ➤ **sopraelevare** e deriv.

†**sopreminènte** ➤ †**sovreminente**

†**sopreminènza** ➤ †**sovreminenza**

soprespósto ➤ **sopraesposto**

sopressàta ➤ **soppressata**

†**soprèsso** ➤ †**sovresso**

soprimbòtte ➤ **sopraimbotte**

soprindicàto ➤ **sopraindicato**

soprinnestàre ➤ **sovrainnestare**

soprinnèsto ➤ **sovrainnesto**

soprinsègna ➤ **soprainsegna**

soprintendènte o **sopraintendènte**, **sovrintendènte**, **sovraintendènte** **A** part. pres. di *soprintendere*; anche agg. ● nei sign. del v. **B** s. m. e f. **1** chi soprintende all'esecuzione di qlco.: *il s. ai lavori; il s. della fabbrica* **2** funzionario statale con mansioni direttive e di vigilanza nei settori di Belle Arti e Antichità, spec. in uffici periferici del Ministero per i beni e le attività culturali **3** V. *sovrintendente* nel sign. B 3

soprintendènza o **sopraintendènza**, **sovrintendènza**, **sovraintendènza** [da *soprintendente* ✱ av. 1580] s. f. **1** attività del soprintendere **2** ufficio distaccato del Ministero per i beni e le attività culturali, cui spetta il compito di tutelare il patrimonio monumentale, artistico o archeologico di una data zona: *s. ai beni monumentali e architettonici, ai beni storici e artistici, ai beni archeologici*

soprintèndere o **sopraintèndere**, **sovrintèndere**, **sovraintèndere**, †**soprantèndere** [vc. dotta, dal lat. *superintĕndere* 'sorvegliare', comp. di *sŭper* 'sopra' e *intĕndere* 'attendere, badare', sul modello del gr. *episkopêin* ✱ av. 1328] v. intr. (pass. rem. *io soprintési, tu soprintendésti*; part. pass. *soprintéso*; aus. *avere*) ● avere la cura e il comando di qlco. (+ *a*): *donna Prassede si trovava ... aver tre monasteri e due case a cui s.* (A. MANZONI) | vigilare sulla regolare esecuzione di un lavoro, un ufficio, e sim.: *s. alla costruzione di una chiesa; s. a un lavoro di ricerca*

†**soprordinàrio** [comp. di *sopr(a)-* e *ordinario* ✱ 1585] agg. ● (*raro*) straordinario ‖ †**sopra-**

ordinariaménte, **avv.**

sopròsso o **sopraòsso**, **sovròsso**, **sovraòsso** [comp. di *sopr-* e *osso* ✱ av. 1320] **s. m.** ● (*pop.*) callo osseo

†**soprumàno** ➤ **sovrumano**

♣**soprùṣo** [comp. di *sopr-* e *uso* ✱ 1525] **s. m.** ● atto con cui si abusa della propria autorità imponendo la propria volontà e danneggiando i diritti o gli interessi altrui: *fare un s. a qlcu.*; *fare, commettere, un s.*; *ricevere, subire, un s.*; *è stato un s. dei superiori* **SIN.** prepotenza, soperchieria, sopraffazione **SFUMATURE** ➤ ***arbitrio***

♣**soqquàdro** [comp. di *so-* e *squadro*, loc. del linguaggio dei muratori: propr. 'non ad angolo retto' ✱ av. 1488] **s. m.** ● confusione, scompiglio, grande disordine, spec. nella loc. ***mettere a s.***: *metteremo il mondo a s. ...!* (G. VERGA)

Definizione d'autore

Se si esclude il Manzoni che una volta, con scarsi risultati, l'ha proposto da solo, come sostantivo, è un termine che vive esclusivamente in compagnia del verbo *mettere*: «ho messo a **soqquadro**». Significa che ho buttato all'aria qualcosa o fatto un gran casino. Nonostante l'uso piuttosto raro, gode di una certa notorietà poiché è l'unica parola italiana che si scrive con due q. Inspiegabile il fatto che di un simile privilegio non goda, ad esempio, il termine "acquartierato": non risulta, oltretutto, che un battaglione acquartierato debba per forza stare a mollo nell'acqua fino al ginocchio, come il termine, erroneamente, suggerisce.

Alessandro Baricco

SFUMATURE DI SIGNIFICATO

soqquadro - sottosopra

L'uso di **soqquadro** è limitato solo all'espressione *mettere a soqquadro*, che significa buttare tutto per aria, fare un grande scompiglio. **Sottosopra** è un avverbio che indica anch'esso una condizione di disordine assoluto, dove le cose che dovrebbero stare sopra stanno sotto e viceversa.

sor /sor/ [abbr. di *signor(e)*, in posizione proclitica ✱ 1741] **s. m.** (**f.** *sóra*; **pl. m. inv.**; **pl. f.** *sóre*) ● (*centr.*) signore (si usa davanti a nomi propri o comuni, titoli, e sim.): *qualcuno dei tanti santi che la sora Maria pregava sempre* (P.P. PASOLINI)

sor- [dal lat. *sŭper* 'sopra'] **pref.** ● in parole composte di formazione italiana o modellate sul francese, significa 'sopra': *sorprendere, sorvolare*

†**sòra** ① ➤ **suora**

sóra ② ➤ **sor**

†**soràre** ➤ **sciorare**

sòrba [da *sorbo* ✱ av. 1320] **A s. f.** **1** frutto del sorbo, simile a una piccola pera arrotondata, che si raccoglie acerbo e si lascia maturare nella paglia **SIN.** sorbola **2** (*fam.*, *fig.*) botta, percossa **B sòrbe** in funzione di inter. ● (*fam.*, *bolognese*) esprime sorpresa, meraviglia e sim.: *sorbe! che botte!*

sorbàre [da *sorba* 'percossa' ✱ 1872] **v. tr.** (*io sòrbo*) ● (*fam.*) percuotere, picchiare: *lo sorbò di santa ragione*

sorbettàre [da *sorbetto* ✱ av. 1698] **v. tr.** (*io sorbétto*) **1** gelare un liquido per farne un sorbetto **2** (*fam.*, *fig.*, *disus.*) sorbire, sopportare | anche in forma pron.: *sorbettarsi una persona antipatica*

sorbetterìa [da *sorbetto* ✱ av. 1769] **s. f.** ● (*raro*) gelateria

sorbettièra [da *sorbetto* ✱ 1666] **s. f.** ● recipiente cilindrico di rame stagnato, circondato di ghiaccio e sale da cucina, usato un tempo per fare sorbetti o gelati

sorbettière [da *sorbetto* ✱ av. 1686] **s. m.** (**f.** *-a*) ● nell'industria dolciaria, addetto alla confezione dei gelati

sorbétto [dal turco *şerbet* 'bevanda fresca', dall'arabo *šarba* (V. *sciroppo*), con sovrapposizione di *sorbire* ✱ 1581] **s. m.** ● preparazione semidensa e appena ghiacciata a base di sciroppo di zucchero mescolato a succo o polpa di frutta tritata, talvolta con aggiunta di albume d'uovo montato a neve ‖ **sorbettìno**, **dim.**

sorbìbile [av. 1758] **agg.** ● (*raro*) che si può sorbire

sòrbico [da *sorb(o)* col suff. *-ico* ✱ 1838] **agg.** (**pl. m.** *-ci*) ● (*chim.*) detto di acido carbossilico insaturo a sei atomi di carbonio presente nei frutti di sorbo, largamente impiegato come conservante per alimenti

†**sòrbile** [vc. dotta, dal lat. *sŏrbile(m)* 'da sorbire', da *sorbēre* 'sorbire' ✱ av. 1552] **agg.** ● che si può sorbire

sorbillàre [vc. dotta, dal lat. *sorbi(l)lāre* 'centellinare', da *sorbēre* 'sorbire' ✱ av. 1315] **v. tr.** ● (*raro*, *lett.*) sorseggiare lentamente

sorbìre [lat. *sorbēre* 'inghiottire', di orig. indeur., con cambio di coniug. ✱ sec. XIII] **A v. tr.** (*io sorbìsco, tu sorbìsci*) **1** bere lentamente, aspirando a sorsi: *s. un liquore, un caffè* **2** †assorbire liquido, detto di legname, pietra e sim.: *la pietra ... non sorbisce quanto fa la tavola e la tela* (G. VASARI) **B sorbìrsi v. tr. pron.** (**aus.** *essere*) **1** bere lentamente (con valore intens.): *sorbirsi il brodo* **2** (*fig.*) sopportare con rassegnazione ma controvoglia persone o cose moleste, noiose e sim.: *dovremo sorbirci una lunga predica* **SFUMATURE** ➤ ***centellinare***

sorbìte [comp. di *sorbo* e *-ite*② ✱ 1875] **s. f.** **1** (*chim.*) sorbitolo **2** costituente degli acciai, cui impartisce ottime caratteristiche costruttive

†**sorbìtico** [da *sorba* ✱ 1504] **agg.** ● acidulo

sorbitòlo [comp. di *sorb(o)* e *-itolo* ✱ 1960] **s. m.** ● (*chim.*) alcol esavalente presente spec. nei frutti di sorbo selvatico **SIN.** sorbite

sòrbo [lat. *sŏrbu(m)*, di etim. incerta ✱ 1313] **s. m.** ● pianta delle Rosacee a foglie pennate e frutti commestibili (*Sorbus domestica*) | ***s. selvatico, s. degli uccellatori***, spontaneo nei boschi montani, con piccoli frutti rossi e tondi appetiti dagli uccelli (*Sorbus aucuparia*) **SIN.** matallo

sòrbola [sec. XIV] **A s. f.** ● (*bot.*) sorba **B sòrbole** in funzione di inter. ● (*fam.*, *bolognese*) esprime meraviglia, stupore e sim.: *sorbole! quante arie ti dai!*

sórca [f. di *sorcio* ✱ av. 1625] **s. f.** **1** (*centr.*) topo di fogna **2** (*volg.*) vulva

†**sórce** ➤ **sorcio**

sorcìgno [da *sorcio* ✱ 1872] **agg.** ● (*raro*, *lett.*) che ha il colore del topo: *aveva ... un abito lustro, s., che gli sgonfiava da tutte le parti* (L. PIRANDELLO)

sorcìno [lat. *soricīnu(m)*, agg. da *sōrex*, genit. *sōricis* 'sorcio' ✱ 1562] **agg.** ● (*raro*) di sorcio, del colore del sorcio | ***mantello s.***, formato di peli di color cenere, frequente negli asini e raro nei cavalli

sórcio o †**sórco**, †**sórico**, †**sórgo**②, (*centr.*) †**sórce**, (*centr.*) †**sórice** [lat. *sōrice(m)* 'topo', di etim. incerta ✱ av. 1306] **s. m.** (**f.** *sórca*, **V.**) ● topo | ***far vedere i sorci verdi a qlcu.***, sbalordire; (*est.*) mettere qlcu. in seria difficoltà; (*est.*) suscitare paura ‖ **sorcétto**, **sorcettìno**, **dim.** | **sorcìno**, **dim.**

sorcòtto [dall'ant. fr. *so(u)rcot*, propr. 'veste sopra la cotta' ✱ 1287] **s. m.** ● corta sopravveste indossata dagli antichi cavalieri e dai soldati sulla cotta d'armi

sordàggine [da *sordo* ✱ av. 1320] **s. f.** ● (*raro*) sordità

sordàstro [vc. dotta, dal lat. *surdăstru(m)*, da *sŭrdus* 'sordo' ✱ av. 1565] **agg. e s. m.** (**f.** *-a*) ● che (o chi) è affetto da lievi disturbi di udito

†**sordézza** [lat. tardo *surdĭtia(m)* 'sordità', da *sŭrdus* 'sordo' ✱ 1377] **s. f.** ● sordità

†**sordidàto** [vc. dotta, dal lat. *sordidātu(m)* 'vestito sudiciamente', da *sŏrdidus* 'sudicio' ✱ av. 1527] **agg.** ● (*raro*) sudicio | mal vestito

♣**sordidézza** [av. 1557] **s. f.** **1** condizione, caratteristica di chi (o di ciò che) è sordido **2** grettezza, spilorceria

♣**sòrdido** (o **-ó-**) [vc. dotta, dal lat. *sŏrdidu(m)*, da *sŏrdes* 'sporcizia' ✱ 1336 ca.] **agg.** **1** sporco, lordo, sozzo: *veste sordida* | (*fig.*) ignobile, turpe: *luogo, ambiente, s.*; *un s. vizio* **2** (*fig.*) avaro, spilorcio: *un s. strozzino* | gretto: *sordida avarizia* ‖ **sordidaménte**, **avv.** con sordidezza, in modo sordido

sordìna [da *sordo* ✱ av. 1503] **s. f.** **1** (*mus.*) dispositivo applicabile a uno strumento, a corda, a fiato o a percussione, per attutirne il suono: *mettere la s.* **SIN.** sordino | ***in s.***, senza far rumore; (*fig.*) nascostamente; (*fig.*) in tono minore: *inaugurazione in s.* **2** (*mus.*) strumento musicale a tasti dal suono sordo e soave

sordìno [av. 1597] **s. m.** **1** (*mus.*) sordina **2** fischio leggero simile al verso dei falchi, che si fa ai richiami per farli tacere **3** nel gergo teatrale, sibili e mormorii sommessi del pubblico, per disapprovare un attore o una scena

♦**sordità** o †**sorditàde**, †**sorditàte** [dal lat. *surditāte(m)* 'sordità', da *sŭrdus* 'sordo' ✱ av. 1306] **s. f. inv.** **1** riduzione più o meno grave dell'udito | ***s. preverbale***, mutismo derivante da sordità congenita o acquisita prima dei cinque anni di vita **SIN.** sordomutismo **2** (*fig.*) mancanza di sensibilità: *dimostrare s. per i problemi altrui*; *filosofo ... reso coraggioso dalla sua s. stessa* (B. CROCE) **3** (*ling.*) carattere dei suoni sordi

sordìzia [vc. dotta, lat. tardo *sordĭtie(m)*, da *sŏrdes* 'sporcizia' ✱ av. 1493] **s. f.** ● (*lett.*) sordidezza

♦**sórdo** [lat. *sŭrdu(m)* 'sordo', di etim. incerta ✱ av. 1294] **A agg.** **1** che è affetto da sordità: *essere s. dalla nascita*; *essere s. da un orecchio*; *essere mezzo s.* | ***essere s. come una campana***, completamente privo dell'udito **2** (*fig.*) che non presta orecchio, non ascolta: *rimase s. ai nostri inviti* | che non si piega, non si lascia commuovere: *essere s. alle preghiere, alla voce del cuore*; *la ninfa fugge, e sorda a' prieghi fassi* (L. DE' MEDICI) **3** che ha poca sonorità, detto di ambienti: *teatro s.*; *sala sorda* | cupo, smorzato, privo di sonorità, detto di suoni: *rumore, mormorio, s.* **4** (*fig.*) tacito, celato, ma intenso: *rancore s.*; *guerra, lotta sorda*; *nutrire una sorda invidia verso qlcu.* | ***dolore s.***, non acuto ma continuo, diffuso **5** (*ling.*) detto di consonante la cui emissione è priva di vibrazioni laringee, come la *s* di *signore* e la *z* di *azione* **CONTR.** sonoro ‖ **sordaménte**, **avv.** in modo sordo, senza rumore; (*fig.*) In modo tacito ma tenace: *odiare sordamente* **B s. m.** (**f.** *-a*) ● chi è affetto da sordità | ***s. profondo***, chi è affetto da profonda ipoacusia neurosensoriale | ***s. preverbale***, chi è affetto da sordità preverbale **SIN.** sordomuto | ***fare il s.***, fingere di non sentire | ***dialogo fra sordi***, **V.** *dialogo* | **PROV.** ***non c'è peggior s. di chi non vuol sentire***, è inutile parlare a chi non vuole ascoltare | ***cantare, parlare, ai sordi***, invano ‖ (*lett.*) **sordacchióne**, **accr.** | **sordàccio**, **pegg.**

sordocièco [comp. di *sordo* e *cieco* ✱ 1983] **agg. e s. m.** (**f.** *-a*; **pl. m.** *sordociechi*) ● che (o chi) è affetto da sordità e cecità

sordomutìṣmo [da *sordomuto* ✱ 1830] **s. m.** ● sordità preverbale

sordomùto [comp. di *sordo* e *muto*, sul modello del fr. *sourd-muet* ✱ av. 1562] **agg. e s. m.** (**f.** *-a*; **pl. m.** *sordomuti*) ● sordo preverbale

sordóne ① [da *sordo* ✱1826] **s. m.** ● (*mus.*) strumento a fiato in uso fino al XVII sec., di voce velata

sordóne ② [da *sordo*, per il suo cantare in sordina ✱av. 1871] **s. m.** ● passeriforme a dorso grigio, fianchi rosso mattone e gola bianca a macchie nere, onnivoro e cantore melodioso (*Prunella collaris*)

-sóre ▸ **-tore**

♦**sorèlla** [dal lat. *sŏror*, genit. *sorōris* 'sorella', di orig. indeur., sul modello di *fratello*. V. *suora* ✱1261 ca.] **A s. f. 1** ciascuna delle persone di sesso femminile nate dallo stesso padre e dalla stessa madre | (*dir.*) parente di sesso femminile in linea collaterale di secondo grado | ***s. germana***, nata dallo stesso padre e dalla stessa madre | ***s. consanguinea***, nata dallo stesso padre ma da madre diversa | ***s. uterina***, nata dalla stessa madre ma da padre diverso | ***s. adottiva***, che trae il suo legame di sorellanza da un atto di adozione | ***s. di latte***, allattata dalla medesima balia che allatta un'estranea | ***sembrare sorelle, assomigliarsi come sorelle***, assomigliarsi molto | ***amarsi come fratello e s.***, di amore casto | (*fig.*) ***le sette sorelle***, le sette maggiori società petrolifere del mondo **2** (*fig.*) cosa dotata di natura affine ad altra: *la malignità è s. dell'invidia* **3** suora: *s. Lucia* | appellativo delle infermiere della Croce Rossa ‖ **sorellàccia**, pegg. | **sorellìna**, dim. | **sorellóna**, accr. | **sorellùccia**, dim. **B** in funzione di agg. solo f. ● (posposto a un sost. f.) che ha relazione di affinità con altra cosa simile: *arti, città, nazioni, lingue, sorelle*

sorellànza [1847] **s. f. 1** relazione naturale e civile che intercorre tra sorelle **2** (*est.*) reciproco legame fra cose simili: *la s. delle lingue neolatine*

sorellàstra [av. 1786] **s. f.** ● sorella che ha in comune con gli altri figli della stessa famiglia solo il padre o la madre

sorellévole [da *sorella* ✱1513] **agg.** ● da sorelle, come si conviene tra sorelle: *indifferente alle sorellevoli premure* (S. PELLICO) ‖ **sorellevolménte**, avv. (*lett.*) con affetto, con modi da sorella

♦**sorgènte** [part. pres. di *sorgere*① ✱sec. XIV] **A agg.** ● che sorge | (*lett.*) che emerge, che si innalza: *Addio, monti sorgenti dall'acque* (A. MANZONI) | (*fig.*) che sta nascendo, che si va sviluppando: *il s. movimento sindacale* **B s. f. 1** acqua che sgorga dal terreno: *una fresca s.* | punto in cui l'acqua scaturisce dal terreno: *le sorgenti del Tevere; acqua di s.* SIN. fonte **2** (*fis.*) corpo che emette onde elettromagnetiche o elastiche o radiazioni corpuscolari e sim.: *s. luminosa, di elettroni* | ***s. di energia***, corpo potenzialmente atto a fornire energia | punto di un particolare campo vettoriale da cui fuoriescano le linee di flusso **3** (*fig.*) origine, causa: *l'odio è s. di ogni male; quel lavoro è una s. di ricchezza* | ***risalire alla s.***, indagare la genesi di qlco., ricercare le cause di un fatto **C** in funzione di agg. inv. (posposto a un sost.) ● che è relativo all'origine di qlco. | (*inform.*) ***codice s.***, V. *codice* nel sign. 4 | ***prezzo s.***, V. *prezzo* **D s. m.** ● (*inform.*, *ellitt.*) codice sorgente

sorgentìfero [comp. di *sorgente* nel sign. B e *-fero* ✱1957] **agg.** ● relativo alle sorgenti di un corso d'acqua | ***bacino s.***, area nella quale sgorgano le sorgenti di un corso d'acqua SIN. sorgentizio

sorgentìzio [da *sorgente* nel sign. B ✱1950] **agg.** ● sorgentifero

sorgènza [da *sorgere* ✱1694] **s. f.** ● (*lett.*) sgorgo, scaturigine

♦**sórgere** ① (o -ò-) o †**sùrgere** [lat. *sŭrgere*, forma sincopata di *subrĭgere* 'alzarsi', comp. di *sŭb* 'sotto' e *rĕgere* 'reggere, dirigere' ✱av. 1249] **A v. intr.** (pres. *io sórgo* (o -ò-), *tu sórgi* (o -ò-); pass. rem. *io sórsi* (o -ò-), *tu sorgésti*; part. pass. *sórto* (o -ò-); aus. *essere*) **1** (*lett.*) alzarsi, levarsi, da seduto o da sdraiato, detto di persone: *s. a parlare; s. dal letto* | insorgere: *voi stesso sorgete a condannare la vostra vita* (A. MANZONI) | †riemergere: *entra nel fiume e surge all'altra riva* (L. ARIOSTO) **2** stare in posizione alta, eretta, detto di cose: *Trevi sorge su un colle; qui sorgerà un grattacielo* **3** riapparire all'orizzonte per effetto della rotazione della Terra, detto degli astri: *il Sole non è ancora sorto* | spuntare: *è sorto un nuovo giorno* | (*est.*) avanzare: *sorgeva la notte* | (*lett.*) manifestarsi: *sorse una tempesta* | levarsi: *sorge la brezza* **4** scaturire, detto di acqua o corsi d'acqua (+ *da*): *un ruscello sorge dal sasso* **5** (*fig.*) nascere, venire a crearsi: *mi è sorto un sospetto; il contrasto è sorto da un malinteso; sono sorte complicazioni* **6** (*fig.*, *lett.*) assurgere, elevarsi: *s. a grande potenza* | progredire: *s. in fama, in ricchezza* **B s. m. solo sing.** ● il riapparire degli astri all'orizzonte: *vedere il s. del Sole*

†**sórgere** ② [dal catalano *surgir* 'ancorare, approdare', propr. 'sorgere (dal mare)' ✱sec. XIV] **v. intr.** ● ancorarsi, approdare | (*mar.*) ***s. sulle ancore, su un'ancora***, essere alla fonda

†**sorgévole** [1505] **agg.** ● (*lett.*) che sorge

†**sorgiménto** [av. 1519] **s. m.** ● il sorgere di acque | (*fig.*) ascesa | (*fig.*) nascita

sorgitóre [av. 1487] **s. m.** ● (*mar.*) ancoraggio in rada o golfo in cui si può stare agevolmente alla fonda | porto militare

†**sorgiùngere** [comp. di *sor-* e *giungere* ✱av. 1348] **v. intr.** ● sopraggiungere: *nova saetta ecco sorgiunge* (T. TASSO)

sorgìva [f. sost. di *sorgivo* ✱1559] **s. f.** ● (*lett.*) sorgente d'acqua

sorgìvo [da *sorgere*① ✱1559] **agg. 1** di sorgente: *acque sorgive* **2** (*fig.*, *lett.*) fresco, spontaneo: *stile s.*

sórgo ① [lat. *sūricu(m)* (*grānu(m)*) '(grano) di Siria', da *Sūria*, variante di *Sўria* 'Siria' ✱sec. XIV] **s. m.** (pl. *-ghi*) ● (*bot.*) saggina

†**sórgo** ② ▸ **sorcio**

sorgozzóne ▸ **sergozzone**

soriàno [dall'ant. *Soria*, dal lat. *Sūria(m)*, variante del classico *Sўria(m)* 'Siria' ✱av. 1300] **A s. m.** (f. *-a*) ● gatto di razza europea tigrata, pelo corto e di colore vario (fulvo, ardesia o argentato), dotato di forme massicce e di mantello striato **B** anche **agg.**: *gatto s.*

†**sórice** ▸ **sorcio**

†**sórico** ▸ **sorcio**

sorìte [vc. dotta, dal lat. *sorīte(m)*, dal gr. *sōréitēs* 'sillogismo in massa', da *sōrós* 'cumulo' ✱1559] **s. m.** ● (*filos.*) polisillogismo

sormontaménto [sec. XIV] **s. m.** ● (*raro*) il sormontare | (*lett.*) prevalenza

sormontàre [comp. di *sor-* e *montare* ✱sec. XII] **A v. tr.** (*io sormónto*) ● salire al disopra: *le acque hanno sormontato gli argini* | (*fig.*) superare, vincere: *s. ostacoli, contrarietà, competitori* **B v. intr.** (aus. *essere*) **1** †elevarsi, innalzarsi: *poi che sormonta riscaldando il sole* (F. PETRARCA) | salire di grado, d'importanza: *allora cominciò a s. Messer Maffeo Visconti* (D. COMPAGNI) **2** sovrapporsi con la dovuta precisione, detto di lembi di stoffa: *i davanti della giacca non sormontano* **3** †passare, sorvolare

sormontàto part. pass. di *sormontare*; anche **agg. 1** nei sign. del v. **2** (*arald.*) detto di scudo o figura che ne ha un'altra posta sopra

sornacchiàre [dal longob. *snarhhjan* 'russare'; V. ted. *schnarchen* ✱av. 1424] **v. intr.** (*io sornàcchio*; aus. *avere*) **1** †sputare, scaracchiare **2** (*centr.*) russare, ronfare

†**sornàcchio** o †**sarnàcchio** [da *sornacchiare* ✱sec. XIV] **s. m.** ● sputo catarroso

♣**sornióne** [di etim. incerta: dal lat. **sūrnia* 'civetta' (?) ✱av. 1712] **A agg.** ● che non lascia trapelare quel che sente, pensa o sim. tenendo un atteggiamento apparentemente bonario e indifferente | (*est.*) che manifesta l'atteggiamento di chi è smaliziato, la sa lunga e sim.: *fanciulle dagli sguardi sornioni e allusivi* (C. PAVESE) ‖ **sornionaménte**, avv. **B s. m.** (f. *-a*) ● persona sorniona: *dinanzi agli altri la sorniona mi dava del lei* (I. SVEVO)

sornionerìa [da *sornione* ✱av. 1956] **s. f.** ● comportamento, atteggiamento da sornione

sòro ① [vc. dotta, dal gr. *sōrós* 'mucchio', di orig. indeur. ✱1818] **s. m.** ● (*bot.*) ciascuna delle formazioni simili a prominenze rossastre formate da un gruppo di sporangi e situate sulla pagina inferiore delle foglie delle felci

†**sòro** ② [dall'ant. fr. *sor*, lat. mediev. *sāuru(m)* 'giallo-bruno', dal francone *saur* 'giallastro, arido' ✱sec. XIII] **agg. 1** semplice, ingenuo, inesperto: *Come è s. e innocente questo giovene!* (L. ARIOSTO) **2** sauro: *un gran destrier di pelo s.* (G. BOCCACCIO)

♣**sororàle** [da †*sorore* ✱1892] **agg.** ● (*lett.*) di sorella, da sorella: *affetto s.*

sororàto [dal lat. *sŏror*, genit. *sorōris* 'sorella' (V. †*sorore*), sul modello di *matriarcato* e sim. ✱1932] **s. m.** ● (*antrop.*) istituzione, presente in numerosi popoli primitivi, che prevede l'unione del vedovo con la sorella della moglie defunta

†**soróre** [lat. *sorōre(m)* 'sorella', di orig. indeur. ✱av. 1294] **s. f.** ● (*lett.*) sorella

sororicìda [vc. dotta, lat. *sororicīda(m)*, comp. di *sŏror*, genit. *sorōris* 'sorella' (V. †*sorore*) e *-cīda* ✱sec. XVI] **A s. m. e f.** (pl. m. *-i*) ● uccisore della propria sorella **B agg.** ● relativo a chi uccide una sorella

sororicìdio [da *sororicida* ✱1481] **s. m.** (pl. *-i* o raro *-ii*) ● uccisione della propria sorella

soròsio [vc. scient. moderna, dal gr. *sōrós* 'mucchio', con *-osio*. V. *soro*① ✱1838] **s. m.** ● (*bot.*) infruttescenza formata da drupe saldate fra loro

♦**sorpassàre** [comp. di *sor-* e *passare*, sul modello del fr. *surpasser* ✱1558] **v. tr. 1** superare: *s. qlcu. in altezza; s. qlcu. di un palmo; l'acqua sorpassa il livello ordinario* **2** detto di veicoli, oltrepassare un altro veicolo compiendo un'apposita manovra (anche *assol.*): *s. un camion; non si può s. sulla destra* **3** (*fig.*) sopravanzare: *s. qlcu. in intelligenza* | ***s. il limite, ogni limite, i limiti***, eccedere

sorpassàto **A** part. pass. di *sorpassare*; anche **agg. 1** nei sign. del v. **2** (*fig.*) superato, non più attuale: *mentalità sorpassata* **B s. m.** (f. *-a*) ● persona dalle concezioni antiquate

sorpàsso [1942] **s. m.** ● manovra del sorpassare, spec. veicoli: *effettuare un s.* | ***divieto di s.***, segnalato da apposito cartello o da una striscia continua doppia o semplice sulla carreggiata | (*fig.*) il fatto di sopravanzare qlcu. in una classifica, in una competizione e sim.: *s. del Milan ai danni dell'Inter; s. elettorale*

sorpassòmetro [comp. di *sorpasso* e *-metro* ✱2003] **s. m.** ● (*autom.*) dispositivo costituito da una telecamera collegata a sensori posti sotto il manto stradale, che individua e segnala a una centrale operativa i veicoli che compiono sorpassi dove non è consentito

♦**sorprendènte** part. pres. di *sorprendere*; anche **agg. 1** nei sign. del v. **2** che suscita meraviglia, sorpresa, stupore: *avvenimento, fatto, s.; è s. che non si sia fatto vivo* | (*est.*) eccezionale: *la cura dà effetti sorprendenti* ‖ **sorprendenteménte**, avv. in modo sorprendente; meravigliosamente

♦**sorprèndere** o †**sopprèndere** [comp. di

sor- e prendere, propr. 'prendere dal di sopra' ✱ 1261 ca.] **A** **v. tr.** (coniug. come *prendere*) **1** colpire, raggiungere a un tratto, improvvisamente: *il temporale l'ha sorpreso per strada; la morte lo sorprese mentre scriveva* **2** cogliere all'improvviso, spec. durante il compimento di qlco. di disonesto o che si vorrebbe tenere nascosto: *l'ha sorpreso a fumare; l'hanno sorpreso sul fatto; sorpresero il ladro mentre cercava di svignarsela* | ***s. la buona fede di qlcu.***, ingannarlo **3** meravigliare vivamente (+ **inf., anche preceduto da** *di*; + *che* **seguito da congtv.**): *ciò che più sorprende è il suo carattere; la sua imprudenza ci sorprende; mi ha sorpreso (di) saperlo sposato; mi sorprende che tu sia mancato all'appuntamento* **B** **sorprèndersi** **v. intr. pron.** ● meravigliarsi, stupirsi vivamente (+ *di* **anche seguito da inf.**, + *che* **seguito da congtv.**): *non si sorprende più di nulla; mi sorprendo della vostra dichiarazione; si sorprendeva di non essersene accorto prima* (I. SVEVO); *mi sorprendo che sia ancora a casa* **C** **sorprèndersi** **v. rifl.** ● accorgersi con stupore di qlco. che si sta facendo inconsciamente (+ *a* **seguito da inf.**): *si sorprendeva spesso a pensare a lei*

†**sorprendiménto** [da *sorprendere* ✱ 1660] **s. m.** ● il sorprendere | sorpresa

♦**sorprésa** (o -ṣa) [f. sost. di *sorpreso* ✱ av. 1594] **s. f.** **1** il sorprendere, il prendere alla sprovvista: *fare una s. a qlcu.; una s. della polizia; che bella s.!* | ***di s.***, all'improvviso, senza preavviso: *agire di s.; cogliere, prendere, qlcu. di s.* **2** ciò che cagiona meraviglia, stupore e sim.: *il tuo arrivo è proprio una s.; ha avuto la sgradita s. di non trovare nessuno in casa; che brutta s. mi hai fatto!* | piccolo dono contenuto nelle uova di cioccolato che si regalano a Pasqua **3** meraviglia, stupore: *ho saputo la notizia con grande s.; ho provato viva s. nell'apprendere la notizia; mi aveva veduto in viso un lampo di s.* (A. FOGAZZARO) || **sorpresina**, **dim.** (V.) | **sorpresóna**, **accr.**

sorpresina (o -eṣi-) [av. 1963] **s. f.** **1** dim. di *sorpresa* **2** (**spec. al pl.**) tipo di pasta alimentare piccola, da brodo

♦**sorpréso** (o -ṣo) o †**sorprìso** **part. pass.** di *sorprendere*; **anche agg.** **1** nei sign. del v. | stupito, meravigliato (+ *di*, **anche seguito da inf.**; + *che* **seguito da congtv.**): *sono s. di quanto mi dici; pareva s. di vedermi; era s. che le strade fossero deserte* **2** †preso in cambio **3** †offuscato

sórra [dal catalano *sorra*, dall'arabo *surra* 'fianco di animale' ✱ av. 1347] **s. f.** **1** taglio di carne nella parte anteriore del vitello o del manzo **2** parte del tonno costituita dal ventre

sorràdere [lat. tardo *subrādere* 'rasentare', comp. di *sŭb* 'sotto' e *rādere* ✱ 1340 ca.] **v. tr.** (coniug. come *radere*) ● (*raro, lett.*) raschiare, corrodere, leggermente: *nel riale / che l'accidie sorrade* (E. MONTALE)

†**sorrecchiàre** [comp. di *so-* e *(o)recchiare* ✱ av. 1574] **v. intr.** ● orecchiare, origliare

sorrèggere [comp. di *so-* e *reggere*; V. il lat. *subrĭgere* 'sorreggere' ✱ 1715] **A** **v. tr.** (coniug. come *reggere*) **1** sostenere, reggere dal disotto: *sorreggi il bambino mentre si alza; un pilastro sorregge il palco* **2** (*fig.*) confortare, aiutare: *i suoi consigli mi sorreggono nel dolore* **B** **sorrèggersi** **v. rifl. e rifl. recipr.** **1** tenersi ritto, reggersi in piedi: *non sorreggersi per il troppo vino bevuto* **2** appoggiarsi: *sorreggersi al tavolo* | sostenersi a vicenda (*anche fig.*): *Madre e figlia si sorreggevano scambievolmente* (R. BACCHELLI)

sorrentino [lat. *Surrentīnu(m)*, da *Surrĕntum* 'Sorrento' ✱ av. 1498] **A** **agg.** ● di Sorrento | della penisola di Sorrento **B** **s. m.** (**f.** *-a*) ● abitante o nativo di Sorrento

†**sorrettizio** ➤ **surrettizio**

sorrètto **part. pass.** di *sorreggere*; **anche agg.** ● nei sign. del v. | (*fig.*) aiutato, ispirato: *s. dalla fede*

♦**sorridènte** **part. pres.** di *sorridere*; **anche agg.** ● nei sign. del v. | (*fig.*) allegro, gioioso: *occhi sorridenti* | (*fig.*) ridente, luminoso: *golfi sorridenti; il s. al sol ligure mare* (G. CARDUCCI) || **sorridenteménte**, **avv.**

♦**sorrìdere** [lat. *subridēre* 'sorridere', comp. di *sŭb* 'sotto' e *ridēre* 'ridere', con cambio di coniug. ✱ 1250 ca.] **A** **v. intr.** (coniug. come *ridere*; aus. *avere*) **1** ridere leggermente, pianamente, con un lieve movimento della bocca e degli occhi (+ *di*): *s. dolcemente, mestamente, ironicamente; s. di piacere, di compiacenza, di sdegno; s. di qlcu., di qlco.* **2** (*fig.*) apparire favorevole, propizio, arridere: *la vita gli sorride* | apparire tale da ispirare letizia, serenità: *tutta la città sorride nel sole* **3** (*fig.*) destare piacere, riuscire gradito: *l'idea di partire mi sorride* **B** **v. tr.** **1** (*lett.*) dire sorridendo: *una parola sorridono: 'Pace!'* (G. PASCOLI) **2** (*lett.*; col compl. dell'oggetto interno) manifestare un sentimento mediante il sorriso: *sorrise il buon Tancredi un cotal riso / di sdegno* (T. TASSO) **C** **sorrìdersi** **v. rifl. recipr.** ● scambiarsi reciprocamente sorrisi: *i due si sorrisero*

SFUMATURE ➤ ***ridere***

sorrisétto (o -iṣé-) [av. 1799] **s. m.** **1** dim. di *sorriso*① **2** sorriso privo di benevolenza o spontaneità: *un s. di circostanza; un s. sarcastico*

♦**sorriso**① (o -ṣo) [da *sorridere*, sul modello di *riso* ✱ 1321] **s. m.** **1** riso leggero, appena accennato: *s. dolce, amabile, mesto, malinconico; inaspettati sorrisi storti e gialli* (I. CALVINO); *s. di gioia, di sdegno, di compassione; fare, abbozzare, un s.; avere un bel s.; avere sempre il s. sulle labbra; avere un s. per tutti* **2** (*fig., lett.*) letizia, bellezza: *il s. della natura* || **sorrisétto**, **dim.** (V.) | **sorrisìno**, **dim.** | **sorrisóne**, **accr.**

sorrìso② (o -ṣo) **part. pass.** di *sorridere*; **anche agg.** ● (*lett.*) nei sign. del v. | che è espresso sorridendo: *S'io fui del primo dubbio disvestito / per le sorrise parolette brevi* (DANTE *Par.* I 94-95) | allietato: *una casetta linda, sorrisa dalla pace e dall'amore* (L. PIRANDELLO)

†**sorrogàre** e deriv. ➤ **surrogare** e deriv.

sorsàre [da *sorso* ✱ av. 1375] **v. tr.** (*io sórso*) ● (*lett.*) sorseggiare: *e quivi ottimi vini sorsavi* (G. BOCCACCIO)

sorsàta [da *sorso* ✱ sec. XIV] **s. f.** ● quantità di liquido bevuta in un sorso || **sorsatina**, **dim.**

sorseggiàre [da *sorsare*, con suff. iter. intens. ✱ sec. XIV] **v. tr.** (**pres.** *io sorséggio*; **fut.** *io sorseggerò*) ● bere a piccoli sorsi, centellinare: *s. un liquore*

SFUMATURE ➤ ***bere***①, ➤ ***centellinare***

sórsi ➤ **sorgere**①

sórso [lat. parl. **sōrsu(m)*, nt. sost. di **sōrsus* per il classico *sōrptus*, part. pass. di *sorbēre* 'sorbire' ✱ 1260 ca.] **s. m.** **1** quantità di liquido che si beve in una volta: *un s. d'acqua, di vino; bere qlco. a piccoli sorsi; bere qlco. a lunghi sorsi* | ***in un s.***, tutto in una volta | ***a s. a s.***, poco alla volta (*anche fig.*) **2** (*est.*) piccola quantità di liquido: *vorrei un s. d'acqua* || (*lett.*) **sorsellino**, **dim.** | **sorsétto**, **sorsettino**, **dim.** | **sorsino**, **dim.**

sort /sɔrt, *ingl.* sɔːt/ [vc. ingl., propr. 'classe, ordinamento', di orig. lat. ✱ 1989] **s. m. inv.** ● (*inform.*) ordinamento di una serie di dati secondo un criterio prestabilito

♦**sòrta**① o †**sòrte**② [dall'ant. fr. *sorte*, prob. dal lat. parl. **sōrta(m)* per *sōrs*, genit. *sōrtis* 'sorte' ✱ av. 1348] **s. f.** (**pl.** *sorte*, **raro** *sorti*, **pop., dial.** *sorta*) **1** specie, qualità, genere (anche con una connotazione negativa): *ogni s. di gente; gente di ogni s.; questa s. di persone non mi piace; che s. di uomo è?; libri di tutte le sorte* | (*ellitt.*) ***di s.***, di nessun tipo, di nessuna specie: *non ci sono rischi di s.; non v'è prova di s. in sostegno di questa asserzione* (G. CARDUCCI) | ***una s. di***, una specie di: *indossava una s. di vestaglia* **2** †capitale, patrimonio **3** †progenie, razza

†**sòrta**② ➤ **sorte**①

♦**sòrte**① o †**sòrta**② [lat. *sŏrte(m)* 'sorte', in orig. 'tavoletta di legno per tirare a sorte', connesso con *sĕrere* 'allineare (le tavolette per il sorteggio)'. V. *serie* ✱ av. 1249] **s. f.** **1** ipotetica forza misteriosa e sovrumana che si immagina presiedere agli avvenimenti umani e regolarne, secondo sue leggi imperscrutabili, lo svolgimento: *la s. ha voluto così; la s. volle che …; sperare nella s.; affidarsi, rimettersi, alla s.; essere in balia della s.; buona, cattiva, mala, s.; s. favorevole, sfavorevole, contraria, avversa, nemica; sperare nella buona s.; imprecare contro la mala s.* | ***tentare la s.***, tentare la fortuna, spec. al gioco SIN. caso, destino, fato **2** condizione, stato, che tale forza superiore riserba agli uomini: *essere contento, scontento, della propria s.; compiacersi, lamentarsi, della propria s.; avere una buona, una cattiva, s.;* (**lett.**) *le sorti della patria* | ***avere, toccare in s.***, possedere, ottenere, qlco. indipendentemente dalla propria volontà: *ha avuto in s. una grande intelligenza* | †fortuna: *avere s.; V'auguro s.* (V. ALFIERI) | vita, condizione, futura: *decidere della s. di qlcu.; so quale sarà la mia s.; la tua s. è già segnata* | ***abbandonare qlcu. alla sua s.***, a quello che sarà il suo destino, senza soccorrerlo, consigliarlo e sim. **3** evento fortuito, caso imprevisto: *ebbe la s. di conoscerlo* | ***per s.***, per caso: *si trovò per s. a passare di lì* | ***a s.***, a caso: *fanciulli, donne, uomini, vecchi, … si radunavano a s.* (A. MANZONI) | ***estrarre, tirare, a s.***, sorteggiare: *tiriamo a s. chi deve pagare* **4** †sortilegio, pronostico, oracolo | mezzo o strumento con cui è tratto l'oracolo | ***gettare le sorti***, lanciare dadi, tavolette, sassi, astragali o altri mezzi oracolari per trarne il presagio

SFUMATURE DI SIGNIFICATO

sorte - ventura - fato

Sorte è una forza superiore che determina gli eventi e le vicende personali degli uomini, in modo del tutto indipendente dalla volontà, dai meriti o dalle colpe di ognuno. **Ventura** ha lo stesso significato ma è d'uso letterario. Altrettanto letterario è l'uso di **fato**, nell'antichità classica ritenuto forza superiore espressione della divinità, che determinava gli eventi umani secondo un disegno ignoto agli uomini.

SFUMATURE ➤ ***fortuna***

†**sòrte**② ➤ **sorta**①

sorteggiàbile [1872] **agg.** ● che si può sorteggiare

sorteggiàre [da *sorte*①, con suff. iter. intens. ✱ 1321] **v. tr.** (**pres.** *io sortéggio*; **fut.** *io sorteggerò*) ● scegliere qlcu. o qlco., assegnare qlco. a qlcu., mediante estrazione a sorte: *s. i nuovi consiglieri, i numeri della tombola; s. i premi di una lotteria*

sortéggio [1873] **s. m.** ● estrazione a sorte: *fare il s.; assegnare qlco. per s.*

†**sortière** [sovrapposizione di *sorte*① a un deriv. dell'ant. fr. *sorcier*, da *sōrs*, genit. *sōrtis* 'sorte' ✱ sec. XIII] **s. m.** (**f.** *-a*) ● chi fa sortilegi

sortilègio [dal lat. mediev. *sortilēgiu(m)*, astratto del classico *sortĭlegus* 'indovino', sul modello di *sacrilēgium* 'sacrilegio'. V. *sortilego* ✱ av. 1327] **s. m.** **1** pratica magica, incantesimo **2** nelle religioni antiche e primitive, pratica divinatoria consistente nel raccogliere le sorti o strumenti divinatori, dopo averli gettati, e nel trarne i presagi secondo interpre-

S

tazione tradizionale | divinazione

sortìlego [vc. dotta, dal lat. *sortĭlegu(m)* 'indovino', comp. di *sŏrs*, genit. *sŏrtis* 'sorte' e *-lĕgus*, da *lĕgere* 'raccogliere' * av. 1348] **agg. e s. m.** (**f.** *-a*; **pl. m.** *-ghi*, †*-gi*) ● (*lett.*) che (o chi) trae le sorti e pronuncia il responso divinatorio | divinatore

sortìre① [lat. *sortīre*, variante del classico *sortīri* 'sorteggiare', da *sŏrs*, genit. *sŏrtis* 'sorte' * av. 1250] **v. tr.** (*io sortisco, tu sortisci*) **1** †tirare a sorte, sorteggiare: *chi dè di voi combatter, sortirete* (L. ARIOSTO) **2** (*lett.*) assegnare in sorte, destinare: *ineffabili ... / giorni ... / che sì fugaci e brevi / il cielo a noi sortì* (G. LEOPARDI) **3** (*lett.*) avere in sorte: *felice ... quella repubblica, la quale sortisce uno uomo ... che gli die leggi ordinate* (N. MACHIAVELLI) **4** (*est.*) ottenere, raggiungere: *la cura ha sortito il suo effetto* **5** †accadere, succedere: *e ciò che avien a lui a lei sortisca* (V. COLONNA)

sortìre② [dal fr. *sortir*, prob. dal lat. *sortīre* 'uscire in sorte' e poi genericamente 'uscire' * av. 1525] **v. intr.** (*io sòrto*; aus. *essere*) **1** (*raro*) uscire a sorte, per sorteggio: *il 67 non è sortito* **2** (*centr.*) uscire: *oggi non sorto di casa; ne sortono leste le suore* (A. PALAZZESCHI) **3** (*milit.*) †fare una sortita

sortìta [da *sortire*②, sul modello del fr. *sortie* * 1553] **s. f. 1** azione delle truppe assediate per assaltare di sorpresa gli assedianti **2** entrata in scena di un personaggio **3** (*centr.*) uscita **4** (*fig.*) dichiarazione sorprendente, bizzarra o sim.: *l'ultima s. polemica del ministro* **SIN.** uscita | battuta, frase spiritosa

sòrto o †**sùrto** **part. pass.** di *sorgere*① ● nei sign. del v.

sorvegliànte **A** **part. pres.** di *sorvegliare* ● nei sign. del v. **B** **s. m. e f.** ● chi sorveglia: *s. notturno; fare la s.; il s. ai lavori*

♦**sorveglianza** [1787] **s. f.** ● attività del sorvegliare: *essere soggetto a s.; affidare a qlcu. la s. di qlco.* | ***s. speciale***, misura di prevenzione applicabile alle persone pericolose | ***giudice di s.***, giudice incaricato di applicare, modificare o revocare le misure di sicurezza

♦**sorvegliàre** [comp. di *sor-* e *vegliare*, sul modello del fr. *surveiller* * 1796] **v. tr.** (*io sorvéglio*) **1** tenere d'occhio o sotto controllo persone o cose, come misura di sicurezza, per assicurare un normale svolgimento di un'attività (**qlco. o qlcu.; + *che* seguito da congtv.**): *la polizia sorveglia tutte le strade; un caposquadra sorveglia gli operai; i vigili sorvegliano il traffico; la maestra sorveglia gli alunni; sorvegliava <u>che</u> nessuno si avvicinasse* | seguire con costante e particolare attenzione: *i tecnici sorvegliano i mercati esteri; devi s. la sua salute* **2** (*raro*) curare, soprintendere: *s. il bilancio di un ente*

SFUMATURE DI SIGNIFICATO

sorvegliare - vigilare - controllare

Sorvegliare è tenere sotto osservazione direttamente o con altri mezzi persone o cose, come misura di sicurezza. **Vigilare** ha lo stesso significato di *sorvegliare*, a cui è legato da una comune radice etimologica, ma è di uso meno comune e prende quasi esclusivamente un soggetto umano. In **controllare** l'azione di sorveglianza si esercita con verifiche e accertamenti.

sorvegliàto **A** **part. pass.** di *sorvegliare*; anche **agg.** ● nei sign. del v. | (*fig.*) controllato, sobrio: *stile s.* || **sorvegliataménte**, **avv.** **B** **s. m.** (**f.** *-a*) ● chi è sorvegliato | ***s. speciale***, soggetto a sorveglianza speciale

sorvenìre [comp. di *sor-* e *venire*① * 1261 ca.] **v. intr.** (aus. *essere*) ● (*lett.*) sopravvenire | (*lett.*) sopraggiungere: *Ma la sera poi sorviene / e riconcilia e chiude* (E. MONTALE)

sorvolaménto [1965] **s. m.** ● (*raro*) il sorvolare | sorvolo

♦**sorvolàre** [comp. di *sor-* e *volare* * 1530] **A** **v. tr.** (*io sorvólo*) **1** volare sopra: *s. una città; gli spiriti che la convulsa terra / sorvolano a sciami* (E. MONTALE) **2** (*fig.*) tralasciare, non considerare: *s. una questione* | (*iron.*) ***sorvoliamo!***, lasciamo perdere!: *'Com'era il film?' 'Sorvoliamo!'* **B** **v. intr.** (aus. *avere*) **1** (*raro*) percorrere lo spazio sovrastante a un luogo, passare sopra: *s. su una città; e s'invola / sorvolando su' fiori* (U. FOSCOLO) **2** (*fig.*) evitare di soffermarsi, glissare: *sorvoliamo sui particolari*

sorvolatóre [da *sorvolare* * av. 1912] **s. m.** (**f.** *-trice*) ● chi sorvola, chi ha compiuto un sorvolo

sorvólo [da *sorvolare* * 1950] **s. m.** ● (*aeron.*) passaggio in volo al di sopra di un punto, di una zona, e sim.

SOS /'esse o'esse/ [interpretata come sigla dell'espressione ingl. *Save Our Souls* 'salvate le nostre anime': in realtà il segnale dipende dalla facilità di trasmissione e ricezione radiotelegrafica (tre punti, tre linee, tre punti rispettivamente) * 1923] **s. m. inv.** ● segnale internazionale un tempo usato per la richiesta telegrafica di soccorso per navi, aerei e sim. consistente in un gruppo di lettere dell'alfabeto Morse, emesso mediante radiotelegrafia, segnali luminosi o altri mezzi di trasmissione a distanza | ***lanciare un SOS***, (*fig.*) chiedere aiuto, soccorso

†**soscrìtto** [av. 1363] **part. pass.** di †*soscrivere*; anche **agg.** ● sottoscritto, firmato: *La lettera non era soscritta* (U. FOSCOLO)

soscrittóre [dal lat. *subscriptōre(m)* 'sottoscrittore', da *subscrīptus* 'sottoscritto' * av. 1810] **s. m.** (**f.** *-trice*) ● (*disus.*) firmatario; sottoscrittore | (*disus.*) sostenitore

†**soscrìvere** [dal lat. *subscrībere*, comp. di *sŭb* 'sotto' e *scrībere* 'scrivere' * 1312] **v. tr.** ● sottoscrivere

soscrizióne [vc. dotta, dal lat. *subscriptiōne(m)* 'sottoscrizione', da *subscrīptus* 'sottoscritto' * sec. XV] **s. f. 1** nei manoscritti e negli incunaboli, colophon **2** †sottoscrizione

sòsia [dal fr. *sosie*, lat. *Sōsia(m)*, dal gr. *Sōsías*, n. di schiavo assai frequente nella commedia antica, servo di Anfitrione nell'omonima commedia di Plauto (254 ca.-184 a.C.) e Molière (1622-1673) * av. 1853] **s. m. e f. inv.** ● persona che somiglia tanto a un'altra da poter essere scambiata per essa: *Carlo sembra il tuo s.; Francesca sembra il s. (o la s.) di Anna*

†**sóso** ● V. **su**

†**sospecciàre** o †**sospicciàre** [dal provenz. *sospechar*, dal lat. *suspectāre* 'sospettare' (V.) * sec. XIII] **v. tr. e intr.** ● sospettare: *acciò che egli d'altro non sospecciasse, la seguente notte ... il ricevette* (G. BOCCACCIO)

†**sospeccióne** [dal lat. *suspiciōne(m)* 'sospetto', da *suspĭcere* 'guardare con diffidenza', sul modello del provenz. *sospecio(n)* * 1261 ca.] **s. f.** ● sospetto

†**sospeccióso** (o **-ṣo**) [da *sospecciare* * 1268] **agg.** ● sospettoso | perplesso, dubbioso

♦**sospèndere** [lat. *suspĕndere*, comp. di *sŭb* 'sotto' e *pĕndere*, propr. 'pesare'. V. *pendere* * 1268] **A** **v. tr.** (**pass. rem.** *io sospési, tu sospendésti*; **part. pass.** *sospéso*) **1** attaccare qlco., in alto, per una estremità, lasciandola pendere, penzolare: *s. un lampadario al soffitto; al tempio ... / qui l'armi sospende* (T. TASSO) | †sollevare da terra, tenere in aria | (*raro, lett.*) impiccare: *Sospenderanno me, non la sentenza* (E. MONTALE) **2** (*chim.*) disperdere particelle solide in un liquido **3** (*fig.*) interrompere per un dato periodo di tempo: *s. le ricerche; s. una terapia; le lezioni sono sospese per qualche giorno* | ***s. un treno, una corsa***, e sim., sopprimerli temporaneamente | ***s. la paga, lo stipendio***, smettere temporaneamente di corrisponderli | ***s. i pagamenti***, non far fronte temporaneamente ai propri impegni | ***s. le ostilità***, far tregua | (*raro*) ***s. una decisione***, differirla **4** (*fig.*) privare per qualche tempo dell'esercizio di un ufficio, una carica e sim., spec. a scopo punitivo: *s. un funzionario dall'impiego; lo hanno sospeso per dieci giorni; lo hanno sospeso a tempo indeterminato* | ***s. un alunno dalle lezioni***, nelle scuole come punizione | ***s. a divinis***, proibire a un sacerdote di celebrare gli Uffizi e la Messa **B** **sospèndersi** **v. rifl.** ● †impiccarsi: *alcuni miserabilmente si sospesero da se stessi* (F. GUICCIARDINI)

sospendìbile [av. 1704] **agg.** ● (*raro*) che si può sospendere || **sospendibilità**, **s. f. inv.**

sospendiménto [av. 1589] **s. m.** ● (*raro*) sospensione

sospenditrìce ➤ **sospensore**

♦**sospensióne** o †**suspensióne** [vc. dotta, dal lat. tardo *suspensiōne(m)* 'interruzione', da *suspēnsus* 'sospeso' * 1313] **s. f. 1** il sospendere | posizione di chi (o di ciò che) è sospeso: *stare in s.; lume a s.* | in ginnastica, attitudine del ginnasta quando il proprio baricentro è più in basso del sostegno | ***tiro in s.***, nella pallacanestro, lancio del pallone dopo essersi staccati da terra **2** (*chim.*) dispersione di particelle liquide o solide in un gas o in un liquido | ***s. colloidale***, (*raro*) colloide **3** dispositivo meccanico che nei veicoli collega elasticamente la carrozzeria agli assali delle ruote generalmente mediante molle elicoidali, barre di torsione, balestre e ammortizzatori | ***sospensioni pneumatiche***, nelle quali l'aria contenuta in appositi involucri funge da molla; si usano negli autoveicoli **4** interruzione: *s. del lavoro* | dilazione, differimento: *s. di una seduta* | (*sport*) time out | (*dir.*) ***s. del processo***, temporanea quiescenza del processo civile, durante la quale non viene compiuto alcun atto processuale; nel processo penale, interruzione del dibattimento già formalmente aperto per essere continuato in altra udienza | ***s. della prescrizione***, momentaneo non decorrere del termine di prescrizione di un diritto per temporanea impossibilità di esercitare lo stesso **5** sanzione disciplinare o pena accessoria che comporta la temporanea esclusione da un impiego, una carica, un ufficio, o la temporanea privazione di diritti o di privilegi: *s. dall'esercizio di una professione o di un'arte; s. dall'esercizio della patria potestà o dell'autorità maritale* | ***s. a divinis***, pena canonica che consiste nel privare il sacerdote dell'esercizio del ministero e della celebrazione della Messa | ***s. dal grado***, punizione dell'ufficiale per gravissima mancanza disciplinare o a seguito di sentenza di tribunale militare | ***s. dall'impiego***, provvedimento a carico di un impiegato che abbia riportato una condanna penale **6** (*ling.*) figura retorica che consiste nell'annunciare vagamente una cosa e poi interrompere o cambiare discorso; per es. in: *Io cominciai: 'O frati, i vostri mali...'; / ma più non dissi* (DANTE *Inf.* XXIII, 109-110) | ***puntini di s.***, i tre punti con i quali si indica l'interruzione del discorso **7** (*fig., lett.*) incertezza, apprensione: *il principe era stato ... in una s. molto penosa* (A. MANZONI) **8** (*anat., zool.*) articolazione tra neurocranio e arco orale

sospensìva [f. sost. di *sospensivo* * 1798] **s. f.** ● (*burocr.*) proposta o deliberazione di sospendere qlco. che sta per essere discussa, attuata e sim.

sospensìvo [dal lat. mediev. *suspensīvu(m)*, da *suspēnsus* 'sospeso' * av. 1348] **agg.** ● che sospende | che è atto a sospendere | (*raro*) ***punti sospensivi***, puntini di sospensione | (*dir.*)

effetto s., effetto dell'impugnazione per cui l'esecuzione del provvedimento è sospesa, in pendenza del termine per impugnare e del giudizio sull'impugnazione ‖ **sospensivaménte**, **avv.**

†**sospènso** [vc. dotta, dal lat. *suspēnsu(m)*, part. pass. di *suspĕndere* 'sospendere' ✱ 1499] **agg.** ● sospeso

sospensóre [da *sospenso* ✱ av. 1704] **A agg.** (**f.** *sospenditrice*) ● (*anat.*) detto di formazione anatomica con funzione di sostegno: *legamento s. del fegato* **B s. m.** ● dispositivo che serve a tenere sospeso qlco.

sospensòrio [dal lat. tardo *suspensōriu(m)*, da *suspēnsus* 'sospeso' ✱ 1583] **A agg.** (**pl. m.** *-i* o *raro -ii*) ● sospensore **B s. m.** ● tipo di cinto per sostenere lo scroto durante l'esercizio di alcuni sport

♦**sospéso** (o **-ṣo**) **A part. pass.** di *sospendere*; anche **agg. 1** attaccato in alto, appeso | ***ponte s.***, sostenuto da funi metalliche **2** temporaneamente interrotto: *le licenze sono sospese* | che è incorso in una sospensione: *un alunno s.* **3** che è in attesa di una definizione, spec. nella loc. ***in s.***: *tenere in s.* | ***avere un conto in s.***, in attesa di essere saldato; (*fig.*) avere qlco. da regolare con qlcu.: *con te ho un conto in s.* **4** incerto, ansioso: *essere, stare, con l'animo, col cuore, s.* | ***stare col fiato s.***, trattenendo il respiro, per forte emozione, o sim. | ***essere s. a un filo***, (*fig.*) essere in grave pericolo **5** (*napol.*) ***caffè s.***, detto di caffè pagato al bar ma non consumato e offerto a chi ne avesse bisogno | (*est.*) detto di prodotto acquistato con modalità simile, a disposizione di un successivo richiedente: *libro s.* ‖ **sospesaménte**, **avv.** in modo sospeso, incerto **B s. m.** ● conto non pagato, pratica non evasa: *era carico di debiti e di sospesi*

sospettàbile [1867] **agg.** ● che si può sospettare: *persona s.* **CONTR.** insospettabile ‖ **sospettabilità**, **s. f. inv.**

♦**sospettàre** [lat. *suspectāre*, intens. di *suspĭcere* 'guardare con diffidenza', comp. di *sŭb* 'sotto' e *-spĕcere* 'guardare'. V. *specchio* ✱ sec. XIII] **A v. tr.** (*io sospètto*) **1** credere qlcu. colpevole di un reato basandosi su indizi, supposizioni e sim. (**+** *di*, **anche seguito da inf.**, **+** *che* **seguito da congtv.**): *s. qlcu. di tradimento, di furto; lo sospettano dell'uccisione della moglie; lo sospettano di aver falsificato le prove; sospettano che abbia ucciso la moglie* **2** ritenere in base a indizi che qlcu. o qlco. siano diversi da come sembrano o come si vuole che sembrino: *in quelle parole sospetto un tranello; nonostante le apparenze, tutti sospettano un assassinio* **3** credere, supporre, immaginare (**+** *che* **seguito da congtv.**, **+** *di* **seguito da inf.**): *non sospettavo in voi tanta crudeltà; non sospettavo che in voi ci fosse tanta crudeltà; non sospettavano di essere pedinati* **B v. intr.** (**aus.** *avere*) **1** nutrire sospetti di colpevolezza nei confronti di qlcu. (**+** *di*): *la polizia sospetta della moglie* **2** diffidare, temere, avere dei dubbi (**+** *di*): *s. di qlcu., di tutti, di tutto; s. della buonafede di qlcu.*

SFUMATURE ➤ *credere*①

sospettàto A part. pass. di *sospettare*; anche **agg.** ● nei sign. del v. **B s. m.** (**f.** *-a*) ● chi è sospettato di un reato **SIN.** sospetto① B

♦**sospètto**① [lat. *suspĕctu(m)*, part. pass. di *suspĭcere* 'guardare con diffidenza' ✱ av. 1306] **A agg. 1** che suscita diffidenza, che fa temere, sospettare: *persona sospetta; tipo, individuo, s.* | ***luogo s.***, che può celare insidie, pericoli | ***merce di provenienza sospetta***, probabilmente rubata | ***funghi sospetti***, probabilmente velenosi | che può essere un segno rivelatore, un sintomo: *Macchie sospette ... sul viso* (I. CALVINO) **2** che è ritenuto possibile, probabile: *sospetta frattura della clavicola* ‖ **sospettaménte**, **avv.** in modo sospetto, che dà sospetto **B s. m.** (**f.** *-a*) ● persona sospettata

♦**sospètto**② [da *sospettare* ✱ 1268] **s. m. 1** diffidenza, dubbio, nei confronti di altri, della loro condotta in determinate circostanze, della loro responsabilità, colpevolezza e sim.: *s. fondato, infondato, giustificato, ingiustificato, lieve, grave; dare, destare, s.; guardare qlcu., qlco., con s.; mettere in s.; scacciare, tenere lontano ogni s.; il s. è divenuto certezza; c'è il s. che si tratti di furto; avere, nutrire, dei sospetti; avere dei sospetti su qlcu., circa qlcu., circa qlco.* | ***essere, venire, in s.***, sospettare | ***cadere, essere, venire in s. di qlcu., a qlcu.***, essere sospettato | **PROV.** ***chi è in difetto è in s.***, V. *difetto* **2** timore, presentimento, di danni, pericoli e sim.: *ho il s. che voglia ingannarmi; aveva il s. di essere gravemente malato; ebbi il s. che ci fosse sotto qlco.* **3** †timore: *con grandissimo s. che fosse morto* (G. LEOPARDI) **4** †indizio, traccia, segno ‖ **sospettùccio**, **dim.**

SFUMATURE DI SIGNIFICATO

sospetto - diffidenza - dubbio

Sospetto esprime un senso di timore per uno specifico modo di agire o per un particolare andamento dei fatti che potrebbero procurare un male, un danno, dei quali tuttavia non si ha ancora certezza. Se questo stato d'animo è accompagnato da sfiducia nei confronti di persone i cui comportamenti sono considerati pregiudizialmente dannosi, il termine più appropriato è **diffidenza**. In quest'area di significato, **dubbio** esprime invece perplessità, esitazione per quanto di negativo potrebbe accadere, ma senza che ciò dia luogo a un vero e proprio sospetto.

sospètto③ [trad. del fr. *soupçon* 'sospetto, ombra, traccia, piccola quantità', dal tardo lat. *suspectiōne(m)*, variante del classico *suspīcio*, genit. *suspiciōnis* 'sospetto'. V. †*sospezione* ✱ 1676] **s. m.** ● (*fam.*, *disus.*) quantità minima: *caffè con un s. di cognac*

sospettóso (o **-ṣo**) [da *sospetto*② ✱ av. 1294] **agg. 1** che tende a diffidare, a sospettare: *un dirigente s.; la natura degli uomini è sospettosa e ambiziosa* (N. MACHIAVELLI) | che manifesta sospetto: *sguardo, contegno, s.* **2** †che dà sospetto, timore ‖ **sospettosaménte**, **avv.** con diffidenza o timore ‖ **sospettosità**, **s. f. inv.**

†**sospezióne** o †**sospizióne** [dal provenz. *sospecio(n)*, dal lat. *suspiciōne(m)* 'sospetto', da *suspĭcere* 'guardare con diffidenza' ✱ av. 1328] **s. f.** ● sospetto

†**sospicàre** o †**suspicàre** [vc. dotta, dal lat. *suspicāre*, variante del classico *suspicāri* 'sospettare', da *suspĭcere* 'guardare con diffidenza' ✱ 1374] **v. tr. e intr.** ● sospettare: *non s. ... per questa volta, / ché in veritade io non gli die' veleno* (M.M. BOIARDO)

†**sospicciàre** ➤ †**sospecciare**

†**sospìgnere** e deriv. ➤ **sospingere** e deriv.

♣**sospìngere** o †**sospìgnere** [comp. di *so-* e *spingere* ✱ 1268] **v. tr.** (**coniug. come** *spingere*) **1** spingere in avanti, con movimento lieve e continuo: *il vento li sospinse al largo* **2** (*fig.*) spronare, incitare: *s. qlcu. a un atto temerario*

†**sospingiménto** o †**sospigniménto** [av. 1292] **s. m.** ● il sospingere | spinta

†**sospìnta** [da *sospingere*, sul modello di *spinta* ✱ sec. XIII] **s. f.** ● spinta | istigazione

sospìnto part. pass. di *sospingere*; anche **agg. 1** spinto in avanti | (*fig.*) incitato, indotto: *da mie gravi / cure s. a tornar là dov'era* (G. VICO) **2** nella loc. ***a ogni piè s.***, (*fig.*) molto spesso, di continuo

♦**sospiràre** o †**suspiràre** [lat. *suspirāre*, comp. di *sŭb* 'sotto' e *spirāre* ✱ av. 1250] **A v. intr.** (**aus.** *avere*) ● inspirare ed espirare l'aria in modo lento e profondo, in segno di angoscia, desiderio, dolore e sim.: *piangere e s.; che hai da s.?; perché sospiri tanto?; sospira continuamente* | (*fig.*) nutrire sentimenti di angoscia, desiderio, dolore, e sim.: *s. per la felicità perduta* | ***s. di sollievo***, (*fig.*) sentirsi sollevato **B v. tr. 1** desiderare ardentemente, rimpiangere: *s. la famiglia, la patria lontana, il ritorno di qlcu.; viva l'amai, morta sospirolla* (I. SANNAZARO) **2** (*est.*) aspettare con ansia: *s. la promozione, le vacanze* | ***farsi s.***, farsi attendere a lungo, stare molto tempo senza farsi vedere, e sim. **3** (*lett.*) †piangere, rimpiangere: *levò gli occhi al figliuol ... / ch'avea per morto sospirato e pianto* (L. ARIOSTO)

sospiràto part. pass. di *sospirare*; anche **agg.** ● nei sign. del v. | da lungo tempo atteso e desiderato: *questo momento tanto s. del ritorno* (A. MORAVIA)

sospirévole [da *sospirare* ✱ 1336 ca.] **agg.** ● (*lett.*) flebile | sospiroso

♦**sospìro** o †**suspiro** [lat. *suspīru(m)* 'sospiro', da *suspirāre* 'sospirare' ✱ av. 1250] **s. m. 1** profonda e lenta inspirazione, seguita da uguale espirazione, che è spesso indice di emozione o turbamento: *un gran s.; un s. profondo, leggero, lungo, lieve; lagrime e sospiri; sospiri ardenti; un s. di dolore, d'amore; tirare un s. di sollievo; fare, mandare un s.; pria flebilmente il suo lamento esprime / poi rompe in un sospiro* (G.B. MARINO) **2** (*lett.*) cosa sospirata, poiché desiderata, rimpianta, e sim.: *amore, / s. acerbo de' provetti giorni* (G. LEOPARDI) **3** (*lett.*) respiro | ***dare, mandare, rendere l'ultimo s., l'estremo s.***, morire **4** (*lett.*) alito, soffio di vento **5** †affanno, difficoltà di respiro **6** piccola pasta dolce e leggera spesso coperta di cioccolata ‖ **sospirétto**, **dim.** | **sospiróne**, **accr.** | **sospirùccio**, **dim.**

sospiróso (o **-ṣo**) [da *sospiro* ✱ 1319] **agg. 1** (*lett.*) che sospira | malinconico, triste: *fanciulla sospirosa* **2** pieno di sospiri | languido, sentimentale: *poesia sospirosa; d'udirti parmi in sospirosi accenti / chiamarmi a nome* (V. ALFIERI) ‖ **sospirosaménte**, **avv.** ‖ **sospirosità**, **s. f. inv.**

†**sòspita** [vc. dotta, dal lat. *sŏspita(m)*, f. di *sŏspes*, genit. *sŏspitis* 'salvatore', di etim. incerta ✱ 1554] **agg. f.** ● (*lett.*) che libera, salva, detto di Giunone

†**sospizióne** ➤ †**sospezione**

†**sossannàre** ➤ **subsannare**

sossópra [comp. di *so-* e *sopra*. V. *sottosopra* ✱ av. 1425] **avv.** ● (*tosc.*, *lett.*) sottosopra: *a s. cader fa d'ambo i lati / cavalieri e cavalli, arme ed armati* (T. TASSO)

♦**sòsta** [da *sostare* ✱ sec. XIII] **s. f. 1** arresto, fermata in un luogo per un tempo piuttosto breve: *far s., fare una s.; Le pellegrine in s. ... risalgono sui carri* (E. MONTALE) | parcheggio di autoveicoli: *divieto di s.* | ***s. a giorni alterni***, consentita da un lato della via nei giorni pari e dall'altro nei giorni dispari | ***s. limitata***, consentita per un tempo limitato, spesso con l'esposizione del disco orario | ***s. vietata***, segnalata dal cartello di divieto di sosta | ***merce in s.***, non ritirata entro il periodo di svincolo **2** (*est.*) pausa, tregua, interruzione spec. breve: *lavorare senza s.; un attimo di s.; una s. dal lavoro; non dare s.*

SFUMATURE ➤ *riposo*

sostantivàle [da *sostantivo* ✱ 1966] **agg.** ● (*gramm.*) che è in funzione di sostantivo

sostantivàre [da *sostantivo* ✱ 1821] **v. tr.** ● (*gramm.*) rendere sostantivo, usare come sostantivo un'altra parte del discorso

sostantivàto part. pass. di *sostantivare*; anche **agg.** ● nei sign. del v.: *aggettivo, infinito s.*

sostantivazióne [1908] **s. f.** ● (*gramm.*) uso di un'altra parte del discorso in funzione di sostantivo

sostantivizzàre [da *sostantivo* ✱ 1995] **v. tr.** ● (*gramm.*) sostantivare ‖ **sostantivizzazióne**, **s. f.**

sostantìvo o †**sustantìvo** [vc. dotta, dal lat. tardo *substantīvu(m)* (*nōmen*) '(nome) sostantivo', da *substăntia* 'sostanza' ✱ 1374] **A agg. 1** (*gramm.*) detto della categoria del nome che serve a indicare persone, animali, cose, qualità | ***verbo s.***, il verbo essere **2** (*chim.*) detto di colorante organico capace di tingere direttamente le fibre vegetali ‖ **sostantivaménte**, **avv.** in funzione di sostantivo **B s. m.** ● (*gramm.*) nome sostantivo: *'libro' è un s.*

♦**sostànza** o †**sustànza**, †**sustànzia** [dal lat. *substăntia(m)* 'essenza', da *substāre*, propr. 'stare (*stāre*) sotto, fermo (*sŭb*)' ✱ av. 1257] **s. f. 1** (*filos.*) nell'aristotelismo, essenza di una cosa, ciò che rimane immutato al di là delle apparenze **CFR.** accidente | ***s. materiale***, la materia, considerata come sostrato di tutti i fenomeni di ordine fisico | ***s. spirituale***, l'anima, considerata come sostrato di tutti i fenomeni di ordine psichico | ***S. increata***, Dio **2** qualunque materia: *s. liquida, gassosa, organica, inorganica, molle, solida, vegetale, minerale, aerea, acquea* | elemento o composto chimico: *sostanze alimentari, medicinali, proteiche, coloranti* | ***s. otticamente attiva***, dotata di potere rotatorio sulla luce polarizzata che la attraversa | (*anat.*) ***s. bianca***, parte dell'encefalo e del midollo spinale formata dalle fibre nervose | ***s. grigia***, parte dell'encefalo e del midollo spinale formata dalle cellule nervose **3** parte essenziale, fondamentale di qlco.: *badare alla s. e non alla forma*; *esponimi la s. del fatto* | contenuto culturale, profondità di significato: *in questo libro c'è poca s.* | ***in s.***, insomma, in conclusione | ***in buona s.***, in ultima analisi, in definitiva **4** parte nutritiva di un alimento: *cibo che non ha s., che ha poca s.*; *cibo di s., di poca s., di molta s.* | ***dare s.***, nutrire **5** (**spec. al pl.**) patrimonio, ricchezza, beni, averi: *le sue sostanze ammontano a ben poco*; *avere sostanze scarse*; *accumulare sostanze*; *dilapidare, consumare, le proprie sostanze*

NOMENCLATURA

sostanza

● *caratteristiche*: organica ⇔ inorganica, semplice = fondamentale = elemento ⇔ complessa = composto (binario, ternario, quaternario);

● *atomo*: elettropositivo ⇔ elettronegativo; elettrone, protone, neutrone, nucleo, ione, valenza, orbitale, isotopo; tavola periodica degli elementi;

● *operazioni*: aggregare, combinare, fissare, scindere, bombardare; fissione nucleare, fusione nucleare, attivazione nucleare, reazione (nucleare, termonucleare, a catena), radioattività, peso atomico (grammoatomo), numero atomico, massa atomica;

● *molecola*: (monoatomica ⇔ poliatomica) composizione molecolare, spazio intermolecolare, legame, macromolecola, coesione, adesione, disgregazione, aggregazione (solida, liquida, aeriforme = gassosa), affinità molecolare, velocità molecolare, peso molecolare (grammomolecola); isomeria, polimeria, stereoisomeria; isomero (destrogiro ⇔ levogiro);

● *corpo* = materia = sostanza materiale: gassosa, fluida, liquida, solida, neutra; semplice ⇔ composta, omogenea ⇔ eterogenea, idratata ⇔ disidratata, amorfa ⇔ polimorfa, monovalente ⇔ polivalente;

● *composti organici*: idrocarburi; alcol (fermentazione alcolica: fermenti organizzati = saccaromiceti, fermenti chimici = enzimi), aldeide, chetone, acido organico, etere, estere, grassi, sapone, chetone, glucidi = idrati di carbonio, sostanze proteiche = albuminoidi, alcaloidi (nicotina, chinina, stricnina, cocaina, morfina, caffeina), esplosivi (polvere pirica; dinamite, nitrocellulosa, tritolo, acido picrico, plastico);

● *composti inorganici*: metalli; minerali; non metalli (elettronegativi, gassosi = aeriformi, solidi ⇔ liquidi): antimonio, arsenico, azoto, bario, bromo, iodio, selenio, fosforo, silicio, tellurio, argo, neon, xeno, zolfo, carbonio (carbon fossile, grafite, diamante); acqua; aria (ossigeno, azoto, anidride carbonica, gas nobili, vapore acqueo, pulviscolo atmosferico): incolore, trasparente, compressibile, elastica, secca, umida, liquida; ossido, anidride, acido inorganico, idrossido = base, sale, idruro;

● *materie plastiche*: nitrato di cellulosa, cellofan, acetato e triacetato di cellulosa; resine fenoliche, resine ureiche, resine melamminiche, resine gliceroftaliche, resine poliestere, resine caseiniche, resine poliammidiche, resine polietileniche, resine propileniche, resine polistiroliche, resine viniliche, resine metacriliche, resine acriliche, resine politetrafluoroetileniche.

♦**sostanziàle** o †**sustanziàle** [vc. dotta, dal lat. *substantiāle(m)* 'sostanziale', da *substăntia* 'sostanza' ✱ 1260 ca.] **A agg. 1** (*filos.*) che costituisce sostanza o è proprio di una sostanza **CONTR.** accidentale, formale **2** fondamentale: *differenza s.*; *la parte s. del programma* **SIN.** essenziale **3** (*dir.*) non processuale: *eccezione s.* | ***questione s.***, fatto dedotto in giudizio considerato nella sua sussistenza concreta **SIN.** merito della causa | ***provvedimento s.***, con cui l'autorità giudiziaria statuisce sul merito della causa | ***legge in senso s.***, in quanto contenente delle regole di condotta per i propri destinatari ‖ **sostanzialménte**, **avv. 1** (*filos.*) per ciò che concerne la sostanza **2** in modo sostanziale, fondamentalmente: *sono sostanzialmente d'accordo con te*; in sostanza: *sostanzialmente, le cose stanno in questo modo* ‖ **sostanzialità**, **s. f. inv.** (V.) **B s. m. solo sing.** ● ciò che è sostanziale, fondamentale: *occuparsi del s.*; *badare al s.*

sostanzialìsmo [da *sostanziale*, con *-ismo* ✱ 1960] **s. m.** ● ogni dottrina filosofica che riconosce l'esistenza di una sostanza assoluta sotto il mutare delle apparenze

sostanzialìsta [1856] **agg. e s. m. e f.** (**pl. m.** *-i*) ● (*filos.*) sostenitore del sostanzialismo

sostanzialìstico [1965] **agg.** (**pl. m.** *-ci*) ● (*filos.*) che è proprio del sostanzialismo ‖ **sostanzialisticaménte**, **avv.**

sostanzialità o **sustanzialità** [vc. dotta, dal lat. tardo (eccl.) *substantialitāte(m)* 'sostanzialità', da *substantiālis* 'sostanziale' ✱ 1309] **s. f. inv. 1** (*filos.*) condizione di ciò che è sostanziale **2** importanza fondamentale: *la s. di una questione* **SIN.** essenzialità

sostanziàre [da †*sostanzia* ✱ sec. XIV] **A v. tr.** (*io sostànzio*) ● (*raro, lett.*) fornire di sostanza, rendere sostanziale **B sostanziàrsi v. intr. pron. 1** (*raro*) ricevere sostanza, alimentarsi (+ *di*): *un ragionamento che si sostanzia di tesi corpose* **2** attuarsi, concretizzarsi (+ *in*): *idee che hanno difficoltà a sostanziarsi in iniziative concrete*

†**sostanziévole** [da *sostanz(i)a* ✱ av. 1396] **agg.** ● sostanzioso

sostanzióso (o **-ṣo**) [da *sostanz(i)a* ✱ sec. XIV] **agg. 1** che ha o dà sostanza, nutrimento: *cibo, pasto s.* | ***terreno s.***, fertile, ricco di elementi nutritivi **2** (*fig.*) denso di contenuti: *insegnamento, libro s.* | (*fig.*) cospicuo, consistente: *un aumento s.* ‖ **sostanziosaménte**, **avv.** ‖ **sostanziosità**, **s. f. inv.** caratteristica di ciò che è sostanzioso

sostàre [lat. *substāre* 'stare, tener fermo', comp. di *sŭb* 'sotto' e *stāre* 'stare' ✱ 1268] **A v. intr.** (*io sòsto*; **aus.** *avere*) **1** soffermarsi, restare in un luogo per un periodo di tempo piuttosto breve: *sostammo a Milano*; *sostano in un albergo per la notte*; *sostarono un'ora per riposarsi* | riferito a veicoli, parcheggiare: *qui non si può s.* **2** sospendere per breve tempo ciò che si sta facendo, fare una pausa: *s. dal lavoro, dallo studio* **B v. tr.** ● †sospendere

†**sostegnènza** ➤ †**sostenenza**

♦**sostégno** [dal provenz. *sostenh*, da *sostener* 'sostenere' ✱ sec. XII] **s. m. 1** ciò che sostiene, che serve da appoggio, supporto e sim.: *muro, pilastro, di s.*; *il s. del tetto* | qualsiasi mezzo atto a sorreggere piante | ***s. vivo***, costituito da altre piante **2** (*fig.*) chi (o ciò che) è d'aiuto ad altri materialmente o moralmente: *è il s. della famiglia, della casa*; *il s. della sua vecchiaia*; *non gli manca il s. della speranza*; *addurre nuovi elementi a s. di quanto detto* **3** (*scuola*) ***iniziative di s.***, quelle adottate dal collegio dei docenti per colmare i divari fra gli alunni | ***insegnante di s.***, quello assegnato a una classe con alunni handicappati e che ha il compito di favorirne l'inserimento mediante una didattica integrata

SFUMATURE DI SIGNIFICATO

sostegno - assistenza

Sostegno è sia la disposizione ad aiutare gli altri materialmente o moralmente sia il concreto operare a questo fine. **Assistenza** coincide con *sostegno* nel significato concreto, ma può indicare in aggiunta le singole prestazioni fornite o anche l'organizzazione che presta un determinato soccorso.

SFUMATURE ➤ ***aiuto***, ➤ ***protezione***

sostenèndo [sec. XX] **s. m. inv.** ● (*mus.*) ritenuto | tenuto

†**sostenènza** o †**sostegnènza** [lat. tardo (eccl.) *sustinĕntia(m)* 'tolleranza', da *sŭstinens*, genit. *sustinĕntis* 'sostenente' ✱ av. 1348] **s. f.** ● sostentamento | tolleranza

♦**sostenére** [lat. *sustinēre*, comp. di *sŭb* 'sotto' e *tenēre*. V. *tenere* ✱ 1224 ca.] **A v. tr.** (**coniug. come** *tenere*) **1** reggere, portare su di sé il peso di qlco.: *gli stipiti sostengono l'architrave* | tenere sospeso, sollevato: *la gru sostiene una pesante cassa* | mantenere fermo, rendere saldo: *bisogna s. il muro con dei puntelli*; *una rete sostiene il terreno per impedire che smotti* **2** (*fig.*) sopportare, prendere su di sé un impegno, una responsabilità, un onere morale o materiale: *s. le spese della famiglia*; *s. il carico della famiglia*; *il popolo sostenne una lunga guerra* | ***s. gli esami***, darli | esercitare un ufficio, una carica, e sim.: *s. una carica* | ***s. una parte***, interpretarla **3** (*fig.*) tenere su, mantenere alto: *s. i prezzi, i titoli, le azioni* | ***s. la voce***, non abbassarne il tono, spec. nel cantare | (*mus.*) ritenuto; tenuto **4** (*fig.*) aiutare, proteggere: *s. un amico*; *lo sostiene il pensiero della madre*; *lo sostiene molto nella disgrazia* | difendere, patrocinare: *s. una causa, la candidatura di qlcu.* **5** (*fig.*) nutrire, dare vigore, mantenere in forze (**anche assol.**): *un cibo che sostiene le forze*; *una bevanda che sostiene il cuore*; *la carne sostiene* **6** (*fig.*) affermare, asserire con convinzione (**qlco.**; + *che*, + *di* **seguito da inf.**): *s. una tesi, un'idea*; *tutti sostengono la tua innocenza*; *l'ho detto e lo sostengo*; *tutti sostengono che è innocente*; *sostiene di non sapere nulla* **7** (*fig.*) tollerare: *è un tipo che sostiene bene il vino*; *non può s. la luce del sole* | resistere: *s. l'impeto, l'urto, l'assalto, del nemico* **8** †soffrire, patire: *sosteneva dolore incomparabile* (G. BOCCACCIO) **9** †trattenere **B sostenérsi v. rifl. 1** tenersi dritto, saldo: *la vecchietta si sostiene col bastone* **2** (*fig.*) mantenersi vigoroso, attivo e sim.: *beve molto caffè per sostenersi* **C sostenérsi v. intr. pron. 1** stare su, stare dritto: *lo scaffale si sostiene senza altri puntelli* **2** (*fig.*) essere convincente, plausibile: *la tua idea non si sostiene*

sostenìbile [av. 1712] **agg.** ● che può essere sostenuto, difeso (**spec. fig.**): *posizione s.*; *opinione, teoria s.* | che può essere affrontato, sopportato: *spesa s.* **CONTR.** insostenibile | che rispetta l'ambiente, il territorio: *turismo s.* | ***agricoltura s.***, V. *agricoltura* | ***sviluppo s.***, V. *sviluppo* ‖ **sostenibilménte**, **avv.** ‖ **sostenibilità**, **s. f. inv.**

sosteniménto [av. 1292] **s. m. 1** †sostegno **2** (*fig.*) il sostenere: *il s. di una spesa* | sostentamento | nutrimento

sostenitóre [av. 1294] **A** **s. m.** (**f.** *-trice*) ● difensore, fautore: *i sostenitori della riforma* | tifoso **CONTR.** avversario, oppositore **B** **agg.** ● che difende, propugna | ***socio s.***, chi, per aiutare l'associazione, il circolo o sim. cui è iscritto, paga una quota superiore a quella ordinaria | ***abbonamento s.***, quello dei soci sostenitori di un giornale, una rivista o sim.

SFUMATURE ➤ ***simpatizzante***

†**sostentàcolo** [vc. dotta, dal lat. *sustentăculu(m)* 'sostegno', da *sustentāre* 'sostenere' ✱ sec. XIV] **s. m.** ● ciò che sostiene | sostegno

sostentaménto [1224 ca.] **s. m.** ● il sostentare | ciò che è necessario per sostentare, nutrire: *ricevere, dare il s. necessario*; *avere pochi mezzi di s.*

sostentàre o †**sustentàre** [lat. *sustentāre* 'sostenere', da *sustĕntus*, part. pass. di *sustinēre* ✱ 1224 ca.] **A** **v. tr.** (*io sostènto*) **1** †reggere, sostenere un peso **2** fornire del necessario per vivere: *s. la famiglia*; *la quale ne sustenta et governa* (FRANCESCO D'ASSISI) **3** †mantenere | †***s. la guerra***, finanziarla **4** †difendere, propugnare **5** (*fis.*) mantenere in equilibrio un corpo in un fluido (spec. nell'aria), per mezzo di forze che ne bilanciano il peso **B** **sostentàrsi** **v. rifl.** ● mantenersi in vita, in forze: *il poveretto non ha di che sostentarsi* **C** **sostentàrsi** **v. intr. pron.** ● (*aeron.*) mantenersi in equilibrio nell'aria, detto di aeromobile

sostentatìvo [av. 1535] **agg.** ● (*raro*) atto a sostentare

sostentàto **part. pass.** di *sostentare* ● nei sign. del v.

sostentatóre [av. 1348] **A** **s. m.** (**f.** *-trice*) ● chi sostenta | (*fig.*) †sostenitore **B** **agg.** ● che sostenta: *gas s.*

sostentazióne [vc. dotta, dal lat. tardo *sustentatiōne(m)* 'sostentamento', da *sustentātus* 'sostentato' ✱ av. 1328] **s. f. 1** sostentamento **2** (*fis.*) l'equilibrio che un corpo mantiene in un fluido per effetto di forze che ne bilanciano il peso | ***s. aerea***, aerosostentazione | ***s. a getto***, gettosostentazione

sostenutézza [1669] **s. f.** ● caratteristica di chi (o di ciò che) è sostenuto | atteggiamento riservato, distaccato, contegnoso: *le donne bisogna trattarle con s.* (C. PAVESE)

◆**sostenùto** **A** **part. pass.** di *sostenere*; anche **agg. 1** nei sign. del v. **2** che non dà confidenza, che mostra riservatezza e distacco: *essere s. con qlcu.*; *parlare con tono s.*; *mostrare un contegno s.* **SIN.** austero, contegnoso, riservato **3** sorvegliato, elevato, alieno da modi volgari, detto di stile: *prosa sostenuta* **4** (*mus.*) ritenuto | tenuto | come specificazione di un tempo ne indica lo stacco più lento: *andante s.* **5** (*sport*) elevato, intenso e duraturo: *velocità, andatura sostenuta*; *ritmo di gara s.* **6** che si mantiene elevato: *prezzo s.* | ***corso s. dei valori mobiliari***, con tendenza all'aumento ‖ **sostenutaménte**, **avv.** **B** **s. m.** (**f.** *-a*) ● chi non dà confidenza, chi tiene un atteggiamento distaccato, privo di cordialità: *non fare il s.*

sostituènte **part. pres.** di *sostituire*; anche **agg. 1** nei sign. del v. **2** (*chim.*) detto di atomo o raggruppamento atomico che durante una reazione può prendere il posto occupato da un altro atomo o raggruppamento in una molecola

sostituìbile [1869] **agg.** ● che si può sostituire **CONTR.** insostituibile ‖ **sostituibilità**, **s. f. inv.**

◆**sostituìre** o †**sustituìre** [vc. dotta, dal lat. *substitŭere* 'porre sotto, dietro', comp. di *sŭb* 'sotto' e *statŭere* 'stabilire', con cambio di coniug. ✱ sec. XIII] **A** **v. tr.** (*io sostituìsco, tu sostituìsci*) **1** mettere una persona o una cosa al posto di un'altra (+ *a*, + *con*): *s. un giocatore*; *s. una lampadina*; *sostituì un tappeto nuovo a quello logoro* | togliere qlcu. dal posto che occupa, dalla carica che riveste, e sim. mettendo un altro al suo posto: *bisogna s. il vecchio cassiere con uno più giovane* **2** prendere il posto di un'altra persona o cosa: *un supplente sostituisce il professore*; *in certe diete la saccarina sostituisce lo zucchero* | (*dir.*) ***s. nel processo***, nel processo civile, compiere attività processuali in nome proprio per garantire la tutela di un diritto altrui **3** (*chim.*) introdurre in una molecola un atomo o raggruppamento atomico in luogo di un altro **B** **sostituìrsi** **v. rifl. e intr. pron.** ● prendere il posto di un'altra persona o cosa (+ *a*): *il figlio si è sostituito al padre*; *i fast food si sono sostituiti alle vecchie osterie*

sostituìto **part. pass.** di *sostituire*; anche **agg.** ● nei sign. del v.

sostitutìvo [1673] **agg. 1** atto a sostituire **2** detto di farmaco che si somministra per compensare sostanze prodotte in quantità inadeguata dall'organismo ‖ **sostitutivaménte**, **avv.**

◆**sostitùto** [vc. dotta, dal lat. *substitūtu(m)*, part. pass. di *substitŭere* 'sostituire' ✱ av. 1304] **s. m. 1** (**f.** *-a*) chi fa le veci altrui: *mettere, mandare un s.*; *s. procuratore* | (*dir.*) ***s. processuale***, colui che fa valere in un processo civile un diritto altrui in nome proprio | ***s. d'imposta***, chi è tenuto al pagamento dell'imposta in luogo di altri, per fatti a questi riferibili **2** (*ling.*) unità linguistica che ne sostituisce un'altra **3** (*mus.*) maestro sostituto

sostitutóre [vc. dotta, dal lat. mediev. *substitutōre(m)* 'sostitutore', da *substitūtus* 'sostituto' ✱ 1838] **s. m.** (**f.** *-trice*); anche **agg.** ● (*raro*) chi (o che) sostituisce **SIN.** sostituto

◆**sostituzióne** [vc. dotta, dal lat. tardo *substitutiōne(m)* 'sostituzione', da *substitūtus* 'sostituto' ✱ sec. XIV] **s. f. 1** il sostituire qlcu. o qlco. | ***in s. di***, in luogo di | (*sport*) cambio, rimpiazzo di un giocatore in campo con uno in panchina, spec. nel calcio | (*dir.*) ***s. fedecommissaria***, fedecommesso | ***s. processuale***, situazione nella quale un soggetto fa valere in giudizio in nome proprio un diritto altrui **2** (*ling.*) fenomeno per il quale una entità linguistica rimpiazza un'altra | (*gramm.*) ***complemento di s. o scambio***, indica qlcu. o qlco. che è al posto di altra persona o cosa; è introdotto dalla prep. *per* e dalle loc. *al posto di, invece di, in cambio di, in luogo di*, e sim. (per es.: *è intervenuto lui per tutti*; *hai capito fischi per fiaschi*; *al posto di Giacomo giocherà Federico*) **3** (*mat.*) operazione che consiste nel sostituire a uno o più elementi di una espressione matematica, altri elementi | ***metodo di s.***, per risolvere un sistema di più equazioni a più incognite **4** (*miner.*) vicarianza

sostràto o **substràto** [vc. dotta, dal lat. *substrātu(m)*, da *substĕrnere* 'stendere (*stĕrnere*) sotto (*sŭb*)'. V. *strato* ✱ av. 1705] **s. m. 1** (*geol.*) strato sottostante a un altro: *un s. di roccia* **2** (*ling.*) lingua parlata sostituita, per varie cause storiche, in una determinata regione, da un'altra di maggior prestigio **CFR.** superstrato | ***reazione, fenomeno di s.***, l'influenza che la lingua precedente ha esercitato sulla nuova modificandola **3** (*fig.*) V. *substrato* **4** (*filos.*) la sostanza, l'essenza di ciò che resta immutato sotto la varietà delle apparenze fenomeniche **5** (*biol., agric., chim.*) V. *substrato*

sostruzióne [vc. dotta, dal lat. *substructiōne(m)* 'fondamenta', da *substrūctus*, part. pass. di *substrŭere* 'costruire (*strŭere*) sotto (*sŭb*)' ✱ 1521] **s. f.** ● (*edil.*) struttura più o meno sotterranea con funzione di fondazione per edifici, particolarmente usata per formare il piano di base orizzontale quando il terreno è in pendenza

soteriologìa [comp. del gr. *sōtēría* 'salvezza', e *-logia* ✱ 1829] **s. f.** (**pl.** *-gìe*) ● nelle religioni, dottrina che riguarda la salvezza

soteriològico [1949] **agg.** (**pl. m.** *-ci*) ● relativo alla soteriologia

sott- ➤ **sotto-**

sottàbito [comp. di *sott-* e *abito* ✱ 1787] **s. m.** ● sottoveste

sottacére [comp. di *so-* e *tacere*① ✱ 1858] **v. tr.** (**coniug. come** *tacere*) ● (*lett.*) tacere intenzionalmente qlco. che si sa

sottacéto [comp. di *sott-* e *aceto* ✱ 1846] **A** **avv.** ● immerso nell'aceto, a bagno nell'aceto: *mettere, tenere, s.*; *conservare i peperoni s.*; *lasciare la carne s.* **B** **in funzione di agg. inv.** ● conservato nell'aceto: *peperoni, cipolline s.* **C** **in funzione di s. m. pl.** ● prodotti alimentari, spec. vegetali, conservati sott'aceto: *preparare una salsa con sottaceti tritati*

sottaciùto **part. pass.** di *sottacere*; anche **agg.** ● nei sign. del v.

sott'àcqua o (*raro*) **sottàcqua** [comp. di *sott-* e *acqua* ✱ 1483] **loc. avv.** ● sotto l'acqua, senza emergere dall'acqua: *stare sott'acqua*; *resistere a lungo sott'acqua*; *ritrovare qlco. sott'acqua* | ***lavorare sott'acqua***, (*fig.*) agire di nascosto

sottàcqueo [comp. di *sott-* e *acqueo*. V. *subacqueo* ✱ 1728] **agg.** ● (*raro*) subacqueo

sottalimentàre e deriv. ➤ **sottoalimentare** e deriv.

sottàna [f. sost. di *sottano*, per ellissi da *veste sottana* 'che sta, che si porta sotto' ✱ 1536] **s. f. 1** (*tosc.*) sottabito, sottoveste **2** parte inferiore del vestito femminile | gonna: *s. di lana, di tela, di cotone*; *s. larga, stretta, diritta, scampanata, corta, lunga* | (*fig.*) ***stare sempre attaccato, cucito, alla s. della mamma***, di bambino che non si separa mai dalla madre; (*est., spreg.*) di adulto ancora soggetto alla madre **3** (*scherz.*, **spec. al pl.**) donna: *correre dietro alle sottane*; *gli piacciono le sottane* **4** veste talare nera degli ecclesiastici ‖ **sottanèlla**, **dim.** | **sottanìna**, **dim.** | **sottanìno**, **dim. m.** | **sottanóna**, **accr.** | **sottanóne**, **accr. m.**

sottanière [da *sottana* ✱ 1905] **s. m.** ● (*pop.*) donnaiolo

sottàno [lat. parl. **subtānu(m)* 'che sta sotto', da *sŭbtus* 'di sotto' ✱ 1250 ca.] **agg.** ● †che sta sotto | oggi usato in toponomastica, spec. in contrapposizione a *soprano*: *Petralia Sottana*; *nella pregustante insonnia del borgo s.* (B. FENOGLIO)

sottàrco [comp. di *sott-* e *arco* ✱ 1547] **s. m.** (**pl.** *-chi*) ● (*archit.*) faccia inferiore della struttura di un arco **SIN.** intradosso

sottascèlla ➤ **sottoascella**

✦**sottécchi** o (*tosc.*) **sottécche** [di etim. discussa: lat. parl. **subtĭcule*, avv. da *sŭbtus* 'di sotto' (?) ✱ 1480 ca.] **avv.** ● con gli occhi socchiusi per non fare intendere le proprie intenzioni o i propri sentimenti o per non farsi notare: *guardare qlco. s.* | spec. nella loc. avv. ***di s.***: *ci ammiccammo di sottécchi* (G. CARDUCCI) | (*est.*) di nascosto: *fare qlco., lavorare* *di s.*

sottèndere o †**suttèndere** [vc. dotta, dal lat. *subtĕndere* 'tendere (*tĕndere*) sotto (*sŭb*)' ✱ sec. XIV] **v. tr.** (**coniug.** come *tendere*) **1** (*mat.*) avere i medesimi estremi di un arco di circonferenza, detto della corda **2** (*fig.*) contenere in sé, implicare, essere alla base: *il disegno di legge sottende una logica di razionalizzazione*

sottentraménto [1336 ca.] **s. m.** ● (*raro*) il sottentrare | †spiffero

sottentràre [comp. di *sott-* ed *entrare*①, V. *subentrare* ✱ sec. XIII] **A v. tr. e intr.** (*io sotténtro*) ● †entrare dal di sotto o porsi al di sotto di qlco.; farsi sotto, avvicinarsi per attaccare: *s. le mura*; *Tancredi inchino in sé raccolto / per aventarsi e sottentrar si vede* (T. TASSO) **B v. intr.** (**aus.** *essere*) **1** (*fig.*, *raro*) subentrare, succedere: *s. a qlcu. in qlco.* **2** (*disus.*) nella ginnastica, passare le gambe sotto o sopra l'attrezzo mediante movimento dall'indietro in avanti

sotterfùgio o †**sutterfùgio** [vc. dotta, dal lat. mediev. *subterfūgiu(m)*, da *subterfūgere*, comp. di *sŭbter* 'sotto' e *fūgere* 'fuggire' ✱ av. 1311] **s. m.** ● accorgimento fondato sulla finzione, l'inganno, la menzogna, usato per uscire da situazioni imbarazzanti, pericolose o sim., per raggiungere fini illeciti o poco onesti, e sim.: *ricorrere a un s.*; *servirsi di un s.*; *usare un s.*; *vivere di sotterfugi* | **di s.**, di nascosto: *vedersi, incontrarsi, di s.*

SFUMATURE DI SIGNIFICATO

sotterfugio - espediente - stratagemma

Sotterfugio è qualsiasi accorgimento praticato di nascosto per uscire da una situazione imbarazzante o pericolosa, o anche per conseguire un fine illecito. **Espediente** definisce anch'esso una trovata, un rimedio per risolvere una situazione difficile, ma piuttosto che sull'inganno l'accento è posto sul carattere ingegnoso della soluzione escogitata. In **stratagemma** a essere sottolineata è invece l'astuzia dell'espediente, della trovata.

SFUMATURE ➤ ***pretesto***

sottèrra [comp. di *so-* e *terra* ✱ 1268] **avv.** ● (*lett.* o *disus.*) sotto terra: *fare le cantine s.*; *nascondersi s. per la vergogna* | ***andare s.***, (*fig.*) morire

sotterràbile [1872] **agg.** ● che si può sotterrare

sotterraménto [1611] **s. m.** ● il sotterrare, il venire sotterrato

sotterrànea [f. sost. di *sotterraneo* ✱ 1934] **s. f.** ● ferrovia il cui tracciato si snoda sottoterra | metropolitana

♦**sotterràneo** [vc. dotta, dal lat. *subterrāneu(m)*, comp. di *sŭb* 'sotto' e un deriv. di *tĕrra* ✱ 1308] **A agg. 1** che è sotto terra: *luogo, corridoio, passaggio s.*; *cantina, ferrovia, sotterranea* | che giunge di sottoterra: *fragore s.* | (*est.*, *lett.*) ***Mondo s.***, l'oltretomba, l'Inferno **2** (*raro*, *fig.*) nascosto, segreto: *manovre sotterranee* || **sotterraneaménte**, **avv.** **B s. m. 1** locale o serie di locali costruiti sotto il livello del terreno: *la cripta è nel s. della chiesa*; *i sotterranei di un castello* **2** (*miniere*) nella loc. avv. ***in s.***, con uno scavo eseguito sotto la superficie terrestre

†**sotterrapersóne** [comp. di *sotterra(re)* e il pl. di *persona* ✱ 1555] **s. m. inv.** ● (*scherz.*) medico ignorante

sotterràre [da *sotterra* ✱ 1287] **v. tr.** (*io sottèrro*) **1** collocare sotto terra: *s. i semi* | nascondere sotto terra: *s. un tesoro* **2** seppellire: *s. i morti* | (*fig.*) ***averne sotterrati parecchi, averli sotterrati tutti***, e sim., di chi ha visto morire molte persone, ed è quindi vissuto più a lungo | (*fig.*, *disus.*) ***s. il Carnevale***, festeggiarne la fine

sotterràto **part. pass.** di *sotterrare*; anche **agg. 1** nei sign. del v. **2** ***morto e s.***, morto da molto tempo; (*fig.*) dimenticato, superato

sotterratóre [av. 1519] **s. m.**; anche **agg.** (**f.** *-trice*) ● (*raro*) chi (o che) sotterra

†**sotterratòrio** [da *sotterrare* ✱ av. 1543] **s. m.** ● sepoltura

sottéso (o **-ṣo**) **part. pass.** di *sottendere*; anche **agg. 1** nel sign. del v. | (*raro*) teso **2** (*fig.*) venato (+ *di*): *una prosa sottesa di amarezza, di ironia*

†**sottésso** [comp. di *sott-* ed *esso* ✱ 1319] **prep.** ● (*lett.*) sotto, proprio sotto: *s. l'ombra delle frondi amate / da Febo* (G. BOCCACCIO)

†**sottigliànza** [da *sottigliare* ✱ 1266] **s. f.** ● sottigliezza, acume

†**sottigliàre** [lat. *subtiliāre* 'assottigliare', da *subtīlis* 'sottile' ✱ av. 1266] **A v. intr.** ● sottilizzare **B v. tr.** e †**sottigliàrsi** **v. intr. pron.** ● assottigliare, assottigliarsi | (*fig.*) acuire, acuirsi

sottigliézza [da *sottile*, con sovrapposizione di *sottigliare* ✱ 1260 ca.] **s. f. 1** caratteristica, proprietà di ciò che è sottile **2** (*fig.*) acutezza, acume, finezza: *s. d'ingegno* **3** (**spec. al pl.**) sofisticheria, pedanteria, cavillo: *perdersi in sottigliezze*; *lasciare da parte le sottigliezze*; *senza tante sottigliezze*

†**sottigliùme** [da *sottile*, con sovrapposizione di *sottigliare* ✱ 1618] **s. m. 1** massa di cose sottili **2** (*fig.*) sofisticheria, sottigliezza

♦**sottile** o †**suttile** [lat. *subtīle(m)* 'sottile', comp. di *sŭb* 'sotto' e di un deriv. di *tēla*; propr. 'che passa attraverso la tela' ✱ sec. XII] **A agg. 1** che ha uno spessore molto limitato, o più limitato del normale, o limitato relativamente alle altre dimensioni: *corda, filo, lama, strato, parete s.*; *s. come un foglio di carta, come una ragnatela* **CFR.** lepto- | (*mar.*) ***cavi sottili***, quelli leggeri e maneggevoli, usati per facilitare le manovre, quando la nave sta per partire | ***essere sui cavi sottili***, stare per partire, detto di navi **2** (*est.*) di forma snella, slanciata: *collo s.*; *vita, figura s.*; *gambe, caviglie sottili* | ***barca, imbarcazione s.***, leggera e veloce | (*fig.*) ***voce s.***, di tono esile, lieve | (*disus.*) ***mal s.***, tisi **3** (*fig.*) puro, fresco, leggero: *aria s.*; *brezzolina s. e penetrante*; *venticello s.* | ***profumo s.***, delicato ma penetrante **CONTR.** pesante **4** (*fig.*) acuto, fine: *vista, odorato s.* **5** (*fig.*) perspicace: *ingegno, mente, intelligenza, spirito s.*; *persona molto s.* | che è pensato, detto o fatto con acutezza: *astuzia, malizia s.*; *fare una sottile distinzione*; *investigando fra me cose sottili e rare* (V. ALFIERI) | (*est.*) sofistico, astruso, cavilloso: *discorso, disputa, argomentazione, s.* **6** (*fig.*) †esiguo, scarso: *faccendo sottilissime spese* (G. BOCCACCIO) **7** (*fig.*) †*Manchevole, debole* || **sottilménte**, †**sottileménte**, **avv. 1** in modo sottile, minuto: *macinare sottilmente* **2** con acume: *ragionare sottilmente*; con minuziosità, con precisione: *studiare sottilmente la questione* **B** in funzione di **avv.** ● (*lett.*) in modo acuto e penetrante: *io no lo intendo, sì parla s.* (DANTE) **C s. m.**, †**f.**, solo **sing.** ● nelle loc. ***guardare, andare per il s.***, †***per la s.***, badare alle minuzie, a particolari di scarso rilievo o peso | ***non andare, non guardare (troppo) per il s.***, comportarsi in modo brusco, senza troppi riguardi o scrupoli **D s. m. 1** parte sottile | †stremo: *ridurre al s.* | †***trarre il s. dal s.***, non sciupare nulla, utilizzare ogni cosa **2** †parte migliore || **sottilétto**, **dim.** | **sottilino**, **dim.**

SFUMATURE ➤ ***arguto***

Sottilétte® [da *sottile* ✱ 1983] **s. f. pl.** (**sing.** *-a*) ● denominazione di fette sottili di formaggio fuso, confezionate in pacchetti

sottilità o †**sottilitàde**, †**sottilitàte** [vc. dotta, dal lat. *subtilitāte(m)* 'sottigliezza', da *subtīlis* 'sottile' ✱ 1261 ca.] **s. f. inv.** ● (*raro*, *lett.*) sottigliezza | (*fig.*) acutezza, accortezza, sagacità

sottilizzaménto [1639] **s. m.** ● (*raro*) il sottilizzare

sottilizzàre [da *sottile* ✱ sec. XIV] **A v. intr.** (**aus.** *avere*) ● discutere, argomentare indugiando in sottigliezze, perdendosi in ragionamenti sottili, cavillosi: *s. su questioni di poca importanza* **B v. tr.** ● (*raro*) esaminare, trattare in modo sottile e puntiglioso || **sottilizzazióne**, **s. f.**

sottino [comp. di *so-* e *tino* ✱ 1869] **s. m.** ● recipiente messo sotto il torchio per raccogliere l'olio d'oliva della prima spremitura

sottinsù o **sótto in su**, **sott'in su**, (*tosc.*) **sottonsù** [comp. di *sott-*, *in* e *su* ✱ av. 1680] **s. m. inv. 1** nella loc. avv. ***da s.***, di sottinsù, (*lett.*) ***al di s.***, dal basso verso l'alto: *guardare qlcu. di s.* **2** (*pittura*) tecnica di scorcio prospettico, usata spec. in soffitti e cupole, in cui le figure sono rappresentate dal punto di vista di chi guarda dal basso verso l'alto

sottintèndere o †**sottontèndere** [comp. di *sott-* e *intendere* ✱ av. 1328] **v. tr.** (**coniug.** come *tendere*) **1** intendere ciò che non viene espressamente detto, ma è in qualche modo implicito: *quell'allusione lascia s. il suo rifiuto* **2** lasciar capire o intuire ciò che non viene direttamente espresso (**qlco.**; + *che*): *invitando tutti sottintendevo invitare anche te*; *implicitamente sottintendendo che non sarebbe venuta alle nozze* (A. MORAVIA) | (*est.*) implicare, comportare: *il lavoro sottintende dei sacrifici* | ***si sottintende***, si capisce, è ovvio anche senza bisogno di dirlo (**come inciso o** + *che*): *l'ingresso è a pagamento tranne, si sottintende, i minori*; *si sottintende che un nuovo accordo annulla quello precedente* **3** (*gramm.*) tralasciare, omettere un elemento della frase che risulta tuttavia facilmente intuibile dal contesto: *s. il verbo in una proposizione*; *s. il soggetto*

sottintendiménto [av. 1597] **s. m.** ● (*raro*) il sottintendere

sottintéso (o **-ṣo**) **A part. pass.** di *sottintendere*; anche **agg. 1** nei sign. del v.: *soggetto s.* **2** ***resta s.***, ***è s.***, e sim., è ovvio, s'intende, anche senza bisogno di dirlo (**come inciso o** + *che*): *domani sera, è s., sarai mio ospite*; *è s. che resterai a cena da me* **B s. m.** ● giudizio, opinione, e sim. non espresso ma implicito e intuibile dal contesto: *parlare per sottintesi*; *non mi piacciono i sottintesi*; *di' ciò che vuoi, senza sottintesi*

♦**sótto** o †**sùtto** [dal lat. *sŭbtus*, da *sŭb* 'sotto': propr. 'per di sotto' ✱ sec. XII] **A prep.** (**si può elidere davanti a parola che cominci per vocale:** *sott'acqua, sott'aceto, sott'olio*) **1** indica posizione inferiore rispetto a qlco. che, posta superiormente e a contatto con questa, la copra, l'avvolga o vi si appoggi semplicemente (con v. di stato e di moto regge il compl. di stato in luogo o di moto a luogo, anche fig.): *metti questi appunti s. il fermacarte*; *tieni un cuscino s. la testa*; *s. il soprabito indossava una giacca*; *l'hanno trovato incolume s. le macerie*; *cercate s. la sabbia*; *infilarsi s. le coperte, le lenzuola*; *portare i libri s. il braccio*; *camminare s. la pioggia battente*; *sono venuto s. un grande temporale*; *leggere s. la luce di una torcia* | ***mettersi qlco. o qlcu. s. i piedi***, calpestarlo; (*fig.*) assoggettarlo umiliandolo | ***ridere s. i baffi***, (*fig.*) sorridere senza farsi vedere | ***finire s. il treno, s. una macchina*** e sim., rimanerne schiacciato | ***andare s. terra***, (*eufem.*) morire | indica la superficie o la parte inferiore di qlco.: *avere un foruncolo s. il braccio*; *avere male s. i piedi*; *tagliarsi s. il mento* | V. anche *sottaceto*; *sottobanco*; *sottobraccio*; *sottocoperta*; *sottogamba*; *sottomano*; *sott'olio*; *sottovoce* **CFR.** ipo- **CONTR.** sopra **2** indica luogo più basso o posizione inferiore, sottostante o sottomessa rispetto a qlco. (con v. di stato o di moto, regge i compl. di stato in luogo o di moto a luogo, anche fig.): *si è nascosto s. il letto; è finito s. il tavolo; mi sono riparato dalla pioggia s. un albero; passeggiare s. i portici; vieni s. l'ombrello; la città è s. una cappa di nebbia; una passeggiata s. la luna* | ***dormire s. le stelle***, all'aperto | ***essere, andare s. le armi***, (*fig.*) nell'esercito per compiere il servizio militare | ***abitare s. qlcu.***, nel piano inferiore di un edificio rispetto all'abitante del piano superiore | ***s. il sole***, nel mondo: *non c'è niente di nuovo s. il sole* | vicinissimo: *avere qlco. s. il naso, s. gli occhi e non vederla* | ***avere qlco. o qlcu. sott'occhi***, davanti a sé **3** ai piedi di (indica immediata vicinanza o prossimità): *combattere s. le mura di una città; spingersi fin s. le mura; fare una serenata s. le finestre dell'innamorata; ti aspetto s. casa; la villa è proprio s. il monte* **4** più in basso di: *portare le gonne s. il ginocchio; essere s. il livello del mare; scendere s. la superficie del mare; nuotare s. il pelo dell'acqua; la temperatura è scesa s. lo zero* | inferiore a, meno di: *il peso è s. il quintale; sono invitati i bambini s. i dieci anni* | al di qua di, a sud di: *trenta kilometri s. Milano; il 45° parallelo s. l'equatore* **5** (*fig.*) esprime il concetto di dipendenza, soggezione, subordinazione, sudditanza: *combattere, militare s. qlcu.; combattere s. le insegne, s. la bandiera della propria patria; avere parecchi operai s. di sé; tenere qlcu. s. il proprio dominio; vivere s. dure leggi; gemere s. la tirannia; essere s. il dominio di qlcu.* | (**est.**) durante il governo di (spec. per determinare un periodo, un'età storica): *s. il consolato di Cicerone; la Rivoluzione francese scoppiò s. Luigi XVI; patì s. Ponzio Pilato; e vissi a Roma s. 'l buono Augusto* (DANTE *Inf.* I, 71) **6** (*fig.*) indica vigilanza, custodia, appoggio, difesa e sim.: *il minore è s. la mia tutela; il prigioniero verrà condotto s. scorta alle prigioni; è cresciuto s. la guida di un precettore; l'associazione nasce s. buoni auspici; l'iniziativa è s. l'alto patronato del Presidente della Repubblica* | ***chiudere, tenere qlcu. s. chiave***, (**est.**) nascosto, segregato | ***tenere qlcu., qlco. sott'occhio***, non perderlo di vista, controllarlo | nell'influsso di: *essere nato s. una buona stella; trovarsi s. il segno zodiacale dei Gemelli* **7** (*fig.*) indica lo stato in cui si trova qlcu. su cui incombe o grava qlco. o una situazione minacciosa (con valore modale): *essere, finire s. processo; trovarsi s. la minaccia di un grave pericolo, di un'epidemia, di una malattia; vivere s. l'incubo di una guerra; è proibito espatriare s. pena di gravi sanzioni; trovarsi s. la minaccia di un fucile spianato; essere s. l'effetto dell'anestesia; trovarsi s. gli effetti del vino* **8** con valore modale indica come qlco. si compie o si presenta: *Cristo si offre s. le specie del pane e del vino; s. veste d'agnelli sono lupi rapaci; sono s. pressione per via degli esami; caffè confezionato s. vuoto; si è presentato s. l'apparenza più innocente; l'ha pubblicato s. falso nome; si esprime volentieri s. metafora; eseguito s. commissione* | con garanzia di, al patto che: *promettere qlco. s. giuramento; prestare qlco. s. garanzia; dare qlco. s. pegno; concedere qlco. s. condizioni* | da: *s. un certo punto di vista hai ragione tu; bisogna guardare certe cose s. un angolo diverso* **9** a causa di: *ha parlato s. l'effetto dell'alcol; è impallidito s. l'impressione del ricordo; ho agito s. l'impulso del momento* **10** verso, nell'imminenza di, in prossimità di, durante (con valore temporale regge i compl. di tempo determinato e continuato): *gli ho scritto s. Natale; l'ho incontrato s. Pasqua; ci siamo visti s. esami* **11** anche nelle loc. prep. ***s. di*** (spec. seguito dai pron. pers.) e ***s. a***: *guarda s. al tavolo; metti un braccio s. alla testa; non restare s. a quel muro pericolante; abita s. di noi; lo prenderò s. di me come garzone* | anche nella loc. prep. ***al di s. di***, sotto; (*fig.*) inferiore a (V. *disotto*) **B** **avv.** **1** in luogo o posizione o parte più bassa rispetto ad altra: *è più bello s. che sopra; s. c'è uno strato di pasta sfoglia; s., la scatola è bianca; firmate s.* | ***più s.***, più in basso: *guarda più s.; scavate più s.* | con valore rafforz. preceduto da altro avv. di luogo: *guarda cosa c'è lì s.; cercate qui s.* | ***andare s.***, infilarsi nel letto | (**est.**) al piano inferiore: *non abita nessuno s.; la mamma è s., in cantina* | (**iter.**) ***sotto sotto***, (*fig.*) dentro di sé, nell'intimo; nascostamente: *sotto sotto se la ride dei nostri sforzi; Soffiano nel fuoco, sotto sotto* (L. PIRANDELLO) | ***qui c'è s. qlco.***, c'è qlco. di poco chiaro, di nascosto | ***farsi s.***, avvicinarsi prudentemente ma con decisione, spec. negli assalti, nei combattimenti o nelle gare | ***mettere, tenere s. qlcu.***, sopraffarlo, piegarlo alla propria volontà od obbligarlo a un lavoro faticoso | ***mettere s. qlcu.***, investirlo con l'automobile, la motocicletta e sim. | ***mettersi s.***, dare inizio con impegno ad un'attività | anche nelle loc. avv. ***di s.*** e (*raro*) ***al di s.***: *vado a vedere di s.; al di s. si apre un precipizio* (V. anche *disotto*) | preceduto da una prep.: *i rumori vengono da s.; sbucò di s.; passate per s.; una scatola con s. un buco* **CONTR.** sopra **2** oltre: *come dirò s., si possono fare tre tipi di distinzioni; dirò meglio s. di cosa si tratti!* | ***vedi s.***, vedi in nota **3** addosso (spec. con riferimento alla nuda pelle o alle parti intime del corpo): *s. non porto mai la maglia; lo spogliarono tutto e s. era pieno di cicatrici* | ***farsela s.***, farsela addosso **C** **in funzione di agg. inv.** ● inferiore, più basso: *guarda se è al piano s.; leggi e traduci la riga s.; prendi il pezzo s.* | anche nella loc. agg. inv. ***di s.***: *scelgo la parte di s.* **D** **in funzione di s. m. inv.** ● la parte inferiore, più bassa, sottostante: *bisogna rifare tutto il s. delle seggiole* | anche nella loc. sost. ***il di s.***: *devi scucire il di s. dell'orlo*

sótto- [lat. *sŭbtus*, che, nei deriv. it., ha preso il posto del pref. lat. *sŭb-*] **pref.** (*sott-*, **davanti a vocale**) **1** con valore locale, indica una cosa, un oggetto che si trovano o vengono collocati sotto ad altri, o indica una parte sottostante ad altra, oppure uno strato o un piano inferiore: *sottabito, sottopassaggio, sottosuolo* **2** indica inferiorità immediata di grado e funzione in composti che fanno riferimento a carica, ufficio: *sottosegretario, sottotenente* **3** con riferimento a inferiorità quantitativa rispetto a ciò che è normale o necessario: *sottoccupazione, sottoproduzione* **4** indica una suddivisione: *sottocommissione, sottogruppo* **5** in composizione con verbi: *sottolineare, sottoscrivere*

sottoalimentàre o **sottalimentàre** [comp. di *sotto-* e *alimentare* ✱ 1983] **v. tr.** (*io sottoaliménto*) **1** alimentare, nutrire qlcu. in misura inadeguata al suo fabbisogno spec. recando conseguenze dannose al suo organismo **2** in varie tecnologie, rifornire del materiale pertinente una macchina, una attrezzatura, un impianto e sim., in misura insufficiente rispetto alla loro reale capacità di assorbimento produttivo, rendendo perciò non economico il complesso delle loro prestazioni reali

sottoalimentàto **part. pass.** di *sottoalimentare*; **anche agg.** ● nei sign. del v.

sottoalimentazióne o **sottalimentazióne** [1950] **s. f.** **1** il sottoalimentare | nutrizione insufficiente **2** alimentazione di una macchina o sim. in misura insufficiente

sottoascèlla o **sottascèlla** [comp. di *sotto-* e *ascella* ✱ 1943] **s. f.** ● doppia lunetta, di cotone da un lato e impermeabile dall'altro, disposta all'interno del giromanica per assorbire il sudore

sottoassicurazióne [comp. di *sotto-* e *assicurazione* ✱ 1987] **s. f.** ● assicurazione per una somma inferiore al valore di ciò che si assicura **CFR.** soprassicurazione

sottobànco o **sótto bànco** [comp. di *sotto-* e *banco* ✱ av. 1686] **avv.** ● di nascosto: *vendere, acquistare qlco. s.* | (**disus.**) ***mettere, passare, s.***, mettere a tacere, non dare seguito | anche nella loc. avv. ***di s.***: *smercia la carne di s.*

sottobicchière [comp. di *sotto-* e *bicchiere* ✱ 1893] **s. m.** (**pl.** *sottobicchièri* o *sottobicchière*) ● centrino di stoffa, tondino di carta o cartone, piattino o sim., che si mette sotto il bicchiere per evitare che si macchi il tavolo

sottobórdo [comp. di *sotto-* e *bordo* ✱ 1889] **avv.** ● vicino, a fianco di una nave o di una imbarcazione, ma sempre sulla superficie dell'acqua: *essere, trovarsi, portarsi, s.*

sottobòsco [comp. di *sotto-* e *bosco* ✱ 1935] **s. m.** (**pl.** *-schi*) **1** insieme di tutte le piante spontanee, erbacee e legnose, che nascono nei boschi d'alto fusto, spec. nelle radure | (**est.**) l'insieme dei frutti che si trovano nei boschi, come mirtilli, fragole e sim. **2** (*fig.*) insieme di persone che vivono e agiscono, spec. in modo non regolare, ai margini di un'attività: *il s. cinematografico*

sottobottìglia [comp. di *sotto-* e *bottiglia* ✱ 1922] **s. m. inv.** ● piattino, centrino o altro che a tavola si mette sotto la bottiglia

sottobràccio o **sótto bràccio** [comp. di *sotto-* e *braccio* ✱ av. 1742] **avv.** ● a braccetto, con il braccio infilato a quello di un'altra persona: *passeggiare s. con la fidanzata; prendere, tenere qlcu. s.* | sotto il braccio stretto e accostato al corpo: *portare il giornale s.*

sottocapitalizzàto [comp. di *sotto-* e *capitalizzato* ✱ 1985] **agg.** ● (*econ.*) detto di imprese che dispongono di capitale insufficiente per il livello di attività economica svolto

sottocàpo [comp. di *sotto-* e *capo*, sul modello del fr. *sous-chef* ✱ av. 1536] **s. m. e f.** (**pl. m.** *-i*; **pl. f. inv.**) **1** aiutante o, in caso di necessità, sostituto del capo **2** primo grado del ruolo dei graduati di truppa della marina militare, corrispondente al caporalmaggiore dell'esercito

sottòcchio o **sott'òcchio** [comp. di *sott-* e *occhio* ✱ 1636] **avv.** ● davanti agli occhi, in modo da potere guardare, seguire, controllare agevolmente e direttamente qlco. o qlcu.: *ho proprio s. la tua pratica; ho il libro proprio s.; bisogna tenere s. i bambini*

sottoccupàto o **sottooccupàto** [comp. di *sott-* e *occupato* ✱ 1952] **agg. e s. m.** (**f.** *-a*) ● che (o chi) è soggetto a sottoccupazione **CONTR.** disoccupato, inoccupato

sottoccupazióne o **sottooccupazióne** [comp. di *sott-* e *occupazione* ✱ 1951] **s. f.** ● occupazione dei lavoratori per un periodo di ore o giornate lavorative inferiore al normale **CONTR.** sovraoccupazione

sottochiàve o **sótto chiàve** [comp. di *sotto-* e *chiave* ✱ 1681] **avv.** ● chiuso a chiave in luogo o mobile apposito: *tengo i documenti s.; i prigionieri sono s.* | (**est., fam.**) ***tenere qlcu. s.***, tenerlo chiuso in casa, impedirgli di uscire

sottocìpria [comp. di *sotto-* e *cipria* ✱ 1942] **s. m. e f. inv.** ● cosmetico che si stende sul viso, come base per la cipria

sottoclàsse [comp. di *sotto-* e *classe* ✱ av. 1871] **s. f.** ● nella tassonomia animale e vegetale, ciascuna delle categorie sistematiche in cui è suddivisa una classe

sottocóda [comp. di *sotto-* e *coda* ✱ 1561] **s.**

m. inv. **1** finimento per equini **2** piumaggio che negli uccelli ricopre la parte posteriore dell'addome

sottocòdice [comp. di *sotto-* e *codice*, calco sull'ingl. *subcode* ✱1966] **s. m.** ● (*ling.*) ciascuna delle varietà che il codice globale della lingua assume per determinate funzioni o situazioni comunicative: *il s. politico, dello sport, della medicina*

sottocommissióne [comp. di *sotto-* e *commissione*, sul modello del fr. *sous-commission* ✱av. 1861] **s. f.** ● ogni gruppo in cui si può dividere una commissione per snellire lo svolgimento dei lavori

sottoconsùmo [comp. di *sotto-* e *consumo* ✱1934] **s. m.** ● insufficienza del consumo complessivo di una collettività

sottocopèrta o **sótto copèrta**, spec. nel sign. B [comp. di *sotto-* e *coperta* ✱sec. XIII] **A** **s. f.** ● (*mar.*) tutto ciò che sta sotto il ponte di coperta, in contrapposizione a *sopraccoperta* **B** **in funzione di avv.** ● sotto il ponte di coperta: *andare, scendere, stare s.*

sottocòppa [comp. di *sotto-* e *coppa* ✱1611] **s. m. o f. (pl.** *sottocòppa* **m.,** *sottocòppe* **f.)** **1** piattino o centrino che a tavola o nel servire viene posto sotto il bicchiere, la tazza e sim. **2** riparo metallico posto sotto la coppa dell'olio negli autoveicoli, per proteggerla dai sassi e sim.

sottocorrènte [comp. di *sotto-* e *corrente* ✱1838] **s. f.** **1** corrente degli strati più profondi di un corso d'acqua **2** nel linguaggio politico, ciascuno degli schieramenti in cui può ulteriormente dividersi una delle correnti di un partito politico

sottocòscio [comp. di *sotto-* e *coscio* ✱1891] **s. m.** ● soccoscio

sottocostàle [comp. di *sotto-* e *costale* ✱1829] **agg.** ● (*anat.*) situato al di sotto di una costa

sottocòsto o **sótto còsto** [comp. di *sotto-* e *costo* ✱1923] **A** **avv.** ● a un prezzo inferiore a quello di costo: *vendere, comprare s.* **B** **anche agg. inv.**: *merce s.*

sottocrostàle [comp. di *sotto-* e *crosta*, con suff. agg. ✱1983] **agg.** ● (*geol.*) che si trova al di sotto della crosta terrestre

sottocultùra [comp. di *sotto-* e *cultura* ✱1963] **s. f.** **1** (*antrop.*) cultura minoritaria, locale, all'interno di una comunità **2** (*spreg.*) cultura scadente, di qualità deteriore

sottocuòco [comp. di *sotto-* e *cuoco* ✱1325] **s. m. (f.** *-a*; **pl. m.** *-chi*) ● aiutante del cuoco

sottocutàneo [comp. di *sotto-* e *cutaneo* ✱1829] **agg.** ● relativo alla sottocute

sottocùte o **sótto cùte** nel sign. B [comp. di *sotto-* e *cute* ✱1891] **A** **s. m. inv.** ● strato di tessuto immediatamente sotto la cute **B** **in funzione di avv.** ● sotto la cute: *iniettare qlco. s.*

sottodialètto [comp. di *sotto-* e *dialetto* ✱1872] **s. m.** ● varietà di un dialetto

sottodimensionaménto [1956] **s. m.** ● il sottodimensionare

sottodimensionàre [comp. di *sotto-* e *dimensionare* ✱1958] **v. tr.** (*io sottodimensióno*) ● stabilire dimensioni inferiori a quelle usuali o necessarie

sottodimensionàto [comp. di *sotto-* e *dimensionato* ✱1985] **part. pass.** di *sottodimensionare*; **anche agg.** ● che è in condizioni di sottodimensionamento: *un ufficio s. per carenza di personale*

sottodiminutìvo [comp. di *sotto-* e *diminutivo* ✱1869] **agg. e s. m.** ● diminutivo di un diminutivo: *suffisso s.*; *'librettino' è il s. di 'libretto'*

sottodividere [comp. di *sotto-* e *dividere* ✱av. 1565] **v. tr.** (**coniug. come** *dividere*) e **sottodividersi** **v. intr. pron.** ● (*raro*) suddividere, suddividersi

sottodivisióne [comp. di *sotto-* e *divisione* ✱1594] **s. f.** ● (*raro*) suddivisione

sottodominànte [comp. di *sotto-* e *dominante* ✱1801] **s. f.** ● (*mus.*) quarto grado della scala diatonica, così detto perché precede la dominante

sottoelencàto [comp. di *sotto-* ed *elencato* ✱1983] **agg.** ● in uno scritto o discorso, elencato dopo

sottoespórre [comp. di *sotto-* ed *esporre* ✱1960] **v. tr.** (**coniug. come** *porre*) ● (*fotogr.*) nell'eseguire una fotografia, dare alla pellicola una esposizione di luce insufficiente

sottoesposizióne [comp. di *sotto-* ed *esposizione* ✱1960] **s. f.** ● (*fotogr.*) esposizione troppo breve | pellicola sottoesposta

sottoespósto **part. pass.** di *sottoesporre*; **anche agg.** ● nel sign. del v.

sottofàlda [comp. di *sotto-* e *falda* ✱1965] **s. f.** ● parte inferiore delle falde di un cappello | fodera della falda di un abito

sottofamìglia [comp. di *sotto-* e *famiglia* ✱1906] **s. f.** ● (*bot., zool.*) ciascuna delle categorie sistematiche in cui è suddivisa una famiglia

sottofàscia o **sótto fàscia** nel sign. A [comp. di *sotto-* e *fascia* ✱1811] **A** **avv.** ● avvolto in una fascia di carta con l'indirizzo del destinatario (detto dell'inoltro per posta di libri, giornali, stampati): *spedire un libro s.* **B** **in funzione di s. m. inv.** ● stampato spedito per posta avvolto in una fascia di carta con l'indirizzo del destinatario **C** **in funzione di s. f. inv.** ● foglia di tabacco per la confezione dei sigari

sottofatturàre [comp. di *sotto-* e *fatturare* ✱1989] **v. tr.** ● (*econ.*) emettere una fattura per un valore inferiore a quello della prestazione

sottofinàle [comp. di *sotto-* e *finale* ✱1985] **s. m.** ● in uno spettacolo teatrale, cinematografico o sim., scena o numero immediatamente precedente al finale

sottofondazióne [comp. di *sotto-* e *fondazione* ✱1942] **s. f.** ● (*edil.*) parte inferiore della fondazione costituita da uno strato di calcestruzzo con bassa dosatura di cemento per livellare la superficie di appoggio e ripartire i carichi

sottofóndo [comp. di *sotto-* e *fondo* ✱1940] **s. m.** **1** strato inferiore, sottostante: *questa valigia ha un s.* | terreno che serve da appoggio alle sovrastrutture stradali **2** commento musicale che accompagna l'azione scenica di un film o di un programma televisivo mentre si svolgono i dialoghi o mentre è in corso la riproduzione realistica degli effetti sonori **3** (*fig.*) connotazione, tratto caratteristico che è possibile cogliere solo indirettamente: *nel suo discorso c'è un s. di ironia* SIN. sostrato

sottogàmba o **sótto gàmba** [comp. di *sotto-* e *gamba* ✱av. 1795] **avv.** ● con eccessiva disinvoltura e leggerezza, senza valutare l'importanza e la difficoltà: *prendere s. il proprio avversario*; *prendere un esame s.* | (*raro*) anche nella loc. avv. ***di s.***

sottogènere [comp. di *sotto-* e *genere* ✱av. 1915] **s. m.** **1** (*raro*) nella tassonomia animale e vegetale, ciascuna delle categorie sistematiche in cui è suddiviso un genere **2** (*est.*) ogni ulteriore suddivisione di un genere letterario o filmico sulla base di una più ristretta rosa di caratteri tipici affini: *il s. del romanzo giallo*

†**sottogiacére** [comp. di *sotto-* e *giacere* ✱sec. XIII] **v. intr.** ● (*lett.*) soggiacere

sottogóla [comp. di *sotto-* e *gola* ✱1561] **s. m. o** (*raro*) **f. inv.** **1** (*abbigliamento*) cinghietta di cuoio che passando sotto la gola fissa berretti e sim. nelle uniformi militari **2** parte della testiera che passa sotto la gola del cavallo o di altri animali da sella e da tiro

sottogónna o **sottogònna** [comp. di *sotto-* e *gonna* ✱av. 1927] **s. f.** ● gonna di tessuto rigido, o inamidata, indossata sotto a un abito ampio per tenerlo ben scostato dalla persona

sottogovèrno [comp. di *sotto-* e *governo* ✱1954] **s. m.** ● insieme delle attività di favoritismo e corruttela svolte da chi detiene i poteri pubblici per avvantaggiare i propri sostenitori e consolidare la propria posizione politica | (*est.*) le persone e gli enti che svolgono tali attività

sottogrùppo [comp. di *sotto-* e *gruppo* ✱1879] **s. m.** **1** ciascuno dei gruppi minori in cui si suddivide o può suddividersi un gruppo: *gruppi e sottogruppi di ricerca, di studio*; *s. di montagne* **2** (*chim.*) ciascuna delle due parti di un gruppo del sistema periodico, nella quale si raccolgono gli elementi ancor più somiglianti **3** (*mat.*) sottoinsieme di un gruppo che sia stabile rispetto alla legge di composizione del gruppo e che rispetto a questa sia ancora un gruppo

sottoinsième [comp. di *sotto-* e *insieme* ✱1960] **s. m.** ● (*mat.*) insieme i cui elementi appartengono tutti all'insieme dato | insieme subordinato

sótto in su ➤ **sottinsù**

sottolèmma [comp. di *sotto-* e *lemma* ✱1938] **s. m. (pl.** *-i*) ● (*ling.*) vocabolo che in un vocabolario è registrato sotto il lemma da cui deriva, ripetendone in altra categoria grammaticale gli stessi significati (per es., in questo vocabolario, gli avverbi in *-mente* registrati sotto l'agg. corrispondente)

♦**sottolineàre** [comp. di *sotto-* e *lineare*[2] ✱1866] **v. tr. (pres.** *io sottolìneo*; **fut.** *io sottolineerò*) **1** segnare, con una linea tracciata sotto, una parola o una frase per farla spiccare nel contesto o per ragioni particolari: *sottolineò il brano da tradurre*; *s. qlco. in blu, in rosso*; *s. gli errori di un compito* **2** (*fig.*) mettere in evidenza, in rilievo (**+ *di* seguito da inf., + *che***): *s. la riservatezza di un incarico*; *il ministro ha sottolineato di non credere alle rivelazioni della stampa*; *vorrei s. che non si tratta della prima volta* | ***s. una frase, un concetto***, rilevarli, dirli con maggiore intensità | accentuare: *un abitino che sottolinea le forme*

sottolineàto **part. pass.** di *sottolineare*; **anche agg.** ● nei sign. del v.

sottolineatùra [1891] **s. f.** **1** il sottolineare | parte sottolineata **2** (*fig.*) risalto, accentuazione, enfasi

sottolinguàle [comp. di *sotto-* e *linguale* ✱1838] **agg.** ● (*anat.*) che è sotto la lingua: *ghiandola s.*

sottòlio o **sott'òlio** nei sign. A e B [comp. di *sott-* e *olio* ✱av. 1800] **A** **avv.** ● immerso nell'olio, a bagno nell'olio: *mettere, conservare un cibo sott'olio* **B** **in funzione di agg. inv.** ● conservato a bagno nell'olio: *tonno sott'olio* **C** **in funzione di s. m. pl.** ● prodotti alimentari, spec. vegetali, conservati sott'olio: *preparare una salsa con sottoli tritati*

sottolivèllo [comp. di *sotto-* e *livello* ✱1960] **s. m.** ● ciascuno dei piani orizzontali che ulteriormente suddividono la parte di giacimento compresa tra due livelli di miniera

sottomàno o **sótto màno** [comp. di *sotto-* e *mano*; per calco sul fr. *sous-main* nel sign. B 1 ✱sec. XIV] **A** **avv.** **1** a portata di mano, vicino: *rompe tutto ciò che gli capita s.*; *ho s. ciò che mi occorre*; *tieni carta e penna s.* **2** (*raro*) con la mano bassa: *sferzare, frustare un cavallo s.* | ***tenere, condurre un cavallo s.***, tenerlo per le briglie alla propria destra cavalcando un altro cavallo | nella scherma, detto di colpo inferto con la mano che impugna l'arma tenuta al disotto della spalla | nella pallacanestro e in altri sport, di movimento effettuato dal basso verso l'alto con la mano aperta: *tirare la palla s.* **3** ***muovere s.***, negli scacchi, giocare in contromossa, avendo i pezzi neri **4** (*fig.*) di nascosto, senza che altri veda: *mi ha passato un biglietto s.*; *ho avuto una mancia s.* **B** **s. m. 1** cartella, spec. ricoperta di pelle, che si tiene sulla scrivania per appoggiarvi i fogli su cui scrivere o come custodia **2** nella pallacanestro, tiro effettuato tenendo la palla sulla mano rivolta verso l'alto **3** (*disus.*) rimunerazione aggiunta allo stipendio | mancia, regalia fatta di nascosto **4** †colpo dato di sotto in su

sottomàrca [comp. di *sotto-* e *marca* ✱ 1985] **s. f.** ● prodotto o linea di prodotti di qualità e prezzo inferiori alla marca principale

sottomarìno [comp. di *sotto-* e *marino* ✱ 1792] **A** **agg.** ● che sta sotto la superficie marina: *cavo s.*; *vegetazione sottomarina* **B** **s. m.** ● unità navale militare che naviga esclusivamente in immersione, oggi in genere a propulsione nucleare e con armamento missilistico
SFUMATURE ➤ *sommergibile*

sottomarìno-arìa [comp. di *sottomarino* e *aria* ✱ 1983] **agg. inv.** ● (*milit.*) acqua-aria

sottomarìno-superfìcie [comp. di *sottomarino* e *superficie* ✱ 1983] **agg. inv.** ● (*milit.*) acqua-terra

sottomascellàre [comp. di *sotto-* e *mascellare* ✱ 1838] **agg.** ● (*anat.*) che sta sotto l'osso mascellare: *ghiandola s.*

sottomatrìce [comp. di *sotto-* e *matrice* ✱ 1938] **s. f.** ● (*mat.*) parte di una matrice ottenuta sopprimendo alcune righe o colonne

sottoménto [comp. di *sotto-* e *mento* ✱ 1957] **s. m.** ● (*pop.*) doppio mento, pappagorgia

sottomenù [comp. di *sotto-* e *menù* ✱ 1994] **s. m. inv.** ● (*inform.*) menu a cui si accede dopo aver selezionato un'opzione in un menu precedente

sottomercàto [comp. di *sotto-* e *mercato* ✱ 1960] **avv.** ● (*raro*) a prezzo inferiore a quello praticato sul mercato: *svendere s.*

♦**sottomésso** **part. pass.** di *sottomettere*; **anche agg. 1** nei sign. del v. | assoggettato | subordinato **2** rispettoso, docile: *atteggiamento s.* **CONTR.** insofferente, ribelle

sottomèttere [comp. di *sotto-* e *mettere*, sul modello del lat. *submĭttere* ✱ 1261 ca.] **A** **v. tr.** (**coniug. come** *mettere*) **1** †mettere sotto: *s. i buoi al giogo* | ***s. la vacca al toro***, farli accoppiare **2** assoggettare, soggiogare (+ *a*): *s. una popolazione al proprio dominio* | (*raro*) costringere a ubbidire, piegare alla propria volontà: *s. un cavallo indocile* **3** (*lett.*) subordinare, posporre ad altro (+ *a*): *s. il senso alla ragione* **4** (*raro*) sottoporre (+ *a*): *fu sottomesso a una dura prova* | presentare, proporre: *sottomise il problema alla nostra attenzione* **B** **sottomèttersi** **v. intr. pron.** ● piegarsi al dominio, ai voleri altrui (+ *a*): *alla fine fu costretto a sottomettersi*; *dovettero sottomettersi agli invasori*
SFUMATURE ➤ *obbedire*

sottomissióne [da *sottomesso*, sul modello del lat. *submĭssio*, genit. *submissiōnis* ✱ av. 1580] **s. f. 1** il sottomettere, il sottomettersi: *fare atto di s. a qlcu.* **2** condizione di chi è sottomesso | (*est.*) docilità, ubbidienza
SFUMATURE ➤ *soggezione*

sottomiṣùra o **sótto misùra** [comp. di *sotto-* e *misura* ✱ 1954] **avv.** ● in misura inferiore al normale, al giusto | nel linguaggio calcistico, sotto porta, vicino alla porta avversaria: *un attaccante molto valido s.*

sottomùltiplo [comp. di *sotto-* e *multiplo* ✱ 1940] **A** **s. m.** ● (*mat.*) quantità di cui quella data è un multiplo | quantità che si ottiene dividendo quella data in un numero intero di parti **B** **anche agg.**: *quantità sottomultipla di un'altra*

sottonegòzio [comp. di *sotto-* e *negozio* ✱ 1997] **s. m.** ● locale a destinazione commerciale, di pertinenza di un negozio soprastante

sottonocchière [comp. di *sotto-* e *nocchiere* ✱ 1938] **s. m.** ● nella marina militare, sottocapo della categoria nocchieri

sottonotàto [comp. di *sotto-* e *notato* ✱ av. 1516] **agg.** ● che è notato, citato, più in basso, oltre

sottonsù ➤ **sottinsù**

†**sottontèndere** ➤ **sottintendere**

sottooccupàto ➤ **sottoccupato**

sottooccupazióne ➤ **sottoccupazione**

sottopagàre [comp. di *sotto-* e *pagare* ✱ 1957] **v. tr.** (*io sottopàgo, tu sottopàghi*) ● retribuire in misura inferiore al dovuto o al giusto

sottopagàto **part. pass.** di *sottopagare*; **anche agg.** ● che è retribuito in misura inferiore al dovuto o al giusto: *lavoratore s.*; *mansioni sottopagate*

sottopàlco [comp. di *sotto-* e *palco* ✱ 1883] **s. m.** (**pl.** *-chi*) ● parte del palcoscenico posta sotto il piano scenico e contenente parte del macchinario di scena

sottopància o (*centr., merid.*) **sottopànza** [comp. di *sotto-* e *pancia* ✱ 1816] **s. m. inv. 1** larga striscia di cuoio o di robusta tela che passando sotto la pancia del cavallo tiene ferma la sella **2** (*fig.*, *scherz.*) nel gergo militare, gli ufficiali aiutanti | (*est.*) scagnozzo, tirapiedi **3** (*tv*) dicitura di identificazione di una persona, sovrapposta sul margine inferiore della sua immagine durante una trasmissione televisiva

sottopassàggio [comp. di *sotto-* e *passaggio* ✱ 1908] **s. m. 1** opera stradale costruita nell'incrocio di due vie per evitare l'attraversamento in superficie rispetto alla via superiore, più importante o preesistente **SIN.** sottovia | ***s. pedonale***, che permette ai pedoni di passare sotto una strada o una piazza **2** passaggio sotterraneo ricavato nell'ambito della stazione per permettere l'accesso dei viaggiatori ai vari marciapiedi di partenza evitando l'attraversamento dei binari

sottopassàre [comp. di *sotto-* e *passare* ✱ 1884] **v. tr.** ● (*raro*, *urbanistica*) passare sotto, spec. nel sistema viario cittadino: *la metropolitana milanese sottopassa Piazza del Duomo*

sottopàsso [comp. di *sotto-* e *passo* ✱ av. 1869] **s. m.** ● sottopassaggio, nelle costruzioni stradali e ferroviarie

sottopèlle [comp. di *sotto-* e *pelle* ✱ 1884] **avv.** ● sotto la pelle | (*fig.*) in modo non evidente: *un impulso che si manifesta s.*

sottopéntola [comp. di *sotto-* e *pentola* ✱ 1979] **s. m. inv.** ● accessorio di piccole dimensioni e di materiale resistente al calore, usato in cucina come appoggio per pentole tolte dai fornelli

sottoperformàre [comp. di *sotto-* e *performare* ✱ 2003] **v. tr.** (*io sottoperfórmo*) ● (*econ.*) realizzare una prestazione inferiore alle attese (**anche** *assol.*): *titoli che sottoperformano il mercato*; *nell'ultimo mese le azioni hanno sottoperformato*

sottopéso (o **-ṣo**) o **sótto péso** (o **-ṣo**) [comp. di *sotto-* e *peso* ✱ 1986] **A** **s. m.** ● (*med.*) peso inferiore a quello considerato normale: *studiare le cause di s. alla nascita* **B** **avv.** ● in condizione di sottopeso: *dopo la dieta, è sempre s.* **C** **anche agg. inv.**: *neonati s.*

sottopiàtto [comp. di *sotto-* e *piatto* ✱ 1872] **s. m.** ● piatto usato in tavola per poggiarvi un altro piatto o la scodella col cibo

sottopiède [comp. di *sotto-* e *piede*, sul modello del fr. *sous-pied* ✱ 1884] **s. m. 1** parte interna della scarpa, di cuoio, feltro, sughero o altro materiale, direttamente a contatto con il piede **2** striscia di tessuto o di cuoio che, passando sotto al piede o sotto la scarpa, tiene il calzone ben teso, o ferma la ghetta **3** calzino molto corto che riveste solo la pianta, il tallone e i lati del piede, usato per evitare il contatto con l'interno della scarpa

sottopopolàto [comp. di *sotto-* e *popolato* ✱ 1978] **agg.** ● che ha una popolazione inferiore a quella che il territorio proporzionalmente potrebbe accogliere: *l'Australia è uno stato s.*

♦**sottopórre** [comp. di *sotto-* e *porre*, sul modello del lat. *suppōnere*. V. *supporre* ✱ 1261 ca.] **A** **v. tr.** (**coniug. come** *porre*) **1** (*lett.*) porre sotto: *Gli avevan sottoposti al capo tre guanciali* (R. BACCHELLI) **2** †assoggettare, soggiogare **SIN.** sottomettere **3** costringere, indurre ad affrontare o a subire qlco. di spiacevole, gravoso e sim. (+ *a*): *sottopose l'alunno a una lunga interrogazione*; *ha sottoposto i dipendenti a una rigida disciplina* **4** (*fig.*) presentare (+ *a*): *s. una proposta di legge all'approvazione del Parlamento*; *s. le proprie opere alla critica* **B** **sottopórsi** **v. intr. pron. 1** (*lett.* o *raro*) sottomettersi: *sottoporsi alla legge, al volere altrui* **2** affrontare, subire qlco., spec. spiacevole, gravoso o sim. (+ *a*): *sottoporsi a un intervento chirurgico, a un grande sacrificio*

sottopòrtico [comp. di *sotto-* e *portico* ✱ av. 1571] **s. m.** (**pl.** *-ci*) ● spazio sotto il portico

sottopoṣizióne [da *sottoporre*, sul modello di *posizione* ✱ av. 1698] **s. f.** ● (*raro*) sottomissione

sottopósto **A** **part. pass.** di *sottoporre*; **anche agg. 1** nei sign. del v. | sottomesso, assoggettato | subordinato, dipendente **2** esposto: *essere s. ai pericoli* **3** (*raro*, *lett.*) dedito: *uomo ambiziosissimo e superbissimo, s. al vino* (F. GUICCIARDINI) **B** **s. m.** (**f.** *-a*) **1** chi, in un rapporto di lavoro, è subordinato ad altri **2** †suddito

sottopotère [comp. di *sotto-* e *potere* ✱ 1983] **s. m.** ● sottogoverno

sottoprefètto [comp. di *sotto-* e *prefetto*, sul modello del fr. *sous-préfet* ✱ 1802] **s. m.** ● nel vecchio ordinamento amministrativo italiano, funzionario posto a capo di una sottoprefettura

sottoprefettùra [comp. di *sotto-* e *prefettura*, sul modello del fr. *sous-préfecture* ✱ 1802] **s. f. 1** nel vecchio ordinamento amministrativo italiano e tuttora in quello francese, ognuno dei circondari in cui era divisa una prefettura **2** grado, ufficio, di sottoprefetto

sottoprèzzo [comp. di *sotto-* e *prezzo* ✱ 1930] **avv.** ● a un prezzo più basso di quello corrente sul mercato: *acquistare s.*

sottoprodótto [comp. di *sotto-* e *prodotto* ✱ 1933] **s. m.** ● prodotto ottenuto, o come bene di valore economicamente inferiore, o come scarto, nel corso del processo produttivo rivolto a ottenere il prodotto principale | (*fig.*) fenomeno culturale inferiore rispetto ad altri, spesso scadente: *un s. provinciale della cultura europea* (P.P. PASOLINI)

sottoproduzióne [comp. di *sotto-* e *produzione* ✱ 1951] **s. f.** ● eccedenza della domanda sull'offerta effettiva nel mercato di un dato bene **CONTR.** sovrapproduzione

sottoprogràmma [comp. di *sotto-* e *programma* ✱ 1983] **s. m.** (**pl.** *-i*) ● (*inform.*) gruppo autonomo di istruzioni richiamate più volte nell'esecuzione di un programma **SIN.** subroutine

sottoproletariàto [comp. di *sotto-* e *prole-*

S

tariato ✱ 1959] **s. m.** ● nelle moderne società industriali, il gruppo sociale più povero e privo di coscienza politica: *Il fenomeno è … riconoscibile in tutta l'Italia, compreso … il s. della capitale* (P.P. PASOLINI) | (*est.*) i settori emarginati della popolazione

sottoproletàrio [comp. di *sotto-* e *proletario* ✱ 1956] **s. m.** (**f.** *-ia*) ● membro del sottoproletariato

sottopùnto [comp. di *sotto-* e *punto* ✱ 1872] **s. m.** ● soppunto

sottórdine [comp. di *sott-* e *ordine* ✱ 1864] **s. m. 1** nella tassonomia animale e vegetale, ciascuna delle categorie sistematiche in cui è diviso un ordine **2** nella loc. avv. ***in s.***, in grado subordinato, alle dipendenze di qlcu.: *essere in s. a tutti; non sopporto di stare in s.*; anche loc. agg. inv., di importanza secondaria, di interesse inferiore: *incarico in s.*; *questione in s.*

sottorégno [comp. di *sotto-* e *regno* ✱ 1960] **s. m.** ● nella tassonomia animale e vegetale, ciascuna delle categorie sistematiche in cui è diviso un regno

†**sottorìdere** [comp. di *sotto-* e *ridere* ✱ 1612] **v. intr.** ● (*raro*) sorridere | arridere

sottoscàla [comp. di *sotto-* e *scala* ✱ av. 1742] **s. m. inv.** ● vano che rimane sotto la rampa della scala, spesso utilizzato come ripostiglio

sottoscàrpa [comp. di *sotto-* e *scarpa*② ✱ 1934] **s. f.** ● solo nella loc.: ***muro di s.***, muro di sostegno di un terrapieno limitato alla porzione inferiore di esso

sottoscàvo [comp. di *sotto-* e *scavo* ✱ 1983] **s. m.** ● cala①

sottoscrìtto A part. pass. di *sottoscrivere*; **anche agg.** ● nei sign. del v. **B s. m.** (**f.** *-a*) ● chi scrive e firma un'istanza, una domanda, spec. designando sé stesso in terza persona: *il s. chiede che …*; *la sottoscritta fa domanda per …*; (*fam., scherz.*) per indicare sé stesso: *il s. vorrebbe uscire*

sottoscrittóre [da *sottoscritto* ✱ 1745] **s. m.** (**f.** *-trice*) ● chi sottoscrive: *i sottoscrittori di una richiesta* | chi partecipa a una sottoscrizione

sottoscrìvere [comp. di *sotto-* e *scrivere* ✱ 1475] **v. tr.** (**coniug. come** *scrivere*) **1** scrivere la propria firma in calce a un documento a una lettera e sim.: *s. una denuncia, un contratto* **2** aderire a un'iniziativa apponendo la propria firma o versando una somma: *s. una petizione*; *s. un abbonamento*; *s. dieci euro* | ***s. obbligazioni, azioni***, impegnandosi a versare il corrispettivo quando verranno emesse **3** (*fig.*) condividere, approvare pienamente: *sottoscrivo ciò che hai detto*

sottoscrizióne [da *sottoscritto*. V. *soscrizione* ✱ av. 1536] **s. f. 1** atto del sottoscrivere **2** raccolta di firme, adesioni o fondi a favore di un'iniziativa: *promuovere, aprire una s.* **3** nei documenti medievali, indicazione non sempre autografa dell'autore o dei contraenti, dei testimoni e del redattore, posta nella parte finale

sottosegnàto [comp. di *sotto-* e *segnato*, sul modello del fr. *soussigné*. V. lat. *subsignāre* 'scrivere (*signāre*) sotto (*sŭb*)' ✱ av. 1794] **agg.** ● (*disus.*) siglato; contrassegnato | (*disus.*) sottolineato

sottosegretariàto [comp. di *sotto-* e *segretariato* ✱ 1893] **s. m. 1** ufficio di sottosegretario | complesso dei sottosegretari **2** personale che coadiuva il sottosegretario nella esplicazione delle proprie funzioni

sottosegretàrio [comp. di *sotto-* e *segretario*, sul modello del fr. *sous-secrétaire* ✱ 1640] **s. m.** (**f.** *-ia*) ● segretario di grado inferiore, vicesegretario | ***s.*** (***di Stato***), collaboratore diretto del ministro Segretario di Stato che esplica funzioni dallo stesso delegategli **CFR.** viceministro

sottosèlla [comp. di *sotto-* e *sella* ✱ 1907] **s. m. inv.** ● imbottitura posta sotto la sella a protezione della groppa del cavallo

sottoservìzio [comp. di *sotto-* e *servizio* ✱ 1998] **s. m.** ● struttura o elemento posato sotto il livello del terreno (cunicolo, tubatura, cavo ecc.) attraverso cui si erogano servizi essenziali come elettricità, gas, acqua, telefono

sottosezióne [comp. di *sotto-* e *sezione* ✱ 1863] **s. f.** ● ognuno dei settori in cui è divisa una sezione, spec. nell'ordinamento amministrativo

sottosistèma [comp. di *sotto-* e *sistema* ✱ av. 1973] **s. m.** (**pl.** *-i*) ● sistema che fa parte integrante di un sistema più complesso

sottosópra [comp. di *sotto-* e *sopra* ✱ sec. XIII] **A avv. 1** alla rovescia, in modo capovolto: *quella cassa è s.*; *bisogna rivoltare s. i materassi* **2** (*est.*) in uno stato di grande disordine, scompiglio, confusione: *una stanza messa s.*; *mettere s. tutta la casa* | (*fig.*) in grande agitazione, turbamento o sconvolgimento: *mi sento s.*; *c'è mancato poco che non m'hai messo s. l'oste* (A. MANZONI) **B in funzione di agg. inv.** ● turbato, confuso: *ho la testa s.* **C in funzione di s. m. inv.** ● confusione, scompiglio, sconvolgimento: *arrivando all'improvviso ho trovato un gran s.*

SFUMATURE ➤ *soqquadro*

sottospàzio [comp. di *sotto-* e *spazio* ✱ 1550] **s. m.** ● (*mat.*) sottoinsieme di uno spazio dato, che dello spazio dato ha le stesse proprietà

sottospècie [comp. di *sotto-* e *specie* ✱ 1843] **s. f. inv. 1** nella tassonomia animale e vegetale, ciascuna delle categorie sistematiche in cui può essere suddivisa una specie **2** (*est.*) varietà di valore inferiore (*spec. spreg.*): *Vuoi due dita di questa s. di pernod?* (B. FENOGLIO)

sottospinàto [comp. di *sotto-* e un deriv. di *spina* ✱ sec. XIX] **A agg.** ● (*anat.*) detto di muscolo posto sotto la spina della scapola **B s. m.** ● muscolo sottospinato

sottosquàdro [comp. di *sotto-* e *squadro* ✱ av. 1537] **s. m. 1** (*edil.*) superficie laterale di sporgenze o rientranze a coda di rondine o simili **2** in varie tecnologie, incisione, intaglio o incavo profondo che forma un angolo acuto col piano di riferimento

sottòssido [comp. di *sott-* e *ossido* ✱ 1872] **s. m.** ● (*chim.*) ossido in cui l'ossigeno legato al metallo è in quantità inferiore a quella spettante alla valenza di detto metallo

sottostànte A part. pres. di *sottostare*; **anche agg. 1** nei sign. del v. | che è situato al di sotto, più in basso: *dalla mia finestra domino tutta la campagna s.*; *la stalla s. al* (o *il*) *fienile* **2** (*ling.*) detto di un elemento che fa parte della struttura profonda e che non si manifesta in questa forma nella frase realizzata in superficie **3** (*econ.*) detto di attività o strumento finanziario oggetto di un contratto derivato **B s. m. e f.** ● (*disus.*) sottoposto, subordinato

sottostàre [comp. di *sotto-* e *stare* ✱ sec. XIII] **v. intr.** (**pres.** *io sottostò, tu sottostài, egli sottostà*; **nelle altre forme coniug. come** *stare*; **aus.** *essere*) **1** (*raro, lett.*) stare sotto, più sotto: *il paese sottostà a un bosco* **CONTR.** sovrastare **2** (*fig.*) essere soggetto, sottoposto (+ *a*): *s. a un padrone severo, alle minacce di qlcu.* | affrontare, subire: *s. a una prova, a un controllo*

sottostazióne [comp. di *sotto-* e *stazione* ✱ 1900] **s. f.** ● (*elettr.*) impianto adibito alla trasformazione della corrente elettrica (voltaggio, frequenza e sim.), che vi perviene ad alta tensione, e alla distribuzione all'utenza della corrente così trasformata | (*est.*) il locale o l'edificio che accoglie tale impianto

sottosterzànte [comp. di *sotto-* e *sterzante*, part. pres. di *sterzare* ✱ 1963] **agg.** ● (*autom.*) detto di autoveicolo che, in curva, tende a descrivere una traiettoria di raggio superiore a quello corrispondente alla posizione del volante, cioè ad allargare la curva

sottosterzàre [comp. di *sotto-* e *sterzare* ✱ sec. XX] **v. intr.** (*io sottostèrzo*; **aus.** *avere*) ● (*autom.*) presentare un comportamento sottosterzante, detto di autoveicolo

sottosterzàta [comp. di *sotto-* e *sterzata* ✱ 1987] **s. f.** ● (*autom.*) sterzata di autoveicolo sottosterzante

sottostèrzo [1980] **s. m.** ● (*autom.*) caratteristica di un autoveicolo sottosterzante

sottostìma [da *sottostimare* ✱ 1981] **s. f.** ● stima inferiore alla realtà **SIN.** sottovalutazione

sottostimàre [comp. di *sotto-* e *stimare* ✱ av. 1952] **v. tr.** ● stimare qlcu. o qlco. al disotto del reale o del giusto

sottostimàto part. pass. di *sottostimare*; **anche agg.** ● stimato al di sotto del giusto valore o della reale consistenza: *capacità sottostimate*; *patrimonio s.*

sottostruttùra [comp. di *sotto-* e *struttura* ✱ 1905] **s. f.** ● (*raro*) parte inferiore di un complesso strutturale | struttura economica **CFR.** sovrastruttura

sottosuòlo [comp. di *sotto-* e *suolo* ✱ 1840] **s. m. 1** nel terreno, parte o strato che si trova al di sotto del suolo e non è raggiunto dalle radici delle piante: *s. permeabile, profondo* **CONTR.** soprassuolo **2** locale o gruppo di locali parzialmente o totalmente sotto il livello del suolo

sottosviluppàto [comp. di *sotto-* e *sviluppato* ✱ 1956] **agg.** ● detto di paese o regione in condizione di sottosviluppo

sottosvilùppo [comp. di *sotto-* e *sviluppo* ✱ 1960] **s. m.** ● condizione di arretratezza sociale ed economica in genere, e in particolare sul piano tecnico e produttivo, in cui si trova una collettività nei confronti di sistemi economici più avanzati e che godono, quindi, di un più elevato reddito pro capite

sottotenènte [comp. di *sotto-* e *tenente* ✱ 1785] **s. m. e f.** ● primo grado della gerarchia degli ufficiali inferiori dell'esercito, corrispondente al grado di guardiamarina nella marina militare | ***s. di vascello***, nella marina militare, secondo grado degli ufficiali inferiori, corrispondente a quello di tenente dell'esercito

sottotèrra o **sótto tèrra** [comp. di *sotto-* e *terra* ✱ sec. XIII] **A avv.** ● sotto la terra, sotto la superficie del suolo: *scavare s.*; *nascondere qlco. s.* | ***andare, mandare s.***, (*eufem.*) morire, fare morire | ***essere s.***, (*eufem.*) essere morto **B in funzione di agg. inv.** ● (*raro*) sotterraneo: *locale s.* **C in funzione di s. m. inv.** ● (*raro*) ambiente sotterraneo

sottotèsi [comp. di *sotto-* e *tesi*① ✱ av. 1987] **s. f. inv.** ● (*disus.*) dissertazione orale o scritta svolta per integrare la tesi di laurea: *una s. sperimentale in fisica di cento* (*pagine*) (P. LEVI)

sottotétto [comp. di *sotto-* e *tetto* ✱ av. 1574] **s. m.** ● spazio tra le falde del tetto e la struttura orizzontale che copre l'ultimo piano di un edificio **SIN.** soffitta, solaio

sottotìpo [comp. di *sotto-* e *tipo* ✱ 1960] **s. m.** ● nella tassonomia animale e vegetale, ciascuna delle categorie sistematiche in cui è diviso un tipo

sottotitolàre [da *sottotitolo* ✱ av. 1973] **v. tr.** (*io sottotìtolo*) **1** (*cinema, tv*) corredare di sottotitoli: *s. per i non udenti un programma televisivo* **2** aggiungere un titolo secondario a un libro e sim.

sottotitolazióne [1972] **s. f.** ● il sottotitolare | l'insieme dei sottotitoli

sottotìtolo [comp. di *sotto-* e *titolo* ✱ 1878] **s. m.** **1** (*edit.*) titolo secondario di un articolo di giornale o di un libro, spec. esplicativo del titolo principale, collocato sotto di questo in un corpo minore **2** (*cinema*) didascalia disposta in sovraimpressione lungo il margine inferiore dell'immagine cinematografica o televisiva

sottotòno [comp. di *sotto-* e *tono* ✱ av. 1963] **A** **avv.** **1** con un tono di voce basso, poco percettibile **2** (*fig.*) in uno stato di scarso benessere psicofisico: *sentirsi s.* SIN. giù **B** **agg. inv.** ● dimesso, poco brillante, inferiore al normale: *un'esibizione s.*; *una serata s.*

sottotràccia o **sótto tràccia** [comp. di *sotto-* e *traccia* ✱ 1939] **A** **agg. inv.** **1** (*elettr.*) detto di impianto elettrico, telefonico e sim. i cui conduttori sono nascosti all'interno delle murature in canali appositamente predisposti, facendo capo a prese esterne **2** (*fig.*) nascosto, sotterraneo: *trattative s.* **B** **avv.** ● (*fig.*) di nascosto: *agire s.*

sottotràtto [comp. di *sotto-* e *tratto* ✱ 1960] **avv.** ● solo nelle loc. ***muovere, giocare s.***, nel gioco degli scacchi, avere i pezzi neri e muovere sempre dopo il bianco

sótto-ufficiàle ➤ **sottufficiale**

sottounità [comp. di *sotto-* e *unità* ✱ 1981] **s. f. inv.** **1** (*tecnol.*) in un sistema o in un impianto, ciascuna delle parti funzionali che costituiscono, nel loro insieme, un'unità funzionale di ordine superiore: *le s. di regolazione automatica della tensione elettrica* **2** (*biol.*) subunità

sottoutilizzàre [comp. di *sotto-* e *utilizzare* ✱ 1985] **v. tr.** ● utilizzare in modo incompleto o in misura insufficiente | ***s. un dipendente***, non sfruttarne a pieno le capacità produttive CONTR. sovrautilizzare ‖ **sottoutilizzazióne**, **s. f.**

sottoutilizzàto **part. pass.** di *sottoutilizzare*; anche **agg.** ● nel sign. del v.: *lavoratore s.*; *struttura sottoutilizzata*

sottoutilìzzo [1982] **s. m.** ● utilizzazione di qlco. o qlcu. in modo incompleto o insufficiente: *il s. di un impianto*; *il s. di un quadro dirigente* SIN. sottoutilizzazione CONTR. sovrautilizzo

sottovalutàre [comp. di *sotto-* e *valutare* ✱ 1957] **A** **v. tr.** (*io sottovàluto* o, etim. più corretto ma meno diffuso, *sottovalùto*) ● valutare persone o cose al disotto del reale o del giusto CONTR. sopravvalutare **B** **sottovalutàrsi** **v. rifl.** ● considerarsi da meno di ciò che realmente si è SIN. sminuirsi, svalutarsi CONTR. sopravvalutarsi

sottovalutazióne [da *sottovalutare* ✱ 1908] **s. f.** ● valutazione inferiore al reale o al giusto

sottovàso [comp. di *sotto-* e *vaso* ✱ 1839] **s. m.** ● vaso o piatto in cui si mette un vaso da fiori, per ornamento o per contenere l'acqua di scolo

sottovéla [comp. di *sotto-* e *vela* ✱ 1876] **avv.** ● con le vele issate: *navigare, essere s.*

sottovènto [comp. di *sotto-* e *vento* ✱ 1444] **A** **avv.** ● dal lato opposto a quello da cui spira il vento: *essere, navigare, s.* CONTR. sopravvento **B** **in funzione di agg. inv.** ● detto del fianco di una montagna opposto a quello sopravvento, dove si hanno venti di caduta, discendenti, e diradamento della nuvolosità: *lato, versante s.* **C** **in funzione di s. m. solo sing.** ● (*mar.*) posizione contraria a quella di sopravvento

♦**sottovèste** o (*pop.*) †**sottovèsta** [comp. di *sotto-* e *veste* ✱ 1601] **s. f.** ● indumento femminile che si indossa sotto al vestito SIN. sottabito ‖ **sottovestìna**, **dim.**

sottovìa [comp. di *sotto-* e *via* ✱ 1765] **s. f.** ● strada urbana che passa sotto altre strade od ostacoli

sottovìta [comp. di *sotto-* e *vita* ✱ 1879] **s. f.** ● corpettino scollato e senza maniche portato un tempo dalle donne per coprire la parte superiore del busto

♦**sottovóce** o **sótto vóce** [comp. di *sotto-* e *voce* ✱ sec. XIII] **A** **avv.** ● a voce bassa, in tono basso o sommesso, per non disturbare, infastidire o per non far sentire agli altri quanto si dice: *discutete s.*; *parliamo s.*; *suonare, cantare s.* **B** **s. f.** ● ciascuna delle sezioni in cui può essere divisa la voce di un indice analitico, di un repertorio e sim.

sottovuòto o **sótto vuòto** [comp. di *sotto-* e *vuoto* ✱ 1959] **A** **avv.** ● col metodo impiegato per una lunga conservazione del prodotto mediante eliminazione dell'aria dal contenitore: *confezionare s.* | ***s. spinto***, quando viene eliminata totalmente l'aria **B** **agg. inv.** ● in varie tecnologie, di contenitore da cui è stata estratta l'aria: *confezione s.*; *impianto s.*

sottozèro o **sótto zèro** [comp. di *sotto-* e *zero* ✱ 1816] **avv.** ● a una temperatura inferiore a zero gradi

sottozòna [comp. di *sotto-* 'inferiore' e *zona* ✱ 1937] **s. f.** ● ognuno dei settori in cui è divisa una zona

sottraèndo [vc. dotta, dal lat. *subtrahĕndu(m)* 'da sottrarsi', gerundivo di *subtrăhere* 'sottrarre' ✱ 1849] **s. m.** ● (*mat.*) secondo termine di una sottrazione | quantità che, aggiunta alla differenza, dà il minuendo

†**sottràggere** ➤ **sottrarre**

†**sottraiménto** [da *sottrarre* ✱ av. 1311] **s. m.** ● il sottrarre | sottrazione

sottràrre o †**sottràggere**, †**suttràrre** [lat. *subtrăhere* 'trarre (*trăhere*) di sotto, via (*sŭb*)' ✱ av. 1249] **A** **v. tr.** (coniug. come *trarre*) **1** levare via, togliere (+ *a*): *s. qlco. alla vista altrui*; *s. qlcu. agli sguardi dei curiosi* | liberare, salvare: *s. qlcu. a un pericolo*; *e mi sottrasse a li mondani inganni* (I. SANNAZARO); *per sottrarmi da un sì fiero pericolo* (C. GOLDONI) **2** rapire, rubare, togliere con l'inganno (+ *a*): *s. un documento a qlcu.*; *mi ha sottratto del denaro* **3** (*mat.*) eseguire una sottrazione (+ *da*): *s. una parte dall'intero* CONTR. addizionare **4** †allettare, sedurre **B** **sottràrsi** **v. rifl.** ● sfuggire, liberarsi, evitare (+ *a*, *lett.* + *da*): *sottrarsi a un pericolo, alla vigilanza di qlcu.*; *per sottrarmi da quei bricconi che mi circondano* (C. GOLDONI)

sottrattìvo [da *sottratto* ✱ 1427] **agg.** **1** che sottrae **2** (*ling.*) privativo **3** (*mat.*) relativo alla sottrazione | ***termine s.***, che deve essere sottratto **4** (*ottica*) ***sintesi sottrattiva***, formazione di una luce o di un'immagine colorata mediante eliminazione per filtrazione di alcune luci colorate da una luce bianca

sottràtto **A** **part. pass.** di *sottrarre*; anche **agg.** **1** nei sign. del v. **2** †ingannevole **B** **s. m.** ● (*lett.*) sotterfugio, astuzia

sottrattóre [da *sottratto* ✱ 1336 ca.] **s. m.** (f. *-trice*); anche **agg.** **1** (*raro*) chi (o che) sottrae **2** †ingannatore

†**sottrattóso** (o **-so**) [da *sottratto* ✱ sec. XIII] **agg.** **1** lusingatore **2** ingannatore

sottrazióne [vc. dotta, dal lat. tardo *subtractiōne(m)*, da *subtrăctus* 'sottratto' ✱ 1300 ca.] **s. f.** **1** il sottrarre | furto attuato con l'inganno | ***s. alla leva***, reato di chi omette o cancella indebitamente un giovane dalla lista di leva **2** (*mat.*) operazione che a due quantità (minuendo e sottraendo) ne associa (quando esiste) una terza, detta differenza, che aggiunta al sottraendo dà il minuendo CONTR. addizione

sottufficiàle o **sótto-ufficiàle**, (*raro*) **sott'ufficiàle** [comp. di *sott-* e *ufficiale*, sul modello del fr. *sous-officier* ✱ 1809] **s. m.** (anche **f.** nel sign. 1) **1** nella gerarchia militare, grado intermedio tra i graduati di truppa e gli ufficiali, comprendente i ruoli dei sergenti e dei marescialli **2** (*mar.*) graduato appartenente a una categoria intermedia tra marinai e ufficiali, gener. specializzato (nostromo, capofuochista, meccanico)

soubrette /fr. su'bʀɛt/ [vc. fr., dal provenz. moderno *soubreto* '(ragazza) affettata', dall'ant. *sobrar* 'essere di troppo', risalente al lat. *superāre* ✱ 1857] **s. f. inv.** **1** nel teatro comico francese dell'epoca classica, confidente accompagnatrice, o servetta che affianca la padrona nello svolgimento dell'azione **2** in uno spettacolo di varietà, prima attrice, ballerina e cantante CFR. subretta ‖ **soubrettina**, **dim.**

soufflé /fr. su'fle/ [vc. fr., propr. 'gonfiato', part. pass. di *souffler* 'soffiare, gonfiare' ✱ 1905] **s. m. inv.** ● vivanda a base di passati di carne, formaggio, verdura o altro e chiare d'uovo montate a neve, cotta al forno in modo che, al calore, si gonfi CFR. soffiato②, sufflè

soul /sol, *ingl.* səul/ [1969] **A** **s. m. inv.** ● accorc. di *soul music* **B** **agg. inv.** ● (posposto a un sost.) della soul music: *stile s.*

soul jazz /sol'dʒɛts*, -dʒaz, *ingl.* 'səul,dʒæz/ [loc. ingl., propr. 'jazz spirituale', comp. di *soul* 'anima' (d'orig. germ.) e *jazz* ✱ 1970] **loc. sost. m. inv.** ● (*mus.*) forma di jazz che recupera lo spirito religioso, umano e comunitario del gospel

soul music /sol'mjuzik, *ingl.* 'səul,mjuːzɪk/ [loc. ingl., propr. 'musica spirituale', comp. di *soul* e *music* ✱ 1975] **loc. sost. f. inv.** ● (*mus.*) nella musica americana degli anni '60 del Novecento, corrente ispirata a forte impegno sociale che cerca di comunicare all'ascoltatore la stessa partecipazione emotiva dell'esecutore

sound /saund, *ingl.* saʊnd/ [vc. ingl., propr. 'suono' ✱ 1975] **s. m. inv.** ● (*mus.*) nel jazz e nella pop music, colore, timbro, carattere specifico e riconoscibile della sonorità creata da un solista o da un gruppo | (*est.*) suono caratteristico dei diversi generi, stili, periodi della storia del jazz

soundtrack /'saun(d)trak, *ingl.* 'saʊnd,træk/ [vc. ingl., comp. di *sound* 'sonoro' e *track* 'traccia', 'brano' ✱ 1977] **s. f. o m. inv.** ● (*cinema*) colonna sonora di un film

souplesse /fr. su'plɛs/ [vc. fr. *souple* 'flessibile, docile', dal lat. *sŭpplice(m)* 'supplice, che si umilia' ✱ 1905] **s. f. inv.** **1** scioltezza, agilità di un atleta nei suoi movimenti | ***vincere in s.***, agevolmente **2** (*fig.*) elasticità mentale, capacità di adattamento

souvenir /suve'nir, *fr.* suv(ə)'niʀ/ [vc. fr., dal v. *souvenir* 'ricordare'. V. *sovvenire* ✱ 1841] **s. m. inv.** ● oggetto che si riporta da un viaggio per ricordo

†**sovàtto** ➤ †**sogatto**

sovchoz /*russo* saf'xɒs/ [vc. russa, abbr. di *sov(jétskoje) choz(jájstvo)* 'azienda agricola statale' ✱ 1929] **s. m. inv.** (pl. russo *sovchozy*) ● nell'Unione Sovietica, azienda agricola statale CFR. kolchoz

sovcòs [1954] **s. m. inv.** ● adattamento di *sovchoz* (V.)

sovcosiàno [da *sovchoz* ✱ 1983] **agg.** ● relativo a sovchoz

†**sovenìre** ➤ **sovvenire**

sovènte [dall'ant. fr. *sovent* (moderno *souvent*), dal lat. *subĭnde* 'subito dopo, ripetutamente', comp. di *sŭb* 'sotto' e *ĭnde* 'poi' ✱ av. 1250] **A** **avv.** ● spesso: *mi accade s. di sbagliare*; *ti capita troppo s. di arrivare in ritardo*; *desidererei che tu scrivessi più s.*; *facea s. pe' boschi soggiorno* (A. POLIZIANO)

B **agg.** ● (*lett.*, spec. al pl.) frequente, ripetuto: *soventi battaglie* (G. VILLANI) | (al pl.) †numerosi, abbondanti: *luogo … infelice per le soventi acque* (D. BARTOLI) ‖ **soventeménte**, avv.

soverchiànte o **soperchiànte** part. pres. di *soverchiare*; anche agg. ● molto superiore per numero: *le soverchianti forze nemiche* ‖ **soverchianteménte**, avv.

†**soverchiànza** [da *soverchiante* ✱ av. 1257] s. f. ● eccesso | soperchieria

soverchiàre o (*raro*) **soperchiàre** [da *soverchio* ✱ av. 1276] **A** v. tr. (*io sovèrchio*) **1** (*lett.*) sormontare, oltrepassare: *il fiume in piena soverchia le sponde* **2** (*lett.*, *fig.*) sopraffare, usare soverchierie: *hanno messo innanzi il nome di vossignoria … per s. due innocenti* (A. MANZONI) **3** (*lett.*, *fig.*) vincere, superare: *applausi fragorosi … soverchiavano la musica* (G. VERGA) **B** v. intr. (aus. *avere*) **1** †sovrabbondare: *sempre erbe e frondi, et acque chiarissime … ne soverchino* (I. SANNAZARO) **2** (*lett.* o *disus.*) sopravanzare, sporgere

soverchiatóre ➤ **soperchiatore**

soverchierìa ➤ **soperchieria**

†**soverchiévole** o †**soperchiévole** [da *soverchiare* ✱ 1294] agg. **1** soverchio, eccessivo **2** oltraggioso, superbo ‖ †**soverchievolménte**, avv.

†**soverchiézza** [da *soverchio* ✱ av. 1306] s. f. ● (*raro*) soperchieria

✱**sovèrchio** o †**sopèrchio** [lat. parl. **supĕrculu(m)*, da *sŭper* 'sopra, oltre' ✱ av. 1250] **A** agg. ● (*lett.*) eccessivo, esagerato, sovrabbondante: *s. amor proprio*; *s. caldo*; *sapevo ch'ella non faceva spesa soperchia* (B. CASTIGLIONE) ‖ **soverchiaménte**, avv. eccessivamente, troppo **B** in funzione di avv. ● (*lett.*) soverchiamente: *forse non errerebbe s.* (P. BEMBO) **C** s. m. **1** (*lett.*) ciò che è in più, che sovrabbonda: *pretendere il s.* | PROV. *il s. rompe il coperchio*, ogni eccesso è dannoso **2** †soperchieria, oltraggio

†**sóvero** [lat. parl. **sōberu(m)*, variante del classico *sūber*, genit. *sūberis* 'sughero' ✱ sec. XIV] s. m. ● (*sett.*) sughero

sovesciàre [lat. parl. **subversiāre*, da *subvĕrsus*, part. pass. di *subvĕrtere* 'rivoltare' (*vĕrtere*) sotto (*sŭb*)' ✱ sec. XV] v. tr. (pres. *io sovèscio*; fut. *io sovescerò*) ● (*agric.*) trattare con la tecnica del sovescio (*anche assol.*): *s. i lupini*; *l'epoca in cui si sovescia*

sovèscio [da *sovesciare* ✱ sec. XIV] s. m. ● sotterramento di piante appositamente coltivate per arricchire il terreno di materia organica

sóviet /so'vjɛt, 'sɔvjet/ [dal russo *sovjét* 'consiglio' ✱ 1917] s. m. inv. ● nella rivoluzione russa del 1917, comitato esecutivo di operai, contadini e soldati | nell'Unione Sovietica, consiglio di delegati: *s. comunale, regionale, supremo*

sovièticо [1931] **A** agg. (pl. m. *-ci*) **1** dei soviet, formato dai soviet: *Unione delle Repubbliche Socialiste Sovietiche* **2** (*est.*) dell'Unione Sovietica (1922-1991): *politica sovietica*; *l'armata sovietica* **B** s. m. (f. *-a*) ● abitante, cittadino, dell'Unione Sovietica

sovietizzàre [da *sovietico*, sul modello del fr. *soviétiser* ✱ 1921] v. tr. ● sino alla fine degli anni '80 del Novecento, trasformare il sistema economico, politico e sociale di un Paese per rendervi operanti i modelli del sistema sovietico ‖ **sovietizzazióne**, s. f.

sovietologìa [comp. di *soviet(ico)* e *-logia* ✱ 1982] s. f. (pl. *-gìe*) ● studio del sistema sociopolitico sovietico e della sua storia

sovietòlogo [comp. di *soviet(ico)* e *-logo* ✱ 1979] s. m. (f. *-a*; pl. m. *-gi*) ● esperto di sovietologia

sovr- ➤ **sovra-**

sóvra /'sovra*, 'sovra/ ➤ **sopra**

sóvra- o **sovr-** ➤ **sopra-**

sovrabbondànte o (*raro*) **soprabbondànte** part. pres. di *sovrabbondare*; anche agg. **1** molto abbondante: *una quantità di informazioni s.* | eccessivo | (*fig.*) ridondante (+ *di*): *un testo s. di metafore e di suggestioni* **2** (*gramm.*) *nome s.*, che ha due plurali di genere diverso, solitamente con significato differente (per es. *braccio* o *corno*) ‖ **sovrabbondanteménte**, avv. con sovrabbondanza, eccessivamente

sovrabbondànza o (*raro*) **soprabbondànza** [dal lat. tardo (eccl.) *superabundāntiam*, astratto di *superabŭndans*, genit. *superabundāntis* 'sovrabbondante' ✱ sec. XIII] s. f. ● grande, spesso eccessiva, abbondanza | *in s.*, in grande quantità, in misura superiore al fabbisogno

sovrabbondàre o (*raro*) **soprabbondàre** [vc. dotta, dal lat. tardo (eccl.) *superabundāre*, comp. di *sŭper* 'sopra' e *abundāre* 'abbondare', con sovrapp. di *sovra-* ✱ av. 1294] v. intr. (*io sovrabbóndo*; aus. *essere*, raro, lett. *avere*) **1** (*assol.*; + *di*) Abbondare rispetto al necessario: *in questa zona la frutta sovrabbonda*; *questa zona sovrabbonda di frutta* **2** (+ *in*) Eccedere, esagerare: *uno scrittore che sovrabbonda in figure retoriche*

sovraccaricàre o **sopraccaricàre** [comp. di *sovra-* e *caricare* ✱ sec. XIV] v. tr. (*io sovraccàrico, tu sovraccàrichi*) **1** caricare oltre le capacità di resistenza (*anche fig.*): *s. un mezzo di trasporto*; *s. qlcu. di lavoro* **2** (*elettr.*) determinare un sovraccarico

sovraccàrico o **sopraccàrico** [comp. di *sovra-* e *carico*[2] ✱ 1598] **A** agg. (pl. m. *-chi*) ● eccessivamente carico (*anche fig.*): *il treno è s. di passeggeri*; *stile s.* | (*fig.*) oberato: *essere s. di lavoro* **B** s. m. **1** carico eccessivo (*anche fig.*): *avere un s. di lavoro* **2** carico che una struttura è in grado di tollerare oltre il carico normale **3** (*elettr.*) eccesso di potenza che supera quella corrispondente al carico normale

†**sovraccelèste** ➤ †**sopracceleste**

sovraccòmito ➤ **sopraccomito**

sovraccopèrta ➤ **sopraccoperta**

sovraccòscia ➤ **sovracoscia**

sovraccòsto [comp. di *sovra-* e *costo* ✱ 1913] s. m. ● costo aggiuntivo | costo non preventivato

sovracompressióne [comp. di *sovra-* e *compressione* ✱ 1960] s. f. ● surcompressione

sovracomprèsso [comp. di *sovra-* e *compresso* ✱ 1967] agg. ● surcompresso

sovracomunàle [comp. di *sovra-* e *comunale* ✱ 1986] agg. ● (*burocr.*) che è di pertinenza di più comuni limitrofi: *parco s.* ‖ **sovracomunalità**, s. f. inv.

sovracopèrta ➤ **sopraccoperta**

sovracorrènte [comp. di *sovra-* e *corrente* ✱ 1932] s. f. ● (*elettr.*) corrente con intensità superiore a quella normale

sovracòscia o **sovraccòscia** [comp. di *sovra-* e *coscia* ✱ 1995] s. f. (pl. *-sce*) ● taglio di carne di pollo, tacchino e sim., comprendente la parte superiore della coscia

sovraddàzio ➤ **sopraddazio**

†**sovraddétto** ➤ **sopraddetto**

sovradimensionaménto [da *sovradimensionare* ✱ 1987] s. m. ● il sovradimensionare | condizione di ciò che è sovradimensionato: *il s. del personale docente*

sovradimensionàre [comp. di *sovra-* e *dimensionare* ✱ 1984] v. tr. (*io sovradimensióno*) ● fissare dimensioni superiori al necessario: *s. un dispositivo di sicurezza* | attribuire a un fenomeno, un fatto o sim. dimensioni superiori al reale: *s. una notizia*

sovradimensionàto o **sopradimensionàto** part. pass. di *sovradimensionare*; anche agg. ● nei sign. del v. | che ha dimensioni o potenza superiori a quelle usuali o necessarie: *impianto di riscaldamento s.*

sovraespórre o **sovrespórre** [comp. di *sovra-* ed *esporre* ✱ 1934] v. tr. (coniug. come *esporre*) ● nell'eseguire una fotografia, dare un tempo di esposizione eccessivo a un materiale fotosensibile

sovraesposizióne o **sovresposizióne** [1932] s. f. **1** (*fotogr.*) il sovraesporre | (*raro*) fotografia sovraesposta **2** (*fig.*) eccesso di presenza, spec. in televisione e sui giornali, di personaggi pubblici: *l'immagine del primo ministro si è logorata per s. televisiva*

sovraespósto o **sovrespósto** part. pass. di *sovraesporre*; anche agg. ● nel sign. del v.

sovrafatturàre [comp. di *sovra-* e *fatturare* ✱ 1987] v. tr. ● (*econ.*) emettere una fattura per un valore superiore a quello della prestazione

sovraffaticàre [comp. di *sovr-* e *affaticare* ✱ 1963] **A** v. tr. (*io sovraffatico, tu sovraffatìchi*) ● (*raro*) affaticare eccessivamente **B** **sovraffaticàrsi** v. intr. pron. ● sottoporsi a fatica eccessiva

sovraffollaménto [comp. di *sovr-* e *affollamento* ✱ 1956] s. m. ● eccesso di folla in un luogo spec. chiuso

sovraffollàto o **sopraffollàto** [comp. di *sovr-* e *affollato* ✱ 1960] agg. ● troppo affollato: *strade sovraffollate*

†**sovraggiùgnere** ➤ **sopraggiungere**

†**sovraggiùngere** ➤ **sopraggiungere**

†**sovraggrànde** ➤ †**sopraggrande**

sovraimpórre ➤ **sovrimporre**

sovraimpòsta (o *-ó-*) ➤ **sovrimposta**

sovraimpressióne ➤ **sovrimpressione**

sovraimprèsso ➤ **sovrimpresso**

sovraindebitaménto [comp. di *sovra-* e *indebitamento* ✱ 1934] s. m. ● (*dir.*) eccesso di indebitamento che comporta l'incapacità per il debitore di far fronte ai propri debiti

sovrainnestàre o **soprainnestàre**, **soprinnestàre**, **soprannestàre** [comp. di *sovra-* e *innestare* ✱ 1865] v. tr. (*io sovrainnèsto*) ● innestare una pianta già innestata

sovrainnèsto o **soprainnèsto**, **soprinnèsto** [comp. di *sovra-* e *innesto* ✱ 1965] s. m. ● innesto eseguito su una pianta già innestata

sovraintèndere e deriv. ➤ **soprintendere** e deriv.

sovralimentàre [comp. di *sovr-* e *alimentare* ✱ 1952] v. tr. (*io sovraliménto*) **1** alimentare, nutrire qlcu. in misura eccessiva rispetto al suo fabbisogno, spec. procurando conseguenze dannose al suo organismo **2** in varie tecnologie, rifornire di energia una macchina, una attrezzatura, un impianto e sim., in misura eccessiva rispetto al necessario **3** (*mecc.*) far funzionare un motore in regime di sovralimentazione

sovralimentàto part. pass. di *sovralimentare*; anche agg. ● nel sign. del v.

sovralimentatóre [comp. di *sovr-* e *alimentatore* ✱ 1960] s. m. ● (*mecc.*) congegno per la sovralimentazione di un motore a scoppio

sovralimentazióne [comp. di *sovr(a)-* e *alimentazione* ✱ 1938] s. f. **1** iperalimentazione **2** (*mecc.*) alimentazione di un motore alternativo a combustione interna con una quantità d'aria introdotta a pressione superiore a quella atmosferica mediante un compressore

sovrallenaménto [comp. di *sovr-* e *allenamento* ✱ 1964] s. m. ● (*raro*) superallenamento

sovràlzo ➤ **sopralzo**

sovramarèa [comp. di *sovra-* e *marea* ✻ 1960] **s. f.** ● (*geogr.*) innalzamento delle acque sopra il livello previsto dell'alta marea

sovrametàllo [comp. di *sovra-* e *metallo* ✻ 1979] **s. m.** ● quantità di metallo eccedente che viene lasciata al pezzo, durante la sua formazione per fusione, per tener conto delle deformazioni di tempra durante le lavorazioni a freddo e per le lavorazioni delle macchine utensili

†**sovrammentovàto** ➤ **soprammentovato**

†**sovrammiràbile** ➤ †**soprammirabile**

sovràna [f. di *sovrano* ✻ 1816] **s. f.** ● antica moneta d'oro inglese del valore di venti scellini, con l'incisione sul rovescio della figura del re in trono

sovranazionàle o **sovrannazionàle**, **sopranazionàle**, **soprannazionàle** [comp. di *sovra-* e *nazionale* ✻ 1843] **agg.** ● che gode della sopranazionalità

sovranazionalità o **sovrannazionalità**, **sopranazionalità**, **soprannazionalità** [comp. di *sovra-* e *nazionalità* ✻ 1920] **s. f. inv.** ● autonomia e ampiezza dei poteri e funzioni di date organizzazioni internazionali rispetto agli Stati membri delle stesse: *la s. della FAO*

sovraneggiàre [da *sovrano* ✻ 1612] **v. tr.** e **intr.** (**pres.** *io sovranéggio*; **fut.** *io sovraneggerò*; **aus.** *avere*) ● (*raro*) comandare come un sovrano o in qualità di sovrano (*anche fig.*): *s. una popolazione*; *s. su un popolo*; *non potendosi concepire alcuna forma di storia che sovraneggi le altre* (B. CROCE)

sovranità o †**sovranitàde**, †**sovranitàte** [da *sovrano* ✻ av. 1348] **s. f. inv.** **1** (*dir.*) potere supremo di comando: *s. statale* | ***s. popolare***, potere supremo di comando riconosciuto alla collettività popolare che si organizza in Stato | autorità, obbligatorietà: *s. della legge* **2** diritto, autorità di sovrano: *esercitare la s.* **3** (*fig.*, *lett.*) superiorità

sovrannaturàle ➤ **soprannaturale**

sovrannumeràrio ➤ **soprannumerario**

sovrannùmero ➤ **soprannumero**

♦**sovràno** [dall'ant. fr. *soverain* (moderno *souverain*), dal lat. parl. **superānu(m)*. V. *soprano* ✻ sec. XII] **A agg.** **1** †che sta sopra, al disopra: *il macigno sovran che 'l grano trita* (L. ARIOSTO) **2** del capo di uno Stato retto a monarchia: *decreto s.* **3** (*lett.*) sommo, eminente: *onore, pregio s.*; *maestro s.* | totale, assoluto: *trattare qlcu. con s. disprezzo* **4** che ha o esercita un potere pieno, indipendente, superiore a ogni altro: *popolo s.*; *Stato s.*; *il congresso è s.* | ***potere s.***, che non dipende da altri | ***fondo s.***, V. *fondo* nel sign. A 10 | ***debito s.***, V. *debito*② ‖ **sovranaménte**, **avv.** **1** da sovrano, con sovranità **2** in modo superbo (con valore superl.): *Quella pelle sovranamente aristocratica* (G. VERGA) **B s. m.** (**f.** *-a*) **1** †chi sta sopra, al disopra: *così 'l sovran li denti a l'altro pose* (DANTE *Inf.* XXXII, 128) **2** capo di uno Stato retto a monarchia: *le prerogative del s.*; *alla presenza del s.* | ***i sovrani***, la coppia costituita da chi esercita il potere sovrano e dal coniuge

SFUMATURE DI SIGNIFICATO

sovrano - re - principe - imperatore

Sovrano è termine generico per indicare il capo di uno stato retto a monarchia. Se lo stato ha la forma giuridica di regno il *sovrano* ha titolo di **re**, se ha quella di principato il *sovrano* è un **principe**. *Principe* indica tuttavia più comunemente un membro della famiglia regnante, in particolare il figlio del re o della regina; in usi figurati può anche indicare chi eccelle più di tutti in un'attività. L'**imperatore** è il *sovrano* di uno Stato monarchico costituito in forma di Impero; nei secoli passati era in genere uno stato che inglobava nei suoi confini diverse nazionalità.

†**sovranzàre** ➤ †**sobranzare**

sovraoccupazióne [comp. di *sovra-* e *occupazione* ✻ 1950] **s. f.** ● condizione in cui, raggiunta la piena occupazione, i lavoratori sono utilizzati per un numero di ore eccedente il normale orario giornaliero

sovraoffèrta [comp. di *sovra-* e *offerta* ✻ 1997] **s. f.** ● (*econ.*) offerta di beni, servizi o forza lavoro in eccesso rispetto alla domanda

sovraordinàta [sec. XX] **s. f.** ● (*gramm.*) proposizione sovraordinata

sovraordinàto [comp. di *sovra-* e *ordinato* ✻ 1988] **agg.** ● (*gramm.*) ***proposizione sovraordinata***, reggente rispetto a una proposizione dipendente o subordinata **CONTR.** subordinato

sovraòsso ➤ **soprosso**

sovraperformàre [comp. di *sovra-* e *performare* ✻ 2003] **v. tr.** (*io sovraperfórmo*) ● (*econ.*) realizzare una prestazione superiore alle attese (*anche assol.*): *le borse europee hanno sovraperformato quelle asiatiche*; *i fondi pensione continuano a s.*

sovrappassàggio o **soprappassàggio** [comp. di *sovra-* e *passaggio* ✻ 1931] **s. m.** **1** opera stradale che consente il passaggio, spec. dei pedoni, da un lato all'altro di una strada senza attraversarla a livello **2** (*raro*) cavalcavia

sovrappàsso o **soprappàsso** [comp. di *sovra-* e *passo*③ ✻ 1963] **s. m.** ● ogni sovrappassaggio, nelle costruzioni stradali e ferroviarie

sovrappensièro ➤ **soprappensiero**

sovrappéso (o **-ṣo**) o **soprappéso** (o **-ṣo**) [comp. di *sovra-* e *peso* ✻ sec. XIII] **A s. m.** ● (*med.*) eccesso di peso rispetto a quello considerato ottimale per un individuo: *essere, trovarsi in s.* **B avv.** ● in condizione di sovrappeso: *nonostante la dieta, è sempre s.* **C anche agg. inv.**: *persona s.*

†**sovrappièno** ➤ †**soprappieno**

sovrappiù o (*lett.*) **soprappiù** [comp. di *sopra-* e *più* ✻ 1280] **s. m. inv.** **1** ciò che è in più: *quel vestito nuovo è proprio un s.* | ***essere di s.***, essere di troppo, più del numero stabilito **2** aggiunta | ***in s.***, ***per s.***, per giunta, in aggiunta, per di più: *gli pagò il lavoro e per s. gli fece un regalo*

sovrapponìbile [1922] **agg.** ● che si può sovrapporre ‖ **sovrapponibilità**, **s. f. inv.**

sovrapponiménto o (*raro*) **soprapponiménto** [da *sovrapporre* ✻ av. 1604] **s. m.** ● (*raro*) sovrapposizione

sovrappopolàre [comp. di *sovra-* e *popolare* ✻ 1929] **v. tr.** (*io sovrappòpolo*) ● popolare un territorio in maniera eccessiva rispetto alle possibilità del territorio stesso

sovrappopolàto **part. pass.** di *sovrappopolare*; **anche agg.** ● eccessivamente popolato

sovrappopolazióne [comp. di *sovra-* e *popolazione* ✻ av. 1892] **s. f.** ● popolazione in eccesso rispetto alle possibilità spaziali, produttive e sim. di un dato territorio

sovrappórre o (*raro*) **soprappórre**, †**soprapórre** [comp. di *sovra-* e *porre*, sul modello del lat. *superpōnere* 'porre (*pōnere*) sopra (*sŭper*)' ✻ av. 1321] **A v. tr.** (**coniug. come** *porre*) **1** porre qlco. sopra ad altro, spec. in modo che coincidano o combacino (+ *a*): *s. due tagli di stoffa*; *s. un foglio al disegno* **2** (*fig.*) aggiungere, anteporre, far prevalere: *problemi ai quali egli aveva sovrapposto soluzioni ... fittizie* (B. CROCE) **3** (*mat.*) portare una figura nel posto occupato da un'altra **B sovrappórsi v. intr. pron.** **1** porsi sopra ad altro (+ *a*): *i due colori si sono sovrapposti*; *il nero si è sovrapposto al grigio* **2** (*fig.*) venire ad aggiungersi a ciò che già c'era (+ *a*): *nuovi litigi si sono sovrapposti ai precedenti* **3** †riuscire superiore

sovrappòrta ➤ **soprapporta**

sovrapposizióne o (*raro*) **soprapposizióne** [vc. dotta, dal lat. tardo *superpositiōne(m)*, da *superpŏsitus*, part. pass. di *superpōnere* 'sovrapporre' ✻ av. 1499] **s. f.** **1** il sovrapporre, il sovrapporsi | (*ling.*) ***s. sillabica***, riduzione a una, di due sillabe simili in contatto **2** (*mus.*) operazione per cui taluni accordi sono posti l'uno sull'altro

sovrappósto o (*raro*) **soprappósto** **A part. pass.** di *sovrapporre*; **anche agg.** **1** nei sign. del v. **2** (*mus.*) detto di nota scritta sopra un'altra **3** ***fucile a canne sovrapposte***, ***fucile s.***, fucile da caccia in cui le due canne, di stesso calibro o di calibri diversi, talvolta una liscia e l'altra rigata, sono disposte una sull'altra **B s. m.** ● fucile a canne sovrapposte

sovrapprèmio [comp. di *sovra-* e *premio* ✻ 1993] **s. m.** ● (*econ.*) somma extra che l'assicurato deve aggiungere al premio per un qualsiasi motivo | ***s. di rischio tarato***, quello pagato da chi stipula un'assicurazione sulla vita non godendo di buona salute

sovrappressióne o **sovrapressióne** [comp. di *sovra-* e *pressione* ✻ 1967] **s. f.** ● (*idraul.*) aumento repentino e notevole della pressione che si verifica nelle condotte forzate degli impianti idroelettrici, per chiusura dell'otturatore a valle

sovrapprèzzo o **sovraprèzzo**, **soprapprèzzo**, **sopraprèzzo** [comp. di *sovra-* e *prezzo* ✻ av. 1861] **s. m.** **1** somma pagata in più oltre il prezzo ordinario **2** maggiorazione, all'atto dell'emissione di valori mobiliari, del prezzo da pagarsi da parte dei sottoscrittori in seguito a plusvalore attribuito alle azioni rispetto al loro valore nominale, a conguaglio dividendi, a rimborso spese

sovrapproduzióne o **soprapproduzióne** [comp. di *sovra-* e *produzione* ✻ 1883] **s. f.** ● eccedenza dell'offerta sulla domanda effettiva nel mercato di un dato bene **CONTR.** sottoproduzione

sovrapprofitto ➤ **soprapprofitto**

sovraprèzzo ➤ **sovrapprezzo**

sovraprofitto ➤ **soprapprofitto**

sovrarazionàle ➤ **soprarazionale**

sovrascorriménto [comp. di *sovra-* e *scorrimento* ✻ 1965] **s. m.** ● (*geol.*) dislocazione tettonica di una vasta zolla rocciosa che viene sospinta sopra altri terreni durante il corrugamento di una catena montuosa

sovrascrìtto o (*raro*) **soprascrìtto** **part. pass.** di *sovrascrivere*; **anche agg.** ● nei sign. del v. | (*raro*, *lett.*) citato in precedenza, suddetto: *le soprascritte ragioni* (L. DE' MEDICI)

sovrascrìvere o (*raro*) **soprascrìvere** [comp. di *sovra-* e *scrivere* ✻ 1282] **v. tr.** **1** scrivere sopra | (*inform.*) copiare una porzione di testo o un file cancellando i dati preesistenti **2** †apporre l'indirizzo a una lettera

sovrasegmentàle ➤ **soprasegmentale**

sovrasensìbile ➤ **soprasensibile**

sovrasènso ➤ **soprasenso**

sovraspessóre [comp. di *sovra-* e *spessore* ✻ 1983] **s. m.** ● spessore sovrapposto a un altro

sovrastàmpa o (*raro*) **soprastàmpa** [comp. di *sovra-* e *stampa* ✻ 1960] **s. f.** ● segno, sigla, scritta e sim. che viene impressa sul francobollo per modificarne l'uso e le caratteristiche

sovrastampàre o (*raro*) **soprastampà-**

re [comp. di *sovra-* e *stampare* ✱ 1950] **v. tr.** ● imprimere una stampa su un'altra stampa | stampare su qlco. già stampata

sovrastampàto o (*raro*) **soprastampàto** **part. pass.** di *sovrastampare*; anche **agg.** **1** nei sign. del v. **2** detto di francobollo che reca una sovrastampa

sovrastànte **part. pres.** di *sovrastare*; anche **agg.** **1** che sta sopra (+ qlco.; *raro* + *a*): *l'appartamento s. il bar*; *sull'altipiano s. il paese* (L. PIRANDELLO); *abitava nell'appartamento s. al nostro* (E. MONTALE); *Lo specchio … celava un armario s.* (G. D'ANNUNZIO) **2** (*fig.*) imminente, incombente: *pericolo s.*

sovrastàre o **soprastàre** nei sign. 1 e 2 [comp. di *sovra-* e *stare*, sul modello del lat. *superstāre* 'stare (*stāre*) sopra (*sŭper*)' ✱ av. 1257] **v. tr.** e (*raro*) **intr.** (aus. intr. *essere, raro avere*) **1** stare sopra, occupare una posizione più elevata (qlco.; + *a*, + *su*): *una torre sovrasta il castello*; *il monte sovrasta alla* (o *sulla*) *valle* **CONTR.** sottostare **2** (*fig.*) essere imminente, incombere (+ qlco.; + *a*, + *su*): *la minaccia di crisi sovrasta il paese*; *il pericolo di un'epidemia sovrasta alla* (o *sulla*) *popolazione*; *soprastavano quello anno pericoli di perdere la libertà* (N. MACHIAVELLI) **3** (*fig.*) avere superiorità, essere superiore: *s. i competitori*; *s. a tutti*

sovrasterzànte [comp. di *sovra-* e *sterzante*, part. pres. di *sterzare* ✱ 1963] **agg.** ● (*autom.*) detto di autoveicolo che, in curva, tende a descrivere una traiettoria di raggio inferiore a quello corrispondente alla posizione del volante e cioè a ruotare su sé stesso verso l'interno

sovrasterzàre [comp. di *sovra-* e *sterzare* ✱ sec. XX] **v. intr.** (*io sovrastérzo*; aus. *avere*) ● (*autom.*) presentare un comportamento sovrasterzante, detto di autoveicolo

sovrasterzàta [comp. di *sovra-* e *sterzata* ✱ 1987] **s. f.** ● (*autom.*) sterzata di autoveicolo sovrasterzante

sovrastèrzo [comp. di *sovra-* e *sterzo* ✱ 1980] **s. m.** ● (*autom.*) caratteristica di un autoveicolo sovrasterzante

sovrastimàre [comp. di *sovra-* e *stimare* ✱ 1970] **v. tr.** ● stimare al di sopra del valore o della consistenza reale: *s. un bene*; *s. le capacità di qlcu.*

sovrastruttùra o **soprastruttùra** [comp. di *sovra-* e *struttura* ✱ 1907] **s. f.** **1** parte superiore di un complesso strutturale | ***s. delle strade ferrate***, insieme degli elementi al di sopra del piano di regolamento o piattaforma stradale della ferrovia **2** (*mar.*) ogni costruzione posta sulla coperta di una nave **3** (*filos.*) secondo l'ideologia marxiana, tutto ciò che, come le istituzioni, le leggi, la religione, l'arte, la filosofia ecc., è conseguenza ed espressione del modo in cui sono organizzati i mezzi di produzione **4** (*fig.*) elemento aggiuntivo, spesso superfluo

sovrastrutturàle [comp. di *sovra-* e *strutturale* ✱ 1949] **agg.** ● che riguarda una sovrastruttura

sovratemporàle o **sopratemporàle** [comp. di *sovra-*, *sopra-* e *temporale* ✱ 1960] **agg.** ● (*filos.*) che trascende le variazioni o le determinazioni temporali **SIN.** extratemporale

sovratensióne [comp. di *sovra-* e *tensione*, sul modello del fr. *surtension* ✱ 1911] **s. f.** ● incremento notevole della tensione normale di esercizio in un impianto elettrico, che si previene mediante appositi dispositivi limitatori

sovratìtolo [comp. di *sovra-* e *titolo* ✱ 1961] **s. m.** **1** titolo aggiuntivo che in un articolo di giornale viene collocato in corpo minore sopra il titolo principale **2** nei teatri d'opera, scritta mobile, tratta dal testo dei libretti, che compare sopra il proscenio

sovrattàssa ➤ **soprattassa**

sovraumàno ➤ **sovrumano**

sovrautilizzàre [comp. di *sovra-* e *utilizzare* ✱ 1974] **v. tr.** ● utilizzare qlco. o qlcu. in misura superiore alle potenzialità, possibilità, capacità e sim.: *s. un impianto* **CONTR.** sottoutilizzare ‖ **sovrautilizzazióne**, **s. f.**

sovrautilìzzo [1989] **s. m.** ● (*burocr.*) utilizzazione di qlco. o qlcu. in modo maggiore di quanto sarebbe possibile **SIN.** sovrautilizzazione **CONTR.** sottoutilizzo

sovreccèdere e deriv. ➤ **sopreccedere** e deriv.

sovreccitàbile o (*raro*) **sopreccitàbile**, (*raro*) **sopraeccitàbile** [comp. di *sovr-* ed *eccitabile* ✱ 1940] **agg.** ● che si può facilmente sovreccitare ‖ **sovreccitabilità**, **s. f. inv.**

sovreccitaménto [1940] **s. m.** ● (*raro*) sovreccitazione

sovreccitàre o (*raro*) **sopreccitàre**, (*raro*) **sopraeccitàre** [comp. di *sovr-* ed *eccitare* ✱ 1858] **A** **v. tr.** (*io sovrèccito*) ● mettere in grande agitazione: *gli alcolici lo sovreccitano* **B** **sovreccitàrsi** **v. intr. pron.** ● mettersi in grande agitazione: *sovreccitarsi per un nonnulla*

sovreccitàto **part. pass.** di *sovreccitare*; anche **agg.** ● nei sign. del v.

sovreccitazióne o (*raro*) **sopreccitazióne**, (*raro*) **sopraeccitazióne** [comp. di *sovr-* ed *eccitazione* ✱ 1856] **s. f.** ● stato di forte eccitazione psicofisica

†**sovreminènte** o †**sopreminènte**, †**sopraeminènte** [vc. dotta, dal lat. tardo *supereminĕnte(m)* 'sovrastante', comp. di *sŭper* 'sopra' ed *ēminens*, part. pres. di *eminēre* 'sovrastare', con sovrapposizione di *sopra-* ✱ 1540] **agg.** ● che si eleva sopra altre cose (*anche fig.*): *l'aria sopreminente* (G. GALILEI) ‖ †**sovreminenteménte**, **avv.**

†**sovreminènza** o †**sopreminènza**, †**sopraeminènza** [vc. dotta, dal lat. tardo *supereminĕntia(m)* 'suprema eccellenza', da *superēminens*, genit. *supereminĕntis* 'sopraeminente' ✱ 1595] **s. f.** ● caratteristica di chi (o di ciò che) è sovreminente

sovrespórre e deriv. ➤ **sovraesporre** e deriv.

†**sovrésso** o †**soprésso** [comp. di *sovr-* ed *esso* ✱ sec. XIII] **prep.** ● (*poet., intens.*) proprio sopra: *sen giva / s. l'acqua lieve* (DANTE *Purg.* XXXI, 95-96)

sovrimpórre o (*raro*) **sovraimpórre** [dal lat. *superimpōnere* 'imporre (*impōnere*) sopra (*sŭper*)' ✱ 1735] **v. tr.** (coniug. come *porre*) **1** (*raro*) imporre sopra o in aggiunta **2** (*assol.*) imporre una sovrimposta

sovrimpòsta o **sovraimpòsta**, **soprimpósta** [comp. di *sovr-* e *imposta*① ✱ av. 1794] **s. f.** ● addizionale a una imposta: *s. fondiaria*

sovrimpressióne o **sovraimpressióne** [comp. di *sovr-* e *impressione* ✱ 1931] **s. f.** ● impressione di due o più immagini sulla stessa pellicola | (*cinema, tv*) sovrapposizione di un testo sull'immagine: *i titoli di coda scorrono in s.*

sovrimprèsso o **sovraimprèsso** [comp. di *sovr-* e *impresso* ✱ 1954] **agg.** ● sovrastampato | che reca impressa una immagine, didascalia e sim. sull'immagine di fondo

sovrintendènte **A** **part. pres.** di *sovrintendere* ➤ **soprintendente** A **B** **s. m. e f.** **1** V. *soprintendente* B 1 **2** V. *soprintendente* B 2 **3** nell'ordinamento della polizia di Stato, grado suddiviso in tre qualifiche (vice sovrintendente, sovrintendente e sovrintendente capo), corrispondente ai gradi soppressi di brigadiere e maresciallo

sovrintèndere e deriv. ➤ **soprintendere** e deriv.

sovròsso ➤ **soprosso**

sovrumanità [av. 1643] **s. f. inv.** ● (*raro*) condizione di chi (o di ciò che) è sovrumano

✱**sovrumàno** o (*raro*) **sovraumàno**, †**soprumàno**, †**sopraumàno** [comp. di *sovr-* e *umano* ✱ 1516] **agg.** **1** superiore a chi (o a ciò che) è umano: *di che altro poteva esser voce, che di alcuno spirito sopraumano?* (T. TASSO) **2** (*iperb.*) molto grande, eccezionale: *sapienza, virtù, sovrumana*; *fare sforzi sovrumani per qlco.* ‖ **sovrumanaménte**, **avv.**

SFUMATURE ➤ *straordinario*

†**sovvàllo**① [di etim. incerta ✱ av. 1584] **s. m.** ● (*tosc.*) ciò che si ha senza spesa | ***di s.***, per di più, inoltre

sovvàllo② [dal lat. **subvăllu(m)*, comp. di *sŭb-* 'sub-' e *văllu(m)*, dim. di *vănnu(m)* 'vaglio' ✱ 2000] **s. m.** ● materiale di scarto derivante dai processi di trattamento dei rifiuti che, a seconda della frazione organica residua, può essere ulteriormente raffinato oppure smaltito in discarica

†**sovvenènza** o †**sovveniènza** [da *sovvenire* ✱ sec. XII] **s. f.** **1** (*lett.*) ricordo **2** aiuto, soccorso

†**sovvenévole** [da *sovvenire* ✱ 1566] **agg.** ● soccorrevole

†**sovveniènza** ➤ †**sovvenenza**

†**sovveniménto** [da *sovvenire* ✱ av. 1292] **s. m.** ● aiuto | sovvenzione

✱**sovvenìre** o †**sovenìre**, †**suvenìre** [dal lat. *subvenīre* 'accorrere', comp. di *sŭb* 'sotto' e *venīre* ✱ av. 1250] **A** **v. tr.** (coniug. come *venire*) ● (*lett.*) aiutare, soccorrere: *s. l'amico*; *se voi lo sovvenite ne' sua bisogni, dice che quel tanto che gli date a voi avanzava* (MICHELANGELO) **B** **v. intr.** (aus. *avere* nel sign. 1, *essere* nel sign. 2) **1** (*lett.*) venire in aiuto, in soccorso: *s. al bisogno di qlcu.*; *s. ai poveri*; *il conte … non potrebbe alla ambizione di Filippo sovvenire* (N. MACHIAVELLI) **2** (*lett.*) venire in mente (*anche impers.*): *e mi sovvien l'eterno / e le morte stagioni* (G. LEOPARDI) **C** in funzione di **s. m.** solo **sing.** ● (*raro, poet.*) ricordo, memoria: *dei dì che furono / l'assalse il sovvenir!* (A. MANZONI) **D** **sovvenìrsi** **v. intr. pron.** ● (*lett.*) ricordarsi: *e tu chi sa se mai / ti sovverrai di me!* (P. METASTASIO); *mi fe' sovvenire che vi si parlava di me* (U. FOSCOLO)

sovvenitóre [da *sovvenire* ✱ 1336 ca.] **s. m.** (f. *-trice*); anche **agg.** ● (*lett.*) chi (o che) sovviene, aiuta, spec. moralmente

sovventóre [lat. tardo *subventōre(m)*, da *subvĕntus*, part. pass. di *subvenīre* 'sovvenire' ✱ av. 1448] **s. m.** (f. *-trice*); anche **agg.** **1** (*raro*) chi (o che) fa una sovvenzione **2** (*dir.*) ***soci sovventori***, quelli che partecipano a una società cooperativa o di mutua assicurazione con conferimenti speciali volti a costituire fondi di garanzia

sovvenzionaménto [da *sovvenzionare* ✱ 1983] **s. m.** ● il sovvenzionare | sovvenzione

sovvenzionàre [1862] **v. tr.** (*io sovvenzióno*) ● aiutare con una sovvenzione: *s. una azienda in pericolo* **SIN.** finanziare, sussidiare

sovvenzionatóre [da *sovvenzionare* ✱ 1947] **s. m.** (f. *-trice*); anche **agg.** ● chi sovvenziona

sovvenzióne [vc. dotta, dal lat. tardo *subventiōne(m)* 'soccorso', da *subvĕntus*, part. pass. di *subvenīre* 'sovvenire' ✱ av. 1348] **s. f.** ● sostegno economico: *accordare, ricevere una s.*; *godere di una s.* **SIN.** finanziamento, sussidio

sovversióne o †**suversióne** [vc. dotta, dal lat. tardo (ecclesiastico) *subversiōne(m)* 'rovina', da *subvĕrsus* 'sovverso' ✱ sec. XIII] **s. f.** ● sconvolgimento violento dell'ordine sociale e istituzionale

sovversivìsmo [da *sovversivo*, con *-ismo* ✱ 1908] **s. m.** ● caratteristica di chi (o di ciò che) è sovversivo | tendenza a essere sovversivo

sovversivo [dal fr. *subversif*, dal lat. *subvĕrsus* 'sovverso' * 1793] **agg. e s. m.** (**f.** *-a*) **1** che (o chi) mira a rovesciare e sconvolgere l'ordine sociale e le istituzioni dello Stato: *partito s.*; *un gruppo di sovversivi* **2** (*est.*) che (o chi) tende a radicali innovazioni, al sovvertimento delle tradizioni **SIN.** ribelle, sedizioso ‖ **sovversivaménte**, **avv.**

SFUMATURE DI SIGNIFICATO

sovversivo - rivoluzionario - ribelle

Il termine **sovversivo** si riferisce a chi mira a modificare o capovolgere l'ordine sociale e le istituzioni politiche di uno Stato. **Rivoluzionario** si dice di chi guida, fomenta o semplicemente partecipa a una rivoluzione, con la stessa finalità di sovvertire l'ordine vigente, ma attraverso un'azione coordinata che prevede un'ampia partecipazione e che non si attua necessariamente con metodi violenti. Rispetto ai precedenti, **ribelle** connota in genere una persona insofferente dell'autorità, della disciplina, di qualsiasi freno, e attiene di conseguenza piuttosto a un tratto individuale del carattere che non a un'azione dotata di finalità politiche.

†**sovvèrso** **part. pass.** di †*sovvertere*; **anche agg.** ● distrutto | sconfitto

†**sovvèrtere** [av. 1348] **v. tr.** ● sovvertire

sovvertiménto [1612] **s. m.** ● il sovvertire

✦**sovvertire** [vc. dotta, dal lat. *subvĕrtere* 'rovesciare', comp. di *sŭb* 'sotto' e *vĕrtere* 'voltare', con cambio di coniug. * sec. XIII] **v. tr.** (*io sovvèrto*) **1** †devastare, distruggere **2** sconvolgere, alterare profondamente, nella struttura sociale o politica: *s. l'ordine pubblico, la struttura dello Stato* **3** stravolgere, cambiare radicalmente: *s. una tradizione consolidata* **4** (*fig.*) †pervertire: *s. la fede di qlcu.*

sovvertitóre [sec. XIII] **s. m.** (**f.** *-trice*); **anche agg.** ● chi (o che) sovverte

†**sòzio** [1353] **s. m.** **1** V. *socio* **2** (*scherz.*, *spreg.*) compagno, compare

†**sozzàre** [da *sozzo* * av. 1292] **v. tr.** ● insozzare

sozzerìa o (*roman.*) **zozzerìa** [da *sozzo* * 1955] **s. f.** ● cosa, azione, fatto e sim. sordido, turpe: *a volte si vedono certe sozzerie!*

†**sozzézza** [da *sozzo* * 1300 ca.] **s. f.** ● (*raro*) sozzura | (*lett.*) sciatteria

✦**sózzo** o (*roman.*) **zózzo** [dal provenz. *sotz*, dal lat. **sūcidu(m)*, variante di *sūcidus* 'grasso, sudicio', da *sūcus* 'sugo' * sec. XII] **agg.** **1** sporco, sudicio, in modo ripugnante, disgustoso: *aver le mani sozze di unto*; *questa stanza è sozza!* **2** (*fig.*) sordido, turpe, immorale: *ambiente s.*; *una sozza storia*; *film sozzi* **3** †brutto, deforme ‖ **sozzóne**, **accr.** ‖ **sozzaménte**, **avv.** in modo sozzo; turpemente

S

sozzóne (o *-zz-*), (*roman.*) **zozzóne** [da *sozzo* * 1959] **agg. e s. m.** (**f.** *-a*) ● (*centr.*) che (o chi) è molto sporco (*anche fig.*)

✦**sozzùme** [da *sozzo* * 1623] **s. m.** ● quantità di cose sozze | sudiciume

sozzùra [av. 1292] **s. f.** **1** condizione di chi (o di ciò che) è sozzo **2** cosa sozza | (*fig.*) cosa turpe, vergognosa

spa① /*ingl.* spɑ:/ [vc. ingl., dal n. della città termale belga *Spa* * 1995] **s. f. inv.** ● sorgente termale | stazione termale | (*est.*) centro benessere (V. *centro* nel sign. II 5)

spa② /spa, ɛsseppi'a/ [1968] **s. f. inv.** ● acc. di *società per azioni*

spaccalégna [comp. di *spacca(re)*① e *legna* * av. 1793] **s. m. e f. inv.** ● chi per mestiere spacca legna da ardere

spaccaménto [da *spaccare*① * 1612] **s. m.** ● (*raro*) lo spaccare | spaccatura

spaccamontàgne [comp. di *spacca(re)*① e il pl. di *montagna* * 1726] **s. m. e f. inv.** ● spaccone | gradasso

spaccamónti [comp. di *spacca(re)*① e il pl. di *monte* * 1669] **s. m. e f. inv.** ● spaccamontagne

spaccaòssa [comp. di *spacca(re)*① e il pl. di *osso* * 1932] **s. m. inv.** ● coltello a lama larga e pesante, usato in macelleria o cucina per spaccare le ossa dei pezzi di carne

spaccapiètre [comp. di *spaccare*① e il pl. di *pietra* * 1882] **s. m. e f. inv.** ● operaio che spacca le pietre usate per lavori o pavimentazioni stradali

✦**spaccàre**① [dal longob. *spahhan* 'fendere' * sec. XIV] **A** **v. tr.** (*io spàcco, tu spàcchi*) **1** rompere, spezzare in due o più parti mediante azione violenta, spec. usando uno strumento tagliente o contundente: *s. la legna*; *s. le pietre con lo scalpello* | ***s. la faccia, il muso, a qlcu.***, (*fig.*) picchiarlo o minacciare di picchiarlo duramente | ***s. le pietre***, (*fig.*) detto di sole cocente | (*fig.*) ***s. il minuto***, †***s. il sessanta***, di orologio preciso, esattissimo | (*fig.*) ***s. un capello in quattro***, essere eccessivamente scrupoloso | (*colloq.*) ***o la va o la spacca***, si dice quando si decide di fare qlco. rischiando il tutto per tutto **2** (*fig.*) dividere nettamente, scindere: *s. un partito*; *la questione ha spaccato l'opinione pubblica* **B** **spaccàrsi** **v. tr. pron.** (**aus.** *essere*) ● rompersi, fratturarsi: *spaccarsi una gamba*; *ella si sarebbe spaccata la testa contro la rupe* (G. VERGA) **C** **spaccàrsi** **v. intr. pron.** ● rompersi, fendersi: *il muro si spacca qua e là*; *col freddo la pelle si spacca* | strapparsi: *cadendo mi si è spaccata la giacca* | (*fig.*) dividersi, scindersi: *la maggioranza si è spaccata*

SFUMATURE ➤ ***fendere***

spaccàre② [contr. di *impaccare*, con cambio di pref. (*s-*) * 1960] **v. tr.** (*io spàcco, tu spàcchi*) ● (*raro*) aprire un pacco, levare qlco. da un pacco

spaccasàssi [comp. di *spacca(re)* e del pl. di *sasso* per la sua proprietà di insinuarsi con le forti radici nella roccia fino a spaccarla * 1865] **s. m. inv.** ● (*bot.*) bagolaro

spaccàta [av. 1806] **s. f.** **1** atto dello spaccare in una volta, nel sign. di *spaccare*① **2** (*gerg.*) in ginnastica, divaricata | in alpinismo, posizione base adottata in camini e diedri, consistente nell'appoggiare un piede e una mano a ciascuna delle due pareti opposte **3** (*gerg.*) furto compiuto infrangendo una vetrina e asportandone il contenuto

spaccatìmpani [comp. di *spacca(re)* e del pl. di *timpano* * 1983] **agg. inv.** ● (*fig.*, *iperb.*) assordante, troppo rumoroso, così acuto da rendere quasi sordo: *musica, discoteca, urlo s.*

spaccàto **A** **part. pass.** di *spaccare*①; **anche agg.** **1** rotto, spezzato (*anche fig.*) **2** (*fig.*, *raro*) patente, manifesto: *Avevi ragione spaccata* (B. FENOGLIO) | tale e quale: *quel bambino è suo fratello s.* **3** (*fig.*, *fam.*) dalla pronuncia fortemente scolpita: *parlare fiorentino s.* ‖ **spaccataménte**, **avv.** decisamente, recisamente **B** **s. m.** **1** rappresentazione di un edificio o di una struttura in genere, eseguita mediante sezione verticale, in modo da mostrarne la composizione interna **2** (*fig.*) descrizione sintetica ma esauriente, particolareggiata: *uno s. della realtà italiana del secondo dopoguerra*

spaccatùra [da *spaccare*① * sec. XIV] **s. f.** **1** lo spaccare, lo spaccarsi **2** punto in cui qlco. si spacca o è spaccata | fenditura tra i due lati di qlco. spaccata **3** (*fig.*) disaccordo, contrasto | (*fig.*) rottura di rapporti, scissione

spaccatùtto [comp. di *spacca(re)* e *tutto* * 1986] **agg. inv.**; **anche s. m. e f. inv.** ● che (o chi) tende a provocare danni o rotture: *un ragazzino s.*

spacchettaménto [1930] **s. m.** ● operazione dello spacchettare

spacchettàre [calco su *impacchettare*, con cambio di pref. (*s-*) * 1891] **v. tr.** (*io spacchétto*) **1** disfare un pacchetto, levare qlco. da un pacchetto **2** (*fig.*) nel linguaggio giornalistico o burocratico, suddividere in più parti un insieme organico: *s. un ministero in due dicasteri* **3** (*inform.*) riportare alle dimensioni originali uno o più file di dati precedentemente compressi **SIN.** decomprimere

spacchétto [1872] **s. m.** **1** dim. di *spacco* **2** breve spacco ai lati o al centro della parte posteriore nella giacca da uomo ‖ **spacchettìno**, **dim.**

spacciàbile [1675] **agg.** ● che si può spacciare

†**spacciaménto** [1476] **s. m.** ● lo spacciare | spaccio | (*lett.*) disbrigo

spacciàre [da *dispacciare*, adattamento del provenz. *despachar*, calco su *empachar* (V. *impacciare*), con cambio di pref. (*des-*) * 1304] **A** **v. tr.** (**pres.** *io spàccio*; **fut.** *io spaccerò*) **1** (*spec. lett.*) sbrigare, spicciare: *s. le proprie faccende* | ***s. una questione***, risolverla **2** smerciare, vendere, in quantità notevole: *s. la propria merce* **3** mettere in circolazione (spec. in modo illecito): *s. moneta falsa*; *s. droga*; (**anche assol.**) *è stato sorpreso a s. davanti alla discoteca* | far passare una cosa o una persona per un'altra: *s. ottone per oro* **4** (*fam.*) dichiarare inguaribile: *i medici lo hanno spacciato* **5** †inviare, spedire: *s. corrieri, messi* **6** †togliere di mezzo, uccidere **B** **spacciàrsi** **v. rifl.** **1** †spicciarsi, sbrigarsi **2** dare a credere di essere, farsi passare per: *spacciarsi per gran signore*

†**spacciatìvo** [av. 1492] **agg.** ● sommario, spiccio, sbrigativo

spacciàto **part. pass.** di *spacciare*; **anche agg.** **1** nei sign. del v. **2** (*fam.*) che non ha alcuna speranza di guarigione: *Il dottore … lo diede per s.* (C. PAVESE) | (*fig.*) rovinato ‖ **spacciataménte**, **avv.** subito, presto

spacciatóre [av. 1729] **s. m.** (**f.** *-trice*); **anche agg.** ● chi (o che) spaccia (spec. cose illecite): *s. di moneta falsa* | (*per anton.*) chi spaccia droga: *arrestato uno s.*

spàccio① [da *spacciare* * 1353] **s. m.** **1** vendita al pubblico: *s. di merci*; *questa merce ha molto s.*; *essere autorizzato allo s. di carne congelata* **2** immissione in circolazione (spec. in modo illecito): *s. di biglietti falsi*; *s. di droga* | (*per anton.*) spaccio di droga: *provvedimenti rivolti a colpire lo s.* **3** negozio per la vendita al minuto spec. di generi alimentari | nelle caserme o nell'ambito di una comunità, locale dove si vendono generi vari di conforto: *s. aziendale* **SIN.** †cantina **4** †commiato, separazione, partenza | †***dare s.***, dare commiato: *si dà s. a la bestia trionfante, cioè a gli vizi che predominano* (G. BRUNO)

SFUMATURE ➤ ***negozio***

†**spàccio**② [da *dispaccio* * av. 1527] **s. m.** **1** spedizione di un dispaccio **2** dispaccio | lettera di avviso

spàcco [da *spaccare*① * 1779] **s. m.** (**pl.** *-chi*) **1** spaccatura, fenditura | (*agric.*) ***innesto a s.***, eseguito inserendo le marze all'estremità dello spacco praticato al ramo o al tronco della pianta da innestare | (*est.*) vano, apertura **2** taglio, strappo: *farsi uno s. nell'abito* **3** lungo taglio sul davanti, sul dietro o da un lato della gonna ‖ **spacchétto**, **dim.** (V.)

spacconàta [1711] **s. f.** ● comportamento, discorso da spaccone

✦**spaccóne** [da *spaccare* 'sentenziare con sussiego' * 1692] **s. m.** (**f.** *-a*) ● chi si vanta di virtù, meriti, capacità, coraggio e sim. eccezionali, ma in realtà del tutto immaginari **SIN.**

fanfarone, gradasso, smargiasso, spaccamontagne ‖ **spacconàccio**, **pegg.** | **spacconcèllo**, **dim.**

spacelàb /spe(i)s'lab, *ingl.* 'speɪs,læb/ [vc. ingl., propr. 'laboratorio (*lab* per *laboratory*) dello spazio (*space*)' ✱ 1979] **s. m. inv.** ● laboratorio spaziale orbitante

space shuttle /spe(i)s'ʃattəl, *ingl.* 'speɪs-ˌʃʌt(ə)l/ [loc. ingl., comp. di *space* 'spazio' e *shuttle* 'navetta' ✱ 1971] **loc. sost. m. inv.** (**pl. ingl.** *space shuttles*) ● (*aeron.*) navetta spaziale

♦**spàda** o †**spàta**① [lat. *spătha(m)*, dal gr. *spáthē*, propr. 'spatola', di orig. indeur. ✱ 1211] **A** **s. f. 1** arma bianca da punta e taglio costituita da una lama di acciaio rettilinea, appuntita e con uno o due fili: *impugnatura, elsa, pomo, fondina, fodero, filo, della s.*; *con la s. in pugno* | ***cingere la s.***, armarsene; (*est.*) combattere | ***sguainare, snudare la s.***, toglierla dal fodero; (*est.*) iniziare un combattimento, una lotta | ***rimettere, riporre la s. nel fodero***, riporvela; (*est.*) smettere un combattimento, una lotta | ***incrociare le spade***, iniziare a combattere | ***incrociare la s. con qlcu.***, battersi con qlcu. | ***brandire la s.***, accingersi a un combattimento, una lotta (*anche fig.*) | ***mettere, passare a fil di s.***, uccidere trapassando con la spada | ***a s. tratta***, (*fig.*) con slancio, vigore, impeto: *difendere, sostenere qlcu. a s. tratta* | (*lett.*) ***venire a mezza s.***, alla conclusione: *a mezza s. vengono di botto* (L. Ariosto) | (*pop., fig.*) ***dritto come una s.***, assolutamente dritto | ***s. di Damocle***, quella, trattenuta da un crine di cavallo, che Dionigi il Vecchio fece pendere dal soffitto sul trono dove sedeva il favorito Damocle per convincerlo della pericolosa incertezza del potere; (*fig.*) minaccia sempre incombente | ***cameriere di cappa e s.***, nella corte pontificia, dignitario laico o ecclesiastico con titolo e incarico onorifico | **PROV.** ***chi di s. ferisce di s. perisce***; ***ne uccide più la gola che la s.***, V. *gola* **2** una delle tre armi della scherma, a lama triangolare e rigida d'acciaio, il cui colpo è valido solo se arriva di punta: *scherma di s.* **3** (*est.*) soldato armato di spada | spadaccino, tiratore di spada: *è un'ottima s.* **4** simbolo della Giustizia **5** (*raro, fig.*) trafittura, dolore: *sentire una s. nel cuore* **6** (**spec. al pl.**) uno dei quattro segni o semi delle carte da gioco italiane e dei tarocchi **CFR.** bastone, coppa①, denaro ‖ **spadàccia**, **pegg.** | **spadina**, **dim.** (V.) | **spadino**, **dim. m.** (V.) | **spadóna**, **accr.** (V.) | **spadóne**, **accr. m.** (V.) **B** in funzione di **agg. inv.** ● (posposto al sost.) nella loc. ***pesce s.***, V. *pesce*

spadaccìno [sec. XIV] **s. m.** (**f.** *-a*) ● chi mostra abilità nell'adoperare la spada: *essere un abile, un bravo, s.*

spadacciòla [da *spada* ✱ av. 1498] **s. f.** ● (*bot.*) gladiolo

spadàio o (*centr.*) **spadàro** [lat. *spathāriu(m)*, da *spătha* 'spada' ✱ 1308] **s. m.** (**f.** *-aia*, **pl. m.** *-ai*) ● fabbricante di spade

spadàra [1989] **s. f.** ● (*pesca*) rete di notevole lunghezza usata per la cattura del pesce spada

spadàta [av. 1611] **s. f.** ● (*raro*) colpo di spada

spadellàre o **padellàre** nel sign. 1 [da *padella* 'tiro mancato', con *s-* ✱ 1861] **v. tr.** (*io spadèllo*) **1** nel gergo dei cacciatori e di chi pratica lo sport del tiro, sparare fallendo il colpo | (*est., colloq.*) sbagliare, mancare: *s. il pallone* | (*assol.*) mancare il bersaglio **2** (*fam.*) togliere dalla padella: *s. le patate* | (*assol., fam.*) spignattare

spadellatóre [da *spadellare* ✱ 1967] **s. m.** (**f.** *-trice*) ● (*gerg.*) cacciatore che abitualmente fallisce i colpi

spadèrna [etim. incerta ✱ sec. XIV] **s. f.** ● (*pesca*) lunga lenza costituita da una corda a cui sono attaccati braccioli muniti di ami, usata per la pesca di fondo nelle acque dolci

spàdice [vc. dotta, dal lat. *spadīce(m)*, dal gr. *spádix*, genit. *spádikos* 'ramo di palma', da *spân* 'tirare', di orig. indeur. ✱ 1809] **s. m.** ● (*bot.*) infiorescenza formata da un asse ingrossato e carnoso con fiori sessili avvolto da una lunga brattea

Spadiciflòre [comp. di *spadi(ce)* e *-flore*, dal lat. *flōs*, genit. *flōris* 'fiore' ✱ 1929] **s. f. pl.** (**sing.** *-a*) ● (*bot.*) ordine di Monocotiledoni con dense infiorescenze a spadice (*Spadiciflorae*)

spadifórme [comp. di *spada* e *-forme* ✱ 1838] **agg.** ● (*lett.*) che ha forma di spada

spadìna [1838] **s. f. 1** dim. di *spada* **2** spillone in forma di spada con cui le donne si tenevano ferma l'acconciatura dei capelli

spadìno [av. 1704] **s. m. 1** dim. di *spada* **2** piccola spada per uso militare e civile, usata spec. come arma da cerimonia

spadista [1935] **s. m. e f.** (**pl. m.** *-i*) ● chi pratica la scherma di spada

spadóna [da *spada* ✱ 1821] **A** **s. f. 1** accr. di *spada* **2** varietà coltivata di pero dal frutto allungato, verde, sugoso e saporito, che matura in agosto **B** anche **agg. solo f.**: *pera s.*

spadonàta [da *spadone*① ✱ 1891] **s. f.** ● (*raro*) colpo di spadone

spadóne① [av. 1566] **s. m. 1** accr. di *spada* **2** grossa spada con lama a due fili, usata un tempo dalla cavalleria pesante

†**spadóne**② [vc. dotta, dal lat. *spadōne(m)* 'eunuco', dal gr. *spádōn*, genit. *spádōnos*, da *spân* 'tirare', di orig. indeur. ✱ av. 1292] **s. m.** ● eunuco

spadroneggiàre [da *padrone* con *s-* intensivo ✱ av. 1767] **v. intr.** (**pres.** *io spadronéggio*; **fut.** *io spadroneggerò*; **aus.** *avere*) ● fare da padrone senza averne il diritto, comportandosi con prepotenza

spaeşaménto [da *spaesare* ✱ 1934] **s. m.** ● disorientamento, smarrimento: *non tardo ad avvertire un senso di solitudine e di s.* (I. Calvino)

spaeşànte **part. pres.** di *spaesare*; anche **agg.** ● che provoca disorientamento, disagio: *una esperienza, una sensazione s.*

spaeşàre [da *spaesato* ✱ 1920] **A** **v. tr.** (*io spaéşo*) ● provocare spaesamento, disorientare **B** **spaeşàrsi** **v. intr. pron.** ● (*raro*) recarsi in Paesi stranieri; (*est.*) estraniarsi dal proprio ambiente | (*fig.*) spogliarsi della propria identità culturale e psicologica; sperdersi, smarrirsi

♣**spaeşàto** [da *paese*, con *s-* ✱ 1869] **agg.** ● che sente disagio e imbarazzo per essere fra persone estranee, o troppo dissimili, o in ambiente diverso dal proprio e sim.: *essere, sentirsi, sembrare s.* | (*est., lett.*) detto di ciò che è incongruo, fuori luogo: *tutto mi pareva ... s., come una stufa in un deserto* (C. Alvaro)

†**spagàto** [calco su *appagato*, con cambio di pref. (*s-*) ✱ av. 1348] **agg.** ● (*raro*) insoddisfatto

spagherìa [da *spago*① ✱ 1930] **s. f.** ● fabbrica di spaghi

spaghettàta [1950] **s. f.** ● mangiata di spaghetti, spec. fatta in compagnia: *fare una s.*; *la s. di mezzanotte*

spaghetterìa [comp. di *spaghet(ti)* con il suff. *-eria* ✱ 1947] **s. f.** ● ristorante o trattoria nel quale si servono quasi esclusivamente spaghetti o una grande varietà di primi piatti

spaghettièra [dal pl. di *spaghetto* ✱ 1987] **s. f.** ● recipiente usato per servire in tavola spaghetti o altra pastasciutta | casseruola profonda usata per cuocere spaghetti

♦**spaghétto**① [da *spago*① ✱ 1353] **s. m.** **1** dim. di *spago*① **2** (**spec. al pl.**) pasta alimentare lunga e sottile, non bucata, da minestra asciutta: *spaghetti al pomodoro*; *spaghetti alla chitarra* **3** (*cinema, scherz.*) nella loc. ***spaghetti-western***, film western all'italiana ‖ **spaghettino**, **dim.**

spaghétto② [da *spago*② ✱ av. 1793] **s. m.** ● (*centr.*) paura, fifa: *prendersi uno s.*; *che s.!*

spaginàre [da *pagina*, con *s-* ✱ 1872] **v. tr.** (*io spàgino*) ● disfare l'impaginatura

spaginatùra [1940] **s. f.** ● lo spaginare

spagìrica [prob. comp. del gr. *spân* 'separare (le sostanze)' (d'etim. incerta) e *agéirein* 'riunire (le sostanze)' (da *ágein* 'condurre', d'orig. indeur.) ✱ 1749] **s. f.** ● secondo la terminologia di Paracelso, l'antica scienza chimica intesa come arte che si occupa della composizione e decomposizione delle sostanze

spagìrico [vc. dotta, dal lat. *spargīricu(m)*, vc. usata, e forse inventata, da Paracelso (1493-1541) ✱ av. 1640] **agg.** (**pl. m.** *-ci*) ● relativo alla spagirica

spagliaménto [da *spagliare*① ✱ 1865] **s. m.** ● (*raro*) spagliatura

spagliàre① [da *paglia*, con *s-* ✱ sec. XIV] **A** **v. tr.** (*io spàglio*) ● levare la paglia che copre o riveste: *s. i piatti imballati*; *s. seggiole* **B** **v. intr.** (**aus.** *avere*) **1** muovere la paglia nelle stalle, detto di animali: *i buoi spagliano* **2** (*raro*) alimentarsi con paglia, detto di animali: *gli asini spagliano* **3** (*fig., disus.*) scroccare **C** **spagliàrsi** **v. intr. pron.** ● perdere la paglia che copre o riveste: *i fiaschi si spagliano con facilità*

spagliàre② [di etim. discussa: da un tema mediterr. **palja-*, con *s-* (?) ✱ av. 1742] **v. intr.** (*io spàglio*; **aus.** *avere*) ● straripare e spandersi per la pianura, detto di acque

spagliàto **part. pass.** di *spagliare*①; anche **agg.** ● nei sign. del v.: *grano s.*; *una seggiola spagliata*

†**spagliatóre** [1657] **agg. e s. m.** (**f.** *-trice*, o *-tora*) ● addetto alla spagliatura del grano

spagliatùra [1891] **s. f. 1** operazione del separare il grano dalla paglia **2** lo spagliarsi, detto di un fiasco, una sedia e sim. | il punto spagliato

spàglio [1779] **s. m. 1** (*tosc.*) straripamento | terreno invaso da acque **2** (*agric.*) ***seminare a s.***, distribuire il seme in modo sparso a mano o a macchina

spàgna [detta così perché portata dalla *Spagna*, dove la introdussero gli Arabi ✱ 1685] **agg. solo f.**; anche **s. f.** ● nella loc. ***erba s.***, (*ellitt.*) ***spagna***, erba medica

spagnàio [1960] **s. m.** (**pl.** *-ai*) ● campo di erba medica, detta anche erba spagna **SIN.** medicaio

spagnòla [f. sost. di *spagnolo* ✱ 1918] **s. f.** ● febbre spagnola

†**spagnolàta** [da *spagnolo* ✱ av. 1625] **s. f.** ● millanteria, spacconata

spagnoleggiàre [da *spagnolo*, con suff. iter. intens. ✱ 1618] **v. intr.** (**pres.** *io spagnoléggio*; **fut.** *io spagnoleggerò*; **aus.** *avere*) **1** (*raro*) usare voci, locuzioni, atteggiamenti e sim. spagnoli **2** (*disus.*) comportarsi boriosamente, secondo il modo considerato tipico degli spagnoli

spagnolésco [1536] **agg.** (**pl. m.** *-schi*) ● (*spreg.*) che è proprio dei modi altezzosi e boriosi considerati un tempo tipici degli Spagnoli ‖ **spagnolescaménte**, **avv.**

spagnolétta [da *spagnolo*, con allusione all'orig. ✱ 1771] **s. f. 1** (*disus.*) sigaretta: *l'avvocato ... stava facendo delle spagnolette* (G. Verga) **2** cilindro di cartoncino su cui si avvolge cotone o seta da cucire | filato così avvolto **3** serrame per finestra costituito da un'asta metallica lunga quanto l'imposta e con ganci alle estremità, che si comanda mediante una maniglia **4** sciarpa o scialletto triangolare di pizzo che si porta sul capo con la punta che sfiora la fronte **5** (*sett.*) arachide

spagnolìṣmo [da *spagnolo*, con *-ismo* ✱ 1611] **s. m. 1** parola o locuzione di origine spagnola **2** usanza, moda spagnola | gusto del fastoso, dell'appariscente, dell'esteriore, considerato tipico degli spagnoli

spagnolizẓàre [da *spagnolo* ✱ 1607] **A v. tr.** ● ispanizzare **B spagnolizẓàrsi v. intr. pron.** ● ispanizzarsi ‖ **spagnolizẓazióne, s. f.**

♦**spagnòlo** o (*lett.*) **spagnuòlo** [da *Spagna*, dal lat. *Hispānia(m)* ✱ 1282] **A agg. 1** della Spagna: *lingua, letteratura spagnola*; *usanza spagnola* | ***alla spagnola***, (*ellitt.*) alla maniera degli spagnoli CFR. ibero-, ispano- **2** (*med.*) ***febbre spagnola***, forma influenzale grave diffusasi epidemicamente nel 1918 **B s. m.** (**f.** *-a*) ● abitante o nativo della Spagna **C s. m. solo sing.** ● lingua del gruppo romanzo, parlata in Spagna

♦**spàgo**① [lat. tardo *spăcu(m)* 'funicella', di etim. incerta ✱ sec. XIII] **s. m.** (**pl.** *-ghi*) ● funicella di piccolo diametro, normalmente fatta con due soli fili ritorti, spec. di canapa: *s. grosso, sottile*; *legare con lo s.*; *un gomitolo di s.* | speciale filo di canapa da adoperare per cucire la suola e i sottopiedi di una scarpa | ***dare s. a qlcu.***, (*fig.*) secondarlo, incoraggiarlo a parlare, a prendersi certe libertà, e sim. (dall'uso di legare le galline con uno spago per limitarne i movimenti) ‖ **spagàccio, pegg.** | **spaghétto, dim.** (V.)

spàgo② [di etim. incerta: deformazione gerg. di un deriv. del lat. *păvor*, genit. *pavōris* 'paura', con sovrapposizione di *spago*①, avvicinato a *filo*, che aveva già questo significato nel gergo venez. del XVI sec. (?) ✱ 1466 ca.] **s. m.** (**pl.** *-ghi*) ● (*fam.*) paura, fifa: *prendersi uno s.*; *un bello s.*; *che s.!* ‖ **spaghétto, dim.** (V.)

spàhi /'spai/ [dal fr. *spahi* nel sign. 2, vc. turca dal persiano *sipāhi* 'soldato di cavalleria' ✱ av. 1536] **s. m. inv. 1** soldato turco a cavallo (fra il 1500 e il 1800) **2** soldato indigeno di cavalleria leggera dell'esercito francese, stanziato nel nord Africa durante la dominazione coloniale

spài [av. 1536] **s. m. inv.** ● adattamento di *spahi* (V.)

spaiaménto [av. 1620] **s. m.** ● atto dello spaiare

spaiàre [da *paio*①, con *s-* ✱ 1479] **v. tr.** (*io spàio*) ● separare chi (o ciò che) è appaiato

spaiàto part. pass. di *spaiare*; **anche agg.** ● nei sign. del v.

spalancaménto [1683] **s. m.** ● lo spalancare | completa apertura di una porta

♦**spalancàre** [da *palanca*①, con *s-*; propr. 'togliere i pali, i ripari' ✱ 1480 ca.] **A v. tr.** (*io spalànco, tu spalànchi*) ● aprire interamente, del tutto: *s. la porta* | ***s. gli occhi***, aprirli bene per osservare, per meraviglia, timore o sim. | ***s. la bocca***, per gridare, sbadigliare, mangiare, o per meraviglia e sim. | ***s. le braccia***, per abbracciare qlcu. o per gioia, rassegnazione, e sim. | (*fig.*) ***s. gli orecchi***, ascoltare con la massima attenzione **B spalancàrsi v. intr. pron. 1** aprirsi del tutto, completamente: *la finestra si spalancò improvvisamente* **2** (*est.*) aprirsi alla vista, apparire improvvisamente (spec. in riferimento a qlco. di profondo o esteso): *Da quella via su l'altipiano … si spalancava nella notte la vacuità misteriosa del mare* (L. PIRANDELLO)

spalancàto part. pass. di *spalancare*; **anche agg.** ● nei sign. del v.: *finestra spalancata*; *mi accolse a braccia spalancate*

spalanéve [comp. di *spala(re)* e *neve* ✱ 1985] **s. m. inv.** ● macchina che libera le strade dalla neve

spalàre① [da *pala*, con *s-* durativo-intens. ✱ 1847] **v. tr.** ● (*mar.*) sollevare dall'acqua le pale dei remi tenendole orizzontali sull'acqua

spalàre② [da *pala*, con *s-* sottrattivo ✱ sec. XIV] **v. tr.** ● levare via con la pala: *s. la neve* | ***s. il grano***, aerarlo con la pala

spalàta [1838] **s. f. 1** atto dello spalare una volta, nel sign. di *spalare*② | colpo di pala **2** quantità di terra, grano, o sim. contenuta nella pala

spalatóre [da *spalare*② ✱ av. 1430] **s. m.** (**f.** *-trice*) ● chi spala neve o terra

spalatrìce [f. di *spalatore* ✱ 1965] **s. f.** ● macchina per ammassare e smuovere materiali sciolti, spec. cereali

spalatùra [1821] **s. f.** ● attività, lavoro dello spalare, nel sign. di *spalare*②

spalcàre [da *palco*, con *s-* ✱ 1555] **v. tr.** (*io spàlco, tu spàlchi*) **1** disfare il palco, l'impalcatura **2** (*agric.*) togliere a un albero gli ultimi palchi dei rami

spalcatùra [da *spalcare* ✱ 1965] **s. f.** ● (*agric.*) operazione di potatura consistente nell'eliminare i rami più bassi della chioma di un albero

†**spàldo** ➤ **spalto**

♦**spàlla** [lat. *spătula(m)*, dim. di *spătha* 'spatola' e poi 'scapola, spalla' ✱ 1282] **s. f. 1** (*anat.*) nel corpo umano, ciascuna delle due parti comprese tra il collo e l'attaccatura del braccio: *s. sinistra, destra*; *mettere una mano sulla s. di qlcu.*; *avere un bel paio di spalle*; *spalle robuste, magre, tonde*; *essere forte, debole, di spalle* | ***spalle quadrate, spalle grosse***, larghe, robuste | (**al pl.**) schiena: *tenere le spalle curve*; *mettersi la giacca sulle spalle* | ***a s.***, sulle spalle: *trasportare, portare, qlco. a s.* | (*fig.*) ***gambe in s.!***, V. *gamba*, sign. 1 | (*giornalismo*) settore in alto a destra della pagina di un giornale: *articolo, titolo, di s.* | ***accarezzare le spalle a qlcu.***, (*fig., scherz.*) bastonarlo | ***gravare le spalle***, (*fig.*) affliggere, dare molestia | ***lavorare di spalle***, (*fig.*) farsi largo con qualsiasi mezzo | ***alzare le spalle, stringersi nelle spalle***, per esprimere rinuncia a fare o a dire, pensando che sarebbe inutile; (*est.*) disinteressarsi di qlco. | ***alzata di spalle***, in segno di noncuranza, disprezzo o sim. | (*fig.*) ***sulle spalle***, su di sé | ***prendersi qlco. sulle spalle***, (*fig.*) assumersene la responsabilità | ***avere qlcu., la famiglia***, e sim. ***sulle spalle***, (*fig.*) doverla mantenere | (*fig.*) ***gettare la responsabilità, la colpa*** e sim. ***sulle spalle di qlcu.***, addossargliele | ***avere x anni sulle spalle***, avere quella data età, spec. avanzata | ***vivere, mangiare*** e sim. ***alle spalle di qlcu.***, (*fig.*) a suo carico, a sue spese | ***avere le spalle larghe, buone spalle, spalle grosse***, (*fig.*) essere moralmente forte | ***voltare le spalle a qlcu.***, (*fig.*) abbandonarlo, negargli il proprio aiuto: *ora che vi hanno messo nell'impiccio vi voltano le spalle* (G. VERGA) | ***volgere le spalle***, fuggire | ***avere le spalle quadrate, le spalle grosse***, (*fig.*) saper sopportare, saper resistere | ***gettarsi qlco. dietro le spalle***, (*fig.*) non volersene più curare, dimenticarla intenzionalmente | ***alle spalle di qlco.*** o ***di qlco.***, dietro | ***ridere alle spalle di qlcu.***, (*fig.*) farsi beffe in sua assenza | ***sparlare alle spalle di qlcu.***, (*fig.*) dirne male in sua assenza | ***prendere, colpire, assalire, alle spalle***, di sorpresa, imprevedibilmente; (*fig.*) a tradimento | ***guardarsi alle spalle, guardarsi le spalle, coprirsi le spalle***, (*fig.*) difendersi, cautelarsi da eventuali insidie o pericoli | ***mettere qlcu. con le spalle al muro***, (*fig.*) costringerlo a far fronte alle sue responsabilità | ***essere con le spalle al muro***, (*fig.*) non avere alternative **2** (*zool.*) nei quadrupedi, regione della parete toracica intimamente collegata all'arto anteriore | taglio di carne del quarto anteriore, usato per cotolette, brasato, bollito ecc. **3** negli indumenti, parte che copre la spalla: *s. imbottita* **4** falda, fianco di montagna o collina **5** spalletta, rialzo laterale, argine **6** (*archit.*) piedritto d'arco o volta **7** (*fig.*) attore che nel teatro di rivista sostiene il ruolo di contraddittore del comico, per dargli la battuta | (*est.*) collaboratore: *fare da s. a qlcu.* | ***violino di s.***, (*ellitt.*) ***spalla***, V. *violino*① | ***gruppo di s.***, (*ellitt.*) ***gruppo s.***, in un concerto, gruppo musicale che si esibisce per un breve periodo di tempo prima di un altro più famoso | †***dare di s. a qlcu., essere di, fare da s. a qlcu.***, dargli aiuto, soccorso **8** nella faccia superiore del fusto di un carattere tipografico, parte della forza di corpo non occupata dall'occhio della lettera **9** (*mar.*) la parte della pala del timone a proravia dell'asse ‖ **spallàccia, pegg.** | **spallétta, dim.** (V.) | **spallóna, accr.** | **spallóne, accr. m.** | **spallùccia, dim.** (V.)

spallàccio [da *spalla* ✱ sec. XIV] **s. m. 1** pezza d'armatura antica a protezione della spalla che si univa a incastro con il bracciale **2** specie di spallina in uniformi antiche **3** ciascuna delle due cinghie di cuoio o di grossa tela mediante cui si portano a spalla gli zaini **4** cinghia passante sulla spalla per sorreggere una giberna o un cinturone appesantito dalle cartuccere, dalla pistola e sim.

spallaménto [1983] **s. m.** ● (*mecc.*) piano normale all'asse di un albero o di un foro, ricavato mediante variazione dei rispettivi diametri

spallàre① [da *spalla* ✱ av. 1367] **A v. tr. 1** accostare il fucile alla spalla prima dello sparo **2** †fiaccare, rovinare le spalle di un animale da fatica per eccessivo sforzo **B spallàrsi v. intr. pron.** ● †danneggiarsi una spalla o le spalle

spallàre② [denominale di *palla* col pref. *s-* ✱ av. 1879] **A v. tr.** ● nel gioco del biliardo, fare in modo che l'avversario si trovi con la palla scoperta **B v. intr.** (**aus.** *avere*) e **spallàrsi v. intr. pron.** ● restare scoperto con la propria palla

spallàrm o **spall'àrm** [comp. di *spall(a)* e *arm(a)* ✱ 1905] **A inter.** ● si usa come comando a militari schierati perché portino il fucile alla spalla destra, con la canna rivolta all'indietro, e ve lo appoggino reggendolo nella giusta inclinazione, impugnando il calcio con la mano destra **B s. m. inv. 1** il comando stesso **2** la posizione stessa

spallàta [1598] **s. f. 1** urto dato con la spalla: *la s. lo fece cadere* | (*fig.*) mossa decisiva per mettere in una crisi definitiva qlcu. o qlco.: *dare una s. al governo* **2** alzata di spalle, per indifferenza, disprezzo, e sim.

spallàto ➤ **sballato**

spallazióne [ingl. *spallation*, da *to spall* 'sbriciolare a martellate' (d'orig. incerta) ✱ 1974] **s. f.** ● (*fis.*) reazione nucleare in cui una particella di alta energia causa l'emissione di più frammenti da un nucleo

spalleggiàbile [da *spalleggiare* nel sign. 2 ✱ 1953] **agg.** ● (*milit.*) che può essere portato a spalla: *missile s.*

spalleggiaménto [1683] **s. m.** ● protezione, sostegno

spalleggiàre [da *spalla*, con suff. iter. intens. ✱ 1602] **A v. tr.** (**pres.** *io spallèggio*; **fut.** *io spalleggerò*) **1** sostenere, proteggere, dando aiuto e appoggio: *s. qlcu. contro qlcu. altro* **2** (*milit.*) trasportare sulle spalle: *s. i cannoni* **B spalleggiàrsi v. rifl. recipr.** ● difendersi, sostenersi a vicenda

spallétta [1511] **s. f. 1** dim. di *spalla* **2** parapetto di un ponte **3** parte rialzata del terreno, che serve da argine a un fiume

4 strombatura di porta o finestra, nella quale sono infisse le imposte

spallièra [da *spalla* ✻av. 1363] **s. f. 1** sostegno per la schiena di un sedile, spesso artisticamente decorato e di forma diversa **2** elemento verticale posto a capo e a piedi del letto **CFR.** pediera, testiera **3** (*agric.*) sistema consistente nel disporre in filare, su intelaiatura appoggiata di solito a un muro, piante da frutto e ornamentali, allevate in forme diverse: *peri, viti a s.*; *una s. di gelsomini* **4** attrezzo ginnico, fissato alla parete, costituito da due montanti cui sono infisse orizzontalmente, a una determinata distanza fra loro, delle aste **5** (*mar.*) primi banchi della galea vicino alla poppa ‖ **spallierìna**, **dim.**

spallière [da *spalla* ✻1602] **s. m.** ● (*mar.*) sulle galee, ciascuno dei due vogavanti che per primo regolava la voga

spallìna [da *spalla* ✻1798] **s. f. 1** ornamento della divisa militare, sopra la spalla, di varia foggia e dimensione, che serve anche come distintivo | (*fig.*) ***guadagnarsi le spalline***, essere promosso ufficiale **2** striscia più o meno larga di tessuto che regge grembiuli, sottovesti e sim. | imbottitura nelle spalle di abiti e cappotti

spallìno① [da *spalla* ✻1817] **s. m.** ● (*tosc.*) spallina: *gli spallini lucenti ... nell'uniforme di gala* (G. VERGA)

spallìno② [1959] **s. m.** (**f.** *-a*) ● chi gioca nella squadra di calcio ferrarese della Spal o ne è sostenitore

spallóne [da *spalla* ✻1858] **s. m. 1** negli impermeabili o in giacche sportive, pezzo di stoffa aggiunto per meglio proteggere petto e spalle **2** (*gerg.*) portatore di merci di contrabbando **3** nei giornali, grande titolo di spalla

spallùccia [sec. XV] **s. f.** (**pl.** *-ce*) **1** dim. di *spalla* **2** nella loc. ***fare spallucce***, stringersi nelle spalle in segno di indifferenza, dubbio o sim.

spalluccìàta [da *spalluccia* ✻1840] **s. f.** ● rapida alzata di spalle: *disse finalmente quel monello facendo una spallucciata* (C. COLLODI)

†**spallùto** [1547] **agg.** ● che ha larghe spalle

spalmàbile [1911] **agg.** ● che può essere spalmato: *formaggio s.* | (*fig.*) che può essere distribuito nel tempo: *costi spalmabili in cinque anni* ‖ **spalmabilità**, **s. f. inv.**

spalmadébiti [comp. di *spalma(re)* in senso fig. e del pl. di *debito* ✻1996] **A agg. inv.** (**posposto a un sost.**) ● detto di provvedimento che permette di dilazionare il pagamento di debiti o di perdite di bilancio **B anche s. m. inv.**

spalmàre [da *palma*①, con *s-* ✻1287] **A v. tr. 1** stendere con uniformità una sostanza pastosa od oleosa su una superficie solida: *s. il burro sul pane*; *s. il pane di burro* **2** (*fig.*) distribuire, suddividere: *s. gli aumenti dei costi su tutti i prodotti* **B spalmàrsi v. tr. pron.** (**aus.** *essere*) **e rifl.** ● cospargersi: *spalmarsi una crema sul viso*; *spalmarsi il viso di crema*; *spalmarsi di unguenti*

spalmàta [1872] **s. f.** ● atto dello spalmare spec. in una sola volta e affrettatamente ‖ **spalmatina**, **dim.**

spalmatóre [av. 1557] **A s. m.** (**f.** *-trice*); **anche agg.** ● chi (o che) spalma **B s. m.** ● operaio addetto alla spalmatrice

spalmatrice [f. di *spalmatore* ✻1933] **s. f.** ● macchina per rivestire di gomma o di appretto un tessuto, una carta, e sim.

spalmatùra [1607] **s. f.** ● operazione dello spalmare

spàlmo [da *spalmare* ✻1814] **s. m.** ● (*raro*) spalmatura

spàlto o †**spàldo** [dal longob. *spalt* '(bastione) dalle molte aperture'. V. ted. *spalten* 'fendere' ✻sec. XIII] **s. m. 1** terrapieno o muro antistante al fosso delle antiche opere fortificate, a protezione dei difensori | (*est.*) bastione **2** (**al pl.**) nel linguaggio sportivo, gradinata dello stadio: *la folla sugli spalti*

spam /spam, *ingl.* spæm/ [vc. ingl. (V. *spamming*) ✻1997] **s. m. inv.** ● (*Internet*) messaggio non richiesto, spec. di contenuto pubblicitario, inviato tramite posta elettronica **CFR.** spamming

spàmmer /'spammer, *ingl.* 'spæmə(r)/ [vc. ingl., da *spam* (V.) ✻1997] **s. m. e f. inv.** ● (*Internet*) chi invia abitualmente messaggi non richiesti tramite posta elettronica: *individuare gli s.*

spàmming /'spammin(g), *ingl.* 'spæmɪŋ/ [vc. ingl. da *Spam*® 'prosciutto in scatola', parola ricorrente nel popolarissimo show della tv ingl. *Monty Python's Flying Circus*, iniziato nel 1969 ✻1996] **s. m. inv.** ● (*Internet*) diffusione tramite posta elettronica di messaggi pubblicitari o di altra natura non richiesti dai destinatari **CFR.** spam

spampanaménto [1745] **s. m.** ● (*raro*) spampanatura

spampanàre o (*raro*) **spampinàre** [da *pampano*, variante di *pampino*, con *s-* ✻av. 1320] **A v. tr.** (*io spàmpano*) **1** privare le viti dei pampini, spec. in vicinanza della vendemmia **2** (*lett.*) ostentare, sfoggiare | (*assol.*, *tosc.*) vantarsi **B spampanàrsi v. intr. pron.** ● perdere i pampini | detto dei fiori, spec. delle rose, allargarsi molto dei petali e stare per cadere

spampanàta [1565] **s. f. 1** (*raro*) atto dello spampanare una volta **2** (*lett.*, *tosc.*) vanto, millanteria

spampanàto **part. pass.** di *spampanare*; **anche agg.** ● nei sign. del v.

spampanatùra [av. 1686] **s. f.** ● operazione dello spampanare

spampinàre ➤ **spampanare**

spanàre① [da *pane (di terra)*, con *s-* ✻1840] **v. tr.** ● togliere il pane di terra alle radici delle piante da trapiantare

spanàre② [da *pane (della vite)*, con *s-* ✻1853] **A v. tr.** ● guastare l'impanatura o filettatura della vite **B spanàrsi v. intr. pron.** ● perdere la filettatura, per logorio o altro, detto di viti

spanàto **part. pass.** di *spanare*②; **anche agg.** ● nei sign. del v.

spanciàre [da *pancia*, con *s-* ✻av. 1595] **A v. tr.** (**pres.** *io spàncio*; **fut.** *io spancerò*) **1** (*raro*) sbudellare, sventrare **2** (*aeron.*) cabrare un velivolo fino ad alta incidenza, talvolta fino allo stallo ed oltre: *il pilota spanciò il velivolo* **B v. intr.** (**aus.** *avere*) **1** battere la pancia sull'acqua nel tuffarsi **2** (*aeron.*) detto di velivoli, procedere cabrando fino ad alta incidenza | urtare il suolo col ventre per rottura o assenza del carrello: *l'aereo spanciò a terra, in acqua, su una casa* **3** presentare un ingobbimento, un rigonfiamento, detto di muri, affreschi, e sim. **C spanciàrsi v. intr. pron. 1** (*fig.*) nella loc. ***spanciarsi dalle risa, dal ridere***, ridere a crepapelle **2** (*raro*) presentare un ingobbimento, un rigonfiamento: *il dipinto si è spanciato*

spanciàta [da *spanciare* ✻av. 1735] **s. f. 1** colpo dato battendo con la pancia: *dare una s.* **2** (*aeron.*) improvvisa perdita di quota durante una cabrata **3** scorpacciata: *farsi una s. di qlco.*

spàncio [deriv. di *spanciare* nel sign. B 3 ✻sec. XVIII] **s. m.** ● ingobbimento, rigonfiamento, detto di muri, affreschi e sim.

spàndere [lat. *expàndere*, comp. di *ĕx-* (*s-*) e *păndere* 'allargare, stendere', di orig. indeur. ✻av. 1250] **A v. tr.** (**pass. rem.** *io spànsi* o *spandéi*, *tu spandésti*; **part. pass.** *spànto*, †*spandùto*) **1** distendere su un piano spec. ampio e con una certa regolarità: *s. il grano sull'aia*; *s. la cera sul pavimento* **2** versare, spargere: *s. un liquido sul tavolo* | ***s. lacrime***, piangere | ***s. acqua***, (*eufem.*, *fam.*) orinare **3** effondere: *s. profumo*; *la lampada spande luce chiara* **4** (*lett.*, *fig.*) divulgare, diffondere, propagare: *s. una notizia*; *incaute voci / spande il tuo labbro* (G. LEOPARDI) **5** scialacquare, sperperare, spec. nella loc. ***spendere e s.*** (*anche assol.*) **B spàndersi v. intr. pron. 1** spargersi, allargarsi: *le acque si spandono nella, per la campagna* **2** diffondersi: *la luce ... si spande sopra la terra per moltiplicarsi, generarsi e amplificarsi* (T. CAMPANELLA) | effondersi **3** (*lett.*) riversarsi: *la gioventù del loco / lascia le case, e per le vie si spande* (G. LEOPARDI)

Spàndex® [vc. ingl., anagramma di *expands* '(si) espande'; marchio registrato della DuPont de Nemours ✻1991] **s. m. inv.** ● (*tess.*) nome commerciale dell'elastan

spandicéra [comp. di *spandere* e *cera* ✻1960] **A s. m. inv.** ● attrezzo di uso domestico con lungo manico, per spandere uniformemente la cera sul pavimento **B agg. inv.** ● ***spazzole s.***, quelle della lucidatrice, usate per spargere la cera sul pavimento

spandiconcìme [comp. di *spandere* e *concime* ✻1901] **s. m. inv.**; **anche agg. inv.** ● macchina per spandere sul terreno, a spaglio o a righe, fertilizzanti e correttivi: *seminatrice s.*

spandifièno [comp. di *spandere* e *fieno* ✻1862] **s. m. inv.** ● macchina per spargere e rivoltare il fieno in modo uniforme **SIN.** voltafieno

spandighiàia [comp. di *spande(re)* e *ghiaia* ✻1989] **s. m. inv.** ● macchina usata per spandere uniformemente ghiaia o materiali simili sul fondo stradale

spandiletàme [comp. di *spandere* e *letame* ✻1960] **s. m. inv.**; **anche agg. inv.** ● macchina per distribuire il letame sul terreno

spandiliquàme [comp. di *spande(re)* e *liquame* ✻1976] **s. m. inv.** ● macchina agricola per spandere liquami fertilizzanti sui campi

spandiménto [sec. XIII] **s. m.** ● lo spandere, lo spandersi | spargimento: *s. di sangue*

spandisàbbia [comp. di *spandere* e *sabbia* ✻1970] **s. m. inv.** ● dispositivo, applicato solitamente su un autocarro, per spargere sulle strade sabbia, miscelata con anticongelante, spec. con sale

spandisàle [comp. di *spandere* e *sale* ✻1983] **s. m. inv.**; **anche agg. inv.** ● automezzo o dispositivo adibito a spargere sale sul manto stradale per evitare la formazione di ghiaccio **SIN.** spargisale

spanditóre [av. 1328] **s. m.** (**f.** *-trice*); **anche agg.** ● (*raro*) chi (o che) spande

spanditùra [1891] **s. f.** ● (*raro*) spandimento

†**spandùto** **part. pass.** di *spandere*; **anche agg.** ● nei sign. del v. | sparso

spànglish /'spangliʃ, *ingl.* 'spæŋglɪʃ/ [vc. ingl., comp. di *span(ish)* 'spagnolo' e *(en)glish* 'inglese' sul modello di *franglais* ✻1985] **s. m. inv.** ● lingua mista fra inglese e spagnolo parlata spec. da comunità di immigrati ispanici negli Stati Uniti

spaniàre [da *pania*, con *s-* ✻av. 1400] **A v. tr.** (*io spànio*) ● liberare un uccello preso alla pania **B v. intr.** (**aus.** *avere*) ● levare le paniuzze **C spaniàrsi v. intr. pron.** ● liberarsi dalla pania | (*fig.*) togliersi d'impaccio

spàniel /'spanjel, *ingl.* 'spænjəl/ [vc. ingl., dall'ant. fr. *espaignol* 'spagnolo' ✻1905] **s. m. inv.** ● razza di cani da salotto o da caccia, di piccola statura, a muso rincagnato, orecchie pendenti e lungo pelame ondulato

spànna [dal longob. *spanna*. V. ted. *Spanne* 'palmo del piede' ✻ 1313] **s. f. 1** lunghezza della mano aperta e distesa, dalla estremità del mignolo a quella del pollice | (*fig., colloq.*) ***a spanne***, a occhio e croce, in modo approssimativo **2** (*est.*) misura (spec. altezza o lunghezza) molto piccola **SIN.** palmo **3** (*est.*) piccola quantità | ***essere alto una s.***, essere molto piccolo **4** (*lett.*) †mano aperta

†**spannàle** [av. 1400] **agg.** ● che è lungo una spanna

spannàre① [da *panna*, con *s-* ✻ av. 1548] **v. tr.** ● levare la panna al latte

spannàre② [da *appannare* con sostituzione del pref. *-a* con l'opposto *s-* ✻ av. 1936] **v. tr.** ● eliminare l'appannamento di una superficie: *liquido per s. il parabrezza*

spannaròla [da *spannare* ✻ 1960] **s. f.** ● attrezzo piatto d'alluminio usato nei caseifici per rompere e rivoltare la cagliata del grana per uniformare la temperatura

spannatóia [da *spannare* ✻ av. 1859] **s. f.** ● mestola bucherellata per spannare il latte

spannatùra [1891] **s. f.** ● operazione dello spannare

spannòcchia [da *pannocchia*, con *s-* ✻ av. 1567] **s. f. 1** V. *pannocchia*① **2** (*zool.*) spannocchio

spannocchiàre [da *pannocchia*, con *s-* ✻ 1612] **v. tr.** (*io spannòcchio*) ● togliere le pannocchie alle piante di mais

spannocchiatùra [da *spannocchiare* ✻ 1940] **s. f.** ● operazione dello spannocchiare

spannòcchio [da *(s)pannocchia*, per una certa somiglianza di forma ✻ 1550] **s. m.** ● (*zool.*) gambero di mare, molto ricercato per la grossezza e per le carni squisite

spannomètrico [da *spanna*, con riferimento alla loc. *a spanne* ✻ 1988] **agg.** (**pl. m.** *-ci*) ● (*scherz.*) approssimativo, impreciso: *valutazione spannometrica*

spànsi ➤ **spandere**

†**spànso** [lat. *expānsu(m)*, part. pass. di *expāndere* 'spandere'. V. *espanso* ✻ sec. XV] **agg.** ● sparso | esteso

spantanàre [da *pantano*, con *s-* ✻ av. 1675] **A v. tr.** ● (*disus.*) togliere dal pantano | (*fig.*) togliere da un impiccio, da un imbroglio, e sim. **B spantanàrsi v. intr. pron.** ● uscire da un pantano; (*fig.*) togliersi da una difficoltà, da un imbroglio, e sim.

spànto **part. pass.** di *spandere*; anche **agg.** ● nei sign. del v.

spaparacchiàrsi [vc. napol., propr. 'spalancare', prob. vc. d'orig. espressiva ✻ 1936] **v. rifl.** (*io mi sparapàcchio*) ● (*centr., merid.*) spaparanzarsi

spaparanzàrsi [vc. espressiva ✻ 1952] **v. rifl.** ● (*centr., merid.*) abbandonarsi, sdraiarsi, talora con atteggiamento scomposto, su una poltrona, un divano e sim. **SIN.** spaparacchiarsi

spappagallàre [da *pappagallo*, con *s-* ✻ 1872] **v. intr.** (**aus.** *avere*) ● fare il pappagallo, ripetendo meccanicamente le parole altrui

spappolàbile [av. 1704] **agg.** ● (*raro*) che si può spappolare

spappolaménto [1869] **s. m.** ● lo spappolare | (*med.*) grave lesione di organo, spec. per trauma violento: *s. del fegato, della milza*

spappolàre [da *pappa*, con *s-* e suff. iter. ✻ av. 1568] **A v. tr.** (*io spàppolo*) ● ridurre in poltiglia: *s. la carne per troppa cottura* | provocare uno spappolamento: *la fucilata gli ha spappolato un braccio* | anche in forma pron.: *nell'urto si è spappolato la milza* **B spappolàrsi v. intr. pron.** ● ridursi in poltiglia: *le albicocche si sono spappolate* | (*med.*) subire uno spappolamento

sparacchiàre [da *sparare*, con suff. iter.-dim. ✻ 1940] **v. tr. e intr.** (*io sparàcchio*; **aus.** *avere*) ● sparare ogni tanto un limitato numero di colpi

sparachiòdi [comp. di *spara(re)* e il pl. di *chiodo* ✻ 1970] **A s. f. inv.** ● apparecchio ad aria compressa, di piccole dimensioni, simile nella forma a una pistola, per configgere chiodi **B anche agg. inv.**: *pistola s.*

sparadràppo [dal fr. *sparadrap*, dal lat. mediev. *sparadrāpu(m)*, di orig. oscura ✻ 1583] **s. m.** ● (*disus., merid.*) cerotto adesivo

sparagèlla o **sparaghèlla** [da *sparagio* ✻ 1763] **s. f.** ● (*pop.*) varietà di asparago selvatico

sparagiàia ➤ **asparagiaia**

spàragio ➤ **asparago**

sparagnàre [lat. mediev. *sparniāre*, dal germ. **sparōn*. V. ted. *sparen* ✻ av. 1292] **v. tr. e intr.** (**coniug. come** *segnare*; **aus.** *avere*) ● (*centr., sett.*) risparmiare: *consolati che la fortuna ti sparagna de' bei fastidi* (I. NIEVO)

sparagnìno [da *sparagnare* ✻ 1858] **agg. e s. m.** (**f.** *-a*) ● (*centr., sett., spreg.*) che (o chi) mostra eccessiva parsimonia nello spendere

sparàgno [da *sparagnare* ✻ sec. XIV] **s. m.** ● (*centr., sett.*) risparmio | (*spreg.*) avarizia

†**spàrago** ➤ **asparago**

sparanéve [comp. di *spara(re)* e *neve* ✻ 1984] **A agg. inv.** ● nella loc. ***cannone s.***, congegno che scaglia verso l'alto una miscela di acqua e aria che, a contatto con l'aria fredda esterna, si trasforma in neve **B s. m. inv.** ● cannone sparaneve

sparapùnti [comp. di *spara(re)* e del pl. di *punto* ✻ 1997] **A s. f. inv.** ● apparecchio ad azionamento meccanico o pneumatico per configgere punti metallici **B anche agg. inv.**: *pistola s.*

spararàzzi [comp. di *spara(re)* e del pl. di *razzo* ✻ 1987] **A s. m. inv.** ● congegno per lanciare razzi da segnalazione **B anche agg. inv.** (posposto a un sost.): *arma, pistola s.*

sparàre① [da *parare*, con *s-* ✻ 1260 ca.] **A v. tr. 1** (*tosc.*) sventrare con lungo taglio, squartare: *s. il pesce, un coniglio* | †(*med.*) Sezionare **2** †aprire sul davanti un indumento **3** †squarciare, fendere in due: *Orlando … / l'avria sparato fin sopra la sella* (L. ARIOSTO) **B sparàrsi v. rifl.** ● nella loc. (*fig.*) †***spararsi per qlcu.***, essere pronto a fare tutto per lui

♦**sparàre**② [da *sparare*① ✻ av. 1470] **A v. tr. 1** far scattare, azionare, il congegno di un'arma da fuoco: *s. un cannone; s. un colpo di fucile; s. un colpo in aria; s. una fucilata* | (*raro*) ***s. qlcu.***, colpirlo con un'arma da fuoco: *Niente … mi sembrò più facile … che spararla* (B. FENOGLIO) **2** tirare, scagliare: *s. calci, pugni* | ***s. il pallone in rete***, (*assol.*) ***s. a rete***, nel calcio, effettuare un forte tiro in porta **3** (*fig.*) dire cose false, esagerate: *s. fandonie; spararle grosse* | ***s. una cifra esorbitante***, richiederla | dare grande risalto a una notizia giornalistica: *s. il fatto in prima pagina* | (*iperb.*) emettere con grande intensità sonora: *s. una musica a tutto volume* **4** (*mar.*) ***s. un moschettone, una bozza***, farli aprire con uno scatto, lasciando libero ciò che era trattenuto **B v. intr.** (**aus.** *avere*) **1** tirare con un'arma da fuoco, far fuoco: *s. bene, male; non sapere s.; imparare a s.; il fucile non spara; s. alla testa di qlcu.; s. a salve, a mitraglia* | ***s. a vista***, senza preavviso | ***s. a zero***, con l'alzo in posizione orizzontale perché il bersaglio è vicinissimo; (*fig.*) sottoporre qlcu. a un fuoco di fila di dure critiche | (*fig.*) ***s. nel gruppo, nel mucchio***, criticare alla rinfusa senza distinguere chi si colpisce **2** nelle riprese televisive, produrre un abbagliamento, detto di superfici od oggetti troppo chiari **C sparàrsi v. tr. pron.** (**aus.** *essere*) **1** fare fuoco contro sé stessi: *si uccise sparandosi un colpo alla tempia* **2** (*fig.*) nel gergo giovanile, gustarsi, ingurgitare, farsi: *spararsi una pizza* | (*gerg.*) iniettarsi: *spararsi una dose di eroina* **D sparàrsi v. rifl.** ● uccidersi con un colpo d'arma da fuoco

sparàre③ [da *parare* 'ornare, apprestare', con *s-* ✻ av. 1484] **A v. tr.** ● (*raro*) privare dei paramenti: *s. la chiesa* **CONTR.** parare **B sparàrsi v. rifl.** ● (*raro*) togliersi i paramenti

†**sparàre**④ [contr. di *imparare*, con cambio di pref. (*s-*) ✻ sec. XIII] **v. tr.** ● (*tosc.*) disimparare (*anche assol.*): *chi ha apparato tosto spara* (F. SACCHETTI)

sparàta [da *sparare*② ✻ 1582] **s. f. 1** scarica di arma da fuoco **2** (*fig.*) millanteria, vanteria: *con la bocca tirata perché gli scappava da ridere per la s. che aveva in mente* (P.P. PASOLINI) **3** (*fig.*) sfogo violento, invettiva: *potevamo già sapere (…) quel che valesse una s. anticristiana* (R. BACCHELLI) **SIN.** tirata

sparàto① [da *sparare*① ✻ 1342] **A agg. 1** †sventrato con un lungo taglio, squartato: *un coniglio s.* **2** †aperto sul davanti, detto di indumento: *una veste sparata* **B s. m.** ● petto inamidato di una camicia da uomo spec. da sera

sparàto② **part. pass.** di *sparare*②; anche **agg. 1** nei sign. del v. | (*fam.*) che è stato colpito da un'arma da fuoco: *con un angoscioso planare di uccelli sparati* (B. FENOGLIO) | (*fig., iperb.*) emesso con grande intensità sonora: *musica sparata da un jukebox* **2** (*fig., fam.*) fulmineo, velocissimo: *andare s.*

sparatóre [1618] **s. m.** (**f.** *-trice*) ● chi spara, nel sign. di *sparare*②

sparatòria [da *sparato*② ✻ 1927] **s. f.** ● serie tumultuosa e violenta di spari

†**sparavièri** ➤ **sparviero**①

sparecchiaménto [av. 1742] **s. m.** ● (*raro*) lo sparecchiare

♦**sparecchiàre** [calco su *apparecchiare*, con cambio di pref. (*s-*) ✻ av. 1400] **v. tr.** (*io sparécchio*) **1** liberare la tavola su cui si è mangiato da stoviglie, posate, tovaglie e sim. (*anche assol.*): *s. la tavola; la cameriera sparecchia* **CONTR.** apparecchiare **2** (*lett.*) mangiare con avidità ogni cibo che vien portato in tavola (*anche assol.*) **3** (*lett.*) portar via

sparéggio [da un ant. *spareggiare*, sul modello di *pareggio* ✻ 1679] **s. m. 1** mancanza di pareggio, disavanzo, deficit **CONTR.** pareggio **2** (*sport*) incontro, partita supplementare decisiva fra due avversari o squadre che alla fine di una o più gare si trovino alla pari **SIN.** (*pop.*) bella

sparentàre [da *parente*, con *s-* ✻ av. 1602] **v. intr.** (*io sparènto*; **aus.** *avere*) ● (*tosc., disus.*) lasciare i genitori morendo

Sparganiàcee [da *sparganio*, dal gr. *spargánion*, da *spárgonna* 'fascia', per la forma delle foglie ✻ 1936] **s. f. pl.** (**sing.** *-a*) ● (*bot.*) famiglia di piante erbacee delle Monocotiledoni, con fiore a spadice e frutto a drupa (*Sparganiaceae*)

♦**spàrgere** o (*raro*) **espàrgere** [lat. *spărgere*, di orig. indeur. ✻ sec. XII] **A v. tr.** (**pres.** *io spàrgo, tu spàrgi*; **pass. rem.** *io spàrsi, tu spargésti*; **part. pass.** *spàrso*, *poet.* *spàrto*) **1** gettare qua e là: *s. fiori; s. il seme nei campi; s. la sabbia sul pavimento* | (*raro*) ***s. zizzania***, (*fig.*) seminare discordia | (*lett.*) ***s. le chiome, i capelli***, scioglierli **2** (*raro*) sparpagliare, mandare in più parti, persone o animali: *s. i cani all'inseguimento di qlcu.* **3** versare: *s. il vino sulla tovaglia* | ***s. lacrime***, piangere | ***s. sangue***, ferire o uccidere | ***s. il proprio sangue***, essere ferito o ucciso |

S

s. sudore, sudare (*anche fig.*) **4** emanare, mandare intorno: *s. luce, calore* **5** (*lett.*) cospargere: *s. il pavimento di sabbia; a sparger di celeste ambrosia / … all'Italia nauseata i labbri* (G. Parini) **6** diffondere, divulgare: *s. una notizia; s. una voce ai quattro venti; per tutto el mondo ha nostre laude sparte* (A. Poliziano) **7** (*lett.*) dare, elargire: *pene tu spargi a larga mano* (G. Leopardi) **8** (*fig.*) †dissipare, scialacquare **B** **spàrgersi** **v. intr. pron.** **1** sparpagliarsi: *la folla si sparse per la campagna; le spore si spargono sul terreno* **2** diffondersi, divulgarsi: *l'aroma di caffè si è sparso in tutta la cucina; si è sparsa una voce sul suo conto; la notizia si sparse in un baleno tra la folla*

spargiménto [1282] **s. m.** ● (*raro*) lo spargere | ***s. di sangue***, ferimenti, uccisioni

spargipépe [comp. di *spargere* e *pepe* ✱ 1970] **s. m. inv.** ● pepiera

spargisàle [comp. di *spargere* e *sale* ✱ 1970] **s. m. inv.; anche agg. inv.** **1** saliera a forma di vasetto con coperchio bucherellato **2** spandisale

spargitàlco [comp. di *spargere* e *talco* ✱ 1989] **s. m. inv.** ● tappo bucherellato attraverso il quale è possibile spargere in modo uniforme il talco contenuto in un barattolo | il barattolo stesso

spargitóre [sec. XIII] **s. m.** (**f.** *-trice*); **anche agg.** ● chi (o che) sparge

spàrgolo [da *spargere* ✱ 1534] **agg.** ● (*bot.*) detto di grappolo d'uva che ha i granelli rari **CONTR.** serrato

Spàridi [da *sparo*② ✱ 1936] **s. m. pl.** (**sing.** *-e*) ● (*zool.*) famiglia di Pesci ossei carnivori dei Perciformi, delle acque costiere, con carni pregiatissime (*Sparidae*)

sparigliàre [da *pariglia*, con *s-* ✱ 1805] **v. tr.** (*io spariglio*) **1** disfare una pariglia, una coppia **2** nel gioco della scopa e dello scopone, prendere con una carta una combinazione di altre carte, facendo rimanere dispari il numero delle carte ancora in gioco dello stesso valore: *s. i sette* | ***s. le carte, il gioco, la situazione*** o (*assol.*) ***sparigliare***, (*fig.*) creare confusione, introdurre un elemento nuovo che tende a modificare una situazione altrimenti stabile

sparìglio [1907] **s. m.** ● nel gioco della scopa e dello scopone, lo sparigliare

spariménto [av. 1342] **s. m.** ● (*lett.*) scomparsa: *quella tristissima nuova dello s. della contessina* (I. Nievo)

♦**sparìre** [calco su *apparire*, con cambio di pref. (*s-*). V. *disparire* ✱ 1266] **v. intr.** (**pres.** *io sparìsco, tu sparisci*; **pass. rem.** *io sparìi*, **lett.** *spàrvi, tu sparisti*; **aus.** *essere*) **1** sottrarsi alla vista spec. improvvisamente o causando sorpresa, meraviglia e sim., detto di persona o cosa che prima era presente o visibile: *era qui e ora è sparito; una luce appariva e spariva; il sole sparisce dietro le nuvole; l'isola spariva alla vista; la visione sparì all'orizzonte* | ***sparisci!***, (*fam.*) vattene immediatamente! | ***s. dalla terra, dalla faccia della terra***, (*eufem.*) morire | (*est.*) dileguarsi, dissolversi (*anche fig.*): *la macchia è sparita; il ricordo di quel tempo è sparito* **CONTR.** apparire **2** essere, rendersi irreperibile, introvabile: *suo padre è sparito e nessuno sa dove sia; mi è sparito un libro; in questa casa la roba sparisce* | ***s. nel nulla***, scomparire, volatilizzarsi | ***far s. qlco.***, rubarla, sottrarla di nascosto: *in treno mi hanno fatto s. il portamonete* **3** consumarsi presto, detto spec. di cibi o sim.: *la torta è sparita in un'ora; ho comprato il vino ieri ed è già sparito* | ***far s. qlco.***, consumare rapidamente, spec. cibi: *il bambino in un attimo ha fatto s. la merenda* **4** cessare di esistere, morire: *questa usanza è ormai sparita* | ***far s. qlcu.***, sopprimerlo, ucciderlo

sparizióne [1585] **s. f.** ● il fatto di sparire, di essere sparito | scomparsa: *la s. di un documento*

†**sparlaménto** [av. 1420] **s. m.** ● lo sparlare | insinuazione, calunnia

sparlàre [da *parlare*①, con *s-* ✱ av. 1294] **v. intr.** (**aus.** *avere*) **1** parlare male di qlcu., far maldicenza: *s. alle spalle degli altri; s. di tutti* **2** (*raro*) parlare a sproposito, parlare volgarmente e sim.

sparlatóre [sec. XIV] **s. m.** (**f.** *-trice*) ● chi sparla

sparnazzàre [sovrapposizione di *spargere* e *starnazzare* ✱ av. 1535] **v. tr.** **1** (*tosc.*) sparpagliare **2** (*tosc.*) razzolare, sparpagliando il becchime, detto dei polli (*anche assol.*): *davanti ai polli che sparnazzavano via spaventatissimi* (C.E. Gadda) **3** (*fig.*) †scialacquare

sparnòcchia [variante region. merid. di *spannocchia*, da *pannocchia*, con *s-*, per la forma. V. *spannocchio* ✱ av. 1567] **s. f.** ● (*zool., merid.*) canocchia

spàro① [da *sparare*② ✱ 1653] **s. m.** ● atto dello sparare: *congegno di s.* | scatto, colpo, di arma da fuoco | rumore prodotto da un colpo di arma da fuoco: *udire uno s.*

spàro② [lat. *spăru(m)*, dal gr. *spáros*, di orig. indeur. ✱ av. 1498] **s. m.** ● (*tosc.*) pesce degli Sparidi, caratterizzato da una lunghezza di 70-80 cm e diffuso in prossimità dei litorali

sparpagliaménto [1641] **s. m.** ● lo sparpagliare, lo sparpagliarsi

sparpagliàre [di etim. incerta: lat. parl. **disparpalliāre*, da un tema mediterr. **palja-*. V. *spagliare*② ✱ sec. XIII] **A** **v. tr.** (*io sparpàglio*) ● spargere qua e là, senza ordine: *il vento ha sparpagliato i fogli* | mandare qua e là, in varie direzioni: *s. gli agenti; s. i cani* **B** **sparpagliàrsi** **v. intr. pron.** ● disperdersi, spargersi in varie parti: *la folla si sparpagliò per il paese; dovettero sparpagliarsi nelle quattro direzioni per ritrovarla* (B. Fenoglio)

sparpagliàto **part. pass.** di *sparpagliare*; **anche agg.** ● sparso qua e là: *i contadini vivevano sparpagliati nelle cascine attorno al paese* ‖ **sparpagliataménte**, **avv.** in modo sparpagliato, in ordine sparso

sparpàglio① [1673] **s. m.** ● (*raro*) sparpagliamento

sparpaglio② [1845] **s. m.** (**pl.** *-ii*) ● sparpagliamento diffuso

spàrring pàrtner /ˈsparrin(g) ˈpartner, *ingl.* ˈspɑːrɪŋ ˈpɑːtnə(r)/ [loc. ingl., propr. 'compagno (*partner*) d'esercizio (*sparring*, propr. gerundio di *to spar* 'combattere, esercitarsi nel pugilato')' ✱ 1962] **loc. sost. m. inv.** (**pl. ingl.** *sparring partners*) ● pugile che allena un altro pugile boxando con lui

♦**spàrso** o (*poet.*) **spàrto**② **part. pass.** di *spargere*; **anche agg.** **1** nei sign. del v. **2** non riunito, non raccolto insieme, sciolto: *capelli sparsi; pagine, rime sparse; raccolta di scritti sparsi; la bella Europa / sparse le bionde trecce* (G.B. Marino) **3** (*bot.*) che ha disposizione apparentemente disordinata | (*milit.*) ***ordine s.***, formazione che assume un reparto a contatto del nemico, disponendosi con gli uomini irregolarmente distanziati e intervallati **4** (*arald.*) seminato ‖ **sparsaménte**, **avv.**

spartachìsmo [da *spartachista* ✱ 1941] **s. m.** ● ideologia degli spartachisti

spartachista [ted. *Spartakist*, da *Spartakusbund* 'gruppo Spartaco', dal n. del capo degli schiavi romani che si ribellarono nel 71 a.C., usato come pseudonimo da K. Liebknecht, uno dei leader del movimento ✱ av. 1952] **s. m. e f.** (**pl. m.** *-i*) ● membro della lega di Spartaco, organizzazione clandestina di sinistra sorta in Germania dopo lo scoppio della prima Guerra mondiale

spartàno [dal lat. *Spartānu(m)*, da *Spărta*, dal gr. *Spártē* 'Sparta' ✱ 1340] **A** **agg.** **1** di Sparta **2** (*fig.*) fiero, austero, rigido, secondo i costumi considerati tipici degli Spartani antichi: *spirito s.; educazione spartana* | (*est.*) essenziale, sobrio, molto semplice: *arredamento s.* ‖ **spartanaménte**, **avv.** secondo le usanze spartane **B** **s. m.** (**f.** *-a*) ● abitante o nativo di Sparta

sparteìna [adattamento dell'ingl. *sparteine*, comp. del lat. *spărtum* 'sparto', dal quale è estratta, col suff. della chim. *-in(e)* '-ina', ampliata con *-e-*, secondo la terminazione di altri comp., come *phthalein* ✱ 1872] **s. f.** ● alcaloide contenuto nei fiori della ginestra, stimolante del cuore e diuretico

spartiàcque [comp. di *sparti(re)* e il pl. di *acqua* ✱ 1872] **s. m. inv.** **1** linea di separazione fra gli opposti versanti di due bacini idrografici **SIN.** linea di displuvio **2** (*fig.*) elemento discriminante

spartiàta o **spartiàte** [vc. dotta, dal gr. *Spartiátēs*, da *Spártē* 'Sparta' ✱ 1483] **s. m.** (**pl.** *-i*) ● cittadino spartano a pieno diritto, appartenente alla classe aristocratica

spartìbile [1806] **agg.** ● che si può spartire

sparticàmpo [comp. di *sparti(re)* e *campo* ✱ 1965] **s. m. inv.** ● parte della mietitrice che devia verso la lama i culmi da recidere **SIN.** spartigrano

spartifiàmma [comp. di *sparti(re)* e *fiamma* ✱ 1989] **s. m. inv.** ● nei fornelli da cucina, disco con piccoli fori laterali dai quali esce il gas combustibile **CFR.** rompifiamma

spartifuòco [comp. di *sparti(re)* e *fuoco* ✱ 1936] **s. m. inv.** ● nei teatri, sipario metallico di sicurezza per isolare il palcoscenico dalla sala in caso di incendio **CFR.** tagliafuoco

spartigràno [comp. di *sparti(re)* e *grano* ✱ 1962] **s. m. inv.** ● sparticampo

spartiménto [1388] **s. m.** ● (*lett.*) spartizione

spartinéve [comp. di *sparti(re)* e *neve* ✱ 1906] **s. m. inv.** ● grosso cuneo formato da due lame, applicato a un veicolo, gener. un trattore, per liberare la sede stradale dalla neve spingendola ai lati della strada | (*est.*) veicolo a motore munito del cuneo suddetto | (*impropr.*) spazzaneve

spartìre [da *partire* 'dividere', con *s-* ✱ 1268] **A** **v. tr.** (*io spartìsco, raro spàrto, tu spartìsci, raro spàrti*) **1** dividere distribuendo a ciascuno la sua parte: *s. un patrimonio, un'eredità, un guadagno; il bottino fu spartito fra i ladri* | (*est.*) condividere: *s. il pane con qlcu.* | ***non aver nulla da s. con qlcu.***, (*fig.*) non avere o non voler avere nessun rapporto o relazione con qlcu. **2** allontanare, separare: *s. due litiganti* **3** (*raro*) scompartire **4** (*mus.*) sistemare in partitura le singole parti degli esecutori **B** **spartìrsi** **v. tr. pron.** (**aus.** *essere*) ● suddividersi qlco. prendendone ciascuno una parte (detto di due o più persone): *i banditi si spartirono la preda; le bimbe, occupate a spartirsi i confetti, non gli badavano* (E. De Amicis)

SFUMATURE DI SIGNIFICATO

spartire - distribuire - dispensare
Dividere qualcosa in più parti per destinarne una parte a ciascuno si dice **spartire**; **distribuire** ha quasi lo stesso significato, ma accentua gli aspetti relativi alla consegna fisica e concreta; **dispensare** è sinonimo di *distribuire* di registro più elevato.

spartisémi [comp. di *sparti(re)* e il pl. di *seme* ✱ 1965] **s. m. inv.** ● apparecchio usato nell'industria enologica per separare meccanicamente dalle vinacce torchiate i vinaccioli destinati alla produzione di olio **SIN.** enovaglio

a b c d e f g h i j k l m n o p q r **s** t u v w x y z

spartìto① part. pass. di *spartire*; anche agg. ● nei sign. del v. ‖ **spartitaménte**, avv. divisamente, separatamente

spartìto② [sost. di *spartito*①, perché trascrive separatamente le parti dei singoli esecutori ✻ av. 1646] s. m. **1** (*mus.*) riduzione per canto e pianoforte di una composizione per orchestra e voci soliste **2** (*mus.*) correntemente, partitura ‖ **spartitino**, dim.

spartitóre [1384] s. m. (f. *-trice*) ● (*raro*) chi spartisce

spartitòrio [da *spartire* ✻ 1983] agg. (pl. m. *-i* o *raro -ii*) ● che riguarda una spartizione, spec. nell'ambito politico e amministrativo (*spec. spreg.*): *equilibri di potere fondati su una logica spartitoria*

spartitràffico [comp. di *sparti(re)* e *traffico* ✻ 1942] **A** s. m. inv. ● banchina, striscia bianca o altro elemento che suddivide una strada in varie corsie **B** agg. inv.: *banchina, aiuola s.*

spartitùra [1659] s. f. ● spartizione | scriminatura: *s. dei capelli*

spartivalànghe [comp. di *sparti(re)* e il pl. di *valanga* ✻ 1987] s. m. o f. inv. ● struttura in muratura a forma di cuneo sul lato della casa volta verso il pendio

spartizióne [1464] s. f. ● distribuzione a ciascuno delle varie parti in cui si è diviso qlco.: *s. della Polonia* | attribuzione concordata di nomine, incarichi e sim. a esponenti di forze politiche: *s. di cariche pubbliche*

spàrto① [lat. *spărtu(m)*, dal gr. *spárton*, di orig. indeur. ✻ 1340] s. m. **1** pianta erbacea perenne delle Graminacee con foglie a lamina rigida utilizzate per la fabbricazione di cesti, corde e, dopo opportuna manipolazione, per la carta di riso (*Lygeum spartum*) SIN. giunco marino **2** fibra ricavata dallo sparto | cellulosa da carta

spàrto② ➤ **sparso**

sparutézza [1551] s. f. ● condizione di chi (o di ciò che) è sparuto

✣**sparùto** [part. pass. dell'ant. *sparere* 'sparire' ✻ 1336 ca.] agg. **1** piccolo e magro, gracile, smunto: *bimbi sparuti; avere un aspetto s.* **2** di poca consistenza, di numero esiguo: *la sparuta clientela era di forestieri* ‖ **sparutèllo**, dim. | **sparutino**, dim.

†**sparvieratóre** [da *sparviero*① ✻ av. 1400] s. m. ● chi governava gli sparvieri

sparvièro① o **sparvière**, †**sparavièri** [dal provenz. *esparvier*, dal francone *sparvāri* 'aquila (*ari*) che mangia i passeri (*sparvo*)' ✻ 1288] s. m. **1** rapace diurno di forma snella con ali brevi, piumaggio grigio dorsalmente e bianco rossiccio ventralmente (*Accipiter nisus*) | ***s. delle Asturie***, astore **2** tavoletta di legno con impugnatura sulla faccia inferiore, usata dal muratore per lisciare l'intonaco o per tenere a portata di cazzuola un po' di calcina **3** †padiglione di letto

sparvièro② [adattamento dell'ant. fr. *esparvier* 'rete per sparvieri' ✻ av. 1591] s. m. ● (*pesca, sett.*) giacchio

spaṣimànte **A** part. pres. di *spasimare*; anche agg. ● (*lett.*) nei sign. del v. **B** s. m. e f. ● (*lett.* o *scherz.*) innamorato, corteggiatore

spaṣimàre o †**spaṣmàre** [da *spasimo* ✻ av. 1327] v. intr. (*io spàṣimo*; aus. *avere*) **1** patire spasimi fisici (+ *da*, + *per*): *è una pena vederlo s. tanto; s. dal (o per il) dolore; Ho sete. Spasimo dalla sete* (G. D'ANNUNZIO) **2** (*fig., lett.*) soffrire per affanno, agitazione, ansia e sim. (+ *per*): *s. per le sventure di qlcu.* | (*fig.*) desiderare ardentemente (+ *di* seguito da inf.): *s. di rivedere qlcu.; s. di partire* | ***s. per qlcu.***, (*lett.* o *scherz.*) esserne innamorato: *il crudel sa che per lui spasmo e moro* (L. ARIOSTO)

spaṣimàto **A** part. pass. di *spasimare*; anche agg. **1** nei sign. del v. **2** †fortemente innamorato **3** (*arald.*) detto del delfino a bocca aperta e senza lingua **B** s. m. ● †spasimante: *so che don Fernando mi fa lo s.* (C. GOLDONI)

✣**spàṣimo** o †**spàṣmo** [lat. *spăsmu(m)*, dal gr. *spasmós* 'spasmo', da *spân* 'tirare', di orig. indeur. ✻ 1312] s. m. ● dolore acuto, lancinante: *avere degli spasimi atroci; gli spasimi della fame, della morte; morire tra atroci spasimi* | sofferenza dell'animo, pena tormentosa: *gli spasimi dell'amore* | massima intensità, limite estremo: *tendendo gli orecchi fino allo s.* (B. FENOGLIO)

spaṣimóso (o -ṣo) o †**spaṣmóso** [av. 1566] agg. ● (*lett.*) che dà spasimo: *dolore s.; pensiero s.*

†**spaṣmàre** ➤ **spasimare**

spàṣmo [av. 1320] s. m. **1** †V. *spasimo* **2** (*med.*) contrazione involontaria di un muscolo o di una parte di esso | ***s. cinico***, contrattura dei muscoli masticatori, che fa digrignare i denti

spaṣmòdico [vc. dotta, dal gr. *spasmṓdēs* 'convulsivo', comp. di *spasmós* 'spasmo' ed *-eidḗs* '-oide' col suff. iter. *-ico* ✻ av. 1568] agg. (pl. m. *-ci*) **1** che dà spasimo, angoscia, affanno: *attesa spasmodica* **2** (*med.*) relativo a spasmo ‖ **spaṣmodicaménte**, avv. ‖ **spaṣmodicità**, s. f. inv.

spaṣmofilìa [comp. di *spasmo* e *-filia* ✻ 1899] s. f. ● stato di ipereccitabilità neuromuscolare, con tendenza allo spasmo

spaṣmòfilo [comp. di *spasmo* e *-filo* ✻ 1960] agg. ● che è caratterizzato da spasmofilia

spaṣmolìtico [comp. di *spasmo* e *-litico*, dal gr. *lytikós* 'dissolvente', da *lýein* 'sciogliere' ✻ 1957] **A** agg. (pl. m. *-ci*) ● detto di farmaco, che calma e sopprime gli spasmi **B** anche s. m.: *somministrare uno s.*

†**spaṣmóso** ➤ **spasimoso**

†**spàṣo** [lat. *expānsu(m)*, part. pass. di *expándere* 'spandere' ✻ 1340] agg. ● espanso, disteso, allungato | (*lett.*) ***con l'ale, ad ali spase***, di corsa

spassàre [lat. parl. **expassāre*, da *expăssus*, part. pass. di *expăndere* 'allargare (l'animo)' ✻ sec. XIII] **A** v. tr. **1** (*raro*) allietare, divertire: *s. un bambino; lasciando in terra ... tutto quanto aveva servito a spassarli* (R. BACCHELLI) **2** (*raro*) trascorrere nei divertimenti: *Una brigata mista di beoni ... che spassavano la loro vita in caccie* (I. NIEVO) | anche nella forma pron. (con valore intens.) **spassàrsela** (con il pron. *la* indeterm.), divertirsi, darsi alla bella vita; amoreggiare: *Se la spassa là, con quella brutta scimmia* (L. PIRANDELLO) **B** **spassàrsi** v. intr. pron. ● godersela, divertirsi: *al cinema mi spasso; quello scapestrato che badava unicamente a spassarsi* (F. DE ROBERTO)

spasseggiàre e deriv. ➤ **passeggiare** e deriv.

†**spassévole** [da *spassare* ✻ av. 1547] agg. ● che dà spasso

spassionàrsi [da *passione*, con *s-* ✻ av. 1643] v. intr. pron. (*io mi spassióno*) ● (*raro*) sfogarsi: *non so a chi dire i miei guai: però li scrivo a te, e mi spassiono* (U. FOSCOLO)

spassionatézza [av. 1712] s. f. ● caratteristica di chi (o di ciò che) è spassionato

spassionàto [da *passione*, con *s-* ✻ av. 1524] agg. ● che è libero da parzialità, preferenze, interessi: *osservatore s.; giudizio, esame s.; dare un parere s.* SIN. equo, imparziale, obiettivo ‖ **spassionataménte**, avv. in modo spassionato, imparzialmente

SFUMATURE ➤ *oggettivo*

♦**spàsso** [da *spassare* ✻ sec. XIII] s. m. **1** divertimento, passatempo, svago: *prendersi un po' di s.; darsi s.; darsi agli spassi; è un vero s. uscire con lui* | ***per s.***, per divertimento: *fare, dire, qlco. per s.* | ***prendersi s. di qlcu.***, divertirsi alle sue spalle, farsene beffe **2** (*fig.*) persona spassosa: *quel ragazzo è uno s.; sei proprio uno s.!* **3** passeggiata breve e fatta a scopo di svago, nelle loc. ***andare, mandare, menare, portare, a s.*** | (*fig.*) ***essere a s.***, essere disoccupato, senza lavoro | ***mandare qlcu. a s.***, licenziarlo | ***menare, portare a s. qlcu.***, (*fig.*) illuderlo, prenderlo in giro | ***va' a s., andate a s.***, e sim., escl. di insofferenza nei confronti di qlcu.

spassóso (o -ṣo) [av. 1696] agg. ● che dà spasso, che diverte ‖ **spassosaménte**, avv. ‖ **spassosità**, s. f. inv.

spastàre [da *pasto*, con *s-* ✻ 1353] **A** v. tr. **1** (*lett.*) dissodare **2** †ripulire **B** **spastàrsi** v. rifl. ● †ripulirsi

spàstico [vc. dotta, dal lat. *spăsticu(m)*, dal gr. *spastikós*, da *spân* 'tirare' ✻ av. 1498] **A** agg. (pl. m. *-ci*) ● (*med.*) di spasmo, relativo a spasmo, caratterizzato da spasmo: *paralisi spastica* | che è in stato di spasmo ‖ **spasticità**, s. f. inv. (*med.*) condizione di ipertonia muscolare associata a esagerazione dei riflessi tendinei **B** agg. e s. m. (f. *-a*) ● che (o chi) è in stato di spasmo | che (o chi) è affetto da paralisi spastica

spastoiàre [da *pastoia*, con *s-* ✻ 1306] **A** v. tr. (*io spastóio*) ● (*raro*) liberare dalle pastoie: *s. il cavallo* **B** **spastoiàrsi** v. intr. pron. **1** liberarsi dalle pastoie **2** (*fig.*) liberarsi da legami, soggezioni, pregiudizi e sim.: *per vedere che il Granduca si spastoiasse una volta dalla solita gente* (G. GIUSTI)

†**spàta**① ➤ **spada**

spàta② [dal lat. *spătha(m)*, dal gr. *spáthē*. V. *spada* ✻ 1542] s. f. ● (*bot.*) larga e vistosa brattea che avvolge l'infiorescenza a spadice

spàtico [1786] agg. (pl. m. *-ci*) ● (*miner.*) di spato, simile a spato | ***struttura spatica***, di roccia caratterizzata da aggregati cristallini di grosse dimensioni, dotati di facile sfaldatura

spàto [dal ted. *Spat*. V. *feldspato* ✻ 1550] s. m. ● (*miner.*) calcite | ***s. d'Islanda***, varietà limpida di calcite che presenta la birifrazione del raggio di luce che l'attraversi

spàtola [lat. *spătula(m)*, dim. di *spătha* 'spada, spatola' ✻ av. 1320] s. f. **1** lamina metallica o di altro materiale, a bordi smussati, usata dal muratore e dallo stuccatore per lavori di rifinitura | piccolo strumento costituito da una lamina metallica con manico, per trattare sostanze pastose: *la s. del dentista; s. del pittore* | lista di legno per tagliare la polenta | specie di coltello a doppio taglio usato nei caseifici per rompere la cagliata | ***a s.***, a forma di spatola, con le estremità lunghe e piatte: *dita a s.* **2** (*med.*) strumento largo e appiattito per scostare o comprimere i visceri **3** parte anteriore dello sci, sagomata a punta e incurvata verso l'alto **4** pesce dei fiumi americani con muso prolungato in un rostro sottile e lamellare (*Polydon spathula*) | uccello di palude dei Ciconiformi con becco lungo, appiattito, dilatato all'estremità, atto alla cattura di animaletti sul fondo melmoso (*Platalea leucorodia*) ‖ **spatolétta**, dim. | **spatolìna**, dim. | **spatolóna**, accr. | **spatolóne**, accr. m.

spatolàto [da *spatola* ✻ av. 1800] **A** agg. ● detto di foglia allungata con apice arrotondato a base ristretta **B** s. m. ● tipo di stucco ornamentale usato per intonaci caratterizzato da motivi variegati ottenuti con la spatola durante la posa

spatriaménto [av. 1787] s. m. ● (*raro*) espatrio

spatriàre [da *patria*, con *s-* ✻ av. 1548] **A** v. tr. (*io spàtrio*) ● (*raro*) scacciare dalla patria, mandare via dalla patria **B** v. intr. (aus.

essere, raro avere) e **spatriàrsi** **v. intr. pron.** ● (*lett.*) andarsene dalla patria: *essere costretto a s.*

spàtrio [da *spatriare*. V. *espatrio* ✱ 1820] **s. m.** ● (*lett.*, *raro*) espatrio

♣**spauràcchio** [da †*spaurare* ✱ av. 1566] **s. m.** **1** spaventapasseri **2** (*fig.*) chi (o ciò che) mette paura, spavento: *essere lo s. di qlcu.*; *lo s. degli esami*

spauràre [da *paura*, con *s-* ✱ 1268] **A** **v. tr.** (*io spaùro*) ● (*lett.*) impaurire **B** **spauràrsi** **v. intr. pron.** ● (*lett.*) impaurirsi | (*lett.*) sgomentarsi, turbarsi fortemente: *ove per poco / il cor non si spaura* (G. LEOPARDI)

†**spaurévole** [da †*spaurare* ✱ av. 1332] **agg.** ● spaventevole

spaurìre [calco su *impaurire*, con cambio di pref. (*s-*) ✱ av. 1315] **A** **v. tr.** (*io spaurìsco, tu spaurìsci*) ● mettere paura, impaurire: *s. un bambino* **B** **spaurìrsi** **v. intr. pron.** ● aver paura, provare paura

♣**spaurito** **part. pass.** di *spaurire*; anche **agg.** **1** pieno di paura **2** (*est.*) sbigottito, disorientato | che esprime timore, sbigottimento e sim: *occhi spauriti*; *sorriso s.*; *una voce rauca, spaurita* (B. FENOGLIO)

†**spauróso** (o **-ṣo**) [da *pauroso*, con *s-* ✱ sec. XIII] **agg.** ● (*raro*) che prova o dà paura

♣**spavalderìa** [1618] **s. f.** ● caratteristica di chi (o di ciò che) è spavaldo | atto, contegno, da spavaldo

♣**spavàldo** [di etim. discussa: dal lat. *pàvidu(m)* 'pauroso', con *s-* e il suff. pegg. *-aldo* (?) ✱ av. 1306] **A** **agg.** ● sfrontato e temerario, troppo sicuro di sé: *ragazzo s.*; *aria spavalda*; *tenere un contegno s.* ‖ **spavaldaménte**, **avv.** **B** **s. m.** (**f.** *-a*) ● persona spavalda

spaventàbile [sec. XIV] **agg.** ● (*raro*) che si può spaventare: *bambino s.*

†**spaventàcchio** [da *spaventare*. V. *spauracchio* ✱ sec. XIII] **s. m.** ● spauracchio (*anche fig.*): *chi crede siano spaventacchi, e chi crede che sia vero* (N. MACHIAVELLI)

†**spaventaménto** [1282] **s. m.** ● lo spaventare | spavento

♦**spaventapàsseri** [comp. di *spaventa(re)* e il pl. di *passero* ✱ av. 1866] **s. m. inv.** **1** fantoccio di stracci imbottiti con paglia issato su una pertica in mezzo ai campi per spaventare gli uccelli granivori **2** (*fig.*) persona brutta e allampanata

♦**spaventàre** [lat. parl. **expaventāre*, intens. di *expavēre* 'temere', comp. di *ĕx-* (*s-*) e *pavēre* 'temere' ✱ sec. XII] **A** **v. tr.** (*io spavènto*) **1** incutere spavento, mettere paura: *la morte non lo spaventa*; *quella vista li spaventò* | (*est.*) dare preoccupazione (*anche assol.*): *viaggiare con questo tempo mi spaventa*; *è una prospettiva che spaventa* **2** (*raro, lett.*) tenere lontano, far rifuggire: *non vi spaventi dal beneficiare gli uomini la ingratitudine di molti* (F. GUICCIARDINI) **B** **spaventàrsi** **v. intr. pron.** ● provare spavento, farsi vincere dalla paura (+ *di*, + *per*): *il cavallo si è spaventato*; *si spaventa di tutto*; *si spaventa per un nonnulla*

spaventàto **part. pass.** di *spaventare*; anche **agg.** **1** nei sign. del v. | che prova spavento | che esprime spavento: *occhi spaventati* **2** †che mette paura, spaventoso **3** (*arald.*) rampante

spaventatóre [1336 ca.] **s. m.** (**f.** *-trice*) ● (*raro*) chi spaventa

†**spaventazióne** [da *spaventare* ✱ av. 1400] **s. f.** ● (*raro*) spavento: *se la vede, n'ha s.* (F. SACCHETTI)

spaventévole [da *spaventare* ✱ sec. XIII] **agg.** ● spaventoso ‖ **spaventevolménte**, **avv.** in modo spaventevole, impressionante

spaventevolézza [sec. XIV] **s. f.** ● (*raro*) caratteristica di chi (o di ciò che) è spaventevole

♦**spavènto** [da *spaventare* ✱ sec. XIII] **s. m.** **1** intensa e improvvisa paura di fronte a un pericolo o un danno per sé o per altri: *fare, incutere, mettere, s.*; *provare un grande s.*; *essere preso dallo s.*; *tremare, morire di s.*, *dallo s.*; *rimettersi dallo s.*; *per lo s. non riuscì a parlare* | ***far s.***, (*fig.*) impressionare fortemente, preoccupare e sim.: *essere brutto da far s.*; *era così magro da far s.* **2** (*iperb.*, *fam.*) persona o cosa molto brutta, malridotta e sim.: *quella donna è uno s.*; *ha uno s. di casa*

SFUMATURE ➤ ***paura***

♦**spaventóso** (o **-ṣo**) [da *spavento* ✱ av. 1292] **A** **agg.** **1** che suscita spavento: *scoppio, sogno s.*; *burrasca spaventosa*; *una caverna ... tetra e spaventosa* (I. NIEVO) | che colpisce, impressiona, turba profondamente: *fatto s.*; *disgrazia, sciagura, spaventosa* **2** (*iperb.*, *colloq.*) straordinario, incredibile: *avere una fortuna spaventosa*; *andare a una velocità spaventosa*; *avere una sete spaventosa* ‖ **spaventosaménte**, **avv.** **1** in modo spaventoso **2** eccessivamente; moltissimo ‖ **spaventosità**, **s. f. inv.** (*raro*) caratteristica di chi (o di ciò che) è spaventoso **B** in funzione di **avv.** ● †paurosamente: *urlavano s.* (D. BARTOLI)

♦**spaziàle** [1857] **agg.** **1** dello spazio **CFR.** stereo- | ***carica s.***, in un tubo elettronico, elevata densità elettronica nello spazio compreso tra catodo e placca **2** (*aeron.*) relativo allo spazio aereo o cosmico: *capsula, nave, veicolo, volo s.*; *medicina, ricerca s.* **3** ***arte s.***, quella tipica di un movimento di pittura e scultura fiorito spec. a cavallo del 1950 e ispirato alla necessità di mutare il rapporto tra l'uomo e lo spazio fisico circostante, collocandosi in antitesi sia con la rappresentazione figurativa tradizionale, sia con le più recenti rappresentazioni cubista e futurista **4** (*colloq.*, *iperb.*) eccezionale: *una moto s.* **SIN.** megagalattico ‖ **spazialità**, **s. f. inv.** nel linguaggio della critica delle arti figurative, effetto di spazio relativo a un'opera figurativa o architettonica

spazialìsmo [da (*arte*) *spaziale* ✱ 1957] **s. m.** ● movimento che si rifà al concetto dell'arte spaziale

spazialìsta [da *spazialismo* ✱ 1964] **A** **s. m. e f.** (**pl. m.** *-i*) ● seguace dello spazialismo **B** **agg.** ● relativo all'arte spaziale e allo spazialismo

spazializẓàre [1960] **v. tr.** **1** conferire un carattere spaziale, di spazialità: *dispositivi elettronici per s. il suono* **2** (*raro*) dare un carattere spaziale; rappresentarsi qlco. come collocato nello spazio ‖ **spazializẓazióne**, **s. f.**

spaziaménto [da *spaziare* ✱ 1960] **s. m.** ● distanza fra aerei contigui in una formazione di volo | ***s. longitudinale***, secondo la direzione del moto | ***s. trasversale*** o ***laterale***, ortogonale alla direzione del moto

♦**spaziàre** [vc. dotta, dal lat. tardo *spatiāre*, variante del classico *spatiāri* 'passeggiare, estendersi', da *spătium* 'spazio' ✱ 1319] **A** **v. intr.** (*io spàzio*; aus. *avere*) **1** muoversi liberamente in un ampio spazio: *gli uccelli spaziano nel cielo* **2** (*fig.*) vagare col pensiero in un vasto ambito di idee: *s. in, per tutti i campi dello scibile umano* **B** **v. tr.** **1** porre, distribuire oggetti nello spazio distanziandoli opportunamente tra loro **2** nella composizione tipografica e in dattilografia, mettere uno spazio fra parola e parola o tra lettera e lettera di una stessa riga o tra linea e linea **C** **spaziàrsi** **v. intr. pron.** ● †muoversi liberamente in un ampio spazio

spaziatóre [1965] **agg.** (**f.** *-trice*) ● nelle macchine per la composizione tipografica e nelle macchine per scrivere, detto di sistema usato per spaziare tra loro parole o lettere: *tasto s.*; *barra spaziatrice*

spaziatùra [1927] **s. f.** **1** lo spaziare | spazio o serie di spazi tra più elementi **2** (*tipogr.*) bianchi tipografici con cui si ottiene lo spazio bianco fra le parole | inserimento degli spazi fra parola e parola o tra lettera e lettera di una stessa riga o tra linea e linea nella composizione tipografica e in dattilografia: *s. differenziata*

spazieggiàre [da *spaziare*, con suff. iter. intens. ✱ 1726] **v. tr.** (**pres.** *io spaziéggio*; **fut.** *io spazieggerò*) **1** porre spazio tra una cosa e l'altra **2** (*tipogr.*) intercalare uno spazio bianco fra lettera e lettera di una parola per metterla in evidenza

spazieggiatùra [da *spazieggiare* ✱ av. 1859] **s. f.** ● lo spazieggiare | spaziatura superiore al normale

spazientìre [da *paziente*, con *s-* ✱ 1856] **A** **v. tr.** (*io spazientìsco, tu spazientìsci*) ● (*raro*) far perdere la pazienza: *facendo così lo spazientisci* **B** **v. intr.** (*raro*; aus. *essere*) e **spazientìrsi** **v. intr. pron.** ● perdere la pazienza: *si spazientisce subito*; *non farlo spazientire*

spazientìto **part. pass.** di *spazientire*; anche **agg.** ● irritato ‖ **spazientitaménte**, **avv.**

♦**spàzio** [vc. dotta, dal lat. *spătiu(m)* 'intervallo, spazio', forse connesso con *patēre* 'essere aperto'. V. *patente*① ✱ 1282] **s. m.** (**pl.** *-i* o *lett.* *-ii*, †*spazia*, **f.**) **1** nel linguaggio scientifico e filosofico, entità illimitata e indefinita nella quale sono situati i corpi: *s. vuoto, infinito* | in Platone, luogo di intersezione tra il mondo delle idee e quello finito | in Kant, intuizione pura che insieme al tempo è fondamento a priori di ogni esperienza **2** luogo esterno all'atmosfera terrestre in cui i corpi celesti sono e si muovono: *volare nello s.*; *lo s. cosmico*; *andare alla conquista dello s.*; *il lancio dell'astronave nello s.*; *s. interstellare, interplanetario, intergalattico* | ***pionieri dello s.***, i primi astronauti **3** correntemente, estensione, variamente limitata, vuota od occupata da corpi: *qui non c'è s.*; *c'è s. solo per due*; *non ha s. per muoversi*; *riempire lo s. libero*; *lo s. tra di noi*; *il tavolo occupa troppo s.* | ***s. pubblico***, zona collocata sopra o sotto un'area pubblica, la cui occupazione è soggetta a particolari tasse | ***s. vitale***, secondo la teoria nazista, territorio che un popolo deve necessariamente conquistarsi per garantirsi libertà di azione, sviluppo e potenza; (*est.*, *scherz.*) spazio necessario per fare qlco. | ***s. atmosferico***, sovrastante il territorio in senso stretto e il mare territoriale di uno Stato soggetto alla sovranità dello stesso per il principio dell'irradiazione | ***s. aereo***, spazio atmosferico | ***s. stratosferico***, libero e non soggetto alla sovranità esclusiva di alcuno Stato **4** intervallo: *lo s. tra le file dei banchi* | ***s. pubblicitario***, la parte che, nelle pubblicazioni spec. giornalistiche e negli affissi stradali, è destinata alla pubblicità | (*anat.*) ***s. intercostale***, ognuno di quelli esistenti fra le costole | (*zool.*) ***spazi interdentari***, i tratti delle mascelle in cui non vi sono denti, negli equini e nei ruminanti **5** (*fig.*) ambito, campo, margine di azione, di comportamento, di realizzazione, spettante o disponibile a qlcu. o qlco.: *un partito alla ricerca del proprio s. elettorale*; *non c'è s. per la spesa proposta* | opportunità, agio: *dare, concedere s. a qlcu.* | ambiente, ambito, spec. in loc. come ***s. moda***; ***s. musica*** e sim. **6** (*tipogr.*) ciascuno degli intervalli bianchi esistenti fra lettera e lettera o fra parola e parola | ***s. mobile***, congegno costituito da due cunei che scorrono l'uno sull'altro aumentando l'entità dello spazio minimo e giustificando quindi la riga **7** (*mus.*) vuoto che nel pentagramma separa una linea dall'altra, o dal taglio **8** estensione

a b c d e f g h i j k l m n o p q r **s** t u v w x y z

di tempo: *fece tutto nello s. di un giorno*; *mi occorre un breve s. di tempo*; *durò lo s. di un secolo* | determinato periodo di tempo destinato a una trasmissione radiofonica o televisiva spec. pubblicitaria **9** (*mat.*) ***s. astratto***, insieme di elementi al quale è associata una serie di postulati che ne specificano la struttura | ***s. metrico*** insieme dotato di metrica || **spaziétto**, **dim.**

Definizione d'autore

Lo **spazio** contiene tutto ciò che esiste o non esiste, il comprensibile, l'immaginabile e quel che per nostri limiti non riusciamo a immaginare. Il nero dello **spazio** non è un colore: è l'assoluta assenza di colore. La luce, colta lì dove sorge, è di una purezza ineguagliabile, onnicomprensiva, incomprensibile. L'uomo, messo al confronto con un tangibile infinito, si riduce a nuda umiltà. La sua presenza, ogni suo orgoglio è insignificante. Il concetto di tempo perde ogni dimensione: la Storia diventa un foglio bianco da riscrivere. Mentre guardavo il nostro mondo, la Terra, dallo **spazio**, lo immaginavo viaggiare come un'oasi di vita attraverso un universo più arido di qualsiasi deserto conosciuto: così l'umanità ha sempre viaggiato, inconsapevole, nello **spazio**.

Luca Parmitano

SFUMATURE DI SIGNIFICATO

spazio - superficie - estensione - area

Spazio è il luogo tridimensionale, cioè esteso in lunghezza, larghezza e altezza, nel quale si muovono o si collocano i corpi. **Superficie** è lo strato esterno di un corpo, dunque un piano (ma anche un luogo) bidimensionale, misurabile in larghezza e lunghezza. Il termine **estensione** si riferisce alla misura di una superficie: infatti si accompagna sempre a un aggettivo o a un'altra determinazione che ne definisca genericamente l'ampiezza. L'**area**, infine, è in senso proprio la misura dell'estensione di una superficie, anche se nell'uso corrente la parola viene spesso usata come sinonimo di *superficie*.

spazionàve [dal fr. *spationef*, da *spatial* 'spaziale', sul modello di *astronef* 'astronave' e sim. ✱ 1988] **s. f.** ● (*raro*) nel linguaggio giornalistico, astronave, veicolo spaziale

spaziopòrto [dall'ingl. *spaceport*, sul modello di *aeroporto* ✱ 1962] **s. m. 1** poligono di lancio **2** nel linguaggio giornalistico, cosmodromo

♦**spazióso** (o -*ṣo*) [vc. dotta, dal lat. *spatiōsu(m)*, da *spătium* 'spazio' ✱ av. 1292] **agg.** ● che ha molto spazio: *casa, piazza, strada, spaziosa*; *le braccia aprendo in spaziosi giri* (G.B. Marino) | ***fronte spaziosa***, alta **SIN.** ampio, vasto || **spaziosaménte**, **avv.** con molto spazio, largamente || **spaziosità** o †**spaziosità̀de**, †**spaziositàte**, **s. f. inv.** caratteristica di ciò che è spazioso: *la spaziosità di un locale*

spàzio-tèmpo o **spaziotèmpo** [comp. di *spazio* e *tempo* ✱ 1931] **s. m.** (**pl.** *spàzi-tèmpo*) ● nella teoria della relatività, spazio a quattro dimensioni, i cui punti sono gli eventi (ciascuno dei quali ha tre coordinate spaziali e una temporale)

spazio-temporàle o **spaziotemporàle** [1921] **agg.** ● (*fis.*) relativo allo spazio-tempo | in senso generico, relativo allo spazio e al tempo || **spazio-temporalità**, **s. f. inv.** dimensione spaziale e temporale: *la spazio-temporalità dei processi fisici*

spazzacamìno [comp. di *spazza(re)* e *camino* ✱ sec. XV] **s. m.** ● chi per mestiere ripulisce i camini dalla fuliggine

†**spazzacovèrta** [comp. di *spazza(re)* e *coverta* ✱ 1481] **s. f.** ● (*mar.*) sorta di scopamare

spazzafórno [comp. di *spazza(re)* e *forno* ✱ av. 1449] **s. m.** ● attrezzo per spazzare il forno **SIN.** spazzatoio

spazzamàre [comp. di *spazza(re)* e *mare* ✱ 1973] **s. m. inv.** ● catamarano fornito di speciali apparecchiature per ripulire l'acqua del mare da nafta, olio e sim.

spazzaménto [1577] **s. m.** ● (*raro*) lo spazzare

spazzamìne [comp. di *spazza(re)* e il pl. di *mina* ✱ 1914] **s. m. inv.** ● (*mar.*; *disus.*) dragamine

spazzanéve [comp. di *spazza(re)* e *neve* ✱ 1877] **s. m. inv. 1** grossa lama applicata a un veicolo, gener. un trattore, per liberare le strade dalla neve spingendola di lato | (*est.*) il veicolo stesso **2** tecnica di sciata, spec. per principianti, consistente nel divaricare le code degli sci mantenendo ravvicinate le punte, per discendere lentamente: *scendere a s.* | ***s. a punte larghe***, quello che consente una discesa controllata spec. con sci più corti della norma e dispone lo sciatore a una corretta impostazione sugli sci stessi

♦**spazzàre** [lat. tardo *spatiāre*, variante del classico *spatiāri* 'passeggiare, estendersi', da *spătium* 'spazio' ✱ sec. XIII] **v. tr. 1** pulire pavimenti o sim. con la scopa (***anche assol.***): *s. la strada, le stanze* **2** levare via, scopando o comunque facendo pulizia: *s. l'immondezza*; *s. il fango, la neve* | (*est.*) portare via: *il vento spazzò (via) le nuvole* **3** (*fam.*) mangiare avidamente: *ha spazzato via il dolce*; *ha spazzato tutto ciò che c'era* **4** (*fig.*) liberare da ciò che è dannoso, pericoloso, o sim.: *s. la città dai ladri* | lasciare da parte, eliminare: *bisogna s. via questi pregiudizi* **5** †abbattere le difese del nemico demolendo mura e ostacoli | ***s. i nemici***, disperderli con tiri di artiglieria | ***s. il terreno***, con tiro radente **6** ***s. l'area***, nel calcio, allontanare con grande decisione il pallone dalla propria area | ***s. il tabellone***, prendere molti rimbalzi spec. in difesa

spazzàta [1753] **s. f.** ● atto dello spazzare spec. rapidamente e alla meglio | rapida pulita con la scopa o sim. || **spazzatina**, **dim.**

spazzatóio [da *spazzare* ✱ 1354] **s. m.** (**pl.** *-ói*) ● spazzaforno

spazzatóre [da *spazzare* ✱ av. 1567] **s. m.** (**f.** *-trice*); **anche agg.** ● chi (o che) spazza: *macchina spazzatrice*

spazzatrìce [f. di *spazzatore* ✱ 1916] **s. f.** ● autoveicolo provvisto di meccanismi per spazzare le strade

♦**spazzatùra** [av. 1292] **A s. f. 1** attività dello spazzare **2** ciò che si spazza, immondizia, rifiuti: *cassetta della s.*; *buttare qlco. nella s.* **3** (*fig.*) ciò che è da rifiutare perché volgare, scadente, di pessimo gusto: *questo film è solo s.* | ***trattare qlcu. o qlco. come s.***, con disprezzo **B in funzione di agg. inv.** ● (posposto a un sost.) volgare, di nessun pregio: *cinema s.*; *tv s.* **SIN.** trash

SFUMATURE ➤ ***immondizia***

spazzaturàio [1632] **s. m.** (**f.** *-aia*, **pl. m.** *-ai*) ● chi andava di casa in casa a raccogliere la spazzatura

spazzìno [1632] **A s. m.** (**f.** *-a*) ● chi fa il mestiere di spazzare le strade **SIN.** netturbino | spazzaturaio **B agg.** ● (*zool.*) detto di animale che si nutre dei detriti, delle deiezioni e delle carogne presenti nella propria nicchia ecologica

spàzzo [lat. *spătiu(m)* 'intervallo, distanza'. V. *spazio* ✱ 1282] **s. m. 1** (*raro*, *lett.*) ampio tratto di terreno sgombro di ostacoli **2** †pavimento

♦**spàzzola** [da *spazzare* (con sovrapposizione di *spatola*?) ✱ 1400 ca.] **s. f. 1** oggetto costituito da un supporto in legno o altro materiale su cui sono infissi peli o fili di natura varia, usato per togliere la polvere, lucidare, ravviare i capelli, e sim.: *s. dura, morbida*; *s. di setola, di nylon*; *s. da scarpe, da capelli*; *s. elettrica*; *le spazzole della lucidatrice* | ***a s.***, di capelli, peli duri e sim. tagliati corti e pari: *baffi, capelli, a s.* **2** (*elettr.*) organo di contatto montato sulla parte fissa di una macchina elettrica che, strisciando sul collettore, serve ad addurvi corrente o a prelevarvela **3** (*mus.*) tipo di bacchetta che porta all'estremità un pennello di fili metallici per ottenere speciali effetti dai tamburi e dai piatti di una batteria **4** (*autom.*) nel tergicristallo, bordo di gomma a contatto con il parabrezza | (*est.*) la bacchetta del tergicristallo || **spazzolétta**, **dim.** | **spazzolìna**, **dim.** | **spazzolìno**, **dim. m.** (V.) | **spazzolóne**, **accr. m.** (V.)

♦**spazzolàre** [1612] **A v. tr.** (*io spàzzolo*) ● pulire con la spazzola: *s. un cappotto*; *spazzolarsi il vestito* | (*fig.*) ***s. la schiena di qlcu.***, colpirlo, batterlo, percuoterlo | (*fam.*) divorare: *due vassoi ... di filetti furono spazzolati* (A. Moravia) **B anche spazzolàrsi v. tr. pron.** (**aus.** *essere*): *spazzolarsi il vestito, le scarpe*; *spazzolarsi i capelli*

SFUMATURE DI SIGNIFICATO

spazzolare - strofinare - strigliare

L'azione di togliere con la spazzola le impurità depositatesi su un tessuto, su un manufatto in pelle o anche sui capelli si dice **spazzolare.** Se invece di passare la spazzola la pulizia si fa sfregando ripetutamente una superficie con un panno o con un materiale abrasivo abbiamo **strofinare.** **Strigliare** è fregare con la striglia (una sorta di spazzola metallica) il mantello del cavallo per pulirlo; siccome l'atto di strigliare è particolarmente duro, il termine è passato a significare figuratamente l'azione del rimproverare con asprezza.

spazzolàta [1840] **s. f.** ● atto dello spazzolare una volta e alla meglio | (*fam.*) duro rimprovero || **spazzolatìna**, **dim.**

spazzolàto **A part. pass.** di *spazzolare*; **anche agg.** ● nei sign. del v. **B s. m.** ● (*mus.*) modo di percuotere il rullante della batteria con apposite spazzole

spazzolatrìce [da *spazzolare* ✱ 1934] **s. f.** ● in varie tecnologie, macchina destinata a operazioni di spazzolatura, pulitura e sim.

spazzolatùra [1882] **s. f.** ● operazione dello spazzolare

spazzolifìcio [comp. di *spazzola* e *-ficio* ✱ 1942] **s. m.** ● fabbrica di spazzole

♦**spazzolìno** [1668] **s. m. 1** dim. di *spazzola* **2** piccola spazzola per pulire denti, unghie e sim.: *s. da denti*; *s. da, per unghie*

spazzolóne [1889] **s. m. 1** accr. di *spazzola* **2** grossa spazzola con lungo manico, usata per pulire o lucidare pavimenti e sim.

speaker /'spiker, *ingl.* 'spiːkə(r)/ [vc. ingl., propr. 'chi parla, parlante', da *to speak* 'parlare' ✱ 1748] **s. m. e f. inv. 1** annunciatore radiofonico e televisivo | lettore o commentatore di un documentario, come voce fuori campo **2** nel linguaggio sportivo, chi, attraverso un altoparlante, comunica al pubblico di una gara varie informazioni relative alla gara stessa **3** nei Paesi anglosassoni, presidente della camera dei deputati

speakeràggio /spike'raddʒo/ [da *speaker* ✱ 1983] **s. m. 1** (*tv*) trasmissione dell'audio di una trasmissione televisiva registrata su nastro videomagnetico **CFR.** spicheraggio **2** divulgazione di notizie, informazioni e sim. per mezzo di un megafono o di un altoparlante posto a bordo di un'automobile

specchiàio o (*pop.*) †**specchiàro** [dal lat. tardo *speculāriu(m)* 'fabbricante di specchi', da *spĕculum* 'specchio' ✱ sec. XIV] **s. m.** (**f.** *-aia*, **pl. m.** *-ai*) ● fabbricante o venditore di specchi

specchiaménto [av. 1519] **s. m.** ● (*raro*) lo specchiare, lo specchiarsi

specchiàre [da *specchio* ✱ 1250 ca.] **A v. tr.**

(*io spècchio*) **1** (*lett.*) †fissare: *avendo ciascuno i bicchieri in mano, e specchiando gli occhi loro nel vetro* (F. SACCHETTI) **2** (*lett.*) †rimirare, contemplare: *a l'onde chiare specchiandosi il volto* (M.M. BOIARDO) **B** **specchiàrsi** v. rifl. **1** guardarsi, mirarsi allo specchio: *prima di uscire si specchia sempre*; *sta sempre a specchiarsi* | (*est.*) guardarsi in una superficie che riflette le immagini: *specchiarsi nelle vetrine, nell'acqua, nel pavimento ben lucidato* **2** (*fig.*) prendere esempio da qlcu.: *specchiarsi in qlcu.*; *specchiarsi nelle imprese di qlcu.*; *specchiarsi in qlcu. per onestà* **C** **specchiàrsi** v. intr. pron. ● riflettersi in uno specchio d'acqua, detto di cose: *la villa si specchia nel lago*

†**specchiàro** ➤ **specchiaio**

✦**specchiàto** part. pass. di *specchiare*; anche agg. **1** nei sign. del v. **2** fornito di specchio: *porta specchiata* **3** †riflesso, rispecchiato **4** (*fig.*) puro, integro, esemplare: *persona di specchiati costumi*

SFUMATURE ➤ *probo*

specchiatùra [da *specchiare* ✱ av. 1566] s. f. **1** (*raro*) specchiamento **2** caratteristica del legno di alcune piante che in sezione radiale presenta una superficie lucente dovuta ai raggi midollari **3** in una porta, riquadro in legno, compensato e sim. liscio o lavorato

specchièra [da *specchio* ✱ 1524] s. f. **1** grande specchio da parete, spec. con funzioni decorative **2** mobile a specchio in cui si vede l'intera persona **3** tavolino da toeletta munito di un piccolo specchio nella parte interna della ribalta

specchiétto [sec. XIV] s. m. **1** dim. di *specchio* **2** specchio di ridotte dimensioni, variamente utilizzato: *s. tascabile, da borsetta* | ***s. retrovisivo***, in un autoveicolo o in un motoveicolo, piccolo specchio orientabile per controllare il tratto di strada retrostante SIN. retrovisore | ***s. di cortesia***, montato sul retro della visiera parasole dell'automobile, dal lato del passeggero **3** richiamo meccanico per le allodole, a mano o a orologeria, consistente in un brillare di specchietti girevoli che attira le allodole | ***s. per le allodole***, (*fig.*) lusinga per ingannare gli ingenui **4** prospetto, nota riassuntiva: *fare uno s. delle eccezioni grammaticali*

SFUMATURE ➤ *tabella*

✦**spècchio** o (*lett.*) †**spèculo**, †**spècolo** [lat. *spĕculu(m)*, da *spĕcere* 'osservare', dalla radice indeur. **spek-*, che indica il guardare durativo ✱ av. 1250] s. m. **1** superficie che riflette in modo regolare i raggi luminosi, generalmente costituita da una lastra di vetro con una faccia metallizzata | ***s. parabolico***, la cui superficie ha la forma di un paraboloide; usato spec. negli strumenti ottici e nei fari | ***s. retrovisore, retrovisivo***, V. *specchietto* | ***arrampicarsi sugli specchi***, V. *arrampicare* **2** lastra di specchio di dimensioni varie, liscia od ornata, incorniciata o priva di cornici, usata per la toeletta: *s. a mano, da tavolo, da parete, da muro*; *guardarsi, mirarsi allo, nello s.*; *stare sempre davanti allo s.*; *l'occhio corporale ... vede tutti gli obbietti fuori di sé ed ha dello s. bisogno per vedere se stesso* (G. VICO) | ***armadio a s.***, armadio con lo sportello o gli sportelli ricoperti di specchio che riflette l'intera persona **3** (*fig.*) ciò che è eccezionalmente pulito: *tenere una casa come uno s.*; *la sua casa è uno s.* | ***tirare un pavimento a s.***, lucidarlo perfettamente **4** (*fig.*) ciò che esprime, rivela, riflette un sentimento, una situazione, un fenomeno e sim.: *gli occhi sono lo s. dell'anima*; *la crisi del cinema è lo s. di una crisi più generale della cultura* **5** (*fig.*) esemplare, modello: *essere uno s. di onestà* | ***farsi s. di qlcu.***, prenderlo a esempio **6** superficie acquea non agitata da correnti, venti o sim.: *oggi il mare è uno s.* | ***s. d'acqua***, determinato tratto di mare o di lago | ***s. freatico***, superficie superiore di una falda acquifera | (*est.*) ***s. di faglia***, superficie di roccia perfettamente polita e lisciata dallo sfregamento dei due lembi rocciosi separati da una faglia | ***a s.***, di casa o località posta in riva al mare, lago o sim. in modo da potercisi specchiare: *il paese è a s. del mare* **7** nota, prospetto, specchietto: *lo s. delle assenze scolastiche* **8** (*sport*) nella pallacanestro, tabellone | ***s. della porta***, nel calcio, lo spazio frontale della porta **9** (*mar.*) ***s. di poppa***, porzione del fasciame che chiude lo scafo a poppa; si presenta come una superficie piana o bombata, variamente inclinata **10** (*pesca*) attrezzo di forma cilindrica o troncoconica, con la parte superiore talvolta sagomata per adattarsi al volto di chi l'usa e con quella inferiore chiusa da un cristallo, usato per vedere sul fondo marino in acque poco profonde **11** ***s. di Venere***, piccola pianta campestre delle Campanulacee con fiori violacei in corimbo (*Specularia speculum*) **12** anticamente, in alcune città italiane, libro dei debitori del Comune: *essere a s.*; *essere sullo s.* ‖ **specchiétto**, dim. (V.)

spècial /ˈspɛtʃal, *ingl.* ˈspɛʃəl/ [vc. ingl., propr. 'particolare, eccezionale'. V. *speciale* ✱ 1966] s. m. inv. ● in televisione, numero unico di un programma di rivista eseguito da un solo complesso o da un unico cantante | servizio speciale | cortometraggio cinematografico sull'opera di un attore o di un regista, per favorirne la conoscenza

✦**speciàle** o †**speziàle**① [vc. dotta, dal lat. *speciāle(m)* 'proprio della specie', da *spĕcies* 'specie' ✱ 1229] **A** agg. **1** che è specifico di qlcu. o qlco., spec. in contrapposizione a *generale*: *incarico, mandato s.* | (*est.*) particolare, singolare: *trattare qlcu. con s. attenzione*; *avere una s. predilezione per qlcu.*; *inviato s.* | (*ling.*) ***lingua s.***, forma particolare di lingua usata da un gruppo determinato | ***in modo s., in special modo***, in modo particolare | ***slalom s.***, V. *slalom* **2** (*dir.*) previsto o disposto per uno o più casi particolari: *foro s.*; *domicilio s.* | ***giurisdizione s.***, potestà giurisdizionale esplicata da organi giudiziari non facenti parte dell'ordine giudiziario | ***giudice s.***, competente a esercitare la propria funzione in relazione a un determinato genere di processi | ***procura s.***, conferita per la rappresentanza in un dato o in più predeterminati rapporti concernenti il rappresentato | ***procedimento legislativo s.***, decentrato | ***legge s.***, diretta a regolare rapporti giuridici particolari non del tutto disciplinati dai codici e dalla legislazione generale **3** scelto, di qualità non comune: *un vino s.* CONTR. comune, normale ‖ **specialità**, s. f. inv. (V.) **B** s. m. **1** programma televisivo su un particolare argomento | special **2** (*sport*) nello sci, slalom speciale ‖ **specialménte**, avv. particolarmente, soprattutto

SFUMATURE ➤ *particolare*

specialìsmo [da *special(e)* con il suff. *-ismo* ✱ 1911] s. m. ● competenza specialistica, settoriale | (*spreg.*) tendenza a un'eccessiva specializzazione in un particolare settore

specialìsta [da *speciale*, sul modello del fr. *spécialiste* ✱ 1846] **A** s. m. e f. (pl. m. *-i*) **1** chi ha una particolare competenza in un'attività, uno studio, una professione e sim.: *uno s. di radiotecnica*; *uno s. in restauri* **2** medico diplomato in un particolare ramo della medicina: *consultare uno s.*; *s. per la gola*; *s. in malattie infantili* **3** atleta che pratica una specialità sportiva o ha una particolare abilità **4** (*zool.*) predatore caratterizzato da un regime alimentare monotono CONTR. generalista **B** anche agg.: *medico, corridore, atleta, s.*

specialìstico [1884] agg. (pl. m. *-ci*) ● relativo a specialista o a specializzazione: *visita specialistica* | settoriale: *linguaggio s.* ‖ **specialisticaménte**, avv.

✦**specialità** o †**spezialità**, †**spezieltà** [vc. dotta, dal lat. tardo *specialitāte(m)*, da *speciālis* 'speciale' ✱ av. 1294] s. f. inv. **1** (*raro*) caratteristica di ciò che è speciale: *la s. di una situazione* SIN. particolarità, peculiarità, specificità | (*dir.*) ***principio di s.***, quello che regola il concorso apparente di norme coesistenti nel senso della prevalenza della norma speciale rispetto a quella generale | †***in spezieltà***, specialmente **2** ramo di un'attività, uno studio, una professione e sim. in cui si è particolarmente esperti e abili: *la sua s. è la storia romana* **3** ciascuno dei particolari tipi di attività agonistiche di uno sport: *la s. dei cento metri piani*; *la s. dello slalom* **4** prodotto tipico ed esclusivo: *questa stoffa è una s. del nostro negozio* | piatto caratteristico, manicaretto tipico: *i maccheroni alla chitarra sono una s. dell'Abruzzo* | ***s. farmaceutica***, (*ellitt.*) ***specialità***, ritrovato scientifico già in distribuzione, indicato per la cura di determinate malattie **5** (al pl.) corpi o reparti delle varie armi, addestrati per assolvere particolari compiti

specializzàndo [da *specializzare* ✱ 1986] agg. e s. m. (f. *-a*) ● che (o chi) è in procinto di specializzarsi

specializzàre [da *speciale*, sul modello del fr. *spécialiser* ✱ av. 1704] **A** v. tr. ● restringere un'attività a particolari mansioni per ottenere migliori risultati: *s. un'industria in una data produzione* | far acquisire una specializzazione: *s. gli insegnanti, la manodopera* **B** **specializzàrsi** v. rifl. ● dedicarsi a un ramo particolare di un'attività, uno studio, una professione | conseguire una specializzazione: *specializzarsi in radiologia* ‖ **specializzazióne**, s. f. (V.)

specializzàto part. pass. di *specializzare*; anche agg. **1** nei sign. del v. **2** dotato di specializzazione: *operaio s.*; *medico s. in reumatologia* | ***militare s.***, abilitato per assolvere mansioni tecniche o far funzionare armi e mezzi che richiedano specifica qualificazione **3** (*biol.*) che svolge una o più funzioni determinate: *cellula specializzata* **4** (*biol.*) detto di organismo che risulta strettamente adeguato al suo habitat tanto da non poterne seguire eventuali variazioni | (*biol.*) detto di organo che, in base alla selezione naturale, ha assunto forma e funzione diverse rispetto a quelle originarie **5** (*agric.*) ***coltura specializzata***, esclusiva di un appezzamento o di tutta o parte della superficie aziendale

specializzazióne [1871] s. f. **1** lo specializzare | acquisizione di una competenza specifica in un ramo particolare di un'attività, studio e sim. | competenza specialistica | ***scuola di s.***, quella che, attraverso un insieme di corsi, consente di ottenere un titolo professionale specifico dopo la laurea **2** divisione dello scibile umano in vari rami, per ognuno dei quali la ricerca si svolge con metodi autonomi: *la s. è tipica della cultura moderna* **3** (*biol.*) processo che modifica lo stato originario di un organo o di un organismo in rapporto a precise condizioni funzionali o ambientali, ma che ne riduce la capacità di adattamento quando tali condizioni variano

speciazióne [ingl. *speciation*, da *species* 'specie' ✱ 1960] s. f. ● (*biol.*) formazione di nuove specie partendo da specie già preesistenti

✦**spècie** o (*lett.*) **ispècie** nel sign. A 10, †**spèzie** [vc. dotta, dal lat. *spĕcie(m)* 'vista, apparenza', da *spĕcere* 'osservare' ✱ 1268] **A** s. f. inv. ATTENZIONE! la grafia 'spece' è errata. Inol-

tre, il sostantivo *specie* **è invariabile, perciò al plurale rimane** *specie*: **l'espressione 'le speci' è errata** **1** (*lett.*) immagine, apparenza, aspetto: *apparve in s. di angelo* | ***mutare s.***, mutare aspetto | ***sotto s. di***, con l'aspetto di; (*est.*) col pretesto di: *Gesù venne sulla terra sotto s. di uomo; sotto s. di volermi aiutare, m'ingannò* | (*relig.*) ***s. eucaristiche, sacre s.***, il pane e il vino dopo la consacrazione **2** insieme di elementi distinti da altri dello stesso genere per certi comuni caratteri particolari: *la s. è una suddivisione del genere* **3** (*biol.*) complesso di individui che hanno gli stessi caratteri biologici e morfologici e che riproducendosi danno una discendenza feconda | ***s. elementare***, unità secondaria di suddivisione della specie zoologica e botanica secondo il criterio dello zoologo Jordan SIN. giordanone **4** (*miner.*) l'insieme di tutti i minerali che, avendo composizione chimica analoga e stessa struttura, presentano caratteristiche fisiche e chimiche simili **5** (*est.*) genere umano, spec. nella loc. ***la s. umana*** **6** (*lett.*) caso particolare in cui si realizza un'entità più generale | ***nella s.***, nel caso particolare **7** sorta, qualità: *ogni s. di frutta; frutta di ogni s.; tutte le s. di merce; merce di tutte le s.; che s. di cibo vuoi?; è in vendita una nuova s. di detersivo* **8** impressione, meraviglia, stupore, nella loc. ***fare s.***: *la sua assenza mi fa s.; mi fa proprio s. che abbia risposto in questo modo!* **9** nella loc. ***una s. di***, di qlco. o qlcu. che ha vaga somiglianza con altro analogo (*anche spreg.*): *indossava una s. di mantello; abita in una s. di villa; venne ad aprirmi una s. di cameriera* **10** nella loc. avv. ***in s., in ispecie***, soprattutto, in modo particolare: *ringraziò tutti, ma in s. il suo maestro; Io compatisco tutti, ma in ispecie i poveri gramatici* (G. LEOPARDI) **B** in funzione di avv. ● specialmente, in modo particolare: *mi piace il teatro, s. quello drammatico*

specie-specificità [dall'ingl. *species specificity* ✻ 1993] **s. f. inv.** ● (*biol.*) condizione dell'essere specie-specifico

specie-specìfico [dall'ingl. *species-specific* ✻ 1993] **agg.** (**pl. m.** *specie-specifici*) ● (*biol.*) relativo a una particolare specie o alle cellule e ai tessuti di una particolare specie

specìfica [da *specificare* ✻ 1811] **s. f.** ● descrizione analitica, schematica e quantitativa, spec. espressa in cifre, di una situazione campione a cui confrontare situazioni produttive di serie: *E neppure dovrebbe mancare una s. delle specifiche* (P. LEVI) | descrizione dettagliata: *s. delle merci, delle spese*

specificàbile [1940] **agg.** ● che può essere specificato

specificàre [vc. dotta, dal lat. tardo *specificāre*, da *spĕcies* 'specie', con *-ficāre* '-ficare' ✻ 1261 ca.] **v. tr.** (*io specìfico, tu specìfichi*) ● determinare con precisione, indicare distintamente, in particolare (+ *che*, + *di* **seguito da inf.;** *anche assol.*): *specificò le sue ragioni; ha specificato che non intende dimettersi; specifico di avere parlato a titolo personale; quello che dici non basta, devi s.* ‖ **specificazióne**, **s. f.** (V.)

specificatìvo [1639] **agg.** ● che serve a specificare | (*gramm.*) ***complemento s.***, di specificazione

specificàto part. pass. di *specificare*; anche **agg.** **1** determinato con precisione: *accuse non specificate* **2** (*raro*) specializzato, qualificato: *lettori più specificati di me* (C. PAVESE) ‖ **specificataménte**, **avv.** in modo dettagliato, preciso, esatto; specificamente: *Così mi disse in generale, e specificatamente soggiunse* (G. GALILEI)

specificazióne [vc. dotta, dal lat. mediev. *specificatiōne(m)*, dal tardo *specificāre* ✻ sec. XIV] **s. f.** **1** determinazione, indicazione particolareggiata: *è necessaria la s. dei prezzi delle merci* | (*gramm.*) ***complemento di s.***, complemento che specifica il concetto espresso dal sostantivo dal quale è retto; risponde alle domande *di chi?, di che cosa?*, ed è introdotto dalla prep. *di* (per es.: *il cane di Luigi; il profumo della rosa; la Commedia di Dante*) | ***complemento di s. soggettiva***, quando, nella frase corrispondente, costituisce il soggetto dell'azione espressa dal verbo (per es.: *l'amore dei genitori – i genitori amano*) | ***complemento di s. oggettiva***, quando, nella frase corrispondente, costituisce l'oggetto dell'azione espressa dal verbo (per es.: *l'amore dei genitori – si amano i genitori*) **2** (*dir.*) modo di acquisto della proprietà di una cosa ricavata dall'utilizzazione di materie altrui, qualora il valore della materia impiegata non sorpassi notevolmente quello della mano d'opera

specìfico [vc. dotta, dal lat. tardo *specifĭcu(m)*, da *spĕcies* 'specie', con *-ifico* ✻ 1308] **A agg.** (**pl. m.** *-ci*) **1** relativo alla specie | (*biol.*) ***caratteri specifici***, caratteristiche proprie di tutti gli individui appartenenti a una stessa specie | ***differenza specifica***, caratteristica che distingue una specie da altre specie dello stesso genere **2** particolare, determinato: *nel caso s.* | (*est.*) concreto, preciso: *rivolgere a qlcu. accuse specifiche* CONTR. generico **3** (*med.*) particolare, speciale | ***malattia specifica***, prodotta da germi ben noti, in particolare la tubercolosi e la sifilide | ***rimedio s.***, farmaco elettivo nella cura di una determinata malattia **4** (*dir.*) ***imposta specifica***, che si commisura alle unità, al peso, alla misura e sim. di un dato bene | ***prova specifica***, nel diritto processuale penale, prova pertinente all'individuazione dell'autore di un reato di cui la prova generica abbia già mostrato la commissione **5** detto di una grandezza quando se ne consideri il valore corrispondente al valore unitario di un'altra grandezza quale il volume, l'area, la massa | (*fis.*) ***peso s. assoluto***, rapporto tra il peso e il volume di un corpo | ***peso s. relativo***, rapporto tra il peso del corpo e il peso di un ugual volume di acqua distillata a 4 °C, presa come campione ‖ **specificaménte**, **avv.** in modo specifico, peculiare, particolare; specificatamente: *È un'opera … priva … di ogni carattere specificamente inglese* (A. SAVINIO) ‖ **specificità**, **s. f. inv.** caratteristica di ciò che è specifico; peculiarità, particolarità **B s. m.** **1** (*farm.*) rimedio specifico **2** ogni manifestazione, spec. artistica, considerata nella sua individualità intrinseca ed esclusiva: *lo s. letterario; lo s. televisivo* **3** ambito reale, concreto, in contrapposizione a ciò che è vago, indeterminato, generico: *analizzare una questione nello s.; entrare nello s.*

specillàre [av. 1914] **v. tr.** ● (*med.*) sondare con lo specillo

specìllo [vc. dotta, dal lat. *specĭllu(m)* 'specillo, sonda', dim. di *spĕculum* 'specchio'. V. *specchio* ✻ 1583] **s. m.** ● (*med.*) strumento sottile e flessibile di metallo, terminante con punta smussata, che serve a sondare le ferite e i tragitti fistolosi

spècimen /*lat.* 'spetʃimen, *ingl.* 'spesɪmɪn/ [attraverso l'ingl., dal lat. *spĕcimen*, genit. *specĭminis* 'saggio, prova', da *spĕcere* 'osservare' ✻ av. 1755] **s. m. inv.** (**pl. lat.** *specimina*) **1** saggio, campione **2** pagina o fascicoletto di saggio di un'opera, distribuito a fini pubblicitari **3** firma di paragone richiesta dalla banca trattaria per controllare l'autenticità della sottoscrizione degli assegni bancari

✱**speciόso** (o **-ṣo**) o †**speziόso** [vc. dotta, dal lat. *speciōsu(m)* 'apparente', da *spĕcies* 'apparenza'. V. *specie* ✻ sec. XIII] **agg.** **1** (*lett.*) di bella apparenza, di gradevole aspetto: *vesti te di tuniche speciose* (G. D'ANNUNZIO) **2** valido solo in apparenza: *argomenti, pretesti, speciosi* SIN. capzioso ‖ **speciosaménte**, **avv.** ‖ **speciosità** o †**speziosità**, **s. f. inv.** **1** (*lett.*) †bellezza **2** caratteristica di ciò che è specioso, cavilloso, capzioso: *la speciosità di un ragionamento*

specìṣmo [da *spec(ie)* ✻ 1992] **s. m.** **1** discriminazione degli esseri viventi in base alla specie **2** concezione secondo cui la specie umana è superiore alle altre specie animali e che giustifica quindi lo sfruttamento degli animali da parte dell'uomo

specìsta [1987] **A agg.** ● relativo a specismo **B agg. e s. m. e f.** (**pl. m.** *-i*) ● che (o chi) palesa specismo o si rifà allo specismo

speck /spɛk, *ted.* ʃpɛk/ [vc. ted., propr. 'lardo' (d'orig. germ.) ✻ 1976] **s. m. inv.** (**pl. ted.** *Specke*) ● prosciutto crudo disossato, salato e affumicato, prodotto tipico della salumeria altoatesina, tirolese e bavarese

spèco [vc. dotta, dal lat. *spĕcu(m)* 'caverna', di etim. incerta ✻sec. XIII] **s. m.** (**pl.** *-chi*) **1** (*lett.*) antro, spelonca, grotta, caverna: *prende dolcezza … / l'anima, uscendo dal gravante e cieco / nostro terreno s.!* (T. CAMPANELLA) | ***Sacro s.***, in Subiaco, dove S. Benedetto da Norcia assunse l'abito monastico e fondò il suo ordine **2** (*anat.*) canale | ***s. vertebrale***, canale formato dall'insieme dei corpi vertebrali e dei rispettivi archi neurali

spècola o (*raro*) **spècula** [vc. dotta, dal lat. *spĕcula(m)* 'vedetta, osservatorio', da *spĕcere* 'osservare' ✻ av. 1527] **s. f.** **1** osservatorio astronomico, situato in luogo eminente o nella parte più alta di un edificio **2** †luogo eminente da cui si può osservare il cielo

specolàre e deriv. ➤ **speculare**① e deriv.

spècolo [vc. dotta, dal lat. *spĕculu(m)* 'specchio'. V. *specchio* ✻ 1504] **s. m.** **1** adattamento di *speculum* (V.) **2** †V. *specchio*

spècula ➤ **specola**

speculàbile [vc. dotta, dal lat. *speculābile(m)*, da *speculāri* 'osservare' ✻ 1481] **agg.** ● che si può considerare con l'intelletto

speculàre① o (*raro*) **specolàre** [vc. dotta, dal lat. *speculāri* 'osservare, esplorare', da *spĕculum* 'specchio' ✻ av. 1306] **A v. tr.** (*io spèculo*) **1** †osservare da un luogo eminente | †esplorare: *Pietro Navarra mandato … a s. il sito* (F. GUICCIARDINI) **2** indagare con l'intelletto: *s. la natura umana* **B v. intr.** (**aus.** *avere*) **1** considerare, meditare filosoficamente: *noi vogliamo speculando tentare di penetrare l'essenza vera … delle sostanze naturali* (G. GALILEI) **2** compiere operazioni commerciali o economiche basate sulla previsione di futuri andamenti favorevoli del mercato **3** (*est.*) sfruttare possibilità che la situazione offre a proprio vantaggio e a svantaggio altrui: *s. sull'ignoranza, sugli errori altrui*

✱**speculàre**② [vc. dotta, dal lat. *speculāre(m)*, da *spĕculum* 'specchio' ✻ 1499] **agg.** **1** di specchio, che ha le caratteristiche di uno specchio: *superficie s.* | ***immagine s.***, quella che uno specchio o una superficie speculare riproduce di un oggetto, o che è uguale a quella riprodotta in tale modo | ***scrittura s.***, che procede da destra a sinistra, o si legge riflessa in uno specchio **2** (*fig.*) reciproco | simmetrico, corrispondente: *il film racconta le avventure speculari di due donne in una grande città* ‖ **specularménte**, **avv.** ‖ **specularità**, **s. f. inv.** caratteristica di ciò che è speculare; (*fig.*) simmetria, corrispondenza

†**speculatìva** [vc. dotta, dal lat. tardo *speculatīva(m)*, f. sost. di *speculatīvus* 'speculativo' ✻ av. 1332] **s. f.** ● facoltà di speculare filosoficamente

speculatìvo [vc. dotta, dal lat. tardo *speculatīvu(m)*, da *speculāri* 'indagare, osservare' ✻ 1308] **A agg.** **1** relativo alla speculazione intellettuale, alla ricerca teorica: *filosofia speculativa* | ***scienze speculative***, scienze pure, non applicate | incline alla speculazione intellettuale, alla ricerca teorica: *intelletto s.*; *mente speculativa* **2** (*econ.*) relativo a speculazione commerciale o finanziaria: *investimento s.* ‖ **speculativaménte**, **avv.** in modo speculativo, teorico **B** **s. m.** ● (*spreg.*) †dottrinario, teorico

speculatóre [vc. dotta, dal lat. *speculatōre(m)* 'osservatore', da *speculātus* 'osservato' ✻av. 1332] **A** **s. m.** (**f.** *-trice*); **anche agg.** **1** (*raro*) chi (o che) specula filosoficamente **2** chi (o che) compie speculazioni economiche **B** **s. m.** ● †vedetta, esploratore: *mandando innanzi i cavalli leggieri come speculatori del paese* (N. MACHIAVELLI)

speculatòrio [da *speculare*① ✻1960] **agg.** (**pl. m.** *-i* o *raro -ii*) ● relativo a una speculazione economica

speculazióne [vc. dotta, dal lat. tardo *speculatiōne(m)* 'contemplazione', da *speculātus* 'osservato' ✻1306] **s. f.** **1** ricerca, indagine intellettuale con fini esclusivamente teorici: *s. filosofica, matematica* | (*est.*) meditazione, pensiero (*anche scherz.*): *essere assorto in profonde speculazioni* **2** operazione commerciale o finanziaria che si propone un forte e rapido utile prevedendo l'andamento del mercato: *fare una s.*; *sbagliare una s.*; *una s. sbagliata, fortunata* | insieme di tali operazioni; insieme di persone che operano in base a fini speculativi: *la s. edilizia* **3** (*est.*) pretesto di chi sfrutta, anche con pochi scrupoli, una data situazione allo scopo di conseguire un vantaggio, spec. nel linguaggio politico: *una s. politica*; *è tutta una s. elettorale* ‖ **speculazioncèlla**, **dim.** | **speculazioncìna**, **dim.**

†**spèculo** ➤ **specchio**

speculoscopìa [comp. di *speculum* e *-scopia* ✻1997] **s. f.** ● (*med.*) tecnica di indagine visiva diretta della cervice uterina che prevede l'inserimento dello speculum con l'aggiunta di un contenitore provvisto di una sostanza che se attivata emette luce bianco-blu

spèculum [vc. dotta, lat. *spĕculu(m)*, propr. 'specchio' ✻1895] **s. m. inv.** ● (*med.*) strumento impiegato per dilatare cavità corporee, in modo da poterne osservare o raggiungere più agevolmente l'interno **CFR.** specolo nel sign. 1

spedàle ➤ **ospedale**

spedalière [da *spedale* ✻1618] **A** **agg.** ● †V. **ospedaliero** **B** **s. m.** ● (*disus.*) rettore di un ospedale

spedalità o **ospedalità** [da *spedale* ✻1841] **s. f. inv.** ● ricovero e degenza di un malato in ospedale | complesso dell'organizzazione e delle strutture ospedaliere inerenti alla degenza in ospedale di un malato | (*est.*) i costi che ne derivano

spedalizzàre e deriv. ➤ **ospedalizzare** e deriv.

spedantìre [da *pedante*, con *s-* ✻av. 1584] **v. tr.** (*io spedantìsco, tu spedantìsci*) ● (*raro*) rendere meno pedante

spedàre [da *p(i)ede*, con *s-* ✻av. 1449] **A** **v. tr.** (*io spèdo*) **1** †affaticare un cavallo **2** (*mar.*) detto di ancora, staccarla dal fondo per salparla **B** **spedàrsi** **v. intr. pron.** ● (*lett., raro*) stancarsi i piedi per il troppo camminare

†**spedicàre** [da †*pedica*, con *s-* ✻1264] **v. tr.** **1** (*mar.*) spedare **2** (*raro*) liberare

spediènte ➤ **espediente**

†**spediménto** [vc. dotta, dal lat. tardo *expedimĕntu(m)* 'soluzione, liberazione', da *expedīre* 'sciogliere' ✻av. 1442] **s. m.** ● esecuzione, compimento

♦**spedìre** [lat. *expedīre*, da *pēs*, genit. *pĕdis* 'piede', con *ĕx-* (*s-*). V. *impedire* ✻av. 1328] **A** **v. tr.** (*io spedìsco, tu spedìsci*) **1** †sbrigare, eseguire | oggi usato nelle loc. ***s. una bolla, un breve***, stendere e mandare al destinatario un documento curiale o pontificio | ***s. la causa***, nel linguaggio forense, stabilire che si inizi la fase della decisione di una causa civile | (*farm.*) ***s. una ricetta***, preparare il medicamento in essa prescritto, seguendone le indicazioni **2** inviare, mandare, lettere, merci o sim., tramite i servizi postali o un qualsiasi mezzo di trasporto: *s. una lettera, un pacco*; *s. qlco. per espresso, per via aerea*; *s. qlco. via terra, via mare*; *s. qlco. per corriere*; *s. qlco. al domicilio del destinatario*; *s. qlco. a Roma, in Francia*; *spedisce la sua merce in tutto il mondo* **3** inviare, mandare sollecitamente qlcu. cui è affidato un dato incarico, in un luogo o da una persona: *s. il fattorino in banca*; *s. un messo alla corte imperiale* | (*fig.*) ***s. qlcu. all'altro mondo***, ucciderlo **B** **spedìrsi** **v. intr. pron.** ● †sbrigarsi, spicciarsi

speditézza [1673] **s. f.** ● caratteristica di chi (o di ciò che) è spedito **SIN.** rapidità

speditìvo [da *spedito* ✻av. 1519] **agg.** **1** (*lett.*) sbrigativo, spiccio: *Questo modo di pesare è molto s.* (LEONARDO) **2** in varie tecnologie, che agisce, si svolge, o viene compiuto con prontezza ed efficienza: *rilevamento topografico s.*; *analisi chimica speditiva* ‖ **speditivaménte**, **avv.** speditamente

spedito **A** **part. pass.** di *spedire*; **anche agg.** **1** nei sign. del v. **2** svelto e rapido: *essere s. nel fare qlco.*; *camminare con passo s.* | facile, pronto: *lingua, pronuncia spedita* **3** (*fam.*) spacciato, destinato a morte sicura: *il poveretto è bell'e s.*; *i medici lo danno per s.* **4** †sciolto, libero da legami ‖ **speditaménte**, **avv.** in modo spedito, lesto: *parlare, scrivere speditamente* **B** in funzione di **avv.** ● in modo sciolto, veloce: *camminare s.* | chiaramente: *parlare, scrivere s.*

speditóre [1416] **s. m.** (**f.** *-trice*) ● chi spedisce, chi è addetto alle spedizioni in una azienda e sim.

♦**spedizióne** [vc. dotta, dal lat. *expeditiōne(m)* 'spedizione, uscita', da *expedītus* 'sciolto, liberato' ✻av. 1400] **s. f.** **1** invio di lettere, merci e sim. tramite i servizi postali o un qualsiasi mezzo di trasporto: *s. di un pacco* | collo spedito: *arrivo della s.* **2** attività dello spedizioniere: *agenzia di s.*; *spese di s.* | (*dir.*) ***contratto di s.***, con cui lo spedizioniere si obbliga, verso provvigione, a provvedere per conto del committente, a concludere con un vettore un contratto di trasporto di determinate cose **3** viaggio di più persone compiuto a scopo di esplorazione, ricerca, studio: *compiere, organizzare una s.*; *partecipare a una s.* | insieme di persone partecipanti a una spedizione: *non si hanno notizie della s. di soccorso* **4** (*milit.*) operazione portata in luogo lontano da quello in cui sono state approntate e organizzate le forze operative | ***corpo di s.***, complesso delle forze a essa destinate **5** †messaggio ‖ **spedizioncìna**, **dim.**

spedizionière [da *spedizione* ✻1617] **s. m.** (**f.** *-a*) ● (*dir.*) nel contratto di spedizione, colui che si obbliga a concludere il contratto di trasporto con un vettore | ***s. doganale***, libero professionista che cura il disbrigo delle formalità doganali per conto di terzi **SIN.** doganalista

speedway /spid'wei, *ingl.* 'spiːd,weɪ/ [vc. ingl., comp. di *speed* 'velocità' (d'orig. germ.) e *way* 'via' (vc. germ. d'orig. indeur.) ✻1973] **s. m. inv.** ● tipo di motocross su pista circolare di terra battuta (spesso cosparsa di cenere e sabbia) o di ghiaccio

†**spèglio** [dal provenz. *espelh*, dal lat. *spĕculu(m)* 'specchio'. V. *specchio* ✻av. 1280] **s. m.** ● (*lett.*) specchio

spegnàre [da *pegno*, con *s-* ✻sec. XIV] **v. tr.** (*io spégno*; coniug. come *segnare*) ● liberare ciò che è stato dato in pegno **CONTR.** impegnare

♦**spègnere** (o *-é-*), (*tosc., lett.*) **spèngere** (o *-é-*), †**espìngere** [lat. parl. **expĭngere* 'cancellare', comp. di *ĕx-* (*s-*) e *pĭngere* 'tingere'. V. *pingere*① ✻1235 ca.] **A** **v. tr.** (**pres.** *io spèngo* o *spéngo, tu spègni* o *spégni, noi spegniàmo*, †*spegnàmo, voi spegnéte*; **congtv. pres.** *io spènga, noi spegniàmo, voi spegniàte*; **pass. rem.** *io spènsi* o *spénsi, tu spegnésti*; **part. pass.** *spènto* o *spénto*) **1** far sì che qlco. cessi di ardere, di dare luce, di emanare calore: *s. il fuoco, la fiamma, l'incendio*; *s. il lume, la candela*; *s. una sigaretta* | ***s. la calce***, facendola lievitare con poca acqua nell'aria umida | ***s. la farina***, gettarvi l'acqua per ridurla in pasta **CONTR.** accendere **2** rendere inattiva un'apparecchiatura elettrica: *s. la televisione* **CONTR.** accendere **3** (*fig.*) chiudere, estinguere, cancellare: *s. un conto, un debito, un'ipoteca* **CFR.** accendere **4** (*fig.*) far svanire, distruggere lentamente: *il tempo spegne i rancori*; *il vostro intervento ha spento la polemica* | attenuare, smorzare: *la neve spegne i rumori* | placare: *s. la sete* **5** (*lett.*) uccidere: *misero colui che in guerra è spento* (G. LEOPARDI) | †***s. qlcu. di vita***, ucciderlo **B** **spègnersi** **v. intr. pron.** **1** cessare di avere, di dare luce o calore: *il fuoco si spense*; *l'incendio si è spento da solo* **2** smettere di funzionare, detto di apparecchiature elettriche: *la lampada si è spenta* **3** venir meno, estinguersi: *il nostro ardore va spegnendosi*; *i ricordi si sono spenti* **4** morire: *si è spento serenamente*

spegnìbile [av. 1729] **agg.** ● (*raro*) che si può spegnere

spegnicandéla o **spegnicandéle** [comp. di *spegn(ere)* e *candela* ✻1964] **s. m.** o (*raro*) **f. inv.** **1** attrezzo costituito da un'asta con all'estremità una sorta di cappuccetto per spegnere le candele **2** (*scherz.*) smorzacandela

spegnifiàmma [comp. di *spegn(ere)* e *fiamma* ✻1960] **s. m. inv.** ● (*milit., impropr.*) riduttore di vampa

spegniménto [1295] **s. m.** ● lo spegnere, lo spegnersi

spegnimòccolo (o *-ó-*) o **spegnimòccoli**, (*tosc.*) **spengimòccolo** [comp. di *spegne(re)* e *moccolo* ✻1891] **s. m. inv.** ● spegnitoio

spegnitóio o (*tosc., lett.*) **spengitóio** [da *spegnere* ✻av. 1494] **s. m.** (**pl.** *-ói*) ● piccolo cono vuoto metallico fissato a un manico col quale si copre la fiamma di una candela o sim. per spegnerla

spegnitóre o (*tosc., lett.*) **spengitóre** [sec. XIII] **s. m.** (**f.** *-trice*); **anche agg.** ● chi (o che) spegne

spegnitùra [sec. XIV] **s. f.** ● atto dello spegnere

spelacchiaménto [1940] **s. m.** ● lo spelacchiare, lo spelacchiarsi | pelame spelacchiato

spelacchiàre [da *spelare*, con suff. iter. intens. ✻av. 1712] **A** **v. tr.** (*io spelàcchio*) ● togliere il pelo qua e là **B** **spelacchiàrsi** **v. intr. pron.** ● perdere il pelo qua e là

spelacchiàto o (*pop., tosc.*) **spelacchito** **part. pass.** di *spelacchiare*; **anche agg.** **1** nei sign. del v. **2** che ha pochi capelli: *un vecchietto s.*

spelafili [comp. di *spela(re)* e il pl. di *filo* ✻1983] **agg. inv.** ● detto di pinza per rimuovere la guaina di protezione dei conduttori elettrici

†**spelagàre** [da *pelago*, con *s-* ✻av. 1488] **v.**

intr. **1** uscire dal pelago **2** (*fig.*) uscire da un impaccio

spelàia, (*evit.*) **spellàia** [da *spelare* ✻ 1936] **s. f.** ● cascame della seta, tratto dalla bava filamentosa che avviluppa il bozzolo

spelaiatùra [da *spelaia* ✻ 1965] **s. f.** ● asportazione della spelaia da bozzolo del baco da seta

spelàre [da *pelo*, con *s-* ✻ 1310] **A** **v. tr.** (*io spélo*) **1** privare del pelo **2** rimuovere la guaina di protezione, gener. in plastica, dei conduttori elettrici **B** **v. intr.** (**aus.** *essere*) e **spelàrsi** **v. intr. pron.** ● perdere il pelo: *il tappeto si spela* | (*est.*) perdere i capelli

spelatùra [1957] **s. f.** **1** lo spelare, lo spelarsi | parte spelata **2** cascame di cotone

spèlda ➤ **spelta**

spelèo [vc. dotta, dal lat. *spelǎeu(m)*, dal gr. *spḗlaion* 'caverna', di etim. incerta ✻ 1873] **agg.** ● delle caverne, che vive in caverne, cavernicolo: *fauna spelea*

spelèo- [V. *speleo*] **primo elemento** ● in parole composte dotte o della terminologia scientifica significa 'caverna': *speleologia, speleologo*

speleobiologìa [comp. di *speleo-* e *biologia* ✻ 1936] **s. f.** (**pl.** *-gìe*) ● disciplina della biologia e della speleologia che studia gli organismi vegetali e animali che vivono nelle grotte

speleobotànica [comp. di *speleo-* e *botanica* ✻ 1987] **s. f.** ● ramo della speleobiologia che studia gli organismi vegetali che vivono nelle caverne

speleologìa [comp. di *speleo-* e *-logia* ✻ 1902] **s. f.** (**pl.** *-gìe*) **1** ramo della geografia fisica che studia le caverne naturali **2** pratica di esplorare caverne naturali; la tecnica relativa a tale pratica | ***s. subacquea***, che si effettua immergendosi in corsi d'acqua sotterranei

speleològico [1902] **agg.** (**pl. m.** *-ci*) ● relativo alla speleologia

speleòlogo [comp. di *speleo-* e *-logo* ✻ 1923] **s. m.** (**f.** *-a*; **pl. m.** *-gi*) ● chi si occupa di speleologia

speleonàuta [comp. di *speleo-* e *-nauta* sul modello di *astronauta* ✻ 1986] **s. m. e f.** (**pl. m.** *-i*) ● speleologo che sperimenta a livello scientifico le condizioni di sopravvivenza durante una lunga permanenza in ambiente sotterraneo

speleopaleontologìa [comp. di *speleo-* e *paleontologia* ✻ 1960] **s. f.** (**pl.** *-gìe*) ● ramo della speleologia che studia i fossili umani, animali e vegetali rinvenuti nelle caverne

speleopaletnologìa [comp. di *speleo-* e *paletnologia* ✻ 1960] **s. f.** (**pl.** *-gìe*) ● ramo della speleologia che studia i reperti dei manufatti dell'uomo preistorico rinvenuti nelle caverne

speleosùb [comp. di *speleo-* e *sub*① ✻ 1977] **s. m. e f. inv.** ● speleologo subacqueo

speleosubàcqueo [comp. di *speleo-* e *subacqueo* ✻ 1992] **A** **agg.** ● relativo alla speleologia subacquea **B** **s. m.** (**f.** *-a*) ● (*raro*) speleologo subacqueo

speleoẓoologìa [comp. di *speleo-* e *zoologia* ✻ 1987] **s. f.** (**pl.** *-gìe*) ● ramo della speleobiologia che studia gli organismi animali che vivono nelle grotte

spellàia ● (*evit.*) ➤ **spelaia**

spellaménto [av. 1758] **s. m.** ● (*raro*) spellatura

spellàre [da *pelle*, con *s-* ✻ av. 1557] **A** **v. tr.** (*io spèllo*) **1** levare la pelle a un animale ucciso, scuoiare: *s. un coniglio* **2** (*fam.*) scorticare, produrre lievi escoriazioni: *il sole mi ha spellato il naso* **3** (*fig., fam.*) chiedere prezzi esosi: *certi negozianti spellano la gente* **SIN.** pelare **B** **spellàrsi** **v. tr. pron.** (**aus.** *essere*) ● prodursi una sbucciatura, una lieve escoriazione, una bruciatura superficiale: *cadendo si è spellato il ginocchio*; *spellarsi le spalle al mare* | ***spellarsi le mani***, (*iperb.*) applaudire fragorosamente e a lungo **C** **spellàrsi** **v. intr. pron.** ● perdere la pelle: *i rettili si spellano* | scorticarsi, prodursi lievi escoriazioni: *si è spellato cadendo*

spellàto **part. pass.** di *spellare*; anche **agg.** ● nei sign. del v.

spellatùra [1833] **s. f.** ● lo spellare, lo spellarsi | abrasione, escoriazione: *farsi una s. al braccio*

spellicciàre [da *pelliccia*, con *s-* ✻ 1536] **v. tr.** (**pres.** *io spellìccio*; **fut.** *io spelliccerò*) **1** (*raro*) levare la pelle o la pelliccia **2** (*raro, fig.*) bastonare, picchiare

spellicciatùra [1519] **s. f.** ● (*raro*) atto dello spellicciare

spèlling /ˈspɛllin(g), *ingl.* ˈspɛlɪŋ/ [vc. ingl., da *to spell* 'compitare' (d'orig. germ.) ✻ 1947] **s. m. inv.** ● pronuncia lenta e articolata delle singole lettere di una parola: *fare lo s. di Seattle* **CFR.** compitazione

spelluzzicàre ➤ **spilluzzicare**

✦**spelónca** o †**spelùnca**, †**spilónca**, †**spilùnca** [dal lat. *spelūnca(m)*, dal gr. *spêlunx*, genit. *spḗlungos* 'antro', corradicale di *spḗlaion*. V. *speleo* ✻ av. 1292] **s. f.** **1** grotta, caverna vasta e profonda **2** (*fig.*) casa squallida, triste **3** †ricettacolo di ladri e sim. ‖ **spelonchétta**, **dim.**

spèlta o (*tosc.*) **spèlda** [lat. tardo *spĕlta(m)*, forse di orig. germ. ✻ 1238] **s. f.** ● (*bot.*) farro grande (*Triticum spelta*)

†**spelùnca** ➤ **spelonca**

spème o (*raro*) **spène** [dal lat. *spĕm*, acc. di *spēs*, genit. *spĕi* 'speranza', di orig. indeur. ✻ sec. XII] **s. f.** ● (*lett.*) speranza: *altra s. non resta / che terminar la vita* (P. METASTASIO)

spèncer /spenser, *ingl.* ˈspɛnsə(r)/ [vc. ingl., dal nome del conte J. Ch. *Spencer* (1758-1834) ✻ 1811] **s. m. inv.** **1** giacca di panno nero con colletto, paramani e bordo di astrakan, portata un tempo dagli ufficiali **2** (*est.*) giacca maschile di maglia di lana | giacca femminile corta

spendaccióne [da *spendere* ✻ 1891] **s. m.** (**f.** *-a*) ● chi spende molto, senza misura **CONTR.** risparmiatore

✦**spèndere** o †**espèndere** [lat. *expĕndere* 'pagare', comp. di *ĕx-* (*s-*) e *pĕndere* 'pesare', di orig. indeur. ✻ 1219] **A** **v. tr.** (**pass. rem.** *io spési, tu spendésti*; **part. pass.** *spéso*) **1** versare ad altri una somma di denaro come pagamento di un acquisto, come compenso per una prestazione, e sim.: *s. molto denaro*; *s. tutto il proprio guadagno*; *s. molto in vestiti* | ***s. un occhio della testa, s. un patrimonio***, spendere moltissimo | ***s. e spandere***, scialacquare, sperperare (*spec. assol.*) **2** (*fig.*) impiegare, consumare: *s. tutto il proprio tempo in uno studio*; *ho speso un mese per correggere il libro*; *spendete lietamente i vostri giorni, / ché giovinezza passa* (L. DE' MEDICI) | dare via, sprecare: *ha speso i suoi anni migliori inutilmente*; *non s. il fiato con lui* | ***s. il nome di qlcu.***, servirsene, giovarsene | ***s. una parola, quattro parole***, e sim. ***per qlcu.***, adoperarsi in suo favore, raccomandarlo a qlcu. **3** (*assol.*) fare acquisti, fare spese: *s. molto, poco*; *s. bene, male*; *sapere, non sapere s.*; *andare al mercato a s.* | **PROV.** ***chi più spende meno spende***, chi spende di più comprando qlco. di buona qualità spende meglio il suo denaro e perciò risparmia **B** **spèndersi** **v. rifl.** ● (*lett.* o *raro*) prodigarsi, darsi da fare: *spendersi per il prossimo*; *Mi sono spesa per farlo partire* (N. GINZBURG)

> **SFUMATURE DI SIGNIFICATO**
>
> ***spendere - pagare - sborsare***
>
> **Spendere** definisce l'azione di impiegare il proprio denaro per avere in contropartita dei beni o per godere di determinati servizi. **Pagare** è invece l'azione materiale del versare ad altri una somma di denaro come conseguenza di una spesa fatta o come compenso per una prestazione di cui si è goduto. Un termine espressivo per indicare l'atto di pagare è **sborsare**, cioè tirare fuori dalla propria borsa il denaro necessario a un pagamento, che si usa soprattutto per rimarcare l'eccesso della somma pagata o il rincrescimento per averlo fatto.

spenderéccio [da *spendere* ✻ sec. XIII] **agg.** (**pl. f.** *-ce*) **1** che spende facilmente, che è largo nello spendere: *uomo ricco e s.* **2** (*est., raro*) che comporta forti spese: *vita spendereccia*

spendìbile [1673] **agg.** ● che si può spendere: *un assegno circolare s. ovunque* | (*fig., colloq.*) che può essere utilizzato con possibilità di successo: *un titolo di studio s.*; *un argomento poco s.* ‖ **spendibilità**, **s. f. inv.**

spendicchiàre o **spenducchiàre** [da *spendere* col suff. iter.-dim. *-icchiare* ✻ 1872] **v. tr.** (*io spendìcchio*) **1** spendere con moderazione **2** (*iron.*) spendere molto e senza riflettere

spending review /ˈspɛndin(g) reˈvju, *ingl.* ˈspɛndɪŋ rɪˈvjuː/ [loc. ingl., propr. 'revisione (*review*) della spesa (*spending*)' ✻ 2000] **loc. sost. f. inv.** ● revisione della spesa di un ente o della finanza pubblica finalizzata a un'utilizzazione più razionale delle risorse

†**spèndio** o †**espèndio** [da *spendere*. V. *dispendio* ✻ sec. XII] **s. m.** ● dispendio, spesa

spèndita [1884] **s. f.** ● (*raro*) spesa

spenditóre [sec. XIII] **s. m.** (**f.** *-trice*, †*-tóra*) ● chi spende | (*mar.*) incaricato degli approvvigionamenti

spenducchiàre ➤ **spendicchiare**

spène ➤ **speme**

spèngere (o **-é-**) e deriv. ➤ **spegnere** e deriv.

spennacchiàre [da *spennare*, con suff. iter. intens. ✻ av. 1348] **A** **v. tr.** (*io spennàcchio*) **1** privare in parte delle penne, spec. strappandole: *s. una gallina* **2** (*fig., raro*) carpire denaro **SIN.** spennare **B** **spennacchiàrsi** **v. intr. pron.** ● perdere le penne qua e là

spennacchiàto **part. pass.** di *spennacchiare*; anche **agg.** **1** nei sign. del v. **2** (*scherz.*) che ha pochi capelli o ne è privo: *testa spennacchiata*

†**spennàcchio** ➤ **pennacchio**

spennaménto [1873] **s. m.** ● spennatura

spennàre [da *penna*, con *s-* ✻ av. 1292] **A** **v. tr.** (*io spénno*) **1** privare delle penne: *s. un pollo* **2** (*fig.*) far pagare troppo: *in quel negozio spennano i clienti* | carpire denaro: *s. qlcu. al gioco* **SIN.** pelare, spennacchiare **B** **v. intr.** (**aus.** *essere*) e **spennàrsi** **v. intr. pron.** ● perdere le penne

spennàta [1873] **s. f.** ● lo spennare in fretta e alla meglio

spennatùra [da *spennare* ✻ 1878] **s. f.** ● lo spennare, lo spennarsi, il venire spennato (*anche fig.*) **SIN.** spennamento

spennellàre [da *pennellare*, con *s-* ✻ 1888] **A** **v. tr.** (*io spennèllo*) ● passare su una superficie un pennello intinto in una sostanza liquida **B** **v. intr.** (**aus.** *avere*) ● (*colloq.*) verniciare, dipingere: *spennella tutto il giorno*

spennellàta [da *pennellata*, con *s-* ✻ 1891] **s. f.** ● lo spennellare

spennellatùra [1891] **s. f.** **1** lo spennellare | tratto di colore steso con il pennello **2** (*med.*) pennellatura

†**spensàre** [dal lat. tardo *expensāre* 'pagare',

comp. di *ĕx-* (*s-*) e *pensāre* 'pensare' * av. 1306] **v. tr.** ● spendere

†**spensarìa** [da *spensare* * 1300 ca.] **s. f.** ● (*raro*) spesa

spènsi ➤ **spegnere**

spensieratàggine [da *spensierato* * av. 1580] **s. f.** ● spensieratezza, inconsideratezza eccessiva

spensieratézza [1574] **s. f.** **1** condizione, stato d'animo di chi è spensierato, privo di pensieri tristi o di preoccupazioni: *la s. della gioventù* **2** (*raro*) incoscienza, trascuratezza: *andavasi scusando della sua s. nel lasciarla venir innanzi soletta* (I. NIEVO)

♣**spensieràto** [da *pensiero*, con *s-* * 1524] **A** **agg.** **1** che non è preoccupato da pensieri tristi o fastidiosi: *essere lieto e s.*; *un ragazzo s.* | caratterizzato da serenità, da assenza di preoccupazioni: *età spensierata* **2** †imprudente, negligente ‖ **spensierataménte**, **avv.** in modo spensierato **B** **s. m.** (**f.** *-a*) ● persona spensierata: *fare lo s.*; *vivere da s.*

spènto (o **-é-**) **part. pass.** di *spegnere*; anche **agg.** **1** nei sign. del v. **2** (*fig.*) smorto: *colore s.* | attutito, attenuato: *suono s.*; *voce spenta* | (*fig.*) fiacco, abulico **3** estinto, morto: *civiltà, lingua spenta* | †*è s.*, è finito **4** (*poet.*) privo: *e mostri me d'ogni vertute s.* (DANTE) ‖ **spentaménte**, **avv.**

spenzolàre [da *penzolare*, con *s-* * av. 1348] **A** **v. tr.** (*io spènzolo*) ● far penzolare: *s. una corda nel pozzo* **B** **v. intr.** (**aus.** *avere*) ● penzolare: *s. con le gambe dalla finestra* **C** **spenzolàrsi** **v. rifl.** ● sporgersi molto in fuori, nel vuoto

♣**spenzolóni** o **spenzolóne** [da *penzoloni*, con *s-* * 1525] **avv.** ● penzoloni, spenzolando nel vuoto: *tenere le gambe s.*

speòto o **spèoto** [comp. del gr. *spéos* 'caverna' e *thôs*, genit. *thōós* 'sciacallo' * 1930] **s. m.** ● canide brasiliano, tozzo, a pelame bruno, feroce e selvaggio (*Speothos venaticus*)

spépa o **spépera** [da uno **spepare*, da *pepe*, con *s-* * 1872] **s. f.** ● (*tosc.*) ragazzina, spec. vispa e petulante

spéra ① [lat. tardo *spǣra(m)*, variante del classico *sphǣra*, dal greco *sphâira* 'palla'. V. *sfera* * sec. XII] **s. f.** **1** (*raro, lett.*) sfera | (*est.*) sfera celeste: *indegne son di te l'eterne spere* (G.B. MARINO) | ***la s. del sole***, il disco solare; (*est.*) i raggi solari **2** (*tosc.*) insieme di raggi luminosi: *una s. di luce*; *una s. di sole* **3** (*tosc.*) piccolo specchio rotondo spec. da tavolo **4** (*est.*) †immagine riflessa ‖ **sperétta**, **dim.**

spèra ② [dal gr. *spêira* 'gomena' * av. 1348] **s. f.** ● ancora galleggiante, anche approntata con mezzi di fortuna, che si getta a mare per mantenere la nave, non più in grado di governare, perpendicolare alla direzione delle onde

†**spèra** ③ [da *sperare* ①, sul modello del provenz. *espera* * av. 1249] **s. f.** ● speranza

speràbile [dal lat. *sperābile(m)*, da *sperāre* * 1669] **agg.** ● che si può sperare | desiderabile: *è s. che non sopravvengano complicazioni* ‖ **sperabilménte**, **avv.** in modo desiderabile, augurabile

sperаindìo o **sperindìo** [comp. dell'imperat. di *sperare*, *in* ① e *Dio* * 1989] **vc.** ● solo nella loc. avv. e nella loc. agg. inv. ***alla s.***, sperando nella buona sorte, affidandosi alla fortuna: *l'attaccante ha tirato in porta alla s.*; *gioco alla s.*

♦**speranza** [lat. parl. **sperāntia(m)* 'speranza', da *spērans*, genit. *sperāntis* 'sperante' * av. 1243] **s. f.** **1** attesa fiduciosa di qlco. in cui si pensa che consista il proprio bene, o di qlco. che ci si augura avvenga secondo i propri desideri: *avere, nutrire, riporre, s. in qlcu. o in qlco.*; *concepire una s.*; *dare, infondere s.*; *essere sostenuto, sorretto, dalla s.*; *aprire il cuore alla s.*; *la s. gli sorride*; *non c'è più s.*; *avere la s. di vincere*; *partì con la s. di ritornare*; *uscì nella s. di vederla*; *non c'è più s. di scampo*; *s. debole, fallace, dileguata, perduta, vana*; *un filo, un raggio di s.*; *avere molta, poca s.*; *avere una pallida, una mezza s.*; *nella divina bontà conviene avere la principale s.* (P. SARPI); *Il voto nasce quando la s. muore* (LEONARDO); *vivere, pascersi di speranze*; *riporre tutte le proprie speranze in qlcu. o qlco.* | ***oltre ogni s.***, impossibile; che riesce a onta di tutto | ***il colore della s.***, il verde | (*mar.*) ***ancore della s.***, che si tengono sistemate in coperta o in appositi pozzi, pronte per essere usate nei casi di cattivo tempo o di eccezionale bisogno | (*stat.*) ***s. di vita***, numero medio di anni di vita che resta no a ciascun componente di una data classe di età **2** cosa sperata: *le mie speranze sono finite* | ***un giovane di belle speranze***, che fa ben sperare per il suo futuro **3** persona o cosa in cui si ripone speranza: *il figlio è la sua unica s.*; *questo esame è la mia ultima s.* | giovane che, all'inizio di un'attività, spec. sportiva o artistica, rivela buone doti: *una s. del calcio italiano*; *le speranze del nostro cinema* **4** una delle tre virtù teologali che, secondo la teologia cattolica, consiste nella sicura attesa della beatitudine eterna e dell'assistenza della grazia per conseguirla **CFR.** carità, fede **5** (*mat.*) nella teoria dei giochi, prodotto del guadagno possibile di un giocatore per la probabilità che egli ha di realizzarlo ‖ **speranzèlla**, **speranzièlla**, **dim.** | **speranzina**, **dim.**

SFUMATURE DI SIGNIFICATO

speranza - fiducia - aspettativa

Speranza è l'attesa fiduciosa che si verifichi qualcosa che si desidera e si considera un bene. La **fiducia** va oltre la speranza, perché è il convincimento che qualcuno si comporterà secondo le attese o che qualcosa si verificherà secondo quanto si desidera. **Aspettativa** è propriamente ciò che ci si aspetta, dunque qualcosa di più di una speranza, ma di cui non c'è però certezza.

SFUMATURE ➤ ***sogno***

speranzàre [1660 ca.] **v. tr.** ● (*lett.*) rassicurare, dare speranza: *il vostro foglio mi aveva speranzato di ritrovare in voi un animo placato* (C. GOLDONI)

speranzóso (o **-so**) [1686] **agg.** ● pieno di speranza (*anche scherz.*): *essere s. di fare qlco.* **CONTR.** disperato ‖ **speranzosaménte**, **avv.**

♦**speràre** ① o †**isperàre** [lat. *sperāre*, da *spēs*, genit. *spēi* 'speranza', di orig. indeur. * av. 1250] **A** **v. tr.** (*io spèro*) **1** aspettare con desiderio e fiducia qlco. da cui si pensa che deriveranno bene, gioia, piacere e sim.: *s. un bel voto, il successo, la guarigione*; *spero molto da voi*; *che cosa può s.?* | aver fiducia che qlco. avvenga o sia avvenuta secondo i propri desideri (+ *di* **seguito da inf.**, + *che*): *spero di guarire*; *spero di non averti annoiato*; *spero che ci rivedremo presto*; *spero partir contento* (C. GOLDONI) | ***spero di sì, spero di no***, e sim., per indicare la speranza che un evento si verifichi oppure no: *pensi che pioverà? Lo spero, spero di no* | ***voglio s., vorrei s., spero bene***, e sim., espressioni che indicano la fiducia assoluta che qlco. si svolga secondo i propri desideri (spesso con un tono quasi di sfida): *credi che sarò promosso? voglio s.!* **2** †aspettare, attendere: *di dì in dì spero ormai l'ultima sera* (F. PETRARCA) **B** **v. intr.** (**aus.** *avere*) **1** riporre fiducia, speranza (+ *in*): *s. in qlcu.*; *s. nella Provvidenza*; *s. nell'aiuto di qlcu.*; *s. in un bel voto, nella promozione, nella guarigione, in una bella accoglienza*; *Poco più pareva potesse s. del re d'Inghilterra* (G.B. MARINO) **CONTR.** disperare **2** †credere, stimare

speràre ② [da *spera* ① * av. 1320] **v. tr.** (*io spèro*) ● (*centr.*) guardare controluce un corpo diafano | ***s. le uova***, per controllarne la freschezza o vedere se sono fecondate | ***s. un tessuto***, per vedere se è fitto o no

speràta [da *sperare* ② * 1872] **s. f.** ● (*tosc.*) solo nella loc. ***s. di sole***, raggi di sole che entrano in una stanza

speratùra [da *sperare* ② * 1940] **s. f.** ● operazione dello sperare le uova

sperаuòvo [comp. di *spera(re)* ② e *uovo* * 1965] **s. m.** (**pl.** *sperauova*) ● apparecchio con sorgente luminosa propria per sperare le uova

♣**spèrdere** [da *perdere*, con *s-* * sec. XII] **A** **v. tr.** (**coniug. come** *perdere*) **1** (*lett.*) disperdere: *Sperdano i venti / ogni augurio infelice* (G. PARINI) **2** (*raro*) smarrire: *s. le tracce* **B** **spèrdersi** **v. intr. pron.** ● smarrirsi, perdersi (*anche fig.*): *sperdersi nel bosco*; *in questo libro ci si sperde*

sperdiménto [1865] **s. m.** ● (*raro*) lo sperdere, lo sperdersi **SIN.** dispersione

sperditóre [av. 1294] **s. m.** (**f.** *-trice*); anche **agg.** ● (*raro, lett.*) chi (o che) sperde

♣**sperdùto** **part. pass.** di *sperdere*; anche **agg.** **1** nei sign. del v. **2** solitario, isolato, lontano dal resto del mondo: *uno s. paesetto di montagna* **3** (*fig.*) di chi si sente a disagio, fuori del proprio ambiente abituale: *essere, sentirsi, trovarsi s.* **SIN.** sperso

SFUMATURE DI SIGNIFICATO

sperduto - isolato - selvaggio

Sperduto è un luogo lontano dal resto del mondo, difficile da raggiungere. **Isolato** ha lo stesso significato, ma pone maggiore enfasi sull'assenza di legami, di contatti con l'ambiente circostante. Un luogo sperduto, molto lontano dai centri abitati può risultare **selvaggio**, cioè in stato di abbandono, privo di coltivazioni e di vita umana.

SFUMATURE ➤ ***deserto*** ①

sperèlla ➤ **asperella**

sperequàre [da *perequare*, col pref. *s-* * 1933] **v. tr.** (*io sperèquo, noi sperequiàmo*) ● distribuire non equamente

sperequàto [da *perequato*, con *s-* * 1932] **agg.** ● caratterizzato da sperequazione

sperequazióne [da *perequazione*, con *s-* * 1883] **s. f.** ● differenza non equa, mancanza di uniformità | ***s. tributaria***, incidenza dell'onere tributario sui vari contribuenti, in modo ineguale e non proporzionato

†**spèrgere** [lat. *expĕrgere*, comp. di *ĕx-* (*s-*) e *spārgere*. V. *spargere* * 1319] **v. tr.** ● disperdere

spergiuràbile [sec. XIV] **agg.** ● (*raro*) che si può spergiurare

spergiuràre [lat. *periurāre*, comp. di *pĕr-*, particella rafforz., e *iurāre* 'giurare', con *s-* * 1287] **A** **v. intr.** (**aus.** *avere*) ● giurare il falso **B** **v. tr.** **1** invocare una divinità per giurare il falso: *s. il nome di Dio* **2** (con valore rafforz.) ***giurare e s.***, sostenere con ogni argomento la verità di qlco. (+ *di* **seguito da inf.**, + *che*): *giura e spergiura di essere innocente*; *giurando e spergiurando che non era vero* (L. CAPUANA)

spergiuratóre [sec. XIII] **s. m.** (**f.** *-trice*) ● (*lett.*) chi spergiura

spergiùro ① [lat. *periūru(m)* 'spergiuro', con *s-* * sec. XIII] **agg. e s. m.** (**f.** *-a*) ● che (o chi) spergiura, che (o chi) manca ai giuramenti fatti: *uomo falso e s.*

spergiùro ② o †**spregiùro** [lat. *periūriu(m)* 'spergiuro', neutro sost. dell'agg. *periūrus*, con *-s* * sec. XIII] **s. m.** ● giuramento falso

spèrgola o **spèrgula** [etim. incerta: dal lat. *spērgere*, variante di *spārgere*, perché i semi si spargono lontano (?) * 1779] **s. f.** ● (*bot.*) renaiola

†**spèrico** [da *sferico* ✱ 1282] **agg.** ● sferico
spericolàrsi [da *pericolo*, con *s-* ✱ sec. XV] **v. intr. pron.** (*io mi spericolo*) **1** esporsi con leggerezza a un pericolo **2** (*tosc.*) sgomentarsi, perdersi d'animo
spericolatézza [1951] **s. f.** ● caratteristica di chi (o di ciò che) è spericolato
spericolàto **A** **part. pass.** di *spericolarsi*; anche **agg. 1** (*tosc.*) timoroso, pavido **2** che non bada ai pericoli, che si espone ai pericoli con temerità | rischioso: *un sorpasso s.* **SIN.** temerario ‖ **spericolataménte**, **avv.** **B** **s. m.** (**f.** *-a*) ● persona spericolata
†**speriènza** ➤ **esperienza**
†**speriènzia** ➤ **esperienza**
sperimentàbile [da *sperimentare* ✱ 1878] **agg.** ● che si può sperimentare ‖ **sperimentabilità**, **s. f. inv.**
sperimentàle o **esperimentàle** [da *sperimento* ✱ 1426 ca.] **agg. 1** che si basa sull'esperienza, che procede per via di esperimenti: *metodo, prova s.* | ***scienza s.***, che si basa sulla sperimentazione **CONTR.** teorico **2** detto di attività che mira alla ricerca e alle sperimentazioni di nuovi metodi e nuove tecniche in un dato campo | ***campo s.***, per prove di interesse agrario | ***cantina s.***, per esperimenti enologici | ***reparto, arma, materiale, s.***, in sperimentazione prima dell'adozione ufficiale | ***teatro s., cinema s.***, spettacolo teatrale o film che adotti procedimenti stilistici d'avanguardia ‖ **sperimentalménte**, **avv.** in modo sperimentale, per via di esperimenti ‖ **sperimentalità**, **s. f. inv.** carattere, natura di ciò che è sperimentale
sperimentalìsmo [da *sperimentale*, con *-ismo* ✱ 1869] **s. m. 1** orientamento metodologico per cui la ricerca scientifica viene fondata sull'esperienza **2** corrente letteraria d'avanguardia che prospetta nuove soluzioni linguistiche e artistiche
sperimentalìsta [da *sperimentale* ✱ 1881] **A** **s. m. e f.** (**pl. m.** *-i*) ● chi segue lo sperimentalismo, spec. in campo artistico e letterario **B** anche **agg.**: *corrente, critica s.*
sperimentàre o **esperimentàre**, †**spermentàre**, †**espermentàre** [dal lat. tardo *experimentāre*, da *experimĕntum* 'esperimento, prova' ✱ av. 1320] **A** **v. tr.** (*io speriménto*) **1** sottoporre qlco. a esperimento allo scopo di verificarne le caratteristiche, la funzionalità e sim.: *s. l'efficacia di una medicina*; *s. la resistenza di una macchina* **2** (*fig.*) mettere alla prova qlcu. o qlco.: *s. i giovani nelle armi*; *s. le proprie forze in un'impresa*; *s. la sincerità di un amico* **3** (*fig.*) conoscere per esperienza, per prova: *ho sperimentato spesso la sua amicizia* | provare: *non si può conoscere il dolore se non lo si è sperimentato* **4** (*fig.*) tentare: *abbiamo sperimentato ogni mezzo* **B** **sperimentàrsi** **v. rifl.** ● mettersi alla prova: *sperimentarsi nelle armi, in un'impresa*
sperimentàto o **esperimentàto**, †**spermentàto** **part. pass.** di *sperimentare*; anche **agg. 1** che ha esperienza, esperto: *soldati sperimentati alla guerra* (F. GUICCIARDINI) **2** che è riuscito bene alla prova: *rimedio già s.*
sperimentatóre o **esperimentatóre** [sec. XIII] **s. m.** (**f.** *-trice*) ● chi sperimenta, chi fa esperimenti
sperimentazióne [sec. XIV] **s. f. 1** lo sperimentare, il fare esperimenti | verifica basata sull'esperienza, su esperimenti: *la s. di un farmaco, di una terapia* **2** nelle scuole di ogni ordine e grado, la ricerca e la realizzazione di innovazioni sia sul piano metodologico e didattico che sul piano degli ordinamenti e delle strutture
speriménto ➤ **esperimento**

S

sperindìo ➤ **speraindio**
sperlàno [di etim. incerta ✱ 1965] **s. m.** ● piccolo pesce marino costiero dei Clupeiformi con carni di odore caratteristico, che si usa per innescare gli ami (*Osmerus eperlanus*) **SIN.** eperlano
sperlùnga o **sperlónga** [vc. napol., *sperlonga* (V. *spilungone*) ✱ 1904] **s. f.** ● (*merid.*) piatto o vassoio oblungo: *una s. di spaghetti, di cozze*
spèrma o †**spèrmo** [vc. dotta, dal lat. tardo *spĕrma* (nt.), dal gr. *spérma*, genit. *spérmatos* 'seme', da *spéirein* 'seminare', di orig. indeur. ✱ av. 1320] **s. m.** (**pl.** *-i*) ● liquido espulso dall'uretra durante l'eiaculazione, formato dagli spermatozoi e dal secreto di altre ghiandole dell'apparato genitale maschile
spermacèti [dalla formula lat. moderna *spermacēti* 'semi di cetaceo', da *spĕrma* e *cēti*, genit. di *cētus*, dal gr. *kêtos* 'balena' ✱ 1598] **s. m. inv.** ● sostanza oleosa presente in alcune cavità della testa del capodoglio che, dopo la morte del cetaceo, solidifica in una massa bianca usata nella preparazione di candele, pomate, unguenti e cosmetici
spermatèca [comp. di *sperma* e *-teca* ✱ 1933] **s. f.** ● (*anat.*) ricettacolo presente in alcune specie animali, quali anfibi e insetti, destinato a raccogliere e conservare gli spermatozoi in funzione di una successiva fecondazione
spermàtico [vc. dotta, dal lat. tardo *spermăticu(m)*, dal gr. *spermatikós* 'seminale', da *spérma*, genit. *spérmatos* 'seme' ✱ av. 1406] **agg.** (**pl. m.** *-ci*) ● di sperma: *dotto, cordone s.* | ***vie spermatiche***, insieme dei tubuli e canalicoli che conducono lo sperma all'esterno
spermàtide [da *spermat(o)-* col suff. *-ide* ✱ 1993] **s. m.** ● (*biol.*) nella maturazione dei gameti maschili, cellula germinativa successiva allo stadio dello spermatocita e destinata a subire drastiche trasformazioni morfologiche per diventare spermatozoo
spèrmato- [dal gr. *spérma*, genit. *spérmatos* 'seme' (V. *sperma*)] **primo elemento** ● in parole composte della terminologia scientifica indica relazione col seme o con lo sperma nel significato di gamete maschile
spermatocìta o **spermatocìto** [comp. di *spermato-* e *-cita* ✱ 1931] **s. m.** (**pl.** *-i*) ● (*biol.*) elemento precursore dello spermatozoo degli organismi animali destinato a impegnarsi in processi meiotici
Spermatòfite [comp. di *spermato-* e *-fito* ✱ 1936] **s. f. pl.** (**sing.** *-a*) ● (*bot.*) gruppo di piante vascolari che producono semi, suddivise in Gimnosperme e Angiosperme **SIN.** Fanerogame
spermatòfora [comp. di *spermato-* e *-foro* adattato al f. ✱ 1990] **s. f.** ● (*biol.*) struttura specializzata, in grado di contenere e di mantenere vitali gli spermatozoi; è prodotta dagli esemplari maschi di numerosi gruppi animali
spermatogènesi [comp. di *spermato-* e *genesi* ✱ 1955] **s. f. inv.** ● (*biol.*) processo di formazione degli spermatozoi
spermatogònio [comp. di *spermato-* e *-gonio*, dal gr. *gon(o)-*, da *gónos* 'procreazione, origine, genitali' ✱ 1949] **s. m.** (**pl.** *-i* o *raro -ii*) ● (*biol.*) ognuna delle cellule capostipite della linea germinale maschile
spermatorrèa [comp. di *spermato-* e *-rea* ✱ 1838] **s. f.** ● (*med.*) emissione involontaria di liquido spermatico in assenza di orgasmo
spermatozòide [da *spermatozoo* ✱ 1875] **s. m. 1** (*zool.*) cellula germinale maschile matura **2** (*bot.*) gamete maschile
spermatozòo [comp. di *spermato-* e *-zoo* ✱ 1838] **s. m.** ● (*biol.*) cellula seminale maschile
†**spermentàre** ➤ **sperimentare**

†**spermentàto** ➤ **sperimentato**
†**sperménto** ➤ **esperimento**
spermicìda [comp. di *sperma* e *-cida* ✱ 1976] **A** **agg.** (**pl. m.** *-i*) ● di prodotto antifecondativo che, introdotto in vagina, ne aumenta l'acidità impedendo agli spermatozoi di vivere: *ovulo, pomata s.* **B** anche **s. m.**: *usare uno s.*
spèrmico [comp. di *spermi(o)* e del suff. *-ico* ✱ 1957] **agg.** (**pl. m.** *-ci*) ● (*biol.*) relativo a spermio: *nucleo s.*
spermidótto [comp. di *sperma* e *-dotto* ✱ 1983] **s. m.** ● (*anat., zool.*) struttura tubulare atta alla conduzione degli spermatozoi, solitamente dal testicolo verso l'esterno
spèrmio [da *sperma*, forse ispirato dall'agg. gr. *spermeîon* 'seminale' ✱ 1957] **s. m.** ● (*biol.*) spermatozoo
spermiogràmma [comp. di *spermio* e *-gramma* ✱ 1993] **s. m.** (**pl.** *-i*) **1** (*biol.*) diagramma che illustra le varie fasi cellulari della maturazione dello spermatozoo a partire dallo spermatogonio **2** (*med.*) serie di dati che descrivono le condizioni funzionali dello sperma
†**spèrmo** ➤ **sperma**
spermòfilo [comp. di *sperma* e *-filo*, perché mangia i semi ✱ 1838] **s. m.** ● (*zool.*) citello
spernacchiàre [denominale di *pernacchia* con *s-* iter. ✱ 1965] **A** **v. intr.** (*io spernàcchio*; aus. *avere*) ● fare pernacchie **B** **v. tr.** ● sbeffeggiare, deridere
†**spèrnere** [vc. dotta, dal lat. *spĕrnere* 'disprezzare', di orig. indeur. ✱ 1321] **v. tr.** (**difett. usato solo al pres. e imperf. indic. e al congtv. pres.**) ● disprezzare | ripudiare, scacciare
speronaménto [1960] **s. m.** ● lo speronare, il venire speronato
speronàre [da *sperone* ✱ av. 1294] **v. tr.** (*io speróno*) **1** detto di nave, colpire un'altra nave con lo sperone o con la prua | (*est.*) detto di veicolo, colpirne un altro nella fiancata: *l'auto fu speronata da un autotreno* **2** †V. *spronare*
speronàta [sec. XV] **s. f.** ● colpo di sperone
speronàto ① [da *sperone* ✱ av. 1625] **agg. 1** munito, dotato di speroni **2** detto di organo vegetale munito di un prolungamento cavo **3** detto di edificio rinforzato con speroni
speronàto ② **part. pass.** di *speronare*; anche **agg.** ● nei sign. del v.: *un battello s.*
speróne o **spróne** nei sign. 1, 3 e 7 [dal francone *sporō*, da una radice indeur. che significa 'calcare col piede' ✱ sec. XII] **s. m. 1** piccolo oggetto di metallo a forma di U, munito o meno di una rotella dentata, che viene applicato al tacco dello stivale del cavaliere e serve a pungolare l'animale **2** (*mar.*) rostro **3** (*zool.*) escrescenza cornea nella parte posteriore del nodello degli Equini e dei Bovini | residuo atrofico del primo dito del cane | appendice del piede dei polli particolarmente sviluppata nei galli da combattimento **4** (*med.*) esostosi nella sede del calcagno **5** (*geogr.*) diramazione secondaria di una cresta o cima montuosa | sporgenza sottomarina **6** (*archit., edil.*) struttura sporgente trasversalmente, costruita per rinforzare murature, dighe e sim. sottoposte a spinte oblique **SIN.** contrafforte | diga trasversale costruita per la difesa delle sponde dei fiumi e delle spiagge **SIN.** pennello **7** (*bot.*) prolungamento cavo, ristretto e incurvato del calice o della corolla di alcuni fiori **8** (*bot.*) cornetto
speronèlla o **spronèlla** [da *sperone*, forse per la forma ✱ 1561] **s. f.** ● (*bot.*) pianta erbacea annua delle Ranuncolacee con fusto ramoso, foglie laciniate, fiori azzurri con il sepalo superiore speronato (*Delphinium consolida*) **SIN.** sprone di cavaliere
sperperaménto [1600] **s. m.** ● (*raro*) lo

sperperare | (*lett.*) disgregazione: *lo s. della famiglia* (I. Nievo)

sperperàre [lat. tardo (eccl.) *perperāre*, da *pĕrperus* 'di traverso, sconsiderato', propr. 'gettare sconsideratamente', con *s-* ✻ sec. XV] **v. tr.** (*io spèrpero*) **1** spendere senza discernimento: *s. un'eredità* SIN. dilapidare, scialacquare **2** (*est.*) consumare malamente: *s. il proprio ingegno in studi inadatti* **3** (*lett.*) disperdere, sparpagliare | †devastare, rovinare

sperperatóre [1723] **s. m.** (f. *-trice*) ● (*raro*) chi sperpera

sperperìo [1842] **s. m.** (pl. *-ii*) ● lo sperperare continuo

spèrpero [1618] **s. m.** ● spesa eccessiva fatta senza criterio SIN. scialo, sciupo, sciupio

sperpètua [deformazione scherz. della formula lat. dell'ufficio dei morti *lūx perpĕtua* 'luce perpetua' ✻ av. 1704] **s. f.** ● (*fam., tosc.*) disgrazia, sfortuna: *avere la s. addosso*

spèrso ① **part. pass.** di *sperdere*; anche **agg.** **1** nei sign. del v. | disperso: *il giorno dell'Anno / che ... ti riporta / gli amici spersi* (E. Montale) **2** smarrito, privo di accompagnatori: *bambino s.* **3** (*fig.*) ***essere, sentirsi, trovarsi, s.***, a disagio, fuori del proprio ambiente naturale SIN. sperduto

†**spèrso** ② **part. pass.** di †*spergere* ● nel sign. del v. | eliminato

spèrsola [da *sperso*, part. pass. di *sperdere* (?) ✻ 1931] **s. f.** ● tavolo sul quale si collocano gli stampi contenenti la cagliata, allo scopo di facilitare la fuoriuscita del siero

spersonalizzàre [da *personale*, con *s-* ✻ av. 1883] **A** **v. tr.** **1** rendere privo di personalità **2** privare di ogni elemento personale una questione o un dibattito per garantirne l'obiettività **B** **spersonalizzàrsi** **v. intr. pron.** ● rinunciare alla propria personalità o non tenerla in considerazione spec. nell'emettere giudizi, e sim. ‖ **spersonalizzazióne**, **s. f.** (V.)

spersonalizzazióne [av. 1909] **s. f.** ● lo spersonalizzare, lo spersonalizzarsi: *la s. di un prigioniero in un lager, in un gulag* | (*lett.*) oggettivazione

sperticàre [da *pertica*, con *s-* ✻ 1838] **A** **v. intr.** (*io spèrtico, tu spèrtichi*; aus. *essere*) ● (*raro*) allungarsi in alto come una pertica, detto di albero **B** **sperticàrsi** **v. intr. pron.** ● fare qlco. in modo esagerato e poco sincero: *sperticarsi nel lodare qlcu.*

sperticàto [da *pertica*, con *s-* ✻ av. 1523] **agg.** **1** (*raro*) smisurato, di altezza o lunghezza: *collo, naso, s.* **2** (*fig.*) esagerato: *elogi sperticati* ‖ **sperticataménte**, **avv.** in modo sperticato, eccessivamente

spèrto ➤ **esperto**

†**spèrula** [lat. parl. **sp(ă)erula(m)*, variante del tardo *sphăerula*, dim. di *sphăera* 'sfera' ✻ sec. XIII] **s. f.** ● (*lett.*) piccolo globo luminoso

♦**spésa** (o **-ṣa**) [lat. tardo *expēnsa(m)*, f. sost. di *expēnsus*, part. pass. di *expĕndere* 'pagare'. V. *speso* ✻ 1233] **s. f.** **1** lo spendere | quantità di denaro che si spende o si deve spendere per acquistare, compensare, pagare tributi, e sim.: *s. modica, modesta, grande, enorme, eccessiva, insostenibile; la s. è di cento euro; la s. è sui cento euro; la s. si aggira intorno ai cento euro; fare, sostenere una s.; far fronte a una s.; rifarsi di una s.; avere, incontrare molte spese* | PROV. ***è più la s. che l'impresa***, l'utilità di un'iniziativa non compensa la fatica o il costo per realizzarla | ***avere qlco. senza s.***, senza spendere denaro | ***avere qlco. con poca s.***, spendendo poco denaro; (*fig.*) con poca fatica | ***essere di poca s.***, (*fig.*) spendere poco | ***non badare a spese***, spendere senza economia; (*fig.*) essere disposto a tutto per raggiungere un dato scopo | ***a spese di***, †***alle spese di***, pagando col denaro di, a carico di: *i funerali sono a spese dello Stato; studia a spese nostre*; (*fig.*) di persona, a proprio danno: *l'ho imparato a mie spese; si divertono a tue spese*; (*fig.*) a scapito di: *ottenne il denaro a spese della sua tranquillità* | (*fig.*) ***fare le spese di qlco.***, subire le conseguenze di qlco.: *il malcapitato fece le spese del nostro scherzo* | (*econ.*) ***s. pubblica***, quella sostenuta dallo Stato in un dato periodo **2** compera, acquisto: *uscire a fare spese, a fare delle spese; fare una bella, una buona, una cattiva, s.; è stata un'ottima s.* **3** (al sing.) acquisto di generi alimentari e di prima necessità: *andare a fare la s. ogni giorno; fare la s. al mercato, al supermercato* | ***fare spese***, fare acquisti spec. di generi voluttuari, fare shopping: *è andata in centro a fare spese* | ***fare la cresta sulla s.***, V. *cresta*② | (*est.*) l'insieme delle cose acquistate: *la borsa della s.; tornare a casa con la s.; riporre la s. nel bagagliaio* **4** (al pl.) uscita di denaro; denaro liquido sborsato: *spese ordinarie o correnti; spese straordinarie; spese d'impianto; le spese sono superiori alle entrate* | ***con spese***, nella terminologia bancaria, detto di titolo di credito che, qualora non sia pagato alla scadenza, deve essere protestato | ***senza spese***, di titolo di credito da ritirarsi in caso di mancato pagamento senza protesto | ciò che si spende per il vitto, l'alloggio e il mantenimento: *ha un salario oltre le spese* | ***stare sulle spese***, provvedere al proprio mantenimento stando in un luogo diverso da quello in cui si vive abitualmente | ***lavorare per le spese***, in cambio del mantenimento, senza nessun guadagno | nel conto della sarta, ciò che si paga oltre la fattura, per fodera, bottoni, filo e sim.: *pagare la fattura di un abito più le spese* ‖ **spesétta**, **dim.** | (*lett.*) **spesicciuòla**, **dim.** | **spesìna**, **dim.** | **spesóna**, **accr.** | **spesùccia**, **dim.**

SFUMATURE ➤ *acquisto*

spesàre (o **-eṣà-**) [da *spesa* ✻ 1503] **v. tr.** (*io spéso*) **1** rimborsare, pagare a qlcu. le spese sostenute: *la società lo spesa di tutto* | provvedere al mantenimento di qlcu. **2** (*econ.*) includere una spesa fra i costi di un'azienda

†**spesarìa** ➤ †**speseria**

spesàto (o **-eṣà-**) **part. pass.** di *spesare*; anche **agg.** ● che ha le spese rimborsate: *è s. dalla società*

†**speserìa** (o **-eṣe-**) o †**spesarìa** [1300 ca.] **s. f.** ● spesa

spéso (o **-ṣo**) **part. pass.** di *spendere*; anche **agg.** ● nei sign. del v. | impiegato, dedicato: *una giornata spesa a sbrigare pratiche burocratiche; tempo s. bene*

spesòmetro (o **-ṣo-**) [comp. di *spes(a)* e *-metro* ✻ 2010] **s. m.** ● strumento fiscale antievasione che mette a confronto le spese sostenute dal contribuente col reddito dichiarato CFR. redditometro

†**spessàre** o †**spissàre** [lat. *spissāre* 'ispessire', da *spĭssus* 'spesso' ✻ av. 1327] **A** **v. tr.** ● rendere spesso, addensare, condensare **B** **v. intr.** e †**spessàrsi** **v. intr. pron.** ● diventare spesso, condensarsi

spesseggiaménto [av. 1320] **s. m.** ● (*raro*) lo spesseggiare

spesseggiàre [da *spesso*, con suff. iter. intens. ✻ av. 1292] **A** **v. tr.** (pres. *io spességgio*; fut. *io spesseggerò*) ● †fare qlco. spesso | (*lett.*) intensificare: *s. gli assalti* **B** **v. intr.** (aus. *essere*, raro nei tempi composti) ● (*raro*) essere frequente, verificarsi frequentemente: *fra le macchie si udivano s. le fucilate* (G. Verga) | affollarsi: *La gente cominciava a s.* (A. Fogazzaro)

spesséẓẓa [1282] **s. f.** **1** (*raro*) proprietà di ciò che è spesso **2** (*lett.*) frequenza

spessìmetro [comp. di *spesso* e *-metro* ✻ 1949] **s. m.** **1** (*tecnol.*) utensile costituito da una serie di lamelle di acciaio di diverso spessore, utilizzato per rilevare giochi tra due organi meccanici **2** piccolo apparecchio per misurare la profondità e lo stato di usura del battistrada di uno pneumatico

†**spessìre** [da *spesso* ✻ sec. XIV] **v. tr.**, **intr.** e †**spessìrsi** **v. intr. pron.** ● rendere o diventare spesso

♦**spésso** [lat. *spĭssu(m)* 'denso', di orig. indeur. ✻ sec. XII] **A** **agg.** (superl. *spessissimo*) **1** denso: *vapori spessi; l'aria era oscura per la spessa pioggia* (Leonardo) **2** fitto, folto: *fugge nel bosco per gli arbori spessi* (M.M. Boiardo) **3** che ha un certo spessore: *muro s.; un cartone s. quattro centimetri; occhiali con lenti spessissime* **4** (*est.*) numeroso, frequente: *spesse volte, spessissime volte* ‖ **spessaménte**, **avv.** frequentemente **B** **avv.** (superl. *spessissimo*) ● di frequente: *mi visita s., molto s.; lo fai troppo s.; lo uso non molto s.; ora lo vediamo meno s. di una volta; vado spessissimo al cinema* | ***s. e volentieri***, (*lett.*) ***bene s.***, molte volte: *mi prende in giro, s. e volentieri* | (*lett.*) anche iter.: *spesso spesso lo devo riprendere* SIN. sovente CONTR. raramente **C** **s. m.** ● †spessore

SFUMATURE DI SIGNIFICATO

spesso - denso - fitto - folto
Nell'italiano contemporaneo **spesso** si riferisce prevalentemente a un oggetto dotato di un certo spessore (dotato cioè di una distanza abbastanza rilevante fra la sua superficie superiore e quella inferiore), mentre nel passato, e quindi nell'italiano letterario, esprimeva anche concetti coperti oggi dagli aggettivi **denso** (che definisce una sostanza semiliquida dotata di buona consistenza o aeriforme ricca di particelle solide), e **fitto** oppure **folto**, che descrivono entrambi gli elementi di un insieme, per es. gli alberi di un bosco, che sono a brevissima distanza l'uno dall'altro.

†**spessóra** [comp. di *spess(o)* e *ora* ✻ av. 1250] **avv.** ● (*raro*) spesso

spessoràre [1955] **v. tr.** (*io spessóro*) ● (*tecnol.*) inserire uno spessore per ridurre o annullare il gioco fra due superfici o fra due componenti di un oggetto

spessóre [da *spesso* ✻ 1824] **s. m.** **1** dimensione di un corpo secondo una direzione quando le altre due sono prevalenti: *lo s. di un foglio, di un asse* **2** (*fig.*) densità, intensità: *un contributo culturale di notevole s.* | (*fig.*) consistenza caratteriale o culturale: *è una persona di un certo s.* **3** (*tecnol.*) elemento che si interpone fra due parti per mantenerle distanziate

speteẓẓaménto [1536] **s. m.** ● (*raro, pop.*) lo spetezzare

speteẓẓàre [da *peto*, con *s-* ✻ sec. XIV] **v. intr.** (*io spetéẓẓo*; aus. *avere*) ● (*pop.*) fare peti

spetràre [da *p(i)etra*, con *s-* ✻ av. 1374] **A** **v. tr.** (*io spètro*) **1** (*poet.*) disgregare, frantumare | liberare dalle pietre, dai sassi (una strada, un terreno) **2** (*fig., lett.*) intenerire, raddolcire: *i duri cor ... / ammollisci e spetra* (T. Tasso) **B** **spetràrsi** **v. intr. pron.** **1** †frantumarsi **2** (*fig., lett.*) intenerirsi, commuoversi: *Don Fabrizio sentì spetrarsi il cuore* (G. Tomasi di Lampedusa) **3** (*fig., lett.*) liberarsi, distaccarsi: *con quanta fatica oggi mi spetro / dall'errore, ov'io stesso m'era involto* (F. Petrarca)

spettàbile [vc. dotta, dal lat. tardo *spectābile(m)*, titolo di dignitari imperiali, da *spectāre* 'osservare', intens. di *spĕcere* 'guardare' ✻ 1336 ca.] **agg.** ● ragguardevole, rispettabile, usato spec. nella corrispondenza commerciale: *s. ditta; alla s. società* ‖ **spettabilità**, **s. f. inv.**

♦**spettacolàre** [da *spettacolo*, sul modello del

fr. *spectaculaire* ✱ 1941] **agg.** ● che costituisce uno spettacolo eccezionale, grandioso: *apparato s.* | ***film s.***, che attrae gli spettatori per la grandiosità dei mezzi usati e le scene suggestive | (*est.*) straordinario, mai visto: *incidente s.* ‖ **spettacolarménte**, **avv.** in modo spettacolare; sotto l'aspetto dello spettacolo ‖ **spettacolarità**, **s. f. inv.** caratteristica di ciò che è spettacolare

spettacolarizẓàre [da *spettacolare* ✱ 1981] **v. tr.** ● rendere spettacolare, trasformare in spettacolo un evento o un fenomeno: *s. una gara sportiva*; *s. l'informazione televisiva* ‖ **spettacolarizẓazióne**, **s. f.**

spettacolazióne [da *spettacolo* ✱ 1989] **s. f.** ● nel linguaggio teatrale, organizzazione e realizzazione di uno spettacolo

♦**spettàcolo** o †**spettàculo** [vc. dotta, dal lat. *spectăculu(m)*, da *spectāre* 'guardare'. V. *spettare* ✱ av. 1342] **A s. m. 1** rappresentazione teatrale, cinematografica, canora e artistica in genere, o manifestazione sportiva, che ha luogo di fronte a un pubblico: *s. divertente, interessante, noioso, intelligente*; *assistere a uno s. di gala*; *la compagnia dà s. domani*; *andare all'ultimo s.*; *arrivare all'inizio dello s.*; *il derby fa prevedere un grande s.* | ***s. acquatico***, spettacolo di varietà che si svolge in una piscina o un ambiente di tipo marino | ***dare s., dare s. di sé***, attirare su di sé l'attenzione non sempre benevola di tutti i presenti **2** l'àmbito del teatro, del cinema, della televisione, ecc.: *il mondo dello s.*; *i lavoratori dello s.* **3** vista che, per il suo carattere particolare o eccezionale, attira l'attenzione e gli sguardi: *uno s. doloroso, penoso, commovente, magnifico*; *il sorgere del sole è uno s. indimenticabile*; *videro uno s. orribile*; *non desidero vedere certi spettacoli*; *non arride / spettacol molle ai disperati affetti* (G. LEOPARDI) **4** †spettatori: *ad una voce tutto lo s. chiamò vincitore Partenopeo* (I. SANNAZARO) **B in funzione di agg. inv.** ● (posposto a un sost.) basato sull'esteriorità, sul sensazionalismo e sim.: *informazione s.*; *politica s.* | spettacolare: *calcio s.* ‖ **spettacolàccio**, **pegg.** | **spettacolino**, **dim.** | **spettacolóne**, **accr.** | **spettacolùccio**, **pegg.**

spettacolóso (o **-ṣo**) [av. 1755] **agg. 1** che fa spettacolo, che costituisce uno spettacolo: *festa spettacolosa*; *il fondo scenico di qualche ballo spettacoloso* (I. NIEVO) **2** (*fig.*) straordinario, grandioso: *bellezza spettacolosa*; *ebbe un successo s.* ‖ **spettacolosaménte**, **avv.** ‖ **spettacolosità**, **s. f. inv.**

†**spettàculo** ➤ **spettacolo**

spettànte **part. pres.** di *spettare*; anche **agg.** ● nei sign. del v.

spettànza [da *spettante* ✱ 1798] **s. f. 1** appartenenza, competenza, spec. nelle loc. ***di mia, di tua, di sua**, ecc. **s.***: *la decisione non è di mia s.*; *la cosa è di tua s.* **2** ciò che compete di diritto per l'attività prestata: *la s. di un reparto militare*; *farsi liquidare le proprie spettanze*

SFUMATURE ➤ ***onorario***②

spettàre [lat. *spectāre* 'osservare, rivolgersi', intens. di *spĕcere* 'guardare', di orig. indeur. ✱ sec. XIII] **v. intr.** (*io spètto*; **aus.** *essere*) ● appartenere per dovere o per diritto: *la decisione spetta a voi*; *mi spettano cento euro*; *ai genitori spetta il mantenimento dei figli*; *non spetta a me giudicare*; *A voi (...) spetta di protestare in ogni modo* (G. MAZZINI)

♦**spettatóre** [dal lat. *spectatōre(m)* 'osservatore', da *spectātus*, part. pass. di *spectāre* 'osservare' ✱ av. 1494] **s. m.** (**f.** *-trice*) **1** chi assiste ad uno spettacolo: *gli applausi degli spettatori* **2** chi è presente ad un fatto, a un avvenimento: *essere s. di un evento*; *essere tra gli spettatori di un incidente*

spettegolàre [da *pettegolare*, con *s-* ✱ av. 1704] **v. intr.** (*io spettégolo*; **aus.** *avere*) ● fare pettegolezzi

spettinàre [da *pettinare*, con *s-* ✱ 1865] **A v. tr.** (*io spèttino*) ● arruffare i capelli, disfare la pettinatura **CONTR.** pettinare, ravviare **B spettinàrsi v. rifl. e intr. pron.** ● disfarsi la pettinatura, arruffarsi i capelli: *la pettinatura non mi piaceva, così mi sono spettinata*; *col vento ci si spettina*

spettinàto **part. pass.** di *spettinare*; anche **agg.** ● che ha i capelli in disordine

spettràle [av. 1535] **agg. 1** di spettro, simile a spettro: *figura, aspetto, s.* | (*fig.*) ***luce s.***, sinistra, irreale | (*fig.*) lugubre, desolato: *paesaggio s.* **2** (*fis.*) relativo a uno spettro: *analisi, riga, serie s.* ‖ **spettralménte**, **avv. 1** in modo spettrale: *una lanterna elettrica che gl'illumina il volto da sotto in sù, spettralmente* (L. PIRANDELLO) **2** (*fis.*) per quanto riguarda lo spettro ‖ **spettralità**, **s. f. inv.** caratteristica o aspetto di ciò che è spettrale

spèttro [dal lat. *spĕctru(m)* (che traduce il gr. *éidōlon* 'idolo'), da *spĕcere* 'osservare', di orig. indeur. ✱ 1587] **s. m. 1** fantasma, larva, ombra con sembianze di persona morta: *gli apparve uno s.*; *la fantasia popolare crede agli spettri*; *lo s. di Banquo nel Macbeth* | ***sembrare uno s.***, di persona pallida e magra **2** (*fig.*) ciò che incombe minacciosamente: *lo s. della fame, della miseria, della carestia* **3** (*fis.*) il risultato, sotto forma di figura o diagramma, dell'analisi delle componenti di una radiazione ondulatoria o corpuscolare, in funzione di una grandezza caratteristica della radiazione stessa, quale la frequenza, la lunghezza d'onda, l'energia, la velocità e sim. | il campo di frequenza in cui una radiazione ha determinate caratteristiche: *s. ultravioletto, visibile, infrarosso* | ***s. acustico***, distribuzione secondo la frequenza delle oscillazioni semplici che compongono un suono | ***s. d'assorbimento***, insieme delle radiazioni monocromatiche che una sostanza è capace di assorbire | ***s. atomico***, insieme delle radiazioni emesse da un atomo eccitato | ***s. solare***, ottenuto esaminando con lo spettroscopio la luce del Sole | ***s. di frequenza***, diagramma della frequenza dei termini sinusoidali componenti una grandezza periodica | ***s. elettromagnetico***, insieme delle onde elettromagnetiche emesse da una sorgente, distribuite secondo la loro frequenza | ***s. di emissione***, insieme delle radiazioni monocromatiche emesse da una sostanza | ***analisi dello s.***, esame del contenuto in frequenza di un segnale **4** campo o raggio di azione | distribuzione di una proprietà o di una caratteristica di una classe di sostanze o fenomeni: *antibiotico ad ampio s. di azione* **5** (*zool.*) grosso vampiro sudamericano che si nutre di frutta e fiori (*Vampyrum spectrum*)

spettrobolòmetro [comp. di *spettro(scopio)* e *bolometro* ✱ 1987] **s. m.** ● bolometro accoppiato a uno spettroscopio e usato, spec. in astronomia, per misurare l'energia termica delle radiazioni elettromagnetiche monocromatiche

spettrochìmica [comp. di *spettro* e *chimica* ✱ 1970] **s. f.** ● branca della chimica che interpreta gli spettri delle varie sostanze ricavandone informazioni sulla costituzione molecolare

spettrochìmico [1974] **agg.** (**pl. m.** *-ci*) ● relativo alla spettrochimica: *analisi spettrochimica*

spettrocolorìmetro [comp. di *spettro* e *colorimetro* ✱ 1987] **s. m.** ● colorimetro applicato a uno spettroscopio e destinato a compiere misurazioni relative all'assorbimento per i vari colori dello spettro ottico

spettrocomparatóre [comp. di *spettro* e *comparatore* ✱ 1983] **s. m.** ● comparatore usato nella fotografia astronomica per misurare gli spostamenti delle righe spettrali di una sorgente rispetto a quelle di una sorgente di confronto

spettroeliogràfico [1960] **agg.** (**pl. m.** *-ci*) ● relativo allo spettroeliografo, ottenuto mediante lo spettroeliografo

spettroeliògrafo [comp. di *spettro* ed *eliografo* ✱ 1900] **s. m.** ● strumento che, abbinato a un telescopio, permette di fotografare il Sole in luce monocromatica

spettroeliogràmma [comp. di *spettro*, *elio-* e *-gramma* ✱ 1960] **s. m.** (**pl.** *-i*) ● fotografia del Sole in luce monocromatica ottenuta mediante uno spettroeliografo

spettroelioscòpico [1960] **agg.** (**pl. m.** *-ci*) ● relativo allo spettroelioscopio, ottenuto mediante lo spettroelioscopio

spettroelioscòpio [comp. di *spettro* ed *elioscopio* ✱ 1960] **s. m.** ● strumento per l'osservazione visuale del Sole in luce monocromatica

spettrofotometrìa [comp. di *spettro* e *fotometria* ✱ 1936] **s. f.** ● parte della fotometria che si avvale dello spettrofotometro

spettrofotomètrico [1936] **agg.** (**pl. m.** *-ci*) ● relativo alla spettrofotometria o allo spettrofotometro

spettrofotòmetro [comp. di *spettro* e *fotometro* ✱ 1960] **s. m.** ● strumento per la determinazione dell'intensità di radiazione nelle varie parti dello spettro

spettrografìa [comp. di *spettro* e *-grafia* ✱ 1960] **s. f.** ● insieme dei sistemi di produzione, osservazione e registrazione degli spettri delle sostanze da analizzare

spettrogràfico [1944] **agg.** (**pl. m.** *-ci*) ● relativo alla spettrografia: *analisi spettrografica*

spettrògrafo [comp. di *spettro* e *-grafo* ✱ 1930] **s. m.** ● (*fis.*) strumento per eseguire la spettrografia | ***s. di massa***, strumento che, mediante una combinazione di campi elettrici e magnetici, permette di analizzare una radiazione corpuscolare, formata da atomi o molecole ionizzati, nei suoi costituenti aventi lo stesso rapporto carica-massa

spettrogràmma [comp. di *spettro* e *-gramma* ✱ 1930] **s. m.** (**pl.** *-i*) ● immagine spettrografica, registrazione ottenuta mediante uno spettrografo

spettrometrìa [comp. di *spettro* e *-metria* ✱ 1872] **s. f.** ● (*fis.*) complesso delle tecniche di misurazione delle intensità delle righe degli spettri e delle loro lunghezze d'onda

spettromètrico [1872] **agg.** (**pl. m.** *-ci*) ● relativo alla spettrometria o allo spettrometro

spettròmetro [comp. di *spettro* e *-metro* ✱ 1891] **s. m.** ● (*fis.*) goniometro a riflessione che permette di misurare l'indice di rifrazione delle sostanze col metodo del prisma

spettroscopìa [comp. di *spettro* e *-scopia* ✱ 1869] **s. f.** ● parte della fisica che studia gli spettri elettromagnetici | ***s. nucleare***, insieme di metodi di misura degli spettri alfa, beta e gamma da decadimento nucleare | ***s. elettronica***, ramo della spettroscopia che studia le modificazioni energetiche della struttura elettronica di un atomo, molecola o aggregato molecolare | ***s. ottica***, insieme di tutte le tecniche spettroscopiche nelle quali l'elemento disperdente della radiazione elettromagnetica è un dispositivo ottico tipo prisma, reticolo e sim. | ***s. acustica***, analisi spettrale delle vibrazioni elastiche, sia sonore sia infrasonore e ultrasonore, prodotte da un corpo vibrante | ***s. neutronica***, studio della diffrazione di fasci di neutroni da parte delle sostanze allo scopo di analizzare la struttura di queste ultime

spettroscòpico [1861] agg. (pl. m. -*ci*) ● relativo alla spettroscopia

spettroscòpio [comp. di *spettro* e *-scopio* ✻ 1872] **s. m.** ● (*fis.*) strumento ottico per la produzione dello spettro e la determinazione della posizione delle righe spettrali mediante osservazione visuale

spèzia o (*raro*) **spèzie** [vc. dotta, dal lat. tardo *spĕcie(m)* 'spezie, droga', nel classico 'specie'. V. *specie* ✻ 1266] **s. f.** ● (**spec. al pl.**) droga, aroma usati in cucina e, un tempo, in farmacia, come pepe, cannella, noce moscata, chiodi di garofano, zafferano e sim.: *il commercio delle spezie*; *comprami un po' di spezie dal droghiere*

†**speziàle** ① e deriv. ➤ **speciale** e deriv.

speziàle ② [da *spezie* ② ✻ 1211] **s. m. 1** †venditore di spezie o erbe medicinali **2** (*lett.* o *scherz.*) farmacista: *quel suo figlio poteva riuscire maestro o veterinario o s.* (B. Fenoglio) | †**a lettere di speziali**, in modo chiaro, esplicito **3** †bottega di speziale: *era entrato in quello s. che stava in sul canto* (B. Cellini)

speziàre [denominale di *spezia* ✻ 1982] **v. tr.** (*io spèzio*) **1** insaporire, condire con spezie **2** (*fig.*) rendere piccante o più interessante

speziàto part. pass. di *speziare*; anche **agg.** ● aromatizzato con spezie: *evitare i cibi molto speziati*

†**spèzie** ➤ **specie**

†**spezieltà** ➤ **specialità**

spezierìa [da *spezie* ② ✻ 1287] **s. f. 1** †bottega dello speziale **2** (**spec. al pl.**) assortimento di spezie

†**speziόso** e deriv. ➤ **specioso** e deriv.

spezzàbile [1723] **agg.** ● che si può spezzare

spezzaménto [1261 ca.] **s. m.** ● (*raro*) lo spezzare, lo spezzarsi, il venire spezzato | rottura

♦**spezzàre** [da *pezzo*, con *s-* ✻ 1260 ca.] **A v. tr.** (*io spèzzo*) **1** ridurre in due o più pezzi: *s. il pane, la legna, il ghiaccio*; *s. un osso* | ***s. una lancia in favore di qlcu.***, (*fig.*) intervenire in sua difesa | †***s. una moneta***, cambiarla in spiccioli **2** infrangere, rompere: *s. un ramo* | ***s. le catene, i ceppi***, (*fig.*) riacquistare la libertà | ***s. il cuore***, (*fig.*) commuovere profondamente; dare un grande dolore: *quando lo stral spezzai / … / spezzar m'intesi il core* (P. Metastasio) | anche nella forma pron. **spezzàrsi**, rompersi, fratturarsi: *spezzarsi un braccio*; *S'è (…) spezzata una gamba* (L. Pirandello) **3** (*fig.*) dividere in due o più parti, interrompere: *s. il viaggio in quattro tappe* | ***s. la giornata, la mattinata***, e sim., interromperla con un breve periodo di riposo; provocare un'interruzione tale da impedire il normale sfruttamento del tempo: *per s. la giornata vado a passeggiare un po'*; *uscire nel pomeriggio mi spezza la giornata* | (*gramm.*) ***s. il periodo***, dividere un unico periodo troppo lungo in periodi più brevi mediante la punteggiatura | (*mus.*) ***s. la nota***, sostituire una nota lunga con due o più note brevi **B spezzàrsi v. intr. pron.** ● ridursi in due o più pezzi | rompersi: *si sono spezzati due rami* | ***spezzarsi in due per qlcu.***, (*fig.*) adoperarsi in ogni modo per essergli d'aiuto | (*fig.*) ***si spezza ma non si piega***, di chi preferisce essere abbattuto piuttosto che umiliato

SFUMATURE ➤ *dividere*

spezzàta [f. sost. di *spezzato* ✻ av. 1873] **s. f.** ● (*mat.*) linea costituita da una serie di segmenti tali che due segmenti consecutivi abbiano un vertice comune

spezzatìno [da *spezzato* ✻ av. 1886] **s. m. 1** vivanda di carne a pezzetti, rosolata in tegame poi cotta a fuoco lento con pomodori e verdure varie | (*est.*) carne tagliata a pezzetti: *un chilo di s. di vitello* **SIN.** bocconcino | (*fig.*) guazzabuglio, mescolanza di elementi di scarso valore: *s. di cognizioncelle varie* (B. Croce) **2** (*fig.*, *econ.*) vendita frazionata di un patrimonio, un'azienda e sim.

spezzàto A part. pass. di *spezzare*; anche **agg. 1** diviso in pezzi | rotto | ***cuore s.***, (*fig.*) affranto dal dolore **2** ***orario s.***, orario di lavoro diviso in due o più turni | ***periodo s.***, eccessivamente articolato | (*mat.*) ***linea spezzata***, in geometria, sequenza di segmenti tali che due segmenti consecutivi abbiano un vertice comune | ***terra spezzata***, divisa, frazionata, non riunita in poderi | †***moneta spezzata***, spicciola | †***alla spezzata***, (*ellitt.*) a pezzi, a intervalli ‖ **spezzataménte**, **avv.** alla spezzata, spartitamente **B s. m. 1** completo maschile con giacca di tessuto e colore diverso da quello dei pantaloni **2** (*teatro*) piccolo elemento di scena di profilo vario, adoperato anche per fingere particolari di ambienti naturali **3** (*cucina*) spezzatino **4** (**al pl.**) monete spicciole: *contare gli spezzati*; *spezzati d'argento*

spezzatóre [sec. XIV] **A s. m.** (**f.** *-trice*); **anche agg.** ● (*raro*) chi (o che) spezza **B s. m.** ● macellaio che separa i grossi pezzi

spezzatrìce [f. di *spezzatore* ✻ 1952] **s. f.** ● macchina usata nei panifici per tagliare la pasta nella pezzatura voluta

spezzatùra [1295] **s. f. 1** lo spezzare | pezzo ottenuto spezzando | (*fig.*) interruzione: *quella continua s. delle storie ariostesche, che nel meglio del fatto ti pianta lì* (V. Alfieri) **2** ogni parte che risulta dalla divisione di qlco. | in editoria, in biblioteconomia o in filatelia, volume, fascicolo o esemplare scompagnato di un'opera, di un periodico o di una serie | nelle operazioni di borsa, frazione di normale partita di compravendita **3** (*arald.*) brisura

spezzettaménto [av. 1926] **s. m. 1** lo spezzettare, il venire spezzettato | (*fig.*) frammentazione **2** frazionamento della proprietà terriera in unità piccole e non funzionali

spezzettàre [da *pezzetto*, con *s-* ✻ 1865] **A v. tr.** (*io spezzétto*) ● ridurre in piccoli pezzi | (*fig.*) ***s. il discorso***, parlare in modo frammentario **B spezzettàrsi v. intr. pron.** ● ridursi in piccoli pezzi o parti (*anche fig.*)

spezzettàto part. pass. di *spezzettare*; anche **agg.** ● nei sign. del v.

spezzettatùra [1920] **s. f.** ● spezzettamento | ciò che viene spezzettato | (*fig.*) interruzione

spezzìno (o **-ẓẓ-**) [sec. XVIII] **A agg.** ● della Spezia **B s. m.** (**f.** *-a*) ● abitante o nativo della Spezia

spezzonaménto [da *spezzonare* ✻ 1960] **s. m.** ● bombardamento con spezzoni

spezzonàre [1941] **v. tr.** (*io spezzóno*) ● bombardare con spezzoni

spezzóne [da *spezzare* ✻ 1801] **s. m. 1** pezzo, parte, frammento di un tutto unitario | corto pezzo di pellicola cinematografica **2** bomba d'aereo di piccole dimensioni, cilindrica, lanciata a grappoli contro obiettivi poco consistenti: *spezzoni incendiari* | tubo esplosivo usato spec. nella prima Guerra mondiale mediante lancio a mano, per la distruzione dei reticolati e per difesa **3** parte di una grossa compagnia teatrale che si stacca temporaneamente per dare una serie di spettacoli in piazze di provincia

spi /'spi/ **s. m. inv.** ● accorc. di *spinnaker*

♦**spìa** [dal got. **spaíha*, dalla radice indeur. **spek-* 'osservare' ✻ 1269] **A s. f. 1** chi riferisce di nascosto cose per cui altri possono subire punizioni, danni e sim.: *scoprire una s.*; *tra i congiurati c'era una s.* | ***fare la s.***, riferire ciò che può danneggiare altri: *fare la s. all'insegnante*; *fare la s. di qlco. a qlcu.* | confidente della polizia **2** chi esercita l'attività dello spionaggio: *scoprire una s. nemica*; *s. di guerra* **3** (*est.*) dispositivo collocato sulle linee di apparecchi telefonici per intercettare le telefonate **4** dispositivo ottico, acustico e sim. per segnalare determinate condizioni di funzionamento: *la s. della benzina, dell'olio*; *la s. della lavabiancheria* **5** (*fig.*) indizio, sintomo: *il rialzo dei prezzi è una s. dell'inflazione* **6** fessura in una porta o parete per vedere al di là senza essere visti **7** lista di intonaco, carta o vetro messa a cavallo di una fenditura di muro per vedere se si allarga | nelle botti, buco presso l'orlo superiore, chiuso da un vetro, per vedere quando la botte è quasi piena **8** (*mar.*) segno convenzionale che si mette agli oggetti forniti da un arsenale per riconoscerne la provenienza ‖ **spịàccia**, **pegg. B in funzione di agg. inv.** ● (posposto a un sost.) in alcune loc.: ***lampada s.***, tipo di lampada che, con la sua accensione, indica un particolare stato di funzionamento di un'apparecchiatura | ***vetro s.***, oblò in vetro di cui possono essere muniti serbatoi, autoclavi e sim. per poterne osservare l'interno | ***satellite s.***, V. *satellite*

spiaccicàre [vc. di orig. onomat. ✻ 1841] **A v. tr.** (*io spiàccico, tu spiàccichi*) ● schiacciare, spec. cosa molliccia o cedevole: *s. un insetto col piede* **B spiaccicàrsi v. intr. pron.** ● schiacciarsi | schiantarsi

spiaccichìo [1891] **s. m.** (**pl.** *-ii*) **1** lo spiaccicare continuo | lo spiaccicarsi **2** insieme di cose spiaccicate

♦**spiacènte** part. pres. di *spiacere*; anche **agg. 1** dispiaciuto, rammaricato (+ *di*, anche seguito da inf., + *che* seguito da congtv., + *per*): *s., ma lei non può stare qui*; *siamo spiacenti del disguido*; *sono s. di doverle dire che…*; *sono s. di non potere accettare*; *sono s. che tu non possa venire*; *sono s. per quanto è accaduto* **2** †odioso, sgradito: *a Dio spiacenti e a' nemici sui* (Dante *Inf.* III, 63) ‖ **spiacenteménte**, **avv.**

†**spiacènza** [da *spiacente* ✻ av. 1294] **s. f.** ● dispiacere

spiacére [da *piacere*, con *s-* ✻ av. 1250] **A v. intr.** (**coniug. come** *piacere*; **aus.** *essere*) **1** (*lett.*) causare fastidio, contrarietà: *la giovanile etade in lui mi spiace* (P. Metastasio) **2** (*lett.*) essere antipatico, non piacere: *temendo d'essergli spiaciuta* (R. Bacchelli) **3** Addolorare, dispiacere (+ *per*): *la sua ingratitudine mi è spiaciuta*; *ci spiace per voi, per quello che vi è successo* | causare rammarico, rincrescimento, disappunto (*anche impers.*) (+ inf., anche preceduto da *di*, + *che* seguito da congtv.): *mi spiace dover partire*; *dovrei scendere, se non le spiace*; *mi spiace, ma c'ero prima io*; *spiace vederlo così abbattuto*; *mi spiace di non averti telefonato*; *mi spiace che se la sia presa*; *Mi sarebbe spiaciuto che la fanciulla fosse troppo corriva* (C. Boito) **B in funzione di s. m.** ● (*lett.*) †dispiacere: *Mostrò cotanta pena degli spiaceri miei* (C. Goldoni) **C spiacérsi v. intr. pron.** ● dispiacersi, rammaricarsi (+ *di* seguito da inf.): *si è spiaciuto di non averti visto*

♦**spiacévole** [da *spiacere* ✻ 1306] **agg.** ● che dà noie, disturbo, dispiacere: *un dovere, una necessità s.* | increscioso: *avvenimento s.* **CONTR.** piacevole ‖ **spiacevolménte**, **avv.**

SFUMATURE DI SIGNIFICATO

spiacevole - fastidioso - urtante - odioso

Ciò che non piace, o che causa un dispiacere, una seccatura si definisce **spiacevole**, termine spesso usato eufemisticamente per indicare anche ciò che imbarazza o addolora. Più forte è **fastidioso**, che evoca un'idea di importunità, di di-

a b c d e f g h i j k l m n o p q r s t u v w x y z

sturbo prolungato. Ciò che infastidisce profondamente, al punto di far perdere la calma è **urtante**. Con **odioso** si indica invece ciò che è decisamente spiacevole, sgradevole o che addirittura ripugna alla coscienza morale.
SFUMATURE ➤ *increscioso*, ➤ *sgradevole*

spiacevolézza [sec. XIII] **s. f.** ● condizione di ciò che è spiacevole

♦**spiàggia** [da *piaggia*, con *s-* ✱av. 1328] **s. f.** (**pl.** *-ge*) **1** bene appartenente al demanio dello Stato, consistente nella striscia costiera delimitata dal lido del mare e dai confini delle proprietà terriere **2** correntemente, fascia di costa pianeggiante, generalmente sabbiosa, frequentata dai bagnanti nei mesi estivi: *le spiagge dell'Adriatico, del Tirreno*; *una s. elegante, popolare, affollata, solitaria*; *andare alla, in s.*; *stare, giocare, sulla s.*; *essere vestito da s.* | ***vita di s.***, quella che si svolge nelle stazioni balneari | ***tipo da s.***, (*scherz.*) che si veste, si comporta, parla e sim. in modo stravagante, eccentrico | ***lettura da s.***, leggera, non impegnativa | ***l'ultima s.***, (*fig.*) l'ultima possibilità, l'ultima speranza **3** †zona pianeggiante | †riva di un corso d'acqua ‖ **spiaggètta**, **spiaggettìna**, **dim.** | **spiaggióne**, **accr. m.**

spiaggiaménto [da *spiaggia* ✱1983] **s. m.** ● (*raro*) lo spiaggiare

spiaggiàre [da *spiaggia* ✱1983] **v. intr.** (**pres.** *io spiàggio*; **fut.** *io spiaggerò*; **aus.** *essere*) ● (*raro*) arenarsi sulla spiaggia, detto di grandi cetacei (e, *est.*, di alghe o altri organismi)

spiaggiàto [1987] **part. pass.** di *spiaggiare*; **anche agg.** ● detto di animale marino che si arena sospinto dalle correnti, o di oggetto o materiale che il mare getta sulla spiaggia: *un delfino s.*; *tronchi spiaggiati*

†**spiaménto** [av. 1292] **s. m.** ● lo spiare | spiata

spianàbile [1960] **agg.** ● che si può spianare

spianaménto [sec. XII] **s. m.** **1** azione, lavoro dello spianare **2** †spiegazione di un testo

spianàre o †**esplanàre** nel sign. A4 [lat. *explanāre*, propr. 'spiegare', comp. di *ĕx-* (*s-*) e di *plānus* 'piano, semplice' ✱sec. XII] **A** **v. tr.** **1** rendere piana una superficie eliminandone le asperità: *s. il terreno, la strada, la via* | ***s. la pasta***, stenderla, assottigliarla | ***s. le cuciture, le costure di un abito***, stirarle, ribatterle | ***s. i mattoni***, plasmare l'argilla per dare loro la forma | ***s. la fronte***, appianarne le rughe, rasserenarsi | ***s. il fucile***, e sim., puntarlo contro qlcu. | ***s. il pane***, dividere la pasta nei pezzi desiderati | ***s. le costure, le costole, a qlcu.***, (*fig.*) bastonarlo per bene **2** (*fig.*) appianare, togliere ostacoli, eliminare difficoltà: *s. la strada, la via, il cammino, a qlcu.* | (*raro*) ***s. un debito***, estinguerlo **3** abbattere, demolire: *s. una casa*; *s. una città al suolo*; *proposero di s. per onore dell'imperatore … le mura e le fosse della città* (L.A. Muratori) **4** †spiegare: *con esso spianavano la santa Scrittura* (Caterina da Siena) **B** **v. intr.** (**aus.** *avere*) ● (*raro*) assumere un andamento pianeggiante: *più in alto la strada spiana* **C** **spianàrsi** **v. intr. pron.** ● distendersi: *La fronte dell'innominato s'andò spianando* (A. Manzoni) | †diventare piano

spianàta [av. 1348] **s. f.** **1** lo spianare **2** spazio di terreno spianato, pianeggiante | (*est.*) spiazzo | (*milit.*) †tratto di terreno sgombro intorno agli spalti o alle mura di una fortezza **3** focaccia di pane; schiacciata ‖ **spianatina**, **dim.**

spianàto **A** **part. pass.** di *spianare*; **anche agg.** **1** nei sign. del v. | ***col fucile s.***, (*fig.*) detto di chi è pronto a criticare o attaccare gli altri al minimo errore: *tutti mi sono addosso col fucile s.* (C.E. Gadda) **2** (*mus.*) ***canto s.***, continuo, legato, senza virtuosismi | come specificazione di un movimento richiede un'esecuzione ariosa, di ampio respiro: *andante s. e grande polacca di Chopin* **B** **s. m.** ● †luogo piano e aperto

spianatóia [da *spianato* ✱1459] **s. f.** ● asse su cui si spiana la pasta

spianatóio [1681] **s. m.** (**pl.** *-ói*) ● ogni attrezzo che serve a spianare | mattarello

spianatóre① [av. 1348] **s. m.** (**f.** *-trice* (**V.**)) ● (*raro*) chi spiana

†**spianatóre**② o †**esplanatóre** [dal lat. *explanatōre(m)* 'interprete', da *explanātus*, part. pass. di *explanāre* 'spiegare' ✱sec. XIII] **s. m.** ● interprete di un testo

spianatrice [f. di *spianatore*① ✱1940] **s. f.** ● veicolo automotore o a traino, provvisto di particolari attrezzature per lavori di spianamento del terreno

spianatùra [1556] **s. f.** ● operazione, lavoro dello spianare

spiàno [da *spianare* ✱av. 1606] **s. m.** **1** (*raro*) lo spianare | terreno spianato **2** anticamente, quantità di grano assegnata in Firenze dal magistrato dell'abbondanza a ogni fornaio per fare il pane | ***mezzo s.***, assegnazione ridotta | ***tutto s.***, assegnazione intera | ***a tutto s.***, (*fig.*) senza interruzione e in abbondanza: *spendere, divertirsi, a tutto s.*

spiantaménto [1679] **s. m.** ● (*raro*) lo spiantare

spiantàre [lat. *explantāre* 'sradicare', da *plănta* 'pianta', con *ĕx-* (*s-*) ✱av. 1373] **A** **v. tr.** **1** (*raro*) sradicare, svellere: *s. un albero* | togliere ciò che è conficcato: *s. un palo* | †abbattere, radere al suolo: *s. una fortezza* **2** (*fig.*) ridurre in miseria: *il vizio del gioco lo ha spiantato* **3** (*fig.*) †distruggere, estirpare: *s. il vizio* **B** **spiantàrsi** **v. intr. pron.** ● andare in rovina, ridursi in miseria

spiantàto **A** **part. pass.** di *spiantare*; **anche agg.** ● nei sign. del v. **B** **s. m.** (**f.** *-a*) ● chi è ridotto in miseria | chi non gode di buone condizioni finanziarie: *sposare uno s.*; *uno s. senz'arte né parte* (G. Verga)

spiantatóre [sec. XIII] **s. m.** **1** (**f.** *-trice*) (*raro*) chi spianta **2** (*agric.*) ferro in forma di zappa molto ricurva o di embrice, con manico, per levare dal terreno le piccole piante con la zolla

spiànto [da *spiantare* ✱av. 1725] **s. m.** ● rovina, povertà assoluta, miseria, spec. nelle loc. ***andare, mandare, a, in, s.***

♦**spiàre** [dal got. **spaihōn*. V. *spia* ✱sec. XII] **v. tr.** **1** seguire di nascosto e con attenzione azioni e comportamento altrui per curiosità, per informazione o per riferire ad altri: *uno sconosciuto ci sta spiando*; *il nemico spia le nostre mosse* | scrutare qlcu. per comprenderne i sentimenti: *s. il volto di qlcu.*; *s. qlcu. in volto* **2** cercare di conoscere, di sapere: *s. i segreti altrui* | ***s. l'avversario***, cercare di scoprire il suo gioco per poterlo prevenire | (*est.*) aspettare con vigile attenzione: *s. l'occasione, il momento propizio* **3** (*lett.*) esplorare, indagare: *egli intorno spia s'adito alcuno / … aprir si mira* (T. Tasso)

spiàta [1922] **s. f.** ● atto dello spiare | delazione: *è stato arrestato in seguito a una s.*

†**spiatóre** [da *spiare* ✱av. 1347] **s. m.** (**f.** *-trice*) ● chi spia

spiattellaménto [1872] **s. m.** ● (*raro*) lo spiattellare

♣**spiattellàre** [da *piattello*, con *s-* ✱av. 1565] **v. tr.** (*io spiattèllo*) **1** dire, dichiarare, riferire apertamente e senza riguardi cose riservate, delicate, segrete e sim.: *s. la verità in faccia a qlcu.*; *il complice ha spiattellato tutto*; *spiattellò il fatto per filo e per segno* **SIN.** spifferare **2** mettere sotto gli occhi, mostrare chiaramente: *gli spiattellò la lettera davanti agli occhi*

spiazzaménto [1970] **s. m.** ● (*sport*) nel calcio, nel tennis e sim., azione di spiazzare l'avversario

spiazzàre [da *piazza*, con *s-* ✱1942] **v. tr.** **1** (*sport*) nel calcio, nel tennis e sim., fare perdere all'avversario la posizione ottimale di gioco: *s. il portiere con una finta e segnare* **2** (*fig.*) mettere, spec. con astuzia, qlcu. in posizione sfavorevole o inopportuna: *s. un avversario politico* | disorientare: *la sua richiesta mi ha spiazzato*

spiazzàta [da *piazza* con *s-* ✱1865] **s. f.** **1** (*raro*) spazio libero e aperto, radura **2** (*fig.*) zona del cuoio capelluto priva di capelli

spiàzzo [da *piazza*, con *s-* ✱sec. XIV] **s. m.** ● spazio, piuttosto ampio, libero e aperto: *uno s. erboso* ‖ **spiazzètto**, **dim.**

†**spìca** ➤ **spiga**

spicanàrdi ➤ **spigonardo**

spicanàrdo ➤ **spigonardo**

†**spicàre** ➤ **spigare**

spicàstro [vc. scient. moderna, dal lat. *spīca* (nom.) 'spiga' ✱1960] **s. m.** ● (*bot.*) infiorescenza simile a una spiga, caratteristica delle Labiate

spiccàce [da *spiccare* ✱1865] **agg.** ● detto di susina, pesca e sim., la cui polpa si stacca agevolmente dal nocciolo **SIN.** spiccagnolo, spiccatoio, spicco② **CONTR.** duracino

spiccàgnolo [1868] **agg.** ● spiccace, spiccatoio, spicco②

spiccaménto [av. 1547] **s. m.** ● (*raro*) lo spiccare

♦**spiccàre** [calco su *appiccare* con cambio di pref. (*s-*) ✱1282] **A** **v. tr.** (*io spìcco, tu spìcchi*) **1** staccare una cosa unita o attaccata a un'altra (*anche fig.*): *s. un fiore dalla pianta*; *s. la testa dal busto*; *Don Gesualdo spiccherebbe di lassù il sole … per farvi piacere* (G. Verga) | ***s. il bollore***, cominciare a bollire | ***s. un muro***, cominciare a elevarlo | ***s. le parole, le sillabe***, pronunciare distintamente **2** nel linguaggio giudiziario e commerciale, emettere: *s. un mandato di cattura*; *s. una tratta, un assegno* **3** compiere un movimento brusco e repentino staccandosi da terra, spec. nelle loc.: ***s. un salto, un balzo*** | ***s. il volo***, elevarsi in volo, detto di uccelli; (*fig.*) andarsene, spec. verso esperienze nuove **B** **v. intr.** (**aus.** *avere*) ● fare spicco, distinguersi, risaltare: *spicca fra tutti per bellezza*; *spicca su tutti per intelligenza*; *il bianco spicca sul nero*; *il tuo vestito spicca tra la folla*; *questo colore spicca poco* | ***fare s.***, dare risalto: *l'azzurro fa s. i suoi occhi* **SIN.** risaltare **C** **spiccàrsi** **v. intr. pron.** ● staccarsi con facilità dal nocciolo, detto di frutta **D** **spiccàrsi** **v. rifl.** ● (*raro*, *lett.*) staccarsi da un luogo con movimento brusco e improvviso: *veloce Ettorre / dalle soglie si spicca* (V. Monti)

♣**spiccàto** **A** **part. pass.** di *spiccare*; **anche agg.** **1** nei sign. del v. **2** marcato, pronunciato: *uno s. accento americano* | notevole, singolare: *possiede una spiccata intelligenza* ‖ **spiccataménte**, **avv.** **1** distintamente, con risalto **2** marcatamente: *una letteratura spiccatamente paesana* (G. Carducci) **B** **s. m.** **1** (*edil.*) tracciamento dei piedritti sopra un basamento | ***piano di s.***, ogni piano sul quale i piedritti cambiano sezione, in particolare quello in cui i piedritti partono dalle fondamenta **2** (*mus.*) colpo d'arco degli strumenti ad arco che ottiene staccati rapidi, virtuosistici con l'arco rimbalzante sulla corda

spiccatóio [av. 1587] **agg.** (**pl. m.** *-ói*) ● spiccace, spiccagnolo, spicco②

S

spìcchio [lat. *spīculu(m)* 'punta', dim. di *spīcus*, *spīca* 'spiga, spicchio' ✱av. 1320] **s. m.** **1** ciascuna delle parti (o logge) avvolte da una sottile pellicola e colme di succo in cui sono divisi gli agrumi | ciascuno dei piccoli bulbetti ovoidali che nell'insieme formano il bulbo dell'aglio | (*est.*) ciascuna delle parti, simile per forma agli spicchi degli agrumi, in cui si può tagliare qualunque frutto: *uno s. di pera, di mela* **2** (*est.*) qualunque cosa la cui forma sia simile a quella di uno spicchio: *uno s. di torta, di formaggio; in ciel lo s. / della bianca luna nacque* (U. SABA) | ***a spicchi***, formato di parti a forma di spicchi: *essere fatto a spicchi* | ***berretta a spicchi***, quella a tre punte dei preti | †***di s.***, †***per s.***, di sghembo, di fianco | (*tosc.*) ***s. di petto***, punta di manzo o di bue **3** (*mat.*) ***s. sferico***, intersezione di una sfera con un diedro il cui spigolo passa per il centro **4** (*arald.*) porzione o raggio di una croce propria di ordine cavalleresco || **spicchiétto**, dim.

SFUMATURE ➤ ***frammento***

†**spicchiùto** [av. 1375] **agg.** ● fatto a spicchi

spicciafaccènde [dalla loc. *spicciare una faccenda* ✱1956] **A s. m. e f. inv.** ● chi sbriga incombenze per conto di altri | (*raro*) faccendiere **B** anche **agg. inv.**: *un impiegato s.*

spicciàre [dall'ant. fr. *despeechier*, moderno *dépêcher* 'sbarazzare', dal lat. parl. **dispedicāre*, comp. di *dis-* 'via' e di *pĕdica* 'laccio per i piedi', da *pēs*, genit. *pĕdis* 'piede'. V. *spacciare, impicciare* ✱1313] **A v. tr.** (**pres.** *io spìccio*; **fut.** *io spiccerò*) **1** sbrigare in fretta: *s. una faccenda* | (*pop.*) ***spicciarsela***, togliersi d'impiccio **2** soddisfare qlcu. consentendogli di andarsene: *la spiccio subito; s. gli avventori, i clienti* **3** (*tosc.*) sgombrare: *s. una stanza* **4** spicciolare, cambiare in spiccioli: *s. un biglietto da dieci euro* **5** †spiccare, staccare **B v. intr.** (**aus.** *essere*) ● (*raro*) sgorgare con impeto, detto dei liquidi: *il sangue spiccia dalla ferita* **C spicciàrsi v. intr. pron.** ● fare presto, sbrigarsi: *su, spicciati!*

spicciativo [da *spicciare* ✱1777] **agg.** ● sbrigativo, svelto: *rimedio s.* | che usa metodi sbrigativi: *un tipo s.* || **spicciativaménte**, **avv.** || **spicciatività**, **s. f. inv.**

spiccicàre [calco su *appiccicare*, con cambio di pref. (*s-*) ✱av. 1548] **A v. tr.** (*io spìccico, tu spìccichi*) ● staccare una cosa appiccicata, separare cose appiccicate (**anche fig.**): *s. un francobollo attaccato a un foglio; non si riesce a s. quei due innamorati* | ***s. le parole***, pronunciarle chiaramente | ***non s. parola***, non articolare, non proferire parola: *quando si emoziona non riesce a s. parola* **B spiccicàrsi v. intr. pron.** ● staccarsi | (*fig., fam.*) liberarsi da qlcu. o da qlco. noioso, indesiderato e sim.: *dobbiamo spiccicarci da quel ficcanaso*

spiccicàto **part. pass.** di *spiccicare*; anche **agg.** ● staccato | (*fig., centr.*) identico, tale e quale, molto simile: *è suo padre s.!*

spìccio① [agg. da *spicciare* ✱sec. XIV] **agg.** (**pl. m.** *-ci*; **pl. f.** *-ce*) **1** sollecito, sbrigativo: *è una cosa spiccia; usare mezzi spicci* | ***andare per le spicce***, (*ellitt.*) senza fare cerimonie e senza avere tanti riguardi **2** (*tosc.*) libero, disimpegnato: *avere le mani spicce* | sgombro: *stanza spiccia*

spìccio② ➤ **spicciolo**

spicciolàme [1872] **s. m.** ● quantità di monete spicciole

spicciolàre① [da *picciolo*, con *s-* ✱av. 1512] **v. tr.** (*io spicciòlo*) ● staccare dal picciolo gli acini d'uva **SIN.** sgranellare | staccare dal calice i petali dei fiori

spicciolàre② [da *spicciolo* ✱1842] **v. tr.** (*io spìcciolo*) ● cambiare in moneta spicciola: *s. cinque euro*

spicciolàto **part. pass.** di *spicciolare*①; anche **agg.** **1** nei sign. del v. | (*lett.*) isolato, uno alla volta: *[i bravi] discesero spicciolati* (A. MANZONI) **2** nella loc. ***alla spicciolata***, separatamente, pochi per volta: *arrivare, giungere, alla spicciolata*

spìcciolo o **spìccio**② [da *spicciare* ✱av. 1800] **A agg.** **1** minuto, spezzato in piccoli tagli, detto di denaro: *soldi spiccioli; monete spicciole* **2** (*tosc.*) ordinario, semplice: *gente spicciola* **B s. m.** ● (**spec. al pl.**) moneta spicciola: *rimanere senza spiccioli; cambiare una banconota in spiccioli* || **spiccioletto**, **dim.**

spìcco① [deriv. di *spiccare* ✱1556] **s. m.** (**pl.** *-chi*) ● lo spiccare, il risaltare | risalto, rilievo: *fare s.* | ***di spicco***, importante, significativo

spìcco② [part. pass. contratto di *spiccare* ✱1846] **agg.** (**pl. m.** *-chi*) ● spiccace, spiccagnolo, spiccatoio

spicconàre [da *picconare*, con *s-* ✱1942] **A v. tr.** (*io spiccóno*) ● demolire a colpi di piccone: *s. un muro* **B v. intr.** (**aus.** *avere*) ● lavorare di piccone: *sta tutto il giorno a s.*

spicilègio [vc. dotta, dal lat. *spicilĕgiu(m)* 'spigolatura', comp. di *spīca* 'spiga' e *-lĕgium*, da *lĕgere* 'raccogliere' ✱1499] **s. m.** ● (*lett.*) raccolta, scelta di scritti

spicinàre [dal tardo lat. *micīna*, dim. di *mīca* 'briciola', con *s-* e prob. sovrapposizione di *piccino* ✱av. 1597] **v. tr.** (*io spìcino* o *spicìno*) ● (*fam., tosc.*) disfare in pezzettini | sbriciolare | (*est.*) stritolare

spicinìo [da *spicinare* col suff. *-io*① ✱1891] **s. m.** (**pl.** *-ii*) ● (*fam., tosc.*) lo spicinare | (*est.*) sperpero | (*est.*) sconquasso, trambusto

spìcola o **spìcula** [vc. scient. moderna, dal dim. del lat. *spīca* (nom.) 'spiga' ✱1885] **s. f.** **1** (*zool.*) formazione scheletrica, calcarea o silicea, tipica dei Poriferi **2** (*astron.*) piccola propaggine luminosa rilevabile sulla cromosfera solare

spìculo [vc. dotta, dal lat. *spīculu(m)* 'punta', da *spīca* 'spiga'. V. *spicchio, spigolo* ✱sec. XIV] **s. m.** ● (*lett.*) punta di dardo

spider /'spaider, *ingl.* 'spaɪdə(r)/ [vc. ingl., accorc. di *spider phaeton* antica carrozza a due posti ✱1915] **s. m. o f. inv.** ● automobile scoperta a due posti, di tipo sportivo, munita di capote **CFR.** cabriolet, roadster || **spiderìno**, **dim. m.**

spidocchiàre [da *pidocchio*, con *s-* ✱av. 1492] **A v. tr.** (*io spidòcchio*) ● liberare dai pidocchi: *s. un indumento* **B spidocchiàrsi v. tr. pron.** (**aus.** *essere*) ● liberare dai pidocchi: *spidocchiarsi la testa* **C spidocchiàrsi v. rifl.** ● levarsi i pidocchi

spiedàta [sec. XIV] **s. f.** ● quantità di carne che si può infilare in uno spiedo in una sola volta: *una s. di quaglie*

†**spiède** ➤ **spiedo**

spiedìno [sec. XVIII] **s. m.** **1** dim. di *spiedo* **2** (**al pl.**) bocconcini di carni diverse o pesce infilzati su piccoli spiedi e arrostiti sulla griglia, nel forno o in padella

spièdo o †**spiède** [dall'ant. fr. *espiet*, dal francone *speut*. V. *schidione* ✱1268] **s. m.** **1** arma bianca costituita da un ferro lungo e acuminato a sezione generalmente poligonale, inastato, anticamente usato per la caccia e la guerra **2** ferro appuntito del girarrosto, sul quale si infilza la carne, spec. selvaggina, da arrostire alla fiamma: *girare lo s.; pernici allo s.* **3** (*est.*) spiedata: *uno s. di quaglie* || **spiedino**, **dim.** (V.) | **spiedóne**, **accr.**

spièga [forma ridotta di *spiega(zione)* ✱av. 1748] **s. f.** **1** (*disus.*) nota esplicativa | glossa **2** (*colloq.*) spiegazione, descrizione

spiegàbile [vc. dotta, dal lat. tardo *explicābile(m)*, da *explicāre* 'spiegare'. V. *inesplicabile* ✱av. 1686] **agg.** ● che si può spiegare **CONTR.** inspiegabile || **spiegabilità**, **s. f. inv.**

spiegacciàre e deriv. ➤ **spiegazzare** e deriv.

spiegaménto [da *spiegare* ✱av. 1332] **s. m.** **1** †spiegazione **2** (*milit.*) insieme dei movimenti che una unità compie per assumere la formazione da combattimento | ***s. di forze***, concentramento di grande quantità di truppe in armi o di forze di polizia pronte a entrare in azione

♦**spiegàre** [lat. *explicāre*, propr. 'svolgere, sciogliere', comp. di *ĕx-* (*s-* sottratt.) e *plicāre* 'piegare'. V. *piegare, esplicare*; per calco sul fr. *déployer* nel sign. A 5 ✱sec. XIII] **A v. tr.** (*io spiègo, tu spièghi*) **1** distendere, allargare, svolgere, ciò che è piegato, involto, o sim.: *s. la tovaglia, il tovagliolo, la rete, la bandiera* | ***s. le vele***, stenderle nella loro ampiezza | ***s. le vele al vento***, (*lett.*) salpare; (*est.*) partire | ***s. le ali***, aprirle per volare | ***s. il volo***, volare ad ali spiegate | (*fig.*) ***s. la voce, il canto***, emetterli in tutta la loro estensione **2** (*fig.*) rendere intelligibile, chiaro, piano, ciò che presenta difficoltà di comprensione: *s. il senso di una frase; s. il significato di una parola; s. un enigma, un rebus, una sciarada* | esporre commentando, chiarendo, interpretando: *s. un teorema, una formula, un brano filosofico; s. le opere di Dante, ecc.; s. Dante; io potrei con ... molti esempi spiegar la ricchezza della natura* (G. GALILEI) **3** (*est.*) insegnare, far capire: *spiegami come devo fare; gli ho spiegato la strada da prendere* | far conoscere, esporre, raccontare: *spiegami come si è svolto il fatto; mi ha spiegato che non intendeva offendermi* **4** (*raro*) manifestare, mostrare: *s. zelo, forza* | svolgere: *s. una grande attività* **5** (*milit.*) disporre unità in formazione da combattimento: *s. le truppe, le schiere* **B spiegàrsi v. tr. pron.** (**aus.** *essere*) ● capire qlco., rendersene conto: *non mi spiego il suo modo di agire; non riesco a spiegarmi quella frase; ora mi spiego perché non rispondeva al telefono!; non mi spiego come ci sia riuscito; Più ci penso, meno riesco a spiegarmelo* (L. PIRANDELLO) **C spiegàrsi v. rifl.** ● manifestare chiaramente il proprio pensiero: *vedo che non mi sono spiegato; con voi non mi spiego mai; in tedesco non riesco a spiegarmi* | ***spiegati, spiegatevi***, e sim., come invito a parlar chiaro | ***mi spiego?, mi sono spiegato?***, per sottolineare quanto detto, spesso con un tono di avvertimento: *la prossima volta, chi arriva in ritardo resta fuori: mi sono spiegato?* | ***non so se mi spiego ...***, per sottolineare le implicazioni o i sottintesi esistenti in quanto detto (*anche iron.*) **D spiegàrsi v. rifl. recipr.** ● venire a una spiegazione: *dopo la lite si sono spiegati* | ***spieghiamoci***, beninteso: *l'automobile, spieghiamoci, non gliel'ho regalata* **E spiegàrsi v. intr. pron.** **1** aprirsi, svolgersi: *le vele si spiegano al vento; le tenere fronde al sol si spiegano* (L. DE' MEDICI) **2** diventare chiaro, comprensibile: *ecco che il problema si spiega*

†**spiegativo** [da *spiegato* ✱av. 1686] **agg.** ● (*raro*) esplicativo

spiegàto **part. pass.** di *spiegare*; anche **agg.** **1** nei sign. del v. **2** ***a voce spiegata***, a piena voce | ***a sirene spiegate***, avendo attivato il segnale acustico usato dai veicoli di impiego urgente: *la polizia è accorsa a sirene spiegate* | ***a vele spiegate***, (*fig.*) con successo, senza ostacoli: *la squadra procede a vele spiegate verso lo scudetto* | †***alla spiegata***, (*ellitt.*) difilato, senza fermarsi || **spiegataménte**, **avv.** **1** apertamente, chiaramente **2** per esteso

spiegatóre [dal lat. *explicatōre(m)*, da *explicātus* 'spiegato' ✱1625] **s. m.** (**f.** *-trice*) ● (*raro*) chi spiega

spiegatùra [av. 1566] **s. f.** **1** (*raro*) lo svolgere ciò che è piegato o involto **2** (*lett.*) spiegazione | (*lett.*) svolgimento, stesura

♦**spiegazióne** [vc. dotta, dal lat. *explicatiōne(m)*, da *explicātus* 'spiegato' ✱ av. 1463] **s. f.** **1** chiarimento di ciò che presenta difficoltà di comprensione: *la s. di un dubbio*; *la s. dell'enigma*; *ascoltare la s. dell'insegnante*; *la s. di un testo*; *s. chiara, confusa*; *poche parole di s.* **2** ciò che serve a spiegare, a chiarire, a risolvere: *ecco la s. del mistero*; *non trovo s. a questo fatto*; *non c'è una s. plausibile*; *la s. è cervellotica*; *non c'è alcuna s.*; *chiedere spiegazioni a qlcu. di qlco.* **3** giustificazione di chi deve render conto di qlco.: *chiedere una s. a qlcu.*; *dare, ottenere, una s.*; *pretendere una s.* | discussione chiarificatrice: *avere una s. con qlcu.*; *venire a una s.*; *Una franca s. non ci starebbe?* (C. PAVESE) ‖ **spiegazioncèlla**, **dim.** | **spiegazioncìna**, **dim.**

spiegazzaménto o (*raro*) **spiegacciaménto** [1960] **s. m.** ● lo spiegazzare

spiegazzàre o (*raro*) **spiegacciàre** [da *piegare*, con *s-* e suff. iter.-pegg. ✱ 1842] **A** **v. tr.** ● piegare in malo modo: *s. un foglio* | sgualcire **B** **spiegazzàrsi** **v. intr. pron.** ● piegarsi in malo modo | sgualcirsi

spiegazzatùra [1907] **s. f.** ● spiegazzamento | piega o serie di pieghe

spiemontiẓẓàre [da *Piemonte*, con *s-* ✱ 1802] **A** **v. tr.** ● rendere non piemontese o meno piemontese **B** **spiemontiẓẓàrsi** **v. intr. pron.** ● perdere i modi, le caratteristiche piemontesi ‖ **spiemontiẓẓazióne**, **s. f.**

spietatézza [1676] **s. f.** ● caratteristica di chi (o di ciò che) è spietato | atto spietato

spietàto [da *pietà*, con *s-* ✱ av. 1250] **agg.** **1** che è senza pietà, che non ha pietà: *essere, mostrarsi, s. verso qlcu.*; *tiranno s.*; *sentenza spietata* | crudele, inesorabile: *tanto è spietata la mia sorte e dura, / che mostrar non la pon rime né verso* (M.M. BOIARDO) **CONTR.** pietoso **2** (*fig.*) accanito, ostinato: *concorrenza spietata*; *fare una corte spietata a qlcu.* ‖ **spietataménte**, **avv.** in modo spietato, crudele

SFUMATURE ➤ ***crudele***

†**spietóso** (o **-ṣo**) [da *pietoso*, con *s-* ✱ av. 1328] **agg.** ● impietoso

spietràre [comp. parasintetico di *pietra*, col pref. *s-* ✱ 1922] **v. tr.** (*io spiètro*) ● (*agric.*) togliere le pietre da un terreno, un pascolo e sim. per renderne più facile la coltivazione o l'uso

spietratùra [da *spietrare* ✱ 1983] **s. f.** ● (*agric.*) lavoro dello spietrare

spifferaménto [1960] **s. m.** ● (*raro*) lo spifferare

♣**spifferàre** [da *piffero*, con *s-* ✱ av. 1574] **A** **v. tr.** (*io spìffero*) ● (*colloq.*) raccontare senza alcun riserbo ciò che si è visto, udito o saputo: *ha spifferato tutto* | dire apertamente: *gli ho spifferato tutto ciò che pensavo* **SIN.** spiattellare **B** **v. intr.** (aus. *avere*) ● soffiare tra le fessure, detto di vento o sim.

spifferàta [1873] **s. f.** **1** lo spifferare | spiata **2** (*raro*) suonata di pifferi

spìffero [da *spifferare* ✱ 1870] **s. m.** ● soffio di vento proveniente da una stretta apertura: *da sotto la porta viene uno s.*

spifferóne [1891] **s. m.** (**f.** *-a*) ● (*fam.*) chi spiffera con facilità

♦**spiga** o †**spica** [lat. *spīca(m)* 'punta', di etim. incerta ✱ sec. XIII] **A** **s. f.** **1** (*bot.*) infiorescenza con fiori sessili inseriti su un asse allungato: *s. semplice* | ***s. composta***, formata da piccole spighe o spighette **2** (*assol.*) correntemente, spiga di frumento: *le spighe biondeggiano*; *il grano ha messo le spighe*; *cogliere una s.* | (*pop.*, *bot.*) ***s. bianca***, pannocchina | ***a s.***, a forma di spiga | ***pavimento a s.***, fatto con mattonelle che divergono obliquamente | ***tessuto a s.***, lavorato a spiga, spigato ‖ **spighétta**, **dim.** (V.) **B** in funzione di agg. inv. ● (posposto al sost.) nella loc. ***punto s.***, punto di ricamo in cui i punti ripetono il motivo della spiga

spigàme [1375] **s. m.** ● (*tosc.*) quantità di spighe

spiganàrdo ➤ **spigonardo**

spigàre o †**spicàre** [lat. *spicāre*, da *spīca* 'spiga' ✱ av. 1250] **v. intr.** (*io spìgo, tu spìghi*; aus. *essere* o *avere*) **1** fare la spiga, detto di cereali: *il grano comincia a s. tra aprile e maggio* **2** (*est.*) allungarsi nella cima a mo' di spiga, perdendo freschezza, detto di ortaggi

spigàto [sec. XIII] **A** **agg.** **1** (*bot.*) che ha fiori disposti a spiga **2** fatto, lavorato a spiga | ***tessuto s.***, che nel disegno, per il suo intreccio diagonale, ricorda il tracciato, a componenti oblique, di una spiga **SIN.** spinato **B** **s. m.** ● tessuto spigato

spigatùra [sec. XIV] **s. f.** ● nei cereali, formazione di spighe | epoca in cui i cereali spigano

spighétta [da *spiga* ✱ 1608] **s. f.** **1** dim. di *spiga* **2** (*bot.*) insieme dei fiori riuniti e avvolti dalle glume che nelle Graminacee formano la spiga composta **3** nastro di seta o cotone intrecciato usato in sartoria o tappezzeria

spigionaménto [1673] **s. m.** ● (*raro*) cessazione di una locazione

spigionàrsi [da *pigione*, con *s-* ✱ 1832] **v. intr. pron.** (*io mi spigióno*) ● (*disus.* o *tosc.*) restare spigionato, sfitto: *l'appartamento si è appena spigionato*

†**spigliàre** [calco su *impigliare*, con cambio di pref. (*s-*) ✱ sec. XIII] **v. tr.** e **spigliàrsi** **v. intr. pron.** **1** rendere disinvolto, diventare disinvolto **2** †districare, districarsi | †affrettarsi

spigliatézza [sec. XIV] **s. f.** ● caratteristica di chi (o di ciò che) è spigliato

♣**spigliàto** [1268] **part. pass.** di *spigliare*; anche **agg.** ● disinvolto, franco, privo di impacci: *maniere spigliate*; *parlare in modo s.* **CONTR.** impacciato ‖ **spigliataménte**, **avv.** in modo spigliato, disinvolto

SFUMATURE DI SIGNIFICATO

spigliato - disinvolto - cordiale

Chi è sicuro di sé e si destreggia nelle relazioni sociali senza impacci, timidezze o indecisioni si definisce **spigliato** o **disinvolto**, termini che suggeriscono anche scioltezza e immediatezza di comportamento. **Cordiale** è chi non solo è a suo agio nel rapporto con gli altri, ma è anche animato da affabilità, gentilezza e partecipazione.

spignattàre [da *pignatta*, con *s-* ✱ 1942] **v. intr.** (aus. *avere*) ● (*fam.*) darsi da fare intorno ai fornelli per cucinare **SIN.** spadellare

†**spìgnere** e deriv. ➤ **spingere**① e deriv.

spignoraménto [1960] **s. m.** ● lo spignorare, il venire spignorato

spignoràre [da *pignorare*, con *s-* ✱ 1877] **v. tr.** (*io spìgnoro* o, più diffuso ma etim. meno corretto, *spignòro*) **1** liberare ciò che era stato sottoposto a pignoramento **CONTR.** pignorare **2** (*est.*) riscattare ciò che era stato dato in pegno come garanzia di un prestito **CONTR.** impegnare

spigo [lat. *spīcu(m)*, variante di *spīca* 'punta, spiga' ✱ sec. XIII] **s. m.** (**pl.** *-ghi*) ● (*bot.*) lavanda

spìgola [dim. di *spiga*, perché ha il dorso spinoso ✱ 1560] **s. f.** ● pesce dei Perciformi di taglia considerevole, con due spine sull'opercolo e nella prima pinna dorsale, carnivoro, con carni pregiate (*Dicentrarchus labrax*) **SIN.** branzino, pesce ragno

spigolàre① [da *spiga*, con suff. iter. ✱ 1313] **v. tr.** (*io spìgolo*) **1** raccattare le spighe rimaste sul campo dopo la mietitura (*spec. assol.*): *andare a s.* **2** (*fig.*) raccogliere, ricercare, cose o fatti minuti, sparsi: *s. curiosità letterarie*

spigolàre② [da *spigolo* ✱ 1975] **v. intr.** (*io spìgolo*; aus. *avere*) ● inclinare gli sci facendo presa sugli spigoli, spec. per ottenere una maggiore tenuta sulla neve

spigolatóre [av. 1604] **s. m.** (**f.** *-trice*) ● chi spigola (*anche fig.*)

spigolatùra [da *spigolare*① ✱ 1574] **s. f.** **1** raccolta delle spighe rimaste sul campo **2** (*fig.*, spec. al pl.) raccolta di aneddoti, notizie, curiosità: *spigolature di cronaca mondana*

†**spigolìstro** [da *spigolo*, con un raro suff. corrispondente ad *-astro* ✱ av. 1342] **agg.** e **s. m.** (**f.** *-a*) ● bacchettone, bigotto | (*est.*) falso, ipocrita | (*lett.*) pedante, pignolo

spigolo [lat. *spīculu(m)*, da *spīca*, *spīcus* 'punta' ✱ 1319] **s. m.** **1** (*mat.*) ***s. di un poliedro***, uno dei lati delle facce del poliedro | ***s. di un diedro***, intersezione dei due semipiani che individuano il diedro | ***s. di un grafo***, uno degli elementi di un grafo che congiungono due vertici | (*miner.*) segmento che segna l'intersezione di due facce contigue di un cristallo **2** correntemente, parte angolare o laterale prominente di costruzioni, oggetti e sim.: *lo s. della casa, della finestra, del tavolo*; *battere, urtare, in, contro, uno s.* | ***s. vivo***, non smussato **3** nell'alpinismo, struttura rocciosa prominente formata dalla convergenza di due superfici o pareti **4** (spec. al pl., *fig.*) asprezza, ruvidezza: *smussare gli spigoli del proprio carattere* | ***essere tutto spigoli***, molto scontroso

spigolóso (o **-ṣo**) [1941] **agg.** **1** pieno di spigoli **2** (*fig.*) scontroso, brusco: *un tipo s.*; *avere un carattere s.* **SIN.** angoloso | arduo, difficile: *una questione spigolosa* ‖ **spigolosaménte**, **avv.** ‖ **spigolosità**, **s. f. inv.** caratteristica di ciò che è spigoloso; (*fig.*) durezza, asprezza

spigonàrdo o **spicanàrdo**, **spicanàrdi**, **spiganàrdo** [dalla variante *spicanardi*, dal lat. *spīca nārdi*, propr. 'la spiga del nardo' ✱ av. 1508] **s. m.** ● (*bot.*) lavanda coltivata

spigóne [da *spiga* ✱ 1602] **s. m.** ● (*mar.*; *disus.*) asta che serve a prolungare pennone o antenna

spigrìre [da *pigro*, con *s-* ✱ av. 1367] **A** **v. tr.** (*io spigrisco, tu spigrisci*) ● rendere meno pigro: *il lavoro lo ha spigrito* **CONTR.** impigrire **B** **v. intr.** † e **spigrìrsi** **v. intr. pron.** ● diventare meno pigro

SFUMATURE DI SIGNIFICATO

spigrire - scuotere - sveltire

Stimolare fortemente una persona pigra, indolente, tanto da vincere la sua resistenza a fare, ad agire si dice **spigrire**. **Scuotere** ha lo stesso significato, ma si usa in riferimento a persone che si trovano in uno stato di torpore, apatia o insensibilità non necessariamente dovuto a pigrizia di carattere. **Sveltire** si usa invece in relazione a chi non solo è pigro ma anche un po' lento, imbranato o troppo ingenuo.

spike /*ingl.* spaɪk/ [vc. ingl., propr. 'punta, lancia' ✱ 1989] **s. m. inv.** **1** (*fis.*) regione localizzata di un materiale che è stata danneggiata in seguito all'azione di radiazioni nucleari **2** segnale elettrico o sim. molto breve e intenso, la cui rappresentazione in un grafico su assi cartesiani ha una tipica forma appuntita

spikeràggio [1983] **s. m.** ● adattamento di *speakeraggio* (V.)

♦**spilla** [lat. tardo *spīnula(m)*, dim. di *spīna*. V. *spina* ✱ av. 1342] **s. f.** **1** (*centr.*, *sett.*) spillo | ***s. da balia, s. di sicurezza, s. inglese***, spillo doppio la cui estremità si inserisce in un fer-

S

maglio a molla che ne copre la punta e la tiene bloccata **2** gioiello che si appunta per ornamento: *una s. d'oro, di brillanti*; *s. da cravatta* ‖ **spillétta**, **spillettina**, **dim.** | **spillìna**, **dim.** | **spillóna**, **accr.**

spillaccheràre [da *pillacchera*, con *s-* ✱ 1559] **v. tr.** (*io spillàcchero*) ● (*tosc.*) pulire dalle pillacchere: *spillaccherarsi i calzoni* **CONTR.** impillaccherare

spillàio [1891] **s. m.** (**f.** *-aia*, **pl. m.** *-ai*) ● chi fa o vende spilli

spillaménto [da *spillare*② ✱ av. 1861] **s. m.** **1** (*raro*) lo spillare | (*enol.*) operazione di travaso del vino **2** (*fig.*, *lett.*) insistente richiesta di denaro

spillàre① [da *spilla* ✱ 1960] **v. tr.** ● unire fogli di carta e sim. mediante spilli, punti metallici e sim.: *s. dei fogli*

spillàre② [da *spillo* ✱ 1377] **A v. tr.** **1** (*raro* o *lett.*) forare con lo spillo la botte per cavarne il vino, spec. per l'assaggio: *Lui andò a s. una sua botticina* (A. MANZONI) | attingere vino (o birra) dalla botte, facendolo uscire dall'apposito foro **2** (*tecnol.*) prelevare, fare uscire un liquido o un aeriforme da un recipiente: *s. vapore acqueo da un generatore di vapore* **3** (*fig.*) carpire qlco. poco alla volta, usando la furbizia o l'inganno: *s. denaro a qlcu.* **4** scoprire a poco a poco le carte da gioco che si hanno in mano, aprendole lentamente a ventaglio: *s. le carte* **SIN.** spizzare **B v. intr.** (**aus.** *essere*, **se il soggetto è il liquido,** *avere* **se il soggetto è il recipiente**) ● (*raro*) stillare, versarsi lentamente, detto di liquido (+ *da*): *il vino è spillato dalla botte*; *la botte ha spillato*

spillàtico [da *spillo*, sul modello di *legnatico*, ecc. ✱ av. 1803] **s. m.** (**pl.** *-ci*) ● in passato, parte della rendita dotale spettante annualmente alla donna per le sue spese personali in esecuzione di una apposita clausola dell'atto costitutivo di dote

spillatrìce [da *spillare*① ✱ 1960] **s. f.** ● cucitrice, nel sign. B3

spillatùra [sec. XIV] **s. f.** **1** operazione dello spillare il vino dalla botte **2** (*tecnol.*) scarico di metallo fuso o lega metallica fusa da una siviera con foro di colata sul fondo o da un forno **3** (*miniere*) scarico di materiale granulare da una tramoggia, per es. di un silo

spillettóne [da *spillo*: detto così dai lunghi rostri appuntiti ✱ 1869] **s. m.** ● (*bot.*) acicula

spìllo [da *spilla* (V.) ✱ av. 1320] **s. m.** **1** sottile filo di acciaio appuntito da un lato e terminante dall'altro con una capocchia: *appuntare un vestito con gli spilli*; *una scatola, una carta, di spilli* | ***s. da balia, di sicurezza***, V. *spilla* | ***a s.***, a forma di spillo, sottile e appuntito come uno spillo: *tacchi a s.* | ***colpo di s.***, (*fig.*) punzecchiatura, dispetto **2** (*fig.*) niente, con valore rafforz., nella loc. negativa ***neanche, nemmeno uno s.*** **3** spilla: *uno s. di brillanti* **4** stiletto di ferro per forare le botti e assaggiarne il vino | foro fatto sulla botte con lo stiletto **5** sfondatoio, per forare il cartoccio nelle artiglierie a retrocarica | ***fucile a s.***, uno dei primi sistemi di arma portatile a retrocarica | ***s. di sicurezza***, congegno che impedisce lo scoppio prematuro della bomba a mano o della spoletta di un proiettile d'artiglieria **6** (*tecnol.*) organo otturatore di valvola, carburatore e altri dispositivi: *valvola, carburatore a s.* ‖ **spillétto**, **dim.** | **spillìno**, **dim.** | **spillóne**, **accr.** (V.)

spillóne [1627] **s. m.** **1** accr. di *spillo* **2** lungo spillo, spesso con capocchia decorativa, usato per appuntare cappelli o abiti femminili

spilluzzicaménto [av. 1311] **s. m.** ● (*raro*) lo spilluzzicare

spilluzzicàre o **spiluzzicàre**, (*raro*) **spelluzzicàre** [di etim. incerta: da *piluccare*, con *s-* (?) ✱ 1552] **v. tr.** (*io spillùzzico, tu spillùzzichi*) **1** mangiare una vivanda in piccoli pezzi, come assaggiando (*anche assol.*): *s. un pollo*; *La Volpe avrebbe spelluzzicato volentieri qualche cosa anche lei* (C. COLLODI) **SIN.** piluccare, spizzicare **2** (*fig.*, *lett.*) raggranellare | impadronirsi di qlco. a poco a poco

spillùzzico [da *spilluzzicare* ✱ av. 1565] **s. m.** ● solo nella loc. avv. ***a s.***, a poco per volta: *lavorare, studiare, a s.*

†**spilónca** ➤ **spelonca**

spilorcerìa [av. 1556] **s. f.** ● caratteristica di chi è spilorcio | atto da spilorcio

✦**spilórcio** (o **-ò-**) [etim. incerta ✱ 1534] **agg. e s. m.** (**f.** *-cia*; **pl. f.** *-ce*) ● che (o chi) è molto avaro, anche nelle spese minute o necessarie **SIN.** taccagno, tirchio ‖ **spilorciaménte**, **avv.** da spilorcio, con spilorceria

spilosòma [comp. del gr. *spîlos* 'macchia', e *-soma*, dal gr. *sôma* (nt.) 'corpo' ✱ 1970] **s. f.** ● piccola farfalla con ali chiare macchiettate, le cui larve sono diffuse e dannose a svariate piante (*Spilosoma menthastri*)

spiluccàre [da *piluccare*, con *s-* ✱ sec. XIII] **v. tr.** (*io spilùcco, tu spilùcchi*) ● (*tosc.*) piluccare

†**spilùnca** ➤ **spelonca**

✦**spilungóne** [dal lat. *perlŏngu(m)* 'lunghissimo', comp. di *pĕr-* 'molto' e *lŏngus* 'lungo', con *s-* ✱ 1618] **s. m.** (**f.** *-a*) ● persona molto alta e magra: *una spilungona con gli occhi spauriti e malevoli* (I. CALVINO)

spiluzzicàre ➤ **spilluzzicare**

spin /ingl. spɪn/ [vc. ingl., propr. abbr. di *spinning moment* 'momento di rotazione', da *to spin* 'ruotare' ✱ 1930] **s. m. inv.** ● (*fis.*) momento della quantità di moto, o momento angolare di una particella elementare o di un nucleo atomico: *s. elettronico, s. nucleare* | ***s. isobarico, isotopico***, grandezza fisica, introdotta per distinguere particelle elementari, quali i nucleoni, che si comportano similmente rispetto alla forza nucleare forte ma hanno cariche elettriche diverse

✦**spìna** [lat. *spīna(m)*, di etim. incerta ✱ av. 1250] **s. f.** **1** (*bot.*) formazione vegetale dura e pungente derivata dall'epidermide o da trasformazione di rami: *spine caulinari, fogliari, radicali* **2** correntemente, appendice lignificata del fusto di alcune piante, a punta diritta o ricurva, costituita dalle cellule epidermiche o sottoepidermiche: *le spine della rosa, del rovo*; *pungersi con una s.* **CFR.** acanto-, echino- **SIN.** aculeo **3** (**al pl.**) insieme di piante o rami spinosi: *un cespuglio di spine*; *cadere fra le spine*; *corona di spine* **4** (*fig.*) tribolazione, cruccio, tormento: *avere una s. nel cuore*; *togliere una s. dal cuore*; *quel ragazzo è la loro s.* | ***s. nel fianco***, motivo di grave e continua preoccupazione: *la crisi economica era una vera s. nel fianco per il Governo* | (*fig.*) ***essere, stare sulle spine***, in grande agitazione o ansia; a disagio | **PROV.** ***non c'è rosa senza spine***, V. *rosa*① **5** (*pop.*) dolore acuto, fitta: *mi sento una s. alla spalla destra* **6** (*zool.*) aculeo di ricci o istrici | pungiglione di insetti | lisca dei pesci | ***a s. di pesce***, si dice di ciò che nel disegno, nella forma e sim. ripete il tracciato della spina di pesce: *tessuto a s. di pesce*; *pavimento, parcheggio a s. di pesce* | (*agric.*) ***sistemazione a s. di pesce***, tipo di sistemazione dei declivi | ***passo a s. di pesce***, nello sci, sistema usato per superare pendii **7** (*anat.*) formazione ossea acuminata | ***s. dorsale***, complesso dei processi spinosi vertebrali, colonna vertebrale; (*fig.*) carattere, coraggio | ***s. bifida***, malformazione sulla parte posteriore della colonna vertebrale formata dal midollo e dalle sue membrane fuoriusciti attraverso una fessurazione dell'arco vertebrale posteriore | ***s. ventosa***, malattia ossea, spec. delle falangi, spesso di natura tubercolare, che dà aspetto rigonfio alle dita **8** (*elettr.*) organo di collegamento elettrico costituito da uno o più cilindretti metallici pieni che vanno a inserirsi in altrettanti cilindretti metallici cavi della corrispondente presa | ***staccare la s.***, interrompere l'alimentazione elettrica di un apparecchio; interrompere il funzionamento di apparecchiature che mantengono artificialmente in vita un malato; (*fig.*) fermarsi, abbandonare un'attività; cessare un aiuto **9** (*tecnol.*) elemento metallico, gener. di acciaio, di forma cilindrica o troncoconica, destinato a collegare due organi o a stabilire la loro posizione relativa, inserendosi in appositi fori praticati in essi: *s. di collegamento*; *s. di riferimento, di centraggio*; *s. conica, cilindrica, a intagli, elastica, a estrazione rapida* **10** (*tecnol.*) dispositivo di fissaggio che si colloca fra le punte del tornio dopo avere inserito su di esso un pezzo che ha un foro coassiale con la superficie da tornire esternamente: *s. conica, cilindrica, espansibile* **11** (*tecnol.*) ***s. dentata***, broccia③ **12** in metallurgia, asta metallica rivestita di materiale refrattario e recante all'estremità il tampone di chiusura del foro di colata situato sul fondo della secchia di colata | dispositivo di chiusura del foro di colata di un forno o di una fornace **13** foro della botte in cui entra la cannella per spillare il vino | la cannella stessa | ***s. fecciaia***, cannella che si fa entrare nel fondo della botte per cavarne la feccia | ***birra alla s.***, spillata direttamente dalla botte o dal fusto **14** (*archeol.*) nell'antico circo romano, lunga barriera muraria, costituita e ornata da elementi diversi (edicola, obelischi, statue ecc.), che univa le due mete dividendo lo spazio di gara in due metà dette lizze | (*edil.*) struttura o insieme di strutture disposte longitudinalmente rispetto ad altre strutture simili | (*edil.*) ***muro di s.***, muro maestro interno, parallelo ai due muri maestri perimetrali costituenti le facciate più lunghe dell'edificio e destinato a reggere il colmo del tetto | muro longitudinale rispetto all'asse principale di un corpo di fabbrica **15** (*mar.*) golfare **16** (*gerg.*) recluta ‖ **spinòtto**, **dim. m.** (V.)

spinàcio o (*raro*) **spinàce** [dal persiano *äspänäh*, attraverso l'arabo *isfānāğ, isfināğ* ✱ av. 1320] **s. m.** ● pianta erbacea delle Chenopodiacee con foglie triangolari di colore verde scuro, ricca di ferro, coltivata per alimento (*Spinacia oleracea*) | ***s. romano***, poligonacea alpina le cui foglie sono commestibili in insalata (*Rumex scutana*) | ***s. buon-Enrico***, nome regionale di una specie di chenopodio con foglie talvolta usate in insalata (*Chenopodium bonus-henricus*) **SIN.** chenopodio buon-Enrico ‖ **spinacìno**, **dim.**

spinacristi o **spina cristi** [adattamento del lat. *spīna Christi* 'spina di Cristo' ✱ 1891] **s. f. inv.** ● arbusto spinoso, frequente nei luoghi marini, con bacche di forma allungata di colore rosso o giallo (*Lycium europaeum*) **SIN.** agutoli, spino santo

spinàio [da *spina* ✱ 1659] **s. m.** (**pl.** *-ai*) ● (*raro*) spineto

spinàle [lat. tardo *spināle(m)*, da *spīna*. V. *spina* ✱ sec. XIV] **agg.** ● (*anat.*) della spina vertebrale: *midollo s.* | ***nervo s.***, che nasce dal midollo vertebrale

spinaloscòpio [comp. di *spinale* e *-scopio* ✱ 1983] **s. m.** ● (*med.*) apparecchio che permette di rilevare le alterazioni patologiche del midollo spinale mediante due tubi flessibili di fibra di vetro, uno dei quali trasmette la luce, l'altro l'immagine

spinapésce [comp. di *spina* e *pesce* ✱ sec. XIV] **s. m. inv.** ● anticamente, lavoro in mattoni che ricorda la spina di un pesce | ricamo a spina di pesce | *a s.*, a spina di pesce

spinàre [da *spina* ✱ 1922] **v. tr. 1** levare la lisca a un pesce: *s. una sogliola* **2** (*raro*) spillare una botte o il vino

spinarèllo [da *spina* ✱ av. 1806] **s. m.** ● piccolo, agilissimo pesce d'acqua dolce dei Gasterosteiformi con spine erettili sul dorso, il cui maschio costruisce il nido (*Gasterosteus aculeatus*)

spinaròlo [da *spina* ✱ 1875] **s. m.** ● squalo con aculeo puntuto che precede le pinne dorsali, noto anche per le carni commestibili (*Squalus acanthias*) **SIN.** spinello②

spinàto [da *spina* ✱ av. 1306] **A agg. 1** fornito di spine, spec. nella loc. ***filo s.***, filo di ferro doppio o multiplo munito di punte, per reticolato **2** fatto, lavorato a spina di pesce: *pavimento s.* | ***tessuto s.***, che nel disegno, per il suo intreccio diagonale, ricorda il tracciato della spina di pesce **SIN.** spigato **B s. m.** ● tessuto spinato

spinatrìce [da *spina* ✱ 1949] **s. f.** ● (*tecnol.*) brocciatrice

spinatùra① [da *spinare* ✱ 1960] **s. f. 1** operazione dello spinare il pesce **2** (*raro*) spillatura di una botte o del vino

spinatùra② [da *spino*① nel sign. 5 ✱ 1983] **s. f.** ● operazione eseguita con lo spino per rompere e agitare la cagliata durante la preparazione dei formaggi

spin bike o **spinbike** /*ingl.* 'spɪn,baɪk/ [loc. ingl., propr. 'bicicletta per spin(ning)' ✱ 2001] **loc. sost. f. inv.** (**pl. ingl.** *spin bikes*) ● tipo di cyclette usata per praticare lo Spinning

spincionàre [da *spincione* ✱ av. 1566] **v. intr.** (*io spinciόno*; **aus.** *avere*) ● emettere un breve verso, detto dei fringuelli catturati da poco e ingabbiati | (*est.*) imitare il verso dello spincione

spinciόne [da *pincione*, con *s-* ✱ 1825] **s. m.** ● fringuello da richiamo

spin dòctor /spin'dɔktor, *ingl.* 'spɪn,dɒktə(r)/ [loc. ingl., comp. di *doctor* nel senso di 'chi falsifica o manipola' e *spin* 'interpretazione favorevole' ✱ 1988] **loc. sost. m. e f. inv.** ● chi cura l'immagine e la comunicazione di un personaggio pubblico, spec. di un politico

spinellàre [denominale di *spinello* ✱ 1978] **v. intr.** (*io spinèllo*; **aus.** *avere*) e **spinellàrsi v. intr. pron.** ● (*gerg.*) fumare uno spinello

spinellàto A part. pass. di *spinellare* ● nei sign. del v. **B agg. e s. m.** (**f.** *-a*) ● (*gerg.*) che (o chi) abitualmente fuma spinelli | che (o chi) è sotto l'effetto di uno spinello **CFR.** fumato nel sign. 1

spinèllo① [da *spina*, forse per la forma a punta delle gemme ottenute dai suoi cristalli ✱ 1576] **s. m.** ● (*miner.*) gruppo di ossidi doppi di metalli vari, cubici e gener. duri | ***s. nobile***, l'ossido di alluminio e magnesio, in cristalli ottaedrici rosei o rossi, limpidi, usato come gemma **CFR.** cromite, magnetite, pleonasto

spinèllo② [sec. XIV] **s. m.** ● spinarolo

spinèllo③ [etim. incerta: da *spina* nel sign. 12 'cannello' (?) ✱ 1972] **s. m.** ● (*gerg.*) sigaretta di marijuana o hascisc | ***farsi uno s.***, fumarlo **SIN.** canna

spinescènte [lat. tardo *spinescente(m)*, part. pres. di *spinescĕre* 'diventare spinoso' ✱ 1838] **agg.** ● (*bot.*) che è o appare spinoso: *fusto s.* | che termina in punta spinosa: *foglia s.*

spinètico [lat. *spinetĭcus* ✱ 1960] **agg.** (**pl. m.** *-ci*) ● relativo alla antica città etrusca di Spina (nei pressi di Comacchio): *vaso s.*

spinéto [lat. *spinētu(m)*, da *spīna*. V. *spina* ✱ av. 1306] **s. m.** ● luogo pieno di spine

spinétta [da *spina*, la penna del salterello ✱ 1553] **s. f.** ● (*mus.*) strumento a corde simile a un clavicembalo ma molto più piccolo, le cui corde sono fatte vibrare da un becco di penna | ***s. sorda***, clavicordo ‖ **spinettina**, **dim.**

spingàrda [dall'ant. fr. *espringale*, *espringarde* 'specie di balestra', da *espringuer* 'saltare', dal francone *springan* (ted. *springen*) ✱ 1340 ca.] **s. f. 1** grosso fucile a canna lunga e di grande calibro, usato in passato per tiri a distanza su stormi di uccelli di palude **2** antica macchina da guerra che lanciava grosse pietre | grossa arma da fuoco da posta del XV sec.

†**spingàre** o †**springàre**, †**sprangàre**② [dal longob. *springan* 'saltare' ✱ av. 1300] **v. intr.** ● (*lett.*) guizzare coi piedi, tirare calci

♦**spìngere**① o (*poet.*) **pìngere**②, †**spìgnere**, †**pìgnere**② [lat. parl. **expĭngere*, comp. di *ex-* (*s-*) e *pāngere* 'ficcare', di orig. indeur. ✱ av. 1294] **A v. tr.** (**pres.** *io spìngo, tu spìngi*; **pass. rem.** *io spìnsi, tu spingésti*; **part. pass.** *spìnto*) **1** esercitare una forte pressione, continua o temporanea, su qlcu. o su qlco. affinché si muova, si sposti e sim.: *s. un carro*; *s. un tavolo contro il muro*; *s. una persona da una parte*; *la folla lo spinse lontano*; *la corrente ha spinto la barca a riva*; *s. avanti, indietro, dentro, fuori* | premere: *s. un pulsante*; *spinse l'arma nel petto del nemico* | (*mus.*) ***s. l'arcata***, tirare l'arco in su **2** (*fig.*) protendere: *s. lo sguardo lontano*; *s. l'occhio fino a un dato punto* **3** (*fig.*) stimolare, indurre: *s. qlcu. a far male*; *il dolore lo ha spinto al suicidio* **4** (*assol.*) fare ressa, dare spinte: *nella calca tutti spingono*; *smettete di s.*; *non spingete*; *non c'è bisogno di s.* **B v. intr.** (**aus.** *avere*) ● fare pressione: *il fiume spinge contro gli argini*; *s. sull'acceleratore, sui pedali* | (*fig.*) fare pressioni, insistere: *s. per un accordo*; *s. per approvare qlco.* **C spìngersi v. intr. pron. 1** andare, inoltrarsi: *spingersi troppo avanti*; *si spinsero fino al Polo* **2** (*fig.*) osare: *la sua prepotenza si è spinta a* (*o fino a*) *questo punto*; *si è spinto a dire che non ne sapeva nulla*

SFUMATURE DI SIGNIFICATO

spingere - pressare - incalzare - sollecitare

Spingere è in senso proprio l'atto di esercitare una pressione su qualcosa o qualcuno perché si muova o si sposti; in senso figurato corrisponde a incitare, indurre. Un analogo uso proprio e figurato ha **pressare**, che esprime una modalità particolare di spingere, che è il premere forte schiacciando o compattando; figuratamente equivale a **incalzare**, cioè spingere in modo continuo e insistente. **Sollecitare** è fare fretta, chiedere con insistenza, dunque ha attinenza con gli usi figurati dei termini precedenti, accentuando però l'aspetto dell'urgenza.

SFUMATURE ➤ ***premere***

†**spìngere**② [da *pingere*① con *s-* ✱ 1304] **v. tr.** ● cancellare

spingidìsco [comp. di *spingere*① e *disco* ✱ 1970] **s. m.** (**pl.** *-schi*) ● nelle automobili, parte della frizione che serve a spingere e premere il disco che porta il materiale d'attrito

spingiménto o †**spignimento** [av. 1328] **s. m.** ● (*raro*) lo spingere, nel sign. di *spingere*①

†**spingitóre** [sec. XIV] **s. m.** (**f.** *-trice*) ● (*raro*) chi spinge, nel sign. di *spingere*①

spinificàre [da *spina* ✱ 1960] **v. intr.** (*io spinìfico, tu spinìfichi*; **aus.** *avere*) ● (*bot.*) modificarsi di un organo vegetale, come foglia, ramo o stipola, in spina ‖ **spinificazióne**, **s. f.**

spinifórme [comp. di *spina* e *-forme* ✱ 1838] **agg.** ● che ha forma di spina

spinìte [comp. di *spina* (*dorsale*) e del suff. *-ite*① ✱ 1817] **s. f. 1** (*med., disus.*) mielite **2** (*med.*) infiammazione delle meningi del midollo spinale

spìnnaker /'spinnaker, *ingl.* 'spɪnəkə(r)/ [vc. ingl. di etim. discussa: da *spinx*, errata pronuncia di *Sphinx*, dal n. della barca a vela che per prima lo adottò (?) ✱ 1932] **s. m. inv.** ● (*mar.*) vela di prua non inferita, leggera e usata in andature dal traverso alla poppa, la cui mura è fissata all'estremità di un tangone articolato perpendicolarmente all'albero **SIN.** fiocco pallone

spìnning /'spinnin(g), *ingl.* 'spɪnɪŋ/ [vc. ingl., dal v. *to spin* 'ruotare' ✱ 1995] **s. m. inv. 1** pesca al lancio **2** ***Spinning***®, tecnica di ginnastica praticata in palestra che utilizza uno speciale tipo di bicicletta fissa

spìno① [lat. *spīnu(m)* 'pruno', da *spīna*. V. *spina* ✱ 1260] **s. m. 1** pianta spinosa **2** pruno selvatico **3** (*centr.*) spina **4** ***s. bianco***, biancospino | ***s. cervino***, alberello delle Ramnacee con foglie opposte e dentate, fiori ascellari e drupe purgative (*Rhamnus cathartica*) | ***s. d'asino***, eringio | ***s. nero***, prugnolo | ***s. santo***, spinacristi | ***s. di Giuda***, triacanto **5** utensile col quale nel caseificio si esegue la spinatura

spìno② [da *spino*① ✱ av. 1536] **agg.** ● spinoso, solo in denominazioni botaniche o zoologiche: *pero s.* | ***uva spina***, V. *uva* | (*raro*) ***porco s.***, V. *porcospino*

spìno③ [da *spinello*③ ✱ 1978] **s. m.** ● (*gerg.*) spinello③

spin-off /spin'ɔf, *ingl.* 'spɪn,ɒf/ [vc. ingl. comp. di *to spin* 'ruotare', 'filare' e *off* 'fuori' ✱ 1983] **s. m. inv. 1** (*econ.*) operazione di scorporo di un ramo d'azienda che va a costituire un'entità giuridica indipendente **2** film, serie televisiva, romanzo che prendono a soggetto elementi o personaggi secondari presenti in un'opera o una serie precedente

spìnola [variante di *spigola*, da *spina* ✱ av. 1557] **s. f.** ● (*napol.*) spigola

spinóne [da *spina*, per la ruvidezza del pelo ✱ 1905] **s. m.** ● cane da ferma rustico e vigoroso, adatto per caccia, con pelo abbondante, duro e ispido, di colore bianco, arancio o marrone

spinóre [dall'ingl. *spinor*, deriv. di *spin* 'spin' ✱ 1966] **s. m.** ● (*mat.*) ente matematico corrispondente a un vettore dotato di due componenti complesse, utilizzato per descrivere lo stato di particelle elementari dotate di spin semintero

♦**spinóso** (o **-ṣo**) [lat. *spinōsu(m)*, da *spīna*. V. *spina* ✱ av. 1294] **A agg. 1** pieno di spine: *ramo s.*; *pianta spinosa* | (*tosc.*) ***porco s.***, porcospino **2** (*fig.*) difficile, irto di difficoltà: *linguaggio s.*; *materia spinosa* | scabroso, imbarazzante: *una questione spinosa* **3** (*anat.*) ***processo s.***, prolungamento posteriore dell'arco delle vertebre ‖ **spinosétto**, **dim.** ‖ **spinosaménte**, **avv.** ‖ **spinosità** o †**spinositàde**, †**spinositàte**, **s. f. inv.** caratteristica di ciò che è spinoso; (*fig.*) difficoltà, imbarazzo: *comprendendo le spinosità in cui dovea trovarsi la fanciulla* (G. VERGA) **B s. m.** ● (*tosc.*) porcospino

spinòtto [da *spina* ✱ 1930] **s. m. 1** dim. di *spina* **2** (*tecnol.*) perno cilindrico che collega il pistone alla biella o altri organi meccanici fra loro **3** (*elettr.*) spina, spec. unipolare

spinoẓìṣmo [da *Spinoza*, adattamento di Benedictus (ebr. Baruch) de *Spinoza*, n. di famiglia ebraica emigrata dal Portogallo, con *-ismo* ✱ 1771] **s. m.** ● (*filos.*) complesso delle dottrine di Baruch Spinoza (1632-1677) o della tradizione filosofica che si rifà a lui

spinoẓìsta [1765] **s. m. e f.** (**pl. m.** *-i*) ● chi segue o si ispira alla filosofia di Baruch Spinoza

spìnsi ➤ **spingere**①, †**spingere**②

♦**spìnta** o †**pìnta**② [f. sost. di *spinto* ✱ sec. XIV] **s. f. 1** pressione, urto che si esercita su qlcu. o qlco. affinché si muova, si sposti e sim.: *la s. del vento*; *dare, ricevere, una s.*; *resistere a una s.*; *con una s. fu fatto cadere*; *a forza, a furia, di spinte*; *cacciare a spinte* | ***fare a spinte***, darsi delle spinte, giocando o scher-

S

zando | impulso: *dare, darsi una s. in avanti* **2** (*sport*) in ginnastica, rapida distensione di un arto flesso **3** (*fig.*) stimolo: *senza una s. non fa nulla*; *l'orgoglio è per lui una s. a lavorare*; *questa è la s. decisiva* | ***mediano di s.***, nel calcio, giocatore centrocampista abile nel costruire il gioco di attacco **4** (*fig.*) aiuto, appoggio, favoreggiamento, agevolazione: *dare una s. a qlcu.*; *per avere l'impiego ha bisogno di una s.*; *va avanti a forza di spinte* **5** (*fis.*) forza sulla superficie di un corpo, intensa, applicata dall'esterno e con una direzione preponderante | ***s. idrostatica*** o ***s. di Archimede***, risultante delle forze esercitate su una superficie solida da un liquido in quiete | ***s. idrodinamica***, risultante delle forze esercitate contro una superficie solida da un liquido in movimento | ***s. delle terre***, azione esercitata su un muro o su un altro manufatto dal terreno contiguo ‖ **spintarèlla**, **dim.** (V.) | **spintóne**, **accr. m.** (V.)

spintarèlla [1828] **s. f.** **1** dim. di *spinta* **2** (*fig.*) appoggio, favoreggiamento, raccomandazione: *ci vorrebbe una s.*

spìnte [deriv. scherz. di *spinta*, sul modello dell'avv. lat. *spŏnte* 'spontaneamente' ✱ 1867] **avv.** ● solo nella loc. (*scherz.*) ***s. o sponte, di s. o di sponte***, di buona o di malavoglia, per amore o per forza

spinterògeno [comp. del gr. *spinthḗr*, genit. *spinthêros* 'scintilla', di etim. incerta, e *-geno* ✱ 1931] **s. m.** ● dispositivo costituito essenzialmente dal ruttore e dal distributore, che serve per fare arrivare ciclicamente l'alta tensione alle candele di un motore a scoppio

spinteròmetro [comp. del gr. *spinthḗr*, genit. *spinthêros* 'scintilla', di etim. incerta, e *-metro* ✱ 1875] **s. m.** ● (*elettr.*) dispositivo per provocare scariche nei gas e nei liquidi, consistente in due elettrodi, spec. sferici, tra cui si applica una tensione

♣**spìnto** **part. pass.** di *spingere*; **anche agg.** **1** nei sign. del v. | ***vuoto s.***, V. *vuoto* nel sign. B 1 **2** disposto, incline: *sentirsi s. verso l'arte*; *si sentì s. a perdonarlo* **3** eccessivo: *fare una corte spinta a una donna* | estremistico: *sono idee un po' troppo spinte* | scabroso: *un discorso s.* | piccante, salace: *barzellette spinte*

spintonàre [da *spintone* ✱ 1958] **v. tr.** (*io spintóno*) **1** (*sport*) nel calcio, caricare rudemente e irregolarmente l'avversario con una spinta **2** (*est.*) urtare con spintoni

spintóne [1618] **s. m.** **1** accr. di *spinta* **2** (*fig.*) aiuto, raccomandazione: *far carriera con gli spintoni*

spintóre [da *spinta* ✱ 1987] **s. m.** ● rimorchiatore, spec. fluviale, dotato di ampia prua quadrata attrezzata con appositi sostegni, che spinge convogli di chiatte

spintrònica [ingl. *spintronics*, propr. *(elec)tronic* 'elettronica basata su *spin* (V.)' ✱ 2001] **s. f.** ● (*elettr.*) settore delle nanotecnologie che sfrutta lo spin degli elettroni per la realizzazione di circuiti integrati estremamente sottili e veloci, in grado di lavorare a bassissima potenza

spiombàre① [da *piombo*, con *s-* ✱ 1611] **v. tr.** (*io spiómbo*) **1** rendere privo di piombatura | togliere i piombini: *s. un pacco* | ***s. un vagone ferroviario***, tagliare lo spago cui sono attaccati i piombini per chiusura **2** (*chim.*) privare una soluzione dei sali di piombo in essa contenuti precipitandoli con adatto reattivo

spiombàre② [da *piombare*①, con *s-* ✱ av. 1367] **A** **v. tr.** (*io spiómbo*) **1** spostare dalla linea a piombo **2** (*est.*) far cadere, gettare a terra **B** **v. intr.** (**aus.** *avere* **nel sign. 1**, *essere* **o** *avere* **nel sign. 2**) **1** (*raro*) spostarsi dalla linea a piombo, pendere **2** essere molto pesante: *è un carico che spiomba*

spionàggio [dal fr. *espionnage*, da *espion* 'spia' ✱ 1790] **s. m.** ● attività clandestina diretta a procurarsi notizie d'ordine politico, militare ed economico concernenti uno Stato, che, nell'interesse della sicurezza di questo, dovrebbero rimanere segrete o riservate, e a comunicarle a un altro Stato | ***s. industriale***, ricerca illecita di notizie riservate o segrete relative a industrie concorrenti

spionàre [1548] **v. tr.** (*io spióno*) ● (*raro, lett.*) spiare

spioncèllo [da *spione* ✱ sec. XVII] **s. m.** ● uccello dei Passeriformi delle catene montuose europee che predilige zone d'acqua e ha canto dolce e lamentoso (*Anthus spinoletta*)

spioncìno [da *spione* ✱ 1895] **s. m.** ● piccola apertura di una porta, munita di sportellino, per guardare dall'altra parte senza bisogno di aprirla: *l'occhio del capoguardia dallo s.* (E. Montale) | spia di porta, per vedere senza essere visti, prima di aprire

spióne [dal francone *spĕho*. V. *spia* ✱ av. 1292] **s. m.** (**f.** *-a*) ● (*spreg.*) spia | chi fa la spia

spionìstico [da *spione* ✱ 1931] **agg.** (**pl. m.** *-ci*) ● relativo alle spie, allo spionaggio: *attività spionistica*; *romanzo s.*

spiovènte **A** **part. pres.** di *spiovere*②; **anche agg.** ● che ricade in giù: *la bocca aperta sotto i baffi spioventi ancora neri* (I. Calvino) | che ha una grande inclinazione verso terra: *tetto s.* | nel calcio, detto di pallone lanciato, e del lancio stesso, con parabola abbastanza alta, che ricade obliquamente spec. nell'area di porta: *tiro s.*; *palla s.* **B** **s. m.** **1** superficie superiore nella cornice della trabeazione per facilitare lo sgocciolamento delle acque | falda inclinata di un tetto **2** (*geogr., raro*) versante **3** nel calcio, tiro spiovente

spiòvere① [da *piovere*, con *s-* sottrattivo ✱ av. 1535] **v. intr. impers.** (*spiòve*; **pass. rem.** *spiòvve*; **aus.** *essere* o *avere*) ● cessare di piovere: *è spiovuto verso sera*; *aspetto che abbia spiovuto*

spiòvere② [da *piovere*, con *s-* durativo-intens. ✱ 1550] **v. intr.** (**coniug. come** *piovere*; **aus.** *essere*) **1** scolare, scorrere in giù, detto dell'acqua **2** (*est.*) ricadere: *i lunghi capelli le spiovono sul viso* | cadere dall'alto: *il pallone spiove nell'area di rigore* **3** (*raro*) essere inclinato, detto di tetto | (*est., raro*) incombere: *il campanile della cattedrale spiove proprio sul collegio* (B. Fenoglio)

spìpola ➤ **pispola**

spìppola ➤ **pispola**

spippolàre [da *spippola* ✱ 1611] **v. tr.** (*io spìppolo*) **1** (*tosc.*) piluccare: *s. l'uva* **2** (*tosc.* o *lett.*) dire, comporre, cantare e sim., con facilità e naturalezza: *s. bugie, sonetti, ariette*

♣**spìra** [vc. dotta, dal lat. *spīra(m)*, dal gr. *spêira* 'spirale', di orig. indeur. ✱ sec. XIII] **s. f.** **1** ciascuno dei giri che una curva descrive intorno a un punto iniziale, allontanandosi sempre più da esso: *le spire di una bobina* | ***a spire***, a spirale | (*est.*) voluta di fumo: *spire di zampironi tentano di salvarmi* (E. Montale) **2** (*elettr.*) conduttore elettrico avvolto una sola volta in modo da formare un poligono o, in particolare, una circonferenza **3** (**al pl.**) anelli che i serpenti formano avvolgendosi su sé stessi | (*fig.*) ciò che avvince, seduce, soggioga: *lo aggirava tra le spire della sua arguta malizia* (L. Pirandello)

spiràbile [vc. dotta, dal lat. *spirābile(m)* 'respirabile', da *spirāre* ✱ av. 1356] **agg.** ● (*poet.*) respirabile

spiràcolo o †**spiràculo** [vc. dotta, dal lat. *spirāculu(m)* 'spiraglio', da *spirāre* ✱ av. 1342] **s. m.** **1** †spiraglio **2** (*zool.*) fessura branchiale specializzata, la prima dopo l'arco orale, caratteristica dei Condroitti e degli Osteitti più antichi e corrispondente all'orecchio medio dei Tetrapodi

spiràglio [dal provenz. *espiralh*, dal lat. *spirāculu(m)* 'spiraglio, stretta apertura', deriv. di *spirāre* 'soffiare, spirare' ✱ 1287] **s. m.** **1** fessura attraverso la quale passano l'aria e la luce: *lo s. della finestra*; *aprire uno s.*; *guardare attraverso uno s.* | (*est.*) soffio d'aria, raggio di luce, che passa attraverso uno spiraglio: *uno s. di luce entra dalla finestra* **2** (*fig.*) barlume, indizio: *uno s. di speranza* | (*raro*) ***aprire uno s.***, dare qualche speranza ‖ **spiragliétto**, **dim.** | **spiraglìno**, **dim.**

spiralàto [da *spirale* ✱ 1960] **agg.** ● spiraliforme

♣**spiràle** [da *spira* ✱ 1567] **A** **agg.** ● che è fatto a spire: *linea, molla s.* | (*astron.*) ***galassia s.***, costituita da un nucleo dal quale fuoriescono alcuni rami a forma di spirale **B** **s. f.** **1** (*mat.*) curva piana, caratterizzata dall'avvolgersi infinite volte intorno a un punto fisso detto polo, descritta da una funzione che mette in relazione la distanza *d* di ogni punto della curva dal polo con l'anomalia *a* | ***s. di Archimede***, nella quale *d* è proporzionale ad *a* | ***s. iperbolica***, nella quale *d* è inversamente proporzionale ad *a* | ***s. logaritmica***, in cui *d* è proporzionale al logaritmo di *a* **2** oggetto, struttura, formazione e sim. a forma di spirale d'Archimede: *una s. metallica*; *spirali di fumo* | ***a s.***, a forma di spirale | ***molla a s.***, negli orologi, quella che regola il moto alternato del bilanciere | correntemente anche oggetto, struttura, formazione e sim. a forma di elica geometrica | ***volo a s.***, volo ascendente o discendente lungo una traiettoria a spirale, con asse pressoché verticale **3** (*fig.*) sviluppo costante, e a intensità crescente, di un fenomeno gener. negativo: *la s. dell'odio, della violenza, dell'inflazione* **4** (*med.*) dispositivo contraccettivo meccanico intrauterino, di varia forma e vario materiale, in cui è inserita una piccolissima spirale di rame **SIN.** IUD **5** (*miner.*) dislocazione di un reticolo che si avvolge su sé stesso in modo da favorire la crescita del cristallo

spiralifórme [comp. di *spirale* e *-forme* ✱ 1909] **agg.** ● che ha forma di spirale

spiraménto [lat. *spiramĕntu(m)* 'soffio', da *spirāre* ✱ 1268] **s. m.** **1** (*raro*) soffio d'aria **2** †ispirazione

spirànte① **A** **part. pres.** di *spirare*①; **anche agg.** **1** nei sign. del v. | (*lett.*) ***essere vivo e s.***, sembrare proprio vivo | (*lett.*) ***bronzi, marmi*** e sim. ***spiranti***, animati dall'arte **2** (*ling.*) ***consonante s.***, costrittiva **B** **s. f.** ● (*ling.*) costrittiva

spirànte② **part. pres.** di *spirare*②; **anche agg.** **1** nei sign. del v. **2** (*lett.*) ***essere s.***, in agonia, morente

spirantizzàre [da *spirante*① ✱ 1960] **A** **v. tr.** ● (*ling.*) trasformare una consonante occlusiva in spirante **B** **spirantizzàrsi** **v. intr. pron.** ● trasformarsi in consonante spirante ‖ **spirantizzazióne**, **s. f.**

♣**spiràre**① [lat. *spirāre*, di orig. onomat. V. *respirare* ✱ av. 1250] **A** **v. intr.** (**aus.** *avere*) **1** soffiare, detto dei venti: *spira un lieve venticello*; *non spira un alito di vento*; *oggi spira il ponentino* | (*fig.*) ***non spira buon vento, non spira aria buona, spira aria cattiva*** e sim., riferito a una situazione o ad ambienti maldisposti, ostili **2** (*lett.*) esalare, emanare: *nell'aria spirava il profumo dei fiori* **3** nel linguaggio biblico, emanare del Soffio o dello Spirito da Dio | nel linguaggio teologico cristiano, procedere dello Spirito Santo dal Padre e dal Figlio **4** †respirare, alitare | (*est.*) †vivere: *io vivo? io spiro ancora?* (T. Tasso) **5** †fiutare, aspirare **B** **v. tr.** **1** (*lett.*) emanare, spargere intorno: *il suo sguardo spira serenità*; *questi fiori spirano* *un grato profumo* **2** (*poet.*) ispirare: *voi spirerà l'altissimo subbietto* (G. LEOPARDI) | infondere: *tu spira al petto mio celesti ardori* (T. TASSO) **3** †pronunciare, dire

♣**spiràre**② [lat. *exspirāre*, comp. di *ĕx-* (*s-*) e *spirāre* * av. 1348] **A** **v. intr.** (**aus.** *essere*) **1** morire, esalare l'ultimo respiro: *essere vicino a s.*; *stare per s.*; *spirò dopo lunga agonia*; *è spirato nel Signore* **2** (*fig.*, *raro*) terminare, finire, scadere: *il termine per la domanda spira oggi* **B** **v. tr.** ● nella loc. (*lett.*) *s. l'anima*, morire

spirazióne [vc. dotta, dal lat. *spiratiōne(m)* 'soffio, respiro', da *spirātus* 'spirato' * 1342] **s. f.** **1** †lo spirare, nel sign. di *spirare*① **2** †respiro, alito | ispirazione **3** (*relig.*) ***s. dello Spirito Santo***, nel linguaggio teologico cristiano, la modalità secondo la quale lo Spirito procede dal Padre e dal Figlio

spirèa [lat. *spirāea(m)*, dal gr. *speiráia* * 1821] **s. f.** ● (*bot.*) regina dei prati

spirìfero [comp. di *spira* e *-fero* * 1875] **s. m.** ● mollusco fossile a simmetria raggiata

spirifórme [comp. di *spira* e *-forme* * 1952] **agg.** ● che ha forma di spira

Spirillàcee [da *spirillo* * 1930] **s. f. pl.** (**sing.** *-a*) ● (*bot.*) famiglia di batteri a forma di virgola incurvati o spiralati con un flagello a un polo (*Spirillaceae*)

spirillo [dim. dotto di *spira* * 1884] **s. m.** ● (*biol.*) batterio filiforme, a spirale

spiritàccio [1760] **s. m.** **1** pegg. di *spirito*① **2** (*colloq.*) persona dall'ingegno vivace e arguto, piena di risorse e di inventiva

spiritàle o †**spirtàle** [lat. tardo (eccl.) *spiritāle(m)*, da *spīritus* 'spirito' * sec. XII] **agg.** ● (*raro*, *lett.*) spirituale: *volti emaciati e spiritali* (G. D'ANNUNZIO) ‖ †**spiritalménte**, **avv.** spiritualmente

spiritàre [da *spirito*① * 1498] **v. intr.** (*io spìrito*; **aus.** *essere*; **raro nei tempi composti**) **1** †essere ossesso, essere posseduto da uno spirito malefico **2** (*raro*, *fig.*) essere fuori di sé, in preda a grande agitazione o paura, a forte sorpresa, e sim.: *s. dalla paura, dal freddo, dalla fame*; *Spiritò alla proposta di don Pietro di far da testimonio nelle nozze* (L. PIRANDELLO)

spiritàto **A** **part. pass.** di *spiritare*; **anche agg.** **1** (*lett.*) ossesso, posseduto dal demonio: *Messer Stratiere è s.* (I. SANNAZARO) **2** (*fig.*) che dimostra grande agitazione o eccitazione: *occhi spiritati*; *faccia spiritata* **3** (*fig.*, *fam.*) che è pieno di vita, vivacità, energia: *bambino s.* ‖ **spiritataménte**, **avv.** da spiritato **B** **s. m.** (**f.** *-a*) **1** persona invasata da uno spirito malefico **SIN.** indemoniato, ossesso **2** (*fig.*) persona esaltata, sovreccitata | ***da s.***, tipico di un ossesso: *occhi, modi da s.*

S

spiritèllo [av. 1300] **s. m.** **1** dim. di *spirito*① **2** (*fam.*) persona, bambino, molto vivace **3** nelle mitologie nordiche, ciascuno dei geni o spiriti elementari che abitano i vari regni naturali

spirìtico [da *spirito*① * 1864] **agg.** (**pl. m.** *-ci*) ● relativo allo spiritismo e ai fenomeni propri dello spiritismo: *seduta spiritica*

spiritièra [da *spirit(o)* nel sign. 19 con il suff. *-iera* * 1926] **s. f.** ● piccolo fornello funzionante ad alcol etilico

spiritìsmo [dall'ingl. *spiritism*, da *spirit* 'spirito' con *-ism* '-ismo' * 1863] **s. m.** **1** sistema mistico-religioso fondato sull'interpretazione di fenomeni medianici e paranormali rilevati, per la prima volta, ad Hydesville, presso New York, nel XIX sec. | movimento mondiale che derivò da tale sistema **2** ipotesi interpretativa dei fenomeni metapsichici e paranormali | pratica delle sedute spiritistiche, nelle quali, attraverso il medium, si prende contatto con gli spiriti e si determinano fenomeni paranormali

spiritìsta [1870] **s. m. e f.** (**pl. m.** *-i*) ● chi segue o pratica lo spiritismo

spiritìstico [1872] **agg.** (**pl. m.** *-ci*) ● relativo a fenomeni propri dello spiritismo

♦**spìrito**① o (*lett.*) **ispìrito**, (*poet.*) †**spìrto** [vc. dotta, dal lat. *spīritu(m)*, da *spirāre*. V. *spirare*① * av. 1250] **s. m.** **1** principio immateriale attivo, spesso considerato immortale o di origine divina, che si manifesta come vita e coscienza: *le esigenze dello s.*; *l'arte è un'attività dello s.*; *i valori dello s.*; *essere dedito alle cose dello s.*; *la poesia eleva lo s.*; *nutrire il proprio s. di studi poetici*; *lo s. vince la materia* **2** (*raro*) anima, in quanto principio di vita individuale | ***rendere lo s. a Dio***, (*eufem.*) morire **3** anima, in quanto contrapposta al corpo e alla carne: *la vita dello s.*; *curare lo s.*; *fortificare lo s. contro le tentazioni* | †***uomo di s.***, dedito alle cose dell'anima **4** nelle religioni superiori, manifestazione ed essenza della divinità, riferita soprattutto al momento di creazione e di ordinamento del cosmo, ma anche all'ispirazione provvidenziale degli individui: *Dio è puro s.*; *lo s. di Dio si muoveva sopra le acque* **5** essenza personificata che ha vita autonoma, perché separata per morte dal corpo, o perché, per natura, priva di corpo: *gli spiriti dei morti, degli antenati, dei trapassati* | ***i puri spiriti, gli spiriti celesti***, gli angeli | ***gli spiriti infernali, gli spiriti maligni***, i demoni | ***gli spiriti beati***, le anime dei beati in Paradiso | ***gli spiriti dannati***, le anime dei dannati nell'Inferno | ***lo Spirito Santo***, nella teologia cattolica, la terza delle tre persone della Trinità, che procede dal Padre e dal Figlio | (*fam.*) ***per opera e virtù dello Spirito Santo***, di cosa la cui origine è ignota **6** (*est.*) fantasma, spettro: *in quel luogo si vedono gli spiriti*; *avere paura degli spiriti*; *credere agli spiriti*; *evocare gli spiriti*; *quella casa è frequentata dagli spiriti* **7** rappresentazione di ciascuna delle potenze, benevole o malevole, che, nella mentalità primitiva, animano le singole realtà: *s. della foresta, della casa, del sole* **8** disposizione d'animo da cui deriva un modo di essere e di agire: *s. cristiano, umanitario, comunitario*; *s. di carità, di giustizia, di sacrificio, di liberalità, di sopportazione* | ***s. pratico***, capacità di considerare e risolvere le questioni su un piano eminentemente pratico | ***s. di contraddizione***, tendenza ostinata a contraddire tutto e tutti | ***s. di corpo***, sentimento di solidarietà che si stabilisce fra tutti gli appartenenti a un gruppo, una società, una categoria, e sim. | ***s. olimpico***, V. *olimpico* | ***s. di parte***, partigianeria, parzialità | inclinazione, attitudine: *avere lo s. del soldato, del conquistatore* **9** complesso delle facoltà morali, sentimentali, intellettuali e sim., dell'animo umano: *avere lo s. calmo, tranquillo, inquieto, turbato, agitato*; *parlare con noi gli sollevò lo s.*; *mi sento lo s. rinfrancato*; *grandezza, piccolezza, meschinità, di s.*; *l'anima, il petto e il spirito li avampava* (M.M. BOIARDO) | ***bollenti spiriti***, (*fig.*) impulso istintivo d'ira, d'entusiasmo e sim.: *De' miei bollenti spiriti / Il giovanile ardore* (F.M. PIAVE *La Traviata* di G. Verdi) **10** vivacità d'ingegno, intelligenza briosa: *avere molto s.*; *essere tutto s.* | ***presenza di s.***, capacità di sapersi comportare convenientemente in circostanze pericolose, difficili o imbarazzanti: *avere, non avere presenza di s.*; *avere la presenza di s. di fare qlco.* | arguzia, senso dell'umorismo: *avere, non avere, s.*; *mancare di s.*; *essere pieno di s.* | ***fare dello s.***, fare dell'ironia | ***persona di s.***, che accetta le battute, gli scherzi | ***povero di s.***, persona semplice; (*est.*) persona sciocca | ***battuta, motto, di s.***, frase arguta, spiritosa | (*fam.*) ***s. di patata, di patate, di rapa***, tipo di umorismo insulso, che non diverte nessuno (con influenza del sign. 18) **11** (*est.*) persona, in quanto dotata di determinate facoltà morali, sentimentali, intellettuali e sim.: *uno s. generoso, meschino, riflessivo, forte*; *è uno s. superiore*; *i grandi spiriti del passato* | ***un bello s.***, una persona arguta, brillante **12** complesso delle caratteristiche morali, intellettuali e sim. tipiche di un'epoca o di un ambiente: *lo s. del Rinascimento*; *lo s. della nazione*; *c'è un mutamento nello s. dei tempi* **13** essenza, significato sostanziale: *lo s. di una legge, di un libro*; *ha falsato lo s. della poesia* **14** secondo l'antica fisiologia, fluido sottile che si credeva scorresse nel corpo umano determinandone le funzioni vitali: *s. vitale*; *s. sensitivo, visivo, auditivo* **15** nella poesia medievale, spec. nello Stilnovo, i sentimenti, le passioni umane **16** (*lett.*) †fiato, esalazione, respiro | ***l'estremo, l'ultimo s.***, quello che precede la morte **17** (*poet.*) †soffio, vento **18** (*disus.*) sostanza alcolica ad alta gradazione, ottenuta per distillazione di liquidi fermentati di varia natura | ***s. di vino***, ottenuto per distillazione del vino **19** correntemente, alcol etilico: *fornello a s.*; *ciliegie sotto s.* ‖ **spiritàccio**, **pegg.** (V.) | **spiritèllo**, **dim.** (V.)

SFUMATURE ▸ *umorismo*②

spìrito② [da *spirito*①, calco semantico sul gr. *pnêuma*, genit. *pnéumatos* 'aspirazione', da *pnêin* 'soffiare' * av. 1571] **s. m.** ● nella grammatica greca, *s. aspro* (῾) o *dolce* (᾿), segno grafico designante l'attacco vocalico aspirato o non aspirato

spiritosàggine (o **-oṣà-**) [1765] **s. f.** **1** caratteristica di chi (o di ciò che) è spiritoso (*anche spreg.*) **2** atto, battuta, espressione spiritosa (*spec. spreg.*)

spiritoseggiàre (o **-ṣ-**) [da *spiritoso* * 1860] **v. tr.** (**pres.** *io spiritoséggio*; **fut.** *io spiritoseggerò*) ● (*raro*) fare lo spiritoso, dire delle spiritosaggini

♦**spiritóso** (o **-ṣo**) [da *spirito*① e *(2)* * 1539] **A** **agg.** **1** (*disus.*) che contiene alcol, che è ricco di alcol: *bevanda spiritosa* **2** che è ricco di umorismo, arguzia, brio: *conversatore, narratore s.*; *risposta, uscita, frase spiritosa* **SIN.** brillante, brioso | (*iron.*) che rivela uno spirito inopportuno o di cattivo gusto: *come sei s.!*; *ma che idea spiritosa!* **3** †ingegnoso, acuto: *il quesito ... ricercava qualche applicazione spiritosa* (G. GALILEI) ‖ **spiritosétto**, **dim.** | **spiritosino**, **dim.** | **spiritosóne**, **accr.** ‖ **spiritosaménte**, **avv.** ‖ **spiritosità**, **s. f. inv.** (*raro*) spiritosaggine **B** **s. m.** (**f.** *-a*) ● persona spiritosa | (*spreg.*) chi fa dello spirito fuori luogo, di cattivo gusto, sgradito: *non fare troppo lo s.*

spiritrómba [comp. di *spira* e *tromba* nel sign. zoologico * 1933] **s. f.** ● (*zool.*) nelle farfalle, l'apparato boccale succhiatore, che, in riposo, è avvolto a spirale

spìritual /ˈspiritual, *ingl.* ˈspɪrɪtjʊəl/ [vc. ingl., propr. abbr. di *spiritual* (*song*) '(canto) spirituale' * 1936] **s. m. inv.** ● canto popolare, corale e di ispirazione biblica, dei neri nordamericani

spirituàle [vc. dotta, dal lat. *spirituāle(m)*, da *spīritus* 'spirito' * 1268] **A** **agg.** **1** che concerne lo spirito, spec. in contrapposizione ad animale: *facoltà spirituali* | relativo allo spirito, spec. in contrapposizione a sensuale: *amore, godimento, s.* **2** che concerne lo spirito, come principio puro distinto dalla materia | ***sostanza s.***, l'anima | ***parentela s.***, quella contratta fra fedeli cattolici per vincolo di sacramento | ***potere, dominio s.***, quello della Chiesa cattolica sulle anime dei fedeli **CONTR.** temporale | ***esercizi spirituali***, pratica di ritiro e di meditazione per perfezionarsi nella vita cristiana | ***padre, direttore s.***, il sacerdote che assume la cura personale della vita religiosa di un fedele; nella vita monastica e regolare, chi è preposto alla direzione della vita interiore dei novizi, dei postulanti e degli studenti | ***libro, canto, laude s.***, di argomento religioso | ***capo s.***, chi è a capo di una comunità religiosa; (***est.***) guida ideologica di un'organizzazione: *il capo s. dei buddisti tibetani* **3** che nel modo di sentire, di agire, di vivere attribuisce grande importanza ai valori dello spirito: *persona s.*; *è una donna molto s.* **4** †religioso, elevato, detto di persona || **spiritualménte**, **avv.** **1** in modo spirituale; da un punto di vista spirituale: *Se 'l farete, averete pace e riposo spiritualmente e temporalmente* (CATERINA DA SIENA) **2** in forma di spirito; con la mente, con il pensiero; sentimentalmente: *ti sono spiritualmente vicino* || **spiritualità**, **s. f. inv.** (V.) **B s. m. solo sing.** ● una delle due forme di giurisdizione della Chiesa cattolica sulle anime e sulle realtà del mondo: *lo s. e il temporale* **C spirituàli s. m. pl.** ● aderenti laici o ecclesiastici al movimento di povertà evangelica, di tendenze eretiche, che nei secoli XIII e XIV predicò il ritorno alla stretta osservanza della regola di S. Francesco d'Assisi

spiritualiṣmo [da *spirituale*, con *-ismo* ✱ 1816] **s. m.** ● dottrina filosofica della seconda metà dell'Ottocento che, in opposizione al positivismo e allo scientismo, riafferma la trascendenza divina, il carattere spirituale della conoscenza e, in taluni pensatori, anche della realtà | (***est.***) ogni dottrina filosofica che teorizza il primato dello spirito sulla materia: *lo s. di Platone* CONTR. materialismo

spiritualista [1851] **A s. m. e f.** (**pl. m.** *-i*) ● chi segue e si ispira allo spiritualismo **B agg.** ● spiritualistico

spiritualistico [1860] **agg.** (**pl. m.** *-ci*) ● relativo allo spiritualismo o agli spiritualisti | caratterizzato dallo spiritualismo || **spiritualisticaménte**, **avv.**

spiritualità o †**spiritualitàde**, †**spiritualitàte** [dal lat. tardo (eccl.) *spiritualitā-te(m)*, da *spirituālis* 'spirituale' ✱ av. 1328] **s. f. inv.** **1** condizione di ciò che è spirituale: *quello che m'innamora del corpo è una certa s. che veggiamo in esso* (G. BRUNO) **2** attitudine a vivere secondo le esigenze dello spirito e a dare loro preminenza: *è un uomo di grande s.* **3** insieme di valori spirituali che caratterizzano una religione, una nazione, un ambiente e sim.: *la s. dell'Islam, del Buddhismo, della Compagnia di Gesù*; *la s. nella cultura contemporanea*

spiritualiẓẓaménto [av. 1712] **s. m.** ● (*raro*) spiritualizzazione

spiritualiẓẓàre [1673] **A v. tr.** **1** rendere spirituale, ridurre su un piano puramente spirituale: *s. l'amore* CONTR. materializzare **2** idealizzare: *s. la donna amata* **B spiritualiẓẓàrsi v. intr. pron.** ● rendersi spirituale, ridursi a puro spirito: *l'amore si spiritualizza nell'arte* || **spiritualiẓẓazióne**, **s. f.**

spìro [da *spirare*① ✱ sec. XIII] **s. m.** **1** (*poet.*) alito, soffio **2** (*poet.*) spirito, anima **3** (*poet.*, ***per anton.***) spirito Santo: *tal risonò moltiplice / la voce dello Spiro* (A. MANZONI)

spiro- [gr. *speîra* 'spira(le)', da una ant. base col senso fondamentale di 'avvolgere, piegare'] **primo elemento** ● in parole scientifiche composte, indica forma sinuosa o a spirale: *spirocheta*

spirochèta [comp. di *spiro-* e del gr. *cháite* 'chioma' ✱ 1884] **s. f.** ● (*biol.*) genere di batteri della famiglia delle Spirochetacee (*Spirochaeta*) | ***s. pallida***, agente della sifilide, treponema pallido

Spirochetàcee [da *spirocheta* ✱ 1930] **s. f. pl.** (**sing.** *-a*) ● (*biol.*) famiglia di batteri con cellule relativamente grandi a forma di filo ondulato a spirale, capaci di continui movimenti (*Spirochaetaceae*)

spirochetòṣi [da *spirocheta*, con *-osi* ✱ 1916] **s. f. inv.** ● malattia provocata da spirochete | ***s. ittero-emorragica***, infezione da leptospira, caratterizzata da ittero ed emorragie

spirogira [comp. di *spiro-* e *-gira*, dal gr. *gŷros* 'giro' ✱ 1838] **s. f.** ● alga verde delle acque stagnanti, filamentosa, contenente un cloroplasto a forma di lamina avvolta a spirale (*Spirogyra*)

spirogràfide [comp. di *spiro-* e *-grafide*, vc. dotta dal lat. *grăphide(m)*, dal gr. *graphís*, genit. *graphídos* 'stilo, penna' ✱ 1970] **s. m.** ● anellide marino dei Policheti che vive in tubi diritti da cui sporgono vistosi tentacoli retrattili piumosi (*Spirographis spallanzanii*)

spiroidàle [da *spiroide* ✱ 1922] **agg.** ● che ha forma di spirale

spiròide [da *spiro-*, con *-oide* ✱ 1838] **agg.** ● spiroidale

spirometrìa [da *spirometro* ✱ 1890] **s. f.** ● (*med.*) determinazione del volume d'aria inspirata ed espirata dal polmone in un profondo atto respiratorio

spiromètrico [1957] **agg.** (**pl. m.** *-ci*) ● (*med.*) relativo alla spirometria: *esame s.*

spiròmetro [comp. di *spirare* 'respirare' e *-metro* ✱ 1875] **s. m.** ● apparecchio per spirometria

†**spirtàle** ➤ **spiritale**

†**spìrto** ➤ **spirito**①

spìrula [vc. dotta, dal lat. *spīrula(m)*, dim. di *spīra*. V. *spira* ✱ av. 1800] **s. f.** ● mollusco marino dei Cefalopodi munito di conchiglia interna a spirale e dotato di un organo luminoso impari (*Spirula peronii*)

†**spissàre** ➤ †**spessare**

spit /*ingl.* spɪt/ [vc. ingl., propr. 'spiedo' ✱ 1987] **s. m. inv.** ● (*sport*) nell'alpinismo, speciale chiodo di sicurezza

spittinàre [di orig. onomat. ✱ 1865] **v. intr.** (*io spittino*; **aus.** *avere*) ● (*tosc.*) emettere un verso breve e acuto, detto spec. del pettirosso

spittinìo [1891] **s. m.** (**pl.** *-ii*) ● (*tosc.*) lo spittinare continuo

spiumacciàre [da *piumaccio*, con *s-* ✱ 1313] **v. tr.** (**pres.** *io spiumàccio*; **fut.** *io spiumaccerò*) ● (*raro*) sprimacciare

spiumacciàta [da *spiumacciare* ✱ 1838] **s. f.** ● (*raro*) sprimacciata

spiumàre [da *piuma*, con *s-* sottrattivo ✱ av. 1389] **A v. tr.** **1** privare delle piume **2** (*fig.*) sottrarre denaro a qlcu. SIN. spennare **B v. intr.** (**aus.** *avere*) e **spiumàrsi v. intr. pron.** ● (*raro*) perdere le piume: *il guanciale spiuma*; *l'uccello si spiuma*

spizzàre [etim. sconosciuta ✱ 1994] **v. tr.** **1** scoprire lentamente le carte da gioco che si hanno in mano (*anche assol.*) SIN. spillare② **2** nel calcio, toccare leggermente: *s. la palla*

spizzicàre [da *pizzico*, con suff. durativo-intens. ✱ av. 1576] **v. tr.** (*io spìzzico, tu spìzzichi*) ● spilluzzicare, piluccare (*anche assol.*)

spizzicatùra [1891] **s. f.** ● (*raro*) lo spizzicare

spìzzico [da *spizzicare* ✱ sec. XV] **s. m.** (**pl.** *-chi*) ● solo nelle loc. avv. ***a s.***, ***a spizzichi***, (*centr.*) ***a spizzichi e bocconi***, un po' per volta, a poco a poco, a piccole riprese: *pagare a s.*

splafonaménto [da *plafon(d)* con il pref. *s-* ✱ 1983] **s. m.** ● lo splafonare

splafonàre [da *plafón*, pronuncia corrente di *plafond*, col prefisso *s-* ✱ 1983] **v. intr.** (*io splafóno*; **aus.** *avere*) ● nel linguaggio commerciale, superare un plafond

splàncnico [vc. dotta, dal gr. *splanchnikós* 'interiora', vc. collegata con *splēn* 'milza' ✱ 1838] **agg.** (**pl. m.** *-ci*) ● (*med.*) pertinente ai visceri

splancnocrànio [comp. del gr. *splánchnon* 'viscere' e *cranio* ✱ 1960] **s. m.** ● (*anat.*) nei Vertebrati, porzione del cranio corrispondente alle regioni orale, ioidea e laringea dei Tetrapodi o alle regioni orale, ioidea e branchiale dei Pesci

splancnologìa [comp. del gr. *splánchnon* 'viscere' (da *splēn* 'milza', d'etim. incerta) e *-logia* ✱ av. 1752] **s. f.** (**pl.** *-gìe*) ● (*med.*) ramo dell'anatomia umana e comparata che studia i visceri

splancnoptòṣi [comp. del gr. *splánchnon* 'viscere' (V. *splancnologia*) e *ptosi* ✱ 1993] **s. f. inv.** ● (*med.*) abbassamento dei visceri, spec. di quelli addominali, per rilassamento dei legamenti di fissazione

splash /splɛʃ*, splaʃ*, *ingl.* splæʃ/ [vc. ingl. di orig. onomat., propr. 'tonfo' ✱ 1950] **A inter.** ● riproduce il tonfo di qlco. o qlcu. che cade in acqua **B s. m. inv.** ● nella loc.: ***fare s.***, (*fig.*) subire un tracollo, fare fiasco

splashdown /splɛʃ'daun, spla-, *ingl.* 'splæʃ-ˌdaun/ [vc. ingl., comp. di *to splash* 'cadere in acqua' e *down* 'giù' (d'orig. indeur.) ✱ 1974] **s. m. inv.** ● ammaraggio, o istante di ammaraggio, di un veicolo spaziale o di un missile

splàtter /'splatter, *ingl.* 'splætə(r)/ [dall'ingl. *to splatter* 'schizzare' ✱ 1986] **A agg.** ● detto di film o di opere letterarie in cui si rappresentano scene raccapriccianti e truculente CFR. pulp **B anche s. m. inv.** ● genere cinematografico o letterario con tali caratteristiche

spleen /*ingl.* spliːn/ [vc. ingl., propr. 'milza', considerata la sede delle emozioni umane. V. *splene* ✱ 1766] **s. m. inv.** ● stato di malessere, di malinconia, di totale insoddisfazione

SFUMATURE ➤ ***malinconia***

♦**splendènte** o †**splendiènte** **part. pres.** di *splendere*; anche **agg.** ● che splende: *sole s.* | (*fig.*) luminoso, radioso (+ *di*): *occhi splendenti di felicità*; *apparve una donna s. di bellezza* (G. VERGA) || †**splendenteménte**, **avv.**

♦**splèndere** [vc. dotta, dal lat. *splendēre*, di orig. indeur., con cambio di coniug. ✱ av. 1276] **v. intr.** (**pass. rem.** *io splendètti* o *splendéi*, *tu splendésti*; **difett. del part. pass. e dei tempi composti**) **1** mandare vivida luce, essere intensamente luminoso: *nel cielo splendono le stelle*; *s. come l'oro, come la fiamma* | (*fig.*) risplendere, rilucere (+ *di*): *la felicità splende nei tuoi occhi*; *i tuoi occhi splendono di felicità* SIN. brillare **2** (*fig.*, *raro*) essere insigne, illustre: *s. di gloria, di virtù*

splendidézza [1524] **s. f.** **1** (*raro*) splendore **2** (*lett.*) generosità, liberalità **3** (*lett.*) magnificenza, bellezza

♦**splèndido** o †**sprèndido** [vc. dotta, dal lat. *splĕndidu(m)*, da *splendēre* 'splendere' ✱ 1242] **A agg.** **1** (*lett.*) che manda vivo splendore: *sole, astro s.* | (*est.*) chiaro, luminoso: *una splendida giornata*; *Quel cielo di Lombardia ... così s.* (A. MANZONI) **2** bellissimo, mirabile, stupendo: *donna, casa, splendida*; *possiede una splendida villa*; *che splendida automobile!* | (*est.*) sfarzoso, lussuoso: *ricevimento s.*; *festa splendida* **3** ottimo, notevole: *è uno s. libro*; *ha fatto una splendida carriera*; *ha sostenuto uno s. esame*; *ha fatto uno s. lavoro* **4** (*lett.*) munifico, liberale, magnanimo: *uomo, signore s.* **5** (*lett.*) illustre, cospicuo: *persona di splendidi natali* || **splendidaménte**, **avv.** in modo splendido, con magnificenza **B s. m.** (**f.** *-a*) ● (*lett.*, *raro*) chi è molto generoso nello spendere e nel donare: *fare lo s.*

†**splendiènte** ➤ **splendente**

†**splendiménto** [da *splendere* ✱ av. 1306] **s. m.** ● splendore

♦**splendóre** o †**sprendóre** [vc. dotta, dal lat.

splendōre(m), da *splendēre* 'splendere' ✳1224 ca.] **s. m. 1** luce vivida e intensa: *lo s. del sole, delle stelle; lo s. delle gemme, dell'oro; s. abbagliante* **2** (*fig.*) fulgore: *quella donna è nel pieno s. della sua bellezza* **3** magnificenza, sfarzo: *lo s. di una festa, di un ricevimento; che s. di gioielli!* **4** ricchezza, nobiltà, fasto: *lo s. degli antenati; in quella famiglia è scomparso l'antico s.; i passati splendori; gli splendori delle corti italiane del Rinascimento* **5** persona o cosa molto bella, mirabile: *che s. di ragazza!; che s. di casa!; ha una casa che è uno s.* **6** (*lett.*) chi (o ciò che) è causa di onore, lustro, vanto: *essere lo s. della patria* **7** (*fis.*) grandezza energetica che corrisponde alla brillanza

splène [vc. dotta, dal lat. *splēne(m)*, dal gr. *splḗn*, genit. *splēnós* 'milza', di orig. indeur. ✳av. 1327] **s. m.** ● (*anat.*) milza

splenectomìa [comp. di *splen(o)-* ed *-ectomia* ✳1888] **s. f.** ● (*chir.*) asportazione chirurgica della milza

splenètico [vc. dotta, dal lat. *splenēticu(m)*, da *splḗn* 'milza' ✳sec. XIII] **A agg.** (**pl. m.** *-ci*) ● (*med.*) splenico **B agg. e s. m.** (**f.** *-a*) **1** (*raro*) che (o chi) è affetto da male alla milza **2** (*est.*) che (o chi) ha carattere malinconico

splènico [vc. dotta, dal lat. *splēnicu(m)*, dal gr. *splēnikós*, agg. da *splḗn*, genit. *splēnós* 'milza' ✳av. 1666] **A agg.** (**pl. m.** *-ci*) ● della milza: *arteria, vena splenica* **B s. m.** (**f.** *-a*) ● chi è affetto da male alla milza

splènio [vc. dotta, dal gr. *splḗnion* 'fasciatura, compressa' ✳1681] **s. m. 1** (*anat.*) muscolo del collo **2** (*anat.*) la porzione posteriore del corpo calloso

splenìte [vc. dotta, dal gr. *splēnîtis*, genit. *splēnîtidos* 'splenite', da *splḗn*, genit. *splēnós* 'milza', con sovrapposizione di *-ite*① ✳av. 1750] **s. f.** ● infiammazione della milza: *s. tubercolare*

splèno- [dal gr. *splḗn*, genit. *splēnós* 'milza' (V. *splene*)] **primo elemento** ● in parole composte di medicina significa 'milza': *splenomegalia*

splenocontrazióne [comp. di *splen(e)* e *contrazione* ✳1960] **s. f.** ● (*med.*) contrazione della milza causata da fattori emotivi, da agenti fisici o farmacologici

splenomegalìa [comp. di *spleno-* e *-megalia* ✳1894] **s. f.** ● (*med.*) aumento di volume della milza **SIN.** megalosplenia

†**splicàre** ➤ **esplicare**

split /*ingl.* splɪt/ [vc. ingl. d'America, propr. 'divisione' ✳1960] **A s. m. inv.** ● nel bowling, colpo realizzato quando tutti i birilli non possono essere abbattuti neppure con la seconda boccia **B agg. inv.** ● (*tecnol.*) detto di meccanismo o dispositivo in due parti: *condizionatore d'aria in versione s.*

splittàre [dall'ingl. *to split* 'suddividere' ✳1966] **v. tr.** ● dividere, separare | dividere in più parti: *s. un file di grosse dimensioni* | spec. nel linguaggio tributario, effettuare uno splitting

splitting /'splittin(g), *ingl.* 'splɪtɪŋ/ [vc. ingl., da *to split* 'dividere, scindere' ✳1982] **s. m. inv. 1** divisione, separazione, scissione | nel linguaggio tributario, frazionamento di un reddito fra più soggetti per ridurre le aliquote fiscali e le imposte **2** (*fis.*) in meccanica quantistica, fenomeno per il quale livelli energetici che in condizioni normali sono degeneri vengono distinti dall'azione di una forza esterna **3** nell'industria petrolchimica, operazione di distillazione frazionata con cui da una miscela si ottengono due miscele distinte **4** (*polit.*) all'interno di un'unica tornata elettorale comprendente più elezioni, voto che si disarticola e si differenzia tra partiti e schieramenti diversi (per es. nel caso di chi vota un partito alla Camera e un altro al Senato, oppure di chi vota il sindaco proposto da una coalizione e la coalizione avversaria, o sim.)

†**sploratóre** ➤ **esploratore**

✦**spòcchia** [di etim. incerta ✳av. 1704] **s. f.** ● boria, vanteria, vanità: *essere pieno di s.; quanta s.!; che s.!*

SFUMATURE ➤ ***boria***, ➤ ***superbia***

spocchióne [1872] **s. m.** (**f.** *-a*) ● (*raro, tosc.*) persona vanitosa, piena di boria

spocchióso (o **-ṣo**) [1865] **agg.** ● che è pieno di spocchia ‖ **spocchiosétto**, **dim.** ‖ **spocchiosaménte**, **avv.** ‖ **spocchiosità**, **s. f. inv.**

spoderàre [da *podere*, con *s-* ✳1872] **A v. tr.** (*io spodéro*) ● mandare via da un podere: *s. i contadini* **B v. intr.** (**aus.** *avere*) ● andare via da un podere

spodestaménto [1872] **s. m.** ● (*raro*) lo spodestare, il venire spodestato

spodestàre o †**spotestàre** [da *podestà*, con *s-* ✳1287] **A v. tr.** (*io spodèsto*) **1** privare del potere, dell'autorità: *s. il re dal regno; il vecchio funzionario è stato spodestato* **2** (*raro*) privare della proprietà, della ricchezza: *s. qlcu. di tutto il denaro in suo possesso* **B spodestàrsi v. intr. pron.** ● †privarsi del dominio | perdere la proprietà, il possesso

spoetàre [da *poeta*, con *s-* ✳av. 1566] **A v. tr.** (*io spoèto*) ● (*lett.*) togliere la qualifica di poeta | (*lett., raro*) spoetizzare **B spoetàrsi v. intr. pron.** ● (*lett.*) abbandonare la poesia

spoetizzànte **part. pres.** di *spoetizzare*; anche **agg.** ● che delude, fa svanire un incanto, disgusta: *una volgarità s.*

spoetizzàre [comp. parasintetico di *poeta*, col pref. *s-* ✳1745] **A v. tr.** ● far perdere ogni disposizione poetica, ogni illusione sentimentale (*anche assol.*): *le sue parole mi hanno spoetizzata; il suo modo di parlare spoetizza* | (*est.*) disgustare: *ha spesso un atteggiamento che spoetizza* **B spoetizzàrsi v. intr. pron.** ● perdere ogni illusione ‖ **spoetizzazióne**, **s. f.**

✦**spòglia**① [lat. *spŏlia*, nt. pl. di *spŏlium* 'spoglia', di orig. indeur.: in orig. 'ritaglio' ✳1313] **s. f. 1** (*lett.*) abito, vestito: *spoglie regali, sacerdotali; non è madre che sia schiva / della s. più festiva / i suoi bamboli vestir* (A. MANZONI) | ***sotto mentite spoglie***, con altra veste, sotto false apparenze, con altro nome **2** (*lett.*) cadavere, salma: *s. mortale; spoglie mortali; al ciel nuda è gita / lasciando in terra la sua bella s.* (F. PETRARCA) **3** pelle che taluni animali (rettili, insetti, e sim.) perdono durante la muta: *la s. del serpente* **4** (*lett.*) †insieme delle foglie di un albero: *una pianta che si svelse ... / spargendo a terra le sue spoglie eccelse* (F. PETRARCA) **5** (**al pl.**) armatura di guerriero vinto, presa dal vincitore in segno di vittoria: *né favor di regi / all'Itaco le spoglie ardue serbava* (U. FOSCOLO) **6** (**al pl.**, *stor.*) preda, bottino: *le spoglie del Colosseo* | ***spoglie opime***, presso gli antichi Romani, quelle del re o condottiero vinto offerte agli dei; (*fig.*) ricco bottino

spòglia② ➤ **sfoglia**①

†**spogliagióne** ➤ **spoliazione**

spogliaménto [da *spogliare* ✳sec. XIII] **s. m.** ● (*raro*) spoliazione

✦**spogliàre** [lat. *spoliāre*, da *spŏlium* 'spoglia' ✳sec. XII] **A v. tr.** (*io spòglio*) **1** privare qlcu. degli indumenti togliendoglieli di dosso (+ *di*): *s. un bambino per fargli il bagno; s. qlcu. completamente; s. qlcu. delle vesti;* (*raro, lett.*) *s. le vesti a qlcu.* | (*fig.*) ***s. qlcu. con gli occhi***, guardarlo con forte desiderio sessuale | ***s. l'abito monacale, l'abito sacerdotale***, abbandonare la vita religiosa **CONTR.** vestire **2** privare di rivestimenti, ornamenti e sim. (+ *di*): *s. l'altare dei paramenti; s. la sala degli addobbi, un guerriero delle armi, un albero delle foglie* | ***s. il riso***, brillarlo **3** (*fig.*) rendere privo di ogni sovrastruttura, ogni elemento superfluo (+ *di*, + *da*): *chiamare la poesia dal primitivo al moderno, è lo stesso che ... volerla s. di quel sovrano diletto ch'è suo proprio* (G. LEOPARDI); *s. una prosa dalle metafore* **4** (*fig.*) depredare, rubare, portare via con la violenza (+ *di*): *s. i nemici vinti; s. qlcu. di ogni avere; fu spogliato di tutti i suoi beni; i ladri gli hanno spogliato la casa* | ***s. la città***, saccheggiarla | privare di tutto il denaro: *si è fatto s. al gioco* **5** fare lo spoglio: *s. un testo, un documento, un vocabolario; s. la corrispondenza* **B spogliàrsi v. rifl. 1** restare senza uno o più indumenti, sfilandoseli di dosso (+ *di*): *spogliarsi del mantello, dei paramenti; spogliarsi in camicia; spogliarsi per andare a letto; spogliarsi nudo* **2** gettare la spoglia, cambiare la pelle, detto di alcuni animali: *la serpe si spoglia a primavera* **C spogliàrsi v. intr. pron. 1** privarsi di ciò che si possiede, spec. per darlo ad altri (+ *di*): *si è spogliato della casa; si spogliò di tutto a favore dei figli; si è spogliato di ogni avere per sistemare la famiglia* **2** (*fig.*) lasciare, abbandonare, deporre (+ *di*): *spogliarsi dei pregiudizi; chi vuol perfettamente giudicare ... deve saper spogliarsi dalla consuetudine di credere* (G. BRUNO) **3** (*assol.*) diventare spoglio: *in autunno gli alberi si spogliano*

spogliarellìsta [1959] **s. f. e m.** (**pl. m.** *-i*) ● chi esegue spogliarelli

spogliarèllo [da *spogliare* ✳1950] **s. m.** ● spettacolo in cui una ballerina o un ballerino si spogliano a tempo di musica **SIN.** striptease

spogliàto **part. pass.** di *spogliare*; anche **agg.** ● nei sign. del v.

spogliatóio [da *spogliare* ✳1550] **s. m.** (**pl.** *-ói*) ● stanza o ambiente in cui ci si può spogliare e depositare gli indumenti: *gli spogliatoi della scuola* | (*est., sport*) nel linguaggio giornalistico, il complesso dei rapporti che intercorrono fra gli atleti di una squadra: *una squadra con problemi di s.*

spogliatóre [lat. *spoliatōre(m)* 'depredatore', da *spoliātus* 'spogliato' ✳1336 ca.] **s. m.** (**f.** *-trice*); anche **agg.** ● (*raro, lett.*) chi (o che) spoglia | chi (o che) depreda, deruba

spogliatùra [av. 1306] **s. f.** ● (*raro, lett.*) lo spogliare, lo spogliarsi

spogliazióne ➤ **spoliazione**

✦**spòglio**① [agg. di *spogliare* ✳1292] **agg. 1** spogliato, nudo, privo (+ *di*): *alberi, rami, spogli di foglie; rami spogli* | (*fig.*) disadorno: *una casa spoglia* **SIN.** nudo | (*fig.*) ***una prosa spoglia, uno stile s.***, essenziale **SIN.** scarno **2** (*fig.*) esente, immune da (+ *di*): *essere s. di pregiudizi*

✦**spòglio**② [da *spogliare* ✳av. 1348] **s. m. 1** (*raro, lett.*) spoliazione, privazione | (*dir.*) ***azione di s.***, azione di reintegrazione nel possesso **2** raccolta, ordinamento e classificazione di dati, notizie e sim.: *fare lo s., procedere allo s., dei giornali, della corrispondenza* | ***fare lo s. di un testo, di un autore***, analizzarli per individuare determinati elementi utili ai fini di uno studio, una ricerca e sim. | ***s. delle schede***, in una votazione, operazione consistente nell'apertura e nella lettura delle schede e nel computo dei voti **3** (*dir.*) sottrazione di un bene al suo possessore

spòglio③ [lat. *spŏliu(m)* 'spoglia, preda' ✳sec. XIII] **s. m. 1** (*raro*) vestiario smesso: *regalare gli spogli al personale di servizio* **2** (*poet.*) spoglia di animale: *posa qui del leone il fero s.* (A. POLIZIANO) **3** †spoglia, preda

spòiler /'spɔiler, *ingl.* 'spɔɪlə(r)/ [vc. ingl., da *to spoil* 'guastare, saccheggiare', dal fr. ant. *espoil-*

lier 'spogliare' ✱1983] **s. m. inv. 1** (*aeron.*) disruttore **2** (*autom.*) superficie profilata, applicata gener. alle estremità della carrozzeria di un veicolo, per migliorarne le caratteristiche aerodinamiche SIN. alettone **3** (*sport*) parte posteriore della tomaia di uno scarpone da sci o di una scarpa sportiva in genere, articolata alla parte anteriore per consentire la mobilità della caviglia **4** (*sport*) dispositivo in plastica che si applica a pressione nella parte anteriore degli sci da discesa per evitare vibrazioni ad alte velocità e l'incrociarsi degli sci stessi **5** (*mar.*) prolungamento della superficie della carena a poppa, che aumenta la lunghezza al galleggiamento **6** (*fig., gerg.*) anticipazione di un particolare della trama di un film, un romanzo ecc., spec. quando rovina l'effetto sorpresa

spoils sỳstem /spoil'sistem, *ingl.* 'spɔɪl-ˌsɪstəm/ [loc. ingl., propr. 'sistema delle spoglie, del bottino' ✱1990] **loc. sost. m. inv.** ● (*polit.*) prassi consistente nell'affidare funzioni e incarichi di nomina pubblica a membri e sostenitori del partito o della coalizione che ha vinto le elezioni

spòla o †**spuòla** [dal longob. *spōla*. V. ted. *Spule* ✱1313] **s. f. 1** bobina di filato che si introduce nella navetta, per tessere | navetta già armata, che passa avanti e indietro tra i fili dell'ordito | spoletta di macchina per cucire | ***fare la s.***, (*fig.*) andare avanti e indietro da un luogo a un altro | ***gioco di s., lavoro di s.***, nel calcio, azione continua di spostamento di un calciatore da un settore all'altro del campo, per mantenere i collegamenti tra i reparti **2** (*sett.*) pane di forma affusolata **3** †piccola nave, battelletto ‖ **spolétta**, **dim.** (V.) | **spolino**, **dim. m.**

spolatrìce [da *spola* ✱1933] **s. f.** ● macchina che avvolge i filati sulle bobine SIN. bobinatrice

spolatùra [da *spola* ✱1936] **s. f.** ● operazione con cui si preparano le spole per i telai

spolétta [1584] **s. f. 1** dim. di *spola* **2** rocchetto che si introduce nella navetta della macchina per cucire **3** congegno destinato a provocare l'esplosione della carica interna dei proiettili | ***s. a percussione***, messa in azione dall'urto del proiettile contro il bersaglio | ***s. a tempo***, entra in funzione allo scadere di un determinato intervallo di tempo | ***s. a doppio effetto***, può funzionare sia a percussione sia a tempo **4** (*sett.*) forma di pane affusolata

spolettàre [1960] **v. tr.** (*io spolétto*) ● munire di spoletta un proiettile o un ordigno esplosivo

spolettifìcio [comp. di *spoletta* e *-ficio* ✱1922] **s. m.** ● fabbrica di spolette per proiettili

spoliàrio [vc. dotta, dal lat. *spoliāriu(m)* 'spogliatoio', da *spŏlium* 'spoglia' ✱1838] **s. m.** ● (*archeol.*) luogo presso l'anfiteatro in cui erano svestiti i gladiatori uccisi | spogliatoio degli stabilimenti balneari

spoliazióne o **spogliazióne**, †**spogliagióne** [dal lat. *spoliatiōne(m)*, da *spoliātus* 'spogliato' ✱sec. XIV] **s. f. 1** indebita appropriazione di beni altrui **2** †depredazione, saccheggio

spolièra [da *spola* ✱1924] **s. f.** ● (*tess.*) spolatrice

spoliticàre [da *politica*, con *s-* ✱1762] **v. intr.** (*io spolìtico, tu spolitichi*; aus. *avere*) ● (*raro*) discorrere di politica in modo superficiale o incompetente

spoliticizzàre [da *politico*, con *s-* ✱1950] **A v. tr.** ● rendere privo di caratteri politici: *s. i sindacati* CONTR. politicizzare **B spoliticizzàrsi v. intr. pron.** ● perdere ogni interesse politico ‖ **spoliticizzazióne**, **s. f.**

spollaiàre [da *pollaio*, con *s-* ✱av. 1588] **A v. tr.** (*io spollàio*) ● †nelle loc. ***s. qlcu., fare s. qlcu.***, distogliere qlcu. da ciò che sta facendo, dal luogo in cui si trova, e sim. **B spollaiàrsi v. intr. pron.** ● (*raro*) smettere di stare appollaiato, detto di polli e sim. | scuotersi vigorosamente le penne, detto di polli e sim.

spollinàrsi [da (*pidocchio*) *pollino* 'pidocchio dei polli', con *s-* ✱av. 1735] **v. rifl.** ● scuotersi i pidocchi pollini di dosso, detto di polli e sim.

spollonàre [da *pollone*, con *s-* ✱av. 1380] **v. tr.** (*io spollóno*) ● (*agric.*) sopprimere i polloni emessi dal pedale o dalle radici della pianta: *s. la vite*

spollonatùra [av. 1811] **s. f.** ● (*agric.*) operazione dello spollonare

spolmonàrsi [da *polmone*, con *s-* sottratt. ✱1812] **v. intr. pron.** (*io mi spolmóno*) ● parlare, cantare, gridare e sim. tanto forte o tanto insistentemente da affaticare i polmoni: *s. a far lezione, a spiegare, a chiamare qlcu.*

spolpaménto [1686] **s. m.** ● (*raro*) lo spolpare

spolpàre [da *polpa*, con *s-* ✱av. 1300] **A v. tr.** (*io spólpo*) **1** privare della polpa: *s. un pollo, un osso* **2** (*fig.*) privare di gran parte degli averi, immiserire: *s. il popolo con le tasse; l'hanno spolpato al gioco* **B spolpàrsi v. intr. pron. 1** (*raro*) dimagrire **2** (*fig., raro*) impoverirsi

spolpàto **part. pass.** di *spolpare*; anche **agg. 1** nei sign. del v. **2** (*est.*) magro, secco: *cavallo s.* **3** (*tosc.*) con valore rafforz. nelle loc. ***matto, pazzo, innamorato*** e sim. ***s.***, al massimo grado

spólpo [da *spolpare* ✱1618] **agg.** ● (*tosc.*) molto magro | spolpato, spec. con valore rafforz.: *innamorato, tisico, s.*

spoltìglia [da *poltiglia*, con *s-*, forse per sovrapposizione di *smeriglio* ✱av. 1647] **s. f.** ● polvere di smeriglio, per levigare armi, metalli, e sim.

spoltìglio [av. 1601] **s. m.** ● spoltiglia

†**spoltràre** ➤ **spoltrire**

spoltrìre o †**spoltràre** [da *poltrire*, con *s-* ✱1313] **v. tr.** (*io spoltrisco*, †*spóltro*, *tu spoltrisci*, †*spóltri*) e **spoltrìrsi** o †**spoltràrsi** **v. intr. pron.** ● spoltronire, spoltronirsi: *Ormai convien che tu così ti spoltre* (DANTE *Inf.* XXIV, 46)

spoltroneggiàre [da *poltroneggiare*, con *s-* ✱1561] **v. intr.** (**pres.** *io spoltronéggio*; **fut.** *io spoltroneggerò*; aus. *avere*) ● (*raro*) fare il poltrone

spoltronìre [da *poltrone*, con *s-* ✱av. 1406] **A v. tr.** (*io spoltronisco, tu spoltronisci*) ● rendere meno poltrone SIN. spoltrire **B spoltronìrsi v. intr. pron.** ● diventare meno poltrone

♦**spolveràre**① [da *polvere*, con *s-* sottrattivo ✱1464] **A v. tr.** (*io spólvero*) **1** pulire levando la polvere: *s. l'abito, i mobili; s. qlco. con la spazzola, col battipanni; spolverarsi le scarpe* | ***s. le spalle, il groppone e sim. a qlcu.***, (*fig., iron.*) bastonarlo CONTR. impolverare **2** (*fig., scherz.*) consumare tutto, mangiare con avidità: *ha spolverato un intero pollo* **3** (*fig.*) rubare, portare via: *i ladri gli hanno spolverato la casa* **4** ***s. un disegno***, riprodurlo mediante la tecnica dello spolvero **B v. intr.** (aus. *avere*) ● levare la polvere: *qui bisogna s.* **C spolveràrsi v. tr. pron.** (aus. *essere*) **1** togliere la polvere da un proprio indumento: *spolverarsi le scarpe, la giacca* **2** mangiare con avidità (con valore intens.): *si è spolverata tutta la torta!* **D spolveràrsi v. rifl.** ● (*raro*) levarsi la polvere di dosso: *sei sporco, spolverati un po'!*

spolveràre② [da *polvere*, con *s-* durativo-intens. ✱sec. XV] **v. tr.** (*io spólvero*) ● cospargere con una sostanza in polvere: *s. un dolce con zucchero vanigliato*

spolveràta① [da *spolverare*① ✱1872] **s. f.** ● lo spolverare in fretta e alla meglio | ***dare una s. a qlcu.***, (*scherz.*) bastonarlo, redarguirlo ‖ **spolveratìna**, **dim.**

spolveràta② [da *spolverare*② ✱1955] **s. f. 1** spargimento di una sostanza fine come polvere: *diede una s. di zucchero vanigliato alla torta* **2** la sostanza così sparsa: *una s. di neve ha imbiancato i tetti della città; una s. di cacao sul cappuccino*

spolveratóre [1879] **s. m.** (**f.** *-trice*); anche **agg.** ● chi (o che) spolvera, nel sign. di *spolverare*①

spolveratùra① [da *spolverare*① ✱av. 1800] **s. f.** ● attività dello spolverare, del togliere la polvere: *la s. dei libri; s. dei tappeti*

spolveratùra② [1946] **s. f. 1** spolverata② **2** farina impalpabile, spolvero **3** (*fig.*) conoscenza superficiale e generica, infarinatura: *ha solo una s. di scienza*

†**spolverezzàre** e deriv. ➤ **spolverizzare** e deriv.

spolverìna [1714] **s. f.** ● (*abbigliamento*) spolverino②

spolverìno① [da *spolverare*① e (*2*) nel sign. 3 ✱1891] **s. m. 1** piumino per togliere la polvere **2** piccola spazzola o pennello usato dai barbieri dopo il taglio dei capelli **3** vasetto bucherellato per cospargere di zucchero i dolci o spargere sostanze in polvere

spolverìno② [da *polvere*, con *s-* ✱1598] **s. m.** ● leggero soprabito da viaggio usato un tempo per riparare gli abiti dalla polvere | attualmente, leggero soprabito di seta, cotone e sim.

spolverìo [da *spolverare*① col suff. *-io*① ✱1555] **s. m.** (**pl.** *-ii*) **1** polverio continuo **2** (*fig., scherz.*) grande e abbondante mangiata

spolverizzaménto [sec. XIV] **s. m.** ● (*raro*) lo spolverizzare

spolverizzàre o †**spolverezzàre** [da *polverizzare*, con *s-* ✱sec. XIII] **A v. tr. 1** ridurre in polvere, polverizzare **2** cospargere con una sostanza in polvere: *s. una torta di zucchero* **3** ricavare un disegno mediante la tecnica dello spolvero **B spolverizzàrsi v. intr. pron.** ● (*lett., raro*) ridursi in polvere

spolverizzatóre [da *spolverizzare* ✱1940] **s. m.** ● (*med.*) vaporizzatore

spólvero [sec. XV] **s. m. 1** (*raro*) attività dello spolverare: *fare lo s.* **2** strato impalpabile di sostanza polverosa: *uno s. di carbone; uno s. di farina* **3** (*fig.*) infarinatura, conoscenza superficiale: *uno s. di erudizione* **4** (*fig., raro*) apparenza, esteriorità: *erudizione di s.* **5** ***essere in grande s.***, nel linguaggio giornalistico, essere in condizioni brillanti, in gran forma: *un atleta, una cantante in grande s.* **6** (*tecnol.*) particolare sistema di riporto di un disegno su una superficie, che si effettua praticando una serie di fori lungo i contorni del disegno stesso, sui quali viene successivamente passato un tampone

spompàre [da *pompa*①, con *s-* privativo ✱1963] **A v. tr.** (*io spómpo*) ● (*colloq.*) estenuare, sfinire | privare di vigore, di volontà, della voglia di fare **B spompàrsi v. rifl.** ● (*colloq.*) estenuarsi, sfinirsi

spompàto **part. pass.** di *spompare*; anche **agg.** ● nei sign. del v.

♦**spónda** [lat. *spŏnda(m)* 'legno da letto', di etim. incerta ✱1282] **s. f. 1** superficie che limita lateralmente un corso d'acqua, il mare, un lago: *la s. del mare; le sponde del fiume* **2** (*est., lett.*) regione, paese: *chiunque … voglia o caso peregrinando adduce a queste sponde* (T. TASSO) **3** bordo laterale, lato estremo: *sedersi sulla s. del letto; le sponde* *del carro* | parapetto: *la s. del fosso, del ponte* **4** ciascuno dei quattro lati rilevati del tavolo da biliardo **5** (*fig., colloq.*) persona in grado di dare difesa, protezione: *farsi una s.* | (*fig.*) ***fare da s.***, nel calcio, appoggiare l'azione di un compagno ricevendone il pallone e ripassandogli la palla; (*est.*) fare da interlocutore, da punto di riferimento per qlcu. ‖ **spondìna**, **dim.**

spondàico [vc. dotta, dal lat. *spondăicu(m)*, da *spondēus* 'spondeo' ✱ av. 1544] **agg.** (**pl. m.** *-ci*) ● nella metrica greca e latina, detto di esametro che nella quinta sede ha uno spondeo

spondàle [av. 1963] **A agg.** ● che riguarda le sponde di un corso d'acqua: *vegetazione s.* **B s. m.** ● sponda ribaltabile di un autocarro

spondèo [vc. dotta, dal lat. *spondēu(m)*, dal gr. *spondêios*, da *spondḗ* 'libagione', perché originariamente usato durante le libagioni rituali ✱ av. 1472] **s. m.** ● (*ling.*) nella poesia greca e latina, piede metrico formato da due sillabe lunghe

sponderuòla [da *sponda* ✱ 1561] **s. f.** ● in falegnameria, pialletto adatto a spianare la fascia di contorno o sponda delle tavole di legno, con ceppo di larghezza ridotta e ferro largo quanto il ceppo

spondilìte [da *spondilo*, con *-ite*① ✱ 1829] **s. f.** ● (*med.*) infiammazione della colonna vertebrale, in particolare dei corpi vertebrali

spòndilo [vc. dotta, dal lat. *spŏndylu(m)* 'mollusco' e 'vertebra', dal gr. *spóndylos*, di orig. indeur. ✱ 1282] **s. m.** ● (*anat.*) corpo vertebrale

spondiloartrìte [comp. di *spondilo* e *artrite* ✱ 1960] **s. f.** ● (*med.*) artrite a carico delle articolazioni intervertebrali

spondiloartròṣi [comp. di *spondilo* e *artrosi* ✱ 1960] **s. f. inv.** ● (*med.*) processo di artrosi localizzato alle articolazioni intervertebrali

spondilolistèṣi [vc. dotta, comp. di *spondil(o)* e del gr. *olísthēsis* 'scivolamento' ✱ 1957] **s. f. inv.** ● (*med.*) progressivo e lento scivolamento in avanti di una vertebra rispetto alla vertebra sottostante

spondilòṣi [da *spondilo*, con *-osi* ✱ 1900] **s. f. inv.** ● (*med.*) malattia di natura non infiammatoria delle vertebre caratterizzata da degenerazione dei dischi intervertebrali

†**spónga** [forma ant. e dial. di *spugna* ✱ sec. XIII] **s. f.** ● spugna

spongàta [da *sponga*, per l'aspetto ✱ 1617] **s. f.** ● dolce natalizio originario dell'Emilia, a base di marzapane, miele, canditi e frutta secca

spòngia [V. *spugna* ✱ 1960] **s. f.** (**pl.** *-ge*) ● genere di Poriferi comprendente alcune specie, i cui scheletri di spongina vengono messi in commercio come spugne naturali

Spongiàri [vc. dotta, dal gr. *spongía* 'spugna'. V. *spugna* ✱ 1885] **s. m. pl.** (**sing.** *-o*) ● (*zool.*) Poriferi

spongifórme [comp. di *spongi-*, tratto dal lat. *spŏngi(am)* 'spugna' e *-forme* ✱ 1872] **agg.** ● che ha l'aspetto e la consistenza di una spugna | (*med.*) nella loc. ***encefalopatia s.***, V. *encefalopatia*

spongìlla [dim. dotto, tratto dal lat. *spŏngia(m)* 'spugna' ✱ 1838] **s. f.** ● comunissima spugna silicea di acqua dolce che forma piccole masserelle grigiastre sui corpi sommersi (*Spongilla lacustris*)

spongìna [deriv. dotto del lat. *spŏngia(m)* 'spugna', con *-ina* ✱ 1872] **s. f.** ● sostanza albuminoide, costituente principale delle spugne naturali

†**spongióso** (o **-ṣo**) [lat. *spongiōsu(m)*, da *spŏngia* 'spugna' ✱ 1282] **agg.** ● spugnoso

spongìte [vc. dotta, dal lat. *spongītis* (nom.), dal gr. *spongîtis*, genit. *spongítidos*, da *spongía* 'spugna' ✱ 1550] **s. f.** ● (*geol.*) pietra spugnosa e leggera

†**spònsa** ➤ **sposa**

sponsàle [vc. dotta, dal lat. *sponsāle(m)*, da *spōnsus*, part. pass. di *spondēre* 'promettere solennemente'. V. *sposo* ✱ av. 1294] **A agg.** ● (*lett.*) nuziale, coniugale: *letto s.* **B s. m.** **1** (**spec. al pl.**) matrimonio: *solenni sponsali*; *sono stati celebrati gli sponsali del re* **2** (*raro*, **al pl.**) promessa di futuro matrimonio

†**sponsalìzio** ➤ **sposalizio**

†**spònso** ➤ **sposo**

spònsor /ˈspɔnsor, *ingl.* ˈspɒnsə(r)/ [vc. ingl., propr. 'padrino, garante', dal lat. *spōnsor* (nom.) 'garante', deriv. di *spōnsus* (V. *sponsale*) ✱ 1960] **s. m. e f. inv.** ● chi, spec. per ricavarne pubblicità, finanzia l'attività di atleti singoli o in squadra, di cantanti o di artisti in genere, l'organizzazione di spettacoli pubblici e mostre d'arte, la diffusione di trasmissioni televisive o radiofoniche | (*fig.*) protettore, patrocinatore

sponsoriẓẓàre [da *sponsor* ✱ 1977] **v. tr.** ● nel mondo dello sport e dello spettacolo, finanziare a scopo pubblicitario qlcu. o qlco. | (*fig.*) sostenere, patrocinare ‖ **sponsoriẓẓazióne**, **s. f.**

sponsoriẓẓatóre [da *sponsorizzare* ✱ 1978] **s. m.** (**f.** *-trice*); **anche agg.** ● chi (o che) sponsorizza

spontaneìṣmo [da *spontaneo* ✱ 1969] **s. m.** ● atteggiamento di chi, nell'ambito politico, sindacale o associativo in genere, privilegia le iniziative spontanee di base rispetto a quelle promosse da organismi di vertice

spontaneìsta [da *spontaneismo* ✱ 1971] **s. m. e f.** (**pl. m.** *-i*) ● chi si ispira a spontaneismo o si comporta con spontaneismo

spontaneìstico [1965] **agg.** (**pl. m.** *-ci*) ● relativo a spontaneismo | da spontaneista ‖ **spontaneisticaménte**, **avv.**

spontaneità [1735] **s. f. inv.** ● caratteristica di chi (o di ciò che) è spontaneo

♦**spontàneo** o †**spontàno** [vc. dotta, dal lat. *spontāneu(m)*, connesso con l'avv. *spŏnte* 'volontariamente', di etim. incerta ✱ 1268] **agg.** **1** che si fa per proprio libero impulso, senza che vi siano costrizioni, imposizioni o sollecitazioni da parte di altri: *atto, aiuto s.*; *rinuncia, offerta, spontanea*; *il tributo di simpatia è stato s.* | ***di mia, tua, sua ecc. spontanea volontà***, spontaneamente, in seguito a una libera scelta **CONTR.** forzato, imposto **2** che nasce dal proprio animo, che è dettato dal sentimento, dall'istinto: *uno s. moto dell'animo*; *salutò con spontanea cordialità*; *quel pensiero gli venne s.*; *ha per noi un affetto sincero e s.* | naturale, privo di artificio o finzione: *stile s.*; *espressione spontanea* **CONTR.** artificioso, innaturale **3** detto di persona, che agisce, si esprime e sim., con naturalezza, in modo non artefatto: *bambino, scrittore, poeta, s.* **4** detto di fenomeno naturale che avviene per forza propria, senza l'opera dell'uomo: *moto s.*; *vegetazione spontanea* | ***combustione spontanea***, che si innesca da sola, per l'aumento di temperatura delle sostanze comburenti dovuto a fermentazione o a ossidazione da parte dell'ossigeno atmosferico | (*chim.*) di processo che avviene con tale facilità da non richiedere alcun aiuto esterno **5** (*ling.*) detto di mutamento fonetico indipendente dall'influsso del contesto ‖ **spontaneaménte**, **avv.** in modo spontaneo, senza costrizione alcuna

SFUMATURE DI SIGNIFICATO

spontaneo - naturale - volontario

Ciò che viene fatto o detto in base a una libera scelta, senza che vi siano costrizioni o sollecitazioni esterne si definisce **spontaneo**, termine che evoca anche l'assenza di ogni artificio o finzione. Questa sfumatura è ancora più marcata in **naturale**, che descrive ciò che si possiede per natura, per istinto, e che dunque si manifesta senza studio o affettazione. **Volontario** mette invece l'accento sulla scelta libera e consapevole che sta dietro un atto, una decisione.

spònte [lat. *spŏnte* 'spontaneamente', propr. abl. di **spōns*, genit. *spŏntis* 'volontà', di etim. incerta ✱ 1340] **avv.** **1** (*lett.*) †spontaneamente | (*scherz.*) (***di***) ***mia, tua, sua s.***, volontariamente **2** nella loc. (*scherz.*) ***spinte o s., di spinte o di s.***, di buona o di mala voglia, per amore o per forza

†**spontóne** e deriv. ➤ **spuntone** e deriv.

spoofing /ˈspufin(g), *ingl.* ˈspuːfɪŋ/ [vc. ingl., propr. 'imitazione', da *to spoof* 'parodiare' ✱ 1997] **s. m. inv.** ● attacco informatico realizzato falsificando dati e protocolli, in modo da agire apparentemente a nome di un altro soggetto, in genere con lo scopo di carpire informazioni personali

spoon /*ingl.* spuːn/ [vc. ingl., propr. 'cucchiaio', di orig. indeur. ✱ 1964] **s. m. inv.** ● (*sport*) uno dei bastoni da golf con spatola in legno

spopolaménto [1573] **s. m.** ● lo spopolare, lo spopolarsi | riduzione, diminuzione della popolazione

spopolàre [da *popolo*, con *s-* ✱ sec. XV] **A v. tr.** (*io spòpolo*) **1** rendere privo o povero di popolazione: *l'epidemia spopolò il paese*; *il fenomeno dell'urbanesimo spopola le campagne* **2** (*est.*) rendere meno affollato o frequentato: *Eran le malattie a s. le carceri* (R. BACCHELLI) **B v. intr.** (**aus.** *avere*) ● (*colloq.*) avere molto successo: *quella cantante spopola* **C spopolàrsi v. intr. pron.** **1** diventare privo o povero di popolazione: *le campagne si spopolarono per l'industrializzazione* **2** (*est.*) diventare meno affollato o frequentato: *le spiagge in settembre si spopolano*

spopolàto **part. pass.** di *spopolare*; **anche agg.** ● nei sign. del v.

SFUMATURE ➤ ***deserto***①

spoppàre [da *poppa*①, con *s-* ✱ av. 1342] **v. tr.** (*io spóppo*) ● slattare, divezzare: *s. un bambino*

spoppatùra [av. 1795] **s. f.** ● (*raro*) svezzamento

spòra [vc. dotta, dal gr. *sporá* 'semina', da *spéirein* 'seminare', di orig. indeur. ✱ 1813] **s. f.** **1** (*bot.*) cellula riproduttiva delle Crittogame capace di originare un nuovo individuo **SIN.** sporula **2** (*zool.*) stadio della vita di alcuni protozoi, che consente la sopravvivenza in condizioni ambientali non favorevoli ‖ **spòrula**, **dim.** (V.)

♣**sporàdico** [vc. dotta, dal gr. *sporadikós*, da *spéirein* 'seminare' ✱ 1754] **agg.** (**pl. m.** *-ci*) **1** isolato, non continuo nel tempo e nello spazio: *casi sporadici*; *presenze sporadiche* | (*med.*) ***malattia sporadica***, che appare saltuariamente, senza connessione con altre malattie **CONTR.** continuo, costante **2** (*ling.*) detto di elemento linguistico isolato ‖ **sporadicaménte**, **avv.** in modo sporadico, saltuario ‖ **sporadicità**, **s. f. inv.**

SFUMATURE ➤ ***infrequente***

sporàle [1983] **agg.** ● (*bot.*) sporico

sporàngio [comp. di *spor(a)* e *-angio* ✱ 1813] **s. m.** ● (*bot.*) organo chiuso delle Crittogame, nel quale si formano le spore, di origine asessuale

sporcacciόne [da *sporcare*, con suff. pegg. ✱ 1870] **agg. e s. m.** (**f.** *-a*) **1** che (o chi) è molto sporco: *quello s. non si lava mai*; *è un bambino s.* **SIN.** sudicione **2** che (o chi) si esprime o si comporta in modo moralmente spregevole, osceno, turpe: *evita quello s.*; *un vecchio s.* **SIN.** sudicione

♦**sporcàre** [lat. *spurcāre*, da *spŭrcus* 'sporco' ✱

av. 1557] **A** **v. tr.** (*io spòrco, tu spòrchi*) **1** rendere sporco: *s. il vestito, il pavimento* | imbrattare con cose che macchiano, insudiciano, insozzano: *s. la tovaglia di vino* SIN. imbrattare, insozzare, insudiciare, lordare, sozzare **2** (*fig.*) macchiare, deturpare moralmente, infamare: *s. il proprio nome* **3** (*mar.*) **s. l'ancora**, impigliarla in cavi o catene sommerse, che ne impediscono il recupero a bordo **B** **sporcàrsi** **v. tr. pron.** (aus. *essere*) ● imbrattarsi, insozzarsi (+ *di*, + *con*): *sporcarsi la camicia di sugo; sporcarsi le scarpe di* (o *con il*) *fango* | **sporcarsi le mani**, (*fig.*) V. *mano* nel sign. A 1 **C** **sporcàrsi** **v. rifl. e intr. pron.** **1** insudiciarsi, spec. involontariamente: *si è sporcato tutto; quando mangia si sporca sempre* **2** (*fig.*) fare qlco. di losco, vile o sim., tale da macchiare il proprio nome (+ *con*, + *in*): *sporcarsi con* (o *in*) *un affare, in una faccenda* | abbassarsi moralmente (+ *a* seguito da inf.): *non mi sporco a trattare con voi*

†**sporcherìa** [sovrapposizione di *sporco* e *porcheria* ✱ av. 1519] **s. f.** ● porcheria | rifiuto

sporchévole [1948] **agg.** ● (*fam.*) che si sporca con facilità: *abito, stoffa, s.*

sporchézza [1524] **s. f.** ● (*raro*) sporcizia | (*fig., lett.*) oscenità

♦**sporcìzia** o (*raro*) **sporchìzia** [dal lat. *spurcĭtia(m)*, da *spŭrcus* 'sporco' ✱ av. 1349] **s. f.** **1** caratteristica, condizione di chi (o di ciò che) è sporco CONTR. pulizia **2** cosa sporca: *togliere la s.; vivere nella s.* **3** (*fig.*) comportamento disonesto, corrotto | cosa, azione, parola, volgare, oscena: *dire, fare, sporcizie; libro pieno di sporcizie*

♦**spòrco** [lat. *spŭrcu(m)* 'impuro', forse connesso con *spŭrius* 'bastardo' (V. *spurio*), di orig. etrusca ✱ av. 1328] **A** **agg.** (pl. m. *-chi*; superl. *sporchissimo*) **1** che non è pulito: *viso s.; calzoni, piatti sporchi; avere le mani sporche* | **essere s.**, essersi accidentalmente insudiciato; essere abitualmente mancante di pulizia e di igiene: *il bambino è s., bisogna lavarlo; quella è gente sporca* | **avere la lingua sporca**, patinosa, spec. per cattiva digestione | **avere la fedina penale sporca**, (*fig.*) che reca annotate le condanne penali subite | (*fig.*) **avere la coscienza sporca**, aver agito male ed esserne consapevole SIN. lordo, sozzo, sudicio CONTR. pulito **2** che è imbrattato, insudiciato, da qlco. che macchia, insozza e sim.: *il foglio è s. di inchiostro; la tovaglia è sporca di vino; sei s. di unto; ha le mani sporche di fango* **3** (*fig.*) che è disonesto, disonorevole, immorale: *è una faccenda sporca; sono sporchi individui; quell'affare è s.; fanno una sporca politica* | **denaro s.**, proveniente da attività criminose | volgare, osceno: *film, libro s.; parole, barzellette sporche* | (*fam.*) **farla sporca**, fare una cosa disonesta, senza cura o capacità di nasconderla | nel gergo sportivo, irregolare, non perfetto: *rimbalzo s.; tiro s.* **4** nella canasta, detto di ogni combinazione di sette o più carte in cui figurano uno o due jolly: *canasta sporca* ‖ **sporchétto**, dim. | **sporchìno**, dim. ‖ **sporcaménte**, avv. **1** schifosamente **2** slealmente **B** **s. m.** solo sing. ● sporcizia: *togliere, levare lo s.; pulire dallo s.; vivere nello s.* CONTR. pulito

♦**sporgènte** **A** part. pres. di *sporgere*; anche **agg.** ● nei sign. del v. **B** **s. m.** ● (*mar.*) piazzale che sporge in un bacino portuale per aumentare la superficie utile all'attracco delle navi

sporgènza [av. 1502] **s. f.** **1** (*raro*) condizione di ciò che è sporgente **2** ciò che sporge, esce in fuori: *la s. della parete; togliere le sporgenze*

♦**spòrgere** [lat. *exporrĭgere*, comp. di *ĕx-* (*s-*) e *porrĭgere* 'porgere' ✱ 1313] **A** **v. tr.** (pres. *io spòrgo* (o *-ó-*), *tu spòrgi* (o *-ó-*); pass. rem. *io spòrsi* (o *-ó-*), *tu sporgésti*; part. pass. *spòrto* (o *-ó-*)) ● protendere, stendere, in avanti, in fuori: *s. la testa dalla finestra; s. le mani verso qlcu. o qlco.* | (*dir.*) **s. querela**, presentarla **B** **v. intr.** (aus. *essere*) ● venire in fuori, fare aggetto: *lo scoglio sporge dal mare; dal muro sporge un chiodo; la terrazza sporge sul lago* **C** **spòrgersi** **v. rifl.** ● stendersi in avanti, in fuori: *è pericoloso sporgersi; sporgersi dal balcone; si sporge nel vuoto*

sporgiménto [av. 1597] **s. m.** ● (*raro, lett.*) lo sporgere | sporgenza: *piccolo s. di terra che formava la rada* (G. VERGA)

spòrico [da *spora* ✱ 1960] **agg.** (pl. m. *-ci*) ● (*bot.*) relativo alla spora SIN. sporale

sporìdio [dim. dotto di *spora*, su modelli greci ✱ 1838] **s. m.** (pl. *-i* o *raro -ii*) ● (*bot.*) spora | basidiospora di Uredinali e Ustilaginali

sporìfero [comp. di *sporo-* e *-fero* ✱ 1960] **agg.** ● (*bot.*) che porta spore

sporìgeno ➤ **sporogeno**

spòro- [gr. *sporá* 'seme', dal v. *spéirein* 'fare la semina', isolato in gr., ma di orig. indeur.] **primo elemento** ● in parole scientifiche composte, significa 'spora', 'seme' o fa riferimento alla riproduzione: *sporocarpo, sporogonia, sporozoi*

sporocàrpo [comp. di *sporo-* e *-carpo* ✱ 1875] **s. m.** ● (*bot.*) piccola formazione di natura fogliare che racchiude gli sporangi

sporofìllo [comp. di *sporo-* e *-fillo* ✱ 1932] **s. m.** ● (*bot.*) espansione fogliare che produce spore

sporòfito [comp. di *sporo-* e *-fito* ✱ 1960] **s. m.** ● (*bot.*) nel ciclo vitale delle piante, l'individuo diploide che produce spore

sporogènesi [comp. di *spora* e *genesi* ✱ 1970] **s. f. inv.** ● (*bot.*) nei vegetali, l'insieme dei fenomeni che portano alla produzione di spore

sporògeno o **sporìgeno** [comp. di *sporo-* e *-geno* ✱ 1970] **agg.** ● che produce spore

sporogonìa [comp. di *sporo-* e *-gonia* ✱ 1906] **s. f.** ● (*bot.*) forma di riproduzione sessuata degli sporozoi, a cui segue la formazione di spore

sporogònio [comp. di *sporo-* e *-gonio* ✱ 1875] **s. m.** (pl. *-i* o *raro -ii*) ● (*bot.*) sporofito caratteristico delle Briofite, non dotato di vita autonoma, che forma le spore in una capsula apicale

sporologìa [comp. di *sporo-* e *-logia* ✱ 1983] **s. f.** (pl. *-gìe*) ● (*bot.*) disciplina che studia le spore vegetali, spec. sotto l'aspetto morfologico

sporòlogo [comp. di *sporo-* e *-logo* ✱ 1983] **s. m.** (f. *-a*; pl. m. *-gi*) ● chi si occupa di sporologia

Sporozòi [comp. di *sporo-* e *-zoo* ✱ 1960] **s. m. pl.** (sing. *-zòo*) ● (*zool.*) classe di Protozoi parassiti o saprofiti che alternano una riproduzione sessuata a una asessuata (*Sporozoa*)

sporozoìte [da *sporozo(i)* col suff. *-ite*③ ✱ 1983] **s. m.** ● (*biol.*) negli Sporozoi, ciascuno degli organismi derivati dallo zigote, in grado di infettare un ospite grazie anche alla capsula resistente che di solito li riveste

†**spórre** e deriv. ➤ **esporre** e deriv.

♦**sport** /spɔrt, *ingl.* spɔːt/ [vc. ingl., in orig. 'divertimento', dall'ant. fr. *desport*. V. *diporto* ✱ 1829] **A** **s. m. inv.** **1** l'insieme delle gare e degli esercizi compiuti individualmente o in gruppo come manifestazione agonistica, per svago o per sviluppare le capacità motorie: *fare dello s.; praticare lo s.; s. individuale; s. a squadre; lo s. del calcio, del pugilato; il ciclismo è uno s. molto diffuso* | **s. invernali**, quelli che si praticano sulla neve o sul ghiaccio (sci, bob, hockey ecc.) | **s. di combattimento**, il pugilato, la scherma e sim. **2** (*est.*) divertimento, diletto, passatempo, spec. nella loc. **per s.**: *fare qlco. per s.* **B** **in funzione di agg. inv.** ● (posposto a un sost.) sportivo: *macchina s.*

NOMENCLATURA

sport

● *caratteristiche*: preferito, praticato, salutare, benefico; professionistico ⇔ dilettantistico; competizione = gara = lotta = agone, ludo, spettacolo; ginnastica; agonismo, sportività; girone, serie, allenamento, ritiro, categoria, batteria, classifica, graduatoria, eliminatoria (quarti di finale, semifinale, finale), punteggio, primato = record, scudetto; fallo, penalità, squalifica, doping, antidoping; ingaggio, incontro, partita, meeting, match; campionato (locale, regionale, nazionale, internazionale, europeo, mondiale); federazione; sportività, sportivo ⇔ antisportivo;

● *sport invernali*: sci (V.) alpino, di velocità, d'erba, nordico; alpinismo (V.); bob, curling, slittino, biathlon, freestyle, sled dog;

● *sport acquatici*: canottaggio (V.), rafting; nuoto (V.), pallanuoto, tuffi, vela (V.), windsurf, surf, sci nautico, motonautica;

● *sport individuali*: atletica (V.) leggera, pesante; bocce, ciclismo (V.), croquet, equitazione, ippica; ginnastica, golf, pattinaggio (V.) su ghiaccio, su rotelle, pugilato, scherma (V.), tennis (V.), tiro a volo; deltaplano, paracadutismo, parapendio, volo (a vela, a motore); automobilismo, karting, motociclismo, motocross; aikido, judo, jujitsu, karate, kendo, kung fu, sumo, tae-kwon-do;

● *sport a squadre*: baseball (V.), calcio (V.), cricket, football, hockey, pallacanestro, pallamano, pallavolo, polo, rugby;

● *strutture sportive*: stadio, palasport, ippodromo, maneggio, velodromo, autodromo, palestra, campo da tennis, campo da baseball, campo da golf, sferisterio; piscina; spalti, gradinate, tribuna; spogliatoio, panchina;

● *persone*: giuria, arbitro, direttore tecnico, allenatore, mister, manager, coach, massaggiatore; atleta, titolare, riserva, sponsor, campione, outsider, testa di serie, campionissimo, concorrente, professionista, dilettante; appassionato, supporter, tifoso;

● *azioni*: esercitare, praticare uno sport, fare dello sport, essere sportivo; tifare, sponsorizzare; allenare, allenarsi, sacrificarsi, concentrarsi; vincere ⇔ perdere, partecipare, gareggiare, giocare; arbitrare, fischiare, ammonire, espellere, richiamare, squalificare.

spòrta [lat. *spŏrta(m)* 'paniere', venuto attraverso l'etr. dal gr. *spyrís*, genit. *spyrídos*, di orig. indeur. ✱ sec. XIII] **s. f.** **1** borsa grande e capace, di materiale vario, fornita di due manici, usata spec. per fare la spesa: *avere la s. in mano; s. piena, vuota* | **cappello a s.**, con la tesa molto sporgente **2** (*est.*) quantità di roba contenuta in una sporta: *una s. di frutta* **3** grande quantità, abbondanza, nella loc. **un sacco e una s.**: *dirne, darne, prenderne, un sacco e una s.* ‖ **sportèlla**, **sportellìna**, dim. | **sportìna**, dim. | **sportóna**, accr. | **sportóne**, accr. m.

†**sportàre** [da *sporto*, come s. m. ✱ sec. XIII] **v. tr. e intr.** ● sporgere o far sporgere in fuori

sportellàta [da *sportello* ✱ 1989] **s. f.** **1** colpo preso urtando contro uno sportello **2** (*gerg.*) in gare automobilistiche o (*est.*) motociclistiche, colpo tra le fiancate di due auto o di due moto in corsa: *prendersi a sportellate*

sportellàto [1824] **agg.** **1** fornito di sportelli **2** fatto a forma di sportello

sportellìsta [1960] **s. m. e f.** (pl. m. *-i*) ● impiegato il cui lavoro si svolge a diretto contatto col pubblico, dietro uno sportello

♦**sportèllo** [da *portello*, con *s-* ✱ sec. XIII] **s. m.** **1** imposta girevole su cerniere | imposta, scuretto di infisso | †porticina inclusa nel portone di un edificio **2** porta di carrozza ferroviaria, automobile, aereo e veicoli in genere **3** apertura attraverso la quale, nelle banche e in alcuni uffici, gli impiegati possono comunicare col pubblico: *fare la coda davanti allo s.* | ***chiudere gli sportelli***, nelle banche, sospendere operazioni e pagamenti | ***s. automatico***, impianto, collocato all'esterno di una banca, che consente a un correntista di effettuare operazioni bancarie, previa introduzione di una tessera magnetica e composizione di un numero di codice personale **4** (*est., per anton.*) ufficio di una banca a diretto contatto con il pubblico | correntemente, filiale o agenzia di una banca: *la Banca di Roma ha aperto dieci nuovi sportelli* | ufficio che fornisce consulenze, informazioni e sim. su un determinato argomento | ***s. unico***, ufficio, spec. della pubblica amministrazione, che permette di snellire le procedure burocratiche, accorpando servizi prima svolti da uffici diversi e semplificando l'accesso dell'utente alle informazioni **5** ognuna delle tavole laterali di un trittico che, per mezzo di cerniere, si rovesciano a coprire il dipinto ‖ **sportellétto**, **dim.** | **sportellìno**, **dim.** | **sportellóne**, **accr.**

sport-fisherman /sport'fiʃʃərmen, *ingl.* 'spɔːtˌfɪʃəmən/ [vc. ingl., comp. di *sport* e *fisherman* 'pescatore' * 1970] **s. m. inv.** ● imbarcazione, spec. grosso motoscafo, attrezzato per la pesca sportiva d'altura alla traina

♦**sportìvo** [da *sport* * 1884] **A** **agg.** **1** di sport, relativo allo sport: *spettacolo s.; manifestazione, stampa sportiva* | ***campo s.***, luogo dove si praticano gli sport all'aperto **2** che pratica gli sport o ne è appassionato: *un ragazzo s.* | ***spirito s.***, conforme alle norme di lealtà proprie dello sport | ***guida sportiva***, veloce, disinvolta **3** detto di abito particolarmente pratico, semplice, informale: *cappotto s.* ‖ **sportivaménte**, **avv.** **1** dal punto di vista sportivo; in modo sportivo: *veste sportivamente* **2** (*fig.*) lealmente, cavallerescamente: *accettare sportivamente una sconfitta* ‖ **sportività**, **s. f. inv.** spirito sportivo; (*est.*) correttezza SIN. fair play **B** **s. m.** (**f.** *-a*) ● chi pratica gli sport o ne è appassionato: *gli sportivi del paese; deludere l'attesa degli sportivi; è un acceso s.*

spòrto **A** **part. pass.** di *sporgere*; anche **agg.** ● nei sign. del v.: *Quivi pregava con le mani sporte* (DANTE *Purg.* VI, 16) **B** **s. m.** **1** (*archit.*) sporgenza dalla linea verticale del muro SIN. aggetto | (*lett.*) sporgenza rocciosa **2** imposta di negozio che si apre verso l'esterno: *è ora di chiudere gli sporti* **3** muretto presso l'entrata di una bottega su cui un tempo si metteva in mostra la merce

spòrtsman /'spɔrtsmen, *ingl.* 'spɔːtsmən/ [vc. ingl., comp. di *sport* e *man* 'uomo' * 1863] **s. m. inv.** (**pl. ingl.** *sportsmen*) ● chi pratica uno o più sport

spòrtswear /'spɔrtswer, *ingl.* 'spɔːtsˌweə(r)/ [vc. ingl., propr. 'abiti (*wear*) sportivi (*sports*)' * 1980] **s. m. inv.** ● abbigliamento per lo sport e il tempo libero | settore che produce tale abbigliamento CFR. casual

spòrtula [vc. dotta, dal lat. *spŏrtula(m)* 'panierino', poi 'largizione', dim. di *spŏrta*. V. *sporta* * av. 1494] **s. f.** **1** nell'antica Roma, largizione che il patrizio usava corrispondere periodicamente ai propri clienti **2** antica forma di compenso che il giudice aveva diritto di ricevere per il compimento di determinati atti CFR. propina **3** (*est.*) compenso | (*iron., lett.*) castigo: *Mi toccò la s. d'un giorno ... a pane ed acqua* (I. NIEVO)

sport utility /sport u'tiliti, *ingl.* spɔːt juː'tɪlɪtɪ/ [accorc. della loc. ingl. *sport utility vehicle* 'autoveicolo per lo sport e per il lavoro' * 1995] **loc. sost. f. inv.** ● (*autom.*) automobile fuoristrada con rifiniture, accessori e prestazioni simili a quelle di una berlina

spòrula [dim. di *spora* * 1838] **s. f.** ● (*biol.*) spora

sporulazióne [da *sporula* * 1906] **s. f.** **1** (*bot.*) produzione di spore **2** (*zool.*) divisione asessuata di un individuo in numerosi individui figli

♦**spòṣa** o (*lett.*) **ispòṣa**, (*lett.*) †**spònsa** [lat. *spōnsa(m)*, propr. 'promessa sposa', f. sost. di *spōnsus*, part. pass. di *spondēre* 'promettere solennemente', di orig. indeur. * sec. XII] **s. f.** (**la forma letteraria** *isposa* **è oggi usata solo se preceduta da per o in**) **1** (*disus.* o *sett.*) donna nubile promessa in matrimonio, fidanzata | ***promessa s.***, fidanzata **2** donna nel giorno nuziale: *abito, velo, da s.; i fiori d'arancio per la s.; i regali della s.; festeggiare la s.; l'arrivo della s.; ricevere la s.; baciare la s.* | (*fig.*) ***s. monaca***, monaca nel giorno della sua vestizione religiosa **3** moglie: *dare una figlia in s. a qlcu.; andare s. a qlcu.; farsi s.; s. novella* | (*fig., per anton.*) ***la S. di Dio, di Cristo***, la Chiesa | (*fig.*) ***S. di Cristo, di Gesù***, monaca, suora **4** (*fig.*) compagna: *la vite s. all'olmo* **5** (*pop.*) donna sposata da poco: *una bella s.* **6** (*zool.*) ***anatra s.***, V. *anatra* ‖ **spoṣétta**, **dim.** | **spoṣìna**, **dim.** (V.) | **spoṣóna**, **accr.**

spoṣalìzio o †**sponsalìzio** [forma sost. dal lat. tardo *sponsalĭciu(m)* 'che riguarda gli sponsali', tratto da *sponsālis* 'sponsale' * 1321] **A** **s. m.** **1** cerimonia delle nozze: *celebrare lo s.; lo s. avrà luogo domani* | ***lo s. del mare***, antica cerimonia della repubblica di Venezia in cui il doge celebrava le nozze simboliche fra questa e il mare gettando un anello fra le onde **2** †promessa di matrimonio **B** **agg.** ● †nuziale: *anello s.*

♦**spoṣàre** [lat. tardo *sponsāre*, propr. 'fidanzarsi, fidanzare', da *spōnsus* 'promesso'. V. *sposa* * av. 1250] **A** **v. tr.** (*io spòṣo*) **1** prendere per marito: *sposa il suo primo amore; l'ha sposato contro il volere del padre; se l'è sposato a ogni costo* | ***s. Gesù***, farsi monaca **2** prendere in moglie: *sposa una ricca vedova; ha sposato la cugina* | (*fam.*) anche in forma pron. (con valore intens.): *dopo sei mesi se l'è sposata* **3** unire in matrimonio, celebrare il matrimonio: *li ha sposati il sindaco; ci sposò il parroco* **4** dare in moglie: *ha sposato la figlia a un uomo anziano* **5** (*raro*) dare in marito: *ha sposato il figlio a una brava ragazza* **6** †promettere in matrimonio | †dare promessa di matrimonio **7** (*raro, fig.*) mescolare, congiungere: *al scettro sposano la croce* (U. FOSCOLO) **8** abbracciare, sostenere, nelle loc.: ***s. una causa, un'idea, un partito***, e sim. **B** **v. intr.** (**aus.** *avere*) ● (*tosc.*) unirsi in matrimonio: *sposano domenica; hanno sposato in municipio* **C** **spoṣàrsi** **v. intr. pron. e rifl. recipr.** **1** unirsi in matrimonio: *si è sposata con un ottimo partito; si sposano oggi* **2** (*fig.*) accordarsi: *questo vino bianco si sposa bene con gli antipasti*

spoṣàto **A** **part. pass.** di *sposare*; anche **agg.** ● coniugato: *uomo s.* **B** **s. m.** (**f.** *-a*) ● persona sposata CFR. celibe, nubile

†**spoṣeréccio** [da *sposare* * 1330] **agg.** ● nuziale

spoṣìna [av. 1742] **s. f.** **1** dim. di *sposa* **2** giovane sposa | donna appena sposata **3** †novizia, giovane che si prepara alla vita monastica **4** uccello degli Anseriformi a vivi colori e con bel ciuffo sul capo, originario dell'America sett. (*Aix sponsa*) SIN. anatra sposa

spoṣìno [av. 1587] **s. m.** **1** dim. di *sposo* **2** giovane sposo | uomo appena sposato **3** (**al pl.**) coppia appena sposata

♦**spòṣo** o (*lett.*) **ispòṣo**, (*lett.*) †**spònso** [lat. *spōnsu(m)* 'promesso sposo', part. pass. sost. di *spondēre* 'promettere solennemente'. V. *sposa* * sec. XII] **s. m.** (**la forma letteraria** *isposo* **è oggi usata solo se preceduta da per o in**) **1** (*disus.* o *sett.*) uomo celibe promesso in matrimonio, fidanzato | ***promesso s.***, fidanzato | ***i promessi sposi***, i fidanzati **2** uomo nel giorno nuziale: *abito da s.; i regali dello s.; l'arrivo dello s.; lo s. ha baciato la sposa* **3** marito: *andare s. a qlcu.; s. novello* | ***S. della Chiesa***, Gesù, secondo l'interpretazione cristiana del Cantico dei Cantici **4** (**al pl.**) l'uomo e la donna nel giorno nuziale: *ecco gli sposi!; evviva gli sposi!; gli sposi escono dalla chiesa* | marito e moglie, spec. sposati da poco: *sposi novelli; sono sposi da un anno* ‖ **spoṣétto**, **dim.** | **spoṣìno**, **dim.** (V.)

spossaménto [1799] **s. m.** ● (*lett.* o *raro*) lo spossare, lo spossarsi | spossatezza

spossànte **part. pres.** di *spossare*; anche **agg.** ● nei sign. del v. | estenuante: *un'attesa s.* ‖ **spossanteménte**, **avv.**

♣**spossàre** [da *possa*①, con *s-* * av. 1562] **A** **v. tr.** (*io spòsso*) ● togliere forza, vigore, energia: *la fatica lo ha spossato; questo caldo ci spossa* SIN. debilitare, estenuare, fiaccare, sfibrare **B** **spossàrsi** **v. intr. pron.** ● perdere forza, vigore, energia

spossatézza [da *spossato* * av. 1704] **s. f.** ● grande debolezza, prostrazione di forze

♣**spossàto** **part. pass.** di *spossare*; anche **agg.** ● nei sign. del v. | privo di forze, di energia: *la malattia mi ha lasciato s.* | moralmente prostrato ‖ †**spossataménte**, **avv.**

spossessaménto [da *spossessare* * 1894] **s. m.** ● lo spossessare, lo spossessarsi, il venire spossessato

spossessàre [da *possesso*, con *s-* * 1305] **A** **v. tr.** (*io spossèsso*) ● privare del possesso o della proprietà di dati beni (+ *di*): *venne spossessato di ogni suo avere* **B** **spossessàrsi** **v. rifl.** ● privarsi di ciò che si ha (+ *di*): *spossessarsi di tutto*

spostàbile [1960] **agg.** ● che può essere spostato

spostaménto [1728] **s. m.** **1** rimozione, trasferimento di qlcu. o qlco. dalla posizione in cui si trova o che gli è abituale: *lo s. di un confine, di un tavolo* | ***s. d'aria***, violento movimento di una massa d'aria, spec. in seguito a un'esplosione | differimento o anticipazione: *s. di una seduta; s. di data, di orario* **2** (*mar.; disus.*) dislocamento

♦**spostàre** [da *posto*, con *s-* * 1584] **A** **v. tr.** (*io spòsto*) **1** trasferire altrove qlcu. o qlco. dal posto, la posizione, la condizione in cui si trovava o che gli era abituale: *s. una sedia, un armadio; s. un impiegato da un ufficio a un altro* | cambiare nel tempo: *hanno spostato l'orario della conferenza* **2** (*fig., disus.*) recare danno, dissestare: *questo imprevisto mi sposta* **3** (*mus.*) trasportare in altro tono **4** (*mar.; disus.*) dislocare **B** **spostàrsi** **v. rifl.** ● muoversi dal posto, dalla posizione che si occupa o che è abituale, detto di persona: *spostati che devo passare; da Roma mi sposterò a Napoli; si è spostato in un altro ufficio* | ***non spostarsi di un passo***, (*fig.*) restare fermo sulle posizioni prese **C** **spostàrsi** **v. intr. pron.** ● muoversi dal luogo o dalla posizione abituale, detto di cosa: *la lancetta si è spostata; l'accento si sposta sull'ultima sillaba* | (*fig.*) passare, trasferirsi: *il dibattito si è spostato su un altro tema*

spostàto **A** **part. pass.** di *spostare*; anche **agg.** ● nei sign. del v. **B** **s. m.** (**f.** *-a*); anche **agg.** ● chi (o che) per motivi dovuti ad avvenimenti esterni, a fattori sociali, ereditari, psicologici, interiori e sim. non riesce a realizzarsi e inserirsi nella vita pratica: *la guerra ha formato molti spostati; i figli di genitori simili non possono essere altro che degli spostati; ragazzi spostati; gioventù spostata*

spostatùra [av. 1712] **s. f. 1** (*raro*) spostamento **2** (*fig., tosc.*) depressione | sgarbo: *fare una s. a qlcu.*

spot① /spɔt, *ingl.* spɒt/ [vc. ingl., propr. 'punto, piccolo spazio delimitato' ✱ 1960] **s. m. inv. 1** breve messaggio pubblicitario televisivo o radiofonico **2** (*elettron.*) punto luminoso che appare su uno schermo fluorescente per azione di un pennello elettronico ‖ **spottóne**, **accr.**

spot② /spɔt, *ingl.* spɒt/ [abbr. della vc. ingl. *spotlight* 'faro', 'proiettore orientabile' ✱ 1941] **s. m. inv.** ● proiettore atto a concentrare un fascio luminoso su un'area assai limitata, usato spec. sulle scene teatrali e negli studi fotografici, cinematografici e televisivi, nelle mostre, nei musei e sim. | (*est., autom.*) ***s. di lettura***, piccola lampada orientabile montata sul cruscotto o sul soffitto di talune autovetture | nell'arredamento, faretto

†**spotestàre** ➤ **spodestare**

spòtting /ˈspɔttin(g), *ingl.* ˈspɒtɪŋ/ [vc. ingl. 'perdite', da *to spot* 'macchiare' ✱ 1993] **s. m. inv.** ● (*med.*) modesta e continua perdita di sangue dalla vagina, non emorragica

sprànga [dal longob. *spanga* 'sbarra', con sovrapposizione del got. **sparra* ✱ 1313] **s. f. 1** sbarra di ferro o legno, traversa, per chiudere, tener serrate porte o sim.: *mettere la s. al portone* | (*est.*) sbarra, tubo di ferro e sim. usati per colpire qlcu.: *il rapinatore lo ha percosso alla testa con una s.* **2** (*tosc.*) filo di ferro con cui si riparano terraglie rotte ‖ **spranghétta**, **dim.** (V.)

sprangàre① [da *spranga* ✱ 1287] **v. tr.** (*io spràngo, tu sprànghi*) **1** mettere la spranga, sbarrare, chiudere con spranga: *s. porte e finestre* **2** (*tosc.*) rimettere insieme i cocci delle terraglie con fil di ferro **3** colpire, percuotere qlcu. con una spranga

†**sprangàre**② ➤ †**spingare**

sprangàta [da *spranga* ✱ 1909] **s. f.** ● colpo dato con una spranga

sprangàto **part. pass.** di *sprangare*①; anche **agg. 1** nei sign. del v.: *persiane sprangate* | (*est.*) chiuso in casa: *gli abitanti erano sprangati in casa* **2** colpito con una spranga

sprangatùra [1550] **s. f.** ● lo sprangare, nel sign. di *sprangare*① | (*est.*) ciò che serve a sprangare

spranghétta [av. 1665] **s. f. 1** dim. di *spranga* **2** (*pop., fig., disus.*) peso alla testa, mal di capo ‖ **spranghettina**, **dim.**

spràtto [dal francone *sprat*, che è dall'ingl. *sprat* ✱ 1936] **s. m.** ● pesce dei Clupeidi affine all'aringa ma più piccolo, commestibile sia fresco che salato o affumicato (*Sprattus sprattus*)

♦**spray** /sprai, *ingl.* spreɪ/ [vc. ingl., propr. 'spruzzo, getto vaporizzato' ✱ 1927] **A s. m. inv. 1** dispositivo per spruzzare mediante nebulizzazione o polverizzazione sostanze liquide, spec. prodotti di bellezza, profumi, insetticidi e sim.: *dare il profumo con lo s.* **2** (*est.*) la sostanza liquida che si spruzza mediante lo spray: *dare lo s. sui capelli; dà un po' di s. nella stanza* **3** ***s. art***, graffitismo **B** in funzione di **agg. inv.** ● (posposto a un sost.) detto di prodotto fornito di spray: *profumo in confezione s.; bombola s.* | (*est.*) detto di sostanza liquida che si spruzza mediante lo spray: *deodorante, insetticida, lacca s.*

sprazzàre [da *sprizzare, spruzzare*, vc. di orig. onomat. ✱ av. 1300] **A v. tr. 1** (*lett.*) spruzzare **2** (*lett.*) emanare (una luce, un bagliore) **B v. intr.** (aus. *avere*) ● (*lett.*) schizzare | sprigionarsi, irradiarsi | brillare

♦**spràzzo** [da †*sprazzare* ✱ 1319] **s. m. 1** (*lett.*) spruzzo: *gli sprazzi delle onde* **2** raggio di luce improvviso e breve: *uno s. di sole* **3** (*fig.*) lampo, scintilla: *ebbe uno s. di lucidità* | manifestazione repentina e fuggevole di un sentimento: *uno s. di gioia* | ***a sprazzi***, in modo sporadico: *pioveva a sprazzi* ‖ **sprazzétto**, **dim.**

spread /spred, *ingl.* spræd/ [vc. ingl., propr. 'estensione', nel sign. borsistico di 'scarto' ✱ 1981] **s. m. inv.** ● nel linguaggio borsistico, differenziale tra il prezzo minimo di vendita di un titolo e quello massimo offerto dal compratore | differenziale fra il tasso di rendimento di un'obbligazione emessa da uno Stato sovrano e quello di un'obbligazione emessa da un altro Stato sovrano preso a riferimento

spreadsheet /*ingl.* ˈsprɛd͵ʃiːt/ [vc. ingl., comp. di *sheet* 'foglio (di carta)' e *spread* 'disteso, allungato' ✱ 1985] **s. m. inv.** ● (*inform.*) foglio elettronico

sprecaménto [av. 1311] **s. m.** ● (*raro*) spreco

♦**sprecàre** [di etim. discussa: lat. parl. **dispergicāre*, iter. da *dispĕrgere* 'gettare (*spărgere*) via (*dĭs-*)'. V. *spargere* ✱ av. 1306] **A v. tr.** (*io sprèco, tu sprèchi*) ● usare malamente e inutilmente, consumare senza ottenere alcun frutto: *s. tempo, fatica; spreca la sua intelligenza in studi meschini* | spendere male: *s. il denaro* | (*fig.*) ***s. il fiato, le parole***, parlare inutilmente | (*sport*) ***s. una palla, un pallone***, nel calcio, nella pallacanestro, nel tennis e sim., sbagliare, mancare un tiro, un lancio, spec. quando questo sia facile **B sprecàrsi v. intr. pron. 1** rivolgere le proprie capacità, le proprie energie, a uno scopo che non le merita (+ *in*): *si spreca in lavori banali* | (*colloq.*) ***sprecarsi in complimenti per qlcu.***, fargliene molti, talora in modo esagerato **2** (*fam., iron.*) fare qlco. in modo meschino, limitato, inadeguato alle reali possibilità (+ *a* **seguito da inf.**): *si è sprecato a farmi un regalo!; non ti sei certo sprecato a studiare!* **3** (*colloq.*) detto di qlco., abbondare: *le barzellette sui pazzi si sprecano*

sprecàto **part. pass.** di *sprecare*; anche **agg.** ● nei sign. del v.: *tempo s.; fatica sprecata; è tutto fiato s.!; un ingegno s.*

†**sprecatóre** [av. 1306] **s. m.** (**f.** *-trice*) ● chi spreca

†**sprecatùra** [av. 1306] **s. f.** ● spreco

sprecìso [da *preciso* con *s-* neg. ✱ av. 1963] **agg.** ● impreciso: *Il fuoco di disturbo … era sporadico e s.* (B. FENOGLIO) | che rivela trascuratezza e negligenza: *lavoro s.; esecuzione sprecisa*

sprèco [1853] **s. m.** (**pl.** *-chi*) ● cattivo uso, consumo eccessivo o inutile: *s. di tempo, di denaro, di luce; fare s. di energie; che s.!; non posso vedere gli sprechi; bisogna finirla con gli sprechi* | ***a s.***, in grande quantità: *in quella casa di libri ce n'è a s.*

sprecóne [1869] **agg. e s. m.** (**f.** *-a*) ● che (o chi) spreca

spreferito [comp. del pref. *s-* negativo e *preferito* ✱ 1998] **agg.** ● (*colloq.*) che è posposto a ogni altro, che è il meno amato: *il mio film s.; la mia materia spreferita*

♦**spregévole** [da *spregiare* ✱ 1612] **agg.** ● che merita disprezzo: *uomo, condotta, s.* **CONTR.** pregevole ‖ **spregevolménte**, **avv.** in modo spregevole, con senso di disprezzo

spregevolézza [da *spregevole* ✱ 1908] **s. f.** ● (*lett., raro*) condizione di chi (o di ciò che) è spregevole: *la s. di un comportamento*

spregiàre [da *pregiare*, con *s-*. V. *dispregiare* ✱ av. 1250] **v. tr.** (**pres.** *io sprègio*; **fut.** *io spregerò*) ● (*lett.*) non tenere in pregio, considerare privo di pregio: *s. gli onori, le ricchezze; chi spesso giura con animo … fallace s'avvezza a … s. la religione* (L.B. ALBERTI) **CONTR.** apprezzare, pregiare

spregiativo [da *spregiare* ✱ 1400] **A agg. 1** che mostra o esprime disprezzo: *epiteto s.; la parola 'beghina' in senso s. significa 'bigotta'* **2** (*gramm.*) detto di forma alterata di un sostantivo o di un aggettivo che designa qlcu. o qlco. considerati con disprezzo: *i suffissi -onzolo, -ucolo e -ume hanno valore s.* ‖ **spregiativaménte**, **avv.** in modo spregiativo; in funzione spregiativa: *usare spregiativamente un aggettivo* **B s. m.** ● (*gramm.*) forma spregiativa di un aggettivo o di un sostantivo

spregiàto **part. pass.** di *spregiare*; anche **agg.** ● nei sign. del v. | (*lett.*) disprezzato ‖ **spregiataménte**, **avv.**

spregiatóre [sec. XIII] **s. m.** (**f.** *-trice*); anche **agg.** ● (*lett.*) chi (o che) spregia

sprègio [da *spregiare* ✱ 1261 ca.] **s. m. 1** (*lett.*) disprezzo: *mostrare s. per qlcu. o per qlco.* | ***avere in s., a s.***, disprezzare, spregiare **2** atto che dimostra disprezzo: *recar s. a qlcu.; fare degli spregi; sopportare uno s.*

†**spregionàre** ➤ **sprigionare**

spregióso (o *-óso*) [da *spregi(o)* con il suff. *-oso*③ ✱ 1940] **agg.** ● (*lett.*) sprezzante, pieno di disprezzo: *'Han da sapere assai!' ripeté s.* (R. BACCHELLI)

spregiudicàre [da *pregiudicare*, con *s-* ✱ av. 1790] **A v. tr.** (*io spregiùdico, tu spregiùdichi*) ● (*raro, lett.*) rendere libero da pregiudizi o preconcetti **B spregiudicàrsi v. intr. pron.** ● (*raro, lett.*) diventare libero da pregiudizi o preconcetti

spregiudicatézza [1818] **s. f.** ● caratteristica di chi (o di ciò che) è spregiudicato | comportamento da persona spregiudicata

spregiudicàto [da *pregiudicato*, con *s-* ✱ av. 1729] **A agg. 1** libero da (o privo di) pregiudizi, preconcetti e sim.: *discorso, contegno s.; quello zio affettuoso e pieno … di s. buon senso* (C.E. GADDA) **2** che non ha scrupoli di indole morale: *un affarista s.* | audace, licenzioso: *usare un linguaggio alquanto s.* ‖ **spregiudicataménte**, **avv.** **B s. m.** (**f.** *-a*) ● persona spregiudicata: *fare la spregiudicata; atteggiarsi a s.*

†**spregiùro** ➤ **spergiuro**②

†**spregnàre** [calco su *impregnare*, con cambio di pref. (*s-* sottratt.) ✱ 1353] **v. intr.** ● partorire

sprèlla ➤ **asperella**

♦**sprèmere** [lat. parl. **exprĕmere*, rideterminazione dal classico *exprĭmere* 'cacciare (*prĕmere*) fuori (*ĕx-*)'. V. *premere* ✱ sec. XIII] **A v. tr.** (**coniug. come** *premere*) **1** premere, stringere, schiacciare qlco. per trarne il liquido in essa contenuto: *s. un'arancia, un limone, le olive; s. il succo di un'arancia; s. l'olio delle olive* | ***s. il sugo da qlco.***, (*fig.*) trarne l'essenza | (*fig.*) ***s. lacrime***, muovere al pianto **2** (*fig.*) far sborsare denaro, sfruttare finanziariamente: *s. i cittadini con le tasse; quel disgraziato spreme i suoi genitori* | ***s. denaro a qlcu., da qlcu.***, ottenerlo con furbizia o raggiro **3** (*fig., colloq.*) sfruttare al massimo qlcu.: *dopo averlo spremuto l'hanno mandato a casa* **4** †esprimere **B sprèmersi v. tr. pron.** (aus. *essere*) ● spremere (con valore intens.); (*fig.*) estrarre: *spremersi un arancio, un pompelmo; spremersi dal cuore l'ultima goccia di dolcezza* (G. D'ANNUNZIO) | (*fig.*) ***spremersi il cervello, le meningi***, pensare a lungo e intensamente per risolvere un problema **C sprèmersi v. rifl.** ● (*fig.*) impegnarsi in qlco. prosciugando ogni energia

spremiàglio [comp. di *spremere* e *aglio* ✱ 1952] **s. m. inv.** ● attrezzo da cucina usato per schiacciare spicchi di aglio

spremiagrùmi [comp. di *spremere* e *agrumi* ✱ 1960] **s. m. inv.** ● spremitoio per agrumi **SIN.** spremilimoni

a b c d e f g h i j k l m n o p q r **s** t u v w x y z

spremifrùtta [comp. di *spremere* e *frutta* * 1886] **s. m. inv.** • spremitoio per estrarre il succo della frutta

spremilimóni [comp. di *spremere* e il pl. di *limone* * 1886] **s. m. inv.** • spremiagrumi

spremitóio [da *spremere* * 1748] **s. m.** (**pl.** *-ói*) • utensile da cucina e bar per spremere il succo dalla frutta

spremitóre [da *spremere* * 1931] **s. m.** (**f.** *-trice*); **anche agg.** • chi (o che) spreme

spremitùra [av. 1567] **s. f.** • operazione dello spremere: *s. delle olive* | il liquido spremuto

spremùta [f. sost. di *spremuto* * 1899] **s. f.** **1** lo spremere in una volta: *dare una s. a un'arancia* **2** bibita ottenuta da una spremitura: *s. di limone, d'arancia* ‖ **spremutina**, **dim.**

spremùto **part. pass.** di *spremere*; **anche agg.** **1** nei sign. del v. **2** (*fig.*) sfruttato al massimo | ***trattare, gettare, come un limone s.***, disinteressarsi di qlcu. o qlco. dopo averne tratto tutto il profitto che si poteva

†**sprèndido** ➤ **splendido**

†**sprendóre** ➤ **splendore**

spretàrsi [da *prete*, con *s-* * av. 1527] **v. intr. pron.** (*io mi sprèto*) • lasciare l'abito e la condizione di prete

spretàto **A** **part. pass.** di *spretarsi*; **anche agg.** • nei sign. del v. **B** **s. m.** • chi ha lasciato l'abito e la condizione di prete

sprèto [vc. dotta, dal lat. *sprētu(m)*, part. pass. di *spĕrnere* 'disprezzare'. V. †*spernere* * 1848] **s. m.** • (*disus.*) spregio | (*dir.*) ***in s. a***, in violazione di: *in s. alla normativa*

sprezzàbile [da *sprezzare* * 1585] **agg.** • (*raro, lett.*) spregevole

✱**sprezzànte** **part. pres.** di *sprezzare*; **anche agg.** • che sente o mostra disprezzo, che è pieno di alterigia: *essere, mostrarsi, s.*; *gesto, sguardo, frase, s.* | noncurante (+ *di*): *s. dei rischi che correva*; *s. del pericolo che la minacciava* (E. SALGARI) ‖ **sprezzanteménte**, **avv.** in modo sprezzante, con evidente disprezzo

sprezzàre [lat. parl. **expretiāre*, da *prĕtium* 'stima', con *ĕx-* (*s-*). V. *disprezzare* * 1304] **A** **v. tr.** (*io sprèzzo*) • (*lett.*) disprezzare, non curare: *il mio cor lasso ogni altra vista sprezza* (F. PETRARCA) **B** **sprezzàrsi** **v. rifl.** • (*lett.*) disprezzarsi | trascurarsi

sprezzatóre [av. 1342] **s. m.** (**f.** *-trice*); **anche agg.** • (*raro*) chi (o che) sprezza

sprezzatùra [da *sprezzare* * 1528] **s. f.** **1** (*lett., raro*) caratteristica di chi (o di ciò che) è sprezzante | atteggiamento sprezzante **2** (*lett.*) negligenza, incuria: *c'era l'indolenza, la s., la sbadataggine* (G. VERGA) **3** (*lett.*) atteggiamento di voluta trascuratezza, di noncuranza e naturalezza, proprio di chi è molto sicuro di sé: *questa virtù ... contraria alla affettazione, ... noi per ora chiamiamo s.* (B. CASTIGLIONE); *con una certa sicurezza nativa, con una s. signorile* (A. MANZONI)

sprèzzo [da *sprezzare*. V. *disprezzo* * 1573] **s. m.** • (*lett.*) disprezzo: *trattare con s.* | noncuranza: *agire con s. del pericolo*

sprigionaménto [1676] **s. m.** • lo sprigionare, lo sprigionarsi

sprigionàre o †**spregionàre** [da *prigione*, con *s-* * 1336 ca.] **A** **v. tr.** (*io sprigióno*) **1** †liberare dalla prigione SIN. scarcerare CONTR. imprigionare **2** (*fig.*) emettere, emanare: *questa sostanza sprigiona un pessimo odore* **B** **sprigionàrsi** **v. rifl.** • (*lett.*) svincolarsi **C** **sprigionàrsi** **v. intr. pron.** • fuoriuscire, scaturire: *un fiotto di vapore si sprigionò dal tubo* | emanare: *dalla stufa si sprigiona un po' di calore* | (*fig.*) esprimersi apertamente, manifestarsi: *dal romanzo si sprigiona una grande forza evocativa*

sprillàre [vc. di orig. onomat. * av. 1698] **v. intr.** (**aus.** *essere*) • (*raro*) sprizzare, zampillare

sprimacciàre [da *spiumacciare* * av. 1400] **v. tr.** (**pres.** *io sprimàccio*; **fut.** *io sprimaccerò*) • scuotere, battere con le mani un guanciale, un materasso e sim., perché la lana o la piuma che lo riempiono si distribuiscano uniformemente nella fodera SIN. spiumacciare

sprimacciàta [1838] **s. f.** • atto dello sprimacciare

†**sprìmere** e deriv. ➤ **esprimere** e deriv.

spring /*ingl.* sprɪŋ/ [vc. ingl., propr. 'scatto, molla, cavetto', di orig. indeur. * 1960] **s. m. inv.** • (*mar.*) cima d'ormeggio disposta diagonalmente da prua a una bitta posta verso poppa o viceversa che mantiene l'imbarcazione perpendicolare alla banchina

†**springàre** ➤ †**spingare**

sprinkler /'sprinkler, *ingl.* 'sprɪŋklə(r)/ [vc. ingl., propr. 'spruzzatore', da *to sprinkle* 'spruzzare' (d'orig. germ.) * 1989] **s. m. inv.** • speciale valvola, comprendente un fusibile e un ugello, destinata a spruzzare automaticamente l'acqua quando la temperatura dell'ambiente dove è installata supera una data temperatura, azionando simultaneamente una campana d'allarme | ***impianto a s.***, impianto antincendio automatico, costituito da una rete di tubazioni, applicate ai soffitti degli ambienti da proteggere e dotate di più sprinkler, prescritto come protezione di navi, grandi magazzini, autorimesse e sim.

sprint /*ingl.* sprɪnt/ [vc. ingl., propr. 'scatto' * 1909] **A** **s. m. inv.** • (*sport*) accelerazione improvvisa che un corridore o un cavallo compiono in un certo momento di una corsa, spec. quello finale | capacità di compiere tale accelerazione: *mancare di s.* | ***avere dello s.***, (*fig.*) essere molto attivo, dinamico e sim. **B** **in funzione di agg. inv.** (**posposto a un sost.**); **anche s. f. inv.** • detto di automobile dotata di caratteristiche tecniche che ne migliorano, rispetto al normale, la velocità, la ripresa, la prestazione in salita: *vettura s.*; *guidare una s.*

sprintàre [da *sprint* * 1961] **v. intr.** (**aus.** *avere*) • effettuare uno sprint

sprìnter /'sprinter, *ingl.* 'sprɪntə(r)/ [vc. ingl., propr. 'velocista', da *sprint* * 1911] **s. m. e f. inv.** • (*sport*) scattista, velocista | cavallo da corsa particolarmente dotato per lo scatto e la velocità

sprintóso (o *-ṣ-*) [da *sprint* con il suff. *-oso*③ * 1970] **agg.** **1** (*colloq.*) scattante: *una vettura sprintosa* | (*est.*) vivace, grintoso: *squadra sprintosa* **2** (*colloq., fig.*) dinamico: *nonni sprintosi*

spritz /sprits/ [dal ted. *spritzen* 'spruzzare', di orig. onomat. * 1949] **s. m. inv.** • aperitivo tradizionale dell'area veneta e del Friuli a base di vino bianco, seltz e talora un liquore di vario tipo

sprizzàre o †**ṣbrizzàre** [vc. d'orig. onomat. V. *sprazzare, spruzzare* * 1340] **A** **v. intr.** (**aus.** *essere*) • scaturire, zampillare, uscire impetuosamente, detto di liquidi: *l'acqua sprizza dalla fontana*; *il sangue sprizzò dalla ferita* **B** **v. tr.** **1** emettere, far scaturire impetuosamente: *la sua ferita sprizza sangue* **2** (*fig.*) manifestare vivacemente un dato modo di essere, un sentimento e sim.: *s. salute da tutti i pori*; *uno sguardo che sprizza allegria*; *l'ingegno di Dante sprizza poesia anche dove meno si aspetterebbe* (B. CROCE)

sprìzzo [da *sprizzare* * av. 1808] **s. m.** **1** getto impetuoso di liquido: *uno s. di sangue* **2** (*fig.*) manifestazione breve e vivace di un sentimento, un modo di essere, e sim.: *uno s. di allegria*

sprócco [dal longob. *sproh* 'germoglio' * av. 1276] **s. m.** (**pl.** *-chi*) **1** (*raro*) ramo secco, spino, sterpo **2** (*raro*) pollone, germoglio

sprofondaménto [sec. XIV] **s. m.** **1** lo sprofondare **2** (*geol., geogr.*) depressione dovuta al cedimento di alcuni strati della crosta terrestre **3** (*raro, fig.*) †avvilimento

✱**sprofondàre** [da *profondo*, con *s-* * sec. XIII] **A** **v. tr.** (*io sprofóndo*) • precipitare nel profondo: *Dio sprofondò il demonio* | far cadere rovinando: *il terremoto ha sprofondato il paese* **B** **v. intr.** (**aus.** *essere*) **1** cadere nel profondo: *la nave sprofondò negli abissi marini* CONTR. emergere | (*fig., iperb.*) scomparire sotto terra per sottrarsi alla vergogna, all'imbarazzo e sim.: *che gaffe, quella volta avrei voluto s.!* | crollare: *il tetto è sprofondato sotto il peso della neve* | cadere rovinando: *tutte le case sono sprofondate per il terremoto* **2** aprirsi, formare una voragine: *il pavimento è sprofondato*; *il terreno sprofondò sotto di noi* **3** affondare per un buon tratto in qlco. di molle, cedevole: *s. nel fango, nella neve, nella melma* **4** (*fig.*) lasciarsi vincere, sopraffare, da un sentimento, uno stato d'animo: *s. nel dolore, nell'angoscia* **C** **sprofondàrsi** **v. rifl.** **1** abbandonarsi, lasciarsi andare su qlco.: *sprofondarsi in un divano, in una poltrona* **2** (*fig.*) immergersi, lasciarsi assorbire da un lavoro, un'attività, e sim.: *sprofondarsi nello studio, nel lavoro, nella lettura*

sprofondàto **part. pass.** di *sprofondare*; **anche agg.** • nei sign. del v. | (*fig., lett.*) assorto: *Sei sempre s. in te stesso* (I. CALVINO)

sprofóndo [deriv. di *sprofondare* * av. 1850] **s. m.** **1** sprofondamento | cavità profonda | (*fig., raro*) catastrofe | (*centr.*) ***allo s.***, in un luogo sperduto, lontano **2** (*geol.*) cedimento degli strati calcarei di terreni alluvionali che si verifica in una pianura al piede di montagne calcaree **3** in speleologia, cavità più o meno profonda, prodotta, spec. in zone carsiche, dal crollo delle volte di caverne

†**sprolongàre** ➤ †**sprolungare**

sproloquiàre [1884] **v. intr.** (*io sprolòquio*; **aus.** *avere*) • parlare in modo prolisso, fare discorsi enfatici, dire sproloqui

sprolòquio [vc. dotta, dal lat. *prolŏquiu(m)*, da *prōloqui* 'esprimere', con *s-* * av. 1673] **s. m.** • discorso lungo, enfatico e prolisso

†**sprolungàre** o †**sprolongàre** [da *prolungare*, con *s-* * 1669] **v. tr. e** †**sprolungàrsi** **v. intr. pron.** • prolungare, prolungarsi

spromèttere [da *promettere*, con *s-* * sec. XIV] **v. tr.** (**coniug. come** *mettere*) • (*fam.*) disdire quanto si era promesso (***anche assol.***): *promettere e s.*

✱**spronàre** o †**speronàre** [da *sprone* * av. 1294] **v. tr.** (*io spróno*) **1** stimolare il cavallo con gli sproni per incitarlo a muoversi, a correre (***anche assol.***): *s. il cavallo*; *s. contro, verso, addosso a qlcu.*; *s. via* **2** (*fig.*) stimolare, incitare: *s. qlcu. a studiare, allo studio*; *quella gentil ch'a dir lo sprona* (A. POLIZIANO)

spronàta [da *spronare* * sec. XIV] **s. f.** **1** colpo di sprone **2** (*fig.*) incitamento: *ha bisogno di una s.*

spronatóre [av. 1698] **s. m.** (**f.** *-trice*); **anche agg.** • (*raro*) chi (o che) sprona (*spec. fig.*)

✱**spróne** [variante di *sperone* * av. 1288] **s. m.** **1** sperone nel sign. 1 | ***dar di s., dar di sproni, ai cavalli***, spronarli | ***a spron battuto***, velocemente, di gran corsa; (*fig.*) in gran fretta: *andarsene, fuggire, a spron battuto*; *fare qlco. a spron battuto* **2** (*fig.*) stimolo, incitamento: *essere, servire, di s. a qlcu.*; *non aver bisogno di sproni* **3** (*abbigliamento*) rettangolo di tessuto che, spec. nelle camicie maschili e in certe camicette sportive femminili, scende dalle spalle sul dorso e sul petto

SIN. carré **4** (*raro*) rotellina dentata, con la quale si taglia la sfoglia SIN. tagliapasta **5** (*bot.*) ***s. di cavaliere***, speronella **6** (*anat.*) struttura che sporge bruscamente dalla superficie piana di un organo, a esempio di un osso: *s. occipitale* **7** V. *sperone* per tutti gli altri sign.

spronèlla ➤ **speronella**

spropiàre ➤ **espropriare**

sproporzionàle [da *proporzionale*, con *s-* ✱ av. 1565] **agg.** ● (*raro*) non proporzionale CONTR. proporzionale ‖ **sproporzionalménte**, **avv.** senza proporzione ‖ †**sproporzionalità**, **s. f. inv.** condizione di ciò che è sproporzionale; enormità

sproporzionàre [da *proporzionare*, con *s-* ✱ 1550] **v. tr.** (*io sproporzióno*) ● (*lett.*) rendere sproporzionato CONTR. proporzionare

✦**sproporzionàto** [da *proporzionato*, con *s-* ✱ 1505] **agg.** **1** che manca di proporzione: *il peso è s. all'altezza; la reazione è sproporzionata all'azione* CONTR. proporzionato **2** (*est.*) esagerato, eccessivo: *prezzo s.* ‖ **sproporzionataménte**, **avv.** in modo sproporzionato, senza proporzione

SFUMATURE ➤ ***irregolare***

sproporzióne [da *proporzione*, con *s-* ✱ av. 1406] **s. f.** ● mancanza di proporzione: *c'è molta s. tra peso e altezza; c'è s. tra l'offesa che ha ricevuto e la sua reazione* CONTR. proporzione

spropositàre [av. 1594] **v. intr.** (*io spropòsito*; aus. *avere*) ● (*raro*) fare, dire, scrivere, spropositi

✦**spropositàto** **part. pass.** di *spropositare*; anche **agg.** **1** (*lett.* o *raro*) pieno di spropositi, di sbagli: *lettera spropositata; discorso s.* **2** (*fig.*) troppo grande, enorme: *naso s.; altezza spropositata* | eccessivo (anche con valore rafforz.): *spesa spropositata; ricco s.* ‖ **spropositataménte**, **avv.** in modo spropositato, eccessivamente

spropòsito [da *proposito*, con *s-* ✱ 1564] **s. m.** **1** (*raro*) azione o affermazione inopportuna, insensata: *è stato uno s. sposarsi così giovane; ha fatto lo s. di non accettare* | ***fare, commettere, uno s.***, un'azione grave, non meditata ma dettata dall'ira: *sapete cosa vi dico? Che mi fate fare uno s.!* (G. VERGA) | ***dire uno s., degli spropositi***, cose imprudenti, temerarie | ***a s.***, inopportunamente: *parlare, rispondere, a s.* **2** errore, grosso sbaglio: *uno s. di grammatica; un grave s.; uno s. madornale; un compito pieno di spropositi* **3** (*colloq.*) quantità enorme, eccessiva: *consuma uno s. di luce; ha mangiato uno s. di dolci; la formidabile capacità … di immissione dello s. nella realtà* (C.E. GADDA) | somma enorme, esagerata: *l'ho pagato uno s.; per quell'oggetto ho speso uno s.* ‖ **spropositàccio**, **pegg.** | **spropositóne**, **accr.**

spropriàre ➤ **espropriare**

sprotèggere [comp. di *s-* e *proteggere* ✱ 1993] **v. tr.** (coniug. come *proteggere*) ● (*inform.*) rimuovere da un programma o da un insieme di dati la protezione che ne impedisce la modifica, la cancellazione, la copia o l'uso non autorizzato

sprotezióne [comp. di *s-* e *protezione* ✱ 1994] **s. f.** ● (*inform.*) lo sproteggere: *s. di un programma*

†**sprovàre** [da *provare*, con *s-* ✱ av. 1294] **v. tr.** ● esperimentare, provare

†**sprovedére** ➤ **sprovvedere**

sprovincializzàre [da *provincia*, con *s-* ✱ 1920] **A** **v. tr.** ● privare del carattere provinciale: *la permanenza all'estero lo ha sprovincializzato* **B** **sprovincializzàrsi** **v. intr. pron.** ● perdere i caratteri, gli aspetti provinciali: *gli abitanti della zona si sono sprovincializzati; la cultura del paese tarda a sprovincializzarsi* ‖ **sprovincializzazióne**, **s. f.**

sprovvedére o †**sprovedére** [da *provvedere*, con *s-* ✱ av. 1540] **A** **v. tr.** (**fut.** *io sprovvederò*; **condiz. pres.** *io sprovvederèi*; **part. pass.** *sprovvisto*; nelle altre forme coniug. come *vedere*) ● (*raro, lett.*) rendere, lasciare sfornito: *né volendo i Francesi sprovedere lo Stato di Milano* (F. GUICCIARDINI) **B** **sprovvedérsi** **v. rifl.** ● (*raro*) privarsi di ciò di cui si è provvisti: *sprovvedersi di ogni avere*

sprovvedutézza [1858] **s. f.** ● condizione di chi è sprovveduto: *la s. di certi lettori*

sprovvedùto o †**sprovedùto** [da *provveduto*, con *s-* ✱ av. 1342] **A** **agg.** **1** che manca della preparazione necessaria ad affrontare determinate situazioni: *essere s. di fronte alla vita* | (*est.*) che ha scarse doti intellettuali o culturali: *il pubblico s.; rivolgersi ai lettori più sprovveduti; è gente sprovveduta* CONTR. provveduto **2** (*lett.* o *raro*) sprovvisto **3** †impreveduto, improvviso | ***alla sprovveduta***, (*ellitt.*) inaspettatamente, alla sprovvista ‖ **sprovvedutaménte**, **avv.** **1** in maniera sprovveduta **2** †improvvisamente, inaspettatamente **B** **s. m.** (**f.** *-a*) ● persona incapace o impreparata ad affrontare una situazione; persona che ha scarse doti intellettuali o culturali

✦**sprovvìsto** **part. pass.** di *sprovvedere*; anche **agg.** **1** privo, che non è fornito: *un negozio s. di latte; un regista non s. di inventiva* **2** nella loc. ***alla sprovvista***, in modo improvviso, di sorpresa: *cogliere qlcu. alla sprovvista; essere preso alla sprovvista*

sprùe /sprue, *ingl.* spru:/ [vc. ingl., di etim. incerta ✱ 1930] **s. f. inv.** ● malattia cronica dell'apparato digerente, caratterizzata da diarrea, anemia e profondo dimagrimento

†**sprunàre** [da *pruno*, con *s-* ✱ av. 1400] **A** **v. tr.** ● disprunare **B** †**sprunàrsi** **v. intr. pron.** ● (*fig.*) districarsi

spruzzabianchería [comp. di *spruzza(re)* e *biancheria* ✱ 1970] **s. m. inv.** ● piccolo recipiente munito di coperchio bucherellato, che contiene l'acqua con cui si aspergono i panni da stirare

spruzzàglia [da *spruzzare* ✱ 1550] **s. f.** ● (*raro*) insieme di spruzzi | pioggia breve e leggera

spruzzaménto [1592] **s. m.** ● (*raro*) lo spruzzare

✦**spruzzàre** [di orig. onomat. V. *sprazzare*, *sprizzare* ✱ av. 1292] **A** **v. tr.** **1** spargere una sostanza liquida a spruzzi, a piccole gocce: *s. acqua sul viso a qlcu. per farlo rinvenire; s. un po' di profumo sui capelli* **2** aspergere, bagnare, con spruzzi di sostanza liquida: *s. qlcu. d'acqua; spruzzare i capelli di profumo; s. la biancheria per stirarla* **3** (*est.*) spargere sopra: *s. lo zucchero su una torta; s. una torta di zucchero* **B** **spruzzàrsi** **v. tr. pron., rifl. e intr. pron.** (aus. *essere*) ● aspergersi, bagnarsi con spruzzi, schizzarsi (+ *di*): *spruzzarsi il vestito di fango; spruzzarsi d'acqua di Colonia; attenta, ti sei spruzzata di sugo!*

spruzzàta [1738] **s. f.** **1** lo spruzzare rapido e sommario: *una s. di profumo; una s. di cacao* **2** (*fig.*) pioggia leggera e minuta, di breve durata ‖ **spruzzatina**, **dim.**

spruzzatóre [1924] **s. m.** **1** ogni apparecchio o dispositivo usato per spruzzare **2** flaconcino a pompetta per spruzzare profumi **3** (*autom.*) getto di carburatore

spruzzatùra [1940] **s. f.** ● lo spruzzare | sostanza spruzzata: *una s. di fango* | segno lasciato da una sostanza spruzzata: *pulire le spruzzature di vino*

spruzzétta [1949] **s. f.** ● dispositivo usato nei laboratori chimici per spruzzare un liquido sotto forma di getto sottile

sprùzzo [da *spruzzare* ✱ sec. XIV] **s. m.** **1** getto di liquido formato da minutissime gocce: *uno s. d'acqua; gli spruzzi del mare; il battello ballava … inondato dagli spruzzi delle onde* (A. FOGAZZARO) | piccola quantità di liquido aggiunta a una bevanda: *un cocktail con uno s. di gin* | (*meteor.*) precipitazione di breve entità e durata: *uno s. di pioggia, di neve; è stato solo uno s.* | (*tecnol.*) ***essiccatore a s.***, nel quale una sostanza in soluzione viene spruzzata in una corrente d'aria calda e secca che ne evapora la parte liquida lasciando la parte solida in forma di finissima polvere secca | ***verniciatura a s.***, mediante una speciale pistola che lancia la vernice a schizzi **2** (*fig.*) manifestazione sporadica e improvvisa di stati d'animo, qualità, caratteristiche: *uno s. di humour* SIN. guizzo, sprazzo ‖ **spruzzétto**, **dim.** | **spruzzino**, **dim.**

spruzzolàre [da *spruzzare*, con suff. dim. ✱ 1535 ca.] **A** **v. tr.** (*io sprùzzolo*) ● (*raro*) spruzzare leggermente **B** **v. intr. impers.** (aus. *essere* o *avere*) ● (*raro*) piovigginare

spruzzolàta [1940] **s. f.** ● (*raro*) leggera spruzzata

spruzzolìo [1884] **s. m.** (**pl.** *-ii*) ● lo spruzzolare continuo

sprùzzolo [da *spruzzolare* ✱ av. 1470] **s. m.** ● (*raro*) spruzzo piccolo, leggero: *uno s. di pioggia*

spudoratézza [1872] **s. f.** ● caratteristica di chi (o di ciò che) è spudorato

spudoràto [vc. dotta, dal lat. *expudorātu(m)* 'svergognato', da *pŭdor*, genit. *pudōris* 'vergogna', con *ĕx-* (*s-*). V. *pudore* ✱ 1858] **A** **agg.** ● che non ha pudore, non sente vergogna: *uomo, ragazzo s.* | sfrontato, sfacciato: *contegno s.; menzogna spudorata* SIN. impudente ‖ **spudorataménte**, **avv.** con spudoratezza **B** **s. m.** (**f.** *-a*) ● persona spudorata

✦**spùgna** o †**spùngia** [lat. *spŏngia(m)*, dal gr. *spongía* 'spugna' ✱ av. 1250] **s. f.** **1** scheletro di alcuni Poriferi, costituito da una sostanza cornea, morbida, molto elastica, facilmente inzuppabile d'acqua, utile per svariati usi domestici e non: *lavare, lavarsi con la s.; passare la s. sul parabrezza* | ***s. artificiale***, simile a quella naturale, ma fatta di gomma o materia plastica | ***passare la s. su qlco., dare un colpo di s. su qlco.***, (*fig.*) cancellarla dalla memoria, non parlarne più | (*fig.*) ***diventare una s.***, inzupparsi completamente, detto spec. di persona | ***bere come una s.***, (*fig.*) essere un gran bevitore | ***essere una s.***, (*fig.*) un gran bevitore **2** (*est.*) tessuto di cotone soffice e poroso, usato spec. per accappatoi da bagno e asciugamani | ***gettare la s.***, V. *gettare* **3** (*chim.*) ***s. di platino***, platino in massa estremamente porosa, leggerissima, con spiccate proprietà catalitiche ‖ **spugnétta**, **dim.** (V.)

spugnàre ① [lat. tardo *spongiāre*, da *spŏngia* 'spugna' ✱ 1561] **v. tr.** (coniug. come *segnare*) ● bagnare, lavare o pulire con la spugna: *s. i vetri*

†**spugnàre** ② e deriv. ➤ **espugnare** e deriv.

spugnàta [da *spugna* ✱ 1891] **s. f.** **1** lo spugnare, nel sign. di *spugnare* ① **2** colpo di spugna inzuppata d'acqua

spugnatùra [da *spugnare* ① ✱ 1886] **s. f.** **1** applicazione di una spugna inzuppata d'acqua sul corpo **2** trattamento fisioterapico con acqua o liquidi medicamentosi applicati mediante spugna

Spùgne [1960] **s. f. pl.** (**sing.** *-a*) ● (*zool.*) tipo di invertebrati acquatici con corpo sacciforme sostenuto da una impalcatura silicea, cornea, calcarea (*Porifera*)

spugnétta [1513] **s. f.** **1** dim. di *spugna* **2** piccola spugna inumidita, contenuta in apposito recipiente, usata negli uffici per umettarsi le dita o per inumidire il retro dei francobolli

spugnòla [da *spugna* * 1813] **s. f.** • fungo commestibile degli Ascomiceti con cappello conico alveolato, internamente cavo (*Morchella vulgaris*) | *s. d'autunno*, con cappello biancastro, lobato a forma di sella ma non alveolato (*Helvella crispa*)

spugnòlo [sec. XVIII] **s. m.** • (*bot.*) spugnola

spugnóne [da *spugna* * 1681] **s. m.** • (*geol.*) varietà di travertino molto cavernoso

spugnóso (o -**ṣo**) [lat. *spongiōsu(m)*, da *spŏngia* 'spugna' * sec. XIII] **agg.** • che ha l'aspetto, la natura, le caratteristiche della spugna: *pietra spugnosa; osso s.; stoffa spugnosa* ‖ **spugnosità**, **s. f. inv.** proprietà di ciò che è spugnoso; parte spugnosa

spulàre [da *pula*, con *s-* * 1723] **v. tr.** • mondare dalla pula: *s. il grano*

spulatùra [1891] **s. f.** • operazione dello spulare

†**spulcellàre** o †**spulzellàre** [da *pulcella*, con *s-* * sec. XIV] **v. tr.** • (*raro*) sverginare

spulciàre [da *pulce*, con *s-* * av. 1557] **A v. tr.** (**pres.** *io spùlcio*; **fut.** *io spulcerò*) **1** liberare dalle pulci **2** (*fig.*) consultare, esaminare minuziosamente, cercando dati, notizie e sim.: *s. documenti, testi antichi* **B spulciàrsi v. rifl.** • togliersi le pulci: *le scimmie si spulciano*

spulciatóre [av. 1907] **s. m.** (**f.** *-trice*) • chi spulcia testi, documenti, e sim.

spulciatùra [1789] **s. f.** • attività dello spulciare (*spec. fig.*)

†**spuleẓẓàre** o †**spuleggiàre** [da *pula*, con *s-* e suff. iter. * sec. XIV] **v. intr.** • fuggire in gran fretta, quasi volando via come fa la pula

†**spuléẓẓo** o †**spuléggio** [da *spulezzare* * av. 1470] **s. m.** • fuga precipitosa

spulizzìre [da *pulizia*, con *s-* * 1872] **v. tr.** (*io spulizzìsco, tu spulizzìsci*) • (*pop., tosc.*) ripulire

†**spulzellàre** ➤ †**spulcellare**

spùma [lat. *spūma(m)*, di orig. indeur. V. *pomice* * sec. XIII] **s. f. 1** schiuma: *la s. delle onde, del mare, della birra* **2** (*miner.*) ***s. di mare***, sepiolite **3** (*bot.*) ***s. di primavera***, alga azzurra che forma colonie gelatinose e ondulate sulla terra umida (*Nostoc commune*) **4** bibita analcolica gassata e aromatizzata **5** (*cucina*) mousse ‖ **spumétta**, **dim.**

spumànte A part. pres. di *spumare*; anche **agg.** • (*raro*) nel sign. del v.: *onde … verdi e spumanti* (G. BOCCACCIO) **B agg. e s. m.** • detto di vino frizzante, gener. bianco, che produce schiuma e perlage quando viene stappato e versato nel bicchiere: *un bicchiere di s.; s. di Asti; s. secco; s. semisecco* | ***s. naturale***, ottenuto per fermentazione, lenta in bottiglia (metodo classico o champenois), o rapida in autoclave (metodo Charmat) | ***s. artificiale*** o ***gassificato***, ottenuto per immissione di anidride carbonica, e gener. di scarsa qualità | ***allo s.***, al momento in cui si serve lo spumante, alla fine del pranzo

spumantièro [1965] **A agg.** • relativo allo spumante **B agg.**; anche **s. m.** (**f.** *-a*) • che (o chi) produce spumante: *azienda, industria spumantiera*

spumantìstica [dall'agg. *spumantistico* sostantivato * 1982] **s. f.** • attività legata alla produzione e alla commercializzazione del vino spumante

spumantiẓẓàre [1984] **v. tr.** • (*enol.*) sottoporre un vino al processo di spumantizzazione ‖ **spumantiẓẓazióne**, **s. f.** (V.)

spumantiẓẓazióne [1977] **s. f.** • (*enol.*) processo di trasformazione di un vino in spumante

spumàre [lat. *spumāre*, da *spūma* * av. 1468] **v. intr.** (**aus.** *avere*) • fare spuma: *lo champagne spuma nei calici* | (*fig.*) ***s. dalla rabbia***, essere molto arrabbiato

♦**spumeggiànte part. pres.** di *spumeggiare*; anche **agg. 1** nel sign. del v.: *vino s.* **2** (*fig.*) vivace, brillante: *commedia s.* **3** (*fig., lett.*) soffice, vaporoso: *pizzo s.*

♦**spumeggiàre** [da *spuma*, con suff. iter. intens. * av. 1636] **v. intr.** (**pres.** *io spuméggio*; **fut.** *io spumeggerò*; **aus.** *avere*) **1** sollevare molta spuma, spec. continuamente: *il torrente spumeggia; lo champagne spumeggia nelle coppe* **2** (*fig., lett.*) manifestarsi con vivacità: *spumeggiavano le risate* | agitarsi, essere in fermento: *La folla spumeggiava e ondeggiava* (G. VERGA)

spùmeo [vc. dotta, dal lat. *spūmeu(m)*, da *spūma* 'spuma' * 1499] **agg.** • (*raro, lett.*) spumeggiante, spumoso

spumìno [da *spuma* * sec. XIX] **s. m.** • piccolo dolce a base di chiara d'uovo montata a neve con zucchero e cotta al forno

spumóne [da *spuma* * 1890] **s. m. 1** dolce al cucchiaio leggero e spumoso, fatto con chiara d'uovo, latte e zucchero **2** gelato soffice, ottenuto mescolandolo con panna montata

spumóso (o -**ṣo**) [lat. *spumōsu(m)*, da *spūma* 'spuma' * 1320] **agg. 1** che è pieno di spuma, che fa molta spuma: *vino s.; odorose bevande che … / … ardenti, torbide, spumose, / inondavan le tazze* (G. PARINI) | (*est., lett.*) vaporoso: *nello s. contorno di trine* (A. MORAVIA) **2** (*fig.*) che è soffice e leggero come la spuma: *dolce s.* ‖ **spumosità**, **s. f. inv.** caratteristica di ciò che è spumoso

†**spùngia** ➤ **spugna**

spungióne [da *spungia* 'spugna' * 1970] **s. m.** • (*geol.*) incrostazione calcarea spugnosa e leggera

spùnta [da *spuntare*② * av. 1797] **s. f.** • nel linguaggio commerciale, operazione di controllo o revisione di conti, prospetti contabili e sim. | segno usato per tale operazione

♦**spuntàre**① [da *punta*①, con *s-* * sec. XIII] **A v. tr. 1** privare della punta: *s. la penna, il coltello, la freccia* | accorciare leggermente: *s. i capelli, i baffi; s. i rami di un albero* | ***s. un sigaro***, mozzarne l'estremità affinché tiri meglio **2** (*raro*) staccare ciò che era appuntato: *s. un nastro; s. un fermaglio dal vestito* **3** (*fig.*) superare: *s. una difficoltà* | **spuntàrla** (con il pron. *la* indeterm.), averla vinta, riuscire in ciò che si desidera: *alla fine l'ha spuntata; con me non la spunterà; ha finito per spuntarla anche sull'avversario più agguerrito* | ***s. un buon prezzo***, ottenere di acquistare qlco. a un prezzo vantaggioso **B v. intr.** (**aus.** *essere*) **1** uscire con la punta | nascere, venir fuori, cominciare ad apparire: *nuove foglie stanno spuntando; al bambino è spuntato un dente; sulle labbra gli spuntò un sorriso; all'orizzonte è spuntato il sole; cominciava a s. una scienza dell'uomo e della natura* (F. DE SANCTIS) **2** comparire all'improvviso (+ *da*): *spuntò da un cespuglio; già d'una grotta / spunta giù 'l cavriol* (A. POLIZIANO) **C in funzione di s. m. solo sing.** • l'apparire, il nascere, il venir fuori: *lo s. della luna; allo spuntar del sole* **D spuntàrsi v. intr. pron. 1** perdere la punta: *la penna si è spuntata nel cadere* **2** (*fig.*) placarsi, attenuarsi, venir meno: *la sua rabbia si spuntò di colpo*

♦**spuntàre**② [da *punto*, con *s-*, sul modello di *appuntare* * 1865] **v. tr.** • controllare un elenco, una distinta e sim. apponendo un segno accanto a ciascuno dei dati man mano che questi vengono controllati: *s. le fatture*

spuntàre③ [da *punta*①, con *s-* * 1970] **v. intr.** (**aus.** *avere*) • (*mecc.*) superare lo spunto, cioè l'attrito o lo sforzo dell'avviamento: *la slitta ha spuntato* | disincagliare, disincagliarsi **CONTR.** gripparsi, incepparsi

spuntàta① [da *spuntare*① * 1960] **s. f.** • atto del tagliare la punta ‖ **spuntatìna**, **dim.**

spuntàta② [da *spuntare*② * 1960] **s. f.** • il controllare velocemente

spuntàto① **part. pass.** di *spuntare*①; anche **agg. 1** nei sign. del v. | che ha perso tutta o parte della punta: *coltello s.* | di scarpa che presenta un'apertura sulla punta **CFR.** open toe, peep toe **2** ***armi spuntate***, (*fig.*) mezzi o argomenti ormai privi di efficacia: *le sue calunnie sono armi spuntate*

spuntàto② [da *spunto*① * 1970] **agg.** • detto di vino che ha preso lo spunto

spuntatóre [1965] **s. m.** (**f.** *-trice*); anche **agg.** • chi (o che) spunta, nel sign. di *spuntare*②

spuntatrice [da *spuntare*① * 1931] **s. f.** • scortecciatrice

spuntatùra① [da *spuntare*① * av. 1320] **s. f. 1** operazione del tagliare la punta | parte tagliata **2** trinciato per pipa fatto con le punte tagliate via dai sigari: *spuntature di sigaro* **3** taglio di carne bovina o suina intorno alla punta delle costole | ritagli di carne, nella vendita al minuto: *s. di coste, di lombo* **4** (*centr.*) budella di agnello di latte arrostite con spezie

spuntatùra② [da *spuntare*② * 1960] **s. f.** • (*burocr.*) spunta

spuntellàre [da *puntello*, con *s-* * av. 1484] **v. tr.** (*io spuntèllo*) • liberare dai puntelli **CONTR.** puntellare

spuntèrbo [da *punta* (?) * 1865] **s. m.** • mascherina della scarpa

spuntigliàre [da *spuntiglio* * 1860] **v. tr.** (*io spuntìglio*) • lavorare, rifinire con lo spuntiglio

spuntìglio [variante dell'ant. *spoltiglio* (V.) * 1853] **s. m.** • polvere abrasiva assai fine, per levigare superfici metalliche

spuntinàre [comp. parasintetico di *puntino* col pref. *s-* * 1987] **v. tr.** • (*fotogr.*) eliminare, mediante ritocco, i puntini bianchi presenti su un negativo

spuntinatùra [da *puntino*, con *s-* * 1937] **s. f.** • (*fotogr.*) operazione di spuntinare

spuntìno [da *spunto*① e *(2)* con passaggio semantico non chiarito * 1863] **s. m.** • pasto leggero che si consuma tra i pasti principali o in sostituzione di uno di essi: *fare uno s.*

spùnto① [da *punta*, con *s-* * av. 1811] **s. m. 1** accenno che il suggeritore fa di una battuta teatrale | prima battuta di un motivo musicale **2** (*est.*) occasione che suggerisce l'esecuzione di qlco.: *dare, offrire, lo s.; prendere lo s. da qlco.; lo s. per la novella glielo offrì un ricordo d'infanzia* **3** (*enol.*) difetto del vino debole o non ben conservato che incomincia a infortire, a sapere di acido: *s. acetico, s. lattico*

spùnto② [da *spuntare*③ * 1919] **s. m. 1** (*mecc.*) superamento dell'attrito o sforzo all'avviamento, di veicoli, motori e sim. **2** (*sport*) scatto: *s. di velocità* | ***s. finale***, volata conclusiva di una corsa

†**spùnto**③ [dal lat. *expūnctu(m)*, propr. part. pass. di *expŭngere* 'cancellare'. V. *espungere* * 1353] **agg.** • squallido, smorto

spuntonàta o †**spontonàta** [av. 1400] **s. f.** • colpo di spuntone | (*est.*) colpo di oggetto simile a uno spuntone

spuntóne o †**spontóne** [accr. di *punta*, con *s-* * sec. XIII] **s. m. 1** spina acuta e legnosa: *gli spuntoni del carciofo* **2** †pungiglione, spec. di vespa **3** grossa punta di legno o ferro: *gli spuntoni dell'inferriata* **4** antica arma, costituita da un ferro lungo e aguzzo infisso in un'asta, usata per la difesa delle brecce e negli arrembaggi **5** breve sporgenza acuminata di roccia, utilizzata in alpini-

S

smo come appiglio nell'arrampicata e per manovre di corda **6** †coltello a due tagli ‖ **spuntoncino**, **dim.**

spunzecchiàre (o -ẓ-) ➤ **punzecchiare**

spunzonàre [da *punzone* 'pugno', con *s-* ✻ 1582] **v. tr.** (*io spunzóno*) ● (*raro*, *tosc.*) colpire con uno spunzone | (*fig.*) punzecchiare

spunzonàta [da *spunzonare* ✻ 1922] **s. f.** ● (*tosc.*) colpo di spunzone

spunzóne [da *punzone*, con *s-* ✻ sec. XV] **s. m.** **1** (*tosc.*) colpo dato col gomito o con la mano raccolta **2** (*tosc.*) grossa punta di ferro | (*est.*) punta, spina: *Il pagliericcio era duro, e con certi spunzoni* (C. Cassola)

†**spuòla** ➤ **spola**

spupazzàre [da *pupo* 'bambino' ✻ 1913] **A** **v. tr.** **1** (*fam.*) coccolare, vezzeggiare con affettuosità, detto di bambini e delle persone amate in genere **2** (*scherz.*) intrattenere, accompagnare qlcu. controvoglia: *ho dovuto spupazzarlo per tutto il pomeriggio* | anche in forma pron. (con valore intens.): *si è spupazzato l'ospite per tutta la città* **B** **spupazzàrsi** **v. intr. pron.** ● (*fam.*) compiere gesti affettuosi, amoreggiare

†**spuràre** [da *purare*, con *s-* ✻ sec. XIV] **v. tr.** ● pulire, spurgare, nettare

spurgaménto [sec. XIV] **s. m.** ● (*raro*) spurgo

spurgàre [dal lat. *expurgāre*, comp. di *ĕx-* (*s-*) e *purgāre*. V. *purgare* ✻ av. 1328] **A** **v. tr.** (*io spùrgo, tu spùrghi*) ● liberare, pulire da ciò che ingombra, ostruisce, insudicia: *s. un canale, una fogna*; *s. il petto dal catarro*; *spurgarsi il petto* **B** **spurgàrsi** **v. intr. pron.** ● espettorare

spurgatóre [1745] **s. m.** (**f.** *-trice*); **anche agg.** ● chi (o che) spurga | chi (o che) serve a spurgare

spurgatùra [1960] **s. f.** ● (*raro*) spurgo

spùrgo [av. 1527] **s. m.** (**pl.** *-ghi*) **1** lo spurgare, lo spurgarsi: *lo s. dei bronchi* | operazione dello spurgare: *lo s. di una fogna* | ***s. di caldaia***, operazione che consiste nell'estrarre periodicamente dalla caldaia una percentuale dell'acqua in essa contenuta, per sostituirla con altrettanta acqua più pura **2** materia che si elimina spurgando **3** (*edit.*, **spec. al pl.**) fondo di magazzino, scarto librario

♦**spùrio** [vc. dotta, dal lat. *spŭriu(m)* 'bastardo', di orig. etrusca. V. *sporco* ✻ sec. XIII] **agg.** **1** illegittimo: *figlio s.* **2** privo di genuinità, di autenticità: *opere spurie* | ***edizione spuria***, quella non riconosciuta dall'autore **3** (*anat.*) ***coste spurie***, fluttuanti

sput [vc. onomat. ✻ 1970] **inter.** ● riproduce il rumore di un motore spec. automobilistico in avaria (*spec. iter.*)

sputacchiàre [da *sputare*, con suff. iter. intens. ✻ av. 1294] **A** **v. intr.** (*io sputàcchio*; **aus.** *avere*) **1** sputare spesso: *smettila di s.!* **2** emettere schizzi di saliva parlando **B** **v. tr.** ● (*raro*) colpire con sputi, coprire di sputi

sputacchièra [da *sputacchiare* ✻ av. 1698] **s. f.** ● recipiente, talora fornito di coperchio, ripieno di segatura, calce o sim., per sputarvi dentro

sputacchìna [da *sputacchio*, per l'aspetto delle larve ✻ 1916] **s. f.** ● insetto degli Omotteri le cui larve compiono tutto lo sviluppo immerse in una schiuma bianca sull'erba medica o sul trifoglio (*Philaenus spumarius*)

sputacchìno [1960] **s. m.** ● sputacchina

sputàcchio [sec. XIV] **s. m.** ● sputo grasso e denso

sputafuòco [comp. di *sputa(re)* e *fuoco* ✻ 1969] **s. m. e f. inv.** ● mangiafuoco

sputapépe [comp. di *sputa(re)* e *pepe* ✻ 1698] **s. f. inv.** ● (*pop.*) donna petulante e pungente

♦**sputàre** [lat. *sputāre*, da *spūtus*, part. pass. di *spŭere* ✻ sec. XIII] **A** **v. tr.** **1** espellere dalla bocca: *s. saliva, catarro, sangue*; *s. la medicina, la pillola, il cibo, un nocciolo*; *s. ciò che si ha in bocca* | ***s. sangue***, (*fig.*) faticare molto | (*fig.*) ***s. l'anima***, fare una gran fatica; fare tutto ciò che è possibile | ***s. veleno, bile***, (*fig.*) dire parole piene di sdegno, rabbia, invidia | ***s. l'osso***, (*fig.*) restituire ciò che si è preso; dire ciò che si vorrebbe tacere | (*fig.*) ***s. i polmoni***, tossire molto forte; (*est.*) sfiatarsi a parlare | (*fig.*) ***s. sentenze***, parlare con affettazione e sussiego | (*fig.*) ***s. il proprio disprezzo in faccia a qlcu.***, dimostrarglielo apertamente: *sputandole in faccia tutto … questo disprezzo* (G. Verga) | (*fig.*) ***s. il rospo***, esprimere liberamente un motivo di preoccupazione o di sofferenza tenuto celato a lungo per scrupolo o timore **2** (*fig.*) gettare fuori, lanciare con violenza: *il vulcano sputa lava*; *la locomotiva sputa fumo e fuoco* **3** (*raro*) trasudare: *s. salsedine* **B** **v. intr.** (**aus.** *avere*) ● emettere sputo dalla bocca: *è vietato s.*; *s. per terra, nel fazzoletto* | ***s. su qlco., addosso a qlcu., a qlco., s. in faccia a qlcu.***, e sim., (*fig.*) dimostrare grande disprezzo | ***s. nel piatto in cui si mangia***, (*fig.*) disprezzare chi (o ciò che) dà aiuto, sostentamento e sim. | †***s. tondo***, parlare con alterigia

sputasénno [comp. di *sputa(re)* e *senno* ✻ 1476] **s. m. e f. inv.** ● (*disus.*) sputasentenze

sputasentènze [comp. di *sputa(re)* e il pl. di *sentenza* ✻ 1598] **s. m. e f. inv.** ● chi parla sentenziosamente, con tono perentorio

sputàto **part. pass.** di *sputare*; **anche agg.** **1** nei sign. del v. **2** (*fig.*) ***essere qlcu.*** (***nato e***) ***s.***, essere molto somigliante: *quella ragazza è sua madre sputata*

†**sputatóre** [dal lat. *sputatōre(m)*, da *sputāre* 'sputare' ✻ av. 1646] **s. m.** (**f.** *-trice*) ● chi sputa (*spec. fig.*): *s. di sentenze*

sputavelèno [comp. di *sputa(re)* e *veleno* ✻ 1960] **s. m. inv.** **1** (*bot.*) cocomero asinino **2** (**anche f.**) persona maldicente

spùtnik /ˈsputnik, *russo* ˈspuṭnjɪk/ [vc. russa, propr. 'compagno di viaggio' ✻ 1957] **s. m. inv.** (**pl. russo** *sputniky*) ● nome del primo satellite artificiale, lanciato dall'Unione Sovietica il 4.10.1957 | (*est.*) satellite artificiale

spùto [lat. *spūtu(m)*, nt. sost. del part. pass. di *spŭere* 'sputare', di orig. indeur. ✻ av. 1292] **s. m.** **1** (*raro*) lo sputare **2** getto di saliva, o di escreti dell'apparato respiratorio quali muco, catarro e sim., espulso dalla bocca: *s. sanguigno* | ***ricoprire qlcu. di sputi***, (*fig.*) insultarlo gravemente | ***essere fatto con lo s.***, (*fig.*) di cosa molto fragile | ***essere appiccicato con lo s.***, (*fig.*) di cosa che non tiene, che non regge ‖ **sputàccio**, **pegg.** | **sputino**, **dim.**

sputtanaménto [1911] **s. m.** ● (*volg.*) lo sputtanare, lo sputtanarsi, il venire sputtanato

sputtanàre [da *puttana*, con *s-* ✻ 1849] **A** **v. tr.** ● (*volg.*) sparlare di qlcu. in modo da fargli perdere la reputazione, la considerazione degli altri **B** **sputtanàrsi** **v. intr. pron.** ● (*volg.*) comportarsi in modo tale da perdere la reputazione, la considerazione degli altri

sputtanàta [da *sputtanare* ✻ 1983] **s. f.** ● (*volg.*, *raro*) sputtanamento

†**spùzza** e deriv. ➤ **puzza** e deriv.

spy stòry /spaiˈstɔri, *ingl.* ˈspaɪ,stɔːrɪ/ [loc. ingl., propr. 'racconto, storia (*story*) di spie (*spy*)' ✻ 1981] **loc. sost. f. inv.** (**pl. ingl.** *spy stories*) **1** racconto, romanzo o film di spionaggio **2** genere letterario o cinematografico di argomento spionistico

spyware /ˈspaiwer, *ingl.* ˈspaɪ,weə(r)/ [vc. ingl., comp. di *spy* 'spia' e *(soft)ware* ✻ 2000] **s. m. inv.** ● (*inform.*) software che si installa sul computer all'insaputa dell'utente e raccoglie informazioni riservate sulle sue operazioni in Internet, trasmettendole a siti che ne fanno un uso illegale

†**squaccheràre** e deriv. ➤ **squacquerare** e deriv.

squaccheróne ➤ **squacquerone**

squàcquera o †**squàcchera** [da *squacquerare* ✻ 1353] **s. f.** ● (*fam.*, *raro*) diarrea | (*fig.*, *raro*) paura: *in città hanno gran s. del colera* (R. Bacchelli) | ***a s.***, a vanvera

squacqueràre o †**squaccheràre** [prob. sovrapp. di *cacca* ad *acqua* ✻ 1483] **A** **v. intr.** (*io squàcquero*; **aus.** *avere*) ● (*raro*) avere la diarrea **B** **v. tr.** ● (*fig.*, *raro*) spifferare, spiattellare qlco. in modo sguaiato, volgare **C** **squacqueràrsi** **v. intr. pron.** **1** †farsela addosso | (*fig.*) farsela sotto **2** (*raro*) diventare molle

squacqueràto o †**squaccheràto** **part. pass.** di *squacquerare*; **anche agg.** **1** nei sign. del v. **2** (*fig.*, *lett.*) sguaiato, sconcio: *scrosci di risa fragorose sbardellate, squacquerate* (L. Pirandello) **3** †molliccio, acquoso: *frutto s.* ‖ †**squacquerataménte**, **avv.**

squacqueróne o **squaccheróne** [da *squacquerare* ✻ 1931] **s. m.** ● formaggio di consistenza molto morbida, simile allo stracchino, tipico dell'Emilia-Romagna

♦**squadernàre** [da *quaderno*, con *s-* ✻ 1321] **A** **v. tr.** (*io squadèrno*) **1** (*raro*) sfogliare le pagine di libri, quaderni e sim. **SIN.** scartabellare **2** aprire un libro, un quaderno, un documento mostrandone con decisione il contenuto a qlcu.: *gli squaderna la lettera sotto il naso* (C. Dossi) | (*raro*, *fig.*) dire francamente: *gli squadernò ogni cosa* **B** **squadernàrsi** **v. intr. pron.** **1** mostrarsi, presentarsi **2** (*raro*, *lett.*) †essere diviso, sparso

squàdra ① [da *squadrare* ① ✻ av. 1400] **s. f.** ● strumento a forma di triangolo rettangolo, atto a tracciare le perpendicolari e le parallele a una retta data | ***s. iperbolica***, strumento che permette di misurare aree, come un rudimentale planimetro | ***s. zoppa, falsa s.***, accessorio della tavoletta pretoriana atto a far coincidere un punto del disegno col punto di stazione in una rilevazione topografica | ***a s.***, ad angolo retto | ***essere, mettere, stare a, in, s.***, in perpendicolare | ***uscire di s.***, (*fig.*) uscire dai limiti; (*est.*) perdere la pazienza | ***essere fuori (di) s.***, non essere perpendicolare; (*fig.*) essere fuori posto, in disordine

♦**squàdra** ② [da *squadrare* ① con riferimento a gruppi squadrati ✻ av. 1375] **s. f.** **1** complesso di persone addette a uno stesso lavoro o riunite per uno stesso scopo: *una s. di operai, di tecnici, di pompieri*; *s. di soccorso* | (*ferr.*) ***s. rialzo***, destinata alla riparazione e manutenzione delle vetture ferroviarie | ***S. mobile***, reparto speciale di agenti della polizia giudiziaria | (*est.*, *raro*) brigata, comitiva, gruppo: *una s. di amici, di studenti* **2** (*milit.*) minima unità organica di fanteria, comandata da un sottufficiale o da un graduato di truppa: *s. fucilieri, mitraglieri, mortai* | ***s. aerea***, unità organica dell'aeronautica militare, comandata da un generale di squadra aerea, costituita da due divisioni aeree e un comando | ***s. navale***, unità della marina militare, comandata da un ammiraglio di squadra e formata da due o più divisioni navali e naviglio ausiliario **3** (*est.*) gruppo, schiera di soldati | ***s. d'azione fascista***, negli anni '20 del Novecento, ognuna delle squadre d'assalto formate da volontari armati che compivano azioni di violenza contro i partiti democratici, le organizzazioni sindacali e i loro appartenenti | (**al pl.**) †moltitudine di soldati: *Veggio rilucer sol di armate squadre / i miei sì larghi campi* (V. Colonna) | ***a squadre***, in gran numero **4** (*sport*) insieme dei giocatori o degli atleti che disputano partite o campionati o partecipano, collettivamente o individualmente, a competizioni per l'affermazione dei colori sociali o nazionali: *s. di calcio, di ciclisti* | ***gioco di s.***, quello realizzato dagli atleti che agiscono collettivamente secondo un disegno strategico predisposto; (*fig.*) azione combinata di più persone che collaborano in perfetto accordo per il raggiungimento di un fine comune | ***fare s.***, nello sport e (*est.*) in un'attività, agire esaltando lo spirito di gruppo: *fare s. in un'azienda* ‖ **squadràccia**, **pegg.** (V.) | **squadrétta**, **dim.** | **squadróne**, **accr. m.** (V.)

squadràccia [1905] **s. f.** (**pl.** *-ce*) **1** pegg. di *squadra*② **2** (*spreg.*) squadra d'azione fascista | (*est.*) gruppo violento di picchiatori

squadràre① [lat. parl. **exquadrāre*, comp. di *ĕx-* (*s-*) e *quadrāre* 'ridurre in quadro'. V. *quadrare* ✱ 1313] **v. tr. 1** disporre a squadra, disporre in modo da ottenere una figura con angoli retti | ***s. un foglio***, tracciarvi, con squadra e compasso, il riquadro entro cui si svilupperà il disegno **2** (*est.*) ridurre a sezione quadra: *s. il legno, una trave* | ridurre in forma quadra | ***s. il terreno***, dividerlo in forme geometriche regolari, in quadrati o rettangoli, con squadri e traguardi **3** (*milit.*) ***s. il pezzo***, nelle antiche artiglierie, controllare che la bocca da fuoco fosse perfettamente incavalcata ed equilibrata sull'affusto **4** (*est.*) osservare, considerare attentamente, quasi misurando: *s. qlcu. con l'occhio, con lo sguardo; s. qlcu. da capo a piedi; lo squadrò minacciosamente*

squadràre② ➤ **squartare**

squadràta [da *squadrare*① ✱ 1832] **s. f.** ● osservazione attenta: *una tal quale s. che ce lo faccia conoscere alquanto* (G. Leopardi)

squadràto **part. pass.** di *squadrare*①; anche **agg. 1** ridotto a sezione o in forma quadra: *un blocco di marmo s.* **2** (*fig.*) ***viso s.***, dai lineamenti spigolosi e marcati

squadratóre [da *squadrare*① ✱ sec. XV] **s. m.** (**f.** *-trice*) ● operaio che squadra pietre **SIN.** scalpellino

squadratrìce [da *squadrare*① ✱ 1988] **s. f.** ● in falegnameria, macchina dotata di frese o di seghe a disco per la regolazione dei bordi e la squadratura in lunghezza e larghezza dei pannelli di compensato, truciolare e sim.

squadratùra [sec. XVI] **s. f.** ● operazione, lavoro dello squadrare, nel sign. di *squadrare*①

squadrìglia [dallo sp. *escuadrilla*, dim. di *escuadra* 'squadra②' ✱ 1555] **s. f. 1** (*raro*) piccola squadra **2** (*mar.*) nella marina militare, gruppo di almeno quattro navi leggere o sommergibili riuniti sotto un unico comando e inquadrata in una flottiglia | (*aeron.*) unità dell'aeronautica militare, comandata da un capitano, comprendente un numero di aerei variabile secondo la specialità: *s. di caccia, di bombardieri*

squadrìsmo [da *squadra*②, con *-ismo* ✱ 1924] **s. m.** ● l'insieme delle squadre d'azione fasciste e la loro attività negli anni 1921-25 | (*est.*) uso della violenza e della sopraffazione nei confronti degli avversari politici da parte di squadre organizzate

squadrìsta [da *squadra*② ✱ 1922] **s. m. e f.** (**pl. m.** *-i*) ● appartenente a una squadra d'azione fascista

squadrìstico [1956] **agg.** (**pl. m.** *-ci*) ● relativo a squadrismo | da squadrista: *un'azione squadristica*

squàdro① [1353] **s. m. 1** lo squadrare, nel sign. di *squadrare*①: *opera di s.* **2** strumento topografico che permette di tracciare allineamenti ad angolo retto: *s. agrimensorio; s. graduato; s. a specchi* **3** †squadra, nel sign. di *squadra*① | ***a s.***, ad angolo retto | ***sotto s.***, ad angolo acuto | ***fuori di s.***, non ad angolo retto; (*fig.*) in disordine, fuori posto

squàdro② [lat. tardo *squătu(m)*, di etim. incerta ✱ sec. XV] **s. m.** ● pesce degli Squaliformi con pinne pettorali larghissime, testa e tronco depressi (*Squatina squatina*) **SIN.** angelo di mare, pesce angelo

†**squadronàre** [da *squadrone*① ✱ av. 1638] **A** **v. tr.** ● ordinare in squadroni **B** †**squadronàrsi** **v. intr. pron.** ● muoversi in ordinanza, fare evoluzioni di guerra

squadróne① [av. 1470] **s. m. 1** accr. di *squadra*② | (*sport*) squadra molto forte: *vittoria del nostro s. nella Coppa dei campioni* | gruppo folto, schiera numerosa **2** (*milit.*) unità organica di cavalleria, al comando di un capitano | denominazione di alcuni reggimenti di mezzi corazzati e blindati ‖ **squadroncìno**, **dim.**

†**squadróne**② [sovrapp. di *spadone* a *squadra*② ✱ 1513] **s. m.** ● grossa sciabola

squagliaménto [av. 1574] **s. m.** ● lo squagliarsi (*anche fig.*)

squagliàre [da *quagliare*, con *s-* ✱ 1250 ca.] **A** **v. tr.** (*io squàglio*) ● liquefare, sciogliere, fondere: *il sole squaglia la neve* **B** **squagliàrsi** **v. intr. pron. 1** liquefarsi, sciogliersi: *la neve al sole si squaglia* | (*fig., fam.*) intenerirsi, illanguidirsi: *si squagliavano tutti, a sentire quelle canzoni* (P.P. Pasolini) **2** (*fig.*) andarsene furtivamente, svignarsela: *al momento di pagare si sono squagliati* | anche nella forma pron. (con valore intens.) **squagliàrsela** (con il pron. *la* indeterm.): *il ladruncolo è riuscito a squagliarsela*

SFUMATURE DI SIGNIFICATO

squagliare - sciogliere - stemperare
Squagliare è parola d'uso familiare per indicare l'atto di portare allo stato liquido una sostanza solida. Suo sinonimo corrente è **sciogliere**, che indica anche l'azione di dissolvere una sostanza solida in un liquido. Termine affine è **stemperare** che definisce l'atto di diluire una sostanza solida in un liquido fino a formare un impasto; in senso figurato, *stemperare* è attenuare l'efficacia o la forza di qualcosa.

squàglio [av. 1905] **s. m.** ● (*centr.*) squagliamento | (*roman.*) ***s. di cioccolata***, cioccolata in tazza

squalène [comp. di *squal(o)* (è abbondante nell'olio di fegato di pescecane) ed *-ene* ✱ 1983] **s. m.** ● (*chim.*) idrocarburo insaturo a trenta atomi di carbonio della famiglia dei terpeni; è un importante intermedio del metabolismo del colesterolo e degli acidi biliari

squalìfica [da *squalificare* ✱ 1911] **s. f. 1** (*raro, lett.*) lo squalificare | discredito: *s. sociale; Per te sarà la s.!* (L. Pirandello) **2** (*sport*) provvedimento disciplinare preso dagli organi federali nei confronti di un atleta o di una squadra che si sono resi colpevoli di una grave scorrettezza o infrazione al regolamento, consistente nell'esclusione da una o più gare o nella sospensione dall'attività per un determinato periodo di tempo | ***s. del campo***, sanzione dovuta a incidenti provocati dal pubblico, che consiste nell'imporre a una squadra di giocare in campo neutro una o più partite che avrebbe dovuto giocare in casa

squalificàbile [1960] **agg.** ● che può essere squalificato

squalificànte **part. pres.** di *squalificare*; anche **agg. 1** nei sign. del v. **2** che priva di credito, prestigio, autorità qlcu. o qlco.: *frasi squalificanti per chi le pronuncia* **3** (*sport*) ***fallo s.***, nella pallacanestro, infrazione grave punita con l'espulsione di chi l'ha commessa

squalificàre [da *qualificare*, con *s-* ✱ 1892] **A** **v. tr.** (*io squalìfico, tu squalìfichi*) **1** riconoscere non idoneo | (*fig.*) screditare: *quel gesto l'ha squalificato* **2** (*sport*) comminare la squalifica a un atleta o a una squadra **B** **squalificàrsi** **v. rifl.** ● (*fig.*) dimostrarsi, col proprio comportamento, inadatto o incapace a un lavoro, indegno della stima e del credito altrui, e sim. ‖ **squalificazióne**, **s. f.** (*raro*) squalifica

squalificàto **part. pass.** di *squalificare*; anche **agg.** ● nei sign. del v. | (*fig.*) screditato

Squalifórmi [vc. dotta, comp. del pl. di *squalo* e del pl. di *-forme* ✱ 1960] **s. m. pl.** (**sing.** *-e*) ● (*zool.*) ordine di Selacimorfi con corpo fusiforme, cinque fessure branchiali, bocca ventrale, pinna caudale asimmetrica (*Squaliformes*)

squallènte [vc. dotta, dal lat. *squalĕnte(m)*, part. pres. di *squalēre* 'essere squallido', da *squālus* 'rozzo, sudicio', di orig. indeur. V. *squama* ✱ sec. XVII] **agg.** ● (*raro, lett.*) squallido

squallidézza [sec. XIV] **s. f.** ● condizione di ciò che è squallido

✦**squàllido** [vc. dotta, dal lat. *squālidu(m)* 'rozzo, sudicio', da *squalēre* 'essere ruvido', connesso con *squālus* 'ruvido, sporco'. V. *squallente* ✱ av. 1320] **agg. 1** che si trova in uno stato di abbandono, miseria e sim., tale da esprimere o infondere tristezza: *tugurio s.; abitazione, casa, squallida; terra, campagna, squallida; vivere nella più squallida miseria; vivere una vita squallida* | moralmente spregevole, abietto: *uno s. individuo; è implicato in una squallida vicenda; la squallida realtà del bordello* (I. Svevo) **2** (*lett.*) detto di persona, pallido, smunto, emaciato: *viso s.; con la squallida prole e con la nuda / consorte a lato* (G. Parini) **3** (*lett.*) †incolto, ispido: *barba squallida* ‖ **squallidaménte**, **avv.**

✦**squallóre** [vc. dotta, dal lat. *squalōre(m)*, da *squalēre* 'essere ruvido, aspro'. V. *squallente* ✱ 1342] **s. m.** ● aspetto squallido: *là regna lo s.; lo s. di un luogo* | stato di grave miseria, di abbandono: *vivere nello s.; che s.!* | sordidezza morale, abiezione: *lo s. di una vicenda* | desolazione, avvilimento: *si sentiva invader l'anima … da uno s. angoscioso* (L. Pirandello) | mediocrità, grigiore: *lo s. di giornate sempre uguali*

✦**squàlo** [vc. dotta, dal lat. *squălu(m)*, di orig. indeur. ✱ av. 1498] **s. m.** ● nome comune di varie specie di Elasmobranchi del superordine dei Selacimorfi, in particolare dell'ordine degli Squaliformi | ***s. azzurro***, verdesca | ***s. balena***, il più grande pesce cartilagineo vivente, lungo sino a 18 m, dotato di una dentatura ridotta e adattato a filtrare il plancton (*Rhincodon typus*) | ***s. bianco***, carcarodonte | ***s. elefante, s. gigante***, cetorino | ***s. volpe***, volpe di mare (V. *volpe*①) | ***s. tigre***, feroce, tropicale, lungo sino a 9 m (*Galeocerdo cuvieri*) | ***s. nasuto***, smeriglio③

squàma o (*tosc.*) **squàmma** [vc. dotta, dal lat. *squāma(m)*, connesso con *squālus* 'ruvido'. V. *squallente* ✱ sec. XIII] **s. f. 1** (*zool.*) ciascuna delle laminette cornee di forma e grandezza varie sulla pelle di molti Vertebrati **2** (*bot.*) lamina fogliacea molto ridotta | ***s. placentare***, lamina consistente delle Conifere, inserita sull'asse dello strobilo che porta gli ovuli **3** (*anat.*) formazione lamellare, sottile | ***s. cutanea***, lamella di tessuto corneo che si esfolia dalla cute | ***s. temporale***, parte superiore, assottigliata dell'osso temporale **4** (*est.*) scaglia, piastra: *le squame di una corazza* **CFR.** placo- ‖ **squamétta**, **dim.**

squamàre o (*tosc.*) **squammàre** [da *squama* ✱ 1550] **A** **v. tr.** ● privare delle squame: *s. un pesce* **B** **squamàrsi** **v. intr. pron. 1** detto della pelle umana o animale, sfaldarsi in squame, perdere le squame **2** (*est.*) sfaldarsi in scaglie

S

Squamàti [da *squamato* ✱ 1960] **s. m. pl.** (**sing.** *-o*) ● (*zool.*) ordine di Rettili a corpo allungato, coperto di squame o scudi cornei (*Squamata*)

squamàto o (*tosc.*) **squammàto** [vc. dotta, dal lat. tardo *squamātu(m)* 'coperto di squame', da *squāma* ✱ 1499] **agg.** **1** fatto a squame | ricoperto di squame **2** (*tess.*) detto di tessuto composto di pagliuzze metalliche o lustrini

squamatùra [1963] **s. f.** **1** lo squamare, lo squamarsi | parte squamata **2** distacco della pellicola di una vernice dal supporto, sotto forma di scaglie

squamifórme [comp. di *squama* e *-forme* ✱ 1960] **agg.** ● che ha forma di squama

squàmma e deriv. ➤ **squama** e deriv.

squamóso (o **-ṣo**) [vc. dotta, dal lat. *squamōsu(m)*, da *squāma* ✱ 1334] **A** **agg.** ● che è formato da squame, che è coperto di squame: *pesce s.* CFR. lepido- | (*med.*) caratterizzato da squame ‖ **squamosità**, **s. f. inv.** caratteristica di ciò che è squamoso; parte squamosa **B** **s. m.** ● (*zool.*) osso laterale del neurocranio dei Vertebrati, localizzato dietro all'orbita e corrispondente alla squama dell'osso temporale dei Mammiferi

squarciagóla [comp. di *squarcia(re)* e *gola* ✱ 1872] **vc.** ● solo nella loc. avv. ***a s.***, con tutta la forza della voce, in modo forte e violento: *cantare, gridare, urlare a s.*

squarciaménto [av. 1292] **s. m.** ● lo squarciare, lo squarciarsi | †squarcio, fenditura

♦**squarciàre** [lat. parl. **exquartiāre*, da *quărtus* 'quarto' con *ĕx-* (*s-*), propr. 'spaccare in quarti' ✱ av. 1292] **A** **v. tr.** (**pres.** *io squàrcio*; **fut.** *io squarcerò*) **1** aprire lacerando con violenza, rompere in brandelli: *s. le bende*; *taglia al pagano ogni armatura, / come squarciasse tegole di carte* (M.M. Boiardo) | (*fig.*) interrompere violentemente: *un urlo squarciò il silenzio*; *l'esplosione squarciò le tenebre* | anche nella forma pron. **squarciàrsi**, lacerare, strappare qlco. che si indossa: *squarciarsi le vesti*; *E poi si squarciò i panni, e mostrò ignudo / l'ispido ventre* (L. Ariosto) **2** (*fig.*) aprire, svelare: *s. il velo del mistero, del destino* **B** **squarciàrsi** **v. intr. pron.** ● fendersi, aprirsi (*anche fig.*): *le nubi si squarciarono*; *il velo del mistero si squarciò* SFUMATURE ➤ *fendere*

†**squarciasàcco** [comp. di *squarcia(re)* e *sacco* ✱ sec. XIV] **vc.** ● solo nella loc. avv. ***a s.***, con disprezzo, con ostilità: *guardare a s.*

†**squarciàta** [sec. XIV] **s. f.** ● colpo che squarcia (*anche fig.*) | (*fig.*) vittoria

squarciàto **part. pass.** di *squarciare*; anche **agg.** ● nei sign. del v.

squarciatóre [sec. XIV] **s. m.**; anche **agg.** (**f.** *-trice*) ● (*raro*) chi (o che) squarcia

squarciatùra [1309] **s. f.** ● squarciamento | squarcio

squarcìna [da *squarciare* ✱ sec. XV] **s. f.** ● specie di coltellaccio, un tempo usato come daga dalla fanteria, adatto a squarciare le armature dei cavalieri caduti

♦**squàrcio** [da *squarciare* ✱ av. 1535] **s. m.** **1** apertura, lacerazione grande e profonda: *fare, produrre uno s.*; *avere uno s. nel vestito*; *un vestito pieno di squarci* | (*fig.*) apertura tra le nuvole: *uno s. di sereno, di azzurro* | (*fig.*) veduta, scorcio: *s. di paesaggio* **2** (*fig.*) brano letterario, poetico, musicale: *gli squarci più belli del romanzo*; *quei sì spessi squarci dei nostri poeti … italiani … venivano da me saltati a piè pari* (V. Alfieri) SIN. stralcio **3** †brogliaccio, scartafaccio ‖ **squarcétto**, **dim.**

squarcióne [da *squarciare* ✱ av. 1686] **s. m.** (**f.** *-a*); anche **agg.** ● (*raro*) spaccone, millantatore

square dance /skwer'dɛns, *ingl.* 'skwɛə-ˌdæns/ [loc. ingl., propr. 'danza (*dance*) in quadrato (*square*)' ✱ 1965] **loc. sost. f. inv.** ● danza popolare nordamericana ballata da quattro coppie disposte in modo da formare un quadrato

squarquòio [di etim. incerta ✱ av. 1535] **agg.** (**pl. m.** *-òi*) ● (*tosc.*) molto vecchio, decrepito

squartaménto [av. 1535] **s. m.** ● lo squartare | antica forma di supplizio consistente nello smembrare il corpo (o il cadavere) del condannato mediante violenta trazione dei quattro arti spec. da parte di cavalli spinti in direzioni opposte

squartàre o (*lett.*) **squadràre**②, †**squatràre** [lat. parl. **exquartāre*, propr. 'dividere in quarti', da *quărtus* 'quarto', con *ĕx-* (*s-*) (V. *squarciare*) ✱ sec. XIII] **v. tr.** **1** dividere in quarti, tagliare in grossi pezzi: *s. un vitello macellato* **2** (*iperb.*) massacrare, trucidare **3** †uccidere col supplizio dello squartamento SFUMATURE ➤ *tagliare*①

squartaròla ➤ **squatarola**

squartàta [av. 1565] **s. f.** ● rapido squartamento: *dare una s.*

squartatóio [da *squartare* ✱ av. 1859] **s. m.** (**pl.** *-ói*) ● lungo e grosso coltello da macellaio, per squartare le bestie

squartatóre [1479] **s. m.** (**f.** *-trice*); anche **agg.** ● chi (o che) squarta | assassino feroce e truculento

squartatùra [1865] **s. f.** ● operazione dello squartare

squàrto [sec. XIV] **s. m.** ● squartamento | ***carbone di s.***, ottenuto da legna squartata, cioè da tronchi spaccati secondo la lunghezza

squash /skwɔʃ*, *ingl.* skwɒʃ/ [vc. ingl., accorc. di *squash* (*rackets*), a sua volta da *to squash* 'schiacciare (con le racchette)' ✱ 1963] **s. m. inv.** ● (*sport*) incontro al chiuso tra due giocatori che con una racchetta devono lanciare una palla contro un muro facendola rimbalzare oltre la linea di metà campo, in maniera che l'avversario non risponda

†**squaṣimodèo** o †**scaṣimodèo**, †**squaṣimoddèo** [alterazione pop. di *spasimo di Dio* (?) ✱ 1353] **A** **s. m.** (**pl.** *squasimodei*, *raro squasimiddei*) ● rozzo, sciocco **B** **in funzione di inter.** ● esprime meraviglia, sorpresa, ammirazione e sim.

squassaménto [1560] **s. m.** ● (*raro*) violento scuotimento

†**squassapennàcchi** [comp. di *squassa(re)* e il pl. di *pennacchio* ✱ 1534] **s. m. inv.** ● (*scherz.*) spaccone, smargiasso

squassàre [dal lat. *quassāre*, intensivo di *quătere* 'scuotere', con *s-* durativa-intensiva (V. †*quassamento*, *scassare*) ✱ sec. XIII] **A** **v. tr.** ● scuotere con violenza: *il vento squassa gli alberi* **B** **squassàrsi** **v. rifl.** ● (*raro*) agitarsi, divincolarsi

squàsso [sec. XIII] **s. m.** ● (*raro*) squassamento | scossa violenta

squataròla o **squartaròla** [da una vc. sett. **scatarola*, connessa con l'ant. *scato* 'bastone', dal lat. tardo *scăptu(m)*, di orig. got.: il n. è prob. dovuto alle lunghe gambe ✱ av. 1871] **s. f.** ● (*zool.*) pivieressa

†**squatràre** ➤ **squartare**

squatter /'skwɔtter, *ingl.* 'skwɒtə(r)/ [vc. ingl. da *to squat*, propr. 'accosciarsi', dal fr. antico *esquater* 'comprimere', a sua volta dal latino *cōgere* 'costringere' tramite il lat. mediev. (non attestato) *coactīre* ✱ 1908] **s. m. e f. inv.**; anche **agg. inv.** ● chi (o che) occupa abusivamente un edificio, un appartamento o un terreno, spec. come atto di protesta sociale

squattrinàre① [da *quattrino*, con *s-* ✱ 1845] **A** **v. tr.** ● (*disus.*) ridurre senza quattrini **B** **squattrinàrsi** **v. intr. pron.** ● (*disus.*) ridursi senza quattrini

squattrinàre② [da *squittinare, scrutinare* (V.), con sovrapposizione di *quattrino* ✱ av. 1803] **v. tr.** ● (*fam., tosc.*) esaminare minuziosamente

squattrinàto [part. pass. di *squattrinare*① ✱ av. 1673] **agg. e s. m.** (**f.** *-a*) ● che (o chi) non ha quattrini CONTR. danaroso

squaw /*ingl.* skwɔː/ [adattamento ingl. di una vc. indiana delle tribù della famiglia algonchina ✱ 1908] **s. f. inv.** ● sposa, moglie, nel linguaggio degli Indiani dell'America settentrionale

squèro [vc. venez., dal gr. *eschárion* 'cantiere', da *eschára* 'legno, base' ✱ 1500] **s. m.** ● (*venez.*) cantiere navale, spec. di piccole imbarcazioni: *vedevo gli squeri su cui nascevano i bastimenti* (G. Stuparich) | scalo, riparo coperto per navi in disarmo e piccole imbarcazioni, spec. gondole

†**squìla** ➤ †**squilla**③

squilibràre [calco su *equilibrare*, con cambio di *e-* ritenuto prefisso (*s-*) ✱ av. 1808] **A** **v. tr.** **1** (*raro*) far uscire d'equilibrio | (*fig.*) privare dell'equilibrio psichico **2** (*fig.*) dissestare finanziariamente **B** **squilibràrsi** **v. intr. pron.** ● (*raro*) perdere l'equilibrio (*anche fig.*)

squilibràto **A** **part. pass.** di *squilibrare*; anche **agg.** **1** privo di equilibrio: *un carico s.* | (*fig.*) detto di ciò che manca di una giusta proporzione fra gli elementi che lo costituiscono: *dieta squilibrata* **2** che è privo dell'equilibrio psichico: *mente squilibrata*; *giovane s.* CONTR. equilibrato **B** **s. m.** (**f.** *-a*) ● persona squilibrata

squilìbrio [calco su *equilibrio*, con *s-* ✱ 1803] **s. m.** **1** mancanza di equilibrio, sbilanciamento | ***fare s.***, pendere da una parte **2** (*fig.*) instabilità psichica: *s. mentale*; *dare segni di s.* **3** (*fig.*) differenza, sbilancio | situazione, di breve o lunga durata, in cui si altera l'equilibrio tra le forze che agiscono nel sistema economico: *s. tra la domanda e l'offerta*; *s. tra risparmi e investimenti*

squìlla① [dal got. **skilla*, V. ted. *Schelle* 'campanello' ✱ 1319] **s. f.** **1** campana, spec. piccola e di suono acuto | campanaccio **2** (*est., lett.*) campana | suono di campana: *or la s. dà segno / della festa che viene* (G. Leopardi)

squìlla② [lat. *squĭlla(m)*, di etim. incerta ✱ sec. XIII] **s. f.** ● (*centr.*) canocchia, cicala di mare

†**squìlla**③ o †**squìla** [V. *scilla* ✱ 1546] **s. f.** ● (*bot.*) scilla

squillànte **part. pres.** di *squillare*; anche **agg.** **1** nei sign. del v. **2** chiaro, acuto, detto di suono: *voce s.*; *note squillanti* **3** (*fig.*) vivace, intenso, detto di colore: *colore s.*; *verde s.*

♦**squillàre** [da *squilla*① ✱ 1344 ca.] **A** **v. intr.** (**aus.** *essere* o *avere*) **1** emettere un suono chiaro, acuto, alto: *il campanello sta squillando*; *squilla il telefono*; *la sua voce squillò nel silenzio* **2** (*fig.*) †*Muoversi velocemente, volare* **B** **v. tr.** ● †far squillare: *chi mostra fuochi, chi squilla il suo corno* (A. Poliziano)

squillìno [2001] **s. m.** **1** dim. di *squillo* **2** in un telefono cellulare, breve suono che segnala la ricezione di un messaggio **3** chiamata telefonica interrotta prima della risposta per segnalare qlco. al destinatario

†**squillìtico** [vc. dotta, dal lat. *scillĭticu(m)*, dal gr. *skillitikós*, da *skílla* 'scilla, cipolla' ✱ sec. XIV] **agg.** ● preparato con squame di squilla, nel sign. di *squilla*③ | aromatizzato alla cipolla: *aceto s.*

squìllo [da *squillare* ✱ 1321] **A** **s. m.** ● suono forte, acuto e vibrante, dalla durata breve: *uno s. di tromba*; *al primo s. di campanello*; *due squilli di telefono*; *uno s. di risa*; *s'udì lo s. della sua voce* ‖ **squillétto**, **dim.** | **squilli-**

no, **dim.** (V.) **B** in funzione di **agg. inv.** ● (posposto a un sost.) nelle loc. ***ragazza s.***, prostituta disponibile mediante chiamata telefonica | (*est.*) ***casa s.***, ***centrale s.***, in cui si esercita tale tipo di prostituzione **C** in funzione di **s. f. inv.** ● (*ellitt.*) ragazza squillo

†**squinanzìa** [vc. dotta, deriv. dal gr. *kynánchē* 'angina del cane', comp. di *kýōn*, genit. *kynós* 'cane' e di un deriv. di *ánchein* 'soffocare', con *s-* ✱ av. 1306] **s. f.** ● angina, mal di gola

squìnci [da *quinci*, con *s-* ✱ av. 1793] **s. m. inv.** ● (*scherz.*, *disus.*) nelle loc. ***parlare in quinci e s.***, ***in s. e squindi***, ***in s. e linci***, in modo affettato e pedante | ***senza tanti s. e squindi***, senza inutili parole e complimenti, semplicemente: *vieni al sodo, senza tanti s. e squindi*

squìncio ➤ **sguincio**

squìndi [da *quindi*, con *s-* ✱ 1872] **s. m. inv.** ● (*scherz.*, *disus.*) nelle loc. ***parlare in squinci e s.***, in modo affettato e pedante | ***senza tanti squinci e s.***, senza inutili parole e complimenti, semplicemente: *dimmi ciò che vuoi senza tanti squinci e s.*

✤**squinternàre** [da *quinterno*, con *s-* ✱ 1527] **v. tr.** (*io squintèrno*) **1** sconnettere i quinterni e la legatura di un libro, un fascicolo e sim. **2** (*fig.*) scombussolare, turbare: *quel fatto mi ha squinternato*

squinternàto **A** **part. pass.** di *squinternare*; anche **agg.** **1** scompaginato **2** (*fig.*) che ha un comportamento strano, che conduce una vita disordinata | sregolato, sbalestrato ‖ **squinternataménte**, **avv.** **B** **s. m.** (**f.** *-a*) ● persona squinternata

squinternatùra [1960] **s. f.** **1** (*raro*) lo squinternare **2** in legatoria, scomposizione, scucitura dei fascicoli di un libro prima di una nuova legatura

squìnzia [prob. da Donna *Squinzia*, personaggio di una commedia di C.M. Maggi (1630-1691) ✱ av. 1750] **s. f.** ● (*centr.*, *sett.*) ragazza smorfiosa, dai modi leziosi e civettuoli ‖ **squinziétta**, **dim.**

squirting /skwertin(g), *ingl.* 'skwɜːtɪŋ/ [vc. ingl. da *to squirt* 'sprizzare, guizzare' ✱ 1994] **s. m. inv.** ● tipo di canoa leggerissima molto maneggevole, impiegata per eseguire spettacolari evoluzioni

squiṣitézza o †**isquiṣitézza**, †**esquiṣitézza** [1585] **s. f.** **1** caratteristica di ciò che è squisito | finezza, raffinatezza di modi **2** (**est.**, **spec. al pl.**) cosa squisita: *le squisitezze della tavola* **SIN.** prelibatezza, leccornia

SFUMATURE ➤ ***raffinatezza***

♦**squiṣìto** o †**isquiṣìto**, †**esquiṣìto** [lat. *exquisītu(m)*, part. pass. di *exquīrere* 'cercare insistentemente', comp. di *ĕx-* (*s-*) e *quaĕrere* 'cercare' (V. †*quesire*) ✱ av. 1306] **agg.** **1** eccellente, prelibato, detto di cibi, bevande e sim., dal sapore molto gustoso e gradevole: *dolce, gelato, s.*; *vini squisiti*; *una cena squisita* **2** (*fig.*) raffinato, perfetto: *gentilezza, cortesia, squisita*; *artista, scrittore, s.*; *una squisita padrona di casa*; *il Poliziano aveva uno s. sentimento della forma* (F. De Sanctis) **3** (*raro*, *lett.*) ricercato: *Cotesto parlare isquisito* (P. Aretino) ‖ **squiṣitaménte**, **avv.** **1** in modo squisito: *un piatto squisitamente buono*; *un uomo squisitamente gentile* **2** tipicamente, prettamente: *una raffinatezza squisitamente francese*

squit /*ingl.* skwɪt/ [vc. onomat. ✱ 1970] **inter.** ● riproduce lo squittio di un topo

†**squittinàre** [lat. tardo *scrutināre* 'investigare' (V. *scrutinare*) ✱ av. 1364] **v. tr.** **1** scrutinare **2** (*est.*, *lett.*) valutare con attenzione

†**squittinatóre** [da *squittinare* ✱ av. 1363] **s. m.** (**f.** *-trice*) ● scrutinatore

†**squittìnio**① o †**squittìno** [dal lat. tardo *scrutĭniu(m)* 'inchiesta' (V. *scrutinio*) ✱ av. 1309] **s. m.** ● scrutinio

squittìnio② [da *squittire*① ✱ av. 1912] **s. m.** (**pl.** *-ii*) ● lo squittire, nel sign. di *squittire*① | verso dell'animale che squittisce

†**squittìno** ➤ †**squittinio**①

✤**squittìo** [1832] **s. m.** (**pl.** *-ii*) ● lo squittire continuo, nel sign. di *squittire*①

✤**squittìre**① o †**ṣguittìre**, †**schiattìre** [vc. di orig. onomat. ✱ sec. XIV] **A** **v. intr.** (*io squittisco, tu squittisci*; **aus.** *avere*) **1** emettere versi brevi, acuti e stridenti, detto di animali, spec. uccelli: *i pappagalli squittiscono*; *il topo squittisce* | nel linguaggio venatorio, abbaiare sommessamente, detto dei cani da seguito **2** (*lett.*) lamentarsi, gemere, emettere voci flebili e stridule, detto di persona **B** **v. tr.** ● (*lett.*, *scherz.* o *spreg.*) dire emettendo piccoli gridi striduli: *la donna squittisce: 'oimè'* (F. Sacchetti)

†**squittìre**② o †**ṣguittìre** [etim. incerta ✱ av. 1712] **v. intr.** **1** sgusciare **2** fremere

†**squoiàre** ➤ **scuoiare**

ṣradicàbile [av. 1853] **agg.** ● che si può sradicare

ṣradicaménto [1671] **s. m.** **1** lo sradicare, il venire sradicato | (*fig.*) estirpazione, eliminazione: *lo s. della criminalità* **2** (*fig.*) perdita delle proprie radici, della propria identità: *lo s. degli immigrati* | ***s. economico, sociale***, condizione di chi non ha rapporti organici con il mondo economico e con le forze sociali

ṣradicàre [lat. parl. **exradicāre*, rideterminazione del classico *eradicāre*, comp. di *ĕx-* (*s-*) e di *rādix*, genit. *radīcis* 'radice' ✱ sec. XIII] **A** **v. tr.** (*io ṣràdico, tu ṣràdichi*) **1** strappare un vegetale con la radice: *s. un albero dal suolo* **SIN.** estirpare, svellere **2** (*fig.*) estirpare, distruggere: *s. il vizio, il male*; *s. l'ignoranza della società* **3** (*fig.*) strappare, allontanare: *s. qlcu. dal proprio ambiente* **B** **ṣradicàrsi** **v. intr. pron.** **1** svellersi dal terreno, detto di pianta **2** (*fig.*) staccarsi da un ambiente perdendo le proprie radici o identità: *sradicarsi dalla propria terra, dalla propria cultura*

ṣradicàto **A** **part. pass.** di *sradicare*; anche **agg.** **1** nei sign. del v. **2** (*fig.*) che non ha o non sente legami con l'ambiente o la società in cui vive: *artista s.* **B** **s. m.** (**f.** *-a*) ● (*fig.*) persona sradicata

ṣradicatóre [1745] **A** **s. m.** (**f.** *-trice*); anche **agg.** ● chi (o che) sradica **B** **s. m.** ● attrezzo per togliere dal terreno ceppi o radici, o per abbattere alberi o arbusti

ṣragionaménto [1822] **s. m.** ● lo sragionare | ragionamento sconnesso

ṣragionàre [da *ragionare*①, con *s-* ✱ 1803] **v. intr.** (*io ṣragióno*, **aus.** *avere*) ● ragionare male, a rovescio, fare ragionamenti sconnessi

ṣragionatóre [1766] **s. m.** (**f.** *-trice*); anche **agg.** ● (*lett.*) chi (o che) sragiona

ṣragionévole [da *sragionare*, sul modello di *ragionevole* ✱ 1618] **agg.** ● (*raro*) irragionevole

ṣralingàre [da *ralinga*, con *s-* ✱ 1889] **v. tr.** (*io ṣralingo, tu ṣralìnghi*) ● (*mar.*) togliere o scucire le ralinghe

†**ṣregolaménto** [da *sregolare* ✱ 1604] **s. m.** ● (*raro*) sregolatezza

ṣregolàre [da *regola*, con *s-* ✱ av. 1459] **A** **v. tr.** (*io ṣrègolo*) ● (*raro*) disordinare, fare uscire da una regola **B** **ṣregolàrsi** **v. intr. pron.** ● (*raro*) disordinarsi, deviare dalla regola | perdere la corretta regolazione

ṣregolatézza [av. 1729] **s. f.** **1** condizione di chi (o di ciò che) è sregolato: *s. di vita, di costumi* **SIN.** dissolutezza **2** atto o comportamento sregolato: *le sue sregolatezze lo porteranno alla rovina*

SFUMATURE DI SIGNIFICATO

sregolatezza - dissolutezza

Sregolatezza è la caratteristica di chi si comporta in modo disordinato ed eccessivo ed è incapace di frenarsi, di tenere a bada le proprie pulsioni. **Dissolutezza** è termine più forte per indicare la mancanza di qualsiasi freno morale, una licenziosità sfrenata.

ṣregolàto [da *regola*, con *s-* ✱ av. 1574] **agg.** **1** che non ha regola: *essere s. nel mangiare* **CONTR.** regolato **2** moralmente disordinato: *fare una vita sregolata* **CONTR.** sobrio ‖ **ṣregolataménte**, **avv.** senza regola, senza misura: *vivere sregolatamente*

ṣrotolaménto [1960] **s. m.** ● (*raro*) lo srotolare, lo srotolarsi

ṣrotolàre [contr. di *arrotolare*, con cambio di pref. (*s-*) ✱ 1886] **A** **v. tr.** (*io ṣròtolo*) ● stendere ciò che era arrotolato **CONTR.** arrotolare **B** **ṣrotolàrsi** **v. intr. pron.** ● stendersi, detto di ciò che è arrotolato

ṣrugginìre [calco su *arrugginire*, con cambio di pref. (*s-*) ✱ av. 1574] **v. tr.** (*io ṣrugginìsco, tu ṣrugginìsci*) ● (*raro*) diruggginire

SS /esse'esse/ [vc. ted., sigla di *Schutzstaffel* 'scaglione (*Staffel*) di difesa (*Schutz*)' ✱ 1949] **s. f. inv.** ● milite appartenente all'organizzazione militare del partito nazionalsocialista tedesco, con compiti di polizia, fino al 1945: *a Marzabotto le SS hanno sterminato donne, vecchi e bambini*

st /sː/ o **sst** /sːt/, **ssst** /sːt/, **sss** /sː/, **ssh** /*ʃː/ [onomat. ✱ 1827] **inter.** ● riproduce il suono sibilante con cui si zittisce qlcu. ovvero si chiama o si richiama qlcu. sottovoce

sta ➤ **sto**① e **sto**②

stabaccàre [da *tabaccare*, con *s-* ✱ 1865] **v. intr.** (*io stabàcco, tu stabàcchi*; **aus.** *avere*) ● (*pop.*, *disus.*) fiutare spesso tabacco

Stàbat Màter [loc. lat., propr. 'stava', III pers. sing. imperf. indic. di *stāre* 'stare' e *māter* 'la madre' ✱ av. 1306] **loc. sost. m. inv.** ● parole con le quali inizia l'inno *Stabat Mater Dolorosa*, composto da Iacopone da Todi e usato nella liturgia cattolica del Venerdì Santo | (*est.*) l'inno stesso | composizione musicale, gener. per voci e orchestra, che accompagna tale inno: *lo Stabat Mater di G. Rossini*

stabbiàre [lat. *stabulāre* 'stare nella stalla', da *stăbulum* 'stalla' ✱ 1592] **A** **v. tr.** (*io stàbbio*) **1** tenere il bestiame nello stabbio **2** concimare con lo stabbio **B** **v. intr.** (**aus.** *avere*) ● stare nello stabbio per concimare il terreno, detto di pecore o sim.

stabbiàto **A** **part. pass.** di *stabbiare*; anche **agg.** ● (*raro*) nei sign. del v. **B** **s. m.** ● concime animale, letame: *perché ... abbiate ogni anno lo s. e il frutto* (G. Pascoli)

stabbiatùra [1822] **s. f.** ● concimazione di pascoli e prati mediante lo sterco di bestiame tenuto all'addiaccio

stàbbio [lat. *stăbulu(m)* 'stalla', da *stāre* 'stare' ✱ sec. XIII] **s. m.** **1** recinto in cui vengono fatte pernottare pecore o mandrie al pascolo **SIN.** addiaccio | stalla **2** sterco degli animali di stalla misto a paglia **SIN.** letame, stallatico ‖ **stabbiòlo**, **dim.** (V.)

stabbiòlo o †**stabbiuòlo** [dim. di *stabbio* ✱ av. 1604] **s. m.** ● piccola stalla | porcile

♦**stàbile** [vc. dotta, dal lat. *stăbile(m)*, da *stāre* 'stare' ✱ 1268] **A** **agg.** **1** che è ben saldo, fisso, inamovibile: *scala, ponte, s.*; *fondamenta stabili* | (*disus.*) beni stabili, beni immobili | †***entrare in beni stabili***, comprare beni immobili **CONTR.** instabile **2** (*fig.*) durevole, costante: *essere s. nei propositi*; *dare a qlco. una sistemazione s.* | permanente, duraturo, non provvisorio: *impiego s.*; *essere impiegato in pianta s.*; *avere dimora s. in un luogo* | non variabile, detto del tempo: *tempo s.*; *bello s.*; *temperatura s.* | che non sbiadisce, det-

S

to di colore: *tinta s.* **3** (*chim.*) detto di composto o sistema chimico che non subisce alterazioni o variazioni nel tempo **4** ***teatro s., compagnia s.***, organizzazione teatrale o compagnia stabilmente attiva in una determinata città **5** (*fis.*) detto di atomo o particella elementare non soggetta a disintegrazione spontanea | ***equilibrio s.***, in un sistema meccanico, posizione di equilibrio tale che il sistema, una volta allontanato anche di pochissimo da essa, tende a ritornarvi ‖ **stabilménte** avv. ‖ **stabilità** s. f. inv. (V.) **B** s. m. **1** edificio, casa, fabbricato: *uno s. pericolante; reddito degli stabili* SIN. immobile **2** (*ellitt.*) teatro stabile: *lo Stabile di Torino* **C** s. f. ● (*ellitt.*) compagnia teatrale stabile: *la Stabile di Genova*

†**stabilézza** [av. 1306] s. f. ● (*lett.*) stabilità

♦**stabiliménto** [vc. dotta, dal lat. *stabilimĕntu(m)* 'appoggio, sostegno', da *stabilīre* 'stabilire' per calco sul fr. *établissement* nel sign. 2 e seguenti ✶av. 1292] s. m. **1** (*lett., elvet.*) lo stabilire, il determinare qlco. di stabile: *lo s. della pace* | istituzione, istituto: *lo s. di una società; s. di carità* | †consolidamento **2** fabbricato o insieme di fabbricati in cui si svolge un'attività industriale: *s. industriale, siderurgico* **3** fabbricato o insieme di fabbricati adeguatamente attrezzati in cui si svolge un servizio di pubblica utilità: *s. termale, balneare, idroterapico* | ***s. penale, carcerario***, carcere | ***s. ospedaliero***, nel nuovo ordinamento del servizio sanitario nazionale, l'edificio o il complesso di edifici adibito ai servizi ospedalieri **4** (*mar.*) ***s. del porto***, intervallo di tempo tra l'istante del passaggio della Luna al meridiano e quello in cui la marea raggiunge il massimo livello **5** (al pl.) colonia, possedimento, in alcune denominazioni geografiche: *stabilimenti francesi d'Oceania*

♦**stabilìre** [vc. dotta, dal lat. *stabilīre* 'rendere stabile', da *stăbilis* 'stabile' ✶av. 1294] **A** v. tr. (*io stabilìsco, tu stabilìsci*) **1** determinare qlco. in modo stabile, fissare: *s. la propria sede, la propria dimora, in un luogo* **2** istituire, costituire: *Dario stabilì l'impero persiano* **3** statuire, deliberare, decretare (qlco.; + *che*, + *di* seguito da inf.): *s. norme, leggi, regole; s. i patti, le condizioni; s. il prezzo d'acquisto; s. qlco. per legge, per decreto; la Corte ha stabilito che il governo può legiferare in materia; il giudice ha stabilito di rinviare la causa* | decidere: *s. il da farsi; stabilì di andare; stabilì che sarebbe andato* | proporsi: *stabilì in cuor suo di fuggire* **4** †rendere stabile, fermo **B** **stabilìrsi** v. rifl. **1** prendere dimora stabile in un luogo: *si è stabilito a Roma; si stabilirono in campagna* | (*fig., lett.*) instaurarsi, determinarsi: *la costanza ... si stabilisce ... con lo studio della sapienza dei filosofi* (G. VICO) **2** (*lett.*) †mettersi in una data condizione: *era necessitato di ... stabilirsi da se medesimo in perpetua suggezione* (F. GUICCIARDINI)
SFUMATURE ➤ *concludere*

stabilità o †**stabilitàde**, †**stabilitàte** [vc. dotta, dal lat. *stabilitāte(m)*, da *stăbilis* 'stabile' ✶ 1268] s. f. inv. **1** condizione, caratteristica di ciò che è stabile: *s. di un edificio, di un ponte; s. di un servizio, di un impiego; la s. dei prezzi* | (*fig.*) costanza, equilibrio: *le giovani donzelle sono di poca s.* (G. BOCCACCIO) **2** ***Legge di s.***, legge annuale che prevede le modifiche alle disposizioni vigenti che hanno riflessi sul bilancio dello Stato (fino al 2009 denominata 'legge finanziaria') | ***Patto di s.***, impegno sottoscritto dai Paesi dell'Unione europea a osservare politiche di bilancio che contengano il disavanzo pubblico entro limiti stabiliti; analogo impegno riferito al rapporto fra Stato centrale e regioni **3** (*aeron.*) capacità dell'aereo di mantenersi o di ritornare prontamente in assetto normale dopo una perturbazione **4** (*mar.*) attitudine di una nave a riprendere la posizione iniziale dopo esserne stata spostata da una causa perturbatrice | ***s. di rotta***, attitudine di una nave a mantenere la rotta senza necessità di manovrare con il timone
SFUMATURE ➤ *immutabilità*

stabilìto **A** part. pass. di *stabilire*; anche agg. **1** nei sign. del v. **2** disposto, fissato: *è s. che; resta s. che ...; resta s. così* | ***l'ordine s.***, la legge **B** s. m. ● (*dir.*) documento contenente tutti gli elementi del contratto, che, se munito di clausola all'ordine, ne consente la cessione senza notificazione o accettazione del contraente ceduto

stabilitùra [da *stabilire* ✶av. 1755] s. f. ● (*edil.*) applicazione sulle pareti interne o esterne degli edifici di un ultimo strato di intonaco

stabilizzànte **A** part. pres. di *stabilizzare*; anche agg. **1** nei sign. del v. **2** (*chim.*) detto di additivo di varia natura atto a conservare stabile un composto o un sistema chimico SIN. stabilizzatore **B** s. m. ● (*chim.*) sostanza stabilizzante

stabilizzàre [1799] **A** v. tr. ● rendere stabile: *s. i prezzi* **B** **stabilizzàrsi** v. intr. pron. ● diventare stabile: *le condizioni del paziente si sono stabilizzate* ‖ **stabilizzazióne**, s. f.

stabilizzàto **A** part. pass. di *stabilizzare*; anche agg. **1** reso o diventato stabile **2** nel passato ordinamento universitario, detto di professore incaricato che aveva diritto a conservare l'incarico se in possesso di tre anni di anzianità di insegnamento | attualmente, detto di docente che è passato da un contratto a termine a un contratto a tempo indeterminato **B** s. m. (f. *-a*) ● professore universitario stabilizzato

stabilizzatóre [1907] **A** s. m.; anche agg. (f. *-trice*) ● chi (o che) stabilizza: *apparecchio s.* **B** s. m. **1** (*elettr.*) dispositivo che elimina le variazioni nella tensione o nella corrente destinate alla alimentazione di apparecchiature a tensione costante, come radio, televisione, strumenti di misura, e sim., o a corrente costante **2** (*aeron.*) parte fissa dell'impennaggio orizzontale destinata ad assicurare la stabilità dell'aeromobile **3** (*mar.*) apparecchio per contrastare il rollio **4** (*chim.*) stabilizzante

stabulàre ① [vc. dotta, dal lat. *stabulāre* 'stare nella stalla' (V. *stabbiare*) ✶1504] **A** v. tr. (*io stàbulo*) ● mettere o tenere nella stalla | ***s. le trote, le anguille***, allevarle in recinti, in vivai appositi **B** v. intr. (aus. *avere*) **1** essere tenuto o allevato in stalla, detto di animali domestici **2** (*lett.*) †albergare: *qualunque ... pastor vi pasce o stabula* (I. SANNAZARO)

stabulàre ② [dal lat. *stăbulu(m)* 'stalla' col suff. di agg. ✶1960] agg. ● detto di allevamento praticato al chiuso di una stalla

stabulàrio [vc. dotta, dal lat. *stabulāriu(m)* 'albergatore, oste', da *stăbulum* 'stalla' ✶av. 1406] s. m. **1** (*raro*) stalla pubblica **2** (*raro*) canile municipale per cani randagi o smarriti **3** locale di un istituto di ricerca scientifica o di laboratorio, in cui si allevano animali a scopo di studio e osservazione **4** †oste, albergatore | pastore

stabulazióne [vc. dotta, dal lat. *stabulatiōne(m)* 'stallaggio', da *stabulāre* 'stallare' (V. *stabbiare*) ✶1857] s. f. **1** sistema di allevamento del bestiame nelle stalle | ***s. fissa***, con bestiame legato | ***s. libera***, con bestiame libero nell'interno della stalla, su lettiera permanente o su graticci **2** sistema di allevamento di alcuni pesci e molluschi in appositi recinti o impianti a mare, tali da eliminare il pericolo di infezioni e consentire una più abbondante e rapida riproduzione

stacanovìsmo e deriv. ➤ **stakanovismo** e deriv.

staccàbile [av. 1704] agg. ● che si può staccare

†**staccaménto** [av. 1537] s. m. ● (*raro*) lo staccare, lo staccarsi | distacco | distanza

♦**staccàre** [da *tacca*, con *s-* ✶1377] **A** v. tr. (*io stàcco, tu stàcchi*) **1** levare ciò che è attaccato o congiunto ad altro: *s. un francobollo da una lettera; s. un quadro dal muro; s. un bottone; la coltellata gli staccò l'orecchio; s. un biglietto, una bolletta* | (*fig.*) allontanare, separare due o più persone l'una dall'altra: *chi cerca ogni strada di staccarlo da me?* (A. FOGAZZARO) | scostare, rimuovere: *s. un mobile dalla parete* | togliere: *s. la corrente* | (*fig.*) ***non s. gli occhi di dosso a qlcu., non s. gli occhi da qlcu. o da qlco.***, guardare a lungo e insistentemente | ***s. i cavalli***, toglierе loro i finimenti per metterli nella stalla (*anche assol.*): *andare a s.* CONTR. attaccare **2** spiccare: *s. un assegno* | (*raro*) ***s. il bollore***, cominciare a bollire | †***s. un mandato***, emanarlo **3** (*sport*) in una gara di corsa, distanziare gli avversari, prendere del vantaggio su di essi: *s. il gruppo* **4** (*mus.*) ***s. le note***, eseguirle separandole nettamente **B** v. intr. (aus. *avere*) **1** spiccare, risaltare, avere rilievo (+ *da*, + *su*): *la figura stacca dal fondo; il bianco stacca sul nero* **2** (*colloq.*) cessare il lavoro: *a che ora stacchi? Oggi stacco a mezzogiorno* | (*est.*) interrompere la routine, distrarsi: *vado due giorni al mare per s. un po'* **C** **staccàrsi** v. intr. pron. **1** separarsi (*anche fig.*): *si staccò lentamente dalla parete; staccarsi dalla famiglia, dai propri cari, dal mondo* **2** venir via: *si è staccato un bottone; il manifesto si stacca dal muro* **3** allontanarsi: *la barca si stacca dalla riva* | ***staccarsi da terra, dall'acqua***, alzarsi a volo, detto di un aeromobile

staccàta [da *staccare* ✶sec. XX] s. f. ● (*autom.*) manovra di rallentamento effettuata staccando il piede dall'acceleratore

staccàto **A** part. pass. di *staccare*; anche agg. **1** nei sign. del v. **2** (*teatro*) ***parte staccata***, quella limitata a una sola scena | (*mus.*) colpo ad arco degli strumenti ad arco che ottiene suoni staccati facendo scorrere una parte sola dell'arco | ***note staccate***, quelle, segnate con apposite indicazioni, che devono eseguirsi nettamente separate tra loro con una corrispondente diminuzione della loro durata ‖ **staccataménte** avv. **B** s. m. ● (*mus.*) modo di esecuzione a note staccate, e relativa indicazione sullo spartito CFR. tenuto

staccatùra [av. 1537] s. f. ● (*raro*) stacco

staccheggiàre [da *tacco*, con *s-* e suff. iter. intens. ✶1872] v. intr. (pres. *io stacchéggio*; fut. *io staccheggerò*; aus. *avere*) ● (*raro*) fare rumore coi tacchi camminando

stacchettàre [da *tacchettare*, con *s-* durativa-intensiva ✶1870] v. intr. (*io stacchétto*; aus. *avere*) ● staccheggiare

stàcci ➤ **stare**

stacciaburàtta o **stacciaburràtta** [comp. di *staccia(re)* e *(ab)buratta(re)* ✶av. 1665] s. m. inv. ● (*tosc., disus.*) solo nella loc. ***fare a s.***, gioco infantile consistente nel tirarsi avanti e indietro tenendosi per le mani e stando uno di fronte all'altro

stacciàio [1565] s. m. (f. *-aia*, pl. m. *-ai*) ● (*tosc.*) chi fabbrica o vende setacci

stàccio e deriv. ➤ **setaccio** e deriv.

staccionàta [vc. laziale, dall'ant. *staccia*, dall'ant. fr. *estache* 'palo' ✶1846] s. f. **1** recinzione formata da traverse di legno sostenute da pali infissi nel terreno **2** (*sport*) nelle gare di salto ippiche, ostacolo formato di frasche e sterpi o di traverse di legno, che, se urtate, cadono

stàcco [da *staccare* (V. *distacco*) ✱ av. 1767] **s. m. (pl. -*chi*) 1** lo staccare, lo staccarsi, il fatto di venire staccato | ***s. d'abito***, (*raro*) taglio di stoffa per confezionare un abito **2** (*fig.*) intervallo, mancanza di continuità: *fare uno s. tra una parola e l'altra; c'è troppo s. fra le due scene* | (*est.*) breve intervallo in una trasmissione radiotelevisiva: *s. musicale; s. pubblicitario* **3** (*fig.*) passaggio brusco, senza mediazioni: *fra i due colori c'è troppo s.* | ***fare s.***, risaltare, spiccare **4** (*cinema*) passaggio da un'inquadratura a un'altra in un film, senza servirsi di dissolvenze **5** (*sport*) nel salto, azione con cui il corpo dell'atleta o del ginnasta abbandona il contatto con il terreno || **stacchétto**, **dim.** breve interruzione musicale o pubblicitaria in una trasmissione radiotelevisiva

stachanovìṣmo e deriv. ➤ **stakanovismo** e deriv.

stadèra [lat. *statēra(m)*, dal gr. *statḗr*, genit. *statêros* 'peso, moneta', da *histánai* 'stare', di orig. indeur. (V. *stare*) ✱ sec. XIII] **s. f.** ● tipo di bilancia con un peso costante (detto 'romano') scorrevole lungo un braccio graduato (detto 'stilo'), in modo da costituire un momento equilibratore di quello che l'oggetto da pesare forma rispetto al punto fisso | ***s. a ponte***, bilancia per la misura del carico di carri, autocarri, carri ferroviari e sim. || **staderìna**, **dim.** | **staderóne**, **accr. m.**

staderàio [1386] **s. m. (f. -*aia*, pl. m. -*ai*)** ● fabbricante o venditore di stadere

staderànte [1872] **s. m.** ● un tempo, addetto alla pesatura con una stadera

stàdia [V. *stadio* ✱ 1875] **s. f.** ● asta graduata di misura impiegata in rilevamenti topografici

stadiazióne [da *stadi(o)* con il suff. *-azione* ✱ 1996] **s. f. 1** suddivisione in stadi di un processo o fenomeno **2** (*med.*) determinazione del grado di diffusione di un tumore, ai fini di stabilirne la prognosi e la terapia

†**stàdico** ➤ †**statico**②

♦**stàdio** [vc. dotta, dal lat. *stădiu(m)*, dal gr. *stádion* 'stadio' (V. *staggio*①) ✱ av. 1275] **s. m. (pl. -*i* o *raro* -*ii*) 1** misura greca di lunghezza, corrispondente a seicento piedi, di valore variabile a seconda della dimensione del piede nelle diverse località ed epoche | ***s. attico***, pari a m 177,6 | ***s. alessandrino***, pari a m 184,85 **2** (*archeol.*) nell'antica Grecia e Roma, edificio di forma rettangolare con uno dei lati corti arrotondato, circondato di gradinate che permettevano agli spettatori di assistere seduti alle gare di corsa a piedi **3** (*sport*) impianto per lo svolgimento di gare sportive solitamente all'aperto: comprende un campo centrale e talora una pista di atletica, è attrezzato con spogliatoi ed è fornito di gradinate: *andare allo s.* **4** (*fig.*) ciascuna fase o grado di un processo evolutivo: *il processo si trova al primo s.; gli stadi di una malattia; uno s. avanzato; i primi stadi di una civiltà* **5** (*aeron.*) ciascuno dei tronchi propulsivi di un missile vettore che si staccano via via, al procedere della salita, quando è esaurito il loro propellente | ***primo s.***, quello che imprime la fortissima accelerazione iniziale e si stacca per primo | ***ultimo s.***, quello che porta il satellite, la capsula, la sonda o altro veicolo spaziale **6** (*elettron.*) circuito che assolve una data funzione: *s. amplificatore; s. di alta o di bassa frequenza; s. mescolatore; s. rivelatore*

staff /staf, *ingl.* stæf/ [vc. ingl., propr. 'bastone', perché questo è simbolo d'autorità ✱ 1955] **s. m. inv.** ● gruppo di persone addette a un particolare compito o assegnate alle dipendenze di qlcu. per aiutarlo nello svolgimento dei suoi compiti: *lo s. del sindaco* | (*org. az.*) ufficio o gruppo di funzionari con compiti ausiliari, non strutturato in organigramma aziendale | ***s. leasing***, fornitura di manodopera anche a tempo indeterminato da parte di una società specializzata

stàffa [dal longob. *staffa* 'predellino' ✱ av. 1292] **s. f. 1** ciascuno dei due arnesi di ferro pendenti dalla sella, nei quali si mette il piede salendo a cavallo o ve lo si tiene appoggiato nel cavalcare: *mettere, infilare, tenere il piede nella s.; accorciare, allungare le staffe* | ***reggere le staffe***, per aiutare a montare a cavallo | ***essere con il piede nella s.***, essere pronto a partire (*anche fig.*) | ***perdere le staffe***, (*fig.*) perdere la pazienza, non frenarsi più | ***tenere il piede in due staffe***, (*fig.*) barcamenarsi fra due situazioni in contrasto fra loro per ricavare i vantaggi da entrambe; fare il doppio gioco | (*fig.*) ***il bicchiere della s.***, l'ultimo bicchiere, offerto o bevuto al momento della partenza, del commiato **2** montatoio, predellino della carrozza **3** striscia di tessuto o di cuoio che, passando sotto al piede o sotto alla scarpa, tiene fermi i calzoni o le ghette **SIN.** sottopiede | ***s. della calza***, parte fra il calcagno e il collo del piede | ***s. della vanga***, staffale, vangile | ***s. della balestra***, ferro a forma di staffa fissato all'estremità superiore dell'arma in cui il balestriere infilava il piede tenendo capovolta la balestra per tendere la corda **4** in alpinismo, attrezzo ottenuto fissando un anello di corda a uno spuntone o a un moschettone, usato come appoggio per il piede **5** in varie tecnologie, pezzo di ferro con funzioni di collegamento, rinforzo e sim. **6** (*edil.*) parte dell'armatura trasversale delle travi di cemento armato, formata da un tondo di acciaio di piccolo diametro e piegato a linea chiusa o quasi chiusa **7** (*banca*) ***s. scalare***, prospetto per il calcolo degli interessi nei conti correnti bancari **8** (*anat.*) uno degli ossicini dell'orecchio medio

staffàle [da *staffa* ✱ 1871] **s. m.** ● ferro sporgente del manico della vanga su cui si appoggia e si preme il piede **SIN.** vangile

staffàre① [da *staffa* nel sign. 5 ✱ sec. XIV] **v. tr.** ● (*tecnol.*) attaccare, rinforzare e sim. con una o più staffe | munire di staffe di sostegno

staffàre② [da *staffa* nel sign. 1, con *s-* sottratt. concresciuto ✱ av. 1435] **A v. intr.** (aus. *avere*) ● (*raro*) perdere la staffa | levare il piede dalla staffa **B staffàrsi v. intr. pron.** ● (*raro*) restare con un piede impigliato nella staffa cadendo da cavallo

staffatùra [1891] **s. f.** ● operazione dello staffare, nel sign. di *staffare*①

†**staffeggiàre** [da *staffa*① ✱ 1483] **v. intr.** ● perdere la staffa o le staffe cavalcando

staffétta [da *staffa* ✱ sec. XIII] **A s. f. 1** corriere, anticamente a cavallo, incaricato di portare lettere, ordini, messaggi e sim.: *spedire una s.; è arrivata una s.; spedire un messaggio per s., per la s.* **2** (*sport*) gara di corsa, nuoto e sim. tra squadre i cui componenti percorrono ciascuno un tratto successivo del percorso | la squadra che disputa tale gara | ***s. mista***, nel nuoto, gara in cui ogni frazionista adotta uno dei quattro stili | nello sci nordico, gara di fondo disputata da squadre di quattro concorrenti che percorrono frazioni successive su un percorso di lunghezza variabile | ***s. alpina***, disputata da tre atleti che in successione percorrono un tratto in piano, uno in salita e uno in discesa | nel calcio, avvicendamento, nel corso di una partita, fra calciatori che giocano nello stesso ruolo **3** (*fig.*) avvicendamento concordato, spec. in campo politico **4** veicolo che precede un convoglio, un corteo o i concorrenti di una gara: *i ciclisti sono preceduti dalle staffette della polizia* || **staffettìna**, **dim.** **B in funzione di agg. inv.** ● (posposto a un sost.) detto di mezzo di trasporto che per motivi di sicurezza ne precede un altro, allo scopo di verificare che il percorso sia privo di ostacoli e pericoli: *treno s., vettura s.*

staffettìsta [1950] **s. m. e f. (pl. m. -*i*)** ● (*sport*) concorrente di una gara a staffetta

staffière [da *staffa* ✱ av. 1470] **s. m. 1** servo che un tempo reggeva la staffa al signore quando questi montava a cavallo **SIN.** palafreniere **2** servitore di casa signorile

staffilaménto [1838] **s. m.** ● (*raro*) lo staffilare

staffilàre [da *staffile* ✱ 1557] **v. tr. 1** percuotere con lo staffile **2** (*fig.*) sferzare, con critiche aspre, sarcastiche

staffilàta [1526] **s. f. 1** colpo di staffile **2** (*fig.*) critica aspra o sarcastica **3** nel calcio, tiro forte e rapido contro la porta avversaria

staffilatóre [1826] **s. m. (f. -*trice*)** ● (*raro*) chi staffila

staffilatùra [1824] **s. f.** ● (*raro*) lo staffilare | punizione a base di staffilate

staffìle [da *staffa* ✱ sec. XV] **s. m. 1** sferza, spec. formata da una striscia di cuoio **2** striscia di cuoio a cui sta appesa la staffa, nella bardatura del cavallo

staffìsta [da *staff* ✱ 2001] **s. m. e f. (pl. m. -*i*)** ● chi fa parte di uno staff

†**stàfile** [vc. dotta, dal gr. *staphylḗ* 'grappolo d'uva', poi 'ugola', d'orig. oscura: per il passaggio semantico V. *ugola* ✱ 1508] **s. f.** ● ugola

Stafilìnidi [da *stafilino*① ✱ 1931] **s. m. pl. (sing. -*e*)** ● (*zool.*) famiglia di Coleotteri con corpo allungato ed elitre accorciate, spesso ipogei (*Staphylinidae*)

stafilìno① [vc. dotta, dal gr. *staphylînos*, n. d'insetto, da *staphylḗ* 'grappolo d'uva' (V. †*stafile*), per la forma ✱ 1821] **s. m.** ● coleottero comune nei prati, nero, opaco, carnivoro, con lunghe e forti mandibole (*Ocypus olens*)

stafilìno② [da *stafile* ✱ 1810] **agg.** ● (*anat.*) relativo al palato molle e all'ugola: *muscolo s.*

stàfilo- [dal gr. *staphylḗ* 'grappolo d'uva' (V. †*stafile*)] **primo elemento** ● in parole composte della terminologia scientifica, indica struttura o disposizione a grappolo (*stafilococco*) e in qualche caso somiglianza con il chicco d'uva (*stafiloma*); nella terminologia medica, indica anche relazione con l'ugola o con il palato molle (*stafilofaringite*)

stafilocòccico [1960] **agg. (pl. m. -*ci*)** ● relativo a stafilococco, provocato da stafilococco

stafilocòcco [comp. di *stafilo-* e *cocco*④ ✱ 1899] **s. m. (pl. -*chi*)** ● (*biol.*) varietà di microrganismo piogeno formato di cocchi che si dispongono a grappolo

stafilodromìa [vc. dotta, dal gr. *staphylodrómos*, propr. 'colui che corre col grappolo d'uva', comp. di *staphylḗ* 'grappolo, racemo' e *-dromos* 'corridore' (V. *velodromo*) ✱ 1965] **s. f.** ● gara di corsa tenuta nell'antica Sparta durante le feste in onore di Apollo Carneo, in occasione della vendemmia

stafilofaringìte [comp. di *stafilo-* e *faringite* ✱ 1957] **s. f.** ● (*med.*) infiammazione simultanea della faringe e del palato molle

stafilòma [comp. di *stafil(o)-* e *-oma* ✱ sec. XIV] **s. m. (pl. -*i*)** ● (*med.*) dilatazione di un tratto della parete oculare con anormale sporgenza del contenuto, simile a chicco d'uva

stafiṣàgria [vc. dotta, lat. tardo *stăphis ăgria* (nom.), dal gr. *staphís agría*, propr. 'uva (*staphís*, d'orig. sconosciuta) selvatica (*agría*, f. di *ágrios*, da *agrós* 'campo', d'orig. indeur.)' ✱ sec. XIV] **s. f.** ● pianta erbacea delle Ranuncolacee con odore sgradevole, fiori azzurri o rosei in racemi terminali con sepali speronati (*Delphinium staphysagria*) **SIN.** erba dei pidocchi, pidocchiara

stage /*fr.* staʒ, *evit. ingl.* steidʒ/ [vc. fr., propr. 'tirocinio' ✻ 1963] **s. m. inv.** ● fase di un addestramento consistente nel trascorrere un certo periodo di tempo in un ufficio, presso un istituto universitario o un'azienda, per imparare il lavoro che vi si svolge

stage diving /stedʒ'daivin(g), *ingl.* 'steɪdʒ-ˌdaɪvɪŋ/ [loc. ingl., propr. 'tuffo (*diving*) dal palco (*stage*)' ✻ 1995] **loc. sost. m. inv.** ● tuffo dal palco sul pubblico di uno dei musicisti o di uno spettatore nel corso di un concerto rock, punk o sim.

stagflazióne [comp. di *stag(nazione)* e *(in)flazione* ✻ 1973] **s. f.** ● (*econ.*) fase del ciclo economico caratterizzata dalla presenza simultanea di fenomeni di stagnazione e inflazione

stàggia [da *staggio*① ✻ sec. XV] **s. f.** (**pl.** *-ge*) ● (*lett.*) staggio①

staggiàre [da *staggio*① ✻ 1825] **v. tr.** (**pres.** *io stàggio*; **fut.** *io staggerò*) **1** (*agric.*) puntellare gli alberi carichi di troppi frutti **2** (*mar.*; *disus.*) controllare la portata di una nave, per mezzo dello staggio

staggiatùra [1870] **s. f.** ● (*agric.*) operazione dello staggiare

†**staggiménto** [da †*staggire* ✻ sec. XIV] **s. m.** ● sequestro, pignoramento

stàggio ① [lat. *stădiu(m)* 'misura' (V. *stadio*) ✻ 1287] **s. m. 1** in vari oggetti o tecnologie, ciascuno dei pezzi di legno, aste, pertiche e sim., usati per sorreggere, tendere, limitare qlco. | ciascuna delle due aste verticali della scala a mano, in cui sono infissi di traverso i pioli | ciascuno dei due legni della sedia che delimitano lateralmente la spalliera | ciascuno dei regoli che servono a stringere e allargare il telaio da ricamo | regolo di gabbia | ciascuno dei due legni cui è fissata la lama nella sega intelaiata **SIN.** (*lett.*) staggia **2** (*caccia*) pertica o stanga laterale per sostenere le reti dei paretai **3** (*sport*) ciascuno dei due elementi orizzontali delle parallele usati in ginnastica artistica **4** †asta graduata usata per fare misurazioni

†**stàggio** ② ➤ **strallo**

†**stàggio** ③ ➤ **ostaggio**

†**staggìre** [sovrapposizione di *(o)staggio* a un deriv. dall'ant. fr. *saisir* 'impadronirsi' ✻ 1303] **v. tr.** ● pignorare, sequestrare | arrestare qlcu. per debiti non pagati

stagionàle [1922] **A agg. 1** che riguarda la stagione, le stagioni: *fenomeno s.* | che è tipico di una stagione: *malattia s.* **2** che dura una stagione, che si verifica durante una stagione: *emigrazione s.*; *lavoro s.* | ***primato s.***, il risultato migliore conseguito da un atleta durante una stagione di gare ‖ **stagionalménte**, **avv.** ogni stagione; nella stagione opportuna; con scadenza stagionale: *le mandrie salgono stagionalmente ai pascoli* ‖ **stagionalità**, **s. f. inv.** condizione di ciò che è stagionale **B s. m. e f.** ● chi lavora solo in determinati periodi dell'anno: *gli stagionali dell'agricoltura*

stagionaménto [av. 1704] **s. m.** ● stagionatura

stagionàre [da *stagione* ✻ 1288] **A v. tr.** (*io stagióno*) ● conservare un prodotto in determinate condizioni per il tempo necessario perché acquisti particolari qualità: *s. il vino, il formaggio* | ***s. il legname***, lasciarlo all'aria aperta sino a che abbia perso tutta l'umidità **B v. intr.** (**aus.** *essere*) e **stagionàrsi v. intr. pron. 1** acquistare particolari qualità rimanendo in determinate condizioni per il tempo necessario: *il formaggio pecorino deve stagionare almeno due mesi* **2** †cuocersi del tutto

stagionàto **part. pass.** di *stagionare*; anche **agg. 1** nei sign. del v. **2** (*scherz.*) attempato, in là con gli anni: *una signora piuttosto stagionata*

SFUMATURE ➤ ***maturo***

stagionatóre [da *stagionare* ✻ 1676] **s. m.** (**f.** *-trice*) ● chi è addetto alla stagionatura

stagionatùra [1669] **s. f.** ● operazione, tecnica dello stagionare | processo di conservazione di ciò che stagiona | tempo necessario per stagionare: *richiedere una lunga s.*

♦**stagióne** [lat. *statiōne(m)*, propr. 'dimora', da *stātus*, part. pass. di *stāre* (V. *stare*, *stazione*) ✻ av. 1250] **s. f. 1** ciascuno dei quattro periodi in cui gli equinozi e i solstizi dividono l'anno solare, e cioè primavera, estate, autunno, inverno: *l'alternarsi, il succedersi, il mutare, delle stagioni*; *s. avanzata, inoltrata*; *cambiamento di s.* | (*poet.*) ***la nuova s., la s. novella***, la primavera | ***mezza s.***, la primavera, l'autunno | ***abito da mezza s.***, né leggero né pesante | nella loc. agg. inv. ***quattro stagioni*** o (con grafia unita) ***quattrostagioni***, V. *quattro* nel sign. I, 1 **2** (*est.*) periodo dell'anno caratterizzato da particolari condizioni meteorologiche e atmosferiche: *s. fredda, calda, piovosa, umida* | ***la bella, la buona, s.***, la primavera, l'estate | ***la brutta, la cattiva s.***, l'autunno, l'inverno **3** periodo dell'anno in cui hanno luogo determinati lavori agricoli o in cui si hanno determinati raccolti: *la s. della semina, della vendemmia, del raccolto*; *la s. delle ciliege, delle pesche, dell'uva* | ***la s. dei fiori***, (*per anton.*) la primavera **4** periodo di tempo, anche compreso entro due anni successivi, in cui hanno luogo determinate attività, manifestazioni e sim.: *la s. teatrale, cinematografica, lirica*; *la s. della prosa*; *la s. delle vendite*; *i saldi di fine s.*; *s. ciclistica*; *s. calcistica 2002-03* | ***alta, bassa s.***, periodo dell'anno in cui l'attività turistica e alberghiera è particolarmente intensa o ridotta | ***s. morta***, periodo dell'anno in cui una qualsiasi attività si svolge a ritmo molto ridotto, o cessa del tutto **5** tempo adatto, propizio: *la s. dei bagni, degli amori*; *è finita la s. delle passeggiate*; *non è questa la s. per fare un viaggio*; *ogni cosa ha la sua s.* | ***frutto di s.***, giunto a maturazione nel suo tempo; (*fig.*) qualunque evento, anche spiacevole, normale per il periodo in cui si verifica | ***frutto fuori s.***, giunto a maturazione prima o dopo il suo tempo; (*fig.*) qualunque evento che si verifichi in un periodo insolito o inopportuno | (*fig.*) ***un uomo per tutte le stagioni***, che si adatta in modo opportunistico a qualsiasi situazione **6** (*poet.*) tempo, periodo di tempo: *soffrii lunga stagion ciò che più spiace* (T. TASSO) | età: *quando de' miei fiorenti anni fuggiva / la stagion prima* (U. FOSCOLO) | †***alla s.***, tavolta | †***per s.***, ogni tanto | †***tutta s.***, sempre ‖ **stagionàccia**, **pegg.**

stagirita [vc. dotta, dal lat. *Stagirīta(m)*, dal gr. *Stagirítēs*, da *Stágira* 'Stagira' ✻ 1308] **A agg.** (**pl. m.** *-i*) ● di Stagira, antica città greca **B s. m. e f.** ● abitante o nativo di Stagira | ***lo Stagirita***, (*per anton.*) Aristotele

stagìsta [da *stag(e)* col suff. *-ista* ✻ 1989] **s. m. e f.** (**pl. m.** *-i*) ● chi sta compiendo uno stage

stagliàre [da *tagliare*, con *s-* ✻ 1553] **A v. tr.** (*io stàglio*) **1** (*disus.*) tagliare grossolanamente **2** †fare uno stralcio | (*est.*) risolvere, regolare **B stagliàrsi v. intr. pron.** ● risaltare, fare spicco: *la montagna si staglia contro il cielo*; *i monti si stagliano nel cielo*; *lo sparviero… si staglia sul cielo* (E. MONTALE)

stagliàto **part. pass.** di *stagliare*; anche **agg. 1** (*lett.*) scosceso **2** nella loc. †***alla stagliata***, per la via più breve

†**stàglio** [da *stagliare*, sul modello di *taglio* ✻ sec. XIV] **s. m.** ● computo fatto alla grossa | somma fissata per risolvere una controversia | (*est.*) accordo che stabilisce tale somma

stàgna [da *stagnare* ✻ 1914] **s. f.** ● recipiente a chiusura ermetica di latta stagnata: *una s. di olio, di benzina* **CFR.** latta

stagnàio o (*centr.*, *merid.*) **stagnàro** [lat. tardo *stagnāriu(m)*, da *stăgnum* 'stagno①' ✻ av. 1536] **s. m.** (**f.** *-aia*, **pl. m.** *-ai*) **1** artigiano che salda con lo stagno e fa lavori in latta **SIN.** lattoniere **2** (*roman.*) idraulico: *quei capelli (…) che parevano (…) la stoppa degli stagnari* (P.P. PASOLINI)

stagnaménto [av. 1698] **s. m.** ● ristagno (*anche fig.*): *s. morale*

stagnànte **part. pres.** di *stagnare*②; anche **agg.** ● che ristagna: *aria s.*; *commerci stagnanti*; *l'atmosfera s. in cui ella … aveva passati i suoi giorni* (I. SVEVO)

stagnàre ① [lat. tardo *stagnāre* 'saldare', da *stăgnum* 'stagno①' ✻ sec. XIII] **v. tr.** (**coniug. come** *segnare*) **1** rivestire con un sottile strato di stagno una superficie metallica | aggiustare, saldare con lo stagno: *s. una pentola* **2** (*est.*) chiudere recipienti, serbatoi e sim., in modo che il liquido in essi contenuto non fuoriesca: *s. un barile*

stagnàre ② [lat. *stagnāre*, da *stāgnum* 'stagno②' (V. *ristagnare*①) ✻ sec. XIII] **A v. tr.** (**coniug. come** *segnare*) ● far cessare il flusso di un liquido: *s. il flusso del sangue*; *s. il sangue di una ferita* **B v. intr.** (**aus.** *avere*) **1** fermarsi formando uno stagno, detto di acqua: *l'acqua del fiume stagna nelle campagne* | (*est.*) essere fermo, non circolare: *nei luoghi chiusi l'aria stagna* **2** (*fig.*) ridursi notevolmente d'intensità, detto spec. di attività economica: *in questo periodo i commerci stagnano* **C v. intr.** (**aus.** *avere*) e (*lett.*) **stagnàrsi v. intr. pron.** ● cessare di fluire: *il sangue ha stagnato*; *le lacrime mi si stagnarono sulle ciglia* (I. NIEVO)

stagnàro ➤ **stagnaio**

stagnàta ① [1865] **s. f.** ● lo stagnare in fretta, nel sign. di *stagnare*① ‖ **stagnatina**, **dim.**

stagnàta ② [f. sost. di *stagnato* ✻ sec. XIII] **s. f.** ● (*centr.*, *sett.*) recipiente rivestito di stagno **SIN.** stagnina ‖ †**stagnatèlla**, **dim.**

stagnàto **part. pass.** di *stagnare*①; anche **agg.** ● nei sign. del v.: *una pentola dal fondo s.*

stagnatùra [lat. *stagnatūra(m)*, da *stagnāre* 'saldare, stagnare' (V. *stagnare*①) ✻ 1795] **s. f. 1** operazione dello stagnare **2** rivestimento di superfici metalliche con uno strato di stagno, per immersione o per elettrodeposizione | strato di stagno

stagnazióne [da *stagnare*②, sul modello dell'ingl. *stagnation* ✻ av. 1714] **s. f.** ● (*econ.*) periodo di arresto della crescita economica **CFR.** stagflazione | (*est.*) fase di ristagno di un'attività o di un fenomeno: *s. culturale*

SFUMATURE ➤ ***recessione***

†**stàgneo** [vc. dotta, dal lat. *stăgneu(m)*, da *stăgnum* 'stagno①' ✻ av. 1363] **agg.** ● che ha il colore dello stagno

stagnìcola [comp di *stagno*② e *-cola* (V. *-colo*) ✻ 1875] **s. f.** ● (*zool.*; *disus.*) gallinella d'acqua

stagnicoltóre [1993] **s. m.** (**f.** *-trice*) ● chi si occupa di stagnicoltura

stagnicoltùra [comp. di *stagno*② e *coltura* ✻ 1912] **s. f.** ● allevamento di pesci in stagni naturali o artificali

stagnìna [da *stagno*① ✻ 1872] **s. f.** ● recipiente di latta stagnata | oliera di latta stagnata con beccuccio a cannello

stagnìno [da *stagno*① ✻ 1873] **s. m.** (**f.** *-a*) ● (*sett.*) stagnaio

stàgno ① [lat. *stăgnu(m)*, di orig. gallica ✻ 1282] **s. m.** ● elemento chimico, metallo bianco argenteo, malleabile, ottenuto per riduzione della cassiterite, usato per leghe, per saldature elettriche, per la produzione della latta, e sim. **SIMB.** Sn **NUM. AT.** 50 | ***grido dello s.***, caratteristico rumore emesso da una barra di tale metallo quando venga piegata | ***peste dello s.***, fenomeno per cui lo stagno, in un ambiente freddo, può passare a una sua forma allotropica, disgregandosi in una polvere grigia

♦**stàgno**② [lat. *stāgnu(m)*, di etim. incerta ✱ sec. XIII] **s. m.** ● piccola distesa d'acqua stagnante, dolce o salmastra, poco profonda: *sullo s. del parco affiorano le ninfee*; *s. artificiale* | ***lanciare un sasso nello s.***, (*fig.*) V. *sasso* nel sign. 3 ‖ **stagnétto**, **dim.**
SFUMATURE ➤ *palude*

♦**stàgno**③ [da *stagnare*① ✱ sec. XIII] **agg.** **1** che è a tenuta d'acqua: *paratie stagne* | ***compartimenti stagni***, gli ambienti della parte sommersa di una nave divisi fra loro da paratie stagne; (*fig.*) ambienti, attività e sim. nei quali o fra i quali regna l'incomunicabilità più assoluta **2** (*sett.*) solido, robusto, ben piantato

†**stàgno**④ **agg.** ● (*lett.*) stagnato

stagnòla [da *stagno*① ✱ 1803] **A** **s. f.** **1** un tempo, lamina di stagno sottilissima, usata per avvolgere sostanze alimentari deperibili | (*impropr.*) materiale d'alluminio con le stesse caratteristiche **SIN.** carta argentata **2** (*tosc.*) lattina, bidone per olio o petrolio **B** anche **agg. inv.**: *carta s.*

stagnòlo [da *stagno*① ✱ sec. XV] **agg.** ● di stagno, spec. nella loc. ***carta stagnola***, carta comune a cui viene fatta aderire sotto pressione, mediante collanti, la stagnola, usata per imballo protettivo di sostanze deperibili

staiàta [1871] **s. f.** ● spazio di terreno per seminare uno staio di grano

stàio o †**stàro** [lat. *sextāriu(m)* 'sesta parte del congio', da *sĕxtus* 'sesto' ✱ sec. XII] **s. m.** (**pl.** *stàia*, **f. nei sign. 1 e 3**, *stài*, **m. nel sign. 2**) **1** unità di misura di capacità per cereali o aridi usata un tempo nell'Italia settentrionale: *uno s. di grano* | ***a staia***, in grande quantità **2** recipiente cilindrico a doghe per misurare grano, avena e sim., di capacità diversa secondo i luoghi | ***ago dello s.***, ferro che dal centro del fondo dello staio arriva sino alla bocca di questo inserendosi nella maniglia | ***maniglia dello s.***, ferro che attraversa la bocca dello staio ed è fermato all'ago | ***colmare lo s.***, (*fig., tosc.*) completare l'opera | (*scherz.*) ***cappello a s.***, cappello a cilindro **3** antica unità di misura agraria di superficie che indica quanta terra occorre alla semina di uno staio di grano e sim. **SIMB.** bu

stakanovìṣmo o **stacanovìṣmo**, **stachanovìṣmo** /stakano'vizmo/ [dal n. del minatore russo A. G. *Stachanov* (1906-1977) che nel 1935 segnò un primato nella quantità di carbone estratto individualmente ✱ 1936] **s. m.** **1** movimento sorto nell'Unione Sovietica dopo il 1935 per incrementare la produttività mediante l'emulazione reciproca dei lavoratori **2** (*iron.*) esagerato entusiasmo, zelo eccessivo sul lavoro

stakanovìsta o **stacanovìsta**, **stachanovìsta** /stakano'vista/ [1935] **A** **s. m. e f.** (**pl. m.** *-i*) **1** chi pratica lo stakanovismo **2** (*iron.*) chi lavora con entusiasmo esagerato **B** **agg.** ● stakanovistico: *sistema s.*

stakanovìstico o **stacanovìstico**, **stachanovìstico** /stakano'vistiko/ [1987] **agg.** (**pl. m.** *-ci*) ● che riguarda lo stakanovismo | da stakanovista ‖ **stakanovisticaménte**, **avv.**

stakeholder /steik'older, *ingl.* 'steɪk,həʊldə(r)/ [vc. ingl., comp. di *stake* 'interesse' e *holder* 'portatore' ✱ 1987] **s. m. e f. inv.** ● (*econ.*) ciascun soggetto titolare di un interesse nella realizzazione di un progetto o, più in generale, nell'attività di un'azienda, come gli azionisti, i dipendenti, i finanziatori, i fornitori, i clienti ecc.

Stalag /*ted.* 'ʃtalak/ [vc. ted., abbr. di *Sta(mm)lag(er)* 'campo di base' ✱ 1960] **s. m. inv.** ● campo di prigionia per sottufficiali e soldati nemici nella Germania nazista durante la Seconda Guerra mondiale

stalagmìte o **stalammìte** [vc. dotta, comp. del gr. *stálagma*, genit. *stalágmatos* 'goccia' e *-ite*② ✱ 1726] **s. f.** ● (*geol.*) deposito colonnare di carbonato di calcio che s'innalza dal suolo delle grotte nelle quali si sono infiltrate acque calcaree

stalagmìtico [av. 1803] **agg.** (**pl. m.** *-ci*) ● di stalagmite | che ha aspetto o natura di stalagmite

stalagmòmetro [comp. del gr. *stálagma*, genit. *stalágmatos* 'goccia', e *-metro* ✱ 1930] **s. m.** ● (*fis.*) apparecchio che misura la tensione superficiale di un liquido

stalammìte ➤ **stalagmite**

stalattìte [vc. dotta, comp. del gr. *stalaktós* 'gocciolante', da *stalássein* 'stillare' e *-ite*② ✱ av. 1730] **s. f.** ● (*geol.*) deposito di carbonato di calcio di forma generalmente conica che pende dalla volta delle grotte nelle quali si sono infiltrate acque calcaree | ***a s.***, detto spec. di decorazione che riprende la forma caratteristica delle stalattiti

stalattìtico [1760] **agg.** (**pl. m.** *-ci*) ● di stalattite | che ha aspetto o natura di stalattite

staliniàno [1932] **A** **agg.** ● di Stalin, relativo a Stalin **B** **agg. e s. m.** (**f.** *-a*) ● (*raro*) stalinista

stalinìṣmo [1940] **s. m.** **1** (*polit.*) complesso dei metodi e delle concezioni ideologiche e politiche che si richiamano a una particolare interpretazione del marxismo e del leninismo, proprie di Stalin (1879-1953) o che a lui si ispirano | (*est.*) interpretazione dogmatica e deterministica delle teorie marxiste **2** (*est., spreg.*) esercizio del potere in maniera dura e repressiva

stalinìsta [1950] **A** **s. m. e f.** (**pl. m.** *-i*) **1** (*polit.*) chi segue o sostiene lo stalinismo **2** (*est., spreg.*) chi fa valere in modo duro e repressivo la propria volontà **B** **agg.** ● relativo allo stalinismo

stalinizẓàre [1963] **v. tr.** ● trattare, reggere secondo i metodi e i criteri dello stalinismo, spec. per ciò che rientra nell'ambito politico e culturale ‖ **stalinizẓazióne**, **s. f.**

stalker /'stɔlker, *ingl.* 'stɔːkə(r)/ [vc. ingl., propr. 'pedinatore' ✱ 1979] **s. m. e f. inv.** ● chi compie atti persecutori definibili come stalking **CFR.** molestatore

stalking /'stɔlkin(g), *ingl.* 'stɔːkɪŋ/ [vc. ingl., dal v. *to stalk* 'pedinare' ✱ 1996] **s. m. inv.** ● comportamento consistente in una serie di atti persecutori (V. *atto*① nel sign. 4)

♦**stàlla** [dal got. **stalla* 'dimora, sosta' (cfr. il ted. *Stall*) ✱ sec. XIII] **s. f.** **1** fabbricato rurale destinato al ricovero di animali domestici, spec. bovini ed equini: *pulire, spazzare, rigovernare la s.* | ***garzone, mozzo, ragazzo di s.***, addetto a tutto quanto concerne gli animali e la stalla | (*zootec.*) ***prezzo alla s.***, nella produzione lattiera, formula contrattuale designante l'obbligo dell'acquirente di accollarsi l'onere del trasporto del latte dalla stalla allo stabilimento di trasformazione | ***chiudere la s. dopo che i buoi sono scappati***, (*fig.*) adottare un rimedio quando ormai è tardivo e quindi inutile | (*fig.*) ***essere, sembrare una s.***, detto di ambiente molto sporco | ***dalle stelle alle stalle***, per indicare un brusco e improvviso passaggio da una situazione elevata a una infima **2** (*est.*) insieme delle bestie allevate o ricoverate in una stalla: *avere una buona s.*; *la s. gli frutta molto* **3** †ricovero, riposo delle bestie, nella loc. ***dare s.*** ‖ **stallàccia**, **pegg.** | **stallétta**, **dim.** | **stallùccia**, **dim.**

stallàggio o (*sett.*) **stallàzzo** [dall'ant. fr. *estalage*, etim. corrispondente a *stallatico* (V.) ✱ sec. XIV] **s. m.** **1** anticamente, ricovero per le bestie, spec. i cavalli, in stalle di alberghi, locande, osterie e sim. **2** spesa per tale ricovero

stallàre① [av. 1333] **A** **v. intr.** (**aus.** *avere*) **1** (*lett.*) dimorare nella stalla **2** defecare, detto di animali **B** **v. tr.** ● mettere nella stalla: *stallò i buoi, poi raggiunse la donna in cucina* (B. FENOGLIO)

stallàre② [adattamento del fr. *étaler* 'opporre resistenza alla forza degli elementi', dall'agg. *étale* 'stazionario' di prob. provenienza neerl. ✱ 1769] **A** **v. intr.** (**aus.** *avere*) ● (*mar.*) prueggiare **B** **v. tr.** ● contrastare il vento o la corrente manovrando le vele o le ancore

stallàre③ [da *stallo*② ✱ 1988] **v. intr.** (**aus.** *essere*) ● (*aeron.*) andare in stallo, superare il valore critico di incidenza dell'ala, provocando la caduta della portanza

stallàta [1865] **s. f.** ● (*raro*) quantità di bestie che stanno in una stalla

stallàtico [da *stalla* ✱ av. 1525] **A** **agg.** (**pl. m.** *-ci*) ● di stalla, spec. nella loc. ***concime s.***, letame di animali allevati in stalla **B** **s. m.** **1** concime stallatico **SIN.** concio, stabbio **2** stallaggio: *locanda con s.*

stallàzzo ➤ **stallaggio**

stalleréccio [1873] **agg.** (**pl. f.** *-ce*) ● (*raro*) di stalla | di bestie da stalla

stallìa [da *stallo*① ✱ av. 1536] **s. f.** ● nel contratto di trasporto marittimo, tempo normale di durata delle operazioni di carico o scarico della nave

stallière [1557] **s. m.** (**f.** *-a*) ● chi è addetto alla cura dei cavalli e della stalla in cui sono alloggiati

stallìno [av. 1811] **agg.** **1** di stalla **2** nato o allevato nella stalla: *cavallo s.*

†**stallìvo** o †**stallìo** [av. 1535] **agg.** ● detto di cavallo che è stato a lungo nella stalla, senza essere adoperato | di stalla: *allevamento s.*

stàllo① [dal francone **stall* 'sosta, dimora' (V. *stalla*) ✱ 1266] **s. m.** **1** sedile di legno con braccioli e dorsale destinato spec. a persona importante | sedile, spec. con braccioli e dorsale, unito ad altri uguali e allineati su cui siedono le persone riunite a convegno | ***stalli da coro***, di solito appoggiati con alti dorsali alle pareti delle chiese, spesso artisticamente decorati a intaglio e intarsio **2** †luogo dove si dimora | (*est.*) †sosta, indugio **3** ricovero per animali | ovile | ciascuno scomparto in una scuderia o una stalla **4** nel gioco degli scacchi, situazione del re che non può muoversi perché cadrebbe sotto scacco, mentre d'altra parte nessun altro pezzo è movibile | (*fig.*) situazione bloccata, apparentemente senza vie d'uscita: *le trattative sono in una fase di s.*

stàllo② [dall'ingl. *stall*, V. *stallo*① ✱ 1960] **s. m.** ● (*aeron.*) in un'aerodina, distacco della corrente del fluido dai piani portanti e spec. dall'ala, che si realizza quando si raggiunge l'incidenza critica, con conseguente caduta della portanza dell'ala, aumento della resistenza e, talora, caduta in vite del velivolo

stàllo③ ➤ **stare**

stallòggi o (*tosc.*) **strallògi** [dal lat. *aristolŏchia(m)* 'aristolochia', per alterazione pop. ✱ sec. XVII] **s. m. inv.** ● (*bot.*) aristolochia

stallóne [da *stalla*, anche sul modello dell'ant. fr. *estalon*, da cui l'attuale *étalon* 'stallone' ✱ sec. XIII] **s. m.** **1** cavallo maschio destinato alla riproduzione | (*est.*) animale maschio riproduttore di una specie domestica: *asino s.* **2** (*fig., scherz.*) uomo che dà prova di eccezionale vigoria sessuale

†**stamaiòlo** o †**stamaiuòlo** [da *stame* ✱ 1309] **s. m.** ● addetto alla lavorazione dello stame

♦**stamàne** o **stamàni** [comp. di *(que)sta* e *mane* ✱ av. 1292] **avv.** ● stamattina: *s. il tempo è veramente bello*; *s. non sono ancora uscito*; (*pop., tosc., intens.*) *s. mattina*

♦**stamattina** [comp. di *(que)sta* e *mattina* ✱ 1336 ca.] **avv.** ● questa mattina, nella mattinata di oggi: *l'ho visto s. alle nove*; *è da s. che ti cerco*; *il lavoro doveva essere finito per s.* **SIN.** stamani

stambécco [dal medio alto ted. *steinbock*, comp. di *stein* 'sasso, rupe' e *bock* 'becco' ✱ 1282] **s. m.** (**f.** *-a*; **pl. m.** *-chi*) ● mammifero ruminante affine alla capra, grigio rossastro con corna massicce nodose curvate a scimitarra, che vive protetto sulla catena alpina (*Capra ibex*) **SIN.** ibice

stambèrga [dal longob. *stainberga* 'casa (*berga*) di pietra (*stain*)' ✱ av. 1573] **s. f.** ● abitazione squallida, misera e sporca: *una cupa, decrepita s. … guastava l'armonia della piazza* (L. Pirandello) ‖ **stambergàccia**, **pegg.** | **stambergùccia**, **dim.**

stambùgio [sovrapp. di *bugio* 'buco' a *stamberga* (?) ✱ av. 1839] **s. m.** ● stanzino buio e squallido ‖ **stambugétto**, **dim.** | **stambugino**, **dim.**

stambuliòta [da *Stambul*, antico nome di Istanbul ✱ 1951] **A agg.** (**pl. m.** *-i*) ● di Istanbul, città della Turchia **B s. m. e f.** ● abitante o nativo di Istanbul

stamburaménto [av. 1742] **s. m. 1** (*raro*) rullio di tamburi **2** (*fig.*) pubblicità chiassosa: *s. giornalistico* | (*fig.*) vanteria, esaltazione esagerata

stamburàre [da *tamburare*, con *s-* ✱ av. 1742] **A v. intr.** (**aus.** *avere*) ● (*raro*) suonare insistentemente il tamburo **B v. tr.** ● (*fig.*) vantare, decantare con eccesso di chiasso, propaganda e sim.: *s. i propri successi*

stamburàta [da *stamburare* ✱ 1865] **s. f.** ● stamburamento

stàme [lat. *stāme(n)*, connesso con *stāre* 'stare' ✱ 1300] **s. m. 1** la parte più fine, più resistente e lunga della lana, separata dal resto col pettine **2** (*est.*) filo, specie dell'ordito | (*lett.*) ***lo s. della vita***, l'ipotetico filo a cui è legata la vita di ognuno: *recidere lo s. della vita*; *del mio viver Atropo / presso è a troncar lo s.* (G. Parini) **3** (*bot.*) organo maschile del fiore costituito da filamento e antera

stamenàle ▸ **staminale**①

staménto [dallo sp. *estamento* 'ramo del Parlamento, stato delle Cortes', da *estar* 'stare' ✱ 1835] **s. m.** ● ciascuno dei rami dell'antico parlamento sardo

stamigna o **stamìna** [lat. *stamĭnea(m)*, f. sost. di *stamĭneus* 'fatto di fili', da *stāmen*, genit. *stāminis* 'stame' ✱ 1182] **s. f. 1** tessuto rado, ma resistente, per setacci e colini **SIN.** buratto, étamine | tessuto rado e ruvido di lana usato per fare bandiere **2** tessuto leggero spec. di lana o seta usato un tempo per fare camicie, veli ecc. | indumento confezionato con tale stoffa **3** †veste mortuaria

staminàle① o **stamenàle** [dal gr. *stamís*, genit. *stamínos* 'montante della nave' ✱ 1561] **s. m.** ● (*mar.*) nelle navi in legno, prolungamento dei madieri per formare le costole dello scafo

staminàle② [da *stame* nel sign. 3 ✱ 1957] **A agg. 1** (*bot.*) relativo allo stame **2** (*biol.*) detto di cellula non differenziata dalla quale possono derivare una o alcune linee cellulari specializzate ‖ **staminalità**, **s. f. inv.** (*biol.*) proprietà di una cellula staminale **B s. f.** ● (*biol.*) cellula staminale: *trapianto di staminali*

stamìneo [vc. dotta, dal lat. *stamĭneu(m)* 'fatto di fili', da *stāmen*, genit. *stāminis* 'stame' (V. *stamigna*) ✱ 1813] **agg.** ● (*bot.*) dello stame | che ha stami

stamìnifero [vc. dotta, comp. del lat. *stāmen*, genit. *stāminis* 'stame' e *-fero* ✱ 1855] **agg.** ● (*bot.*) detto di fiore che ha soltanto gli stami

stàmno [vc. dotta, dal gr. *stámnos* 'anfora, giara', di orig. indeur. ✱ 1957] **s. m.** ● (*archeol.*) vaso di produzione greca con corpo piriforme, strozzatura al piede, due anse orizzontali, bocca larga

♦**stàmpa** [da *stampare* ✱ 1319] **A s. f. 1** particolare tecnica che permette di riprodurre uno scritto, un disegno e sim. in un numero illimitato di copie uguali, partendo da un'unica matrice: *s. tipografica, litografica, serigrafica, digitale*; *l'arte, l'invenzione della stampa*; *macchina da s.* | (*est.*) insieme di concrete operazioni proprie di tale tecnica: *iniziare, curare la s. di un libro*; *andare in s.*; *essere in corso di s.*; *bozze, prove di s.* | ***dare un'opera alla s., alle stampe***, farla pubblicare | ***sala (da) s.***, reparto di uno stabilimento grafico in cui avviene la stampa (V. anche sign. B) **CFR.** -tipia **2** insieme di caratteri, immagini e sim. risultanti dalle operazioni di stampa: *brutta, buona s.*; *s. mal riuscita*; *la s. non è nitida* **3** (**spec. al pl.**) pubblicazione stampata, spec. in quanto oggetto di spedizione postale: *le stampe vanno spedite sotto fascia*; *stampe raccomandate*; *stampe con lettera di accompagnamento* **4** il complesso delle pubblicazioni giornalistiche: *s. quotidiana, periodica*; *la s. cittadina, locale, nazionale, estera*; *la s. di destra, di sinistra*; *s. libera, indipendente, venduta, prezzolata* | ***libertà di s.***, diritto di manifestare liberamente il proprio pensiero per mezzo della stampa **5** l'insieme dei giornalisti, dei pubblicisti e sim.: *invitare la s.*; *poltrone riservate alla s.*; *i biglietti per la s.*; *la tribuna della s.*; *il tavolo della s.*; *Associazione della s.*; *circolo della s.*; *i giudizi, i commenti, le critiche, le opinioni, della s.* **6** ciò che si scrive, si pubblica, spec. nella loc. ***avere una buona, una cattiva s.***: avere giudizi favorevoli o sfavorevoli sui giornali; (*fig.*) godere di buona o di cattiva reputazione, detto di persona **7** riproduzione di un disegno, un quadro e sim. ottenuta mediante stampa: *la s. di un'incisione* | (*est.*) foglio contenente la riproduzione di un disegno, un quadro e sim.: *una s. del Settecento*; *una raccolta di stampe* **8** (*fotogr.*) procedimento mediante il quale le immagini di una pellicola vengono trasferite su un'altra o su carta fotosensibile | ***s. a contatto***, effettuata ponendo a contatto con carta o pellicola fotosensibili la pellicola negativa già sviluppata | ***s. a ingrandimento***, effettuata ponendo nell'ingranditore la pellicola sviluppata per ottenere una copia su carta o pellicola di formato diverso **9** (*tess.*) ***s. dei tessuti***, impressione su stoffa, opportunamente preparata, di un disegno a colori, inciso su cilindri di rame o con altri sistemi | ***s. a mano***, eseguita con matrici impresse a mano **10** (*zootec.*) ogni foro di passaggio per i chiodi posto sulla faccia inferiore del ferro di cavallo **11** †stampo **12** (*fig., lett.*) indole, carattere: *sono tutti della stessa s.*; *è un uomo di vecchia s.* | (*lett.*) sorta, specie: *aveva lasciato un figliuolo di s. ben diversa* (A. Manzoni) **13** †impronta: *sì ch'ogni memoria / segnar si possa di mia eterna s.* (A. Poliziano) **14** †conio: *la s. del fiorino* **B in funzione di agg. inv.** ● (posposto a un sost.) dei giornali, dei giornalisti, per i giornalisti: *comunicato s.* | ***ufficio s.***, presso un ente, un partito, un'organizzazione e sim., l'ufficio che ha l'incarico di redigere stampati, opuscoli e sim. e di trasmettere notizie ai giornalisti | ***sala s.***, quella riservata ai giornalisti presso la sede di un ente o istituzione o durante una manifestazione | ***conferenza s.***, in cui un personaggio importante risponde alle domande che gli pongono i giornalisti | ***silenzio s.***, V. *silenzio* nel sign. 2 ‖ **stampàccia**, **pegg.** | (*raro*) **stampétta**, **dim.** | **stampìna**, **dim.**

NOMENCLATURA

stampa

● *caratteristiche*: tipografica, litografica = offset, anastatica, a rotocalco, serigrafica, iconografica, permeografica, pianografica, rilievografica, xilografica; stereotipia (flano), bicromia, quadricromia, tiflografia, collotipia, cromolitografia, cromotipia, eliografia, fotocalcografia, fotolitografia, fotostatica, fototipia, calcografia, cianografia; quotidiana ⇔ periodica, cittadina = locale, nazionale ⇔ estera, indipendente ⇔ di partito, buona ⇔ cattiva, gialla, rosa; nitida, poco chiara; libro (V.), giornale (V.), quotidiano, rivista, pubblicazione, volantino; edizione, ristampa; libertà di stampa, reati di stampa, conferenza stampa; informazione, dichiarazione, messaggio, opinione;

● *locali*: tipografia, stamperia, officina tipografica, arti grafiche, cartotecnica, fotocomposizione, zincografia, legatoria, linotipia, litografia, monotipia, industria editoriale; redazione; ufficio stampa, sala stampa;

● *fotolitografia, fotoincisione e stampa*: cliché, mordente, riprodurre, premontaggio, prova di stampa, montaggio, ciano, lastra, avviamento, registro, tiratura, bozza di stampa (in colonna, impaginata), menabò; collazione, revisione, impaginazione; composizione a mano, a macchina, a caldo, a freddo = fotocomposizione; incorniciatura, spazieggiatura, interlineatura, uscita in pellicola, tipometro, lettura, correzione, refuso, pesce = salto; allineamento, capoverso, esponente, forma di stampa = matrice, riga (orfana, vedova), serraforme, telaio, retino; preavviamento;

● *carta*: telata, pergamenata, satinata, filigranata, vergata, uso mano = naturale, patinata, pigmentata, zigrinata, calandrata, riciclata, ecologica, bollata, oleata, camoscio, velina, carbone; da stampa, da disegno, da lettera; di paglia, di riso, di pula, di sparto, di stracci, di stagno = stagnola, di alfa; foglio, foglietto, pagina, risma, bobina, rotolo, quaderno, quinterno, registro, scheda, cartella, agenda, taccuino, scartafaccio; cartiera, cartaio, cartoleria, cartolaio;

● *macchine*: compositrici (linotype, monotype); fotocompositrici (tastiera, fotounità, videoimpaginatore), desk top publishing = DTP; fotoriproduzione (scanner, plotter), torchio, tiraprove, rullo inchiostratore, racla, rotativa, rotocalcografica, tipografica piana, litografica piana (mono, a più colori), ciclostile, policilindrica, goffratrice, gommatrice, verniciatrice, plastificatrice, piegatrice, cucitrice, brossuratrice, taglierina;

● *azioni*: stampare, ristampare, imprimere, tirare; pubblicare, curare la stampa, mandare o dare alle stampe;

● *forme dei caratteri* (altezza, corpo, occhio, avvicinamento): corsivo ⇔ tondo, grassetto, chiaro ⇔ neretto, maiuscolo ⇔ minuscolo; logotipo;

● *tipi di carattere*: aldino, bodoni, elzeviro, garamond, gotico, romano, normanno, inglese, times, helvetica, zapf;

● *segni e fregi tipografici*: accento, asterisco, parentesi, paragrafo, filetti, millefili, grappe, fregi; segno di omissione; compositoio, flano, segnatura;

● *inchiostri*: essiccanti, colorati, a doppia tinta, fuggitivi, copiativi, indelebili, opachi, per carte patinate, per cartevalori, per timbri;

● *personale specializzato*: tipografo, battitore, fonditore, compositore, monotipista, linotipista, fotocompositore, stereotipista, zincografo, fotolitografo, fotoincisore, rullatore, torcoliere, impressore, stampatore, legatore, impaginatore, revisore, correttore.

stampàbile [av. 1552] **agg.** ● che si può stampare ‖ **stampabilità**, **s. f. inv.**

stampàggio [da *stampare*, sul modello del fr. *estampage* ✱ 1929] **s. m.** ● operazione di formatura a freddo o a caldo, mediante appositi stampi, di lamiere, pezzi metallici, materie plastiche e sim. | (*tecnol.*) ***s. a iniezione***, pressoiniezione

†**stampanàre** [prob. dal francone *stampōn* 'pestare' ✱ av. 1363] **v. tr.** ● trafiggere

♦**stampànte** **A** **part. pres.** di *stampare*; anche **agg.** ● nei sign. del v. **B** **s. f.** ● (*inform.*) unità periferica di uscita dei dati sotto forma di prospetti stampati | ***s. ad aghi***, nella quale una testina dotata di numerosi aghi si muove lungo la linea di stampa componendo le forme dei caratteri da stampare mediante impatto su un nastro inchiostrato | ***s. a getto di inchiostro***, nella quale l'inchiostro, emesso in minutissime gocce da ugelli posti su una testina mobile, va a formare i caratteri sulla carta | ***s. laser***, nella quale la pagina viene tracciata da un raggio laser, opportunamente pilotato da un sistema ottico, sulla superficie di un cilindro di selenio che trasferisce l'immagine alla carta mediante l'uso di un inchiostro in polvere

♦**stampàre** [dal francone *stampōn* 'pestare' ✱ av. 1348] **A** **v. tr.** **1** imprimere, lasciare impresso (*anche fig.*): *s. orme sulla sabbia*; *altri di lor ne la carriera illustre / stampa i primi vestigi* (G. Parini) | (*fig.*) dare con forza: *le stampò un bacio sulla fronte*; *gli stampai sulla guancia uno schiaffo … strepitoso* (I. Nievo) **2** riprodurre mediante le operazioni di stampa: *s. un libro, un giornale* | ***si stampi***, formula con cui, dopo aver esaminato la bozza, si autorizza l'esecuzione di uno stampato **3** pubblicare, dare alla stampa: *s. un libro, un articolo* | (*est.*) scrivere: *ha stampato tre volumi di memorie* **4** dire, fare, in abbondanza e con facilità, nelle loc. (*fam.*) ***s. bugie, s. figli*** e sim. **5** riprodurre mediante stampaggio: *s. pezzi metallici* **6** (*fotogr.*) trasferire l'immagine di una pellicola su un'altra o su carta fotosensibile **7** (*conceria*) conferire ai pellami una grana artificiale a mezzo della pressa idraulica **B** **stampàrsi** **v. intr. pron.** **1** imprimersi, restare impresso (*spec. fig.*): *quelle parole gli si stamparono nel cuore, in mente* **2** (*fig.*, *lett.*) stagliarsi: *sul cielo … si stampava netta la vostra figurina* (G. Verga)

stampàta [da *stamp(a)* con il suff. *-ata* ✱ 1995] **s. f.** ● (*inform.*) riproduzione su carta del contenuto di un file

stampatèllo [da *stampato* ✱ av. 1712] **A** **agg.** ● detto di carattere a mano che imita la stampa **B** **s. m.** ● carattere stampatello: *scrivere in, a, s.*

♦**stampàto** [da *stampare*; per calco sul fr. *imprimé* nel sign. A 2 e B 2] **A** **part. pass.** di *stampare*; anche **agg.** **1** nei sign. del v.: *cuoio s.* **2** pubblicato per mezzo della stampa: *libro s.* | (*fig.*) ***parlare come un libro s.***, V. *libro* nel sign. 1 **3** detto di tessuto con disegni a colori impressi dopo la tessitura **4** (*fig.*) impresso: *della … imagine … ch'egli portava stampata nel cuore* (G.B. Marino) **5** ***circuito s.***, circuito elettrico in cui alcuni componenti, quali conduttori, resistori, condensatori e induttori, sono fabbricati per stampaggio su una base di laminato fenolico **B** **s. m.** **1** foglio, opuscolo e sim. stampato: *affrancare gli stampati*; *ricevere, distribuire degli stampati* | modulo: *riempire uno s.* **2** tessuto stampato

♦**stampatóre** [da *stampare* ✱ 1459] **s. m.** (**f.** *-trice* (**V.**), *pop., disus.* *-tóra*) **1** chi stampa | spec. un tempo, tipografo, proprietario di una tipografia; tipografo editore di opere a stampa **2** operaio addetto alle macchine da stampa, in una tipografia **3** operaio addetto allo stampaggio

stampatrìce [f. di *stampatore* ✱ 1940] **s. f.** **1** macchina per la stampa delle pellicole fotografiche e cinematografiche **2** stampante

stampatùra [1552] **s. f.** ● (*raro*) lo stampare | stampaggio

stampèlla [da *stampare*, nel senso di 'pestare, lasciar tracce' (?) ✱ 1536] **s. f.** **1** apparecchio ortopedico fornito di un appoggio per sostenere nell'ascella chi non può reggersi da sé sulle gambe: *camminare con le stampelle* **SIN.** gruccia | ***reggersi sulle stampelle***, (*fig.*) essere in condizioni poco buone | (*fig.*) ***essere la s. di qlcu.***, costituirne il suo unico sostegno **2** gruccia per abiti: *appendere la giacca alla s.* ‖ **stampellìna**, **dim.** | **stampellóne**, **accr. m.**

stamperìa [da *stampare* ✱ 1534] **s. f.** ● stabilimento in cui si eseguono stampati di vario genere

stampìglia [dallo sp. *estampilla*, da *estampar* 'stampare' ✱ 1698] **s. f.** **1** timbro di metallo o gomma che serve a imprimere numeri, diciture, firme **2** (*raro*) modulo, volantino a stampa, spec. di carattere pubblicitario | foglietto o tavoletta che un tempo riportava i numeri del lotto estratti

stampigliàre [1922] **v. tr.** (*io stampìglio*) ● timbrare con la stampiglia

stampigliatrìce [da *stampigliare* ✱ 1965] **s. f.** ● macchina che effettua stampigliature

stampigliatùra [1922] **s. f.** ● operazione dello stampigliare | dicitura, contrassegno e sim., stampigliati

stampinàre [1891] **v. tr.** ● riprodurre con lo stampino: *s. un disegno*

stampinatùra [1868] **s. f.** ● operazione dello stampinare | la riproduzione ottenuta

stampìno [dim. di *stampo* ✱ av. 1642] **s. m.** **1** piccolo stampo: *s. per dolci* | (*fig.*) ***essere, sembrare fatti con lo s.***, detto di persone o cose che paiono identiche **2** disegno traforato su cartone, plastica o lastra metallica, che si riproduce applicandolo su una superficie e passandovi il pennello **3** punzone d'acciaio per fare buchi regolari spec. nel cuoio **4** †bozza di stampa

stampìsta [1936] **s. m. e f.** (**pl. m.** *-i*) ● operaio specializzato nella fabbricazione di stampi

stampìta [dal provenz. *estampida* 'canzone a ballo', da *estampir* 'battere i piedi' (V. *stampare*) ✱ sec. XIII] **s. f.** **1** componimento a ballo, vivace, polimetrico, accompagnato dalla musica, diffuso spec. nell'antica Provenza **2** (*raro*, *tosc.*) discorso prolisso | (*tosc.*, **al pl.**) cerimonie, complimenti | †strepito

stàmpo [da *stampare* ✱ sec. XIII] **s. m.** **1** attrezzo da cucina, di forme e dimensioni varie, in cui si versano o plasmano sostanze allo stato liquido o semiliquido che, solidificando, ne assumono la forma: *s. per dolci, per budino* **2** modello che, premuto su materiali malleabili, imprime loro la propria forma **CFR.** tipo-, -tipo | ***fatto a s.***, ottenuto per mezzo di stampi al torchio | ***essere fatto con lo s.***, (*fig.*) di cosa o persona uguale a molte altre, mancante di originalità | ***se n'è perso lo s.***, (*fig.*) di cose o persone come non se ne trovano più | conio | punzone per stampaggio **3** (*fig.*) indole, carattere: *sono tutti dello stesso s.*; *un uomo di vecchio s.* | (*spreg.*) sorta, specie: *non voglio parlare con gente di quello s.* **4** strumento per stampare disegni su stoffa, cuoio, intonaco **5** nella caccia, spec. di palude, uccello finto usato per attirare gli uccelli selvatici **6** ciascuno dei buchi per i chiodi in un ferro di cavallo **7** (*biol.*, *chim.*) la struttura che funge da modello nella costruzione di una nuova struttura identica alla prima | la molecola di DNA che funge da modello nella replicazione del DNA ‖ **stampìno**, **dim.** (V.)

SFUMATURE DI SIGNIFICATO

stampo - conio - punzone

Lo **stampo** è un attrezzo meccanico che riporta intagliata in cavo, in rilievo o in traforo la modellatura dell'oggetto da riprodurre. Il **conio** è il pezzo di acciaio che porta inciso il tipo, il modello che si vuole riprodurre su monete o medaglie. Il **punzone** è un attrezzo di acciaio duro con un'estremità profilata a lettera, numero, sigla o altri segni che serve a marcare i metalli.

SFUMATURE ➤ ***forma***

stampóne [da *stampa* ✱ 1807] **s. m.** ● (*edit.*) prova su carta di un cliché

stanàre [da *tana*, con *s-* ✱ 1585] **A** **v. tr.** **1** fare uscire dalla tana **CONTR.** rintanare **2** (*est.*) fare uscire qlcu. dal luogo in cui sta rinchiuso, nascosto, e sim. **3** (*fig.*) fare uscire allo scoperto, far prendere posizione **B** **stanàrsi** **v. intr. pron.** ● †uscire dalla tana

stànca [da *stancare* ✱ 1864] **s. f.** **1** periodo dell'alta marea in cui l'acqua, avendo già raggiunto il livello più alto, rimane in stasi prima di cominciare a decrescere | (*est.*) in un corso d'acqua, periodo successivo all'istante di colmo, in cui la portata si mantiene prossima al valore di colmo: *il Po è in s.* **2** (*pop.*) fase di quiete dei vulcani **3** (*fig.*) periodo di stasi, di stagnazione

stancàbile [av. 1729] **agg.** ● che si stanca facilmente **CONTR.** instancabile ‖ **stancabilità**, **s. f. inv.**

†**stancaménto** [sec. XIV] **s. m.** ● stanchezza | indolenza

stancànte **part. pres.** di *stancare*; anche **agg.** ● che provoca stanchezza: *un lavoro s.* | noioso

♦**stancàre** [da *stanco* ✱ 1250 ca.] **A** **v. tr.** (*io stànco, tu stànchi*) **1** rendere stanco, indebolire fisicamente o psichicamente: *la corsa mi ha stancato*; *lo studio lo stanca*; *la lettura stanca gli occhi, la vista*; *il troppo camminare stanca le gambe*; (**anche assol.**) *lavorare stanca* | anche nella forma pron. (con valore intens.) **stancàrsi**: *a leggere nella penombra, ti stancherai gli occhi* **2** far venir meno l'impegno, indebolire le capacità di resistenza: *s. l'avversario, il nemico*; *cerca di stancarci creandoci continue difficoltà* **3** (*est.*) annoiare, tediare, infastidire (**anche assol.**): *le sue chiacchiere stancano tutti*; *è un film che stanca* **B** **v. intr.** ● †mancare, venir meno **C** **stancàrsi** **v. intr. pron.** **1** affaticarsi molto con conseguente indebolimento fisico o psichico (**+ *a*, + *di* seguiti da inf.**): *non devi stancarti troppo*; *cerca di non stancarti*; *il ragazzo si stanca a studiare*; *non si stancherebbe mai di lavorare*; *non si stancava dal seguir suo marito* (I. Nievo) **2** annoiarsi (**+ *di*, anche seguito da inf.**): *mi sono stancato di ascoltarti*; *si è stancato delle tue storie*; *la moglie si è stancata di lui* | ***non stancarsi di fare, di dire*** e sim. ***qlco.***, continuare a farla, a dirla e sim.

SFUMATURE DI SIGNIFICATO

stancare - sfinire - sfiancare

Stancare è indebolire fisicamente o psicologicamente, far venir meno le energie, la capacità di resistenza. In **sfinire** la stanchezza indotta porta allo sfinimento, che è un esaurimento completo delle forze, il cadere in uno stato di languore. **Sfiancare** ha lo stesso significato di *sfinire*, cioè portare all'esaurimento fisico o psichico; in ragione della sua etimologia suggerisce l'azione di chi colpisce ripetutamente nei fianchi un avversario fino a fiaccarne la resistenza.

SFUMATURE ➤ ***fiaccare***

stancheggiàre [da *stanco*, con suff. iter. intens. ✱ 1527] **v. tr.** (**pres.** *io stanchéggio*; **fut.** *io stancheggerò*) ● (*raro*) stancare con conti-

S

nue molestie, indebolire la capacità di resistenza | logorare

stanchévole [sec. XIII] **agg.** ● (*raro*) che stanca, che dà stanchezza | logorante: *le trincee, la forma più s. di guerra* (R. Bacchelli)

stanchézza [av. 1328] **s. f.** ● stato, condizione di chi è stanco: *s. fisica, mentale*; *sentire una grande s., avere una grande s. addosso*; *sentire s. nelle gambe*; *avere le ossa rotte dalla s.*; *non reggersi in piedi dalla s.* | fiacchezza: *il mercato dà segni di s.*

SFUMATURE DI SIGNIFICATO

stanchezza - fiacca - sfinimento

La condizione di chi è indebolito nelle proprie forze e capacità fisiche o psichiche e sente bisogno di riposo si definisce **stanchezza**. **Fiacca** restringe il significato allo spossamento fisico e all'assenza di energia, ma se la *stanchezza* è effetto di superlavoro o malattia, la *fiacca* può derivare anche da un atteggiamento perdurante di indolenza. **Sfinimento** è parola più forte, che descrive una condizione di completo esaurimento delle energie fisiche o psichiche, dovuto a lunga e sfibrante fatica, malattia, preoccupazione e sim.

SFUMATURE ➤ ***esaurimento***

♦**stànco** [di etim. incerta: sovrapposizione di *stracco* a *manco* (?) ✱ 1266] **agg.** (**pl. m.** *-chi*; **superl.** *stanchissimo*) **1** che, spec. a causa di una fatica sostenuta, si sente spossato, svigorito, indebolito nelle forze fisiche e psichiche, e desidera riposo (+ *per*, + *da*): *essere, sentirsi s.*; *essere s. per la corsa, per i troppi impegni*; *È un poco stanca dal viaggio* (C. Goldoni); *essere s. dal troppo lavoro*; *essere fisicamente, psichicamente, intellettualmente s.*; *essere s. nella mente, negli occhi, nelle gambe*; *essere s. morto, s. sfinito*; *avere le gambe stanche*; *avere, sentirsi il cervello s.* | che rivela stanchezza: *parlare con voce stanca* | ***essere nato s.***, (*fig.*) battere la fiacca **2** che non ha più voglia di fare una determinata cosa (+ *di*, **anche seguito da inf.**): *essere s. di parlare, di camminare, di studiare, di lavorare*; *essere s. di vivere*; *essere s. della vita* | che non può più sopportare oltre (**anche** + *che* **seguito da congtv.**): *sono s. delle sue scenate*; *è s. di essere trattato male*; *sono s. che mi risponda sempre in modo sgarbato* | ***essere s. di qlcu.***, non volerne più sapere **3** (*fig.*) esaurito, spento: *fantasia stanca* | (*fig.*) scialbo, mediocre: *uno s. imitatore di Proust* | (*agric.*) ***terreno s.***, esaurito, sfruttato, spossato | (*econ.*) ***mercato s.***, in cui c'è scarsità di contrattazioni **4** (*fig.*) detto di legatura di un libro antico, molto usurata e deteriorata **5** †sinistro, detto di mano, braccio o sim. | (*ellitt.*) ***la stanca***, la mano sinistra: *nella stanca tiene la guaina* (G. Vasari) **6** (*poet.*) †che sta per finire: *giorno s.* ‖ **stanchétto**, **dim.** | **stanchìno**, **dim.** ‖ **stancaménte**, **avv.** con stanchezza, con gesti, frasi, azioni che mostrano stanchezza; (*fig.*) con fiacchezza: *la Borsa ha reagito stancamente*

stand /stɛnd, *ingl.* stænd/ [vc. ingl., da *to stand* 'stare' ✱ 1905] **s. m. inv.** **1** spazio riservato a ciascun espositore o a ciascuna categoria di prodotti esposti, in un'esposizione, mostra, fiera e sim. **2** (*sport*) campo per il tiro a volo | spazio destinato al pubblico in varie manifestazioni sportive

stand-alone /stendə'lon, *ingl.* ˌstændə'ləʊn/ [vc. ingl., propr. 'che sta (dal v. *to stand*) da solo (*alone*)' ✱ 1984] **agg. inv.** ● (*inform.*) di dispositivo, spec. un computer, non collegato in rete

stàndard /'standard, *ingl.* 'stændəd/ [vc. ingl., propr. 'insegna' e poi 'livello, qualità', dall'ant. fr. *estendart* 'stendardo' ✱ av. 1764] **A** **s. m. inv.** **1** modello, esempio, punto di riferimento prestabilito: *attenersi a uno s. comune* | livello qualitativo, tenore: *lo s. di vita di un paese* | ***s. di un atleta***, il suo rendimento abituale: *mantenersi nel proprio s.*; *andare al di sotto del proprio s.* **2** (*comm.*) ciascuno dei campioni di un certo prodotto che corrispondono ad altrettanti tipi o gradi della sua produzione e che servono a determinarne la qualità nelle classificazioni internazionali: *gli s. del grano, del rame* **3** (*tecnol.*) modello o tipo di un certo prodotto | insieme di norme destinate a uniformare le caratteristiche di fabbricazione di un determinato prodotto **4** insieme di elementi che identificano un processo, un sistema, un gruppo di organismi e sim. | ***s. televisivo***, l'insieme degli elementi, fra cui il numero di righe di analisi, che identificano le caratteristiche di un determinato sistema televisivo | (*biol.*) insieme dei caratteri somatici che caratterizzano una razza animale o vegetale **5** (*urbanistica*) norma relativa ai servizi e alla pianificazione territoriale **6** (*ling.*) lingua parlata in modo uniforme, senza molte differenze, dai parlanti di una comunità e proposta come modello da imitare nell'insegnamento **7** (*stat.*) valore significativo di una certa grandezza, ricavato come media di valori consuntivi o come valore statisticamente più probabile fra quelli verificatisi **B** **in funzione di agg. inv.** (**posposto a un sost.**) **1** tipico, unificato: *formato, prodotto, dimensioni, costo s.* | (*dir.*) ***minimum s.***, complesso minimo di diritti, poteri e facoltà che uno Stato deve concedere agli stranieri residenti nello stesso **2** (*fis.*) ***stato s.***, stato di un corpo assunto come riferimento per definire altri stati **3** (*mar.*) ***dislocamento s.***, quello di una nave militare in assetto completo, ma senza combustibile e acqua per i generatori di vapore **4** (*dir.*) ***contratto s.***, predisposto da un contraente con clausole uniformi per tutte le possibili controparti

standardizzàre [da *standard*, sul modello dell'ingl. *to standardize* ✱ 1907] **A** **v. tr.** ● ridurre prodotti industriali a pochi tipi standard e stabilire le norme relative: *s. la produzione dei mattoni* **SIN.** unificare | (*fig.*) rendere uguale a qlco. che si assume come tipo, modello: *s. la propria vita* **B** **standardizzàrsi** **v. intr. pron.** ● conformarsi a uno standard | (*fig.*) uniformarsi, omologarsi, spersonalizzarsi ‖ **standardizzazióne**, **s. f.**

standardizzàto **part. pass.** di *standardizzare*; **anche agg.** **1** nei sign. del v. **2** (*fig.*) privo di originalità: *spettacoli standardizzati*

stand by /stem'bai, *ingl.* 'stænd,baɪ/ [loc. ingl., propr. 'stare (*to stand*) vicino (*by*)' ✱ 1980] **loc. sost. m. inv.** (**pl. ingl. inv.**) **1** negli aeroporti, lista di attesa per viaggiatori senza prenotazione **2** in informatica e nelle comunicazioni, posizione di attesa di una linea o di un collegamento | (*est.*) dispositivo che regola tale posizione | (*fig.*) situazione di attesa prima che qlco. si realizzi: *progetto in stand by* **3** (*econ.*) apertura di credito di una banca ad un'altra banca, a un'azienda o a uno Stato

standing /'stendin(g), *ingl.* 'stændɪŋ/ [vc. ingl., propr. 'posizione, situazione': gerund. di *to stand* 'stare' ✱ 1970] **s. m. inv.** ● (*banca*) posizione finanziaria e grado di solvibilità di una persona o di un'azienda

standing ovation /'stendin(g) o'veʃʃon, *ingl.* 'stændɪŋ əʊ'veɪʃən/ [loc. ingl., propr. 'ovazione (*ovation*) in piedi (*standing*)' ✱ 1992] **loc. sost. f. inv.** (**pl. ingl.** *standing ovations*) ● applauso lungo e caloroso tributato dal pubblico in piedi

standìsta /sten'dista, stan-/ [da *stand* nel sign. 1 ✱ 1935] **s. m. e f.** (**pl. m.** *-i*) ● chi allestisce uno stand | chi è addetto al ricevimento dei visitatori e dei clienti in uno stand

standìstico [1960] **agg.** (**pl. m.** *-ci*) ● che riguarda uno o più stand di una mostra, un'esposizione, una fiera e sim.: *attrezzatura, consulenza standistica*

Standòlio® [marchio registrato ✱ 1960] **s. m.** (**pl.** *-i* o *raro -ii*) ● (*chim.*) nome commerciale di olio insaturo siccativo ricavato dall'olio di lino, utilizzato nella fabbricazione di inchiostri

stànga [dal got. **stanga* (Cfr. il ted. *Stange*) ✱ av. 1292] **s. f.** **1** lungo legno squadrato, usato spec. un tempo per sprangare i due battenti di porte e finestre, facendone entrare le estremità in buchi negli stipiti | (*est.*) sbarra di legno o di ferro | ***s. dell'aratro***, bure **2** ciascuno dei due bracci paralleli di carro o carrozza ai quali si attacca l'animale da tiro **3** sbarra che separa i cavalli tra loro nelle stalle **4** (*fig.*, *pop.*) persona molto alta **5** (*fig.*, *tosc.*) miseria, scarsità di denaro: *avere la s.*; *ridursi alla s.*; *patire la s.* ‖ **stanghétta**, **dim.** (V.) | **stangóna**, **accr.** | **stangóne**, **accr. m.** (V.)

stangàre [da *stanga* ✱ 1340] **v. tr.** (*io stàngo, tu stànghi*) **1** (*raro*) puntellare, chiudere, con la stanga: *s. l'uscio* **2** percuotere con la stanga **3** (*fig.*) infliggere un danno, una perdita e sim.: *s. i cittadini con tasse esose* | ***s. un alunno***, giudicarlo negativamente, bocciarlo **4** (*assol.*) ***s. in porta***, nel calcio, effettuare un tiro molto forte contro la porta avversaria

stangàta [da *stanga* ✱ av. 1625] **s. f.** **1** colpo di stanga **2** (*fig.*) spesa superiore al previsto, grave danno economico: *dare, ricevere, una s.* | sacrificio economico, gener. non previsto, richiesto alla collettività dallo Stato mediante l'aumento di tariffe, imposte e sim.: *la s. fiscale* **3** (*fig.*) cattivo risultato, esito duramente negativo: *prendere una s. agli esami* **4** nel calcio, tiro molto forte con traiettoria orizzontale: *una s. imprendibile* ‖ **stangatìna**, **dim.** | **stangatóna**, **accr.**

stangàto **part. pass.** di *stangare*; **anche agg.** **1** nei sign. del v. **2** (*pop.*, *tosc.*) che ha poco denaro, che è quasi in miseria

†**stangheggiàre** [sovrapposizione di *stanga* a *stancheggiare* (V.) ✱ 1585] **v. tr.** ● (*raro*) vessare

stanghétta [av. 1320] **s. f.** **1** dim. di *stanga* **2** sbarretta del chiavistello che, girando la chiave, esce dalla serratura, entra nell'apposito alloggiamento dello stipite o dell'altro battente e chiude la porta **3** ciascuna delle due piccole aste laterali che con una delle due estremità ricurve servono a fermare gli occhiali alle orecchie **4** (*mus.*) lineetta verticale sul pentagramma che separa una battuta dall'altra | nella musica seriale, ausilio grafico senza valore ritmico ‖ **stanghettìna**, **dim.**

†**stangonàta** [da *stangone* ✱ av. 1400] **s. f.** ● colpo dato con una grossa stanga: *Questi muli hanno avuto tante stangonate* (F. Sacchetti)

stangóne [av. 1292] **s. m.** **1** accr. di *stanga* **2** (**f.** *-a*) (*fig.*) persona molto alta di statura

stànne ➤ **stare**

stànnico [vc. dotta, comp. di *stann(o)* e *-ico* ✱ 1869] **agg.** (**pl. m.** *-ci*) ● (*chim.*) detto di composto dello stagno tetravalente | ***acido s.***, acido ossigenato dello stagno tetravalente

stannìfero [comp. di *stanno* e *-fero* ✱ 1885] **agg.** ● (*miner.*) che contiene stagno

stannìte [comp. di *stann(o)* e *-ite*② ✱ 1940] **s. f.** ● (*miner.*) calcopirite contenente stagno di colore grigio-acciaio

†**stànno** [lat. *stānnum*, variante di *stăgnum* 'stagno①' ✱ 1499] **s. m.** ● stagno①

stannóso (o *-ṣo*) [da *stanno* ✱ 1889] **agg.** ● (*chim.*) detto di composto dello stagno bivalente: *ossido s.*; *cloruro s.*

♦**stanòtte** [comp. di *sta* e *notte* ✱sec. XIII] **avv.** ● nella notte in corso, o in quella immediatamente passata, o in quella che sta per venire: *s. fa molto buio*; *s. sono rimasto alzato fino a tardi*; *partiremo s. alle due*; *hai sentito che tuoni s.?*; *la partenza è fissata per s.*

stànte① **A** **part. pres.** di *stare*; anche **agg.** **1** (*lett.*) che sta | (*archeol., arte*) che sta in piedi, detto di statua **2** ***a sé s.***, di ciò che è distinto, separato dagli altri: *è un appartamento a sé s.* | con valore avverbiale, ***seduta s.***, mentre si svolge la seduta; (*est.*) lì per lì, immediatamente: *mi ha risposto seduta s.* | †***bene s.***, forte, ben messo, solido; V. anche *benestante* | †***poco s., non molto s.***, poco dopo, non molto tempo dopo **3** †presente, corrente: *il mese s.* **4** †fermo, stagnante: *acqua s.* | (*poet.*) immobile: *Corre tra le stanti/nubi la luna* (G. Carducci) **B** **prep.** ● a causa di, per la presenza o in considerazione di: *s. la presente carestia, verranno fatti tesseramenti*; *s. il cattivo tempo, non partiremo*; *s. le numerose richieste, hanno istituito un nuovo ufficio* | anche con valore e uso di aggettivo (in costruzioni assol.): *stanti le dimensioni ridotte del teatro*; *stanti le pessime condizioni del mare* | ***s. il fatto che***, poiché: *s. il fatto che tu non vieni, dovrò cercarti un sostituto* | ***s. che***, V. *stanteché*

†**stànte**② ➤ **istante**②

stanteché o **stànte che** [comp. di *stante*① e *che* (cong.) ✱1584] **cong.** ● (*raro*) poiché, dal momento che (introduce una prop. causale con il v. all'indic.): *la conferenza verrà rinviata, s. il professore è fuori sede*

♣**stantìo** o (*roman.*) †**stantìvo** [sovrapposizione di *stante*① a un deriv. dal lat. *statīvu(m)* 'stabile, fisso', da *stătus* 'stato' ✱1427] **A** **agg.** (**pl. m.** *-ii*) **1** che ha perso freschezza, odore, sapore, per essere stato conservato troppo a lungo, detto di cibo: *pane, burro, s.*; *minestra stantia* **2** (*est.*) vecchio, disusato: *usanza stantia* | (*fig.*) non più attuale: *notizie stantie* **B** **s. m. solo sing.** ● odore, sapore, di ciò che è stantio: *sapere, puzzare, di s.*; *sapore, odore, di s.*

stantùffo [di etim. incerta: forse adattamento dell'ant. fr. *fonfoufle*, *(es)tandeffe* 'strumento per lanciare sassi', dal lat. *fundĭbulu(m)*, da *fŭndere* 'gettare' ✱av. 1537] **s. m.** ● (*mecc.*) elemento a sezione circolare che nelle macchine a moto alternativo riceve la spinta del fluido motore (motore a scoppio, a vapore) e la trasmette alla biella, o viceversa nelle macchine operatrici (pompe, compressori a stantuffo)

♦**stànza**① o †**stànzia**① [lat. parl. **stāntia(m)* 'dimora', da *stāns*, genit. *stăntis*, part. pres. di *stāre* 'stare' ✱1294] **s. f.** **1** (*lett.*) lo stare, il dimorare in un luogo: *fare s., fare breve, lunga s.* | dimora, luogo di dimora: *avere, prendere, trovare s. in un luogo*; *Penati di Troia avrano s. / in queste tombe* (U. Foscolo); *trova s. in cuore la speranza* (E. Montale) | (*milit.*) ***essere di s.***, avere sede abituale: *il 2° reggimento degli Alpini è di s. a Cuneo* **2** ambiente interno di un edificio, destinato ad abitazione o a ufficio: *un appartamento di sei stanze*; *s. grande, piccola*; *s. a pianterreno*; *s. vuota, ammobiliata, affittata*; *s. da pranzo, da letto*; *s. di soggiorno, di lavoro*; *s. degli uscieri, del direttore* CFR. camera① | ***s. dei bottoni***, (*fig.*) luogo da cui si esercita un importante comando, in cui sono le leve del potere, spec. politico **3** (*banca*) ***s. di compensazione***, istituto bancario che ha lo scopo di pareggiare le posizioni di debito e credito delle banche evitando movimenti di capitali e titoli **4** (*letter.*) strofa della canzone, della ballata | ottava rima **5** †posto ‖ **stanzàccia**, **pegg.** | **stanzétta**, **stanzettìna**, **dim.** | **stanzìna**, **dim.** | **stanzìno**, **dim. m.** (V.) | **stanzóna**, **accr.** | **stanzóne**, **accr. m.** | **stanzùccia**, **dim.** | (*spreg.*) **stanzùcola**, **dim.** | (*lett.*) **stanzuòla**, **dim.**

†**stànza**② ➤ **istanza**

†**stànzia**① ➤ **stanza**①

†**stànzia**② ➤ **istanza**

stanziàbile [1960] **agg.** ● (*banca*) che si può stanziare

♣**stanziàle** [da †*stanzia*① ✱av. 1292] **agg.** **1** che dimora stabilmente in un luogo: *popolazioni stanziali* CONTR. nomade **2** (*milit.*) permanente, detto di soldato, corpo e sim. **3** detto di avifauna, non migratrice: *selvaggina s.* ‖ **stanzialménte**, **avv.** stabilmente, con dimora fissa ‖ **stanzialità**, **s. f. inv.** caratteristica di chi (o di ciò che) è stanziale

stanziaménto [1433] **s. m.** **1** assegnazione di una somma in bilancio | la somma stanziata: *uno s. insufficiente* | ***s. pubblicitario***, cifra predisposta per il finanziamento di una campagna pubblicitaria **2** †deliberazione di un'autorità o di un organismo collegiale **3** (*raro*) insediamento

stanziàre [da †*stanzia*① ✱1261 ca.] **A** **v. tr.** (*io stànzio*) **1** inserire una spesa in un bilancio preventivo, assegnare una somma **2** †deliberare, decretare, ordinare: *s. di*; *s. che* **B** **v. intr.** (**aus.** *avere*) ● †dimorare: *a Padova, dove allora stanziavo, ... mi posi a pensar sopra tal problema* (G. Galilei) **C** **stanziàrsi** **v. intr. pron.** ● prendere dimora stabile in un luogo: *gli invasori si stanziarono a sud del paese*

stanziàto **part. pass.** di *stanziare*; anche **agg.** ● nei sign. del v.

stanziatóre [1825] **s. m.** (**f.** *-trice*); anche **agg.** ● chi (o che) stanzia: *ente s.*

stanzìno [av. 1311] **s. m.** **1** dim. di *stanza*① **2** piccola stanza, gener. senza finestre, che serve come ripostiglio, spogliatoio, piccolo bagno ecc.

stapedìfero [comp. di *stapedi(o)* e *-fero* ✱1993] **agg.** ● (*zool.*) detto di Tetrapode, in quanto il suo orecchio medio è dotato di staffa

stapèdio [dal lat. mediev. *stapēdiu(m)*, prob. comp. di *stăpha(m)* 'staffa' e *pēde(m)* 'piede' ✱1690] **agg.** ● (*anat., zool.*) relativo alla staffa: *arteria stapedia*

♦**stappàre** [da *tappo*, con *s-* ✱av. 1850] **v. tr.** ● privare del tappo: *s. una bottiglia* | anche come tr. pron. nella loc. ***stapparsi le orecchie***, toglierne il cerume; (*fig.*) costringersi ad ascoltare qlco. | ***s. le orecchie a qlcu.***, fargli sentire qlco. di spiacevole CONTR. tappare

stappatùra [1953] **s. f.** ● (*raro*) lo stappare SIN. stappo

stàppo [da *stappare* ✱1878] **s. m.** ● operazione dello stappare: *interrotto qua e là dallo s. delle gazose* (C. Dossi) SIN. stappatura

†**stàpula** [dall'ant. fr. *estaple*, moderno *étape*, dal neerl. *stapel* 'magazzino' ✱1347] **s. f.** ● mercato | magazzino, fondaco

star /star, *ingl.* stɑː(r)/ [vc. ingl., propr. 'stella' ✱1929] **s. f. inv.** **1** attrice o attore molto famoso e importante SIN. stella **2** (*est.*) il personaggio più importante, di maggior richiamo in una certa attività: *A. Tomba è stato una vera s. dello sci* SIN. stella **3** (*mar.*) imbarcazione a vela da regata, costituente classe olimpica, con scafo a spigolo, chiglia fissa, randa e fiocco, per due persone di equipaggio SIN. stella

staràre [da *tarare*, con *s-* ✱1960] **A** **v. tr.** ● determinare un'alterazione nelle caratteristiche normali di funzionamento di un dispositivo **B** **staràrsi** **v. intr. pron.** ● detto di dispositivi, alterarsi nelle caratteristiche normali

staratùra [1960] **s. f.** ● alterazione della giusta taratura di un dispositivo

star del crédere [comp. di *star(e)*, sottinteso *'come garante'*, *del* e *credere* 'credito' ✱1882] **loc. sost. m. inv.** ● (*dir., comm.*) obbligazione eventuale del commissionario o dell'agente di garantire al committente il buon fine nell'esecuzione dell'affare | (*est.*) il compenso speciale o la maggior provvigione corrisposta dal committente al commissionario o all'agente per tale obbligazione

♦**stàre** o (*lett.*) **istàre**② [lat. *stāre*, dalla radice indeur. **sthā* 'fermarsi' ✱1211] **A** **v. intr.** (**pres.** *io sto* /stɔ*/, *tu stài*, *egli sta* /sta*/, *noi stiàmo*, *voi stàte*, *essi stànno*; **fut.** *io starò*; **pass. rem.** *io stètti*, †*stéi*, †*stièi*, **pop.** *stièdi*, *tu stésti*, *egli stètte*, **pop.** †*sté*, †*stiè*, **pop.** *stiède*, *noi stémmo*, *voi stéste*, *essi stèttero*, †*stèttono*, †*stérono*, †*stièrono*; **congtv. pres.** *io stìa*, **poet.** †*stèa*, *tu stìa*, **poet.** †*stìe*, *egli stìa*, **poet.** †*stèa*, **poet.** †*stìe*, *noi stiàmo*, *voi stiàte*, *essi stìano*, **poet.** †*stèano*, **poet.** †*stìeno*; **congtv. imperf.** *io stéssi*; **condiz. pres.** *io starèi*; **imperat.** *sta* /sta, sta*/ o *sta'* o *stài*, *stàte*; **part. pass.** *stàto*; **aus.** *essere*) **ATTENZIONE!** Le forme *sto* e *sta* (prima e terza pers. sing.) non vanno accentate. Nell'imperativo, la forma *sta'* ha l'apostrofo in quanto troncamento di *stai* (uno dei casi di troncamento con apostrofo) (V. nota d'uso ELISIONE e TRONCAMENTO). Le forme *sta* o *sta'* dell'imperat. possono assumere, in unione con particelle pron. o avv., le forme *stàmmi*, *stàllo*, *stànne*, *stàttene*, *stàcci* e sim., con raddoppiamento della consonante iniziale della particella e, nel caso di *stammi*, *stallo* e sim., anticipazione (o 'risalita') della particella: *stammi a sentire* per *sta a sentirmi*. *Stàttene* è l'imperat. della forma intensiva *starsene*; *statti* è l'imperat. della forma intr. pron. (di uso lett. ma anche region.) *starsi*. **I** in un primo gruppo di significati esprime il rimanere in un dato luogo, una data posizione, una data situazione e sim. **1** (*lett.*) fermarsi, cessare il movimento o una serie di movimenti: *il motore ... sternutì, sobbalzò e stette* (B. Fenoglio) **2** (*lett.*) restare fermo, immobile **3** (*raro, lett.*) essere in piedi, rimanere ritto (**spec. fig.**): *chi possendo star cadde tra via / degno è che ... a terra giaccia* (F. Petrarca) **4** trattenersi, rimanere in un luogo per un periodo più o meno lungo: *era incerto se andare o s.*; *vado fuori, ma ci starò poco*; *sono stata a fare quattro chiacchiere*; *è stato fuori tutto il pomeriggio*; *staremo un anno a New York, in America*; *sto qui ancora un po'* **5** (*lett.*) indugiare: *stette un po', poi rispose*; *stette alquanto prima di decidere* | tardare: *non starà molto a tornare* **6** (*disus.*) durare, mantenersi: *il segno della ferita stette un mese* | †trascorrere | †***poco stando***, dopo poco tempo **7** nel gioco, non volere altre carte: *io sto* **II** in un secondo gruppo di sign., sempre seguito da una determinazione che ne specifica il senso, esprime l'essere, il trovarsi, in un dato luogo, una data condizione, situazione e sim. **1** essere, trovarsi, in una determinata situazione o in un determinato luogo: *s. ad aspettare qlcu.*; *s. in casa*; *s. a scuola, all'aria aperta*; *s. con la finestra aperta*; *s. in fila, in compagnia, in attesa*; *s. sul trono, su uno sgabello*; *s. per terra*; *s. a cavallo, a tavola*; *s. a cena, a colazione da qlcu.* | ***s. alla finestra***, (*fig.*) restare, inattivo, mentre gli altri agiscono **2** essere, trovarsi in una determinata condizione, situazione e sim.: *s. fermo, immobile, sdraiato, supino, composto, scomodo, stretto, largo*; *s. bocconi, in ginocchio, a testa alta, a capo chino, a mani giunte, a bocca aperta*; *s. buono, calmo, attento, sicuro, tranquillo*; *s. in ansia, col cuore in gola, con l'acqua alla gola* | ***sta sempre sulle sue***, è molto riservato o scostante | ***s. sulla difensiva***, è assumere un atteggiamento di difesa

3 trovarsi, in una determinata condizione, con riferimento allo stato di vita o di salute, alla situazione economica, e sim.: *s. bene, male, di salute; stai bene d'intestino?; è stato male con la gola* | ***chiedere come sta qlcu.***; ***chiedere a qlcu. come sta***, domandare notizie della sua salute | ***s. bene, male***, essere in buona, in cattiva salute: *oggi non sto bene; ieri è stato male*; (*est.*) essere in buone, in cattive condizioni economiche: *è gente che sta bene* **4** trovarsi in una determinata situazione, con riferimento all'esecuzione della propria attività o del proprio lavoro: *s. a servizio, a servire; s. alla cassa, al banco, all'uscita; s. a guardia di qlco.; s. di guardia a qlcu.* **5** trovarsi in una data posizione nello spazio, con riferimento alla posizione di altre persone o cose: *s. accanto, a fianco, davanti, dietro, di lato, addosso, sotto, sopra* | ***s. addosso a qlcu.***, (*fig.*) incalzarlo, sollecitarlo; assillarlo, opprimerlo | mantenersi in una data posizione: *s. in equilibrio, a cavalcioni; s. a galla* **6** avere il proprio domicilio, la propria abitazione: *sta di casa in via Roma; sta a Milano; stanno al terzo piano; dove stai?; l'ufficio sta in piazza Mazzini* | (*est.*) vivere: *sta con i genitori; sta da un amico; andremo a s. in campagna* | ***s. sulle spese***, vivere fuori di casa, sostenendo spese maggiori | ***s. come un papa, come un re*** e sim., con ogni comodità **7** essere collocato, situato, detto di cose: *il libro sta nel cassetto; dove sta il mio cappotto?; il paese sta a pochi chilometri dalla città; quel luogo sta ai confini del mondo; la villa sta in collina* | ***non s. né in cielo, né in terra***, di cosa assurda, priva di senso **III** in un terzo gruppo di sign., si avvicina a taluni significati del v. *essere* **1** (*generic.*) essere: *le cose stanno così; adesso sto tranquillo; non c'è proprio da s. allegri* | ***il fatto sta così*** (o ***così e così***), questa è la verità dei fatti | (***il***) ***fatto sta che, sta di fatto che***, per appoggiare, rafforzare una affermazione: *puoi dire quel che vuoi, ma sta di fatto che la situazione peggiora* | ***sta scritto***, è scritto, è fissato | ***stando ciò, stando così le cose***, poiché la situazione è questa: *stando così le cose, vi lascio e me ne vado* | ***s. a cuore***, importare molto: *la sua sorte mi sta a cuore* | ***s. a dieta***, seguire una dieta | ***s. sulle spine***, in grande agitazione o ansia, a disagio | ***star fresco***, V. *fresco*① **2** dipendere | ***sta in me, in lui***, ecc., dipende da me, lui ecc. | toccare, spettare (+ *a*, + *in*): *sta a lui decidere; sta in voi sapere come agire; non sta a noi pensarci; sta al governo provvedere ai cittadini* **3** consistere: *in questo sta il suo merito; qui sta il difficile; qui sta il bello; qui sta il suo debole* | ***tutto sta***, l'essenziale è (+ *a*, + *in* **seguiti da inf.**, + *che* **seguito da congtv.**): *tutto sta a incominciare; tutto sta nel convincerlo; tutto sta che riesca a convincerlo* **IV** in un quarto e più ristretto gruppo di sign. esprime un rapporto di quantità **1** essere contenuto, entrarci: *tanto olio quanto ne sta in un cucchiaio; in quella bottiglia ci sta un litro; nel nuovo stadio possono s. centomila persone* | (*fig.*) ***non s. in sé dalla gioia***, non saperla trattenere, dimostrarla a tutti **2** (*mat.*) avere rapporto, proporzione: *20 sta a 100 come 5 sta a 25* **3** (*raro*) costare: *a quanto sta il pesce?; la frutta sta a due euro il chilo* **V** in un quinto gruppo di sign. esprime varie relazioni grammaticali **1** seguito da un gerundio, indica la continuità dello svolgimento dell'azione espressa dal verbo stesso: *sta leggendo; stava mangiando; stavo camminando quando mi sentii chiamare; stavamo parlando di te* **2** indica il prolungarsi dell'azione espressa dal verbo stesso (+ *a* **seguito da inf.**): *s. a chiacchierare, a leggere, a vedere, a guardare*; (*pleonast.*) *non starmi a dire che hai cambiato idea; su, non starci tanto a pensare* | ***s. a vedere, a guardare***, (*fig.*) restare inattivo aspettando gli eventi, mentre gli altri agiscono | ***staremo a vedere***, vedremo (V. *vedere*① nel sign. A 1) | ***sta a vedere che***, introduce un'ipotesi che appare in qualche misura sorprendente (a volte con tono ironico): *sta a vedere che se n'è dimenticato; sta a vedere che se la piglia anche con me* (A. Manzoni); *sta a vedere che in casa mia non sono padrona di fare quello che mi pare* (G. Verga) **3** indica l'imminenza dell'azione espressa dal verbo stesso (+ *per* **seguito da inf.**): *stiamo per lasciarci; sta per piovere; stavo quasi per picchiarlo* | ***sto per dire, stavo per dire*** e sim., frasi usate per attenuare un'affermazione **VI** in un sesto gruppo di sign. assume significati diversi a seconda delle loc. in cui ricorre **1** nella loc. ***s. a***, attenersi: *s. ai fatti, alle regole, al regolamento, al testo* | rimettersi: *s. al giudizio della Commissione, alla decisione dei giudici* | ***s. alle apparenze***, giudicare basandosi solo su elementi esterni | ***s. alle parole di qlcu.***, fidarsene | ***s. al proprio posto***, saper mantenere le distanze, non immischiarsi nei fatti altrui | ***s. allo scherzo, agli scherzi***, accettarli con spirito, senza risentirsene | ***stando a quanto si dice ...***, in base a quanto si dice **2** nella loc. ***s. bene***, essere in buona salute o (*est.*) in buone condizioni economiche | adattarsi bene, conferire grazia, spec. di indumenti: *quel vestito ti sta molto bene; il soprammobile non sta bene su quel tavolo* | essere opportuno, decente: *non sta bene sbadigliare in pubblico; questi modi non stanno bene* | essere meritato, detto di cosa spiacevole: *ti sta bene; ben ti sta, così impari; lo hanno imbrogliato e gli sta bene, e ben gli sta* | ***sta bene***, per esprimere approvazione | ***s. bene a quattrini***, averne in abbondanza **3** nella loc. ***s. male***, essere in cattiva salute o (*est.*) in cattive condizioni economiche | non adattarsi, rovinare esteticamente: *quel cappello ti sta male* | ***s. male a quattrini***, averne pochi **4** nella loc. ***s. con***, abitare insieme con qlcu.: *sta con i genitori; andò a s. col fratello* | convivere: *sta con quell'uomo da molti anni* | avere una relazione amorosa: *sta con lei da qualche mese* | essere, trovarsi in compagnia di qlcu.: *si sta bene con loro; è così antipatico che non si può s. con lui* | essere d'accordo con qlcu., seguirne le idee, il modo di agire: *sto con voi; tu con chi stai?* **5** nella loc. ***lasciare s.***, non toccare una cosa, non prenderla, non muoverla: *lasciate s. i miei libri; i bambini devono lasciare s. le medicine* | (*fig.*) non occuparsi di qlco.: *quest'affare scotta, lascialo s.; lasciate s., pago io* | desistere da qlco.: *si stancò di quella storia e lasciò s.* | non nominare, tenere fuori da una faccenda: *lascia s. mio padre, ché qui non c'entra* | non dare disturbo, fastidio, noia: *lasciate s. il bambino; per favore lasciami s.* | ***lasciamo s. che ...***, a parte il fatto che: *lasciamo s. che la perfezione è sempre relativa* (G. Leopardi) **6** nella loc. ***non poter s. senza qlco.*** o ***qlcu.***; ***non poter s. senza fare qlco.***, non poterne fare a meno, non poter resistere: *non può s. senza quella donna; non posso s. senza di lui; non può s. senza scrivere; non può più s. senza il telefonino* **VII** unito a *ci* (avverbio con valore locativo o indeterm., oppure pronome con valore neutro) nella forma **stàrci** **1** essere contenuto, detto di cosa: *quel vestito nel borsone non ci sta* | entrarci: *in quei pantaloni non ci sto più* | detto di un numero, essere contenuto in un altro: *il 2 nell'8 ci sta 4 volte* **2** (*merid.*) esserci, trovarsi un un luogo: *Fuori (...) chi ci sta? Nessuno* (L. Pirandello) | ***non ci sta con la testa***, sragiona, è fuori di testa **3** ***ci sta che***, (*colloq.*) è possibile, è accettabile, è verosimile che: *ci sta che lei se la sia presa; ci sta che la squadra sia un po' stanca* **4** (*colloq.*) accettare, acconsentire (+ *a* **seguito da inf.**): *ci state a fare una gita?; ho lanciato l'idea di un pranzo e tutti ci sono stati; voi mi adulate, ma non ci sto* (C. Goldoni) | lasciar fare, non reagire: *il marito gliene fa un sacco, eppure lei ci sta* **5** (*colloq.*) accettare di avere relazioni, rapporti, spec. occasionali: *è una che ci sta; vorrei che uscisse con me, ma lei non ci sta* **B** **stàrsi** **v. intr. pron.** **1** †stare fermo, fermarsi **2** († o *tosc.*) rimanere, restare: *io mi starò qui timida e dogliosa* (T. Tasso) | †desistere **3** **stàrsene** (con valore intens.), rimanere in un dato luogo o in una data condizione: *oggi me ne sto in casa; se ne sta in spiaggia ad abbronzarsi; se ne stava tutto solo in un angolo* | †***non starsene di***, non smettere di fare qlco.: *quelli che'erano un po' più lontani, non se ne stavano di provocarli* (A. Manzoni)

stark delicious /ˈstark dəˈliʃus, *ingl.* stɑːk dɪˈlɪʃəs/ [loc. ingl., propr. 'completamente squisita', comp. di *stark* 'rigido, forte, assoluto' (d'orig. germ.) e *delicious* 'delizioso, squisito' ✱ 1983] **A** **loc. sost. m. inv.** ● varietà coltivata di melo, dal frutto di color rosso e dal sapore delicato **B** **loc. sost. f. inv.** ● il frutto di tale albero

stàrlet /ˈstarlet, *ingl.* ˈstɑːlɪt/ [vc. ingl., propr. dim. di *star* 'stella' ✱ 1956] **s. f. inv.** ● attrice cinematografica agli inizi della carriera, in cerca di rapide affermazioni **CFR.** starletta **SIN.** stellina

starlétta [1965] **s. f.** ● adattamento di *starlet* (V.) || **starlettìna** **dim.**

stàrna [vc. di orig. mediterr. ✱ 1282] **s. f.** ● (*zool.*) uccello dei Galliformi affine alla pernice, grigiastro con strisce scure dorsali e macchie ventrali (*Perdix perdix*) **SIN.** pernice grigia || **starnòtto** **dim. m.** (V.)

starnàre [lat. *exenterāre* 'cavar fuori le interiora', comp. di *ĕx-* (*s-*) e di un deriv. dal gr. *énteron* 'intestini' (V. *enterite*), con sovrapposizione di *starna* (?) ✱ 1750] **v. tr.** ● togliere le interiora alle starne e ad altri gallinacei, appena uccisi, affinché le carni non si guastino

starnazzaménto [1908] **s. m.** ● starnazzo

starnazzàre [da *starna*, con suff. iter. intens. ✱ 1427] **A** **v. intr.** (aus. *avere*) **1** agitare le ali emettendo versi striduli e sollevando la polvere, detto dei Gallinacei e di altri Uccelli **2** (*raro, fig., scherz.*) agitarsi scioccamente, facendo chiasso: *quelle ragazzine non fanno che s.* **B** **v. tr.** ● (*raro*) sbattere, agitare, detto di gallinacei e di altri uccelli: *s. le ali*

starnazzìo [1948] **s. m.** (**pl.** *-ii*) ● lo starnazzare

starnàzzo [1856] **s. m.** **1** lo starnazzare **2** (*est.*) grido forte e stridulo: *diede uno s. di paura e svenne* (L. Sciascia) | (*est.*) schiamazzo, frastuono

starnòtto [av. 1552] **s. m.** **1** dim. di *starna* **2** pulcino della starna || **starnottìno** **dim.**

†**starnutadògmi** [comp. di *starnuta(re)* e il pl. di *dogma* ✱ 1786] **s. m. inv.** ● (*scherz.*) sputasentenze

starnutaménto [lat. *sternutamĕntu(m)*, da *sternutāre* 'starnutare' ✱ av. 1564] **s. m.** ● lo starnutire | serie di starnuti | †starnuto

starnutàre o (*raro*) **sternutàre** (*pop.*) **stranutàre** [lat. *sternutāre*, intens. di *sternŭere*, di orig. indeur. ✱ sec. XIII] **v. intr.** (**aus.** *avere*) ● (*lett.*) starnutire

starnutatòrio [da *starnutare* ✱ sec. XIV] **A** **agg.** (**pl. m.** *-i* o *raro -ii*) ● che fa starnutire: *sostanza starnutatoria* **B** **s. m.** ● ogni prodotto irritante, che provoca lo starnuto

starnutazióne [vc. dotta, dal lat. tardo *sternutatiōne(m)* 'starnuto', da *sternutāre* 'starnutare' ✻ av. 1320] **s. f.** ● (*raro*) starnuto

starnutìre o (*raro*) **sternutìre**, (*pop.*) **stranutìre** [da *starnutare*, con cambio di coniug. ✻ 1353] **v. intr.** (*io starnutìsco, tu starnutìsci*; **aus.** *avere*) ● fare uno o più starnuti

starnùto o (*raro*) **sternùto**, (*pop.*) **stranùto** [lat. tardo *sternūtu(m)*, da *sternūere* 'starnutare' ✻ av. 1320] **s. m.** ● brusco e rumoroso atto espiratorio, riflesso, involontario, consecutivo a profonda inspirazione: *fare uno s., una serie di starnuti; soffocare uno s.; gli è scappato uno s.*

†**stàro** ➤ **staio**

stàrosta /'starosta, *russo* 'stųarʌstʌ/ [dal russo *stárosta*, propr. 'anziano', da *stárost* 'vecchiaia' ✻ av. 1557] **s. m.** (**pl.** *-i*, **pl.** russo *starosty*) ● anziano posto a capo di un villaggio o capo di una comunità agricola locale, nella Russia zarista e nelle antiche popolazioni slave in genere

star sỳstem /star'sistem, *ingl.* 'stɑː,sɪstəm/ [loc. ingl., propr. 'sistema (*system*) che riguarda le stelle (*star*) dello spettacolo' ✻ 1959] **loc. sost. m. inv.** ● nel mondo del cinema e dello spettacolo, apparato tecnico-organizzativo che, con i sistemi della pubblicità, lancia e sostiene i divi

start /start, *ingl.* stɑːt/ [vc. ingl., propr. 'partenza' ✻ 1923] **s. m. inv.** **1** fotogramma d'inizio di un film **2** (*sport*) segnale di partenza

stàrter /'starter, *ingl.* 'stɑːtə(r)/ [vc. ingl., propr. 'mossiere', da *to start* 'partire' ✻ 1891] **s. m. inv.** **1** chi dà il via in una gara di corsa **SIN.** mossiere **2** nei veicoli a motore, dispositivo per facilitarne l'avviamento

start up /star'tap, *ingl.* 'stɑːt,ʌp/ [loc. ingl. propr. 'iniziare, partire' ✻ 1993] **A** **loc. sost. m. inv.** (**pl. ingl.** *start-ups*) ● (*econ.*) fase iniziale di attività di una nuova impresa **B** **loc. sost. f. inv.** ● (*econ.*) impresa di nuova costituzione, operante spec. in settori tecnologici che offrono prospettive di crescita

startupper /star'tapper, *ingl.* 'stɑːtʌpə(r)/ [vc. ingl., da *startup* ✻ 2010] **s. m. e f. inv.** ● chi ha la responsabilità della gestione di un'impresa in fase di startup

stasàre (o **-aṣà-**) [calco su *intasare*, con cambio di pref. (*s-*) ✻ 1684] **v. tr.** ● liberare da intasamenti, sturare: *s. un condotto* **CONTR.** intasare

stasatóre (o **-aṣa-**) [da *stasare* ✻ 1987] **s. m.** ● dispositivo a spazzola o a spirale destinato a stasare e pulire condutture

♦**staséra** [comp. di *(que)sta* e *sera* ✻ av. 1292] **avv.** ● questa sera, nella serata che sta per venire o che è già in corso: *s. andrò al cinema; per s. ancora non abbiamo fissato nulla; ci vedremo s. alle ventuno; lo spettacolo di s. è di beneficenza; da s. voglio andare a letto presto*

stàṣi [vc. dotta, dal gr. *stásis*, connesso con *histánai* 'stare', di orig. indeur. (V. *stare*) ✻ 1790] **s. f. inv.** **1** (*med.*) rallentamento della corrente sanguigna in un organo **2** (*fig.*) ristagno, arresto momentaneo: *c'è una s. nel commercio; le operazioni hanno subito un periodo di s.*

-stàṣi /stazi, s'tazi/ o **-stàṣia** [gr. *stásis*, propr. 'lo stare (diritto)', dal v. *histánai* 'levare, drizzare', di orig. indeur.] **secondo elemento** ● in parole composte della terminologia medica, significa 'intervento atto ad arrestare' o 'cessazione': *emostasi, batteriostasi*

staṣifobìa [comp. del gr. *stásis* 'lo stare' (V. *-stasi*) e *-fobia* ✻ 1993] **s. f.** ● (*psicol.*) paura ossessiva di essere incapaci a mantenere la stazione eretta

stàṣimo [dal lat. tardo *stāsimu(m)*, dal gr. *stásimos* 'canto, a piè fermo', da *stásis* 'stasi, posizione' (V. *stasi*) ✻ 1572] **s. m.** ● nella tragedia greca, canto del coro che divide un episodio dall'altro

stassaniẓẓàre [1965] **v. tr.** ● sottoporre il latte alla stassanizzazione (V.)

stassaniẓẓazióne [dal n. di E. *Stassano*, che inventò il procedimento nel 1920 ✻ 1936] **s. f.** ● metodo di pastorizzazione celere del latte

♦**statàle** [da *stato*③ ✻ 1883] **A** **agg.** ● dello Stato: *organo, bilancio, s.; Ministero delle partecipazioni statali* | ***impiegato s.***, presso un ufficio dello Stato o di altro ente pubblico | ***strada s.***, ognuna delle strade che costituiscono la rete viabile principale del territorio nazionale ‖ **statalménte**, **avv.** ‖ **statalità**, **s. f. inv.** caratteristica di ciò che è statale o costituisce uno Stato **B** **s. m. e f.** ● chi è impiegato presso un ufficio dello Stato o di altro ente pubblico **C** **s. f.** ● strada statale

statalìṣmo [comp. di *statale* e *-ismo* ✻ av. 1926] **s. m.** ● concezione politica che riconosce allo Stato un ampio potere di controllo sull'economia e le attività produttive | presenza eccessiva dello Stato nella vita pubblica

statalìsta [1924] **A** **agg. e s. m. e f.** (**pl. m.** *-i*) ● che (o chi) sostiene lo statalismo **B** **agg.** ● relativo allo statalismo | basato sullo statalismo: *regole statalistiche*

statalìstico [1963] **agg.** (**pl. m.** *-ci*) ● statalista

stataliẓẓàre [1960] **v. tr.** ● rendere di proprietà statale **SIN.** statizzare ‖ **stataliẓẓazióne**, **s. f.** (V.)

stataliẓẓatóre [1956] **s. m.** (**f.** *-trice*); **anche agg.** ● (*raro*) chi (o che) statalizza **SIN.** statizzatore

stataliẓẓazióne [1956] **s. f.** ● trasferimento dai privati allo Stato sia della proprietà che della gestione di imprese produttive o servizi **SIN.** statizzazione

†**statàrio** [vc. dotta, dal lat. *statāriu(m)* 'che avviene sul posto', da *stătus*, part. pass. di *stāre* 'stare' ✻ 1499] **agg.** ● fermo, stabile | ***battaglia stataria***, lungamente combattuta nello stesso luogo | ***soldato s.***, che combatte da fermo | (*stor.*) ***giudizio s.***, rapido e sommario, effettuato sul luogo del reato

stàte ➤ **estate**

statère [vc. dotta, dal lat. tardo *statēre(m)*, dal gr. *statḗr*, genit. *statêros* 'peso, moneta', da *histánai* 'stare' ✻ sec. XIII] **s. m.** **1** moneta greca che ebbe massimo corso nei secc. VI-IV a.C.; era d'oro o d'argento, del valore di due dramme e di peso variabile secondo i sistemi monetali di appartenenza | in età romana, tetradramma d'argento **2** nella Grecia antica, ognuno dei due pesi che si ponevano sui due piatti della bilancia per stabilirne l'equilibrio

†**stateréccio** [da *state* ✻ 1324] **agg.** ● estivo

stàtica [f. sost. di *statico*① ✻ 1745] **s. f.** **1** (*fis.*) parte della meccanica che studia l'equilibrio dei corpi sottoposti a forze **CFR.** cinematica, dinamica | ***s. grafica***, risoluzione grafica di problemi riguardanti equilibri di forze **2** (*est.*) correntemente, complesso delle condizioni di stabilità e di equilibrio di una costruzione: *una buona, una cattiva s.; il palazzo ha una buona s.* **3** analisi dei fenomeni economici che prescinde dagli effetti del fattore tempo

stàtice [dal lat. *stātice(m)*, dal gr. *statikḗ*, f. sost. di *statikós* 'astringente', connesso con *histánai* 'stare fermo' ✻ 1813] **s. f.** ● pianta delle Plumbaginacee, perenne, che forma cespuglio con brattee ferruginose e fiori violacei (*Statice armeria*)

staticiṣmo [comp. di *statico*① e *-ismo* ✻ 1942] **s. m.** ● (*raro*) tendenza alla staticità (*spec. fig.*)

staticità [da *statico*① ✻ 1912] **s. f. inv.** ● proprietà o condizione di ciò che è statico: *la s. di un edificio* | (*fig.*) immobilismo | (*fig.*) fissità: *s. figurativa*

stàtico① [vc. dotta, dal gr. *statikós* 'che riguarda l'equilibrio' (V. *stasi*) ✻ av. 1710] **agg.** (**pl. m.** *-ci*) **1** (*fis.*) relativo alla statica | ***sollecitazione statica***, sollecitazione applicata a un corpo in modo da non turbarne l'equilibrio | ***elettricità statica***, relativa a cariche elettriche in quiete **2** che ha buone condizioni di stabilità, di equilibrio: *ponte s.* **3** (*fig.*) che è privo di movimento, di sviluppo in qualsiasi senso: *situazione, politica statica* | nelle arti figurative, stabile, fisso (con connotazione positiva o negativa) | ***linguistica statica***, studio di una lingua nello stato in cui si trova **CONTR.** dinamico ‖ **staticaménte**, **avv.** **1** (*fis.*) sotto l'aspetto, secondo i principi della statica **2** (*fig.*) in modo statico **CONTR.** dinamicamente ‖ **staticità**, **s. f. inv.** (V.)

†**stàtico**② o †**stàdico** [variante ant. di *ostatico*, V. *ostaggio* ✻ av. 1292] **s. m.** (**pl.** *-chi*) ● ostaggio

-stàtico [dal gr. *statikós*] **secondo elemento** ● forma aggettivi composti, che per lo più sono connessi con sostantivi in *-stasi*, *-statica* e *-stato*, e significa 'che ferma, che arresta', e sim.: *batteriostatico, emostatico, elettrostatico, idrostatico, termostatico*

statìna [comp. del gr. *stásis* 'arresto' e del suff. *-ina* ✻ 1995] **s. f.** ● (*chim.*) sostanza naturale o sintetica che blocca un processo biochimico, come la sintesi del colesterolo

statìno① [da *stato* 'registro, condizione' (V. *stato*②) ✻ 1858] **s. m.** **1** prospetto, specchietto, piccolo inventario: *gli statini delle vendite* **2** modulo che le segreterie di alcune università rilasciano agli studenti, comprovante il pagamento delle tasse, su cui viene in seguito segnato il voto riportato all'esame

statìno② [da *(e)state* ✻ 1872] **agg.** **1** (*tosc.*) detto di uccello che emigra d'estate **2** (*raro*) che matura d'estate, detto di frutta

station wagon /'steʃʃon 'wegon, *ingl.* 'steɪʃən,wægən/ [loc. ingl., comp. di *station* 'stazione, sosta' e *wagon* 'carro coperto' ✻ 1959] **loc. sost. f. inv.** (**pl. ingl.** *station wagons*) ● automobile fornita di portellone posteriore, sedili posteriori ribaltabili e ampio spazio per bagagli e merci **SIN.** Giardiniera, Giardinetta, familiare

statìsta [da *stato*③ ✻ 1611] **s. m. e f.** (**pl. m.** *-i*) ● persona che, per la sua capacità e competenza, ha assunto un ruolo rilevante nella vita politica di uno Stato | chi governa, dirige, uno Stato

statìstica [f. sost. di *statistico* ✻ 1779] **s. f.** **1** scienza che studia, in base a metodi matematici, fenomeni collettivi di carattere variabile **2** (*fis.*) legge probabilistica di distribuzione delle particelle di un sistema, che permette di calcolare le proprietà macroscopiche del sistema quando l'elevato numero delle particelle non consente lo studio di ogni singola particella | ***s. classica***, quando le particelle seguono leggi classiche | ***s. quantistica***, quando le particelle seguono leggi quantistiche | ***s. di Bose-Einstein***, statistica quantistica applicabile a sistemi di particelle per le quali vale il principio di indistinguibilità, ma non il principio di esclusione | ***s. di Fermi-Dirac***, statistica quantistica applicabile a sistemi di particelle per le quali vale il principio di indistinguibilità e quello di esclusione **3** (*est.*) raccolta organica e ordinata di dati: *fare la s. della popolazione* | (*est.*) calcolo: *fare una s.*

statìstico [da *stato*③ ✻ 1630] **A** **agg.** (**pl. m.** *-ci*) ● relativo alla statistica: *metodo s.; tavo-*

le statistiche | ***dato s.***, risultato di una classificazione di unità che compongono un collettivo, secondo le modalità di uno o più caratteri ‖ **statisticaménte**, **avv.** secondo un punto di vista statistico **B s. m.** (**f.** *-a*, *raro*) ● chi si occupa di statistica

stativo ① [vc. dotta, dal lat. *stativu(m)* 'stabile, fisso', da *stātus*, part. pass. di *stāre* 'stare' ✱ sec. XIV] **agg.** **1** †permanente: *accampamento s.* **2** (*raro*) stanziale: *uccello s.* **3** (*ling.*) detto di verbi e aggettivi che indicano una durata, uno stato permanente

stativo ② [da *stativo*①, sul modello del ted. *Stativ* ✱ 1960] **s. m.** ● supporto, molto robusto e stabile per microscopi, micrometri e altri strumenti di precisione

statizzàre [da *stato*③ ✱ 1905] **v. tr.** ● statalizzare ‖ **statizzazióne**, **s. f.**

statizzatóre [da *statizzare* ✱ 1913] **s. m.** (**f.** *-trice*); anche **agg.** ● (*raro*) statalizzatore

stàto ① **part. pass.** di *stare* (si usa inoltre come **part. pass.** del **v.** *essere* nella coniug. dei tempi composti) ● nei sign. del v.

♦**stàto** ② [dal lat. *stātu(m)* 'condizione, posizione', da *stāre* 'stare' ✱ sec. XIII] **s. m.** **1** lo stare, lo stare fermo: *verbi di s. e verbi di moto* | ***complemento di s. in luogo***, V. *luogo* nel sign. 1 **2** modo di essere, di trovarsi; condizione: *lo s. delle cose, lo s. della questione; lo s. presente, futuro; essere in uno s. lacrimevole, pietoso, da far paura* e sim.; *essere in buono, in cattivo, in ottimo, in pessimo s.* | ***s. di cose***, situazione: *Non voleva che l'amico potesse approfittare di quello s. di cose* (I. Svevo) | ***allo s. delle cose***, nella situazione presente: *allo s. delle cose … non c'era da far altro che separarsi* (F. De Roberto) | ***s. di fatto***, insieme degli elementi oggettivi che costituiscono una realtà: *esaminare lo s. di fatto; non possiamo prescindere dallo s. di fatto* | (*burocr.*) ***allo s.*** (***degli atti***), per ciò che risulta al momento: *allo s., nulla risulta a questo ufficio* | ***s. dell'arte***, il livello cui è giunta una data tecnica o (*est.*) lo stato attuale di un fenomeno, di una vicenda ecc. (calco sull'ingl. *state of the art*) | ***essere in s. di fare qlco.***, essere in condizioni tali da poterlo fare | (*dir.*) situazione di immutabilità di una sentenza: *la sentenza fa s. fra le parti* **3** modo di vivere, di persone o animali: *s. di civiltà; vivere allo s. selvaggio; vivere allo s. libero, brado; vivere in uno s. miserabile; vivere in s. d'indigenza* **4** condizione economica e sociale: *essere di umile s.; essere venuto di basso s.; essere salito in grande s.; cambiare, mutare, s.; migliorare il proprio s.* | (*assol.*) buona posizione economica e sociale: *farsi, formarsi, uno s.* **5** condizione di una persona relativamente alla posizione che essa occupa nell'ambito della famiglia, della collettività, della propria professione e sim.: *s. nubile, celibe, libero, coniugale, maritale, vedovile; l'appassionatissimo umano s. di padre e marito* (V. Alfieri) | (*dir.*) situazione della persona connessa con la sua appartenenza alla comunità: *s. di famiglia* | ***s. civile***, posizione giuridica di un individuo relativamente alla cittadinanza o ai vincoli familiari: *atti dello s. civile; registro dello s. civile* | (*est.*, *burocr.*) documento comprovante tale posizione: *s. di cittadinanza italiana; richiedere all'anagrafe lo s. di famiglia* **SIN.** certificato | ***s. giuridico***, posizione giuridica del dipendente dello Stato nei confronti dell'amministrazione statale | ***S. clericale, religioso, laico***, le differenti condizioni rilevabili in diritto canonico riguardo alla persona fisica, che può liberamente eleggere la condizione sacerdotale o religiosa, ovvero restare nel mondo | ***scegliere il proprio s.***, decidere se sposarsi oppure no, se abbracciare la vita religiosa oppure no e sim. | ***gli obblighi, gli impegni, i doveri*** e sim. ***del proprio s.***, quelli derivanti dalla particolare condizione in cui si è nell'ambito di una collettività, dalla professione che si esercita e sim. **6** condizione, situazione, di carattere eccezionale in cui si trova una persona, un gruppo di persone o una collettività: *essere in s. di accusa, di arresto; essere in s. di emergenza* | ***s. d'assedio***, disposizione diretta a mantenere l'ordine pubblico turbato da sommosse, con conseguente trapasso dei poteri dalle autorità civili a quelle militari | ***s. di guerra***, condizione di tutto o di parte del territorio nazionale, determinata mediante decreti, in relazione alle necessità di difesa o di resistenza del Paese **7** condizione di salute, sia fisica sia psichica: *s. di salute; essere in buono o in cattivo s. di salute; essere in s. di debolezza, di prostrazione, di ubriachezza; essere in s. di gravidanza; essere in s. di depressione, di agitazione, di incoscienza, di ansia, di euforia* | ***essere in s. interessante***, in stato di gravidanza | condizione spirituale o morale: *essere in s. di innocenza, di colpa* | ***s. d'animo***, condizione di spirito | ***s. di grazia***, nella teologia cattolica, condizione di chi ha la grazia santificante; (*fig.*) condizione di particolare euforia, rendimento, ispirazione e sim.: *essere, sentirsi, in s. di grazia* **8** (*stat.*) ***s. della popolazione***, condizione, caratteri, in un dato momento, della popolazione considerata come un insieme di unità statistiche concrete **9** (*stor.*) classe sociale, ordine: *anticamente il popolo francese era diviso in tre stati* | ***il Terzo S.***, la borghesia | ***il Quarto S.***, il proletariato | ***Stati generali***, antico parlamento feudale francese, composto da rappresentanti dei tre ordini (nobiltà, clero e borghesia); (*est.*) assemblea dei rappresentanti di un'organizzazione, di un organismo ecc.: *gli Stati generali di un partito, di una regione* **10** situazione particolare o condizione economica | ***s. di insolvenza***, incapacità di un imprenditore di soddisfare regolarmente le proprie obbligazioni | ***s. di necessità***, causa di giustificazione che esclude la punibilità di chi ha commesso il fatto costrettovi dalla necessità di salvare sé o altri dal pericolo attuale di un danno grave alla persona | ***s. passivo***, nel fallimento, elenco dei crediti di cui viene richiesta la soddisfazione **11** (*chim.*) particolare condizione in cui una sostanza si trova | ***stati di aggregazione***, ognuno dei diversi modi nei quali le molecole di una sostanza possono trovarsi associate: *s. solido, liquido, gassoso; passaggio di s.* | ***s. atomico, nascente***, con riferimento ad atomi prima che si riuniscano in molecole poliatomiche o a molecole all'atto della loro formazione da reazioni chimiche | ***s. nativo***, di metalli e metalloidi che esistono puri in natura | ***s. colloidale***, dispersione di minutissime particelle di una sostanza in un solvente, sì da dare l'apparenza di una soluzione | ***s. critico***, condizione di equilibrio fra due fasi di una sostanza che può essere alterata da piccolissime variazioni di temperatura, pressione o volume | ***s. fondamentale, s. eccitato***, stato di un atomo o di una molecola che presentano configurazioni elettroniche con energia rispettivamente minima o maggiore della minima **12** (*elettr.*) insieme dei valori di tensione e di corrente che caratterizzano un circuito elettrico | regime elettrico **13** (*med.*) periodo di stazionarietà di una malattia **14** (*burocr.*) documento, prospetto, di tipo contabile, economico e sim.: *s. di previsione* | (*ragion.*) ***s. patrimoniale, s. attivo e passivo***, inventario di fine esercizio esposto in forma sinottica **15** (*milit.*) ***Stato maggiore***, complesso di ufficiali qualificati posti alla guida e direzione dei comandi di grandi unità che collaborano con il rispettivo comandante nella sua azione direttiva | ***S. maggiore della Difesa***, al vertice delle Forze armate, retto dal Capo di Stato Maggiore | (*fig.*, *scherz.*) ***S. maggiore***, il gruppo di alti dirigenti di una qualunque organizzazione **16** (*lett.*) posizione economica solida: *s'era tirato su fino a formarsi quello s.* (L. Pirandello) | †ricchezza, patrimonio: *dare via il proprio s.* **17** †signoria, dominio: *avere s.*

♦**stàto** ③ [da *stato*② ✱ 1313] **A s. m.** (spesso scritto con iniziale maiuscola) **1** persona giuridica territoriale sovrana, costituita dall'organizzazione politica di un gruppo sociale stanziato stabilmente su di un territorio: *s. monarchico, repubblicano; s. indipendente; Stati federati, confederati; Stati Uniti, Stato della Città del Vaticano; rapporti tra S. e Chiesa; Avvocatura dello S.; Capo dello s.; Consiglio di S.; Ferrovie dello S.* | ***S. unitario***, in cui un solo ente è titolare della sovranità | ***S. federale***, risultante dall'unione di più stati federati | ***S. democratico***, che garantisce l'estensione dei diritti individuali a tutti i cittadini, e riconosce il diritto del popolo, come totalità organica, a governarsi da sé | ***S. totalitario***, a partito unico, in cui tutto è subordinato a questo che organizza dittatorialmente le varie attività del Paese | ***S. canaglia***, V. *canaglia* | ***S. cuscinetto***, in cui è preminente la funzione di evitare il contatto diretto fra altri due Stati, altrimenti confinanti | ***S. guida***, che ispira e condiziona l'azione politica di altri Stati | ***S. di diritto***, caratterizzato da una costituzione rigida e dal controllo di legittimità costituzionale delle leggi ordinarie | ***S. di polizia***, in cui non c'è libertà e la polizia serve a mantenere al potere i governanti; nel XVII sec., forma di Stato che riconosceva diritti civili ma non politici ai sudditi | ***S. sociale, S. del benessere***, sistema politico-sociale in cui lo Stato si assume il compito di promuovere il benessere dei cittadini garantendo loro un reddito minimo e attuando varie misure di sicurezza sociale, spec. nel campo sanitario e della previdenza **SIN.** welfare state | ***S. assistenziale***, Stato sociale; (*spreg.*) degenerazione dello Stato sociale verso forme clientelari o statalistiche | ***colpo di S.***, sovvertimento illegittimo dell'ordinamento costituzionale di uno Stato, operato da un organismo dello Stato stesso, quale l'esercito o il governo | ***ragion di S.***, la logica dell'azione politica di uno Stato | ***affare di S.***, che concerne strettamente lo Stato | (*fig.*) ***fare un affare di s. di qlco.***, fare gran rumore attorno a qlco. di scarsa importanza | ***uomo di S.***, statista | ***scuola di S.***, pubblica | ***esami di S.***, quelli controllati dallo Stato e aventi valore legale, da sostenersi per ottenere un diploma di scuola secondaria o di liceo, per poter iscriversi all'università dopo la formazione professionale o per conseguire l'abilitazione all'esercizio di una data professione **2** (*est.*) territorio di uno Stato: *s. grande, piccolo; invadere, conquistare, occupare, uno s.; risiedere nello S. di X* ‖ **staterèllo**, **dim.** **B** in funzione di **agg. inv.** ● (posposto al sost.) nella loc. ***città s.***, presso gli antichi Greci, tipica comunità politica costituita dal centro abitato cinto di mura e dal territorio dipendente

SFUMATURE ➤ ***nazione***

NOMENCLATURA

Stato

● *caratteristiche*: paese, nazione, popolo, territorio, giurisdizione, sovranità = indipendenza, costituzione, repubblica, superpotenza, Stato di diritto, federazione = confederazione;

● *Stato italiano*: capo dello Stato = presidente della repubblica; potere legislativo (parlamento), potere esecutivo (governo), corte costituzionale; corte dei conti; avvocatura dello Stato; consiglio nazionale dell'economia e del lavoro;

• *amministrazione dello Stato*: centrale ⇔ periferica; attiva, consultiva, di controllo; ragioneria dello Stato, fisco, erario, tesoreria, ministero; amministrazione della giustizia;
• *parlamento*: assemblea parlamentare (camera dei deputati, senato), emiciclo; deputato, senatore (senatore a vita), presidente (della camera, del senato), vicepresidente; immunità parlamentare, legislatura, scioglimento (anticipato) delle camere, seduta = sessione, votazione, voto (palese ⇔ segreto, favorevole ⇔ contrario), astensione, scheda bianca, maggioranza (assoluta, relativa), minoranza, numero legale = quorum (costitutivo, deliberativo); interrogazione, interpellanza, mozione di fiducia ⇔ di sfiducia, discussione, relazione, emendamento, disegno di legge, legge, decreto, conversione, promulgazione, ratifica; seggio, elezioni (candidato, circoscrizione, collegio, collegio uninominale, sistema maggioritario, sistema proporzionale, voto di preferenza, comizio elettorale, campagna elettorale, propaganda, demagogia, programma elettorale; seggio elettorale, scheda elettorale, scrutinio, ballottaggio, sondaggio elettorale, exit poll, proiezioni);
• *governo*: Consiglio dei ministri, Presidente del Consiglio dei ministri, Vicepresidente del Consiglio dei ministri, ministro, sottosegretario di Stato, gabinetto del ministero, direzione generale, ministeri (degli interni: provincia, prefettura, questura, commissariato; degli affari esteri: ambasciata, consolato; della giustizia: tribunale, prigione = carcere; del bilancio; delle finanze: fisco; del tesoro: erario, ragioneria dello Stato; della difesa: Forze armate, esercito, marina, aeronautica; dell'istruzione, dell'università e della ricerca: scuola; della sanità: unità sanitaria locale, ospedale, consultorio; della famiglia; dei lavori pubblici; dei trasporti; delle poste e telecomunicazioni; dell'industria e commercio; del lavoro e previdenza sociale; del commercio con l'estero; della marina mercantile; della protezione civile; dei beni culturali: biblioteca, museo, galleria; dell'ambiente);
• *amministrazione della giustizia*: magistratura (consiglio superiore della magistratura, Corte suprema di Cassazione, procura generale; avvocatura generale; corte d'appello, tribunale, pretura, giudice di pace, tribunale amministrativo regionale = T.A.R.);
• *enti locali*: regione (consiglio regionale, presidente del consiglio regionale, consigliere, giunta, presidente della giunta e della regione, assessore, assessorato, autonoma, a statuto speciale, ad autonomia ordinaria); provincia (presidente della provincia, assessore, assessorato); comune = municipio (piccolo, medio, grande, capoluogo di provincia, capoluogo di regione, diviso in circoscrizioni; urbano ⇔ rurale, montano; consorziato, comunità montana), uffici comunali, assessorato, albo, servizi di stato civile = anagrafe, delegazioni = circoscrizioni, esattoria comunale, tesoreria, archivio; polizia urbana, nettezza urbana; demanio; consiglio comunale, giunta, sindaco, consigliere, assessore, commissario prefettizio; segretario, messo, usciere.

stàto- [gr. *statós* 'che sta diritto', agg. v. di *histánai* 'porre in piedi, ritto', di orig. indeur.] **primo elemento** • in parole composte della terminologia scientifica, significa 'che sta ritto' o ha riferimento alla statica o a condizione di equilibrio: *statolite, statoreattore*

-stato [dal gr. *státēs* (s.) e *-statós* (agg.), propr. 'che ferma'] **secondo elemento** • in parole composte della terminologia scientifica e tecnica, riferito per lo più a strumenti, indica capacità di stabilizzare, di rendere o mantenere stazionario (*girostato, eliostato, termostato*) o anche capacità di sostenersi (*aerostato*)

statocettóre [comp. di *stato* e *(re)cettore* ✱ 1993] **s. m.** • (*anat., fisiol.*) statorecettore

statocìsti o **statocìste** [comp. di *stato-* e del gr. *kýstis* 'vescica' (V. *cisti*) ✱ 1940] **s. f. inv.** • (*zool.*) cavità o fossetta chiusa o comunicante con l'esterno contenente statoliti, con funzione statica e di controllo sul tono muscolare

statolàtra [comp. di *stato*③ e *-latra*, dal gr. *-látrēs*, da *latréuein* 'essere servo' ✱ 1891] **s. m. e f. (pl. m. *-i*)** • chi ha un atteggiamento di statolatria

statolatrìa [comp. di *stato*③ e *-latria* (V.) ✱ 1872] **s. f.** • culto assoluto ed esclusivo dell'autorità dello Stato

statòlder [adattamento del fr. *stathouder*, dal neerl. *stathouder* 'governatore, luogotenente' ✱ 1801] **s. m. inv.** • nei secc. XVI-XVIII, titolo dato ai governatori delle Province Unite dei Paesi Bassi

statolderàto [av. 1750] **s. m.** • carica, dignità di statolder

statòlito o **statolìto**, **statòlite** o **statolìte** [comp. di *stato-* e *-lite* ✱ 1931] **s. m.** • (*biol.*) concrezione di materiali vari, organici e inorganici, che funziona da organo statico stimolando per gravità le cellule sensitive

statóre① [vc. dotta, dal lat. *statōre(m)* 'che dà stabilità', da *stătus*, part. pass. di *stāre* 'star fermo' ✱ sec. XIV] **agg. m. solo sing.** • presso gli antichi Romani, epiteto di Giove che dà agli eserciti la forza di resistere al nemico: *Giove Statore*

statóre② [dall'ingl. *stator*, trad. del ted. *Ständer* ✱ 1930] **s. m.** • (*mecc.*) parte non rotante di macchina elettrica, turbina e sim. **CONTR.** rotore

statoreattóre [comp. di *stato-* e *reattore* ✱ 1949] **s. m.** • (*aeron.*) autoreattore

statorecettóre [comp. di *stato-* e *recettore* ✱ 1960] **s. m.** • (*anat., fisiol.*) organo sensoriale o elemento cellulare sensoriale deputato alla raccolta di stimoli relativi alla posizione del corpo nello spazio **SIN.** statocettore

statoscòpio [comp. di *stato-* e *-scopio* ✱ 1929] **s. m.** • strumento che indica gli spostamenti di un aeromobile dalla quota prestabilita misurando le variazioni di pressione

stàttene ➤ **stare**

stàtti ➤ **stare**

♦**stàtua** [vc. dotta, dal lat. *stătua(m)*, da *statŭere* 'stabilire, collocare' (V. *statuire*) ✱ av. 1276] **s. f. 1** opera di scultura a tutto tondo, rappresentante una persona, un animale o una cosa personificata: *una s. d'oro, di marmo, di bronzo, di gesso*; *modellare, scolpire, una s.*; *fondere una s. di bronzo*; *fare, innalzare, una s.*; *una s. del Canova* | figura scolpita: *la s. della Libertà*; *la s. di un condottiero*; *la s. di un cervo* | *s. equestre*, raffigurante una persona a cavallo **2** (*fig.*) persona dall'aspetto solenne | persona muta e immobile: *essere, parere, sembrare, una s.* | (*fig.*) ***s. vivente***, artista di strada, truccato da mimo, che resta immobile in modo da sembrare una statua ‖ **statuétta**, **dim.** | **statuìna**, **dim.**

statuàle [da *stato*③ (V. *statale*) ✱ 1332 ca.] **A agg.** • dello Stato, quale persona giuridica territoriale sovrana: *organo s.*; *norma s.* | (*lett.*) che esercita una carica pubblica: *i nostri uomini statuali* (G. D'ANNUNZIO) ‖ **statualità**, **s. f. inv.** caratteristica di una comunità politica costituita in Stato **B s. m.** • †uomo di Stato | †uomo di governo

statualìsmo [comp. di *statual(e)* e *-ismo* ✱ 1989] **s. m.** • (*raro*) statalismo

†**statuàre** [1499] **v. intr.** • fare statue: *allora era veramente tempo da ... s.* (B. CELLINI)

statuària [f. sost. di *statuario*, sul modello del lat. *ars statuāria* (nom.) 'arte statuaria' ✱ av. 1527] **s. f.** • (*raro*) scultura: *benché diversa sia la pittura dalla s., pur l'una e l'altra da un medesimo fonte ... nasce* (B. CASTIGLIONE)

statuàrio [vc. dotta, dal lat. *statuāriu(m)*, da *stătua* 'statua' ✱ sec. XIV] **A agg. 1** di statua: *arte statuaria* | da statua: *marmo s.* **2** (*est.*) degno di una statua, solenne: *posa, bellezza, statuaria* **B s. m.** • (*lett.*) scultore

statuìna [sec. XVII] **s. f.** • dim. di *statua*: *le statuine del presepio* | ***gioco delle belle statuine***, gioco infantile che consiste nel restare immobili, che consiste nel restare immobili, al termine di un girotondo o di una filastrocca, una posa originale e graziosa | (*fig.*) ***fare la bella statuina***, restare immobile, non lavorare, non darsi da fare

statuìre [vc. dotta, dal lat. *statŭere* 'stabilire', da *stătus* 'stato, condizione' (V. *stato*②) ✱ 1261 ca.] **v. tr. (pres. *io statuìsco, tu statuìsci*; part. pass. *statuìto*, †*statùto*) 1** (*lett.*) stabilire, deliberare, decretare: *s. una legge* | †fissare (una scadenza): *s. il giorno, il tempo* **2** †porre, collocare, erigere

statuizióne [da *statuire* ✱ 1950] **s. f.** • (*dir.*) affermazione di diritto posta dall'autorità: *s. giurisdizionale, normativa*

♦**statunitènse** [1932] **A agg.** • degli Stati Uniti d'America **B s. m. e f.** • abitante o nativo degli Stati Uniti d'America

♣**stàtu quo** o **status quo** (spec. se usato come soggetto) [loc. lat., propr. *statu quo ante* 'nello stato in cui (si trovava) prima' ✱ 1790] **loc. sost. m. inv.** • situazione di fatto, rilevante spec. in campo giuridico e politico, che sussiste in un determinato momento storico: *l'invasione della Polonia interruppe lo statu quo europeo nel 1939*

♦**statùra** [lat. *statūra(m)*, da *stătus*, part. pass. di *stāre* 'stare' ✱ sec. XII] **s. f. 1** altezza del corpo umano che sta in posizione eretta: *s. alta, grande, bassa, piccola*; *essere di s. media*; *essere di normale s.*; *essere di s. superiore, inferiore alla media*; *essere di alta s.*; *essere alto di s.*; *avere alta s.*; *crescere di s.* | (*est.*) altezza di alcuni animali, misurata da terra alla spalla: *la s. di un cavallo* **2** (*fig.*) elevatezza morale, d'animo, d'ingegno: *essere di alta s. morale*; *è un uomo di grande s. intellettuale* **SIN.** levatura **3** †corporatura | aspetto fisico

staturàle [da *statur(a)* col suff. *-ale* (1) ✱ 1987] **agg.** • (*med.*) che riguarda la statura: *sviluppo, ritardo s.*

♣**stàtus** [vc. lat., propr. 'stato, condizione', giuntaci attrav. l'ingl. ✱ 1828] **s. m. inv. (pl. lat. inv.)** • posizione di un individuo in una struttura sociale | stato giuridico: *s. di un cittadino*

stàtus quo ➤ **statu quo**

stàtus sỳmbol /'status 'simbol, *ingl.* 'steɪtəs,sɪmbəl/ [loc. ingl., comp. di *status* (V.) e *symbol* 'simbolo' ✱ 1964] **loc. sost. m. inv. (pl. ingl. *status symbols*)** • ogni segno esteriore che denota la condizione sociale di una persona, spec. quando è indice di ricchezza o prestigio: *ha paura di volare, ma ha l'elicottero perché è uno status symbol* | simbolo di status

statutàrio [da *statuto*① ✱ 1309] **A agg.** • di statuto, disposto dallo statuto: *norma statutaria* ‖ **statutariaménte**, **avv.** **B s. m.** • (*stor.*) nell'età comunale, l'incaricato della compilazione degli statuti cittadini

statùto① [vc. dotta, dal lat. tardo *statūtu(m)*, part. pass. sost. di *statŭere* 'statuire' ✱ 1261 ca.] **s. m. 1** insieme di norme che disciplinano l'organizzazione e l'attività di una persona giuridica: *s. della società* | ***s. albertino***, carta costituzionale concessa dal re Carlo Alberto nel 1848, e dal 1947 sostituita dall'attuale Costituzione | ***s. regionale***, legge contenente le norme di organizzazione interna di una regione: *regione a s. speciale* | ***s. dei diritti dei lavoratori***, legge emanata in Italia nel 1970, che si propone la tutela della libertà e dignità dei lavoratori, e dell'attività sindacale nei luoghi di lavoro **2** (*est.*) complesso di deliberazioni normative di un ente

3 (*stor.*) nel Medioevo, corpo delle leggi proprie di un comune o di un'arte

†**statùto**② **part. pass.** di *statuire*; anche **agg.** ● nei sign. del v.

Stau /'stau, *ted.* 'ʃtao/ [vc. ted., propr. 'sbarramento' ✻ 1992] **s. m. inv.** (**pl. ted.** *Staus* o *Staue*) ● (*meteor.*) condensazione forzata del vapore di una massa d'aria in movimento costretta a salire rapidamente verso l'alto e a raffreddarsi quando il suo percorso viene sbarrato da una montagna, determinando precipitazioni intense sul versante esposto al vento

stàuro- [dal gr. *staurós* 'croce'] **primo elemento** ● in parole composte del linguaggio dotto o scientifico, indica 'riferimento alla Croce' come simbolo di culto, oppure 'forma di croce'

staurolìte [comp. di *stauro-*, e *-lite*, trad. del n. lat. mediev. *lăpis crŭcifer* ✻ 1821] **s. f.** ● (*miner.*) silicato idrato di alluminio e ferro in cristalli prismatici, spesso geminati, di colore bruno o nerastro

staurotèca [comp. di *stauro-* e *-teca* ✻ 1876] **s. f.** ● custodia di reliquie, spec. della Croce di Cristo, di piccolo formato, portata dai fedeli anche al collo

♦**stavòlta** [abbr. di *(que)sta volta* ✻ 1747] **avv.** ● (*colloq.*) questa volta: *s. non me la fai*; *s. non la passerà liscia*; *s. ti sbagli proprio!*; *s., la tua porta fu sbattuta dagli uragani* (E. MORANTE)

stayer /stejer, *ingl.* steɪə(r)/ [vc. ingl., propr. 'fondista', da *to stay* 'durare, resistere' ✻ 1891] **s. m. inv.** ● (*sport*) cavallo da corsa con attitudini per le gare di fondo | nel ciclismo, mezzofondista

†**stàẓa** ▸ **stazza**

†**stàzio** ▸ **stazzo**

staziògrafo [comp. del lat. *stătio* (nom.) 'posizione' e *-grafo*, sul modello dell'ingl. *station pointer* 'indicatore di posizione' ✻ 1935] **s. m.** ● (*mar.*) strumento che permette di fissare graficamente su una carta nautica la posizione di una nave, conoscendo gli angoli che formano le rette visuali condotte dalla nave a tre punti di posizione nota

stazionàle [da *stazione* (*liturgica quaresimale*) ✻ 1716] **agg.** ● (*relig.*) relativo alle stazioni liturgiche, quaresimali e della Via Crucis: *croce, chiesa, processione, ufficiatura s.*

stazionaménto [1812] **s. m.** ● lo stazionare | sosta | ***freno di s.***, freno a mano

stazionàre [da *stazione*, sul modello del fr. *stationner* ✻ 1521] **v. intr.** (*io staziόno*; **aus.** *avere*) ● stare fermo in un luogo, detto spec. di veicoli: *le automobili stazionano nella piazza*

stazionarietà [1851] **s. f. inv.** ● condizione di ciò che è stazionario

stazionàrio [vc. dotta, dal lat. tardo *stationārĭu(m)* 'fisso', da *stătio*, genit. *statiōnis* 'stazione' ✻ 1282] **A agg. 1** che rimane fermo in un luogo | ***nave stazionaria***, nave militare fissa in un porto straniero | ***volo s.***, di elicottero che sta fermo in aria **2** detto di animale che non migra ma trascorre tutta la vita nella medesima zona: *uccelli stazionari* **3** (*fig.*) che non muta, non varia: *la situazione è stazionaria*; *le condizioni del malato sono stazionarie* **4** (*fis.*) detto di fenomeni che si riproducono nel tempo **5** (*mat.*) detto del punto di una funzione in cui si annullano le derivate parziali || **stazionariaménte**, **avv.** **B s. m.** ● nelle università medievali, libraio autorizzato alla conservazione e al prestito dei testi di insegnamento manoscritti

♦**staziòne** [vc. dotta, dal lat. *statiōne(m)* 'sosta, fermata', da *stătus*, part. pass. di *stāre* 'star fermo'. V. *stagione*; per calco sull'ingl. *station* nei sign. 1 e 2 ✻ 1282] **s. f. 1** complesso degli impianti necessari all'espletamento di qualsiasi traffico di viaggiatori e merci: *s. ferroviaria, marittima, aerea*; *s. degli autobus*; *s. della metropolitana*; *s. di smistamento* | ***s. di teleferica, funivia*** e sim., ciascuna delle costruzioni alle estremità del percorso destinate al carico e allo scarico **2** (*assol.*) stazione ferroviaria: *la tettoia, la pensilina della s.*; *accompagnare qlcu. alla s.*; *quel treno si ferma in tutte le stazioni* | ***s. di transito, passante, di passaggio***, quella che è attraversata dai binari principali di corsa | ***s. di testa***, quella in cui i binari principali si arrestano ed è perciò necessario, per proseguire, cambiare il senso di marcia dei convogli **3** (*raro*) fermata, sosta, spec. di veicoli: *fare s. in un luogo*; *essere di s. in un luogo*; *i taxi sono di s. in piazza* **4** (*raro* o *disus.*) luogo di fermata, di sosta: *Ti scriverò … dalle principali stazioni* (A. MANZONI) | ***s. di posta***, un tempo, luogo attrezzato per il riposo e il cambio dei cavalli **5** località di villeggiatura, soggiorno, cura: *s. climatica, balneare, invernale, termale* **6** luogo, edificio, convenientemente attrezzato per la prestazione di particolari servizi | ***s. sanitaria***, ambulatorio situato in zone lontane dai centri urbani | ***s. di monta***, per la riproduzione di bovini, equini e sim. | ***s. di servizio***, lungo le strade, area attrezzata per il rifornimento, la riparazione e il lavaggio degli autoveicoli, e spesso anche per il ristoro dei viaggiatori **SIN.** autostazione | ***s. telegrafica, telefonica***, punto dove mettono capo i cavi di collegamento | impianto per la trasmissione o la ricezione di segnali elettromagnetici: *s. trasmittente, ricevente* | (*per anton.*) stazione trasmittente; (*est.*) canale radiofonico: *sintonizzarsi su una s.* | ***stazioni di condizionatura***, laboratori nei quali si compie la condizionatura delle fibre tessili | (*inform.*) ***s. d'interrogazione e risposta***, unità periferica fornita di tastiera e di organo di stampa che permette di porre domande e di ricevere risposte dal sistema **7** piccolo osservatorio scientifico: *s. astronomica, sismica, meteorologica* **8** ***s. spaziale***, satellite artificiale attrezzato come base di riferimento per astronavi **9** (*inform.*) ***s. di lavoro***, apparecchio in grado di funzionare sia come personal computer che come terminale di un elaboratore centrale **SIN.** workstation **10** (*relig.*) nella liturgia cattolica, la chiesa d'arrivo cui giungeva, a Roma, la processione partita dalla residenza papale o da altra chiesa, per celebrarvi la liturgia natalizia o pasquale | ufficiatura quaresimale romana con processione che, muovendo da un luogo di raduno, si dirigeva a una delle chiese stazionali dove era celebrata la Messa al tramonto del sole | (*est.*) luogo di preghiera e riunione dei fedeli per le indicate stazioni liturgiche e quaresimali | nella pratica devota della Via Crucis, ciascuna delle quattordici immagini, dinanzi alle quali i fedeli sostano; le orazioni e meditazioni che accompagnano tale sosta **11** (*milit.*) nucleo di uomini destinato a restare fisso in un determinato luogo per assolvere particolari compiti | minima unità operativa dell'Arma dei Carabinieri, retta da un sottufficiale; la sua giurisdizione; l'edificio in cui ha sede **12** posizione del corpo umano: *s. eretta, supina* | posizione dell'animale in piedi | ***s. libera***, se assunta spontaneamente | ***s. forzata***, se imposta || **stazioncèlla**, **dim.** | **stazioncina**, **dim.**

stàzza o †**stàẓa** [lat. *stădia*, nt. pl. di *stădium* 'stadio, misura'. V. *staggio*①, *stadio* ✻ sec. XV] **s. f. 1** volume interno di un natante, indicativo della sua capacità di carico, misurato in tonnellate di stazza pari a m^3 2,83168 | ***s. lorda, s. lorda di registro***, corrispondente ai locali interni chiusi della nave | ***s. netta***, quella che si ottiene togliendo alla stazza lorda lo spazio non utilizzabile per il carico | ***certificato di s.***, documento obbligatorio per le navi italiane che riporta il calcolo della stazza | ***s. di regata***, rating **2** corporatura massiccia, robusta (*spec. scherz.*): *che s. ha quell'atleta!*

stazzaménto [1889] **s. m.** ● stazzatura

stazzàre o (*disus.*) **stazàre** [1813] **A v. tr.** ● misurare la stazza di un'imbarcazione | eseguire le misurazioni e i calcoli per verificare il rating di un'imbarcazione da regata o la conformità a quanto riportato sul certificato di stazza **B v. intr.** (**aus.** *avere*) ● detto di nave, avere una determinata stazza: *una nave che stazza 15 000 tonnellate*

stazzatóre o (*disus.*) **stazatóre** [da *stazzare* ✻ 1872] **s. m.** (**f.** *-trice*) ● perito che fa la stazzatura di una nave mercantile

stazzatùra o (*disus.*) **stazatùra** [da *stazzare* ✻ 1813] **s. f. 1** misurazione della stazza **2** stazza

stàzzo o †**stàzio** [lat. *stătio* (nom.) 'fermata, sosta', da *stătus* 'stato①' ✻ 1266] **s. m. 1** recinto all'aperto del gregge **SIN.** addiaccio, stabbio **2** †luogo di sosta

stazzonaménto [av. 1604] **s. m.** ● (*raro*) lo stazzonare, il venire stazzonato

stazzonàre [da *stazzone* ✻ 1536] **v. tr.** (*io stazzóno*) **1** maneggiare malamente, sgualcire: *s. un abito* **2** (*raro*) palpeggiare

†**stazzóne** [lat. *statiōne(m)* 'dimora, alloggio', da *stătus* 'stato①'. V. *stazzo, stazione* ✻ av. 1292] **s. f.** o (*raro*) **m. 1** alloggio, dimora **2** bottega: *dove questo calzolaio stava con la sua s., … messer … si ferma* (F. SACCHETTI)

Steadicam® /'stɛdikam, *ingl.* 'stɛdi,kæm/ [vc. ingl., comp. di *steady* 'fermo, stabile' e *cam* (accorc. di *camera* 'cinepresa, telecamera') ✻ 1984] **s. m.** o **f. inv.** ● (*cinema, tv*) struttura leggera per reggere la macchina da presa o la telecamera che, indossata dall'operatore come un corpetto, consente di smorzare i movimenti grazie a un sistema di leve e contrappesi | (*est.*) telecamera portatile fornita di tale struttura

steamer /'stimer, *ingl.* 'stiːmə(r)/ [vc. ingl., da *steam* 'vapore' ✻ 1837] **s. m. inv.** ● (*mar.*) nave a vapore

steàrica [f. sost. di *stearico* ✻ av. 1869] **s. f.** ● (*ellitt.*) candela stearica

steàrico [dal fr. *stéarique*, da *stéarine* 'stearina' ✻ 1829] **agg.** (**pl. m.** *-ci*) ● (*chim.*) detto di acido grasso saturo monovalente, presente in organismi animali e vegetali, usato per fabbricare candele, nella preparazione di appretti per tessuti e di numerosi derivati organici | ***candela stearica***, di stearina

stearìna [dal fr. *stéarine*, dal gr. *stéar*, genit. *stéatos* 'grasso' ✻ 1821] **s. f.** ● (*chim.*) denominazione data ai gliceridi dell'acido stearico | commercialmente, l'acido stearico o la miscela di acido stearico, palmitico e oleico

steatìte [vc. dotta, dal gr. *stéar*, genit. *stéatos* 'grasso', con *-ite*② ✻ av. 1498] **s. f. 1** (*miner.*) varietà compatta di talco usata per piccoli intagli **2** pietra da sarto

steàto- o **stèato-** [gr. *stéar*, genit. *stéatos* 'grasso' (d'orig. incerta)] **primo elemento** ● in parole composte, dotte o scientifiche, significa 'grasso'

steatopigìa [comp. di *steato-* e *-pigia*, dal gr. *pygḗ* 'deretano' ✻ 1914] **s. f.** (**pl.** *-gìe*) ● abnorme accumulo di adipe nei glutei e nelle cosce, spec. delle donne di alcune popolazioni primitive africane

steatopìgico [da *steatopigia* ✻ sec. XIX] **agg.** (**pl. m.** *-ci*) ● che presenta le caratteristiche della steatopigia: *statuetta, figurina steatopigica*

steatòpigo o **steatopìgio** [vc. scient. mo-

a b c d e f g h i j k l m n o p q r s t u v w x y z

derna, comp. di *steato-* e *-pigo*, da *pygḗ* 'natica' ✱ 1838] **agg.** (**pl. m.** *-gi*; **pl. f.** *-ghe* o *-gie*) ● che presenta steatopigia

steatorrèa [comp. di *steato-* e *-rea* ✱ 1909] **s. f.** ● (*med.*) emissione di feci ad alto contenuto di sostanze grasse non digerite

steatòṣi [da *steat(o)-*, con *-osi* ✱ 1838] **s. f. inv.** ● (*med.*) degenerazione grassa: *s. epatica*

stécca [dal got. *stika* 'bastone' ✱ 1353] **s. f.** **1** asticella stretta e sottile, spec. di legno: *le stecche del ventaglio*; *metro a stecche* | (*mar.*) ciascuna delle sottili bacchette, spec. di materiale plastico, inserite in apposite tasche lungo la balumina di una randa o lungo tutta la sua larghezza, per consentire un maggiore allunamento della vela mantenendola nel contempo ben tesa **2** sottile asta di materiale vario, adibita a usi diversi | ***stecche dell'ombrello***, bacchette d'acciaio che ne costituiscono l'ossatura | ***stecche di balena***, i fanoni, usati per busti e ventagli | ***s. da biliardo***, asta tonda, in vari materiali, più sottile in cima, dove è munita di un girello di cuoio o gomma, per colpire la palla: *passare il gesso sulla punta della s.* | (*est.*) giocatore di biliardo: *è una buona stecca* | ***fare una s., una s. falsa***, colpire male la palla | strumento usato da scultori e decoratori per modellare la creta o altro materiale plasmabile **3** (*med.*) tavoletta di legno, di metallo o di materia plastica destinata ad assicurare una relativa immobilità a ossa fratturate **4** (*milit.*) un tempo, tavoletta con al centro una lunga fessura e un foro terminale, per lucidare i bottoni delle uniformi | ***lasciare la s.***, cessare un servizio per trasferimento o congedamento | ***passare la s. a qlcu.***, dare le consegne a un altro **5** (*fig.*) stonatura improvvisa di un cantante o di uno strumento musicale: *fare, prendere una s.* **6** scatola o involucro contenente dieci o venti pacchetti di sigarette **7** (*gerg.*) tangente, mazzetta, bustarella ‖ **steccàccia**, **pegg.** | **stecchétta**, **dim.** | **stecchìna**, **dim.** | **steccóne**, **accr. m.** (V.)

steccadènti [comp. di *stecca* e il pl. di *dente* ✱ 1583] **s. m. inv.** ● (*raro*) stuzzicadenti

steccàia [da *stecca* ✱ sec. XV] **s. f.** ● (*idraul.*) paratia costituita da paletti di legno, disposta obliquamente lungo le sponde dei corsi d'acqua allo scopo di deviare una parte dell'acqua o come opera di difesa fluviale

steccàre [da *stecca*, *stecco* ✱ 1312] **A** **v. tr.** (*io stécco, tu stécchi*) **1** dotare di stecche | cingere con uno steccato: *s. il giardino* **2** fasciare con stecca: *s. una gamba rotta* **3** (*cucina*) introdurre in un pezzo di carne da cuocere verdure o erbe aromatiche **CFR.** lardellare **4** (*fig.*) sbagliare: *s. una nota*; *s. il tiro* | ***s. la palla***, nel tennis, colpirla col bordo della racchetta **B** **v. intr.** (**aus.** *avere*) ● fare una stecca giocando a biliardo | fare una stecca, stonare, cantando o suonando

steccàta [da *stecca* ✱ sec. XIV] **s. f.** **1** steccato **2** (*raro*) colpo di stecca

steccàto [da *stecca* ✱ 1262] **s. m.** **1** riparo, recinto, chiusura fatta di tavole o pali: *circondare qlco. con uno s.*; *lo s. di cinta* **2** nell'ippica, delimitazione della pista costituita da pali conficcati nel terreno e collegati fra loro; (*est.*) il bordo interno di una pista **SIN.** corda **3** (*fig.*) rigida separazione, barriera: *steccati ideologici*; *steccati etnici* **4** †spiazzo chiuso da una palizzata, adibito a tornei, giostre e sim.

steccatùra [1888] **s. f.** ● operazione dello steccare

steccherìno [da *stecco* ✱ 1838] **s. m.** ● (*pop.*) fungo mangereccio delle Idnacee | ***s. dorato***, carnoso e commestibile, con aculei rivestiti dall'imenio sulla faccia inferiore del cappello (*Hydnum repandum*)

stecchétto [sec. XIV] **s. m.** **1** dim. di *stecco* **2** nella loc. avv. ***a s.***, con scarsità di cibo, di denaro, di mezzi: *stare, fare stare, tenere a s.*

stecchièra [da *stecca* ✱ 1960] **s. f.** ● mobile atto a reggere le stecche da biliardo e sul quale si segnano i punti di una partita mediante file di palline numerate

stecchìno [1863] **s. m.** **1** dim. di *stecco* **2** stuzzicadenti

stecchìre [da *stecco* ✱ sec. XIV] **A** **v. tr.** (*io stecchìsco, tu stecchìsci*) **1** (*raro*) far diventare secco **2** uccidere sul colpo, far secco: *con un colpo di fucile stecchì l'animale* **B** **v. intr.** (**aus.** *essere*) e **stecchìrsi** **v. intr. pron.** ● diventare secco | diventare rigido

stecchìto **part. pass.** di *stecchire*; anche **agg.** **1** rinsecchito **2** molto magro: *forme stecchite* | (*raro*) rigido, impettito: *Camminava … più s. del solito* (I. Svevo) | ***morto s.***, morto sul colpo | (*fig.*) ***lasciare s.***, di stucco, molto sorpreso: *l'accaduto mi lasciò s.*

stécco [dal longob. *stĕk* 'bastone' ✱ av. 1276] **s. m.** (**pl.** *-chi*) **1** ramoscello sfrondato e secco: *orticello … riparato … da stecchi e spuntoni* (L. Pirandello) | ***essere sottile come uno s., essere uno s., ridursi come uno s.***, (*fig.*) di persona molto magra **2** bastoncino aguzzo | pezzetto di legno appuntito che si conficca col martello in un foro fatto col succhiello, per fissare il punto di unione di elementi di legno **3** (*pop.*, *zool.*) bacillo di Rossi ‖ **stecchétto**, **dim.** (V.) | **stecchìno**, **dim.** (V.) | (*raro*) **steccolìno**, **dim.**

stecconàre [av. 1601] **v. tr.** (*io steccóno*) ● (*raro*) chiudere, recintare con stecconi

stecconàta [da *steccone* ✱ 1873] **s. f.** ● stecconato

stecconàto [1612] **s. m.** ● recinto, riparo o barriera fatta con stecconi **SIN.** stecconata

steccóne [av. 1470] **s. m.** **1** accr. di *stecca* **2** stecca lunga e larga, appuntita alla sommità, usata per fare steccati **3** lunga stecca da biliardo ‖ **stecconcèllo**, **dim.** | **stecconcìno**, **dim.**

steccùto [1547] **agg.** **1** (*raro*) che è pieno di stecchi **2** che è fatto a stecchi

stechiometrìa [comp. del gr. *stoichêion* 'elemento', e *-metria* ✱ 1821] **s. f.** ● (*chim.*) studio delle relazioni numeriche fra elementi e composti, delle proporzioni con cui gli elementi si combinano fra loro, delle quantità di elementi o composti interessati a una reazione

stechiomètrico [1869] **agg.** (**pl. m.** *-ci*) ● relativo alla stechiometria

steeplechase /*ingl.* 'sti:pəl,tʃeɪs/ [vc. ingl., propr. 'caccia (*chase*) del campanile (*steeple*)' perché questo era la meta ✱ 1841] **s. m. inv.** ● nell'ippica e in equitazione, corsa a ostacoli con siepi naturali o artificiali

steganografìa [vc. dotta, comp. del gr. *steganós* 'coperto' e *-grafia* ✱ 1749] **s. f.** ● insieme delle tecniche crittografiche che consentono di mantenere la segretezza di un messaggio celandolo all'interno di un altro testo

Steganòpodi [vc. dotta, dal gr. *steganópous*, genit. *steganópodos* 'palmipede', comp. di *steganós* 'chiuso, segreto' e *póus*, genit. *podós* 'piede' ✱ 1838] **s. m. pl.** (**sing.** *-e*) ● (*zool.*) Pelecaniformi

steganùra [comp. del gr. *steganós* 'folto', e *-ura* ✱ 1957] **s. f.** ● uccello africano dei Passeriformi il cui maschio in livrea nuziale ha lunghissime penne timoniere che mantiene per circa quattro mesi (*Steganura paradisea*)

steganùro [sec. XX] **s. m.** ● (*zool.*) steganura

Stegocèfali [vc. scient. moderna, comp. del gr. *stégos* 'tetto, coperchio', e *-cefalo* ✱ 1957] **s. m. pl.** (**sing.** *-o*) ● (*zool.*) sottoclasse di Anfibi fossili, provvisti di coda come le salamandre, terrestri o acquatici anche di grandi dimensioni (*Stegocephalia*)

stégola o **stévola** [lat. *stīva(m)* 'manico dell'aratro', di etim. incerta, con suff. dim. ✱ sec. XIV] **s. f.** ● dispositivo di varie macchine agricole, quali aratro, motocoltivatore, sarchiatrice e sim., munito di impugnatura che ne consente la guida da parte dell'operatore, che procede a piedi

stégolo [da *stegola* (?) ✱ 1825] **s. m.** ● robusto asse di legno che nel mulino a vento è collegato da una parte alle ali, dall'altra alla macina, cui trasmette il moto

stegomìa [comp. del gr. *stégos* 'tetto' e *mŷia* 'mosca' ✱ 1967] **s. f.** ● piccolo insetto dei Ditteri, tipico delle zone d'acqua tropicali, simile a una piccola zanzara, in grado di trasmettere con la puntura la febbre gialla (*Stegomyia fasciata*)

stegosàuro [comp. del gr. *stégos* 'tetto', e *sauro* per l'enorme cresta ✱ 1935] **s. m.** ● grande rettile mesozoico, appartenente ai Dinosauri, provvisto dorsalmente di placche ossee e di spinosità sulla coda (*Stegosaurus*)

steinerìano (stei-ner-ia-no, stei-ne-ria-no) /staine'rjano/ [1935] **agg.** ● che riguarda Rudolf Steiner (1861-1925) o il suo metodo pedagogico: *scuola steineriana*

stèle o (*raro*) **stèla** [vc. dotta, dal lat. *stēla(m)*, dal gr. *stḗlē* 'colonna', connesso con *stéllein* 'collocare' ✱ 1813] **s. f.** (**pl.** *stele*, *raro steli*) **1** lastra in pietra o marmo, adorna spesso di rilievi, con iscrizione dedicatoria a una divinità, a un imperatore o a un defunto **2** (*bot.*) parte centrale del fusto primario delle Felci e delle piante a seme comprendente i fasci conduttori e il midollo

♦**stélla** [lat. *stēlla(m)*, di orig. indeur.; per calco sull'ingl. *star*, propr. 'stella' nei sign. 8 e 10 ✱ 1224 ca.] **s. f.** **1** corpo celeste di forma sferoidale splendente di luce propria per l'energia generata al suo interno da processi di fusione nucleare: *il Sole è una s.*; *s. variabile, nova, supernova, magnetica, pulsante, doppia, tripla, multipla* | ***s. nana, gigante, supergigante***, secondo le dimensioni | ***s. evoluta***, stella in fase avanzata di evoluzione, la cui materia si raffredda e compatta per esaurimento del combustibile nucleare perdendo luminosità e volume | ***s. di neutroni***, possibile fase terminale della vita di una stella, ridotta a una nube di gas superdenso di neutroni | ***s. cadente, filante***, meteora | ***s. crinita, cornuta, caudata***, cometa | ***s. telescopica***, ciascuna delle stelle visibili con uno strumento potente, di magnitudine compresa fra la decima e la quindicesima | ***s. azzurra, bianca, gialla, aranciata, rossa***, secondo il tipo spettrale, stabilito in base al colore dominante nel fondo dello spettro stellare | ***s. polare***, la stella più splendente dell'Orsa Minore, situata allo zenit del Polo Nord | ***stelle doppie***, coppia di stelle che orbitano intorno al comune centro di massa **2** (*est.*) qualunque corpo celeste luminoso, tranne gener. il Sole e la Luna: *le stelle scintillano, sfavillano, luccicano*; *le stelle brillano nel cielo*; *il tremolio delle stelle*; *il chiarore delle stelle*; *notte piena di stelle*; *una notte senza stelle*; *la notte non ha stelle sanza lei* (M.M. Boiardo) | ***stelle lucenti, erranti***, i pianeti | ***stelle medicee***, i quattro satelliti di Giove scoperti da Galileo, così chiamati in onore della dinastia dei Medici | ***la s. Diana***, Venere | ***la s. dei Re Magi, di Betlemme, di Natale***, quella che si dice guidasse i Re Magi verso la capanna di Betlemme | ***stelle filanti***, rotelle di strisce di carta variamente colorate che si lanciano in aria facendole srotolare, spec. a carnevale | (*fig.*) ***andare, giungere, salire***

alle stelle, salire molto in alto; rincarare enormemente, detto dei prezzi: *i suoi strilli giungono alle stelle; il prezzo dell'oro è salito alle stelle; la benzina è salita alle stelle* | (*fig.*) ***portare, levare qlcu. alle stelle, fino alle stelle, fin sopra le stelle***, esaltarlo, magnificarlo | (*fig.*) ***dalle stelle alle stalle***, V. *stalla* | (*fig.*) ***vedere le stelle***, provare un fortissimo dolore fisico: *quel pugno gli fece vedere le stelle* **3** (**al pl.**, *poet.*) cielo, Paradiso: *salire alle stelle* **4** (*fig.*) occhi lucenti e bellissimi: *i suoi occhi sono, sembrano, stelle*; (*assol., poet.*) *ov'è ... l'una e l'altra stella / ch'al corso del mio viver lume danno* (F. PETRARCA) **5** destino, sorte, secondo l'antica credenza che ritiene le vicende umane sottoposte all'influsso degli astri: *nascere sotto una buona, una cattiva, s.; la mia buona s. ha voluto che ...; spero in una s. migliore* | (*raro*) ***seguire la propria s.***, seguire il proprio destino, secondare le disposizioni congenite **6** (*est.*) persona che protegge, aiuta, spec. nella loc. ***essere la buona s. di qlcu.*** **7** (*poet.*) donna bellissima | donna amata | (*fam.*) ***che s.!, s. mia!, sei la mia s.!*** e sim., escl. affettuose **8** attrice o attore molto famoso e importante | (*est.*) personaggio più importante, di maggior richiamo in una certa attività SIN. star **9** oggetto, dispositivo, struttura e sim. a forma di stella | ***s. dello sperone***, rotellina, rosetta | ***s. di rette, di piani***, in matematica, insieme delle rette o dei piani passanti per un punto dello spazio | ***a s.***, a forma di stella, cioè con un certo numero di punte o raggi che si dipartono dal centro: *motivo ornamentale a s.* | ***chiave a s.***, V. *chiave* nel sign. A 4 | ***collegamento a s.***, nei sistemi elettrici polifase, quando ciascuna parte del carico del generatore è inserita tra un morsetto di linea e un punto comune | ***avvolgimento a s.***, le cui fasi risultano collegate a stella **10** (*mar.*) star **11** chiazza, macchia e sim. di forma tondeggiante, a contorni irregolari: *il cavallo aveva una s. bianca sulla fronte* **12** (*arald.*) titolo di numerosissimi ordini cavallereschi e decorazione di vari altri **13** distintivo, emblema di Stati, partiti, associazioni, gruppi religiosi, a forma di stella | ***s. di David***, a sei punte, simbolo del popolo d'Israele | ***s. d'Italia***, V. *stellone* | (*a*) ***stelle e strisce***, degli Stati Uniti (dal disegno della bandiera): *il cinema stelle e strisce* | decorazione, simbolo di onorificenza a forma di stella: *s. al merito del lavoro* | simbolo di grado nella gerarchia militare: *generale a quattro stelle* | simbolo usato per graduare attività o attrezzature di varia natura secondo il livello qualitativo o quantitativo delle prestazioni rese: *albergo a quattro stelle; congelatore a tre stelle* | ***a cinque stelle***, di categoria lusso; (*fig.*) eccellente | (*polit.*) ***Movimento 5 Stelle***, V. *movimento* nel sign. 6 **14** (**al pl.**) ***stelle***, una delle figure nel gioco dei tarocchi **15** (*bot.*) ***s. alpina***, pianta composita delle Alpi con rizoma cilindrico, foglie ellittiche lanuginose, piccoli capolini raggruppati circondati da brattee feltrate (*Leontopodium alpinum*) | ***s. di Natale***, pianta arbustiva delle Euforbiacee, con fiori gialli circondati da grandi brattee rosse disposte a forma di stella (*Poinsettia* o *Euphorbia pulcherrima*) SIN. poinsezia **16** (*zool.*) ***s. di mare, s. marina***, invertebrato degli Echinodermi con corpo a forma di stella con cinque o più bracci SIN. asteria **17** (**spec. al pl.**) pastina da minestra in brodo, a forma di piccole stelle **18** (*tipogr.*) asterisco **19** gioco enigmistico costituito da una serie di parole disposte in modo da formare una figura a forma di stella e da poter essere lette, oltre che orizzontalmente, anche obliquamente ‖ **stellétta**, **dim.** (V.) | **stellìna**, **dim.** (V.) | **stellóna**, **accr.** | **stellóne**, **accr. m.** (V.) | **stellùccia**, **dim.**

stellage /*fr.* steˈlaʒ/ [vc. fr., dal ted. *stellen* 'essere fermo, alto', detto di prezzi ✱ 1905] **agg. inv.; anche s. m. inv.** ● detto di un tipo di contratto di borsa (V. *contratto*② nel sign. 3)

stellàggio [adattamento it. di *stellage* ✱ 1960] **s. m.** ● (*borsa*) contratto stellage (V. *contratto*② nel sign. 3)

stellànte [dal lat. *stellānte(m)*, part. pres. di *stellāre* 'costellare' ✱ av. 1374] **agg.** **1** (*poet.*) pieno di stelle: *cielo s.* **2** (*lett.*) che splende come stella: *occhi stellanti*

stellàre① [lat. *stellāre* 'costellare', da *stĕlla* 'stella' ✱ sec. XIV] **A** **v. tr.** (*io stéllo*) ● (*lett.*) ornare di stelle | costellare **B** **stellàrsi** **v. intr. pron.** ● (*lett.*) riempirsi di stelle

stellàre② [vc. dotta, dal lat. tardo *stellāre(m)*, da *stĕlla* 'stella' ✱ sec. XIV] **agg.** **1** (*astron.*) di stella, della stella: *luce s.* | ***associazione s.***, insieme di stelle dislocate in una ristretta regione dello spazio e che hanno comune origine e ciclo evolutivo | ***catalogo s.***, elencazione di oggetti celesti con l'indicazione delle loro funzioni sulla sfera celeste e di altre caratteristiche fisiche e dinamiche | ***corrente s.***, insieme di stelle animate da una comune direzione di moto | ***eclissi s.***, nelle stelle doppie, l'epoca in cui una stella occulta l'altra rispetto a un osservatore che si trovi sulla Terra **2** che è a forma di stella **3** (*mecc.*) detto di motore a scoppio in cui gli assi dei cilindri sono disposti a raggiera in un piano normale all'asse dell'albero motore **4** nel linguaggio giornalistico, detto di armi spaziali, offensive o difensive, che si avvalgono dei prodotti di nuove tecnologie quali laser di potenza, raggi X, sistemi elettronici avanzati | ***guerre stellari, scudo s.***, V. *guerra* **5** (*fig.*) smisurato: *prezzi stellari* SIN. astronomico | (*fig.*) superlativo, magnifico: *un Milan s.*

stellàre③ [dal dial. *stella* 'scheggia', dal lat. tardo *astĕlla(m)* 'scheggetta', doppio dim. di *ăssis, ăxis* 'tavola' ✱ 1889] **v. tr.** (*io stéllo*) ● (*mar.*) nelle costruzioni navali, dare alle coste dello scafo il voluto grado di finezza

stellària [da *stella*, per la disposizione dei petali ✱ 1563] **s. f.** ● (*bot.*) genere di piante erbacee delle Cariofillacee, con molte specie caratterizzate da fiori bianchi divisi in lobi (*Stellaria*) | ***s. media***, centocchi, centonchio SIN. piede di leone

stellàto① [lat. *stellātu(m)*, da *stĕlla* 'stella' ✱ 1266] **A** **agg.** **1** pieno, disseminato di stelle: *cielo s.; notte stellata* | ***bandiera stellata***, (*per anton.*) quella degli Stati Uniti in cui ogni stella corrisponde a uno Stato | (*est.*) ***la Repubblica stellata***, gli Stati Uniti | (*est.*) cosparso, disseminato: *un prato s. di fiori* **2** che è a forma di stella: *ricamo s.; opera di fortificazione stellata* **3** detto di cavallo che abbia una macchia bianca o di colore chiaro, a forma di stella, sulla fronte **4** (*fig.*) che ha ricevuto una o più stelle della guida gastronomica Michelin: *ristorante s.; cuoco s.* **B** **s. m.** ● cielo stellato | quantità di stelle che si vedono a ciel sereno: *era uno s. che faceva un chiarore grandissimo* (B. CELLINI)

stellàto② **A** **part. pass.** di *stellare*③; anche **agg.** ● (*mar.*) detto di ogni elemento costitutivo dello scafo di un'imbarcazione fornito del giusto grado di finezza **B** **s. m.** ● parte prodiera e poppiera della nave dove le coste sono molto stellate

stelleggiàre [da *stella*, con suff. iter. intens. ✱ 1426] **v. tr.** (**pres.** *io stellĕggio*; **fut.** *io stelleggerò*) ● (*raro*) riempire di stelle, di ricami o sim. a forma di stella

stellétta [av. 1542] **s. f.** **1** dim. di *stella* **2** (**al pl.**) distintivo che, sul bavero dell'uniforme, contraddistingue lo stato militare degli appartenenti alle Forze armate italiane; sulle spalline costituisce distintivo di grado degli appartenenti all'esercito | ***guadagnarsi le stellette***, avanzare di grado | ***rimettersi le stellette***, perdere il grado **3** (*edit., giornalismo*) asterisco

†**stellìfero** [vc. dotta, dal lat. *stellĭferu(m)*, comp. di *stĕlla* 'stella' e *-fĕr* '-fero' ✱ av. 1400] **agg.** ● cosparso di stelle

stellìna [da *stella*; per calco sull'ingl. *starlet*, dim. di *star* 'stella, attrice cinematografica' nel sign. 2 ✱ 1585] **s. f.** **1** dim. di *stella* **2** giovane attrice cinematografica in cerca di successo SIN. starlet **3** (*bot.*) ***s. odorosa***, pianta delle Rubiacee con rizoma sottile e ramoso, foglie verticillate, fiori piccoli e bianchi in corimbi di odore piacevole (*Asperula odorata*) SIN. asperula | ***s. dorata***, pianta delle Liliacee con fiori stellati verdi esternamente e giallo-dorati all'interno (*Gagea fistulosa*) **4** (**spec. al pl.**) pastina da brodo, a forma di piccole stelle

stellionàto [vc. dotta, dal lat. tardo *stellionātu(m)* 'imbroglio', da *stĕllio*, genit. *stelliōnis* 'trafficante, imbroglione' ✱ 1673] **s. m.** ● nel diritto romano, qualunque comportamento doloso nella pratica commerciale che non rientrasse tra quelli previsti dalle leggi speciali | nel diritto francese, reato di chi dolosamente vende o ipoteca un immobile non proprio o dichiara ipoteche minori di quelle esistenti

stellióne [vc. dotta, dal lat. *stelliōne(m)* 'tarantola', da *stĕlla* 'stella', per una macchia frontale chiara, caratteristica dell'animale ✱ sec. XIII] **s. m.** ● (*zool.*) sauro simile a un lucertolone con coda coperta di squame spinose (*Agama stellio*)

†**stellògrafo** [comp. di *stella* e *-grafo* ✱ av. 1588] **s. m.** ● (*raro*) astronomo

stelloncìno [doppio deriv. di *stella* ✱ 1902] **s. m.** ● (*giornalismo*) asterisco | trafiletto

stellóne [1825] **s. m.** **1** accr. di *stella* | ***s. d'Italia***, denominazione scherz. dell'emblema a forma di stella che sormonta la figura femminile simboleggiante l'Italia, con allusione alla sorte favorevole che ha aiutato il Paese in vari periodi della sua storia **2** (*pop., raro*) caldo canicolare estivo

stèlo [lat. *stīlu(m)* 'gambo', di etim. incerta ✱ 1313] **s. m.** **1** (*bot.*) fusto delle piante erbacee e dei fiori **2** (*est.*) asta di sostegno di forma allungata e sottile | ***lampada a s.***, con lungo fusto poggiante sul pavimento | nello stantuffo di macchine motrici e di pompe, organo meccanico di collegamento fra questo e la testa a croce | gambo della valvola a fungo **3** nelle calze, baghetta

♦**stèmma** [vc. dotta, dal lat. *stĕmma* (nt.), dal gr. *stémma*, genit. *stémmatos* 'corona', e nell'uso roman. 'albero gentilizio', da *stéphein* 'incoronare' ✱ sec. XV] **s. m.** (**pl.** *-i*) **1** (*arald.*) l'insieme dello scudo, delle insegne, degli ornamenti esteriori e dei contrassegni di nobiltà: *lo s. degli Asburgo, di casa Savoia, del conte Raimondo Biscaretti di Ruffia* | emblema di enti pubblici, istituzioni e sim.: *lo s. della Repubblica Italiana, della Regione Lombardia, di Firenze* | la raffigurazione dei simboli araldici o di un emblema: *s. di pietra, di marmo; s. scolpito, inciso, dipinto* SIN. arme **2** (*letter.*) ***s. dei codici***, in filologia, schema in cui sono rappresentate, come in un albero genealogico, le relazioni di dipendenza dei vari codici di un testo considerati per l'edizione critica di questo ‖ **stemmìno**, **dim.** | **stemmóne**, **accr.**

stemmàrio [da *stemma* ✱ 1960] **s. m.** ● (*arald.*) libro nel quale sono raccolti gli stemmi delle famiglie nobili, oppure quelli di città, nazioni, corporazioni e sim. SIN. armoriale

stemmàto [1840] **agg.** ● fregiato di stemma: *carrozza stemmata*

a b c d e f g h i j k l m n o p q r s t u v w x y z

stémmo ➤ **stare**

stemperaménto① [da *stemperare* ✱av. 1357] **s. m.** ● (*raro*) lo stemperare, il venire stemperato: *lo s. dei colori* SIN. stemperatura

†**stemperaménto**② [da *temperare*, con *s-* ✱ av. 1363] **s. m.** ● intemperanza, eccesso

†**stemperànza** [da *temperanza*, con *s-* ✱av. 1364] **s. f. 1** intemperanza **2** intemperie

♣**stemperàre** o (*lett.*) **stempràre** [da *temperare*, con *s-* ✱av. 1292] **A v. tr.** (*io stèmpero*) **1** sciogliere in un liquido: *s. la calce*; *s. i colori nell'olio* | (*fig.*) attenuare la forza, l'intensità o l'asprezza di qlco.: *s. gli entusiasmi*; *s. un concetto polemico* **2** togliere la tempera: *s. l'acciaio, il bronzo* **3** (*raro*) togliere la punta: *s. una penna* **4** (*raro, lett.*) alterare, corrompere: *il toscano tuo parlar celeste / ognor più stempra nel sermon straniero* (U. Foscolo) **5** (*raro, fig.*) svigorire, avvilire **B stemperàrsi v. intr. pron. 1** sciogliersi in un liquido **2** perdere la tempera | perdere la punta **3** (*fig.*) attenuarsi, svigorirsi: *dopo quelle vivaci battute, la polemica si stemperò* **4** (*fig., lett.*) sciogliersi, struggersi: *stemperarsi in lacrime*; *lo cor si stempre / di soverchia dolcezza* (F. Petrarca)
SFUMATURE ➤ *squagliare*

stemperàto① **part. pass.** di *stemperare*; anche **agg.** ● nei sign. del v.

†**stemperàto**② [da *temperato*, con *s-* ✱1282] **agg.** ● intemperante, sregolato, smodato CONTR. temperato ‖ †**stemperataménte**, **avv.** eccessivamente, smoderatamente

stemperatùra [av. 1620] **s. f.** ● stemperamento①

stempiàrsi [da *tempia*, con *s-* ✱1891] **v. intr. pron.** (*io mi stèmpio*) ● perdere i capelli sulle tempie

stempiàto part. pass. di *stempiarsi*; anche **agg. 1** privo di capelli sulle tempie **2** †madornale, grande, grosso

stempiatùra [da *stempiato* ✱av. 1320] **s. f.** ● lo stempiarsi | parte della testa, sopra le tempie, priva di capelli

stempràre ➤ **stemperare**

sten /ingl. stɛn/ [vc. ingl., dalle iniziali del cognome degli inventori ingl., *S(hepherd)* e *T(urpin)*, e dal n. della città di *En(field)*, luogo di fabbricazione ✱1947] **s. m. inv.** ● pistola mitragliatrice leggera

stèncil /'stensil, *ingl.* 'stɛnsəl/ [vc. ingl., propr. 'stampino, matrice' ✱1963] **s. m. inv. 1** mascherina traforata per disegno **2** tecnica decorativa che utilizza mascherine per disegnare | il disegno così realizzato

†**stendàle** [da *standardo*, con cambio di suff., prob. sul modello dell'ant. fr. *estandale* ✱sec. XIII] **s. m.** ● stendardo

stendardière [1498] **s. m.** ● (*lett.*) chi porta lo stendardo

stendàrdo [dall'ant. fr. *estendart*, moderno *étendard*, prob. di orig. germ. ✱sec. XIII] **s. m. 1** insegna o bandiera, nelle antiche milizie | fino alla seconda Guerra mondiale, bandiera dei reggimenti di cavalleria e di artiglieria, di dimensioni ridotte rispetto alla bandiera degli altri corpi | †*alzare lo s.*, intraprendere una guerra **2** bandiera o gonfalone che, nelle processioni cattoliche, porta l'immagine del patrono e distingue fra loro le congregazioni e confraternite **3** (*bot.*) petalo superiore, dilatato della corolla delle Leguminose SIN. vessillo ‖ **stendardìno**, **dim.**
SFUMATURE ➤ *bandiera*

♦**stèndere** [lat. *extĕndere*, comp. di *ĕx-* (*s-*) e *tĕndere* 'tendere'. V. *tendere*, *estendere* ✱av. 1257] **A v. tr.** (**coniug. come** *tendere*) **1** allungare, distendere: *s. i piedi fuori dal letto*; *s. le braccia, le gambe* | **s. la mano**, per stringere un'altra mano, per dare o prendere qlco.; (*assol.*) chiedere l'elemosina | ***s. l'esercito, le truppe***, schierarli | (*lett.*) ***s. l'arco***, tenderlo **2** sciorinare, mettere all'aria (*anche assol.*): *s. le reti*; *s. i panni al sole*; *s. la biancheria ad asciugare*; *è ora di s.* | spiegare, svolgere: *s. un tappeto*; *s. la tovaglia sulla tavola* **3** spianare, spalmare: *s. il colore, la vernice*; *s. il burro sul pane* | ***s. la pasta***, ridurla in sfoglia col mattarello | ***s. un metallo***, ribatterlo in modo da appiattirlo e aumentarne la superficie **4** mettere a giacere, mettere disteso: *lo stesero sul letto* **5** gettare per terra: *con una spinta lo stese a terra*; *il difensore lo ha steso in piena area di rigore* SIN. abbattere, atterrare | (*est.*) uccidere: *lo stese con una fucilata* | (*fig.*) nel linguaggio del giornalismo sportivo, sconfiggere nettamente: *la Juventus stende il Real* **6** mettere per iscritto: *s. un verbale, un memoriale, una lettera, un reclamo*; *sta stendendo l'ultimo capitolo del libro* **B stèndersi v. rifl.** ● allungarsi, distendere il corpo: *mi stendo un po'*; *dopo pranzo ha l'abitudine di stendersi sul letto*; *stendersi a* (o *per*) *terra*; *stendersi a prendere il sole* **C stèndersi v. intr. pron. 1** estendersi nello spazio: *il ponte si stende da un versante all'altro* **2** (*raro, lett.*) arrivare fino a un dato limite: *ché stilo oltre l'ingegno non si stende* (F. Petrarca) **3** (*raro*) trattenersi, dilungarsi: *stendersi su un argomento* | †***stendersi in un pensiero***, sprofondarvisi

stendhaliàno (stend-hal-ia-no, stend-ha-lia-no) /stenda'ljano/ [1893] **agg.** ● che riguarda il romanziere e saggista francese Stendhal, pseudonimo di Marie-Henri Beyle (1783-1842)

stendibiancherìa [comp. di *stendere* e *biancheria* ✱1970] **s. m. inv.** ● attrezzo in metallo o plastica, di varia struttura, sul quale si stende, anche all'interno dell'abitazione, la biancheria da asciugare

stendifìli [comp. di *stendere* e il pl. di *filo* ✱1942] **s. m. inv.** ● militare od operaio specializzato nello stendimento di linee telegrafiche e telefoniche | apparecchio meccanico che serve per stendere tali linee

stendiménto [sec. XIV] **s. m.** ● (*raro*) lo stendere

stendìno [da *stend(ere)* con il suff. *-ino* ✱1992] **s. m.** ● (*fam.*) stendibiancheria

stenditóio [da *stendere* ✱1825] **s. m.** (**pl.** *-òi*) ● locale in cui si stendono i panni | struttura a braccia o a fili su cui si mettono ad asciugare i panni

stenditóre [1691] **A s. m.** (**f.** *-trice* (V.)) ● operaio addetto alla stenditura della canapa **B agg.** ● che stende | ***macchina stenditrice***, che stende la cera calda sui pavimenti

stenditùra [1960] **s. f.** ● lo stendere, il fatto di essere steso: *la s. dei panni* | operazione con cui si riuniscono in un nastro continuo le mannelle pettinate della canapa

stenebràre [da *tenebrare*, con *s-* ✱1319] **v. tr.** (*io stènebro*) ● (*lett.*) togliere dalle tenebre | (*lett., fig.*) illuminare la mente SIN. rischiarare

stenèlla [dal gr. *stenos* 'stretto' per la sua forma slanciata ✱1885] **s. f.** ● (*zool.*) varietà di delfino lungo circa 2,5 m, presente nelle acque temperate e calde (*Stenella*)

stenìa [contr. di *astenia*, con sottrazione del pref. *a-* privativo ✱av. 1810] **s. f.** ● (*med.*) senso di forza organica, vigore CONTR. astenia

stènico [da *stenia*, sul modello di *astenico* ✱1818] **agg.** (**pl. m.** *-ci*) ● che presenta stenia

stèno- [gr. *steno-*, da *stenós* 'stretto', vc. isolata in gr. e di etim. incerta] **primo elemento** ● in parole composte dotte e scientifiche, significa 'stretto', 'restringimento' (*stenocardia*) e in altre ha il significato di 'più breve', 'abbreviato' (*stenografia*)

stenoalìno [comp. di *steno-* e *-alino*, dal gr. *háls*, genit. *halós* 'sale', di orig. indeur. ✱1929] **agg.** ● detto di animale o vegetale acquatico che non sopporta variazioni di salinità nell'ambiente CONTR. eurialino

stenòbate [comp. di *steno-* e del gr. *báthos* 'profondità' ✱1993] **agg.** ● (*biol.*) detto di organismo acquatico che può sopravvivere solo a determinati valori di pressione idrostatica CONTR. euribate

stenoblòcco [comp. di *steno(grafia)* e *blocco* ✱1963] **s. m.** (**pl.** *-chi*) ● blocco di carta con speciale rigatura adatta alla stenografia

stenocardìa [comp. di *steno-* e *-cardia* ✱1817] **s. f.** ● (*med.*) sensazione di costrizione precordiale caratteristica dell'angina pectoris

stenòcoro [comp. di *steno-* e di *(euro)coro* ✱1960] **agg.** ● (*biol.*) detto di specie animale o vegetale che può vivere solo in determinati ambienti CONTR. euricoro

stenodàttilo [1962] **s. m. e f. inv.** ● accorc. di *stenodattilografia*, *stenodattilografo*

stenodattilografìa [comp. di *steno(grafia)* e *dattilografia* ✱1960] **s. f.** ● sistema che combina la stenografia con la dattilografia

stenodattilògrafo [comp. di *steno(grafo)* e *dattilografo* ✱1897] **s. m.** (**f.** *-a*) ● chi è diplomato, specializzato in stenodattilografia

stenografàre [da *stenografo* ✱1857] **v. tr.** (*io stenògrafo*) ● scrivere con la stenografia (*anche assol.*): *s. una conferenza*; *sapere s.*

stenografìa [comp. di *steno-* e *-grafia*, sul modello dell'ingl. *stenography* ✱1809] **s. f.** ● scrittura veloce sintetica per la formazione di parole con segni semplici e l'uso di abbreviazioni fisse e facoltative

stenogràfico [1809] **agg.** (**pl. m.** *-ci*) ● della stenografia: *segni stenografici* | scritto mediante la stenografia: *resoconto s.* ‖ **stenograficaménte**, **avv.** in modo stenografico; per mezzo della stenografia

stenògrafo [comp. di *steno-* e *-grafo* ✱1809] **s. m.** (**f.** *-a*) ● chi scrive con la stenografia: *gli stenografi della Camera dei Deputati*

stenogràmma [comp. di *steno-* e *-gramma* ✱1914] **s. m.** (**pl.** *-i*) **1** stenoscritto **2** segno stenografico

stenopèico [vc. dotta, comp. delle voci greche, *stenós* 'stretto' e *ōps*, genit. *ōpós*, 'occhio', con il suff. *-ico* ✱1991] **agg.** (**pl. m.** *-ci*) ● (*fotogr.*) detto del minuscolo foro attraverso cui si impressionava la lastra negli apparecchi fotografici, prima dell'introduzione dell'obiettivo a lenti

stenoscrìtto [comp. di *steno(grafico)* e *scritto* ✱1925] **s. m.** ● testo stenografato

stenòsi o **stènosi** [comp. di *sten(o)-* ed *-osi*, sul modello del gr. *sténōsis* 'strettezza' ✱1829] **s. f. inv.** ● (*med.*) restringimento di un canale o di un passaggio naturale: *s. dell'aorta* | ***s. pilorica***, malattia del lattante da ipertrofia dello sfintere pilorico | ***s. mitralica, s. polmonare***, restringimento della valvola mitrale o polmonare del cuore

stenotermìa [1940] **s. f.** ● (*zool., bot.*) proprietà di organismo stenotermo

stenotèrmo [comp. di *steno-* e *-termo* ✱1929] **agg.** ● (*biol.*) detto di organismo che non tollera variazioni di temperatura troppo ampie CONTR. euritermo

stenotipìa [comp. di *steno(grafia)* e *-tipia* ✱1925] **s. f.** ● scrittura dei segni stenografici per mezzo di una macchina analoga alla macchina per scrivere

stenotipìsta [1925] **s. m. e f.** (**pl. m.** *-i*) ● stenografo che usa l'apposita macchina per stenotipia

†**stensióne** ➤ **estensione**

†**stensìvo** ➤ **estensivo**

stent /ingl. stɛnt/ [dal n. del dentista ingl. Ch. T. *Stent* (1845-1901), inventore di una sostanza

S

impiegata in odontoiatria ∗1989] **s. m. inv.** **1** (*chir.*) sottile dispositivo metallico, cilindrico a maglie, che viene introdotto in una struttura anatomica tubulare e fatto espandere per poter dilatare la parte cava interna, così da ridurre una stenosi vascolare o liberare da un'occlusione un viscere **2** (*med.*) sostanza utilizzata per prendere impronte dentali

stentacchiàre o **stentucchiàre** [da *stentare*, con suff. dim. ∗av. 1775] **v. intr.** (*io stentàcchio*; aus. *avere*) ● (*fam.*) stentare

†**stentaménto** [da *stentare* ∗sec. XIV] **s. m.** ● stento, patimento

♣**stentàre** [lat. *extentāre* 'sforzarsi', da *ĕx-* (*s-*) e *tentāre*, intens. di *tenēre*. V. *tenere* ∗sec. XIII] **A v. intr.** (*io stènto*; aus. *avere*) **1** durare fatica, fare sforzi per riuscire in qlco. (+ *a* seguito da inf.): *s.* *a leggere*, *a scrivere*, *a imparare una lingua*, *a capire qlco.*; *un viluppo ch'io stesso ... stento di ammettere* (I. SVEVO) | ***stento a crederlo***, mi è difficile crederlo | ***non stento a crederlo***, ci credo, lo credo bene **2** (*assol.*) condurre una vita grama, infelice, misera: *è una famiglia che stenta* **B v. tr.** ● nelle loc. ***s. la vita, il pane***, e sim., vivere con pena e fatica, fra grandi stenti **C stentàrsi v. intr. pron.** ● †soffrire, patire

stentatézza [av. 1798] **s. f.** ● condizione di ciò che è stentato

stentàto **part. pass.** di *stentare*; anche **agg.** **1** eseguito a fatica: *compito, lavoro s.* **2** che è fatto, detto e sim. con sforzo, senza spontaneità: *sorriso, invito, s.*; *parole stentate* | che mostra artificiosità, mancanza di ispirazione: *prosa stentata* **3** pieno di sofferenze e privazioni: *condurre una vita stentata* **4** che si sviluppa a stento, crescendo poco e male, detto di ragazzi, animali, piante: *è un bambino un po' s.* ‖ **stentatèllo**, **dim.** | **stentatino**, **dim.** ‖ **stentataménte**, **avv.** in modo stentato, a fatica

stenterellàta [1848] **s. f.** ● atto, discorso, da stenterello

stenterellésco [av. 1850] **agg.** (**pl. m.** *-schi*) **1** relativo a Stenterello **2** (*est.*) meschino, gretto | (*est.*) mediocre, ridicolo

Stenterèllo [doppio dim. di *stento*① ∗1808] **s. m.** **1** maschera del teatro fiorentino | persona mascherata da Stenterello **2** (con iniziale minuscola) (*est.*) persona molto magra e patita | (*est.*) persona sciocca e ridicola

stènto① [1830] **agg.** ● (*tosc.*) stentato ‖ **stentino**, **dim.**

stènto② [da *stentare* ∗av. 1327] **s. m.** **1** patimento, sofferenza, per scarsità o mancanza di mezzi economici: *vivere tra gli stenti, di stenti*; *ebbe una vita piena di stenti*; *ebbe una vita di s.*; *ha il viso segnato dagli stenti* **2** difficoltà, fatica nel riuscire in qlco.: *con qualche s. ho capito la lezione* | ***a s.***, con difficoltà, a fatica | ***senza s.***, senza difficoltà, facilmente, agevolmente

Stèntore [dal lat. *Stĕntore(m)*, dal gr. *Sténtōr* 'Stentore', eroe omerico dal potente grido di guerra ∗av. 1673] **s. m.** ● (*per anton.*, *lett.*) uomo dalla voce potente: *sdegna d'alzare / fra il rauco suon di Stentori plebei / tu' amabil voce* (G. PARINI)

♣**stentòreo** [da *Stentore* ∗1769] **agg.** ● chiaro e forte, detto della voce umana: *con la sua voce stentorea si mise a narrare certe storielle* (I. SVEVO) ‖ **stentoreaménte**, **avv.**

stentucchiàre ➤ **stentacchiare**

stentùme [da *stento*② ∗1707] **s. m.** ● (*tosc.*) cosa fatta con stento

†**stenuàre** e deriv. ➤ **estenuare** e deriv.

step /*ingl.* stɛp/ [vc. ingl., propr. 'gradino', di orig. germ. ∗1984] **s. m. inv.** **1** passo, gradino (*spec. fig.*): *programma articolato in s. successivi* | ***step by step***, passo dopo passo, per gradi **2** tipo di ginnastica che prevede continui movimenti di salita e discesa da una pedana di altezza variabile | la pedana stessa **CFR.** stepper

stepidìre ➤ **stiepidire**

stéppa [attraverso il fr. *steppe*, dal russo *step* ∗1773] **s. f.** ● vasta pianura povera di acque, con prevalenti forme di vegetazione erbacea

steppàre [dall'ingl. *to step* 'camminare' ∗1970] **v. intr.** (*io stéppo*; aus. *avere*) ● detto del cavallo, trottare in modo difettoso, per cui gli arti anteriori vengono distesi esageratamente

stèpper /'stepper, *ingl.* 'stɛpə(r)/ [vc. ingl. da *step* 'passo, gradino' ∗1994] **s. m. inv.** ● attrezzo ginnico costituito da due pedane che vengono spinte alternativamente verso il basso con un movimento analogo a quello di chi sale le scale **CFR.** step

stéppico [1960] **agg.** (**pl. m.** *-ci*) ● della steppa: *vegetazione steppica*

steppificazióne [comp. di *stepp(a)* e *-ficazione* ∗1960] **s. f.** ● (*geogr.*) progressiva trasformazione in steppa di formazioni vegetali quali praterie e savane, dovuta a modificazione di fattori climatici e ambientali

steppóso (o **-ṣo**) [1946] **agg.** ● che ha aspetto, carattere, di steppa: *zona stepposa*

steradiànte [comp. di *ste(rangolo)* e *radiante* ∗1960] **s. m.** ● (*fis.*) unità di misura degli angoli solidi nel Sistema Internazionale; è pari all'angolo solido che, su una sfera avente centro nel vertice dell'angolo, intercetta una calotta di area uguale a quella di un quadrato avente lato uguale al raggio della sfera stessa **SIMB.** sr

steràngolo [comp. di *ster(eo)-* e *angolo* ∗1960] **s. m.** ● (*mat.*) angolo solido

♣**stèrco** [vc. dotta, dal lat. *stĕrcus* (nt.) 'escremento', di etim. incerta ∗av. 1292] **s. m.** (**pl.** *stèrchi*, **m.**, *poet.* †*stèrcora*, **f.**) ● escrementi, feci di animale **CFR.** scato-

stercoràceo [da *sterco*, sul modello di *stercorario* ∗av. 1676] **agg.** ● di sterco, relativo a sterco

stercoràrio [vc. dotta, dal lat. *stercorāriu(m)*, da *stĕrcus*, genit. *stĕrcoris* 'sterco' ∗sec. XIV] **A agg.** **1** di sterco, dello sterco **2** ***scarabeo s.***, insetto con corpo robusto, zampe dilatate e appiattite, che scava gallerie sotto gli escrementi bovini o equini per deporvi le uova (*Geotrupes stercorarius*) **SIN.** geotrupe **B s. m.** ● uccello dei Caradriformi a piedi palmati, becco adunco, unghie ad artiglio, che si nutre rubando le prede ad altri uccelli acquatici (*Stercorarius pomarinus*)

Sterculiàcee [da *sterculia*, vc. dotta, dal lat. *stĕrcus*, genit. *stĕrcoris* 'sterco', per l'odore fetido dei fiori. V. il n. lat. *Stercūlius* 'divinità dell'ingrasso dei campi' ∗1875] **s. f. pl.** (**sing.** *-a*) ● (*bot.*) famiglia di piante dicotiledoni tropicali con frutto a capsula contenente molti semi (*Sterculiaceae*)

♦**stèreo** [1960] **A agg. inv.** ● accorc. di *stereofonico* **B s. m. inv.** ● impianto per l'ascolto spec. di musica registrata su dischi o su nastro magnetico, costituito da amplificatori e altoparlanti che diffondono il suono nell'ambiente in modo da riprodurre il panorama di suoni acustici originari **SIN.** impianto stereofonico

stèreo- [gr. *stereo-*, da *stereós* 'fermo, stabile, solido', o anche 'cubico' (in geometria) di orig. indeur.] **primo elemento** ● in parole scientifiche composte, significa 'solido', 'rigido' (*stereomeccanica*) o ha il significato di 'spaziale', 'tridimensionale' o fa riferimento a più posizioni nello spazio e sim. (*stereoscopia*, *stereofonico*, *stereogramma*)

stereoagnoṣìa [comp. di *stereo-* e *agnosia* ∗1960] **s. f.** ● (*med.*) incapacità di riconoscere la forma degli oggetti mediante il tatto

stereoagnòstico [1983] **agg.** (**pl. m.** *-ci*) ● relativo alla stereoagnosia, caratterizzato da stereoagnosia

stereòbate [vc. dotta, dal lat. *stereŏbate(m)*, dal gr. *stereobátēs*, comp. di *stereós* 'solido' e *-bátēs*, da *-baínein* 'andare' ∗av. 1502] **s. m.** ● nell'architettura greca, basamento atto a sostenere l'edificio

stereochìmica [comp. di *stereo-* e *chimica* ∗1895] **s. f.** ● (*chim.*) studio della configurazione spaziale di una molecola in rapporto ai costituenti della molecola stessa

stereocinematografìa [comp. di *stereo-* e *cinematografia* ∗1939] **s. f.** ● cinematografia stereoscopica

stereocinèṣi [comp. di *stereo-* e *-cinesi* ∗1960] **s. f. inv.** ● (*psicol.*) percezione tridimensionale di un oggetto bidimensionale in movimento che, quando è fermo, viene percepito a due dimensioni

stereocomparatóre [comp. di *stereo-* e *comparatore* ∗1911] **s. m.** ● apparecchio che permette l'osservazione stereoscopica di una coppia di fotogrammi normali nella restituzione fotogrammetrica

stereofonìa [comp. di *stereo-* e *-fonia* ∗1905] **s. f.** ● tecnica di registrazione e di riproduzione del suono su due canali, attraverso la quale l'ascoltatore riceve un effetto spaziale del suono riprodotto ‖ **stereofònico**, **agg.** (**pl. m.** *-ci*) relativo alla stereofonia: *effetto stereofonico*; *amplificatori stereofonici*; ***impianto stereofonico***, stereo ‖ **stereofonicaménte**, **avv.** mediante la stereofonia; in modo stereofonico

stereofotografìa [comp. di *stereo-* e *fotografia* ∗1912] **s. f.** ● fotografia stereoscopica

stereofotogràmma [comp. di *stereo-* e *fotogramma* ∗1925] **s. m.** (**pl.** *-i*) ● coppia di fotogrammi di una stessa zona, usata per ottenere l'effetto stereoscopico, cioè di rilievo, mediante la visione binoculare **SIN.** stereogramma, coppia stereoscopica

stereofotogrammetrìa [comp. di *stereo-* e *fotogrammetria* ∗1960] **s. f.** ● fotogrammetria che usa per la restituzione l'effetto stereoscopico

stereognòstico [comp. di *stereo-* e *-gnostico*, dal gr. *gnōstikós* 'conoscitivo', da *gnôsis* 'conoscenza'. V. *gnosi* ∗1970] **agg.** (**pl. m.** *-ci*) ● relativo alla percezione tattile delle qualità parziali degli oggetti: *senso s.*

stereografìa [comp. di *stereo-* e *-grafia* ∗1821] **s. f.** ● (*med.*) metodo diagnostico radiologico che si basa sull'osservazione di due radiografie disposte in un particolare apparecchio in modo da averne una visione stereoscopica

stereogràfico [da *stereografia* ∗1840] **agg.** (**pl. m.** *-ci*) ● detto di proiezione prospettica, nella quale l'osservatore è supposto agli antipodi del punto di tangenza del piano di proiezione

stereogràmma [comp. di *stereo-* e *gramma* ∗1880] **s. m.** (**pl.** *-i*) **1** (*mat.*) rappresentazione grafica di dati statistici mediante volumi di figure geometriche solide **2** (*geol.*) rappresentazione grafica tridimensionale della struttura geologica di una regione **3** stereofotogramma

stereoiṣomerìa [comp. di *stereo-* e *isomeria* ∗1930] **s. f.** ● (*chim.*) isomeria di certi composti che si differenziano per la diversa posizione nello spazio di alcuni dei loro atomi

stereoiṣòmero [comp. di *stereo-* e *isomero* ∗1931] **A s. m.** ● (*chim.*) ciascuno degli isomeri spaziali di una molecola **B** anche **agg.**: *composto s.*

stereolitografìa [comp. di *stereo-* e *litografia* ✱ 1988] **s. f.** ● (*mecc.*) tecnica di realizzazione di pezzi meccanici mediante macchine utensili a controllo numerico pilotate da strumenti di rilevazione stereoscopica

stereolitògrafo [comp. di *stereo-* e *litografo* ✱ sec. XX] **s. m.** ● macchina utensile a controllo numerico costituita da un braccio dotato di una fresa a più assi in grado di riprodurre un modello tridimensionale di un oggetto partendo dal suo disegno elettronico

stereòma [vc. dotta, dal gr. *steréōma*, genit. *stereṓmatos* 'scheletro, sostegno', da *stereós* 'solido, duro' ✱ 1930] **s. m.** (**pl.** *-i*) ● (*bot.*) insieme di sclereidi e di fibre mediante il quale i vegetali costruiscono gli organi assili di sostegno

stereometrìa [vc. dotta, dal gr. *stereometría*, comp. di *stereós* 'solido' e *-metría* '-metria' ✱ 1569] **s. f.** ● parte della geometria che studia la misurazione dei solidi

stereomètrico [vc. dotta, dal gr. *stereometrikós*, da *stereometría* 'stereometria' ✱ av. 1572] **agg.** (**pl. m.** *-ci*) ● relativo alla stereometria

stereoscopìa [comp. di *stereo-* e *-scopia* ✱ 1857] **s. f.** **1** percezione del rilievo volumetrico di un oggetto mediante la visione binoculare **2** (*fis.*) parte dell'ottica che studia tale percezione **3** metodo di ripresa e proiezione delle immagini che dà la sensazione volumetrica degli oggetti **4** fotografia stereoscopica

stereoscòpico [1865] **agg.** (**pl. m.** *-ci*) ● relativo alla stereoscopia | ***fotografia stereoscopica***, ripresa fotografica affiancata di due immagini dello stesso oggetto per ottenere in sede di osservazione visiva l'effetto tridimensionale | ***coppia stereoscopica***, stereofotogramma ‖ **stereoscopicaménte**, **avv.** mediante stereoscopia

stereoscòpio [comp. di *stereo-* e *-scopio* ✱ 1857] **s. m.** ● strumento per l'osservazione di fotografie stereoscopiche

stereospecìfico [comp. di *stereo-* e *specifico* ✱ 1963] **agg.** (**pl. m.** *-ci*) ● (*chim.*) detto di reazione che consente di ottenere uno specifico stereoisomero

stereotipàre [da *stereotipo* ✱ 1840] **v. tr.** (*io stereòtipo*) ● stampare in stereotipia

stereotipàto [da *stereotipo* ✱ 1875] **agg.** **1** stampato con la stereotipia **2** (*fig.*) convenzionale, reso quasi immutabile dall'uso: *frasi stereotipate* | (*fig.*) meccanico, privo di spontaneità; *la guardai indagando se il sorriso che contraeva la sua faccia fosse s. o ... nuovo* (I. SVEVO) **3** (*psicol.*) detto di movimento, posizione o espressione verbale anormale ricorrente o persistente, che ha scarsa relazione con la situazione esterna

stereotipìa [comp. di *stereo-* e *-tipia*, sul modello del fr. *stéréotypie* ✱ 1799] **s. f.** **1** (*tipogr.*) procedimento di copiatura di una matrice rilievografica in cui si fonde una certa quantità di lega su un flano che porta l'impronta della matrice | la nuova matrice ottenuta con tale procedimento | stampa ottenuta con tale matrice **2** (*psicol.*) condizione frequente in alcune psicosi in cui un individuo manifesta movimenti stereotipati o pensa per stereotipi

stereotìpico [1925] **agg.** (**pl. m.** *-ci*) ● (*tipogr.*) relativo alla stereotipia

stereotipìsta [da *stereotip(ia)*, con *-ista* ✱ 1891] **s. m. e f.** (**pl. m.** *-i*) ● operaio addetto alla produzione delle stereotipie

stereòtipo [da *stereotipia*, con *stereo-* e *tipo* ✱ 1800] **A** **agg.** ● stereotipato | ***edizione stereotipa***, ristampa identica di un testo, eseguita sulla stereotipia **B** **s. m.** **1** (*psicol.*) percezione o concetto relativamente rigido ed eccessivamente semplificato o distorto di un aspetto della realtà, in particolare di persone o di gruppi sociali | (*est.*) luogo comune, cliché: *ragionare per stereotipi* **2** (*ling.*) successione fissa e ripetuta di parole, che assume un significato lessicale globale e autonomo **SIN.** frase fatta

NOTA D'USO

stereotipo
Si dicono 'stereotipi linguistici' quelle espressioni proverbiali o singole parole nelle quali si riflettono pregiudizi e opinioni, spesso negative, su gruppi sociali, professionali, etnici.
Facilmente identificabili come stereotipi sono quei brevi motti scherzosi che estendono una qualità a tutti i nativi di un luogo: *bolognesi gran dottori; veneziani gran signori.*
Anche riconoscibili sono gli stereotipi consistenti in nomi o aggettivi di forma scherzosa o spregiativa: *azzeccagarbugli, paglietta o avvocaticchio* per *avvocato; polentone* per (*italiano*) *settentrionale* e *terrone* per (*italiano*) *meridionale; sbirro* per *agente di polizia.*
Spesso lo stereotipo si nasconde, in modo a volte difficile da avvertire, in parole di valore descrittivo. Così, se diamo a qualcuno l'epiteto di *contadino*, per 'maleducato', o di *gesuita*, per 'ipocrita', con un sol colpo offendiamo il destinatario dell'epiteto e, implicitamente e senza alcuna ragione, intere categorie di persone. Antichi e immotivati pregiudizi etnici o razziali, prodottisi per le più varie vicende storiche, rischiano così di farci offendere, in modo implicito, intere popolazioni (si vedano le voci *chietino, ebreo, giudeo, napoli, ottentotto, teutonico, zingaro, zulu*).

stereovisóre [comp. di *stereo-* e *visore* ✱ 1956] **s. m.** ● apparecchio ottico che consente la visione in rilievo di fotografie stereoscopiche

stèrico [agg. da *stereo-* ✱ 1930] **agg.** (**pl. m.** *-ci*) ● (*chim.*) relativo allo spazio | ***impedimento s.***, effetto derivante dalla presenza in una molecola di aggruppamenti atomici di grosse dimensioni o di forme particolarmente ingombranti

♦**stèrile** [vc. dotta, dal lat. *stĕrile(m)*, di orig. indeur. ✱ av. 1292] **agg.** **1** che è affetto da sterilità, che è incapace di riprodursi: *uomo, donna s.*; *cavallo s.* **CONTR.** fecondo, fertile **2** detto di fiore, che non dà frutti **CONTR.** fruttifero **3** (*fig.*) che non produce effetti: *ingegno, vita s.* | vano: *perdersi in chiacchiere sterili*; *polemica s.* | privo di qlco.: *un impiego s. di soddisfazioni*; *la terra ... è nuda d'erbe / e di fontane s. e di rivi* (T. TASSO) **4** sterilizzato: *soluzione s.* ‖ **sterilménte**, **avv.**

sterilézza [sec. XIV] **s. f.** ● (*raro*) sterilità

sterilìre [1499] **A** **v. tr.** (*io sterilìsco, tu sterilìsci*) ● rendere sterile **SIN.** isterilire **B** **v. intr.** (**aus.** *essere*) e **sterilìrsi** **v. intr. pron.** ● (*raro*) diventare sterile

sterilità o †**sterilitàde**, †**sterilitàte** [vc. dotta, dal lat. *sterilitāte(m)*, da *stĕrilis* 'sterile' ✱ 1308] **s. f. inv.** **1** condizione di assenza di microrganismi | (*fig.*) improduttività, inefficacia: *la s. di una polemica* **2** negli organismi animali e vegetali, incapacità di riprodursi | incapacità dell'uomo o della donna a fecondare o a concepire in età feconda e in presenza di normali rapporti sessuali

sterilizzàre [av. 1580] **A** **v. tr.** **1** rendere sterile | (*fig.*) isterilire **2** sottoporre a sterilizzazione **B** **sterilizzàrsi** **v. intr. pron.** ● diventare sterile, inutile, inefficace e sim. **SIN.** isterilirsi **C** **sterilizzàrsi** **v. rifl.** ● sottoporsi a sterilizzazione ‖ **sterilizzazióne**, **s. f.** (V.)

sterilizzàto **part. pass.** di *sterilizzare*; anche **agg.** ● nei sign. del v.

sterilizzatóre [1893] **A** **s. m.** **1** (**f.** *-trice*) chi sterilizza **2** apparecchio per sterilizzare **B** **agg.** ● che sterilizza: *macchina sterilizzatrice*

sterilizzazióne [1890] **s. f.** **1** lo sterilizzare, il venire sterilizzato **2** intervento chirurgico mediante il quale viene soppressa la capacità di generare in un individuo maschio o femmina (consistente nella vasectomia, per l'uomo, e nella legatura delle tube, per la donna) **3** (*chim.*, *biol.*) eliminazione di tutti i germi patogeni e non patogeni | trattamento eseguito sugli alimenti conservati, per azione del calore, allo scopo di renderli atti a una lunga conservazione | ***s. in bottiglia***, del latte già imbottigliato

sterlétto o **sterlàtto** [dal ted. *Sterlett*, che è dal russo *stérljad* (V. *storione*) ✱ av. 1557] **s. m.** ● pesce molto simile allo storione ma piccolo e con muso assai appuntito, che fornisce carni e caviale pregiatissimi (*Acipenser ruthenus*)

sterlìna [f. sost. da (*lira*) *sterlina*, dall'ingl. *sterling* 'vero, genuino' ✱ 1753] **A** **s. f.** ● unità monetaria del Regno Unito e di altri Paesi extraeuropei **SIMB.** £ **B** **in funzione di agg. solo f.** ● (posposto al sost.) nella loc. ***lira s.***, sterlina

sterlineàre [calco su *interlineare*②, con sostituzione del presunto pref. *in-* con *s-* ✱ av. 1917] **v. tr.** (**pres.** *io sterlìneo*; **fut.** *io sterlineerò*) ● in una composizione tipografica, togliere le interlinee allo scopo di diminuire le distanze fra una riga e l'altra

sterlineatùra [1910] **s. f.** ● (*tipogr.*) operazione dello sterlineare

stèrling /'sterlin(g), *ingl.* 'stɜːlɪŋ/ [vc. ingl., propr. 'schietto, di buona lega' ✱ 1960] **A** **s. m. inv.** ● vernice a base di olio di lino, elettricamente isolante, usata in elettrotecnica **B** anche **agg. inv.**: *tela s.*

sterlingàto [da *sterling* ✱ 1967] **agg.** ● trattato con vernice sterling

sterlìno [dall'ingl. *sterling* (cfr. *sterlina*) ✱ 1313] **A** **agg.** **1** †che consiste in sterline: *denaro s.*; *soldo s.* | ***lira sterlina***, V. *sterlina* **2** (*iron.*, *raro*) vero, autentico: *Massimo è un imbecille s.* (G. GIACOSA) **B** **s. m.** **1** (*disus.*) sterlina **2** (*stor.*) unità di peso di origine britannica, equivalente alla ventesima parte dell'oncia (in Italia usata spec. nel Regno di Napoli prima dell'adozione del sistema metrico decimale)

sterminàbile [vc. dotta, dal lat. tardo *extermināb̆ile(m)* 'funesto', da *extermināre* 'bandire, far sparire' ✱ sec. XIII] **agg.** ● che si può sterminare

†**sterminaménto** [sec. XIII] **s. m.** ● sterminio

sterminàre o (*lett.*) **esterminàre** [lat. *extermināre*, propr. 'scacciare', da *tĕrminus* 'confine', con *ĕx-* (*s-*) ✱ sec. XIII] **v. tr.** (*io stèrmino*) ● distruggere, annientare fino all'ultimo: *s. i nemici, gli insetti*; *sterminateli senza pietà*

sterminatézza [1686] **s. f.** ● condizione di ciò che è sterminato, nel sign. di *sterminato*①

♣**sterminàto**① o (*lett.*) **esterminàto** [lat. *exterminātu(m)*, nel senso etim. di 'senza confini', da *tĕrminus* 'confine', con *ĕx-* (*s-*) ✱ av. 1306] **agg.** ● di ampiezza smisurata (**anche** *fig.*): *paese s.*; *pianura sterminata*; *ignoranza sterminata* | (*fig.*) enorme: *un numero s. di cavallette* ‖ **sterminataménte**, **avv.** smisuratamente, senza alcuna limitazione

sterminàto② **part. pass.** di *sterminare*; **anche agg.** ● nel sign. del v.

sterminatóre o (*lett.*) **esterminatóre** [vc. dotta, dal lat. tardo *exterminatōre(m)* 'distruttore', da *exterminātus*, part. pass. di *extermināre* 'sterminare' ✱ sec. XIV] **s. m.** (**f.** *-trice*); **anche agg.** ● chi (o che) stermina: *Qui su l'arida schiena / del formidabil monte / sterminator Vesevo* (G. LEOPARDI)

sterminazióne o (*lett.*) **esterminazióne** [vc. dotta, dal lat. tardo (eccl.) *exterminatiō-*

ne(m) 'distruzione', da *extermĭnātus*, part. pass. di *exterminăre* 'sterminare' ✱ sec. XIII] **s. f.** ● (*raro*) sterminio

stermìnio o (*lett.*) **estermìnio** [vc. dotta, dal lat. tardo (eccl.) *extermĭniu(m)* 'cacciata, sterminio', da *exterminăre* 'cacciare, distruggere' ✱ sec. XIII] **s. m.** (**pl.** *-i* o *raro -ii*) **1** annientamento, distruzione generale, strage: *fare uno s.*; *sedizioni populari con morti ed esterminio d'innumerabili persone* (P. SARPI) | ***campi di s.***, durante la seconda Guerra mondiale, quelli in cui i deportati erano uccisi in massa dai nazisti **2** (*fig., fam.*) quantità grande, sterminata: *durante le vacanze ho letto uno s. di libri*

stèrna [dal fr. *sterne*, dall'ingl. ant. *stearn* 'rondine di mare' ✱ 1838] **s. f.** ● (*zool.*) uccello acquatico, simile al gabbiano ma più piccolo e slanciato e con collo e zampe più corti (*Sterna*) | ***s. comune***, rondine di mare

sternàle [da *sterno* ✱ 1829] **agg.** ● (*anat.*) dello sterno: *puntura s.*

†**sternàto** [connesso con †*sternere* ✱ av. 1342] **agg.** ● (*raro*) abbattuto, disteso

stèrnebro [comp. di *stern(o)* e del m. di *(vert)ebra* ✱ 1960] **s. m.** ● (*anat., zool.*) ognuno dei centri di ossificazione segmentali dello sterno dei Mammiferi

†**stèrnere** [vc. dotta, dal lat. *stĕrnere*, di orig. indeur. ✱ 1321] **A v. tr. 1** distendere per terra | spianare **2** (*fig.*) spiegare, chiarire **B** †**stèrnersi** **v. intr. pron.** ● (*fig.*) chiarirsi

sternìte [comp. di *stern(o)* e del suff. *-ite*③ ✱ 1875] **s. m.** ● (*zool.*) struttura cuticolare che riveste ventralmente un segmento corporeo degli Artropodi

stèrno [vc. dotta, dal gr. *stérnon* 'petto', connesso con *stornýnai* 'stendere', di orig. indeur. (V. †*sternere*); propr. 'la parte piatta del corpo' ✱ av. 1698] **s. m.** ● (*anat.*) osso piatto sulla linea mediana anteriore del torace, al quale si uniscono le coste; è composto da tre porzioni distinte che si succedono in senso cefalico-caudale

sternocleidomastoidèo [comp. di *sterno*, *-cleido-*, dal gr. *kléis*, genit. *kleidós* 'chiave', e *mastoideo* ✱ 1821] **A agg.** ● (*anat.*) detto di muscolo del collo con inserzioni allo sterno, alla clavicola e alla mastoide **B** anche **s. m.**: *lo s.*

sternutàre ► **starnutare**

sternutìre ► **starnutire**

sternùto ► **starnuto**

stèro [dal fr. *stère*, dal gr. *stereós* 'solido' ✱ 1802] **s. m.** ● unità di misura di volume, usata per il legname da ardere e pari a 1 m^3 **SIMB.** st

steròide [vc. scient. moderna, dal gr. *ster(eós)* 'solido', con *-oide* ✱ 1960] **s. m.** ● (*chim.*) sostanza organica diffusa in natura, a struttura complessa, costituente la base di molti ormoni e acidi biliari, di varia azione biologica

steroidèo [1982] **agg.** ● (*chim.*) relativo a steroide: *composto s.* | che ha la struttura degli steroidi: *farmaci steroidei, non steroidei*

steròlo [vc. scient. moderna, dal gr. *ster(eós)* 'solido', con *-olo*① ✱ 1960] **s. m.** ● (*chim.*) alcol aliciclico non saturo, molto complesso, presente in tutte le cellule sia animali sia vegetali, in parte libero e in parte esterificato con gli acidi grassi

stèrpa [lat. parl. **stĕrpa(m)*, dal gr. *stériphos* 'sterile', di orig. indeur. ✱ 1957] **s. f.** ● (*centr.*) pecora destinata all'ingrasso perché non più atta alla riproduzione

sterpàglia [1872] **s. f.** ● ammasso di sterpi | terreno sterposo

†**sterpàgnolo** [1779] **agg.** ● sterpigno

sterpàia [1910] **s. f.** ● luogo pieno di sterpi: *incontra fumo / a sbuffi dai comignoli / e rasente alla s.* (M. LUZI)

sterpàio [av. 1548] **s. m.** (**pl.** *-ai*) ● sterpaia

sterpàme [sec. XIV] **s. m.** ● insieme di sterpi

sterpàre [lat. *extirpāre* 'svellere', comp. di *ĕx-* (*s-*) e di un denominale di *stĭrps*, genit. *stĭrpis* 'sterpo' (V. *sterpo, estirpare*) ✱ sec. XIII] **v. tr.** (*io stèrpo*) **1** (*lett.*) togliere gli sterpi **2** (*lett.*) estirpare, strappare (*anche fig.*): *io sterparogli il core* (T. TASSO)

sterpàzzola o **sterpazzòla**, **sterparòla** [da *sterpo* ✱ 1827] **s. f.** ● uccello dei Passeriformi grigio-brunastro, più chiaro inferiormente, che vive nelle siepi e nei cespugli (*Sylvia communis*)

†**stèrpe** (o *-é-*) [av. 1374] **s. f. o m.** ● sterpo

sterpéto o †**stirpéto** [lat. tardo *stirpētu(m)*, da *stĭrps*, genit. *stĭrpis* 'sterpo' ✱ 1282] **s. m.** ● sterpaio

sterpìgno [1618] **agg.** ● che ha natura di sterpo | che è pieno di sterpi: *luogo s.*

stèrpo (o *-é-*) [lat. *stĭrpe(m)* 'ceppo', di etim. incerta ✱ 1313] **s. m.** ● ramo secco | pruno spinoso | residuo delle radici di un albero tagliato ‖ **sterpàccio**, **pegg.** | **sterpolìno**, **dim.** | **sterpóne**, **accr.** (V.)

†**sterpóne** [accr. di *sterpo* ✱ av. 1405] **s. m.** **1** grosso arbusto spinoso **2** (*fig.*) figlio illegittimo: *Ne morì il re, senza lasciar di sé altro figliuolo che uno s. bastardo* (D. BARTOLI)

sterpóso (o *-ṣo*) [sec. XV] **agg.** ● che è pieno di sterpi

sterquilìnio o **sterquilino** [vc. dotta, dal lat. *sterquilīniu(m)* 'letamaio', da *stĕrcus* 'sterco' ✱ 1268] **s. m.** ● (*raro, lett.*) letamaio | (*est.*) stamberga, tugurio

sterraménto [1838] **s. m.** ● (*raro*) sterro

sterràre [da *terra*, con *s-* ✱ sec. XIII] **v. tr.** (*io stèrro*) ● scavare e portare via la terra, per fare una strada, una fossa per fondamenta, e sim. (*anche assol.*): *s. un canale*; *hanno finito di s.*

sterràto **A part. pass.** di *sterrare*; anche **agg.** ● nei sign. del v. | ***strada sterrata***, con il fondo in terra battuta **B s. m.** ● terreno o strada non asfaltata o pavimentata

sterratóre [da *sterrare* ✱ 1779] **s. m.** (**f.** *-trice*) ● operaio addetto ad opere di sterro

stèrro [sec. XV] **s. m.** ● operazione dello sterrare | terra scavata e ammucchiata all'orlo dello scavo | fossa, buca, aperta sterrando

stertóre [vc. dotta, coniata sul lat. *stĕrtere* 'russare', di orig. indeur. ✱ av. 1698] **s. m.** ● (*med.*) rantolo tracheale

stertoróso (o *-ṣo*) [da *stertore* ✱ 1838] **agg.** ● rantoloso

sterzànte **part. pres.** di *sterzare*①; anche **agg.** ● nei sign. del v. | ***ruote sterzanti***, quelle comandate dallo sterzo o libere di sterzare

sterzàre① [da *sterzo* ✱ 1743] **v. intr.** (*io stèrzo*; **aus.** *avere*) **1** manovrare lo sterzo con il volante o il manubrio, detto di automobilista, motociclista e sim.: *il tassista sterzò all'incrocio* | cambiare, mutare la direzione di marcia, detto di veicolo: *la motocicletta sterzò a sinistra* **2** (*fig.*) cambiare idea, opinioni e sim., spec. all'improvviso

sterzàre② [da *terzo*, con *s-* ✱ 1612] **v. tr.** (*io stèrzo*) **1** (*disus.*) dividere in tre parti | (*disus.*) diminuire di un terzo **2** (*agric.*) sfoltire, diradare: *s. una pineta*

sterzàta [da *sterzare*① ✱ 1922] **s. f.** **1** manovra per voltare lo sterzo: *l'automobilista diede una brusca s. per non investire il pedone* | mutamento, abbandono della direzione di marcia di un veicolo: *la macchina fece una s. a destra* **2** (*fig.*) brusco mutamento di idea, indirizzo e sim. ‖ **sterzatina**, **dim.**

sterzatùra① [da *sterzare*① ✱ 1967] **s. f.** **1** (*raro*) sterzata **2** struttura e capacità di rendimento dello sterzo di un veicolo: *la mia macchina possiede una buona s.*

sterzatùra② [da *sterzare*② ✱ av. 1786] **s. f.** ● (*agric.*) diradamento dei polloni di una stessa ceppaia, eseguito spec. nei cedui destinati a fornire pali di media grandezza, per favorire lo sviluppo di quelli rimasti

stèrzo [dal longob. *sterz* 'manico dell'aratro' ✱ 1805] **s. m.** **1** dispositivo che permette di variare l'orientamento delle ruote direttrici, spec. anteriori, di un veicolo per modificare la direzione di marcia: *lo s. di un'automobile, di una motocicletta*; *il manubrio dello s. di una bicicletta* | correntemente, volante: *dare un colpo di s.* **2** (*raro*) sterzata

stésa (o *-ṣa*) [f. sost. di *steso* ✱ 1641] **s. f.** ● operazione dello stendere, dello spalmare: *s. dell'asfalto su una strada* | serie di cose stese | (*lett.*) distesa: *una s. d'acqua*

stéso (o *-ṣo*) **A part. pass.** di *stendere*; anche **agg.** **1** nei sign. del v. | disteso, aperto: *una cascina coi panni stesi al sole* (G. VERGA) | allungato: *mi venne incontro con le braccia stese* **2** sdraiato: *lo trovai s. sul letto* ‖ †**stesaménte**, **avv.** distesamente, diffusamente **B** in funzione di **avv.** ● †diffusamente

stèssere [lat. *extĕxere*, comp. di *ĕx-* (*s-*) e *tĕxere* (V. *tessere*) ✱ av. 1446] **A v. tr.** (**coniug.** come *tessere*) ● (*lett.*) disfare il tessuto **B** **stèssersi** **v. intr. pron.** ● (*fig., poet.*) disfarsi, rompersi: *ai suoi rami si stessean le nubi* (G. PASCOLI)

stéssi ► **stare**

♦**stésso** o †**istésso** [lat. *ĭstu(m) ĭpsu(m)*, propr. 'questo stesso', attraverso la fase ant. *istesso* (V.) ✱ sec. XII] **A agg. dimostr.** (**superl.** *stessissimo*) **1** indica identità con qlco. o qlcu.: *andiamo in villeggiatura sempre nello s. luogo*; *abbiamo le stesse idee*; *siamo allo s. punto di prima*; *ripete sempre le stesse cose*; *è sempre la stessa storia* **SIN.** medesimo | ***nel*** (o ***al***) ***tempo s., nello s. tempo***, contemporaneamente; (*est.*) anche, inoltre: *è furbo e nello s. tempo abile*; *compra un oggetto utile e al tempo s. bello* | (al superl.; *enfat.*) proprio lo stesso: *ha usato le stessissime parole* | (*pleonast.*) con valore rafforz. seguito da 'medesimo': *sono le stesse medesime opinioni* **2** indica uguaglianza per grandezza, quantità, caratteristiche: *sono due malattie che presentano gli stessi sintomi*; *lui e lei hanno la stessa età*; *non prendere due abiti dello s. colore* **SIN.** medesimo, uguale **3** (con valore rafforz.) proprio, in persona: *il presidente s.* (o *lo s. presidente*) *si è congratulato con lui*; *quella ragazza è la gentilezza stessa*; *tu s. hai riconosciuto di avere avuto torto*; *io stessa l'ho accompagnata fino alla porta* | (con valore enfat. e rafforz., posposto a un sost. o a un avv.) proprio: *provvederò oggi s.*; *le regole stesse del gioco impongono serietà*; *vorrei farlo oggi s.*; *l'ho visto con questi stessi occhi entrare in casa* | (con valore rafforz. ed enfat.) anche, persino: *i nemici stessi gli hanno reso onore*; *lo s. modo con cui si è presentato lo squalifica* | (con valore rafforz.) sottolinea per chiarezza e rende efficace e accettabile la ripetizione di un termine del discorso: *per apprendere certi esercizi, è necessario ripetere gli esercizi stessi più volte* | (con valore rafforz.) proprio, perfino, anche (preceduto da un pron. pers.): *voi stessi, da soli, capite bene la situazione*; *ne parlerò con lui s.*; *bada a te s.* | (*dir.*) ***contratto con sé s.***, contratto concluso da una sola persona che agisce in nome proprio e in nome delle persone che rappresenta **B pron. dimostr.** **1** la medesima, identica persona o cosa: *sì, è lo s. che tu conosci*; *la padrona è la stessa di una volta*; *sono sempre gli stessi che protestano*; *le regole sono le stesse*; *i problemi sono sempre gli stessi* | ***non essere più lo s.***, non essere più quello di una volta, avere cambiato modi, carattere, comportamento, aspetto e sim. SIN. medesimo **2** la stessa cosa (con valore neutro): *se non vieni, per me è lo s.; non ti preoccupare, fa lo s.* | ***siamo sempre alle stesse***, alle solite, al punto di prima **3** (*assol.*) nella loc. avv. ***lo s.***, ugualmente: *lo pagherò lo s.; vacci lo s., anche se non vogliono*

stésti ➤ **stare**

stesùra (o **-eṣù-**) [da *steso* ✱ av. 1722] **s. f.** **1** lo stendere, spec. mettendo per iscritto: *la s. del verbale del contratto; la s. dei colori sulla tela di un quadro* **2** redazione di un'opera letteraria: *questa è la prima s.; abbiamo diverse stesure di quest'opera*

stetoscopìa [comp. del gr. *stêthos* 'petto', e *-scopia* ✱ 1940] **s. f.** ● (*med.*) indagine medante lo stetoscopio

stetoscòpico [1940] **agg.** (**pl. m.** *-ci*) ● della stetoscopia | eseguito per mezzo dello stetoscopio: *esame s.*

stetoscòpio [comp. del gr. *stêthos* 'petto', e *-scopio* ✱ 1829] **s. m.** ● (*med.*) strumento a cannula che viene applicato su una regione del corpo per percepire, amplificati, i suoni in essa prodotti

stètti ➤ **stare**

stévola ➤ **stegola**

steward /ˈstjuard, *ingl.* ˈstjuəd/ [vc. ingl., propr. 'amministratore, dispensiere', dall'ingl. ant. *sti* 'recinto' e *weard* 'guardiano' ✱ 1928] **s. m. inv.** ● persona di sesso maschile impiegata a bordo degli aerei civili per fornire assistenza ai passeggeri | (*est.*) chi svolge lo stesso incarico su altri mezzi di trasporto pubblico o privato, come navi, treni, autopullman | (*est.*) chi fornisce assistenza agli spettatori in stadi, palasport ecc.

stìa ① [dal longob. *stiga* 'scala', per la sua forma ✱ av. 1300] **s. f.** ● grande gabbia in cui si tengono i polli e sim., per ingrassarli o per trasportarli ‖ **stiàccia**, pegg.

stìa ② ➤ **stare**

stiàccia ➤ **schiaccia**

stiacciàre ➤ **schiacciare**

stiacciàta ➤ **schiacciata**

stiacciàto **A** part. pass. di *stiacciare*; anche **agg.** ➤ **schiacciato** **B** **s. m.** ● nella scultura, rilievo a sporgenza minima e depressa che si attenua gradualmente dai primi agli ultimi piani, dando l'illusione della profondità con tecnica analoga alla pittura; è tipico spec. delle predelle rinascimentali

stiaccìno [di etim. incerta ✱ 1957] **s. m.** ● piccolo uccello dei Passeracei, migratore, che nidifica nei monti dell'Italia settentrionale (*Saxicola rubetra*)

stiàffo ➤ **schiaffo**

stiància [etim. incerta ✱ 1774] **s. f.** (**pl.** *-ce*) ● pianta palustre delle Tifacee con rizoma strisciante e articolato e lunghe foglie lineari usate per lavori di intreccio (*Typha latifolia*)

stiantàre e deriv. ➤ **schiantare** e deriv.

†**stiàre** [da *stia*① ✱ sec. XVI] **v. tr.** ● tenere nella stia

stiattàre ➤ **schiattare**

stiàvo ➤ **schiavo**

stibìna [da †*stibio*, con *-ina* ✱ 1885] **s. f.** **1** (*miner.*) antimonite SIN. stibnite **2** (*chim.*) trisolfuro di antimonio usato come antiparassitario

†**stìbio** [vc. dotta, dal lat. *stibiu(m)*, dal gr. *stibi* 'antimonio', di orig. sem. ✱ 1550] **s. m.** ● (*chim.*) antimonio

stibìṣmo [da †*stibio* ✱ 1960] **s. m.** ● (*med.*) intossicazione cagionata dall'antimonio

stibnìte [da †*stibio*, e *(antimo)nite* ✱ 1927] **s. f.** ● (*miner.*) solfuro di antimonio in cristalli prismatici o aciculari di colore grigio-piombo, facilmente fusibili SIN. antimonite, stibina

stick /*ingl.* stɪk/ [vc. ingl., propr. 'bastone' ✱ 1927] **s. m. inv.** ● bastoncino, piccolo cilindro spec. di materiale cosmetico e igienico, gener. protetto da un involucro di plastica da cui può essere fatto sporgere mediante un dispositivo a vite o a scorrimento

stìcker /ˈstiker, *ingl.* ˈstikə(r)/ [vc. ingl., dal v. *to stick* 'attaccare, incollare' ✱ 1984] **s. m. inv.** ● etichetta autoadesiva

stìco [gr. *stíchos* 'linea, verso' ✱ 1960] **s. m.** (**pl.** *-chi*) ● (*ling.*) in filologia, verso o rigo di scrittura

stico-, -stico [dal gr. *stíchos* 'linea, verso'] **primo e secondo elemento** ● in parole composte della terminologia dotta significa 'rigo', 'verso': *sticomitia, distico*

sticometrìa [comp. di *stico-* e *-metria* ✱ 1940] **s. f.** ● anticamente, divisione in versi

sticòmetro [comp. di *stico-* e *-metro* ✱ 1934] **s. m.** ● (*tipogr.*) tipometro

sticomitìa [vc. dotta, dal gr. *stichomythía*, comp. di *stíchos* 'verso' e *-mythía*, da *mythêisthai* 'dialogare' ✱ 1940] **s. f.** ● nella tragedia greca e latina, dialogo di poesia drammatica in cui ciascun interlocutore recita una battuta racchiusa in un solo verso

stìdda [vc. sicil., propr. 'stella', come contrassegno della cosca, anche se il riferimento può essere secondario ✱ 1992] **s. f.** ● organizzazione minore della mafia, attiva inizialmente nella Sicilia occidentale e diffusasi poi in altre regioni italiane, fino ad acquisire la denominazione di 'mafia parallela'

stiddàro [da *stidda* col suff. *-aro* ✱ 1992] **s. m.** (**f.** *-a*) ● chi appartiene alla stidda

stidióne ➤ **schidione**

stiepidìre o **stepidìre** [da *intiepidire*, con cambio di pref. (*s-*) ✱ 1865] **v. tr.** (*io stiepidìsco, tu stiepidisci*) ● (*raro*) riscaldare, intiepidire

†**stièra** ➤ **schiera**

stiètto (o **-é-**) ➤ **schietto**

stiffèlius o **stifèlius** [dal n. dell'opera verdiana *Stiffelio*, secondo la variante nella lingua di diffusione, il ted. (?) ✱ 1854] **s. m. inv.** ● redingote

†**stigàre** e deriv. ➤ **istigare** e deriv.

stìgio [vc. dotta, dal lat. *Stȳgiu(m)*, dal gr. *Stýgios* 'dello Stige' ossia 'infernale' ✱ 1336 ca.] **agg.** (**pl. f.** *-gie*) **1** (*lett.*) relativo allo Stige, uno dei fiumi infernali della mitologia greco-romana: *la palude stigia; fino al labro sta nelle onde stigie / Tantalo* (A. POLIZIANO) **2** (*est.*, *lett.*) infernale | (*est.*) nero, oscuro

stigliàre [da *tiglio* 'fibra', con *s-* ✱ 1768] **v. tr.** (*io stìglio*) ● separare la parte legnosa dello stelo del lino e della canapa da quella fibrosa

stìglio ① [av. 1757] **s. m.** ● strumento usato per stigliare

stìglio ② [lat. mediev. *usitiliu(m)*, dal classico *utensilia*, propr. 'cose necessarie', nt. pl. di *utēnsilis* 'utile, necessario'. V. *utensile* ✱ 1473] **s. m.** ● (*centr.*, *merid.*, **spec. al pl.**) mobilio, arredo di un negozio, un magazzino e sim.

stìgma o **stìmma** [vc. dotta, dal lat. *stĭgma* (nt.), dal gr. *stígma*, genit. *stígmatos* 'puntura, segno', da *stízein* 'marcare con un segno' ✱ av. 1306] **s. m.** (**pl.** *-i*) **1** (*bot.*) parte apicale espansa del pistillo, vischiosa o piumosa, sorretta o no dallo stilo **2** (*zool.*) ognuna delle piccole aperture ai lati del corpo degli Insetti per permettere l'entrata dell'aria nelle trachee **3** anticamente, marchio impresso sulla fronte di malfattori o schiavi **4** (*fig.*, *lett.*) segno caratteristico, impronta: *avrei dovuto portare per tutta la vita … lo s. del vinto* (I. SVEVO)

stigmate o **stimmate**, (*raro*) **stìmate**, †**stìmite** [vc. dotta, dal lat. *stĭgmata* (nt. pl.), dal gr. *stígma*, genit. *stígmatos* 'puntura, marchio'. V. *stigma* ✱ av. 1306] **s. f. pl.** **1** segni, in forma di piaghe e ferite, prodotti dai chiodi alle mani e ai piedi di Gesù crocifisso e dalla lancia al suo costato | impressione delle medesime piaghe sulle corrispondenti parti del corpo di santi e asceti | †***fare le stimite***, alzare le braccia in atto di grande ammirazione o meraviglia **2** manifestazioni più comuni ed evidenti in una malattia: *s. isteriche* **3** (*fig.*, *lett.*) segno caratteristico, marchio, impronta: *ciascuno con le stimate del suo peccato* (G. VERGA)

stigmàtico o **stimmàtico** [vc. scient. moderna, dal lat. *stĭgma*, genit. *stĭgmatis* 'stigma', di orig. gr. ✱ 1906] **agg.** (**pl. m.** *-ci*) **1** (*bot.*) che riguarda lo stigma **2** (*fis.*) detto di sistema ottico dotato di stigmatismo

stigmatìṣmo [1931] **s. m.** ● (*fis.*) proprietà per cui, quando il fascio di raggi uscenti di un punto emergente da un sistema ottico passa per un altro punto, le immagini risultano nitide

♦**stigmatiẓẓàre** o **stimmatiẓẓàre**, †**stimatiẓẓàre** [vc. dotta, dal gr. tardo *stigmatízein* 'marchiare, bollare', da *stígma*, genit. *stígmatos* 'marchio'. V. *stigma* ✱ av. 1686] **v. tr.** **1** (*raro*) imprimere le stigmate **2** (*fig.*) bollare con parole di forte biasimo, criticare vivamente: *s. le decisioni di qlcu.* ‖ **stigmatiẓẓazióne**, **s. f.** (V.)

SFUMATURE ➤ *criticare*

stigmatiẓẓazióne [1874] **s. f.** **1** (*raro*) impressione delle stigmate **2** (*fig.*) severa critica, energica condanna

stigmòmetro [comp. del lat. *stĭgma* 'punto' e *-metro* ✱ 1969] **s. m.** ● dispositivo utilizzato per la messa a fuoco in alcune macchine fotografiche reflex; è basato sullo sdoppiamento di una porzione dell'immagine

stignere ➤ **stingere**

stilàre [da *stilo* ✱ av. 1770] **v. tr.** ● (*burocr.*) redigere, scrivere nella forma dovuta: *s. un documento, una lettera*

stilàta [dal gr. *stýlos* 'colonna', sul modello di *colonnata* ✱ 1884] **s. f.** ● (*archit.*) piedritto, intermedio di una travata continua

stilb [vc. dotta, dal gr. *stílbein* 'splendere' ✱ 1949] **s. m. inv.** ● (*fis.*) unità di brillanza, definita come brillanza di una superficie ogni cm^2 della quale emette perpendicolarmente a sé stessa un fascio dell'intensità di una candela SIMB. sb

stilbìte [vc. dotta, dal gr. *stílbē* 'splendore', con *-ite*② ✱ 1819] **s. f.** ● (*miner.*) zeolite in cristalli incolori o in masse a struttura fibroso-raggiata con lucentezza madreperlacea

stilbo [vc. dotta, dal gr. *stilbós* 'lucido'. V. *stilb* ✱ 1970] **s. m.** ● insetto degli Imenotteri con addome rosso e torace verde brillante con riflessi dorati (*Stilbum splendidum*) SIN. vespa d'oro

♦**stile** o (*lett.*) **stilo** nel sign. 7 [lat. *stĭlu(m)* 'stilo', poi 'modo di scrivere', prob. di orig. indeur., affine a *stĭmulus* 'stimolo' ✱ sec. XIII] **s. m.** **1** complesso delle caratteristiche linguistiche e formali tipiche di un autore, di un genere o di una tendenza letteraria; (*generic.*) modo personale di scrivere: *s. originale, potente, elevato, accurato, elegante, ampolloso, prolisso, rozzo, dimesso, sciatto, fiacco; s. tragico, comico, elegiaco, eroico, serio, giocoso, burlesco, teatrale, epico, oratorio; lo s. di Omero, di Dante; innalzare lo s.; elevatezza, eleganza, di s.* | (*est.*) modo particolare di esprimersi musicalmente, caratteristico di un musicista o di una scuola: *lo s. di Verdi; lo s. rappresentativo del Seicento* | in pittura, in architettura, e in ogni espressione artistica in genere, insieme degli elementi e delle forme caratteristiche di un autore, una scuola, un'epoca: *s. raffaellesco; lo s. di Donatello; s. bizantino, romanico, gotico; lo sti-*

S

le di F. Fellini; lo s. del neorealismo | **s. di un mobile**, insieme delle caratteristiche formali e artistiche con riferimento all'epoca in cui vennero di moda e ai personaggi che le imposero o idearono: *mobile s. Luigi XV, di s. neoclassico* | **vecchio s.**, detto di opere, arredamenti e sim. che rivelano uno stile passato: *mobili vecchio s.*; (*est.*) riferito anche ad attività o persone: *oratoria vecchio s.*; *un gentiluomo vecchio s.* | **mobile in s.**, mobile di esecuzione moderna a imitazione di stili precedenti | **s. floreale**, V. *floreale* **2** (*stor.*) modo di computare il tempo, spec. l'inizio dell'anno: *s. romano, gregoriano* | **vecchio, nuovo s.**, usato prima o dopo la riforma gregoriana | **s. dell'Incarnazione**, il far cominciare l'anno il 25 marzo, giorno dell'Annunciazione | **s. della Natività**, il far cominciare l'anno il 25 dicembre, giorno di Natale **3** modo abituale di essere, di comportarsi, di agire: *lo s. solito*; *avere un proprio s.*; *cambiare s.*; *è nel suo s. non salutare mai*; *uno s. personale, impeccabile* | **s. di vita**, insieme delle abitudini e dei comportamenti di una persona, anche in riferimento alla salute (alimentazione, attività fisica, ecc.): *cambiare il proprio s. di vita* CFR. lifestyle, way of life | (*assol.*) correttezza, distinzione, signorilità, nel comportarsi e nell'agire: *una donna di s.*; *quella donna ha molto s.*; *vestire con s.* **4** modo di esecuzione di un esercizio o di un'attività sportiva | **s. libero**, nel nuoto, crawl, freestyle **5** foggia di vestito o di accessorio di moda: *mantello di s. inglese*; *eleganza di s. americano*; *pantaloni da sci di s. norvegese* **6** nella loc. **in grande s.**, di grandi proporzioni, con larghezza di mezzi: *un'avanzata in grande s.*; *è stata una festa in grande s.* **7** stiletto ‖ **stilàccio**, pegg.
SFUMATURE ➤ *moda*①, ➤ *signorilità*

Definizione d'autore
È un termine breve, eppure come pochi sa comprendere, in uno spazio così ridotto, tanti significati. È qualcosa di evidente e, insieme, di sotterraneo, di silenzioso, ma anche di eloquente. Per me è un codice totale, che obbliga alla coerenza nel momento in cui chiede il lampo dell'inventiva, la sorpresa della creatività. A volte lo **stile** può essere una costrizione, una regola che tollera poche digressioni e cortocircuiti. Lo **stile** infatti ti fa riconoscere e riassume il gusto, le tendenze, le culture che animano il mondo. Il bello è che non è generale, pur essendo assolutista verso chi lo riconosce, ma democraticamente molto personale.
Giorgio Armani

stilè o **stilé** [adattamento grafico del fr. *stylé*, da *style* 'stile' ✱ 1908] **agg. inv.** ● impeccabile, elegante, spec. nel vestiario e nel comportamento

stilèma [da *stile* col suff. *-ema*, sul modello di *fonema* ✱ 1958] **s. m.** (**pl.** *-i*) **1** (*ling.*) elemento di stile considerato come unità funzionale **2** frase, costrutto, procedimento stilistico, tipico di un autore, una scuola, un periodo

stilettàre [da *stiletto* ✱ 1669] **v. tr.** (*io stilétto*) ● (*raro*) colpire, ferire, con uno stiletto

stilettàta [1609] **s. f. 1** colpo di stiletto **2** (*est.*) dolore acuto e intenso (*anche fig.*): *sentire una s. al cuore*; *la rivelazione fu per lei una s.*

stilétto [dim. di *stilo* ✱ 1416] **s. m. 1** specie di pugnale, con ferro a sezione quadra o triangolare, molto aguzzo **2** (*est.*) tacco a spillo

stilifórme [comp. di *stilo* e *-forme* ✱ av. 1730] **agg.** ● a forma di stilo, sottile come uno stilo

stilìsmo [1925] **s. m. 1** culto dello stile **2** raffinatezza, virtuosismo, di stile **3** spec. nel settore della moda, sperimentazione di nuove idee, di nuovi stili

stilìsta [da *stile*, con *-ista*; nel sign. 2, calco sull'ingl. *stylist* ✱ 1870] **s. m. e f.** (**pl. m.** *-i*) **1** chi cura molto la correttezza e l'eleganza dello stile, spec. nello scrivere **2** chi progetta la linea estetica dei modelli per una serie di prodotti industriali: *uno s. di moda*; *una s. d'arredamento*

stilìstica [f. sost. di *stilistico*, con influsso del ted. *stilistik* ✱ 1855] **s. f.** ● studio dei procedimenti e degli effetti di stile caratteristici di un genere letterario | studio degli stilemi di una data epoca o di un dato autore

stilìstico [da *stilista* ✱ 1883] **agg.** (**pl. m.** *-ci*) ● dello stile, relativo allo stile ‖ **stilisticaménte**, **avv.** dal punto di vista stilistico

stilìta o **stilìte** [vc. dotta, dal gr. tardo (eccl.) *stylítes*, da *stŷlos* 'colonna' ✱ av. 1484] **s. m.** (**pl.** *-i*) ● nella Chiesa orientale, santo anacoreta che praticava la pubblica penitenza passando la vita sopra una colonna

stilizzàre [da *stile* ✱ 1897] **v. tr.** ● rappresentare nelle linee essenziali, interpretate secondo uno stile uniforme e atto a dar loro rilievo ‖ **stilizzazióne**, **s. f.**

stilizzàto **part. pass.** di *stilizzare*; anche **agg.** ● rappresentato negli elementi essenziali o interpretato secondo un dato stile

✦**stìlla** [vc. dotta, dal lat. *stílla(m)*, di prob. orig. mediterr. ✱ 1321] **s. f. 1** (*lett.*) goccia, piccola goccia: *una s. d'acqua, di sangue, di sudore* | **a s. a s.**, goccia a goccia **2** (*fig.*, *poet.*) parte, quantità, minima

stillaménto [dal lat. tardo *stillamĕntu(m)*, da *stillāre* 'stillare' ✱ av. 1406] **s. m.** ● (*raro*) lo stillare

stillànte **part. pres.** di *stillare*; anche **agg. 1** nei sign. del v. **2** (*lett.*) gocciolante: *le chiome dell'azzurra onda stillanti* (U. Foscolo)

stillàre [dal lat. *stillāre*, da *stĭlla* 'stilla'. V. *instillare* ✱ sec. XIII] **A** **v. tr. 1** mandare fuori a stille: *i favi stillano miele*; *la ferita stilla sangue* **2** (*raro*) distillare, filtrare | anche in forma pron., nella loc. (*fig.*, *fam.*) **stillarsi il cervello**, lambiccarsi il cervello **3** (*raro*, *lett.*) infondere, instillare | †**s. qlco. negli orecchi a qlcu.**, suggerirgliela **B** **v. intr.** (aus. *essere* nel sign. 1, *avere* nel sign. 2) **1** gocciolare, uscire a stille: *il miele stilla dai favi*; *dalla ferita stilla sangue* **2** (*lett.*, *fig.*) arzigogolare: *ha stillato tutto il giorno su questa faccenda* **C** **stillàrsi** **v. intr. pron.** ● (*lett.*) ingegnarsi, lambiccarsi il cervello: *stillarsi per trovare una via d'uscita*

stillatìzio [vc. dotta, dal lat. *stillatīciu(m)* 'stillante', da *stillātus* 'stillato' ✱ av. 1498] **agg.** ● (*raro*, *lett.*) che scende stillando

stillàto **A** **part. pass.** di *stillare*; anche **agg.** ● nei sign. del v. | distillato **B** **s. m.** ● (*disus.*, *lett.*) brodo ristretto, concentrato

stillazióne [vc. dotta, dal lat. tardo *stillatiōne(m)* 'il cadere goccia a goccia', da *stillātus* 'stillato'. V. *distillazione* ✱ sec. XIV] **s. f. 1** (*raro*) il fatto di cadere a goccia a goccia **2** distillazione

stilliberìsta [da *stil(e) libero*, con *-ista* ✱ 1960] **s. m. e f.** (**pl. m.** *-i*) ● nel nuoto, chi disputa le gare di stile libero

✦**stillicìdio** [vc. dotta, dal lat. *stillicĭdiu(m)*, comp. di *stĭlla* 'stilla' e *-cĭdium*, da *cădere* 'cadere' ✱ av. 1342] **s. m.** (**pl.** *-i* o *raro -ii*) **1** caduta dell'acqua goccia a goccia: *lo s. di una grondaia* **2** (*fig.*) ripetizione continua e fastidiosa di qlco. di spiacevole: *uno s. di richieste, di contrattempi*

stìllo [da *stillare* ✱ av. 1492] **s. m. 1** (*tosc.*) stillicidio | (*tosc.*) distillazione **2** (*fig.*, *tosc.*) trovata ingegnosa **3** (*raro*, *tosc.*) in alcuni giochi di carte, la carta di maggior presa, come l'asso, il due, il tre

stilnovìsmo [da *stil novo*, con *-ismo* ✱ 1942] **s. m. 1** stilnovo **2** modo di poetare caratteristico degli stilnovisti

stilnovìsta [1942] **A** **s. m.** (**pl.** *-i*) ● poeta dello stilnovo **B** **agg.** ● stilnovistico

stilnovìstico [1942] **agg.** (**pl. m.** *-ci*) ● dello stilnovo | degli stilnovisti ‖ **stilnovisticaménte**, **avv.**

stilnòvo o **stil nòvo** [comp. di *stil(e)* e *n(u)ovo*, ma attrav. l'espressione (*dolce*) *stil novo* impiegata da Dante nel canto XXIV del Purgatorio ✱ 1319] **s. m. solo sing.** ● stile poetico comune ad alcuni autori italiani del XIII e XIV sec., tra cui Dante, caratterizzato da uno squisito impegno formale e da una tematica amorosa sensibile allo psicologismo cortese e all'idealizzazione della donna come fonte di elevazione morale

stìlo① o (*raro*) **stìle**, nei sign. 1, 2, 3 [dal lat. *stĭlu(m)*, di etim. incerta ✱ 1294] **s. m. 1** presso gli antichi, strumento in metallo od osso, con un'estremità appuntita per scrivere sulle tavolette cerate, l'altra estremità allargata, per cancellare la scrittura stendendo la cera **2** braccio graduato della stadera | ago, indice di bilancia | nel giradischi, asta mobile che regge una puntina di diamante **3** stiletto **4** (*bot.*) parte del pistillo che si eleva dall'ovario e sorregge lo stigma **5** (*zool.*) appendice, spina, o sim. di taluni insetti **6** denominazione di un tipo standard di pila da 1,5 V ‖ **stilétto**, **dim.** (V.)

stìlo② [1923] **s. f. inv.** ● accorc. di *stilografica*

stilo-, -stilo [gr. *stylo-*, da *stŷlos* 'colonna' (prob. d'orig. indeur.)] **primo e secondo elemento** ● in parole composte, significa 'colonna' o 'aspetto simile a colonna': *stiloforo*; *astilo*, *polistilo*

stilòbate [vc. dotta, dal lat. *stylŏbate(m)*, dal gr. *stylobátēs* 'piedistallo', comp. di *stŷlos* 'colonna' e *-bátēs*, da *báinein* 'andare' ✱ av. 1452] **s. m. 1** (*archit.*) negli edifici dell'antica Grecia, base della colonna **2** (*archit.*) zoccolo, basamento comune a gradinate di un edificio, nell'antica Grecia SIN. crepidine

stilòforo [comp. di *stilo-*, dal gr. *stŷlos* 'colonna', e *-foro* ✱ 1940] **A** **agg.** ● (*archit.*) detto di animale marmoreo, gener. un leone, portante una colonna, usato, per es., in alcuni protiri dell'architettura romanica **B** **s. m. 1** animale stiloforo **2** accessorio da scrivania, consistente in una base che regge un piccolo sostegno cavo atto a contenere una penna

stilogràfica [abbr. di (*penna*) *stilografica*, sul modello dell'ingl. *stylographic pen* ✱ 1911] **s. f.** ● penna stilografica

stilogràfico [comp. di *stilo* e *-grafico* ✱ 1910] **agg.** (**pl. m.** *-ci*) ● ***penna stilografica***, penna dotata di un serbatoio contenente inchiostro che alimenta il pennino | ***inchiostro s.***, quello adatto a tale tipo di penna

stilòide [vc. dotta, gr. *styloeidés* 'simile (*-oidés*) a colonna (*stŷlos*)' ✱ av. 1673] **agg.** ● (*anat.*) detto di struttura ossea conformata come uno stilo

stiloioidèo [comp. di (*ipofisi*) *stil(oide)* e *ioideo* ✱ 1840] **agg.** ● (*anat.*) relativo all'osso stiloide del temporale e all'osso ioide: *legamento s.*

stilometrìa [comp. di *stile* e *-metria* ✱ av. 1952] **s. f.** ● (*ling.*) tecnica di analisi che sottopone a misurazione gli elementi di stile di un testo, per lo più al fine di stabilirne la paternità o la datazione per confronto con altri testi sicuramente attribuiti o datati

stilóso (o *-ṣo*) [da *stile* ✱ 1959] **agg.** ● dotato di stile e di eleganza: *s. anche nella mortificante divisa* (B. Fenoglio)

✦**stìma** o †**estìma** [da *stimare* ✱ av. 1294] **s. f. 1** valutazione del valore economico di un bene o un servizio: *fare la s. di una casa, di un oggetto di antiquariato* | prezzo assegnato in base a tale valutazione: *s. alta, bassa* | il bene stimato | (*gramm.*) ***complemento di s. e di prezzo***, indica rispettivamente la valutazione di qlcu. o qlco. (*anche fig.*) e il prezzo di qlco.; è introdotto dalle prep. *a, da, per, di, in, circa, oltre*, e sim. o, con valore approssimativo, *su* e dalle loc. prep. *più di, meno di, intorno a*, e sim., ma frequentemente si trova senza preposizione (per es.: *un oggetto di gran valore; sul lavoro è tenuto in grande considerazione; costa cento euro, sui cento euro, circa cento euro, intorno ai cento euro; me l'ha venduto per cinquanta euro; l'appartamento è valutato 400 000 euro*) | (*raro*) ***stime vive***, bestiame del podere SIN. scorte vive | ***stime morte***, letame, paglia, foraggi, macchine, attrezzi, ecc. SIN. scorte morte | (*raro*) ***fare s. di***, fare conto di | †***senza s.***, in modo incalcolabile **2** determinazione di valori incogniti, non certi ma determinati, con valutazioni soggettive: *il reddito d'impresa è un valore di s.* **3** (*mar.*) calcolo per determinare la posizione della nave in base alle rotte seguite e alle velocità tenute **4** opinione buona, favorevole, delle qualità, dei meriti, dell'operato e sim. altrui: *avere s. di qlcu.; avere poca, molta, nessuna s. di qlcu.; godere la s. di tutti; essere degno di s.; avere qlcu. in grande s.; crescere nella s. di qlcu.; ricevere una manifestazione di s.* | ***successo di s.***, quello di un'opera, spec. teatrale, dovuto più al buon nome dell'autore che non al merito intrinseco dell'opera stessa SIN. considerazione, credito CONTR. disistima

SFUMATURE DI SIGNIFICATO
stima - considerazione - credito
Stima è l'opinione buona, favorevole che circonda una persona per le qualità, i meriti, i modi del suo operare. Stesso significato ha **considerazione**, che accentua tuttavia l'aspetto del giudizio positivo che è alla base della stima. In **credito** la buona opinione si esprime soprattutto come credibilità, affidabilità.
SFUMATURE ➤ ***reputazione***

stimàbile [vc. dotta, dal lat. *aestimābile(m)*, da *aestimāre* 'stimare' ✱ av. 1294] **agg.** **1** che si può valutare economicamente: *i danni sono stimabili in un milione di euro* **2** che è degno di stima ‖ **stimabilità**, **s. f. inv.**

†**stimagióne** ➤ **estimazione**

♦**stimàre** o (*lett.*) **estimàre** [lat. *aestimāre*, da *āes*, genit. *āeris* 'bronzo, cosa preziosa' ✱ sec. XII] **A v. tr.** **1** valutare, determinare il prezzo, il valore di un bene: *s. un podere, un gioiello* **2** reputare, giudicare, credere (seguito da un compl. predicativo dell'oggetto): *tutti lo stimano fortunato; lo stimano un grande attore; quella beltade / Ch'egli estimava ... più che umana* (M.M. Boiardo) | ritenere, pensare (+ *che*, + *di* **seguito da inf.**): *stimando che ogni tentativo sarebbe stato inutile; stimò di riuscire a terminare il lavoro entro la sera* | †***se bene stimo***, se giudico bene, se la mia opinione è giusta | (*lett.*) considerare: *la salute di chi al mondo vive consiste nella quiete et ... nel s. niente le cose del mondo* (G. Vasari) **3** avere buona opinione, grande considerazione di qlcu.: *tutti lo stimano; è un uomo stimato da tutti* CONTR. disistimare **B stimàrsi v. rifl.** **1** giudicarsi, ritenersi (seguito da un compl. predicativo del soggetto): *puoi stimarti fortunato* **2** (*tosc.*) darsi delle arie

stìmate ➤ **stigmate**

†**stimativa** ➤ **estimativa**

†**stimativo** ➤ †**estimativo**

†**stimatiẓẓàre** ➤ **stigmatizzare**

stimàto **part. pass.** di *stimare*; **anche agg.** **1** determinato per mezzo di una stima: *valore s.* **2** che gode di alta considerazione: *un professionista molto s.* **3** detto di misurazione ottenuta mediante stima: *punto s. di navigazione*

stimatóre o **estimatóre** [lat. *aestimatōre(m)*, da *aestimātus* 'stimato' ✱ 1293] **s. m.** (**f.** *-trice*) **1** chi, spec. per professione, giudica il valore o il prezzo di qlco.: *uno s. di oggetti d'arte* **2** V. *estimatore*

†**stimazióne** ➤ **estimazione**

†**stìmite** ➤ **stigmate**

stimma ➤ **stigma**

stìmmate ➤ **stigmate**

stimmàtico ➤ **stigmatico**

stimmatiẓẓàre ➤ **stigmatizzare**

Stimmung /*ted.* 'ʃtɪmuŋ/ [vc. ted., propr. 'tendenza, stato d'animo', in orig. 'accordatura, intonazione', dal v. *stimmen* 'accordare, predisporre' ✱ 1957] **s. f. inv.** (**pl. ted.** *Stimmungen*) ● nel linguaggio della critica letteraria e filosofica, atmosfera particolare di un'epoca o di un ambiente; stato d'animo di un autore

†**stimo** ① [av. 1294] **s. m.** ● stima

†**stimo** ② ➤ **estimo** ①

stimolànte **A** **part. pres.** di *stimolare*; **anche agg.** **1** che stimola, che sprona: *un esempio s.* | che suscita vivo interesse: *una lettura, una conferenza s.* **2** (*med.*) che eccita una determinata funzione: *sostanza, farmaco, medicinale, s.* SIN. eccitante **B s. m.** ● sostanza, farmaco stimolante

♦**stimolàre** [vc. dotta, dal lat. *stimulāre*, da *stĭmulus* 'stimolo' ✱ sec. XIII] **v. tr.** (*io stìmolo*) **1** (*raro, lett.*) pungolare con lo stimolo: *s. i buoi* | †pungere, tormentare: *mosche e tafani... fieramente la stimolavano* (G. Boccaccio) **2** (*fig.*) incitare, spronare, esortare: *s. qlcu. a studiare; s. qlcu. con le lusinghe; l'ambizione lo stimola ad agire* **3** eccitare una determinata reazione: *s. l'appetito* | rendere più vivace, più attivo: *uno spettacolo che stimola l'intelligenza*
SFUMATURE ➤ ***incitare***

stimolatìvo [av. 1698] **agg.** ● (*raro*) che stimola | atto a stimolare

stimolatóre [dal lat. tardo *stimulatōre(m)*, da *stimulātus* 'stimolato' ✱ sec. XIII] **A s. m.** (**f.** *-trice*); **anche agg.** ● chi (o che) stimola: *azione stimolatrice* **B s. m.** ● ***s. cardiaco interno***, pacemaker

stimolazióne [vc. dotta, dal lat. *stimulatiōne(m)*, da *stimulātus* 'stimolato' ✱ av. 1406] **s. f.** ● lo stimolare: *la s. di un nervo; s. della retina*

♦**stìmolo** o †**stìmulo** [vc. dotta, dal lat. *stĭmulu(m)*, propr. 'cosa puntuta', di orig. indeur. ✱ av. 1292] **s. m.** **1** (*raro, lett.*) pungolo per i buoi **2** (*fig.*) incentivo, incitamento: *senza uno s. non agisce; ha bisogno di uno s.; agire sotto lo s., sotto gli stimoli, dell'ira* **3** bisogno di soddisfare una necessità fisiologica: *sentire lo s. della fame, dei sensi* **4** fattore capace di provocare una reazione organica: *s. secretore; s. nervoso* **5** (*psicol.*) ***s. condizionato***, quello che mediante condizionamento acquista la proprietà di provocare una data risposta, di cui era originariamente incapace **6** †angoscia, tormento | †molestia

†**stimolóso** (o **-ṣo**) [dal lat. tardo *stimulōsu(m)* 'stimolante', da *stĭmulus* 'stimolo' ✱ 1336 ca.] **agg.** ● che stimola | (*fig.*) tormentoso

†**stìmulo** ➤ **stimolo**

stincàta [av. 1535] **s. f.** ● (*tosc.*) colpo battuto con lo stinco

stincatùra [1713] **s. f.** ● (*tosc.*) percossa ricevuta nello stinco | segno che ne rimane

stinco [dal longob. *skinkan*. V. ted. *Schinken* 'prosciutto' ✱ sec. XIII] **s. m.** (**pl.** *-chi*) **1** comunemente, corpo della tibia caratterizzato da un margine anteriore spigoloso | ***non essere uno s. di santo***, (*scherz.*) essere tutt'altro che un galantuomo, comportarsi in modo non conforme alla morale (con riferimento alle reliquie di santi negli ossari) **2** (*zool.*) parte dell'arto fra il ginocchio e il nodello, nei quadrupedi | (*cucina*) stinco di vitello o di maiale cotto intero ‖ **stinchétto**, **dim.**

†**stinènzia** ➤ **astinenza**

stìngere o (*lett.*) **stìgnere** [da *tingere*, con *s-* ✱ sec. XIII] **A v. tr.** (**coniug. come** *tingere*) ● togliere la tinta, il colore: *il sole stinge i colori vivaci* **B v. intr.** (**aus.** *essere* **o** *avere*) **e stìngersi v. intr. pron.** ● perdere la tinta, il colore: *è una stoffa che stinge; il tappeto si è stinto* | (*est.*) sfumarsi: *l'azzurro stingeva in un grigiore di piombo* (R. Bacchelli)

stìngersi [lat. *stĭnguere* 'spegnere', di orig. indeur. ✱ 1321] **v. intr. pron.** (**pres.** *io mi stìngo, tu ti stìngi*; **pass. rem.** *io mi stìnsi, tu ti stingésti*; **part. pass.** *stìnto*) ● (*raro, poet.*) svanire alla vista

stingiménto [da *stingere* ✱ 1961] **s. m.** ● (*raro*) lo stingersi | (*fig., lett.*) perdita di importanza, caduta in disuso: *uno s. della figura del poeta* (P.P. Pasolini)

†**stìnguere** [variante ant. di *estinguere*, dal lat. *stĭnguere* (V. *stingersi*) ✱ av. 1250] **v. tr.** ● (*lett.*) estinguere

stìnsi ➤ **stingere**

stintignàre [da *stentare* ✱ av. 1850] **v. intr.** (**coniug. come** *segnare*; **aus.** *avere*) ● (*tosc.*) fare qlco. in modo fiacco, svogliato, indeciso

stìnto ① **part. pass.** di *stingere*; **anche agg.** ● che ha perso la tinta, il colore: *abito s.*

stìnto ② **part. pass.** di *stingersi* ● nel sign. del v.

†**stìnto** ③ **part. pass.** di †*stinguere*; **anche agg.** ● estinto

stiòppo ➤ **schioppo**

stịòro [variante region. di *staiuolo*, dim. di *staio* ✱ sec. XIII] **s. m.** (**pl.** *stịòra*, **f.**) ● antica misura toscana di superficie con valore variabile da luogo a luogo e generalmente compreso fra 500 e 600 m²

stìpa ① [lat. *stīpa(m)* 'paglia' ✱ sec. XIII] **s. f.** **1** (*lett.*) insieme di sterpi, rami secchi, e sim. usati per accendere il fuoco **2** †catasta di legna

stìpa ② [da *stipa* ① ✱ av. 1512] **s. f.** ● (*bot.*) genere di Graminacee spontanee comprendente più di cento specie tropicali e subtropicali | ***S. tenacissima***, alfa ②

stìpa ③ [da *stipare* ② ✱ 1313] **s. f.** ● (*raro, lett.*) mucchio di cose stipate insieme | massa confusa di persone: *accaldata s. di corpi* (R. Bacchelli)

†**stipàre** ① [da *stipa* ①, con *s-* ✱ av. 1292] **v. tr.** **1** pulire i boschi dalla stipa, nel sign. di *stipa* ① **2** circondare di stipa

♣**stipàre** ② [lat. *stipāre*, di orig. indeur. ✱ 1313] **A v. tr.** **1** ammassare persone o cose in uno spazio assai limitato **2** (*fig., lett.*) addensare, condensare **B stipàrsi v. intr. pron.** ● accalcarsi, pigiarsi: *ci stipammo nel piccolo teatro*
SFUMATURE ➤ ***pressare***

stipàto **part. pass.** di *stipare* ②; **anche agg.** ● ammassato in uno spazio ristretto: *vestiti stipati in un mobile* | molto affollato: *un teatro s. di spettatori*

stipatùra [da *stipare* ① ✱ av. 1811] **s. f.** ● (*agric.*) asportazione della vegetazione di erbe, cespugli e talora arbusti ricoprente il terreno rimasto nudo dopo il taglio del ceduo

stìpe [vc. dotta, dal v. lat. *stipāre* 'accatastare' ✱ av. 1564] **s. f.** ● (*archeol.*) insieme di oggetti votivi offerti a una divinità e ritrovati in fosse o depositi ubicati in aree sacre | il deposito o la fossa stessi

stipendiàre [dal lat. tardo *stipendiāri* 'servire a stipendio', da *stipĕndium* 'stipendio' ✱ 1529] **v. tr.** (*io stipèndio*) ● assumere al proprio

S

servizio | retribuire con uno stipendio

†**stipendiàrio** [vc. dotta, dal lat. *stipendiā-riu(m)* 'tributario' e 'mercenario', da *stipĕndium* 'stipendio' ✱ av. 1400] **s. m. 1** mercenario | stipendiato **2** tributario

stipendiàto **A** **part. pass.** di *stipendiare*; **anche agg.** ● nei sign. del v. **B** **s. m.** (**f.** *-a*) ● chi percepisce uno stipendio

♦**stipèndio** [vc. dotta, dal lat. *stipĕndiu(m)*, propr. 'contribuzione in denaro', comp. di *stĭps*, genit. *stĭpis* 'moneta, offerta' e *-pĕndium*, da *pĕndere* 'pagare' ✱ 1306] **s. m. 1** retribuzione del lavoro subordinato degli impiegati: *s. magro, lauto; ritirare lo s.; avere un aumento di s.; essere sospeso dello s.* **2** anticamente, paga, soldo, per servizio militare | retribuzione corrisposta ai mercenari | (*lett.*) ***essere, stare, allo s., agli stipendi, di qlcu.***, al servizio di qlcu. ‖ **stipendiétto**, **dim.** | **stipendióne**, **accr.** | **stipendiùccio**, **dim.**

SFUMATURE ➤ *compenso*, ➤ *paga*

stipéto [da *stipa*① ✱ 1891] **s. m.** ● (*raro*) terreno coperto di stipa

stipettàio [da *stipetto* ✱ 1772] **s. m.** (**f.** *-aia*, **pl. m.** *-ai*) ● artigiano specializzato nella fabbricazione di stipi

stipetterìa [da *stipetto* ✱ 1960] **s. f.** ● fabbricazione di stipi

stipétto [1623] **s. m. 1** dim. di *stipo* **2** (*mar.*) armadietto di bordo ‖ **stipettìno**, **dim.**

stìpite o †**stìpito** [vc. dotta, dal lat. *stīpite(m)* 'fusto, palo', connesso con *stipāre* 'stipare②' ✱ av. 1306] **A** **s. m. 1** (*bot.*) fusto delle palme | (*lett.*) tronco, fusto dell'albero **2** gambo dei funghi **3** elemento architettonico verticale che limita lateralmente un vano di porta, di finestra e sim. **4** (*fig., lett.*) capostipite: *Io son... lo s. de' tuoi* (G. GIUSTI) | (*est.*) riferito a lingua, origine comune **B** **agg.** ● (*biol.*) nella loc. ***cellula s.***, (*disus.*) cellula staminale

stipo [da *stipare*② ✱ 1618] **s. m. 1** mobiletto di solito in legno pregiato e artisticamente decorato diffusosi nel XVI secolo per conservare spec. oggetti di valore, documenti e sim. **2** mobile di vario tipo o armadietto per lo più appoggiato al muro per conservare oggetti di uso comune ‖ **stipétto**, **dim.** (V.) | **stipóne**, **accr.**

stìpola [vc. dotta, dal lat. *stĭpula(m)*, connesso forse con *stipāre* 'stipare②'. V. *stoppia* ✱ 1806] **s. f.** ● (*bot.*) espansione di aspetto fogliaceo posta all'inserzione del picciolo

stipolàre ➤ **stipulare**

stipolàto [da *stipola* ✱ 1840] **agg.** ● (*bot.*) detto di foglia fornita di stipola

stìpsi [vc. dotta, dal lat. tardo *stȳpsi(m)*, dal gr. *stýpsis* 'astringenza', da *stýphein* 'restringere', di orig. indeur. V. *stipare*② ✱ 1829] **s. f. inv.** ● (*med.*) ritardo o insufficienza dell'evacuazione delle feci dall'intestino crasso SIN. stitichezza

stìpula① [variante ant. di *stipola* (V.) ✱ av. 1342] **s. f. 1** (*raro*) stipola **2** (*raro, lett.*) stoppia

stìpula② [da *stipulare* ✱ 1743] **s. f.** ● (*dir.*) stipulazione: *la s. di un contratto*

stipulànte **A** **part. pres.** di *stipulare*; **anche agg.** ● nel sign. del v. **B** **s. m. e f. 1** chi stipula un contratto **2** nel diritto romano, il soggetto della stipulazione a favore del quale sorgeva il diritto di credito

stipulàre o (*raro*) **stipolàre** [vc. dotta, dal lat. tardo *stipulāre*, variante del classico *stipulāri* 'esigere un impegno formale', da *stĭpula* 'paglia', perché si contraeva l'obbligo spezzando una pagliuzza ✱ 1357] **v. tr.** (*io stìpulo*) ● redigere una convenzione per iscritto: *s. un contratto di vendita*

stipulazióne [vc. dotta, dal lat. *stipulatiō-ne(m)*, da *stipulātus* 'stipulato' ✱ sec. XIII] **s. f. 1** nell'antica Roma, forma solenne, verbale, utilizzata per costituire un'obbligazione **2** (*dir.*) qualunque convenzione scritta nell'osservanza delle forme di legge | (*comm.*) conclusione di un atto con l'assistenza di un notaio

stiracalzóni [comp. di *stira(re)* e il pl. di *calzone* ✱ 1905] **s. m. inv.** ● pressa di legno per dare o mantenere la piega ai calzoni

stiracchiàbile [av. 1712] **agg.** ● che si può stiracchiare

stiracchiaménto [1539] **s. m.** ● lo stiracchiare, lo stiracchiarsi (*anche fig.*)

stiracchiàre [da *stirare*, con suff. iter.-pegg. ✱ 1498] **A** **v. tr.** (*io stiràcchio*) **1** (*raro*) tirare facendo forza, per distendere, allargare e sim.: *s. le gambe; stiracchiava il labbro inferiore e stava ad aspettare che la lacrima gli colasse giù* (L. PIRANDELLO) | (*lett.*) trascinare con qualche sforzo: *stiracchiava una bambina per il braccio* (A. PALAZZESCHI) **2** (*fig.*) tirare in lungo qlco.: *s. un discorso* | interpretare cavillando, forzare il significato di qlco.: *s. il significato di una frase* **3** (*fig., fam.*) cercare di risparmiare il più possibile (*anche assol.*): *per vivere devono s.* | ***s. la vita***, campare stentatamente **B** **v. tr. e intr.** (**aus.** *avere*) ● (*fam.*) mercanteggiare: *s. un prezzo, su un prezzo; comprare senza s.* **C** **stiracchiàrsi** **v. rifl.** ● distendere, allungare le membra: *si stiracchiava, si sgranchiva, si lisciava come una specie di gatto* (E. VITTORINI)

stiracchiàto **part. pass.** di *stiracchiare*; **anche agg. 1** nei sign. del v. **2** (*fig.*) sforzato, stentato: *discorso s.; interpretazione stiracchiata* ‖ **stiracchiataménte**, **avv.** in modo stiracchiato, stentato

stiracchiatùra [av. 1594] **s. f. 1** (*raro*) stiracchiamento **2** (*fig.*) interpretazione forzata, espressione stentata: *questo racconto è tutto una s.*

stiràggio [1983] **s. m.** ● stiramento | (*tecnol.*) ***s. del vetro***, il procedimento per produrre lastre, fili, bacchette, lana di vetro, a partire da una massa di vetro portata al giusto grado di viscosità mediante riscaldamento

stiramàniche [comp. di *stira(re)* e il pl. di *manica* ✱ 1960] **s. m. inv.** ● attrezzo per stirare le maniche senza comprimerle, formato da due tavolette distanziate e sovrapposte, unite da un lato, di cui la superiore, nella quale va infilata la manica, è arrotondata all'estremità libera

stiraménto [1553] **s. m. 1** lo stirare, lo stirarsi: *s. di fibre tessili* CFR. stiratura **2** (*med.*) lesione dei legamenti di un'articolazione per allontanamento dei capi articolari **3** (*mecc.*) avaria della dentatura degli ingranaggi consistente nella formazione di un solco sui denti conduttori e di una cresta su quelli condotti, dovuta a una lubrificazione insufficiente o non appropriata **4** (*tecnol.*) stiro

stirapantalóni [comp. di *stira(re)* e del pl. di *pantalone* ✱ 1987] **s. m. inv.** ● stiracalzoni

♦**stiràre** [da *tirare*, con *s-* ✱ 1268] **A** **v. tr. 1** distendere qlco. tirandola: *s. la pasta col matterello; stirando, con tutt'e due le mani, la tovaglia sulla tavola* (A. MANZONI) **2** togliere le pieghe col ferro caldo (*anche assol.*): *s. la biancheria, i panni; la domestica stira; ferro per s.* | ***s. i capelli***, renderli lisci con apposita piastra calda **3** (*tecnol.*) stendere su una superficie più ampia, detto spec. della massa del vetro nel procedimento dello stiraggio **B** **stiràrsi** **v. tr. pron.** (**aus.** *essere*) **1** stirare qlco. di proprio: *stirarsi i pantaloni, la camicia* **2** procurarsi uno stiramento: *si è stirato i muscoli del collo* **C** **stiràrsi** **v. rifl.** ● (*fam.*) distendere le membra intorpidite **D** **stiràrsi** **v. intr. pron.** ● essere vittima di uno stiramento muscolare o tendineo

stiràta [1823] **s. f. 1** lo stirare in una volta e in fretta: *dare una s. ai pantaloni* **2** lo stirarsi le membra: *Sbadigliò ancora, dandosi una s.* (P.P. PASOLINI) ‖ **stiratìna**, **dim.**

stiràto **part. pass.** di *stirare*; **anche agg. 1** nei sign. del v. | (*med.*) che ha subito uno stiramento **2** (*tecnol.*) che è stato sottoposto a stiro: *film di materia plastica s.*

stiratóio [da *stirare* ✱ av. 1859] **s. m.** (**pl.** *-ói*) **1** (*tess.*) macchina tessile, impiegata spec. nella lavorazione del cotone e del raion, che ha lo scopo di disporre parallelamente le fibre e regolarizzare il nastro che esce dalle corde **2** panno di lana coperto di tela, sul quale si stira

stiratóre [da *stirare* ✱ 1858] **s. m. 1** (**f.** *-trice* (V.), **pop., disus.** *-tora*) operaio addetto a operazioni di stiramento o di stiratura | chi per mestiere stira la biancheria (anche a domicilio) **2** (*tosc.*) tavolo per disegnatori

stiratorìa [da *stirare* ✱ 1939] **s. f.** ● (*tosc.*) stireria

stiratrìce [1839] **s. f. 1** f. di *stiratore* nel sign. 1 **2** macchina automatica per stirare **3** (*tess.*) stiratoio

stiratùra [av. 1566] **s. f. 1** operazione dello stirare la biancheria **2** (*raro*) stiramento, di muscoli **3** (*tecnol.*) stiro

stirène [vc. scient. moderna, dal gr. *stýrax*, genit. *stýrakos* 'storace', con *-ene* ✱ 1933] **s. m.** ● (*chim.*) derivato fenilico dell'etilene contenuto nello storace, impiegato nella fabbricazione di resine e della gomma sintetica SIN. stirolo

stirènico [1992] **agg.** (**pl. m.** *-ci*) ● (*chim.*) detto di sostanza derivata o a base di stirene

stirerìa [da *stirare* ✱ 1891] **s. f.** ● laboratorio attrezzato per la stiratura a pagamento di indumenti e biancheria | locale dove si stirano indumenti e biancheria, in grandi comunità, quali collegi, alberghi, ospedali, o in dimore signorili

stiriẓẓìrsi (o **-zz-**) [calco su *intirizzire*, con cambio di pref. (*s-*) ✱ 1882] **v. tr. pron.** (*io mi stiriẓẓisco, tu ti stiriẓẓisci*; **aus.** *essere*) ● riscaldarsi: *s. le membra; magari un sorso, e una bella fiammata per s.* (L. PIRANDELLO) CONTR. intirizzirsi

stìro [da *stirare* ✱ 1898] **s. m. 1** operazione dello stirare la biancheria, spec. nella loc. ***da s.***: *ferro, asse, tavolo, da s.* | ***pressa da s.***, usata nelle stirerie per la stiratura a vapore **2** (*tecnol.*) operazione di trazione che si compie sulle fibre e sui film di determinate materie plastiche, e che ha lo scopo di determinare un allungamento permanente del materiale con un conseguente assottigliamento

stiròlo [dal gr. *stýrax*, genit. *stýrakos* 'storace', con *-olo*①. V. *storace* ✱ 1875] **s. m.** ● (*chim.*) stirene

stirpàre ➤ **estirpare**

stìrpe [vc. dotta, dal lat. *stĭrpe(m)* 'ceppo, radice', di orig. mediterr. ✱ 1308] **s. f. 1** schiatta, origine di una famiglia: *essere di antica, di nobile, s.; s. reale* SIN. casata, famiglia, lignaggio **2** (*dir.*) complesso di persone che formano la discendenza immediata del defunto: *successione per stirpi* SIN. discendenza, generazione, progenie

SFUMATURE DI SIGNIFICATO

stirpe - schiatta - sangue - razza

Un complesso di individui che risale a uno stesso capostipite si definisce **stirpe. Schiatta** ha il medesimo significato ma è termine d'uso più letterario. Anche **sangue** identifica una comune discendenza fra individui, ma sottolinea il senso di appartenenza, la condivisione quasi fisica di un patrimonio comune. Identica enfasi ha il termine **razza**, che in questo contesto identifica tutte le persone discendenti da un individuo, metten-

a b c d e f g h i j k l m n o p q r **s** t u v w x y z

do l'accento sulle caratteristiche somatiche o caratteriali che li accomunano.
SFUMATURE ➤ *nascita*

†**stirpéto** ➤ **sterpeto**

sticherìa [av. 1587] **s. f.** ● (*lett.*; *fig.*) povertà di stile | grettezza, povertà mentale

stitichézza [da *stitico* ✱ 1340 ca.] **s. f. 1** stipsi **2** (*fig.*) povertà di ispirazione e di produzione di opere artistiche | (*fig.*, *fam.*) spilorceria

†**stiticità** [da *stitico* ✱ av. 1346] **s. f.** ● caratteristica di ciò che è astringente, aspro

stìtico [vc. dotta, dal lat. tardo *stȳpticu(m)*, dal gr. *styptikós* 'astringente', da *stýpsis* 'stipsi' ✱ av. 1292] **A agg. e s. m.** (**f.** *-a*; **pl. m.** *-ci*, †*-chi*) **1** che (o chi) soffre di stipsi **2** (*fig.*, *fam.*) che (o chi) opera con lentezza, faticosamente **3** (*fig.*, *fam.*) avaro | (*fig.*) misero, striminzito **B agg. 1** (*pop.*, *tosc.*) di carattere scontroso, austero **2** †astringente ‖ **stitichìno**, **dim.** | **stiticùzzo**, **dim.** ‖ **stiticaménte**, **avv.** (*fig.*) in modo avaro, non generoso

†**stituire** e deriv. ➤ **istituire** e deriv.

♦**stìva** ① [da *stivare* ✱ sec. XIII] **s. f.** ● sulle navi e sugli aeromobili, locale o vano in cui è immagazzinato il carico

stìva ② [lat. *stīva(m)*, di etim. incerta. V. *stegola* ✱ 1542] **s. f.** ● braccio di ferro provvisto di un'impugnatura che permette di guidare l'aratro **SIN.** stegola

stivàggio [da *stivare* ✱ 1805] **s. m.** ● operazione dello stivare | carico nella stiva

stivalàio [1811] **s. m.** (**f.** *-aia*, **pl. m.** *-ai*) ● chi fabbrica o vende stivali

stivalàta [1581] **s. f.** ● colpo di stivale

stivalàto [av. 1566] **agg.** ● calzato con stivali

♦**stivàle** [dall'ant. fr. e provenz. *estival*, prob. dal tardo lat. *tibiāle* (nt.) 'fascia intorno alla tibia', da *tībia*. V. *tibia* ✱ 1262] **s. m. 1** calzatura di cuoio o gomma che arriva al ginocchio, mezza coscia o anche all'inguine: *stivali da caccia, da palude*; *calzare, mettersi, togliersi, gli stivali*; *togliere gli stivali a qlcu.*; *il gatto con gli stivali* | ***stivali alla scudiera***, appena oltre il ginocchio | ***stivali alla ussaro, a fisarmonica***, in pelle morbida, che fa perciò pieghe alla caviglia | ***stivali all'inglese***, con risvolti in pelle di colore diverso dal gambale | ***ungere, lustrare, gli stivali a qlcu.***, (*fig.*) adularlo | ***rompere gli stivali***, (*fig.*, *disus.*) seccare, dare fastidio | ***dei miei stivali***, (*fig.*, *spreg.*) si dice di persona che non vale nulla o non serve a nulla: *avvocato dei miei stivali!* **2** ***lo S.***, (*per anton.*) l'Italia, che nella sua forma peninsulare ricorda uno stivale **3** (*est.*) grosso boccale da birra a forma di stivale **4** (*mus.*) sacco **5** (*pop.*, *disus.*) minchione, persona da nulla ‖ **stivalàccio**, **pegg.** | **stivalétto**, **dim.** (V.) | **stivalìno**, **dim.** | **stivalóne**, **accr.**

stivalerìa [1849] **s. f.** ● fabbrica di stivali

stivalétto [av. 1484] **s. m. 1** dim. di *stivale* **2** scarpa da uomo, donna o bambino, che arriva poco più in alto del collo del piede: *le si vedeva la punta lucida ... d'uno s.* (A. Fogazzaro) | ***s. anfibio***, calzatura militare alta fino al polpaccio, resistente e impermeabile all'acqua | speciale calzatura per il pattinaggio su ghiaccio e a rotelle **3** ***s. malese***, antico strumento di tortura formato da due ganasce per stringere il piede del condannato

stivaménto [av. 1406] **s. m.** ● (*raro*) operazione dello stivare

stivàre [lat. *stipāre* 'stipare②' ✱ 1314] **v. tr. 1** sistemare convenientemente nella stiva le merci da caricare **2** (*raro*) stipare, nel sign. di *stipare*②

stivatóre [da *stivare* ✱ 1396] **s. m.** (**f.** *-trice*) ● chi è addetto allo stivaggio

♣**stìzza** [da †*stizzare* ✱ sec. XIII] **s. f. 1** irritazione acuta ma di breve durata, dovuta spec. a scontentezza, contrarietà, impazienza: *rodersi di s.*; *essere pieno di s.*; *avere, provare s. di qlco.*; *l'ira ... gonfia di s. negli occhi e nel viso* (L.B. Alberti) **2** (*tosc.*) ghiandola che il pollo ha sul codrione: *Gettate via la testa, le zampe, la s., e gl'intestini* (P. Artusi) ‖ **stizzàccia**, **pegg.** | **stizzétta**, **dim.**

SFUMATURE DI SIGNIFICATO
stizza - dispetto - irritazione - collera
Un'irritazione acuta ma di breve durata, dovuta specialmente a scontentezza, contrarietà, impazienza, si dice **stizza**. Sempre di durata limitata è il **dispetto**, che però è permeato di solito da una vena di invidia, o di disappunto per un obiettivo mancato. **Irritazione** descrive un risentimento più vivo e di durata maggiore, provocato da un comportamento ritenuto particolarmente fastidioso, inopportuno, scorretto. Decisamente violenta è invece la **collera**, risentimento e sdegno incontrollabili che si manifestano in forme scomposte e anche aggressive.
SFUMATURE ➤ *bile*, ➤ *rabbia*

†**stizzàre** [da *tizzo*, con *s-* ✱ sec. XIII] **v. tr., intr. e** †**stizzàrsi v. intr. pron.** ● (*centr.*, *sett.*) stizzire, stizzirsi

stizzìre [da *stizza* ✱ sec. XIII] **A v. tr.** (*io stizzìsco, tu stizzìsci*) ● far prendere la stizza: *mi avete stizzito!* **B v. intr.** (**aus.** *essere*) e **stizzìrsi v. intr. pron.** ● essere preso dalla stizza: *si è stizzito per il contrattempo*

stizzìto **part. pass.** di *stizzire*; anche **agg.** ● pieno di stizza

stizzo ➤ **tizzo**

†**stizzóne** ➤ **tizzone**

♣**stizzóso** (o **-ṣo**) [da *stizza* ✱ 1313] **agg.** ● che si stizzisce facilmente: *bambino s.*; *temperamento collerico e s.* | che dimostra stizza: *parole stizzose* | ***tosse stizzosa***, V. *tosse* ‖ **stizzosétto**, **dim.** ‖ **stizzosaménte**, **avv.** con stizza, rabbia ‖ **stizzosità**, **s. f. inv.**

sto ① /sto/ o **'sto** [lat. *ĭstu(m)* 'questo', con aferesi. V. *esto* ✱ sec. XII] **agg. dimostr.** ● (*colloq.*) questo: *guarda sto cretino*; *che è sta roba?*; *che vogliono 'sti rompiscatole?*

sto ② ➤ **stare**

stòa o **stoà** [vc. dotta, dal gr. *Stoá* 'portico', ossia il portico per eccellenza, dove insegnava il filosofo Zenone (V. *stoico*) ✱ 1556] **s. f.** (**pl. inv.** o *lett.* *stòe*) **1** presso gli antichi Greci, portico usato per passeggiare, conversare, discutere, per tenervi lezioni di filosofia **2** (*est.*) scuola filosofica stoica: *le dottrine della s.*

stocàstica [da *stocastico* ✱ 1964] **s. f.** ● teoria che si occupa di fenomeni probabilistici, aleatori

stocàstico [vc. dotta, dal gr. *stochastikós* 'congetturale', da *stocházesthai* 'fare congetture' ✱ 1955] **agg.** (**pl. m.** *-ci*) **1** dovuto al caso, aleatorio | ***variabile stocastica***, variabile probabilistica **2** (*mus.*) ***musica stocastica***, V. *musica* ‖ **stocasticità**, **s. f. inv.**

stoccafisso [dall'ant. olandese *stocvisch* 'pesce (*visch*) seccato sul bastone (*stoc*)'. V. ted. *Stockfisch* ✱ 1432] **s. m. 1** merluzzo disseccato all'aria **2** (*fig.*, *colloq.*) persona magra e secca; persona impacciata

stoccàggio [adattamento del fr. (o ingl.) *stockage*, da *stock* (V.) ✱ 1960] **s. m.** ● (*org. az.*) accumulazione o sistemazione di merci o altri materiali in un magazzino | magazzinaggio

stoccàre ① [da *stock* ✱ 1972] **A v. intr.** (*io stòcco, tu stòcchi*; **aus.** *avere*) ● (*org. az.*) accumulare, sistemare in un magazzino come scorta | (*est.*, *raro*) acquistare della merce in blocco per rivenderla **B v. tr.** ● immagazzinare

stoccàre ② [sec. XIV] **A v. tr.** ● colpire con una stoccata **B v. intr.** (**aus.** *avere*) ● (*raro*, *lett.*) saettare

stoccàta [da *stocco*① ✱ sec. XV] **s. f. 1** colpo di stocco **2** nella scherma, colpo che conclude un'azione **3** (*est.*) nel calcio, forte tiro in porta a conclusione di un'azione **4** (*fig.*) allusione, battuta, pungente: *hai sentito che stoccate dà?* | (*lett.*) aspra critica **5** (*fig.*) dispiacere improvviso **6** (*fig.*) richiesta di denaro molesta e inattesa ‖ **stoccatìna**, **dim.**

stoccatóre [da *stocc(o)*①, con il suff. *-tore* ✱ av. 1686] **s. m.** (**f.** *-trice*) **1** nella scherma, chi è abile nelle stoccate **2** nel calcio, giocatore che si distingue per potenza di tiro, realizzatore di numerose reti **3** (*fig.*, *colloq.*) chi chiede sempre denaro in prestito; scroccone

stoccheggiàre [da *stocc(o)*① ✱ 1325 ca.] **A v. tr.** (**pres.** *io stocchéggio*; **fut.** *io stoccheggerò*) ● (*lett.*) ferire con lo stocco **B v. intr.** (**aus.** *avere*) ● (*lett.*) tirare di stocco

stocchìsta ➤ **stockista**

stòcco ① [dal provenz. *estoc*, dal francone *stok* 'bastone' ✱ av. 1294] **s. m.** (**pl.** *-chi*) **1** tipo di arma bianca simile alla spada ma più corta e sottile, con sezione triangolare, adatta a colpire di punta **SIN.** broccio **2** sottile arma da punta nascosta all'interno di un bastone: *bastone con s.*

stòcco ② [dal longob. *stok* 'ceppo'. V. ted. *Stock* 'bastone' ✱ av. 1348] **s. m.** (**pl.** *-chi*) **1** stelo del mais | (*est.*, *lett.*) stelo di una pianta **2** stollo del pagliaio **3** †parte di legno della lancia **4** †lignaggio, stirpe, ceppo | (*raro*, *tosc.*) reputazione, valore: *avere s.* | ***persona di s.***, di valore, di pregio

stòcco ③ [deriv. di *stoccafisso* ✱ 1931] **s. m.** (**pl.** *-chi*) ● (*merid.*) stoccafisso | anche in funzione appositiva: *pesce s.*

stock /stɔk, *ingl.* stɒk/ [vc. ingl., propr. 'tronco, ceppo' e poi 'rifornimento, provvista' ✱ av. 1769] **s. m. inv.** ● scorta, giacenza di merci o di materie prime in un magazzino o in un negozio | grande quantità, assortimento di un articolo commerciale

stock-càr /stɔk'kar, *ingl.* 'stɒkˌkɑː(r)/ [vc. ingl., propr. 'vettura (*car*) di serie (*stock*)' ✱ 1970] **s. f. inv.** (**pl. ingl.** *stock-cars*) ● autovettura per gare su pista in terra battuta ghiacciata, nelle quali è lecito superare gli avversari urtandoli e ostruendone il passaggio | corsa che si effettua con tali autovetture

stock house /stɔk'kaus, *ingl.* 'stɒkˌhaus/ [loc. ingl., propr. 'casa, negozio (*house*) di merci (*stock*)' ✱ 1989] **loc. sost. f. inv.** (**pl. ingl.** *stock houses*) ● negozio che vende a prezzi scontati merce di vario genere proveniente da stock di fine serie **CFR.** outlet

stockìsta o **stocchìsta** [1984] **s. m. e f.** (**pl. m.** *-i*) **1** chi acquista, per rivenderli in blocco e a prezzi ridotti, stock di merce invenduta, spec. nel campo dell'abbigliamento **2** chi tiene in deposito stock di merci immagazzinate per conto terzi

stock òption /stɔk'ɔpʃon, *ingl.* 'stɒkˌɒpʃən/ [loc. ingl., comp. di *stock* 'azione, titolo azionario' e *option* 'opzione' ✱ 1987] **loc. sost. f. inv.** (**pl. ingl.** *stock options*) ● (*econ.*) possibilità offerta da una società ai propri dipendenti di acquistare un certo numero di azioni della società stessa a un prezzo prefissato

♦**stòffa** [dall'ant. fr. *estophe*, moderno *étoffe*, da *étoffer*, dal francone *stopfōn* 'imbottire' ✱ 1667] **s. f. 1** tessuto per abiti o tappezzeria, di lana, seta, cotone e sim.: *s. per abiti, per cappotti*; *per quell'abito occorrono cinque metri di s.*; *s. di buona qualità, di qualità scadente* **2** (*fig.*) capacità, doti naturali, per un dato comportamento o una data attività: *ha la s. del galantuomo, dell'oratore, del pittore* | (*assol.*) capacità, attitudine: *quel bambino ha della s.*; *vorrebbe cantare, ma non ha la s. per riuscire* ‖ **stoffàccia**, **pegg.** | **stofféttа**, **dim.** | **stoffettìna**, **dim.**

stogàrsi [da *toga*, con *s-* ✱1872] **v. rifl.** (*io mi stògo, tu ti stòghi*) ● (*raro*) deporre la toga, abbandonare la professione per cui si usa la toga

†**stóggio** [lat. *stŭdiu(m)* 'deferenza, ossequio'. V. *studio* ✱1612] **s. m.** ● (*raro*) cerimonia, lusinga

stògliere o †**stòrre** [comp. di *s-* e *togliere* ✱ sec. XIII] **v. tr.** (**coniug. come** *togliere*) **e stògliersi v. intr. pron.** ● (*raro, lett.*) distogliere, distogliersi

stòia ▸ **stuoia**

stoicìṣmo [da *stoico*, con *-ismo* ✱av. 1698] **s. m. 1** dottrina della scuola filosofica fondata ad Atene da Zenone di Cizio nel III sec. a.C., il cui ideale etico è rappresentato dall'apatia raggiungibile attraverso l'esercizio della virtù, la liberazione dalle passioni, il vivere secondo natura **2** (*est.*) fermezza d'animo, impassibilità al dolore

♦**stòico** [vc. dotta, dal lat. *Stōicu(m)*, dal gr. *Stōikós* 'Stoico', da *Stoá* 'stoa, portico'. V. *stoa* ✱ 1308] **A agg.** (**pl. m.** *-ci*) **1** che concerne lo stoicismo o gli stoici **2** (*est.*) detto di chi dimostra forza d'animo e fermezza nell'affrontare dolori, avversità e sim. ‖ **stoicaménte avv.** in maniera stoica ‖ **stoicità s. f. inv.** (*raro*) stoicismo nel sign. 2 **B s. m.** (**f.** *-a*) **1** chi segue o si ispira allo stoicismo **2** (*est.*) persona stoica

stoìno ▸ **stuoino**

stokes /*ingl.* stəuks/ [vc. ingl., dal n. del matematico e fisico ingl. Sir G. G. *Stokes* (1819-1903) ✱1959] **s. m. inv.** ● (*fis.*) unità di misura della viscosità cinematica nel sistema CGS, pari a 1 cm^2/s **SIMB.** St

✱**stòla** [vc. dotta, dal lat. *stŏla(m)*, dal gr. *stolḗ* 'abbigliamento', da *stéllein* 'apparecchiare, vestire' ✱av. 1306] **s. f. 1** larga striscia di stoffa posta sopra il camice in modo che le due estremità ricadano sul petto come insegna del potere dell'ordine proprio dei vescovi, dei sacerdoti e dei diaconi **2** sciarpa, più o meno lunga e larga, di pelliccia, che le donne usano per coprire le spalle **3** antica veste femminile lunga fino ai piedi, provvista o meno di maniche, chiusa con una fibula su ciascuna spalla e provvista di una cintura al disotto del seno e di un'altra all'altezza delle anche: *s. greca, romana* **4** *s. salvagente*, specie di striscia in tela o plastica ripiena di sughero o materiale espanso, che mantiene la testa del naufrago fuori dall'acqua anche in caso di un'improvvisa mancanza di sensi ‖ **stolétta dim.** | **stolóne accr. m.** (V.)

stolidàggine [1761] **s. f.** ● (*lett.*) ottusità: *corse un grave pericolo per la s. … del volgo* (P. VERRI)

stolidézza [av. 1566] **s. f.** ● (*lett.*) caratteristica di chi (o di ciò che) è stolido | (*raro*) azione o comportamento da sciocco

stolidità [vc. dotta, dal lat. tardo *stoliditāte(m)*, da *stŏlidus* 'stolido' ✱1572] **s. f. inv. 1** caratteristica, condizione di chi è stolido **SIN.** ottusità, stupidità **2** azione, discorso, da persona stolida **SIN.** cretinata

✱**stòlido** [vc. dotta, dal lat. *stŏlidu(m)*, connesso con *stŭltus* 'stolto'. V. *stolto*① ✱1442] **agg. e s. m.** (**f.** *-a*) ● sciocco, stolto ‖ **stolidaménte avv.**

stóllo [dal longob. *stollo* 'puntello' ✱av. 1562] **s. m. 1** lungo palo di legno attorno al quale si ammassa paglia o fieno: *un pagliaio … che aveva un pentolino in cima allo s.* (L. PIRANDELLO) **2** (*est.*) asta di legno

stolóne① [accr. di *stola* ✱1805] **s. m.** ● fregio ricamato in oro che corre lungo le due parti anteriori del piviale

stolóne② [vc. dotta, dal lat. *stolōne(m)*, di orig. indeur. ✱1542] **s. m. 1** (*bot.*) fusto strisciante sul terreno, capace di emettere a intervalli radici e originare nuove piantine **2** (*zool.*) prolungamento del corpo di alcuni invertebrati e di Cordati, dove si formano nuove gemme

stolonìfero [comp. di *stolone*② e *-fero* ✱ 1838] **agg.** ● detto di piante o animali provvisti di stoloni

stoltézza [lat. *stultĭtia(m)*, da *stŭltus* 'stolto' ✱1268] **s. f. 1** caratteristica, condizione di chi è stolto **SIN.** ottusità, stupidità **2** azione, discorso, da stolto

†**stoltilòquio** [vc. dotta, dal lat. *stultilŏquiu(m)*, comp. di *stŭltus* 'stolto' e *-lŏquium*, da *lŏqui* 'parlare' ✱1592] **s. m.** ● discorso stolto

stoltìzia [sec. XIII] **s. f.** ● (*raro, lett.*) stoltezza

✱**stólto**① o †**stùlto** [lat. *stŭltu(m)*, di etim. incerta ✱1266] **A agg. 1** che dimostra poca intelligenza, poco senno, pochezza di mente: *uomo s. e cieco*; *fu così s. da credergli* **SIN.** stolido, stupido **2** che è pensato, detto o fatto in modo stolto: *opinione, domanda, risposta, stolta*; *s. orgoglio*; *stolta superbia* ‖ **stoltaménte avv.** da stolto, da sciocco **B s. m.** (**f.** *-a*) ● persona stolta: *parlare da s.* **SIN.** stolido

SFUMATURE DI SIGNIFICATO

stolto - stupido - irragionevole

Chi o ciò che dimostra poca intelligenza, poca assennatezza, imprudenza si definisce **stolto**. Anche **stupido** descrive chi è poco intelligente, o ciò che denota scarsa intelligenza, tuttavia dal suo significato sono estranei gli elementi relativi all'imprudenza, all'avventatezza, mentre è presente una sfumatura di ingenuità e dabbenaggine. Vicino a *stolto* nel suo significato di imprudente, avventato è invece **irragionevole**, che accentua però l'aspetto dell'irrazionalità dei comportamenti.

stòlto② **part. pass.** di *stogliere* ● nei sign. del v.

stolzàre [vc. dial. di prob. orig. germ. ✱av. 1660] **v. intr.** (*io stólzo*; **aus.** *essere*) **1** †partire, schizzare via, detto spec. della freccia quand'è scoccata dall'arco **2** (*centr., lett.*) sobbalzare improvvisamente: *Rocco stolzò alla voce, e si voltò* (L. PIRANDELLO)

stòma [vc. dotta, dal gr. *stóma*, genit. *stómatos* 'bocca' ✱1821] **s. m.** (**pl.** *-i*) **1** (*bot.*) apertura nell'epidermide delle foglie e del fusto che permette gli scambi gassosi e la traspirazione **2** apertura della conchiglia, nei Molluschi dei Gasteropodi **3** (*anat.*) orifizio di piccole dimensioni che mette in comunicazione condotti linfatici adiacenti **4** (*chir.*) apertura chirurgica della parete addominale in grado di mettere in comunicazione l'intestino con l'esterno

stomacàle [da *stomaco* ✱1494] **A agg.** ● (*raro*) gastrico **B agg. e s. m.** ● stomachico

stomacànte [sec. XIV] **agg.** ● (*raro*) stomachevole

stomacàre [dal lat. *stomachāri*, adattamento del gr. *stomachêin* 'essere disgustato', da *stómachos* 'stomaco' ✱sec. XIII] **A v. tr.** (*io stòmaco, tu stòmachi*) **1** dare nausea, turbare lo stomaco (*anche assol.*): *quel cibo mi ha stomacato; c'è un puzzo che stomaca* **SIN.** disgustare, nauseare **2** (*fig.*) disgustare moralmente (*anche assol.*): *la sua volgarità ci stomaca* **B v. intr.** (*lett.*; **aus.** *avere*) **e stomacàrsi v. intr. pron.** ● sentirsi rivoltare lo stomaco: *si è stomacato di quel cibo* | (*fig.*) disgustarsi moralmente: *Io soglio sempre s. delle sciocchezze degli uomini* (G. LEOPARDI)

stomachévole [da *stomacare* ✱1361] **agg.** ● che fa rivoltare lo stomaco, che nausea, disgusta (*anche fig.*) **SIN.** nauseabondo, ributtante, rivoltante, stomacante, stomacoso ‖ **stomachevolménte avv.**

stomàchico [vc. dotta, dal lat. tardo *stomăchicu(m)*, dal gr. *stomachikós*, agg. da *stómachos* 'stomaco' ✱av. 1698] **A s. m.** (**pl.** *-ci*) ● farmaco che promuove la secrezione gastrica e il buon funzionamento dello stomaco **B anche agg.**: *farmaco s.*

♦**stòmaco** [lat. *stŏmachu(m)*, dal gr. *stómachos*, propr. 'esofago', ampliamento di *stóma*, genit. *stómatos* 'bocca' ✱av. 1292] **s. m.** (**pl.** *-chi*, o *-ci*) **1** organo a forma di sacco dell'apparato digerente contenuto nella parte alta dell'addome, subito dopo l'esofago, con importanti funzioni digestive: *s. debole, gracile, forte, delicato*; *un cibo che rimette, guasta, rovina lo s.*; *male, dolore, di s.*; *essere delicato di s.*; *guastarsi, rovinarsi, lo s.* **CFR.** gastro- | ***riempire, riempirsi, lo s.***, (*fam.*) mangiare | (*fig.*) ***avere uno s. di ferro, di struzzo***, essere in grado di digerire qualsiasi cosa | ***avere qlco. sullo s.***, non avere digerito | ***avere qlcu. sullo s.***, (*fig.*) non poterlo sopportare | †***portare qlcu. sopra lo s.***, averlo in odio | ***dare di s.***, vomitare | ***fare s., rivoltare lo s.***, stomacare, nauseare (*anche fig.*) | ***fare qlco. contro s.***, contro voglia **2** (*fig., fam.*) capacità di chi sa tollerare situazioni o persone particolarmente disgustose o moleste: *ci vuole un bello s. a stare con certa gente; sai che cosa ha avuto lo s. di fare?* ‖ **stomachìno dim.** | **stomacùccio** (*lett.*) **stomacùzzo dim.**

stomacóso (o *-ṣo*) [lat. *stomachōsu(m)* 'bilioso', da *stŏmachus* 'stomaco' ✱av. 1364] **agg.** ● stomachevole

stomàtico [vc. dotta, dal gr. *stomatikós*, da *stóma*, genit. *stómatos* 'bocca' ✱1818] **agg.** (**pl. m.** *-ci*) **1** (*farm.*) detto di rimedio usato contro le infiammazioni della mucosa boccale **2** (*bot.*) dello stoma | ***apertura stomatica***, fessura delimitata dalle due cellule reniformi dello stoma | ***cellule stomatiche***, le due cellule che delimitano lo stoma regolandone l'apertura **3** correntemente, stomachico

stomatìte [da *stomat(o)-*, con *-ite*① ✱1829] **s. f.** ● (*med.*) infiammazione della mucosa della bocca

stómato- [dal gr. *stóma*, genit. *stómatos* 'bocca'] **primo elemento** ● in parole scientifiche composte, spec. della medicina, significa 'bocca', 'apertura': *stomatologia*

stomatologìa [comp. di *stomato-* e *-logia* ✱ 1902] **s. f.** (**pl.** *-gìe*) ● studio delle malattie del cavo orale

stomatològico [1909] **agg.** (**pl. m.** *-ci*) ● relativo alla stomatologia

stomatòlogo [comp. di *stomato-* e *-logo* ✱ 1911] **s. m.** (**f.** *-a*; **pl. m.** *-gi*) ● studioso, specialista in stomatologia

Stomatòpodi [comp. di *stomato-* e del gr. *poús*, genit. *podós* 'piede' ✱1936] **s. m. pl.** (**sing.** *-e*) ● (*zool.*) ordine di Crostacei marini dei Malacostraci con tre paia di arti ambulacrali e addome terminato da una specie di pinna codale (*Stomatopoda*)

stòmia① [vc. dotta, dal gr. *stomías* 'duro di bocca', da *stóma*, genit. *stómatos* 'bocca' ✱1840] **s. m. inv.** ● pesce abissale dei Clupeiformi a corpo slanciatissimo, denti molto sviluppati e sottili, colore scuro con numerosi fotofori (*Stomias boa*)

stomìa② [dal gr. *stóma* 'bocca' ✱1939] **s. f.** ● (*chir.*) neostomia

-stomìa [dal gr. *stóma* 'bocca'] **secondo elemento** ● in parole composte della terminologia medica significa 'nuova apertura': *esofagostomia*

stomiẓẓàre [da *stomia*② ✱1985] **v. tr.** ● (*chir.*) eseguire un intervento di neostomia

stomiẓẓàto A part. pass. di *stomizzare*; **anche agg.** ● nei sign. del v. **B s. m.** (**f.** *-a*) ● (*chir.*) individuo che è stato sottoposto a neostomia

stomodèo [comp. del gr. *stóma* 'bocca' e *hodaîon* 'che è nella via (*hodós*)' ✱ 1960] **s. m.** ● (*anat.*, *zool.*) porzione anteriore del cavo orale derivata, nell'embrione, dall'invaginazione dell'ectoderma

stonacàre [calco su *intonacare*, con cambio di pref. (*s-*) ✱ 1851] **A** **v. tr.** (*io stònaco, tu stònachi*) ● (*raro*) privare un muro dell'intonaco **CONTR.** intonacare **B** **stonacàrsi** **v. intr. pron.** ● (*raro*) perdere l'intonaco

stonaménto [1780] **s. m.** ● (*raro*) stonatura

stonàre① o (*lett.*) **stuonàre** [da *tono*①, con *s-* ✱ av. 1348] **A** **v. tr.** (*io stòno*) ● nel cantare o nel suonare, uscire di tono, non tenersi al debito grado di elevatezza (*anche assol.*): *s. il la*; *un cantante che stona* **B** **v. intr.** (aus. *avere*) ● non armonizzare, non corrispondere allo stile, alla forma generale: *quel quadro stona con l'ambiente* **CONTR.** armonizzare

stonàre② [lat. parl. **extonāre*, comp. di *ĕx-* (*s-*) e *tonāre* 'rimbombare' (V. *tuonare*). V. il fr. *étonner* ✱ av. 1769] **A** **v. tr.** (*io stòno*) ● (*raro*) stordire, confondere: *la notizia mi ha stonato* **B** **stonàrsi** **v. rifl.** ● (*fig.*, *gerg.*) stordirsi, spec. per mezzo di alcolici o sostanze stupefacenti

stonàta [1841] **s. f.** ● il fatto di stonare, nel sign. di *stonare*①

stonàto o (*lett.*) **stuonàto** **part. pass.** di *stonare*①; anche **agg.** **1** nei sign. del v.: *uno strumento, un cantante s.* **2** ***nota stonata***, (*fig.*) elemento, particolare e sim. inopportuno, non adatto alla situazione ‖ **stonataménte**, **avv.**

stonatùra o (*lett.*) **stuonatùra** [1720] **s. f.** **1** il fatto di stonare, nel sign. di *stonare*① | suono stonato **2** (*fig.*) ciò che appare fuori di tono, inopportuno: *l'accenno al guadagno è stato una s.*

†**stonazióne** o †**stuonazióne** [1777] **s. f.** ● stonamento

stondàre [comp. parasintetico di *tondo*, col pref. *s-* ✱ 1879] **v. tr.** (*io stóndo*) ● (*raro*) rendere tondo

stondàto **part. pass.** di *stondare*; anche **agg.** ● (*raro*) reso tondo | smussato: *angolo s.*

stonìo [da *stonare*① col suff. *-io*① ✱ 1872] **s. m.** (**pl.** *-ii*) ● (*raro*) stonatura prolungata

stop /stɔp, *ingl.* stɒp/ [vc. ingl., propr. 'fermata', da *to stop* 'fermarsi' ✱ 1870] **A** **s. m. inv.** **1** luce, fanalino d'arresto degli autoveicoli **2** obbligo d'arresto per i veicoli, prima di immettersi in una strada più importante o di attraversarla, segnalato da apposito cartello o da dicitura sulla carreggiata | (*est.*) il cartello o la dicitura stessa **3** ordine di fermarsi: *intimare lo s.* | nel pugilato, ordine dell'arbitro di interrompere il combattimento **4** (*mar.*) voce usata nelle osservazioni astronomiche per indicare l'istante in cui l'assistente deve leggere l'ora di osservazione | ***s. orario***, segnalazione che dà l'istante di una determinata ora al meridiano di Greenwich, o ad altro meridiano **5** (*sport*) nel calcio, arresto del pallone al volo col piede o col petto | nella pallacanestro, arresto con le mani di un tiro dell'avversario | nel pugilato, azione difensiva per impedire all'avversario di colpire **6** tasto che interrompe il funzionamento di un apparecchio (registratore, forno a microonde, ecc.) **7** tassello a vite per il fissaggio di oggetti a pareti in muratura o in cartongesso **8** punto fermo, nel linguaggio telegrafico internazionale **B** **in funzione di inter.** ● ferma, alt, basta: *mi intimò 's.!' e io mi fermai* | (*est.*) ordine, intimazione di cessare o sospendere un'attività, un comportamento o sim.: *stop alle patenti facili*; *stop ai bagarini* **SIN.** alt, basta

S

stop and go /stɔp ən'go, *ingl.* stɒp ən'gəʊ/ [loc. ingl., comp. dal v. *to stop* 'fermare', da *and* 'e' dal v. *to go* 'andare' ✱ 1965] **loc. sost. m. inv.** **1** fermata e ripresa del movimento: *il traffico cittadino con i suoi continui stop and go* | (*fig.*) interruzione e ripresa di un'attività, una polemica e sim.: *gli stop and go di un'inchiesta giudiziaria* **2** (*autom.*) nelle gare automobilistiche, sanzione inflitta dalla giuria a un pilota, consistente nell'obbligo di fermarsi ai box per un certo numero di secondi, con il divieto per i meccanici di effettuare qualunque intervento **CFR.** drive-through

stóppa [lat. *stŭppa(m)*, dal gr. *stýppē*, di orig. indeur. ✱ av. 1292] **s. f.** **1** cascame del lino e della canapa, usato per imbottiture o, incatramato, per calafatare imbarcazioni | ***s. nera***, incatramata | ***carne che sembra s.***, dura e tigliosa | ***capelli di s., che sembrano s., come s.***, biondi, slavati e secchi | ***avere le gambe di s.***, deboli, fiacche | ***essere un uomo di s.***, senza importanza, senza autorità | ***essere come un pulcino nella s.***, impacciato, incapace di fare da solo | †***fare la barba di s.***, beffare **2** (*tosc.*, *scherz.*) sbornia: *prendere una s.* ‖ **stoppàccia**, **pegg.**

stoppàccio [da *stoppa* ✱ av. 1596] **s. m.** **1** batuffolo di stoppa con cui si fermavano gli elementi di carica nei fucili a bacchetta **2** (*est.*, *pop.*) batuffolo di stoppa

stoppaccióso (o **-ṣo**) [da *stoppaccio* ✱ 1664] **agg.** ● stopposo

stoppàre① [lat. parl. **stuppāre*, da *stŭppa* 'stoppa' ✱ sec. XIII] **v. tr.** (*io stóppo*) ● turare con stoppa o stoppaccio | (*est.*) chiudere bene | †***s. qlcu. o qlco.***, non curarsene

stoppàre② [da *stop* (V.) ✱ 1935] **v. tr.** (*io stòppo*) **1** bloccare, fermare **2** (*sport*) effettuare uno stop o una stoppata

stoppàta [da *stoppare*② ✱ 1965] **s. f.** ● (*sport*) l'azione di arrestare la palla al volo o, nella boxe, di bloccare i colpi dell'avversario

stoppatóre① [da *stoppare*②. V. *stopper* ✱ 1951] **s. m.** (**f.** *-trice*) ● (*sport*) chi effettua una stoppata

stoppatóre② [lat. tardo *stuppatōre(m)* 'calafato', da *stŭppa* 'stoppa' ✱ 1889] **s. m.** ● (*mar.*) calafato

stòpper /'stɔpper, *ingl.* 'stɒpə(r)/ [vc. ingl., da *to stop* 'fermare' ✱ 1955] **s. m. inv.** (**anche f. inv. nel sign. 1**) **1** (*sport*) nel calcio, giocatore della difesa che ha il compito di contrastare il giocatore più avanzato della squadra avversaria **2** (*mar.*) dispositivo per l'arresto temporaneo di una manovra corrente **SIN.** arrestatoio

stóppia [lat. *stŭpula(m)*, variante di *stĭpula* 'pagliuzza'. V. *stipola* ✱ av. 1292] **s. f.** ● (**spec. al pl.**) residui di steli e foglie di una coltura, spec. di cereali, rimasti sul terreno dopo la mietitura: *campo di s.*; *ardere le stoppie* | †***mettere s. in aia***, fare qlco. di inutile

stoppinàre [1585] **v. tr.** **1** (*raro*) accendere, dare fuoco con lo stoppino **2** (*fam.*, *tosc.*) serrare porte o finestre

stoppìno [da *stoppa* ✱ sec. XIV] **s. m.** **1** lucignolo di candela, lume a olio o petrolio **2** miccia per fuochi artificiali **3** (*tess.*) specie di sottile nastro formato da fibre tessili unite tra loro da una leggera torsione e che, sotto forma di spole, viene ridotto in filato mediante i filatoi **SIN.** lucignolo

stoppióne [da *stoppia* ✱ sec. XIV] **s. m.** ● erba rizomatosa delle Composite con foglie spinose e capolini bianchi o rossastri riuniti in corimbi (*Cirsium arvense*)

stoppóso (o **-ṣo**) [da *stoppa* ✱ av. 1449] **agg.** ● che è simile a stoppa, che ha aspetto di stoppa: *coi capelli già biondi, ora stopposi* (L. Pirandello) | (*est.*) ***carne stopposa***, tigliosa, dura | (*est.*) ***limone s.***, ***arancia stopposa***, privi di sugo

storàce [vc. dotta, dal lat. tardo *stŏrace(m)*, variante di *stўrax*, dal gr. *stýrax*, genit. *stýrakos* 'albero resinoso', di orig. semitica ✱ av. 1347] **s. m.** **1** nome popolare degli alberi del genere *Liquidambar*, dai quali si ricava la resina dello stesso nome **SIN.** ambra liquida | balsamo di colore verde-grigio ricavato dalla corteccia bollita dell'albero omonimo, usato in farmacia e profumeria **2** (*bot.*) arbusto con foglie biancastre e lanuginose nella pagina inferiore, e fiori bianchi, che cresce in alcune regioni del bacino del Mediterraneo centro-orientale (*Styrax officinalis*) | ***s. solido***, resina ricavata dal tronco di tale arbusto, usata un tempo in farmacia e profumeria

stòrcere [lat. *extorquēre*, comp. di *ĕx-* (*s-*) e *torquēre* 'torcere'. V. *estorcere* ✱ sec. XIII] **A** **v. tr.** (coniug. come *torcere*) **1** torcere con violenza: *s. una mano a qlcu.* | spostare dalla linea diritta e naturale: *s. un chiodo, una chiave* | ***s. il naso, le labbra, la bocca e sim.***, in segno di disapprovazione, disgusto, e sim. | ***s. gli occhi***, stralunarli | anche nella forma pron. (con valore intens.) **stòrcersi**, torcere una parte del corpo: *la povera piccina tornò a storcersi le manine* (L. Pirandello) | ***storcersi un piede, una gamba, un braccio*** e sim., slogarseli, subire una distorsione **2** (*raro*, *fig.*) distorcere: *s. le parole di qlcu.*; *s. il senso di una frase* **B** **stòrcersi** **v. rifl.** ● contorcersi, dimenarsi: *si storceva per il dolore* **C** **stòrcersi** **v. intr. pron.** ● spostarsi dalla linea diritta e naturale: *la chiave si è storta*

storcicòllo [da *torcicollo*, con *s-* ✱ 1870] **s. m.** ● (*pop.*) torcicollo

storciménto [av. 1519] **s. m.** ● lo storcere, lo storcersi

†**storcitùra** [av. 1603] **s. f.** ● storcimento

†**stordigióne** [sec. XIII] **s. f.** ● stordimento: *serebbe caduto veramente, / se in quella stordigione ... durava* (M.M. Boiardo)

stordiménto [1308] **s. m.** **1** (*raro*) lo stordire, lo stordirsi **2** stato di smarrimento, di intontimento, confusione e sim.: *La stanchezza del viaggio, lo s. dell'arrivo* (F. De Roberto) | sbigottimento, sbalordimento

SFUMATURE DI SIGNIFICATO

stordimento - confusione - disorientamento

Stordimento definisce uno stato di intontimento, di smarrimento, di perdita di lucidità mentale in conseguenza di una malattia o di eccessiva stanchezza, di stress. Effetti non molto diversi procura uno stato mentale di **confusione**, che nell'uso corrente è un forte turbamento, un'agitazione che impedisce di essere lucidi; in medicina configura invece più gravemente uno stato mentale caratterizzato da smarrimento, disturbi emotivi e della percezione, mancanza di chiarezza di pensiero. Anche **disorientamento** ha un significato corrente che rimanda alla perdita dell'orientamento e allo stato di confusione che ne segue, mentre in accezione medica è l'incapacità di riferirsi correttamente alle dimensioni dello spazio e del tempo ed è sintomo di malattia mentale.

SFUMATURE ➤ ***frastornamento***

stordìre [da *tordo* 'balordo', con *s-* ✱ 1282] **A** **v. tr.** (*io stordìsco, tu stordìsci*) **1** provocare grande turbamento e confusione, impedendo temporaneamente l'udito, alterando l'equilibrio psichico, e sim.: *il boato ci stordì*; *quel vino mi ha stordito* | privare dei sensi, tramortire: *lo stordì con un pugno* **2** (*fig.*) far rimanere attonito, sbalordito, stupefatto (*anche assol.*): *la grandezza del luogo lo stordì*; *sono cose da s.* **B** **v. intr.** (aus. *essere*) ● (*lett.*, *raro*) rimanere privo di coscienza: *Non è mortal, ma grave il colpo ... / sì ch'ei stordisce* (T. Tasso) | (*fig.*) sbalordire **C** **stordìrsi** **v. rifl.** ● (*fig.*) cercare di dimenticare pensieri tristi, preoccupazioni, e sim. intontendosi con emozioni e divertimenti: *cerca di* *stordirsi per non pensare; si stordisce col bere*

storditàggine [1808] **s. f.** ● sbadataggine, sventatezza | atto o comportamento da persona stordita

storditézza [av. 1623] **s. f.** ● (*raro*) storditaggine

✦**stordìto** **A** **part. pass.** di *stordire*; anche **agg.** **1** privo di sensi, tramortito | intontito: *era mezzo s. dal vino* | (*fig.*) sbalordito, attonito **2** sventato, sconsiderato, sbadato: *è un ragazzo s.; che s. sono, ho dimenticato tutto!* || **storditaménte**, **avv.** da stordito **B** **s. m.** (**f.** *-a*) ● persona sventata, sconsiderata: *non mi fido di lui, è uno s.* || **storditèllo**, **dim.**

stòre /stɔr, *ingl.* stɔː(r)/ [vc. ingl. 'negozio', 'magazzino' ✱ 1896] **s. m. inv.** **1** grande negozio o magazzino, in alcune loc. sost. m. inv. | ***flagship s.***, negozio che, per posizione, dimensioni, caratteristiche e assortimento, costituisce un punto vendita particolarmente rappresentativo di un determinato marchio (comp. con *flagship* 'nave-ammiraglia' ma anche 'fiore all'occhiello') | ***concept s.***, negozio che offre merce di vario genere in ambientazione non convenzionale, con spazi dedicati all'ascolto di musica, alla lettura o al consumo di cibi e bevande (comp. con *concept* (V.)) | ***temporary s.***, negozio o punto vendita aperto da un'azienda per un limitato periodo di tempo allo scopo di promuovere la vendita dei propri prodotti (comp. con *temporary* 'temporaneo') | V. anche *drugstore*, *megastore* **2** sito per acquisti online: *lo s. di Google*

✦**stòria** o (*lett.*) **istòria** [vc. dotta, dal lat. *hĭstŏria(m)*, dal gr. *historía* 'indagine, ricerca', da *hístōr*, genit. *hístoros* 'che ha visto, testimone', dalla radice indeur. *weid- 'vedere, sapere'. V. *vedere*① ✱ av. 1250] **s. f.** **1** l'insieme degli eventi umani, o di determinati eventi umani, considerati nel loro svolgimento: *la scoperta dell'America segna l'inizio della s. moderna; quel fatto ebbe grande importanza nella s. della civiltà* **2** narrazione sistematica dei fatti memorabili della collettività umana, fatta in base a un metodo d'indagine critica: *Erodoto fu detto il padre della s.; Clio era la musa della s.; alterare, falsificare, la s.; il giudizio della s.; un uomo che appartiene alla s.* | ***passare alla s.***, di avvenimento, persona e sim. degno di essere ricordato dai posteri **3** narrazione di fatti d'ordine politico, sociale, militare, religioso, economico e sim., relativi ad una determinata epoca, a un determinato evento, a una determinata collettività umana, e sim.: *s. medievale, moderna, contemporanea; s. universale, generale; s. greca, romana; s. francese, inglese, italiana; s. di Francia, d'Inghilterra, d'Italia; la s. delle guerre puniche, della Rivoluzione francese; il proponimento mio è di scrivere l'istoria del concilio tridentino* (P. Sarpi) | nelle scuole, materia d'insegnamento: *insegnare s.; studiare la s.; cattedra di s. e filosofia; essere debole in s.* **4** il succedersi, l'evolversi di fenomeni naturali: *la s. della Terra, la s. geologica* **5** opera storica: *la s. del Cantù; s. d'Italia dalle origini al Quattrocento* **6** fatto vero, documentabile: *mescolare la favola con la s.; questa è s.* **7** esposizione critica di fatti relativi all'origine, allo svolgimento e all'evoluzione di una determinata attività umana: *s. dell'arte, della letteratura, della filosofia, del diritto, del cinema, della tecnica; la s. dell'estetica ... non si può separare dalla s. di tutta l'altra filosofia* (B. Croce) | ***s. naturale***, l'insieme delle scienze naturali **8** serie di vicende, spec. personali: *la tua è una triste s.; ho udito una s. penosa; la loro è una s. poco pulita; fammi la s. della tua vita; gli raccontò tutta la sua s.* | (*est.*) vicenda, relazione amorosa: *un anno fa ha avuto una s. a Pescara* **9** (*gener.*) faccenda, questione: *basta con questa s.!; non voglio più sentire parlare di questa s.; questa s. non c'entra con noi; è un'altra s.* | ***è la solita s.***, di cosa, spec. spiacevole, che si ripete con monotonia | ***è una s. lunga***, discorso, faccenda e sim., che ha strascichi, conseguenze | ***essere senza s., non avere più s.***, non destare più interesse dato l'esito scontato: *ormai, dopo il terzo gol, è una partita senza s.* **10** narrazione di un fatto particolare, vero o inventato: *mi fece la s. del viaggio; è una s. d'amore; la s. di Rinaldo; la s. dei cavalieri della Tavola rotonda; la bella istoria che 'l mio canto muove* (M.M. Boiardo) | favola: *la nonna racconta molte storie ai nipotini; la s. di Cappuccetto Rosso* **11** fandonia, racconto inventato: *quel ragazzo racconta un sacco di storie; non credergli, è tutta una s.* | scusa, pretesto: *questa è una s. per non venire* **12** (**spec. al pl.**) tergiversazione, obiezione; lamentela: *senza storie, dimmi se accetti o no; su, non fare tante storie; eh, quante storie per cinque minuti di ritardo!* **13** rappresentazione, dipinta o scolpita, di un fatto: *d'una pietosa istoria e di devote / figure la sua stanza era dipinta* (T. Tasso) || **storiàccia**, **pegg.** (V.) | **storièlla**, **dim.** (V.) | **storiétta**, **dim.**

storiàccia [1763] **s. f.** (**pl.** *-ce*) ● pegg. di *storia* | brutta storia | episodio o vicenda negativa, immorale, illegale e sim.: *una s. di droga e corruzione*

†**storiàre**① ➤ **istoriare**

storiàre② [vc. dial. tosc., da *storia* 'lungaggine, indugio': propr. 'far attendere a lungo, far impazzire' ✱ av. 1587] **v. intr.** (*io stòrio*) ● solo nelle loc. (*pop., tosc.*) ***fare s. qlcu.***, farlo ammattire, fargli perdere tempo; ***fare s. qlco.***, tirarla per le lunghe

storicìsmo [da *storico*, con *-ismo* ✱ 1887] **s. m.** **1** orientamento culturale che tende a riferire ogni attività e manifestazione umana al contesto storico in cui si sono formate e sviluppate: *lo s. di Vico* | indirizzo filosofico, sviluppatosi in Germania nella seconda metà del XIX sec., che in polemica con il positivismo rivendica l'autonomia delle scienze storiche rispetto a quelle naturali in nome dell'individualità e irripetibilità dei fatti umani **2** nella critica letteraria, studio delle matrici storiche e culturali di un testo, viste come prevalenti o generative rispetto ai fatti di forma CONTR. formalismo

storicìsta [1916] **s. m. e f.**; anche **agg.** (**pl. m.** *-i*) ● chi (o che) segue o si ispira allo storicismo

storicìstico [1913] **agg.** (**pl. m.** *-ci*) ● che concerne lo storicismo | caratterizzato dallo storicismo: *critica storicistica* || **storicisticaménte**, **avv.** in modo storicistico; secondo un punto di vista storicistico

storicità [1898] **s. f. inv.** ● valore storico, caratteristica di ciò che è storico: *sostenere la s. dello spirito* | realtà storica: *la s. di un fatto*

storicizzàre [da *storico* ✱ 1935] **A** **v. tr.** ● valutare, considerare, come processo storico o come momento di un processo storico: *s. la cultura, la letteratura* **B** **storicizzàrsi** **v. intr. pron.** ● acquisire un carattere storico, inserirsi in una dimensione storica || **storicizzazióne**, **s. f.**

✦**stòrico** o (*lett.*) **istòrico** [dal lat. *histŏricu(m)*, dal gr. *historikós*, agg. da *historía* 'storia' ✱ av. 1374] **A** **agg.** (**pl. m.** *-ci*) **1** della storia, che ha rapporto con la storia, che ha per oggetto la storia: *opera storica; notizie storiche; lettura storica; senso, metodo s.; circostanze storiche; critica storica; ogni giudizio s. ... è sempre assoluto e relativo insieme* (B. Croce) | ***materialismo s.***, teoria dello sviluppo storico propria di K. Marx e del pensiero marxista, secondo cui le cause principali del progresso sociale sono materiali, e particolarmente economiche | (*ling.*) ***grammatica storica***, studio di un sistema linguistico nelle varie fasi del suo sviluppo | (*gramm.*) ***presente s.***, V. *presente*① nel sign. D 2 | (*est.*) relativo alle origini o alle prime fasi di sviluppo di un fenomeno o movimento, spec. politico, culturale e sim.: *avanguardia storica; repubblicani storici* **2** che è realmente accaduto, che non è inventato: *fatto, personaggio, s.; dati storici* | ***tempi storici***, i cui avvenimenti sono narrati nella storia | che risale a epoche passate: *un edificio s.; il centro s. di Firenze* | ***romanzo s.***, in cui hanno parte eventi e personaggi storici | ***film s.***, ispirato alla storia passata e generalmente in costume | (*dir.*) ***prova storica***, prova consistente nella rappresentazione del fatto, come il documento o la testimonianza **3** (*est.*) memorabile, che è degno di essere ricordato nel tempo, di essere tramandato ai posteri: *una storica giornata; una decisione storica; quello fu un discorso s.* **4** che non si è mai verificato in precedenza: *l'euro ha toccato il suo massimo s. nei confronti del dollaro* **5** (*fam., raro*) che è noto a tutti || **storicaménte**, **avv.** **1** da un punto di vista storico: *considerare storicamente la natura umana* **2** nella realtà storica; realmente: *un fatto storicamente avvenuto* || **storicità**, **s. f. inv.** (V.) **B** **s. m.** (**f.** *-a*) **1** scrittore, studioso di storia: *un celebre s.; gli storici greci; uno s. contemporaneo; gli storici di Roma* SIN. storiografo **2** (*mus.*) negli oratori, passioni e sim., personaggio cui è affidata la parte narrativa

SFUMATURE DI SIGNIFICATO

storico - memorabile - leggendario

È **storico** tutto ciò che appartiene al passato ed è realmente accaduto, buono o cattivo che sia. Con **memorabile** si definisce ciò che merita di essere ricordato perché esemplare, straordinario, eccezionale. **Leggendario** è un avvenimento o un personaggio fantastico, in genere lontano nel tempo, a cui l'immaginazione popolare attribuisce una reale esistenza; ma può anche accadere che diventino leggendari personaggi o fatti storici che la fantasia collettiva investe miticamente.

SFUMATURE ➤ *celebre*

storièlla [av. 1729] **s. f.** **1** dim. di *storia* **2** aneddoto, barzelletta **3** fandonia | pretesto || **storiellina**, **dim.**

storìno ➤ **stoino**

storiografìa o (*raro, lett.*) **istoriografìa** [vc. dotta, dal gr. *historiographía*, comp. di *historía* 'storia' e *-graphía* '-grafia' ✱ 1895] **s. f.** ● elaborazione e stesura di opere storiche condotte con metodo scientifico e critico: *s. giuridica, s. letteraria* | complesso delle opere storiche e delle ipotesi metodologiche di una data epoca o su un dato argomento: *la s. della Rivoluzione francese*

storiogràfico o (*raro, lett.*) **istoriogràfico** [vc. dotta, dal gr. *historiographikós*, da *historiographía* 'storiografia' ✱ 1869] **agg.** (**pl. m.** *-ci*) ● della storiografia, che riguarda la storiografia || **storiograficaménte**, **avv.** da un punto di vista storiografico

storiògrafo o (*raro, lett.*) **istoriògrafo** [vc. dotta, dal lat. tardo *historiŏgraphu(m)*, dal gr. *historiográphos*, comp. di *historía* 'storia' e *-gráphos* '-grafo' ✱ av. 1328] **s. m.** (**f.** *-a*) ● autore di opere storiche, studioso di storiografia SIN. storico

storióne [dall'ant. alto ted. *sturio*. V. ted. *Stöhr* ✱ 1287] **s. m.** ● pesce degli Acipenseriformi, lungo oltre tre metri, con quattro barbigli sul lungo muso, bocca ventrale priva di denti; marino, depone le uova nei fiumi (*Aci-*

penser sturio)

stormeggiàre[1] [da *stormo*, con suff. iter. intens. ✻sec. XIII] **A** **v. intr.** (**pres.** *io storméggio*; **fut.** *io stormeggerò*; **aus.** *avere*) ● (*lett.*) adunarsi, riunirsi in stormo; volare in stormo: *le rondini ... cominciavano a s. intorno alla rocca* (G. D'ANNUNZIO) **B** **v. tr. e intr.** (**aus.** *avere*) ● suonare o far suonare a stormo: *le campane di S. Nicola si misero a s.* (F. DE ROBERTO)

stormeggiàre[2] [da *stormire* ✻1858] **v. intr.** (**pres.** *io storméggio*; **fut.** *io stormeggerò*; **aus.** *avere*) ● (*lett.*) frusciare, stormire: *L'oscuro fogliame dei pioppi stormeggiava lievemente* (I. NIEVO)

†**stormeggiàta** [da †*stormeggiare* ✻av. 1363] **s. f.** ● rumore di stormo

†**storménto** ➤ **strumento**

✦**stormìre** [dal francone *sturmjan* 'tempestare'. V. *stormo* ✻1313] **A** **v. intr.** (*io stormisco, tu stormìsci*; **aus.** *avere*) ● muoversi a causa del vento producendo un lieve fruscio: *le foglie, le fronde stormiscono* | detto del vento, soffiare facendo muovere e frusciare le fronde: *E come il vento / Odo stormir tra queste piante* (G. LEOPARDI) **B** **in funzione di s. m. solo sing.**: *lo s. degli alberi, del vento*

✦**stórmo** [dal longob. *sturm*. V. ted. *Sturm* 'assalto' ✻1261 ca.] **s. m.** **1** (*lett.*) moltitudine di persone o animali | †moltitudine spec. di armati accorsi per combattere | ***suonare a s.***, a martello, detto di campane, per richiamare molta gente **2** gruppo di uccelli in volo: *uno s. di rondini* **3** (*aeron.*) unità organica dell'aeronautica militare, costituita da più gruppi **4** (*milit.*) piccolo gruppo di cavalieri: *uno s. di ulani* **5** †scontro, assalto

SFUMATURE ➤ *branco*

stornàre [da *tornare*, con *s-*, sul modello del fr. *détourner* ✻av. 1250] **A** **v. tr.** (*io stórno*) **1** (*lett.*) volgere indietro o in altra direzione: *Ho stornato per quanto potevo il viso* (A. MORAVIA) **2** (*fig.*) volgere altrove, allontanare: *s. un pericolo, uno scandalo* **3** (*fig.*) distogliere, dissuadere: *s. qlcu. da un proposito*; *invano cercava di stornarlo dai foschi pensieri* (L. PIRANDELLO) **4** (*ragion.*) correggere, rettificare una scrittura in un conto | (*ragion.*) girare una partita da un conto a un altro | (*ragion.*) trasferire una spesa da un titolo di erogazione a un altro, nel bilancio di un ente pubblico | (*comm.*) annullare un affare già concluso in precedenza **B** **v. intr.** (**aus.** *essere*) **1** †volgersi indietro **2** nel biliardo, dare indietro, detto di palla che ha colpito quella avversaria

stornellàre [1858] **v. intr.** (*io stornèllo*; **aus.** *avere*) ● cantare, comporre, stornelli

stornellàta [av. 1952] **s. f.** ● cantata, gara di stornelli | insieme di stornelli

stornellatóre [da *stornellare* ✻1882] **s. m.** (**f.** *-trice*) ● chi canta o compone stornelli

stornèllo[1] [deriv. dim. del provenz. *estorn* 'tenzone poetica', dal francone *sturm* 'assalto'. V. *stormo* ✻av. 1446] **s. m.** ● canto popolare, spec. dell'Italia centrale, composto di due endecasillabi preceduti da un quinario, che rima o assona con l'ultimo, spec. con l'invocazione del nome di un fiore nel quinario || **stornellétto**, **dim.** | **stornellìno**, **dim.**

stornèllo[2] [lat. tardo *sturnĕllu(m)*, dim. di *stŭrnus* 'storno' ✻1313] **s. m.** ● (*zool.*) storno[1]

†**stornimènto** [sovrapposizione di *stornare* 'frastornare' a *stordimento* ✻sec. XVI] **s. m.** ● vertigine, capogiro

stórno[1] [lat. *stŭrnu(m)*, di orig. indeur. ✻av. 1367] **s. m.** ● (*zool.*) uccello dei Passeriformi di colore scuro macchiettato di bianco, gregario, con voce sonora e piacevole (*Sturnus vulgaris*) **SIN.** stornello[2]

stórno[2] [da *storno*[1], nel sign. già latino di 'grigio come uno storno' ✻1848] **agg.** ● (*zool.*) detto di mantello equino grigio scuro disseminato di piccole e numerose macchie bianche che lo rendono simile al piumaggio dello storno | detto del cavallo che ha tale mantello: *cavalla storna*

stórno[3] [da *stornare* ✻1726] **s. m.** **1** (*ragion.*, *comm.*) operazione dello stornare nel sign. 4 **2** (*dir.*) ***s. di dipendenti***, atto di concorrenza sleale dell'imprenditore che induce i dipendenti di un'impresa concorrente a interrompere il rapporto di lavoro **3** (*tosc.*) biglietto del lotto messo in vendita, un tempo, coi numeri già scritti e registrati

storpiaménto [1549] **s. m.** ● (*raro*) storpiatura

storpiàre o (*pop.*) **stroppiàre** [lat. parl. **exturpiāre*, comp. di *ĕx-* (*s-*) e di un denominale di *tŭrpis* 'deforme'. V. *turpe* ✻av. 1342] **A** **v. tr.** (*io stòrpio*) **1** rendere storpio: *l'incidente gli storpiò i piedi* **2** (*fig.*) pronunciare male, erroneamente: *s. le parole* **3** †impedire, far fallire | †frastornare **B** **v. intr.** (**non usati i tempi composti**) ● (spec. nella forma *stroppiare*) (*raro*) creare difficoltà | essere dannoso: *Figliuola mia, il troppo stroppia* (G. VERGA) **C** **storpiàrsi** **v. intr. pron.** ● diventare storpio: *è caduto da cavallo e si è storpiato*

storpiàto o (*pop.*) **stroppiàto** **A** **part. pass.** di *storpiare*; anche **agg.** ● nei sign. del v. **B** **s. m.** (**f.** *-a*) ● persona storpia: *un povero s.*

†**storpiatóre** [1583] **s. m.**; anche **agg.** (**f.** *-trice*) ● chi (o che) storpia

storpiatùra o (*pop.*) **stroppiatùra** [1598] **s. f.** ● lo storpiare, lo storpiarsi, il venire storpiato | cosa storpiata

stòrpio[1] (o **-ó-**) o (*pop.*) **stròppio** (o **-ó-**) [agg. da *storpiare* ✻av. 1327] **agg. e s. m.** (**f.** *-ia*) ● che (o chi) è deforme nelle braccia e nelle gambe | (*fig.*) ***raddrizzare le gambe agli storpi***, tentare un'impresa impossibile || **storpiaménte**, **avv.**

†**stòrpio**[2] (o **-ó-**) o †**stròppio** (o **-ó-**) [da *storpiare*, nel sign. A 3 ✻av. 1292] **s. m.** ● contrarietà, impedimento | indugio, esitazione

†**stòrre** ➤ **stogliere**

stòrsi ➤ **storcere**

stòrta[1] [da *storcere* ✻sec. XIII] **s. f.** **1** (*raro*) torsione **2** (*tosc.*) svolta, tortuosità, di fiume, strada e sim. **3** (*fam.*) distorsione: *prendere una s.*

stòrta[2] [f. sost. di *storto* ✻av. 1524] **s. f.** **1** recipiente di vetro o altro materiale a base larga e collo ripiegato verso il basso, usato per distillazione **2** (*raro*) pappagallo per urinare **3** arma da taglio con lama di media lunghezza, larga, ricurva, col filo esterno, un tempo usata dalla fanteria | †scimitarra || **stortétta**, **dim.** | **stortìna**, **dim.**

stortàre [da *storto* ✻1905] **A** **v. tr.** (*io stòrto*) ● (*colloq.*) storcere | anche in forma tr. pron.: *stortarsi una caviglia* **B** **stortàrsi** **v. intr. pron.** ● (*fam.*) storcersi

stortézza [av. 1557] **s. f.** ● proprietà, caratteristica di ciò che è storto | (*fig.*, *lett.*) erroneità

stortignàccolo [da *storto* ✻1891] **A** **agg.** ● (*pop.*, *fam.*) storto **B** **agg. e s. m.** (**f.** *-a*) ● (*fam.*) storpio

✦**stòrto** **A** **part. pass.** di *storcere*; anche **agg.** **1** (*raro*) torto con forza **2** che non è diritto: *gambe storte* **3** che non è collocato in linea diritta, o nel senso giusto, rispetto a un punto di riferimento: *il quadro che hai appeso è s.*; *questa riga è storta* **4** (*fig.*) erroneo, sbagliato: *idee storte* | (*colloq.*) sfavorevole, contrario: *è una giornata storta*; *gli vanno tutte storte* || **stortarèllo**, **dim.** | **stortìno**, **dim.** || **stortaménte**, **avv.** in modo storto; erroneamente **B** **in funzione di avv.** ● in modo obliquo: *camminare s.* | ***guardare s.***, (*fig.*) guardare male, con severità, malanimo e sim.

stortùra [av. 1535] **s. f.** **1** stortezza | (*fig.*) cosa storta, ingiusta: *indignarsi per le storture di questo mondo* **2** (*fig.*) maniera erronea di giudicare, agire e sim.: *una s. mentale*; *un carattere che presenta molte storture*

-stòry /ˈstɔːri/ [dall'ingl. *story* 'storia, racconto'] **secondo elemento** ● in parole composte, spec. del linguaggio giornalistico, significa 'storia', 'vicenda', spesso con implicazioni scandalistiche: *spy-story, love-story, tangenti-story*

stòry board /ˈstɔribord, *ingl.* ˈstɔːri,bɔːd/ [loc. ingl., propr. 'quadro (*board*) del racconto (*story*)' ✻1989] **loc. sost. m. inv.** (**pl. ingl.** *story boards*) ● sequenza di bozzetti e didascalie che condensano la trama di un film, di un programma televisivo o di uno spot pubblicitario

storytèlling /storiˈtɛllin(g), *ingl.* ˈstɔːrɪ,tɛlɪŋ/ [vc. ingl., comp. di *story* 'storia, racconto' e *telling* 'il raccontare', da *to tell* 'raccontare' ✻1988] **s. m. inv.** **1** il narrare, il raccontare storie; racconto: *laboratorio di s.* **2** presentazione in forma narrativa e suggestiva di una realtà, di una vicenda, ecc.: *lo s. di un'azienda, di un prodotto*; *lo s. di un partito* **CFR.** narrazione

stoscanizzàre [da *toscanizzare*, con *s-* ✻1891] **A** **v. tr.** ● togliere le caratteristiche toscane **B** **stoscanizzàrsi** **v. intr. pron.** ● perdere le caratteristiche toscane

†**stòscio** [da *stroscio* ✻av. 1292] **s. m.** ● salto, precipizio

Stovaìna® [dal fr. *stovaïne*, deriv. sul modello di *cocaïne* dall'ingl. *stove* 'fornello' (trad. del n. dello scopritore, il fr. *Forneau*) ✻1923] **s. f.** ● (*chim.*) derivato benzoico, usato per anestesia locale in sostituzione della cocaina

✦**stovìglia** [lat. parl. **testuīlia* (nt. pl.), da *tĕstu* 'vaso di terracotta', con aplologia. V. *testo*[1] ✻1243] **s. f.** ● (**spec. al pl.**) ciascun pezzo del vasellame per uso di cucina e di tavola: *lavare le stoviglie*

stovigliàio [av. 1449] **s. m.** (**f.** *-aia*, **pl. m.** *-ai*) ● (*disus.*) fabbricante o venditore di stoviglie

stoviglierìa [av. 1704] **s. f.** ● (*raro*) quantità, assortimento di stoviglie | fabbrica di stoviglie

†**stovìglio** [1309] **s. m.** ● (**spec. al pl.**) stoviglia

stozzàre [da *stozzo* ✻av. 1400] **v. tr.** (*io stòzzo*) ● lavorare di stozzo | dare la convessità a una lastra metallica | abbozzare col cesello o col bilanciere una forma

stozzatóre [1960] **s. m.** (**f.** *-trice*) ● chi stozza | chi lavora alla stozzatrice

stozzatrìce [da *stozzare* ✻1922] **s. f.** ● macchina utensile, usata per spianatura di superfici continue o di superfici a profilo qualsiasi con direttrici piane, spec. per eseguire scanalature **SIN.** mortasatrice

stozzatùra [1940] **s. f.** ● operazione dello stozzare

stòzzo [dal longob. *stozza* 'maglio'. V. *stuzzicare* e *tozzo*[1] ✻av. 1537] **s. m.** ● strumento per stozzare | specie di cesello o punzone con la testa stondata per dare la prima impronta a una lastra metallica

stra- [lat. *ĕxtra* 'fuori'] **pref.** **1** in parole composte, significa 'fuori', 'al di là': *straripare, straordinario* **2** indica eccesso: *strafare, stravizio* **3** esprime misura oltre il normale: *strapagare, stravincere* **4** premesso ad aggettivi li rende di grado superlativo: *stragrande, strapieno, stravecchio* (cfr. *stracittà, strapaese*) **5** rafforzativo di *tra-* in casi come: *straboccare*

strabusàto [comp. di *stra-* e *abusato* ✻

1993] **agg.** • che è usato anche troppo: *un termine s.*; *un'espressione straabusata*

strabalzaménto [av. 1712] **s. m.** • (*lett.*) lo strabalzare | sobbalzo

strabalzàre [comp. di *stra-* e *balzare* ✻sec. XIII] **A v. tr. e intr.** (aus. intr. *essere*, *raro avere*) • (*raro*) trabalzare **B v. tr.** • †trasferire qlcu. molto lontano

†**strabalzóni** [da *strabalzare* ✻av. 1708] **avv.** • (*raro*) vacillando, barcollando: *camminare s. per aver bevuto* | anche nella loc. avv. ***a s.***

strabène [comp. di *stra-* e *bene* ✻1363] **avv.** • (*raro*) benissimo

strabenedìre [comp. di *stra-* e *benedire* ✻1855] **v. tr.** (**coniug. come** *benedire*) • (*pop.*) benedire grandemente | (*per antifrasi*) maledire (*spec. scherz.*): *che Dio ti strabenedica!*

strabére [comp. di *stra-* e *bere*① ✻av. 1705] **v. intr.** (**coniug. come** *bere*; **aus.** *avere*) • bere troppo

stràbico [da *strabismo* ✻1892] **agg. e s. m.** (**f.** *-a*; **pl. m.** *-ci*) • che (o chi) è affetto da strabismo

strabiliànte **part. pres.** di *strabiliare*; anche **agg.** • sbalorditivo: *una notizia, un fatto s.*

♣**strabiliàre** [da *bile*, con *stra-*, propr. 'fare uscir la bile per lo spavento' (?) ✻1473] **A v. intr.** (*io strabìlio*; **aus.** *avere*) • rimanere sbalordito per la meraviglia: *sono cose da s.*; *mi ha fatto s. con le sue prodezze* **B v. tr.** • sbalordire, stupire al massimo grado: *la cosa mi ha strabiliato*; *mi ha strabiliato con le sue prodezze*

strabiliàto **part. pass.** di *strabiliare*; anche **agg.** • attonito, sbalordito: *restare s.*

†**strabìlio** [av. 1704] **s. m.** • lo strabiliare, spec. nella loc. ***dare nello s.***

†**strabilìre** [av. 1698] **v. intr.** e †**strabilìrsi** **v. intr. pron.** • strabiliare

strabìsmo [vc. dotta, dal gr. *strabismós*, da *strabós* 'losco' ✻1745] **s. m.** • (*med.*) difetto di parallelismo dei due assi oculari: *s. convergente, divergente* | ***s. di Venere***, lieve strabismo, considerato un attributo del fascino femminile | ***s. convergente***, esotropia | ***s. accomodativo***, strabismo da eccessivo sforzo accomodativo con conseguente esaurimento della capacità accomodativa **SIN.** esotropia accomodativa

straboccaménto [1342] **s. m.** • (*raro*) lo straboccare

straboccàre [da *traboccare*, con sovrapposizione di *stra-* ✻sec. XIII] **v. intr.** (*io strabócco, tu strabócchi*; **aus.** *avere* **se il soggetto è il recipiente,** *essere* **o** *avere* **se il soggetto è il liquido**) **1** (*pop.*) traboccare **2** †abbattersi, precipitare

strabocchévole [da *straboccare* ✻1300 ca.] **agg.** **1** numeroso, straordinario, eccessivo: *ricchezza, folla, s.* **SIN.** trabocchevole **2** (*lett.*) impetuoso, intenso **3** †scosceso ‖ **strabocchevolménte**, **avv.** in modo strabocchevole, eccessivamente

strabócco [da *straboccare*. V. *trabocco*① ✻1838] **s. m.** (**pl.** *-chi*) • (*raro*) trabocco

strabometrìa [da *strabometro* ✻1960] **s. f.** • (*med.*) in oftalmologia, misurazione dell'entità dello strabismo

strabòmetro [comp. di *strab(ismo)* e *-metro* ✻1960] **s. m.** • (*med.*) in oftalmologia, strumento per la misurazione dell'entità dello strabismo

strabordànte **part. pres.** di *strabordare*; anche **agg.** • che straborda; traboccante | (*est.*) pieno zeppo: *camera s. di giochi* | (*fig.*) straripante: *fascino, energia s.* **SIN.** trabordante

strabordàre [comp. di *stra-* e un deriv. di *bordo* ✻1962] **v. intr.** (*io strabórdo*; **aus.** *essere* **se il soggetto è il liquido o il materiale contenuto;** *avere* **se il soggetto è il recipiente o il contenente**) • traboccare: *riempie la teiera, e la tazza del tè, fino a farle s.* (N. GINZBURG) **SIN.** trabordare | (*fig.*) sovrabbondare

strabuzzaménto (o **-zz-**) [av. 1862] **s. m.** • lo strabuzzare gli occhi

strabuzzàre (o **-zz-**) [adattamento del gr. *strabízein* 'avere lo strabismo', da *strabós* 'strabico' ✻sec. XIV] **v. tr.** • solo nella loc. ***s. gli occhi***, spalancarli, storcendoli in avanti con intensa fissità: *stava sempre con quegli occhi strabuzzati* (C. ALVARO)

stracannàggio [da *stracannare* ✻1960] **s. m.** • (*tess.*) avvolgimento del filato da un rocchetto all'altro, per una successiva lavorazione

stracannàre [da *canna*, con *stra-* ✻1825] **v. tr.** • (*tess.*) avvolgere il filato su un altro rocchetto

stracannatùra [1805] **s. f.** • (*tess.*) stracannaggio

stracàrico o †**stracàrco** [comp. di *stra-* e *carico*② ✻av. 1536] **agg.** (**pl. m.** *-chi*) • molto carico, troppo carico: *l'ascensore è s. di gente*; *l'autobus è s.*; *essere s. di lavoro*

stràcca [da *straccare* ✻1344 ca.] **s. f.** • (*raro*) grande stanchezza, spec. nella loc. ***pigliare una s.*** | †***a s.***, con gran forza | †***in s.***, precipitosamente

straccadènti [comp. di *stracca(re)* e il pl. di *dente* ✻1942] **s. m. inv.** • (*sett.*) specie di biscotto durissimo, prodotto spec. in Emilia

straccaganàsce [comp. di *stracca(re)* e il pl. di *ganascia* ✻1931] **s. m. inv.** **1** (*roman.*) straccadenti **2** (*venez.*) castagna sbucciata e seccata

straccàle [da *stirare* (?) ✻av. 1446] **s. m.** **1** finimento che si attacca al basto e fascia i fianchi della bestia da soma | (*raro*, *fig.*) ***portare lo s.***, essere un asino **2** (*pop.*, *tosc.*) cencio | cosa inutile, molesta **3** (**spec. al pl.**) †bretella di calzoni | (*raro*) ciascuna delle piccole cinghie di pelle, munite di occhielli, che uniscono le bretelle ai pantaloni: *il costume tirolese, straccali verdi sopra la camicia bianca* (G. CARDUCCI)

straccaménto [sec. XIII] **s. m.** • (*raro*) stanchezza, spossatezza | †logoramento

straccàre [da *stracco* ✻av. 1320] **A v. tr.** (*io stràcco, tu stràcchi*) • (*sett.*) rendere stracco, sfinito **B straccàrsi** **v. intr. pron.** • (*sett.*) stancarsi molto, diventare stracco

stracceria [da *straccio* ✻av. 1536] **s. f.** **1** insieme, quantità di stracci **2** †bottega di robe minute, di cianfrusaglie

straccétto [1994] **s. m.** **1** dim. di *straccio* **2** (**al pl.**; *cucina*) nome di vari piatti della cucina regionale italiana; in particolare, pietanza a base di strisce sottili di carne di manzo cotte in padella e servite con accompagnamento di rucola

stracchézza [da *stracco* ✻av. 1320] **s. f.** • (*raro*) senso di fiacchezza, di stanchezza

stracchìno [da *stracco*, perché fatto con latte di vacche *stracche*, cioè stanche o per la discesa al piano dagli alpeggi o perché adibite ai lavori campestri (?) ✻av. 1768] **s. m.** **1** formaggio di pasta grassa e uniforme, non fermentato, prodotto in Lombardia con latte di vacca e messo in commercio in forme quadrate o rettangolari **2** (*merid.*) gelato in forma di mattonella, come il formaggio omonimo

stracciàbile [1561] **agg.** • che si può stracciare

†**stracciafòglio** [comp. di *straccia(re)* e *foglio* ✻1343] **s. m.** • brogliaccio | scartafaccio

stracciaiòlo① o (*centr.*, *sett.*) **stracciaròlo**, †**stracciaiuòlo** [da *straccio* ✻1385] **s. m.** (**f.** *-a*) • cenciaiolo, straccivendolo | rigattiere

†**stracciaiòlo**② [da *stracciare* ✻sec. XIV] **s. m.** • operaio addetto a stracciare col pettine i bozzoli della seta

stracciaménto [av. 1348] **s. m.** • (*raro*) lo stracciare, lo stracciarsi | lacerazione | (*fig.*) †sconvolgimento

stracciàre [lat. parl. **extractiāre*, comp. di *ĕx-* (*s-*) e **tractiāre*, da *trăctus*, part. pass. di *trăhere* 'tirare'. V. *trarre* ✻1287] **A v. tr.** (**pres.** *io stràccio*; **fut.** *io straccerò*) **1** lacerare, rompere, tirando con violenza e riducendo in brandelli: *s. un vestito, un lenzuolo, un documento, una lettera* | †dilaniare (*anche assol.*) **2** (*tess.*) sfilacciare con pettine di ferro la seta dei bozzoli **3** (*fig.*, *colloq.*) in una competizione, vincere dimostrando grande superiorità nei confronti degli avversari: *s. gli avversari*; *ha stracciato tutti* **B stracciàrsi** **v. tr. pron.** (**aus.** *essere*) • produrre una lacerazione, uno strappo in qlco. che si indossa: *mi sono stracciata la gonna* | (*raro*) ***stracciarsi i capelli***, strapparseli | ***stracciarsi le vesti***, (*fig.*) disperarsi; scandalizzarsi, pronunciare espressioni di sdegno (espressione usata nei Vangeli) **C stracciàrsi** **v. intr. pron.** • lacerarsi: *il foglio si è tutto stracciato*

stracciaròlo ➤ **stracciaiolo**①

†**stracciasàcco** [comp. di *straccia(re)* e *sacco* ✻av. 1400] **vc.** • solo nella loc. avv. ***a s.***, con disprezzo, in cagnesco: *guardare qlcu. a s.*

stracciatèlla [da *stracciato* ✻1931] **s. f.** **1** minestra preparata gettando in brodo bollente uova sbattute, semolino e parmigiano **2** tipo di gelato al fiordilatte contenente scaglie di cioccolato **3** impasto cremoso di panna fresca e mozzarella sfilacciata all'interno della burrata, o anche consumato a sé

stracciàto **part. pass.** di *stracciare*; anche **agg.** **1** ridotto in brandelli: *un abito s.* **2** che ha i vestiti laceri, detto di persona: *si presentò tutto s.* **3** detto di prezzo di assoluta concorrenza, estremamente ribassato: *prezzo s.*

stracciatùra [av. 1347] **s. f.** **1** (*raro*) lacerazione **2** (*tess.*) pettinatura, cardatura dei bozzoli sfarfallati

stràccio① [av. 1646] **agg.** (**pl. f.** *-ce*) **1** (*raro*) stracciato **2** che è da stracciare, da farne stracci | ***roba straccia***, di nessun valore | ***carta straccia***, V. *cartastraccia*

♦**stràccio**② o († o *ven.*) **stràzzo** [da *stracciare* ✻sec. XIII] **s. m.** **1** pezzo di tessuto logoro, brandello di stoffa: *lo s. per il pavimento*; *passare lo s. per terra*; *dentro erano pieni di stoppa e di strazzi* (B. CASTIGLIONE) | (*fig.*) ***ridursi uno s.***, in cattive condizioni, spec. fisiche | (*fig.*) ***sentirsi uno s.***, stremato di forze | ***volano gli stracci***, (*fig.*, *colloq.*) si litiga, spec. in modo scomposto | **PROV.** ***sono sempre gli stracci che vanno all'aria***, nelle situazioni critiche sono sempre i più deboli e i poveri a rimetterci **2** (*tess.*) seta sfilacciata dai bozzoli col pettine **3** (*colloq.*) persona o cosa qualsiasi, misera, di poco conto, nella loc. ***uno s. di***: *non avere neppure uno s. di vestito, di casa, di marito*, e sim. **4** (*spreg.*, **al pl.**) indumenti, effetti personali, e sim., mediocri, scadenti: *prendi i tuoi stracci e vattene* **5** †strappo, rottura, in un indumento o in una stoffa **6** †niente, con valore rafforz., nelle loc. negative ***non essercene, non trovarne, non capirne***, e sim. ***uno s.*** **7** †documento o testo di poco valore **8** (*cucina*) (**spec. al pl.**) tipo di pasta all'uovo, bianca o verde, di forma simile alle lasagne, tipica della Liguria e di parte del Piemonte ‖ **straccétto**, **dim.**

straccióne [da *straccio* ✻av. 1541] **A s. m.** (**f.** *-a*) • persona con vesti stracciate, logore | pezzente, miserabile **B agg.** • (*spreg.*) miserabile, tipico dei miserabili: *demagogia stracciona* ‖ **straccioncèllo**, **dim.**

†**straccióso** (o **-ṣo**) [da *straccio* ✻av. 1557]

agg. ● ridotto a brandelli, detto di abito | che ha gli abiti stracciati, detto di persona

straccivéndolo [comp. di *straccio* e di un deriv. di *vendere*, come *erbivendolo*, ecc. ✱ 1876] **s. m.** (f. *-a*) ● chi per mestiere compra e rivende stracci SIN. cenciaiolo, stracciaiolo①

stràcco [dal longob. *strak* 'stracco' ✱ av. 1348] **agg.** (pl. m. *-chi*; superl. *stracchissimo*) **1** (*pop.*) stanco, esausto, affaticato: *sentirsi, essere s.*; *essere s. dal lungo viaggio* | fiacco: *andatura stracca*; *racconto s.* | ***alla stracca***, fiaccamente, di malavoglia **2** (*fig.*) logorato dal lungo uso, non più efficace | ***terreno s.***, stanco, esausto | (*fig., raro*) che va estinguendosi: *sentimento, amore s.* || **stracchétto**, dim. || **straccaménte**, avv.

†**straccuràre** e deriv. ➤ **trascurare** e deriv.

Stracittà [comp. di *stra-* e *città*. V. *Strapaese* ✱ 1927] **s. f. inv.** ● nel primo dopoguerra italiano, tendenza letteraria che propugnava, in opposizione al regionalismo nazionalistico, un'adesione alle correnti culturali europee CFR. Strapaese

stracittadìno [comp. di *stra-* e *cittadino* ✱ 1930] **agg.** ● che presenta in sé al massimo i caratteri della vita cittadina | (*sport*) ***partita stracittadina***, o (*ellitt.*) ***stracittadina***, tra due squadre della stessa città: *la stracittadina torinese, milanese* SIN. derby

stracòcere ➤ **stracuocere**

stracollàre [da *collo* (*del piede*), con *stra-* ✱ 1865] **v. tr.** (*io stracòllo*); anche **stracollàrsi** **v. tr. pron.** (aus. *essere*) ● (*fam.*) slogare | anche in forma pron.: *stracollarsi un piede*

stracólmo [comp. di *stra-* e *colmo* ✱ 1937] **agg.** ● traboccante, pieno zeppo (*anche fig.*): *teatro, treno s.*; *un film s. di effetti speciali*

stracontènto [comp. di *stra-* e *contento* ✱ 1545] **agg.** ● (*fam.*) molto contento

†**stracotànza** ➤ **tracotanza**

stracòtto **A** **part. pass.** di *stracuocere*; anche **agg.** **1** troppo cotto: *riso s.* **2** (*fig., scherz.*) molto innamorato: *essere cotto e s.* **B** **s. m.** ● pezzo di carne di manzo, cotto a lungo in casseruola con odori e verdure trite o passate

stracuòcere o (*pop.*) **stracòcere** [comp. di *stra-* e *cuocere* ✱ 1745] **v. tr.** (coniug. come *cuocere*) ● cuocere a lungo, o troppo

♦**stràda** o (*lett.*) **istràda** [lat. tardo *strāta(m)*, f. sost. per *vĭa strāta* 'via lastricata', da *strātus*, part. pass. di *stĕrnere* 'stendere, lastricare'. V. †*sternere, strato* ✱ 1211] **s. f.** (la forma letteraria *istrada* è oggi usata solo se preceduta da *per* o *in*) **1** tratto di terreno, generalmente spianato o lastricato o asfaltato, che permette la comunicazione fra più luoghi: *costruire, fare, aprire una s.*; *selciare, lastricare una s.*; *la manutenzione della s.*; *il ciglio, il fondo, la massicciata, il marciapiede della s.*; *all'angolo della s.*; *quella s. porta, conduce, va a Roma*; *quella s. mette, sbocca in piazza*; *s. ampia, larga, curva, stretta*; *s. piana, pianeggiante, erta, scoscesa*; *s. acciottolata, asfaltata, lastricata, selciata*; *s. solitaria, deserta, battuta, frequentata*; *s. principale, secondaria*; *s. statale, provinciale, comunale*; *s. consolare*; *s. carrozzabile, camionabile*; *s. mulattiera* | anche come nome proprio di luogo: *ora abito in Strada Maggiore n. 274* (G. CARDUCCI) | ***arte di s.***, V. *arte* | ***artista di s.***, V. *artista* | ***s. maestra***, †***s. regia***, †***s. corrente***, quella principale, che unisce due paesi o città | ***s. alzata***, alzaia | ***s. di circonvallazione***, il cui tracciato non attraversa il centro abitato ma gli gira attorno | ***s. panoramica***, tracciata a scopo turistico in zona panoramica | ***s. di uso pubblico***, bene parte del demanio statale, comunale o provinciale o appartenente a privati cittadini ma gravato da una servitù di uso pubblico | ***s. privata***, appartenente a cittadini privati e da loro usata esclusivamente | ***s. vicinale***, che serve a un numero ristretto di proprietari ai quali in parte compete la manutenzione della stessa | ***s. bianca***, non asfaltata | ***strade militari***, generalmente nelle zone di confine, in vista di particolari finalità strategico-logistiche | ***s. ferrata***, ferrovia | ***dare sulla s., guardare verso la s.***, di finestre, porte e sim. che si aprono su di essa | ***attraversare la s.***, percorrerla in senso trasversale | ***tagliare la s. a qlcu.***, attraversarla improvvisamente, costringendo a una brusca frenata chi sopraggiunge; nelle corse ippiche, deviare irregolarmente dalla propria linea di azione, ostacolando l'avversario; (*fig.*) ostacolare qlcu., mettergli il bastone tra le ruote | ***codice della s.***, l'insieme organico delle norme che regolano la circolazione stradale | ***pirata della s.***, V. *pirata* | ***tenuta di s.***, V. *tenuta* | ***circolazione, traffico su s.***, che ha luogo fuori di città | ***corse su s.***, nel ciclismo, quelle, singole o divise in tappe, che non si svolgono in pista | ***gare fuori s.***, nell'automobilismo e nel motociclismo, quelle che si svolgono, almeno in parte, al di fuori delle strade normali, su terreno naturale | (*milit.*) ***s. coperta***, striscia di terreno intorno al fosso di una fortezza, dalla parte della campagna, coperta da un parapetto che si congiunge allo spalto a protezione dei difensori | PROV. ***tutte le strade portano a Roma***, uno stesso obiettivo si può raggiungere in molti modi **2** tragitto, cammino che conduce a un dato luogo, che consente di spostarsi da un luogo a un altro: *conoscere, sapere, insegnare, mostrare, la s. a qlcu.*; *sbagliare la s.*; *smarrire la s.*; *cambiare s.*; *allungare la s.*; *facciamo la s. insieme?*; *essere sulla buona s.*; *scegliere la s. giusta*; *andare per la propria s.*; *la s. è lunga*; *essere a metà s.*; *non c'è molta s.*; *ci sono due chilometri di s.*; *c'è un'ora di s.* | ***mettersi in s., prendere la s., mettersi la s. fra le gambe***, (*fig.*) mettersi in cammino | ***divorare la s.***, (*fig.*) andare molto veloce, detto di veicoli | ***s. facendo***, durante il cammino, durante il viaggio: *ci fermeremo a mangiare s. facendo* | (*colloq.*) ***essere di s.***, andare o trovarsi lungo un dato itinerario: *se sei di s., passa a trovarci* | ***andare, finire fuori s.***, uscire dai limiti della strada, detto di veicoli | ***fare s.***, percorrerla: *con questa benzina l'automobile fa molta s.*; (*fig.*) fare progressi, affermarsi, raggiungere il successo nella carriera, nella vita sociale e sim.: *è un ragazzo che farà s.*; *se continua così farà poca s.*; *ne ha fatta della s., da allora!*; *è un uomo che ha fatto molta s.*; *si è fatto s. da solo* | ***lasciare un lavoro a metà s., fermarsi a metà s.***, (*fig.*) non terminare un lavoro, non portare a compimento un'iniziativa e sim. | ***uomo della s.***, (*fig.*) uomo qualunque, uomo medio | †***rompere le strade***, derubare, assalire i passanti **3** (*fig.*) condotta, modo di procedere, di comportarsi, di agire: *mettersi per una s.*; *tenere una s.*; *essere sulla buona s.*; *essere su una cattiva s.*; *cambiare s.*; *percorrere, seguire la s. dell'onore, della virtù, del vizio, della perdizione* | ***andare per la propria s.***, mirare al proprio scopo, senza interessarsi di ciò che fanno o dicono gli altri | ***andare fuori s.***, cadere in errore | ***essere fuori s.***, essere in errore, non aver capito, fare ipotesi sbagliate | ***mettere fuori s.***, far cadere in errore | ***scegliere, cercare, trovare la propria s., la s. giusta***, l'attività, la professione e sim. più congeniale alle proprie caratteristiche e aspirazioni **4** (*fig.*) condizione di miseria, di mancanza di mezzi, nelle loc. ***mettere qlcu. sulla s.***; ***mettere qlcu. in mezzo a una s.***; ***lasciare sulla s.***; ***trovarsi sulla s.*** | condizione di vita misera, poco seria o poco onesta nelle loc. ***crescere per la s.***; ***raccattare qlcu. di s.***; ***raccogliere, prendere qlcu. dalla s.*** **5** (*spreg.*) nelle loc. ***di s., da s.***, indica volgarità, trivialità: *linguaggio da s.* | ***ragazzo di s.***, che trascorre molto tempo abbandonato a sé stesso; piccolo teppista | ***donna, donnaccia di s.***, prostituta | ***ladro di s.***, brigante **6** (*est.*) passaggio, varco (*anche fig.*): *farsi s. nei boschi*; *farsi s. tra la folla*; *aprirsi la s. fra i boschi*; *questa scoperta apre la s. a nuove applicazioni tecniche* | ***farsi s.***, (*fig.*) rivelarsi, mostrarsi, detto di cose: *la verità si è finalmente fatta s.* | ***fare s. a qlcu.***, precederlo, guidarlo, mostrargli il cammino e sim. | ***fare, aprire la s. a qlcu.***, (*fig.*) agevolarlo in una attività, una professione e sim. | ***trovare la s. fatta***, (*fig.*) affermarsi in una attività, una professione e sim. grazie a ogni genere di agevolazioni **7** (*fig.*) mezzo, modo, per riuscire in un intento: *la s. per riuscire è quella*; *non c'è altra s.*; *bisogna tentare ogni s., tutte le strade* **8** (*est.*) apertura, solco: *fare la s. alla sega, a una vite* **9** (*est.*) orbita: *la s. dei pianeti* || **stradàccia**, pegg. | **stradèlla**, (*lett.*) **stradellìna**, dim. | **stradèllo**, (*lett.*) **stradellìno**①, dim. m. | **stradétta**, **stradettìna**, dim. | **stradicciòla**, (*lett.*) **stradicciuòla**, dim. | **stradìna**, dim. | **stradóne**, accr. m. (V.) | **stradùccia**, **stradùzza**, dim. | (*lett., spreg.*) **stradùcola**, dim.

NOMENCLATURA

strada

● *caratteristiche*: acciottolata, lastricata = selciata, ammattonata, di terra battuta, a massicciata = a macadam, sterrata, asfaltata; statale, regionale, provinciale, comunale, vicinale; carovaniera, montana; panoramica, dissestata, interrotta, deformata, praticabile ⇔ impraticabile, tortuosa, a culla, a schiena d'asino; polverosa, bagnata, ghiacciata; di circonvallazione, d'accesso, di sbocco; selciata ⇔ disselciata, pubblica ⇔ privata, spaziosa = larga ⇔ stretta, comoda ⇔ scomoda, sicura ⇔ pericolosa, frequentata = affollata ⇔ deserta = vuota = sgombra, piana ⇔ erta = ripida = scoscesa, convergente ⇔ divergente, pedonalizzata; urbana ⇔ extraurbana;

● *tipi di strada*: via, traversa, viale, controviale, arteria, rete stradale, viabilità, vie di comunicazione; sentiero, scorciatoia, pista, mulattiera, tratturo, trazzera, viottolo, callaia, calle, carruggio; rotabile, carrareccia; stradone, camionabile, carrozzabile, superstrada, autostrada (V.), itinerario europeo, tracciato, bretella, passo carraio, meandro, rampa, viadotto, sopravia, sopraelevata, sovrappasso, sottovia, sottopasso, cavalcavia, scorciatoia, raccordo (anulare, a cappio, a quadrifoglio), tratto, tronco, variante, anello stradale, tangenziale, asse attrezzato, circonvallazione, svincolo, curva, tornante, gomito, salita, discesa, bivio, trivio, quadrivio, incrocio, crocicchio = crocevia, attraversamento, pendenza, saliscendi, biforcazione, diramazione, confluenza, deviazione, strettoia, cunetta, dosso, fosso; viaggio, percorso, direzione, mano ⇔ contromano, senso di marcia, meta, transito, rettilineo, isola rotazionale, pista ciclabile, area pedonale = isola pedonale, passaggio pedonale; lungomare, lungolago; pista, autodromo, circuito;

● *parti della strada*: pavimentazione, fondo stradale (bagnato, scivoloso), massicciata, terrapieno, greppo = scarpata, cunetta, manto, carreggiata, piano stradale, corsia (di marcia, di sorpasso, di sosta = di emergenza), mezzeria = asse stradale, banchina (transitabile, non transitabile, di servizio, spartitraffico), guardrail, marciapiede, salvagente, serpentone, paracarro; coppa giratoria, piazzola, ciglio, ciglione, margine, parapetto; segnaletica (orizzontale ⇔ verticale); asfalto, compressore stradale, acciottolato, pavé;

● *persone*: cantoniere = stradino; catramista;

● *segnaletica stradale*: cartello (triangolare, quadrangolare, circolare; di pericolo, di indicazione, di prescrizione);

● *segnaletica orizzontale*: strisce bianche (conti-

nue, discontinue, affiancate, alternate), strisce gialle, strisce azzurre; chiodi, gemme, rifrangenti, frecce direzionali, mezzeria, linea di arresto, passaggio pedonale, strisce pedonali = zebratura, attraversamento ciclabile, fermata di autobus, area preclusa al parcheggio, delimitazione zona di parcheggio, divieto di sosta, canalizzazione, stop;
● *segnali luminosi di circolazione*: semaforo (pensile, a colonnina, per veicoli, tranviario, pedonale; luce gialla, verde, rossa), frecce direzionali.

stradaiòlo [1912] **s. m.** (**f.** *-a*) ● (*raro*) stradista

♦**stradàle** [1838] **A agg.** ● di strada, attinente a strada: *piano, Polizia s.* | ***cartello s.***, cartello indicatore, targa stradale | ***carta s.***, carta geografica nella quale sono segnate con particolare rilievo le strade, le distanze ed eventualmente le loro condizioni | ***macchine stradali***, usate per lavori stradali **B s. f.** ● (*ellitt.*) Polizia stradale **C s. m.** ● (*raro*) viale

stradaménto [da *stradare* ✻1683] **s. m.** ● (*raro*) instradamento

stradàre [da *strada* ✻1380] **A v. tr.** ● (*raro*) instradare **B v. intr.** (**aus.** *essere*) **e stradàrsi v. intr. pron.** ● instradarsi | incamminarsi

stradàrio [1913] **s. m.** ● elenco alfabetico delle strade di una città con le relative indicazioni per trovarle

stradellìno ① ➤ **strada**

stradellìno ② [1912] **A agg.** ● di Stradella, in provincia di Pavia **B s. m.** (**f.** *-a*) ● abitante o nativo di Stradella | (*per anton.*) lo statista Agostino Depretis (1813-1887): *per opera ... dello scettico s. e del suo trasformismo* (C. DOSSI)

stradicò ➤ **straticò**

stradicòto ➤ **straticò**

†**stradière** [da *strada* ✻av. 1524] **s. m.** ● daziere

stradìno [1551] **s. m.** (**f.** *-a*) ● operaio che lavora alla manutenzione delle strade

stradiòtto o **stradiòto** [vc. venez., dal gr. *stratiṓtēs* 'soldato', da *stratiá* 'esercito' (prob. d'orig. indeur.) ✻1483] **s. m.** ● soldato a cavallo, armato alla leggera, assoldato dall'antica repubblica di Venezia tra Albanesi, Bulgari, Greci e Dalmati **SIN.** cappelletto

stradìsta [da *strada* ✻1939] **s. m. e f.** (**pl. m.** *-i*) ● corridore ciclista specialista delle gare su strada **SIN.** routier **CFR.** pistard

stradivàrio [da *Stradivarius*, forma latinizzata di A. *Stradivari* (1643/44-1737), cognome del costruttore ✻1858] **s. m.** ● violino o violoncello fabbricato da Antonio Stradivari

stradóne [1587] **s. m.** **1** accr. di *strada* **2** grande strada, spec. alberata e periferica

stradóppio [comp. di *stra-* e *doppio* ✻av. 1712] **agg.** ● (*bot.*) detto di fiore in cui stami e pistilli sono sostituiti da petali

stradotàle [comp. di *stra-* e *dotale* ✻av. 1750] **agg.** ● (*pop.*) extradotale

†**stràere** ➤ **estrarre**

♣**strafalcióne** [da un ant. *strafalciare*, comp. di *stra-* e *falciare*, propr. 'falciare a casaccio, alla carlona' ✻av. 1565] **s. m.** **1** errore, sproposito grossolano: *dire, scrivere, uno s.* **2** (**f.** *-a*) (*pop.*, *raro*) chi lavora grossolanamente, senza cura

strafàre [comp. di *stra-* e *fare* ① ✻av. 1535] **v. intr.** (**pres.** *io strafàccio* **o** *strafò, tu strafài, egli strafà*; **nelle altre forme coniug. come** *fare*; **aus.** *avere*) ● fare più di quanto occorre o conviene: *è uno che vuole sempre s.*

strafàtto **part. pass. di** *strafare*; **anche agg.** **1** troppo maturo, detto di frutta: *pere strafatte* **2** fatto da tempo, spec. nella loc. ***essere fatto e s.*** **3** (*fig.*, *gerg.*) ubriaco fradicio o drogato

strafelàrsi [da *trafelare*, con sovrapposizione di *stra-* ✻av. 1597] **v. intr. pron.** (*io mi straféło*) ● (*lett.*, *tosc.*) affannarsi, agitarsi, nel camminare, nel lavorare e sim.

strafìco o **strafìgo** [comp. di *stra-* e *fico* ③ ✻1982] **A agg.** (**pl. m.** *-chi*; **superl.** *strafichissimo*) ● spec. nel gergo giovanile, eccezionalmente piacevole, divertente, riuscito: *una festa strafiga* **B s. m.** (**f.** *-a*) ● spec. nel gergo giovanile, persona vistosamente bella, molto attraente

†**strafiguràre** e deriv. ➤ **trasfigurare** e deriv.

strafigurìre ➤ **trasfigurire**

strafilàggio [da *strafilare* ✻1937] **s. m.** ● (*mar.*) unione di due lembi di tela, forniti di appositi occhielli, mediante uno spago che viene infilato a zigzag negli stessi | un tempo, cordicella con cui i marinai legavano la branda dopo averla chiusa

strafilàre [da *filo*, con *stra-* ✻1937] **v. tr.** ● (*mar.*) unire due pezzi di tela mediante strafilaggio

strafogàrsi o **strafocàrsi** [prob. sta per *stra(af)fogarsi* ✻sec. XVI] **v. rifl.** (*io mi strafógo, tu ti strafóghi*) ● (*centr.*) rimpinzarsi, ingozzarsi

straforàre [da *traforare*, con sovrapposizione di *stra-* ✻1547] **v. tr.** (*io strafóro* (**o** *-ò-*)) ● (*raro*, *lett.*) traforare: *un po' di crepuscolo ... straforava le macchie dei fichidindia* (G. VERGA)

†**straformàre** ➤ **trasformare**

strafóro (o **-ò-**) [da *straforare*. V. *traforo* ✻sec. XV] **s. m.** ● (*raro*) traforo, piccolo foro da parte a parte: *lavorare di s.*; *lima da s.* | ***lavori di s.***, filigrane | ***di s.***, (*fig.*) di nascosto, di sfuggita: *vedersi, incontrarsi di s.*

strafottènte **part. pres. di** *strafottere*; **anche agg. e s. m. e f.** ● che (o chi) manifesta un arrogante disinteresse per tutto ciò che riguarda gli altri ‖ **strafottenteménte**, **avv.**

strafottènza [1891] **s. f.** ● caratteristica di chi è strafottente | atteggiamento strafottente

strafóttere [comp. di *stra-* e *fottere* ✻1861] **A v. tr.** ● (*volg.*) fottere più volte | nella loc. avv. ***a s.***, in grande quantità: *avere soldi a s.* **B strafóttersi v. intr. pron.** ● (*volg.*) infischiarsi | **strafóttersene**, (*volg.*) infischiarsene completamente, mostrare assoluta noncuranza per qlcu. o qlco.: *me ne strafotto di tutti*

strafregàre [comp. di *stra-* e *fregare* ✻1939] **A v. tr.** **1** (*raro*) strofinare intensamente e più volte **2** (*fam.*) imbrogliare totalmente **B strafregàrsi v. intr. pron.** ● (*fam.*) non curarsi assolutamente di qlcu. o qlco. | **strafregàrsene**, infischiarsene del tutto

stràge [vc. dotta, dal lat. *strāge(m)* 'abbattimento, macello', da *stĕrnere* 'abbattere'. V. †*sternere* ✻av. 1363] **s. f.** **1** uccisione violenta di un gran numero di persone o animali insieme: *fare una s.*; *menare, seminare s.*; *la s. degli innocenti*; *la s. delle Twin Towers nel 2001*; *i cacciatori hanno fatto s. di lepri* | (*est.*) grandissimo numero di decessi: *la peste fece s. fra le popolazioni in Europa nel XIV secolo* **2** distruzione, rovina di cose: *la s. dell'eccedenza di mele prodotte nel Ferrarese* | (*fig.*) ***fare s. di cuori***, fare innamorare di sé molte persone **3** (*fig.*) esito rovinoso, risultato pesantemente negativo: *che s. quest'anno agli esami!* **4** (*fig.*, *fam.*) grande quantità, abbondanza: *dopo le ultime piogge c'è stata una s. di funghi* **5** †mucchio di cadaveri

stragìsmo [da *strage* ✻1984] **s. m.** ● strategia eversiva basata sul ricorso a stragi e attentati come mezzi per sconvolgere la vita civile e destabilizzare lo Stato

stragìsta [1983] **A s. m. e f.** (**pl. m.** *-i*) ● chi teorizza e pratica lo stragismo **B agg.** ● che persegue lo stragismo o si basa sullo stragismo: *gruppo, terrorismo s.*

stragiudiziàle o **stragiudiciàle** [comp. di *stra-* e *giudiziale* ✻1673] **agg.** ● (*dir.*) extragiudiziale

stràglio ➤ **strallo**

†**stràgno** [lat. *extrāneu(m)* 'estraneo', da *ĕxtra* 'fuori'. V. *estraneo*, *strano* ✻sec. XIII] **agg.** **1** V. *estraneo* **2** (*raro*, *poet.*, *fig.*) aspro, crudele

stragodére [comp. di *stra-* e *godere* ✻av. 1315] **v. intr.** (**coniug. come** *godere*; **aus.** *avere*) ● (*fam.*) godere moltissimo

stragónfio [comp. di *stra-* e *gonfio* ✻1872] **agg.** ● molto gonfio

stragrànde [comp. di *stra-* e *grande* ✻1363] **agg.** ● molto grande | (*ellitt.*) nella loc. ***alla s.***, (*colloq.*) in modo molto brillante: *ha superato l'esame alla s.!*

straight jump /ingl. 'streɪtˌdʒʌmp/ [loc. ingl., propr. 'salto (*jump*) diretto (*straight*)' ✻2001] **loc. sost. m. inv.** (**pl. ingl.** *straight jumps*) ● specialità sportiva dello snowboard che consiste nell'esecuzione di lunghi salti acrobatici

straining /'streinin(g)/, *ingl.* 'streɪnɪŋ/ [vc. ingl., propr. 'tensione, logorio' ✻2005] **s. m. inv.** ● comportamento ostile di un superiore nei confronti di un subalterno, che può manifestarsi con l'isolamento, il demansionamento o attacchi alla reputazione e sim. **CFR.** bossing, mobbing

stralciàre [da *tralcio*, con *s-* ✻1353] **v. tr.** (**pres.** *io stràlcio*; **fut.** *io stralcerò*) **1** (*raro*) tagliare i tralci alle viti **2** levare via, togliere da un insieme: *s. un nome da un elenco* **3** levare via, liquidare: *s. una partita da un conto*; *s. i crediti* | ***s. un'azienda, una società commerciale***, metterla in liquidazione

stralciatùra [1803] **s. f.** ● lavoro dello stralciare le viti

stràlcio [da *stralciare* ✻1568] **A s. m.** **1** lo stralciare, il levare via da un insieme | ciò che si stralcia | scelta **2** liquidazione: *mettere in s.*; *vendere a s.*; *partita di s.* | †***tirare avanti per lo s.***, trascinare alla meglio il resto della vita **B in funzione di agg. inv.** ● (posposto a un sost.) in alcune loc. | ***legge s.***, quella contenente solo una parte, rivolta agli aspetti più urgenti di una materia, delle norme di una legge più ampia | ***ufficio s.***, quello che, dopo la soppressione di un ente o di un organo, ne cura la liquidazione della gestione risolvendo o affidando ad altri enti le questioni già di sua competenza | ***sezione s.***, sezione del Tribunale incaricata di smaltire gli arretrati delle cause civili pendenti

SFUMATURE ➤ ***selezione***

♣**stràle** [dal longob. *strāl* 'freccia' ✻1266] **s. m.** **1** (*poet.*) freccia, saetta (**anche fig.**): *al nervo adatta del suo stral la cocca* (A. POLIZIANO); *gli strali delle calunnie, dell'amore* **2** (*est.*, *poet.*) colpo, trafittura, dolore **3** (*fig.*) accusa, critica: *dirigere, rivolgere, lanciare i propri strali contro qlcu.*

straliciàre [da *tralice*, con *s-* ✻1891] **v. tr.** (**pres.** *io stralìcio*; **fut.** *io stralicerò*) ● (*tosc.*) tagliare obliquamente | (*fig.*) volgere di traverso lo sguardo

straliciatùra [1891] **s. f.** ● (*tosc.*) operazione dello straliciare | pezzo tagliato in tralice: *un vestito ... guernito con una s. di seta nera* (E. DE AMICIS)

strallàre [da *strallo* ✻1960] **v. tr.** ● (*edil.*) applicare stralli a un palo, a una struttura metallica e sim.

strallétto [dim. di *strallo* ✻1815] **s. m.** **1** (*mar.*) dim. di *strallo* **2** (*mar.*) manovra dormiente che sostiene l'albero verso prua, in posizione intermedia tra l'albero e lo strallo principale | nell'attrezzatura tradizionale, ciascuno degli stralli del belvedere, del velaccio e del velaccino

stràllo o **stràglio**, †**stàggio**② [di etim. incerta: dall'ant. fr. *estail* 'canapo per issare le merci su una nave', con epentesi (cioè inserzione) di *-r-* (?) * 1712] **s. m.** **1** (*mar.*) manovra dormiente, spec. in cavo metallico, che sostiene l'albero verso prua e al quale sono inferiti i fiocchi | ***s. avvolgibile***, quello dotato di un avvolgitore per ridurre o serrare la vela | ***vela di s.***, quella inferita sullo strallo intermedio di un'imbarcazione a più alberi **2** tirante di acciaio che vincola una struttura metallica per impedirne la flessione || **stralléto**, **dim.** (V.)

strallògi ➤ **stalloggi**

stralodàre [comp. di *stra-* e *lodare* * 1710] **v. tr.** (*io stralòdo*) ● lodare molto, eccessivamente

stralucènte [comp. di *stra-* e *lucente* * sec. XIII] **agg.** ● (*raro*) molto lucente

stralunaménto [av. 1698] **s. m.** ● (*raro*) lo stralunare **SIN.** strabuzzamento

stralunàre [da *luna* 'bianco degli occhi', con *stra-* * 1313] **A** **v. tr.** ● sbarrare e stravolgere gli occhi, per malore, forte emozione, e sim. **SIN.** strabuzzare **B** **v. intr.** (**aus.** *avere*) e †**stralunàrsi** **v. intr. pron.** ● (*lett.*) sconvolgersi: *Disse che lui, quando veniva il temporale, stralunava* (C. PAVESE)

♣**stralunàto** **part. pass.** di *stralunare*; anche **agg.** **1** ***occhi stralunati***, sbarrati **2** stravolto, fuori di sé: *era tutto s.*

stramaledétto **part. pass.** di *stramaledire*; anche **agg.** ● (*enfat.*) maledetto: *non riesco ad aprire quella stramaledetta serratura!*

stramaledìre [comp. di *stra-* e *maledire* * 1874] **v. tr.** (**coniug. come** *maledire*) ● maledire con veemenza: *che Dio la stramaledica!*

stramangiàre [comp. di *stra-* e *mangiare*① * 1816] **v. intr.** (**pres.** *io stramàngio*; **fut.** *io stramangerò*; **aus.** *avere*) ● (*raro*) mangiare smoderatamente

stramatùro [comp. di *stra-* e *maturo* * 1551] **agg.** ● (*fam.*) più che maturo, detto di frutto

stramazzàre o †**stramazàre** [da *mazza*, con *stra-*, propr. 'essere abbattuto da un colpo di mazza'. V. *ammazzare* * av. 1347] **A** **v. tr.** ● (*raro*) gettare disteso per terra: *con un colpo in testa lo stramazzò* **B** **v. intr.** (**aus.** *essere*) ● cadere pesantemente a terra, per malore, percosse, e sim.: *stramazzò al suolo*; *colto da malore, stramazzò sul pavimento*

SFUMATURE ➤ ***rovinare***

†**stramazzàta** o †**stramazàta** [1600] **s. f.** ● caduta di schianto

stramazzétto [da *stramazzare* * av. 1566] **s. m.** ● solo nelle loc. ***fare, dare, s.***, fare, dare, stramazzo, in alcuni giochi di carte

stramàzzo① [da *stramazzare* * sec. XIII] **s. m.** **1** il fatto di stramazzare: *dare uno s. in terra*; *cadere giù di s.* **2** ***fare, dare s.***, in alcuni giochi di carte, vincere tutte le partite tranne una **3** (*idraul.*) apertura praticata nella parete di un bacino contenente del liquido che risulta parzialmente sommersa: *bocca a s.*

stramàzzo② [da *strame* * av. 1405] **s. m.** ● (*sett.*) saccone di tela rozza, imbottito di paglia e foglie o anche di panno, su cui si può dormire in mancanza del letto; pagliericcio: *sul suo s., in un angolo, era buttato un giubbone* (G. VERGA) | materasso da letto

stramazzóne [da *stramazzare* * 1481] **s. m.** ● forte stramazzo, pesante caduta a terra: *dare uno s. in terra*

†**stràmba** [abbr. di *corda stramba*, da *strambo* 'ritorto' * 1313] **s. f.** ● fune di fibre vegetali intrecciate

strambàre [da *stramba* (?) * av. 1537] **v. intr.** (**aus.** *avere*) **1** (*mar.*) virare di poppa | ***far s. la randa***, portare la randa sul bordo opposto, volontariamente o involontariamente **2** (*mar.*, *assol.*) far strambare **3** †torcersi, detto del legno

†**strambasciàre** ➤ **trambasciare**

strambàta [da *strambare* * 1992] **s. f.** ● (*mar.*) il fatto o la manovra dello strambare nei sign. 1 e 2: *s. volontaria, involontaria* | ***s. cinese***, incidente di manovra in cui la parte superiore della randa rimane sul bordo precedente

†**strambellàre** [1525] **v. tr.** **1** ridurre in strambelli **2** (*raro*, *fig.*) biasimare, censurare

†**strambèllo** [sovrapposizione di *straccio* a *brandello* (?) * 1552] **s. m.** ● brandello, straccio

♣**stramberìa** [av. 1686] **s. f.** ● caratteristica di chi (o di ciò che) è strambo | atto, discorso e sim., strambo: *la Natura fa una delle sue solite stramberie* (L. PIRANDELLO)

SFUMATURE ➤ ***bizzarria***

†**strambézza** [da *strambo* * av. 1799] **s. f.** ● stortezza

♣**stràmbo** [lat. tardo *strămbu(m)*, variante del classico *străbus* 'strabico, storto' * av. 1328] **agg.** **1** strano, bizzarro, stravagante: *idee strambe*; *è una testa stramba*; *che tipo s.!* **2** (*disus.*) storto: *gambe strambe* | ***occhi strambi***, strabici **3** †ritorto | ***corda stramba***, fatta di fibre vegetali intrecciate || **strambaménte**, **avv.**

strambòtto [dall'ant. fr. *estribot* 'componimento satirico', da *estribar* 'staffilare', con sovrapposizione di *strambo* * sec. XIII] **s. m.** **1** breve componimento poetico satirico o amoroso, di otto endecasillabi a rima alternata **2** (*raro*) poesia di poco conto | (*fig.*, *disus.*) cosa non vera, fandonia: *raccontare strambotti*

strambòttolo [av. 1568] **s. m.** ● (*pop.*) strambotto

♣**stràme** [lat. *strāme(n)* (nt.) 'paglia, lettiera', da *stĕrnere* 'stendere' * 1313] **s. m.** ● paglia, fieno e sim., usati per alimento o lettiera al bestiame | erbe secche | (*fig.*) ***far s. di qlcu. o qlco.***, distruggerli, eliminarli

†**strameggiàre** [da *strame*, con suff. iter. intens. * 1525] **v. intr.** ● mangiare strame, detto del bestiame | pascolare

strameritàre [comp. di *stra-* e *meritare* * 1985] **v. tr.** (*io stramèrito*) ● meritare ampiamente: *s. un premio, una punizione*

stramoggiàre [comp. di *stra-*, prob. metatesi di *tras-*, e di *moggio* * 1691] **v. intr.** (**pres.** *io stramòggio*; **fut.** *io stramoggerò*; **aus.** *essere* o *avere*) ● (*pop.*, *tosc.*) sovrabbondare | esagerare

stramònio [dal lat. mediev. *stramōniu(m)*, prob. dal classico *strūmus* 'solano', di etim. incerta, con sovrapposizione di *strāmen* 'strame, paglia', perché la pianta cresceva spec. presso gli stazzi delle bestie * 1726 ca.] **s. m.** ● pianta delle Solanacee (*Datura stramonium*) con foglie irregolarmente lobate e dentate e corolla a forma di imbuto; l'infuso delle foglie dà effetti allucinogeni **CFR.** datura, daturismo

†**stramortìre** ➤ **tramortire**

strampalatàggine [av. 1712] **s. f.** ● (*raro*) strampaleria

†**strampalaterìa** [av. 1712] **s. f.** ● strampaleria

♣**strampalàto** [di etim. discussa: da *trampali* 'trampoli', con *s-* * av. 1686] **agg.** ● strano, stravagante, illogico: *ragionamenti strampalati*; *un ragazzo piuttosto s.* || **strampalataménte**, **avv.**

strampalerìa [av. 1752] **s. f.** ● caratteristica di chi (o di ciò che) è strampalato | comportamento, atto, discorso strampalato

stramuràle [1983] **agg.** ● extramurale

†**stranàre** [da *strano* * av. 1294] **v. tr.** **1** allontanare, alienare **SIN.** straniare **2** bistrattare

†**straneàre** ➤ **straniare**

stranézza [1287] **s. f.** **1** caratteristica di ciò che è strano, insolito, singolare. *la s. di un comportamento* **2** atto, discorso, comportamento, strano: *le sue stranezze mi preoccupano* **3** (*fis.*) numero quantico attribuito ai barioni, uguale all'ipercarica meno il numero barionico **4** †maltrattamento, angheria

strange /*ingl.* streɪndʒ/ [vc. ingl., da *strange* (*particle*) '(particella) strana', dal fr. ant. *estrange*, dal lat. *extrāneus* * 1990] **s. m. inv.** ● (*fis.*) numero quantico corrispondente al terzo tipo (o sapore) di quark

†**stràngio** [dall'ant. fr. *estrange*, dal lat. *estrāneu(m)* 'strano'. V. *estraneo*, *strano* * av. 1348] **agg. e s. m.** ● (*raro*) straniero, forestiero

†**strangoglióne** ➤ **stranguglione**

strangolaménto [1576] **s. m.** ● lo strangolare, il fatto di venire strangolato: *morire in seguito a s.*

strangolaprèti [trentino *strangolapret*, comp. di *strangolar* 'strangolare' e *pret* 'prete' * av. 1542] **s. m. pl.** ● (*cucina*) strozzapreti

strangolàre [lat. *strangulāre*, dal gr. *strangalân* 'strangolare', da *strangálē* 'laccio' * 1287] **A** **v. tr.** (*io stràngolo*) **1** uccidere, ostruendo le vie respiratorie al collo: *lo strangolò mentre dormiva*; *la ragazza fu strangolata con un laccio* **SIN.** strozzare **2** (*est.*, *iperb.*) stringere al collo impedendo il respiro: *questa cravatta mi strangola* **3** (*fig.*) mettere alle strette, soffocare: *provvedimenti che strangolano l'economia della regione*; *s. un'iniziativa* **4** (*mar.*) †imbrogliare le vele **B** **strangolàrsi** **v. intr. pron.** **1** morire strozzato: *è rimasto impigliato nelle corde e si è strangolato* **2** †sgolarsi, gridare a squarciagola

strangolàto **part. pass.** di *strangolare*; anche **agg.** ● nei sign. del v.

strangolatóre [lat. tardo *strangulatōre(m)*, da *strangulātus* 'strangolato' * av. 1530] **s. m.** (**f.** *-trice*) ● chi strangola

strangolatòrio [av. 1566] **agg.** (**pl. m.** *-i* o *raro -ii*) ● (*raro*) che strangola (*spec. fig.*): *condizioni strangolatorie*

strangolatùra [1865] **s. f.** ● (*raro*) strangolamento

†**strangolazióne** [vc. dotta, dal lat. *strangulatiōne(m)*, da *strangulātus* 'strangolato' * sec. XIV] **s. f.** ● strangolamento

stràngolo [deriv. di *strangolare* * 1973] **s. m.** ● attrezzo del fucinatore per produrre strozzature nel metallo

stranguglióne o †**strangoglióne** [da *strangolare* * sec. XIII] **s. m.** **1** (*veter.*, *pop.*) adenite equina **2** (**spec. al pl.**) singhiozzo, senso di soffocamento spec. per avere mangiato troppo: *avere gli stranguglioni*; *farsi venire gli stranguglioni*; *uno s. di risa*

strangùria o **stranguria** [vc. dotta, dal lat. *strangūria(m)*, dal gr. *strangouría*, comp. di *stránx*, genit. *strangós* 'goccia, stilla', e *-ouría*, da *aurêin* 'urinare'. V. *urea* * av. 1320] **s. f.** ● (*med.*) emissione difficoltosa e intermittente dell'urina, spesso a gocce, durante la minzione

straniaménto [1928] **s. m.** **1** (*raro*) lo straniare, lo straniarsi **2** in letteratura, procedimento compositivo mirante a generare una nuova e inconsueta percezione di una realtà già nota, mediante la modificazione delle tecniche espressive e la deformazione degli automatismi del linguaggio comune **3** nel teatro e nel cinema, senso di distacco dello spettatore nei confronti della vicenda rappresentata, provocato da un autore o da un attore mediante varie tecniche

straniàre o †**straneàre** [lat. tardo *extraneāre*, da *extrāneus* 'stranio' ✱ av. 1257] **A** **v. tr.** (**pres.** *io strànio*; **fut.** *io stranierò*) ● (*raro, lett.*) estraniare: *s. qlcu. dalla famiglia*; *s. l'animo di qlcu. dalla famiglia* **B** **straniàrsi** **v. rifl.** ● estraniarsi

♦**straniàto** **part. pass.** di *straniare*; anche **agg.** **1** (*raro*) allontanato **2** assente, distante, profondamente assorto: *espressione straniata*

♦**stranièro** o †**stranière**, spec. nel sign. B [dall'ant. fr. *estrangier*, da *estrange* 'estraneo'. V. †*strangio* ✱ 1266] **A** **agg.** **1** relativo a un'altra nazione, a un Paese diverso rispetto al proprio: *terra straniera*; *lingue straniere*; *usi stranieri*; *accento s.*; *popolo s.* **2** (*dir.*) relativo ad altro soggetto di diritto internazionale: *deliberare un provvedimento giurisdizionale s.* | che ha la cittadinanza di uno Stato estero: *turisti stranieri* **CFR.** xeno- **3** relativo a un popolo nemico e invasore: *esercito s.*; *invasione, occupazione, dominazione straniera* **4** (*lett.*) estraneo: *sentirsi s. in un luogo*; *giovani madri che a s. latte / non concedean gl'infanti* (U. Foscolo) **5** †strano **6** †alieno, nella loc. *s. da qlco.* **B** **s. m.** **1** (**f.** *-a*) cittadino di altro Stato: *lo s. ha diritto d'asilo* **2** popolo nemico e invasore: *essere oppressi dallo s.*; *essere soggetti allo s.*; *languire sotto lo s.*; *cacciare lo s.*; *morte allo s.!*

†**straniézza** [da †*stranio* ✱ 1483] **s. f.** ● (*raro*) stranezza, stravaganza

strànio [lat. *extrāneu(m)* 'estraneo', da *ĕxtra* 'fuori'. V. *estraneo, strano* ✱ av. 1243] **agg.** (**pl. m.** *-i* o raro *-ii*) **1** (*poet.*) straniero, forestiero **2** (*lett.*) V. *estraneo* **3** (*lett.*) V. *strano*

♦**stranìre** [da *strano* ✱ av. 1562] **A** **v. tr.** (*io stranìsco, tu stranìsci*) ● rendere strano, inquieto, turbato **B** **stranìrsi** **v. intr. pron.** ● (*colloq.*) infastidirsi, turbarsi

stranìto **part. pass.** di *stranire*; anche **agg.** ● innervosito | intontito: *è ancora s. dal sonno*

♦**stràno** o (*poet.*) **strànio** [lat. *extrāneu(m)* 'estraneo', da *ĕxtra* 'fuori'. V. *estraneo* ✱ 1261 ca.] **A** **agg.** **1** che è diverso dal consueto e dal normale: *parla una lingua strana*; *veste in modo s.*; *porta uno s. cappello* | che, per le sue caratteristiche, provoca stupore, turbamento o sospetto: *è veramente un fatto s.*; *è uno s. caso*; *talvolta succedono strani fenomeni*; *sentì uno s. rumore*; *quelle strane parole lo spaventarono* | ***essere, parere, sembrare s.***, di cosa difficile a credersi e a pensarsi (+ *che* **seguito da congtv.**): *è s. che non sia venuto*; *mi pare s. che non telefoni*; *non vi sembri s. se non ci sarò*; (**ellitt.**) *s. che non ci abbia avvisato* **2** detto di persona, che pensa, agisce e sim., in modo diverso da quello della maggior parte della gente: *è un ragazzo s.*; *un tipo molto s.* **3** †straniero, forestiero **4** †sgarbato, scortese **5** (*poet.*) †lontano, remoto, detto di strade, luoghi, e sim. **6** †eterogeneo **7** V. *estraneo* ‖ **stranétto**, **dim.** | **stranùccio**, **dim.** ‖ **stranaménte**, **avv.** **1** in modo non normale, inconsueto: *una parola italiana stranamente latinizzata* (F. De Sanctis) **2** (spec. all'inizio di frase o come inciso) in modo inaspettato, curioso, singolare: *stranamente ha rifiutato la mia proposta*; *Portavano una monaca in barella. ... Stranamente era una bella donna.* (I. Calvino) **B** **s. m.** (**solo sing. nel sign. 1**) **1** ciò che è diverso dal consueto, dal normale: *lo s. è che non se n'è accorto* **2** †straniero

stranutàre ➤ **starnutare**

stranutìre ➤ **starnutire**

stranùto ➤ **starnuto**

straordinariàto [1873] **s. m.** ● condizione e durata di ufficio o carica straordinaria

straordinarietà [av. 1704] **s. f. inv.** ● caratteristica, condizione di ciò che è straordinario

♦**straordinàrio** o †**estraordinàrio** [vc. dotta, dal lat. *extraordinăriu(m)*, comp. di *ĕxtra* 'stra-' e *ordinārius* 'ordinario' ✱ 1321] **A** **agg.** (**pl. m.** *-i* o *lett.* *-ii*) **1** che è fuori dell'ordinario, del consueto, del normale: *caso, avvenimento, fatto, fenomeno, s.*; *spesa, vendita, straordinaria*; *recita straordinaria* | ***treno s.***, che viene effettuato quando se ne manifesta la necessità | ***assemblea straordinaria***, che può essere convocata in qualsiasi momento per deliberare su oggetto o su fatti eccezionali di preminente importanza | ***imposta straordinaria***, istituita per necessità eccezionali | ***lavoro s.***, eccezionalmente prestato dal lavoratore al di fuori dell'orario normale di lavoro | ***impiegato s.***, assunto temporaneamente | ***professore s.***, nell'ordinamento universitario italiano, professore di ruolo nei tre anni successivi alla nomina per concorso **CONTR.** ordinario **2** molto grande, notevole: *successo s.*; *forza, potenza, straordinaria* | singolare, eccezionale: *spettacolo s.*; *persona di straordinaria bontà*; *qui è il meraviglioso ..., rappresentare un mondo così s. con semplicità e naturalezza* (F. De Sanctis) ‖ **straordinariaménte**, **avv.** in modo straordinario; oltremodo: *straordinariamente affascinante* **B** **s. m.** **1** (*ellitt.*) lavoro straordinario | compenso per tale lavoro, maggiorato rispetto alla retribuzione ordinaria **2** (**f.** *-ia*) (*ellitt.*) impiegato, professore, straordinario **3** (**solo sing.**) ciò che è eccezionale, singolare: *lo s. è contro o fuori dell'ordine* (G. Leopardi)

SFUMATURE DI SIGNIFICATO

straordinario - sovrumano - favoloso

Ciò che è assolutamente più grande, migliore o superiore, fuori dal comune e dunque eccezionale, incredibile si definisce **straordinario**. Se tale eccellenza sembra trascendere le possibilità della natura umana si dice **sovrumano**. Se è talmente eccelso, grande, bello da non potersi quasi credere, da sembrare irreale si dice invece **favoloso**.

SFUMATURE ➤ ***particolare***

straorzàre (o *-ẓ-*) [comp. di *stra-* e *orzare* ✱ av. 1557] **v. intr.** (*io straòrzo*; **aus.** *avere*) ● (*mar.*) portare improvvisamente e involontariamente la prua al vento, per errore di manovra, colpo di vento o di mare, detto di un'imbarcazione a vela **CONTR.** strapoggiare

straorzàta (o *-ẓ-*) [da *straorzare* ✱ 1838] **s. f.** ● (*mar.*) lo straorzare

strap /strap, *ingl.* stræp/ [vc. ingl., propr. 'cinghia' ✱ 1985] **agg. inv.**; anche **s. m. inv.** ● detto di un tipo di contratto di borsa (V. *contratto*② nel sign. 3)

strapaeṣàno [comp. di *stra-* e *paesano* ✱ 1928] **A** **agg.** ● detto di ciò che presenta in sé al massimo grado i caratteri della vita del proprio paese **B** **agg.**; anche **s. m.** (**f.** *-a*) ● aderente al movimento letterario di Strapaese

Strapaéṣe [comp. di *stra-* e *paese* ✱ 1927] **s. m.** **1** (*letter.*) nel primo dopoguerra italiano, corrente letteraria che propugnava un ritorno alla schiettezza delle tradizionali culture paesane delle regioni italiane, opponendosi all'ammirazione e all'imitazione dei modelli letterari stranieri **CFR.** Stracittà **2** (*est.*; con l'iniziale minuscola) ciò che esprime gli aspetti tipici di un piccolo paese: *un'atmosfera da s.*

strapagàre [comp. di *stra-* e *pagare* ✱ 1536] **v. tr.** (*io strapàgo, tu strapàghi*) ● pagare troppo qlcu. o qlco.

strapagàto **part. pass.** di *strapagare*; anche **agg.** ● retribuito troppo largamente: *manager s.* | pagato più del dovuto: *il podere ... lo aveva avuto pagato e s.* (L. Pirandello) **CFR.** superpagato

straparlàre [comp. di *stra-* e *parlare*① ✱ av. 1455] **v. intr.** (**aus.** *avere*) ● parlare troppo, a sproposito | vaneggiare

strapazzaménto [1557] **s. m.** **1** lo strapazzare, lo strapazzarsi, il venire strapazzato **2** †maltrattamento | †offesa

strapazzàre [da *pazzo*, con *stra-* (?) ✱ sec. XIV] **A** **v. tr.** **1** maltrattare: *s. i dipendenti, la servitù, gli inferiori* **2** adoperare senza riguardo, senza cura, sciupare: *s. un vestito, i libri* | (*fig.*) ***s. un autore***, tradurlo o interpretarlo male | ***s. una commedia***, recitarla male | ***s. un mestiere, un'arte***, esercitarli male **3** affaticare eccessivamente, sottoporre a gravi fatiche: *s. i cavalli*; *quel lavoro lo strapazza* | anche in forma pron.: *strapazzarsi la salute, la vista, gli occhi* **B** **strapazzàrsi** **v. rifl.** ● sottoporsi a fatiche gravi, eccessive: *si strapazza col troppo lavoro*

strapazzàta [da *strapazzare* ✱ 1763] **s. f.** **1** grave rimprovero, sgridata: *dare, fare, ricevere, una s.* **2** fatica fisica eccessiva: *è stata una bella s. andare fin là* ‖ **strapazzatina**, **dim.**

strapazzàto **part. pass.** di *strapazzare*; anche **agg.** **1** maltrattato **2** malconcio: *un abito s.* | ***vita strapazzata***, piena di fatiche, di strapazzi | ***uova strapazzate***, sbattute mentre si cuociono al tegame ‖ **strapazzataménte**, **avv.** (*lett.*) con trascuratezza, alla meno peggio

strapazzatóre [1592] **s. m.** (**f.** *-trice*) ● (*raro*) chi strapazza, spec. la roba

♦**strapàzzo** [av. 1594] **s. m.** **1** (*raro*) lo strapazzare la roba **2** nella loc. agg. inv. ***da s.***, di poco prezzo, privo di eleganza, ma resistente e da potersi usare senza riguardo: *cose, vestito, giacca e sim. da s.*; (*fig., spreg.*) privo di valore: *poeta, scrittore, da s.* **3** eccessivo affaticamento: *questo lavoro per lui è uno s.*; *per lo s. si è ammalato*; *prendersi un grande s.*; *rimettersi dallo s. del viaggio*; *una vita di strapazzi*

strapazzóne [1865] **s. m.** (**f.** *-a*); anche **agg.** ● chi (o che) strapazza, sciupa la roba

strapazzóso (o *-ṣo*) [1716] **agg.** ● pieno di strapazzi, fatiche, disagi: *viaggio s.*; *vita strapazzosa* ‖ **strapazzosaménte**, **avv.** senza riguardo, con strapazzo

strapèrdere [comp. di *stra-* e *perdere* ✱ 1566] **v. tr. e intr.** (**coniug. come** *perdere*; **aus.** *avere*) ● perdere moltissimo: *quando gioca perde e straperde*

†**strapiantàre** o †**traspiantàre** [da *trapiantare*, con *s-* ✱ 1542] **v. tr.** ● (*pop.*) trapiantare

†**strapiè** [comp. di *stra-*, metatesi di *tras-*, e *piè* 'piede' ✱ av. 1556] **agg.** **1** storpio, zoppo **2** (*raro*) nella loc. avv. ***a s.***, in modo confuso

strapièno [comp. di *stra-* e *pieno* ✱ av. 1803] **agg.** ● molto pieno, pieno zeppo

strapiombànte **part. pres.** di *strapiombare*; anche **agg.** ● che sporge in fuori | ***parete s.***, in alpinismo, parete a strapiombo

strapiombàre [comp. di *stra-* e *piombare* ✱ av. 1798] **v. intr.** (*io strapiómbo*; **aus.** *essere* o *avere*) ● non cadere a piombo, sporgere in fuori: *il muro strapiomba*; *la parete di roccia strapiomba sull'abisso*

strapiómbo [da *strapiombare* ✱ 1891] **s. m.** **1** lo strapiombare **2** luogo scosceso: *cadere, precipitare, da uno s.* **3** in alpinismo, tratto di roccia sporgente oltre la perpendicolare | ***parete a s.***, parete la cui inclinazione supera la verticale

strapoggiàre o **strapuggiàre** [da *stra-*, che indica eccesso, e *poggiare* ✱ 1872] **v. intr.** (**pres.** *io strapòggio*; **fut.** *io strapoggerò*; **aus.** *avere*) ● (*mar.*) andare improvvisamente e involontariamente alla poggia, per errore di manovra, colpo di vento o di mare, detto di un'imbarcazione a vela **CONTR.** straorzare

strapoggiàta o **strapuggiàta** [1889] **s.**

f. ● (*mar.*) lo strapoggiare

straportàre e deriv. ➤ **trasportare** e deriv.

strapotènte [comp. di *stra-* e *potente* ✻av. 1600] **agg.** ● molto potente, che ha una potenza enorme, eccessiva

strapotènza [comp. di *stra-* e *potenza* ✻av. 1744] **s. f.** ● caratteristica di chi è strapotente

strapotére [comp. di *stra-* e *potere* ✻1848] **s. m.** ● potere eccessivo

strappabécco [comp. di *strappa(re)* e *becco* ✻av. 1675] **vc.** ● (*disus.*) solo nella loc. avv. ***a s.***, in gran fretta

strappàbile [da *strappare* ✻av. 1704] **agg.** ● che si può strappare

strappacuòre [comp. di *strappa(re)* e *cuore* ✻1906] **agg. inv.** ● che strappa il cuore, che commuove fortemente: *scena s.*

strappalàcrime [comp. di *strappare* e il pl. di *lacrima* ✻1964] **agg. inv.** ● che strappa le lacrime, che commuove fortemente (*spec. iron.*): *film, romanzo s.*

strappalàna [da *strappa(re)* e *lana* ✻1813] **s. f.** ● (*bot.*) pianta delle Composite con capolino aculeato, uncinato, largamente diffusa nei luoghi aridi (*Xanthium italicum*)

strappaménto [1638] **s. m.** ● lo strappare, lo strapparsi | (*med.*) ***lesione da s.***, provocata da una forza che supera i limiti di estensibilità di un organo

♦**strappàre** [dal got. *strappan* ✻sec. XIII] **A** **v. tr.** **1** togliere tirando via con forza e in modo rapido: *s. un fiore da una pianta*; *s. un coltello di mano a qlcu.* | sradicare, svellere (*anche fig.*): *s. un dente, una pianta*; *s. le erbacce* **2** rimuovere, allontanare a forza: *la strapparono dal letto del marito*; *strappò il figlio alla madre* **3** stracciare, lacerare, rompere in più parti materiale poco resistente: *s. un foglio, una lettera, un lenzuolo* | (*fig.*) ***s. il cuore***, commuovere profondamente **4** (*fig.*) riuscire a ottenere, a carpire, a estorcere: *s. una promessa, una confessione, un segreto*; *s. una parola di bocca a qlcu.* | ***s. gli applausi***, ottenere grande successo di pubblico | ***s. le lacrime***, commuovere profondamente | (*sport*) ***s. il servizio***, nel tennis, vincere il game quando il servizio è dell'avversario **B** **v. intr.** (aus. *avere*) ● (*autom.*) detto della frizione, non aderire perfettamente al volano, provocando un'andatura a sbalzi del veicolo **C** **strappàrsi** **v. tr. pron.** (aus. *essere*) **1** togliersi via con forza: *strapparsi gli abiti di dosso* | ***strapparsi i capelli***, in segno di rabbia, disperazione, e sim. | sradicarsi (*spec. fig.*): *strapparsi un ricordo dal cuore*; *avrebbe voluto strapparsi gli occhi per non vedere quelli della Lupa* (G. VERGA) **2** lacerarsi, stracciarsi: *strapparsi il vestito, i calzoni* **D** **strappàrsi** **v. intr. pron.** ● lacerarsi, rompersi: *la corda si è strappata* | nel linguaggio sportivo, procurarsi uno strappo muscolare

strappàta [sec. XV] **s. f.** **1** lo strappare | tirata rapida, strappo: *dare una s. alla fune* **2** (*fig.*, *raro*) strappo, nel sign. 5 ‖ **strappatina**, **dim.**

strappàto **part. pass.** di *strappare*; anche **agg.** ● nei sign. del v.

strappatóre [sec. XV] **s. m.** (**f.** *-trice*) ● (*raro*) chi strappa

strappatùra [av. 1597] **s. f.** **1** lo strappare | punto strappato, strappo **2** (*tess.*) scarto della canapa, usato come stoppa

strappìsta [1964] **s. m. e f.** (**pl. m.** *-i*) ● (*sport*) pesista specialista nel sollevamento a strappo

♦**stràppo** [da *strappare* ✻sec. XIV] **s. m.** **1** atto dello strappare: *le portò via la borsetta con uno s.* **2** lacerazione, rottura: *farsi uno s. nel vestito*; *cucire, rammendare, gli strappi*; *un vestito tutto pieno di strappi* | (*med.*) ***s. muscolare***, eccessivo stiramento delle fibre muscolari con interruzione delle stesse ed emorragia **3** (*raro*) squarcio: *uno s. di sereno* **4** (*fig.*) infrazione, eccezione: *fare uno s. alla regola, al regolamento* | (*fig.*) spec. nel linguaggio politico, interruzione di rapporti, rottura: *cercare di ricucire uno s.* | ***a strappi***, a più riprese, a intervalli: *dormire a strappi* **5** (*fig.*, *colloq.*) breve passaggio in macchina o sulla moto: *mi dai uno s. fino alla stazione?*; *farsi dare uno s.* **6** (*sport*) serie di pedalate rapide e improvvise in cui si produce un corridore ciclista per staccare gli avversari, soprattutto in salita | nel ciclismo, breve rampa | specialità del sollevamento pesi in cui si solleva, a braccia tese e con un solo movimento, un bilanciere da terra fin sopra la testa **7** operazione del distaccare un affresco dal muro per il trasferimento su tela o altro supporto ‖ **strappétto**, **strappettìno**, **dim.** | **strappìno**, **dim.** | **strappóne**, **accr.**

SFUMATURE ➤ ***eccezione***

strappóna [vc. roman. di etim. sconosciuta ✻1959] **A** **s. f.** ● (*roman.*) donna che esibisce un abbigliamento molto vistoso e provocante: *una mise da s.* **B** anche **agg. f.**

strapuggiàre e deriv. ➤ **strapoggiare** e deriv.

strapuntìno [av. 1522] **s. m.** **1** dim. di *strapunto* **2** sedile pieghevole usato sui mezzi di trasporto, nelle sale di spettacolo e sim. **3** (*mar.*) materasso per la branda, in dotazione ai marinai

strapùnto [da *trapunto*, con *s-* ✻1612] **s. m.** **1** materasso sottile, saccone imbottito e trapuntato **2** coperta imbottita **SIN.** trapunta ‖ **strapuntìno**, **dim.** (V.)

straricco [comp. di *stra-* e *ricco* ✻av. 1424] **agg.** (**pl. m.** *-chi*) ● molto ricco, ricchissimo

straripaménto [1811] **s. m.** ● il fatto di straripare

straripànte **part. pres.** di *straripare*; anche **agg.** ● (*fig.*, *iperb.*) pieno, traboccante: *con l'animo s. di gioia* | (*fig.*) esuberante, difficilmente contenibile: *commozione, felicità s.*; *un fisico s.*

straripàre [comp. di *stra-* e di un denominale di *ripa* 'riva' ✻1598] **v. intr.** (aus. *essere* o *avere*) **1** traboccare uscendo dalle rive o dagli argini, detto di fiumi: *l'Arno è (o ha) straripato* **2** (*fig.*) rigurgitare, traboccare: *la sala straripava di folla*

†**straripévole** [comp. di *stra-* e di un deriv. di *ripa* 'dirupo' ✻1336 ca.] **agg.** ● dirupato, scosceso

†**stràrre** ➤ **estrarre**

strasapére [comp. di *stra-* e *sapere* ✻1566] **A** **v. tr.** (*io strasò, egli strasà*; nelle altre forme, coniug. come *sapere*) ● (*raro*) sapere benissimo **B** in funzione di **s. m.** solo sing. ● †conoscenza perfetta di qlco.

strascicaménto [av. 1704] **s. m.** ● lo strascicare, il venire strascicato | (*fig.*) pronuncia strascicata

strascicàre [da *strascinare* ✻av. 1400] **A** **v. tr.** (*io stràscico, tu stràscichi*) **1** trascinare con azione continuata qlco. facendolo strisciare per terra: *s. un vestito, un sacco* | ***s. le gambe***, di persona debole o stanca | ***s. i piedi***, strisciarli per terra **2** (*fig.*) fare qlco. lentamente, di malavoglia: *s. un lavoro, un compito* | ***s. una malattia***, portarsela addosso senza curarsi **3** (*fig.*) pronunciare con suono prolungato, indistinto: *s. le parole, la voce* **B** **v. intr.** (aus. *avere*) ● toccare terra, spec. pendendo: *la coperta strascica sul pavimento*; *il vestito strascica in terra* **C** **strascicàrsi** **v. rifl.** ● camminare a stento, trascinarsi: *non strascicarti così!*

strascicàta [1873] **s. f.** ● (*raro*) lo strascicare la voce

♣**strascichìo** [da *strascicare* col suff. *-io*① ✻1870] **s. m.** (**pl.** *-ii*) ● lo strascicare continuo | rumore di ciò che strascica: *uno s. di piedi*

♣**stràscico** [da *strascicare* ✻av. 1524] **s. m.** (**pl.** *-chi*) **1** (*raro*) lo strascicare | ***rete a s.***, tipo di rete, molto lunga, che viene trascinata sul fondo del mare, di fiumi, laghi e sim. | ***pesca a s.***, quella fatta con le reti a strascico | ***caccia alla volpe con lo s.***, fatta trascinando per terra un pezzo di carne, il cui odore attira l'animale | ***caccia a s.***, quella fatta con reti che si tirano strisciando sul terreno spec. prativo per catturare uccelli, spec. quaglie | (*fig.*) ***parlare con lo s.***, allungando le vocali, spec. in fine di periodo **2** parte posteriore di abito lungo che strascica per terra: *abito da sposa, abito da sera, con lo s.*; *uno s. lungo due metri*; *reggere lo s. a qlcu.*; *reggersi lo s.* **3** seguito, codazzo: *un lungo s. di ammiratori* **4** segno che le lumache lasciano nel passare **5** (*fig.*) serie di conseguenze negative, spec. di cose spiacevoli: *gli strascichi della malattia, della guerra*; *l'influenza gli ha lasciato uno s. di febbre*; *la lite ebbe uno s. di pettegolezzi*

strascicóne [da *strascicare* ✻1688] **s. m.** (**f.** *-a*) ● (*raro*, *fam.*) persona vecchia o malata che si strascica nel camminare

strascicóni [da *strascicare* ✻av. 1573] **avv.** ● strascicando, strascicandosi: *portare il vestito s.*; *camminare, avanzare s.* | anche nella loc. avv. ***a s.***: *fece pubblicamente sei palmi di lingua a s. sui ciottoli del sacrato ..., in penitenza* (G. VERGA)

strascinaménto [av. 1406] **s. m.** ● lo strascinare

strascinàre [da *trascinare*, con *s-* ✻sec. XIII] **A** **v. tr.** ● trascinare qlco. di pesante facendola strisciare per terra: *s. una catena, una sbarra di ferro, un cadavere* | (*fig.*) ***s. la vita***, stentare, condurla penosamente: *Mirra infelice, strascina una vita / peggio d'ogni morte* (V. ALFIERI) **B** **strascinàrsi** **v. rifl.** ● trascinarsi a fatica, col corpo per terra: *si strascinò fino alla porta* **C** **strascinàrsi** **v. intr. pron.** ● (*fig.*) durare, prolungarsi nel tempo: *una situazione che si strascina da anni*

strascinàto **A** **part. pass.** di *strascinare*; anche **agg.** ● nei sign. del v. **B** **s. m.** ● (**spec. al pl.**) pasta alimentare fresca di semola di grano duro tirata a mano su una tavoletta ruvida in forma di piccole falde striate, specialità della cucina lucana e pugliese

♣**strascinìo** [1374] **s. m.** (**pl.** *-ii*) ● lo strascinare continuo | rumore di cosa strascinata

stràscino① o **strascìno** [da *strascinare*, con l'accento di *strascico* ✻1282] **s. m.** **1** †lo strascinare **2** (*pesca*) specie di giacchio **3** (*caccia*) rete da trascinare sul terreno spec. prativo per catturare uccelli, spec. quaglie

†**strascìno**② [da *strascinare* ✻1688] **s. m.** **1** venditore ambulante di carne, spec. di cattiva qualità **2** straccione

strasecolàre ➤ **trasecolare**

strass /stras, *ted.* ʃtʀas/ [dal n. dell'inventore, J. *Strasser*, gioielliere viennese del XVIII sec. ✻1840] **s. m. inv.** (**pl. ted.** *Strasse*) ● cristallo molto ricco di piombo, che, per lo splendore, imita il diamante e, opportunamente colorato, altre pietre preziose: *una spilla di s.*

♣**stratagèmma** o (*raro*) **strattagèmma** [vc. dotta, dal lat. *strategēma* (nt.), dal gr. *stratḗgēma*, genit. *stratēgḗmatos* 'stratagemma', da *stratēgêin* 'condurre l'esercito', connesso con *stratēgós* 'stratega' ✻1483] **s. m.** (**pl.** *-i*) **1** accorgimento astuto, per ingannare e sorprendere il nemico: *lo s. del cavallo di Troia* **2** (*est.*) espediente, trovata astuta: *inventare uno s.*; *ricorrere a uno s.*; *riuscì a fuggire con uno s.*

SFUMATURE DI SIGNIFICATO

stratagemma - astuzia

Stratagemma identifica un piano o un'azione studiati con sagacia per sorprendere il nemico; in senso esteso è un espediente scaltro. **Astuzia** indica un'idea, un'invenzione elaborata con furbizia per raggiungere uno scopo.

SFUMATURE ➤ ***sotterfugio***

stratàtico [vc. dotta, dal lat. mediev. *stratăticu(m)*, dal lat. tardo *strāta* 'strada' ✱ 1960] **s. m.** (**pl.** *-ci*) ● (*stor.*) all'epoca dei Comuni e delle Signorie, pedaggio da pagare sulle strade

stratèga [V. *stratego* ✱ 1849] **s. m.** (**anche f. nel sign. 2; pl. m.** *-ghi*) **1** capo, comandante militare che ha il senso e l'esperienza della strategia: *Giulio Cesare e Napoleone sono fra i massimi strateghi della storia mondiale* **2** (*est.*) chi è abile nel raggiungere lo scopo voluto predisponendo con lungimiranza le opportune condizioni di successo

♦**strategìa** [vc. dotta, dal gr. *stratēgía*, da *stratēgós* 'comandante' ✱ 1829] **s. f.** (**pl.** *-gìe*) **1** branca dell'arte militare che tratta della condotta della guerra | modo di condurre determinate operazioni belliche da parte di un comandante, un esercito e sim.: *la s. napoleonica durante la campagna di Russia* **CFR.** tattica **2** (*fig.*) predisposizione e coordinamento dei mezzi necessari per raggiungere un determinato obiettivo: *s. politica, elettorale, di un partito; s. aziendale, di marketing, pubblicitaria; la s. di Cavour nella formazione del regno d'Italia* | ***s. della tensione***, V. *tensione* | ***s. di uscita***, quella adottata per sottrarsi a una situazione difficile, cercando di limitare i danni **SIN.** exit strategy

♦**stratègico** [vc. dotta, dal lat. tardo *stratēgicu(m)*, dal gr. *stratēgikós*, agg. da *stratēgía* 'strategia' ✱ 1833] **agg.** (**pl. m.** *-ci*) **1** (*milit.*) attinente alla strategia: *piano s.; mossa strategica* | ***obiettivo s.***, obiettivo determinante ai fini dell'esito positivo della guerra o (*est.*) di un'iniziativa | ***posizione strategica***, di grande importanza per la condotta della guerra; (*est.*) la miglior posizione possibile in un dato contesto o per un dato scopo: *l'hotel è situato in una posizione strategica* | ***vittoria strategica***, che concorre a determinare l'esito finale vittorioso di un conflitto o (*est.*) di un'iniziativa | ***materiali strategici***, che contribuiscono in modo rilevante a determinare il potenziale bellico **CFR.** tattico **2** (*fig.*) di rilevante importanza per il raggiungimento di uno scopo più generale: *una mossa, una scelta strategica* | congegnato in modo abile, astuto: *trovata strategica* || **strategicaménte**, **avv. 1** dal punto di vista strategico **2** con abilità: *riuscì strategicamente a imporre il suo volere* || **strategicità**, **s. f. inv.** carattere strategico: *la strategicità di un piano*

stratègo [vc. dotta, dal lat. *stratēgu(m)*, dal gr. *stratēgós* 'comandante militare', comp. di *stratós* 'esercito' e di un corradicale di *ágein* 'condurre' ✱ 1750] **s. m.** (**pl.** *-ghi*) **1** (*stor.*) nell'antica Grecia, comandante militare | ad Atene, dalla fine del VI secolo a.C., ciascuno dei dieci membri di una magistratura che aveva il comando dell'esercito e della flotta e poi, dalla fine del V, supremo magistrato con poteri civili e militari analoghi a quelli del dittatore romano **2** (*stor.*) funzionario che governava una delle province ordinate militarmente dell'Impero bizantino | funzionario giurisdizionale e amministrativo in alcuni territori longobardi e normanni dell'Italia meridionale durante il Medioevo **3** (*raro*) stratega

stratèmpo [comp. di *stra-*, metatesi di *tras-*, e *tempo* ✱ 1872] **s. m.** ● (*raro, lett.*) tempo inclemente: *spero ancora un rifugio allo s.* (U. SABA)

straticò o **stradicò**, **straticòto**, **stradicòto** [dal gr. biz. *stratēgós* 'comandante' ✱ 1353] **s. m. inv.** ● (*stor.*) stratego longobardo e normanno, nel Medioevo

stratificàre [da *strato* ✱ 1612] **A v. tr.** (*io stratìfico, tu stratìfichi*) ● disporre a strati **B stratificàrsi v. intr. pron.** ● disporsi a strati || **stratificazióne**, **s. f.** (V.)

stratificàto **part. pass.** di *stratificare*; anche **agg. 1** disposto a strati **2** (*biol.*) ***tessuto s.***, che presenta due o più strati di cellule | (*stat.*) ***campione s.***, scelto col procedimento della stratificazione

stratificazióne [da *stratificare* ✱ 1777] **s. f. 1** disposizione a strati | ***s. sociale***, in sociologia, fenomeno per cui i componenti di una società si presentano come riuniti in gruppi omogenei e ben differenziati tra loro **2** (*geol.*) suddivisione in strati di una roccia sedimentaria **3** (*stat.*) procedimento consistente nel raggruppare le unità che compongono un dato universo in strati o classi comprendenti ciascuno quelle fra tali unità che presentano caratteri comuni **4** (*fig.*) sovrapposizione progressiva di elementi diversi: *la s. di varie civiltà nella cultura siciliana*

stratifórme [comp. di *strato* e *-forme* ✱ 1805] **agg.** ● che ha forma di strato

stratigrafìa ① [comp. di *strato* e *-grafia*, sul modello dell'ingl. *stratigraphy* ✱ 1873] **s. f.** ● ramo della geologia che ricostruisce i rapporti di precedenza e successione delle rocce e ne studia la distribuzione nel tempo

stratigrafìa ② [comp. di *strato* e *(radio)grafia* ✱ 1930] **s. f.** ● (*med.*) tecnica radiografica che consente di osservare un singolo strato di una parte corporea eliminando le immagini degli strati soprastanti e sottostanti **SIN.** tomografia, röntgenografia, planigrafia

stratigràfico ① [da *stratigrafia*① ✱ 1859] **agg.** (**pl. m.** *-ci*) ● (*geol.*) relativo alla stratigrafia | ***unità stratigrafica***, gruppo di strati o rocce formate in determinati ambientali costanti, o in un determinato intervallo di tempo, o durante il periodo di esistenza di determinati fossili

stratigràfico ② [da *stratigrafia*② ✱ 1970] **agg.** (**pl. m.** *-ci*) ● (*med.*) che riguarda la stratigrafia: *indagine stratigrafica*

stratìgrafo [comp. di *strato* e *-grafo* ✱ 1960] **s. m.** ● (*med.*) apparecchio per eseguire stratigrafie **SIN.** tomografo

stratigràmma [comp. di *strato* e *(radio)-gramma* ✱ 1960] **s. m.** (**pl.** *-i*) ● (*med.*) radiogramma ottenuto mediante lo stratigrafo **SIN.** planigramma, tomogramma

stratimetrìa [comp. di *strato* e *-metria* ✱ 1936] **s. f.** ● (*geol.*) misura degli spessori e della giacitura degli strati che formano la crosta terrestre

stratiòta o **stratiòto**, **stratiòte** [dal gr. *stratiṓtēs* 'soldato'. V. *stradiotto* ✱ av. 1536] **s. m.** (**pl.** *-i*) ● nell'Impero bizantino, soldato di milizia stanziale

♦**stràto** [lat. *strātu(m)*, nt. sost. di *strātus* 'disteso', part. pass. di *stĕrnere* 'stendere' ✱ av. 1348] **s. m. 1** quantità di materia omogenea distesa su una superficie in modo piuttosto uniforme: *s. spesso, denso, sottile, omogeneo; uno s. di polvere, di vernice; spalmare uno s. di burro sul pane; sulla strada c'è uno s. di ghiaccio* | (*fis.*) ***s. limite***, porzione di un fluido viscoso prossima alla parete della conduttura in cui esso fluisce **2** corpo geologico sedimentario, tabulare, limitato da due giunti o superfici di stratificazione, depositato in condizioni fisiche e ambientali costanti, di vario spessore **3** (*meteor.*) distesa nuvolosa uniforme bassa (sotto i 3000 m) e grigia, con base definita, talvolta accompagnata da pioviggine, pioggia debole o nevischio **4** livello di scavo archeologico caratterizzato da materiali che risalgono ad uno stesso periodo **5** (*fig.*) ceto, classe, categoria sociale: *i vari strati della popolazione, della società* **6** †tappeto, drappo steso in segno d'onore **7** †letto || **straterèllo**, **dim.**

stratocrazìa [vc. dotta, comp. del gr. *stratós* 'esercito' (prob. d'orig. indeur.) e *-crazia* ✱ 1838] **s. f.** ● (*raro*) governo esercitato dai militari

stratocùmulo [comp. di *strato* nel sign. 3 e *cumulo* ✱ 1934] **s. m.** ● (*meteor.*) nube di bassa quota (sotto i 3000 m) generata dall'addensamento e dalla stratificazione di cumuli, talora irregolare e discontinua, talora compatta e accompagnata da pioggia debole o nevischio **SIN.** cumulostrato

stratofortézza [comp. di *strato(sfera)* e *fortezza* sul modello dell'amer. *strato fortress* ✱ 1991] **s. f.** ● bombardiere plurimotore a getto che può volare nella stratosfera

stratonémbo [comp. di *strato* nel sign. 3 e *nembo* ✱ 1965] **s. m.** ● (*meteor.*) nembostrato

stratopàuṣa [comp. di *strato(sfera)* e *-pausa*, dal gr. *paûsis* 'cessazione'. V. *pausa* ✱ 1960] **s. f.** ● (*geofis.*) nell'atmosfera terrestre, strato di transizione fra la stratosfera e la mesosfera

stratoreattóre [comp. di *strato(sfera)* e *reattore* ✱ 1970] **s. m.** ● aereo a reazione che può volare nella stratosfera

stratosfèra [dal fr. *stratosphère*, comp. di *strato* e *-sphère*, secondo elemento di *atmosphère* 'atmosfera'. V. *atmosfera* ✱ 1923] **s. f.** ● (*geofis.*) regione dell'atmosfera compresa tra la troposfera e la mesosfera, tra 10-15 e 30-50 km di altezza, caratterizzata dall'aumento progressivo della temperatura con l'altezza (da –55 a 0 °C)

stratosfèrico [1935] **agg.** (**pl. m.** *-ci*) **1** della stratosfera, relativo alla stratosfera **2** (*fig.*) fantastico, astruso: *discorsi stratosferici* | spropositato: *prezzi stratosferici*

stràtta [da *tratta*, con *s-* ✱ 1384] **s. f.** ● (*raro, lett.*) strappata, tirata brusca e violenta: *dare una s. a qlco.; dare delle stratte* | ***a stratte***, a strappi, a scatti; (*fig.*) a intervalli, a tratti

strattagèmma ➤ **stratagemma**

†**strattézza** [da †*stratto*② ✱ 1427] **s. f.** ● stravaganza

†**stràtto** ① ➤ **astratto**

†**stràtto** ② ➤ **estratto**

strattonàre [da *strattone* ✱ 1949] **v. tr.** (*io strattóno*) ● dare strattoni | nello sport, spec. nel calcio, afferrare un avversario per la maglia, impedendogli di proseguire l'azione

strattonàta [da *strattonare* ✱ 1938] **s. f.** ● violento strattone

strattóne [da *stratta* ✱ 1865] **s. m.** ● movimento brusco e violento, scossa, strappo con cui ci si vuole liberare da qlcu. o qlco. oppure si vuole tirare a sé: *dare uno s.; con uno s. si liberò*

stravacàto [deriv. part. del lat. tardo *transvaricāre* 'allargare le gambe', detto propr. degli equini che allargando le gambe pencolano. V. *divaricare* ✱ 1825] **agg.** ● (*tipogr.*) detto di composizione a caratteri mobili, in cui i vari componenti si sono accidentalmente coricati

stravaccàrsi [da *vacca*, con *stra-* ✱ sec. XIV] **v. intr. pron.** (*io mi stravàcco, tu ti stravàcchi*) ● (*colloq.*) sdraiarsi, sedersi, in modo estremamente scomposto

stravaccàto **part. pass.** di *stravaccarsi*; anche **agg.** ● (*colloq.*) seduto, sdraiato o sim. in modo estremamente scomposto, detto di persona

♦**stravagànte** o (*raro*) **estravagànte** [lat. mediev. *extravagănte(m)*, comp. di *ĕxtra* 'fuori' e *vāgans*, genit. *vagăntis*, part. pres. di *vagāri* 'vagare'. V. *vagare* ✱ sec. XIV] **A agg. 1** (*lett., raro*)

che va al di fuori dei limiti, della consuetudine | ***rime stravaganti***, quelle non comprese da un autore nella raccolta da lui stesso curata **2** che appare strano, inusitato, singolare: *una proposta s.* | ***tempo s.***, incostante **3** che si comporta in modo strano, bizzarro, eccentrico: *persona, uomo s.*; *è cosa nota che gli artisti sono un po' stravaganti* || **stravagantemente**, **avv.** in maniera stravagante, strana **B** **s. m. solo sing.** • ciò che è singolare, particolare: *per la pazza estimazione di quegli che sol pregiano lo s.* (D. Bartoli) **C** **s. m. e f.** • persona che si comporta in modo bizzarro, eccentrico
SFUMATURE ➤ ***paradossale***

stravagànza o †**stravagànzia**, †**estravagànza** [1336 ca.] **s. f.** • caratteristica di chi (o di ciò che) è stravagante | atto, discorso, comportamento e sim. stravagante: *tutti abbiamo le nostre stravaganze*
SFUMATURE ➤ ***bizzarria***

stravaṣàre [da *travasare*, con sovrapposizione di *stra-* ✻av. 1347] **v. tr., intr.** (**aus. intr.** *essere*) e **stravaṣàrsi** **v. intr. pron.** • (*raro*) travasare, travasarsi

stravàṣo [da *stravasare*, sul modello di *travaso* ✻1804] **s. m.** • (*raro*) travaso

stravècchio [comp. di *stra-* e *vecchio* ✻1843] **agg.** **1** molto vecchio (anche con valore rafforz.): *vestito s.*; *cappello vecchio e s.* **2** invecchiato, stagionato a lungo, detto di prodotti alimentari: *cognac, grana s.*

stravedére [da *travedere*, con sovrapposizione di *stra-* ✻av. 1566] **v. intr.** (**fut.** *io stravederò* o *stravedrò*; **condiz. pres.** *io stravederèi* o *stravedrèi*; **part. pass.** *stravedùto*; nelle altre forme coniug. come *vedere*; aus. *avere*) • (*raro*) travedere, vedere male, cadere in errore: *il vino li ha fatti s.* (I. Nievo) | (*fig.*) ***s. per qlcu.***, amarlo, ammirarlo in modo speciale, al punto da non poter essere imparziale nei suoi confronti

stravéro [comp. di *stra-* e *vero* ✻av. 1589] **agg.** • verissimo (*spec. enfat.*): *è vero e s.!*

†**stravestìre** e deriv. ➤ **travestire** e deriv.

stravìncere [comp. di *stra-* e *vincere* ✻1550] **v. tr.** (**coniug. come** *vincere*) • vincere di gran lunga, superare nettamente (*spec. assol.*): *la nostra squadra ha stravinto*

straviṣàre ➤ **travisare**

straviziàre [da *stravizio* ✻1618] **v. intr.** (*io stravìzio*; aus. *avere*) • fare stravizi

stravìzio [da †*stravizzo*, con influsso di *stra-* e *vizio* ✻1525] **s. m.** • disordine, eccesso, nel mangiare, nel bere, nei piaceri sessuali: *una vita di stravizi*; *darsi agli stravizi*; *risentire degli stravizi passati*

†**stravìzzo** [dal serbo *sdravica* 'brindisi', 'festa nuziale' ✻1525] **s. m.** **1** stravizio **2** banchetto, bagordo | convito, pranzo solenne degli accademici della Crusca, con recitazione di cicalate **SIN.** beccaficata

stravolére [comp. di *stra-* e *volere*① ✻1600] **v. tr.** (**coniug. come** *volere*) • (*raro*) volere più del giusto, più del dovuto

stravòlgere [da *travolgere*, con sovrapposizione di *stra-* ✻av. 1294] **A** **v. tr.** (**coniug. come** *volgere*) **1** (*raro*) capovolgere | deviare dalla posizione o direzione normale: *s. gli occhi* **2** (*fig.*) turbare, agitare, alterare: *la notizia gli stravolse il viso*; *quella vista gli ha stravolto i lineamenti* **3** (*fig.*) interpretare male, travisare, distorcere: *s. il senso di uno scritto, il pensiero di qlcu.* **SIN.** snaturare **B** **stravòlgersi** **v. rifl.** • (*raro*) contorcersi, torcersi

stravolgiménto [av. 1348] **s. m.** • lo stravolgere, il venire stravolto | (*fig.*) fraintendimento

♣**stravòlto** **part. pass.** di *stravolgere*; anche **agg.** **1** nei sign. del v. **2** alterato, sconvolto, stralunato: *faccia stravolta*; *occhi stravolti*; *mente stravolta* | (*colloq.*) stanchissimo, sfinito, distrutto: *stasera sono s.*

†**stravoltùra** [av. 1686] **s. f.** • stravolgimento

straziànte **part. pres.** di *straziare*; anche **agg.** • che affligge profondamente: *un dolore s.* | estremamente penoso, commovente: *una scena s.* || **strazianteménte**, **avv.**

straziàre [da *strazio* ✻av. 1292] **v. tr.** (*io stràzio*) **1** tormentare, martoriare, provocare atroci dolori fisici: *s. le carni, il corpo, la persona* | (*fig.*) affliggere profondamente, provocare grande dolore morale: *s. l'anima, il cuore*; *il rimorso lo strazia* | (*enfat.*) ***s. gli orecchi***, con rumori, suoni stonati, e sim. | anche nella forma pron. **straziàrsi**, ferirsi, lacerarsi: *Ella si straziava furiosamente il petto e le guance* (I. Nievo); *Il re di doglia si straziava il manto* (M.M. Boiardo) **2** (*fig.*) fare cattivo uso, sciupare miseramente: *s. la roba* | ***s. una musica***, suonarla male | ***s. una commedia***, recitarla male | ***s. una lingua***, parlarla male **3** †beffare, schernire **4** †strappare, stracciare

straziàto **part. pass.** di *straziare*; anche **agg.** **1** nei sign. del v. **2** (*fig.*) tormentato, addolorato: *è il mio cuore / il paese più s.* (G. Ungaretti)

straziatóre [sec. XIV] **s. m.** (f. *-trice*) • (*raro*) chi strazia | †parassita

†**straziévole** [sec. XIII] **agg.** • (*raro*) straziante

stràzio [lat. *distrăctio* (nom.), da *distrăctus*, part. pass. di *distrăhere* 'tirare'. V. *distrarre* ✻sec. XIII] **s. m.** **1** supplizio, tormento: *lo s. delle torture*; *lo s. delle membra, del corpo*; *fare s. di qlcu.*; *fare s. del corpo di qlcu.* **SIN.** scempio | (*fig.*) grande angoscia: *essere in preda agli strazi del rimorso*; *è un vero s. vedere le sue sofferenze* **2** (*colloq.*) ciò che provoca fastidio, noia, seccatura: *quanto durerà questo s.?* | chi (o ciò che) risulta penoso per la sua mediocrità: *che s. quel film!*; *quel cantante è un vero s.!* | disastro, nullità: *quel ragazzo è proprio uno s.!* **3** (*fig.*, *lett.*) sciupìo, spreco, scialo: *fare s. dei soldi* **4** †scherno, beffa

stràzza [vc. veneta corrispondente a *straccio* ✻1803] **s. f.** • (**spec. al pl.**) cascame di seta proveniente dal filatoio

stràzzo ➤ **straccio**②

streaking /*ingl.* 'stri:kɪŋ/ [vc. ingl. da *to streak*, nel significato familiare di 'correre come un lampo' ✻1974] **s. m. inv.** • corsa su breve tragitto compiuta all'improvviso da persone denudatesi per esprimere protesta o condanna verso qlcu. o qlco.

streamer /'strimer, *ingl.* 'stri:mə(r)/ [vc. ingl., propr. 'striscia' ✻1993] **s. m. inv.** • (*inform.*) dispositivo di memoria di massa che utilizza cartucce di nastro magnetico

streaming /'strimin(g), *ingl.* 'stri:mɪŋ/ [vc. ingl., dal v. *to stream* 'scorrere, fluire' ✻1996] **s. m. inv.** • (*Internet*) accesso a file audiovisivi in tempo reale senza preventivo salvataggio sul proprio computer: *software di s.*

strebbiàre o **stribbiàre** [da *trebbiare* (V.), con *s-* ✻av. 1375] **v. tr.** (*io strébbio*) **1** †levigare, lisciare: *strebbiarsi la pelle* **2** (*pop.*, *tosc.*) sciupare, usare senza riguardo

strecciàre [deriv. di *treccia* con *s-* ✻1611] **A** **v. tr.** (**pres.** *io stréccio*; **fut.** *io streccerò*) • sciogliere ciò che è stato intrecciato | anche in forma pron.: *strecciarsi i capelli* **B** **strecciàrsi** **v. rifl.** • †sciogliersi, liberarsi da una stretta

street art /strit'art, *ingl.* 'stri:t,ɑ:t/ [loc. ingl., propr. 'arte di strada' ✻1971] **loc. sost. f. inv.** (**pl. ingl.** *street arts*) • arte di strada (V. *arte* nel sign. 2)

streetwear /strit'wer, *ingl.* 'stri:t,weə(r)/ [vc. ingl., propr. 'abbigliamento (*wear*) di strada (*street*)' ✻1994] **s. m. inv.** • tipo di abbigliamento informale adottato dai giovani: *lo s. dei primi anni duemila*

♦**stréga** [lat. *strīga(m)*, variante pop. di *strīx*, genit. *strīgis*, dal gr. *strínx*, genit. *strigós* 'uccello notturno' ✻sec. XIII] **A** **s. f.** **1** donna che, nelle credenze popolari di molte civiltà, e in particolare nell'Europa medievale e rinascimentale, è ritenuta in rapporto con le potenze malefiche e accusata di azioni delittuose contro la religione e la società | ***caccia alle streghe***, quella cui, nel passato, erano sottoposte le donne accusate di stregoneria; (*fig.*) ogni persecuzione mossa da superstizioni o pregiudizi **2** (*fig.*) donna o ragazza malvagia, perfida, di pessimo carattere e sim.: *quella s. di ragazza litiga con tutti* **3** (*est.*) donna brutta e vecchia: *sembrare una s.*; *essere brutta come una s.* **4** (*tosc.*) cerino all'estremità di una pertica per accendere lumi o candele posti in alto **5** (*med.*) ***colpo della s.***, V. *colpo* || **stregàccia**, **pegg.** | **streghétta**, **dim.** | **streghìna**, **dim.** **B** in funzione di **agg. inv.** • (posposto al sost.) nella loc. ***erba s.***, licopodio

stregaménto [1524] **s. m.** • (*lett.*) sortilegio, incantesimo

♦**stregàre** [lat. parl. **strigāre*, da *strīga* 'strega' ✻av. 1494] **v. tr.** (*io strégo, tu stréghi*) **1** sottoporre qlcu. o qlco. a pratiche di stregoneria | rendere succube una persona mediante arti magiche **2** (*fig.*) ammaliare, sedurre: *non devi farti s. dai suoi sorrisi*; *quel demonio è venuto fin qui a stregarmi la mia figliuola!* (G. Verga)

stregàto **part. pass.** di *stregare*; anche **agg.** **1** sottoposto a stregoneria: *un castello s.* | (*fig.*) disgraziato, quasi sotto l'influsso di un maleficio: *per la nostra squadra è una partita stregata* **2** (*fig.*) ammaliato: *restò s. dal suo sorriso*

strégghia e deriv. ➤ **striglia** e deriv.

stregherìa [da *strega* ✻1541] **s. f.** • (*lett.*) stregoneria

streghésco [1889] **agg.** (**pl. m.** *-chi*) • relativo a strega o streghe: *poteri stregheschi*

†**stréglia** ➤ **striglia**

♦**stregóne** [da *strega* ✻av. 1406] **s. m.** **1** (*antrop.*) presso molti popoli primitivi, persona, spesso di grande importanza politica e sociale, che, mediante particolari facoltà personali e secondo pratiche tradizionali, svolge funzioni sacrali di indovino e guaritore **2** (**f.** *-a*) (*est.*) chi pratica la stregoneria | ***apprendista s.***, (*fig.*) chi promuove attività o determina situazioni che non è poi in grado di controllare nella loro successiva evoluzione **3** (**f.** *-a*) (*est.*) chi pratica la medicina popolare | santone, guaritore

stregonerìa [da *stregone* ✻1612] **s. f.** **1** in molte religioni superiori e primitive e, in particolare, nella civiltà europea dell'ultimo Medioevo e del Rinascimento, pratica malefica che, avvalendosi di una presunta alleanza con le potenze del male, si sviluppa in antitesi alla religione riconosciuta e ne sovverte i valori **2** (*est.*) operazione di magia della strega e dello stregone; incantesimo: *fare una s.* | (*fig.*, *fam.*) trucco, diavoleria | (*est.*, *fam.*) oggetto o congegno strano
SFUMATURE ➤ ***magia***

stregonésco [1856] **agg.** (**pl. m.** *-schi*) • relativo a strega, a stregone o a stregoneria | da strega, da stregone || **stregonescaménte**, **avv.**

stregònico [1902] **agg.** (**pl. m.** *-ci*) • (*raro*) stregonesco

♣**strégua** (o **-è-**) [da *tregua*, con *s-* ✻av. 1565] **s. f.** **1** misura, proporzione, criterio, nelle loc. ***alla s. di***, ***alla stessa s.***: *giudicare qlcu. alla s. di un altro*; *considerare tutti alla* *stessa s.* **2** †rata, quota da pagare

strelìtzia /stre'littsja/ [dal n. della principessa Carlotta di Mecklenburg-*Strelitz* (1744-1818) poi moglie di Giorgio III d'Inghilterra ✱1875] **s. f.** ● pianta delle Musacee, coltivata per i fiori recisi di forma strana con sepali arancione e petali azzurri (*Strelitzia reginae*)

strelìzzi [dal russo *strjeljéz* 'tiratore', da *strjelá* 'saetta', attraverso il fr. *strélitz* o il ted. *Strelitze* ✱ av. 1799] **s. m. pl.** (**sing.** *-o*) ● casta russa di uomini liberi, soldati di padre in figlio, spesati dallo Stato quali guardie del corpo dello zar, istituiti nel sec. XVI dallo zar Ivan il Terribile

✱**stremàre** [da *stremo* (V.) ✱av. 1294] **A** **v. tr.** (*io strèmo*) **1** indebolire, ridurre allo stremo: *questo lavoro ci ha stremati* **2** †diminuire **B** **stremàrsi** **v. intr. pron. 1** (*lett.*) sfinirsi **2** †diminuire, ridursi

stremàto **part. pass.** di *stremare*; anche **agg.** ● privo di forze, esausto

†**stremenzìre** ➤ **striminzire**

stremézza [da *stremo* ✱1266] **s. f. 1** †esiguità, strettezza **2** (*raro, lett.*) debolezza

†**streminzìre** ➤ **striminzire**

stremìre [vc. sett., dal lat. parl. **extremīre*, variante del classico *trĕmere* 'tremare', con *ĕx-* (*s-*), forse attraverso il provenz. e l'ant. fr. *extremir* ✱sec. XIII] **A** **v. tr.** (*io stremìsco, tu stremìsci*) ● († o *centr.*, *sett.*) spaventare, atterrire **B** **v. intr.** (**aus.** *essere*) e **stremìrsi** **v. intr. pron.** ● († o *centr.*, *sett.*) rimanere spaventato

†**stremità** ➤ **estremità**

†**stremitàde** ➤ **estremità**

†**stremitàte** ➤ **estremità**

strèmo [variante di *estremo* (V.), con aferesi ✱ av. 1292] **A** **s. m. 1** estremo limite delle forze fisiche, delle possibilità finanziarie e sim.: *essere, ridursi allo s. delle forze*; *essere, ridursi, allo s.* **2** †punto estremo, fine: *lo s. della vita* **B** **agg. e s. m.** ➤ **estremo**

strènna (o *-é-*) [lat. *strēna(m)* 'dono di buon augurio', f. sost. di *strēnuus* 'forte, animoso', di orig. sabina (?) ✱sec. XIII] **A** **s. f. 1** regalo che si fa o si riceve in occasione delle maggiori feste annuali: *la s. di Natale* **2** raccolta di prose, poesie e sim., edita in occasione del Capodanno **3** presso gli antichi Romani, dono scambiato nei giorni festivi, spec. alle calende di gennaio **B** **In funzione di agg. inv.** ● (posposto al sost.) nella loc. ***libri s.***, quelli particolarmente attraenti nella veste grafica pubblicati in occasione delle festività di Natale e di Capodanno

SFUMATURE ➤ ***regalo***

strenuità [vc. dotta, dal lat. *strenuitāte(m)*, da *strēnuus*. V. *strenuo* ✱sec. XIV] **s. f. inv.** ● (*raro, lett.*) caratteristica di chi è strenuo

✱**strènuo** [vc. dotta, dal lat. *strēnuu(m)*, ampliamento di *strēnuus* 'forte, risoluto'. V. *strenna* ✱ 1242] **agg. 1** valoroso, coraggioso, tenace: *s. capitano, condottiero, difensore*; *opporre una strenua resistenza* **2** (*est.*) infaticabile: *uno s. lavoratore* ‖ **strenuaménte**, **avv. 1** valorosamente **2** infaticabilmente, con molto impegno

SFUMATURE ➤ ***intrepido***

strèpere [vc. dotta, dal lat. *strĕpere* 'strepitare', affine a *sternūere* 'sternutire' ✱1340] **v. intr.** (**difett. del part. pass. e dei tempi composti**) ● (*poet.*) strepitare, rumoreggiare: *strepono or qua, le vecchie rane, or là* (G. PASCOLI)

strepìre [lat. *strĕpere* 'strepitare', con cambio di coniug. V. *strepere* ✱1340] **v. intr.** (*io strepìsco, tu strepìsci*; **difett. del part. pass. e dei tempi composti**) ● (*poet.*) strepere

†**strepitaménto** [1686] **s. m.** ● strepito

✱**strepitàre** [dal lat. *strepitāre*, intens. di *strĕpere* 'strepitare' ✱av. 1367] **v. intr.** (*io strèpito*; **aus.** *avere*) **1** fare strepito: *mandava fuori all'alba due tamburi i quali fino a mezzogiorno strepitavano* (I. NIEVO) **2** schiamazzare, strillare

SFUMATURE ➤ ***schiamazzare***

✱**strepitìo** [da *strepitare* ✱av. 1342] **s. m.** (**pl.** *-ii*) ● strepito continuato

✱**strèpito** [vc. dotta, dal lat. *strĕpitu(m)*, da *strĕpere* 'strepitare' ✱sec. XIII] **s. m. 1** insieme confuso e disordinato di rumori vari, schiamazzi, voci e grida fragorose e sim.: *uno s. di voci*; *s. di catene*; *lo s. dei cani sulla strada*; *lo s. della folla* | (***fig.***, ***lett.***) clamore, scalpore: *senza tanto s., senza tanto apparato, ... ha condotto l'affare a buon porto* (A. MANZONI) **2** nella loc. ***fare s.***, (***lett.***) far parlare di sé, ottenere successo

SFUMATURE ➤ ***frastuono***

strepitóso (o *-ṣo*) [av. 1519] **agg. 1** che fa strepito: *applausi strepitosi* **2** (*fig.*) straordinario, eccezionale: *successo s.*; *vittoria strepitosa* ‖ **strepitosaménte**, **avv.**

Strepsìtteri [comp. del gr. *strépsis* 'volgimento', da *stréphein* 'volgere' (V. *strepto-*) e *-ttero* ✱1838] **s. m. pl.** (**sing.** *-o*) ● (*zool.*) ordine di piccolissimi Insetti vivipari, privi di apparato digerente, parassiti interni di altri Insetti, spec. api e formiche (*Strepsiptera*)

strèpto- [dal gr. *streptós* 'ritorto, attorcigliato', da *stréphein* 'volgere, incurvare', di orig. indeur.] **primo elemento** ● in parole scientifiche composte, significa 'contorto', 'ritorto', 'ripiegato': *streptococco*

streptocòcco [comp. di *strepto-* e *-cocco*, dal gr. *kókkos* 'granello' ✱1888] **s. m.** (**pl.** *-chi*) ● batterio di forma sferica che ha tendenza a disporsi a catena

streptoliṣìna [fr. *streptolysine*, comp. di *strepto(coque)* 'streptococco' e *lysine* 'lisina' ✱1960] **s. f.** ● emolisina prodotta da streptococchi, dotata di proprietà antigeniche

streptomicète [comp. di *strepto-* e *micete*①
✱1960] **s. m.** ● (*biol.*) batterio degli actinomiceti, con struttura filamentosa e ramificata, da cui si ricavano diversi antibiotici | ***S. griseus***, da cui si ottiene l'antibiotico streptomicina | ***S. rimosus***, da cui si ottiene l'antibiotico tetraciclina

streptomicìna [comp. di *strepto-* e *-micina*, deriv., con *-ina*, dal gr. *mýkēs*, genit. *mýkētos* 'fungo'. V. *mico-* ✱1947] **s. f.** ● antibiotico ottenuto dai liquidi di coltura di alcune varietà di actinomiceti, efficace in varie infezioni

stress /*ingl.* strɛs/ [vc. ingl., propr. 'sforzo, tensione' ✱1955] **s. m. inv.** ● (*med.*) qualunque condizione fisica, chimica, psichica e sim. che, esercitando uno stimolo sull'organismo, ne provoca la reazione CFR. distress, eustress | (*est.*) tensione nervosa, logorio conseguente spec. a ritmi di vita frenetici | ***s. test***, (*tecnol.*) sollecitazione a cui si sottopone un organo meccanico o un qualsiasi sistema per saggiarne la capacità di resistenza o il limite di funzionamento; (*econ.*) test eseguito da un organo superiore di controllo al fine valutare la solvibilità di una banca; (*med.*) prova da sforzo

stressànte **part. pres.** di *stressare*; anche **agg.** ● che provoca stress: *un lavoro, un'attività s.* ‖ **stressanteménte**, **avv.**

stressàre [da *stress* ✱1955] **A** **v. tr.** (*io strèsso*) ● sottoporre a stress, provocare uno stress: *lo studio lo stressa* **B** **stressàrsi** **v. intr. pron.** ● esaurirsi, logorarsi, subire stress: *il ragazzo si stressa a studiare*

stressàto **part. pass.** di *stressare*; anche **agg.** ● che ha subito uno stress, logorato dallo stress: *mi sento stanco e s.*

stretch /*ingl.* strɛtʃ/ [vc. ingl., di orig. e area germ., dal v. *to stretch* 'tendere, tirare' ✱1974] **A** **s. m. inv.** ● tessuto elasticizzato: *calze in s. trasparente* **B** **agg. inv.** ● (posposto a un sost.) detto di tessuto reso elastico e cedevole o di indumento confezionato con tale tessuto: *pigiamino in spugna s.*; *seta s.*; *minigonna, abito s.*

strètching /'strettʃin(g), *ingl.* 'strɛtʃɪŋ/ [vc. ingl., da *to stretch* 'tendere, tirare' ✱1980] **s. m. inv. 1** (*sport*) tecnica di allungamento della muscolatura **2** (*chim.*) moto di vibrazione di un legame chimico nel senso della sua lunghezza CFR. bending

stretch-pàck /stretʃ'pak, *ingl.* 'strɛtʃ,pæk/ [vc. ingl., comp. di to *stretch* 'tendere, tirare' e *pack* 'pacco, involto' (d'orig. germ.) ✱1989] **s. m. inv.** (**pl. ingl.** *stretch-packs*) ● tipo di imballaggio costituito da un supporto rigido spec. di cartone su cui l'oggetto viene fissato da un film di plastica fattogli aderire per aspirazione

strétta [f. sost. di *stretto*① ✱av. 1292] **s. f. 1** atto dello stringere, spec. con forza: *dare una s. alla briglia, al timone, a una vite* | (*fig.*) riduzione: *s. del credito, s. creditizia* | ***s. di mano***, gesto di saluto: *un'affettuosa, una cordiale, una gelida, s. di mano* **2** (*fig.*) turbamento, commozione improvvisa: *sentire una s. al cuore, alla gola* **3** calca, mischia: *sottrarsi alla s. della folla*; *presto, usciamo da questa s.* **4** (*fig.*) momento critico, punto culminante, fase risolutiva: *essere alla s. finale*; *venire alle strette* **5** varco angusto, gola | (***lett.***, ***per anton.***) il passo delle Termopili: *le mortali strette / che difese il leon con poca gente* (F. PETRARCA) **6** situazione difficile, stato di estremo bisogno: *trovarsi in una s., in una dolorosa, in una difficile s.* | ***essere, mettere alle strette***, in una condizione tale da avere una sola via d'uscita **7** (*mus.*) accelerazione del movimento nella parte conclusiva di una composizione o di una sua parte ‖ **strettarèlla**, **stretterèlla**, **dim.**

strettézza [da *stretto*① ✱av. 1292] **s. f. 1** condizione, caratteristica di ciò che è stretto: *la s. di una stanza, di una strada*; *s. di un vestito, di una scarpa* **2** (*fig.*) scarsezza: *s. di tempo, d'impegno, di denaro* | povertà, ristrettezza: *Doveva essere cresciuta fra le strettezze* (S. ALERAMO)

strettìre [da *stretto*① ✱1801] **v. tr.** (*io strettìsco, tu strettìsci*) ● (*pop., tosc.*) restringere

♦**strétto** ① **A** **part. pass.** di *stringere*; anche **agg. 1** premuto, serrato con forza: *tenere qlco. s. fra le mani*; *tenere qlcu. s. a sé*; *tenere qlcu. s. fra le braccia*; *tenere la spada stretta in pugno*; *essere s. in una morsa*; *nodo ben s.*; *a pugni stretti* | ***a bocca stretta***, (***fig.***, ***lett.***) di malavoglia: *parlare a bocca stretta* | ***a denti stretti***, (***fig.***) con rabbia, con risentimento: *vili! – diceva Marta a denti stretti, pallida, fremente* (L. PIRANDELLO); controvoglia, forzatamente: *ridere, accettare a denti stretti* | (*fig.*) ***avere il cuore s. dall'angoscia, dall'emozione e sim.***, essere in preda a tali sentimenti **2** molto vicino, rasente, addossato: *stare s. a qlcu.*; *erano stretti l'uno all'altro*; *camminavano stretti stretti*; *tenersi s. al muro* | ***prendere una curva stretta***, passando molto rasente al bordo interno della strada | (*mar.*) ***vento s.***, che forma un ridotto angolo con la prua **3** legato ad altri da vincoli di amicizia, parentela e sim.: *essere s. di amicizia con qlcu.*; *sono stretti da un lungo affetto* | intimo: *legame s.*; *amicizia stretta* | prossimo: *parenti stretti* | diretto: *s. collaboratore* **4** costretto, spinto: *essere s. dalla necessità, dal bisogno, a fare qlco.* **5** urgente, inevitabile: *essere, trovarsi, nella stretta necessità di fare qlco.* **6** avaro, spilorcio: *essere, tenersi, s.* (*nello spendere*) | ***avere, tenere la borsa stretta, tenere stretti i cordoni della borsa***, (*fig.*) essere avaro **7** che ha dimensioni limitate nel senso della larghezza: *camera stretta*; *vestito, cappello s.*; *calzoni stretti*; *scarpe strette* CFR. steno- | ***andare s., essere*** *s.*, stringere, impedire i movimenti, detto di indumenti: *questo vestito mi va s.* | ***stare, andare s.***, (*fig.*) essere considerato insufficiente, inadeguato: *è un lavoro che gli va s.*; *il pareggio ci sta s.* | ***carattere s.***, carattere tipografico in cui l'occhio normale è stato compresso | ***stoffa stretta***, di poca altezza | angusto: *passaggio, corridoio s.* CONTR. largo **8** rigoroso, severo: *la stretta osservanza delle regole*; *è s. obbligo fare ciò*; *tenere qlcu. sotto stretta sorveglianza* | ***lutto s.***, rigoroso, secondo la tradizione più formale | preciso: *attenersi allo s. significato di un vocabolo* **9** puro, detto di dialetto o sim.: *parlare lo s. napoletano*; *parlare il, un, napoletano s.* **10** (preposto al sost.) soltanto, nient'altro che, nelle loc. ***lo s. necessario, lo s. indispensabile***, e sim. **11** (*ling.*) detto di vocale chiusa **12** (*mus.*) accelerando ‖ **strettìno**, **dim.** ‖ **strettaménte**, **avv.** **1** in modo stretto: *furono strettamente legati al palo* **2** in maniera rigorosa: *li pregammo di osservare strettamente le regole stabilite* **B** in **funzione di avv.** ● strettamente, stringendo forte: *abbracciare qlcu. s. s.* | ***parlare s.***, con le vocali chiuse | (*fig.*) rigorosamente

♦**strétto**② [sost. di *stretto*① ✱ av. 1348] **s. m.** **1** braccio di mare attraverso il quale comunicano le acque di due mari contigui **2** (*raro*) varco angusto tra due montagne, due file di case e sim. **3** (*mus.*) parte finale della fuga, in cui soggetto e risposta compaiono a distanze ravvicinate

strettóia [da *stretto*① ✱ av. 1400] **s. f.** **1** punto in cui una strada si restringe **2** (*fig.*) momento, condizione e sim. di notevole gravità: *essere, trovarsi, in una s.*; *uscire da una s.* **3** †fascia, legatura, per stringere **4** †strettoio

strettóio [da *stretto*① ✱ sec. XIII] **s. m.** (**pl.** *-ói*) **1** strumento a vite, un tempo usato per la spremitura delle olive **2** in legatoria, strumento che comprime il libro quando si esegue la coloritura dei tagli **3** specie di morsetto usato in falegnameria e nella fabbricazione delle botti **4** †luogo angusto

strettùra [lat. *strictūra(m)* 'restringimento', da *strictus* 'stretto' ✱ sec. XIII] **s. f.** **1** (*raro*) strettezza **2** (*raro*) luogo angusto

strìa [lat. *strĭa(m)* 'riga', forse da un precedente **strĭgia*, corradicale di *strĭngere* 'troncare, tagliare' ✱ av. 1452] **s. f.** **1** scanalatura di una colonna **2** (*generic.*) riga sottile su un fondo di colore diverso: *le bianche strie delle nuvole nel cielo* **3** (*anat.*) linea biancastra o pigmentata della cute: *s. gravidica* | smagliatura cutanea da alterazione del trofismo della pelle **4** difetto di fabbricazione del vetro che consiste in una variazione rapida di indice di rifrazione in una sottile regione interna alla massa di vetro

S

♣**striàre** [dal lat. *striāre*, da *strĭa* 'riga' ✱ 1513] **v. tr.** ● segnare di strie

striàto [dal lat. *striātu(m)*, part. pass. di *striāre* 'striare' ✱ 1499] **agg.** **1** segnato, cosparso, di strie **2** (*anat.*) caratterizzato da rugosità o da striature | ***corpo s.***, complesso di nuclei nervosi alla base del telencefalo | ***muscolo s.***, V. *muscolo*

striatùra [dal lat. *striatūra(m)*, da *striātus* 'striato' ✱ 1521] **s. f.** ● lo striare | insieme di strie | stria

stribbiàre ➤ **strebbiare**

†**stribuìre** e deriv. ➤ **distribuire** e deriv.

†**stricàre** ➤ **strigare**

strìcco [dal longob. *strihha* 'corda' ✱ 1889] **s. m.** (**pl.** *-chi*) ● (*mar.*) paranco usato su piccole navi per caricare e scaricare merci e sim.

stricnìna [vc. dotta, dal gr. *strýchnos*, n. di diverse piante, con *-ina* ✱ 1821] **s. f.** ● alcaloide velenoso a complessa struttura chimica, contenuto in parecchie piante delle Loganiacee, usato in terapia come stimolante del sistema nervoso

♣**strìcto sènsu** o **sènsu strìcto** [loc. lat. ✱ 1960] **loc. avv.** ● in senso stretto, letterale CONTR. lato sensu

♣**stridènte** **part. pres.** di *stridere*; anche **agg.** **1** che stride: *rumore s.* **2** (*fig.*) sgradevole, disarmonico: *un accostamento s.* | ***contrasto, contraddizione s.***, evidente, che risalta nella sua acutezza

♣**strìdere** [dal lat. *strīdere*, di orig. onomat. ✱ sec. XIII] **v. intr.** (**pass. rem.** *io stridètti* o *stridéi, tu stridésti*; **aus.** *avere*; **part. pass.** *raro stridùto*) **1** mandare un suono acuto e sgradevole: *il ferro rovente nell'acqua stride*; *l'olio bollente stride*; *nell'aprirsi la porta strideva* SIN. cigolare, scricchiolare **2** strillare, emettere grida acute, detto di persona: *la caccia, per quanto lei si divincolasse e stridesse, a sedere dirimpetto a sé* (A. MANZONI) **3** detto di animali, emettere un verso stridulo e acuto: *le cicale stridono*; *la civetta stride nella notte*; *l'aquila stride* | emettere un urlo acuto e prolungato, detto del cinghiale ferito **4** (*tosc., lett.*) essere costretto a sopportare qlcu. o qlco. a malincuore, contro voglia **5** (*fig.*) contrastare fortemente, presentare una discordanza: *quei colori stridono fra loro*; *le parole stridono con la musica della canzone*; *tra gli aspetti di quei luoghi, strideva quella loro allegria* (L. PIRANDELLO)

†**stridévole** [av. 1547] **agg.** ● stridente

♣**stridìo** [1715] **s. m.** (**pl.** *-ii*) ● strido ripetuto, prolungato: *s. di cicale*

stridìre [da *stridere*, con cambio di coniug. ✱ av. 1320] **v. intr.** (*io stridìsco, tu stridìsci*; **difett. del part. pass. e dei tempi composti**) ● (*poet.*) stridere

strìdo [da *stridere* ✱ av. 1250] **s. m.** (**pl.** *strìda*, **f.**, *raro strìdi*, **m.**) ● voce, grido, suono, acuto e molesto: *dare, emettere, trarre, uno s.*; *strida di bambini*

♣**stridóre** [vc. dotta, dal lat. *stridōre(m)*, da *strīdere* 'stridere' ✱ av. 1292] **s. m.** **1** rumore di ciò che stride: *s. confuso, acuto*; *lo s. della carrucola*; *s. di denti*; *l'orribil stridor delle ritorte* (M.M. BOIARDO) **2** (*tosc., lett.*) freddo eccessivo | (*poet.*) caldo eccessivo: *Temprò la pioggia lo stridor di luglio* (G. PASCOLI)

stridulànte [1847] **agg.** ● (*zool.*) detto di organo in grado di stridulare, presente negli insetti dei Cicadellidi

stridulàre [da *stridulo* ✱ 1960] **v. intr.** (*io strìdulo*; **aus.** *avere*) ● emettere un suono stridulo sfregando fra loro le elitre, detto di alcuni insetti: *la cicala stridula*

stridulazióne [da *stridulare* ✱ 1960] **s. f.** ● emissione di suoni striduli da parte di alcuni insetti

♣**strìdulo** [vc. dotta, dal lat. *strīdulu(m)*, da *strīdere* 'stridere' ✱ 1499] **agg.** **1** che ha suono acuto e stridente: *canto s.*; *voce stridula* **2** (*lett.*) che emette suono acuto e stridente: *le stridule cicale* ‖ **stridulaménte**, **avv.**

strigàre o †**stricàre**, †**estricàre** [lat. *extricāre*, comp. di *ĕx-* (*s-*) e di un denominale di *trīcae* (nom. pl.) 'fastidi, noie'. V. *districare, intrigare* ✱ av. 1292] **A** **v. tr.** (*io strìgo, tu strìghi*) ● (*lett.*) districare, sciogliere: *s. un nodo, una matassa* | (*fig.*) risolvere, dipanare: *s. una questione, una faccenda* SIN. sbrogliare **B** **strigàrsi** **v. intr. pron.** ● (*lett.*) trarsi da un imbroglio, un intrigo: *strigarsi da qlco.* | (*lett.*) **strigàrsela** (con il pron. *la* indeterm.), sbrigarsela

strìge [vc. dotta, dal lat. *strīx*, genit. *strĭgis*, dal gr. *strínx*, genit. *strigós* 'strige' (V. *strega*) ✱ 1458 ca.] **s. f.** **1** (*lett.*) gufo, civetta, uccello notturno **2** (*lett.*) strega

†**strìggine**① o †**strìgine** [da *strige* ✱ sec. XIV] **s. f.** ● (*raro*) strega

strìggine② [connesso con *strina* (V.) ✱ av. 1698] **s. f.** ● (*tosc.*) freddo intenso

Strigifórmi [comp. di *strige* e il pl. di *-forme* ✱ 1960] **s. m. pl.** (**sing.** *-e*) ● (*zool.*) ordine di Uccelli notturni a becco robusto e adunco, occhi frontali sviluppatissimi, artigli, piumaggio morbidissimo (*Strigiformes*)

strigilatùra [da *strigile* ✱ 1930] **s. f.** ● decorazione a scanalature ondulate

strìgile [vc. dotta, dal lat. *strĭgile(m)*, prob. adattamento del gr. *stlengís*, genit. *stlengídos* 'raschiatoio', di etim. incerta ✱ av. 1498] **s. m.** o **f.** ● nell'antichità greca e romana, strumento curvo, con manico, a forma di pettine, usato nelle terme e nelle palestre per strofinare la pelle al fine di pulirla e detergerne il sudore

†**strìgine** ➤ †**striggine**①

strìglia o (*pop., tosc.*) **strégghia**, †**strégglia** [dall'ant. fr. *estrille*, dal lat. parl. **strĭgila*, variante di *strĭgilis* 'raschiatoio' ✱ 1313] **s. f.** ● strumento costituito da un telaietto metallico su cui sono infisse più lamine dentate, usato per pulire il pelo degli equini

♣**strigliàre** o †**stregghiàre** [dall'ant. fr. *estriller*, dal lat. parl. **strigilāre* 'sfregare con la striglia' ✱ sec. XIV] **A** **v. tr.** (*io strìglio*) **1** fregare, ripulire con la striglia: *s. il cavallo* **2** (*fig.*) sgridare aspramente **B** **strigliàrsi** **v. rifl.** ● (*scherz.*) spazzolarsi e ripulirsi ben bene

SFUMATURE ➤ *spazzolare*

strigliàta [da *strigliare* ✱ 1872] **s. f.** **1** passata di striglia: *dare una s.* **2** (*fig.*) duro rimprovero, critica severa: *dare, ricevere, una s.* ‖ **strigliatìna**, **dim.**

strigliatóre [av. 1604] **s. m.** (**f.** *-trice*) ● chi striglia, spec. i cavalli

strigliatùra [av. 1565] **s. f.** ● operazione dello strigliare i cavalli e sim.

†**strìgnere** ➤ **stringere**

strìgolo [etim. sconosciuta ✱ 1838] **s. m.** ● (*bot.*) pianta erbacea cespugliosa con piccoli fiori bianchi a calice, le cui cime e foglie tenere lessate si usano in cucina come contorno o condimento di paste e risotti

strigóne [da *strigare* ✱ 1871] **s. m.** ● (*tess.*) pettine grosso per strigare il capecchio della canapa

strike /ingl. straɪk/ [vc. ingl. d'America, propr. 'colpo', nel gerg. amer. 'buon colpo, botta decisiva' ✱ 1970] **s. m. inv.** **1** nel bowling, colpo realizzato abbattendo tutti i birilli con il lancio della prima boccia **2** nel baseball, lancio vantaggioso della palla, messo a segno contro il battitore

♦**strillàre** [lat. parl. **stridulāre*, da *strīdulus* 'stridulo' ✱ av. 1363] **A** **v. intr.** (**aus.** *avere*) **1** gridare forte, emettere grida acute **2** (*est.*) parlare a voce molto alta: *non s., ci sentono* **3** (*fig., raro*) protestare **B** **v. tr.** **1** dire a voce molto alta: *strillò 'arrivederci' e se ne andò* **2** (*fam., raro*) rimproverare, sgridare: *il padre lo strilla spesso*

strillàta [da *strillare* ✱ 1858] **s. f.** ● forte gridata | rabbuffo

strìllo [da *strillare* ✱ sec. XIII] **s. m.** **1** grido acuto: *fare uno s.* | grido di protesta: *con uno s. fece tacere tutti* **2** (*giornalismo*) breve notizia con un titolo evidente, che si mette in prima pagina per richiamare l'attenzione su un argomento che viene sviluppato più ampiamente in una pagina interna **3** (*fam.*) rimprovero, sgridata ‖ **strillàccio**, **pegg.** | **strillétto**, **dim.**

strillonàggio [da *strillone* ✱ 1918] **s. m.** ● vendita di giornali quotidiani, spec. in edizione straordinaria, mediante gli strilloni

strillóne [1872] **s. m.** (**f.** *-a*) **1** (*fam.*) chi strilla molto | chi parla a voce molto alta **2** venditore ambulante di giornali che, spec. un tempo, annunciava ad alta voce le notizie più interessanti in essi contenute

strillòzzo [da *strillare* ✻1622] **s. m.** ● uccello dei Passeriformi di tinte modeste, con voce che somiglia a uno strillo (*Emberiza calandra*)

striminzìre o †**streminzìre**, †**stremenzìre** [da *stremare* (V.) ✻1715] **A v. tr.** (*io striminzisco, tu striminzisci*) ● stringere il corpo di qlcu. con busto, fascia o sim. per renderlo più sottile **B striminzìrsi v. rifl.** ● stringersi per apparire più sottile **C striminzìrsi v. intr. pron.** ● diventare magro

◆**striminzìto** **part. pass.** di *striminzire*; anche **agg.** **1** nei sign. del v. **2** misero: *vestito s.* | gracile, molto magro: *uomo s.* | (*est.*) piccolo, esiguo, stentato: *una vittoria striminzita*

strimpellaménto [da *strimpellare* ✻av. 1742] **s. m.** ● lo strimpellare

◆**strimpellàre** [da *trimpellare*, con *s-* ✻1611] **v. tr.** (*io strimpèllo*) ● suonare malamente, con imperizia, strumenti musicali a tasti o a corde (*anche assol.*): *s. il pianoforte*

strimpellàta [da *strimpellare* ✻1619] **s. f.** ● pezzo musicale eseguito strimpellando

strimpellatóre [1864] **s. m.** (**f.** *-trice*, *disus.* *-tora*) ● chi strimpella

◆**strimpellìo** [1872] **s. m.** (**pl.** *-ii*) ● strimpellamento continuo

†**strimpèllo** [1760] **s. m.** ● suono di strumento, spec. chitarra | strumento musicale

strimpellóne [1891] **s. m.** (**f.** *-a*) ● (*fam.*) chi strimpella spesso

†**strìna** [lat. tardo *ustrīna(m)* 'bruciore', da *ūrere* 'bruciare', di orig. indeur. V. *ustione* ✻av. 1336] **s. f.** ● (*centr.*, *sett.*) freddo pungente

strinàre [lat. parl. **ustrināre*, da *ustrīna* 'combustione' ✻sec. XIII] **A v. tr.** **1** bruciacchiare alla fiamma viva uccelli o polli già spennati, per far scomparire la peluria **2** bruciacchiare la biancheria, stirandola con ferro troppo caldo **SIN.** abbronzare **B strinàrsi v. intr. pron.** ● bruciacchiarsi: *la camicia si è strinata*

strinàto **A** **part. pass.** di *strinare*; anche **agg.** **1** nei sign. del v. | bruciacchiato **2** †magrissimo **B s. m.** ● (*raro*, *lett.*) bruciaticcio: *puzzo di s.*

strinatùra [da *strinare* ✻1884] **s. f.** ● lo strinare | segno di bruciacchiatura sulla biancheria

strìnga [lat. parl. **strĭnga(m)*, da *strĭngere* 'stringere' (?) ✻1437] **s. f.** **1** cordoncino, nastro, striscetta di cuoio, spesso muniti di puntali metallici, usati per allacciare scarpe, busti e sim. **2** (*inform.*) insieme di elementi simili, consecutivi e adiacenti: *una s. di bit, di caratteri* **3** (*ling.*) nella frase, sequenza finita di elementi sintatticamente concatenati **4** (*fis.*) superstringa ‖ **stringhétta**, **dim.**

stringàio [av. 1536] **s. m.** (**f.** *-aia*, **pl. m.** *-ai*) ● (*raro*) fabbricante o venditore di stringhe

stringàre [da *stringa* ✻1427] **v. tr.** (*io strìngo, tu strìnghi*) **1** †legare bene, stringere forte, spec. con legacci **2** (*fig.*, *lett.*) rendere conciso, essenziale: *s. uno scritto*

stringatézza [1660] **s. f.** ● caratteristica di ciò che (o di chi) è stringato: *parlare, scrivere con s.* **SIN.** concisione

◆**stringàto** **part. pass.** di *stringare*; anche **agg.** **1** (*raro*) nei sign. del v. **2** (*fig.*) conciso, succinto: *discorso, stile, s.* ‖ **stringataménte**, **avv.**

stringèndo [propr. gerundio di *stringere* ✻1826] **s. m. inv.** ● (*mus.*) accelerando **CONTR.** rallentando

stringènte **part. pres.** di *stringere*; anche **agg.** **1** nei sign. del v. **2** persuasivo, convincente: *argomentazioni stringenti* **3** incalzante: *interrogatorio s.* | urgente: *necessità stringenti*

◆**strìngere** o (*lett.*) **istrìngere**, †**strìgnere** [lat. *strĭngere*, prob. di orig. indeur. ✻av. 1250] **A v. tr.** (**pres.** *io strìngo, tu strìngi*, †*strìgni*; **pass. rem.** *io strìnsi, tu stringésti*, †*strignésti*; **part. pass.** *strétto*, *pop., tosc.* *strìnto*; in tutta la coniug. arcaica si ha la variante †*gn* quando la *g* è palatale) **1** avvicinare fra loro due cose, o due parti di una stessa cosa, serrando più o meno forte: *s. una morsa, un compasso, le tenaglie*; *s. le gambe, le dita, le labbra, i denti*; *s. i freni* | ***s. i denti***, (*fig.*) resistere in una situazione difficile, tenere duro: *strinse i denti e continuò la scalata*; *stringere i denti per non gridare*; *sono momenti difficili: bisogna s. i denti* | ***s. i freni***, (*fig.*) rendere più rigida una disciplina | ***s. il vento***, navigare formando l'angolo minore possibile tra la direzione del vento e quella della prua **CONTR.** allargare **2** premere, tenere premuto qlcu. o qlco. contro altra persona o cosa: *s. una balla con la corda*; *s. qlcu. fra le braccia, al petto* | ***s. la mano a qlcu.***, come segno di saluto | (*fig.*) ***s. il cuore***, commuovere profondamente, dare grande dolore: *strinse il cuore un rimpianto di te* (U. SABA) **3** (*lett.*) impugnare, brandire: *vibra contra costei la lancia e stringi / la spada* (T. TASSO) **4** cingere tutt'intorno, circondare serrando: *s. una città d'assedio*; †*s. un castello, una città* | costringere qlcu. a ridosso di qlco.: *s. il nemico in un bosco*; *s. qlcu. al muro* | ***s. qlcu. tra l'uscio e il muro***, (*fig.*) metterlo alle strette **5** (*lett.*) obbligare, costringere: *il bisogno mi stringe a chiedere aiuto* | †avvincere, legare **6** concludere, stipulare: *s. un patto, un'alleanza, un accordo* | ***s. amicizia con qlcu., s. un'amicizia***, dare inizio a dei rapporti amichevoli **7** comprimere, premere dolorosamente (*anche assol.*): *queste scarpe stringono i piedi*; *queste scarpe stringono* **8** (*raro*) condensare, coagulare: *s. il latte* **9** rendere stitico (*spec. assol.*): *il succo di limone stringe* **10** ridurre le misure di qlco., rimpicciolire, restringere: *s. un vestito, una giacca* | (*est.*, *banca*) ***s. il credito***, diminuire il numero e l'entità dei prestiti erogati dalle banche ai propri clienti **CONTR.** allargare **11** (*fig.*) riassumere in sintesi (*anche assol.*): *s. un discorso*; *per s. dirò che…* | (*assol.*) ***stringi stringi***, in conclusione, in sostanza: *stringi stringi, non abbiamo guadagnato niente* | (*assol.*) ***stringi!***, escl. con cui si invita qlcu. a sintetizzare, a giungere a una conclusione **12** (*fig.*) ***s. i tempi***, accelerare il compimento di qlco.: *la scadenza del lavoro è vicina, bisogna s. i tempi* | †***s. il passo***, affrettarlo: *prende nuovo vigore, e stringe il passo* (L. DE' MEDICI) **13** (*mus.*) accelerando **CONTR.** rallentare **B v. intr.** (**aus.** *avere*) **1** incalzare, urgere, premere: *il tempo stringe*; *le necessità che più stringono* **2** (*sport*) ***s. a rete, al centro***, nel calcio, portare la palla, in fase d'attacco, verso la fascia centrale del campo o verso la porta avversaria **C strìngersi v. tr. pron.** (**aus.** *essere*) ● stringere a sé, tenere ben stretto qlcu.: *la madre si strinse il figlio al seno*; *le aveva subito buttato le braccia al collo e se l'era stretta al cuore* (L. PIRANDELLO) | ***stringersi la mano***, (con valore recipr.) come segno di saluto, per congratularsi o per confermare un accordo: *Si strinsero la mano … E così il matrimonio fu concluso* (L. PIRANDELLO) **D stringersi v. rifl.** **1** accostarsi, farsi molto vicino: *stringersi al muro, contro il muro*; *il bimbo si strinse alla mamma* | ***stringersi intorno a qlcu.***, per difenderlo, dimostrargli affetto, solidarietà | ***stringersi addosso a qlcu.***, avventarsi su di lui | restringersi: *stringetevi un po' e fatemi posto* **2** avvolgersi in qlco., spec. per ripararsi: *ella si stringeva nella sua mantellina* (G. VERGA) | contrarsi | ***stringersi nelle spalle***, sollevare le spalle in segno di disinteresse, impotenza, indecisione e sim. | (*raro*) ***stringersi nelle spese***, fare economia **E stringersi v. intr. pron.** ● restringersi, diventare stretto (*anche fig.*): *è un tessuto che non si stringe*; *a quello spettacolo gli si strinse il cuore*

SFUMATURE ➤ *ridurre*

stringilàbbro [comp. di *stringere* e *labbro* ✻1983] **s. m.** (**pl.** *stringilàbbra*) ● torcinaso per cavallo

stringiménto [1268] **s. m.** ● (*raro*) lo stringere, lo stringersi | (*fig.*) ***s. di cuore***, stretta al cuore

stringinàso (o **-ṣo**) [comp. di *stringere* e *naso* ✻av. 1920] **s. m. inv.** **1** montatura da occhiali priva di aste, ma fornita di due placchette a molla che stringono il naso **SIN.** pince-nez **2** congegno che serve a chiudere le narici, usato nel nuoto sincronizzato e in alcune immersioni **3** torcinaso per cavallo

stringitóre [av. 1704] **s. m.** (**f.** *-trice*); anche **agg.** ● (*raro*) chi (o che) stringe

stringitùra [1527] **s. f.** **1** (*raro*) stringimento **2** spremitura, spec. dello strettoio

strìnsi ➤ **stringere**

strìnta [f. sost. di *strinto*. V. *stretta* ✻av. 1337] **s. f.** ● (*pop.*, *tosc.*) stretta

strìnto **part. pass.** di *stringere*; anche **agg.** ● (*pop.*, *tosc.*) nei sign. del v.

†**striòne** e deriv. ➤ **istrione** e deriv.

strip ① /ingl. strɪp/ [1965] **s. m. inv.** ● accorc. di *striptease*

strip ② /ingl. strɪp/ [vc. ingl., propr. 'striscia' ✻1965] **A s. f. inv.** ● striscia, nel sign. 3 **B agg. inv.**; anche **s. m. inv.** ● detto di un tipo di contratto di borsa (V. *contratto* ② nel sign. 3)

strippapèlle [comp. di *strippa(re)* e *pelle* ✻1868] **vc.** ● (*pop.*, *disus.*) solo nella loc. avv. ***a s.***, a crepapelle: *mangiare a s.*

strippàre ① [da *trippa*, con *s-* ✻1618] **v. intr.** (**aus.** *avere*) e **strippàrsi v. intr. pron.** ● (*pop.*) mangiare troppo, a crepapelle

strippàre ② [denominale di *trip* 'viaggio (del drogato)' con il pref. *s-* ✻1977] **v. intr.** (**aus.** *avere*) e **strippàrsi v. rifl.** ● (*gerg.*) assumere droga, drogarsi

strippàta [da *strippare* ✻av. 1850] **s. f.** ● (*pop.*) grande mangiata, scorpacciata

strippàto [adattamento dell'ingl. *stripped*, part. pass. del v. *to strip* 'togliere (le cedole)' ✻1995] **agg.** ● (*econ.*) detto di titolo obbligazionario privato della cedola **CFR.** coupon stripping

strìpping /'stripin(g)/, *ingl.* 'strɪpɪŋ/ ➤ **coupon stripping**

strippóne [da *strippare* ✻1872] **s. m.** (**f.** *-a*) ● (*pop.*) mangione

striptease /strip'tiz/, *ingl.* 'strɪp,ti:z/ [vc. ingl., comp. di *to strip* 'svestire' e *tease* 'provocazione', l'una e l'altra di orig. e area germ. ✻1948] **s. m. inv.** (**pl. ingl.** *stripteases*) ● spogliarello

◆**strìscia** [vc. di orig. onomat.; trad. dell'ingl. *comic strips*, propr. 'strisce comiche o d'avventura, fumetti' nel sign. 3 ✻1319] **s. f.** (**pl.** *-sce*, *lett.* *-scie*) **1** pezzo stretto e lungo di materiale vario: *una s. di carta, di stoffa, di tela* **2** ciò che ha forma stretta e allungata, simile a una riga: *decoro a strisce orizzontali, verticali* | ***stelle e strisce***, V. *stella* | traccia lunga e sottile: *una s. biancastra* **3** breve storia o episodio a fumetti formata da una serie di vignette affiancate su una sola linea: *le strisce di Charlie Brown* **SIN.** strip ② **4** (*tv*) breve trasmissione, rubrica con cadenza regolare: *s. satirica* | (*fig.*) serie, sequenza: *una s. di risultati positivi* **5** (*aeron.*) zona rettangolare in un aeroporto, preparata per il decollo e l'atterraggio di aerei **6** porzione di territorio esteso nel senso della lunghezza: *una lunga s. di costa* **7** in geometria, regione di piano compresa tra due rette parallele **8** (**al pl.**)

passaggio pedonale delimitato da zebratura: *attraversare sulle strisce* SIN. zebre ‖ **strisćetta**, **striscettìna**, dim. | **strisciolìna**, dim. | **striscióna**, accr. | **striscióne**, accr. m. (V.)

strisciaménto [1666] s. m. ● lo strisciare, lo strisciarsi

strisciànte **A** part. pres. di *strisciare*; anche agg. **1** che striscia **2** (*fig., spreg.*) che è subdolo, viscido, insinuante: *persona, individuo s.*; *modi striscianti* **3** (*fig.*) detto di fenomeno, spec. economico o politico, che si verifica in modo continuo, non particolarmente vistoso: *inflazione s.*; *guerra s.* **4** (*bot.*) detto di pianta erbacea che si espande con stoloni sulla superficie del terreno: *fusto s.*; *ramo s.* SIN. repente **B** s. m. ● (*ferr.*) insieme delle barre di contatto della presa di corrente a pantografo

♦**strisciàre** [da *striscia* ✱ 1320] **A** v. tr. (pres. *io strìscio*; fut. *io striscerò*) **1** muovere sfregando, strofinando: *s. i piedi sul pavimento*; *s. un mobile per terra* | ***s. una carta***, in vari giochi di carte, e spec. nel tressette, calarla, facendola scivolare sul tavolo, per indicare al proprio compagno che se ne hanno altre dello stesso seme **2** toccare appena passando vicino, sfiorare: *il proiettile gli strisciò la tempia*; *ho strisciato il parafango contro un muro* **B** v. intr. (aus. *avere*) **1** muoversi sfiorando o sfregando sopra una superficie: *i serpenti strisciano per terra*; *la lumaca striscia sul muro* **2** passare rasente: *ho strisciato col parafango contro un muro* **3** crescere rasoterra o comunque aderendo a una superficie: *i fusti delle zucche strisciano sul suolo* **4** (*fig.*) essere umile, servile, sottomesso per ottenere favori e vantaggi o evitare punizioni e danni **C** **strisciàrsi** v. rifl. **1** sfregarsi, strofinarsi: *non strisciarti al muro*; *l'orso si strisciava contro un albero* **2** (*fig.*) ***strisciarsi a qlcu.***, stargli intorno in modo servile per ottenerne favori o vantaggi **3** †azzimarsi, lisciarsi: *molti ... si strisciano con tutti que' modi che si farieno le più lascive ... femmine* (B. CASTIGLIONE)

strisciàta [1550] s. f. **1** lo strisciare **2** segno lasciato da ciò che striscia **3** prova di stampa in fotocomposizione, su carta fotografica o pellicola, a forma di striscia di varia lunghezza **4** striscia di carta che esce dalla macchina calcolatrice stampante **5** in aerofotogrammetria, l'insieme dei fotogrammi che la camera da presa riprende, mentre l'aereo su cui è montata segue una rotta rettilinea ‖ **strisciatìna**, dim.

strisciatùra [1777] s. f. ● strisciata | (*fig., lett.*) adulazione

strìscio [da *strisciare* ✱ av. 1584] s. m. **1** lo strisciare, il venire strisciato | ***ballo con lo s.***, eseguito strisciando i piedi | ***fare lo s.***, nel gioco del tressette, strisciare la carta **2** (*med.*) preparato per esame microscopico, ottenuto strisciando il materiale da esaminare su un vetrino portaoggetto | tecnica per ottenere tale preparato: *sottoporsi a uno s. vaginale* **3** nella loc. avv. ***di s.***, strisciando, sfiorando: *colpire, ferire, di s.*; *prendere la palla di s.*; (*raro*) con la coda dell'occhio: *Guardò la donna di s.* (B. FENOGLIO) | ***ferita di s.***, superficiale **4** segno fatto strisciando: *il pavimento è pieno di strisci*

striscióne ① [1923] s. m. **1** accr. di *striscia* **2** larga striscia di tessuto, carta e sim., con una scritta o un disegno, che si appende in alto, trasversalmente a una strada, in una piazza e sim. o che si innalza durante manifestazioni o cortei: *s. pubblicitario*; *gli striscioni elettorali* | ***s. d'arrivo***, segnale di traguardo di una gara di corsa

striscióne ② ➤ **striscioni**

striscióni o **striscióne** ② [da *strisciare* ✱ 1728] avv. ● strisciando per terra: *i soldati mandati in perlustrazione avanzarono s. fin sotto le linee nemiche*

stritolàbile [1623] agg. ● che si può stritolare

stritolaménto [av. 1635] s. m. ● operazione dello stritolare | lo stritolarsi, il venire stritolato

stritolàre [da *tritolare*, con *s-* ✱ av. 1342] **A** v. tr. (*io strìtolo*) **1** ridurre in pezzi minuti: *quella macchina stritola i sassi* **2** (*fig.*) annientare, schiacciare, con le proprie argomentazioni: *s. l'avversario* **B** **stritolàrsi** v. intr. pron. **1** ridursi in minutissimi pezzi: *la lastra di vetro si è stritolata* **2** †struggersi, sdilinquirsi

stritolatóre [1872] agg. (f. *-trice*) ● che stritola

†**stritolatùra** [av. 1698] s. f. ● stritolamento | materiale residuo di un oggetto stritolato

†**stritolazióne** [1673] s. f. ● stritolamento

stritolìo [1960] s. m. (pl. *-ii*) ● lo stritolare continuo | rumore prodotto da ciò che stritola

strizióne [vc. dotta, lat. tardo *strictiōne(m)* 'costrizione, pressione', da *strĭctus*, part. pass. di *strĭngere* ✱ 1930] s. f. ● (*mecc.*) diminuzione della sezione trasversale di un metallo sottoposto a trazione, che precede la rottura

strìzza [deriv. di *strizzare* ✱ 1967] s. f. ● (*fam.*) paura

strizzacervèlli [comp. di *strizza(re)* e del pl. di *cervello* sul modello dell'ingl. *headshrinker*, propr. 'cacciatore di teste che essicca i crani recisi' ✱ 1987] s. m. e f. inv. ● (*scherz.*) psicanalista, psicoterapeuta

strizzàre [lat. parl. **strictiāre*, da *strĭctus*, part. pass. di *strĭngere* 'stringere' ✱ av. 1348] v. tr. ● stringere qlco. in modo da farne uscire il liquido in essa contenuto: *s. i panni bagnati*; *s. un limone, un'arancia* | ***s. l'occhio***, ammiccare

strizzàta [1841] s. f. ● atto dello strizzare una volta | *s.* (o ***strizzatina***) ***d'occhio***, ammiccamento, cenno d'intesa ‖ **strizzatìna**, dim.

strizzatóio [da *strizzare* ✱ 1880] s. m. (pl. *-ói*) **1** (*tosc.*) frantoio | (*tosc.*) torchio **2** in varie tecnologie, congegno che serve a strizzare

strizzatùra [1872] s. f. ● lo strizzare

strizzóne [da *strizzare* ✱ 1872] s. m. **1** strizzata forte, energica: *dare uno s. a qlcu.* **2** (*fam.*) fitta, dolore acuto: *sentire uno s. allo stomaco* **3** (*tosc.*) forte e improvviso abbassamento della temperatura

strobilazióne [da *strobilo* ✱ 1960] s. f. ● (*zool.*) particolare tipo di divisione per gemmazione, in alcuni polipi degli Scifozoi

stròbilo [vc. dotta, dal lat. tardo *strŏbilu(m)*, dal gr. *stróbilos* 'pina' ✱ 1653] s. m. **1** (*bot.*) struttura riproduttiva vegetale formata da numerosi sporofilli inseriti con disposizione spiralata su di un asse allungato, come nei licopodi e nelle Conifere **2** (*zool.*) insieme delle proglottidi che formano il corpo dei Cestodi | ciascuno dei segmenti sovrapposti a pila in cui si divide il corpo del polipo nella strobilazione

strobofotografìa [comp. del gr. *stróbos* 'corpo che gira' e *fotografia* ✱ 1993] s. f. ● fotografia ottenuta applicando una macchina fotografia a uno stroboscopio

stroboscopìa [da *stroboscopio* ✱ 1936] s. f. ● metodo di osservazione mediante lo stroboscopio

stroboscòpico [1892] agg. (pl. m. *-ci*) ● che riguarda la stroboscopia o lo stroboscopio | ***luci stroboscopiche***, luci psichedeliche

stroboscòpio [comp. del gr. *stróbos* 'corpo che gira', e di *-scopio* ✱ 1927] s. m. ● apparecchio per l'osservazione analitica, a frequenza apparente ridotta, di fenomeni periodici, spec. di un corpo rotante o vibrante

stròfa ➤ **strofe**

strofantìna [comp. di *strofanto* e *-ina* ✱ 1905] s. f. ● (*chim.*) glucoside contenuto nei semi dello strofanto, usato come sedativo e tonico

strofànto o **stròfanto** [comp. del gr. *stró-phos* 'corda ritorta', da *stréphein* 'volgere', e *ánthos* 'fiore' ✱ 1829] s. m. ● pianta africana delle Apocinacee, lianosa e velenosa, con fusto peloso, fiori giallastri a strie rosse e semi provvisti di pappo, utili in medicina (*Strophantus hispidus*)

stròfe o **stròfa** [vc. dotta, dal lat. tardo *strŏpha(m)*, dal gr. *strophḗ* 'voltata (del coro)', da *stréphein* 'volgere' ✱ av. 1535] s. f. (pl. *stròfe*, raro *stròfi*) **1** (*letter.*) gruppo ritmico di due o più versi che hanno tra loro identità per numero e rispondenza di rime e che viene ripetuto quasi sempre più di una volta nello stesso componimento poetico | (*est.*) gruppo di versi che l'autore vuole distinguere dal resto del testo, anche senza specifiche corrispondenze **2** nella lirica greca, parte di una triade lirica | nella tragedia greca, gruppo di versi che presenta una esatta corrispondenza con la successiva antistrofe ‖ **strofétta**, **strofettìna**, dim.

stròfico [da *strofe* ✱ 1891] agg. (pl. m. *-ci*) ● (*letter.*) detto di componimento nel quale un determinato periodo ritmico è ripetuto più volte ‖ **stroficaménte**, avv.

♦**strofinàccio** [da *strofinare* ✱ 1309] s. m. ● straccio per strofinare, pulire, rigovernare e sim. | (*fig., fam.*) persona malridotta, in pessime condizioni: *non si sa più se sia donna o s.* (L. PIRANDELLO)

strofinaménto [av. 1346] s. m. ● lo strofinare, lo strofinarsi, il venire strofinato

♦**strofinàre** [dal longob. *straufinōn*. V. *stropicciare* ✱ sec. XIII] **A** v. tr. ● passare, sfregare ripetutamente qlco. sopra una superficie per pulirla, lucidarla e sim.: *s. il marmo con uno straccio*; *s. i piatti, i mobili* **B** **strofinàrsi** v. tr. pron. (aus. *essere*) ● massaggiarsi: *strofinarsi le braccia con le mani per il freddo* | sfregarsi, stropicciarsi: *strofinandosi gli occhi colla manica della giacchetta* (C. COLLODI) | spalmarsi: *strofinarsi un unguento sulla pelle* **C** **strofinàrsi** v. intr. pron. ● strusciarsi: *non strofinarti contro il muro*; *il gatto si strofina alla porta* | (*fig.*) adulare: *strofinarsi a qlcu.*

SFUMATURE ➤ ***spazzolare***

strofinàta [av. 1712] s. f. ● lo strofinare una volta ‖ **strofinatìna**, dim.

strofinìo [av. 1320] s. m. (pl. *-ii*) **1** lo strofinare continuo **2** (*fis.*) operazione mediante la quale si elettrizza staticamente un corpo

strofinóni [1891] avv. ● (*raro*) strofinandosi: *stare s. in terra*

stròfio [vc. dotta, dal lat. *strŏphiu(m)*, dal gr. *stróphion*, da *stréphein* 'avvolgere', di orig. indeur. ✱ av. 1660] s. m. (pl. *-i* o raro *-ii*) ● presso gli antichi, fascia femminile avvolta intorno alla vita per sostenere il seno | benda con cui si legavano i capelli | cinghia di cuoio che passava attorno alle dita, alla mano e all'avambraccio dei pugilatori

strogolàre [da *trogolo*, con *s-* ✱ 1891] v. intr. (*io strògolo*; aus. *avere*) ● (*raro, pop.*) grufolare nel trogolo, detto del maiale | (*spreg.*) mangiare sporcandosi, detto di persona

stròlaga [deformazione di *folaga* (?) ✱ 1827] s. f. ● (*zool.*) nome comune di ogni uccello appartenente all'ordine dei Gaviformi, caratterizzati da un eccellente adattamento alla vita acquatica SIN. colimbo

stròlago e deriv. ➤ **astrologo** e deriv.

strolghìno [etim. incerta ✱ 1979] **s. m.** ● salame magro e dal sapore dolce, di forma sottile e allungata, ottenuto dalla lavorazione del culatello

strollàto [vc. dial., milan. *strolàa* 'inzaccherato' ✱ 1991] **s. m.** ● (*edil.*) intonaco di finitura realizzato con uno strato di legante cementizio arricchito da pietrisco minuto per ottenere un effetto di scabrosità

stròlogo e deriv. ➤ **astrologo** e deriv.

strōma [vc. dotta, dal gr. *strôma* 'coperta, tappeto', da *strōnnýnai* 'stendere' ✱ 1875] **s. m.** (**pl.** *-i*) ● (*biol.*) tessuto di sostegno di un organo

stromatolìte [vc. dotta, comp. del gr. *strôma*, genit. *strômatos*, 'letto, tappeto' e di *lýyhos* 'pietra' ✱ 1980] **s. f.** ● (*geol.*) formazione rocciosa calcarea emisferica o colonnare, originatasi per accumulazione successiva di strati di granuli minerali depositati da Cianoficee

strombàre [da *tromba* (per la forma), con *s-* ✱ 1838] **v. tr.** (*io strómbo*) ● fare una strombatura

strombatùra [da *strombare* ✱ av. 1712] **s. f.** ● conformazione di porta, finestra e sim. con stipite tagliato obliquamente, e quindi svasato verso l'esterno o verso l'interno **SIN.** strombo②

strombazzaménto [1947] **s. m.** ● lo strombazzare, il fatto di venire strombazzato | (*fig.*) clamore eccessivo, enfasi chiassosa: *dopo tanto s., il risultato mi pare ben poca cosa*

strombazzàre [da *tromba*, con *s-* e suff. iter. intens. ✱ 1585] **A v. tr.** ● divulgare con esagerato chiasso, propaganda e sim.: *s. una scoperta, i meriti di qlcu.* **B v. intr.** (**aus.** *avere*) **1** suonare ripetutamente il clacson di un autoveicolo **2** (*raro*) suonare la tromba male e rumorosamente

strombazzàta [1566] **s. f.** ● suonata di tromba | strombazzamento

strombazzatóre [1851] **s. m.** (**f.** *-trice*) ● chi strombazza

strombazzatùra [1898] **s. f.** ● (*raro*) strombazzamento

strombettàre [da *tromba*, con *s-* e suff. iter.-dim. ✱ 1611] **A v. intr.** (*io strombétto*; **aus.** *avere*) **1** suonare la trombetta, o la tromba, a lungo e in malo modo **2** (*est.*) suonare ripetutamente il clacson dell'automobile: *che cos'ha quello da s.?* **B v. tr.** ● (*raro*) strombazzare: *s. i propri meriti*

strombettàta [av. 1536] **s. f.** ● lo strombettare

strombettatóre [1861] **s. m.** (**f.** *-trice*) ● (*raro*) chi strombetta

strombettìo [1691] **s. m.** (**pl.** *-ii*) ● lo strombettare continuo

strómbo① [vc. dotta, dal lat. *strŏmbu(m)*, dal gr. *strómbos* 'conchiglia', di orig. indeur. ✱ av. 1498] **s. m.** ● nome comune dei voluminosi Molluschi dei Gasteropodi dei mari caldi appartenenti al genere *Strombus*, la cui conchiglia viene impiegata per fare cammei (*Strombus gallus, Strombus gigas, Strombus pugilis*)

strómbo② [da *strombare* ✱ 1774] **s. m.** ● strombatura

strombolìano [1890] **agg.** ● relativo al vulcano Stromboli, nell'omonima isola delle Eolie | (*geol.*) detto di eruzione caratterizzata da emissione di lava basica con esplosioni non molto violente e fontane ardenti

strombolìotta o **stromboliòtto** [1983] **A agg.** (**pl. m.** *-i*) ● dell'isola di Stromboli **B s. m. e f.** ● abitante o nativo dell'isola di Stromboli

stroménto ➤ **strumento**

stroncaménto [av. 1729] **s. m.** ● lo stroncare: *s. di un ramo* | (*raro*) troncamento

stroncàre [da *troncare*, con *s-* ✱ av. 1375] **A v. tr.** (*io strónco, tu strónchi*) **1** troncare con violenza (*anche fig.*): *il vento stronca i rami; il proiettile gli ha stroncato un braccio; una grave malattia stroncò la sua vita* | anche in forma pron., nella loc. ***stroncarsi le braccia, le gambe e sim.***, fare una grande fatica: *Eppure dovette ... stroncarsi le braccia a tirar le funi* (G. D'ANNUNZIO) **2** (*fig.*) reprimere, soffocare: *s. una rivolta, un'insurrezione* **3** (*fig.*) fare oggetto di critica feroce e demolitrice: *s. un'opera, un libro, un film; s. un autore* **B stroncàrsi v. intr. pron.** ● (*raro*) spezzarsi, rompersi: *legno che si stronca*

stroncàto **part. pass.** di *stroncare*; anche **agg.** ● nei sign. del v. | (*fig.*) distrutto, annientato | (*fig.*) ucciso repentinamente

stroncatóre [1745] **s. m.** (**f.** *-trice*); anche **agg.** ● chi (o che) stronca (*spec. fig.*): *critica stroncatrice*

stroncatòrio [1911] **agg.** (**pl. m.** *-i* o *raro -ii*) ● (*fig.*) che stronca: *articolo s.*

stroncatùra [av. 1729] **s. f.** **1** (*raro*) stroncamento **2** (*fig.*) critica feroce e demolitrice: *la s. di un film*

strónco [da *stroncare* ✱ sec. XIV] **agg.** (**pl. m.** *-chi*) ● (*tosc., lett.*) stroncato

stronfiàre [da *tronfiare*, con *s-* ✱ 1825] **v. intr.** (*io strónfio*; **aus.** *avere*) ● (*fam., tosc.*) sbuffare forte, detto di persona irata, grassa, affaticata o sim.: *s. per l'ira; s. mangiando* | russare rumorosamente

strong /strɒng, *ingl.* strɒŋ/ [vc. ingl. 'forte, potente' ✱ 1931] **agg. inv.** ● detto di tipo di carta particolarmente resistente: *extra s.* | (*fig.*) forte, violento

stròngilo [vc. dotta, dal gr. *strongýlos* 'rotondo', di orig. indeur. ✱ 1821] **s. m.** ● (*zool.*) verme dei Nematodi, da adulto parassita interno dei Vertebrati mentre allo stato larvale conduce vita libera

†**stronomìa** ➤ **astronomia**

stronzàggine [da *stronzo* nel sign. 2 ✱ av. 1910] **s. f.** **1** (*fig., volg.*) caratteristica di chi (o di ciò che) è stronzo: *la s. di un discorso* **2** (*fig., volg.*) discorso, comportamento da persona stronza: *non riesco a ridere alle sue stronzaggini*

†**stronzàre** [vc. venez. ant., variante di *storonzare*, dal lat. parl. *rotundiare*, da *rotŭndus* 'rotondo', con metatesi e *s-* ✱ 1512] **v. tr.** ● diminuire, ridurre

stronzàta [da *stronzo* nel sign. 2 ✱ 1961] **s. f.** ● (*fig., volg.*) comportamento, discorso, azione, da stronzo | ciò che è mediocre, inutile e sim.

strònzio (o *-ó-*) [da *Strontian*, miniera dell'Argyllshire (Scozia) ✱ 1829] **s. m.** (**pl.** *-i* o *raro -ii*) ● elemento chimico, metallo alcalino terroso, solido bianco argenteo **SIMB.** Sr **NUM. AT.** 38

strónzo [dal longob. *strunz* 'sterco' ✱ av. 1400] **A s. m.** **1** (*volg.*) escremento solido, di forma cilindrica **2** (**f.** *-a*) (*fig., volg.*) persona stupida od ottusa | persona fastidiosa, spregevole, detestabile e sim. | (*eufem.*) anche nella forma scritta ***str...***: *quello è uno str...!* | (*scherz., attenuativo*) ***dai, non fare lo s.***, non prendertela **B agg.** ● (*volg.*) spregevole, odioso, detestabile: *comportamento s.; parole stronze* || **stronzàccio**, **pegg.** | **stronzétto**, **dim.** | **stronzìno**, **dim.** | **stronzóne**, **accr.** || **stronzaménte**, **avv.** in modo odioso, spregevole

strónzolo [sec. XIV] **s. m.** ● (*volg., tosc.*) stronzo

stropicciaménto [sec. XIV] **s. m.** ● lo stropicciare, lo stropicciarsi, il venire stropicciato

stropicciàre [dal got. *straupjan* 'sfregare', con suff. iter. V. *strofinare* ✱ av. 1300] **A v. tr.** (**pres.** *io stropìccio*; **fut.** *io stropiccerò*) **1** strofinare, sfregare forte qlco.: *s. due legni fra loro; s. i piedi in terra; stropicciava il gomito (...) sulla palma della mano destra* (L. PIRANDELLO) **2** sgualcire: *s. una giacca* **3** (*raro, fig.*) †inquietare, infastidire **B stropicciàrsi v. tr. pron.** (**aus.** *essere*) **1** sfregarsi, strofinarsi: *stropicciarsi un braccio* | ***stropicciarsi le mani***, in segno di soddisfazione | ***stropicciarsi gli occhi***, spec. in segno di sonnolenza o d'incredulità **2** sgualcire un proprio indumento: *stropicciarsi il vestito* **C stropicciàrsi v. intr. pron.** **1** sgualcirsi, spiegazzarsi: *la gonna si è stropicciata* **2** (*pop.*) **stropicciàrsene**, infischiarsi, disinteressarsi di qlco. o qlcu.: *me ne stropiccio di voi!*

stropicciàta [1572] **s. f.** ● lo stropicciare una volta || **stropicciatìna**, **dim.**

stropicciatùra [av. 1606] **s. f.** ● lo stropicciare

✱**stropiccìo** [1353] **s. m.** (**pl.** *-ii*) ● lo stropicciare continuo | rumore di cosa stropicciata | tramestio, scalpiccio

†**stropiccióne** [av. 1587] **s. m.** (**f.** *-a*) ● bacchettone | ipocrita

stroppàre [da *stroppo* ✱ 1508] **v. tr.** (*io stròppo*) ● (*mar.*) legare con uno stroppo | guarnire di stroppi

stroppiàre e deriv. ➤ **storpiare** e deriv.

stròppio (o *-ó-*) ➤ **storpio**① e †**storpio**②

stròppo [lat. *strŏppu(m)*, dal gr. *stróphos* 'corda' ✱ 1602] **s. m.** ● (*mar.*) pezzo di cima usata per assicurare un oggetto a un punto fisso senza impedirne i movimenti | anello che tiene uniti remo e scalmo

stròscia [sec. XIV] **s. f.** (**pl.** *-sce*, *lett. raro -scie*) ● (*tosc.*) scroscio | pozza d'acqua, rigagnolo

strosciàre [dal longob. *trausjan*, con *s-* ✱ av. 1584] **v. intr.** (**pres.** *io stròscio*; **fut.** *io stroscerò*; **aus.** *avere*) ● (*tosc.*) scrosciare

stròscio [da *strosciare* ✱ 1313] **s. m.** **1** (*tosc.*) scroscio **2** †capitombolo | (*fig.*) rovina

stròzza [dal longob. *strozzā* 'gola' ✱ 1313] **s. f.** **1** (*lett.* o *scherz.*) gola: *afferrare qlcu. per la s.; stringere nella s.; l'urlo roco delle strozze riarse* (L. SCIASCIA); *le parole gli rimasero nella s.* **2** (*mar.*) canale metallico in coperta che serve al passaggio della catena dell'ancora

strozzaménto [av. 1356] **s. m.** **1** lo strozzare, il venire strozzato | (*med.*) ***s. erniario***, alterazione della circolazione sanguigna in un viscere contenuto nell'ernia, dovuto alla compressione | (*mecc.*) ***s. del vapore***, riduzione della sua pressione, ottenuta per mezzo di una valvola o di altro organo di regolazione **2** (*fig., raro*) richiesta esosa | (*lett., raro*) fastidio, ostacolo

strozzaprèti [comp. di *strozza(re)* e il pl. di *prete* ✱ 1873] **s. m. pl.** ● (*cucina*) gnocchetti di farina e talora di patate, duri e compatti, che si mangiano lessati e conditi con sugo di pomodoro e carne **SIN.** strangolapreti

strozzàre [da *strozza* ✱ av. 1342] **A v. tr.** (*io stròzzo*) **1** uccidere ostruendo le vie respiratorie mediante una pressione esercitata sul collo con le mani: *l'hanno strozzato* | strangolare: *lo strozzarono con una calza* | usato talora come minaccia scherzosa: *se lo vedo lo strozzo* **2** (*est.*) impedire il respiro, soffocare (*anche assol.*): *quel boccone stava quasi per strozzarlo* **3** (*est.*) restringere in un punto un organo o un oggetto cavo, spec. premendo dall'esterno: *s. un tubo, una conduttura* | ***s. la salsiccia***, legarla con uno spago a intervalli regolari sì da dividerla in rocchi | (*est.*) ostruire: *uno scoglio strozza il passaggio* **4** (*fig.*) prestare denaro a forte usura:

con quegli interessi lo strozzano **5** (*fig.*, *raro*) troncare: *s. una discussione* **6** (*mar.*) fermare la catena nella strozza | fermare una cima con uno strozzascotte o sim. **B** **strozzàrsi** v. intr. pron. **1** morire per strozzamento **2** avere il respiro impedito, rimanere soffocato da un boccone di cibo: *se mangi così in fretta ti strozzerai* **3** subire una strozzatura: *a quel punto la strada si strozza* **C** **strozzàrsi** v. rifl. ● strangolarsi, impiccarsi: *si è strozzato con un lenzuolo*

strozzascòtte [comp. di *strozza(re)* e il pl. di *scotta*① ✱1983] s. m. inv. ● (*mar.*) dispositivo per arrestare in un senso lo scorrimento di una cima, costituito da una camma o da due ganasce dentate

strozzàto part. pass. di *strozzare*; anche agg. **1** nei sign. del v. **2** che esce dalla gola a stento, a scatti: *voce strozzata*; *parole strozzate* **3** (*med.*) sottoposto a strozzamento: *ernia strozzata*

strozzatóio [1546] **A** agg. (pl. m. *-ói*) ● (*raro*) che strozza **B** s. m. ● (*mar.*) un tempo, dispositivo per frenare lo scorrimento della catena dell'ancora quando si dava fondo

strozzatóre [1696] s. m. anche agg. (f. *-trice*) ● chi (o che) strozza

strozzatùra [1641] s. f. **1** forte riduzione di diametro di un recipiente, di un tubo e sim. | punto di restringimento **2** tratto nel quale una strada si restringe sensibilmente: *ci trovammo di fronte a una s.* **3** (*fig.*) arresto nell'attività economica limitato a un settore, che impedisce lo sviluppo di altri rami produttivi

strozzière [dall'ant. fr. *ostorier*, da *ostor*, moderno *autour* 'astore'. V. *astore* ✱av. 1446] s. m. ● anticamente, custode e allevatore dei falconi nobili, per la falconeria

strozzinàggio [da *strozzino* ✱1902] s. m. ● usura

strozzinésco [1891] agg. (pl. m. *-schi*) ● da strozzino

strozzìno [da *strozzare* ✱av. 1850] s. m. (f. *-a*) **1** chi presta denaro a interesse molto alto SIN. usuraio **2** (*est.*, *spreg.*) chi vende a prezzi molto alti | chi cerca di togliere ad altri quanto più denaro è possibile

stròzzo [da *strozzare* ✱av. 1912] s. m. ● (*pop.*) strozzinaggio: *dare, prestare, soldi a s.*

†**strozzùle** [sovrapposizione di *strozza* a *gorgozzule* ✱av. 1348] s. m. ● strozza

strubbiàre [sovrapposizione di *strusciare* a *strebbiare* ✱1872] v. tr. (*io strùbbio*) ● (*pop.*, *tosc.*) sciupare, usare senza riguardo

struccànte **A** part. pass. di *struccare*; anche agg. ● detto di cosmetico che serve a rimuovere il trucco **B** anche s. m.: *uno s. per gli occhi*

struccàre [da *truccare*, con *s-* ✱1932] **A** v. tr. (*io strùcco, tu strùcchi*) ● togliere il trucco dal viso **B** **struccàrsi** v. tr. pron. (aus. *essere*) e rifl. ● togliersi il trucco dal viso

struccatùra [da *struccare* ✱1983] s. f. ● strucco

strùcco [deriv. di *struccare* ✱av. 1952] s. m. (pl. *raro -chi*) ● lo struccare, lo struccarsi il viso: *velina da s.*

strucinàre [connesso con *strusciare* (?) ✱1872] v. tr. (*io strùcino*) ● (*pop.*, *tosc.*) sciupare, consumare: *s. i vestiti*

strùdel /ˈstrudel, *ted.* ˈʃtruːdl/ [vc. ted., propr. 'vortice', per la forma ✱1905] s. m. inv. (pl. ted. inv.) ● dolce di pasta arrotolata, farcito di frutta, spec. mele, uva passa, pinoli, condito con burro fuso, zucchero e cotto in forno

strùffolo o **strùfolo** [dal longob. **strupf* 'batuffolo, brandello' ✱av. 1525] s. m. **1** anticamente, batuffolo, spec. di paglia, usato dagli scultori **2** (al pl.) dolce costituito da palline fritte di pasta dolce e miele, tipico dell'Italia meridionale CFR. cicerchiata

✦**struggènte** part. pres. di *struggere*; anche agg. ● (*fig.*) dolorosamente commovente: *una musica s.*; *il finale s. di un film* || **struggenteménte**, avv.

strùggere [da *(di)struggere*, passato al senso di 'liquefare' ✱1250] **A** v. tr. (pres. *io strùggo, tu strùggi*; pass. rem. *io strùssi, tu struggésti*; part. pass. *strùtto*) **1** (*raro*) liquefare, sciogliere, col calore: *s. la cera, la neve, il ghiaccio*; *s. qlco. in bocca* **2** (*fig.*, *lett.*) consumare lentamente, causare dolore, sofferenza: *l'amore la strugge*; *quel pensiero ossessivo lo strugge*; *ardo d'amore … / per una dama che me strugge el core* (L. DE' MEDICI) **3** †distruggere: *Nelle circostanze presenti, la missione dell'uomo è doppia: … s. ed edificare* (G. MAZZINI) **B** v. intr. † e **strùggersi** v. intr. pron. **1** (*raro*) fondersi, sciogliersi, col calore: *il burro si strugge sul fuoco*; *struggersi come le candele* **2** (*fig.*, *lett.*) consumarsi, logorarsi, di passione, desiderio, dolore e sim. (+ *di*, + *da*, + *per*): *struggersi d'amore per qlcu.*; *struggersi in lacrime, in pianto*; *struggersi di* (o *dal*) *desiderio*; *struggersi dal* (o *per il*) *dolore*; *si struggeva dall'invidia* (L. PIRANDELLO)

struggicuòre o **struggicòre** [comp. di *struggere* e *cuore* ✱av. 1566] s. m. ● (*raro*, *lett.*) sofferenza, pena, dispiacere

struggigràno [comp. di *(di)struggere* e *grano* ✱1965] s. m. inv. ● coleottero nero, con capo voluminoso e forti mandibole sporgenti le cui larve divorano cariossidi di cereali immagazzinati (*Tenebrioides mauritanicus*)

struggiménto [1266] s. m. ● (*raro*) lo struggere, lo struggersi | (*fig.*) doloroso tormento: *uno s., un'amarezza sconfinata* (G. VERGA)

struggitóre [av. 1294] s. m. (f. *-trice*); anche agg. ● (*raro*) chi (o che) strugge

strullerìa [1872] s. f. ● (*tosc.*) caratteristica di chi (o di ciò che) è strullo | atto, discorso e sim. strullo

strùllo [da *trullo*①, da *citrullo* con aferesi, e *s-* ✱1872] agg. e s. m. (f. *-a*) ● (*tosc.*) grullo, ottuso, sciocco

strùma [vc. dotta, dal lat. *strūma(m)* 'scrofola', di etim. incerta ✱1494] s. f. **1** †scrofola **2** (*med.*) tumefazione **3** (*med.*) gozzo

strumentàle o †**istrumentàle** [da *strumento* ✱1308] **A** agg. **1** di strumento | relativo a strumento **2** che si esegue mediante strumenti: *osservazione, misurazione, s.* | ***musica s.***, composta per essere eseguita da strumenti: *concerto vocale e s.* | ***volo s.***, in aeronautica, quello condotto in base a riferimenti dedotti con strumenti o mezzi di navigazione, causa insufficiente visibilità **3** che serve da strumento | ***bene s.***, di cui si avvale la produzione per ottenere i beni di consumo | (*filos.*) ***causa s.***, nella metafisica di Aristotele, una delle cause che presiedono al divenire, determinando il passaggio di un ente dalla potenza all'atto | ***lingua s.***, quella usata nell'insegnamento nei Paesi mistilingui **4** (*fig.*) fatto per secondi fini, al di là di quelli dichiarati: *polemica s.* **5** (*ling.*) detto di caso della declinazione indoeuropea che indica lo strumento dell'azione verbale **6** in sismologia, detto del primo grado di intensità di un terremoto nella scala Mercalli, che passa inosservato o è registrato solo dai sismografi || **strumentalménte**, avv. **1** mediante uno strumento **2** dal punto di vista strumentale **3** in modo strumentale: *aprire strumentalmente una polemica* || **strumentalità**, s. f. inv. caratteristica di ciò che è strumentale: *la strumentalità di una polemica* **B** s. m. ● (*gramm.*) caso della declinazione indoeuropea indicante lo strumento dell'azione verbale

strumentalìsmo [comp. di *strumental(e)* e *-ismo*; nel sign. 2, sul modello dell'ingl. *instrumentalism* ✱1946] s. m. **1** caratteristica di ciò che è strumentale, che nasconde secondi fini: *lo s. di una proposta* | comportamento strumentale **2** dottrina filosofica di John Dewey (1859-1952) secondo cui il pensiero non si limita a essere passivo rispecchiamento della realtà, ma costituisce anche e soprattutto uno strumento che opera sulla realtà per migliorarla

strumentalizzàre [1963] v. tr. **1** servirsi di qlcu. o di qlco. per raggiungere un proprio fine: *s. la politica* **2** (*mus.*) trascrivere per uno strumento una parte musicale composta in origine per l'esecuzione vocale || **strumentalizzazióne**, s. f. uso strumentale, tendenzioso

strumentàre o †**istrumentàre** [da *strumento* ✱1755] v. tr. (*io struménto*) ● (*mus.*) orchestrare

†**strumentàrio**① o †**istrumentàrio** [da *strumento* ✱1363] agg. ● strumentale

strumentàrio② [da *strumento* ✱1914] s. m. ● complesso degli strumenti che servono a svolgere una determinata attività, spec. medica: *s. chirurgico, ostetrico*

strumentatóre [1869] s. m. (f. *-trice*) ● (*mus.*) chi strumenta

strumentatùra [1855] s. f. ● (*mus.*, *raro*) strumentazione

strumentazióne o (*lett.*) **istrumentazióne** [da *strumentare* ✱1813] s. f. **1** (*mus.*) orchestrazione | parte della didattica che concerne il meccanismo, l'estensione, i mezzi di esecuzione e le proprietà espressive di ciascuno strumento **2** complesso degli strumenti, attrezzature, impianti, dispositivi, che occorrono per certe attività di studio, ricerca, controllo e sim.: *s. per ricerche geologiche, per il controllo dei missili* **3** insieme degli strumenti di controllo di una macchina, di un veicolo

strumentìno [av. 1698] s. m. **1** dim. di *strumento* **2** (*mus.*, spec. al pl.) ciascuno degli strumenti a fiato che costituiscono i legni

strumentìsta [1883] **A** s. m. e f. (pl. m. *-i*) ● chi, per professione, suona uno strumento musicale **B** s. m. e f.; anche agg. ● specialista nella progettazione e montaggio di strumentazioni per impianti industriali: *ingegnere s.*; *tecnico s.*

SFUMATURE ➤ *suonatore*

✦**struménto** o (*lett.*) **istruménto**, (*poet.*) **stroménto**, †**storménto**, †**instruménto**, †**instroménto**, †**istroménto** [lat. *instrumĕntu(m)* 'corredo, suppellettile', da *instrŭere* 'apparecchiare'. V. *istruire* ✱1261 ca.] s. m. **1** attrezzo o dispositivo atto al compimento di determinate operazioni: *gli strumenti del fabbro, del falegname, del muratore*; *strumenti rurali, chirurgici* | ***strumenti del mestiere***, tutto ciò che è necessario per svolgere una data attività | ***strumenti di bordo***, apparecchiature a bordo di navi, aerei e sim., usate per la navigazione e il controllo del veicolo | ***strumenti di misurazione, di misura***, dispositivi che misurano una grandezza fisica | ***strumenti elettrici di misura***, strumenti per la misura delle grandezze elettriche | ***strumenti di precisione***, quelli che sono in grado di fornire dati della massima esattezza possibile | (*elettr.*) ***s. universale***, multimetro **2** ***s. musicale***, col quale, per mezzo di vibrazioni variamente provocate, si producono suoni: *strumenti ad aria, a percussione, a corda, elettronici*; *strumenti a fiato, a bocchino, a pizzico, ad arco* **3** ***s. finanziario***, qualsiasi titolo rappresentativo di capitale di rischio negoziabile sul mercato dei capitali, per es. azioni, obbligazioni, quote di fondi comuni, contratti future, swap, ecc. **4** (*fig.*) chi (o ciò che) serve come mezzo per raggiungere un dato fine: *fu lo s. della provvidenza; è s. della malvagità altrui; fu l'involontario s. di un delitto; del suo genio fece uno s. di pace* **5** atto pubblico redatto da un notaio ‖ **strumentino**, **dim.** (V.) | **strumentóne**, **accr.** | **strumentùccio**, **dim.**

SFUMATURE DI SIGNIFICATO

strumento - apparecchio - congegno - meccanismo

Strumento è termine generico per indicare qualsiasi attrezzo o arnese necessario all'esercizio di un'arte o di un mestiere. Se lo strumento impiegato presenta una certa complessità, è formato cioè di molte parti, è tuttavia preferibile l'uso di **apparecchio**. Ha sostanzialmente lo stesso significato **congegno**, che mette però l'accento sulla complicatezza o l'ingegnosità con cui le sue parti componenti interagiscono. Ma *congegno* può anche indicare un dispositivo meccanico all'interno di un apparecchio: in questo caso è sinonimo di **meccanismo**.

†**strumóso** (o -**ṣo**) [dal lat. *strumōsus*, deriv. di *struma* ✻ sec. XIV] **agg.** ● scrofoloso

†**strùpo** e deriv. ➤ **stupro** e deriv.

strusciaménto [1438] **s. m.** ● lo strusciare, lo strusciarsi | †spreco

strusciàre o (*tosc.*) **ṣdrusciàre** [lat. parl. **extrusāre*, da *extrūsus*, part. pass. di *extrūdere* 'trascinare (*trūdere*) fuori (*ĕx*-)', di orig. indeur. ✻ sec. XIII] **A** **v. tr.** (**pres.** *io strùscio*; **fut.** *io strruscerò*) ● strofinare, sfregare qlco. sopra o contro un'altra: *s. i gomiti sulla tavola; s. i piedi per terra; se ne andava pian piano, molle molle, strusciando le scarpe* (L. PIRANDELLO) | (*sett.*) sciupare, rovinare: *s. i vestiti* | †sprecare **B** **v. intr.** (**aus.** *avere*) ● sfregare contro qlco., urtare di striscio contro qlco.: *s. contro il muro; la macchina ha strusciato contro il cancello* **C** **strusciàrsi** **v. intr. pron.** **1** strofinarsi: *non strusciarti alla porta* **2** ***strusciarsi a qlcu., addosso a qlcu.***, stargli molto vicino abbandonandosi a effusioni amorose: *gli si strusciava addosso, proprio come una gatta* (G. VERGA); (*fig.*) stare attorno a qlcu. adulandolo per ottenerne favori

strusciàta [1879] **s. f.** ● lo strusciare una volta ‖ **strusciatina**, **dim.**

strùscio ① [da *strusciare* ✻ av. 1871] **s. m.** **1** a Napoli, giro per la visita ai sepolcri nel Giovedì e nel Venerdì santo **2** (*est., merid., centr.*) passeggiata domenicale o serale che ha luogo nella via principale di paesi o cittadine di provincia **3** rete verticale per catturare uccelli: *caccia allo s.*

struscìo ② [1943] **s. m.** (**pl.** -*ii*) ● lo strusciare continuo

strùssi ➤ **struggere**

struttivo [vc. dotta, dal lat. *strūctus*, part. pass. di *strūere* 'costruire', di orig. indeur. ✻ 1960] **agg.** ● (*raro; letter.*) strutturale

strùtto ① **part. pass.** di *struggere*; anche **agg.** ● nei sign. del v. | liquefatto, fuso: *Il cioccolato mezzo s. nella stagnola* (N. GINZBURG) | (*est., lett.*) magro, smunto | (*fig.*) †rovinato: *vorresti … ca per te fosse s.?* (C. D'ALCAMO)

strùtto ② [sost. di *strutto*① ✻ sec. XIV] **s. m.** ● grasso ricavato facendo fondere le parti adipose del maiale, conservato in vesciche o in vasi per uso di cucina **SIN.** sugna

♦**struttùra** [vc. dotta, dal lat. *structūra(m)*, da *strūctus*, part. pass. di *strūere* 'costruire' ✻ sec. XIV] **s. f.** **1** (*edil.*) insieme delle parti costitutive di un edificio | ***s. portante***, ossatura | impianto attrezzato, installazione: *potenziare le strutture sportive; strutture ospedaliere, turistiche* **2** (*est.*) composizione e disposizione degli elementi costitutivi di un organismo, di un'opera, e sim.: *la s. dello Stato; la s. del corpo umano; la s. dell'universo* | modo in cui tali elementi sono distribuiti e organizzati: *la s. di una lingua, di un romanzo* | ***s. sociale***, complesso di relazioni gerarchiche fra i vari gruppi di una data società | ***s. della popolazione***, in statistica, distribuzione delle unità che compongono una determinata popolazione in base a determinati caratteri **3** (*mat.*) insieme delle operazioni e relazioni definite sugli elementi di un insieme **4** (*chim.*) disposizione degli atomi nella molecola di un composto | ***s. cristallina***, disposizione degli atomi e degli ioni nei solidi allo stato cristallino | ***s. di una roccia***, in mineralogia, rapporti intercorrenti tra i componenti di una roccia per effetto del processo genetico | ***formula di s.***, indica il modo in cui gli atomi che costituiscono un composto sono disposti e ordinati **5** (*ling.*) organizzazione sistematica degli elementi di una lingua (fonemi, morfemi, sintagmi), le proprietà dei quali sono determinate da regole che ne stabiliscono le reciproche relazioni | ***s. profonda***, nella grammatica generativa, livello astratto dell'organizzazione della frase, generato dalle regole sintattiche della base senza le trasformazioni | ***s. superficiale***, nella grammatica generativa, livello di organizzazione della frase come essa si presenta nella sua forma fonetica una volta applicate le trasformazioni alla struttura profonda

strutturàbile [da *strutturare* ✻ 1983] **agg.** ● che si può strutturare

strutturàle [da *struttura* ✻ av. 1907] **agg.** **1** della struttura, che riguarda la struttura, che costituisce una struttura | ***carta s.***, rappresentazione delle strutture tettoniche per mezzo di isoipse di un livello guida **2** ***linguistica s.***, studio della lingua considerata come un insieme di elementi in relazione reciproca fra loro ‖ **strutturalménte**, **avv.** in riferimento alla struttura; da un punto di vista strutturale ‖ **strutturalità**, **s. f. inv.** carattere, natura di ciò che è strutturale

strutturaliṣmo [comp. di *struttural(e)* e -*ismo* ✻ 1950] **s. m.** **1** (*psicol.*) scuola psicologica volta ad analizzare gli stati o i contenuti mentali in costituenti elementari col metodo dell'introspezione aiutata dall'esperimento **2** teoria e metodologia scientifica che, spec. nelle scienze umane come la linguistica, l'antropologia, la critica letteraria e sim., considera l'oggetto della propria ricerca come una struttura definibile attraverso la descrizione delle relazioni che intercorrono fra i suoi elementi **3** (*archit.*) indirizzo di studio che si occupa della struttura corrispondentemente alle funzioni di collegamento e di sostegno e ai concetti di distribuzione e di organizzazione **4** in antropologia culturale, studio della produzione simbolica umana, spec. dei miti, considerata come un complesso di elementi formalmente correlati

strutturalista [1933] **A** **s. m. e f.** (**pl. m.** -*i*) ● seguace o studioso dello strutturalismo **B** **agg.** ● strutturalistico

strutturalìstico [1933] **agg.** (**pl. m.** -*ci*) ● relativo allo strutturalismo o agli strutturalisti ‖ **strutturalisticaménte**, **avv.** secondo lo strutturalismo; da un punto di vista strutturalistico

strutturàre [1940] **A** **v. tr.** ● disporre, ordinare, secondo una struttura (*anche fig.*) **B** **strutturàrsi** **v. intr. pron.** ● assumere una data struttura | configurarsi

strutturàto **A** **part. pass.** di *strutturare*; **anche agg.** **1** nel sign. del v. | costituito in base a un criterio preciso: *un film esteticamente s.* **2** ***gioco s.***, nell'ambito delle tecnologie educative, insieme di materiali presentati sotto forma di gioco e organizzati in modo tale che il discente, interagendo con esso, esegua determinate operazioni fisiche o logiche **B** **s. m.** ● alimento disidratato a base di soia

strutturazióne [1962] **s. f.** ● lo strutturare | modo in cui qlco. è strutturato (*anche fig.*)

strutturìsta [da *struttura* ✻ 1987] **A** **s. m. e f.** (**pl. m.** -*i*) ● chi progetta strutture spec. nel campo dell'ingegneria civile o della meccanica **B** **anche agg.**: *ingegnere s.*

strutturìstica [da *struttura* ✻ 1950] **s. f.** ● settore della chimica fisica che studia la costituzione interna dei composti chimici organici e inorganici

†**struzióne** ➤ **distruzione**

Struzionifórmi [comp. del lat. *strūthio*, genit. *struthiōnis* 'struzzo', e il pl. di -*forme* ✻ 1960] **s. m. pl.** (**sing.** -*e*) ● (*zool.*) ordine di Uccelli incapaci di volare, ottimi corridori (*Struthioniformes*)

strùzza [forse da un precedente **(a)stuzza*, deriv. di *asta* ✻ 1865] **s. f.** ● (*mar.; disus.*) balestrone

♦**strùzzo** [vc. dotta, dal lat. tardo *strūthio* (nom.), dal gr. tardo *strouthíōn*, genit. *strouthýōnos*, dim. di *stroûthos* 'struzzo', di orig. indeur. ✻ av. 1292] **s. m.** ● grosso uccello degli Struzioniformi, con zampe nude, muscolose, a due dita, lungo collo e pelle molle e cascante (*Struthio camelus*): *penne di s.* | ***s. d'America***, nandù | ***s. australiano***, emù | ***avere uno stomaco di s.***, (*fig.*) digerire tutto | ***fare lo s., fare la politica dello s.***, fingere di ignorare cose o situazioni di particolare gravità, secondo la credenza popolare per cui lo struzzo, all'avvicinarsi del pericolo, nasconde la testa nella sabbia

stuàrdo [1611] **agg.** ● degli Stuart (dinastia scozzese che regnò dal 1371 al 1714) o della loro epoca: *restaurazione stuarda; moda stuarda* | ***alla stuarda***, (*ellitt.*) detto di colletto di pizzo o lino ricamato e pieghettato, molto alto sulla nuca in modo da incorniciare il volto (dal nome di Maria Stuarda, sotto il cui regno (1542-1567) si diffuse la moda di tali colletti)

stub /stab, *ingl.* stʌb/ [vc. ingl. propr. 'mozzicone', di orig. indeur. ✻ 1960] **s. m. inv.** ● strumento fornito di un tampone adesivo che raccoglie le tracce di esplosivo presenti sulle mani di chi ha azionato da poco tempo un'arma da fuoco | ***prova dello s.***, la prova in cui viene utilizzato tale strumento; ha sostituito quella del guanto di paraffina

stubàre [comp. di *(in)tubare* con sostituzione di suff. di valore opposto ✻ 1992] **v. tr.** **1** (*med.*) estrarre il tubo endotracheale inserito nel paziente per la ventilazione polmonare assistita **2** (*tecnol.*) disinserire completamente o parzialmente un tubo

Stube /ˈʃtuːbe, *ted.* ˈʃtuːbə/ [vc. ted., dapprima 'stanza da bagno', che ha la stessa orig. di *stufa*. V. *stufare* ✻ 1986] **s. f. inv.** (**pl. ted.** *Stuben*) ● spec. in località dell'Alto Adige, stanza di soggiorno, spesso con una stufa in maiolica | (*est.*) in alberghi o ristoranti, saletta con arredamento tipico in legno

stuccaménto [av. 1537] **s. m.** ● operazione dello stuccare, nel sign. di *stuccare*①

stuccàre ① [da *stucco*① ✻ av. 1320] **v. tr.** (*io stùcco, tu stùcchi*) **1** riempire, turare, saldare, rivestire con lo stucco: *s. un buco, un vetro* **2** decorare con stucchi

♣**stuccàre** ② [da *stuccare*① nel senso di 'riempire' ✻ sec. XIV] **A** **v. tr.** (*io stùcco, tu stùcchi*) **1** riempire fino alla sazietà, indurre fastidio, nausea (*anche assol.*): *troppi dolci stuccano* **SIN.** nauseare **2** (*raro, fig.*) infastidire, annoiare **B** **stuccàrsi** **v. intr. pron.** ● (*raro*) infastidirsi

stuccàto ① **part. pass.** di *stuccare*①; **anche agg.** ● chiuso o ricoperto con lo stucco | ornato di stucchi: *un soffitto s.*

stuccàto② part. pass. di *stuccare*②; anche agg. ● (*raro*) sazio, nauseato | (*fig., lett.*) stufo, infastidito: *Gertrude stuccata e invelenita all'eccesso* (A. MANZONI)

stuccatóre [da *stuccare*① ✱sec. XV] s. m. (f. *-trice*) **1** chi esegue lavori di stuccatura: *s. di mobili* **2** chi esegue stucchi per decorazioni

stuccatùra [1685] s. f. **1** operazione dello stuccare, nel sign. di *stuccare*① **2** stucco messo in opera, già indurito

✦**stucchévole** [da *stuccare*② ✱1539] agg. ● che dà fastidio, nausea, disgusto: *sapore s.*; *dolce s.* | che provoca noia, fastidio: *che discorsi stucchevoli!* | lezioso, patetico: *sentimentalismo s.* ‖ **stucchevolménte**, avv.

stucchevolézza [1612] s. f. ● condizione di ciò che è stucchevole

stùcco① [dal longob. *stuhhi* 'crosta, intonaco' ✱av. 1355] s. m. (pl. *-chi*) **1** malta composta di calce grossa e polvere di marmo, usata per ricoprire membrature architettoniche cui si vuol dare l'apparenza del marmo, o per fare ornati, cornici e sim.: *turare un buco con lo s.* | (*lett.*) ***essere di s.***, (*fig.*) insensibile, torpido | (*fig.*) ***rimanere di s.***, sbalordito, stupefatto **2** rilievo ornamentale, decorazione, scultura e sim., eseguita con lo stucco: *una sala piena di stucchi*; *la sala degli stucchi*

stùcco② [part. pass. contratto di *stuccare*② ✱1313] agg. (pl. m. *-chi*) ● (*raro*) pieno a sazietà | (*fig.*) annoiato, infastidito: *essere s. di qlco.*; *essere s. e ristucco* SIN. stufo

stuccóso (o -ṣo) [da *stuccare*② ✱1872] agg. ● (*raro*) stucchevole | (*lett.*) prolisso

studentàto [da *studente* ✱1942] s. m. **1** periodo di tempo che un giovane trascorre negli studi superiori **2** edificio dove alloggiano studenti spec. universitari | collegio universitario **3** collegio nel quale compiono i loro studi i chierici di alcuni ordini religiosi

✦**studènte** [vc. dotta, dal lat. *studĕnte(m)*, part. pres. di *studēre* 'occuparsi, applicarsi agli studi' ✱av. 1328] s. m. (f. *-éssa* o raro *-e*) ● chi è iscritto a un corso di studi e lo frequenta regolarmente: *s. di scuola media, di liceo, di università*; *gli studenti medi, gli studenti universitari*; *uno s. di medicina, di lettere*; *i tempi di quando era s.*; *la protesta degli studenti* | ***casa dello s.***, collegio universitario ‖ **studentèllo**, dim. | **studentìno**, dim. | **studentùccio**, dim. | (*spreg.*) **studentùcolo**, dim.

studentésca [da *studente*, sul modello di *scolaresca* ✱1872] s. f. ● (*disus.*) complesso degli studenti

studentésco [1870] agg. (pl. m. *-schi*) ● di studente, degli studenti: *comitato, movimento, s.*

studiàbile [av. 1729] agg. ● che si può studiare, che non presenta grandi difficoltà allo studio

studiacchiàre o **studicchiàre** [da *studiare* col suff. iter.-dim. *-icchiare* ✱1546] v. tr. (*io studiàcchio*) ● studiare poco e male (*anche assol.*)

†**studiaménto** [da *studiare* ✱av. 1347] s. m. ● (*raro*) sollecitudine, diligenza

studiànte A part. pres. di *studiare* ● nei sign. del v. | †che studia con zelo B s. m. e f. ● †studente | †studioso

✦**studiàre** [da *studio* (V.) ✱av. 1243] A v. tr. (*io stùdio*) **1** applicare la propria intelligenza all'apprendimento di una disciplina, un'arte, un particolare argomento e sim., seguendo un certo metodo e valendosi dell'aiuto di libri, strumenti e sim., spesso sotto la guida di un maestro: *s. musica, pittura, scultura, poesia, chimica, medicina, elettronica*; *s. il latino, il violino*; *s. le opere di Dante*; *s. Dante*; *s. una poesia*; *s. da sé, da solo*; *s. con un maestro*; *s. sotto la guida di un maestro*; *s. di sera*; *s. poco*; *s. di malavoglia* | anche in forma pron. (con valore intens.): *studiarsi le carte di un processo*; *s'è studiata a memoria la poesia in meno di mezz'ora!* **2** (*assol.*) seguire regolarmente i corsi di una scuola o di un'università: *non ha i mezzi per s.*; *il padre non l'ha fatto s.*; *ha smesso di s.*; *s. per notaio*; †*s. in medicina* **3** fare oggetto di esame, meditazione, indagine: *s. un progetto, una questione*; *s. le cause del disastro*; *s. l'uomo* | ***s. le mosse dell'avversario***, per prevedere le sue azioni future | cercare ingegnosamente, escogitare: *s. il modo per risolvere un problema*; *s. il mezzo per riuscire in qlco.*; (*fam.*) *le studia tutte!*; *questa l'hai studiata bene!* **4** ponderare, misurare, controllare il proprio modo di agire: *s. le parole, i gesti, il proprio contegno* **5** †affrettare, sollecitare: *s. il passo* B v. intr. ● †attendere, applicarsi a qlco.: *s. a essere buono*; *s. nella dottrina delle armi*; *Si diè ... a s. di musica* (G. CARDUCCI) C v. intr. (aus. *avere*) e **studiàrsi** v. intr. pron. ● (*raro*) industriarsi, sforzarsi, ingegnarsi (+ *di* seguito da inf.): *studia di comportarti bene*; *si studiava di mantenere la calma* D **studiàrsi** v. intr. pron. ● †affrettarsi E **studiàrsi** v. rifl. ● osservarsi, esaminarsi: *si studiava allo specchio* F **studiàrsi** v. rifl. rec. ● cercare di capire ciascuno le caratteristiche o le mosse dell'altro: *le squadre iniziarono a studiarsi*; *Per un minuto, ambedue rimasero a studiarsi* (G. D'ANNUNZIO)

†**studiatézza** [da *studiato* ✱1765] s. f. ● (*raro, lett.*) ricercatezza, accuratezza

studiàto part. pass. di *studiare*; anche agg. **1** nei sign. del v. **2** (*fig.*) meditato, controllato: *parole studiate* | affettato, non spontaneo: *gesti, modi, studiati* ‖ **studiataménte**, avv. in modo ricercato, di proposito

studiatóre [av. 1347] s. m. (f. *-trice*); anche agg. ● (*raro*) studioso

studicchiàre ➤ **studiacchiare**

✦**stùdio** [vc. dotta, dal lat. *stŭdiu(m)*, da *studēre* 'applicarsi, studiare', di orig. indeur.; per calco sull'ingl. e amer. *studio* nel sign. 14 ✱av. 1292] s. m. **1** attività dello studiare, applicazione intesa a sapere, imparare, conoscere: *dedicarsi allo s.*; *essere dedito allo s.*; *s. della filosofia, della matematica*; *s. lungo, assiduo, severo* | ***uomo di s.***, dedito allo studio | ***borsa di s.***, sussidio in denaro concesso a studenti meritevoli affinché possano studiare CFR. -grafia, -logia, -sofia **2** ciò che costituisce oggetto di studio: *la storia è il suo s. prediletto*; *gli studi letterari, scientifici*; *studi liberali* **3** (al pl.) attività di chi segue regolarmente i corsi di una scuola o di un maestro: *fare i propri studi*; *cominciare, finire, interrompere, gli studi*; *alla fine degli studi si sposerà* **4** lavoro, ricerca, indagine approfondita su determinati argomenti: *quest'opera è frutto di un lungo s.*; *sta facendo degli studi sulla lingua*; *secondo i più recenti studi ...* | monografia: *s. critico, storico*; *un pregevole s. sul Tasso* | ***s. di settore***, strumento operativo dell'amministrazione fiscale al fine di individuare la capacità reddituale delle imprese **5** (*mus.*) pezzo nel quale domina un dato passaggio (tema) inteso a vincere una difficoltà tecnica, vocale o strumentale | composizione musicale tipica dell'età romantica: *gli studi di Chopin* **6** progetto, disegno, preparazione: *lo s. di una nuova autostrada*; *lo s. per l'acquedotto* | ***essere allo s.***, di proposta, progetto e sim. che è ancora all'esame degli organi competenti **7** disegno, soggetto, preso dal vero, a scopo di approfondimento di particolari, preparazione di un'opera, e sim. **8** (*lett.*) cura: *Vegghiava a s. de la culla* (DANTE *Par.* XV, 121) | (*lett.*) diligenza, sollecitudine, premura: *fare qlco. con ogni s.* | ***a bello s.***, (*lett.*) ***a tutto s.***, (*raro*) ***a sommo s.***, intenzionalmente, a bella posta **9** †voglia, desiderio | †inclinazione, tendenza **10** †occupazione **11** stanza da studio: *lavorare nella quiete del proprio s.*; *passare molte ore nello s.* | mobili che costituiscono l'arredamento di uno studio: *uno s. in stile*; *uno s. in palissandro* **12** stanza, insieme di stanze, adeguatamente attrezzate in cui un professionista o un artista svolgono la loro attività: *s. di notaio, di avvocato*; *s. legale*; *il medico ha lo s. in Via Mazzini*; *s. di pittore, di scultore*; *s. fotografico*; *s. di pubblicità* **13** insieme di ambienti appositamente attrezzati per riprese cinematografiche, televisive o per registrazioni musicali: *gli studi di Cinecittà*; *trasmettiamo dagli studi di Milano* **14** nel Medioevo, università: *lo s. di Pisa*; *il glorioso s. di Bologna* **15** †anno accademico: *essendo noi or mai allo scorcio dello s.* (G. GALILEI) **16** †collezione, raccolta ‖ **studiétto**, dim. | **studiòlo**, dim. (V.)

studiòlo o †**studiuòlo** [da *studio* 'stanza' ✱av. 1412] s. m. **1** dim. di *studio* **2** piccola stanza da studio, anticamente anche con collezioni d'arte **3** (*tosc.*) mobile per scrivere molto diffuso nel XVI secolo, composto da due corpi, quello superiore con facciata a calatoia, quello inferiore a due sportelli

✦**studióso** (o -ṣo) [vc. dotta, dal lat. *studiōsu(m)* 'diligente, studioso', da *stŭdium* 'propensione, studio' ✱1261 ca.] A agg. **1** (*raro*) che si dedica agli studi: *è s. di matematica* **2** che studia con diligenza e buona volontà, detto di chi frequenta una scuola: *è un ragazzo s.*; *è molto, abbastanza, poco s.* **3** (*raro, lett.*) premuroso, sollecito, zelante: *essere s. di apprendere*; *con studiosa cura* ‖ **studiosaménte**, avv. **1** diligentemente **2** (*lett.*) intenzionalmente, appositamente ‖ **studiosità**, s. f. inv. caratteristica di chi è studioso o di ciò che è fatto studiosamente B s. m. (f. *-a*) ● chi si dedica agli studi | chi si dedica allo studio di determinata disciplina: *uno s. di storia romana*; *un insigne s.*; *i pareri degli studiosi* CFR. -logo, -sofo

†**studiuòlo** ➤ **studiolo**

studtìte [comp. dal n. del geologo ted. F. E. *Studt* e *-ite*② ✱sec. XX] s. f. ● carbonato idrato di uranio dal tipico colore giallo chiaro

stuellàre [1930] v. tr. (*io stuèllo*) ● (*med.*) curare una ferita con stuelli

stuèllo [vc. di orig. sett., dal lat. *stŭppa(m)* 'stoppa' ✱sec. XIII] s. m. ● (*med.*) zaffo

✦**stùfa** [da *stufare* ✱1282] s. f. **1** apparecchio di riscaldamento, spec. per usi domestici: *s. a legna, a carbone, a gas, a nafta*; *s. elettrica* | radiatore **2** (*raro*) serra calda **3** fenomeno di emissione di vapore acqueo e altri gas che si verifica in cavità sotterranee come manifestazione residua di attività vulcaniche **4** †lo stufare una vivanda **5** †locale termale | †stanza delle terme | †bagno caldo: *in una s. lavatosi bene* (G. BOCCACCIO) ‖ **stufétta**, **stufettìna**, dim.

stufaiòla [da *stufare* ✱1873] s. f. ● tegame fondo con coperchio, per lo stufato

†**stufaiòlo** o †**stufaiuòlo** [da *stufa* 'bagno caldo' ✱sec. XV] s. m. ● inserviente dei bagni caldi

✦**stufàre** [lat. parl. **extufāre* 'riscaldare', comp. di *ĕx-* (*s-*) e di un denominale del gr. *tŷphos* 'vapore, febbre'. V. *tifo* ✱1287] A v. tr. **1** (*raro*) scaldare in stufe e sim. | ***s. i bozzoli***, riscaldarli con vapore acqueo o aria calda per impedirne lo sfarfallamento **2** cuocere a fuoco lento in un recipiente coperto **3** (*fig., colloq.*) seccare, dare fastidio, noia: *mi avete stufato!* B **stufàrsi** v. intr. pron. ● (*fig., colloq.*) seccarsi, annoiarsi (+ *di*, anche seguito da inf.): *ci siamo stufati di quella musica*; *mi sono stufato di ascoltarti*

stufàto A part. pass. di *stufare*; anche agg. ● nei sign. del v. B s. m. ● carne a pezzetti cotta a fuoco lento in un tegame fondo ben chiuso, condita con sale, pepe, aglio, pomodoro, olio o burro: *uno s. di lepre* ‖ **stufatino**, dim.

stufatùra [da *stufato* 'riscaldato, bollito' ✱av. 1712] s. f. **1** operazione dello stufare i bozzoli **2** operazione che si compie nella preparazione dei formaggi a pasta molle mantenendo la cagliata a temperatura piuttosto alta in ambienti adatti, onde attivarne l'attività enzimatica

♦**stùfo** [da *stufare* ✱1523] agg. ● annoiato, infastidito, seccato (+ *di*, anche seguito da inf., + *che* seguito da congtv.): *essere s. di qlco.*; *essere s. e arcistufo*; *sono s. di aspettarlo*; *sono s. che mi telefoni solo quando vuole un piacere*

Stùka /'stuka, *ted.* 'ʃtuːka, -uka/ [vc. ted., abbr. di *Stu(rz)ka(mpfflugzeug)* 'aereo da picchiata', comp. di *Sturz* 'picchiata', *Kampf* 'combattimento' e *Flugzeug* 'aeroplano' ✱1941] s. m. inv. (pl. ted. *Stukas*) ● (*aeron.*) tipo di aeroplano da guerra tedesco, usato nel secondo conflitto mondiale, adatto spec. per colpire il bersaglio non in quota ma in picchiata

†**stùlto** ➤ **stolto**①

stunt car /'stantkar, *ingl.* 'stʌnt,kɑː(r)/ [loc. ingl., propr. 'automobile (*car*) da acrobazia (*stunt*)' ✱1991] loc. sost. f. inv. (pl. ingl. *stunt cars*) ● auto usata nel cinema per riprese di scene pericolose o acrobatiche, che prevedono scontri, incidenti, salti e sim.

stuntman /'stantmen, *ingl.* 'stʌnt,mæn/ [vc. ingl., propr. 'uomo (*man*) di destrezza, acrobazia (*stunt*)' ✱1955] s. m. inv. (pl. ingl. *stuntmen*) ● acrobata particolarmente esperto nel compiere azioni spettacolari come cadute, tuffi, salti mortali, che fa da comparsa, o da controfigura all'attore protagonista, in film di avventure SIN. cascatore

stuòia o (*lett.*, *pop.*) **stòia**, †**stuòra** [lat. *stŏria(m)*, *stŏrea(m)* 'stuoia', prob. da un termine gr. connesso con *storennýnai* 'stendere', di orig. indeur. ✱1263] s. f. **1** tessuto di giunchi, canne, paglia, sparto, usato per tappeti, tendaggi, graticci di soffitti, coperture di ortaggi delicati e sim. | prodotto ottenuto con tale tessuto **2** *tessuto a s.*, che presenta trama in rilievo, di solito su armatura tela a fili grossi | *punto a s.*, punto di ricamo eseguito con lunghe passate formate a intervalli con punti obliqui per ottenere un effetto di stuoia ‖ **stuoiètta**, dim. | **stuoìna**, dim. | **stuoìno**, dim. m. (V.)

stuoiàio [da *stuoia* ✱1960] s. m. (f. *-aia*, pl. m. *-ai*) ● artigiano che intreccia stuoie

stuoiàre [da *stuoia* ✱1873] v. tr. (*io stuòio*) ● (*raro*) rivestire di, proteggere con stuoie: *s. un pavimento*

stuoiàto [da *stuoia* ✱1757] s. m. ● graticciato | soffitto di graticci intonacati

stuoìno o **stoìno**, (*centr.*) **storìno** [1840] s. m. **1** dim. di *stuoia* **2** piccola stuoia messa davanti alla porta di casa come nettapiedi SIN. zerbino① **3** tenda di stuoia, avvolgibile con funicelle

♣**stuòlo** [lat. tardo *stŏlu(m)*, dal gr. *stólos* 'spedizione militare', da *stéllein* 'apparecchiare' ✱av. 1292] s. m. **1** †moltitudine armata, esercito | †flotta **2** (*est.*) schiera, moltitudine: *ho uno s. di nipoti* (A. MORAVIA); *la seguiva uno s. di ammiratori*

stuonàre e deriv. ➤ **stonare**① e deriv.

†**stuòra** ➤ **stuoia**

stùpa [dal sanscrito *stūpah* 'ciuffo di capelli, colmo del tetto' ✱1847] s. m. (pl. inv. o *-i*) ● costruzione tipica della religione buddista, sormontata da una cupola e provvista spesso di un recinto, in cui di solito sono racchiuse delle reliquie

stupefacènte o †**stupefaciènte** [da *stupefare*; calco sul fr. *stupéfiant* nel sign. B] A part. pres. di *stupefare*; anche agg. ● che suscita stupore: *una notizia s.*; *è s. che non si sia ancora trovato il colpevole* B s. m.; anche agg. ● ogni sostanza tossica, di origine vegetale o sintetica, che agisce sul sistema nervoso provocando un'alterazione dell'equilibrio psicofisico, il cui uso prolungato genera uno stato di assuefazione accompagnato da grave decadimento organico e psichico; gli stupefacenti sono usati anche in farmacologia per le loro proprietà analgesiche: *abbrutito dagli stupefacenti*; *sostanza a uso s.*; *sostanza s.* CFR. narco-②

♣**stupefàre** [vc. dotta, dal lat. *stupefăcere*, comp. di *stupe-*, corradicale di *stupēre* 'stupire', e *făcere* 'fare' ✱av. 1306] A v. tr. (pres. *io stupefàccio* o *stupefò*, *tu stupefài*, *egli stupefà*; nelle altre forme coniug. come *fare*) ● riempire di stupore, di meraviglia: *quello che mi ha detto mi ha stupefatto* SIN. meravigliare, stupire B v. intr. (aus. *essere*) e **stupefàrsi** v. intr. pron. ● (*raro*) stupirsi, rimanere attonito: *a quella vista tutti stupefecero*

♣**stupefàtto** part. pass. di *stupefare*; anche agg. ● pieno di stupore (+ *da*, + *per*, + *di*): *alle mie parole, rimase s.*; *tacque, s. da quelle parole*; *sono s. per ciò che ho visto*; *La donna, stupefatta di così trista riuscita* (A. MANZONI)

stupefazióne [vc. dotta, dal lat. tardo *stupefactiōne(m)* 'stupore', da *stupefăctus* 'stupefatto' ✱av. 1328] s. f. **1** senso di stupore, di sbalordimento **2** (*med.*) stupore

†**stupendità** [av. 1704] s. f. ● (*lett.*, *raro*) caratteristica di ciò che è stupendo

♦**stupèndo** [vc. dotta, dal lat. *stupĕndu(m)*, gerundivo di *stupēre* 'stupire' ✱sec. XIV] agg. ● che suscita meraviglia e ammirazione per la sua grande bellezza: *spettacolo s.*; *è un discorso s.*; *le vesti pontificali son stupende di bellezza e di significato* (T. CAMPANELLA) | molto bello: *abbiamo trascorso una giornata stupenda* SIN. magnifico, meraviglioso ‖ **stupendaménte**, avv. in maniera stupenda

stupidàggine [1872] s. f. **1** caratteristica di chi (o di ciò che) è stupido **2** atto, discorso, stupido **3** (*est.*) cosa da nulla, inezia: *quell'operazione ormai è una s.*

stupidàrio [da *stupido* ✱av. 1945] s. m. ● raccolta di stupidaggini dette o fatte da personaggi noti o tipiche di una data categoria di persone

stupidàta [1960] s. f. ● (*sett.*) atto, discorso, stupido SIN. sciocchezza

stupidéra [da *stupido* ✱1974] s. f. ● (*milan.*) manifestazione ripetuta di immaturità, spec. con atti o discorsi sciocchi e superficiali, tipica dell'adolescenza: *l'età della s.*

stupidézza [sec. XIV] s. f. ● (*raro*) stupidaggine

stupidiménto [da *stupidire* ✱1856] s. m. ● (*lett.*) condizione di chi è inebetito, stordito

stupidìre [da *stupido* ✱av. 1292] v. tr. e intr. (*io stupidisco*, *tu stupidìsci*; aus. intr. *essere*) ● (*lett.*) istupidire

stupidità [vc. dotta, dal lat. *stupiditāte(m)*, da *stŭpidus* 'stupido' ✱av. 1557] s. f. inv. **1** caratteristica di chi (o di ciò che) è stupido | (*raro*, *lett.*) torpore mentale **2** atto, discorso, stupido

♦**stùpido** [vc. dotta, dal lat. *stŭpidu(m)*, propr. 'sbalordito', da *stupēre* 'stupire' ✱1282] A agg. **1** (*lett.*) preso da stupore, sbalordito, attonito **2** che ha scarsa intelligenza, tardo, ottuso: *persone stupide* | (*colloq.*, *scherz.*) anche in forma attenuativa, come rimprovero benevolo, commento amichevole o sim.: *ma dai, s., non è il caso che ti offenda!* | che mostra scarsa intelligenza: *atto, discorso s.*; *parole stupide* | ingenuo, sprovveduto, credulone: *siamo stati stupidi a fidarci di lui* SIN. sciocco, stolto **3** †intorpidito, torpido ‖ **stupidaménte**, avv. **1** (*lett.*) in modo che rivela stupore: *mirare stupidamente una cosa* **2** da stupido: *si è lasciato sfuggire stupidamente quell'occasione* B s. m. (f. *-a*) ● persona stupida ‖ **stupidàccio**, pegg. | **stupidèllo**, dim. | **stupidìno**, dim. | **stupidóne**, accr. | **stupidòtto**, alter.

SFUMATURE ➤ *stolto*①

♦**stupìre** [lat. *stupēre* 'sbalordire', con cambio di coniug., dalla radice indeur. **(s)teup-* 'battere' ✱av. 1306] A v. tr. (*io stupisco*, *tu stupìsci*) **1** riempire di stupore: *il suo silenzio mi stupisce* SIN. meravigliare, stupefare **2** †considerare con stupore B v. intr. (aus. *essere*) e **stupìrsi** v. intr. pron. ● restare attonito, pieno di stupore (+ *di*, + *a*, anche seguiti da inf., + *che* seguito da congtv.): *non stupirsi di nulla*; *mi stupisco di essere ancora vivo*; *mi stupisco al pensiero di tanti cambiamenti*; *c'è da stupirsi a sentire tante sciocchezze!*; *mi stupisco che tu non abbia ancora pagato la multa*; *M'accorsi ch'ella si stupì del mio aspetto* (G. D'ANNUNZIO); *se stupì in quel momento, fu forse di non potersi s.* (I. NIEVO)

♦**stupìto** part. pass. di *stupire*; anche agg. ● pieno di stupore, sorpreso: *mi guardò s.*

♦**stupóre** o **stùpor** nel sign. 2 [dal lat. *stupōre(m)*, da *stupēre* 'stupire' ✱1308] s. m. **1** senso di grande meraviglia che colpisce e lascia attonito, quasi senza parole: *essere colto, preso da s.*; *riempire qlcu. di s.*; *trasecolare di s.*; *fare s.*; *grido, esclamazione di s.*; *è alto / sulle macerie / il limpido / s. / dell'immensità* (G. UNGARETTI) | †*a s.*, *di s.*, stupendamente **2** (*med.*) condizione in cui l'individuo, sebbene non incosciente, appare insensibile agli stimoli e dimostra perdita dell'orientamento e attività molto limitata **3** †torpore, intontimento

stuporóso (o **-ṣo**) [1660] agg. **1** (*lett.* o *raro*) che produce torpore, intontimento: *liquore s.*; *sotto l'effetto di un filtro s.* (E. MORANTE) **2** (*raro*) di stupore, nel sign. 2: *stato s.*

stupràre o †**strupàre** [vc. dotta, dal lat. *stuprāre*, da *stŭprum* 'stupro' ✱sec. XIV] v. tr. ● fare oggetto di stupro

stupratóre o †**strupatóre** [vc. dotta, dal lat. *stupratōre(m)*, da *stuprātus* 'stuprato' ✱av. 1328] s. m. (f. *-trice*) ● chi commette stupro

stùpro o †**strùpo** [vc. dotta, dal lat. *stŭpru(m)* 'disonore, vergogna', dapprima in senso generale, 'fatto stupefacente', della stessa famiglia a cui appartiene *stupīre* 'stupire, essere colpito' ✱av. 1292] s. m. **1** atto sessuale imposto con la violenza **2** †adulterio: *Accusò Beatrice sua moglie di s.* (N. MACHIAVELLI) | †atto di sopraffazione, di violenza e sim.

stùra [av. 1492] s. f. ● operazione dello sturare: *dare la s. a un fiasco* | *dare la s.*, (*fig.*) dare libero sfogo ai propri pensieri, sentimenti e sim., dire tutto liberamente: *c'è sempre chi nel buio ... dà la s. agli scherzi ed ai sarcasmi* (I. CALVINO); (*est.*) dare l'avvio, scatenare: *la decisione del ministro ha dato la s. a violente polemiche*

sturalavandìni [comp. di *stura(re)* e *lavandino* ✱1940] s. m. inv. ● ventosa di gomma con manico per sturare i lavandini

sturaménto [1858] s. m. ● azione dello sturare

sturàre [da *turare*, con *s-* ✱sec. XIII] A v. tr. **1** aprire ciò che è turato, stappare: *s. una bottiglia, una botte* | *s. gli orecchi*, pulirli dal cerume | *s. gli orecchi a qlcu.*, (*fig.*) fargli intendere bene qlco.; dirgli francamente la verità **2** liberare da ostruzioni, occlusioni, intasamenti: *s. una conduttura, un tubo*; *s. il lavandino, la vasca* **B** **sturàrsi v. intr. pron.** • stapparsi: *il lavandino s'è sturato*

†**sturbaménto** [1338 ca.] **s. m.** • turbamento

sturbàre [lat. *exturbāre* 'scacciare, sconvolgere', comp. di *ĕx-* (*s-*) e *turbāre*. V. *turbare, disturbare* ✻ av. 1250] **A** **v. tr. 1** (*lett.*) disturbare, interrompere, impedire **2** (*centr., pop.*) turbare, sconvolgere **B** **sturbàrsi v. intr. pron. 1** (*centr., pop.*) turbarsi, sconvolgersi **2** (*centr.*) svenire

stùrbo [da *sturbare*. V. *disturbo* ✻ 1342] **s. m. 1** (*lett.*) disturbo, impedimento, scompiglio **2** (*centr.*) svenimento

Sturm und Drang /ʃturmun'draŋ, *ted.* 'ʃtʊʀm ʊn'dʀaŋ/ [loc. ted., propr. 'tempesta e ardore' ✻ sec. XIX] **loc. sost. m. inv.** • movimento preromantico tedesco della seconda metà del XVIII sec. caratterizzato dalla rivalutazione del sentimento e dell'irrazionale in contrapposizione al razionalismo illuministico e al neoclassicismo

Stùrnidi [comp. del lat. *stŭrnu(m)* (V. *storno*①) e *-idi* ✻ 1936] **s. m. pl.** (**sing.** *-e*) • (*zool.*) famiglia di Passeriformi comprendente numerose specie caratterizzate da piumaggio simile nei due sessi, zampe e becco allungati (*Sturnidae*)

stutàre [lat. parl. **extutāre* 'attutare', comp. di *ĕx-* (*s-*) e *tutāre*, var. del classico *tutāri* 'proteggere', poi 'estinguere'. V. *tutore, tutela* ✻ av. 1250] **v. tr.** • (†, *ven., sicil.*) spegnere

†**stùzia** ➤ **astuzia**

stuzzicadènti [comp. di *stuzzica(re)* e il pl. di *dente* ✻ av. 1556] **s. m. inv. 1** sottile stecco di legno, avorio o plastica per levare i frammenti di cibo rimasti tra i denti **2** (*fig.*) persona di eccessiva magrezza

stuzzicaménto [1559] **s. m.** • lo stuzzicare, il venire stuzzicato

stuzzicànte part. pres. di *stuzzicare*; anche **agg. 1** nei sign. del v. **2** (*fig.*) eccitante, stimolante: *discorso, argomento s.*

stuzzicàre [da un **tuzzare*, di orig. onomat., con *s-* (V. *rintuzzare*) ✻ 1353] **A** **v. tr.** (*io stùzzico, tu stùzzichi*) **1** frugare leggermente qua e là, spec. con cosa sottile e appuntita: *s. gli orecchi* **2** toccare con insistenza: *s. una ferita* | (*fig.*) molestare, irritare: *non s. tuo fratello; perché stuzzichi il cane?* **3** (*fig.*) stimolare, eccitare: *s. l'appetito, la curiosità* | (*raro*) ***s. il fuoco***, attizzarlo **B** **v. intr.** • (*scherz.*) †essere sul punto di partire, muoversi: *io stuzzicai parecchie volte di andarmi con Dio* (B. CELLINI) **C** **stuzzicàrsi v. tr. pron.** (**aus.** *essere*) • (con valore intens.) toccare ripetutamente una parte del proprio corpo, talora causando un'irritazione: *stuzzicarsi il naso, una ferita* | ***stuzzicarsi i denti***, con lo stecchino **D** **stuzzicàrsi v. rifl. recipr.** • (*fig.*) infastidirsi, punzecchiarsi a vicenda

stuzzicatóre [av. 1444] **s. m.** (**f.** *-trice*); anche **agg.** • (*raro*) chi (o che) stuzzica

stuzzicherìa [da *stuzzich(ino)* con il suff. *-eria* ✻ 1993] **s. f. 1** assortimento di stuzzichini **2** locale pubblico nel quale si possono consumare spuntini o pasti veloci

stuzzichìno [da *stuzzicare*, vc. centr. ✻ 1873] **s. m. 1** (**f.** *-a*) (*fam.*) chi usa stuzzicare importunamente gli altri **2** cibo appetitoso | spuntino **3** (**spec. al pl.**) tartina, salatino e sim. che si offre, spec. con un aperitivo, per stimolare l'appetito prima di un pasto

styling /*ingl.* 'staɪlɪŋ/ [vc. ingl., propr. 'progettazione, modellazione' ✻ 1964] **s. m. inv.** • disegno, linea di un prodotto industriale: *studiare, progettare lo s. di un'automobile*

stylist /*ingl.* 'staɪlɪst/ [vc. dell'ingl. d'America, deriv. di *style* 'disegno, modello' ✻ 1961] **s. m. e f. inv.** • disegnatore, stilista

♦**su** /su*/ o (*raro*) **sù** nei sign. B e C, †**sùso**, †**sóso**, †**sùe** nei sign. B (V. anche †**sur**) [lat. *sūsum* 'su', ant. *sūrsum*, da **subvŏrsum* 'in su, verso l'alto' ✻ sec. XII] **A** **prep. propria semplice** (**fondendosi con gli art. determ. dà origine alla prep. art. m. sing.** *sul, poet. su 'l, sullo*; **m. pl.** *sui, sugli*; **f. sing.** *sulla*; **f. pl.** *sulle*. **Poteva elidere la vocale, o allungarsi in** *sur*, **solo davanti a parola che cominciasse per** *u*). **Stabilisce diverse relazioni dando luogo a molti complementi. 1** compl. di stato in luogo (con gli stessi sign. di 'sopra', **anche fig.**): *stava sdraiato sull'erba; sui monti è già nevicato; è morto sul campo di battaglia; siedi su quella poltrona; buttati uno scialle sulle spalle; sulla gonna indossava una semplice camicetta; sul fiume hanno gettato una passerella; la casa poggia su uno strato di roccia; ho messo una pietra sul passato; i miei sospetti poggiano su solidi indizi; per dire questo mi baso su parole tue; faccio assegnamento sul tuo buonsenso; potete contare su di me; ho puntato una forte somma su quel cavallo; il paese è a duemila metri sul livello del mare; si è costruito la casa pietra su pietra; fa errori su errori; il sospetto è caduto su di me; l'uccello si libra sulle ali* | (*pleonast., lett.*) ***d'in su, di su***, da sopra: *d'in su la vetta della torre antica* (G. LEOPARDI) | (*lett.*) ***in su, su per***, sopra: *in sul terrazzo; gli uccelli su per gli verdi rami cantando piacevoli versi* (G. BOCCACCIO) | (*fig.*) ***tenere qlcu. sulla corda***, tenerlo in sospeso | (*fig.*) ***essere sulle spine***, in grande ansia e a disagio | ***essere, capitare come il cacio sui maccheroni***, molto a proposito | (*fig.*) ***essere, andare sulla bocca di tutti***, essere oggetto dei discorsi o dei pettegolezzi generali | (*est.*) ***contare sulle dita***, detto di ciò che è raro: *i suoi pregi si contano sulle dita* | ***pungere, toccare sul vivo***, centrare il punto debole di qlcu.: *mi ha punto sul vivo facendo appello al mio orgoglio* | (*fam.*) ***essere sullo stanco***, essere un po' stanco | (*fig.*) indica il settore cui si estende il comando, il dominio, l'autorità e sim.: *ha molta autorità sui suoi subalterni; esercita il suo dominio su molti popoli; comanda su tutti* **2** compl. di moto a luogo (con gli stessi sign. di 'sopra', **anche fig.**): *metti quelle carte sulla scrivania; venite sul terrazzo; i nemici si gettarono sulla preda; gettano volantini pubblicitari su tutta la spiaggia; cercano di scaricare la colpa su quei ragazzi* | anche seguito dalla prep. *per*: *si arrampicò su per il muro; salì su per le scale* | contro: *le truppe nemiche puntarono sulla capitale; la marcia su Roma; la polizia sparò sui manifestanti; si scagliarono su di me; la pioggia picchia sui vetri* | verso: *le finestre guardano sul giardino* | (*fig.*) ***andare, montare su tutte le furie***, arrabbiarsi moltissimo **3** compl. d'argomento: *hanno discusso sulla situazione economica; trattato sulla proliferazione atomica; saggio sulla questione del Mezzogiorno; opera su Cesare; voglio un giudizio sul mio operato* | ***pensarci su***, riflettere attentamente su qlco. | ***piangere su qlcu. o qlco.***, (*fig.*) compiangerlo o rammaricarsene **4** compl. di tempo determ. (esprime approssimazione con il sign. di 'intorno a', 'verso', 'circa' e sim.): *vediamoci sul mezzogiorno; l'appuntamento è sul tardi; lo incontrai sul far della sera; partiamo sul far del mattino* | ***sullo scorcio del secolo***, verso la fine del secolo | ***la notte sulla domenica***, fra il sabato e la domenica | ***sul momento, sull'istante, sui due piedi***, immediatamente, lì per lì: *sul momento, non ho capito a chi alludesse; ho deciso di piantarlo sull'istante; ha accettato così, su due piedi, senza rifletterci sopra* | ***essere, stare sul punto di***, essere in procinto di, stare per: *ero sul punto di accettare; sono sul punto di partire* | († o **lett.**) anche nella loc. prep. ***in sul***: *la donzelletta vien dalla campagna / in sul calar del sole* (G. LEOPARDI) | (*raro*) dopo: *il limone sul latte dà acidità di stomaco* **5** compl. di tempo continuato (con il sign. di 'circa'): *ho lavorato sulle tre ore; starò assente sui due mesi* **6** compl. d'età (indica approssimazione): *un ragazzo sui dodici anni; un uomo sulla settantina* **7** compl. di stima e prezzo (indica approssimazione): *la casa gli è costata sui duecentomila euro; avrà un valore sui cinquanta euro, non di più* **8** compl. di peso e misura (indica approssimazione): *il volume in preparazione sarà sulle duemila pagine; pesa sui sessanta chili; sarà alto sui due metri* **9** compl. di modo o maniera: *lavorare su ordinazione; confezionare su commissione; spedire su richiesta; vestiti, scarpe su misura; agisce sull'esempio del padre; prestito su pegno; l'accordo è stato firmato su certe garanzie; la partita è sul 3 a 2* | ***stare sull'avviso***, tenersi pronti | ***stare sulle spese***, V. *spesa*, sign. 5 | ***credere sulla parola***, fidandosi solo della parola, senza pretendere altre garanzie | ***giurare sul Vangelo, su qlcu. o qlco.***, giurare in nome del Vangelo, in nome di qlcu. o qlco. | ***star sulle sue***, si comporta in modo guardingo; tiene gli altri a distanza non confidandosi | ***parlare sul serio***, dire la verità senza scherzare **10** con particolare valore modale e strumentale: *dipinto su tela; incisione su rame; ricamo su seta* **B** **avv. 1** in alto, verso l'alto (con v. di stato e di moto): *guarda su e lo vedrai; vieni su; su vedrai meglio; ora verrete su; suso in Italia bella giace un laco* (DANTE *Inf.* XX, 61) | (*est.*) al piano superiore: *è su dalla nonna; la mamma è su che fa i letti* | ***abitare più su***, al piano superiore oppure più avanti in una strada | (*pleonast.*) con valore rafforz. seguito da altri compl. di luogo: *mio fratello è su in casa; sono salita su in soffitta; l'aquilone sale su nel cielo* | ***andare su e giù***, scendere e salire o andare avanti e indietro | (*pleonast.*) ***in su e in giù***, avanti e indietro | ***non andare né su né giù***, essere difficile da inghiottire, da digerire; (*fig.*) non venire accettato: *la minestra non mi va né su né giù; questi discorsi non mi vanno né su né giù* | ***un su e giù***, V. *su e giù* | (*fig.*) ***i prezzi continuano ad andare su***, ad aumentare | ***venire su bene***, crescere, svilupparsi bene: *il mio bambino viene su bene* | ***mi viene su tutto il pranzo***, me lo sento in gola, non lo digerisco | (*fig.*) ***venire su dal nulla***, formarsi una posizione sociale partendo da umili condizioni | ***tirare su i figli***, allevarli | ***tirarsi su***, sollevarsi e (*est.*) rimettersi in buone condizioni economiche, sociali, di salute oppure reagire ad una depressione psichica | ***con su***, con sopra, sulla superficie: *un cassettone con su due candelabri; federe e lenzuola con su le cifre ricamate* **CONTR.** giù **2** (*iter.*) indica un movimento progressivo o prolungato, spec. lento, in salita: *passava su su nel cielo un aeroplano; salimmo su su fino alla vetta*; (**anche fig.**) *tratterò l'argomento su su fino alle origini più remote* **CONTR.** giù **3** (*pleonast.*) con valore intens.: *non riesce ad alzarsi su; levatevi su da quel prato; non andare su di sopra* | ***saltare su***, (*fig.*) alzarsi bruscamente; reagire in modo repentino: *saltò su tutto inferocito; saltò su a dire che io non avevo alcun diritto* | ***mettere su uno*** (*contro qlcu.*), istigarlo contro qlcu. | ***mettere su l'acqua, il brodo, la pasta*** e sim., metterli sopra il fornello, sopra il fuoco per farli bollire o cuocere | ***mettere su casa***, (*fig.*) farsi, arredarsi l'abitazione | (*fig.*)

mettere su famiglia, sposarsi | ***mettere su una bottega, uno studio, una fabbrica*** e sim., aprirla | (*fig.*) ***mettere su superbia***, assumere un contegno superbo, scostante **4** (*intens.*) preceduto da altro avv. di luogo, lo determina meglio: *metti il giornale lì su; non vorrete andare là su; siediti qui su* | ***poco su, poco giù***, pressappoco, all'incirca | V. anche *lassù, quassù, suppergiù* **5** nella loc. avv. ***in su***, verso l'alto: *faccio fatica nell'andare in su; guarda in su; da la cintola in su tutto 'l vedrai* (DANTE *Inf.* X, 33) | V. anche *insù* | in alto: *sistemerei il quadro più in su* | (*est.*) al Nord: *da Roma in su il servizio ferroviario è molto più celere* | salendo verso numeri, valori più alti: *dal numero venti in su; possono entrare i ragazzi dai diciotto anni in su; si accettano puntate dai cinque euro in su* **6** nelle loc. avv. ***da su, di su***, dall'alto, da sopra: *l'ho sentito da su; il rumore viene da su; ci hanno visti di su* | ***di qua, di là, di su, di giù***, da ogni parte **C** **inter.** ● orsù, con valore di esortazione, comando, sdegno e sim.: *alzatevi, su!; su ragazzi, andiamo!; su, racconta!; su, animo!; su, svelti, sbrigatevi!; su con la vita!; su con il morale!;* (*iter., intens.*) *su su, fatti animo!; su su che è già tardi!* | V. anche *suvvia*

su' ① /su/ **agg. poss. di terza pers. sing.** ● (*pop., tosc.*) forma tronca di *suo, sua, suoi, sue*, in posizione proclitica

su' ② /su/ **prep. art. m. pl.** ● (*tosc., lett.*) forma tronca della prep. art. *sui*

suaccennàto [comp. di *su* e *accennato* (V.) ✱av. 1789] **agg.** ● sopraccennato

suàcia [lat. parl. **suāce(m)*, da *sūs*, genit. *sŭis* 'porco, pesce porco', con cambio di declinazione, V. il gr. tardo *sýax*, genit. *sýakos* ✱1825] **s. f.** (**pl.** *-cie*) ● pesce osseo marino dei Pleuronettiformi a corpo ovale, quasi trasparente, a macchie irregolari e occhi sul lato sinistro (*Arnoglossus laterna*)

✱**suadènte** [vc. dotta, dal lat. *suadĕnte(m)*, part. pres. di *suadēre* 'suadere' ✱sec. XIV] **agg.** ● (*lett.*) che persuade, concilia, lusinga: *voce s.; parole suadenti* ‖ **suadenteménte**, **avv.**

suadére, (*evit.*) **suàdere** [vc. dotta, dal lat. *suadēre*, connesso con *suāvis* 'soave'. V. *persuadere* ✱sec. XIII] **v. tr. e intr.** (**pass. rem.** *io suàsi, tu suadésti*; **part. pass.** *suàso*; **aus.** *avere*) ● (*poet.*) persuadere, consigliare, indurre: *era stata indotta la Pizia a s. a loro che cacciassero ... la stirpe di Pisistrato* (M.M. BOIARDO); *il rivo passa con murmuri freschi suadendo i sonni* (G. D'ANNUNZIO)

suaditóre [1873] **s. m.** (**f.** *-trice*); **anche agg.** ● (*lett.*) chi (o che) persuade, induce a qlco.: *lente di sogni a la stanca anima suaditrici* (G. D'ANNUNZIO)

†**suàdo** [vc. dotta, dal lat. *suādu(m)* 'suadente', da *suadēre* 'suadere' ✱1321] **agg.** ● atteggiato, improntato

†**suàrio** [vc. dotta, dal lat. *suāriu(m)*, agg. da *sūs*, genit. *sŭis* 'maiale'. V. *suino* ✱av. 1587] **agg.** ● (*raro*) relativo ai suini, nella loc. ***foro s.***

†**suasìbile** [vc. dotta, dal lat. tardo (eccl.) *suasĭbile(m)*, da *suāsus* 'suaso' ✱1499] **agg.** ● che si può suadere

†**suasióne** [vc. dotta, dal lat. *suasiōne(m)*, da *suāsus* 'suaso' ✱1360 ca.] **s. f.** ● (*lett.*) esortazione, persuasione

suasìvo [da *suaso* ✱sec. XIV] **agg.** ● convincente: *un discorso semplice e s.* **SIN.** persuasivo | (*lett., raro*) che ha lo scopo di persuadere **SIN.** suadente, suasorio ‖ **suasivaménte**, **avv.** ‖ **suasività**, **s. f. inv.**

suàso **part. pass.** di *suadere*; **anche agg.** ● (*poet.*) nei sign. del v.

suasòria [vc. dotta, dal lat. *suasōria(m)*, abbr. di *suasōria orātio* 'orazione persuasiva', f. di *suasōrius* 'suasorio' ✱av. 1667] **s. f.** ● nella letteratura latina, orazione esortativa

suasòrio [vc. dotta, dal lat. *suasōriu(m)*, da *suāsus* 'suaso' ✱av. 1586] **agg.** (**pl. m.** *-i* o *raro -ii*) ● (*lett.*) esortatorio, che mira a persuadere: *ironia, non epigrammatica, né suasoria* (U. FOSCOLO) **CFR.** suasivo

suàsso ➤ **svasso**

†**suàve** e deriv. ➤ **soave** ① e deriv.

suàzzo ➤ **svasso**

sub ① [1954] **s. m. e f. inv.** ● accorc. di *subacqueo* nel sign. B

sub ② [dalla prep. lat. *sŭb* 'sotto' ✱1313] **prep.** **1** sotto | ***sub voce***, o (*ellitt.*) ***sub***, in bibliografia, formula di rinvio ad altra voce o a un testo già citato; in sigla s.v. | ***sub condicione***, nel linguaggio giuridico ed ecclesiastico, a una data condizione, con riserva: *accettare sub condicione una disposizione testamentaria* | (*dir.*) ***sub iudice***, detto di argomento su cui l'organo giudicante non si è ancora pronunciato; (*est.*) detto di problemi, opinioni e sim. non risolti e di cui si sta ancora discutendo: *per ora è un'alleanza sub iudice* **2** al tempo di, sotto il regno, il governo di: *Nacqui 'sub Iulio', ancor che fosse tardi* (DANTE *Inf.* I, 70)

sub- [lat. *sŭb* 'sotto', di orig. indeur. (radice **upo* allargata col pref. *s-*)] **pref.** **Nella divisione sillabica di alcune parole composte con *sub-* è ammesso considerare il prefisso come prima sillaba anche in violazione delle usuali regole di divisione: *sub-ar-ti-co* e *sub-li-mi-na-le* sono corrette come *su-bar-ti-co* e *su-bli-mi-na-le*. Si noti che la divisione con *sub-* in genere si legge più facilmente e meglio corrisponde alla pronuncia effettiva (che di solito introduce una breve pausa dopo il prefisso).** **1** con valore locale, coi sign. di 'sotto', 'che sta sotto' (*anche fig.*): *subacqueo, sublunare, subalterno, subordinato, subagente* **2** con valore locale, coi sign. di 'vicino', 'a lato', 'di fianco': *subantartico* **3** con valore attenuativo, con il sign. di 'quasi' indicando somiglianza (*subacuto, subcilindrico, subdesertico, subsferico*) o con quello di 'simile' e 'prossimo', insieme (*subalpino, subartico, sublitorale*) **4** col valore di 'imperfettamente', 'non pienamente': *subcosciente*

subaccollàre [comp. di *sub-* e *accollare* ✱1872] **v. tr.** (*io subaccòllo*) ● accollare ad altri il lavoro avuto in accollo

subaccollatàrio [comp. di *sub-* e *accollatario* ✱1872] **s. m.** (**f.** *-ia*) ● chi assume un subaccollo

subaccòllo [comp. di *sub-* e *accollo* ✱1872] **s. m.** ● accollo di seconda mano

subàcqueo [comp. di *sub-* e *acqueo* ✱1787] **A** **agg.** ● che si trova, si svolge, opera e sim., sott'acqua: *pianta, vegetazione, subacquea* | ***cavo s.***, quello, telegrafico o telefonico, che posa sul fondo marino e collega terre separate fra loro dal mare | ***armi subacquee***, torpedini, mine, siluri, bombe di profondità, e sim. | ***guerra subacquea***, quella condotta con armi subacquee | ***sport subacquei***, la caccia subacquea in apnea o con autorespiratore e le gare di immersione | ***nuotatore s.***, chi pratica sport subacquei **CONTR.** sopracqueo **B** **s. m.** (**f.** *-a*) ● chi pratica sport subacquei | sommozzatore

NOMENCLATURA

subacquea (immersione)

● *caratteristiche*: ad aria compressa ⇔ in apnea, profonda ⇔ superficiale, lunga ⇔ breve; in assetto fisso, variabile, col respiratore;
● *azioni*: ventilare i polmoni, immergersi, andare giù, scendere, compensare, pinneggiare, riemergere;
● *fasi d'immersione e attrezzatura*: giubbotto di salvataggio, braccioli, tavoletta, stringinaso, pinne, occhialini, maschera, boccaglio, bombola, erogatore, muta, scafandro, giubbotto idrostatico, coltello, pesi, fucile subacqueo, torcia, profondimetro, boa; batiscafo, batisfera = batosfera, campana da palombaro; decompressione, nuoto subacqueo; pesca, esplorazione, safari subacqueo, fondo, fondale; embolia, stordimento;
● *persone*: nuotatore, apneista, palombaro, subacqueo, sub, sommozzatore, uomo rana.

subacùto [comp. di *sub-* e di *acuto* ✱1895] **agg.** ● (*med.*) detto di malattia con decorso prolungato, anche se a esito benigno, e con quadro clinico attenuato

subaèreo [comp. di *sub-* e *aereo* ✱1987] **agg.** ● che si trova, si svolge, opera e sim. sotto l'aria, sulla superficie terrestre | ***corso d'acqua s.***, in contrapposizione a quello sotterraneo

subaffittàre [comp. di *sub-* e *affittare* ✱1669] **v. tr.** ● cedere ad altri in subaffitto: *s. una impresa*

subaffìtto [comp. di *sub-* e *affitto* ✱av. 1728] **s. m.** ● contratto di affitto stipulato dall'affittuario con un terzo: *s. di fondo rustico*

subaffittuàrio [comp. di *sub-* e *affittuario* ✱1751] **s. m.** (**f.** *-ia*) ● chi prende qlco. in subaffitto

subaffluènte [comp. di *sub-* e *affluente* ✱1960] **s. m.** ● corso d'acqua affluente di un affluente

subagènte [comp. di *sub-* e *agente* ✱av. 1925] **s. m. e f.** ● chi si assume l'incarico di concludere contratti per conto di un agente

subagenzìa [comp. di *sub-* e *agenzia* ✱1922] **s. f.** **1** contratto con il quale un agente conferisce a un subagente l'incarico di promuovere o concludere affari **2** distaccamento periferico di un'azienda, subordinato a una sua agenzia

subalpìno [vc. dotta, dal lat. *subalpīnu(m)*, comp. di *sŭb* 'sub-' e *alpīnus* 'alpino'. V. *alpino* ✱av. 1796] **agg.** **1** proprio o tipico della parte inferiore del piano alpino: *vegetazione subalpina* **2** (*est.*) piemontese | ***Parlamento s.***, nel Risorgimento, quello del regno Sardo

subalternànte **A** **part. pres.** di *subalternare*; **anche agg.** **1** nel sign. del v. **2** (*filos.*) nella logica medievale, detto della proposizione universale che è in rapporto di subalternazione con la corrispondente proposizione particolare **B** **s. f.** ● (*filos.*) proposizione subalternante

subalternàre [da *subalterno* ✱sec. XV] **v. tr.** (*io subaltèrno*) ● (*raro*) rendere subalterno

subalternàto **part. pass.** di *subalternare*; **anche agg.** **1** nel sign. del v. **2** (*filos.*) nella logica medievale, detto della proposizione particolare che è in rapporto di subalternazione con la corrispondente proposizione universale

subalternazióne [av. 1612] **s. f.** ● (*filos.*) nella logica medievale, rapporto intercorrente tra due proposizioni subalterne

subalternità [1857] **s. f. inv.** ● condizione di chi (o di ciò che) è subalterno: *s. a qlco., nei confronti di qlco., verso qlco.*

✱**subaltèrno** [vc. dotta, dal lat. tardo *subaltĕrnu(m)* 'subordinato', comp. di *sŭb-* 'sub-' e *altĕrnus* 'alterno' ✱av. 1499] **A** **agg.** **1** che è posto sotto altri, che dipende da altri: *personale s.* | ***ufficiali subalterni***, tenenti e sottotenenti | (*est.*) che dipende, che è in secondo piano rispetto ad altro: *una politica subalterna* **CFR.** autonomo **2** (*filos.*) ***proposizioni subalterne***, nella logica scolastica, due proposizioni aventi soggetto, predicato e qualità identiche, ma diverse nella quantità, essendo una universale e l'altra particolare | ***opposizione subalterna***, subalternazione **B** **s. m.** **1** (**f.** *-a*) persona subalterna: *avere la stima dei subalterni* **SIN.** sottoposto, subordinato **2** (**f.** *-a*) ufficiale subalterno **3** (*burocr.*) numero civico interno di una singola abitazione

subàlveo [comp. di *sub-* e *alveo* ✻ 1930] **agg.** ● (*geogr.*) che si trova sotto l'alveo di un corso d'acqua

subantàrtico [comp. di *sub-* e *antartico* ✻ 1960] **agg.** (**pl. m.** *-ci*) ● adiacente alle regioni antartiche

subappaltàre [comp. di *sub-* e *appaltare* ✻ 1696] **v. tr.** ● dare in subappalto

subappaltatóre [da *subappaltare* ✻ 1696] **s. m.** (**f.** *-trice*); **anche agg.** ● chi (o che) ha assunto l'esecuzione di un contratto di subappalto

subappàlto [comp. di *sub-* e *appalto* ✻ 1696] **s. m.** ● contratto con cui l'appaltatore affida a un altro l'esecuzione dell'opera o del servizio da lui già assunta con contratto d'appalto

subappennìnico [comp. di *sub-* e *appenninico* ✻ 1960] **agg.** (**pl. m.** *-ci*) ● (*geogr.*) relativo alla regione posta ai piedi degli Appennini

subaracnoidàle [comp. di *sub-* e *aracnoidale* ✻ 1960] **agg.** ● (*anat.*) che è posto sotto l'aracnoide

subaracnoidèo [comp. di *sub-* e *aracnoideo* ✻ 1985] **agg.** ● (*anat.*) subaracnoidale

subàrtico [comp. di *sub-* e *artico* ✻ 1949] **agg.** (**pl. m.** *-ci*) ● adiacente alle regioni artiche

subàsta [da *subastare* ✻ 1775] **s. f.** ● (*dir.*) vendita forzata dei beni del debitore promossa dal creditore che non è stato soddisfatto **SIN.** vendita all'incanto

subastàre [dal fr. *subhaster*, deriv. del lat. tardo *subhastāre*, comp. di *sŭb* 'sotto' e *-hastāre*, da *hăsta* 'asta' ✻ 1342] **v. tr.** ● vendere all'asta, all'incanto

subatlàntico [comp. di *sub-* e *atlantico* ✻ 1991] **agg.** (**pl. m.** *-ci*) ● (*geogr.*) detto di zona di transizione tra quella caratterizzata da clima atlantico e quella continentale

subatòmico [comp. di *sub-* e *atomico* ✻ 1946] **agg.** (**pl. m.** *-ci*) ● (*fis.*) che ha dimensioni inferiori a quelle dell'atomo | ***particelle subatomiche***, costituenti dell'atomo, quali il nucleo e gli elettroni

sùbbia [lat. *sūbula(m)* 'lesina', connesso con *sūere* 'cucire', di orig. indeur. ✻ sec. XIII] **s. f.** **1** scalpello con la punta a piramide quadrangolare, per lavorare la pietra **2** (*centr.*, *sett.*) lesina ‖ **subbiétta**, **dim.**

subbiàre [da *subbia* ✻ 1550] **v. tr.** (*io sùbbio*) ● lavorare con la subbia

†**subbiètto** e deriv. ➤ †**subietto** e deriv.

†**subbiezióne** o †**subiezióne** [vc. dotta, dal lat. *subiectiōne(m)*, da *subiĕctus*, part. pass. di *subĭcere* 'sottoporre' ✻ av. 1328] **s. f.** ● soggezione

†**subbillàre** ➤ **sobillare**

sùbbio o (*sett.*) †**sùggio**, spec. nel sign. 2 [lat. tardo *insūbulu(m)* 'pernio del telaio', da *insubulāre*, comp. di *ĭn* 'in' e di un denominale di *sūbula* 'subbia' ✻ 1309] **s. m.** **1** (*tess.*) nel telaio per tessitura, cilindro di legno o di metallo sul quale sono avvolti i fili dell'ordito o il tessuto in formazione **2** (*est.*) in varie tecnologie, organo cilindrico di congegno o macchina, adibito a vari usi ‖ **subbièllo**, **dim.**

S

†**subbissàre** e deriv. ➤ **subissare** e deriv.

subbollìre ➤ **sobbollire**

subbùglio o (*pop.*, *tosc.*) **sobbùglio**, †**subùglio** [dal lat. tardo *subbullīre* 'bollire un poco' ✻ av. 1348] **s. m.** ● confusione tumultuosa, scompiglio: *essere in s.*; *mettere in s.*; *nacque un gran s.* **SIN.** fermento, trambusto

Subbùteo® [n. dato dall'ornitologo ingl. P. Adolph nel 1947 al calcio in miniatura, ricavato dal lat. scientifico *Falco subbuteo* 'falco lodolaio', formato da *sŭb-* 'simile' e *būteo*, genit. *buteōnis* 'bozzago' (uccello di rapina) ✻ 1979] **s. m.** ● gioco da tavolo, costituito da un panno verde che riproduce un campo di calcio su cui si dispongono pedine che rappresentano i giocatori e che vengono mosse a colpi di dito

subcarpàtico [1908] **agg.** (**pl. m.** *-ci*) ● relativo alla Subcarpazia, regione dell'Europa orientale a ridosso dei Carpazi, oggi compresa in più Stati

subcellulàre [comp. di *sub-* e *cellulare* ✻ 1963] **agg.** ● (*biol.*) detto di elemento ultrastrutturale di una cellula o di processo che avviene nell'ambito di una cellula

subcilìndrico [comp. di *sub-* e di *cilindrico* ✻ 1983] **agg.** (**pl. m.** *-ci*) ● quasi, pressoché cilindrico

†**subclàvio** ➤ **succlavio**

subcònscio [comp. di *sub-* e *conscio* ✻ 1955] **A** **agg.** (**pl. m.** *-sci*; **pl. f.** *-sce* o *-scie*) ● (*psicol.*) detto di ciò che non è chiaramente presente alla coscienza ma è suscettibile di diventarlo **B** **s. m.** **1** (*psicol.*) attività psichica non chiaramente conscia ma suscettibile di diventare tale **2** correntemente, zona dell'attività psichica di cui non si ha piena e chiara coscienza: *nel suo s. sentiva di odiarlo*; *accettò, sebbene nel s. non ne fosse convinto* **SIN.** subcosciente

subcontinentàle [comp. di *sub-* e *continentale* ✻ 1987] **agg.** ● che riguarda un subcontinente

subcontinènte [comp. di *sub-* e *continente* ✻ 1970] **s. m.** ● (*geogr.*) parte vasta e delimitata di un continente con sue caratteristiche specifiche

subcontrarietà [da *subcontrario* ✻ 1960] **s. f. inv.** ● (*filos.*) nella logica medievale, rapporto di opposizione intercorrente tra due proposizioni subcontrarie

subcontràrio [vc. dotta, dal lat. tardo *subcontrāriu(m)*, comp. di *sŭb* 'sub-' e *contrārius* 'contrario' ✻ 1728] **agg.** ● nella logica medievale, detto di due proposizioni particolari affermative e particolari negative che abbiano stesso soggetto e stesso predicato

subcorticàle [comp. di *sub-* e *corticale* ✻ 1930] **agg.** ● (*bot.*) che è posto sotto la corteccia

subcosciènte [comp. di *sub-* e *cosciente* ✻ 1901] **s. m.**; **anche agg.** ● (*psicol.*) subconscio

subcosciènza [comp. di *sub-* e *coscienza* ✻ 1908] **s. f.** ● (*psicol.*, *raro*) subcosciente, subconscio

subcultùra [comp. di *sub-* e *cultura* ✻ 1955] **s. f.** ● sottocultura

†**subdècuplo** [comp. di *sub-* e *decuplo* ✻ 1548 ca.] **agg.** ● dieci volte minore

subdelegàre o **suddelegàre** [comp. di *sub-* e *delegare* ✻ av. 1557] **v. tr.** (*io subdèlego*, *tu subdèleghi*) ● trasferire una delega ad altri

subdesèrtico [comp. di *sub-* e *desertico* ✻ 1960] **agg.** (**pl. m.** *-ci*) **1** detto di territorio o fenomeno che si trova o si manifesta ai margini del deserto | (*est.*) relativo a tali territori o fenomeni **2** detto di vegetazione che presenta caratteri desertici attenuati

✦**sùbdolo** [vc. dotta, dal lat. *sŭbdolu(m)*, comp. di *sŭb-* 'sub-' e *dŏlus* 'inganno'. V. *dolo*① ✻ 1468] **agg.** **1** astutamente falso, ingannevole: *individuo s.*; *arti subdole*; *domande subdole* **2** (*lett.*) insidioso: *La strada … sparsa di subdoli / ostacoli* (E. MONTALE) **3** (*med.*) detto di malattia che insorge senza sintomi palesi ‖ **subdolaménte**, **avv.**

subduràle [da *sub-* e *durale* ✻ 1874] **agg.** ● (*anat.*) localizzato al di sotto della dura madre

subduzióne [fr. *subduction*, vc. dotta, che si rifà al lat. *subductiōne(m)*, da *subdūctus*, part. pass. di *subdūcere* 'sottrarre, rimuovere' (comp. di *sŭb-* 'sub-' e *dūcere* 'condurre': V. *indurre*) ✻ 1982] **s. f.** ● (*geol.*) abbassamento di una zolla litosferica sotto il peso di un'altra, fino al suo sprofondamento nel mantello

subeconomàto [comp. di *sub-* ed *economato* ✻ 1891] **s. m.** ● ufficio di subeconomo

subecònomo [comp. di *sub-* ed *economo* ✻ 1891] **s. m.** (**f.** *-a*) ● funzionario di grado immediatamente inferiore all'economo

subecumène [comp. di *sub-* ed *ecumene* ✻ 1960] **s. f.** ● (*geogr.*) ciascuna delle aree della Terra che hanno caratteristiche sfavorevoli all'insediamento permanente dell'uomo, e che perciò sono abitate solo temporaneamente da popolazioni nomadi

subecumènico [da *subecumene* ✻ 1932] **agg.** (**pl. m.** *-ci*) ● (*geogr.*) che ha caratteri di subecumene

subedèma o **subèdema** [comp. di *sub-* e *edema* ✻ 1853] **s. m.** (**pl.** *-i*) ● (*med.*) modesto accumulo di liquidi in spazi interstiziali di organi o tessuti

subenfitèuṣi [comp. di *sub-* ed *enfiteusi* ✻ av. 1828] **s. f. inv.** ● (*dir.*) concessione di un fondo in enfiteusi da parte dell'enfiteuta anziché dal proprietario dello stesso

subentrànte **A** **part. pres.** di *subentrare*; **anche agg. e s. m. e f.** ● che (o chi) subentra: *l'inquilino s.*; *accordarsi con il s.* **B** **agg.** ● (*med.*) ***coliche subentranti***, che si succedono a breve distanza l'una dall'altra

subentràre [vc. dotta, dal lat. tardo (eccl.) *subintrāre*, comp. di *sŭb* 'sub-' e *intrāre* 'entrare' ✻ av. 1492] **v. intr.** (*io subéntro*; **aus.** *essere*) ● entrare al posto di altri, in seguito a successione o sostituzione: *s. a qlcu. in qlco.*; *gli subentrò nel possesso del locale* | (*fig.*) seguire, succedere a qlco.: *talvolta al riso subentra il pianto*

subéntro [1950] **s. m.** ● (*burocr.*) il fatto di subentrare: *s. in un ufficio, in un diritto*

subequatoriàle [comp. di *sub-* ed *equatoriale* ✻ 1960] **agg.** ● (*geogr.*, *antrop.*) che si trova fra l'equatore e i tropici | relativo alla zona compresa fra l'equatore e i tropici

suberàto [vc. dotta, lat. *subaerātu(m)*, comp. di *sŭb-* 'sub-' e *āes*, genit. *āeris* 'rame, bronzo' (V. *erario*), con suff. aggettivale ✻ av. 1750] **agg.** ● detto di moneta formata da un'anima di metallo di pochissimo valore, quale stagno, ferro, rame, poi ricoperta di una leggera lamina di argento o talvolta d'oro, molto diffusa nell'antichità classica

suberìcolo ➤ **sughericolo**

subericoltóre ➤ **sughericoltore**

subericoltùra ➤ **sughericoltura**

suberificàre [dal lat. *sūber*, genit. *sūberis* 'sughero', con *-ficare* ✻ 1922] **v. intr.** (*io suberìfico*, *tu suberìfichi*; **aus.** *essere*) **e suberificàrsi** **v. intr. pron.** ● (*bot.*) modificarsi in sughero, per impregnazione di suberina, detto della membrana delle cellule vegetali ‖ **suberificazióne**, **s. f.** trasformazione in sughero

suberìna [comp. di †*suber(o)* e *-ina* ✻ 1838] **s. f.** **1** (*bot.*) sostanza organica complessa costituente il tessuto cellulare del sughero; è impermeabile ai gas e all'acqua e protegge fusti e radici degli alberi da parassiti, eccessi termici e diversi agenti chimici **2** materiale isolante costituito da asfalto e sughero espanso per riscaldamento

suberiẓẓàre [da *subero* ✻ 1960] **v. intr.** (**aus.** *essere*) **e suberiẓẓàrsi** **v. intr. pron.** ● suberificare ‖ **suberiẓẓazióne**, **s. f.**

†**sùbero** ➤ **sughero**

subfornitóre [comp. di *sub-* e *fornitore* ✻ 1985] **s. m.** (**f.** *-trice*) ● imprenditore che sottoscrive un contratto di subfornitura

subfornitùra [comp. di *sub-* e *fornitura* ✻ 1957] **s. f.** ● lavorazione effettuata (o servizi forniti) da un'azienda per conto di un'altra

subiettivàre o **subbiettivàre** [da *subiettivo* ✻ av. 1852] **v. tr.** ● (*raro*, *lett.*) soggettivare

subiettivìṣmo o **subbiettivìṣmo** [comp.

di *subiettivo* e *-ismo* ✻ 1846] **s. m.** ● (*raro, lett.*) soggettivismo

subiettìvo o **subbiettìvo** [vc. dotta, dal lat. tardo *subiectīvu(m)* 'relativo al soggetto'. V. *soggettivo* ✻ sec. XIV] **agg.** ● (*raro, lett.*) soggettivo ‖ **subiettività**, **s. f. inv.** (*raro, lett.*) soggettività

†**subiètto** o †**subbiètto** [vc. dotta, dal lat. *subiĕctu(m)*, part. pass. di *subĭcere* 'sottoporre': V. *soggetto*① e *(2)* ✻ sec. XIII] **agg. e s. m.** ● soggetto, nei sign. di *soggetto*① e di *soggetto*②

†**subiezióne** ➤ †**subbiezione**

subinfeudàre [comp. di *sub-* e *infeudare* ✻ 1849] **v. tr.** (*io subinfèudo*) ● nel diritto medievale, investire di un feudo un vassallo di grado inferiore

subingrèsso [comp. di *sub-* e *ingresso* ✻ 1638] **s. m.** ● (*dir.*) il sostituirsi ad altri nella titolarità e nell'esercizio di un diritto | ***s. ipotecario***, diritto del creditore ipotecario di surrogarsi nell'ipoteca del creditore anteriore che, mediante esercizio dell'azione ipotecaria, lo abbia privato della garanzia

subinquilìno [comp. di *sub-* e *inquilino* ✻ 1673] **s. m.** (**f.** *-a*) ● persona a cui un inquilino subaffitta, in tutto o in parte, un appartamento di cui è locatario

♦**subìre** [vc. dotta, dal lat. *subīre* 'andare incontro', comp. di *sŭb-* 'sub-' e *īre* 'andare'; il sign. 1 è calco semantico del fr. *subir* ✻ 1499] **v. tr.** (*io subìsco, tu subìsci*) **1** essere costretto a sopportare qlco. di dannoso o spiacevole: *s. un affronto, un torto, un'ingiustizia, un sopruso; s. una condanna; s. una tortura; s. un danno, una perdita* | patire: *s. le conseguenze di qlco.* | essere soggetto a qlco.: *s. il fascino, l'influenza di qlcu.* | ***s. l'iniziativa dell'avversario***, lasciarsi sorprendere dall'azione di questo | sottostare a, affrontare qlco. di spiacevole, difficile e sim.: *s. un esame, una prova; s. cambiamenti, modificazioni* **2** sottoporsi a: *s. un'operazione, un intervento*

subirrigazióne [comp. di *sub-* e *irrigazione* ✻ 1960] **s. f.** ● irrigazione del terreno realizzata con canalizzazioni sotterranee disperdenti

♦**subissàre** o †**subbissàre**, †**sobissàre**, †**sobbissàre** [calco su *abissare*, con sostituzione di *sub-* al presunto pref. *a-* ✻ av. 1306] **A** **v. tr.** **1** (*lett.*) far inabissare, sprofondare in precipitosa rovina: *s. città, case* **2** (*fig.*) colmare, riempire: *s. qlcu. di doni, di complimenti* **B** **v. intr.** (**aus.** *essere*) e **subissàrsi** **v. intr. pron.** ● (*raro, lett.*) sprofondare

subìsso o †**subbisso** [da *subissare* ✻ av. 1565] **s. m.** **1** (*lett.*) grande rovina, sterminio: *andare in s.; mandare qlco. in s.* | †caduta rovinosa **2** (*fig.*) quantità enorme: *un s. di applausi*

subitaneità [av. 1704] **s. f. inv.** ● caratteristica di ciò che è subitaneo

♦**subitàneo** [vc. dotta, dal lat. *subitāneu(m)*, da *sŭbitus* 'improvviso' ✻ av. 1292] **agg.** ● repentino, che si manifesta in modo rapido e improvviso: *apparizione subitanea; mutamento s.; atto, moto, s.* | (*lett.*) impulsivo, irruente ‖ **subitaneaménte**, **avv.** in modo improvviso

subitàno [dal lat. tardo *subitānu(m)*, variante di *subitāneus* 'subitaneo' ✻ sec. XIII] **agg.** ● (*poet.*) subitaneo

subitézza [da *subito*② ✻ av. 1292] **s. f.** **1** (*raro*) caratteristica di ciò che è repentino, improvviso | †rapidità: *Al quale io, con feminile s. ... così rispondo* (G. Boccaccio) **2** (*lett.*) impulsività, irruenza

subitìssimo [superl. di *subito*① ✻ 1867] **avv.** ● (*fam.*) immediatamente, il più presto possibile: *voglio vederti s.!*

♦**sùbito**① [vc. dotta, dal lat. *sŭbito* 'all'improvviso', forma irrigidita dell'abl. di *sŭbitu(m)*. V. *subito*② ✻ av. 1292] **A** **avv.** (**superl.** *subitissimo* (V.)) **Talora si scrive con l'accento** *sùbito* **quando potrebbe essere confuso con** *subìto* **1** immediatamente, prontamente, senza indugiare: *la luce del lampo sparisce s.; rispondi s. al telefono; torno s.; venite s.; glielo dico s.; fallo s.; vieni qui s.!* | (con valore rafforz.) ***e subito***: *vacci, e s.!; devi farlo e s. anche!* | ***da s.***, fin d'ora, fin da adesso: *è necessario che ci impegniamo da s. a organizzare le vacanze* | (*assol.*) in risposta a una chiamata, a un ordine: *'portami per favore un bicchiere d'acqua' 's.!'; 'signor Rossi!' 's.!'* | ***s. prima, s. dopo***, immediatamente prima o dopo: *l'ho visto accelerare e s. dopo è uscito di strada; s. prima avevo telefonato* | ***s. al principio, all'inizio***, sul principio, proprio all'inizio di qlco.: *s. al principio ho capito cosa voleva* | con valore rafforz. (*iter.*): *vengo subito subito* **2** (*est.*) in un tempo brevissimo, molto presto: *aspettate, è s. fatto; un colpo di ferro ancora ed è s. pronto; questo tipo di pasta cuoce s.* **3** (*lett.*) all'improvviso **B** **nella loc. cong.** ***s. che, s. come***, (*lett., pop.*) non appena (introducono una prop. temp. con il v. all'indic.): *s. che scrive, avvisatemi; s. come torna mandatelo da me* **C** **s. m. solo sing.** ● solo in alcune loc. avv. | ***in un s., d'un s.***, (*lett.*) repentinamente; in un attimo: *in un s. me l'ha riparato; se ne accorse d'un s.* | ***in quel s.***, (*lett.*) sul momento | ***di s.***, (*lett.*) All'improvviso; immediatamente: *di s. / sobbalzammo* (G. D'Annunzio)

sùbito② [vc. dotta, dal lat. *sŭbitu(m)* 'improvviso', da *subīre* 'sopraggiungere, sorprendere'. V. *subire* ✻ 1261 ca.] **agg.** **1** (*lett.*) improvviso, repentino (gener. preposto al sost.): *agghiaccia ognun di subite paure* (A. Poliziano) | (*lett.*) rapido, facile: *La gente nuova e i sùbiti guadagni* (Dante *Inf.* XVI, 73) **2** (*lett.*) rapido | pronto: *con subita risoluzione, non avendo ... rimedii sì subiti, volsero l'animo* (F. Guicciardini) | sollecito **3** †impetuoso, focoso, detto di persona ‖ **subitaménte**, **avv.** improvvisamente

subìto③ **part. pass.** di *subire*; anche **agg.** ● sopportato, patito: *danno, insulto, s.* | riportato: *la legge è stata approvata con le modifiche subite*

†**subitosaménte** (o **-osa-**) [da un **subitoso*, da *subito*① ✻ av. 1547] **avv.** ● (*lett.*) istantaneamente

subìttero [comp. di *sub-* e *ittero*① ✻ 1960] **s. m.** ● (*med.*) ittero lieve in cui la colorazione giallastra è limitata alle sclere e alla mucosa del palato

†**subiuntìvo** ➤ **soggiuntivo**

sublacènse [comp. di *sub-* e di un denominale di *lago* ✻ sec. XVI] **A** **agg.** ● (*lett.*) di Subiaco: *il complesso benedettino s.* **B** **s. m. e f.** ● (*lett.*) abitante o nativo di Subiaco, nei pressi di Roma

sublamellàre /sub-lamel'lare/ [comp. di *sub-* e *lamellare* ✻ 1873] **agg.** ● (*miner.*) quasi lamellare

†**sublàto** [vc. dotta, dal lat. *sublātu(m)*, comp. di *sŭb-* 'sub-' e *lātus*, part. pass. di *fĕrre* 'portare' ✻ sec. XIII] **agg.** ● (*lett.*) eliminato, estirpato: *s. l'incendio amatorio* (L.B. Alberti)

sublimàbile [av. 1625] **agg.** ● (*raro*) che si può sublimare | (*chim.*) che può subire sublimazione

sublimàre o †**solimàre** [vc. dotta, dal lat. tardo *sublimāre*, da *sublīmis* 'sublime' ✻ av. 1306] **A** **v. tr.** **1** (*lett.*) innalzare, elevare a grandi onori, cariche e sim.: *s. qlcu. all'impero, al supremo comando* **2** (*fig., lett.*) elevare sul piano spirituale, rendere sublime: *s. alla gloria dei santi; intesi abbastanza per s. il mio intelletto alla immensità di tutto questo creato* (V. Alfieri) **3** †sollevare | far alzare qlcu. **4** (*psicoan.*) trasformare impulsi sessuali o aggressivi in altri di ordine superiore **5** (*chim.*) purificare una sostanza mediante sublimazione **B** **v. intr.** (**aus.** *essere*) ● (*chim.*) passare direttamente dallo stato solido a quello gassoso senza passare attraverso lo stato liquido **C** **sublimàrsi** **v. intr. pron.** **1** (*fig.*) elevarsi spiritualmente, farsi sublime **2** †innalzarsi, ergersi

sublimàto **A** **part. pass.** di *sublimare*; anche **agg.** ● nei sign. del v. **B** **s. m.** ● (*chim.*) prodotto ottenuto per sublimazione | ***s. corrosivo***, cloruro mercurico, velenosissimo, usato come disinfettante esterno e nell'analisi chimica

sublimazióne [vc. dotta, dal lat. tardo *sublimatiōne(m)*, da *sublimātus* 'sublimato' ✻ av. 1320] **s. f.** **1** (*lett.*) elevazione (*spec. fig.*) **2** (*psicoan.*) capacità di trovare qualche attività compensatrice per la rinuncia alla soddisfazione di istinti o desideri proibiti, in particolare, la direzione dell'energia sessuale verso attività sociali e culturali **3** (*fis.*) purificazione di sostanze atte a sublimare, risolidificando su di una parete fredda i loro vapori | passaggio diretto di una sostanza dallo stato solido a quello gassoso senza passare attraverso lo stato liquido

♦**sublìme** [vc. dotta, dal lat. *sublīme(m)*, comp. di *sŭb-* 'sub-' e *līmus* 'obliquo', propr. 'che sale obliquamente' ✻ 1282] **A** **agg.** **L'aggettivo 'sublime' esprime una qualità al massimo grado e non dovrebbe avere né comparativo né superlativo; tuttavia è talora percepito come aggettivo di grado positivo e la forma 'più sublime' è spesso usata:** *le più sublimi creazioni dell'arte; La noia è in qualche modo il più sublime dei sentimenti umani* (G. Leopardi). **La forma 'sublimissimo' è invece rara e letteraria:** *in forza di umana sublimissima scienza* (G. Vico) **1** (*lett.*) molto alto, elevato: *vette sublimi; l'api amano l'ombra / del s. cipresso* (U. Foscolo) **2** (*fig.*) illustre, nobile, eccelso: *virtù sublimi; musica, poesia s.; il più s. lavoro della poesia è alle cose insensate dare senso e passione* (G. Vico) | ***stile s.***, alto e maestoso | (*enfat.* o *scherz.*) straordinario, eccezionale: *un'idea s.; che cena s.!* **3** (*fig.*) eccellente, insigne, sommo: *poeta, scrittore, s.; una donna veramente s.* ‖ **sublimeménte**, **avv.** **B** **s. m. solo sing.** ● la manifestazione di un fatto estetico o etico nel suo massimo grado, e il conseguente sentimento che si determina in chi lo contempla: *innalzare l'animo al s.; toccare, raggiungere, il s.; una visione che ha del s.*

subliminàle /sub-limi'nale/ [dall'ingl. *subliminal*, comp. di *sub-* e di un deriv. del lat. *līmen*, genit. *līminis* 'soglia' ✻ 1904] **agg.** **1** (*psicol.*) detto di stimolo che è troppo debole per essere percepito e riconosciuto, ma non tanto da non esercitare qualche influenza sui processi psichici consci o sul comportamento CONTR. sopraliminale **2** (*fisiol.*) detto di stimolo nervoso o sensoriale non in grado di provocare una risposta da una struttura neurale o, rispettivamente, da un recettore ‖ **subliminalità**, **s. f. inv.**

sublimità o †**sublimitàde**, †**sublimitàte** [vc. dotta, dal lat. *sublimitāte(m)*, da *sublīmis* 'sublime' ✻ 1306] **s. f. inv.** ● caratteristica di chi (o di ciò che) è sublime

†**sublìmo** [dal lat. *sublīmu(m)*, variante di *sublīmis* 'sublime' ✻ av. 1306] **agg.** ● sublime

sublinguàle /sub-lin'gwale/ [comp. di *sub-* e *linguale* ✻ av. 1758] **agg.** ● (*anat.*) sottolinguale

sublitoràle /sub-lito'rale/ [comp. di *sub-* e *litorale* ✻ 1960] **agg.** ● che si trova vicino al litorale: *zona s.*

sublitoràneo [comp. di *sub-* e *litoraneo* ✻ 1960] **agg.** ● (*geogr.*) relativo alla zona alle spalle del litorale

sublocàre /sub-lo'kare/ o †**sullogàre** [comp. di *sub-* e *locare* ✱ 1673] **v. tr.** (*io sublòco, tu sublòchi*) ● dare in sublocazione: *s. un appartamento*

sublocatàrio /sub-loka'tarjo/ [comp. di *sub-* e *locatario* ✱ 1802] **s. m.** (**f.** *-ia*) ● chi riceve in sublocazione: *diritti e doveri del s.*

sublocatóre /sub-loka'tore/ [comp. di *sub-* e *locatore* ✱ av. 1910] **s. m.** (**f.** *-trice*) ● chi dà in sublocazione

sublocazióne /sub-lokat'tsjone/ [comp. di *sub-* e *locazione* ✱ 1673] **s. f.** ● contratto di locazione concluso dal locatario con un terzo

sublunàre /sub-lu'nare/ o †**sullunàre** [vc. dotta, dal lat. tardo *sublunāre(m)*, comp. di *sŭb-* 'sub-' e *lunāris* 'lunare' ✱ 1551] **agg.** ● che è posto sotto la luna | ***mondo s.***, la Terra (*anche scherz.*)

sublussazióne /sub-lussat'tsjone/ [comp. di *sub-* e *lussazione* ✱ 1583] **s. f.** ● (*med.*) perdita parziale dei normali rapporti fra le due estremità di una articolazione

submicroscòpico [comp. di *sub-* e *microscopico* ✱ 1956] **agg.** (**pl. m.** *-ci*) ● detto di corpuscolo, struttura e sim. di dimensioni inferiori a circa 0,2 μm e quindi troppo piccoli per poter essere risolti od osservati con il microscopio ottico **SIN.** ultramicroscopico

submontàno [comp. di *sub-* e *montano* ✱ 1701] **agg.** ● che si trova vicino a un monte, ai monti

subnormàle [comp. di *sub-* e *normale* ✱ av. 1742] **A agg.** ● che è al di sotto della norma, detto spec. di bambini di intelligenza notevolmente al di sotto della media e bisognosi di insegnamento speciale **B s. m. e f.** ● bambino subnormale

subnòtebook /sab'nɔtebuk, *ingl.* ˌsʌb-'nəʊtbʊk/ [vc. ingl., comp. di *sub-* e *notebook* ✱ 1993] **s. m. inv.** ● (*inform.*) computer ultraportatile

subnucleàre [comp. di *sub-* e *nucleare* ✱ 1974] **agg.** ● (*fis.*) che ha dimensioni inferiori a quelle normali del nucleo atomico

suboceànico [comp. di *sub-* e *oceanico* ✱ 1872] **agg.** (**pl. m.** *-ci*) ● che è posto sotto l'oceano: *cavo s.*

subodoràre [vc. dotta, dal lat. mediev. *subodorāri*, comp. di *sŭb-* 'sub-' e *odorāri* 'odorare' ✱ 1586] **v. tr.** (*io subodóro, evit. subódoro*) ● presentire, intuire, avere sentore di qlco. di negativo (**qlco.**; **+ *che***): *s. un'insidia, un imbroglio*; *aveva subodorato che gli nascondevano qualcosa*

suborbitàle [comp. di *sub-* e *orbitale* ✱ 1963] **agg.** ● (*aeron.*) detto spec. di volo la cui traiettoria è inferiore a quella necessaria per fare entrare un corpo in orbita

†**subordinaménto** [1665] **s. m.** ● sottomissione

subordinànte **part. pres.** di *subordinare*; anche **agg.** **1** nei sign. del v. **2** (*gramm.*) detto di parola che istituisce un rapporto di subordinazione: *congiunzione s.*

subordinàre [vc. dotta, dal lat. mediev. *subordināre*, comp. di *sŭb-* 'sub-' e *ordināre* ✱ av. 1463] **v. tr.** (*io subórdino*) **1** far dipendere una cosa da un'altra | mettere una cosa in sottordine rispetto a un'altra: *subordina la vendita all'approvazione del padre*; *subordina tutto al suo interesse personale* **2** (*gramm.*) collegare in un rapporto di subordinazione

subordinàta [f. sost. di *subordinato* ✱ 1940] **s. f.** **1** (*gramm.*) proposizione subordinata **2** (*dir.*) domanda giudiziale proposta in subordine

subordinatìvo [1960] **agg.** ● che subordina | (*gramm.*) ***congiunzione subordinativa***, quella che mette una proposizione in rapporto di dipendenza grammaticale da un'altra

subordinàto **A** **part. pass.** di *subordinare*; anche **agg.** **1** che dipende da altro (+ *a*): *la mia partenza è subordinata al consenso del medico* | ***in via subordinata***, in subordine; (*est.*) come seconda ipotesi **2** (*raro, lett.*) disciplinato, ubbidiente, rispettoso: *ragazzo s.*; *essere s. verso i superiori* **CONTR.** insubordinato **3** ***lavoro s.***, che si presta alle dipendenze e sotto la direzione del datore di lavoro | ***lavoratore s.***, che esplica il proprio lavoro con vincolo di subordinazione **4** (*gramm.*) ***proposizione subordinata***, unita a un'altra e da essa dipendente **5** (*mat.*) detto di insieme contenuto in un altro ‖ **subordinataménte**, **avv.** in subordine, in dipendenza da qlco. **B s. m.** (**f.** *-a*) ● persona subordinata a un'altra, spec. in un rapporto di lavoro: *trattare bene i propri subordinati* **SIN.** sottoposto, subalterno

subordinazióne [av. 1610] **s. f.** **1** condizione di chi (o di ciò che) è subordinato: *la s. è alla base delle strutture militari* | ***s. del prestatore di lavoro***, dipendenza del lavoratore dal potere direttivo e dal potere disciplinare del datore di lavoro **2** (*gramm.*) unione di due proposizioni in rapporto di dipendenza l'una dall'altra

subórdine [comp. di *sub-* e *ordine* ✱ 1957] **s. m.** ● solo nella loc. avv. ***in s.***, in grado subordinato ad altri, in dipendenza: *trovarsi, essere in s.*; (*dir.*) di domanda giudiziale proposta nell'eventualità in cui non venga accolta dal giudice la domanda principale; (*est.*) in via subordinata, come seconda ipotesi **SIN.** sottordine

subornàre [vc. dotta, dal lat. *subornāre* 'allestire', poi 'sedurre', comp. di *sŭb-* 'sub-' e *ornāre* 'preparare' ✱ 1374] **v. tr.** (*io subórno*) ● commettere il reato di subornazione nei confronti di qlcu. | (*est.*) indurre qlcu. a mancare al proprio dovere

subornatóre [vc. dotta, dal lat. tardo *subornatōre(m)*, da *subornātus* 'subornato' ✱ av. 1463] **s. m.** (**f.** *-trice*) ● reo di subornazione

subornazióne [da *subornare* ✱ av. 1463] **s. f.** ● (*dir.*) reato di chi offre denaro o altro vantaggio a un testimone, perito o interprete per indurlo a una falsa testimonianza, perizia o interpretazione

subottimàle [comp. di *sub-* e *ottimale* ✱ 1939] **agg.** ● che è al di sotto di una condizione considerata ottimale: *livello produttivo s.* ‖ **subottimalità**, **s. f. inv.** caratteristica di ciò che è subottimale

subpolàre [comp. di *sub-* e *polare* ✱ 1950] **agg.** **1** detto di territorio o di fenomeno che si trova o si manifesta ai margini delle zone polari | (*est.*) relativo a tali territori o fenomeni **2** che nasce, cresce, e sim. ai margini delle zone polari: *fauna, flora, s.*

subprime /sab'praim, *ingl.* ˌsʌb 'praɪm/ [vc. ingl comp. di *sub-* 'sub-' e *prime* 'primario' ✱ 2003] **A agg. inv.** ● (*econ.*) detto di prestito a tasso di interesse maggiorato rispetto a quello di mercato, concesso a un soggetto a rischio di solvibilità per insolvenze precedenti o per basso reddito: *mutuo, carta di credito s.* **B** anche **s. m. inv.** ● (*econ.*) strumento finanziario subprime **CFR.** prime rate

subregióne [comp. di *sub-* e *regione* ✱ 1960] **s. f.** ● (*geogr.*) area geografica con specifici caratteri fisici e antropici, all'interno di una regione più estesa: *il Canavese è una s. del Piemonte*

subrétta [1963] **s. f.** ● (*disus.*) adattamento di *soubrette* (V.) ‖ **subrettina**, **dim.** (V.)

subrettìna [1959] **s. f.** **1** dim. di *subretta* **2** nel teatro di rivista italiano, attrice giovane che fa da spalla al primo attore in numeri parlati o cantati

†**subrogàre** ➤ **surrogare**

subroutine /'sabrutin, *ingl.* 'sʌbruːˌtiːn/ [vc. ingl., propr. 'sottoprogramma', da *sub* 'sotto' e *routine*, un francesismo che in inform. ha assunto lo specifico sign. di 'programma' ✱ 1966] **s. f. inv.** ● (*inform.*) sottoprogramma

subsahariàno [comp. di *sub-* e *sahariano* ✱ 1903] **agg.** ● che si trova a sud del deserto del Sahara: *Africa subsahariana*

subsannàre o †**sossannàre** [lat. tardo (eccl.) *subsannāre* 'schernire', comp. di *sŭb* 'sotto' e *sannāre*, da *sānna* 'smorfia', dal gr. *sánnas* 'buffone', connesso con *sáinein* 'scodinzolare', di etim. incerta ✱ av. 1498] **A v. tr.** ● †beffeggiare, deridere **B v. intr.** (**aus.** *avere*) ● (*raro, lett.*) ghignare, schernire facendo smorfie, boccacce

subsatèllite [comp. di *sub-* e *satellite* ✱ 1963] **s. m.** ● (*astron.*) proiezione ortogonale della posizione di un satellite, spec. artificiale, sulla superficie del pianeta attorno al quale orbita

subsfèrico [comp. di *sub-* e di *sferico* ✱ 1960] **agg.** (**pl. m.** *-ci*) ● quasi, pressoché sferico

subsidènte [vc. dotta, dal lat. *subsidĕnte(m)*, part. pres. di *subsīdere* 'abbassarsi'. V. *subsidenza* ✱ 1970] **agg.** ● (*geol.*) che manifesta subsidenza | che affonda lentamente nella crosta terrestre

subsidènza o †**sussidènza** [dal lat. *subsidĕntia(m)*, deriv. di *subsīdere* 'abbassarsi', comp. di *sŭb-* 'sub-' e *sīdere* 'sedersi' ✱ 1664] **s. f.** **1** (*geol.*) abbassamento del fondo di un bacino, marino o continentale, che tende ad affondare nella crosta terrestre | (*est.*) abbassamento del terreno **2** (*meteor.*) lento movimento di discesa dell'aria, caratteristico nelle zone anticicloniche, che ha per conseguenza un riscaldamento, per compressione, dell'aria stessa **3** †residuo

†**subsìstere** ➤ **sussistere**

subsònico [comp. di *sub-* e *sonico* ✱ 1949] **agg.** (**pl. m.** *-ci*) ● (*aeron.*) relativo a velocità inferiori alla velocità del suono: *aereo s.*

substràto o **sostràto** [V. *sostrato* ✱ 1860] **s. m.** **1** (*biol.*) base o sostegno su cui si fissano una pianta o un animale sessile **2** (*fig.*) ciò che costituisce la base, lo sfondo di qlco.: *il s. ideologico di un romanzo* **3** (*biol.*) sostanza inerte contenente una soluzione nutritizia **4** (*agric.*) suolo inorganico inerte, costituito da ghiaia, torba e sim. o da materie plastiche espanse, predisposto per le colture idroponiche **5** (*chim.*) la sostanza o la miscela di sostanze su cui agisce un reattivo | (*chim., biol.*) la sostanza su cui un enzima esplica la sua azione catalitica **6** V. *sostrato* nei sign. 1, 2, 4

subtotàle [comp. di *sub-* e *totale* ✱ 1987] **A agg.** ● quasi totale | (*med.*) di intervento chirurgico che asporta una parte di un organo o di un tessuto; detto spec. dell'isterectomia che lascia in sede il collo uterino **B s. m.** ● in contabilità, totale parziale di riporto

subtropicàle [comp. di *sub-* e *tropicale* ✱ 1875] **agg.** **1** che è posto sotto i tropici **2** che nasce, cresce e sim. sotto i tropici: *fauna, flora s.*

†**subùglio** ➤ **subbuglio**

subumàno [comp. di *sub-* e *umano* ✱ 1904] **agg.** ● che è al di sotto della condizione umana, sprovvisto dei caratteri e della dignità propri dell'essere umano

subunità [comp. di *sub-* e *unità* ✱ 1985] **s. f. inv.** ● (*biol.*) ogni componente di una unità funzionale di ordine superiore: *s. proteica* **SIN.** sottounità

suburbàno [vc. dotta, dal lat. *suburbānu(m)*, comp. di *sŭb-* 'sub-' e *urbānus* ✱ sec. XIV] **agg.** ● che si trova ai margini dell'area periferica di una città: *giardini suburbani*; *canti si levano*

... / *nell'osteria suburbana* (U. SABA)

suburbicàrio [vc. dotta, dal lat. tardo *suburbicāriu(m)*, comp. di *sŭb-* 'sub-' e *urbicārius* 'urbano', da *ŭrbs*, genit. *ŭrbis* 'città' ✱ 1619] **agg.** **1** detto di chiesa o di sede vescovile fuori delle mura di Roma o nel circondario della città **2** (*stor.*) ***regioni suburbicarie***, nell'ordinamento dell'Impero romano, quelle centro-meridionali, geograficamente più vicine a Roma, esenti da taluni tributi

subùrbio [vc. dotta, dal lat. *subŭrbiu(m)*, comp. di *sŭb-* 'sub-' e di un deriv. di *ŭrbs*, genit. *ŭrbis* 'città' ✱ 1508] **s. m.** ● zona periferica della città, a espansione più o meno ordinata | sobborgo

subùrra [lat. *Subūr(r)a(m)*, quartiere popolare e malfamato dell'antica Roma, situato tra il Celio e l'Esquilino ✱ sec. XIV] **s. f.** ● (*lett.*) il quartiere più malfamato di una città

subvedènte [comp. di *sub-* e *vedente* ✱ 1983] **agg. e s. m. e f.** ● che (o chi) è affetto da vista debole

succedaneità [1943] **s. f. inv.** ● caratteristica di ciò che è succedaneo

♣**succedàneo** [vc. dotta, dal lat. tardo *succedāneu(m)*, da *succēdere* 'subentrare' ✱ 1573] **A agg.** ● detto di qualunque sostanza che ne sostituisce un'altra nell'uso e negli effetti **B s. m.** ● sostanza che ne sostituisce un'altra: *i succedanei del caffè* **SIN.** surrogato

♦**succèdere** [vc. dotta, dal lat. *succēdere*, propr. 'venire (*cēdere*) di sotto (*sŭb*), subentrare' ✱ 1282] **A v. intr.** (**pass. rem.** *io succèssi*, o **lett.** *succedéi* **nei sign. A 1, 2, 4, 5, 6 e nel sign. B**, o *succedètti* **nei sign. A 1, 2, 4, 5, 6 e nel sign. B**, *tu succedésti*; **part. pass.** *succèsso* o *succedùto* **nei sign. A 1, 2, 4, 5, 6 e nel sign. B**; **aus.** *essere*) **1** subentrare ad altri, prendere il posto di altri in un ufficio, un grado, una dignità (+ *a*, + *in*): *s. a qlcu. nel trono, nel possesso di qlco.*; *Tiberio succedette ad Augusto* | subentrare ad altri in dati rapporti giuridici, spec. in base a una successione a causa di morte: *gli è successo nella totalità il figlio* **2** (**spec. lett.**) seguire, venire dopo, nel tempo o nello spazio (+ *a*): *l'effetto succede alla causa*; *ad un certo punto alla pianura succede un altopiano* **3** avvenire, verificarsi (+ *di* **seguito da inf.**, + *che*): *questo fatto successe molti anni or sono*; *è successa una disgrazia*; *che cosa succede?*; *che cosa sta succedendo là dietro?*; *non succede niente*; *tutto può s.*; *mi succede spesso di incontrarlo a teatro*; *spesso succede che si prenda gusto al gioco*; *E se poi ti succede di inciampare* (I. NIEVO); *succedeva che a Pasqua e a Natale s'aveva sempre una gran folla* (G. VERGA) | (*fam.*) ***sono cose che succedono***, per esprimere accettazione, rassegnazione **4** (*lett.*) derivare, provenire **5** †diventare erede | †venire per eredità **6** †riuscire, avere effetto **B succèdersi v. intr. pron.** ● susseguirsi, venire l'uno dopo l'altro: *gli avvenimenti si succedono serrati*

†**succediménto** [da *succedere* ✱ sec. XIII] **s. m.** ● esito, conclusione | evento

succeditóre [sec. XV] **s. m.** (**f.** *-trice*); **anche agg.** ● (*raro*) chi (o che) succede | successore

succedùto **part. pass.** di *succedere* ● nei sign. A 1, 2, 4, 5, 6 e nel sign. B del v.

successìbile [da *successo*① ✱ 1575] **agg. e s. m. e f.** ● (*dir.*) che (o chi) può succedere a qlcu. spec. mediante successione a causa di morte: *ordine dei successibili* ‖ **successibilità**, **s. f. inv.**

♦**successióne** [vc. dotta, dal lat. *successiōne(m)*, da *succĕssus* 'successo①' ✱ 1308] **s. f.** **1** (*dir.*) il subentrare di un soggetto nella situazione giuridica precedentemente occupata da un altro soggetto di diritto: *s. nei contratti dell'azienda* | ***s. nel processo***, nella posizione di parte | il subentrare nella totalità o in una parte dei rapporti giuridici che facevano capo a un soggetto, in occasione e a causa della sua morte: *s. ereditaria, a causa di morte*; *imposta di s.* | ***s. a titolo universale***, nella totalità dei rapporti giuridici mediante l'acquisto del titolo di erede | ***s. a titolo particolare***, per effetto dell'acquisto di un legato | ***s. legittima***, disposta dalla legge allorché il testatore è morto senza aver fatto testamento | ***s. testamentaria***, secondo il testamento | ***s. necessaria***, quella dei legittimari o riservatari **2** serie, seguito, di avvenimenti, fenomeni e sim. susseguentisi fra loro: *la s. dei giorni, dei mesi, delle stagioni*; *la pronta s. della parola al pensiero* **3** (*mat.*) insieme ordinato di elementi che può essere posto in corrispondenza biunivoca con i numeri naturali

†**successìve** [avv. lat. mediev., tratto dal lat. tardo *successīvus* 'successivo' ✱ av. 1498] **avv.** ● (*raro, lett.*) successivamente

♦**successìvo** [vc. dotta, dal lat. tardo *successīvu(m)*, da *succĕssus* 'successo①' ✱ 1308] **agg.** ● che viene subito dopo ad altro: *anno, giorno, s.*; *scendere alla fermata successiva* **SIN.** seguente, susseguente ‖ **successivaménte**, **avv.** in ordine successivo; in seguito, poi ‖ **successività**, **s. f. inv.**

succèsso① **part. pass.** di *succedere* ● nei sign. del v.

♦**succèsso**② [dal lat. *succĕssu(m)* 'arrivo, buon esito, riuscita', da *succēdere* 'succedere' ✱ av. 1342] **s. m.** **1** (*lett., raro*) avvenimento, evento, caso | (*lett.*) esito, risultato: *avere un buon, un cattivo, s.* | (*lett.*) ***in s. di tempo***, in seguito **2** esito favorevole, buona riuscita: *avere, ottenere, riportare, riscuotere, s.* | favore popolare, riconoscimento pubblico: *grande, strepitoso, clamoroso, s.*; *un film di s.* **3** ciò che ha ricevuto l'apprezzamento del pubblico: *il suo libro fu un s.* | (*est.*) vittoria in una competizione sportiva ‖ **successóne**, **accr.**

SFUMATURE DI SIGNIFICATO

successo - popolarità - boom

Successo è in generale la buona riuscita di un'attività o un'iniziativa; nell'ambito dello spettacolo, delle attività artistiche e dello sport il termine identifica l'estremo favore, l'accoglienza calorosa da parte di un pubblico che manifesta simpatia e consensi. Qualora l'attività o l'iniziativa possieda le caratteristiche per incontrare il favore di un pubblico vastissimo, il *successo* si traduce in **popolarità**, cioè nel fatto che la persona o la sua opera siano universalmente note. Una *popolarità* conseguita in tempi molto brevi è un **boom**, termine che si riferisce anche allo sviluppo rapidissimo di qualsiasi attività.

SFUMATURE ➤ ***riuscita***

successóre [vc. dotta, dal lat. *successōre(m)*, da *succĕssus* 'successo①' ✱ av. 1294] **s. m.** (**f.** *raro succeditrice*); **anche agg.** ● chi (o che) succede ad altri in ufficio, possesso, dignità, e sim. | erede

successòrio [vc. dotta, dal lat. tardo *successōriu(m)*, da *succĕssus* 'successo①' ✱ 1673] **agg.** (**pl. m.** *-i* o *raro -ii*) ● (*dir.*) relativo a una successione a causa di morte: *imposta successoria* | ***patto s.***, convenzione con cui taluno dispone della propria successione, o atto con cui dispone dei diritti che gli possono spettare su una successione non ancora aperta

succhiaménto [av. 1406] **s. m.** ● (*raro*) il succhiare

♦**succhiàre** [lat. parl. **suculāre*, da *sūcus* 'sugo, succo'. V. *sugo* ✱ av. 1348] **A v. tr.** (*io sùcchio*) **1** aspirare un liquido con la bocca stringendo le labbra: *s. il latte dal biberon*; *s. una bibita con la cannuccia* | ***avere succhiato qlco. col latte, col latte della madre***, (*fig.*) averla connaturata | ***s. il sangue a qlcu.***, (*fig.*) sfruttarlo | tenere in bocca qlco. facendola sciogliere e ingerendone il succo: *s. una caramella* **2** assorbire: *le radici delle piante succhiano l'acqua piovana* **3** (*fig.*) ***s. la ruota***, nel ciclismo, fare il succhiaruote **B succhiàrsi v. tr. pron.** (**aus.** *essere*) **1** succhiare (con valore intens.): *succhiarsi una caramella* | ***succhiarsi il dito***, tenerlo continuamente in bocca, come fanno i bambini **2** (*fig., raro*) sopportare con rassegnazione: *Questa dottrina di succhiarsi in pace uno che ci spelliccia allegramente* (G. GIUSTI)

succhiaruòte [comp. di *succhia(re)* e il pl. di *ruota* ✱ 1964] **s. m. e f. inv.** ● nel linguaggio sportivo, corridore ciclista che tiene la ruota anteriore della sua bicicletta subito dietro quella posteriore di un altro per risparmiare energie, avvantaggiandosi della minore resistenza dell'aria

succhiasòldi [comp. di *succhia(re)* e il pl. di *soldo* ✱ 1976] **A agg. inv.** ● che fa spendere molto denaro: *videogiochi s.* | che comporta un continuo sperpero di denaro: *settore economico s.* **B s. m. e f. inv.** ● (*colloq., spreg.*) chi si fa dare continuamente del denaro dagli altri

succhiàta [1940] **s. f.** ● il succhiare una volta

succhiatóio [1871] **s. m.** (**pl.** *-ói*) ● (*zool.*) organo per succhiare degli insetti

succhiatóre [1427] **s. m.** (**f.** *-trice*); **anche agg.** ● chi (o che) succhia

succhiellàio [1379] **s. m.** (**f.** *-aia*, **pl. m.** *-ai*) ● chi fa o vende succhielli

succhiellaménto [1618] **s. m.** ● lavoro fatto col succhiello

succhiellàre [da *succhiello* ✱ 1315 ca.] **v. tr.** (*io succhièllo*) **1** forare col succhiello: *s. una botte* **2** (*tosc.*) ***s. una carta***, scoprirla lentamente facendone emergere l'angolo superiore da un'altra carta che si ha in mano

succhièllo [dim. di *succhio*② ✱ av. 1320] **s. m.** ● utensile formato da un corpo cilindrico di acciaio con un'estremità elicoidale, usato per praticare fori nel legno, particolarmente per avviare la strada dei chiodi e delle viti di collegamento ‖ **succhiellétto**, **dim.** | **succhiellìno**, **dim.**

succhiétto [1935] **s. m.** ● succhiotto

sùcchio① [da *succhiare* ✱ av. 1380] **s. m.** **1** il succhiare **2** (*raro*) risucchio, spirale **3** (*bot.*) linfa dei vegetali | ***essere, venire, in s.***, delle piante a primavera

sùcchio② [lat. tardo *sūculu(m)* 'porcellino', dim. di *sūs*, genit. *sŭis* 'porco', per la forma attorcigliata (?) ✱ 1313] **s. m.** ● (*pop., tosc.*) succhiello

succhióne [da *succhiare* ✱ 1768] **s. m.** **1** (*agric.*) ramo vigoroso di vite e altri fruttiferi, sviluppatosi sui tronchi e sui grossi rami da gemme avventizie o latenti **SIN.** pollone **2** (*fig., lett., raro*) parassita, sfruttatore

†**succhióso** (o **-ṣo**) [da *succhio*①. V. *succoso* ✱ 1499] **agg.** ● pieno di succo

succhiòtto [da *succhiare* ✱ 1950] **s. m.** **1** tettarella di gomma non bucata, che, al di fuori della poppata, si mette nella bocca del lattante per calmarlo, per farlo addormentare e sim. **SIN.** ciuccio, ciucciotto **2** (*pop.*) segno lasciato da un bacio

succiacàpre [comp. di *succia(re)* e il pl. di *capra*. Cfr. *caprimulgo* ✱ 1838] **s. m. inv.** ● (*zool.*) caprimulgo

succiafióre [comp. di *succia(re)* e *fiore* ✱ 1970] **s. m.** ● (*zool.*) uccello mosca, colibrì

succiamèle [comp. di *succia(re)* e *m(i)ele* ✱ av. 1492] **s. m. inv.** ● pianta delle Orobancacee, parassita, con spiga di fiori bianchi, priva di foglie, la cui radice si attacca mediante austori alla radice delle leguminose (*Orobanche speciosa*)

succiaménto [sec. XIV] **s. m.** ● (*pop.*, *tosc.*) il succiare

succiàre [lat. parl. **suctiāre*, da *sūctus*, part. pass. di *sūgere* 'succhiare' ✻1312] **A v. tr.** (**pres.** *io sùccio*; **fut.** *io succerò*); anche **succiàrsi v. tr. pron.** **1** (*pop.*, *tosc.*) succhiare **2** (*fig.*, *tosc.* o *lett.*) prendersi, appropriarsi: *dalla nostra Italia … succiarono l'altre provincie d'Europa il vero sapor delle scienze* (L.A. Muratori) **B succiàrsi v. tr. pron.** (**aus.** *essere*) **1** (*pop.*, *tosc.*) succhiare (con valore intens.): *succiarsi il dito* **2** (*fig.*, *pop.*, *tosc.*) sopportare qlco. di molesto: *Gertrude … dovette succiarsi le congratulazioni … della vecchia* (A. Manzoni)

succiasàngue [comp. di *succia(re)* e *sangue* ✻1872] **s. m. e f. inv.** ● (*raro*, *tosc.*) sfruttatore | usuraio, strozzino

succiàta [av. 1685] **s. f.** ● (*pop.*, *tosc.*) succhiata

succìdere [vc. dotta, dal lat. *succīdere*, comp. di *sŭb-* 'sub-' e *caedere* 'tagliare'. V. *cesura* ✻av. 1257] **v. tr.** (**pass. rem.** *io succìṣi, tu succidésti*; **part. pass.** *succìṣo* o †*succésso*) ● (*lett.*) recidere | ***s. una pianta***, tagliarla alla base

succinàto [da *succinico*, con cambio di suff. (*-ato*) ✻1869] **s. m.** ● (*chim.*) sale dell'acido succinico

succìngere [vc. dotta, dal lat. *succīngere*, comp. di *sŭb-* 'sub-' e *cīngere* 'cingere' ✻1338 ca.] **A v. tr.** (**coniug. come** *cingere*) ● (*raro*, *lett.*) avvolgersi alla vita con la cintura le vesti troppo lunghe, in modo che non impaccino i movimenti **B succìngersi v. rifl.** ● (*raro*, *lett.*) rimboccarsi una veste fino alla cintura

succìnico [comp. di *succino* e *-ico* ✻1795] **agg.** (**pl. m.** *-ci*) ● (*chim.*) detto di acido organico bicarbossilico, presente nel mondo minerale, vegetale e animale

succinìte [comp. di *succino* e *-ite*[2] ✻1819] **s. f.** ● (*miner.*) ambra, resina fossile

sùccino [lat. *sūcinu(m)*, forse di orig. indeur. ✻1499] **s. m.** ● (*miner.*) ambra gialla

succintézza [av. 1704] **s. f.** ● (*raro*, *lett.*) stringatezza, brevità

♦**succìnto** o †**soccìnto part. pass.** di *succingere*; anche **agg.** **1** †legato, incatenato in basso **2** (*raro*, *lett.*) detto di veste alzata e fermata in vita da una cintura: *veste, tunica, succinta* | detto di persona, che indossa tale veste: *si volse / agile come in cielo Ebe succinta* (U. Foscolo) **3** detto di indumento corto, scollato, che lascia scoperta buona parte del corpo: *i succinti abiti estivi* | detto di persona che indossa indumenti corti o ridotti: *ragazze succinte* **4** (*fig.*) breve, conciso, sintetico: *esposizione, introduzione, succinta* | ***in s.***, (*ellitt.*) succintamente ‖ **succintaménte**, **avv.** **1** in breve, in modo conciso; in breve: *esporre succintamente i fatti* **2** in modo succinto: *una signora vestita succintamente*

succintòrio [vc. dotta, dal lat. tardo (eccl.) *succinctōriu(m)* 'grembiule', da *succīnctus* 'succinto' ✻av. 1420] **s. m.** (**pl.** *-i* o *raro -ii*) ● ornamento usato dal Papa nella celebrazione della Messa solenne, consistente in una specie di manipolo che si porta sul camice, al fianco sinistro

sùccio [av. 1446] **s. m.** ● (*tosc.*) atto del succiare | sorso

sùcciola [da *succiare* ✻sec. XIV] **s. f.** ● (*pop.*, *tosc.*) castagna lessa con la buccia | (*fig.*) ***andare in brodo di succiole***, struggersi di piacere, di contentezza

succióne [da *succiare*. V. *succhione* ✻1468] **s. m.** ● (*tosc.*) succhione

succìṣo part. pass. di *succidere*; anche **agg.** ● (*lett.*) nel sign. del v.

succitàto [comp. di *su-* e *citato* ✻1819] **agg.** ● citato, nominato prima, sopra

succlàvio o †**subclàvio** [comp. di *su(b)-* e *clavio*, dal lat. *clāvis* 'chiave', nella terminologia medica moderna 'clavicola' ✻1668] **agg.** ● (*anat.*) che è posto sotto la clavicola: *arteria, vena, succlavia*

♦**sùcco** [lat. tardo *sūccu(m)*, variante di *sūcus* 'sugo', prob. connesso con *sūgere* 'succhiare', di orig. indeur. ✻av. 1327] **s. m.** (**pl.** *-chi*) **1** sostanza liquida spremuta da ortaggi o frutta: *s. di pomodoro, d'uva; spremere il s. da un'arancia* **SIN.** sugo **2** ***s. di frutta***, nell'industria alimentare, derivato naturale, non diluito, che ha colore, aroma e gusto dei frutti da cui è ottenuto con procedimenti meccanici **3** (*anat.*) qualsiasi prodotto di secrezione ghiandolare | ***s. gastrico***, prodotto di secrezione delle ghiandole dello stomaco | ***s. enterico***, dell'intestino **4** (*biol.*) ***s. nucleare***, sostanza fluida costituente il nucleo delle cellule animali e vegetali **5** (*fig.*) sostanza, essenza: *questo è il s. del discorso*

succóso (o **-ṣo**) [lat. *sucōsu(m)*, da *sūcus* 'succo' ✻av. 1472] **agg.** **1** che è pieno di succo **SIN.** sugoso **2** (*fig.*) sostanzioso, gustoso e conciso al tempo stesso: *scritto s.* ‖ **succosaménte**, **avv.** in modo succoso ‖ **succosità**, **s. f. inv.** **1** proprietà di ciò che è succoso **2** (*fig.*) caratteristica di ciò che è sostanzioso, denso di contenuti

Succot ➤ **Sukkot**

succubànza [da *succube* ✻1992] **s. f.** ● (*psicol.*) stato di chi è succube di qlcu. o qlco.

♦**sùccubo** o **sùccube** [*succubo* è forma m. tratta dal lat. tardo *sŭccuba(m)* 'concubina', comp. di *sŭb* 'sotto' e di un corradicale di *cubāre* 'giacere'; la forma *succube* è modellata sulla grafia del fr. *succube* ✻av. 1472] **s. m.** (**f.** *-a* o *-e*); anche **agg. nel sign.** 2 **1** nella demonologia cristiana, demonio che, assumendo aspetto fittizio femminile, si unisce sessualmente a uno stregone o a un invasato **2** (*est.*) chi (o che) soggiace completamente al volere di un altro: *è succuba del marito*

succulènto [vc. dotta, dal lat. tardo *sucul̆ĕntu(m)* 'succoso', da *sūcus* 'succo' ✻1499] **agg.** **1** pieno di succo, succoso **2** (*est.*) molto gustoso, sostanzioso: *cibo s.*; *pietanze succulente* **3** (*bot.*) detto di pianta o di organo ricco di tessuti acquiferi | ***pianta succulenta***, V. *pianta*

succulènza [1606] **s. f.** **1** caratteristica di ciò che è succulento **2** (*med.*) subedema

succursàle [vc. dotta, dal lat. *succŭrsus*, part. pass. di *succŭrrere* 'soccorrere'; calco sul fr. *succursale* nel sign. B ✻1772] **A agg.** ● detto di chiesa in cui si svolge il servizio religioso per i fedeli che abitano lontano dalla propria chiesa parrocchiale **B s. f.** ● sede secondaria di una società, una banca, un'azienda e sim. **SIN.** filiale

sùcido [vc. dotta, dal lat. *sūcidu(m)* 'unto', detto spec. della lana, da *sūcus* 'sugo, untume'. V. *sudicio* ✻1313] **agg.** **1** (*lett.*) sporco, sudicio **2** (*tess.*) ***lana sucida***, allo stato naturale, come viene dalla tosatura

sucidùme [comp. di *sucid(o)* e *-ume* ✻1319] **s. m.** **1** (*lett.*) sporcizia, sudiciume **2** (*tess.*) materia grassa con incorporati vari sali, emanata dalle ghiandole sudorifere e sebacee della pecora, presente nella lana di questa

†**sùco** [dal lat. *sūcus* 'sugo' ✻sec. XIII] **s. m.** ● succo

sucre /*sp.* 'sukre/ [dal n. del generale A. J. de Sucre (1795-1830) ✻1932] **s. m. inv.** (**pl. sp.** *sucres*) ● unità monetaria dell'Ecuador fino all'anno 2000, sostituita dal dollaro USA

♦**sud** [dal fr. *sud*, che è dall'ingl. ant. *suth* ✻av. 1557] **A s. m.** **1** (*geogr.*; anche con iniziale maiuscola) punto cardinale nella cui direzione si osserva il Sole nel momento in cui esso è più alto sull'orizzonte **2** zona meridionale di un paese, una nazione, e sim.: *il Sud dell'Italia; terra, gente del sud* | ***profondo Sud***, territori di regioni meridionali spec. americane ed europee, caratterizzate da depressioni socio-economiche | l'insieme dei Paesi del sottosviluppo, situati per lo più nell'emisfero australe: *il Sud del mondo; la contraddizione Nord-Sud* **3** nel bridge, posizione del giocatore che, al tavolo da gioco, si colloca di fronte al giocatore in posizione Nord col quale fa coppia **B in funzione di agg. inv.** ● (posposto a un sost.) meridionale, spec. nelle loc. ***fascia sud, parete sud, zona sud*** e sim.

sud- primo elemento ● in aggettivi e sostantivi etnici e geografici significa 'del Sud', 'meridionale': *sudafricano, sudamericano*

sudacchiàre [da *sudare*, con suff. dim.-iter. ✻1825] **v. intr.** (*io sudàcchio*; **aus.** *avere*) ● sudare alquanto

♦**sudafricàno** [comp. di *sud-* e *africano* ✻1892] **A agg.** ● dell'Africa meridionale e spec. della Repubblica Sudafricana **B s. m.** (**f.** *-a*) ● abitante o nativo dell'Africa meridionale e spec. della Repubblica Sudafricana

†**sudaménto** [av. 1685] **s. m.** ● il sudare

sudamericàno [comp. di *sud-* e *americano* ✻1914] **A agg.** ● dell'America del Sud **B s. m.** (**f.** *-a*) ● abitante o nativo dell'America del Sud

sudàmina [da *sudare* ✻av. 1698] **s. f.** ● (*med.*) insieme di vescicole arrossate per l'eccessivo sudore attorno allo sbocco delle ghiandole sudoripare

♦**sudanése** (o **-ṣe**) [1885] **A agg.** ● del Sudan: *lingue sudanesi* **B s. m. e f.** ● abitante o nativo del Sudan **C s. m. solo sing.** ● ceppo linguistico a cui appartengono numerose famiglie di lingue parlate in Africa centrale

♦**sudàre** [lat. *sudāre*, di orig. indeur. ✻1268] **A v. intr.** (**aus.** *avere*) **1** emettere sudore: *s. molto, poco; s. per il caldo, per la fatica; gli sudano le mani; gli sudava la fronte* | ***s. freddo***, sudare e nello stesso tempo provare una sensazione di freddo, per malattia, emozione, paura e sim.; (*fig.*) essere in uno stato di forte ansia o paura: *quel pensiero lo faceva s. freddo* **2** (*fig.*) affaticarsi, lavorare molto: *s. per guadagnarsi da vivere; s. sui libri* **B v. tr.**; anche **sudàrsi v. tr. pron.** nel sign. 2 (**aus.** *essere*) **1** (*raro*) trasudare: *il vaso suda acqua* **2** ottenere con fatica: *Il pane che si mangia bisogna sudarlo* (G. Verga); *la promozione dovrà sudarsela!* **3** affaticarsi molto, nelle loc. (*iperb.*, *fig.*) ***s. sangue, s. sette camicie***, e sim.

sudàrio [vc. dotta, dal lat. *sudāriu(m)* 'fazzoletto', da *sudāre* 'sudare' ✻sec. XII] **s. m.** **1** presso gli antichi Romani, sottile panno di lino per detergere il sudore | fascia di lino che i soldati protavano avvolta attorno al collo **2** presso gli antichi, panno con cui si copriva il viso dei morti | (*est.*) lenzuolo funebre **3** panno con il quale la Veronica asciugò il sudore a Gesù portato al Calvario e sul quale restò impressa l'immagine di lui

sudàta [av. 1750] **s. f.** **1** il fatto di sudare, spec. abbondantemente: *fare una s.* **2** (*est.*) fatica, grande sforzo ‖ **sudatàccia**, **pegg.** | **sudatìna**, **dim.**

sudatìccio [1555] **A agg.** (**pl. m.** *-ci*; **pl. f.** *-ce*) ● alquanto sudato, molliccio di sudore: *fronte sudaticcia* **B s. m.** ● (*raro*) umidore prodotto dal sudore: *c'è puzzo di s.*

♦**sudàto part. pass.** di *sudare*; anche **agg.** **1** bagnato di sudore: *è tornato a casa tutto s.* **2** (*fig.*) ottenuto con grande impegno e fatica: *una vittoria sudata; Io gli studi leggiadri / talor lasciando e le sudate carte* (G. Leopardi) ‖ **sudataménte**, **avv.** con sudore, fatica

†**sudatóio** [lat. *sudatōriu(m)*, sost. di *sudatōrius* 'sudorifico' ✻1556] **s. m.** ● luogo caldo da

S

provocare sudore

sudatòrio [fr. *sudatoire*, vc. dotta che si rifà al lat. *sudatōriu(m)* 'sudorifico' (da *sudātus*, part. pass. di *sudāre*) ✻1556] **A** **agg.** (**pl. m.** *-i* o *raro* *-ii*) ● che fa sudare, che produce sudorazione **B** **s. m.** ● negli edifici termali dell'antica Roma, ambiente attrezzato per provocare la sudorazione

sudcoreàno [1984] **A** **agg.** ● della Corea del Sud **B** **s. m.** (**f.** *-a*) ● abitante o nativo della Corea del Sud CFR. nordcoreano

suddelegàre ▸ **subdelegare**

suddètto [comp. di *su-* e *detto* ✻av. 1328] **agg.** ● sopraddetto, nominato in precedenza

suddiaconàto [vc. dotta, dal lat. tardo (eccl.) *subdiaconātu(m)*, comp. di *sŭb-* 'sub-' e *diaconātus* 'diaconato' ✻av. 1342] **s. m.** ● nella gerarchia sacerdotale cattolica, primo degli ordini maggiori soppresso dopo il Concilio Vaticano II

suddiàcono (o **-dià-**) o †**soddiàcono** [vc. dotta, dal lat. tardo (eccl.) *subdiăconu(m)*, comp. di *sŭb-* 'sub-' e *diāconus* 'diacono' ✻av. 1348] **s. m.** ● chi, nella gerarchia sacerdotale cattolica vigente prima del Concilio Vaticano II, aveva ricevuto il suddiaconato

suddistìnguere [vc. dotta, dal lat. tardo *subdistĭnguere*, propr. 'separare con la punteggiatura', comp. di *sŭb-* 'sub-' e *distĭnguere*. V. *distinguere* ✻1745] **v. tr.** (**coniug. come** *distinguere*) ● (*raro*) distinguere ulteriormente, dopo una prima distinzione

suddistinzióne [vc. dotta, dal lat. tardo *subdistinctiōne(m)*, da *subdistĭnguere* 'separare con la punteggiatura' ✻1745] **s. f.** ● (*raro, lett.*) distinzione ulteriore

sudditànza [1684] **s. f.** ● condizione di suddito | (*fig.*) forte dipendenza o soggezione, subalternità: *s. psicologica*

sùddito [vc. dotta, dal lat. *sŭbditu(m)*, part. pass. di *sŭbdere* 'sottomettere', comp. di *sŭb* 'sub-' e di un corradicale di *făcere* 'fare' ✻1268] **A** **agg.** ● †sottoposto, soggetto a un potere sovrano, spec. regio **B** **s. m.** (**f.** *-a*) **1** chi è sottoposto a una sovranità statale: *un fedele s. dello Stato* **2** chi è sottoposto alla sovranità di uno Stato e ne subisce i doveri, ma è privo dei diritti propri del cittadino: *s. coloniale* **3** il cittadino di uno Stato retto a monarchia: *i sudditi di Sua Maestà britannica*

♦**suddivìdere** [vc. dotta, dal lat. tardo (eccl.) *subdivĭdere*, comp. di *sŭb* 'sub-' e *divĭdere* ✻av. 1320] **A** **v. tr.** (**coniug. come** *dividere*) ● dividere ulteriormente ciò che era già diviso: *s. capitoli in paragrafi* | (*est.*) dividere: *s. un libro in capitoli* **B** **suddividersi** **v. tr. pron.** (**aus.** *essere*) ● spartirsi, ripartirsi (detto di due o più persone): *suddividersi un guadagno* **C** **suddivìdersi** **v. intr. pron.** ● dividersi ulteriormente: *il genere dei Camelidi si suddivide in due specie*

SFUMATURE ▸ *dividere*

suddivisìbile [av. 1642] **agg.** ● che si può suddividere ‖ **suddivisibilità**, **s. f. inv.**

suddivisióne [vc. dotta, dal lat. tardo *subdivisiōne(m)*, da *subdivĭdere* 'suddividere' ✻av. 1375] **s. f.** **1** divisione ulteriore | (*est.*) divisione **2** (*mat.*) partizione, divisione spec. di figure geometriche **3** (*mus.*) scomposizione di ogni tempo di una battuta in accenti secondari

suddivìso **part. pass.** di *suddividere*; anche **agg.** ● nei sign. del v.

sudequatoriàle [1933] **agg.** ● (*geogr.*) che si trova a sud dell'equatore, nell'emisfero australe

sudèst o **sud-èst** [comp. di *sud* ed *est* ✻1577] **s. m. inv.** ● punto dell'orizzonte equidistante da Sud ed Est | ***vento di s.***, scirocco | zona sudorientale di un Paese o di un continente: *il S. asiatico*

sudicerìa [da *sudicio* ✻1716] **s. f.** **1** condizione di chi (o di ciò che) è sudicio | (*fig.*) immoralità **2** (*fig.*) atto, discorso e sim., sudicio, sconveniente: *la sua bocciatura è stata proprio una s.* **3** insieme di cose sudice: *togli questa s. dal tavolo*

†**sudicézza** [av. 1512] **s. f.** ● sporcizia

♣**sùdicio** [da *sucido*, per metatesi. V. *sucido* ✻sec. XIV] **A** **agg.** (**pl. m.** *-ci*; **pl. f.** *-cie* o *-ce*) **1** non lavato né pulito, imbrattato, molto sporco: *viso s.*; *casa sudicia*; *biancheria sudicia*; *essere s.*; *il vestito è s. di fango*; *mi sono accoccolato / vicino ai miei panni / sudici di guerra* (G. UNGARETTI) CONTR. pulito **2** detto di colore, non brillante, non vivo: *colore s.*; *bianco s.* **3** (*fig.*) disonesto, turpe, immorale: *individuo, affare, s.*; *è una faccenda sudicia* | indecente, sconcio: *discorsi sudici* | (*est.*) spregevole: *è un s. strozzino* ‖ **sudicètto**, **dim.** | **sudicióne**, **accr.** (V.) ‖ **sudiciaménte**, **avv.** **1** in modo sudicio, sporco **2** (*fig.*) in maniera disonesta **B** **s. m. solo sing.** ● sudiciume (*anche fig.*): *vivere nel s.*; *togliere il s.*; *in questa storia c'è del s.* SIN. sporco

sudicióne [da *sudicio* ✻av. 1704] **agg. e s. m.** (**f.** *-a*) **1** che (o chi) è molto sudicio | che (o chi) non ama o non cura la pulizia **2** (*fig.*) che (o chi) manifesta una sensualità volgare od oscena | (*raro*) persona disonesta, immorale SIN. sporcaccione

♣**sudiciùme** [av. 1472] **s. m.** **1** roba sudicia, sporcizia **2** (*fig.*) immoralità, disonestà

sudìsmo [comp. *sud* e *-ismo* ✻1945] **s. m.** ● concezione che privilegia le tradizioni e le caratteristiche dei territori meridionali di un Paese o di un continente nei confronti di quelli settentrionali CFR. nordismo

sudìsta [comp. di *sud* e *-ista* ✻1937] **A** **s. m. e f.** (**pl. m.** *-i*) **1** nella guerra di secessione americana, appartenente a uno Stato del Sud o parteggiante per esso **2** (*raro*) chi abita nella zona meridionale di un Paese politicamente diviso in due parti **B** **anche agg.**: *governo s.*

sudoccidentàle o **sud-occidentàle** [1946] **agg.** ● (*geogr.*) che si trova a sud-ovest | che proviene da sud-ovest: *vento, corrente sud-occidentale*

Sudòku /su'dɔku, *giapp.* ʃɯ.dɔ.kɯ/ [giapp. *sūdoku*, propr. 'numero (*sū*) unico (*doku*)' ✻2005] **s. m. inv.** ● gioco di pazienza fondato sui numeri, che consiste nel completare uno schema predefinito immettendo in una griglia composta da nove righe e nove colonne, suddivisa in nove quadranti di nove caselle ciascuno, i numeri dall'1 al 9, in modo tale che alla fine del gioco ogni riga, colonna e quadrante contenga tutti i numeri da 1 a 9

sudoràle [fr. *sudoral*, dal lat. *sūdor*, genit. *sudōris* 'sudore' ✻av. 1468] **agg.** ● (*med.*) caratterizzato da sudorazione irregolare, detto spec. di certi stati febbrili

sudorazióne [1913] **s. f.** ● secrezione del sudore

sudóre [lat. *sudōre(m)*, di orig. indeur. V. *sudare* ✻1270 ca.] **s. m.** **1** liquido incolore, di sapore salato e odore caratteristico, prodotto dalle ghiandole sudoripare: *gocce, stille, di s.*; *grondare s.*; *essere bagnato, madido, molle, di s.*; *essere in un bagno di s.*; *avere la fronte imperlata di s.*; *asciugarsi il s.* | ***s. freddo***, dovuto a particolari stati, spec. emotivi: *a quella vista gli venne il s. freddo* **2** (*fig.*) grande fatica, lavoro gravoso: *questa casa è costata molto s.*; *è il frutto dei suoi sudori* **3** (*bot.*) †umore trasudato da un organo vegetale ‖ **sudorétto**, **dim.** | **sudorino**, **dim.**

sudorientàle o **sud-orientàle** [1946] **agg.** ● (*geogr.*) che si trova a sud-est: *Asia sud-orientale* | che proviene da sud-est

sudorìfero [vc. dotta, dal lat. tardo *sudorĭferu(m)*, comp. di *sūdor*, genit. *sudōris* 'sudore' e *-fĕr* '-fero' ✻1681] **A** **agg.** ● che determina sudorazione: *tisana sudorifera* **B** **s. m.** ● diaforetico

sudorìfico [comp. di *sudor(e)* e *-ifico* ✻av. 1698] **agg.** (**pl. m.** *-ci*) ● sudorifero

sudorìna [sovrapposizione di *sudore* a *sudamina* ✻1960] **s. f.** ● (*fam.*) sudamina

sudorìparo [comp. di *sudore* e *-paro*, dal lat. *părere* 'generare', sul modello dell'ingl. *sudoriparous* ✻1891] **agg.** ● (*med.*) del sudore, che produce sudore: *ghiandola sudoripara*

sudòvest o **sud-òvest** [comp. di *sud* e *ovest* ✻1739] **s. m. inv.** **1** punto dell'orizzonte equidistante da Sud e Ovest | ***vento di s.***, libeccio | zona sudoccidentale di un Paese o di un continente: *il S. dell'Inghilterra, della Francia* **2** (*mar.*) cappello di tela cerata con tesa allungata sul collo

sudtirolése (o **-ṣe**) o **sud-tirolése** (o **-ṣe**) [dal ted. *Südtirol* 'Tirolo meridionale' ✻1964] **A** **agg.** ● del Sud Tirolo, del Tirolo meridionale: *partito popolare s.* **B** **s. m. e f.** ● abitante o nativo del Sud Tirolo SIN. altoatesino

†**sùe** ● V. **su**

suede /*ingl.* sweɪd/ [dal fr. *suède*, propr. 'Svezia' ✻1938] **s. f. inv.** ● pelle lavorata in modo da presentare una superficie simile al velluto | pelle scamosciata

su e giù [av. 1861] **loc. sost. m. inv.** ● viavai, andirivieni: *un continuo, incessante su e giù di gente*; *per la scala era un su e giù di soldati* (I. NIEVO) | (*fig.*) fluttuazione, altalena: *i su e giù delle quotazioni di Borsa*

suespósto [comp. di *su-* ed *esposto* ✻av. 1869] **agg.** ● esposto precedentemente

sufèta o **suffèta** [vc. dotta, dal lat. *sūfete(m)*, a sua volta vc. fenicia, propr. 'giudice' ✻1824] **s. m.** (**pl.** *-i*) ● a Cartagine, ciascuno dei magistrati la cui carica durava un anno, forniti del sommo potere politico e giurisdizionale

suffètto [vc. dotta, dal lat. *suffĕctu(m)* 'sostituto', part. pass. di *sufficere* 'sostituire', comp. di *sŭb* 'sub-' e *făcere* 'fare' ✻1499] **agg.** ● presso gli antichi Romani, detto del console che subentrava a un altro defunto prima dello scadere del suo ufficio

♦**sufficiènte** o †**suffiziènte**, †**sofficiènte**, (*evit.*) **sufficènte** [vc. dotta, dal lat. *sufficiĕnte(m)*, part. pres. di *sufficere* 'sostenere, somministrare'. V. *suffetto* ✻1229] **A** **agg.** **1** che basta a soddisfare un bisogno, una necessità: *quantità s.*; *cibo s.*; *cibo più che s.*; *questa carne non è s. per due persone*; *dimostrare un reddito sufficiente al sostentamento* | che è adatto allo scopo (+ *a*, + *per* **seguiti da inf.**): *quanto dici non è s. a scusarti*; *il luogo è s. a ospitare molte persone*; *non trovo parole sufficienti per dirvi la mia sorpresa* CONTR. insufficiente **2** detto di condizione che basta da sola al verificarsi di un fatto o di una relazione logica, matematica, sperimentale | ***principio di ragione s.***, in filosofia, quello in base al quale è possibile rendere ragione a priori del perché una cosa esiste e del perché essa è in un certo modo e non altrimenti **3** nelle votazioni scolastiche, giudizio corrispondente alla votazione di 6/10 CONTR. insufficiente **4** (*raro*) borioso, presuntuoso: *non avere quell'aria s.!* **5** †abile, capace ‖ **sufficienteménte**, **avv.** a sufficienza **B** **s. m. solo sing.** ● ciò che basta, ciò che è strettamente necessario: *ha il s. per vivere* **C** **s. m. e f.** ● chi è borioso, chi assume atteggiamenti di superiorità nei confronti degli altri: *fa la s.*

sufficiènza o †**sofficiènza**, (*evit.*) **sufficènza** [vc. dotta, dal lat. tardo *sufficiĕntia(m)*, astratto di *sufficiens*, genit. *sufficiĕntis* 'sufficiente' ✻av. 1294] **s. f.** **1** condizione di ciò che è sufficiente: *avere s. di qlco.* | ***a s.***, che basta,

abbastanza: *avere tempo a s. per fare qlco.*; *ne ho a s. di quell'individuo*; *avete mangiato a s.?* **2** (*fig.*) presunzione, boria, sussiego: *aria di s.*; *avere, prendere, un'aria di s.* **3** votazione scolastica di sei decimi: *ottenere la s. in un compito* **CONTR.** insufficienza
SFUMATURE ➤ ***boria***

suffissàle [da *suffisso* ✱ 1978] **agg. e s. m.** ● (*ling.*) relativo ai suffissi | ***elemento s.***, suffisso

suffissàre [da *suffisso* ✱ 1983] **v. tr.** ● (*ling.*) nella derivazione delle parole, aggiungere suffissi al radicale

suffissàto **A** **part. pass.** di *suffissare*; anche **agg.** ● nel sign. del v. **B** **s. m.** ● (*ling.*) unità lessicale formata mediante un suffisso

suffissazióne [1974] **s. f.** ● (*ling.*) aggiunta di un suffisso

suffisso [vc. dotta, dal lat. *suffīxu(m)*, part. pass. di *suffīgere* 'appendere (*fīgere*) sotto (*sŭb*)' ✱ 1832] **s. m.** ● (*ling.*) particella che, posposta alla radice di una parola, ne modifica il significato o le caratteristiche morfologiche (per es. *-aio*, *-are*, *-eo*) **CFR.** suffissoide | ***s. zero***, derivazione di un sost. dalla radice di un verbo senza l'aggiunta di un particolare suffisso ma solo della desinenza maschile o femminile (per es. *bonifica* da *bonificare*; *delibera* da *deliberare*; *pareggio* da *pareggiare*)

suffissòide [comp. di *suffisso* e *-oide* ✱ 1950] **s. m.** ● (*ling.*) elemento formativo terminale di una parola composta, derivato da una parola di significato compiuto (per es. *-grafia*, *-mania*, *-teca*) **SIN.** secondo elemento **CFR.** suffisso

†**suffiziènte** ➤ **sufficiente**

sufflè [av. 1973] **s. m.** ● adattamento di *soufflé* (V.)

†**suffocàre** e deriv. ➤ **soffocare** e deriv.

†**suffólcere** ➤ **soffolcere**

†**sufformativo** [comp. di *su(b)-* e *formativo* ✱ av. 1565] **agg.** ● formativo non per sé ma in modo indiretto

suffraganeità [1872] **s. f. inv.** ● condizione del vescovo suffraganeo o della sua diocesi

suffragàneo o †**soffragàneo** [vc. dotta, dal lat. tardo (eccl.) *suffragāneu(m)*, da *suffragāri* 'suffragare' ✱ 1363] **agg.** ● detto di vescovo sottoposto al metropolita | detto di diocesi soggetta a tale vescovo

suffragànte **A** **part. pres.** di *suffragare* ● nei sign. del v. **B** **s. m.** ● ecclesiastico che dà il voto favorevole in una causa di canonizzazione

✦**suffragàre** [vc. dotta, dal lat. tardo *suffragāre*, variante del classico *suffragāri* 'favorire, sostenere', propr. 'votare', comp. di *sŭb* 'sub-' e di un corradicale di *frāngere* 'rompere' (V. *frangere*), perché si votava per mezzo di tessere, tavolette, ecc. ✱ av. 1429] **v. tr.** (*io suffràgo, tu suffràghi*) **1** rafforzare, sostenere, avvalorare (+ *con*): *valide ragioni suffragano la nostra tesi*; *quelle accuse non sono suffragate da prove*; *ha suffragato il suo ragionamento con validi esempi* **2** nel cattolicesimo, raccomandare con preghiera a Dio, o con opere di carità, l'anima dei morti

suffragatóre [vc. dotta, dal lat. tardo *suffragatōre(m)*, da *suffragātus* 'suffragato' ✱ 1556] **s. m.**; anche **agg.** (**f.** *-trice*) ● (*raro*) chi (o che) suffraga: *preghiera suffragatrice*

suffragazióne [vc. dotta, dal lat. tardo *suffragatiōne(m)*, da *suffragātus* 'suffragato' ✱ 1556] **s. f.** ● il suffragare, spec. le anime dei defunti

suffragétta [dall'ingl. *suffragette*, da *suffrage* 'suffragio' (V.) ✱ 1906] **s. f.** ● (*scherz.*) suffragista

✦**suffràgio** [vc. dotta, dal lat. *suffrāgiu(m)*, da *suffragāri* 'votare'. V. *suffragare* ✱ av. 1342] **s. m.** **1** voto per elezione | ***s. universale***, estensione del diritto di voto a tutti i cittadini, uomini e donne, senza vincoli di carattere economico o culturale, a partire da una determinata età | ***diritto di s.***, elettorale **2** (*est.*) approvazione, appoggio, sostegno: *dare, negare, il proprio s.*; *il libro ha ottenuto i suffragi della critica* **3** preghiera od opera di carità i cui meriti sono applicati a favore dei morti: *Messa di s.*
SFUMATURE ➤ ***votazione***

suffragismo [da *suffragio* (*elettorale*), sul modello dell'ingl. *suffragism* ✱ 1912] **s. m.** ● movimento femminista, diffuso spec. all'inizio del XX sec., propugnante l'uguaglianza dei diritti elettorali delle donne e degli uomini

suffragista [da *suffrag(io)*, con *-ista*, sul modello dell'ingl. *suffragist* ✱ 1908] **s. m. e f.**; anche **agg.** (**pl. m.** *-i*) ● seguace del movimento femminista sorto in Gran Bretagna agli inizi del Novecento, che propugnava l'uguaglianza dei diritti elettorali delle donne e degli uomini

suffrùtice o (*raro*) **soffrùtice** [comp. di *su(b)-* e *frutice* (V.) ✱ 1561] **s. m.** ● pianta perenne con fusto legnoso solo alla base

suffruticóso (o *-so*) [1809] **agg.** ● che ha carattere di suffrutice

suffumicaménto [sec. XIII] **s. m.** ● suffumicazione

suffumicàre o (*raro*) **suffumigàre** [lat. *suffumigāre*, comp. di *sŭb* 'sub-' e *fumigāre* 'affumicare', da *fūmus* 'fumo' ✱ av. 1320] **v. tr.** (*io suffùmico, tu suffùmichi*) **1** esporre al fumo, spec. a scopo medicamentoso **2** riempire di fumo, spec. per disinfezione: *s. un ambiente, una stanza*

suffumicazióne [vc. dotta, dal lat. tardo *suffumigatiōne(m)*, da *suffumigāre* 'suffumigare' ✱ sec. XIII] **s. f.** ● operazione del suffumicare

suffumigàre ➤ **suffumicare**

suffumìgio [da *suffumicare* ✱ av. 1320] **s. m.** ● pratica consistente nel fare evaporare sostanze medicamentose o disinfettanti a scopo inalatorio o per disinfezione di ambienti

suffùso ➤ **soffuso**

sùfi [deriv., attraverso l'ingl., dall'arabo *ṣūfī*. V. *sufismo* ✱ av. 1494] **s. m. e f. inv.**; anche **agg. inv.** ● chi (o che) professa il sufismo

sùfico [1932] **agg.** (**pl. m.** *-ci*) ● relativo ai sufi e al sufismo

sufismo [dall'ingl. *sufism*, dall'arabo *ṣūfī* 'coperto di lana', da *ṣūf* 'lana', perché i devoti vestivano un saio di lana di cammello ✱ 1872] **s. m.** ● dottrina e organizzazione mistiche musulmane che ritengono possibile il contatto diretto con Dio attraverso mezzi estatici e meditazione

sufita [1872] **s. m. e f.**; anche **agg.** (**pl. m.** *-i*) ● sufi

†**sùfolo** e deriv. ➤ **zufolo** e deriv.

sugànte **part. pres.** di †*sugare*; anche **agg.** **1** †nei sign. del v. **2** (*lett.*) ***carta s.***, carta assorbente: *ella, che avea … assaporato le mie parole, che come carta s. se n'era imbevuta* (C. Dossi)

†**sugàre** [lat. tardo *exsucāre*, propr. 'togliere il sugo', comp. di *ĕx-* (*s-*) e di un denominale di *sūcus* 'sugo, succo'. V. *asciugare* ✱ sec. XIII] **v. tr.** ● (*roman.*) assorbire | succhiare

†**sugàtto** ➤ †**sogatto**

suggellaménto [sec. XIV] **s. m.** ● il suggellare | suggello

✦**suggellàre** [lat. *sigillāre*, da *sigĭllum* 'suggello' ✱ av. 1294] **A** **v. tr.** (*io suggèllo*) **1** (*lett.*) sigillare **2** (*fig.*) confermare, convalidare: *suggellarono l'amicizia con una stretta di mano* **B** **v. intr.** ● †combaciare perfettamente

suggellatóre [1313] **s. m.** (**f.** *-trice*); anche **agg.** ● chi (o che) suggella

suggellazióne [sec. XIV] **s. f.** ● suggellamento

suggèllo [lat. *sigĭllu(m)* 'sigillo', dim. di *sīgnu(m)* 'segno, impronta'. V. *sigillo* ✱ 1266] **s. m.** **1** (*lett.*) sigillo: *È l'usanza di porvi il s.* (L. Da Ponte) **2** (*fig.*) gesto, parola, fatto che testimonia, conferma e sim.: *si strinsero la mano a s. del giuramento*

sùggere [vc. dotta, dal lat. *sūgere*, di orig. indeur. V. *sugo, succo* ✱ sec. XIII] **v. tr.** (**pres.** *io sùggo, tu sùggi*; **pass. rem.** *io suggéi* o *suggètti, tu suggésti*; **difett. del part. pass. e dei tempi composti**) ● (*lett.*) succhiare (*anche fig.*): *e pargli ch'ogni vena Amor li sugge* (A. Poliziano)

suggeriménto [1674] **s. m.** ● il suggerire | cosa suggerita: *dare un s.*; *seguire il s. di qlcu.*; *non ha tenuto conto dei nostri suggerimenti*
SFUMATURE ➤ ***consiglio***, ➤ ***proposta***

✦**suggerire** [vc. dotta, dal lat. *suggĕrere* 'fornire, suggerire', comp. di *sŭb* 'sub-' e *gĕrere* 'portare', con cambio di coniug. ✱ 1475] **v. tr.** (*io suggerìsco, tu suggerìsci*) **1** rammentare ad altri qlco. spec. a bassa voce (*anche assol.*): *gli suggerì la risposta*; *gli hanno suggerito la parola esatta*; *il maestro proibisce di s.* **2** far venire in mente: *questo paesaggio mi suggerisce tristi pensieri* **3** consigliare (+ *di* seguito da inf., + *che* seguito da congtv.): *il medico gli ha suggerito un soggiorno al mare*; *mi suggerì di rivolgermi a un avvocato*; *le suggerì che comprasse anche il salame* (F. Tozzi) **4** †porgere, offrire: *prima avea … suggerito al Pontefice materia di sdegnarsi* (F. Guicciardini)

suggerito **part. pass.** di *suggerire*; anche **agg.** ● (*raro*) nei sign. del v.

suggeritóre [da *suggerire* ✱ av. 1673] **s. m.** (**f.** *-trice*) **1** chi suggerisce **2** nel teatro lirico o di prosa, chi, dall'apposita buca o da dietro le quinte, suggerisce le battute agli attori sul palcoscenico **3** nel baseball, giocatore che dai bordi del campo assiste e consiglia i compagni durante la partita | nel calcio, giocatore molto abile nell'effettuare passaggi alle punte

suggestionàbile [1905] **agg.** ● che può essere facilmente suggestionato ‖ **suggestionabilità**, **s. f. inv.**

suggestionàre [da *suggestione* ✱ 1897] **A** **v. tr.** (*io suggestióno*) ● indurre con suggestione | (*est.*) influenzare il comportamento di qlcu. | affascinare (*spec. assol.*): *uno spettacolo che suggestiona* **B** **suggestionàrsi** **v. intr. pron.** ● subire una suggestione | credere qlco. per suggestione
SFUMATURE ➤ ***istigare***

suggestionàto **part. pass.** di *suggestionare*; anche **agg.** **1** nei sign. del v. **2** vivamente colpito: *rimase s. da quella visione*

✦**suggestióne** [vc. dotta, dal lat. tardo *suggestiōne(m)*, da *suggĕstus*, part. pass. di *suggĕrere* 'suggerire' ✱ av. 1328] **s. f.** **1** (*psicol.*) meccanismo psichico mediante il quale un individuo, senza l'uso di argomenti logici, di ordini o di mezzi coercitivi, induce un altro individuo ad agire in un determinato modo o ad accettare una certa opinione, fede o convincimento | (*est.*) condizionamento, influenza **2** (*est.*, *raro*) istigazione, suggerimento | (*dir.*) ***s. al testimone***, tentativo di influenzarne la deposizione con insinuazioni, false rappresentazioni e sim. **3** (*fig.*) intenso fascino: *la s. di un paesaggio, di una melodia*

✦**suggestivo** [da *suggestione*; nel sign. 3, sul modello dell'ingl. *suggestive* ✱ 1614] **agg.** **1** †che influenza, che ispira **2** (*dir.*) che suggerisce la risposta: *le domande suggestive sono proibite agli avvocati durante il processo* **3** che suscita viva emozione: *spettacolo s.* **SIN.** affascinante, incantevole | che prospetta qlco. di allettante, di attraente: *un'idea, un'ipotesi suggestiva* ‖ **suggestivaménte**, **avv.** in maniera suggestiva ‖ **suggestività**, **s. f. inv.** caratteristica di ciò che è suggestivo; attrattiva, incanto, fascino

†**suggettàre** ➤ †**soggettare**

†**suggètto** ➤ **soggetto**①

†**suggezióne** ➤ **soggezione**

†**sùggio** ➤ **subbio**

†**suggiugàre** ➤ **soggiogare**

sùghera [av. 1597] **s. f.** ● grande albero delle Cupulifere, coltivato in molti Paesi del Mediterraneo per la caratteristica corteccia da cui si ricava il sughero (*Quercus suber*) SIN. quercia da sughero

sugheràio [1960] **s. m.** (**f.** *-aia*, **pl. m.** *-ai*) ● chi lavora il sughero

sugheràto [da *sughero* ✻av. 1306] **A agg.** ● (*raro*) fornito di sughero **B s. m.** ● strato di sughero tra sottopiede e suola inserito in alcuni tipi di calzature ortopediche

sugheréta [1779] **s. f.** ● sughereto

sugheréto [1559] **s. m.** ● bosco di sughere

sughericolo o **subericolo** [comp. di *sughero* e *-colo* ✻1960] **agg.** ● relativo alla lavorazione e alla coltivazione del sughero

sughericoltóre o **subericoltóre** [da *sughero*, sul modello di *agricoltore* ✻1960] **s. m.** (**f.** *-trice*) ● chi si occupa di sughericoltura

sughericoltùra o **subericoltùra** [da *sughero*, sul modello di *agricoltura* ✻1960] **s. f.** ● coltivazione dei sugheri

sugherificio [comp. di *sughero* e *-ficio* ✻1943] **s. m.** ● stabilimento per la lavorazione del sughero

sùghero o †**sùbero**, †**sùvero** [lat. *sūbere(m)* (con cambio di declinazione), forse connesso col gr. *sŷphar*, di orig. mediterr. ✻1303] **s. m.** **1** (*bot.*) tessuto tegumentale secondario, costituito da cellule morte di forma allungata e appiattita, con pareti ispessite per l'impregnazione di suberina (V.); è particolarmente sviluppato nella corteccia della sughera, da cui si ricava il sughero commerciale | ***s. maschio, primario***, il più duro e meno pregiato SIN. sugherone | ***s. femmina, secondario***, il più elastico e pregiato **2** (*est.*) oggetto fatto di sughero | tappo di sughero | galleggiante per reti e lenze da pesca **3** quercia da sughero SIN. sughera

sugheróne [1998] **s. m.** **1** accr. di *sughero* **2** (*bot.*) sughero maschio

sugheróso (o *-ṣo*) [1813] **agg.** ● poroso come il sughero ‖ **sugherosità**, **s. f. inv.** caratteristica o aspetto di ciò che è sugheroso

♦**sùgli** o (*raro*) **su gli** **prep. art. m. pl. comp.** di *su* e *gli*① ➤ **gli**① per gli usi ortografici

†**sugliàrdo** [dal fr. *souillard*, da *souiller* 'insudiciare', dal lat. parl. **suculāre*, da *sūculus*, dim. di *sūs*, genit. *sŭis* 'porco' ✻1353] **agg.** ● schifoso, sporco, lordo

sùgna [lat. *axŭngia(m)* 'grasso da ruote', comp. di *ăxis* 'asse, sala del carro', e di un corradicale di *ŭngere* 'ungere' ✻av. 1292] **s. f.** **1** massa di grasso intorno ai rognoni del maiale, che si liquefà per ottenere lo strutto | lo strutto stesso **2** (*raro*) un tempo, grasso per ungere le ruote ‖ †**sugnàccio**, **pegg. m.**

sugnóso (o *-ṣo*) [1555] **agg.** **1** che ha sugna **2** grasso e untuoso come la sugna

sùgo [lat. *sūcu(m)* 'succo, sugo', di orig. indeur. V. *succo* ✻1268] **s. m.** (**pl.** *-ghi*) **1** liquido spremuto da frutta e verdure: *il s. dell'arancia* | ***s. zuccherino***, soluzione zuccherina ottenuta dalle polpe delle barbabietole saccarifere e da cui dopo una serie di operazioni si ricava lo zucchero SIN. succo **2** liquido più o meno denso e di gusto gradevole prodotto durante la cottura dalle vivande, spec. dalla carne: *il s. dell'arrosto* **3** (*assol.*) condimento preparato con olio, burro, pomodoro, cipolla, erbe aromatiche: *fare il s. per la pasta asciutta* **4** (*fig.*) sostanza, essenza, idea fondamentale: *il s. del discorso* | (*est.*) gusto, soddisfazione, che si trae da qlco.: *a stare con loro ci trovo poco s.* | ***non c'è s., c'è poco s.***, e sim., non c'è gusto | ***senza s.***, (*fig.*) scipito, insulso: *una persona, una storia*, e sim. *senza s.* ‖ **sughétto**, **sughettino**, **dim.** | **sughino**, **dim.**

sugóso (o *-ṣo*) [lat. *sucōsu(m)*, da *sūcus* 'sugo, succo'. V. *succoso* ✻av. 1276] **agg.** ● ricco di sugo (*anche fig.*): *un frutto s.*; *un articolo s.* SIN. succoso ‖ **sugosaménte**, **avv.** ‖ **sugosità**, **s. f. inv.**

♦**sùi** o (*raro*) **su i** **prep. art. m. pl. comp.** di *su* e *i*② ➤ **i**② per gli usi ortografici

suicida [dal fr. *suicide*, comp. del lat. *sūi*, genit. di *sē*, pron. rifl. di III pers. e *-cide* '-cida', sul modello di *omicida* (V.): propr. 'uccisore di sé stesso' ✻1764] **A s. m. e f.** (**pl. m.** *-i*) ● chi uccide sé stesso **B agg.** **1** che tende al suicidio: *mania, proposito, impulso s.* | (*est.*) che è destinato al fallimento, che è autolesionista: *una scelta, una linea politica s.* **2** ***terrorismo s.***, attività terroristica di chi si uccide volontariamente compiendo un attentato sanguinoso | ***attentato s.***, attentato terroristico di chi nel compierlo si uccide volontariamente

suicidàre [da *suicidarsi*, reso tr. spec. nell'uso giornalistico degli anni intorno al 1980 ✻1882] **v. tr.** ● (*raro*) assassinare qlcu. simulandone il suicidio: *chi ha suicidato il boss nella sua camera da letto?* | (*raro*) spingere qlcu. al suicidio

suicidàrio o **suicidiàrio** [1983] **agg.** **1** di suicidio, relativo a suicidio: *rischio s.*; *proposito s.* **2** che conduce al suicidio: *pratiche suicidarie*

suicidàrsi [da *suicida*, sul modello del fr. (*se*) *suicider* ✻1855] **v. rifl.** **1** commettere suicidio, darsi volontariamente la morte, togliersi la vita, uccidersi: *s. con un colpo di rivoltella* **2** (*est.*) rischiare la vita senza necessità: *correre in auto a quella velocità significa s.* **3** (*fig.*) danneggiarsi gravemente e irrimediabilmente: *scelte che portano una classe politica a s.*

suicidio [dal fr. *suicide* (V. *suicida*), sul modello di *omicidio* ✻1734] **s. m.** (**pl.** *-i* o *raro -ii*) **1** uccisione di sé stesso, atto con cui ci si dà la morte di propria volontà: *spingere, portare, qlcu. al s.* **2** (*est.*) rischio della vita senza necessità: *correre ai 100 all'ora su quella strada è un s.* **3** (*fig.*) atto con cui si arreca a sé stessi un grave danno morale o materiale: *lavorare in quelle condizioni è un s.*

Suìdei [dal lat. *sūs*, genit. *sŭis* 'maiale' (V. *suino*) ✻1960] **s. m. pl.** (**sing.** *-o*) ● (*zool.*) superfamiglia di Mammiferi degli Artiodattili Bunodonti con canini sviluppati in modo da costituire vere e proprie zanne (*Suoidea*)

Sùidi [vc. scient. moderna, comp. dal lat. *sūs*, genit. *sŭis* 'maiale' e *-idi* (V. *suino*) ✻1960] **s. m. pl.** (**sing.** *-e*) ● (*zool.*) famiglia di Mammiferi degli Artiodattili, onnivori, tozzi, con olfatto e udito finissimi e vista non acuta (*Suida*)

Suifórmi [comp. del lat. *sūs*, genit. *sŭis* 'maiale' (V. *suino*) e del pl. di *-forme* ✻1960] **s. m. pl.** (**sing.** *-e*) ● Suidei

♣**sui gèneris** [loc. lat., propr. 'di suo proprio genere' ✻av. 1861] **loc. agg. inv.** ● di un genere tutto a sé, tutto particolare, di natura singolare: *un tipo sui generis*; *sapore, odore, sui generis*

suindicàto [comp. di *su-* e *indicato* ✻1811] **agg.** ● sopraindicato

suinétto **s. m.** **1** dim. di *suino* **2** giovane suino ancora alimentato con latte materno o succedanei dello stesso

Suìni [V. *suino* ✻1960] **s. m. pl.** (**sing.** *-o*) ● (*zool.*) sottofamiglia dei Suidi alla quale appartiene il maiale domestico, caratterizzati da canini a crescita continua volti all'indietro e in alto e da un muso terminante in un grugno o una corta proboscide (*Suinae*)

suinicolo [comp. di *suino* e *-colo* ✻1950] **agg.** ● relativo alla suinicoltura

suinicoltóre [comp. di *suino* e *-coltore*, sul modello di *agricoltore*. V. *cultore* ✻1963] **s. m.** (**f.** *-trice*) ● allevatore di suini

suinicoltùra [comp. di *suino* e *coltura* ✻1908] **s. f.** ● allevamento di suini

suìno [vc. dotta, dal lat. *suīnu(m)*, da *sūs*, genit. *sŭis* 'maiale', di orig. indeur. ✻1810] **A agg.** ● di maiale: *carne suina* | ***influenza suina***, (*ellitt.*) ***suina***, infezione acuta virale dei suini trasmissibile all'uomo | ***peste suina***, V. *peste* **B s. m.** ● maiale: *carne di s.* ‖ **suinétto**, **dim.** (V.)

suisèki /*fr.* sui'sɛki, *giapp.* sɯɪ.sɛ.ki/ [vc. giapp., propr. 'pietra (*seki*) di acqua (*sui*)' ✻1995] **s. m. inv.** ● pietra di piccole dimensioni modellata dall'acqua o da altri agenti naturali in una forma particolare, recuperata e messa in mostra come oggetto artistico

suite /*fr.* sɥit/ [vc. fr., propr. 'seguito', da *suivre* 'seguire' ✻1826] **s. f. inv.** **1** (*mus.*) composizione strumentale costituita da più movimenti di danza dall'andamento ritmico spesso contrastante **2** appartamento in un albergo: *ha affittato una s. di tre stanze* **3** (*inform.*) pacchetto integrato di programmi complementari, in grado di scambiarsi reciprocamente i dati

suiveur /*fr.* sɥi'vœʀ/ [vc. fr., propr. 'colui che segue', da *suivre* 'seguire' ✻1938] **s. m. inv.** (**f. fr.** *suiveuse*) ● (*sport, raro*) chi è al seguito di una corsa ciclistica per ragioni tecniche, professionali o sim.

suk o **suq** /suk/ [arabo *sūq* 'mercato' ✻1911] **s. m. inv.** ● quartiere del mercato nelle città arabe, costituito da un dedalo di viuzze spesso coperte e fiancheggiate di botteghe | (*est.*, *spreg.*) mercato disordinato; (*fig.*) contrattazione poco seria

Sukkot /*ebr.* suk'kot/ o **Succot** [ebr. *(hagh has)sukkōth* 'festa delle capanne' ✻1960] **s. f. o m. inv.** ● festa ebraica celebrata per sette giorni a partire dal 15 del mese di *tishrì* (settembre-ottobre) a ricordo della permanenza degli Ebrei nel deserto sotto tende o capanne

♦**sul** o (*poet.*) **su 'l** **prep. art. m. sing. comp.** di *su* e *(i)l* ➤ **il** per gli usi ortografici

sùla [dall'ant. nordico *sūla* ✻1891] **s. f.** ● genere di uccelli dei Pelecaniformi, marini, con lungo becco conico e puntuto e ali sviluppatissime, assai abili nel catturare pesci tuffandosi in acqua (*Sula*)

sulfamìdico o **solfamìdico** [abbr. di *sulf(anil)amidico*, comp. di (*acido*) *sulfanil(ico)* e *a(m)mide*, con *-ico* ✻1942] **A agg.** (**pl. m.** *-ci*) ● (*chim.*) detto di composto organico di varia costituzione, caratterizzato dalla presenza di zolfo e azoto, usato in medicina per l'azione antibatterica **B** anche **s. m.**: *prescrivere un s.*

sulfanìlico o **solfanìlico** [comp. di *sulf(o)-*, dal lat. *sŭlphur* (nom.) 'zolfo', e *anilina* (V.), con cambio di suff. (*-ico*) ✻1970] **agg.** (**pl. m.** *-ci*) ● detto di acido organico cristallino, ottenuto scaldando anilina con acido solforico, usato spec. come intermedio per coloranti

sulfoemoglobìna [comp. di *sulfo-*, dal lat. *sŭlphur* (nom.) 'solfo', ed *emoglobina* ✻1965] **s. f.** ● sostanza tossica, combinazione di idrogeno solforato con emoglobina, che si riscontra nell'organismo in casi di intossicazione da idrogeno solforato

sulfóne ➤ **solfone**

sulfùreo o (*raro*) **solfùreo**, †**solfòreo** [vc. dotta, dal lat. *sulphŭreu(m)*, da *sŭlphur*, genit. *sŭlphuris* 'zolfo' ✻av. 1320] **agg.** **1** di zolfo, che ha natura di zolfo, che contiene zolfo | ***acqua***

sulfurea, acqua solforosa | (*est.*, *lett.*) che ha il colore giallo-rossastro dello zolfo in combustione: *la luce sulfurea del crepuscolo* **2** (*fig.*) diabolico, demoniaco: *ironia sulfurea* | (*fig.*, *lett.*) collerico; vivace, esuberante: *Donna … corvina di capelli e sulfurea di temperamento* (R. BACCHELLI)

sulky /*ingl.* ˈsʌlkɪ/ [vc. ingl., propr. 'arcigno, scontroso', perché dà posto a una sola persona ✱ 1895] **s. m. inv.** (**pl. ingl.** *sulkies*) **1** speciale carrozzino leggero a due ruote, su cui siede il guidatore nelle corse al trotto **SIN.** sediolo **2** piccola autovettura da città, a tre ruote

♦**sùlla**① o (*raro*) **su la** **prep. art. f. sing. comp.** di *su* e *la*① ➤ **la**① per gli usi ortografici

sùlla② [dal lat. tardo *sȳlla(m)*, di orig. mediterr. ✱ sec. XIV] **s. f.** ● leguminosa coltivata come foraggio o per la pratica del sovescio (*Hedysarum coronarium*)

♦**sùlle** o (*raro*) **su le** **prep. art. f. pl. comp.** di *su* e *le*① ➤ **le**① per gli usi ortografici

†**sullevàre** ➤ **sollevare**

♦**sùllo** o (*poet.*) **su lo** **prep. art. m. sing. comp.** di *su* e *lo* ➤ **lo** per gli usi ortografici

sullodàto [comp. di *su-* e *lodato* ✱ av. 1794] **agg.** ● (*lett.*) lodato prima, in precedenza | nominato prima; suddetto (*anche scherz.*)

†**sullogàre** ➤ **sublocare**

†**sullunàre** ➤ **sublunare**

sultàna [f. di *sultano* ✱ 1553] **s. f.** **1** moglie o madre del sultano **2** divano basso e rotondo, da tenere in mezzo alla stanza **SIN.** divano alla turca

sultanàle ➤ **sultaniale**

sultanàto [1574] **s. m.** **1** dignità di sultano **2** territorio sottoposto all'autorità di un sultano

sultanìale o **sultanàle** [1928] **agg.** ● di sultano | del sultanato

sultanìna [da *sultano* ✱ 1840] **A** **agg. solo f.** ● detto di una varietà di uva bianca, da tavola, senza semi, adatta ad essere essiccata **B** **anche s. f.**: *per la torta occorre un etto di s.*

sultàno o †**soldàno** [dall'arabo *sulṭān*, vc. di orig. siriaca, originariamente 'potere sovrano', poi 'sovrano' ✱ sec. XII] **s. m.** (**f.** *-a* (**V.**)) ● nel mondo musulmano, titolo di colui che esercitava il potere supremo; in particolare, il sovrano dell'Impero ottomano | titolo del califfo in alcuni Paesi islamici: *Se tanto aver donàssemi … quant'ha lo soldano* (C. D'ALCAMO)

sumèrico [1960] **A** **agg.** (**pl. m.** *-ci*) ● dei Sumeri **B** **s. m. solo sing.** ● antica lingua dei Sumeri, scritta in caratteri cuneiformi

sumèro [dal babilonese *Shumer*, n. della regione abitata da questo popolo ✱ 1936] **A** **s. m.** (**f.** *-a*); **anche agg.** ● appartenente a un'antica popolazione che dal IV millennio a.C. abitò la Mesopotamia meridionale, prima dell'affermazione dei Babilonesi, creando la più antica civiltà urbana a noi nota **B** **s. m. solo sing.** ● lingua sumerica

sumerologìa [comp. di *sumero* e *-logia* ✱ 1960] **s. f.** (**pl.** *-gìe*) ● disciplina che studia la civiltà sumerica

sùmma o (*lett.*) **sómma** [vc. dotta, dal lat. mediev. *sŭmma(m)* 'compendio', dal classico *sŭmma* 'somma' (V.) ✱ av. 1292] **s. f.** **1** (*stor.*) nel Medioevo, opera contenente tutti i principi fondamentali di una disciplina o di una dottrina: *la "Summa Teologica" di S. Tommaso* **2** (*est.*) raccolta sistematica, compendio: *questo libro è la s. della letteratura inglese*

summentovàto [comp. di *su* e *mentovato* ✱ 1787] **agg.** ● (*lett.*) summenzionato

summenzionàto [comp. di *su* e *menzionato* ✱ 1856] **agg.** ● (*spec. burocr.*) nominato, menzionato, in precedenza

summer school /sammer'skul, *ingl.* ˈsʌmə,sku:l/ [loc. ingl. 'scuola (*school*) estiva (*summer*)' ✱ 1861] **loc. sost. f. inv.** (**pl. ingl.** *summer schools*) ● corso estivo di studi organizzato da un'università o da altro ente di formazione: *una summer school di lingua italiana per stranieri*

†**summessióne** ➤ **sommissione**

summìsta ➤ **sommista**

summit /'sammit, 'summit, *ingl.* ˈsʌmɪt/ [vc. ingl., propr. 'sommità, cima', dal fr. *sommet* (dal lat. *sŭmmu(m)* 'sommità': V. *sommo*) ✱ 1967] **s. m. inv.** ● incontro al vertice, spec. di capi di Stato

†**sùmmo** ➤ **sommo**

sumò /su'mɔ, *giapp.* su.mɔ:/ [vc. giapp. (*sūmo*) ✱ 1934] **s. m. inv.** ● tradizionale forma di lotta praticata in Giappone tra contendenti di corporatura eccezionale che cercano di spingere o trascinare fuori da uno spazio circoscritto l'avversario

sundanése (o **-ṣe**) [vc. ingl., da *Sunda*, n. delle isole dove è parlato ✱ 1873] **s. m. solo sing.** ● lingua della famiglia malese-polinesiana parlata in Indonesia

sùnna [dall'arabo *sunna* 'regola, norma' ✱ 1872] **s. f. inv.** ● regola di comportamento, criterio interpretativo, consuetudine che i musulmani sunniti traggono dal Corano e dalle tradizioni relative a Maometto

sunnìṣmo [comp. di *sunna* e *-ismo* ✱ 1970] **s. m.** ● dottrina e organizzazione proprie della maggioranza dei Musulmani, che si ritengono eredi della giusta interpretazione data alla religione da Maometto

sunnita [dall'ingl. *sunnite*, dall'arabo *sunna* 'sunna' ✱ av. 1652] **A** **agg.** (**pl. m.** *-i*) ● relativo al sunnismo **B** **s. m. e f.**; **anche agg.** ● seguace del sunnismo | osservante della sunna **CFR.** sciita

sunnominàto [comp. di *su* e *nominato* ✱ 1812] **agg.** ● (*spec. burocr.*) nominato sopra, in precedenza

sunnotàto [comp. di *su* e *notato* ✱ 1872] **agg.** ● (*spec. burocr.*) notato prima, in precedenza

sunteggiàre [da *sunto*, con suff. iter. intens. ✱ av. 1869] **v. tr.** (**pres.** *io suntéggio*; **fut.** *io sunteggerò*) ● ridurre in sunto, esporre in sunto: *s. un racconto* **SIN.** riassumere

sùnto [forma sost. dal lat. *sŭmptu(m)*, part. pass. di *sŭmere* 'prendere'. V. *riassunto* ✱ av. 1470] **s. m.** ● compendio, esposizione riassuntiva orale o scritta: *fare un s.*; *fare il s. di qlcu.* | **in s.**, in breve, in compendio **SIN.** riassunto || **sunterèllo**, **dim.** | **suntìno**, **dim.**

suntụàrio o (*raro*) **sontụàrio** [vc. dotta, dal lat. *sumptuāriu(m)*, da *sŭmptus* 'spesa', da *sŭmere* 'impiegare, consumare' ✱ 1521] **agg.** ● nella Roma antica, detto di leggi che avevano lo scopo di reprimere il lusso smodato

suntụóso e deriv. ➤ **sontuoso** e deriv.

♦**sùo** [lat. *sŭu(m)*, di orig. indeur. ✱ 1065] **A** **agg. poss. di terza pers. sing.** (**f.** *sua*; **pl. m.** *suoi*, **centr.** †*sua*, **merid.** †*sui*; **pl. f.** *sue*, **centr.** †*sua*; **pop.**, **tosc.** **troncato in** *su'*, **in posizione proclitica, per tutti i generi e i numeri**: *il su' nonno*; *il su' vestito*; *la su' nonna*; *la su' visita*; *le su' sorelle*; *i su' parenti*. **sett.** †*so*, **in posizione enclitica** *signorso*, **signor suo**) **1** che appartiene a lui, a lei (indica proprietà, possesso, anche temporanei): *cura molto il suo giardino*; *mi ha imprestato i suoi libri*; *qui ha il suo ufficio* | con valore enfat. e rafforz., posposto a un sost.: *che se ne stia a casa sua!*; *questi sono vestiti suoi* **2** che è relativo a lui, che gli è proprio: *disprezza il suo corpo*; *gli piace ascoltare la sua voce*; *ci mette tutta la sua volontà*; *nessuno conosce i suoi pensieri* | con riferimento a parole, atti e sim. che provengono da lui, da lei: *stanno tutti ai suoi ordini*; *ha venduto il suo ultimo quadro per una fortuna* | con valore rafforz. seguito da 'proprio': *ciascuno ha le sue proprie idee*; *l'ha visto con i suoi propri occhi* **3** di lui, di lei (indica relazione di parentela, di amicizia, di conoscenza, di dipendenza e sim.): *rispetta molto suo padre*; *è molto affezionato alla sua maestra*; *è andato a cena con i suoi colleghi*; *tratta i suoi dipendenti con correttezza* | Davanti a nomi di parentela (come 'padre', 'madre', 'figlio', 'zio', 'cugino', 'nonno', 'nipote', 'marito', 'moglie', 'fratello', 'sorella', 'cognato', 'genero', 'nuora' o 'suocero'), si comporta come l'agg. 'mio' (V. *mio* nel sign. A 3): *i suoi figli*; *le sue nuore*; *sua nipote*; *la sua nipotina*; *il suo figliolo*; *il suo caro nipote*; *sua madre*; *la sua mamma*; *sua mamma* | ***per amor suo***, per l'amore che ho per lui | ***fallo per il suo affetto***, per l'affetto che egli nutre per te **4** (*fam.*) che gli è abituale, consueto: *dopo pranzo si beve sempre il suo caffè*; *non può rinunciare alla sua passeggiata*; *deve fumarsi la sua sigaretta dopo cena* **5** adatto, conveniente, opportuno: *ogni cosa va fatta a suo tempo*; *ogni frutto ha la sua stagione* | corrispondente, relativo: *una scatola con il suo coperchio*; *una tazza con il suo piattino* **6** preposto a un titolo onorifico, si usa in formule di cortesia e di cerimoniale: *Sua Maestà è servita*; *Sua Santità impartirà una benedizione speciale*; *sua eccellenza è indisposta* | nella chiusa di lettere o nelle dediche, in espressioni di affetto o deferenza che precedono la firma: *suo obbligatissimo Luigi Rossi*; *suo affezionatissimo Giuseppe*; *sua devotissima Maria*; *suo Mario* **B** **agg. poss. di terza pers. pl.** ● (*centr.* o †) loro: *lo fanno per il suo interesse*; *hanno i suoi meriti*; *due angeli con due spade … / private delle punte sue* (DANTE *Purg.* VIII, 26-27) **C** **pron. poss. di terza pers. sing.** **1** quello che a lui, a lei appartiene, o è proprio o che comunque è relativo a lui, a lei (sempre preceduto dall'art. determ.): *ho bisogno del tuo appoggio e del suo*; *il mio consiglio è più disinteressato del suo* **2** ricorre, con ellissi del sost., in alcune espressioni e locuzioni particolari, proprie del linguaggio colloq.: *non vuole rimetterci del suo*, di ciò che gli appartiene | ***ha dilapidato tutto il suo***, il suo patrimonio | ***paga del suo***, paga con i suoi denari; (*fig.*) ci rimette di tasca sua | ***di suo***, posseduto personalmente, a titolo di proprietà: *non aveva un baiocco di suo* (G. VERGA) | ***ci ha messo del suo***, V. *mettere* nel sign. A 5 | ***i suoi***, i suoi genitori o parenti o amici o seguaci o sostenitori: *i suoi non gli scrivono da una ventina di giorni*; *non può più contare sull'aiuto dei suoi*; *quei due in borghese sono dei suoi* | ***ha voluto per forza dire la sua***, la sua opinione, la sua ragione | ***stiamo, teniamo dalla sua***, dalla sua parte, a suo favore | ***ha fatto anche lui le sue***, le sue scappatelle | ***ne ha fatta, detta una delle sue***, una delle sue solite malefatte | ***ha passato anche lui le sue***, le sue disavventure, amarezze e sim. | (*burocr.*) ***rispondo alla sua del 18 settembre***, alla sua lettera | ***è uno che sta molto sulle sue***, che ha molto sussiego o tratta gli altri con distacco e alterigia

♦**suòcera** o (*pop.*) **sòcera** [lat. tardo *sŏcera(m)*, variante del classico *sŏcrus* 'suocera', vc. di orig. indeur., che, insieme con *sŏcer*, *sŏcĕri* 'suocero', indicava nell'ordinamento patriarcale i genitori del marito e l'appartenenza a uno stesso gruppo sociale ✱ sec. XIII] **s. f.** **1** madre di uno dei coniugi, nei confronti dell'altro coniuge **2** (*fig.*, *fam.*) donna che vuole comandare, riprendere gli altri, e sim. | donna bisbetica: *non fare la s.!* | ***s. e nuora***, (*fig.*, *pop.*, *tosc.*) V. *nuora*

♦**suòcero** o (*pop.*) **sòcero** [lat. *sŏceru(m)*, di orig. indeur. V. *suocera* ✱ 1287] **s. m.** (**f.** *-a* (**V.**)) **1** padre di uno dei coniugi, nei confronti del-

S

l'altro coniuge **2** (**al pl.**) il suocero e la suocera, considerati insieme: *fare visita ai suoceri*

suòla o (*pop.*) **sòla** [lat. *sŏla*, nt. pl. di *sŏlum* 'suolo', con sovrapposizione di *sŏlea* 'sandalo, suola', V. *soglia* ✱ 1312] **s. f.** **1** parte della scarpa che poggia a terra: *suole di cuoio, gomma*; *scarpe con la s. di para*; *s. chiodata*; *doppia s.* | ***mezze suole***, rinforzi di cuoio applicati sulla parte superiore di suole consunte **2** (*zool.*) strato corneo interno dell'unghia che diventa ispessita e ventrale negli ungulìgradi **3** (*raro*) nello sci, soletta **4** in vari organi, congegni, strutture e sim., faccia o parte inferiore: *la s. della pialla, della rotaia*; *la s. di una galleria* | ***s. del forno***, rivestimento refrattario della parte inferiore | ***s. del freno***, guarnizione d'attrito del ceppo | ***s. dell'aratro***, organo che striscia contro la parete di terreno sodo **5** (*mar.*) piano di solide assi su cui scivola la nave durante il varo | ciascuna di tali assi ‖ **solètta**, **solétta**, **dim.** (V.)

suolàre o **solàre**② [da *suola* ✱ 1340] **v. tr.** (*io suòlo, pop. sòlo*; **in tutta la coniug. di** *solare* **la** *-o-* **dittonga in** *-uo-* **soprattutto se accentata; sono in uso le forme** *solavo, solerò, solassi* **oltre alle più comuni** *suolavo, suolerò, suolassi*) ● mettere la suola a un paio di scarpe | risuolare

suolàto o **solàto** **part. pass.** di *suolare*; **anche agg.** ● nel sign. del v.

suolatùra o **solatùra** [1262] **s. f.** ● operazione del suolare | la suola applicata

suòle ▸ **solere**

suolifìcio [da *suola* ✱ 1983] **s. m.** ● stabilimento per la produzione e la lavorazione di suole per calzature

♦**suòlo** [lat. *sŏlu(m)*, di orig. indeur. ✱ 1262] **s. m.** (**pl.** *suòla*, **f. nel sign. 6**) **1** parte più superficiale del terreno, su cui si cammina: *cadere, stramazzare, al s.*; *giacere al s.* | terreno, spec. in relazione all'aspetto giuridico: *s. pubblico*; *s. edificabile* | (*raro*) pavimento **2** strato superficiale della crosta terrestre prodotto dall'azione fisica e chimica degli agenti esogeni organici e inorganici sulle rocce | ***s. a cuscinetti***, distesa di zolle erbose dovute al continuo alternarsi del gelo e disgelo | ***s. poligonale***, terreno ricoperto di ciottoli che assumono una posizione pressoché geometrica **3** (*fig., lett.*) luogo, paese: *s. natio*; *il sacro s. della patria* **4** (*poet.*) superficie di uno specchio d'acqua **5** (*tosc.*) strato, piano: *disporre qlco. a s., a s. e s.*; *un s. di pasta* **6** (**spec. al pl.**, *tosc.*) suola di scarpa

♦**suonàre** o **sonàre** [lat. *sonāre*, da *sŏnus* 'suono' (V. *suono*) ✱ 1261 ca.] **A** **v. tr.** (*io suòno, roman., lett. sòno*; **in tutta la coniug. di** *sonare* **la** *-o-* **dittonga in** *-uo-* **soprattutto se accentata; sono in uso le forme** *sonavo, sonerò, sonassi* **oltre alle più comuni** *suonavo, suonerò, suonassi*) **1** far emettere suoni a uno strumento, spec. secondo determinate regole (*anche assol.*): *s. l'arpa, l'organo, il pianoforte, la tromba*; *è da stamattina che suona il violino*; *sa s. molto bene la tromba*; *desidero imparare a s. la cetra*; *s. bene, male, divinamente*; *stasera l'orchestra non suona* | anche nella forma pron. **suonàrsela** (con il pron. *la* indeterm.), nella loc. (*fig.*) ***se la canta e se la suona***, V. *cantare*① nel sign. B 1 **2** eseguire con uno o più strumenti: *s. un valzer*; *s. la "Traviata"*; *s. Wagner*; *l'organo suona la "Toccata" di Bach* **3** azionare un congegno o un dispositivo in modo che emetta un suono, un segnale: *s. il clacson, il campanello* | (*raro, lett.*) colpire un oggetto perché produca un suono: *quando ei comperano uno vaso di terra o di vetro, lo suonano … per vedere se è buono* (N. MACHIAVELLI) **4** annunciare col suono, detto di campane, trombe e sim.: *la campana suona l'Avemaria*; *la tromba suona il silenzio* | battere le ore, detto di orologi: *l'orologio suona le cinque*; *l'orologio della torre suona mezzogiorno* **5** ***suonarla a qlcu.***, (*fig., disus.*) rimproverarlo aspramente: *la suonerò chiara a quel tipo* **6** (*fam.*) picchiare: *lo suonò ben bene* | ***suonarle a qlcu.***, (*fam.*) picchiarlo: *gliele ha suonate di santa ragione!*; *guarda che te le suono!* | (*ellitt.*) anche nella forma pron. (con valore recipr.) **suonàrsele**, picchiarsi **7** (*fig., disus.*) imbrogliare, raggirare: *s. qlcu.*; *suonarla a qlcu.* **B** **v. intr.** **1** (aus. *avere* o *essere*) mandare, emettere suoni o un suono: *questo cristallo non suona*; *le monete di rame suonano male*; ha (o è) *suonato il campanello*; *io me ne stavo … nella mia casa … fino a quando non è suonato il telefono* (N. GINZBURG) | produrre suono, detto di strumenti musicali: *questo tasto suona male*; *il nuovo violino suona meravigliosamente*; *il pianoforte si è scordato e non suona più* **2** (aus. *essere*) essere annunciato da un suono: *è appena suonato mezzogiorno*; *sta suonando la fine della lezione* **3** (aus. *avere*) rintoccare, detto delle campane: *s. a distesa, a festa, a martello, a Messa, a morto, a stormo*; *le campane di San Petronio suonano a festa*; (*ellitt.*) *San Petronio suona a festa* **4** (aus. *avere* o *essere*) (*lett.*) risuonare, rimbombare: *di fischi e bussi tutto il bosco suona* (A. POLIZIANO) **5** (aus. *avere*) essere suonatore: *quel pianista suona in teatro*; *ogni sera suonano nei locali notturni* **6** (aus. *avere* o *essere*) rendere un'impressione di grazia, di armonia: *questo verso non suona bene*; *senti come suonano queste parole!*; *sdegno il verso che suona e che non crea* (U. FOSCOLO) | apparire, sembrare a qlcu. (con valore di verbo copulativo): *la sua modestia mi suona falsa*; *le sue parole mi sono suonate strane* **7** (*lett.*) †essere conosciuto, noto **C** **v. tr. e intr.** (**aus. intr.** *essere*) ● (*lett.*) significare, esprimere: *le sue parole suonano come una condanna, lode, scherno*; *in greco 'corpo' suona 'soma'*; *né era certo che i Veneziani … avessero a essere così pronti … come sonavano le parole del Duca* (F. GUICCIARDINI)

suonàta ▸ **sonata**

suonàto o **sonàto** **part. pass.** di *suonare*; **anche agg.** **1** nei sign. del v. **2** compiuto, finito: *ha quarant'anni suonati* **3** (*fig.*) nel linguaggio sportivo, detto di pugile le cui facoltà fisiche e mentali sono gravemente menomate per i colpi ricevuti: *pugile s.* **4** (*fig.*) rimbambito, rincitrullito: *deve proprio essere s., per fare cose simili*

suonatóre o **sonatóre** [da *s(u)onare* ✱ av. 1294] **s. m.** (**f.** *-trice*) ● chi suona uno strumento musicale | ***s. ambulante***, chi suona per le strade, nei locali pubblici, e sim. chiedendo un'offerta ai presenti | (*fam.*) ***buonanotte (ai) suonatori***, non c'è altro da fare, la faccenda è chiusa, e sim. | **PROV.** ***cambiano i suonatori ma la musica è sempre quella***, cambiano i protagonisti ma la sostanza dei fatti rimane la stessa

SFUMATURE DI SIGNIFICATO

suonatore - strumentista - orchestrale - bandista

Chi suona uno strumento musicale può essere definito **suonatore** o **strumentista** indifferentemente. Più in particolare, un **orchestrale** è un suonatore che suona in un'orchestra, cioè in un gruppo di strumentisti che comprende strumenti a fiato, ad arco e a percussione (grande orchestra) o solo archi e fiati (piccola orchestra). **Bandista** è invece chi suona in una banda, cioè in un complesso che comprende solo strumenti a fiato e a percussione.

suonerìa o **sonerìa** [dal fr. *sonnerie*, da *sonner* 'suonare' ✱ 1771] **s. f.** ● dispositivo acustico di segnalazione, a funzionamento meccanico o elettrico: *la s. della sveglia, del telefono, del telefonino*; *s. d'allarme* | (*est.*) il segnale acustico o il motivo musicale emessi da tale dispositivo: *questo cellulare ha oltre trenta suonerie*; *scaricare una nuova s.*

suonicchiàre o **sonicchiàre**, **sonacchiàre** [da *suonare* col suff. attenuativo *-icchiare* ✱ 1872] **v. tr.** (*io sonicchio*) ● suonare senza impegno o senza grandi capacità; suonare in modo svogliato o stentato (*anche assol.*): *s. una canzone, il pianoforte*; *divertirsi a s.*

♦**suòno** o (*pop., lett.*) **sòno** [lat. *sŏnu(m)*, da *sonāre* 'suonare' ✱ av. 1292] **s. m.** (**pl.** *-i*, †*suòna*, **f.**, †*sònora*, **f.**) **1** sensazione percepita dall'organo dell'udito, dovuta a onde meccaniche in mezzi elastici con frequenze da 16 a 20 000 Hz **CFR.** fono-, -fono, -fonia | (*est.*) l'insieme di tali onde meccaniche: *s. alto, acuto, basso, grave, cupo, rauco, aspro, dolce, chiaro, argentino, cristallino, metallico*; *il s. del campanello, del martello sull'incudine, della voce umana, delle onde*; *l'altezza, l'intensità, il timbro del s.*; *dare, mandare, produrre un s.*; *percepire un s.*; *il propagarsi del s.*; *sentire il s. della voce di qlcu.* | ***muro del s.***, barriera del suono | ***colonna del s.***, colonna sonora | ***tecnico del s.***, in cinematografia, addetto alla registrazione dei suoni sulla colonna sonora di un film; in teatro, addetto alla riproduzione meccanica dei rumori e delle musiche di scena; in sala di registrazione, addetto alla manovra delle apparecchiature | ***ingegnere del s.***, V. *ingegnere* **2** particolari vibrazioni ordinate di uno strumento musicale: *il s. della chitarra, dell'organo, del flauto, delle campane* | ***affinità dei suoni***, tendenza che una nota musicale ha verso un'altra **3** (*ling.*) ***s. linguistico***, entità fisico-acustica del linguaggio articolato **4** impressione resa da una parola, una frase e sim.: *il verso deve avere un s. più dolce*; *queste consonanti insieme hanno un s. sgradevole* | (*fig.*) senso, significato: *nelle sue parole sentiva un s. falso* (I. SVEVO) **5** (*poet.*) voce, parola | discorso **6** (*poet.*) fama **7** nella loc. ***al s. di***, (*lett.*) ***a suon di***, con l'accompagnamento di un dato strumento musicale: *ballavano al s. del violino*; *Banditori a cavallo, a suon di tromba, andavano di città in città* (L. CAPUANA) | ***a suon di***, (*fig.*) a forza di: *lo cacciarono a suon di pugni*; *fu accolto a suon di fischi* **8** (*lett.*) canzone, melodia, motivo musicale: *S'è mai sentito uno sposalizio senza suoni?* (L. PIRANDELLO) **9** †insieme di strumenti musicali ‖ **suonàccio**, **pegg.**

NOMENCLATURA

suono (cfr. rumore, udito, orecchio, voce)

● *tipi di suono*: rumore (V.); sirena, suoneria, trillo, squillo, scampanio, rintocco, tintinnio; rullo, zufolamento, nota, fondamentale, accordo, armonia, concento, aria, melodia, musica (V.); fono, fonema, vocale ⇔ consonante, voce (V.); eco, rimbombo, risonanza = riverbero, interferenza;

● *caratteristiche*: forte = potente ⇔ debole = fioco = fievole = flebile = tenue = sommesso = smorzato = ovattato = lieve = impercettibile; alto ⇔ basso, acuto = elevato ⇔ grave; chiaro = limpido ⇔ confuso = opaco, cristallino = argentino ⇔ rauco; vivace = vibrante = metallico = squillante ⇔ spento = profondo = cupo = sordo; morbido ⇔ duro, dolce ⇔ aspro; irregolare ⇔ regolare, inarticolato ⇔ articolato; soave = melodioso = modulato = armonioso = armonico ⇔ stridulo = stridente = disarmonico; piacevole = grato = gradevole ⇔ spiacevole = ingrato = sgradevole, lugubre, sinistro, straziante; leggero ⇔ pesante; equabile ⇔ enarmonico, alterato, distorto, fondamentale, cacofonico ⇔ eufonico; livello sonoro, forza = intensità, altezza = tono, colore = timbro, registro, diapason, estensione, ottava, intervallo, crescendo, dodecafonia; armonia ⇔ disarmonia;

assonanza ⇔ dissonanza, equisonanza; pienezza, fusione, tenuità, debolezza; bel, decibel, limite di udibilità ⇔ soglia del dolore, sorgente sonora, onde sonore, frequenza, cassa di risonanza = cassa armonica, rifrazione;
● *azioni*: vibrare, risuonare, ripercuotersi, rifrangersi, perdersi, raddolcirsi, diminuire, affievolirsi, smorzarsi = spegnersi, morire = cessare; rafforzarsi, aumentare = accrescersi = ampliarsi, inalzarsi, dilatarsi; assordare = intronare = stordire, incidere, registrare, riprodurre, insonorizzare, distorcere, spezzare; strimpellare, strombazzare, strombettare, tambureggiare, zufolare;
● *persone*: suonatore, suonatore ambulante, musicante, filarmonico = strumentista, concertista, solista, corista, cantante; complesso, banda, orchestra, quartetto, coro; tecnico del suono, rumorista, microfonista;
● *acustica*: fonografia, registrazione (analogica, digitale) = incisione, sala di registrazione = sala di incisione, microfono (da tavolo, su stelo, giraffa, a mano, da collo), fonografo = registratore, riproduzione, monofonia, stereofonia, quadrifonia, olofonia, impianto stereo = hi-fi, fonografo = grammofono = giradischi = piatto, registratore = piastra, cd = lettore compact disc, altoparlanti = casse = diffusori (midrange, tweeter ⇔ woofer), preamplificatore, amplificatore, sintetizzatore, sintoamplificatore, cuffia = auricolare, Walkman, jukebox; disco = ellepì = long-playing, cassetta = MC = musicassetta, cd = compact disc, strumenti musicali.

♦**suòra** o †**sòra**①, †**suòre**, nel sign. 1 [lat. *sŏror* (nom.) 'sorella', attraverso un ant. *suoro* poi passato alla categoria del f. in *-a*; la vc., di orig. indeur., è corradicale di *suo*, *suocera*, ecc. ✳ 1268] **s. f. Davanti a nome proprio, *suora* si tronca sempre in *suor*: *suor Angela, suor Maria*. (V. nota d'uso ELISIONE e TRONCAMENTO)** **1** (*poet.*) sorella: *Laudato si', mi' Signore, per sora luna* (FRANCESCO D'ASSISI); *pur non so dirvi, o belle suore, addio* (U. FOSCOLO) **2** religiosa che ha pronunciato i soli voti semplici | correntemente, monaca e religiosa dedita a opere di assistenza ‖ **suorìna**, **dim.**

suovetaurìlia [vc. dotta, dal lat. *suovetaurīlia* (nt. pl.), comp. di *sūs* 'maiale', *ŏvis* 'pecora' e *-taurīlia*, da *tăurus* 'toro' ✳ 1936] **s. m. pl.** ● presso gli antichi Romani, cerimonia sacra consistente nel sacrificio di un maiale, una pecora e un toro, a scopo purificatorio

♦**sùper** [da *super-* ✳ 1936] **A agg. inv.** ● (posposto a un sost.) di qualità eccellente, superiore: *modello s.* | ***benzina s.***, supercarburante **B s. f. inv.** ● benzina super, supercarburante: *fare il pieno di s.* **C s. m. inv.** ● grado massimo, non plus ultra

sùper- [dal lat. *sŭper* 'sopra', di orig. indeur.] **pref. Nella divisione sillabica di alcune parole composte con *super-* è ammesso considerare *su-per-* come inizio della parola divisa anche in violazione delle usuali regole di sillabazione: *su-per-uo-mo* e *su-per-e-ro-e* sono corrette come *su-pe-ruo-mo* e *su-pe-re-ro-e*. Si noti che la divisione con *su-per-* in genere si legge più facilmente e meglio corrisponde alla pronuncia effettiva (che di solito introduce una breve pausa dopo il prefisso).** **1** indica addizione, sovrapposizione, eccesso: *superstrato, superfecondazione, superallenamento* **2** significa 'che sta sopra', 'che va oltre', 'che supera' (*superalcolico, supersonico*) o indica condizione, posizione di superiorità, preminenza: *supervisione, superuomo* **3** conferisce valore superlativo ad aggettivi e sostantivi: *supergigante, superprodotto, supercinema, supermercato, superbianco* (spec. nel linguaggio enfatico pubblicitario)

†**superabbondànza** o †**superabbondànzia** [vc. dotta, dal lat. tardo *superabundăntia(m)*, comp. di *sŭper* 'sopra' e *abundăntia* 'abbondanza'. V. *sovrabbondanza* ✳ av. 1328] **s. f.** ● sovrabbondanza

superàbile [vc. dotta, dal lat. *superābile(m)*, da *superāre* 'superare' ✳ 1483] **agg.** ● che si può superare **CONTR.** insuperabile ‖ **superabilità**, **s. f. inv.**

superaccessoriàto [comp. di *super-* e *accessoriato* ✳ 1968] **agg.** ● dotato di un grande numero di accessori: *auto superaccessoriata*

superaffollaménto [comp. di *super-* e *affollamento* ✳ 1955] **s. m.** ● affollamento eccessivo

superaffollàto [comp. di *super-* e *affollato* ✳ 1955] **agg.** ● che è eccessivamente affollato

superalcòlico [comp. di *super-* e *alcolico* ✳ 1931] **A agg. (pl. m. *-ci*)** ● detto di bevanda fortemente alcolica **B anche s. m.**

superalimentazióne [comp. di *super-* e *alimentazione* ✳ 1903] **s. f.** ● iperalimentazione

superallenaménto [comp. di *super-* e *allenamento* ✳ 1939] **s. m.** ● allenamento eccessivo, mal regolato, che determina uno stato di esaurimento nervoso e fisico

superaménto [1691] **s. m.** ● il fatto di superare (***anche fig.***): *il s. di una crisi; il s. di vecchie concezioni; I superamenti erano il suo forte, in ogni campo* (L. SCIASCIA)

♦**superàre** o †**sopràre** [vc. dotta, dal lat. *superāre*, da *sŭperus* 'superiore'. V. *supero*① ✳ 1282] **v. tr.** (*io sùpero*) **1** essere superiore ad altre persone o cose per dimensioni o quantità: *s. qlcu. in altezza; s. qlcu. di statura; s. qlco. in larghezza, in peso, in volume; questi alberi superano gli altri; la produzione supera il fabbisogno* **2** andare oltre un dato limite (***anche fig.***): *la scala non supera i tre metri; il fiume ha superato il livello di guardia; s. il traguardo, il confine; ha superato il limite della sopportazione; questo supera le previsioni; quella donna ha superato la trentina* | attraversare: *s. un fiume, un fossato, uno sbarramento* | percorrere: *s. grandi distanze* | sorpassare: *s. un veicolo in curva; s. un avversario in corsa* | (*fig.*) andare oltre, al di là: *s. il vecchio storicismo* **3** (*fig.*) essere più bravo, più valente, di altri: *s. qlcu. per intelligenza, per cultura; s. qlcu. in astuzia, in generosità; s. qlcu. nella musica; in quella gara ha superato tutti gli avversari* | ***s. sé stesso***, ottenere un risultato o fornire una prova superiori a quelli precedenti: *questa sera il violinista ha superato sé stesso* **4** sostenere con successo, uscire senza danno da una situazione difficile o pericolosa: *s. un dolore, una difficoltà, una prova, un pericolo, un ostacolo, una crisi, una malattia, un esame, un concorso*

superàto **part. pass.** di *superare*; **anche agg.** **1** nei sign. del v. **2** che non è più valido, non è più attuale: *idee superate; gusti, metodi, superati; filosofo s.*
SFUMATURE ➤ *logoro*①

superàttico [comp. di *super-* e *attico*② ✳ 1966] **s. m. (pl. *-ci*)** ● (*edil.*) attico sovrastante un altro attico e arretrato rispetto a questo | attico che si distingue per il lusso delle rifiniture o per altri pregi eccezionali di costruzione

superattìvo [comp. di *super-* e *attivo* ✳ 1986] **agg.** ● che si dedica a una o a molte attività con energia e dinamismo

†**superazióne** [vc. dotta, dal lat. *superatiōne(m)*, da *superātus* 'superato' ✳ av. 1495] **s. f.** ● superamento

♦**supèrbia** [vc. dotta, dal lat. *supĕrbia(m)*, da *supĕrbus* 'superbo' ✳ 1261 ca.] **s. f.** **1** opinione esagerata di sé, delle proprie capacità e dei propri meriti, che esteriormente si manifesta con una ostentazione di altera superiorità e di disprezzo per gli altri: *mettere s.; mettere su s.; montare, salire, levarsi, in s.; gonfiarsi di s.; essere gonfio di s.; avere molta s. addosso; la s. è tenuta per gran peccato* (T. CAMPANELLA) | **PROV.** ***la s. è figlia dell'ignoranza***; ***la s. va a cavallo e torna a piedi***, la superbia alla fine risulta sconfitta e umiliata **2** nella teologia cattolica, il primo, per gravità, dei sette vizi capitali, che consiste nell'affermare la propria eccellenza fino a disconoscere la propria dipendenza da Dio **CFR.** accidia, avarizia, gola, invidia, ira, lussuria ‖ **superbiàccia**, **pegg.** | **superbiétta**, **dim.** | †**superbiòla**, **dim.** | (*lett.*) **superbiùzza**, **dim.**

SFUMATURE DI SIGNIFICATO
superbia - alterigia - altezzosità - spocchia - iattanza
Una stima esagerata del proprio valore che si traduce in un atteggiamento di disprezzo e superiorità nei confronti degli altri si chiama **superbia.** Se l'alta opinione di sé assume invece le forme di un atteggiamento orgoglioso, fiero e distaccato si parla di **alterigia. Altezzosità** è invece la qualità di chi è pieno di sé e ha comportamenti snobistici e sprezzanti. **Spocchia** ha lo stesso significato, ma aggiunge una sfumatura di scarso riguardo verso i meriti, le capacità altrui. La **iattanza** è l'esibizione arrogante della propria superiorità, dunque una manifestazione particolarmente sgradevole di superbia.
SFUMATURE ➤ *boria*, ➤ *orgoglio*, ➤ *presunzione*, ➤ *vanto*

superbike /super'baik, *ingl.* 'su:pə,baɪk/ [vc. ingl., comp. di *super-* e *bike* 'motocicletta' ✳ 1987] **s. f. inv.; anche s. m. inv. nel sign. 2** **1** (*sport*) moto da corsa derivata da una produzione di serie **2** la categoria di appartenenza ai fini delle gare di moto di questo tipo

†**supèrbio** [forma ant. di *superbo*, per sovrapposizione di *superbia* ✳ 1268] **agg.** ● superbo

superbióso (o **-ṣo**) [da *superbio* ✳ 1268] **agg.** ● (*tosc.*, *lett.*) che ostenta superbia, alterigia stizzosa e sprezzante: *più burbero, più s., più accigliato del solito, uscì, e andò passeggiando verso Lecco* (A. MANZONI) ‖ **superbiosétto**, **dim.** ‖ **superbiosaménte**, **avv.**

superbìre [dal lat. *superbīre*, da *supĕrbus* 'superbo' ✳ sec. XIII] **v. intr.** (*io superbisco, tu superbisci*; **aus.** *essere*) e **superbìrsi** **v. intr. pron.** ● (*poet.*) insuperbire

♦**supèrbo** [dal lat. *supĕrbu(m)*, da *sŭper* 'sopra'; propr. 'colui che sta sopra' ✳ 1261 ca.] **A agg.** **1** che ha superbia e la dimostra: *uomo s.; donna superba* | che rivela superbia: *atteggiamento s.; espressione, fronte, superba; parole superbe* **CONTR.** modesto, umile **2** (sempre seguito da una specificazione) che è fiero, che si compiace giustamente di qlcu. o di qlco.: *andare s. dei propri figli; essere s. del dovere compiuto* **3** detto di animale, tronfio: *gallo, pavone, s.* | di eccellenti doti, qualità: *cavallo, destriero, s.* **4** grandioso, imponente: *palazzo, monumento, s.* | magnifico, bellissimo, splendido: *spettacolo, ricevimento, s.; una donna di superba bellezza; un s. animale; gambe superbe* | ***la Superba***, (*per anton.*) la città di Genova, per la sua splendida posizione, i suoi monumenti e la grandezza della sua storia **5** che si eleva molto, che è posto molto in alto: *le superbe cime alpine* ‖ **superbaménte**, **avv.** **1** con superbia: *rispondere superbamente* **2** magnificamente: *un oggetto lavorato superbamente* **B s. m. (f. *-a*)** ● persona superba ‖ **superbàccio**, **pegg.** | **superbétto**, **dim.** | **superbóne**, **accr.**

superbóllo [comp. di *super-* e *bollo*② ✳ 1980] **s. m.** ● (*autom.*) tassa imposta ad alcune categorie di veicoli in aggiunta alla tassa di possesso

superbómba [comp. di *super-* e *bomba* ✳ 1942] **s. f.** ● bomba molto potente

superbowl /super'bol, *ingl.* 'su:pə,bəʊl/ [vc.

S

ingl., comp. di *super-* 'super-' e *bowl* 'coppa' ✱ 1983] **s. m. inv.** ● (*sport*) finale del campionato del football americano che si disputa in un'unica partita

superburòcrate [comp. di *super-* e *burocrate* ✱ 1970] **s. m. e f.** ● funzionario di altissimo grado nella scala gerarchica della pubblica amministrazione

supercarburànte [comp. di *super-* e *carburante* ✱ 1955] **s. m.** ● benzina ad alto numero di ottano, ossia elevato potere antidetonante **SIN.** benzina super

supercàrcere [comp. di *super-* e *carcere* ✱ 1980] **s. m.** (**pl.** *supercàrceri*, **f.**) ● nel linguaggio giornalistico, carcere di massima sicurezza

supercàzzola [comp. di *super-* e un deriv. di *cazzo*; da una battuta dell'attore U. Tognazzi nel film *Amici miei* (1975) di M. Monicelli (1915-2010) ✱ 1990] **s. f.** ● (*iron.*) parola o frase senza senso, pronunciata con serietà per sbalordire e confondere l'interlocutore

superceménto [comp. di *super-* e *cemento* ✱ 1960] **s. m.** ● cemento ad alta resistenza, ottenuto con particolare cura, in modo da ottenere un indurimento più rapido e una resistenza più elevata che per i cementi comuni

supercentrìfuga [comp. di *super-* e *centrifuga* ✱ 1982] **s. f.** ● (*fis.*) ultracentrifuga

supercìlio [vc. dotta, dal lat. *supercĭliu(m)*, comp. di *sŭper* 'sopra' e *cĭlium* 'ciglio' ✱ av. 1375] **s. m.** (**pl.** *-i* o *raro -ii*) **1** †sopracciglio **2** (*lett.*, *fig.*) cipiglio, grinta severa

superciliόso (o **-ṣo**) [vc. dotta, dal lat. *superciliōsu(m)* 'accigliato', da *supercĭlium* 'sopracciglio, cipiglio' ✱ 1561] **agg.** ● (*lett.*) accigliato, severo, sprezzante: *sarà un tanto s. che non vogli ... patir la lode propria* (G. BRUNO)

superclàsse [comp. di *super-* e *classe* ✱ 1983] **s. f.** ● nella tassonomia animale e vegetale, categoria sistematica che raggruppa più classi

superclorazióne [comp. di *super-* e *clorazione* ✱ 1991] **s. f.** ● trattamento delle acque potabili che vengono sterilizzate con una percentuale di cloro superiore a quella necessaria, allo scopo di eliminare ogni microrganismo

supercollaudàto [comp. di *super-* e di un deriv. del v. *collaudare* ✱ 1985] **agg.** ● (*fig.*) sperimentato, sicuro: *alleanza supercollaudata*

supercolòssal o **superkolòssal** [vc. ingl. comp. di *super-* 'super-' e *colossal* 'colossale' ✱ 1985] **agg. e s. m. inv.** ● detto di film o spettacolo teatrale particolarmente grandioso

supercolòsso [comp. di *super-* e *colosso* ✱ 1928] **s. m.** **1** azienda di dimensioni molto grandi: *un s. delle telecomunicazioni* **2** (*cinema*, *teatro*) supercolossal

supercompùter [comp. di *super-* e *computer* ✱ 1982] **s. m. inv.** ● (*inform.*) elaboratore di elevatissima potenza di calcolo

supercondomìnio [comp. di *super-* e *condominio* ✱ 1958] **s. m.** (**pl.** *-i* o *-ii*) ● organizzazione che raggruppa più condomìni

superconduttività [comp. di *super-* e *conduttività* ✱ 1960] **s. f. inv.** ● (*fis.*) brusca e totale scomparsa della resistività che si osserva in alcuni materiali (metalli, conduttori organici, ecc.) quando la temperatura si abbassa al di sotto di un certo valore critico

superconduttìvo [comp. di *super-* e *conduttivo* ✱ 1965] **agg.** ● (*fis.*) che è dotato di superconduttività ‖ **superconduttività** **s. f. inv.** (V.)

superconduttóre [comp. di *super-* e *conduttore* ✱ 1931] **s. m.** ● (*fis.*) materiale che presenta il fenomeno della superconduttività

superconduzióne [comp. di *super-* e *conduzione* ✱ 1960] **s. f.** ● (*fis.*) conduzione elettrica che avviene in regime di superconduttività

supercongelàto [comp. di *super-* e *congelato* ✱ 1963] **agg. e s. m.** ● (*raro*) surgelato

supercrìtico [comp. di *super* e *critico* ✱ 1986] **agg.** (**pl. m.** *-ci*) ● (*chim.*) detto di fluido che si trova a pressione e temperatura superiori ai valori critici

superdecoràto [comp. di *super-* e *decorato* ✱ 1929] **agg. e s. m.** (**f.** *-a*) ● che (o chi) è stato insignito di molte decorazioni

superderivàto [comp. di *super-* e *derivato* ✱ 1991] **A** **s. m.** ● (*gramm.*) parola che deriva da un'altra già derivata **B** **anche agg.**: *parola superderivata*

superdònna [comp. di *super-* e *donna* ✱ 1851] **s. f.** ● donna in possesso di qualità superiori | (*iron.*) donna che presume di avere qualità superiori, e come tale si comporta: *arie da s.*

superdòṣe [comp. di *super-* e *dose*: calco sull'ingl. *overdose* ✱ 1983] **s. f.** ● (*raro*) overdose

superdotàto [comp. di *super-* e *dotato* ✱ 1960] **agg. e s. m.** (**f.** *-a*) ● che (o chi) ha doti o requisiti superiori alla media **SIN.** iperdotato, plusdotato **CFR.** ipodotato

†**superedificàre** [vc. dotta, dal lat. tardo *superaedificāre*, comp. di *sŭper* 'super' e *aedificāre* 'costruire' ✱ av. 1712] **v. tr.** ● sopraedificare

Super-Ègo [comp. di *super-* e del lat. *ĕgo* 'io'. V. *Super-Io* ✱ 1965] **s. m. inv.** ● (*psicoan.*) Super-Io

†**supereminènte** [vc. dotta, dal lat. tardo *supereminĕnte(m)*, comp. di *sŭper* 'super-' ed *ēminens*, genit. *eminĕntis*, part. pres. di *eminēre* 'elevarsi' ✱ 1470 ca.] **agg.** ● sovreminente

†**supereminènza** [comp. di *super-* ed *eminenza* ✱ 1425] **s. f.** ● sovreminenza

Superenalòtto® [comp. di *super-* ed *enalotto* ✱ 1997] **s. m.** ● concorso a premi, collegato al gioco del lotto, nel quale vince chi indovina da tre a sei numeri estratti per primi su sei ruote

superëròe [comp. di *super-* ed *eroe* ✱ 1983] **s. m.** (**f.** *supereroina*) ● personaggio immaginario dei fumetti e del cinema dotato di straordinaria forza fisica e capacità soprannaturali che usa per combattere pericolosi criminali o difendere l'umanità da catastrofi | (*est.*, *scherz.*) persona eccezionale o che vuole apparire tale: *ecco il nostro s.!* **CFR.** superman

supererogatòrio [dal lat. tardo *supererogāre* 'dare, fare al di là dell'obbligo' ✱ 1872] **agg.** (**pl. m.** *-i* o *raro -ii*) ● (*relig.*) nella teologia cattolica, detto di ogni opera buona compiuta dal fedele in quanto tale, non per obbligo imposto o per consiglio ricevuto

supererogazióne [av. 1420] **s. f.** ● (*relig.*) compimento di opere supererogatorie

supereterodìna [dall'ingl. *superheterodyne*, abbr. di *super(sonic)-heterodyne (receiver)* ✱ 1927] **s. f.** ● (*radio*) radioricezione con conversione di tutte le frequenze ricevute a una frequenza fissa **CFR.** eterodina

superétte /supe'rette, supe'ret/ o **supérette** /fr. sype'rɛt/ [fr. *supérette*, comp. di *super(market)* e del suff. dim. *-ette* ✱ 1988] **s. f. o m.** ● locale di vendita di prodotti di largo consumo di superficie inferiore a 400 m^2, con vendita a self-service **CFR.** ipermercato, supermercato

superfamìglia [comp. di *super-* e *famiglia* ✱ 1931] **s. f.** ● nella tassonomia animale e vegetale, categoria sistematica che raggruppa più famiglie

superfecondazióne [comp. di *super-* e *fecondazione* ✱ av. 1941] **s. f.** ● (*biol.*) fecondazione simultanea di due o più uova provenienti dallo stesso ciclo mestruale, per opera di differenti spermi provenienti gener. da differenti coiti

superfémmina [comp. di *super-* e *femmina* ✱ 1912] **s. f.** ● in genetica, individuo di sesso femminile il cui corredo cromosomico presenta uno o più cromosomi sessuali femminili soprannumerari **CFR.** supermaschio

superfetazióne [comp. di *super-* e *fetazione*, dal lat. *superfetāre* 'concepire (*fetāre*) di nuovo (*sŭper*)'. V. *feto* ✱ 1680] **s. f.** **1** (*bot.*) fecondazione di un ovulo per opera di due o più tipi di polline **2** (*zool.*) nei Mammiferi, fenomeno anomalo consistente nella fecondazione successiva, nello stesso utero, di due o più uova prodotte in cicli mestruali diversi **3** (*archit.*, *urbanistica*) parte che è aggiunta a un edificio e sim. dopo che è stato completato secondo il progetto originale e che ne guasta l'estetica o deturpa l'ambiente circostante **4** (*fig.*) ciò che si aggiunge ad altro in un secondo momento, senza necessità

superfìce ➤ **superficie**

superficiàle [vc. dotta, dal lat. tardo *superficiāle(m)*, da *superfĭcies* 'superficie' ✱ av. 1328] **A** **agg.** **1** della superficie, che costituisce la superficie: *parte, strato, s.* | che sta, che rimane alla superficie: *ferita, increspatura, macchia, s.* | ***tensione s.***, V. *tensione* | ***acque superficiali***, che scorrono sulla superficie terrestre **CONTR.** sotterraneo **2** (*fig.*) detto di persona, che non approfondisce, che non medita, che si ferma all'esteriorità delle cose: *osservatore s.* | detto di cose, rapido, sbrigativo: *esame, lettura, occhiata s.* | non profondo, generico: *cognizione, cultura, conoscenza, s.* ‖ **superficialménte**, †**superficialeménte**, **avv.** **1** alla superficie: *è intaccato solo superficialmente* **2** in maniera trascurata, frettolosa, non approfondita: *il problema fu affrontato molto superficialmente* ‖ **superficialità** **s. f. inv.** (V.) **B** **s. m. e f.** ● persona superficiale ‖ **superficialóne**, **accr.**

SFUMATURE ➤ *frivolo*

superficialìṣmo [da *superficiale* ✱ 1833] **s. m.** ● (*raro*) superficialità

superficialità [1575] **s. f. inv.** ● caratteristica di chi (o di ciò che) è superficiale | (*fig.*) mancanza di serietà, di riflessione, di approfondimento nel comportarsi, nel giudicare e sim.: *agire con s.*; *parlare con s.* **SIN.** leggerezza, faciloneria

superficiàrio [vc. dotta, dal lat. tardo *superficiāriu(m)*, da *superfĭcies* 'superficie' ✱ 1937] **A** **agg.** ● (*dir.*) relativo al diritto di superficie | ***proprietà superficiaria***, proprietà della costruzione separata da quella del suolo **B** **s. m.** (**f.** *-ia*) ● titolare del diritto di superficie

♦**superficie** o (*raro*) **superfìce** [vc. dotta, dal lat. *superfĭcie(m)*, comp. di *sŭper* 'super' e *făcies* 'faccia' ✱ 1282] **s. f.** (**pl.** *superfici* o *raro*, *lett.* *superficie*) **1** piano che delimita un corpo, una struttura, una massa e sim.: *la s. di un muro, di uno specchio*; *la s. interna, esterna di un tubo, di una conduttura*; *la s. terrestre, della terra*; *la s. del mare* | ***grande s.***, esercizio commerciale di dimensioni molto superiori alla media della tipologia di appartenenza | (*per anton.*) superficie del mare o di altre distese di acque: *navigare alla s.*; *restare in s.* | ***nave di s.***, che naviga in superficie, spec. in contrapposizione a sottomarini e sim. **2** (*fig.*) esteriorità, apparenza: *fermarsi, rimanere in s., alla s.*; *andare, penetrare, oltre la s. delle cose* **3** (*est.*) strato, spessore superficiale: *una scabra s. di intonaco*; *una s. vetrosa, lucida*; *una sottile s. di colore* **4** (*est.*) area: *calcolare la s. di un quadrato*; *superfici edificabili* | ***s. alare, frontale***, in aeronautica, rispettivamente area della pianta di un'ala e della sezione maestra | ***s. velica***, in marina, la somma della superficie di tutte le vele esposte al vento | ***s. agraria, forestale***, parte di terreno rispettivamente coltivato o che dà una produzione spontanea utilizzabile | ***s. commerciale***, quella di un'unità immobiliare comprensiva delle aree occupate dalle murature | ***s. calpestabile***, quella realmente praticabile, al netto delle murature **5** (*dir.*) ***diritto di s.***, diritto di fare o di mantenere al disopra o al disotto del suolo altrui una costruzione di cui si acquista la proprietà **6** (*mat.*) ente geometrico a due dimensioni definito come uno spazio topologico in cui qualsiasi punto ammette un intorno omeomorfo a un piano | ***s. algebrica***, superficie rappresentabile con equazioni algebriche | ***s. sferica***, luogo dei punti che da un punto dato, il centro, hanno distanza assegnata, il raggio

SFUMATURE ➤ *spazio*

NOMENCLATURA

superficie (cfr. tatto, mano)
● *caratteristiche*: limitata ⇔ illimitata = sconfinata; regolare ⇔ irregolare; piana, curva, sferica, concava, convessa, poliedrica; lanosa, stopposa, vellutata, serica, satinata, gommosa, mucillaginosa, marmorea, legnosa, gessosa, porcellanata, vetrosa, farinosa, glutinosa, pastosa, oleosa, spugnosa, carnosa; tenera ⇔ dura, morbida = soffice ⇔ coriacea, liscia = levigata = polita ⇔ ruvida = scabrosa = scabra = aspra = squamosa = grinzosa = rugosa, ondulata = ronchiosa = bitorzoluta = granulosa = smerigliata; fluida = scorrevole ⇔ attaccaticcia = appiccicosa = viscida = viscosa; elastica = flessibile = pieghevole, trattabile = cedevole = malleabile = duttile ⇔ rigida = inflessibile; molle = floscia = moscia = flaccida = frolla ⇔ compatta = solida = soda; pelosa = villosa = irsuta = ispida ⇔ pelata = spelacchiata = calva;
● *misure*: metro quadrato, ara, ettaro; agrimensura, agrimensore;
● *azioni*: toccare, tastare, palpare, lambire, sfiorare, accarezzare; premere, affondare, affiorare, emergere, spuntare.

superficie-ària [comp. di *superficie* e *aria* ✱ 1987] **agg. inv.** ● (*milit.*) detto di missile destinato a essere lanciato da mezzi terrestri o da navi contro bersagli aerei quali aeromobili in volo e missili aria-superficie **CFR.** terra-aria

superficie-superfìcie [comp. di *superficie* ripetuto ✱ 1987] **agg. inv.** ● (*milit.*) detto di missile destinato a essere lanciato da mezzi terrestri o da navi contro bersagli terrestri **CFR.** terra-terra

superfino [da *super-* e *fino*② ✱ 1986] **agg.** ● estremamente fino | ***riso s.***, V. *riso*③

superfluidità [fr. *superfluidité*, da *superfluide* 'superfluido' ✱ 1984] **s. f. inv.** ● (*fis.*) caratteristica dell'elio liquido di non solidificare anche a temperature vicine allo zero assoluto se non è soggetto a forte pressione

superflùido [fr. *superfluide*, comp. di *super-* 'super-' e *fluide* 'fluido' ✱ 1987] **agg.; anche s. m.** ● (*fis.*) detto dell'elio quando manifesta le proprietà caratteristiche della superfluidità

superfluità [vc. dotta, dal lat. tardo (eccl.) *superfluitāte(m)*, da *supĕrfluus* 'superfluo' ✱ 1303] **s. f. inv. 1** condizione di ciò che è superfluo **2** (**spec. al pl.**) cosa superflua: *rinunciare alle s.*

♦**supèrfluo** [vc. dotta, dal lat. *supĕrfluu(m)*, da *superflŭere* 'scorrere (*flŭere*) sopra (*sŭper*), traboccare' ✱ av. 1328] **A agg.** ● che eccede il bisogno, che è in più, che non è necessario: *spese, parole, chiacchiere superflue; tutto quello el qual e tuoi figliuoli non sapranno maneggiare e governare ... sarà loro s.* (L.B. ALBERTI) ‖ **superfluaménte**, **avv. B** in funzione di avv. ● †in modo superfluo, troppo: *parlare s.* **C s. m. solo sing.** ● ciò che è in più rispetto al necessario: *eliminare, evitare, il s.; fare a meno del s.*

SFUMATURE DI SIGNIFICATO

superfluo - eccedente - ridondante - voluttuario
Superfluo è tutto ciò che è in più rispetto al bisogno o a quanto è necessario. Con *superfluo* si esprime un'idea di inutilità che **eccedente**, suo sinonimo più neutro, non contiene. Con **ridondante** si esprime un analogo concetto di eccesso, di sovrabbondanza, ma in questo caso a essere superato è piuttosto il confine del buon gusto che non quello della necessità. **Voluttuario** è invece ciò che soddisfa bisogni non indispensabili, quindi coincide con *superfluo*, ma ha in più una sfumatura che riguarda il piacere che questi bisogni procurano a chi li soddisfa.

superfortézza [comp. di *super-* e *fortezza* ✱ 1945] **s. f.** ● (*aeron.*) velivolo quadrimotore da bombardamento statunitense Boeing B29, con caratteristiche tecniche e belliche potenziate rispetto alla fortezza volante, usato nella seconda Guerra mondiale, spec. contro il Giappone | (*est.*) qualsiasi quadrimotore da bombardamento con caratteristiche analoghe a quelle del Boeing B29

superfosfàto [comp. di *super-* e *fosfato* ✱ 1888] **s. m.** ● (*chim.*) perfosfato

supergalàssia [comp. di *super-* e *galassia* ✱ 1960] **s. f.** ● (*astron.*) galassia il cui contenuto stellare è notevolmente superiore a quello medio

supergàllo [comp. di *super-*, nel sign. 2, e (*peso*) *gallo* ✱ 1984] **s. m. inv.; anche agg. inv.** ● nel pugilato, chi (o che) rientra nella categoria di peso compresa tra quelle dei pesi gallo e dei pesi piuma

supergigànte [comp. di *super-* e *gigante* ✱ 1960] **A s. f.; anche agg.** ● (*astron.*) stella di dimensioni centinaia di volte maggiori di quelle del Sole **B s. m.** (**anche nella forma** *superG*) ● nello sci alpino, specialità con caratteristiche intermedie tra la discesa libera e lo slalom gigante

su per giù ➤ **suppergiù**

superinfezióne [comp. di *super-* e *infezione* ✱ 1914] **s. f.** ● (*med.*) nuova infezione che si instaura in un paziente che soffra già di un'infezione precedente

†**superinfùṡo** [vc. dotta, dal lat. tardo *superinfūsu(m)*, comp. di *sŭper* 'sopra' e *infūsus*, part. pass. di *infŭndere* 'infondere' ✱ av. 1375] **agg.** ● elargito in abbondanza: *grazia superinfusa*

Super-ìo [comp. di *super-* e *io* ✱ 1926] **s. m. inv.** ● (*psicoan.*) sistema delle norme e dei principi morali ricevuti dai genitori e dalla società, che appartiene in prevalenza all'inconscio ed esercita una funzione di critica sull'Io

superióra [f. di *superiore* ✱ 1717] **A s. f.** ● monaca o suora che governa una casa, una comunità, una congregazione, un ordine di religiose **B anche agg. solo f.**: *madre s.*

superioràto [da *superiore* ✱ av. 1685] **s. m.** ● dignità, ufficio, grado, di superiore o di superiora

♦**superióre** [vc. dotta, dal lat. *superiōre(m)*, comp. di *sŭperus* 'che sta sopra'. V. *supero*① ✱ 1320] **A agg. 1** che sta sopra, più in alto, rispetto a un termine di paragone espresso o sottinteso: *il piano s. al vostro; il piano s.; la parte s. della casa; le stanze superiori; il labbro s.* | ***corso s. di un fiume***, quello più vicino alla sorgente **CONTR.** inferiore **2** presso gli antichi Romani, detto della parte meridionale, cioè più vicina a Roma, di una provincia: *Gallia, Austria, Pannonia s.* **CONTR.** inferiore **3** che è maggiore per numero, quantità, qualità e sim.: *avere una statura s. alla media; questo articolo ha un prezzo s. all'altro; il contenuto di zucchero è in quantità s. al 10%; merce di qualità s.; raggiungere un livello s.* **4** che possiede determinate qualità, capacità, doti e sim. in misura maggiore di altre persone o cose: *essere s. a qlcu. per intelligenza; nessuno è s. a lui nella corsa; si sente s. a tutti; questo cognac è s. a tutti gli altri* | che possiede determinate qualità, capacità, doti e sim. in massimo grado: *ingegno, mente s.; uomo, donna s.; un prodotto decisamente s.* **5** che in un ordinamento, una gerarchia e sim. occupa un grado più alto: *classe, scuola, istituto s.* | ***scuole medie superiori***, (*ellitt.*) ***le superiori***, scuole secondarie di secondo grado | ***istruzione s.***, quella universitaria | ***ufficiali superiori***, maggiore, tenente colonnello, colonnello | ***per ordine s., per disposizione s.***, di cosa eseguita su ordine proveniente da chi ha maggiore autorità **6** (*fig.*) che va oltre un dato limite: *quel lavoro è s. alle tue capacità; l'esito è stato s. all'attesa; ha ottenuto un risultato s. a ogni previsione* | che è al di sopra di determinate situazioni: *il libro è s. a ogni critica; è una persona s. a ogni sospetto* **7** che considera determinate cose con sdegno, noncuranza, disinteresse, nella loc. ***essere s. a***: *essere s. alle chiacchiere, alle insinuazioni, alle malignità, ai pettegolezzi, alle piccinerie* e sim. **8** †precedente: *ne' discorsi del superior libro* (N. MACHIAVELLI) ‖ **superiorménte**, **avv.** nella parte superiore **B s. m.** (**f.** *-a* (V.)) **1** chi, in una gerarchia, riveste un grado più alto, in rapporto a chi ne riveste uno più basso: *rispettare i superiori; obbedire ai superiori; con licenza dei superiori; essere lodato dai superiori* | (*gerg.*) appellativo con cui i carcerati si rivolgono al secondino **2** religioso che, eletto o designato, governa una comunità regolare, o anche una sede locale di tale comunità

superiorità [da *superiore* ✱ 1468] **s. f. inv.** ● caratteristica di chi (o di ciò che) è superiore (**spec. fig.**): *s. di forze; s. numerica; rivelare una netta s. sull'avversario; far sentire, far pesare, la propria s.; esercitare una certa s. sugli altri; s. morale, intellettuale; atteggiamento di s.; arie di s.*

superkolòssal ➤ **supercolossal**

♦**superlatìvo** [vc. dotta, dal lat. tardo *superlatīvu(m)*, da *superlātus* 'iperbolico', part. pass. di *superfĕrre* 'portare sopra': calco sul gr. *hyperthetikós*, agg. da *hypertithénai* 'porre (*tithénai*) sopra (*hypér*)' ✱ av. 1328] **A agg. 1** massimo, sommo, eminente: *bontà superlativa; è bella in modo s.* **2** ***grado s.***, superlativo ‖ **superlativaménte**, **avv. B s. m.** ● grado dell'aggettivo e dell'avverbio che esprime il più alto valore di una caratteristica o di una condizione | ***s. relativo***, in rapporto ad altri elementi dello stesso tipo; per es.: *sei il più bravo di tutti noi* | ***s. assoluto***, indipendente dal paragone con altri termini della frase; per es.: *sei bravissimo; sei il più bravo*

superlavóro [comp. di *super-* e *lavoro* ✱ 1929] **s. m.** ● lavoro eccessivo: *sottoporsi a un s.*

superléga [comp. di *super-* e *lega* ✱ 1957] **s. f.** ● tipo di lega refrattaria, dotata di buona resistenza alla corrosione a temperature di 800-900 °C

superleggèro [comp. di *super-*, nel sign. 2, e (*peso*) *leggero* ✱ 1957] **A agg.** ● leggerissimo: *un materiale s.* **B s. m.; anche agg.** ● nel pugilato, chi (o che) rientra nella categoria di peso compresa tra quelle dei pesi leggeri e dei pesi welter

superlùna [comp. di *super-* e *luna* ✱ 1999] **s. f.** ● (*astron.*) la luna piena al perigeo, quando appare più grande del solito

superluògo [comp. di *super-* e *luogo* ✱ 2006] **s. m.** (**pl. m.** *-ghi*) ● luogo pubblico polifunzionale, di notevoli dimensioni (grande centro commerciale, aeroporto, outlet, fiera, grattacielo ecc.), che risalta in modo rilevante in un determinato territorio **CFR.** non luogo

superman /ˈsupermen, *ingl.* ˈsuːpəˌmæn/

[vc. ingl., comp. di *super-* 'super-' e *man* 'uomo'; l'accezione scherz. si deve al personaggio di fantasia omonimo, creato nel 1933 da J. Siegel e J. Shuster, che compie inverosimili imprese ✻ 1961] **s. m. inv.** (**f. ingl.** *superwoman* /'su:pə,wumən/, **pl. m. ingl.** *supermen* /'su:pə,mɛn/, **pl. f.** *superwomen* /'su:pə,wɪmɪn/) ● (**scherz.**) uomo dotato di straordinarie qualità fisiche | (**est.**, **scherz.**) persona che possiede o presume di possedere eccezionali capacità operative o professionali **CFR.** supereroe

supermàrket /super'market, *ingl.* 'su:pə,mɑ:kɪt/ [vc. ingl., comp. di *super-* 'super-' e *market* 'mercato' ✻ 1956] **s. m. inv.** ● supermercato

supermàschio [comp. di *super-* e *maschio* ✻ 1967] **s. m.** ● in genetica, individuo di sesso maschile il cui corredo cromosomico presenta uno o più cromosomi sessuali maschili soprannumerari **CFR.** superfemmina

supermàssimo [comp. di *super-*, nel sign. 2, e (*peso*) *massimo* ✻ 1988] **s. m.; anche agg.** ● nel pugilato, chi (o che) rientra nella categoria di peso superiore a quella dei massimi

♦**supermercàto** [adattamento di *supermarket* (V.) ✻ 1956] **s. m.** ● locale di vendita di prodotti di largo consumo di superficie superiore a 400 m^2, con vendita a self-service **CFR.** ipermercato || **supermercatino**, **dim.**

SFUMATURE DI SIGNIFICATO

supermercato - ipermercato - grande magazzino - centro commerciale

Supermercato è un ampio locale (dai 400 ai 3000 metri quadri) dove si vendono prodotti alimentari e di largo consumo, esposti ordinatamente e con l'indicazione del prezzo, che i clienti prendono da soli e pagano all'uscita. Un *supermercato* con superficie maggiore di 3000 metri quadri si definisce **ipermercato**. Un **grande magazzino** è invece un negozio di grandi dimensioni dove non si vendono generi alimentari ma prodotti di abbigliamento e di cura della persona, casalinghi, oggettistica, ecc. Un insieme di negozi e luoghi di ristoro, autonomi nella gestione ma tutti ospitati nella medesima struttura, si chiama **centro commerciale**.

SFUMATURE ➤ ***negozio***

supermetanièra [comp. di *super-* e *metaniera* ✻ 1983] **s. f.** ● metaniera di grande portata

supermìnimo [comp. di *super-* e *minimo* ✻ 1969] **s. m.** ● integrazione del salario minimo convenuto nei contratti collettivi di lavoro che, in alcune aziende, viene corrisposta ai lavoratori dipendenti nel caso di alta produttività aziendale o per riconoscimento di meriti personali

supermùlta [comp. di *super-* e *multa* ✻ 1982] **s. f.** ● multa di importo elevato, spec. per scoraggiare gravi e particolari infrazioni

†**supernàle** [1260 ca.] **agg.** ● superno

supernazionàle [comp. di *super-* e *nazionale* ✻ 1858] **agg.** ● (**raro**) sovranazionale || **supernazionalità**, **s. f. inv.** (**raro**) sovranazionalità

supèrno [vc. dotta, dal lat. *supĕrnu(m)*, da *sŭperus* 'superiore'. V. *supero*① ✻ sec. XIII] **agg.** **1** (**lett.**) superiore, che sta in alto, che è posto sopra a tutti **2** (**lett.**, **est.**) del cielo, celeste: *le cose superne*; *vita superna* | ***la Città superna***, il Paradiso

supernòva [vc. scient. moderna, comp. di *super-* e *nova* ✻ 1948] **s. f.** (**pl.** *-e* o **lat.** *-ae*) ● (**astron.**) stella che, esplodendo con estrema violenza, lancia parte della materia che la costituisce nei circostanti spazi interstellari; tale fenomeno è accompagnato da variazioni di luminosità simili a quelle di una stella nova

supernutrizióne [comp. di *super-* e *nutrizione* ✻ 1929] **s. f.** ● (**med.**) ipernutrizione

sùpero① [vc. dotta, dal lat. *sŭperu(m)* 'superiore', da *sŭper* 'sopra' ✻ av. 1514] **A** **agg.** **1** (**lett.**) superiore, posto nella parte più alta: *gli dei superi* | ***mare s.***, presso i Latini, l'Adriatico **2** (**bot.**) detto di ovario inserito sul ricettacolo al di sopra del calice e degli stami **B** **Sùperi** **s. m. pl.** ● nella mitologia greco-romana, dei che abitano il cielo, opposti agli Inferi

sùpero② [da *superare* ✻ 1853] **s. m.** ● avanzo, eccedenza

superomìsmo [da *super(u)omo* ✻ av. 1917] **s. m.** **1** dottrina del superuomo: *il s. nietzschiano* **2** (**est.**) atteggiamento, comportamento da superuomo

superordinàto [comp. di *super-* e *ordinato* ✻ 1946] **agg. e s. m.** ● (**ling.**) iperonimo

superórdine [comp. di *super-* e *ordine* ✻ 1960] **s. m.** ● nella tassonomia animale e vegetale, categoria sistematica che raggruppa più ordini

superòtto o **super8** [comp. di *super-* e *otto* ✻ 1968] **A** **agg. inv.; anche s. m. inv.** ● detto di un tipo di pellicola cinematografica a passo ridotto che, mediante una diversa perforazione rispetto al tradizionale formato 8 mm, consentiva un aumento della superficie del fotogramma **B** **s. f. inv.** ● macchina cinematografica che usava pellicola di formato superotto

superpagàto [comp. di *super-* e *pagato* ✻ 1983] **agg.** ● che è retribuito molto al di sopra della media: *calciatore s.*; *mansione superpagata* **CFR.** strapagato

superparassìta [comp. di *super-* e *parassita* ✻ 1993] **A** **agg.** (**pl. m.** *-i*) ● (**biol.**) detto di organismo che partecipa al superparassitismo: *specie s.* **B** **s. m.** ● (**biol.**) organismo coinvolto attivamente nel superparassitismo

superparassitìsmo [comp. di *super-* e *parassitismo* ✻ 1993] **s. m.** ● (**biol.**) fenomeno per cui organismi di più specie vivono a scapito di un ospite

sùper pàrtes [loc. lat. ✻ 1989] **loc. agg. inv.** ● che è al di sopra delle parti, imparziale: *rivolgersi a un'autorità super partes*

superperìto [comp. di *super-* e *perito* ✻ 1955] **s. m.** (**f.** *-a*) ● specialista a cui, durante un'istruttoria o un processo, viene demandato il controllo e la revisione di perizie tecniche, chimiche, balistiche e sim.

superperìzia [comp. di *super-* e *perizia* ✻ 1953] **s. f.** ● perizia di un superperito

superpetrolièra [comp. di *super-* e *petroliera* ✻ 1960] **s. f.** ● petroliera con stazza superiore alle 70 000 tonnellate

superpiùma [comp. di *super-*, nel sign. 2, e (*peso*) *piuma* ✻ 1979] **s. m. inv.; anche agg. inv.** ● nel pugilato, chi (o che) rientra nella categoria di peso compresa tra quelle dei pesi piuma e dei pesi leggeri

superplasticità [comp. di *super-* e *plasticità* ✻ 1990] **s. f. inv.** ● (**fis.**) proprietà dei materiali metallici che presentano elevatissima deformabilità

superplàstico [1997] **agg.** (**pl. m.** *-ci*) ● (**fis.**) dotato di superplasticità (V.)

superpotènza [comp. di *super-* e *potenza* ✻ 1954] **s. f.** ● stato in possesso di una enorme organizzazione industriale e di armamenti atomici

superpotére [comp. di *super-* e *potere* ✻ 1921] **s. m.** ● (**gener. al pl.**) capacità sovrumana (come volare, rendersi invisibile, essere invulnerabile) attribuita a taluni eroi di fumetti e film d'animazione o fantascienza

superprefètto [comp. di *super-* e *prefetto* ✻ 1963] **s. m.** ● prefetto al quale sono stati conferiti poteri eccezionali, spec. nella lotta contro la criminalità organizzata

superprocùra [comp. di *super* e *procura* ✻ 1988] **s. f.** ● (**dir.**) ufficio giudiziario con speciali compiti di investigazione sulla criminalità organizzata

superproduzióne [comp. di *super-* e *produzione* ✻ 1919] **s. f.** ● (**raro**) sovrapproduzione

superprofìtto [comp. di *super-* e *profitto* ✻ 1921] **s. m.** ● (**raro**) soprapprofitto

supersfìda [comp. di *super-* e *sfida* ✻ 1983] **s. f.** ● competizione, spec. sportiva, di grande interesse per il richiamo e l'importanza dei concorrenti

supersimmetrìa [comp. di *super-* e *simmetria* ✻ 1985] **s. f.** ● (**fis.**) tipo di simmetria che consente di ipotizzare la formazione di multipletti di particelle con spin diverso, permettendo una trattazione unitaria delle particelle di interazione e di quelle costituenti la materia

supersònico [comp. di *super-* e *sonico*, sul modello dell'ingl. *supersonic* ✻ 1947] **agg.** (**pl. m.** *-ci*) ● relativo a velocità superiori alla velocità del suono | ***aereo s.***, che raggiunge tali velocità

superstàr /supers'tar, *ingl.* 'su:pə,stɑ:(r)/ [vc. ingl., comp. da *super-* e *star* ✻ 1957] **s. f. inv.; anche agg. inv.** ● detto di personaggio, spec. nel mondo dello spettacolo o dello sport, che gode di eccezionale notorietà

superstàto [comp. di *super-* e *stato*③ ✻ 1951] **s. m.** ● entità territoriale costituita da numerosi Stati, dei quali assomma le varie funzioni: *la scelta tra una comunità europea di Stati e un s. europeo* | (**est.**) organizzazione il cui raggio di azione supera quello di uno Stato istituzionale: *il s. della mafia*

supèrstite [vc. dotta, dal lat. *supĕrstite(m)*, comp. di *sŭper* 'super-' e di un deriv. di *stāre* 'stare, esserci' ✻ sec. XIII] **A** **agg. e s. m. e f.** ● che (o chi) è rimasto in vita dopo un evento in cui altri sono morti: *il figlio fu s. ai genitori*; *i superstiti del terremoto*; *è l'unico s. della strage* **B** **agg.** ● che resta, rimane: *le rovine superstiti*; *raccogliere le forze superstiti*

superstizióne [vc. dotta, dal lat. *superstitiō-ne(m)*, da *superstāre* 'star sopra'; propr. 'ciò che sta sopra, sovrastruttura', opposto a *relĭgio*, genit. *religiōnis* 'insieme scelto di formule sacre' ✻ av. 1328] **s. f.** **1** credenza, atteggiamento o pratica consistente nell'attribuire fenomeni spiegabili razionalmente a naturalmente a cause occulte o soprannaturali | comunemente, credenza irrazionale nell'influenza positiva o negativa di determinati fattori sulle vicende umane: *la s. del gatto nero* **2** eccesso di scrupolo e di timore religioso | all'interno di ogni religione, il residuo di antichi culti e di precedenti credenze religiose, non completamente eliminato

SFUMATURE ➤ ***credenza***①

superstizióso (o *-ṣo*) [vc. dotta, dal lat. *superstitiōsu(m)*, da *superstĭtio*, genit. *superstitiōnis* 'superstizione' ✻ av. 1328] **A** **agg.** **1** che segue le superstizioni, che crede alle superstizioni: *essere s.*; *gente superstiziosa* **2** che deriva da superstizione: *credenza, pratica superstiziosa* || **superstiziosaménte**, **avv.** || **superstiziosità**, **s. f. inv.** caratteristica, comportamento di chi è superstizioso **B** **s. m.** (**f.** *-a*) ● persona superstiziosa

superstràda [comp. di *super-* e *strada* ✻ 1928] **s. f.** ● grande strada per il traffico veloce in cui il numero degli attraversamenti è ridotto al minimo

superstràto [comp. di *super-* e *strato*, sul modello di *sostrato* ✻ 1932] **s. m.** ● (**ling.**) lingua che in una determinata area si sovrappone, per varie cause (contatti, colonizzazioni, invasioni e sim.), a una lingua preesistente, influenzandone le strutture lessicali, fonologiche e morfosintattiche **CFR.** sostrato

superstrìnga [dall'ingl. *superstring*, comp. di *super* 'super' e *string* 'catena, successione' ✻

1978] s. f. ● (*fis.*) ipotetico oggetto unidimensionale le cui vibrazioni rappresentano le particelle elementari SIN. stringa

supertàssa [comp. di *super-* e *tassa* ✱ 1964] s. f. ● nel linguaggio giornalistico, sovrimposta straordinaria

supertèste [comp. di *super-* e *teste* ✱ 1973] s. m. e f. ● supertestimone

supertestimòne [comp. di *super-* e *testimone* ✱ 1966] s. m. e f. ● chi, nell'istruttoria o nel corso di un processo, presenta prove a carico o discarico dell'imputato ritenute decisive

superumàno [comp. di *super-* e *umano* ✱ 1898] agg. **1** (*raro*) sovrumano **2** (*raro*) relativo al superuomo di Nietzsche

superumeràle [vc. dotta, dal lat. tardo *superhumerāle* (nt.) 'efod', comp. di *sŭper* 'sopra' e *(h)umerāle* 'veste che copre le spalle', da *(h)ŭmerus* 'omero' ✱ av. 1498] s. m. ● efod, quando, nella Bibbia, questo termine indica lo speciale vestito del sommo sacerdote di Gerusalemme

superuòmo [comp. di *super-* e *uomo*, sul modello del ted. *Übermensch* ✱ 1894] s. m. (pl. *superuòmini*) **1** (*filos.*) secondo F. Nietzsche, individuo che, manifestando la sua volontà di potenza, è in grado di staccarsi dalla morale comune e di vivere al di là del bene e del male **2** uomo in possesso di qualità superiori | (*iron.*) uomo che crede di essere superiore agli altri e come tale si comporta: *fare il s.*; *darsi arie da s.*; *atteggiarsi a s.*

†**supervacàneo** o †**supervacàno** [vc. dotta, dal lat. *supervacāneu(m)*, comp. di *sŭper* 'sopra', e di un deriv. di *văcuus* 'vuoto, inutile'. V. *vacuo* ✱ sec. XIV] agg. ● superfluo, inutile, non necessario: *è impresa al mio parere supervacanea e vana* (G. GALILEI) | incredibile

supervalutàre [comp. di *super-* e *valutare*. V. *sopravvalutare* ✱ 1932] v. tr. (*io supervàluto* o, etim. più corretto ma meno diffuso, *supervalùto*) ● sopravvalutare il valore economico di un bene

supervalutazióne [comp. di *super-* e *valutazione* ✱ 1921] s. f. ● sopravvalutazione | (*econ.*) valutazione di un bene superiore a quella del mercato, spec. per indurre il cliente a un nuovo acquisto: *s. dell'usato nel campo dell'auto, degli elettrodomestici*

supervișionàre [comp. di *super-* e *visionare* ✱ 1985] v. tr. (*io supervisióno*) ● sottoporre a una supervisione

supervișióne [comp. di *super-* e *visione*, sul modello dell'ingl. *supervision* ✱ 1932] s. f. **1** attività di direzione e controllo del supervisore **2** (*cinema*) direzione generale, artistica, tecnica ed economica di un film

supervișóre [dall'ingl. *supervisor* ✱ 1931] s. m. (f. *-a*) **1** chi dirige e controlla la realizzazione di un programma, un'opera e sim. **2** (*tv*) tecnico addetto al controllo e alla manipolazione del segnale radioelettrico o televisivo in uscita dagli studi | (*cinema*) incaricato della direzione generale artistica, tecnica o economica di un film

superwèlter /super'wɛlter, -'vɛl-, *ingl.* 'suːpə,wɛltə(r)/ [comp. di *super-*, nel sign. 2, e (*peso*) *welter* ✱ 1981] s. m. inv.; anche agg. inv. ● nel pugilato, chi (o che) rientra nella categoria di peso compresa tra quelle dei pesi welter e dei pesi medi

†**supinàre** [vc. dotta, dal lat. *supināre*, da *supīnus* 'supino①' ✱ sec. XIII] **A** v. tr. ● levare in alto | rivoltare, capovolgere **B** †**supinàrsi** v. intr. pron. ● mettersi supino

supinatóre [da *supinare* ✱ av. 1673] **A** agg. ● (*anat.*) detto di muscolo che provoca supinazione **B** anche s. m.: *il s. della coscia*

supinazióne [vc. dotta, dal lat. tardo *supinatiōne(m)* 'rovesciamento', da *supināre* 'rovesciare'. V. †*supinare* ✱ 1771] s. f. **1** (*anat.*) movimento del rivoltare la mano con il palmo verso l'alto **2** (*anat.*) condizione di giacere con la faccia verso l'alto CONTR. pronazione

♣**supìno**① [vc. dotta, dal lat. *supīnu(m)*, da **sūp-*, *sub* 'dal basso in alto'; opposto a *prōnus* 'con la faccia in giù'. V. *prono* ✱ sec. XIII] agg. **1** detto di persona, che giace sul dorso col viso e il petto rivolti all'insù: *giacere, stare s.*; *cadere s.*; *dormire s.*; *essere in posizione supina* CONTR. bocconi, prono **2** (*est.*) che ha il palmo voltato verso l'alto, detto della mano: *tenere le mani supine* | (*lett.*) rivolto verso l'alto: *occhi supini*; *volto s.* **3** (*fig.*) che mostra accondiscendenza passiva, cieca, servile: *essere s. alla volontà altrui* | ***rassegnazione supina***, (*lett.*, *raro*) vile | ***ignoranza supina***, (*lett.*, *raro*) crassa ‖ **supinaménte**, avv. **1** in posizione supina **2** (*fig.*) in modo passivo, con acquiescenza

supìno② [vc. dotta, dal lat. *supīnu(m)* (*vĕrbum*) '(parola) supina', perché si appoggia al verbo ✱ 1526] s. m. ● (*gramm.*) forma nominale del verbo in latino e nelle lingue del gruppo baltoslavo

†**sùppa** ➤ **zuppa**

suppedàneo o **soppedàneo** [vc. dotta, dal lat. tardo (eccl.) *suppedāneu(m)* (*scabĕllu(m)*) '(scanno) da tenere sotto i piedi', comp. di *sŭb* 'sotto' e *pedāneus*, agg. da *pēs*, genit. *pĕdis* 'piede' ✱ 1714] s. m. **1** (*lett.*) scanno, panno o altro da tenere sotto i piedi come appoggio **2** predella dell'altare

†**suppeditàre** [vc. dotta, dal lat. *suppeditāre*, comp. di *sŭb* 'sub-' e *-peditāre*, da *pĕdes*, genit. *pĕditis* 'pedone, fante': propr. 'accorrere in aiuto' ✱ av. 1472] v. intr. ● bastare

♣**suppellèttile** [vc. dotta, dal lat. *sup(p)ellĕctile(m)*, di etim. incerta ✱ sec. XIV] s. f. **1** oggetto o insieme di oggetti e mobilio che entrano a far parte dell'arredamento di una casa | (*est.*) oggetto o insieme di oggetti che fanno parte di un ufficio, una scuola, una chiesa, e sim.: *s. scolastica, teatrale*; *le suppellettili sacre* **2** (*archeol.*) oggetto o insieme di oggetti di uso quotidiano rinvenuti in uno scavo: *suppellettili etrusche esposte in un museo* **3** (*raro*, *fig.*) insieme di cognizioni, bagaglio di conoscenze: *una ricca s. di conoscenze* SIN. corredo

suppergiù o **su per giù** /supper'dʒu*/ [comp. di *su*, *per* e *giù* ✱ 1863] avv. ● (*colloq.*) circa, più o meno, pressappoco: *saranno s. venti chili*; *saranno state s. venti persone*; *arriveremo s. alle dieci*

†**supplantàre** ➤ **soppiantare**

supplementàre [da *supplemento* ✱ av. 1827] agg. **1** che serve da supplemento: *attività, entrata s.* | (*est.*) ulteriore, aggiuntivo | (*econ.*) ***bene s.***, succedaneo di altro bene, di cui possiede la stessa attitudine a soddisfare un certo bisogno | ***treno s.***, ripetizione di altro treno di cui assume l'orario | ***tempi supplementari***, V. *tempo* **2** (*mat.*) detto di angolo che, aggiunto all'angolo dato, dà un angolo piatto ‖ **supplementarità**, s. f. inv.

suppleménto [vc. dotta, dal lat. *supplemĕntu(m)*, da *supplēre* 'supplire' ✱ sec. XIV] s. m. **1** ciò che si aggiunge a qlco. per supplire a una mancanza, un'insufficienza, e sim.: *chiedere un s. di dolce*; *s. d'inchiesta* | (*econ.*) ***s. d'imposta***, ammontare d'imposta che integra un precedente accertamento, non esatto, del tributo **2** aggiunta o aggiornamento di un'opera: *s. a un'enciclopedia* | ***s. a un giornale***, pagina o inserto che, in aggiunta alle pagine consuete, è dedicato a un particolare argomento **3** (*ferr.*) sovraprezzo richiesto quando il viaggiatore usufruisca di treni, carrozze o sim. che offrano particolari requisiti, comodità, prestazioni: *s. rapido*

supplentàto [1942] s. m. ● ufficio del supplente | durata di tale ufficio

supplènte **A** part. pres. di *supplire*; anche agg. **1** nei sign. del v. **2** che sostituisce temporaneamente un impiegato o un insegnante impedito di esercitare le proprie funzioni: *maestro, professore, s.* **B** s. m. e f. ● impiegato, maestro, professore, supplente: *il s. di latino*; *la nuova s.*

supplènza [1858] s. f. ● ufficio, condizione, di supplente: *ottenere una s.*; *è stato incaricato di una s.* | durata di tale ufficio: *una s. di un anno*

suppletivìșmo [comp. *suppletiv(o)* e *-ismo* ✱ 1960] s. m. ● (*ling.*) fenomeno per il quale una forma sostituisce un'altra che manca (per es. *sono* e *fui* come forme di *essere*)

suppletìvo [vc. dotta, dal lat. tardo *supplētīvu(m)*, da *supplētus*, part. pass. di *supplēre* 'supplire' ✱ av. 1643] agg. **1** che serve a supplire, che serve come supplemento: *articolo s.* | ***sessione suppletiva di esami***, quella disposta per i candidati che, per cause di forza maggiore, non hanno potuto sostenere gli esami nella sessione normale | ***elezioni suppletive***, quelle che si svolgono in un collegio elettorale per sostituire un parlamentare eletto col sistema uninominale che sia decaduto dalla carica | ***norma suppletiva***, che disciplina situazioni e rapporti per l'ipotesi che non vi abbiano provveduto i privati **2** (*ling.*) detto di forma che sostituisce le forme mancanti in una serie difettiva (per es. *devo* come forma di *dovere*) ‖ **suppletivaménte**, avv.

suppletòrio [vc. dotta, dal lat. mediev. *suppletōriu(m)*, dal classico *supplētus*, part. pass. di *supplēre* 'supplire' ✱ av. 1764] agg. (pl. m. *-i* o *raro -ii*) ● suppletivo: *prova suppletoria* | (*dir.*) ***giuramento s.***, nel processo civile, giuramento deferito d'ufficio a una parte dall'organo giudicante per decidere la causa quando le prove non sono sufficienti

supplì [vc. roman., adattamento del fr. *surprise* 'sorpresa' (con allusione al ripieno) ✱ 1846] s. m. inv. ● crocchetta di riso variamente farcita con carne, rigaglie, mozzarella

♣**sùpplica** [da *supplicare* ✱ 1534] s. f. **1** il supplicare | umile preghiera, solitamente esposta per iscritto, con cui si chiede qlco.: *rivolgere, presentare, una s. a qlcu.*; *sottoscrivere una s.*; *parole, tono, di s.* **2** preghiera cattolica per ottenere grazia, rivolta a Dio, alla Madonna o ai Santi, come intermediatori

supplicànte **A** part. pres. di *supplicare*; anche agg. ● che supplica: *chiedere qlco. con voce s.* **B** s. m. e f. ● chi supplica SIN. supplice

♦**supplicàre** [vc. dotta, dal lat. *supplicāre*, di *sŭpplex*, genit. *sŭpplicis* 'supplice' ✱ 1229] **A** v. tr. (*io sùpplico, tu sùpplichi*) ● pregare umilmente, chiedere con fervore e umiltà (+ *che* o *perché* seguiti da congtv.; + *di*, anche seguito da inf.): *s. Dio, il Papa*; *s. Dio che (o perché) faccia la grazia*; *s. qlcu. di una grazia*; *ti supplico di ascoltarmi* **B** v. intr. (aus. *avere*) ● (*lett.*) rivolgere suppliche: *supplicò al padre e agli altri cardinali che … gli concedessero la facoltà di lasciar la dignità e l'abito* (F. GUICCIARDINI)

SFUMATURE ➤ ***invocare***

supplicatóre [vc. dotta, dal lat. tardo (eccl.) *supplicatōre(m)*, da *supplicātus* 'supplicato' ✱ av. 1492] s. m. (f. *-trice*); anche agg. ● (*raro*) chi (o che) supplica

supplicatòrio [da *supplicare* ✱ av. 1348] agg. (pl. m. *-i* o *raro -ii*) ● che ha carattere o tono di supplica

supplicazióne [vc. dotta, dal lat. *supplicatiōne(m)*, da *supplicātus* 'supplicato' ✱ av. 1342] s. f. **1** (*lett.*) supplica, preghiera | †domanda di grazia o sim. rivolta a un'autorità **2** presso gli antichi Romani, cerimonia solenne con banchetto pubblico, processione e sacrifici, per stornare gli effetti funesti della collera degli dei o per ringraziare gli dei stessi

sùpplice [vc. dotta, dal lat. *sŭpplice(m)*, comp. di *sŭb* 'sub-' e di un corradicale di *plicāre* 'piegare'. V. *semplice*①, *duplice* ✱ 1374] **A agg.** ● (*lett.*) che supplica, chiede grazia, prega e sim.: *sguardo s.*; *occhi supplici*; *persone supplici* **B s. m. e f.** ● (*lett.*) chi supplica **SIN.** supplicante

✱**supplichévole** [da *supplicare* ✱ sec. XIV] **agg.** ● che supplica, che ha tono di supplica: *uno sguardo s.*; *parole supplichevoli* ‖ **supplichevolménte**, **avv.**

†**supplìcio** ➤ **supplizio**

suppliménto [sec. XIII] **s. m. 1** (*raro*) il supplire **2** †supplemento

supplìre [vc. dotta, dal lat. *supplēre* 'completare', comp. di *sŭb* 'sub-' e *plēre* 'riempire', di orig. indeur. V. *riempire* ✱ av. 1328] **A v. intr.** (*io supplìsco, tu supplìsci*; aus. *avere*) **1** provvedere a colmare una lacuna, una mancanza (+ *a*): *s. con la simpatia alla scarsa bellezza*; *talvolta la buona volontà supplisce al poco ingegno*; *il mondo popolare dell'immaginazione che suppliva alla scienza* (F. De Sanctis) **2** †adempiere, soddisfare un'obbligazione: *s. a un debito* **3** †bastare: *s. a una necessità* **B v. tr.** ● sostituire temporaneamente in un ufficio il titolare assente: *supplisco l'insegnante di latino*

suppliziàre [da *supplizio* ✱ sec. XIV] **v. tr.** (*io supplìzio*) ● (*raro*) sottoporre a supplizio, tormentare con supplizi

supplìzio o †**supplìcio** [vc. dotta, dal lat. *supplĭciu(m)* 'atto di ammenda' poi 'tormento, pena', da *sŭpplex*, genit. *sŭpplicis* 'supplice' ✱ av. 1306] **s. m. 1** pena, tormento, crudele castigo corporale: *il s. della crocifissione, della flagellazione*; *sottoporre qlcu. a un atroce s.* | ***s. di Tantalo***, nel mito greco, quello inflitto a Tantalo, costretto a soffrire perpetuamente la fame e la sete senza poter toccare le bevande e il cibo a portata di mano; (*fig.*) desiderio ardente, e sempre deluso, di un bene che pare vicino | ***l'estremo s., s. capitale***, la pena di morte | pena di morte; esecuzione capitale: *essere condotto al s.* | †***l'eterno s.***, la dannazione **2** (*fig.*) tormento, patimento fisico o morale (*anche iperb.*): *stare con voi è un s.*; *assistere alla scena fu un s. per me*; *questo vestito stretto è un s.*; *il mio s. / è quando / non mi credo / in armonia* (G. Ungaretti)

✱**supponènte** **A part. pres.** di *supporre*; anche **agg.** ● nei sign. del v. **B agg. e s. m. e f.** ● che (o chi) ostenta o rivela una fierezza sdegnosa e arrogante: *un individuo s.*; *un sorriso s.*

✱**supponènza** [da *supponente* ✱ av. 1914] **s. f.** ● presunzione sdegnosa e arrogante

supponìbile [da *suppōnere* 'supporre' ✱ 1669] **agg.** ● che si può supporre

suppórre [vc. dotta, dal lat. *suppōnere*, propr. 'porre (*pōnere*) sotto (*sŭb*)' ✱ av. 1276] **v. tr.** (coniug. come *porre*; **part. pass.** *suppósto*, †*suppòsito*) **1** presumere in via d'ipotesi, immaginare che qlco. sia accaduto o possa accadere in un determinato modo (+ *che* **seguito da congtv.**, + *di* **seguito da inf.**): *suppongo che sia come dici tu*; *suppongo che tu non sia d'accordo*; *supponi di partire domani*; *spesso mi sono ingannato, supponendo nella gente sentimenti troppo delicati* (F. De Sanctis) **2** †porre sotto **3** †sostituire, scambiare, una persona con un'altra

SFUMATURE ➤ *credere*①

†**supportàre**① ➤ **sopportare**

supportàre② [da *supporto*; nel sign. 2 adattamento dell'ingl. *to support* 'sostenere' ✱ av. 1872] **v. tr.** (*io suppòrto*) **1** (*raro*) sostenere, reggere: *L'uomo è più in alto della terra che lo supporta* (G. Mazzini) **2** fornire, dotare di un supporto | (*fig.*) favorire, appoggiare, incoraggiare **3** (*inform.*) accettare, essere compatibile, detto di programmi o sistemi operativi

suppòrter /sup'pɔrter, *ingl.* sə'pɔːtə(r)/ [vc. ingl., da *to support* 'sostenere' ✱ 1915] **s. m. e f. inv.** ● (*sport*) tifoso, sostenitore

suppòrto o (*raro*) **soppòrto** [dal fr. *support*, da *supporter* 'sopportare' ✱ 1853] **s. m. 1** (*mecc.*) organo di macchina contenente il cuscinetto cui si appoggia il perno di un albero **2** (*est.*) ciò che è destinato a sostenere qlco., a portare qlco. su di sé (*anche fig.*): *la tela è il s. del dipinto*; *la colonna sonora è stata un ottimo s. al film* | (*fig.*) sostegno, aiuto: *c'è riuscito col s. degli amici* **3** nastro magnetico o pellicola fotocinematografica, considerati senza l'emulsione magnetica o fotosensibile **4** (*inform.*) il mezzo fisico, costituito da dischi magnetici od ottici, nastri magnetici o perforati e sim., sul quale i dati vengono registrati e che ne consente il trattamento

suppositìvo [vc. dotta, dal lat. tardo *suppositīvu(m)*, da *suppŏsitus* 'supposito' ✱ av. 1565] **agg.** ● (*raro*) che si ammette per supposizione, che si basa su una supposizione ‖ **suppositivaménte**, **avv.** congetturalmente

suppositìzio [vc. dotta, dal lat. *supposĭtīciu(m)*, da *suppŏsitus* 'supposito, sostituito' ✱ av. 1504] **agg.** ● (*raro*) che non è vero ma viene presentato come tale | fittizio | contraffatto

†**suppòsito** **A part. pass.** di *supporre*; anche **agg.** ● nei sign. del v. **B s. m.** (**f.** *-a*, *raro*) ● persona sostituita ad altra

suppositòrio [agg. sost. dal tardo lat. *suppositōriu(m)*, da *suppŏsitus* 'supposito' ✱ av. 1320] **s. m.** (**pl.** *-i* o *raro -ii*) ● forma medicamentosa da introdurre nelle cavità naturali del corpo | ***s. rettale***, supposta | ***s. uretrale***, candeletta | ***s. vaginale***, ovulo

supposizióne [vc. dotta, dal lat. *suppositiō-ne(m)*, propr. 'il metter sotto', da *suppŏsitus* 'supposito' ✱ 1363] **s. f. 1** il supporre | congettura, ipotesi: *fare una s.*; *è una semplice s.*; *s. falsa, inverosimile, assurda* **2** (*raro*) il presentare come vero ciò che non è tale | ***s. di stato, di parto***, reato di chi fa figurare nei registri dello stato civile una nascita inesistente **3** †scambio, sostituzione di persona **4** nella logica medievale, significato che un termine può assumere in una proposizione

suppósta [f. sost. di *supposto* ✱ av. 1320] **s. f.** ● cilindretto di glicerina o di burro di cacao fusibile alla temperatura corporea, contenente sostanze medicinali, da assumere per via rettale

suppósto **A part. pass.** di *supporre*; anche **agg.** ● presunto | ***s. che***, ammettendo in via d'ipotesi che: *anche s. che sia in buona fede, come possiamo accertarlo?* **B s. m.** ● (*raro*) ciò che si suppone: *ha negato il s.*

†**suppuraménto** [da *suppurare* ✱ av. 1698] **s. m.** ● suppurazione

suppuràre [vc. dotta, dal lat. *suppurāre*, comp. di *sŭb* 'sub-' e di un denominale di *pūs*, genit. *pūris* 'pus'. V. *pus* ✱ 1499] **v. intr.** (aus. *avere* o *essere*) ● venire a suppurazione

suppuratìvo [da *suppurare* ✱ 1561] **agg.** ● che favorisce la suppurazione | che è caratterizzato o causato da suppurazione: *febbre suppurativa*

suppurazióne [vc. dotta, dal lat. *suppuratiōne(m)*, da *suppurātus* 'suppurato' ✱ 1561] **s. f.** ● processo infiammatorio caratterizzato dalla formazione di pus

supputàre [vc. dotta, dal lat. *supputāre*, comp. di *sŭb* 'sub-' e *putāre* 'calcolare' ✱ 1552] **v. tr.** (*io sùpputo*) ● (*raro*, *lett.*) sommare, computare

†**supputazióne** [vc. dotta, dal lat. tardo *supputatiōne(m)*, da *supputāre* 'computare' ✱ 1521] **s. f.** ● calcolo, computo

supraliminàle ➤ **sopraliminale**

suprèma **s. f.** ● adattamento di *suprême* (V.)

suprematìsmo① [dal russo *suprematizm* ✱ 1932] **s. m.** ● movimento artistico d'avanguardia, sviluppatosi in Russia durante e dopo la prima Guerra mondiale, basato sulla più completa semplificazione degli elementi figurativi fino a giungere a una combinazione di elementi geometrici

suprematìsmo② [dal fr. *suprematisme* ✱ 1991] **s. m.** ● ideologia che sostiene la presunta superiorità di una razza, un'etnia, una religione ecc.: *s. bianco*; *s. islamico*

suprematìsta① [da *suprematismo*① ✱ 1948] **A s. m. e f.**; anche **agg.** (**pl. m.** *-i*) ● sostenitore o rappresentante del suprematismo **B agg.** ● del suprematismo, relativo al suprematismo: *quadro s.*

suprematìsta② [da *suprematismo*② ✱ 1989] **A agg.** ● relativo al suprematismo: *teorie suprematiste* **B agg. e s. m. e f.** (**pl. m.** *-i*) ● sostenitore, seguace del suprematismo

supremazìa [dal fr. *suprématie*, che è dall'ingl. *supremacy*, da *supreme* 'supremo' ✱ av. 1764] **s. f.** ● autorità assoluta, predominio, preminenza sugli altri: *la s. dello stato*; *avere la s.*

suprême /*fr.* sy'prɛm/ [vc. fr.: uso sost. dell'agg. *suprême* 'supremo' ✱ 1905] **A s. f. inv.** ● (*cucina*) petto di pollo o di tacchino cucinato in salsa **B in funzione di agg. inv.** ● (posposto a un sost.) ***salsa s.***, preparata con salsa vellutata e panna liquida **CFR.** suprema

suprèmo [vc. dotta, dal lat. *suprēmu(m)*, superl. di *sŭperus* 'superiore' ✱ 1319] **agg.** **L'aggettivo 'supremo' deriva da un superlativo latino ed esprime una qualità al massimo grado, perciò non prevede né comparativo né superlativo. La forma 'più supremo' è solo di uso raro o letterario:** *nel più supremo disinteresse*; *i colori ... di più suprema bellezza* (Leonardo) **1** (*lett.*) che è posto più in alto di ogni altra cosa **2** (*fig.*) sommo, massimo: *capo s.*; *il s. potere*; *la suprema potestà*; *tribunale, comando s.* | ***Corte suprema***, (in Italia anche ***Suprema corte***), in Italia, la Corte di Cassazione quale organo giurisdizionale di ultima istanza; negli Stati Uniti, massimo organo giudiziario che si pronuncia sulle controversie più importanti | ***Ente s.***, Dio **3** (*fig.*, *lett.*) estremo, ultimo: *le supreme parole di chi muore* | ***l'ora suprema***, quella della morte ‖ **supremaménte**, **avv.** al massimo grado, sommamente: *In Omero ... tutto è supremamente poetico* (G. Leopardi)

suq ➤ **suk**

†**sur** [dal lat. *sŭper* 'sopra' ✱ av. 1250] **prep.** (**tuttora in uso, sia pur raro, davanti a parola che cominci per** *u*) ● su, sopra

sur- [pref. orig. fr., dal lat. *sŭper* 'sopra'] **pref.** ● in parole composte, equivale a 'sovra-', 'sopra-', 'super-', 'sor-' e indica superamento di un limite o eccesso (*suralimentazione*, *surgelare*, *surriscaldamento*)

sùra① [dall'arabo *sūra* 'sequenza' ✱ 1873] **s. f.** ● ognuno dei centoquattordici capitoli del Corano

sùra② o **surà** **s. m. inv.** ● adattamento di *surah* (V.)

sùra③ [vc. dotta, lat. *sūra(m)* ✱ sec. XV] **s. f.** ● (*anat.*) polpaccio della gamba

-sùra ➤ **-tura**

surah /'sura, *ingl.* 'sʊərə/ [vc. ingl., da *Surat*, località dell'India dove veniva lavorato il prodotto ✱ 1879] **s. m. inv.** ● tipo di tessuto molto morbido, in seta o cotone **CFR.** sura②

suràle [da *sura*③ ✱ av. 1673] **agg.** ● (*anat.*) relativo alla sura

suralimentazióne [comp. di *sur-* e *alimen-*

tazione, sul modello del fr. *suralimentation* ✱ 1960] **s. f.** ● sovralimentazione

surclassàre [comp. di *sur-* e di un denominale di *classe*, sul modello del fr. *surclasser* ✱ 1931] **v. tr.** **1** in gare sportive, sconfiggere un avversario con schiacciante superiorità **2** (*est.*) rivelarsi notevolmente superiore ad altri in qlco.: *nel ballo surclassa tutti noi*

surcompressióne [comp. di *sur-* e *compressione* ✱ 1960] **s. f.** ● aumento del rapporto volumetrico di compressione di un motore a carburazione **SIN.** sovracompressione

surcomprèsso [comp. di *sur-* e *compresso* ✱ 1960] **agg.** ● detto di motore a carburazione che funziona in regime di surcompressione

surcontràre [fr. *surcontrer*, da *surcontre* (V.) ✱ 1958] **v. tr.** (*io surcóntro*) ● nel bridge, dichiarare il surcontre

surcontre /*fr.* syʀ'kɔ̃tʀ/ [vc. fr., comp. di *sur* 'sopra, oltre' e *contre* 'contro' ✱ 1940] **s. m. inv.** ● nel bridge, conferma di una dichiarazione cui è stato opposto il contre

surf /serf, *ingl.* sɜːf/ [vc. angloamericana, ricavata da *surf-board*, comp. di *surf* 'frangente, cresta dell'onda' e *board* 'asse' (d'orig. germ.) ✱ 1964] **s. m. inv.** **1** ballo moderno nordamericano **2** (*sport*) tavola lunga e stretta, di vario materiale, su cui si sta in piedi facendo velocissime planate sospinti dalle onde del mare | (*est.*) lo sport praticato con tale tavola **SIN.** tavola da salto **3** (*sport*) accorc. di *windsurf*

surfactànte o **surfattànte** [ingl. *surfactant*, da *surf(ace) act(ive) a(ge)nt* 'agente superficialmente attivo' ✱ 1989] **s. m.; anche agg.** ● (*chim.*) tensioattivo

surfàre /ser'fare/ [da *surf* ✱ 1993] **v. intr.** (**aus.** *avere*) **1** (*sport*) praticare il surfing, il windsurfing o lo snowboard **2** (*Internet, gerg.*) esplorare la rete passando da un sito all'altro **3** (*mar.*) planare②, nel sign. 2

surfboat /'serfbot, *ingl.* 'sɜːf,bəʊt/ [vc. ingl., comp. di *surf* 'frangente' e *boat* 'barca' ✱ sec. XX] **s. f. inv.** ● (*mar.*) robusta imbarcazione dotata di notevole galleggiabilità, con poppa e prua rialzate e fondo piatto, adatta per prendere terra o il largo sulle coste oceaniche battute dai frangenti

surfcàsting /serf'kastin(g), *ingl.* 'sɜːf-,kæstɪŋ/ [vc. angloamericana, comp. di *surf* (V.) e *casting*, da *to cast* 'lanciare, gettare', di etim. incerta ✱ sec. XX] **s. m. inv.** ● pesca in mare praticata direttamente dalla riva mediante canne con lenze lunghissime

surfer /'serfər, *ingl.* 'sɜːfə(r)/ [vc. ingl., da *surf* (V.) ✱ 1967] **s. m. e f. inv.** ● surfista

surfing /'serfin(g), *ingl.* 'sɜːfɪŋ/ [vc. ingl., da *surf* (V.) ✱ 1965] **s. m. inv.** **1** sport praticato con il surf **2** (*Internet*) esplorazione della rete passando da un sito all'altro

surfìsta /ser'fista/ [da *surf* ✱ 1964] **s. m. e f.** (**pl. m.** *-i*) ● chi pratica lo sport del surf

surgelaménto [da *surgelare* ✱ 1970] **s. m.** ● surgelazione

surgelàre [comp. di *sur-* e *gelare* ✱ 1964] **v. tr.** (*io surgèlo*) ● congelare rapidamente prodotti alimentari a bassissima temperatura per consentirne una prolungata conservazione a –18 °C fino al momento del consumo

surgelàto [comp. di *sur-* e *gelato*, v. il fr. *surgelé*, sul modello dell'ingl. *deep-frozen* 'profondamente gelato' ✱ 1960] **A** **agg.** ● detto di alimento conservato mediante surgelamento **B** anche **s. m.**: *vendita di surgelati*

surgelatóre [da *surgelare* ✱ 1966] **A** **agg.** (**f.** *-trice*) ● che surgela, che provoca surgelazione **B** **s. m.** ● apparecchio domestico o industriale per la surgelazione di alimenti

surgelazióne [1963] **s. f.** ● procedimento del surgelare

†**sùrgere** e deriv. ➤ **sorgere**① e deriv.

suricàto [dal fr. *suricate*, da una vc. indigena sudafricana ✱ 1845] **s. m.** ● (*zool.*) unica specie di un genere di Mammiferi sudafricani degli Erpestidi, con peso inferiore al chilogrammo, sagoma snella e macchie scure perioculari (*Suricata suricatta*)

suriettìvo [fr. *surjectif*, da *surjection* 'applicazione suriettiva', comp. di *sur-* 'sur-' e *(in)jection* 'iniezione' ✱ 1974] **agg.** ● (*mat.*) che soddisfa alla definizione di suriezione

suriezióne [1970] **s. f.** ● (*mat.*) applicazione fra due insiemi tale che ogni elemento del secondo sia immagine di almeno un elemento del primo | applicazione di un insieme su un altro

surìmi /su'rimi, *giapp.* sɯ.ri.mi/ [vc. giapp. ✱ 1991] **s. m. inv.** ● (*cucina*) preparato alimentare in forma di piccoli cilindri arancio, a base di merluzzo cotto al sapore di polpa di granchio

surmenage /*fr.* syʀmə'naʒ/ [vc. fr., propr. 'strapazzo', da *surmener* 'sovraffaticare', comp. di *sur-* e *mener* 'trascinare, condurre' ✱ 1905] **s. m. inv.** **1** condizione di chi è sovraffaticato, spec. sotto l'aspetto mentale **2** (*sport*) superallenamento

surmolòtto o **surmulòtto** [fr. *surmulot*, comp. di *sur-* 'sur-' e *mulot* 'topo campagnolo' (vc. d'orig. francone) ✱ 1875] **s. m.** ● (*zool.*) specie di grosso topo battagliero e robusto, diffuso in tutto il mondo (*Rattus norvegicus*) **SIN.** ratto delle chiaviche, topo di chiavica

surplace /*fr.* syʀ'plas/ [vc. fr., propr. 'sul (*sur*) posto (*place*)' ✱ 1931] **s. m. inv.** ● (*sport*) nelle gare ciclistiche di velocità su pista, posizione di equilibrio sulla bicicletta ferma, che si assume per studiare l'avversario in attesa di scattare | ***lasciare in s.***, nel calcio e nella pallacanestro, sfuggire di scatto all'avversario senza dargli la possibilità di reagire

surplus /sur'plus, *fr.* syʀ'ply/ [vc. fr., comp. di *sur* 'sur-' e *plus* 'più' ✱ 1948] **s. m. inv.** **1** (*econ.*) eccedenza di produzione sul consumo, di offerta sulla domanda, di crediti sui debiti **2** (*est.*) soprappiù, residuo

sùrra [deriv., attraverso l'ingl. *surra*, dal maratto *sūra* 'soffio asmatico' ✱ 1960] **s. f.** ● malattia dovuta a un tripanosoma, che colpisce cammelli, cavalli, buoi e cani, diffusa in India, Cina, Iran

✤**surreàle** [comp. di *sur-* e *reale*. V. *surrealismo* ✱ 1941] **A** **agg.** ● che evoca il mondo dell'inconscio, dell'intimità psicologica, del sogno: *atmosfera, mondo, s.* **B** anche **s. m.**: *il fascino del s.*

surrealìsmo [dal fr. *surréalisme*, comp. di *sur-* e *réalisme* 'realismo': 'superamento del realismo' ✱ 1925] **s. m.** ● movimento artistico e letterario sorto in Francia fra le due guerre mondiali, il cui principale promotore fu André Breton (1896-1966); è caratterizzato dalla negazione degli strumenti espressivi tradizionali della ragione e dalla rivendicazione del valore dell'esperienza onirica, dell'inconscio e dell'istinto, dell'immaginazione e della fantasia

surrealìsta [dal fr. *surréaliste*, da *surréalisme*, con *-iste* '-ista' ✱ 1926] **A** **s. m. e f.** (**pl. m.** *-i*) ● seguace o esponente del surrealismo **B** **agg.** ● surrealistico

surrealìstico [1939] **agg.** (**pl. m.** *-ci*) ● relativo al surrealismo e ai surrealisti | (*est.*) che richiama aspetti tipici del surrealismo: *uno scenario s.* || **surrealisticaménte**, **avv.**

surrenàle [dal fr. *surrénal*, comp. di *sur-* e *rénal* 'renale'. V. *renale* ✱ 1840] **agg.** ● del surrene | ***ghiandola s.***, posta sul polo superiore di ciascun rene

surrène [comp. di *sur-* e *rene*. V. *surrenale* ✱ 1938] **s. m.** ● (*anat.*) ghiandola surrenale

✤**surrettìzio** o †**sorrettìzio** [vc. dotta, dal lat. *subreptīciu(m)*, da *subrēptus*, part. pass. di *subrēpere* 'strisciare (*rēpere*) sotto (*sŭb*)' ✱ av. 1498] **agg.** **1** (*dir.*) nel linguaggio giuridico, detto di ciò che si ottiene tacendo intenzionalmente qualche circostanza essenziale: *dichiarazione surrettizia* **2** (*filos.*) detto di concetto introdotto in un'argomentazione o in una teoria in maniera ingiustificata o incoerente rispetto ai princìpi generali che ne sono alla base, con il solo fine di far prevalere una tesi **3** (*est.*) detto di ciò che si attua con furtività e reticenza, di nascosto, tenendone volutamente all'oscuro chi dovrebbe o vorrebbe invece saperlo: *manovra, macchinazione surrettizia* || **surrettiziaménte**, **avv.** in modo surrettizio

surrezióne [vc. dotta, lat. *subreptiōne(m)*, da *subrēpere*. V. *surrettizio* ✱ av. 1328] **s. f.** **1** (*dir.*) acquisizione di una grazia, privilegio e sim. tacendo ciò che vi si potrebbe opporre **2** †reticenza

surricordàto [comp. di *su* e *ricordato* ✱ 1848] **agg.** ● ricordato sopra, precedentemente

surriferìto [comp. di *su* e *riferito* ✱ av. 1642] **agg.** ● riferito sopra, precedentemente

surriscaldaménto [da *surriscaldare* ✱ 1895] **s. m.** ● (*fis.*) somministrazione di calore al vapore per portarlo dallo stato di vapore saturo sino a quello di vapore surriscaldato | riscaldamento eccessivo, spec. di un motore

surriscaldàre [comp. di *sur-* e *riscaldare*, sul modello del fr. *surchauffer* ✱ 1905] **A** **v. tr.** **1** riscaldare eccessivamente, od oltre un certo limite **2** (*fis.*) sottoporre a surriscaldamento **B** **surriscaldàrsi** **v. intr. pron.** ● diventare eccessivamente caldo: *il motore si è surriscaldato*

surriscaldàto **part. pass.** di *surriscaldare*; anche **agg.** **1** (*fis.*) detto di vapore che ha raggiunto una temperatura superiore a quella di saturazione **2** riscaldato eccessivamente, detto spec. di motore **3** (*fig.*) pieno di nervosismo, di agitazione: *l'incontro si svolse in un'atmosfera surriscaldata*

surriscaldatóre [da *surriscaldare* ✱ 1915] **s. m.** ● (*tecnol.*) apparecchio che, nella caldaia, serve a produrre vapore surriscaldato

sùrroga [da *surrogare* ✱ 1658] **s. f.** ● (*dir.*) surrogazione

surrogàbile [av. 1776] **agg.** ● che si può surrogare | ***bene s.***, bene supplementare || **surrogabilità**, **s. f. inv.**

surrogaménto [da *surrogare* ✱ 1671] **s. m.** ● surrogazione

surrogàre o †**subrogàre**, †**sorrogàre** [vc. dotta, dal lat. *subrogāre*, comp. di *sŭb* 'sub-' e *rogāre* 'chiedere'. V. *rogare* ✱ sec. XIV] **v. tr.** (*io surrògo, tu surròghi* o, *raro*, secondo il modello latino, *io sùrrogo, tu sùrroghi*) **1** mettere qlcu. o qlco. in luogo di altra persona o cosa: *s. un bene con un altro; s. un bene a un altro* **2** (*raro*) sostituire: *s. un insegnante* | (*dir.*) subentrare in un diritto: *s. un creditore*

surrogàto o †**sorrogàto** **A** **part. pass.** di *surrogare*; anche **agg.** **1** nei sign. del v. **2** ***bene s.***, bene supplementare **B** **s. m.** **1** prodotto alimentare di minor valore usato al posto di un altro genuino: *l'orzo tostato è un s. del caffè* **SIN.** succedaneo **2** (*fig.*) ciò che sostituisce un'altra cosa in modo incompleto, imperfetto: *non cessa dallo stimar la menzogna un s. della realtà* (E. MORANTE)

surrogatòrio [da *surrogare* ✱ 1876] **agg.** (**pl. m.** *-i* o *raro -ii*) ● (*dir.*) che vale a surrogare | ***imposta surrogatoria***, che tende a colpire beni sfuggiti all'applicazione delle imposte indirette su trasferimenti | ***azione surrogatoria***, o (*ellitt.*) ***surrogatoria***, diritto di sostituirsi al proprio debitore, per assicurarsi la soddisfazione del proprio credito, nell'esercizio dei diritti patrimoniali che questi vanta verso terzi e che trascura di far valere

surrogazióne [vc. dotta, dal lat. tardo (eccl.) *subrogatiōne(m)*, da *subrogātus* 'surrogato' ✱av. 1547] **s. f. 1** il surrogare | sostituzione **2** (*dir.*) subentro del terzo adempiente nel diritto del creditore soddisfatto: *s. dell'assicuratore; pagamento con s.* | ***s. reale***, mutamento dell'oggetto del rapporto obbligatorio per sostituzione della cosa o della prestazione con un'altra | ***s. del creditore perdente***, subingresso di un creditore ipotecario nell'ipoteca di un altro creditore che lo precede nell'ordine delle ipoteche e che è stato soddisfatto

surround /sur'raund, *ingl.* sə'raʊnd/ [1994] **s. m. inv.** ● accorc. di *Dolby surround*

sùrsum còrda [loc. lat., propr. 'in alto i cuori', sottinteso 'alziamo' ✱1370] **loc. inter.** ● esortazione a sollevare il morale e a reagire alle avversità **SIN.** animo, coraggio

survival /sur'vaival, *ingl.* sə'vaɪvəl/ [vc. ingl., da *to survive* 'sopravvivere' ✱1985] **s. m. inv.** ● disciplina sportiva che consente di sperimentare le capacità di sopravvivenza in un ambiente naturale ostile e con un equipaggiamento privo di supporti tecnologici: *corsi, gare di s.*

survivalìsmo [da *survival*, come l'ingl. *survivalism* ✱1981] **s. m.** ● pratica del survival

survivalìsta [1980] **s. m. e f. (pl. m. -*i*)** ● chi pratica il survival

survivalìstico [1989] **agg. (pl. m. -*ci*)** ● che riguarda il survivalismo | da survivalista

survoltàre [comp. di *sur-* e *voltare*, da *volt* ✱1963] **v. tr.** (*io survòlto*) ● (*elettr.*) aumentare il valore di una tensione

survoltàto **part. pass.** di *survoltare*; anche **agg.** ● nel sign. del v. | ***lampada survoltata***, lampada a incandescenza per illuminazione fotocinematografica, con rendimento luminoso più alto del normale

survoltóre [comp. di *sur-* e di un deriv. di *volt*, sul modello del fr. *survolteur* ✱1907] **s. m.** ● (*elettr.*) dispositivo che consente di aumentare il valore di una tensione

suscettànza [dal lat. *suscĕptu(m)* part. pass. di *suscĭpere* 'ricevere' ✱1960] **s. f.** ● (*elettr.*) parte immaginaria dell'ammettenza, che determina lo sfasamento in quadratura della corrente che vi circola rispetto alla tensione applicatavi

♦**suscettìbile** [vc. dotta, dal lat. tardo *susceptĭbile(m)*, da *suscĕptus*, part. pass. di *suscĭpere* 'prendere su di sé'; nel sign. 2, calco sul fr. *susceptible* ✱av. 1498] **agg. 1** capace di subire alterazioni, modificazioni (+ *di*, **anche seguito da inf.**): *beni suscettibili di pignoramento; è noto quanto il senso dell'odorato sia s. di raffinamenti* (G. LEOPARDI); *una risoluzione s. di essere modificata* **2** detto di chi è eccessivamente sensibile nell'amor proprio, si risente e si offende con facilità: *è un tipo molto s.* **SIN.** permaloso || **suscettibilità** **s. f. inv.** (V.)

♦**suscettibilità** [da *suscettibile* ✱1677] **s. f. inv. 1** caratteristica di chi è suscettibile: *offendere la s. di qlcu.* **SIN.** permalosità **2** (*raro*) attitudine a subire alterazioni: *s. di un organo a una patologia*

suscettività [da *suscettivo* ✱1819] **s. f. inv. 1** (*raro*) caratteristica di ciò che è suscettivo | (*lett.*) suscettibilità **2** (*fis.*) ***s. magnetica***, attitudine di un corpo a magnetizzarsi, espressa dal quoziente fra l'intensità di magnetizzazione e quella del campo magnetico che la produce | ***s. dielettrica***, attitudine di un corpo a polarizzarsi, espressa dal rapporto fra la polarizzazione e il prodotto della permettività del mezzo per il campo elettrico

suscettìvo [dal lat. tardo *susceptīvu(m)*, da *suscĕptus* (V. *suscettibile*) ✱1308] **agg. 1** (*lett.*) che è in grado di ricevere determinazioni, attributi e sim.: *ciascun uomo è come una pasta molle, suscettiva d'ogni possibile figura* (G. LEOPARDI) **2** (*lett., raro*) suscettibile || **suscettività** **s. f. inv.** (V.)

†**suscitaménto** [av. 1363] **s. m.** ● il suscitare | scatenamento

♦**suscitàre** [vc. dotta, dal lat. *suscitāre*, comp. di *sŭ(b)s* 'all'insù' e *citāre*, intens. di *ciēre* 'muovere' ✱1268] **v. tr.** (*io sùscito*) **1** (*lett.*) far sorgere, innalzare (*spec. fig.*): *il Dio che atterra e suscita* (A. MANZONI) | †risuscitare **2** (*fig.*) eccitare, causare, provocare: *s. ira, discordia in qlcu.; s. una lite; s. il riso*

suscitatóre [dal lat. tardo *suscitatōre(m)*, da *suscitātus* 'suscitato' ✱1336 ca.] **s. m. (f. -*trice*)**; anche **agg.** ● chi (o che) suscita

†**suscitazióne** [dal lat. tardo *suscitatiōne(m)*, da *suscitātus* 'suscitato' ✱sec. XIII] **s. f.** ● il suscitare | risuscitazione

sùshi /'suʃʃi, *giapp.* suɯ.ɕi/ [vc. giapp. ✱1985] **s. m. inv.** ● (*cucina*) piatto giapponese a base di pesce crudo, riso e alghe | ***s. bar***, locale pubblico dove viene servito tale piatto | ***kaiten s.***, V. *kaiten*

susìna (o **-ṣi-**) [f. sost. di *susino*, da *Susa*, città persiana ✱1312] **s. f.** ● frutto del susino con polpa di diversa consistenza, buccia sottile e pruinosa, nocciolo duro e seme amaro **SIN.** prugna || **susinétta** **dim.**

susìno (o **-ṣi-**) [da *Susa*. V. *susina* ✱av. 1320] **s. m.** ● alberetto delle Rosacee con foglie ovali seghettate e rugose, fiori bianchi o rosa a coppie (*Prunus domestica*) **SIN.** prugno

†**sùso** ● V. **su**

†**susórno** (o **-ṣó-**) [da †*suso* ✱sec. XIII] **s. m. 1** (*raro*) suffumigio **2** colpo dato sul capo

suspense /'saspens, *ingl.* sə'spens, *fr.* sys'pɛns/ [vc. ingl., dal fr. (*en*) *suspens* '(in) sospeso', dal lat. *suspēnsu(m)*, part. pass. di *suspĕndere* 'sospendere' ✱1938] **s. f. inv.** ● stato di ansia e di attesa provocato dall'intreccio avventuroso di un dramma di cui non si sa immaginare la fine, dall'esito incerto di un avvenimento e sim. | (*est.*) meccanismo narrativo che crea tale stato di ansiosa attesa: *un film ricco di s.*

†**suspensióne** ➤ **sospensione**

suspezióne ➤ **suspicione**

†**suspicàre** ➤ †**sospicare**

suspicióne o **suspizióne**, **suspezióne** [vc. dotta, dal lat. *suspiciōne(m)*, da *suspĭcere* 'guardare (*spĕcere*) dal sotto in su (*sŭ(b)s*)' ✱1261 ca.] **s. f. 1** †sospetto, timore: *sono l'opere virtuose quelle nelle quali si trova niuna suspizione ... di disonestà* (L.B. ALBERTI) **2** (*dir.*) ***legittima s.***, (*ellitt.*) ***suspicione***, V. *legittima suspicione*

†**suspiràre** e deriv. ➤ **sospirare** e deriv.

suspizióne ➤ **suspicione**

sussecutìvo [dal lat. *subsecūtum*, part. pass. di *sŭbsequi* 'seguire', sul modello di *consecutivo* ✱av. 1698] **agg.** ● (*raro, lett.*) susseguente, successivo || **sussecutivaménte** **avv.** di seguito

susseguènte o †**sussequènte** **part. pres.** di *susseguire*; anche **agg.** ● (*raro*) seguente, successivo: *l'indagine s. a un delitto* || **susseguenteménte** **avv.** successivamente, dopo

†**susseguènza** [da *susseguente* ✱av. 1595] **s. f.** ● sequenza, successione: *La s. dei suoi pensieri è assolutamente barbara* (D. CAMPANA) | ***per s.***, per conseguenza

susseguìre [vc. dotta, dal lat. *sŭbsequi* 'seguire (*sĕqui*) sotto (*sŭb*)', sul modello di *seguire* ✱sec. XIII] **A** **v. intr.** e *raro* **tr.** (*io susséguo*; **aus. intr.** *essere*) ● seguire, venire dopo, come conseguenza: *il tuono sussegue al lampo; dal fatto sussegue che tu hai torto* **B** **susseguìrsi** **v. rifl. recipr.** ● verificarsi, venire a breve distanza l'uno dall'altro: *gli assalti si susseguirono con molta frequenza* **C** **susseguìrsi** in funzione di **s. m. inv.** ● successione: *un susseguirsi di notizie; si sentiva un susseguirsi fitto di colpi* (I. CALVINO)

†**sussequènte** ➤ **susseguente**

sùssi [dall'ant. fr. (*jeu a*) *sous* '(gioco di) soldi', dal lat. *sŏlidos* 'soldi' ✱av. 1665] **s. m. inv.** ● (*tosc.*) gioco di ragazzi consistente nel cercar di colpire una moneta posta su un sasso ritto | (*est.*) la pietra su cui si mette la moneta

†**sussidènza** [vc. dotta, dal lat. *subsidĕntia(m)*, da *subsīdere* 'abbassarsi (*sīdere*) giù (*sŭb*)' ✱av. 1698] **s. f. 1** sedimento, accumulo **2** (*geol.*) V. *subsidenza*

sussidiàre [vc. dotta, dal lat. *subsidiāri* 'accorrere di rinforzo', da *subsĭdium* 'riserva, sussidio' ✱sec. XV] **v. tr.** (*io sussìdio*) ● aiutare con un sussidio, dotare di un sussidio: *s. una famiglia bisognosa; s. gli alluvionati*

sussidiarietà [da *sussidiari(o)* col suff. *-età* ✱1978] **s. f. inv. 1** caratteristica di ciò che è sussidiario | (*dir.*) rapporto fra due norme penali che prevedono stadi o gradi diversi di offesa a un medesimo bene, in forza del quale l'applicazione della norma che prevede l'offesa più grave esclude l'applicazione di quella che prevede l'offesa meno grave **2** (*dir.*) principio per il quale un'autorità di livello gerarchico superiore si sostituisce a una di livello inferiore quando quest'ultima non sia in grado di compiere gli atti di sua competenza | principio per il quale il potere pubblico, a eccezione di quanto è ritenuto strategico per la collettività nazionale, svolge solo le attività che i privati non siano in grado di compiere

sussidiàrio [vc. dotta, dal lat. *subsidiāriu(m)*, da *subsĭdiu(m)* 'sussidio' ✱1564] **A** **agg.** ● che è di sostegno, di aiuto e sim.: *esercito s.; mezzi sussidiari* | ***fermata sussidiaria***, quella, poco distante dalla fermata normale di un mezzo pubblico, che quest'ultimo può utilizzare qualora si verifichi la contemporanea fermata di più vetture | ***segnali sussidiari***, per richiamare l'attenzione del macchinista di un treno | ***nave sussidiaria***, destinata non a combattere, ma a fornire vari servizi logistici alle proprie forze navali || **sussidiariaménte** **avv.** **B** **s. m.** ● libro di testo comunemente adottato, insieme al libro di lettura, nel secondo ciclo della scuola primaria, che contiene i primi elementi di tutte le materie d'insegnamento

sussidiàto **part. pass.** di *sussidiare*; anche **agg. 1** aiutato con un sussidio **2** ***scuole sussidiate***, quelle istituite da enti o da privati con finanziamento statale, in località in cui il numero degli scolari non raggiunge le quindici unità

sussidiatóre [1618] **s. m. (f. -*trice*)**; anche **agg.** ● chi (o che) sussidia: *ente s.*

sussìdio [vc. dotta, dal lat. *subsĭdiu(m)* 'riserva, soccorso', da *subsīdere* 'fermarsi, appostarsi'. V. †*sussidenza* ✱1321] **s. m. (pl. -*i* o *raro* -*ii*) 1** aiuto, soccorso: *mandare truppe in s. alla città, della città; ho svolto il tema con il s. di un dizionario; sussidi bibliografici, scientifici* | ***sussidi didattici***, l'insieme del materiale utile per l'insegnamento nella scuola primaria e secondaria | ***sussidi audiovisivi***, mezzi audiovisivi utili per l'insegnamento **2** sovvenzione in denaro, finanziamento: *chiedere, concedere, ottenere, un s.; presentare domanda di s.; s. di disoccupazione; s. dello Stato* **3** (*milit.*, **al pl.**) †truppe ausiliarie, corpi di riserva **4** †tributo straordinario

†**sussiegàto** [da *sussiego*. Cfr. lo sp. *sosegado* ✱av. 1594] **agg.** ● sussiegoso

a b c d e f g h i j k l m n o p q r s t u v w x y z

♣**sussiègo** [dallo sp. *sosiego* 'calma, contegno', da *sosegar* 'calmare', da un ant. *sessegar*, lat. parl. **sessicāre*, da *sedēre* 'star seduto' ✱ av. 1555] **s. m.** (**pl.** *-ghi*) ● atteggiamento o contegno dignitoso e sostenuto, non privo di una certa altezzosità: *stare, mettersi, in s.*; *aria di s.*; *parlare con s.*

♣**sussiegóso** (o **-ṣo**) [1868] **agg.** ● pieno di sussiego ‖ **sussiegosaménte**, **avv.**

sussistènte **part. pres.** di *sussistere*; anche **agg.** ● che sussiste: *controversie sussistenti fra due persone*

sussistènza [vc. dotta, dal lat. tardo *subsistĕntia(m)*, da *subsīstens*, genit. *subsistĕntis* 'sussistente' ✱ 1321] **s. f. 1** il fatto di sussistere: *accertare la s. di date condizioni* | esistenza reale e attuale **2** (*filos.*) l'esistere come sostanza, indipendentemente dal soggetto pensante | sostanza **3** ciò che è necessario per il sostentamento: *mezzi di s.*; *agricoltura di s.* | ***economia di s.***, economia tipica delle società molto arretrate, in cui si produce solo ciò che è necessario per vivere **4** tutto ciò che occorre per il sostentamento delle truppe | branca del commissariato militare, destinata ad assicurare in pace e in guerra il vettovagliamento delle truppe: *uffici, magazzini, di s.*; *essere addetto alla s.* **CFR.** vettovagliamento

sussìstere o †**subsìstere** [vc. dotta, dal lat. *subsĭstere* 'fermarsi, tener saldo', comp. di *sŭb* 'sub-' e *sĭstere*, intens. di *stāre* 'stare' ✱ av. 1328] **v. intr.** (**pass. rem.** *io sussistètti* **o** *raro sussistéi*; *tu sussistésti*; **part. pass.** *sussistito*; **aus.** *essere, raro avere*) **1** esistere, essere: *il fatto non sussiste* | essere fondato, aver peso, valore, reale consistenza: *sono motivi che non sussistono* **2** (*filos.*) esistere in sé, indipendentemente dal soggetto pensante **3** †reggersi, sostenersi | (*fig.*) †resistere: *non potendo a tanta passion s.* (G. Boccaccio)

sussultàre [vc. dotta, dal lat. *subsultāre*, comp. di *sŭb* 'sub-' e *saltāre* 'saltare' ✱ 1499] **v. intr.** (**aus.** *avere*) **1** sobbalzare bruscamente, spec. per improvvisa emozione: *s. di spavento*; *s. per la gioia* **2** muoversi improvvisamente, spec. dal basso verso l'alto: *il pavimento sussultò sotto di noi*

♣**sussùlto** [da *sussultare* ✱ 1810] **s. m. 1** trasalimento, per improvvisa emozione: *avere, dare, un s.* | sobbalzo, movimento brusco: *un s. di riso, di tosse* | scossa: *la terra ebbe un s.* **2** (*fig.*) improvvisa manifestazione di un sentimento: *un s. di orgoglio, di dignità* **SIN.** scatto | (*fig.*, **spec. al pl.**) ricomparsa, rigurgito: *sussulti di un'epoca passata*

sussultòrio [da *sussulto* ✱ 1835] **agg.** (**pl. m.** *-i* **o** *raro -ii*) ● che dà sussulti, che si manifesta con sussulti | ***terremoto s.***, terremoto provocato in prevalenza da onde che giungono perpendicolarmente alla superficie terrestre **CONTR.** ondulatorio

sussùmere [comp. di *sub-* e *sumere*, dal lat. *sūmere* 'prendere' ✱ av. 1937] **v. tr.** (**pass. rem.** *io sussùnsi, tu sussuméstì*; **part. pass.** *sussùnto*) **1** (*filos.*) ricondurre un concetto particolare nell'ambito di uno più generale **2** (*dir.*) riferire un fatto specifico alla norma di legge che lo contempla

sussunzióne [comp. di *sub-* e *sunzione*, sul modello del ted. *Subsumption* ✱ 1584] **s. f.** ● (*filos., dir.*) il sussumere | nella logica aristotelica, operazione mediante la quale, in un sillogismo, il termine medio si presenta come soggetto della premessa maggiore e predicato della premessa minore

♦**sussurràre** o (*lett.*) **susurràre** [dal lat. *susurrāre*, da *susŭrrus* 'sussurro' ✱ 1388] **A** **v. tr. 1** dire a bassa voce: *s. due parole all'orecchio di qlcu.* **SIN.** bisbigliare | anche nella forma pron. **sussurràrsi**, dirsi a bassa voce (con valore recipr.): *sussurrarsi paroline d'amore*; *sussurrarsi sottovoce delle lusinghe* (G. Verga) **2** dire in segreto, con tono di riprovazione, critica, e sim. (+ *di*, + *che* **seguito da congtv.**): *sussurrano certe cose sul suo conto ...!*; *si sussurrava di un dissidio sorto tra i due*; *si sussurra che sia fuggita di casa* **SIN.** mormorare **B** **v. intr.** (**aus.** *avere*) **1** mandare un rumore leggero e continuo: *le fronde sussurrano al vento*; *le acque del ruscello sussurrano* **2** sparlare di nascosto, in segreto: *s. contro qlcu.*

sussurratóre o (*lett.*) **susurratóre** [dal lat. tardo *susurratōre(m)*, da *susurrātus* 'sussurrato' ✱ av. 1342] **s. m.** (**f.** *-trice*); anche **agg.** ● (*raro*) chi (o che) sussurra

†**sussurrazióne** o †**susurrazióne** [vc. dotta, dal lat. tardo *susurratiōne(m)*, da *susurrātus* 'sussurrato' ✱ sec. XIII] **s. f. 1** il sussurrare | sussurro **2** maldicenza, denigrazione | mugugno

sussurrìo o (*lett.*) **susurrìo** [da *sussurrare* col suff. *-io*[1] ✱ av. 1673] **s. m.** (**pl.** *-ii*) ● il sussurrare continuo **SIN.** mormorio

♦**sussùrro** o (*lett.*) **susùrro** [dal lat. *susŭrru(m)*, di orig. indeur. ✱ sec. XIV] **s. m.** ● il sussurrare | suono leggero, continuo e indistinto: *il s. delle foglie, della voce di qlcu.*; *mi parlò in un s.*; *di mille pioppe aerëe al s. / ombrano i buoi le chiuse* (U. Foscolo)

sussurróne [dal lat. tardo *susurrōne(m)*, da *susurrāre* 'sussurrare' ✱ av. 1342] **A** **s. m.** (**f.** *-a*) ● (*fam., raro*) chi è solito sussurrare, con tono di riprovazione, critica, e sim.: *un certo Dandolo che aveva acquistato gran fama di s. nei crocchi più tempestosi* (I. Nievo) **B** **agg.** ● (*raro*) pettegolo

sùsta [dal lat. *suscitāre* 'sollevare, stimolare'. V. *suscitare* ✱ av. 1389] **s. f. 1** (*tosc., sett.*) molla, spec. a spirale: *tu batti il paese in un elegante calessino a doppie suste* (I. Nievo) **2** (**al pl.**) stanghette degli occhiali **3** (*fig.*) †agitazione, ansia, nelle loc. ***essere, mettere, in s.*** | (*lett.*) ***tenere in s.***, rinvigorire, ravvivare

†**sustànte** [comp. di *su* e *stante*, part. pres. di *stare* ✱ sec. XIII] **vc.** ● solo nella loc. avv. ***in s.***, in piedi; (*fig.*) in vigore

†**sustantìfico** [creato sul modello del lat. *substantīvus, substantiālis*, con cambio di suff. (*-ifico*) ✱ 1585] **agg.** ● che fornisce nutrimento | sostanziale

†**sustantìvo** ➤ **sostantivo**

†**sustànza** ➤ **sostanza**

†**sustànzia** e deriv. ➤ **sostanza** e deriv.

†**sustentàre** ➤ **sostentare**

†**sustitùire** ➤ **sostituire**

susurràre ➤ **sussurrare**

susùrro e deriv. ➤ **sussurro** e deriv.

†**sùto** ➤ †**essuto**

sùtra /*sanscrito* 'su:tra/ [sanscrito *sūtra*, propr. 'norma, regola' ✱ 1895] **s. m. inv.** (**pl. sanscrito** *sutro*) ● nella letteratura indiana, breve aforisma di filosofia, grammatica, letteratura e sim., spesso riunito con altri in un trattato | il trattato stesso

†**suttèndere** ➤ **sottendere**

†**sutterfùgio** ➤ **sotterfugio**

†**suttìle** ➤ **sottile**

†**sùtto** ➤ **sotto**

†**suttràrre** ➤ **sottrarre**

sutùra [vc. dotta, dal lat. *sutūra(m)*, da *sūtus*, part. pass. di *sŭere* 'cucire', di orig. indeur. ✱ 1499] **s. f. 1** (*anat.*) articolazione fissa tra due ossa, con interposizione di tessuto fibroso: *s. cranica* | ***s. coronale, coronaria***, che unisce l'osso frontale con le ossa parietali **2** (*chir.*) metodo di riunione dei margini di una ferita con fili o graffette metalliche **3** (*raro, fig.*) collegamento: *tra le due parti non c'è s.*

suturàle [1895] **agg.** ● di sutura | che forma una sutura

suturàre [1916] **v. tr.** ● sottoporre a sutura

Suv [sigla ingl. di *S(port) U(tility) V(ehicle)* 'veicolo per sport e lavoro' ✱ 1997] **s. m. inv.** ● autovettura che ha l'aspetto di un fuoristrada, ma prestazioni e comfort tipici di una berlina di lusso | (*fam.*) gippone

†**suvenìre** ➤ **sovvenire**

†**sùvero** ➤ **sughero**

su vìa ➤ **suvvia**

†**suvversióne** ➤ **sovversione**

†**sùvvi** [comp. di *su* e *vi* ✱ av. 1367] **avv.** ● (*intens., pleonast.*) sopra, su di esso, su di essa: *la scuccumedra con Agnolo s.* (F. Sacchetti)

suvvìa o (*lett.*) **su vìa** /suv'via/ [comp. di *su* 'orsù' e *via*[2] ✱ 1612] **inter.** ● esprime esortazione, incoraggiamento e sim. spec. con tono d'impazienza: *s., coraggio!*; *s.! calmatevi*; *s.! non c'è niente d'irreparabile*; *s., muoviamoci di qui!* **SIN.** orsù **CFR.** evvia

suzióne [vc. scient. moderna, dal lat. *sūctus* (nom.), part. pass. di *sūgere* 'succhiare'. V. *suggere* ✱ 1840] **s. f.** ● complesso delle operazioni con cui il bambino succhia il latte dalla mammella

suẓẓàcchera (o **-zz-**) o †**ossiẓẓàcchera** (o **-zz-**), nel sign. 1 [dal gr. tardo *oxysákcharon*, comp. di *oxýs* 'acuto' e *sákcharon* 'zucchero' ✱ av. 1400] **s. f. 1** †bevanda di zucchero e aceto, spec. a scopo terapeutico | (*est.*) intruglio **2** (*fig., tosc.*) cosa lunga, che reca noia e fastidio

suẓẓàre (o **-zz-**) [lat. parl. **suctiāre*, da *sūctus*, part. pass. di *sūgere* 'succhiare'. V. *suggere*, *succiare* ✱ av. 1498] **v. tr.** ● (*pop., tosc.*) asciugare, assorbire

ṣvaccaménto [1926] **s. m. 1** (*fam.*) lo sdraiarsi scompostamente, lo stravaccarsi **2** (*fig., colloq.*) atteggiamento di chi si lascia andare, si abbandona all'abulia, all'inerzia

ṣvaccàre [comp. parasintetico di *vacca* nel sign. 6, col pref. *s-* ✱ 1864] **A** **v. intr.** (*io ṣvàcco, tu ṣvàcchi*; **aus.** *avere*) ● (*fig., fam.*) perdere la voglia, il gusto di fare ogni cosa, lasciarsi andare (dalla loc. *andare in vacca*) **B** **ṣvaccàrsi** **v. intr. pron. 1** (*fam.*) sdraiarsi scompostamente, stravaccarsi: *svaccarsi su un divano* **2** (*fig., fam.*) svaccare

ṣvaccàto **part. pass.** di *svaccare*; anche **agg.** ● (*raro*) stravaccato | (*fig., fam.*) che è diventato indolente e abulico | (*fam.*) volgare, sguaiato, grossolano

ṣvàcco [deriv. di *svaccare* ✱ 1980] **s. m.** (**pl.** *-chi*) ● (*fig., fam.*) comportamento, atteggiamento di chi ha perso la voglia o il gusto di fare qlco. | (*pop.*) sguaiatezza, grossolanità

ṣvagaménto [1586] **s. m.** ● (*lett.*) svago

ṣvagàre [lat. parl. **exvagāre*, variante del classico *evagāri*, comp. di *ĕx-* (*s-*) e *vagāre* 'vagare' ✱ 1260 ca.] **A** **v. tr.** (*io ṣvàgo, tu ṣvàghi*) **1** (*raro*) distrarre qlcu. da ciò che sta facendo: *per favore, non svagarmi quando studio* **2** distrarre da pensieri tristi, preoccupazioni e sim.: *il teatro lo svaga molto* **SIN.** divertire **3** (*fam., tosc.*) andare a genio, piacere: *quel tipo non mi svaga proprio* **B** **ṣvagàrsi** **v. intr. pron. 1** distrarsi da ciò che si sta facendo: *non svagarti, ascolta l'insegnante* **2** divertirsi, ricrearsi: *va fuori per svagarti un po'!* **3** †deviare dal proprio corso, detto di astri

♣**ṣvagatézza** [1823] **s. f.** ● caratteristica di chi è svagato | (*lett., raro*) svago

†**ṣvagatìvo** [av. 1704] **agg.** ● (*raro*) che svaga, che distrae

♣**ṣvagàto** **part. pass.** di *svagare*; anche **agg.** ● distratto, disattento: *un ragazzo un po' s.* | che rivela mancanza di concentrazione: *avere un'aria svagata* ‖ **ṣvagatèllo**, **dim.** ‖ **ṣvagataménte**, **avv.**

†**ṣvaginàre** [da *vagina*, con *s-*, V. il lat. tardo

S

evagināre ∗av. 1568] **v. tr.** ● (*lett.*) sguainare

ṣvàgo [da *svagare* ∗av. 1673] **s. m.** (**pl.** *-ghi*) **1** piacevole distrazione dalle normali attività: *prendere, prendersi, darsi, un po' di s.*; *un mese di s.* **2** ciò che svaga: *in questa città ci sono molti svaghi*; *è uno s. innocuo* **SIN.** divertimento, passatempo

ṣvagolàrsi [da *svagarsi*, con suff. iter.-dim. ∗av. 1380] **v. intr. pron.** (*io mi ṣvàgolo*) ● (*tosc.*) distrarsi, svagarsi | dilettarsi, trastullarsi

ṣvagolàto **part. pass.** di *svagolarsi*; anche **agg.** **1** (*tosc.*) distratto, svagato **2** (*tosc.*) detto di perdigiorno

ṣvaligiaménto [av. 1527] **s. m.** ● lo svaligiare, il fatto di venire svaligiato

ṣvaligiàre [da *valigia*, con *s-* ∗sec. XV] **v. tr.** (**pres.** *io ṣvalìgio*; **fut.** *io ṣvaligerò*) **1** rubare da un luogo il denaro, gli oggetti e sim. in esso contenuti o custoditi: *s. un negozio, una banca*; *s. una cassaforte* **2** †depredare, saccheggiare: *nella quale terra entrato di notte, la svaligiò* (F. GUICCIARDINI)

ṣvaligiatóre [1556] **s. m.** (**f.** *-trice*) ● chi svaligia

†**ṣvalorìre** [da *valore*, con *s-* ∗av. 1406] **v. intr.** ● perdere il valore

ṣvaloriẓẓàre [da *valorizzare* col pref. neg. *s-* ∗1924] **A** **v. tr.** ● diminuire il valore, l'importanza, il pregio di qlcu. o qlco. | sottovalutare **B** **ṣvaloriẓẓàrsi** **v. intr. pron.** ● perdere valore o importanza || **ṣvaloriẓẓazióne**, **s. f.** (V.)

ṣvaloriẓẓazióne [da *valorizzazione* con il pref. *s-* ∗1917] **s. f.** ● attribuzione di un valore inferiore o negazione del valore di qlco. o di qlcu.: *s. di un credito*; *s. del ruolo, del contributo di qlcu.* | sottovalutazione: *s. della propria personalità*

ṣvalutàbile [da *valutabile* col pref. neg. *s-* ∗1987] **agg.** ● che può essere svalutato || **ṣvalutabilità**, **s. f. inv.**

ṣvalutàre [da *valuta*, con *s-*, sul modello del fr. *évaluer* ∗1918] **A** **v. tr.** (*io ṣvàluto* o, etim. più corretto ma meno diffuso, *ṣvalùto*) **1** ridurre il valore, il prezzo di qlco.: *s. le immobilizzazioni, la moneta* | ***s. un credito***, ridurre il reale valore, nell'impossibilità di ottenerne il pagamento **2** (*fig.*) considerare inferiore al valore, all'importanza reale: *s. l'opera dei predecessori* **B** **ṣvalutàrsi** **v. intr. pron.** ● diminuire di valore, di prezzo: *la moneta si sta svalutando* **C** **ṣvalutàrsi** **v. rifl.** ● considerarsi da meno di ciò che realmente si è **SIN.** sminuirsi, sottovalutarsi **CONTR.** sopravvalutarsi

ṣvalutazióne [1908] **s. f.** **1** lo svalutare **2** (*econ.*) riduzione del valore di una moneta nei confronti delle altre monete estere

ṣvalvolàre [da *valvola*, con *s-* ∗1995] **A** **v. tr.** (*io ṣvàlvolo*) ● (*raro, gerg.*) mandare fuori giri: *s. il motore* **B** **v. intr.** (**aus.** *avere*) ● (*fig.*) spec. nel linguaggio giovanile, sragionare, essere fuori di testa

ṣvalvolàto **part. pass.** di *svalvolare*; anche **agg. e s. m.** (**f.** *-a*) ● spec. nel linguaggio giovanile, che (o chi) pare non controllare le sue facoltà mentali **SIN.** squilibrato, schizzato②

ṣvampàre [da *vampa*, con *s-* estrattivo-durativo ∗av. 1367] **A** **v. intr.** (**aus.** *avere* o *essere* nel sign. 1, *essere* nel sign. 2) **1** uscir fuori emettendo vampate, calore, vapore: *la fiamma svampa dal fornello* **2** svigorirsi, diminuire d'intensità (*spec. fig.*): *gli è svampata la collera* **B** **v. tr.** ● (*raro, lett.*) sfogare **C** **ṣvampàrsi** **v. intr. pron.** ● †sfogarsi, smaniare

✱**ṣvampìre** [da *vampa*, con *s-* negativo-sottrattivo (V. *svampare*) ∗av. 1529] **v. intr.** (*io ṣvampìsco, tu ṣvampisci*; **aus.** *essere*) **1** (*sett.*) svaporare **2** (*fig.*) svigorirsi, diminuire d'intensità: *gli svampì tutto l'entusiasmo*

✱**ṣvampìto** **A** **part. pass.** di *svampire*; anche **agg.** ● nei sign. del v. **B** **agg. e s. m.** (**f.** *-a*) ● chi (o che) è distratto, svanito | ***una ragazza svampita***, frivola, ostentatamente leggera || **ṣvampitèllo**, **dim.**

†**ṣvanévole** [av. 1704] **agg.** ● che svapora

ṣvaniménto [av. 1342] **s. m.** ● (*lett.*) il fatto di svanire: *s. delle parti oscure e opache* (G. BRUNO)

♦**ṣvanìre** [da *vanire*, da *vano*, con *s-* ∗sec. XIII] **v. intr.** (*io ṣvanìsco, tu ṣvanìsci*; **aus.** *essere*) **1** disperdersi, finire in nulla: *tenendo la finestra aperta il calore svanisce* **2** dileguarsi, scomparire: *l'apparizione svanì*; *il treno svanì in lontananza* | ***s. nel nulla***, scomparire, volatilizzarsi | (*fig.*) cessare di essere, sfumare: *svanirono le illusioni*; *ogni speranza è svanita*; *molte volte … occasioni sufficienti per produrre notabili effetti, … svaniscono per mancamento d'uomini che se ne sappiano valere* (P. SARPI) **3** (*raro*) perdere odore, sapore, aroma: *all'aria le essenze svaniscono* **4** (*fig.*) esaurirsi, indebolirsi: *con gli anni la memoria svanisce* | placarsi: *gli è svanita l'ira*

✱**ṣvanìto** **A** **part. pass.** di *svanire*; anche **agg.** ● che ha perso l'intensità: *un aroma s.* | (*fig.*) scomparso, dileguato: *illusioni ormai svanite* **B** **agg.**; anche **s. m.** (**f.** *-a*) ● che (o chi) ha le facoltà mentali indebolite, per malattia, vecchiaia e sim.: *quell'uomo mi sembra un po' s.*; *è una svanita* | detto di chi è o vuole apparire leggero e futile, senza idee o interessi

†**ṣvanitóre** [av. 1704] **agg.** (**f.** *-trice*) ● che svanisce

ṣvantaggiàre [da *vantaggio*, con *s-* negativo ∗1844] **v. tr.** (**pres.** *io ṣvantàggio*; **fut.** *io ṣvantaggerò*) ● danneggiare qlcu. o qlco. nei confronti di altro o di altri: *misure economiche che potrebbero s. il Mezzogiorno*

ṣvantaggiàto [contr. di *avvantaggiato*, con cambio di pref. (*s-*) ∗1736] **A** **agg.** ● che si trova in condizioni di svantaggio rispetto ad altri: *è s. dalla bassa statura*; *è s. per la bassa statura* **B** **s. m.** (**f.** *-a*); anche **agg.** ● detto di bambino che ha bisogno di ricevere una particolare educazione, spec. scolastica, perché proveniente da un ambiente familiare culturalmente inferiore a quello dei suoi coetanei

ṣvantàggio [da *vantaggio*, con *s-*. V. il fr. *désavantage* ∗av. 1294] **s. m.** **1** situazione, posizione, stato di netto sfavore: *essere in s. rispetto a qlcu.*; *avere lo s. di essere timido* | pregiudizio, danno: *ciò torna a s. della salute* | (*gramm.*) ***complemento di vantaggio e s.***, V. *vantaggio* **CONTR.** vantaggio **2** (*sport*) distacco da chi è in testa a una gara o da chi sta prevalendo in una partita: *s. di tre punti*; *essere in s. di due gol*; *recuperare lo s.*

ṣvantaggióso (o **-ṣo**) [av. 1600] **agg.** ● che arreca svantaggio: *patti svantaggiosi* **CONTR.** vantaggioso || **ṣvantaggiosaménte**, **avv.** in modo svantaggioso

SFUMATURE ➤ ***sfavorevole***

ṣvànzica [adattamento del ted. *zwanzig* (*Kreuzer*) 'venti (soldi)', che costituivano la lira austriaca ∗1822] **s. f.** **1** (*pop.*) lira austriaca che, un tempo, aveva corso nel Regno Lombardo-Veneto **2** (*sett., scherz.*, **al pl.**) denaro, quattrini

ṣvapàre [da *vap(ore)* con *s-* e il suff. *-are*① ∗2012] **v. intr.** (**aus.** *avere*) ● (*gerg.*) fumare una sigaretta elettronica

ṣvàpo [da *svapare* ∗2013] **s. m.** ● (*gerg.*) il fumare sigarette elettroniche: *divieto di s.*

ṣvaporàbile [sec. XVII] **agg.** ● (*raro*) che si dissolve facilmente

ṣvaporaménto [av. 1320] **s. m.** ● lo svaporare

✱**ṣvaporàre** [dal lat. tardo *exvaporāre*, variante del classico *evaporāre*, comp. di *ĕx-* (*s-*) e *vaporāre* 'esalare'. V. *vaporare* ∗1282] **A** **v. intr.** (*io ṣvapóro*; **aus.** *essere*) **1** perdere odore, sapore, aroma, detto di determinate sostanze: *all'aria la benzina svapora* **SIN.** evaporare **2** (*fig.*) svanire, esaurirsi: *gli è svaporato l'entusiasmo*; *m'andarono svaporando dal capo i fumi della poesia* (I. NIEVO) **B** **v. tr.** ● †fare evaporare

ṣvaporàto **part. pass.** di *svaporare*; anche **agg.** **1** evaporato: *un profumo s.* **2** (*fig.*) dissolto | (*fig.*) svanito, detto di persona

†**ṣvaporazióne** [av. 1698] **s. f.** ● svaporamento

ṣvariaménto [av. 1276] **s. m.** ● lo svariare

ṣvariàre [da *variare*, con *s-* ∗av. 1276] **A** **v. tr.** (*io ṣvàrio*) **1** (*raro*) rendere vario o più vario: *s. uno spettacolo* **2** (*fig., raro*) svagare, distrarre **B** **v. intr.** (**aus.** *essere* o *avere* nel sign. 1, *avere* nel sign. 2) **1** (*lett.*) avere varietà di aspetto, di colori **2** nel linguaggio del calcio, spostarsi allargando l'azione: *una punta che ama s. sulla fascia destra* **C** **v. intr.** (**aus.** *essere*) e **ṣvariàrsi** **v. intr. pron.** ● (*lett.*) svagarsi, divertirsi | (*lett.*) distrarsi

ṣvariatézza [1879] **s. f.** ● condizione di ciò che è svariato

ṣvariàto **part. pass.** di *svariare*; anche **agg.** **1** vario, diverso, che ha molte varietà: *forme svariate*; *rappresentazione svariata* **2** (**al pl.**) numerosi e diversi: *ho acquistato svariati oggetti* | molti, numerosi: *gli ho scritto svariate volte* || **ṣvariataménte**, **avv.** in modo svariato, diverso

†**ṣvàrio** [da *svariare* ∗av. 1347] **s. m.** **1** divario, differenza **2** errore grossolano

ṣvarióne [da *svario* ∗av. 1462] **s. m.** ● errore grossolano di lingua, traduzione, o sim.: *dire uno s.*; *un tema pieno di svarioni* **SIN.** strafalcione, sproposito | sbaglio, svista: *un gol causato dallo s. di un difensore*

ṣvaṣaménto [1940] **s. m.** ● svasatura

ṣvaṣàre [da *vaso*, con *s-*. V. il fr. *évaser* ∗1892] **v. tr.** **1** cambiare di vaso: *s. una pianta* **2** modellare qlco. a forma di vaso, cioè di tronco conico rovesciato | ***s. un albero***, potare i rami, come a formare un vaso | ***s. una gonna***, allargarla sensibilmente in basso

ṣvaṣàto **part. pass.** di *svasare*; anche **agg.** ● nei sign. del v.

ṣvaṣatùra [1884] **s. f.** **1** lo svasare | parte, forma, svasata **2** (*tecnol.*) allargamento di un foro cilindrico in modo da renderlo conico **3** (*archit.*) spazio delimitato da struttura o da elementi architettonici ad andamento convergente

ṣvàṣo [1940] **s. m.** ● (*archit.*) svasatura

ṣvàsso o **ṣuàsso**, **ṣuàzzo** [vc. sett. lat. parl. *suăce(m), da *sūs*, genit. *sŭis* 'porco', passato alla categoria del n. in *-o* ∗1797] **s. m.** ● uccello dei Podicipediformi appartenente a diverse specie del genere *Podiceps* | ***s. collorosso***, specie riconoscibile per l'apice del becco colorato di nero e, in primavera, per il colore castano acceso del collo (*Podiceps grisegena*) | ***s. cornuto***, specie caratterizzata da una colorazione della testa scura superiormente e bianca inferiormente, nettamente divisa (*Podiceps auritus*) | ***s. maggiore***, specie con lungo collo e, nella stagione degli amori, ciuffi di penne sul capo (*Podiceps cristatus*) | ***s. piccolo***, con ali più corte, collo nero e piume dorate dietro gli occhi (*Podiceps nigricollis*) **SIN.** tuffolo

ṣvàstica [dal sanscrito *svastika-*, agg. da *svasti-* 'felicità' ∗1846] **s. f.** **1** simbolo magico-religioso di molte popolazioni del gruppo linguistico indoeuropeo, che rappresenta probabilmente il movimento solare e le quattro direzioni cosmiche; è composta da una croce a quattro bracci di uguale lunghezza il cui prolungamento ad angolo retto volge in una direzione, o destra o sinistra **2** analogo simbolo, con prolungamento dei bracci a destra, adottato da vari movimenti antisemiti e soprattutto dal partito nazista in Germania negli anni 1930-40 SIN. croce uncinata

svecchiaménto [1803] s. m. ● lo svecchiare

svecchiàre [da *vecchio*, con *s-* ✱ av. 1380] **A** v. tr. (*io svècchio*) ● liberare da ciò che è vecchio, rinnovare tutto o in parte: *s. il guardaroba, la casa*; *s. la lingua*; *s. i programmi scolastici* **B** **svecchiàrsi** v. intr. pron. ● ammodernarsi, modernizzarsi

†**svecchiatùra** [1779] s. f. ● svecchiamento | potatura

svecciàre [da *veccia*, con *s-* ✱ 1960] v. tr. (pres. *io svéccio*; fut. *io sveccerò*) ● separare grano, orzo e sim. dai semi di veccia

svecciatóio [da *svecciare* ✱ 1940] s. m. (pl. *-ói*) ● macchina per la pulizia e selezione di semi di forma diversa, spec. di cereali, a mezzo di cilindri rotanti alveolati SIN. svecciatore

svecciatóre [1940] s. m. ● svecciatoio

♦**svedése** (o *-se*) [1634] **A** agg. **1** della Svezia: *paesaggio s.* **2** (*est.*) detto di ciò che proviene dalla Svezia, che è stato ideato in Svezia e sim. | ***fiammifero s.***, fiammifero di sicurezza | ***ginnastica s.***, uno dei metodi di educazione ed esercizio fisico fondato su basi anatomiche e fisiologiche, dal quale derivano tutti i sistemi di ginnastica scientifica | ***spalliera s.***, tipo di spalliera, usato spec. nella ginnastica svedese | ***quadro s.***, attrezzo ginnico per esercizi di traslocazione, formato da montanti paralleli e da correnti orizzontali, anch'essi paralleli, che si intersecano formando una grande scacchiera | (*mar.*) ***randa s.***, piccola randa da tempesta non inferita sul boma **B** s. m. (anche f. nel sign. 1) **1** abitante o nativo della Svezia **2** fiammifero svedese ‖ **svedesìno**, dim. **C** s. m. solo sing. ● lingua del gruppo germanico, parlata in Svezia **D** s. f. ● (*mar.*) randa svedese

♦**svéglia** [da *svegliare* ✱ 1294] **A** s. f. **1** lo svegliare, lo svegliarsi, il momento in cui ci si sveglia: *dare il segnale di s.*; *la s. è alle sette*; *hanno anticipato la s.* **2** segnale dato mediante un suono di tromba, campanello e sim. per svegliare gli appartenenti a una comunità, al termine del riposo notturno: *dare la s.*; *suonare la s.*; *in caserma la s. suona alle cinque* **3** orologio con suoneria, che suona a tempo prescelto per svegliare: *la s. suona alle sette*; *metti la s. alle sette* CFR. radiosveglia **4** †strumento di tortura | †***essere, stare, sulla s.***, in pena **5** †chi suona la sveglia ‖ **sveglìetta**, dim. nel sign. 3 **B** in funzione di inter. ● si usa come esortazione a destarsi, ad alzarsi, o anche come incitamento a una maggiore attenzione, alacrità e sim.: *sono le sette, s.!*; *s., è ora di alzarsi!*; *s., ragazzi!*; *s., cerca di capire!*

†**svegliaménto** [sec. XIV] s. m. ● risveglio

♦**svegliàre** [provenz. *esvelhar*, dal lat. parl. **exvigilāre*, variante del classico *evigilāre*, comp. di *ĕx-* (*s-*) e *vigilāre* 'vegliare' ✱ av. 1276] **A** v. tr. (*io svéglio*) **1** destare dal sonno, fare interrompere il sonno: *svegliami alle sette*; *la luce lo sveglia*; *s. qlcu. con un rumore* | (*fam.*) ***non lo sveglierebbero neppure le cannonate***, di chi ha il sonno molto pesante **2** (*fig.*) rendere attento, vigile, desto, togliendo da uno stato di torpore: *devi svegliare un po' quel ragazzo* | scaltrire: *l'esperienza lo ha svegliato* **3** (*fig.*) eccitare, suscitare: *s. un desiderio, l'appetito* **B** **svegliàrsi** v. intr. pron. **1** destarsi dal sonno: *svegliarsi alle sette*; *svegliarsi di soprassalto*; *a ogni minimo rumore si sveglia* **2** (*fig.*) scaltrirsi: *con l'età si è svegliato* **3** (*fig.*) manifestarsi, mettersi in azione: *gli si è svegliato l'appetito*; *si è svegliato il mal di denti*; *s'erano svegliate pure le campanelle dei monasteri* (G. VERGA) | alzarsi, levarsi: *si svegliò un forte vento*

svegliarìno [da *svegliare* ✱ av. 1705] s. m. **1** negli orologi antichi, quadrante della sveglia **2** (*fam., scherz.*) esortazione, richiamo: *dare, fare, uno s. a qlcu.*

svegliàta [1773] s. f. ● (*raro*) risveglio | (*fig., fam.*) ***darsi una s.***, darsi una mossa (V. *mossa* nel sign. 6)

svegliatézza [da *svegliato* ✱ av. 1705] s. f. ● (*raro*) prontezza d'ingegno

svegliàto part. pass. di *svegliare*; anche agg. **1** nei sign. del v. **2** †sveglio

svegliatóre [1478] s. m. (f. *-trice*) ● (*raro*) chi sveglia (*anche fig.*)

†**svègliere** ➤ **svellere**

♦**svéglio** [agg. da *svegliare* ✱ 1836] agg. **1** che non dorme, che è in stato di veglia: *essere, stare, s.*; *sei già s.?* CONTR. addormentato **2** (*fig.*) attento e pronto, dotato di ingegno vivace: *bambino s.*; *mente sveglia* CONTR. ottuso, stolido, tonto **3** (*fig., fam.*) astuto, scaltro: *il ragazzaccio più birbo … e più s. a mal fare* (C.E. GADDA)

svelaménto [1516] s. m. ● (*raro*) lo svelare

svelàre [da *velo*, con *s-* ✱ 1319] **A** v. tr. (*io svélo* (o *-è-*)) **1** (*lett., raro*) togliere il velo **2** rivelare qlco. di segreto (+ *che*, + *di* seguito da inf.): *s. un segreto a qlcu.*; *s. un mistero*; *ha svelato che la sua azienda è sull'orlo del fallimento*; *ha svelato di essere pronto alle dimissioni* **3** (*fig.*) palesare, scoprire, mostrare chiaramente: *s. le proprie intenzioni*; *quel gesto svelò la sua rabbia* **B** **svelàrsi** v. rifl. ● (*fig.*) palesarsi, rivelarsi: *si è svelato per quell'egoista che è*; *si è svelato in tutta la sua crudeltà*

svelatóre [1869] s. m. (f. *-trice*); anche agg. ● (*raro*) chi (o che) svela segreti, misteri e sim.

svelatùra [da *velatura*①, con *s-* ✱ 1960] s. f. ● rimozione, con apposite tecniche, delle velature dai dipinti

svelenàre o †**svenenàre** [da *veleno*, con *s-* ✱ av. 1380] v. tr. (*io sveléno*) e **svelenàrsi** v. intr. pron. ● svelenire, svelenirsi

svelenìre [da *svelenare*, con cambio di coniug. ✱ 1552] **A** v. tr. (*io svelenisco, tu svelenisci*) **1** liberare dal veleno **2** (*fig.*) liberare dal rancore, dall'astio: *la richiesta di scusa lo ha svelenito* | (*fig.*) rendere meno velenoso, meno teso: *s. i contrasti*; *s. una polemica* **B** **svelenìrsi** v. intr. pron. ● (*fig.*) sfogare il rancore: *finalmente si è svelenito* | liberarsi del rancore, dell'astio: *l'atmosfera si è svelenita*

†**svellàto** [da *vello*, con *s-* ✱ 1550] agg. ● ravviato, detto spec. di capelli o barba

♦**svèllere** o (*poet.*) **svèrre**, †**svègliere**, †**esvèllere** [dal lat. parl. **exvĕllere*, variante del classico *evĕllere*, comp. di *ex-* (*s-*) e *vĕllere* 'strappare' ✱ 1313] **A** v. tr. (pres. *io svèllo*, disus. *svèlgo*, *tu svèlli*, *egli svèlle*, *noi svelliàmo*, *voi svelléte*, *essi svèllono*, disus. *svèlgono*; pass. rem. *io svèlsi*, *tu svellésti*; congtv. pres. *io svèlla*, disus. *svèlga*; part. pass. *svèlto*) ● (*lett.*) strappare, tirare via con forza, sradicare (*anche fig.*): *s. una pianta, un palo*; *s. un ricordo dal proprio animo* **B** **svèllersi** v. rifl. ● †staccarsi, strapparsi, allontanarsi: *con molto pensiero indi si svelse* (F. PETRARCA)

svelliménto [sec. XIV] s. m. ● (*raro*) lo svellere SIN. sbarbicamento, sradicamento

svèlsi ➤ **svellere**

sveltézza [da *svelto*① ✱ 1550] s. f. **1** caratteristica di chi (o di ciò che) è svelto **2** forma slanciata ed elegante

sveltiménto [1915] s. m. ● lo sveltire, lo sveltirsi | snellimento, semplificazione: *lo s. di una pratica*

sveltìna [da *svelto*① ✱ 1976] s. f. ● (*volg.*) rapporto sessuale compiuto con rapidità

sveltìre [da *svelto*① ✱ 1681] **A** v. tr. (*io sveltisco, tu sveltisci*) **1** rendere più svelto, più disinvolto: *l'esperienza lo ha sveltito* **2** rendere più spedito, più rapido: *s. il traffico, la circolazione* **3** rendere più snello, più slanciato, più aggraziato: *quell'abito sveltisce la figura*; *s. la forma di una colonna* **B** **sveltìrsi** v. intr. pron. ● diventare più svelto, più disinvolto: *si è sveltito molto*

SFUMATURE ➤ *spigrire*

♦**svèlto**① (o *-é-*) [prob. dal tosc. merid. *svélto*, allotropo di *svegliato*, part. pass. di *svegliare* ✱ 1378 ca.] agg. **1** che si muove, agisce e sim. con prontezza, senza impaccio (+ *in*, + *a* seguiti da inf.): *un cameriere s. nel servire*; *è stato molto s. a sfruttare la situazione* | ***s. di mano***, che ha tendenza a rubare o a picchiare | ***s. di lingua***, troppo loquace, maldicente CONTR. lento, tardo **2** lesto, sollecito: *passo s.*; *andatura svelta*; *cammina più s.* | ***alla svelta***, (*ellitt.*) in modo svelto, rapido: *preparati alla svelta* **3** sottile e slanciato, agile: *campanile s.*; *una ragazza dalla persona svelta* **4** sveglio, vivace: *è molto s. per la sua età*; *mente svelta* ‖ **sveltìno**, dim. ‖ **sveltaménte**, avv. in modo lesto, con rapidità

svèlto② part. pass. di *svellere* ● (*raro*) nei sign. del v.

†**svembràre** ➤ **smembrare**

svenaménto [1745] s. m. ● (*raro*) lo svenare | il fatto di svenarsi, di venire svenato (*spec. fig.*)

svenàre [da *vena*, con *s-* ✱ av. 1348] **A** v. tr. (*io svéno*) **1** uccidere tagliando le vene **2** (*fig.*) privare qlcu. di tutto, o di quasi tutto, ciò che possiede: *quello strozzino lo ha svenato* **B** **svenàrsi** v. rifl. **1** darsi la morte tagliandosi le vene: *si è svenato con una lametta*; *ei si sveni, e il vil suo sangue / su' Filistei ricada* (V. ALFIERI) **2** (*fig.*) sostenere grandi sacrifici, grandi spese, per qlcu. o qlco.: *per far studiare i figli si è svenato*

svenatùra [1873] s. f. ● (*raro*) svenamento

svéndere [da *vendere*, con *s-* ✱ 1922] v. tr. (coniug. come *vendere*) ● vendere a prezzo inferiore al costo (*anche assol.*)

svéndita [av. 1937] s. f. ● lo svendere: *s. di fine stagione*

†**svenenàre** ➤ **svelenare**

♦**svenévole** [da *svenire* ✱ av. 1449] **A** agg. **1** che si comporta in modo eccessivamente languido, lezioso, sdolcinato: *signora s.*; *essere s. nel parlare*; *maniere svenevoli* **2** †sgraziato, sguaiato ‖ **svenevolménte**, avv. in maniera svenevole **B** s. m. e f. ● persona, spec. donna, svenevole: *fare la s.*

svenevolézza [av. 1375] s. f. **1** condizione di chi (o di ciò che) è svenevole **2** atto o comportamento svenevole

SFUMATURE ➤ *smorfia*①

svènia [da †*invenia*, con cambio di pref. (*s-*) ✱ 1861] s. f. ● (*fam., tosc.*, spec. al pl.) atto lezioso, moina | lungaggine

♦**sveniménto** [da *svenire* ✱ 1520] s. m. ● transitoria perdita di coscienza non dovuta a epilessia o a malattie cerebrali: *avere uno s.*

♦**svenìre** [da *venire* (*meno*), con *s-* ✱ sec. XIII] v. intr. (coniug. come *venire*; aus. *essere*) e (*raro, lett.*) **svenìrsi** v. intr. pron. ● perdere i sensi, venir meno, cadere in deliquio (+ *da*, + *per*): *sentirsi s.*; *s. dalla fame*; *s. per la debolezza* | ***fare s.***, (*iperb.*) essere molto noio-

so, insopportabile: *è così lento che fa s.*
ṣventagliàre [da *ventaglio*, con *s-* ✱ 1872] **A** **v. tr.** (*io ṣventàglio*) **1** agitare il ventaglio, fare aria con un ventaglio o sim.: *le stavano intorno sventagliandola* (E. MONTALE) **2** (*est.*) agitare come un ventaglio: *gli sventagliò la lettera sotto il naso* **3** disporre a ventaglio: *s. le carte sul tavolo* | sparare a ventaglio: *s. una raffica di mitra* **B** **ṣventagliàrsi** **v. tr. pron.** (aus. *essere*) e **rifl.** ● farsi aria con un ventaglio: *sventagliarsi la faccia; sta sempre là a sventagliarsi*
ṣventagliàta [1923] **s. f.** **1** lo sventagliare un po' **2** scarica di arma automatica mossa a guisa di ventaglio: *una s. di mitra*
✱**ṣventàre** [da *vento*, con *s-* intens., propr. 'dar vento, far sfogare', nel sign. 1, e con *s-* sottrattivo nei sign. 2 e 3 ✱ 1543] **v. tr.** (*io ṣvènto*) **1** †fare uscire l'aria, il gas e sim. contenuti in un recipiente | ***s. una mina***, renderla inefficace aprendone il fornello, così che i gas non abbiano effetto, oppure mediante contromina **2** far fallire, rendere vano: *s. una trama, una macchinazione, una congiura, un pericolo* **3** (*mar.*) orientare l'imbarcazione o le vele in modo che queste non si gonfino di vento
ṣventatàggine [av. 1872] **s. f.** ● (*raro*) sventatezza
ṣventatézza [da *sventato* ✱ 1766] **s. f.** **1** caratteristica, condizione di chi è sventato SIN. sconsideratezza **2** atto o comportamento da sventato
✱**ṣventàto** **A** **part. pass.** di *sventare*; anche **agg.** **1** reso vano, fatto fallire: *un attentato s.* **2** che agisce senza giudizio, senza ponderazione: *ragazzo s.* | ***alla sventata***, (*ellitt.*) distrattamente: *agire alla sventata* SIN. avventato, sbadato, sconsiderato || **ṣventataménte**, **avv.** **B** **s. m.** (**f.** *-a*) ● persona sventata: *fare lo s.; comportarsi da s.* || **ṣventatèllo**, **dim.**
✱**ṣvèntola** [da *ventola*, con *s-* ✱ 1873] **s. f.** **1** ventola | (*fig.*) ***orecchie a s.***, col padiglione che sporge molto in fuori **2** (*est.*) colpo violento, percossa **3** nel pugilato, colpo portato facendo compiere un ampio movimento al braccio disteso, verso la spalla opposta **4** (*fig., fam.*) donna di alta statura e dalla bellezza appariscente || **ṣventolóna**, **accr.** nel sign. 4 | **ṣventolóne**, **accr. m.** nei sign. 2 e 3
ṣventolaménto [av. 1566] **s. m.** ● lo sventolare
✱**ṣventolàre** [da *ventolare*, con *s-* ✱ 1354] **A** **v. tr.** (*io ṣvèntolo*) **1** muovere, agitare al vento: *s. la bandiera, il fazzoletto* **2** fare vento: *s. il viso a un malato* | ***s. il fuoco***, ravvivarlo **3** dare aria, arieggiare | ***s. il grano***, tirarlo con la pala sull'aia per liberarlo dalla loppa, o rivoltarlo nel granaio perché non ammuffisca | ***s. le olive***, rivoltarle o cambiarle di posto perché non fermentino **B** **v. intr.** (aus. *avere*) ● muoversi per il vento, ondeggiare al vento: *le bandiere sventolano sull'edificio* **C** **ṣventolàrsi** **v. rifl.** ● farsi vento, aria: *sventolarsi con un giornale*
ṣventolàta [1638] **s. f.** ● lo sventolare, lo sventolarsi un po' || **ṣventolatina**, **dim.**
ṣventolìo [1863] **s. m.** (**pl.** *-ii*) ● lo sventolare continuo: *lo s. dei berretti di tutta quella folla in attesa* (L. PIRANDELLO)
ṣventraménto [1885] **s. m.** **1** lo sventrare (*anche fig.*): *lo s. di un pollo; lo s. di un centro storico* **2** (*med.*) grave rilasciamento dei muscoli anteriori dell'addome
ṣventràre [da *ventre*, con *s-* ✱ av. 1348] **A** **v. tr.** (*io ṣvèntro*) **1** aprire il corpo di animale macellato per levarne le interiora: *s. un coniglio* **2** (*est.*) ferire al ventre, uccidere ferendo al ventre **3** (*fig.*) demolire interi quartieri o singoli edifici: *s. un edificio pericolante* **B** **ṣventràrsi** **v. rifl.** ● †uccidersi trafiggendosi il ventre
ṣventràta ① [sec. XX] **s. f.** ● operazione dello sventrare un animale ucciso prima di cucinarlo: *dare una s. al pollo*
ṣventràta ② [da *ventre* ✱ 1734] **s. f.** ● (*tosc.*) scorpacciata
ṣventràto **part. pass.** di *sventrare*; anche **agg.** **1** nei sign. del v. **2** (*est.*) squarciato, spaccato: *una nave sventrata da un'esplosione* | (*est.*) danneggiato: *le città inglesi sventrate, illuminate dai ... traccianti* (I. CALVINO)
ṣventùra [da *ventura*, con *s-* ✱ sec. XIII] **s. f.** **1** sorte avversa, malasorte: *essere perseguitato dalla s.; essere provato dalla s.; per nostra s.; per colmo di s.; un colpo di s.; s. volle che ...* **2** avvenimento, circostanza, che provoca danno, dolore: *raccontare le proprie sventure; questa circostanza è una s. per noi* | ***compagni di s.***, persone che subiscono insieme sventure e sim. (*anche scherz.*) SIN. avversità, disgrazia
ṣventuràto [av. 1272] **A** **agg.** **1** colpito da sventura, perseguitato dalla sventura: *famiglia sventurata; amante s.* | (*lett.*) sciagurato, scellerato **2** che apporta sventura: *una sventurata risposta; quello s. giorno* || **ṣventurataménte**, **avv.** per sventura, disgrazia **B** **s. m.** (**f.** *-a*) ● persona sventurata | (*lett.*) persona sciagurata: *la sventurata rispose* (A. MANZONI)
†**ṣventuróso** (o *-ṣo*) [sec. XIII] **agg.** ● sventurato
ṣvenùto **part. pass.** di *svenire*; anche **agg.** ● privo di sensi
ṣverdìre [da *verde*, con *s-* ✱ av. 1750] **v. intr.** (*io ṣverdìsco, tu ṣverdìsci*; aus. *essere*) ● (*raro*) perdere il verde | (*fig.*) deperire
ṣvergàre [da *verga*, con *s-* ✱ av. 1537] **v. tr.** (*io ṣvérgo, tu ṣvérghi*) **1** ridurre in verghe: *s. acciaio, oro, stagno* **2** (*mar.*; *disus.*) sciogliere una vela dal suo sostegno o una bandiera dal suo cavetto
ṣverginaménto [sec. XIV] **s. m.** ● lo sverginare, il venire sverginato
ṣverginàre [da *vergine*, con *s-* ✱ av. 1333] **v. tr.** (*io ṣvérgino*) **1** togliere la verginità SIN. deflorare **2** (*fig., scherz.*) incominciare a usare: *s. un paio di scarpe*
ṣverginatóre [av. 1606] **s. m.** (**f.** *-trice*) ● chi svergina
†**ṣvergognaménto** [av. 1292] **s. m.** **1** lo svergognare | impudicizia, sfrontatezza **2** disonore, oltraggio
†**ṣvergognànza** [da *vergogna*, con *s-* ✱ sec. XIII] **s. f.** ● svergognamento
ṣvergognàre [da *vergogna*, con *s-* ✱ 1336 ca.] **v. tr.** (*io ṣvergógno*; coniug. come *segnare*) **1** far vergognare qlcu. rimproverandolo, spec. pubblicamente: *lo svergognò davanti ai suoi compagni* **2** rivelare la reale natura malvagia di qlcu., le sue cattive azioni, e sim.: *l'accusatore lo svergognò di fronte a tutto il paese*
ṣvergognatézza [da *svergognato* ② ✱ sec. XIII] **s. f.** ● condizione di chi è svergognato | (*lett.*) azione vergognosa
ṣvergognàto ① **part. pass.** di *svergognare*; anche **agg.** ● che è stato coperto di vergogna | che è stato smascherato
ṣvergognàto ② [da *vergogna*, con *s-* ✱ sec. XIII] **agg. e s. m.** (**f.** *-a*) ● che (o chi) non sente vergogna per ciò che di vergognoso fa o dice SIN. impudente, spudorato || **ṣvergognataménte**, **avv.** senza vergogna e pudore, sfacciatamente
ṣvergolaménto [da *svergolare* ✱ 1919] **s. m.** ● deformazione predeterminata o accidentale, rispetto alla forma teorica, di un pezzo meccanico: *s. alare* | (*est.*) deformazione
ṣvergolàre [vc. di orig. dial., da *svergolo* 'storto, piegato' (?) ✱ 1929] **A** **v. tr.** (*io ṣvérgolo*) ● sottoporre a svergolamento **B** **ṣvergolàrsi** **v. intr. pron.** ● subire uno svergolamento | (*est.*) deformarsi: *le travi tagliate in una luna buona ... non si svergolano* (M. RIGONI STERN)
ṣverlàre [da *(a)verla*, con *s-* ✱ 1911] **v. intr.** (*io ṣvèrlo*; aus. *avere*) ● detto dell'averla, emettere il tipico verso | (*est.*) cantare, detto di uccelli
ṣverminàre [da *verminare* con il pref. privativo *s-* ✱ 1996] **v. tr.** (*io ṣvèrmino*) ● sottoporre a un trattamento farmacologico per eliminare la presenza di parassiti intestinali: *s. un cane*
ṣvernaménto [da *svernare* ① ✱ 1735] **s. m.** **1** il fatto di svernare **2** (*biol.*) ibernazione
✱**ṣvernàre** ① [da *verno* ②, con *s-* ✱ 1250 ca.] **A** **v. intr.** (*io ṣvèrno*; aus. *avere*) ● passare l'inverno in un determinato luogo, spec. riparato dal freddo: *s. in Riviera*; *le truppe svernarono nei quartieri d'inverno; i pastori devono scendere con le greggie a s. in pianura* (G. DELEDDA) **B** **v. tr.** ● (*raro*) fare passare l'inverno: *s. le truppe nella pianura*
†**ṣvernàre** ② [da *vernare* ②, con *s-* ✱ sec. XIII] **v. intr.** (aus. *avere*) ● cantare all'inizio della primavera, detto degli uccelli: *udir li augei svernar, rimbombar l'onde* (A. POLIZIANO)
ṣverniciànte **A** **part. pres.** di *sverniciare*; anche **agg.** ● nei sign. del v. **B** **s. m.**; anche **agg.** ● solvente usato per la sverniciatura
ṣverniciàre [1894] **v. tr.** (pres. *io ṣvernìcio*; fut. *io ṣvernicerò*) ● togliere la vernice
ṣverniciatóre [da *sverniciare* ✱ 1986] **s. m.** **1** (**f.** *-trice*) chi è addetto a operazioni di sverniciatura **2** solvente usato per sverniciare
ṣverniciatùra [1983] **s. f.** ● operazione dello sverniciare
ṣvèrno [da *svernare* ① ✱ 1602] **s. m.** ● (*raro*) svernamento: *strutture per lo s. della fauna selvatica*
ṣvèrre ➤ **svellere**
ṣverrèi ➤ **svenire**
ṣverrò ➤ **svenire**
ṣversaménto [da *versamento* con *s-* ✱ 1982] **s. m.** ● lo sversare
ṣversàre [da *versare* ① con *s-* ✱ 1973] **v. tr.** (*io ṣvèrso*) ● scaricare abusivamente liquami nell'ambiente
ṣversatàggine [da *sversato* ✱ 1891] **s. f.** **1** (*fam., tosc.*) rozzezza, grossolanità **2** (*fam., tosc.*) atto grossolano, sgarbato
ṣversàto [da *verso* ③, con *s-* ✱ av. 1850] **agg.** ● (*fam., tosc.*) sgarbato, rozzo, grossolano
ṣversatóio [da *versare* ① con *s-* ✱ 1992] **s. m.** (**pl.** *-ói*) ● in un impianto di depurazione, vasca di raccolta che in caso di piena indirizza le acque più chiare verso un canale di scolo, sottraendole al depuratore
ṣvérẓa (o *-è-*) [da *verza* ②, con *s-* ✱ av. 1530] **s. f.** ● scheggia lunga e sottile di legno, o sim.
ṣverẓàre [da *sverza* ✱ av. 1571] **A** **v. tr.** (*io ṣvérẓo* (o *-è-*)) **1** tagliare, rompere, in sverze, spec. di legno **2** otturare con sverze: *s. un cassetto* **B** **ṣverẓàrsi** **v. intr. pron.** ● rompersi in sverze
ṣverẓìno [da *sverza* ✱ 1873] **s. m.** ● spago che si attacca al cordone della frusta, per farla schioccare
ṣvesciàre [da *vescia*, con *s-* ✱ 1734] **v. tr.** (pres. *io ṣvéscio*; fut. *io ṣvescerò*) ● (*fam., tosc.*) spiattellare, vuotare il sacco
ṣvescicàre [da *vescica*, con *s-* ✱ 1759] **A** **v. tr.** (*io ṣvescìco, tu ṣvescìchi*) ● (*fam.*) fare vesciche sulla pelle: *l'olio bollente gli ha svescicato una mano* **B** **ṣvescicàrsi** **v. intr.**

pron. ● ustionarsi coprendosi di vesciche: *mi sono svescicato*

svescióne [da *svesciare* ✱ 1870] **s. m.** (**f.** *-a*) ● (*fam., tosc.*) pettegolo

svestire [da *vestire*①, con *s-* ✱ 1321] **A** **v. tr.** (*io svèsto*) **1** privare delle vesti, spogliare: *s. un bambino* | togliere un rivestimento **CONTR.** vestire **2** (*raro, fig.*) eliminare un'apparenza, un aspetto esteriore **3** †togliere una veste, un'armatura e sim. **B** **svestirsi** **v. rifl.** **1** togliersi di dosso le vesti: *si svestì, poi fece il bagno* **2** (*fig.*) abbandonare un'apparenza: *svestirsi della superbia* | deporre il simbolo di una carica, di una dignità e quindi, rinunciare alla carica, alla dignità stessa: *svestirsi dello scettro regale* **C** **svestirsi** **v. intr. pron.** ● perdere un rivestimento: *il muro si è svestito dell'intonaco*

svestito **part. pass.** di *svestire*; anche **agg.** **1** privo delle vesti, spogliato **2** ***riso s.***, sbramato

svestizióne [1838] **s. f.** ● (*raro*) lo svestire

svettaménto [av. 1704] **s. m.** ● (*raro*) svettatura

svettàre① [da *vetta*, con *s-* sottrattivo ✱ 1427] **v. tr.** (*io svétto*) ● togliere la vetta o cima dei rami: *s. un albero, una siepe*

svettàre② [da *vetta*, con *s-* durativo-intens. ✱ 1697] **v. intr.** (*io svétto*; aus. *avere*) **1** (*lett.*) agitare la cima per il vento, detto di alberi **2** (*est.*) spiccare, ergersi con la vetta: *il monte svetta nel cielo* **3** (*est.*) elevarsi sugli altri per l'altra statura o saltando | (*fig.*) primeggiare, eccellere

svettatóio [av. 1892] **s. m.** (**pl.** *-ói*) ● attrezzo usato per svettare gli alberi

svettatùra [sec. XVIII] **s. f.** ● operazione dello svettare un albero, una siepe e sim.

svèvo [dal lat. *suēvu(m), suēbu(m)* ✱ av. 1478] **A** **agg.** **1** della Svevia, regione della Germania meridionale | degli Svevi **2** relativo alla dinastia degli Hohenstaufen (1079-1268), originari della Svevia: *casa sveva*; *dominio s.*; *imperatori svevi* **B** **s. m.** **1** (**f.** *-a*) nativo, abitante della Svevia **2** chi appartiene alla dinastia degli Hohenstaufen

svezzaménto [da *svezzare* ✱ 1868] **s. m.** **1** perdita di un abitudine **2** (*fisiol.*) ***s. del bambino***, sostituzione nell'alimentazione di un lattante del latte materno con latte vaccino o altro alimento **SIN.** divezzamento

svezzàre [calco su *avvezzare*, con cambio di pref. (*s-*) ✱ 1266] **A** **v. tr.** (*io svézzo*) **1** (*raro*) far perdere l'abitudine, il vizio: *s. qlcu. dal bere* **2** far passare un bambino dall'alimentazione a base di latte a un'alimentazione più varia (spec. pappe a base di farinacei, carne e verdura): *s. un bambino* **B** **svezzàrsi** **v. intr. pron.** ● (*raro*) perdere un'abitudine, un vizio: *non ero ... io che volevo svezzarmi dal fumo* (I. SVEVO)

sviaménto [1354] **s. m.** **1** lo sviare, lo sviarsi | (*fig.*) allontanamento da un principio morale o da una consuetudine | (*raro, lett.*) digressione, divagazione | ***s. di potere***, uso da parte della pubblica amministrazione di una facoltà discrezionale per un fine diverso da quello stabilito dalla legge **2** fuoriuscita di un asse di un veicolo ferroviario dalle rotaie | deragliamento **SIN.** svio

sviànte **part. pres.** di *sviare*; anche **agg.** ● nei sign. del v. | (*fig.*) ingannevole: *sono conclusioni svianti*

♣**sviàre** [da *via*, con *s-* ✱ 1266] **A** **v. tr.** **1** far cambiare direzione: *s. il colpo* | (*fig.*) deviare, dirottare, stornare: *s. l'attenzione degli astanti*; *s. le indagini* | ***s. il discorso***, portarlo su un argomento diverso **2** (*fig.*) distogliere dalle consuete occupazioni: *s. qlcu. dallo studio* | corrompere, allontanare dalla via del bene: *quella ragazza lo ha sviato* **CFR.** fuorviare **B** **v. intr.** (aus. *avere*) e **sviàrsi** **v. intr. pron.** **1** (*raro*) uscire di strada | sbagliare strada **2** allontanarsi dalla via consueta: *l'uccello si è sviato dal nido* | (*fig.*) allontanarsi dalla via del bene: *si è sviato per i cattivi consigli*

sviàto **A** **part. pass.** di *sviare*; anche **agg.** **1** nei sign. del v. **2** traviato, allontanato dal giusto, dal bene: *ragazzi sviati* **B** **s. m.** (**f.** *-a*) ● persona sviata

sviatóio [1957] **s. m.** (**pl.** *-ói*) ● dispositivo destinato a far deragliare rotabili ferroviari in movimento non controllato

sviatóre [av. 1311] **s. m.** (**f.** *-trice*); anche **agg.** ● (*lett.*) chi (o che) svia | corruttore

♣**svicolàre** [da *vicolo*, con *s-* ✱ av. 1693] **v. intr.** (*io svìcolo*; aus. *essere* spec. nel sign. proprio o *avere* spec. nel sign. fig.) ● scantonare in un vicolo o per i vicoli per evitare qlcu. | andarsene, svignarsela | (*fig.*) schivare, eludere una domanda o un problema imbarazzante: *quando gli ricordo la sua promessa, lui svicola*

svièni ➤ **svenire**

svignàre [da *vigna*, con *s-* ✱ sec. XIV] **v. intr.** e **svignàrsi** **v. intr. pron.** (coniug. come *segnare*; aus. *essere*) ● (*lett.*) allontanarsi in fretta, di nascosto: *diede un'occhiata ... da che parte ci fosse men gente, e svignò di là* (A. MANZONI) | (*colloq.*) **svignàrsela** (con il pron. *la* indeterm.), andarsene via di nascosto, spec. per togliersi da un impiccio (con valore intens.): *non vedo l'ora di svignarmela*; *Il disgraziato se l'era svignata a piedi scalzi* (L. PIRANDELLO)

SFUMATURE ➤ ***fuggire***

svigoriménto [1683] **s. m.** ● lo svigorire, lo svigorirsi

svigorìre [da *vigore*, con *s-* ✱ sec. XIII] **A** **v. tr.** (*io svigorìsco, tu svigorìsci*) ● far perdere il vigore, indebolire: *s. il corpo, le forze, la mente* **B** **svigorìrsi** **v. intr. pron.** ● perdere il vigore: *la memoria gli si è svigorita*

sviliménto [av. 1704] **s. m.** ● lo svilire, il venire svilito: *lo s. dei valori morali*

svilìre [da *vile*, con *s-* ✱ 1440 ca.] **v. tr.** (*io svilìsco, tu svilìsci*) **1** sottovalutare, sminuire, spregiare: *s. il proprio ingegno* **2** svalutare

svillaneggiaménto [1618] **s. m.** ● lo svillaneggiare, il venire svillaneggiato

svillaneggiàre [da *villano*, con *s-* e suff. iter. intens. ✱ av. 1324] **A** **v. tr.** (pres. *io svillanéggio*; fut. *io svillaneggerò*) ● maltrattare, coprire di villanie **B** **svillaneggiàrsi** **v. rifl. recipr.** ● dirsi scambievolmente villanie

svillaneggiatóre [1549] **s. m.** (**f.** *-trice*); anche **agg.** ● (*raro*) chi (o che) svillaneggia

sviluppàbile [1821] **agg.** **1** che si può sviluppare **2** (*mat.*) detto di superficie che si possa stendere senza dilatazioni e tagli su un piano | detto di superficie che sia un cono, o un cilindro, o contenuta nel luogo delle tangenti a una curva

†**sviluppaménto** [1575] **s. m.** ● sviluppo

♦**sviluppàre** [da *viluppare*, con *s-* ✱ 1336 ca.] **A** **v. tr.** **1** (*lett.*) disfare, sciogliere ciò che è avviluppato: *s. un groviglio*; *la serpe sviluppa le sue spire* | (*lett.*) aprire, distendere: *s. un involto* | (*lett.*) liberare **2** svolgere, trattare ampiamente: *s. un argomento, una questione, un tema* **3** far progredire, far aumentare: *lo studio sviluppa l'intelligenza*; *s. l'industria, il turismo* **4** suscitare, produrre: *la scintilla ha sviluppato un'esplosione* | sprigionare: *questo terreno sviluppa gas* **5** (*fotogr.*) rendere visibile mediante un rivelatore l'immagine latente di un'emulsione fotografica **6** (*mat.*) fare lo sviluppo **B** **v. intr.** (aus. *avere*) e **svilupparsi** **v. intr. pron.** **1** acquistare la forma definitiva, detto di organismi viventi: *l'insetto si è sviluppato completamente*; *la pianta sviluppa bene* **2** raggiungere l'età dello sviluppo, detto di ragazzi: *la bambina ha sviluppato tardi*; *è un ragazzo che si svilupperà precocemente* **C** **svilupparsi** **v. rifl.** ● (*lett.*) liberarsi, districarsi: *svilupparsi da una stretta* **D** **svilupparsi** **v. intr. pron.** **1** aumentare, progredire, evolversi: *in questi anni l'agricoltura si è notevolmente sviluppata* **2** prodursi, manifestarsi, diffondersi: *si sta sviluppando un incendio*; *bisogna evitare che l'epidemia si sviluppi* | sprigionarsi: *dal terreno si sviluppano gas* **3** estendersi (+ *su*): *la fiera si sviluppa su un'area di circa duemila metri quadrati*

sviluppàto **part. pass.** di *sviluppare*; anche **agg.** **1** evoluto, progredito: *un Paese economicamente s.* **2** elaborato: *un tema poco s.* **3** che ha una costituzione fisica molto robusta | detto di adolescente che ha raggiunto la pubertà

sviluppatóre [1745] **s. m.** **1** (**f.** *-trice*) chi sviluppa: *s. di applicazioni informatiche* **2** (*fotogr.*) rivelatore

sviluppatrìce [1931] **s. f.** ● macchina o contenitore a tenuta di luce per lo sviluppo di emulsioni fotografiche

♦**svilùppo** [da *sviluppare* ✱ 1598] **s. m.** **1** espansione, potenziamento, incremento: *dare s. a un'attività*; *favorire lo s. di un'industria*; *essere in pieno s.*; *avere grande s.*; *sfavorire, ritardare, rallentare lo s. di un'attività* | ***s. economico***, tendenza all'espansione di un sistema economico, e quindi all'incremento della produzione industriale e agricola e del reddito pro-capite | ***Paese in via di s.***, (*eufem.*) che si trova in una condizione di sottosviluppo | ***s. sostenibile***, sviluppo economico compatibile con gli equilibri sociali e con la salvaguardia e la conservazione delle risorse ambientali **2** svolgimento, trattazione di un tema: *lo s. di un racconto*; *bisogna dare s. alla parte narrativa* | (spec. al pl.) evoluzione, svolgimento successivo, esito: *una vicenda passibile di ulteriori sviluppi*; *preoccupazione per gli sviluppi della guerra* **3** (*biol.*) insieme dei processi attraverso i quali un organismo acquista la sua forma definitiva | ***s. embrionale***, fino alla nascita | ***s. post-embrionale***, fino allo stadio dell'adulto | processo di crescita dell'organismo umano che s'avvia verso la sua complessione perfetta: *lo s. fisico e psichico dell'adolescente* | ***l'età dello s.***, la pubertà **4** procedimento chimico mediante il quale si rende visibile l'immagine latente di un'emulsione fotografica | soluzione chimica utilizzata nel procedimento stesso **5** (*mat.*) ***s. di una funzione***, somma di termini il cui valore uguaglia quello della funzione | ***s. di una espressione***, altra forma che si può dare all'espressione, facendo uso delle regole di calcolo | (*mat.*) ***s. di una superficie***, stendimento della superficie, sul piano quand'è possibile, detto spec. per i coni, i cilindri e le superfici poliedriche | ***s. di una strada***, lunghezza della strada misurata lungo il suo asse **6** (*mus.*) parte che segue l'esposizione di un tema e lo elabora, importante spec. nella forma sonata **SIN.** svolgimento

SFUMATURE ➤ ***evoluzione***

svinàre [da *vino*, con *s-* ✱ 1481] **v. tr.** ● togliere il vino nuovo dai tini per immetterlo nelle botti (*anche assol.*)

svinatóre [av. 1702] **s. m.** (**f.** *-trice*, *pop., disus.* *-tóra*) ● chi fa la svinatura

svinatùra [da *svinare* ✱ av. 1725] **s. f.** ● estrazione del vino dai tini, a fermentazione ultimata o quasi | separazione del vino dalle vinacce

svincolaménto [av. 1686] **s. m.** ● (*raro*) lo

svincolare, lo svincolarsi

șvincolàre [da *vincolo*, con *s-* ✱ 1616] **A** **v. tr.** (*io șvìncolo*) **1** liberare da ciò che trattiene o impedisce: *cercando di s. il braccio che egli le teneva ancora afferrato* (L. PIRANDELLO) **2** liberare da un vincolo: *s. un podere da un'ipoteca* | ritirare una merce dalla stazione o dalla dogana, pagando i relativi diritti **3** (*fig., raro*) sottrarre, affrancare: *s. una discussione dai pregiudizi* **B** **șvincolàrsi v. rifl.** ● liberarsi da ciò che trattiene, impedisce e sim.: *svincolarsi da una stretta* | (*fig.*) affrancarsi, sottrarsi: *capisco come si possa uccidersi per svincolarsi dal vostro fascino* (G. VERGA)

șvìncolo [da *svincolare* ✱ 1893] **s. m. 1** lo svincolare, lo svincolarsi: *lo s. di una merce* **2** strada o complesso di strade di collegamento fra due o più autostrade che s'incrociano o si diramano | ***s. a trombetta***, quello di accesso alle autostrade o di uscita da queste, che consente, con un solo sovrappasso, di servire, senza incroci, tutte le direzioni di marcia | ***s. a quadrifoglio***, intersezione di due autostrade il cui complesso di raccordi ricorda in pianta la forma del quadrifoglio

șvìo [1789] **s. m.** (**pl.** *-ii*) ● (*raro*) sviamento

șviolinàre o (*raro*) **violinàre** [da *violino*, con *s-* ✱ 1935] **v. tr.** ● (*fam.*) trattare con adulazioni e lusinghe sfacciate (*anche assol.*)

șviolinàta o (*raro*) **violinàta** [1916] **s. f.** ● (*fam.*) lo sviolinare | discorso o sim. fatto per adulare

șviolinatùra [1929] **s. f.** ● (*fam.*) discorso o sim. fatto per adulare

șvìrgola [vc. gerg. milit., da *virgola*, con *s-* (?) ✱ 1915] **s. f.** ● (*pop.*) colpo violento

șvirgolàre [1960] **v. tr.** (*io șvìrgolo*) **1** (*pop.*) colpire con violenza **2** nel gioco del calcio, colpire la palla di striscio, sbagliando il tiro

șvirgolàta [1955] **s. f. 1** nel calcio, tiro sbagliato, eseguito colpendo il pallone di striscio **2** (*fig.*) cedimento, sbandata

șvirilizzàre [da *virile*, con *s-* ✱ av. 1686] **v. tr.** ● privare della forza virile | (*fig.*) svigorire ‖ **șvirilizzazióne**, **s. f.**

șvișaménto [1872] **s. m.** ● travisamento

șvișàre [da *viso*, con *s-* ✱ 1353] **v. tr. 1** †sfregiare in viso **2** (*fig.*) travisare, alterare: *s. i fatti, la realtà dei fatti*

șvisceraménto [1427] **s. m.** ● (*raro*) lo sviscerare, lo sviscerarsi

♦**șvisceràre** o †**visceràre** [da *viscere*, con *s-* ✱ sec. XIV] **A** **v. tr.** (*io șvìscero*) **1** †sventrare, privare dei visceri **2** (*fig.*) studiare profondamente, indagare a fondo: *s. un argomento, una questione* **B** **șvisceràrsi v. rifl.** ● (*fig.*) esprimere esagerato affetto, stima e sim.: *sviscerarsi per qlcu.*

șvisceratézza [1615] **s. f.** ● condizione di ciò che è sviscerato | espressione esagerata di affetto, amore, e sim.

♦**șvisceràto** **part. pass.** di *sviscerare*; **anche agg. 1** nei sign. del v. **2** appassionato, veemente: *amare qlcu. di amore s.* **3** (*spreg.*) esagerato, eccessivo, non sincero: *complimenti sviscerati* ‖ **șviscerataménte**, **avv.** in modo sviscerato, appassionato: *amare sviscerataménte qlcu.*

șvisceratóre [1612] **s. m.** (**f.** *-trice*); **anche agg.** ● (*raro, lett.*) chi (o che) sviscera

șvìsta [da *vista*, f. sost. di *visto*, con *s-* ✱ 1735] **s. f.** ● sbaglio dovuto a disattenzione, fretta e sim.: *fare una s.*; *è stata una s.*

șvitaménto [1940] **s. m.** ● lo svitare

șvitàre [da *vite*②, con *s-* ✱ av. 1400] **A** **v. tr.** ● girare la vite in senso contrario, per allentarla o toglierla | disunire cose fermate con vite o viti: *s. la serratura* **B** **șvitàrsi v. intr. pron.** ● allentarsi girando in senso contrario, detto di una vite

♦**șvitàto** **A** **part. pass.** di *svitare*; **anche agg. 1** nei sign. del v. **2** (*colloq.*) sconclusionato, strambo, stravagante: *è un po' s.* **B** **s. m.** (**f.** *-a*) ● (*colloq.*) persona stramba, bizzarra ‖ **șvitatèllo**, **dim.**

șvitatùra [1869] **s. f.** ● operazione dello svitare

șviticchiàre [da *viticchio*, con *s-* ✱ sec. XIV] **A** **v. tr.** (*io șvitìcchio*) ● (*lett., raro*) allontanare qlcu. da sé staccandosi dalla sua stretta **B** **șviticchiàrsi v. rifl.** ● (*fig., raro*) liberarsi da chi (o da ciò che) disturba, impiccia: *sviticchiarsi da un seccatore*

șviziàre [da *viziare*, con *s-* ✱ 1314] **A** **v. tr.** (*io șvìzio*) ● †togliere un vizio **B** **șviziàrsi v. intr. pron.** ● (*raro*) perdere un vizio

șvìzzera [f. sost. di *svizzero* ✱ 1970] **s. f.** ● bistecca alla svizzera

♦**șvìzzero** [1447] **A** **agg.** ● della Svizzera | (*est.*) che ha caratteristiche, spec. l'ordine e la precisione, attribuite agli svizzeri: *puntualità svizzera* | ***formaggio s.***, emmental, groviera | ***coltello s.***, (*per anton.*) coltello a serramanico a più usi, gener. con manico di plastica rossa, fabbricato in Svizzera | ***Guardia svizzera***, corpo armato pontificio costituito nel XVI sec. e formato da soldati e ufficiali arruolati fra i cittadini svizzeri, incaricati della custodia della persona del Pontefice e dei Palazzi apostolici | ***alla svizzera***, (*ellitt.*) alla maniera degli Svizzeri | ***bistecca alla svizzera***, (*cucina*) porzione arrotondata e appiattita di polpa di carne bovina tritata, che si cuoce in tegame o sulla graticola, con sale e pepe **B** **s. m. 1** (**f.** *-a*) abitante o nativo della Svizzera **2** soldato della Guardia svizzera pontificia: *gli svizzeri del Papa* **3** (*cucina, per anton.*) formaggio emmental o gruviera: *un etto di s.*

șvociàto [da *voce*, con *s-* ✱ 1960] **agg.** ● che è afono, senza voce per aver troppo gridato

†**șvogliaménto** [av. 1667] **s. m.** ● svogliatezza

șvogliàre [da *voglia*, con *s-* ✱ 1250 ca.] **A** **v. tr.** (*io șvòglio*) ● (*lett.*) togliere la voglia | (*lett.*) far perdere il desiderio, la passione amorosa **B** **șvogliàrsi v. intr. pron.** ● perdere la voglia: *svogliarsi dello studio*

șvogliatàggine [1673] **s. f.** ● condizione di chi è abitualmente svogliato

șvogliatézza [1625] **s. f.** ● caratteristica di chi è svogliato | stato di indifferenza, di apatia: *s. dallo studio*; *essere preso dalla s.*; *lavorare con s.*

SFUMATURE ➤ *inerzia*

♦**șvogliàto** [da *voglia*, con *s-* ✱ 1344 ca.] **agg. e s. m.** (**f.** *-a*) ● che (o chi) non ha voglia di qlco. o di fare qlco. o ne ha perduta la voglia: *ragazzo, studente, lavoratore, s.*; *vederlo così, s. della vita* (L. PIRANDELLO) ‖ **șvogliatèllo**, **dim.** ‖ **șvogliataménte**, **avv.** in modo svogliato, senza voglia

șvogliatùra [1669] **s. f.** ● (*lett.*) svogliatezza, indolenza

șvolacchiàre [da *svolare*, con suff. iter. intens. ✱ 1550] **v. intr.** (*io șvolàcchio*; **aus.** *avere*) ● (*raro*) volare qua e là

șvolàre [lat. parl. **exvolāre*, variante del classico *evolāre* 'volare (*volāre*) via (*ĕx-*)'. V. *volare*① ✱ 1340 ca.] **v. intr.** (*io șvólo*; **aus.** *avere*) ● (*lett.*) volare via | svolazzare

șvolazzaménto [av. 1667] **s. m.** ● (*raro*) lo svolazzare (*anche fig.*)

♦**șvolazzàre** [da *svolare*, con suff. iter. intens. ✱ 1313] **A** **v. intr.** (**aus.** *avere*) **1** volare ora qua, ora là, senza direzione: *le rondini svolazzano al tramonto* **2** (*fig.*) vagare qua e là, spec. con la mente: *s. da un pensiero a un altro* **3** dibattere le ali **4** essere mosso, agitato, dal vento: *le tende della finestra aperta svolazzano* **B** **v. tr.** ● †battere, in riferimento alle ali **C** **anche in funzione di s. m. solo sing.**: *uno s. dolce di colombi* (G. DELEDDA)

șvolazzatóre [1872] **s. m.** (**f.** *-trice*) ● (*raro*) chi svolazza

șvolazzìo [1589] **s. m.** (**pl.** *-ii*) ● (*raro*) lo svolazzare continuo: *qualche s. di polli nella stia* (B. FENOGLIO)

♦**șvolàzzo** o †**volàzzo** [1513] **s. m. 1** (*raro*) svolazzamento **2** ciò che svolazza | lembo svolazzante di veste **3** nella scrittura, ornamento finale o iniziale di una lettera: *firma con svolazzi* **4** (**spec. al pl.**, *fig.*) ornamento eccessivo, superfluo: *un discorso pieno di svolazzi* **5** (**spec. al pl.**, *arald.*) pezzo di stoffa frastagliato, ricadente dall'elmo sullo scudo

†**șvolére** [da *volere*①, con *s-* ✱ av. 1276] **v. tr.** ● non volere più (*anche assol.*): *In una ora vogliono e svogliono una medesima cosa* (G. BOCCACCIO) **SIN.** disvolvere

♦**șvòlgere** o (*poet.*) **șvòlvere** [da *volgere*, con *s-* ✱ sec. XIII] **A** **v. tr.** (**coniug. come** *volgere*) **1** distendere, aprire, spiegare, ciò che è avvolto o involto: *s. un rotolo, un gomitolo, un involto, un pacco* | (*disus.*) ***s. un libro***, sfogliarlo **CONTR.** avvolgere **2** (*fig.*) sviluppare, trattare per esteso, spiegare in ogni parte: *s. un argomento, un soggetto, una tesi, un tema* **3** eseguire una serie di azioni per conseguire un determinato scopo: *s. un programma, un piano di lavoro*; *tutti si congratularono per l'opera da lui svolta* | esplicare: *s. un lavoro, un'attività* **4** (*lett.*) volgere in altra direzione | (*est.*) distogliere, dissuadere, rimuovere: *s. qlcu. da qlco.* **B** **șvòlgersi v. rifl.** ● (*lett.*) liberarsi, sciogliersi: *svolgersi da un impaccio* | sottrarsi **C** **șvòlgersi v. intr. pron. 1** distendersi, spiegarsi (*anche fig.*): *il filo si svolge dal rocchetto*; *una splendida vista si svolge sotto di noi* **2** accadere, avvenire, avere luogo, detto di fatto considerato nel complesso delle sue circostanze: *la battaglia si svolse secondo i piani*; *il traffico si svolge con regolarità*; *qui la vita si svolge tranquilla*; *come si sono svolti i fatti?* | essere ambientato: *la scena del dramma si svolge a Londra nel 1900*

SFUMATURE ➤ *sciogliere*

șvolgiménto [1550] **s. m. 1** lo svolgere, lo svolgersi (*spec. fig.*): *riferire lo s. dei fatti* **2** trattazione di un tema scolastico **3** (*mus.*) sviluppo

șvolgitóre [1669] **s. m.** (**f.** *-trice*); **anche agg.** ● (*raro*) chi (o che) svolge

șvolìo [1904] **s. m.** (**pl.** *-ii*) ● (*lett.*) volo rapido e breve: *uno s. di moscerini al sole* (G. PASCOLI)

șvólo [da *svolare*, sul modello di *volo* ✱ 1856] **s. m.** ● (*lett.*) volo rapido e breve: *svoli di rondini* (C.E. GADDA) | (*est.*) svolazzo | ***di s.***, di sfuggita

șvòlsi ➤ **svolgere**

♦**șvòlta** [da *svoltare*② ✱ 1550] **s. f. 1** atto dello svoltare: *fare una s.* **2** curva di strada | manovra compiuta per percorrerla: *fare una s.* **3** (*fig.*) mutamento importante: *questa scoperta segna una s. nella storia della scienza* | momento, punto, in cui occorre scegliere, decidere: *essere a una s. nella propria vita*

șvoltaménto [da *svoltare*① ✱ 1550] **s. m.** ● (*raro*) lo svoltare

șvoltàre① [da *voltare*, con *s-* intens. ✱ av. 1641] **v. tr.** (*io șvòlto*) ● (*raro*) svolgere ciò che era involto: *s. un pacco* **CONTR.** involtare

șvoltàre② [da *voltare*, con *s-* sottratt.-intens. ✱ av. 1503] **A** **v. intr.** (*io șvòlto*; **aus.** *avere*) **1** cambiare direzione, piegare verso una data parte (*anche fig.*): *s. a sinistra*; *svolta, poi va' dritto*; *il governo ha svoltato a destra* **2** (*fig., colloq.*) attuare una svolta, un mutamento radicale, gener. in meglio: *l'economia* *ha svoltato* **B** **v. tr.** ● voltare, girare | *s. l'angolo*, superarlo cambiando direzione; (*fig.*) attuare una svolta

ṣvoltàta [da *svoltare*① ✱av. 1787] **s. f.** ● lo svoltare | svolta, curva

†**ṣvoltatùra** [da *svoltare*② ✱1688] **s. f.** ● svolta

ṣvòlto① **part. pass.** di *svolgere*; **anche agg.** ● nei sign. del v.: *raccolta di temi svolti*

ṣvòlto② [forma m. di *svolta* ✱av. 1861] **s. m.** ● svolta, voltata

ṣvoltolaménto [1760] **s. m.** ● (*raro*) lo svoltolare, lo svoltolarsi

ṣvoltolàre [da *voltolare*, con *s-* ✱1540 ca.] **A** **v. tr.** (*io ṣvòltolo*) **1** svolgere ciò che era involto: *s. un pacco* **2** (*raro*) voltolare **B** **ṣvoltolàrsi** **v. rifl.** ● voltolarsi

ṣvoltolóne [da *svoltolare*. V. *voltoloni* ✱1862] **s. m.** ● (*raro*) ruzzolone, rotolone

ṣvòlvere ➤ **svolgere**

ṣvotàre e deriv. ➤ **svuotare** e deriv.

ṣvuotaménto o (*raro*) **ṣvotaménto** [av. 1797] **s. m.** ● lo svuotare | il fatto di svuotarsi, di venire svuotato: *lo s. di un bacino*

✚**ṣvuotàre** o **ṣvotàre** [da *v(u)otare*, con *s-* ✱av. 1536] **v. tr.** (*io ṣvuòto*; in tutta la coniug. si conserva di solito il dittongo *-uo-* anche se atono) **1** vuotare di tutto il contenuto: *s. il fiasco* CONTR. riempire **2** (*fig.*) privare di contenuto: *s. di significato una frase*; *s. di valore un accordo*

swahìli /swa'ili, *ingl.* swɑː'hiːlɪ, *swahili* swa'hili/ [dal n. di una popolazione (*kiswaheli*) Bantu ✱1884] **A** **s. m. inv.** Si usa con gli art. *lo, uno*; raro con *il, un* **1** lingua del gruppo Bantu, di larga diffusione nell'Africa centrale **2** popolazione del gruppo Bantu dell'Africa centrale **B** anche **agg. inv.**: *lingue s.*

swap /swɔp, *ingl.* swɒp/ [dal v. ingl. *to swap*, sin. di *to echange* 'cambiare' ✱1979] **s. m. inv.** Si usa con gli art. *lo, uno, gli*; raro con *il, un, i* **1** (*econ.*) contratto che prevede uno scambio di flussi finanziari fra le parti a tempi prestabiliti (per es. il *pronti contro termine*) **2** nella loc. sost. m. inv. ***s. party***, incontro festoso durante il quale si possono scambiare, sotto forma di baratto, capi e accessori di abbigliamento, oggetti di arredamento ecc.

ṣwattàre /zvat'tare/ [da *watt*, con *s-* ✱1960] **v. tr.** ● (*elettr.*) aumentare la potenza reattiva rispetto a quella attiva, in un circuito a corrente alternata

sweater /'swɛter, *ingl.* 'swɛtə(r)/ [vc. ingl., da *to sweat* 'sudare' ✱1924] **s. m. inv.** Si usa con gli art. *lo, uno, gli* ● ampio maglione sportivo di lana pesante

swing /*ingl.* swɪŋ/ [vc. ingl., da *to swing* 'brandire, vibrare ruotando (una lancia, un colpo)'. V. *sventola* ✱1922] **s. m. inv.** Si usa con gli art. *lo, uno, gli*; raro con *il, un, i* **1** (*mus.*) caratteristico modo di accentuazione anche sui tempi deboli, da cui deriva un costante impulso ritmico, proprio del jazz | stile di jazz degli anni 1930-40: *era dello s.* **2** (*sport*) nel pugilato, sventola | nel golf, movimento di torsione del busto per eseguire un colpo

swipe /*ingl.* swaɪp/ [vc. ingl., propr. 'colpo' ✱2010] **s. m. inv.** ● (*inform.*) trascinamento del dito su un touch screen per attivare una funzione

switch /*ingl.* swɪtʃ/ [vc. ingl., propr. 'commutatore', forse di orig. medio-ted. ✱1980] **s. m. inv.** (pl. ingl. *switches*) Si usa con gli art. *lo, uno, gli*; raro con *il, un, i* **1** (*tecnol.*) interruttore, commutatore **2** (*banca*) passaggio da un fondo di investimento a un altro all'interno della stessa famiglia di fondi **3** (*inform.*) in un programma, istruzione che stabilisce, a seconda del verificarsi di certe condizioni, quale istruzione successiva debba essere eseguita

switchàre /swit'tʃare/ [adattamento del v. ingl. *to switch* (V. *switch*) con il suff. it. *-are*① ✱1998] **v. tr. e intr.** (*io swìtcho*; aus. *avere*) ● nel gergo informatico, in quello finanziario e sim., cambiare, mutare, scambiare: *s. dal satellite al digitale*; *s. da un fondo di investimento a un altro*

Sylvàner o **Silvàner** /sil'vaner, *ted.* zɪl'vaːnʌ/ [n. ted., prob. dal lat. *Sylvānu(m), Silvānu(m)* 'dio dei boschi' con la terminazione *-er* ✱1931] **s. m. inv.** ● vitigno originario della Germania (regione del Reno), da cui si ottiene un vino bianco secco | vino bianco di color giallo chiaro tendente al verdognolo, profumo fresco e fruttato, sapore vivace, prodotto in Alto Adige dal vitigno omonimo

sympòsium /*lat.* sim'pɔzjum/ [1942] **s. m. inv.** (pl. lat. *symposia*) ● convegno organizzato per consentire a più persone, spec. studiosi, ricercatori e sim., di discutere questioni e argomenti di comune interesse SIN. simposio

t, T

Il suono rappresentato in italiano dalla lettera *T* è quello della consonante occlusiva dentale non-sonora /t/. Questa consonante può essere, secondo i casi, semplice (es. *réte* /'rete/, *votiàmo* /vo'tjamo/, *Atrìde* /a'tride/, *astrùṣo* /as'truzo/, *tuòna* /'twɔna/, *non tuòna* /non'twɔna/) oppure geminata (es. *lètto* /'lɛtto/, *aspettiàmo* /aspet'tjamo/, *attrézzo* /at'tretstso/, *se tuòna* /set'twɔna/).

t (*maiusc.*) **T** [sec. XIV] **s. f. o m. inv.** ● ventesima lettera dell'alfabeto italiano (nome per esteso *ti*): *t minuscola, T maiuscolo* | nella compitazione spec. telefonica it. *t come Taranto*; in quella internazionale *t come tango* | ***a T***, detto di due linee, oggetti o elementi, uno dei quali sia perpendicolare all'altro: *incrocio a T, tubo a T, raccordo idraulico a T; trave a T; profilato a T*

†**ta'** **agg. dimostr. m. e f. pl.** ● (*tosc.*) forma tronca di *tali* (V. *tale*)

tabaccàio [1698] **s. m.** (**f.** *-aia*, **pl. m.** *-ai*) ● gestore di una rivendita di sali e tabacchi

tabaccàre [1481] **v. intr.** (*io tabàcco, tu tabàcchi*; aus. *avere*) ● (*raro*) fiutare tabacco

tabaccàto [1779] **agg.** ● di colore che si accosta al tabacco

tabaccherìa [av. 1795] **s. f.** ● rivendita di tabacchi

tabacchicoltóre o **tabacchicultóre** [comp. di *tabacco* e *-coltore* ✱1960] **s. m.** (**f.** *-trice*) ● coltivatore di tabacco

tabacchicoltùra o **tabacchicultùra** [comp. di *tabacco* e *coltura* ✱1907] **s. f.** ● coltivazione del tabacco

tabacchicultóre ➤ **tabacchicoltore**

tabacchicultùra ➤ **tabacchicoltura**

tabacchièra [av. 1712] **s. f.** ● scatoletta in cui si tiene il tabacco da naso: *una t. di madreperla* | ***t. per sigarette***, astuccio a forma di tabacchiera ‖ **tabacchierìna dim.**

tabacchificio [comp. di *tabacco* e *-ficio* ✱1960] **s. m.** ● stabilimento dove viene lavorato il tabacco in foglie

tabacchìno [1805] **s. m.** (**f.** *-a*) **1** operaio addetto alla lavorazione delle foglie di tabacco **2** (*sett., merid.*) tabaccaio

♦**tabàcco** [sp. *tabaco*, di etim. discussa: dal n. di diverse piante medicinali europee, dall'arabo *ṭabbāq*, passato poi alle foglie da fumare trovate nella Nuova America (?) ✱av. 1557] **A** **s. m.** (**pl.** *-chi*) **1** solanacea annua con fusto vischioso, grandi foglie ovate, fiori rossi in corimbo (*Nicotiana tabacum*) **2** prodotto da fumo, da fiuto o da masticazione, ottenuto trinciando o polverizzando le foglie essiccate e conciate della pianta omonima: *t. da pipa, trinciato, da fiuto* o *da naso*; *t. dolce, forte*; *t. biondo, scuro*; *una presa, un pizzico di t.*; *tabacchi nazionali, esteri*; *rivendita di tabacchi* **B** in funzione di **agg. inv.** ● (posposto a un sost.) detto di una particolare gradazione del marrone simile al colore delle foglie essiccate della pianta omonima: *color t.*

tabaccóne [1816] **s. m.** (**f.** *-a*); anche **agg.** ● chi (o che) annusa molto tabacco

tabaccóso (o *-ṣ-*) [1830] **agg.** ● sporco di tabacco o che ne conserva l'odore: *fazzoletto t.*

tabacòṣi [comp. di *tabac(co)* e *-osi* ✱1940] **s. f. inv.** ● pneumoconiosi da inalazione di polvere di tabacco

tabàgico [fr. *tabagique*, da *tabagie* (V. *tabagismo*) ✱1960] **agg.** (**pl. m.** *-ci*) ● relativo a tabacco | causato dal tabacco

tabagìṣmo [fr. *tabagisme*, da *tabagie*, da una parola algonchina col sign. originario di 'festino' con sovrapposizione di *tabac* 'tabacco' ✱1899] **s. m.** ● (*med.*) intossicazione cronica da uso eccessivo di tabacco da fumo

tabagìsta [da *tabagismo* ✱1983] **s. m. e f.** (**pl. m.** *-i*) ● chi è affetto da tabagismo | (*est.*) chi fuma tabacco

†**tabàllo** [sp. *(a)tabal*, dal n. dello strumento nell'arabo di Spagna (*ṭabl*) ✱1569] **s. m.** ● timballo

Tabànidi [vc. dotta, comp. di †*tabano* e *-idi* ✱1831] **s. m. pl.** (**sing.** *-e*) ● (*zool.*) famiglia di Ditteri dal corpo robusto e massiccio, pelosi, i cui maschi si nutrono di polline mentre le femmine sono ematofaghe e pungono i Mammiferi (*Tabanidae*)

†**tabàno** [vc. dotta, lat. *tabānu(m)*: di orig. non indeur. (?) ✱av. 1565] **agg.** ● solo nella loc. ***lingua tabana***, persona maldicente, maligna

tabarchìno o **tabarkìno** [dal n. dell'isola tunisina di *Tabarca*, in cui una colonia di liguri esercitò la pesca del corallo dal 1542 al 1735; in seguito gli abitanti, dopo un periodo di schiavitù sotto il Bey di Tunisi, trovarono rifugio a Carloforte in Sardegna ✱1937] **A** **agg.** ● dell'isola tunisina di Tabarca **B** **s. m.** (**f.** *-a*) ● abitante o nativo dell'isola tunisina di Tabarca **C** **s. m. solo sing.** ● (*ling.*) dialetto di origine ligure parlato nelle isole sarde di San Pietro e Sant'Antioco

tabarin /fr. taba'rɛ̃/ [vc. fr., sottinteso *bal* 'il ballo di *Tabarin*', n. di una maschera buffa del teatro fr. ✱1920] **s. m. inv.** ● nel Novecento, locale notturno da ballo, anche con numeri di varietà

tabàrro [etim. incerta ✱1293] **s. m.** **1** ampio mantello che gli uomini indossavano sull'abito o sul cappotto **2** pastrano (*spec. scherz.*) ‖ †**tabarrétto dim.** | **tabarrìno dim.** | **tabarróne accr.**

tabàsco [dal n. dell'omonimo Stato sudorientale del Messico; marchio registrato ✱1902] **s. m. inv.** (**pl.** *-schi* **o inv.**) **1** peperoncino con foglie lanceolate, fiori viola all'ascella delle foglie e piccoli frutti a bacca allungata, piccanti, usati nella salsa omonima (*Capsicum frutescens*) **2** ***Tabasco***®, salsa a base di peperoncino rosso e aceto

tàbe [vc. dotta, lat. *tābe(m)* 'disfacimento', da *tābere* 'fondersi, liquefarsi', di orig. indeur. ✱av. 1494] **s. f.** **1** (*med.*) consunzione generata da malattie croniche | ***t. dorsale***, infezione luetica tardiva del midollo spinale con alterazioni della sensibilità e atassia | ***t. meseraica***, infezione tubercolare delle linfoghiandole mesenteriche **2** (*raro, lett.*) pus, marcia | (*est., lett.*) degenerazione

†**tabefàtto** [vc. dotta, lat. tardo *tabefāctu(m)*, part. pass. di *tabefăcere*, comp. di *tābes* 'tabe' e *făcere* 'fare' ✱1340] **agg.** **1** fradicio, marcio, guasto **2** (*lett.*) insudiciato: *t. il viso / di polvere, di sangue e di sudore* (G. BOCCACCIO)

♦**tabèlla** [vc. dotta, lat. *tabĕlla(m)*, dim. di *tăbula(m)* 'tavola' ✱av. 1449] **s. f.** **1** prospetto, specchietto con indicazioni, iscrizioni, disegni vari: *la t. dei prezzi*; *nell'atrio c'è la t. con la dislocazione dei vari uffici* | ***t. a doppia entrata***, tabella con linee orizzontali e colonne verticali in cui ciascun dato dipende dalle intestazioni della colonna e della linea: *la tavola pitagorica è una t. a doppia entrata* | quadro con dati di vario genere: *la t. dei quadrati, dei cubi* | ***t. internazionale***, nelle gare in più prove (come per es. il decathlon), quadro espositivo dei punteggi assegnati proporzionalmente alle misure e ai tempi ottenuti nelle singole specialità dell'atletica leggera | ***t. di marcia***, prospetto dei tempi approssimativi in cui i corridori, spec. ciclisti, dovrebbero transitare in alcuni punti del percorso; (*fig.*) prospetto che fissa le scadenze delle varie fasi di un lavoro **2** lastra, insegna, targa contenente un'indicazione: *t. votiva* **3** (*tosc.*) strumento di legno che si suona, in sostituzione delle campane, durante la Settimana santa | ***suonare le tabelle dietro qlcu.***, (*fig.*) sbeffeggiarlo, dirne male **SIN.** battola, raganella **4** nell'antichità romana, tavoletta cerata in uso come supporto scrittorio ‖ **tabellìna dim.** (V.) | **tabellìno dim. m.** (V.) | **tabellóne accr. m.** (V.)

SFUMATURE DI SIGNIFICATO

tabella - prospetto - schema - specchietto

La **tabella** è un quadro con all'interno delle suddivisioni che contengono dati relativi a un determinato argomento. Se i dati contenuti nella *tabella* costituiscono la rappresentazione riassuntiva dell'andamento di un processo o dello svolgimento di un fenomeno, è più pertinente l'uso di **prospetto**. **Schema** definisce invece propriamente la rappresentazione simbolica essenziale di una procedura o di uno svolgimento. Lo **specchietto** è una nota riassuntiva, generalmente in formato di *tabella*, dunque ha una certa affinità con *prospetto*, ma si riferisce solitamente alla rappresentazione di cose di modesto interesse o entità.

tabellàre [da *tabella* ✱1945] **agg.** **1** di tavoletta **2** fatto a tabella **3** relativo a una tabella

tabellàrio[1] [vc. dotta, lat. *tabellāriu(m)*, da *tabĕllae* (pl. di *tabĕlla*) 'tavolette scritte, lettere' ✱av. 1589] **s. m.** ● nel mondo romano classico, portalettere, corriere

tabellàrio② [da *tabella* ✱ 1961] **s. m.** • grande tabella; tabella contenente numerose colonne, caselle, indicazioni ecc.

tabellàto [da *tabella* ✱ 1860] **agg.** • che è elencato, contenuto in una tabella

tabellazióne [da *tabella* ✱ 1983] **s. f.** • prospetto, elenco

tabellìna [1960] **s. f. 1** dim. di *tabella* **2** nel linguaggio scolastico, ogni riga della tavola pitagorica: *studiare la t. del nove*; *imparare le tabelline*

tabellìno [1984] **s. m. 1** dim. di *tabella* **2** nel linguaggio del giornalismo sportivo, prospetto contenente i dati essenziali (formazioni, sostituzioni, ammonizioni, gol, voti ai singoli giocatori ecc.) di un incontro sportivo a squadre: *il t. del derby*; *il t. dei marcatori*

tabellionàto [da *tabellione* ✱ 1840] **s. m.** • nel Medioevo, la professione del notaio | ***segno del t.***, nel Medioevo, sigla personale apposta dal notaio sugli atti a garanzia della loro autenticità

tabellióne [vc. dotta, lat. tardo *tabelliōne(m)*, dalle *tabĕllae* 'tavolette', su cui trascriveva gli atti ✱ sec. XIII] **s. m. 1** nell'antica Roma, scrivano **2** nell'esarcato ravennate, notaio

tabellóne [1920] **s. m. 1** accr. di *tabella* **2** cartellone, prospetto contenente votazioni, orari di mezzi di trasporto pubblici, di treni, ecc. | cartellone murale con informazioni varie **3** tavola applicata a una parete, e provvista di sostegni, per l'affissione di avvisi, manifesti, giornali e sim. **4** nella pallacanestro, quadro di materiale vario al quale è fissato il canestro | nel tennis, prospetto dei turni di gioco di un torneo e dei relativi punteggi di atleti o squadre

tabernàcolo o †**tabernàculo** [vc. dotta, lat. *tabernăculu(m)*, propr. 'tenda' (dim. di *tabĕrna* 'abitazione') ma nell'augurale lat. 'tenda nella quale prendere gli auspici' (donde il sign. assunto nel lat. eccl.) ✱ 1268] **s. m. 1** edicola, cappella, nella quale si conservano immagini di santi | ciborio, costruzione nella quale si conservano le ostie consacrate **2** presso gli antichi Ebrei, tenda posta nel deserto nella quale si conservavano le Tavole della Legge | arca portatile nella quale si conservavano le Tavole, la manna e la verga di Aronne **3** nella sistemazione castrense degli antichi Romani, ampia tenda destinata al comandante dell'esercito **4** †tenda, padiglione || (*lett.*) **tabernacolétto**, **dim.** | **tabernacolìno**, **dim.**

tabernària [vc. dotta, lat. *tabernāria(m)*, sottinteso *fābula(m)*, col senso di 'basso, comune', che aveva assunto questo deriv. da *tabĕrna* 'taverna' ✱ 1585] **s. f.** • tipo di commedia popolare della letteratura latina

†**tabernàrio** [vc. dotta, lat. *tabernāriu(m)*, da *tabĕrna* 'taverna' ✱ sec. XIV] **s. m.** • taverniere

†**tabèscere** [vc. dotta, lat. *tabēscere*, che designa l'azione iniziale di *tabēre* (V. *tabe*) ✱ 1476] **v. intr.** • andare in consunzione

tabètico [da *tabe*, col falso suff. di *(diab)etico* ed altre simili vc. ✱ 1887] **A agg.** (**pl. m.** *-ci*) • (*med.*) concernente la tabe **B agg. e s. m.** (**f.** *-a*) • (*med.*) che (o chi) è affetto da tabe

tabì [arabo *'attābī*, dal n. del quartiere di Bagdad (*al-'Attābiyya*), dal n. di persona *'Attāb*, dove si lavorava ✱ av. 1499] **s. m. inv.** • tessuto pesante di seta, simile al taffetà, lavorato in modo da ottenere effetti di marezzatura

tàbico [av. 1769] **agg.** (**pl. m.** *-ci*) • di tabe

†**tàbido** [vc. dotta, lat. *tābidu(m)*, da *tābes* 'tabe' ✱ av. 1694] **agg.** • affetto da tabe

†**tabìfico** [vc. dotta, lat. *tabĭficu(m)*, comp. di *tābes* 'tabe' e *-fico* ✱ sec. XIV] **agg. 1** di tabe, relativo alla tabe **2** che produce consunzione | (*est.*) pestilenziale

tabla /*hindi* 'tʌb-lʌ/ [arabo *ṭabla* (cfr. *taballo*) ✱ 1954] **s. f. pl.** • (*mus.*) strumento a percussione tipico della musica indiana, solitamente costituito da due piccoli tamburi di diverse dimensioni che si battono con le mani

tableau /*fr.* ta'blo/ [vc. fr., dim. di *table* 'tavola' ✱ av. 1803] **s. m. inv.** (**pl. fr.** *tableaux*) **1** tappeto della roulette **2** quadro, tabella contenente dati statistici o informazioni varie sull'andamento della produzione economica, dell'attività aziendale e sim. **3** ***t. vivant***, coreografia con più personaggi in posa a formare un quadro vivente: *un t. vivant ispirato a un quadro di Guido Reni*

table d'hôte /*fr.* tablə'doːt/ [loc. fr., propr. 'tavola (*table*) di ospite (*hôte*)' ✱ 1905] **loc. sost. f. inv.** (**pl. fr.** *tables d'hôte*) • pranzo a menu fisso servito in un albergo a una tavola comune

♦**tàblet** /'tablet, *ingl.* 'tæblɪt/ [vc. ingl., accorc. di *tablet pc*, propr. 'pc sottile come una tavoletta (*tablet*)' ✱ 2000] **s. m. inv.** • (*inform.*) computer portatile dotato di schermo su cui è possibile scrivere o impartire comandi con un apposito stilo o col tocco delle dita

tablìno [vc. dotta, lat. *tablīnu(m)*, per *tab(u)līnu(m)*, da *tăbula* 'tavola', attraverso un passaggio semantico non chiaro ✱ 1521] **s. m.** • parte della casa romana antica, adibita a sala da pranzo, che veniva dopo l'atrio e metteva nel corridoio che portava alle stanze interne per la famiglia

tablòid /ta'blɔid, *ingl.* 'tæblɔɪd/ [ingl. *tabloid*, comp. di *table* 'tavol(ett)a' e del suff. di orig. gr. (da *êidos* 'forma') *-oid* ✱ 1950] **A s. m. inv.** • giornale di formato corrispondente a circa la metà dei quotidiani normali, ma con un numero di pagine superiore, che pubblica un notiziario condensato e molto materiale fotografico **B** anche **agg. inv.**: *un settimanale formato t.*

tablòide [V. *tabloid* ✱ 1905] **s. m.** • compressa, tavoletta di preparato farmaceutico

tabòga ➤ **toboga**

taboulé /*fr.* tabu'le/ [vc. araba, *tabbouleh*, da *tābal* 'coriandolo', 'condimento' ✱ 1994] **s. m. inv.** • (*cucina*) piatto a base di bulgur, pomodori, prezzemolo, cipolle, succo di limone e foglie di menta, tipico della cucina libanese **CFR.** tabulé

tabouret /*fr.* tabu'ʀɛ/ [vc. fr., da *tabour*, forma ant. di *tambour* 'tamburo' con il suff. dim. *-et* ✱ 1802] **s. m. inv.** • sgabello con piano imbottito e ricoperto di stoffe pregiate, usato come sedile o poggiapiedi, diffuso spec. in Francia dal sec. XVII

tabù o **tàbu** [fr. *tabou*, dall'ingl. *taboo*, da una vc. di orig. polinesiana (*tapu*) col senso di 'sacro, proibito', propr. 'segnato (*ta*) straordinariamente (*pu*)' ✱ 1895] **A s. m. inv. 1** presso i Polinesiani, ciò che viene considerato sacro o proibito per motivi di carattere sacro | presso tutte le religioni primitive e, talvolta, in quelle superiori, ciò che è sacro, proibito | (*est.*) situazione, oggetto, tempo, luogo, persona carichi di presenza religiosa o di cautela cerimoniale **2** (*est.*) proibizione ingiustificata | ***t. linguistico***, interdizione dell'uso di una parola dovuta a superstizioni, credenze religiose o motivi morali, spesso con sostituzione mediante sinonimi, perifrasi o eufemismi: *t. morale*; *t. sessuale*; *t. da paura* | (*scherz.*) cosa non nominabile, argomento, tesi che non si possono criticare o persona che non si deve o non si può avvicinare **B agg. inv.** (**posposto a un sost.**) **1** sacro o sottoposto a divieto sacrale **2** (*est.*, *anche scherz.*) che non si può nominare o non è possibile criticare: *argomento t.* | di chi non si lascia avvicinare: *un superiore t.*

SFUMATURE ➤ ***proibizione***

tabuàto [fr. *taboué*, part. pass. di *tabouer* 'tabuizzare' ✱ 1960] **agg.** • (*ling.*) detto di parola che non viene usata perché ricadente in un tabù linguistico

tabuìstico [1992] **agg.** (**pl. m.** *-ci*) • di tabù, relativo a tabù: *proibizione tabuistica*

tabuizzàre [fr. *tabouiser*, da *tabou* 'tabù' ✱ 1970] **v. tr. 1** rendere o dichiarare religiosamente interdetti una situazione, un oggetto, un tempo, un luogo, una persona **2** (*est.*, *raro*) proibire, vietare (*anche scherz.*) || **tabuizzazióne**, **s. f.**

tàbula gratulatòria [loc. lat., propr. 'tavola, tabella di felicitazione'] **loc. sost. f. inv.** (**pl. lat.** *raro tabulae gratulatoriae*) • elenco, posto all'inizio di una pubblicazione in onore di qlcu., con i nomi di persone, enti, istituzioni che partecipano alle onoranze

♦**tàbula ràsa** (o -ṣ-) [loc. lat., propr. 'tavola (*tăbula*, di etim. incerta) raschiata (dal part. pass. di *rādere*, che significava 'cancellare', raschiando la cera incisa con scrittura)' ✱ av. 1327] **loc. sost. f. inv.** (**pl. lat.** *tabulae rasae*) • in Aristotele e poi in altri filosofi, supposta condizione della mente umana anteriore all'acquisizione dei dati del mondo esterno, affine, per analogia, a un foglio bianco sul quale l'esperienza traccerà i suoi segni | ***fare tabula rasa***, (*fig.*) eliminare completamente, togliere tutto, cacciare tutti

tabulàre① [vc. dotta, lat. *tabulāre(m)* 'relativo ad una tavola (*tăbula*)' ✱ 1865] **agg. 1** che ha la forma appiattita propria di una tavola | ***cristallo t.***, di forma appiattita **2** (*mat.*) proprio dei dati di una tavola | ***differenza t.***, differenza fra due dati consecutivi

tabulàre② [da *tăbula*, per *tavola*, pretto latinismo ✱ 1960] **v. tr.** (*io tàbulo*) • (*mat.*) mettere in tabella: *t. le variabili di un'equazione*

tabulàrio [vc. dotta, lat. *tabulāriu(m)*, da *tăbulae* 'tavole (sulle quali erano scritte le leggi, i decreti, le liste degli elettori ed altri atti pubblici)' ✱ av. 1580] **s. m.** • nell'antica Roma, archivio

tabulàto A part. pass. di *tabulare*②; anche **agg.** • nel sign. del v. **B s. m.** • prospetto stampato dalla stampante di un elaboratore elettronico

tabulatóre [dal lat. *tăbula(m)* 'tavola' nel senso di 'registro di conti' ✱ 1907] **s. m.** • dispositivo e tasto delle macchine per scrivere impiegato per incolonnare i dati | (*inform.*) nelle tastiere dei computer, tasto per spostare il cursore in posizioni predefinite all'interno di documenti spec. allo scopo di incolonnare dati

tabulazióne [ingl. *tabulation*, da *to tabulate* 'tabulare②' ✱ 1963] **s. f.** • esposizione sotto forma di tabella dei dati ottenuti con un'inchiesta o un'indagine

tabulé [1992] **s. m. inv.** • adattamento di *taboulé* (V.)

tabùto [vc. sicil., dall'arabo *tābūt* 'bara, sarcofago' ✱ av. 1290] **s. m.** • (*sicil.*) bara, cassa da morto

tac① o **tàcche**, **tàcchete** [vc. onomat. ✱ av. 1449] **inter. 1** riproduce il rumore leggero, secco e repentino di uno scatto di molla o di un colpo improvviso | V. anche *tic tac* **2** (*fig.*) si usa per sottolineare il verificarsi improvviso e inaspettato di qlco.: *speravo di non essere interrogato e tac! ha chiamato proprio me*

TAC② o **Tac** [sigla di *T(omografia) A(ssiale) C(omputerizzata)* ✱ 1981] **s. f. o** (*raro*) **m. inv.** • (*med.*) apparecchiatura per eseguire la tomografia assiale computerizzata | la tecnica diagnostica che usa tale apparecchiatura | il risultato dell'esame

tacamàca ➤ **taccamacca**

Tàcan [sigla dell'ingl. *Tac(tical) A(ir) N(aviga-*

tion) 'sistema tattico di aeronavigazione' ∗1983] **s. m. inv.** ● apparecchiatura di radioassistenza alla navigazione aerea

tàcca [got. *taikn* 'segno', dalla radice germ. **ta-ikna-n*, di orig. indeur. ∗av. 1292] **A s. f. 1** incisione a cuneo ottenuta con due tagli vicini e convergenti: *un banco di scuola rovinato dalle tacche* | ***le tacche della stadera***, incise sul braccio a distanze uguali, per indicare i vari pesi | segno che in uno strumento di misura indica la graduazione: *le tacche di un metro* | (*fam.*) segno che vale come unità di misura per indicare la potenza di campo di un telefono cellulare: *ho solo una t.* | (*stor.*) ***t. di contrassegno***, nel diritto consuetudinario del passato, intaglio fatto su bastoncini in possesso delle due parti contraenti un contratto di fornitura, quale mezzo di prova del rapporto giuridico esistente tra le stesse | ***t. di mira***, intaglio nel ritto dell'alzo delle armi da fuoco portatili, attraverso il quale passa la visuale mirino-bersaglio, per il puntamento dell'arma **2** intaccatura sul filo di una lama: *rasoio pieno di tacche* **3** cartellino che i mercanti fiorentini dovevano apporre alle pezze di panno importate, col prezzo d'origine e le spese sostenute per il trasporto | (*fig.*) statura, levatura: *della stessa t.* | ***di mezza t.***, V. *mezzatacca* **4** macchia naturale sul manto di animali, su marmo o pietra: *pelame a tacche bianche e nere* **5** (*fig.*, *raro*) magagna, difetto **SIN.** neo **6** nell'alpinismo, cavità nella roccia o nel ghiaccio dove si può appoggiare la mano o il piede ‖ **tacchétta**, **tacchettina**, **dim.** | (*lett.*) **taccherèlla**, **dim.** **B** in funzione di **avv.** ● (*iter.*, *tosc.*) a stento, così così: *se la cavano tacca tacca* | un passo dietro l'altro: *lo segue tacca tacca*

♣**taccagnerìa** [1514 ca.] **s. f.** ● condizione di chi è taccagno **SIN.** avarizia, grettezza, spilorceria, tirchieria

♣**taccàgno** [sp. *tacaño*, di etim. incerta ∗1503 ca.] **agg. e s. m.** (**f.** *-a*) ● che (o chi) è molto restio a spendere **SIN.** avaro, gretto ‖ **taccagnaménte**, **avv.**

taccamàcca o **tacamàca** [sp. *tacamaca*: dall'azteco *tecomahiyac* (?) ∗1576] **s. f.** ● oleoresina contenuta in piante di origine diversa

†**taccaménto** [1337] **s. m.** ● il contrassegnare con tacche

taccàre [da *tacca* ∗1337] **v. tr.** (*io tàcco, tu tàcchi*) **1** (*raro*) segnare con tacche **2** †contrassegnare con tacche le pezze di panno importate dall'estero

taccàta [1805] **s. f.** ● (*mar.*) sostegno della chiglia della nave in costruzione, o quando è immessa in bacino

taccàto **part. pass.** di *taccare*; anche **agg.** **1** (*raro*) contrassegnato con tacche **2** †maculato

tàcche ➤ **tac**①

taccheggiàre [da *tacca*, nel senso gerg. di 'truffa', originariamente 'debito (segnato per mezzo di tacche)' ∗1942] **A v. tr.** (**pres.** *io tacchéggio*; **fut.** *io taccheggerò*) ● rubare col taccheggio **B v. intr.** (**aus.** *avere*) ● rendersi colpevole di taccheggio

taccheggiatóre [1938] **s. m.** (**f.** *-trice*); anche **agg.** ● chi (o che) ruba con taccheggio **SFUMATURE** ➤ *ladro*

♣**tacchéggio** [da *taccheggiare* ∗1931] **s. m.** ● furto aggravato di merci esposte al pubblico per la vendita

tàcchete ➤ **tac**①

tacchettàre [denominale iter. di *tacco* ∗1870] **v. intr.** (*io tacchétto*; **aus.** *avere*) ● far rumore coi tacchi camminando

tacchettìo [da *tacchettare*, col suff. *-io*① ∗1942] **s. m.** (**pl.** *-ii*) ● rumore dei tacchi di chi cammina velocemente

tacchétto [1922] **s. m.** **1** dim. di *tacco* **2** tacco piccolo, esile e alto, spec. di calzature da donna **3** ciascuno dei dischetti di cuoio o altro materiale applicati sotto la suola delle scarpe dei giocatori per far presa sul terreno **SIN.** bollino **4** organo che fa da intermediario e che trasmette alla navetta l'impulso necessario per attraversare il passo dell'ordito nel telaio per tessitura ‖ **tacchettìno**, **dim.**

†**tàcchia** [da *tacca* ∗av. 1597] **s. f.** ● (*raro*) truciolo

tacchinàre [da *tacchino*, noto per il suo vistoso corteggiamento ∗1987] **v. tr.** (*io tacchìno*) ● nel linguaggio giovanile, fare la corte con insistenza **SIN.** (*sett.*) baccagliare

♦**tacchìno** [dim. di *tac(co)*, di orig. onomat. (dal grido dell'animale) ∗av. 1676] **s. m.** (**f.** *-a*) ● grosso galliforme di origine americana con capo e collo nudi e verrucosi, piumaggio a tinte metalliche, coda erigibile a ruota nei maschi, allevato per le sue carni (*Meleagris gallopavo*) **CFR.** gloglottare | ***diventare rosso come un t.***, arrossire moltissimo | (*fig.*) ***fare la ruota come un t.***, farsi bello, pavoneggiarsi ‖ **tacchinèlla**, **dim. f.** | **tacchinétta**, **dim. f.** | **tacchinóne**, **accr.** | **tacchinòtto**, **alter.**

tàccia [fr. *tache* 'macchia', dal got. *taikns* 'segnare' ∗av. 1292] **s. f.** (**pl.** *-ce*) ● accusa, imputazione dovuta alla pubblica opinione | cattiva fama: *essersi creato la t. di imbroglione* | †***di mala t.***, di mala fama

tacciàbile [1659] **agg.** ● che può essere tacciato: *siete tacciabili di malafede*

tacciàre [da *taccia* ∗av. 1311] **v. tr.** (**pres.** *io tàccio*; **fut.** *io taccerò*) ● incolpare, imputare: *t. qlcu. di negligenza* **SIN.** accusare

†**tàccio**① [ant. fr. *tasche* 'cottimo', dal lat. *taxāre* 'tassare' ∗av. 1406] **s. m.** **1** transazione **2** cottimo

tàccio② ➤ **tacere**①

♦**tàcco** [etim. discussa: da *tacca* (?) ∗1585] **s. m.** (**pl.** *-chi*) **1** rialzo di cuoio, legno o altro materiale, posto nelle calzature sotto il tallone: *tacchi alti, bassi* | ***tacco a spillo***, altissimo, esile e generalmente con anima interna di metallo, usato nelle calzature da donna | ***battere, alzare i tacchi***, (*fig.*) andarsene, scappare | ***stare al t. di qlcu.***, (*fig.*) seguirlo, pedinarlo | ***colpo di t.***, nel calcio, finezza stilistica con cui si colpisce la palla con il tallone **2** cuneo, pezzo di legno per tenere sollevato o fermo qlco. | cuneo che si inserisce sotto la ruota di un aereo per bloccarlo dopo lo spegnimento del motore **3** corto cilindro di legno che nelle antiche artiglierie serviva per serrare la carica contro il fondo della bocca da fuoco, mentre anteriormente era incavato a emisfero per dare appoggio alla palla **4** nella tecnica tipografica, striscia cartacea per il taccheggio ‖ **tacchétto**, **dim.** (V.) | **taccóne**, **accr.**

tàccola① [longob. **tahala*, da una base germ. **dhakw-*, di orig. onomat. ∗av. 1406] **s. f.** **1** uccello passeriforme nero con la parte superiore del collo color cenere, gregario, comune in Italia (*Corvus monedula*) **CFR.** crocidare, gracchiare **2** (*fig.*) †bazzecola **3** (*fig.*) †tresca **4** (*fig.*) †gioco

tàccola② [vc. lombarda, di etim. incerta ∗1905] **s. f.** ● (*sett.*) pisello con semi piccoli e teneri di cui si mangia anche il baccello

†**tàccola**③ [propr. dim. di *tacca* ∗av. 1424] **s. f.** ● difetto, magagna

taccolàre [da *taccola*①, in senso figurato ∗1605] **v. intr.** (*io tàccolo*; **aus.** *avere*) ● (*raro*) chiacchierare, ciarlare

†**taccolerìa** [da *taccolare* 'ciarlare' ∗av. 1587] **s. f.** ● ciarla, chiacchiera

†**taccolévole** [da *taccolare* 'chiacchierare' ∗av. 1704] **agg.** ● ciarliero

tàccolo① [da *taccola*①, attraverso il sign. di 'ciancia' ∗1614] **s. m.** **1** (*raro*) bazzecola **2** †scherzo, gioco **3** †ciarla **4** †cavillo

tàccolo② [dim. di *tacca* ∗av. 1782] **s. m.** ● (*raro*, *tosc.*) piccolo debito

tacconàre [da *taccone* ∗1539] **v. tr.** (*io taccóno*) **1** impuntire le doppie suole con spago incerato **2** (*sett.*) applicare tacconi, toppe, a scarpe o vestiti logori **SIN.** rattoppare

taccóne [da *tacca* ∗sec. XV] **s. m.** **1** (*sett.*) pezza, toppa che si applica a scarpe o vestiti | (*fig.*) zeppa, rimedio applicato maldestramente **2** bulletta per chiodare i tacchi degli scarponi **3** †tacco di scarpa | ***battere il t.***, (*fig.*) andarsene in tutta fretta

♦**taccuìno** [arabo *taqwīm* 'sistemazione' ∗av. 1348] **s. m.** **1** quadernetto per appunti, spec. tascabile **2** †lunario, almanacco

tacènte **part. pres.** di *tacere*; anche **agg.** **1** nei sign. del v. **2** †muto, silenzioso

♦**tacére**① [lat. *tacēre*, di ristretta area indeur. e di etim. incerta ∗av. 1250] **A v. intr.** (**pres.** *io tàccio, tu tàci, egli tàce, noi tacciàmo, voi tacéte, essi tàcciono*; **pass. rem.** *io tàcqui, †tacètti, tu tacésti*; **congtv. pres.** *io tàccia, ..., noi tacciàmo, voi tacciàte, essi tàcciano*; **part. pass.** *taciùto*; **aus.** *avere*) **1** non parlare, non dire nulla: *questo è il momento di t.*; *taceva ostinatamente e non andò molto che spalancò la bocca e scoppiò in lagrime* (A. Fogazzaro) | trattenersi o astenersi dal dire qlco. su un certo argomento (+ *su*, + *di*): *su quel fatto è meglio t.*; *t. di un'onta, di un'offesa*; *anche se conosci la verità, ti consiglio di t.*; *Taccia di Cadmo e d'Aretusa Ovidio* (Dante *Inf.* XXV, 97); *Ma tacerò di questo pianto* (V. Alfieri) | ***mettere qlco. a t.***, evitare che si parli di qlco. | non dare notizie di sé, non rispondere: *gli ho scritto, ma ha sempre taciuto* | ***perdere una bella occasione per t.***, parlare a sproposito | **PROV.** ***chi tace acconsente*** | (*est.*) non manifestare, detto spec. di sentimenti o stati d'animo: *è uno che sa t.* | essere acquiescente, subire senza opporsi: *abbiamo taciuto anche troppo: è ora di ribellarsi* **2** fare silenzio, cessare di parlare, di gridare o fare rumore: *dette poche parole, tacque*; *fatelo t.: ha detto troppe sciocchezze*; *taci!, tacete!* | (*fig.*) ***far t.***, ridurre al silenzio: *far t. l'opposizione*; *La compassione fece t. ogni altro sentimento* (I. Nievo) **3** non riportare, riferire, suggerire nulla (*anche fig.*) (+ *su*): *sull'incidente, il giornale tace*; *su quel personaggio le fonti tacciono*; *riguardo a ciò che vi interessa, il libro tace* **4** (*est.*) non fare rumore, non farsi più udire o percepire (*anche fig.*): *gli strumenti tacquero all'improvviso*; *i rumori della strada tacciono*; *dal presente regal giogo oppresso, / sol nei deserti tacciono i miei guai* (V. Alfieri) | non essere in funzione, detto di macchine e sim.: *nell'ufficio i computer tacevano*; *dopo la battaglia, i cannoni tacquero* | stare quieto, calmo, essere silenzioso o immerso nel silenzio, detto della natura, di paesaggi e sim.: *la notte tace*; *tutta la vallata taceva*; *tacean le selve* (G.B. Marino) **B v. tr.** ● astenersi o rifiutarsi di dire: *tacque l'accaduto per non impressionarlo* | non rivelare, nascondere col silenzio (+ *di* seguito da inf., + *che*): *t. una colpa*; *non so perché ha taciuto di averlo visto*; *non voglio t. che siamo in grave difficoltà*; *non convien t. che le glorie del discepolo riverberavano in volto al maestro* (I. Nievo) | non lasciare apparire, celare (*anche fig.*): *t. il proprio dolore*; *ha taciuto i suoi meriti*; *non voglio tacerti nulla* | tralasciare, dare per sottinteso: *t. un particolare superfluo*; *in questa frase si può t. il soggetto* **C tacérsi v. intr. pron.** ● (*raro*, *lett.*) restare silenzioso, smettere o trattenersi dal parlare: *Io mi taccio per vergogna delle mie* *ricchezze* (G. BOCCACCIO)

tacére② [da *tacere*① ✱ av. 1249] **s. m.** solo **sing.** ● silenzio: *il t. lo ha salvato da una situazione imbarazzante* | PROV. ***un bel tacer non fu mai scritto***, il silenzio evita di dire sciocchezze di cui resti testimonianza

tàcet [vc. lat., terza pers. sing. del pres. indic. di *tacēre* 'tacere' ✱ 1840] **s. m. inv.** ● (*mus.*) indicazione per cui uno strumento o voce non interviene a lungo nell'esecuzione

†**tacévole** [da *tacere*① ✱ sec. XIII] **agg.** ● tacito, silenzioso || †**tacevolménte**, **avv.** tacitamente

tacheometrìa [comp. del gr. *tachéōs* 'velocemente' (da *tachýs*) e *-metria* ✱ 1875] **s. f.** ● metodo di rilevamento topografico rapido sul quale, facendo stazione in un solo punto, si misurano col tacheometro i dislivelli e le distanze degli altri punti SIN. celerimensura

tacheomètrico [1960] **agg.** (**pl. m.** *-ci*) ● relativo al tacheometro e alla tacheometria: *rilevamento t.*

tacheòmetro [comp. del gr. *tachéōs* 'velocemente' (da *tachýs*) e *-metro* ✱ 1875] **s. m.** ● strumento tipico della tacheometria, meno preciso del teodolite, dotato di un declinometro e di un cannocchiale distanziometrico

tàchi- [dal gr. *tachýs* 'veloce', di etim. incerta] **primo elemento** ● in parole composte, significa 'veloce', 'rapido', o fa riferimento alla velocità: *tachicardia, tachigrafo, tachimetro* CONTR. bradi-

tachicardìa [comp. di *tachi-* e del gr. *kardía* 'cuore' ✱ 1891] **s. f.** ● (*med.*) disturbo caratterizzato da un aumento della frequenza dei battiti cardiaci oltre i valori normali | ***t. parossistica***, forma di tachicardia ricorrente che inizia e cessa bruscamente

tachicàrdico [1960] **A agg.** (**pl. m.** *-ci*) ● relativo alla tachicardia **B agg. e s. m.** (**f.** *-a*) ● che (o chi) è affetto da tachicardia

tachifagìa [comp. di *tachi-* e *-fagia* ✱ 1930] **s. f.** (**pl.** *-gie*) ● (*med.*) ingestione rapida e precipitosa del cibo

tachigrafìa [comp. di *tachi-* e *-grafia* ✱ av. 1764] **s. f.** ● modo di scrivere rapido per mezzo di segni convenzionali

tachigràfico [1793] **agg.** (**pl. m.** *-ci*) ● che utilizza la tachigrafia: *sistema t.*; *tecnica tachigrafica* || **tachigraficaménte**, **avv.**

tachìgrafo [comp. di *tachi(metro)* e *-grafo* ✱ 1960] **s. m.** ● tachimetro registratore

tachilalìa [comp. di *tachi-* e *-lalia* ✱ 1960] **s. f.** ● (*med.*) pronuncia rapida delle sillabe o parole

tachimetrìa [comp. di *tachi-* e *-metria* ✱ 1965] **s. f.** ● (*fis.*) misura della velocità istantanea di organi rotanti

tachimètrico [1960] **agg.** (**pl. m.** *-ci*) ● relativo al tachimetro e alla tachimetria

tachìmetro [comp. di *tachi-* e *-metro* ✱ 1913] **s. m.** ● strumento per misurare la velocità istantanea di rotazione di un albero od organo di macchina, di uso generale negli autoveicoli per indicarne la velocità in km/h | ***t. contakilometri***, strumento formato dalla combinazione di un tachimetro e di un contakilometri sugli autoveicoli

tachióne [da *tachi-* col suff. *-one*③ ✱ 1979] **s. m.** ● (*fis.*) presunta particella elementare che si crede viaggi più veloce della luce

tachipèssi o **tachipessìa** [comp. di *tachi-* e *-pessi* ✱ 1942] **s. f. inv.** ● processo ultrarapido di congelazione attuato in apposite celle dell'industria alimentare

tachipnèa [comp. di *tachi-* e del gr. *pnoḗ* 'respiro' ✱ 1960] **s. f.** ● (*med.*) aumento di frequenza degli atti respiratori

tachipsichìṣmo [comp. di *tachi-* e *psichismo* ✱ 1932] **s. m.** ● attività psichica molto rapida e vivace

tachisintògrafo [1963] **s. m.** ● dispositivo che consente la sintonizzazione automatica dei radioricevitori

tachisme /fr. ta'ʃism/ [vc. fr., da *tache* 'macchia' (prob. d'orig. germ.) ✱ 1915] **s. m. inv.** ● (*pittura*) nella pittura astratta, modo di dipingere attraverso l'uso di elementi colorati che richiamano la forma della macchia, della chiazza o dello schizzo

tachìṣmo [fr. *tachisme* (V.) ✱ 1960] **s. m.** ● adattamento di *tachisme* (V.)

tachìsta [fr. *tachiste*, da *tache* 'macchia' (V. *tachismo*) ✱ 1983] **A s. m. e f.** (**pl. m.** *-i*) ● chi dipinge con la tecnica del *tachisme* **B** anche **agg.**: *quadro t.*; *pittrice t.*

tachistoscòpio [comp. del gr. *táchystos*, superl. di *tachýs* 'rapido' (V. *tachi-*) e *-scopio* ✱ 1970] **s. m.** ● strumento che fornisce una esposizione, per frazioni di secondo, di materiale visivo come disegni, lettere, cifre e sim.

tacìbile [1340] **agg.** ● (*raro*) che si può tacere | †che deve essere taciuto

†**taciménto** [1268] **s. m. 1** il tacere **2** (*ling.*) nella retorica, preterizione

tacitaménto [1940] **s. m.** ● il tacitare: *il t. dei creditori*

✦**tacitàre** [da *tacito* ✱ 1798] **v. tr.** (*io tàcito*) **1** pagare, soddisfare una richiesta di denaro con una somma inferiore a quella dovuta: *t. un creditore* **2** (*est.*) mettere a tacere: *t. uno scandalo*

tacitazióne [da *tacitare* ✱ 1798] **s. f.** ● (*raro*) tacitamento

tacitiàno [av. 1872] **agg. 1** che concerne lo storico romano Tacito (56/57 ca.-120 ca.) **2** che imita Tacito: *storico t.* | (*est.*) stringato, conciso: *stile t.*

taciṭìṣmo [1929] **s. m. 1** (*raro*) imitazione di Tacito **2** corrente politico-culturale che, spec. nel tardo Cinquecento, ricavava dalle opere dello storico latino norme di vita e prassi politica

tacitìsta [av. 1613] **s. m. e f.** (**pl. m.** *-i*) **1** (*raro*) studioso o imitatore di Tacito **2** scrittore legato al tacitismo

✦**tàcito** [vc. dotta, lat. *tăcitu(m)*, dal part. pass. di *tacēre* ✱ 1261 ca.] **A agg. 1** (*lett.*) che tace, mantiene il silenzio: *restò t. e silenzioso*; *Taciti, soli, sanza compagnia / n'andavam l'un dinanzi e l'altro dopo* (DANTE *Inf.* XXIII, 1-2) | (*est.*) che non fa rumore: *passo t.* | quieto, silenzioso: *una notte tacita*; *Oh quante volte, al t. / morir d'un giorno inerte* (A. MANZONI) **2** che non è espresso apertamente, ma si può facilmente intuire: *un t. assenso*; *il suo sguardo esprimeva un t. rimprovero* | sottinteso: *fra loro c'è un t. patto* | (*fig., lett.*) nascosto: *un amore t.* || **tacitaménte**, **avv. 1** in silenzio: *aspettare tacitamente*; implicitamente: *rinnovare tacitamente un contratto* **2** segretamente: *tacitamente lo tradirono* **B** in funzione di **avv.** ● (*lett.*) †silenziosamente

†**tacitóre** [da *tacito* ✱ av. 1294] **agg.** (**f.** *-trice*) ● che tace

taciturnità [vc. dotta, lat. *taciturnitāte(m)*, da *tacitŭrnu(m)* 'taciturno' ✱ av. 1332] **s. f. inv.** ● caratteristica di chi è taciturno, anche abitualmente CONTR. loquacità

✦**tacitùrno** [vc. dotta, lat. *tacitŭrnu(m)*, da *tăcitu(m)*, con richiamo nella formazione *a noctŭrnu(m)* 'notturno' ✱ sec. XIII] **agg. 1** che abitualmente parla poco: *temperamento chiuso e t.* | che si chiude o si è chiuso nel silenzio: *dopo la discussione, rimase t. tutta la sera* SIN. silenzioso CONTR. loquace **2** (*est., lett.*) detto di ciò che non fa rumore o si muove silenziosamente: *fiume lento e t.*; *quando alfin sente dopo induge tante, / che il t. chiavistel si muova* (L. ARIOSTO) || **taciturnaménte**, **avv.** in silenzio, senza farsi sentire

taciùto **part. pass.** di *tacere*; anche **agg.** ● nei sign. del v.

tackle /ingl. 'tækəl/ [vc. ingl., propr. 'affrontare, trattenere (un avversario)', in orig. 'attaccare, assicurare con una taglia (*tackle*, di area germ.)' ✱ 1953] **s. m. inv.** ● nel calcio, contrasto, intervento contro un giocatore avversario in possesso del pallone: *entrare in t.*

taco /sp. 'tako/ [vc. sp., propr. 'pezzo' ✱ 1959] **s. m. inv.** (**pl. sp.** *tacos*) ● (*cucina*) focaccia di mais piegata in due a forma di mezzaluna e farcita con carne, pesce o formaggio, specialità messicana

tàcqui ➤ **tacere**①

tactìṣmo ➤ **tattismo**

tadórna [fr. *tadorne*, di etim. incerta ✱ 1826] **s. f.** ● (*zool.*) volpoca

TÀEG /'taeg/ [sigla di *T(asso) A(nnuo) E(ffettivo) G(lobale)* ✱ 1992] **s. m. inv.** ● (*banca*) tasso di interesse applicato a un credito comprensivo di commissioni e oneri accessori CFR. TAN

taekwondo /coreano ˌthɛgwɔn'do/ [vc. coreana, propr. 'con le mani e con i piedi' ✱ 1988] **s. m. inv.** ● arte marziale di origine coreana, caratterizzata soprattutto dall'uso di calci sferrati in volo e in giravolta

taf ➤ **taffete**

tafanàre o (*sett.*) **tavanàre** [da *tafano* ✱ av. 1400] **A v. tr.** ● (*raro*) punzecchiare, detto del tafano e (*est.*) di altri insetti | (*fig.*) assillare, tormentare | (*fig.*) provocare, schernire **B v. intr.** (**aus.** *avere*) **1** entrare, rovistare dovunque **2** (*fig., sett.*) straparlare

tafanàrio [perché parte dei quadrupedi più colpita dai *tafani* (?) ✱ 1531 ca.] **s. m.** ● (*scherz.*) deretano, sedere

tafàno [lat. parl. **tafānu(m)*, prob. variante di *tabānu(m)* 'tabano' ✱ 1313] **s. m. 1** insetto affine alla mosca, ma più grande, le cui femmine succhiano il sangue degli animali al pascolo (*Tabanus bovinus*) **2** (*fig.*) persona molto importuna, molesta, insistente

tafazzìṣmo [da *Tafazzi*, cognome di un personaggio impersonato dal comico Giacomo Poretti (1956-) che in una trasmissione televisiva si colpiva il bassoventre con violente bottigliate ✱ 1996] **s. m.** ● (*colloq.*) atteggiamento autolesionistico o masochistico

†**taferùgia** ➤ †**tafferugia**

†**tafettà** ➤ **taffettà**

tàffe ➤ **taffete**

tafferìa [arabo *ṭayfūriyya*, da *ṭayfūr* 'piatto tondo' ✱ 1340 ca.] **s. f.** ● tavola di legno con manico sulla quale viene versata dal paiolo la polenta

†**tafferùgia** o †**taferùgia** [1483] **s. f. 1** tafferuglio **2** baldoria

tafferùglio [turco *teferrüc* 'divertimento, passeggiata', dall'arabo *tafarruǧ* con il suff. di *garbuglio*, *intruglio*, e sim. ✱ av. 1573] **s. m. 1** baruffa, rissa di molte persone che provocano rumore, confusione, scompiglio: *trovarsi in un t.*; *è nato un t.* **2** †baldoria

SFUMATURE ➤ *rissa*

taffetà ➤ **taffettà**

tàffete o **taf**, (*raro*) **tàffe** [vc. onomat. ✱ 1534] **inter. 1** riproduce il rumore di qlco. che cade o batte per terra o che si schiaccia: *urtò il vaso e t.! giù per terra* **2** (*fig.*) si usa per sottolineare la subitaneità o il verificarsi improvviso e inaspettato di qlco.: *passo di lì e t.! incontro proprio lui!*; *t., buttan dentro nel discorso qualche parola in latino* (A. MANZONI)

taffettà o **taffetà**, †**tafettà** [fr. *taffetas*, dal persiano *tāfta* 'specie di vestito di seta' ✱ 1336] **s. m. inv. 1** tessuto di seta o di fibra artificia-

t

le, compatto, sostenuto e frusciante, per abiti, sottogonne, fodere **2** (*disus.*) cerotto

taffiàre [etim. discussa: lat. parl. **taflāre* 'mettere in tavola' (**tafla*, parallelo dial. di *tăbula* 'tavola') (?) ✱ 1726] **v. intr.** (*io tàffio*; aus. *avere*) ● (*centr.*) fare un lauto pasto | abbuffarsi

tàffio [da *taffiare* ✱ 1723] **s. m.** ● (*centr.*) banchetto

tafofobìa [comp. del gr. *táphos* 'tomba, sepolcro' e *fobia* ✱ 1905] **s. f.** ● (*psicol.*) paura morbosa di essere sepolto vivo ‖ **tafòfobo**, **agg. e s. m.** (**f.** *-a*) che (o chi) soffre di tafofobia

tafonàto [1983] **agg.** ● (*geol.*) riferito a tafone

tafóne [etim. incerta ✱ 1930] **s. m.** ● (*geol.*) roccia o blocco di foggia curiosa, cavo internamente per fenomeni d'erosione

tafonomìa [comp. del gr. *táphos* 'seppellimento' (d'orig. indeur.) e *-nomia* ✱ 1960] **s. f.** ● (*biol.*) studio degli organismi animali e vegetali penetrati da vivi o inclusi al momento della loro morte nella crosta terrestre

tafònomo [1983] **s. m.** (**f.** *-a*) ● esperto di tafonomia

Tafrinàcee [vc. dotta, comp. dal gr. *táphros* 'fossa' e *-acee* ✱ 1960] **s. f. pl.** (**sing.** *-a*) ● (*bot.*) famiglia di Funghi degli Ascomiceti parassiti di alberi con micelio che si sviluppa dentro l'ospite (*Taphrinaceae*)

tag /tag, *ingl.* tæg/ [vc. ingl., propr. 'etichetta di riconoscimento', di prob. orig. scandinava ✱ 1992] **s. m. o f. inv. 1** (*inform.*) sequenza di caratteri con cui si marcano gli elementi di un file per successive elaborazioni | ***tag cloud***, modalità di visualizzazione delle parole chiave presenti in un sito o in una pagina web, che richiama l'aspetto di una nuvola per effetto della differenza di dimensione dei loro caratteri, rappresentativa della maggiore o minore frequenza **2** (*mus.*) nel jazz, breve sezione conclusiva che si aggiunge in coda a un brano **3** sigla con cui l'autore di un graffito firma la sua realizzazione | ***tag line***, motto o frase breve che riassume incisivamente l'immagine che si vuol dare di un prodotto o di un'azienda (per es. *I libri sempre aperti* di Zanichelli)

tagàl [dal n. (*Tagal, Tagalog*) di un gruppo etnico delle Filippine ✱ 1934] **s. m. inv.** ● dialetto del gruppo delle lingue indonesiane del Nord, lingua nazionale della Repubblica delle Filippine

tagàlog /ta'galog/ [dal n. della popolazione che lo parla, comp. di *tagá* 'nativo di' e *ilog* 'fiume' ✱ 1929] **s. m. solo sing.** ● lingua del gruppo austronesiano parlata nelle Filippine

Tagesmùtter /tagez'mutter, *ted.* 'ta:gəs-ˌmutʌ/ [vc. ted., propr. 'madre (*Mutter*) di giorno (*Tages*, genit. di *Tag* 'giorno')' ✱ 1998] **s. f. inv.** (**pl. ted.** *Tagesmütter*) ● donna che gestisce, spec. nella propria abitazione, un servizio di asilo nido o di doposcuola

tagète o **tagètes** [etim. incerta: forse da *Tagete*, n. di un etrusco che insegnò l'arte divinatoria ✱ 1825] **s. m. o f.** ● (*bot.*) genere di piante erbacee delle Composite, annuali o perenni, con capolini semplici o doppi e le cui foglie, se spezzate, emanano odore pungente (*Tagetes*)

taggàre [da *tag* (V.) ✱ 1998] **v. tr.** (*io tàggo, tu tàgghi*) ● spec. nel gergo informatico, contrassegnare con un tag: *t. un file* | siglare con una firma: *t. un graffito*

taggiàsco [dal n. della località ligure *Taggi(a)*, col suff. *-asco* ✱ 1990] **A agg.** (**pl. m.** *-schi*) ● di Taggia, località dell'Appennino ligure | ***ulivo t.***, con fusto alto, contorto e nodoso, coltivato in Liguria | ***oliva taggiasca***, il frutto di tale pianta, di sapore gradevolmente amaro **B s. m.** (**f.** *-a*) ● abitante o nativo di Taggia

tagiko o **tagìco**, (*raro*) **tagìcco** [dall'osmanli *tagik*, di orig. persiana (*tāčik* 'arabo, persiano, maomettano', dall'arabo *Ṭāʾī*, n. di popolazione) ✱ 1930] **A agg. e s. m.** (**f.** *-a*) ● che (o chi) abita i distretti più occidentali del Pamir, nel Tagikistan **B s. m. solo sing.** ● lingua iranica parlata in Tagikistan, variante dialettale del farsi

tàglia ① [da *tagliare* ① ✱ av. 1292] **s. f. 1** †legnetto su cui si facevano le tacche di contrassegno per forniture a credito | ***t. di contrassegno***, tacca di contrassegno | †*a t.*, a credito **2** statura, complessione del corpo | ***di mezza t.***, di media statura **3** in sartoria, e spec. in confezione, misura convenzionale dell'abito: *una giacca, un cappotto di taglia 46*; *io porto la t. 48* | ***t. forte***, misura di un abito adatto a chi ha una corporatura molto robusta | ***t. unica***, misura che può adattarsi a due o tre taglie intermedie, usata spec. per piccoli indumenti o biancheria in tessuto molto elastico **4** negli animali, altezza misurata dal garrese a terra **5** †foggia del vestire | †divisa, uniforme | †forma di un oggetto **6** (*disus.*) imposta | †tributo imposto spec. da un esercito vincitore | †riscatto per la liberazione di prigionieri di guerra **7** ricompensa in denaro che si promette a chi riesce a catturare malviventi o animali molto pericolosi: *una t. pende sul capo di qlcu.*; *mettere una t. su qlcu.*

tàglia ② [etim. incerta ✱ 1306] **s. f.** ● paranco di due bozzelli, uno fisso e uno mobile, e una o più carrucole, su cui si avvolge una fune, per sollevare grossi pesi

tagliàbile [1644] **agg. 1** che si può tagliare **2** †che può essere assoggettato a imposta

tagliabórdi [comp. di *taglia(re)* ① e *bordo* ✱ 1983] **s. m. inv.** ● attrezzo manuale di piccole dimensioni, fornito di un disco metallico girevole per tagliare l'erba ai bordi di prati o aiuole

tagliabórse [comp. di *taglia(re)* ① e il pl. di *borsa* ✱ 1353] **s. m. e f. inv.** ● chi ruba tagliando le borse o tasche | (*est.*) borsaiolo

tagliabòschi [comp. di *taglia(re)* ① e il pl. di *bosco* ✱ av. 1831] **s. m. e f. inv.** ● chi per mestiere taglia i boschi cedui, abbattendo gli alberi e segandoli in tronconi

tagliacàlli [comp. di *taglia(re)* ① e il pl. di *callo* ✱ 1960] **s. m. inv.** ● coltellino o piccolo rasoio a lame cambiabili per tagliare o eliminare i calli

†**tagliacantóni** [comp. di *taglia(re)* ① e il pl. di *cantone* ✱ 1552] **s. m. inv.** ● bandito | (*est.*) spaccone, bravaccio

tagliacàrte [comp. di *taglia(re)* ① e il pl. di *carta* ✱ 1862] **s. m. inv. 1** oggetto tagliente di metallo, avorio e sim., a forma di coltello, per tagliare carte, aprire pagine ancora chiuse e sim. **2** macchina per tagliare la carta

tagliacèdole [comp. di *taglia(re)* ① e il pl. di *cedola* ✱ 1970] **s. m. inv.** ● squadretta per lo stacco delle cedole

tagliacóde [comp. di *taglia(re)* ① e il pl. di *coda* ✱ 2000] **A agg. inv.** ● che ha lo scopo di ridurre il tempo di attesa di un servizio o di agevolare le persone in coda: *provvedimento t.* **CFR.** anticode **B agg.; anche in funzione di s. m. inv.** ● detto di macchinetta o dispositivo che fornisce un biglietto con una numerazione progressiva alle persone in coda **CFR.** eliminacode

tagliàcque [comp. di *taglia(re)* ① e il pl. di *acqua* ✱ 1875] **s. m. inv.** ● rostro a monte delle pile dei ponti

tagliacùce o **tagliacùci** [comp. della prima pers. indic. pres. di *tagliare* ① e *cucire* ✱ 1983] **s. f.** ● tipo di macchina per cucire in grado, nello stesso tempo, di rifinire e cucire a sopraggitto i bordi dei tessuti

†**tagliadóre** [av. 1348] **s. m.** ● tagliere

tagliaèrba [comp. di *taglia(re)* e di *erba* ✱ 1986] **s. m. inv.** ● tosaerba

†**tagliafèrro** [comp. di *taglia(re)* ① e *ferro* ✱ 1614] **s. m. inv.** ● scalpello d'acciaio fino per tagliare il ferro

tagliafiàmma [comp. di *taglia(re)* e *fiamma* ✱ 1980] **agg. inv.** ● detto di struttura o materiale idonei a impedire la propagazione del fuoco | tagliafuoco

tagliafièno [comp. di *taglia(re)* ① e *fieno* ✱ 1960] **s. m. inv.** ● attrezzo per tagliare fieno e paglia dai pagliai o dai fienili

tagliafuòco [comp. di *taglia(re)* ① e *fuoco* ✱ 1846] **A s. m. inv. 1** sopraelevazione del muro divisorio tra due edifici contigui oltre le falde del tetto, per evitare il propagarsi di eventuali incendi dall'uno all'altro fabbricato **2** nei boschi, fascia continua disboscata per interrompere il propagarsi di un incendio **B agg. inv.** ● detto di porta o paratia che, spec. nelle navi o in locali con pericolo d'incendio, serve a isolare vani con funzioni vitali nella struttura d'insieme: *portelli t.*; *palcoscenico con sipario t.* **SIN.** tagliafiamma

tagliafuòri [da *taglia(re)* ① e *fuori* ✱ 1983] **s. m. inv.** ● nella pallacanestro, azione difensiva volta a impedire all'avversario di andare a rimbalzo

†**tagliagióne** [da *tagliare* ② nel senso specifico di 'uccidere (in battaglia)' ✱ sec. XIV] **s. f.** ● uccisione

tagliagóle o (*raro*) **tagliagóla** [comp. di *taglia(re)* ① e del pl. di *gola* ✱ 1969] **s. m. e f. inv.** ● chi è solito uccidere tagliando la gola alle proprie vittime | (*est.*) criminale o bandito particolarmente feroce e spietato: *una banda di t.*

♦**taglialégna** [comp. di *taglia(re)* ① e *legna* ✱ 1598] **s. m. e f. inv.** ● chi per mestiere taglia e spacca i tronchi e i grossi rami riducendoli nelle pezzature volute

tagliamàre [comp. di *taglia(re)* ① e *mare* ✱ sec. XIV] **s. m. inv.** ● (*mar.*) spigolo esterno del dritto di prua dello scafo della nave

taglia-margherìte [calco sull'ingl. *daisy cutter* (V.) ✱ 2001] **s. f. inv.; anche agg. inv.** ● bomba al fosforo che esplode a un metro dal suolo facendo terra bruciata per un largo raggio tutt'intorno, senza creare buche o distruggere infrastrutture **SIN.** daisy cutter

tagliaménto [av. 1292] **s. m. 1** †il tagliare | taglio **2** †uccisione, eccidio, strage | distruzione

tagliàndo [da *taglia(re)* ①, *con il suff. -ando*, col senso di 'che deve essere (tagliato)' ✱ 1877] **s. m.** ● parte che viene staccata da un titolo, una cartella di rendita, una tessera, un biglietto e sim. | ***fare il t.***, sottoporre un veicolo a revisione periodica entro i termini previsti dalla casa costruttrice (con riferimento al tagliando da staccare, spec. un tempo, dal libretto di assistenza); (*fig., scherz.*) detto di una persona, sottoporsi a periodici controlli sanitari: *fare il t. al cuore*; (*est.*) sottoporre a verifica: *fare il t. a una legge, al Governo* **SIN.** cedola ‖ **tagliandino**, **dim.**

tagliànte **part. pres.** di *tagliare* ①; anche **agg.** ● che taglia

tagliapàsta [comp. di *taglia(re)* ① e *pasta* ✱ 1831] **A s. m. inv.** ● utensile da cucina munito di una rotella dentata, atta a tagliare la sfoglia **B anche agg. inv.**: *rotella t.*

tagliapatàte [comp. di *taglia(re)* ① e il pl. di *patata* ✱ 1983] **s. m. inv.** ● utensile da cucina per ridurre le patate in piccoli pezzi o in sottili fette

tagliapiètre [comp. di *taglia(re)* ① e il pl. di *pietra* ✱ av. 1472] **s. m. inv.** ● scalpellino, spaccapietre

tagliapòggio [comp. di *taglia(re)*① e *poggio* ✱ 1979] **s. m.** ● modo di sistemare i terreni collinari per rendere più lento il deflusso delle acque piovane ed evitare le conseguenze negative dell'erosione

♦**tagliàre**① [lat. tardo *taliāre*, da *tālea* 'boccio, punta' ✱ 1250] **A** **v. tr.** (*io tàglio*) **1** separare, fendere, dividere un corpo, usando una o più volte una lama affilata o altro strumento tagliente: *t. qlco. con il coltello, una lametta, la falce, la sega*; *t. un tronco con la scure*; *t. un pezzo di carne con la coltella*; *t. un panno con le forbici* | (*assol.*) avere un buon taglio, essere ben affilato: *una lama che taglia*; *questo rasoio non taglia più* **2** dividere una o più parti dell'intero usando una lama o altro mezzo affilato: *t. mezzo metro da una pezza di tela*; *mi tagli una fetta di dolce?* | ***t. un bosco***, abbattere i fusti degli alberi in parte o totalmente | ***t. l'uva***, vendemmiare | ***t. un abito***, ritagliare da una stoffa le parti da confezionare | ***t. le pagine di un libro***, separarle tagliandole con un tagliacarte o altro strumento affilato lungo i margini congiunti | ***t. un diamante***, eseguirne la sfaccettatura | ***t. vini***, unire in una mescolanza un vino robusto con uno di gradazione inferiore | ***t. una droga***, accrescerne il peso e il volume mescolandola con sostanze affini solo per colore e consistenza, ma che spesso ne aumentano la tossicità | ***t. fuori***, dividere una formazione militare da un centro operativo; (*fig.*) escludere, isolare, estraniare da un gruppo, una comunità e sim. **3** togliere o separare una parte con un taglio netto o una recisione: *t. un ramo dal tronco*; *t. l'erba con la falce*; *l'ingranaggio di lame gli ha tagliato una mano* | ***t. una gamba***, amputarla | ***t. le gambe a qlcu.***, (*fig.*) indebolirlo fisicamente, spec. in riferimento ad alcolici; ostacolarlo seriamente così da impedirgli di portare a termine qlco. o di sostenersi con i propri mezzi | ***t. la testa***, decapitare | ***t. la testa al toro***, (*fig.*) prendere una decisione definitiva eliminando ogni esitazione | ***t. i panni addosso a qlcu.***, (*fig.*) dirne male, criticarlo dietro le spalle | (*fig.*) interrompere, troncare (*anche assol.*): *t. il discorso*; *non dilungarti troppo: taglia!*; *l'orgogliose minacce a mezzo taglia* (L. Ariosto) | ***taglia corto!***, (*fig.*) concludi! | ***t. la corda***, (*fig.*) andarsene di nascosto, scappare | ***t. i ponti con qlcu.***, (*fig.*) rompere con decisione le relazioni con qlcu. | ***t. il traguardo***, superare per primo la linea d'arrivo; (*fig.*) portare a termine felicemente qlco. **4** separare in più parti con tagli adatti: *t. in due, in quattro, in diagonale* | ***t. per il lungo***, nel senso della lunghezza | ***t. il salame, l'arrosto***, affettarli | ***t. un pollo***, dividerlo in parti, per distribuirlo ai commensali dopo che è stato cucinato | ***t. a pezzi***, ricavare vari pezzi con tagli opportuni | ***t. le carte***, (*fig.*) separarle, dopo averle mescolate, in due o più mazzetti da sovrapporre in ordine inverso per ricomporre il mazzo | ***t. la palla***, (*fig.*) nel calcio e nel tennis, imprimerle un particolare effetto con il tiro | ***t. una finestra, una porta***, aprirle, costruirle | ***t. una montagna***, spaccarla | fendere, solcare: *i remi tagliano l'acqua*; *la prua della barca tagliava le onde* | ***una nebbia da t. col coltello***, (*fig.*) fittissima **5** incidere chirurgicamente: *t. un ascesso* | (*fig.*) ***un freddo che taglia la faccia***, molto pungente, penetrante | (*fig.*) ***una lingua che taglia***, assai maldicente | (*fig.*) ***vino che taglia le gambe***, molto alcolico | †ferire, uccidere: *or questo, or quello tagliando de' Saracini crudelmente molti n'uccise Gerbino* (G. Boccaccio) **6** abbreviare, condensare: *t. uno scritto, un articolo, una conferenza* | ***t. le spese***, diminuirne l'entità | ***t. i tempi***, ridurre i tempi, spec. di una lavorazione industriale, allo scopo di fare aumentare la produzione | togliere, eliminare: *t. una sequenza cinematografica, un intervento televisivo*; *sono state tagliate le battute più scabrose della commedia* **7** impedire il passaggio, interrompere i movimenti, ostacolare lo svolgimento di un'azione: *t. la ritirata al nemico*; *t. le comunicazioni, i collegamenti*; *tagliarono il rifornimento di carburante* | ***t. i viveri***, cessare o impedire il rifornimento e (*fig.*) togliere i mezzi per vivere | ***t. l'acqua***, impedire che arrivi a chi deve usarla | ***t. l'aria***, nel ciclismo, proteggere dal vento, con la propria azione, il corridore che segue | ***t. il vento***, (*mar.*) ostacolare la manovra di un'imbarcazione a vela frapponendosi tra tale imbarcazione e il vento **8** passare attraverso, incrociare, intersecare: *l'antica via consolare taglia l'abitato*; *pochissime strade tagliano la tangenziale* | ***t. la rotta***, passare davanti a una nave incidentalmente o con intenzioni ostili | ***t. la strada a qlcu.***, attraversargliela costringendolo a fermarsi; (*fig.*) non permettergli di realizzare qlco. **9** attraversare, intersecare: *il confine taglia il paese* | ***t. la curva***, detto di veicoli, prenderla stretta, rasentando il bordo interno **10** (*sport*) eliminare dalla rosa di una squadra | cedere, vendere un giocatore nel corso della stagione agonistica: *t. il pivot americano* **11** (*inform.*) in un programma di elaborazione testi o di grafica, asportare da un documento un blocco di dati, copiandolo in un'apposita area di memoria | nella loc. sost. m. inv. ***taglia e incolla*** (o ***taglia e cuci***), operazione con cui si cancella un blocco di dati e lo si trasferisce in un'altra posizione nello stesso documento o in un documento diverso **12** (*fig.*) †separare, segregare **B** **v. intr.** (aus. *avere*) ● percorrere la via più breve (+ *per*): *tagliammo per il centro, per il bosco* | ***t. diritto***, camminare evitando le strade non in linea retta **C** **tagliàrsi** **v. tr. pron.** (aus. *essere*) **1** prodursi uno o più tagli o incisioni, spec. involontariamente: *tagliarsi un dito*; *si è tagliato la pelle del viso radendosi* | ***tagliarsi la gola***, (*fig.*) uccidersi **2** accorciarsi: *tagliarsi i capelli, le unghie* **D** **tagliàrsi** **v. intr. pron.** ● rompersi, dividersi, lacerarsi: *il vestito si è tagliato in più punti*; *col tempo, le pagine del manoscritto si sono tagliate*

SFUMATURE DI SIGNIFICATO

tagliare - affettare - tagliuzzare - squartare
Tagliare è dividere, separare un corpo in più parti usando una o più volte una lama affilata o un altro arnese tagliente. Altri termini identificano modalità particolari del tagliare: ridurre in varie fette, in varie porzioni qualcosa, di solito cibo, si dice **affettare**; **tagliuzzare** è tagliare minutamente, in pezzettini o striscioline; tagliare in quarti o comunque in grossi pezzi si dice invece **squartare**.
SFUMATURE ➤ ***accorciare***, ➤ ***recidere***

†**tagliàre**② [da *taglia*①, nel sign. 6, secondo il modello del fr. *taill(i)er* ✱ av. 1348] **v. tr.** ● mettere una taglia o un tributo

tagliarèllo [da *tagliare*① ✱ 1611] **s. m.** ● (**spec. al pl.**) pasta, a base di uova e farina, tirata a sfoglia e tagliata a strisce sottili

tagliarète [comp. di *taglia(re)*① e *rete* ✱ 1937] **s. m. inv.** ● sega d'acciaio di grandi dimensioni, un tempo applicata alla prua dei sommergibili per tagliare le reti metalliche di ostruzione

tagliasfòglia [comp. di *taglia(re)*① e *sfoglia* ✱ 1965] **s. m. inv.** ● tagliapasta

tagliasièpe o **tagliasièpi** [comp. di *taglia(re)*① e *siepe* ✱ 1983] **s. m. o f.** ● tosasiepi

tagliasìgari [comp. di *taglia(re)*① e il pl. di *sigaro* ✱ 1960] **s. m. inv.** ● piccolo strumento a lama per spuntare i sigari

tagliastràcci [comp. di *taglia(re)*① e il pl. di *straccio* ✱ 1960] **s. f. inv.** ● nelle cartiere, macchina per ridurre i cenci a dimensioni uniformi

tagliàta [f. sost. di *tagliato* ✱ sec. XIII] **s. f.** **1** operazione del tagliare, spec. in una volta e in fretta: *farsi dare una t. ai capelli* | lavoro fatto tagliando: *la t. del fieno* | (*raro*) la cosa tagliata **2** abbattuta di alberi | superficie del bosco dove si è eseguito il taglio in una sola volta **3** (*cucina*) costata di manzo cotta ai ferri o in padella, servita in fette sottili, cosparsa di olio d'oliva crudo e di erbe aromatiche o variamente condita **4** †spianata di terreno attorno a una fortezza | (*milit.*) opera di difesa costituita da un fossato, talora rinforzato da un parapetto formato da tronchi d'albero abbattuti **5** †uccisione, strage **6** †minaccia fatta in modo grossolano, bravata ‖ **tagliatìna**, **dim.**

tagliatartùfi [comp. di *taglia(re)*② e il pl. di *tartufo*① ✱ 1913] **s. m. inv.** ● utensile di cucina provvisto di lama regolabile per affettare i tartufi

tagliatèlla [dim. del f. del part. pass. sost. di *tagliare*① ✱ av. 1549] **s. f.** ● (**spec. al pl.**) pasta all'uovo a strisce lunghe, che si mangia gener. asciutta: *t. al sugo* | ***tagliatelle verdi***, impastate con spinaci lessi tritati **CFR.** fettuccina

tagliatìno [da *tagliato* ✱ 1865] **s. m.** ● (*tosc.*) taglierino nel sign. 1

tagliàto **part. pass.** di *tagliare*①; **anche agg.** **1** nei sign. del v.: *un ramo t.* **2** accorciato, ridotto, condensato: *è un'edizione molto tagliata* | tolto, soppresso: *quante sono le scene tagliate?* **3** fatto, formato, riguardo il carattere, l'indole, le inclinazioni: *è un uomo t. all'antica* | ***essere ben t.***, proporzionato nella statura, nella corporatura | ***essere t. con l'accetta***, (*fig.*) avere una figura tozza o squadrata; detto di ciò che è grossolano, schematico: *concetti tagliati con l'accetta* | (*est.*) che si adatta bene: *questa gonna è tagliata per lei*; *una risposta tagliata per quell'impertinente* | (*fig.*) ***essere t. per qlco.***, avere particolare inclinazione, attitudine per qlco. **4** (*arald.*) detto di scudo o figura, divisi in due parti uguali per mezzo di una linea diagonale dall'angolo superiore sinistro all'angolo inferiore destro **5** †castrato

tagliatóre [ant. provenz. *talhador*, da *talhar* 'tagliare' ✱ sec. XIII] **s. m.** (**f.** *-trice*, *pop.*, *disus.* *-tora*) **1** chi taglia | chi è impiegato in lavori di taglio **2** ***t. di teste***, appartenente a popolazioni o a gruppi che uccidono i nemici tagliando loro la testa: *i famosi e terribili tagliatori di teste delle foreste bornesi* (E. Salgari); (*fig.*, *gerg.*) chi in un'azienda ha il compito di licenziare spec. dei dirigenti

tagliatrìce [1879] **s. f.** **1** macchina per tagliare | ***t. per barbabietole***, usata negli zuccherifici per ridurre le barbabietole saccarifere in fettucce **2** (*miniere*) macchina provvista di una catena dentata che esegue intagli orizzontali alla base dei banchi di carbon fossile, salgemma e altri minerali per consentirne l'abbattimento

tagliatùra [lat. tardo *taliatūra(m)*, da *taliāre* 'tagliare'①' ✱ sec. XII] **s. f.** **1** operazione, lavoro del tagliare | il punto in cui qlco. è stato tagliato **2** ciò che resta dopo un'operazione di taglio **SIN.** ritaglio

tagliaùnghie [comp. di *taglia(re)*① e il pl. di *unghia* ✱ 1973] **s. m. inv.** ● tronchesina per tagliare le unghie

tagliaùova [comp. di *taglia(re)*① e il pl. di *uovo* ✱ 1926] **s. m. inv.** ● utensile da cucina costituito da un telaio con una serie di fili d'acciaio o piccole lame per tagliare a fettine

t

un uovo sodo

tagliavènto [comp. di *taglia(re)*① e *vento* * 1659] **s. m. inv. 1** (*mar.*; *raro*) piccola randa impiegata con venti molto forti **2** (*milit.*) specie di cappuccio metallico molto appuntito, applicato all'ogiva di un proiettile d'artiglieria, per accrescerne la capacità di penetrazione nell'aria e aumentarne quindi la gittata

tagliazòlle (o -ẓ-) [comp. di *taglia(re)*① e il pl. di *zolla* * 1875] **s. m. inv.** • strumento impiegato in giardinaggio per smuovere il terreno e regolarizzare le zolle erbose

taglieggiaménto [1984] **s. m.** • il taglieggiare | reato consistente nel taglieggiare

taglieggiàre [da *taglia*① nel sign. 6 * 1509] **v. tr.** (**pres.** *io tagliéggio*; **fut.** *io taglieggerò*) **1** (*raro*, *lett.*) sottoporre a taglie, tributi e sim. un paese conquistato: *si ragunarono insieme più brigate ... e andavano taglieggiando le terre* (N. Machiavelli) **2** estorcere somme di denaro con minacce: *t. i commercianti di un quartiere* **3** †mettere taglie su prigionieri, banditi e sim.

taglieggiatóre [1527] **s. m.** (**f.** *-trice*) • chi taglieggia

tagliènte [lat. parl. **taliĕnte(m)*, part. pres. di **talīre*, da *tālea*, parallelo di *taliāre* 'tagliare' * 1287] **A agg. 1** di taglio sottile, ben affilato: *coltello, lama, spada t.* | (*est.*) pungente, gelido: *vento t.*; *aria t.* | (*fig.*) mordace, graffiante: *una battuta t.*; *lingua t. e maligna* **2** di taglio netto, privo di sfumature: *contorno, profilo t.* | (*raro*) di disegno, pittura priva di morbidezza nelle linee e nello stile ‖ **taglienteménte**, **avv.** (*raro*) di taglio **B s. m.** • parte tagliente, affilata di qlco.: *il t. di una lama* **SIN.** filo

taglière o †**tagliéro** [fr. *tailloir*, da *tailler* 'tagliare' * sec. XIII] **s. m. 1** asse di legno duro variamente sagomato, usato in cucina per tagliare, affettare o triturare cibi o ingredienti **2** †piatto, vassoio | †***stare a t. con qlcu.***, mangiare insieme, allo stesso piatto | †***essere due ghiotti a un t.***, (*fig.*) essere rivali **3** †coperto, portata ‖ **taglierino**, **dim.**

taglierìa [da *tagliare*① * 1960] **s. f.** • laboratorio per il taglio dei diamanti

taglierìna [da *tagliare*① * 1931] **s. f.** • qualsiasi macchina o attrezzo usati per tagliare materiali diversi (carta, cartone, laminati metallici o plastici, tessuti, ecc.) **CFR.** raffilatoio | dispositivo per rifilare i margini delle copie fotografiche

taglierìno [da *tagliare*① * 1640] **s. m. 1** (**spec. al pl.**) tipo di pasta simile a tagliatelle molto sottili, da mangiarsi spec. in brodo **2** piccolo attrezzo fornito di una sottile lama retrattile, usato per tagliare carta e sim. **SIN.** cutter

†**taglièro** ➤ **tagliere**

tagliétto [1560] **s. m. 1** dim. di *taglio*: *si è fatto un t. a un dito* **2** specie di corto scalpello a taglio smusso per troncare sbarre e fili di metallo **3** (*edit.*) strumento per tagliare e smussare interlinee e margini sottili | piccola lama, fissata a una cannuccia, con cui s'intaglia un foglio di carta per vari scopi, fra cui il taccheggio dei cliché ‖ **taglietttino**, **dim.**

♦**tàglio** [da *tagliare*① * av. 1257] **s. m. 1** azione, lavoro del tagliare: *il t. di un metallo, dei boschi, di un abito, dei capelli* | ***t. di un arto***, amputazione | ***t. della testa***, decapitazione | ***alberi da t.***, per legname da lavoro impiegato per i più diversi usi | ***t. del fieno, dell'erba***, sfalcio | ***t. dei vini***, operazione del miscelare due o più qualità di vino per ottenerne uno con determinati requisiti | ***vino da t.***, usato per dare forza ai vini deboli perché ricco di alcol, tannino e colore | ***strumenti da t.***, quelli che servono a tagliare, come il coltello, la falce, la scure, ecc. | operazione dell'aprire strade, canali e sim.: *il t. di un istmo, di una strada carrozzabile* | (*fig.*) eliminazione, soppressione di una parte: *la commedia è stata presentata senza tagli* | (*fig.*) decurtazione, riduzione: *t. di mano d'opera*; *tagli alla spesa pubblica* | (*fig.*) ***tagli lineari***, tagli di spesa uguali in percentuale per tutti i settori, indipendentemente da una valutazione di merito | (*fig.*) ***dare un t.***, troncare bruscamente un discorso, una questione o i rapporti con qlcu. **2** apertura, segno di separazione prodotto in ciò che è tagliato: *nella giacca ci sono due tagli* | ferita causata da uno strumento tagliente: *farsi un t. al dito*; *un doloroso t. di rasoio* | incisione: *banco pieno di tagli* | nella testa della vite, incisione in cui si inserisce il tagliente del cacciavite | (*raro*) apertura, spaccatura, fenditura: *nella montagna si è prodotto un t.* | modo in cui si presentano la superficie o i margini di un taglio: *un t. deciso, netto, slabbrato, irregolare, contorto* | (*giornalismo*) ***t. alto, basso***, in un quotidiano, posizione di un articolo nella parte superiore o inferiore della pagina | (*giornalismo*) ***articolo di t.***, o (*ellitt.*) ***taglio***, pubblicato nella parte centrale della pagina con titolo su due o più colonne **3** ciascuna delle parti tagliate da un tutto: *un t. di lino*; *un bel t. di carne* | ***pizza a t.***, porzione di pizza venduta a peso | porzione, quantità di stoffa staccata dalla pezza: *un t. esclusivo*; *un t. di tre metri*; *comprare, vendere a t.* | pezzo di carne di bestia macellata: *un t. da arrosto* | porzione di gelato immersa in un liquido: *un t. di limone al seltz* **4** maniera, stile di tagliare o di lavorare tagliando: *avere un t. preciso, sicuro, elegante*; *il mio sarto ha un bel t.*; *quel barbiere ha un t. di capelli ormai fuori moda* | tecnica del tagliare stoffe: *maestro, scuola di t.* | foggia, linea, di abito e sim.: *giacca di t. inglese*; *un vestito di t. elegante* | (*raro*, *est.*) garbo, stile: *un tavolo di t. classico* | (*raro*, *fig.*) natura, indole: *non pratico gente di quel t.* **5** (*fig.*) nel linguaggio della critica letteraria, stile, particolare angolazione di uno scritto: *un saggio di t. retorico* | (*est.*) impostazione, impronta, punto di vista: *ha dato al suo articolo un t. originale*; *il t. di quell'inchiesta non mi convince* **6** parte tagliente, affilata di una lama: *un rasoio con t. molto affilato*; *coltello a t. vivo* | ***perdere il t.***, non tagliare più | ***rifare, ridare il t.***, affilare di nuovo | ***coltello, arma a doppio t.***, (*fig.*) azione o argomento che, oltre a raggiungere lo scopo desiderato, potrebbe ritorcersi contro chi lo mette in atto o ne fa uso | ***colpire di t.***, di fianco, con la parte laterale di una lama | †***colpo di t.***, fendente | †***mettere al t. della spada***, ferire, uccidere, passare a fil di spada **7** (*est.*) la parte meno spessa o più stretta di qlco., spec. di un mattone, una pietra e sim.: *il t. di una lastra di marmo*; *il t. della tavola*; *il t. di una moneta* | la superficie dei tre tagli esterni di un libro: *il t. anteriore è opposto al dorso* | lo spigolo di un muro | ***essere, collocare di t.***, in modo da mostrare i lati più stretti | (*fig.*) ***venire, cadere a t.***, capitare al momento giusto | ***colpire la palla, il pallone di t.***, di lato, per imprimere loro l'effetto **8** formato, dimensione, misura: *sono oggetti dello stesso t.* | ***banconota di piccolo t.***, di valore minore, rispetto a una di grande taglio | (*tipogr.*) forma e intensità di un carattere, spec. nella composizione di titoli: *t. alto, medio, basso* **9** forma data alle pietre preziose: *t. a tavola, a brillante, a stella, a navetta* **10** (*med.*) incisione | ***t. cesareo***, estrazione del feto per via addominale con incisione dell'utero **CFR.** -tomìa **11** (*cinema*) spezzone di film che viene eliminato in fase di montaggio per ottenere poi la stampa della copia definitiva o da proiezione **12** (*mus.*) lineetta posta sopra, sotto o su una nota per indicarne l'altezza che non rientrerebbe nel pentagramma: *t. in testa, t. in gola* | accorciamento di una composizione **13** (*mecc.*) ***sforzo di t.***, forza esercitata da una superficie su un'altra parallela in direzione parallela a entrambe **14** (*mar.*) ***vela di t.***, quella inferita lungo il bordo verticale prodiero, che si comporta come una superficie portante sotto l'azione del vento **15** trattino che taglia le lettere di alcuni alfabeti: *la t ha un t. orizzontale* **16** †strage, uccisione ‖ **tagliétto**, **dim.** (V.) | **tagliùzzo**, **dim.**

tagliòla o (*lett.*) **tagliuòla** [lat. parl. **taliŏla(m)*, per *talĕola(m)* 'piccola talea' (per la forma) * sec. XIII] **s. f. 1** dispositivo per catturare selvaggina o animali nocivi, formato da due branche di metallo che si chiudono a molla **2** (*fig.*, *raro*) inganno: *tendere, preparare la t.* **3** luogo dove le talee legnose radicate in vivaio sono tenute al riparo per un certo tempo prima di essere poste a dimora

tagliolìno [da *tagliolo* * 1560] **s. m.** • taglierino

tagliòlo o (*raro*, *lett.*) **tagliuòlo** [dim. di *taglio* * av. 1537] **s. m. 1** (*raro*, *tosc.*) pezzetto di carne, formaggio o altro cibo **2** laterizio che serve per chiudere gli archi **3** attrezzo del fucinatore, usato per il taglio dei metalli

taglióne① [vc. dotta, lat. *taliōne(m)*, di etim. discussa: da una radice col sign. di 'pagare' (?) * sec. XIV] **s. m. 1** tipo antichissimo di pena, consistente nell'infliggere al colpevole lo stesso danno personale o patrimoniale da lui arrecato ad altri **2** †taglia

taglióne② [etim. incerta * 1960] **s. m.** • struttura di fondazione in muratura, di notevole profondità, usata nelle costruzioni idrauliche

†**taglióne**③ [da *taglio* * av. 1292] **avv.** • (*raro*) di taglio, tagliando

tagliuòla ➤ **tagliola**

tagliuòlo ➤ **tagliolo**

tagliuzzaménto [1612] **s. m.** • il tagliuzzare

tagliuzzàre [da *tagli(are)*① col suff. *-uzzare* * 1527] **A v. tr.** • tagliare minutamente, in striscioline o pezzettini: *t. un nastro* **B tagliuzzàrsi v. tr. pron.** (**aus.** *essere*) • provocarsi dei piccoli tagli: *tagliuzzarsi il braccio cadendo*

SFUMATURE ➤ ***tagliare***①

tagmèma [ingl. *tagmeme*, dal gr. *tágma*, propr. 'ciò che è messo in ordine', deriv. di *tássein* 'ordinare' (d'orig. incerta) * 1969] **s. m.** (**pl.** *-i*) • (*ling.*) minima unità significante di una forma grammaticale

tagmèmico [da *tagmema* * 1979] **agg.** (**pl. m.** *-ci*) • (*ling.*) che riguarda o prende in considerazione il tagmema: *analisi tagmemica*

taguàn o **tàguan** [ingl. *taguan*, dal n. indigeno (Filippine) * 1875] **s. m. inv.** • scoiattolo asiatico di colore scuro (*Petaurista petaurista*)

tahìna /ta'ina, *arabo* ta'ḥina/ [ar. *ṭaḥīna*, da una radice che significa 'macinare' o 'frumento' * 1963] **s. f. inv.** • crema di semi di sesamo bianco usata come salsa in piatti della cucina mediorientale e greca

tahitiàno /tai'tjano/ o (*raro*) **taitiàno** [1950] **A agg.** • dell'isola di Tahiti **B s. m.** (**f.** *-a*) • abitante o nativo dell'isola di Tahiti, isola della Polinesia

tai① ➤ **thai**

†**tai**② [sec. XIII] **agg. dimostr. m. e f. pl.** • forma sincopata di 'tali' (V. *tale*)

tai chi chuan ➤ **tai ji quan**

taicùn [ingl. *taikun*, dal giapp. *taikun* 'grande principe', comp. di *ta* 'grande' e *kiun* 'principe' ✻ 1894] **s. m. inv.** ● titolo giapponese con il quale erano conosciuti dagli stranieri i vicari dell'imperatore | (*est.*, *lett.*) autorità potente e dispotica

tàide [vc. dotta, lat. *Thāide(m)*, nom. *Thāis*, dal gr. *Thaís*: 'la divina' (?) ✻ av. 1613] **s. f.** ● (*raro*, *lett.*) meretrice

tàiga o (*raro*) **taigà** [russo *taygá*: originariamente 'monte roccioso' (?) ✻ 1909] **s. f.** ● formazione vegetale di conifere estesa su vasti territori siberiani a sud della tundra

tai ji quan /taitʃi'kwan, *cinese* thae'tɕi'tɕhɥɛn/ o **tai chi chuan** [vc. cinese, propr. 'grande arte del pugilato' ✻ 1987] **s. m. inv.** ● ginnastica cinese lenta e coordinata, di derivazione marziale, che ha come obiettivo l'equilibrio interiore e la liberazione dell'energia

tàiko /'taiko, *giapp.* taɪ.kɔː/ [vc. giapp. ✻ 1985] **s. m. inv.** ● tamburo di forma cilindrica utilizzato nella musica tradizionale giapponese

taikonàuta [dall'ingl. *taikonaut*, comp. di un deriv. del cin. *tàikō(ng)* 'spazio' e del suff. *-naut* '-nauta' ✻ 1999] **s. m. e f.** (**pl. m.** *-i*) ● astronauta cinese

tailandése ▸ **thailandese**

tailleur /ta'jer, *fr.* ta'jœʀ/ [vc. fr., da (*costume*) *tailleur* '(abito fatto dal) sarto (da uomo)' ✻ 1884] **s. m. inv.** ● completo femminile composto da giacca e gonna o pantaloni oppure da abito e giacca: *t. sportivo, elegante, di taglio maschile* ‖ **tailleurino**, **dim.**

tàit s. m. inv. ● adattamento di *tight* (V.)

taitiàno ▸ **tahitiano**

tajarìn /taja'rin/ [vc. piemontese 'taglierino' ✻ 1931] **s. m. inv.** ● (*dial.*, **spec. al pl.**) (*cucina*) tipo di pasta simile a tagliatelle molto sottili, specialità piemontese

tajùt /ta'jut/ [vc. friulana ✻ 1964] **s. m. inv.** ● (*friulano*) bicchiere di vino: *il rito del t.*

takeaway /*ingl.* 'teɪkə,weɪ/ [vc. ingl., propr. 'portare via' ✻ 1981] **s. m. inv.** (**pl. ingl.** *takeaways*) ● locale che confeziona cibi pronti da consumare altrove | servizio di cibi cotti da asporto offerto da ristoranti, trattorie, tavole calde: *quella pizzeria ha il t.*

take òff /te(i)'kɔf, *ingl.* 'teɪk,ɒf/ [loc. ingl., dal v. *to take off* 'decollare', comp. di *to take* 'prendere, portare' e *off* 'via, lontano, distante' (entrambe d'orig. germ.) ✻ 1969] **loc. sost. m. inv.** (**pl. ingl.** *take offs*) ● decollo di un aeroplano o di un missile | (*fig.*) decollo economico di un Paese sottosviluppato

take-óver /te(i)'kover, *ingl.* 'teɪk,əʊvə(r)/ [vc. ingl., dal v. *to take over* 'assumere il comando, subentrare', comp. di *to take* 'prendere' e *over* che, nei v. composti, indica passaggio, consegna ✻ 1966] **s. m. inv.** (**pl. ingl.** *take-overs*) ● (*econ.*) acquisizione di una quota azionaria che consente il controllo di un'azienda

takigòto [etim. incerta ✻ 1957] **s. m. inv.** ● strumento giapponese costituito da una cassa a forma di trapezio su cui sono tese corde di seta che si pizzicano con unghie di avorio fissate con appositi anelli sulla punta delle dita

tal ▸ **tale**

†**talabalàcco** [turco *dümbelek* 'tamburello' ✻ av. 1494] **s. m.** ● tamburo da guerra saraceno

†**talacimànno** [persiano *dānišmand* 'saggio', deriv. da *dāniš* 'conoscenza', attraverso un prob. tramite turco ✻ av. 1470] **s. m.** ● muezzin: *un muover d'arme, un correr di persone, / e di talacimanni un gridar alto* (L. ARIOSTO)

talalgìa [comp. di *tal(lone)* e *-algia* ✻ 1940] **s. f.** (**pl.** *-gìe*) ● (*med.*) dolore localizzato al tallone e alla regione posteriore del piede

♦**talàltro** o **tal àltro** [comp. di *tal(e)* e *altro* ✻ 1621] **pron. indef.** ● qualche altro (si usa in correl. con 'taluno' e 'tale'): *taluno lo vuole così, t. in modo diverso*; *bussò il tale e il t., non so cosa volessero* (L. SCIASCIA) | (**al f.**) si usa in correl. con 'talvolta' (con valore di agg.): *talvolta mi riceve, talaltra no*

tàlamo [vc. dotta, lat. *thălamu(m)*, dal gr. *thálamos* 'la stanza più interna della casa', di orig. pregreca ✻ sec. XII] **s. m. 1** (*lett.*) camera nuziale **2** (*lett.*) letto coniugale | (*est.*) letto | (*fig.*) nozze | ***condurre al t.***, sposare | ***macchiare il t.***, commettere adulterio **3** (*bot.*) parte superiore dilatata del peduncolo florale, sulla quale stanno inseriti stami e pistillo SIN. ricettacolo fiorale **4** (*anat.*) regione laterale e lateroventrale del diencefalo dei Vertebrati | ***t. ottico***, nucleo del talamo che riceve stimoli nervosi dalla retina e li trasmette all'area della corteccia cerebrale preposta alla visione

talàre ① [vc. dotta, lat. *talāre(m)* 'che giunge fino al tallone (*tālus*, di etim. incerta)' ✻ sec. XIV] **agg.; anche s. f.** ● detto dell'abito lungo indossato dai preti cattolici per il culto e usato come abito comune anche al di fuori del culto: *veste t.* | ***svestire l'abito t.***, (*fig.*) rinunciare allo stato sacerdotale

talàre ② [vc. dotta, lat. *talāria* (nt. pl.) '(calzari) giunti alle caviglie (da *tālus* 'malleolo' e, per estensione, 'caviglia', di etim. incerta)' ✻ av. 1472] **s. m.** ● (**spec. al pl.**) nella mitologia greco-romana, ciascuno dei calzari alati di Mercurio

talassemìa [comp. del gr. *thálassa* 'mare' e di un deriv. da *hâima* 'sangue', perché propria specialmente di popolazioni rivierasche ✻ 1951] **s. f.** ● (*med.*) malattia ereditaria del sangue, caratterizzata da alterazione di forma dei globuli rossi, cui corrispondono particolari segni clinici a carico dello scheletro e della faccia SIN. anemia mediterranea

talassèmico [da *talassemia* ✻ 1957] **agg. e s. m.** (**f.** *-a*; **pl. m.** *-ci*) ● (*med.*) che (o chi) è affetto da talassemia

talàssico [dal gr. *thálassa* 'mare', di orig. mediterr. ✻ 1895] **agg.** (**pl. m.** *-ci*) ● (*raro*) del mare, che riguarda il mare

talàsso- [dal gr. *thálassa* 'mare'] **primo elemento** ● in parole composte dotte o della terminologia scientifica, significa 'mare' o indica relazione col mare: *talassobiologia, talassofobia, talassografia, talassoterapia*

talassobiologìa [comp. di *talasso-* e *biologia* ✻ 1950] **s. f.** (**pl.** *-gìe*) ● (*biol.*) parte della talassografia che studia vegetali e animali marini e le loro relazioni con l'ambiente in cui si trovano

talassòcrate [comp. di *talasso-* e di un deriv. di *krátos* 'potenza' ✻ 1909] **s. m. e f.** ● (*lett.*) signore del mare

talassocrazìa [gr. *thalassokratía*, comp. di *thálassa* 'mare' e di un deriv. da *krátos* 'potenza' ✻ 1842] **s. f.** ● (*lett.*) dominio del mare | potenza fondata sul dominio del mare: *la t. di Venezia*

talassofilìa [comp. di *talasso-* e *-filia* ✻ 1960] **s. f.** ● (*zool.*) tendenza a vivere nel mare o in prossimità di esso

talassofobìa [comp. di *talasso-* e *-fobia* ✻ 1957] **s. f.** ● (*psicol.*) paura morbosa del mare ‖ **talassofòbico**, **agg.** (**pl. m.** *-ci*); **anche s. m.** (**f.** *-a*) **nel sign. 2 1** relativo a talassofobia **2** talassofobo ‖ **talassòfobo**, **agg. e s. m.** (**f.** *-a*) che (o chi) soffre di talassofobia

talassografìa [comp. di *talasso-* e *-grafia* ✻ 1895] **s. f.** ● oceanografia

talassogràfico [1884] **agg.** (**pl. m.** *-ci*) ● che concerne la talassografia

talassògrafo [1940] **s. m.** (**f.** *-a*) ● studioso di talassografia

talassologìa [comp. di *talasso-* e *-logia* ✻ 1754] **s. f.** (**pl.** *-gìe*) ● oceanografia

talassòlogo [comp. di *talasso-* e *-logo* ✻ 1983] **s. m.** (**f.** *-a*; **pl. m.** *-gi*) ● chi studia o è esperto in talassologia

talassoterapìa [comp. di *talasso-* e *terapia* ✻ 1894] **s. f.** ● (*med.*) cura che sfrutta l'azione del clima marino e dell'acqua di mare ‖ **talassoteràpico**, **agg.** (**pl. m.** *-ci*) relativo a talassoterapia

talassòtoco [vc. dotta, gr. *thalassótokos*, propr. 'nato, generato, figlio (*tókos*) dal o nel mare (*thálassa*)' ✻ 1960] **agg.** (**pl. m.** *-ci*) ● (*zool.*) catadromo

♦**talché** o **tàle che** /'tale ke*, tale'ke*/, (*poet.*) **tal che** [comp. di *tal(e)* e *che* ② ✻ 1279] **cong.** ● (*lett.*) cosicché, tanto che, in modo tale che (introduce una prop. consecutiva con valore conclusivo e con il v. all'indic. o al congtv.): *non si trovava alcuno che contro a' nobili volesse testimoniare; t. in breve tempo si tornò Firenze ne' medesimi disordini* (N. MACHIAVELLI)

tàlco [arabo *ṭalq* 'amianto', di orig. persiana ✻ av. 1472] **s. m.** (**pl.** *-chi*) **1** (*miner.*) silicato idrato di magnesio in masse lamellari di lucentezza madreperlacea, sfaldabili, di colore biancastro spesso con sfumature verdoline **2** polvere del minerale omonimo, usata in cosmesi e come lubrificante

talcoscìsto [comp. di *talco* e *scisto* ✻ 1885] **s. m.** ● (*geol.*) roccia metamorfica a struttura lamellare, di colore biancastro o verdastro, untuosa e cedevole al tatto, composta soprattutto di talco

talcòṣi [comp. di *talc(o)* e del suff. *-osi* ✻ 1960] **s. f. inv.** ● (*med.*) pneumoconiosi causata dalla inalazione prolungata di polvere di talco

talcóso (o *-ṣ-*) [1812] **agg.** ● che contiene talco | che è simile al talco

♦**tàle** [lat. *tāle(m)*, nom. *tālis*, comp. con elementi indeur. ✻ sec. XII] **A agg. dimostr.** (**pl. m. e f.** *tali* **o, davanti a consonante,** *poet.* †*tai*, *poet.* †*ta'* **Troncato in** *tal* **spec. davanti a parole che cominciano per consonante; non si apostrofa mai:** *una tal attesa, in tal caso*). (**V. nota d'uso ELISIONE e TRONCAMENTO**) **1** di questa o di quella specie, maniera, natura, caratteristica e sim.: *non vorrai approfittare di t. situazione!*; *tali discorsi non sono tollerabili*; *con tali scuse ha evitato il peggio* | in correl. con 'che', 'da' e 'quale': *ha detto tali sciocchezze da fare ridere*; *ha tali sentimenti quali tu certo non immagini*; *mille disegni varii ... mi improvvisavano nel cervello tali arabeschi che non arrivavo a tenervi dietro* (I. NIEVO) **2** così grande (spec. in correl. con 'che', 'da', 'quale'): *è di una t. impertinenza!*; *fa una t. confusione!*; *ho preso un tal spavento che ancora tremo tutta* **3** in correl. con un altro 'tale', esprime identità, somiglianza strettissima: *tali i genitori, tali i figli*; *t. abate, tali monaci* | in correl. con 'quale' e con 'come' introduce il secondo termine di una similitudine: *il figlio è t. e quale* (o *tal quale*) *il padre* **4** questo, quello: *con tali parole mi ha congedato*; *quando avvenne t. fatto, io ero ragazzo*; *in t. condizione deve cedere per primo* **B agg. indef. 1** certo (al sing. sempre preceduto dall'art. indet. con valore rafforz. per indicare cosa o persona ignota o che non si vuole precisare): *un t. ragionier Bianchi desidera parlarti*; *incontrarono degli amici, tali Rossi* | (*fam.*, *intens.*) ***un tal quale***, un certo: *ha un tal quale modo di fare che lo rende antipatico*; *ho una tal quale pigrizia addosso!* | preceduto da 'questo' o 'quello' con valore rafforz.: *c'è quella tal persona che chiede di te*; *voglio definire questa tal questione* **2** indica persona o cosa indeterminata (preceduto dall'art. determ.): *voglio* *parlare con la tal persona; vuole la tal cosa e poi la tal altra* | anche posposto a un sost.: *vieni il giorno t., all'ora t.* **C** **pron. dimostr.** ● questa, quella persona già menzionata e di cui non si vuole ripetere il nome: *allora quel t. gli ha risposto per le rime; io sono il tale, gli dissi* **D** **pron. indef.** **1** indica persona indeterminata (preceduto dall'art. indet.): *c'è una t. che vuole parlare con te; ha telefonato un t. per sapere a che ora sei in casa* | †uno, un certo (non preceduto dall'art.): *T. ora tace che allora ardirà di parlare* (F. GUICCIARDINI) **2** indica, preceduto da 'quello' o da 'questo', persona già menzionata o comunque nota: *è tornato quel t. di ieri a cercarti; quella t. continua a telefonare tutti i giorni* **3** nelle loc. ***il tal dei tali, la tal dei tali***, indica persona ben nota di cui si conoscono nome e cognome ma che non si vuole menzionare: *l'ho saputo dal tal dei tali; vai dalla tal dei tali e falle questa ambasciata* **E** **avv.** ● (*lett.*) †talmente, in modo tale, così (spec. correl. con 'che') ‖ **talménte** **avv.** **1** così tanto, in modo tale: *sono talmente contento!; ho gustato talmente la sua compagnia!* **2** nelle loc. cong. ***talmente che, talmente da***, tanto, così che, così da (introduce una prop. consecutiva esplicita con il v. all'indic., implicita con il v. all'inf.): *sono talmente felice che non puoi credere; sono stato talmente sciocco da accettare senza riserve*

talèa ① o **tàlea** [vc. dotta, lat. *tālea(m)*, prob. da una lingua mediterranea ✱av. 1320] **s. f.** ● porzione di ramo, germoglio, foglia o radice, capace di costituire, posta nel terreno, una nuova pianta: *t. legnosa, semilegnosa, erbacea; t. semplice, a zampa di cavallo, a magliolo*

talèa ② [vc. d'orig. sconosciuta ✱1960] **s. f.** ● (*mus.*) nella musica dei secc. XIV e XV, ripetizione di uno schema ritmico fisso

taleàggio [da *talea*① ✱1960] **s. m.** ● riproduzione di una pianta per mezzo di talea

talebànico [1997] **agg.** (**pl. m.** *-ci*) ● relativo ai talebani, tipico dei talebani | (*est., spreg.*) integralista, dogmatico: *atteggiamento t.*

talebàno [adattamento di *taliban* (V.) ✱1995] **A** **s. m.** ● studente di scuola coranica, membro di un'organizzazione politico-militare di ispirazione integralista islamica attiva in Afghanistan dal 1994 e al potere fino al 2001 | (**al pl.**; *per anton.*) tale organizzazione: *il governo dei talebani* **SIN.** taliban **B** **agg.** ● appartenente o relativo all'omonima organizzazione: *le forze talebane* **C** **agg. e s. m.** (**f.** *-a*) ● (*est., spreg.*) che (o chi) è dogmatico, integralista: *si è dimostrato un t.; mentalità talebana*

tàle che ➤ **talché**

talèd o **tallèd** [ebr. *tallīth*: dall'ebr. biblico *tillēl* 'coprì' (?) ✱1840] **s. m. inv.** ● nel culto ebraico, manto rettangolare, munito di frange e di fiocchi agli angoli, nel quale si avvolgono, durante il rito, i fedeli maschi, dall'età di tredici anni compiuti

talèggio [dal n. del luogo di produzione, *Taleggio*, in provincia di Bergamo: un deriv. del lat. *tīlia* 'tiglio' (?) ✱1918] **s. m.** ● tipo di formaggio molle e stagionato

talent /ingl. 'tælənt/ [vc. ingl., propr. 'talento②' ✱1954] **s. m. inv.** ● persona dotata di grandi capacità, in alcune loc. | nella loc. sost. m. inv. ***talent show***, spettacolo spec. televisivo consistente in esibizioni di giovani debuttanti che si sfidano nel canto, nella danza, nella musica, nella recitazione o in altri campi | nella loc. sost. m. e f. inv. ***talent scout***, nell'editoria e nello spettacolo, ricercatore professionista di persone di talento

talentàccio [pegg. di *talento* ✱av. 1742] **s. m.** ● (*colloq.*) talento naturale, originale, anche se non raffinato | (*est.*) persona dotata di tale talento

talentàre [da *talento*② ✱1235 ca.] **v. intr.** (*io talènto*; **aus.** *essere*) ● (*lett.*) andare a genio: *era una festa … disporre ogni cosa come le talentava* (F. DE ROBERTO)

talènto ① [vc. dotta, lat. *talĕntu(m)*, dal gr. *tálanton* 'talento', a sua volta da *tálas*, genit. *tálantos* 'sopportazione', di orig. indeur. ✱sec. XIII] **s. m.** **1** antica unità di misura di peso greca di valore diverso secondo i luoghi **2** moneta anticamente in uso in Grecia e Palestina

✱**talènto** ② [vc. dotta, lat. eccl. *talĕntu(m)* 'moneta', nel senso di 'dono dato da Dio'; nel sign. 1, attraverso il fr. ant. *talent* ✱av. 1249] **s. m.** **1** (*lett.*) voglia, desiderio: *Dintorno mi guardò, come t. / avesse di veder s'altri era meco* (DANTE *Inf.* X, 55-56) | ***a proprio t.***, spontaneamente | ***andare a t.***, andare a genio, piacere | †***venire in t.***, sentire la voglia, il desiderio | ***mal t.***, V. *maltalento* **2** ingegno, capacità, inclinazione: *ha un certo t. musicale* **3** persona dotata di ingegno e capacità: *è un t. naturale* ‖ **talentàccio**, **pegg.** (V.) | **talentìno**, **dim.** | **talentóne**, **accr.**

SFUMATURE ➤ ***predisposizione***

Definizione d'autore

Il **talento** è democratico, può nascere dappertutto, ma è raro e difficile da cogliere. È la capacità innata di fare qualcosa come nessun altro. Nella musica "pop" consiste nell'arrivare prima e meglio a quello che il pubblico non sa ancora di desiderare, scoprendo qualcosa che ancora non c'è ma che, dopo, sembrerà normale. Non è un lavoro facile, perché l'esperienza mi ha insegnato che il **talento** è fragile, ha bisogno di essere non solo scoperto ma protetto e aiutato a diventare forte. Senza carattere, forza di volontà, spirito di sacrificio perde facilmente la rotta.

Caterina Caselli Sugar

✱**talentóso** (o *-ṣ-*) o **talentuóso** (o *-ṣ-*) nel sign. 2 [da *talento*②; nel sign. 2, attraverso il fr. *talentueux* ✱1287] **agg.** **1** †voglioso, desideroso: *t. / di dicer ciò ch'io sento* (C. DAVANZATI) **2** dotato di grande ingegno ‖ **talentuosità** o (*raro*) **talentosità** **s. f. inv.**

talentuóso ➤ **talentoso**

tal fiàta o (*raro*) **talfiàta** ➤ **fiata**

Taliàcei [vc. dotta, dal lat. *Thalīa(m)*, dal gr. *Tháleia*, propr. 'fiorente, abbondante', di ristretta area indeur. ✱1937] **s. m. pl.** (**sing.** *-o*) ● (*zool.*) classe di Tunicati marini con corpo a bariletto trasparente e fosforescente, che hanno riproduzione alternata sessuale e agamica (*Thaliacea*)

taliban /persiano tɒːleˈbɒːn/ [dall'arabo *tālib*, persiano anche *tāleb*, 'studente', con la desinenza persiana del pl. *-an* ✱1995] **s. m. inv.**; (*raro*) anche **agg. inv.** ● talebano

Talidomìde® [marchio registrato ✱sec. XX] **s. m. o f.** ● (*farm.*) farmaco con azione ipnotica, oggi non più in commercio per i suoi effetti teratogeni

talìpede [comp. del lat. *tālus* 'tallone' (V. *tallone*①) e *-pede* ✱1960] **agg. e s. m. e f.** ● che (o chi) è affetto da talismo

taliṣmànico [1676] **agg.** (**pl. m.** *-ci*) ● relativo a talismano

✱**taliṣmàno** [persiano *tilismāt*, pl. di *tilism*, dal gr. *télesma* 'cerimonia religiosa', da *telêin* 'compiere (un sacrificio)' ✱1672] **s. m.** **1** carattere, figura, formula, incisi o scritti su oggetto di pietra, metallo o altro, che, nelle credenze popolari e religiose, hanno virtù magica difensiva contro il male e i demoni **2** l'oggetto stesso che porta il carattere, la figura o la formula **3** (*est.*) portafortuna (*anche fig.*): *la simpatia è il suo t.*

taliṣmo [dal lat. *tālus* 'tallone' (V. *tallone*①) ✱1960] **s. m.** ● (*med.*) malformazione del piede che, per una eccessiva flessione del dorso, si appoggia sul calcagno e non sulla punta

talk show /tɔlkˈʃo*, ingl. ˈtɔːk,ʃəʊ/ ➤ **show**

tallèd ➤ **taled**

tàllero [ted. *T(h)aler*, moneta originariamente coniata a *(Joachims)tal*, in Boemia ✱1557] **s. m.** **1** grossa moneta d'argento coniata per la prima volta da Sigismondo d'Austria nel 1484, poi diffusa in tutta l'Europa e in Italia con diverso valore | ***t. di Maria Teresa***, coniata in Austria dall'imperatrice Maria Teresa nel XVIII sec. e anche in epoca moderna costituendo, fino alla seconda Guerra mondiale, la principale moneta circolante in Abissinia **2** unità monetaria della Slovenia, sostituito dall'euro nel 2007 **SIMB.** SLT

tàllio [da *tallo* per la sua colorazione verde allo spettro ✱1863] **s. m.** (**pl.** *-i* o *raro* *-ii*) ● elemento chimico, metallo di aspetto simile al piombo, velenoso nei suoi sali usati come depilatori, topicidi o per filamenti di lampade **SIMB.** Tl **NUM. AT.** 81

tallìre [av. 1449] **v. intr.** (*io tallìsco, tu tallìsci*; **aus.** *essere* o *avere*) ● mettere talli | accestire

tallìto **part. pass.** di *tallire*; anche **agg.** **1** nei sign. del v. **2** ***orzo t.***, detto di orzo germinato, usato nella fabbricazione della birra

tallitùra [da *tallire* ✱1960] **s. f.** ● germinazione dell'orzo

tàllo [vc. dotta, lat. *thăllu(m)*, dal gr. *thallós*, deriv. da *thállein* 'fiorire', di orig. mediterr. ✱sec. XIII] **s. m.** **1** corpo vegetativo dei vegetali inferiori, non distinto in radice, fusto e foglie **2** germoglio, cima giovane: *t. della rapa, della cipolla* | †***mettere, rimettere il t.***, (*fig.*) risorgere, rinvigorire **3** †tralcio

tallòfita [comp. di *tallo* e *-fita* ✱1884] **s. f.** ● ogni pianta il cui corpo vegetativo è un tallo

tallòlio [ingl. *tall oil*, dallo svedese *tallolja* 'olio (*olja*) di pino (*tall*)' ✱1960] **s. m.** (**pl.** *-i* o *raro* *-ii*) ● liquido bruno vischioso, di odore resinoso, presente nelle acque di rifiuto della preparazione della cellulosa, scindibile per distillazione in acidi grassi e resine impiegati nella produzione di detergenti, impermeabilizzanti, inchiostri, adesivi e sim.

tallonàggio [da *tallonare* in senso sportivo ✱1964] **s. m.** ● nel rugby, azione del tallonatore

tallonaménto [1953] **s. m.** **1** inseguimento ravvicinato, incalzante: *il t. del giocatore avversario* **2** (*mecc.*) impuntamento, nella lavorazione di un metallo

tallonàre [fr. *talonner*, da *talon* 'tallone' (con la consonante rafforzata di *tallone*) ✱1935] **v. tr.** (*io tallóno*) **1** premere, inseguire da vicino, spec. in gare di corsa | (*est.*) seguire da vicino, incalzare (*anche fig.*): *l'opposizione tallona i partiti di governo nei sondaggi* **2** nel rugby, colpire il pallone con il tallone

tallonàta [1960] **s. f.** **1** colpo di tallone **2** nel rugby, lancio del pallone all'indietro con un colpo di tallone

tallonatóre [da *tallonare* nel sign. sport. ✱1960] **s. m.** (**f.** *-trice*) ● nel rugby, il giocatore di prima linea che, durante la mischia, ha il compito di conquistare il pallone colpendolo con il tallone

talloncìno [1809] **s. m.** **1** dim. di *tallone*② **2** cedoletta che, staccata da una scheda, una cartolina e sim., serve da ricevuta | parte staccabile dalle scatole di medicinali, su cui è stampato il prezzo, trattenuta dal farmacista per ottenere il rimborso dal servizio sanitario **3** breve annuncio pubblicitario pubblicato sui quotidiani, riguardante uno spettacolo, spesso vistosamente incorniciato o anche illustrato

tallóne① [lat. tardo *talōne(m)*, parallelo di *tālus*, di etim. incerta, attraverso il fr. *talon* ✱ sec. XIII] **s. m.** **1** (*anat.*) calcagno | †caviglia | ***t. d'Achille***, quello che, secondo la leggenda omerica, era il solo punto vulnerabile dell'eroe; (*fig.*) punto vulnerabile di qlcu. o qlco. **2** rinforzo della calza sul calcagno **3** parte sporgente che in vari oggetti, arnesi, strumenti serve da appoggio fermo o mobile: *il t. della lama del coltello*; *il t. del vomere* | (*mus.*) impugnatura dell'archetto degli strumenti ad arco a cui è fissato un capo dei crini, provvisto di un nasetto che ne regola la tensione | (*mus.*) ***suonare al t.***, ottenendo suoni robusti **4** nella sciabola, la parte più robusta non scanalata della lama, che si trova vicino alla coccia **5** (*disus.*) nel canottaggio, rivestimento di cuoio del remo nella parte in cui si appoggia sullo scalmo **6** parte tondeggiante del calcio di un fucile **7** parte posteriore, più grossa, della stecca da biliardò **8** ciascun bordo ingrossato del copertone, che sta a contatto col cerchio della ruota **9** mazzo di carte avanzate dalla distribuzione iniziale dal quale si attinge durante il gioco

tallóne② [fr. *talon*, uso fig. del sign. proprio di 'tallone', cioè di 'estremità di un oggetto' ✱ 1877] **s. m.** ● tagliando, cedola ‖ **talloncino**, **dim.** (V.)

tallóne③ [fr. *étalon*, propr. 'modello di pesi e misure', dal francone **stalo* 'modello' ✱ 1938] **s. m.** ● (*econ.*) base di un sistema monetario | ***t. aureo, argenteo***, sistema monetario basato sull'oro o sull'argento

tallonite [comp. di *tallone* e *-ite*①] **s. f.** ● (*med.*) condizione dolorosa del tallone con infiammazione in corrispondenza del calcagno CFR. talalgia

tallóso① (o **-ṣ-**) [da *tallo* ✱ 1891] **agg.** ● (*bot.*) che ha aspetto di tallo

tallóso② (o **-ṣ-**) [da *tallio* ✱ 1879] **agg.** ● (*chim.*) detto di composto del tallio monovalente

talmenteché o **talménte che** [comp. di *tal(e)*, *-mente* d'uso avv. e *che*② ✱ 1521] **cong.** ● (*raro*) in modo tale che, a tal segno che (introduce una prop. consecutiva con il v. all'indic. o al condiz.): *quell'odio contro don Rodrigo, quel rodio continuo ... scomparso anche quello. Talmenteché non saprei immaginare contentezza più viva* (A. MANZONI)

Talmùd [ebr. *talmūd* 'studio, insegnamento', di vasta area semitica ✱ av. 1524] **s. m. inv.** ● raccolta, conservata in doppia redazione, palestinese e babilonese, di trattati giuridici, religiosi e ritualistici del III-V sec. d.C. che contengono la dottrina giudaica post-biblica in forma di sentenze fondamentali e di interpretazioni e ampliamento di tali sentenze

talmùdico [av. 1524] **agg.** (**pl. m.** *-ci*) ● relativo al talmud

talmudista [1486] **s. m. e f.** (**pl. m.** *-i*) ● studioso e interprete del talmud

talònide [ingl. *talonid*, comp. di *talon* 'artiglio' col suff. proprio di un elemento strutturale *-id* ✱ 1993] **s. m.** ● (*zool.*) superficie accessoria di masticazione presente nei molari inferiori di Mammiferi arcaici, posteriore rispetto al trigono

♦**talóra** [comp. di *tal(e)* e *ora* ✱ av. 1257] **avv.** (*poet.* **troncato in** *talor* **spec. davanti a parola che comincia per consonante**) ● qualche volta, a volte: *t. succede di non sapere cosa rispondere*; *vogliono e fanciulli essere corretti con modo e ragione, e anche t. con severità* (L.B. ALBERTI); *e le fiere talor sbranar le fiere* (V. MONTI) SIN. talvolta

†**talòtta** [comp. di *tal(e)* e *otta* ✱ av. 1292] **avv.** ● talvolta

♦**tàlpa** o †**tàlpe** [lat. *tălpa(m)*, vc. prelatina di etim. incerta ✱ av. 1292] **A** **s. f.** **1** piccolo mammifero insettivoro, con morbida pelliccia rasa, occhi piccolissimi e zampe unghiute e robuste atte a scavare gallerie nel terreno nelle quali vive e nidifica (*Talpa europaea*) | ***essere cieco, essere sordo come una t.***, vederci o sentirci pochissimo **2** pelliccia di pelo dell'animale **3** (*tess.*) ***Talpa®***, marchio registrato di un tessuto di lana pura o mista con fibre sintetiche, usato per confezionare abiti da società e da cerimonia **4** (*fig.*, *raro*) persona tarda e d'ottusa intelligenza **5** (*fig.*) chi, approfittando della copertura fornita da un lavoro insospettabile, fornisce a un'organizzazione criminale informazioni riservate provenienti dall'ambiente di lavoro, o comunque le usa per attività di spionaggio **6** macchina operatrice adatta a perforare ogni tipo di roccia, usata per scavare gallerie in lavori minerari o di ingegneria civile, spec. nella costruzione di ferrovie metropolitane **7** (*agric.*) ***aratro t.***, aratro provvisto di utensile scavatore cilindrico, appuntito anteriormente, destinato a scavare piccoli canali sotterranei allo scopo di far defluire dal terreno le acque superflue **8** (*mar.*) ***t. marina***, scafandro cilindrico usato talvolta in passato per lavori subacquei a moderata profondità **9** (*veter.*) processo suppurativo aprentesi all'esterno mediante una fistola nella nuca di Equini e Bovini **B** **in funzione di agg. inv.** ● (posposto a un sost.) detto di grigio tendente al nero: *color t.* ‖ **talpétta**, **dim.** | **talpina**, **dim.** | **talpóna**, **accr.** | **talpóne**, **accr. m.** (V.)

†**talpino** [vc. dotta, lat. tardo *talpīnu(m)*, da *tălpa* ✱ 1585] **agg.** ● simile alla talpa

talpóne [av. 1492] **s. m.** (**f.** *-a*) **1** accr. di *talpa* **2** (*fig.*, *raro*) persona sedentaria, staccata dal mondo esterno | (*fig.*, *lett.*) persona subdola

talùno [comp. di *tal(e)* e *uno* ✱ sec. XIV] **A** **pron. indef.** ● (*lett.*) qualcuno, qualche persona: *talune delle persone presenti protestarono*; *taluni si offesero* | in correl. con 'talaltro': *t. mi dava ragione, talaltro torto*; *t. lo crede, talaltro no* **B** **talùni** **agg. indef. pl.** ● alcuni, certi: *citerò solo taluni autori*; *talune critiche sono fondate*

♦**talvòlta** o (*lett.*) **tal vòlta** [comp. di *tal(e)* e *volta* ✱ 1261 ca.] **avv.** ● qualche volta: *t. mi fa veramente arrabbiare*; *t., usciamo a passeggio* | con valore correl.: *t. posso avere torto, ma t. ho ragione* | in correl. con 'talaltra': *t. è allegro, talaltra è di umore pessimo* SIN. talora

†**talvòlte** [1353] **avv.** ● (*raro*) talvolta: *gli rispondeva alle sue ambasciate e da parte di lei ne gli faceva t.* (G. BOCCACCIO)

†**tamàgno** [lat. *tăm măgnu(m)* 'così (*tăm*) grande (*măgnus*)' ✱ sec. XIII] **agg.** ● tanto, così grande

†**tamànto** [da †*tamagno*, dal lat. *tăm măgnu(m)* 'tanto grande', con sovrapposizione di *tanto* ✱ sec. XIII] **agg. indef.** ● (*raro*) tanto, tanto grande

tamanù [vc. polinesiana ✱ 1832] **s. m. inv.** ● (*bot.*) albero delle Guttifere originario dell'Asia tropicale, diffuso anche in Polinesia, dal cui frutto essiccato si ricava un olio che ha proprietà cosmetiche e medicinali come antinfiammatorio e agente antibiotico naturale | l'olio stesso ricavato

tamàri [n. giapp. della salsa ✱ 1986] **s. m. inv.** ● (*cucina*) salsa fermentata a base di soia, frumento e acqua usata nella cucina orientale

Tamaricàcee [vc. dotta, comp. dal lat. *tamarīce(m)* 'tamarice' e *-acee* ✱ 1937] **s. f. pl.** (**sing.** *-a*) ● (*bot.*) famiglia di piante dicotiledoni tropicali e subtropicali adattate a regioni desertiche o steppiche (*Tamaricaceae*)

tamarice ➤ **tamerice**

tamarindo [arabo *tam(a)r hindī*, propr. 'dattero indiano' ✱ av. 1347] **s. m.** ● albero delle Leguminose coltivato nelle regioni calde per il frutto a legume di cui si utilizza la polpa per bevande dissetanti ed in medicina (*Tamarindus indica*)

tamarisco o **tamerisco** [vc. dotta, lat. *tamarīscu(m)*, come la variante *tamarīce(m)*, di orig. straniera ed etim. incerta ✱ sec. XIII] **s. m.** (**pl.** *-schi*) ● (*bot.*) tamerice

tàmaro [etim. incerta ✱ 1561] **s. m.** ● pianta volubile delle Monocotiledoni comune nei boschi freschi mediterraneo-europei con foglie cuoriformi e bacche rosse (*Tamus communis*)

tamàrro [dall'arabo *tammār* 'venditore di datteri' ✱ 1980] **s. m.** (**f.** *-a*) **1** (*merid.*) zotico, burino **2** (*gerg.*, *spreg.*) ragazzo di periferia, rozzo e impacciato, che segue la moda, ma ne coglie gli aspetti più vistosi e volgari CFR. truzzo, zarro

tambarèllo [vc. dial., di etim. incerta ✱ 1936] **s. m.** ● pesce dei Tunnidi simile allo scombro con due pinne dorsali molto distanti fra loro, azzurro con fasce più scure sul dorso, argenteo sul ventre (*Auxis thazard*)

†**tambène** [sp. *tambien*, da *tanto bien* 'tanto bene' ✱ av. 1588] **avv.** ● (*raro*) come, cioè

tambùcio o **tambùgio** [variante di *stambugio* (?) ✱ 1887] **s. m.** ● (*mar.*) copertura scorrevole degli accessi sottocoperta | casotto costruito in coperta per riparo al boccaporto

†**tamburagióne** o †**tamburazióne** [dal *tamburo* 'specie di cassetta chiusa' (così detta per la sua forma), nel quale era posta ✱ av. 1385] **s. f.** ● (*stor.*) in età comunale, accusa, denuncia anonima | foglio contenente tale accusa

tamburàio [1808] **s. m.** (**f.** *-aia*, **pl. m.** *-ai*) ● artigiano che fabbrica e vende tamburi

tamburaménto [1963] **s. m.** ● in falegnameria, costruzione di un pannello tamburato

tamburàre [da *tamburo* ✱ av. 1449] **A** **v. tr.** **1** †bastonare **2** in falegnameria, costruire un pannello tamburato **3** (*stor.*) fare oggetto di tamburagione **B** **v. intr.** (**aus.** *avere*) **1** battere il tamburo **2** (*raro*, *lett.*) tamburellare: *E si metteva ... a tamburar con le dita su i vetri della finestra* (L. PIRANDELLO) **C** **tamburàrsi** **v. rifl. recipr.** ● (*fig.*) †percuotersi, picchiarsi

tamburàta [av. 1386] **s. f.** ● (*raro*) il tamburare | (*raro*, *fig.*) bastonatura

tamburàto **A** **part. pass.** di *tamburare*; **anche agg.** ● nei sign. del v. | ***pannello t.***, pannello formato da due fogli di compensato o di laminato plastico applicati su uno strato interno di riempimento e distanziamento, costituito da un leggero reticolato di legno o da altro materiale, usato spec. per la produzione in serie di porte piane SIN. pannello a tramezzino | ***porta tamburata***, costituita da un pannello tamburato nella cui anima sono applicati i pezzi di rinforzo in corrispondenza delle maniglie e della serratura e l'intelaiatura periferica **B** **s. m.** ● pannello tamburato

†**tamburazióne** ➤ †**tamburagione**

tambureggiaménto [1917] **s. m.** **1** serie di colpi di tamburo | (*est.*) successione insistente di colpi d'arma da fuoco: *il t. dell'artiglieria* | (*fig.*) sequenza incalzante: *essere sottoposto a un t. di domande* **2** nel calcio, serie di tiri continui contro la porta avversaria | nel pugilato, rapida e prolungata successione di colpi sferrati all'avversario

tambureggiànte **part. pres.** di *tambureggiare*; **anche agg.** ● nei sign. del v.

tambureggiàre [1598] **A** **v. intr.** (**pres.** *io tamburéggio*; **fut.** *io tambureggerò*; **aus.** *avere*) **1** battere il tamburo **2** risuonare, detto di tamburi | (*est.*) crepitare, detto spec. di armi da fuoco **B** **v. tr.** ● (*est.*) battere, colpire fittamente: *i grossi calibri tambureggiavano le fortificazioni*; *t. la porta avversaria*

tamburellàre [da *tamburello* ✱1870] **A** **v. intr.** (*io tamburèllo*; **aus.** *avere*) **1** suonare il tamburo **2** dare colpi rapidi e fitti su qlco.: *t. nervosamente sul tavolo*; *la pioggia tamburellava sui tetti* **B** **v. tr.** ● battere con colpi rapidi e fitti: *la chiamava tamburellando le nocche sui vetri* (B. FENOGLIO) | anche in forma pron.: *tamburellarsi la testa con le dita*

tamburellìo [da *tamburell(are)* con il suff. *-io*① ✱1928] **s. m.** (**pl.** *-ii*) ● un tamburellare ritmico e insistente

tamburellìsta [1960] **s. m. e f.** (**pl. m.** *-i*) ● giocatore di tamburello

tamburèllo [sec. XIII] **s. m.** **1** dim. di *tamburo* **2** strumento musicale a percussione, consistente in una membrana tesa su di un cerchio di legno in cui sono incastrati piccoli campanelli, dischi metallici e sim., che si suona tenendolo con la mano sinistra e percuotendo la membrana con il dorso della mano destra oppure agitandolo velocemente per far tintinnare i campanelli **3** cerchietto di legno su cui è tesa una pelle animale conciata in modo speciale, per rilanciare la palla nell'omonimo gioco | (*sport*) pallatamburello

tamburétto **s. m.** **1** dim. di *tamburo* | (*mecc.*) elemento cilindrico o troncoconico parte di una struttura **2** *t. di bosco*, formaggio pecorino sardo a pasta bianca tenera

†**tamburière** [1585] **s. m.** **1** artigiano che lavora tamburi **2** tamburino

†**tamburinàre** [da *tamburino* ✱av. 1789] **v. intr. e tr.** (**aus.** *avere*) ● tamburellare

tamburino [sec. XIII] **s. m.** **1** dim. di *tamburo* **2** (**f.** *-a*) suonatore di tamburo: *il t. di una banda, dell'esercito* **3** (*mus.*) piccolo tamburo appeso all'anca, percosso da una bacchetta, suonato insieme a un piccolo flauto dallo stesso suonatore | suonatore di questo strumento **4** †portavoce **5** (*gerg.*) lista degli spettacoli divisa per categoria che appare ogni giorno sui giornali

tamburlàno [da *tamburlo*, variante sett. di *tamburo*, per la forma ✱1693] **s. m.** **1** struttura simile a un alto tamburo con una rete di fili di ferro, che si collocava un tempo sopra un braciere per stendervi la biancheria da far asciugare **2** apparecchio elementare per la distillazione di liquidi alcolici, simile all'alambicco

♦**tambùro** [persiano *tabīr* con sovrapposizione dell'arabo *ṭunbūr*, n. di uno 'strumento musicale' ✱sec. XIII] **A** **s. m.** **1** (*mus.*) strumento a percussione costituito da una cassa cilindrica in legno o metallo, coperta ai due lati da membrane, di cui la superiore viene percossa da apposite bacchette: *rullo del t.*; *pelli del t.*; *t. militare* | ***batteria del t.***, rulli diversi di segnale ai soldati | ***battuta di t.***, segnale dato con il tamburo | ***a t. battente***, (*fig.*) in tutta fretta, immediatamente | ***battere il t.***, (*fig.*) farsi pubblicità in modo rumoroso, scoperto | ***rullo di tamburi***, (*fig.*) espressione usata per introdurre o commentare qlco. di sorprendente o di eccezionale: *alla fine del pranzo, rullo di tamburi, ecco una magnifica torta!* **2** chi suona il tamburo | (*milit.*) ***t. maggiore***, capotamburo **3** (*archit.*) parte cilindrica o prismatica di alcune cupole, compresa fra gli elementi di base e la calotta, spesso provvista di finestre **4** elemento cilindrico nel fusto di una colonna **5** (*tecnol.*) nelle costruzioni meccaniche e sim., corpo cilindrico o conico, in varie applicazioni **6** cilindro dotato di più camere, gener. in numero di cinque o sei, atte a contenere le cartucce e usato come serbatoio spec. nelle pistole a rotazione: *Nel t. c'erano due cartucce* (L. ROMANO) | ***pistola a t.***, rivoltella **7** organo rotante dei freni degli autoveicoli, consistente in un cilindro largo e piatto solidale al mozzo ruota contro la cui superficie periferica interna agiscono i ceppi **8** (*tecnol.*) negli orologi a molla, bariletto **9** (*inform.*) ***t. magnetico***, tipo di memoria ad accesso casuale impiegato negli elaboratori elettronici **10** (*mar.*) ***t. del timone***, cupola con la quale si copre la testata | ***t. delle ruote***, opera in forma di mezzo cilindro che copre la metà superiore di ciascuna ruota degli antichi piroscafi | ***t. dell'ancora***, barbottino **11** in età comunale, cassetta appesa alle colonne di molte città italiane perché i cittadini vi ponessero querele e denunce **12** (*fig.*) nel linguaggio giornalistico, annuncio pubblicitario pubblicato a fine anno per attirare l'attenzione dei lettori sulle condizioni di abbonamento per l'anno seguente **13** (*teatro*) in scenotecnica, argano che serve a manovrare le funi legate allo scenario **14** nella fortificazione antica, barbacane **15** (*edil.*) l'insieme della centina e del manto nella centinatura di un arco o di una volta ‖ **tamburàccio**, **pegg.** | **tamburèllo**, **dim.** (V.) | **tamburétto**, **dim.** (V.) | **tamburino**, **dim.** (V.) | **tamburóne**, **accr.** **B** in funzione di **agg. inv.** ● (posposto al sost.) solo nella loc. ***pesce t.***, V. *pesce*

tambussàre [adattamento del tipo fr. *tabaser*, dalla radice onomat. *ta(m)b-* ✱av. 1463] **v. tr.** **1** †percuotere, picchiare, bastonare **2** (*sett.*) picchiettare con le dita

tambùsso [1965] **s. m.** **1** (*sett.*) fracasso, frastuono **2** in apicoltura, il percuotere le arnie dall'esterno per farne uscire le api

tamerìce o **tamarìce** [vc. dotta, lat. *tamarīce(m)*, di orig. straniera e di etim. incerta ✱sec. XIII] **s. f.** ● albero delle Tamaricacee con foglie squamiformi e fiori rosei (*Tamarix africana*) **SIN.** tamarisco

tamerìsco ➤ **tamarisco**

tàmia [gr. *tamías* 'economo, intendente': di orig. indeur. (?) ✱1840] **s. m. inv.** ● vivace mammifero roditore americano simile ad uno scoiattolo con mantello rosso bruno-striato longitudinalmente (*Tamia striatus*)

†**tamìgio** ➤ **tamiso**

tàmil [etim. discussa: da una precedente forma dravidica **Damira*, nome di popolo (i Dravidi) (?) ✱av. 1916] **A** **s. m. e f. inv.** ● ogni appartenente a una popolazione dravidica, stanziata nell'India meridionale e nella parte settentrionale dello Sri Lanka **B** **s. m. solo sing.** ● lingua della famiglia dravidica parlata dai Tamil **C** **agg. inv.** ● relativo ai Tamil: *lingua, comunità t.* **SIN.** tamilico

tamìlico [1891] **agg.** (**pl. m.** *-ci*) ● che riguarda la popolazione dei Tamil, i loro usi, la loro cultura: *lingua tamilica*

tamìso o **tamìsio**, †**tamìgio** [fr. *tamis*, dal lat. parl. **tamīsiu(m)*, di etim. incerta ✱sec. XIV] **s. m.** ● (*ven.*) setaccio

tammurriàta [vc. napol. deriv. di *tammurro* 'tamburo' ✱1944] **s. f.** ● ballo cantato tipico della Campania, accompagnato dal suono di tamburo, castagnette, putipù, tricca-ballacca e tromba

Tàmpax® /'tampaks, *ingl.* 'tæmpæks/ [dall'ingl. *tampon* 'tampone' nel senso di 'assorbente igienico' ✱1985] **s. m. inv.** ● nome commerciale di un assorbente interno

tampìco [dal n. del porto messicano di *Tampico* ✱sec. XX] **s. m. inv.** ● (*bot.*) fibra vegetale, ricavata dalle foglie dell'agave

tampinàre [milan. *tampinà* 'importunare' (d'orig. sconosciuta) ✱1959] **v. tr.** **1** (*sett.*) seguire con insistenza **2** (*fig.*) seccare, assillare, molestare

♣**tampòco** [sp. *tampoco*, comp. di *tan(to)* 'tanto' e *poco* ✱av. 1487] **avv.** ● (*lett.*) nemmeno, neppure, tanto meno (gener. preceduto da una negazione): *né io t. ho preteso di provarla* (G. GALILEI) | oggi usato in senso scherz.: *non ho voglia di vederlo né t. di parlargli*

tamponaménto [fr. *tamponnement*, da *tamponner* 'tamponare' ✱1889] **s. m.** **1** il tamponare | ***gioco, azione di t.***, nel calcio, difensiva per arginare i pressanti attacchi della squadra avversaria **2** urto, collisione di un veicolo contro un altro che si trova davanti | ***t. a catena***, quando più autoveicoli si tamponano in successione **3** (*med.*) riempimento di una cavità con garza o altro a scopo emostatico o disinfettante: *t. uterino*

tamponàre [fr. *tamponner*, da *tampon* 'tampone' ✱1886] **A** **v. tr.** (*io tampóno*) **1** chiudere con un tampone | ***t. una falla***, (*fig.*) mettere un rimedio provvisorio a un guaio improvviso e che va risolto subito | anche nella forma pron. **tamponàrsi**, tamponare una parte del proprio corpo: *tamponarsi il naso con dell'ovatta*; *si tamponò la ferita con un fazzoletto* **2** urtare la parte posteriore del veicolo che precede: *l'autobus tamponò un autocarro* **B** **tamponàrsi** **v. rifl. recipr.** ● urtarsi in un tamponamento: *quattro camion si sono tamponati*

tamponatùra [1940] **s. f.** ● il tamponare una falla | applicazione di un tampone a una ferita | (*est.*) il tampone applicato

tampóne [fr. *tampon*, da *tapon* 'tappo', con nasalizzazione ✱1886] **A** **s. m.** **1** (*med.*) pezzo di garza o cotone per assorbire il sangue o per eseguire prelievi di secrezioni organiche | assorbente interno **2** cuscinetto impregnato d'inchiostro per inumidire i timbri e sim. **3** respingente | ***t. paracolpi***, elemento di gomma posto tra la carrozzeria e l'assale di un autoveicolo per impedirne il contatto e attutire gli urti, quando la sospensione cede eccessivamente per un forte sobbalzo **4** (*mus.*) mazza a doppia testa, usata in passato per eseguire il rullo sulla grancassa **5** (*chim.*) sostanza che, presente in una soluzione, si oppone alla variazione di acidità dovuta all'aggiunta di acido o alcali **6** (*miner.*) associazione di sostanze solide usata in minerosintesi per mantenere costante lo stato di ossidoriduzione di una reazione e predeterminare lo stato di valenza del prodotto **B** in funzione di **agg. inv.** ● (posposto a un sost.) detto di provvedimento legislativo varato per fronteggiare situazioni di emergenza e avente carattere di provvisorietà: *legge t.*; *misure t.* ‖ **tamponcìno**, **dim.**

tamtàm o **tam-tàm**, **tantàn**, **tan-tàn** [vc. onomat. ✱1819] **s. m. inv.** **1** strumento a percussione di origine cinese **SIN.** gong **2** grande tamburo ligneo da segnali, costituito da un tronco scavato, posato o sospeso orizzontalmente, che viene percosso con bastoni | (*est.*) il suono di tale tamburo: *un lugubre t.* | (*fig.*) scambio di notizie da persona a persona: *il t. dei lettori* **CFR.** passaparola

tamurè [dal n. indigeno polinesiano ✱1960] **s. m. inv.** ● ballo tipico dell'isola di Tahiti

tan① o **tatatàn** [vc. onomat. ✱sec. XVI] **inter.** **1** riproduce il rullo dei tamburi che ritmano la marcia di reparti militari (*spec. iter.*): *tan tan, tatatan* **2** riproduce il rumore di un colpo di pistola o di fucile | (*iter.*) riproduce il rumore di una raffica di colpi: *tan tan tatatan*

TAN② /tan/ [sigla di *T(asso) A(nnuale) N(ominale)* ✱1996] **s. m. inv.** ● (*banca*) tasso di interesse applicato a un credito al netto di commissioni e oneri accessori **CFR.** TAEG

♦**tàna** [lat. *(sub)tāna(m)* 'sotterranea' (sottinteso *cavĕrna(m)* 'caverna'), con fraintendimento di *sŭb* come prep. ✱sec. XIII] **s. f.** **1** buca profonda, scavata spec. nella terra o nella roccia, dove si rifugiano animali selvatici: *le faine scavano la t. nei vecchi alberi* | (*fig.*) rifugio, covo, nascondiglio: *è una t. di malviventi* | (*fig., spreg.*) †patria, dimora: *son Vanni Fucci / bestia, e Pistoia mi fu degna t.* (DANTE *Inf.* XXIV, 125-126) **2** (*fig.*) abitazione malsana, squallida: *vive in periferia, in una t. vecchia e sporca* **SIN.** buco, stamberga, tugurio **3** (*fig.*) in giochi infantili, il punto in cui ci si deve rifugiare per salvarsi quando si è inseguiti o scoperti: *toccare t.* **4** †fossa, grotta | (*fig.*) bolgia dantesca

tanacetina [comp. di *tanaceto* e *-ina* ✱ 1875] **s. f.** ● principio amaro contenuto nelle sommità fiorite del tanaceto

tanacéto [lat. mediev. *tanacētu(m)*, di etim. incerta ✱ 1522] **s. m.** ● composita comune negli incolti, profumata, con capolini gialli in corimbi (*Tanacetum vulgare*)

tanàglia ➤ **tenaglia**

tanagliàre o (*raro, lett.*) **tenagliàre** [da *tanaglia* ✱ sec. XIV] **v. tr.** (*io tanàglio*) ● (*lett.*) attanagliare, tormentare, torturare: *non trovando che io le dica il vero, mi faccia tenagliare in un fondo di torre* (T. TASSO)

tanàgra ① [portog. *tangara*, di orig. tupi (*tangara*) ✱ 1875] **s. f.** ● uccello passeriforme americano dal piumaggio abbondante e vivacemente colorato (*Tanagra*)

tanàgra ② o **tànagra** [dal n. della città omonima ✱ 1913] **s. f. inv.** ● (*archeol.*) nome di un tipo di statuetta funeraria policroma di terracotta raffigurante figure femminili e prodotta in età ellenistica nella città di Tanagra, in Beozia: *un deposito di t., idoletti egizi, cocci della Creta minoica* (A. SAVINIO)

tananài [variante di *badanai* con sovrapposizione di un motivo onomat. ✱ av. 1803] **s. m. inv.** ● (*tosc.*) confusione, schiamazzo

tànato- [dal gr. *thánatos* 'morte', d'orig. incerta] **primo elemento** ● in parole composte del linguaggio scientifico, significa 'morte' o, più raramente, 'cadavere': *tanatofobia, tanatologia*

tanatofobìa [comp. del gr. *thánatos* 'morte' e *fobia* ✱ 1841] **s. f.** ● (*psicol.*) paura ossessiva della morte **CFR.** necrofobia ‖ **tanatofòbico**, **agg.** (**pl. m.** *-ci*); anche **s. m.** (**f.** *-a*) nel sign. 2 **1** relativo a tanatofobia **2** tanatofobo ‖ **tanatòfobo**, **s. m.** (**f.** *-a*) chi soffre di tanatofobia

tanatologìa [comp. del gr. *thánatos* 'morte' e *-logia* ✱ 1840] **s. f.** (**pl.** *-gìe*) ● (*med.*) in medicina legale, studio delle circostanze connesse alla morte e delle conseguenti modificazioni chimico-morfologiche dell'organismo

tanatològico [1960] **agg.** (**pl. m.** *-ci*) ● concernente la tanatologia

tanatopràssi [comp. di *tanato-* e *prassi* nel senso orig. di 'azione' ✱ 1995] **s. f. inv.** ● pratica di conservazione temporanea e presentazione estetica di una salma mediante sostanze speciali e mezzi tecnici opportuni

tanatoscopìa [comp. di *tanato-* e *-scopia* ✱ 1960] **s. f.** ● (*med.*) insieme di procedimenti che in campo medico-legale permettono di verificare il decesso

tanatòṣi [comp. del gr. *tánathos* 'morte', per l'assoluta immobilità, e del suff. *-osi* ✱ 1960] **s. f. inv.** ● (*zool.*) risposta riflessa di totale immobilità attuata con probabile funzione difensiva da alcuni Insetti

tànca ① [1889] **s. f. 1** V. *tanica* **2** (*mar.*) cisterna o vano stagno per contenere e trasportare liquidi sulle navi

tànca ② [catalano *tanca*, da *tancar*, di etim. incerta ✱ av. 1806] **s. f.** ● terreno recintato per bestiame, in Sardegna: *Saliva un monte, attraversava una t.* (G. DELEDDA)

tàndem [ingl. *tandem*, applicazione scherz. della vc. lat., che fra gli studenti valeva anche 'alla lunga', 'per la lunghezza' ✱ 1890] **s. m. inv.** **1** bicicletta a due sellini, due manubri e due coppie di pedali azionata da due ciclisti posti uno dietro l'altro | ***vincere il t.***, la gara disputata con questo mezzo **2** coppia di atleti perfettamente affiatati, che gareggiano con azione combinata e precisa intesa: *t. di attacco* | ***fare qlco. in t.***, (*fig.*) fare qlco. insieme, collaborare

tandoori /*hindi* tan'duri/ [vc. hindi, da *tandoor* 'forno di terracotta' ✱ 1992] **agg. inv.** ● (posposto a un sost.) (*cucina*) detto della preparazione gastronomica tipica della cucina indiana, in cui carne o pesce, marinati in yogurt e spezie, sono cotti in un particolare tipo di forno a cupola in argilla: *pollo t.*

tanè [fr. *tanné*, part. pass. di *tanner* 'conciare' ✱ 1477] **A** **s. m. inv.** ● (*raro*) colore scuro, fra il rosso e il nero, proprio del guscio della castagna **B** **anche agg. inv.**: *color t.*

†**taneìccio** [av. 1597] **agg.** ● detto di colore che tende al tanè

†**tanfanàre** [variante di *tonfanare*, da *tonfo* (?) ✱ 1600] **v. tr.** ● percuotere, picchiare, maltrattare

tanfàta [1863] **s. f.** ● ondata di tanfo o di odore sgradevole

✦**tànfo** [longob. *tampf* 'vapore', dalla radice indeur. **dhem-* 'fumare' ✱ av. 1492] **s. m.** ● pesante e sgradevole odore di rinchiuso o di muffa: *dal sotterraneo esala un forte t.* | (*est.*) †muffa ‖ (*raro*) **tanfétto**, **dim.**

tànga [vc. d'orig. tupi, giunta attrav. il portog. ✱ av. 1703] **s. m. inv.** **1** coprisesso femminile di dimensioni molto ridotte costituito da un triangolo di cotone, paglia o terracotta, rinvenuto in scavi archeologici in alcune zone dell'America meridionale **2** costume da bagno femminile costituito da due pezzi o da un solo pezzo inferiore molto sgambato anteriormente e ridotto spesso a una sottile striscia nella parte posteriore | slip molto sgambato

tàngelo [vc. ingl., comp. di *tang(erine)* '(arancia) di Tangeri' e *(pom)elo* '(varietà di) pompelmo' ✱ 1960] **s. m.** ● ibrido fra pompelmo e mandarino algerino, con frutti succosi e profumati

tangènte [vc. dotta, lat. *tangĕnte(m)*, part. pres. di *tăngere* (sottinteso *līnea(m)* 'linea') ✱ av. 1642] **A** **agg.** **1** †che tocca, sfiora **2** (*mat.*) detto della posizione limite di una retta che interseca una curva in due punti P e Q quando Q tende a P | detto di due linee curve che, in un punto dato, hanno la stessa retta tangente | detto di un piano rispetto a una superficie in un punto P, quando tutte le tangenti alle linee sulla superficie che passano per P hanno tangenti che giacciono nel piano stesso | detto di due superfici che hanno lo stesso piano tangente **B** **s. f.** **1** (*mat.*) retta tangente a una curva in un punto dato | ***filare per la t.***, (*fig.*) svignarsela | ***partire per la t.***, (*fig.*) divagare all'improvviso o, detto di situazioni, sfuggire al controllo **2** (*mat.*) ***t. trigonometrica di un angolo***, rapporto tra il seno e il coseno dell'angolo **3** (*raro*) parte che tocca a ciascuno in guadagno o spesa comune **SIN.** quota, rata **4** percentuale sul guadagno che spetta a chi ha favorito la conclusione di un affare | somma di denaro estorta con minacce a esercenti o imprenditori **SIN.** pizzo | nel quadro dei rapporti fra pubblica amministrazione e imprese, quota di denaro versata illegalmente in cambio della concessione di appalti, favori e vantaggi vari ‖ **tangentìna**, **dim.** | **tangentóna**, **accr.** | **tangentóne**, **accr. m.**

tangentière [1988] **s. m.** (**f.** *-a*) ● chi riscuote tangenti spec. su appalti e commissioni pubbliche

tangentìsmo [da *tangent(e)* con il suff. *-ismo* ✱ 1987] **s. m.** ● il fenomeno diffuso della richiesta e del pagamento di tangenti: *il t. degli anni Ottanta*

tangentìsta [da *tangentismo* ✱ 1983] **s. m.** e **f.** (**pl. m.** *-i*) ● chi abitualmente riscuote o chiede tangenti

tangentìzio [1988] **agg.** ● che riguarda il sistema fondato sulle tangenti: *malcostume t.*

tangentocràtico [comp. di *tangent(e)* e *-cratico* ✱ sec. XX] **agg.** (**pl. m.** *-ci*) ● che riguarda la tangentocrazia

tangentocrazìa [comp. di *tangent(e)* e *-crazia* ✱ 1983] **s. f.** ● nel linguaggio politico, sistema di governo e di potere fondato sulla richiesta e il pagamento di tangenti

tangentòide [comp. di *tangente* e di un deriv. dal gr. *êidos* '(della) forma (di)' ✱ 1960] **s. f.** ● (*mat.*) diagramma della tangente

tangentòpoli [comp. di *tangent(e)* e *-poli* nel sign. 2 'città delle tangenti' ✱ 1989] **s. f. inv.** ● nel linguaggio giornalistico e politico, lo scandalo, il fenomeno delle tangenti e le relative inchieste giudiziarie

tangènza [1960] **s. f.** **1** (*mat.*) condizione, posizione della tangente **2** (*aeron.*) altitudine massima raggiungibile in aria calma da un aerostato o da un'aerodina a motore

tangenziàle [da *tangenza* ✱ av. 1764] **A** **agg.** **1** (*mat.*) relativo alle tangenti | di tangente o tangenza **2** (*fig.*) marginale, secondario ‖ **tangenzialménte**, **avv.** secondo la tangente **B** **s. f.** **1** (*mat., raro*) tangente **2** strada di traffico veloce che gira attorno ad un centro urbano

tàngere [vc. dotta, lat. *tăngere*, di etim. incerta ✱ sec. XIII] **v. tr.** (*io tàngo, tu tàngi*; **oggi usato soprattutto nelle terze pers. sing. e pl.; difett. del pass. rem., del part. pass. e dei tempi composti**) ● (*lett.*; *oggi scherz.*) toccare (*anche fig.*): *la vostra miseria non mi tange* (DANTE *Inf.* II, 92); *la sua critica non mi tange*

†**tangeróso** (o **-ṣ-**) [da *tăngere* 'toccare (delicatamente)' ✱ sec. XIII] **agg.** ● delicato, sensibile

tangheggiàre [denominale di *tangheggio*, dal fr. *tangage* (a sua volta deriv. di *tanguer* 'beccheggiare', di orig. incerta) col suff. del sin. *beccheggio* ✱ 1813] **v. intr.** (**pres.** *io tanghéggio*; **fut.** *io tangheggerò*; **aus.** *avere*) ● (*mar.*; *disus.*) beccheggiare

tànghero ① [etim. incerta ✱ av. 1400] **s. m.** (**f.** *-a*) ● persona grossolana, rozza e villana **SIN.** buzzurro

tanghèro ② o (*sp.*) **tanguero** /tan'gero, *sp.* taŋ'gero/ [adattamento dello sp. *tanguero* ✱ 1984] **A** **s. m.** (**f.** *-a*) ● ballerino, virtuoso di tango **B** **agg.** ● di tango, del tango: *serata, musica tanghera*

✦**tangìbile** [vc. dotta, lat. tardo *tangĭbile(m)*, da *tăngere* ✱ 1308] **agg.** **1** percepibile al tatto: *la materia celeste non può essere toccata perché manca delle tangibili qualità* (G. GALILEI) **2** (*fig.*) evidente, sicuro, palese: *prova t.* ‖ **tangibilménte**, **avv.** in modo tangibile (*spec. fig.*) ‖ **tangibilità**, **s. f. inv.**

tàngo [sp. *tango*, di etim. discussa: di orig. onomat., tenuto conto dei sign. successivi 'tamburo', poi 'riunione di neri per ballare al suono del tamburo', infine la 'danza' stessa (?) ✱ 1909] **A** **s. m.** (**pl.** *-ghi*) ● danza popolare di ritmo binario, e movimento moderato, affine a quello dell'habanera, introdotto in Europa dall'America meridionale **B** **in funzione di agg. inv.** ● (posposto a un sost.) detto di un colore rosso assai brillante: *rosso t.*; *abito color t.*

tangóne [fr. *tangon*, vc. d'orig. oscura, giunta in fr. dallo sp. o dal provenz. ✱ 1822] **s. m.** ● (*mar.*) asta articolata all'albero di un'imbarcazione a vela che si protende fuori bordo, all'estremità della quale si mura lo spinnaker o il fiocco

tàngram /'tangram, *ingl.* 'tæŋgræm/ [prob. comp. del cinese *t'ang* 'cinese' e *-gram* '-gramma' ✱ 1927] **s. m. inv.** ● rompicapo cinese costituito da un quadrato diviso in sette figure geometriche, con le quali bisogna costruire altre figure dal contorno dato

tanguero ➤ **tanghero**②

tanguìno [etim. incerta ✱ 1829] **s. m.** ● albero delle Apocinacee del Madagascar, velenoso, con frutti disseminati dalle acque marine (*Cerbera venenifera*)

tànica o (*raro*) **tànca**① [ingl. *tank*, dall'indostano *tānkh* 'cisterna' ✱ 1939] **s. f. 1** recipiente di forma parallelepipeda, in metallo o materia plastica, destinato al trasporto di liquidi, spec. combustibili **2** serbatoio rigido sganciabile da un aereo

tank /tank, *ingl.* tæŋk/ [vc. ingl., dal sign. originario di 'serbatoio' (di orig. indiana), secondo un'incerta evoluzione semantica ✱ 1916] **s. m. inv. 1** carro armato **2** (*raro*) cisterna per liquidi **3** (*fotogr.*) contenitore a tenuta di luce per lo sviluppo, su apposite spirali, delle pellicole fotografiche in rullo

tànka① /'tanka, *giapp.* taŋ.ka/ [vc. giapp., comp. di *tan* 'breve' e *ka* 'canzone' ✱ 1960] **s. m.** o (*raro*) **f. inv.** ● breve componimento della letteratura giapponese classica, composto da cinque versi per un totale di 31 sillabe, suddivise in due quinari (il primo e il terzo) e tre settenari CFR. waka

tànka② /'tanka/ [vc. tibetana, propr. 'immagine, pittura' ✱ 1993] **s. f. inv.** ● pittura tibetana su tessuto di carattere religioso, provvista di una canna di bambù all'estremità inferiore che ne facilita l'arrotolamento

tankìni [dall'ingl. *tan(k top)* 'canottiera sportiva' e *(bi)kini* ✱ 1999] **s. m. inv.** ● costume da bagno femminile costituito da uno slip e da un capo superiore simile a una canotta che arriva oltre l'ombelico

tankìsta [da *tank* 'serbatoio' ✱ 1983] **s. m. e f.** (**pl. m.** *-i*) ● chi è addetto alle cisterne in una nave per il trasporto di liquidi o in una petroliera

tannànte [propr. part. pres. di *tannare* ✱ 1960] **A agg.** ● detto di sostanza naturale o sintetica che ha le proprietà concianti del tannino: *le cortecce dei pini sono agenti tannanti* **B anche s. m.**

tannàre [fr. *tanner*, da *tan* 'tanno' ✱ av. 1750] **v. tr.** ● conciare le pelli con sostanze tanniche

tannàto [da (*acido*) *tann(ico)* e *-ato* ✱ 1862] **s. m.** ● combinazione di un tannino con metalli o basi organiche, di largo e svariato impiego, spec. in medicina

tànnico [fr. *tannique* 'pertinente al tanno (*tan*)' ✱ 1865] **agg.** (**pl. m.** *-ci*) **1** del tannino | ***acido t.***, acido gallotannico **2** (*enol.*) detto di vino ricco di tannino per cui presenta sapore astringente (caratteristica apprezzabile in vini giovani) ‖ **tannicità**, **s. f. inv.** caratteristica di un vino tannico

tannìno [fr. *tanin*, da *tan* 'tanno' ✱ 1829] **s. m.** ● classe di composti fenolici diffusi in legni, foglie, cortecce e frutti, usati come concianti e mordenzanti, per inchiostri e, in medicina, come astringenti

tànno [fr. *tan*, dalla base gallica *tanno- 'quercia', dalla cui scorza era ricavato ✱ 1803] **s. m.** ● (*disus.*) scorza ricca di tannino, della quercia o altra pianta

tanoressìa [dall'ingl. *tan* 'abbronzatura' e *oressia*, sul modello di *anoressia* ✱ 2005] **s. f.** ● (*med.*) tendenza compulsiva ad abbronzarsi

tantafèra [per *cantafera* con assimilazione ✱ 1481] **s. f.** ● (*pop.*, *tosc.*) scritto o discorso prolisso, noioso e senza costrutto SIN. tiritera

tantaferàta [av. 1566] **s. f.** ● (*raro*, *tosc.*) tantafera

tantàlico① [av. 1729] **agg.** (**pl. m.** *-ci*) ● (*lett.*) relativo al mitico Tantalo (V. *supplizio*) | (*est.*) atroce, insopportabile: *soffre pene tantaliche* (B. CROCE)

tantàlico② [1840] **agg.** (**pl. m.** *-ci*) ● detto di composto del tantalio pentavalente | ***acido t.***, acido ossigenato del tantalio

tantàlio [dal n. del mitico personaggio *Tantalo*, con aggiunta l'allusione allo sforzo inutile che fa per assorbire integralmente gli acidi ✱ 1819] **s. m.** (**pl.** *-i* o *raro -ii*) ● elemento chimico, di colore grigio, che fonde ad alta temperatura, duro e duttilissimo, resistente agli agenti chimici; un tempo usato per filamenti di lampade, è ora impiegato per apparecchiature esposte spec. all'attacco di alogeni e, in lega col tungsteno, per la costruzione di veicoli spaziali SIMB. Ta NUM. AT. 73

tantalìte [da *tantal(io)* con il suff. *-ite* (2) ✱ 1875] **s. f.** ● (*miner.*) ossido di tantalio, ferro e manganese CFR. coltan

tàntalo [vc. dotta, lat. *Tăntalu(m)*, dal n. proprio, passato, come in altri casi, a n. d'animale ✱ 1771] **s. m.** ● uccello africano dei Ciconiformi con lunghissime zampe sottili, lungo becco arancione e piumaggio bianco, roseo, nero bronzeo (*Ibis ibis*)

tantàn o **tan-tàn** ➤ **tamtam**

tantìno [sec. XIII] **A agg. indef.** ● dim. di *tanto*① **B pron. indef. solo m. sing. 1** una piccola quantità, un po': *me ne basta un t.*; *bevi un t. di vino e digerirai meglio* **2** nella loc. avv. ***un t.***, un po': *sono un t. stanco*; *fermiamoci un t. a riposare* ‖ **tantinèllo**, **dim.** | **tantinétto**, **dim.** | **tantinìno**, **dim.**

♦**tànto**① [lat. *tăntu(m)*, comp. dell'avv. *tăm*, correlativo di *quăm* 'tanto... quanto', di sola area lat. e di orig. indeur., con l'ampliamento agg. *-to-* ✱ sec. XII] **A agg. indef. 1** (**al sing.**) così molto, così grande (riferito a cosa con valore più intens. e più esteso di 'molto' e 'grande'): *c'è tanta miseria nel mondo!*; *abbiamo davanti t. tempo*; *devi fare ancora tanta strada?*; *l'ho aspettato per tanti anni*; *avevano tanta sete!*; *c'è sempre tanta ironia nel suo sguardo*; *dopo t. studiare si è ridotto senza un buon lavoro*; *ho avuto proprio tanta pazienza con voi* | (*lett.*, *enfat.*) così illustre, importante, insigne: *nulla a t. intercessor si neghi* (T. TASSO) | in correl. con 'che' e 'da' introduce una prop. consecutiva: *ha tanta volontà che riesce in ogni cosa a cui si applica*; *ho t. sonno da morire*; *mi tornò t. vigore che io non mi avedevo se io avevo più febbre e più paura di morte* (B. CELLINI) **2** molto (per numero o quantità): *dicono che abbia tanti appartamenti*; *c'erano tante persone di riguardo*; *ha passato tanti guai, poveretto*; *è una ragazza che non fa tanti complimenti*; *tanti saluti anche da parte di mia sorella*; *ti faccio tanti auguri di pronta guarigione*; *le tante mie giovenili storture, di cui mi toccherà di arrossire in eterno* (V. ALFIERI) | (con valore rafforz. ed enfat.) ***t. e poi t.***, (*fam.*) ***t. ma t.***, ***t. t.***, moltissimo: *ho tanti impegni, ma tanti, che non puoi credere*; *ha tanti tanti soldi* **3** in quantità o numero così grande (in espressioni interr. ed escl.): *avete invitato tante persone?*; *cosa te ne fai di t. denaro?*; *non faccia tanti complimenti!*; *gli ho scritto tante volte!*; *o ciechi, il t. affaticar che giova?* (F. PETRARCA) | in correl. con 'che' e 'da' introduce una prop. consecutiva: *hanno tanti soldi che non sanno dove spenderli*; *abbiamo tanti debiti da far paura* **4** in correl. con 'quanto' indica corrispondenza di numero o di quantità in prop. compar.: *spende t. denaro quanto ne guadagna*; *ci sono tanti quaderni quanti sono gli alunni* **5** altrettanto: *tutto il mio lavoro se ne va in t. sudore*; *ho cambiato cento euro in tante monete da uno o due euro* | in espressioni correl.: *tante persone, tante opinioni*; *tanti dipendenti, tante gratifiche*; *tante parole, tante sciocchezze* **6** con valore distributivo preceduto da 'ogni': *ogni tanti invitati disporremo una decorazione floreale*; *ogni tanti kilometri c'è un distributore di benzina* **7** con valore neutro per ellissi di un sost.: *non stare fuori t.*; *spende t. per le sue condizioni*; *non ci vuole t. a capirlo*; *è t. che non lo vedo*; *ci sarebbe t. da dire sul suo conto*; *ho t. da fare*; *t. disse e t. fece che lo convinse*; *è t. se riuscirò a farlo venire* | ***è già t.***, è già una gran cosa: *è già t. che sia stato promosso* | ***or non è t.***, poco tempo fa | ***fra non t.***, fra breve tempo | ***a dir, a far t.***, tutt'al più, al massimo: *saranno state, a dir t., le dieci* | ***da t.***, di molto valore, capace di simili cose: *non lo facevo da t.*; *tu non sei da t.* | ***giungere, arrivare a t.***, a tal punto: *è arrivato a t. da rinfacciarmi ciò che ho fatto per lui* | ***combinarne tante***, tante malefatte, marachelle, disastri e sim. | ***dirne tante a qlcu.***, rimproverarlo aspramente, insultarlo | ***raccontarne tante***, tanti fatti, spec. fandonie, spacconate e sim. | ***darne tante a qlcu.***, picchiarlo ben bene | ***di t. in t., ogni t.***, di quando in quando, saltuariamente | ***fino a t. che***, fintantoché, finché ‖ **tantìno**, **dim.** (V.) **B pron. indef. 1** (**al pl.**) molte persone (con valore indet.): *tanti lo trovano antipatico*; *fra i tanti che hanno risposto all'inserzione c'è anche un mio cugino*; *è uno dei tanti che si credono infallibili* | in correl. con 'quanto': *siamo in tanti quanti non osavo sperare* **2** molto, parecchio (riferito a cose e a persone con valore indef.): *se ti piacciono i libri, qui ne troverai tanti*; *penso di essere una ragazza come tante*; *quanti anni ho io? tanti!*; *sono golosa di cioccolata e ne tengo sempre tanta in casa* **3** altrettanto (in correl. con 'quanto'): *il denaro? ne ho t. quanto basta*; *devi comprare dei quaderni, tanti quante sono le materie scolastiche* | ***né t. né poco***, (*lett.*) ***né t. né quanto***, niente affatto, per niente: *non mi importa né t. né poco* **4** con valore indet. indica un numero o una quantità che non si vuole o non si può specificare: *dei soldi che ti do, tanti sono per la casa, tanti per le tue spese personali* | ***nell'anno milleottocento e tanti***, e rotti | ***ai tanti di maggio***, in quel certo giorno di maggio **5** con valore neutro indica una quantità indeterminata | ***non più che t.***, poco: *si dà da fare non più che t.* | ***se t. mi dà t.***, (*fig.*) se le cose vanno così | ***t. è, tant'è***, è lo stesso: *se non puoi uscire, tant'è che me ne vada a casa* | ***tant'è***, la realtà è questa, c'è poco da fare: *forse si poteva ottenere di più, ma tant'è* | ***t. vale, t. fa, t. varrebbe***, è lo stesso, sarebbe meglio: *t. vale che ce ne andiamo subito*; *t. fa che ti aiuti, così farai presto*; *t. varrebbe rifare tutto il lavoro* | ***con t. di***, (*enfat.*) addirittura con, proprio con (seguito da un compl. partitivo): *il cameriere con t. di guanti bianchi*; *l'ho visto con t. di barba e baffi* | (*fig.*, *lett.*) ***ascoltare con t. d'orecchie***, molto attentamente | (*fig.*) ***guardare con t. d'occhi***, guardare con meraviglia, spalancando gli occhi per lo stupore, l'ammirazione, la sorpresa e sim. | (*fig.*) ***rimanere con t. di naso***, restare male, avvilito **C in funzione di pron. dimostr.** ● tutto questo, ciò (con valore neutro): *ti ho già raccontato prima cosa avvenne, e questo è t.*; *a t. non seppi trattenermi*; *e con t. la riverisco*; *t. ti serva di replica* | ***t. di guadagnato!***, ***t. di meglio!***, meglio, questo è un vantaggio per noi | V. anche *frattanto*, *intanto*, *pertanto* **D in funzione di s. m. solo sing. 1** una quantità indeterminata: *costa un tanto al metro*; *gli do un tanto alla settimana* *per le piccole spese* **SIN.** tot **2** quantità grande, quasi eccessiva: *devi prendere in considerazione sia il t., sia il poco*

♦**tànto**② [lat. *tăntu(m)*, uso avv. di *tăntus* 'tanto①' ✱sec. XII] **A** **avv.** **1** così, in questo modo, in questa misura: *andiamo t. d'accordo!*; *non studiare t.*; *perché ridete t.?*; *sarebbe simpatico se non parlasse t.*; *o Morte, Morte / cui t. invoco* (V. Alfieri) | accompagnando le parole col gesto: *è alto t. e largo t.* | a lungo, per lungo tempo: *camminare t. mi stanca* | in correl. con 'che' e 'da', introduce una prop. consecutiva esplicita o implicita: *è t. giovane che sembra un ragazzo*; *è stata t. ingenua da credere a tutto*; *vuoi essere t. gentile da passarmi quel giornale?* | V. anche *tanto che* **2** così, altrettanto (in correl. con 'quanto' o 'tanto' nei compar. di uguaglianza e nelle prop. compar.): *è t. bella quanto modesta*; *scrive t. quanto parla*; *non studia t. quanto potrebbe*; *non è poi t. furbo quanto sembra*; *lo ammiro non t. per la sua ricchezza, quanto per la sua disinvoltura* | sia, così (in correl. con 'quanto', **pop.** 'che', **pop.** 'come'): *voglio bene t. a voi quanto a loro*; *ammiro t. il tuo coraggio come la tua gentilezza* **3** molto, assai: *ti ringrazio t.*; *saluta t. la nonna*; *vengo t. volentieri*; *ora dormi t. di più*; *ti trovo t. ingrassato*; *non sono più t. giovane*; *scusate t.*; *ti vedo addolorato, ma proprio t.*; *t. peggio per voi*; *se non vieni, t. meglio*; (**intens.**, **iter.**) *sono t. t. contento per voi*; *sei t. gentile, ma t.* | ***non t.***, poco: *guadagna non t.* | ***poco o t.***, sia quanto sia: *poco o t., questo è tutto* | ***né t. né poco***, affatto, per nulla: *ciò non mi riguarda né t. né poco* **4** solamente, soltanto: *per una volta t. potresti venire anche tu*; *se fa t. di venirmi a tiro, lo concio per le feste*; *dammene due dita, t. per gradire*; *è un bravo ragazzo, ma parla t. per parlare*; *facciamo una partita a carte, t. per passare il tempo*; *sto facendo un pullover, t. per fare qualcosa* | ***t. per cambiare***, solo per cambiare; (**iron.**) come al solito: *quest'anno vorrei andare in montagna, t. per cambiare*; *anche oggi piove, t. per cambiare* **5** nella loc. avv. ***t. meno*** o (con grafia unita) ***tantomeno***, a maggior ragione, ancora meno (dopo una frase negativa): *lei non è preoccupata e t. meno io*; *nessuno ... doveva avvicinarla e tantomeno il barone* (L. Sciascia) | nelle loc. avv. ***t. più*** (o, con grafia unita, ***tantopiù***), ***t. meno*** (o ***tantomeno***) (in correl. con 'tanto' o 'quanto' nelle prop. compar.): *t. più lo conosco, t. più l'ammiro*; *quanto più lo frequento, t. meno mi trovo imbarazzato* | nella loc. cong. ***t. più che***, anche perché (aggiungendo un motivo ulteriore a quanto già detto): *non penso che verrò, t. più che devo studiare* **B** **cong.** **1** tuttavia, ma comunque (con valore avversativo): *puoi andarci, t. non gliene importa molto* **2** con valore conclusivo esprime sfiducia o rassegnata accettazione: *non avvilirti, t. ormai è fatta*; *entra, entra, t. sono già pronta!*; *è inutile gridare, t. non ci sentirebbe nessuno* **3** (*raro*) ancora (spec. iter. con valore conclusivo): *se tu fossi ricco, tanto tanto capirei il tuo comportamento*

♦**tànto che** /'tanto ke*, tanto'ke*/ o (*raro*) **tantoché** [comp. di *tanto*② e *che*② ✱sec. XIII] **loc. cong.** ● cosicché, di modo che (introduce una prop. consecutiva): *il malato peggiorò, tanto che dovettero ricoverarlo in ospedale*

tantoméno ➤ **tanto**② nel sign. 5

tànto nòmini [dall'iscrizione posta sulla tomba di N. Machiavelli *tanto nomini nullum par elogium* 'a un nome così grande nessun epitaffio è adeguato'] **loc. agg. inv.** ● (posposto a un sost., **iron.**) formula usata dopo la citazione di un nome proprio che dovrebbe apparire importante

†**tantòsto** [comp. di *tan(to)*② e *tosto* ✱1287] **avv.** ● (*raro*) subito, tosto, in brevissimo tempo: *fiso guardandolo, t. il riconobbe* (G. Boccaccio)

tàntra [sanscrito *tántram* 'dottrina (essenziale)', 'libro', ma originariamente 'ordito di un tessuto', dal v. *tanóti* '(s)tendere', di orig. indeur. ✱1940] **s. m. inv.** ● l'insieme dei testi canonici che racchiudono i principi teologici e filosofici fondamentali dell'Induismo e del Buddismo | (**est.**) il complesso delle tecniche meditative e delle pratiche di vita fondate sul tantra

tàntrico [da *tantra* ✱1907] **agg.** (**pl. m.** *-ci*) ● relativo al tantrismo

tantrìsmo [comp. di *tantr(a)* e *-ismo* ✱1940] **s. m.** ● indirizzo e sistema magico-religiosi, fondati sul tantra, nell'Induismo e nel Buddhismo

tàntum èrgo [lat., propr. 'un così grande, dunque, (sacramento)' ✱av. 1803] **loc. sost. m. inv.** ● principio della penultima strofa dell'inno liturgico cristiano *Pange lingua*, cantato nelle benedizioni eucaristiche | ***cantare a qlcu. il tantum ergo***, (**fig.**, **pop.**) spiattellargli le cose in faccia

tantùndem [vc. lat. comp. di *tăntu(m)* 'altrettanto' e la particella *-dem* 'lo stesso' ✱1981] **s. m. inv.** ● (**dir.**) somma di denaro corrispondente al valore di un determinato bene

tanùda [etim. incerta ✱1680] **s. f.** ● (**zool.**) cantaro①

tanzaniàno [1973] **A** **agg.** ● della Tanzania **B** **s. m.** (**f.** *-a*) ● nativo o abitante della Tanzania

tanzanìte [dalla *Tanzania*, dove fu trovata ✱1979] **s. f.** ● (**miner.**) nome comune della zoisite blu scoperta in Tanzania e impiegata in gioielleria

tào [vc. cinese, propr. 'via, strada (giusta)' ✱1843] **s. m. inv.** ● nel sistema filosofico-religioso cinese, principio basilare che dà ordine al cosmo e regola il corso delle cose alternando le due forze opposte dello yin e dello yang

taoìsmo [comp. di *tao* e *-ismo* ✱1917] **s. m.** ● sistema filosofico-religioso cinese fondato sulle dottrine del tao insegnate da Lao Tse (V sec. a.C.); prescrive delle pratiche ascetico-magiche che dovrebbero portare l'io individuale a immedesimarsi completamente con l'universo

taoìsta [1927] **A** **agg.** (**pl. m.** *-i*) ● relativo al taoismo: *religione t.* **B** **s. m. e f.** ● seguace del taoismo

taoìstico [1965] **agg.** (**pl. m.** *-ci*) ● relativo al taoismo e ai taoisti

tap /tap, *ingl.* tæp/ [vc. ingl., propr. 'colpo', da *to tap* 'picchiettare' (di origine onomat.) ✱1988] **s. m. inv.** **1** leggero tocco col dito sul display di smartphone, tablet o sim., corrispondente al clic con il mouse: *aprire un'applicazione con un tap* **2** nella loc. sost. m. inv. ***tap in***, o ***tap-in***, nella pallacanestro, realizzazione ottenuta mediante colpo al volo su rimbalzo offensivo; (**est.**) nel calcio, gol segnato ribattendo in rete un rimbalzo del pallone su un palo della porta avversaria, o una respinta di un difensore (comp. con *in* 'dentro')

tàpa [ingl. *tapa*, n. indigeno polinesiano dell'albero, dalla cui corteccia si ricava tale stoffa ✱1884] **s. f. inv.** ● stoffa preparata con la corteccia di alcuni alberi da vari popoli primitivi, spec. quella bianca, soffice e pieghevole lavorata in Polinesia

tapas /*sp.* 'tapas/ [vc. sp., propr. 'tappo', perché lo spuntino viene posto sopra il bicchiere, come un tappo ✱1985] **s. f. pl.** ● stuzzichini consumati con un aperitivo, serviti nei bar spagnoli

tap dance /*ingl.* 'tæp,dæns/ [loc. ingl., comp. di *tap* 'placchetta metallica applicata alla punta della scarpa' e *dance* 'danza' ✱1955] **loc. sost. f. inv.** ● tip tap

tape mònitor /te(i)p'mɔnitor, *ingl.* 'teɪp-ˌmɒnɪtə(r)/ [loc. ingl., comp. di *tape* 'nastro' (d'orig. sconosciuta) e *monitor* (V.) ✱1983] **loc. sost. m. inv.** (**pl. ingl.** *tape monitors*) ● negli apparecchi per la registrazione del suono, dispositivo che permette l'ascolto di una registrazione nel momento in cui viene effettuata

tapenade /*fr.* tapə'nad/ [vc. fr. da *tapeno*, nome provenz. del cappero ✱1990] **s. f. inv.** (**pl. fr.** *tapenades*) ● (**cucina**) condimento a base di olive nere con capperi e aromi, specialità della Provenza

tapinàre [da *tapino* ✱1287] **A** **v. intr.** (**aus.** *avere*) ● (**raro**, **lett.**) condurre un'esistenza tribolata, miserevole, stentata o raminga **B** **tapinàrsi** **v. intr. pron.** ● (**lett.**) tribolarsi, affliggersi, dolersi

tapinèllo **agg. e s. m.** (**f.** *-a*) ● (**lett.**) che (o chi) fa vita da tapino

†**tapinità** [1612] **s. f.** ● meschinità, grettezza

♣**tapìno** [gr. *tapeinós* 'meschino', di orig. incerta ✱av. 1250] **agg. e s. m.** (**f.** *-a*) ● (**lett.**) misero, infelice, tribolato: *come 'l tapin che non sa che si faccia* (Dante *Inf.* XXIV, 11) ‖ **tapinèllo**, **dim.** (V.) ‖ **tapinaménte**, **avv.** (**lett.**) in modo tapino

tapiòca [portog. *tapioca*, dal tupi *tīpĭok*, propr. 'residuo, coagulo' ✱1840] **s. f.** ● fecola alimentare fornita dalle radici di un'euforbiacea americana, la manioca

tapìro [portog. *tapir*, dal tupi *tapira* ✱1803] **s. m.** ● mammifero notturno dei Perissodattili, simile nell'aspetto ai Suini, con coda rudimentale, muso terminante in una breve proboscide, che vive in luoghi paludosi (*Tapirus*)

tapis roulant /*fr.* ta,piʀu'lɑ̃/ [loc. fr., propr. 'tappeto (*tapis*, di diretta orig. gr.) rotolante (*roulant*, part. pres. di *rouler* 'rotolare')' ✱1905] **loc. sost. m. inv.** (**pl. fr.** *tapis roulants*) ● nastro per il trasporto di persone o cose

♦**tàppa** [fr. *étape*, dal medio neerlandese *stāpel* 'deposito', di area germ. e orig. indeur. ✱1652] **s. f.** **1** luogo designato per una fermata che permetta di riposare o ristorarsi durante un viaggio o uno spostamento di truppe: *comando di t.* | (**est.**) fermata, sosta: *andando a Napoli, faremo t. a Firenze* **2** il tratto di strada che separa una sosta dall'altra: *arriveremo in due tappe* | (**fig.**) ***bruciare le tappe***, avanzare speditamente in un lavoro, raggiungere una rapida affermazione in qlco. | (**pedagogia**) ***tappe minime***, fase dell'istruzione programmata in cui l'apprendimento avviene in una serie di tappe successive durante le quali le difficoltà da affrontare vengono scomposte in difficoltà minime **3** (**fig.**) momento fondamentale, decisivo: *la scoperta della penicillina è stata una t. determinante nella storia della medicina* **4** in un giro spec. ciclistico della durata di più giorni, tratto di strada che si copre in un giorno: *corsa a tappe*; *t. di montagna*; *classifica di t.*; *t. a cronometro* **CFR.** semitappa **5** (**dir.**) fase, grado di un processo ‖ **tappóne**, **accr. m.** (V.)

tappabùchi [comp. di *tappa(re)* e il pl. di *buco* ✱1909] **s. m. e f. inv.** ● (**scherz.**) persona che viene di solito chiamata a sostituirne o supplirne un'altra assente: *fu invitato alla festa come t.*

tappabùco [comp. di *tappa(re)* e *buco* ✱1970] **s. m.** (**pl.** *-chi*) ● (**giornalismo**) zeppa

♦**tappàre** [da *tappo* ✱av. 1574] **A** **v. tr.** ● chiudere, turare con un tappo: *t. le bottiglie, la botte* | (**est.**) chiudere un'apertura, un buco: *ho tappato tutti i buchi del muro* | chiudere bene, senza lasciare fessure: *t. la finestra* | ***t. qlcu. in un posto***, costringervelo dentro: *il brutto tempo l'ha tappato in casa* (C. PAVESE) | ***t. la bocca a qlcu.***, (*fig.*) impedirgli di parlare o di portare a termine un discorso, spec. vincendolo in uno scontro verbale | ***t. un buco***, (*fig.*) rimediare a qlco., pagare un debito in qualche modo | anche nella forma pron. **tappàrsi**, nelle loc. ***tapparsi le orecchie, gli occhi, la bocca, il naso***, chiuderli per non sentire, vedere, parlare, odorare; (*fig.*) non voler sentire, vedere ecc.: *si tappò le orecchie per non essere assordato; mi raccomando, tàppati la bocca e non dire niente a nessuno!* **B** **tappàrsi** **v. rifl.** **1** chiudersi, serrarsi, non uscire più da un luogo: *tapparsi in casa per il freddo, per studiare, per sfuggire ai creditori* **2** (*raro*) coprirsi bene con un indumento pesante: *tapparsi con il cappotto*

tapparèlla [vc. milan., da *tappare* ✱ 1935] **s. f.** ● persiana avvolgibile

tapparellìsta [1965] **s. m. e f.** (**pl. m.** *-i*) ● (*sett.*) chi fabbrica, ripara, mette in opera tapparelle

tappàto **part. pass.** di *tappare*; anche **agg.** **1** nei sign. del v. **2** (*mus.*) detto di canna d'organo chiusa all'estremità superiore, che dà un suono cupo e di un'ottava più bassa

tappatrice [da *tappare* ✱ 1970] **s. f.** ● macchina per tappare le bottiglie

tappetàre [da *tappeto* ✱ 1879] **v. tr.** (*io tappéto*) ● (*raro*) fornire di tappeto: *t. una stanza*

tàppete [vc. onomat. ✱ 1726] **inter.** **1** riproduce il suono secco di qlco. che batte | V. anche *tip tap* **2** si usa per sottolineare la subitaneità o il verificarsi inaspettato e improvviso di qlco.

tappetìno [1598] **s. m.** **1** dim. di *tappeto*: *t. da bagno* | (*autom.*) copertura in gomma o moquette per proteggere il pavimento di un'autovettura **2** (*inform.*) piccolo riquadro di gomma o altro materiale sul quale si fa scorrere il mouse

♦**tappéto** [lat. *tap(p)ētu(m)*, pl. *tapētia*, dal gr. *tapḗtia*, di orig. orient. ✱ sec. XIII] **s. m.** **1** spesso tessuto di lana, cotone o altra fibra, spec. con disegni ornamentali, destinato a essere collocato sul pavimento per abbellimento o per maggiore confortevolezza: *un t. persiano; battere i tappeti* | ***mettere i tappeti alle finestre***, durante feste o solennità civili e religiose | (*est.*) drappo per ricoprire tavoli e sim.: *un t. ricamato a mano* | ***t. verde***, quello del tavolo da gioco; (*est.*) il tavolo da gioco, o il gioco stesso | ***t. rosso***, quello steso per il passaggio di un personaggio importante; (*est.*) passerella di una premiazione **SIN.** red carpet | ***mettere qlco. sul t.***, (*fig.*) intavolare una trattativa, affrontare una discussione | †***pagare sul t.***, in contanti | (*est.*) spesso strato che ricopre qlco.: *un t. di fiori, di rose* | ***t. erboso***, l'erba folta dei prati | ***t. stradale***, manto stradale | (*fig.*) ***bombardamento a t.***, lancio di grandissime quantità di bombe su una delimitata zona in modo da distribuirle egualmente dappertutto | nella loc. agg. inv. ***a t.***, (*fig.*) effettuato in modo sistematico, meticoloso: *indagine a t.* **2** nel pugilato, e in alcuni tipi di lotta, piano del quadrato su cui si svolge il combattimento, ricoperto di materiale morbido in modo da attutire le cadute | ***mettere, mandare al t.***, nel pugilato, atterrare l'avversario | ***andare al t.***, nel pugilato, essere atterrato; (*fig.*) lasciarsi sopraffare | ***mandare, costringere qlcu. al t.***, (*fig.*) superarlo, vincerlo nettamente in qlco. **3** ***t. elastico***, attrezzo ginnico costituito da una rete elastica rettangolare tesa parallelamente al suolo sul quale si fanno salti e varie acrobazie ‖ **tappetìno**, **dim.** (V.) | **tappetóne**, **accr.**

tappezzàre [lat. parl. **tapitiāre*, da **tapītiu(m)*, dal gr. *tapḗtion*, secondo una pronuncia tarda, dim. di *tápēs* 'tappeto', di orig. orient. ✱ av. 1536] **v. tr.** (*io tappézzo*) **1** rivestire pareti o mobili con tappezzeria di stoffa o carta: *t. il salotto, un divano* **2** (*est.*) attaccare dappertutto fino a rivestire, ricoprire come con una tappezzeria: *t. i muri di manifesti*

tappezzerìa [adattamento del fr. *tapisserie*, da *tapisser* 'tappezzare' ✱ 1506] **s. f.** **1** tessuto per lo più con disegni, ricami e sim. per rivestimento decorativo di pareti o mobili | carta da parati | ***fare (da) t.***, (*fig.*) assistere a qlco., spec. a feste da ballo, senza parteciparе alle danze **2** l'insieme dei rivestimenti, spec. di stoffa, pelle e finta pelle, dei sedili e delle superfici interne di un'automobile, di un aereo e sim. **3** arte del tappezziere **4** negozio, laboratorio del tappezziere

tappezzière [da *tappezzare*, sul modello del corrispondente fr. *tapissier* ✱ 1585] **s. m.** (**f.** *-a*) ● artigiano che mette in opera stoffe di arredamento, monta le tende, imbottisce, riveste, ripara divani, poltrone, ribatte materassi, e sim.

tàpping /ˈtapin(g), *ingl.* ˈtæpɪŋ/ [vc. ingl., da *to tap* 'picchiettare' ✱ sec. XX] **s. m. inv.** ● (*mus.*) tecnica chitarristica che consiste nel percuotere le corde contro la tastiera con le dita di una o di entrambe le mani

♦**tàppo** [got. **tappa*, di orig. e area germ. ✱ av. 1597] **s. m.** **1** accessorio realizzato in metallo, materia plastica, sughero, legno, vetro, impiegato per la chiusura di contenitori e di recipienti di vario tipo: *t. a fungo, a vite, a strappo, meccanico* | ***t. a corona***, realizzato in banda stagnata e di forma particolare, impiegato per la chiusura di bottiglie di vetro | ***t. di tenuta***, quello di materia plastica che, inserito nel collo della bottiglia, viene tenuto fermo da un tappo a vite, usato spec. nelle confezioni di profumo, medicinali e sim. | (*enol.*) ***sapere di t.***, detto di vino in bottiglia, avere un odore e un sapore sgradevoli a causa di un difetto del tappo di sughero **2** (*fig.*) persona di bassa statura | ***essere un t., un t. da botte***, (*fig.*, *scherz.*) essere piccolo e grassoccio **3** qualunque sostanza od oggetto che ottura un condotto, un canale e sim.: *il t. di un vulcano* **4** cartoncino superiore, o chiusura stellare per cartucce da caccia **5** (*elettr.*) ***t. d'aereo, t. luce***, collegamento di un radioricevitore con la rete d'illuminazione, per servirsi di essa come antenna ‖ **tappétto**, **dim.** | **tappìno**, **dim.**

tappóne [accr. di *tappa* ✱ 1963] **s. m.** ● lunga tappa, spec. di corse ciclistiche: *il t. dolomitico*

tàpsia [vc. dotta, lat. *thăpsia(m)*, dal gr. *thapsía* (sottinteso *rízа* 'radice'), perché proveniente dall'isola di *Thápsos* ✱ 1340 ca.] **s. f.** ● (*bot.*) pianta delle Apiacee, mediterranea, con fiori bianchi o gialli e radici usate come rivulsivo (*Thapsia garganica*) **SIN.** turbitto

tapùm [doppia riproduzione onomat. ✱ 1942] **A** **inter.** ● riproduce il suono di uno sparo di fucile **B** **in funzione di s. m. inv.** **1** rumore di uno sparo isolato **2** (*est.*, *raro*) fucile della prima Guerra mondiale

TAR [sigla di *T(ribunale) A(mministrativo) R(egionale)* ✱ 1971] **s. m. inv.** ● (*dir.*) tribunale amministrativo istituito in ogni regione con la competenza di trattare le controversie in primo grado

tàra ① [arabo parl. *ṭáraḥ*, per *ṭarḥ* 'detrazione' (?) ✱ 1278] **s. f.** **1** peso del recipiente o del veicolo di una merce, da detrarre dal peso complessivo per avere quello netto | perdita di valore che subisce una merce per avaria nella qualità o diminuzione nella quantità **2** †ciò che si defalca da un conto | †sconto, riduzione | (*fig.*) ***fare la t. a un racconto, a una notizia***, e sim., accoglierli con riserva, eliminandone le esagerazioni

tàra ② [fr. *tare* 'difetto', accezione particolare di *tare* 'tara①' ✱ 1337] **s. f.** **1** malattia, deformazione ereditaria che compromette l'integrità fisica o psichica di un individuo **2** (*colloq.*) difetto, magagna: *ognuno ha le sue tare*

tarà o **taraà**, **tarattà**, **tarattattà**, **tatà**, **tataà** [vc. onomat. ✱ 1970] **inter.** ● riproduce, variamente iter., il suono di una cornetta: *tarà, tarà, tarattà, tarattattà* | ***tarà zum, tarà zum, tarà zum, zum, zum***, riproduce il suono di una cornetta con accompagnamento di grancassa

tarabaràlla o †**tarabàra** [di orig. onomat. (?) ✱ 1734] **avv.** ● (*pop.*, *tosc.*) pressappoco, suppergiù: *avrà t. sessant'anni* | alla meglio, alla peggio

tarabùgio ➤ **tarabuso**

tarabusìno [propr. dim. di *tarabuso* ✱ 1875] **s. m.** ● l'airone di dimensioni più piccole presente in Italia, caratterizzato da una coda molto breve e da una livrea scura (*Ixobrychus minutus*) **SIN.** airone piccolo, guacco, nonnotto

tarabùso o **tarabùgio** [comp. del lat. *tāuru(m)* 'toro' (per il suo verso profondo) e *būtio* (nom.) 'tipo di uccello', di orig. onomat. ✱ 1481] **s. m.** ● uccello dei Ciconiformi con becco puntuto e fortissimo, morbido piumaggio fulvo con numerose macchie scure (*Botaurus stellaris*)

tarabùsto [di orig. onomat. (?) ✱ 1889] **s. m.** ● antico cannone di grosso calibro e a canna corta

taràgna [dal lat. *terrāneu(m)* '(del colore) della terra' ✱ 1931] **agg. solo f.** ● (*lomb.*) solo nella loc. ***polenta taragna***, preparata con farina di grano saraceno mista a farina di granturco, unendo a fine cottura burro e formaggio

taràllo [etim. incerta ✱ 1574] **s. m.** ● biscotto a forma di ciambella, insaporito da semi d'anice, pepe o altro, a volte reso dolce dall'aggiunta di zucchero, tipico del Meridione ‖ **tarallùccio**, **dim.** (V.)

tarallùccio [sec. XVI] **s. m.** ● dim. di *tarallo* | ***finire a tarallucci e vino***, (*fig.*) risolversi anche troppo amichevolmente o con plateali riconciliazioni, detto di contrasti, liti o scandali

tarànta [da *Taranto*, da cui poi il dim. *tarantola* ✱ av. 1519] **s. f.** **1** (*merid.*) tarantola **2** (*mus.*) variante della pizzica suonata a ritmo più accelerato

tarantàto [da *taranta* ✱ av. 1519] **s. m.** (**f.** *-a*) **1** (*merid.*) tarantolato **2** (*mus.*) che ha il ritmo della taranta

tarantèlla [per *tarant(or)ella*, dim. di *tarantola*, con richiamo al ballo che sembra invadere colui ch'è morso dal ragno ✱ av. 1665] **s. f.** **1** (*zool.*) tarantola **2** vivace danza popolare delle regioni meridionali, che si balla a coppie con accompagnamento di nacchere e tamburelli **3** rete da fondo a doppio tramaglio, di facile manovra, per pescare in prossimità della costa

tarantèllo o (*raro*) **tarantièllo** [dal n. della città di *Taranto*, centro di produzione e smercio ✱ sec. XIV] **s. m.** **1** parte laterale del tonno sott'olio, tra la schiena e la ventresca **2** †pezzo di carne di qualità inferiore, dato dal macellaio come giunta | (*fig.*) †appendice, seguito

tarantìno [sec. XV] **A** **agg.** ● di Taranto **B** **s. m.** (**f.** *-a*) ● abitante o nativo di Taranto

tarantìsmo [per *tarant(ol)ismo* ✱ 1749] **s. m.** ● (*med.*, *antrop.*) manifestazione isterica di tipo convulsivo, attribuita dalle credenze popolari al morso della tarantola

taràntola [da *Taranto*, nella cui area era prevalentemente diffusa ∗av. 1350] **s. f. 1** ragno dei Licosidi, lungo circa tre centimetri, con dorso grigio striato di nero e di giallo e ventre aranciato con macchie nere, con morso velenoso ma non mortale; vive nell'Europa meridionale (*Lycosa tarentula*) | V. anche *taranta* **2** geco ‖ **tarantolino**, **dim. m.** (V.)

tarantolàto [av. 1535] **agg. e s. m.** (**f.** *-a*) **1** (*med.*) affetto da tarantismo **2** che (o chi) è morso da tarantola | che (o chi) è molto agitato, sovreccitato ecc.

tarantolìno [dim. di *tarantola*, n. del geco, così chiamato perché ritenuto velenoso, come il ragno pugliese ∗1932] **s. m.** ● geco

tarantoliṣmo [comp. di *tarantol(a)* e *-ismo* ∗av. 1698] **s. m.** ● tarantismo

tararà [adattamento del fr. *tarare*, vc. onomat. del rumore della macchina ∗1970] **s. f. inv.** ● apparecchio per la selezione delle sementi in corrente d'aria che ne asporta leggere impurità

taràre [da *tara*① ∗1337] **v. tr. 1** fare la tara | detrarre la tara **2** regolare, mettere a punto uno strumento, un'apparecchiatura e sim. **3** †esaminare, riscontrare

taràssaco [arabo *ṭarahšaqūn* 'cicoria selvatica', dal persiano *talkh-chûk*, propr. 'erba amara' ∗1498] **s. m.** (**pl.** *-chi*) **1** (*bot.*) genere di piante delle Composite con diverse specie, che vive in regioni temperate (*Taraxacum*) **2** pianta erbacea perenne delle Composite con fiori gialli in capolini e le cui foglie giovani sono commestibili (*Taraxacum officinale*) **SIN.** dente di leone, piscialetto, soffione

taratàntara [reduplicazione onomat., usata già da scrittori latini ∗1525] **A inter.** ● (*lett.*) †riproduce il suono delle trombe **B in funzione di s. m. inv.** ● †squillo di trombe | (*fig.*, *lett.*) stile risonante: *leggete qui, e persuadetevi che il t. classico non è più di moda* (G. CARDUCCI)

†**taratantarịẓẓàre** [da una base onomat. (cfr. *taratantara*) ∗1634] **v. intr.** ● squillare fragorosamente, detto delle trombe (*anche fig.*)

taratatà [vc. onomat. ∗1900] **A inter.** ● riproduce il suono cadenzato di uno o più strumenti a percussione, spec. di un tamburo **B s. m. inv.** ● il suono stesso: *la indomita alterezza e della cervice e dell'animo, ribadita dal t. delle nacchere* (C.E. GADDA)

taràto① **part. pass.** di *tarare*; anche **agg. 1** detto di peso da cui è stata detratta la tara **2** sottoposto a taratura: *strumento t.*

taràto② [fr. *taré*, da *tare* 'tara②' ∗1931] **agg. e s. m.** (**f.** *-a*) ● che (o chi) è malato, anormale, spec. in conseguenza di un male ereditario (*anche fig.*)

taratóre [1337] **s. m.** (**f.** *-trice*) ● chi tara

tarattà ▸ **tarà**

tarattattatà ▸ **tarà**

taratùra [da *tarare* ∗1884] **s. f. 1** operazione che si compie sugli strumenti di misura di qualunque genere per la loro esatta graduazione **2** (*est.*) correzione, aggiustamento | (*milit.*) ***tiro di t.***, tiro sperimentale per accertare e correggere le differenze di rendimento dei pezzi di una stessa batteria

tarcagnòtto ▸ **tracagnotto**

tàrchia [etim. incerta ∗1798] **s. f.** ● (*mar.*) vela triangolare inferita a un pennone inclinato e incernierato alla base dell'albero, tipica di battelli da pesca

tarchiàno [variante, con suff. mutato, di *tarchiato* (?) ∗1879] **A agg.** ● (*tosc.*) di persona dalla corporatura tozza | di persona rozza o ignorante **B anche s. m.** (**f.** *-a*)

✦**tarchiàto** [etim. incerta ∗1353] **agg.** ● di persona dalla corporatura robusta e massiccia **CONTR.** slanciato ‖ **tarchiatèllo**, **dim.**

SFUMATURE DI SIGNIFICATO

tarchiato - robusto - atticciato

Tarchiato si dice di una persona di bassa statura, brevilinea e di corporatura massiccia. **Robusto** è invece chi possiede forza ed energia o anche chi ha un corpo resistente e vigoroso; non necessariamente però chi è *robusto* è *tarchiato*, mentre molto spesso chi è *tarchiato* è anche *robusto*. In effetti, chi è sia *robusto* sia *tarchiato* si definisce **atticciato**.

SFUMATURE ▸ ***robusto***

†**tardagióne** [lat. tardo *tardatiōne(m)*, da *tardātus* 'tardato' ∗1344] **s. f.** ● ritardo, indugio

†**tardaménto** [av. 1292] **s. m.** ● il tardare | ritardo, indugio | ***senza t.***, subito

tardàndo [da *tardare* ∗1994] **s. m. inv.** ● (*mus.*) rallentando **CONTR.** accelerando

tardànte **part. pres.** di *tardare*; anche **agg.** ● (*lett.*) nei sign. del v. ‖ †**tardanteménte**, **avv.** con ritardo; adagio, lentamente

tardànza [av. 1250] **s. f. 1** †indugio, esitazione | (*est.*) †lentezza **2** (*lett.*) ritardo: *tua madre, spaventata dalla tua … t., che ti cerca da me come una pazza* (G. VERGA)

✦**tardàre** [lat. *tardāre*, da *tărdus* 'tardo' ∗av. 1257] **A v. intr.** (**aus.** *avere* **nel sign. 1**, *avere* **o** *raro essere* **nel sign. 2**, *essere* **nei sign. 3 e 4**) **1** arrivare, fare, terminare qlco. oltre il tempo fissato, utile, necessario (**+** *a*, **+** *in*, **anche seguiti da inf.**): *t. alla festa*; *t. nella consegna della merce*; *t. a dare un permesso* | indugiare, trattenersi: *perché avete tardato tanto a rispondere?*; *cercate di non t. oltre: vi aspettano* | non arrivare in tempo, ritardare: *uscite subito per non t.*; *non capisco perché tardi tanto* **2** non verificarsi nei tempi previsti (**+** *a* **seguito da inf.**): *i soccorsi hanno tardato ad arrivare*; *caso mai il corvo del Signore fosse tardato a venire* (L. CAPUANA) **SIN.** indugiare **3** (*lett.*) parer tardi, non vedere l'ora, detto di ciò che si attende: *avrei dovuto accorgermi che all'ufficiale tardava di essere lasciato solo con la sua carta e i suoi uomini* (I. SVEVO) **4** †farsi tardi, farsi sera **B v. tr.** ● ritardare, procrastinare, portare in lungo: *t. un lavoro* | (*lett.*) rallentare

✦**tardézza** [1268] **s. f.** ● (*lett.*) caratteristica di chi (o di ciò che) è tardo | lentezza

✦**tàrdi** [lat. *tărde*, avv. di *tărdus* 'tardo' ∗av. 1250] **avv.** (**superl.** *tardissimo*) **1** a ora avanzata: *andiamo sempre a letto t.*; *mi sono svegliato tardissimo*; *ho dormito fino a t.*; *lavorerò fino a t.*; *per me a quell'ora è t.*; *ci vediamo più t.*; *la sera gli piace far t.* | (*colloq.*) ***tirare t.***, fare le ore piccole: *gli piaceva tirare t. con gli amici al bar* | ***sul t.***, ***verso il t.***, nelle ore avanzate del pomeriggio, verso sera o nelle ore avanzate del mattino: *è arrivato sul t.*; *ci possiamo vedere oggi sul t.*; *posso venire questa mattina solo verso il t.* | ***presto o t.***, prima o poi: *presto o t. la giustizia arriva per tutti*; *presto o t. mi darà ragione* | ***a più t.!***, si usa come formula di saluto quando, in un'ora prossima, ci si deve incontrare nuovamente | ***al più t.***, al massimo, non oltre un limite massimo di tempo: *per le dieci, al più t., tutto deve essere terminato*; *al più t. sarò di ritorno tra una settimana*; *la consegna è stata effettuata al più t. venti giorni fa* **2** oltre il termine di tempo conveniente, stabilito o necessario: *cerca di non arrivare t.*; *anche oggi ho fatto t. a scuola*; *arrivi troppo t.*; *è t. per andare al cinema*; *mi sono accorto t. del mio errore*; *meglio t. che mai*; *si è fatto t. e bisogna andare*; *t. a punir discendi* (P. METASTASIO) | **PROV.** ***chi t. arriva male alloggia*** **3** †lentamente, con indugio: *camminare t.*; *muoversi t.* ‖ **tardétto**, **dim.** | **tardìno**, **dim.** | **tardùccio**, **dim.**

Tardìgradi [av. 1799] **s. m. pl.** (**sing.** *-o*) ● (*zool.*) tipo di animali affini agli Artropodi e agli Anellidi lunghi al più un millimetro con corpo ovale, allungato, rivestito da cuticola chitinosa e quattro paia di arti (*Tardigrada*)

tardìgrado [vc. dotta, lat. *tardĭgradu(m)*, comp. di *tărdus* 'lento' e *-grădus*, dal v. *grădi* 'camminare, andare' ∗av. 1730] **agg.** ● (*lett.*, *scherz.*) che cammina o si muove lentamente

†**tardìo** ▸ **tardivo**

tardità o †**tarditàde**, †**tarditàte** [vc. dotta, lat. *tarditāte(m)*, da *tărdus* 'tardo' ∗av. 1294] **s. f. inv. 1** (*lett.*) caratteristica di chi (o di ciò che) è tardo; indugio, ritardo: *piansi un tempo, come volle Amore, / la t. delle promesse* (L. DE' MEDICI) **2** (*fig.*) ottusità

tardìvo o †**tardìo** [lat. tardo *tardīvu(m)*, da *tărdus* 'tardo' ∗av. 1304] **agg. 1** che giunge tardi: *primavera tardiva* | che è lento a nascere, fiorire, maturare, detto di piante e spec. di frutta: *l'aria profumava di tardive ginestre* (L. SCIASCIA) **CONTR.** precoce **2** (*fig.*) che è ritardato nello sviluppo fisico e intellettuale: *un ragazzo t.* **CONTR.** precoce **3** che giunge o è fatto troppo tardi e quindi non è più utile, efficace: *scuse tardive*; *rimedio t.*; *una denuncia tardiva* ‖ **tardivaménte**, **avv.** in modo tardivo, in ritardo ‖ **tardività**, **s. f. inv.** caratteristica di ciò che è tardivo: *la tardività di un pentimento*

tardìzia [da *tardo*, sul modello di *primizia* ∗1942] **s. f.** ● prodotto ortofrutticolo la cui maturazione avviene, anche artificialmente, fuori stagione

✦**tàrdo** [lat. *tărdu(m)*, di etim. incerta ∗1268] **A agg. 1** (*lett.*) pigro, non sollecito | (*est.*) lento: *t. a muoversi*; *passi tardi*; *in un moto in sé considerato e solo dir si può veloce o t.* (P. SARPI) | (*lett.*) che rivela una lentezza grave e severa: *Genti v'eran con occhi tardi e gravi* (DANTE *Inf.* IV, 112) | (*fig.*) ottuso, poco sagace: *ingegno t.*; *essere t. a capire* **2** avanzato, inoltrato: *si salutarono nel t. pomeriggio*; *sono rientrati a tarda notte* | ***ore tarde***, quelle della sera | ***tarda età***, la vecchiaia | (*lett.*) futuro, postero: *Tardi nepoti e secoli, / che dopo Pio verrete* (V. MONTI) | che è il più vicino alla fine, detto di periodi storici, artistici, letterari: *il t. Illuminismo* **3** che viene dopo il tempo opportuno e riesce inutile: *consiglio t.*; *una tarda confessione* **SIN.** inopportuno, intempestivo **4** †tardivo, detto di piante o frutta ‖ **tardétto**, **dim.** | **tardóna**, **accr. f.** (V.) | **tardóne**, **accr.** (V.) | **tardòtto**, **alter.** ‖ **tardaménte**, **avv. 1** (*raro*) tardi **2** (*raro*) lentamente, adagio **B avv. 1** (*lett.*) †lentamente, piano: *la spada di qua su non taglia in fretta / né t.* (DANTE *Par.* XXII, 16-17) **2** †tardi: *alma real, dignissima d'impero / se non fossi fra noi scesa sì t.* (F. PETRARCA)

SFUMATURE DI SIGNIFICATO

tardo - ottuso - pigro

Detto di persona, **tardo** connota chi è lento nel muoversi e, in senso figurato, nel pensare, e manca dunque di sagacia. Se la poca sagacia dipende non da mancanza di prontezza ma da torpidezza di mente, scarsa capacità di comprendere, si ricorre al termine **ottuso**. L'essere **pigro** non definisce come i precedenti una qualità dell'intelligenza, ma piuttosto una natura restia a muoversi, a fare, a decidere: ne consegue che una persona può essere pigra senza essere per questo poco intelligente.

tàrdo- primo elemento ● in parole composte della terminologia della storia, della letteratura, dell'arte, fa riferimento alla fase finale o di decadenza di un periodo definito: *tardomedievale*, *tardorinascimentale*, *tardogotico*

tardoadolescènte [comp. di *tardo-* e *adolescente* ∗1995] **s. m. e f.**; anche **agg.** ● chi (o che) ha superato l'età dell'adolescenza, ma ne conserva atteggiamenti e comportamenti

tardoadolescenziàle [1993] **agg.** ● che è tipico di un tardoadolescente: *insicurezze tardoadolescenziali*

tardogòtico [comp. di *tardo-* e *gotico* ✱ 1949] **agg.** (**pl. m.** *-ci*) ● riferito all'arte spec. architettonica dell'Europa settentrionale tra i secc. XV e XVI

tardóna [accr. f. di *tardo* ✱1942] **s. f.** ● (*scherz.*) donna già sfiorita che ostenta abbigliamento e atteggiamenti giovanili

tardóne [1960] **agg. e s. m.** (**f.** *-a* (V.)) **1** accr. di *tardo* **2** (*fam.*) che (o chi) è lento e pigro, spec. d'ingegno

tardorinascimentàle [comp. di *tardo-* e *rinascimentale* ✱1981] **agg.** ● del tardo Rinascimento: *la poesia t. del Tasso*

†**tarèno** [lat. mediev. *tarēnu(m)* 'tarì' ✱sec. XIV] **s. m.** ● (*numism.*) tarì

♦**tàrga** [ant. provenz. *targa*, dal francone **targa* 'scudo' ✱av. 1306] **s. f.** **1** lastra metallica o di altro materiale, che porta una indicazione, un'iscrizione, un fregio e sim.: *applicare sulla porta di casa una t. con il proprio nome* | ***t. di circolazione***, di autoveicoli e motocicli, che reca il codice di immatricolazione | ***t. internazionale***, che reca la sigla del Paese di appartenenza | (*per anton.*) targa di circolazione: *la t. dell'auto, della motocicletta* | ***targhe alterne***, provvedimento di limitazione della circolazione delle autovetture in base all'ultimo numero (pari o dispari) della targa | ***t. stradale***, piccola lastra di marmo, di maiolica o di altro materiale recante il nome della via, posta gener. sul muro di un edificio **2** placca di metallo per lo più prezioso con fregi e iscrizioni da darsi in premio per gare vinte, per omaggio, per ricordo e sim. **3** ornamento architettonico contenente stemma, motto, impresa, spec. a forma di scudo **4** scudo di legno e cuoio a forma di cuore, largo in cima e appuntito in fondo, in uso in età medievale **5** piastrina metallica fissata a una macchina e sulla quale sono riportate le caratteristiche di funzionamento della macchina stessa: *dati di t.* || **targhétta** **dim.** (V.) | **targhìno** **dim. m.** | **targóna** **accr.** | **targóne** **accr. m.**

targàre [da *targa* ✱1935] **v. tr.** (*io tàrgo, tu tàrghi*) ● provvedere di targa: *t. un autoveicolo*

†**targàta** [da *tarpa* nel sign. 4 ✱av. 1606] **s. f.** ● colpo dato con uno scudo

targàto **part. pass.** di *targare*; anche **agg.** **1** provvisto di targa **2** (*fig.*) che è specifico, che ha il segno distintivo di qlcu. o qlco.: *una moda targata Italia; un successo t. Hollywood*

targatùra [1935] **s. f.** ● operazione del targare: *la t. di un'automobile*

tàrget /'target, *ingl.* 'tɑːgɪt/ [ingl. *target* 'bersaglio', propr. 'scudo, targa' (V. *targa*) ✱1964] **s. m. inv.** **1** (*econ.*) obiettivo prefissato: *fissare un t. del deficit sotto l'1% del PIL* **2** (*comm.*) fascia dei destinatari di un prodotto o di un servizio: *il t. di una campagna pubblicitaria, di un programma televisivo*

targhétta [av. 1400] **s. f.** **1** dim. di *targa* **2** piccola targa, spec. con l'indicazione del nome e dell'indirizzo: *applicare una t. al baule* || **targhettìna** **dim.**

targhettatrìce [da *targhetta* ✱1983] **s. f.** ● piccola macchina per applicare targhette

targóne [arabo *ṭarḫūn*, di etim. incerta ✱ 1546] **s. m.** ● (*bot.*) dragoncello

tarì [arabo *ṭarī* 'fresco, tenero', cioè '(di conio) recente' ✱1278] **s. m. inv.** ● moneta d'oro araba e normanna della Sicilia, imitata dalle zecche dell'Italia meridionale e coniata, in multipli sotto gli Svevi e in argento sotto gli Aragonesi, fino alla fine del XVIII sec. | nel sistema monetario del sovrano Ordine di Malta, moneta corrispondente alla dodicesima parte dello scudo SIN. tareno

tarìda [arabo *ṭarīda* 'nave da trasporto' ✱sec. XIII] **s. f.** ● nave del XIII e XIV sec. per trasporto di cavalli, soldati, viveri, materiali, armi e macchine da guerra

♦**tarìffa** [arabo *ta'rīfa*, dal v. *'arraf* 'portare a conoscenza, informare' ✱1338 ca.] **s. f.** **1** insieme dei prezzi stabiliti per determinate merci o prestazioni e prospetto su cui tali prezzi sono indicati: *t. ferroviaria, doganale; t. ordinaria, speciale, eccezionale* **2** costo stabilito d'autorità: *t. giudiziaria degli atti processuali*

tariffàle [1848] **agg.** ● concernente la tariffa: *norma t.*

tariffàre [1749] **v. tr.** ● assegnare una tariffa a beni o servizi, spec. di pubblica utilità: *t. la fornitura di energia elettrica*

tariffàrio [1884] **A** **agg.** ● tariffale: *aumento t.* **B** **s. m.** ● lista di tariffe

tariffazióne [da *tariffare* ✱1960] **s. f.** ● il tariffare

tarlàre [da *tarlo* ✱av. 1557] **A** **v. tr.** ● detto di tarli, tarme e sim., produrre guasti in legno o stoffa | (*raro, fig.*) guastare, corrompere a poco a poco: *il male / che tarla il mondo* (E. MONTALE) **B** **v. intr.** (**aus.** *essere*) e **tarlàrsi** **v. intr. pron.** ● essere roso dai tarli: *il legno vecchio tarla con facilità* | tarmare

tarlatàna [fr. *tarlatane*, di orig. discussa: da *tiretaine*, da *tiret*, da *tire* 'stoffa proveniente da Tiro' (?) ✱1866] **s. f.** ● tessuto di cotone molto leggero che si differenzia dal velo e dalla mussola per la forte apprettatura a cui viene sottoposto

tarlàto **part. pass.** di *tarlare*; anche **agg.** **1** danneggiato dai tarli o dalle tarme **2** (*fig.*, *raro*) decrepito | moralmente corrotto

tarlatùra [da *tarlato* ✱1563] **s. f.** ● galleria prodotta da larve di insetti nel legno | tritume del legno prodotto dal tarlo

tàrlo [lat. parl. **tărmulu(m)*, dim. di *tărmu(m)*, per *tărmes* (nom.) 'tarma' ✱sec. XIII] **s. m.** **1** nome comune di alcuni insetti dei Coleotteri le cui larve rodono il legno, scavandovi delle gallerie **2** (*fig.*) male, tormento, pena che pare rodere l'animo: *il t. del rimorso, del dubbio* SIN. assillo **3** †rancore

tàrma [lat. *tărmes* (nom.) 'tarlo', di etim. incerta ✱sec. XIII] **s. f.** ● (*zool.*) tignola

tarmàre [da *tarma* ✱av. 1389] **A** **v. tr.** ● detto di tarme, guastare, rodere la stoffa **B** **v. intr.** (**aus.** *essere*) e **tarmàrsi** **v. intr. pron.** ● essere infestato, roso, dalle tarme: *la lana tarma facilmente*

tarmàto **part. pass.** di *tarmare*; anche **agg.** **1** roso dalle tarme **2** †butterato

tarmatùra [da *tarmare* ✱sec. XIX] **s. f.** ● guasto prodotto da una tarma: *un golf con evidenti tarmature*

tàrmica o **ptàrmica** [vc. dotta, gr. *ptarmikḗ*, f. sost. di *ptarmikós* 'che fa starnutire', da *ptarmós* 'starnuto' ✱1840] **s. f.** ● (*bot.*) erba perenne delle Composite con foglie seghettate e capolini in corimbo composto; le foglie e le radici polverizzate hanno proprietà starnutatorie (*Achillea ptarmica*)

tarmicìda [comp. di *tarma* e *-cida* ✱1945] **A** **s. m.** (**pl.** *-i*) ● sostanza che distrugge le tarme **B** anche **agg.**: *prodotto t.*

taroccaménto [da *taroccare*① ✱1992] **s. m.** ● (*colloq.*) falsificazione, contraffazione

taroccàre ① [da *tarocco*① ✱av. 1686] **A** **v. intr.** ● †praticare il gioco dei tarocchi **B** **v. tr.** (*io taròcco, tu taròcchi*; **aus.** *avere*) ● (*colloq.*) truccare, falsificare, contraffare

taroccàre ② [etim. incerta, forse dal lat. *altercāre* ✱av. 1589] **v. intr.** (*io taròcco, tu taròcchi*; **aus.** *avere*) **1** (*fam.*) †brontolare, borbottare **2** (*lett.*) litigare, altercare: *ha voglia di t.* (C. GOLDONI) | (*raro*) discutere: *io taroccavo ancora di pedagogia col commendatore* (C. PAVESE)

taroccàto **part. pass.** di *taroccare*①; anche **agg.** ● (*colloq.*) falso, contraffatto: *un Rolex t.*

taroccatóre [1986] **s. m.** (**f.** *-trice*) ● (*colloq.*) falsificatore, contraffattore

taròcco ① [etim. incerta ✱av. 1494] **s. m.** (**pl.** *-chi*) **1** ciascuna delle 22 carte figurate che con altre 56 di quattro semi formano il mazzo usato per il gioco dei tarocchi di antica origine; le carte vengono usate anche in cartomanzia **2** (*gerg.*) oggetto contraffatto, falsificato | falso, trucco, imbroglio

taròcco ② [etim. incerta ✱1919] **s. m.** (**pl.** *-chi*) ● varietà coltivata di arancio della Sicilia, con frutto a buccia sottile e polpa sanguigna, che matura in dicembre-gennaio

taròzzo [etim. incerta ✱1814] **s. m.** ● (*mar.*) ciascuno dei gradini della biscaglina

tarpàn [vc. russa, dal chirghiso *tarpan* ✱1875] **s. m. inv.** ● cavallo selvatico asiatico, oggi estinto, probabile progenitore delle razze domestiche (*Equus gmelini*)

tarpàno o **tàrpano** [da *tarpa*, variante di *talpa* (?) ✱av. 1566] **agg. e s. m.** (**f.** *-a*) ● rozzo, zotico, villano

♣**tarpàre** [fr. *étraper*, dal lat. *exstirpāre* 'sterpare, estirpare' ✱1287] **v. tr.** ● spuntare, ridurre le penne delle ali agli uccelli | ***t. le ali, il volo***, (*fig.*) indebolire, privare delle energie, impedire a qlcu. di progredire in qlco.

tarpatùra [1879] **s. f.** **1** il tarpare **2** (*fig.*, *lett.*) espunzione da un testo di alcune parti

tarpèo [vc. dotta, lat. *Tarpēiu(m)*, sottinteso *mŏnte(m)*, 'il monte di *Tarpea*' ✱av. 1374] **agg.** ● capitolino

tarsàle [1901] **agg.** ● (*anat.*) del tarso

tarsalgìa [comp. di *tars(o)* e *-algia* ✱1960] **s. f.** (**pl.** *-gie*) ● (*med.*) dolore al tarso

tàrsia o (*raro*) **tàrsia** [arabo *tarṣī*, da *rāṣṣa'a* 'intarsiare' ✱sec. XIII] **s. f.** **1** tecnica decorativa in legno o pietra, consistente nell'accostare elementi di vario colore, connettendoli secondo un disegno prestabilito: *t. in pietre dure; stalli di un coro ligneo decorati a t.* **2** qualunque opera ottenuta con tale tecnica **3** (*raro, fig.*) opera letteraria composta di brani presi da vari autori

†**tarsiàre** [da *tarsia* ✱sec. XV] **v. tr.** ● intarsiare

tàrsio [dal gr. *társos* 'pianta del piede', in questi animali molto sviluppata ✱1821] **s. m.** ● proscimmia asiatica bruno-rossastra, notturna, con grandi occhi fosforescenti e lunga coda con ciuffo terminale (*Tarsius*) | ***t. spettro***, correntemente, il tarsio delle Filippine (*Tarsius filippinensis*)

tàrso ① [gr. *tarsós* 'graticcio' e poi 'pianta del piede', di orig. indeur. ✱1561] **s. m.** **1** (*anat.*) insieme delle ossa del piede poste tra la tibia ed il perone da un lato e i metatarsi dall'altro **2** (*anat.*) ciascuna delle sottili lamine di tessuto connettivo fibroso di sostegno alle palpebre: *t. palpebrale superiore* **3** (*zool.*) parte dello scheletro dell'arto posteriore dei Tetrapodi tra tibia e fibula e metatarso | quinto segmento della zampa articolata degli Insetti

tàrso ② [etim. incerta ✱sec. XVI] **s. m.** ● varietà di marmo bianco cavato in Toscana

tartàglia [da *tartagliare* ✱1840] **s. m. e f. inv.** ● tartaglione

tartagliaménto [1840] **s. m.** ● il tartagliare SIN. balbettamento

tartagliàre [vc. onomat. ✱1481] **A** **v. intr.** (*io tartàglio*; **aus.** *avere*) ● parlare ripeten-

do più volte lettere o sillabe spec. iniziali **SIN.** balbettare **B** **v. tr.** ● dire a fatica, con poca chiarezza: *si congedò tartagliando poche parole* **SIN.** balbettare, farfugliare
SFUMATURE ➤ ***balbettare***

tartaglióne [av. 1446] **s. m.** (**f.** *-a*); anche **agg.** ● chi (o che) tartaglia **SIN.** balbuziente

tàrtan [vc. ingl., dal fr. *tiretaine*, di orig. incerta (?) ✻ 1788] **s. m. inv. 1** tessuto di lana a quadri larghi di vario colore, usato specialmente nella confezione dei kilt scozzesi **2** ***Tartan***®, marchio registrato di resina poliuretanica usata un tempo per ricoprire in maniera durevole e tecnicamente soddisfacente attrezzature sportive di vario genere, come piste di atletica, salto, scherma, campi di pallacanestro, pallavolo, tennis e sim.

tartàna [ant. provenz. *tartana*, originariamente 'specie di falco', vc. onomat. imitativa del grido di questo uccello ✻ sec. XIV] **s. f. 1** piccolo veliero da carico, con un solo albero e bompresso, vela latina e uno o due fiocchi, impiegato anche per la pesca **2** rete da pesca a strascico simile alla cocchia ma più piccola ‖ **tartanìna**, **dim.** | **tartanóne**, **accr. m.** (V.)

tartanóne [1811] **s. m. 1** accr. di *tartana* **2** rete, simile alla sciabica, che si tira a forza di braccia verso terra

tàrtara [1992] **s. f.** ● pietanza di carne o di pesce preparata alla tartara: *una t. di manzo, di tonno* **CFR.** tartaro③

tartaràto ➤ **tartrato**

tartare /fr. taʀ'taʀ/ [vc. fr., riduzione di *(steak) tartare* 'fetta di carne (*steak*) preparata alla tartara (*tartare*)' ✻ 1984] **s. f. inv.** ● tartara

tartàreo [vc. dotta, lat. *Tartăreu(m)*, dal gr. *Tartáreios* 'relativo al Tartaro (*Tártaros*)' ✻ av. 1374] **agg.** ● (*lett.*) del Tartaro, infernale: *il rauco suon de la tartarea tromba* (T. TASSO)

†**tartarésco**① [da *tartaro*① ✻ av. 1729] **agg.** (**pl. m.** *-schi*) ● (*lett.*) infernale

tartarésco② [av. 1324] **agg.** (**pl. m.** *-schi*) ● che concerne la Tartaria o i tartari

tartàrico① [da *tartaro*② ✻ 1778] **agg.** (**pl. m.** *-ci*) ● (*chim.*) del tartaro | ***acido t.***, ossiacido bivalente presente come sale in molti frutti, spec. nell'uva, ricavato industrialmente dalle fecce del vino e usato in tintoria, nella panificazione, in fotografia, in farmacia e nella fabbricazione di alcuni coloranti

tartàrico② [av. 1557] **agg.** (**pl. m.** *-ci*) ● tartaresco②

Tàrtaro① [vc. dotta, lat. *Tărtaru(m)*, dal gr. *Tártaros*: di orig. imitativa (?) ✻ sec. XIV] **s. m.** ● nella mitologia greco-romana, abisso in cui furono precipitati i Titani e luogo di tormento per i dannati | (*est.*, *lett.*) Inferno
SFUMATURE ➤ ***inferno***②

tàrtaro② [lat. mediev. *tărtaru(m)*, di etim. incerta ✻ av. 1320] **s. m. 1** incrostazione prodotta dal vino nelle botti **SIN.** gromma, gruma **2** (*miner.*) cristallizzazioni di carbonato di calcio deposte da acque cariche di bicarbonato **3** (*med.*) deposito di sali di calcio e di sostanze organiche sulla superficie del dente in forma di concrezione, che può danneggiare la gengiva e l'apparato di sostegno del dente **4** (*chim.*) ***cremore di t.***, tartrato acido di potassio usato in tintoria, per polveri effervescenti e lievitanti, e in medicina | ***t. emetico***, tartrato di antimonio e potassio usato come mordente e, in medicina, come emetico

tàrtaro③ o, nel sign. A, **tàtaro** [turco *Tatār* 'popolo della Mongolia', con sovrapposizione del mitologico *Tartaro* ✻ 1308] **A** **s. m.** (**f.** *-a*) ● appartenente a una stirpe mongola guerriera e nomade originaria dell'attuale Mongolia esterna, ma diffusasi già dal XII sec. fino alle coste del Mar Caspio: *i tartari dell'Orda d'oro* **B** **agg.** ● dei tartari e della Tartaria | ***salsa tartara***, salsa fredda i cui ingredienti sono olio di oliva, tuorli d'uova sode, cipollina fresca tritata, senape, aceto di vino rosso, sale e pepe | ***zuppa tartara***, dolce freddo a base di ricotta e savoiardi ammollati in un liquore | ***alla tartara***, alla maniera dei tartari; si dice in particolare di un modo di preparare pietanze di carne o di pesce serviti crudi con condimenti vari: *bistecca alla tartara*

♦**tartarùga** [etim. discussa: dal lat. tardo *tartarūchu(m)* 'demonio', dal gr. *tartaroûchos* 'abitante del Tartaro', perché ritenuto animale demoniaco, immondamente avvolto nel fango (?) ✻ 1526] **s. f. 1** tipico rappresentante dei Cheloni marini appartenente a vari generi (*Chelonia, Caretta, Lepidochelys*) | (*fig.*) persona lenta nel muoversi, nel procedere e sim.: *essere una t.* | ***camminare come la t., a passi di t.***, (*fig.*) molto lentamente | (*colloq.*) ***a t.***, detto di ciò che per aspetto o forma ricorda la parte superiore del guscio di una tartaruga | ***addominali a t.***, muscoli addominali ben scolpiti **2** carne di tartaruga di mare, per zuppa o altro **3** sostanza ossea, semitrasparente e di bel colore, ricavata dalle placche cornee della tartaruga, adoperata per pettini, stecche di ventaglio, montature d'occhiali, e sim. ‖ **tartarughìna**, **dim.** | **tartarugóna**, **accr.**

tartarughièra [da *tartaruga* ✻ 1983] **s. f.** ● vasca per piccole tartarughe acquatiche

tartassaménto [1957] **s. m.** ● (*raro*) il tartassare (*anche fig.*)

tartassàre [lat. *taxāre*, intens. di *tăngere* 'toccare (ripetutamente)', col pref. onomat. *tar(t)-* (?) ✻ 1538] **v. tr. 1** vessare, angariare: *i cittadini con le tasse* **2** (*colloq.*) maltrattare, strapazzare, conciare male: *li hanno acciuffati e tartassati* | (*fig.*) ***t. qlcu. a un esame***, porgli una lunga e difficile serie di domande | (*fig.*) ***t. uno strumento***, strimpellarlo **3** (*raro*, *fig.*) tormentare, detto di malattie o disturbi fisici

tartellétta o **tartelétta** [fr. *tartelette*, dim. di *tarte* 'torta' (V. *tartina*) ✻ 1942] **s. f.** ● piccolo dolce a pasta morbida, generalmente di forma rotonda e guarnito di marmellata, frutta o crema, per tè o dessert

tarte Tatin /fr. taʀtə'tɛ̃/ [loc. fr. 'torta (*tarte*) Tatin', dal cognome delle sorelle che l'avrebbero ideata alla fine del sec. XIX ✻ 1978] **loc. sost. f. inv.** (**pl. fr.** *tartes Tatin*) ● torta francese a base di pasta brisée e mele cotte al forno e fatte caramellare in zucchero e burro

tartìna [fr. *tartine*, dim. di *tarte* 'torta', di etim. incerta ✻ 1819] **s. f.** ● fetta sottile di pane liberata dalla crosta, tagliata in forme diverse, che può essere tostata o fritta, guarnita con vari ingredienti o servita come antipasto, spuntino o buffet

tartràto o **tartaràto** [per *tart(a)rato*, attraverso la forma fr. (*tartrate*) ✻ 1829] **s. m.** ● sale o estere dell'acido tartarico | ***t. di antimonio e potassio***, tartaro emetico | ***t. acido***, bitartrato

tartufàia [1759] **s. f.** ● terreno che produce tartufi o nel quale si coltivano i tartufi

tartufàio [1808] **s. m.** (**f.** *-aia*, **pl. m.** *-ai*) ● venditore di tartufi | cavatore di tartufi

tartufàre [1865] **v. tr.** ● guarnire, condire con tartufi

tartufàta [da *tartufare* 'guarnire una pietanza', in orig. con *tartufi* ✻ 1965] **s. f.** ● torta farcita di panna montata e ricoperta di falde sottili di cioccolato

tartuferìa [da *tartufo*② ✻ 1903] **s. f.** ● (*raro*) fariseismo, ipocrisia | azione ipocrita

tartufésco [1857] **agg.** (**pl. m.** *-schi*) ● da tartufo, nel sign. di tartufo② **SIN.** falso, ipocrita

tartufìcolo [comp. del pl. di *tartufo*① e *-colo* ✻ 1960] **agg.** ● che riguarda i tartufi, la loro coltivazione e la loro commercializzazione: *terreno t.*; *la tradizione tartuficola del Piemonte*

tartuficoltóre o **tartuficultóre** [comp. del pl. di *tartufo*① e *coltore* 'cultore' ✻ 1960] **s. m.** (**f.** *-trice*) ● coltivatore di tartufi

tartuficoltùra o **tartuficultùra** [comp. del pl. di *tartufo* e *coltura* ✻ 1931] **s. f.** ● coltivazione e produzione artificiale di tartufi

tartuficultóre ➤ **tartuficoltore**

tartuficultùra ➤ **tartuficoltura**

tartufìgeno [comp. di *tartufo*① e *-geno* ✻ 1970] **agg.** ● terreno adatto allo sviluppo dei tartufi | ***bosco t.***, di quercia, nocciolo, pioppo | ***pianta tartufigena***, che crea nel terreno le condizioni favorevoli al tartufo

tartufìsmo [comp. di *tartuf(o)*② e *-ismo* ✻ 1876] **s. m.** ● atteggiamento ipocrita di chi, sotto un'apparenza di onestà e devozione, nasconde viltà, immoralità e sim.

tartùfo① [lat. parl. *territūfru(m)* 'tubero (nella variante dial. *tūfer*) di terra' ✻ sec. XIV] **s. m. 1** correntemente, fungo sotterraneo degli Ascomiceti a forma di tubero globoso irregolare, di cui sono note specie commestibili assai pregiate | ***t. nero***, bruno, verrucoso, di odore piccante, pregiato se raccolto immaturo (*Tuber melanosporum*) | ***t. bianco***, di colore ocraceo pallido, molto fragrante e assai più pregiato, che vive in simbiosi con querce, pioppi e salici (*Tuber magnatum*) | ***t. giallo***, di colore ocraceo, con scarso valore alimentare, che vive in simbiosi con i cisti e gli eliantemi (*Terfezia leonis*) | ***t. d'America***, topinambur **2** dolce morbido, di forma tondeggiante, a base di burro, zucchero, uova, cioccolato (*t. nero*) o panna (*t. bianco*) | nome commerciale di un semifreddo di forma semisferica a base di gelato alla vaniglia e mousse al cioccolato, ricoperto di piccole scaglie di cioccolato fondente **3** ***t. di mare***, mollusco dei Lamellibranchi che vive nel fango e nella sabbia del Mediterraneo ed ha carni pregiate (*Venus verrucosa*) **4** punta del naso del cane ‖ **tartufìno**, **dim.** | **tartufóne**, **accr.**

tartùfo② [fr. *Tartuffe*, n. di un personaggio di Molière (1622-1673), tipicamente ipocrita e moralmente sotterraneo, come il *tartufo*① ✻ 1797] **s. m.** ● persona caratterizzata da tartufismo **SIN.** bigotto, ipocrita

Tàrzan /'tardzan, tar'dzan/ [dal n. di un personaggio dello scrittore E. R. Burroughs (1875-1950) divulgato dai film d'avventure ✻ 1928] **s. m. inv.** ● (*scherz.*) giovane robusto e aitante, dai modi talora grossolani

tasàjo /ta'sajo, *sp.* ta'saxo/ [vc. sp., di orig. incerta ✻ 1910] **s. m. inv.** ● carne conservata mediante essiccamento, consumata nell'America del Sud

♦**tàsca** [ant. alto ted. *taska*, di etim. incerta ✻ av. 1292] **s. f. 1** sacchetto cucito all'interno di un'apposita apertura del vestito, destinato ad accogliere fazzoletto, portafoglio, chiavi e sim. o usato come pura guarnizione spec. su giacche e cappotti femminili: *t. tagliata, a battente, a toppa* | ***t. ladra***, interna, tagliata nella fodera | ***starsene con le mani in t.***, (*fig.*) restare inoperoso, essere ozioso | ***vuotarsi, ripulirsi le tasche***, (*fig.*) spendere tutto, ridursi in miseria | ***riempirsi le tasche***, (*fig.*) guadagnare molto, arricchirsi | ***per tutte le tasche, alla portata di tutte le tasche***, che è accessibile a ogni categoria di consumatori: *ristoranti, alberghi per tutte le tasche* | ***avere qlco. in t.***, (*fig.*) essere sicuro di ottenerla | ***non mi entra nulla in t.***, (*fig.*) non ci guadagno, non ne ricavo nulla | ***fare i conti in t. a qlcu.***, V. *conto*① nel sign. 3 | ***conoscere come le proprie tasche***, conoscere molto bene | (*fam.*) ***averne le tasche piene***, esserne stanco, stufo | (*volg.*) ***rompere le tasche***, seccare, importunare, infastidire **2** (*est.*) scompartimento interno o esterno di valigie, borse, portamonete e sim.: *un astuccio con tre tasche* **3** (*cucina*) sacchetto di tela terminante in una bocchetta, che riempito di crema o altro è usato dai pasticcieri per decorare i dolci **SIN.** sac à poche **4** †sacca, borsa: *t. per la biancheria, per i ferri del mestiere* **5** (*anat.*) formazione anatomica, od organo, a forma di tasca | ***t. gutturale***, estroflessione della tuba uditiva propria degli Equini | ***t. del nero***, organo tipico di alcuni Molluschi cefalopodi che contiene un liquido scuro eiettabile nell'acqua per sottrarsi alla vista di un qualsiasi nemico ‖ **taschétta**, **taschettìna**, **dim.** | **taschìna**, **dim.** (V.) | **taschìno**, **dim. m.** (V.) | **tascóna**, **accr.** | **tascóne**, **accr. m.**

tascàbile [1763] **A agg. 1** che si può portare in tasca: *libro, edizione, formato t.* **2** (*est.*) di piccole dimensioni (*anche scherz.*): *abbiamo comperato un salotto t.* | ***venere t.***, (*scherz.*) donna graziosissima ma di piccola statura **3** (*mar.*) ***corazzata, sottomarino t.***, con dislocamento inferiore alla norma tradizionale della loro categoria **B s. m.** ● libro in edizione economica di piccolo formato

tascapàne [comp. di *tasca* per il *pane* ✱ 1869] **s. m. (pl. inv. o -*i*)** ● borsa a tracolla per il cibo, usata da militari, cacciatori ed escursionisti

tascàta [1738] **s. f.** ● tutto ciò che può riempire una tasca: *raccolse una t. di sassolini*

taschìna [1879] **s. f. 1** dim. di *tasca* **2** piccola busta trasparente, talora con fondo di cartone scuro, dove porre ogni francobollo nell'album senza bisogno di linguella

taschinàbile [da *taschin(o)* con il suff. *-abile*, sul modello di *tascabile* ✱ 1971] **agg.; anche s. m.** ● detto di libro di formato così piccolo da poter essere portato nel taschino di una giacca

taschìno [av. 1726] **s. m. 1** dim. di *tasca* **2** piccola tasca sul petto della giacca maschile, o nel gilet **3** scompartimento di borse, valigie e sim. | (*est.*, *disus.*) borsellino, portamonete

Tàser® /'tazer, *ingl.* 'teɪzə(r)/ [sigla ingl., dal n. della società che l'ha prodotta, la *T(homas) A. S(wift) E(lectric) R(ifle)* ✱ 1993] **s. m. inv.** ● pistola che spara un raggio elettrico ad alto voltaggio in grado di paralizzare per pochi secondi chi ne viene colpito

task fòrce /task'fɔrs, *ingl.* 'tɑskˌfɔːs/ [loc. ingl., propr. 'forza (destinata ad un determinato) compito', comp. di *task* 'dovere, compito' (dal fr. ant. *tâche*, propr. 'compito, tassa') e *force* 'forza' ✱ 1974] **loc. sost. f. inv. (pl. ingl. *task forces*) 1** formazione navale, composta di mezzi con caratteristiche diverse, in grado di muoversi ed effettuare operazioni belliche come una unità indipendente | unità militare delle forze armate terrestri composta di elementi e mezzi scelti per l'effettuazione di missioni speciali | (*est.*) unità operativa in grado di fronteggiare situazioni di emergenza: *la task force della polizia* **2** (*fig.*) gruppo di esperti o di funzionari incaricati di studiare e formulare strategie operative, spec. in campo economico e politico: *l'azienda ha costituito una task force per risolvere il problema del calo delle vendite*

Tasmànian® /taz'manjan, *ingl.* tæz'meɪnɪən/ [marchio registrato del Lanificio Ing. Loro Piana, vc. ingl., propr. 'tasmaniano, della Tasmania' ✱ 1979] **s. m. inv.** ● tessuto di lana leggero, usato spec. nella confezione di abiti maschili | (*est.*) abito confezionato con tale tessuto

tașmanìano [1903] **A agg.** ● della Tasmania, isola dell'Australia **B s. m. (f. -*a*)** ● abitante o nativo della Tasmania

tàso (o **-ș-**) [ant. fr. *tas* 'mucchio', dal francone **tas* (?) ✱ sec. XIV] **s. m.** ● tartaro, gromma delle botti

♦**tàssa** [da *tassare* ✱ av. 1363] **s. f. 1** tributo dovuto allo Stato o ad altro ente pubblico per la esplicazione di un'attività dell'ente che concerne in modo particolare l'obbligato: *tasse scolastiche, postali, giudiziarie* **CFR.** imposta | (*autom.*) ***t. di possesso***, tributo annuale imposto su ogni autoveicolo, la cui entità è commisurata alla potenza fiscale del motore; ha sostituito la tassa di circolazione | ***t. sulla salute***, nel gergo giornalistico, ogni imposta il cui gettito è devoluto al Servizio Sanitario Nazionale | ***agente delle tasse***, spec. negli Stati Uniti, funzionario incaricato di rilevare i dati necessari all'accertamento di un tributo **2** (*est.*) imposta, tributo: *aumentare le tasse; imporre, pagare le tasse*

SFUMATURE DI SIGNIFICATO

tassa - imposta - tributo - dazio

La **tassa** è la somma di denaro che il cittadino deve corrispondere allo Stato o a un altro ente pubblico come corrispettivo di un servizio di cui gode, per es. la raccolta dei rifiuti, la frequenza scolastica ecc. L'**imposta** è invece una contribuzione di denaro che lo Stato o un ente locale impone al cittadino in relazione al suo reddito (imposta diretta) o che, attraverso lo strumento dell'IVA o delle accise, colpisce i consumi (imposta indiretta). **Tributo** è storicamente la contribuzione di denaro a cui erano obbligati i cittadini nella Roma antica e che lo Stato prelevava per tribù; oggi è termine generico per qualsiasi tassa, imposta o altra contribuzione obbligatoria. Un tempo il **dazio** era un'imposta di consumo che i comuni imponevano alle merci quando entravano nel loro territorio; il termine sopravvive per indicare la tariffa doganale imposta alle merci importate.

tassàbile [1767] **agg.** ● che può essere tassato ‖ **tassabilità**, **s. f. inv.**

Tassàcee ➤ **Taxacee**

†**tassagióne** ➤ **tassazione**

tassàmetro [fr. *taxamètre*, comp. di *taxe* 'tassa' e *-mètre* '-metro' ✱ 1908] **s. m.** ● tipo di contatore in dotazione ai taxi che calcola l'importo da pagare in base al percorso fatto e al tempo impiegato | ***t. di parcheggio***, parchimetro

tassàre [vc. dotta, lat. *taxāre*, dal gr. *tássein* 'porre in ordine, classificare', di orig. incerta ✱ 1324] **A v. tr. 1** sottoporre a tassa o imposta: *t. i redditi* **2** (*lett.*) †assegnare un prezzo, stabilire una tariffa **3** †assegnare la misura di un premio, una pena e sim. **B tassàrsi v. rifl.** ● accordarsi su ciò che ciascuno deve pagare per concorrere ad una spesa: *ci siamo tassati per cento euro*

♣**tassatìvo** [da *tassare* nel sign. lat. di 'stabilire assolutamente (il valore di una cosa)' ✱ 1673] **agg.** ● che stabilisce in modo preciso e indilazionabile | ***disposizione tassativa di legge***, statuizione legislativa assolutamente vincolante che non può essere interpretata liberamente | ***termine t.***, che non può essere rinviato o prolungato ‖ **tassativaménte**, **avv.** in modo perentorio, categorico, inderogabile: *affermare qlco. tassativamente; è tassativamente vietato entrare* ‖ **tassatività**, **s. f. inv.** condizione di ciò che è tassativo: *la tassatività di una disposizione*

tassàto **part. pass.** di *tassare*; anche **agg.** ● nei sign. del v. | ***corrispondenza tassata***, (*ellitt.*) ***tassata***, gravata da una tassa a carico del destinatario

tassatóre [vc. dotta, lat. tardo *taxatōre(m)*, originariamente 'stimatore', secondo il senso originario di *taxāre* 'tassare' ✱ 1419] **A s. m. (f. -*trice*)**; anche **agg.** ● chi (o che) impone tasse **B s. m.** ● nelle cancellerie medievali, funzionario addetto all'applicazione delle tasse per il rilascio dei documenti

tassazióne o †**tassagióne** [vc. dotta, lat. *taxatiōne(m)*, da *taxātus* 'tassato' ✱ 1309] **s. f. 1** imposizione di una tassa o di un'imposta **2** quota d'imposta dovuta da ogni contribuente

tassellaménto [1963] **s. m.** ● (*raro*) il tassellare

tassellàre [da *tassello* ✱ av. 1449] **v. tr.** (*io tassèllo*) **1** ornare, riparare, turare e sim. con tasselli **2** tagliare qlco., estraendone un tassello, un pezzetto: *t. un formaggio, un cocomero* **3** applicare un talloncino comprovante il pagamento della tassa erariale su oggetti d'importazione soggetti al monopolio di Stato

tassellàto **A part. pass.** di *tassellare*; anche **agg.** ● nei sign. del v. **B s. m.** ● parquet

tassellatùra [1707] **s. f.** ● operazione del tassellare

tassèllo [lat. *taxĭllu(m)* 'dadetto', dim. di *tālus* 'dado', come *axĭlla(m)* 'ascella' e *maxĭlla(m)* 'mascella' lo sono di *āla* e *māla* ✱ sec. XIII] **s. m. 1** pezzetto di legno o pietra a forma di dado, cuneo o prisma, che si applica a un muro o a un mobile per riparare, restaurare, turare, ornare | ***t. a espansione***, elemento di collegamento costituito da un blocchetto di metallo, gomma o plastica, spec. cilindrico, che, inserito in un foro, accoglie una vite dilatandosi e così fissandola saldamente **2** (*fig.*) parte, elemento di un insieme: *ricomporre i tasselli dell'indagine* | ***il t. mancante, l'ultimo t.***, l'elemento chiave che permette la piena comprensione di un fatto, una vicenda **3** pezzo di stoffa quadrato o a rombo che si applica nell'incavo delle maniche a kimono per rendere più agevoli i movimenti del braccio **4** piccolo rombo di pelle cucito nei guanti all'attaccatura delle dita **5** pezzetto che si cava come assaggio da cocomero, formaggio, ecc. **6** in fonderia, blocchetto mobile, dello stesso materiale della forma, impiegato per realizzare i sottosquadri del pezzo **7** †ampio bavero di mantello, tipico del tardo Medioevo ‖ **tassellìno**, **dim.**

tassèma [ingl. *taxeme*, dal gr. *táxis* 'ordinamento' (da *tássein* 'ordinare', d'orig. incerta), sul modello di *phoneme* 'fonema' e sim. ✱ 1974] **s. m. (pl. -*i*)** ● (*ling.*) tratto semplice di disposizione grammaticale secondo l'ordine dei costituenti, la modulazione, la modificazione dei fonemi nel contesto e la selezione di forme aventi la stessa disposizione grammaticale ma significati diversi

tassésco [av. 1642] **agg. (pl. m. -*schi*)** ● relativo al poeta T. Tasso (1544-1595) e spec. alla sua opera, al suo stile: *patetismo t.* **CFR.** tassiano

tassì [av. 1936] **s. m. inv.** ● adattamento di *taxi* (V.)

tàssi-, -tàssi [dal gr. *táxis* 'ordinamento, collezione'] **primo e secondo elemento** ● in parole composte dotte e scientifiche significa 'disposizione, ordinamento': *tassidermia*; *filotassi, ipotassi, paratassi*

tassìa o **tàssi** [dal gr. *táksis* 'ordinamento' ✱ 1906] **s. f. 1** (*bot.*) ordine, caratteristico per ogni pianta, con cui sono disposte le parti di un vegetale: *t. fogliare* **2** (*biol.*) tattismo

tassiàno [1951] **agg.** ● del poeta T. Tasso: *poesia tassiana* **CFR.** tassesco

tassidermìa [comp. di *tassi-* e del gr. *dérma* 'pelle' ✱ 1821] **s. f.** ● tecnica di preparare gli animali impagliati **SIN.** imbalsamazione

tassidermìsta [1875] **s. m. e f. (pl. m. -*i*)** ● preparatore di animali impagliati

tassinàggio [da *tassì* ✱ 1983] **s. m.** ● servi-

a b c d e f g h i j k l m n o p q r s **t** u v w x y z

zio di trasporto, spec. a carattere regolare, mediante taxi

tassinàro [da *tassì* col doppio suff. *-in(o)* e *-aro* ∗1955] **s. m. (f. *-a*)** ● (*centr.*) tassista

tassinomìa ➤ **tassonomia**

tassìsta o (*raro*) **taxista** [1936] **s. m. e f. (pl. m. *-i*)** ● autista di taxi

tàsso ① [lat. tardo *taxōne(m)*, nom. *tăxo*, di orig. germ. ∗sec. XIII] **s. m.** ● (*zool.*) carnivoro dei Mustelidi europei che vive abitualmente nei boschi, caratterizzato da arti brevi e da pelliccia folta e adattato a una dieta onnivora (*Meles meles*) | *t.* ***americano***, specie del Nord America che predilige i luoghi aridi (*Taxidea taxus*) | ***pennello di t.***, per pittura o barba, preparato coi lunghi peli della coda del tasso | ***dormire come un t.***, (*fig.*) profondamente, saporitamente

tàsso ② [lat. *tăxu(m)*, di etim. incerta ∗av. 1320] **s. m. 1** (*bot.*) arbusto delle Conifere con foglie piatte, appuntite, velenose e bacche rosse (*Taxus baccata*) | ***t. barbasso***, V. *tassobarbasso* **2** legno molto duro dell'albero omonimo, rossastro, con belle venature, pregiato in ebanisteria

tàsso ③ [fr. *ta(u)x*, da *ta(u)xer* 'tassare' ∗1848] **s. m. 1** rapporto tra due fenomeni considerati nell'unità di tempo: *studiare il t. di natalità di un paese* | (*fig.*) livello: *lavoro ad alto t. di professionalità* **2** (*banca*) misura percentuale dell'interesse SIN. saggio | ***t. di interesse annuale***, rapporto annuale tra un capitale dato a prestito e la somma corrisposta a titolo di interesse | ***t. di sconto***, quello applicato a un importo di disponibilità futura per ricavarne il valore attuale | ***t. di sconto cambiario***, differenza tra il valore facciale di una cambiale e l'importo percepito da chi la presenta allo sconto | ***t. Lombard***, tasso di interesse praticato dalle banche su crediti concessi dietro garanzia di titoli o merci | ***t. primario***, il più basso, cioè quello praticato da una banca sui prestiti alla migliore clientela | ***t. ufficiale di sconto***, tasso di interesse stabilito da una Banca centrale per la concessione di prestiti al sistema bancario | ***t. interbancario***, tasso in base al quale vengono remunerati i depositi nei rapporti tra le banche | (*dir.*) ***t. di usura***, quello che supera di oltre la metà il tasso medio di interesse applicato sui prestiti dagli istituti di credito SIN. saggio **3** (*med.*) valore: *t. di colesterolo* | ***t. di zucchero nel sangue***, glicemia

tàsso ④ [fr. *tas*: dal sign. di 'mucchio' (?) ∗av. 1537] **s. m.** ● incudine quadrata, senza corni, usata da fabbri e calderai

tassobarbàsso o **tàsso barbàsso** [comp. di *tasso*, dal gr. *thápsos* (V. *tapsia*) e della variante dial. assimilata di *verbasco* ∗sec. XIII] **s. m.** ● (*bot.*) pianta erbacea delle Scrofulariacee, caratterizzata da una lanugine biancastra (*Verbascum thapsus*) SIN. verbasco

Tassodiàcee ➤ **Taxodiacee**

tassòdio o **taxòdio** [da *tasso*② ∗1895] **s. m.** ● genere di piante delle Cupressacee, di grosse dimensioni, adatte a terreni umidi, originarie dell'America settentrionale, che forniscono legno pregiato per carpenteria e per mobili (*Taxodium*)

tassonomìa o (*raro*) **tassinomìa** [comp. del gr. *tássein* 'ordinare, classificare' e *nómos* 'norma, regola' ∗1816] **s. f. 1** (*biol.*) metodo e sistema di descrizione e classificazione degli organismi **2** (*est.*) spec. nel linguaggio scientifico, classificazione, ordinamento sistematico

tassonòmico [1829] **agg. (pl. m. *-ci*)** ● concernente la tassonomia, che si basa su una tassonomia ‖ **tassonomicaménte avv.** da un punto di vista tassonomico; secondo la tassonomia

tassonomìsta [1882] **s. m. e f. (pl. m. *-i*)** ● (*biol.*) tassonomo

tassònomo [da *tassonomia* ∗1869] **s. m. (f. *-a*)** ● (*biol.*) chi studia o si occupa di tassonomia

†**tàsta** [da *tastare* ∗av. 1327] **s. f. 1** (*med.*) drenaggio **2** sonda **3** (*fig.*) noia, fastidio

†**tastàme** [av. 1573] **s. m.** ● tastiera

tastaménto [av. 1292] **s. m.** ● (*raro*) il tastare

tastàre [lat. parl. **tastāre*, di etim. incerta ∗1319] **v. tr. 1** toccare ripetutamente e leggermente per sentire qlco. al tatto: *tastò il sacco per capire cosa contenesse* | palpeggiare | palpare: *il medico gli tastò l'addome* | ***t. il polso***, per sentirne i battiti; (*fig.*) cercare di conoscere le intenzioni di qlcu. | ***t. il terreno***, saggiarne la consistenza; (*fig.*) cercare di rendersi conto delle intenzioni, dello stato d'animo di qlcu., della probabile riuscita di qlco. o delle reali condizioni di una situazione **2** (*tosc.*) ***t. un cibo***, assaggiarlo, gustarlo **3** †scandagliare, saggiare

SFUMATURE ➤ ***toccare***

tastàta [1643] **s. f.** ● il tastare una volta o un poco | ***dare una t. a qlcu.***, (*fig.*) cercare di conoscerne le intenzioni e le disposizioni d'animo ‖ **tastatìna dim.**

tastatóre [1840] **A s. m. (f. *-trice*); anche agg.** ● (*raro*) chi (o che) tasta **B s. m.** ● organo, facente parte di apparecchi tecnici di misura, controllo, verifica, che viene posto a contatto con le superfici da misurare, controllare, verificare e sim.

tastavìno [comp. di *tasta(re)* e *vino* ∗1965] **s. m.** ● adattamento di *taste-vin* (V.)

tasteggiàre [1614] **v. tr. (pres. *io tastéggio*; fut. *io tasteggerò*)** ● tastare un poco, in modo breve | premere con le dita i tasti di uno strumento per produrre il suono | (*est.*) passare le dita sui fori di alcuni strumenti a fiato, come lo zufolo, per produrre il suono

tasteggiatùra [av. 1686] **s. f.** ● (*raro*) il tasteggiare

taste-vin /*fr.* tastə'vɛ̃/ [vc. fr., comp. del v. *tâter* 'toccare, tastare' e *vin* 'vino' ∗1961] **s. m. inv. (anche f. nel sign. 2; pl. fr. *taste-vins*) 1** (*enol.*) piccola tazza d'argento dal bordo abbassato, usata per assaggiare il vino e valutarne la limpidezza e il colore, attraverso i riflessi che acquista il liquido grazie ai particolari rialzi e incavi del recipiente CFR. tastavino **2** assaggiatore di vini

♦**tastièra** [dai *tasti*, di cui è costituita ∗1607] **s. f. 1** (*mus.*) serie di tasti opportunamente disposti, premendo i quali con le dita si produce il suono di alcuni strumenti musicali: *la t. dell'organo; la t. del clavicembalo, del pianoforte; la t. dell'organo elettronico, del sintetizzatore* | (*per anton.*) la tastiera del pianoforte: *Liszt fu un genio della t.* | (*per anton.*) nei complessi di musica moderna, la tastiera dell'organo elettronico o del sintetizzatore; (*est.*) lo strumento stesso | (*est.*) insieme delle capacità tecniche e artistiche di un pianista, organista e sim.: *ha una t. troppo vigorosa* | negli strumenti a corda, parte del manico sulla quale si premono, con le dita, le corde: *la t. della viola* **2** l'insieme dei tasti che permettono di scrivere o di eseguire determinate operazioni in apparecchi di vario tipo: *t. di un computer, di una macchina per scrivere, di un telefono* | insieme, serie di tasti azionanti un qualsiasi meccanismo, congegno, apparecchio e sim. **3** (*mar.*) insieme delle leve di comando di una manovra nei sommergibili ‖ **tastierìna dim.** | **tastierìno dim. m.** (V.)

tastierìno [da *tastiera* ∗1993] **s. m. 1** dim. di *tastiera* **2** tastiera dotata di pochi tasti **3** (*inform.*) ***t. numerico***, in un computer, area della tastiera predisposta per l'inserimento rapido di dati numerici

tastierìsta [1950] **s. m. e f. (pl. m. *-i*) 1** (*tecnol.*) chi manovra la tastiera di una macchina, apparecchiatura e sim. | chi è addetto all'immissione di dati tramite la tastiera di un computer, di una telescrivente e sim. **2** (*mus.*) chi suona un organo elettronico, un sintetizzatore e sim. azionandone la tastiera

tàsto [da *tastare* ∗sec. XIII] **s. m. 1** (*raro*) il tastare | †tatto | (*lett.*) ***andare a t.***, a tentoni, alla cieca **2** (*mus.*) ciascuna delle leve degli strumenti a tastiera, che si toccano per suonare | ***tasti del pianoforte***, corrispondenti a martelletti di legno coperti di panno o feltro che percuotono le corde metalliche | ***toccare un brutto t., un t. delicato, falso***, (*fig.*) affrontare un argomento inopportuno e sgradito a qlcu. | ***toccare il t. giusto***, (*fig.*) prendere un'iniziativa, abbordare un argomento nel modo migliore | ***battere sullo stesso t.***, (*fig.*) insistere su qlco. **3** nelle macchine per scrivere, nei personal computer e nelle calcolatrici, bottone su cui si appoggia il dito per ottenere la scrittura o l'impostazione della lettera o cifra corrispondente o per fornire un comando alla macchina **4** in telegrafia, il dispositivo manuale con cui si chiude e apre il circuito per mandare il segnale **5** saggio di materiale prelevato per esaminare le condizioni, lo stato di qlco. | ***t. di formaggio, di cocomero***, tassello d'assaggio **6** (*zootec.*) deposito di grasso sottocutaneo che indica lo stato di ingrassamento di un animale **7** ***parata di t.***, nella scherma, modo di difendersi con cui si fa deviare il ferro avversario con la sola opposizione della propria arma, mantenendo il contatto delle due lame **8** †collaudo, prova ‖ **tastìno dim.**

♣**tastóni** o (*raro, lett.*) **tastóne** [da *tast(are)* col suff. avv. *-oni* ∗sec. XIII] **avv.** ● tastando il terreno, le pareti e gli oggetti che si trovano sul proprio cammino | spec. nella loc. avv. ***a tastoni***: *brancolava nel buio camminando a t. per la stanza* | (*fig.*) alla cieca, in modo incerto: *in questa vicenda procediamo a t.*

tàta [vc. infant. ∗1529] **A s. f. 1** (*infant.*) bambinaia | donna che ha cura di un bambino, lo vezzeggia o gli si dimostra amica **2** (*infant.*) sorella maggiore **B s. m. (pl. *-i*)** ● (*infant.*) papà, babbo: *egli era sempre là col suo t.* (E. De Amicis)

tatà ➤ **tarà**

tataà ➤ **tarà**

tatàmi [vc. giapp. col senso proprio di 'stuoia' ∗1933] **s. m. inv.** ● nel judo, superficie su cui si svolgono allenamenti e gare

tatanài ➤ **badanai**

tàtaro ➤ **tartaro**③

tatatà ① ➤ **tatatì**

tatatà ② o **ta-ta-tà tatatatà** [vc. onomat. ∗1909] **A inter.** ● riproduce una serie di colpi secchi, spec. quelli della mitragliatrice **B in funzione di s. m. inv.** ● il rumore di tali colpi

tatatàn ➤ **tan**①

tatatì o **tatatà**① [vc. onomat. ∗1970] **inter.** ● solo nella loc. iter. ***t. tatatà*** che si usa per indicare il parlare fitto e monotono di chi dice cose senza interesse: *e t. tatatà, non la smetteva più*

tàto [vc. infant. ∗1604] **s. m. 1** (*tosc.*) chi ha cura di un bambino o gli dedica molte attenzioni **2** (*tosc., infant.*) fratello maggiore | babbo

†**tàttera** [etim. discussa: got. **taddora* 'ciocca', 'ciuffo' (?) ∗av. 1533] **s. f. 1** (*tosc.*) oggetto o masserizia di scarso valore | (*fig.*) bagatella **2** (*fig.*) acciacco | vizio

♦**tàttica** [gr. *taktikḗ* (sottinteso *téchnē*) '(l'arte) di ordinare (dal v. *tássein*)', di etim. incerta ∗av.

1742] **s. f.** **1** branca dell'arte militare che tratta i criteri e le modalità per l'impiego delle unità e dei mezzi in un combattimento **CFR.** strategia **2** nello sport, sistema di schieramento dei giocatori in campo o particolare condotta di gara: *adottare una t. difensiva, di copertura, d'attesa; t. del fuorigioco* **3** (*est.*) complesso di azioni, accorgimenti, manovre dirette al conseguimento di uno scopo: *in vista delle elezioni, il partito di minoranza ha cambiato t.* **4** (*fig.*) prudenza, accortezza, scaltrezza nel muoversi, nell'agire: *con lui bisogna usare un po' di t.*

tatticismo [comp. di *tattico* e *-ismo* ∗1954] **s. m.** ● uso frequente e talora eccessivo di manovre ed espedienti tattici

tatticista [1953] **A s. m. e f.** (**pl. m.** *-i*) ● chi ricorre al tatticismo **B agg.** ● tatticistico

tatticistico [1954] **agg.** (**pl. m.** *-ci*) ● relativo al tatticismo | caratterizzato da tatticismo

♦**tàttico** ① [gr. *taktikós* 'ordinato', dal v. *tássein*, di etim. incerta ∗av. 1292] **A agg.** (**pl. m.** *-ci*) **1** che riguarda la tattica | che concerne una sola operazione militare: *vittoria tattica, ma non strategica* | ***missile t.***, V. *missile* **2** (*fig.*) che rivela accortezza, prudenza e scaltrezza: *vinse la partita con una mossa tattica* | ***fallo t.***, V. *fallo*① nel sign. 2 ‖ **tatticaménte** **avv.** (*est.*) in modo conforme a una tattica: *agire tatticamente*; dal punto di vista tattico: *una scelta tatticamente errata* **B s. m.** (**f.** *-a*) ● militare, persona di notevole abilità tattica

tàttico ② [da *tattismo* nel sign. 1; da *tassia* nel sign. 2 ∗1960] **agg.** (**pl. m.** *-ci*) **1** (*biol.*) relativo al tattismo: *movimento t.* **2** (*chim.*) relativo a tassia, che presenta tassia

tatticóne [da *tattica* nel senso di 'arte di destreggiarsi' ∗1865] **s. m.** (**f.** *-a*) ● (*fam.*) persona furba, abile e scaltra che sa come ottenere dagli altri ciò che si propone

tàttile [vc. dotta, lat. *tāctile(m)*, da *tāctu(m)* 'tatto' ∗av. 1841] **agg.** ● relativo al tatto: *sensibilità t.* | (*inform.*) ***schermo t.***, V. *schermo* ‖ **tattilménte** **avv.** attraverso il tatto

tattilità [av. 1855] **s. f. inv.** **1** facoltà tattile: *la t. dei polpastrelli* **2** possibilità di essere percepito mediante il tatto: *la t. di uno stimolo, di una sensazione*

tattismo o **tactismo** [fr. *tactisme*, dal gr. *taktós* 'ordinato, stabilito' (dal v. *tássein*) con riferimento al movimento determinato dai diversi stimoli ∗1934] **s. m.** ● (*biol.*) movimento di traslazione di cellule o di organismi elementari in risposta a stimoli di varia natura **SIN.** tassia | ***t. positivo*** (o ***negativo***), se vi è attrazione (o allontanamento) dalla sorgente dello stimolo

†**tattivo** [da *tatto* ∗av. 1558] **agg.** ● relativo al tatto

tàtto [vc. dotta, lat. *tāctu(m)*, propr. 'toccato', part. pass. di *tāngere* ∗av. 1266] **s. m.** **1** senso che permette di prendere conoscenza di alcune caratteristiche fisiche di ciò che viene a contatto con la superficie corporea **2** (*fig.*) accortezza, prudenza, riguardo nel trattare con gli altri: *è un uomo che ha poco t.*; *occorre t. nel dargli la notizia* **SIN.** delicatezza, garbo

SFUMATURE DI SIGNIFICATO

tatto - savoir-faire - diplomazia
Un modo di comportarsi con gli altri improntato a estremo riguardo e considerazione della loro sensibilità e dei loro bisogni si definisce **tatto**. **Savoir-faire** è locuzione francese che rimanda ad analoga accortezza nei rapporti sociali, ma suggerisce una particolare competenza sociale, frutto di pratica e buona educazione. **Diplomazia** è, in questo contesto di significati, la capacità di condurre con accortezza, *tatto* e *savoir-faire* questioni delicate, risolvere liti o conflitti fra persone, perseguire i propri obiettivi senza urtare la suscettibilità altrui.
SFUMATURE➤ ***discrezione***

NOMENCLATURA

tatto (cfr. mano, superficie)
● *caratteristiche*: delicato = fine ⇔ ottuso;
● *azioni*: tangere = toccare, toccheggiare, palpare = palpeggiare = tastare, tentare, brancicare; carezzare, lambire, sfiorare, titillare = vellicare, solleticare, stuzzicare; maneggiare, percuotere = picchiare = colpire;
● *anomalie*: anestesia, ipoestesia ⇔ iperestesia;
● *organo del tatto*: papille tattili, sensibilità tattile.

tattoo /ta'tu, *ingl.* tæ'tu:/ [vc. ingl. di orig. polinesiana ∗1992] **s. m. inv.** (**pl. ingl.** *tattoos*) ● tecnica e pratica del tatuaggio decorativo | il tatuaggio stesso

tatù [dal n. tupi ∗av. 1803] **s. m. inv.** ● (*zool.*) armadillo

tatuàggio [fr. *tatouage*, da *tatouer* 'tatuare' ∗1840] **s. m.** **1** tecnica di decorazione di parti del corpo con disegni o scritte realizzate incidendo la pelle e inserendo nelle ferite sostanze coloranti | disegno, scritta così realizzati | (*est.*) decalcomania che imita un tatuaggio **2** marchiatura di un animale con lettere o numeri per renderlo riconoscibile

tatuàre [fr. *tatouer*, dall'ingl. *tattoo*, da *tátau* di una lingua della Polinesia ∗1874] **A v. tr.** (*io tàtuo, noi tatuiàmo*) **1** eseguire un tatuaggio | sottoporre a un tatuaggio **2** marchiare con lettere o numeri un animale a scopo di identificazione: *t. un cane* **B tatuàrsi v. tr. pron.** (**aus.** *essere*) **e rifl.** ● praticarsi o farsi praticare un tatuaggio: *tatuarsi il petto, una rosa sul braccio*

tatuàto **part. pass.** di *tatuare*; anche **agg.** ● nei sign. del v.

tatuatóre [da *tatuare* ∗av. 1909] **s. m.** (**f.** *-trice*) ● chi esegue tatuaggi

tatze-bào➤ **dazebao**

tàu [dal gr. *tâu* ∗sec. XIV] **s. f. o m. inv.** ● nome della diciannovesima lettera dell'alfabeto greco

taumatròpio [vc. dotta, comp. del gr. *thâuma*, genit. *-atos* 'prodigio' e il tema di *trépein* 'volgere, girare' ∗1826] **s. m.** ● gioco ottico che consiste nel far ruotare rapidamente un dischetto sulle cui facce sono rappresentate due immagini che si integrano, con l'effetto di percepirne una terza che le contiene entrambe

taumaturgìa [gr. *thaumatourgía*, sin. di *thaumatopoiía*, 'opera (*érgon*) di prodigi (*tháumata*, pl.)' ∗1792] **s. f.** (**pl.** *-gìe*) ● capacità di compiere miracoli

taumatùrgico [gr. *thaumatourgikós*, da *thaumatourgía* 'taumaturgia' ∗1829] **agg.** (**pl. m.** *-ci*) ● relativo a taumaturgia e a taumaturgo | (*est.*, *iperb.*) miracoloso: *persuaso delle virtù taumaturgiche delle sue idee* (A. GRAMSCI) | ***potere t.***, capacità di compiere miracoli ‖ **taumaturgicaménte** **avv.**

♦**taumatùrgo** [gr. *thaumatourgós*, comp. di *thâuma*, genit. *tháumatos* 'fatto meraviglioso' e di un deriv. da *érgon* 'opera, azione' ∗1589] **s. m.** (**f.** *-a*; **pl. m.** *-ghi* o *-gi*) ● chi ha il potere di compiere miracoli | (*est.*, *scherz.*) chi fa cose eccezionali, prodigiose: *più che un allenatore è un t.!*

tauóne [1961] **s. m.** ● (*fis.*) leptone avente massa circa 3500 volte maggiore di quella dell'elettrone, soggetto all'interazione elettromagnetica e a quella debole **SIN.** mesone tau

taurifórme [vc. dotta, lat. *taurifōrme(m)* 'della forma (*fōrma*) di toro (*tāurus*)' ∗1723] **agg.** ● (*lett.*) che si presenta in forma di toro

taurìna [ingl. *taurine*, comp. del lat. *tāurus* 'toro', l'animale dalla cui bile fu originariamente ricavata, e il suff. della chim. *-ine* '-ina' ∗1875] **s. f.** ● (*biol.*) composto amminico che si trova combinato nella bile, usato per la preparazione di tensioattivi e come purgante in medicina

taurìno [vc. dotta, lat. *taurīnu(m)*, da *tāurus* 'toro' ∗av. 1327] **agg.** ● di toro | (*fig.*) pieno di vigore, di forza: *membra taurine* | ***collo t.***, (*fig.*) tozzo e robusto

†**tàuro**➤ **toro**①

tauromachìa [gr. *tauromachía*, comp. di *tâuros* 'toro' e di un deriv. di *máchē* 'lotta, battaglia' ∗1841] **s. f.** ● nel modo antico, combattimento tra tori o dell'uomo contro i tori | (*raro*) corrida

tauròtrago [comp. del gr. *tâuros* 'toro' e *trágos* 'capro' ∗1930] **s. m.** (**pl.** *-ghi*) ● la più grossa specie di antilope africana, con maschi dalle lunghe corna diritte e spiralate (*Taurotragus derbianus*)

tàuto- [dal gr. *tautó* 'lo stesso'] **primo elemento** ● in parole composte, esprime identità: *tautocrona, tautologia*

tautòcrona [comp. di *tauto-* e *chrónos* 'tempo' ∗1841] **A s. f.** ● (*fis.*) curva posta in un piano verticale, con la proprietà che un punto materiale, lasciato libero e senza attrito, impiega lo stesso tempo a percorrerla giungendo al suo punto più basso, qualunque sia il punto della curva da cui parte **B anche agg. solo f.**: *curva t.*

tautogràmma [comp. del gr. *tautó* 'lo stesso' e *grámma* 'lettera' ∗1805] **s. m.** (**pl.** *-i*) ● componimento le cui parole cominciano tutte con la medesima lettera

tautologìa [vc. dotta, lat. tardo *tautolŏgia(m)*, dal gr. *tautología* 'che dice (dal v. *légein*) lo stesso (*tautó*)' ∗1551] **s. f.** (**pl.** *-gìe*) **1** proposizione nella quale il predicato ripete il concetto già contenuto nel soggetto (per es.: i quadrupedi hanno quattro zampe) | (*est.*) ripetizione, ridondanza linguistica (per es. alzare in alto) **2** nella logica contemporanea, proposizione complessa che risulta sempre vera al di là dei valori di verità delle singole proposizioni componenti

tautològico [1805] **agg.** (**pl. m.** *-ci*) ● che concerne la tautologia, che ha carattere di tautologia: *giudizio t.* ‖ **tautologicaménte** **avv.**

tautologizzàre [1970] **v. intr.** (**aus.** *avere*) ● (*raro*) argomentare usando tautologie

tautomerìa [comp. di *tauto-* e di un deriv. di *méros* 'parte' ∗1931] **s. f.** ● (*chim.*) isomeria dovuta allo spostamento di un atomo da un punto all'altro della molecola

tautòmero [da *tautomeria* ∗1931] **agg.** **1** (*chim.*) di composto che presenta il fenomeno della tautomeria **2** (*anat.*) di organo situato nella stessa metà del corpo

tautosillàbico [comp. di *tauto-* e *sillabico* ∗1961] **agg.** (**pl. m.** *-ci*) ● (*ling.*) detto di suono appartenente alla stessa sillaba (per es. i suoni *s* e *n* nella sillaba *spon-* di 'sponda') **CONTR.** eterosillabico

Tav [sigla di *Treno ad Alta Velocità* ∗1991] **A s. m. inv.** ● treno ad alta velocità **B s. f. inv.** ● linea ferroviaria ad alta velocità | ***movimento no Tav***, movimento ecologista che si oppone alla realizzazione della Tav

tavanàre➤ **tafanare**

tavèlla [lat. *tabĕlla(m)* 'piccola tavola', dim. di *tăbula* 'tavola' ∗1352] **s. f.** **1** laterizio forato, piano o curvo, usato in rivestimenti, tramezzi, soffittature e sim. **2** apparecchio usato nella trattura della seta per unire più bave in un unico filo ‖ **tavellóne** **accr. m.** (V.)

tavellàto [1556] **agg.** ● fatto con tavella: *solaio t.*

tavellonàto [1961] **agg.** ● (*edil.*) fatto con

tavelloni: *solaio t.*

tavellóne [1957] **s. m. 1** accr. di *tavella* **2** tavella di notevoli dimensioni, usata nelle costruzioni di solai o strutture orizzontali

tavèrna [lat. *tabĕrna(m)*, dapprima 'abitazione', poi 'bottega, negozio' e spec. 'osteria', di etim. discussa: di orig. etrusca (?) ✻ 1261 ca.] **s. f. 1** trattoria, osteria | (*spreg.*) bettola | ***da t.***, triviale: *discorsi da t.*; *qualche spazzaturaio di stornelli da t.* (G. Carducci) **2** trattoria o locale notturno in stile rustico **3** locale privato, seminterrato o sotterraneo, arredato spec. in stile rustico, per feste, cene, riunioni e sim. **4** †bottega ‖ **tavernàccia**, **pegg.** | (*lett.*) **tavernèlla**, **dim.** | **tavernétta**, **dim.** | **tavernùccia**, **dim.**

†**tavernàio** o †**tavernàrio**, †**tavernàro** [lat. *tabernāriu(m)*, da *tabĕrna* 'taverna' ✻ sec. XIII] **A s. m.** (**f.** *-a*) **1** oste, gestore di una taverna **2** beccaio **3** frequentatore di bettole **B agg.** ● da taverna

†**tavernàre** [da *taverna* ✻ sec. XV] **v. intr.** ● andare gozzovigliando per taverne

†**tavernàrio** ➤ †**tavernaio**

†**tavernàro** ➤ †**tavernaio**

†**taverneggiàre** [sec. XIII] **v. intr.** ● frequentare taverne

tavernière [fr. *tavernier*, dal lat. *tabernāriu(m)* 'tavernaio' ✻ av. 1342] **s. m.** (**f.** *-a*) **1** (*lett.*) oste di una taverna **2** †frequentatore di bettole

♦**tàvola** [lat. *tăbula(m)*, di etim. incerta ✻ sec. XII] **s. f. 1** asse rettangolare di legno, segata più o meno sottile e di una certa lunghezza: *t. d'abete, di noce*; *capanna, pavimento di tavole* | (*raro*) ***t. di salvezza***, quella a cui si attacca il naufrago; (*fig., disus.*) estrema via di salvezza | ***il mare è una t.***, è calmo | (**al pl.**) tavolato, spec. palcoscenico, scena dove agiscono gli attori | ***calcare le tavole del palcoscenico, le tavole***, (*fig.*) recitare, dedicarsi al teatro **2** (*est.*) lastra, lamina a forma rettangolare di vari materiali: *una t. di marmo, di plastica* | (*est.*) pezzo di qlco. a forma rettangolare: *una t. di cioccolata* **3** mobile in legno o altro materiale, formato da un piano orizzontale posto su di un supporto gener. a quattro gambe, e impiegato spec. per consumare i pasti: *t. ovale, rettangolare*; *t. di noce, acero, con intarsi*; *i piedi della t.* | ***t. rotonda***, negli antichi romanzi cavallereschi, quella che vedeva riuniti a mensa o congresso i cavalieri di re Artù eliminando, per la sua forma, ogni idea di preminenza tra i partecipanti; (*fig.*) dibattito fra esperti riuniti per la discussione di un problema | ***mettere le carte in t.***, (*fig.*) rivelare con chiarezza e apertamente le proprie intenzioni | (*per anton.*) tavola su cui si consumano i pasti: *sedersi a t. per la cena*; *apparecchiare, sparecchiare la t.*; *biancheria, servizio da t.* | ***essere a t.***, stare consumando il pranzo o la cena seduti a tavola: *se siete a t. richiamo più tardi* | ***discuteremo a t.***, durante il pasto | ***è pronto in t., è in t.***, il pranzo è servito | ***portare in t.***, servire in tavola le vivande | ***avere il gusto della buona t.***, saper gustare, amare i buoni cibi | ***t. calda***, locale di ristorante, bar o rosticceria con servizio dei pasti al banco e prolungato orario d'apertura | ***t. fredda***, analoga specie di locale, che però serve solo piatti freddi | †***levar le tavole***, levare le mense | †***tenere, mettere t.***, dare un banchetto | (*est.*) insieme dei commensali: *è una t. allegra*; *a quella t. il buon umore fu distrutto per qualche istante* (I. Svevo) | (*est.*) pranzo: *una t. assai magra* | ***alla fine della t.***, alla fine del pasto | **PROV.** ***a t. non s'invecchia*** **4** banco da lavoro; piano per macchine, strumenti: *la t. del falegname* | (*est.*) attrezzo da lavoro a forma di tavola: *t. da stiro, da lavare* | (*raro*) ***t. nera***, lavagna **5** anticamente, lastra di metallo, pietra o legno su cui venivano incisi atti ufficiali | ***le tavole della legge***, lastre di pietra sulle quali Mosè scrisse il decalogo dettatogli da Dio | ***le dodici tavole***, bronzee, quelle con incisa la legge dei decemviri, la principale testimonianza del diritto romano arcaico e alto-repubblicano **6** quadro dipinto su una tavola di legno: *una t. a olio*; *una t. del Trecento* | †ritratto, quadro **7** pagina, foglio di un libro con illustrazioni, figure, riproduzioni, disegni: *una t. fuori testo, a colori, su carta patinata*; *tavole anatomiche in bianco e nero* | ***tavole geografiche***, mappe, carte **8** prospetto grafico, tabella: *tavole sinottiche, statistiche*; *una t. di valori a confronto*; *la t. pitagorica* | ***tavole logaritmiche, trigonometriche***, per il calcolo approssimativo dei logaritmi o delle funzioni trigonometriche | ***tavole di tiro***, tabelle contenenti i dati di puntamento per un obiettivo di cui siano note le coordinate | ***tavole astronomiche***, effemeridi | ***t. genealogica***, rappresentazione grafica in forma schematica della discendenza e delle ramificazioni di una famiglia | ***t. di concordanza***, lista che indica la corrispondenza delle segnature archivistiche attuali con le precedenti, e sim. | ***t. censuaria***, registro dei dati catastali delle proprietà | ***t. periodica***, disposizione, su righe e colonne, degli elementi chimici con l'indicazione delle loro proprietà e del numero atomico | (*raro*) indice: *tavole degli autori* **9** (*geol.*) formazione di aspetto simile a una tavola **10** nella trivellazione petrolifera, disco rotante che aziona lo scalpello **11** faccetta superiore e inferiore di pietra preziosa tagliata a brillante **12** ogni matrice, cliché per stampare francobolli **13** †banco dei banchieri o dei cambiatori: *che avrem noi a fare altro, se non andare alle tavole dei cambiatori, le quali sapete che stanno sempre cariche … di fiorini?* (G. Boccaccio) **14** (*mus.*) ***t. armonica***, (*ellitt.*) ***tavola***, sottile pezzo di legno che costituisce la parte superiore o coperchio della cassa armonica degli strumenti cordofoni e la base del telaio di quelli a tastiera **15** †spazio quadrato | antica misura agraria di superficie, oscillante tra le 0,04 are di Udine e le 10 di Roma **16** ***t. reale***, gioco a due da tavoliere, simile al backgammon, con 24 frecce alternativamente bianche e nere, con 15 pedine a giocatore e due dadi, nel quale vince il giocatore che riesce per primo a spostare tutte le proprie pedine nel campo di gioco avversario | (*est.*) il tavoliere stesso su cui si gioca **SIN.** tric trac **17** ***t. a vela***, windsurf **18** ***t. da salto***, surf nel sign. 2 **19** (*relig.*) organo collegiale con funzioni di coordinamento e direzione in alcune Chiese riformate: *la t. valdese* **20** (*oreficeria*) faccia piana superiore e inferiore nel taglio a brillante del diamante ‖ **tavolàccia**, **pegg.** | †**tavolèlla**, **dim.** (V.) | **tavolétta**, **dim.** (V.) | **tavolìna**, **dim.** | **tavolóna**, **accr.** | **tavolùccia**, **dim.**

†**tavolacciàio** [da *tavolaccio* nel sign. 3 ✻ 1313] **s. m.** ● fabbricante di scudi

tavolàccio o †**tavolàzzo** [av. 1292] **s. m. 1** pegg. di *tavolo* **2** tavolato leggermente inclinato usato un tempo dai soldati di guardia per riposarsi | un tempo, giaciglio di detenuti nelle prigioni **3** scudo di legno coperto di cuoio in uso come arma difensiva spec. nel XVI sec.

tavolàme [1959] **s. m.** ● insieme di tavole da costruzione

tavolàre ① [1336 ca.] **v. tr.** (*io tàvolo*) **1** †rivestire di tavole **2** †misurare il terreno con l'unità di misura della tavola **3** †nel gioco degli scacchi o della dama, creare una situazione tale per cui nessuno dei due giocatori può vincere

tavolàre ② [1872] **A agg.** ● relativo a una tavola, a un prospetto | (*dir.*) ***sistema, catasto t.***, complesso di registri immobiliari pubblici dai quali risulta la titolarità dei diritti reali, in uso nelle province già appartenenti all'impero austro-ungarico e annesse all'Italia dopo la prima Guerra mondiale **B s. m.** ● catasto tavolare

tavolàta [sec. XIV] **s. f. 1** insieme di molti commensali seduti a una stessa tavola **2** †tavolato

tavolàto [lat. *tabulātu(m)* 'fatto di tavole (*tăbulae*)' ✻ 1353] **s. m. 1** parete o pavimento di tavole | assito **2** (*anat.*) qualsiasi superficie piana | ***t. osseo del cranio***, lamina interna ed esterna delle ossa della volta cranica **3** (*geogr.*) altopiano costituito di rocce stratificate con disposizione orizzontale

†**tavolàzzo** ➤ **tavolaccio**

tavoleggiànte A part. pres. di †*tavoleggiare*; anche **agg.** ● †nel sign. del v. **B s. m. e f.** ● (*disus.*) cameriere

†**tavoleggiàre** [sec. XVI] **v. intr.** ● servire in tavola

tavolèlla [av. 1292] **s. f. 1** dim. di *tavola* **2** †tavolozza

tavolétta [1294] **s. f. 1** dim. di *tavola* | ***t. del water***, asse, un tempo di legno, che copre il water closet | ***tavolette di biccherna***, V. *biccherna* | ***gioco delle tre tavolette***, gioco d'azzardo clandestino che consiste nel puntare denaro su una fra tre tavolette, variamente contrassegnate e scambiate con velocità e destrezza da chi tiene banco; (*fig.*) truffa, abile raggiro a danno di ingenui **2** pezzo rettangolare e di piccolo formato di sostanze alimentari o medicinali: *una t. di brodo, di cioccolata, di chinino* **3** nel mondo classico, piccola tavola incerata sulla quale si scriveva, incidendo le parole con uno stilo **4** (*inform.*) ***t. grafica***, dispositivo di input di dati, spec. grafici, costituito da un piano di riferimento e da uno stilo elettronico che consente di individuare i punti di tale piano **5** ***t. pretoriana***, assicella fornita di diottra e traguardi con cui si fa direttamente il rilievo topografico del terreno **6** (*raro*) tabella, prospetto **7** carta topografica alla scala 1:25 000 **8** nella loc. (*pop.*) ***andare a t.***, tenere premuto a fondo l'acceleratore di un autoveicolo per imprimergli la massima velocità ‖ **tavolettìna**, **dim.**

tavolière ① o †**tavolièro**, †**tavolièri** [adattamento del fr. *tablier*, da *table* 'tavola (da gioco)' ✻ sec. XIII] **s. m.** ● tavolino da gioco con disegnati i riquadri per gli scacchi oppure altri schemi per giochi da tavolo come il tric trac | piano del tavolo da biliardo | (*lett.*) ***mettere sul t.***, (*fig.*) arrischiare: *considerava quanto la cosa fussi pericolosa e difficile e quanto bello stato e ricchezza e' mettessi in sul t.* (F. Guicciardini)

†**tavolière** ② [adattamento del fr. *tablier*, da *table* 'tavola di cambio, banca' ✻ sec. XIII] **s. m.** ● banchiere, cambiatore

tavolière ③ [da *tavola* ✻ av. 1806] **s. m.** ● vasta pianura: *il T. delle Puglie*

♦**tavolìno** [1550] **s. m. 1** dim. di *tavolo* **2** tavolo usato come scrittoio spec. per studiare, scrivere o leggere | ***stare a t.***, studiare, scrivere | (*lett.*) ***uomo da t.***, uomo di studio | ***a t.***, teoricamente, in modo astratto: *elaborare strategie a t.* | ***vincere, perdere a t.***, nel linguaggio sportivo, vincere o perdere per decisione dei giudici sportivi, e non in base al risultato ottenuto sul campo **3** tavolo da gioco **4** (*ottica*) piatto del microscopio ottico **5** (*pop.*) tavolo con tre piedi usato nelle sedute medianiche ‖ (*lett.*) **tavolincìno**, **dim.** | **tavolinétto**, **dim.** | **tavolinùccio**, **dim.**

♦**tàvolo** [da *tavola* ∗1464] **s. m.** **1** tavola adibita a usi particolari: *t. da gioco, da ping-pong, di cucina, d'ufficio* | ***t. operatorio***, ripiano articolato su cui viene posto il paziente per l'intervento | ***t. anatomico***, per le dissezioni anatomiche | ***t. verde***, tavolo da gioco, roulette, ecc. (con riferimento al colore del panno con cui in genere sono ricoperti); (*est.*) gioco d'azzardo | (*sport*) ***giudici di t.***, nella pallacanestro, segnapunti e cronometristi **2** (*est.*) luogo, occasione di confronto: *sindacati e imprenditori al t. delle trattative* | (*est.*) la trattativa, la discussione, il confronto stessi: *il t. della pace; t. fra governo e sindacati sull'occupazione* | ***rovesciare il t.***, (*fig.*) in una trattativa, troncare bruscamente i colloqui ‖ **tavolàccio**, **pegg.** (V.) | **tavolìno**, **dim.** (V.) | **tavolóne**, **accr.** (V.) | **tavolùccio**, **dim.**

tavolóne [av. 1465] **s. m.** **1** accr. di *tavolo* **2** grossa asse da costruzione

tavolòzza [da *tavola* ∗1632] **s. f.** **1** sottile assicella sulla quale i pittori tengono i colori durante il lavoro **2** (*est.*) l'insieme, la gamma dei colori preferiti da un pittore: *la t. di Raffaello* | (*est.*) gamma di colori: *l'accesa e aerea t. dei prati* (G. STUPARICH) **3** (*fig.*) insieme di motivi e di sfumature stilistiche in un'opera letteraria o musicale: *la t. di sonorità della musica di G. Mahler* | (*fig.*, *lett.*) gamma di sentimenti: *nella t. di questi amori fuggitivi* (E. MONTALE)

Taxàcee o **Tassàcee** [vc. dotta, comp. del lat. *tăxus* '(albero di) tasso' e *-acee* ∗1960] **s. f. pl.** (**sing.** *-a*) ● (*bot.*) famiglia di Conifere arboree o arbustive, molto ramificate (*Taxaceae*)

tàx àrea, no ➤ **no tax area**

♦**tàxi** /'taksi, tas'si*, *fr.* tak'si, *ingl.* 'tæksı/ [per *taxi(mètre)*, variante di *taxamètre* 'tassametro', lo strumento di cui sono fornite tali vetture ∗1914] **s. m. inv.** ● automobile fornita di tassametro, per il trasporto a pagamento dei passeggeri | ***t. aereo***, aerotaxi **CFR.** tassì

taxi-girl /taksi'gerl, *ingl.* 'tæksı,gɜːl/ [vc. ingl., comp. di *girl* 'ragazza' e *taxi(meter)* 'tassametro', perché il pagamento è commisurato ai giri di ballo ∗1935] **s. f. inv.** (**pl. ingl.** *taxi-girls*) ● ragazza stipendiata per far danzare i clienti in una sala da ballo

tàxis [dal gr. *táksis* 'ordinamento, disposizione' ∗1895] **s. m. inv.** **1** (*biol.*) orientamento e crescita di una pianta o animale in risposta a uno stimolo fisico come la luce o il flusso dell'acqua **2** (*med.*) manovra manuale volta a ridurre un'ernia o una lussazione

taxìsta ➤ **tassista**

Taxodiàcee o **Tassodiàcee** [vc. dotta, comp. di *tassodio* e *-acee* ∗1960] **s. f. pl.** (**sing.** *-a*) ● (*bot.*) famiglia di Conifere arboree, di grandi dimensioni, con strobili legnosi, arrotondati, eretti (*Taxodiaceae*)

taxòdio e deriv. ➤ **tassodio** e deriv.

taxòlo o **tassòlo** [dal marchio di fabbrica statunitense *Taxol*, dal lat. *tax(us)* 'tasso' con il suff. *-olo*① ∗1992] **s. m.** ● (*med.*) agente antineoplastico originariamente estratto dalle radici di *Taxus brevifolia* e oggi ottenuto per via semisintetica, usato in particolare nel trattamento del carcinoma ovarico

taylorìsmo (tay-lor-i-smo, tay-lo-ri-smo) /tailo'rizmo, tei-/ [dal n. dell'iniziatore, l'amer. F. W. *Taylor* (1856-1915) ∗1895] **s. m.** ● teoria di organizzazione aziendale che ha introdotto metodi scientifici nello svolgimento delle attività produttive attraverso la razionale suddivisione del lavoro in funzioni specifiche

taylorìstico (tay-lor-i-sti-co, tay-lo-ri-sti-co) /tailo'ristiko, tei-/ [1920] **agg.** (**pl. m.** *-ci*) ● relativo al taylorismo

tazebào ➤ **dazebao**

♦**tàzza** [arabo *ṭáss(a)* 'grande coppa, vaso' ∗av. 1342] **s. f.** **1** piccolo recipiente tondo e basso, con uno o due manici ad ansa: *t. di porcellana, di ceramica; t. da tè, da caffellatte, da consommé* | quanto contiene una tazza: *bere una t. di brodo* **2** vaso del water closet **3** †bicchiere ‖ **tazzétta**, **dim.** | **tazzìna**, **dim.** (V.) | **tazzóna**, **accr.** | **tazzóne**, **accr. m.**

tazzìna [1829] **s. f.** **1** dim. di *tazza* **2** piccola tazza, spec. da caffè | quanto può esservi contenuto

tbc /tibbit'tʃi*/ [da *t(u)b(er)c(olosi)* ∗av. 1963] **s. f. inv.** ● accorc. di *tubercolosi polmonare*: *è guarito dalla tbc*

♦**te**① /te* *nei sign. 1 e 2*, te *nel sign. 3*/ [lat. *tē*, acc. di *tū*, di orig. ed ampia area indeur. ∗sec. XII] **pron. pers. m. e f. di seconda pers. sing.** **1** indica la persona a cui si parla e si usa al posto di 'tu' nei vari compl.: *abbiamo parlato di te; parlerò con te; verrò presto da te; potrei contare su di te?; fra lui e te c'è una gran differenza; lo faccio per te; spedirò a te il pacco* | si usa come compl. oggetto in luogo del pron. atono 'ti' quando gli si vuole dare particolare rilievo: *vogliono te al telefono; hanno cercato te e non lei* | si rafforza con 'stesso' e 'medesimo': *pensa a te stesso* | si pospone ad 'anche', 'neanche', 'pure', 'neppure', 'nemmeno' e sim.: *prenderemo anche te; non vogliono parlare nemmeno con te; invitano pure te* | ***da te***, da solo, senza aiuto o intervento di altri: *pensaci da te; fallo da te* | ***per, secondo te***, a tuo parere, a tuo giudizio: *chi vincerà la partita secondo te?; già! per te io non conto nulla in questo affare* | ***fra te, tra te e te, dentro di te***, nel tuo intimo, nella tua coscienza: *tu continui a rimuginare fra te e te* | ***quanto a te***, per ciò che ti concerne: *quanto a te, devi solo fare il tuo dovere* **2** si usa al posto di 'tu', con funzione di soggetto, in espressioni esclamative; in espressioni comparative dopo 'come' e 'quanto'; quando è coordinato con il pron. 'io'; in alcune costruzioni assol.; con funzione di predicato nominale, dopo i verbi 'essere', 'sembrare', 'parere', se il soggetto della prep. non è 'tu': *povero te!; te infelice!; sono contento anch'io come te; lavoriamo quanto te; ne so quanto te; io e te dobbiamo parlare* (ma: *tu ed io*); *uscito te, è arrivata lei; contento te, contenti tutti; io non sono te; sembra proprio te!* | (*centr.*, *sett.*) tu: *te fai come vuoi; pensaci te; ehi, te!, cosa fai?* **3** ti (come compl. oggetto e come compl. di termine, o nella coniug. dei verbi rifl. e pron., sia proclitica davanti ai pron. atoni *la, le, li, lo* e alla particella *ne*, sia nelle forme enclitiche *-telo, -tela*, ecc. e *-tene*; talora, nell'uso lett., *lo* e *ne* proclitici si troncano e si uniscono a *te* dando luogo alle forme *tel* e *ten*): *te lo dico in due parole; te le voglio fare vedere quelle carte; prestami dei soldi, te li restituirò presto; te ne parlerò dopo; te ne pentirai!; te ne renderai conto; volevo fartelo vedere; non tarderai a pentirtene; I' non tel potei dir, allor, né volli* (F. PETRARCA); *vivo ten vai così parlando onesto* (DANTE *Inf.* X, 23) | (*pleonast.*) con valore rafforz.: *te lo ricordi?; pensaci tu a pulirtelo* (V. nota d'uso ACCENTO)

†**te**② ➤ **ti**②

♦**tè** /tɛ*/ o **the** /tɛ*/ [da una forma dial. cinese *t'e* ∗av. 1606] **s. m. inv.** **1** pianta delle Teacee coltivata come arbusto per le foglie sempreverdi coriacee e dentellate, contenenti teina (*Thea sinensis*) | ***tè del Paraguay***, mate **2** le foglie torrefatte, essiccate e sbriciolate dell'arbusto omonimo | l'infuso odoroso e leggermente eccitante che con esse si prepara come bevanda: *prendere il tè; tè col latte, col limone; biscotti da tè; servizio da tè in porcellana* | ***casa da tè***, locale pubblico giapponese e cinese dove si beve tè **3** ricevimento a carattere familiare o mondano durante il quale è offerto il tè: *invitare a un tè* | ***l'ora del tè***, nel pomeriggio | ***tè danzante***, trattenimento pomeridiano in cui si balla (V. nota d'uso ACCENTO)

te' /tɛ/ [tronc. di *t(i)eni*, imperat. di *tenere* ∗sec. XII] **inter.** **1** (*pop.*, *centr.*, *sett.*) tieni, prendi, eccoti (gener. facendo l'atto di offrire o porgere qlco. alla persona cui ci si rivolge): *te' i soldi per il cinema* | (*iter.*) ***te' te'***, offrendo qlco. a un animale o a persona che si tratta da inferiore o con impazienza | †seguito da 'ne' enclitico: *tenne un'altra* (G. BOCCACCIO) **2** tie'

tèa [vc. ingl., propr. 'tè' ∗1891] **agg. solo f.** ● detto di una varietà di rosa coltivata nei giardini, che emana odore di tè

Teàcee [comp. di *tè* col suff. di famiglia botanica *-acee* ∗1865] **s. f. pl.** (**sing.** *-a*) ● (*bot.*) famiglia di piante dicotiledoni legnose con foglie intere sempreverdi (*Theaceae*)

teach-in /tit'tʃin, *ingl.* 'tiːtʃ,ın/ [vc. ingl., comp. di *to teach* 'insegnare' (vc. d'orig. germ.) e *in* (V. *tap-in*) ∗1968] **s. m. inv.** **1** il processo didattico ed educativo applicato all'interno di una squadra di team-teaching **2** discussione tra studenti, spec. universitari, e insegnanti | (*est.*, *polit.*) manifestazione di protesta con dibattiti e conferenze

teak /tɛk, *ingl.* tiːk/ [vc. ingl., adattata in *tek* ∗1813] **s. m. inv.** ● (*bot.*) tek

team /*ingl.* tiːm/ [vc. ingl., propr. 'gruppo', di orig. indeur. ed area germ. ∗1897] **s. m. inv.** **1** squadra, formazione sportiva **2** gruppo di ricercatori scientifici o di persone che si dedicano ad una medesima attività intellettuale | (*est.*) gruppo di persone che collaborano per il raggiungimento di uno scopo prefissato, spec. in campo industriale, commerciale o sportivo: *un t. di scienziati*

team-teaching /tim'titʃin(g), *ingl.* 'tiːm-,tiːtʃıŋ/ [vc. ingl. comp. di *teaching* 'insegnamento' (da *to teach* 'insegnare', vc. germ. d'orig. indeur.) e *team* 'gruppo' ∗1983] **s. m. inv.** ● insegnamento impartito da una squadra di docenti, che ha il compito di verificare i livelli di apprendimento spec. con test e questionari redatti collegialmente

teandrìa [comp. del gr. *theós* 'dio' e *anḗr*, genit. *andrós* 'uomo' ∗1847] **s. f.** ● natura divina-umana del Cristo

teàndrico [gr. eccl. *theandrikós*, agg. (*-ikós*) del comp. di *theós* 'dio' e *anḗr*, genit. *andrós* 'uomo' ∗av. 1705] **agg.** (**pl. m.** *-ci*) ● relativo a teandria e a teandrismo

teandrìsmo [comp. di *teandric(o)* e *-ismo* ∗1961] **s. m.** ● dottrina che riguarda la natura umana e divina del Cristo

teantropìa [dal gr. *theánthrōpos*, comp. di *theós* 'dio' e *ánthrōpos* 'uomo' ∗1829] **s. f.** ● carattere umano-divino della divinità | attribuzione di caratteri umani alla divinità

tea-room /ti'rum, *ingl.* 'tiː,ruːm/ [vc. ingl., propr. 'stanza (*room*, di orig. indeur. e area germ.) per il tè (*tea*, dal fr.)' ∗1897] **s. m. inv.** (**pl. ingl.** *tea-rooms*) ● sala da tè

teaser /'tizer, *ingl.* 'tiːzə(r)/ [vc. ingl., propr. 'che stuzzica', dal v. *to tease* ∗1969] **s. m. inv.** ● annuncio pubblicitario anonimo, che crea attesa nei confronti di un prodotto che verrà nominato solo in annunci successivi

♦**teatino** [vc. dotta, lat. *Teatīnu(m)*, propr. 'di Chieti (*Teāte*)', vescovato di uno dei fondatori dell'ordine ∗av. 1535] **A** **agg.** ● di Chieti **B** **s. m.** (**f.** *-a*) ● abitante o nativo di Chieti **C** **s. m.; anche agg.** ● appartenente all'ordine dei chierici regolari della congregazione fondata nel 1524 da S. Gaetano da Thiene e da Pietro Carafa (poi Paolo IV)

teatràbile [da *teatro* ∗1891] **agg.** ● che può

essere rappresentato in teatro: *copione t.*

teatràle [vc. dotta, lat. *theatrāle(m)* 'proprio del *teatro* (*theātrum*)' ✱1555] **agg. 1** di teatro: *spettacolo, avvenimento t.* **2** (*fig., spreg.*) di effetto esagerato, privo di naturalezza e spontaneità: *gesto t.* | (*est.*) artificioso, insincero: *una commozione t.* ‖ **teatralménte**, **avv.** in modo teatrale (*anche fig.*); da un punto di vista teatrale ‖ **teatralità**, **s. f. inv. 1** caratteristica di ciò che è teatrale **2** (*fig.*) esagerazione, artificiosità: *parla e gestisce con quella certa teatralità che è propria della passione esaltata* (L. PIRANDELLO)

teatralizzàre [da *teatrale* ✱1936] **v. tr.** ● amplificare, esibire in modo enfatico e plateale: *t. un evento privato* ‖ **teatralizzazióne**, **s. f.**

teatrànte [da *teatro* ✱av. 1798] **s. m. e f. 1** (*raro* o *spreg.*) attore che recita in teatro | comico **2** (*spreg.* o *scherz.*) chi usa spesso un tono declamatorio e artificioso

†**teàtrico** [vc. dotta, lat. tardo *theātricu(m)*, dal gr. *theatrikós* 'appartenente al teatro (*théatron*)' ✱sec. XIV] **agg.** ● teatrale

teatrìno [av. 1742] **s. m. 1** dim. di *teatro* **2** teatro in miniatura, giocattolo per bambini | teatro di burattini **3** (*fig., spreg.*) situazione in cui ciascuno sostiene il suo ruolo in base a un rituale gioco delle parti: *il t. della politica*

♦**teàtro** [vc. dotta, lat. *theātru(m)*, dal gr. *théatron* 'posto (suff. locativo *-tron*) per spettacolo (*théa*)' ✱1313] **s. m. 1** edificio destinato alla rappresentazione di opere liriche o di prosa: *il t. greco di Epidauro* | ***t. di posa***, ambiente in cui vengono effettuate le riprese degli interni di un film, attrezzato per tale funzione | ***t. tenda***, tendone da circo utilizzato stabilmente come struttura per spettacoli teatrali | ***gente di t.***, attori, cantanti, ballerini, registi, tecnici e sim. | ***opera per il t.***, destinata ad essere rappresentata | (*est.*) rappresentazione che si dà in teatro: *andare a t.*; *il t. comincia alle nove* | (*est.*) spettacolo con caratteri di grandiosità e teatralità: *il t. del mondo, dell'universo, della storia* **2** complesso degli spettatori presenti in teatro: *un t. elegante, entusiasta, polemico*; *ricevere gli applausi di tutto il t.* SIN. pubblico **3** produzione, attività teatrale di un autore, di un periodo letterario o storico, di un Paese: *il t. di Sofocle*; *il t. italiano del Seicento* | ***t. danza***, genere che fonde il linguaggio della danza con la musica e la recitazione **4** complesso delle attività che promuovono l'allestimento di spettacoli teatrali: *le sorti del t. americano*; *le rivendicazioni del giovane t.* **5** luogo dove si svolgono o si svolsero in passato azioni importanti, memorabili o che, in qualche modo, si impongono all'attenzione generale: *visitare i teatri dell'ultima guerra*; *la sua casa è stata t. di un fatto spiacevole* | (*milit.*) ***t. di operazioni, operativo***, il territorio nel quale si svolgono operazioni belliche | ***di t.***, detto di arma o sistema d'arma impiegato nel teatro operativo: *missili di t.* **6** aula universitaria per esperimenti | ***t. anatomico***, sala di dissezione per la dimostrazione didattica ‖ **teatràccio**, **pegg.** | **teatrino**, **dim.** (V.) | **teatróne**, **accr.** (V.) | **teatrùccio**, **dim.** | (*spreg.*) **teatrùcolo**, **dim.**

NOMENCLATURA

teatro

● *caratteristiche*: comico, tragico, tragicommedia, satirico, farsesco, d'avanguardia, dialettale, sperimentale, teatro dell'assurdo, stabile, tenda, underground; dramma, commedia (dell'arte, di costume, nera), sceneggiata, tragedia; prosa ⇔ opera = opera lirica, operetta; dramma sacro = dramma liturgico, lauda, sacra rappresentazione, mistero, grand-guignol; melodramma; opera buffa, commedia musicale, musical, varietà, rivista, avanspettacolo, cabaret, recital, farsa, pochade, féerie, vaudeville; kabuki, nō; mimo, pantomima, balletto; teatro dei burattini = delle marionette = opera dei pupi; politeama, teatro tenda, anfiteatro, odeon, arena, circo;

● *commedia dell'arte* - maschere: Arlecchino (Bergamo), Pulcinella (Napoli), Pantalone (Venezia), Colombina (Venezia), Brighella (Bergamo), Scaramuccia (Napoli), Balanzone (Bologna), Stenterello (Firenze), Gianduia (Torino), Rugantino (Roma), Meneghino (Milano), Gioppino (Bergamo), Capitan Fracassa (Spagna), Capitan Spaventa (Genova), Sandrone (Modena), Giangurgolo (Calabria), Fagiolino (Reggio Emilia);

● *locali e attrezzature*: facciata, ingresso, atrio, botteghino, ridotto = foyer; platea, balconata, cavea, barcaccia, palchi, poltrona, galleria, loggione; palcoscenico, retropalco, sottopalco, logeion, proscenio, boccascena, buca del suggeritore, buca dell'orchestra, golfo mistico, allestimento scenico, scena = ribalta, retroscena, quinte, coulisse, scenari, fondale, sipario, sipariettoi, riflettori, bilancia; camerini, guardaroba, magazzino, uscita di sicurezza, ingresso degli artisti;

● *recita*: parte, ruolo, scrittura; applauso, bis, chiamata, fischio; locandina, cartellone, programma, manifesto, repertorio, cassetta; biglietto, abbonamento, entrata di favore; anteprima, debutto, prima, prova generale, rappresentazione, replica, serata di gala, serata d'onore, matinée = mattinata, soirée = serata, stagione, tournée; atto, azione, battuta, trama, colpo di scena, deus ex machina, dialogo, monologo, soliloquio, numero, quadro, esibizione, preludio, prologo, sketch, atto unico, finale, intervallo, interludio, duetto, cavatina, tirata; regia, dizione, interpretazione, recitazione; allestimento, coreografia, scenografia, costumi, messinscena, canovaccio; unità d'azione, unità di luogo, unità di tempo;

● *persone*: autore, bozzettista, critico teatrale, impresario, agente teatrale, drammaturgo, commediografo, regista, aiuto regista, scenografo, tragediografo, mimografo; filodrammatico; claque, cast, capocomico, prima donna; primo amoroso, prima amorosa, caratterista, comparsa, interprete, personaggio; suggeritore, bagarino, portoghese; buttafuori; trovarobe, attrezzista di scena, macchinista, costumista, sarta, tecnico delle luci; inserviente, maschera;

● *compagnia*: comica ⇔ drammatica, stabile ⇔ di giro;

● *attore*: dilettante ⇔ professionista, drammatico ⇔ comico = brillante, spalla, sconosciuto ⇔ famoso; esordiente, protagonista (deuteragonista), sorpassato, istrione, mattatore, pagliaccio, gigione, guitto, buffone, generico, illusionista, prestigiatore, acrobata, burattinaio = marionettista = puparo, soubrette, imitatore, spogliarellista, ipnotizzatore, cantautore, chansonnier; seratante;

● *azioni*: calcare le scene, presentarsi alla ribalta, recitare, debuttare, esordire, interpretare, cantare, suonare, danzare; fare fiasco, impaperarsi, declamare, mimare, provare, truccarsi, replicare, dare la battuta; mettere in scena, andare in scena, sceneggiare, scritturare, tenere il cartellone; applaudire, fischiare, chiamare, bissare, annoiarsi, entusiasmarsi.

circo

● *caratteristiche*: circo equestre; tendone, arena, palco, gradini, trapezio, rete, altalena, pertica, fune; animali ammaestrati, serraglio, gabbie, carrozzoni;

● *persone*: acrobata = funambolo = equilibrista = trapezista, clown = pagliaccio; cavallerizzo, amazzone, allenatore, domatore; direttore.

teatróne [1825] **s. m. 1** accr. di *teatro* **2** (*raro* o *lett.*) grande afflusso di spettatori a una rappresentazione: *C'era un t., poiché s'entrava gratis* (G. VERGA)

teatroterapìa o **teàtro terapìa** [comp. di *teatro* e *-terapia* ✱1970] **s. f.** ● (*psicol.*) forma di arteterapia consistente nel far praticare al paziente attività teatrali

tebàide [vc. dotta, lat. *Thebăide(m)*, propr. agg., sottinteso *tĕrra(m)*, '(regione) di Tebe', dal gr. *Thēbaís* 'il territorio di *Tebe* (*Thêbai*)' ✱av. 1603] **s. f. 1** (*lett.*) luogo solitario e deserto eletto da eremiti a loro soggiorno **2** (*fig.*) luogo isolato e inospitale: *vivere in una t.*

tebaìna [ingl. *thebain(e)*, dal n. della città egiziana di *Tebe*, produttrice d'oppio, con *-ina* ✱1889] **s. f.** ● alcaloide contenuto nell'oppio

tebaìsmo [da *teba(ina)* col suff. di affezione *-ismo* ✱1961] **s. m.** ● (*med.*) intossicazione da oppio

tebàno [vc. dotta, lat. *Thebānu(m)* 'di *Tebe* (*Thēbae*)' ✱av. 1292] **A agg.** ● di Tebe nella Beozia | di Tebe d'Egitto **B s. m. 1** (**f.** *-a*) abitante o nativo di Tebe **2** tipo di marmo nero dell'Egitto

tebèo [vc. dotta, lat. *thebāeu(m)*, da *thēbâios*, agg. di *Thêbai* 'Tebe' ✱1340] **agg. e s. m.** (**f.** *-a*) ● che (o chi) era nativo o abitante dell'antica Tebe d'Egitto

tèca [vc. dotta, lat. *thēca(m)*, dal gr. *thḗkē* 'scatola in cui porre (*tithénai*) qualcosa' ✱1583] **s. f. 1** (*raro*) custodia, astuccio | piccola vetrina per l'esposizione di oggetti preziosi, reperti archeologici e sim. **2** astuccio o scatola in cui si conservano reliquie di santi | ciborio o scatola di metallo dorato in cui si conserva l'ostia consacrata sull'altare o per portarla nella visita e comunione dei malati e degli impediti **3** (*anat.*) ***t. cranica***, volta del cranio **4** (*bot.*) urna dei muschi | logge delle antere | cellula che contiene le spore | frustolo **5** (*zool.*) parte del calice calcareo su cui poggiano o sono parzialmente inclusi i polipi dei Madreporari

-tèca [dal gr. *thḗkē*: V. *teca*] **secondo elemento** ● in parole composte significa 'deposito', 'raccolta', 'custodia' e sim.: *biblioteca, cineteca, discoteca, emeroteca*

Tècar® [acronimo di 'Trasferimento Energetico CApacitivo Resistivo' ✱2005] **A s. f. o** (*raro*) **m. inv.** ● macchina che trasferisce energia all'interno dei tessuti muscolari o fibrosi danneggiati, stimolando i processi riparatori naturali **B s. f. inv.** ● accorc. di *tecarterapia*

tecarterapìa [2003] **s. f.** ● (*med.*) terapia diatermica effettuata con la Tecar

técca [della stessa orig. di *tacca* (V.) ✱1266] **s. f.** ● (*raro, tosc.*) macchia | (*fig.*) difetto ‖ **teccarèlla**, **teccherèlla**, **dim.**

tèchne /gr. 'tɛxne/ o †**tècne** [vc. gr., *téchnē*, 'tecnica, abilità tecnica' ✱1584] **s. f. inv.** ● nella Grecia classica, caratteristica di chi aveva sia capacità di invenzione che abilità di esecuzione | (*lett.*) arte | tecnica: *la tecnica è sempre esistita* (*si prega di dire t. per far bella figura*) (E. MONTALE)

Technicòlor® /tekni'kɔlor, *ingl.* 'tɛknɪˌkʌlə(r)/ [marchio registrato ✱1942] **s. m. inv.** ● sistema tecnico di fabbricazione e di stampa di pellicole cinematografiche a colori | ***in t.***, (*fig.*) a colori sgargianti CFR. tecnicolor

tèchno ▸ **tecno**

techno-thriller /tekno'triller, *ingl.* ˌtɛknəʊ'θrɪlə(r)/ [vc. ingl.; comp. di *techno* e *thriller* ✱1993] **s. m. inv.** ● thriller tecnologico (V. *thriller*)

teck ▸ **tek**

†**tècne** ▸ **techne**

tecnèzio o **tecnètio**, **tecnèto** [dal gr. *technētós* 'artificiale', da *téchnē* 'arte' ✱1949] **s. m.** (**pl.** *-i* o *raro -ii*) ● elemento chimico metallico, simile al renio e al manganese, che esiste solo in isotopi radioattivi ottenuti mediante reazioni nucleari, usato in diagnostica medica SIMB. Tc NUM. AT. 43

-tecnìa [dal gr. *téchnē* 'tecnica' col suff. *-ia*②] **secondo elemento** ● in parole composte della terminologia scientifica, significa 'tecnica':

zootecnia, pirotecnia

♦**tècnica** [f. sost. dell'agg. *tecnico* ✱1891] **s. f.** **1** serie di norme che regolano il concreto svolgimento di un'attività manuale, intellettuale o sportiva: *t. del falegname*; *t. della pittura a olio*; *t. del tuffo*; *la t. militare* CFR. -tecnia **2** modo di lavorare, produrre, realizzare qlco.: *le moderne tecniche di trasformazione degli idrocarburi*; *hanno costruito il ponte con una t. più sicura* | (**colloq.**) sistema: *ha una sua t. per ottenere un prestito* **3** qualsiasi forma di attività umana volta, sfruttando le conoscenze e le acquisizioni della scienza, alla creazione di nuovi mezzi, strumenti, congegni, apparati che migliorino le condizioni di vita dell'uomo stesso: *le straordinarie realizzazioni della t.*

Definizione d'autore
Se chiamiamo "tecnologia" l'insieme degli strumenti di cui ci serviamo, con la parola **tecnica** dobbiamo intendere quella forma di razionalità che si propone di raggiungere il massimo degli scopi con l'impiego minimo dei mezzi. I suoi valori sono quindi efficienza e produttività a prescindere da qualsiasi scopo, perché il fine della **tecnica** è unicamente il suo auto-potenziamento, che tutti desiderano per il semplice fatto che essa è diventata la condizione universale per il conseguimento di qualsiasi scopo. Accade però che, per effetto dello sviluppo tecnico, oggi la nostra possibilità di *fare* è enormemente superiore alla nostra possibilità di *prevedere*, per cui il problema che si pone non è come noi trasformeremo il mondo con la **tecnica**, ma come la **tecnica** trasformerà noi.
Umberto Galimberti

tecnicalità [dall'ingl. *technicality*, dall'agg. *technical* 'tecnico' ✱1987] **s. f. inv.** ● dettaglio tecnico: *non perdete tempo in inutili t.*

tecnicìsmo [comp. di *tecnic(o)* e *-ismo* ✱1818] **s. m.** **1** aderenza rigida ed esclusiva alle norme che regolano la realizzazione di qualsiasi attività pratica o intellettuale **2** (**est.**) predominio del fattore tecnico, con esclusione del libero intervento personale e dell'attività fantastica, in chi si dedica a un'arte, una ricerca scientifica, e sim. **3** (**ling.**) termine o locuzione connessa strettamente al campo concettuale di una disciplina: *un t. finanziario* **4** (**spreg.**) uso eccessivo di terminologia tecnica

tecnicìsta [1961] **s. m. e f.** (**pl. m.** *-i*) ● chi si occupa dei procedimenti della tecnica industriale, commerciale, aziendale ecc.

tecnicìstico [1938] **agg.** (**pl. m.** *-ci*) ● che rivela, mostra tecnicismo: *i limiti tecnicistici della produzione letteraria di un autore* ‖ **tecnicisticaménte**, **avv.**

tecniciẓẓàre [1951] **A** **v. tr.** ● rendere tecnico | organizzare secondo procedimenti tecnici: *t. un'indagine storica, letteraria* | (**ling.**) tecnificare **B** **tecniciẓẓàrsi** **v. intr. pron.** ● diventare tecnico, assumere caratteristiche tecniche ‖ **tecniciẓẓazióne**, **s. f.** (V.)

tecniciẓẓazióne [1964] **s. f.** **1** il tecnicizzare: *la t. di una struttura industriale* **2** tendenza a una eccessiva specializzazione: *la progressiva t. del linguaggio*

♦**tècnico** [vc. dotta, lat. *tĕchnicu(m)*, dal gr. *technikós* 'proprio di un'arte (*téchnē*, di prob. orig. indeur.)' ✱1660 ca.] **A** **agg.** (**pl. m.** *-ci*) **1** che riguarda un'attività specifica, una scienza, una disciplina: *nozioni tecniche*; *ufficio t.*; *linguaggio t.* **2** che è relativo a un'arte, un'attività, una disciplina e al processo della loro pratica attuazione: *capacità tecniche* | (**est.**) relativo ad aspetti particolari: *dei dettagli tecnici si occuperanno gli specialisti* **3** detto di tessuto o di capo d'abbigliamento sintetico, di uso spec. sportivo, prodotto con tecnologie avanzate CFR. tecno, nel sign. 2 **4** (**sport**) ***fallo t.***, o (**ellitt.**) ***tecnico***, nella pallacanestro, qualsiasi infrazione deliberata che non si verifica durante un'azione di gioco ‖ **tecnicaménte**, **avv.** in modo tecnico; dal lato tecnico, per quanto concerne la tecnica: *realizzazione tecnicamente ineccepibile*; (**est.**) da un punto di vista strettamente tecnico, formale: *tecnicamente è ancora lui il presidente* SIN. formalmente ‖ **tecnicità**, **s. f. inv.** carattere tecnico: *la tecnicità di un procedimento, di un vocabolo* **B** **s. m.** (**f.** *-a*; V. **nota d'uso FEMMINILE**); **anche agg.** **1** chi (o che) ha una pratica specifica in qlco.: *bisogna consultare un t.*; *personale t.* | ***t. delle luci***, persona cui è affidata la responsabilità dell'illuminazione della scena cinematografica e degli attori | ***t. del suono***, in cinematografia, addetto alla registrazione dei suoni sulla colonna sonora di un film; in teatro, addetto alla riproduzione meccanica dei rumori e delle musiche di scena; in sala di registrazione, addetto alla manovra delle apparecchiature **2** chi (o che) mette in pratica, attua le elaborazioni teoriche, i progetti di altri: *non è proprio un progettista, è solo un t.* | ***ministro t.***, o (**ellitt.**) ***tecnico***, ministro che ha una competenza specifica in un determinato settore piuttosto che statura e responsabilità politiche: *un governo di tecnici* CFR. politico **3** lavoratore che possiede una preparazione pratica oltre che teorica: *l'industria ha bisogno di tecnici* **4** (**sport**) allenatore di una squadra

tecnicòlor [anglo-americano *technicolor*, comp. di *technic* 'tecnico' e del lat. *cŏlor* 'colore' ✱1961] **s. m. inv.** ● adattamento di *Technicolor* (V.)

tecnificàre [1963] **v. tr.** (*io tecnìfico, tu tecnìfichi*) ● (**ling.**) fare assumere a un vocabolo un significato tecnico, spec. nel passaggio da una lingua ad un'altra: *alcuni termini d'arte derivati dal latino vengono tecnificati nel Trecento* SIN. tecnicizzare ‖ **tecnificazióne**, **s. f.**

tecnìgrafo [comp. di *tecno-* 'proprio dei tecnici' e *-grafo* ✱1904] **s. m.** ● (**mecc.**) strumento sussidiario per disegnatori tecnici costituito da una squadra centimetrata e da un goniometro che si applica, con un sistema articolato fisso o scorrevole, sul banco da disegno | (**est.**) piano di lavoro basculante attrezzato con tecnigrafo

tècno o **tèchno** /ˈtɛkno, *ingl.* ˈtɛknəʊ/, spec. nel sign. A e B 2 [adattamento di *techno* all'uso ortografico it. ✱1991] **A** **s. f. o m. inv.** ● (**mus.**) genere musicale contemporaneo basato sulla ripetizione ossessiva di segmenti campionati e duplicati mediante dispositivi elettronici digitali **B** **agg. inv.** **1** accorc. di *tecnologico* **2** detto di tessuto sintetico, leggero e resistente, di facile manutenzione e di grande adattabilità CFR. tecnico, nel sign. A3 **3** relativo al genere musicale: *musica t.*

tècno- [gr. *techno-*, da *téchnē* 'arte, tecnica', di prob. orig. indeur.] **primo elemento** ● in parole composte, significa 'capacità tecnica', 'procedimenti tecnici', fa riferimento a specializzazione tecnica o equivale a 'tecnologia': *tecnofibra, tecnotronica, tecnostress*

tecnòcrate [ingl. *technocrat*, da *technocracy* 'tecnocrazia' ✱1961] **s. m. e f.** ● uomo politico o alto funzionario la cui autorità si fonda prevalentemente sulla competenza tecnica

tecnocràtico [ingl. *technocratic*, da *technocrat* 'tecnocrate' ✱1953] **agg.** (**pl. m.** *-ci*) ● relativo a tecnocrazia o a tecnocrate ‖ **tecnocraticaménte**, **avv.**

tecnocrazìa [ingl. *technocracy*, da *techno-* e *-cracy* '-crazia' (gr. *-kratía*, da *krátos* 'potere') ✱1931] **s. f.** ● governo dei tecnici | egemonia, potere dei tecnici nella vita dello Stato

tecnoètica [comp. di *tecno-* e *etica* ✱2002] **s. f.** ● l'insieme dei problemi etici connessi con il mondo e i progressi della tecnologia

tecnofìbra [comp. di *tecno-* e *fibra* ✱1973] **s. f.** ● (**chim.**, **tecnol.**) ciascuna delle fibre artificiali e sintetiche

tecnofobìa [comp. di *tecno-* e *-fobia* ✱1952] **s. f.** ● profonda avversione per la tecnologia ‖ **tecnofòbico**, **agg.** (**pl. m.** *-ci*); **anche s. m.** (**f.** *-a*) **nel sign. 2** **1** relativo a tecnofobia, caratterizzato da tecnofobia **2** tecnofobo ‖ **tecnòfobo**, **agg. e s. m.** (**f.** *-a*) che (o chi) dimostra tecnofobia

tecnologìa [gr. *technología* 'discorso (*lógos*) sistematico su un'arte (*téchnē*)' ✱av. 1729] **s. f.** (**pl.** *-gìe*) **1** studio della tecnica e della sua applicazione **2** studio e realizzazione dei procedimenti e delle attrezzature necessarie per la trasformazione di una data materia prima in un prodotto industriale: *t. meccanica, metallurgica, del legno, chimica, tessile, ceramica, alimentare* | ***t. dolce***, V. *dolce* | ***t. dura***, V. *duro* **3** ***tecnologie educative, dell'insegnamento, dell'istruzione***, attuazione dei processi educativi basata sull'analisi scientifica dell'apprendimento e dell'insegnamento, sulle metodologie e sui mezzi che essa suggerisce **4** (**raro**) linguaggio tecnico, terminologia tecnica

tecnològico [1832] **agg.** (**pl. m.** *-ci*) ● della tecnologia: *sviluppo t.* | che riguarda la tecnologia: *laboratorio t.* ‖ **tecnologicaménte**, **avv.** mediante la tecnologia; sotto l'aspetto tecnologico

tecnologiẓẓàre [da *tecnologia* ✱1967] **v. tr.** **1** (**raro**) rendere tecnologico **2** sottoporre a procedimenti tecnologici ‖ **tecnologiẓẓazióne**, **s. f.**

tecnòlogo [fr. *technologue*, comp. di *techno-* 'tecno-' e *-logue* '-logo' ✱1854] **s. m.** (**f.** *-a*; **pl. m.** *-gi*); **anche agg.** ● chi studia, realizza o applica procedimenti tecnologici

tecnopatìa [comp. di *tecno-* e *-patia* ✱1908] **s. f.** ● malattia professionale ‖ **tecnopàtico**, **agg.** (**pl. m.** *-ci*); **anche s. m.** (**f.** *-a*) **nel sign. 2** **1** relativo a tecnopatia **2** che (o chi) soffre di una tecnopatia

tecnopègnio [gr. *technopáignion* 'gioco (*páignion*) d'arte (*téchnē*)' ✱1930] **s. m.** (**pl.** *tecnopègnia*) ● (**letter.**) calligramma

tecnopolìmero [comp. di *tecno-* e *polimero* ✱1983] **s. m.** ● ciascuna di una classe di materie plastiche costituite da polimeri termoplastici, le cui caratteristiche chimico-fisiche ne permettono l'impiego per fabbricare parti di macchine, strumenti e sim., prodotte tradizionalmente in metallo

tecnoscientìfico [1968] **agg.** (**pl. m.** *-ci*) ● che attiene alla scienza e alla tecnologia | relativo alla tecnoscienza

tecnosciènza [comp. di *tecno-* e *scienza* ✱1969] **s. f.** ● l'insieme delle conoscenze e delle discipline scientifiche collegate alle moderne tecnologie

tecnostrèss [comp. di *tecno-* e *stress* ✱1984] **s. m. inv.** ● stress indotto dall'uso prolungato di strumenti e tecnologie informatiche

tecnostruttùra [comp. di *tecno-* e *struttura* ✱1973] **s. f.** ● (**econ.**) insieme di coloro che partecipano, direttamente o indirettamente, ai processi decisionali delle imprese di grandi dimensioni, contribuendo alla produzione con le loro conoscenze tecniche: *la t. di una società multinazionale*

tecnotrònica [comp. di *tecno-* ed *(elet)tronica* ✱1972] **s. f.** ● tecnologia avanzata, realizzata con l'apporto di sistemi elettronici di controllo, automazione e sim.

tecnotrònico [1969] **agg. (pl. m.** *-ci*) • che riguarda la tecnotronica: *civiltà, era tecnotronica*

téco [vc. dotta, lat. *tēcum*, parallelo di *cŭm* 'con' *tē* 'te' ✱av. 1205] **forma pron.** • (*lett.*) con te: *gli è t. cortesia l'esser villano* (L. Ariosto); *son t., e non mi fai / né pena né piacer* (P. Metastasio) | (*raro, lett.*) ***t. stesso, t. medesimo***, dentro di te, fra te e te | (*pleonast.*) †***con t., con esso t.***: *s'Amor con t. a grande opra mi chiama* (A. Poliziano)

tecodónte [dal gr. *thḗkē* (V. *teca*) e it. *-odonte* ✱1865] **agg.** • che ha i denti confitti in alveoli: *animale t.*; *dentatura t.*

tectìte [da *tect(onico)* col suff. *-ite*② ✱1963] **s. f.** • (*miner.*) piccola massa vetrosa traslucida di colore rossastro, verde o nero, di incerta origine, forse prodotta da impatti fra asteroidi e ricaduta sulla terra

tectònica e deriv. ➤ **tettonica** e deriv.

tèda [vc. dotta, lat. *tāeda(m)*, originariamente 'specie di pino resinoso', poi la 'torcia (di resina)', dal gr. *daída*, acc. di *daís*, di orig. indeur. ✱1336 ca.] **s. f. 1** fiaccola di legno resinoso usata dagli antichi Greci e Romani nelle solennità nuziali e nei cortei | (*poet.*) fiaccola | (*poet., fig.*) ***t. nuziale***, le nozze, il matrimonio: *sto soggiogata alla t. legittima* (A. Poliziano) **2** (*poet.*) pino selvatico e ricco di resine

Teddèum ➤ **Te Deum**

teddy bòy /teddi'bɔi, *ingl.* 'tɛdɪˌbɔɪ/ [loc. ingl., 'ragazzo (*boy*) vestito alla moda del regno di Edoardo VII, *Edward*, e per vezz. *Teddy*' ✱1950] **loc. sost. m. inv. (pl. ingl.** *teddy boys*) • giovane teppista

tedescànte [da *tedesco* ✱1870] **agg. e s. m. e f.** • (*lett., spreg.*) tedescofilo

tedescheggiàre [1879] **v. intr.** (**pres.** *io tedeschéggio*; **fut.** *io tedescheggerò*; **aus.** *avere*) • seguire i costumi, gli usi, il pensiero dei Tedeschi | essere sostenitore dei Tedeschi

tedescherìa [1617] **s. f.** • (*scherz.* o *spreg.*) l'insieme dei Tedeschi | regione o Stato abitato dai Tedeschi

tedeschìsmo [da *tedesco* ✱1892] **s. m.** • voce passata, a partire dal XIV sec., dalla lingua tedesca in quella italiana

tedeschizzàre [1915] **v. tr.** • (*raro*) rendere tedesco ‖ **tedeschizzazióne**, **s. f.**

♦**tedésco** o †**todésco** [dal lat. mediev. *Teutīscus*, tratto da **thiudisk-*, agg. con senso allargato dal got. *thiuda* 'popolo (germanico)' ✱sec. XII] **A agg. (pl. m.** *-schi*) • della Germania | ***alla tedesca***, (*ellitt.*) secondo l'usanza tedesca ‖ **tedeschìno**, **dim.** | **tedescóne**, **accr.** ‖ **tedescaménte**, **avv.** (*raro*) alla tedesca **B s. m.** (**f.** *-a*) • abitante o nativo della Germania **C s. m. solo sing.** • lingua del gruppo germanico, parlata in Germania, Austria, Liechtenstein, parte della Svizzera e in altri Paesi | ***alto t., basso t.***, la varietà di lingua tedesca parlata dalle popolazioni stanziatesi rispettivamente nell'area meridionale e nell'area settentrionale della Germania ‖ **tedescàccio**, **pegg.** | **tedescóne**, **accr.**

tedescòfilo [comp. di *tedesco* e *-filo* ✱1874] **agg. e s. m.** (**f.** *-a*) • che (o chi) simpatizza per i Tedeschi e li sostiene

tedescòfobo [comp. di *tedesco* e *-fobo* ✱av. 1937] **agg. e s. m.** (**f.** *-a*) • che (o chi) è nemico dei Tedeschi e di tutto ciò che è tedesco

tedescòfono [comp. di *tedesco* e *-fono* ✱1983] **agg. e s. m.** (**f.** *-a*) • germanofono

tedescùme [comp. di *tedesco* e *-ume* ✱av. 1803] **s. m.** • (*spreg.*) insieme di cose, idee, usanze, popolazioni tedesche

Te Dèum /te'dɛum/ o **Tedèum**, **Teddèum** [dalle parole lat. iniziali dell'inno: propr. 'te (*tē*), o Signore (*Dĕum*)', e continua 'lodiamo (*laudāmus*)' ✱av. 1750] **loc. sost. m. inv.** • (*relig.*) solenne inno della liturgia cattolica per glorificazione e ringraziamento a Dio | (*mus.*) composizione vocale e strumentale sul testo di tale inno: *un 'Te Deum' di G. Mahler*

tediàre [vc. dotta, lat. *taediāre*, da *tāedium* 'tedio' ✱av. 1363] **A v. tr.** (*io tèdio*) • procurare tedio | annoiare, infastidire: *per non tediarvi, sarò breve* **SIN.** importunare, seccare **B tediàrsi v. intr. pron.** • provare fastidio, noia **SIN.** annoiarsi, infastidirsi

✲**tèdio** [vc. dotta, lat. *tāediu(m)*, da *taedēre* 'essere disgustato', vc. espressiva di etim. incerta ✱sec. XIII] **s. m.** (**pl.** *-i* o *raro -ii*) • senso di profonda noia e dolorosa stanchezza | (*est.*) noia, fastidio: *dare t.*; *venire a t.*; *questa lettura procura un grande t.* | ***t. della vita***, indifferenza e insofferenza verso i problemi dell'esistenza propria e altrui **SIN.** uggia

SFUMATURE ➤ ***noia***

✲**tedióso** (o -ṣ-) [vc. dotta, lat. *taediōsu(m)*, agg. da *tāedium* 'tedio' ✱av. 1243] **agg.** • che procura tedio: *giorno t.*; *libro t.*; *persona tediosa* **SIN.** fastidioso, noioso, uggioso ‖ **tediosaménte**, **avv.** ‖ **tediosità**, **s. f. inv.** caratteristica di chi (o di ciò che) è tedioso

tedòforo [comp. di *teda* 'fiaccola' e *-foro* ✱1829] **s. m.** (**f.** *-a*); **anche agg.** • (*lett.*) chi (o che) porta una fiaccola

tee /ti*, *ingl.* tiː/ [vc. ingl. di etim. incerta ✱1989] **s. m. inv.** • (*sport*) nel golf, piccolo supporto sul quale si poggia la pallina per effettuare il primo colpo di una buca | piazzola di partenza

teenager /ti'ne(i)dʒer, *ingl.* 'tiːnˌeɪdʒə(r)/ [vc. ingl., comp. di *-teen* (da *ten* 'dieci', d'area germ. e orig. indeur.), terminazione dei numeri cardinali dal 13 al 19 incluso, e *ager*, da *age* 'età', di orig. fr. ✱1951] **s. m. e f. inv.** • ragazzo o ragazza fra i tredici e i diciannove anni

teen movie /*ingl.* 'tiːnˌmuːvɪ/ ➤ **movie**

tee-shirt ➤ **T-shirt**

tefillàh① /*ebr.* tefil'la/ [vc. ebr., propr. 'preghiera' ✱1992] **s. f. inv.** (**pl. ebr.** *tefilloth*) • nell'ebraismo, preghiera

tefillàh② /*ebr.* tefil'la/ [vc. ebr., propr. 'filatterio' ✱1993] **s. m. inv.** (**pl. ebr.** *tefillin*) • filatterio

Tèflon® [marchio registrato della DuPont De Nemours ✱1961] **s. m. inv.** • (*chim.*) denominazione commerciale del politetrafluoroetilene e di altri fluoroderivati

teflonàre [da *Teflon*® ✱1976] **v. tr.** (*io teflòno*) • rivestire di Teflon

tefrìte [vc. dotta, lat. *tephrīte(m)*, dal gr. *tephrîtis* 'pietra del colore della cenere (*téphra*, di orig. indeur.)' ✱1840] **s. f.** • (*geol.*) roccia eruttiva effusiva con grossi cristalli di feldspatoidi in una pasta di fondo quasi totalmente cristallina

tefromanzìa [comp. del gr. *téphra* 'cenere' e *-manzia* ✱1895] **s. f.** • divinazione mediante esame della cenere delle are

téga [lat. *thēca(m)* 'custodia, teca' ✱av. 1557] **s. f. 1** (*centr., sett.*) baccello di fava, fagiolo e sim. **2** (*tosc.*) gluma

tegamàta [av. 1584] **s. f. 1** quanto cibo sta in un tegame: *una t. di fagioli* **2** colpo di tegame

tegàme [gr. *tḗganon*, attratto nella serie dei collettivi con suff. *-ame* ✱av. 1400] **s. m. 1** recipiente da cucina in terracotta o metallo, tondo e basso, con manico lungo o due manici ad ansa: *preparare la salsa nel t.* **2** (*est.*) quanto può contenere un tegame ‖ **tegamàccio**, **pegg.** | **tegamìno**, **dim.** (V.) | **tegamóne**, **accr.**

tegamìno [1556] **s. m. 1** dim. di *tegame* **2** tegame piccolo e basso di sponda, usato per cuocere le uova | ***uova al t.*** (raro ***in t.***), fritte con burro od olio

tegenària [vc. dotta, lat. tardo **tegenāriu(m)* per *tegetāriu(m)* 'che costruisce stuoie (*tĕgetes*, dalla radice indeur. *teg-* 'coprire', con allusione alle ragnatele)' ✱1875] **s. f.** • ragno grigiastro di modeste dimensioni, cosmopolita, che popola gli angoli scuri di soffitte, cantine, stanze (*Tegenaria domestica*)

téglia o †**tégghia** [lat. *tēgula(m)* con il senso di 'coperchio', da una base indeur. *teg-* 'coprire' ✱1313] **s. f. 1** tegame senza manico, rotondo o rettangolare, per cuocere in forno dolci, pizze o altre vivande **2** (*fig., scherz.*) †cappello a tesa larga ‖ **tegliétta**, **teglietttìna**, **dim.** | **teglìna**, **dim.** | **teglióna**, **accr.** | **teglióne**, **accr. m.**

tegliàta [1691] **s. f.** • quanto può essere contenuto in una teglia

tegnènte ➤ **tenente**①

♦**tégola** [vc. dotta, lat. *tēgula(m)*, della medesima famiglia di *tēctum* 'tetto', secondo la comune orig. dalla radice indeur. *teg-* 'coprire' ✱1221] **s. f. 1** laterizio a superficie rettangolare, variamente sagomato o curvo, usato per copertura di tetti, solo o con embrici | ***t. curva***, coppo | ***t. portoghese***, costituita da una parte curva, come nel coppo, e dal prolungamento piano su uno dei lati, come nell'embrice **2** (*fig.*) disgrazia improvvisa e inaspettata ‖ **tegolìna**, **dim.** | **tegolóne**, **accr. m.**

tegolàta [av. 1742] **s. f.** • colpo di tegola

tegolàto [collettivo da *tegola*, come **tegulātum* 'tetto' nel lat. parl. ✱1905] **s. m.** • (*raro*) copertura di tegoli

tégolo [av. 1292] **s. m.** • (*tosc.*) tegola | (*raro*) ***scoprire qualche t.***, (*fig.*) scoprire qualche fatto nascosto

tegumentàle [1883] **agg.** • del tegumento | ***tessuto t.***, formato da cellule a mosaico che riveste gli organismi vegetali

tegumentàrio [1900] **agg.** • tegumentale | ***apparato t.***, negli animali, l'insieme della pelle e delle produzioni cutanee

teguménto [vc. dotta, lat. *tegumĕntu(m)* 'copertura', dalla base indeur. *teg-* col senso di 'coprire' ✱1813] **s. m.** • (*biol.*) tessuto o apparato di rivestimento del corpo umano o di un organo animale o vegetale

teicoltóre [comp. di *tè* e *coltore* ✱1961] **s. m.** (**f.** *-trice*) • chi pratica la teicoltura

teicoltùra [comp. di *tè* e *coltura* ✱1937] **s. f.** • coltivazione del tè

teièra [da *tè*, sui modelli preesistenti di *sorbettiera, cioccolatiera, caffettiera* ✱1711] **s. f.** • bricco panciuto con beccuccio in cui si prepara o si serve il tè

teìna [da *tè* col suff. della chim. *-ina* ✱1875] **s. f.** • alcaloide contenuto nelle foglie del tè, identico chimicamente alla caffeina

teìṣmo [comp. dal gr. *theós* 'dio' e *-ismo*, sul modello del fr. *théisme* ✱av. 1769] **s. m.** • credenza in una divinità unica e trascendente | dottrina religiosa o filosofica fondata su tale credenza

teìsta [da *teismo*, come il fr. *théiste* da *théisme* ✱av. 1667] **s. m. e f.** (**pl. m.** *-i*) • chi aderisce al teismo

teìstico [1877] **agg.** (**pl. m.** *-ci*) • che concerne il teismo ‖ **teisticaménte**, **avv.**

tek /tɛk/ o **teck** /tɛk/ [da una vc. malese (*tekka*) di orig. indiana ✱1813] **s. m. inv.** • legno che si ricava dall'albero *Tectona grandis*, leggero ma durissimo e resistente, facilmente lavorabile perché senza nodi, usato per ponti di navi, mobili, pavimenti, serramenti

tél ➤ **te**① nel sign. 3

♦**téla** [lat. *tēla(m)*, per un precedente *tĕxla(m)*, da *tĕxere* 'tessere', di orig. indeur. ✱1280 ca.] **s. f. 1** armatura fondamentale dei tessuti, in cui ogni filo di ordito passa alternativamente sopra e sotto i fili che costituiscono la trama,

per cui il tessuto prende aspetto uniforme e compatto: *ordire una t.* CFR. raso, saia | il tessuto ottenuto con tale armatura: *lenzuolo di t.* | ***t. cerata***, impermeabilizzata con gomma o vernice | ***t. d'Olanda***, olanda | ***t. di ragno***, ragnatela (*anche fig.*) | ***la t. di Penelope***, (*fig.*) lavoro che sembra non aver termine perché sempre rivisto, corretto, rifatto (con riferimento alla tela che, nell'Odissea, la moglie di Ulisse tesseva di giorno e disfaceva di notte, allo scopo di ritardare il matrimonio con uno dei Proci) | ***restare, finire in braghe di t.***, (*fig., pop.*) rimanere senza risorse morali o materiali, spec. dopo aver subìto un raggiro, un inganno o un rovescio economico **2** tessuto con cui si formano le vele e le tende | ***far t.***, (*fig., pop.*) svignarsela **3** elemento costitutivo dell'armatura dello pneumatico, composto generalmente di cordicelle parallele d'acciaio, fibre naturali o sintetiche incorporate in uno strato di gomma **4** quadro dipinto su tela: *ammirare alcune tele di Raffaello, del Murillo* **5** sipario | ***cala la t.***, (*fig.*) finisce, è finito, detto di fatti, vicende, avvenimenti **6** (*fig., lett.*) complesso di azioni meditate e preparate spec. per raggirare, imbrogliare qlcu.: *ordire una t.*; *cadere nella t.* SIN. trama **7** (*fig.*) †azione che si va ideando o compiendo | †ragionamento, discorso, racconto: *vidi t. sottil ordir Crisippo* (F. PETRARCA) **8** (*caccia*) ***t. alle folaghe***, battuta di caccia durante la quale un gran numero di partecipanti a bordo di piccole imbarcazioni spara agli uccelli, dopo averli chiusi al centro di laghi o valli paludose **9** (*anat.*) formazione anatomica simile a lamina, di spessore modesto e di struttura delicata ‖ **telàccia**, **pegg.** | **telétta**, **dim.** (V.) | **telina**, **dim.** | **telino**, **dim. m.**
SFUMATURE ➤ *quadro*②

telàggio [1790] **s. m.** • qualità, tipo di tessitura della tela | tele assortite

telaìno [av. 1912] **s. m.** **1** dim. di *telaio* **2** cornice di legno che in un alveare sostiene i favi

telàio o †**telàro** [lat. parl. *telāriu(m)*, da *tēla* * av. 1342] **s. m.** (**pl.** *-ai*) **1** macchina tessile che produce il tessuto mediante l'intreccio di due elementi tra loro perpendicolari, l'ordito e la trama: *t. a mano*; *telai meccanici*; *t. per la lana, seta, cotone, lino, canapa* | ***t. da ricamo***, attrezzo di legno a incastro o formato da due cerchi concentrici in cui si tende il tessuto da ricamare **2** incastellatura di travi i cui assi formano una linea chiusa | ***t. multiplo***, formato da due o più telai che hanno a due a due un lato in comune | ***t. di finestra***, struttura in legno o metallo a forma di cornice fissata al muro su cui sono applicati i cardini **3** ossatura, armatura, intelaiatura: *t. del letto, di un mobile, di un quadro, del pianoforte* | armatura di legno atta a sostenere le scene teatrali o a tirarne la tela **4** scheletro metallico costituente l'ossatura di base di un automezzo, vagone ferroviario e sim. | ***t. portautensili***, struttura metallica per il montaggio di utensili diversi, che si collega in vario modo al trattore **5** in tipografia, dispositivo della monofonditrice in cui sono saldamente fissate le matrici delle varie lettere o segni **6** avvolgimento di filo elettrico variamente disposto che funge da antenna per radioonde e con cui è possibile determinare la direzione di provenienza ‖ **telaiétto**, **dim.** | **telaìno**, **dim.** (V.) | **telaióne**, **accr.**

telamóne [vc. dotta, lat. tardo *telamōne(m)*, dal gr. *telamṓn*, che, come il n. dell'eroe *Telamṓn* 'Telamone', è legato alla radice *tel-* '(sop)portare' * 1598] **s. m.** • struttura architettonica a forma di figura maschile, per lo più colossale, che, nelle parti esterne di un edificio antico, fungeva da colonna o pilastro, o anche da modiglione SIN. atlante

telangectașìa o **teleangectașìa** [comp. di *tele-*①, *ang(io)-* ed *ectasia* * 1840] **s. f.** • (*med.*) dilatazione di un gruppo di piccoli vasi sanguigni che provoca la comparsa di fini ramificazioni rosse o bluastre sulla cute e sulle mucose

telangectàșico o **teleangectàșico** [1961] **agg.** (**pl. m.** *-ci*) • (*med.*) relativo alla teleangectasia: *emangioma t.*

telàre [da *tela* nella loc., di provenienza gerg. o di orig. incerta, *far tela* 'scappare' * 1870] **v. intr.** (*io télo*; **aus.** *essere*) • (*pop., centr.*) svignarsela

†**telàro** ➤ **telaio**

telàto [1961] **agg.** • simile alla tela | che ha l'aspetto e la consistenza della tela | ***carta telata***, particolare tipo di carta per scrivere

telatùra [da *telare* nel senso di 'dare l'aspetto di tela' * 1931] **s. f.** • (*carta*) procedimento di finitura superficiale della carta che le conferisce un aspetto telato

tèle① [1963] **s. f. inv.** • (*colloq.*) accorc. di *televisione*: *che c'è stasera alla t.?*

tèle② [sec. XX] **s. m. inv.** • (*colloq.*) accorc. di *teleobiettivo*

tele-① [dal gr. *têle* 'lontano, a distanza'] **primo elemento** • in parole composte per lo più della terminologia scientifica e tecnica, significa 'da lontano' o fa riferimento a operazioni, trasmissione a distanza: *telecinesi, telefono, telegrafo, telemetro, televisione*

tele-② **primo elemento** • in parole composte, è accorciamento di *televisione* e significa 'della televisione, relativo alla televisione': *teleabbonato, telecamera, telefilm*

teleabbonàto [comp. di *tele-*② e *abbonato* * 1955] **s. m.** (**f.** *-a*) • abbonato ai servizi televisivi forniti da un'emittente a pagamento: *t. RAI*

teleallàrme [comp. di *tele-*① e *allarme* * 1980] **s. m.** • dispositivo di allarme il cui segnale può essere ricevuto a distanza

teleangectașìa e deriv. ➤ **telangectasia** e deriv.

teleannunciatóre [comp. di *tele-*② e *annunciatore* * 1990] **s. m.** (**f.** *-trice*) • annunciatore televisivo

teleàrma [comp. di *tele-*① e *arma* * 1944] **s. f.** (**pl.** *-i*) • (*milit.*) ordigno offensivo telecomandato o teleguidato

teleassistènza [com. di *tele-*① e *assistenza* * 1971] **s. f.** • assistenza, per lo più di carattere medico o tecnico, effettuata a distanza tramite telefono, radio o strumenti informatici

teleàsta [comp. di *tele-*② e *asta* * 1973] **s. f.** • trasmissione televisiva di una vendita all'asta che prevede la partecipazione dei telespettatori collegati per telefono

teleaudioconferènza [comp. di *tele-*①, *audio-* e *conferenza* * 1982] **s. f.** • collegamento di tipo telefonico fra due o più gruppi di persone situati in ambienti e luoghi diversi e distanti fra loro

teleaudioviṣìvo [comp. di *tele-*② e *audiovisivo* * 1983] **A** **agg.** • che si basa sull'impiego a distanza di mezzi audiovisivi **B** **s. m.** • strumento, sistema teleaudiovisivo: *alcune tecnologie avanzate sfruttano i teleaudiovisivi*

teleautogràfo [1890] **s. m.** • apparecchio usato un tempo per la trasmissione via telegrafo di testi e immagini

teleavvìṣo [comp. di *tele-*① e *avviso* * 1984] **s. m.** • messaggio di ricerca inviato a un utente di teledrin

telebànca [comp. di *tele-*① e *banca* * 1986] **s. f.** • insieme di servizi bancari a cui il cliente di una banca può accedere mediante collegamento telematico

telebómba [comp. di *tele-*① e *bomba* * 1961] **s. f.** (**pl.** *telebómbe*) • bomba aerea speciale munita di superfici portanti e di organi di stabilità e comando lanciata da aerei contro obiettivi terrestri

telebùssola [comp. di *tele-*① e *bussola* * 1961] **s. f.** • (*mar.*) dispositivo costituito da una bussola magnetica, installata in modo da essere esente il più possibile da influenze perturbatrici, e da un certo numero di ripetitori di rotta

telecabìna [fr. *télécabine* 'cabina (*cabine*) teleferica (*télé(phérique)*)' * 1963] **s. f.** • cabina di funivia | ***impianto a t.***, cabinovia

telecàmera [comp. di *tele-*② e *camera* nel senso ingl. di 'macchina fotografica' * 1936] **s. f.** • dispositivo da ripresa per televisione che trasforma l'immagine ottica in una successione di segnali elettrici ‖ **telecamerìna**, **dim.**

telecàrta [comp. di *tele(fono)* e *carta* * 1991] **s. f.** • carta, scheda telefonica

telecèntro [comp. di *tele-*① e *centro* * 1996] **s. m.** • struttura pubblica dotata di strumenti e tecnologie informatiche e telematiche a uso di cittadini e imprese

telecettóre [comp. di *tele-*① e *(re)cettore* * 1974] **s. m.** • (*fisiol.*) esterocettore, quale un recettore uditivo, visivo od olfattivo, che viene attivato da energia proveniente da una sorgente distante dall'organismo

telecinecàmera [comp. di *tele-*② e *cinecamera* * 1959] **s. f.** • macchina da presa cinematografica provvista di una telecamera funzionante da mirino

telecìnema [comp. di *tele-*② e *cinema* * 1966] **s. m. inv.** • dispositivo che permette di trasmettere in televisione una pellicola cinematografica e di registrarne le immagini su un supporto magnetico

telecinèṣi [comp. di *tele-*① e del gr. *kínēsis* 'movimento' * 1961] **s. f. inv.** • in parapsicologia, lo spostamento di corpi fisici non provocato da energia nota

telecinètico [1954] **agg.** (**pl. m.** *-ci*) • relativo a telecinesi

telecittà [da *tele-*②, sul modello di *Cinecittà* * 1961] **s. f. inv.** • complesso abbastanza vasto e completo di attrezzature televisive

teleclinòmetro [comp. di *tele-*① e *clinometro* * 1961] **s. m.** • apparecchio impiegato nella prospezione del petrolio per la determinazione della posizione nello spazio dei pozzi petroliferi

telecomandàre [comp. di *tele-*① e *comandare* * 1955] **v. tr.** • comandare a distanza dispositivi, veicoli e sim. SIN. teleguidare

telecomandàto **part. pass.** di *telecomandare*; **anche agg.** • nel sign. del v.

♦**telecomàndo** [comp. di *tele-*① e *comando* * 1918] **s. m.** **1** comando di un dispositivo a distanza, per mezzo di fili oppure onde acustiche o elettromagnetiche **2** dispositivo, meccanismo di telecomando: *t. del televisore*

telecomunicàre [comp. di *tele-*① e *comunicare* * 1955] **v. tr.** (*io telecomùnico, tu telecomùnichi*) • comunicare a distanza, spec. con un sistema di telecomunicazioni (*anche assol.*)

telecomunicazióne [comp. di *tele-*① e *comunicazione* * 1911] **s. f.** **1** comunicazione a distanza di suoni, parole, immagini, scritture, con o senza fili **2** comunicazione eseguita per telefono o per telegrafo

teleconferènza [comp. di *tele-*① e *conferenza* * 1983] **s. f.** • videoconferenza | audioconferenza

telecontrollàre [comp. di *tele-*① e *controllare* * 1987] **v. tr.** (*io telecontròllo*) • telecomandare

telecontròllo [comp. di *tele-*① e *controllo* ✻ 1961] **s. m.** ● telecomando

telecòpia [comp. di *tele-*① e *copia* ✻1983] **s. f. 1** copia ottenuta mediante telecopiatrice **2** telefax

telecopiatóre [comp. di *tele-*① e *copiatore*, sul modello dell'ingl. *telecopier* ✻1983] **s. m.** ● telecopiatrice

telecopiatrìce [comp. di *tele-*① e *copiatrice*, sul modello dell'ingl. *telecopier* ✻1982] **s. f.** ● apparecchio per l'invio di fax | apparecchio che consente sia l'invio di fax che l'esecuzione di fotocopie

telecopiatùra [comp. di *tele-*① e *copiatura*, sul modello dell'ingl. *telecopier* ✻1983] **s. f.** ● sistema di copiatura a distanza mediante fax

telecrazìa [comp. di *tele-*② e *-crazia* ✻1964] **s. f.** ● videocrazia

telecrònaca [comp. di *tele-*② e *cronaca* ✻ 1954] **s. f.** ● ripresa commentata di un avvenimento eseguita mediante apparecchiature televisive | ***t. diretta***, trasmessa contemporaneamente agli avvenimenti in corso | ***t. differita***, registrazione effettuata nel corso degli avvenimenti e trasmessa successivamente

telecronìsta [1955] **s. m. e f. (pl. m. *-i*)** ● chi effettua telecronache

telecuòre [comp. di *tele-*① e *cuore* ✻1991] **s. m.** ● (*med.*) radiogramma del cuore mediante teleradiografia

teledidàttica [comp. di *tele-*① e *didattica* ✻ 1986] **s. f.** ● istruzione a distanza con sistemi telematici multimediali

telediffóndere [comp. di *tele-*② e *diffondere* ✻1963] **v. tr. (coniug. come** *fondere***)** ● diffondere attraverso la televisione

telediffusióne [comp. di *tele-*② e *diffusione* ✻1963] **s. f.** ● trasmissione di programmi televisivi e sim.

teledipendènte [comp. di *tele-*② e *-dipendente* ✻1981] **agg. e s. m. e f.** ● che (o chi) non riesce a rinunciare alla televisione e ne è condizionato: *quel bambino è diventato un t.* **SIN.** videodipendente

teledipendènza [comp. di *tele-*② e *dipendenza* ✻1983] **s. f.** ● condizione di chi è teledipendente **SIN.** videodipendenza

teledràmma [comp. di *tele-*② e *dramma* ✻ 1955] **s. m. (pl. *-i*)** ● dramma concepito e realizzato appositamente per la televisione

Teledrìn® [comp. di *tele-*① e dell'onomat. *drin* ✻1981] **s. m. inv.** ● nome commerciale di un servizio cercapersone | l'apparecchio ricevente tascabile utilizzato per tale servizio **CFR.** cercapersone

teleelaborazióne [comp. di *tele-*① ed *elaborazione* ✻1974] **s. f.** ● (*inform.*) elaborazione elettronica a distanza dei dati che un terminale invia a un elaboratore centrale il quale gli ritrasmette i risultati in cui li ha convertiti

tèlefax [comp. di *tele-*① e *fax* (forse da *facsimile*) ✻1982] **s. m. inv.** ● fax

telefèrica [fr. (*ligne*) *téléphérique* '(linea) teleferica', a sua volta dall'ingl. *telpherage*, comp. delle due parole gr. *tēlé* 'lontano' e *phérein* 'portare' ✻1917] **s. f. 1** impianto per il trasporto di merci mediante veicoli che viaggiano, sospesi ad una certa altezza dal suolo, lungo una o più funi portanti **2** (*impropr.*) funicolare aerea, funivia

telefèrico [fr. *téléphérique* (V. *teleferica*) ✻ 1922] **agg. (pl. m. *-ci*)** ● concernente i trasporti effettuati per mezzo di una teleferica

teleferìsta [1926] **s. m. e f. (pl. m. *-i*) 1** persona addetta all'esercizio di una teleferica **2** ciascuno degli appartenenti ai reparti speciali del Genio addetti all'impianto e all'esercizio delle teleferiche

telefìlm [comp. di *tele-*② e *film* ✻1954] **s. m. inv.** ● film, spesso suddiviso in vari episodi, concepito e realizzato appositamente per la televisione

♦**telefonàre** [da *telefono* ✻1886] **A v. tr.** (*io telèfono*) ● comunicare per via telefonica: *ci hanno telefonato cattive notizie* **B v. intr.** (**aus.** *avere*) ● parlare per mezzo del telefono: *mi telefona ogni lunedì* **C telefonàrsi v. rifl. recipr.** ● chiamarsi, parlarsi al telefono: *si telefonano più volte al giorno*

♦**telefonàta** [da *telefonare* ✻1911] **s. f.** ● chiamata e comunicazione per telefono | ***t. urbana, interurbana***, tra abbonati della stessa o di una diversa rete telefonica ‖ **telefonatina** dim.

telefonàto part. pass. di *telefonare*; anche **agg. 1** nei sign. del v. **2** (*sport*) detto di tiro del pallone, pugno e sim., prevedibile e lento

telefonìa [comp. di *tele-*① e di un deriv. di *phōnḗ* 'voce, suono' ✻1875] **s. f.** ● trasmissione a distanza dei segnali fonici, gener. per mezzo della corrente elettrica | ***t. ottica***, trasmissione di segnali fonici fra due stazioni in contatto ottico mediante un fascio di luce, o di ultrarosso o di ultravioletto, modulato dal suono | ***t. senza fili***, radiotelefonia | ***t. a correnti vettrici***, che impiega un solo circuito per molte conversazioni | ***t. mobile***, che impiega una rete di telefoni cellulari | ***t. fissa***, in cui i telefoni sono collegati tramite cavi

♦**telefònico** [1882] **A agg. (pl. m. *-ci*) 1** di telefono, di telefonia: *elenco, impianto t.*; *cabina telefonica* | ***centrale telefonica***, insieme di apparecchiature che consentono lo svolgimento del servizio telefonico | ***distretto t.***, ciascuna delle aree in cui è suddiviso il territorio nazionale agli effetti del servizio telefonico **2** ottenuto tramite il telefono: *chiamata telefonica* **B s. m. (f. *-a*)** ● chi è addetto agli impianti telefonici o lavora in un ufficio dell'amministrazione telefonica: *la categoria dei telefonici* ‖ **telefonicaménte** avv. per mezzo del telefono: *lo raggiungeremo telefonicamente*

♦**telefonìno** [dim. di *telefono* ✻1969] **s. m. 1** (*raro*) telefono di piccole dimensioni | interfono: *... si udì il suono del t. della portineria* (E. MONTALE) **2** telefono portatile: *t. cellulare, t. cordless*: *chiamare qlcu. sul* (o *al*) *t.*

telefonìsta [da *telefono* ✻1882] **s. m. e f. (pl. m. *-i*) 1** persona addetta alle comunicazioni telefoniche | impiegato al servizio del commutatore negli uffici centrali del telefono **2** operaio addetto agli impianti telefonici **3** militare specializzato per le trasmissioni a filo

♦**telèfono** [comp. di *tele-*① e *phōnḗ* 'voce, suono', sull'es. del fr. *téléphone* ✻1878] **s. m. 1** apparecchio che, mediante la trasformazione delle onde acustiche in impulsi elettrici, consente la trasmissione a distanza; è composto esternamente da una cassa e da un microtelefono e internamente da dispositivi elettromeccanici: *chiamare, rispondere al t.*; *i fili del t.* | ***numero di t.***, o (*ellitt.*) ***telefono***, quello da comporre per stabilire il collegamento a una linea telefonica: *il numero di t. di Zanichelli è 051 293111*; *mi dai il tuo t.?* | ***colpo di t.***, breve telefonata | ***t. interno***, apparecchio derivato da un centralino privato | ***t. pubblico***, a disposizione del pubblico | ***t. a tastiera***, apparecchio telefonico in cui il numero dell'abbonato chiamato viene composto mediante una tastiera | ***t. a scheda, a scheda magnetica***, apparecchio telefonico con il quale si può effettuare la comunicazione solo previa introduzione di una scheda magnetica | ***t. senza filo***, apparecchio telefonico il cui ricevitore funziona a batteria e comunica con una centralina collegata mediante cavo a un'ordinaria presa telefonica **CFR.** cordless | ***t. fisso***, telefono che funziona collegato a un cavo telefonico | ***t. cellulare***, telefono portatile che impiega una rete di comunicazioni ad alta frequenza basata su numerosi ripetitori che coprono 'celle' di territorio del raggio di circa 20 km **SIN.** telefonino | ***t. cellulare veicolare***, quello installato su veicoli | ***t. rosso***, linea diretta istituita negli anni '60 del Novecento per collegare la Casa Bianca al Cremlino; (***est.***) linea usata per comunicazioni di emergenza o consultazioni ad altissimo livello | ***telefoni bianchi***, genere di film italiani degli anni 1930-40, di tono e contenuto leggero, con riferimento agli interni lussuosi di quelle pellicole **2** servizio telefonico che offre consulenza o riceve segnalazioni e proteste | ***t. amico***, rivolto a chi ha bisogno di aiuto, conforto, consigli | ***t. azzurro***, per la difesa di minori che subiscono violenze fisiche o psicologiche | ***t. rosa***, per denunce di donne che hanno subito abusi o violenze ‖ **telefonìno** dim. (V.)

NOMENCLATURA

telefono

● *tipi di telefono*: da tavolo, da muro, a disco, a tastiera, da campo, telefono privato, posto telefonico pubblico (a scatti, cabina telefonica, a gettoni, a moneta, a carta telefonica, a carta di credito telefonica), gettone, scheda magnetica; cordless = senza fili = portatile, cellulare = telefonino, GSM, autotelefono, risponditore, interfono, videotelefono, citofono, videocitofono, radiotelefono, teledrin, cercapersone, dittafono;

● *parti del telefono*: forcella, finestrella, disco combinatore, cassa, imboccatura, tastiera, spina e presa, cornetta = ricevitore, microtelefono, auricolare, cassa, cordone; suoneria; batteria;

● *impianti e servizi telefonici*: telefonia, distretto, compartimento telefonico, guida = elenco telefonico, elenco telefonico per categorie = Pagine Gialle®, Pagine Gialle lavoro®, elenco telefonico stradale; filo diretto, linea, linea rossa, rete telefonica, teleselezione, segreteria telefonica (cfr. casa), filodiffusione; impianto singolo = simplex, duplex, interno, a spina, a centralino (elettronico, automatico); apparecchio principale, apparecchio addizionale, derivazione semplice; impianti intercomunicanti, selezione passante; telefonata (urbana ⇔ interurbana, internazionale, intercontinentale; breve ⇔ lunga), chiamata (normale, urgente, urgentissima, con preavviso, con prenotazione, in teleselezione), appuntamento telefonico, conversazione, intercettazione, contatto; numero, prefisso, segnale acustico, pronto, libero, occupato; tariffa (TUT, a contatore, a forfait, ordinaria, ridotta, ore di punta; unità telefonica), scatto, contascatti, preavviso telefonico; contratto, canone telefonico, bolletta; numero verde = telefono verde, telefono amico, telefono azzurro, telefono rosa, 144, telemarketing; telefax, teletex, teletext, teleconferenza, telescrivente, videotel, permutatore telefonico; modem, Internet (cfr. informatica);

● *azioni*: formare, comporre il numero, suonare = squillare; parlare, rispondere, sbagliare numero, essere in linea, stare al telefono, passare qualcuno, cadere la linea, riattaccare; parlare, telefonare, chiamare; ricevere una telefonata; fare, dare un colpo di telefono;

● *persone*: abbonato, utente, coutente; operatore telefonico, centralino, centralinista, telefonista.

Teleforàcee [vc. dotta, comp. del gr. *thēlḗ* 'capezzolo, mammella' e di un deriv. da *phérein* 'portare' (con *-acee*), per la forma a coppa del corpo fruttifero ✻1930] **s. f. pl. (sing. *-a*)** ● (*bot.*) famiglia di Funghi saprofiti degli Imenomiceti a forma crostosa, laminare o a imbuto (*Thelephoraceae*)

telèforo [comp. di *tele-*① e *-foro*, sul modello di *telefono* ✻1891] **s. m.** ● teleferica rudimentale destinata al trasporto a breve distanza di carichi quali legname o prodotti agricoli, assicurati a una fune metallica con un morsetto

telefotografìa [comp. di *tele-*① e *fotografia* ✱1893] **s. f. 1** sistema di trasmissione a distanza di immagini fisse mediante correnti elettriche **2** immagine trasmessa a distanza mediante tale sistema **3** fotografia eseguita con una macchina fotografica munita di teleobiettivo ‖ **telefòto**, accorc.

telefotogràfico [1892] **agg.** (pl. m. *-ci*) ● relativo alla telefotografia

telegenìa [comp. di *tele-*② e *-genìa* ✱1932] **s. f.** ● caratteristica di chi è telegenico

telegènico [da *fotogenico* con sostituzione del prefissoide *foto-* con *tele-*② ✱1940] **agg.** (pl. m. *-ci*) ● detto di persona adatta a essere ripresa dalla televisione

♦**telegiornàle** [comp. di *tele-*② e *giornale* ✱1954] **s. m.** ● notiziario televisivo

telegiornalìsta [comp. di *tele-*② e *giornalista* ✱1984] **s. m. e f.** (pl. m. *-i*) ● giornalista televisivo

♦**telegrafàre** [da *telegrafo* ✱1866] **v. tr.** (*io telègrafo*) ● comunicare col telegrafo (+ *che*, + *di* seguito da inf., *anche assol.*): *t. una notizia; le telegrafò* che *intendeva raggiungerla; jeri non gli ha telegrafato di venire* (L. PIRANDELLO); *non ho potuto t.*

telegrafìa [comp. di *tele-*① e *-grafia* ✱1797] **s. f.** ● trasmissione e riproduzione a distanza di un messaggio codificato: *t. a divisione di frequenza o armonica, a divisione di tempo, a commutazione automatica, intercontinentale* | ***t. ottica***, quella che utilizza un fascio di luce interrotto secondo il codice Morse, o altri segnali visibili o luminosi | ***t. acustica***, quella che utilizza segnali acustici | ***t. elettrica***, quella in cui ciascun simbolo alfanumerico del messaggio viene convertito, in trasmissione, in una sequenza di impulsi elettrici secondo un dato codice, la quale, in ricezione, viene decodificata e riconvertita nel simbolo corrispondente | ***t. senza fili***, radiotelegrafia

♦**telegràfico** [1795] **agg.** (pl. m. *-ci*) **1** concernente il telegrafo o la telegrafia: *impianto t.; cavo t. sottomarino transoceanico* **2** trasmesso con il telegrafo **3** (*fig.*) conciso, stringato: *stile t.* ‖ **telegraficaménte**, avv. **1** per mezzo del telegrafo **2** (*fig.*) in modo conciso, stringato ‖ **telegraficità**, s. f. inv.

telegrafìsta [da *telegrafo* ✱1870] **s. m. e f.** (pl. m. *-i*) **1** persona addetta alla trasmissione e ricezione di messaggi telegrafici **2** operaio specializzato addetto alla manutenzione d'impianti telegrafici **3** militare specializzato del Genio addetto al telegrafo

telègrafo [comp. di *tele-*① e *-grafo*, sul modello del fr. *télégraphe* ✱1793] **s. m. 1** dispositivo o apparecchio per telegrafia | ***t. ottico***, quello atto a realizzare la telegrafia ottica | ***t. elettrico***, quello atto a realizzare la telegrafia elettrica | ***t. Morse***, telegrafo elettrico destinato a trasmettere e riprodurre a distanza messaggi scritti, codificati secondo il codice Morse | ***t. senza fili***, radiotelegrafo | ***t. campale***, impiantato dall'Arma del genio **2** (*mar.*) ***t. di macchina***, apparecchio meccanico o elettromeccanico che permette di trasmettere gli ordini dalla plancia al locale delle macchine e di ricevere la risposta **3** edificio dove sono situati impianti telegrafici

telegrafònico [comp. di *telegra(fico)* e *(tele)fonico* ✱1961] **agg.** (pl. m. *-ci*) ● che riguarda i servizi telegrafici e telefonici: *rete telegrafonica*

♦**telegràmma** [comp. di *tele-*① e *gramma* 'lettera' ✱1857] **s. m.** (pl. *-i*) ● testo trasmesso per telegrafo: *t. urgente, con precedenza assoluta, con risposta pagata* | ***t. lampo***, trasmesso con la massima velocità | ***t. lettera***, quello con un minimo di parole più alto e a tariffa ridotta rispetto ai telegrammi ordinari, che viene inoltrato dopo questi ultimi e recapitato il giorno successivo con la posta ordinaria | ***t. treno, volante***, quello che viene consegnato al personale viaggiante di un treno, che lo consegna alla prima stazione ferroviaria perché sia inoltrato con i mezzi ordinari

teleguìda [da *teleguidare* ✱1961] **s. f. 1** il teleguidare: *t. di un autoveicolo, di un aeromobile, di un missile, di un veicolo spaziale* | guida telecomandata: *sistema, dispositivo di t.* **2** il dispositivo di guida telecomandata

teleguidàre [comp. di *tele-*① e *guidare* ✱1957] **v. tr.** ● guidare a distanza il moto di autoveicoli, navi, aeromobili, missili, veicoli spaziali e sim.

teleguidàto part. pass. di *teleguidare*; anche **agg.** ● nel sign. del v.

teleinformàtica [comp. di *tele-*① e *informatica* ✱1972] **s. f.** ● l'insieme degli aspetti scientifici e tecnici della trasmissione delle informazioni

teleinseritóre [comp. di *tele-*① e *inseritore* ✱1983] **s. m.** ● dispositivo automatico atto a inserire a distanza macchine o strumenti di misura elettrici, per es. ad avviare automaticamente una telescrivente a seguito di un segnale di chiamata

telelàser [comp. di *tele-*① e *laser* ✱1999] **s. m. inv.** ● rilevatore di velocità a tecnologia laser in uso alle forze di polizia, dotato di un mirino attraverso il quale viene puntato il veicolo in movimento e di un display che istantaneamente ne comunica la velocità

telelavoratóre [comp. di *tele-*① e *lavoratore* ✱1991] **s. m.** (f. *-trice*) ● chi svolge un telelavoro

telelavóro [comp. di *tele-*① e *lavoro* ✱1982] **s. m.** ● attività lavorativa svolta nel domicilio del lavoratore, che è collegato con la propria azienda mediante sistemi telematici

telelettùra [comp. di *tele-*① e *lettura* ✱1985] **s. f.** ● lettura telematica di un contatore per rilevare un consumo

telemanipolatóre [comp. di *tele-*① e *manipolatore* ✱1979] **s. m.** ● dispositivo che permette di manipolare a distanza sostanze pericolose o nocive, per es. radioattive

telemanòmetro [comp. di *tele-*① e *manometro* ✱1961] **s. m.** ● manometro atto a indicare e a registrare a distanza la pressione di un fluido

tèlemark /'tɛlemark, *ingl.* 'tɛlɪˌmɑːk/ [dal n. della regione norvegese dove in orig. veniva praticata questa tecnica ✱1930] **s. m. inv.** ● (*sport*) nello sci-alpinismo, tecnica di virata, con l'utilizzo di attacchi a tallone non fisso

telemàrketing /tele'marketin(g), *ingl.* 'tɛlɪˌmɑːkɪtɪŋ/ [comp. di *tele-*① e *marketing* ✱1986] **s. m. inv.** ● tecnica di indagine e promozione commerciale attuata per mezzo di sistemi telematici

telemàtica [comp. di *tele-*① e *(infor)matica* ✱1979] **s. f.** ● insieme delle applicazioni derivate dall'integrazione delle tecnologie informatiche con quelle delle telecomunicazioni, basate sullo scambio di dati o sull'accesso ad archivi attraverso la rete telefonica o apposite reti

telemàtico [da *telematica* ✱1982] **A agg.** (pl. m. *-ci*) ● relativo alla telematica: *età telematica; rivoluzione telematica* | ***mercato t.***, mercato di valori mobiliari in cui le contrattazioni avvengono a mezzo di strumenti telematici | ***corteo t.***, netstrike **B s. m. 1** (f. *-a*) chi si occupa di telematica **2** mercato telematico

telematizzàre [da *telematica* ✱1984] **v. tr.** ● dotare di una rete telematica ‖ **telematizzazióne**, s. f.

telemedicìna [comp. di *tele-*① e *medicina* ✱1982] **s. f.** ● applicazione della telematica alla medicina che consente, sfruttando la capillarità della rete telefonica commutata, di mettere in comunicazione un malato con un medico o un centro sanitario lontano e di trasmettere a esso elettrocardiogrammi, radiografie, segnali bioelettrici e sim., per effettuare diagnosi e terapie d'urgenza

telemessàggio [comp. di *tele-*① e *messaggio* ✱1983] **s. m.** ● discorso teletrasmesso pronunciato da un'autorità politica o religiosa: *il t. del Presidente della Repubblica ai cittadini; il t. del Papa*

telemetràggio [da *telemetrare* ✱1961] **s. m.** ● misurazione effettuata per mezzo del telemetro

telemetràre [da *telemetro* ✱1961] **v. tr.** (*io telèmetro*) ● misurare la distanza di un oggetto mediante un telemetro: *t. un bersaglio; imparare a t.*

telemetrìa [da *telemetro* ✱1893] **s. f.** ● teoria e pratica dell'impiego del telemetro

telemètrico [1940] **agg.** (pl. m. *-ci*) ● concernente il telemetro o la telemetria

telemetrìsta [1931] **s. m. e f.** (pl. m. *-i*) ● artigliere o topografo specializzato per l'impiego del telemetro

telèmetro [comp. di *tele-*① e *-metro* ✱1875] **s. m.** ● strumento che permette di misurare indirettamente la distanza di un oggetto rispetto a un osservatore; è usato in fotografia, topografia, artiglieria: *t. ottico, a reticolo, stereoscopico, ottico-meccanico, elettronico, radar, a laser* | (*milit.*) ***t. da costa***, apparecchio atto a fornire la distanza di un bersaglio da una batteria di artiglieria

telemisùra [comp. di *tele-*① e *misura* ✱1979] **s. f.** ● tecnica per conoscere a distanza i dati forniti da uno strumento di misura che utilizza la trasmissione di segnali elettrici

telemisurazióne [comp. di *tele-*① e *misurazione* ✱1957] **s. f.** ● misurazione eseguita con la tecnica della telemisura

telencèfalo [comp. di *tele-*① ed *encefalo*, di cui rappresenta la parte terminale ✱1905] **s. m.** ● (*anat.*) parte dell'encefalo formata dai due emisferi cerebrali e dal corpo calloso

telenovèla /teleno'vɛla, *portog.* tɛlənu'vɛʌ, tɛlinu'vɛla/ [vc. portog., comp. di *tele-*② e *novela* 'romanzo, racconto' ✱1983] **s. f.** (pl. *telenovèle* o inv. o portog. *telenovelas*) ● sceneggiato televisivo in moltissime puntate, a carattere popolare, prodotto in base a un modello originario dell'America Latina | (*est.*, *iron.*) vicenda inutilmente complicata che si protrae più del dovuto

teleobiettìvo o (*raro*) **teleobbiettìvo** [comp. di *tele-*① e *obiettivo* ✱1901] **s. m.** ● obiettivo fotografico o cinematografico di focale più lunga di quella dell'obiettivo normale e perciò con un angolo di campo più ristretto

teleologìa [comp. del gr. *télos*, genit. *téleos* 'fine' e *-logia* ✱1821] **s. f.** (pl. *-gie*) ● (*filos.*) finalismo

teleològico [1840] **agg.** (pl. m. *-ci*) ● pertinente alla teleologia ‖ **teleologicaménte**, avv.

teleonomìa [comp. di *teleo(logia)* e *-nomia* ✱1974] **s. f.** ● (*biol.*) finalismo insito negli organismi viventi o nelle loro strutture

Teleòstei [comp. del gr. *téleios* 'completo, perfetto' e *ostéon* 'osso' ✱1869] **s. m. pl.** (sing. *-o*) ● (*zool.*) superordine degli Osteitti con scheletro integralmente ossificato, sottili scaglie di dentina, pinna caudale simmetrica e camera branchiale coperta da un opercolo osseo (*Teleostea*)

Telepàss® [comp. di *tele-*① e dell'ingl. *pass* 'passaggio' ✻ 1990] **s. m. inv.** ● nome del sistema di telepedaggio adottato nelle autostrade italiane

telepatìa [comp. di *tele-*① e *-patia*, secondo il fr. *télépathie*, ripreso a sua volta dall'ingl. *telepathy* ✻ 1895] **s. f.** ● in parapsicologia, trasmissione extrasensoriale di processi mentali (pensieri o sentimenti) tra due persone ‖ **telepàtico**, **agg.** (**pl. m.** *-ci*) di telepatia ‖ **telepaticaménte**, **avv.**

telepedàggio [com. di *tele-*① e *pedaggio* ✻ 1988] **s. m.** ● sistema elettronico che consente il pagamento del pedaggio autostradale senza sosta al casello, tramite un'apparecchiatura di ricetrasmissione che identifica l'autoveicolo e addebita l'importo direttamente sul conto corrente del proprietario **CFR.** Telepass

telepilotàre [comp. di *tele-*① e *pilotare* ✻ 1987] **v. tr.** (*io telepilòto*) ● pilotare a distanza

telepolitica [comp. di *tele-*② e *politica* ✻ 1989] **s. f.** ● il complesso dei programmi televisivi che trasmettono informazioni e dibattiti politici

telepredicatóre [comp. di *tele-*② e *predicatore* ✻ 1987] **s. m.** (**f.** *-trice*) ● chi usa il mezzo televisivo per prediche religiose

teleprocèsso [comp. di *tele-*① e *processo* ✻ 1989] **s. m.** ● processo durante il quale alcuni imputati o testimoni sono ascoltati a distanza con l'ausilio di tecnologie televisive o telematiche

teleprogràmma [comp. di *tele-*② e *programma* ✻ 1983] **s. m.** (**pl.** *-i*) ● programma televisivo

teleproiètto [comp. di *tele-*① e *proietto* ✻ 1945] **s. m.** ● proietto a grande raggio di azione, telecomandato, autopropulso per tutta la traiettoria o per una parte di essa

telepromozióne [comp. di *tele-*② e *promozione* ✻ 1992] **s. f.** ● pubblicità televisiva diretta a promuovere la vendita di prodotti, effettuata nel corso di programmi di varietà, di giochi, di informazione, di dibattiti e sim.

telepròmpter /tele'prɔmpter, *ingl.* 'tɛlɪˌprɒmptə(r)/ [vc. ingl., propr. 'tele-suggeritore', da *to prompt* 'suggerire' ✻ 1963] **s. m. inv.** ● sistema ottico che consente a chi parla in televisione di leggere il testo del discorso direttamente sull'obiettivo della telecamera, dunque senza distogliere gli occhi dallo spettatore, come accade invece col gobbo tradizionale

telequìz [comp. di *tele-*② e *quiz* ✻ 1956] **s. m. inv.** ● quiz televisivo

teleradiografìa [comp. di *tele-*① e *radiografia* ✻ 1909] **s. f.** ● (*med.*) radiografia (spec. del cuore e del torace) che viene eseguita con il paziente posizionato a circa 200 cm dalla sorgente di radiazione

teleradiotraṣmésso **part. pass.** di *teleradiotrasmettere*; **anche agg.** ● nel sign. del v.: *avvenimento sportivo t.*

teleradiotraṣméttere [comp. di *tele-*②, *radio-*③ e *trasmettere* ✻ 1961] **v. tr.** (**coniug.** come *mettere*) ● trasmettere simultaneamente attraverso la televisione e la radio: *la partita finale verrà teleradiotrasmessa*

teleregolàre [comp. di *tele-*① e *regolare*① ✻ 1987] **v. tr.** (*io telerègolo*) ● regolare a distanza con l'utilizzo di telecomandi

telerìa [da *tela*, sul modello del fr. *toilerie* ✻ 1557] **s. f.** ● assortimento di tele: *magazzino, negozio di telerie*

telericevènte [comp. di *tele-*① e (macchina) *ricevente* ✻ 1965] **A** **agg.** ● (*elettr.*) che riceve immagini e suoni teletrasmessi **B** **s. f.** ● stazione telericevente

telericévere [comp. di *tele-*① e *ricevere* ✻ 1983] **v. tr.** (**coniug.** come *ricevere*) **1** ricevere a distanza segnali e sim. **2** ricevere immagini diffuse da una stazione televisiva

telericezióne [comp. di *tele-*①, o *tele-*② nel sign. 2, e *ricezione* ✻ 1983] **s. f.** **1** ricezione a distanza di segnali e sim. **2** ricezione televisiva

telerilevaménto [comp. di *tele-*① e *rilevamento* ✻ 1983] **s. m.** ● tecnica di rilievo a distanza della superficie terrestre o di un altro corpo celeste mediante satelliti artificiali

teleriprésa (o **-ṣ-**) [comp. di *tele-*①, o *tele-*② nel sign. 2, e *ripresa* ✻ 1960] **s. f.** **1** in cinematografia e fotografia, ripresa effettuata con il teleobiettivo **2** ripresa televisiva

teleriscaldaménto [comp. di *tele-*① e *riscaldamento* ✻ 1979] **s. m.** ● tecnologia che permette di ottenere il calore necessario al riscaldamento di ambienti dal vapore in eccesso di un'unica centrale di produzione, la quale genera contemporaneamente energia elettrica

teleriscaldàre [comp. di *tele-*① e *riscaldare* ✻ 1983] **v. tr.** ● riscaldare un certo numero di edifici, un quartiere o una intera città utilizzando la tecnologia del teleriscaldamento

teleriscaldàto **part. pass.** di *teleriscaldare*; **anche agg.** ● nel sign. del v.: *una serra teleriscaldata*

telèro [veneto *telero* 'telaio' ✻ av. 1536] **s. m.** ● (*pittura*) nome dato a Venezia a vaste composizioni pittoriche su tela che, generalmente riunite in cicli narrativi, sostituirono le decorazioni murali tra la fine del XV e il XVI secolo

teleromànẓo [comp. di *tele-*② e *romanzo* ✻ 1960] **s. m.** ● sceneggiato televisivo a puntate tratto da un romanzo

teleruttóre [comp. di *tele-*① e di *(inter)ruttore* ✻ 1937] **s. m.** ● (*elettr.*) denominazione del contattore

teleschérmo (o **-è-**) [comp. di *tele-*② e *schermo*, secondo il modello dell'ibrido comp. ingl. *telescreen* ✻ 1958] **s. m.** ● schermo del cinescopio del televisore | (*est.*) televisione

telescopìa [comp. di *tele-*① e di un deriv. dal gr. *skopêin* 'guardare, esaminare' ✻ 1970] **s. f.** ● osservazione di corpi celesti o, più in generale, di oggetti distanti, mediante particolari strumenti che ne facilitano la visione

telescòpico [da *telescopio* ✻ 1739] **agg.** (**pl. m.** *-ci*) **1** detto di sistema ottico che ha i fuochi all'infinito in direzione dell'asse **2** visibile col telescopio | ***stelle telescopiche***, non visibili a occhio nudo **3** detto di elementi tubolari atti a scorrere l'uno nell'altro come le parti di un telescopio: *sospensione, forcella telescopica* **4** (*zool.*) detto dell'occhio assai sporgente dall'orbita, a guisa di cannocchiale, tipico di varie specie di Pesci e Crostacei abissali

telescòpio [comp. di *tele-*① e *-scopio* ✻ 1618] **s. m.** ● cannocchiale a fortissimo ingrandimento, impiegato per l'osservazione d'oggetti molto lontani, usato spec. in astronomia | (***elettron., astron.***) ***t. elettronico***, telescopio provvisto di un tubo amplificatore della brillanza dell'immagine e usato per migliorare la fotografia di oggetti celesti o dei loro spettri | (***fis.***) ***t. di rivelatori, di contatori***, sistema di rivelatori o contatori sovrapposti, usato per studiare le radiazioni corpuscolari, spec. quelle cosmiche | ***t. riflettore***, V. *riflettore* | ***t. rifrattore***, V. *rifrattore* | (***mecc.***) ***albero a t.***, costituito da una serie di cilindri metallici, collegati fra loro, che durante il funzionamento possono rientrare gli uni negli altri variando così la lunghezza complessiva

telescrìtto [1950] **A** **agg.** ● detto del testo ricevuto e riprodotto su un foglio da una telescrivente **B** **s. m.** ● testo telescritto

telescrivènte [comp. di *tele-*① e di (macchina) *scrivente* ✻ 1937] **s. f.**; **anche agg.** ● macchina, simile nell'aspetto e nell'uso a una macchina per scrivere, destinata alla ricetrasmissione in chiaro di messaggi su linee telegrafiche: *t. elettromeccanica, elettronica* **SIN.** telestampante

telescriventìsta [1950] **s. m. e f.**; **anche agg.** (**pl. m.** *-i*) ● chi (o che) è addetto a una telescrivente

telescuòla [comp. di *tele-*② e *scuola* ✻ 1958] **s. f. inv.** ● corso di lezioni televisive rivolte generalmente a ragazzi che frequentano la scuola dell'obbligo o ad adulti analfabeti

telesegnalazióne [1965] **s. f.** ● (*elettr.*) informazione relativa a un sistema telericevente o teletrasmittente

teleselettìvo [da *teleselezione* ✻ 1954] **agg.** ● che riguarda la teleselezione, che si effettua mediante la teleselezione: *servizio telefonico t.*; *prefisso t.*

teleselezióne [comp. di *tele-*① e *selezione* ✻ 1955] **s. f.** ● servizio telefonico automatico che consente di effettuare chiamate interurbane direttamente, senza il tramite di un centralino | ***t. passante***, quella che permette di accedere a numeri di utenti di una rete privata, per es. ai numeri interni di un'azienda, attraverso il centralino

teleṣìna ➤ **teresina**

telesìṣmo [comp. di *tele-*① e di *sismo* 'terremoto' ✻ 1930] **s. m.** ● scossa prodotta da terremoti lontani

telesoccórso [comp. di *tele-*① e *soccorso* ✻ 1964] **s. m.** ● servizio di assistenza a distanza con l'utilizzo del telefono: *molti anziani sono utenti del t.*

telesónda [comp. di *tele-*① e *sonda* ✻ 1957] **s. f.** **1** (*meteor.*) radiosonda **2** telespia

telesorveglìanza [comp. di *tele-*① e *sorveglianza* ✻ 1988] **s. f.** ● sorveglianza a distanza con l'impiego di mezzi telematici

telespettatóre [comp. di *tele-*② e *spettatore* ✻ 1954] **s. m.** (**f.** *-trice*) ● chi segue trasmissioni televisive

telespìa [comp. di *tele-*① e *spia* ✻ 1983] **s. f.** ● dispositivo collocato sulle linee di apparecchi telefonici per intercettare le telefonate

telestàmpa [comp. di *tele-*① e *stampa* ✻ 1963] **s. f.** ● stampa a distanza di notizie o giornali

telestampànte [comp. di *tele-*① e di (macchina) *stampante* ✻ 1937] **s. f.**; **anche agg.** ● telescrivente

telesteṣìa [comp. di *tele-*① ed *estesia* ✻ 1920] **s. f.** ● in parapsicologia, percezione di oggetti o di eventi che oltrepassano la portata dei normali organi di senso

telèstico [comp. del gr. *télos* 'fine' e *-stico*, sul modello di *acrostico* ✻ 1961] **s. m.** (**pl.** *-ci*) ● (*ling.*) componimento poetico che forma una parola o una frase determinata con le lettere finali dei versi lette una di seguito all'altra in senso verticale **CFR.** acrostico

telestruménto [comp. di *tele-*① e *strumento* ✻ 1983] **s. m.** ● strumento usato per misurazioni a distanza, costituito da un trasmettitore e da un ricevitore collegati meccanicamente o elettricamente

teletermografìa [comp. di *tele-*①, *termo-* e *-grafia* ✻ 1983] **s. f.** ● riproduzione fotografica delle zone calde e fredde del corpo attraverso l'uso di una telecamera a raggi infrarossi

teletèx [comp. di *tele-*① e della vc. ingl. *tex(t)* 'testo', anche su modello di *telex* ✻ 1983] **s. m. inv.** ● sistema telematico che consente di trasmettere testi scritti mediante terminali collegati alla rete telefonica commutata

teletèxt [comp. di *tele-*② e della vc. ingl. *text* 'testo' ✱1980] **s. m. inv.** ● sistema telematico per la trasmissione di informazioni ciclicamente ripetute (notizie, previsioni meteorologiche, orari ferroviari e aerei e sim.), attraverso i canali televisivi con ricezione su televisore dotato di apposito decodificatore **CFR.** Televideo

teletrașmésso **part. pass.** di *teletrasmettere*; anche **agg.** ● nei sign. del v.

teletrașméttere [comp. di *tele-*①, o *tele-*② nel sign. 2, e *trasmettere* ✱1939] **v. tr.** (**coniug.** come *mettere*) **1** trasmettere a distanza: *t. comandi a una macchina mediante un telecomando*; *t. dati* **2** trasmettere a distanza immagini mediante la televisione: *t. un avvenimento sportivo*

teletrașmettitóre [comp. di *tele-*② e *trasmettitore* ✱1983] **s. m.** ● trasmettitore televisivo

teletrașmissióne [comp. di *tele-*①, o *tele-*② nel sign. 2, e *trasmissione* ✱1939] **s. f.** **1** trasmissione a distanza: *t. di comandi, di dati* **2** trasmissione di immagini mediante la televisione: *t. di un avvenimento sportivo*

teletrașmittènte [1939] **A** **agg.** ● che teletrasmette | ***stazione t.***, stazione di radiodiffusione televisiva **B** **s. f.** ● stazione teletrasmittente

teletraspòrto [comp. di *tele-*① e *trasporto* ✱1969] **s. m.** ● nella fantascienza, trasferimento istantaneo di un corpo che, dopo essersi smaterializzato, si ricostituisce in un altro luogo

telétta ① ▸ **toeletta**

telétta ② [1309] **s. f.** **1** dim. di *tela* **2** tessuto di cotone rado molto resistente, usato soprattutto per rinforzare giacche e colli di camicia **3** †drappo intessuto d'oro e argento

teleutènte [comp. di *tele-*② e *utente* ✱1961] **s. m. e f.** ● utente di un servizio televisivo

televéndita [comp. di *tele-*② e *vendita* ✱1989] **s. f.** ● vendita di prodotti effettuata nel corso di apposite trasmissioni televisive

televenditóre [comp. di *tele-*② e *venditore* ✱1987] **s. m.** (**f.** *-trice*) ● chi usa il mezzo televisivo per vendere prodotti di vario genere o condurre aste

Televideo [comp. di *tele-*②, anche come acrc. di *teletext* (V.) e di *video* ✱1983] **s. m. inv.** ● il sistema di teletext usato in Italia

♦**televișióne** [comp. di *tele-*① e *visione* ✱1909] **s. f.** **1** sistema di telecomunicazione destinato alla trasmissione a distanza di immagini non permanenti, fisse o in movimento, mediante un radiocollegamento o un collegamento tramite cavo coassiale: *t. in bianco e nero* o *monocromatica*; *t. a colori* | ***t. via satellite***, quella in cui il segnale, analogico o digitale, viene diffuso attraverso un sistema di satelliti geostazionari | ***t. a circuito chiuso***, trasmissione di immagini fra una telecamera e uno o più ricevitori, attraverso un cavo coassiale o un ponte radio, senza il carattere di un servizio di diffusione, allo scopo di effettuare operazioni di controllo, sorveglianza, esplorazione e sim. | ***t. su cavo, via cavo***, quella in cui il collegamento fra il posto trasmittente e il posto ricevente è effettuato mediante un cavo coassiale | ***t. circolare***, diffusione via cavo o via radio di programmi audiovisivi a numerosi utenti | ***t. cieca***, quella che utilizza la sola parte audio del trasmettitore televisivo per diffondere programmi radiofonici quando non è in funzione la parte video **2** ente che diffonde programmi televisivi | il complesso dei programmi televisivi: *non guardiamo spesso la t.*; *t. privata, locale* **3** (*fam.*) televisore

NOMENCLATURA

televisione

● *caratteristiche*: in bianco e nero, a colori; fisso, portatile, a proiezione; televisione pubblica ⇔ privata, network, pay tv; TV, trasmissione, telecomunicazione (su cavo = teledistribuzione, a circuito chiuso, via satellite), radiocollegamento, ricezione, fototelegrafia; stazione televisiva, radiotelevisione, emittenza radiotelevisiva, stazione radiotrasmittente, satellite televisivo, ponte televisivo, ponte radio, area di servizio, ripetitore, canale, frequenza, rete, network, antenna (trasmittente, ricevente, centralizzata, via satellite, telemetrica), canone = tassa di abbonamento, pubblicità, raccolta pubblicitaria, ascolto, indice di gradimento, indice di ascolto, telegenia, zapping; audience, share, meter; radiotrasmettitore (video, audio), radioricevitore audio; televisore = ricevitore radiotelevisivo;

● *programma radiotelevisivo*: palinsesto, programma, canale; rubrica, trasmissione (in diretta, dal vivo, in differita, registrata), realizzazione, edizione, ciclo = serie, replica, telefilm, telegiornale, giornale radio, notiziario, bollettino, d'informazione, d'intrattenimento, varietà, carosello, pubblicità, segnale orario, attualità, reportage, collegamento (nazionale ⇔ in eurovisione, in mondovisione, in diretta, via satellite, via cavo), teleromanzo, sceneggiato, riduzione, adattamento, puntata, numero, intervallo, intermezzo, quiz, telequiz, lungometraggio, cortometraggio, documentario, film, originale televisivo, inchiesta, candid camera, blob, servizio, commento, intervista, telemessaggio, presentazione, rassegna, retrospettiva, telecronaca, spot, televendita, serial, telenovela, teleromanzo, soap opera, videoclip, videomusic, videogioco; televideo, teletext, videotel, teleconferenza;

● *azioni*: riprendere, trasmettere, amplificare, ricevere, trasformare, irradiare, propagare, sintonizzare, modulare, registrare, collegare, mandare in onda, proiettare, annunciare, presentare, realizzare; assistere, ascoltare, accendere = aprire, regolare (il volume, il contrasto, la luminosità), spegnere = chiudere; blobbare;

● *persone*: operatore = cameraman, aiuto-operatore, regista, aiuto-regista, assistente alla regia, assistente di studio, tecnico del suono, tecnico delle luci, tecnico alla console, mixer, segretario di produzione, arredatore, annunciatore = speaker, presentatore, anchor man, conduttore, show man, radiocronista, telecronista, commentatore, giornalista, redattore, documentarista, attore, cantante, valletta, disc jockey, balletto; utente, telespettatore, radioamatore, radioascoltatore, radioabbonato, teleabbonato, pubblico, spettatore, ascoltatore, videodipendente.

♦**televișìvo** [da *televisione* ✱1925] **agg.** ● concernente la televisione | ***apparecchio t.***, televisore ‖ **televișivaménte**, **avv.** da un punto di vista televisivo; per mezzo della televisione

♦**televișóre** [da *televisione* ✱1929] **s. m.** ● apparecchio ricevente di trasmissioni televisive ‖ **televisorìno**, **dim.**

televóto [comp. di *tele-*① e *voto* ✱1994] **s. m.** ● sistema di votazione a distanza tramite telefono, spec. in occasione di gare, concorsi o sim.

tèlex [abbr. ingl. di *tel(eprinter) ex(change)*, propr. 'scambio (*exchange*, di orig. fr.) con telescrivente (*teleprinter*, comp. analogo all'it.)' ✱1961] **A** **s. m. inv.** **1** servizio di scambio diretto di messaggi telegrafici fra utenti privati mediante telescriventi e reti telegrafiche pubbliche **2** testo così trasmesso **B** **agg. inv.** ● (posposto a un sost.): *servizio, posto, utente t.*

telferàggio [ingl. *telpherage*, da *telpher* 'teleferico' ✱1930] **s. m.** ● impianto di trasporto per mezzo di carrelli sospesi a una monorotaia aerea, impiegato per caricare e scaricare minerali e sim.

tell /*arabo* tæl:/ [ingl. *tell*, dall'arabo *tall* 'collina' ✱1961] **s. m. inv.** (**pl.** arabo *atlàl*) ● (*archeol.*) tumulo o collina artificiale formatisi per l'accumularsi di una o più stratificazioni di detriti di antichi insediamenti

tellìna [gr. *tellínē*, di etim. incerta ✱sec. XIV] **s. f.** ● mollusco mediterraneo dei Bivalvi a conchiglia rosea e carni pregiate (*Tellina pulchella*)

†**tellùre** [vc. dotta, lat. *tellūre(m)*, sin. poet. di *tĕrra(m)*, di etim. incerta, anche se da inserirsi nell'indeur. ✱sec. XIV] **s. f.** ● (*lett.*) terra, globo terrestre

tellùrico [da *tellure*, secondo il modello fr. (*tellurique*) ✱1840] **agg.** (**pl. m.** *-ci*) **1** della Terra, spec. con riferimento ai fenomeni che si originano o si verificano nel suo interno | sismico: *movimento t.*; *scosse telluriche* | ***correnti telluriche***, correnti elettriche provocate nella crosta terrestre dalle variazioni del campo magnetico terrestre **2** di composto del tellurio esavalente | ***acido t.***, acido ossigenato del tellurio esavalente, buon ossidante

tellurìdrico [comp. di *tellurio* e di un agg. deriv. da *idr(ogeno)* ✱1875] **agg.** (**pl. m.** *-ci*) ● detto di acido gassoso, tossico, di odore sgradevole, formato da idrogeno e tellurio

tellùrio [dal lat. *tĕllus*, genit. *tellūris* 'terra', come opposto all'elemento precedente scoperto e chiamato *uranio* ✱1817] **s. m. solo sing.** ● elemento chimico di aspetto metallico, fragile, presente in natura anche allo stato nativo, usato per semiconduttori, nell'ottica a raggi infrarossi, come materiale colorante per vetri e come additivo del piombo per aumentare la sua forza e resistenza alla corrosione **SIMB.** Te **NUM. AT.** 52

tèlnet /*ingl.* 'tɛlnɛt/ [vc. ingl. riduzione di *te-l(ecommunications) net(work)* 'rete di telecomunicazioni' ✱1994] **s. m. inv.** ● (*Internet*) protocollo usato per collegarsi interattivamente a un server remoto in modalità di terminale

télo ① [da *tela* ✱1353] **s. m.** **1** pezzo di tela che, cucito con altri simili, compone capi di biancheria o abiti: *lenzuolo a tre teli* **2** pezzo di tela o altro tessuto, usato singolarmente | ***t. da bagno, da spiaggia, da mare***, grande asciugamano di spugna usato per asciugarsi dopo il bagno o per sdraiarvisi a prendere il sole | ***teli da tenda***, quelli di cui si compone una tenda spec. militare | (*milit.*) ***t. da segnalazione***, bianco da una parte e rosso dall'altra, per le segnalazioni da terra agli aerei | (*milit.*) ***t. mimetico***, per riparo della persona in caso di pioggia o per montare tende o coprire materiali | ***t. di salvataggio***, usato dai vigili del fuoco per attutire la caduta di persone che devono gettarsi da grande altezza ‖ **telétto**, **dim.** | **telìno**, **dim.** | **telóne**, **accr.** (V.)

tèlo ② [vc. dotta, lat. *tēlu(m)*, di etim. incerta ✱av. 1294] **s. m.** **1** (*poet.*) arma da lancio e spec. dardo, freccia, lancia **2** (*est.*, *poet.*) il dardo di Cupido: *poi ch'uscì da' bei vostri occhi il t. / che 'l cor mi fisse* (L. ARIOSTO) **3** (*est.*) †fulmine, folgore

-telo ▸ **te**① nel sign. 3

telofàșe [comp. del gr. *télo(s)* 'fine, termine' e *fase* ✱1948] **s. f.** ● (*biol.*) fase terminale della mitosi e della meiosi, nel corso della quale si organizzano i due nuclei delle cellule figlie, a partire dai cromatidi separatisi nel corso delle fasi precedenti

telolecìtico [comp. del gr. *télos* 'sviluppo' e di *lékithos* 'tuorlo' col suff. *-ico* ✱1961] **agg.** (**pl. m.** *-ci*) ● (*biol.*) detto di gamete femminile contenente notevoli quantità di deutoplasma **CONTR.** oligolecitico

telomeràși [vc. comp. del gr. *télos* 'fine', *mero-* 'parte' e *-asi* ✱1989] **s. f. inv.** ● (*chim.*) enzima che a ogni divisione delle cellule germinali ripristina la normale lunghezza dei telomeri cromosomici permettendo un numero incontrollato di divisioni

telòmero [vc. dotta, comp. del gr. *télos* 'fine, estremità' e *-mero* ✱1992] **s. m.** ● (*chim.*) estremità di un cromosoma eucariotico il cui accorciamento a ogni divisione delle cellule somatiche indica il numero massimo di divisioni possibili per una cellula

†**telonàrio** [vc. dotta, lat. tardo *telonāriu(m)*, da *telōnium* 'telonio' ✱av. 1342] **s. m.** ● gabelliere

telonàto [da *telone* ✱1982] **A agg.** ● munito di telone di copertura: *vagone, cassone telonato* **B s. m.** ● automezzo dotato di telone di copertura

telóne [av. 1795] **s. m. 1** accr. di *telo*① **2** grosso telo impermeabile con cui si riparano le merci durante il trasporto ferroviario o automobilistico **3** sipario teatrale a innalzamento verticale

telonèo [vc. dotta, lat. tardo *teloneu(m)*, dal gr. *telōnêion*, comp. di *télos* 'tassa' e di un deriv. dal v. *ōnêisthai* 'riscuotere' ✱1085] **s. m.** ● nel diritto greco antico, tassa, imposta | nel diritto romano, imposta indiretta che per lo più aveva per oggetto le merci in circolazione

†**telònio** [vc. dotta, lat. tardo *telōniu(m)*, dal gr. *telṓnion, telōnêion* 'dogana', da *télos*, che, oltre al senso di 'fine', ha anche quello di 'dazio' ✱av. 1672] **s. m.** ● banco del gabelliere o del cambiatore | ***stare al t.***, (*fig.*) rimanere intento alla propria occupazione

tèlos [gr. *télos*, 'fine' ✱1853] **s. m.** (**pl. inv.** o **gr.** *tèloi*) ● (*filos.*) fine ultimo, finalità, compimento

telοṣlìtta [comp. di *telo*① e *slitta* ✱1961] **s. f.** ● larga striscia di tela molto resistente, impiegata dai vigili del fuoco per fare scivolare fino a terra persone bloccate ad una certa altezza

tel quel /fr. tɛl'kɛl/ [loc. fr., propr. 'tale quale' ✱1918] **loc. agg. inv.** (**f. fr.** *telle quelle*; **pl. m.** *tels quels*; **pl. f.** *telles quelles*) ● (*borsa*) detto del prezzo di un titolo comprensivo dell'interesse al momento maturato

tèlson [gr. *télson* 'estremità' (d'orig. incerta) ✱1929] **s. m. inv.** ● (*zool.*) ultima sezione dell'addome degli Artropodi **SIN.** pigidio

♦**tèma**① [vc. dotta, lat. *thēma*, dal gr. *théma* 'argomento che si vuol proporre (*tithénai*)' ✱1294] **A s. m.** o †**f.** (**pl. m.** *temi*) ● argomento, soggetto di uno scritto, un ragionamento, una discussione: *qual è il t. della conversazione?*; *uscire di t.*; *essere, andare fuori t.*; *restare in t.*; *tenersi al t.*; *in quell'articolo è trattato un t. interessante*; *la t. piacque alla lieta brigata* (G. Boccaccio) | ***in tema di***, in relazione a: *il collegio dei docenti ha potere deliberativo in t. di didattica* | argomento o motivo di fondo, ripetutamente trattato in opere artistiche, letterarie e sim., proprio di un autore, di un'epoca, di un movimento culturale: *il t. dell'eroismo nella poesia dell'Alfieri*; *il t. della morte nella pittura secentesca*; *i temi floreali del liberty* **B s. m. 1** argomento di un componimento scolastico: *il t. d'esame era facile* | il componimento stesso: *copiare il t.*; *consegnare i temi all'insegnante* **2** (*mus.*) idea musicale fondamentale suscettibile di sviluppo e variazioni: *primo e secondo t. della sonata* | motivo musicale ricorrente: *il t. del destino nella Valchiria di Wagner* | ***variazione sul t.***, V. *variazione* **3** (*ling.*) parte di una parola che rimane dopo aver tolto la desinenza **CFR.** radice | (*ling.*) parte dell'enunciato che è data per già conosciuta, in contrapposizione al *rema*, che costituisce una nuova informazione **4** (*raro, lett.*) esempio **5** (*astrol.*) ***t. di nascita***, disposizione astrale al momento della nascita di una persona o del verificarsi di un evento || **temàccio**, **pegg.** | **temìno**, **dim.** | **temóne**, **accr.**

téma② (o **-è-**) [da *temere* ✱av. 1294] **s. f.** (**pl.** † *-e*) ● (*lett.*) timore, paura: *senza t. di essere contraddetto*; *per t. di sentirsi imprigionare il collo da qualche altro laccio* (E. Salgari)

tèma③ [gr. tardo e biz. *théma* 'luogo', propr. 'ciò che si pone' (V. *tema*①) ✱av. 1748] **s. m.** (**pl.** *-i*) ● (*stor.*) circoscrizione amministrativa e militare nell'impero bizantino

temàrio [da *tem(a)* con il suff. *-ario* ✱1987] **s. m.** ● pubblicazione che raccoglie svolgimenti di temi scolastici, tracce di argomenti di discussione e sim.

temàtica [da *tematico* 'relativo ad un *tema*' ✱1941] **s. f.** ● complesso dei temi ricorrenti in opere artistiche o letterarie, in autori, epoche, movimenti culturali: *la t. di Cervantes*; *studiare la t. dell'Illuminismo*

temàtico [gr. *thematikós* 'relativo al tema (*théma*, genit. *thématos*)' ✱1585] **agg.** (**pl. m.** *-ci*) **1** che riguarda un tema musicale, artistico, letterario e sim.; che riguarda un argomento | ***canale t.***, canale televisivo i cui programmi sono incentrati su un settore specifico (sport, cinema, economia, cultura ecc.) **CFR.** generalista **2** (*ling.*) del tema di una parola: *formazione tematica* | ***vocale tematica***, aggiunta alla radice per formare il tema || **tematicaménte**, **avv.** dal punto di vista tematico || **tematicità**, **s. f. inv.** carattere tematico: *la tematicità di un canale televisivo, di un sito Internet*

tematìṣmo [da *tematico* ✱1981] **s. m.** ● (*mus.*) modo di procedere compositivo che pone il tema a fondamento della struttura musicale

tematiẓẓàre [1983] **v. tr. 1** trattare un argomento considerandolo un tema dominante: *t. il rapporto tra genitori e figli* | trattare come tema specifico: *t. l'antisemitismo* **2** (*ling.*) mettere in rilievo un elemento dell'enunciato mediante particolari meccanismi linguistici (intonazione, disposizione delle parole nella frase, ecc.) || **tematiẓẓazióne**, **s. f.**

temènza [da *temente* ✱av. 1250] **s. f. 1** (*lett.*) †timore: *i Neri v'andarono con fidanza, e i Bianchi con t.* (D. Compagni) **2** (*lett., tosc.*) timore ispirato a timidezza, soggezione, rispetto: *un bambino che non ha t. degli anziani*

♦**temerarietà** [av. 1424] **s. f. inv.** ● caratteristica di chi (o di ciò che) è temerario | audacia eccessiva | temerità

SFUMATURE ➤ ***coraggio***

♦**temeràrio** [vc. dotta, lat. *temerāriu(m)*, propr. 'dovuto al caso', dall'avv. *těmere* 'alla cieca', propr. abl. di *těmus* 'oscurità' (cfr. *tenebra*) ✱av. 1332] **A agg.** (**pl. m.** *-i* o **lett.** *-ii*) **1** che è troppo audace e non riflette sull'effettiva consistenza di un pericolo: *un giovane t. e imprudente* | (**raro** o **lett.**) impudente, sfrontato: *come osi, t.!*; *risposta temeraria* **SIN.** tracotante **2** inconsiderato, avventato, precipitoso: *sono conclusioni temerarie* | (*dir.*) ***lite temeraria***, priva di fondamento giuridico e promossa da chi è consapevole di avere torto | (*est.*) privo di fondamento, ingiustificato: *giudizio t.* **3** †casuale, fortuito: *avvenimento t.* || **temerariaménte**, **avv.** in modo temerario, con temerità: *intraprendere temerariamente un pericoloso viaggio*; *parlare, rispondere temerariamente* **B s. m.** (**f.** *-ia*) ● chi è temerario: *non fidarti di quel t.*; *colui è un t.* (C. Goldoni) **SIN.** sconsiderato

SFUMATURE ➤ ***ardito***, ➤ ***audace***

♦**temére** [lat. *timēre*, di etim. incerta ✱av. 1250] **A v. tr.** (**pres.** *io tèmo* o *tèmo*; **pass. rem.** *io temètti* o **lett.** *teméi*, *tu temésti*) **1** provare una sensazione di timore o un turbamento aspettando che avvenga qlco. di spiacevole o che si vorrebbe evitare (+ *di* **seguito da inf.**, + *che*): *t. la morte, la vergogna, il castigo*; *temo di scivolare*; *temiamo di sbagliare*; *temeva di dimenticarsene*; *se mi ascolterete, non avrete da t. brutte sorprese*; *temo che venga*; *temo che non venga*; *Temo che quando sarò vecchia lo dirò anch'io* (I. Svevo); *non t. l'uom valoroso e forte* (C. Goldoni) | †***temo non venga***, non voglio che venga | ***non avere nulla da t.***, essere a posto con la coscienza | aver paura, non osare: *temo di intraprendere un'azione così rischiosa* | (*assol.*) nutrire timore: *abbiate fiducia e non temete* | avere il dubbio, il sospetto: *temeva che lo tradissero*; *non temi di sbagliare?* | (*est.*) credere, ritenere, pensare: *con questo chiasso, temo che impazziremo*; *temo proprio che ci daranno ragione* | come formula di cortesia, esprime il rammarico per un probabile o sicuro rifiuto: *temo di non poter venire*; *temo proprio di doverle dire di no* **2** (Nella forma attenuativa *non temere*) avere il coraggio, osare (+ *di* **seguito da inf.**): *non temo di affrontare la morte* | essere in grado di sopportare o superare: *non t. le fatiche, i disagi, le difficoltà*; *un abito che non teme di essere sciupato* | ***un'affermazione che non teme smentite***, indiscutibile | ***un prezzo che non teme confronti***, molto basso | non curarsi, non dare importanza: *non t. le chiacchiere, le malignità* | non aver riguardo di qlcu. o qlco.: *sappiate che non vi temo* **3** riverire, guardare, considerare con riverenza: *t. Dio* | avere soggezione, rispetto: *t. i genitori*; *t. la legge* **4** trovarsi a patire un danno, risentire per qualche condizione sfavorevole: *sono piante che temono la luce*; *i vecchi temono il freddo* **B v. intr.** (**aus.** *avere*) **1** essere preoccupato (+ *per*): *t. per la salute di qlcu.*; *t. per le sorti della battaglia* | ***t. per qlcu.***, preoccuparsi per la sua sorte: *Ah, forse Paolo è già partito! Non bisogna t. per lui* (G. D'Annunzio) **2** sospettare, diffidare (+ *di*): *non bisogna t. di tutto e di tutti* | dubitare: *sarete ricompensati, non temete* | ***t. di qlco.***, aspettarsi un danno da qlco.: *Se io non temessi di qualche malizia ... Io te darebbi volentieri aiuto* (M.M. Boiardo) | †***t. di sé***, non aver fiducia in sé stesso **3** nutrire dubbi, timori, non avere speranze: *temono del buon esito dell'esperimento* **C temérsi v. intr. pron.** ● †aver paura

temerità [vc. dotta, lat. *temeritāte(m)*, dallo stesso avv. *těmere*, donde *temerario* (V.) ✱av. 1342] **s. f. inv. 1** (*lett.*) esagerato e irragionevole coraggio, che fa affrontare i rischi e i pericoli in modo sconsiderato e avventato: *non raggiungerete lo scopo affidandovi solo alla vostra t.* | (*lett.*) sfacciataggine, sfrontatezza: *Signora, perdonate la mia t.* (C. Goldoni) **2** (*lett.*) azione temeraria: *la loro impresa è stata una inutile t.* | comportamento temerario: *sconterete la vostra t.*

Tèmi o **Tèmide** [vc. dotta, lat. *Thĕmide(m)*, dal gr. *Thémis*, nome della dea greca della giustizia, di orig. indiana ✱av. 1799] **s. f. inv.** ● (*lett.*) giustizia | (*lett.*) ***aule di T.***, tribunale

temìbile [av. 1549] **agg.** ● che incute timore o preoccupazione: *nemico t.*; *responso t.* || **temibilménte**, **avv.** || **temibilità**, **s. f. inv.**

Tèmide ➤ **Temi**

†**temmìrio** [gr. *tekmḗrion* 'segno, indice', da *tékmar* 'termine, garanzia', di orig. indeur. ✱1551] **s. m.** ● argomento, prova sicura

†**tèmo** ➤ **timone**

tèmolo (o **-é-**) [gr. *thýmallos*, n. di pesce: da *thýmon* 'timo' per il suo odore (?) ✱av. 1464] **s. m.** ● pesce d'acqua dolce dei Clupeiformi con pinna dorsale a ventaglio che ha carni molto

t

apprezzate (*Thymallus thymallus*)

†**temóne** e deriv. ➤ **timone** e deriv.

†**temóre** e deriv. ➤ **timore** e deriv.

tèmpa ➤ **timpa**

tempàccio [av. 1444] **s. m. 1** pegg. di *tempo* **2** cattive condizioni atmosferiche

tempàrio [da *tempo* ✱1974] **s. m.** ● manuale che contiene l'indicazione dei tempi base per eseguire lavorazioni industriali o artigianali

tempèh /tem'pɛ*, *giavanese* tem.pe/ [vc. giavanese, in it. con grafia ingl. ✱1964] **s. m. inv.** ● (*cucina*) alimento a base di semi di soia gialla fatti fermentare, tipico dell'Indonesia e di altri Paesi dell'Asia sud-orientale **CFR.** tofu

†**tempellaménto** [av. 1348] **s. m.** ● sballottamento | (*fig.*) tentennamento

†**tempellàre** [da una base onomat. *temp-* ✱ sec. XIII] **A v. tr.** ● battere | (*fig.*) assillare, importunare **B v. intr. 1** suonare, risuonare, detto di strumento o di oggetto percosso: *tutto il dì tempellaron le campane* (L. PULCI) **2** (*fig.*) esitare, tentennare

†**tempellàta** [av. 1484] **s. f.** ● il tempellare | suonata, serenata con più strumenti o anche oggetti

†**tempèllo** [da *tempellare* ✱av. 1606] **s. m. 1** lento rintocco **2** (*fig.*) loquela risonante

tèmpera (o -é-) [da *temperare* ✱1400 ca.] **s. f. 1** tecnica pittorica che impiega colori a colla diluiti in acqua: *dipingere a t.* **2** (*est.*) quadro dipinto con tale tecnica: *una t. dell'Ottocento* **3** V. *tempra* nei sign. 1, 3 e 4 **4** (*agric.*) ***in t.***, detto del terreno che possiede un'umidità favorevole per l'esecuzione dei lavori

SFUMATURE ➤ *quadro*②

temperalàpis [comp. di *tempera(re)* e *lapis* ✱1891] **s. m. inv.** ● (*disus.*) temperamatite

temperamatìte [comp. di *tempera(re)* e il pl. di *matita* ✱1957] **s. m. inv.** ● piccolo oggetto di acciaio, plastica o altro materiale, a forma di cono vuoto e fornito di una lama tagliente nel quale si fa girare un'estremità della matita per appuntirla

temperamentàle [1957] **agg.** ● che riguarda il temperamento: *condizionamenti temperamentali* | (*est.*) umorale, istintivo: *reazione t.*

temperaménto [vc. dotta, lat. *temperamĕntu(m)*, da *temperāre* 'mescolare in giusta misura' ✱1268] **s. m. 1** †regolare proporzione, giusta misura: *portare a t.* **2** †combinazione, mescolanza, mistura: *t. di colori* | (*fig.*, *lett.*) mitigamento, alleviamento: *cercare un t. al dolore* | (*raro*, *lett.*) moderazione, attenuazione: *questo temporale sarà di t. all'eccessivo caldo* | (*lett.*) accomodamento, espediente conciliativo: *dopo quasi due lustri eran venuti a questo t.* (I. NIEVO) | (*lett.*) freno: *il quale rimedio fu un grande t. a tanta autorità* (N. MACHIAVELLI) **3** complesso dei tratti psicofisici e caratteriali di un individuo: *un t. calmo, malinconico, nervoso* **4** (*assol.*) carattere forte, indipendente, originale: *un attore senza t.* **SIN.** indole, natura, tempra **5** carattere determinato dal prevalere dell'influsso di un singolo pianeta o di un segno zodiacale in un oroscopo | (*astrol.*) ***t. maschile***, dei segni Ariete, Gemelli, Leone, Bilancia, Sagittario, Acquario | (*astrol.*) ***t. femminile***, dei segni Toro, Cancro, Vergine, Scorpione, Capricorno, Pesci **6** (*mus.*) sistema di divisione dell'ottava in dodici parti uguali ottenute mediante lievi alterazioni degli intervalli naturalmente esatti **7** †temperatura

SFUMATURE ➤ *indole*

temperamìne [comp. di *tempera(re)* e del pl. di *mina* ✱1979] **s. m. inv.** ● piccolo oggetto fornito di una o più lame per fare la punta alle mine di grafite

✤**temperànte** [vc. dotta, lat. *temperānte(m)*, propr. part. pres. di *temperāre* ✱1525] **agg.** ● di persona che sa moderarsi nel dare soddisfazione ai propri bisogni e gli istinti: *essere t. nel bere, nel mangiare* **SIN.** controllato, misurato, sobrio ‖ **temperanteménte**, **avv.** con temperanza, moderazione

✤**temperànza** o †**tempranza** [vc. dotta, lat. *temperāntia(m)*, dal part. pres. di *temperāre* (*tĕmperans*, genit. *temperāntis*) ✱1261 ca.] **s. f. 1** capacità di moderarsi nel soddisfare i propri bisogni, istinti, desideri **SIN.** misura, sobrietà | nella teologia cattolica, una delle quattro virtù cardinali **CFR.** fortezza, giustizia, prudenza **2** (*est.*, *lett.*) moderazione: *castigare con t.*; *t. di linguaggio* **3** una delle figure nel gioco dei tarocchi **4** †attenuazione, mitigamento **5** †temperatura **6** †temperamento, indole

SFUMATURE ➤ *moderazione*

✤**temperàre** o †**tempràre** nei sign. 3 e 5 [vc. dotta, lat. *temperāre*; da connettere con *tĕmpus* 'tempo', anche se sfugge il rapporto semantico (?) ✱1261 ca.] **A v. tr.** (*io tèmpero* (o -é-)) **1** †mescolare con la debita proporzione, spec. il vino con l'acqua | (*est.*) †tagliare un vino | †***t. i colori***, mescolarli, stemperarli **2** addolcire, mitigare (*spec. fig.*): *t. la luce solare*; *t. la severità, il rigore* | (*fig.*) frenare, moderare: *t. il desiderio, la passione* **3** (*poet.*) †accordare, combinare, far concordare in un tutto armonico: *temprar potess'io in sì soavi note / i miei sospiri* (F. PETRARCA) | (*est.*) †accordare uno strumento **4** affilare, aguzzare, fare la punta: *t. la matita* **5** †regolare: *spesso Imeneo col suon di sua zampogna / tempra lor danze* (A. POLIZIANO) **6** V. *temprare* nei sign. A1 e A2 **B temperàrsi v. rifl. 1** moderarsi, frenarsi | †***temperarsi da qlco.***, astenersi **2** V. *temprare* nel sign. B **C temperàrsi v. intr. pron.** ➤ **temprare** nel sign. C

†**temperatìvo** [vc. dotta, lat. tardo *temperatīvu(m)*, da *temperātus* 'temperato' ✱sec. XIV] **agg.** ● che attenua | che lenisce

✤**temperàto A part. pass.** di *temperare*; anche **agg. 1** nei sign. del v. | appuntito | (*mus.*) detto di strumento accordato mediante temperamento | ***scala temperata***, che si ottiene dividendo l'ottava in dodici semitoni perfettamente uguali **2** che possiede un giusto grado, una misura non eccessiva di calore, detto spec. del clima, della temperatura o delle stagioni **3** non eccessivo, prudente: *un entusiasmo t.*; *linguaggio t.* **4** che sa moderare istinti, desideri, passioni: *un uomo t. nel bere* | ***vita temperata***, regolata, sobria **SIN.** controllato, sobrio **5** (*raro*) V. *temprato* **6** (*biol.*) detto di un virus batterico che, invece di provocare direttamente la lisi di un batterio, si integra nella cellula ospite e viene trasmesso alle cellule figlie dando luogo al fenomeno della lisogenia ‖ **temperataménte**, **avv. 1** moderatamente: *bere, mangiare temperatamente* **2** (*raro*) con giusto grado e proporzione: *temperatamente freddo* **B avv.** ● †con temperanza

†**temperatóio** [sec. XV] **s. m.** ● temperino

temperatóre [vc. dotta, lat. *temperatōre(m)*, da *temperātus* 'temperato' ✱av. 1333] **s. m.** (**f.** *-trice*); anche **agg.** ● (*raro*, *lett.*) chi (o che) tempera, modera e sim.

♦**temperatùra** [vc. dotta, lat. *temperatūra(m)* 'mescolanza in giusta misura (di caldo e freddo, umido e secco)' ✱sec. XIV] **s. f. 1** (*fis.*) misura, sulla base di una scala convenzionale, del grado di agitazione termica delle molecole di una sostanza | correntemente, misura della capacità di un corpo di dare la sensazione di caldo o di freddo: *t. dell'aria, del mare, di un ambiente, corporea*; *la t. si misura col termometro* **CFR.** termo-, -termo, -termia | ***t. assoluta***, ***termodinamica***, espressa in kelvin, si riferisce a una scala che ha il valore più basso nello zero assoluto (– 273,15 °C) | ***t. di ebollizione***, quella a cui iniziano a formarsi bolle gassose in un liquido; aumenta all'aumentare della pressione | ***t. critica***, quella al di sopra della quale una sostanza gassosa non può passare allo stato liquido | ***t. alta***, molto calda | ***t. bassa***, fredda **2** grado di calore del corpo umano | ***t. esterna***, misurata alla cute | ***t. interna***, misurata nelle cavità del corpo | ***t. basale***, misurata al risveglio prima di compiere qualunque attività | (*fam.*) febbre: *ha un po' di t.* **3** (*per anton.*) stato termico dell'atmosfera: *t. costante*; *sbalzi di t.* | ***t. dell'aria***, quella indicata da un termometro esposto all'aria ma convenientemente protetto dalle radiazioni dirette e indirette (sole, fonti di calore) | ***t. massima e minima***, il più alto e il più basso valore verificatosi in un determinato periodo di tempo **CFR.** escursione nel sign. 3 | ***t. di rugiada***, quella che segnerebbe un termometro se l'aria venisse resa satura di vapore mediante un conveniente raffreddamento a pressione costante | ***t. ambiente***, quella consueta negli ambienti interni: *servire un vino a t. ambiente* | (*fig.*) livello di tensione: *cresce la t. della protesta* **4** †tempra di un metallo | †l'appuntire una penna; la penna appuntita **5** †temperamento | †complessione, costituzione fisica **6** (*mus.*) †temperamento

tempèrie [vc. dotta, lat. *tempĕrie(m)*, da *temperāre* ✱av. 1400] **s. f. inv. 1** (*raro*) stato dell'atmosfera, clima | clima temperato e mite **2** (*fig.*) carattere di una particolare situazione storica o culturale: *la t. del romanticismo* **SIN.** clima **3** †proporzionata mescolanza

temperinàta [1825] **s. f.** ● colpo di temperino: *non è una bocca, ma un taglio lungo e sottile, fatto con una t.* (E. DE AMICIS)

temperìno [da *temper(are)* con suff. di strumento *-ino* ✱av. 1548] **s. m. 1** coltello a serramanico a una o più lame lunghe meno di cm 8 **2** temperamatite

tèmpest /'tɛmpest, *ingl.* 'tɛmpɪst/ [vc. ingl., propr. 'tempesta' ✱1970] **s. f. o m. inv.** ● imbarcazione a vela da regata, per un equipaggio di due persone, con chiglia fissa, randa e fiocco

♦**tempèsta** [vc. dotta, lat. *tempĕsta(m)*, originariamente agg. f. di *tĕmpus* 'tempo' ✱av. 1250] **s. f. 1** perturbazione atmosferica con vento di forte o fortissima intensità, forza 10-11 della scala del vento Beaufort, pioggia e talvolta grandine | ***t. di mare***, uragano, fortunale | ***t. di sabbia***, provocata dal forte vento in zone desertiche | ***t. magnetica***, cambiamento improvviso del magnetismo terrestre con effetti perturbatori sulle radiocomunicazioni, dovuta a emissione di elettroni e protoni da parte del Sole **2** (*sett.*) grandine | ***la t. è vicina, c'è odor di t.***, (*fig.*) si avvicinano rimproveri o sgridate **3** (*fig.*) veemenza, impeto: *calmare la t. dei sentimenti* | †furia, violenza: *il fiero Agrican con più t. / rimena il colpo* (M.M. BOIARDO) | (*est.*) fitta quantità, scarica, gragnuola: *una t. di proiettili*; *una t. di pugni* | (*fig.*) rapida successione: *una t. di domande*; *una t. di guai* **4** (*fig.*) gran turbamento, sconvolgimento morale, violenta agitazione: *chi potrebbe esprimere la t. che così si sollevò nel cuore?* (I. NIEVO) | (*est.*) confusione, scompiglio: *quel bambino porta in casa la t.* | (*fig.*) ***una t. in un bicchier d'acqua***, un grande agitarsi di discussioni e contrasti, spesso per motivi futili, che poi si risolve in nulla | (*fig.*, *colloq.*) ***t. ormonale***, fase della vita di una persona caratterizzata da cambiamenti fisici, emotivi e psicologici attribuibili a variazioni dell'equilibrio ormonale **5** pastina da brodo a forma di piccolissimi cilindri anche forati

SFUMATURE DI SIGNIFICATO

tempesta - temporale

La **tempesta** è fenomeno atmosferico violento, caratterizzato da vento di fortissima intensità, con o senza pioggia, grandine o neve; se non è accompagnata da precipitazioni si ha solo una *tempesta di vento*. Il **temporale** è invece una perturbazione nella quale sono presenti lampi e tuoni, raffiche di vento, pioggia e talvolta grandine.

tempestaménto [da *tempestare* ✻1828] **s. m.** ● (*disus.*) tempesta

†**tempestànza** [da *tempestare* ✻1250 ca.] **s. f.** ● tempesta

tempestàre [da *tempesta* ✻av. 1250] **A v. tr.** (*io tempèsto*) **1** †colpire con la tempesta: *s'i fossi vento, lo tempesterei* (C. ANGIOLIERI) | (*fig.*) †inquietare, mettere in grande agitazione **2** percuotere con colpi fitti, rapidi e violenti (+ *di*, + *con*): *t. la porta di colpi*; *cominciò a t. la porta con i pugni* | (*fig.*) bersagliare con insistenza, subissare: *t. qlcu. di domande, di richieste, di telefonate*; *lo tempestò di acerbi rimproveri*; *si mise a t. gli assalitori con una pioggia di tegole* (E. SALGARI) | †guastare, rovinare: *n'andò in cucina, e là fece gran danno, tempestando ciò che v'era* (F. SACCHETTI) **3** ornare fittamente (+ *di*): *t. un diadema di brillanti* **B v. intr.** (**aus.** *avere*) **1** (*raro*, *lett.*) essere in tempesta, infuriare, detto spec. delle acque del mare, dei laghi, ecc. | (*fig.*, *lett.*) agitarsi, imperversare (*anche fig.*): *tempestò a lungo con pugni e calci* **2** (*fig.*) †essere agitato, turbato **C v. intr. impers.** (**aus.** *avere* **o** *essere*) ● infuriare, detto di tempesta: *tempestava e grandinava*

tempestàrio [da *tempesta* ✻1826] **s. m.** (**f.** *-ia*) ● nelle credenze medievali e rinascimentali europee sulla stregoneria, chi provocava la grandine e la tempesta per operazione diabolica

tempestàto **A part. pass.** di *tempestare*; **anche agg.** **1** nei sign. del v.: *un cielo t. di stelle*; *un braccialetto t. di diamanti* **2** (*fig.*) †travagliato, agitato **B s. m.** ● †tempesta

†**tempestévole** [1574] **agg.** ● soggetto alla tempesta

†**tempestìa** [da *tempesta* con ampliamento suff. a carattere iter. ✻sec. XIV] **s. f.** ● tempesta

tempestìo [per *tempesti(v)o* ✻1879] **s. m.** (**pl.** *-ii*) **1** il tempestare continuato (*spec. fig.*): *un t. di calci*; *un t. di rampogne* **2** (*tosc.*) fracasso, confusione

✦**tempestività** [vc. dotta, lat. *tempestivitāte(m)*, da *tempestīvus* 'tempestivo' ✻1640] **s. f. inv.** ● caratteristica di chi (o di ciò che) è tempestivo: *ci ha salvati la tua t.*; *la t. di un discorso*

SFUMATURE ➤ ***rapidità***

✦**tempestìvo** [vc. dotta, lat. *tempestīvus* 'che viene a tempo (*tempĕstus*, agg. di *tĕmpus*)' ✻av. 1389] **agg.** **1** che giunge opportuno, si compie nel momento adatto, conveniente: *rimedio, aiuto t.* **2** detto di chi interviene nel momento migliore: *con quel discorso, è stato molto t.* || **tempestivaménte**, **avv.** in modo tempestivo: *agire, intervenire tempestivamente* || **tempestività**, **s. f. inv.** (V.)

tempestóso (o *-ṣo*) [vc. dotta, lat. tardo *tempestuōsu(m)*, da *tempĕstus*, agg. di *tĕmpus*, con sovrapposizione di *tempesta* ✻av. 1250] **agg.** **1** burrascoso, agitato dalla tempesta: *mare t.* **2** (*raro*, *fig.*) impetuoso: *un t. torrente* | (*fig.*) agitato, turbato, inquieto: *pensieri tempestosi*; *una vita tempestosa* | (*fig.*) che è contrastato o provoca tumulti, reazioni violente: *una riunione molto tempestosa* **3** (*fig.*) †impulsivo, focoso || **tempestosaménte**, **avv.** **1** in modo tempestoso **2** (*fig.*) impetuosamente; tumultuosamente **3** †ansiosamente || **tempestosità**, **s. f. inv.** caratteristica di ciò che è tempestoso (*spec. fig.*): *tempestosità interiore*

tèmpia (o *-é-*) [lat. *tĕmpora*, pl. di *tĕmpus*, genit. *tĕmporis*, di etim. incerta ✻1287] **s. f.** **1** regione corrispondente all'osso temporale | ***avere le tempie bianche***, avere i capelli delle tempie bianchi; (*est.*) essere avanzato negli anni **2** (*est.*, **spec. al pl.**) testa: *s'era rimesso a sedere con le tempie in mano* (A. FOGAZZARO) | (*fig.*, *lett.*, **al pl.**) mente

tempiàle [da *tempia* nel senso di 'travi del tetto', che aveva il lat. *tĕmpla*, pl. di *tĕmplum*, di orig. incerta ✻1585] **s. m.** ● organo del telaio che tiene ben teso il tessuto nel senso della trama

†**tempière** [dal *tempio* custodito, secondo il fr. *templier* ✻1312] **s. m.** ● (*raro*) templare

tempiétto [sec. XIV] **s. m.** **1** dim. di *tempio* **2** (*archit.*) costruzione generalmente a pianta circolare che in forme ridotte riproduce il modello del tempio classico

tempificàre [1970] **v. tr.** (*io tempìfico, tu tempìfichi*) ● ripartire, suddividere i tempi di lavorazione all'interno di un processo industriale | (*est.*) programmare i tempi di funzionamento di un meccanismo: *t. un semaforo* | (*est.*) programmare stabilendo dei tempi, delle scadenze: *t. i propri impegni* || **tempificazióne**, **s. f.**

✦**tèmpio** (o *-é-*) o †**tèmplo** (o †*-é-*) [lat. *tĕmplu(m)*, vc. di orig. indeur. col senso di 'spazio delimitato, consacrato agli dei' ✻1266] **s. m.** (**pl.** *tèmpli* (o *-é-*), *lett.* *tèmpii*) **1** edificio consacrato a una divinità e al culto religioso, spec. nelle religioni superiori: *t. egiziano, greco, romano* | ***t. classico***, quello nato in Grecia nell'età arcaica e sviluppatosi fino al IV sec. a.C. | (*per anton.*) il tempio di Gerusalemme, centro della religione ebraica prima della diaspora **2** chiesa, santuario, basilica: *il t. di S. Pietro a Roma* | sinagoga **3** (*est.*) edificio, luogo dedicati alla celebrazione di persone insigni, memorie gloriose, istituzioni **4** (*fig.*) luogo sacro, degno di venerazione o simbolo di ideali alti e nobili: *quel teatro è un t. dell'arte*; *il Mondo è statua, immagine, t. vivo di Dio* (T. CAMPANELLA) **5** (con iniziale maiuscola) ordine dei Templari || **tempiétto**, **dim.** (V.)

tempìṣmo [da *tempista* ✻1924] **s. m.** ● caratteristica, capacità di chi è tempista (*in senso fig.*) | condotta da tempista

tempìsta [da *tempo* in senso musicale ✻1791] **s. m. e f.** (**pl. m.** *-i*) **1** (*mus.*) musicista che ha perfetta abilità nell'andare a tempo **2** (*fig.*) chi sa agire cogliendo il momento giusto, opportuno: *in politica, è un abile t.*; *quell'atleta è un t. eccezionale* **3** tecnico addetto alla rilevazione dei tempi con i vari metodi disponibili

tempìstica [da *tempistico* ✻1986] **s. f.** ● (*org. az.*) studio e valutazione dei tempi necessari a eseguire un'operazione | (*est.*) scelta del momento o dei momenti più opportuni per fare qlco.

tempìstico [1957] **agg.** (**pl. m.** *-ci*) ● da tempista | ispirato, conforme a tempismo

templàre o (*raro*) **templàrio** [vc. dotta, lat. *templāre(m)* 'relativo al tempio (*tĕmplum*)' ✻1270 ca.] **A s. m.** ● membro dell'ordine militare-religioso del Tempio, fondato nel 1119, soppresso nel 1312, che si proponeva la guerra contro gli infedeli e la difesa del Santo Sepolcro **B agg.** **1** dell'ordine del Tempio **2** (*raro*) di un tempio o dei templi: *torre t.*

template /tem'pleit, *ingl.* 'tɛmpleɪt/ [vc. ingl. 'sagoma, modello' ✻1984] **s. m. inv.** ● (*inform.*) documento con parti già compilate e altre da compilare a cura dell'utente | nella programmazione di pagine web, modello grafico predefinito utilizzabile per la messa in rete di contenuti

tèmple-block /*ingl.* 'tɛmp(ə)l,blɒk/ [vc. ingl., comp. di *temple* 'tempio' e *block* 'blocco', con passaggio semantico non del tutto chiaro (forse dalla forma che ricorda la cupola di un tempio) ✻1955] **s. m. inv.** (**pl. ingl.** *temple-blocks*) ● (*mus.*) denominazione di vari strumenti in legno a percussione, di antica origine orientale, usati nel jazz dei primi anni del Novecento e di qui passati nell'orchestra sinfonica contemporanea

†**tèmplo** (o *-é-*) ➤ **tempio**

✦**tèmpo** [lat. *tĕmpus*, di etim. discussa: dalla stessa radice indeur. che significa 'tagliare', col senso originario di 'divisione (del tempo)' (?) ✻sec. XII] **s. m.** **I** spazio indefinito nel quale si verifica il fluire degli eventi, in una successione che comporta un passato, un presente e un futuro **1** durata globale del fluire delle cose, considerata in assoluto: *l'idea, la coscienza del t.*; *il trascorrere, il precipitare del t.*; *non si può fermare il t.* | ***il t. non passa mai***, quando ci si annoia o si sta in attesa | ***col t.***, con il passare del tempo: *col t. imparerai a stimarlo* | **PROV.** ***col t. e con la paglia maturano le nespole***, V. *nespola* | ***perdere la nozione del t.***, non essere coscienti del suo fluire, non riuscire a individuare l'ora o il giorno nei quali ci si trova | ***dare, lasciare t. al t.***, aspettare con pazienza che le cose si sistemino secondo una naturale evoluzione | ***in progresso, in processo di t.***, (*lett.*) col trascorrere del tempo | ***senza t.***, nell'eternità, eternamente | **PROV.** ***il t. è galantuomo***, il tempo rende giustizia; ***il t. guarisce tutti i mali***, il tempo fa dimenticare tutti i dolori **2** successione di istanti irreversibile e illimitata, ma considerata come una grandezza che può essere misurata e suddivisa: *la misura, la divisione del t.*; *l'orologio segna, indica il t.* **CFR.** crono-, -crono | (*astron.*) angolo orario dell'oggetto celeste di riferimento, ossia ore e frazioni trascorse dal suo passaggio al meridiano | ***t. vero***, riferito al Sole vero | ***t. medio***, riferito al Sole medio | ***t. siderale***, riferito all'equinozio di primavera | ***t. civile***, quello medio aumentato di 12 ore | ***t. universale***, il tempo civile del primo fuso orario o di Greenwich | ***t. medio dell'Europa centrale***, il tempo civile del secondo fuso orario, al quale appartiene l'Italia **3** porzione limitata di una durata complessiva, periodo: *un t. lungo, breve*; *per molto, poco, qualche t.*; *dopo poco t.*; *poco t. dopo, prima*; *è da poco t. che ci conosciamo*; *gli ha dedicato tutto il suo t.*; *non sappiamo dove è stato tutto questo t.*; *quanto t. resterai con noi?* | ***tutto il t.***, continuativamente: *gli ho parlato tutto il t.* **4** spazio cronologico circoscritto che occorre, viene previsto o deciso perché si compia un'azione, si verifichi un fenomeno o un avvenimento: *calcolare i tempi*; *il t. della reazione chimica è brevissimo*; *quanto t. avete riservato alla cerimonia?* | ***t. di cottura***, richiesto da una vivanda perché sia cotta al punto giusto | (*org. az.*; **anche al pl.**) ***t. di lavorazione***, quello necessario per eseguire un'operazione direttamente produttiva: *stare nei tempi* | (*org. az.*) ***t. normale***, necessario per l'esecuzione di un'operazione da parte di un operatore di normali capacità e impegno in condizioni normali | ***tempi lunghi, tempi brevi***, per attuazione di progetti che preventivano molto o poco tempo | ***tempi tecnici***, quelli minimi necessari per la realizzazione di qlco., il disbrigo di una pratica e sim. | ***tempi morti***, momenti di interruzione di un'attività, non utili ai fini della produzione | (*org. az.*) ***t. reale***, quello normale maggiorato dei fattori fisiologici, di fatica e ambientali | (*org. az.*) ***t. supplementare***, quello assegnato, su richiesta, per fattori non previsti nel ciclo di produzione, lavorazione e sim. (V. anche sign. 10) | (*org. az.*) ***ufficio tempi e metodi***, ufficio che si occupa di elaborare programmi per il miglioramento dei metodi produttivi, la determinazione e il controllo dei tempi base necessari alle varie fasi di una lavorazione | (*fis., elettron.*) ***t. di transito***, quello impiegato dagli elettroni in un tubo per raggiungere la placca oppure dai portatori di cariche nei transistor per diffondere attraverso le giunzioni | (*inform.*) ***t. reale***, modo d'impiego degli elaboratori elettronici per cui questi, anziché operare a posteriori, elaborano i dati, acquisiti attraverso reti di terminali, nel momento stesso in cui hanno origine CONTR. batch processing | ***prendere i tempi***, nel gergo cinematografico, calcolare la durata di ogni inquadratura di un film, spec. documentario, per potervi adattare la colonna sonora | periodo di una qualche estensione occorrente per l'adempimento di un'attività, di un lavoro: *ti ci vuole molto t. per prepararti?*; *dammi il t. necessario per fare le valigie*; *per avviare il motore ci vuole poco t.*; *è una operazione che richiede un certo t.*; *c'è appena il t. di telefonargli* | ***non avere t.***, essere molto impegnato: *oggi non ho t., ripassa domani* | PROV. ***chi ha t. non aspetti t.***, è inutile rimandare ciò che può essere fatto subito | spazio di tempo non di breve durata: *ci vuole t. per riparare il guasto*; *occorre t. per conoscersi bene* | ***ci vuole il suo t.***, è meglio non aver fretta o essere impazienti | ***t. un mese, un anno***, prima che sia trascorso un mese, un anno | ***non c'è t. da perdere***, bisogna affrettarsi, lavorare con lena per portare a termine qlco. | ***è finito il t.***, si è esaurito il tempo assegnato | ***senza por t. in mezzo***, senza frapporre indugi | ***acquistare, guadagnare t.***, affrettarsi a portare a termine qlco. per dedicarsi ad altre attività | ***corsa contro il t.***, sforzo per fare qlco. nel più breve tempo possibile; nel ciclismo, gara a cronometro | PROV. ***il t. è denaro***, il tempo ha un valore economico e non bisogna sprecarlo | ***prendere t.***, indugiare in attesa che una situazione difficile si risolva | ***a t., in t.***, entro il periodo prescritto, necessario e sim.: *non sei più a t. a presentarti all'esame* | ***al t. stesso***, nello stesso momento, contemporaneamente | ***per t.***, con sollecitudine, presto | ***da t.***, da molti mesi o anni | ***a far t. da***, iniziando da, a partire da **5** (*mus.*) suddivisione metrico-ritmica della battuta in parti di identico valore, rappresentata da una frazione, scritta all'inizio del brano, il cui denominatore dà il valore scelto come unità e il numeratore dà il numero delle volte in cui quel valore si presenta: *t. in 3/4, in 2/4, t. ternario, t. binario* | ***t. forte*** o ***in battere***, la prima unità della battuta sulla quale cade l'accento | ***t. debole*** o ***in levare***, le unità della battuta sulle quali non cade o è più debole l'accento | ***segnare, battere il t.***, suddividere le battute con la mano o con la bacchetta | ***andare a t., tenere il t.***, rispettare il ritmo richiesto | ***t. rubato***, licenza di non tenere il ritmo in modo meccanico e richiesta di una certa elasticità a fini espressivi | ***t. primo***, ritorno al movimento segnato inizialmente | ***senza t.***, indicazione di libertà ritmica nell'esecuzione di un passaggio | movimento **6** in metrica, misura che corrisponde al valore di una vocale breve: *in una sillaba lunga i tempi sono due* | ***t. debole***, parte del piede non sottoposta all'ictus | ***t. forte***, parte del piede sottoposta all'ictus **7** ogni movimento di cui si compone un'azione dallo svolgimento complesso: *un passo di danza in quattro tempi* | ***fare qlco. in più tempi***, rispettando sequenze stabilite o con interruzioni anche non programmate | ***al t.!***, (*disus.*) comando di sospensione durante l'esecuzione di un esercizio che deve essere ripetuto; (*est.*) espressione usata per correggere o puntualizzare un'affermazione **8** ciascuna delle fasi il cui insieme costituisce il ciclo di funzionamento di un motore a scoppio: *motore a due, a quattro tempi* **9** (*fis.*) parametro che assume i valori nel campo reale, e del quale sono funzione le variabili meccaniche e fisiche **10** in vari sport, il periodo di tempo fissato per la disputa dell'incontro: *segnare allo scadere del t.* | ciascuna delle parti in cui è diviso il tempo regolamentare di un incontro: *chiudere il primo t. in parità* | ***tempi supplementari***, quelli che vengono disputati in aggiunta ai regolamentari, quando un incontro è finito in parità, per designare la squadra vincente | (*sport*) ***terzo t.***, nel rugby e in altri giochi di squadra, manifestazione di fair play con scambio di applausi e di saluti tra due squadre alla fine di una partita e talora riunione conviviale dopo la partita stessa; nel basket, tecnica di tiro con il corpo librato in aria dopo l'esecuzione di due passi | spazio di tempo cronometrato che viene impiegato in una corsa: *realizzare un buon t.*; *ottenere il miglior t.* | ***migliorare il t.***, in una gara di corsa, coprire il percorso in un tempo minore di quello realizzato in precedenza | ***tenere un buon t.***, mantenere alta la media della velocità | ***t. massimo***, nelle gare di corsa, il tempo concesso ai concorrenti per concludere regolarmente la prova dopo l'arrivo del vincitore; in vari sport, quello stabilito in anticipo per terminare la prova | ***fuori t. massimo***, (*est.*) detto di ciò che si verifica in ritardo: *una polemica fuori t. massimo* **11** ripartizione di uno spettacolo di rivista o di un film, corrispondente all'atto nel teatro di prosa o nell'opera lirica: *siamo entrati all'inizio del secondo t.* **12** in una successione cronologica di eventi, punto rintracciabile e distinguibile rispetto a un 'prima' e a un 'dopo': *da quel t. iniziammo a parlarci*; *in quel t. ci fu un'alluvione disastrosa* | periodo, momento: *è passato il t. della spensieratezza*; *il t. presente, futuro* | ***a quel t.***, allora | ***in quei tempi, a quei tempi***, in quei periodi ormai lontani | ***t. fa***, in un passato non molto lontano | ***d'ogni t.***, in qualunque periodo | ***in ogni t.***, sempre, continuamente | ***rimandare a miglior t.***, a occasione più propizia | era, epoca, età: *al t. dei primi uomini*; *al t. degli Etruschi, delle Signorie*; *al t. di Napoleone*; *al t. della seconda Guerra mondiale* | ***t. di***, momento o periodo caratterizzato da: *t. di guerra, di rivolte, di pace* | ***il nostro t.***, l'epoca in cui viviamo | ***essere del proprio t., figlio del proprio t.***, averne i costumi, le abitudini | ***ai nostri tempi***, all'epoca della nostra giovinezza, quando avevamo autorità o eravamo nel pieno dell'attività | ***al t. che Berta filava***, (*scherz.*) in epoche assai remote e in condizioni ambientali, storiche o sociali ormai superate | ***del t.***, della stessa epoca, contemporaneo | ***un t.***, in passato, in un'epoca ormai trascorsa | ***ci fu un t. in cui ...***, all'inizio di narrazioni, tanto tempo fa, in un'epoca lontana | ***ha fatto il suo t.***, si dice di chi è scaduto di autorità o di ciò che ha perduto valore o è passato di moda | (**spec. al pl.**) epoca non sempre ben collocabile in una successione cronologica o definibile soprattutto con riferimenti alle condizioni storiche e sociali: *tempi d'oro, favolosi, mitici*; *tempi oscuri, bui, difficili*; *i tempi antichi, moderni*; *i tempi nostri*; *in questi ultimi tempi*; *quelli erano tempi!* | ***altri tempi!, che tempi!***, escl. di nostalgia per epoche ritenute migliori di quella in cui si vive o di riprovazione per il presente | ***coi tempi che corrono***, date le difficoltà che la vita presenta oggi: *coi tempi che corrono, c'è poco da stare allegri* | ***in tempi non sospetti***, in un periodo in cui le opinioni espresse o i comportamenti tenuti da qlcu. non potevano essere riconducibili a una moda o a un interesse personale | ***adeguarsi ai tempi, essere all'altezza dei tempi, andare coi tempi***, sapersi uniformare alle esigenze di un periodo storico non comune | ***al t. dei tempi, nella notte dei tempi***, in epoca assai lontana **13** età, dell'uomo o di un animale, spec. se giovani: *quanto t. ha questo ragazzo?*; *quel cucciolo non ha molto t.* | ***essere del t. di qlcu.***, averne circa la stessa età | ***il suo giovane t.***, (*lett.*) la sua giovinezza **14** periodo dell'anno di una certa estensione con caratteristiche proprie o nel quale si verificano eventi naturali ricorrenti: *t. di vacanze*; *t. quaresimale, pasquale*; *il t. della semina, della trebbiatura*; *il t. delle fragole è molto breve* | ***t. di caccia***, epoca in cui la caccia è permessa dalla legge **15** parte della giornata o di un periodo più prolungato nei quali ci si impegna in un lavoro o ci si dedica a una attività: *il t. dello studio, dello svago, del riposo*; *fare buon uso, un uso equilibrato del t.*; *saper impiegare, distribuire il proprio t.*; *non riesco mai a trovare il t. per leggere*; *posso rubarti un po' del tuo t., del tuo t. prezioso?*; *figurati se ho t. per queste cose!*; *non riesco più a trovare t. a tutto*; *hai un briciolo di t. per me?* | ***t. libero***, quello al di fuori dell'orario di lavoro, utilizzabile per il riposo o lo svago | ***nei ritagli di t., a t. perso***, nei momenti liberi da attività consuete o impegnative | ***sprecare, buttare via il t.***, fare cose inutili o stare in ozio | ***buttare via t. e quattrini***, dedicarsi a qualcosa il cui esito appare molto incerto o del tutto negativo | ***perdere t., perdere il t.***, passarlo vanamente, in modo inconcludente | ***non perdere t.***, agire con tempestività ed efficacia (*anche iron.*): *come vedi, pur di arricchirsi, non ha perso t.* | ***è t. perso***, è un'azione, un lavoro che non approderà a nulla: *se lo fai senza entusiasmo, è tutto t. perso* | ***riguadagnare il t. perduto***, recuperarlo | ***ingannare, ammazzare il t.***, fare qlco. per non annoiarsi | ***darsi al bel t., al buon t.***, divertirsi, spassarsela | ***impiego a t. pieno***, per il numero complessivo delle ore lavorative | ***t. pieno***, nella scuola dell'obbligo, prolungamento dell'orario scolastico nelle ore pomeridiane, con possibilità per gli alunni di consumare a scuola il pasto di mezzogiorno, di fruire dell'integrazione dell'insegnamento curricolare con attività complementari e di utilizzare in modo più libero e aperto le strutture scolastiche | ***t. lungo***, nella scuola dell'obbligo, facoltà di estendere, sia la mattina che il pomeriggio, l'orario scolastico oltre il tempo pieno, soprattutto per permettere ad alcuni alunni l'accesso e la permanenza nelle strutture scolastiche durante l'orario di lavoro dei genitori | ***t. prolungato***, nella scuola dell'obbligo, estensione dell'orario scolastico al pomeriggio durante il quale viene impartito il normale insegnamento di tutte le materie da parte degli stessi docenti del mattino | ***retribuzione a t.***, salario commisurato alle ore di lavoro prestate **16** (*gramm.*) il momento in cui il parlante colloca l'azione espressa dal verbo: *t. presente, passato, futuro* | ***t. composto***, con l'ausiliare e il participio passato | ***avverbi di t.***, avverbi o loc. avverbiali che determinano in quale tempo avviene l'azione (per es. *ora, adesso, sempre, ieri, oggi, domani, fra un po', da poco, a lungo, di quando in quando*) | ***complemento di t.***, che indica una determinazione temporale; può essere costituito anche solo da un avverbio o da una loc. avverbiale (per es.: *ci vediamo domani*; *ho aspettato a lungo*) | ***complemento di t. determinato***, indica il momento in cui si verificano l'azione o la circostanza espresse dal verbo; risponde alle domande *quando?*, *in quale momento?*, *a quando?*, ed è introdotto dalle prep. *in*, *a*, *di*, *per*, *tra*, *durante*, *sopra*, *sotto*, *verso* o dalle loc. prep. *al tempo di*, *prima di*, e sim.; in alcuni casi anche senza preposizione (per es.: *ti telefono in giornata*; *ci vediamo per Pasqua*; *vedrò i miei parenti sotto Natale*; *la notte sopra venerdì*; *una tradizione sorta al tempo del dominio spagnolo*; *l'anno scorso ha viaggiato molto*; *una sera d'agosto, le confessò il suo amore*; *ci vediamo sabato sera*; (**sett.**, **colloq.**) *settimana prossima vado in montagna*) | ***complemento di t. continuato***, indica per quanto tempo dura l'azione o la circostanza espressa dal verbo; risponde alle domande *quanto?*, *per quanto* (*da quanto*, *in quanto*) *tempo?*, ed è introdotto dalle prep. *per*, *in*, *da* o dalla loc. prep. *fino a*; in alcuni casi anche senza preposizione (per es.: *si ferma qui per una settimana*; *me la sbrigo in poche ore*; *lo aspetto da mezz'ora*; *rimane in ufficio fino alle sei*; *il film dura due ore*; *ha lavorato tutta la notte*) **17** termine prestabilito per l'esecuzione o l'espletamento di qlco.: *avrete la risposta entro il t. convenuto* | ***t. utile***, quello in cui è possibile compiere atti giuridici o presentare documenti, domande e sim. | ***a t. debito***, al momento opportuno o stabilito dalla legge: *vi sarà inviato il contratto a t. debito* | ***a t. e luogo***, ***a suo t.***, nel momento adatto, opportuno | ***corsa contro il t.***, (**sport**) gara a cronometro, spec. nel ciclismo; (**fig.**) sforzo impegnativo per concludere qlco. entro una determinata scadenza | ***a un t.***, contemporaneamente: *il suo comportamento desta a un t. compassione e disprezzo* | ***di tempo in tempo***, (**lett.**) ogni tanto, di quando in quando: *lanciandole di tempo in tempo occhiate di fuoco* (G. VERGA) | ***è t. di ...***, ***è t. che ...***, è il momento giusto o favorevole per fare qlco.: *è tempo che tu gli dica come stanno le cose* | ***prima del t.***, (**lett.**) ***anzi***, ***innanzi t.***, prima dei termini fissati o consueti | occasione, momento irripetibile: *non ha saputo cogliere il t.* **18** personificazione del fluire degli anni, dei secoli e del continuo cambiamento delle cose: *i guasti, le ingiurie, le offese del t.*; *il t. corre, fugge* | ***il t. fa giustizia da solo***, con il passare del tempo, si chiariscono le situazioni, si ristabilisce la giustizia | ***il t. è un gran dottore***, ***il t. è medico***, il tempo attenua e ripara danni fisici e morali **II** insieme degli elementi meteorologici che caratterizzano lo stato dell'atmosfera su un luogo o una regione in un determinato momento: *t. splendido, bello, brutto, variabile, umido, piovoso*; *il t. cambia, si mantiene, si guasta, si rinfresca, si rimette, tende al brutto*; *che t. fa?*; *usciremo con qualsiasi t.* | aspetto del cielo: *t. chiaro, trasparente, grigio, buio*; *il t. si rischiara* | ***t. da cani, da lupi***, pessimo, assai rigido | ***un t. pesante***, che produce sull'uomo un senso di oppressione o di tristezza | ***t. permettendo***, se le condizioni atmosferiche saranno buone | ***previsioni del t.***, quelle fatte dai meteorologi | ***sentire il t.***, avvertirne i cambiamenti con dolori, disturbi fisici, irritabilità e sim. | (**fig.**) ***fare il bello e il brutto*** (o ***il cattivo***) ***t.***, avere, esercitare un potere pieno e da tutti riconosciuto, spec. in un ambiente, in un gruppo di persone | ***lascia il t. che trova***, detto di azione, provvedimento e sim. che non hanno alcun risultato o non producono l'effetto auspicato | (**mar.**) ***fuggire il t.***, allontanarsi nella direzione stessa della bufera, detto di imbarcazione investita da una tempesta | **PROV.** ***rosso di sera, bel t. si spera*** || **tempàccio**, pegg. | †**tempóne**, accr. (V.)

Definizione d'autore

Cosa sia davvero il **tempo** non lo sa nessuno, per ora. Sappiamo che la nostra idea intuitiva di **tempo** è molto inesatta. Per esempio, il **tempo** passa più veloce in montagna che in pianura, ma noi non ce ne accorgiamo a meno di non avere orologi molto precisi. Penso che quello che chiamiamo **tempo** non sia un fenomeno generale della natura, ma sia qualcosa che emerge dai processi nel nostro cervello. Il **tempo** non è una linea lungo cui scorrono gli eventi del mondo: è un risultato del modo e dell'imprecisione con cui il nostro cervello rispecchia il mondo. È un effetto della nostra ignoranza. Il **tempo** non è la casa del mondo: è la casa di questi piccoli eventi naturali che siamo noi viventi.

Carlo Rovelli

SFUMATURE DI SIGNIFICATO

tempo - epoca - era

Tra i molti significati di **tempo** c'è anche quello di indicare genericamente un periodo storico o anche precisarlo in ragione degli avvenimenti storici, politici e culturali che vi sono accaduti. In questo secondo significato un suo equivalente specifico è **epoca**, che contraddistingue anch'esso un arco di tempo caratterizzandolo con fatti o personaggi a esso appartenuti. **Era** è invece un periodo di lunga durata che inizia e prende il nome da un fatto storico, culturale, scientifico di grande portata, che in genere ha modificato radicalmente gli assetti in un determinato campo o addirittura quelli del vivere in generale; si suddivide infatti in *ere* il tempo geologico.

†**tempóne** [accr. di *tempo* ✱1532] **s. m.** ● allegria, festa | ***far t.***, spassarsela

tèmpora [vc. lat., pl. di *tĕmpus*, genit. *tĕmporis*, col senso di 'stagione' ✱av. 1328] **s. f. pl.** ● nella liturgia cattolica, i giorni iniziali (mercoledì, venerdì e sabato) di ciascuna stagione, nei quali vi era obbligo di astinenza e digiuno, giorni ora sostituiti dal precetto di santificazione: *le quattro t.*

temporàle① [vc. dotta, lat. *temporāle(m)*, agg. 'relativo al tempo (*tĕmpus*, genit. *tĕmporis*)' ✱1268] **A agg.** **1** che ha durata limitata nel tempo | caduco, mondano: *beni temporali* | ***pene temporali***, quelle del Purgatorio, che non durano in eterno | ***potere t. dei Papi***, il potere politico esercitato sui possedimenti territoriali della Chiesa **CONTR.** eterno, spirituale **2** di tempo, relativo al tempo: *in un intervallo t. di pochi giorni*; *un incarico con precisi limiti temporali* | (**gramm.**) che indica il tempo di svolgimento di un'azione: *avverbio t.* (per es.: *ieri, già, dopo*) | ***congiunzione t.***, che introduce una proposizione temporale (per es.: *quando, allorché, mentre, nel momento che*; *prima che, prima di*; *dopo*; *finché, fino a* ecc.) | ***proposizione temporale***, proposizione subordinata che esprime una relazione di tempo (contemporaneità, anteriorità o posteriorità) con la reggente; può essere costituita anche dal solo gerundio o dal participio passato di un verbo (per es.: *spegni la luce quando esci*; *copriti prima di uscire*; *dopo che ebbe finito di scrivere, spense il computer*; *ti telefono dopo (aver) mangiato*; *mentre passeggiavano cominciò a piovere*; *mangiando, guardavano il telegiornale*; *finito il film, se ne andarono a dormire*) **3** (**mat.**) che riguarda il tempo: *ascissa t.* | (**stat.**) ***serie t.***, insieme ordinato di dati che indicano i valori assunti da una variabile nel tempo **4** †civile, laico || **temporalménte**, †**temporaleménte**, **avv.** (**raro**) **1** in modo temporaneo; †mondanamente **2** †nel tempo || **temporalità**, **s. f. inv.** (V.) **B s. f.** ● (**gramm.**) proposizione temporale

temporàle② [vc. dotta, lat. *temporāle(m)*, agg. 'relativo alla tempia (*tĕmpus*, genit. *tĕmporis*)' ✱av. 1493] **agg.** ● (**anat.**) relativo alla tempia: *regione t.* | ***osso t.***, del cranio, posto sui due lati fra le ossa frontale, parietale e occipitale

♦**temporàle**③ [sost. di *temporale*① ✱sec. XIII] **s. m.** **1** perturbazione atmosferica locale frequente spec. in estate, solitamente di breve durata, accompagnata da scariche elettriche, lampi, tuoni, raffiche di vento, rovesci di pioggia, talvolta grandine **2** (**fig.**, **scherz.**) reazione violenta, lite aspra: *fra di loro, per un'inezia, scoppia il t.* **3** †tempo, età | †stagione || **temporalàccio**, **pegg.** | **temporalìno**, **dim.** | **temporalóne**, **accr.**

SFUMATURE ➤ ***tempesta***

temporalésco [da *temporale*③ ✱1826] **agg.** (**pl. m.** *-schi*) ● di temporale, relativo a temporale | che preannuncia un temporale: *cielo t.*

temporalìsmo [da (potere) *temporal(e)*① e *-ismo* ✱1911] **s. m.** ● (**stor.**) indirizzo che, nella politica ecclesiastica cattolica, dava particolare rilievo alle forme di governo mondano o temporale della Chiesa

temporalità [vc. dotta, lat. tardo *temporalitāte(m)*, dall'agg. *temporālis* (V. *temporale*①) ✱sec. XIV] **s. f. inv.** **1** carattere di ciò che ha una durata limitata nel tempo | caducità **2** (**spec. al pl.**) dotazione di beni reali ed economici, propria della Chiesa, di un ente canonico, di un convento e sim. **3** †attaccamento alle cose mondane

temporaneità [av. 1855] **s. f. inv.** ● carattere di ciò che è temporaneo: *la t. di un ufficio, una carica*

temporàneo [vc. dotta, lat. tardo *temporāneu(m)* 'che comincia al tempo (*tĕmpus*, genit. *tĕmporis*) giusto' ✱sec. XIII] **agg.** **1** che dura per un tempo limitato, che non è stabile e definitivo: *incarico t.* | provvisorio, momentaneo: *soluzione temporanea* | ***lavoro t.***, V. *lavoro* | passeggero, destinato a scomparire: *sono nubi temporanee* **2** †opportuno, tempestivo: *pioggia temporanea* | †***frutto t.***, primaticcio || **temporaneaménte**, **avv.** per un tempo breve, limitato: *si sono temporaneamente trasferiti in campagna*; in modo transitorio, non definitivo: *cercare temporaneamente una soluzione*

†**temporàrio** [vc. dotta, lat. *temporāriu(m)* 'che appartiene al tempo (*tĕmpus*, genit. *tĕmporis*)' ✱1476] **agg.** ● (**raro**) temporaneo || †**temporariaménte**, **avv.** temporaneamente

tèmporary stòre /'tɛmporari stɔr, *ingl.* ˌtɛmprərɪ'stɔː(r)/ ➤ **store**

tempore, in illo ➤ **in illo tempore**

temporeggiaménto [1626] **s. m.** ● il fatto di temporeggiare

temporeggiàre [da *tempo* ✱sec. XIII] **A v. intr.** (**pres.** *io temporéggio*; **fut.** *io temporeggerò*; **aus.** *avere*) **1** prendere tempo, aspettare il momento opportuno per agire, decidere e sim.: *l'offerta era vantaggiosa, ma continuava a t.* **SIN.** indugiare **2** †destreggiarsi: *Alcuni sono savi tenuti, però che ... secondo i mutamenti de' tempi sanno t.* (G. BOCCACCIO) **B v. tr.** ● †non affrontare, rimandare, differire indugiando **C temporeggiàrsi** **v. intr. pron.** ● †destreggiarsi: *temporeggiati el meglio puoi* (N. MACHIAVELLI)

temporeggiatóre [1598] **s. m.** (**f.** *-trice*); **anche agg.** ● chi (o che) temporeggia | ***il T.***, (**per anton.**) il console romano Quinto Fabio Massimo, per la tattica di logoramento da lui adottata contro Annibale durante la seconda guerra punica (218-202 a.C.)

tempòribus illis [propr. 'in quei (*īllis*, abl. pl. di *īlle*) tempi (*tempŏribus*, abl. pl. di *tĕmpus*,

t

genit. *tĕmporis*)' ✻1879] **loc. avv.** ● nei tempi antichi (**spec. scherz.**): *anch'io ci riuscivo, temporibus illis!*

temporiẓẓàre [dal fr. *temporiser*, deriv. di *temps* 'tempo' ✻1965] **v. tr.** ● regolare a tempo un meccanismo perché funzioni a intervalli prestabiliti: *t. un dispositivo di irrigazione* ‖ **temporiẓẓazióne**, **s. f.**: *la temporizzazione dei semafori*

temporiẓẓatóre [da *tempo* ✻1963] **s. m.** ● (**elettr.**) commutatore funzionante automaticamente a intervalli di tempo regolari

temporomandibolàre [comp. di *tempor(ale)*② e *mandibolare* ✻1961] **agg.** ● (**anat.**) che riguarda l'osso temporale e la mandibola: *articolazione, regione t.*

tempororbitàrio [comp. di *tempor(ale)*② e *orbitario* ✻1993] **agg.** ● (**anat.**) relativo alle ossa temporali e alle orbite

✦**tèmpra** o (**raro**) **tèmpera** nei sign. 1, 3 e 4 [variante di *tempera* ✻1319] **s. f.** **1** caratteristica di maggior durezza e resistenza che acquistano i metalli e il vetro se riscaldati e poi rapidamente raffreddati: *acciaio di buona t.* | trattamento termico cui vengono sottoposti i metalli e il vetro da indurire: *dare la t.* **2** (**fig.**) l'insieme delle doti fisiche, intellettuali e morali di una persona: *un uomo di t. eccezionale*; *una t. di studioso*; *non è della nostra t.* | costituzione fisica, spec. se robusta e salda: *una t. rotta a tutte le fatiche* | (**raro, lett.**) temperamento: *il padre fu di umore allegro, la madre di t. assai malinconica* (G. Vico) **3** (**raro, lett.**) disposizione naturale | †disposizione d'animo **4** (**est.**) †armoniosa modulazione della voce: *né mai in sì dolci e in sì soavi tempre / risonar seppi gli amorosi guai* (F. Petrarca) | (**poet.**) disposizione delle parti rispetto a un tutto armonico | (**lett., spec. al pl.**) qualità, natura: *Cangiandosi gli oggetti, amor può cangiar tempre* (C. Goldoni) **5** (**lett.**) †temperatura, clima: *oh! fortunate / genti che in dolci tempre / quest'aura respirate* (G. Parini)

†**tempránza** ➤ **temperanza**

✦**tempràre** o (**raro**) **temperàre** [variante di *temperare* ✻av. 1294] **A** **v. tr.** (*io tèmpro* (o *-é-*)) **1** dare la tempra: *t. il vetro, l'acciaio* | (**fig., lett.**) formare culturalmente **2** (**est.**) irrobustire, rendere forte e resistente fisicamente e moralmente: *il lavoro gli ha temprato il carattere* **SIN.** fortificare, rafforzare **3** †V. *temperare* nei sign. 3 e 5 **B** **tempràrsi** **v. rifl.** ● fortificarsi nel fisico o nello spirito: *temprarsi con lo sport, l'esperienza, le lotte della vita* **C** **tempràrsi** **v. intr. pron.** ● diventare più forte: *il suo carattere si è temprato durante la giovinezza* **SIN.** fortificarsi, rafforzarsi

tempràto o (**raro**) **temperàto** **part. pass.** di *temprare*; **anche agg.** ● nei sign. del v.: *vetro, acciaio t.*; *un carattere t. dalle sofferenze*

tempùra /tem'pura, *giapp.* tɛm.pɯ.ra/ [n. giapp. del piatto, da *tempora*, perché per i missionari gesuiti portoghesi era un cibo da consumarsi durante il periodo delle tempora ✻1957] **s. m.** o (**raro**) **f. inv.** ● (**cucina**) frittura di molluschi, crostacei e verdure in una pastella di farina di riso, acqua e uovo, tipica della cucina giapponese

tempùscolo [da *tempo* col suff. *-uscolo* ✻av. 1855] **s. m.** ● nel linguaggio scientifico, intervallo di tempo infinitesimo o piccolissimo

†**temulènto** [vc. dotta, lat. *temulĕntu(m)*, da *temētum*, n. di una bevanda inebriante, di orig. incerta ✻sec. XIII] **agg.** ● ubriaco, ebbro

†**temulènza** [vc. dotta, lat. *temulĕntia(m)*, da *temulĕntus* 'temulento' ✻sec. XIV] **s. f.** ● ubriachezza

temùto **part. pass.** di *temere*; **anche agg.** **1** atteso o previsto con timore: *è arrivata la temuta perturbazione* **2** che incute timore: *un insegnante assai t.*

tén ➤ **te**① nel sign. 3

✦**tenàce** [lat. *tenāce(m)*, da *tenēre* ✻1268] **agg.** **1** resistente: *filo t.* | sodo, compatto: *terreno t.* | ***legno t.***, duro **2** che è viscoso, adesivo: *colla t.* | che si attacca facilmente e fa presa: *materia, calce t.* | (**fig.**) †che stringe con forza: *tra le spire tenaci invano io m'agito* (G. D'Annunzio) **3** (**fig.**) saldo: *memoria t.* | ***proposito t.***, mantenuto con fermezza, ostinato | ***amicizia, odio t.***, che durano e resistono da tempo | di chi è fermo, costante nei propositi, nelle idee: *un uomo forte e t.* **4** †avaro, tirchio ‖ **tenaceménte**, **avv.** in modo tenace (**spec. fig.**): *attaccarsi tenacemente a qlco.*; *è tenacemente fermo nel suo proposito*

SFUMATURE DI SIGNIFICATO

tenace - volitivo - pertinace

Una persona **tenace** persegue i suoi scopi con determinazione e volontà, senza lasciarsi scoraggiare dalle difficoltà o da momentanei insuccessi; più debole è **volitivo**, che fa riferimento genericamente a una volontà spiccata. **Pertinace** è di uso meno comune di *tenace*, ma accentua ancora maggiormente l'idea di risolutezza nel raggiungere un obiettivo.

✦**tenàcia** [lat. *tenācia(m)*, da *tenēre* ✻1831] **s. f.** (**pl.** *-cie*) **1** (**raro**) tenacità **2** (**fig.**) caratteristica di chi (o di ciò che) è tenace: *lavorare con t. per affermarsi* **SIN.** costanza, determinazione, fermezza

SFUMATURE ➤ ***determinazione***, ➤ ***insistenza***

tenacità [lat. *tenacitāte(m)*, da *tĕnax*, genit. *tenācis* 'tenace' ✻av. 1311] **s. f. inv.** **1** proprietà di ciò che è tenace, spec. viscoso, duro, compatto: *la t. di un metallo, un terreno* **2** (**fig., raro**) fermezza, perseveranza **3** †avarizia

tenàglia o (**lett.**) **tanàglia** [lat. tardo *tenācula*, nt. pl. di *tenāculu(m)* 'pinza', da *tenēre* 'tenere' ✻1312] **s. f.** **1** (**tecnol., spec. al pl.**) utensile costituito da due bracci d'acciaio articolati intorno a un perno, col lato lungo che costituisce l'impugnatura e quello corto terminante in ganasce, usato per sconficcare chiodi, tagliare fili di ferro e sim.: *t. per falegname, per carpentiere, per maniscalco, per fabbro* | ***t. a rana***, attrezzo costituito da un parallelogramma articolato e usato nella trafilatura per afferrare le estremità dei trafilati | ***cavare le parole di bocca con le tenaglie a qlcu.***, (**fig.**) costringere a parlare una persona riluttante | ***a t.***, detto di oggetto o fenomeno che per la forma o la funzione ricorda una tenaglia | (**milit.**) ***manovra a t.***, quella con cui un esercito arriva contemporaneamente sui due fianchi dello schieramento nemico | (**milit.**) ***lanciasiluri a t.***, coppia di morse che sostiene il siluro lungo il fianco di piccole siluranti e lo lascia cadere in acqua al momento del lancio **2** (**tecnol.**) organo di presa di apparecchi di sollevamento e trasporto: *draga a t.* **3** (**zootec.**) attrezzo usato per imprimere tatuaggi a inchiostro sulle orecchie del bestiame o applicarvi marche metalliche mediante perforazione **4** (**med.**) pinze per estrazioni dentarie, con bocca conformata secondo il dente da estrarre **5** (**milit.**) fortificazione che si distende a tenaglia aperta verso la campagna usata, spec. un tempo, per ottenere tiro incrociato **6** (**pop., al pl.**) chele di crostacei o scorpioni ‖ **tenagliétta**, **dim.** | **tenaglióne**, **accr. m.**

tenagliàre ➤ **tanagliare**

tenalgìa [comp. di *ten(o)-* e *-algia* ✻1961] **s. f.** (**pl.** *-gìe*) ● (**med.**) dolore localizzato a un tendine

tènar o **tènare** [gr. *thénar* 'palma della mano', con qualche riscontro germ. ✻1797] **A** **s. m. inv.** ● (**anat.**) rilievo muscolare presente sul palmo della mano dal lato del pollice **B** **anche agg. inv.**: *eminenza t.*

tenàrio [vc. dotta, lat. *Taenăriu(m)* 'relativo al promontorio e alla città di *Tāenarus*', in gr. *Táinaros* ✻1476] **agg.** **1** (**poet.**) infernale **2** detto di un marmo greco nero o verde-giallo

†**tencióne** e deriv. ➤ **tenzone** e deriv.

✦**tènda** [lat. parl. **tĕnda(m)*, da *tĕndere* nel senso specifico di 'tendere la tenda' ✻av. 1294] **s. f.** **1** tela stesa allo scoperto per riparo dal sole, dalla pioggia, dal vento: *rizzare la t. per vendere le merci al mercato* | ***t. di negozio***, tenuta ferma all'esterno con ferri infissi nel muro ed avvolgibile intorno ad un'asta metallica | ***t. alla veneziana***, a stecche di legno o a lamine di plastica, inclinabili a piacere | ***teatro t.***, V. *teatro* **2** drappo di tessuto più o meno leggero appeso davanti alla finestra, per ornamento, per impedire di essere visti o come protezione contro la luce solare: *alzare, calare la t.* | ***tirare la t.***, farla scorrere per aprirla o chiuderla **3** riparo trasportabile costituito da un telo impermeabile sorretto da pali e fissato al terreno da picchetti, usato da campeggiatori, militari o nomadi: *t. da sei, otto, dodici uomini* | ***t. canadese***, tipo di tenda da campeggio, a sezione triangolare, costituita da semplici teli di copertura sorretti da due paletti | ***t. ad arco, t. a cupola***, tipo di tenda da campeggio sostenuta da archi flessibili di metallo o di fibra di vetro | ***t. a casetta***, tipo di tenda da campeggio costituita gener. da una serie di ambienti separati fra loro, dotati di porte e finestre, sorretti da una struttura metallica | ***t. d'alta quota, da bivacco***, in alpinismo, di minime dimensioni e peso, con struttura a doppia intercapedine e appositi materiali, tale da ottenere alto potere coibente e isotermico | ***rizzare, piantare le tende***, accamparsi; (**fig.**) approfittare a lungo dell'ospitalità di qlcu. | ***levare le tende***, smontare l'accampamento; (**fig.**) andarsene | ***ritirarsi sotto la t.***, (**fig.**) isolarsi sdegnosamente **4** ***t. a ossigeno***, apparecchio per fornire ossigeno a un malato ‖ **tendina**, **dim.** (V.) | **tendóne**, **accr. m.** (V.) | **tendùccia**, **dim.**

tendàggio [da *tenda* ✻1930] **s. m.** **1** tenda che chiude il vano di un letto, una porta, una finestra **2** insieme di più tende disposte per adornare un ambiente

tendaggìsta [da *tendaggio* ✻1983] **s. m. e f.** (**pl. m.** *-i*) ● chi confeziona o vende tende

tendàle [sp. *tendal*, da *tienda* 'tenda' ✻sec. XVI] **s. m.** **1** (**raro**) tendone **2** (**mar.**) tenda mobile che copriva la poppa e l'alloggiamento degli ufficiali nelle galee ‖ **tendalìno**, **dim.** (V.)

tendalìno [1983] **s. m.** **1** dim. di *tendale* **2** telo che viene teso sopra il pozzetto o la coperta delle imbarcazioni per riparare dal sole o dalla pioggia

tendàme [da *tenda* ✻1869] **s. m.** ● insieme di tende e accessori: *negozio di tendami*

tendènte **part. pres.** di *tendere*; **anche agg.** **1** che mira: *un'espressione t. a offendere* **2** che si avvicina: *un cielo t. al grigio*

✦**tendènza** [da *tendere* ✻av. 1535] **s. f.** **1** propensione, attitudine, inclinazione verso qlco. (+ *a*, + *per*): *avere t. ai lavori manuali*; *ha t. verso la vita politica*; *non ha tendenze per il disegno* **CFR.** -mania **SIN.** disposizione **2** orientamento, corrente che si sviluppa all'interno di fenomeni culturali, movimenti storici, artistici o letterari, partiti politici: *le nuove tendenze della moda*; *t. di destra, di sinistra* | complesso delle persone che manifestano una tendenza: *al congresso ha prevalso la t. moderata* | nella loc. agg. inv. ***di t.***, che riflette od orienta i gusti del pubblico: *spettacolo, giornale di t.* **CFR.** trendy **3** attitudine a evolversi in un determinato modo

(+ *a* **seguito da inf.**): *questo tessuto ha una t. a sgualcirsi*; *il tempo ha t. a peggiorare* | ***t. di mercato***, insieme di fattori che orientano in un dato senso il fenomeno dei consumi SFUMATURE ➤ ***trend***

tendenziàle [1899] **agg.** ● che ha o rivela una tendenza: *tasso t. di inflazione* ‖ **tendenzialménte**, **avv.** **1** per tendenza, predisposizione: *è tendenzialmente sincero* **2** in modo tendenziale, come tendenza: *una microcriminalità tendenzialmente in aumento* ‖ **tendenzialità**, **s. f. inv.** carattere, natura tendenziale di un fenomeno

tendenzióso (o -ṣ-) [da *tendenza* ✱ 1890] **agg.** ● che mira a scopi e interessi particolari | non obiettivo, parziale: *giudizio t.* ‖ **tendenziosaménte**, **avv.** ‖ **tendenziosità**, **s. f. inv.** condizione di ciò che (o di chi) è tendenzioso SIN. parzialità

tènder /ˈtɛnder, *ingl.* ˈtendə(r)/ [vc. ingl., dal v. *to tend* 'accompagnare, servire', variante per aferesi di *to attend* 'assistere, attendere a' ✱ 1749] **s. m. inv.** **1** veicolo ferroviario la cui cassa è atta a contenere scorte di acqua, combustibile, lubrificanti e attrezzi, necessari per la locomotiva a vapore **2** (*mar.*) piccolo battello di servizio di imbarcazioni più grandi, utilizzato per scendere a terra

♦**tèndere** [lat. *tĕndere*, di orig. indeur. ✱ 1250 ca.] **A** **v. tr.** (**pass. rem.** *io tési, tu tendésti*; **part. pass.** *téso*) **1** distendere, dispiegare tirando, per allargare o allungare al massimo: *t. una fune*; *t. la biancheria ad asciugare* | tirare: *t. la corda di uno strumento* | (*lett.*) ***t. un padiglione***, negli antichi accampamenti militari, piantarlo, montarlo | preparare (*anche fig.*): *t. le reti*; *t. una trappola, un tranello*; *t. insidie* | (*assol.*, *lett.*) stendere (le reti), cacciare: *ecco angel novo, / a cui non tesi, e ne la rete il trovo* (L. Ariosto) CONTR. allentare **2** stendere, allungare: *t. la mano per chiedere l'elemosina* | ***t. la mano a qlcu.***, (*fig.*) offrirgli il proprio aiuto | (*fig.*) ***t. l'orecchio***, prestare attenzione a un discorso | (*fig.*) ***t. lo sguardo***, volgerlo in un punto con la massima attenzione | ***t. le braccia***, (*poet.*) ***t. le palme***, (*fig.*) supplicare, implorare **3** (*raro, lett.*) dirigere: *t. il cammino* **B** **v. intr.** (**aus.** *avere*) **1** cercare di raggiungere, inclinare, volgere a un fine (+ *a*, **anche seguito da inf.**): *tendiamo a una maggiore serenità*; *t. a realizzare un progetto* SIN. aspirare, mirare **2** propendere, essere naturalmente incline (+ *a*, **anche seguito da inf.**): *un ragazzo che tende alle fantasticherie, a estraniarsi dalla realtà*; *t. al male, alla misantropia* | (*raro*) essere favorevole: *tendere verso un partito* **3** indirizzarsi, stare per evolversi verso una determinata condizione (+ *a*, **anche seguito da inf.**): *la stagione tende al caldo*; *è un materiale che tende a deteriorarsi* **4** avvicinarsi a una determinata gradazione, detto di colori, sapori, odori (+ *a*): *oggi il cielo tende al grigio* **C** **tèndersi** **v. intr. pron.** ● entrare in tensione, contrarsi: *gli si tendono i nervi*

tenderòmetro [ingl. *tenderometer*, comp. di *tender* 'tenero' e *-meter* '-metro' ✱ 1965] **s. m.** ● apparecchio atto a misurare la durezza dei piselli e quindi il loro grado di maturazione

tendicaténa [comp. di *tendere* e *catena* ✱ 1949] **s. m. inv.** ● dispositivo per mantenere tesa una catena di trasmissione in biciclette, motocicli e sim.

tendicìnghia [comp. di *tendere* e *cinghia* ✱ 1961] **s. m. inv.** ● dispositivo per mantenere tesa una cinghia di trasmissione

tendicòllo [comp. di *tendere* e *coll(ett)o* ✱ 1963] **s. m.** (**pl. inv.** o *-i*) ● rinforzo di plastica che si mette all'interno del collo della camicia maschile per renderlo rigido

tendifìlo [comp. di *tendere* e *filo* ✱ 1965] **s. m.** (**pl. inv.** o *-i*) **1** congegno per tendere il filo metallico attorno a un collo o a un contenitore per chiuderlo **2** nella macchina da cucire, congegno che mantiene teso il filo via via che si svolge dal rocchetto

♦**tendìna** [1650] **s. f.** **1** dim. di *tenda* **2** tenda piccola e leggera di finestra, sportello di carrozza, e sim.: *tirare, abbassare le tendine* | ***menu a t.***, V. *menu* **3** (*cinema*) effetto speciale che, per mezzo di una linea che attraversa lo schermo, permette il passaggio graduale da un'immagine a un'altra senza dissolvenza

tèndine [da *tendere* ✱ 1561] **s. m.** ● (*anat.*) estremità connettivale fibrosa di un muscolo, che lo fissa allo scheletro | ***t. d'Achille***, della parte posteriore del calcagno CFR. teno-

tendìneo [1775] **agg.** ● (*anat.*) del tendine | ***organo t.***, propriocettore di tensione muscolare

tendinìte [comp. di *tendine* e *-ite*① ✱ 1961] **s. f.** ● (*med.*) infiammazione dei tessuti tendinei

tendinóso (o -ṣ-) [1684] **agg.** ● relativo a tendine | (*raro*) che presenta tendini | simile a un tendine

tendiscàrpe [comp. di *tende(re)* e il pl. di *scarpa* ✱ 1970] **s. m. inv.** ● forma leggera di plastica o legno munita di una molla che introdotta in una scarpa la distende e la riporta alla sua forma originale

tenditóio [da *tendere* (i panni) ✱ 1304] **s. m.** (**pl.** *-ói*) **1** (*raro*) filo a cui viene appeso il bucato | stenditoio **2** (*raro*) strumento che serve a tendere

tenditóre [1309] **A** **s. m.** **1** (**f.** *-trice*) (*raro*) chi tende | (*raro*) chi per mestiere tende reti **2** meccanismo usato per tendere cavi, catene o altro **3** (*mecc.*) congegno a vite che congiunge i due ganci e le aste di trazione di due vagoni agganciati **B** **agg.** ● che tende, che serve per tendere qlco.: *fune tenditrice*

tenditrìce ➤ **tensore**

tendóne [1640] **s. m.** **1** accr. di *tenda* **2** tenda grande o robusta: *i tendoni dei negozi* | grande tenda impermeabile per riparare merci o altro dalle intemperie | grande tenda gener. circolare, sorretta da una struttura metallica, sotto la quale si tengono spettacoli, mostre e sim.: *il t. del circo* | (*agric.*) ***a t.***, detto di un particolare tipo di allevamento della vite in cui i tralci si distendono orizzontalmente su un'impalcatura a un'altezza di circa 2 metri

tendòpoli [comp. di *tenda* e del gr. *pólis* 'città', in una applicazione compositiva abbastanza frequente ✱ 1923] **s. f. inv.** **1** (*raro*) attendamento molto esteso e affollato **2** agglomerato di tende di grandi dimensioni installate, insieme a servizi igienici, centri sanitari e sim., per accogliere un gran numero di persone che abbiano dovuto abbandonare le loro case in seguito a calamità o ad altra situazione di emergenza

-tene ➤ **te**① nel sign. 3

♣**tènebra** o (*poet.*) **tenèbra** [lat. tardo *tĕnebra(m)* 'oscurità', usato più spesso, nella classicità, al pl., di orig. indeur. ✱ 1268] **s. f.** **1** (**spec. al pl.**) oscurità profonda, completa, buio assoluto: *la città è avvolta in fitte tenebre*; *aver paura delle tenebre* CFR. scoto- | (*lett.*) densa nube: *sole coperto di tenebre*; *veggiono il ciel di tenebre coperto* (A. Poliziano) | (*fig.*) ***occhi coperti di tenebre***, ciechi | (*assol.*) oscurità della notte: *usciremo al cader delle tenebre* | (*fig.*) ignoranza | ***avvenimenti ancora avvolti nelle tenebre***, non ancora conosciuti, studiati, esplorati **2** ***Ufficio delle tenebre***, prima della riforma del 1955, liturgia cattolica della Settimana santa, nel corso della quale, per commemorare la morte di Gesù, si spegnevano i lumi **3** †squallore, lutto, afflizione **4** †confusione SFUMATURE ➤ ***oscurità***

tenebràre [lat. tardo *tenebrāre*, da *tĕnebra* ✱ av. 1294] **A** **v. tr.** (*io tènebro*) ● (*lett.*) ottenebrare, oscurare (*anche fig.*) **B** **tenebràrsi** **v. intr. pron.** ● (*lett.*) oscurarsi, rabbuiarsi (*anche fig.*)

†**tenebrìa** [da *tenebra*, con suff. intens. ✱ sec. XIII] **s. f.** ● fitta tenebra (*anche fig.*)

†**tenebricóso** (o -ṣ-) [vc. dotta, lat. *tenebricōsu(m)*, da *tenĕbricus*, agg. di *tĕnebrae* 'tenebre, oscurità' ✱ 1499] **agg.** ● (*lett.*) avvolto nelle tenebre (*anche fig.*)

tenebrióne [vc. dotta, lat. *tenĕbrio*, genit. *tenebriōnis* 'che fugge la luce, rifugiandosi nell'oscurità (*tĕnebrae*)' ✱ 1771] **s. m.** ● insetto dei Coleotteri cosmopolita, bruno, lucido, notturno; ha larve giallicce e si nutre di farina, crusca, cereali (*Tenebrio molitor*) SIN. verme della farina

Tenebriònidi [comp. del lat. *tenĕbrio*, genit. *tenebriōnis*, propr. 'che ama le tenebre', e *-idi* ✱ 1875] **s. m. pl.** (**sing.** *-e*) ● (*zool.*) famiglia di Insetti dalle abitudini notturne, di color scuro o grigio o anche metallico, generalmente atteri con corpo di varia forma, che si nutrono per lo più di detriti vegetali (*Tenebrioniidae*)

†**tenebróre** [da *tenebra* col suff. di stato atmosferico, come in *(chiar)ore* ✱ sec. XIII] **s. m.** ● (*lett.*) tenebre, buio, oscurità (*anche fig.*)

tenebrosità (o -ṣ-) o †**tenebrositàde**, †**tenebrositàte** [sec. XIII] **s. f. inv.** **1** (*raro*) condizione di ciò che è tenebroso (*anche fig.*) **2** †offuscamento della vista **3** †foschia

♣**tenebróso** (o -ṣ-) [vc. dotta, lat. *tenebrōsu(m)* 'relativo all'oscurità (*tĕnebrae*)' ✱ 1282] **A** **agg.** **1** pieno di tenebre, avvolto in una fitta oscurità: *notte tenebrosa*; *baratro t.*; *l'emisferio t. della terra* (G. Galilei) | (*raro*) ***occhio t.***, che vede poco | (*fig.*) misterioso, pesantemente oscuro: *pensiero t.*; *maneggi tenebrosi* | (*fig.*) detto di persona dall'atteggiamento cupo, schivo, misterioso: *un uomo t.* **2** †turbolento | confuso, obnubilato ‖ **tenebrosaménte**, **avv.** misteriosamente, subdolamente: *agire tenebrosamente* ‖ **tenebrosità**, **s. f. inv.** (V.) **B** **s. m. solo sing.** ● (*lett.*) ciò che è misterioso, oscuro: *Quel canto del sublime … è l'eterno, il t.* (F. De Sanctis) **C** **s. m.** (**f.** *-a*) ● persona dal carattere chiuso, impenetrabile | ***il bel t.***, (*scherz.*) chi affascina anche perché appare enigmatico, come avvolto da un'aria di mistero

SFUMATURE DI SIGNIFICATO

tenebroso - misterioso - occulto

Tenebroso è ciò che è profondamente oscuro e, in senso figurato, ciò che avviene nascostamente; riferito a persona, descrive chi si comporta in modo volutamente oscuro e dunque probabilmente losco. Anche **misterioso** definisce ciò che non si riesce a capire, a spiegare o chi tiene volutamente un comportamento ambiguo; rispetto a *tenebroso*, è parola connotata meno negativamente. Un'idea di dissimulazione intenzionale è anche espressa dall'aggettivo **occulto**, che definisce ciò che è nascosto, velato, contraffatto in modo da non poter essere conosciuto o riconosciuto.

SFUMATURE ➤ ***buio***, ➤ ***enigmatico***

tenènte① o (*lett.*) **tegnènte** **part. pres.** di *tenere*; **anche agg.** **1** nei sign. del v. **2** †che tiene saldo | (*raro, lett.*) sodo, compatto, tenace: *la candida farina / che la pasta farà molto tegnente* (G. D'Annunzio)

♦**tenènte**② [per *(luogo)tenente* 'che tiene il posto (*luogo*) di un altro', secondo il modello fr. (*lieutenant*) ✱ 1611] **s. m. e f.** ● secondo grado della gerarchia degli ufficiali, nell'esercito, aeronautica e Arma dei Carabinieri, a cui

t

compete il comando di un plotone delle varie armi o della sezione di una batteria d'artiglieria | ***t. colonnello***, secondo grado della gerarchia degli ufficiali superiori, al comando di un reggimento o unità corrispondente | ***t. generale***, grado della gerarchia militare del passato e ancora esistente in taluni organi e servizi, corrispondente al grado di generale di divisione | ***t. di vascello***, massimo grado degli ufficiali inferiori della marina militare, equivalente a quello di capitano dell'esercito e che svolge il ruolo di ufficiale in seconda sulle navi da guerra minori || **tenentèllo**, **dim.** | **tenentìno**, **dim.**

tenènza [da *luogotenente*, come il corrispondente fr. *lieutenance* ✱1676] **s. f.** ● comando retto da un ufficiale subalterno dell'Arma dei Carabinieri o del Corpo della Guardia di Finanza

♦**tenère** [lat. *tenēre*, della stessa radice indeur. di *tĕndere* ✱sec. XII] **A** **v. tr.** (**pres.** *io tèngo*, †*tègno*, *tu tièni*, †*tègni*, *egli tiène*, *noi teniàmo*, †*tegnàmo*, *voi tenéte*, *essi tèngono*, †*tègnono*; **pass. rem.** *io ténni*, †*tenéi*, †*tenètti*, *tu teménsti*; **fut.** *io terrò*; **congtv. pres.** *io tènga*, †*tègna*, ..., *noi teniàmo*, †*tegnàmo*, *voi teniàte*, †*tegnàte*, *essi tèngano*, †*tègnano*; **condiz. pres.** *io terrèi*; **imperat.** *tièni*, *tenéte*; **part. pres.** *tenènte*, †*tegnènte*; **part. pass.** *tenùto*) La forma *tièni* dell'imperat. può assumere, in unione con particelle pron., le forme *tièmmi* (per *tiènimi*), *tiènne* (per *tiènine*), *tièllo* (per *tiènilo*) e sim., con apocope di 'i' e, nel caso di *tiemmi*, assimilazione di *n* a *m*, nel caso di *tiello*, assimilazione di *n* a *l*. *Tiènti* è l'imperat. della forma intensiva o rifl. *tenersi*: *tienti il resto*; *tienti forte!* **1** avere qlco. o qlcu. con sé e stringerlo perché non cada, non sfugga, stia fermo: *t. in mano un giornale*; *t. l'ombrello con la destra*; *teneva una cartella sottobraccio*; *tieni questa statuetta con tutte e due le mani*; *tenete questo bambino per un braccio* | ***t. tra le braccia***, abbracciare | ***t. l'avversario***, nel pugilato, impedire all'avversario di combattere, usando tattiche ostruzionistiche | stringere con le mani: *t. le briglie*; *non riesce a t. il bicchiere* | afferrare: *tenetelo, sta scappando!* | fare in modo che qlco. non oscilli o si sposti: *tieni il lampadario mentre svito la lampadina*; *t. una scala, un sostegno a qlcu. che sale* | reggere, sostenere (*anche fig.*): *non ce la faceva più a t. quel baule sulle spalle*; *è lui a t. tutto il peso della famiglia* | (*fig.*) ***t. il sacco, mano, bordone a qlcu.***, avere un rapporto di complicità con qlcu. | (*fig.*) ***t. l'anima coi denti***, trovarsi in precarie condizioni di salute | ***t. bene il mare***, di imbarcazione in grado di affrontare un mare agitato o tempestoso perché dotata di stabilità, manovrabilità e sim. **2** fare in modo che qlco. o qlcu. rimanga per un certo tempo in una posizione, uno stato, una situazione o un posto stabilito: *t. le mani lungo i fianchi, il cappello in testa, gli occhi bassi*; *t. la finestra socchiusa*; *lo ha tenuto in piedi per due ore*; *lo tennero a dieta per un mese*; *questo lavoro mi terrà impegnato fino a tardi*; *t. qlcu. prigioniero, in ostaggio*; *t. qlcu. in ansia*; *abbiamo tenuto il vino in fresco*; *t. le valigie in deposito*; *t. un animale in gabbia* | ***t. qlcu. sospeso***, lasciare qlcu. nell'incertezza o in attesa di una risposta | ***t. sotto qlcu.***, (*fig.*) mantenerlo in una situazione di inferiorità, sottomissione o soggezione | ***t. qlco. da conto***, conservarla con cura | ***t. qlco. a mente, a memoria***, ricordarla | ***t. una pratica in sospeso***, non evaderla | ***t. un campo a grano***, coltivarlo a grano | (*fig.*) ***t. il piede in due staffe***, barcamenarsi tra due posizioni fra loro opposte, allo scopo di uscire senza danno da una situazione difficile | ***t. le mani a posto***, (*fig.*) non toccare qlco. o non mettere le mani addosso a qlcu. | ***t. la lingua a posto***, (*fig.*) non insolentire o insultare qlcu. | ***t. la testa a partito***, (*fig.*) comportarsi in modo saggio, ponderato | ***t. qlcu. in pugno***, (*fig.*) averlo in proprio potere | (*raro*, *lett.*) trattare: *t. bene qlcu.*; *lo teneva come un principe* | ***t. le distanze***, (*fig.*) non entrare in dimestichezza con qlcu., mantenere un atteggiamento distaccato | ***t. un bambino a battesimo, a cresima***, fargli da padrino o da madrina | fare rimanere a posto: *le bretelle tengono i pantaloni*; *tiene i capelli con un nastro* | mantenere: *è un tessuto che tiene la stiratura*; *questo clavicembalo non tiene più l'accordatura* | (*mus.*) ***t. una nota***, prolungarne il suono con la voce o uno strumento | fare restare con sé: *lo tenne in casa dieci anni* | fare vivere con sé, provvedendo al mantenimento: *a sua posta tenendolo in una casa a Camaldoli* (G. Boccaccio) | ***t. una cameriera***, averla in casa, alle proprie dipendenze | trattenere: *non vi terremo a cena: è troppo tardi* | †***t. qlcu. in parole***, trattenerlo, distrarlo parlando | ***t. a bada qlcu.***, trattenerlo o sorvegliarlo per evitare che si opponga a qlcu. o qlco. con atti o parole | frenare, dominare: *t. la rabbia*; *non riusciva più a t. le lacrime* **3** mantenere ciò che si è detto o promesso: *t. la parola*; *non tenne fede al giuramento* | non lasciarsi sfuggire, non rivelare, non tradire: *t. un segreto, una confidenza* | rispettare, osservare: *t. un impegno*; *t. una regola* **4** avere per sé, in proprio possesso: *tenete fra le mani una ricchezza e non lo sapete* | prendere: *tieni questo regalo*; *tenga pure il resto*; *tieni!*; *tenete!* | (*fam.*) ***te'***, ***tie'***, tieni, prendi **5** (*merid.*) avere, possedere: *t. sonno*; *t. famiglia*; *non tengo un soldo*; *che bella casa che tiene!* **6** (*poet.*) ottenere, conquistare: *e tiene un premio / ch'era follia sperar* (A. Manzoni) **7** occupare uno spazio, quasi sempre eccessivo (*anche fig.*): *quell'arazzo tiene tutta la parete*; *il pullman teneva gran parte della strada*; *questo argomento tiene troppo spazio nella discussione* | occupare un luogo per conservarlo, impedendo ad altri di accedervi: *se arrivi prima, tienimi un posto in gradinata* | occupare un luogo per abitarvi: *t. un appartamento al primo piano* | presidiare, difendere: *t. una posizione strategica, una via di comunicazione* | (*est.*) mantenere assoggettato, dominare: *t. una città*; *ormai il nemico teneva tutta la regione* **8** occupare un posto, ricoprire una carica, svolgere una funzione: *t. un incarico al ministero*; *t. una posizione di riguardo, di comando*; *t. un ruolo scomodo* | gestire, esercitare un'attività: *t. bottega*; *t. una pensione, un caffè* | avere in mano, amministrare: *è lui che tiene la cassa* | ***t.*** (***il***) ***banco***, in un gioco, accettare le puntate degli altri giocatori e guidare il gioco | (*fig.*) ***t. banco***, si dice di chi, in un gruppo di persone, guida la conversazione e accentra su di sé l'attenzione generale **9** organizzare, presiedere, prendere parte: *t. un'assemblea*; *t. un consiglio di amministrazione*; *t. una riunione* | (con il 'si' passivante) tenersi, avere luogo, svolgersi: *l'assemblea si terrà domani mattina* | ***t. consiglio con qlcu.***, consultarsi con qlcu. per deliberare su qlco. **10** contenere, avere una determinata capacità o capienza: *questa bottiglia tiene un litro scarso*; *la sala terrà circa duecento persone* | (*lett.*) accogliere, ospitare: *la tua città ... / seco mi tenne in la vita serena* (Dante *Inf.* VI, 50-51) **11** percorrere mantenendo una direzione (*anche fig.*): *t. sempre la medesima strada*; *t. un contegno scorretto* | ***t. la destra***, marciare lungo il lato destro della strada | ***t. la mano***, procedere lungo il lato consentito dal codice stradale | ***t. la strada***, di autoveicolo, non sbandare | ***t. la rotta***, di imbarcazione, rispettare la rotta prestabilita | ***t. la parte, le parti di qlcu.***, condividerne le opinioni e sostenerlo | (*fig.*) ***t. il filo del discorso***, seguire un ordine logico nell'esposizione, non divagare **12** valutare, reputare, considerare, stimare: *t. sicuro, certo, probabile*; *lo avevano tenuto come un fratello*; *lo tengo per quel che vale*; *per invidia non già che non mi tiene / maggior di sé* (G. Leopardi) | ***t. qlcu., qlco. in nessun conto***, non concedergli nessuna stima, considerazione | ***t. per fermo***, considerare come cosa sicura **13** (*assol.*) nel linguaggio alpinistico, arrestare la caduta del compagno di cordata **14** nelle seguenti espressioni assume significati diversi, determinati dal predicato o dal complemento oggetto | ***t. d'occhio qlcu.***, sorvegliarlo, spiarlo, controllarne i movimenti | ***t. conto di qlco.***, prenderla in considerazione, darle importanza | ***t. copia di qlco.***, provvedere a ricopiarla per conservarla | ***t. compagnia***, fare compagnia | ***t. caldo***, fornire calore, di abito pesante e sim. | (*dir.*) ***t. udienza***, concederla | ***t. un discorso***, pronunciarlo | ***t. una lezione***, farla, impartirla | ***t. un linguaggio sconveniente***, esprimersi in modo sconveniente **B** **v. intr.** (**aus.** *avere*) **1** resistere allo sforzo, reggere alla fatica: *questo reparto di soldati non potrà t. a lungo* | ***t. alla distanza***, nel linguaggio sportivo, resistere bene fino al termine di una gara | ***tener duro***, non cedere | (*fig.*) saper fronteggiare situazioni difficili, mantenendo il controllo di sé: *il campione ha tenuto grazie alla sua forza di carattere* | ***la produzione, il mercato tiene***, (*fig.*) le capacità produttive dell'industria e quelle di assorbimento dei prodotti da parte dei consumatori si mantengono a livelli soddisfacenti **2** non cedere, non rompersi, non aprirsi, detto di cose: *questo nodo terrà*; *è una chiusura che non tiene* | non lasciare uscire un liquido, detto di recipienti: *questa borraccia non tiene più* **3** essere solido, resistente, valido (*anche fig.*): *occorrono chiodi che tengano*; *il dollaro tiene*; *sono ragioni che non tengono*; *la tua storia tiene poco* | fare presa, detto di colla, calce e sim.: *se il mastice terrà, i pezzi non si staccheranno* | non sbiadire, detto di colori, tinte e sim. | (*fig.*) durare, resistere al tempo: *è un matrimonio che tiene* | non scomporsi o disfarsi: *la tua acconciatura non tiene* **4** attecchire, mettere radici, crescere, detto di piante: *gli ulivi in questo terreno non tengono*; *quest'anno le rose hanno tenuto bene* **5** procedere, avanzare in una direzione: *t. a destra*; *t. rasente l'argine* | ***t. dietro a qlcu.***, seguirlo (*anche fig.*): *legge così velocemente che non riusciamo a tenergli dietro* **6** parteggiare per qlcu. o qlco.; fare il tifo: *t. per qlcu., per uno dei due litiganti*; *bisognerebbe che tutti i preti ... tenessero un po' dalla parte de' poveri* (A. Manzoni); *t. per la Roma, per la Lazio* **7** annettere grande importanza a qlco. o a qlcu.: *è uno che tiene alla forma*; *teneva moltissimo alla sua donna*; (*fam.*, *ellitt.*) *tenevo molto a che anche tu fossi presente* | anche nella forma **tenérci** (con valore intens.): *a lui ci tengo*; *ci tiene molto alla tua opinione*; *ci tiene a fare bella figura*; *ci terrei ad arrivare puntuale*; *ci terrei che restassimo amici* | **tengo a**, mi sta a cuore, m'importa di: *tengo a dichiarare che ...* **8** (*raro*) avere un rapporto di somiglianza con qlcu. o qlco. o partecipare alla natura di qlco., in alcune locuzioni particolari | ***t. da***, somigliare: *tiene un poco dalla madre* | ***t. di***, possedere elementi comuni, avere analoga natura: *è un avvenimento che tiene del prodigioso* **C** **tenérsi** **v. tr. pron.** (**aus.** *essere*) ● mantenere, trattenere per sé (con valore intens.): *preferisco tenermi il libro*; *Credi che voglia tenermi il tuo danaro?* (L.

a b c d e f g h i j k l m n o p q r s **t** u v w x y z

PIRANDELLO) | ***tenersi buono qlcu.***, mantenere con qlcu. un rapporto amichevole perché non possa nuocere o per calcolo | (con valore recipr.) ***tenersi il broncio***, tenere l'uno verso l'altro un contegno ostentatamente freddo: *Rimasero … lì fuori a tenersi il broncio* (G. VERGA) **D tenérsi v. rifl. 1** reggersi, appoggiarsi, aggrapparsi per evitare di cadere o di lasciarsi sfuggire qlco. (+ *a*): *si tenga forte alla ringhiera; il naufrago si teneva con la destra a un relitto della nave* **2** essere o restare in uno stato, in una determinata posizione o situazione: *tenersi in piedi, inginocchiato, a gambe unite; tenersi da parte, a distanza, in primo piano; tenersi pronto, a disposizione di qlcu.; studia e legge molto per tenersi aggiornato* | ***tenersi a galla***, galleggiare | ***si tiene sulle sue***, sta sulle sue, dandosi un contegno sostenuto o mostrandosi offeso | ***tenersi sulla difensiva***, difendersi senza prendere l'iniziativa di attaccare | stare in un luogo, in un posto: *si teneva in un angolo, al centro della sala* **3** trattenersi, contenersi, non poter fare a meno di (+ *da* **seguito da inf.**): *tenersi a stento dal ridere; non potemmo tenerci dal rimproverarlo* **4** attenersi a qlco., non discostarsene (+ *a*): *tenersi al consiglio, al parere di qlcu.; ci teniamo alle informazioni che abbiamo raccolto* | limitarsi a osservare: *è bene che vi teniate al regolamento* | ***tenersi ai patti***, rispettarli | ***tenersi ai fatti***, limitarsi a esporre i fatti senza aggiunte personali | ***tenersi a un metodo***, seguirlo totalmente | regolarsi, comportarsi: *sapere a che tenersi; dovete dirgli come tenersi; tenetevi bene a tavola* **5** (*lett.*) abitare, avere dimora: *Al bosco si tenne Diana, ed Elice caccionne* (DANTE *Purg.* XXV, 130-131) **6** procedere in una direzione: *tenersi a sinistra; tenersi rasente il muro* | ***tenersi al largo***, navigare lontano dalla costa | ***tenersi alla larga***, (*fig.*) star lontano da qlcu. o da qlco. per evitare eventuali pericoli, noie e sim. **7** ritenersi, stimarsi: *mi tengo offeso di quanto avete detto; ci teniamo onorati di conoscervi; non si tiene un gran che* | (*lett.*) ***tenersi di qlco.***, farsene un vanto **E tenérsi v. rifl. recipr.** ● tenersi, sostenersi l'un l'altro: *camminavano tenendosi per mano; si tenevano stretti sottobraccio* **F tenérsi v. intr. pron.** ● (*raro*) essere in uno stato di reciproca dipendenza, spec. nella loc. ***tutto si tiene***, tutto è connesso, interdipendente (traduzione del fr. *tout se tient*): *Tutto in un'epoca si tiene* (U. SABA)

♦**tenerézza** [lat. parl. **tenerĭtia(m)*, da *tĕner* 'tenero' ✻ 1310] **s. f. 1** caratteristica, condizione di ciò che è tenero: *la t. di un frutto; legno privo di t.* **2** (*est., raro*) morbidezza nelle linee di un disegno **3** (*fig.*) dolcezza, tenera commozione suscitata da sentimenti di affetto, amore, compassione e sim.: *provare t. verso i propri figli; sì fatta t. gli abbondava / che e' non poté le parole finire* (L. PULCI) **4** †fiacchezza, debolezza **5** (**spec. al pl.**) atto o parola tenera, affettuosa: *tenerezze paterne; scambiarsi tenerezze*

SFUMATURE ➤ ***dolcezza***

†**tenerità** [vc. dotta, lat. *tenerĭtāte(m)*, da *tĕner* 'tenero' ✻ sec. XIII] **s. f.** ● tenerezza

†**teneritùdine** [vc. dotta, lat. *tenerĭtūdine(m)*, astratto raro da *tĕner* 'tenero' ✻ sec. XIV] **s. f.** ● morbidezza | (*fig.*) delicatezza

tenerizzatóre [da *tenero*, sul modello di alcuni denominali dei verbi in *-izzare* ✻ 1983] **s. m. 1** in macelleria, additivo usato per rendere più tenera la carne **2** (*raro*) snervatrice

♦**tènero** [lat. *tĕneru(m)*, legato, ma solo in lat., alla stessa radice indeur. di *tenēre, tĕndere, tĕnnis* ✻ 1268] **A agg. 1** che non è duro o è meno duro del consueto: *carne tenera* | ***pietra tenera***, che può essere facilmente lavorata | cedevole al tatto, molle, morbido: *pasta, cera tenera* | poco compatto: *neve tenera* **2** nato da poco, spuntato recentemente: *pianticelle tenere; ella delicatissima … andava per li belli prati cogliendo teneri fiori* (I. SANNAZARO) | che ha pochissimi anni, detto di persona: *un t. bambino* | ***età tenera, teneri anni***, la fanciullezza | di colore tenue, sfumato: *si devono aprire le stelle / nel cielo sì t. e vivo* (G. PASCOLI) | (*lett.*) bello, delicato | (*raro, lett.*) debole **3** (*fig.*) che è dolce, di animo delicato e si commuove facilmente: *un uomo t. e sensibile; avere il cuore t.* | (*est.*) affettuoso, amoroso: *un padre t.* | indulgente, facile al perdono: *è un educatore troppo t.* | che esprime tenerezza: *sguardo t.; parole tenere* **4** †che è pieno di cure, premuroso **5** †che richiede cure e riguardi **6** †troppo sensibile, permaloso: *teneri più che 'l vetro, … ci turbiamo e divegnam furiosi* (G. BOCCACCIO) ‖ **teneraménte**, **avv.** con tenerezza, amorevolmente: *amare, pregare teneramente* **B s. m. solo sing. 1** parte tenera di qlco. | (*fig.*) punto debole: *colpire nel t.* **2** (*fig.*) sentimento di simpatia, affetto: *fra quei ragazzi c'è del t.* ‖ **tenerèllo**, **dim.** | (*lett.*) **tenerétto**, **dim.** | **tenerìno**, **dim.** | **teneróne**, **accr.** (V.)

teneróne [accr. di *tenero* ✻ av. 1742] **A agg. e s. m.** (**f.** *-a*) **1** che (o chi) si commuove facilmente **2** che (o chi) ha un carattere dolce, sentimentale e sim. o ispira molta tenerezza **B s. m.** ● taglio di carne del petto del vitello

†**teneróre** [da *tenero* ✻ sec. XIII] **s. m.** ● tenerume

tenerùme [comp. di *tenero* e *-ume* ✻ av. 1320] **s. m. 1** insieme di cose tenere | materia, parte tenera di qlco.: *il t. delle foglie* **2** (*fig.*) false tenerezze, smancerie **3** (*cucina*) cartilagini attaccate alle ossa di un taglio di carne bovina, spec. del bollito

tenèṣmo [vc. dotta, lat. *tenēsmu(m)*, dal gr. *tēnesmós*, per *teinesmós* 'tensione', da *téinein* 'tendere' ✻ 1476] **s. m.** ● (*med.*) contrazione involontaria, dolorosa di uno sfintere associata al continuo bisogno di evacuare: *t. vescicale, rettale*

tèngo ➤ **tenere**

tènia [vc. dotta, lat. *Taenia(m)* '(verme a forma di) nastro', dal gr. *tainía* ✻ 1521] **s. f. 1** verme dei Platelminti con capo munito di quattro ventose e corpo di centinaia di proglottidi | (*per anton.*) verme di tale tipo, parassita allo stato adulto dell'uomo e che ha come ospite intermedio il maiale (*Taenia solium*) **SIN.** verme solitario | ***t. saginata***, che ha come ospite intermedio il bue **2** (*archit.*) listello che nell'ordine dorico separa l'architrave dal fregio **3** nell'antichità classica, benda che cingeva il capo, spec. di sacerdoti nelle cerimonie sacre

tenìaṣi [comp. di *ten(ia)* e *-iasi* ✻ 1961] **s. f. inv.** ● infestazione da tenia

tenìbile [da *tenere* ✻ 1940] **agg.** ● (*raro*) che si può tenere, conservare o difendere: *posizione t.* ‖ **tenibilità**, **s. f. inv.**

tenière [ant. provenz. *teneire* 'manico' (propr. 'tenitore'), dal lat. *tenēre* ✻ av. 1523] **s. m. 1** fusto della balestra **2** manico degli antichi schioppi

tenìfugo [comp. di *teni(a)* e *-fugo* 'che mette in *fuga*' ✻ 1884] **A s. m.** (**pl.** *-ghi*) ● sostanza o medicamento che abbia efficacia nel combattere l'infestazione da tenia **B anche agg.**: *farmaco t.*

teniménto [av. 1294] **s. m. 1** (*raro*) il tenere | †sostegno **2** († o *raro*) possedimento terriero, tenuta, podere **3** †obbligo **4** †regno | †rione, quartiere

†**tenitóio** [da *tenere* ✻ 1723] **s. m.** ● manico, impugnatura

tenitóre [sec. XIII] **s. m.** (**f.** *-trice*); **anche agg. 1** (*raro*) chi (o che) tiene, ha in gestione: *t. di un locale notturno* **2** †possessore

†**tenitòrio** o †**tenitòro** [da *tenere* con sovrapposizione di *territorio* ✻ 1324] **s. m.** ● distretto, territorio: *il castello di Pescia e quello di Buggiano e i loro tenitorii* (G. VILLANI)

tenitùra [da *(sos)tenere* ✻ 1726] **s. f. 1** (*raro*) il tenere | (*disus.*) dilazione | (*raro*) attività: *t. commerciale* **2** durata di una serie di rappresentazioni: *le lunghe teniture dei teatri americani* **3** †sostegno, supporto

♦**tènnis** /'tɛnnis, *ingl.* 'tɛnɪs/ [vc. ingl. (ingl. ant. *teneis*), di orig. fr. (dall'imperat. *tenez!* 'tenete', frequentemente usata dai giocatori, lanciando la palla) ✻ 1828] **s. m. inv. 1** gioco di origine inglese, tra due o quattro giocatori su un campo rettangolare diviso a metà da una rete, che consiste nel rinviare, secondo certe regole, una pallina nella metà campo avversaria servendosi di apposite racchette | ***t. da tavolo***, ping-pong | ***bracciale t.***, V. *bracciale* | ***beach t.***, V. *beach* **2** campo o impianto sportivo dove si pratica tale gioco: *il campeggio è dotato di t. e piscina*

NOMENCLATURA

tennis

● *caratteristiche*: lawn tennis = tennis su prato; gioco = game, partita = set, incontro = match; quindici, trenta, quaranta, vantaggio; tie break, due set su tre, tre set su cinque; gioco in coppia (doppio maschile, doppio femminile, doppio misto), gioco singolo = singolare (singolo maschile, singolo femminile); torneo, tabellone, testa di serie, sorteggio, eliminazione diretta, qualificazioni, sedicesimi, ottavi, quarti, semifinale, finale; esibizione; coppa Davis; grande slam;

● *campo*: linea laterale del doppio, linea laterale del singolo, linea di fondo, segno di battuta, linea di battuta = di servizio, rettangolo di servizio, fondo (in terra battuta, erba, sintetico), rete, linea centrale;

● *colpi*: drive = diritto, rovescio (incrociato, lungolinea, passante, a due mani), battuta = servizio, prima palla, seconda palla, doppio fallo, net, let (= rifare il colpo), ace, demivolée, volée, smash = schiacciata, back-spin, lift, effetto, pallonetto = lob, top-spin, side-spin, slice, smorzata = chop, drop shot (= smorzata che ricade subito dopo la rete);

● *strumenti*: racchetta (impugnatura = manico, superficie di battuta, corde (in budello, in sintetico), accordatura); palline;

● *persone*: tennista, raccattapalle, giudice di sedia, giudice di linea, giudice arbitro = supervisor.

tennìsta [1905] **s. m. e f.** (**pl. m.** *-i*) ● chi gioca al tennis

tennistàvolo [1939] **s. m. inv.** ● tennis da tavolo, ping-pong

tennìstico [1935] **agg.** (**pl. m.** *-ci*) ● del tennis, dei tennisti: *incontro t.* | (*est.*) ***punteggio t.***, in una partita di calcio, quello conseguito dalla squadra vincente segnando almeno sei gol

tènno /'tɛnno, *giapp.* tɛn.noː/ [giapp. *tennō* 'celeste sovrano' ✻ 1912] **s. m.** ● titolo dell'imperatore del Giappone

tèno- [dal gr. *ténōn* 'tendine'] **primo elemento** ● in parole composte della terminologia medica, significa 'tendine'

tenonatrìce [da *tenone* ✻ 1961] **s. f.** ● macchina per fare i tenoni

tenóne [fr. *tenon*, da *tenir* 'tenere' ✻ 1853] **s. m.** ● in carpenteria, parte di pezzo che s'incastra in una mortasa

tenoplàstica [comp. di *teno-* e *-plastica* ✻ 1895] **s. f.** ● (*chir.*) qualsiasi intervento di chirurgia plastico-ricostruttiva di un tendine

tènor [vc. lat., V. *tenore* ✻ 1757] **s. m. inv.** (**pl. lat.** *tenores*) **1** nelle prime forme di polifonia, melodia gregoriana attorno alla quale s'aggiungevano altre parti o voci **2** melodia gregoriana, profana, popolare che i polifonisti sceglievano e usavano come parte o voce fondamentale delle loro musiche sacre: *le messe di Dufay, Ockeghem, Despres sul t. dell'"Homme arme'* **3** nelle musiche polifoniche, parte o voce principale, che contiene una melodia preesistente alla composizione o inventata dal compositore: *una Messa a quattro voci: cantus, altus, t. e bassus* **4** suono sul quale un canto gregoriano insiste particolarmente

tenóre [vc. dotta, lat. *tenōre(m)* 'tenuta, continuità', anche 'accento tonico' (con sovrapposizione del gr. *tónos* 'tono') in retorica, da *tenēre* ✻ 1250 ca.] **A** **s. m.** **1** comportamento, modo di procedere: *cercate di non continuare con questo t.* | (*raro*) andamento di fatti, fenomeni | ***t. di vita***, livello di vita, con riferimento spec. alle possibilità economiche: *t. di vita elevato, modesto* | forma, tono, contenuto di scritti o discorsi: *il t. della sua richiesta non ammette indugi* | (*burocr., disus.*) ***a t. di***, a sensi di, in base al disposto: *a t. di legge* **2** proporzione di una sostanza in una soluzione: *liquore a basso t. alcolico* | proporzione nella quale il metallo utile si trova nella ganga che lo contiene **3** (*mus.*) voce maschile adulta del registro più alto | chi canta con voce di tenore | (col suff. *-issimo* dei superl.) ***tenorissimo***, tenore dalle doti straordinarie; (*per anton.*) il tenore L. Pavarotti (1935-2007) | ***t. di grazia, leggero***, con voce più chiara | ***t. drammatico, di forza***, con voce più intensa e robusta **4** †intonazione, modulazione della voce **B** **agg. inv.** ● (posposto a un sost.) (*mus.*) detto di strumento musicale che, nell'ambito della propria famiglia, ha estensione simile a quella della voce di tenore: *trombone, sax t.* ‖ **tenorino**, **dim.** (V.) | **tenoróne**, **accr.**

tenoreggiàre [1617] **v. intr.** (**pres.** *io tenoréggio*; **fut.** *io tenoreggerò*; **aus.** *avere*) ● imitare, cantando, la voce del tenore | cantare in tono tenorile

tenorìle [1883] **agg.** ● di tenore, da tenore: *voce t.*

tenorìno [1879] **s. m.** **1** dim. di *tenore* **2** (*mus.*) tenore dalla voce chiara e acuta, previsto spec. nell'opera comica

tenorìssimo ➤ **tenore** nel sign. A 3

tenorrafìa [comp. del gr. *ténōn* 'tendine' e di un deriv. da *raphḗ* 'cucitura, sutura' ✻ 1865] **s. f.** ● (*chir.*) sutura di un tendine

tenosinovìte [comp. di *teno-* e *sinovite* ✻ 1961] **s. f.** ● (*med.*) infiammazione del tendine e della guaina sinoviale che lo riveste **SIN.** tenovaginite

tenotomìa [comp. del gr. *ténōn* 'tendine' e di un deriv. da *tomḗ* 'taglio' ✻ 1875] **s. f.** ● (*chir.*) incisione del tendine

tenovaginìte [comp. di *teno-* e *vagin(a)* 'guaina' con il suff. *-ite*① ✻ 1961] **s. f.** ● (*med.*) tenosinovite

tènsa [vc. dotta, lat. *tensa(m)*: dal part. pass., sost., di *tĕndere* per la *tenda*, che copriva il carro sacro (?) ✻ 1554] **s. f.** ● nel mondo classico, carro su cui si portavano in processione i simulacri degli dei

tènsile [dal lat. *tēnsus* 'teso', part. pass. di *tĕndere* ✻ 1840] **agg.** ● che si può tendere

tensioattivo [comp. di *tensio(ne)* e *attivo* ✻ 1932] **A** **s. m.** ● sostanza che, aggiunta a un liquido, ne abbassa la tensione superficiale; si usa nella preparazione di emulsioni, cosmetici, inchiostri, adesivi, detergenti, prodotti alimentari, ecc. **B** **anche agg.**: *sostanza tensioattiva* ‖ **tensioattività**, **s. f. inv.** proprietà di una sostanza tensioattiva

tensiògrafo [comp. di *tensio(ne)* e *-grafo* ✻ 1970] **s. m.** ● (*fis., ing.*) tensiometro registratore

tensiometrìa [comp. di *tensio(ne)* e *-metria* ✻ 1968] **s. f.** ● impiego del tensiometro

tensiomètrico [1983] **agg.** (**pl. m.** *-ci*) ● che riguarda il tensiometro o la tensiometria

tensiòmetro [comp. di *tensio(ne)* e *-metro* ✻ 1961] **s. m.** **1** (*ing.*) apparecchio destinato a misurare le tensioni che si producono in un elemento sollecitato **2** (*tecnol.*) apparecchio destinato a misurare la tensione di un filato, di un filo, di una catena, di un nastro magnetico e sim.: *t. meccanico, elettronico, piezoelettrico* **3** (*elettr.*) ***t. elettrico***, voltmetro **4** (*fis.*) ***t. magnetico***, apparecchio destinato a misurare differenze di potenziale magnetico in mezzi omogenei isotropi **5** (*fis.*) apparecchio destinato a misurare la tensione superficiale

♦**tensióne** [vc. dotta, lat. tardo *tensiōne(m)*, dal part. pass. di *tĕndere* (*tēnsus*) usato dapprima dai medici per rendere il corrispondente gr. *tásis* ✻ av. 1320] **s. f.** **1** il tendere, il venire teso: *sottoporre una corda a t.*; *la t. dell'arco* | condizione, stato di ciò che è teso: *la t. di un muscolo* **CFR.** tono-, -tono, -tonia **2** (*fig.*) stato di eccitazione nervosa accompagnata da instabilità emotiva: *non riesce a superare la t. dell'interrogatorio* | ***t. nervosa***, nervosismo | ***t. mentale***, intenso sforzo intellettuale | ***una pagina piena di t. drammatica***, ricca di motivi drammatici **3** (*fig.*) contrasto, irrigidimento, che spesso prelude a una rottura: *fra i due Stati c'è un momento di grande t.* | ***strategia della t.***, spec. negli anni 1960-70, disegno politico tendente a sovvertire le istituzioni democratiche mediante atti terroristici, con lo scopo di creare una situazione di tensione nell'opinione pubblica **4** (*fis.*) forza, riferita all'unità di superficie, che si scambiano reciprocamente le parti contigue di un corpo e che tende a separarle | ***t. residua***, tensione interna dei corpi, non equilibrata da forze esterne | ***t. superficiale***, tendenza dei liquidi a ridurre la loro superficie in conseguenza delle forze di attrazione molecolare **5** (*elettr.*) differenza di potenziale elettrico misurata in volt, tra due corpi o tra due punti di un conduttore o di un circuito: *alta, bassa t.* | ***t. attiva***, componente della tensione di una rete in corrente alternata in fase con la corrente | ***t. distruttiva***, tensione critica, al di sopra della quale ha luogo la perforazione del dielettrico | ***t. impulsiva***, tensione elettrica con durata dell'ordine di qualche microsecondo | ***t. primaria***, tensione sul circuito primario di un trasformatore | ***t. secondaria***, tensione sul circuito secondario di un trasformatore **6** (*med., disus.*) pressione: *t. sanguigna*

SFUMATURE ➤ ***preoccupazione***

tensìvo [fr. *tensif*, dal lat. *tēnsus* 'teso', part. pass. di *tĕndere* ✻ 1779] **agg.** **1** (*raro*) che produce, dà tensione **2** (*med.*) relativo a pressione

tensóre [ingl. *tensor*, dal lat. *tēnsus* 'teso', part. pass. di *tĕndere* ✻ 1865] **A** **agg.** (**f.** *tenditrice*) ● che tende: *muscolo t. della fascia lata* **B** **s. m.** ● (*mat.*) ente matematico, definito in uno spazio vettoriale, che, fissata una base dello spazio, è individuato da un insieme ordinato di elementi scalari, detti componenti; serve a rappresentare alcune situazioni fisiche, come la deformazione di un mezzo elastico sottoposto ad uno sforzo, le proprietà di rotazione di un solido attorno ad un asse, e sim. | ***t. di ordine zero***, grandezza scalare | ***t. di ordine uno***, grandezza vettoriale

tensoriàle [1949] **agg.** ● (*mat.*) relativo ai tensori, che applica i tensori | ***calcolo t.***, procedimento che permette di studiare fenomeni e teorie complesse in coordinate generali, senza far ricorso cioè a un particolare sistema di coordinate: *il calcolo t. è fondamentale nella teoria generale della relatività di Einstein* ‖ **tensorialità**, **s. f. inv.** (*mat.*) proprietà di ciò che è tensoriale; proprietà di un ente di essere un tensore

tensostruttùra [comp. del lat. *tēnsus* 'teso' (V. *tensione*) e *struttura* ✻ av. 1944] **s. f.** ● (*ing.*) struttura, quale una membrana o una rete di funi, capace di resistere solo a sollecitazioni di trazione e usata, per es., per coprire stadi e auditori o per sorreggere l'impalcato dei ponti sospesi

tentàbile [av. 1712] **A** **agg.** ● che si può tentare: *è una via non t.* **B** **s. m. solo sing.** ● ciò che è possibile tentare: *hanno fatto il t.* | ***tentare il t.***, fare tutti i tentativi possibili

tentacolàre [da *tentacolo* ✻ 1909] **agg.** **1** simile a tentacolo | (*raro*) che agisce con i tentacoli **2** (*fig.*) che attrae, avvince, corrompe: *città t.* ‖ **tentacolarità**, **s. f. inv.**

Tentacolàti [da *tentacolo* ✻ 1961] **s. m. pl.** (**sing.** *-o*) ● (*zool.*) classe degli Ctenofori comprendente organismi dotati di due tentacoli e di una faringe tubulare (*Tentaculata*)

tentàcolo [dal lat. *temptāre* 'toccare, tastare' ✻ 1792] **s. m.** **1** appendice mobile di alcuni animali utilizzata per il movimento e per afferrare le prede: *i tentacoli del polpo* **2** (*fig., lett.*) ciò che attrae e avvolge, e da cui non è possibile liberarsi: *Doveri, responsabilità, una sequela di ... tentacoli che t'avviluppano* (L. PIRANDELLO) | (*fig.*, **al pl.**) mezzi articolati di controllo, dominio, sopraffazione: *i tentacoli della camorra, della mafia*

Tentaculìferi [comp. del lat. scient. *tentăculu(m)* 'tentacolo' e il pl. di *-fero* ✻ 1875] **s. m. pl.** (**sing.** *-o*) ● (*zool.*) Tentacolati (*Tentaculifera*)

†**tentaménto** [vc. dotta, lat. *tentamĕntu(m)*, da *tentāre* ✻ sec. XIII] **s. m.** ● tentazione | tentativo

♦**tentàre** [lat. *temptāre*, di etim. incerta ✻ 1268] **v. tr.** (*io tènto*) **1** (*lett.*) toccare e ritoccare lievemente, tastare: *Io era in giuso ancora attento e chino, / quando il mio duca mi tentò di costa* (DANTE *Inf.* XXVII, 31-32) | (*lett.*) ***t. le corde di uno strumento***, toccarle per farle suonare **2** toccare per accertarsi della consistenza, la natura, la resistenza di qlco.: *t. il terreno con un bastone*; *t. il fondo del fiume* | (*fig., lett.*) interrogare qlcu. per cercare di conoscerne le intenzioni, per esaminarlo: *più volte fece t. Cipseo, padre d'Ifigenia, che lei per moglie gli dovesse dare* (G. BOCCACCIO) | mettere alla prova: *t. l'animo, l'onestà, le intenzioni di qlcu.* **SIN.** saggiare, tastare **3** cercare di corrompere, istigare al male: *lo tentavano con promesse di una vita facile* | attrarre, invogliare: *è una vacanza che mi tenta* | indurre a fare qlco. (**+** *a* **seguito da inf.**): *si lasciano t. a intervenire su tutto* | (*lett.*) chiedere, proporre qlco. a qlcu. per conoscerne le intenzioni: *lo tentò che si rimettesse alla volontà sua* (F. GUICCIARDINI) **4** provare, cercare di riuscire a fare qlco. o sforzarsi di ottenerla (**+** *di* **seguito da inf.**): *è inutile t. di persuaderlo*; *cerchiamo almeno di t.!*; *tentò di uscire sul corridoio ove faceva tanto freddo* (I. SVEVO); *tenta se forse ancor tempo sarebbe / da scemar nostro duol* (F. PETRARCA) | sperimentare un mezzo per riuscire in qlco.: *stanno tentando una nuova cura* | ***t. la sorte, la fortuna***, intraprendere qlco. fidando nella buona sorte | **PROV.** ***tentar non nuoce*** **SIN.** arrischiare, azzardare

SFUMATURE DI SIGNIFICATO

tentare - istigare

L'azione di chi cerca di convincere qualcuno a fare qualcosa la cui riuscita è incerta oppure rischiosa si dice **tentare**; il termine suggerisce l'idea che l'opera di persuasione sia attuata mostrando alla persona il vantaggio o il piacere che ne ricaverebbe e nascondendogli invece i possibili danni. Il termine per definire l'azione di spingere qualcuno a commettere un'azione riprovevole o addirittura illecita è **istigare**.

♦**tentatìvo** [da *tentare* ✱1553] **s. m.** **1** prova, esperimento per cercare di riuscire in qlco.: *il t. ha avuto buon esito* **2** (*dir.*) ***t. di reato***, reato tentato (V. *reato*) | ***t. incompiuto***, quando l'attività diretta a commettere il delitto non è portata a termine | ***t. compiuto***, quando tale attività è ultimata ma non si verifica l'evento richiesto per l'esistenza del reato

tentàto **part. pass.** di *tentare*; anche **agg.** (**superl.** *tentatissimo*) **1** nei sign. del v. | (*dir.*) detto di delitto che si è cercato di compiere: *è accusato di t. omicidio, di tentata truffa* **2** attratto, allettato, invogliato: *tentata da molti, ultimamente vinta da uno* (G. Boccaccio) | propenso, intenzionato (+ *di* **seguito da inf.**): *sono t. di scrivergli una letteraccia; sono stato tentatissimo di fermarmi qui in Bologna* (G. Leopardi) **3** (*lett.*) percorso, esplorato: *E dai tentati triboli / L'irto cinghiale uscir* (A. Manzoni); *Che fuggon d'Alessandria da i mal tentati valli* (G. Carducci)

tentatóre [vc. dotta, lat. *tentatōre(m)* 'colui che mette alla prova', da *tentāre* ✱1336 ca.] **s. m.** (**f.** *-trice*); anche **agg.** ● chi (o che) tenta, alletta, istiga al male: *resistere ai tentatori; diavolo t.*

tentazióne [vc. dotta, lat. *tentatiōne(m)* 'attacco, prova' (da *tentāre*), poi usato per rendere il corrispondente gr. *peirasmós* ✱1268] **s. f.** **1** (*relig.*) incitamento al peccato nel tentativo di saggiare la capacità del credente di rimanere fedele alla legge morale | la condizione di chi è tentato **2** correntemente, istigazione, allettamento al male (+ *di*, **anche seguito da inf.**): *abile, subdola t.; Chi gli ha messi … nella t. di far ciò che hanno fatto?* (A. Manzoni) | condizione di chi è tentato; impulso, stimolo a fare ciò che non si dovrebbe: *cadere in t.; resistere a una t.; ebbe la t. di dargli uno schiaffo* | ciò che tenta (**anche scherz.**): *le tentazioni della gola; quello spettacolo è una t.* **3** voglia, desiderio, curiosità (**spec. scherz.**) (+ *di*, **anche seguito da inf.**): *non resistemmo alla t. di leggere quel romanzo; alla t. di un buon gelato è difficile resistere* ‖ **tentazioncèlla**, **dim.**

†**tentellàre** [variante di *tentennare* ✱sec. XIII] **v. intr.** ● tintinnire, risuonare

tenténna [da *tentennare* ✱av. 1712] **A** **s. m. e f. inv.** ● (*scherz.*, *disus.*) persona irresoluta, esitante **SIN.** cacadubbi **B** **anche agg. inv.** ● ***il re T.***, (*iron.*) soprannome affibbiato al re Carlo Alberto di Savoia (1798-1849) a causa delle sue incertezze politiche

tentennaménto [1612] **s. m.** ● (*raro*) dondolamento, oscillazione | (*fig.*) indecisione, incertezza: *basta con i tentennamenti: decidetevi!* **SIN.** dubbio, esitazione

tentennànte **part. pres.** di *tentennare*; anche **agg.** **1** (*raro*) che oscilla, che traballa: *sedia t.* **2** (*fig.*) indeciso, esitante: *è ancora t. e non si lascia convincere*

♣**tentennàre** [lat. *tintinnāre*, v. onomat. col senso di 'suonare', reduplicazione di *tinnīre* ✱1287] **A** **v. intr.** (*io tenténno*; aus. *avere*) **1** essere instabile, malfermo, muoversi in qua e in là: *muro che tentenna; il tavolo tentennava* | ***camminare tentennando***, quasi barcollando | ***il dente tentenna***, è sul punto di cadere **SIN.** dondolare, traballare **2** (*fig.*) essere irresoluto, incerto, titubante: *ancora tentenna fra le due soluzioni* **SIN.** esitare, titubare **B** **v. tr.** ● muovere in qua e in là, scuotere: *tentennava la testa in segno di disapprovazione*

tentennàta [1483] **s. f.** **1** †forte percossa **2** (*lett.*) colpo, scossa: *si svegliava con un riscossone, come se uno, per dispetto, fosse venuto a dargli una t.* (A. Manzoni) | (*raro*) scrollamento: *t. di testa* ‖ **tentennatìna**, **dim.**

tentennatóre [1879] **s. m.** (**f.** *-trice*) ● (*raro*) chi tentenna (**spec. fig.**)

†**tentennìno** [da *tentennare*, con accostamento a *tentare* ✱sec. XIV] **agg.** ● (*tosc.*) tentatore: *diavolo t.*

tentennìo [1535 ca.] **s. m.** (**pl.** *-ii*) ● tentennamento continuato | (*fig.*) indecisione, irresolutezza

tentennóne [da *tentennare* ✱1605] **A** **agg. e s. m.** (**f.** *-a*) ● (*tosc.*) che (o chi) non si decide mai e non conclude nulla **B** **agg.** ● †tremulo, tremolante: *vecchio t.*

tentennóni [av. 1646] **avv.** ● (*tosc.*) tentennando, traballando: *camminare t.* | (**fig.**, **disus.**) con incertezza

♣**tentóni** o (*lett.*) **tentóne** [da *tentare* col suff. di analoghi avv. ✱1353] **avv.** **1** alla cieca, saggiando, senza vederlo, il terreno con un piede o con un bastone: *camminare, procedere t.; scendere t. in cantina* | anche nella loc. avv. ***a t.*** **2** (*fig.*) a caso, senza sicurezza, senza idee precise e cognizioni e indizi sicuri: *rispondere (a) t.*

tentòrio [vc. dotta, lat. *tentōriu(m)* 'tenda' ✱1840] **s. m.** ● (*anat.*) formazione anatomica laminare, di solito connettivale, che costituisce la copertura di un organo o la separazione tra organi: *t. del cervelletto*

tentrèdine [dal gr. *tenthrēdōn*, 'specie di vespa' (da *tenthrēnē* sovrapposto a *pemphrēdōn*, l'uno e l'altro n. di insetti) ✱av. 1604] **s. f.** ● piccolo imenottero con ampie ali chiare le cui larve divorano le frutta in via di sviluppo, spec. pere, mele, susine e sim. (*Hoplocampa*)

♣**tènue** [lat. *tĕnue(m)*, della stessa radice indeur. di *tĕndere* e *tenēre* ✱av. 1460] **A** **agg.** **1** (*lett.*) sottile, esile, leggero: *un t. stelo; un t. filo* | poco denso: *nuvola t.* | non molto vivo, pallido, detto di colore: *rosso t.* | debole: *un t. suono; una t. luce* **2** (*fig.*) esiguo, lieve, poco pesante: *ha servito … in questa … Università nella cattedra di rettorica col t. soldo di cento ducati annui* (G. Vico); *un t. desiderio; una pena molto t.* | poco fondato: *una t. illusione* | (*lett.*) irrilevante **3** (*enol.*) detto di vino che ha profumo poco spiccato **4** (*ling.*) detto di occlusiva sorda | detto di grado consonantico contraddistinto da minima forza e durata **5** (*anat.*) ***intestino t.***, parte dell'intestino che va dal piloro alla valvola ileocecale ‖ **tenueménte**, **avv.** **B** **s. m.** ● (*anat.*, *ellitt.*) intestino tenue

♣**tenuità** o †**tenuitàde**, †**tenuitàte** [vc. dotta, lat. *tenuitāte(m)*, da *tĕnuis* 'tenue' ✱av. 1320] **s. f. inv.** ● caratteristica di ciò che è tenue (**anche fig.**): *la t. di un filo; la t. di una spesa, di una speranza*

tenùta [f. sost. del part. pass. di *tenere*, anche col senso di 'possedere' ✱1219] **s. f.** **1** il fatto di tenere | capacità di impedire a liquidi o gas di fuoriuscire o filtrare: *flacone a t. perpetua* | ***recipiente con buona t. d'acqua***, in grado di non lasciare passare l'acqua | ***organo, dispositivo di t.***, quello che viene interposto fra due superfici in moto l'una rispetto all'altra per isolare fra loro due ambienti contenenti gas o liquidi diversi o a diversa pressione | ***anello, disco di t.***, elemento in feltro o altro, posto su organi lubrificati per impedire la fuoriuscita del lubrificante | ***t. di strada***, attitudine di un autoveicolo a seguire la traiettoria impostagli senza slittare e sbandare **2** capacità, quantità che può essere contenuta: *questa bottiglia ha la t. di un litro* **3** (*fig.*) saldezza, capacità di resistere, di mantenere le proprie posizioni, caratteristiche e sim.: *la t. delle istituzioni* | ***t. di un atleta***, resistenza a uno sforzo prolungato **4** modo di tenere in regola la contabilità, i registri: *t. dei libri paga* **5** (*mus.*) il tenere le note prolungandone il suono **6** (*ling.*) mantenimento di una data posizione da parte degli organi articolatori **7** †possesso: *si ritornò a casa e riebbe la t. delle sue castella* (F. Sacchetti) **8** esteso possedimento agricolo di più poderi: *acquistare una t. in collina* **9** abito, abbigliamento: *t. da lavoro, di fatica* | divisa: *sfilarono in alta t.* ‖ †**tenutèlla**, **dim.** | **tenutìna**, **dim.**

SFUMATURE ➤ ***podere***①

tenutàrio [1741] **s. m.** (**f.** *-ia*) ● chi ha o gestisce una bisca, un locale equivoco

tenùto **A** **part. pass.** di *tenere*; anche **agg.** **1** mantenuto, conservato: *una casa ben tenuta; un libro mal t.* | adibito: *un prato t. a pascolo* **2** (*mus.*) ***nota tenuta, accordo t.***, mantenuti sottolineando a scopo espressivo l'intero valore di durata o prolungandolo leggermente **3** (*fig.*) ***essere t.***, essere obbligato, in dovere (+ *a* **qlco. o seguito da inf.**): *nella sua funzione, è tenuto alla massima discrezione; i candidati sono tenuti a presentarsi entro le otto* | ***sentirsi t.***, sentire l'obbligo morale di fare qlco.: *mi sento t. alla riservatezza; non mi sento t. a rispondere* **4** nella loc. ellitt. ***t. conto di***, avendo considerato, valutato (qlco.): *t. conto del traffico, penso di farcela entro le tre* | nella loc. ellitt. ***t. conto che***, dal momento che, stante che, poiché: *va' pure a dormire, t. conto che lavorerò fino a tardi* **B** **s. m.** ● (*mus.*) modo di esecuzione a note tenute, e relativa indicazione sullo spartito **CFR.** staccato

†**tènza** [ant. fr. *tence*, da *tencer*, dal lat. parl. **tentiāre* 'litigare', da *tĕntus*, part. pass. di *tĕndere* '(con)tendere' ✱sec. XIII] **s. f.** ● contesa, contrasto, lite: *la t. che aveano … con la gente del Duca* (G. Villani)

†**tenzióne** e deriv. ➤ **tenzone** e deriv.

†**tenzóna** ➤ **tenzone**

tenzonàre o †**tenzionàre**, †**tencionàre** [1260 ca.] **v. intr.** (*io tenzóno*; aus. *avere*) ● (*lett.*) venire a tenzone, contendere | (*fig.*) combattersi, contrastare: *e io rimagno in forse, / che sì e no nel capo mi tenciona* (Dante *Inf.* VIII, 110-111)

tenzonatóre o †**tencionatóre** [sec. XIV] **s. m.**; anche **agg.** (**f.** *-trice*) ● (*raro*, *lett.*) chi (o che) tenzona

tenzóne o †**tenzióne**, †**tencióne**, †**tenzóna** [ant. fr. *tenzon*, dal lat. tardo *tentiōne(m)* 'lite, contesa', da *tĕndere* nel senso di 'contendere' ✱1250 ca.] **s. f.** **1** nella letteratura medievale, disputa in vario metro su argomenti vari: *la t. fra Dante e Forese Donati* **2** (*lett.*) disputa, aspro contrasto verbale: *ma Gisippo … dopo lunga tencione vel pur mandò* (G. Boccaccio) **3** (*lett.*) combattimento, battaglia, scontro: *di novo ancora a la tenzon si scaglia* (T. Tasso) | ***singolar t.***, duello, sfida cavalleresca (**anche scherz.**)

tèo- [dal gr. *theós* 'dio'] **primo elemento** ● in parole composte, significa 'Dio' o, in modo generico, 'divinità': *teocrazia, teogonia, teologia*

teobròma [comp. del gr. *theôn* 'degli dèi' e *brôma* 'cibo' ✱1829] **s. m.** (**pl.** *-i*) ● (*bot.*) genere di alberi delle Sterculiacee spontanei nelle regioni tropicali e subtropicali, tra cui l'albero del cacao (*Theobroma*)

teobromina [comp. di *teobrom(a)* e *-ina* ✱1865] **s. f.** ● alcaloide contenuto nei semi di cacao, simile alla caffeina, usato in medicina come diuretico e vasodilatatore

teocàlli [vc. della lingua nahuatl, propr. 'casa (*calli*) di Dio (*teotl*)' ✱av. 1869] **s. m. inv.** ●

(*archeol.*) tempio azteco a forma di piramide tronca in cima alla quale si svolgevano sacrifici umani

teocèntrico [comp. di *teo-* e *-centrico* * av. 1956] **agg.** (**pl. m.** *-ci*) • relativo o ispirato a teocentrismo

teocentrìṣmo [comp. di *teo-*, *centro* e *-ismo* * av. 1956] **s. m.** • indirizzo di pensiero che pone Dio come centro e fine di ogni pensiero e attività umana

teocòn [ingl. *theocon*, comp. di *theo-* 'teo-' e *con(servative)* 'conservatore' * 1997] **A agg. inv.** **1** detto di chi negli Stati Uniti assume posizioni politiche conservatrici ispirate da gruppi cristiani integralisti **2** (*est.*) in Italia, detto di appartenente all'area politica di centro-destra favorevole a leggi ispirate ai precetti della Chiesa cattolica, spec. su temi di bioetica e di diritto di famiglia **CFR.** teodem **B** anche **s. m. e f. inv.**

teocraṣìa [vc. dotta, gr. tardo *theokrasía*, comp. di *theós* 'dio' e *krâsis* 'mescolanza' * 1961] **s. f.** • (*relig.*) fusione di due divinità, spec. nella fase di assimilazione di una cultura locale da parte di un'altra dominante

teocràtico [av. 1744] **agg.** (**pl. m.** *-ci*) • di teocrazia, ispirato a teocrazia: *governo t.*

teocrazìa [gr. *theokratía*, comp. di *theós* 'dio' e di un deriv. di *krátos* 'potere, dominio' * 1700] **s. f.** **1** sistema di governo in cui l'autorità politica, vista come emanante da Dio, è esercitata dal potere religioso (una casta sacerdotale o un monarca con caratteristiche di divinità) **2** dottrina politica che attribuisce a Dio l'origine e il fondamento del potere politico

teocritèo [1832] **agg.** • dell'antico poeta greco Teocrito (305 ca.-260 ca. a.C.)

teodèm [comp. di *teo-* e *dem(ocratico)*, sul modello di *teocon* (V.) * 2006] **A agg. inv.** • detto di appartenente all'area politica di centro-sinistra favorevole a leggi ispirate ai precetti della Chiesa cattolica, spec. su temi di bioetica e di diritto di famiglia **CFR.** teocon **B** anche **s. m. e f. inv.**

teodìa [comp. di *teo-* e di un deriv. di *ōidḗ* 'canto, inno', di orig. indeur. * 1321] **s. f.** • canto in lode di Dio

teodicèa [fr. *théodicée*, comp. del gr. *theós* 'dio' e di un deriv. di *díkē* 'giustizia' * av. 1750] **s. f.** • parte della teologia che tratta della giustizia di Dio e spiega l'esistenza del male in rapporto ad essa | teologia naturale **CFR.** cosmodicea

teodolìte [ingl. *theodolite*, di orig. incerta * 1794] **s. m.** • strumento a cannocchiale, usato in topografia e in geodesia, provvisto di cerchio orizzontale per il rilevamento di angoli azimutali e di cerchio verticale per il rilevamento di angoli zenitali | ***t. universale***, con miglioramenti nel sistema di lettura dei cerchi, che son racchiusi in armature metalliche, e dispositivi di precisione per la lettura indiretta delle distanze

teodoṣiàno [vc. dotta, lat. *Theodosiānu(m)* 'proprio di Teodosio' (*Theodōsius*, dal gr. *Theodósios* 'dono (*dósis*) di Dio (*Theós*)') * 1585] **agg.** • di un imperatore romano di nome Teodosio, spec. di Teodosio II (401-450) | ***codice t.***, ordinato da Teodosio II nel 438 per raccogliere le costituzioni imperiali da Costantino in poi

teofagìa [comp. di *teo-* e *-fagia* * 1937] **s. f.** (**pl.** *-gìe*) • consumazione della carne di una vittima sacrificale offerta alla divinità e identificata con essa

teofanìa [gr. *theopháneia* 'apparizione (da *pháinein* 'manifestarsi') di Dio (*theós*)' * 1561] **s. f.** • apparizione o manifestazione della divinità, in forma personale o impersonale | oggetto o realtà in cui la manifestazione divina si realizza

teofillìna [comp. di *tè*①, del gr. *phýllon* 'foglia' e *-ina* * 1929] **s. f.** • (*farm.*) alcaloide stimolante del sistema nervoso centrale, impiegato come dilatatore delle coronarie, come diuretico e antiasmatico

teofillìnico [da *teofillina* * 1983] **agg.** (**pl. m.** *-ci*) • detto di preparato farmaceutico che contiene teofillina

teofòrico [da *teoforo* * 1931] **agg.** (**pl. m.** *-ci*) • teoforo

teòforo [comp. di *teo-* e *-foro* * 1930] **agg.** • detto di nome di persona che contiene il nome di un dio (per es. *Apollonio* 'consacrato ad Apollo' o *Isidoro* 'dono di Iside') **SIN.** teoforico

teogonìa [gr. *theogonía* 'generazione, genealogia (*gonéia*) degli dèi (*theói*)' * av. 1574] **s. f.** • narrazione mitologica dell'origine e della generazione degli dei

teogònico [1879] **agg.** (**pl. m.** *-ci*) • relativo a teogonia, al tempo di origine degli dei

teologàle [av. 1300] **agg.** • di teologo o teologia | ***virtù teologali***, fede, speranza e carità che, nella teologia cattolica, hanno per oggetto Dio e vengono infuse dallo Spirito Santo

†**teologàre** [da *teologo* * av. 1604] **v. intr.** • †teologizzare

teologìa [vc. dotta, lat. *theolŏgia(m)*, dal gr. *theología* 'scienza (dal v. *légein* 'discorrere') delle cose di Dio (*theós*)' * 1261 ca.] **s. f.** (**pl.** *-gìe*) • scienza e studio della natura di Dio | trattazione speculativa che, all'interno delle singole religioni, ha per oggetto Dio, la sua azione e i suoi attributi; (*est.*) insieme di teologi: *t. cristiana, musulmana, greca* | ***t. naturale***, nella terminologia cristiana, scienza dell'esistenza e provvidenza di Dio, fondata sui dati della sola ragione | ***t. biblica***, che riguarda la nozione di Dio nelle Scritture | ***t. speculativa, dogmatica***, che riguarda le verità rivelate e i dogmi | ***t. pratica, morale***, scienza delle regole di vita cristiana, come via per giungere a Dio | ***t. pastorale***, concernente le obbligazioni di chi ha cura di anime | ***t. positiva***, che ricava dalle fonti della rivelazione le verità e le propone semplicemente | ***t. mistica***, relativa alle esperienze massime del rapporto religioso | ***t. negativa***, che tratta della accessibilità conoscitiva di Dio solo attraverso attributi negativi | ***t. della morte di Dio***, movimento americano che riconosce validi alcuni principi del Cristianesimo, accogliendo anche posizioni agnostiche o atee

†**teologicàle** [da *teologico* * av. 1642] **agg.** • che concerne la teologia

†**teologicàre** [da *teologico* * 1639] **v. intr.** • teologizzare

teològico [vc. dotta, lat. *theolŏgicu(m)*, dal gr. *theologikós* 'relativo alla teologia (*theología*)' * 1308] **agg.** (**pl. m.** *-ci*) • attinente a teologia: *disputa teologica; studi teologici* | ***il problema t.***, quello dell'esistenza di Dio ‖ **teologicaménte**, **avv.** dal punto di vista teologico

teologiẓẓàre [da *teologia* * 1351] **v. tr.** • trattare, discutere di teologia ‖ **teologiẓẓazióne**, **s. f.**

teòlogo [vc. dotta, lat. *theŏlogu(m)*, dal gr. *theólogos* 'che discorre (dal v. *légein*) degli dèi (*theói*)' * 1308] **s. m.** (**f.** *-a*; **pl. m.** *-gi*) • studioso di teologia | autore di testi teologici

†**teomètrico** [comp. di *teo-* e dell'agg. di *métron* 'misura' * av. 1685] **agg.** • che misura l'opera di Dio

teomòrfo [gr. *theómorphos*, comp. di *theo-* 'teo-' e *-morphos* '-morfo' * 1947] **agg.** • che ha aspetto o caratteristiche divine

†**teòrba** ➤ **tiorba**

teorèma [vc. dotta, lat. *theorēma* (nt.), dal gr. *theṓrēma* 'oggetto di contemplazione, di speculazione' (dal v. *teōrêin* 'guardare' * av. 1375] **s. m.** (**pl.** *-i*) **1** affermazione che, in una teoria, viene dimostrata logicamente a partire dagli assiomi **2** (*est.*) ipotesi fondata prevalentemente su deduzioni logiche: *formulare un t. accusatorio*

teoremàtico [gr. *theōrēmatikós*, da *theṓrēma* 'teorema' * 1740] **agg.** (**pl. m.** *-ci*) • concernente un teorema

teorèṣi [gr. *theṓrēsis*, da *theōrêin* 'guardare, esaminare', di orig. indeur. * 1936] **s. f. inv.** • (*filos.*) attività conoscitiva non finalizzata a uno scopo pratico **CONTR.** prassi

teorèta [da *teoresi* * 1961] **s. m. e f.** (**pl. m.** *-i*) **1** studioso di teoretica **2** (*est.*) chi nell'attività speculativa si pone finalità prevalentemente teoretiche

teorètica [dal f. sost. (sottinteso *filosofia*) di *teoretico* * 1940] **s. f.** • filosofia della conoscenza; gnoseologia

teorètico [vc. dotta, lat. tardo *theorētĭcu(m)*, dal gr. *theōrētikós* 'proprio della teoria (*theōría*)' * av. 1729] **agg.** (**pl. m.** *-ci*) • (*filos.*) attinente alla teoria o al problema della conoscenza ‖ **teoreticaménte**, **avv.** sotto l'aspetto teoretico; da un punto di vista teoretico ‖ **teoreticità**, **s. f. inv.**

♦**teorìa** [vc. dotta, lat. *theōria(m)*, dal gr. *theōría*, da *theōrós*, propr. 'colui che dà uno sguardo', 'spettatore' * 1584] **s. f.** **1** formulazione sistematica dei princìpi propri di una dottrina filosofica, un sapere scientifico, un movimento artistico o culturale: *la t. platonica delle idee*; *t. della relatività, degli insiemi* **CFR.** -logia **2** complesso dei precetti che servono di guida alla pratica: *la t. del maneggio del fucile* | (*spreg.*) eccesso di elaborazione teorica: *perdersi nella t.* | ***in t.***, teoricamente **CONTR.** pratica **3** sistema, modo di pensare: *non condivido le sue teorie sull'amicizia* **SIN.** idea, opinione **4** (*lett.*) processione, corteo, fila, sfilata: *passavano lunghe teorie di cavalli carichi di frumento* (G. D'ANNUNZIO)

SFUMATURE DI SIGNIFICATO

teoria - dottrina - ideologia

Si definisce **teoria** un insieme di principi che configura una concezione coerente in campo filosofico, scientifico, artistico, oppure spiega un fatto, un fenomeno, stabilisce una procedura. In **dottrina** al concetto di elaborazione coerente di un sistema di pensiero espresso da *teoria* si aggiunge il riferimento alle norme che quel sistema impone. Con **ideologia** si fa invece perlopiù riferimento in maniera specifica a un complesso di idee, ai principi che sono a fondamento di una concezione politica e dell'azione che ne consegue; il termine ha dunque rispetto a *dottrina* un significato più specializzato.

teòrica [da *teorico* * 1261 ca.] **s. f.** **1** (*raro*) formulazione di principi generali **2** (*raro*) complesso di regole: *credo che ciò proceda perché voglia ... antepor la t. alla pratica* (G. GALILEI) | ***in t.***, in teoria

teoricità [1961] **s. f. inv.** • caratteristica di ciò che è teorico

teòrico [gr. *theōrikós* 'relativo alla teoria (*theōría*)' * av. 1404] **A agg.** (**pl. m.** *-ci*) • di teoria: *manuale t.* | attinente alla teoria, basato sulla teoria: *considerazioni teoriche* | conoscitivo, concettuale, dottrinale: *elaborazione teorica* | astratto (**spec. spreg.**): *ridere dell'eterno vaniloquio t. degli scrittori* (U. FOSCOLO) ‖ **teoricaménte**, **avv.** **1** dal punto di vista della teoria: *è un ragionamento teoricamente sbagliato* **2** in teoria, sul piano teorico: *teoricamente si può fare, ma in pratica è difficile* ‖ **teoricità**, **s. f. inv.** **B s. m.** (**f.** *-a*) • chi elabora, formula e sviluppa una teoria: *i teorici del marxismo* | (*spreg.*) chi insiste sulla teoria non preoccupandosi delle sue applicazioni pratiche

teorìsta [comp. di *teor(ia)* e *-ista* ✻1822] **s. m. e f. (pl. m. *-i*)** ● (*lett.*, *raro*) chi teorizza, chi elabora teorie (*anche spreg.*): *i teoristi sono persone molto lente quando si tratta di agire* (I. Svevo)

teoriẓẓàre [1813] **v. tr.** ● formulare una teoria | sostenere, enunciare un concetto riconducendolo a teoria generale (+ *che*): *teorizza che al giorno d'oggi la letteratura è del tutto inutile* | ridurre a teoria (*anche assol.*) | (*assol.*) ragionare in modo astratto ‖ **teoriẓẓazióne**, **s. f.** il teorizzare; la teoria formulata

teoriẓẓatóre [1921] **s. m. (f. *-trice*); anche agg.** ● (*raro*) chi (o che) teorizza

teoṣofìa [gr. *theosophía* 'conoscenza (*sophía*) delle cose di dio (*theós*)' ✻1821] **s. f.** ● nella tradizione neoplatonica, conoscenza delle verità divine acquisita attraverso l'esperienza mistica | nel sec. XVII, dottrina che sostiene l'origine comune di tutte le religioni e concepisce la cognizione delle cose divine come risultato di un processo esoterico | movimento filosofico-religioso degli ultimi decenni del XIX sec. che riprende le teorie teosofiche precedenti contaminandole con elementi di provenienza orientale, come misticismo e metempsicosi

teoṣòfico [1787] **agg. (pl. m. *-ci*)** ● relativo alla teosofia e ai teosofi

teòṣofo [gr. *theósophos* 'sapiente (*sophós*) nelle cose di dio (*theós*)' ✻1796 ca.] **s. m. (f. *-a*)** ● seguace della teosofia

tep /tɛp/ [abbr. di *t(onnellata) e(quivalente di) p(etrolio)* ✻1974] **s. f. inv.** ● (*fis.*) unità di energia pari a 10^7 kcal

tèpalo [forma volutamente metatetica di *petalo* ✻1906] **s. m.** ● (*bot.*) ciascuno degli elementi che formano il perianzio omoclamidato

tepee /ti'pi*, *ingl.* 'tiːpiː/ [vc. ingl. d'America, da *tipi*, comp. delle radici *ti* 'abitare' e *pi* 'usare per' ✻1949] **s. m. inv.** ● tenda conica degli indiani d'America della prateria, sostenuta da un'intelaiatura di pali ricoperti di pelli di bisonte o di scorza d'albero

†**tepefàre** [adattamento su *fare* del lat. *tepefăcere* 'fare (*făcere*) caldo (da *tep-*, di orig. indeur.)' ✻1342] **v. tr.** ● intiepidire, riscaldare: *io col proprio caldo della mia mano il petto freddissimo tepefeci* (G. Boccaccio)

†**tepefàtto** **part. pass.** di †*tepefare*; **anche agg.** ● (*poet.*) reso tiepido, riscaldato

tepènte **part. pres.** di *tepere*; **anche agg.** ● (*poet.*) tiepido, caldo

tèpere o **tepére** [vc. dotta, lat. *tepēre* 'essere caldo (dalla radice indeur. *tep-* 'calore')' ✻1321] **v. intr. (difett. usato solo alla terza pers. sing. dell'indic. pres.** *tèpe* **e al part. pres.** *tepènte*) ● (*poet.*) essere tiepido: *dove tepe la ligure Maremma* (G. Carducci)

tepidàrio [vc. dotta, lat. tardo *tepidāriu(m)*, da *tĕpidus* 'tiepido' ✻1521] **s. m.** **1** nell'antichità romana, ambiente delle terme di passaggio dal bagno freddo al bagno caldo **2** serra non riscaldata artificialmente

tèpido e deriv. ➤ **tiepido** e deriv.

✦**tepóre** [vc. dotta, lat. *tepōre(m)*, da *tepēre* ✻1362] **s. m.** ● caldo moderato e gradevole: *il t. primaverile*

téppa [vc. lombarda di orig. prelatina col sign. di 'zolla d'erba', assunto poi da una società di rissosi compagnoni milanesi, chiamatasi scherzosamente *Compagnia della Teppa*, che negli anni 1816-17 si riuniva nei prati del Castello Sforzesco, coperti di borraccina ✻1585] **s. f.** **1** (*bot.*) borraccina **2** feccia, gentaglia spec. della grande città

teppàglia [da *teppa*, con suff. spreg. ✻1963] **s. f.** ● (*spreg.*) teppa

teppịsmo [comp. di *teppa* e *-ismo* ✻1905] **s. m.** **1** modo di comportarsi da teppista **2** malavita: *combattere il t.*

teppìsta [da *teppismo* ✻1895] **s. m. e f. (pl. m. *-i*)** ● chi appartiene alla teppa | chi commette atti violenti, vandalici ecc.

teppìstico [1903] **agg. (pl. m. *-ci*)** ● da teppista ‖ **teppisticaménte**, **avv.**

tequila /*sp.* te'kila/ [vc. sp., dall'omonima città messicana, dove veniva originariamente prodotta ✻1963] **s. f. o *raro* m. (pl. f. inv. o *raro -e*; pl. m. inv. o sp. *tequilas*) In spagnolo *tequila* è s. m.** ● liquore messicano ricavato dalla distillazione delle foglie di una varietà di agave

ter /*lat.* tɛr/ [avv. num. lat., *tĕr* 'tre volte' ✻1957] **agg. inv.** ● (posposto a un sost.) terzo (si usa nelle numerazioni in successione a *bis*): *legge, emendamento ter*

tèra- [contrazione di *tetra-* (V.); riferito alla quarta potenza di 10^3] **primo elemento** **1** anteposto a un'unità di misura, la moltiplica per mille miliardi, cioè per 10^{12} **SIMB.** T **2** (*inform.*) anteposto a un'unità di misura, ne moltiplica il valore per 1024^4: *terabyte* **SIMB.** T

teramàno [1847] **A** **agg.** ● di Teramo **B** **s. m. (f. *-a*)** ● abitante o nativo di Teramo

terapèuta [da *terapeutica* ✻av. 1928] **s. m. e f. (pl. m. *-i*)** **1** chi studia o si occupa di terapeutica **2** medico particolarmente competente nella cura delle malattie: *ci siamo rivolti ad un noto t.* **3** terapista

terapèutica [da *terapeutico* ✻1494] **s. f.** ● scienza della cura delle malattie

terapèutico [gr. *therapeutikós* 'abile a curare (*therapéuein*, di etim. incerta)' ✻av. 1754] **agg. (pl. m. *-ci*)** **1** di terapia, relativo alla terapia: *prescrizione terapeutica* | curativo: *proprietà terapeutiche di un farmaco* | ***ginnastica terapeutica***, ginnastica medica **2** (*est.*) efficace: *la bocciatura è stata terapeutica* ‖ **terapeuticaménte**, **avv.** sotto l'aspetto terapeutico

terapìa [gr. *therapéia*, da *therápōn* 'servo', di etim. incerta ✻1828] **s. f.** **1** parte della medicina che tratta della cura delle malattie **2** (*est.*) cura: *l'ammalato ha iniziato una nuova t.* | ***t. convulsivante***, elettroshock | ***t. fisica***, fisioterapia | ***t. intensiva***, cura intensa e protratta dei pazienti che hanno perduto una o più funzioni vitali, attuata in ambienti opportunamente attrezzati | ***t. d'urto***, somministrazione unica in dosi massicce di un farmaco o di associazioni di farmaci, usati spec. per aggredire un quadro patologico avanzato | ***t. del dolore***, insieme di trattamenti che hanno come scopo la riduzione o la soppressione del dolore, spec. in malati terminali | ***t. genica***, manipolazione del DNA di una cellula di un individuo per correggere o prevenire alterazioni genetiche | ***t. del sonno***, cura psichiatrica che induce lunghi periodi di sonno al fine di ottimizzare il recupero psicofisico del paziente **SIN.** narcoterapia | ***t. occupazionale***, ergoterapia **3** (*fig.*) serie di misure per risolvere situazioni negative: *t. d'urto contro il traffico* **4** (*est.*) psicoterapia | ***t. di gruppo***, V. *gruppo*

-terapìa [da *terapia*] **secondo elemento** ● in parole composte del linguaggio medico, significa 'metodo di cura': *idroterapia, massoterapia, elioterapia*

teràpico [da *terapia* ✻1931] **agg. (pl. m. *-ci*)** ● che riguarda la terapia

terapìsta [1912] **s. m. e f. (pl. m. *-i*)** ● chi applica particolari metodi di cura; è spesso usato come accorciativo di parole composte quali fisioterapista, psicoterapista, massoterapista, fitoterapista e sim.

Teràpsidi [comp. del gr. *théraps* 'servo, aiutante, compagno' e *-idi* ✻1982] **s. m. pl. (sing. *-e*)** ● (*zool.*) ordine di Rettili della sottoclasse dei Sinapsidi, dai quali sono derivati i Mammiferi (*Therapsida*)

teràto- [dal gr. *téras*, genit. *tératos* 'mostro' (d'orig. incerta)] **primo elemento** ● in parole composte del linguaggio medico, significa 'mostro, mostruosità': *teratogeno*

teratogèneṣi [comp. di *terato-* e *genesi* ✻1895] **s. f. inv.** ● (*biol.*) alterato sviluppo embrionale, fetale o post-natale, causato da un agente teratogeno

teratògeno [comp. di *terato-* e *-geno* ✻1980] **agg.** ● (*biol.*) che può produrre malformazioni o mostruosità nell'embrione: *alcune malattie virali sono teratogene* | ***agenti teratogeni***, agenti fisici, chimici o biologici che causano anomalie fetali

teratologìa [gr. *teratología* 'discorso (da *lógos*) su cose strane o mostruose (*téras*, genit. *tératos*)' ✻1728] **s. f. (pl. *-gìe*)** ● (*med.*) studio delle malformazioni corporee | ***t. fantastica***, interesse verso i mostri, i mutanti e gli alieni creati dalla fantasia umana o degli artisti

teratològico [av. 1855] **agg. (pl. m. *-ci*)** ● (*med.*) di teratologia

teratòma [comp. di *terat(o)-* e *-oma* ✻1899] **s. m. (pl. *-i*)** ● (*med.*) mostruosità circoscritta a carattere neoplastico, contenente abbozzi di organi vari

tèrbio [dal n. della città svedese di *Ytterby* ✻1875] **s. m. (pl. *-i* o *raro -ii*)** ● elemento chimico del gruppo delle terre rare **SIMB.** Tb **NUM. AT.** 65

†**térchio** [etim. discussa: variante di *técchio*, dal lat. *tĭtulus* 'marca, titolo' (?) ✻av. 1400] **agg.** ● zotico, selvatico, rozzo

terebìnto [vc. dotta, lat. *terebĭnthu(m)*, dal gr. *terébinthos*, di orig. preellenica ✻sec. XIII] **s. m.** ● alberetto delle Anacardiacee che fornisce la resina detta trementina di Chio o di Cipro, frutti aromatici commestibili e semi oleosi (*Pistacia terebinthus*)

tèrebra [vc. dotta, lat. *tĕrebra(m)* 'succhiello', derivato da *tĕrere* 'fregare, tritare' ✻1521] **s. f.** **1** antica macchina da guerra, munita di grossa punta a succhiello atta a trivellare muraglie, apprestamenti difensivi e sim. **2** (*zool.*) ovopositore capace di trivellare anche tessuti resistenti di cui sono provvisti alcuni insetti imenotteri

terebrànte [vc. dotta, lat. *terebrănte(m)*, part. pres. di *terebrāre* 'forare (con la *tĕrebra*)' ✻1875] **A** **s. m.; anche agg.** ● ogni insetto imenottero munito di terebra **B** **agg.** ● (*med.*) detto di dolore profondo, penetrante

terebrazióne [vc. dotta, lat. tardo *terebratiōne(m)*, da *terebrātus* 'terebrato, trivellato' ✻1942] **s. f.** ● nella tecnica mineraria e delle costruzioni, perforazione, trivellazione

terèdine [vc. dotta, lat. *terēdine(m)*, dal gr. *terēdṓn* 'verme che rode il legno', connesso col v. *téirein* 'fregare', di orig. indeur. ✻1499] **s. f.** ● mollusco lamellibranchio marino a corpo vermiforme e con piccolissima conchiglia che rode qualunque legno sommerso (*Teredo navalis*)

tereftalàto [1983] **s. m.** ● (*chim.*) sale o estere dell'acido tereftalico

tereftàlico [comp. di *tere(binto)* e *ftalico* ✻1889] **agg. (pl. m. *-ci*)** ● (*chim.*) ***acido t.***, isomero dell'acido ftalico, si presenta sotto forma di cristalli incolori insolubili in acqua; usato spec. nella preparazione delle resine poliestere

tereṣiàno [1774] **agg.** ● relativo a un personaggio storico di nome Teresa | relativo a S. Teresa d'Avila (1515-1582), all'ordine delle Carmelitane Scalze da lei fondato e alla spiritualità di lei e del suo ordine | relativo all'imperatrice Maria Teresa d'Austria

(1717-1780)

teresina o **telesina** [forse dalla città brasiliana di *Teresina* ✻1957] **s. f.** ● variante del poker che si gioca con le carte tutte o in parte scoperte e senza possibilità di sostituirle

terfèzia [vc. dotta, dal lat. *terfezia leonis*, dall'arabo *tirfās* ✻1984] **s. f.** ● (*bot.*) genere di Funghi ipogei commestibili degli Ascomiceti, con specie distribuite nelle regioni mediterranee e subtropicali (*Terfezia*)

tergàle [da *tergo* ✻1891] **s. m.** ● spalliera artistica, di sedia o poltrona

tergèmino [vc. dotta, lat. *tergĕminu(m)*, variante di *tregĕminu(m)* 'trigemino' ✻1485 ca.] **agg.** ● (*lett.*) triplice, trigemino

tèrgere [vc. dotta, lat. *tĕrgere*, di etim. incerta ✻av. 1348] **A v. tr.** (**pres.** *io tèrgo, tu tèrgi*; **pass. rem.** *io tèrsi, tu tergésti*; **part. pass.** *tèrso*) **1** (*lett.*) pulire asciugando | asciugare: *scendea Venere dall'Olimpo, e delle sue / ambrosie dita le tergeva il pianto* (U. Foscolo) **2** (*lett.*) rendere nitido **B anche tèrgersi v. tr. pron.** (**aus.** *essere*): *tergendosi il sudore con un gesto semplice della mano* (G. D'Annunzio) **C tèrgersi v. rifl.** ● (*raro, fig.*) purificarsi: *o rose sparse in dolce falda / di viva neve, in ch'io mi specchio e tergo* (F. Petrarca)

SFUMATURE ➤ *pulire*

tergestino [vc. dotta, lat. *Tergestīnu(m)*, etnico di *Tergĕste*, ant. n. di 'Trieste' ✻1840] **A agg.** ● dell'antica Tergeste | (*lett.*) della moderna Trieste **B s. m.** (**f.** *-a*) ● abitante o nativo di Tergeste **C s. m. solo sing.** ● antico dialetto di tipo friulano parlato a Trieste fino alla metà circa del XIX secolo

tergicristàllo [comp. di *tergere* e *cristallo* ✻1937] **s. m.** ● dispositivo applicato alla faccia esterna del parabrezza di autoveicolo, aereo e sim. che, con un movimento a va e vieni di una spazzola di gomma, serve a mantenere pulito il cristallo in caso di pioggia o neve

tergifàri [comp. di *terge(re)* e del pl. di *faro* ✻1990] **s. m. inv.** ● accessorio per autoveicoli consistente in un piccolo tergicristallo che agisce sul vetro del proiettore

tergilavacristàllo [sovrapp. di *tergicristallo* e *lavacristallo* ✻1979] **s. m.** ● tergicristallo in grado anche di lavare il parabrezza di un autoveicolo

tergilavalunòtto [comp. di *tergere*, *lavare* e di *lunotto* ✻1978] **s. m.** (**pl. inv.** o *-i*) ● tergilavacristallo applicato al lunotto di un autoveicolo

tergilunòtto [comp. di *tergere* e *lunotto* ✻1977] **s. m.** (**pl. inv.** o *-i*) ● tergicristallo applicato al lunotto di un autoveicolo

tergite [dal lat. *tĕrgu(m)* 'dorso' col suff. *-ite*③ ✻1961] **s. m.** ● (*zool.*) struttura cuticolare che riveste dorsalmente un segmento corporeo degli Artropodi

✦**tergiversàre** [vc. dotta, lat. *tergiversāri*, formato da *tĕrga* 'le spalle' e *vĕrtere* 'volgere, voltare' ✻av. 1498] **A v. intr.** (*io tergivèrso*; **aus.** *avere*) ● cercare di eludere una questione, di sfuggire a una domanda, di ritardare una decisione ricorrendo a pretesti, cavilli, sotterfugi **SIN.** nicchiare, temporeggiare **B v. tr.** ● (*lett., raro*) rimandare

tergiversatóre [vc. dotta, lat. tardo *tergiversatōre(m)*, da *tergiversātus*, part. pass. di *tergiversāri* 'tergiversare' ✻1598] **s. m.** (**f.** *-trice*); **anche agg.** ● (*raro*) chi (o che) tergiversa

tergiversazióne [vc. dotta, lat. *tergiversatiōne(m)*, da *tergiversātus*, part. pass. di *tergiversāri* 'tergiversare' ✻av. 1503] **s. f.** ● (*raro*) il tergiversare | indugio, riluttanza

†**tergivèrso** [1618] **agg.** ● riluttante, restio

tèrgo [vc. dotta, lat. *tĕrgu(m)*, di etim. incerta ✻1319] **s. m.** (**pl.** *tèrghi*, **m. nei sign. 1 e 2**, *tèrga* e †*tèrgora*, **f. nel sign. 1**) **1** (*lett.*) dorso, schiena: *quella turba / che se ne va di retro a' vostri terghi* (Dante *Purg.* XXVI, 65-66) | (*lett.*) ***voltare, dare le terga***, †***il tergo***, voltare le spalle per fuggire o per manifestare disinteresse od ostilità | ***a t.***, ***da t.***, di dietro, da dietro: *stare a t.*; *venire da t.* | ***le terga***, (*colloq., eufem.*) deretano, sedere **2** parte posteriore di un foglio | rovescio di una moneta o una medaglia

Tèri [vc. dotta, dal gr. *thēríon* 'animale selvaggio' ✻1993] **s. m. pl.** (**sing.** *-io*) ● (*zool.*) nella sistematica dei Mammiferi, raggruppamento comprendente gli Euteri e i Marsupiali, oltre ad alcune forme fossili

†**teriàca** ➤ **triaca**

terìdio [gr. *thērídion*, dim. di *thēríon* 'animale', a sua volta dim. di *thḗr*, di orig. indeur. ✻1840] **s. m.** (**pl.** *-i* o *raro -ii*) ● piccolo ragno con zampe esili, innocuo, che costruisce tele irregolari tra gli arbusti (*Theridion*)

Terilène® [marchio registrato ICI ✻sec. XX] **s. m.** ● (*chim.*) nome commerciale di una fibra tessile sintetica simile al Dacron

tèrio-, -tèrio [dal gr. *thēríon*, dim. di *thḗr*, genit. *thērós* 'bestia (feroce), fiera', di orig. indeur.] **primo e secondo elemento** ● in parole composte dotte e scientifiche, significa 'animale', 'belva': *teriomorfo*; *megaterio*

teriomorfìsmo [da *teriomorfo* col suff. *-ismo*, sul modello di *antropomorfismo* ✻1929] **s. m.** ● natura animale o forma animale delle figure divine

teriomòrfo [gr. *thēriómorphos*, comp. di *thēríon* 'piccola belva' (V. *terio-*) e *morphḗ* 'forma' (V. *-morfo*) ✻1961] **agg.** ● detto di divinità che ha natura o forma animale

Tèrital® [marchio registrato dalla Montefibre ✻1960] **s. m. inv.** ● (*chim.*) nome commerciale di una fibra tessile sintetica simile al Dacron

Terlàno o **Terlàner** [dal n. della località (ted. *Terlan*: dal n. proprio lat. *Taurīnus* col suff. prediale *-ānum* (?)) dove si coltivano le viti ✻1931] **s. m.** ● vino bianco verdolino, secco, morbido e armonico, prodotto in provincia di Bolzano da uve Pinot bianco, Chardonnay e altre uve locali

termàle [da *terme* ✻1521] **agg.** **1** detto di acqua minerale che sgorga da una sorgente calda: *acque termali* | ***stabilimento t.***, nel quale si effettuano spec. cure idropiniche **2** concernente le antiche terme ‖ **termalità**, **s. f. inv.** caratteristica di ciò che è termale; (*est.*; *raro*) termalismo

termalgìa [comp. di *term(o)-* e *-algia* ✻1993] **s. f.** (**pl.** *-gìe*) ● (*med.*) causalgia

termalìsmo [da *termale* ✻1875] **s. m.** **1** (*med.*) complesso delle funzioni, delle strutture e delle attrezzature per le cure termali **2** turismo che si sviluppa attorno alle stazioni di cure termali

termalìsta [da *termale* ✻1981] **s. m. e f.** (**pl. m.** *-i*) **1** chi è addetto ai servizi termali **2** chi è addetto ai servizi turistici in una stazione termale

tèrme [vc. dotta, lat. *thĕrmae*, nom. pl., dal gr. *thérmai*, pl. di *thérmē* 'caldo', di orig. indeur. ✻av. 1342] **s. f. pl.** **1** edificio per cure termali | luogo in cui si sfruttano sorgenti termali: *le t. del Lazio* **2** presso gli antichi Romani, edifici pubblici per bagni con annessi luoghi di riunione, palestre, biblioteche: *t. di Diocleziano, di Caracalla*

-termìa [da *-termo*] **secondo elemento** ● in parole scientifiche composte, significa 'calore', 'temperatura': *elettrotermia, ipotermia, omotermia*

tèrmico [dal gr. *thérmē* 'calore' ✻1869] **agg.** (**pl. m.** *-ci*) **1** attinente al calore o alla temperatura: *variazione termica* | del calore: *energia termica del Sole* | ***sensibilità termica***, forma di sensibilità cutanea che permette di apprezzare le variazioni di temperatura | ***lunotto t.***, vetro posteriore di un autoveicolo, provvisto di sbrinatore elettrico | che conserva o fornisce calore: *lana termica*; *coperta termica* | ***borsa termica***, V. *borsa*① **2** detto di macchina motrice a gas o vapore, in quanto la compressione e l'espansione dei gas sono accompagnate o influenzate da fenomeni termici ‖ **termicaménte**, **avv.** dal punto di vista termico: *isolare termicamente un appartamento* ‖ **termicità**, **s. f. inv.** caratteristica o proprietà di ciò che è termico

NOMENCLATURA

termica (energia)
● combustibili: solidi, liquidi, gassosi; *primari* (combustibili naturali); fossili, vegetali;
● *secondari*: benzina, gasolio, olio combustibile, coke; *fossili solidi*: torba; lignite; carbone fossile (antracite, litantrace); scisti, calcari, sabbie bituminose; ozocerite);
● *fossili liquidi*: petrolio, bitume; *fossili gassosi*: gas naturale (GN); *solidi artificiali*: agglomerati di combustibili solidi naturali, coke, semicoke, carbone di legna; *liquidi artificiali* (derivati da petrolio: benzine, gasolio, olio combustibile), alcol metilico, etilico; benzolo; oli vegetali; sintina; sintolo; syncrude; propellenti combustibili aeronautici e spaziali; *gassosi artificiali*: gas di città (= illuminante), d'officina, di petrolio liquefatto (GPL), d'aria (= povero), d'acqua, misto, d'altoforno, dei forni a coke (= di cokeria), di raffineria, doppio, di olio, di cracking, di olio minerale; idrogeno; acetilene; ossido di carbonio;
● *carbone fossile* (= naturale): miniera; giacimento; gassificazione, idrogenazione, liquefazione, pirolisi del carbone; cokeria, officina del gas, altoforno; carbone di legna = carbonaia.

-tèrmico **secondo elemento** ● forma aggettivi composti del linguaggio scientifico, nella maggioranza connessi con sostantivi astratti in *-termia*: *elettrotermico, ipotermico, omotermico*

termidoriàno [fr. *thermidorien*, da *thermidor* 'termidoro' ✻1797] **A agg.** ● del termidoro **B s. m.** ● deputato francese che prese parte alla coalizione che rovesciò Robespierre il 9 termidoro del 1794

termidòro [fr. *thermidor*, comp. del gr. *thermós* 'caldo' e *dôron* 'dono, regalo' ✻1797] **s. m.** ● undicesimo mese del calendario rivoluzionario francese, il cui inizio corrispondeva al 19 luglio e il termine al 17 agosto

terminàbile [vc. dotta, lat. tardo *terminābile(m)*, nel senso 'che si può limitare' (da *tĕrminus* 'pietra di confine') ✻av. 1332] **agg.** ● che si può terminare: *impresa t. in poco tempo* | che ha un termine ‖ †**terminabilménte**, **avv.** ‖ **terminabilità**, **s. f. inv.**

tèrminal /'tɛrminal, *ingl.* 'tɜːmɪn(ə)l/ [1960] **s. m. inv.** **1** capolinea, opportunamente collegato con il retroterra o i centri urbani, per trasporti terrestri, marittimi o fluviali: *è stato costruito un nuovo t. per container* **2** acc. di *air terminal* **3** aerostazione, spec. quando ve ne siano più di una in uno stesso aeroporto

terminàle [vc. dotta, lat. *terminăle(m)*, da *tĕrminus* 'termine' ✻av. 1292] **A agg.** **1** di termine, di confine: *cippo t.* **2** che è posto alla fine o costituisce la parte finale: *tratto t. di un corso d'acqua* **CONTR.** iniziale **3** detto di organo vegetale che si trova all'apice di un altro organo come fiore, gemma, capolino **4** (*med.*) detto di paziente che si trova nel periodo preagonico di una malattia con esito mortale: *malato t.* **5** (*med.*) detto di infezione da microrganismi patogeni che insorge nel corso di una malattia con esito mortale e che rappresenta spesso la causa immediata della morte **6** (*med.*) detto di disinfezione di un ambiente o di un edificio attuata dopo che ne è uscito un paziente che è stato affetto da una malattia contagiosa **B** **s. m.** **1** punto estremo di collegamento di un conduttore, di un apparecchio elettrico e sim. | morsetto **2** (*inform.*) dispositivo di input/output dei dati costituito gener. da una tastiera e da un monitor | ***t. intelligente***, dotato di autonoma capacità di elaborazione **3** (*raro*) terminal

terminalìsta [1983] **s. m. e f.** (**pl. m.** *-i*) ● (*inform.*) persona addetta a un terminale in un centro elettronico

terminànte **part. pres.** di *terminare*; anche **agg.** ● nei sign. del v. | che termina in un certo modo: *le parole terminanti in -iere*; *otto … zampe terminanti in soffici peli* (E. MONTALE)

♦**terminàre** [vc. dotta, lat. *termināre*, da *tĕrminus* 'termine' ✱ 1266] **A** **v. tr.** (*io tèrmino*) **1** finire, ultimare, condurre a termine (**qlco.**; + *di* **seguito da inf.**): *t. la lettera, il discorso, un lavoro*; *ha terminato l'università*; *mio padre aveva terminato di disfare il suo bagaglio* (E. MORANTE) | (*eufem.*) ***t. la vita, t. di soffrire***, morire | (*lett.*) completare: *terminiamo l'esame di questo argomento* (L.A. MURATORI) **CONTR.** cominciare **2** †porre i termini, i confini | (*raro*) limitare, circoscrivere: *mari e monti che terminano l'Italia* **3** †stabilire | †decidere: *e terminò passare in Pagania* (L. PULCI) **B** **v. intr.** (**aus.** *essere*) **1** finire, arrivare al termine (+ *a*, + *in*, + *con*): *dove termina la valle*; *la strada termina a casa sua*; *il viottolo termina in campagna*; *il bastone termina a punta*; *la lettera termina con questa frase*; *il film è appena terminato* **CONTR.** cominciare **2** (*raro*) confinare: *il podere termina col fiume* **3** (*ling.*) uscire, avere desinenza (+ *in*): *i sostantivi che al singolare terminano in -e al plurale terminano in -i*

†**terminatézza** [da *terminare* 'porre dei termini, dei limiti' ✱ av. 1729] **s. f.** ● limitatezza

terminatìvo [av. 1406] **agg.** ● (*raro*) che delimita | che conclude: *l'i t. dei nominat. plur.* (G. LEOPARDI)

terminatóre [vc. dotta, lat. tardo *terminatōre(m)*, da *terminātus* 'terminato' ✱ av. 1386] **A** **s. m.** (**f.** *-trice*); anche **agg.** ● chi (o che) termina **B** **s. m.** **1** (*astron.*) linea di divisione tra la zona illuminata dal Sole e quella oscura sul disco lunare o dei pianeti **2** †chi segna i termini, i confini

terminazióne [vc. dotta, lat. *terminatiōne(m)*, da *terminātus* 'terminato' ✱ av. 1328] **s. f.** **1** (*raro*) conclusione, fine **2** estremità, punto terminale: *terminazioni nervose* | (*est.*) punto d'arrivo di un procedimento | (*tel.*) ***tariffa di t.***, quella che un operatore telefonico deve pagare o incassa in caso di chiamata a o da altra rete di telefonia mobile **3** (*dir.*) collocazione dei termini sulle linee di confine tra singole proprietà **4** (*ling.*) uscita, desinenza **5** (*tipogr.*) grazia

♦**tèrmine** ① o †**tèrmino** [vc. dotta, lat. *tĕrmine(m)*, variante di *tĕrminus*, vc. italica con corrispondenza in gr. ✱ sec. XII] **s. m.** **1** confine, limite di un podere, un territorio, una regione: *lo steccato segna il t. della proprietà* | pietra, fossa, palo di confine **2** (*dir.*) momento del tempo da cui decorrono o cessano gli effetti di un negozio giuridico | ***t. iniziale, finale***, momento da cui decorrono, da cui cessano gli effetti del negozio | ***t. essenziale***, quello alla cui scadenza le parti di un contratto collegano la risoluzione di diritto del contratto in caso di inadempimento | nella loc. agg. inv. ***a t.***, detto di ciò di cui si prevede una durata definita, limitata: *mandato a t.*; *Governo a t.* | ***contratto a t.***, di cui al momento della stipulazione è stata fissata la scadenza | tempo entro od oltre un certo periodo in cui un dato atto deve essere compiuto per essere valido: *t. processuale, ordinario* | ***t. dilatorio***, prima della cui scadenza non può compiersi una determinata attività | ***t. di decadenza***, termine perentorio **3** correntemente, ognuno dei due momenti entro i quali si compie qlco.: *oltrepassare i termini stabiliti* | limite di tempo: *nel t. di un mese*; *aspetto la risposta in un t. di tre ore* | ***chiedere un t. maggiore***, una dilazione più lunga | ***a lungo t.***, ***a breve t.***, a lunga, a breve scadenza **4** punto estremo, fine: *siamo arrivati al t. della strada*; *al t. del lavoro riposeremo*; *è ormai al t. della vita* | ***aver t.***, finire | ***porre, dare t. a qlco.***, farla finire, cessare | ***portare a t.***, portare a compimento | ***volgere al t.***, stare per finire | ***nascere a t.***, al compimento dei nove mesi di gravidanza: *bambino nato a t.* | †***senza t.***, eternamente **CONTR.** inizio | (*miner.*) ***t. estremo, t. puro***, uno dei due o più estremi, di composizione chimica ideale, a cui si avvicina la composizione reale dei minerali, oppure entro i quali varia una serie isomorfa **5** elemento che viene esaminato separatamente, ma non può essere definito senza tenere conto dell'insieme cui appartiene | proposizione di un sillogismo: *t. maggiore, medio, minore* | (*gramm.*) ***i termini di una proposizione***, soggetto e predicato | ***i termini di un paragone***, ciascuno degli elementi che vengono precisati in una comparazione | ***i termini di una frazione***, rispettivamente il numeratore e il denominatore | ***ridurre ai minimi termini***, trasformare una frazione in un'altra di valore uguale in cui numeratore e denominatore siano primi fra loro; (*fig.*) rimpicciolire oltre misura, ridurre in cattivo stato **6** †maniera di trattare: *… il più quieto e nobile t., che usar si potesse verso la persona mia* (G. GALILEI) **7** (*fig.*) punto, grado a cui si arriva: *dopo le ricerche, siamo giunti a questo t.* | ***a buon t.***, a buon punto | †***non essere in t. di***, non essere in grado di | (*fig.*, *lett.*) meta, scopo, punto di arrivo: *avendo condutto la cosa a quel t. che loro desideravano* (B. CELLINI) | (*gramm.*) ***complemento di t.***, indica la persona o la cosa a cui è rivolta l'azione espressa dal verbo; risponde alle domande *a chi?*, *a che cosa?*, ed è introdotto dalla prep. *a* (tranne nel caso del pron. rel. *cui*); nel caso dei pron. pers., può essere costituito anche dalle forme atone *mi*, *ti*, *gli* ecc. (per es.: *ho scritto a Luigi*; *una lettera rispedita al mittente*; *ho invitato anche Cesare, cui sono molto affezionato*; *a me non risulta*; *non mi risulta*) **8** (*fig.*, **spec. al pl.**) limite di comportamento che deriva dall'uso, dalle regole, dalle convenienze: *stare, rimanere nei termini*; *varcare i termini della buona educazione*; *l'arte di mariolare ave li suoi termini e regole, come tutte l'altre* (G. BRUNO) | (**al pl.**) complesso degli elementi e delle circostanze che concorrono a definire e a caratterizzare una situazione: *ci siamo accordati entro questi termini*; *non avete chiarito i termini della controversia* | ***in termini di***, sotto l'aspetto di, riguardo a: *valutiamo i risultati dell'azienda in termini di bilancio*

♦**tèrmine** ② [dal lat. *tĕrminu(m)* 'confine' (V. *termine*①), che traduce il gr. *óros* 'confine, delimitazione', e quindi 'definizione' ✱ 1308] **s. m.** **1** locuzione o voce propria di una scienza, un'arte, una disciplina: *un t. medico, filosofico, letterario*; *pagina ricca di termini scientifici*; *sono termini della pittura* **2** parola, vocabolo: *un t. toscano*; *un t. proprio, poco usato*; *questi due termini hanno lo stesso significato* | ***in altri termini***, in altre parole | ***in questi termini***, così: *le cose stanno in questi termini* | ***moderare i termini***, attenuare un linguaggio aspro od offensivo | ***essere in buoni termini con qlcu.***, in buoni rapporti | ***a rigor di termini***, secondo il significato più stretto, puntuale | (*burocr.*) ***a termini di legge***, secondo la legge, in conformità alla legge | (*lett.*) ***mezzo t.***, espediente, ripiego: *Il dottore rispondeva con mezzi termini senza dire né sì né no* (I. NIEVO) | ***senza mezzi termini***, chiaramente, apertamente, senza sotterfugi

terminìsmo [comp. da *termine*② e *-ismo* ✱ 1961] **s. m.** ● (*filos.*) il nominalismo di Guglielmo di Occam (sec. XIV)

terminìsta [da *terminismo* ✱ 1865] **s. m. e f.** (**pl. m.** *-i*) ● nominalista

terminìstico [da *terminismo* ✱ 1961] **agg.** (**pl. m.** *-ci*) ● (*filos.*) relativo al terminismo

†**tèrmino** ➤ **termine**①

terminologìa [comp. di *termine*② e *-logia* ✱ 1819] **s. f.** (**pl.** *-gìe*) **1** insieme dei termini usati per esprimere le nozioni proprie di una scienza, un'arte o una disciplina e sim.: *la t. scientifica, letteraria, medica*; *la t. … formata per i giudizî negativi del brutto* (B. CROCE) **2** (*ling.*) studio dei termini e delle locuzioni propri di una disciplina, spec. in funzione della traduzione di testi specialistici

terminològico [da *terminologia* ✱ av. 1886] **agg.** (**pl. m.** *-ci*) ● che riguarda una determinata terminologia ‖ **terminologicaménte**, **avv.** da un punto di vista terminologico

terminòlogo [comp. di *termine*② e *-logo* ✱ 1993] **s. m.** (**f.** *-a*; **pl. m.** *-gi*) ● studioso, esperto di terminologia, spec. nel sign. 2

tèrminus [vc. lat.: V. *termine*① ✱ 1983] **s. m. inv.** (**pl. lat.** *raro termini*) ● termine, limite di tempo; si usa spec. in ambito storico, giuridico e burocratico nelle locuzioni *terminus ante quem* (o *ad quem*) e *terminus post quem* (o *a quo*) che indicano, nell'ordine, la data prima o dopo la quale un fatto si è verificato, una legge è entrata in vigore, un'attività si può svolgere

termistóre [comp. di *termo-* e *(resi)store* ✱ 1940] **s. m.** ● (*fis.*) conduttore la cui resistenza diminuisce in maniera evidente all'aumentare della temperatura

termitàio [av. 1928] **s. m.** (**pl.** *-ai*) ● nido di termiti

tèrmite ①, (*evit.*) **termìte** [vc. dotta, lat. *tĕrmite(m)*, variante tarda di *tărmite(m)* 'tarma', connesso col v. *tĕrere* 'fregare' ✱ 1824] **s. f.** ● correntemente, ogni insetto sociale degli Isotteri che vive in colonie numerosissime in cui si distinguono varie caste di individui spec. in base al fatto di essere alati e fecondi o sterili e privi di ali

termìte ② [ted. *Thermit*, comp. del gr. *thérmē* 'calore' (per il grande calore sviluppato, quando il composto s'infiamma) e *-ite*② ✱ 1906] **s. f.** ● miscela di metalli e ossidi metallici in polvere, spec. ossido di ferro e alluminio, la cui combustione produce altissimo calore, in generale adoperata per alluminotermia

tèrmo [1984] **s. m. inv.** ● (*colloq.*) accorc. di *termosifone*

tèrmo-, -tèrmo [dal gr. *thermón* 'calore'] **primo e secondo elemento** ● in parole composte della terminologia scientifica e tecnica, fa riferimento al calore, alla temperatura: *termodinamica*, *termogenesi*, *isotermo*

termoadesióne [comp. di *termo-* e *adesione* ✱ 1979] **s. f.** ● (*tecnol.*) metodo di separazione dei minerali, che sfrutta la proprietà di alcuni di essi di aderire a una superficie rivestita di resine termoplastiche, quando vengono riscaldati per irraggiamento

termoadesìvo [comp. di *termo-* e *adesivo* ✱ 1957] **agg.** ● che aderisce a una superficie mediante un trattamento a caldo: *decorazioni termoadesive per tessuti*

termoanestesìa [comp. di *termo-* e *anestesia* ✱ 1961] **s. f.** ● (*med.*) perdita della sensibilità al calore

termobàgno [comp. di *termo(sifone)* e *bagno* ✻1931] **A** **agg. inv.** ● nel linguaggio degli annunci economici, detto di appartamento provvisto di riscaldamento a termosifone e di bagno **B** **anche s. m. inv.**: *affittare un t.*

termobàrico [comp. di *termo-* e *barico*① ✻2001] **agg.** (**pl. m.** *-ci*) **1** relativo alla pressione e alla temperatura: *condizioni termobariche* **2** detto di esplosivo o bomba che provoca un effetto congiunto di alta temperatura e vuoto di pressione, in grado di uccidere per sottrazione d'ossigeno tutto ciò che si trova nel suo raggio d'azione, anche in ripari sotterranei

termobaròmetro [comp. di *termo-* e *barometro* ✻1875] **s. m.** ● ipsometro

termobattèrio [comp. di *termo-* e *batterio* ✻1938] **s. m.** ● (*biol.*) batterio termogeno

termobilància [1961] **s. f.** (**pl.** *-ce*) ● (*chim.*) apparecchio destinato a registrare le variazioni di massa che un campione subisce a causa di processi chimici determinati da un riscaldamento

termocamìno [comp. di *termo-* e *camino*① ✻1996] **s. m.** ● impianto domestico che sfrutta il calore di un camino tradizionale per fornire acqua o aria calda per il riscaldamento degli ambienti della casa

termocautèrio [comp. di *termo-* e *cauterio* ✻1880] **s. m.** ● (*chir.*) strumento per la cauterizzazione

termocauteriẓẓazióne [comp. di *termo-* e *cauterizzazione* ✻1993] **s. f.** ● (*chir.*) metodo terapeutico che utilizza il calore per arrestare emorragie o distruggere tessuti

termocettóre [comp. di *termo-* e *(re)cettore* ✻1983] **s. m.** ● (*fisiol.*) recettore sensibile alle variazioni della temperatura

termochìmica [comp. di *termo-* e *chimica* ✻1894] **s. f.** ● parte della chimica che si occupa dei fenomeni termici che accompagnano le reazioni chimiche

termochìmico [1904] **agg.** (**pl. m.** *-ci*) ● che concerne la termochimica

termocinètica [comp. di *termo-* e *cinetica* ✻1961] **s. f.** ● (*fis.*) parte della termologia che studia la propagazione del calore

termocinètico [1965] **agg.** (**pl. m.** *-ci*) ● concernente la termocinetica

termocoagulazióne [comp. di *termo-* e *coagulazione* ✻1961] **s. f.** ● (*chir.*) tecnica chirurgica che consente la distruzione o l'asportazione di un tessuto, mediante l'uso di corrente elettrica ad alta frequenza che consente l'arresto contemporaneo dell'emorragia

termocoibènte [comp. di *termo-* e *coibente* ✻1965] **s. m.; anche agg.** ● termoisolante

termocoibènza [1979] **s. f.** ● proprietà dei materiali termocoibenti

termocompressióne [comp. di *termo-* e *compressione* ✻1961] **s. f.** ● (*fis.*) compressione di un vapore allo scopo di indurne la condensazione con conseguente emissione di calore latente che può essere assorbito a temperatura superiore

termocompressóre [comp. di *termo-* e *compressore* ✻1961] **s. m.** ● (*fis.*) apparecchio per termocompressione

termoconvettóre [comp. di *termo-* e *convettore* ✻1949] **s. m.** ● apparecchio costituito da due o più tubi alettati che, riscaldati dal passaggio di acqua o aria calda, cedono calore all'ambiente per convezione naturale | ***t. ventilato***, ventilconvettore

termocopèrta [comp. di *termo-* e *coperta* ✻1955] **s. f.** **1** coperta confezionata con intreccio di resistenze elettriche **2** ***Termocoperta***®, marchio registrato di coperta a doppio tessuto di lana, reso morbido dalla garzatura

termocòppia (o *-ó-*) [comp. di *termo-* e *coppia* ✻1935] **s. f.** ● (*elettr.*) coppia di metalli diversi saldati agli estremi, nella quale si manifesta una forza elettromotrice quando esiste una differenza di temperatura fra le due saldature **SIN.** coppia termoelettrica, pila termoelettrica, pinza termoelettrica, termogiunzione

termocùlla [comp. di *termo-* e *culla* ✻1983] **s. f.** ● culla termica

termodiffuṣióne [comp. di *termo-* e *diffusione* ✻1961] **s. f.** ● (*fis.*) fenomeno per cui si ottiene una particolare separazione dei componenti una miscela di gas, dovuta a uno spostamento di alcune specie di molecole nel verso della propagazione del calore e di altre nel verso opposto

termodinàmica [comp. di *termo-* e *dinamica* ✻1865] **s. f.** ● parte della fisica che studia la trasformazione delle varie forme di energia, in particolare dell'energia termica in energia meccanica e viceversa: *i tre princìpi della t.*

termodinàmico [comp. di *termo-* e *dinamico* ✻1876] **agg.** (**pl. m.** *-ci*) ● relativo alla termodinamica | ***concentrazione termodinamica***, frazione molare | ***ciclo t.***, complesso di trasformazioni termodinamiche che, attraverso una serie di stati intermedi diversi fra loro, riconduce il sistema allo stato iniziale ‖ **termodinamicaménte**, **avv.** secondo la termodinamica ‖ **termodinamicità**, **s. f. inv.**

termoelasticità [comp. di *termo-* ed *elasticità* ✻1979] **s. f. inv.** **1** parte della fisica che studia l'effetto della temperatura sulle proprietà elastiche dei corpi **2** proprietà di alcuni corpi di variare la propria elasticità al variare della temperatura

termoeleménto [comp. di *termo-* ed *elemento* ✻1961] **s. m.** ● elemento sensibile alle variazioni della temperatura, quale una termocoppia o un termistore, usato nei dispositivi di misurazione o controllo della temperatura

termoelèttrico [comp. di *termo-* ed *elettrico* ✻1841] **agg.** (**pl. m.** *-ci*) **1** (*fis.*) che riguarda, presenta o utilizza la termoelettricità: *effetto t.*; *forza motrice termoelettrica* | ***coppia, pila, pinza termoelettrica***, termocoppia **2** detto di generatore elettrico azionato da una macchina termica | (*est.*) ***centrale termoelettrica***, impianto di produzione dell'energia elettrica che utilizza macchine termiche e, come fonte di energia, gener. combustibili fossili ‖ **termoelettricità**, **s. f. inv.** (*fis.*) insieme dei fenomeni connessi alla trasformazione dell'energia termica di un corpo in energia elettrica e viceversa

termoelettróne [comp. di *termo-* ed *elettrone* ✻1961] **s. m.** ● elettrone emesso da un corpo incandescente

termoelettrònica [comp. di *termo-* ed *elettronica* ✻1961] **s. f.** ● insieme dei fenomeni e delle leggi relative all'effetto termoelettronico

termoelettrònico [comp. di *termo-* e *elettronico* ✻1935] **agg.** (**pl. m.** *-ci*) **1** detto di effetto consistente nella emissione di elettroni da un metallo posto nel vuoto e portato a temperatura elevata **2** che riguarda l'effetto termoelettronico: *corrente termoelettronica* **3** che sfrutta l'effetto termoelettronico | ***tubo t.***, tubo elettronico nel quale gli elettroni vengono emessi da un catodo a elevata temperatura, per effetto termoelettronico

termoesteṣìa [comp. di *termo-* e di un deriv. da *áisthēsis* 'sensazione' ✻1961] **s. f.** ● sensibilità termica

termoesteṣiòmetro [comp. di *termo-*, *estesia* e *-metro* ✻1932] **s. m.** ● strumento per la valutazione della sensibilità termica

termofilìa [comp. di *termo-* e *-filia* ✻1961] **s. f.** ● carattere degli organismi termofili

termòfilo [comp. di *termo-* e *-filo* ✻1961] **agg.** ● (*biol.*) detto di organismo animale o vegetale che predilige clima caldo

termofìṣica [comp. di *termo-* e *fisica* ✻1949] **s. f.** ● (*fis.*) termologia

termofissàggio [comp. di *termo-* e *fissaggio* ✻1979] **s. m.** **1** (*tess.*) operazione di rifinizione compiuta su tessuti e maglierie fabbricati con fibre sintetiche pure o in mischia per conferire loro forma e dimensioni stabili **2** (*tecnol.*) termostabilizzazione di oggetti in materia plastica per eliminare gli effetti della memoria elastica

termofissàre [comp. di *termo-* e *fissare* ✻1979] **v. tr.** ● (*tess.*, *tecnol.*) compiere il termofissaggio

termofissatóre [comp. di *termo-* e *fissatore* ✻1979] **s. m.** ● (*tess.*, *tecnol.*) dispositivo o impianto per compiere il termofissaggio

termofobìa [comp. di *termo-* e *-fobia* ✻1967] **s. f.** ● (*psicol.*) stato patologico che si manifesta con la paura del calore ‖ **termofòbico**, **agg.** (**pl. m.** *-ci*); **anche s. m.** (**f.** *-a*) **nel sign. 2** **1** relativo a termofobia **2** che (o chi) soffre di termofobia

termoformatùra [comp. di *termo-* e *formatura* ✻1982] **s. f.** ● (*tecnol.*) metodo per la fabbricazione di imballaggi e contenitori multipli mediante formatura sottovuoto di lastre e fogli di materiale termoplastico, portati a temperatura di rammollimento in un apposito stampo

termòforo [comp. di *termo-* e *-foro* ✻1894] **s. m.** ● apparecchio formato da una resistenza elettrica chiusa in tessuto di amianto e variamente rivestito, il cui calore viene utilizzato spec. a scopo terapeutico e antidolorifico

termogèneṣi [comp. di *termo-* e *genesi* ✻1896] **s. f. inv.** ● (*biol.*) produzione di calore negli organismi viventi

termogenètico [comp. di *termo-* e *genetico* ✻1970] **agg.** (**pl. m.** *-ci*) ● (*biol.*) che riguarda la termogenesi

termogènico [comp. di *termo-* e *-genico* ✻1885] **agg.** (**pl. m.** *-ci*) ● (*geol.*) detto di suolo delle zone calde, nel quale le elevate temperature determinano una rapida degradazione delle sostanze organiche e disgregazione dei componenti rocciosi, conferendogli gener. un colore rossastro

termògeno [comp. di *termo-* e *-geno* ✻1841] **agg.** ● (*biol.*) capace di generare calore, detto spec. di batteri che con le loro azioni biochimiche provocano un aumento della temperatura del loro substrato

termogiunzióne [comp. di *termo-* e *giunzione* ✻1979] **s. f.** ● (*elettr.*) termocoppia

termografìa [comp. di *termo-* e *-grafia* ✻1875] **s. f.** **1** telerilevamento delle differenze di temperatura superficiale, realizzato mediante emulsioni termosensibili o apparecchi elettronici con presentazione a video dell'immagine termica | (*med.*) metodo d'indagine per l'individuazione precoce dei tumori della mammella, basato sul rilevamento della temperatura corporea e sul fatto che gli eventuali tumori tendono a conservare una temperatura superiore a quella dei tessuti circostanti, quando questi vengono raffreddati **2** rilievografia mediante polveri di resine termoindurenti mescolate con inchiostro e riscaldate **3** (*tipogr.*) procedimento di riproduzione diretta di un documento per mezzo di raggi infrarossi, senza trattamento chimico

termogràfico [1869] **agg.** (**pl. m.** *-ci*) **1** relativo al, o rilevato col termografo | ***diagramma t.***, termogramma **2** relativo alla termografia: *esame t.*

termògrafo [comp. di *termo-* e *-grafo* ✱ 1885] **s. m.** ● termometro il cui indice disegna un diagramma delle temperature in funzione del tempo **SIN.** termometro registratore

termogràmma [comp. di *termo-* e *-gramma* ✱ 1961] **s. m.** (**pl.** *-i*) **1** diagramma di registrazione di un termografo **2** immagine fotografica ottenuta con la termografia

termoigrogràfico [1961] **agg.** (**pl. m.** *-ci*) ● relativo al termoigrografo | registrato con il termoigrografo

termoigrògrafo [comp. di *termo-* e *igrografo* ✱ 1961] **s. m.** ● strumento per la registrazione cronologica e contemporanea, su di un'unica cartina, dell'andamento della temperatura e dell'umidità dell'aria

termoindurènte [comp. di *termo-* e del part. pres. di *indurire* ✱ 1961] **A agg.** ● (*chim.*) detto di sostanza che subisce un processo di indurimento irreversibile per effetto di reazioni chimiche di polimerizzazione che determinano la formazione di una struttura chimica reticolata tridimensionale: *resina t.* **B s. m.** ● (*chim.*) sostanza o prodotto termoindurente

termoindurimènto [comp. di *termo-* e *indurimento* ✱ 1983] **s. m.** ● indurimento di una sostanza termoindurente per effetto del riscaldamento

termoindurìto [1983] **agg.** ● detto di resina o materia plastica termoindurente che ha subìto il processo di indurimento

termoióne [comp. di *termo-* e *ione* ✱ 1961] **s. m.** ● (*fis.*) ione emesso da un corpo a temperatura sufficientemente alta

termoiònica [comp. di *termo-* e del f. dell'agg. *ionico* ✱ 1961] **s. f.** ● (*fis.*) studio e complesso di fenomeni relativi all'emissione di ioni dei corpi a temperatura sufficientemente elevata, nel vuoto circostante

termoiònico [comp. di *termo-* e *ionico* ✱ 1929] **agg.** (**pl. m.** *-ci*) ● che concerne i termoioni | ***effetto t.***, emissione di ioni da una superficie metallica riscaldata nel vuoto | ***valvola termoionica***, tubo elettronico

termoiṣolànte [comp. di *termo-* e del part. pres. sost. di *isolare* ✱ 1961] **A s. m.** ● sostanza che, essendo cattiva conduttrice del calore, viene usata come isolante termico **B** anche **agg.**: *sostanza t.*

termolàbile [comp. di *termo-* e *labile* 'instabile', contrapposto a *termostabile* ✱ 1941] **agg.** ● che si altera con il calore **CONTR.** termostabile ‖ **termolabilità**, **s. f. inv.**

termòliṣi [comp. di *termo-* e *-lisi* ✱ 1961] **s. f. inv.** **1** (*chim.*) dissociazione o decomposizione di una sostanza determinata dal calore **2** (*biol.*) dispersione del calore negli organismi viventi

t

termologìa [comp. di *termo-* e *-logia* ✱ 1754] **s. f.** (**pl.** *-gìe*) ● parte della fisica che studia i fenomeni e le leggi riguardanti il calore **SIN.** termofisica

termològico [1940] **agg.** (**pl. m.** *-ci*) ● che concerne la termologia

termoluminescènza [comp. di *termo-* e *luminescenza* ✱ 1934] **s. f.** ● (*fis.*) tipo di fotoluminescenza consistente in emissione sotto forma di energia luminosa dell'energia termica immagazzinata

termomagnètico [comp. di *termo-* e *magnetico* ✱ 1912] **agg.** (**pl. m.** *-ci*) ● (*fis.*) detto di materiale, fenomeno, effetto, collegato al termomagnetismo | ***effetto t.***, variazione della conducibilità di un materiale dovuta a un campo magnetico

termomagnetiṣmo [comp. di *termo-* e *magnetismo* ✱ 1970] **s. m.** ● (*fis.*) magnetismo prodotto dal calore

termomanòmetro [comp. di *termo-* e *manometro* ✱ 1875] **s. m.** ● strumento che indica la temperatura e quindi la pressione di un vapore saturo, usato nelle caldaie a vapore e negli impianti frigoriferi

termomeccànico [comp. di *termo-* e *meccanico* ✱ 1957] **agg.** (**pl. m.** *-ci*) ● (*fis.*) detto di effetto consistente in un piccolo aumento della temperatura che si osserva nell'elio liquefatto quando è contenuto in un recipiente munito di orifizi capillari

termometrìa [comp. di *termo-* e *-metria* ✱ 1875] **s. f.** **1** studio dei metodi e degli strumenti di misura delle temperature **2** misura della temperatura del corpo e studio delle variazioni durante la malattia

termomètrico [comp. di *termo-* e *-metrico* ✱ av. 1829] **agg.** (**pl. m.** *-ci*) **1** relativo al termometro | misurato con il termometro **2** (*fis.*) di sostanza i cui allungamenti sono proporzionali alle variazioni di temperatura subite

♦**termòmetro** [fr. *thermomètre*, comp. di *thermo-* 'termo-' e *-mètre* '-metro' ✱ 1660] **s. m.** **1** strumento per la misura della temperatura | ***t. a massima, a minima***, per la misura della più alta e, rispettivamente, più bassa temperatura verificatasi in un intervallo di tempo | ***t. registratore***, termografo | ***t. a liquido***, nel quale è utilizzata la variazione di volume prodotta nei corpi quali mercurio o alcol da variazioni di temperatura | ***t. elettrico a resistenza***, in cui è utilizzata la variabilità con la temperatura della resistenza elettrica di un conduttore metallico | ***t. a deformazione, a lamina bimetallica***, quello in cui l'elemento sensibile è costituito da due lamine metalliche, saldate tra loro, con diversi coefficienti di dilatazione, che si deformano al variare della temperatura | ***t. clinico***, che permette la lettura del massimo di temperatura corporea raggiunta | (*per anton.*) termometro clinico: *quanto segna il t.?; mettiti il t.* **2** (*fig.*) segno indicatore, indizio: *questa protesta è il t. del malcontento generale* ‖ **termometrìno**, **dim.**

termominerale [comp. di *termo-* e *minerale* ✱ 1879] **agg.** ● detto di acqua minerale che sgorga con una temperatura superiore a 20 °C

termonucleàre [comp. di *termo-* e (*reazione*) *nucleare* ✱ 1955] **agg.** **1** detto di reazione nucleare che può avvenire solo ad altissima temperatura **2** detto di apparato o di grandezza che contribuisce o interviene nei processi per ottenere energia termica da energia nucleare: *apparecchio, impianto, energia t.* | (*milit.*) ***bomba t.***, quella che sfrutta l'energia sviluppata da una reazione di fusione nucleare esplosiva

termoplàstico [comp. di *termo-* e *plastico* ✱ 1942] **agg.** (**pl. m.** *-ci*) ● (*chim.*) detto di materiale, inorganico quale il vetro od organico come molti polimeri, che rammollisce per effetto del riscaldamento e indurisce quando si raffredda: *resine termoplastiche, polimero t.* ‖ **termoplasticità**, **s. f. inv.** proprietà dei materiali termoplastici

termoreattóre [comp. di *termo-* e *reattore* ✱ 1961] **s. m.** ● (*mecc.*) sistema propulsivo, utilizzante un getto ottenuto accelerando, a mezzo del calore, una massa d'aria prelevata dall'esterno

termoregolàre [comp. di *termo-* e *regolare* ✱ 1957] **v. tr.** (*io termorègolo*) ● attuare la termoregolazione: *t. un apparecchio*

termoregolàto [1983] **agg.** ● che è sottoposto a, o che è capace di termoregolazione: *apparecchio t.; organismo t.*

termoregolatóre [comp. di *termo-* e *regolatore* ✱ 1901] **A s. m.** ● (*tecnol.*) termostato **B agg.** (**f.** *-trice*) ● detto di ciascuno dei centri del sistema nervoso centrale e di ciascun dispositivo anatomico e funzionale che assicurano la termoregolazione

termoregolazióne [comp. di *termo-* e *regolazione* ✱ 1955] **s. f.** **1** meccanismo biologico di autoregolazione della temperatura corporea degli animali **2** regolazione della temperatura per mezzo di termoregolatori | ***centralina di t.***, nel riscaldamento domestico ad acqua calda, termoregolatore

termoresistènte (o **-eṣi-**) [comp. di *termo-* e *resistente* ✱ 1971] **agg.** **1** che resiste bene al calore senza subire alterazioni notevoli **2** (*fis.*) che presenta bassa conducibilità termica **3** (*biol.*) detto di organismo capace di sopravvivere ad alte temperature

termoresistènza (o **-eṣi-**) [comp. di *termo-* e *resistenza* ✱ 1989] **s. f.** **1** (*fis.*) resistenza termica **2** (*fis.*) termometro elettrico a resistenza | elemento sensibile di un termometro elettrico a resistenza

termoresistóre (o **-eṣi-**) [comp. di *termo-* e *resistore* ✱ 1962] **s. m.** **1** (*fis.*) termistore **2** (*fis.*) termoresistenza nel sign. 2

termoretraìbile [comp. di *termo-* e un deriv. di *retrarre* 'ritrarre' ✱ 1992] **agg.** ● (*fis.*) detto di materiale soggetto a ritrazione o ritiro o restringimento per effetto del riscaldamento: *involucro t.* ‖ **termoretraibilità**, **s. f. inv.**

tèrmos ➤ **Thermos**

termosaldàre [comp. di *termo-* e *saldare* ✱ 1970] **v. tr.** ● saldare a caldo, spec. materie plastiche, mediante apparecchiatura funzionante a corrente elettrica

termosaldàto **part. pass.** di *termosaldare*; anche **agg.** ● nel sign. del v.: *sacchetto di plastica t.*

termosaldatrìce [comp. di *termo-* e *saldatrice* ✱ 1979] **s. f.** ● macchina saldatrice per materie plastiche

termoscòpio [comp. di *termo-* e *-scopio* ✱ 1670] **s. m.** ● indicatore non graduato dello stato termico di un corpo

Termoscùd® [comp. di *termo-* e *scud(o)* ✱ 2000] **s. m. inv.** ● particolare tipo di coprigambe per scooteristi

termosensìbile [comp. di *termo-* e *sensibile* ✱ 1961] **agg.** **1** che è modificato dall'azione del calore **2** che è sensibile alle variazioni di temperatura ‖ **termosensibilità**, **s. f. inv.**

termosfèra [comp. di *termo-* e *sfera* ✱ 1963] **s. f.** ● (*geofis.*) regione dell'atmosfera terrestre al di sopra della mesopausa, in cui la temperatura va generalmente aumentando con l'altezza

♦**termosifóne** [comp. di *termo-* e *sifone* ✱ 1839] **s. m.** **1** sistema e impianto di riscaldamento degli ambienti di un edificio mediante circolazione di acqua calda o vapore che da una caldaia centrale raggiunge i radiatori **2** ciascuno dei radiatori che danno calore ai vari ambienti

termostàbile [comp. di *termo-* e *stabile*, sul modello dell'ingl. *thermostable*, contrapposto a *thermolabile* ✱ 1950] **agg.** ● che non si altera con il calore **CONTR.** termolabile ‖ **termostabilità**, **s. f. inv.**

termostabiliẓẓàre [comp. di *termo-* e *stabilizzare* ✱ 1983] **v. tr.** ● (*chim., tecnol.*) effettuare la termostabilizzazione ‖ **termostabiliẓẓazióne**, **s. f.** (V.)

termostabiliẓẓàto **part. pass.** di *termostabilizzare*; anche **agg.** ● nel sign. del v.: *materie plastiche termostabilizzate*

termostabiliẓẓazióne [comp. di *termo-* e *stabilizzazione* ✱ 1983] **s. f.** ● (*chim., tecnol.*) operazione con cui un materiale viene stabilizzato verso o mediante l'azione del calore:

t. delle materie plastiche

termostatàre [da *termostato* ✱ 1961] **v. tr.** (*io termòstato*) ● mantenere la temperatura a un valore prestabilito, con un termostato

termostàtico [1961] **agg.** (**pl. m.** *-ci*) **1** detto di ambiente a temperatura costante: *camera termostatica* **2** relativo al termostato | ***temperatura termostatica***, quella che è mantenuta costante nel termostato **3** detto di dispositivo atto a mantenere costante una temperatura: *rubinetto miscelatore t.*

termòstato [comp. di *termo-* e del gr. *statós* 'posto, situato' ✱ 1883] **s. m. 1** apparecchio in cui si mantiene costante la temperatura allo scopo, per es., di tarare termometri, eseguire esperienze e misurazioni in condizioni isotermiche e conservare determinate sostanze o colture microbiologiche: *t. a gas, a ghiaccio fondente, elettrico* **2** dispositivo di regolazione atto a mantenere costante la temperatura di un ambiente, di un'apparecchiatura o di un fluido: *t. elettrico, a lamina bimetallica* SIN. termoregolatore

termotècnica [comp. di *termo-* e *tecnica* ✱ 1920] **s. f.** ● ramo della tecnica che studia il calore e le sue applicazioni pratiche

termoterapìa [comp. di *termo-* e *terapia* ✱ 1880] **s. f.** ● (*med.*) applicazione del calore umido o secco, o elevazione della temperatura dei tessuti profondi mediante tecniche fisioterapiche, per il trattamento di affezioni quali l'artrosi e il reumatismo ‖ **termoteràpico**, **agg.** (**pl. m.** *-ci*) relativo a termoterapia

termotropìsmo [comp. di *termo-* e *tropismo* ✱ 1895] **s. m.** ● (*bot.*) tropismo causato da uno stimolo termico

termovalìgia [comp. di *termo-* e *valigia* ✱ 1974] **s. f.** (**pl.** *-gie* o *-ge*) ● contenitore provvisto di un serbatoio isolato riempito di acqua calda, per il trasporto di neonati prematuri

termovalorizzatóre [comp. di *termo-* e *valorizzatore* ✱ 1998] **s. m.** ● impianto che utilizza le balle di rifiuti solidi urbani come combustibile per il teleriscaldamento e per generare energia elettrica, filtrando i gas di combustione prima di liberarli nell'aria

termovalorizzazióne [comp. di *termo-* e *valorizzazione* ✱ 1997] **s. f.** ● processo di smaltimento dei rifiuti solidi urbani in un termovalorizzatore

termoventilatóre [comp. di *termo-* e *ventilatore* ✱ 1961] **s. m. 1** aerotermo **2** ventilatore azionato da un motore termico **3** piccolo riscaldatore elettrico dell'aria nel quale è incorporato un ventilatore per accelerarne la circolazione

termoventilazióne [comp. di *termo-* e *ventilazione* ✱ 1961] **s. f.** ● sistema di riscaldamento degli ambienti mediante circolazione di aria calda

termovettóre [comp. di *termo-* e *vettore* ✱ 1993] **agg.** (**f.** *-trice*) ● detto di fluido che circola in un impianto termico e ne trasporta il calore

termovisióne [comp. di *termo-* e *visione* ✱ 1974] **s. f.** ● visualizzazione delle radiazioni termiche emesse da un corpo, effettuata a scopo di indagine o di osservazione industriale, clinica e militare

termovisóre [comp. di *termo-* e *visore* ✱ 1979] **s. m.** ● apparecchio che effettua la termovisione

tèrna [f. di *terno* in particolare impiego ✱ av. 1794] **s. f. 1** complesso, insieme di tre elementi | ***t. arbitrale***, nel calcio, l'arbitro e i due guardalinee | (*mat.*) ***t. di riferimento***, insieme di tre assi, con origine comune, idonei a individuare matematicamente i punti dello spazio | ***t. fissa***, assunta solidale con un sistema di stelle fisse **2** lista di tre persone una delle quali deve essere scelta per un incarico, un ufficio e sim.: *la t. dei candidati alla presidenza* **3** macchina per movimento terra a triplice funzione, costituita da un trattore per traino, con benna per caricamento nella parte anteriore e un escavatore per posa in opera di tubi e cavi nella parte posteriore

ternàno [1550] **A agg.** ● di Terni **B s. m.** (**f.** *-a*) ● abitante o nativo di Terni

ternàre [da *terna* ✱ 1961] **v. tr.** (*io tèrno*) ● mettere, includere qlcu. in una terna

ternàrio o †**ternàro** nel sign. B [vc. dotta, lat. *ternāriu(m)*, da *tĕrni* 'a tre a tre' (V. *terno*) ✱ 1321] **A agg.** ● che contiene, si compone di tre elementi: *verso t.*; *metro t.*; *i glucidi sono composti ternari, costituiti di carbonio, ossigeno e idrogeno* **B s. m. 1** (*raro*) insieme di tre elementi **2** (*letter.*) terza rima, terzina | verso trisillabo **3** (*milit.*) ordinamento secondo il quale una unità è articolata in tre aliquote costitutive

ternàto [dal lat. *tĕrni*, distributivo, da *tĕr* 'tre' ✱ 1825] **A agg.** ● detto di organi disposti a tre a tre: *foglie ternate* **B s. m.** ● terna, nel sign. 2

tèrno [sing. tratto dal pl. lat. *tĕrni*, distributivo ('a tre a tre', 'tre per volta') da *tĕr* 'tre' (avv.) ✱ av. 1404] **A s. m. 1** nel lotto, giocata ed estrazione di tre numeri sulla stessa ruota; il premio è 4250 volte la posta | ***t. secco***, senza premio per l'estratto e per l'ambo | ***un t. al lotto***, (*fig.*) una fortuna insperata | a tombola, serie di tre numeri estratti sulla stessa fila di una cartella | ai dadi, punto fatto quando su entrambi esce il tre **2** gruppo di tre fogli piegati in due e inseriti l'uno dentro l'altro **B agg.** ● †che è in numero di tre

Teròldego [vc. trentina d'orig. sconosciuta ✱ 1931] **s. m.** (**pl. inv.** o *-ghi*) ● vitigno coltivato nel Trentino, dal quale si ricava il vino omonimo di color rosso rubino intenso, profumo gradevolmente fruttato e sapore asciutto e corposo leggermente amarognolo

teromòrfico [comp. del gr. *thḗr*, genit. *thērós* 'fiera, belva' (V. *terio-*) e *-morfo*, con suff. aggettivale ✱ 1983] **agg.** (**pl. m.** *-ci*) ● che si presenta in forma di belva

terotecnologìa [dall'ingl. *terotechnology*, comp. di un primo elemento deriv. dal gr. *terêin* 'guardare, proteggere' e di *technology* 'tecnologia' ✱ 1983] **s. f.** (**pl.** *-gìe*) ● (*org. az.*) insieme di discipline (ingegneria, finanza, amministrazione, ecc.) che si occupano dell'installazione, gestione e manutenzione di impianti o macchinari in un'azienda

terotecnòlogo [1983] **s. m.** (**f.** *-a*; **pl. m.** *-gi*) ● (*org. az.*) specialista in terotecnologia

terpène [ted. *Terpene*, da *Terp(entin)* 'terebinto, trementina', con *-ene* ✱ 1889] **s. m.** ● (*chim.*) idrocarburo a catena aperta o chiusa e di varia grandezza molecolare, che si riscontra in generale negli oli essenziali e nelle resine naturali

terpènico [1889] **agg.** (**pl. m.** *-ci*) ● (*chim.*) relativo a terpene o ai terpeni, che ha carattere e struttura dei terpeni: *sostanze, resine terpeniche* | ***idrocarburo t.***, terpene

terpìna [dalla prima parte dello svedese *terp(entin)* 'trementina', con *-ina* ✱ 1879] **s. f.** ● glicol terpenico ottenuto per idratazione della trementina con acido solforico, usato come espettorante e per la preparazione di profumi

terpineòlo o **terpinòlo** [comp. di *terpina* e *-olo*② ✱ 1891] **s. m.** ● miscuglio liquido di quattro alcoli terpenici isomeri, ottenuto per disidratazione della terpina, usato per profumare saponi e come base di profumi sintetici fini

♦**tèrra** [lat. *tĕrra(m)*, per un ant. **tersa*, di orig. indeur., col senso di 'parte secca' (opposta alla 'parte acquea') ✱ 960] **A s. f. I** il nostro mondo, considerato sia come astro che come l'ambiente che accoglie uomini, animali, vegetali ecc. **1** corpo celeste appartenente al sistema solare, con movimento di rotazione attorno al proprio asse e di rivoluzione attorno al Sole, rispetto al quale è il terzo pianeta in ordine di distanza (scritto con iniziale maiuscola quando è considerato nome proprio, nel linguaggio scientifico o per non equivocare con altre accezioni del termine): *la superficie, l'equatore della Terra; la Luna gira attorno alla Terra; studiare i movimenti della Terra; discutere sulla sfericità della Terra* | ***rappresentazione della Terra***, cartografia CFR. geo-, -geo **2** il globo terrestre; in contrapposizione al cielo: *la creazione del cielo e della t.; ha esplorato la t. in lungo e in largo* | ***ci corre quanto dal cielo alla t.***, (*enfat., iperb.*) c'è una differenza incolmabile | ***non sta né in cielo né in t.***, di fatto, avvenimento straordinario o inverosimile o di errore spropositato | ***muovere cielo e t.***, (*fig.*) adoperarsi con ogni mezzo per ottenere qlco. | il luogo dove l'uomo trascorre la sua esistenza terrena, in contrapposizione al mondo soprannaturale: *siamo di passaggio su questa t.; acquistare meriti sulla t.* | ***i beni della t.***, i beni materiali **3** l'ambiente dove l'uomo vive, il globo terrestre con i suoi abitanti: *non ha nessuno su questa t.; siamo in molti sulla t.* | ***essere sulla t.***, vivere | ***lasciare, abbandonare questa t.***, morire | (*est.*) gli abitanti della terra, gli uomini: *lo farò sapere a tutta la t.; così, percossa, attonita / la t. al nunzio sta* (A. MANZONI) **II** elemento che costituisce la parte compatta e solida della superficie terrestre **1** parte solida della superficie terrestre emergente dalle acque, spec. in opposizione ad altri elementi, come il mare, l'aria ecc.: *una stretta lingua di t. si protende nel mare; cercare sulla carta la linea che separa la t. dal mare; spedizione, viaggio, trasporto via t.; le forze armate di t.* | ***vento, brezza di t.***, che spira dalla terra al mare | (*raro*) ***t. ferma***, V. *terraferma* | ***cercare qlcu. o qlco. per mare e per t.***, (*iperb.*) dovunque, in tutti i luoghi possibili | ***toccar t.***, di una nave, approdare; di un velivolo, atterrare | ***prendere t., posarsi a t.***, atterrare | (*raro*) ***pigliare t.***, approdare | ***scendere, mettere piede a t.***, scendere da un mezzo di trasporto o da cavallo | ***rimanere a t.***, non riuscire a imbarcarsi su una nave; (*est.*) perdere l'aereo, il treno, ecc. | crosta terrestre, considerata anche in una sua parte: *i sussulti, i sommovimenti della t.; durante il terremoto, la t. tremò alcuni secondi* **2** estensione, zona più o meno ampia e definita della superficie solida del globo terrestre: *t. ospitale, selvaggia, inesplorata; terre artiche, australi, boreali* | territorio, regione (anche come nome proprio di luogo): *T. di Bari, T. d'Otranto* | ***T. di Lavoro***, vasta pianura compresa nelle province di Latina, Frosinone e Caserta | ***Terra Santa*** o (con grafia unita) ***Terrasanta***, i luoghi della Palestina in cui visse Gesù Cristo | ***t. promessa***, quella che Dio aveva promesso agli Ebrei come loro patria; (*fig.*) paese ricco di risorse o bene ardentemente desiderato | ***t. bruciata***, il territorio abbandonato in guerra al nemico dopo aver distrutto tutto quanto poteva essergli utile | (*fig.*) ***fare t. bruciata***, svolgere un'opera distruttiva, rendere impossibili altre iniziative | ***t. di nessuno***, la zona neutra fra due eserciti in guerra | ***terre ballerine***, definizione scherz. di alcune zone sismiche o vulcaniche dell'Italia meridionale | paese, territorio da cui l'uomo proviene e in cui può vivere: *la t. natale; torneremo alla nostra t.; andare, vivere in t. straniera* | ***t.***

d'elezione, nazione o luogo in cui non si è nati, ma dove si sceglie di vivere | patria: *sacrificarsi per la difesa della propria t.*; *nostalgia della propria t.*; *tu non altro che il canto avrai del figlio, / o materna mia t.* (U. Foscolo) | (*fig.*) zona, luogo che costituisce il centro vitale o fondamentale di svariate attività: *Emilia, t. dei motori* **CFR.** -landia **3** superficie esterna della crosta terrestre sulla quale camminano o stanno uomini e animali: *strisciare sulla t.*; *nascondere, mettere sotto t.*; *scavare sotto t.* | ***correre ventre a t.***, a grande velocità | ***stare con i piedi in, sulla t., avere i piedi per t.***, (*fig.*) essere realisti, non lasciarsi trasportare dall'immaginazione | ***sentirsi mancare la t. sotto i piedi***, (*fig.*) sentirsi perduto, privo di ogni sicurezza | ***avere una gomma a t.***, avere uno pneumatico sgonfio | ***a fior di t., raso t., t. t.***, al livello del suolo, quasi a contatto del suolo (V. anche *rasoterra*) | ***volare t. t.***, a scarsissima altezza dal suolo | ***essere t. t.***, (*fig.*) di scarsa levatura intellettuale e culturale, detto di persona; inconsistente o banale, detto di argomento, discorso, ecc. | ***cuccia t.!***, comando al cane da ferma per farlo stendere a terra **4** (*est.*) suolo, pavimento, qualsiasi superficie su cui poggia un corpo: *sedersi, stendersi, sdraiarsi in t.*; *abbiamo dormito per t.*; *alzarsi, sollevarsi da t.*; *gettare qlco. a, in t.*; *cadere a, in, per t.*; *scivolò sul ghiaccio e finì per t.*; *ha vuotato per t. il contenuto della borsa*; *teneva lo sguardo a t. per la timidezza* | ***dormire sulla nuda t.***, a diretto contatto col suolo | ***gettare in t.***, (*raro*) abbattere, demolire | ***buttare, prostrare a t.***, (*fig.*) umiliare, avvilire | ***mettere qlcu. a t.***, (*fig.*) ridurlo in precarie condizioni fisiche o morali o rovinarlo economicamente | ***rimanere a t.***, (*fig.*) rovinarsi o restare in uno stato di prostrazione fisica e morale | ***essere a t.***, (*fig.*) essere estremamente deperito a causa di una malattia, moralmente depresso o rovinato finanziariamente **5** punto di un circuito elettrico con potenziale prossimo allo zero, quale è quello della superficie terrestre | ***mettere a t.***, collegare qualsiasi conduttore con la terra | ***scaricare a t.***, far scaricare sul suolo, con un filo, una carica elettrica | ***presa di t.***, sistema di conduttori elettrici collegato direttamente al terreno, nel quale vengono disperse le cariche elettriche **6** materia di cui è costituita la parte meno profonda della crosta terrestre: *scavare, rimuovere la t.*; *piantare, affondare qlco. nella t.*; *un mucchietto di t.*; *la t. delle montagne*; *t. battuta, polverosa*; *scavando, mi sono coperto di t.* | ***movimenti di t.***, scavi e accumuli, effettuati di norma con appositi escavatori, per costruire edifici e strade | ***t. di riporto***, utilizzata in luogo diverso da quello dello scavo, per colmare una depressione, formare un argine, un rialzo stradale e sim. | ***strada di t.***, di terra battuta, priva di asfalto **7** l'elemento in cui crescono le piante, terreno agrario: *la t. dei campi*; *la t. della pianura, della brughiera, della collina*; *t. fertile, arabile, coltivata, incolta, sterile*; *t. leggera, argillosa, calcarea, dura*; *dissodare, sfruttare, lavorare, seminare, concimare la t.*; *far riposare la t.* | ***t. grassa, magra***, ricca o no di sostanze utili alla crescita delle piante | ***t. vergine***, non ancora coltivata | ***t. grigia***, tipo di suolo biancastro, carente di sali solubili, caratteristico della Russia settentrionale | ***t. nera***, tipo di suolo nerastro caratteristico dell'Ucraina | ***verme di t.***, lombrico | ***porcellino di t.***, onisco **8** distesa, estensione di terreno coltivato: *raccogliere i prodotti, i frutti della t.* | la campagna, le attività agricole, la vita rurale: *i lavoratori della t.*; *essere favorevole al ritorno alla t.*; *amare la t.*; *avere la passione della t.* **9** (*est.*) estensione di terreno coltivabile, che può essere delimitata, chiusa entro confini e posseduta da qlcu.: *comprare, vendere una t.*; *ha acquistato alcuni ettari di t. a grano* | ***avere un po' di t. al sole***, avere un piccolo possedimento rurale | (**spec. al pl.**) fondo, tenuta: *si è ritirato nelle sue terre*; *vive delle proprie terre*; *le belle terre che aveva covato cogli occhi tanto tempo* (G. Verga) **10** (*lett.*) città, borgo, luogo abitato: *Lecco, la principale di quelle terre ... giace poco discosto dal ponte* (A. Manzoni) | ***terre marittime***, città del litorale **III** ogni sostanza estratta dal suolo, che si presta a essere utilizzata e lavorata dall'uomo **1** sostanza naturale non compatta e della consistenza della polvere: *terre coloranti, decoloranti* | ***t. di Siena***, roccia sedimentaria di colore giallo o bruno dalla quale si ricava un colorante usato in tintoria; (*est.*) colore giallo-bruno, ocra | ***t. di Vicenza***, tipo di caolino proveniente dall'alto Vicentino | ***t. d'ombra***, colorante bruno | ***t. da follone***, varietà di argilla che ha la proprietà di assorbire le materie grasse, usata per sgrassare la lana, decolorare oli, chiarificare sciroppi | ***t. da fonderia***, terra argillosa, con requisiti atti alla formatura per fonderia | ***t. da sbianca***, materiali argillosi che hanno la proprietà di assorbire le sostanze coloranti e altre impurità sciolte o disperse nei liquidi, usati nella raffinazione degli oli minerali e sim. | ***t. da porcellana***, caolino | ***t. inglese***, miscela di argilla plastica e di quarzo | ***t. da pipe***, terra inglese mista a ossido di calcio **2** argilla o creta usata nella produzione di ceramiche: *vasi, stoviglie in t.*; *statuetta, maschera di t.* | ***t. da formare***, argilla per uso ceramico | ***t. creta***, creta | ***t. cotta***, terracotta; (*est.*) statua, manufatto in terracotta **3** ***t. sigillata***, tipica ceramica di colore rosso corallino, molto liscia e compatta, ornata con disegni a rilievo impressi con una matrice, prodotta in epoca romana spec. nella zona di Arezzo | (*est.*) vaso, manufatto in terra sigillata: *una collezione di terre sigillate etrusche del II sec. a.C.* **4** (*chim.*) ***terre rare***, gruppo di quindici elementi, poco frequenti in natura, di numero atomico compreso tra 57 e 71 **SIN.** lantanidi **B** **in funzione di agg. inv.** (**posposto a un sost.**) **1** che si trova allo stesso livello del suolo | (*raro*) ***piano t.***, V. *pianoterra* **2** detto di colore marrone chiaro, sfumato dal grigio al verdastro: *color t.* **3** (*astrol.*) ***elemento t.***, (*ellitt.*) ***terra***, trigono a cui appartengono i segni del Toro, della Vergine e del Capricorno, nella suddivisione dei pianeti secondo l'elemento che vi domina ‖ **terràccia**, **pegg.** | **terrétta**, **dim.** (V.) | (*lett.*) **terricciòla**, **dim.**

NOMENCLATURA

Terra

● *caratteristiche*: terraferma, ecumene, anecumene, mondo, globo terrestre, orbe terracqueo, pianeta, geoide, madre Terra, Gea = Gaia; antipodi, poli;

● *struttura e zone della Terra*: nucleo centrale (interno solido, esterno liquido), nife, osol, barisfera, mantello (inferiore, superiore), astenosfera, litosfera, sima, crosta oceanica, sial, crosta continentale, crosta terrestre; biosfera, atmosfera, discontinuità, zolla, magnetosfera, geomagnetismo = magnetismo terrestre; zona torrida, zona temperata boreale, zona temperata australe, calotta polare artica, calotta polare antartica;

● *movimenti della Terra*: moto di rotazione, moto traslatorio di rivoluzione, moto di traslazione; longitudine, latitudine, meridiani, paralleli, equatore, circolo polare, tropico del Cancro, tropico del Capricorno, tropici, Polo Sud, Polo Nord; bradisismo, cataclisma, affioramento, subsidenza, cordoni litorali, regressione, deposito, diaclasi, dilavamento, calanco, erosione, modellamento, fenomeni carsici, carsismo, dolina, sprofondamento, subduzione, fenomeni sismici, terremoto, zoccolo, fenomeni vulcanici, effusione, vulcanismo, fessurazione, glaciazione, masso erratico, esarazione, grotta, caverna (stalattite, stalagmite);orogenesi, corrugamento, sovrascorrimento, piega, ricoprimento, dislocazione, precipitazioni atmosferiche, frana, smottamento, palingenesi, petrogenesi, litogenesi, roccia, levigazione, deflazione, alterazione, sedimento, detrito, deiezione, pedogenesi, stratificazione, carreggiamento, strato; frattura, diaclasi, litoclasi faglia = paraclasi (diretta, inversa, trasforme), deriva dei continenti;

● *scienze della Terra*: geografia, geofisica, geologia, topografia, geodesia, tettonica; geologo, speleologo.

tèrra-ària [1970] **agg. inv.** ● (*milit.*) detto di missile a corta gittata destinato a essere lanciato da mezzi terrestri contro bersagli aerei quali aeromobili in volo e missili aria-superficie **CFR.** superficie-aria

terracòtta o (*raro*) **tèrra còtta** [da intendersi *terra* (per 'argilla') *cotta* ✻1313] **s. f.** (**pl.** *terrecòtte*) **1** argilla modellata, seccata e cotta in forno ad alta temperatura, usata per fabbricare vasellame **2** manufatto di terracotta

terràcqueo ➤ **terraqueo**

terrafèrma o (*raro*) **tèrra fèrma** [comp. di *terra* e dell'agg. *ferma*, sull'es. del corrispondente gr. *sterèá gê* ✻sec. XIII] **s. f.** (**pl.** *terrefèrme*) ● continente: *scorgere, avvistare la t.*

†**terrafinàre** [da *terrafine* ✻sec. XIV] **v. tr.** ● mandare in esilio

†**terrafìne** o †**terrafìno** [lat. mediev. *terrafī́ne(m)*, nom. *terrafīnis* 'terra (*tĕrra*) di confine (*fīnis*)' ✻av. 1292] **s. m.** **1** esilio, confino **2** confine

terràglia [fr. *terraille*, da *terre* 'terra' col suff. collettivo *-aille* ✻av. 1803] **s. f.** ● ceramica a impasto poroso e bianco, con vernice trasparente, per vasellame, vasche da bagno, lavabi e sim.: *t. tenera* o *dolce*, *dura* o *forte* | (**al pl.**) vasellame, oggetti d'uso domestico in terraglia: *imballare le terraglie*

†**terràglio** [lat. parl. **terrăculu(m)*, da *tĕrra* col suff. collettivo *-ăculum* ✻av. 1389] **s. m.** **1** rialzo, terrapieno | (*est.*) strada o quartiere costruiti su un terrapieno **2** terrazza

†**terràgno** [lat. tardo *terrāneu(m)* 'che appartiene alla terra', da *tĕrra* con suff. agg. ✻sec. XIII] **agg.** ● posto sulla terra piana | che sta vicino a terra, a livello del suolo: *sovra i sepolti le tombe terragne / portan segnato quel ch'elli eran pria* (Dante *Purg.* XII, 17-18)

terràgnolo [av. 1311] **agg.** **1** terragno **2** detto di pianta vicino a terra o che striscia per terra **3** terricolo

terraiòlo o (*lett.*) **terraiuòlo** [da *terra* ✻1566] **s. m.; anche agg.** ● terricolo, spec. in riferimento a volatili

terramàra [per un precedente *terra mala* (così detta, perché vi si ritrovano scheletri), assimilato ✻av. 1797] **s. f.** (**pl.** *terramàre* o *terremàre*) ● grandi cumuli di terreno archeologico rinvenuti in località un tempo palustri con resti di palafitte, tipici della pianura emiliana ad ovest del Reno e dei territori di Mantova e Cremona

terramaricolo [da *terramara*, con suff. deriv. dal v. *cŏlere* 'abitare', di orig. indeur. ✻1905] **A** **agg.** ● relativo alla cultura preistorica delle terramare **B** **s. m.** (**f.** *-a*) ● (**spec. al pl.**) abitante di una terramara

terràme [comp. di *terr(a)* e *-ame* ✻sec. XV] **s. m.** ● (*raro*) quantità, massa di terra che può venire impiegata in vari lavori

Terramicìna® [marchio registrato ✻1956] **s. f.** ● antibiotico appartenente al gruppo delle tetracicline, usato in terapia nelle infezioni polmonari e intestinali

terràneo [vc. dotta, in confronto di *terragno*, dal lat. tardo *terrāneu(m)* 'relativo alla terra' ✱ 1820] **A agg.** ● detto di locale, ambiente o parte di edificio posti al livello della strada **B anche s. m.**: *I piani sono tre, più un t., nascosto per metà nel suolo* (A.M. ORTESE)

terranòva [fr. *terre-neuve*, che traduce l'ingl. *newfoundland (dog)* '(cane) di Terranova' ✱1902] **s. m. inv.** ●cane da guardia grosso e robusto, con pelo lungo e ondulato, orecchie pendenti e lunga coda

†**terrapienàre** [1554] **v. tr.** ●alzare terrapieni, fortificare con terrapieni

terrapièno [comp. di *terra* e *pieno* 'colmo di terra' ✱av. 1487] **s. m. 1** massa di terra addossata ad altre opere per arginatura, riparo, difesa **2** (*milit.*) massa di terra, spianata al sommo, posta dietro le mura di un'opera fortificata per sostenerla, rinforzarla e per disporvi le artiglierie e gli uomini di difesa

terràqueo o **terràcqueo** [comp. di *terr(a)* e *acqueo* ✱av. 1687] **agg.** ●composto di terra e acqua | *globo t.*, il globo terrestre, la Terra

terràrio [da *terra*, sul modello di *acquario* ✱ 1940] **s. m.** ●vasca fornita di terra, sabbia, acqua, piante e sim. per ospitare e allevare anfibi e rettili, ai quali si cerca di ricreare le condizioni dell'ambiente naturale

Terrasànta ➤ **terra** nel sign. II, 2

tèrra-tèrra [1983] **agg. inv.** ●(*milit.*) detto di missile destinato a essere lanciato da basi terrestri, o eventualmente da navi, contro bersagli terrestri **CFR.** superficie-superficie

terratétto [comp. di *terra* e *tetto* ✱1980] **A s. m. inv.** ●nel linguaggio degli annunci economici, costruzione che si estende dal piano terra al tetto: *vendesi t.* **B anche in funzione di agg. inv.**: *villette t.*

terraticànte [da *terratico* ✱1834] **s. m. e f.** ● affittuario di un terreno con contratto di terratico

terràtico [lat. mediev. *terrāticu(m)*, comp. di *tĕrra* e del suff. che indica tributo *-āticum* ✱ 1260] **s. m. (pl. -ci)** ●antico canone in natura per l'affitto di un piccolo appezzamento di terreno

†**terràto** [da *terra* ✱1312] **s. m. 1** terrapieno spec. a scopo difensivo **2** solaio, terrazzo

♦**terràzza** [fr. *terrasse*, da *terre* 'terra' ✱av. 1536] **s. f. 1** superficie praticabile pavimentata all'aperto, sopra un edificio o su un terrapieno, protetta su uno o più lati da un parapetto **2** terrazzo nei sign. 2 e 3 ‖ **terrazzétta dim.** | **terrazzìna dim.**

terrazzaménto [1928] **s. m. 1** (*geogr.*) formazione di ripiani orizzontali nelle valli fluviali, in quelle glaciali o lungo le coste: *t. fluviale, glaciale, marino* **2** (*agric.*) sistemazione a gradoni di terreni in forte pendio per evitare franamenti ed allo stesso tempo coltivarli

terrazzàno [da *terra*, nel senso di 'terra murata' ✱1313] **s. m. (f. -a) 1** (*lett.*) nativo o abitante di una città fortificata, un castello, un villaggio **2** (*lett.*) compaesano

terrazzàre [da *terrazza* ✱1561] **v. tr.** ●sistemare a gradoni o terrazzi un terreno declive

terrazzàto **part. pass.** di *terrazzare*; **anche agg.** ●nel sign. del v.

terrazzière [adattamento del fr. *terrassier*, da *terrasse* 'terrazza' ✱av. 1912] **s. m. (f. -a) 1** sterratore **2** chi mette in opera i pavimenti del tipo a terrazzo

terrazzìno [1550] **s. m. 1** dim. di *terrazzo* | (*est.*) balcone **2** nel linguaggio alpinistico, breve risalto roccioso in parete, su cui si sosta per fare assicurazione nel corso di una scalata, o anche per bivaccare

♦**terràzzo** [sec. XIII] **s. m. 1** terrazza **2** gradino di erosione sul fianco di una valle **3** ripiano coltivabile di un terreno in pendio sistemato a gradoni **4** (*edil.*) pavimento impermeabile per terrazze | pavimento alla veneziana ‖ **terrazzìno dim.** (V.) | **terrazzóne accr.**

†**terreità** [da *terra* ✱sec. XVI] **s. f.** ●materia terrosa

terremotàre [da *terremoto* ✱1915] **v. tr.** (*io terremòto*) ●(*raro*) devastare, mettere sottosopra | (*fig.*) sconvolgere profondamente

terremotàto **A part. pass.** di *terremotare*; **anche agg.** ●danneggiato, devastato, colpito dal terremoto: *paese t.* **B s. m. (f. -a)** ●abitante o profugo di una zona danneggiata dal terremoto

♦**terremòto** [vc. dotta, lat. *tĕrrae mōtu(m)*, propr. 'movimento (*mōtus*) della terra (*tĕrrae*, genit. di *tĕrra*)' ✱1282] **s. m. 1** scossa o vibrazione rapida e improvvisa della crosta terrestre: *t. ondulatorio, sussultorio; epicentro, ipocentro di un t.; magnitudo di un t.* | ***scala dei terremoti***, V. *scala*① nel sign. 8 **CFR.** sismo-, -sismo **SIN.** sismo **2** (*fig.*) evento che provoca improvvisi mutamenti: *un t. finanziario* | (*fig.*) persona o animale troppo vivace: *quel ragazzo è un t.*

†**terrenàle** [da *terreno* 'della terra' ✱1556] **agg.** ●terrestre

†**terrenézza** [sec. XIV] **s. f.** ●caratteristica terrena della natura umana

terrenità [1950] **s. f. inv.** ●(*raro, lett.*) condizione di ciò che è terreno: *la t. della gloria*

♦**terréno**① [lat. *terrēnu(m)*, per un precedente **terēsnos*, ant. agg. con sovrapposizione di *tĕrra* ✱av. 1257] **A agg. 1** che è specifico di questa terra, intesa come luogo dove si svolgono le vicende umane: *vita terrena; beni terreni* | mondano, profano: *gloria terrena; gioie terrene; desideri terreni* **CONTR.** celeste, spirituale **2** †della Terra come pianeta: *superficie terrena* | †terrestre: *battaglia terrena* | (*lett.*) ***il carico t.***, il corpo **3** che è a livello del suolo, della strada: *La casa di Geppetto era una stanzina terrena* (C. COLLODI) | ***piano t.***, pianterreno ‖ **terrenaménte avv.** **B s. m.** ● livello stradale: *stanza a t.* | pianterreno: *affittare il t.*

♦**terréno**② [lat. *terrēnu(m)*, sost. nt. dell'agg. *terrēnus* 'terreno①' ✱sec. XIII] **s. m. 1** spazio più o meno esteso e determinato di superficie terrestre: *t. pianeggiante, soleggiato, esposto a levante* | area coltivabile, terra coltivata, campo: *dissodare il t.; intorno alla villa c'è un t. boschivo; i terreni sono cresciuti di prezzo* | ***t. di bonifica***, prosciugato e acquisito alla coltura | ***tastare il t.***, (*fig.*) informarsi prima di fare qlco. o cercare di capire le intenzioni altrui | ***preparare il t.***, lavorarlo prima della semina; (*fig.*) predisporre ciò che è utile per ottenere o realizzare ciò che si desidera | ***trovare il t. adatto***, (*fig.*) trovare l'ambiente favorevole, la persona meglio disposta a qlco. | †***trovare il t. morbido***, trovare una persona arrendevole, cedevole | area fabbricabile: *hanno trovato il t. per il nuovo ospedale* **2** campo di battaglia: *alcuni soldati uscirono a perlustrare il t.* | ***guadagnare, acquistare t.***, (*fig.*) progredire, avvantaggiarsi | ***perdere t.***, (*fig.*) diminuire di importanza | ***studiare il t.***, (*fig.*) cercare di conoscere le intenzioni di qlcu. | ***scendere sul t.***, affrontare un duello, una battaglia | ***restare sul t.***, morire in battaglia | ***incontrarsi in t. neutro***, (*fig.*) cercare un accomodamento **3** suolo: *stendere, gettare sul t.* | ***sentirsi mancare il t. sotto i piedi***, (*fig.*) sentirsi perduto, smarrito | ***t. minato***, nel quale sono state occultate delle mine; (*fig.*) argomento insidioso, situazione sfavorevole o che presenta troppe incognite | (*fig.*) argomento, soggetto di un discorso o di una discussione: *su questo t. non posso seguirti; hanno portato la discussione su di un t. pericoloso* **4** ***t. di gioco***, (*ellitt.*) ***terreno***, campo su cui si svolge una partita: *giocare sul t. avversario; vincere sul proprio t.* | ***t. allentato***, fondo del campo o della pista molle per la pioggia **5** †territorio, dominio **6** †terra, lido **7** (*biol.*) mezzo artificiale liquido o solido su cui coltivare in vitro microrganismi

♦**tèrreo** [vc. dotta, lat. *tĕrreu(m)*, agg. di *tĕrra* ✱ 1282] **agg. 1** detto di colorito della pelle giallo olivastro, livido, per malattia o grande spavento: *aveva il viso t.; si fece t. in volto* **2** (*raro*) che è fatto di terra, terroso; che ha la natura, l'aspetto, la consistenza della terra

†**terrésco** [1352] **agg.** ●che è vicino a terra

†**terrestiàle** [da *terrest(r)e* col suff. di *(celesti)ale* ✱sec. XIV] **agg.** ●terrestre

♦**terrèstre** o †**terrèstro**, †**terrèsto** [vc. dotta, lat. *terrĕstre(m)*, da **terĕstris* 'pertinente alla terra', cui si è sovrapposto *tĕrra* ✱1282] **A agg. 1** della Terra, attinente alla Terra: *superficie t.; diametro t.; calore t.* **2** (*lett.*) che è di questa Terra, terreno: *ma 'l sovrastar ne la pregion terrestre / cagion m'è, lasso, d'infiniti mali* (F. PETRARCA) | ***paradiso t.***, Eden, giardino nel quale Dio pose, secondo la narrazione biblica, la prima coppia umana; (*fig.*) luogo pieno di delizie, di pace, di beatitudine **3** di terra: *battaglia t.; forze terrestri* | che vive sulla terraferma o è solito stare in terra: *animali terrestri* | †legato alla terra: *i sensi sono terrestri, la ragione sta for di quelli quando contempla* (LEONARDO) **4** ***edera t.***, labiata strisciante dei boschi che produce facilmente radici avventizie (*Glechoma hederacea*) **B s. m. e f.** ●chi abita, vive sulla Terra (spec. nella narrativa di fantascienza)

terrestrità o †**terrestreità** [av. 1320] **s. f. inv. 1** (*lett.*) massa di terra, quantità di materiale terroso **2** (*fig., lett.*) carattere terreno, mondano

†**terrèstro** ➤ **terrestre**

terrétta [dim. di *terra* ✱av. 1547] **s. f. 1** †piccolo borgo **2** nel XVI secolo, materiale pittorico costituito da argilla e carbone tritato mescolati con colla, usato per dipingere i chiaroscuri

♦**terrìbile** o †**terrìbole** [vc. dotta, lat. *terrĭbile(m)*, agg. da *terrēre* 'spaventare', di orig. indeur. ✱1268] **agg. 1** che incute terrore, spavento, angoscia: *belva t.; mostro t.; una scena t.; ripreso insiem avean crudel battaglia / la più terribil mai non fu mirata* (M.M. BOIARDO) | che è di una eccessiva crudeltà o cattiveria: *un nemico t.; la t. lingua del maldicente; è una donna t.* | troppo severo, spietato: *il t. Dio d'Israele; un giudice t.* | orrendo, spaventoso: *una t. tortura; un bombardamento t.* **2** (*iperb.*) molto forte, eccessivo: *un dolore t.; un freddo t.* | formidabile, straordinario: *una intelligenza t.; suscita una t. simpatia* ‖ **terribilménte**, †**terribileménte avv. 1** in modo da spaventare: *terribilmente armato* **2** (*iperb.*) estremamente: *fa terribilmente caldo*; in modo straordinario, eccezionale: *è terribilmente vivace* ‖ **terribilità s. f. inv.** (V.)

†**terribilézza** [av. 1380] **s. f.** ●aspetto spaventoso | terribilità

terribilìsmo [da *terribile* ✱1983] **s. m.** ● (*raro*) terribilità

terribilità [vc. dotta, lat. tardo *terribilitāte(m)*, da *terrĭbilis* 'terribile' ✱sec. XIV] **s. f. inv.** ●(*raro*) condizione di chi (o di ciò che) è terribile: *la t. dell'aspetto di qlcu.; la t. di un atto; sentendosi ognuno preso ... dalla t. del castigo* (M. SERAO)

†**terribole** ➤ **terribile**

terricciàto [da *terriccio* ✱ 1879] **s. m.** ● materiale fertilizzante formato da letame, residui organici e terra, con aggiunta o meno di concimi chimici e liquami **SIN.** composta

terriccio [comp. di *terr(a)* e *-iccio* ✱ 1565] **s. m.** ● terra ricca di sostanze vegetali decomposte, quali foglie, rami secchi e sim., usata spec. per piante coltivate in vaso, in aiuole, in serre: *t. di bosco* | ***t. di castagno***, polvere marrone che si forma per disfacimento del legno nelle vecchie ceppaie, ricercata in floricoltura per invasare le piante

terrìcolo [vc. dotta, lat. *terrĭcola(m)*, comp. di *tĕrra* e *-cola* 'abitante', dal v. *cŏlere* 'abitare' ✱ 1499] **agg.** ● che vive in terra: *animale t.*; *pianta terricola*

tèrrier /'tɛrjer, *fr.* tɛ'ʀje, *ingl.* 'tɛrɪə(r)/ [vc. fr., in modo completo *chien terrier* 'cane terriero', usato nella caccia di animali che si nascondono nel suolo ✱ 1749] **s. m. inv.** ● cane piccolo e robusto, un tempo utilizzato per la caccia, oggi prevalentemente da compagnia

†**terrière** [da *terriero*, sull'es. del fr. *terrier* ✱ av. 1363] **s. m. 1** (**f.** *-a*) abitatore di un borgo fortificato, un castello | concittadino, conterraneo **2** proprietario o coltivatore di fondi agricoli

terrièro [da *terra*, sull'es. del fr. *terrier* ✱ 1879] **agg.** ● di terra, di campagna, di terreno agrario: *proprietà terriera*; *possidente t.*

✦**terrificànte** **part. pres.** di *terrificare*; anche **agg. 1** che incute spavento, terrore: *una scena, uno spettacolo t.* **SIN.** orribile **2** (*iperb.*) eccessivo, enorme (calco sull'ingl. *terrific*): *una fetta di carne immersa in una t. quantità di salsa*

terrificàre [vc. dotta, lat. *terrificāre*, da *terrĭficus* 'terrifico' ✱ av. 1519] **v. tr.** (*io terrìfico, tu terrìfichi*) ● (*raro*) riempire di spavento, atterrire

terrìfico [vc. dotta, comp. del lat. *terrĭficu(m)*, da *terrēre* 'spaventare' e di un deriv. suffissale da *făcere* 'fare'; calco sull'ingl. *terrific* nel sign. 2 ✱ 1483] **agg.** (**pl. m.** *-ci*) **1** (*lett.*) terribile, spaventevole: *Le navi inermi drizzavansi in balzi / Terrifici al cielo* (D. CAMPANA) **2** (*zool.*) detto di carattere morfologico o comportamento atto a impaurire e allontanare un predatore o un competitore

terrìgeno [vc. dotta, lat. *terrĭgena(m)*, comp. di *tĕrra* e di un deriv. di *gĭgnere* 'nascere' ✱ 1499] **agg. 1** (*lett.*) nato dalla terra: *stirpe terrigena dei giganti* **2** (*geol.*) relativo a sedimenti o a granuli clastici di origine continentale

✦**terrìgno** [da *terra*, secondo un modulo formativo incerto ✱ sec. XIV] **agg. 1** che è simile alla terra, per aspetto o colore **2** †che abita sottoterra, detto di animale

terrìna [fr. *terrine* '(recipiente) di terra (*terre*)' ✱ 1776] **s. f. 1** (*centr.*, *sett.*) zuppiera, insalatiera di ceramica **2** (*cucina*) tegame a sponda alta, di terracotta o porcellana, per la cottura a fuoco lento di preparazioni di carne, pesce o verdura, in cui gli ingredienti sono tagliati a strisce o a dadi e disposti in strati | (*est.*) la preparazione ottenuta: *t. di lepre, d'anatra, di pesce, di verdura* **3** vaso di terracotta largo e basso, usato per semenzai in floricoltura

†**terrìre** [vc. dotta, lat. *terrēre*, dalla stessa radice indeur. di *trĕmere* 'tremare', con passaggio a diversa coniug. ✱ sec. XIV] **v. tr.** ● atterrire, spaventare

territoriàle [vc. dotta, lat. tardo *territoriāle(m)*, da *territōriu(m)* 'territorio' ✱ 1673] **agg.** ● di territorio, appartenente a un territorio: *proprietà t.*; *giurisdizione t.* | ***acquisto, compenso t.***, in territorio | ***milizia t.***, fino alla prima Guerra mondiale, suddivisione dell'esercito costituita con le classi più anziane | relativo a una o più regioni o all'intero territorio nazionale: *comando t.*; *difesa t.* | ***acque territoriali***, zona di mare adiacente alle coste di uno Stato e sottoposta alla sovranità dello stesso | ***superiorità t.***, prevalenza dimostrata da una squadra di calcio soprattutto a centrocampo ‖ **territorialménte**, **avv.** per ciò che riguarda il territorio; in un determinato territorio ‖ **territorialità**, **s. f. inv.** caratteristica di ciò che è territoriale; ***territorialità della legge***, vigore della stessa nell'ambito di un determinato territorio

territorialìsmo [da *territoriale* ✱ 1854] **s. m. 1** (*biol.*) comportamento comune a quasi tutti gli animali, che si esplica nel limitare i propri movimenti all'interno di aree fornite di particolari requisiti e che vengono difese dall'ingresso di altri animali **2** (*est.*) in riferimento a persone o popolazioni, sentimento di appartenenza a un determinato territorio

territorialìstico [da *territorialismo* ✱ 1961] **agg.** (**pl. m.** *-ci*) ● che è dettato, ispirato da principi di ingrandimento territoriale: *politica territorialistica*

territorializzàre [da *territoriale* ✱ 1961] **A v. tr.** ● (*raro*) dare un carattere territoriale **B territorializzàrsi v. intr. pron.** ● assumere carattere territoriale | limitarsi a un territorio ristretto: *la lotta alla delinquenza si è territorializzata* ‖ **territorializzazióne**, **s. f.**

♦**territòrio** o †**territòro** [vc. dotta, lat. *territōriu(m)*, comp. di *tĕrra* e del suff. locativo di *(prae)tōrium, (dormi)tōrium*, e sim. ✱ av. 1328] **s. m.** (**pl.** *-i* o *raro -ii*) **1** estensione definita di terreno: *un t. montuoso* | regione, paese: *il t. nazionale*; *i territori d'oltremare* | (*dir.*) ***competenza per t.***, misura della giurisdizione stabilita in base al luogo nel quale ha sede o si trova un determinato soggetto o dove è stata compiuta una data attività **2** nel baseball, il terreno di gioco nel suo complesso | ***t. faul***, la parte del campo al di là delle linee che partono dalla casa base **3** in etologia, area di terreno difesa da un singolo o da una società animale, per i quali costituisce la riserva in cui si svolgono le principali funzioni, come la ricerca del cibo e l'accoppiamento **4** (*ecologia*) ambiente: *i problemi, la difesa, l'uso del territorio*; *politica del t.* **5** (*fig.*) andamento del mercato borsistico; trend: *t. positivo, negativo*

territióne [vc. dotta, lat. tardo *territiōne(m)*, da *tĕrritus*, part. pass. di *terrēre* 'spaventare, atterrire' ✱ 1961] **s. f.** ● nell'antica procedura inquisitoria, minaccia formale di tortura con cui i giudici terrorizzavano l'imputato

terrò ➤ **tenere**

terróne [da *terra* col suff. *-one*① ✱ 1946] **s. m.** (**f.** *-a*) ● (*sett.*, *spreg.*) epiteto dato ai nativi dell'Italia meridionale (V. nota d'uso STEREOTIPO) ‖ **terroncèllo**, **dim.**

♦**terróre** [vc. dotta, lat. *terrōre(m)*, da *terrēre* 'spaventare' ✱ av. 1306] **s. m. 1** grande paura, forte spavento, timore che sconvolge: *mettere, incutere t.*; *quello spettacolo cruento ci riempì di t.*; *avere t. del buio*; *durante la notte ... ebbi per l'ultima volta il t. di veder risorgere quella coscienza che tanto temevo* (I. SVEVO) **2** cosa, persona che incute, provoca terrore: *l'esame era il suo t.* **3** ***il Terrore***, periodo della Rivoluzione francese dal maggio 1793 al luglio 1794 quando, sotto il Comitato di salute pubblica, si decretarono molte esecuzioni capitali | (*est.*) periodo di dittatura violenta e sanguinaria

SFUMATURE ➤ *paura*

terrorìsmo [fr. *terrorisme*, dal lat. *tĕrror* col suff. *-isme* '-ismo' ✱ 1794] **s. m. 1** regime instaurato da governanti o belligeranti che si valgono di mezzi atti a incutere terrore **2** concezione e pratica di lotta politica e militare che fa uso della violenza (sotto forma di omicidi, attentati, rapimenti, ecc.) per sconvolgere gli assetti politici e istituzionali esistenti o compiere atti di guerra: *t. di destra, di sinistra*; *i collegamenti internazionali del t.* **3** (*fig.*) atteggiamento fortemente intimidatorio: *fare del t. psicologico*

terrorista [fr. *terroriste*, dal lat. *tĕrror* col suff. *-iste* '-ista' ✱ 1795] **A s. m. e f.** (**pl. m.** *-i*) **1** chi appartiene a gruppi od organizzazioni terroristiche **2** durante la Rivoluzione francese, membro del governo del Terrore **B** anche **agg.**: *gruppo t.*; *base, azione t.*

terrorìstico [da *terrorista* ✱ 1797] **agg.** (**pl. m.** *-ci*) **1** che mira a terrorizzare: *bombardamenti terroristici* **2** del terrorismo, dei terroristi: *attentato t.* | ispirato ai metodi del terrorismo: *strategia terroristica* ‖ **terroristicaménte**, **avv.**

terrorizzàre [fr. *terroriser*, da *terreur* 'terrore' ✱ 1797] **v. tr.** ● incutere grande spavento, spargere il terrore **SIN.** spaventare

terróso (o **-ṣ-**) [vc. dotta, lat. *terrōsu(m)*, agg. di *tĕrra* ✱ 1372] **agg. 1** che contiene terra: *liquido t.* | sporco di terra: *mani terrose* | (*enol.*) detto di vino che ha un sapore poco gradevole di terra **2** che nell'aspetto assomiglia alla terra: *materiale t.* **3** (*chim.*, *raro*) di metallo appartenente al 1° sottogruppo del 3° gruppo del sistema periodico: *alluminio e boro sono metalli terrosi* | ***ossido t.***, ossido di metallo terroso ‖ **terrosità**, **s. f. inv.**

tersézza [1662] **s. f. 1** †levigatezza **2** (*lett.*) limpidezza: *l'aria promette ... incredibile t.* (R. BACCHELLI) **SIN.** tersità | (*fig.*, *lett.*) proprietà di stile

tersicorèo [da *Tersicore*, musa della danza, col suff. dotto *-eo* ✱ 1868] **agg.** ● (*lett.*) che riguarda la danza

†**tersióne** [da *terso* ✱ av. 1348] **s. f.** ● pulitura, lavaggio

✦**tersità** [da *terso* ✱ av. 1519] **s. f. inv. 1** nitidezza, trasparente luminosità: *le lenti ... magnificavano la pupilla in una t. cristallina* (B. FENOGLIO) **SIN.** tersezza **2** (*lett.*) levigatezza | (*fig.*, *lett.*) proprietà di stile

tersìte [vc. dotta, lat. *Thersīte(n)*, dal gr. *Thersítēs*, propr. 'il baldanzoso (da *thérsos*, forma eolica di orig. indeur.)', n. di un personaggio omerico, tipo del vigliacco sobillatore ✱ av. 1574] **s. m.** ● (*raro*, *lett.*) uomo maldicente, insolente e vigliacco

✦**tèrso** **part. pass.** di *tergere*; anche **agg. 1** detto di superficie del tutto pulita, priva di macchie: *il pavimento appare perfettamente t.* **2** limpido, senza impurità: *cielo t.*; *un'aria timida e tersa, da mattina presto* (I. CALVINO) **3** (*fig.*) detto di scritto o stile che rivela proprietà di linguaggio ed eleganza formale: *una pagina, una prosa tersa* ‖ **tersaménte**, **avv.** (*raro*) in modo terso

†**tersòrio** [dal lat. *tĕrsus*, part. pass. di *tergēre*, nel senso di 'asciugare' ✱ sec. XIV] **s. m.** ● asciugatoio

tèrza [f. sost. di *terzo* ✱ 1278] **s. f. 1** (*ellitt.*) terza classe di una scuola | ***la t. elementare, liceo scientifico***, e sim., (*ellitt.*) la terza classe di tali corsi di studi: *ripetere la t.* | terza classe del treno o del piroscafo, oggi soppressa: *biglietto di t.* **2** (*ellitt.*) negli autoveicoli, terza marcia: *innestare la t.* **3** atteggiamento schermistico: *invito, legamento di t.* | azione difensiva: *parata di t.* **4** ora canonica corrispondente alle nove antimeridiane **5** (*mus.*) terzo grado della scala diatonica | intervallo che abbraccia tre gradi **6** nella danza classica, posizione in cui i piedi, voltati completamente in fuori, sono posti in maniera che il tallone del piede che sta davanti si trovi nell'incavo tra la parte anteriore e il calcagno del piede che sta dietro **7** la terza volta **8** (*raro*) la terza parte

terzàdro [da *terzadrica* 'terzeria' ✱ 1961] **s. m.** (**f.** *-a*) ● chi coltiva un fondo agricolo con un contratto di terzeria

terzàna [vc. dotta, lat. *tertiāna(m)*, sottinteso *fĕbre(m)* '(febbre) del terzo (*tĕrtius*) giorno' ✱ 1278] **s. f.** ● (*med.*) forma di malaria in cui l'accesso febbrile insorge ogni terzo giorno

terzanèlla [da (febbre) *terzana* ✱ sec. XV] **s. f. 1** forma attenuata di malaria terzana **2** seta scadente, ricavata da bozzoli avariati o non portati a compimento **3** (*bot.*) anagallide

†**terzàre** ➤ **terziare**

terzarìa ➤ **terzeria**

terzaròla [da *terzo* ✱ 1915] **s. f.** ● moneta genovese d'oro a 23 carati, del valore di un terzo del genovino

terzarolàre [da *terzarolo* ✱ 1815] **v. tr.** (*io terzaròlo*) ● (*mar.*) ridurre la superficie della vela esposta al vento

terzaròlo o **terzeròlo**, (*lett.*) **terzaruòlo**, (*lett.*) **terzeruòlo** [perché originariamente la *terza* delle vele minori ✱ 1313] **s. m. 1** ripiegatura che si fa alla vela per ridurne la superficie esposta al vento | ***far t.***, terzarolare | ***prima, seconda mano di terzaroli***, ciascuna delle porzioni della vela, gener. predisposta con borose e matafioni, che può essere raccolta: *prendere una mano di terzaroli* **2** nelle galee, vela di terzo ordine | remo più corto delle galee che portavano più remi a ciascun banco

terzaruòla [1700] **s. f.** ● antica munizione spezzata per tiro a mitraglia con armi da fuoco adatte come spingarde, terzaruoli, pistoni, tromboni

terzaruòlo [da *terzuolo* 'specie di sparviero', secondo l'uso di applicare nomi di animali ad armi da fuoco (?) ✱ av. 1673] **s. m. 1** V. *terzarolo* **2** antica arma da fuoco di grosso calibro, con la canna più corta di quella dell'archibugio

terzàvo [comp. di *terz(o)* e *avo* ✱ av. 1406] **s. m.** (**f.** *-a*) ● (*raro*) terzavolo

terzàvolo [comp. di *terz(o)* e *avolo* ✱ av. 1311] **s. m.** (**f.** *-a*) ● (*raro*) trisavolo

terzèra [etim. incerta ✱ 1930] **s. f.** ● trave soggetta a flessione deviata, come l'arcareccio, ma più robusta, dovendo sostenere i connessi nell'orditura di tetto alla lombarda

terzerìa o (*raro*) **terzarìa** [da *terza* (parte) ✱ av. 1698] **s. f. 1** contratto di compartecipazione per il quale il coltivatore del terreno riceve un terzo del prodotto | rotazione triennale della coltura con il primo anno a maggese o a riposo **2** †rata di stipendio, pagamento di un quadrimestre

terzeròlo ➤ **terzarolo**

terzeruòlo ➤ **terzarolo**

terzétta [per la lunghezza della canna (un *terzo* delle altre) ✱ av. 1595] **s. f.** ● antica pistola da cintura, intermedia fra il pistoletto da arcione e il mazzagatto

terzettàta [1879] **s. f.** ● (*raro*) colpo sparato con la terzetta

terzétto [da *terzo* ✱ av. 1519] **s. m. 1** (*mus.*) composizione vocale a tre parti, in genere concertanti, usata in opera, cantata e oratorio CFR. trio **2** (*letter.*) ternario, terzina **3** complesso di tre persone che sono simili per qualche caratteristica o che insieme compiono qlco.: *un allegro t.*; *un t. di truffatori* ‖ **terzettìno**, **dim.**

terziàre o †**terzàre** [vc. dotta, lat. *tertiāre*, da *tĕrtius* 'terzo' ✱ sec. XIV] **v. tr.** (*io tèrzio*) ● arare per la terza volta il maggese

terziariàto [da *terziario* ✱ 1901] **s. m. 1** (*econ.*) insieme delle attività del settore terziario **2** (*relig.*) terzo ordine di una regola monastica: *t. francescano*

terziàrio [vc. dotta, lat. *tertiāriu(m)* 'il terzo (*tĕrtius*)' ✱ av. 1590] **A s. m.** (solo sing. nel sign. 2) **1** (**f.** *-a*) iscritto al terzo ordine di una regola monastica: *t. francescano* **2** (*geol.*, gener. con iniziale maiuscola) era cenozoica **3** (*econ.*) settore che produce o fornisce servizi: *aumentano gli addetti al t.* | ***t. avanzato***, quello in cui i servizi hanno un alto contenuto di innovazione dei processi produttivi, come la ricerca scientifica e tecnica, l'engineering, l'informatica, la consulenza di organizzazione aziendale e sim. **4** (**f.** *-a*) chi coltiva il terreno a terzeria **B agg. 1** che occupa il terzo posto, che si trova al terzo posto di una successione, usato spec. in campo scientifico: *era terziaria* **2** (*chim.*) detto di composto contenente un gruppo funzionale legato a un atomo di carbonio o azoto terziario: *alcol t.* | ***carbonio, azoto t.***, quello che in una molecola organica risulta unito a tre atomi di carbonio **3** (*econ.*) detto del settore o dell'attività, che produce o fornisce servizi CFR. primario, secondario

terziarizzàre [1979] **A v. tr. 1** trasformare una realtà economica aprendola al terziario **2** (*econ.*) trasferire funzioni e servizi interni all'azienda a un fornitore esterno **B terziarizzàrsi v. intr. pron.** ● orientarsi verso il settore terziario ‖ **terziarizzazióne**, **s. f.** (V.)

terziarizzazióne [da *terziario* nel sign. B 3 ✱ 1975] **s. f. 1** (*econ.*) processo socioeconomico per il quale, nell'ambito della popolazione attiva, prevalgono i lavoratori dei servizi rispetto a quelli occupati nell'industria e nell'agricoltura **2** (*econ.*) trasferimento di funzioni e servizi interni all'azienda a un fornitore esterno SIN. outsourcing

terziatùra [dal part. pass. di *terziare* ✱ 1595] **s. f.** ● terza aratura del maggese

terzière [da *terzo* ✱ 1260] **s. m.** ● ognuna delle tre parti in cui era divisa o viene divisa una città, spec. in Toscana | †quartiere | †territorio composto da tre zone

terzietà [dal lat. *tĕrtiu(m)* 'terzo' ✱ 1986] **s. f. inv.** ● la condizione di chi è terzo, cioè estraneo alle posizioni o agli interessi di due parti: *la t. di un giudice*

terzìglia [av. 1952] **s. f. 1** schieramento ginnico o militare di tre persone che stanno sulla stessa linea, una accanto all'altra **2** squadra composta di tre giocatori per il gioco del tamburello e del pallone a bracciale

terzìglio [sp. *tresillo*, dim. di *tres*, perché si gioca fra tre persone, con sovrapposizione di *terzo* ✱ 1856] **s. m.** ● tressette a tre SIN. calabresella

terzìna [da *terzo* ✱ 1575] **s. f. 1** strofe di tre versi endecasillabi le cui rime sono variamente combinate, a seconda del componimento poetico: per es. nella *Commedia* di Dante, il 1° verso rima col 3° e il 2° col 1° e col 3° della strofa seguente | ciascuna delle due strofe di tre versi endecasillabi di cui è costituita la seconda parte del sonetto e le cui rime sono variamente intrecciate **2** (*mus.*) successione di tre note | suddivisione in tre di un dato valore | figura ritmica irregolare di tre note che, in un contesto a suddivisione ternaria, valgono per due **3** nelle bocce, squadra di tre giocatori **4** nel gioco della roulette, combinazione di tre numeri, posti in fila orizzontale, su cui si può puntare **5** †terno: *giocare una t. al lotto*

terzinàre [da *terzina* ✱ 1964] **v. tr.** ● (*mus.*) scrivere o eseguire un brano secondo un ritmo a terzine

terzìno [da *terzo* con *-ino*; nel sign. 1, dalla *terza* linea, nella quale gioca ✱ av. 1802] **s. m. 1** (**f.** *-a*) nel calcio, difensore sulla fascia laterale **2** (*tosc.*) fiasco piccolo, di misura pari a un terzo di un fiasco normale **3** piccolo clarinetto, una terza minore più alto del solito clarinetto in *do*

terzìsmo [da *terzo* ✱ 2002] **s. m.** ● nel linguaggio giornalistico, atteggiamento di chi, di fronte a due blocchi politici contrapposti, non si schiera pregiudizialmente per uno dei due ma decide di volta in volta in base alle questioni sul tappeto

terzìsta ① [da (*conto*) *terzi* ✱ 1982] **A s. m. e f.** (**pl. m.** *-i*) ● chi lavora per conto terzi **B agg.** ● detto di chi produce per conto di terzi e talvolta con materie prime fornite dal committente

terzìsta ② [da *terzismo* ✱ 2002] **agg. e s. m. e f.** (**pl. m.** *-i*) ● che (o chi) ha posizioni caratterizzate da terzismo

♦**tèrzo** [lat. *tĕrtiu(m)*, da *trēs* 'tre' allargato col suff. proprio degli ordinali, di orig. indeur. ✱ 1219] **A agg. num. ord. 1** corrispondente al numero tre in una successione o in una classificazione (rappresentato da III nella numerazione romana, da 3° in quella araba): *abito al t. piano*; *è la terza volta che ti chiamo*; *il t. capitolo*; *il t. atto della commedia*; *ci vediamo la terza domenica del mese*; *arrivare, classificarsi t.*; *poltrona di terza fila*; *palco di terz'ordine*; *frequentare la terza classe elementare, media, liceo*; *la terza persona singolare del presente di un verbo*; *Gesù risuscitò il t. giorno*; *Vittorio Emanuele III, re d'Italia*; *Napoleone III*; *papa Clemente III* | ***due alla terza***, (*ellitt.*) elevato alla terza potenza | ***il t. caso***, il dativo | ***in t. luogo***, considerando o enumerando varie possibilità o diversi aspetti di qlco. | ***terza prova***, V. *prova* nel sign. 2 | (*sport*) ***t. tempo***, V. *tempo* nel sign. I 10 | ***il t. cielo***, quello di Venere | ***la Terza Italia***, l'Italia del Risorgimento, rispetto a quella romana e a quella comunale-rinascimentale | ***il T. Stato***, in Francia, prima della Rivoluzione francese, la borghesia | ***il T. Reich***, la Germania di Hitler | (*polit.*) ***il T. Mondo***, dagli anni 1950-60, l'insieme delle nazioni dell'Asia, Africa e America Latina, caratterizzate da arretratezza e che non appartenevano né al mondo occidentale né a quello socialista; oggi si distingue tra le nazioni che hanno superato la soglia dell'arretratezza, quelle che possiedono risorse naturali, come il petrolio, e quelle che ne sono prive e vengono quindi considerate povere CFR. quarto mondo | ***da T. Mondo***, (*spreg.*) molto arretrato: *un ospedale, una linea ferroviaria da T. Mondo* | ***terza forza***, schieramento politico che si pone come mediatore fra due forze in contrasto | ***t. settore***, V. *settore*② nel sign. 4 | ***t. ordine***, V. *ordine* nel sign. 10 | ***terza pagina***, nei giornali, la pagina un tempo riservata agli articoli di cultura | ***t. sesso***, V. *sesso* | ***la terza età***, la vecchiaia | ***t. polo***, V. *polo*① nel sign. 6 | ***terza rima***, terzina | (*fig.*) ***di terz'ordine***, di qualità scadente **2** in composizione con altri numerali, forma gli ordinali superiori: *decimoterzo*; *vigesimoterzo*; *terzodecimo* **B s. m. 1** ciascuna delle tre parti uguali di una stessa quantità: *gli spetta un t. della somma*; *riduciamo le spese di un t.*; *i due terzi degli iscritti si sono presentati*; *i due terzi della produzione sono già stati venduti* | (*mar.*) ***vela al t.***, randa aurica il cui picco è fissato all'albero a un terzo della sua lunghezza **2** (*dir.*) persona estranea rispetto a un determinato rapporto giuridico: *contratto concluso per conto di terzi* | ***t. acquirente***, colui che acquista un bene soggetto a ipoteca per un credito di altra persona | ***t. nel processo***, chi non è parte processuale | ***opposizione di t.***, mezzo straordinario di impugnazione concesso al terzo che non abbia voluto o potuto intervenire nel processo civile **3** (**spec. al pl.**) chi non fa parte di qlco., chi è estraneo: *in questa questione non voglio assolutamente l'intervento di terzi; non farlo sapere a terzi; questa non era ragione da dirsi così chiaramente davanti a quel t.* (A. MANZONI) | ***per conto terzi***, per conto di altre persone | ***a danno di terzi***, a danno di persone estranee, non direttamente interessate a qlco. **4** (**f.** *-a*) chi (o ciò che) viene considerato dopo altri due, che viene al terzo posto (per ellissi di un sost.): *basta con i gelati: è il t. oggi!; per giocare manca un t.; bisognerebbe sentire il parere di un t.!* | ***il t. incomodo***, chi si intromette inopportunamente tra due persone | ***il t. e il quarto***, (*est.*) questo e quello, l'uno e l'altro, tutti: *non andarlo a raccontare al t. e al quarto* | †***in t.***, composto di tre parti | †***essere in t.***, fare da terza persona, da terzo incomodo: *non piacendogli di tirare in disparte il curato e di bisbigliar con lui in segreto, mentre il nuovo amico era lì in t.* (A. MANZONI)

terzodècimo [vc. dotta, lat. *tertiumdĕcimu(m)*, comp. di *tĕrtius* 'terzo' e *dĕcimus* 'decimo' ✱1282] **agg. num. ord.; anche s. m.** ● (*lett.*) tredicesimo SIN. (*lett.*) decimoterzo

terzogènito [comp. di *terzo* e *genito* ✱av. 1504] **s. m.** (**f.** *-a*); **anche agg.** ● chi (o che) è nato per terzo

terzòlo ➤ **terzuolo**① e **terzuolo**②

terzomondìsmo [da *terzo mondo* ✱1969] **s. m.** **1** complesso di problemi riguardanti il Terzo mondo **2** atteggiamento culturale e politico di sostegno ai Paesi del Terzo mondo, unito a spirito polemico verso i Paesi più sviluppati

terzomondìsta [da *terzo mondo* ✱1970] **A agg.** (**pl. m.** *-i*) ● relativo al Terzo mondo, al terzomondismo **B agg. e s. m. e f.** **1** (*raro*) che (o chi) è esperto dei problemi del Terzo mondo **2** fautore del terzomondismo

terzomondìstico [1982] **agg.** (**pl. m.** *-ci*) ● relativo al terzomondismo: *prospettiva, propaganda, politica terzomondistica*

terzonàto [comp. di *terzo* e *nato* ✱av. 1803] **s. m.** (**f.** *-a*); **anche agg.** ● (*raro*) terzogenito

terzóne [da *terzo* con vario riferimento ✱1840] **s. m.** **1** grossa tela di canapa o di altra fibra, che serviva un tempo per fare sacchi o avvolgere pacchi e sim. **2** barile dell'acqua potabile negli antichi velieri

terzùltimo o **terz'ùltimo** [comp. di *terzo* e *ultimo* ✱1879] **s. m.** (**f.** *-a*); **anche agg.** ● chi (o che) corrisponde al numero tre o sta al terzo posto, a partire dall'ultimo, in una sequenza o una classificazione: *è arrivato t.*

terzuòlo① o **terzòlo** [ant. fr. *tersol*, dal lat. parl. **tertiŏlu(m)* 'che sta al terzo (*tĕrtius*) posto': perché è il *terzo* dei nati, che esce dal nido (?) ✱av. 1292] **s. m.** ● in falconeria, maschio di astori e falconi

terzuòlo② o **terzòlo** [da *terzo* (taglio) ✱av. 1803] **s. m.** ● terzo taglio annuale del fieno

tésa (o -ṣ-) [f. sost. del part. pass. di *tendere* ✱1308] **s. f.** **1** parte sporgente del cappello attaccata alla cupola: *cappello a larghe tese; t. rialzata* SIN. falda **2** (*caccia*) atto, operazione del tendere le reti, spec. agli uccelli | (*est.*) le reti stesse | tempo e luogo in cui si tendono **3** misura di lunghezza, varia secondo i luoghi, pari all'apertura delle braccia **4** (*lett.*) †tensione

tesafìli (o -ṣ-) [comp. di *tesa(re)* e il pl. di *filo* ✱1961] **s. m. inv.** ● attrezzo a ganasce, impiegato nella tesatura dei conduttori delle linee elettriche aeree

tesàggio (o -ṣ-) [da *tesare* ✱1853] **s. m.** ● operazione di tendere cavi metallici

tesàre (o -ṣ-) [lat. parl. *tensāre*, da *tēnsus*, part. pass. di *tĕndere* ✱1614] **v. tr.** (*io téso*) **1** tendere cavi, funi e sim. **2** (*mar.*) tendere un cavo oppure orientare una vela perché sfrutti pienamente il vento

tesàta (o -ṣ-) [1902] **s. f.** ● (*raro*) tesatura

tesàto (o -ṣ-) **part. pass.** di *tesare*; **anche agg.** ● nei sign. del v.

tesatùra (o -ṣ-) [1902] **s. f.** ● operazione del tesare | tensione di un cavo, una fune e sim.

teṣaurizzàre o **teṣorizzàre** [vc. dotta, lat. eccl. *thesaurizāre*, dal gr. *thēsaurízein*, da *thēsaurós* 'tesoro' ✱sec. XIII] **A v. intr.** (**aus.** *avere*) ● (*econ.*) accumulare ricchezze, senza destinarle a investimenti produttivi SIN. tesoreggiare **B v. tr.** **1** (*raro*) mettere da parte, accumulare: *t. denaro; t. munizioni* **2** (*raro, fig.*) tenere in serbo, far tesoro: *t. conoscenze, esperienze* SIN. tesoreggiare ‖ **teṣaurizzazióne** o **teṣorizzazióne**, **s. f.**

teṣaurizzatóre [da *tesaurizzare* ✱1928] **s. m.** (**f.** *-trice*); **anche agg.** ● chi (o che) tesaurizza

teṣàuro **s. m.** **1** †V. *tesoro* e deriv. **2** thesaurus nel sign. 1

tèschio (o -é-) [lat. parl. *tēstulu(m)*, dim. di *tēstu* '(coperchio di) pentola di terracotta' ✱1313] **s. m.** ● cranio, comunemente quello dei cadaveri: *il t. dello scheletro* ‖ **teschiétto**, **dim.**

tèṣi① [vc. dotta, lat. *thĕsi(n)*, dal gr. *thésis* 'l'azione di porre (*tithénai*)' ✱av. 1544] **s. f. inv.** **1** proposizione, enunciato che richiedono di essere dimostrati: *formulare, sostenere, demolire una t.* | (*est.*) teoria, idea, opinione, spec. in una discussione, un dibattito e sim.: *accettare, respingere una t.; una t. insostenibile; la t. della difesa* | ***commedia, romanzo a t.***, che si propongono di dimostrare una tesi, spec. di argomento sociale o morale | ***t. di laurea***, dissertazione scritta che lo studente di un corso di laurea specialistica o magistrale prepara con la guida di un docente al fine di presentarla alla discussione per il conseguimento del titolo dottorale **2** (*filos.*) in Kant e nel pensiero idealistico, affermazione a cui se ne oppone un'altra (antitesi), entrambe le quali sono superate dialetticamente nella sintesi conclusiva **3** (*mat.*) parte dell'enunciato di un teorema, contenente l'affermazione che si vuol provare in base all'ipotesi **4** nella metrica greca, tempo forte del piede, nella metrica latina tempo debole **5** (*mus.*) unità ritmica in battere CONTR. arsi① ‖ **teṣìna**, **dim.** (V.)

tési② ➤ **tendere**

teṣìna [1930] **s. f.** **1** dim. di *tesi* **2** dissertazione orale o scritta svolta da uno studente su un argomento attinente alle discipline da lui studiate, spec. nelle facoltà universitarie per integrare la tesi di laurea

teṣìsta [da *tes(i)*① con il suff. *-ista* ✱1993] **s. m. e f.** (**pl. m.** *-i*) ● chi sta compilando una tesi di laurea

tèsla [dal n. dell'ingegnere americano di orig. slava N. *Tesla* (1856-1943) ✱1974] **s. m. inv.** ● unità di misura dell'induzione magnetica, pari a 1 weber/m² SIMB. T

Teṣmofòrie [vc. dotta, lat. *thesmophŏria* (nt. pl.), dal gr. *Thesmophória*, feste in onore di Demetrio, il legislatore (*Thesmophóros*, comp. di *Thesmós* 'legge' e di un deriv. del v. *phérein* 'portare') ✱1499] **s. f. pl.** ● feste in onore di Demetra come istitutrice dell'agricoltura, del matrimonio e dell'ordine civile, celebrate in autunno nell'antica Atene

teṣmotèta [gr. *thesmothétēs*, comp. di *thesmós* 'legge' e *thétēs* 'che pone, stabilisce' (da *tithénai* 'porre') ✱1591] **s. m.** (**pl.** *-i*) ● nell'antica Atene, ciascuno dei sei arconti incaricati di custodire le leggi

téso (o -ṣ-) **part. pass.** di *tendere*; **anche agg.** **1** che è in tensione, tirato: *un cavo ben t.* | (*fig.*) sottoposto a tensione nervosa: *in questo periodo è sempre molto t.* | ***avere i nervi tesi***, essere agitato, molto inquieto | ***faccia tesa***, con i lineamenti tirati, affaticati | (*fig.*) ***rapporti tesi***, non facili, vicini a una rottura | (*fig.*) ***situazione tesa***, momento critico che in genere prelude ad aperte ostilità **2** (*est.*) disteso, non piegato: *tenere la gamba tesa* | ***entrata a gamba tesa***, V. *entrata* nel sign. 6 **3** (*est.*) proteso | ***mano tesa***, per salutare o aiutare qlcu., o per chiedere l'elemosina | (*fig.*) ***stare con le orecchie tese***, pronte ad ascoltare | (*fig.*) rivolto, mirato (+ *a*, **anche seguito da inf.**): *avere l'animo t. a un obiettivo; proposte tese a sostenere l'economia* **4** (*raro*) steso, aperto, allargato: *bucato t. al sole; reti tese; io li vidi venir con l'ali tese* (DANTE *Inf.* XXIII, 35)

†**teṣóre** ➤ **tesoro**

teṣoreggiaménto [1947] **s. m.** ● accumulo di beni

teṣoreggiàre o †**teṣaureggiàre** [da *tesaurizzare* con adattamento pop. del suff. ✱av. 1574] **v. tr. e intr.** (**pres.** *io teṣoréggio*; **fut.** *io teṣoreggerò*; **aus.** *avere*) ● (*raro*) tesaurizzare

teṣoreggiatóre [1766] **s. m.** (**f.** *-trice*); **anche agg.** ● (*raro*) chi (o che) tesoreggia

teṣorerìa o †**teṣaurerìa** [da *tesoro* ✱sec. XIII] **s. f.** **1** organo amministrativo dello Stato e degli altri enti pubblici, cui compete la gestione di cassa (incassi e pagamenti) | ***t. provinciale***, cassa dello stato nella provincia **2** ufficio che amministra e maneggia il denaro di uffici, aziende e sim.

teṣorétto [av. 1294] **s. m.** **1** dim. di *tesoro* | nel linguaggio giornalistico, extragettito **2** caveau

†**teṣorieràto** [av. 1613] **s. m.** ● ufficio del tesoriere | durata dell'ufficio stesso

teṣorière o †**teṣorièro**, †**teṣaurière**, †**teṣaurièro**, †**traṣorière** [da *tesoro* ✱1279] **s. m.** (**f.** *-a*) **1** (*raro*) chi custodisce e amministra un tesoro | ecclesiastico incaricato del Tesoro di una chiesa, ossia della conservazione delle reliquie e degli ex voto **2** capo della tesoreria centrale o provinciale, di Stato o Comune **3** (*est.*) persona incaricata della custodia e dell'amministrazione del denaro di un'azienda, una società e sim.

teṣorizzàre ➤ **tesaurizzare**

♦**teṣòro** o †**teṣàuro**, †**teṣóre** [lat. *thesāuru(m)*, dal gr. *thēsaurós*, di etim. incerta ✱av. 1250 ca.] **s. m.** **1** gran quantità di denaro od oggetti preziosi, ammassati per essere conservati spec. nascosti: *seppellire un t.* | ***caccia al t.***, gioco di società all'aperto, consistente nel rintracciare su vaghi indizi oggetti disparati, in precedenza disseminati da chi ha organizzato il gioco **2** (*est.*) grande quantità di denaro: *ha speso un t. in vestiti* **3** (*dir.*) cosa di pregio, nascosta o sotterrata nei tempi passati, scoperta per caso, e della quale nessuno può provare la proprietà: *appropriazione del t.; trovare un t.* **4** (*fig.*) ricchezza naturale: *i tesori del sottosuolo* | opera artistica di grande valore: *una galleria piena di tesori* | dote morale, preziosa ricchezza spirituale: *il t. della virtù; i tesori della grazia* **5** (*fig.*) persona molto amata, cosa alla quale si attribuisce grande valore: *il figlio è il suo t.; la libertà è il t. più grande* | (*fam.*) anche come appellativo di una persona molto amata: *t., sei pronto?* | (*fam.*) persona simpatica, affettuosa o di grande aiuto in qlco.: *quella domestica è un t.* | ***fare t. di qlco.***, tenere qlco. in grande conto, giovarsene **6** (spec. con iniziale maiuscola) erario pubblico: *buono del T.*; *conto del T.* | ***Ministero del T.***, quello da cui dipendevano la presentazione al parlamento del bilancio generale dello Stato e la gestione del denaro pubblico; le sue funzioni sono ora attribuite al Ministero dell'Economia e delle Finanze | camera corazzata in cui, nelle banche, si custodiscono denaro e oggetti preziosi **SIN.** caveau **7** complesso delle reliquie e degli ex voto, oggetti e arredi preziosi depositati e custoditi in una Chiesa cattolica **8** (con iniziale maiuscola) nella letteratura, spec. medievale, opera enciclopedica | ***t. della lingua latina, greca***, grande vocabolario storico di queste lingue **9** (*archeol.*) nell'antica Grecia, piccolo edificio, gener. a forma di tempietto, destinato a conservare le offerte votive a una divinità: *il t. degli ateniesi a Delfi* | costruzione funeraria a cupola appartenente alla civiltà micenea: *il t. di Atreo a Micene* ‖ **tesorétto**, **dim.** (V.) | (*vezz.*) **tesorìno**, **dim.** nel sign. 5 | **tesoróne**, **accr.** | (*vezz.*) **tesorùccio**, **dim.** nel sign. 5

tesorùccio [da *tesoro*, nel sign. 5 ✱ av. 1928] **s. m.** (**f.** *-cia*; **pl. f.** *-ce*) ● appellativo affettuoso rivolto a persona molto amata: *Ma noi adesso tenteremo la fuga insieme, sai, mio t.* (I. SVEVO)

tessàlico [vc. dotta, lat. *Thessălicu(m)*, dal gr. *Thessalikós*: da *théssesthai* 'implorare' (?) ✱ 1340 ca.] **A** **agg.** (**pl. m.** *-ci*) ● della Tessaglia, regione della Grecia antica **B** **s. m. solo sing.** ● dialetto della Tessaglia

tèssalo [vc. dotta, lat. *Thĕssalu(m)*, dal gr. *Thessalós*: da *théssesthai* 'implorare' (?) ✱ 1483] **A** **agg.** ● della Tessaglia **B** **s. m.** (**f.** *-a*) ● abitante o nativo della Tessaglia

tessàno ➤ **texano**

tessellàto [vc. dotta, lat. *tessellātu(m)* 'coperto di piccole tessere (*tessĕllae*, dim. di *tĕsserae*)' ✱ 1550] **agg.** ● (*archeol.*) detto di un tipo di pavimento a piccole tessere quadrangolari in pietra, marmo o laterizio

tèssera [lat. *tĕssera(m)*, originariamente 'tavoletta quadrata', dal gr. *tessarágōnos* 'che ha quattro (*tessara*) angoli (*gōníoi*), quadrato' ✱ 1521] **s. f.** **1** cartoncino o libretto con l'indicazione del nome, delle generalità e talvolta con la fotografia del possessore per dimostrare l'appartenenza di quest'ultimo a un ente, un'associazione o un partito, per il suo riconoscimento o per l'attribuzione di particolari diritti: *rinnovare, smarrire la t.*; *la t. di impiegato statale*; *mostrare la t. all'ingresso* | ***t. annonaria***, per ottenere le previste razioni di viveri spec. in periodo bellico | ***t. magnetica***, dotata di una banda magnetizzata che, letta da apposite apparecchiature, permette di utilizzare sistemi o di accedere a luoghi altrimenti inaccessibili | ***t. del tifoso***, V. *tifoso* **2** pezzo di metallo a forma di moneta, antico o moderno, fabbricato per servire a usi vari, con figurazioni o leggende, monogrammi, numerali e sim. **3** ciascuno dei pezzi del domino **4** ***t. musiva***, (*ellitt.*) ***tessera***, ciascuno dei tasselli cubici di pietra, anche smaltata o dorata, che compongono il mosaico ‖ **tesserìna**, **dim.** | **tesserìno**, **dim. m.** (V.)

tesseraménto [1918] **s. m.** **1** attività del tesserare a un partito, un'associazione e sim.: *campagna di t.* **2** distribuzione da parte delle autorità governative di tessere annonarie | razionamento: *il t. del pane in tempo di guerra*

†**tesseràndolo** [adattamento del fr. *tisserand*, da *tisser* 'tessere' col suff. di orig. germ. *-enc* ✱ av. 1348] **s. m.** (**f.** *-a*, *raro*) ● tessitore

tesseràre [da *tessera* ✱ 1918] **A** **v. tr.** (*io tèssero*) **1** provvedere di tessera, fornire la tessera di iscrizione a un partito, un ente, un'associazione e sim. **2** razionare mediante tessera viveri e altri prodotti, in casi di emergenza: *t. lo zucchero, il latte* **B** **tesseràrsi** **v. intr. pron.** ● munirsi di tessera | iscriversi a un partito, un ente, un'associazione, prendendone la tessera

tesseràto **A** **part. pass.** di *tesserare*; anche **agg.** **1** munito di tessera | razionato: *zucchero t.* **2** detto di atleta che fa parte di una società sportiva, con l'obbligo di gareggiare solo per i colori di questa e di ottemperare ai regolamenti della relativa federazione **B** **s. m.** (**f.** *-a*) ● chi ha la tessera di un partito, un ente, associazione e sim.: *convocare i vecchi tesserati*

♦**tèssere** [lat. *tĕxere*, di orig. indeur. ✱ sec. XIII] **v. tr.** (**pass. rem.** *io tesséi, tu tesséstì*; **part. pass.** *tessùto*) **1** fabbricare una stoffa sul telaio, intrecciando con la spola i fili dell'ordito con quelli della trama (*anche assol.*): *t. la canapa, il lino*; *sapere t.* **2** comporre a guisa di tessuto: *t. una stuoia, una rete metallica* **3** (*est.*) intrecciare (*anche fig.*): *t. funi, ghirlande*; *t. danze*; *gli uccelli tessevano voli* | (*fig.*) ***t. un'azione d'attacco***, nel calcio, coordinare un'azione offensiva **4** (*fig.*) comporre con arte: *t. un discorso, un racconto* | compilare con cura, attenzione, ordine: *t. una grandiosa opera storica* | ***t. le lodi di qlcu***, farne le lodi, elencarne i pregi **5** (*fig.*) macchinare, ordire: *t. insidie, tradimenti*; *t. le fila della congiura*; *tesseva ... una gran trama d'inganni* (G. D'ANNUNZIO) **SIN.** tramare

tesserìno [1962] **s. m.** ● dim. di *tessera* nel sign. 1: *smarrire il t. di riconoscimento*; *il t. dell'autobus*

♦**tèssile** [da *tessere* col suff. del corrispondente lat. *tĕxtilis* ✱ 1858] **A** **agg.** ● concernente la tessitura: *industria t.* | relativo all'industria tessile: *settore t.*; *operaio t.* | ***materia t.***, che può essere filata, tessuta | ***fibre tessili***, i filati e i tessuti | ***prodotti tessili***, i filati e i tessuti | ***piante tessili***, coltivate per le loro fibre **B** **s. m. e f.** ● (**spec. al pl.**) chi lavora nell'industria tessile, come operaio, tecnico o industriale **C** **s. m.** ● prodotto tessile: *negozio di tessili*; *fiera del t.* | settore dell'industria che produce tessuti: *lavorare nel t.*; *la crisi del t.*

Tessilsàcco® [marchio registrato ✱ 1956] **s. m.** (**pl.** *-chi*) ● sacco di carta o plastica, usato per tenervi gli abiti al riparo dalla polvere e dalle tarme

tessitóre o †**testóre** [da *tessere* ✱ av. 1292] **s. m.** (**f.** *-trice*, *pop.*, *disus.* *-tóra* **nei sign. 1, 2 e 3**) **1** operaio dell'industria tessile che esegue la tessitura **2** (*fig.*, *lett.*) chi compone con cura, arte, attenzione: *parco di versi tessitor ben fia / che me l'Italia chiami* (G. PARINI) | (*fig.*, *lett.*) chi opera con pazienza e abilità: *Cavour, t. dell'unità d'Italia* **3** (*fig.*) orditore: *un volgare t. d'inganni* **4** correntemente, uccello passeriforme tropicale, appartenente a varie specie della famiglia dei Ploceidi, che costruisce ammirevoli nidi intrecciando pagliuzze e foglie

tessitorìa [da *tessere* ✱ 1898] **s. f.** ● (*raro*) fabbrica per la tessitura | laboratorio di tessitore | attività del tessitore

tessitùra [da *tessere* ✱ 1291] **s. f.** **1** operazione del tessere: *la t. della canapa, della tela* | modalità di tale operazione: *t. a mano, a macchina*; *t. fitta* **2** lavoro d'intreccio, gener. eseguito a mano: *la t. di un cestino*; *stuoia a t.* **3** stabilimento contenente i macchinari e gli impianti per le operazioni di tessitura **4** (*fig.*) composizione più o meno ordinata di un'opera letteraria: *la t. di una commedia* **SIN.** intreccio, trama **5** (*mus.*) estensione **6** ***t. di una roccia***, modalità con cui si riuniscono i singoli cristalli che costituiscono la roccia stessa

tessutàle, (*evit.*) **tissutàle** [1942] **agg.** ● (*anat.*) di tessuto | ***terapia t.***, ottenuta con estratti d'organo capaci di stimolare i processi vitali dell'organismo

tessùto① **part. pass.** di *tessere*; anche **agg.** **1** nei sign. del v. **2** (*fig.*) composto

tessùto② [da *tessuto*① ✱ 1325] **s. m.** **1** strato flessibile formato da uno, da due o più sistemi di fili che si incrociano e intrecciano fra loro in determinate direzioni e sotto angoli determinati | ***t. a intreccio semplice***, a intreccio di fili di trama e di ordito | ***t. a maglia***, a fili curvilinei | ***t. non t.***, V. *non tessuto* **2** (*fig.*) insieme di cose, di fatti strettamente legati e connessi: *questo racconto è un t. di bugie*; *un t. di episodi e avventure legate* (F. DE SANCTIS) **SIN.** trama | (*fig.*) l'intreccio degli elementi costitutivi di un insieme: *il t. urbano*; *il t. sociale* **3** (*anat.*) insieme di cellule della stessa natura: *t. muscolare, nervoso* **CFR.** isto-

test /ingl. tɛst/ [vc. ingl., dall'ant. fr. *test*, originariamente 'vaso (in lat. *tĕstu*: V. *testo*②) per raffinare o per saggiare i metalli', poi la stessa 'prova' o 'saggio' ✱ 1766] **A** **s. m. inv.** **1** (*psicol.*) prova, quesito o insieme di quesiti che permettono di misurare e valutare in sede diagnostica le caratteristiche psicologiche e le reazioni individuali o le differenze mentali e comportamentali fra individui | ***t. di intelligenza***, V. *intelligenza* **CFR.** teste② **2** prova attitudinale, usata spec. nell'orientamento professionale: *i candidati furono selezionati in base a un t.* | (*est.*) quesito che ammette una sola risposta, posto a un esaminando | ***t. di ingresso***, nella scuola primaria o secondaria, all'inizio di un anno scolastico, test che permette di valutare la preparazione di uno studente; nell'Università, prova che occorre superare per iscriversi a una determinata facoltà **3** (*generic.*) prova, esperimento (*anche fig.*): *t. nucleare*; *t. di funzionalità epatica*; *questo lavoro è per lui un t. importante* | ***t. cieco***, test in cui un prodotto, soprattutto alimentare, viene presentato a potenziali consumatori in forma anonima insieme ad altri di marche diverse, per verificarne l'effettiva riconoscibilità **SIN.** blind test | ***t. doppio cieco***, sperimentazione clinica nella quale né i ricercatori né i pazienti conoscono quali di questi ultimi sono stati assoggettati al trattamento sperimentale e quali solo a un placebo | (*autom.*) ***t. dell'alce***, in cui il guidatore esegue una serie programmata di sterzate, per verificare la stabilità di una vettura in una situazione simile a quella provocata dall'improvvisa comparsa di un animale sulla strada | ***t. di Turing***, nelle sperimentazioni di intelligenza artificiale, metodo di verifica della capacità di un computer di svolgere funzioni proprie della mente umana **B** **in alcune loc. sost. m. inv.** ● ***area t.***, nel marketing, studio di un mercato fatto mediante prove di lancio di uno o più prodotti in aree geografiche limitate (comp. con *area* 'zona') | ***blind t.***, test cieco (comp. con *blind* 'fatto alla cieca') | ***impairment t.***, (*econ.*) verifica dei beni materiali, immateriali e finanziari di una società al fine di riportarne le eventuali perdite di valore nel bilancio d'esercizio (comp. con *impairment* 'perdita di valore') | ***stress test***, V. *stress* | V. anche *alcoltest, crash test, etilotest, narcotest, pap-test, reumatest*

♦**tèsta** [lat. *tĕsta(m)*, propr. 'guscio (specie di tartaruga)', di etim. incerta, poi, per la somiglianza, 'vaso di terra', quindi 'capo' ✱ av. 1250] **s. f.** **I** con riferimento al valore anatomico del termine **1** estremità superiore del corpo umano e (*est.*) parte anteriore del corpo degli animali, distinta e riconoscibile dal resto del corpo, contenente l'encefalo, il tratto ini-

a b c d e f g h i j k l m n o p q r s t u v w x y z

ziale dell'apparato digerente e respiratorio e diversi organi di senso: *un uomo dalla t. grossa, rotonda, allungata, a pera; la t. di un cavallo, di un uccello, di un insetto; la parte anteriore, laterale della t.; studiare l'anatomia della t.; mozzare, tagliare la t.* | testa di animale macellato: *una t. di vitello, di maiale, di agnello* CFR. cefalo-, -cefalo, -cefalia **2** parte superiore del corpo umano, attaccata al tronco per mezzo del collo: *alzare, sollevare, girare, rovesciare la t.; dormire con la t. reclinata; tenere la t. penzoloni; appoggiare la t. sulla spalla di qlcu.; si teneva la t. fra le mani; gli fece cenno con la t. di tacere; cadere a t. in giù* | ***dalla t. ai piedi***, completamente, in tutto il corpo | ***rompersi la t.***, ferirsi alla testa | (*fig.*) ***fasciarsi la t. prima che sia rotta***, lamentarsi per un danno che non si è ancora subito | ***andare, camminare a t. alta***, (*fig.*) avere orgogliosa coscienza della propria onestà, della propria integrità, del proprio merito | ***abbassare, chinare la t.***, (*fig.*) accettare un'umiliazione, un'imposizione | ***scuotere la t.***, manifestare disapprovazione o diniego per qlco. | ***uscire con la t. rotta***, (*fig.*) uscire perdenti, sconfitti o a mal partito da un contrasto, una disputa e sim. | ***non sapere dove battere, sbattere la t.***, non sapere a chi rivolgersi per essere aiutati o quale soluzione adottare per uscire da una situazione difficile | ***sbattere, picchiare la t. contro il muro***, (*fig.*) esternare in modo plateale sentimenti di rabbia, ira o rammarico | ***gettarsi a t. bassa contro qlcu., in qlco.***, affrontare qlcu. con eccessiva irruenza o imprudenza, manifestare un interesse esagerato ed esclusivo per qlco. | ***gonfiare a qlcu. la t., fare a qlcu. la t. come un pallone***, (*fam.*) stordirlo, riempirlo di chiacchiere | ***fare una t. così***, (*fam.*) parlare a qlcu. di qlco. con accenti esageratamente entusiasti o denigratori | (*sport*) ***giocare, segnare di t.***, nel calcio, colpire il pallone con la testa | parte superiore del cranio umano, coperto in genere dai capelli: *una t. bionda, bruna, brizzolata, folta, pelata, calva; carezzare la t. di un bambino; camminare con il cappello in t.; lavarsi la t.* | ***t. rasata***, skinhead | ***a t. coperta, scoperta***, con o senza cappello o altro copricapo | ***grattarsi la t.***, mostrare indecisione, perplessità | ***lavata di t.***, (*fig.*) rimprovero, energica sgridata | sensazione, impressione, disturbo localizzato alla testa: *sentire la t. pesante, vuota; avere delle fitte alla t.* | ***avere mal di t.***, soffrire di cefalea, emicrania | ***avere giramenti di t.***, soffrire di vertigini | ***gli andò, gli montò il sangue alla t.***, fu sconvolto dall'ira | ***dare alla t.***, di vino o altra bevanda alcolica, inebriare; di avvenimenti o situazioni, esaltare, suscitare entusiasmo o eccitazione SIN. capo **3** (*est.*) vita, considerando la testa come parte vitale di un individuo: *rischiare, salvare, scommettere, rimetterci la t.; se sbaglia, ne va della sua t.; giurò sulla t. dei suoi figli* | ***domandare, reclamare, esigere la t. di qlcu.***, chiedere la pena di morte per qlcu. o (*fig.*) la sua rovina, la sua destituzione da un incarico **4** raffigurazione di una testa umana o di animale, spec. in opere d'arte: *una t. scolpita, dipinta; una t. in bronzo, in marmo, in gesso; modellare, incidere una t.; le teste di Andrea del Sarto* | ***t. di turco***, figura che rappresenta una testa coperta da un turbante, collocata nelle fiere e nei parchi di divertimento come bersaglio da colpire col pugno o con altro mezzo, per misurare la forza dei concorrenti | (*fig.*) ***essere la t. di turco di qlcu.***, esserne lo zimbello, la vittima, il capro espiatorio **5** misura di una testa umana considerata nella sua altezza: *oltrepassare qlcu. di una t.; era più alto del bambino di due teste* **6** (*sport*) nelle corse ippiche, unità di misura, usata nella classificazione dei vincitori, corrispondente alla lunghezza della testa del cavallo: *vincere per una t., per mezza t.; secondo a corta, cortissima t.* | ***arrivare t. a t.***, giungere nello stesso momento al traguardo | (*fig.*) ***lottare t. a t.***, contendersi la vittoria con le stesse probabilità **7** ***t. e croce, t. o croce***, gioco d'azzardo o forma di sorteggio consistente nel buttare in aria una moneta e nel cercare di indovinare quale faccia presenterà dopo la caduta **8** (*anat.*) ***t. di Medusa***, sviluppo delle vene superficiali della parete addominale e toracica, quando le vene profonde sono ostruite **9** (*fam.*) cranio, ossa del cranio dell'uomo o di animali: *hanno dissotterrato alcune teste del III secolo d.C.; la t. della bandiera dei pirati* | (*zool.*) ***t. di morto***, atropo | ***t. di produzione***, complesso di valvole, montato alla bocca di un pozzo petrolifero a erogazione spontanea, per regolare la velocità di efflusso del petrolio SIN. albero di Natale **II** con riferimento alle facoltà mentali **1** (*fig.*) sede dell'intelletto, della ragione, del pensiero: *lavoro di braccia e di t.* | ***avere in t. qlco.***, conoscerla, averla in mente o essere intenzionati a realizzarla | ***mettersi, ficcarsi in t. qlco.***, arrivare a convincersi della veridicità, della fondatezza di qlco.: *si è messo in t. che io non posso soffrirlo* | ***mettersi in t. di fare qlco.***, decidere fermamente di farla | ***mettere qlco. in t. a qlcu.***, fargliela credere, persuaderlo di qlco. | ***levare, togliere di t. qlco.***, far ricredere su qlco., persuadere del contrario | ***levarsi, togliersi dalla t.***, dimenticare qlcu., ricredersi su qlco., rinunciare a un proponimento | ***rompersi la t.***, (*fig.*) scervellarsi su un problema, un rompicapo e sim. | ***non avere che un'idea in t.***, avere un pensiero fisso, un assillo costante | ***avere un chiodo in t.***, (*fig.*) avere un pensiero ossessivo, una grave preoccupazione | memoria: *mettere, cercare nella t.* | ***entrare in t.***, essere assimilato e memorizzato | ***passare di t.***, sfuggire alla memoria | ***passare per la t.***, venire in mente, affiorare alla memoria | ***cacciarsi in t.***, imprimersi bene nella memoria | ***non avere t.***, dimenticare con grande facilità | PROV. ***chi non ha t. metta gambe***, chi è disattento o smemorato è costretto a tornare indietro per rimediare | ***avere la t. vuota***, non riuscire più a ricordare o a pensare SIN. mente **2** riflessione, discernimento, giudizio, anche in opposizione al cuore come sentimento: *adoperare la t.; agire con la t.* | ***di t.***, con la ragione, mentalmente | ***fare le cose senza t.***, senza pensare o riflettere su ciò che si fa | ***avere la t. fra le nuvole***, essere svagato, distratto, fantasticare | ***vivere con la t. fra le nuvole***, perdere il contatto con la realtà | ***essere lontano, non esserci con la t., essere via di t.***, essere assorto in altri pensieri | ***dove hai la t.?***, (*fam.*) richiamo che si rivolge a chi si mostra distratto, svagato, scarsamente attento o concentrato | ***avere la t. a qlco.***, pensarci insistentemente o prestarvi la massima attenzione | ***essere fuori di t.***, sragionare | ***avere la t. sulle spalle***, (*fig.*) essere riflessivo, cauto, realista | ***fare di t. propria***, agire scegliendo liberamente, secondo le proprie idee, convinzioni, inclinazioni | ***un colpo di t.***, (*fig.*) decisione improvvisa, precipitosa, temeraria | ***mettere la t. a posto, a segno, a partito***, mettere giudizio | ***montarsi la t.***, esaltarsi, illudersi di poter raggiungere uno scopo molto al di sopra delle proprie possibilità **3** capacità di ordinare, collegare e dominare le proprie idee | ***avere la t. a posto***, agire in modo logico e assennato | ***perdere la t.***, non essere più in grado di controllare le proprie azioni; essere perdutamente innamorato | ***mi va via la t.***, non riesco più a pensare, a connettere le idee | ***non avere più la t.***, perdere la capacità di ragionare | ***andare giù di t.***, agitarsi, confondersi, perdere il controllo di sé; impazzire **4** ingegno, capacità, attitudine: *è una ragazza che ha della t.; è un uomo di t.; nel suo lavoro, dimostra molta t.; non ha t. per la matematica* | (*est.*) la persona che dimostra di possedere capacità mentali: *dicono tutti che è una* (*bella*) *t.* | ***che t. d'uomo!, che t.!***, che persona ricca di ingegno oppure che persona singolare, bizzarra, stravagante e sim. **5** (*fig.*) carattere, indole: *ha una t. davvero stramba* **III** ricorre in alcune accezioni o locuzioni col significato di individuo, persona **1** persona, considerata come individuo singolo: *toccare, spettare un tanto a t.; pagammo venti euro a t.* | ***per t.***, pro capite, individualmente | (*est.*) persona senza caratteristiche fisiche e psichiche ben determinate: *su quale t. ricadrà questo errore?* **2** persona con determinate caratteristiche riconducibili al carattere o alle capacità intellettive: *è una t. d'asino* | ***t. quadra***, persona molto controllata o testarda | ***t. dura***, persona cocciuta e caparbia | ***t. vuota***, persona irriflessiva o superficiale | ***t. matta***, persona impulsiva, imprevedibile | ***t. calda***, persona facile all'ira e agli entusiasmi, spec. per idee, convinzioni politiche e sim. | ***t. di legno***, persona ottusa o caparbia; prestanome | ***t. d'uovo***, (*iron., spreg.*) intellettuale | ***t. di cavolo, di rapa***, (*eufem.*) imbecille, stupido, testone **3** per metonimia, indica persona che svolge determinate funzioni simboleggiate da ornamenti per il capo, copricapi e sim. | ***t. coronata***, sovrano, re | ***t. di cuoio***, appartenente a un corpo speciale della polizia della Repubblica Federale Tedesca specializzato in compiti di controguerriglia, i cui membri portano un caratteristico copricapo con rifiniture in pelle; (*est.*) chi appartiene a corpi ristretti dell'esercito o della polizia di altri Stati addetti a compiti di controguerriglia **4** persona con funzioni organizzative, direttive o di guida: *è lui la t.; è la t. del movimento che non riusciamo a individuare* SIN. capo **5** †testatico **IV** con valore estensivo o figurato in varie scienze e tecnologie, con riferimento a dispositivi, organi, congegni, strutture, processi e sim. **1** parte iniziale, anteriore o superiore di qlco.: *la t. di una trave, di un missile* | ***stazione di t.***, quella in cui i binari principali si arrestano ed è perciò necessario, per proseguire, cambiare il senso di marcia dei convogli | ***vettura di t.***, la prima del treno | ***in t. al treno***, nella prima vettura | ***la t. del letto***, la sponda presso la quale si poggia il capo | ***t. di corda***, capo, estremità | ***t. di una pezza di tessuto***, l'inizio | ***t. del mattone***, larghezza del mattone e unità di misura per lo spessore dei muri in laterizi | ***t. della campana***, la parte superiore emisferica, il cui diametro è solitamente la metà di quello della bocca, e nella quale è appeso l'occhio per il battaglio | ***t. di una pagina***, il lato superiore, opposto al piede | ***t. d'albero***, sui velieri, la parte superiore di un albero | ***t. di ruota***, il mozzo | ***t. della tonnara***, ciascuno dei lati più corti del rettangolo che forma l'isola delle reti | ***titoli di t.***, didascalie poste all'inizio di un film CFR. testa-coda **2** parte terminale, estremità di un oggetto che si estende in lunghezza, spec. quando ha forma arrotondata: *la t. di un fiammifero; prendere un chiodo per la t.* | ***la t. di uno spillo***, la capocchia | ***t. del martello***, in alpinismo, la mazza battente in acciaio non temperato perché il chiodo risenta pienamente del colpo | ***t. della vite***, estremità della vite, più larga del gambo, di varia forma a seconda della chiave usata per il serraggio **3** (*bot.*) estremità arrotondata o ingrossata di piante o fiori | ***t. d'aglio***, il bulbo | ***la t. di un fungo***, il cappello | ***teste di papavero***, le capsule giunte a maturazione del papavero da oppio **4** (*anat.*) estremità in genere: *t. dell'omero, del pancreas* | ***t. del femore***, parte del femore a mezza sfera che si articola con la cavità cotiloide del bacino, dove è trattenuto dal legamento rotondo **5** estremità anteriore di una fila, di un gruppo di persone che si spostano, di una formazione di marcia: *la t. del corteo; la t. di una processione; la t. di una colonna militare* | ***essere in t., alla t.***, davanti a tutti: *musica, bandiera in t.; alla t. del reggimento* | ***mettersi, essere alla t.***, assumere il posto di comando: *essere alla t. di un partito, di una grossa industria* | ***tener t. al nemico***, nel linguaggio militare, contrastare, opporre resistenza al nemico | ***tener t. a qlcu. o a qlco.***, (*est.*) resistere, opporsi a qlcu. o far fronte a una difficoltà | ***t. di ponte***, terreno occupato da un'avanguardia immediatamente al di là di un ponte e disposto a difesa per permettere il passaggio del ponte medesimo a nuove truppe; (*fig.*) chi fa da collegamento, da avamposto | ***t. di sbarco***, in un'operazione di sbarco, le prime operazioni di occupazione del territorio nemico e di schieramento difensivo | (*sport*) in una gara, in una classifica e sim., prima posizione: *passare, essere in t.* | ***prendere la t.***, in una corsa, passare a condurre | ***teste di serie***, le squadre o i giocatori migliori che in un torneo vengono abbinati in modo che non si incontrino al primo turno e non si eliminino a vicenda | (*est.*) prima posizione, posto di chi precede tutti gli altri: *la t. di un elenco, di una graduatoria* **6** (*cinema, tv*) parte superiore, snodabile e orientabile, del cavalletto di una macchina da presa SIN. testata | ***t. panoramica***, atta a permettere alla macchina da presa il movimento di rotazione orizzontale e di parziale inclinazione verticale | ***t. fluida***, testa panoramica dotata di un sistema di ammortizzatori a fluido che consente movimenti particolarmente dolci della macchina da presa **7** (*fotogr.*) ***t. snodata***, dispositivo a snodo sferico o di altro tipo, che permette di inclinare un apparecchio fotografico **8** (*mecc.*) testata di motore a combustione interna | ***t. del cilindro***, nei motori a scoppio, parte che racchiude la camera di combustione | ***a t. calda***, detto di motore a scoppio ad iniezione munito di parte della camera di combustione priva di refrigerazione e atta all'accensione della miscela | ***t. motrice***, organo di una macchina utensile che racchiude il motore e il cambio di velocità | ***t. di biella***, estremità di una biella, collegata al bottone di manovella, che si muove di moto rotatorio | ***t. a croce***, nei motori diesel di grandi dimensioni e nei motori a vapore, organo scorrevole su guide che collega lo stelo dello stantuffo alla biella **9** (*ing.*) ***t. di iniezione***, nella tecnologia petrolifera, organo delle sonde a rotazione o di altri impianti estrattivi, destinato a far affluire alla batteria di aste tubolari, e attraverso queste allo scalpello, il fluido o fango di perforazione per l'asportazione dei detriti **10** parte circolare del segno che indica una nota musicale: *scrivere un do con taglio in t.* **11** (*geogr.*) cima all'estremità di una costiera o in una posizione di particolare rilievo lungo la stessa **12** (*chim.*) prima parte della distillazione | ***prodotto di t., distillato di t.***, il prodotto più volatile che si ottiene alla estremità superiore della colonna di distillazione ‖ **testàccia** pegg. | (*lett.*) **testicciòla** dim. | **testina** dim. (V.) | **testolina** dim. (V.) | **testóna** accr. | **testóne** accr. m. (V.) | **testùccia** (*lett.*) **testùzza** dim.

testàbile ① [vc. dotta, lat. tardo *testābile(m)*, da *tĕstis* 'testimonio' ✱1745] **agg.** ● (*dir.*) che può essere oggetto di disposizione testamentaria ‖ **testabilità** ①, **s. f.**

testàbile ② [da *testare* ② ✱1993] **agg.** ● che può essere sottoposto a test: *candidato t.* | (*est.*) che può essere sottoposto a verifica: *prodotto t.* ‖ **testabilità** ②, **s. f.**

Testàcei [1895] **s. m. pl.** (**sing.** *-o*) ● (*zool.*) ordine di Protozoi dei Rizopodi rivestiti da un guscio munito di un'apertura (*Testacea*)

testàceo [vc. dotta, lat. *testāceu(m)*, da *tĕsta* 'guscio' ✱1499] **A agg. 1** di invertebrato munito di conchiglia | ***membrana testacea***, la più esterna dell'uovo degli uccelli immediatamente sotto il guscio **2** detto del colore tendente al marrone che assumono le crisalidi di alcuni insetti **B** anche **s. m.**

tèsta-códa o **testacóda** [1964] **s. m. inv.** ● sbandamento dopo il quale l'autoveicolo si trova rivolto in senso opposto a quello in cui procedeva | ***fare testa-coda***, di autoveicolo, girare su sé stesso

†**testamentàre** [1623] **v. intr.** ● far testamento

testamentàrio [vc. dotta, lat. *testamentāriu(m)*, da *testamĕntum* 'testamento' ✱1374] **agg.** ● del testamento, che riguarda il testamento o si fa per testamento: *disposizioni testamentarie; erede, tutore t.; esecutore t.* | lasciato per testamento: *beni testamentari*

testaménto [vc. dotta, lat. *testamĕntu(m)*, da *testāri* 'prendere a testimonio', perché originariamente era una dichiarazione verbale davanti all'assemblea popolare; il sign. eccl. proviene dal gr. *diathḗkē*, che significava, assieme, 'alleanza' e 'testamento' ✱1261 ca.] **s. m.** (*Testaménto* **nel sign. 3**) **1** atto revocabile con cui si dispone di tutto o di parte del proprio patrimonio per il tempo successivo alla propria morte: *t. congiuntivo, olografo, pubblico* | ***t. spirituale***, complesso di idee, principi, sentimenti che costituiscono il messaggio ideale ispirato dall'opera e dalla vita di grandi uomini | (*dir.*) ***t. biologico***, documento in cui una persona dà disposizioni anticipate sulle cure che intenderebbe ricevere o rifiutare nel caso in cui non fosse più in grado di esprimere la propria volontà SIN. biotestamento, dichiarazione anticipata di trattamento | ***testamenti reciproci***, testamenti nei quali due persone si nominano vicendevolmente eredi **2** (*letter.*) componimento giocoso, spec. satirico, in forma di testamento **3** ***Antico e Nuovo T.***, le due parti della Bibbia, concernenti il Patto o Testamento Antico, stretto da Dio con Israele, e il Testamento o Patto Nuovo annunciato da Gesù | ***libri dell'Antico T.***, quelli che precedono Gesù | ***libri del Nuovo T.***, gli Evangeli, gli Atti, le Lettere e l'Apocalisse

testànte A part. pres. di *testare* ①; anche **agg.** ● nei sign. del v. **B s. m. e f.** ● (*dir.*) persona che fa testamento

testardàggine [av. 1680] **s. f.** ● caratteristica di chi è testardo: *si rifiuta di cambiare idea solo per t.* SIN. caparbietà, cocciutaggine, ostinazione

testàrdo [da *testa* col suff. spreg. *-ardo* ✱1640] **A agg.** ● che si rifiuta di ascoltare il parere altrui e non si lascia persuadere, più per un atteggiamento di caparbia ostinazione che per la convinzione della giustezza delle proprie idee: *un uomo t. come un mulo* SIN. caparbio, cocciuto, ostinato ‖ **testardaménte**, avv. **B s. m.** (**f.** *-a*) ● persona testarda ‖ **testardàccio**, pegg.

SFUMATURE DI SIGNIFICATO

testardo - cocciuto - fissato

Sia **testardo** sia **cocciuto** mettono in evidenza già nella loro etimologia (*testa* e *coccia* sono di fatto sinonimi) la volontà di una persona di far di testa propria con un'ostinazione anche irragionevole. **Fissato** è invece chi coltiva dentro di sé un'idea fissa, una mania nella quale si ostina perché incapace di distoglierne l'attenzione.

testàre ① [vc. dotta, lat. *testāri*, da *tĕstis* 'teste' ✱1248] **A v. intr.** (*io tèsto*; **aus.** *avere*) ● (*dir.*) fare testamento **B v. tr. 1** †assegnare per testamento **2** †attestare, testimoniare

testàre ② [fr. *tester*, da *test* (V.) ✱1973] **v. tr.** (*io tèsto*) ● sottoporre a test: *t. un candidato* | sottoporre a test, prove, esami: *t. un cosmetico; un prodotto farmaceutico clinicamente testato*

testaròlo [adattamento della vc. dial. *testàeo*, da *tèsto* 'piccola teglia di terracotta', dove si prepara ✱1931] **s. m.** ● (*cucina*) impasto di farina, acqua e sale che, dopo una prima cottura a fiamma viva in un testo, viene tagliato a pezzi irregolari e cotto una seconda volta in acqua bollente, quindi condito con salsa di pesto o in altro modo; è una specialità lunigiana

testàta ① [da *testa* ✱av. 1574] **s. f. 1** parte estrema, anteriore o superiore di una superficie, un corpo, una struttura: *la t. di un argine; la t. di una colonna* | ***la t. del carro***, la traversa anteriore del telaio | ***la t. del timone***, parte dove si attacca la barra | ***la t. di una valle***, contrafforte | ***la t. del letto***, la spalliera, specie quella alta, dalla parte della testa | ***le testate del canapè***, le due sponde laterali | ***t. d'arrivo***, nel molo, banchina, sponda di traguardo | parte di accesso, esterna o interna, di costruzioni o impianti a sviluppo longitudinale: *la t. di un aeroporto* SIN. fronte **2** parte superiore della prima pagina di un giornale comprendente il titolo, il prezzo, l'indicazione del numero e sim. | (*est.*) il giornale stesso: *una t. indipendente; è uscita una nuova testata* **3** parte del motore a combustione interna che funge da coperchio al blocco cilindri e definisce il cielo delle camere di combustione **4** parte anteriore dell'ultimo stadio di un missile contenente una carica esplosiva o apparecchiature scientifiche: *missili a t. nucleare* | in artiglieria, parte anteriore dell'affusto di un pezzo **5** robusta traversa posta a ciascuna estremità del telaio di un rotabile ferroviario e sim. **6** una delle due pareti laterali di minor superficie di una cassa parallelepipeda **7** †riparo provvisorio di terra alla testa di un'opera difensiva **8** colpo dato o battuto con la testa: *dare una violenta t. in terra* SIN. craniata **9** nel pugilato, colpo irregolare dato con la testa sul viso dell'avversario durante il corpo a corpo **10** (*cinema, tv*) testa ‖ **testatina** dim. (V.)

testàta ② [da *testo* ② ✱1880] **s. f.** ● (*tosc.*) quanto cibo si cuoce in un testo o tra due testi: *una t. di necci*

testàtico [da *testa* nel senso tributario di 'persona' col suff. proprio d'imposizioni fiscali *-atico* ✱1641] **A s. m.** (**pl.** *-ci*) **1** nel Medioevo, imposta consistente in una cifra fissa a persona **2** †imposta su ciascun capo di bestiame **B agg.** ● †per persona, pro capite

testatina [1947] **s. f. 1** dim. di *testata* ① **2** intestazione al centro e in alto della pagina interna di un giornale, per indicare la materia particolare della pagina stessa | titolo di una rubrica di un giornale | dicitura posta nella parte alta delle pagine di un libro che ripete alcuni dati, quali il nome dell'autore e il titolo del capitolo | nei libri antichi, fregio a stampa, posto spec. all'inizio del libro, in alto nella pagina

testàto part. pass. di *testare* ②; anche **agg.** ● che è stato sottoposto a uno o più test: *candidato non ancora t.; farmaco t. in laboratorio*

testatóre [vc. dotta, lat. *testatōre(m)*, da *te-*

stāri 'far testamento' (V. *testare*①) ✱ sec. XIII] **s. m. (f. -*trice*)** • chi fa testamento

†**testazióne** [vc. dotta, lat. *testatiōne(m)*, da *testātus* 'testato' ✱ av. 1342] **s. f.** • attestazione | testimonianza

♦**tèste**① [vc. dotta, lat. *tĕste(m)*, per un precedente **terste(m)*, da *triste(m)*, perché il teste era, dopo le due parti in giudizio, il *terzo* (da *trēs*) che le sosteneva ✱ 1160] **s. m. e f.** • (*dir.*) testimone: *prova per t.*; *dichiarazione del t.*; *t. a carico, a discarico*; *t. d'accusa, della difesa*

tèste② **s. m.** • (*raro*) adattamento di *test* (V.)

testé [da †*teste(so)* ✱ 1294] **avv. 1** (*lett.*) qualche momento fa, or ora: *è arrivato t.*; *l'ho visto t.* **2** †ora, adesso, in questo momento: *t. mi porgi nuova trama ove io pigli licenza ad estendermi in un altro ... lungo favellare* (L.B. Alberti) **3** †fra poco, di qui a poco

tèster /ˈtɛster, *ingl.* ˈtɛstə(r)/ [vc. ingl., da *to test* 'provare' (deriv. di *test*: V.) ✱ 1940] **s. m. inv. 1** strumento o persona che testa la funzionalità di un sistema o di un prodotto: *t. di software* | ***t. alcolico***, etilometro **2** (*elettr.*) multimetro **3** confezione campione di un prodotto, spec. cosmetico, in esposizione per essere provato: *t. di profumo*

†**testeréccio** [da *testa* col suff. *-eccio* ampliato con *-r-* ✱ av. 1333] **agg.** • ostinato, testardo, caparbio ‖ †**testerecciaménte**, **avv.** ostinatamente

†**testéso** (o **-ṣo**) [da *tes(o) teso* (?) ✱ sec. XIII] **avv.** • testé: *E quel che mi convien ritrar t., / non portò voce mai* (Dante *Par.* XIX, 7-8)

testicciòla o (*raro*, *lett.*) **testicciuòla** [da *testa*, con doppio suff. dim. ✱ av. 1400] **s. f. 1** piccola testa **2** (*centr.*, *merid.*) †testina di bestia macellata: *una t. d'agnello*

testicolàre [av. 1570] **agg.** • (*anat.*) del testicolo

testìcolo [vc. dotta, lat. *testĭculu(m)*, dim. di *tĕstes* (nom. pl.), accezione speciale di *tĕstis* 'testimonio' ✱ 1282] **s. m.** • ghiandola sessuale maschile che produce gli spermatozoi e gli ormoni maschili cfr. orchi- sin. didimo

testièra [ant. fr. *testiere*, da *teste* 'front(al)e' ✱ sec. XIII] **s. f. 1** parte dei finimenti del cavallo che s'infila sulla testa a cui è collegata l'imboccatura | fascia sulla fronte dei bovini, per ornamento **2** spalliera del letto, dalla parte della testa | parte alta della spalliera di poltrona o sedile, sagomata per appoggiarvi la testa cfr. pediera **3** testa femminile in legno, cartapesta, gesso o plastica, con parte del busto, di cui si servono i parrucchieri e le modiste per esporre parrucche, acconciature, cappelli **4** armatura frontale del cavallo che, integrata dal collo, ne proteggeva la testa **5** (*mar.*) ***t. della vela***, lembo superiore che si lega al pennone

†**testificànza** [da *testificare* ✱ av. 1306] **s. f.** • testimonianza

testificàre [vc. dotta, lat. *testificāri* 'fare (*făcere*) testimonio (*tĕstis*)' ✱ sec. XIII] **v. tr.** (*io testìfico, tu testìfichi*) **1** (*raro*) rendere testimonianza **2** attestare, provare ‖ **testificazióne**, **s. f.** (V.)

†**testificatìvo** [da *testificare* ✱ 1340] **agg.** • che serve ad attestare

†**testificatóre** [da *testificare* ✱ sec. XIV] **s. m. (f. -*trice*)** • chi testifica

testificazióne [vc. dotta, lat. *testificatiōne(m)*, da *testificātus* 'testificato' ✱ sec. XIII] **s. f.** • il testificare | †testimonianza: *a t. della sua pietà e amore* (L. de' Medici)

tèstile [vc. dotta, lat. *tĕxtile(m)*, da *tĕxtus*, part. pass. di *tĕxere* 'tessere' ✱ 1857] **agg.** • (*lett.*) tessile

♦**testimóne** [da *testimonio* attraverso la forma pl. (*testimoni*) ✱ 1211] **A s. m. e f. 1** correntemente, persona che è a diretta conoscenza di un fatto | ***t. oculare***, chi ha visto | ***t. auricolare***, chi ha sentito **2** (*dir.*) persona fisica che dichiara o espone oralmente dinanzi all'organo giudiziario fatti a lei noti attinenti alla materia del processo | ***t. a carico***, che depone a sfavore di una parte | ***t. a discarico***, che depone a favore di una parte | ***t. a futura memoria***, testimone la cui deposizione è assunta in vista di un futuro processo e nel timore che il teste stesso possa venire a mancare **3** (*dir.*) colui che assiste alla redazione di un atto pubblico attestandone la validità: *i testimoni delle nozze*; *la firma dei testimoni* **4** (*fig.*, *lett.*) chi (o ciò che) attesta, fornisce la prova, l'indizio, la manifestazione di qlco.: *i parlari volgari debbon esser i testimoni più gravi degli antichi costumi de' popoli* (G. Vico) **5** ***T. di Geova***, ciascuno degli aderenti alla congregazione cristiana che nega la Trinità, respinge l'Inferno e attende la restaurazione del regno di Geova, mentre, sul piano civile, rifiuta il voto, il servizio militare e le trasfusioni di sangue (*Geova* è la forma italianizzata di *Jehovah*, denominazione medievale di Dio, dall'ebraico *jhwh*, nome di Dio cfr. tetragramma①) **6** (*raro*) testimonial **B s. m. 1** nelle corse a staffetta, il bastoncino che deve essere consegnato al compagno che corre la successiva frazione | ***passare il t. a qlcu.***, (*fig.*) affidare ad altri la continuazione di un compito da svolgere, dopo aver fatto la propria parte **2** campione di roccia del sottosuolo prelevato con la sonda sin. carota

†**testimònia** [vc. dotta, lat. *testimōnia* (nt.), pl. di *testimōnium* 'testimonio' nel senso originario di 'testimonianza' ✱ sec. XIII] **s. f.** • testimonianza | †***fare la t.***, testimoniare

testimònial /testiˈmɔnjal, *ingl.* ˌtɛstɪˈməʊnɪəl/ [vc. ingl., propr. 'referenza, garanzia' ✱ 1979] **s. m. e f. inv. 1** personaggio noto che in un messaggio pubblicitario garantisce un prodotto o un servizio **2** chi in lezioni o seminari riferisce su una realtà conosciuta di persona

testimoniàle [vc. dotta, lat. tardo *testimoniāle(m)*, da *testimōnium* 'testimonio' ✱ sec. XIV] **A agg.** • di uno o più testimoni: *dichiarazione, lista t.* | ***prova t.***, costituita dalle dichiarazioni dei testimoni **B s. m.** • (*disus.*) l'insieme delle testimonianze o dei testimoni

testimoniànza [da *testimonio* ✱ 1266] **s. f. 1** deposizione fatta in qualità di testimone: *la t. è durata pochi minuti*; *Le testimonianze fanno vortice intorno all'imputata* (L. Sciascia) | ciò che viene testimoniato: *t. falsa, reticente* | (*est.*) dichiarazione: *secondo la t. dei contemporanei* **2** (*est.*) attestazione, dimostrazione, prova che rende atto di qlco.: *dare t. di buona volontà*; *ha avuto testimonianze di solidarietà da tutti* | ***rendere t.***, far fede, attestare **3** indizio, argomento sicuro o prova materiale che attesta, documenta qlco.: *questa è la migliore t. della vostra negligenza* **4** la condizione propria del cristiano che, attraverso il pensiero e gli atti, vive il Vangelo

testimoniàre [da *testimonio* ✱ 1294] **A v. tr.** (*io testimònio*) **1** esporre, spec. in giudizio, delle dichiarazioni in qualità di testimone (+ *che*, + *di* **seguito da inf.**; *anche assol.*): *t. il vero, il falso*; *ha testimoniato che esisteva una contabilità in nero*; *testimoniò di aver visto l'imputato davanti alla banca*; *furono convocati a t.* **2** (*fig.*) fare fede, essere una prova, un documento, detto di cose: *questi resti testimoniano la grandezza di un'antica civiltà* sin. provare **B v. intr.** (**aus.** *avere*) **1** deporre (+ *su*): *non volle t. sull'incidente* **2** (*est.*) riferire: *Enea venne di Roma in Italia, ..., sì come testimoniano le scritture* (Dante) sin. affermare, attestare **3** (*fig.*) far fede (+ *di*): *sono pronto a t. della sua buona fede*

testimònio [vc. dotta, lat. *testimōniu(m)* 'deposizione del teste (*tĕstis*)', passata poi dal senso astratto a quello concreto ✱ 1227] **s. m. 1** (*lett.*) testimonianza: *quantunque io vi creda, senza t.* (G. Boccaccio) **2** (*fig.*) †prova, manifestazione **3** (**f.** †-*a*) (*lett.* o *raro*) testimone: *fare da t. alle nozze di qlcu.*; *e sarà mia moglie; e tu devi far da t.* (A. Manzoni)

testìna [sec. XIV] **s. f. 1** dim. di *testa* **2** testa piccola e graziosa, spec. di bambino | piccola figura di testa, spec. di bambino | (*fig.*, *lett.*) persona capricciosa: *quella ragazza è una t.!* **3** testa di animale piccolo macellato: *t. di vitello bollita* **4** (*tecnol.*) parte terminale di apparecchiature o congegni elettromeccanici: *la t. del rasoio elettrico, della stampante* | ***t. magnetica***, trasduttore elettromagnetico usato per la registrazione, la riproduzione e la cancellazione di segnali elettrici su supporti, come disco o nastro magnetico

testìsta [da *test* ✱ 1970] **A agg.** (**pl. m.** -*i*) • ***psicologo t.***, psicologo specializzato nell'applicazione e interpretazione dei test mentali **B s. m. e f.** • psicologo testista

♦**tèsto**① [vc. dotta, lat. *tĕxtu(m)*, propr. part. pass. di *tĕxere* 'tessere' ✱ 1280] **s. m. 1** l'insieme delle parole che, nella loro forma, dicitura, interpunzione, sono contenute in uno scritto, un documento, uno stampato: *un t. corretto, genuino*; *emendare il t. di una legge*; *il t. di una commedia* **2** (*ling.*) l'insieme degli enunciati linguistici, parlati o scritti, sottoposti all'analisi | campione di comportamento linguistico **3** (*edit.*) qualunque scritto di un autore prescindendo da note, chiose, intercalazioni o traduzioni: *versione con t. a fronte*; *dettare il t. di un brano da tradurre* | ***tavole fuori t.***, stampate a parte, spesso su carta diversa da quella del volume, e intercalate poi alle pagine di questo **4** libro culturalmente fondamentale: *i testi classici greco-latini*; *le opere di Proust, Joyce e Musil sono tra i grandi testi del Novecento* | ***i testi sacri***, la Bibbia | ***sacri testi***, (*spec. iron.*) libri fondamentali in una data materia | ***libri di t.***, quelli usati nelle scuole come base didattica delle singole discipline | ***t. unico***, raccolta coordinata di tutte le norme legislative riguardanti una data materia | ***fare t.***, (*fig.*) costituire un punto di riferimento fondamentale, di esattezza indiscutibile e sim.: *le sue opinioni in materia fanno t., non fanno t.*

tèsto② [lat. *tĕxtu(m)* 'coperchio di pentola di terra', di etim. incerta ✱ av. 1292] **s. m. 1** coperchio di terracotta | teglia per torte, con orli bassi | disco di terracotta o terra refrattaria che, reso incandescente, serve per cuocere testaroli, piade, necci e sim. **2** †vaso di terracotta per fiori | coccio, oggetto in terracotta

†**tèsto**③ [vc. dotta, lat. *tĕxtu(m)* '(in)tessuto', part. pass. di *tĕxere* 'tessere' ✱ 1374] **agg.** • (*poet.*) intessuto, intrecciato, intarsiato

†**tèstola** [vc. dotta, lat. tardo *tĕstula(m)*, dim. di *tĕsta* 'vaso, coccio' ✱ 1548] **s. f.** • vaso, recipiente

testolìna [av. 1571] **s. f. 1** dim. di *testa* | testina di bimbo o di donna **2** (*fig.*) persona sventata, capricciosa

testologìa [da *testo*① e *-logia*, ma attraverso il russo *Tekstologija*, diffuso, dopo il 1962, dal titolo di un volume del filologo sovietico D. S. Lichačëv ✱ 1983] **s. f.** (**pl.** -*gìe*) • nella moderna filologia, l'insieme degli studi convergenti al restauro di un testo letterario pervenuto attraverso scorrette tradizioni manoscritte o a stampa

testóne [av. 1306] **s. m. 1** accr. di *testa* **2** (**f.** -*a*) (*fig.*) persona ostinata, caparbia od ottusa **3** moneta d'argento italiana di ca. grammi 9,60 con l'effigie del principe sul dritto, coniata a Milano sotto Galeazzo Maria Sforza nel XV sec., e poi da quasi tutti gli Stati italiani **4** (*gerg.*) fino all'introduzione dell'euro, somma di denaro del valore di un milione di lire

†**testóre** ▸ **tessitore**

testosteróne [comp. del lat. *tēst(es)* 'testicoli', *ster(oide)* e *-one*② ✻1942] **s. m.** ● ormone del tessuto testicolare, il più attivo degli ormoni androgeni, usato in terapia nelle forme di carenza ormonica, ipertrofia prostatica, carcinoma mammario

testuàle [da un deriv. mediev. del lat. *tĕxtus* 'testo' ✻1374] **agg.** **1** del testo, relativo al testo: *esposizione t.* | ***critica t.***, in filologia, studio scientifico volto a stabilire la esatta lezione di un'opera, quando ci sia pervenuta alterata da errori di copisti o di stampa | ***trasmissione t.***, la serie dei testimoni e degli intermediari a cui è consegnata la storia di un testo | (*ling.*) ***linguistica t.***, corrente della linguistica moderna che assume come proprio oggetto non più la frase o l'enunciato, bensì il testo inteso come segno linguistico originario **2** che riporta fedelmente le parole di un testo: *citazione t.* | (*est.*) che ripete fedelmente un discorso: *non conosco le sue testuali parole* ‖ **testualménte**, **avv.** alla lettera, in modo esattamente aderente al testo di uno scritto o di un discorso: *ripetimi testualmente la sua risposta* ‖ **testualità**, **s. f. inv.** (*ling.*) carattere del testo in quanto unità corrispondente a un progetto compositivo organico, che lo rende pertanto analizzabile solo nel suo insieme

testùcchio [etim. incerta: si può pensare ad una sovrapp. di *testa* al lat. tardo *festūcula*, dim. di *festūca* 'gambo, stelo, fuscello' (V. *festuca*) ✻av. 1698] **s. m.** ● (*bot.*) acero comune, loppio

Testudinàti [vc. dotta, lat. tardo *testudinātu(m)*, da *testūdo*, genit. *testūdinis* 'testuggine' ✻1982] **s. m. pl.** (**sing.** *-o*) ● Cheloni

testùggine o (*lett.*) **testùdine** [lat. parl. **testūgine(m)* per *testūdine(m)* 'testuggine' con mutamento di suff. (al nom. *-ūgo* per *-ūdo*) non raro ✻1282] **s. f.** **1** tipico rappresentante dei Cheloni terrestri appartenente a vari generi (*Testudo, Gopherus*) **2** formazione dei soldati dell'antichità nel procedere all'assalto delle mura, con gli scudi tenuti alti sul capo e orizzontali, a stretto contatto l'uno con l'altro, così da far riparo contro le offese degli assediati **3** antica macchina da assedio consistente in una tettoia mobile a protezione degli assalitori nell'accostamento alle mura **4** (*mus.*) denominazione, derivante dal latino, della lira greca **5** nell'architettura della Roma antica, tetto formato da quattro piani convergenti verso il centro

testùra [vc. dotta, lat. *textūra(m)*, da *tĕxtus*, part. pass. di *tĕxere* 'tessere' ✻1441] **s. f.** **1** (*raro, lett.*) tessitura **2** (*fig., lett.*) struttura, disposizione delle parti di un componimento, un'opera, e sim.: *molte cose sarebbon da dirsi e da considerarsi intorno alla t. di questo argomento* (G. GALILEI) **3** (*ling.*) proprietà di un testo di costituire un'unità, una sequenza coerentemente concatenata di frasi

testurizzàre [da *testura* ✻1969] **v. tr.** ● (*tecnol.*) sottoporre a testurizzazione (V.)

testurizzazióne [1969] **s. f.** ● (*tecnol.*) processo termomeccanico che fa acquistare elasticità e volume ai filamenti di fibre chimiche destinati a particolari applicazioni, spec. tessili

tèta① o **tète** [gr. *thḗs, thētós* 'servitore', di etim. incerta ✻1841] **s. m. e f.** (**pl. m.** *-i*) ● nell'antica Grecia, appartenente alla classe sociale dei cittadini liberi, ma privi di proprietà | (**al pl.**) tale classe sociale

tèta② o **thèta** /'tɛta, 'θɛ-/ [dal gr. *thêta* ✻1585] **s. f. o m. inv.** ● nome dell'ottava lettera dell'alfabeto greco

tetanìa [da *tetano* ✻1890] **s. f.** ● (*med.*) stato di abnorme eccitabilità neuromuscolare con reazione spastica muscolare dolorosa spec. a livello delle estremità

tetànico [gr. *tetanikós* 'relativo al *tetano* (*tétanos*)' ✻1862] **agg.** (**pl. m.** *-ci*) ● di tetano: *tossina tetanica*

tètano [gr. *tétanos* 'tensione, rigidità del corpo', connesso col v. *téinein* 'tendere' ✻1359] **s. m.** ● infezione da *Clostridium tetani* che produce una tossina che agisce sul sistema nervoso provocando stati di contrattura muscolare dolorosa

tète ▸ **teta**①

tête-à-tête /fr. tɛta'tɛt/ [vc. fr., propr. 'testa a testa (*tête*, della stessa orig. di *testa*)' ✻1766] **A** **s. m. inv.** (**pl. fr. inv.**) ● colloquio a quattr'occhi | incontro a due | conversazione intima **B** **anche agg. inv. e avv.**: *un colloquio tête-à-tête, vediamoci tête-à-tête*

tetèrrimo [vc. dotta, dal lat. *taetĕrrimu(m)*, da *tăeter* 'tetro' col suff. di superl. *-errimus* ✻1483] **agg.** ● (*lett.*) superl. di *tetro* | (*raro, lett.*) assai oscuro | orrendo

Tèti o (*raro, lett.*) **Tètide**② [vc. dotta, lat. *Thĕtide(m)*, dal gr. *Thétis*, n. della dea del mare nella mitologia greca ✻1374] **s. f. solo sing.** ● (*poet.*) mare: *e primo corse a fendere / co' remi il seno a T.* (V. MONTI)

tètico [vc. dotta, lat. tardo *thĕticu(m)*, dal gr. *thetikós*, da *thésis* 'tesi', con specifica applicazione nel campo musicale; come vc. filosofica è il ted. *thetisch* ✻1838] **agg.** (**pl. m.** *-ci*) **1** (*mus.*) detto di un tempo in battere o di un disegno melodico che inizia sul tempo forte della misura **2** (*filos.*) nella filosofia idealistica, che riguarda la tesi | in logica, detto di giudizio che asserisce l'esistenza del soggetto, ma manca di un predicato

tètide① [vc. dotta, lat. *Thĕtide(m)*, dal n. gr. (*Thétis*, genit. *Thétidos*) della mitica dea del mare. V. *Teti* ✻1961] **s. m.** ● (*zool.*) salpa del plancton mediterraneo (*Thetis vagina*)

Tètide② ▸ **Teti**

tètra [prob. ricavato da *tetra(odonte)* ✻1983] **s. m. inv.** ● ciascuno dei Pesci ossei dei Cipriniformi che vivono nelle acque dolci tropicali e vengono allevati negli acquari per i loro colori (*Hyphessobrycon*)

tètra- [elemento di comp. greci, deriv. da *téttares* 'quattro', di orig. indeur.] **primo elemento** ● in parole composte dotte e scientifiche, significa 'quattro', 'formato di quattro': *tetraedro, tetralogia*; in chimica, il ripetersi per 4 volte di una proprietà: *tetravalente*

tetraboràto [1961] **s. m.** ● sale o estere dell'acido tetraborico | ***t. sodico***, borace

tetrabòrico [comp. di *tetra-* e *borico* ✻1930] **agg.** (**pl. m.** *-ci*) ● detto di ossiacido del boro che non esiste allo stato libero mentre sono noti i suoi sali: *acido t.*

tetrabromùro [comp. di *tetra-* e *bromuro* ✻1970] **s. m.** ● combinazione di un elemento o di un gruppo atomico con quattro atomi di bromo

tetraciclìna [comp. di *tetra-* e di un deriv. dal gr. *kýklos* 'cerchio' per i suoi quattro anelli benzenici ✻1963] **s. f.** ● (*farm.*) ognuno degli appartenenti a una classe di antibiotici derivati da batteri *Streptomyces*, utilizzato per la terapia di infezioni da batteri parassiti intracellulari

tetracisesaèdro [vc. dotta, comp. del gr. *tetrákis* 'quattro' e di *esaedro* ✻1931] **s. m.** ● (*miner.*) poliedro cristallino delimitato da 24 facce a forma di triangolo isoscele disposte a gruppi piramidali di 4 al posto di ciascuna delle 6 facce di un cubo

tetraclorometàno [comp. di *tetra-*, *cloro* e *metano* ✻1895] **s. m.** ● tetracloruro di carbonio

tetraclorùro [comp. di *tetra-* e *cloruro* ✻1902] **s. m.** ● combinazione di un elemento o di un gruppo atomico con quattro atomi di cloro | ***t. di carbonio***, ottenuto spec. per azione del cloro sul solfuro di carbonio, ininfiammabile, usato come solvente, per estintori di incendio e in medicina come antielmintico **SIN.** tetraclorometano

tetracoràllo [comp. di *tetra-* e *corallo* ✻1930] **s. m.** ● (*zool.*) madreporario fossile i cui scheletri calcarei hanno vasta distribuzione geografica

tetracòrdo [vc. dotta, lat. *tetrăc(h)ordo(n)*, dal gr. *tetráchordos* 'a quattro (*tetra-*) corde (*chordái*)' ✻1521] **s. m.** **1** (*mus.*) strumento a quattro corde | strumento antico di quattro corde che coi ponticelli venivano divise in una certa proporzione e accordo **2** (*mus.*) nella musica greca, successione discendente di quattro suoni congiunti

tetracromìa [comp. di *tetra-* e di un deriv. del gr. *chrômos* 'colore' ✻1961] **s. f.** ● quadricromia

tètrade [vc. dotta, lat. tardo *tĕtrade(m)*, dal gr. *tetrás*, genit. *tetrádos* (V. *tetra-*) ✻1843] **s. f.** ● gruppo di quattro elementi

tetradimensionàle [comp. di *tetra-* e dell'agg. di *dimensione* ✻1965] **agg.** ● quadridimensionale

tetradràmma o **tetradràmmo** [vc. dotta, lat. tardo *tetrădrachmu(m)*, dal gr. *tetrádrachmon* '(moneta) da quattro (*tetra-*) dracme (*drachmái*)' ✻sec. XIV] **s. m.** (**pl.** *-i*) ● moneta greca d'argento di 4 dramme, coniata spec. ad Atene

tetraèdrico [1879] **agg.** (**pl. m.** *-ci*) ● relativo a un tetraedro

tetraedrìte [da *tetraedro*, perché si cristallizza in forme tetraedriche ✻1895] **s. f.** ● (*miner.*) solfoantimoniuro di rame in cristalli grigi, talora contenente argento, usato per l'estrazione di rame e argento

tetraèdro [gr. *tetráedron* 'figura a quattro (*tetra-*) facce (*hédrai*)' ✻av. 1616] **s. m.** ● (*mat.*) poliedro con quattro facce triangolari

tetraetìle [comp. di *tetra-* ed *etile* ✻1948] **agg.** ● (*chim.*) detto di composto contenente quattro gruppi etilici | ***piombo t.***, composto metallorganico usato come antidetonante per carburanti

tetrafàrmaco [vc. dotta, lat. *tetraphărmacu(m)*, dal gr. *tetraphármakon*, comp. di *tétra* 'quattro' e del neutro di *phármakos* 'farmaco' ✻1879] **s. m.** (**pl.** *-ci*) ● (*filos.*) le quattro regole fondamentali dell'etica epicurea per vincere le paure e vivere felici (non temere gli dei, non preoccuparsi della morte, perseguire il bene, sostenere il dolore) **SIN.** quadrifarmaco

tetrafluoroetilène [ingl. *tetrafluoroethylene*, comp. di *tetra-* 'tetra-', *fluoro-* 'fluoro-' e *ethylene* 'etilene' ✻1948] **s. m.** ● (*chim.*) composto organico derivato dall'etilene per sostituzione degli atomi di idrogeno con atomi di fluoro; è monomero di partenza per la produzione del Teflon

tetrafluorùro [comp. di *tetra-* e *fluoruro* ✻1911] **s. m.** ● combinazione di un elemento o di un gruppo atomico con quattro atomi di fluoro | ***t. di silicio***, gas incolore, soffocante, ottenibile per attacco della silice con acido fluoridrico

+**tetràggine** [da *tetro* col suff. *-aggine* ✻1741] **s. f.** ● condizione di chi (o di ciò che) è tetro (**anche fig.**): *la t. di una vecchia casa*; *la t. di un discorso* | umore tetro

tetraginìa [comp. di *tetra-* e *-ginia*, qui 'elemento femminile' ✻1869] **s. f.** ● (*bot.*) presenza di quattro pistilli in un fiore ermafrodito

tetragnàta [vc. dotta, lat. *tetragnăthiu(m)*, dal gr. *tetrágnathon*, propr. 'con quattro (*tetra-*) mascelle (*gnáthoi*)' ✱ 1829] **s. f.** ● ragno rosso giallastro di acqua dolce che tesse tele oblique rispetto al pelo dell'acqua (*Tetragnatha*)

tetragonàle [1640] **agg.** **1** (*mat.*) di tetragono **2** (*miner.*) ***sistema t.***, sistema cristallino caratterizzato da tre assi cristallografici perpendicolari tra loro e inoltre da due parametri uguali, in modo che il terzo abbia simmetria quaternaria

tetragònia [gr. *tetragōniá*, da *tetrágōnos* 'quadrangolare', per la forma dei suoi frutti ✱ 1821] **s. f.** ● erba delle Aizoacee usata cotta come ortaggio (*Tetragonia expansa*)

♣**tetràgono** [vc. dotta, lat. tardo *tetrágōnu(m)*, dal gr. *tetrágōnos* 'che ha quattro (*tetra-*) angoli (*gōníai*)' ✱ 1321] **A** **agg.** **1** che ha quattro angoli **2** (*fig.*) fermo, forte, resistente, detto di persona: *avvegna ch'io mi senta / ben t. ai colpi di ventura* (DANTE *Par.* XVII, 23-24) | difficile a rimuovere da un proposito, un'idea, una convinzione: *un uomo t.*; *un carattere t.* **B** **s. m.** ● (*mat.*) poligono con quattro angoli | solido con quattro vertici

tetragràmma① [vc. dotta, lat. *tetragrămmato(n)*, dal gr. *tetragrámmatos* 'di quattro (*tetra-*) lettere (*grámmata*, sing. *grámma*)' ✱ sec. XIV] **s. m.** (**pl.** *-i*) ● nome di quattro lettere | nome di Dio, di quattro lettere (JHWH), presso gli Ebrei **CFR.** testimone nel sign. A 5

tetragràmma② [comp. del gr. *tetra-* 'a quattro' (sostituito a *penta-* 'a cinque') e *grámma* 'linea' ✱ 1961] **s. m.** (**pl.** *-i*) ● rigo musicale composto di quattro linee, in uso dall'XI al XVI sec.

tetraiodùro [comp. di *tetra-* e *ioduro* ✱ 1970] **s. m.** ● combinazione di un elemento o di un gruppo atomico con quattro atomi di iodio

tetralìna [comp. di *tetra-* e della seconda parte di *(nafta)lina* ✱ 1930] **s. f.** ● (*chim.*) idrocarburo, ottenuto per idrogenazione della naftalina, usato spec. come solvente

tetralìneo [comp. di *tetra-* e *linea*, sul modello di *tetrastico* ✱ 1983] **agg.** ● (*mus.*) composto di quattro linee: *rigo t.*

tetralogìa [gr. *tetralogía*, comp. di *tetra-* 'quattro' e di un deriv. di *lógos* 'discorso' ✱ av. 1729] **s. f.** (**pl.** *-gìe*) **1** nel mondo greco classico, l'insieme di quattro drammi, cioè la trilogia e il dramma satiresco **2** correntemente, gruppo di quattro opere teatrali: *la T. di Wagner* **3** (*est.*) serie di quattro elementi | (*med.*) ***t. di Fallot***, cardiopatia congenita caratterizzata da spostamento verso destra dell'aorta, comunicazione tra i ventricoli, stenosi dell'arteria polmonare e ipertrofia del ventricolo sinistro **SIN.** quadrilogia

tetràmero [gr. *tetramerḗs*, comp. di *tetra-* 'quattro' e di un deriv. di *méros* 'parte' ✱ 1961] **agg.** ● che consta di quattro parti

tetràmetro [vc. dotta, lat. *tetrămetru(m)*, dal gr. *tetrámetros* 'di quattro (*tetra-*) misure (*métra*)' ✱ 1561] **s. m.** ● serie di quattro metri nella poesia classica

tetramòrfo [vc. dotta, gr. *tetrámorphos*, comp. di *tetra-* 'tetra-' e *-morphos* '-morfo' ✱ 1864] **s. m.** ● nell'iconografia bizantina e medievale, raffigurazione dei simboli dei quattro evangelisti con le teste circondate da aureola e le ali dell'Angelo (S. Matteo), del Leone (S. Marco), del Toro (S. Luca) e dell'Aquila (S. Giovanni)

tetrandrìa [comp. del gr. *tetra-* 'a quattro' e di un deriv. di *anḗr*, genit. *andrós* 'uomo', qui 'elemento maschile' ✱ 1879] **s. f.** ● (*bot.*) presenza nel fiore di quattro stami liberi

tetraodónte [comp. del gr. *tetra-* 'a quattro' e di un deriv. di *odṓn*, genit. *odóntos* 'dente' ✱ 1895] **s. m.** ● (*zool.*) pesce palla

tetraóne [vc. dotta, lat. *tetraōne(m)*, dal gr. *tetráōn*, di orig. imitativa ✱ 1659] **s. m.** ● uccello galliforme americano a livrea scura con piedi e collo arancione e sacchi membranosi ai lati del collo (*Tympanuchus cupido*) **SIN.** gallo delle praterie

tetraparèṣi [comp. di *tetra-* e *paresi* ✱ 1961] **s. f. inv.** ● (*med.*) indebolimento della contrazione muscolare nei quattro arti

tetràpilo [vc. dotta, lat. tardo *tetrăpylu(m)* 'a quattro (*tĕtra-*) porte (*pўla(s)*)' ✱ 1856] **s. m.** ● (*archeol.*) antico monumento romano in forma di arco quadrifronte, posto in genere al centro di un quadrivio

tetraplegìa [comp. di *tetra-* e *-plegia* ✱ 1954] **s. f.** (**pl.** *-gìe*) ● (*med.*) paralisi di quattro arti

tetraplègico [1970] **A** **agg.** (**pl. m.** *-ci*) ● che è colpito da tetraplegia **B** **anche s. m.** (**f.** *-a*): *terapie per tetraplegici*

tetraplòide [comp. di *tetr(a)-* e *aploide* ✱ 1946] **agg.** ● (*biol.*) detto di numero di cromosomi nelle cellule vegetative delle piante, uguale per la stessa specie, quattro volte maggiore del numero aploide

tetràpode [gr. *tetrápous*, genit. *tetrápodos* 'che ha quattro (*tetra-*) piedi (*póus*, genit. *podós*)' ✱ 1825] **A** **agg.** ● che ha quattro arti: *vertebrato t.* **B** **s. m.** **1** (*zool.*) superclasse comprendente i Vertebrati terrestri, cioè gli Anfibi, i Rettili, gli Uccelli e i Mammiferi tutti dotati, salvo riduzioni secondarie, di quattro arti **2** blocco frangiflutti di cemento armato fornito di quattro cunei che ne facilitano la connessione ad altri blocchi simili **C** **Tetràpodi** **s. m. pl.** ● i Vertebrati terrestri con quattro arti

tetrapodìa [gr. *tetrapodía* '(misura) di quattro (*tetra-*) piedi (*póus*, genit. *podós*)' ✱ av. 1907] **s. f.** ● nella metrica classica, serie di quattro piedi uguali: *t. trocaica*

tetràrca [vc. dotta, lat. *tetrărcha(m)*, dal gr. *tetrárchēs*, comp. di *tetra-* 'quattro' e di un deriv. di *árchein* 'comandare' ✱ sec. XIII] **s. m.** (**pl.** *-chi*) ● nell'antichità, re o governatore della quarta parte di un regno | in epoca romana, sovrano di uno dei piccoli regni in cui era divisa la Giudea: *il t. della Galilea*

tetrarcàto [da *tetrarc(a)* col suff. *-ato* ✱ av. 1694] **s. m.** **1** ufficio, carica del tetrarca | durata di tale carica **2** territorio governato da un tetrarca

tetrarchìa [vc. dotta, lat. *tetrărchia(m)*, dal gr. *tetrarchía*, da *tetrárchēs* 'tetrarca' ✱ sec. XIV] **s. f.** **1** nell'antichità, governo della quarta parte di un regno | all'epoca di Diocleziano, sistema di governo basato sul tetrarcato **2** (*est.*, *raro*) potere di governo esercitato da quattro persone o partiti

tetràrchico [gr. *tetrarchikós* 'che concerne un tetrarca (*tetrárchēs*)' ✱ 1960] **agg.** (**pl. m.** *-ci*) ● relativo a tetrarchia

tetràstico [vc. dotta, lat. *tetrăstichu(m)*, dal gr. *tetrástichos* 'disposto su quattro (*tetra-*) file (*stíchoi*)' ✱ av. 1535] **agg.** (**pl. m.** *-ci*) **1** detto di strofa di quattro versi **2** (*est.*) che è formata da quattro parti, detto spec. di struttura architettonica

tetràstilo [vc. dotta, lat. tardo *tetrastȳlo(n)*, dal gr. *tetrástylos* comp. di *tetra-* e *-stilo* ✱ 1521] **agg.** ● detto di tempio classico o edificio che presenti una serie di quattro colonne nella facciata

tetratòmico [comp. di *tetra-* e *atomico* ✱ 1961] **agg.** (**pl. m.** *-ci*) ● (*chim.*) di ione, raggruppamento atomico o molecola formati da quattro atomi uguali o diversi | di composto ciclico originato dalla chiusura di una catena di quattro atomi

tetravalènte [comp. di *tetra-* e del part. pres., in uso agg., di *valere* ✱ 1875] **agg.** ● (*chim.*) di atomo o raggruppamento atomico che può combinarsi con quattro atomi d'idrogeno | di sostanza che presenta nella sua molecola quattro identici gruppi funzionali **SIN.** quadrivalente

tetravalènza [comp. di *tetra-* e *valenza* ✱ 1907] **s. f.** ● (*chim.*) condizione di tetravalente

♣**tètro** [vc. dotta, lat. *tāetru(m)*, di etim. incerta ✱ 1313] **agg.** (**superl.** *tetrissimo*, **lett.** *teterrimo* (V.)) **1** scuro, senza luce: *una tetra cantina*; *un lungo corridoio t.* | (*est.*) fosco, pauroso, che dà un senso di orrore: *un sotterraneo t. e silenzioso*; *un paesaggio t.*; *una tetra fortezza* **2** (*fig.*) cupo, malinconico, triste: *viso t.*; *umore t.*; *il dì futuro / del dì presente più noioso e t.* (G. LEOPARDI) | ***colore t.***, che tende al nero **3** (*raro*, *lett.*) ripugnante, sgradevole ‖ **tetraménte**, **avv.**

tètrodo, (*evit.*) **tetròdo** [comp. di *tetra-* e della seconda parte di *(elettr)odo* ✱ 1937] **s. m.** ● valvola elettronica con 4 elettrodi

Tetrodontifórmi [comp. di *tetra-*, del gr. *odoús*, genit. *odóntos* 'dente' e il pl. di *-forme* ✱ 1961] **s. m. pl.** (**sing.** *-e*) ● (*zool.*) ordine di Pesci di forme strane con corpo generalmente corto, bocca piccola, spesso coperti di scudi ossei (*Tetrodontiformes*)

tetròssido [comp. di *tetra-* e *ossido* ✱ 1829] **s. m.** ● composto chimico binario, contenente quattro atomi di ossigeno | ***t. d'azoto***, ipoazotide

tétta [vc. infant. di natura onomat., come il lat. *tĭtta* 'capezzolo' ✱ 1308] **s. f.** ● (*fam.*) poppa, mammella: *tranquillo come un bambino alla t.* (R. BACCHELLI) ‖ **tettìna**, **dim.** | (*lett.*) **tèttola**, **dim.** | **tettóna**, **accr.** (V.)

tettaiòlo o (*lett.*) **tettaiuòlo** [1865] **agg.** ● (*raro*) che vive sotto i tetti: *topo t.*

tettàle [da *tetto* ✱ 1993] **agg.** ● (*anat.*) relativo al tetto del mesencefalo

tettàre [da *tetta* ✱ sec. XIV] **v. tr.** (*io tétto*) ● poppare (*anche assol.*)

tettarèlla [da *tetta* con suff. dim. ✱ 1942] **s. f.** ● capezzolo di gomma del poppatoio | oggettino simile che si dà da succhiare al bambino per tenerlo buono

♦**tétto** [lat. *tēctu(m)*, da *tēctus*, part. pass. di *tĕgere* 'coprire', di orig. indeur. ✱ 1261 ca.] **s. m.** (**pl.** *-i*, †*tetta*, **f.**) **1** copertura a spioventi di un edificio, costituita solitamente da una intelaiatura di travi o da solai inclinati ricoperti da tegole, embrici, coppi, oppure lamiere ondulate, lastre di eternit, e sim.: *t. a due, a quattro spioventi*; *t. a capanna, a padiglione, a cupola, piano*; *le falde, la gronda del t.*; *mettere, coprire, rifare il t.*; *i passeri cinguettavano sul t.* (G. VERGA) | ***t. alla lombarda***, col manto di copertura formato da tegole piatte | ***a t.***, proprio sotto il tetto: *abitare a t.* | ***stanze a t.***, le più alte, quelle proprio sotto il tetto | ***predicare sui tetti***, (*fig.*, *lett.*) palesare a tutti **2** (*est.*) casa, dimora, abitazione: *t. paterno*; *il t. natio* | ***t. coniugale***, il domicilio comune ai due coniugi | ***restare senza t.***, perdere la casa in seguito a disgrazia, calamità o gravi difficoltà economiche (V. anche *senzatetto*) | ***non aver né pane né t.***, (*disus.*) essere senza niente, in miseria | (*fig.*) luogo sicuro, confortevole, sistemazione stabile: *non ha ancora trovato il suo t.* **3** (*est.*) copertura, parte superiore: *il t. dell'automobile* | parte più alta, dominante | ***il t. del mondo***, l'acrocoro del Pamir o (*pop.*) il monte Everest | ***il t. del Giro***, (*fig.*) nel ciclismo, il punto più alto toccato in una corsa a tappe **4** (*fig.*) limite massimo: *il t. del disavanzo pubblico*; *t. di spesa* **5** nel linguaggio alpinistico, tratto di roccia sporgente quasi a formare un angolo retto con una parete **6** roccia che sta al di sopra del giacimento o, in genere, di altro strato di roccia | ***falso t.***,

t

strato di scisto carbonioso friabile che sovrasta certi strati di carbon fossile, rendendo pericoloso lo sfruttamento | *t. di una faglia*, parete sovrastante di una faglia non verticale || **tettino**, **dim.** | **tettùccio**, **dim.** (V.)

NOMENCLATURA

tetto

● *caratteristiche*: inclinato, spiovente, sporgente, aguzzo; a falda (unica, doppia), a padiglione, a mezzo padiglione, a cupola, a capanna, a due o tre acque, a terrazza, a piramide, a volta, a spiovente, a capriata di ferro o di legno; di lavagna, di lamiera, di zinco, di eternit, di embrici (a frate), di tegole (coppo, embrice, marsigliese, a doppio corso, semplici, curve, a canale = concave, a sfiatatoio), a shed, in lastre (di cemento, di amianto), guaina bituminosa;

● *parti del tetto*: sgrondo = pendenza, travatura, arcareccio, pigna, cavalletto = capriata, monaco, puntone, comignolo = fumaiolo, scrimolo, gronda, canale di gronda, grondaia, pluviale, gocciolatoio, scarico, doccia, doccione, cornicione, displuvio = colmo, spioventi = falde, compluvio (impluvio), tegola, coppo, travetto, correntino; sottotetto = solaio = soffitto, mansarda, lucernario = abbaino = tettuccio; lanterna, cupola, pinnacolo = guglia, banderuola = girandola = girotta, parafulmine, embrice, trave.

tettogènesi [comp. del gr. *tekto-*, da *téktōn* 'costruttore' e *genesi* ✱1961] **s. f. inv.** ● (*geol.*) formazione di strutture tettoniche

tettóia [lat. *tectōria*, pl. di *tectōriu(m)*, originario agg. di *tēctum* 'tetto' impiegato in costrutti del tipo (*ŏpus*) *tectōrium* '(lavoro) di copertura' ✱ sec. XV] **s. f.** **1** copertura a forma di tetto che copre uno spazio aperto: *la t. di una stazione ferroviaria* **2** (*tosc.*) gronda assai sporgente **3** (*est.*) riparo, copertura: *ci costruimmo una t. di frasche* || **tettoiétta**, **dim.**

téttola [da *tetta* con suff. dim. ✱av. 1320] **s. f.** ● ciascuna delle due escrescenze carnose ai lati del collo di alcune razze suine e caprine

tettóna [1963] **s. f.** **1** accr. di *tetta* **2** (*fam.*) donna dal seno esuberante e vistoso

tettònica o **tectònica** [adattamento del gr. *tektonikḗ* (sottinteso *téchnē*) '(arte) della costruzione' (V. *tettonico*) ✱1892] **s. f.** **1** (*geol.*) studio delle deformazioni e degli spostamenti che subiscono le rocce e la crosta terrestre, e che hanno come causa fondamentale forze endogene, interne al pianeta | ***t. a zolle, delle zolle, a placche***, teoria che spiega in maniera integrata tutti i fenomeni che riguardano la crosta terrestre (morfologia, fenomeni sismici e vulcanici, trasformazioni nel corso delle ere, ecc.) | insieme delle giaciture, fratture, strutture di deformazione delle rocce **2** (*anat.*) in istologia, disposizione a strati di elementi costituenti un tessuto: *t. delle cellule nervose*

tettònico o **tectònico** [vc. dotta, lat. tardo *tectŏnicu(m)*, dal gr. *tektonikós* 'relativo all'arte (*téchnē*) costruttiva del carpentiere (*téktōn*)' ✱ 1902] **agg.** (**pl. m.** *-ci*) **1** (*geol.*) relativo alla tettonica | causato da spinte o tensioni di origine crostale o sottocrostale **2** (*raro*) in architettura, relativo alla struttura costruttiva di un edificio

tettonìte [comp. di *tetton(ico)* e *-ite*② ✱ 1957] **s. f.** ● roccia a struttura e tessitura intimamente deformata per azioni tettoniche

†**tettòrio** [vc. dotta, lat. *tectōriu(m)*, agg. di *tēctum* 'tetto' ✱sec. XIV] **agg.** ● che riguarda il tetto o la copertura di un fabbricato

tettùccio [sec. XIII] **s. m.** **1** dim. di *tetto* **2** struttura superiore, scorrevole, della carrozzeria di un'autovettura: *un modello con t. apribile* | (*aeron.*) struttura sovrastante l'abitacolo di aerei, spec. monoposto o biposto, trasparente e apribile | ***t. scorrevole***, per facilitare l'entrata e l'uscita dall'abitacolo dell'aereo

tèucrio [vc. dotta, lat. *tĕucrio(n)*, dal gr. *téukrion*: dal n. (*Tĕukros*) del mitico progenitore dei *Troiani* (?) ✱1499] **s. m.** ● pianta erbacea pelosa delle Labiate, spontanea nei luoghi aridi e rocciosi, con fiori rosei solitari o in infiorescenze e frutto composto da quattro acheni (*Teucrium*)

tèucro [vc. dotta, lat. *Tĕucru(m)*, dal gr. *Tèukros*, n. del mitico primo re troiano ✱av. 1566] **agg. e s. m.** (**f.** *-a*) ● (*lett.*) troiano

teurgìa [vc. dotta, lat. *theŭrgia(m)*, dal gr. *theourgía*, comp. di *théos* 'dio' e di un deriv. di *érgon* 'opera, azione', di orig. indeur. ✱sec. XIV] **s. f.** (**pl.** *-gìe*) ● operazione magica, propria dell'ermetismo ellenistico, nella quale si presumeva di stabilire, a mezzo di evocazione, un contatto con la divinità o con le forze demoniache, e di compiere miracoli attraverso tale contatto

teùrgico [vc. dotta, lat. *theŭrgicu(m)*, dal gr. *theourgikós*, agg. di *theourgós* 'teurgo' ✱sec. XIV] **agg.** (**pl. m.** *-ci*) ● relativo alla teurgia

teùrgo [vc. dotta, lat. *thĕurgu(m)*, dal gr. *theourgós*, propr. 'operatore (da *érgon*) divino (da *theós*)' ✱sec. XIV] **s. m.** (**pl.** *-ghi* o *-gi*) ● operatore di teurgia, mago, evocatore

tèutone [vc. dotta, lat. *Tĕutonu(m)* 'appartenente al popolo (germ. **theudo-*)' ✱1374] **s. m. e f.** **1** ogni appartenente a un'antica popolazione di stirpe germanica che nel II sec. a.C. migrò in Gallia, invase l'Italia e fu sconfitta nel 102 a.C. da Mario **2** (*lett.*, *spreg.*) tedesco

teutònico [vc. dotta, lat. *Teutŏnicu(m)*, agg. di *Tĕutones* 'Teutoni' ✱av. 1451] **agg.** (**pl. m.** *-ci*) **1** dell'antica popolazione dei Teutoni **2** tedesco (*spec. iron.* o *spreg.*): *esattezza, tenacia teutonica* | ***Ordine t.***, ordine militare ospedaliero fondato nel XII sec. da Federico duca di Svezia in Palestina per combattere gli infedeli e poi trasferito dal 1228 in Prussia per combattervi gli idolatri (V. nota d'uso STEREOTIPO) || **teutonicaménte**, **avv.** || **teutonicità**, **s. f. inv.**

TeV /tɛv/ [sigla ingl., da *t(era) e(lectron) v(olt)*, propr. 'mille miliardi di volt-elettroni' ✱1965] **s. m. inv.** ● (*fis.*) unità di energia, usata in fisica nucleare, pari a un trilione di elettronvolt

texàno o (*raro*) **tessàno** [av. 1873] **A** **agg.** ● del Texas **B** **s. m.** (**f.** *-a*) ● abitante o nativo del Texas

tex-mex /*ingl.* 'tɛks'mɛks/ [vc. ingl. d'America, comp. di *Tex(as)* e *Mex(ico)* ✱1986] **A** **agg. inv.** ● detto di tutto ciò che fonde elementi della tradizione e del costume messicani con quelli del Texas e del Sud degli Stati Uniti: *musica tex-mex*; *cucina, specialità, ristorante tex-mex* **B** **s. m. inv.** ● commistione di ritmi messicani e di musica pop latinoamericana con quelli pop e country del Sud degli Stati Uniti

textùra [1983] **s. f.** ● adattamento di *texture* (V.)

tèxture /*ingl.* 'tɛkstʃə(r)/ [vc. ingl., propr. 'trama, struttura' (stessa etim. dell'it. *testura*) ✱ 1965] **s. f. inv.** **1** l'insieme dei minutissimi segni, rilievi o incisioni che rendono ruvida una superficie originariamente liscia: *la t. di un intonaco, di un vetro* **2** (*est.*) il complesso degli elementi grafici che decorano lo sfondo di un'immagine a stampa o digitale: *una t. che simula il marmo* **3** (*fis.*) struttura microscopica di un solido o un fluido | (*est.*) consistenza di una sostanza rilevabile al tatto: *una t. granulosa*

texturiẓẓàre [da *textura* ✱sec. XX] **v. tr.** ● trattare la superficie liscia di materiali naturali o artificiali allo scopo di renderla ruvida || **texturiẓẓazióne**, **s. f.**

TFR /ti 'ɛffe 'ɛrre, tieffe'ɛrre/ [1981] **s. m. inv.** ● sigla di *trattamento di fine rapporto* (V. *trattamento*)

thài o **tai**① /tai, *thail.* thai/ [vc. siamese giuntaci prob. attrav. il fr. ✱1930] **s. m. inv.** ● (*ling.*) gruppo di lingue monosillabiche parlate dalle popolazioni mongoloidi dell'Indocina

♦**thailandése** (o **-ṣ-**) o **tailandése** (o **-ṣ-**) [1970] **A** **agg.** ● della Thailandia **B** **s. m. e f.** ● abitante o nativo della Thailandia **C** **s. m. solo sing.** ● lingua ufficiale della Thailandia

Thànatos /*gr.* 'θanatos/ [vc. dotta, gr. *thánatos* 'morte', di prob. orig. indeur. ✱av. 1907] **s. f. inv.** (**pl. gr.** *Thanatoi*) ● nome greco della morte e del dio della morte, usato in psicoanalisi per indicare gli istinti distruttivi o di morte, in contrapposizione a Eros, simbolo degli istinti vitali e dio dell'amore

thatcherìṣmo /tattʃe'rizmo/ [dal n. di M. H. *Thatcher* (1925-2013), statista britannica ✱1980] **s. m.** ● teoria e prassi governativa di M. Thatcher (primo ministro del Regno Unito negli anni 1979-90), basata su un radicale programma di liberalizzazione dei mercati e sulla riduzione delle spese assistenziali e dell'intervento dello Stato nell'economia

the ● V. **tè**

thèremin /'teremin, *ingl.* 'θɛrəmɪn/ [adattamento del n. di L. S. *Termen* (1896-1993), l'inventore russo dello strumento ✱1994] **s. m. inv.** ● (*mus.*) strumento elettronico che l'esecutore suona muovendo le mani in prossimità di due antenne, le quali, a seconda dei movimenti, inviano segnali a una rete di circuiti che li sintetizza in suoni

Thèrmos® /'tɛrmos/ o **tèrmos** [gr. *thermós* 'caldo', ripreso dall'inventore ingl. del recipiente, originariamente definito *thermos bottle* o *thermos flask* 'bottiglia calda' e poi divenuto marchio di fabbrica ✱1915] **s. m. inv.** ● recipiente di vetro a doppia parete, protetto da un involucro di metallo, plastica o altro materiale, con le facce interne argentate e l'intercapedine vuota, per conservare a lungo un liquido caldo o freddo come vi è stato immesso

thesàurus /*lat.* te'zaurus, *ingl.* θɪ'sɔːrəs/ [vc. lat., propr. 'tesoro' ✱1831] **s. m. inv.** (**pl. lat.** *thesauri*, **pl. ingl.** *thesauri* o *thesauruses*) **1** vocabolario o lessico storico di una lingua: *il t. linguae latinae* **2** (*inform.*) in un programma di videoscrittura, vocabolario dei sinonimi

thèta ➤ **teta**②

think tank /tink'tɛnk, *ingl.* 'θɪŋ(k),tæŋk/ [loc. ingl., propr. 'serbatoio (*tank*) di pensatori (dal v. *to think* 'pensare')' ✱1983] **loc. sost. m. inv.** ● gruppo di esperti in discipline diverse che collabora alla risoluzione di problemi complessi, spec. in campo economico, politico, militare

thòlos /'tɔlos/ [vc. gr. (*thólos*), termine tecnico di etim. incerta ✱1938] **s. f. inv.** (**in greco s. m., pl. m.** *tholoi*) ● nel mondo mediterraneo arcaico, costruzione circolare a cupola usata spec. come copertura di tombe: *tomba a t.*

Thonet® /'tɔnet/ [dal n. dell'industriale ted., che fabbricò questo tipo di mobili, M. *Thonet* (1796-1871) ✱1965] **s. m. o f. inv.** ● tipo di sedia in legno curvato e sedile in paglia

thread /trɛd, *ingl.* θrɛd/ [vc. ingl., propr. 'filo' ✱1996] **s. m. inv.** ● (*Internet*) nei gruppi di discussione, successione degli interventi dei partecipanti su un determinato argomento **CFR.** filone①

thrìller /'triller, *ingl.* 'θrɪlə(r)/ [vc. ingl., da *to thrill* 'emozionare, far rabbrividire' d'orig. germ. ✱ av. 1957] **s. m. inv.** ● testo narrativo, spettacolo teatrale, cinematografico o televisivo dall'intreccio particolarmente avvincente e in grado di produrre negli spettatori tensione, ansia, paura **SIN.** thrilling | ***t. tecnologico***, thriller in cui sono rilevanti gli aspetti scientifici e tecnologici **SIN.** techno-thriller

thrilling /'trillin(g), *ingl.* 'θrılıŋ/ [vc. ingl., propr. part. pres. del v. *to thrill*, di orig. e area germ. ✻1933] **A agg. inv.** ● detto di spettacolo o narrazione emozionante, appassionante, orripilante: *una commedia t.* **B s. m. inv.** ● thriller

thyratron /'tairatron, *ingl.* 'θaırə,trɒn/ [vc. ingl., propr. 'tubo a gas a catodo', comp. del gr. *thýra* 'porta', d'orig. indeur., ed *électron* 'elettrone' ✻1947] **s. m. inv.** ● (*elettron.*) triodo a vapori di mercurio o a gas inerte, a catodo caldo, ampiamente impiegato come raddrizzatore e relè | diodo controllato termoelettronico a riempimento gassoso CFR. tiratron

♦**ti** ① /ti/ [lat. *tē*, acc. di *tū*, di orig. indeur., che ha sostituito in atonia anche il dativo *tĭbi* 'a te' ✻av. 1250] **pron. pers. atono di seconda pers. sing.** (**formando gruppo con altri pron. atoni e avv., si premette a** *ci*, *si* **e si pospone a** *mi*: *non ti ci provare*; *non ti si può dire nulla*; *non mi ti avvicinare*. **Assume la forma** *te* (V.) **davanti ai pron. atoni** *la*, *le*, *li*, *lo* **e alla particella** *ne*. **Si può elidere solo davanti a parole che cominciano per vocale:** *t'ammiro*; *come t'è sembrato lo spettacolo?*) **1** tu (come compl. oggetto enclitico o proclitico): *non ti ho visto ieri*; *ti hanno avvisato del mio ritardo?*; *non voglio vederti piangere* | si usa proclitico e (**lett.** nei modi finiti) enclitico nella coniug. dei v. rifl., intr. pron. e tr. pron.: *tu ti pettini*; *ti sei offeso?*; *innervosendoti non migliori le cose*; *non puoi permetterti questa spesa*; *vegnonti a pregar* (DANTE *Purg.* V, 44) | si usa enclitico e proclitico nell'imperat., †proclitico nell'imperat. affermativo: *non ti avvicinare*; *guardati da quell'uomo*; *a noi ti piega* (DANTE *Purg.* I, 81) **2** a te (come compl. di termine enclitico o proclitico): *ti racconterò ogni cosa*; *desidero comunicarti alcune cose*; *ti sembra possibile questo?*; *voglio darti un consiglio* **3** esprime (come 'dativo etico') partecipazione affettiva, interesse, adesione psicologica del soggetto: *ti sei mangiato tutto!*; *ti si sta facendo tardi*; *ti sei preso quello che meritavi* **4** (**pleonast.**) con valore rafforz.: *tu ti credevi di farla franca*; *chi ti credi d'essere?* | anche in espressioni che esprimono sorpresa: *arrivo, e chi ti trovo?* (V. nota d'uso ELISIONE e TRONCAMENTO)

ti ② /ti*/ o †**te** ② /te*/ [sec. XIV] **s. f. o m. inv.** **1** nome della lettera *t* **2** (*mar.*) pezzo di ferro battuto a forma di T: *bagli a ti*

tìade [vc. dotta, lat. *Thýade(m)*, dal gr. *Thyiás* 'donna furente', da *thýein* 'offrire in sacrificio agli dèi', di orig. indeur. ✻1499] **s. f.** ● baccante, menade

tiamìna [comp. del gr. *thêi(on)* 'zolfo' e *amina* ✻1949] **s. f.** ● vitamina B_1

tiàra [vc. dotta, lat. *tiāra(m)*, dal gr. *tiára*, di orig. orient. ✻1374] **s. f.** **1** copricapo rigido, per lo più a punta, dei sacerdoti e dei re dell'antico Oriente **2** copricapo ornato da tre corone sovrapposte e con croce all'apice, portato un tempo dai Papi, come simbolo del potere in alcune cerimonie SIN. triregno

tìaso [vc. dotta, lat. *thĭasu(m)*, dal gr. *thíasos*, di etim. incerta ✻1499] **s. m.** ● nella religione greca antica, associazione di fedeli del culto di Dioniso | danza e cerimonia propria di tali associazioni

tiazìna [comp. di *ti(o)-*, *az(oto)* e *-ina* ✻1961] **s. f.** ● (*chim.*) molecola eterociclica esatomica aromatica costituita da quattro atomi di carbonio, uno di zolfo e uno di azoto; i suoi derivati sono usati come coloranti e prodotti terapeutici

tiazòlo [comp. del gr. *thêi(on)* 'zolfo' e *azolo* ✻1932] **s. m.** ● (*chim.*) composto eterociclico ad anello pentatomico contenente zolfo e azoto, usato in molte sintesi organiche

tiberìno [vc. dotta, lat. *Tiberīnu(m)*, agg. del n. del fiume 'Tevere' (*Tĭberis*) ✻1342] **agg.** ● del Tevere, bagnato dal Tevere: *valle tiberina*

tibet [dal tibetano *Tö-bhöt*, propr. 'alto (*Tö*) Tibet (*Bod*, n. locale della regione)' ✻1835] **s. m. inv.** ● qualità di lana o anche di seta molto morbide e pregiate, ottenute dalla sfilacciatura di tessuti fini, usati

tibetàno [1792] **A agg.** ● del Tibet: *i monasteri tibetani* **B s. m.** (**f.** *-a*) ● abitante o nativo del Tibet **C s. m. solo sing.** ● lingua della famiglia sino-tibetana, parlata nel Tibet

tìbia [vc. dotta, lat. *tībia(m)*, da principio 'flauto' (di etim. incerta), poi anche 'stinco', seguendo l'analogo passaggio semantico del corrispondente gr. *aulós* ✻sec. XIV] **s. f.** **1** (*anat.*) osso lungo della gamba, di cui, assieme alla fibula, costituisce lo scheletro **2** nel mondo classico, strumento a fiato di canna, bosso o avorio, simile al flauto

tibiàle [vc. dotta, lat. *tibiāle(m)*, agg. di *tībia* ✻1499] **agg.** ● (*anat.*) della tibia: *muscolo t.*

tibìcine [vc. dotta, lat. *tibīcine(m)*, comp. di *tībia* 'flauto' e di un deriv. da *cănere* 'cantare (accompagnandosi con uno strumento)' ✻sec. XIV] **s. m.** (**f.** *-a*) ● suonatore di tibia

tibioastragàlico [comp. di *tibia* e dell'agg. di *astragalo* ✻1935] **agg.** (**pl. m.** *-ci*) ● (*anat.*) della tibia e dell'astragalo: *articolazione tibioastragalica*

tibiotàrsico [comp. di *tibia* e dell'agg. di *tarso* ✻1840] **agg.** (**pl. m.** *-ci*) ● (*anat.*) della tibia e del tarso

tibulliàno [dal n. del poeta lat. *Ălbius Tibŭllus*, dim. di orig. incerta ✻1723] **agg.** ● concernente l'arte e lo stile del poeta Albio Tibullo (55 ca.-19/18 a.C.): *elegie tibulliane*

tibùrio [dal lat. *tigŭriu(m)* 'tugurio' con sovrapposizione di *cibōrium* 'ciborio' (?) ✻av. 1519] **s. m.** ● rivestimento esterno cilindrico o prismatico di una cupola, usato in alcune forme architettoniche bizantine, romaniche, gotiche

tibùrte [vc. dotta, lat. *Tibŭrte(m)*, da *Tībur* 'Tivoli' ✻1894] **agg.** ● (*raro*, *lett.*) tiburtino

tiburtìno [vc. dotta, lat. *Tiburtīnu(m)*, dal n. lat. (*Tībur*) di 'Tivoli' ✻av. 1292] **agg.** ● della città di Tivoli | ***pietra tiburtina***, travertino

♦**tic** o **ticche**, **ticchete** nei sign. A e B 1 [vc. onomat. ✻av. 1449] **A inter.** ● riproduce un rumore lieve, secco e repentino | V. anche *tic tac* e *tic toc* **B in funzione di s. m. inv.** **1** piccolo colpo o battito: *il tic di una goccia che cade* **2** (*med.*) movimento involontario, brusco, intermittente causato dalla contrazione di uno o più muscoli, spec. della faccia **3** (*fig.*) abitudine, comportamento, gesto strano o quasi incontrollato che vengono ripetuti spesso

tìcche tàcche ➤ **tic tac**

tìcchete ➤ **tic**

tìcchete tàcchete ➤ **tic tac**

tìcchete tòcchete ➤ **tic toc**

tìcche tòcche ➤ **tic toc**

ticchettàre [sec. XVI] **v. intr.** (*io ticchétto*; aus. *avere*) ● produrre un ticchettio o un picchiettio

♦**ticchettìo** [da *tic* ✻1890] **s. m.** (**pl.** *-ii*) ● rumore secco, rapido e leggero che si ripete frequentemente

tìcchio ① [adattamento di *tic* in senso medico ✻1612] **s. m.** **1** (*raro*) tic nervoso **2** vizio d'abitudine per cui un animale, spec. il cavallo, assume atteggiamenti anormali **3** (*fig.*) capriccio, ghiribizzo, voglia strana: *gli è saltato il t. di recitare*

tìcchio ② [etim. incerta ✻1779] **s. m.** ● macchiolina presente spec. nei marmi, in alcune pietre o nella frutta

ticchiolàto [da *ticchio* ② ✻1759] **agg.** ● macchiettato, picchiettato

ticchiolatùra [da *ticchiolato* ✻av. 1862] **s. f.** ● malattia fungina di alcune piante, specie del pero e del melo, che colpisce frutti, foglie, germogli e fiori

ticcóso (o -ṣ-) o **ticchióso** (o -ṣ-) [da *tic* ✻1937] **agg.** **1** (*raro*) di tic nervoso **2** (*raro*) di persona affetta da tic

tìche ➤ **tyche**

ticinése (o -ṣ-) [av. 1530] **A agg.** ● del fiume Ticino | del Canton Ticino **B s. m. e f.** ● abitante o nativo del Canton Ticino

tick /*ingl.* tık/ [vc. ingl., propr. 'ticchettio', 'scatto' ✻1995] **s. m. inv.** ● (*econ.*) ampiezza minima della variazione di prezzo registrabile su alcuni mercati telematici

tìcket /'tiket, *ingl.* 'tıkıt/ [vc. ingl., dal fr. *estiquette*, var. antica di *étiquette* 'etichetta' ✻1895] **s. m. inv.** **1** (*sport*) nelle corse ippiche, scontrino consegnato dal totalizzatore con gli estremi della scommessa effettuata **2** quota che deve corrispondere chi ricorre all'assistenza sanitaria pubblica per fruire di alcune specialità farmaceutiche e prestazioni mediche | (*est.*) quota che si deve corrispondere per usufruire di un determinato servizio pubblico: *t. per l'accesso di un'automobile al centro urbano* **3** scontrino di abbonamento per il consumo di pasti a prezzo convenzionato in tavole calde, self-service e sim. **4** (*polit.*) negli Stati Uniti, programma politico e coppia di candidati alla presidenza e alla vicepresidenza proposti da ciascun partito nelle elezioni presidenziali | (*est.*) coppia di candidati proposta per due o più cariche elettive

tìcketless /'tiketles, *ingl.* 'tıkıtləs/ [vc. ingl., propr. 'senza (*-less*) biglietto (*ticket*)' ✻2001] **A s. m. inv.** (**anche f. nel sign. 2**) **1** servizio di biglietteria virtuale con ritiro successivo del biglietto: *prenotare un Eurostar col t.* | (*est.*) codice di prenotazione che consente il ritiro del biglietto | (*est.*) il biglietto stesso **2** (*est.*) chi si avvale di tale servizio **B anche in funzione di agg. inv.** (**posposto a un sost.**): *biglietto t.*; *servizio t.*

tic tàc /tik'tak/ o **tictàc**, **tìcche tàcche**, **tìcchete tàcchete** [vc. onomat. con alternanza di vocale ✻1538] **A loc. inter.** ● riproduce il rumore ritmico prodotto da colpi secchi, lievi e con frequenza regolare: *l'orologio faceva tic tac tic tac tic tac*; *tic tac tic tac tic tac: qualcuno camminava al piano di sopra* **B in funzione di loc. sost. m. inv.** ● il rumore stesso: *il tic tac dei tacchi a spillo*; *il tic tac dell'orologio*

tic tòc /tik'tɔk/ o **tìcche tòcche**, **tìcchete tòcchete** [vc. onomat. con alternanza di vocale ✻1521] **A loc. inter.** ● riproduce il rumore di un battito ritmico e secco, spec. di un cuore **B in funzione di loc. sost. m. inv.** ● il rumore stesso

tie' o **tiè** [tronc. di *tieni*, imperat. di *tenere* ✻1881] **inter.** **1** (*fam.*) esprime un atteggiamento di ripicca, di compiacimento per un insuccesso o per qlco. di negativo capitato ad altri (talora accompagnato da un gestaccio con il braccio) **2** te'

tie-break /tai'bre(i)k, *ingl.* 'taı,breık/ [vc. ingl., comp. di *tie* 'laccio, vincolo', poi 'pareggio' (d'orig. germ.) e *break* (V.) ✻1983] **s. m. inv.** (**pl. ingl.** *tie-breaks*) **1** nel gioco del tennis, metodo per abbreviare la durata di un set, dopo sei giochi pari **2** nel gioco della pallavolo, set di spareggio che si svolge dopo due set vinti da ogni squadra

tièlla [napol. *tiella* 'padella', poi 'cibo contenuto in una padella', dal lat. parl. **tegĕlla(m)*, dim. di *tēgula* 'teglia' (V. *teglia*) ✻1961] **s. f.** ● tipo di torta salata, cotta al forno, fatta con pasta del pane e ripiena di verdure o frutti di mare, tipica delle coste del basso Lazio e della Campania

tièllo ▸ **tenere**
tièmmi ▸ **tenere**
tièni ▸ **tenere**
tiènne ▸ **tenere**
tiènti ▸ **tenere**

tientibène [da separare *tien(i)ti bene* ✱ 1813] **s. m. inv.** ● (*mar.*) struttura solidamente collegata allo scafo, alla coperta o alle sovrastrutture, all'esterno o all'interno, per fornire un appiglio sicuro

†**tiepidàre** o †**tepidàre** [lat. *tepidāre* 'fare intiepidire', da *tĕpidus* 'tiepido' ✱ sec. XIV] **v. tr. e intr.** ● intiepidire

♣**tiepidézza** o (*lett.*) **tepidézza** [av. 1306] **s. f. 1** caratteristica di ciò che è tiepido: *la t. di una stanza*; *la t. della stagione* **2** (*fig.*) scarso entusiasmo, freddezza: *accogliere qlcu. con t.*

tiepidismo [1939] **s. m.** ● (*fig.*) atteggiamento di scarso entusiasmo, di tiepidezza

tiepidità o (*lett.*) **tepidità** [av. 1292] **s. f. inv.** ● (*raro*) tiepidezza (*anche fig.*)

♦**tièpido** o (*lett.*) **tèpido** [vc. dotta, lat. *tĕpidu(m)*, da *tepēre* 'essere alquanto caldo', di orig. indeur. ✱ 1310] **agg. 1** non molto caldo: *acqua tiepida*; *vento t.* | poco intenso: *sole t.* | †*fuoco t.*, poco vivo **2** (*fig.*) di chi dimostra poco interesse, calore o slancio nei sentimenti o nelle azioni: *innamorato t.*; *difensore t.* | debole, fiacco, detto di sentimenti, convinzioni: *affetto t.* | poco caloroso: *il film ha avuto una tiepida accoglienza* ‖ (*lett.*) **tiepidétto**, **dim.** | **tiepidino**, **dim.** | **tiepidùccio**, **dim.** ‖ **tiepidaménte**, **avv. 1** (*raro*) con scarso calore **2** (*fig.*) freddamente, senza slancio o entusiasmo

†**tiepidóre** [parallelo del latinismo *tepore*, formato da *tiepido* ✱ sec. XIV] **s. m.** ● tiepidezza, tepore

tiepidùme [comp. di *tiepid(o)* e *-ume* ✱ 1856] **s. m.** ● (*raro*) tiepidezza (*spec. fig.*)

tifa [gr. *týphē*, n. di 'pianta', di orig. indeur. ✱ 1476] **s. f.** ● (*bot.*) stiancia

Tifàcee [comp. del gr. *týphē*, n. di 'pianta', di orig. indeur., e *-acee* ✱ 1841] **s. f. pl.** (**sing.** *-a*) ● (*bot.*) famiglia di piante monocotiledoni con fiori maschili o femminili in spighe compatte, privi di calice e corolla e circondati da peli e scaglie (*Typhaceae*)

♦**tifàre** [da *tifo* nel sign. 2 ✱ 1935] **A v. intr.** (**aus.** *avere*) ● fare il tifo per un atleta o una squadra sportiva | (*est.*) parteggiare per qlcu. o per qlco.: *t. per il Bologna* **B anche v. tr.**: *vado allo stadio a t. Roma, Inter*

tifernàte [vc. dotta, lat. *tifernāte(m)*, da *Tifernum* 'Città di Castello' ✱ 1860] **agg. e s. m. e f.** ● (*lett.*) castellano②

tìfico [da *tifo* nel sign. 1 ✱ 1840] **agg.** (**pl. m.** *-ci*) ● (*med.*) del tifo

tiflìte [comp. del gr. *typhlós* 'cieco', di orig. indeur., e *-ite*① ✱ 1875] **s. f.** ● (*med.*) infiammazione dell'intestino cieco

tiflo- [dal gr. *typhlós* 'cieco'] **primo elemento** ● in parole composte, significa 'non vedente': *tiflografia, tiflologia*

tiflografìa [comp. di *tiflo-* e *-grafia* ✱ 1925] **s. f.** ● scrittura in rilievo per uso dei non vedenti

tiflògrafo [comp. di *tiflo-* e *-grafo* ✱ 1875] **s. m.** ● strumento per scrivere a uso dei non vedenti

tiflologìa [comp. di *tiflo-* e *-logia* ✱ 1957] **s. f.** (**pl.** *-gie*) ● studio delle condizioni e dei problemi dei non vedenti, spec. in rapporto al loro inserimento professionale

tiflològico [1983] **agg.** (**pl. m.** *-ci*) ● che riguarda la tiflologia

tiflòpe [gr. *typhlṓps* 'della vista (*ṓps*) cieca (*typhlós*)' ✱ 1840] **s. m.** ● rettile con occhio coperto da squame, bocca piccolissima e corpo vermiforme lungo fino a mezzo metro, innocuo, sotterraneo (*Tiphlops*)

tìfo [gr. *typhôs* 'fumo', 'febbre con torpore e stupore', da *týphein*, di orig. indeur. ✱ 1818] **s. m. 1** gruppo di malattie infettive causate da batteri (*rickettsie* o *salmonelle*) caratterizzate da torpore, febbre, manifestazioni enteriche o esantematiche | ***t. addominale***, grave infezione dell'intestino tenue da *Salmonella typhi* che può portare a ulcerazioni dell'ileo con conseguenti emorragie intestinali o perforazioni **SIN.** febbre tifoide | ***t. esantematico, t. petecchiale, t. classico***, infezione acuta febbrile da *Rickettsia prowazekii* trasmessa dal pidocchio; dà stato stuporoso e comparsa di petecchie emorragiche | ***t. murino***, infezione da *Rickettsia typhi* trasmessa dalla pulce del ratto; dà febbre e petecchie emorragiche **2** fanatismo sportivo: *studiare il fenomeno del t.* | (*est.*) ***fare il t. per qlcu.***, sostenerlo, spalleggiarlo, esaltarlo | ***fare un t. da stadio***, sostenere qlcu. o qlco. in modo entusiastico e chiassoso, detto spec. di più persone

tifòide [comp. di *tifo* e *-oide* ✱ 1813] **A agg.** ● pertinente o simile al tifo addominale o febbre tifoide **SIN.** tifoideo **B s. f.** ● febbre tifoide, tifo addominale

tifoidèo [1813] **agg.** ● tifoide

†**tìfolo** [etim. incerta ✱ av. 1565] **s. m.** ● strillo

tifóne [portog. *tufão*, dall'arabo *ṭūfān*, a sua volta dal gr. *typhôn* 'vento fortissimo' e anche n. di un 'misterioso mostro' di orig. orient., che ha influenzato anche la forma della vc. europea ✱ 1374] **s. m.** ● ciclone tropicale dei Mari della Cina o della zona nord-occidentale del Pacifico | (*est.*) vento tempestoso, vorticoso e di straordinaria violenza distruttiva
SFUMATURE ▸ ***turbine***

tifoserìa (o -ṣ-) [da *tifoso* ✱ 1962] **s. f.** ● l'insieme dei tifosi di un atleta o di una formazione sportiva (*anche spreg.*): *la t. locale ha provocato incidenti alla fine della partita*

tifòṣi [comp. di *tifo* e *-osi* ✱ 1935] **s. f. inv. 1** (*med.*) ***t. tubercolare***, tubercolosi miliare acuta a forma tifoide **2** (*veter.*) ***t. aviaria***, malattia che colpisce spec. i polli, raramente i tacchini, causata da una specie di salmonella

♦**tifóso** (o -ṣ-) [1901] **agg. e s. m.** (**f.** *-a*) **1** (*med.*) che (o chi) è affetto da tifo **2** che (o chi) fa il tifo per atleti o squadre sportive | ***tessera del t.***, tessera ufficiale, che consente facilitazioni e vantaggi, rilasciata da una società di calcio ai propri tifosi, tranne a chi è sottoposto a daspo o risulta condannato per reati da stadio | (*est.*, *raro*) ammiratore entusiastico: *essere t. di un noto cantante* **SIN.** fan
SFUMATURE ▸ ***simpatizzante***

tìfula [dim. con suff. lat. (*-ula*) di *tifa* ✱ 1957] **s. f.** ● fungo delle Clavariacee saprofita o parassita di piante coltivate (*Typhula*)

tigèlla [modenese *tigèla*, all'orig. 'disco di terracotta, tra due dei quali caldissimi si chiudeva la pasta': prob. stessa orig. di *teglia* ✱ 1983] **s. f.** ● schiacciata tipica dell'Appennino modenese, cotta tra due piastre e mangiata calda con prosciutto e sim.

tiggì ▸ **tigì**

tight /ingl. taɪt/ [ingl. *tight* (vc. germ. d'orig. indeur.), che però significa solo 'attillato, stretto' (quindi propr. 'abito stretto') ✱ 1870] **s. m. inv.** ● abito maschile da cerimonia, con giacca nera a falde larghe e lunghe e pantaloni rigati nei toni grigio e nero **CFR.** tait

tigì o **tiggì** [dalla lettura delle iniziali di *t(ele)* e *g(iornale)* ✱ 1985] **s. m. inv.** ● (*colloq.*) telegiornale

Tigliàcee [comp. di *tiglio* e *-acee* ✱ 1840] **s. f. pl.** (**sing.** *-a*) ● (*bot.*) famiglia di dicotiledoni arboree a foglie semplici, alterne e fiori regolari (*Tiliaceae*)

tìglio [lat. *tīlia(m)*, di etim. incerta ✱ av. 1320] **s. m. 1** albero delle Tigliacee con foglie a cuore e seghettate, fiori in infiorescenze dal profumo intenso, forniti di una brattea giallo-verdastra, utile per la disseminazione e frutto a noce (*Tilia cordata*) | ***infuso di t.***, preparato con i fiori secchi del tiglio e dotato di leggera azione sedativa, diuretica e sudorifera **2** legno bianco, tenero e leggero dell'albero omonimo, usato per lavori d'intaglio, matite e fiammiferi **3** fibre di pianta legnosa o erbacea, come canapa e lino | (*est.*) filo duro di carne, frutta e sim.

tiglióso (o -ṣ-) [da *tiglio* nel senso di 'fibra dura' ✱ av. 1320] **agg.** ● fibroso | ***carne tigliosa***, dura, che si mastica male

tigmotassìa o **tigmotàssi** [1994] **s. f.** ● (*biol.*) tigmotattismo

tigmotattismo [comp. del gr. *thígma* 'contatto' e *tattismo* ✱ 1994] **s. m.** ● (*biol.*) tattismo in risposta a stimoli meccanici da contatto **SIN.** tigmotassia

tìgna [lat. *tĭnea(m)*, 'verme intestinale'; in passato infatti si riteneva che fosse un'affezione causata da parassiti metazoi ✱ sec. XIII] **s. f. 1** (*med.*) termine popolare per indicare nell'uomo o negli animali le micosi superficiali a carico di capelli o peli causate da funghi dermatofiti molto contagiosi | ***t. tonsurante***, micosi di capelli e peli prevalentemente causata da *Trichophyton tonsurans* e *Microsporum canis* | ***t. favosa***, micosi dei capelli che porta ad alopecia causata da *Trichophyton schoenleinii* **CFR.** tinea **2** (*fig.*) grattacapo, fastidio | avarizia | (*centr.*) puntigliosità, ostinatezza | †***grattare la t.***, battere, picchiare senza riguardo, graffiare **3** (*centr.*, *sett.*) persona avara | (*raro*) persona fastidiosa o sgradevole | †persona spregevole, turpe **4** (*centr.*) puntiglio, ostinazione

tignàmica [dal lat. *tiniāria(m)* 'erba della tigna (*tĭnea*)' ✱ av. 1405] **s. f.** ● pianta delle Asteracee delle lande e zone sabbiose con fusto e foglie bianche e lanose e brattee giallo oro (*Helichrysum stoechas*)

†**tìgnere** ▸ **tingere**

tignòla [lat. *tinĕola(m)*, da *tĭnea* 'tigna' ✱ av. 1292] **s. f.** ● correntemente, farfalla di varie famiglie le cui larve, nutrendosi di sostanze organiche eterogenee, possono essere molto dannose **SIN.** tarma | ***t. dei panni***, farfallina gialliccia, notturna, con larve che rodono la lana (*Tinea pellionella*) | ***t. del grano***, dannosa ai cereali, nocciole, arachidi e sim. (*Tinea*) | ***t. grigia della farina***, piccola farfalla della famiglia piralidi le cui larve si nutrono di cariossidi di graminacee o di farina (*Ephestia kuhniella*) | ***t. degli alveari, della cera***, piralide

tignósa (o -ṣ-) [da *tigna* ✱ 1858] **s. f.** ● nome comune di alcuni Funghi del genere *Amanita*, con varietà commestibili e velenose | ***t. paglierina***, velenosa, con cappello giallo macchiato di marrone (*Amanita citrina*)

tignóso (o -ṣ-) [lat. tardo *tineōsu(m)*, da *tĭnea* 'tigna' ✱ sec. XIII] **agg. e s. m.** (**f.** *-a*) **1** che (o chi) è affetto da tigna **2** (*fig.*) che (o chi) è fastidioso | miserabile, spregevole **3** (*centr.*, *sett.*) avaro, spilorcio **4** (*centr.*) puntiglioso, testardo | stizzoso ‖ **tignosétto**, **dim.** ‖ **tignosità**, **s. f. inv. 1** caratteristica di chi (o di ciò che) è tignoso **2** (*fig.*) avarizia

tigóne [comp. di *tig(re)* e *(le)one* ✱ 1974] **s. m.** ● animale ibrido prodotto dall'incrocio di una tigre maschio con una leonessa

tigràrsi [1961] **v. intr. pron.** ● coprirsi di macchie e striature in modo da assumere l'aspetto del mantello della tigre: *le banane*

a b c d e f g h i j k l m n o p q r s **t** u v w x y z

si tigrano

tigràto [av. 1755] **A** agg. ● che ha macchie a strisce come il mantello della tigre: *alano t.* **B** s. m. ● gatto robusto, di pelo corto e vellutato che forma delle caratteristiche tigrature che ricordano il mantello della tigre

tigratùra [da *tigrato* ✻ 1961] **s. f.** ● complesso delle strisce e delle macchie che presenta un mantello di animale tigrato

♦**tigre** [vc. dotta, lat. *tĭgri(m)*, dal gr. *tígris*, di orig. iranica ✻ 1266] **s. f. o** (*raro*) **m. (pl. f. *-i*, †*-e*)** **1** carnivoro felino asiatico, snello ed elegante, giallastro a strisce scure, di indole feroce anche se addomesticato (*Panthera tigris*): *la t. del Bengala* | ***t. americana***, giaguaro | ***t. di carta***, (*fig.*, *colloq.*) chi (o ciò che) sembra pericoloso o temibile ma in realtà può essere sconfitto | ***cavalcare la t.***, (*fig.*) intraprendere un'azione pericolosa cercando di controllarla; sfruttare un movimento di protesta per volgerlo ai propri fini | ***cuore di t.***, spietato, crudele **2** (*fig.*) persona crudele, feroce **3** (*fig.*) potenza economica aggressiva, che si sviluppa molto rapidamente: *la t. cinese* | ***Tigri asiatiche***, denominazione giornalistica di un gruppo di Paesi (come Hong Kong, Singapore, Taiwan, Corea del Sud) che hanno conosciuto un rapido e notevole sviluppo economico e commerciale || **tigrétta**, **dim.** | **tigróna**, **accr.** | **tigróne**, **accr. m.** | **tigròtto**, **dim. m.** (V.)

tigrésco [1879] **agg. (pl. m. *-schi*)** ● da tigre: *ferocia tigresca* | (*fig.*, *raro*) spietato

†**tìgro** [av. 1292] **s. m.** ● tigre

tigròtto [dim. m. di *tigre* ✻ 1728] **s. m.** ● cucciolo della tigre

†**tigùrio** ➤ **tugurio**

tìki tàca **loc. sost. m. inv.** ● adatt. di *tiqui taca* (V.)

tilacìno [dal gr. *thýlakos* 'borsa, sacco', di etim. incerta ✻ 1846] **s. m.** ● mammifero marsupiale australiano con l'aspetto di un cane lupo grigio a strisce scure trasversali, carnivoro, oggi raro, se non addirittura estinto (*Thylacinus cynocephalus*)

tilacòide [comp. del gr. *thýlakos* 'borsa', di etim. incerta, e *-oide* ✻ 1992] **s. m.** ● (*bot.*) struttura membranosa a forma di sacco presente nei Cianobatteri e nei cloroplasti degli organismi eucarioti, dove sono localizzate le clorofille

tìlbury /'tilburi, *ingl.* 'tɪlb(ə)rɪ/ [vc. ingl., dal n. del suo costruttore ✻ 1832] **s. m. inv. (pl. ingl. *tilburies*)** ● tipo di calesse leggero

tìlde [vc. sp., da una forma metatetica del lat. *tĭtulus* 'iscrizione, titolo' ✻ av. 1789] **s. m. o f.** ● (*ling.*) segno di lineetta per lo più ondulata messo sopra a una lettera per contraddistinguerne una particolare pronuncia (per es. in spagnolo si sovrappone alla consonante *n* per indicarne la pronuncia palatale; in portoghese si sovrappone a una vocale per indicarne la pronuncia nasale)

tìlla [gr. *thylás* 'borsa, sacco': vc. di orig. straniera (?) ✻ 1961] **s. f.** ● (*bot.*) estroflessione di cellule vive del parenchima legnoso che entrano nei vasi del durame riempiendone la cavità

Tilletiàcee [vc. dotta, comp. dal n. dell'agronomo fr. M. *Tillet* (1903-1954) e *-acee* ✻ 1930] **s. f. pl. (sing. *-a*)** ● (*bot.*) famiglia di Funghi parassiti di varie piante spec. graminacee (*Tilletiaceae*)

tìllo [1931] **s. m.** ● (*bot.*) tilla

tilòma [comp. del gr. *týlos* 'callo', di orig. indeur., e del suff. *-oma* ✻ 1840] **s. m. (pl. *-i*)** **1** callosità cutanea spec. nel palmo della mano e nella pianta dei piedi **2** indurimento del margine palpebrale come conseguenza di certi processi infiammatori

tilt /*ingl.* tɪlt/ [vc. ingl. d'orig. germ., che significa 'inclinazione' ✻ 1959] **s. m. inv.** ● nel flipper, scatto, con conseguente accensione di una spia luminosa, che segnala la fine della partita o la sua interruzione a causa di un errore del giocatore | ***fare, andare in t.***, (*est.*) subire un guasto, detto di circuiti elettrici o elettronici; (*fig.*) perdere il controllo o la lucidità mentale | (*fig.*) ***essere in t.***, non riuscire a connettere, essere confuso e come bloccato

timbàllo [fr. *timbale*, da *tambal*, di orig. sp. (*atabal*), con sovrapposizione di *cymbale* 'cembalo' ✻ 1655] **s. m.** **1** (*mus.*) antico strumento a percussione simile al timpano | (*lett.*) tamburo: *e il canto superbo di trombe e timballi / insulta i silenzi del sacro Aventin* (G. CARDUCCI) **2** vivanda a base di ingredienti vari racchiusi in un involucro di pasta sfoglia o frolla, cotta al forno in uno stampo a bordi alti: *t. di maccheroni* | lo stampo stesso

timbràre [fr. *timbrer*, da *timbre* 'timbro' ✻ 1799] **v. tr.** ● apporre, mettere un timbro o una stampigliatura | ***t. il cartellino***, all'inizio e alla fine d'ogni periodo di lavoro, apporre un timbro sul cartellino di presenza per mezzo dell'orologio marcatempo, detto di lavoratori subordinati; (*est.*) prestare lavoro dipendente; (*fig.*) essere sottoposto a una routine

timbratrìce [da *timbrare* ✻ 1973] **A** s. f. ● macchina che annulla automaticamente francobolli, biglietti e sim. **B** anche agg.

timbratùra [1907] **s. f.** ● apposizione di un timbro | timbro, spec. quello applicato sul francobollo

SFUMATURE ➤ *bollo*②

tìmbrico [1939] **agg. (pl. m. *-ci*)** ● che riguarda il timbro, in musica e in pittura | ***valore t. di un autore, di una composizione***, espressività, musicalità || **timbricaménte**, **avv.** da un punto di vista timbrico || **timbricità**, **s. f. inv.**

timbrifìcio [comp. di *timbro* e *-ficio* ✻ 1961] **s. m.** ● fabbrica o laboratorio dove si producono timbri

tìmbro [fr. *timbre*, che, prima di 'bollo', significava 'tamburo' (dal gr. *týmpanon* 'timpano') ✻ 1798] **s. m.** **1** strumento in materiale vario con una superficie gommata, di piccolo formato, che serve per imprimere bolli, scritte e sim. | ***t. a secco***, strumento che stampa un bollo a secco, senza inchiostro | annullo **2** (*mus.*) qualità che permette di distinguere due suoni di uguale altezza e intensità: *t. della voce, di uno strumento*; *una voce di un t. basso cantante* (E. MORANTE) **SIN.** colore | (*est.*) in pittura, maniera di usare il colore: *il t. della pittura astratta* **3** (*fig.*) tono, cadenza caratteristica di autori o composizioni letterarie: *il t. di una canzone trecentesca* **4** (*ling.*) aspetto con cui si presenta alla percezione una vocale || **timbrétto**, **dim.** | **timbrìno**, **dim.**

SFUMATURE ➤ *bollo*②

time lapse /*ingl.* 'taɪm,læps/ [loc. ingl., propr. 'intervallo (*lapse*) di tempo (*time*)' ✻ 1994] **loc. sost. m. inv.** ● tecnica video o cinematografica per rappresentare un fenomeno in lenta evoluzione (per es., lo sbocciare di un fiore o un tramonto), riprendendolo a intervalli regolari di tempo e riproducendo in sequenza le immagini registrate, così da fare sembrare rapido il processo **CFR.** rallentatore, ralenti

timèle o **tìmele** [vc. dotta, lat. tardo *thýmele(n)*, dal gr. *thymélē*, connesso con *thýein* 'faccio fumare (nell'offerta sacrificale)', di orig. indeur. ✻ av. 1597] **s. f.** ● nella Grecia antica, ara sacrificale di Dioniso, collocata al centro dell'orchestra, nei teatri

timelèa [vc. dotta, lat. *thymelāea(m)*, dal gr. *thymélaia* 'ulivo (*eláia*) di timo (*thýmos*)' ✻ 1476] **s. f.** ● (*bot.*) mezereo

Timeleàcee [comp. di *timele(a)* e *-acee* ✻ 1869] **s. f. pl. (sing. *-a*)** ● (*bot.*) famiglia di piante legnose dicotiledoni con fiori senza corolla e calice tubulare colorato (*Thymelaeaceae*)

time out /tai'maut, *ingl.* 'taɪm,aʊt/ [loc. ingl., propr. 'fuori (*out*) dal tempo (*time*)', perché, nelle competizioni disputate a tempo effettivo, il cronometro che indica i restanti minuti di gara rimane bloccato per l'intera durata del *time out* ✻ 1964] **loc. sost. m. inv.** ● (*sport*) nella pallacanestro e sim., sospensione regolamentare del gioco chiesta da un allenatore

timer /'taimer, *ingl.* 'taɪmə(r)/ [vc. ingl., da *time* 'tempo', dall'anglosassone *tīma* ✻ 1964] **s. m. inv.** ● temporizzatore munito di un contatore a orologeria, usato sia nella confezione di ordigni esplosivi a tempo che in numerosi elettrodomestici o apparecchi: *il t. della lavatrice*; *il t. del videoregistratore*

time sharing /taim'ʃɛrin(g), *ingl.* 'taɪm,ʃɛərɪŋ/ [loc. ingl., comp. di *time* 'tempo' (V. *timer*) e *sharing* 'ripartizione', da *to share* 'dividere, condividere' (entrambe d'orig. germ.) ✻ 1966] **loc. sost. m. inv.** ● tecnica che permette, in base al principio della ripartizione del tempo, l'utilizzazione contemporanea di un grosso calcolatore da parte di più persone che operano da terminali diversi

-timìa [dal gr. *thymós* 'animo'] **secondo elemento** ● in parole composte della terminologia medico-psicologica significa 'animo, sentimento': *lipotimia*, *schizotimia*

tìmico [da *timo*② ✻ 1681] **agg. (pl. m. *-ci*)** ● (*anat.*) del timo | ***morte timica***, improvviso collasso mortale nell'infanzia attribuito a iperattività del timo

timidézza [av. 1328] **s. f.** ● caratteristica, condizione di chi (o di ciò che) è timido: *cerca di vincere la tua t.*; *la t. naturale del carattere perdurava* (E. MORANTE) | comportamento timido: *non abbandonarti a timidezze* | (*est.*) eccessiva cautela, esitazione

†**timidità** o †**timiditàde**, †**timiditàte** [vc. dotta, lat. *timiditāte(m)*, da *tĭmidus* 'timido' ✻ 1308] **s. f.** ● (*lett.*) timidezza | comportamento da timido

♦**tìmido** [vc. dotta, lat. *tĭmidu(m)*, da *timēre* 'temere', di etim. incerta ✻ av. 1292] **A** agg. **1** (*raro* o *lett.*) che si spaventa o si scoraggia facilmente: *un t. coniglio*; *Nastagio ... tutto t. divenuto e quasi non avendo pelo addosso che arricciato non fosse* (G. BOCCACCIO) **2** che manca di disinvoltura, mostra soggezione, si dimostra impacciato, detto di persona: *con i superiori diventa t.* | ***farsi t.***, arrossire, balbettare, mostrarsi nell'aspetto come una persona timida | (*est.*) eccessivamente cauto, esitante, incerto **CONTR.** audace **3** che rivela timidezza, detto di gesto, atteggiamento, comportamento: *una domanda timida ed esitante* | (*est.*) vago, indeciso: *un t. accenno di sole* | incerto: *timidi segnali di ripresa economica* | (*est.*) compiuto con eccessiva cautela: *ha fatto solo un t. tentativo* || (*lett.*) **timidétto**, **dim.** | **timidìno**, **dim.** | **timidóne**, **accr.** | **timidùccio**, **dim.** || **timidaménte**, **avv.** in modo timido, con timidezza: *tacere timidamente*; *chiese timidamente il nostro parere* **B** s. m. (f. *-a*) ● persona timida: *i timidi arrossiscono facilmente*

SFUMATURE DI SIGNIFICATO

timido - insicuro - impacciato

Chi manca di disinvoltura, si imbarazza facilmente e si trova spesso a disagio in situazioni di socialità si definisce **timido**. Spesso chi è timido è anche **insicuro**, manca cioè di sufficiente fiducia in sé stesso e si trova in soggezione di fronte a persone che considera autorevoli, o comunque migliori di sé. **Impacciato** sottolinea invece la goffaggine e l'imbarazzo che nascono dalla timi-

t

dezza e inducono un fare esitante e confuso.
SFUMATURE ➤ *riservato*

timìna [comp. di *tim(ico)* e *-ina* ✱1929] **s. f.** ● (*chim.*) base organica eterociclica esatomica costituita da quattro atomi di carbonio e due di azoto; è uno dei costituenti principali degli acidi nucleici

timing /*ingl.* 'taɪmɪŋ/ [vc. ingl., dal v. *to time* 'scegliere il tempo (opportuno)' ✱1974] **s. m. inv.** **1** scelta del momento più opportuno per compiere una determinata operazione **2** definizione dei tempi di realizzazione delle varie fasi di un progetto

tìmo ① [vc. dotta, lat. *thȳmu(m)*, dal gr. *thýmos*, deriv. da *thýein* 'fumare' per il suo acuto profumo ✱sec. XIII] **s. m.** **1** piccola labiata dei terreni aridi con foglie sessili, fiori rosei e odore aromatico (*Thymus serpyllum*) SIN. serpillo **2** spezia ricavata dalla pianta omonima, usata come condimento e come aromatizzante di liquori

tìmo ② [dal gr. *thymós* 'anima, principio vitale' (?) ✱av. 1673] **s. m.** ● (*anat.*) organo linfoide ben evidente nell'infanzia nel mediastino anteriore, atrofico nell'adulto

timocita o **timocìto** [comp. di *timo* e *-cita* ✱1988] **s. m.** (**pl.** *-i*) ● (*biol.*) linfocita che si forma nel timo

timocràtico [gr. *timokratikós*, da *timokratía* 'timocrazia' ✱1942] **agg.** (**pl. m.** *-ci*) ● (*stor.*) concernente la timocrazia

timocrazìa [gr. *timokratía*, comp. di *timḗ* 'onore', da *tíein* 'onorare', di orig. indeur., e *-kratía*, da *krátos* 'potere' ✱av. 1574] **s. f.** ● (*stor.*) governo in cui le cariche sono assegnate in base al censo

timòlo [comp. di *tim(o)*① e *-olo*② ✱1879] **s. m.** ● (*chim.*) derivato del cresolo, presente nell'olio essenziale di timo, usato come antisettico, vermicida e come conservante

timologìa [comp. dal gr. *timḗ* 'valore' e *-logia* ✱1965] **s. f.** (**pl.** *-gìe*) ● (*filos.*) assiologia

†**timólto** ➤ **tumulto**

timòma [comp. di *timo*② e *-(o)ma* ✱1937] **s. m.** (**pl.** *-i*) ● (*med.*) tumore del timo

timonàre [da *timone* ✱1561] **v. tr.** (*io timóno*) ● governare un'imbarcazione manovrando il timone (*anche assol.*) | (*fig.*) dirigere

timóne o (*poet.*) †**tèmo** †**temóne** [lat. parl. **timōne(m)*, variante di *temōne(m)*, di orig. indeur. ✱av. 1130] **s. m.** **1** (*mar.*) organo direzionale di un'imbarcazione, gener. costituito da una robusta superficie sagomata incernierata a poppa e in grado di compiere spostamenti angolari intorno a un asse verticale: *la ruota, la barra del t.* | ***t. di profondità***, orizzontale, posto simmetricamente sulla prua dei sommergibili, per determinare dinamicamente variazioni di quota **2** (*aeron.*) parte mobile di un impennaggio che equilibra o comanda l'aereo, o missile, nel piano ortogonale al proprio | ***t. di profondità, di quota***, equilibratore **3** parte articolata del rimorchio che serve ad agganciarlo alla motrice **4** stanga che sporge anteriormente da un carro, che serve da guida e da attacco alle bestie da tiro | ***t. dell'aratro***, parte anteriore della bure che porta gli organi di attacco agli animali o al trattore **5** (*est., poet.*) carro **6** (*fig.*) governo, guida, direzione: *essere al t. dello Stato*; *mettersi al t. di un'azienda* **7** (*edit.*) rappresentazione schematica della sequenza delle pagine di una pubblicazione e del loro contenuto

†**timoneggiàre** [av. 1519] **v. tr.** **1** †timonare | (*fig.*) dirigere (*anche assol.*) **2** (*mar.*) utilizzare il timone di una deriva, spec. in regata, come elemento propulsivo

timonèlla [dim. di *timone*, dal n. del legno che in questi veicoli sostituisce il timone ✱1791] **s. f.** ● (*sett.*) carrozzino a quattro ruote, con mantice, tirato da un solo cavallo

timonerìa [1889] **s. f.** **1** complesso degli organi dello sterzo di un autoveicolo **2** (*aeron.*) complesso delle trasmissioni rigide o flessibili che azionano il timone di un aeromobile **3** (*ferr.*) complesso dei leveraggi che azionano i freni dei veicoli ferroviari **4** (*mar.*) complesso degli apparecchi di governo del timone | in passato, magazzino dove erano custoditi il timone e i relativi apparecchi di governo, di riserva | in passato, insieme di personale e mezzi attinenti al servizio della rotta e dei segnali

timonièra [da *timon(ier)e* ✱sec. XIV] **s. f.** ● (*mar.*) locale coperto situato sul ponte di comando che contiene la ruota del timone, la bussola di governo, gli strumenti nautici e le bandiere di segnalazione

timonière o †**temonière** [fr. *timonier*, da *timon* 'timone' ✱sec. XIV] **s. m.** (**f.** *-a*) ● chi è addetto al maneggio della ruota o della barra del timone | ***t. di manovra***, il più esperto, cui sono affidate le manovre più impegnative

timonièro [1805] **agg.** ● del timone | ***penne timoniere***, le penne di contorno della coda degli uccelli con funzione di timone nel volo

†**timonìsta** [1481] **s. m.** (**pl. m.** *-i*) ● timoniere

♣**timoràto** [vc. dotta, lat. tardo *timorātu(m)*, da *tĭmor* 'timore' ✱av. 1306] **agg.** ● scrupoloso, onesto, che agisce con coscienza: *un giovane t.* | ***t. di Dio***, che ha timore di Dio e cerca di non offenderlo ‖ **timorataménte avv.**

SFUMATURE ➤ *scrupoloso*

♦**timóre** o †**temóre** [vc. dotta, lat. *timōre(m)*, da *timēre* 'temere' ✱av. 1257] **s. m.** **1** stato d'animo di paura o di ansia di chi teme che possa verificarsi qlco. di male o di spiacevole: *vivere in continuo t.*; *avere t. degli esami* | preoccupazione, turbamento: *i tuoi timori sono irragionevoli* CFR. -fobo, -fobia SIN. apprensione, trepidazione **2** preoccupazione di fare, o di avere fatto, qlco. di inopportuno: *per il t. di destare il fuoco già sopito* (G. LEOPARDI) **3** rispetto, soggezione: *aver t. dei più anziani* | ***t. filiale***, rispetto dovuto ai genitori | ***t. di Dio***, uno dei sette doni dello Spirito Santo | ***essere senza t. di Dio***, non avere rispetto del prossimo, essere senza scrupoli | ***t. reverenziale***, quello che si prova nei confronti di persone dalle quali si dipende o che hanno un maggiore ascendente

SFUMATURE DI SIGNIFICATO
timore - rispetto - soggezione
Timore è in generale lo stato di paura o di ansia di chi teme il verificarsi di eventi spiacevoli; in diversa accezione, è il sentimento di incertezza o apprensione che prende nel trovarsi alla presenza di persone di grande autorevolezza, rispetto alle quali ci si sente inadeguati. In questo significato un equivalente è **rispetto**, soprattutto se prevale un atteggiamento di riguardo verso la dignità e il valore altrui. Se invece insieme al rispetto si avverte anche imbarazzo o disagio, il termine più pertinente è **soggezione**.

timorése (o *-ṣ-*) [1996] **A agg.** ● di Timor, isola dell'Indonesia **B s. m. e f.** ● abitante o nativo di Timor

timoróso (o *-ṣ-*) o †**temoróso** [da *timore* ✱av. 1294] **agg.** **1** che è pieno di timore, di paura | che rivela timore: *una risposta timorosa* | (*raro*) timido **2** †che dà paura ‖ **timorosaménte avv.** con timore; timidamente ‖ **timorosità s. f. inv.** (*raro*) senso di timore

SFUMATURE DI SIGNIFICATO
timoroso - trepido - irresoluto - pusillanime
Chi per natura ha sempre paura oppure è occasionalmente impaurito si dice **timoroso**. **Trepido**, parola d'uso letterario, si riferisce invece a chi, più che da vera paura, è dominato da un senso di inquietudine e apprensione. Chi è *timoroso* e si preoccupa ansiosamente delle conseguenze delle sue azioni, fino al punto di non essere in grado di prendere delle decisioni, si definisce **irresoluto**. Una connotazione più negativa ha **pusillanime**, che si differenzia dai termini precedenti perché indica chi o ciò che dimostra debolezza d'animo, mancanza di volontà e vigliaccheria.

tìmpa o **tèmpa** [da una vc. prelatina, di estensione mediterr., **timpa* ✱1857] **s. f.** ● (*merid.*) cima rotondeggiante nell'Appennino meridionale

timpanàto [1961] **agg.** ● (*archit.*) che è fornito di timpano

timpaneggiàre [fr. *tympaniser*, da *tympan* 'timpano' ✱av. 1494] **v. intr.** (**pres.** *io timpanéggio*; **fut.** *io timpaneggerò*; **aus.** *avere*) ● (*raro*) suonare il timpano

timpànico [1829] **agg.** (**pl. m.** *-ci*) ● (*med.*) del timpano, del timpanismo

timpanìṣmo [da *timpano* per la turgidezza dell'addome ✱1905] **s. m.** **1** (*med.*) suono chiaro, prodotto con la percussione su cavità piene d'aria **2** (*med.*) distensione della parete addominale provocata dall'accumulo di gas nella cavità peritoneale o in una parte del tratto gastrointestinale

timpanìsta [av. 1686] **s. m. e f.** (**pl. m.** *-i*) ● chi suona il timpano

timpanìte [vc. dotta, lat. tardo *tympanīte(n)*, dal gr. *tympanítēs*, per il ventre teso come un timpano (*týmpanon*) ✱1494] **s. f.** **1** (*med.*) infiammazione del timpano e della cassa timpanica | (*anat.*) complesso della membrana e della cassa timpanica **2** (*med., veter.*) meteorismo intestinale

tìmpano [vc. dotta, lat. *tȳmpanu(m)*, dal gr. *týmpanon*, di orig. indeur. ✱sec. XII] **s. m.** **1** (*anat.*) membrana che chiude il condotto uditivo esterno, separandolo dall'orecchio medio | ***rompere i timpani***, (*fig.*) assordare con un forte rumore | (*fam.*) ***essere duro di timpani***, sentirci poco | (*anat.*) complesso della membrana e della cassa timpaniche **2** (*mus.*) strumento a percussione che consta di un vaso emisferico di lamina di rame, sulla cui bocca è tesa una pelle che si percuote con due mazzuoli, presente nelle grandi orchestre spec. in numero di tre | (*lett.*) tamburo: *l'alto rumor de le sonore trombe / de' timpani e de' barbari stromenti* (L. ARIOSTO) **3** (*archit.*) spazio triangolare o mistilineo, compreso tra la cornice e i due spioventi del frontone | muratura sovrapposta a un arco o volta in corrispondenza delle fronti **4** †ciascuno dei due fondi della botte ‖ **timpanétto dim.**

tìna [lat. *tīna(m)*, di etim. incerta ✱av. 1292] **s. f.** **1** (*tosc.*) tino, nel sign. di *tino*① | (*mar.; disus.*) ***t. da catrame***, recipiente di legno dove si conserva il catrame | ***t. da manovra***, gabbia in legno di forma ellittica per coglierví le manovre correnti quando le vele sono serrate **2** appostamento per la caccia SIN. botte nel sign. 2 ‖ **tinèlla dim.** (V.)

tinàia [av. 1573] **s. f.** ● locale destinato alla pigiatura e alla fermentazione del mosto nei tini

Tinamifórmi [comp. del n. caraibico dell'uccello *tina* e del pl. di *-forme* ✱1961] **s. m. pl.** (**sing.** *-e*) ● (*zool.*) ordine di Uccelli di media grandezza con sterno carenato, ali corte arrotondate, corridori, cattivi volatori (*Tinamiformes*)

tìnca [lat. tardo *tĭnca(m)*, di etim. incerta ✱1287] **s. f.** **1** pesce d'acqua dolce dei Cipriniformi con pelle ricca di ghiandole mucose, verde scurissima, che popola stagni ed ambienti a fondo melmoso (*Tinca tinca*)

2 (*anat.*) ***muso di t.***, porzione del collo uterino che sporge in vagina **3** nel gergo teatrale, ruolo impegnativo ma di poca soddisfazione per l'attore ‖ **tinchétta**, **tinchettìna**, **dim.** | **tincolìno**, **dim. m.** | †**tincóne**, **accr. m.**

tincóne [da *tinca*, secondo un passaggio semantico non chiarito ✱ sec. XV] **s. m.** ● (*med.*, *raro*) adenite inguinale | †bubbone, ascesso

tindalizzazióne [dal n. del fisico ingl., che propugnò il nuovo metodo, J. *Tyndall* (1820-1893) ✱ 1929] **s. f.** ● metodo di sterilizzazione frazionata, applicato a quei materiali che si alterano a temperature elevate, consistente nel riscaldare il materiale in esame più volte a una temperatura di 60-70 °C

tìnea [lat. *tinea(m)*, 'verme intestinale', perché in passato si riteneva che la malattia fosse causata da parassiti ✱ 1859] **s. f.** (**pl. lat.** *tineae*) ● (*med.*) in dermatologia, infezione causata da funghi dermatofiti in tessuti cutanei non vitali (strato corneo, unghie, peli e capelli) | ***T. capitis***, tricomicosi del capillizio | ***T. barbae***, tricomicosi di barba e baffi | ***T. corporis***, micosi cutanea | ***T. pedis***, micosi a carico delle dita e/o della pianta del piede | ***T. unguium***, micosi dell'unghia (o *onicomicosi*) **CFR.** tigna

tinèlla [sec. XV] **s. f.** **1** dim. di *tina* **2** piccolo tino di legno usato nei frantoi per il trasporto delle olive: *il fabbro di canestre e di tinelle* (G. D'Annunzio)

tinèllo [sec. XIII] **s. m.** **1** dim. di *tino*① **2** piccolo tino per il trasporto dell'uva sui carri durante la vendemmia **3** stanza dove, un tempo, mangiavano in comune i servitori delle case signorili **4** saletta da pranzo adiacente alla cucina ‖ **tinellétto**, **dim.** | **tinellìno**, **dim.**

tìngere o †**tìgnere** [vc. dotta, lat. *tĭngere*, di orig. indeur. ✱ av. 1257] **A** **v. tr.** (**pres.** *io tìngo, tu tìngi*; **pass. rem.** *io tìnsi, tu tingésti*; **part. pass.** *tìnto*) **1** far diventare qlco. di colore diverso dall'originario (+ *di*, + *con*): *t. un vestito di nero*; *t. il legno con l'anilina* **2** (*raro*) macchiare, insudiciare (*anche fig.*) (+ *di*): *hai tinto la camicia d'inchiostro!*; *e di crudele immagine / la tua bellezza tinse* (G. Parini) | (*est.*, *poet.*) bagnare **3** (*lett.*) colorare: *la timidezza gli tinge le guance di rossore*; *l'alba tinge il cielo di rosa* **B** **v. intr.** (**aus.** *avere*) ● (*pop.*) macchiare, spandendo colore: *una penna che tinge*; *tessuto che tinge* **C** **tìngersi** **v. tr. pron.** (**aus.** *essere*) ● colorare una parte del proprio corpo: *tingersi i capelli, i baffi*; *tingersi le labbra col rossetto* | macchiarsi: *tingersi le mani di blu* **D** **tìngersi** **v. rifl.** ● darsi il belletto, il rossetto, il cosmetico per le ciglia | tingere i capelli **SIN.** dipingersi **E** **tìngersi** **v. intr. pron.** **1** prendere un determinato colore (+ *di*): *il cielo si tinge di rosso* | ***tingersi di rossore***, arrossire **SIN.** colorarsi **2** (*fig.*) assumere una particolare sfumatura, risonanza, detto di sentimenti, stati d'animo (+ *di*): *il dolore si tingeva di rassegnazione* **3** (*assol.*) (*raro*) macchiarsi, insudiciarsi: *tingersi, toccando una vernice*

†**tingitùra** [sec. XIII] **s. f.** ● operazione del tingere

tinnànte [part. pres. di *(tin)tinnare* ✱ 1901] **agg.** ● (*poet.*) tintinnante

tinniènte **part. pres.** di *tinnire*; anche **agg.** ● (*lett.*) tintinnante

♦**tinnìre** [vc. dotta, lat. *tinnīre*, di orig. onomat. ✱ 1878] **v. intr.** (*io tinnìsco, tu tinnìsci*; **aus.** *avere*) ● (*lett.*) squillare, tintinnare, risuonare: *Tinnì il campanello, stridulamente* (M. Serao)

♦**tinnìto** [vc. dotta, lat. *tinnītu(m)*, part. pass. di *tinnīre* ✱ 1476] **s. m.** ● (*lett.*) tintinnio: *era nel cielo un pallido t.* (G. Pascoli)

tìnnulo [vc. dotta, lat. *tĭnnulu(m)*, da *tinnīre* ✱ av. 1729] **agg.** ● (*lett.*) squillante, risonante

♦**tìno**① [vc. dotta, lat. *tīnu(m)*, di etim. incerta ✱ 1284] **s. m.** (**pl.** *tini*, **m.**, †*tìna*, **f.**) **1** grande recipiente in legno per la fermentazione del mosto **CFR.** vasca | ***t. madre***, che fornisce il lievito necessario all'inizio della fermentazione nei tini successivi **2** vasca nella quale si fanno le tinture | ***tintura al t.***, uno dei vari procedimenti per tingere filati o tessuti eseguito con coloranti, derivati spec. dall'indaco e dall'antrachinone, che richiedono di essere disciolti mediante riduzione chimica con idrosolfito e soda caustica **3** ampia vasca, in generale in mattoni smaltati, in cui si tiene la pasta greggia nelle cartiere **4** parte superiore troncoconica dell'altoforno nella quale viene introdotto il minerale ‖ (*lett.*) **tinàccio**, **pegg.** | **tinèllo**, **dim.** (V.)

tìno② [vc. dotta, lat. *tīnu(m)*, tratto da *tīna* ✱ 1499] **s. m.** ● arbusto delle Caprifogliacee affine al viburno, sempreverde, coltivato nei boschetti e nelle siepi (*Viburnum tinus*)

tinòzza [da *tino*① con suff. accr. d'aspetto merid. ✱ av. 1529] **s. f.** **1** tino basso, più largo che alto **2** recipiente in ferro smaltato o marmo, a forma di basso tino, usato un tempo per fare il bucato o come vasca da bagno

tìnsi ➤ **tingere**

tìnta [lat. *tĭncta(m)*, propr. part. pass. f. di *tĭngere* ✱ av. 1237] **s. f.** **1** materia con la quale si tinge o si colorisce: *scatola con le tinte*; *dare una mano di t. al muro* | ***t. per le scarpe***, vernice, tintura **SIN.** colore **2** colore assunto da qlco. in seguito a tintura: *quel mobile ha preso una tinta troppo cupa* | ***mezza t.***, sfumatura non ben definita, fra le tinte più chiare e le più scure | ***in t. unita***, tutto di un colore | (*est.*) colore: *una bella t.*; *una t. calda* | (*est.*) colore naturale: *la t. del cielo, del mare, dei capelli* | ***la t. della carnagione***, il colorito **3** (*fig.*) tratto, tono di una composizione letteraria: *un racconto dalla t. malinconica* | maniera di presentare la narrazione, il resoconto di un fatto: *raccontò l'accaduto con tinte molto suggestive* | ***calcare, attenuare le tinte***, (*fig.*) esagerare, attenuare l'importanza o la gravità di un fatto | ***a forti tinte***, (*fig.*) con notevoli effetti di drammaticità | ***a fosche tinte***, (*fig.*) in modo pessimistico **4** (*fig.*, *fam.*) tipo, qualità: *ce n'è di tutte le tinte* **5** (*raro*, *lett.*) tendenza politica **6** †tintoria: *giunse alla t., dov'era il suo albergo* (F. Sacchetti) **7** †stucco colorato posto nel castone sotto le gemme per aumentare il colore e la lucentezza ‖ **tintarèlla**, **dim.** (V.) | **tinterèlla**, **dim.**

SFUMATURE DI SIGNIFICATO

tinta - tintura - vernice - mestica

La materia con cui si fa assumere a qualcosa un colore diverso da quello originario si chiama **tinta**. **Tintura**, oltre a definire l'operazione del tingere designa, come *tinta*, la materia, la sostanza adoperata per tingere, soprattutto tessuti o capelli. Se la *tintura* colora penetrando nelle fibre degli oggetti su cui è posta, la **vernice** è una sostanza che lascia, essiccando, una pellicola dura e resistente sulla superficie su cui è stata stesa; a differenza della *tintura*, inoltre, la *vernice* può essere anche incolore o trasparente. Molto circoscritto è il significato di **mestica**, che è una miscela di colori a base di olio di lino che si stende su tavole o tele per potervi dipingere.

tintarèlla [av. 1850] **s. f.** **1** dim. di *tinta* **2** (*colloq.*) abbronzatura

tinteggiàre [1812] **v. tr.** (**pres.** *io tintéggio*; **fut.** *io tinteggerò*) ● colorire qua e là con la tinta o con diverse tinte

tinteggiatóre [da *tinteggiare* ✱ 1961] **s. m.** (**f.** *-trice*) ● operaio addetto alla tinteggiatura di pareti **SIN.** imbianchino

tinteggiatùra [1888] **s. f.** ● il tinteggiare | coloritura di pareti intonacate, esterne o interne, di un edificio

†**tintillàno** [perché panno *tinto* quand'era ancora in *lana*, prima della tessitura ✱ 1353] **s. m.** ● panno fine, la cui lana veniva tinta ancora in filo

tin tìn /tin'tin/ o **tintìn** [reduplicazione onomat. ✱ 1321] **A** **loc. inter.** ● riproduce il suono argentino di un campanello o quello di un oggetto metallico, di vetro e sim. che, percosso, emette leggeri suoni squillanti: *come orologio che ne chiami / ... / tin tin sonando con sì dolce nota* (Dante *Par.* X, 139-143) **B** **in funzione di loc. sost. m. inv.** ● il suono stesso: *il tin tin della campanella*; *i bicchieri di cristallo fecero un tin tin*

tintinnàbolo o †**tintinnàbulo** [lat. *tintinnābulu(m)*, da *tintinnāre* ✱ sec. XIV] **s. m.** ● presso gli antichi Romani, campanello, squilla

tintinnaménto [1585] **s. m.** ● (*raro*) il tintinnare

tintinnànte **part. pres.** di *tintinnare*; anche **agg.** ● che tintinna: *salvadanaio t.*

tintinnàre [vc. dotta, lat. *tintinnāre*, affine a *tinnīre* ✱ av. 1494] **v. intr.** (**aus.** *essere* o *avere*) ● squillare, risuonare con brevi colpi staccati: *far t. un campanello*

tintinnìo [av. 1729] **s. m.** (**pl.** *-ii*) ● un tintinnare continuato: *un insistente t. di campanelli*

tintinnìre [1532] **v. intr.** (*io tintinnìsco, tu tintinnìsci*; **aus.** *essere* o *avere*) ● (*lett.*) tintinnare

tintìnno [vc. dotta, lat. tardo *tintīnnu(m)*, da *tintinnāre* ✱ 1321] **s. m.** **1** il tintinnare | suono, risonanza: *un t. di corde* **2** †rumore

tìnto **A** **part. pass.** di *tingere*; anche **agg.** **1** colorato | sporco, imbrattato **2** (*est.*) che ha assunto un dato colore: *un cielo t. di rosso* | (*fig.*, *lett.*) venato: *reminiscenze tinte di nostalgia* **3** †oscuro, nero **B** **s. m.** ● †tintura

tintóre [lat. *tinctōre(m)*, da *tĭnctus* 'tinto' ✱ 1211] **s. m.** (**f.** *-tóra*) ● addetto alla tintura di tessuti o pelli | gestore di una tintoria

tintorìa [da *tintore* ✱ sec. XIV] **s. f.** **1** stabilimento industriale o laboratorio in cui si tingono fibre tessili, stoffe, pelli e sim. | negozio che provvede alla pulitura e alla stiratura di abiti **2** tecnica e attività del tingere

tintoriàle [fr. *tinctorial*, dal lat. *tinctōrius* 'tintorio' ✱ 1884] **agg.** ● relativo a tintura | tintorio

tintòrio [vc. dotta, lat. *tinctōriu(m)*, da *tĭnctus* 'tinto' ✱ 1670] **agg.** (**pl. m.** *-i* o *raro -ii*) ● della tintura: *arte, industria, tecnica tintoria* | che serve a tingere: *sostanza tintoria* | ***piante tintorie***, quelle che forniscono essenze atte a tingere stoffe, pelli, alimenti, come il campeggio, l'indaco, la robbia, lo zafferano

tintùra [lat. *tinctūra(m)*, da *tĭnctus* 'tinto' ✱ av. 1292] **s. f.** **1** operazione del tingere; la colorazione ottenuta: *procedere alla t. di una stoffa*; *la t. dei capelli è riuscita male* | tecnica del tingere: *studiare la t. delle pelli* | (*fig.*; *lett.*) conoscenza superficiale, infarinatura: *aveva solo una t. di francese* (R. Bacchelli) **2** sostanza, materia per tingere: *t. per le scarpe, per i capelli* **3** preparazione medicinale liquida ottenuta con estrazione dei principi attivi da sostanze vegetali mediante liquidi diversi: *t. alcolica, acquosa* | ***t. madre***, tintura concentrata usata come prodotto di partenza per ottenere tinture più diluite | ***t. di iodio***, soluzione alcolica di iodio, impiegata spec. come antisettico **4** †colore di ciò che è tinto | (*est.*) †tinta, colore **5** (*fig.*, *lett.*) caratterizzazione di un testo o di un'epoca | †inclinazione radicata: ... *non esser possibile levargli quella t. della tirannide* (B. Castiglione)

SFUMATURE ➤ *tinta*

tio- [dal gr. *théion* 'zolfo'] **primo elemento** ● in parole composte della terminologia scientifica, spec. della chimica, indica presenza di zolfo, o fa comunque riferimento allo zolfo: *tiosolfato, tiosolforico*

tioàcido [comp. di *tio-* e *acido* ✱1889] **s. m.** ● (*chim.*) acido in cui uno o più atomi di ossigeno sono stati sostituiti da atomi di zolfo

tiobarbitùrico [comp. di *tio-* e *barbiturico* ✱1980] **A agg.** (**pl. m.** *-ci*) ● detto di acido che si ottiene dall'acido barbiturico per sostituzione di un atomo d'ossigeno con uno di zolfo e dei composti da esso derivati **B s. m.** ● composto derivato dall'acido tiobarbiturico con proprietà anestetiche rapide e di breve durata

tiofène [comp. di *tio-*, dell'iniziale di *f(enile)* e *-ene* ✱1907] **s. m.** ● (*chim.*) composto eterociclico pentatomico contenente zolfo, simile al benzene col quale si accompagna nei petroli, sintetizzato da acetilene e zolfo; si usa per la preparazione di diversi composti terapeutici

tiògeno [comp. di *tio-* e *-geno* ✱1961] **agg.** ● (*chim.*) detto di alcuni coloranti allo zolfo: *bruno, nero, porpora, violetto t.*

tiònico [comp. di *tio-* e *(io)nico*③ ✱1875] **agg.** (**pl. m.** *-ci*) ● detto di acido dello zolfo con numero variabile di atomi di zolfo

tiòrba o †**teòrba** [etim. incerta ✱1585] **s. f.** ● (*mus.*) strumento simile al liuto, con doppio manico e sino a quattordici paia di corde di metallo da pizzicarsi con un plettro, tipico del XVI sec.

tiorbìsta [1745] **s. m. e f.** (**pl. m.** *-i*) ● suonatore di tiorba

tiosolfàto [comp. di *tio-* e *solfato* ✱1895] **s. m.** ● (*chim.*) sale o estere dell'acido tiosolforico | ***t. di sodio***, usato come sbiancante, come mordente, nella fabbricazione di coloranti, nell'analisi chimica, come fissatore in fotografia

tiosolfòrico [comp. di *tio-* e *solforico* ✱1895] **agg.** (**pl. m.** *-ci*) ● (*chim.*) detto di acido instabile in soluzione derivante dall'acido solforico per sostituzione di un atomo di ossigeno con uno di zolfo

tiourèa [comp. di *tio-* e *urea* ✱1930] **s. f.** ● (*chim.*) molecola con struttura chimica simile all'urea da cui differisce per sostituzione dell'atomo di ossigeno con uno di zolfo

tiourèico [1980] **agg.** (**pl. m.** *-ci*) ● (*chim.*) detto di derivato della tiourea

tipàccio [pegg. di *tipo* ✱1955] **s. m.** (**f.** *-cia*; **pl. f.** *-ce*) ● individuo losco, poco raccomandabile: *nei vicoli del vecchio quartiere circolavano certi tipacci*

tipì [vc. indigena degli Indiani d'America ✱1929] **s. m. inv.** ● (*antrop.*) tepee

-tipìa [gr. *-typía*, elemento compositivo deriv. da *týpos* 'tipo'] **secondo elemento** ● in parole composte, indica un determinato procedimento di stampa specificato dal primo componente: *cromotipia, zincotipia*

tipicizzàre [da *tipico* ✱1950] **v. tr.** ● (*raro*) tipizzare ‖ **tipicizzazióne**, **s. f.**

♦**tìpico** [vc. dotta, lat. tardo *týpicu(m)*, dal gr. *typikós*, agg. di *týpos* 'tipo' ✱av. 1574] **agg.** (**pl. m.** *-ci*) **1** che contraddistingue qlcu. o qlco.: *espressione tipica; una tua reazione tipica* | caratteristico, specifico: *è t. di Luigi arrivare in ritardo* | (*est.*) esemplare: *caso t.* **SIN.** peculiare **2** che è esemplare, emblematico di una data categoria: *è il t. rappresentante del qualunquismo; conobbi un cocchiere t.* (E. DE AMICIS) | (*est.*) caratteristico di un determinato luogo o regione: *costume t.; prodotti tipici; cucina tipica; vino t.* **3** (*dir.*) di figura giuridica specificamente prevista dalla legge **4** figurativo, simbolico | ***fatti tipici***, dell'Antico Testamento come prefigurazioni di quelli del Nuovo | ***agnello t.***, simbolo di Gesù ‖ **tipicaménte**, **avv.** **1** in modo tipico: *espressione tipicamente familiare* **2** †figurativamente ‖ **tipicità**, **s. f. inv.** caratteristica di ciò che è tipico: *la tipicità di una frase; la tipicità di un vino; la tipicità di una figura giuridica* **SIN.** peculiarità

tipificàre [1908] **v. tr.** (*io tipìfico, tu tipìfichi*) ● (*raro*) tipizzare ‖ **tipificazióne**, **s. f.** tipizzazione: *le particolarità singole di fronte alle tipificazioni classiche* (L. PIRANDELLO)

tipizzàre [1912] **v. tr.** **1** ricondurre a una tipologia **2** (*raro*) standardizzare ‖ **tipizzazióne**, **s. f.**

♦**tìpo** [vc. dotta, lat. *týpu(m)*, dal gr. *týpos*, di orig. indeur. ✱av. 1416] **A s. m.** **1** segno impresso, impronta, conio: *il t. di una moneta, di una medaglia* **2** modello, esemplare, campione (**anche iron.**): *il primo t. di caldaia a vapore; il vero t. del gentiluomo; è il t. scelleratissimo dei tiranni* (L. SETTEMBRINI) | genere, in relazione al prezzo e alle caratteristiche, detto di prodotto in vendita: *un t. elegante di soprabito; merce di tutti i tipi; un t. molto costoso* | specie: *gente del suo t.* | ***sul t. di, del t. di***, simile a | (*ellitt.*) che riproduce le caratteristiche di un determinato prodotto: *una borsa t. pelle* | (*ellitt., colloq.*) come, come se fosse; ad esempio: *una cantante t. la Callas; vediamoci t. giovedì; fargli una domanda t. 'Dov'eri ieri sera?'* **3** forma esemplare a cui, per avere caratteri comuni, si possono ricondurre i singoli con le loro varietà: *il t. mongolo; i vari tipi africani* | fisionomia caratteristica: *il t. della razza* | ***t. costituzionale***, biotipo | schema ideale, esemplificazione di una categoria di persone o cose: *il t. del seduttore* **4** rappresentazione artistica convenzionale di un carattere o un personaggio: *i tipi del teatro popolare; il t. dell'innamorato geloso, dell'avaro* **5** (**f.** *-a*) (*est.*) persona originale, singolare o bizzarra: *che t.!; proprio lei ha il coraggio di farmi questa domanda!... bel t.!* (A. MORAVIA) | ***un t.***, un tale, un tizio | ***non è il mio t.***, non è la persona che fa per me, che piace a me | ***essere, non essere il t.***, una persona che fa (o non fa) determinate azioni: *non è il t. da fare simili scherzi* | ***t. da spiaggia***, (*scherz.*) che si veste, si comporta, parla e sim. in modo stravagante, eccentrico **6** suddivisione della sistematica zoologica e botanica che raggruppa classi fra loro affini **7** (*raro*) simbolo, figura: *l'agnello è t. di Gesù* **8** (**spec. al pl.**) carattere tipografico: *i tipi bodoniani* | ***per i tipi di***, a cura di un determinato editore: *un volume pubblicato per i tipi di Zanichelli* ‖ **tipàccio**, **pegg.** (V.) | **tipétto**, **tipettìno**, **dim.** | **tipìno**, **dim.** **B** in funzione di **agg. inv.** ● (posposto a un sost.) che può fungere da esemplare, da campione: *una risposta t.* | tipico, medio: *famiglia t.; reddito t.*

> **SFUMATURE DI SIGNIFICATO**
>
> ***tipo - modello - esemplare***
>
> **Tipo** si dice della forma o delle caratteristiche comuni a cui sono riconducibili degli oggetti, o anche degli individui, aldilà di differenze o specificità particolari. **Modello** è il prototipo di una produzione industriale oppure artigianale sul quale dovranno essere esemplate le successive realizzazioni. **Esemplare** è il singolo oggetto prodotto, che risponde a un *modello* e rientra in un *tipo*.
>
> SFUMATURE ➤ *esemplare*②

tipo-, -tipo [gr. *týpos* 'tipo' (V.)] **primo e secondo elemento** ● in parole composte, significa 'stampo', 'matrice' (*dagherrotipo; tipografia*) o 'esemplare', 'modello' (*archetipo, biotipo, prototipo; tipologia*)

tipoauxìa [comp. di *tipo-* e un deriv. del gr. *áuxein* 'aumentare' (V. *auxina*) ✱1983] **s. f.** ● accrescimento somatico regolare o che riguarda il tipo medio

tipocomposizióne [comp. di *tipo(grafico)* e *composizione* ✱1961] **s. f.** ● composizione tipografica

tipòfono [comp. del gr. *týpos* 'colpo' e *-fono* ✱1895] **s. m.** ● (*mus.*) celesta

tipografìa [comp. di *tipo-* e *-grafia* ✱1598] **s. f.** **1** procedimento di stampa in cui gli elementi stampanti sono in rilievo **2** stabilimento in cui si stampa

tipogràfico [1669] **A agg.** (**pl. m.** *-ci*) ● che concerne la tipografia: *carattere t.* **B s. m.** ● il settore dell'industria tipografica: *il fatturato del t.* ‖ **tipograficaménte**, **avv.** dal punto di vista tipografico

♦**tipògrafo** [comp. di *tipo-* e *-grafo* ✱1598] **s. m.** (**f.** *-a*) **1** chi stampa con il sistema tipografico **2** operaio di una tipografia

tipolitografìa [comp. di *tipo(grafia)* e *litografia* ✱1940] **s. f.** ● laboratorio di tipografia attrezzato anche per la stampa litografica

tipologìa [comp. di *tipo-* e *-logia* ✱1936] **s. f.** (**pl.** *-gìe*) **1** studio della classificazione e descrizione dei diversi tipi di fenomeni, individui, prodotti, oggetti | ***t. linguistica***, studio e classificazione dei sistemi linguistici **2** studio dei tipi e (*est.*) di tutti i componenti grafici di uno stampato **3** nell'esegesi biblica, spec. medievale, lettura dei fatti e personaggi del Vecchio Testamento come prefigurazioni del Nuovo **CFR.** allegoria, anagogia, tropologia

tipològico [1954] **agg.** (**pl. m.** *-ci*) ● relativo alla tipologia, basato sulla tipologia: *interpretazione tipologica* ‖ **tipologicaménte**, **avv.** in relazione alla tipologia

tipometrìa [comp. di *tipo-* e *-metria* ✱1961] **s. f.** ● studio delle misure tipografiche

tipòmetro [comp. di *tipo-* e *-metro* ✱1925] **s. m.** ● strumento di misura graduato in righe tipografiche

tip tàp /tip'tap/ o **tippe tàppe** nei sign. A e B 1, **tippete tàppete** nei sign. A e B 1 [di orig. imitativa con alternanza di vocale ✱1943] **A loc. inter.** ● riproduce il suono ritmico e secco che si produce tamburellando con le dita sopra qlco. o saltellando **B loc. sost. m. inv.** **1** il suono stesso **2** danza moderna di origine irlandese importata in America verso la metà dell'Ottocento, caratterizzata dalla percussione ritmica e alternata della punta e del tacco delle scarpe, appositamente rivestite di placchette metalliche

tiptologìa [comp. di un deriv. del gr. *týptein* 'battere', di orig. indeur., e *-logia* ✱1905] **s. f.** (**pl.** *-gìe*) **1** linguaggio in codice usato dai carcerati, consistente in una serie di colpi battuti sul muro **2** metodo di interpretazione dei colpi battuti dagli spiriti sul tavolino nelle sedute spiritiche

tiptològico [1904] **agg.** (**pl. m.** *-ci*) ● che riguarda la tiptologia: *linguaggio t.*

tìpula [vc. dotta, lat. *ti(p)pŭl(l)a(m)*, connesso col gr. *típhē* 'ragno d'acqua', di etim. incerta ✱1499] **s. f.** ● insetto dei Nematoceri con ampie ali che vive in zone umide e le cui larve rodono radici e pianticelle varie (*Tipula oleracea*) **SIN.** zanzarone degli orti

tiqui tàca /sp. tiki'taka/ [loc. sp., propr. 'tic toc', 'ticchete tocchete' ✱2010] **loc. sost. m. inv.** ● nel calcio, tipo di gioco consistente in un insistito possesso palla basato su una serie di passaggi ripetuti **CFR.** tiki taca

TIR o **Tir** [sigla fr. di *T(ransports) I(nternationaux) R(outiers)* 'Trasporti Internazionali Stradali' ✱1970] **s. m. inv.** ● grande autotreno o autoarticolato abilitato e adibito al trasporto internazionale di merci

†**tìra** [da *tirare* ✱av. 1348] **s. f.** ● contesa, di-

sputa

tirabàci [comp. di *tira(re)* e il pl. di *bacio* ✻ 1887] **s. m. inv.** ● nelle acconciature femminili, ricciolo piatto che ricade sulla fronte o su una guancia

tirabòzze [comp. di *tira(re)* e il pl. di *bozza* ✻ 1925] **A s. m. inv.** ● torchietto o macchina da stampa piano-cilindrica, azionati a mano e usati un tempo per stampare le bozze di una composizione tipografica **B s. m. e f. inv.** ● chi è addetto alla stampa delle bozze

tirabràce [comp. di *tira(re)* e *brace* ✻ 1831] **s. m. inv.** ● ferro ricurvo per levare la brace dal forno

tirabusciò [adattamento del fr. *tire-bouchon*, propr. 'cavatappi' (*bouchon*)', da *tirer* 'tirare' e *boucher* nel senso di 'chiudere con un mazzo di erba o paglia' ✻ av. 1793] **s. m. inv.** ● (*pop.*) cavatappi

tiracampanèllo [comp. di *tira(re)* e *campanello* ✻ 1868] **s. m.** ● elegante striscia di stoffa con cui nei salotti si ricopriva la corda del campanello usato per chiamare i domestici

tiracaténa [comp. di *tira(re)* e *catena* ✻ 1940] **s. m. inv.** ● tendicatena

tìra e mòlla ➤ **tiremmolla**

tirafìlo [comp. di *tira(re)* e *filo* ✻ 1983] **A s. m.** ● nella macchina da cucire, dispositivo per il trascinamento del filo del rocchetto **B** anche **agg. inv.**: *leva t.*

tirafóndo [comp. di *tira(re)* e *fondo* ✻ 1840] **s. m.** ● vite che fissa un oggetto su una base di legno: *fissare la morsa al banco con tirafondi*

tiràggio [adattamento del fr. *tirage*, da *tirer* 'tirare' ✻ 1853] **s. m. 1** afflusso dell'aria necessaria alla combustione e fuoriuscita dei fumi dalla canna fumaria in una caldaia, una stufa, un camino | ***t. naturale***, per differenza di densità tra i fumi caldi e l'aria esterna | ***t. forzato, meccanico***, provocato da ventilatori **2** (*mar.*) compenso pagato al noleggiatore che provvede con mezzi propri all'estrazione delle merci dalla stiva **3** (*econ.*) prelievo valutario presso il Fondo Monetario Internazionale **4** (*fotogr.*) distanza tra il piano pellicola e l'attacco per l'innesto degli obiettivi intercambiabili in una macchina fotografica

tiralàtte [comp. di *tira(re)* e *latte* ✻ 1961] **A s. m. inv.** ● dispositivo per estrarre il latte alla puerpera quando ve ne sia in eccesso o il neonato non sia in grado di succhiarlo **B** anche **agg. inv.**: *pompetta t.*

tiralìnee [comp. di *tira(re)* e del pl. di *linea* ✻ av. 1683] **s. m. inv.** ● piccolo strumento d'acciaio con due punte sottilissime, che, intinte d'inchiostro e regolate con un'apposita vite, permettono di tirare linee più o meno sottili sulla carta | ***compasso a t.***, che ha un tiralinee in luogo di un'asta

tiralìngua [comp. di *tira(re)* e *lingua* ✻ 1973] **agg. inv.** ● detto di strumento chirurgico usato per trattenere la lingua: *pinza t.*

†**tiralòro** [da dividersi *tira l'oro*, comp. di *tira(re)* e *oro* ✻ av. 1584] **s. m.** ● artigiano che lavorava l'oro tirandolo in sottili lamine o fili

tiraménto [sec. XIV] **s. m. 1** †il tirare | †stiramento | (*raro, lett.*) contrazione **2** (*est., volg., raro*) eccitazione sessuale | (*est.*) voglia

tiramisù o **tirami su** [comp. dell'imperativo di *tirare*, *mi* e *su* prob. con allusione alle virtù corroboranti dell'uovo sbattuto ✻ 1980] **s. m. inv.** ● dolce a base di pan di Spagna o di savoiardi intrisi di caffè, farcito con mascarpone mescolato a uova e zucchero, poi ricoperto da un velo di cioccolato in polvere e servito freddo

tìra mòlla ➤ **tiremmolla**

tiramòlla ➤ **tiremmolla**

tiramòlle [comp. di *tira(re)* e il pl. di *molla* ✻ 1833] **s. m. inv.** ● strumento di ferro col quale si comprimono e avvicinano le due estremità di una molla che si debba smontare

†**tirannàre** [da *tiranno* ✻ av. 1348] **v. tr. e intr.** ● tiranneggiare: *per voler esser signori e t.* (G. VILLANI)

tiranneggiaménto [1716] **s. m.** ● (*raro*) il tiranneggiare, il venire tiranneggiato

tiranneggiàre [da *tiranno* ✻ av. 1328] **A v. tr.** (pres. *io tirannéggio*; fut. *io tiranneggerò*) **1** (*lett.*) governare con metodi tirannici **2** (*est.*) imporsi sugli altri, limitandone in qualche modo la libertà e la personalità e trattandoli con eccessiva durezza: *t. gli inferiori*; *t. la moglie* **B v. intr.** (aus. *avere*) ● (*lett.*) esercitare il governo in modo tirannico | (*est.*) comportarsi in modo tirannico, dispotico

SFUMATURE ➤ *vessare*

tirannèllo [dim. di *tiranno* ✻ av. 1348] **A s. m.** (f. *-a*) ● (*spreg.*) tiranno locale o di basso livello | (*scherz.*) persona che si comporta in modo alquanto dispotico: *la restava sempre la tirannella di Fratta* (I. NIEVO) **B agg.** ● (*poet.*) piuttosto dispotico, prepotente: *Ei rapì l'arme fina / ad Amor t.* (G. D'ANNUNZIO)

†**tirannerìa** [sec. XIV] **s. f.** ● tirannia

tirannésco [1312] **agg.** (pl. m. *-schi*) ● (*lett., spreg.*) di tiranno: *allor che la mia tromba / canti le tirannesche ire disfatte* (G. CARDUCCI) | (*est.*) che rivela crudeltà e durezza tirannica: *metodi tiranneschi* ‖ **tirannescaménte**, **avv.** (*raro*) in modo tirannesco

tirannìa [gr. *tyrannía* 'potere di tiranno (*týrannos*)' ✻ sec. XIII] **s. f. 1** governo del tiranno: *la t. di Pisistrato* | dispotismo, tirannide | (*est.*) autorità imposta con violenza e prepotenza: *liberarsi dalla t. del padre* | atto tirannico: *questa è una vera t.* **2** (*fig.*) elemento, fatto che obbliga a un determinato comportamento: *la t. del tempo*; *la t. della rima limita la libertà del poeta* | forza, potere irresistibile: *la t. del denaro* **3** (*mar.*; *disus.*) risacca, maretta in porto, riferita al continuo movimento che subiscono gli ormeggi

tirannicìda [comp. di *tiranno* e *-cida* ✻ 1521] **A s. m. e f.** (pl. m. *-i*) ● chi uccide un tiranno **B agg.** ● che serve a uccidere un tiranno: *spada t.*

tirannicìdio [vc. dotta, lat. tardo *tyrannicīdiu(m)*, comp. di un deriv. di *tyrănnus* 'tiranno' e di un deriv. di *caēdere* 'uccidere' ✻ 1584] **s. m.** (pl. *-i* o raro *-ii*) ● uccisione di un tiranno

tirànnico [vc. dotta, lat. *tyrănnicu(m)*, dal gr. *tyrannikós*, da *týrannos* 'tiranno' ✻ av. 1328] **agg.** (pl. m. *-ci*) ● di tiranno, tipico di un tiranno: *governo t.*; *autorità tirannica* | (*est.*) dispotico, oppressivo: *ogni atto di autorità ... che non derivi dall'assoluta necessità è t.* (C. BECCARIA) | (*est.*) prepotente, autoritario: *atteggiamento t.*, *carattere t.* ‖ **tirannicaménte**, **avv.**

tirànnide [vc. dotta, lat. *tyrănnide(m)*, dal gr. *tyrannís*, da *týrannos* 'tiranno' ✻ 1438] **s. f. 1** governo di un tiranno, spec. in riferimento alla Grecia classica **2** (*lett.*) governo tirannico, assoluto, dispotico: *quanto più per fuggire la t. si accostano alla licenzia, tanto più vi caggiono dentro* (F. GUICCIARDINI)

tirànno [vc. dotta, lat. *tyrănnu(m)*, dal gr. *týrannos*, termine proveniente dall'Asia Minore ✻ 1261 ca.] **A s. m. 1** nella Grecia antica, chi si impadroniva di una città assumendo ogni potere civile e militare **2** (f. *-a*) (*est.*) chi raggiunge il potere con la violenza e lo esercita con dispotismo | (*est.*) chi con prepotenza impone la propria autorità o la propria volontà limitando la libertà o la personalità altrui: *con i sottoposti è un t.* SIN. despota **3** (f. *-a*) (*fig.*) elemento dominante e condizionatore di scelte, comportamenti, azioni: *l'ambizione è la sua tiranna* **4** piccolo passeraceo nordamericano con sul capo un ciuffetto erigibile di penne rosso vivo (*Tyrannus tyrannus*) ‖ **tirannèllo**, **dim.** (V.) | **tirannétto**, **dim.** | **tirannùccio**, **dim.** **B** in funzione di **agg.** **1** dispotico, prepotente: *un padrone t.* **2** che attira e tiene legato fortemente: *un amore t.*

tirannosàuro [comp. di *tiranno* e *sauro*, frequente nella comp. di n. di fossili ✻ 1940] **s. m.** ● gigantesco rettile carnivoro scomparso nel Cretaceo, con grosso cranio e forte dentatura (*Tyrannosaurus*)

tirànte **A** part. pres. di *tirare*; anche **agg.** ● nei sign. del v. **B s. m. 1** striscia o sbarra e sim. che serve a fissare o a tenere unite due o più parti di oggetti, congegni, macchine o strutture mediante trazione **2** (*archit.*) elemento strutturale, rigido o flessibile, per sopportare carichi soltanto di trazione | negli archi, asta tesa per sopportare la spinta orizzontale **3** ***tiranti del tamburo***, pezzetti di grossa pelle o cuoio usati per aumentare la tensione delle pelli del tamburo **4** (*mar.*) tratto di cavo uscente dal paranco sul quale si applica la potenza | ***t. del fumaiolo***, venti del fumaiolo | ***t. di caldaia***, aste di ferro che, andando dalla faccia anteriore a quella posteriore della caldaia a tubi di fiamma, ne rinforzano la struttura | (*raro*) ***t. d'acqua***, pescaggio **5** striscia di pelle cucita nella parte posteriore di calzature per calzarle meglio: *i tiranti degli stivali*

tiranterìa [da *tirante* ✻ 1983] **s. f.** ● (*mecc.*) l'insieme dei tiranti e dei meccanismi che azionano il freno di un veicolo a motore

tiraòlio [comp. di *tira(re via)* e *olio* ✻ 1961] **s. m. inv.** ● specie di ampolla a due becchi con funzionamento a sifone usata per togliere il leggero strato di olio che nei fiaschi e nelle damigiane ricopre il vino

tirapièdi [comp. di *tira(re)* e il pl. di *piede* ✻ 1856] **A s. m. inv.** ● garzone e aiutante del boia che un tempo aveva il compito di tirare per i piedi gl'impiccati per abbreviarne l'agonia **B s. m. e f. inv.** ● (*fig., spreg.*) chi è al servizio di un altro e ne asseconda ogni iniziativa per servilismo o allo scopo di ricavarne vantaggi | (*fig., spreg.*) chi svolge mansioni modeste

tirapròve [comp. di *tira(re)* e il pl. di *prova* (di stampa) ✻ 1966] **s. m. e f. inv. 1** tirabozze usato un tempo spec. per la stampa delle prove a colori **2** chi è addetto alla stampa delle prove a colori

tirapùgni [comp. di *tira(re)* e il pl. di *pugno* ✻ 1908] **s. m. inv.** ● arma proibita formata da quattro anelli metallici uniti in modo da potervi infilare le dita per rendere più potente il pugno SIN. pugno di ferro

◆**tiràre** [etim. incerta ✻ av. 1250] **A v. tr. I** applicare una forza su qlco. per modificarne le dimensioni, la forma o la posizione **1** esercitare una trazione sulle estremità di qlco. in modo da tenderla, allungarla, distenderla: *t. una corda, una molla*; *t. le redini*; *t. le lenzuola prima di stirarle* | ***t. il collo a un pollo***, torcerne e tenderne il collo per ucciderlo | ***t. gli orecchi a qlcu.***, (*fig.*) rimproverarlo, ammonirlo | (*fig.*) ***t. la cinghia***, vivere in ristrettezze economiche, soffrire la fame | (*fam.*) ***t. le cuoia***, morire | ***t. un metallo***, allungarlo, assottigliarlo, con un martello o altro | ***t. i tessuti***, distendere le pezze sui valichi del tiratoio, per dare la giusta larghezza e lunghezza | (*mar.*; *disus.*) ***t. a disteso***, tesare | (*mar.*; *disus.*) ***t. a rovescio***, mollare | ***t. in lungo, per le lunghe***, far durare più del necessario, ritardare la conclusione di qlco. (*anche assol.*): *t. per le lunghe una discussione*; *terminate il lavoro senza t. in lungo* | ***t. l'alba, giorno, mattina***, fare le ore piccole | ***t. un filo, una corda***, tenderli | ***t. le fila di***

una situazione, (*fig.*) mantenerne il controllo, dirigerla; concludere una discussione o una trattativa **2** muovere, portare verso di sé, nella propria direzione, restando fermi ed agendo su ciò che si vuole spostare: *t. un cassetto*; *t. la porta*; *chiudere un cancello tirando il catenaccio*; *t. qlcu. per il vestito*; *lo tirò a sé prendendolo per la giacca*; *t. il campanello d'allarme* | ***t. le reti***, riunirne le estremità o raccoglierle dopo averle lanciate per pescare | ***t. i remi in barca***, (*fig.*) concludere un'attività o un periodo di vita attiva oppure desistere da un'impresa rischiosa o troppo ambiziosa | ***t. in secco un'imbarcazione***, tirarla sulla spiaggia | ***t. in secco una nave***, alarla su uno scalo | far muovere lateralmente, per aprire o chiudere: *t. una tenda, un catenaccio* **3** (*fig.*) attirare, attrarre: *un musetto che tira i baci*; *t. l'occhio, l'attenzione di qlcu.*; *verso Dio / tutti tirati sono e tutti tirano* (DANTE *Par.* XXVIII, 128-129) | ***t. gli schiaffi***, rendersi insopportabile per atteggiamenti sfrontati, sfacciati e sim. | indurre qlcu. a fare qlco.: *t. qlcu. a testimoniare a proprio favore*; *lo ha tirato alle sue conclusioni* | ***t. qlcu. dalla propria parte***, riuscire a conquistarne la simpatia, l'appoggio, il consenso | ***t. per la giacca***, (*fig.*) spec. nel linguaggio giornalistico, invitare in modo insistente qlcu. a fare una determinata scelta | ***t. l'acqua al proprio mulino***, (*fig.*) cercare di volgere ogni cosa a proprio vantaggio **4** far avanzare, muovere dietro di sé, agendo su ciò che si vuole spostare mentre si è in movimento: *t. una slitta, un rimorchio*; *la locomotiva tira le carrozze*; *i buoi tirano il carro* | ***t. la carretta***, (*fig.*) lavorare duramente, guadagnarsi da vivere con continua fatica | ***t. qlcu. per i capelli***, (*fig.*) convincerlo a fare ciò che non vorrebbe | ***t. un ragionamento per i capelli***, (*fig.*) giungervi con sforzo o arbitrariamente, formularlo in modo capzioso | ***t. l'anima coi denti***, (*fig.*) reggersi in piedi a fatica, essere molto malato, debole e sim. | ***t. qlco. coi denti***, (*fig.*) sostenerla a stento, detto spec. di argomentazioni, ragionamenti, conclusioni | ***una parola tira l'altra***, di discussioni troppo vivaci che degenerano in litigio o che sconfinano rispetto all'argomento principale | ***una cosa tira l'altra***, detto di situazione che si prolunga tra varie attività: *prima un aperitivo, poi due chiacchiere... una cosa tira l'altra: è arrivata l'ora di cena* **5** (*sport*) spec. nel ciclismo, prendere la testa di un insieme di corridori o del gruppo e farne l'andatura a ritmo sostenuto | ***t. la volata a un compagno di squadra***, nel ciclismo, aiutarlo portandolo velocissimo dietro alla propria ruota fin in prossimità del traguardo | ***t. la volata a qlcu.***, (*fig.*) favorirlo, facilitargli il raggiungimento di un obiettivo **II** fare uscire da una determinata collocazione di luogo o di tempo, o da una situazione **1** spostare da un luogo o da una posizione: *t. più avanti un mobile*; *tira più in là quel vaso*; *tirati giù la maschera* | ***t. qlcu. da parte***, mettersi a tu per tu con qlcu. per comunicargli qlco. di riservato | ***t. su***, fare uscire, tirare fuori: *t. su l'acqua da una cisterna* | ***t. su qlcu.***, alzarlo, sollevarlo da terra; (*fig.*) aiutarlo a superare una crisi fisica, morale o economica | ***t. su un bambino***, allevarlo, dargli un'educazione | (*fam.*) ***t. su col naso***, o (*assol.*) ***tirare su***, aspirare l'aria col naso facendo rumore e cercando di trattenere il muco | (*gerg.*) ***t. la cocaina***, annusarla | ***t. su***, (*raro*) vomitare | ***t. giù***, fare scendere, abbassare; (*est.*) prendere qlco. che è posta in alto | ***t. giù qlcu. dal letto***, farlo alzare | ***t. giù pugni, colpi***, picchiare, battere con violenza | ***t. avanti***, portare avanti, far procedere (*anche fig.*): *t. avanti la famiglia*; *t. avanti le trattative* | ***t. via***, portare via, togliere, asportare | (*fig.*) ***t. via un lavoro***, eseguirlo in fretta e con scarsa cura | ***t. in ballo qlco.***, affrontare, in un discorso o in una discussione, un argomento estraneo o inappropriato | ***t. in ballo qlcu.***, farlo intervenire, farlo partecipare a qlco. o citarne le opinioni | ***t. fuori***, fare uscire, cavare, estrarre: *t. fuori uno di prigione*; *t. fuori una pistola* | (*fig.*) ***t. fuori scuse, pretesti***, addurli come giustificazione | (*est.*) estrarre: *t. una scheggia da un piede*; *t. una carta dal mazzo*; *t. il portamonete dalla tasca*; *t. una spada dal fodero* | ***t. su i numeri***, estrarli in una lotteria, una tombola o nel gioco del lotto | ***t. a sorte***, sorteggiare, estrarre dall'urna **2** bere, succhiare, sorbire: *Tirò una gran sorsata dal barilotto* (B. FENOGLIO) | (*assol.*) poppare: *il neonato tira lentamente* | ***t. il fiato***, V. *fiato* nel sign. 1 | ***t. l'aria***, di stufe, camini e sim., avere un buon tiraggio **3** ricavare, ottenere, trarre: *t. una nota da uno strumento*; *t. il sugo cuocendo la carne a fuoco lento* | ***t. una salsa***, aumentarne la concentrazione e la consistenza | ***tirar partito da qlco.***, trarne vantaggio, saperne approfittare | ***t. le somme, i conti***, addizionare, fare i conti; (*fig.*) tirare le conclusioni | trarre, dedurre, cogliere col ragionamento, l'osservazione, l'analisi, ecc.: *t. la conclusione di un discorso*; *t. le conseguenze* **4** (*pop., lett.*) riscuotere: *t. lo stipendio*; *Né io sono per anche un manzoniano / Che tiri quattro paghe per il lesso* (G. CARDUCCI) **5** portare, far arrivare a una condizione: *t. a lucido un mobile* | ***t. a cera i pavimenti***, lucidarli con la cera | (*fig.*) ***t. al peggio***, interpretare un fatto nel modo peggiore o travisare volutamente le parole di qlcu. | (*colloq.*) ***t. scemo qlcu.***, frastornarlo, confonderlo **III** fare arrivare lontano **1** lanciare, gettare, scagliare: *t. un sasso, la palla*; *t. in aria il berretto*; *t. una freccia con l'arco*; *t. una bomba*; *t. petali di fiori, coriandoli* | (*fig.*) ***t. baci***, fare il gesto di inviarli con la punta delle dita | ***t. i dadi***, gettarli, giocando | ***t. moccoli, bestemmie, imprecazioni***, (*fig.*) dirne a profusione e in tono rabbioso | ***t. calci, pugni***, sferrarli | ***t. una fregatura***, (*pop.*) imbrogliare, raggirare **2** fare partire un colpo di arma da fuoco, fare esplodere, sparare (*anche assol.*): *t. una fucilata, una cannonata*; *t. a un bersaglio mobile*; *è una pistola che non tira molto bene* | (*est., anche assol.*) ***t. in porta, a rete***, nel calcio, effettuare un tiro **IV** trasferire sulla carta linee, segni o figure **1** tracciare, disegnare: *t. una linea*; *t. la perpendicolare, la bisettrice* | (*est.*) disporre, fare assumere posizione sul terreno: *t. un cordone difensivo di militari* | (*fig.*) ***t. un piano***, costruirlo, elaborarlo **2** riprodurre con la tecnica della stampa: *t. le bozze di un libro*; *t. una litografia*; *t. molte copie di un negativo*; *t. dei manifestini col ciclostile* | (*est.*) stampare, pubblicare: *di questo quotidiano vengono tirate centomila copie*; *l'autore ha deciso di t. solo poche copie numerate* **B** **v. intr.** (aus. *avere*) **I** muoversi in una direzione, avanzare verso qlcu. o qlco. **1** procedere, proseguire | ***t. avanti***, (*raro*) ***t. innanzi***, seguitare a camminare senza curarsi di altro; (*fig.*) persistere in un'iniziativa, un proposito, un'azione | ***t. avanti a stento***, fare una vita grama, faticosa | ***come va? Si tira avanti***, si procede alla meno peggio | ***t. di lungo***, andare avanti senza fermarsi | ***t. diritto***, continuare a percorrere la strada davanti a sé evitando le vie laterali; (*fig.*) tendere con decisione a uno scopo prestabilito | (*fig.*) ***t. via***, cercare di portare a compimento qlco. evitando di impegnarsi eccessivamente, lasciar correre, finire in fretta **2** (*fig.*) tendere, mirare, aspirare a qlco., avere inclinazione per qlco.: *t. al bene, al male, a imbrogliare*; *non capisco a cosa tiri col suo comportamento*; *è uno che tira soltanto ai soldi* | ***t. a indovinare***, dare a casaccio qualche risposta sperando che sia quella giusta | ***t. a campare***, cercare di vivere evitando di affannarsi, crearsi problemi e assumersi eccessive responsabilità; (*est.*) fare qlco. evitando di impegnarsi e di affaticarsi troppo **3** avvicinarsi, assomigliare, richiamare, detto spec. di colore (+ *a*): *un grigio che tira all'azzurro* **4** (*fam.*) essere incline, propendere: *sappiamo per chi tira* | minacciare, essere sul punto di: *tira a piovere* **II** esercitare una forza, una trazione o una compressione (*anche fig.*) **1** del vento, soffiare, spirare con forza: *oggi tira la tramontana*; *tira un'aria poco invitante* | (*fig.*) ***col vento, con l'aria che tira***, coi tempi che corrono, vista la situazione **2** essere in grado di esercitare una trazione, detto di motori e sim.: *quest'auto non tira più in salita* | essere in salita o in forte pendenza: *una curva, una strada che tira* **3** (*est., volg.*) essere in stato di eccitazione, detto di organo sessuale **4** (*fig.*) essere in piena efficienza, in espansione o incidere positivamente sullo sviluppo economico: *l'industria tira*; *il turismo tira bene*; *il mercato dell'auto tira ancora* **5** di indumento, stringere, premere, andare stretto: *la cintura tira*; *questa gonna tira in vita, sui fianchi*; *sei cresciuto di peso e i pantaloni ormai ti tirano* | della pelle, essere eccessivamente tesa, facile a screpolarsi: *col freddo, la pelle del viso tira* **6** (*fig.*) ridurre le spese, cercare di risparmiare | ***t. sul prezzo***, contrattare, mercanteggiare | ***t. sulle spese***, cercare di spendere il meno possibile **III** usare un'arma che scaglia proiettili (+ *con*): *t. col fucile, con l'arco, con la balestra*; *imparare a t.*; *saper t.*; *t. bene, male* | sparare (+ *a*): *t. alla schiena, alle gambe*; *t. alla selvaggina* | ***t. a fermo***, sparare a un animale immobile, non a volo o in corsa | ***t. all'alzata***, sparare appena un uccello si alza da terra | ***t. di accompagnatura***, seguire con la mira l'animale per un certo tempo | ***t. di scherma, di boxe***, praticare la scherma, il pugilato **C** **tiràrsi** **v. tr. pron.** (aus. *essere*) ● tirare verso di sé, dietro di sé, addosso a sé: *Entrati i fratelli, Tonio si tirò dietro l'uscio* (A. MANZONI); *si tirò su il bavero del cappotto* | in alcune loc.: ***tirarsi addosso qlco.***, (*fig., colloq.*) procurarsi qualche guaio o attirare su di sé critiche, risentimenti e sim.: *a costo di tirarsi addosso l'odio di un altro* (G. LEOPARDI) | (*colloq.*) ***tirarsi dietro qlco. o qlcu.***, trascinare qlco. dietro di sé o portare qlcu. con sé | ***tirarsi su i capelli***, raccoglierli in cima alla testa | **tiràrsela** (con il pron. *la* indeterm.), (*colloq.*) darsi delle arie: *quanto se la tira con quella nuova moto!* **D** **tiràrsi** **v. rifl.** ● cambiare stato, luogo, condizione: *tirarsi da parte* | ***tirarsi in là***, scostarsi, mettersi da parte | ***tirarsi su***, alzarsi; (*fig.*) sollevarsi, riprendersi fisicamente, moralmente o economicamente | ***tirarsi indietro***, indietreggiare, ritrarsi; (*fig.*) sottrarsi a un impegno o rinunciare a un proposito

tirasàcco [comp. di *tira(re)* e *sacco*: detto così perché i suoi peli, rivolti verso il basso, si attaccano ai tessuti tirandoli a sé ✻ 1983] **s. m.** (pl. *-chi*) ● (*centr.*) forasacco

tirasségno [comp. di *tiro*①, *a* e *segno* ✻ 1918] **s. m.** ● tiro a segno

tirastivàli [comp. di *tira(re)* e il pl. di *stivale* ✻ 1840] **s. m. inv.** ● cavastivali

tirasuòle [comp. di *tira(re)* e il pl. di *suola* ✻ 1950] **s. m. inv.** ● utensile a due impugnature che serve al calzolaio per levigare le suole

tiràta [1306] **s. f.** **1** atto del tirare in una sola volta: *dare una t. alla campana* | ***t. d'orecchi***, (*fig.*) sgridata, rimprovero | (*fam.*) boccata di fumo: *finire la sigaretta in poche ti-*

rate | (*disus.*) ***t. di penna***, tratto, quanto può scrivere una penna con l'inchiostro intinto una sola volta | strappo, colpo dato nel tirare **2** lavoro, viaggio o altra attività compiuti senza interruzioni: *preparare la tesi è stata una bella t.* | ***fare tutta una t.***, non fermarsi, andare sempre di seguito **3** lungo discorso scritto o parlato | lunga invettiva: *ha fatto una nuova t. contro i genitori* **4** (*letter.*) lassa② ‖ **tiratina**, **dim.**

tiratàrdi [comp. di *tirare* e dell'avv. *tardi* ✶ 1963] **s. m. e f. inv.** **1** chi ama fare tardi la notte **2** persona lenta, scarsamente puntuale

tiratézza [sec. XIV] **s. f.** **1** tensione **2** (*fig.*, *raro*) avarizia

tìra tìra o **tiratìra** [duplicazione affettiva di un deriv. da *tira(re)* ✶ 1840] **loc. sost. m. inv.** **1** (*fam.*, *raro*) attrazione sentimentale: *quel ragazzo è il suo tira tira* **2** (*fam.*, *lett.*) il contendersi, cercare di strapparsi l'un l'altro qlco. di mano: *fare a tira tira* | (*fig.*, *lett.*) diverbio, contrasto

tiràto **part. pass.** di *tirare*; anche **agg.** **1** nei sign. del v. **2** teso, allungato, disteso: *corda tirata*; *tenda tirata* | (*fig.*) che rivela preoccupazione, stanchezza: *viso t.*; *espressione tirata* **3** (*fig.*) sforzato, stentato: *un consenso t.*; *un sorriso t.* | ***vita tirata***, piena di stenti **4** che spende con eccessiva parsimonia: *una persona tirata* **SIN.** avaro, gretto **5** (*fig.*) sostenuto, sollecitato: *mercato t. dalla domanda* **6** (*fam.*) elegante, azzimato: *esce sempre tutto t.* ‖ **tiratino**, **dim.** ‖ **tiratamente**, **avv.**

tiratóio [da *tirare* ✶ 1298] **s. m.** (**pl.** *-ói*) ● (*tess.*) reparto nel quale i tessuti vengono messi ad asciugare opportunamente tirati perché assumano la larghezza e la lunghezza necessarie

tiratóre [1336 ca.] **s. m.** (**f.** *-trice*) **1** chi tira, spec. con armi da fuoco | servente d'artiglieria addetto a far partire il colpo agendo sul congegno di sparo | esperto nel tiro con arma da fuoco portatile: *t. scelto* | ***franco t.***, partigiano, guerrigliero che agisce per lo più isolatamente (calco sul fr. *franc-tireur*) **SIN.** cecchino; (*fig.*) il parlamentare che nel segreto dell'urna vota in modo difforme rispetto a quanto deciso dal proprio partito **2** †operaio tessile che stende la stoffa nel tiratoio

tìratron [1994] **s. m. inv.** ● adattamento di *thyratron* (V.)

tiratùra [da *tirare* ✶ 1337] **s. f.** **1** numero di copie stampate o da stampare di una qualunque commessa di lavorazione come biglietti da visita, manifesti, libri, e sim.: *la t. di un grande giornale supera le centinaia di migliaia di copie* **2** numero di francobolli di ciascun tipo stampati per una emissione **3** †operazione del tirare: *la t. dei tessuti nel tiratoio*

tiratùtti [comp. di *tira(re)* e il pl. di *tutto* ✶ 1808] **s. m. inv.** ● (*mus.*) sbarra che, premuta col piede, apre indistintamente tutti i registri dell'organo

tiravolìsta [da *tiro a volo* ✶ 1961] **s. m. e f.** (**pl. m.** *-i*) ● chi pratica lo sport del tiro a volo

✦**tirchierìa** [1734] **s. f.** ● (*colloq.*) avarizia, spilorceria | azione da tirchio: *questa è una meschina t.* **SIN.** avarizia, spilorceria

✦**tìrchio** [da *pirchio* con sovrapposizione di *tirato* nel senso di 'avaro' (?) ✶ av. 1584] **agg. e s. m.** (**f.** *-ia*) ● (*colloq.*) avaro, spilorcio, taccagno ‖ **tirchiàccio**, **pegg.** | **tirchiétto**, **dim.** | **tirchióne**, **accr.** ‖ **tirchiaménte**, **avv.**

tirèlla [da *tirare* ✶ av. 1712] **s. f.** **1** ciascuna delle strisce di cuoio che collegano il pettorale del cavallo alla stanga del veicolo **2** mazzetta che contiene campioni di colori, tessuti, carta e sim.

tiremmòlla o **tiramòlla**, **tìra mòlla**, **tìra e mòlla** [comp. di *tira(re)* e *molla(re)* con la cong. *e* incorporata ✶ 1905] **s. m. inv.** ● continuo alternarsi di azioni o punti di vista contrastanti tra loro: *le trattative si sono concluse dopo un estenuante t.* | ***fare a tira e molla***, mostrarsi esitante, indeciso, tergiversare

tìreo- [dal gr. *thyro(eidḗs)* (V. *tiroide*)] **primo elemento** ● in termini del linguaggio medico, indica la ghiandola della tiroide: *tireosi*, *tireotossicosi*

tireòṣi [fr. *thyréose*, forma contratta di *thyréotoxicose* 'tireotossicosi' ✶ 1961] **s. f. inv.** ● (*med.*) termine generico che indica affezioni della tiroide

tireostàtico [comp. dell'abbr. del gr. *thyreo(eidḗs)* 'tiroide' e dell'agg. *statikós* 'che ferma, arresta' ✶ 1965] **agg.** (**pl. m.** *-ci*) ● detto di farmaco ad azione inibitrice sulla funzione della tiroide

tireotòssico [da *tireotossicosi* ✶ 1970] **agg.** (**pl. m.** *-ci*) ● (*med.*) relativo a tireotossicosi: *gozzo t.*

tireotossicòṣi [comp. dell'abbr. del gr. *thyreo(eidḗs)* 'tiroide' e *tossicosi* ✶ 1949] **s. f. inv.** ● (*med.*) qualsiasi condizione causata da eccessiva liberazione in circolo degli ormoni tiroidei, che provoca aumento del metabolismo basale e talvolta esoftalmo

tireotropìna o **tirotropìna** [comp. di *tireo-* e un deriv. del gr. *trépein* 'volgere' (V. *-tropia*) ✶ 1961] **s. f.** ● (*biol.*) ormone proteico secreto dall'ipofisi anteriore, che stimola la ghiandola tiroide a secernere gli ormoni tiroidei; in sigla TSH

tireòtropo [da *tireotropina* ✶ 1961] **agg.** ● (*biol.*) relativo a tireotropina | ***ormone t.***, tireotropina

tirétto [da *tirare*, secondo un modello dial. sett. ✶ 1793] **s. m.** ● cassetto

†**tiriàca** ➤ **triaca**

tiristóre [adattamento it. dell'ingl. *thyristor*, a sua volta comp. di *thyr(atron)* e *(trans)istor* ✶ 1969] **s. m.** ● (*elettron.*) dispositivo a semiconduttore con caratteristiche analoghe a quelle del thyratron, ampiamente usato come interruttore elettronico, regolatore di tensione, raddrizzatore controllato e invertitore

✦**tiritèra** [da *tira(re)* con reduplicazione onomat. di orig. espressiva ✶ av. 1565] **s. f.** ● cantilena, filastrocca | (*est.*) discorso prolisso e noioso **SIN.** lagna, solfa

tirlindàna o **dirlindàna** [vc. lombarda, di etim. incerta ✶ av. 1910] **s. f.** ● lunga lenza, fornita di piombini e molti ami che, trainata dalla barca, è usata per la pesca in acque dolci

✦**tìro**① [da *tirare* ✶ av. 1495] **s. m.** **1** trazione esercitata su qlco. per muoverla, spostarla, attrarla e sim.: *t. alla fune* | traino di un veicolo tramite animali: *bestia da t.* | ***t. a due, a quattro***, con due o quattro animali, spec. cavalli | ***un t. di buoi***, insieme dei buoi aggiogati allo stesso carro; (*est.*) l'animale o gli animali che trainano un veicolo | (*fig.*, *fam.*) ***essere in t.***, essere elegante, azzimato **2** il tirare con un'arma da getto o da fuoco: *t. con l'arco*; *il t. del cannone*; *t. terrestre, antiaereo, navale* | ***t. di sbarramento***, d'interdizione, di disturbo | ***t. a segno***, esercitazione di tiro al bersaglio; anche il luogo o il locale dove si svolge questo tipo di esercitazione | ***t. a volo***, contro un bersaglio mobile (un tempo anche piccioni, oggi piattelli), in gare sportive | ***t. al piattello***, sparando a bersagli mobili di forma appiattita e tondeggiante, spec. di argilla, lanciati da una macchina | ***a un t. di schioppo, di fucile***, (*fig.*) molto vicino | ***t. di partenza***, nel biliardo, il colpo di inizio partita | ***essere, venire, capitare a t.***, alla giusta distanza; (*fig.*, *colloq.*) al punto giusto, a portata di mano | ***essere sotto t.***, essere sotto il fuoco di un'arma; (*fig.*) essere sottoposto a critiche, attacchi polemici e sim. | ***correggere il t.***, (*fig.*) cambiare strategia, modo di procedere | ***alzare il t.***, (*fig.*) puntare a ottenere maggiori risultati; aumentare le proprie pretese | colpo di arma da getto: *un t. corto, sbagliato* | sparo: *dopo due tiri lo centrò*; *ci restano pochi tiri* | ***centrale di t.***, nella marina da guerra, complesso degli apparati e dei calcolatori che elaborano i dati per il puntamento delle artiglierie e il locale di bordo che li contiene **3** (*est.*) il gettare, lo scagliare, il lanciare qlco.; ogni singolo lancio: *un t. di dadi* | nel calcio e in altri sport di palla, lancio della palla: *t. di testa*; *t. lungo*; *un t. forte*; *t. in porta*, *t. a canestro*; *t. al volo, rasoterra, ad effetto* | ***t. angolato***, con traiettoria diagonale verso un angolo della porta | ***t. libero***, nella pallacanestro, tiro di punizione dal centro della lunetta senza che gli avversari possano ostacolare **4** corda che tende gli elementi di scena, azionata a mano o elettricamente dalla soffitta **5** ***t. di corda***, in alpinismo, tratto di parete che una cordata percorre per portarsi da un punto di sosta al successivo **6** (*fig.*) azione dannosa che colpisce chi non se l'aspetta: *un t. mancino, birbone*; *giocare un brutto t.* | (*pop.*) ***un t. secco***, una morte improvvisa **7** (*fig.*, *pop.*) boccata: *dar due tiri a una sigaretta* **8** (*gerg.*) annusata, sniffata: *un t. di cocaina* | ***farsi un t.***, fiutare, annusare una sostanza stupefacente in polvere ‖ **tiràccio**, **pegg.** | **tirétto**, **dim.** nel sign. 3

†**tìro**② [dal gr. *thḗr*, dim. *thḗrion*, di orig. indeur. (?) ✶ av. 1294] **s. m.** ● vipera, serpente velenoso

tirocinànte [1877] **agg. e s. m. e f.** ● che (o chi) fa un tirocinio: *operaio t.*; *i tirocinanti saranno assunti* **SIN.** apprendista

SFUMATURE ➤ ***apprendista***

tirocìnio [vc. dotta, lat. *tirocĭniu(m)*, da *tiro*, genit. *tirōnis* 'tirone, principiante' ✶ 1499] **s. m.** (**pl.** *-i* o *raro -ii*) **1** scambio dell'addestramento professionale con una prestazione di lavoro subordinato: *contratto di t.*; *attestato di t.* | ***rapporto di t.***, relazione giuridica intercorrente tra il datore di lavoro e l'apprendista **SIN.** apprendistato **2** correntemente, preparazione pratica necessaria per esercitare un mestiere o una professione e che si svolge sotto la guida di un esperto: *è passato alla cattedra universitaria dopo un t. presso un istituto di ricerche*

tiròide [gr. *thyroeidḗs* 'che ha la forma (*êidos*) di uno scudo (*thyreós*)' ✶ 1805] **s. f.** ● (*anat.*) ghiandola endocrina a forma di scudo, posta nella parte anteriore del collo, che produce un ormone ricco di iodio, detto tiroxina, che aumenta il metabolismo basale dell'organismo

tiroidectomìa [comp. di *tiroid(e)* ed *-ectomia* ✶ 1886] **s. f.** ● (*chir.*) asportazione della tiroide

tiroidèo [av. 1758] **agg.** ● (*anat.*) della tiroide: *disfunzione tiroidea*; *ormone t.*

tiroidìna [comp. di *tiroide* e *-ina* ✶ 1908] **s. f.** ● (*med.*) estratto di ghiandola tiroidea

tiroidìṣmo [comp. di *tiroide* e *-ismo* ✶ 1946] **s. m.** ● (*med.*) stato morboso da alterata funzione della tiroide

tiroidite [comp. di *tiroide* e *-ite*① ✶ 1913] **s. f.** ● (*med.*) infiammazione della ghiandola tiroide

tirolése (o **-ṣ-**) [da *Tirolo*, n. che in orig. indicava un castello (*Tirol*) presso Merano ✶ 1551] **A** **agg.** ● del Tirolo | ***alla t.***, (*ellitt.*) nella foggia ispirata allo stile del Tirolo: *pantaloni di* *pelle alla t.* | ***cappello alla t.***, di feltro velluttato verde con pennacchietto di tasso **B** **s. m. e f.** ● abitante o nativo del Tirolo **C** **s. f.** ● vivace danza campagnola originaria del Tirolo

tirolìno [dal *Tirolo*, dove fu coniata ✱ 1915] **s. m.** ● moneta d'argento coniata a Merano da Mainardo II conte del Tirolo nel 1271, contraddistinta da due croci incrociate sul rovescio

†**tiróne** ① [vc. dotta, lat. *tirōne(m)*, di etim. incerta ✱ sec. XIV] **s. m.** **1** recluta, spec. nell'esercito di Roma antica: *avevano preposto sopra i militi novelli, i quali chiamavano tironi, un maestro a esercitarli* (N. MACHIAVELLI) **2** (*est.*) novizio, novellino

tiróne ② [da *tirare* ✱ 1957] **s. m.** ● asta di ferro che sostiene verticalmente un elemento scenico

tironiàno [vc. dotta, lat. *tironiānu(m)*, da *Tiro*, genit. *Tirōnis*, n. del liberto e segretario di Cicerone ✱ 1819] **agg.** ● relativo a Tirone (104-4 a.C.), liberto e segretario di Cicerone, e al sistema tachigrafico usato dai Romani e da lui ideato | ***note tironiane***, l'insieme dei segni che formavano quella scrittura

tiroṣìna [dal gr. *tyrós* 'formaggio', dal quale è stato orig. tratto, col suff. *-ina* ✱ 1869] **s. f.** ● (*chim.*) amminoacido idrofobo presente nelle proteine

tirotropìna ➤ **tireotropina**

tiroxìna o **tirossìna** [comp. della prima parte di *tir(oide)*, *oss(igeno)* e *-ina*, secondo il modello dell'ingl. *thyroxine* ✱ 1932] **s. f.** ● ormone prodotto dalla tiroide, impiegato nella terapia dell'ipotiroidismo, turbe dello sviluppo e della crescita

tirrènico [vc. dotta, lat. *Thyrrhēnicu(m)*, da *Thyrrhēnum* 'Tirreno' ✱ 1728] **agg.** (**pl. m.** *-ci*) ● del mar Tirreno: *le coste tirreniche*

tirrèno [av. 1332] **A** **agg.**; anche **s. m.** (**f.** *-a*) ● che (o chi) apparteneva alle popolazioni dell'Italia centro-meridionale, anteriori a quelle indoeuropee, identificate un tempo con gli Etruschi **B** **agg.**; anche **s. m. solo sing.** ● detto di quella parte di Mediterraneo racchiusa fra la costa occidentale della penisola italiana, quella settentrionale della Sicilia e quella orientale della Sardegna e della Corsica: *mar Tirreno*; *le coste del Tirreno*

tirsìfero [comp. del lat. *thўrsus* 'tirso' e *-fero* ✱ 1728] **agg.** ● (*lett.*) portatore del tirso

tìrso [vc. dotta, lat. *thўrsu(m)*, dal gr. *thýrsos*, termine originario dell'Asia Minore ✱ sec. XIV] **s. m.** **1** bastone avvolto da pampini e da edera, che era portato dal dio romano Bacco e dalle baccanti **2** (*bot.*) pannocchia

tirtàico [1928] **agg.** (**pl. m.** *-ci*) **1** dell'antico poeta greco Tirteo (sec. VII a.C.) **2** (*est.*) che contiene ideali eroici o esorta al valore: *discorso t.*; *la poesia tirtaica del Carducci*

Tirtèo [gr. *Tyrtâios*, di etim. incerta ✱ 1614] **s. m.** ● (*lett.*) poeta marziale, cantore di glorie patrie

tirucchiàre [comp. di *tirare* e *-ucchiare* ✱ 1879] **v. tr.** (*io tirùcchio*) ● (*raro*) tirare spesso, ma con poca abilità (*anche assol.*)

tiṣàna [vc. dotta, lat. *(p)tīsana(m)*, dal gr. *ptisánē* (in it. l'accento segue il modello gr.), deriv. da *ptíssein* 'tritare, pestare', di orig. indeur. ✱ 1300 ca.] **s. f.** ● soluzione diluita di sostanze medicamentose ottenuta per infusione di fiori di camomilla, di tiglio, malva e sim. o per decozione di cortecce o semi, usata come calmante o emolliente **CFR.** decotto, infuso

Tiṣanòtteri [comp. del gr. *thýs(s)anos* 'nappa, frangia' e *pterón* 'ala', ambedue di orig. indeur. ✱ 1932] **s. m. pl.** (**sing.** *-o*) ● (*zool.*) ordine di piccoli Insetti con quattro ali lunghe frangiate e trasparenti che si nutrono suggendo linfa vegetale (*Thysanoptera*)

Tiṣanùri [comp. del gr. *thýs(s)anos* 'nappa, frangia' e *ourá* 'coda', l'uno e l'altro di orig. indeur. ✱ 1840] **s. m. pl.** (**sing.** *-o*) ● (*zool.*) ordine di Insetti atteri dalla coda frangiata, con lunghe antenne e apparato boccale masticatore (*Thysanura*)

tìṣi o †**ptìṣi** [vc. dotta, lat. *phthĭsi(m)*, dal gr. *phthísis*, da *phthíein* 'consumarsi', di orig. indeur. ✱ av. 1468] **s. f. inv.** ● (*med.*) tubercolosi

tiṣiàtra [1981] **s. m. e f.** (**pl. m.** *-i*) ● tisiologo

tiṣiatrìa [1983] **s. f.** ● tisiologia

†**tìṣica** [av. 1347] **s. f.** ● tisi

tiṣichézza [sec. XIII] **s. f.** **1** condizione di chi è malato di tisi **2** (*est.*) gracilità estrema, stato di consunzione | (*fig.*) mancanza di vigore, di nerbo

tìṣico [vc. dotta, lat. *phthĭsicu(m)*, dal gr. *phthisikós*, da *phthísis* 'tisi' ✱ av. 1306] **A** **agg.** (**pl. m.** *-ci*) **1** che è malato di tisi **2** (*est.*) macilento, quasi consunto | gracile: *un alberello t.* | (*fig.*) stentato, misero, fiacco: *idee tisiche* ‖ **tiṣicaménte**, **avv.** **B** **s. m.** (**f.** *-a*) ● chi è malato di tisi ‖ **tiṣicùccio**, **tiṣicùzzo**, **dim.**

tiṣicùme [da *tisico* col suff. spreg. *-ume* ✱ 1550] **s. m.** ● †tisi | (*spreg.*, *lett.*) insieme di persone prive di forza morale | (*spreg.*, *fig.*) complesso di cose stentate

tiṣiologìa [comp. di *tisi* e *-logia* ✱ 1882] **s. f.** (**pl.** *-gìe*) ● studio della tubercolosi

tiṣiòlogo [comp. di *tisi* e *-logo* ✱ 1935] **s. m.** (**f.** *-a*; **pl. m.** *-gi*) ● studioso, specialista in tisiologia

tissotropìa e deriv. ➤ **tixotropia** e deriv.

tissulàre [fr. *tissulaire*, da *tissu* 'tessuto', sul modello di *cellulaire* 'cellulare' ✱ 1942] **agg.** ● (*biol.*) dei tessuti

tissutàle ● (*evit.*) ➤ **tessutale**

✲**titànico** ① [1672] **agg.** (**pl. m.** *-ci*) ● dei Titani | (*est.*) gigantesco, eccezionale: *sforzo t.* ‖ **titanicaménte**, **avv.**

titànico ② [da *titanio* ② ✱ 1879] **agg.** (**pl. m.** *-ci*) ● (*chim.*) di composto del titanio tetravalente | ***acido t.***, sostanza anfotera | ***anidride titanica***, diossido di titanio

titànio ① [vc. dotta, lat. *Titāniu(m)* 'proprio dei Titani (*Titānes*, dal gr. *Titânes*, di orig. straniera)' ✱ sec. XVI] **agg.** (**pl. m.** *-i* o *raro -ii*) ● (*lett.*) di Titano | dei Titani: *la titania stirpe*

titànio ② [dal n. dei *Titani*, i figli di Urano, che aveva già suggerito il n. dell'elemento precedentemente scoperto, l'*uranio* ✱ 1829] **s. m.** (**pl.** *-i* o *raro -ii*) ● elemento chimico, il solo capace di bruciare nell'azoto, molto resistente alla corrosione e alle sollecitazioni meccaniche; si usa per ferroleghe e, allo stato puro, per costruire scambiatori di calore, motori e telai di aerei **SIMB.** Ti **NUM. AT.** 22 | ***diossido di t.***, di colore bianco, usato per il suo alto potere ricoprente nella fabbricazione di vernici | ***idrato di t.***, acido titanico

titanìṣmo [dal n. dei *Titani*, che osarono sfidare gli dèi dell'Olimpo ✱ 1902] **s. m.** ● (*letter.*) atteggiamento di lotta contro tutte le forze che limitano l'uomo nel suo slancio verso l'assoluto: *il t. romantico*

titàno [vc. dotta, lat. *Titāne(n)*, dal gr. *Titán*, prob. orig. dall'Asia Minore col senso di 'figlio del sole' ✱ 1483] **s. m.** **1** (spec. con iniziale maiuscola) ciascuno dei giganti che, nel mito greco, combatterono contro Saturno per detronizzarlo e furono sconfitti da Giove **2** (*fig.*) persona molto forte fisicamente o che pratica un'arte o un'attività con risultati eccezionali: *un t. della poesia* **SIN.** colosso, gigante **3** (con iniziale maiuscola) ***monte T.***, il principale rilievo di San Marino | ***la repubblica del T.***, (*ellitt.*) ***il T.***, (*per anton.*) la Repubblica di San Marino

titanomachìa [gr. *Titanomachía*, comp. di *Titán* 'Titano' e di un deriv. di *máchē* 'battaglia', di orig. indeur. ✱ 1813] **s. f.** ● nella mitologia greca, il combattimento dei Titani contro gli dei celesti od olimpici

titìc titòc o **titic-titoc** [loc. onomat. ✱ 1985] **loc. sost. m. inv.** **1** (*gerg.*) nel calcio, gioco basato su una serie di passaggi inconcludenti **2** (*fig.*, *colloq.*) serie di piccole mosse poco produttive: *la concorrenza è scatenata e noi rispondiamo con i titic titoc*

✲**titillaménto** [vc. dotta, lat. tardo *titillamĕntu(m)*, da *titillāre* ✱ 1673] **s. m.** ● il titillare, il venire titillato (*anche fig.*) **SIN.** vellicamento

✲**titillàre** [vc. dotta, lat. *titillāre*, di orig. imitativa ✱ av. 1475] **v. tr.** ● solleticare in modo lieve: *con quel bianco secco ... che ancora gli titillava il velopendolo* (C.E. GADDA) | (*fig.*) lusingare: *t. la vanità, l'orgoglio di qlcu.* **SIN.** vellicare

†**titillatòrio** [da *titillare* ✱ 1563] **agg.** ● (*raro*) che produce irritazione della pelle

titillazióne [vc. dotta, lat. *titillatiōne(m)*, da *titillātus*, part. pass. di *titillāre* ✱ av. 1468] **s. f.** ● (*raro*) titillamento | (*lett.*) eccitazione sessuale | †pizzicore

titìno [da *Tito*, pseudonimo assunto dall'uomo politico iugoslavo Josip Broz ✱ 1945] **s. m.** (**f.** *-a*); **anche agg.** ● (*spec. spreg.*) spec. alla fine della seconda Guerra mondiale e nel decennio successivo, seguace del maresciallo Tito (1892-1980): *truppe titine*

titoìṣmo [da J. Broz (1892-1980), detto *Tito* ✱ 1949] **s. m.** ● la linea politica e ideologica seguita dopo il 1948 dal maresciallo iugoslavo Tito all'interno del movimento comunista e nei rapporti internazionali, basata su un atteggiamento di indipendenza nei confronti dell'Unione Sovietica

titoìsta [1960] **A** **agg.** (**pl. m.** *-i*) ● relativo al titoismo **B** **s. m. e f.**; **anche agg.** ● sostenitore del titoismo

titolàre ① [vc. dotta, lat. **titulāre(m)*, da *tĭtulus* 'titolo' ✱ 1550] **A** **agg.** **1** che occupa un ufficio o esercita una funzione in virtù di un titolo specifico: *professore, magistrato t.* | (*eccl.*) ***santo t.***, quello a cui sono intitolati una chiesa o un santuario **2** (*lett.*, *raro*) che ricopre una carica solo nominalmente: *sovrano t.* ‖ **titolarità**, **s. f. inv.** (V.) **B** **s. m. e f.** **1** chi occupa un ufficio avendone il titolo: *il t. di un dicastero ministeriale*; *il t. di una cattedra* **2** correntemente, proprietario: *il t. di un negozio* | (*est.*) detentore: *t. di brevetto*; *t. di conto, di pensione* **3** atleta che fa parte ufficialmente di una squadra o che gioca abitualmente in una formazione con un dato ruolo, spec. in contrapposizione a *riserva*

titolàre ② [vc. dotta, lat. tardo *titulāre*, da *tĭtulus* 'titolo' ✱ av. 1363] **A** **v. tr.** (*io tìtolo*) **1** (*raro*) dare un titolo nobiliare | (*est.*, *lett.*, *raro*) dare, chiamare con un nome ingiurioso: *t. qlcu. di stolto* **2** (*chim.*) determinare il contenuto o la concentrazione di una soluzione, il titolo di una lega, di una fibra tessile e sim. **3** fornire di titoli un libro, un film, uno spettacolo televisivo e sim. **B** **v. intr.** (**aus.** *avere*) ● uscire con un titolo, detto di giornali: *tutti i quotidiani oggi titolano sui problemi economici*

titolàrio [comp. di *titolo* e *-ario* ✱ 1865] **s. m.** ● schema preordinato per la classificazione degli atti e dei documenti di archivio, per lo più suddiviso in titoli, classi e rubriche

titolarità [da *titolo* nel senso giuridico di 'diritto' ✱ 1900] **s. f. inv.** ● (*dir.*) appartenenza di un diritto soggettivo a una persona | ***t. mediata***, acquisto di un diritto soggettivo per effetto o per mezzo di acquisto di altro diritto soggettivo

titolariẓẓàre [da *titolare* 'dare un titolo' ✱ sec. XX] **v. tr.** ● (*econ.*) cartolarizzare ‖ **tito-**

larizzazióne, s. f.

titolàto **A** part. pass. di *titolare*; anche agg. ● nei sign. del v. | (*chim.*) ***soluzione titolata***, quella di concentrazione nota **B** agg. e s. m. (f. *-a*) ● che (o chi) è insignito di un titolo nobiliare | (*est.*) che (o chi) ha ottenuto importanti successi o ha i requisiti per fare qlco.

titolatrice [dal *titolo*, che riprende ✱1961] s. f. **1** apparecchiatura che, in unione con una cinepresa, consente di realizzare titoli di film **2** (*tv*) dispositivo elettronico che permette di inserire testi scritti su un'immagine audiovisiva

titolatùra [da *titolare*② ✱1961] s. f. **1** apposizione di un titolo a una pubblicazione, un film, un articolo di giornale e sim. **2** il modo in cui un titolo è realizzato, con riferimento al carattere tipografico, alla spaziatura e sim.: *t. lineare, allargata*

titolazióne [1940] s. f. **1** (*chim.*) determinazione del titolo di una lega o di una soluzione: *t. di un composto chimico* **2** ***t. dei filati***, metodo di misurazione che dà il diametro approssimativo di un filo di qualsiasi fibra tessile, basandosi sul rapporto tra lunghezza e peso dei filati **3** (*giornalismo*) titolatura

†**titoleggiàre** [1605] v. intr. ● dare titoli

titolìsta [da *titolo* (di giornale) ✱1946] s. m. e f. (pl. m. *-i*) **1** nelle tipografie dei giornali, chi è addetto alla composizione dei titoli **2** chi titola un film o uno spettacolo televisivo

♦**titolo** [vc. dotta, lat. *tĭtulu(m)*, di etim. incerta ✱1261 ca.] s. m. **1** nome, breve indicazione posta in cima a uno scritto, nel frontespizio di un libro, o in calce a un'opera d'arte per farne conoscere il soggetto o il contenuto: *il t. di un racconto, di una commedia, di una scultura* | in un testo legislativo, ripartizione caratterizzata da un numero romano: *i rapporti etico-sociali sono trattati nel t. II della parte prima della Costituzione italiana* | ***t. corrente***, quello che si ripete in testa alle singole pagine di un libro | ***titoli di testa***, didascalie poste all'inizio di un film o di un programma televisivo, con i nomi del regista, degli attori e dei principali collaboratori che vi prendono parte | ***titoli di coda***, didascalie poste alla fine di un film o di un programma televisivo | parole che si mettevano in cima a una lettera per indicare il mittente e il destinatario | †***lettera senza t.***, anonima **2** (*dir.*) giustificazione del diritto soggettivo: *t. del diritto di proprietà; a t. gratuito, oneroso* | ***t. di una pretesa***, motivazione a sostegno di una pretesa | ***t. di reato***, complesso degli elementi costitutivi di uno specifico reato commesso in concreto | ***t. di credito***, documento che incorpora un diritto di credito il cui contenuto è fissato esclusivamente dal tenore letterale del documento stesso | ***t. societario***, quello che documenta un diritto nei confronti di una società | ***t. esecutivo***, atto avente determinati requisiti sostanziali e formali che fornisce il diritto di dare inizio a una esecuzione processuale forzata | ***t. di viaggio***, (*burocr.*) biglietto, tessera di abbonamento o sim., valido per un mezzo di trasporto pubblico **3** qualificazione particolare che attesta la carica, la dignità, il grado di nobiltà di qlcu.: *avere il t. di professore, di magistrato; conferire il t. di conte, di cardinale* | ***titoli accademici***, laurea, docenza e sim. | ***per titoli***, detto spec. di concorsi nei quali si formano graduatorie valutando esclusivamente i titoli professionali o accademici dei candidati | documento che attesta il diritto a fregiarsi di un titolo o di un appellativo: *produrre i titoli necessari; elenco dei titoli da presentare al concorso* | ***t. di studio***, quello che si consegue al termine di un corso di studi | (*sport*) ***t.*** (***di campione***), qualifica ottenuta da un atleta o una squadra vincitori di una competizione; (*est.*) il primato stesso: *t. italiano; t. mondiale; t. olimpico; vincere, perdere il t.; mettere in palio il t.* | ***t. d'inverno***, in un campionato, il primato al termine del girone d'andata **4** (*est.*) appellativo, nome, qualificazione: *sì bel titol d'amore ha dato il mondo / a una ceca peste* (A. Poliziano) | (*est.*) fama, vanto, nomea: *poi ven colei che ha 'l titol d'esser bella* (F. Petrarca) | (*iron.*) epiteto, spec. ingiurioso: *gli diede il t. di vigliacco* **5** (*fig.*) diritto acquisito in base a un merito: *aver t. alla gratitudine di qlcu.; questo è t. sufficiente perché sia ascoltato* | ***con giusto t.***, a buon diritto | causa, motivo | ***a che t.***, con quale diritto, giustificazione, ragione: *A che t. entrerei nella tua casa?* (F. De Roberto) | ***a t. di***, sotto forma di, con valore di, con il fine di | ***a t. personale***, V. *personale* nel sign. A 1 | †***sotto t. di***, sotto pretesto di **6** (*est.*) intestazione di conti, bilanci o registrazioni varie | (*econ.*) certificato azionario o di una obbligazione | ***titoli di Stato***, obbligazioni emesse dallo Stato quando ricorre al prestito pubblico | ***t. a reddito fisso***, quello che frutta un tasso fisso per un periodo stabilito | ***t. atipico***, strumento finanziario o valore mobiliare innovativo per il quale non esiste una compiuta definizione giuridica | ***t. guida***, blue chip **7** frase, dicitura in cima a un articolo e in genere a un servizio giornalistico che, indicando l'argomento di cui si tratta, serve ad attirare l'attenzione del lettore: *t. d'apertura, di spalla; l'articolo aveva un t. su tre colonne* **8** (*chim.*) rapporto tra la massa di un componente e la quantità complessiva del composto o della miscela di cui fa parte: *t. del vapore; t. dei concimi* | ***t. dell'oro***, percentuale d'oro in una sua lega | ***t. di una soluzione***, la concentrazione del soluto espressa gener. in moli per litro **9** indice della grossezza o della finezza di un filato, ottenuto mediante la titolazione **10** †iscrizione, epigrafe: *nessun altro t. sotto la sua statua fu intagliato* (A. Poliziano) | (*est.*) intestazione di una chiesa **11** santo cui si intitola un beneficio o una chiesa | (*est.*) il beneficio stesso **12** †cognome di stirpe, famiglia ‖ **titolàccio**, pegg. | **titolétto**, dim. | **titolino**, dim. | **titolóne**, accr. (V.)

titolóne [av. 1409] s. m. **1** accr. di *titolo* **2** titolo, spec. di giornale, scritto a grossi caratteri o con parole tali da attirare l'attenzione del lettore

titubànte part. pres. di *titubare*; anche agg. ● esitante, indeciso | ***essere t.***, titubare | †***onda t.***, che percuote la riva opposta e ritorna diminuendo ‖ †**titubanteménte**, avv. con titubanza

SFUMATURE ➤ *insicuro*

✦**titubànza** [vc. dotta, lat. tardo *titubāntia(m)*, da *titubāre* ✱1670] s. f. ● caratteristica di chi è titubante | comportamento, atto da persona titubante, esitante: *siamo stanchi delle vostre titubanze* SIN. dubbio, esitazione, indecisione, perplessità

✦**titubàre** [vc. dotta, lat. *titubāre*, vc. espressiva ✱sec. XIV] v. intr. (*io tìtubo*; aus. *avere*) **1** †vacillare, non essere fermo, stabile **2** (*fig.*) essere, mostrarsi incerto, indeciso, esitante: *t. a lungo prima di agire* SIN. esitare, dubitare, tentennare

titubazióne [vc. dotta, lat. *titubatiōne(m)*, da *titubātus*, part. pass. di *titubāre* ✱1527] s. f. **1** †il titubare, vacillare | (*lett.*, *fig.*) titubanza: *scorgeva in pelle in pelle la t. che costui si sforzava invano di tener nascosta* (A. Manzoni) **2** (*med.*) atassia

tivù o **tivvù** [dalla pronuncia delle lettere *t* e *v* di *t(ele)v(isione)* ✱1956] s. f. inv. ● (*colloq.*) televisione

tixotropìa o **tissotropìa** [comp. del gr. *thíxis* 'l'atto di toccare' e *-tropia* ✱1949] s. f. ● (*chim.*) fenomeno per cui alcune sostanze gelatinose (*gel*) passano, se agitate, allo stato liquido ritornando a coagulare al termine dell'azione meccanica

tixotròpico o **tissotròpico** [1961] agg. (pl. m. *-ci*) ● che riguarda la tixotropia: *comportamento t.* | che è suscettibile di tixotropia: *sospensione tixotropica* | che presenta tixotropia: *sostanza tixotropica*

tixotropizzànte o **tissotropizzànte** agg. ● che determina l'insorgere della tixotropia

tizianésco [dal n. del pittore *Tiziano*, dal lat. *Titiānus*, in orig. agg. di *Títius* 'Tizio' ✱av. 1552] agg. (pl. m. *-schi*) ● relativo al pittore Tiziano Vecellio (1488 ca.-1576) o alla sua opera, al suo stile | ***capelli tizianeschi***, di un colore biondo rame | ***colorito t.***, florido, roseo, radioso

tiziàno [1961] agg. inv. ● tizianesco: *capelli t.; biondo t.*

tìzio [vc. dotta, lat. *Títiu(m)*, usato come fittizio riferimento giuridico dal n. di prob. formazione infant. *Títus* 'Tito' ✱1554] s. m. (f. *-ia*) **1** persona che non ha o alla quale non si attribuisce grande importanza: *ha sposato un t. qualunque* | ***è venuto un t.***, un tale **2** (con iniziale maiuscola) persona indeterminata che non si vuole o non si può nominare: *ha raccontato la cosa a Tizio, Caio e Sempronio*

tìzzo o (*lett.*) **stìzzo** [lat. *tītio*, genit. *titiōnis*, termine di orig. pop. e prob. onomat. ✱1313] s. m. ● (*lett.*) pezzo di legno o carbone che sta bruciando

tizzonàto [da *tizzone*, per il colore scuro delle macchie ✱1869] agg. ● detto di mantello spec. equino che presenta macchie scure o rossastre irregolari

tizzóne o †**stizzóne** [lat. tardo *titiōne(m)* 'tizzo', di orig. pop. ✱av. 1292] s. m. ● pezzo di legno o di carbone che arde o che viene tirato fuori dal fuoco: *prendere un t. con le molle* | ***nero più che un t. spento***, nerissimo | (*fig.*) ***t. d'inferno***, persona empia, perversa, scellerata ‖ **tizzoncèllo**, dim. | **tizzoncino**, dim.

tlàspi [vc. dotta, lat. *thlăspi* (nt.), dal gr. *thláspis*, di orig. straniera ✱1563] s. m. inv. ● crocifera comune, con odore agliaceo, foglie abbraccianti il fusto e frutti piatti, circolari, con margine alato (*Thlapsia arvense*)

tmèṣi [vc. dotta, lat. tardo *tmēsi(m)*, dal gr. *tmêsis*, da *témnein* 'dividere, tagliare', di orig. indeur. ✱av. 1651] s. f. inv. ● (*ling.*) figura retorica che consiste nella scomposizione di una parola all'interno di una frase, spesso a fine verso; per es. in: *così quelle carole, differente- / mente danzando ...* (Dante *Par.* XXIV, 16-17) SIN. diacope

♦**to'** ① /tɔ, tɔ*/ o **toh** /tɔ/ nel sign. 3 [sta per *tò(gli)* 'prendi' ✱sec. XIII] inter. **1** (*fam.*) eccoti, prendi (accompagnando le parole col gesto): *to' questa caramella; to'! due euro per il gelato* | accompagnando con le parole uno scapaccione, uno schiaffo, una spinta, un pugno e sim.: *to'! prendi anche questo!; to' to' e to'!* **2** si usa per richiamare un cane: *to' to'! Bill, vieni qua* **3** (*fam.*) esprime meraviglia, stupore, e anche disapprovazione, e sim.: *to'! guarda chi si vede!; to'! questa è bella!; to', e lo vieni a dire a me!*

†**to'** ② ● V. **tu'**

toast /tost, *ingl.* təust/ [vc. ingl., dal v. *to toast*, di orig. fr. (ant. fr. *toster* 'tostare') ✱av. 1927] s. m. inv. ● coppia di fette di pane a cassetta sovrapposte, variamente farcite e tostate CFR. tosto③

Tobin tàx /tobin'taks, *ingl.* 'təubin,tæks/ [loc. ingl. dal n. dell'economista ingl. *J. Tobin* (1918-2002) che l'ha proposta e da *tax* 'tassa' ✱ 1997] **loc. sost. f. inv. (pl. ingl.** *Tobin taxes*) ● imposta sulle transazioni valutarie intesa a limitare la speculazione sui cambi | (*est.*) qualunque imposta ad aliquota fissa sulle transazioni valutarie

tobòga o **tabòga** [ingl. *toboggan*, dal fr. del Canada *tobogan*, di orig. algonchina, simile al *tobâgun* 'slitta di pelle' degli indiani Micmac ✱ 1906] **s. m. inv. 1** slitta di origine canadese, priva di pattini, a fondo piatto, composta tradizionalmente di sottili assi di betulla foggiate come gli sci, ma talvolta costruita anche in ferro **2** carrello slittante su apposite guide fortemente inclinate, usato in parchi di divertimenti, nelle piscine e sulle spiagge | scivolo, nei campi da gioco attrezzati per i bambini

toc /tɔk/ o **tòcche tòcchete** [vc. onomat. ✱ 1513] **inter.** ● riproduce il rumore dei colpi bussati a una porta (*spec. iter.*): *toc toc! 'chi è?'* | (*raro*) riproduce il rumore di qlco. che picchia contro il legno | V. anche *tic toc*

Tocài [etim. incerta ✱1765] **s. m. inv.** ● antico vitigno friulano, coltivato anche nel Veneto e in Lombardia, che dà un'uva bianca di color giallo dorato | vino di color giallo verdolino tendente al citrino, profumo di fiori selvatici e mandorla amara, sapore asciutto su fondo amarognolo, prodotto dal vitigno omonimo spec. nella zona del Collio goriziano; dal 1° aprile 2007 denominato 'Friulano' **CFR.** Tokaj | *T. rosso*, versione scura del vitigno friulano, coltivata in Veneto nei Colli Berici, da cui si ricava il vino omonimo

tocàrio o **tochàrio** /to'karjo/, **tocàrico** [ted. *tocharisch*, dal n. dell'ant. pop. chiamato *Tócharoi* dai Greci ✱1933] **s. m.** ● antica lingua della famiglia indoeuropea, attestata nel Turkestan cinese

tòcca ① [vc. di orig. germ. come altre della stessa area, ma di orig. incerta ✱av. 1292] **s. f. 1** passamano per addobbi sacri, in canapa e lamina metallica **2** †drappo di seta con fili d'oro o d'argento

†**tócca** ② [da *toccare* ✱1335] **s. f.** ● lega d'oro che, fregata sulla pietra di paragone e provata nell'acido nitrico, lasciava lo stesso colore del pezzo che si voleva saggiare

toccàbile [av. 1604] **agg. 1** che si può toccare | sensibile al tatto **2** (*fig.*) concreto, tangibile: *prova t. con mano* ‖ **toccabilità s. f. inv.**

toccafèrro o **tócca fèrro** [comp. di *tocca(re)* e *ferro* ✱1772] **s. m. solo sing. 1** gioco di ragazzi in cui, per evitare di essere acchiappati da chi è sotto, bisogna toccare qualche cosa di ferro, per es. un cancello: *giocare a t.* **2** il toccare ferro per scaramanzia | *tocca ferro!, t.!*, escl. che invita a toccare ferro in segno di scongiuro

toccalàpis [comp. di *tocca(re)* e *lapis* ✱ 1585] **s. m. inv.** ● (*disus.*) matitatoio, portalapis

toccamàno [comp. di *tocca(re)* e *mano* ✱ 1629] **s. m. 1** (*disus.*) stretta di mano, spec. dopo una compravendita per sancire un accordo **2** (*disus.*) mancia data di nascosto

toccaménto [sec. XIII] **s. m.** ● (*raro*) il toccare, il toccarsi, il venire toccato | palpeggiamento: *mi sfogavo con i baci, le carezze, i toccamenti* (A. Moravia)

toccànte ① [adattamento del corrispondente fr. *touchant* ✱1685] **agg.** ● che commuove o suscita un sentimento di tenerezza: *un discorso t.*

toccànte ② **part. pres.** di *toccare*; **anche agg.** ● (*raro*) nei sign. del v.

♦**toccàre** [vc. di orig. onomat., da *tocc-* per esprimere un 'colpo' ✱av. 1250] **A v. tr. (pres.** *io tócco, tu tócchi*; **part. pass.** *toccàto*, **lett.** *tócco*) **1** sfiorare, premere o sentire con la mano o con un'altra parte del corpo: *t. qlcu. col gomito*; *t. la porta verniciata di fresco*; *sciupare qlco. toccandola* | ***cose che si possono t.***, ben visibili, concrete | ***t. con mano***, (*fig.*) accertarsi personalmente di qlco. | ***t. il polso a qlcu.***, tastarlo; (*fig.*) cercare di scoprire le intenzioni di qlcu. | ***t. ferro***, (*fig.*) fare scongiuri (anche come escl. scaramantica): *facendo scongiuri … e gridando: … Tocca ferro!* (L. Pirandello) | †***t. la mano***, salutare affettuosamente qlcu. o darsi la mano durante la cerimonia del fidanzamento | sfiorare, premere non direttamente ma con uno strumento o un oggetto qualsiasi: *t. il muro con un bastone* | (*est.*) incitare un animale con la frusta o altro: *t. le bestie col pungolo* | premere, spingere con un tocco, un colpo, un urto più o meno forte: *t. un tasto* | (*est.*) far vibrare col tocco, detto di strumenti musicali spec. a corde o a tasto: *t. il violino, l'organo* | (*est.*) †suonare: *il quale strumento egli tocca assai gentilmente* (G. Galilei) | (*est.*) †dare i rintocchi per segnale: *t. il vespro, la raccolta* | (*assol.*) †***t. il pennello***, dipingere **2** avvicinarsi a qlcu. o a qlco. fino a esserne a contatto o contiguo: *la tenda tocca la finestra* | urtare leggermente: *l'onda tocca lo scoglio* | ***t. il fondo, t. fondo***, in acqua, poter stare in piedi sul fondo; strisciare la chiglia sul fondo, detto di imbarcazione | (*assol.*) nell'acqua, stare con i piedi sul fondo tenendo fuori la testa: *si tocca ancora per pochi metri* **3** spostare: *perché avete toccato i miei libri?* | usare, consumare, manomettere, danneggiare: *non vuole che gli si tocchi la sua roba* | prendere in mano: *guardate senza t. nulla* | ***non t. libro***, non leggere o non studiare | ***non t. cibo***, non mangiare | ritoccare, correggere, modificare: *in quel quadro non è necessario t. niente*; *t. un discorso prima di pronunciarlo*; *la Banca d'Italia non tocca i tassi* | (*raro*) ***t. una donna***, avere con lei rapporti sessuali | †percuotere, picchiare **4** giungere a un punto determinato, raggiungere un'altezza, una distanza (*anche fig.*): *con la testa tocca addirittura il lampadario*; *t. la meta, la maturità, la sessantina* | ***t. il segno***, colpire nel punto giusto (*anche fig.*) | ***t. il cielo con un dito***, (*fig.*) essere al culmine della beatitudine | ***t. il fondo***, (*fig.*) giungere al grado estremo di una condizione negativa: *t. il fondo del degrado morale* | ***t. un porto, una città***, farvi scalo, detto di navi o aerei | ***t. terra***, scendere a terra, posare i piedi sul suolo, detto di persona; approdare, accostare, detto di nave o altra imbarcazione; atterrare, detto di velivolo **5** riguardare: *è un'accusa che tocca tutti voi*; *son cose che ci toccano direttamente* **SIN.** interessare, riferirsi **6** (*fig.*) turbare od offendere qlcu., anche denigrando ciò che gli sta a cuore: *guai a toccargli la famiglia*; *nessuno lo può t.*; *le vostre maldicenze non lo toccano* | (*fig.*) ***t. il cuore***, suscitare compassione, pietà, commozione | ***t. sul, nel, vivo***, urtare, irritare con parole particolarmente pungenti | (*assol.*) colpire, commuovere: *il tuo discorso tocca intimamente* **7** (*ellitt.*) †***toccarle, toccarne***, prendere botte; (*est.*) rimetterci **8** (*fig.*) trattare brevemente, sfiorare: *t. un argomento spinoso*; *t. di sfuggita una questione importante* **B v. intr. (aus.** *essere*) **1** capitare, avvenire, accadere: *gli è toccata una fortuna insperata*; *anche questo mi tocca sentire* (o *di sentire*, **lett.** *a sentire*)? | ***a chi tocca, tocca***, non è possibile ribellarsi alla sorte | capitare, detto solo di cose poco gradite: *tutti i castighi toccano a lui* **2** essere obbligato, costretto: *gli toccò pagare* (o *di pagare*, **lett.** *a pagare*) *i debiti senza protestare* **3** appartenere, spettare di diritto o per dovere (+ *a*): *a ciascuno tocca una piccola parte di eredità*; *tocca a voi difenderci*; *a chi tocca parlare per primo?* **4** †essere pertinente **C toccàrsi v. tr. pron. (aus.** *essere*) **e rifl. 1** toccare una parte del proprio corpo o qlco. che si indossa: *toccarsi la fronte con le dita*; *lo salutava toccandosi il berretto* (G. Verga) **2** (*eufem.*) eccitarsi sessualmente, masturbarsi | riferito a un uomo, accennare a toccare i propri genitali, come gesto scaramantico, di scongiuro (equivalente a 'toccare ferro') **D toccàrsi v. rifl. recipr.** ● essere a contatto, così vicini da sfiorarsi, premersi, urtarsi ecc.: *si toccano con i gomiti*

SFUMATURE➤ ***impressionare***

SFUMATURE DI SIGNIFICATO

toccare - tastare - palpare - sfiorare

Riferito a persona, **toccare** è la parola d'uso più generico per definire l'atto di mettere la mano o un'altra parte del corpo su qualcosa in modo da avere la sensazione del tatto. Con **tastare** ci si riferisce a un toccare ripetuto, premendo con le dita per esaminare, conoscere la natura o la consistenza di una cosa. Significato molto prossimo a *tastare* ha **palpare**, che è tuttavia termine più preciso per indicare un toccare ripetuto con il palmo aperto della mano; ha un significato tecnico in medicina dove definisce l'atto del medico di esaminare un organo dall'esterno mediante le percezioni tattili e termiche delle mani. **Sfiorare**, infine, è un toccare con leggerezza, superficialmente.

toccasàna o **tócca sàna** [comp. di *tocca(re)* e *sana(re)* ✱av. 1839] **A s. m. inv.** ● rimedio pronto e sicuro o considerato prodigioso (*anche fig.*): *queste pastiglie sono un vero t.*; *la tua amicizia è per lui un t.* **SIN.** balsamo, panacea **B anche in funzione di agg. inv.**: *caramelle t.*; *provvedimento t.*

toccàta [av. 1570] **s. f. 1** il toccare una sola volta **2** (*mus.*) composizione per strumenti a tastiera, diffusa dal XVI al XVIII sec., a volte precedente una fuga: *le toccate e fughe di J. S. Bach* | ***t. per l'elevazione***, quella da suonarsi durante il particolare momento della Messa **3** †breve deviazione, breve visita ‖ **toccatìna dim.** (V.)

toccatìna [av. 1665] **s. f. 1** dim. di *toccata* **2** (*mus.*) piccolo preludio di sonata

toccàto part. pass. di *toccare*; **anche agg. 1** nei sign. del v. | (*fig.*) trattato, affrontato: *un argomento non ancora t.* **2** (*fig.*) turbato, impressionato: *rimase t. da quelle parole* | (*raro*) di chi è stato colpito da una frase pungente e non sa replicare **3** nella scherma, colpito da una stoccata dell'avversario **4** (*fig.*) di persona stravagante, mattoide, scombinata

toccatóre [1353] **s. m. (f. -*trice*)** ● (*raro*) chi tocca

toccatùra [1983] **s. f.** ● (*med.*) applicazione superficiale di medicamento, consistente nell'appoggiare ripetutamente sulla parte da curare batuffoli e sim. impregnati del medicamento stesso

toccatùtto [comp. di *tocca(re)* e *tutto* ✱ 1940] **s. m. e f. inv.** ● chi ha l'abitudine di toccare ogni cosa: *quel bambino è un vero t.*

tòcche➤ **toc**

toccheggiàre [da *tocco* ✱1745] **v. intr. (pres.** *io tocchéggio*; **fut.** *io toccheggerò*; **aus.** *avere*) ● (*raro*) suonare a tocchi, detto delle campane

tocchéggio [1868] **s. m.** ● (*raro*) il toccheggiare

tòcchete➤ **toc**

tocchétto ① [da *tocco* ② ✱1952] **s. m. 1** dim. di *tocco* ② | piccolo tocco, colpetto: *gli dava dei tocchetti sulle spalle* **2** nel calcio,

a b c d e f g h i j k l m n o p q r s t u v w x y z

piccolo colpo dato al pallone: *l'azione procede con tocchetti laterali eleganti ma poco efficaci* ‖ **tocchettino**, **dim.**

tocchétto② [da *tocco*③ ✱ 1879] **s. m.** **1** dim. di *tocco*③ **2** pezzetto, spec. di cibo: *aggiungere al piatto un gambo di sedani a tocchetti; Mi prendeva dalla palma della mano … i tocchetti di zucchero* (G. D'Annunzio)

tocchétto③ [dim. di *tocco*④ ✱ av. 1400] **s. m.** ● (*cucina*) sugo in cui far cuocere spec. del pesce: *Levata questa vivanda, vennono sardelle in t.* (F. Sacchetti) | il piatto cucinato con tale sugo **SIN.** guazzetto

tòccio [vc. di provenienza dial. e di orig. incerta ✱ 1942] **s. m.** ● (*ven.*) intingolo, sugo

tócco① **part. pass.** di *toccare*; anche **agg.** (**pl. m.** *-chi*) **1** (*tosc.* o *lett.*) toccato | (*lett.*) turbato, impressionato: *t. da quelle parole* (A. Manzoni) **2** (*raro*) di frutto guasto, o un po' ammaccato **3** di persona un po' matta o stravagante **SIN.** picchiato

tócco② [da *toccare* ✱ 1340 ca.] **s. m.** (**pl.** *-chi*) **1** atto del toccare: *gli batté sulla spalla con un t. leggero; un t. di rossetto* | **gli ultimi tocchi**, le rifiniture **2** maniera, arte del suonare uno strumento musicale a corda o a tasto ottenendone particolari sonorità: *un pianista dal t. raffinato* **3** (*raro*) tratto di matita, di penna o di pennello | (*fig.*) impronta caratteristica propria di un autore, un artista: *un pittore dal t. vivace; il t. manzoniano, michelangiolesco* **4** (*est.*) colpo vibrato o battuto contro qlco.: *un forte t. di martello* | colpo dato sulla campana dal battaglio | rintocco di orologio pubblico: *contare i tocchi* | (*est.*, *tosc.*) prima ora dopo il mezzogiorno: *l'orologio ha suonato il t.; desinare al t.* **5** (*fam.*, *tosc.*) colpo apoplettico **6** (*raro*) sensazione che qlco. comunica al tatto: *una tela dal t. gradevole* **7** (*fig.*) †cenno, accenno ‖ **tocchétto**①, **dim.** (V.)

tòcco③ [da *tòcca* '(pezzo di) stoffa' (?) ✱ av. 1574] **s. m.** (**pl.** *-chi*) **1** pezzo più o meno grosso staccato da qlco.: *un t. di pane* | taglio di carne: *un t. di manzo* **2** (*fig.*) persona di costituzione fisica alta e robusta: *un t. d'uomo* | ***un bel t. di ragazza***, una ragazza alta e prosperosa, spec. detto con compiaciuta ammirazione | (*iron.*) ***un t. d'asino***, (*fig.*) una persona molto ignorante ‖ **tocchétto**②, **dim.** (V.)

tòcco④ [etim. incerta ✱ 1931] **s. m.** (**pl.** *-chi*) ● intingolo della cucina ligure per condire pasta o riso, a base di sugo di carne, vino bianco, olio e spezie ‖ **tocchétto**③, **dim.** (V.)

tòcco⑤ [fr. *toque*, di orig. germ., come *tòcca* 'drappo' (V.) ✱ 1525] **s. m.** (**pl.** *-chi*) ● berretta tonda e senza tesa: *il t. dei magistrati*

†**toccolàre** [da *toccare* con infisso attenuativo-iter. *-ol-* ✱ sec. XIV] **v. intr.** ● battere alla porta

toccóne [da *toccare* con suff. accr. ✱ 1870] **s. m.** (**f.** *-a*) ● (*raro*) toccatutto

tochàrio ➤ **tocario**

tòco [n. locale (*tupi*) ✱ 1937] **s. m.** (**pl.** *-chi*) ● uccello dei Tucani, americano, con grosso becco alto e massiccio rosso aranciato e piumaggio nero, rosso e bianco (*Rhamphastos toco*)

tocoferòlo [comp. del gr. *tókos* 'parto' e *-fero* '(ap)portatore' (col suff. *-olo*①) con allusione al fattore della riproduzione propria di questa vitamina ✱ 1949] **s. m.** ● vitamina E

tocografìa [comp. del gr. *tókos* 'parto' di orig. indeur. e *-grafia* ✱ 1994] **s. f.** ● (*med.*) registrazione dell'attività contrattile uterina per mezzo di un trasduttore che collega la parete addominale a un monitor

tocologìa [comp. del gr. *tókos* 'parto', di orig. indeur. e *-logia* ✱ 1829] **s. f.** (**pl.** *-gìe*) ● (*raro*) scienza del parto **SIN.** ostetricia

tòdaro ➤ **totano**①

tòddy /'tɔddi, *ingl.* 'tɒdɪ/ [vc. ingl., dall'indostano *tāḍī*, deriv. di *tār* 'albero di palma' ✱ 1891] **s. m. inv.** (**pl. ingl.** *toddies*) ● nome indiano del vino di palma

†**todésco** ➤ **tedesco**

todìno [da *Todi*, cittadina umbra ✱ av. 1348] **A agg.** ● di Todi **B s. m.** (**f.** *-a*) ● abitante o nativo di Todi

toelétta o **tolètta**, **toelètte**, **telétta**① [1717] **s. f.** ● adattamento di *toilette* (V.)

toelettàre ➤ **tolettare**

toelètte ➤ **toeletta**

tofàna [dal cognome di una megera siciliana, che agli inizi del Seicento preparava a Roma una soluzione arsenicale, come veleno ✱ 1865] **agg.** solo **f.** ● nella loc. ***acqua t.***, detto di veleno a base d'arsenico

tòffee /'tɔfi, *ingl.* 'tɒfɪ/ [vc. ingl., alterazione di *taffy*, di orig. sconosciuta ✱ 1961] **s. f.** o **m. inv.** (**pl. ingl.** *toffees*) ● caramella morbida spec. con un ripieno di mandorla tritata

tòfo [vc. dotta, lat. *tōfu(m)* 'tufo', per la sua natura calcarea ✱ 1584] **s. m.** ● (*med.*) nodulo formato da deposizione di acido urico, spec. nei tessuti molli in vicinanza delle articolazioni, tipico della gotta

tòfu /'tɔfu, *giapp.* tɔːɸɯ/ o **toufu** /*cinese* ˋthoʊ.fu/ [vc. giapp., *tōfu*, dal cinese *dòufu*, comp. di *dòu* 'fagioli' e *fǔ* 'fradicio' ✱ 1980] **s. m. inv.** ● formaggio di soia di colore biancastro, consistenza molle, sapore delicato, ottenuto facendo cagliare un liquido lattiginoso derivato dalla soia; è tipico della cucina orientale **CFR.** tempeh

tòga [vc. dotta, lat. *tŏga(m)*, da *tĕgere* '(ri)coprire', di orig. indeur. ✱ av. 1332] **s. f.** **1** mantello che i Romani portavano sopra la tunica, costituito da panno di lana a forma semicircolare | ***seno della t.***, parte che scendeva sul davanti | ***t. candida***, imbiancata, tipica dei candidati | ***t. sordida***, dei supplicanti | ***t. bruna***, per lutto | ***t. virile***, quella che i giovanetti dell'antica Roma indossavano quando arrivavano ai sedici anni **2** veste che i magistrati e gli avvocati indossano in udienza e i professori universitari nelle cerimonie ufficiali | (*est.*) professione forense: *abbandonare la t.* | (*est.*) chi esercita l'avvocatura o la funzione del giudice | ***t. di ermellino***, (*per anton.*) magistrato dei più alti gradi gerarchici, spec. quelli della Corte di Cassazione

togàle [av. 1642] **agg.** ● (*raro*) relativo alla toga o (*est.*) alla professione forense o accademica: *gravità t.*

togàta [vc. dotta, lat. *togāta(m)*, sottinteso *fābula* 'commedia con personaggi vestiti con la *tŏga*' ✱ av. 1563] **s. f.** ● commedia romana di argomento italico

togàto [vc. dotta, lat. *togātu(m)*, da *tŏga* ✱ 1342] **agg.** **1** che veste la toga | ***gente togata***, gli antichi Romani | ***i giudici togati***, (*ellitt.*) ***i togati***, i magistrati, spec. contrapposto ai giudici popolari **2** (*fig.*) ampolloso, aulico: *stile t.*

♦**tògliere** o (*raro*, *lett.*) **tòrre**②, †**tòllere** [lat. *tŏllere*, di orig. indeur., inserito nella serie di *cogliere* ✱ 1213] **A v. tr.** (talora usato nella variante *tor*; **pres.** *io tòlgo*, *poet.* †*tòglio*, *tu tògli*, *poet.* †*tòi*, *egli tòglie*, *poet.* †*tò* /tɔ*/, *poet.* †*tòe*, *noi togliàmo*, *voi togliéte*, *essi tòlgono*, *poet.* †*tògliono*; **pass. rem.** *io tòlsi*, *tu togliésti*; **fut.** *io toglierò*, *lett.* *torrò*; **congtv. pres.** *io tòlga*, *poet.* †*tòglia*, *noi togliàmo*, *voi togliàte*, *essi tòlgano*, *poet.* †*tògliano*; **condiz. pres.** *io toglierèi*, *lett.* *torrèi*; **part. pass.** *tòlto*) **1** rimuovere da una posizione, spostare: *t. la tovaglia dal tavolo; t. uno specchio dalla parete* | levare via, cavare: *t. i vestiti dall'armadio* | ***t. un divieto, un ostacolo, un impedimento***, rimuoverli | ***t. qlcu. di mezzo***, allontanarlo; sopprimerlo | ***t. qlco. di mezzo***, portarla via | ***t. via***, distruggere, cancellare | (*est.*) trasferire, destituire: *da un mese l'hanno tolto dall'ufficio; t. da un incarico* | (*est.*) distrarre: *t. da un pensiero, un timore* | (*est.*) †distogliere, dissuadere **2** non concedere più, riprendere: *t. quel che si era dato* | privare: *mi ha tolto il piacere di rivederlo; quell'avvenimento gli tolse l'uso della ragione* | ***t. il saluto***, non salutare più, per rancore o altro | ***t. l'onore***, disonorare | ***t. il rispetto***, mancare di rispetto verso qlcu. | ***t. la reputazione***, screditare | sottrarre, portare via con l'inganno: *t. il fidanzato all'amica* | strappare, portare via a forza: *t. il figlio alla madre* | ***t. la vita***, uccidere | †rubare, rapire | ***t. la parola a qlcu.***, impedirgli di continuare a parlare | ***t. la parola di bocca a qlcu.***, dire quello che l'altro cercava di dire o stava per dire **3** sottrarre una parte: *t. meno della metà; da dieci devi togliere quattro* **SIN.** detrarre **CONTR.** aggiungere **4** liberare: *t. qlcu. da una situazione imbarazzante* **5** (*lett.*) †impedire: *se noi vogliamo tor via che gente nuova non ci sopravvenga* (G. Boccaccio) | ***ciò non toglie che***, ciò non esclude che: *anche se nessuno lo conosce, ciò non toglie che ci si debba fidare di lui* | (*raro*, *lett.*) ***tolga Iddio!***, Dio non voglia! **6** †prendere su, alzare, staccare, sollevare da terra: *t. qlcu. in braccio* | (**apocope imperat.**) ***to'***, prendi | †***tor moglie, torre qlcu. in, per moglie, torre marito***, sposare, sposarsi | (*lett.*) innalzare, alzare (*anche fig.*) | (*fig.*) †eleggere a una carica, un ufficio **7** (*lett.*) †prendere, pigliare: *t. a prestito; t. su di sé una responsabilità; t. commiato da qlcu.; t. tempo; t. di mira; t. come regola; t. per salario* **8** (*lett.*) derivare, trarre: *si tolse quello vocabulo da le corti* (Dante) | prendere per imitazione, ritrarre: *t. un'arte; t. uno stile da un autore* | ricavare, estrarre da un'opera: *t. alcuni brani, una citazione, una similitudine* **9** (*lett.*) †prendere, esigere in pagamento: *io vi torrò fiorini cinque* (F. Sacchetti) **10** (*lett.*) cominciare, intraprendere: *ha tolto a considerare diligentemente le qualità e l'indole del nostro tempo* (G. Leopardi) **11** (*raro*, *pop.*) trovare, escogitare: *t. il mezzo, il modo di fare qlco.* **12** †ricevere | †accogliere, accettare: *il padre di lei, ch'in casa il tolse* (L. Ariosto) **13** †preferire, scegliere **B tògliersi v. tr. pron.** (**aus.** *essere*) ● levarsi di dosso (*anche fig.*): *togliersi la giacca, il cappotto, il cappello; togliersi i guanti; togliti dalla testa l'idea di partire!; togliersi una preoccupazione* | ***togliersi la fame***, sfamarsi | ***togliersi il cappello, togliersi tanto di cappello***, (*fig.*) considerare qlcu. o qlco. con rispettosa ammirazione | ***togliersi una voglia***, soddisfarla | ***togliersi la briga di fare qlco.***, fare qlco. non preoccupandosene più: *ella si tolse la briga di interrogare Germano* (I. Nievo) | ***togliersi un dente***, farselo estrarre, (*fig.*) liberarsi di qlco. di spiacevole | (*fig.*) ***togliersi una spina dal cuore***, eliminare un cruccio, una preoccupazione e sim. | ***togliersi la maschera***, (*fig.*) rivelare la propria natura | ***togliersi la vita***, suicidarsi | ***togliersi qlcu. dai piedi***, (*fig.*) mandarlo via **C tògliersi v. rifl.** ● levarsi (+ *da*): *togliersi da una posizione scomoda* | allontanarsi, partirsene: *togliersi di mezzo; togliersi da un luogo; togliersi dai piedi* | †***togliersi da fare qlco.***, desistere | (*lett.*) sottrarsi: *togliersi dalla vista di qlcu.*

†**togligióne** [av. 1356] **s. f.** ● elezione, nomina

†**toglimènto** [av. 1544] **s. m.** **1** eliminazione **2** furto

†**toglitóre** [1309] **s. m.** (**f.** *-trice*); anche **agg.**

• chi (o che) toglie | redentore

tògo ① [etim. discussa: da *togo*② con allusione alla magnificenza della sopravveste (?) ✱1870] **agg.** (**pl. m.** *-ghi*) • (*centr., sett., scherz.*) magnifico, eccellente, di gala, di lusso

tògo ② [av. 1850] **s. m.** (**pl.** *-ghi*) • toga

togolése (o -ṣ-) [1971] **A agg.** • del Togo, Stato dell'Africa occidentale **B s. m. e f.** • abitante o nativo del Togo

toh ➤ **to'**①

tòiletries /*ingl.* 'tɔɪlɪtriz/ [vc. ingl., da *toilet* 'toilette' ✱1983] **s. m. o f. pl.** • l'insieme dei prodotti usati nella toilette personale: *una nuova linea maschile di t.* **CFR.** toiletteria

toilette /*fr.* twa'lɛt/ [vc. fr., antico dim. di *toile* 'tela', propr. 'piccola tela' ✱1695] **s. f. inv.** **1** mobile con specchio e ripiano su cui è disposto il necessario per pettinarsi e per il trucco **CFR.** toeletta **2** (*est.*) piccola stanza in cui si trova il mobile da toilette **3** stanza munita di servizi igienici: *cercare una t.*; *andare alla t.* **4** complesso delle operazioni che occorrono, spec. a una donna, per completare l'igiene personale, l'abbigliamento, l'acconciatura o il trucco: *ha impiegato un'ora a fare t.* **5** abito femminile molto elegante: *una t. da sera*

toiletterìa [1983] **s. f.** • adattamento di *toiletries* (V.)

-tóio o **-tòrio** [dal lat. *-tōriu(m)*] **suff.** • forma sostantivi, tratti dal participio passato di un verbo, che indicano il luogo o lo strumento relativi a una determinata azione: *affumicatoio, parlatorio, laminatoio* | forma aggettivi di origine analoga: *accompagnatorio, compensatorio, levatoio*

Tokàj o **Tokàji** /to'kai, *ungherese* 'tokɒi/ [dal n. dell'omonima provincia ungherese ✱1709] **s. m. inv.** • vino tipico ungherese, di color biondo oro, secco o dolce, di ricco aroma, prodotto nei vigneti della collina omonima, vicino ai Carpazi | in Alsazia, Pinot grigio (fino al 2007) **CFR.** Tocai, Friulano

tókamak /'tokamak, *russo* ta'kuɐmʌk/ [dal russo *to(roidál'naya) kám(era s) ak(siál'nym magnitnym pólem)* 'camera toroidale con campo magnetico assiale' ✱1968] **s. m. inv.** (**pl. russo** *tokamaki*) • (*fis.*) dispositivo toroidale a confinamento magnetico per mantenere isolato il plasma dalle pareti di un reattore termonucleare

tóken /'token, *ingl.* 'təukən/ [vc. ingl., propr. 'segno, prova' ✱2008] **s. m. inv.** • (*inform.*) piccolo dispositivo elettronico che genera dei codici di sicurezza da utilizzare nelle operazioni di home banking

tokyòta /to'kjɔta/ [1991] **A agg.** (**pl. m.** *-i*) • di Tokyo **B s. m. e f.** • abitante o nativo di Tokyo **SIN.** edochiano

tòlda [portog. *tolda*, di prob. orig. germ. ✱1525] **s. f.** • (*mar.*) un tempo, ponte di coperta delle navi a vela

tolemàico [vc. dotta, lat. tardo *Ptolemāicu(m)*, dal gr. *Ptolemaïkós* 'di Tolomeo' (*Ptolemâios*, collegato con *p(t)ólemos* 'guerra') ✱1632] **agg.** (**pl. m.** *-ci*) **1** della dinastia egizia dei Tolomei **2** concernente l'astronomo greco C. Tolomeo (sec. II) | ***sistema t.***, quello che poneva la Terra al centro del sistema solare **CFR.** copernicano

tolétta ➤ **toeletta**

tolettàre o **toelettàre** [da *toletta*, sul modello del fr. *toiletter* 'fare toilette' ✱1983] **A v. tr.** (*io tolétto*) • (*zool., veter.*) pulire, nettare il corpo, detto di animali: *la cagna toletta il suo cucciolo* **B tolettàrsi v. rifl.** • (*zool.*) pulire, nettare il proprio corpo, detto di animali: *la gatta si toletta*

tolettatùra o **toelettatùra** [1993] **s. f.** • (*zool., veter.*) il tolettare, il tolettarsi

tòlgo ➤ **togliere**

tòlla [dal lat. *tăbula(m)* 'tavola' ✱av. 1750] **s. f.** • (*sett.*) latta, lamiera | (*fig.*) ***faccia di t.***, faccia di bronzo, persona sfrontata

tollatùra [dal dial. *tolla* 'lamina, lamiera, tavola' ✱1957] **s. f.** • (*tess.*) finitura superficiale dei tessuti di seta per renderli più compatti e uniformi

†**tollenóne** [vc. dotta, lat. *tollenōne(m)*: di orig. etrusca (?) ✱1581] **s. m.** • mazzacavallo nel sign. 2

tolleràbile [vc. dotta, lat. *tolerābile(m)*, da *tolerāre* 'tollerare', con la consonante rafforzata di *tollerare* ✱av. 1342] **agg.** **1** che si può tollerare, sopportare: *non è un comportamento t.*; *non è t. che arrivi sempre in ritardo* **SIN.** compatibile, sopportabile **2** (*est.*) mediocre, passabile: *una commedia appena t.* ‖ **tollerabilménte**, **avv.** **1** (*raro*) in maniera tollerabile, sopportabile **2** mediamente ‖ **tollerabilità**, **s. f. inv.**

tolleránte **part. pres.** di *tollerare*; anche **agg.** **1** che è in grado di tollerare: *essere t. del freddo, delle fatiche*; *un ragazzo poco t. della disciplina* **2** che dimostra tolleranza, spec. nei confronti delle idee altrui: *una persona t., dal carattere t.* **CONTR.** intollerante

tollerànza [vc. dotta, lat. *tolerāntia(m)*, da *tolerāre* 'tollerare' con sovrapposizione di *tollerare* ✱sec. XIV] **s. f.** **1** capacità di tollerare ciò che è o potrebbe rivelarsi sgradevole o dannoso: *avere t. per un cibo, un clima*; *ha poca t. per i lunghi viaggi* | ***casa di t.***, bordello **SIN.** sopportazione **2** atteggiamento di accettazione e di rispetto verso idee, opinioni, religioni diverse dalle proprie: *t. civile, politica, religiosa* | comprensione, indulgenza: *manifestare t. per i difetti altrui* **3** ritardo ammesso oltre la data, l'ora stabilita: *prima dell'inizio della lezione c'è una t. di dieci minuti* **4** scarto, riduzione, divergenza ammessa: *hanno concesso su ogni prezzo una t. del cinque per cento* **5** inesattezza di fabbricazione di un pezzo di lavorazione ammissibile per dati valori **6** possibilità di differenza dalle condizioni e caratteristiche di una merce prevista in contratto: *t. di quantità, t. di calo* | ***t. di coniazione***, approssimazione per eccesso o per difetto del peso o del titolo di una moneta **7** (*dir.*) ***atto di t.***, implicita o esplicita concessione che il titolare di un diritto fa dell'esercizio dello stesso ad altri pur senza rinunciarne all'esclusiva titolarità | ***t. zero***, insieme di provvedimenti legislativi e di interpretazioni delle norme esistenti miranti a non lasciare impuniti i reati minori (calco sulla loc. ingl. *zero tolerance*); (*est.*) rifiuto a giustificare fenomeni sociali negativi: *t. zero nei confronti degli scippi* **8** (*med.*) capacità di un organismo di sopportare gli effetti di una sostanza o di un farmaco | capacità di attenuare o di eliminare gli effetti di un trattamento nei confronti dei quali vi siano state precedenti esperienze | ***t. immunologica***, capacità di un organismo di non reagire nei confronti di antigeni estranei dei quali abbia avuto esperienza in epoca embrionale

SFUMATURE ➤ ***pazienza***

◆**tolleràre** [vc. dotta, lat. *tolerāre*, da *tŏllere* 'togliere', nel suo primitivo senso di '(sop)portare', col rafforzamento consonante frequente nelle parole sdrucciole ✱1292] **v. tr.** (*io tòllero*) **1** sopportare con pazienza e senza lamentarsene cose spiacevoli o dolorose (**qlco.**; **+ *che***, **+ *di* seguito da inf.**): *t. l'indifferenza, il disprezzo altrui*; *non tollero le vostre offese*; *non tollera che si arrivi in ritardo*; *non tollera di essere disturbato mentre lavora* | ammettere la presenza di qlcu. o di qlco. di poco gradito: *non lo tollerano nella loro compagnia* | essere in grado di reggere, di sopportare disagi e prove fisiche di varia natura: *non t. il caldo eccessivo*; *tollera tutti i liquori*; *non tollera le lunghe camminate* **2** ammettere idee, convinzioni, opinioni contrarie alle proprie: *t. tutte le religioni, le ideologie* | perdonare, usare indulgenza: *ha sempre tollerato la sua inesperienza* **3** consentire dilazioni, scarti, differenze di non grave entità: *è tollerato un ritardo di pochi minuti*

†**tollerazióne** [vc. dotta, lat. *toleratiōne(m)*, da *tolerātus* 'tollerato' ✱av. 1519] **s. f.** • tolleranza

†**tòllere** ➤ **togliere**

†**tollètta** (o -é-) [variante di *tolletto*, come *tolta* accanto a *tolto* ✱av. 1306] **s. f.** • furto, ruberia: *ruine, incendi e tollette dannose* (DANTE *Inf.* XI, 36)

†**tollètto** (o -é-) [lat. parl. **tollĕctu(m)*, da *tŏllere* 'togliere', che sostituisce l'ant. part. pass. *(t)lātu(m)*, sull'es. di *collĕctu(m)* da *collĭgere* 'cogliere' ✱sec. XIII] **s. m.** • solo nella loc. ***il mal t.***, V. †*maltolletto*

tòlsi ➤ **togliere**

tolstoiàno [av. 1896] **agg.** • relativo allo scrittore russo L. N. Tolstoj (1828-1910): *i romanzi tolstoiani*

tolstoiṣmo [av. 1923] **s. m.** • il complesso delle dottrine di Tolstoj ispirate alla non violenza e al socialismo cristiano

†**tòlta** [av. 1292] **s. f.** **1** furto, ruberia, saccheggio **2** guadagno, affare: *buona, mala t.*

toltèco [dallo sp. *tolteca*, pl. del n. locale *toltecatl* ✱1813] **agg.** (**pl. m.** *-chi*); anche **s. m.** (**f.** *-a*) • appartenente a una popolazione precolombiana dedita al culto del serpente piumato e la cui civiltà, documentata dall'VIII secolo negli altopiani centrali del Messico, influenzò quella maya

tòlto **A part. pass.** di *togliere*; anche **agg.** **1** nei sign. del v. **2** †*t. di sé*, svenuto **3** †rubato **4** eccetto, tranne: *tolte le ultime, le sue commedie sono state un fallimento* **B s. m.** • (*lett.*) ciò che è stato sottratto, rubato: *Domanderai la restituzione del t.* (N. MACHIAVELLI) | ***il mal t.***, V. *maltolto*

tolù [sp. (*balsamo de*) *Tolú*, dal n. della città colombiana Santiago de *Tolú* ✱1749] **s. m. inv.** • albero delle Papilionacee del Venezuela e Colombia, da cui si estrae una sostanza dal forte odore balsamico, utilizzata in farmacia (*Toluifera balsamum*)

toluène [comp. di *tolù* ed *-ene*, per analogia con *benzene* ✱1875] **s. m.** • (*chim.*) idrocarburo aromatico, derivato metilico del benzolo, presente nel petrolio, nel catrame di carbon fossile e nei prodotti di distillazione di varie resine; si usa nelle benzine per le qualità antidetonanti, come solvente di lacche e resine, come materia prima per diversi prodotti **SIN.** toluolo

toluidìna [fr. *toluidine*, da *toluène* 'toluene' ✱1957] **s. f.** • ammina aromatica derivata dal toluene, omologa dell'anilina, esistente in tre forme isomere di cui due liquide e una solida, solubile in solventi organici e acidi, ampiamente usata come intermedio nella preparazione di coloranti | ***blu di t.***, colorante usato in istologia, spec. per la colorazione delle cellule nervose

toluòlo [comp. di *tolù* e *-olo*② per analogia con *benzolo* ✱1889] **s. m.** • toluene

tòma ① (o -ó-) [etim. incerta ✱av. 1543] **s. f.** • solo nelle loc.: ***promettere Roma e t.***, fare grandi promesse, promettere cose eccezionali; ***capire Roma per t.***, capire una cosa per un'altra

tóma ② [da *tomare*① ✱av. 1992] **s. f.** • (*sett.*) caduta, capitombolo

tòma ③ [vc. d'etim. incerta ✱1891] **s. f.** • nome di un formaggio, tipico del Piemonte e della Valle d'Aosta, prodotto un tempo con latte misto di vacca e di pecora, oggi solo con latte di vacca ‖ **tomino**, **dim. m.** (V.)

tòmahawk /'tɔmaok, *ingl.* 'tɒmə,hɔːk/ [vc. ingl., dalla vc. algonchina orient. *tamahacan* ✱ 1818] **s. m. inv.** ● accetta da guerra propria dei pellirosse, prima con lama di pietra e poi di ferro, adornata con penne d'aquila e insegne distintive del comando o della tribù

tomàia [gr. *tomárion* '(ri)taglio (di cuoio)', dal v. *témnein* 'tagliare', di orig. indeur. ✱ av. 1289] **s. f.** ● parte superiore della scarpa, che comprende la mascherina e i quartieri **SIN.** tomaio

tomaifìcio [comp. di *tomaia* e della seconda parte di altri simili comp., diffusi da Milano, come *(opi)ficio, (lani)ficio*, ecc. ✱ 1961] **s. m.** ● fabbrica dove si tagliano e cuciono tomaie

tomàio [av. 1602] **s. m.** (**pl.** *-ai*) ● tomaia

†**tomàre**① [dalla base onomat. *tum(b)-* ✱ 1313] **v. intr.** (**aus.** *essere*) **1** cadere giù, precipitare, cadere | gettarsi a capo all'ingiù, alzando i piedi in aria, detto spec. di animali: *spesso toma come un babbuino* (L. Pulci) **2** capovolgersi: *sul mare intanto, e spesso al ciel vicino / l'afflitto e conquassato legno toma* (L. Ariosto)

tomàre② [da *tomare*① nel sign. di 'far cadere' ✱ 1840] **v. tr.** (*io tòmo*) ● (*mar.*) in una imbarcazione a vele latine, riportare sottovento l'antenna, dopo una virata o un cambiamento di direzione del vento

tomatillo /*sp.* toma'tiʎo, -ijo/ [vc. sp., propr. dim. (*-illo*) di *tomate* 'pomodoro' ✱ 1996] **s. m.** (**pl. sp.** *tomatillos*) ● (*bot.*) pianta erbacea delle Solanacee, originaria del Messico e degli Stati Uniti meridionali, coltivata per i frutti (*Physalis ixocarpa*) | la grossa bacca commestibile di tale pianta, di colore rosso, con semi da cui si estrae un olio utilizzato nella preparazione di cosmetici **SIN.** albero del pomodoro

♦**tómba** [lat. tardo *tŭmba(m)*, dal gr. *týmba*, variante di *týmbos*, di orig. indeur. ✱ sec. XIII] **s. f.** **1** luogo di sepoltura, destinato a una o più salme, a forma di arca, sepolcro, urna, sarcofago e sim.: *una t. marmorea*; *inumare nella t. di famiglia*; *rispettare le tombe* | (*fig.*) ***silenzio di t.***, silenzio totale, assoluto | ***dalla culla alla t.***, dalla nascita alla morte | ***essere muto come una t., essere una t.***, (*fig.*) essere molto riservato, saper conservare un segreto | ***avere un piede nella t.***, (*fig.*) essere molto malandato, in fin di vita | (*fig.*) ***portare un segreto nella t.***, non rivelarlo a nessuno fino alla morte | (*fig.*) ***rivoltarsi nella t.***, inorridire, detto di persona morta: *a sentire certi attori, Shakespeare si rivolterebbe nella t.* | ***voce che esce da una t.***, (*fig.*) debolissima **2** (*fig.*) abitazione bassa e scura o luogo chiuso, buio e tetro: *quel carcere è una t.* **3** volta sotterranea sotto il fondo di un canale **4** †dosso | †tenuta di una corte o di una villa medievale, con magazzini e stalle ‖ **tombìno**, **dim. m.** (V.) | **tombóne**, **accr. m.**

> **SFUMATURE DI SIGNIFICATO**
> ***tomba - avello - sarcofago - urna***
> **Tomba** è il termine più generale per indicare il luogo di sepoltura di una salma, che a seconda delle epoche e dei costumi può avere le caratteristiche e le forme più diverse. Suo equivalente letterario è **avello**. Nell'antichità le spoglie di un personaggio importante venivano deposte in un **sarcofago**, cassa sepolcrale di pietra, marmo o alabastro, per lo più scolpita e istoriata. L'**urna** è invece un vaso in pietra o in metallo in cui già nell'antichità venivano conservate le ceneri di un defunto.
> **SFUMATURE** ➤ ***sepolcro***

tombàcco [fr. *tombac*, dal malese *tambaga* 'rame', di prob. orig. indiana (dal sanscrito *tāmrāh* 'del colore del rame (*tāmram*)') ✱ 1749] **s. m.** (**pl.** *-chi*) ● particolare ottone composto di molto rame e poco zinco, di colore giallo-rossastro, usato per fabbricare oggetti a imitazione dell'oro

tombàle [da *tomba*, sul modello del corrispondente fr. *tombal* ✱ 1870] **agg.** **1** di tomba **SIN.** sepolcrale | ***pietra, lastra t.***, quella che chiude la tomba | (*fig.*) ***silenzio t.***, assoluto, totale **2** (*dir.*) ***condono t.***, V. *condono*

tombaménto [da *tomba* ✱ 1957] **s. m.** ● operazione che consiste nel colmare i vuoti di uno scavo, nel riempire di materiali solidi il letto di un piccolo corso d'acqua o nel livellare un terreno che presenta depressioni: *il t. di un canale*

tombàre [da *tomba* ✱ 1988] **v. tr.** (*io tómbo*) ● colmare il letto di un corso d'acqua | interrare uno scavo **CFR.** intombare

tombarèllo [ant. fr. *tomberel*, da *tumber* 'saltare, tombare', dalla radice espressiva *tumb-* ✱ 1961] **s. m.** ● carro o rimorchio agricolo con cassone ribaltabile

tombaròlo [da *tomba* con suff. di natura dial. (per *-aiolo*) ✱ 1963] **s. m.** (**f.** *-a*) ● (*gerg.*) chi viola tombe spec. etrusche o scava abusivamente in zone protette dalla legge, per rubare oggetti di interesse archeologico da vendere a collezionisti

tombeau /*fr.* tɔ̃'bo/ [vc. fr., propr. 'tomba, sepolcro', dove è sepolto l'onorato della composizione ✱ 1996] **s. m. inv.** (**pl. fr.** *tombeaux*) ● (*mus.*) composizione strumentale in commemorazione di un personaggio

tombeur de femmes /*fr.* tɔ̃,bœʀdə'fam/ [loc. fr., propr. colui che fa cadere (*tomber*) le donne (*femmes*) ✱ 1988] **loc. sost. m. inv.** (**pl. fr.** *tombeurs de femmes*) ● conquistatore, seduttore, dongiovanni

tombinàre [da *tombino* ✱ 1983] **v. tr.** ● coprire un piccolo corso d'acqua che passa attraverso un abitato

tombìno [dim. di *tomba* ✱ av. 1835] **s. m.** ● elemento di chiusura, in pietra o ghisa, di un pozzetto fognario, spec. stradale | canaletto o pozzetto per il deflusso delle acque stradali **SIN.** chiusino

♦**tómbola**① [da *tombola*② nel sign. di 'caduta' e perciò 'termine (del gioco)' (?) ✱ 1779] **A** **s. f.** ● gioco consistente nell'estrazione successiva di numeri compresi fra 1 e 90 | premio massimo di questo gioco, vinto dal primo che si vede estratti tutti i numeri della sua cartella | ***fare t.***, riempire per primo una cartella; (*fig.*) avere un colpo di fortuna, ottenere un risultato insperato | l'insieme degli oggetti occorrenti per tale gioco, come borsa con dischetti numerati, cartelle, cartellone ecc. **B** **in funzione di inter.** ● (*fam.*) sottolinea l'esattezza di una previsione o la soddisfazione per la riuscita in qlco. **CFR.** bingo ‖ **tombolóne**, **accr. m.**

tómbola② [da *tombolare* ✱ 1585] **s. f.** ● (*fam.*) caduta | ***far t., fare una t.***, cadere | (*escl., scherz.*) ***tombola!***, si dice quando cade qlcu., spec. un bambino

tombolàre [di orig. imitativa ✱ sec. XIV] **A** **v. intr.** (*io tómbolo*; **aus.** *essere*) **1** (*fam.*) cadere col capo all'ingiù: *t. dal letto, da una sedia* | (*lett., fig.*) andare in rovina **2** (*aeron.*) capovolgersi in aria, detto di aereo, capsula, missile, loro frammento e sim., spec. per avaria, insufficiente stabilità o governo: *il missile cominciò a t.* **B** **v. tr.** ● (*disus.*) scendere ruzzolando: *t. una scala*

tombolàta① [av. 1665] **s. f.** ● (*disus.*) caduta, ruzzolone

tombolàta② [1891] **s. f.** ● giocata a tombola: *una t. in famiglia*; *t. di beneficenza*

tombolìno [1879] **s. m.** (**f.** *-a*) **1** dim. di *tombolo*② **2** bambino grassottello: *un grazioso t.*

tómbolo① [da *tombolare* ✱ av. 1527] **s. m.** ● capitombolo, ruzzolone | (*fig., raro*) tracollo ‖ **tombolóne**, **accr.**

tómbolo② [uso fig. di *tombolo*③ ✱ 1738] **s. m.** **1** cuscino cilindrico a ciascun lato del canapè **SIN.** rullo **2** cuscinetto imbottito a forma di rullo su cui viene fissato il disegno per la realizzazione del merletto a fuselli | (*est.*) il merletto lavorato con questa tecnica: *una tovaglia col t.* **3** (*raro, scherz.*) persona piccola e grassoccia ‖ **tombolétto**, **dim.** | **tombolìno**, **dim.** (V.) | **tombolòtto**, **alter.**

tómbolo③ [dal lat. *tŭmulus* 'tumulo', forse anche con sovrapposizione di *tŭmba* 'rilievo di terreno' ✱ 1563] **s. m.** ● deposito di sabbia di origine eolica, frequente su alcuni litorali, che spesso collega isole o isolotti alla terraferma: *il t. di Feniglia*

toménto [dal lat. *tomĕntu(m)* 'peluria', di etim. incerta ✱ 1612] **s. m.** ● (*bot.*) rivestimento di organi vegetali fatto di peli brevi, esili e folti, con aspetto cotonoso

tomentóso (o **-ṣ-**) [fr. *tomenteux*, dal lat. *tomĕntum* 'peluria, fiocco lanuginoso', di etim. incerta ✱ 1825] **agg.** ● (*bot.*) detto di organo vegetale ricoperto di peli cotonosi

-tomìa [secondo elemento compositivo di orig. gr., da *témnein* 'tagliare'] **secondo elemento** ● in parole scientifiche composte, spec. della terminologia medica, significa 'taglio', 'sezionamento', 'apertura', 'incisione', 'resezione': *laparatomia, osteotomia, gastrotomia*

-tòmico **secondo elemento** ● forma aggettivi composti della terminologia scientifica, spec. medica, derivati dai corrispondenti sostantivi in *-tomia*: *anatomico*

tomìno [dim. di *toma*④ ✱ av. 1548] **s. m.** ● piccola toma di forma cilindrica, specialità del Piemonte | ***t. elettrico***, spruzzato con aceto e lasciato insaporire in olio e peperoncino rosso piccante

Tomìṣidi [vc. dotta, lat. *thōmice(m)*, nom. *thōmix* 'specie di corda', dal gr. *thômi(n)x*, vc. di etim. incerta ✱ 1961] **s. m. pl.** (**sing.** *-e*) ● (*zool.*) famiglia di ragni abbastanza comuni e diffusi in tutto il mondo con corpo appiattito e andatura che ricorda quella dei granchi (*Thomisidae*)

tomìṣmo [comp. dal n. proprio lat. (eccl.) *Thōmas* 'Tommaso', di orig. gr. (*Thōmâs*, che traduce l'aramaico *t'ômâ* 'gemello'), e *-ismo* ✱ 1749] **s. m.** ● la filosofia di Tommaso d'Aquino (1221 ca.-1274)

tomìsta [1476] **A** **s. m. e f.** (**pl. m.** *-i*) ● seguace, sostenitore del tomismo **B** **agg.** ● tomistico

tomìstico [1626] **agg.** (**pl. m.** *-ci*) ● concernente il tomismo e i tomisti

tòmo① [vc. dotta, lat. tardo *tŏmu(m)*, dal gr. *tómos*, deriv. da *témnein* 'tagliare', di orig. indeur. ✱ sec. XIV] **s. m.** **1** sezione, parte di un'opera a stampa: *vocabolario in otto tomi* **2** (*disus. o scherz.*) volume: *un vecchio t.* **3** (*fam.*) persona strana, bizzarra | ***un bel t.***, un bel tipo | ***essere t. da***, essere un tipo capace di ‖ **tométto**, **dim.** | **tomóne**, **accr.**
SFUMATURE ➤ ***libro***

†**tómo**② [da *tomare* 'cadere' ✱ av. 1306] **s. m.** **1** caduta, capitombolo **2** (*fig.*) grave colpa | (*fig.*) rovina

tomo- [dal gr. *tómos* 'taglio'] **primo elemento** ● (*med.*) in parole composte della terminologia medica indica sezione, strato: *tomografo, tomogramma*

-tomo [secondo elemento compositivo di orig. gr. (*-tomon*), da *témnein* 'tagliare'] **secondo elemento** ● forma parole composte, soprattutto del linguaggio medico, che indicano strumenti atti a incidere o a compiere resezioni (*craniotomo, osteotomo*), una formazione anatomica segmentale (*miotomo*) e talora la persona che esegue un determinato intervento chirurgico (*flebotomo*)

tomografìa [comp. di *tomo-* e *-grafia* ✱ 1947] **s. f.** ● (*med.*) stratigrafia② | *t. unidirezionale, pluridirezionale*, quella in cui si ottengono sfumature orientate, rispettivamente, in una o in più direzioni | *t. assiale trasversa*, quella in cui si eseguono tomogrammi in direzione trasversale all'asse corporeo, allo scopo di studiare il mediastino e gli organi addominali | *t. in rilievo*, quella in cui si eseguono più tomogrammi simultanei che, osservati in opportune condizioni, forniscono un'immagine in trasparenza e in rilievo | *t. assiale (trasversa) computerizzata*, tecnica, nota anche come TAC, in cui i raggi röntgen sono raccolti, invece che da una lastra sensibile, da un rivelatore a scintillazione che invia i propri segnali a un elaboratore elettronico il quale, con procedimenti statistici, provvede a ricostruire l'immagine SIN. röntgenstratigrafia, planigrafia

tomogràfico [1949] **agg.** (pl. m. *-ci*) ● (*med.*) relativo alla tomografia

tomògrafo [1949] **s. m.** ● (*med.*) apparecchio per eseguire tomografie SIN. stratigrafo

tomogràmma [1973] **s. m.** (pl. *-i*) ● (*med.*) radiogramma ottenuto mediante il tomografo SIN. stratigramma, planigramma

tòmolo [arabo *tūmn*, propr. 'un ottavo' ✱ sec. XII] **s. m.** **1** antica misura di capacità per aridi, di valore variabile, in uso nell'Italia meridionale **2** unità di misura della superficie agraria, in uso nell'Italia centro-meridionale

tomoterapìa [comp. di *tomo-* e *terapia* ✱ 2005] **s. f.** ● (*med.*) tecnica di radioterapia per la cura dei tumori senza danneggiamento dei tessuti contigui, che si avvale della tomografia computerizzata | (*est.*) l'apparecchiatura utilizzata per tale terapia

Tom Tom® /tɔm'tɔm/ [nome commerciale ✱ 2004] **loc. sost. m. inv.** ● sistema di navigazione satellitare per veicoli o pedoni | (*est.*) apparecchio portatile con un display che visualizza le mappe stradali e i percorsi da seguire

tomtom /tom'tɔm/ [vc. onomat. ✱ 1963] **s. m. inv.** ● (*mus.*) strumento affine al tamburo, originario degli indiani d'America, usato nel jazz, nella musica da ballo e in composizioni orchestrali contemporanee

ton① /tɔn/ [vc. onomat. ✱ 1618] **inter.** ● (*anche iter.*) riproduce il suono dei rintocchi di una grossa campana, spec. quando suona a martello: *Ton, ton, ton, ton: i contadini balzano a sedere sul letto* (A. MANZONI)

ton② /tan, *ingl.* tʌn/ [vc. ingl., propr. 'tonnellata' ✱ 1974] **s. m. inv.** **1** (*fis.*) unità di energia, pari alla quantità di energia liberata dall'esplosione di una tonnellata di tritolo, usata, spec. con i suoi multipli kiloton e megaton, per misurare l'energia sviluppata da un esplosivo o da una bomba nucleare; 1 ton è pari a $4{,}18 \cdot 10^9$ joule **2** (*fis.*) unità di misura della massa nei sistemi anglosassoni pari a 2000 libbre (short ton) o a 2240 libbre (long ton)

tònaca o (*centr.*) †**tònica**① [lat. *tŭnica(m)*, di prob. orig. semitica ✱ sec. XIII] **s. f.** **1** abito dei frati e delle monache, lungo fino ai piedi, con maniche, stretto talvolta da un cordone alla cintola | *vestire, indossare la t.*, dedicarsi alla vita religiosa facendosi frate o monaca | (*raro*) la veste dei sacerdoti | *gettare la t. alle ortiche, buttare la t.*, sfratarsi, smonacarsi o spretarsi | *uomo di t.*, frate o prete **2** (*anat.*) membrana, tunica: *t. sierosa* **3** rivestimento in creta dei modelli per fare la forma ‖ **tonacèlla**, **tonachèlla**, **dim.** (V.) | **tonachétta**, **dim.** | **tonachìna**, **dim.** | **tonachìno**, **dim. m.** | **tonacóne**, **accr. m.** (V.)

tonacèlla o **tonicèlla** [av. 1311] **s. f.** **1** (*raro*) dim. di *tonaca* **2** paramento del suddiacono, più stretta della dalmatica e con le maniche più lunghe | (*est.*) dalmatica del diacono

tonacóne [sec. XIX] **s. m.** **1** accr. di *tonaca* **2** (*disus., fam.*) abito lungo e goffo

tonàle [1826] **agg.** **1** del tono, che riguarda il tono | detto di pittura basata prevalentemente sul chiaroscuro **2** (*mus.*) relativo alla tonalità | *musica t.*, che segue i principi classici della tonalità CFR. atonale, dodecafonico ‖ **tonalménte**, **avv.** **1** dal punto di vista tonale **2** secondo i principi classici della tonalità ‖ **tonalità**, **s. f. inv.** (V.)

tonalismo [da (valore) *tonale* e *-ismo* ✱ 1950] **s. m.** **1** (*mus.*) caratteristica di una composizione basata sul sistema tonale **2** in pittura, tendenza a dare rilievo ai valori tonali

tonalità [da *tonale* ✱ 1826] **s. f. inv.** **1** sfumatura, gradazione di colore: *un abito in tutte le t. dell'azzurro* **2** (*mus.*) insieme di relazioni colleganti una serie di note e di accordi a una nota detta tonica, che costituisce la base armonica di un pezzo SIN. tono

†**tonaménto** [sec. XIV] **s. m.** ● fragore, rimbombo

tonànte **part. pres.** di *tuonare*; anche **agg.** **1** che risuona: *voce t.* **2** (*lett.*) che produce il tuono: *Giove t.* o (*assol., per anton.*) *il Tonante*

tonàre ➤ **tuonare**

tonàrium [vc. lat., da *tŏnus* 'tono' con il suff. proprio di analoghe raccolte ✱ 1937] **s. m. inv.** ● (*mus.*) raccolta di melodie gregoriane classificate secondo l'ordine dei modi a cui appartengono

tonatóre [da *tuonare* ✱ sec. XIV] **s. m.**; anche **agg.** (f. *-trice*) ● (*raro, lett.*) chi (o che) produce tuoni

tonchiàre [1691] **v. intr.** (*io tónchio*; aus. *essere*) ● essere roso, divorato, infestato dai tonchi, detto dei legumi

tonchiàto [1613] **agg.** ● (*bot.*) detto di seme guastato dai tonchi

tónchio [da una ant. forma dim. di *(An)tonio*, applicato ad insetto, secondo un frequente modello formativo pop. ✱ 1612] **s. m.** ● nome comune di Insetti dei Coleotteri che vivono su svariate piante o si sviluppano a spese dei legumi | *t. dei piselli*, piccolo insetto coleottero nerastro e peloso le cui larve divorano i semi dei piselli (*Bruchus pisorum*)

tonchióso (o *-ş-*) [1618] **agg.** ● infestato dai tonchi

†**tondàre**① [da *tondere*, per contaminazione con *tondare*② ✱ 1303] **v. tr.** **1** rifilare i margini di un blocco di fogli, spec. nella rilegatura **2** tosare **3** cimare un tessuto

tondàre② [var. di *(ri)tondare* 'rendere *(ro)tondo*' ✱ sec. XV] **v. tr.** (*io tóndo*) ● (*raro*) arrotondare, rendere tondo

†**tondatóre** [da *tondare*① ✱ 1309] **s. m.** ● tagliatore, cimatore | tosatore

tondeggiaménto [da *tondeggiare* ✱ 1667] **s. m.** **1** (*raro*) il dare forma tonda **2** rotondità | (*lett.*) pienezza di forme

tondeggiànte **part. pres.** di *tondeggiare*; anche **agg.** ● che ha forma rotonda o arrotondata

tondeggiàre [1528] **A** **v. intr.** (pres. *io tondéggio*; fut. *io tondeggerò*; aus. *essere*; raro nei tempi composti) ● essere di forma quasi tonda: *la guancia risorgente / tondeggia sul bel viso* (G. PARINI) | tendere alla figura tonda **B** **v. tr.** ● (*raro*) dare forma tonda o tendente al tondo | arrotondare

tondèllo [dalla forma *tonda* ✱ 1916] **s. m.** **1** oggetto di forma tonda: *un t. di legno* **2** piccolo disco di metallo di forma solitamente rotonda e di peso e lega determinati per legge usato per coniare monete o medaglie

tóndere [vc. dotta, lat. *tondēre*, di etim. incerta, con passaggio ad altra coniug. ✱ av. 1292] **v. tr.** (pass. rem. *io tondéi, tu tondésti*; part. pass. *tondùto*) **1** †tosare | †tagliare capelli, barba, baffi **2** (*est., lett.*) potare, tagliare, falciare

tondézza [av. 1348] **s. f.** ● (*raro*) caratteristica di ciò che è tondo | rotondità

tondìno [1512] **s. m.** **1** dim. di *tondo* **2** piatto, piattino | sottobicchiere, sottocoppa **3** profilato di ferro a sezione circolare, generalmente usato come armatura nel cemento armato **4** (*archit.*) modanatura che ha per profilo un semicircolo di piccolo raggio decorato a file di olive, perle, fusi SIN. bastoncino, astragalo, fusaiola

†**tonditóre** [sec. XIII] **s. m.** (f. *-trice*) ● chi tonde

†**tonditùra** [1314] **s. f.** ● il tondere | taglio

♦**tóndo** [da *(ro)tondo* ✱ 1261 ca.] **A** **agg.** **1** che ha forma circolare, sferica, rotonda o quasi: *un vaso t.*; *cupola tonda*; *occhi tondi*; *il sole è t.* | *cappello t.*, che non ha punte | pieno, florido: *fianchi tondi*; *guance tonde* | (*raro*) *Luna tonda*, luna piena | *voce tonda*, (*fig.*) sonora | (*fig.*) compiuto, preciso, esatto: *cinque mesi tondi*; *sono cinquanta euro tondi* | *numero t., cifra tonda*, senza frazioni o decimali o che ha come ultime cifre uno o più zeri | *fare il conto t.*, arrotondarlo in più o in meno | *essere t. come una palla*, (*fig.*) essere grosso, detto di persona | (*lett.*) *sputare t.*, ostentare gravità | *a, in t.*, (*tosc., ellitt.*) *alla tonda*, in circolo, in giro, in cerchio: *a tutti tagliarei lo capo a t.* (C. ANGIOLIERI) **2** (*fig., disus.* o *lett.*) di intelligenza grossolana, sempliciotto o rozzo di modi: *un uomo t. e sciocco* | *essere t. come l'O di Giotto*, (*fig.*) essere tonto, tardo di mente | †*t. di pelo*, sciocco **3** *carattere t.*, in tipografia, quello nel quale l'asse di ogni lettera cade perpendicolare all'allineamento | *parentesi tonda*, che ha questa forma () **B** **s. m.** **1** globo, circolo, sfera, cerchio, circonferenza: *disegnare un t.* **2** dipinto, decorazione avente forma circolare: *un t. di terracotta*; *il t. Doni di Michelangelo* | *tutto t.*, V. *tuttotondo* | *mezzo t.*, V. *mezzotondo* **3** in tipografia, carattere tondo **4** oggetto di forma rotonda **5** piatto, vassoio, sottocoppa di forma tonda **6** pezzo di legna per la stufa, largo una decina di centimetri **7** †colpo di spada dato circolarmente **C** in funzione di **avv.** ● apertamente, senza sotterfugi o reticenze: *parlare chiaro e t.* ‖ **tonderèllo**, **dim.** | **tondétto**, **dim.** | **tondìno**, **dim.** (V.) | **tondóne**, **accr.** (V.)

tondóne [av. 1832] **s. m.** **1** accr. di *tondo* **2** trave non riquadrata

tondùto **A** **part. pass.** di *tondere*; anche **agg.** ● (*lett.*) tosato **B** **agg. e s. m.** ● †che (o chi) è stato spogliato di ogni avere

†**toneggiàre** [da *t(u)ono* ✱ sec. XIV] **v. intr. e intr. impers.** ● tuonare ripetutamente

tonèllo [sp. *tonel*, dall'ant. fr. *tonel*, dim. di *tonne* 'grande botte', di orig. celt., ma passata attraverso il lat. ✱ 1263] **s. m.** ● barile di legno a doghe usato dagli Spagnoli nelle guerre di Fiandra e d'Italia sia nelle opere di difesa sia nelle mine, riempiendolo rispettivamente di terra o di polvere

tonèma [fr. *tonème*, da *ton* 'tono', sul modello di *morphème* 'morfema' e sim. ✱ 1977] **s. m.** (pl. *-i*) ● (*ling.*) unità accentuale nelle lingue in cui il tono ha funzione distintiva di unità significative

tóner /'toner, *ingl.* 'təunə(r)/ [vc. ingl., da *tone* 'tono', 'colore (di un'immagine fotografica)' ✱

a b c d e f g h i j k l m n o p q r s t u v w x y z

1984] **s. m. inv.** ● (*tecnol.*) polvere o pigmento, nero o colorato, impiegato nelle fotocopiatrici e nelle stampanti laser; forma l'immagine depositandosi sulle aree che hanno cariche elettrostatiche

tónfa [vc. giapp. ✻ 1988] **s. m. inv.** ● bastone con impugnatura perpendicolare all'asse, utilizzato come arma nelle arti marziali e da talune polizie come manganello in operazioni antisommossa

tónfano [longob. **tumpfilo* 'fossa d'acqua', da una radice germ. **dup* 'essere profondo', con sovrapposizione d'altra vc. ✻ sec. XIV] **s. m.** **1** (*tosc.*) profondo affossamento nell'alveo di un fiume **2** †recipiente usato per bere

tonfàre [da *tonfo* ✻ 1863] **A v. intr.** (*io tónfo*; aus. *essere*) ● (*raro*) cadere facendo un tonfo **B v. tr.** ● (*tosc.*) percuotere, battere, picchiare

tónfete o **tùnfete** [vc. onomat. ✻ av. 1698] **inter.** ● riproduce il rumore cupo e sordo di un corpo piuttosto voluminoso che batte contro qlco. o che cade

♦**tónfo** [di orig. onomat. ✻ av. 1606] **s. m.** **1** rumore cupo e sordo prodotto da una persona o una cosa che cade per terra o in acqua: *scivolò con un gran t.*; *s'udì il t. del suo corpicciuolo che precipitava nel lago* (I. NIEVO) | la caduta stessa: *fare, dare un t.* **2** suono sordo causato da colpi battuti: *dalla cantina venivano dei tonfi* **3** (*fig.*) spec. nel linguaggio giornalistico, tracollo: *t. dei mercati finanziari* | (*fig.*) pesante insuccesso: *t. del Napoli a Udine* ‖ **tonfétto**, **dim.** | **tonfìno**, **dim.**

tongàno [1961] **A agg.** ● relativo allo Stato di Tonga (Oceania) o ai suoi abitanti **B s. m.** (**f.** *-a*) ● abitante o nativo di Tonga **C s. m.** **solo sing.** ● lingua della famiglia malese-polinesiana parlata nello Stato di Tonga

tòni [ingl. *Tony*, propr. dim. di *(An)tony* 'Antonio', ma fam. 'semplicione, babbeo' ✻ 1905] **s. m. inv.** ● pagliaccio del circo

-tonìa [secondo elemento compositivo di orig. gr., da *tónos* 'tensione'] **secondo elemento** ● in parole composte dotte e scientifiche, significa 'tensione', 'tono' e anche 'pressione': *atonia, distonia, ipotonia, sintonia, vagotonia*

†**tònica** ① ➤ **tonaca**

tònica ② [da *tonico*, sottinteso *vocale* ✻ 1757] **s. f.** **1** (*ling.*) vocale accentata **2** (*mus.*) primo grado della scala diatonica, o suono fondamentale | corda media tra la dominante e la sottodominante

tonicèlla ➤ **tonacella**

♦**tònico** [gr. *tonikós* 'relativo al tono (*tónos*)', in vari sensi ✻ 1749] **A agg.** (**pl. m.** *-ci*) **1** (*ling.*) detto di sillaba, o di vocale, accentata | ***accento t.***, che caratterizza l'intonazione di una parola (V. nota d'uso ACCENTO) **2** (*mus.*) attinente al tono **3** (*med.*) relativo al tono muscolare | (*est.*) che ha un buon tono psicofisico, che è in uno stato di benessere: *un atleta t.*; *oggi mi sento t.* ‖ **tonicità**, **s. f. inv.** **1** caratteristica di ciò che è tonico: *tonicità di una sillaba* **2** tono psicofisico, stato di benessere: *tonicità della pelle* **B s. m.**; anche **agg.** ● ricostituente, spec. riferito a corroborante delle funzioni digestive o a preparato cosmetico: *un amaro t.*; *prendere un t.*; *un t. per la pelle* | ***acqua tonica***, bibita analcolica amara, preparata con acqua, zucchero, acido citrico, anidride carbonica e variamente aromatizzata

-tònico **secondo elemento** ● forma aggettivi composti del linguaggio medico e scientifico, derivati dai corrispondenti sostantivi astratti in *-tonia*: *distonico, vagotonico*

tonificànte **A part. pres.** di *tonificare*; anche **agg.** ● che tonifica: *una passeggiata t.* **B s. m.** ● tonico, spec. in riferimento a prodotti cosmetici

tonificàre [da *tono*①, sul modello del fr. *tonifier* ✻ 1906] **v. tr.** (*io tonìfico, tu tonìfichi*) ● rendere energico, elastico e sim. | rinforzare, fortificare ‖ **tonificazióne**, **s. f.** rinvigorimento: *la tonificazione di un muscolo, della pelle*

tonitruànte [vc. dotta, lat. tardo *tonitruănte(m)*, part. pres. di *tonitruāre*, da *tonĭtr(u)us*, da *tonāre* con sovrapposizione d'altra vc. con *r* ✻ 1925] **agg.** **1** (*lett.*) che tuona: *Giove t.* | che produce il rumore del tuono **2** (*raro, scherz.*) che parla con voce sonora, tonante: *un oratore t.* | rimbombante, detto della voce o del discorso stesso

tonnàra [lat. *thunnāria(m)*, agg. f. di *t(h)ŭnnus* 'tonno' ✻ av. 1348] **s. f.** ● grande impianto per la pesca dei tonni, costituito da reti che formano camere collegate l'una all'altra e nelle quali si fanno entrare successivamente i pesci fino ad arrivare all'ultima, detta camera della morte, dove avviene la mattanza

tonnarèllo [vc. dial., propr. 'tondarello', da *tondo* per la forma ✻ 1961] **s. m.** ● (**spec. al pl.**) tipo di pasta all'uovo simile a spaghetti ritagliati dalla sfoglia con la chitarra e conditi con un sugo di prosciutto, piselli e funghi

tonnaròtto [siciliano *tunnarotu*, da *tunnara* 'tonnara' con suff. di mestiere ✻ 1825] **s. m.** ● pescatore delle tonnare

tonnàto [1910] **agg.** ● nelle loc. ***salsa tonnata***, a base di tonno, alici, capperi e maionese | ***vitello t.***, lessato e ricoperto con tale salsa

tonné [vc. pseudo-fr. ✻ 1905] **agg. inv.** ● (*cucina*) tonnato

tonneau /fr. tɔ'no/ [vc. fr., propr. 'botticella', dim. di *tonne*, di orig. gallica (da *tŭnna* 'grossa botte') ✻ 1903] **s. m. inv.** (**pl. fr.** *tonneaux*) **1** telone impermeabile per proteggere dalle intemperie l'abitacolo delle automobili scoperte | tipo di calesse nel quale si sale posteriormente | antica carrozzeria di automobile che ricorda la forma del calesse omonimo **2** (*aeron.*) mulinello

tonneggiàre [comp. dal gr. *tónos* 'cavo, fune tesa', da *téinein* 'tendere', ed *-eggiare* ✻ 1805] **A v. tr.** (**pres.** *io tonnéggio*; **fut.** *io tonneggerò*) ● spostare una nave o un'imbarcazione facendo forza sulle cime d'ormeggio o sulla linea d'ancoraggio **B tonneggiàrsi** **v. intr. pron.** ● spostarsi fra un cavo e l'altro

tonnéggio [1805] **s. m.** ● (*mar.*) manovra del tonneggiare | cavo che serve a tonneggiare

tonnellàggio [da *tonnellata* ✻ 1814] **s. m.** ● misura di volume di una nave o di un'imbarcazione

♦**tonnellàta** [sp. *tonelada*, da *tonel*, dall'ant. fr. *tonel* 'piccola botte' ✻ 1561] **s. f.** **1** unità di misura della massa, equivalente a 1000 kg **SIMB.** t. **2** (*mar.*) ***t. di stazza lorda***, unità di misura del volume usata per misurare la stazza o portata delle navi, pari a 2,83168 m^3 (100 piedi cubici inglesi) **SIMB.** t.s.l.

tonnétto [dim. di *tonno* (cui assomiglia), per la più piccola mole ✻ 1961] **s. m.** **1** pesce osseo marino affine al tonno ma più piccolo, commestibile (*Euthynnus alletteratus*) **2** tonno al naturale, costituito dal tonno più piccolo, detto anche palamita, conservato in salamoia anziché sott'olio

tonnièra [da *tonn(o)* con il suff. *-iera* ✻ 1994] **s. f.** ● nave attrezzata per la pesca dei tonni

tonnièro [1994] **agg.** ● relativo alla pesca dei tonni: *flotta tonniera*

tonnìna [da (carne di) *tonno* ✻ sec. XIII] **s. f.** ● tonno salato, conservato in bariletti | salume fatto con la schiena del tonno | (*scherz.* o *iperb.*) †***fare t. di qlcu.***, tagliarlo a pezzi

♦**tónno** [lat. *t(h)ŭnnu(m)*, dal gr. *thýnnos*, di orig. pregreca ✻ av. 1348] **s. m.** **1** grosso pesce della famiglia degli Scombridi, con coda forcuta dal peduncolo sottile, che vive nei mari temperati (*Thunnus thynnus*) **2** carne del pesce omonimo, consumata fresca oppure conservata gener. sott'olio ‖ **tonnétto**, **dim.** (V.)

♦**tòno** ① o †**tuòno** ① [vc. dotta, lat. *tŏnu(m)*, dal gr. *tónos*, da *téinein* 'tendere', di orig. indeur. ✻ sec. XIV] **s. m.** **1** (*fis.*) onda acustica con oscillazioni sinusoidali di frequenza costante **2** (*mus.*) intervallo di seconda maggiore: *t. intero* | nel canto gregoriano nome delle formule esecutive: *t. di preghiera, t. salmodico* | tonalità | modo | (*fig.*) ***in t. minore, sotto t.***, scadente, fiacco: *una serata in t. minore* **CFR.** tono-, -tono, -tonia **3** correntemente, nota: *i toni alti, acuti* | ***dare il t.***, dare l'intonazione; (*fig.*) costituire l'esempio, fare da guida: *è un artista che dà il t.* | ***essere in t.***, essere intonato | ***essere fuori t., uscire di t.***, stonare; (*fig.*) essere intontito; (*raro, est.*) perdere il filo del ragionamento, avere le idee confuse | (*raro*) ***stare in t.***, non uscire dai termini del discorso | (*raro*) ***tenere a t.***, tenere a freno | ***scendere, calare di t.***, scendere a toni più bassi, detto della voce e di alcuni strumenti musicali; (*fig.*) scadere, perdere forza, vigore | ***rispondere a t.***, nella maniera più appropriata, opportuna; rispondere per le rime **4** (*ling.*) variazione di altezza nella pronuncia di parole che, in alcune lingue, come il cinese, il giapponese, il vietnamita, serve a distinguere parole con significati diversi | modulazione, colorito di una voce o di un suono: *parlare con un t. basso*; *strumento dal t. troppo acuto* | intonazione, espressione, inflessione di un discorso: *mi rispose con un t. insolente*; *parla con un t. cattedratico*; *il vostro t. canzonatorio lo ha irritato*; *cercate di cambiare t.* | ***non prenderla su questo t.***, non risentirti, non offenderti; non essere aggressivo | ***rispondere sullo stesso t.***, replicare negli stessi termini, spec. a parole e discorsi offensivi | (**al pl.**) la gamma delle sfumature, delle modalità espressive: *dopo che le avrai detto in tutti i toni che le vuoi bene* (G. VERGA) | ***alzare, abbassare, moderare i toni***, usare un linguaggio più o meno aggressivo, spec. nel corso di un confronto o di una polemica **5** grado di luminosità dei colori, loro attitudine alla riflessione della luce | ***t. freddo***, tono di un colore mescolato al blu o a colori vicini al blu nello spettro | ***t. caldo***, tono di un colore mescolato al rosso o a colori vicini al rosso nello spettro | grado di luminosità di un'inquadratura fotografica e cinematografica | ***t. alto***, in cui prevalgono i bianchi e i grigi chiari | ***t. basso***, in cui prevalgono i neri e i grigi scuri **6** grado di naturale tensione ed elasticità delle fibre e degli organi del corpo **CFR.** tono-, -tono, -tonia | ***t. cardiaco***, suono prodotto dall'aprirsi e chiudersi delle valvole cardiache al passaggio del sangue | ***t. muscolare***, stato di contrazione lieve e continua, regolato da centri nervosi superiori e dal midollo spinale, che persiste nel muscolo a riposo ed è importante per lo svolgimento di alcune funzioni fisiologiche, quali la postura e il ritorno del sangue al cuore | (*est.*) stato di benessere psicofisico: *sentirsi in t.* | ***essere giù di t., sotto t.***, (*fig.*) essere giù di corda, essere depresso e sim. **7** (*fig.*) stile di uno scritto o un discorso: *una lettera di t. familiare* | foggia di un abito: *una giacca di t. sportivo* | (*assol.*) ***un abito di t.***, elegante | modo, carattere: *la festa aveva un t. allegro* | ***darsi un t.***, assumere un contegno sostenuto o darsi un'aria importante | ***mantenere un t. di vita brillante***, un tenore di vita brillante | (*raro*) ***stare, tenersi in t.***, darsi un contegno sussiegoso e sostenuto **8** †ordine, regola

tòno ② ➤ **tuono** ②

tòno-, -tono /'tɔno, tono/ [gr. *tónos* 'tensione', dal v. *téinein* 'tendere', di orig. indeur.] **primo e secondo elemento** ● in parole composte dotte e scientifiche, significa 'tensione', 'tono', 'pressione': *tonometro*; *atono, baritono*

tonofilaménto [comp. del gr. *tónos* 'tensione' e *filamento* ✱ 1993] **s. m.** ● (*biol.*) ognuno dei microscopici filamenti presenti, per lo più in fascetti, nelle cellule epiteliali, con funzione di sostegno citoplasmatico e di giunzione intercellulare

tonometrìa [comp. di *tono*① e *-metria* ✱ 1879] **s. f. 1** (*med.*) misurazione del tono muscolare **2** (*chim.*) parte della chimica-fisica che studia il comportamento della tensione del vapore delle soluzioni, in relazione alla variazione di concentrazione del soluto

tonòmetro [comp. di *tono*① e *-metro* ✱ 1940] **s. m.** ● apparecchio per la tonometria

tonsìlla [vc. dotta, lat. *tonsĭllae*, nom. pl., dim. di *tōles* 'gonfiamento delle tonsille', di etim. incerta ✱ av. 1498] **s. f.** ● (*anat.*) formazione od organo costituito da tessuto linfatico | ***t. palatina***, (*ellitt.*) ***tonsilla***, organo linfoide annesso alla mucosa dell'istmo delle fauci e situato tra i due pilastri nella cavità tonsillare, normalmente di forma ovoidale e di grandezza pari a quella di una mandorla | ***t. faringea***, insieme di tessuto linfatico posto nella parte posteriore della faringe | ***t. linguale***, insieme di tessuto linfatico situato alla base della lingua

tonsillàre [1840] **agg.** ● (*anat.*) relativo alle tonsille palatine: *cavità t.*; *ascesso t.*

tonsillectomìa [comp. di *tonsill(e)* e *-ectomia* ✱ 1937] **s. f.** ● (*chir.*) asportazione delle tonsille palatine

tonsillìte [comp. di *tonsille* e *-ite*① ✱ 1840] **s. f.** ● (*med.*) infiammazione delle tonsille palatine **SIN.** angina

tonsillòtomo [comp. di *tonsill(e)* e *tomo* ✱ 1875] **s. m.** ● (*chir.*) strumento per l'asportazione delle tonsille palatine

tonsóre [vc. dotta, lat. *tonsōre(m)*, da *tōnsus*, part. pass. di *tondēre* ✱ 1840] **s. m.** (**come f.** *tonditrìce*, **spec.** *scherz.*) ● (*disus.*) barbiere (*anche scherz.*)

tonsùra [vc. dotta, lat. *tonsūra(m)*, da *tōnsus*, part. pass. di *tondēre* ✱ 1324] **s. f. 1** cerimonia, ora abolita, del taglio circolare dei capelli o di una sola ciocca di essi, cui era sottoposto chi entrava nello stato ecclesiastico, in segno di rinuncia al mondo **2** taglio circolare dei capelli e rasatura dell'area tagliata, più o meno ampia, la quale distingueva lo stato ecclesiastico **SIN.** chierica **3** †tosatura: *vedi il Pastor, che va per le sue gregge, / come agnel mansueto, alla t.* (I. SANNAZARO) | potatura

tonsuràndo [da *tonsura(re)*, con il suff. *-ando* ✱ 1961] **s. m.**; **anche agg.** (**f.** *-a*) ● chi (o che) stava per ricevere la tonsura

tonsuràre [vc. dotta, lat. tardo *tonsurāre*, da *tonsūra* ✱ av. 1698] **v. tr.** ● sottoporre al rito della tonsura

tonsuràto [av. 1681] **A part. pass.** di *tonsurare*; **anche agg.** ● nel sign. del v. **B s. m.** (**f.** *-a*) ● chierico sottoposto a tonsura

ton sur ton /fr. tɔ̃syʀ'tɔ̃/ [loc. fr., propr. 'tonalità su tonalità' ✱ 1958] **A loc. agg. inv.** ● spec. nel linguaggio della moda, detto di ciò che ha lo stesso colore ma una tonalità diversa: *sciarpa con frange ton sur ton* **B anche loc. sost. m. inv.**: *effetti di ton sur ton*

tontàggine [1930] **s. f.** ● caratteristica di chi è tonto, tardo di mente **SIN.** scempiaggine, dappocaggine

tontìna [dal n. del banchiere napol. *L. Tonti* (1630-1695) che propose al cardinal Mazzarino questa forma assicurativa ✱ av. 1787] **s. f.** ● (*stor.*) un tempo, rendita vitalizia reversibile ai superstiti della società che la costituiva

♦**tónto** [etim. discussa, ma molto prob. vc. di orig. imitativa, riproducente un balbettio ✱ av. 1565] **A agg.** ● stupido, di poco senno **SIN.** sciocco **B s. m.** (**f.** *-a*) ● persona tonta | ***fare il finto t.***, fare finta di non capire **SIN.** stupido ‖ **tontarèllo**, **tonterèllo**, **dim.** | **tontóne**, **accr.**

tontolóne [da *tonto*, sul modello di *brontolone* ✱ 1970] **agg. e s. m.** (**f.** *-a*) ● (*fam.*) che (o chi) dimostra grande ingenuità e stupidità

tool /ingl. tu:l/ [vc. ingl., propr. 'strumento, utensile' ✱ 1984] **s. m. inv.** ● (*inform.*) programma dedicato all'esecuzione di una specifica operazione

toolbàr /tul'bar, *ingl.* 'tu:l,bɑ:(r)/ [vc. ingl., propr. 'barra (*bar*) degli attrezzi (*tool*)' ✱ 1997] **s. f. inv.** ● (*inform.*) barra degli strumenti (V. *barra* nel sign. 8)

top /tɔp, *ingl.* tɒp/ [vc. ingl., propr. 'vetta, cima', poi anche 'nastro di fibre sintetiche lavorato col sistema laniero' ✱ 1959] **s. m. inv. 1** indumento femminile costituito da una camicetta senza maniche, spesso priva di allacciatura, molto scollata sia davanti che dietro **2** culmine, vertice, grado più elevato: *questo libro ha raggiunto il top della classifica delle vendite* (con questo significato, entra come primo elemento in numerosi composti, come *top model, top-secret*, ecc.) **3** (*fis.*) numero quantico corrispondente al sesto tipo (o sapore) di quark **SIN.** truth ‖ **toppìno**, **dim.**, nel sign. 1

tòpa [f. di *topo* ✱ sec. XIV] **s. f. 1** la femmina del topo **2** (*fig.*, *volg.*) vulva

topàia [av. 1556] **s. f. 1** nido, tana di topi **2** (*fig.*) casa o stanza vecchia, sporca e in pessimo stato

†**topàio** [av. 1597] **A agg.** ● di topo **B s. m.** ● topaia

topàto [dal colore del *topo* ✱ 1791] **agg.** ● detto di mantello equino, sorcino

topàzio [vc. dotta, lat. tardo *topāziu(m)*, dal gr. *topázion*: dall'isola di *Tópazos* nell'Oceano Indiano, dove si trovano crisoliti (?) ✱ av. 1250] **s. m. 1** (*miner.*) fluorosilicato di alluminio in cristalli prismatici limpidi, gialli o verdognoli, usato come pietra preziosa **2** colibrì della Guiana lungo fino a 20 cm, con maschi dal piumaggio splendente e gola di color giallo (*Topaza pella*)

top clàss /tɔp'klas, *ingl.* 'tɒp,klɑs/ [loc. ingl., propr. 'classe (*class*) più alta (*top*)' ✱ 1982] **A loc. sost. f. inv.** (**pl. ingl.** *top classes*) ● negli aerei, la prima classe | scomparto riservato di livello superiore alla prima classe **B anche agg.**: *settore top class*

topésco [av. 1553] **agg.** (**pl. m.** *-schi*) ● (*raro*) di topo, dei topi | da topo: *astuzie, insidie topesche*

top gun /tɔp'gan, *ingl.* 'tɒp,gʌn/ [loc. ingl., propr. 'massimo (*top*) (esperto di) armi (*gun(man)*)', dal titolo dell'omonimo film americano del 1986 di T. Scott ✱ 1986] **loc. sost. m. inv.** (**anche f. nel sign. 2**, **pl. ingl.** *top guns*) **1** aereo impiegato in azioni di guerra **2** (*est.*) pilota particolarmente addestrato per guidare aerei da combattimento

topiàrio [vc. dotta, lat. *topiāriu(m)* 'concernente l'arte del giardino ornato (*tōpia*, nt. pl., derivazione tecnica dal gr. *tópos* 'luogo, località')' ✱ 1499] **agg.** ● relativo alla potatura | ***arte topiaria***, quella dei giardinieri di potare in forme geometriche o bizzarre piante e arbusti

tòpic /'tɔpik, *ingl.* 'tɒpɪk/ [vc. ingl., dal gr. *tópos* (V.) ✱ 1979] **s. m. inv.** ● argomento, tema: *il t. di un testo narrativo* | oggetto di una discussione: *il t. di un forum in Internet*

tòpica① [vc. dotta, lat. *tŏpica(m)*, dal gr. *topikḗ*, sottinteso *téchnē* '(arte) propria dell'utilizzazione dei luoghi (*tópoi*)' ✱ 1261 ca.] **s. f. 1** nella retorica classica, teoria dei luoghi comuni a cui si può far ricorso in una dimostrazione **2** arte del trovare gli argomenti

tòpica② [lombardo *topica*, dal v. *topicá* 'inciampare', della stessa orig. di *intoppare* ✱ 1880] **s. f.** ● (*colloq.*) mossa sbagliata, inopportuna | sbaglio: *fare, commettere una t.* **CFR.** gaffe

topicalizzàre [da *topic*, sul modello dell'ingl. *topicalize* ✱ 1972] **v. tr.** ● (*ling.*) tematizzare, nel sign. 2 ‖ **topicalizzazióne**, **s. f.**

topicìda [comp. di *topo* e *-cida* ✱ av. 1704] **A s. m.** (**pl.** *-i*) ● preparato velenoso per uccidere i topi **SIN.** ratticida **B anche agg.**: *sostanza t.*

tòpico [vc. dotta, lat. *tŏpicu(m)*, dal gr. *topikós*, da *tópos* 'luogo', di orig. indeur. ✱ sec. XV] **agg.** (**pl. m.** *-ci*) **1** attinente alla topica (nel sign. di *topica*①): *scritti topici* | ***luogo t.***, nella retorica, schema, metodo di ragionamento **2** relativo al luogo: *data topica* **3** (*est.*, *lett.*) fondamentale, decisivo: *momento t.* **4** (*farm.*) detto di farmaco da applicare esternamente su una regione limitata del corpo

†**topinàia** [adattamento del dial. *topinara* 'buca di talpe' ✱ av. 1789] **s. f.** ● topaia

topinambùr [fr. *topinambour*, da *Tupinambás* 'tribù indiana dell'America sett.' ✱ 1804] **s. m. inv.** ● pianta americana delle Composite, annua, con capolini gialli e tuberi commestibili (*Helianthus tuberosus*) | i tuberi stessi

topìno [av. 1320] **A s. m. 1** dim. di *topo* **2** (**f.** *-a*) (*fig.*, *vezz.*) bambino, ragazzo piccolo ed esile, ma svelto **3** piccola rondine grigia sul dorso e bianca ventralmente, gregaria, che predilige le sponde dei fiumi (*Riparia riparia*) **4** (*tosc.*, **spec. al pl.**) gnocchetto di patate **B agg.** ● (*raro*) di colore grigio simile a quello del topo

tòpless /'tɔples, *ingl.* 'tɒplɪs/ [vc. ingl., agg., propr. 'senza (*-less*) parte superiore (*top*)' comp. di due elementi di orig. e area germ. ✱ 1964] **s. m. inv.** ● indumento, costume femminile, spec. da bagno, che lascia interamente scoperto il seno

top mànagement /tɔp'manadʒment, *ingl.* ˌtɒp'mænɪdʒmənt/ [loc. ingl., propr. 'massima (*top*) dirigenza (*management*)' ✱ 1985] **loc. sost. m. inv.** ● alta dirigenza di una azienda, di un settore industriale o di una organizzazione: *il top management dell'industria farmaceutica*

top mànager /tɔp'manadʒer, *ingl.* ˌtɒp'mænɪdʒə(r)/ [loc. ingl., propr. 'dirigente (*manager*) più elevato (*top*)' ✱ 1983] **loc. sost. m. e f. inv.** (**pl. ingl.** *top managers*) ● dirigente al più alto livello

top mòdel /tɔp'mɔdel, *ingl.* ˌtɒp'mɒd(ə)l/ [loc. ingl., propr. 'modella (*model*) del massimo (*top*) livello' ✱ 1986] **loc. sost. f. inv.** (*raro* **m.**, **pl. ingl.** *top models*) ● indossatrice o fotomodella di alta professionalità

♦**tòpo** [lat. tardo *tălpu(m)*, variante di *tălpa(m)* 'talpa', attraverso un dial. **tàupo* ✱ sec. XIII] **A s. m. 1** (**f.** *-a* (V.)) nome corrente di vari piccoli roditori dal muso appuntito, particolarmente di quelli appartenenti al genere *Mus*, con lunga coda coperta di squamette cornee, orecchie ben sviluppate, zampe posteriori più lunghe delle anteriori | ***t. delle case***, diffuso su tutta la terra a seguito dell'uomo (*Mus musculus*) **CFR.** squittire | ***t. d'acqua***, nutria | ***t. di chiavica***, surmolotto | ***t. delle nocciole***, moscardino | ***t. delle case***, piccolo, grigio, cosmopolita e dannoso (*Mus musculus*) **SIN.** topolino domestico | ***t. muschiato***, ondatra | ***t. d'albergo, di treno, d'auto***, (*fig.*) ladro specializzato in furti negli alberghi, sui treni, nelle automobili | ***t. di biblioteca***, (*fig.*) studioso che passa molto tempo in biblioteca | ***muso, visetto di t.***, con lineamenti minuti, appuntiti e graziosi | ***denti di t.***, piccoli e a punta | ***fare la fine del t.***, restare intrappolato o morire senza aver avuto la possibilità di fuggire **2** grisatoio **3** (*mar.*) tradizionale barca da pesca in legno dell'alto Adriatico, parzialmente pontata, con prua slanciata, un albero e vela al terzo **B** in funzione di **agg. inv.** • (posposto a un sost.) detto del color grigio chiaro caratteristico del topo: *un'automobile color grigio t.* ‖ **topàccio**, pegg. | **topàstro**, pegg. | **topétto**, dim. | **topino**, dim. (V.) | **topolino**, dim. (V.) | **topolóne**, accr. | **topóne**, accr.

tòpo-, -topo [dal gr. *tópos* 'luogo'] primo e secondo elemento • in parole composte dotte o della terminologia scientifica, significa 'luogo': *topologia, toponimo*; *biotopo, isotopo*

topofilìa [comp. di *topo-* e *-filia* ✱1983] **s. f.** • (*psicol.*) morboso attaccamento per un luogo

topofobìa [vc. dotta, comp. di *topo-* e *-fobia* ✱1957] **s. f.** • (*psicol.*) timore ossessivo di un luogo

topografìa [vc. dotta, lat. tardo *topogrăphia(m)*, dal gr. *topographía*, comp. di *tópos* 'luogo' (d'orig. incerta) e *-graphía* '-grafia' ✱1481] **s. f.** **1** tecnica consistente nel rappresentare col disegno in una mappa, mediante segni convenzionali, colori, linee punteggiate, curve e sim., il livello e le accidentalità del terreno, la giacitura delle valli, la direzione e l'altezza delle montagne, il corso e la larghezza dei fiumi, dei laghi, delle strade ecc. | la disciplina che si occupa di tale tecnica **2** descrizione particolare di qualche tratto di paese: *la t. di Roma* **3** (*elettr.*) serie di disegni rappresentanti lo schema tridimensionale degli strati di cui si compone un prodotto a semiconduttori

topogràfico [1660 ca.] **agg.** (**pl. m.** *-ci*) • concernente la topografia: *rilievo t.* | ***carta topografica***, che rappresenta, con molti particolari, una piccola porzione di superficie terrestre ‖ **topograficaménte**, **avv.** mediante la topografia; sotto l'aspetto topografico

topògrafo [gr. *topográphos*, comp. di *tópos* 'luogo' e di un deriv. da *gráphein* 'scrivere' ✱1585] **A s. m.** (**f.** *-a*) **1** studioso, esperto di topografia **2** ufficiale, sottufficiale qualificato per lavori topografici militari | soldato di artiglieria specializzato per le operazioni topografiche riguardanti il tiro **B** anche **agg.**: *sottufficiale t.*

topolìno [av. 1313] **A s. m.** **1** dim. di *topo* **2** topo delle case | ***t. di risaia***, piccolo topo rossiccio a coda prensile, capace di arrampicarsi sui fusti delle graminacee (*Micromys minutus*) **3** (**f.** *-a*) (*fig.*) bambino molto svelto, vivace **B s. f. inv.** • ***la Topolino***, (*pop.*) la vettura utilitaria Fiat di 570 cm³ di cilindrata, costruita dal 1936 al dopoguerra

topologìa [comp. di *topo-* e *-logia* ✱1896] **s. f.** (**pl.** *-gìe*) **1** studio geografico delle forme del terreno **2** (*ling.*) studio della collocazione delle parole nella frase **3** ramo della matematica che studia gli spazi topologici | studio delle proprietà delle figure invarianti per omeomorfismi | ***t. generale***, studio assiomatico degli spazi topologici | ***t. algebrica***, ramo della topologia che fa uso sistematico di concetti e di metodi dell'algebra astratta | ***t. combinatoria***, teoria dell'omologia e analoghe

topològico [1787] **agg.** (**pl. m.** *-ci*) • che concerne la topologia | ***spazio t.***, struttura definita su un insieme A tramite un insieme B di sottoinsiemi di A, detti aperti, tali che la loro intersezione e l'unione di un numero qualsiasi di essi, come pure l'insieme vuoto e l'intero insieme A, appartengano a B ‖ **topologicaménte**, **avv.** sotto l'aspetto della topologia

toponimìa [da *toponimo* ✱1888] **s. f.** • studio dei nomi di luogo

toponìmico [1961] **agg.** (**pl. m.** *-ci*) • concernente i toponimi

topònimo [comp. di *topo-* e del gr. *ónyma*, var. dial. di *ónoma* 'nome' ✱1916] **s. m.** • nome di un luogo

toponomàstica [comp. di *top(o)-* e *onomastica* ✱1884] **s. f.** **1** settore dell'onomastica che studia i nomi propri dei luoghi **2** insieme dei nomi di luogo di una regione, di uno Stato, di una lingua

toponomàstico [da *toponomastica* ✱1900] **agg.** (**pl. m.** *-ci*) • che riguarda la toponomastica: *ricerche toponomastiche*

toporàgno [comp. di *topo* e *ragno*, per il suo morso ritenuto volgarmente velenoso ✱1561] **s. m.** (**pl.** *toporàgni*) • piccolo mammifero degli Insettivori, con muso foggiato a proboscide, feroce predatore notturno di piccoli animali (*Sorex araneus*)

tòpos [gr. *tópos* 'luogo', di etim. ignota ✱1964] **s. m.** (**pl. inv.** o **gr.** *tòpoi*) **1** argomentazione retorica utilizzabile nella trattazione di argomenti diversi: *il t. della simulazione di modestia* | (*est.*) luogo comune **2** (*est.*) motivo stilistico, elemento tematico proprio di un autore, di un genere letterario, di un filone artistico: *i topoi del romanzo d'avventura*

tòppa [variante di *toppo* con valore dim. (?) ✱1319] **s. f.** **1** pezza di stoffa o di cuoio che si cuce o si applica su indumenti, scarpe ecc. per rimediare a un buco, a uno strappo e sim. o per coprire una parte logorata | ***mettere una t.***, rattoppare SIN. rappezzatura, rattoppo **2** (*fig.*) riparo, rimedio provvisorio: *mettere una t. a una situazione difficile* **3** buco della serratura, per infilarvi la chiave | serratura **4** gioco d'azzardo a carte, molto simile alla zecchinetta **5** (*lett.*) ritocco, rimaneggiamento ‖ **toppétta**, **toppettìna**, dim. | **toppóne**, accr. m. (V.)

toppàre [da *toppa*, tipo di gioco d'azzardo ✱sec. XVI] **A v. intr.** (*io tòppo*; aus. *avere*) • (*colloq.*) fallire, sbagliare | fare una brutta figura **B v. tr.** **1** (*fam.*) sbagliare clamorosamente: *t. una risposta* **2** (*fam.*) fermare, bloccare qlcu.

toppàta [da *toppare*, per *intoppare* 'inciampare' ✱1980] **s. f.** • (*gerg.*) errore madornale, svista clamorosa

toppàto [1879] **agg.** • (*raro*) pezzato

toppè [av. 1744] **s. m. inv.** • (*raro*) adattamento di *toupet* (V.)

tòppete [vc. onomat. ✱1734] **inter.** **1** riproduce il rumore secco di qlco. che cade o di uno sparo **2** (*scherz.*) si usa per incoraggiare e consolare un bambino che cade a terra

tòpping /ˈtɔppin(g)/, *ingl.* ˈtɒpɪŋ/ [vc. ingl., propr. 'svettatura, cimatura', da *top* 'sommità, testa' (d'orig. germ.) ✱1930] **A s. m. inv.** • distillazione del petrolio greggio per la rimozione delle frazioni più volatili **B** anche **agg. inv.** (posposto a un sost.): *fase t.*; *impianti t.*

top player /topˈplɛjer, *ingl.* ˌtɒpˈpleɪə(r)/ [loc. ingl., propr. 'giocatore (*player*) del massimo (*top*) livello' ✱1986] **loc. sost. m. e f. inv.** • (*sport*) nel tennis, nel calcio e in altri sport, giocatore che eccelle sugli altri

tòppo [etim. discussa: got. *tups* 'cima, sommità' (?) ✱sec. XIII] **s. m.** **1** la parte dell'albero che rimane nel terreno dopo il taglio | (*est.*) tronco d'albero rozzamente tagliato e squadrato **2** parte del tornio, posta all'estremità del banco, che contiene gli organi che determinano la linea delle punte e quindi l'asse del tornio

toppóne [av. 1742] **s. m.** **1** accr. di *toppa* **2** rinforzo di cuoio o panno ai pantaloni dei cavallerizzi, lungo il lato interno del ginocchio e di parte della coscia | rinforzo di cuoio nella parte posteriore della scarpa **3** coperta fatta con vari pezzi di stoffa cuciti assieme

topponificio [comp. di *toppone* e *-ficio* ✱1983] **s. m.** • fabbrica che produce topponi per scarpe

top rate /topˈre(i)t, *ingl.* ˌtɒpˈreɪt/ [loc. ingl., propr. 'tasso (*rate*) massimo (*top*)' ✱1982] **loc. sost. m. inv.** (**pl. ingl.** *top rates*) • (*banca*) tasso massimo di interesse che le banche praticano alla loro clientela

top-secret /topˈsikret, *ingl.* ˌtɒpˈsiːkrɪt/ [loc. ingl., propr. 'segreto (*secret*, di orig. fr.) che sta in cima (*top*, di area germ. con infiltrazione nelle lingue romanze)' ✱1962] **agg. inv.** • detto spec. di notizia segretissima, da tenere estremamente riservata: *un'informazione top-secret*; *un dossier top-secret*

top spin /topˈspin, *ingl.* ˈtɒpˌspɪn/ [loc. ingl., propr. 'rotazione (*spin*) verso l'alto (*top*)', sia in riferimento all'esecuzione del movimento che alla traiettoria della palla ✱1989] **loc. sost. m. inv.** (**pl. ingl.** *top spins*) • (*sport*) nel tennis, ping-pong e sim., rotazione che si imprime alla palla colpendola dal basso verso l'alto con la racchetta inclinata in avanti, in modo tale da farne innalzare la traiettoria dopo il rimbalzo | colpo giocato con tale rotazione

top tèn /topˈtɛn, *ingl.* ˈtɒpˌtɛn/ [loc. ingl., 'i dieci (*ten*) in cima (*top*)' ✱1967] **A loc. sost. m. e f. pl.** • i primi dieci titoli di una classifica relativa alle vendite di dischi, di libri, di film e sim. **B loc. sost. f. inv.** • (*est.*) la classifica stessa

top-wèight /topˈweit, *ingl.* ˈtɒpˌweɪt/ [vc. ingl., comp. di *top* 'sommità' (V. *topping*) e *weight* 'peso' (d'orig. germ.) ✱1905] **s. m. inv.** • (*sport*) il peso più gravoso assegnato a un cavallo in una corsa ippica con handicap | il cavallo stesso

toque /*fr.* tɔk/ [vc. fr., dallo sp. *toca*, di orig. incerta ✱1881] **s. f. inv.** • cappello da donna senza tesa, a tocco

tor ① /tɔr/ ➤ **togliere**

Tor ② /tor/ **s. f. inv.** • nei nomi propri di luogo, accorc. di *torre* ①

Torà [sec. XV] **s. f.** • adattamento di *Torah* (V.)

toràce [vc. dotta, lat. *thorāce(m)*, dal gr. *thṓrax* 'corazza' e 'parte del corpo da questa coperta', di prob. orig. indeur. ✱av. 1425] **s. m.** **1** (*anat.*) porzione del tronco compresa tra il collo e l'addome che ospita, tra l'altro, il cuore e i polmoni **2** (*zool.*) parte mediana del corpo degli Insetti formata da tre segmenti su cui sono inserite zampe e ali

toracèntesi o **toracentèsi**, **toracocèntesi**, **toracocentèsi** [comp. di *toraco-* e del gr. *kéntēsis* 'puntura', da *kéntein* 'pungere', di orig. indeur. ✱1829] **s. f. inv.** • (*chir.*) puntura evacuativa della cavità pleurica

toràcico [gr. *thōrakikós* 'pertinente al torace (*thṓrax*, genit. *thṓrakos*)' ✱1668] **agg.** (**pl. m.** *-ci*) • del torace: *cavità toracica*

toràco- [dal gr. *thṓrax*, genit. *thṓrakos* 'torace', di prob. orig. indeur.] primo elemento • in parole composte del linguaggio anatomico indica relazione con il torace: *toracoplastica, toracoscopia*

toracocèntesi o **toracocentèsi** ➤ **toracentesi**

toracoplàstica [comp. di *toraco-* e *-plastica* ✱1961] **s. f.** • (*chir.*) rimozione chirurgica di una o più costole al fine di ottenere il collasso del polmone a scopo terapeutico

toracoscopìa [comp. di *toraco-* e *-scopia* ✱1829] **s. f.** • esame ottico della cavità toracica e degli organi prospicienti il cavo pleurico

toracotomìa [comp. di *toraco-* e *-tomia* ✱

1889] s. f. • (*chir.*) incisione della parete toracica

Torah /*ebr.* to'ra/ [vc. ebr., propr. 'direzione, istruzione, legge', di orig. non chiara ✱1930] s. f. **1** legge data da Dio agli uomini, secondo la rivelazione biblica **2** Pentateuco, i primi cinque libri che contengono la Rivelazione, secondo la denominazione ebraica CFR. Torà

tórba (o -ò-) [fr. *tourbe*, dal francone *torba*, di orig. germ. ✱av. 1536] s. f. • combustibile fossile, di formazione recente, costituito da residui di piante paludose accumulatesi al fondo di laghi o stagni, che ha basso potere calorifico e contiene molte impurità

torbàto [da *torba* ✱1931] **A** agg. • detto di whisky prodotto con orzo affumicato con fuoco di torba **B** s. m. • (gener. con iniziale maiuscola; *enol.*) vino bianco secco profumato di color paglierino, o vino passito di color ambrato, prodotti in Sardegna con uve del vitigno omonimo: *T. di Alghero*

tórbida [lat. *tŭrbida(m)*, agg. f. di *tŭrbidus* 'torbido' ✱av. 1519] s. f. **1** liquido che contiene particelle solide in sospensione **2** sospensione in acqua di minerale macinato, che viene avviata alle macchine di trattamento | *t. pesante*, sospensione in acqua di minerali pesanti o polveri metalliche, usata per la separazione per galleggiamento di minerali leggeri da minerali pesanti

†**torbidànza** [1542] s. f. • torbidezza

†**torbidàre** [lat. tardo *turbidāre*, da *tŭrbidus* 'torbido' ✱av. 1332] v. tr. • intorbidare

♣**torbidézza** o †**turbidézza** [av. 1328] s. f. • condizione, caratteristica di ciò che è torbido (*anche fig.*): *la t. di una situazione* CONTR. limpidezza

torbidìccio [1520] agg. (pl. m. *-ci*; pl. f. *-ce*) • alquanto torbido

torbidimetria e deriv. ➤ **turbidimetria** e deriv.

torbidità [av. 1667] s. f. inv. • torbidezza

♣**tórbido** o †**tùrbido** [lat. *tŭrbidu(m)*, da *tŭrba* 'confusione, scompiglio', di orig. indeur. ✱1261 ca.] **A** agg. **1** detto di liquido impuro, che è privo di chiarezza e limpidezza: *vino t.*; *acqua torbida* | (*lett.*) fosco, cupo: *sera torbida* CONTR. limpido **2** (*fig.*) equivoco, impuro: *pensieri torbidi* | ***aspetto t.***, sinistro | ***sonno t.***, agitato, tormentato | ***tempi torbidi***, tumultuosi, inquieti politicamente o socialmente | (*lett.*) malvagio, turbolento ‖ (*lett.*) **torbidétto** dim. | **torbidìccio** alter. | **torbidìno** dim. ‖ **torbidaménte** avv. in modo torbido (*anche fig.*) **B** s. m. **1** aspetto poco chiaro, situazione poco onesta: *in quel discorso c'è del t.* | ***pescare nel t.***, (*fig.*) cercare di trarre profitto da momenti di confusione o da situazioni poco chiare e oneste | †nuvolosità, oscurità **2** (al pl., *raro*) sommosse, tumulti

torbidùme [comp. di *torbid(o)* e *-ume* ✱1667] s. m. • insieme di cose torbide | (*fig.*, *lett.*) insieme di vizi, di situazioni equivoche o disoneste

torbièra [fr. *tourbière*, da *tourbe* 'torba' ✱av. 1803] s. f. • luogo dove si trovano ammassati grandi strati di torba

tórbo [per *torb(id)o* ✱av. 1292] agg. • (*tosc.*) torbido, impuro (*anche fig.*): *vino t.* ‖ **torbaménte** avv. (*raro*) torbidamente

torbóso (o -ṣ-) [1865] agg. • ricco di torba: *terreno t.*

†**torcebudèllo** ➤ **torcibudella**

torcènte part. pres. di *torcere*; anche agg. **1** nei sign. del v. **2** (*mecc.*) ***momento t.***, azione che tende a far ruotare la sezione di un solido rispetto a quella contigua

torcèra ➤ **torciera**

♦**tòrcere** [lat. parl. **tŏrcere* per *torquēre*, da una radice indeur. **terkw-* 'voltare', con semplificazione consonantica ✱1280] **A** v. tr. (pres. *io tòrco, tu tòrci*; pass. rem. *io tòrsi, tu torcésti*; part. pass. *tòrto*) **1** avvolgere qlco. su sé stessa: *t. la biancheria lavata* | ***t. il collo***, strangolare, spec. per esprimere una minaccia: *se ti acchiappo ti torco il collo* | ***non t. un capello***, (*fig.*) non fare alcun male | ***dare del filo da t.***, (*fig.*) frapporre ostacoli, difficoltà | piegare, storcere con violenza: *t. un polso, un braccio a qlcu.* **2** curvare, piegare con forza: *t. un filo di ferro*; *t. una lama* | storcere: *t. il naso, la bocca, in segno di disgusto* **3** (*lett.*) volgere, dirigere (*spec. fig.*): *t. gli occhi, lo sguardo*; *Ma se l'amor de la spera supprema / torcesse in suso il disiderio vostro* (Dante *Purg.* XV, 52-53) | (*est.*, *lett.*) allontanare, distogliere, deviare: *t. qlcu. dalla retta via*; *torcendo 'l viso a' preghi onesti e degni* (F. Petrarca) | ***t. il significato di uno scritto, un discorso***, alterarlo **B** v. intr. • †voltare, mutare direzione: *la strada torce a sinistra* **C** **tòrcersi** v. tr. pron. (aus. *essere*) • torcere una parte del proprio corpo: *torcendosi rabbiosamente i lunghi baffi* (E. De Amicis) | ***torcersi le mani***, premerle nervosamente l'una con l'altra in segno di disperazione, ansia, nervosismo e sim.; (*fig.*) rimpiangere un'occasione perduta **D** **tòrcersi** v. rifl. **1** contorcersi, piegarsi (+ *da*; *raro* + *di*, + *per*): *torcersi dalle risa, dal male*; *torcersi per il dolore* (o *di dolore*) **2** (*lett.*) volgersi **E** **tòrcersi** v. intr. pron. • storcersi, incurvarsi: *è una lama che si torce facilmente* | deformarsi, alterarsi (*anche fig.*)

torcétto [dim. di *torcia* ✱sec. XIV] s. m. **1** cero costituito da quattro candele unite, usato spec. in cerimonie religiose **2** biscotto a forma di cuore, costituito da un nastro di pasta accostata alle estremità e ricoperto di un lieve strato di zucchero caramellato, comune nell'Italia settentrionale

torchiàre [lat. tardo *torculāre*, da *tŏrculum* 'torchio' ✱av. 1389] v. tr. (*io tòrchio*) **1** comprimere col torchio la pasta di olive o le vinacce **2** (*fig.*, *colloq.*) costringere qlcu. a rispondere a una lunga e difficile serie di domande: *all'esame lo hanno torchiato*; *la polizia ha torchiato gli arrestati* | (*fig.*) spremere spec. con una eccessiva pressione fiscale: *t. i contribuenti*

torchiatóre [da *torchiare* ✱1961] s. m. (f. *-trice*) • operaio addetto alla torchiatura

torchiatùra [1862] s. f. • lavoro del torchiare | il liquido che ne risulta

torchiétto [1561] s. m. **1** dim. di *torchio*① **2** attrezzo per la stampa per contatto di pellicole fotografiche, utilizzato un tempo nei laboratori fotografici

tòrchio ① [lat. *tŏrculu(m)*, da *torquēre* 'torcere', in vari sensi ✱sec. XIV] s. m. **1** macchina che serve a comprimere gradatamente e senza urti un materiale posto fra due piastre parallele, una mobile e una fissa, quest'ultima talora dotata di fori sagomati: *t. per uva, per olive*; *t. per la pasta* **2** la prima e più semplice macchina da stampa, costituita da un piano su cui un accoppiamento leva-vite abbassa un piano di pressione | ***essere sotto il t.***, (*disus.*) essere in via di stampa; (*fig.*) essere costretto a un duro sforzo o a un interrogatorio lungo e difficile | (*disus.*, *iron.*) ***far gemere i torchi***, fare stampare, spec. opere poco pregevoli **3** (*anat.*) ***t. addominale***, massa muscolare che comprime la cavità addominale ‖ **torchiétto** dim. (V.)

†**tòrchio** ② [lat. parl. **tŏrculu(m)* 'oggetto avvolto', da *tŏrques* 'collana', da *torquēre* '(rav)volgere' ✱1312] s. m. **1** grosso cero o torcetto di più candele **2** collana, monile **3** (*poet.*) rametto flessibile spec. di salice usato per legare i tralci delle viti, o sim. ‖ †**torchiétto** dim.

torchon /*fr.* tɔʀ'ʃɔ̃/ [vc. fr., propr. 'torcia', perché arrotolata a torciglione; cfr. *torcione*② ✱1993] s. m. inv. **1** collana di perle o grani di pietre dure a più fili intrecciati, di solito valorizzata da un fermaglio di metallo prezioso: *un t. di coralli* **2** torcione②

♦**tòrcia** [fr. *torc(h)e*, orig. 'cosa attorta', dal lat. **tŏrca* per *tŏrqua*, variante di *tŏrques* 'collana, collare', da *torquēre* '(rav)volgere' ✱1308] s. f. (pl. *-ce*) **1** fiaccola di funi ritorte e stoppa, impregnata di resina, sego, cera | ramo resinoso acceso | ***t. a vento***, che non si spegne al vento | ***t. elettrica***, grossa lampada portatile alimentata a pila | ***t. umana***, nel linguaggio giornalistico, persona avvolta dalle fiamme **2** cero, torcetto per processioni **3** parte principale di un lampeggiatore fotografico particolarmente del tipo elettronico **4** denominazione di un tipo standard di pila da 1,5 V ‖ **torcétta** dim. | **torcétto** dim. m. (V.) | **torcióne**① accr. m. (V.)

†**torciàre** [lat. parl. **tortiāre*, da *tŏrtus*, part. pass. di *torquēre* 'avvolgere', con riferimento al legame stretto del carico ✱av. 1348] v. tr. • caricare un peso, un bagaglio, su un animale, su un carro ecc.

torcibudèlla o †**torcebudèllo** [comp. di *torc(ere)* e il pl. di *budello* ✱sec. XV] s. m. inv. • forte dolore intestinale provocato da cibo indigesto o bevanda molto alcolica: *s'appoggiava alla lancia come avesse il t.* (I. Calvino) | ***dare il t. a qlcu.***, rendergli la vita difficile | (*est.*) cibo o bevanda causa del dolore stesso: *quel caffè corretto è un vero t.*

†**torcicollàre** [da *torcicollo* ✱av. 1625] v. intr. • (*scherz.*) camminare con il collo storto, atteggiamento tradizionalmente attribuito ai bacchettoni

torcicòllo [comp. di *torce(re)* e *collo* ✱1605] s. m. **1** posizione innaturale del capo spesso per contrattura del muscolo sternocleidomastoideo: *t. congenito, acquisito* | (*colloq.*) dolore al collo che impedisce la rotazione del capo **2** (*disus.*, *spreg.*) bacchettone **3** uccelletto dei Piciformi a zampe brevi e collo mobilissimo, divoratore di insetti (*Jynx torquilla*)

torcièra o **torcèra** [da *torcia*, come il corrispondente fr. *torchière* da *torche* ✱1598] s. f. • grosso candeliere per torcia

torcière [da *torcia*, come il corrispondente fr. *torchier* da *torche* ✱1600] s. m. **1** chi regge la torcia **2** torciera

torcigliàre [lat. parl. **tortiliāre* 'torcere parecchie volte', con sovrapposizione di *torcere* ✱sec. XIV] v. tr. (*io torcìglio*) • (*raro*) attorcigliare

torciglióne [da *torcigliare* ✱1508] s. m. **1** fascia attorcigliata portata un tempo sul capo dalle donne per trattenere i capelli o per appoggiarvi sopra ceste o sim. **2** torcinaso

†**torcimànno** [da *turcimanno* per accostamento a *torcere* ✱1534] s. m. • turcimanno (*anche fig.*)

torciménto [av. 1292] s. m. **1** (*raro*) il torcere, il torcersi | torsione **2** †svolta, deviazione | (*fig.*) †smorfia, contrazione | †vizio, aberrazione **3** †tortuosità

torcìmetro [comp. di *torcere* e *-metro* ✱1930] s. m. • apparecchio che serve per determinare il numero di giri di torsione di un filato

torcinàso (o -ṣ-) [comp. di *torce(re)* e *naso* ✱1869] s. m. (pl. *torcinàso*, o *torcinàsi*) • apparecchio formato da un anello di corda fissato a un corto bastone, con cui si stringe il naso o il labbro del cavallo per immobilizzarlo

torcióne ① [1727] s. m. • accr. di *torcia* | grosso cero

torcióne② [dal fr. *torchon* ✱ 1879] **s. m.** ● grosso canovaccio | strofinaccio usato spec. in cucina | ***foie gras al t.***, V. *foie gras*

torcitóio [da *torcere* ✱ 1280] **s. m.** (**pl.** *-ói*) **1** torcitrice **2** †strettoio, torchio

torcitóre [1437] **s. m.** (**f.** *-trice*) **1** (*raro*) chi torce **2** operaio tessile che esegue la torcitura dei filati

torcitrìce [da *torcere* ✱ 1961] **s. f.** ● macchina tessile per eseguire l'operazione di torcitura

torcitùra [1598] **s. f.** **1** (*raro*) il torcere | torsione, piegamento | contorsione **2** operazione dell'industria tessile che conferisce la necessaria resistenza ed elasticità ai lucignoli di fibre mediante la torsione, costituendo il filato

†**torcolàre** [vc. dotta, lat. *torculāre* 'torchiare', da *tŏrculum* 'torchio' ✱ sec. XIII] **s. m.** ● (*lett.*) strettoio, torchio

torcolière [da *torcolo* 'torchio' ✱ av. 1698] **s. m.** ● l'operaio addetto al torchio nelle antiche tipografie

tòrcolo① [vc. dotta, lat. *tŏrculu(m)* 'torchio' ✱ 1524] **s. m.** **1** †torchio **2** (*mus.*) figura neumatica di tre note, le prime due ascendenti, la terza discendente

tòrcolo② [da *torcere*, per la forma a torciglione ✱ sec. XIV] **s. m.** **1** (*cucina*) dolce natalizio a forma di ciambella a base di pasta dolce lievitata con pinoli, canditi e uva passa, tipico di alcune località dell'Umbria e del Lazio **2** (*tosc.*) cercine

tordàio [lat. *turdāriu(m)*, da *tŭrdus* 'tordo' ✱ av. 1320] **s. m.** (**pl.** *-ai*) **1** luogo in cui si allevano i tordi **2** (*tosc., disus.*) cacciatore di tordi

tordéla (o *-è-*), **tordèlla** [lat. tardo *turdēla(m)*, da *tŭrdus* 'tordo' ✱ 1481] **s. f.** ● uccello dei Passeriformi, più grande del tordo, con capo chiarissimo e ventre giallo fulvo, gregario e ricercato dai cacciatori (*Turdus viscivorus*)

tordièra [da *tordo* ✱ 1970] **s. f.** ● (*caccia*) tesa per i tordi, con panie e richiami

tórdo [lat. *tŭrdu(m)*, di orig. indeur. e diffusione germ. e balto-slava ✱ 1282] **s. m.** **1** uccello dei Passeriformi, di passo in Italia, bruno, inferiormente biancastro, vive fra i cespugli ed è selvaggina pregiata (*Turdus ericetorum*) **CFR.** chioccolare, fischiare, zirlare | ***t. sassello***, di color bruno olivastro con i fianchi rosso castano (*Turdus musicus*) | ***grasso come un t.***, ben pasciuto **2** (*fig., raro*) persona sempliciotta **SIN.** merlo

-tóre o, quando il tema del verbo termina con *d*, **-sóre** [lat. *-(a)tōre(m)*, di orig. indeur., applicato a n. di persona per indicarne una caratteristica attività] **suff.** ● forma aggettivi e sostantivi maschili derivati da verbi: *trasportatore, mangiatore, incisore*

toreador /torea'dɔr, *sp.* torea'ðɔr/ [vc. sp., da *torear* 'combattere col *toro*', giuntaci attraverso il fr. soprattutto con la popolarità dell'opera *Carmen* (1875) di Bizet ✱ 1760] **s. m. inv.** (**pl. sp.** *toreadores*) ● torero

toreàre [sp. *torear*, da *toro* 'toro①' ✱ 1914] **v. intr.** (**pres.** *io torèo*; **fut.** *io toreerò*; **aus.** *avere*) ● combattere col toro nell'arena

torèllo① [1319] **s. m.** **1** dim. di *toro*① **2** giovane toro **3** (*fig.*) ragazzo, giovane robusto e vigoroso **4** (*gerg.*) nel calcio, esercizio di allenamento o di riscaldamento, nel quale i giocatori disposti in cerchio si passano rapidamente la palla mentre un compagno al centro cerca di intercettarla

torèllo② [dim. di *toro*③ nel senso di 'cavo avvolgente' e qualsiasi bordatura che quello ricordi ✱ 1814] **s. m.** ● (*mar.*) ciascuna delle tavole fortemente intestate nella chiglia che formano il primo corso di bordatura esterna

torèro /to'rɛro, *sp.* to'rero/ [vc. sp., dal lat. *taurāru(m)* 'gladiatore che lottava col toro (*taurus*)' ✱ 1829] **s. m.** (**f.** *-a*, **pl. m.** *-i*, **pl. f.** *-e* o **sp. f.** *-a*, **pl. m.** *-os*, **pl. f.** *-as*) ● chi combatte col toro nell'arena

torèutica [gr. *toreutikḗ*, sottinteso *téchnē*, '(arte) del cesellare (*toréuein*, da *torós* 'cesello', 'che si spinge dentro', di orig. indeur.)' ✱ 1499] **s. f.** ● arte di martellare, cesellare, sbalzare, bulinare i metalli

tòrico [da *toro*③ ✱ 1935] **agg.** (**pl. m.** *-ci*) ● (*mat.*) relativo al toro, nel sign. 2 di toro③: *superficie torica*; *anello t.* | (*ottica*) ***lente torica***, lente che ha una superficie piana o sferica e l'altra costituita da una porzione di superficie torica, usata per la correzione dell'astigmatismo

♦**torinése** (o *-ṣ-*) [1608] **A** **agg.** ● di Torino: *dialetto t.* **B** **s. m. e f.** ● abitante o nativo di Torino

torinìsta [1985] **agg. e s. m. e f.** (**pl. m.** *-i*) ● che (o chi) gioca nella squadra di calcio del Torino o ne è sostenitore

tòrio [dal n. del dio scandinavo del tuono *Thor*, di area nord-germ. ✱ 1875] **s. m. solo sing.** ● elemento chimico, metallo radioattivo naturale, impiegato come diossido nelle lampade a incandescenza e negli impianti nucleari **SIMB.** Th **NUM. AT.** 90

-tòrio ➤ **-toio**

torìte [svedese *thorit*, comp. di *Thor*, n. del dio scandinavo del tuono, e *-ite*② ✱ 1875] **s. f.** ● (*miner.*) silicato di torio in cristalli tetragonali di colore bruno o nero, radioattivo

tórlo ➤ **tuorlo**

tórma o †**tùrma**① [lat. *tŭrma(m)*, in orig. d'ambito milit. ('squadrone di cavalleria'), di etim. incerta ✱ sec. XIII] **s. f.** **1** (*lett.*) schiera di soldati | (*est.*) quantità di persone che vanno insieme e disordinatamente: *una t. di dimostranti* | ***a torme***, in folla | (*fig., lett.*) insieme, quantità, spec. di idee, pensieri, sentimenti: *dalla chimmeria valle uscian le torme / de' sogni negri con diverse forme* (A. POLIZIANO) **2** branco di animali: *una t. di bufali* **3** reparto di cavalleria dell'esercito romano corrispondente al moderno plotone

tormalìna [fr. *tourmaline*, dal singalese *tōramalli*, n. indigeno della cornalina ✱ 1806] **s. f.** ● (*miner.*) nome collettivo di un gruppo di silicati idrati contenenti boro, alluminio, ferro, sodio e calcio, in cristalli prismatici trigonali striati, di vari colori, caratterizzati da piroelettricità e piezoelettricità; si usa per costruire manometri oppure, se limpida e di buon colore, come gemma

torménta [fr. *tourmente*, dal lat. *tormĕnta*, propr. pl. di *tormĕntum* 'tormento' ✱ av. 1512] **s. f.** ● bufera turbinosa di neve costituita da aghetti nevosi sollevati dal vento, caratteristica dell'alta montagna

SFUMATURE ➤ *turbine*

†**tormentaménto** [da *tormentare* ✱ sec. XIII] **s. m.** ● tormento

♦**tormentàre** [da *tormento* ✱ 1268] **A** **v. tr.** (*io torménto*) **1** (*raro* o *lett.*) mettere alla tortura, straziare con pene e tormenti fisici: *t. i prigionieri* | (*est.*) causare dolori fisici più o meno gravi: *lo tormenta una malattia fastidiosa* **SIN.** martoriare, torturare **2** (*fig.*) procurare pena, afflizione, rimorso, noia, e sim.: *lo tormentava il desiderio di rivedere la famiglia* | molestare, assillare: *non tormentarmi con questi discorsi sciocchi*; *mi tormenta di domande* **SIN.** affliggere, perseguitare **3** †infestare **B** **tormentàrsi** **v. tr. pron.** (**aus.** *essere*) ● (*est.*) toccare nervosamente e in modo insistente una parte del proprio corpo: *tormentarsi i baffi*; *tormentandosi il labbro inferiore con le dita irrequiete* (L. PIRANDELLO) **C** **tormentàrsi** **v. rifl.** ● darsi pena: *si tormenta continuamente pensando al futuro* **SIN.** crucciarsi, struggersi

tormentàto **A** **part. pass.** di *tormentare*; anche **agg.** **1** nei sign. del v. | (*est.*) afflitto: *era costretto a letto, t. dal mal di schiena* **2** (*fig.*) angosciato: *animo t. dai dubbi* | travagliato, pieno di difficoltà: *vita tormentata* | sofferto: *una decisione tormentata* **3** molto accidentato, aspro: *percorso t.*; *il profilo t. della costa* ‖ **tormentataménte**, **avv.** **B** **s. m.** (**f.** *-a*) ● †chi subisce torture fisiche

tormentatóre [1300] **s. m.** (**f.** *-trice*); anche **agg.** ● chi (o che) tormenta

tormentìlla [vc. dotta, lat. mediev. *tormentĭlla(m)*, dim. di *tormĕntum* nel senso di 'mal di ventre, colica', che quella curava ✱ sec. XIII] **s. f.** ● (*bot.*) potentilla

tormentìna [da *tormento*, nel sign. marinaresco di 'difficoltà, affaticamento (anche dei materiali)' ✱ 1937] **s. f.** ● (*mar.*) piccolo fiocco usato con venti particolarmente forti

♦**torménto** o †**troménto** [vc. dotta, lat. *tormĕntu(m)* 'macchina bellica' e 'strumento di tortura', da *torquēre* 'torcere' (attraverso **torq-mĕntum*) ✱ av. 1250] **s. m.** **1** strumento di tortura | pena della tortura: *condannare al t. della ruota* **2** acuto dolore provocato da mali fisici: *la ferita gli dava un insopportabile t.* | sofferenza, fastidio fisico dovuti a cause diverse: *il t. dell'insonnia*; *il t. del caldo* **3** (*fig.*) cruccio insistente, dolore morale, continua afflizione, strazio: *il t. dell'invidia*; *vivere in un perenne t.* | chi (o ciò che) è causa di preoccupazione: *la riuscita del figlio è il suo t.* **SIN.** patimento, pena, sofferenza **4** (*mar.*; *disus.*) difficoltà, affaticamento, detto anche dei materiali **5** (*iperb.*) molestia, seccatura: *intrattenere quell'ospite noioso è stato un vero t.* | chi (o ciò che) procura molestia: *smettila di fare domande: sei un t.!* **6** †antica macchina da guerra per lanciare pietre o proiettili: *Di tormenti bellici ha munite / le rocche sue questa novella Dite* (T. TASSO) ‖ **tormentóne**, **accr.** (V.)

SFUMATURE ➤ *cruccio*

tormentóne [1969] **s. m.** **1** accr. di *tormento* **2** (*fig.*) rovello che tormenta **3** spec. nel gergo teatrale, battuta ripetuta ossessivamente: *Il discorso della dignità è, in queste storie del popolo, ripetuto quasi a t.* (D. FO) | (*est.*) argomento continuamente riproposto da articoli di giornale, trasmissioni televisive e sim.

♦**tormentóso** (o *-ṣ-*) [da *tormento*, come il corrispondente lat. tardo *tormentuōsus* da *tormĕntum* ✱ av. 1280] **agg.** **1** che dà tormento fisico: *sete tormentosa* | (*fig.*) che affligge spiritualmente: *angoscia tormentosa* | fastidioso, molesto: *un dubbio t.* **2** (*fig.*) travagliato, pieno di difficoltà: *esistenza tormentosa* ‖ **tormentosaménte**, **avv.** ‖ **tormentosità**, **s. f. inv.** caratteristica di ciò che è tormentoso; tormento

tornacónto [comp. di *torna(re)* e *conto* nel senso di 'vantaggio, utile' ✱ 1612] **s. m.** ● utile, guadagno, vantaggio personale: *se è d'accordo, avrà il suo t.*

SFUMATURE ➤ *utilità*

tornàdo /*sp.* tor'naðo, *ingl.* tɔː'neɪdəʊ/ [vc. ingl., presa dallo sp. *tronada*, un deriv. da *tronar* 'tuonare', col sign. di 'tempesta' e poi con quello di 'uragano', diffuso in tutte le lingue europee, sp. compreso ✱ 1749] **s. m.** (**pl. inv.** o *-i*, **pl. ingl.** *tornadoes*, **pl. sp.** *tornados*) **1** (*meteor.*) tempesta a vortice di limitata estensione, ma di terrificante potenza distruttiva, frequente negli Stati Uniti centro-occidentali, che si presenta come una nube a forma di imbuto, con venti in rotazione con velocità fino a oltre 500 km/h **2** (*mar.*) catamarano a vela con due persone di equipaggio che costituisce classe olimpica

tornagùsto [che fa *torna(re)* il *gusto* nel senso di 'voglia, appetito' ✱ 1551] **s. m.** ● (*disus.*) cibo, bevanda che stuzzica l'appetito

†**tornàio** o †**torniàio** [da *torno* 'tornio' ✱ 1548] **s. m.** ● tornitore

†**tornaménto** [1282] **s. m.** ● ritorno | trasformazione

tornànte ① [fr. *tournant*, part. pres. di *tourner* 'girare' (stessa etim. dell'it. *tornare*) ✱ 1897] **s. m.** **1** curva di raccordo fra due rettifili esterna alla poligonale d'asse, formata da un arco circolare di raggio minimo consentito e da due archi di raccordo di concavità opposte **2** curva strettissima di strada di montagna: *la salita presenta dei tornanti pericolosi* SIN. tourniquet

tornànte ② [riduzione di (*ala*) *tornante* ✱ 1961] **A** **agg.** ● ***ala t.***, nel calcio, giocatore che, pur avendo il ruolo di attaccante, ripiega in appoggio alla difesa **B** **anche s. m. e f.**: *fare il t.*; *giocare nel ruolo di t.*

♦**tornàre** [vc. dotta, lat. *tornāre*, propr. 'lavorare al tornio (*tŏrnus*)', poi 'girare' ✱ 1158] **A** **v. intr.** (*io tórno*; aus. *essere*) **1** volgersi, dirigersi di nuovo verso il luogo dal quale si era partiti: *torna subito a casa a prendere l'ombrello*; *torneremo in città fra dieci giorni* | ***t. daccapo, al punto di partenza***, riprendere dall'inizio | ***t. in sé***, recuperare i sensi; (*fig.*) ravvedersi, rinsavire | ***t. a galla***, riemergere; (*fig.*) tornare d'attualità, detto di fatti, personaggi, opere, ecc. | ***t. al mondo, in vita***, risuscitare, recuperare forza, vitalità, energia | ***t. a bomba***, riprendere il tema, l'argomento più importante | ***t. su, t. in gola***, detto di cibo che non si è digerito | ***t. all'antico***, rifarsi a usi, abitudini, costumi passati | (*fam.*) ***questo si chiama torna***, frase che accompagna una cosa che si dà in prestito **2** venire via da un luogo che si è visitato, da uno spettacolo, o dopo aver compiuto qlco. (*anche assol.*) (+ *da*): *torno adesso da Roma*; †*t. di Milano*; *siamo appena tornati da teatro*; *tornavano in massa dallo stadio*; *vado e torno* **3** andare, venire nuovamente (+ *a*): *t. a casa*; *quando torni a New York?*; *dovrà t. all'ospedale fra pochi giorni* | ***t. sui propri passi, sulle proprie decisioni***, recedere da un'azione che si era cominciata, da una decisione presa | ***t. su un argomento***, riprenderlo in esame | ***t. col pensiero a qlco.***, rievocarla | ***t. a qlcu.***, riprendere a parlare di qlcu. | ***t. alla carica***, (*fig.*) insistere per ottenere qlco. | ***t. a***, indica il ripetere qlco. o il ripetersi di qlco. (anche impers.): *t. a fare, a dire qlco.*; *torno a ripetertelo*; *è tornato a piovere* **4** ripresentarsi, ricomparire, manifestarsi di nuovo: *è tornata la primavera*; *gli torna la febbre*; *è un'occasione che non tornerà più* | fare ricomparire, riprodurre: *è una pomata che fa t. i capelli* **5** (*raro, lett.*) trasformarsi, cambiare: *la paura tornò in gioia* | volgersi, riuscire: *t. a onore, a danno* | essere, riuscire: *non mi torna utile*; *mi torna gradito* | (*raro*) ***l'eredità torna al nipote***, è a vantaggio del nipote | †***tornerà in capo a te***, ricadrà su di te, detto di cose spiacevoli | †***t. tutt'uno***, essere tutt'uno **6** diventare: *sono funghi che seccati tornano la quinta parte di peso* **7** ridiventare, rifarsi (*anche fig.*): *dopo la pulitura, i calzoni sono tornati nuovi*; *sono tornati amici* **8** riuscire giusto, esatto, corrispondere bene, quadrare: *il conto torna* | ***il discorso non torna***, non è logico | ***c'è qlco. che non torna in quella faccenda***, non è chiaro, non convince | ***non mi torna***, non sono convinto | ***il vestito torna bene***, sta bene | (*lett.*) ***gli torna conto accettare***, gli è utile, vantaggioso | essere conforme: *tutto torna secondo le previsioni* **9** (*tosc.*) andare ad abitare o alloggiare altrove: *t. di casa*; *t. di bottega*; *è tornato in via Nazionale* | †albergare, alloggiare | cambiare lavoro, servizio: *è tornato come cameriere in una famiglia nobile* **10** (*colloq.*) **tornàrci**, ritornare in un dato luogo: *buon ristorante, ci torneremo* | (*fig., colloq.*) riprendere nuovamente un dato argomento: *è uno spunto interessante, ci tornerò* | ***tornarci su***, rimettere in dubbio qlco.: *quando ha una convinzione difficilmente ci torna su* **B** **v. tr.** **1** (*lett.*) ricondurre, rimettere, riportare (*anche fig.*): *t. qlco. in buono stato*; *non si torna a vita lo scheletro, incoronandolo di rose* (G. MAZZINI) | (*lett.*) restituire nelle condizioni, lo stato di prima | (*sett.*) restituire: *non mi ha ancora tornato il libro* **2** (*lett.*) volgere in giro, girare, rivolgere: *t. il viso, lo sguardo* **3** (*lett.*) †trasformare, cambiare, mutare **C** **tornàrsi** **v. intr. pron.** **1** †tornare: *ella … si tornò alla sua camera* (G. BOCCACCIO) **2** **tornàrsene**, ritornare (con valore intens.): *che tardi! È meglio che ce ne torniamo a casa*

tornasóle [propr. 'che fa girare (*tornare*) il *sole*', secondo il gr. *hēliotrópion* 'eliotropio', di uguale composizione ✱ 1599] **s. m.** ● materia colorante violacea ricavata da alcuni licheni, usata come indicatore nell'analisi chimica, poiché diventa rossa in ambiente acido e azzurra in ambiente alcalino SIN. laccamuffa | ***cartina al t., di t.***, striscia di carta imbevuta di soluzione acquosa di tale sostanza, usata per analisi chimiche; (*fig.*) ciò che costituisce un elemento rivelatore, di riscontro, che serve a mettere qlco. in chiara evidenza

tornàta [av. 1292] **s. f.** **1** †ritorno | †*fare t.*, ritornare | †abitazione **2** (*raro*) adunanza di un'accademia, una società, un'assemblea di magistrati, ecc.: *stendere il verbale dell'ultima t. della Crusca* | turno: *t. elettorale* **3** (*letter.*) ultima e più breve stanza della canzone, col commiato e la dedica

tornatùra [da *tornata* 'voltata (di lavoro in una determinata superficie)' ✱ av. 1363] **s. f.** ● misura agraria dell'Emilia e Romagna di valori variabili oscillanti tra le 20,80 are di Bologna e le 34,18 di Ravenna

†**torneaménto** o †**torniaménto** [1287] **s. m.** **1** il torneare | torneo **2** circonferenza, giro **3** (*fig.*) movimento tumultuoso

torneàre o †**torniàre** ① [ant. fr. *torneiar* 'girare (*tornar*) attorno' ✱ av. 1292] **A** **v. intr.** (**pres.** *io tornèo*; **fut.** *io torneerò*; aus. *avere*) **1** prendere parte a un torneo **2** †muoversi in giro, girare **B** **v. tr.** ● †attorniare, circondare

torneatóre [da *torneare* ✱ sec. XIII] **s. m.** ● (*lett.*) chi combatteva in un torneo

†**torneggiàre** [av. 1537] **v. tr.** ● lavorare col tornio

tornéggio [1961] **s. m.** ● tornitura eseguita al tornio da vasaio

tornèllo [da *tornare* nel senso di 'girare (attorno)' (?) ✱ 1561] **s. m.** **1** (*letter.*) distico di endecasillabi a rima baciata che era posto a chiusura di un sonetto oppure di un monologo o dialogo in alcune laudi medievali **2** sistema di controllo o di conteggio del traffico pedonale, consistente in un cancelletto girevole a crociera che permette il passaggio di una sola persona per volta

♦**tornèo** [da *torneare* ✱ av. 1292] **s. m.** **1** spettacolo d'armi, in cui i cavalieri si affrontavano a squadre o a coppie all'interno di un largo recinto circolare, cercando di rimanere padroni del campo disarcionando l'avversario | rievocazione spettacolare di tale combattimento, con cavalieri in costume **2** serie di gare a eliminazione, talvolta con classifica, tra singoli atleti e giocatori o squadre: *t. di tennis, di scherma, di calcio*; *t. di scacchi* | ***t. all'italiana***, quello in cui ogni squadra incontra tutte le altre **3** †giro, orbita

tornerìa [da *torno* ① ✱ 1907] **s. f.** ● reparto o laboratorio di tornitura

tornése (o **-ṣ-**) [fr. *tournois*, dal lat. mediev. *turonēnse(m)* 'proprio della città di *Tours* (dall'ant. stirpe gallica dei *Tŭrones*)' ✱ 1211] **s. m.** **1** moneta d'argento coniata a Tours in Francia da Luigi IX nel 1266 e molto imitata in Italia e altrove **2** moneta di rame napoletana coniata dalla metà del XVI sec. alla fine del regno borbonico

†**torniaménto** ➤ †**torneamento**

†**torniàre** ① e deriv. ➤ **torneare** e deriv.

†**torniàre** ② [da *tornio* ✱ sec. XIII] **v. tr.** ● lavorare qlco. al tornio

†**torniatóre** [1550] **s. m.** ● tornitore

†**tornière** [da *tornio* ✱ av. 1796] **s. m.** ● tornitore

†**tornimento** [av. 1673] **s. m.** ● tornitura

tòrnio o (*centr.*) †**tórno** ① [dal pl. *torni* del precedente *torno*, dal lat. *tŏrnus*, di provenienza gr. e orig. indeur. ✱ av. 1304] **s. m.** ● macchina utensile per la lavorazione dei metalli, del legno e sim., nella quale il moto di lavoro, che è rotatorio, viene impresso dal mandrino al pezzo, mentre l'utensile, piazzato sul carrello porta-utensili, compie un moto traslatorio di alimentazione: *t. parallelo* | ***t. da vasaio***, costituito da un piatto girevole su cui viene posta l'argilla da modellare | ***mani, braccia fatte al t.***, (*fig., lett.*) ben tornite

♣**tornìre** [da *tornio* ✱ sec. XIV] **v. tr.** (*io tornisco, tu tornisci*) **1** lavorare al tornio **2** (*fig.*) rifinire con grande cura e precisione, rendere formalmente perfetto: *t. la frase*

tornìto **part. pass.** di *tornire*; **anche agg.** **1** lavorato al tornio **2** (*fig.*) ***braccia, gambe tornite***, che hanno forme armoniose, ben modellate | (*fig.*) rifinito con precisione: *versi torniti*

tornitóre [da *tornire* ✱ 1577] **s. m.** (**f.** *-trice*) ● chi esegue lavorazioni al tornio: *t. in legno*; *nell'industria c'è richiesta di tornitori specializzati*

tornitùra [1692] **s. f.** **1** lavorazione eseguita al tornio **2** residui della lavorazione al tornio

†**tórno** ① ➤ **tornio**

tórno ② [da *tornare* ✱ 1275 ca.] **A** **s. m.** ● (*lett.*) giro | ***in quel t. di tempo***, attorno a quel tempo, quel periodo | (*lett.*) ***in quel t., su quel t.***, circa | †*a t.*, attorno | ***di t.***, d'attorno: *smettila di infastidirmi e levati di t.* **B** **nella loc. avv. o prep.** ***t. t.***, (*lett.*) attorno: *t. t. la casa corre un ballatoio*; *t. t. al rialzo del marciapiede* (I. CALVINO)

♦**tòro** ① o †**tàuro** [lat. *tāuru(m)*, vc. pop. di orig. indeur. ✱ 1268] **s. m.** **1** maschio del *Bos taurus* destinato alla riproduzione | (*fig., fam.*) ***essere, sembrare un t.***, di chi ha struttura fisica potente e robustezza eccezionale (talora anche con allusione alla potenza virile) | ***sbuffare come un t.***, manifestare ira o grande impazienza | ***tagliare la testa al t.***, (*fig.*) prendere una decisione netta, troncando una discussione, una questione | ***prendere il t. per le corna***, (*fig.*) affrontare senza esitazione un ostacolo **2** (*gerg.*) nel linguaggio di borsa, rialzista | (*gerg.*) tendenza al rialzo nel mercato della borsa CONTR. orso ‖ **torèllo**, **dim.** (V.)

Tòro ② [V. *toro* ① ✱ 1282] **A** **s. m.** **1** (*astron.*) costellazione dello zodiaco che si trova fra quella dell'Ariete e quella dei Gemelli **2** (*astrol.*) secondo segno dello zodiaco, compreso tra trenta e sessanta gradi dell'anello zodiacale, che domina il periodo tra il 21 aprile e il 21 maggio **B** **s. m. e f. inv.** ● persona nata sotto il segno del Toro

tòro ③ [vc. dotta, lat. *tŏru(m)*, di etim. incerta, col sign. primitivo di 'fune' ✱ 1499] **s. m.** **1** (*archit.*) modanatura della forma del tondino, ma con raggio maggiore, usata nelle basi delle colonne **SIN.** bastone **2** (*mat.*) superficie, simile a una ciambella, generata dalla rotazione di un cerchio attorno a una retta giacente nello stesso piano ed esterna al cerchio stesso **3** (*bot.*) ricettacolo di alcuni frutti **4** (*bot.*) ispessimento degli opercoli nelle punteggiature delle conifere

tòro④ [da *toro*③, passato a indicare anche 'funi intrecciate (intorno a materassi e cuscini)' e quindi 'letto' ✱ 1342] **s. m.** ● (*lett.*) letto maritale

tòro⑤ ➤ **toron**

toroidàle [da *toro*③ ✱ 1961] **agg.** ● (*mat.*) che ha forma di toro, nel sign. 2 di toro③ | (*elettr.*) ***avvolgimento t.***, di un conduttore elettrico avvolto a spirale, le cui spire sono disposte secondo la forma geometrica del toro

toròide [da *toro*③ ✱ 1961] **s. f.** ● (*mat.*) curva parallela a un'ellisse

tòron o **tòro**⑤ [dal *tor(io)*, da cui si forma, con la terminazione delle analoghe emanazioni, *(ra-d)on* e *(attin)on* ✱ 1932] **s. m. inv.** ● (*chim.*) isotopo del radon derivato dal decadimento radioattivo del torio **SIMB.** Tn

†**toróso** (o **-ṣ-**) [vc. dotta, lat. tardo *torōsu(m)*, da *tŏrus* 'toro, cordone' ✱ av. 1475] **agg.** ● muscoloso, robusto

torpèdine [vc. dotta, lat. *torpēdine(m)*, da *torpēre* 'restare intorpidito, paralizzato', di orig. indeur.; nel sign. 2, traduzione dell'ingl. *torpedo*, che vale tanto 'il pesce torpedine', che emette scariche elettriche, quanto l'arma subacquea ✱ sec. XIV] **s. f. 1** pesce marino dei Selacimorfi con corpo discoidale nudo, bocca e fessure branchiali ventrali, dotato di organi elettrici mediante i quali emette potenti scariche (*Torpedo*) **2** (*mar.*) arma subacquea, mina: *t. a urto, magnetica, acustica, a pressione*

torpedinièra [dalla *torpedine*, 'siluro', di cui è armata, secondo il modello del corrispondente fr. *torpilleur* ✱ 1883] **s. f.** ● (*mar.*) nave militare veloce, destinata spec. all'uso di torpedini o di siluri | tipo di nave militare, predisposta alla caccia dei sommergibili e alla scorta

torpedinière [da *torpedine* 'siluro' con allargamento a tutte le 'armi subacquee' ✱ 1884] **A agg.** (**f.** *-a*) ● di nave destinata all'uso di torpedini o siluri **B s. m.** ● un tempo, marinaio adibito alla manutenzione e all'impiego delle torpedini

Torpediniformi [comp. di *torpedine nel sign. 1* e il pl. di *-forme* ✱ 1970] **s. m. pl.** (**sing.** *-e*) ● (*zool.*) ordine di Pesci cartilaginei con pinne pettorali unite al capo e al corpo a formare il disco appiattito (*Torpediniformes*)

torpèdo /tor'pɛdo, *sp.* tor'peðo/ [vc. sp., propr. 'torpedine, siluro' con estensione del senso per il suo aspetto fusiforme ✱ 1911] **s. f. o m. inv.** (**pl. m. sp.** *torpedos*) ● automobile aperta a quattro o più posti, diffusa nei primi decenni del Novecento

torpedóne [propr. accr. di *torpedo* ✱ 1930] **s. m.** ● autobus aperto, usato in passato | autopullman

torpènte [vc. dotta, lat. *torpĕnte(m)*, part. pres. di *torpēre* ✱ 1321] **agg.** ● (*lett.*) che è torpido, inerte | che rende torpido

tòrpere o **torpére** [vc. dotta, lat. *torpēre*, di orig. indeur. ✱ 1374] **v. intr.** (*io tòrpo*; **difett. usato solo all'indic., al congtv. pres. e al part. pres.** *torpènte* (V.)) **1** (*poet.*) rimanere intirizzito, intorpidito: *morte m'assale, ond'i' m'agghiaccio e torpo* (P. Bembo) | (*poet.*) ristagnare: *l'acqua è pigra e torpe* (T. Tasso) **2** (*fig., poet.*) essere in uno stato di torpore, di inerzia: *torpe la mente irrigidita* (G. Carducci) | (*fig., poet.*) essere inerte: *Tu chiedi … se nell'ora che torpe … si compie ogni destino* (E. Montale)

✱**torpidézza** [1570] **s. f.** ● caratteristica o condizione di chi (o di ciò che) è torpido, intorpidito: *la t. delle membra* | (*fig.*) torpore, svogliatezza: *vincere la t. della mente*

torpidità [av. 1758] **s. f. inv.** ● (*raro*) torpidezza

✱**tòrpido** (o **-ó-**) [vc. dotta, lat. *tŏrpidu(m)*, da *torpēre* 'restare intorpidito' ✱ 1476] **agg. 1** che è preso da torpore, è intorpidito, detto del corpo o di una sua parte | (*est.*) pigro e tardo nei movimenti: *un gesto t.* | (*fig.*) fiacco, indolente, apatico: *ingegno t.*; *volontà torpida* **2** (*poet.*) che fa diventare fiacco, pigro ‖ **torpidaménte**, **avv.** in modo torpido, fiacco: *muoversi torpidamente*; *reagire torpidamente*

†**torpìglia** [fr. *torpil(l)e*, di prob. orig. merid. (provenz. *torpio*, da *torpin* 'torpedine①', con sostituzione di suff.) ✱ 1671] **s. f.** ● (*zool.*) torpedine nel sign. 1

✱**torpóre** [vc. dotta, lat. *torpōre(m)*, da *torpēre* 'restare intorpidito' ✱ 1374] **s. m. 1** alterazione fisica che si manifesta con l'attenuazione della prontezza dei riflessi e dei movimenti e con la perdita totale o parziale della sensibilità: *la digestione difficile gli provoca t.* **2** (*est.*) lentezza, pigrizia fisica o mentale: *il t. provocato dal caldo*; *il t. dell'ozio* | (*fig.*) stupidità, ottusità: *t. mentale*

tòrque [vc. dotta, lat. *tŏrque(m)*, connesso con *torquēre* 'torcere, girare', di orig. indeur. ✱ sec. XIV] **s. f.** ● (*lett.*) collana, monile

torquemada /*sp.* torke'maða/ [dal n. dell'inquisitore generale sp. T. de *Torquemada* (1420-1498) ✱ 1818] **s. m. inv.** ● chi si serve di metodi di repressione crudeli e spietati e degni di un inquisitore

torr /tɔr/ [da E. *Torricelli* (1608-1647) ✱ 1956] **s. m. inv.** ● unità fondamentale di pressione, pari a 1 mm di mercurio o a 1/750 bar

torracchióne [da *torre* con doppio suff. accr.-spreg. ✱ av. 1470] **s. m. 1** accr. di *torre* **2** torrione antico, isolato e in rovina

torraiòlo o †**torraiuòlo** [1612] **agg.** ● che vive o nidifica nelle torri o sui culmini delle case: *colombo t.*

torràzzo [da *torre* ✱ av. 1428] **s. m.** ● edificio grande e massiccio a forma di torre: *il t. di Cremona*

✱**tórre**① [lat. *tŭrri(m)*, prob. vc. proveniente dall'Asia Minore ✱ 1268] **s. f. 1** costruzione a pianta spec. quadrangolare o circolare, molto più alta che larga, a diversi ordini di palchi, innalzata per difesa di città, castelli, palazzi: *t. pentagonale, merlata*; *mura coronate da torri* | anche in nomi propri di luogo: *T. del Greco*, *T. Pellice* | ***la città delle due Torri***, (*per anton.*) Bologna | ***torri gentilizie***, nelle case signorili delle città medievali | ***t. campanaria***, campanile | ***t. di Babele***, (*fig.*) caos, confusione (V. anche *babele*) | ***chiudersi in una t. d'avorio***, (*fig.*) isolarsi, ignorando gli avvenimenti e i problemi del mondo (dal lat. 'turris eburnea', espressione contenuta nel Cantico dei Cantici e divenuta epiteto della Madonna) | †***famiglia di t.***, famiglia gentilizia, signorile **2** struttura a sviluppo verticale, gener. metallica, simile a una torre: *t. per antenne televisive* | (*aeron.*) ***t. di controllo***, negli aeroporti, struttura dalla cui sommità i controllori osservano a vista e con il radar il traffico aereo e il traffico al suolo nella zona aeroportuale, fornendo gli aeromobili tutte le istruzioni necessarie per rullaggi, decolli e atterraggi | (*miniere*) ***t. di trivellazione***, V. *trivellazione* | ***t. di lancio***, in un impianto per il lancio di razzi, struttura destinata al supporto del razzo e all'espletamento delle procedure che precedono il lancio **3** speciale edificio corazzato spec. cilindrico sulle navi militari per contenere i più delicati e importanti organi di servizio e impianti di grosse artiglierie: *t. di comando* | ***t. binata, trinata***, armata con due o tre cannoni **4** (*chim.*) costruzione verticale cilindrica, per lo più in lamiera, nel cui interno si trovano dispositivi vari per favorire l'intimo contatto tra gas e liquidi | ***t. di raffreddamento***, in cui acqua calda è raffreddata per evaporazione **5** in alpinismo, cima nettamente isolata e dai ripidi fianchi **6** nel gioco degli scacchi, pezzo in forma di torre, che si può muovere sia in linea orizzontale che verticale | una delle figure nel gioco dei tarocchi **7** nella pallacanestro, il giocatore più alto di una squadra | ***fare da t.***, nel calcio, favorire la conclusione a rete di un compagno con un passaggio di testa, susseguente a un cross ‖ **torracchióne**, **accr. m.** (V.) | **torràccia**, **pegg.** | †**torràccio**, **pegg. m.** | **torràzzo**, **pegg. m.** (V.) | **torrétta**, **dim.** (V.) | **torricciòla**, (*lett.*) **torricciuòla**, **dim.** | **torricèlla**, **dim.** | **torricìno**, **dim. m.** | **torrìno**, **dim. m.** | **torrióne**, **accr. m.** (V.)

tòrre② ➤ **togliere**

torrefàre [vc. dotta, lat. *torrefăcere*, comp. di un deriv. di *torrēre* 'far seccare', di orig. indeur., e *făcere* 'fare' ✱ av. 1468] **v. tr.** (*io torrefò o torrefàccio, tu torrefài, egli torrefà*; **nelle altre forme coniug. come** *fare*) ● sottoporre a torrefazione | tostare

torrefàtto **part. pass.** di *torrefare*; anche **agg.** ● nei sign. del v.

torrefattóre [1961] **s. m.** (**f.** *-trice*) ● operaio addetto alla torrefazione

torrefazióne [da *torrefare* ✱ 1713] **s. f. 1** operazione consistente in un forte riscaldamento cui vengono sottoposte molte sostanze per modificarne la composizione chimica e che va dalla disidratazione, spinta eventualmente sino ad una parziale carbonizzazione, per le sostanze organiche, sino alla trasformazione dei carbonati e dei solfuri in ossidi, per i minerali: *t. del caffè*; *t. della pirite* **2** negozio in cui si tosta, si vende, si degusta il caffè

torreggiànte **part. pres.** di *torreggiare*; anche **agg.** ● che domina, si erge

torreggiàre [1313] **A v. intr.** (**pres.** *io torréggio*; **fut.** *io torreggerò*; **aus.** *avere*) **1** (*raro*) innalzarsi con le proprie torri, detto di città, rocca, castello e sim. **2** (*fig.*) elevarsi, dominare come una torre: *t. su tutti con la propria statura* **B v. tr.** ● †sovrastare o cingere come torri

torrèi ➤ **togliere**

torrent /'tɔrrent, *ingl* 'tɒrənt/ [vc. ingl., propr. 'torrente' ✱ 2005] **A s. m. inv.** ● (*Internet*) file per gestire operazioni di download **B** anche **agg.**: *file t.*

✱**torrènte** [vc. dotta, lat. *torrĕnte(m)*, propr. part. pres. di *torrēre* 'essere secco', di orig. indeur., con sovrapposizione, nel senso, di *corrente* ✱ 1306] **A s. m. 1** corso d'acqua breve, di solito a forte pendenza e con accentuate variazioni di portata | ***t. glaciale***, corso d'acqua che esce dalla bocca di un ghiacciaio ed è alimentato dalle acque di fusione della lingua di ablazione **2** (*est.*) ciò che scorre, scende o precipita con forza e in gran quantità (*anche fig.*): *un t. di lava*; *un t. di sangue*; *un t. di lacrime*; *un t. di ingiurie* | (*fig.*) insieme di persone o animali che avanzano con grande impeto: *un t. di barbari invasori* | (*fig., lett.*) forza inarrestabile | ***a torrenti***, con impeto e grande abbondanza **3** †corrente di mare ‖ **torrentàccio**, **pegg.** | **torrentèllo**, **dim.** **B agg.** ● (*lett.*) †rapido, impetuoso

torrentìṣmo [da *torrente* ✱ 1987] **s. m.** ● (*sport*) pratica sportiva consistente nella discesa a piedi e a nuoto di torrenti incassati, facendo uso delle tecniche e delle attrezzature dell'alpinismo e della speleologia SIN. canyoning

torrentìzio [1879] **agg.** ● di torrente: *corso t.* | da torrente, simile a torrente: *fiume di natura torrentizia*

torrenziàle [fr. *torrentiel*, da *torrent* 'torrente' ✱ 1871] **agg.** ● che scende abbondante, scrosciante: *pioggia t.* | (*fig.*) sovrabbondante, inarrestabile: *un discorso, uno sfogo, un eloquio t.* ‖ **torrenzialménte**, **avv.** (*raro*) in modo torrenziale ‖ **torrenzialità**, **s. f. inv.** caratteristica di ciò che è torrenziale; (*fig.*) impetuosità inarrestabile

torrétta [sec. XIV] **s. f.** **1** dim. di *torre*① **2** piccola torre, spec. di palazzi gentilizi **3** sovrastruttura metallica corazzata, girevole, che nei carri armati racchiude e protegge il cannone consentendone la rotazione a giro d'orizzonte **4** supporto, generalmente manovrabile, installato a bordo di un aereo militare, per una o più mitragliatrici: *t. anteriore, posteriore, dorsale, ventrale* **5** piastra girevole sulla quale sono fissati gli obiettivi di una cinepresa o di una telecamera, per consentirne il cambio rapido **6** parte mobile del tornio sulla quale sono fissati gli utensili

†**torriàre** [adattamento dello sp. *torrear* 'cingere di torre', da *torre* ✱ 1723] **v. tr.** ● munire, ornare di torri

†**torrìbolo** ➤ **turibolo**

torricelliàno [av. 1710] **agg.** ● relativo all'opera e ai lavori del matematico e fisico E. Torricelli (1608-1647), inventore del barometro | **vuoto t.**, vuoto non spinto per la presenza di vapori di mercurio, ottenuto nella parte superiore di un tubo barometrico

♦**tòrrido** [vc. dotta, lat. *tŏrridu(m)*, connesso con *torrēre* 'far diventare secco', di orig. indeur. ✱ av. 1332] **agg.** ● rovente, riarso, caldissimo: *clima t.*; *un pomeriggio t.*; *estate torrida* | ***zona torrida***, attraversata dall'equatore e compresa tra i due tropici

torrière [fr. *tourier*, da *tour* 'torre' ✱ 1374] **s. m.** ● (*lett.*) abitante o custode di una torre: *alla torrigiano basta un solo t.* (G. D'ANNUNZIO)

torrigiàno [adattamento di una forma sett. *toresano*, da *tore* 'torre' ✱ sec. XIII] **s. m.** ● (*lett.*) torriere

torrióne (o -rió-) [da *torre* ✱ av. 1363] **s. m.** **1** grossa torre merlata nelle mura perimetrali di castelli, fortezze e sim. **2** struttura corazzata che s'innalza dal ponte delle grosse navi militari e contiene organi di comando, centrali di tiro e sim. **3** nel linguaggio alpinistico, struttura rocciosa isolata

torrìto ➤ **turrito**

torrò ➤ **togliere**

torróne [sp. *turrón*, di etim. discussa: dal lat. *torrēre* 'far diventare secco' (?) ✱ av. 1548] **s. m.** ● dolce glutinoso di mandorle tostate, miele, zucchero, bianco d'uovo, confezionato spec. in stecche ‖ **torroncìno**, **dim.**

†**torsèllo** [ant. fr. *torsel*, dim. di *torse* 'fagotto, bagaglio', da *torser*, *trosser* 'ravvolgere', da un lat. *torsāre, parallelo di *torquēre* 'torcere' ✱ 1262] **s. m.** **1** piccola balla di tela **2** guancialino per tenervi appuntati aghi e spilli **3** cercine, panno attorcigliato che si poneva sul capo per reggervi un peso **4** punzone per coniare monete SIN. conio

tòrsi ➤ **torcere**

torsiòmetro [1922] **s. m.** ● strumento per misurare la torsione | torcimetro

torsionàle [1949] **agg.** ● concernente la torsione

torsióne o †**torzióne** [vc. dotta, lat. tardo *torsiōne(m)*, da **tŏrsus* per *tŏrtus* 'torto' ✱ av. 1292] **s. f.** **1** il torcere | movimento di rotazione di una parte del corpo intorno al suo asse longitudinale: *t. del busto* | (*med.*) avvolgimento di un organo su sé stesso o attorno ad un peduncolo: *t. del testicolo* **2** torcitura di un filato, consistente nell'avvolgimento delle fibre dello stoppino **3** (*fis.*) deformazione di un corpo solido attorno a un asse in cui le linee che inizialmente erano parallele diventano elicoidali: *barra di t.* **4** (*mat.*) ***t. di una linea nello spazio***, deviazione dell'andamento piano in ognuno dei punti della linea stessa | ***t. di una curva nello spazio***, limite cui tende il rapporto fra l'angolo formato dai piani osculatori in due punti prossimi e l'arco di curva compreso, al tendere del secondo punto al primo

tórso [lat. *thyrsu(m)*, dal gr. *thýrsos*, vc. proveniente dall'Asia Minore, secondo una variante tarda latinizzata *tŭrsu(m)* ✱ av. 1288] **s. m.** **1** (*bot.*) fusto di alcune piante erbacee, spec. del cavolo, private di foglie e fiori | ciò che rimane di alcuni frutti dopo averne levata la polpa: *un t. di pera*; *gettare il t.* SIN. torsolo **2** parte del corpo umano che va dal collo alla cintura: *stare a t. nudo*; *la nuvola bronzeo-rosea d'un t. nudo femminile* (I. CALVINO) | (*est.*) statua mancante di braccia, testa e gambe **3** (*fig.*, *disus.*) individuo buono a nulla

torsolàta [1618] **s. f.** ● (*disus.*) lancio di torsi di cavolo come segno di disapprovazione nei confronti di attori, oratori ecc.

tórsolo [propr. dim. di *torso* ✱ av. 1498] **s. m.** ● (*fam.*) torso, nel sign. 1 | ***non star lì come un t.!***, (*fig.*) detto di persona goffamente impacciata | ***non valere un t.***, (*fig.*) essere uno sciocco, non valere niente

tòrta① [vc. dotta, lat. *tŏrta(m)*, propr. part. pass. di *torquēre* 'torcere' ✱ sec. XIII] **s. f.** ● il torcere una volta e un poco: *dare una t. alla corda* | rotazione, torsione | †torcicollo

♦**tórta**② [lat. tardo *tŏrta(m)*, di orig. incerta ✱ 1260] **s. f.** ● dolce, di forma gener. tonda, cotto al forno, solitamente a base di farina, latte, uova, zucchero, con aggiunta di ingredienti vari: *t. di mele, di zucca, di ricotta* | ***t. paradiso***, V. *paradiso*② | ***t. pasqualina***, V. *pasqualina* | ***t. gelato***, torta contenente strati di gelato | preparazione salata, e gener. farcita, cotta in forno: *t. di spinaci, di zucchine* | ***dividersi la t.***, (*fig.*) spartirsi un bottino o un guadagno spec. illecito | (*fig.*) ***ciliegina sulla t.***, V. *ciliegina* | ***t. in faccia***, (*fig.*) comica del cinema muto spec. americano | ***diagramma a t.***, areogramma ‖ **tortàccia**, **pegg.** | †**tortellétta**, **dim.** | **tortèllo**, **dim. m.** (V.) | **tortìna**, **dim.** | **tortìno**, **dim. m.** (V.) | **tortóna**, **accr.** | **tortóne**, **accr. m.**

tortellinatrìce [da *tortellino* ✱ 1983] **s. f.** ● macchina per la fabbricazione dei tortellini

tortellìno [dim. di *tortello*, secondo il modello bolognese (*turtlén*) ✱ av. 1635] **s. m.** **1** dim. di *tortello* **2** (**spec. al pl.**) piccolo quadrato di pasta all'uovo con ripieno a base di lombo di maiale, prosciutto, parmigiano, odore di noce moscata, ripiegato e attorcigliato su sé stesso, mangiato in brodo o asciutto: *tortellini di Bologna*

tortèllo [dim. di *torta*② ✱ av. 1300] **s. m.** **1** (**spec. al pl.**) involtino di pasta all'uovo ripieno di un composto a base di ricotta, spinaci o altro, che si mangia di solito asciutto **2** ***t. dolce***, in Lombardia, piccolo dolce fritto di farina, latte, uovo e burro **3** (*arald.*) tondino di colore ‖ **tortellìno**, **dim.** (V.) | **tortellóne**, **accr.** (V.)

tortellóne [1899] **s. m.** **1** accr. di *tortello* **2** (**spec. al pl.**) involto di pasta, più grosso del tortellino, gener. ripieno di ricotta, uova, formaggio, prezzemolo o verdure tritate, da mangiarsi asciutto

†**tortevolménte** [da *torto*② ✱ av. 1348] **avv.** ● ingiustamente, a torto

tortìccio [av. 1825] **A s. m.** ● fune formata da più canapi attorcigliati **B** anche **agg.** (**pl. m.** *-ci*; **pl. f.** *-ce*): *cavo t.*

tortièra [1598] **s. f.** ● teglia tonda per torte

tortìglia [1936] **s. f.** ● filato ritorto molto resistente, costituito dall'intreccio di più fili già torti

tortiglióne [dal lat. parl. **tortiliāre*, da *tŏrtilis* 'tortile' ✱ av. 1548] **A s. m.** **1** oggetto avvolto a spirale **2** motivo di tornitura a spirale **3** (**spec. al pl.**) pasta da minestra, a forma di piccoli cilindri incurvati e rigati a spirale **4** (*zool.*) sigaraio **B loc. agg. inv.** ● ***a t.***, stretto e a spirale | ***colonna a t.***, colonna tortile

†**tortiglióso** (o -ṣ-) [da *tortigliare* ✱ 1360 ca.] **agg.** ● attorcigliato, contorto

tòrtile [vc. dotta, lat. *tŏrtile(m)*, da *tŏrtus*, part. pass. di *torquēre* 'torcere' ✱ 1483] **agg.** ● che gira a spirale: *colonna t.*

tortilla /sp. tor'tiʎa, -ija/ [vc. sp. da *tort(a)* 'focaccia' con il suff. dim. *-illa* ✱ 1908] **s. f. inv.** (**pl. sp.** *tortillas*) ● (*cucina*) frittata, spec. con patate e cipolle, tipica della Spagna | sottile focaccia di farina di mais, tipica del Messico e di altri Paesi centramericani

tortìno [av. 1566] **s. m.** **1** dim. di *torta* **2** preparazione salata, a base spec. di verdura e formaggio in strati sovrapposti, cotta in forno: *t. di carciofi, di melanzane*

tòrto① **A part. pass.** di *torcere*; anche **agg.** **1** nei sign. del v.: *filo t.* **2** (*lett.*) storto: *gambe torte* | ***occhi torti***, (*fig.*, *lett.*) torvi, stravolti | ***viso t.***, (*fig.*, *lett.*) disgustato, sdegnato, irato | ***camminare col collo t.***, (*fig.*, *lett.*) con atteggiamento di falsa compunzione | (*fig.*) †sviato dalla retta strada: *salendo e rigirando la montagna / che drizza voi che 'l mondo fece torti* (DANTE *Purg.* XXIII, 125-126) CONTR. diritto ‖ **tortaménte**, **avv.** **1** †in modo obliquo, non diritto **2** (*fig.*) †torvamente, biecamente **3** (*fig.*) †iniquamente **B in funzione di avv.** ● in modo storto | (*fig.*) torvamente: *guardare qlcu. t.*

♦**tòrto**② [lat. tardo *tŏrtu(m)*, s. del part. pass. di *torquēre* '(dis)torcere', col senso di 'cosa (s)torta' ✱ av. 1250] **A s. m.** **1** ciò che è contrario al diritto, alla ragione, alla giustizia: *ricevere un t.*; *confessare i propri torti* | ***fare un t.***, commettere un'ingiustizia, una slealtà | ***fare t. a qlcu.***, mancare verso qlcu., venir meno alla stima dovuta a qlcu. | ***avere dei torti verso qlcu.***, avere delle colpe, aver commesso delle mancanze verso qlcu. | ***ti fa t.***, non è degno di te | ***fare t. a qlco.***, essere in contrasto con essa: *è una frase che fa t. alla tua intelligenza* SIN. colpa, oltraggio, offesa **2** condizione di chi è lontano dal giusto, dal vero: *essere nel t.* | ***avere t.***, non avere la ragione dalla propria parte, nel dire o fare qlco. | ***non ha tutti i torti***, ha le sue ragioni | ***avere t. a fare qlco.***, fare male a fare qlco. | ***dare t. a qlcu.***, contraddirlo, disapprovarlo | ***dagli t.!***, (*per antifrasi*) non si può certo dargli torto: *'È molto preoccupato per gli esami' 'Dagli t.!'* | ***essere, passare dalla parte del t.***, comportarsi in modo ingiusto | (*raro*) ***raddrizzare il t.***, ristabilire la giustizia CONTR. ragione **B** nelle **loc. avv.** ***a t.***, ingiustamente | ***non a t.***, giustamente, a ragione | ***a t. o a ragione***, con torto o con ragione, ingiustamente o giustamente

†**tórtola** ➤ **tortora**

†**tortóne** [da *torto*① in senso figurato e negativo ✱ av. 1400] **agg.** ● duro, immaturo, detto spec. di fico: *nel canestro mettea fichi tortoni, ... che appena gli avrebbono mangiati i porci* (F. SACCHETTI)

tórtora o (*pop.*) †**tórtola** [lat. *tŭrture(m)*, vc. onomat. ✱ av. 1276] **A s. f.** (**m.** *tórtore*, **lett.**) ● piccolo uccello dei Colombiformi dal piumaggio di colori delicati, addomesticabile, che ha un verso monotono e ripetuto a lungo

(*Streptopelia turtur*) **CFR.** tubare, grugare **B** in funzione di **agg. inv.** • (posposto al sost.) spec. nella loc. ***grigio t.***, detto di colore grigio simile a quello del piumaggio dell'animale omonimo ‖ **tortorèlla**, **dim.**

†**tortóre** ① [lat. *tortōre(m)*, da *tŏrtus*, part. pass. di *torquēre* 'torcere (le membra)', 'torturare' * sec. XIII] **s. m.** • carnefice, tormentatore, boia

tortóre ② [variante dial. di *tortoio* * av. 1704] **s. m.** • (*centr.*, *merid.*) bastone di legno con cui si torce la fune per tenderla | randello, clava

tórtore ③ [lat. *tŭrture(m)*, di orig. onomat. * av. 1311] **s. m.** • (*lett.*) maschio della tortora | †tortora

tortoreggiaménto [1876] **s. m.** • (*disus.*) il tortoreggiare (*spec. scherz.*)

tortoreggiàre [1846] **v. intr.** (**pres.** *io tortoréggio*; **fut.** *io tortoreggerò*; **aus.** *avere*) • (*raro*) imitare il verso della tortora | (*est.*, *lett.*, *scherz.*) parlare sottovoce scambiandosi tenerezze: *t. come due innamorati* **SIN.** tubare

†**tortóso** (o **-ş-**) [da *torto*① in senso figurato e negativo * 1294] **agg.** • ingiusto

tortrìce [dal lat. *tŏrtus*, part. pass. di *torquēre* 'torcere' per l'abitudine di 'attorcigliare' le foglie, sulle quali vivono * 1875] **s. f.** • correntemente, farfalletta crepuscolare e notturna le cui larve danneggiano fiori o foglie o frutti di alberi coltivati | ***t. della vite***, dannosissima per le larve che in primavera divorano foglie e fiori della vite (*Sparganotis pilleriana*)

tortuóso (o **-ş-**) [vc. dotta, lat. *tortuōsu(m)*, da *tŏrtus*, part. pass. di *torquēre* 'torcere' * 1282] **agg.** **1** che presenta molte curve, sinuoso: *via tortuosa* **2** (*fig.*) poco chiaro, ambiguo, scarsamente leale: *ragionamento, comportamento t.*; *una persona tortuosa* **CONTR.** lineare ‖ **tortuosaménte**, **avv.** **1** con tortuosità: *il viottolo procede tortuosamente* **2** (*fig.*) ambiguamente ‖ **tortuosità**, **s. f. inv.** **1** caratteristica di ciò che è tortuoso; curva, piega: *le molte tortuosità del fiume* **2** (*fig.*) ambiguità, oscurità, macchinosità: *la tortuosità di un pensiero*

tortùra [vc. dotta, lat. tardo *tortūra(m)*, propr. 'attorcimento', da *torquēre* 'torcere' * 1250 ca.] **s. f.** **1** †il torcere | †punto in cui qlco. si piega | †giro, balza circolare: *E già venuto all'ultima t. / s'era per noi* (DANTE *Purg.* XXV, 109-110) | (*fig.*) †corruzione, pervertimento **2** serie di coercizioni e tormenti corporali di varia specie inflitti un tempo, e che talvolta illegalmente s'infliggono ancora oggi, a un prigioniero, per strappargli una confessione o delle informazioni, o anche come pura sevizia: *porre, mettere alla t.* **3** (*est.*) atto violento, crudele o qualsiasi forma di grave costrizione praticata su qlcu. per ottenere qlco. o per mera brutalità: *lo ridussero al silenzio con una continua t. morale* **4** (*fig.*, *enfat.*) tormento, grosso fastidio: *sopportare quel bambino è una vera t.* **SIN.** martirio

torturàre [da *tortura* * 1554] **A** **v. tr.** **1** mettere alla tortura **2** (*fig.*) tormentare, angariare: *lo torturava con continue sevizie fisiche e morali* | affliggere, angustiare: *è torturato dalla sua impazienza* | anche nella forma pron. **torturàrsi**, affliggere, tormentare qlco. di proprio: *doveva continuare a vederla, ... a torturarsi l'immaginazione, il cuore e la carne* (E. DE AMICIS) | ***torturarsi il cervello***, affaticarsi la mente, lambiccarsi **B** **torturàrsi** **v. rifl.** e **rifl. recipr.** • tormentarsi, crucciarsi

torturatóre [1676] **s. m.** (**f.** *-trice*); anche **agg.** • chi (o che) tortura (*anche fig.* e *iperb.*): *con questi discorsi sei diventato il mio t.!*

†**torvità** [vc. dotta, lat. tardo *torvitāte(m)*, da *tŏrvus* 'torvo' * av. 1529] **s. f.** • aspetto torvo **SIN.** cipiglio

•**tórvo** [vc. dotta, lat. *tŏrvu(m)*, di etim. incerta * 1342] **agg.** • bieco, astioso e minaccioso: *occhio t.* ‖ **torvaménte**, **avv.** in modo torvo: *guardare torvamente*

tory /*ingl.* ˈtɔːri/ [vc. ingl., originariamente epiteto di fuorilegge irlandesi del XVII e XVIII sec., dall'irlandese *tōraidhe* 'ladrone', propr. 'cacciatore' * 1718] **s. m. e f.** (**pl. ingl.** *tories*); anche **agg. inv.** **1** chi (o che) appartenne al partito politico inglese che, dalla fine del XVII all'inizio del XIX sec., voleva mantenere le prerogative reali, i privilegi della Chiesa anglicana e gli interessi fondiari **2** appartenente al partito conservatore inglese **CFR.** whig

†**torzióne** ➤ **torsione**

torzóne o **tozzóne** [accr. di *torso* nel sign. 3, secondo una variante (*torzo*) dial. merid. * av. 1712] **s. m.** • (*raro*) frate laico | frate rozzo, non istruito | (*est.*) persona grossolana, ignorante

tóşa ① [f. sost. del lat. *tōnsu(m)*, part. pass. di *tondēre* (V. *toso*) * sec. XIII] **s. f.** • (*sett.*) ragazza ‖ **toşétta**, **dim.**

tóşa ② [da *tosare* * 1533] **s. f.** • (*raro*) tosatura

toşacàni [comp. di *tosa(re)* e il pl. di *cane* * 1883] **s. m. e f. inv.** • chi tosa i cani | (*scherz.*, *spreg.*) barbiere da strapazzo

toşaèrba [comp. di *tosa(re)* ed *erba* * 1973] **s. m. o f. inv.** • piccola macchina da giardinaggio montata su ruote, spec. a motore, a lame rotanti per falciare e pareggiare l'erba

toşaménto [1743] **s. m.** • (*raro*) tosatura, spec. di una moneta

toşàre [lat. parl. **tonsāre*, iter. di *tondēre*, tratto dal suo part. pass. *tōnsus* * av. 1292] **v. tr.** (*io tóşo*) **1** tagliare la lana alle pecore, il pelo ai cani, ai cavalli **2** potare, spuntare, pareggiare siepi, spalliere, piante ornamentali e sim. **3** (*est.*, *scherz.*) tagliare i capelli molto corti a qlcu. **SIN.** rapare **4** (*fig.*) spogliare del denaro con forti tasse o prezzi eccessivi **SIN.** pelare **5** (*raro*, *est.*) pareggiare i fogli dei libri nel rilegarli **6** (*disus.*) limare in modo fraudolento una moneta metallica in modo da recuperare metallo prezioso

toşasièpi [comp. di *tosa(re)* e il pl. di *siepe* * 1965] **s. m. o f. inv.** • cesoie con lame larghe a taglio orizzontale usate per tagliare i rami delle siepi e pareggiarne la cima **SIN.** tagliasiepe

toşàto **part. pass.** di *tosare*; anche **agg.** • nei sign. del v.

toşatóre [1598] **s. m.** (**f.** *-trice*, *pop.*, *disus.* *-tóra*); anche **agg.** • chi (o che) tosa

toşatrìce [1922] **s. f.** **1** macchinetta usata al posto delle forbici per tosare **2** macchinetta elettrica usata nei grandi allevamenti di pecore per eseguire la tosa **3** tosaerba

toşatùra [av. 1580] **s. f.** **1** operazione del tosare | (*disus.*) frode consistente nel tosare monete **2** (*scherz.*) il tagliare i capelli molto corti: *prima dell'estate avete bisogno di una bella t.* **3** tutto ciò che si leva tosando: *conservare la t.*

toscaneggiànte **A** **part. pres.** di *toscaneggiare*; anche **agg.** • nel sign. del v. **B** **s. m. e f.** • chi toscaneggia parlando o scrivendo: *i moderni toscaneggianti*

toscaneggiàre [1548] **v. intr.** (**pres.** *io toscanéggio*; **fut.** *io toscaneggerò*; **aus.** *avere*) • affettare il modo di parlare o di scrivere dell'uso toscano

toscanèlla [da *toscano*, prob. perché originaria della Toscana * 1840] **s. f.** • larga bottiglia, capace quasi come il fiasco, dal collo più lungo del normale e un'ampia base cilindrica che ricorda il gotto

toscanèllo [da *toscano* * 1965] **s. m.** **1** varietà coltivata di fagiolo piccolo e di colore bianco **2** *Toscanello*®, marchio registrato del mezzo sigaro toscano **3** toscanella

toscanerìa [da *toscano* * 1550] **s. f.** • (*lett.*) tendenza ad abusare di toscanismi (*spec. spreg.*)

†**toscanéşimo** ➤ **toscanismo**

†**toscanéşmo** ➤ **toscanismo**

toscànico ➤ **tuscanico**

toscanìşmo o †**toscanéşimo**, †**toscanéşmo** [av. 1566] **s. m.** **1** (*raro*) natura, caratteristica di toscano **2** modo di parlare proprio dei toscani | idiotismo toscano

toscanità [av. 1565] **s. f. inv.** **1** condizione, caratteristica di chi (o di ciò che) è toscano: *la t. di un vocabolo* **2** caratteristica della tradizione e dell'uso linguistico toscano: *la t. del Cinquecento*

toscaniẓẓàre [1536] **A** **v. tr.** • dare forma toscana: *t. uno scritto* | rendere toscano **B** **v. intr.** (**aus.** *avere*) • (*raro*) toscaneggiare **C** **toscaniẓẓàrsi** **v. intr. pron.** • diventare toscano o assumere forma toscana: *questa parola si è toscanizzata* ‖ **toscaniẓẓazióne**, **s. f.**

•**toscàno** [lat. *tuscānu(m)*, detto propr. di un prodotto etrusco, da *Tŭscus* 'Etrusco, tosco' * sec. XII] **A** **agg.** **1** della Toscana, relativo alla Toscana: *lingua toscana*; *scultura toscana* **2** che riguarda la lingua toscana: *il volgare t.*; *i dialetti toscani*; *dizionario t.* **3** (**archit.**) dell'ordine tuscanico **4** †etrusco ‖ **toscanaménte**, **avv.** **1** secondo il modo usato dai toscani, spec. nel parlare o nello scrivere **2** alla maniera toscana **B** **s. m.** **1** (**f.** *-a*) abitante o nativo della Toscana **2** sigaro di tabacco forte, prodotto dal monopolio italiano, che si suol fumare spezzato a metà **3** (*archit.*) tuscanico **C** **s. m. solo sing.** • ciascuno dei dialetti italiani dell'area toscana ‖ **toscanàccio**, **pegg.** (*anche scherz.*)

tósco ① (o **-ò-**) [adattamento del lat. *Tŭscu(m)* 'Etrusco', dal n. gr. degli Etruschi, *Tyrsēnói* 'Tirreni' (da *týrsis*, *týrris* 'roccaforte, torre') * av. 1294] **A** **agg.** (**pl. m.** *-schi*) • (*lett.*) toscano **B** **s. m.** (**f.** *-a*) • (*poet.*) nativo o abitante della Toscana: *l'ombra ... del gran Tosco ... / che gli antiqui vestigi / del saper discoperse* (G. PARINI)

†**tòsco** ② ➤ **tossico**①

tòsco ③ [albanese *toskë* * 1955] **A** **agg.** (**pl. m.** *-schi*) • degli albanesi meridionali | ***dialetti toschi***, quelli parlati in Albania nelle regioni a sud del fiume Shkumbi e in alcuni paesi dell'Italia centro-meridionale **CFR.** ghego **B** **s. m.** (**f.** *-a*) • nativo delle regioni albanesi a sud del fiume Shkumbi

tósco- (o **-ò-**) **primo elemento** • in parole composte fa riferimento alla Toscana o ai suoi abitanti: *tosco-emiliano, tosco-romagnolo*

†**toscóso** ➤ †**tossicoso**

tóşo [lat. *tōnsu(m)* 'tosato', part. pass. di *tondēre*, dall'uso, variamente spiegato, di tagliare i capelli ai ragazzi] **A** **part. pass.** di *tosare*; anche **agg.** • (*lett.*) †nei sign. del v. **B** **s. m.** (**f.** *-a* (V.)) • (*sett.*) ragazzo | fidanzato

†**toşolàre** [lat. tardo *tonsurāre*, da *tonsūra* * 1325 ca.] **v. tr.** • tosare

toşóne [fr. *toison*, dal lat. tardo *tonsiōne(m)* 'tosatura', da *tōnsus* 'tosato' * 1287] **s. m.** • vello di pecora o d'ariete | ***Toson d'oro***, ordine cavalleresco istituito in Borgogna nel XV sec. da Filippo il Buono per difendere la Chiesa e assicurare la tranquillità dello Stato, passato poi alle case d'Austria e di Spagna

•**tósse** o (*pop.*) †**tóssa** [lat. *tŭssi(m)*, di etim. incerta * 1292] **s. f.** • atto respiratorio caratterizzato da una profonda inspirazione cui segue un'espirazione violenta, sonora, per espellere il contenuto delle vie aeree | ***t. sec-***

t

ca, senza espulsione di catarro | ***t. stizzosa***, tosse secca e insistente | ***t. grassa, matura, produttiva***, con presenza o espulsione di catarro | ***t. asinina, canina, cattiva, cavallina, convulsiva, convulsa***, pertosse | (*est.*) condizione di chi tossisce: *avere la t.* ‖ **tossàccia**, **pegg.** | **tosserèlla**, **dim.** | **tossétta**, **tossettina**, **dim.**

tossialimentàre [comp. di *tossi(co)*① e *alimentare* ✱1961] **agg.** ● detto di sostanza tossica che si origina da alimenti alterati | ***fattore t.***, tossina di origine alimentare

tossicàre① [lat. parl. *tussicāre, dal lat. tardo *tŭssicus* 'che ha la tosse (*tŭssis*)' ✱1840] **v. intr.** (*io tóssico, tu tóssichi*; **aus.** *avere*) ● (*disus.*) tossicchiare

†**tossicàre**② [lat. tardo *toxicāre*, da *tŏxicum* 'tossico①' ✱sec. XIII] **v. tr.** ● intossicare, avvelenare

tossicària [da *tossico*① perché molto amara ✱av. 1826] **s. f.** ● (*bot.*) graziola

†**tossicatóre** [da *tossico*① ✱sec. XIV] **s. m.** (**f.** *-trice*) ● avvelenatore

tossicchiàre [da *tossire* col suff. verb. iterativo-attenuativo *-icchiare* ✱av. 1803] **v. intr.** (*io tossìcchio*; **aus.** *avere*) ● tossire leggermente e spesso | cercare di attirare l'attenzione di qlcu. con una tosse simulata

♦**tòssico**① o (*poet.*) †**tòsco**② [vc. dotta, lat. *tŏxicu(m)*, dal gr. *toxikón* 'veleno' ✱1268] **A agg.** (**pl. m.** *-ci*) ● detto di sostanza che nuoce all'organismo, alla salute: *l'effetto t. del fumo* | (*est.*) velenoso: *gas tossici* | (*fig.*) pericoloso, nocivo ‖ **tossicità**, **s. f. inv.** caratteristica di sostanza tossica **SIN.** velenosità, nocività **B s. m. 1** sostanza tossica **2** (*lett.*) veleno micidiale e amarissimo (*anche fig.*): *un t. vegetale; addolciva d'Amor l'amaro tosco / ... / l'innamorato giovane* (G.B. MARINO)

tòssico② [accorc. di *tossicodipendente* ✱1983] **s. m.** (**f.** *-a*; **pl. m.** *-ci*) ● (*gerg.*) tossicodipendente

tossicodipendènte [comp. di *tossico*① nel sign. B e *-dipendente* ✱1975] **s. m. e f.**; **anche agg.** ● chi (o che) si trova in una condizione di tossicodipendenza

tossicodipendènza [da *tossicodipendente* ✱1975] **s. f.** ● stato di dipendenza fisica o psichica in cui cade chi è solito assumere droghe naturali o sintetiche

tossicòfilo [comp. di *tossico*① nel sign. B e *-filo* ✱1979] **agg. e s. m.** (**f.** *-a*) ● (*med.*) che (o chi) manifesta una tendenza morbosa ad assumere sostanze tossiche, per lo più stupefacenti

tossicofobìa [comp. di *tossico*① e *-fobia* ✱1961] **s. f.** ● (*psicol.*) paura morbosa dei veleni o di essere avvelenato

tossicogenòmica [comp. di *tossico*① e *genomica* ✱2007] **s. f.** ● (*biol.*) ramo della tossicologia che studia le reazioni tra tossine e le differenze di risposta a una stessa tossina da parte di organismi diversi in relazione alle differenze nei loro genomi

tossicologìa [comp. di *tossico*① e *-logia* ✱1789] **s. f.** (**pl.** *-gìe*) ● branca della farmacologia che studia la natura dei veleni, la loro azione e il modo di combatterli

tossicològico [comp. di *tossico*① e *-logico* ✱1875] **agg.** (**pl. m.** *-ci*) ● concernente la tossicologia

tossicòlogo [comp. di *tossico*① e *-logo* ✱1879] **s. m.** (**f.** *-a*; **pl. m.** *-gi*) ● specialista in tossicologia

tossicolóso (o **-ṣo**) [vc. dotta, lat. tardo *tussiculōsu(m)*, da *tussĭcula*, dim. di *tŭssis* 'tosse' ✱1858] **agg. e s. m.** (**f.** *-a*) ● (*disus.*) che (o chi) tossisce spesso

tossicòmane [da *tossicomania* ✱1920] **s. m. e f.**; **anche agg.** ● chi (o che) è affetto da tossicomania

tossicomanìa [comp. di *tossico*① e *-mania* ✱1931] **s. f.** ● (*med.*) abitudine ad assumere in modo più o meno continuato droghe naturali o sintetiche

tossicóne [av. 1850] **s. m.** ● (*tosc.*, *disus.*) tosse forte con catarro abbondante

tossicòṣi [comp. di *tossico*① e *-osi* ✱1915] **s. f. inv.** ● (*med.*) complesso delle manifestazioni morbose che conseguono alla presenza nel sangue di sostanze tossiche

†**tossicóso** (o **-ṣo**) o †**toscóso** [da *tossico*① ✱av. 1328] **agg.** ● tossico, velenoso: *ti sento proferir queste dolci parole: conchiudo più fermamente che di quel t. mele abbi il stomaco ripieno* (G. BRUNO)

tossiemìa o **toxiemìa** [comp. di *tossi(co)*① ed *-emia* ✱1899] **s. f.** ● (*med.*) presenza nel sangue di sostanze tossiche di origine esogena o endogena | ***t. renale***, causata dal cattivo funzionamento dei reni | ***t. gravidica***, processo di autointossicazione, prob. di origine endocrina, che è alla base della eclampsia gravidica

tossìfugo [comp. di *tosse* e *-fugo* ✱1961] **A agg.** (**pl. m.** *-ghi*) ● detto di sostanza o preparato medicinale che ha la proprietà di inibire la tosse **SIN.** bechico **B anche s. m.**

tossiménto [sec. XIV] **s. m.** ● (*disus.*) il tossire | tosse

tossìna [comp. da *toss(ico)* e *-ina* ✱1894] **s. f.** ● sostanza di origine batterica che ha potere tossico per l'uomo, capace di comportarsi come antigene

tossinfettìvo [comp. di *tossi(co)*① ed *infettivo* ✱1961] **agg.** ● (*med.*) relativo alla tossinfezione

tossinfezióne [comp. di *tossi(co)*① ed *infezione* ✱1941] **s. f.** ● (*med.*) malattia infettiva causata da germi patogeni in grado di produrre una tossiemia che, rispetto al focolaio infettivo, è la maggiore responsabile dell'azione patogena: *la salmonellosi è una t.*

♦**tossìre** [lat. *tussīre*, da *tŭssis* 'tosse' ✱av. 1300] **v. intr.** (*io tossisco* o *raro tósso, tu tossìsci* o *raro tóssi*; **aus.** *avere*) ● avere un attacco di tosse | simulare uno o più colpi di tosse per segnalare qlco., avvertire qlcu., e sim.: *tossì per avvertirci dell'errore*

tossòide [vc. dotta, comp. di *toss(in)a* e *-oide* ✱1961] **s. m.** ● (*med.*) anatossina

tostacaffè [comp. di *tosta(re)* e *caffè* ✱1941] **s. m. inv.** ● apparecchio per tostare i chicchi di caffè

†**tostàno** [da *tosto*① ✱av. 1292] **agg. 1** rapido, veloce: *troppo tostana è la venuta di messer Giovanni* (D. COMPAGNI) **2** improvviso, subitaneo ‖ †**tostanaménte**, **avv.** prestamente, subitamente

†**tostànza** [da *tosto*① ✱av. 1342] **s. f.** ● velocità, rapidità

tostapàne [comp. di *tosta(re)* e *pane* ✱1954] **s. m. inv.** ● elettrodomestico usato per tostare le fette di pane

tostàre [lat. tardo *tostāre*, da *tŏstus* 'tosto', part. pass. di *torrēre* 'rendere secco', di orig. indeur. ✱1598] **v. tr.** (*io tòsto*) **1** cuocere fette di pane al forno o nel tostapane **2** abbrustolire, torrefare: *t. il caffè, le mandorle*

tostàto **part. pass.** di *tostare*; **anche agg.** ● nei sign. del v.: *pane t.*; *caffè t.*; *seme di zucca t.*

tostatóre [1961] **s. m.** (**f.** *-trice*) ● (*raro*) chi tosta | torrefattore

tostatùra [da *tostare* ✱av. 1698] **s. f.** ● operazione di blanda torrefazione cui vengono sottoposte molte sostanze | ***t. del caffè, dei semi di cacao, delle nocciole***, per modificarne le proprietà organolettiche

†**tostevolménte** [sec. XIV] **avv.** ● speditamente, subito

†**tostézza** [da *tosto*① ✱1268] **s. f.** ● prontezza, sollecitudine

tostìno [1868] **s. m.** ● (*fam.*) macchina per tostare: *t. per caffè, per nocciole, per semi di cacao*

♣**tòsto**① [lat. *tŏstu(m)*, propr. part. pass. di *torrēre* 'seccare', col senso di '(seccato) rapidamente' ✱av. 1250] **A avv.** ● (*lett.*) presto, rapidamente, subito, senza porre tempo in mezzo: *ci andrò t.* | †(*iter.*) Con valore intens.: *vacci t. t.* | (*lett.*) ***ben t.***, V. *bentosto* | †***più t.***, V. *piuttosto* **B** nelle **loc. cong.** ***t. che***, (*raro, lett.*) ***t. come***, (*lett.*) ***sì t. come***, subito che, appena che (introduce una prop. temp. con il v. all'indic., raro al congtv.): *t. che dal piacere in atto è desto* (DANTE *Purg.* XVIII, 21); *Sì t. come il vento a noi li piega, / mossi la voce* (DANTE *Inf.* V, 79-80) **C agg.** ● (*lett.*) presto, veloce | subito, improvviso | breve ‖ †**tostaménte**, **avv.** rapidamente, prestamente; subitamente

♣**tòsto**② [lat. *tŏstu(m)*, part. pass. di *torrēre* 'seccare', passato a indicare un '(uomo) duro, sfacciato, gagliardo' ✱sec. XV] **agg. 1** (*lett.*, *centr.*) duro, sodo | ***stare t.***, star fermo, immobile, non cedere | ***faccia tosta***, sfrontatezza, impudenza **2** (*colloq.*) deciso, risoluto (con connotazione positiva): *è un tipo t.* | spec. nel gergo giovanile, convincente, valido: *un film t., una canzone tosta*

tòsto③ [av. 1749] **s. m.** ● (*disus.*) adattamento di *toast* (V.): *preclaro / dottor di tosti e thè, di ponchi e birre* (I. PINDEMONTE)

♦**tot** /tɔt/ [avv. lat. dalla radice *t-* del dimostr. indeur. ✱1918] **A agg. indef. 1** (**al pl.**) tanti, tante (indica un numero imprecisato, che non occorre determinare in quanto implicito o non necessario alla chiarezza del discorso): *compera tot capi per un valore di tot euro e si mette in proprio* **2** (**al sing.**) tale: *fissiamo per la consegna il mese tot e il giorno tot* **B pron. indef.** ● un tanto, una certa quantità: *guadagna tot e spende tot* | tanto, tanti (nelle date, nelle ore): *oggi ne abbiamo tot, fra un mese esatto faremo il punto della situazione* **C anche s. m. inv.**: *guadagna un tot al mese*

tòta [per *(ma)tota*, f. dim.-vezz. di *mat*, propr. 'matto', con non rara applicazione affettuosa a 'ragazzo' ✱1817] **s. f.** ● (*piemontese*) ragazza, fanciulla

total bòdy /total'bɔdi, *ingl.* ˌtəʊtl'bɒdɪ/ ➤ **body** nel sign. C

♦**totàle** [vc. dotta, lat. tardo *totāle(m)*, da *tōtu(m)* 'tutto' ✱av. 1455] **A agg.** ● pieno, intero, completo: *rovina t.*; *con t. abbandono*; *eclissi t.* **CONTR.** parziale **CFR.** olo- | ***un silenzio t.***, assoluto | ***spesa t.***, comprensiva di tutto | (*med.*) ***anestesia totale***, che interessa tutte le attività cerebrali, a eccezione di quelle strettamente vitali, con soppressione della coscienza **CONTR.** locale ‖ **totalménte**, **avv.** interamente, completamente, in tutto e per tutto: *mi sembra un individuo totalmente incapace*; assolutamente: *è un caso totalmente singolare* ‖ **totalità**, **s. f. inv.** (V.) **B s. m.** ● risultato di un'addizione: *il t. risulta sbagliato* **SIN.** somma **C s. f.** ● (*med.*) anestesia totale

totalità [da *totale* ✱av. 1499] **s. f. inv. 1** l'interezza, la globalità di qlco.: *il pubblico nella sua t. ha gradito lo spettacolo* **CONTR.** parzialità **2** tutto l'insieme, la quantità totale delle cose o delle persone che vengono considerate: *la t. degli iscritti parteciperà all'assemblea*

totalitàrio [da *totale* con la seconda parte di *(autor)itario* ✱1922] **agg. 1** (*raro*) che riguarda la totalità o proviene dalla totalità: *approvazione totalitaria* **2** ispirato al totalitarismo: *regime t.*; *Stato t.* ‖ **totalitariaménte**, **avv.**

totalitarișmo [comp. di *totalitar(io)* e *-ismo* ✱ 1925] **s. m.** ● regime politico che ammette un solo partito informatore e guida dell'azione statale, e nel quale il potere governativo disciplina direttamente tutti i rapporti sociali in base ad un'unica ideologia | teoria che propugna tale tipo di regime

totalitarista [1950] **A s. m. e f.** (pl. m. *-i*); **anche agg.** ● sostenitore del totalitarismo **B agg.** ● totalitario

totalitaristico [1950] **agg.** (pl. m. *-ci*) ● concernente il totalitarismo

totalizzànte [fr. *totalisant*, part. pres. di *totaliser* 'fare la somma, totalizzare', poi anche 'riunire totalmente' ✱ 1965] **agg.** ● che investe, coinvolge tutto: *il suo impegno politico è stata un'esperienza t.*

totalizzàre [da *totale*, sull'es. del fr. *totaliser* ✱ 1858] **v. tr.** ● calcolare in totale | conseguire un certo totale || **totalizzazióne**, **s. f.**

totalizzatóre [da *totalizzare*, sull'es. del fr. *totalisateur* ✱ 1891] **s. m. 1** gioco di scommesse diffuso negli ippodromi e nei cinodromi, che consiste nel raccogliere tutte le puntate e, sottratta una parte per tasse e trattenute varie, ridistribuirle a coloro che hanno indicato il cavallo o il cane vincitore o piazzato | (*est.*) banco che riceve le scommesse **2** organo base delle macchine da calcolo costituito normalmente da una serie di ruote dentate e destinato all'accumulo positivo o negativo degli operandi e quindi, in particolare, alla formazione dei totali di somme e sottrazioni, dei prodotti nelle moltiplicazioni e al trattamento del dividendo nelle divisioni

totalrifrattòmetro [comp. di *total(e)* e *rifrattometro* ✱ 1961] **s. m.** ● (*fis.*) strumento impiegato per misurare indici di rifrazione, basato sul fenomeno della riflessione totale

totanàra [da *totano*①, il cefalopode di principale cattura ✱ 1935] **s. f.** ● attrezzo fatto a fuso per catturare calamari e totani, lungo 10 cm e con una corona di uncini all'estremità

tòtano① o **tòdaro** [gr. *touthís*, d'orig. sconosciuta ✱ av. 1604] **s. m.** ● (*zool.*) mollusco cefalopode marino, commestibile, simile al calamaro, ma che può raggiungere anche un metro di lunghezza (*Ommatostrephes sagittatus*)

tòtano② [da *totano*, n. di un uccello, d'orig. sconosciuta ✱ 1561] **s. m.** ● (*zool.*) pettegola

tòtem [ingl. *totem*, da una vc. algonchina *ote(m)* 'segno' e 'famiglia, tribù' con la *t-* di un precedente pron. poss.: 'il tuo segno' ✱ 1854] **s. m. inv. 1** elemento naturale (fenomeno, oggetto, animale o pianta) che, nelle credenze di molte tribù primitive, ha dato origine al gruppo, con la conseguenza di un rapporto di discendenza e parentela, che determina obblighi del gruppo, talvolta di carattere religioso; è oggetto di culto e di particolare venerazione | (*est.*) rappresentazione scultorea o pittorica di tale oggetto di culto **2** (*fig.*) simbolo, idolo (anche in senso negativo): *i nuovi t. della società moderna* **3** nello scoutismo, nome attribuito a uno scout per sottolinearne le caratteristiche fisiche o di carattere; in genere è il nome di un animale seguito da un aggettivo (per es. *Koala laborioso* o *Riccio gentile*) **SIN.** nome di caccia **4** (*est.*) colonnina, struttura verticale contenente informazioni, talora provvista di uno schermo video o di un lettore di tessere magnetiche

totèmico [ingl. *totemic*, da *totem* con desinenza agg. ✱ 1931] **agg.** (pl. m. *-ci*) ● relativo al totem e al totemismo | ***gruppo t., parentela totemica***, fondati sulla comunanza del totem

totemișmo [ingl. *totemism*, da *totem* con suff. di credenza ✱ 1905] **s. m. 1** sistema di discendenze e di parentele fondato, presso alcune tribù e gruppi primitivi, sul totem | complesso delle norme sociali, e talvolta religiose, derivanti da tale sistema **2** correntemente, presunta religione primitiva fondata sul culto del totem

totemizzàre [1900] **v. tr. 1** trasformare in totem: *t. un animale, un albero* | (*fig.*) attribuire a qlco. un carattere totemico, simbolicamente rilevante: *t. il denaro* **SIN.** feticizzare **2** nello scoutismo, attribuire a uno scout un totem || **totemizzazióne**, **s. f.**

Totip® [dalle iniziali del *tot(alizzatore) ip(pico)* ✱ 1950] **s. m. solo sing.** ● concorso settimanale a premi basato sul pronostico di corse ippiche e consistente nell'indicare, su un'apposita schedina, la vittoria di un cavallo del gruppo 1, del gruppo X o del gruppo 2, lo stesso per il secondo arrivato

totipotènte [vc. dotta, comp. della prima parte del lat. *tō(tus)* 'tutto' e *potente* ✱ 1961] **agg.** ● (*biol.*) detto di cellula embrionale indifferenziata potenzialmente capace di originare tutti i tessuti dell'organismo adulto

†**tòto** [vc. dotta, lat. *tōtu(m)*, di etim. incerta ✱ 1321] **agg. indef.** ● (*poet.*) tutto: *la prima cagion non veggion tota!* (DANTE *Par.* XX, 132)

totò [vc. infant. a reduplicazione sillabica ✱ 1957] **A vc.** ● solo nella loc. ***fare t.***, picchiare (nel linguaggio infantile): *la mamma ti farà t. se non stai buono*; *chi ti ha fatto t.?* **B s. f. pl.** ● (*fam.*, *sett.*) botte, sculacciate, spec. nella loc. ***fare le t.***

toto, in ➤ **in toto**

tòto- [da *totocalcio*] **primo elemento 1** in parole composte, è accorciamento di *totocalcio*: *totonero*, *Totogol* **2** in parole composte per lo più scherzose o tipiche del linguaggio giornalistico, fa riferimento a previsioni di un evento futuro (per es. in *totoministri*, relativamente alla possibilità o probabilità di essere nominato ministro in un governo in formazione, o in *totoelezioni*, relativamente alla graduatoria dei voti riportati dalle liste dei vari partiti in una consultazione elettorale)

totocàlcio [da *tot(alizzatore di) calcio* ✱ 1938] **s. m.** ● concorso pubblico settimanale a premi che consiste nell'indovinare i risultati delle più importanti partite di calcio che si svolgono alla domenica, segnando su un'apposita schedina 1 per la vittoria della squadra ospitante, X per il pareggio, 2 per la vittoria della squadra ospite: *giocare, vincere, al t.*

✦**tòto còrde** [loc. lat., propr. 'con tutto (*tōto*, abl. di *tōtus*, di etim. incerta) il cuore (*cŏrde*, abl. di *cŏr*, genit. *cŏrdis*, di orig. indeur.)' ✱ 1908] **loc. avv.** ● con tutto il cuore, pienamente: *vi do la mia approvazione toto corde*

Totogòl [comp. di *toto-* e *gol* ✱ 1992] **s. m. inv.** ● concorso pubblico a premi che consiste nell'indovinare, su quattordici partite di calcio indicate in schedina, le sette in cui si segnerà il maggior numero di reti, elencandole in ordine decrescente

totonéro [comp. di *toto-* e *nero* ✱ 1982] **s. m.** ● gioco di scommesse clandestine sui risultati delle partite del campionato di calcio: *i proventi illegali del t.* **SIN.** calcioscommesse **CFR.** totoscommessa

totoscommèssa [comp. di *toto-* e *scommessa* ✱ 1982] **s. f.** ● (**spec. al pl.**) scommessa sui risultati delle partite del campionato di calcio o di altre gare sportive **CFR.** totonero

tottavilla [vc. di orig. onomat., dal verso dell'animale ✱ 1622] **s. f.** ● uccello passeriforme simile all'allodola, con ciuffetto al sommo del capo e con voce più melodiosa (*Lullula arborea*)

touch /tatʃ, *ingl.* tʌtʃ/ [2001] **agg. inv.** ● acc. di *touch screen*: *iPod t.*

touch-down /tatʃ'daun, *ingl.* 'tʌtʃ,daʊn/ [vc. ingl., propr. 'meta' (nel rugby), comp. di *touch* 'tocco' e *down* 'giù' ✱ 1987] **s. m. inv.** ● (*sport*) nel football americano, marcatura che si ottiene quando il pallone viene portato o intercettato nella parte di campo situata dietro ai pali avversari | l'area nella quale è possibile ottenere tale marcatura: *entrare in touch-down*

touche /*fr.* tuʃ/ [vc. fr., propr. 'tocco②', da *toucher* 'toccare' ✱ 1955] **s. f. inv.** ● nel rugby, l'azione con cui si riprende il gioco dopo che il pallone è uscito dalla linea laterale | ***calciare in t., salvarsi in t.***, mandare il pallone oltre la linea laterale

touché /*fr.* tu'ʃe/ [vc. fr., propr. 'toccato' ✱ 1989] **inter.** ● nella scherma, si dice quando si riconosce di essere stati colpiti dall'avversario | (*fig.*) si dice quando si riconosce giusta e pertinente una critica o un'osservazione altrui

touchpad /'tatʃped, *ingl.* 'tʌtʃ,pæd/ [vc. ingl., comp. di *to touch* 'toccare' e *pad* 'cuscinetto' ✱ 1996] **s. m. inv.** ● (*inform.*) nei computer, spec. portatili, tavoletta sensibile allo sfioramento grazie alla quale l'utente con un tocco delle dita può spostare il cursore sullo schermo e selezionarne gli elementi **SIN.** trackpad

touch screen /tatʃ'skrin, *ingl.* 'tʌtʃ,skri:n/ [loc. ingl., propr. 'schermo (*screen*) sensibile al tocco (*touch*) del dito' ✱ 1992] **A loc. sost. m. inv.** (pl. ingl. *touch screens*) ● (*inform.*) schermo che consente all'utente di impartire comandi toccando zone particolari dello schermo stesso **SIN.** schermo tattile **B in funzione di agg. inv.**: *dispositivo touch screen*

toufu ➤ **tofu**

toupet /*fr.* tu'pɛ/ [vc. fr., dim. dell'ant. fr. *top*, dal francone *top* 'cima, ciuffo', di area germ. ✱ av. 1744] **s. m. inv. 1** ciuffo di capelli posticci, usato per acconciature **SIN.** posticcio **CFR.** toppè, tuppè **2** (*fig.*) sfrontatezza

toupie /*fr.* tu'pi/ [vc. fr., propr. 'trottola', dall'ingl. *top* 'trottola', a sua volta dal francone **top* 'punta' (perché la trottola gira sulla punta) ✱ 1900] **s. f. inv.** ● macchina utensile per la lavorazione del legno, che esegue sagome, scanalature, incastri e sim.

tour /*fr.* tuʀ/ [vc. fr., propr. 'giro', dal primitivo senso di 'tornio' ✱ 1813] **s. m. inv. 1** giro turistico, spec. organizzato: *fare un t. in Provenza* | ***il Grand T.***, V. *Grand Tour* **2** serie di spettacoli, di concerti e sim. tenuti in diverse località: *t. della Scala in Giappone* **SIN.** tournée **3** (*sport, per anton.*) ***il T.***, giro ciclistico di Francia

tourbillon /*fr.* tuʀbi'jɔ̃/ [vc. fr., propr. 'turbine', dal lat. parl. **turbĭculu(m)*, allargamento di *tŭrbo*, genit. *tŭrbinis* 'turbine' ✱ 1866] **s. m. inv.** ● rapido e tumultuoso susseguirsi di azioni, fatti, fenomeni e sim.: *un t. di attaccanti nell'area avversaria*; *un t. di commenti, di critiche, di emozioni*

tour de force /*fr.* ,tuʀd(ə)'fɔʀs/ [loc. fr., propr. 'giro (*tour* 'movimento circolare', dal primitivo senso di 'tornio') di (*de*) forza (*force*, della medesima orig. del corrispondente it.)' ✱ 1874] **loc. sost. m. inv.** (pl. fr. *tours de force*) **1** (*sport*) serie di prove che richiedono prestazioni superiori al rendimento abituale di una squadra o di un atleta **2** (*est.*) sforzo intenso e fuori della norma: *per superare l'esame si è sottoposto a un autentico tour de force*

tour leader /tur'lider, *ingl.* ,tʊə'li:də(r)/ [loc. ingl., comp. di *tour* 'giro, viaggio' (V. *tour*) e *leader* 'guida' (V. *leader*) ✱ 1975] **loc. sost. m. e f. inv.** (pl. ingl. *tour leaders*) ● chi svolge funzioni di guida, assistenza e coordinamento di un gruppo di turisti per conto di una compagnia o agenzia di viaggi **SIN.** accompagnatore turistico

tournedos /*fr.* turnəˈdo/ [vc. fr., propr. ‘giradorso’ (da *tourner* ‘girare’, dal lat. *tornāre*, propr. ‘girare al tornio’, e *dos* ‘dorso’), di incerta allusione ✱ 1905] **s. m. inv. (pl. fr. inv.)** ● fetta di filetto di bue, spessa e pressoché rotonda, da cuocersi alla griglia o in padella | ***t. alla Rossini***, con foie gras o con pâté di fegato d’oca

tournée /*fr.* turˈne/ [vc. fr., propr. ‘girata’, f. sost. del part. pass. (*tourné*) del v. *tourner* ‘girare’, secondo il senso etim. del lat. *tornāre* ‘lavorare al tornio (*tŏrnus*)’ ✱ 1905] **s. f. inv.** ● serie di partite, di gare o spettacoli, compiuta da una squadra, da un atleta, da una compagnia teatrale, da un cantante e sim., in diverse località secondo un itinerario e un programma fissati

tourniquet /*fr.* turniˈkɛ/ [vc. fr., da *tourner* ‘girare’ con doppio affisso dim. (il suff. *-et* e l’infisso *-iq-*) ✱ 1813] **s. m. inv. 1** strettissima curva di strada, in montagna **SIN.** tornante **2** tornello **3** laccio emostatico

tournure /*fr.* turˈnyʀ/ [vc. fr., da *tourner* ‘girare’ (stessa etim. dell’it. *tornare*) ✱ 1832] **s. f. inv.** ● (*lett.*) costruzione sintattica tipica di una lingua o di un autore

tour operator /turopəˈretor, *ingl.* ˌtʊə(r)-ˈɒpəreɪtə(r)/ [loc. ingl., comp. di *tour* ‘giro, viaggio’ (V. *tour*) e *operator* ‘operatore’ ✱ 1981] **loc. sost. m. e f. inv. (pl. ingl.** *tour operators***)** ● chi organizza viaggi per turisti, stabilisce itinerari, prenota alberghi e mezzi di trasporto, stipulando anche contratti con agenzie di altri Paesi per incrementare il turismo nel proprio **SIN.** operatore turistico

tout court /*fr.* tuˈkuʀ/ [loc. fr., propr. ‘tutto (*tout*, della stessa orig. del corrispondente it.) corto (*court*, come in it., dal lat. *cŭrtus*)’ ✱ 1793] **loc. avv.** ● brevemente, a farla breve | senza molti chiarimenti o precisazioni: *ha risposto tout court di essere d’accordo*; *è stato definito tout court un incompetente*

tovàglia [ant. provenz. *toalha*, dal francone *thwahlja* ‘fazzoletto’ ✱ 1182] **s. f. 1** telo di tessuto o di altro materiale, bianco o colorato, talora ricamato, che si stende sulla tavola per apparecchiare la mensa: *t. di cotone, di lino, di carta, di canapa, di plastica*; *t. rettangolare, quadrata, rotonda* | ***stendere la t.***, apparecchiare | ***levare la t.***, sparecchiare **2** nella liturgia cattolica, il panno di color bianco che si distende sopra l’altare, per celebrarvi la Messa, sovrapposto ad altri due panni dello stesso colore | ***t. di Comunione***, quadrato di stoffa che, nella liturgia cattolica, si distendeva dinanzi al comunicante ‖ **tovagliétta**, **dim.** | **tovaglina**, **dim.**

tovagliàto [da *tovaglia* ✱ 1877] **s. m.** ● assortimento, insieme di tovaglie e tovaglioli per la tavola | tipo di tessuto adatto per la confezione di tovagliati

tovagliòlo o (*lett.*) **tovagliuòlo** [da *tovaglia* ✱ 1266] **s. m.** ● piccolo telo gener. di forma quadrata, per lo più dello stesso materiale della tovaglia oppure di carta, che si adopera a tavola per pulirsi la bocca e le mani e per proteggere l’abito | ***spiegare il t.***, mettersi a tavola per mangiare **SIN.** salvietta ‖ **tovagliolino**, **dim.**

tower /ˈtawer, *ingl.* taʊə(r)/ [vc. ingl., propr. ‘torre’, dal fr. ant. *tor* ‘torre’ ✱ 1992] **s. f. inv.** ● (*inform.*) contenitore a sviluppo verticale per l’unità centrale di un personal computer

toxiemia ➤ **tossiemia**

toxoplàsma [comp. del gr. *tóxon* ‘arco’ (prob. d’orig. indeur.) e *plásma* ‘formazione’ (V. *plasma*), con passaggio semantico non chiaro ✱ 1932] **s. m. (pl.** *-i***)** ● genere di Protozoi parassita di molti Mammiferi, Uccelli, Rettili

toxoplasmòsi [da *toxoplasma* ✱ 1949] **s. f. inv.** ● malattia parassitaria provocata da toxoplasmi che all’uomo possono essere trasmessi da animali domestici

toyotìsmo /tojoˈtizmo/ [1989] **s. m.** ● metodo di produzione industriale inaugurato in Giappone negli stabilimenti automobilistici Toyota negli anni del secondo dopoguerra, alternativo alla produzione in serie e alla catena di montaggio, che punta sulla valorizzazione delle risorse umane e sul continuo miglioramento del prodotto **CFR.** fordismo

tozzétto [dim. di *tozzo*② nel senso di ‘pezzo mal tagliato’ ✱ 1992] **s. m.** ● (*edil.*) piastrella di piccole dimensioni utilizzata in combinazione con altre di dimensioni maggiori e forma diversa

tòzzo① [etim. incerta ✱ av. 1412] **A agg.** ● di cosa o persona eccessivamente grossa rispetto all’altezza: *una persona piccola e tozza* | ***edificio t.***, che manca di snellezza, di sviluppo in altezza **SIN.** massiccio, pesante **B s. m. (f.** *-a***)**; **anche agg.** ● (*gerg., roman.*) giovane gener. inserito in un gruppo, che ha atteggiamenti da spavaldo e usa capi d’abbigliamento e accessori alla moda e costosi **CFR.** paninaro ‖ **tozzòtto**, **alter.**

tòzzo② [etim. discussa: da *tozzare* ‘rompere a pezzi’, di orig. imitativa (?) ✱ sec. XIV] **s. m.** ● pezzo di pane spec. indurito | ***guadagnare un t. di pane***, appena di che vivere | ***per un t. di pane***, per un prezzo bassissimo ‖ **tozzétto**, **dim.**

†**tozzolàre** [ampliamento con l’infisso *-ol-* di *tozzare*, d’orig. imitativa ✱ av. 1596] **v. intr.** ● andare mendicando

tozzóne ➤ **torzone**

♦**tra** o (*lett.*) **intra** [lat. *intra* con valore di ‘all’interno’, da un agg. *interus* ‘interno’, comp. di *in-*① col suff. compar. *-tero* ✱ 1211] **prep. propria semplice. (Fondendosi con gli art. determ. dà origine alle prep. art.** *poet.* **e** *lett.* **m. sing.** *tral, trallo*; **m. pl.** †*tragli*, †*tralli*, †*trai* (*tosc.* *tra’*); **f. sing.** †*tralla*; **f. pl.** †*tralle*. **Ha gli stessi usi e sign. di** *fra*, **ma si preferisce l’una o l’altra forma soprattutto per evitare la cacofonia derivante spec. dall’incontro di gruppi di consonanti). I** stabilisce diverse relazioni dando luogo a molti complementi **1** compl. di stato in luogo (con il sign. di ‘in mezzo a’, indica la posizione intermedia tra due o più persone, oggetti, situazioni ecc.): *tra casa e casa c’è un po’ di spazio*; *la strada corre tra due file di alberi*; *è scomparso tra la folla*; *ha rovistato tra quei vecchi appunti* | ***mettere il bastone tra le ruote***, (*fig.*) intralciare | ***tra i piedi***, (*fig.*) vicino, accanto, in modo fastidioso o petulante: *mi sta sempre tra i piedi* | ***trovarsi tra l’incudine e il martello***, (*fig.*) essere preso da due persone o situazioni ugualmente pressanti, fastidiose, spiacevoli e sim. | ***trovarsi tra due fuochi***, (*fig.*) essere esposto a due avversari, difficoltà, minacce e sim., ugualmente pericolosi | ***dormire tra due guanciali***, (*fig.*) essere al sicuro da ogni pericolo e lontano da ogni preoccupazione | ***essere tra la vita e la morte***, essere moribondo | nelle loc. prep. ***tra lo, tra la***, †***tra li, tra gli, tra le***, o nelle prep. art. †***trallo, tralla, tralli, tralle***: *tra lo scompiglio generale* (L. Pirandello); *si diceva tralla gente volgare* (G. Boccaccio); *tralle mura di quella città e uno fosso* (F. Guicciardini) **2** compl. di moto attraverso luogo: *un raggio di luce filtra tra le imposte socchiuse*; *l’ho visto scomparire tra gli alberi*; *è passato tra sofferenze e sventure indicibili* | (*lett.*) preceduto dalla prep. *di* indica anche provenienza: *il sole fece capolino di tra le nuvole*; *sbucò fuori di tra i cespugli* **3** compl. di moto da luogo: *tra Roma e Firenze ci sono alcune ore di treno*; *tra casa mia e casa sua ci sono cinque minuti di strada* **4** compl. di distanza: *tra duecento metri c’è casa mia*; *tra venti chilometri ci deve essere un’area di servizio* **5** compl. di tempo (indica il limite di tempo entro il quale si svolgerà un’azione, oppure l’intervallo di tempo che può intercorrere per portare a compimento un’azione): *torno tra poco*; *vengo tra due giorni*; *ti scriverò tra una settimana*; *sarò da te tra le sette e le otto*; *tra oggi e domani si deve decidere tutto* | durante, entro: *verrò tra i prossimi quindici giorni*; *udii tra il sonno le ciaramelle* (G. Pascoli) **6** compl. di relazione (indica contrasto, solidarietà, reciprocità e sim.): *auspichiamo la pace tra tutti i popoli*; *sono amicissimi tra loro*; *tra parenti si può dire liberamente*; *si assomigliano tra loro* | ***sia detto tra noi***, in confidenza | ***pensare tra sé e sé***, nel proprio intimo | ***dire tra sé e sé***, pensare, ragionare con sé stesso | indica l’esitazione, la scelta e sim.: *sono incerto tra il sì e il no*; *pareva incerto tra il riso e il pianto*; *è un colore tra il verde e il giallo*; *tra le due cose c’è poca differenza* | (**lett., colloq.**) unito alla prep. *di*: *un odore tra di zolfo e di uova marce* | (**lett., colloq.**) unito alla prep. *per*: *tra per il dolore e per la fatica, dimagrava e scolorava* (E. De Amicis) | presso, nell’opinione di: *tra gli esperti si è sempre più convinti di ciò*; *tra gli investigatori si è rafforzata l’opinione della sua piena responsabilità* **7** compl. di compagnia: *sta sempre tra i suoi amici*; *è arrivato tra i primi*; *tra i presenti c’erano alcune personalità* **8** compl. partitivo: *sei il migliore tra i miei amici*; *è solo uno tra i tanti a pensarla così*; *alcuni tra i presenti reclamarono* **9** compl. di causa: *tra tanto lavoro non trovo mai tempo per uscire*; *tra la casa e i bambini non ho mai un attimo di sosta*; *tra una chiacchiera e l’altra ci si è fatto tardi*; *tra una cosa e l’altra sono sempre occupato* | con valore correl.: *tra la sua indecisione, tra la mancanza di tempo, non si è combinato ancora nulla* | (**lett.**) ***tra per, tra per***: *tra per il lavoro, tra per i miei malanni sono sempre in casa* **10** compl. di modo o maniera: *sorrise tra le lacrime*; *trascorre le sue giornate tra la lettura e il lavoro*; *borbottò qualcosa di incomprensibile tra i denti* **II** ricorre con diverso valore e funzione in alcune espressioni **1** con valore determinativo indica complesso, globalità e sim.: *tra tutti non saranno più di cinquanta* | indica la somma di diversi elementi che concorrono a un risultato: *tra aperitivo, cena e cinema, ho speso cinquanta euro* **2** con valore indet. indica approssimazione: *avrà tra i dieci e i quindici anni*; *ci vorranno tra le due e le tre ore per terminare il lavoro* **3** ricorre nella formazione di alcune loc. avv., spec. con valore temporale: *tra poco*; *tra breve*; *tra non molto* | ***tra l’altro***, inoltre: *tra l’altro non sapremmo neppure a chi affidare il lavoro* | ***tra tutto***, complessivamente: *tra tutto sono trenta euro* (V. nota d’uso ACCENTO)

tra- [lat. *trāns-* ‘attraverso’, di orig. indeur.] **pref.** ● forma numerose parole di derivazione latina o di formazione italiana, che significano movimento, passaggio al di là di qlco. da un punto ad un altro (*anche fig.*) (*tradurre*, *tramandare*, *trascrivere*), attraversamento (*trafiggere*, *traforare*), ‘in mezzo’, ‘tra altre cose’, con influsso del lat. *ĭntra* ‘tra’ (*trascegliere*), ‘oltre un limite’, con influsso del lat. *ŭltra* ‘oltre’ (*tracotante*) | in alcuni casi ha valore attenuativo: *tramortire*, *trasognare*

trabàcca [etim. discussa: dal lat. *trăbe(m)* ‘trave’ con sovrapposizione d’altra vc. (?) ✱ av. 1311] **s. f.** ● (*lett.*) tenda | baracca, capanna | bancarella ‖ **trabacchétta**, **dim.**

†**trabàcco** [sec. XIV] **s. m.** ● trabacca

trabàccolo [da *trabacco* con suff. dim. ✱

1761] **s. m.** • (*mar.*) nave a vela da trasporto e pesca, tipica del mar Adriatico, con prua e poppa rigonfie, attrezzato con due alberi e vele al terzo, bompresso e polaccone

†**trabaldàre** o †**tribaldàre** [da *baldo* con pref. intens. ✱av. 1348] **v. tr.** • trafugare

†**trabalderìa** [da †*trabaldare* ✱1355] **s. f.** • ruberia, truffa

traballaménto [av. 1789] **s. m.** • il traballare | movimento di chi (o di ciò che) traballa

traballànte **part. pres.** di *traballare*; anche **agg.** • nei sign. del v.: *una passerella t.*; *governo t.*

✤**traballàre** [comp. di *tra-* e *ballare* ✱av. 1380] **v. intr.** (aus. *avere*) **1** non riuscire a reggersi bene sulle gambe, barcollare: *l'ubriaco traballava a ogni passo* | non poggiare bene a terra, tentennare, oscillare: *il tavolino traballa* | sobbalzare, detto di veicolo | (*raro*) tremare: *durante il terremoto la terra cominciò a t.* | (*fig.*) essere in pericolo, stare per cadere: *il ministero traballa* | (*fig.*, *raro*) vacillare: *le sue speranze cominciarono a t.* **2** †ballare di continuo, con impeto

traballìo [da *traballare* col suff. *-io*① ✱av. 1704] **s. m.** (pl. *-ii*) • un continuo traballamento | (*raro*) movimento di cose traballanti

traballóne [av. 1850] **s. m.** • (*raro*) movimento di chi traballa molto forte perché sta per cadere | ***dare il t.***, (*fig.*, *disus.*) fallire, andare in rovina

trabalzàre [comp. di *tra-* e *balzare* ✱sec. XIV] **A** **v. tr.** • (*raro*) mandare, sbalzare da un luogo all'altro **B** **v. intr.** (aus. *essere*, *raro avere*) **1** (*raro*) balzare qua e là | sobbalzare, trasalire: *Sua madre trabalzò* (B. FENOGLIO) | traballare (di veicolo) **2** (*fig.*, *lett.*) passare repentinamente da uno stato d'animo a un altro: *trabalzava dal dolore alla collera* (A. FOGAZZARO)

trabàlzo [sec. XV] **s. m.** **1** (*raro*) il trabalzare | sobbalzo, scossone **2** †usura, guadagno illecito || **trabalzóne**, accr. (V.)

trabalzóne [1891] **s. m.** • accr. di *trabalzo* nel sign. 1 | forte scossa, spostamento

trabànte [ted. *Trabant* 'combattente a piedi', dal ceco *drabant* 'soldato di fanteria', di orig. incerta, ma non indigena ✱av. 1536] **s. m.** **1** (*stor.*) soldato tedesco addetto alla guardia imperiale | (*est.*) scherano, sgherro **2** domestico privato in servizio presso gli ufficiali del vecchio esercito piemontese **3** (*est.*, *lett.*) attendente: *nella stalla di don Gesualdo dei trabanti governavano i cavalli* (G. VERGA)

†**trabàsso** [comp. di *tra-* e *basso* ✱av. 1294] **avv.** • (*raro*) più che in basso

trabattèllo [milan. *trabattèll*, d'orig. incerta: forse dal lat. *trăbe(m)* 'trave' (?) ✱1957] **s. m.** • specie di leggera impalcatura mobile costituita da tubi metallici e piani prevalentemente di legno, usata soprattutto per piccoli lavori di edilizia, pulizia, restauro di interni

†**trabàttere** [comp. di *tra-* e *battere* ✱av. 1380] **v. intr.** • colpire ripetutamente, abbattere | sconvolgere

trabàtto [da *trabattere* ✱1957] **s. m.** • apparecchio formato di setacci piani oscillanti per separare semi di diverse dimensioni

†**tràbe** ➤ **trave**

tràbea [vc. dotta, lat. *trăbea(m)*, di etim. incerta ✱av. 1342] **s. f.** • toga candida con strisce di porpora, di cui si vestivano i consoli, il flamine marziale e i patrizi dell'antica Roma nelle grandi solennità

trabeàta [vc. dotta, lat. (*fabula*) *trabeāta*, dall'agg. *trabeātu(m)*, da *trăbea* ✱1499] **A** **s. f.** • nell'antica Roma augustea, genere di commedia in cui agivano personaggi del ceto equestre **B** anche **agg.** solo **f.**: *commedia t.*

trabeazióne [da *trabeata*, con passaggio di settore d'applicazione ✱av. 1502] **s. f.** • struttura orizzontale, caratteristica di vari ordini architettonici, sostenuta da colonne, che si compone dell'architrave, del fregio e della cornice

trabècola [adattamento del lat. *trabĕcula(m)* 'piccola (*-ula(m)*) trave (*trăbe(m)*)' ✱1875] **s. f.** **1** (*anat.*) fibra o banda di tessuto connettivo e talvolta di muscolatura liscia, che dalla capsula di un organo si spinge verso la porzione interna dello stesso: *t. dei corpi cavernosi* **2** (*anat.*) rilievo colonnare di natura muscolare sporgente nel lume di un organo | ***t. carnea***, rilievo miocardico sporgente nel lume ventricolare **3** (*anat.*, *zool.*) struttura ossea o cartilaginea di forma sottile e allungata presente nello scheletro dei Vertebrati

trabecolàre [da *trabecola* ✱1927] **agg.** • (*anat.*) che riguarda una o più trabecole

†**trabène** [comp. di *tra-* e *bene* ✱sec. XIV] **avv.** • (*raro*) molto bene

†**trabére** [comp. di *tra-* e *bere*① ✱av. 1729] **v. intr.** • bere smodatamente

✤**trabìccolo** [lat. *trabĭculu(m)* per *trabĭcula(m)*, variante di *trabēcula(m)* 'piccola trave' ✱av. 1673] **s. m.** **1** piccola incastellatura di stecche di legno curvate ad arco, in cui un tempo si poneva uno scaldino per riscaldare il letto **SIN.** (*pop.*) prete **2** (*scherz.*) veicolo vecchio e malsicuro o arnese complicato malfunzionante o poco stabile | (*spreg.*) aggeggio complicato || **trabiccolétto**, dim. | **trabiccolino**, dim.

traboccaménto [da *traboccare*① ✱av. 1342] **s. m.** **1** (*raro*) il traboccare | †straripamento | (*fig.*) †eccesso di peso **2** †rovina

traboccànte **part. pres.** di *traboccare*①; anche **agg.** • che trabocca: *un vaso t.* | (*fig.*) ricolmo: *cuore t. d'ira, di gioia, d'odio*

traboccàre① o †**trabuccàre**① nel sign. B2 [comp. di *tra-* e un deriv. di *bocca* ✱sec. XIII] **A** **v. intr.** (*io trabócco, tu trabócchi*; aus. *essere* se il soggetto è il liquido o il materiale contenuto; *avere* se il soggetto è il recipiente o il contenente) **1** versarsi, detto di liquido che esce dalla bocca di un recipiente troppo pieno: *l'acqua trabocca dalla caldaia* | versare il contenuto sovrabbondante, detto di recipiente: *il tino trabocca* | ***la goccia che fa t. il vaso***, (*fig.*) il fatto, anche di scarso rilievo, che fa precipitare una situazione ormai insostenibile | (*est.*) essere strapieno al punto da non poter più contenere altro: *la piazza trabocca di gente* | (*raro*) ***far t. la bilancia***, farla pendere da un lato; (*fig.*) determinare una decisione intervenendo energicamente in una situazione non risolta **2** (*fig.*) essere pervaso, essere stracolmo: *il suo animo traboccava di felicità* | (*fig.*, *raro*) non essere più trattenuto o nascosto, detto di sentimento **3** (*raro*) straripare provocando un'inondazione, detto di fiume o lago in piena: *l'acqua che lo stagno riceve dai circostanti fiumi, non trovando più esito … o rompe … o trabocca* (LEONARDO) **4** (*raro*) cadere con violenza, precipitare **5** (*raro*) capovolgersi, detto della nave **B** **v. tr.** **1** (*lett.*) riversare, spandere fuori **2** †saggiare il peso delle monete con il trabocco **3** †gettare a terra | †far precipitare

†**traboccàre**② o †**trabuccàre**② [ant. provenz. *trabucar*, comp. del pref. *tra-* e di un deriv. dal francone *būk* 'busto, tronco', cioè originariamente 'volgersi sul busto, capovolgersi' ✱av. 1363] **v. tr.** • abbattere città, mura, castelli nemici con la macchina da assedio chiamata trabocco

traboccàto **part. pass.** di *traboccare*①; anche **agg.** **1** nei sign. del v. **2** †eccessivo, strabocchevole

†**trabocchèllo** [av. 1431] **s. m.** • trabocchetto

trabocchétto [ant. provenz. *trabuquet*, dim. di *trabuc* 'trabucco①' ✱sec. XIII] **A** **s. m.** **1** in antichi edifici o castelli, congegno dissimulato in un pavimento, consistente in una tavola posta in bilico o un pianerottolo a ribalta che si aprivano quando qlcu. vi passava, facendolo cadere in una buca sottostante **2** (*fig.*) trappola, inganno: *tendere un t. a qlcu.*; *cadere nel t.*; *fare una domanda a t.* **B** in funzione di **agg. inv.** • (posposto a un sost.) che nasconde bene una difficoltà o un tranello: *domanda t.*

trabocchévole [da *traboccare*① ✱av. 1363] **agg.** **1** (*raro*) che è fuor di misura, eccessivo **SIN.** strabocchevole **2** †avventato, precipitoso **3** †rovinoso | †ineluttabile, inesorabile || **trabocchevolménte**, **avv.** **1** (*raro*) eccessivamente **2** †precipitosamente

trabócco① [da *traboccare*① ✱av. 1380] **s. m.** (pl. *-chi*) **1** (*raro*) il traboccare | (*raro*, *est.*) sbocco: *t. di sangue* | (*fig.*, *lett.*) manifestazione, esibizione: *t. di gioia* **2** †caduta | (*fig.*) †tracollo, rovina **3** †luogo in cui si corre il rischio di precipitare

†**trabócco**② [da *traboccare*① (della bilancia) ✱1355] **s. m.** (pl. *-chi*) • bilancino che serviva per verificare il peso delle monete

trabócco③ o **trabùcco**① [dall'ant. provenz. *trabuc*, cfr. *traboccare*② ✱sec. XIII] **s. m.** (pl. *-chi*) **1** antica macchina da assedio per gettare grosse pietre | antica bocca da fuoco cortissima per tiro in arcata **2** (*pesca*) specie di grande bilancia calata obliquamente in mare, in modo che il lato vicino a terra rimanga al pelo dell'acqua e fornita di lampada a riverbero per attrarre il pesce

†**traboccóne** [da *trabocco*① col suff. avv. *-one* tratto da *-oni* ✱av. 1535] **avv.** • (*raro*) a precipizio

trabordànte **part. pres.** di *trabordare*; anche **agg.** • straripante (*anche fig.*) **SIN.** strabordante

trabordàre [comp. di *tra-* e un deriv. di *bordo* ✱1871] **v. intr.** (*io trabórdo*; aus. *avere* o *essere*) • (*raro*) straripare | traboccare, strabordare

trabucàrsi [comp. di *tra-* e di un deriv. da *buco* ✱av. 1850] **v. intr. pron.** (*io mi trabùco, tu ti trabùchi*) • (*lett.*) rintanarsi in una buca

†**trabuccàre**① ➤ **traboccare**①

†**trabuccàre**② ➤ †**traboccare**②

trabùcco① ➤ **trabocco**③

trabùcco② [dal lat. *tribūtu(m)* 'imposta' con mutamento di suff. ✱av. 1465] **s. m.** (pl. *-chi*) • antica misura lineare, sottomultiplo della pertica, in uso a Milano, a Torino e in Sardegna e corrispondente, rispettivamente, a m 2,611; 3,086; 3,148 | ***t. quadrato***, antica unità di misura di superficie

†**trabuòno** [comp. di *tra-* e *buono* ✱av. 1294] **agg.** • oltremodo buono

trac① o **tràcchete** [vc. onomat. ✱1870] **inter.** • riproduce il rumore forte e secco di qlco. che si spezza o si strappa | V. anche *tric trac*

trac② [vc. fr. fam. 'tremarella' ✱1933] **s. m. inv.** • attacco improvviso di timor panico: *un tipico t. da debutto in nazionale*

✤**tracagnòtto** o **traccagnòtto**, (*raro*, *tosc.*) **tarcagnòtto** [connesso con *tarchiato* (?) ✱1552] **agg.** e **s. m.** (f. *-a*) • che (o chi) è basso e tarchiato

✤**tracannàre** [comp. di *tra-* e di un deriv. di *canna* ✱av. 1449] **v. tr.** • bere avidamente, in un fiato: *t. un bicchiere di vino* | anche in forma pron. (con valore intens.): *e le ricolme tazze inghirlandate / si venìan tracannando* (V. MONTI)

SFUMATURE ➤ *bere*①

tracannatóre [av. 1400] **s. m.** (**f.** *-trice*) ● chi è solito bere avidamente

†**tracapàce** [comp. di *tra-* e *capace* nel sign. 6 ✱ av. 1589] **agg.** ● del tutto convinto

†**tracàrco** [comp. di *tra-* e *carco*② ✱ av. 1294] **agg.** ● stracarico

traccàgno [V. *tracagnotto* ✱ 1965] **agg. e s. m.** (**f.** *-a*) ● (*fam.*) tracagnotto

traccagnòtto ➤ **tracagnotto**

♣**traccheggiàre** [di orig. onomat. ✱ sec. XV] **A** **v. intr.** (**pres.** *io tracchéggio*; **fut.** *io traccheggerò*; **aus.** *avere*) **1** indugiare, temporeggiare allo scopo di rimandare una decisione **2** nella scherma, eseguire movimenti di traccheggio **B** **v. tr.** ● (*disus.*) tenere a bada qlcu. o in sospeso qlco.

traccheggiatóre [sec. XIX] **s. m.** (**f.** *-trice*) ● (*raro*) chi traccheggia

♣**tracchéggio** [av. 1776] **s. m.** **1** (*raro*) il traccheggiare | indugio **2** nella scherma, complesso di movimenti ritenuti di valido aiuto a realizzare un'azione, mascherando le proprie intenzioni

tràcchete ➤ **trac**①

♦**tràccia** [da *tracciare* ✱ sec. XIII] **s. f.** (**pl.** *-ce*) **1** segno lasciato sul terreno da un corpo, un oggetto, un attrezzo: *la t. di una slitta sulla neve*; *la t. di un bastone trascinato sul terreno* | striscia, linea: *una t. di polvere*; *seguire in cielo una t. luminosa* **SIN.** scia **2** orma, impronta, pesta lasciata da un uomo o un animale camminando, correndo, ecc.: *perdere le tracce di qlcu.*; *seguire le tracce della volpe* | ***seguire la t. di qlcu.***, (*fig.*) cercare di seguirne l'esempio | ***essere sulla t., in t.***, essere sul punto di snidare la selvaggina; (*fig.*) stare cercando qlcu. o qlco. seguendo degli indizi | ***essere sulla buona t.***, avere indicazioni sicure, indizi certi | ***far perdere le proprie tracce***, sottrarsi a un inseguimento **3** (*est.*) segno, indizio: *dopo il delitto, hanno fatto sparire ogni t.* **4** ciò che resta a testimoniare di uno stato, un fatto, una condizione (*anche fig.*): *restano molte tracce del suo soggiorno all'estero*; *nel suo comportamento non ci sono più tracce di timidezza* | quantità minima, residuo: *tracce di albumina, di veleno* | (*fig.*) resti archeologici, vestigia: *studiare le tracce della civiltà etrusca* | (*miner.*) ***t. di fissione***, dislocazione interna che si forma in un cristallo contenente atomi radioattivi a seguito della radiazione emessa da uno di questi e dal conseguente spostamento degli atomi del reticolo **5** abbozzo, schizzo che serve da guida per l'esecuzione di un disegno, la realizzazione di un quadro, un'incisione, un affresco | ***la t. di una strada***, il tracciato | schema di un componimento, sommario con l'indicazione dei punti principali da toccare in un discorso, abbozzo di un lavoro, filo conduttore di una discussione, e sim.: *prima di scrivere sarà bene preparare una t.*; *questa è la t. da sviluppare nel dibattito* | titolo, argomento di un tema scolastico **6** (*lett.*) cammino | †schiera di persone | †***perdere la t.***, smarrirsi **7** piccola scanalatura in una parete per incassare tubi o fili elettrici | ***sotto t.***, V. *sottotraccia* **8** (*inform.*) ciascuno dei cerchi concentrici della superficie di un disco per la registrazione di dati | nelle registrazioni sonore digitali, elemento logico identificativo di ciascun brano registrato **9** immagine luminosa che si forma sullo schermo dei tubi a raggi catodici in corrispondenza del percorso del pennello elettronico | la zona interessata sul nastro nella registrazione magnetica **10** (*mat.*) in una matrice quadrata, somma degli elementi della diagonale principale

SFUMATURE DI SIGNIFICATO

traccia - scaletta - minuta - bozza - canovaccio
Traccia è lo schema di un componimento o il sommario con i punti principali da toccare in un discorso, in una discussione. Lo stesso significato ha **scaletta**, che si riferisce però soprattutto all'elencazione degli argomenti essenziali di una relazione. Significato leggermente diverso ha invece **minuta**, che indica la stesura iniziale, ancora da perfezionare, di uno scritto, quasi una brutta copia. In questo le si avvicina **bozza**, stesura provvisoria da sottoporre a correzioni e rifacimenti; da qui anche l'uso del termine in tipografia per indicare la prova di stampa usata per correggere eventuali errori. **Canovaccio** è propriamente la traccia schematica dell'azione scenica seguita dagli attori della commedia dell'arte; in usi estensivi, lo schema, l'abbozzo di un'opera letteraria.
SFUMATURE ➤ *impronta*①, ➤ *schizzo*

♦**tracciàbile** [1899] **agg.** **1** che può essere tracciato **2** detto di prodotto o servizio di cui è possibile individuare l'origine e le varie fasi di produzione, commercializzazione o effettuazione: *frutta t.*; *raccomandata, pacco t.* ‖ **tracciabilità**, **s. f. inv.** caratteristica di prodotto o servizio tracciabile: *la tracciabilità di un assegno*

traccialìnee [comp. di *traccia(re)* e il pl. di *linea* ✱ 1983] **s. m. inv.** ● piccolo attrezzo a punta ricurva per tracciare linee o incidere sulla superficie del legno e del cuoio

tracciaménto [sec. XIV] **s. m.** **1** operazione del tracciare | ***anti t.***, V. *antitracciamento* **2** (*ing.*) operazione mediante la quale vengono riportati in sito gli elementi principali della pianta di un edificio o di un'opera da eseguire **3** †macchinazione

tracciànte **A** **part. pres.** di *tracciare*; anche **agg.** **1** nei sign. del v. **2** ***proiettile t.***, a scia luminosa che ne rende visibile la traiettoria percorsa agevolando l'aggiustamento del tiro **3** (*chim.*) ***elemento t.***, isotopo di un elemento presente in una sostanza, il quale viene introdotto nelle molecole della sostanza stessa quando se ne vuole seguire il percorso o la trasformazione in un processo chimico, fisico o biologico, essendo individuabile qualitativamente o dosabile quantitativamente nelle varie tappe del processo **B** **s. m.** **1** sostanza, dispositivo e sim. che sono fatti intervenire in un fenomeno per visualizzarlo o seguirne altrimenti lo svolgimento **2** proiettile tracciante **3** elemento tracciante **4** (*chim., fis.*) ***t. radioattivo***, isotopo radioattivo usato come tracciante, in quanto facilmente individuabile e dosabile **SIN.** indicatore radioattivo, radioindicatore

♦**tracciàre** [lat. parl. **tractiāre*, intens. frequentativo di *trăhere*, formato dal part. pass. *trăctus*, di etim. incerta ✱ sec. XIII] **v. tr.** (**pres.** *io tràccio*; **fut.** *io traccerò*) **1** lasciare un segno, un'impronta spec. lineare: *Ed una giovenca ed un toro / … tracciavano un solco* (G. PASCOLI) **2** segnare, indicare una traccia per la realizzazione di qlco.: *t. un percorso, una rotta* | ***t. una strada***, indicarne l'andamento sul terreno | ***sala a t.***, nei cantieri navali, grande locale nel quale si segnano in grandezza naturale sulle lamiere da tagliare i profili delle parti di una nave **3** (*est.*) rappresentare con un disegno: *t. un rettangolo* **4** (*fig.*) abbozzare, delineare, indicare in sintesi: *t. un discorso*; *t. gli sviluppi di un avvenimento* **5** (*fig.*) individuare e registrare i vari passaggi di un ciclo produttivo, di un servizio o di un'attività (calco sull'ingl. *to track* 'seguire le tracce'): *t. la filiera di un prodotto alimentare*; *t. un pacco*; *t. i movimenti di un utente in Internet* **6** †seguire la traccia **7** †macchinare, ordire

tracciaspessóri [comp. di *traccia(re)* e il pl. di *spessore* ✱ 1961] **s. m. inv.** ● in falegnameria, graffietto usato per tracciare uno spessore sulla costola di una tavola

tracciàto **A** **part. pass.** di *tracciare*; anche **agg.** ● nei sign. del v. **B** **s. m.** **1** grafico, diagramma lineare | diagramma disegnato su un supporto fisico, gener. di carta, da uno strumento di misurazione registratore: *t. elettrocardiografico, encefalografico* | (*mar.*) linea che rappresenta la rotta di una nave in navigazione: *t. della rotta* | (*mar.*) disegno di parte dello scafo, al vero o in scala: *t. di prua, di poppa* | ***sala t.***, sala a tracciare **2** (*ing.*) risultato dell'operazione di tracciamento, grafico contenente le indicazioni per realizzare un lavoro o una costruzione sul terreno | elemento geometrico progettuale di un'opera, che diventerà oggetto di tracciamento nella fase costruttiva **3** schema, descrizione schematica | (*inform.*) ***t. record***, schema che descrive la suddivisione in campi di un record | (*inform.*) ***t. stampa***, schema che descrive come saranno disposte le informazioni nei moduli prodotti dalla stampante | (*inform.*) ***t. dell'archivio***, descrizione dell'organizzazione dei dati in un archivio **4** percorso, linea: *costruzioni abusive lungo il t. ferroviario* | (*sport*) ***t. di gara***, il percorso di una competizione

tracciatóio [1840] **s. m.** (**pl.** *-ói*) ● strumento che serve a tracciare

tracciatóre [1676] **A** **s. m.** **1** (**f.** *-trice*) chi traccia **2** (**f.** *-trice*) operaio specializzato nel lavoro di tracciatura **3** (**f.** *-trice*) nello sci, chi traccia il percorso di una gara **4** (*mar.*) ***t. di rotta***, dispositivo elettronico, asservito a un sistema di posizionamento e dotato di una rappresentazione digitale della carta nautica, che visualizza su di uno schermo la rotta seguita **5** (*elettron., inform.*) ***t. di grafici, di diagrammi***, plotter **6** (*milit.*) artificio che viene applicato al fondello di alcuni proiettili di artiglieria e di alcuni proiettili di armi portatili per rendere visibile la traiettoria e correggere così il tiro **B** **agg.** **1** che esegue la tracciatura, spec. nell'industria meccanica: *operaio t.* **2** che si occupa della progettazione e della realizzazione di tracciati di precisione, spec. nella costruzione di strade o di altre opere di ingegneria civile: *geometra t.*; *topografo t.* **3** (*inform.*) ***programma t.***, programma destinato a fornire numerose e continue informazioni sullo svolgimento del programma elaborativo in esame

tracciatrìce [1961] **s. f.** ● (*tecnol.*) macchina simile a un trapano, destinata alla tracciatura di pezzi semilavorati, in cui può anche compiere operazioni di foratura e alesatura

tracciatùra [1922] **s. f.** **1** operazione del tracciare | disegno, o insieme di segni, tracciato **2** (*tipogr.*) in legatoria, grecaggio **3** (*mar.*) operazione che viene eseguita nella sala a tracciare e che consiste nel riportare sulle lamiere il contorno delle parti dello scafo che dovranno essere successivamente tagliate **4** operazione consistente nel riportare sulla superficie di un pezzo i tratti segnati sul disegno di progetto, perché possano servire da guida nella lavorazione alle macchine **5** (*inform.*) ***t. di un programma***, esecuzione di un programma elaborativo, accompagnata da indicazioni particolareggiate su ciascuna istruzione eseguita e sulle informazioni che implica

tràcco [vc. onomat. ✱ 1961] **s. m.** (**pl.** *-chi*) ● (*merid.*) particolare fuoco d'artificio a più scoppi ritardati

†**traccutàto** e deriv. ➤ †**trascutato** e deriv.

tràce [vc. dotta, lat. *Thrāce(m)*, dal gr. *Thrâix*, di etim. incerta ✱ 1532] **A** **agg.** ● della Tracia **SIN.** tracio **B** **s. m.** (**anche f. nel sign. 1**) **1** abitante o nativo della Tracia **2** negli spettacoli circensi dell'antica Roma, gladiatore armato di daga e piccolo scudo, opposto spec. al reziario **C** **s. m. solo sing.** • lingua parlata dai Traci

trachèa [vc. dotta, lat. tardo *trachīa(m)*, dal gr. *trachêia* (*artēría*) '(l'arteria) aspra, ruvida', da *thrássein* 'imbrogliare, scompigliare', di orig. indeur. * 1474] **s. f. 1** (*anat.*) organo tubolare impari mediano annesso all'apparato respiratorio, che dalla laringe porta l'aria ai bronchi **2** (*zool.*) ciascuno dei tubicini comunicanti con l'esterno che si ramificano all'interno del corpo degli insetti, assicurando il trasporto dell'aria per la respirazione **3** (*bot.*) elemento conduttore dei vegetali formato di una serie di cellule sovrapposte, nelle quali le pareti di contatto trasversali sono scomparse, per cui si ha continuità nel passaggio dei liquidi **SIN.** vaso aperto

tracheàle [1829] **agg.** • della trachea

trachèide [comp. da *trache(a)* e *-ide* * 1919] **s. f.** • (*bot.*) elemento conduttore vegetale, formato da una serie di cellule allungate e sovrapposte, le cui pareti cellulari rimangono integre **SIN.** vaso chiuso

tracheìte [comp. di *trache(a)* e *-ite*① * 1840] **s. f.** • (*med.*) infiammazione della mucosa tracheale

trachèo- [da *trachea*] **primo elemento** • in parole composte della terminologia scientifica significa 'trachea': *tracheobronchite, tracheotomia*

tracheobronchìte [comp. di *tracheo-* e *bronchite* * 1875] **s. f.** • (*med.*) affezione, generalmente acuta, caratterizzata da una tracheite associata a una bronchite

tracheòfita [comp. di *tracheo-* e *-fita* * 1961] **s. f.** • (*bot.*) pianta provvista di tessuti per il trasporto dell'acqua e degli elaborati fotosintetici dalle radici alle foglie **SIN.** cormofita, pianta vascolare

tracheoscopìa [comp. di *tracheo-* e *-scopia* * 1915] **s. f.** • (*med.*) ispezione endoscopica della trachea

tracheotomìa [comp. di *tracheo-* e *-tomia* * 1773] **s. f.** • (*chir.*) incisione della trachea

tracheotomiẓẓàre [1902] **v. tr.** • (*med.*) praticare una incisione chirurgica nella trachea per consentire il passaggio dell'aria altrimenti impedito

†**trachiàro** [comp. di *tra-* e *chiaro* nel sign. A9 * sec. XIII] **agg.** • illustre, insigne

Trachimedùṣe [comp. del gr. *trachýs* 'aspro, ruvido' e il pl. di *medusa* * 1875] **s. f. pl.** (**sing.** *-a*) • (*zool.*) sottordine degli Idrozoi caratterizzato da un'ombrella con margine liscio e con un diametro compreso tra 0,1 e 10 cm (*Trachymedusae*)

Trachìnidi [comp. del lat. mediev. *trachīna(m)* 'tracina' e *-idi* * 1961] **s. m. pl.** (**sing.** *-e*) • (*zool.*) famiglia dei Perciformi, comprendente forme piuttosto diffuse e dotate di spine velenifere nella porzione anteriore della pinna dorsale (*Trachinidae*)

trachìno [dal gr. *trachýs* 'aspro', per le sue spine (?) * 1821] **s. m.** • (*zool.*) tracina

trachìte [comp. dal gr. *trachýs* 'aspro' e *-ite*② * 1819] **s. f.** • (*geol.*) roccia vulcanica feldspatica con grossi cristalli di sanidino associati a biotite e anfibolo in una massa vetrosa di colore grigiastro più o meno scuro

tràcico [vc. dotta, lat. tardo *Thrācicu(m)*, da *Thrācia* 'Tracia', sull'es. del gr. *Thrēikēkós* * 1961] **agg.** (**pl. m.** *-ci*) • della Tracia

tracimàre [comp. di *tra-* e da *cima*, nel senso di 'orlo, limite' * 1825] **A** **v. intr.** (**aus.** *avere*) • straripare, traboccare, detto di corsi d'acqua, di bacini e sim. **B** **v. tr.** • oltrepassare (un argine, uno sbarramento, ecc.)

tracimazióne [1825] **s. f.** • il tracimare: *t. dell'acqua della diga*

tràcina [vc. merid. dal gr. *drákaina* 'dragonessa', n. dato al pesce per la tossicità delle sue pinne * 1602] **s. f.** • (*zool.*) ogni membro degli Osteitti appartenenti alla famiglia dei Trachinidi, caratterizzati da spine sull'opercolo e nella pinna dorsale, in grado di iniettare un veleno che causa un intenso dolore locale (*Trachynus*) **SIN.** trachino

tràcio [vc. dotta, lat. *Thrāciu(m)*, dal gr. *Thrâikios*, agg. di *Thrâix* 'trace' * 1481] **A** **agg.** (**pl. m.** *-ci*; **pl. f.** *-cie*) **1** della Tracia, regione della penisola balcanica sudorientale | ***il Cantore T., il T. Vate***, (*per anton.*) Orfeo **SIN.** trace **2** dei Traci, antica popolazione stanziatasi in tale regione **B** **s. m. 1** (**f.** *-a*) (*lett.*) abitante o nativo della Tracia **2** (**solo sing.**) antica lingua indoeuropea parlata in tale regione

trackball /ˈtrɛkbol, *ingl.* ˈtrækˌbɔːl/ [vc. ingl., comp. di *to track* 'seguire le tracce' e *ball* 'palla' * 1990] **s. f. inv.** • (*inform.*) dispositivo per personal computer dotato di una sfera che, fatta ruotare su sé stessa con un dito, provoca lo spostamento del cursore sullo schermo **CFR.** mouse

tracking /ˈtrɛkkin(g), *ingl.* ˈtrækɪŋ/ [vc. ingl., propr. part. pres. di *to track* 'puntare, inseguire' * 1985] **s. m. inv. 1** pulsante o manopola del videoregistratore che consente di variare l'allineamento delle testine, eliminando eventuali disturbi di riproduzione dell'immagine **2** (*aeron.*) localizzazione continua di bersagli per mezzo di radar o di mezzi ottici **3** (*tecnol.*) inseguimento **4** (*cinema*) carrellata **5** operazione del tracciare, nel sign. 5; tracciamento

tracklist /trakˈlist, *ingl.* ˈtrækˌlɪst/ [comp. delle due vc. ingl. *list* 'lista' e *track* 'brano, pezzo musicale' * 1994] **s. f. inv.** • elenco di titoli di brani musicali: *la t. del nuovo album di L. Einaudi*

trackpad /ˈtrɛkped, *ingl.* ˈtrækˌpæd/ [1997] **s. m. inv.** • (*inform.*) touchpad

track-point /ˈtrɛkpoint, *ingl.* ˈtrækˌpɔɪnt/ [vc. ingl., comp. di *point* 'punto' e *track* 'traiettoria' * 1998] **s. m. inv.** • (*inform.*) dispositivo di puntamento costituito da un bottone inserito nella tastiera che, mosso con un dito, provoca lo spostamento del cursore sullo schermo **CFR.** mouse

†**tracocènte** [comp. di *tra-* e *cocente* * av. 1729] **agg.** • più che cocente: *rabbia t.*

tracodónte [comp. del gr. *trachýs* 'ruvido, aspro' (da avvicinare a *thrássein* 'turbare, agitare', d'orig. oscura) e dell'it. *-odonte* * 1961] **s. m.** • dinosauro erbivoro presente nel periodo cretaceo, eretto sulle zampe posteriori (*Trachodon*)

†**tracolàre** [comp. di *tra-* e *colare* * 1599] **v. intr.** • colare attraverso qlco.

tracòlla [comp. di *tra-* e *collo*① (?) * av. 1637] **s. f. 1** larga striscia di cuoio o stoffa che da una spalla può scendere sul fianco opposto, per sostenere borse, armi ecc. | ***portare a t.***, per mezzo di tale striscia | fascia di stoffa indossata trasversalmente spec. in occasioni ufficiali: *colla mia splendida t. di segretario* (I. NIEVO) **2** borsa che si porta a tracolla: *acquistare una t.*

tracollaménto [av. 1681] **s. m.** • (*disus.*) crollo | (*fig.*) rovina

tracollàre [da *collo(1)* con *tra-*, che indica movimento * sec. XIV] **v. intr.** (*io tracòllo*; **aus.** *essere*) **1** perdere l'equilibrio così da cadere o pendere da un lato: *per il troppo peso, la bilancia tracolla* **2** (*fig.*) precipitare, andare in rovina

tracòllo [sec. XIV] **s. m. 1** (*raro*) il tracollare **2** (*fig.*) caduta, crollo, rovina: *avere un t. finanziario*; *ha avuto un t. di salute*

SFUMATURE DI SIGNIFICATO

tracollo - caduta - crollo

In senso proprio **tracollo** indica la perdita d'equilibrio di un sistema che determina il suo venir giù rovinosamente; tuttavia la parola è usata più frequentemente nel senso figurato di peggioramento decisivo, di rovina (per es. delle condizioni economiche o di salute di una persona). Un sinonimo di *tracollo* è **caduta**, impiegato figuratamente per identificare una capitolazione, una resa di una regione, di una città assediata, ecc. Un *tracollo* di carattere economico o un improvviso decadere delle condizioni fisiche, psicologiche è detto anche **crollo**.

SFUMATURE ➤ ***disastro***, ➤ ***rovina***

†**tracolpìre** [comp. di *tra-* e *colpire* * 1723] **v. tr.** e †**tracolpìrsi** **v. rifl. recipr.** • colpire, colpirsi con forza

tracòma [gr. *tráchōma* 'scabrosità' (qui: dell'occhio), da *trachýs* 'aspro' * 1598] **s. m.** (**pl.** *-i*) • (*med.*) infezione cronica e contagiosa della cornea e della congiuntiva causata dal batterio *Chlamidia trachomatis*, caratterizzata da granulazioni cicatriziali e da opacamento della cornea (panno corneale)

tracomatóso (o **-ṣ-**) [1899] **A** **agg.** • (*med.*) di tracoma, relativo a tracoma **B** **agg. e s. m.** (**f.** *-a*) • che (o chi) è affetto da tracoma

†**tracontènto** [comp. di *tra-* e *contento*① * 1586] **agg.** • oltremodo contento

†**traconvenévole** [comp. di *tra-* e *convenevole* * sec. XIII] **agg.** • molto opportuno

♣**tracotànte** **A** **part. pres.** di †*tracotare*; anche **agg.** • che è insolente, arrogante, pieno di presunzione ‖ **tracotanteménte**, **avv.** **B** anche **s. m. e f.**

♣**tracotànza** o †**stracotànza** [da *tracotare* * sec. XIII] **s. f.** • insolenza, arroganza, presunzione: *rispondere, trattare con t.*

SFUMATURE ➤ ***prepotenza***

†**tracotàre** [comp. di *tra-* e *co(i)tare* * av. 1406] **v. intr.** (**difett. usato solo al part. pres. e all'inf. pres.**) • essere tracotante

†**tracuràggine** ➤ **trascuraggine**

†**tracurànza** ➤ **trascuranza**

tracùro [comp. del gr. *trachýs* 'ruvido, aspro' e *ourá* 'coda', due vc. di orig. indeur. * 1728] **s. m.** • pesce dei Perciformi con spine sul dorso e ai lati del corpo che spesso vive da giovane presso le meduse (*Trachurus trachurus*)

†**tracutàto** e deriv. ➤ †**trascutato** e deriv.

trademàrk /tre(i)dˈmark, *ingl.* ˈtreɪdˌmaːk/ [vc. ingl., propr. 'segno (*mark*, di orig. indeur.) di commercio (*trade*, di area germ.)' * 1895] **s. m. inv.** • marchio di fabbrica

trade-òff /tre(i)dˈɔf, *ingl.* ˈtreɪdˌɒf/ [vc. ingl., propr. 'scambio' * 1986] **s. m. inv.** (**pl. ingl.** *trade-offs*) • (*econ.*) contropartita, scambio: *trade-off tra inflazione e disoccupazione*

trader /ˈtre(i)der, *ingl.* ˈtreɪdə(r)/ [vc. ingl., da *to trade* 'commerciare' * 1986] **s. m. e f. inv.** • (*econ.*) persona o società che effettua compravendite di titoli o altre operazioni di mercato

†**tràdere** [vc. dotta, lat. *trādere*, comp. di *trāns* 'tra-', 'oltre', e *dāre* * sec. XIII] **v. tr.** • (*lett.*) tradire

tradescànzia [da J. *Tradescant*, giardiniere di Carlo I d'Inghilterra * 1802] **s. f.** • (*bot.*) miseria

Trade Union /tre(i)dˈjunjon, *ingl.* ˈtreɪdˌjuːnjən/ [loc. ingl., propr. 'unione (*union*, latinismo passato attraverso il fr.) di mestiere, lavoro (*trade*, vc. germ.)' * 1870] **loc. sost. f. inv.** (**pl. ingl.** *Trade Unions*) • nel Regno Unito, organizzazione e movimento sindacale

†**tradigióne** [lat. *traditiōne(m)*, da *trāditus* 'tradito' * 1261 ca.] **s. f.** • tradimento | †***prendere qlcu. in t., per t.***, a tradimento

tradiménto [1261 ca.] **s. m.** ● violazione di un dovere o di un impegno, inganno della buona fede, dell'affetto e sim. di qlcu. | ***a t.***, †***per t.***, con l'inganno; (*est.*) all'improvviso, inaspettatamente: *fare una domanda a t.* | ***mangiare il pane a t.***, senza guadagnarselo | ***alto t.***, attentato contro la personalità dello Stato da parte di chi lo rappresenta, oppure, secondo il codice penale militare, da parte di un militare in una serie di casi

trading /'tre(i)din(g), *ingl.* 'treɪdɪŋ/ [vc. ingl., dal v. *to trade* 'commerciare' ✱ 1983] **s. m. inv.** ● contrattazione | ***t. online***, contrattazione di titoli finanziari tramite Internet | ***t. company***, V. *company* | ***insider t.***, V. *insider*

◆**tradire** o †**traire** [lat. *trādere* 'consegnare' con mutamento di coniug. e divergenza di sign., determinata dal racconto evangelico, per cui la 'consegna' di Gesù compiuta da Giuda equivale a un tradimento ✱ 1287] **A** **v. tr.** (*io tradìsco, tu tradisci*) **1** ingannare la buona fede di qlcu. venendo meno all'amicizia, all'affetto, mancando alla parola data o a un dovere: *t. la propria famiglia*; *t. i giovani con insegnamenti sbagliati*; *t. l'ospitalità di qlcu.*; *t. un ideale* | venir meno alla fedeltà in un rapporto amoroso: *t. la moglie, il marito, la persona amata* | (*est.*) deludere: *ha tradito le attese di tutti* | ***t. la propria coscienza***, operare contro ciò in cui si crede | ***t. la verità***, occultarla o mentire | ***t. un segreto***, divulgarlo, renderlo noto | non corrispondere esattamente, non esprimere fedelmente: *la parola spesso tradisce il pensiero* | ***t. un testo***, interpretarlo o tradurlo in modo inesatto o incompleto **2** (*fig.*) mancare, venir meno: *se la memoria non mi tradisce*; *ero quasi in cima, ma le gambe mi hanno tradito* **3** manifestare involontariamente, lasciare trasparire ciò che dovrebbe rimanere nascosto: *è un errore che tradisce la sua negligenza*; *non tradiva il suo turbamento, la sua stizza, la sua emozione* **4** †consegnare per tradimento: *t. la città al nemico* **B** **tradirsi** **v. rifl.** ● manifestare involontariamente pensieri, idee, sentimenti, propositi: *è riuscito a rispondere senza tradirsi*

tradìto① o †**traìto** **part. pass.** di *tradire*; anche **agg.** ● nei sign. del v.: *marito t.*; *fiducia tradita* ‖ †**traditaménte**, **avv.** con tradimento

tràdito② [dal lat. *trāditu(m)*, da *trādere* 'consegnare, trasmettere' ✱ sec. XIV] **agg.** ● (*raro*) tramandato

traditóre o †**traitóre** [vc. dotta, lat. *traditōre(m)*, da *trāditus* 'tradito①', ma col sign. assunto da *tradire* ✱ sec. XII] **A** **s. m.** (**f.** *-trice*, *pop.*, *disus.* *-tóra*) ● chi tradisce: *un t. della patria* ‖ (*lett.*) **traditoràccio**, **pegg.** | **traditorèllo**, **dim.** **B** **agg.** **1** che tradisce: *donna traditrice* | ***occhi traditori***, seducenti | (*fam.*) ***vino t.***, che sembra leggero ma fa ubriacare | (*ellitt.*) †***alla traditora***, a tradimento **2** (*lett.*) ingannevole

tradizionàle [da *tradizione*, sul modello del corrispondente fr. *traditionnel* ✱ av. 1808] **agg.** ● che appartiene alla tradizione, che è conforme alla tradizione: *costume t.*; *festa t.*; *folla de' rimatori, i quali continuavano il mondo t. de' sonetti* (F. De Sanctis) | fondato sulla tradizione (talora con una connotazione negativa): *una regia teatrale alquanto t.*; *concezione t.* | abituale: *la sua t. cortesia* **SIN.** usuale ‖ **tradizionalménte**, **avv.** in maniera tradizionale; secondo la tradizione ‖ **tradizionalità**, **s. f. inv.**

SFUMATURE ➤ ***abituale***

tradizionalìṣmo [da *tradizione*, sul modello del corrispondente fr. *traditionalisme* ✱ 1895] **s. m.** **1** ogni dottrina filosofica che considera la tradizione come fonte e criterio di verità | dottrina filosofico-teologica affermatasi in Francia nell'età della Restaurazione in contrapposizione all'illuminismo, secondo la quale tutte le verità, anche quelle di ordine naturale, deriverebbero da un'originaria rivelazione divina **2** attaccamento alle forme, gli usi, le opinioni, i metodi tradizionali: *avversare il nuovo per t.* **CONTR.** progressismo

tradizionalìsta [da *tradizione*, sul modello del corrispondente fr. *traditionaliste* ✱ 1887] **A** **s. m. e f.** (**pl. m.** *-i*) ● chi, nel modo di pensare e di agire, segue la tradizione **CONTR.** progressista **B** **agg.** ● tradizionalistico

SFUMATURE ➤ ***conservatore***

tradizionalìstico [1928] **agg.** (**pl. m.** *-ci*) ● del tradizionalismo, dei tradizionalisti: *comportamento t.* ‖ **tradizionalisticaménte**, **avv.**

◆**tradizióne** [vc. dotta, lat. *traditiōne(m)*, da *trāditus* 'tradito②' ✱ 1338 ca.] **s. f.** **1** trasmissione nel tempo di notizie, memorie, consuetudini da una generazione all'altra attraverso l'esempio o mediante informazioni, testimonianze e ammaestramenti orali o scritti: *sapere, conoscere per t.*; *la t. ininterrotta della musica popolare*; *è volgar t. che la prima forma di governo al mondo fosse ... stata monarchia* (G. Vico) | ***t. orale***, complesso di testimonianze su fatti o costumi trasmesse oralmente da una generazione all'altra e utilizzate spec. nel corso di ricerche e studi etnologici | (*est.*) opinione, usanza e sim. così tramandata: *sono cose attestate dalla t.*; *cerimonia regolata secondo una t. antichissima* | (*est.*) uso, regola costituiti sulla tradizione stessa: *liberarsi dalla t.* **2** (*colloq.*) consuetudine: *per t. si vestono da anni dallo stesso sarto* **3** forma sotto la quale i documenti antichi e medievali sono giunti fino a noi e cioè in minuta, in originale o in copia | complesso delle copie manoscritte derivate dall'originale di un autore **4** (*dir.*) consegna di una cosa da un soggetto a un altro che ne acquista il possesso: *t. consensuale, effettiva, simbolica* **5** uso o comportamento rituale non attestato nei libri sacri e trasmesso per costante adozione

SFUMATURE ➤ ***abitudine***

> ***Definizione d'autore***
>
> La **tradizione** è per i popoli e i gruppi umani quello che la memoria è per il singolo: la sintesi dei valori simbolici e immaginari che assicurano il senso d'identità. Trasmessa di generazione in generazione, si fonda su scritture ritenute sacre e sulla **tradizione** orale qualificata: pubblica, o elitaria, o iniziatica. Ogni gruppo etnico, religioso o storico si riconosce in una **tradizione** che ne costituisce sostanzialmente la coscienza ereditaria; gli incontri, le unioni e le fusioni tra gruppi diversi conducono ordinariamente a un confronto fra tradizioni e all'avvio di una dinamica innovatrice al loro interno. Perché, a differenza della conservazione, la **tradizione** è viva.
>
> *Franco Cardini*

†**tradólce** [comp. di *tra-* e *dolce* ✱ av. 1294] **agg.** ● (*lett.*) colmo di benevolenza | amabilissimo ‖ †**tradolceménte**, **avv.** dolcissimamente

†**tradolciàto** [comp. di *tra-* e *dolciato* ✱ sec. XIV] **agg.** ● amatissimo (con riferimento a Gesù)

tradótta [f. sost. del part. pass. di *tradurre* nel senso di 'trasportare' ✱ 1918] **s. f.** ● convoglio ferroviario adibito al trasporto di truppe in tempo di guerra

tradótto **part. pass.** di *tradurre*; anche **agg.** ● nei sign. del v.: *un testo t. in italiano*; *un investimento t. in cifre* | ***t. in pratica***, attuato

traducènte **A** **part. pres.** di *tradurre*; anche **agg.** ● nei sign. del v. **B** **s. m.** ● equivalente in un'altra lingua di una parola, una locuzione o un'espressione: *cercare sul dizionario il t. francese della parola 'casa'*

traducianèṣimo o **traducianìṣmo** [ingl. *traducianism*, da *traducian* 'traduciano' ✱ 1961] **s. m.** ● dottrina cristiana antica, non accolta dalla Chiesa, secondo la quale l'anima individuale non è creata di volta in volta da Dio, ma procede dai genitori ai figli, nell'atto generativo

traduciàno [ingl. *traducian*, dal lat. *tradūcere* 'trasmettere' (V. *tradurre*) perché i traduciani ritenevano che l'anima si trasmettesse dai genitori ai figli ✱ 1749] **A** **agg.** ● che riguarda il traducianesimo **B** **s. m.** (**f.** *-a*) ● seguace del traducianesimo

traducìbile [1729] **agg.** ● che si può tradurre (*anche fig.*): *testo difficilmente t. in italiano*; *emozione non t. in parole* **CONTR.** intraducibile ‖ **traducibilità**, **s. f. inv.**

tradunionìṣmo /tradunjo'nizmo, tredjunjo'nizmo/ [ingl. *trade-unionism*, da *Trade Union* (V.) ✱ 1942] **s. m.** ● il movimento sindacale delle Trade Union

tradunionìsta /tradunujo'nista, tredjunjo'nista/ [1942] **s. m. e f.** (**pl. m.** *-i*) ● chi segue o sostiene il tradunionismo

tradunionìstico /tradunjo'nistiko, tredjunjo'nistiko/ [da *tradunionismo* ✱ 1961] **agg.** (**pl. m.** *-ci*) ● che riguarda il movimento sindacale delle Trade Union

◆**tradùrre** [vc. dotta, lat. *tradūcere* 'trasportare', comp. di *trāns* 'al di là' e *dūcere* 'condurre' ✱ av. 1328] **A** **v. tr.** (**coniug. come** *condurre*; **part. pass.** *tradótto*) **1** volgere, trasferire da una lingua in un'altra (+ *da*, + *in*): *t. dall'inglese*, *dal latino*; *t. in francese*; *t. un discorso dal tedesco in italiano* | dare l'equivalente di un testo, una locuzione, una parola: *t. una poesia in dialetto* | volgere nella propria lingua: *t. Cesare, Shakespeare*; *pochi sanno t. il sanscrito* | ***t. alla lettera***, in modo ligio al testo | ***t. all'impronta***, senza usare il vocabolario | ***t. a senso***, con libertà | (*fig.*) ***t. in parole povere, in parole chiare***, spiegare semplicemente e chiaramente | (*fig.*) ***t. un'idea***, realizzarla | (*fig.*) ***t. un sentimento***, esprimerlo verbalmente | ***t. in atto***, mettere in atto, eseguire, realizzare **2** (*lett.*) trasportare: *t. l'esercito di là dal fiume* | (*burocr.*) condurre, trasferire: *t. l'imputato in tribunale* **3** (*lett.*) trasmettere: *quale in un momento / da mosso speglio il suo chiaror traduce / riverberata luce* (G. Parini) **B** **tradùrsi** **v. intr. pron.** ● risolversi, realizzarsi (+ *in*): *l'idea iniziale si è tradotta in un libro*

> ***Definizione d'autore***
>
> **Tradurre** significa per me leggere e scrivere. C'è innanzitutto il piacere della lettura, di vivere altre vite sfuggendo attraverso la letteratura ai limiti della propria esistenza. E c'è il piacere della riscrittura, di dare a una voce straniera, la voce particolarissima di uno scrittore o un poeta, le parole dell'italiano, la propria lingua madre, in un ininterrotto andirivieni fra due lingue, due realtà irriducibilmente diverse. E c'è in ogni momento l'onore e la responsabilità di sapere che la nostra personale interpretazione di traduttori, nascosti come sempre nello spazio bianco fra le righe, sarà alla fine quel che leggeranno i lettori.
>
> *Ilide Carmignani*

traduttése o **traduttorése** (o *-ṣ-*) [da *tradutt(ore)* col suff. *-ese*② ✱ 1998] **s. m.** **1** linguaggio piatto e convenzionale, tipico di una traduzione che mira solo a facilitare la lettura **2** linguaggio contorto o stile scadente che sono conseguenza di una traduzione eccessivamente letterale | scrittura narrativa che riproduce passivamente modelli e forme delle traduzioni di libri stranieri spec. dall'inglese

traduttìvo [1982] **agg.** ● che riguarda la traduzione: *processi, metodi traduttivi*

traduttologìa [comp. della base *tradutt-*, di *traduttore, traduttivo* e sim., e *-logia* ✱ 1981] **s. f.** (**pl.** *-gìe*) ● (*ling.*) disciplina che si occupa dei problemi tecnici e metodologici connessi alla traduzione

♦**traduttóre** [vc. dotta, lat. *traductōre(m)* 'chi fa passare o trasferisce', da *tradŭctus* 'tradotto' ✱ av. 1425] **s. m.** **1** (**f.** *-trice*) chi traduce | chi è autore di una traduzione: *il Monti ha fama di eccelso t.* | (*est.*) ***t. elettronico***, apparecchio tascabile che fornisce su un visore la traduzione in una o più lingue di un certo numero di parole o frasi **2** libro di piccolo formato con la traduzione di opere di classici greci o latini: *molti studenti usano il t.* **3** (**f.** *-trice*) (*burocr.*) agente che scorta i detenuti durante i trasferimenti spec. da un carcere all'altro

traduttorése (o *-ṣ-*) ➤ **traduttese**

♦**traduzióne** [vc. dotta, lat. *traductiōne(m)*, da *tradŭctus* 'tradotto' ✱ av. 1425] **s. f.** **1** attività, modalità del tradurre; trasposizione da una lingua in un'altra: *fare una buona t.*; *una t. libera, letterale* | ***t. simultanea***, traduzione orale effettuata da un interprete nel momento stesso in cui un discorso viene pronunciato | ***t. assistita*** (***dal computer***), eseguita dal traduttore con il sussidio di strumenti informatici (software specifici, corpora testuali bilingui, nomenclature, ecc.) | ***t. automatica***, realizzata dal computer sul fondamento di un repertorio di corrispondenze bilingui, senza controllo umano | ***t. consecutiva***, traduzione orale effettuata quando l'oratore ha terminato di parlare | versione scolastica: *gli alunni hanno eseguito una t. dal francese* | il testo tradotto: *è l'ultima t. di Balzac* **2** (*burocr.*) trasporto di detenuti **3** (*chim., biol.*) processo in cui le informazioni genetiche, presenti in una molecola di RNA messaggero, dirigono l'ordine degli specifici amminoacidi durante la sintesi proteica ‖ **traduzioncèlla**, **dim.** | **traduzioncina**, **dim.**

SFUMATURE DI SIGNIFICATO

traduzione - volgarizzamento - parafrasi
Traduzione è la trasposizione di un testo da una lingua in un'altra. Se il testo di partenza è il latino o il greco e quello d'arrivo un volgare romanzo, cioè una delle lingue derivate dal latino nei primi secoli della loro storia, quando erano appunto considerate lingue del volgo, abbiamo un **volgarizzamento**. La **parafrasi** è il trasporre un testo poetico dalla sua forma originaria nell'equivalente prosastico della stessa lingua, disponendo le parole secondo l'ordine naturale del discorso e sostituendo le parole poetiche o rare con le corrispondenti dell'uso corrente.

traèndo ➤ **trarre**

traènte **A** **part. pres.** di *trarre*; anche **agg.** ● nei sign. del v. | che è in grado di dare un impulso positivo, spec. all'economia: *la produzione dell'auto è ancora un settore t.* **B** **s. m. e f.** ● chi, nell'emettere un titolo di credito, sottoscrive l'ordine di pagare una data somma

traènza [av. 1704] **s. f.** ● condizione del traente

†**tràere** ➤ **trarre**

traésti ➤ **trarre**

†**trafelaménto** [sec. XIV] **s. m.** ● condizione di chi è trafelato

♣**trafelàre** [comp. di *tra-* e *fiele*, propr. 'ansare' ✱ av. 1292] **v. intr.** (*io trafèlo*; **aus.** *avere*) e **trafelàrsi** **v. intr. pron.** ● (*lett.*) ansimare o (*est.*) accasciarsi per eccessiva fatica o stanchezza | (*fig.*) darsi da fare affannosamente: *oltre a dover trafelarsi da mane a sera* (I. Nievo)

♣**trafelàto** **part. pass.** di *trafelare*; anche **agg.** ● affannato, ansante e stanco: *giunsi alla fine, ma tanto t. che mi pareva esser un cane, di ritorno dall'aver inseguito una lepre* (I. Nievo) ‖ **trafelataménte**, **avv.**

†**traferìre** [comp. di *tra-* e *ferire* ✱ sec. XIII] **A** **v. tr.** ● ferire gravemente, trafiggere **B** †**traferìrsi** **v. rifl. recipr.** ● ferirsi, colpirsi a vicenda

†**trafèro** [comp. di *tra-* e *fero* ✱ av. 1294] **agg.** ● estremamente doloroso

trafèrro [comp. di *tra-* e *ferro* ✱ 1930] **s. m.** ● (*elettr.*) spazio fra la superficie del rotore e quella dello statore | spazio che separa due elementi di circuito magnetico

†**trafésso** [comp. di *tra-* e *fesso* ✱ av. 1492] **agg.** ● spaccato

trafficàbile [av. 1831] **agg.** **1** (*raro*) commerciabile, negoziabile: *merce t.* **2** percorribile: *strada t.* | (*raro*) trasportabile ‖ **trafficabilità**, **s. f. inv.**

trafficànte [part. pres. di *trafficare* ✱ 1494] **s. m. e f.** **1** (*disus.*) chi commercia, mercante **2** (*spreg.*) chi esercita un traffico illecito: *t. di droga* | (*fig., spreg.*) chi si dà da fare in modo poco chiaro o briga per interesse personale: *i trafficanti della politica*; *è un gran t.*

♦**trafficàre** [etim. discussa: dal lat. parl. **transfricāre*, attraverso il catalano *trafegar* 'mutare di posto una cosa, passare un liquido da un recipiente a un altro' (?) ✱ 1309] **A** **v. intr.** (*io tràffico, tu tràffichi*; **aus.** *avere*) **1** commerciare (+ *in*, + *con*): *t. in articoli di plastica* | (*spreg.*) esercitare traffici illeciti: *t. con la droga* (o *in droga*); *t. con merce rubata* | †***t. con qlcu.***, trattare o aver noie con qlcu. **2** (*colloq.*) affaccendarsi, darsi da fare: *t. in casa per le pulizie* | (*colloq.*) armeggiare (+ *con*): *è un'ora che traffica con quel rubinetto!* **B** **v. tr.** **1** vendere (*spec. spreg.*): *t. mercanzie, denaro*; *t. voti, appoggi elettorali* **2** †trattare: *t. faccende* **3** †maneggiare: *t. il fuso e la rocca* **4** †toccare, palpare, brancicare

trafficàto **part. pass.** di *trafficare*; anche **agg.** **1** nei sign. del v. **2** detto di strada, piazza e sim. percorsa da intenso traffico

trafficatóre [av. 1311] **s. m.** (**f.** *-trice*) **1** (*disus.*) mercante | negoziante **2** (*spreg.*) faccendiere, maneggione

traffichìno [da *trafficare* ✱ 1587] **s. m.** (**f.** *-a*); **lett.** anche **agg.** ● (*fam.*) chi (o che) si dà da fare, anche con imbrogli, per ottenere incarichi, lavori, appoggi

♦**tràffico** [da *trafficare* ✱ av. 1348] **s. m.** (**pl.** *-ci*, †*-chi*) **1** il trafficare | commercio, spec. non lecito: *t. di drapperie*; *ostacolare il t. degli stupefacenti* | ***fare t. di qlco.***, farne commercio (**anche spreg.**) | movimento degli affari: *il t. della borsa è in espansione* **2** movimento di navi, di aeromobili, di treni, di autoveicoli e motoveicoli: *t. marittimo, aereo, ferroviario, automobilistico* **3** movimento di persone, posta e merci mediante navi, aeromobili, treni, autoveicoli | movimento di persone su una strada, una piazza e sim.: *t. pedonale* | ***t. stradale***, (*per anton.*) ***il traffico***, l'insieme dei veicoli e delle persone che percorrono una strada o una località; circolazione stradale: *dirigere il t.*; *essere in ritardo a causa del t.*; *oggi c'è poco t.*; *che t.!* | ***t. pesante***, il traffico su strada degli autotreni o degli autoarticolati | ***t. su gomma, su rotaia***, rispettivamente, quello su strada e quello ferroviario | ***ingegneria del t.***, disciplina che studia il traffico lungo una strada a una serie di strade, o in una località, allo scopo di renderlo scorrevole e sicuro **4** trasmissione di messaggi mediante la posta, il telegrafo, il telefono o una rete informatica: *t. postale, telegrafico, telefonico, radiotelegrafico* **5** †luogo dove si traffica, mercato

NOMENCLATURA

traffico (cfr. strada, autostrada)
● *caratteristiche*: ordinato ⇔ disordinato = caotico = congestionato = convulso, intenso = grande ⇔ ridotto = moderato = scarso, interrotto; intasamento = imbottigliamento = congestione = ingorgo, confluenza, scorrimento; incidente, tamponamento; sorpasso, senso unico (alternato), itinerario (obbligato, preferenziale, riservato), velocità (forte, regolare, moderata, ridotta, spinta, folle); coppa giratoria, pedana, colonnina luminosa (a luce fissa ⇔ a luce lampeggiante), salvagente, banchina spartitraffico, aiuola; blocco del traffico, targhe alterne, soglia d'inquinamento, bollino blu, controllo gas di scarico, marmitta catalitica;
● *rete stradale*: a scacchiera, a schema triangolare, radiocentrica, a ventaglio, curvilinea, lineare; via, corso, viale = passeggiata = boulevard, lungofiume, lungolago, lungomare, vicolo, vicolo cieco, budello, calle, carruggio, rua, chiasso, canto, largo, piazza, piazzale, campo, ponte, cavalcavia, sottopassaggio, viadotto, bastioni, gradinata = scalinata, traversa, incrocio, biforcazione, attraversamento pedonale, semaforo, marciapiede, passo carrabile; circolazione, ingorgo, coda, colonna, distanza di sicurezza, limiti di velocità, Autovelox, sorpasso;
● *parcheggio*: pubblico ⇔ privato, libero ⇔ limitato (a pagamento, a orario, a tariffa differenziale), zona disco, zona blu;
● *servizi di sicurezza*: corpo di polizia stradale, agente della strada, vigile urbano = pizzardone = ghisa, guardia notturna; contravvenzione = multa; codice della strada, norma, osservanza, infrazione, pirata della strada, posto di blocco;
● *azioni*: perlustrare, vigilare, dirigere il traffico, fischiare, intimare l'alt, multare, deviare il traffico.

tram = tranvia
● *parti*: motrice, rimorchio, carrello girevole, trolley = presa di corrente (a pantografo, ad archetto); targa della linea, quadro del percorso, porta (di entrata ⇔ di uscita, ad apertura pneumatica, a libro), soffietto di collegamento, piattaforma, sedili, maniglia, corrimano; posto di manovra;
● *personale addetto*: tranviere, fattorino, controllore, bigliettaio, conduttore, manovratore; passeggero.

trafficóne [da *trafficare* ✱ 1865] **s. m.** (**f.** *-a*) ● persona senza troppi scrupoli che briga per ottenere vantaggi personali **SIN.** maneggione

†**trafière** o †**trafièri** [cfr. *traferire* ✱ 1342] **s. m.** ● pugnale, misericordia

trafiggènte **part. pres.** di *trafiggere*; anche **agg.** **1** (*raro*) nei sign. del v. **2** (*est., lett.*) pungente | (*lett., fig.*) penetrante

trafìggere [vc. dotta, lat. *transfīgere*, comp. di *trāns* 'tra-' e *fīgere*, con adattamento su *figgere* ✱ sec. XIII] **v. tr.** (**coniug. come** *figgere*) **1** passare da parte a parte: *t. con un pugnale, con un lungo chiodo* | anche nella forma pron. **trafìggersi**, trapassare, ferire con un'arma acuminata una parte del proprio corpo: *ella si trafigge il seno coi due pugnali e stramazza* (L. Pirandello) **2** (*est.*) affliggere con un dolore acuto: *fitte dolorose gli trafiggevano la schiena* | ***t. il cuore a qlcu.***, (*fig.*) ferirne profondamente i sentimenti, l'animo; anche, farlo innamorare: *la notizia gli trafisse il cuore*; *qui co' begli occhi mi trafisse il core* (F. Petrarca) **3** (*fig.*) criticare, deridere, offendere

†**trafiggiménto** [sec. XIV] **s. m.** ● trafittura | (*fig.*) dolore, pena | (*fig.*) rimprovero

trafiggitóre [av. 1557] **s. m.** (**f.** *-trice*); anche **agg.** ● (*raro*) chi (o che) trafigge: *Apollo t.*

†**trafiggitùra** [da *trafiggere* ✱ sec. XIV] **s. f.** ● ferita | fitta

•**trafila** [da *trafilare* ✱av. 1537] **s. f. 1** piastra di acciaio temperato con fori conici decrescenti per assottigliare fili o far tubi | macchina, azionata a mano o a motore, per fare o assottigliare fili d'oro o d'argento **2** (*fig.*) complesso di prove, di difficoltà attraverso le quali si è costretti a passare per raggiungere un determinato fine: *superare la t. degli esami* | sequela di atti, di operazioni da seguire: *una lunga t. burocratica; la t. dei vari uffici*

trafilàre [fr. *tréfiler* 'far passare attraverso (*tré-*) la filiera (da *fil* 'filo')' ✱1865] **v. tr.** • passare alla trafila un materiale per ridurlo in fili

trafilàto **A** **part. pass.** di *trafilare*; anche **agg.** • nel sign. del v. **B** **s. m.** • tubo, filo, barra, e sim. metallico ottenuto per trafilatura

trafilatóre [1928] **s. m.** (**f.** *-trice*) • chi lavora alla trafila

trafilatrìce [1961] **s. f.** • macchina per trafilare, usata nella lavorazione di materiali diversi, spec. metalli, materie plastiche e gomma

trafilatùra [da *trafilare* ✱1922] **s. f.** • lavorazione per deformazione plastica che consiste nel far passare il materiale sotto forma di vergelle, barre o tubi attraverso una filiera, per ridurne la sezione, mediante azione traente esercitata su di esso

trafilerìa [adattamento del fr. *tréfilerie*, da *tréfiler* 'trafilare' ✱av. 1861] **s. f.** • officina o reparto di lavorazione in cui si eseguono operazioni di trafilatura

trafilétto [adattamento del fr. *(en)trefilet*, perché originariamente compreso 'tra (*entre*) due trattini (*filets*)', che lo staccavano dagli altri articoli ✱1895] **s. m.** • (*giornalismo*) articoletto breve senza titolo

†**trafisso** ▸ **trafitto**

trafìtta [f. sost. del part. pass. di *trafiggere* ✱av. 1311] **s. f. 1** †ferita causata da un'arma da punta **2** (*lett.*) puntura, fitta, trafittura: *sentì una t. alla testa* **3** (*lett.*, *fig.*) dolore, afflizione | parola pungente, offensiva

trafittìvo [av. 1292] **agg.** • (*lett.*) che trafigge (*anche fig.*)

trafitto o †**trafisso** **part. pass.** di *trafiggere*; anche **agg.** • nei sign. del v.

trafittùra [1353] **s. f.** • (*raro*) il trafiggere | (*raro*) ferita causata da un'arma che trafigge | (*est.*, *lett.*) ferita, puntura: *t. di vespa* | (*est.*) dolore acuto, fitta | (*fig. lett.*) acuta sofferenza

†**trafluènte** [comp. di *tra-* e *fluente* ✱sec. XIV] **agg.** • che si diparte da un fiume principale, detto di corso d'acqua

traforaménto [av. 1519] **s. m.** • (*raro*) il traforare | buco, apertura

traforàre [vc. dotta, lat. tardo *transforāre*, comp. di *trāns* 'attraverso' e *forāre* ✱sec. XIV] **v. tr.** (*io trafóro* (o *trafòro*)) **1** passare da parte a parte: *t. un'asse di compensato; la pallottola ha traforato il polmone* | ***t. la montagna***, aprire una galleria | ***t. il terreno***, scavarvi un buco profondo, forandolo con la trivella **2** †trafiggere **3** lavorare di traforo su stoffa, cuoio, legno o metallo, anche prezioso

traforàto **part. pass.** di *traforare*; anche **agg.** • lavorato a trafori: *tovaglia traforata; legno t.*

traforatóre [av. 1774] **s. m.**; anche **agg.** (**f.** *-trice*) • (*raro*) chi (o che) trafora

traforatrìce [1940] **s. f.** • macchina per traforare

traforazióne [vc. dotta, lat. tardo *transforatiōne(m)*, da *transforāre* 'traforare' ✱av. 1519] **s. f.** • il traforare | foro

†**traforellerìa** ▸ †**trafurelleria**

†**traforèllo** ▸ †**trafurello**

†**traforerìa** [adattamento del fr. *trufferie*, da *truffer* 'ingannare', con sovrapposizione d'altra parola (?) ✱av. 1565] **s. f.** • inganno, raggiro

trafóro (o *-ò-*) [sec. XIV] **s. m. 1** operazione del traforare | apertura ottenuta traforando | galleria scavata attraverso una montagna o sim. per strade ordinarie o ferrate: *il t. del Sempione; i trafori degli Appennini* **2** lavoro consistente in un ricamo a intaglio o eseguito sulla sfilatura di una stoffa **3** intaglio eseguito su legno, marmo e altri materiali secondo un tracciato prestabilito, a scopo decorativo | gioco di ragazzi per traforare il legno | tutto l'occorrente per tale gioco: *regalare un t.* ‖ **traforétto**, **dim.**

†**trafòrte** [comp. di *tra-* e *forte* ✱av. 1294] **agg.** • oltremodo forte

†**trafréddo** [comp. di *tra-* e *freddo* ✱av. 1311] **agg.** • assai freddo

trafugaménto [1639] **s. m.** • sottrazione furtiva: *t. di una salma*

trafugàre [comp. di *tra-* e *fugare* ✱1266] **A** **v. tr.** (*io trafùgo, tu trafùghi*) • portare via di nascosto o furtivamente: *t. opere d'arte, oggetti preziosi* **B** **trafugàrsi** **v. intr. pron.** • (*raro*, *lett.*) fuggire, sottrarsi nascostamente

trafugàto **part. pass.** di *trafugare*; anche **agg.** • nel sign. del v. ‖ †**trafugataménte**, **avv.** di nascosto, furtivamente

†**trafuggìre** [vc. dotta, lat. *transfŭgere*, comp. di *trāns* 'al di là' e *fŭgere* 'fuggire', con adattamento ai corrispondenti elementi compositivi it. ✱sec. XIV] **v. intr.** • sfuggire

†**trafuggitóre** [da *trafuggire* ✱sec. XIV] **s. m.** (**f.** *-trice*) • fuggiasco, disertore

trafùgo [da *trafugare* ✱1879] **s. m.** (**pl.** *-ghi*) **1** (*disus.*) trafugamento | tentativo di fuga **2** ***di t.***, (*disus.*) di nascosto

†**trafuràre** [comp. di *tra-* e †*furare* ✱sec. XIV] **v. tr.** • rubare, asportare, trafugare

†**trafurellerìa** o †**traforellerìa** [da †*trafurello* ✱1536] **s. f.** • inganno, tranello

†**trafurèllo** o †**traforèllo** [ant. fr. *truferel*, dim. di *trufeur* 'truffatore, bugiardo' ✱1526] **s. m.** (**f.** *-a*); anche **agg.** • raggiratore, imbroglione

tragèda ▸ **tragedo**

•**tragèdia** o †**tragedìa** [vc. dotta, lat. *tragoedia(m)*, dal gr. *tragōidía*, comp. di *trágos* 'capro', da *trógein* 'rodere', di orig. indeur., e di un deriv. da *ōidḗ* 'ode, canto' ✱av. 1292] **s. f. 1** genere fondamentale del teatro drammatico, caratterizzato dalla solenne narrazione di fatti gravi riguardanti personaggi importanti e dallo scioglimento luttuoso della trama | (*lett.*) componimento letterario di stile elevato **2** fatto o vicenda tragica, dolorosa, cruenta: *è successa una t.; succedette l'anno medesimo alla t. cominciata innanzi a Ferrara, nuovo e grave accidente* (F. Guicciardini) | (*fig.*) ***fare una t.***, dare in escandescenze, minacciare o addolorarsi eccessivamente di fronte a piccole contrarietà **3** (*est.*, *iperb.*) fastidio, difficoltà, contrarietà: *non riesci a fare il nodo alla cravatta? Una t.!* ‖ (*raro*) **tragediàccia**, **pegg.** | **tragedióna**, **accr.**

tragediàbile [1786] **agg.** • (*lett.*) di soggetto adatto a fornire la trama di una tragedia: *quel tema per sé stesso infelice, e non t. da chi che si fosse* (V. Alfieri)

tragediànte [1600] **s. m. e f. 1** (*lett.*) compositore di tragedie (*spec. spreg.*) | (*lett.*) attore di tragedie **2** (*fig.*, *raro*) chi reagisce in modo sproporzionato di fronte a contrarietà di poco valore

tragediògrafo [vc. dotta, lat. tardo *tragoediŏgraphu(m)*, dal gr. *tragōidiográphos*, comp. di *tragōidía* 'tragedia' e di un deriv. da *gráphein* 'scrivere' ✱av. 1642] **s. m.** (**f.** *-a*) • autore di tragedie

†**tragedizzàre** [1639] **v. intr.** • comporre tragedie

tragèdo o **tragèda** nel sign. A 1 [vc. dotta, lat. *tragōedu(m)*, dal gr. *tragōidós*, da *tragōidía* 'tragedia' ✱1321] **A** **s. m. 1** (*lett.*) tragediografo **2** †attore tragico **B** **agg.** • †tragico: *chi riguarda lo stilo eroico d'Omero o di Virgilio, o il t. di Seneca poeta* (G. Boccaccio)

†**tragettàre** ▸ **tragittare**

†**tragètto** ▸ **tragitto**

†**tràggere** ▸ **trarre**

tràggo ▸ **trarre**

traghettaménto [da *traghettare* ✱1970] **s. m.** • operazione di attraversamento di un corso d'acqua inguadabile mediante traghetti e natanti in genere

traghettàre [parallelo veneto di *tragittare* con *gh* non spiegato ✱av. 1463] **v. tr.** (*io traghétto*) **1** portare da una sponda all'altra cose o persone | (*raro*) trasbordare | passare in barca: *t. un canale* **2** (*fig.*) rendere possibile un cambiamento di stato, assetto, condizione: *t. il Paese verso la democrazia*

traghettatóre [1717] **s. m.** (**f.** *-trice*) • chi traghetta

traghétto [da *traghettare* ✱1533] **A** **s. m. 1** (*raro*) traghettamento | posto, stazione in cui si compie il passaggio stesso: *i traghetti delle gondole a Venezia* **2** mezzo con cui si traghettano cose o persone | nave traghetto: *prendere il t. per la Sardegna, per la Corsica* **B** **in funzione di agg. inv.** • (posposto al sost.) solo nella loc. ***nave t.***, nave attrezzata per il trasporto di passeggeri e veicoli | ferry-boat ‖ **traghettìno**, **dim.** | **traghettóne**, **accr.**

SFUMATURE ▸ *nave*

•**tràgico** [vc. dotta, lat. *trăgicu(m)*, dal gr. *tragikós*, da *trágos* (V. *tragedia*) ✱av. 1332] **A** **agg.** (**pl. m.** *-ci*) **1** di tragedia, della tragedia: *stile, attore t.; una quasi totale ignoranza delle regole dell'arte tragica* (V. Alfieri) | attinente alla tragedia | ***poeta t.***, tragediografo | ***azione tragica***, tragedia **2** (*est.*) doloroso, luttuoso: *un fatto t.* | cruento, mortale, violento: *fare una fine tragica* | ***gesto t.***, esagerato, simile a quello di un attore tragico | (*est.*) molto grave: *è t. che si sia tardato tanto a chiamare i soccorsi* ‖ **tragicaménte**, **avv. 1** (*raro*) nel modo dello stile tragico **2** (*est.*) in modo luttuoso, doloroso; in modo violento, cruento: *morire tragicamente* ‖ **tragicità**, **s. f. inv.**: *la tragicità di una scena; la tragicità di un avvenimento* **B** **s. m. 1** (**f.** *-a*) tragediografo: *i tragici greci, francesi* **2** (**f.** *-a*) (*raro*) attore di tragedie | (*fig.*) ***fare il t.***, esagerare la gravità di una situazione **3** (**solo sing.**) tragicità: *il t. di un episodio*

SFUMATURE DI SIGNIFICATO

tragico - drammatico - catastrofico
Si definisce **tragico** un evento luttuoso molto doloroso, con riferimento ai fatti terribili che accadono a teatro nelle tragedie. **Drammatico** deriva da *dramma*, ma in senso figurato non richiama tanto l'esito negativo finale, quanto i momenti di estrema difficoltà o pericolosità che lasciano presagire un esito molto doloroso. **Catastrofico**, parola anch'essa di origine teatrale, è ciò che provoca una catastrofe, una sciagura gravissima che riguarda molte persone.

†**tragicomèdia** ▸ **tragicommedia**

tragicòmico [comp. di una riduzione da *tragico* e di *comico* ✱1588] **A** **agg.** (**pl. m.** *-ci*) **1** relativo alla tragicommedia **2** (*fig.*) che ha insieme elementi comici e tragici: *un caso t.* ‖ **tragicomicità**, **s. f. inv.** **B** **s. m.** • (*raro*) autore di tragicommedie

tragicommèdia o †**tragicomèdia** [comp. di *tragi(co)* e *commedia*, come il lat. *tragicocomoedia*, dal gr. *tragikōmōidía* ✱1546] **s. f.**

1 componimento drammatico in cui parti tragiche si alternano a situazioni comiche **2** (*fig.*) fatto, caso tragicomico

†**tragiogàre** [comp. di *tra-* e *giogo* ✱ av. 1729] **v. intr.** ● tirare in direzioni contrarie, detto di animali che vanno insieme sotto il giogo

†**tragiovànte** [comp. di *tra-* e *giovante* ✱ 1723] **agg.** ● oltremodo giovevole

tragittàre o †**tragettàre** [lat. tardo *traiectāre* ✱ av. 1328] **A v. tr. 1** (*lett.*) trasportare in barca da una sponda all'altra cose o persone | (*raro*) passare, traversare navigando: *t. un fiume, un braccio di mare* **2** †passare, attraversare in un viaggio di terra: *t. un paese* | †valicare: *t. le Alpi* **3** †fare giochi di destrezza **B tragittàrsi v. intr. pron.** ● †trasferirsi: *e quindi si tragitta / per mare alla cittade* (L. Ariosto)

♦**tragìtto** o †**tragètto** [da *tragittare* ✱ 1313] **s. m. 1** trasferimento da un luogo a un altro | †*far t.*, compiere il percorso, passare **2** (*est.*) cammino, percorso: *il t. per arrivare al mare è molto breve* **3** †traghetto **4** †traversa, scorciatoia, sentiero

tràglia ➤ **draglia**

†**tragloriόso** (o -ṣ-) [comp. di *tra-* e *glorioso* ✱ av. 1729] **agg.** ● oltremodo glorioso

tràgo [vc. dotta, lat. *trăgo(n)*, dal gr. *trágos*, propr. 'capro(ne)', perché peloso come la barba di un capro ✱ 1821] **s. m.** (**pl.** *-ghi*) ● (*anat.*) piccola sporgenza cartilaginea del padiglione auricolare situata davanti al meato uditivo esterno

tràgolo o **tràgulo** [dim. del gr. *trágos* 'capro', di orig. indeur. ✱ 1930] **s. m.** ● piccolissimo ruminante asiatico con canini sporgenti e pelame fulvo (*Tragulus kanchil*)

†**tragrànde** [comp. di *tra-* e *grande* ✱ av. 1292] **agg.** ● grandissimo

traguardàre [comp. di *tra-* e *guardare* ✱ sec. XV] **v. tr. 1** (*ottica*) osservare un oggetto attraverso un traguardo, per determinare una linea di mira o un piano verticale di mira passanti per quell'oggetto **2** guardare di sottecchi (*anche assol.*) | spiare

traguàrdo [da *traguardare* ✱ 1521] **s. m. 1** punto opportunamente contrassegnato in cui si conclude una gara di corsa e la linea che lo indica: *arrivare primo al t.*; *tagliare vittorioso il t.* | ***t. volante***, in una corsa ciclistica, quello posto lungo un percorso, che assegna ai primi arrivati premi, punti nelle classifiche e talvolta abbuoni **2** (*ottica*) il traguardare | (*ottica*) strumento destinato a individuare una linea di mira o un piano verticale di mira e costituito, nel primo caso, da due punti di riferimento e, nel secondo, da un punto e una retta verticale o da due rette verticali di riferimento: *livello a t.* | (*mar.*) ***governare a t.***, dirigere la nave in modo da rilevare un dato riferimento sotto prua costante **3** (*milit.*) congegno di puntamento di un'arma da fuoco | (*est.*, *aeron.*, *milit.*) ***t. di puntamento***, congegno montato su un aeromobile da bombardamento e destinato a determinare la direttrice di attacco a un dato bersaglio e il punto di sgancio delle bombe **4** (*fig.*) punto d'arrivo, meta: *la laurea è il suo t.* | (*fig.*) obiettivo: *t. formativo*

tràgula [vc. dotta, lat. *trāgula(m)*, da *trăhere* 'tirare' ✱ sec. XIII] **s. f.** ● grosso giavellotto in uso in epoca romana

tràgulo ➤ **tragolo**

trài ➤ **trarre**

†**traiettàre** [vc. dotta, lat. *traiectāre*, comp. di *trāns* 'al di là' e *iactāre*, frequentativo di *iăcere* 'gettare' ✱ av. 1472] **v. tr.** ● traghettare

traiettòria [fr. *trajectoire*, dal lat. tardo *traiectōriu(m)*, da *traĭcere* 'gettare' ✱ av. 1831] **s. f. 1** linea continua descritta nello spazio da un punto in moto **2** linea curva percorsa dal centro di gravità del proiettile, determinata da vari fattori tra cui la velocità iniziale, la forma e il peso del proiettile, la resistenza dell'aria, la forza di gravità, l'angolo di proiezione | ***t. tesa***, quella delle armi portatili e dei cannoni, contro bersagli verticali | ***t. curva***, quella degli obici e dei mortai, contro bersagli orizzontali **SIN.** parabola **3** (*fig.*) itinerario, percorso ideale di qlcu. o qlco.: *la t. stilistica di Calvino*

trailer /ˈtreiler, *ingl.* ˈtreɪlə(r)/ [vc. ingl., da *to trail* 'trascinare' (d'orig. incerta) ✱ 1942] **s. m. inv. 1** carrello da agganciare a un autoveicolo spec. per il trasporto di barche o moto | (*raro*) roulotte **2** (*cinema*, *tv*) presentazione pubblicitaria di un film o di un programma televisivo di imminente programmazione, di cui vengono mostrate alcune sequenze che, con un apposito montaggio, ne riassumono il contenuto

†**traiménto** [da †*traere* ✱ 1309] **s. m.** ● trasferimento | attrazione

tràina o †**traìna** [f. sost. del part. pass. di *trainare*, col senso di 'traccia' ✱ sec. XIV] **s. f. 1** cavo per trainare | ***pesca a, alla t.***, metodo di pesca consistente nel trainare, dietro a una barca in moto, una lenza con esca naturale o artificiale **2** andatura irregolare del cavallo che galoppa col bipede anteriore e trotta con il posteriore

trainànte **part. pres.** di *trainare*; anche **agg.** ● nei sign. del v. | (*spec. fig.*) che dà impulso, stimolo: *effetto, funzione t.* | (*econ.*) ***settore t.***, che è in grado di influire positivamente su altri settori dell'economia

♦**trainàre** o †**tranàre** [lat. parl. **traginăre*, da una forma parallela (**trāgere*) di *trăhere* 'tirare, trarre' ✱ 1280] **v. tr.** (*io tràino* o †*traìno*) **1** tirare dietro di sé, trascinare un veicolo, un carico: *t. un carro*; *t. l'artiglieria* | (*scherz.*) ***farsi t.***, (*fig.*) farsi guidare da qlcu. assumendo un atteggiamento passivo | rimorchiare **2** (*fig.*) stimolare, spingere positivamente: *è il suo entusiasmo a t. tutti*

tràiner /ˈtrainer, *ingl.* ˈtreɪnə(r)/ [vc. ingl., dal v. *to train* 'allenare, addestrare', dal fr. ant. *trainer* 'trainare' ✱ 1889] **s. m. e f. inv. 1** allenatore, spec. di una squadra di calcio, di cavalli da corsa e sim. **2** (*org. az.*) istruttore di training

training /ˈtreinin(g), *ingl.* ˈtreɪnɪŋ/ [vc. ingl., da *to train* 'allenare, addestrare' (a sua volta dal fr. *trainer* 'trascinare') ✱ 1961] **s. m. inv. 1** (*org. az.*) periodo di preparazione e addestramento a una determinata attività professionale: *l'azienda ha organizzato un t. intensivo per la preparazione commerciale dei suoi manager* | allenamento sportivo **2** (*psicol.*) ***t. autogeno***, insieme di tecniche psicoterapeutiche che consentono di distendersi mediante la concentrazione e che influiscono positivamente sul sistema neurovegetativo

♦**tràino** o †**traìno** [da *trainare* ✱ 1303] **s. m. 1** attività, operazione del trainare: *t. animale, meccanico* | dispositivo che serve a trainare **2** veicolo, carico, peso che viene trainato o rimorchiato | (*lett.*) treno: *il t. con fragore di tuon passa* (G. Pascoli) **3** specie di carro senza ruote, talvolta con pattini, adatto a luoghi scoscesi **4** (*tosc.*) parte inferiore della carrozza, su cui poggia la cassa **5** †seguito, corteo di persone che accompagna qlcu. | (*fig.*) †strascico **6** †tenore di vita: *regola el t. del vivere suo non in altro che in sulla speranza* (F. Guicciardini) **7** traina nel sign. 2 **8** (*fig.*) impulso positivo, spec. di un settore economico su un altro | ***fare da t.***, costituire un settore trainante **9** (*fig.*, *tv*) programma che per la sua collocazione ha la funzione di mantenere vivo nei telespettatori l'interesse per la trasmissione successiva di quella stessa rete: *quel varietà è un t. del telegiornale*

†**traìre** e deriv. ➤ **tradire** e deriv.

trait d'union /*fr.* ˌtʀɛdyˈnjɔ̃/ [loc. fr., propr. 'tratto (*trait*, dal lat. *trăctus*, come in it.) di unione (*d'union*, da *unir* 'unire')' ✱ 1881] **loc. sost. m. inv.** (**pl. fr.** *traits d'union*) **1** trattino posto tra due parole con forte nesso logico che costituiscono un'unità semantica (per es. in *calcio-balilla*) **2** (*fig.*) vincolo, legame | intermediario: *fare da trait d'union fra due persone*

tralasciaménto [sec. XIII] **s. m.** ● (*raro*) il tralasciare | †cessazione

tralasciàre [comp. di *tra-* e *lasciare* ✱ av. 1294] **v. tr.** (**pres.** *io tralàscio*; **fut.** *io tralascerò*) **1** lasciare a mezzo, sospendere, interrompere: *t. una cura, gli studi* | smettere, lasciare da parte: *t. i rimproveri* **2** evitare di prendere in considerazione o di valutare (di proposito o per dimenticanza) (**+** *di* **seguito da inf.**): *hanno tralasciato di leggere la parte più interessante* | fare a meno, omettere: *non t. di avvertirmi*

tralatìzio o **tralatìcio** [vc. dotta, lat. *tra(n-s)latīciu(m)*, da *translātus*, part. pass. di *transfĕrre* 'trasferire' ✱ av. 1580] **agg.** ● tramandato, tradizionale | ***formule tralatizie***, rimaste tradizionalmente invariate in leggi, atti notarili e sim.

†**tralazióne** ➤ **traslazione**

tralciàto [1343] **A agg.** ● (*disus.*) ricco di tralci **B s. m.** ● (*lett.*) pergolato fatto di tralci

tràlcio [dal lat. *trāduce(m)*, da *tradūcere* 'trasportare, trapiantare' ✱ av. 1320] **s. m. 1** ramo giovane della vite o di piante rampicanti: *t. d'edera*; *tralci nuovi, dell'anno* **2** (*med.*) piccola porzione di cordone ombelicale che rimane aderente all'addome del neonato ‖ **tralcétto**, **dim.**

†**tralciùto** [sec. XIII] **agg.** ● ricco di tralci

†**traleàle** [comp. di *tra-* e *leale* ✱ sec. XIV] **agg.** ● oltremodo leale

tralicciatùra [da *traliccio* ✱ 1987] **s. f.** ● struttura in legno o in metallo impiegata nella costruzione di ponti metallici, torri di sostegno di antenne radiotrasmittenti e sim.

tralìccio [lat. parl. **trilīciu(m)*, per *trilīce(m)*, comp. di *trēs* 'tre', di orig. indeur., e di un deriv. di *līcium* 'liccio, filo', termine tecnico di etim. incerta, con sovrapposizione del frequente pref. *tra-* ✱ sec. XIII] **s. m. 1** tela robusta per foderare materassi e guanciali, fatta di lino, di canapa, talvolta misti con cotone **2** struttura verticale costituita da profilati metallici collegati in un sistema reticolare, usata spec. per sostenere cavi, fili ad alta tensione e sim.

♣**tralìce**, (*evit.*) **tràlice** [lat. *trilīce(m)*, attributo di 'tessuto a tre fili' (V. *traliccio*), attraverso cui guardare ✱ 1688] **vc.** ● solo nelle loc. avv. ***in t.***, (*raro*) ***di t.***, obliquamente, di traverso: *andare in t.*; *tagliare una stoffa in t.* | (*fig.*) ***guardare in t.***, di sottecchi, di sbieco

tralignaménto [1574] **s. m.** ● (*raro*) degenerazione dalle tradizioni della propria stirpe | (*est.*) degenerazione

♣**tralignàre** [per *tralineare* 'andar oltre (*tra-*) la linea' ✱ sec. XIII] **v. intr.** (**coniug. come** *segnare*; **aus.** *avere* **o** *essere*) **1** degenerare, allontanarsi dalle qualità e dalle tradizioni dei propri genitori o dei propri avi | (*fig.*) deviare, discostarsi: *t. dall'antica virtù* **2** (*raro*) inselvatichirsi, detto di piante

trallallà [vc. onomat., alludente alla melodia di un canto ✱ av. 1865] **inter.** ● si usa canticchiando senza riferimento ad alcun particolare ritmo o canzone in momenti di soddisfazione o di allegrezza: *trallallera, t.* | esprime anche ostentata indifferenza per qlco. o qlcu. | V. anche *lallarallà, lallera, larà, trallallera, trallerallera*

trallallèra o **trallallèro** [ripetizione onomat. di ritornello di canzone ✱ 1891]

A inter. ● si usa canticchiando senza riferimento ad alcun particolare ritmo o canzone in momenti di soddisfazione o di allegrezza: *t., t., trallallà* | esprime anche ostentata indifferenza per qlco. o qlcu. | V. anche *lallarallà, lallera, larà, trallerallera* **B** in funzione di s. m. inv. ● il movimento che si fa ballando

trallerallà [1970] inter. ● trallallà

trallerallèra o **trallerallèro** [1891] **A** inter. ● trallallera **B** in funzione di s. m. inv. ● cantilena | recitazione monotona

tralucènte part. pres. di *tralucere*; anche agg. **1** nei sign. del v. **2** (*raro, poet.*) splendente: *el grande amore / ch'i porto a' tuo' begli occhi tralucenti* (L. DE' MEDICI)

tralùcere [vc. dotta, lat. *translucēre*, comp. di *trāns* 'attraverso' e *lucēre* 'splendere' con adattamento ai corrispondenti componenti it. ✻ av. 1292] v. intr. (*io tralùco, tu tralùci*; difett. del part. pass. e dei tempi composti) **1** (*lett.*) risplendere attraverso corpi diafani, detto della luce: *raggio di sol traluce in vetro* (F. PETRARCA) **2** trasparire (anche *fig.*): *un oggetto che traluce nell'acqua; la paura gli traluce nello sguardo; sentimenti ... che dai cuori ove nacquero tralucono già alla mente d'alcuni uomini* (I. NIEVO) **3** †lasciar passare la luce: *I' son sì magro, che quasi traluco* (C. ANGIOLIERI)

†**tralùcido** ➤ traslucido

†**tralunàre** [comp. di *tra-* e del denominale di *luna*, comp. semanticamente non chiaro ✻ sec. XIV] **A** v. tr. ● stralunare (gli occhi) **B** v. intr. **1** meravigliarsi **2** almanaccare

♦**tram** [dall'abbr. ingl. di *tram(way)*. V. *tranvai* ✻ 1878] s. m. inv. ● veicolo a trazione elettrica per trasporto di passeggeri su di una rete di rotaie il cui percorso si svolge spec. sulla sede stradale ordinaria cittadina: *prendere il t.; salire, scendere dal t.* | **l'ultimo t.**, (*fig.*) l'ultima opportunità | **perdere il t.**, (*fig., fam.*) perdere un'occasione favorevole | **attaccati al t.!**, (*fig., fam.*) arrangiati!

♦**tràma** [vc. dotta, lat. *trāma(m)*, di etim. incerta ✻ 1279] s. f. **1** complesso dei fili che nel tessuto si dispongono normalmente all'ordito e che s'intrecciano con quello durante la tessitura, mediante il passaggio delle navette contenenti le spole **2** (*fig.*) maneggio, macchinazione, inganno: *ordire una t. a danno di qlcu.* **3** (*fig.*) intreccio di un'opera narrativa, teatrale o cinematografica: *una commedia con una t. piena di colpi di scena* **4** (*sport*) insieme coordinato di azioni di gioco degli attaccanti di una squadra: *tessere una t.; interrompere le trame degli avversari* **5** (*biol.*) struttura risultante dall'intreccio di formazioni fibrillari o tubulari | **t. vascolare**, rete di vasi sanguigni

Definizione d'autore

La **trama** è un intreccio di storie e di percorsi, di toni e comportamenti, ma soprattutto di personaggi, che si ritrovano gli uni intessuti agli altri, gli altri annodati agli uni, in modo che ogni gesto, parola, azione, bacio, sorriso o schiaffo non vale solo di per sé, ma per ciò che scatena nelle vite degli altri. È un sostantivo che, anche usato al singolare, racchiude tante pluralità, perché è un singolare tanto ampio da contenere tutte le storie del mondo. Privilegio di uno scrittore è quello di intessere la **trama**, scegliere i fili, combinare i nodi, decidere quali allentare e quali stringere, dove provare intrecci e colori insoliti, e dove invece rifugiarsi in combinazioni attese ma appaganti. Aspirazione di uno scrittore è quella di intessere una **trama** estremamente elaborata, ma invisibile, così che tutto il lavoro di costruzione scompaia, e rimangano da guardare solo storie e personaggi, in tutta la loro naturale complessità. Le migliori trame, tuttavia, non sono quelle che appagano la ricerca di novità e combinazioni dello scrittore, ma quelle che avvincono l'attenzione del lettore o dello spettatore, tanto da indurlo a credere che oltre l'intreccio di fili immaginati non esista vita, e che anzi la **trama** sia essa stessa vita.

Ivan Cotroneo

tramàglio o **tremàglio**, **tramàcchio**, **tremàcchio** [lat. tardo *tremăculu(m)* '(rete) a tre (*trēs*) ordini di maglie (*măculae*)' ✻ 1287] s. m. **1** rete verticale da pesca, formata da tre teli addossati l'uno all'altro **2** grande rete verticale per catturare uccelli SIN. ragna

tramagnìno [dal n. dei fratelli *Tramagnino*, fondatori, nella seconda metà dell'Ottocento, di una società di mimi che eseguivano la loro parte da soli ✻ 1874] s. m. ● mimo che in una pantomima esegue parti da solo: *Incontrato un t. ... gli si avvicinò e gli confidò il suo segreto* (A. SAVINIO)

†**tramalvàgio** [comp. di *tra-* e *malvagio* ✻ sec. XIV] agg. ● molto malvagio

tramandaménto [av. 1704] s. m. ● (*raro*) il tramandare | trasmissione, passaggio

tramandàre [comp. di *tra-* e *mandare* ✻ sec. XIII] v. tr. **1** trasmettere nel tempo usi, memorie, fatti, credenze (+ *che*): *t. un ricordo di padre in figlio; si tramanda che furono allattati da una lupa; si tramanda che le streghe usassero un'erba per i loro filtri* **2** †trasportare, trasferire **3** †riversare | emettere | esalare

tramandàto part. pass. di *tramandare*; anche agg. ● nei sign. del v.

tramandatóre [av. 1643] s. m. (f. *-trice*); anche agg. ● (*raro*) chi (o che) tramanda

♦**tramàre** [da *trama* ✻ 1426 ca.] v. tr. **1** intrecciare la trama coi fili dell'ordito, nel tessere **2** (*fig.*) tessere, macchinare: *t. inganni, insidie, congiure* | complottare (anche *assol.*): *t. la rovina di qlco.; t. di nascosto* SIN. ordire

†**tramatóre** [1476] s. m. (f. *-trice*); anche agg. ● cospiratore

†**tramazzàre** [comp. di *tra-* e del denominale di *mazza* ✻ sec. XIII] v. intr. ● stramazzare

†**tramàzzo** [da *tramazzare* ✻ sec. XIII] s. m. **1** tumulto, confusione, trambusto **2** trama **3** colpo violento

†**trambasciaménto** [da *trambasciare* ✻ sec. XIV] s. m. ● ambascia, angoscia

trambascìàre o †**strambasciàre** [comp. di *tra-* e del denominale di *ambascia* ✻ av. 1306] **A** v. intr. (pres. *io trambàscio*; fut. *io trambascerò*; aus. *essere*) ● †essere oppresso da ambascia **B** v. tr. ● (*lett.*) assillare

†**trambedùe** [da *ambidue* con sovrapposizione di *entrambi* ✻ sec. XIII] agg. e pron. num. inv. ● ambedue

†**tràmbi** ➤ entrambi

†**trambustàre** [da *trambusto* ✻ sec. XV] **A** v. tr. ● mettere sottosopra, in disordine **B** †**trambustàrsi** v. intr. pron. ● (*fig.*) agitarsi, affannarsi

trambustìo [1612] s. m. (pl. *-ii*) ● (*raro*) trambusto frequente e molesto

♣**trambùsto** [ant. provenz. *tabust* 'chiasso', da una base onomat. *talb-*, con sovrapposizione di altra parola con *tra-* ✻ 1441] s. m. ● confusione rumorosa, agitazione confusa | grande disordine: *nel t. della partenza, ha perso una valigia; in casa c'è un gran t.* | tumulto, disordine di folla: *per il t., molti non riuscirono a mettersi in salvo* CONTR. quiete

SFUMATURE ➤ *chiasso*①

tramenàre [comp. di *tra-* e *menare* ✻ 1427] v. tr. (*io traméno*) ● (*tosc., disus.*) maneggiare, agitare oggetti mettendo disordine | †trattare: *t. un affare* | (*assol.*) trafficare, rovistare, mettere sottosopra: *ha tramenato tutto il giorno nella sua stanza*

†**tramendùe** o †**tramendùi** [comp. di *tra-* e *(a)mendue* ✻ sec. XIV] agg. e pron. num. inv. ● (*poet.*) ambedue

tramenìo [1763] s. m. (pl. *-ii*) ● (*tosc.* o *lett.*) un tramenare continuato | movimento di oggetti che vengono rimossi in modo disordinato | (*est.*) affaccendamento, andirivieni di persone: *nella piazza del mercato c'è un gran t.* | (*est.*) rumore, tramestio: *un t. di mobili*

†**tramescolaménto** [av. 1673] s. m. ● rimescolamento

†**tramescolàre** [comp. di *tra-* e *mescolare* ✻ sec. XIV] **A** v. tr. ● mescolare | inserire più o meno opportunamente **B** †**tramescolàrsi** v. intr. pron. ● unirsi | intromettersi

tramésso part. pass. di *trametttere* ● nei sign. del v.

tramestàre [comp. di *tra-* e *mestare* ✻ 1340 ca.] **A** v. tr. (*io traméstо*) ● (*tosc.*) rimestare | rimescolare: *t. i colori* | mettere sottosopra trafficando, frugando **B** v. intr. (aus. *avere*) ● (*tosc.*) rovistare, mettere a soqquadro | (*fig.*) armeggiare

♣**tramestìo** [av. 1400] s. m. (pl. *-ii*) ● movimento continuo e disordinato di persone o cose | il rumore che ne deriva

†**tramettere** [comp. di *tra-* e *mettere* ✻ sec. XIII] **A** v. tr. (coniug. come *mettere*) **1** frammettere, interporre **2** tralasciare **B** †**tramèttersi** v. intr. pron. **1** occuparsi **2** intromettersi, impicciarsi: *tramettersi nelle faccende altrui*

tramèzza [da *tramezzare* ✻ sec. XIII] s. f. **1** striscia di cuoio inserita come rinforzo tra la suola e la tomaia **2** (*edil.*) tramezzo

tramezzàbile [av. 1673] agg. ● (*raro*) che si può frammischiare

†**tramezzàglia** [1563] s. f. ● diaframma, tramezzo

†**tramezzaménto** [sec. XIII] s. m. ● spazio o tempo intermedio | pausa | digressione

†**tramezzàno** [comp. di *tra-* e *mezzano* ✻ 1663] s. m. ● intermediario, mezzano: *tramezzani, che ricevono gli ordini de' superiori, e agl'inferiori ne commettono l'esecuzione* (D. BARTOLI)

tramezzàre [da *tramezzo* ✻ 1304] **A** v. tr. (*io tramèzzo*) **1** (*raro*) intramezzare: *t. una pausa in un discorso* | (*raro*) interrompere **2** separare con un tramezzo **3** †travolgere il nemico | †spartire: *t. i litiganti* **B** v. intr. **1** †stare in mezzo per separare **2** †agire come mediatore **C** **tramezzàrsi** v. rifl. ● †interporsi spec. come mediatore

†**tramezzatóre** [sec. XIII] s. m.; anche agg. (f. *-trice*) **1** (*raro*) chi (o che) tramezza **2** mediatore

tramezzatùra [av. 1494] s. f. ● operazione e modalità del tramezzare | quantità, complesso di tramezzi

tramezzìno [1935] s. m. **1** dim. di *tramezzo* **2** coppia di fette di pane a cassetta tagliate diagonalmente e variamente farcite **3** **pannello a t.**, in falegnameria, pannello tamburato

tramèzzo [comp. di *tra-* e *mezzo* ✻ av. 1292] **A** avv. ● (*disus.*) frammezzo: *non metterti t.* **B** nella loc. prep. **t. a**, (*disus.*) in mezzo a, fra: *t. a voi non c'è nessuno che io conosca* **C** s. m. **1** elemento interposto ad altri **2** (*edil.*) parete sottile di muro o di assito per dividere una stanza, o sim. **3** guarnizione di merletto fra due pezzi di tessuto **4** †intervallo di tempo **D** agg. ● †intermedio ‖ **tramezzìno**, dim. (V.)

Tramìner /tra'miner, *ted.* tra'mi:nʌ/ [vc. ted., propr. '(proveniente) da *Tramin*', n. ted. del comune di Termeno ✻ 1894] **s. m. inv.** ● vitigno originario dell'Alto Adige, coltivato anche in Trentino e Friuli | vino bianco di color giallo paglierino tendente al dorato carico, dal profumo molto fruttato e dal sapore aromatico leggermente amarognolo, prodotto dal vitigno omonimo (sia il vitigno che il vino, quando di qualità superiore, prendono la denominazione di *Traminer aromatico*, in ted. *Gewürztraminer*)

†**tramischiànza** [da *†tramischiare* ✻ av. 1698] **s. f.** ● mescolanza

†**tramischiàre** [comp. di *tra-* e *mischiare* ✻ av. 1292] **v. tr. e †tramischiàrsi v. intr. pron.** ● frammischiare, frammischiarsi

†**tramiṣeràbile** [comp. di *tra-* e *miserabile* ✻ 1723] **agg.** ● assai miserabile

†**tramissióne** [da *trametter*e per *trasmettere* ✻ 1525] **s. f. 1** immissione, inserimento **2** sosta, pausa

tràmite [vc. dotta, lat. *trāmite(m)* 'cammino di traverso', di formazione incerta, anche se connesso con *trāns* 'tra' ✻ av. 1320] **A s. m. 1** (*lett.*) sentiero | via di passaggio, passaggio: *il t. tra l'Europa e l'Asia* **2** (*fig.*) nesso, collegamento, elemento di connessione: *per il t. della presidenza* | ***col t. di***, per mezzo di | ***fare, agire da t.***, fungere da intermediario **B in funzione di prep.** ● per mezzo di: *mandami la roba t. tuo fratello*

tramòggia [lat. *trimŏdia(m)*, comp. di *trēs* 'tre' e di un deriv. di *mŏdius* 'modio, moggio', perché originariamente '(recipiente) di tre moggi' ✻ av. 1338] **A s. f.** (**pl.** *-ge*) **1** recipiente a forma di tronco di piramide o tronco di cono capovolti, aperto in alto e in basso, che viene riempito di materiale e che serve all'alimentazione di mulini, frantoi, forni e sim. **2** presso l'Accademia della Crusca, cassetta dove si imbussolavano i componimenti da esaminare **3** ***finestra a t.***, in conventi e carceri, finestra con un riparo che rende impossibile guardar fuori **B in funzione di agg. inv.** ● (posposto al sost.) solo nella loc. ***carro t.***, carro per lo scarico diretto del carico

tramoggiàio [av. 1722] **s. m.** (**f.** *-aia*, **pl. m.** *-ai*) ● operaio addetto alla tramoggia

†**tramontaménto** [av. 1406] **s. m.** ● tramonto

tramontàna [propr. *(vento ol)tramontano* ✻ av. 1276] **s. f.** ● vento freddo, generalmente secco e piuttosto forte, che soffia da nord, tipico dell'inverno sul versante tirrenico | †la direzione nord | (*fig.*) †guida, direzione | ***perdere la t.***, †(*mar.*) perdere l'orientamento; (*fig., fam.*) essere disorientato, confondersi, non saper più che fare o dire ‖ **tramontanina**, **dim.**

tramontanàta [1825] **s. f.** ● (*raro*) soffio di tramontana, spec. violento e continuato

tramontàno [vc. dotta, lat. *transmontānu(m)*, comp. di *trāns* 'oltre, al di là' e *montānus* 'montano' ✻ 1303] **A agg.** ● †oltramontano: *gente tramontana* | (*raro*) che abita oltre i monti del nord o viene dal settentrione: *i Galli tramontani* | †***stella tramontana***, la stella polare **B s. m. 1** (*lett.*) tramontana **2** †straniero del settentrione

♦**tramontàre** [comp. di *tra-* e del denominale di *monte*, nel senso, quindi, di '(calare) al di là dei monti' ✻ sec. XII] **A v. intr.** (*io tramónto*; **aus.** *essere*) **1** sparire sotto la linea dell'orizzonte, detto del Sole e di altri corpi celesti **CONTR.** sorgere **2** (*fig.*) declinare, spegnersi: *sono entusiasmi che tramonteranno presto* | ***la sua stella sta tramontando***, (*fig.*) non è più in auge o di moda, detto di persone o cose | finire: *è una vita che sta tramontando* | (*fig.*) cessare, venir meno: *sono tramontate le speranze di ritrovare i superstiti* **B in funzione di s. m. solo sing.** ● tramonto: *ci vedremo al t. del sole*

♦**tramónto** [da *tramontare* ✻ sec. XIV] **s. m. 1** il tramontare del Sole o degli astri | ***dall'alba al t.***, tutto il giorno **SIN.** (*lett.*) occaso **2** fenomeno luminoso determinato dal tramonto: *ho visto un t. dorato* **3** (*fig.*) fase finale della vita | (*fig.*) declino, decadenza: *il t. di una moda, di un'ideologia* | (*fig.*) ***viale del t.***, periodo di declino della creatività e della notorietà spec. di artisti e attori

SFUMATURE DI SIGNIFICATO

tramonto - crepuscolo - sera

Il **tramonto** è l'ora del giorno in cui il sole si abbassa fino a sparire oltre la linea dell'orizzonte, quando il cielo si tinge a ovest di un colore rossastro che sfuma progressivamente in azzurro cupo verso est. La luce incerta del cielo dopo il tramonto, allorché calano le prime ombre, è il **crepuscolo**, termine che definisce anche la luce diffusa che precede l'alba. **Sera** è invece la parte del giorno che va dal tramonto all'inizio della notte.

tramortiménto [av. 1320] **s. m.** ● (*raro*) il tramortire, il venire tramortito | il fatto di essere tramortito

tramortìre o (*pop.*) †**stramortìre**, †**traṣmortìre** [comp. di *tra-* e del denominale di *morto* ✻ 1260 ca.] **A v. intr.** (*io tramortìsco, tu tramortìsci*; **aus.** *essere*) ● (*lett.*) perdere i sensi e le forze, venir meno (**anche fig.**): *t. per un forte colpo*; *t. per lo spavento* | ***t. in viso***, (*lett.*) impallidire per lo sgomento **B v. tr.** ● far perdere i sensi: *lo tramortì a furia di botte*

tramortìto **part. pass.** di *tramortire*; anche **agg. 1** privo di sensi **2** (*fig., lett.*) sbigottito | (*fig.*) †offuscato, venuto meno

tramp /trɛmp, *ingl.* træmp/ [vc. ingl., propr. 'vagabondo' (d'orig. germ.) ✻ 1932] **s. m. inv.** ● nave da carico vario, non di linea, di portata limitata, che viaggia cercando i noli più convenienti

†**trampalàre** ➤ **trampolare**

†**tràmpalo** ➤ **trampolo**

†**tràmpano** ➤ **trampolo**

trampolàre o †**trampalàre** [medio alto ted. *trampeln* 'camminare a passi pesanti', di orig. imitativa (?) ✻ sec. XIV] **v. intr.** (*io tràmpolo*) ● (*tosc., lett.*) vacillare, barcollare

trampolière [da *trampolo* ✻ av. 1871] **A s. m. 1** ogni uccello con gambe e collo molto lunghi, come i Ciconiformi e i Ralliformi, tipico delle zone paludose, che nella vecchia tassonomia apparteneva all'ordine dei Trampolieri **2** (**f.** *-a*) (*est.*) chi, al circo, in una strada, ecc., si esibisce sui trampoli | (*est., scherz.*) persona alta e magra, dalle gambe molto lunghe **B anche agg.**: *un mimo t.* | ***donna trampoliera***, (*scherz.*) donna con tacchi molto alti

Trampolièri [dal pl. di *trampolo* ✻ 1865] **s. m. pl.** (**sing.** *-e*) ● nella vecchia tassonomia, ordine di Uccelli con gambe e collo molto lunghi, ora suddivisi in Ciconiformi e Ralliformi

trampolìno [av. 1589] **s. m. 1** struttura usata per i tuffi o per il salto con gli sci | ***t. elastico***, telo elastico, utilizzato da ginnasti e tuffatori | (*fig.*) ***fare da t., da t. di lancio a qlcu.***, aprirgli, facilitargli la via al successo **2** nel gioco del pallone a bracciale, pedana sulla quale si colloca il battitore | nelle partite di tamburello, l'insieme dei giochi in cui una squadra sta alla battuta, dopo i quali avviene il cambiamento di campo

tràmpolo o †**tràmpalo**, †**tràmpano** [da *trampolare* ✻ av. 1449] **s. m.** ● ciascuno dei lunghi bastoni muniti di piccoli poggiapiedi, usati per camminare a una certa altezza dal suolo, dai pagliacci nei circhi o dalle maschere a carnevale | (*fig.*) ***ragionamento che si regge sui trampoli***, campato in aria | (*fig., scherz.*, **al pl.**) gambe molto lunghe: *con quei trampoli puoi correre forte*

†**tramùta** [1582] **s. f.** ● trasferimento | conversione di un prestito | trapianto

tramutàbile o **traṣmutàbile** [av. 1320] **agg.** ● che può tramutarsi o essere tramutato: *ingegno ... trasmutabile in tutte guise ... secondo la varia natura delle cose* (F. DE SANCTIS) ‖ **tramutabilità** o **traṣmutabilità**, **s. f. inv.**

tramutaménto o **traṣmutaménto** [1257 ca.] **s. m. 1** (*lett.*) trasformazione | (*lett.*) trasferimento **2** †declino **3** †travaso **4** †metafora

tramutàre o **traṣmutàre**, †**tranṣmutàre** [vc. dotta, per adattamento del lat. *tra(ns)mutāre*, comp. di *trāns* 'da un posto ad un altro' e *mutāre* ✻ 1261 ca.] **A v. tr. 1** (*lett.* o *raro*) trasportare, trasferire, mutare di posto | †travasare: *t. il vino* | trapiantare **2** (*lett.*) mutare, cambiare: *t. colore, aspetto*; *t. l'avversione in simpatia* | far cambiare di natura, di condizione **3** †differire **B tramutàrsi v. rifl. e intr. pron.** ● convertirsi, prendere l'aspetto di: *Giove si tramutò in toro* **C tramutàrsi v. intr. pron. 1** †trasfigurarsi, alterarsi **2** †spostarsi, trasferirsi

tramutatóre o **traṣmutatóre** [av. 1828] **s. m.** (**f.** *-trice*); anche **agg.** ● (*raro*) chi (o che) tramuta

tramutazióne o **traṣmutazióne**, †**tranṣmutazióne** [vc. dotta, adattamento del lat. *transmutatiōne(m)*, comp. di *trāns* 'al di là' e *mutātio*, genit. *mutatiōnis* 'mutazione' ✻ 1306] **s. f. 1** il tramutare | mutamento, mutazione **2** †trasmigrazione

tramutévole o **traṣmutévole** [sec. XIV] **agg.** ● (*raro, lett.*) mutevole ‖ †**tramutevolménte**, **avv.** con una mutazione

tramvài ➤ **tranvai**

tramvìa e deriv. ➤ **tranvia** e deriv.

†**tranàre** ➤ **trainare**

trance /trans, *ingl.* trɑːns/ [vc. ingl., dall'ant. fr. *transe* 'trapasso', da *transir* 'morire', dal lat. *transīre* 'andare (*īre*) di là (*trāns*)', 'passare' ✻ 1904] **s. f. inv. 1** nel linguaggio della parapsicologia, condizione spontanea o provocata di perdita parziale o totale del livello cosciente e sensorio, con conseguente accentuazione delle attitudini medianiche e paranormali | ***t. spiritica, medianica***, quella tipica dei medium negli esperimenti spiritici **2** (*fig.*) estasi: *è una musica che lo fa cadere in t.*

tranceria [da *tranciare* ✻ 1970] **s. f.** ● officina nella quale si trancia

tranchant /*fr.* trɑ̃'ʃɑ̃/ [vc. fr., propr. 'tagliente', part. pres. del v. *trancher* 'tagliare' ✻ 1905] **agg. inv.** (**f. fr.** *tranchante*; **pl. m.** *tranchants*; **pl. f.** *tranchantes*) ● deciso, tagliente, perentorio: *tono, risposta t.*

tranche /*fr.* trɑ̃ʃ/ [vc. fr., da *trancher* 'trinciare', (V. *trancia*) ✻ 1939] **s. f. inv. 1** fetta: *una t. di torta, di pesce* | (*est.*) parte: *una prima t. di provvedimenti legislativi* **2** (*banca*) quota | ***emettere una t. d'obbligazioni***, emettere in più volte obbligazioni di uno stesso tipo da parte di un medesimo ente **3** ***t. de vie***, nel linguaggio della critica, detto di opera letteraria, teatrale o cinematografica che riproduce con realismo un'epoca, un ambiente o un intreccio di avvenimenti

trancheur /*fr.* trɑ̃'ʃœr/ [vc. fr., propr. 'trinciatore', da *trancher* (V. *trancia*) ✻ 1983] **agg. inv.** ● solo nella loc. ***chef t.***, capocuoco che, in sala, è incaricato di tagliare la carne, il prosciutto, il salume affumicato e sim.

trància [fr. *tranche*, da *trancher* 'trinciare', dal lat. *trinicāre* 'tagliare in tre (*trīni*)', sul modello di *duplicāre* ✻ 1858] **s. f.** (**pl.** *-ce*) **1** cesoia, taglierina **2** fetta: *una t. di pesce ai ferri*

tranciànte [nel sign. fig. cfr. il fr. *tranchant* (V.)] **part. pres.** di *tranciare*; anche **agg.** ● nel sign. del v. | (*fig.*) reciso, perentorio: *giudizio, risposta t.*

tranciàre [fr. *trancher* 'trinciare', dal lat. *trinicāre* 'tagliare in tre (*trīni*)', sul modello di *duplicāre* ✱ 1942] **v. tr.** (**pres.** *io tràncio*; **fut.** *io trancerò*) **1** tagliare con la trancia un elemento metallico o di altra natura **2** tagliare in modo netto e deciso | (*fig.*) ***t. giudizi***, trinciare giudizi

tranciatóre [1936] **s. m.** (**f.** *-trice*) ● operaio addetto alla trancia

tranciatrìce [1942] **s. f.** ● trancia, nel sign. 1

tranciatùra [da *tranciare* ✱ 1925] **s. f.** ● operazione di taglio netto di fili, lamiere, ferri tondi, profilati, senza asportazione di truciolo

tràncio [1942] **s. m.** ● trancia, fetta: *un t. di dolce* | ***pizza al t.***, venduta a peso, in fette ‖ **trancétto**, **dim.** | **trancino**, **dim.**

†**tranellerìa** [av. 1587] **s. f.** ● tranello

tranèllo [dim. di *trano* per *tra(i)no* '(brutto) tiro' ✱ 1287] **s. m.** ● inganno, insidia preparata ai danni di qlcu.: *attirare, far cadere in un t.* | (*est.*) difficoltà dissimulata che può fare sbagliare: *nel compito di matematica c'era un grosso t.*

tranése (o -ṣ-) [av. 1910] **A agg.** ● di Trani **B s. m. e f.** ● abitante o nativo di Trani

†**tranghiottiménto** [sec. XIV] **s. m.** ● il tranghiottire

tranghiottìre [vc. dotta, adattamento del lat. tardo *transglutīre*, comp. di *trāns* 'oltre' e *glutīre* 'inghiottire', di orig. onomat. ✱ av. 1292] **v. tr.** (*io tranghiótto*) ● (*lett.*, *raro*) inghiottire avidamente, trangugiare | divorare (*anche fig.*)

†**trangosciàre** [comp. di *tra-* e *angosciare* ✱ av. 1250] **v. intr.** ● soffrire fortemente, provare grande angoscia, spasimare

†**trangoscióso** (o -ṣo) [1268] **agg.** ● angoscioso | angosciato

trangugiaménto [1691] **s. m.** ● (*raro*) il trangugiare

trangugiàre [comp. di *tra-* e del denominale di *gogio*, forma lucchese per 'gozzo' ✱ sec. XIII] **v. tr.** (**pres.** *io trangùgio*; **fut.** *io trangugerò*) **1** inghiottire ingordamente, ingozzare: *t. la cena* | ingoiare senza sentire il sapore, ingurgitare: *t. una medicina* | (*fig.*, *lett.*) frenare, reprimere: *t. le lacrime* | ***t. bocconi amari***, (*fig.*) soffrire dispiaceri, umiliazioni **2** (*fig.*) †dilapidare
SFUMATURE ➤ *inghiottire*

trangugiatóre [av. 1375] **agg. e s. m.** (**f.** *-trice*) ● ingordo

†**trangugiatòrio** [av. 1698] **agg.** ● (*scherz.*) che induce a trangugiare

tràni [dal nome della città pugliese di *Trani* (la loc. *vino di Trani* compariva sulle insegne) ✱ 1879] **s. m. inv.** **1** (*disus.*) vino rosso pugliese venduto sfuso **2** (*lomb.*) osteria

♦**trànne** [comp. di *tra'*, imperat. di *trarre*, e di *ne*, particella pron. enclitica: 'ne trai; ne togli' ✱ 1282] **A prep.** ● eccetto, fuorché, all'infuori di: *sono stati tutti promossi t. due; non gli manca nulla, t. un po' di tranquillità; riceve tutti i giorni feriali t. il sabato* **B** nella **loc. prep.** ***t. che***, a eccezione di: *vado d'accordo con tutti t. che con te* **C** nella **loc. cong.** ***t. che*** o (*raro*) ***tranneché***, a meno che, salvo che (introduce una prop. eccettuativa con il v. al congtv.): *non si fanno variazioni t. che non vi sia una richiesta unanime*

tranneché ➤ **tranne** nel sign. C

†**tranòbile** [comp. di *tra-* e *nobile* ✱ 1287] **agg.** ● assai nobile

†**tranquillaménto** [sec. XIV] **s. m.** ● il tranquillare

tranquillànte [part. pres. di *tranquillare* ✱ av. 1571] **A s. m.** ● farmaco sedativo che agisce sul sistema nervoso centrale, usato nella terapia di malattie nervose o per moderare sintomi di eccitazione | ***tranquillanti maggiori***, neurolettici usati nella cura delle psicosi | ***tranquillanti minori***, ansiolitici usati nella cura delle nevrosi **B** anche **agg.**: *farmaco t.*; *effetto t.*

tranquillàre [vc. dotta, lat. *tranquillāre*, da *tranquĭllus* 'tranquillo' ✱ sec. XIII] **A v. tr.** **1** (*lett.*) rendere tranquillo: *t. l'animo, la coscienza* | (*lett.*) calmare: *il sonno / venga pietoso a tranquillar suoi sdegni* (G. PARINI) | †***t. i creditori***, pagarli, tacitarli SIN. ammansire CONTR. inquietare **2** †tenere a bada **B v. intr.** e **tranquillàrsi** **v. intr. pron.** ● †riposare, svagarsi **C** **tranquillàrsi** **v. intr. pron.** ● (*lett.*) mettersi tranquillo

♦**tranquillità** o †**tranquillitàde**, †**tranquillitàte** [vc. dotta, lat. *tranquillitāte(m)*, da *tranquĭllus* 'tranquillo' ✱ av. 1306] **s. f. inv.** ● condizione di serenità interiore: *la t. dello spirito; affrontare con t. una situazione difficile* | stato di calma: *la t. di un paesino di montagna* | ***la t. del mare***, bonaccia | normale e pacifico andamento: *turbare la t. pubblica* | calma: *ne parleremo con tutta t.* CONTR. irrequietezza, turbamento

tranquillizzànte **part. pres.** di *tranquillizzare*; anche **agg.** ● nei sign. del v.: *una risposta t.*

tranquillizzàre [fr. *tranquilliser*, da *tranquille* 'tranquillo' ✱ 1769] **A v. tr.** ● rendere tranquillo, rassicurare: *t. gli animi; lo tranquillizzò sulla sua sorte* CONTR. angustiare **B** **tranquillizzàrsi** **v. intr. pron.** ● liberarsi da paure, preoccupazioni: *con la tua visita, si è tranquillizzato* CONTR. agitarsi ‖ **tranquillizzazióne**, **s. f.**

♦**tranquìllo** [vc. dotta, lat. *tranquĭllu(m)*, di etim. incerta ✱ sec. XIII] **A agg.** **1** che è quieto, sereno: *la luna / lo suo splendor sereno / vibra nel mar t.* (G.B. MARINO) | che è privo di turbamenti morali: *animo t.*; *ho la coscienza tranquilla* | sereno, senza turbamenti: *sonno t.*; *notte tranquilla*; *un t. pomeriggio di domenica* | non disturbato, silenzioso: *cercare un posticino t.*; *un quartiere t.* | ***situazione tranquilla***, che non presenta rischi o incognite | pacifico: *è una nazione tranquilla* CONTR. agitato, turbolento **2** detto di chi è alieno da ira, impazienza e sim.: *una persona tranquilla* | che non è agitato, che non è inquieto o preoccupato: *sta leggendo t. sulla spiaggia; puoi stare t. sul suo conto; procedi t. sulla strada intrapresa; State tranquilli. Non li perdo i denari* (G. VERGA); *t., faremo in tempo!* CONTR. inquieto, irrequieto **3** (*enol.*) detto di vino che non presenta effervescenza CONTR. vivace ‖ **tranquillaménte**, **avv.** **1** con tranquillità, senza agitarsi: *vivere tranquillamente*; con calma e sicurezza: *rispose tranquillamente* **2** senza paura, senza troppo preoccuparsi: *gli disse tranquillamente il fatto suo* **3** senza rischi: *potete partire tranquillamente* **B s. m.** ● (*raro*) tranquillità, pace: *tenere in t.*

trans ① [1981] **s. m. e f. inv.** ● accorc. di *transessuale*, spec. nel linguaggio giornalistico

trans ② [vc. lat., propr. 'di là da' ✱ 1902] **agg. inv.** ● (*chim.*) nelle molecole in cui due atomi di carbonio legati da un legame doppio hanno a loro volta entrambi un legame con gli stessi due gruppi, detto dell'isomero che ha i gruppi identici da lati opposti CFR. cis

trans- [nelle vc. dotte, ripete la prep. lat., di orig. indeur., *trāns* 'attraverso'] **pref.** Nella divisione sillabica di alcune parole composte con *trans-* è ammesso considerare il prefisso come prima sillaba anche in violazione delle usuali regole di divisione: ***trans-an-di-no*** e ***trans-pa-da-no*** sono corrette come ***tran-san-di-no*** e ***tran-spa-da-no***. Si noti che la divisione con *trans-* in genere si legge più facilmente e meglio corrisponde alla pronuncia effettiva (che di solito introduce una breve pausa dopo il prefisso). ● in parole dotte di derivazione latina o in termini dotti o scientifici formati modernamente in italiano, indica passaggio al di là, attraversamento, mutamento da una condizione a un'altra e sim. o significa 'al di là', 'attraverso': *transazione, transigere, transitivo, transito, transizione, transalpino, transcaucasico, transatlantico, transpolare*

transahariàno /transaa'rjano/ o **transaariàno** [comp. di *tran(s)-* 'oltre' e *sahariano* ✱ 1930] **agg.** ● che si snoda attraverso il Sahara

transalpìno [vc. dotta, lat. *transalpīnu(m)*, comp. di *trāns-* e *alpīnus* 'alpino, delle Alpi' ✱ av. 1367] **agg.** **1** che è posto al di là delle Alpi | (*per anton.*) francese **2** che si snoda attraverso le Alpi

transamazzònico (o -zz-) [comp. di *trans-* e *amazzonico* ✱ 1985] **agg.** (**pl. m.** *-ci*) ● che passa attraverso l'Amazzonia | ***strada transamazzonica***, quella che attraversa il Brasile settentrionale

transaminàṣi o **transamminàṣi** [comp. di *trans-* e *amin(a)* col suff. *-asi* ✱ 1961] **s. f. inv.** ● (*biol.*) gruppo di enzimi in grado di sintetizzare gli amminoacidi

†**transandàre** e deriv. ➤ **trasandare** e deriv.

transandìno [comp. di *trans-* e *andino* ✱ 1929] **agg.** **1** che è posto al di là delle Ande **2** che si snoda attraverso le Ande

†**transanimazióne** [comp. di *trans-* e di un deriv. da *anima*, ripetendo la formazione del grecismo *metempsicosi* ✱ av. 1729] **s. f.** ● metempsicosi

transappennìnico [comp. di *trans-* e *appenninico* ✱ 1961] **agg.** (**pl. m.** *-ci*) **1** che è posto al di là degli Appennini **2** che si snoda attraverso gli Appennini

transaràbico [comp. di *trans-* e *arabico* ✱ 1961] **agg.** (**pl. m.** *-ci*) ● che passa attraverso l'Arabia: *oleodotto t.*

transàre [da *transazione* ✱ 1956] **v. tr.** **1** (*evit.*) V. *transigere* **2** (*assol.*) nel linguaggio commerciale, fare una transazione: *piuttosto che andare in causa abbiamo preferito t.*

transatlàntico [comp. di *trans-* e (Oceano) *Atlantico* ✱ 1819] **A agg.** (**pl. m.** *-ci*) ● che è posto al di là dell'Atlantico | che attraversa l'Atlantico | ***viaggio t.***, dall'Europa in America o viceversa **B s. m.** **1** grande nave passeggeri adibita a percorsi oceanici **2** (*est.*) ampio corridoio del palazzo di Montecitorio a Roma, antistante all'aula sede della Camera, nel quale i deputati sostano a conversare
SFUMATURE ➤ *nave*

transattìvo [1962] **agg.** ● (*dir.*) relativo o conseguente a una transazione: *accordo, contratto t.*

transàtto **A part. pass.** di *transigere*; anche **agg.** ● (*raro*, *dir.*) accomodato, composto: *lite transatta* **B s. m.** ● (*disus.*) transazione | †***lasciare in t.***, rinunciare a tutto

transavanguàrdia [comp. di *trans-* e *avanguardia* ✱ 1981] **s. f.** ● tendenza pittorica nata negli anni 1975-80, caratterizzata dal recupero eclettico di varie esperienze figurative del XX sec.

transazionàle [da *transazione*, nel sign. 2 sul modello dell'ingl. *transactional* ✱ 1962] **agg.** **1** relativo a transazione **2** (*psicol.*) ***analisi t.***, metodo psicoterapeutico fondato da E.

Berne (1910-1970), basato sull'analisi della comunicazione e cioè sugli stimoli e sulle risposte che intercorrono fra le persone ‖ **transazionalità**, **s. f. inv. 1** carattere transazionale **2** ciò che è transazionale

transazionalismo [da *transazionale* ✻ 1976] **s. m.** ● (*psicol.*) teoria secondo la quale i fenomeni psichici sono prodotti dall'interazione dinamica fra il soggetto e gli eventi

transazióne [vc. dotta, lat. tardo *transactiō-ne(m)*, da *transăctus* 'transatto' ✻ 1484 ca.] **s. f. 1** il transigere | accomodamento, soluzione di compromesso | ***venire a una t. con la propria coscienza***, rinunciare alla propria dignità, venire a compromessi con la propria coscienza **2** (*dir.*) contratto col quale le parti, facendosi reciproche concessioni, pongono fine a una lite già cominciata o prevengono una lite che può sorgere fra loro: *accettare una t.*; *t. della lite* **3** operazione commerciale di compravendita **4** (*filos.*) nel pensiero di Dewey (1859-1952) e nella psicologia contemporanea, modalità di relazione fra soggetto e oggetto in quanto si determinano reciprocamente

SFUMATURE ➤ ***compromesso***②

transcarpàtico [1847] **agg.** (**pl. m.** *-ci*) ● relativo alla Transcarpazia, regione storica dell'Europa orientale, oggi in territorio ucraino

transcategorizzazióne [comp. di *trans-* e *categorizzazione* ✻ 1978] **s. f.** ● (*ling.*) passaggio di una parola da una categoria grammaticale a un'altra, per es. un aggettivo che diventa nome (come 'fisso' da *telefono fisso* a *fisso*)

transcaucàsico [comp. di *trans-* e *caucasico* ✻ 1931] **agg.** (**pl. m.** *-ci*) **1** che è situato al di là del Caucaso **2** che passa attraverso il Caucaso: *ferrovia transcaucasica*

†**transcéndere** e deriv. ➤ **trascendere** e deriv.

transcodìfica [comp. di *trans-* e *codifica* ✻ 1983] **s. f.** ● transcodificazione

transcodificàre [comp. di *trans-* e *codificare* ✻ 1983] **v. tr.** (*io transcodìfico, tu transcodìfichi*) ● (*inform.*, *elettron.*) effettuare una transcodificazione (V.)

transcodificatóre [comp. di *trans-* e *codificatore* ✻ 1983] **s. m.** ● (*inform.*, *elettron.*) dispositivo per effettuare una transcodificazione **SIN.** convertitore di codice

transcodificazióne [comp. di *trans-* e *codificazione* ✻ 1983] **s. f.** ● conversione da un codice a un altro **SIN.** transcodifica | (*inform.*) nella traduzione da un linguaggio di un elaboratore a un altro, conversione di un insieme di caratteri che ha un determinato significato nel primo linguaggio in un altro insieme che ha lo stesso significato nel secondo linguaggio **SIN.** conversione di codice | (*elettron.*) nella televisione a colori, conversione dei segnali video codificati in base a un determinato sistema in altri equivalenti codificati in base a un altro sistema

transcontainer /transkon'teiner, *ingl.* ˌtrænskən'teɪnə(r)/ [comp. di *trans-* e *container* ✻ 1987] **s. m. inv.** ● container per trasporti internazionali

transcontinentàle [comp. di *trans-* e *continentale* ✻ 1941] **agg.** ● che si snoda attraverso un continente: *linea ferroviaria t.*

†**transcórrere** ➤ **trascorrere**

transcriptàsi o **transcrittàsi**, **trascrittàsi** [fr. *transcriptase*, da *transcript(ion)* 'trascrizione' ✻ 1988] **s. f. inv.** ● (*biol.*) enzima che catalizza la sintesi dell'RNA trascrivendo le informazioni del DNA corrispondente | ***t. inversa***, che catalizza la sintesi del DNA a partire dall'RNA corrispondente

transcrittòma e deriv. ➤ **trascrittoma** e deriv.

†**transcrìvere** ➤ **trascrivere**

transculturazióne [da *trans-* sul modello di *acculturazione* ✻ 1983] **s. f.** ● passaggio da una cultura a un'altra, in modo spesso rapido e violento: *la t. del Terzo mondo dopo la colonizzazione europea*

transcutàneo [comp. di *trans-* e *cutaneo* ✻ 1970] **agg.** ● che avviene attraverso la cute: *assorbimento t.*

transdanubiàno [comp. di *trans-* e *danubiano* ✻ av. 1750] **agg.** ● che è posto al di là del Danubio

transdèrmico [comp. di *trans-* e *dermico* ✻ 1989] **agg.** (**pl. m.** *-ci*) ● detto di medicamento che penetra nell'organismo attraverso la pelle: *terapia transdermica*; *cerotto t. ad assorbimento graduale*

✻**trànseat** [vc. lat., propr. 'passi', congtv. pres. di *transīre* ✻ 1622] **inter.** ● esprime concessione con il sign. di: 'sia pure!', 'lasciamo correre!' e sim.: *per questa volta t.!*

†**transégna** [per *(in)trasegna* ✻ sec. XIII] **s. f.** ● sopravveste | insegna

transelevatóre [comp. di *trans-* ed *elevatore* ✻ 1983] **s. m. 1** linea aerea per una catena di montaggio **2** impianto automatizzato per trasportare merci all'interno di un magazzino

transènna [vc. dotta, lat. *transĕnna(m)* 'rete per uccelli' e, per la somiglianza, 'grata', da *trasĕnna*, per etim. pop., prob. mutuato dall'etrusco ✻ 1644] **s. f. 1** (*archit.*) lastra lavorata di marmo o di bronzo, usata come parapetto in gallerie, presbiteri e sim. o come chiusura di finestre **2** barriera mobile usata per regolare il traffico o sbarrare e regolare l'accesso degli spettatori a locali pubblici, manifestazioni sportive e sim.

transennaménto [da *transennare* ✻ 1983] **s. m.** ● il transennare | barriera di transenne: *rimuovere il t.*

transennàre [da *transenna* ✻ 1963] **v. tr.** (*io transènno*) ● chiudere, delimitare con transenne: *t. una via di accesso*; *t. un percorso*

transennatùra [da *transennare* ✻ 1981] **s. f.** ● delimitazione di uno spazio con transenne: *la t. del centro storico* | barriera di transenne: *spostare, rimuovere la t.*

transessuàle [comp. di *tran(s)-* e *sessuale*, sul modello dell'ingl. *transsexual* ✻ 1972] **A s. m. e f.** ● persona che non accetta il proprio sesso e si identifica in quello opposto cercando di assumerne gli atteggiamenti e l'aspetto esteriore | chi, nato e registrato secondo un sesso, ha assunto, anche per mezzo di interventi chirurgici, le caratteristiche fisiologiche dell'altro sesso **B anche agg. CFR.** transgender ‖ **transessualità**, **s. f. inv.** condizione di chi è transessuale

transessualìsmo [da *transessuale*, sul modello del fr. *transsexualisme* ✻ 1974] **s. m.** ● transessualità

transètto (o *-é-*) [dall'ingl. *transept*, comp. del lat. *trāns-* 'oltre' e *sāeptum* 'chiusura, recinto' ✻ 1927] **s. m.** ● nella chiesa cristiana a pianta longitudinale, navata disposta trasversalmente all'asse principale della chiesa stessa

transeùnte [vc. dotta, lat. *transeŭnte(m)*, part. pres. di *transīre* ✻ 1499] **agg.** ● (*lett.*) che passa, è transitorio **SIN.** caduco, effimero

transeuropèo [comp. di *trans-* e *europeo* ✻ 1845] **agg. 1** relativo all'intera Europa; che attraversa l'intera Europa: *rete transeuropea dei trasporti* **2** (*raro*) esterno all'Europa: *emigrazione transeuropea*

transèx [da *trans-* e *sex* 'sesso' per 'sessuale' ✻ 1987] **s. m. e f. inv.** ● transessuale

trànsfer /'transfer, *ingl.* 'trænsfə(r)/ [vc. ingl., V. *transfert* ✻ 1930] **A agg. inv.** ● (*tecnol.*) solo nella loc. ***macchina t.***, macchina a trasferta **B s. m. inv.** (**anche f. nel sign. 2**) **1** trasferimento, trasporto | trasferimento di un turista da una stazione di arrivo all'albergo situato nel luogo del soggiorno e viceversa: *t. aeroportuale*; *t. diurno, notturno* **2** (*tecnol.*) macchina a trasferta | ***stampaggio (a) t.***, stampaggio a trasferimento | ***linea di t.***, linea di trasferimento dei materiali fra i vari reparti di uno stabilimento **3** transfert nel sign. 2

transferàsi [ingl. *transferase*, da *to transfer* 'trasferire' col suff. *-ase* '-asi' ✻ 1983] **s. f. inv.** ● (*chim.*) enzima che catalizza il trasferimento di un gruppo chimico da un opportuno donatore a un accettore

†**transferìre** ➤ **trasferire**

transferrìna [ingl. *transferrin*, comp. di *trans-* 'al di là', del lat. *fĕrru(m)* 'ferro' e del suff. *-in* '-ina' ✻ 1961] **s. f.** ● (*chim.*) proteina plasmatica con funzione di trasporto degli ioni ferrici

trànsfert /'transfert, *fr.* tʀɑ̃s'fɛʀ/ [vc. fr., propr. 'trasporto', dal lat. *transfĕrre* 'trasferire, trasportare', usato per tradurre il corrispondente ted. *Übertragung* ✻ 1927] **s. m. inv. 1** (*psicoan.*) condizione emotiva che caratterizza il rapporto fra il paziente e l'analista; in particolare lo spostamento delle cariche affettive e dei conflitti vissuti nell'infanzia **2** in psicopedagogia, fenomeno per cui i progressi ottenuti durante l'apprendimento di una determinata forma d'attività comportano un miglioramento nell'esercizio di una attività diversa ma più o meno affine **3** (*banca, dir.*) in occasione del passaggio di proprietà di un titolo di credito nominativo, annotazione del nome dell'acquirente sul registro di chi ha emesso il titolo

†**transfiguràre** e deriv. ➤ **trasfigurare** e deriv.

transfinìto [ted. *Transfinit* 'che trapassa (*trans-*) ogni numero finito (*finit*)' ✻ 1950] **agg.** ● (*mat.*) che ha cardinalità infinita | ***numeri transfiniti***, numeri cardinali usati per mettere in relazione insiemi infiniti

transfluènza [da *transfluire*, vc. dotta dal lat. *transflŭere* 'scorrere (*flŭere*) al di là, oltre (*trāns-*)' ✻ 1961] **s. f.** ● (*geogr.*) diramazione di lingua glaciale, attraverso una depressione, in una valle contigua

transfluìre [vc. dotta, lat. *transflŭere* 'scorrere (*flŭere*) attraverso (*trāns-*)' con adattamento ad altra coniug., come per *fluire* ✻ 1961] **v. intr.** (*io transfluìsco, tu transfluìsci*; **aus.** *essere*) ● (*geogr.*) diramarsi per transfluenza

transfobìa [comp. di *trans*① e *-fobia* ✻ 2006] **s. f.** ● avversione per la transessualità e i transessuali ‖ **transfòbico**, **agg.** (**pl. m.** *-ci*); **anche s. m.** (**f.** *-a*) **nel sign.** 2 **1** relativo a transfobia, caratterizzato da transfobia **2** che (o chi) dimostra transfobia ‖ **trànsfobo**, **agg. e s. m.** (**f.** *-a*) transfobico nel sign. 2

†**transfóndere** e deriv. ➤ **trasfondere** e deriv.

†**transformàre** ➤ **trasformare**

Transfórmer® /trans'former, *ingl.* træns'fɔːmə(r)/ [vc. ingl., propr. 'trasformatore' ✻ 1992] **s. m. inv.** ● giocattolo costituito da parti smontabili e ricomponibili che formano personaggi e oggetti diversi

transfràstico [comp. di *trans-* e dell'agg. gr. *phrastikós* preso nel senso di 'relativo alla frase' ✻ 1979] **agg.** (**pl. m.** *-ci*) ● (*ling.*) relativo a fenomeni linguistici che superano il confine di una singola frase e riguardano più frasi o il testo intero: *nei dialoghi ci sono molte ellissi transfrastiche*

transfrontalièro [comp. di *trans-* e *frontaliero* ✻ 1985] **agg.** ● che riguarda territori o popolazioni che appartengono a Stati confinanti: *commercio t.*

trànsfuga [vc. dotta, lat. *trānsfuga(m)*, da *transfŭgere* 'fuggire (*fŭgere*) via (*trāns*)', col senso originario di 'passare al nemico' ✱ sec. XIV] **s. m. e f.** (**pl. m.** *-ghi*) ● (*lett.*) disertore, fuggitivo | (*est.*) chi ha abbandonato il suo partito

†**transfuggìre** [vc. dotta, adattamento su *fuggire* del lat. *transfŭgere*, comp. di *trāns* 'al di là' e *fŭgere* 'fuggire' ✱ sec. XIV] **v. tr.** ● disertare

†**transfuggitóre** [da *transfuggire* ✱ av. 1680] **s. m.** ● transfuga

transgènder /tranz'dʒɛndər, *ingl.* trænz-'dʒɛndə(r)/ [vc. ingl., propr. 'al di là (*trans*) del genere sessuale (*gender*)' ✱ 1994] **A s. m. inv.** ● movimento culturale degli anni Novanta del XX sec. che accoglie tutte le forme di espressione della transessualità **B s. m. e f. inv.** ● persona che adotta indifferentemente atteggiamenti e comportamenti sessuali maschili o femminili **C anche agg. inv.**: *movimento, identità t.* **CFR.** bisessuale, transessuale

transgènico [da *trans-* e *-genico* ✱ 1987] **agg.** (**pl. m.** *-ci*) ● (*biol.*) detto di organismo il cui genoma sia stato artificialmente alterato o di alimento ottenuto da esso: *prodotti transgenici* **CFR.** cisgenico ‖ **transgenicità**, **s. f. inv.**

†**transgressióne** e deriv. ➤ **trasgressione** e deriv.

transiberiàno [comp. di *trans-* e *siberiano* ✱ 1897] **agg.** ● che si snoda attraverso la Siberia | ***Ferrovia transiberiana***, o (*ellitt.*) ***la Transiberiana***, ferrovia che, attraversando la Siberia, collega la regione degli Urali a Vladivostok

transiènte [ingl. *transient*, dal lat. parl. **transiĕntis*, per *transeŭntis*, genit. di *trānsiens*, part. pres. di *transīre* 'andare (*īre*) attraverso (*trāns-*)' ✱ 1957] **agg. e s. m.** ● (*fis.*) transitorio

transigènte **part. pres.** di *transigere*; anche **agg.** ● (*raro*) accomodante

transigènza [1896] **s. f.** ● (*raro*) caratteristica di chi è transigente

transìgere, (*evit.*) **transàre** [vc. dotta, lat. *transĭgere* 'spingere attraverso (per portare a termine)', comp. di *trāns-* 'attraverso' e *ăgere* 'spingere', di orig. indeur. solo nella radice del pres. ✱ av. 1532] **A v. tr.** (**pres.** *io transìgo, tu transìgi*; **pass. rem.** *io transigéi o transigètti, tu transigésti*; **part. pass.** *transàtto*) ● (*dir.*) terminare una controversia mediante una transazione: *t. una lite* **B v. intr.** (**aus.** *avere*) ● venire a patti, fare concessioni cedendo a certe esigenze: *t. con la propria coscienza; in fatto di moralità non transigo* | ***t. col dovere***, venir meno al dovere

transilvànico [1701] **agg.** (**pl. m.** *-ci*) ● della Transilvania, regione storico-geografica della Romania

†**transìre** [vc. dotta, lat. *transīre*, comp. di *trāns* 'al di là' e *īre* 'andare' ✱ sec. XII] **v. intr.** **1** passare, penetrare, entrare **2** (*eufem.*) morire

transìstor /tran'sistor, *ingl.* træn'zɪstə(r)/ [ingl., coniato con le sillabe *trans-* di *transfer* 'trasferire' e *(res)istor* 'dispositivo di resistenza', con riferimento alla 'trasmissione' di un segnale elettrico attraverso una 'resistenza' ✱ 1948] **s. m. inv.** **1** dispositivo a semiconduttore con tre elettrodi che amplifica correnti e tensioni elettriche | ***t. a effetto di campo***, quello in cui il flusso dei portatori maggioritari avviene lungo un canale di conduzione la cui resistenza viene modulata variando la sezione del canale o la concentrazione dei portatori **2** (*colloq.*) radio a transistor: *ascolta sempre musica dal suo t.*

transistóre [1950] **s. m.** ● adattamento di *transistor* (V.), usato spec. nel linguaggio scientifico e tecnico

transistorizzàre [1961] **v. tr.** ● realizzare apparecchiature, strumenti e sim. impiegando transistor | dotare di transistor ‖ **transistorizzazióne**, **s. f.**

transitàbile [1637] **agg.** ● detto di luogo o strada per cui si può transitare: *valico, strada t.* ‖ **transitabilità**, **s. f. inv.**

transitàre [vc. dotta, lat. *transitāre*, da *trānsitus* 'transito' ✱ 1573] **v. intr.** (*io trànsito*; **aus.** *essere*) ● passare per un luogo, per una strada

transitàrio [1961] **s. m.** (**f.** *-ia*) ● chi esercita commercio di transito

transitìvo [vc. dotta, lat. tardo *transitīvu(m)*, da *transīre* 'passare al di là' ✱ av. 1328] **A agg.** **1** (*gramm.*) detto di verbo che ha bisogno dell'oggetto perché l'azione si compia | ***verbo t. pronominale***, V. *pronominale* **2** (*mat.*) detto di un gruppo di biiezioni di un insieme su sé stesso tale che, presi due elementi dell'insieme, esista sempre almeno una biiezione del gruppo che porta il primo nel secondo | di gruppo di trasformazioni di uno spazio su sé stesso per cui ciò accada per una generica coppia di punti corrispondenti | ***proprietà transitiva***, caratteristica fondamentale di una relazione binaria, tale che se a è in relazione con b e b con c, allora a è in relazione con c ‖ **transitivaménte**, **avv.** in funzione transitiva ‖ **transitività**, **s. f. inv.** (*mat.*) proprietà di ciò che è transitivo; (*gramm.*) valore transitivo di un verbo o una locuzione verbale **B s. m.** ● (*gramm.*) verbo transitivo

✱**trànsito** [vc. dotta, lat. *trānsitu(m)* 'passaggio', da *transīre* 'passare da un luogo ad un altro' ✱ sec. XIII] **s. m.** **1** †movimento, passaggio: *la fronda che flette la cima / nel t. del vento, e poi si leva* (DANTE *Par.* XXVI, 85-86) | †***per t.***, strada facendo; di passaggio **2** passaggio di persone, merci, autoveicoli, convogli ferroviari o marittimi per un luogo: *impedire il t. di una strada; valico aperto al t. di autocarri* | ***divieto di t.***, segnalato da apposito cartello | ***treno in t. da una stazione***, quando non ha fermata d'orario | ***stazione di t.***, attraversata dai binari **CONTR.** stazione di testa | (*mar.*) ***porto di t.***, quello dove approdano navi per sbarcarvi persone o merci che devono proseguire per altra destinazione con altri mezzi | ***banchina di t.***, quella cui approdano le imbarcazioni per una sosta breve prima di partire | ***commercio di t.***, quello in cui le merci attraversano il territorio di uno o più Paesi prima di giungere a destinazione | ***uccelli di t.***, uccelli di passo **3** (*elettr.*) collegamento di due linee telefoniche o telegrafiche che fanno capo allo stesso posto di commutazione o alla stessa centrale **4** (*astron.*) attraversamento del meridiano celeste da parte di un astro | proiezione apparente di uno dei pianeti interni sul disco del Sole, o di un satellite sul proprio pianeta: *t. di Mercurio e Venere sul disco del Sole; t. di un satellite davanti al pianeta attorno a cui gravita* **SIN.** passaggio | (*fis.*) ***tempo di t.***, intervallo di tempo che una particella impiega per spostarsi fra due punti determinati **5** (*dir.*) ***t. inoffensivo***, nel diritto internazionale, limite imposto alla sovranità di uno Stato sulle sue acque territoriali o sul suo spazio aereo, consentendo il transito di aeromobili o navi stranieri purché non danneggino lo Stato stesso **6** (*lett.*) morte | †***essere in t.***, essere in punto di morte

transitorietà [1879] **s. f. inv.** ● caratteristica, condizione di ciò che è transitorio

transitòrio [vc. dotta, lat. *transitōriu(m)* 'che passa, passeggero', da *trānsitus*, part. pass. di *transīre* ✱ av. 1292] **A agg.** (**pl. m.** *-i* o *raro -ii*) **1** che passa, non dura: *gloria transitoria; l'ideale carducciano non è un ideale t. ma è quello che canta nel fondo di ogni animo forte* (B. CROCE) | (*est., lett.*) caduco, labile, precario **2** provvisorio, temporaneo: *è un provvedimento t.* **3** (*fis.*) detto di stato o regime di un sistema in cui i parametri passano bruscamente da determinati valori a valori diversi, come, per es., all'apertura o alla chiusura di un interruttore in un circuito elettrico **SIN.** transiente **4** (*dir.*) detto di legge, norma, ordinamento e sim. relativi a materia contingente: *diritto t.*; *disposizioni transitorie* | detto di norma che disciplina il passaggio da un regolamento a un altro: *norme transitorie della Costituzione* ‖ **transitoriaménte**, **avv.** **1** in modo non durevole **2** provvisoriamente **B s. m.** ● (*fis.*) impulso, oscillazione smorzata, o altro fenomeno temporaneo che ha luogo in un sistema prima che questo raggiunga una condizione stazionaria: *t. di corrente, di tensione* **SIN.** transiente

SFUMATURE ➤ ***provvisorio***

transizióne [vc. dotta, lat. *transitiōne(m)*, da *trānsitus*, part. pass. di *transīre* ✱ 1529] **s. f.** **1** passaggio tra due condizioni, due epoche, due modi di vita, due situazioni: *vivere in un periodo di t.*; *la t. fra infanzia e adolescenza* | ***governo di t.***, provvisorio, di durata temporanea **2** (*mus.*) modulazione breve o mutamento improvviso di tonalità | congiunzione di due frasi di una composizione | nella forma sonata, passaggio **3** (*fis.*) passaggio, spontaneo o provocato, di un sistema da uno stato a un altro | ***t. elettronica***, passaggio di un elettrone da un orbitale a un altro | (*fis.*) ***t. di fase***, trasformazione in cui cambiano lo stato, la struttura, la fase o il numero delle fasi di un sistema termodinamico **4** ***zona di t.***, in geofisica, zona dell'interno della Terra, compresa fra 410 e 1000 km di profondità, che separa la regione superiore del mantello dall'inferiore e che è caratterizzata da un rapido aumento della massa volumica, e quindi della velocità di propagazione, delle onde sismiche **5** (*geol.*) ***rocce di t.***, quelle che per la loro composizione non possono essere assegnate a tipi determinati e vengono perciò considerate forme di passaggio

translagunàre [comp. di *trans-* e *laguna* con suff. agg. ✱ 1983] **agg.** ● che attraversa una laguna: *navigazione t.*; *ponte t.*

translàtion slam /tranz'lɛʃʃon zlɛm, *ingl.* træns'leɪʃən,slæm/ ➤ **slam**②

†**translàto** e deriv. ➤ **traslato** e deriv.

translitteràre e deriv. ➤ **traslitterare** e deriv.

translucènza ➤ **traslucenza**

translùcido e deriv. ➤ **traslucido** e deriv.

translunàre [comp. di *trans-* e *lunare* ✱ 1970] **agg.** ● che è posto oltre la Luna: *orbita, spazio t.*

†**transmarìno** ➤ **trasmarino**

transmediàle [comp. di *trans-* 'al di là' e *mediale*③ ✱ 1991] **agg.** ● che riguarda o che utilizza molteplici media e piattaforme mediatiche (film, libro, Internet, videogiochi, fumetti, ecc.): *narrazione, racconto t.* **CFR.** multimediale

†**transmutànza** [1308] **s. f.** ● mutamento radicale **SIN.** tramutazione

†**transmutàre** e deriv. ➤ **tramutare** e deriv.

transnazionàle [comp. di *trans-* e *nazionale* ✱ av. 1975] **agg.** ● che oltrepassa i confini nazionali: *politica, prospettiva t.* ‖ **transnazionalità**, **s. f. inv.** carattere transnazionale

transoceànico [comp. di *trans-* e *oceanico* ✱ 1858] **agg.** (**pl. m.** *-ci*) ● che attraversa l'oceano: *volo t.*; *traffico t.* | che è situato oltre l'oceano

transònico [comp. di *tran(s)-* e *sonico* ✱

1949] **agg.** (**pl. m.** *-ci*) ● (*aeron.*) di velocità prossima alla velocità del suono, cioè compresa fra circa 0,8 e 1,2 mach e di ciò che a essa si riferisce

†**transonòro** [comp. di *tran(s)-* e *sonoro* ✱ av. 1642] **agg.** ● (*fis.*) che non è relativo al suono

transpadàno o **traspadàno** [vc. dotta, lat. *transpadānu(m)*, comp. di *trāns-* 'al di là' e *padānus* 'del Po (*Pădus*)' ✱ 1478] **A** **agg.** **1** che è posto al di là del Po, rispetto a Roma CONTR. cispadano **2** che abita oltre il Po, rispetto a Roma **B** **s. m.** (**f.** *-a*) ● abitante della regione transpadana

transpàllet /trans'pallet/ [comp. di *trans-* e *pallet* (V.) ✱ sec. XX] **s. m. inv.** ● carrello impiegato nei magazzini per movimentare i pallet

transpartìtico [1986] **agg.** (**pl. m.** *-ci*) ● (*polit.*) che comprende o riguarda diversi partiti: *accordo t.* | ***partito t.***, i cui aderenti possono anche essere membri di altri partiti

transplacentàre [comp. di *trans-* e *placentare* ✱ 1961] **agg.** ● (*med.*) detto di sostanza, farmaco o microrganismo che attraversa la placenta, o di fenomeno che si verifica attraverso di essa

transpolàre [comp. di *trans-* e *polare* ✱ 1925] **agg.** ● che passa attraverso un polo: *rotta aerea t.*

transpònder /trans'pɔnder, *ingl.* træns'pɒndə(r)/ [vc. ingl., comp. di *trans(mitter)* 'trasmettitore' e *(res)ponder* 'risponditore' ✱ 1987] **s. m. inv.** ● (*elettron.*) dispositivo ricetrasmittente in grado di rispondere automaticamente a un segnale esterno, impiegato in aeronautica per il controllo delle rotte, nelle telecomunicazioni satellitari, in procedure di identificazione, ecc.

†**transpórre** ➤ **trasporre**

†**transportàre** e deriv. ➤ **trasportare** e deriv.

transpòrter /trans'pɔrter, *ingl.* træns'pɔ:tə(r)/ [vc. ingl., propr. 'trasportatore', da *transport* 'trasporto' ✱ 1989] **s. m. inv.** ● autoveicolo, spec. di notevoli dimensioni, per trasportare merci varie

transrazziàle [comp. di *trans-* e *razziale* ✱ 1991] **agg.** ● detto di carattere, evento, fenomeno e sim. che si manifesta in due o più razze o etnie

transrettàle [comp. di *trans-* e *rettale* ✱ 1904] **agg.** ● (*med.*) di esplorazione diagnostica eseguita attraverso il retto: *ecografia t.*

†**transricchìre** ➤ †**trasricchire**

transtiberìno [vc. dotta, lat. *transtiberīnu(m)*, comp. di *trāns* 'al di là' e *Tiberīnu(m)* 'Tiberino, del Tevere (*Tĭberis*)' ✱ 1896] **agg.** ● (*lett.*) che è posto al di là del Tevere

transubstanziàrsi e deriv. ➤ **transustanziarsi** e deriv.

†**transumanàre** ➤ **trasumanare**

transumànte **part. pres.** di *transumare*; anche **agg.** ● nel sign. del v.: *greggi transumanti*

transumànza [fr. *transhumance*, da *transhumer* 'transumare' ✱ 1900 ca.] **s. f.** ● trasferimento del bestiame in estate ai pascoli della montagna e in autunno al piano

transumàre [fr. *transhumer*, comp. di *trans-* e di un deriv. del lat. *hŭmus* 'terra', sul modello di *inhumer* 'inumare' ✱ 1909] **v. intr.** (**aus.** *avere*) ● detto di greggi, effettuare la transumanza

†**transuntàre** [1350 ca.] **v. tr.** **1** (*dir.*) fare il transunto di un contratto **2** tradurre

†**transùnto** [vc. dotta, lat. *transūmptu*, dal part. pass. di *transūmere* ✱ 1509] **s. m.** **1** estratto di un discorso, un atto, uno scritto **2** sunto

†**transunzióne** [vc. dotta, lat. *transumptiōne(m)*, da *transūmptus* 'transunto', sull'esempio del corrispondente gr. *metálēpsis* ✱ av. 1406] **s. f.** ● metafora

transurànico [comp. di *trans-* e dell'agg. di *uranio* ✱ 1946] **agg.** (**pl. m.** *-ci*) ● di elemento chimico, radioattivo, artificiale, con numero atomico superiore a quello dell'uranio

transuretràle [comp. di *trans-* e *uretra* con suff. agg. ✱ 1983] **agg.** ● (*anat.*) che passa attraverso l'uretra

transustanziàrsi o **transubstanziàrsi** [vc. dotta, lat. mediev. *transubstantiāre*, comp. di *trans-* e del denominale di *substăntia* 'sostanza' ✱ 1336 ca.] **v. intr. pron.** (*io mi transustànzio*) ● nella teologia cattolica, mutare di sostanza, riferito alla transustanziazione

transustanziazióne o **transubstanziazióne** [vc. dotta, lat. mediev. *transubstantiatiōne(m)*, da *transubstantiātus* 'transustanziato' ✱ av. 1609] **s. f.** ● nella teologia cattolica, conversione della sostanza del pane e del vino in quella del corpo e del sangue di Gesù Cristo, in virtù della consacrazione nella Messa, restando immutate le specie formali o esterne della materia consacrata

transvaginàle [comp. di *trans-* e *vaginale* ✱ 1902] **agg.** ● (*med.*) di esplorazione diagnostica eseguita attraverso la vagina: *ecografia t.*

†**transvedére** ➤ **travedere**

transverberazióne o **trasverberazióne** [vc. dotta, lat. *transverberatiōne(m)* 'trafittura (*verberatiōne(m)* da una parte all'altra (*trans-*))' ✱ 1959] **s. f.** ● (*relig.*) comparsa sul corpo delle ferite della crocifissione di Cristo

†**transvèrso** e deriv. ➤ **trasverso** e deriv.

tran tràn /tran'tran/ o **trantràn** [reduplicazione di natura espressiva ✱ 1857] **A** **loc. inter.** ● riproduce il suono e il ritmo lento, uguale e monotono di un veicolo o di una macchina in genere in moto **B** **loc. sost. m. inv.** ● ritmo, andamento uniforme e monotono di un'attività o della vita di tutti i giorni: *è il solito tran tran*; *il tran tran di sempre* SIN. routine SFUMATURE ➤ ***quotidianità***

tranvài o **tramvài** [ingl. *tramway* 'veicolo (*tram*, di area germ. sett.) per la via (*way*, di orig. indeur.)' ✱ 1856] **s. m. inv.** ● tram

tranvàta [da *tram* col suff. *-ata* ✱ 1990] **s. f.** **1** (*roman.*) botta, colpo violento | (*fig.*) batosta: *ha preso una t. dal suo migliore amico* | (*fig.*) ***dare una t. a qlcu.***, ingannarlo, raggirarlo **2** (*roman.*, *fig.*) clamoroso insuccesso, smacco inatteso: *con questa t. finirà la sua carriera*

tranvìa o **tramvìa** [adattamento, con trad. del secondo termine, secondo l'esempio di altre lingue europee, dell'ingl. *tramway*. V. *tranvai* ✱ 1880] **s. f.** ● impianto per il trasporto di persone in zona urbana o extraurbana, su rotaie

tranviàrio (o **-vià-**) o **tramviàrio** [1899] **agg.** ● relativo ai tram ed alle tranvie | ***azienda tranviaria***, che gestisce il servizio dei tram

tranvière o **tramvière** [da *tranvia* ✱ 1902] **s. m.** (**f.** *-a*) ● impiegato di un'azienda tranviaria, spec. se appartenente al personale viaggiante

tràpa [da *(calci)trapa*, variante di *calcatrippa*, *calcatreppola*, comp. di incerta spiegazione ✱ 1840] **s. f.** ● pianta delle Onagracee diffusa negli stagni eurasiatici, con frutto scuro, provvisto di aculei, commestibile (*Trapa natans*) SIN. castagna d'acqua

†**trapagàto** [comp. di *tra-* e *pagato* ✱ av. 1294] **agg.** ● strapagato

trapanaménto [da *trapanare* ✱ av. 1504] **s. m.** ● trapanazione

trapanàre [da *trapano* ✱ sec. XV] **v. tr.** (*io tràpano*) **1** forare con il trapano, detto sia nel campo della lavorazione meccanica che in quello delle operazioni chirurgiche o in odontoiatria **2** (*est.*) perforare: *Cri-cri-cri trapanava il tarlo* (C.E. GADDA) | †trafiggere, trapanare **3** (*fig.*) affliggere, tormentare

trapanatóre [da *trapanare* ✱ 1865] **s. m.** (**f.** *-trice*) ● operaio addetto a un trapano

trapanatrìce [1944] **s. f.** **1** (*tecnol.*) macchina operatrice costituita da uno o più trapani ad azionamento indipendente, usata per compiere operazioni di foratura, alesatura e sim., specie nelle produzioni in serie **2** (*tecnol.*) trapano fisso **3** (*miniere*) macchina destinata all'abbattimento del carbone, costituita da una testa rotante provvista di lame

trapanatùra [1692] **s. f.** ● trapanazione

trapanazióne [av. 1575] **s. f.** **1** perforazione mediante il trapano SIN. trapanatura, trapanamento **2** (*chir.*) operazione consistente nel praticare un orifizio, gener. in un osso, per mezzo del trapano o di altro strumento | ***t. dentaria***, quella praticata nel trattamento della carie dentaria per eliminare la parte cariata del dente e approntare la cavità per la successiva otturazione | ***t. del cranio***, quella praticata sul cranio a scopo diagnostico, terapeutico, o, in passato, rituale | ***t. ossea***, quella praticata su un osso o sul cranio

trapanése (o **-ṣ-**) o †**trapanìse** [1476] **A** **agg.** ● di Trapani **B** **s. m. e f.** ● abitante o nativo di Trapani

trapanìo [1936] **s. m.** (**pl.** *-ii*) ● un trapanare continuato

†**trapanìse** ➤ **trapanese**

trapanìsta [da *trapano* ✱ 1957] **s. m. e f.** (**pl. m.** *-i*) ● chi è addetto a un trapano, spec. meccanico

tràpano o †**trapàno** [gr. *trýpanon*, da *trypân* 'forare', di orig. indeur., con sovrapposizione di *tra-* ✱ sec. XIV] **s. m.** **1** macchina utensile per forare legno o metallo mediante una punta d'acciaio variamente sagomata fatta girare rapidamente su sé stessa: *t. a mano*, *t. a motore*, *t. elettrico*, *t. pneumatico* | ***t. elettronico***, in cui la velocità di rotazione è regolabile tramite un circuito elettronico | ***t. a petto, da spalla***, in cui la pressione di avanzamento della punta è esercitata dal petto o dalla spalla dell'operatore | ***t. a corda***, trapano a mano con punta a lancia, usato spec. nella scultura, in cui il moto rotatorio viene impresso da una cordicella che si avvolge su un rocchetto | ***t. a vite, a spirale, alternativo***, costituito da una vite a elica lungo la quale è fatto oscillare su e giù un bottone che imprime alla punta il moto rotatorio di taglio | ***t. a percussione***, in cui l'avanzamento della punta, spec. nella foratura di materiali quali la pietra e il calcestruzzo, è facilitato da un dispositivo che imprime colpi frequenti alla punta stessa | ***t. fisso***, costituito da un'incastellatura che reca il supporto del mandrino portapunta, la tavola portapezzo e il motore SIN. trapanatrice | ***t. sensitivo***, in cui il moto di avanzamento della punta viene impartito mediante una leva dall'operatore, che può così valutare la resistenza offerta all'avanzamento dal materiale | ***t. a colonna***, trapano sensitivo la cui base poggia sul suolo, e in cui una mensola portapezzo è spostabile verticalmente e girevole intorno a una colonna **2** strumento chirurgico rotante per praticare fori nella scatola cranica | apparecchio impiegato in odontoiatria per modellare o perforare i denti: *t. Doriot* | ***t. a turbina, indolore***, trapano da dentista che riduce il dolore grazie all'altissima velocità di rotazione e al raffreddamento prodotto da un getto d'acqua SIN. turbotrapano ‖ **trapanétto**, **dim.** | **trapanino**, **dim.**

trapassàbile [sec. XIV] **agg.** **1** che si può trapassare **2** †labile, transitorio

trapassaménto [1266] **s. m. 1** (*raro*) il trapassare, il venire trapassato **2** (*lett.*) †morte, trapasso **3** (*fig.*) †trasgressione

trapassàre [comp. di *tra-* e *passare* ✻av. 1257] **A v. tr. 1** passare da parte a parte, forare: *la lancia trapassò la corazza* | trafiggere: *t. il petto con la spada* | ***t. il cuore***, (*fig., lett.*) recare grande dolore; †far innamorare | (*raro*) perforare: *t. uno strato di rocce* **2** (*lett.*) passare da una parte all'altra, valicare, attraversare | †passare un limite, un confine | (*fig.*) oltrepassare: *sono cose che trapassano le nostre responsabilità* | (*fig.*) †eccedere un numero, una misura, un modo **3** (*lett.*) trascorrere, consumare, detto del tempo: *canti, e così trapassi / dell'anno e di tua vita il più bel fiore* (G. Leopardi) | (*assol.*) †trascorrere la vita **4** (*lett.*) superare, sorpassare **5** †passare oltre in un discorso, trascurando, tralasciando, omettendo qlco. **6** †trasgredire **B v. intr.** (aus. *essere*) **1** (*lett.*) passare attraverso, penetrando: *come per acqua o per cristallo intiero / trapassa il raggio* (T. Tasso) **2** (*lett.*) passare, andare oltre | andare altrove, in altro luogo **3** †trascorrere, detto del tempo **4** †passare a un altro argomento **5** (*lett.*) passare in eredità: *il casato … trapassò in altra famiglia* (U. Foscolo) **6** (*lett.*) cessare, finire: *tutto trapassa* | morire, spirare: *è trapassato all'alba*

trapassàto A part. pass. di *trapassare*; anche **agg.** ● nei sign. del v. **B s. m. 1** (spec. al pl., *lett.*) morto, defunto: *ricordare i trapassati* **2** (*gramm.*) tempo della coniugazione del verbo, che indica un processo compiuto: *t. prossimo* (es. *avevo mangiato*); *t. remoto* (es. *ebbi mangiato*)

trapassatóre [sec. XIII] **s. m.** (f. *-trice*); anche **agg. 1** (*raro*) chi (o che) trapassa **2** (*fig.*) †trasgressore

†**trapassatòrio** [da *trapassare* ✻av. 1332] **agg.** ● transitorio

trapàsso① [da *trapassare* ✻av. 1292] **s. m. 1** (*raro*) passaggio | (*fig.*) transizione: *il t. dalla guerra alla pace*; *anni, epoca di t.* | (*dir.*) ***t. di proprietà***, trasferimento di proprietà da una persona a un'altra **2** †varco, valico, guado: *il t. di un fiume* **3** (*eufem.*) morte, decesso: *accertare l'ora del t.* | †***fare t.***, morire **4** †l'oltrepassarsi: *si movien lumi … nel congiugnersi insieme e nel t.* (Dante *Par.* XIV, 110-111)

trapàsso② [comp. di *tra-* e *passo*② ✻av. 1494] **s. m.** ● andatura irregolare ed alterata del cavallo trottatore, che in genere è seguita dalla rottura

trapelaménto [1612] **s. m.** ● (*raro*) il fatto di trapelare (*anche fig.*): *il t. della luce da una fessura*; *il t. di una notizia segreta*

✦**trapelàre**① [comp. di *tra-* e del deriv. di *pelo* in senso figurato ('incrinatura', 'sottile meato') ✻ sec. XIII] **A v. intr.** (*io trapélo*; aus. *essere*) **1** infiltrarsi e stillare attraverso aperture, spaccature, fori, detto di un liquido: *l'acqua trapela dalle pareti del vaso* | uscire da fessure molto piccole, detto della luce: *il sole trapelava da uno spiraglio* **SIN.** filtrare **2** (*fig.*) rivelarsi di nascosto o a stento, venirsi a sapere (+ *che*): *qualche cosa è trapelato del suo piano*; *dalla riunione trapela che il governo ha intenzione di chiedere la fiducia* | (*lett.*) palesarsi **B v. tr.** ● (*lett., raro*) aver sentore, arrivare a sapere attraverso pochissimi indizi

trapelàre② [da *trapelo* ✻1865] **v. tr.** (*io trapélo*) ● (*disus.*) rimorchiare con un trapelo

trapélo [lat. *protēlu(m)*, col senso originario di 'tirare (da inserire nella famiglia di *tĕndere, tenēre*) in avanti, di continuo (*pro-*)', con sovrapposizione in it. di *tra-* sulla variante metatetica **tropelo* ✻av. 1708] **s. m.** ● cavallo o altra bestia da tiro che serve da rinforzo a una vettura in salita **SIN.** bilancino

†**trapensàre** [comp. di *tra-* e *pensare* ✻av. 1292] **A v. intr.** ● essere angosciato **B v. tr.** ● valutare con attenzione e preoccupazione

†**traperfètto** [comp. di *tra-* e *perfetto* ✻1726] **agg.** ● oltremodo perfetto

trapestìo ➤ **trepestio**

trapéto ➤ **trappeto**

trapèzio [vc. dotta, lat. tardo *trapĕziu(m)*, dal gr. *trapézion*, dim. di *trápeza* 'tavola', propr. secondo la composizione della parola 'a quattro piedi' ✻sec. XIV] **A s. m. 1** quadrangolo con due lati paralleli **2** attrezzo per esercizi ginnici o acrobatici, formato da una sbarra orizzontale sorretta alle estremità da due funi appese a trave o sostegno solidamente fissato | ***t. fisso***, sbarra orizzontale infissa in due travi verticali a una certa altezza **3** (*anat.*) osso del carpo collocato fra lo scafoide e il secondo metacarpale | muscolo della regione posteriore del tronco e del collo **B agg.** ● (*raro*) trapezoidale

trapezìsta [1950] **s. m. e f.** (pl. m. *-i*) ● ginnasta o acrobata specialista del trapezio

trapezìta [vc. dotta, lat. *trapezīta(m)*, dal gr. *trapezítes*, da *trápeza* 'tavola, banco (del cambiavalute)' ✻sec. XIV] **s. m.** (pl. *-i*) ● nel mondo greco classico, banchiere

trapezoèdro (o *-z-*) [comp. di *trapez(i)o* ed *-edro* ✻1875] **s. m. 1** (*mat.*) poliedro le cui facce sono a forma di trapezio **2** (*miner.*) poliedro cristallino delimitato da 6 facce quadrangolari scalene

trapezoidàle (o *-z-*) [da *trapezoide* ✻1874] **agg.** ● che ha forma analoga a quella di un trapezio

trapezòide (o *-z-*) [gr. *trapezoeidḗs* 'a forma di tavola', comp. di *trápeza* 'tavola' (V. *trapezio*) e *-oeidḗs* '-oide' ✻1681] **A agg.** ● trapezoidale **B s. m. 1** figura geometrica, affine al trapezio, in cui almeno uno dei lati non paralleli non è rettilineo **2** (*anat.*) osso del carpo

trapiantàbile [1851] **agg.** ● che può essere trapiantato: *organo t.* ‖ **trapiantabilità**, **s. f. inv.**

trapiantaménto [av. 1558] **s. m.** ● (*disus.*) trapianto

trapiantàre [adattamento del lat. tardo *transplantāre*, comp. di *trāns-* 'al di là' e *plantāre* 'piantare' ✻av. 1320] **A v. tr. 1** collocare a dimora le piante provenienti dal semenzaio o dal vivaio: *t. cavoli, pomodori, rose* | spostare una pianta da un terreno o da un vaso a un altro **2** (*fig.*) trasferire, trasportare | ***t. una moda, un'usanza***, farla conoscere, introdurla **3** (*chir.*) sottoporre a trapianto un tessuto o un organo **B trapiantàrsi v. intr. pron.** ● (*fig.*) andare a vivere, ad abitare in un altro luogo: *si sono trapiantati in città*

trapiantàto A part. pass. di *trapiantare*; anche **agg.** ● nei sign. del v.: *rose trapiantate*; *una famiglia siciliana trapiantata in Belgio* **B agg. e s. m.** (f. *-a*) ● che (o chi) ha subito un trapianto chirurgico

trapiantatóio [da *trapiantare* ✻1891] **s. m.** (pl. *-ói*) ● attrezzo simile a una paletta per la messa a dimora delle piantine

trapiantatrice [da *trapiantare* ✻1929] **s. f.** ● macchina per il trapianto a dimora di piantine di riso, tabacco, barbabietola da seme, ortaggi e sim.

†**trapiantazióne** [sec. XIV] **s. f.** ● il trapiantare (*anche fig.*)

trapiantìsta [da *trapianto* ✻1983] **s. m. e f.**; anche **agg.** (pl. m. *-i*) ● chirurgo che effettua trapianti

trapiànto [av. 1653] **s. m. 1** collocazione a dimora di piante cresciute in semenzaio o in vivaio: *il t. dei fiori* | spostamento di una pianta da un terreno o da un vaso a un altro **2** (*fig.*) introduzione di mode, usanze e sim. **3** (*chir.*) trasporto di un organo o di un tessuto da una parte all'altra del corpo, o da un corpo a un altro: *t. corneale, renale, cardiaco* **CFR.** espianto

trapiantologìa [comp. di *trapianto* e *-logia* ✻1983] **s. f.** (pl. *-gie*) ● branca della chirurgia o della biologia che studia il trapianto di organi o tessuti nel corpo umano

trapiantòlogo [1990] **s. m.** (f. *-a*; pl. m. *-gi*) ● (*chir.*) medico chirurgo specializzato in trapianti

†**trapìccolo** [comp. di *tra-* e *piccolo* ✻sec. XIII] **agg.** ● molto piccolo

†**trapórre**① o †**trappórre** [comp. di *tra-* e *porre* ✻1525] **v. tr.** ● interporre, frapporre: *traponendo tra il mangiare alcuna parola, la lieta cena al suo fine conducemmo* (T. Tasso) | trasporre

†**trapórre**② e deriv. ➤ **trasporre** e deriv.

†**traportàre** e deriv. ➤ **trasportare** e deriv.

†**trapossènte** [comp. di *tra-* e *possente* ✻ 1363] **agg.** ● molto possente

†**trapósto** o †**trappósto** part. pass. di †*traporre*① ● nei sign. del v.

tràppa [fr. *trappe* 'trappola', di orig. germ. ✻ 1768] **s. f.** ● convento dei trappisti

tràpper /'trapper, *ingl.* 'træpə(r)/ [vc. ingl., propr. 'chi tende trappole', da *trap* 'trappola' (vc. germ. forse da avvicinare all'it. *trappola*) ✻1954] **s. m. e f. inv.** ● chi pratica un particolare tipo di escursionismo, provvisto di un'attrezzatura rudimentale, cercando di instaurare forme di sopravvivenza il più vicino possibile a quelle di una società non industriale

trappéto o **trapéto** [lat. *trapētu(m)*, dal gr. **trápēton*, da *trapêin* 'pigiare l'uva', di orig. indeur. (?) ✻av. 1347] **s. m.** ● (*centr., merid.*) frantoio, oleificio

trappìsta [fr. *trappiste*, dal n. dell'abbazia di *La Trappe*, fondata in località di caccia (dove erano poste le *trappes* 'trappole') ✻1790] **s. m.** (f. inv. o *-ina*; pl. m. *-i*) **1** religioso dell'ordine cistercense riformato dall'abate Rancé nel XVII sec. **2** (*fig., scherz.*) chi vive molto austeramente

✦**tràppola** [dim. di una vc. *trappa*, di etim. discussa: di orig. onomat. (?) ✻av. 1320] **s. f. 1** ogni congegno fabbricato per la cattura di animali spec. nocivi: *una t. per topi* | ***t. esplosiva***, congegno antiuomo, funzionante con dispositivo particolarmente insidioso e dissimulato, così da agire in modo imprevedibile **2** (*fig.*) insidia, tranello: *tendere una t. a qlcu.*; *cadere nella t.* | (*fig.*) situazione senza via d'uscita: *sentirsi in t.* | ***t. della povertà***, nell'uso giornalistico, situazione paradossale per cui l'aumento del reddito determina una diminuzione del reddito effettivo per il venir meno di vantaggi contributivi o assistenziali esclusi dalle maggiori entrate **3** (*fam.*) frottola, fandonia: *credere alle trappole* **4** (*fam., spreg.*) dispositivo, attrezzo, veicolo dal cattivo funzionamento **5** (*elettr.*) ***t. ionica***, campo magnetico ausiliario applicato ai tubi a raggi catodici per impedire il verificarsi di macchie ioniche ‖ **trappolétta**, dim. | **trappolina**, dim. | **trappolóna**, accr. | **trappolóne**, accr. m. (V.)

trappolàre [da *trappola* ✻sec. XIV] **v. tr.** (*io tràppolo*) **1** †intrappolare **2** (*fig., disus.*) ingannare, truffare, raggirare

trappolatóre [da *trappolare* ✻1438] **s. m.** (f. *-trice*) **1** (*raro, fig.*) truffatore **2** (*raro*) chi racconta fandonie

trappolerìa [da *trappolare* ✻av. 1565] **s. f.** ● (*raro*) frode, inganno, raggiro: *il perpetuo mercanteggiare, da lui spregiato come un'avara t.* (R. Bacchelli)

a b c d e f g h i j k l m n o p q r s t u v w x y z

†**trappolière** [da *trappolare* ✱ av. 1446] **s. m.** ● truffatore

trappolóne [av. 1850] **s. m. 1** accr. di *trappola* **2** (**f.** *-a*) (*fig.*, *pop.*) imbroglione, truffatore **3** (*colloq.*) tranello, insidia

†**trappórre** e deriv. ➤ †**traporre**① e deriv.

traps /*ingl.* træps/ [vc. ingl. 'trappole' con un passaggio di sign. avvenuto nello slang amer. ✱ 1985] **s. m. pl.** ● (*mus.*) denominazione di tutti gli oggetti usati in orchestra per effetti speciali (fruste, campanacci e sim.) | nel jazz, sezione percussiva

trapùngere [lat. tardo *transpŭngere*, comp. di *trans-* e *pŭngere* ✱ av. 1304] **v. tr.** (**coniug. come** *pungere*) **1** (*lett.*) trapuntare **2** †trapassare, trafiggere | (*lett.*) pungere, punzecchiare

trapùnta [f. sost. del part. pass. *trapunto* ✱ 1310] **s. f. 1** coperta imbottita e trapuntata **2** (*stor.*) indumento imbottito, indossato sotto la corazza ‖ **trapuntìna**, **dim.** | **trapuntìno**, **dim. m.**

trapuntàre [1516] **v. tr.** ● lavorare di trapunto, trapassare con lunghi punti, impuntire | ricamare

trapuntatùra [1983] **s. f.** ● operazione del trapuntare | lavoro a trapunto

trapùnto **A** **part. pass.** di *trapungere*; **anche agg. 1** nei sign. del v.: *tessuto t.* **2** (*fig.*) punteggiato, costellato: *un cielo t. di stelle*; *nuvole colme trapunte di sole* (G. UNGARETTI) **B** **s. m.** ● tipo di ricamo eseguito con due tessuti sovrapposti, seguendo il disegno a punto a filza e imbottendo con lana il motivo trapuntato

trar ➤ **trarre**

†**traricchìre** ➤ †**trasricchire**

†**trarìcco** [comp. di *tra-* e *ricco* ✱ sec. XIV] **agg.** ● straricco

†**trarómpere** [comp. di *tra-* e *rompere* ✱ sec. XIII] **v. tr. 1** interrompere **2** (*fig.*) sconfiggere

trarótto **part. pass.** di †*trarompere*; **anche agg. 1** †scosceso | (*est.*, *lett.*) impetuoso | (*lett.*) intermittente **2** (*fig.*, *lett.*) tormentato, travagliato: *un uomo dalla vita trarotta, che serba in sé … tempestosi e amarissimi ricordi* (L. PIRANDELLO)

◆**tràrre** o †**tràere**, †**tràggere** [lat. *trăhere*, di etim. incerta ✱ 1213] **A** **v. tr.** (**talora troncato in** *trar*; **pres.** *io tràggo, tu trài,* †*tràggi, egli tràe,* †*tràgge, noi traiàmo,* †*traggiàmo, voi traéte, essi tràggono*; **imperf.** *io traévo*; **fut.** *io trarrò*; **pass. rem.** *io tràssi, tu traésti*; **congtv. pres.** *io tràgga, noi traiàmo,* †*traggiàmo, voi traiàte,* †*traggiàte; essi tràggano*; **congtv. imperf.** *io traéssi*; **condiz. pres.** *io trarrèi*; **imperat.** *trài,* †*tràggi, traéte*; **gerund.** *traèndo,* †*traggèndo*; **part. pres.** *traènte*; **part. pass.** *tràtto*) **1** (*lett.*) tirare muovendo o portando qlcu. o qlco. da un luogo all'altro: *di Cinzia il cocchio aurato / le cerve un dì traevano* (U. FOSCOLO) | ***t. via***, tirare via | ***t. a sé***, tirare a sé | ***t. avanti***, (*fig.*) continuare a vivere | ***t. su***, elevare (*anche fig.*) | ***t. la lana***, filarla **2** portare, condurre (*anche fig.*): *t. qlcu. al supplizio*; *t. in porto la barca*; *t. qlco. a buon fine*; *i superstiti sono stati tratti in salvo* | ***t. in inganno***, (*lett.*) ***d'inganno***, V. *inganno* | ***t. in errore***, fare sbagliare | (*fig.*) portare da una condizione ad un'altra: *fu tratto in servitù* **3** (*lett.*) trascinare | passare, trascorrere: *così quegl'ineffabili / giorni, o mio cor, traendo* (G. LEOPARDI) **4** (*lett.*) lanciare, scagliare, scoccare | †vibrare un colpo, una stoccata | (*raro*) ***t. i dadi***, gettarli **5** spingere a fare qlco.: *fu tratto a interessarsi a lui dalla compassione* | †colpire | (*lett.*) allettare, attirare, attrarre: *t. l'anima di qlcu.*; *è tratto dalla passione per il teatro* | †sedurre **6** prendere e portare via: *t. di mano qlco. a qlcu.* | (*fig.*) liberare, levare da uno stato, una condizione: *t. qlcu. da un pericolo*; *t. qlcu. dalla servitù*; *t. qlcu. d'impaccio* **7** levare, tirare fuori: *t. vino da una botte* | (*fig.*) ***t. un'idea dalla testa***, levarla, toglierla | ***t. qlcu. di senno***, farlo impazzire | †***t. un liquido***, aspirarlo, berlo | estrarre: *t. a sorte*; *t. la spada dalla custodia* | (*fig.*) †***t. la fame, la sete***, sfamare, dissetare **8** (*lett.*) emettere, fare uscire | ***t. il fiato***, respirare **9** ottenere, ricavare, derivare (*anche fig.*): *t. guadagno, beneficio, utilità*; *t. un esempio significativo*; *t. una informazione utile* | dedurre: *t. il senso di qlco.*; *traete voi le conseguenze*; *se ne trae che la tua ipotesi non è corretta* | ***t. origine***, avere origine | ***t. esempio***, prendere esempio | †***t. partito***, ricavare un vantaggio | †riscuotere, prelevare **10** (*raro*) detrarre | (*raro*, *lett.*) eccettuare, escludere **CONTR.** immettere **11** †distogliere **12** †levare di dosso **13** †tradurre **B** **v. intr.** (**aus.** *avere*) **1** (*lett.*) passare, recarsi in un luogo **2** (*lett.*) spirare, tirare, detto del vento **3** †stendersi, estendersi, detto di costruzioni, edifici, muri **4** (*fig.*) †mirare, tendere **5** (*banca*) spiccare una tratta, emettere un ordine di pagamento **C** **tràrsi** **v. rifl. 1** (*lett.*) andare, muoversi verso qlcu. o qlco.: *trarsi vicino a qlcu.*; *trarsi avanti, in disparte, indietro* **2** levarsi, togliersi, tirarsi fuori (+ *da*, *raro*, *lett.* + *di*): *trarsi d'impaccio*; *trarsi da un imbroglio, un pasticcio, una difficoltà*; *trarsi di sotto un ritorto coltello* (G. BOCCACCIO) | ***trarsi di mezzo***, togliersi di mezzo, farsi da parte **3** (*raro*, *lett.*) indursi a qlco., indirizzarsi verso qlco. **4** †trattenersi: *infino al fiume del parlar mi trassi* (DANTE *Inf.* III, 81)

†**trarupàre** [da *rupe* con *tra-* ✱ 1351] **v. intr.** ● precipitare da una rupe | cadere

†**trarùpo** [da *trarupare* ✱ 1374] **s. m.** ● dirupo, burrone

tras- [adattamento della prep. lat. *trāns* 'attraverso', di orig. indeur., con l'allargamento di sign. assunto da *tra-*] **pref.** ● in parole di origine latina o di moderna formazione, indica passaggio, movimento al di là, oltre qualche cosa, spostamento da un punto a un altro (*traslocare*, *trasferire*, *trasgredire*, *traslazione*, *trasmettere*); con valore fig., passaggio da una condizione a un'altra, cambiamento, mutamento (*trascrivere*, *trasfigurare*, *trasformare*), mancanza di cura (*trasandato*, *trascurare*); riferimento a passaggio attraverso un oggetto (*trasparente*, *traspirare*)

◆**trasalimènto** [1883] **s. m.** ● il trasalire | lieve sussulto provocato da un'emozione improvvisa

◆**trasalìre** [ant. fr. *tressaillir* 'saltare (*saillir*, dal lat. *salīre*) in mezzo (*tres-*, dal lat. *trāns*)' ✱ av. 1292] **v. intr.** (*io trasalisco, tu trasalisci*; **aus.** *avere* **o** *essere*) ● sussultare, scuotersi per una forte, improvvisa emozione: *t. per uno spavento* | (*lett.*) sobbalzare, scuotersi, detto di cose

trasaltàre [comp. di *tra-* e *saltare*, sull'esempio del fr. *tressanter* ✱ av. 1342] **v. intr.** (**aus.** *avere*) **1** (*lett.*, *raro*) spostarsi a salti, a balzi **2** (*lett.*) trasalire

†**traṣamàre** [comp. di *tras-* e *amare* ✱ av. 1313] **v. intr.** ● amare intensamente

traṣandàre o †**tranṣandàre** [comp. di *tras-* e *andare*① e, quindi, 'lasciar perdere', 'trascurare' ✱ sec. XIII] **A** **v. tr.** (*io traṣàndo*) **1** (*raro*) trascurare **2** (*raro*, *lett.*) omettere **B** **v. intr.** (*io traṣvàdo* **o** *tranṣvàdo*; **coniug. come** *andare*) ● †andare troppo avanti | (*fig.*) †oltrepassare i limiti, eccedere, uscire dai termini: *a questa etade è necessario d'essere rifrenato, sì che non transvada* (DANTE) | (*fig.*) vaneggiare

traṣandatézza [da *trasandato* ✱ 1856] **s. f.** ● caratteristica di chi (o di ciò che) è trasandato **SIN.** sciatteria

◆**traṣandàto** o †**tranṣandàto** **part. pass.** di *trasandare*; **anche agg. 1** che non ha cura di sé: *uomo t. nel vestire* | poco curato (*anche fig.*): *abbigliamento t.*; *stile t.* **SIN.** sciatto **2** (*lett.*) trascurato, negletto: *orto, giardino t.* **3** †passato, trascorso ‖ **traṣandataménte**, **avv.**

SFUMATURE ➤ *trascurato*

†**trasàvio** [comp. di *tra-* e *savio* ✱ av. 1292] **agg.** ● molto savio

†**traṣbòno** [comp. di *tras-* e *bono* ✱ av. 1294] **agg.** ● molto onesto e retto

traṣbordàre [adattamento del fr. *transborder* 'trasportare (*trans-*) dal bordo (*bord*) di una nave all'altra' ✱ av. 1861] **A** **v. tr.** (*io traṣbórdo*) ● far passare le persone o le merci da un mezzo di trasporto a un altro **B** **v. intr.** (**aus.** *avere*) ● passare da un mezzo di locomozione a un altro

traṣbordatóre [da *trasbordare*, sull'esempio del corrispondente fr. *transbordeur* ✱ 1889] **A** **s. m.** (**f.** *-trice*); **anche agg.** ● chi (o che) trasborda **B** **s. m.** ● ponte, chiatta o altro mezzo per eseguire il trasbordo

traṣbórdo [1889] **s. m.** ● trasferimento da un mezzo di trasporto a un altro | ***clausola di t.***, patto con cui il vettore marittimo si riserva il diritto di trasbordare le merci da una nave a un'altra

trascégliere [comp. di *tra-* 'in mezzo (a più oggetti o argomenti)' e *scegliere* ✱ av. 1292] **v. tr.** (**coniug. come** *scegliere*) ● (*raro*) scegliere con diligente attenzione **SIN.** selezionare

†**trasceglimènto** [av. 1729] **s. m.** ● scelta accurata

†**trascélta** [f. sost. del part. pass. di *trascegliere* ✱ av. 1686] **s. f.** ● scelta accurata | selezione

trascendentàle [da *trascendente* ✱ 1669] **agg. 1** (*filos.*) che trascende la realtà sensibile | nella scolastica medievale, detto di proprietà comune a più enti che trascende la distinzione in categorie: *attributi trascendentali* | nella filosofia di Kant, detto della condizione per cui le cose possono divenire oggetto di conoscenza a priori **2** (*est.*) eccezionale, straordinario: *non c'è nulla di t. in quello che fa* ‖ **trascendentalménte**, **avv.** ‖ **trascendentalità**, **s. f. inv.** condizione di ciò che è trascendentale

trascendentaliṣmo [da *trascendentale* ✱ 1908] **s. m. 1** qualsiasi dottrina filosofica che riconosca come trascendente il principio primo delle cose, fondamento di ogni conoscenza **2** movimento filosofico-letterario americano dell'Ottocento, con caratteristiche simili a quelle del romanticismo europeo

trascendènte [vc. dotta, lat. *transcendĕnte(m)*, part. pres. di *transcĕndere* ✱ av. 1406] **A** **agg. 1** (*filos.*) che trascende la realtà sensibile | (*filos.*) che è al di là dei limiti della conoscenza possibile **CONTR.** immanente **2** (*mat.*) non algebrico, detto di numero, funzione, curva, superficie, e sim.: *equazione t.* **B** **s. m. solo sing.**: *credere nel t.*

trascendentiṣmo [da *trascendente* ✱ 1905] **s. m.** ● (*filos.*) qualsiasi dottrina filosofica che ammetta un principio di trascendenza

trascendentìstico [1955] **agg.** (**pl. m.** *-ci*) ● relativo al trascendentismo

trascendènza [av. 1712] **s. f. 1** (*filos.*) la condizione o la proprietà di ciò che è trascendente: *la t. divina* **2** †eccedenza, eccesso

◆**trascéndere** (o **-è-**), †**transcéndere** (o **-è-**) [lat. *transcĕndere*, comp. di *trāns-* 'oltre' e *scăndere* 'salire' ✱ av. 1292] **A** **v. tr.** (**coniug. come** *scendere*) **1** oltrepassare, superare: *Colui lo cui saver tutto trascende* (DANTE *Inf.*

VII, 73) | †attraversare salendo **2** (*filos.*) superare un limite o una condizione, detto di ciò che esiste al di sopra o al di fuori della realtà **B** v. intr. (aus. *avere* o *essere*) ● passare i limiti, non contenersi, commettere eccessi: *lo ammetto, ho trasceso; sono trascesi a vie di fatto*

trascendiménto [1374] s. m. ● (*raro*) il trascendere | superamento

trascéso (o -ṣo) part. pass. di *trascendere* ● nei sign. del v.

trascinaménto [1427] s. m. ● il trascinare, il venire trascinato | (*fig.*) coinvolgimento | ***effetto t.*** o (*raro*) ***effetto di t.***, conseguenza, ripercussione di qlco. che esercita una funzione trainante

trascinànte part. pres. di *trascinare*; anche agg. **1** nei sign. del v. **2** (*fig.*) avvincente, esaltante: *uno spettacolo t.*; *un ritmo t.*

♦**trascinàre** [lat. parl. **traginare*, variante durativa di *trăhere* 'tirare', con sovrapposizione di *tras-* ✱ 1313] **A** v. tr. **1** tirare facendo strisciare per terra: *t. una cassa, una valigia* | ***t. una gamba***, muoverla a fatica per ferita, malattia e sim. | ***t. i piedi***, strascicarli, strusciarli per terra | (*fig.*) ***t. la vita***, stentare | (*est.*) condurre a forza o con insistenza: *t. qlcu. in tribunale*; *lo trascinammo alla conferenza* | (*est.*) tirarsi dietro qlco.: *il torrente ha trascinato con sé piante e capanne*; *l'abside ha trascinato nel crollo il campanile e le volte* **2** (*fig.*) attirare con lusinghe: *t. qlcu. sulla via del male* | (*fig.*) guidare, spingere: *s'è lasciato t. dall'istinto* (G. D'ANNUNZIO) | (*fig.*) ***t. la folla***, esaltarla | (*fig.*) affascinare, avvincere, sedurre (*anche assol.*): *trascina tutti con la sua simpatia*; *una musica che trascina* **3** (*inform.*) in un programma di elaborazione testi o di grafica, spostare un elemento visualizzato sullo schermo con un dispositivo di puntamento come un mouse **B** **trascinàrsi** v. tr. pron. (aus. *essere*) ● tirare qlco. facendola strisciare (con valore intens.): *si è trascinata la valigia fino al treno* | (*est.*) portare con sé una persona restia o affaticata: *si trascina il marito dappertutto* (L. PIRANDELLO) **C** **trascinàrsi** v. rifl. ● strisciare per terra: *trascinarsi nel fango* | (*est.*) spostarsi con grande fatica: *si trascinava per casa in pigiama*; *trascinarsi al lavoro*; *trascinarsi verso l'uscita* **D** **trascinàrsi** v. intr. pron. ● prolungarsi, non accennare a finire: *è una controversia che si trascina da tempo* SIN. protrarsi

trascinàto part. pass. di *trascinare*; anche agg. ● nei sign. del v.: *Io solo, t. da un dolore impossibile e furioso* (E. MORANTE) | (*fig., lett.*) stentato, poco scorrevole: *sei spesso t. nel linguaggio* (I. CALVINO)

trascinatóre [av. 1907] **A** s. m. (f. *-trice*) ● chi trascina (*spec. fig.*): *un t. di folle* **B** agg. ● (*fig.*) che esalta, entusiasma: *discorso t.*

trascinìo [1857] s. m. (pl. *-ii*) **1** un continuo trascinare | rumore prodotto da cose trascinate **2** (*fig., lett.*) esistenza stentata: *questo t. d'accattone* (G. D'ANNUNZIO)

†**trascolàre** [comp. di *tras-* e *colare* ✱ av. 1698] v. intr. ● trapelare

trascoloraménto [1630] s. m. ● (*raro*) il trascolorare

trascoloràre [comp. di *tras-* e del denominale di *colore* ✱ av. 1231] **A** v. tr. (*io trascolóro*) ● (*raro*) far cambiare di colore **B** v. intr. (aus. *essere*) e **trascoloràrsi** v. intr. pron. ● cambiare colore | impallidire o (*raro*) arrossire

trascolorìre [comp. di *tras-* e *colorire* ✱ 1894] v. intr. (*io trascolorisco, tu trascolorisci*; aus. *essere*) **1** (*lett.*) impallidire **2** (*lett.*) cambiare colore: *L'erba … trascolorisce irrequieta* (G. UNGARETTI)

trascorrènte part. pres. di *trascorrere*; anche agg. ● (*lett.*) nei sign. del v. ‖ †**trascorrenteménte**, avv. di passaggio

♦**trascórrere** o †**transcórrere** [lat. *transcŭrrere*, comp. di *trāns* 'attraverso' e *cŭrrere* 'correre' ✱ 1268] **A** v. tr. (coniug. come *correre*) **1** (*lett.*) percorrere un luogo, uno spazio | †oltrepassare: *t. i confini* **2** (*est., lett.*) scorrere con gli occhi spec. velocemente; (*fig.*) prendere mentalmente in esame | ***t. un libro***, dargli una prima lettura **3** passare un periodo di tempo: *abbiamo trascorso dei giorni lieti* **4** (*fig.*) †trattare, toccare un argomento **5** †tralasciare, omettere **B** v. intr. **1** (aus. *essere*) (*lett.*) andare, correre oltre: *Io non so se più disse o s'ei si tacque, / tant'era già di là da noi trascorso* (DANTE *Purg.* XVIII, 127-128) | †trasferirsi altrove **2** (aus. *essere*) (*lett.*) passare con la mente, spec. rapidamente: *la fantasia trascorre da un sogno all'altro* | passare a un altro argomento **3** (aus. *essere*) passare, detto del tempo: *gli anni della gioventù trascorrono veloci* **4** (aus. *avere*) (*fig., lett.*) andare troppo oltre passando i limiti della convenienza e del giusto: *abbiamo trascorso senza volerlo* SIN. trascendere **5** †discorrere, ragionare di un argomento

trascorrévole [1325 ca.] agg. ● (*raro, lett.*) che trascorre in fretta | (*raro, lett.*) fugace ‖ **trascorrevolménte**, avv. (*raro, lett.*) rapidamente

trascorriménto [av. 1292] s. m. ● il trascorrere (*anche fig.*) | †***per t.***, di passaggio

†**trascorritóre** [da *trascorrere* ✱ 1686] s. m. (f. *-trice*); anche agg. **1** (*fig.*) chi (o che) trascende **2** (*milit.*) esploratore

†**trascórsa** [f. sost. del part. pass. di *trascorrere* ✱ av. 1400] s. f. **1** il trascorrere | †scorreria **2** scorsa | ***in t.***, di passaggio

†**trascorsìvo** [da *trascorso* ✱ 1639] agg. ● che dà argomenti di discussione ‖ †**trascorsivaménte**, avv. di sfuggita

trascórso **A** part. pass. di *trascorrere*; anche agg. ● passato: *un'epoca trascorsa*; *gli anni trascorsi all'estero* **B** s. m. **1** colpa, fallo: *i trascorsi di gioventù* | (*raro*) lieve errore: *t. di penna* **2** (al pl.) l'insieme delle vicende e dei comportamenti che costituiscono il passato di una persona: *il Giardino Pubblico, quella pietra miliare dei miei trascorsi* (I. SVEVO) **3** †trascorrimento | †***in t.***, di sfuggita

trascrittàsi ▸ **transcriptasi**

trascrìtto part. pass. di *trascrivere*; anche agg. ● nei sign. del v.

trascrittòma o **transcrittòma** [dall'ingl. *transctriptome*, comp. di *transcript* 'trascrizione' e *-ome* '-oma' ✱ 2001] s. m. (pl. *-i*) ● (*biol.*) l'insieme dei geni trascritti in una cellula in un determinato stato funzionale

trascrittòmica o **transcrittòmica** [2002] s. f. ● (*biol.*) ramo della biologia che studia il trascrittoma delle cellule

trascrittóre [1585] s. m. (f. *-trice*) ● chi trascrive

trascrìvere o †**transcrìvere** [vc. dotta, lat. *transcrībere*, comp. di *trāns* 'da una parte all'altra' e *scrībere* 'scrivere', con sovrapposizione di *scrivere* ✱ 1441] v. tr. (coniug. come *scrivere*) **1** scrivere qlco. traendola o derivandola da un testo, una stesura e sim. precedente: *t. una citazione, un brano* | ricopiare: *t. una frase in bella copia* **2** eseguire la trascrizione di un atto giuridico: *t. la citazione, il sequestro immobiliare* **3** traslitterare: *t. un nome in cirillico* **4** (*mus.*) effettuare una trascrizione

trascrizióne [vc. dotta, lat. tardo *transcriptiōne(m)*, da *transcrīptus*, part. pass. di *transcrībere* 'transcrivere' ✱ av. 1554] s. f. **1** il trascrivere un testo | la copia trascritta: *una t. inesatta* | ***t. diplomatica***, condotta rispettando con fedeltà assoluta il testo originale | ***t. fonetica***, che impiega un alfabeto fonetico per rendere con esattezza l'effettiva articolazione dei suoni delle parole di una lingua | ***t. fonematica***, trascrizione fonetica che tiene conto dei fonemi della lingua e non dell'effettiva articolazione dei suoni **2** inserzione nei pubblici registri con funzioni di pubblicità di titoli relativi alla costituzione di diritti concernenti beni immobili o mobili registrati o di determinati atti processuali: *t. della citazione, della sentenza*; *t. del sequestro immobiliare* | ***imposta di t.***, che si paga per le annotazioni nei registri ipotecari **3** traslitterazione **4** (*mus.*) riscrittura di una composizione per strumenti diversi da quelli originariamente previsti | stesura in scrittura musicale moderna di testi scritti con notazioni antiche **5** (*biol.*) processo consistente nel trasferimento dell'informazione genetica in una molecola di RNA messaggero

trascuràbile [1879] agg. ● che si può trascurare perché di poco conto | (*est.*) minimo, irrilevante: *quantità, differenza t.* SIN. insignificante CONTR. essenziale ‖ **trascurabilménte**, avv. ‖ **trascurabilità**, s. f. inv.

trascuràggine o (*pop.*) †**straccuràggine**, †**tracuràggine** [da *trascurare* ✱ 1353] s. f. ● (*lett.*) incuria, negligenza, sbadataggine

trascurànza o (*pop.*) †**straccurànza**, †**tracurànza** [sec. XIII] s. f. ● (*lett.*) trascuratezza: *… per l'imperfezione degli editti, per la t. nell'eseguirli* (A. MANZONI) | (*lett.*) sciatteria

♦**trascuràre** o (*pop.*) †**straccuràre** [comp. di *tras-*, e quindi 'tralasciare', e del denominale di *cura* ✱ 1268] **A** v. tr. **1** trattare con negligenza, non curare sufficientemente: *t. gli studi, gli affari* | non seguire con le dovute attenzioni, non aiutare a sufficienza: *t. la famiglia, la moglie* CONTR. curare **2** omettere, tralasciare (+ *di* seguito da inf.): *trascurò di metterlo in guardia*; *non trascuriamo di esaminare ogni indizio* | non tenere in conto, non calcolare: *t. i decimali* **B** **trascuràrsi** v. rifl. ● non avere abbastanza cura della propria salute o del proprio modo di vestire, di acconciarsi e sim.: *fa una vita sregolata e si trascura*

trascuratàggine o (*pop.*) †**straccuratàggine** [1550] s. f. ● condizione di chi è trascurato | comportamento da persona trascurata: *ha commesso una imperdonabile t.*

♦**trascuratézza** [1524] s. f. ● caratteristica, atteggiamento di chi è trascurato: *tutti conoscono la sua t.* | comportamento da persona trascurata | aspetto di ciò che viene trascurato: *l'ingresso dell'albergo era in uno stato di t.*

trascuràto **A** part. pass. di *trascurare*; anche agg. **1** che agisce con poca cura, premura, sollecitudine: *è t. nei suoi doveri* **2** non ben tenuto, detto di cose: *una casa molto trascurata* | non curato adeguatamente: *un'influenza trascurata* **3** detto di chi è trattato con scarsa considerazione, con poco affetto: *si sente t. in famiglia* ‖ **trascurataménte**, avv. con trascuratezza, negligenza **B** s. m. (f. *-a*) ● persona trascurata ‖ **trascuratàccio**, pegg. | **trascuratèllo**, dim.

SFUMATURE DI SIGNIFICATO

trascurato - trasandato - negligente

Trascurato è colui che agisce con poca cura, premura, sollecitudine, trascura cioè i suoi compiti o li svolge in modo frettoloso e superficiale; **trasandato** in altra accezione è chi o ciò che ha un aspetto sciatto e disordinato. Pressoché coincidenti sono le accezioni di **negligente**, che si riferisce sia a chi è svogliato e trascurato nell'adempiere i propri compiti e doveri, sia a ciò che rivela nell'aspetto trasandatezza e poca cura; ri-

a b c d e f g h i j k l m n o p q r s t u v w x y z

spetto a *trasandato, negligente* accentua tuttavia gli aspetti di svogliatezza e pigrizia.

†**trascuratóre** [av. 1694] **s. m.** (f. *-trice*); **anche agg.** • chi (o che) trascura

†**trascutàggine** o †**traccutàggine**, †**tracutàggine** [da *trascutato* ✱ 1351] **s. f.** • noncuranza, trascuratezza

†**trascutàto** o †**traccutàto**, †**tracutàto** [per *trascurato* con sovrapposizione di *tracotato* ✱ 1353] **agg.** **1** sfrenato, smodato | frettoloso, azzardato **2** negligente, indolente, detto di persona: *Egli è tardo, … t., smemorato* (G. Boccaccio)

traṣdùrre [comp. di *tras-*, pref. sostituito a *con-* di *(con)durre* ✱ 1961] **v. tr.** (**coniug. come** *condurre*; **part. pass.** *trasdótto*) **1** (*fis.*) trasformare una grandezza fisica in un'altra, come per es. una forza in una tensione elettrica, o energia elettrica in energia sonora e sim. **2** (*fisiol.*) trasformare uno stimolo fisico in segnale nervoso

traṣduttóre [comp. di *tras-*, pref. sostituito a *con-* di *(con)duttore* ✱ 1937] **s. m.** **1** (*fis.*) dispositivo che trasforma una grandezza fisica, per es. acustica, in un'altra, per es. elettrica, mantenendo inalterata la forma d'onda del segnale **2** (*fisiol.*) detto di dispositivo o di elemento cellulare sensoriale, in grado di reagire a uno stimolo e di trasmetterlo ai distretti nervosi centrali

traṣduzióne [1961] **s. f.** **1** (*fis.*) trasformazione di una grandezza fisica in un'altra **2** (*biol.*) trasferimento di un carattere ereditario da una cellula batterica a un'altra senza contatto fra le due cellule **3** (*fisiol.*) trasformazione di un effetto fisico in un segnale nervoso a opera di recettori specializzati

trasecolaménto [av. 1604] **s. m.** • (*raro*) il trasecolare

♣**trasecolàre** o (*pop.*) **strasecolàre** [comp. di *tra-* '(uscire) al di là' e del denominale di *secolo* nel senso di '(questo) mondo' ✱ av. 1412] **A** **v. intr.** (*io trasècolo*; **aus.** *essere* o *avere*) • meravigliarsi molto, restare stupefatto: *quello che mi racconti fa t.!* **B** **v. tr.** • †confondere, fare smarrire

trasecolàto **part. pass.** di *trasecolare*; **anche agg.** • sbalordito, stupefatto

traseminàre [comp. di *tra-* e *seminare* ✱ 1970] **v. tr.** (*io trasémino*) • seminare una coltura tra un'altra già nata: *t. trifoglio fra il grano*

trasentìre [comp. di *tra-* e *sentire* ✱ 1592] **v. tr.** (*io trasènto*) **1** (*raro, lett.*) sentire in modo vago, impreciso | (*raro, lett.*) subodorare **2** †fraintendere

trasferèllo [da *trasferibile* ✱ 1983] **s. m.** • piccolo disegno che può essere trasferito mediante pressione da un supporto di plastica a un altro supporto, gener. di carta, e che è usato spec. come gioco didattico o decorazione

trasferènza [da *trasferire* ✱ 1902] **s. f.** • (*burocr.*) trasferimento, riferito spec. al trasporto dei rifiuti: *area, stazione di t.*

trasferìbile [av. 1712] **A** **agg.** • che può essere trasferito | (*banca*) ***assegno non t.***, V. *assegno* | ***carattere t.***, quello che può essere trasferito, mediante pressione, da un supporto di plastica a un altro supporto, gener. di carta, su cui aderisce ‖ **trasferibilità**, **s. f. inv.** **B** **s. m.** • carattere trasferibile

trasferiménto [sec. XIII] **s. m.** **1** spostamento da un luogo all'altro: *ci vedremo dopo il nostro t. in campagna* | cambiamento di sede: *il t. di un magistrato, di un impiegato statale*; *chiedere il t.* | (*sport*) passaggio di un giocatore ad una nuova società **2** (*dir.*) passaggio di un diritto da uno ad altro titolare: *t. del marchio*; *t. del diritto di proprietà* | ***t. coattivo***, per atto non negoziale | ***t. costitutivo***, costituzione di un nuovo diritto derivante dal preesistente che presuppone e limita **3** (*tecnol.*) ***stampaggio a, per t.***, procedimento di stampaggio delle materie plastiche termoindurenti nel quale queste vengono prima portate allo stato plastico per riscaldamento e poi iniettate nello stampo **SIN.** stampaggio transfer, stampaggio a transfer **4** (*tel.*) funzione di una centrale telefonica che consente di deviare le chiamate in arrivo da un apparecchio a un altro

♦**trasferìre** o †**transferìre** [vc. dotta, lat. *transfĕrre*, comp. di *trāns-* e *fĕrre* 'portare', di orig. indeur. ✱ sec. XIII] **A** **v. tr.** (*io trasferìsco, tu trasferìsci*) **1** far cambiare luogo, sede, domicilio: *t. un impiegato*; *hanno trasferito la sede del comando*; *ha trasferito il proprio domicilio fiscale*; *t. un ufficio* **2** (*fig.*) trasmettere, cedere, passare ad altri o altrove: *t. un diritto, un'ipoteca*; *t. un processo al giudice competente*; *t. tutti i poteri all'autorità militare*; *t. un significato dal linguaggio specialistico alla lingua comune* | riversare, far ricadere: *il nonno trasferì sul nipotino tutto il proprio affetto*; *in quel film Fellini ha trasferito la sua visione del mondo* **3** †tradurre in un'altra lingua **B** **trasferìrsi** **v. intr. pron.** • cambiare residenza, domicilio, sede, ubicazione (+ *a*, + *da*, + *in*): *ci trasferiremo all'estero*; *si sono trasferiti da Milano a Roma*; *il falegname si è trasferito in un altro quartiere*

trasfèrta [da *trasferire* ✱ 1799] **s. f.** **1** trasferimento temporaneo di un funzionario pubblico o privato fuori della propria residenza | indennità o compenso pagato per questo servizio **2** nei campionati di calcio e sim., l'incontro disputato sul campo dell'avversario: *giocare in t.* **3** (*tecnol.*) ***macchina a t.***, macchina automatizzata costituita da una serie di teste operatrici multiple, atte a eseguire operazioni diverse su un pezzo **SIN.** macchina transfer, transfer

trasfertìsta [da *trasferta* ✱ 1983] **s. m. e f.** (**pl. m.** *-i*) • tecnico che lavora soprattutto in trasferta, spec. per l'installazione, la manutenzione e la riparazione di grandi impianti industriali

trasfezióne o **transfezióne** [adattamento dell'ingl. *transfection*, in cui *trans-* sostituisce il pref. *in-* di *infection* 'infezione' ✱ 1989] **s. f.** • (*biol.*) trasferimento di un particolare DNA o RNA esogeno in cellule per modificarne le caratteristiche funzionali

trasfiguraménto [1294] **s. m.** • (*raro, lett.*) trasfigurazione

trasfiguràre o (*pop.*) †**strafiguràre**, †**transfiguràre** [vc. dotta, lat. *transfigurāre*, comp. di *trāns* '(andar) oltre', e del denominale di *figūra* ✱ sec. XII] **A** **v. tr.** **1** mutare di aspetto | far apparire diverso per un'emozione, detto spec. del volto: *un'infinita attonita dolcezza, / …, il gracil riso / trasfigura* (U. Saba) **2** (*fig.*) modificare qlco. esaltandone alcune caratteristiche: *la mia arte trasfigura il mio spirito* (G. D'Annunzio) | (*lett., raro*) ***t. un fatto***, interpretarlo diversamente, travisarlo **B** **trasfiguràrsi** **v. intr. pron.** **1** cambiare figura, aspetto | (*fig.*) mutare espressione per una forte emozione **2** †travestirsi

trasfiguràto o (*pop.*) †**strafiguràto** **part. pass.** di *trasfigurare*; **anche agg.** • mutato d'aspetto: *volto t. dall'ira*

trasfigurazióne o †**transfigurazióne** [vc. dotta, lat. *transfiguratiōne(m)*, da *transfigurātus* 'trasfigurato' ✱ 1294] **s. f.** **1** trasformazione, metamorfosi nell'aspetto o nella figura | mutamento d'aspetto per viva commozione | (*fig.*) trasformazione della realtà o di un suo aspetto, spec. nel contesto della creazione artistica: *hai annunziato la t. del mondo pel prodigio di un'arte nuova* (G. D'Annunzio) **2** (*relig.*) nella tradizione cristiana, l'apparizione di Gesù nella luce di gloria e con corpo diverso da quello fisico, insieme con Mosè e con Elia, sul monte Tabor, ai discepoli Pietro, Giacomo e Giovanni

trasfigurìre o **strafigurìre** [1865] **v. tr.** (*io trasfigurìsco, tu trasfigurìsci*) • (*lett.*) trasfigurare

trasfocatóre [comp. di *tras-* e di un deriv. da *f(u)oco* in accezione tecnica ✱ 1965] **s. m.** • (*fotogr.*) zoom

trasfóndere o †**transfóndere** [vc. dotta, lat. *transfūndere*, comp. di *trāns-* 'oltre' e *fūndere* 'fondere', ma nel senso originario di 'versare' ✱ sec. XIV] **A** **v. tr.** (**coniug. come** *fondere*) **1** (*raro*) travasare un liquido | far passare in un altro corpo: *t. sangue* **2** (*fig.*) trasmettere, infondere idee, sentimenti e sim.: *gli ha trasfuso un grande entusiasmo* **B** **trasfóndersi** **v. intr. pron.** • (*fig.*) trasferirsi, riversarsi: *l'anima mia si trasfondea nel tuo petto* (U. Foscolo)

trasfondìbile [av. 1646] **agg.** • (*raro*) che si può trasfondere

†**trasfondiménto** [av. 1685] **s. m.** • il trasfondere

trasformàbile [1612] **agg.** **1** che si può trasformare: *divano t. in letto* **2** detto di automobile con tetto completamente apribile **SIN.** decappottabile ‖ **trasformabilità**, **s. f. inv.**

†**trasformaménto** [av. 1342] **s. m.** • il trasformare

†**trasformànza** [av. 1306] **s. f.** • trasformazione

♦**trasformàre** o (*pop.*) †**straformàre**, †**transformàre** [vc. dotta, lat. *transformāre*, comp. di *trāns-* 'al di là' e *formāre*, denominale di *fōrma* ✱ sec. XIII] **A** **v. tr.** (*io trasfórmo*) **1** mutare di forma, di aspetto: *i restauri hanno completamente trasformato il monumento*; *questa pettinatura ti trasforma*; *Aretusa fu trasformata in fonte* | cambiare il carattere, i sentimenti, le idee di qlcu.: *la solitudine lo ha trasformato* **2** (*sport*) nel calcio e sim., segnare mediante calcio piazzato: *t. un rigore, una meta* **B** **trasformàrsi** **v. intr. pron.** • diventare diverso nella forma, l'aspetto o il modo di pensare, l'indole, ecc. (+ *in*): *il bruco si trasforma in farfalla*; *davanti agli adulti, per timidezza, si trasforma*

trasformàta [1850] **s. f.** • (*mat.*) funzione che risulta dalla trasformazione di un'altra funzione: *t. di Fourier*; *t. di Laplace*

trasformatìvo [av. 1607] **agg.** • di trasformazione, che serve a trasformare

trasformàto **part. pass.** di *trasformare*; **anche agg.** **1** diventato diverso: *tornò dalla guerra molto t.* **2** †deforme, sfigurato **3** ***meta trasformata***, nel rugby, tiro di trasformazione riuscito ‖ †**trasformataménte**, **avv.** †fuori di modo, fuori di misura

trasformatóre [av. 1571] **A** **s. m.** (f. *-trice*); **anche agg.** • chi (o che) trasforma **B** **s. m.** • macchina elettrica statica che trasforma la corrente alternata, diminuendone o aumentandone la tensione, ma lasciandone inalterata la frequenza e, a meno di perdite, la potenza | ***t. in salita, elevatore***, quello che trasforma l'energia elettrica a bassa tensione in energia elettrica a tensione più alta | ***t. in discesa, abbassatore, riduttore***, quello che trasforma l'energia elettrica ad alta tensione in energia elettrica a tensione più bassa | ***t. a corrente costante***, quello che eroga potenza elettrica con corrente costante al variare dell'impedenza di carico | ***t. di misura***, trasformatore abbassatore destinato all'esecuzione di misurazioni voltmetriche o amperometriche | ***t. di tensione, voltme-***

trico, trasformatore di misura in cui la tensione applicata agli strumenti di misurazione è proporzionale alla tensione da misurare | ***t. di corrente, amperometrico***, trasformatore di misura in cui la corrente circolante negli strumenti di misurazione è proporzionale alla corrente da misurare | ***t. di uscita***, quello che adatta un carico a un circuito elettronico (a tubi o a transistori) | ***t. di alimentazione***, quello destinato a fornire corrente elettrica ad alta o a bassa tensione a un qualsiasi dispositivo o apparecchio | ***t. di modulazione***, quello destinato ai circuiti di modulazione | ***t. di accoppiamento***, quello usato per accoppiare fra loro due o più circuiti elettrici | ***t. accordato***, quando il primario o il secondario o entrambi sono in risonanza alla frequenza di impiego

trasformatòrico [da *trasformatore* * 1980] **agg. (pl. m. -*ci*)** ● (*elettr.*) relativo al trasformatore e ai fenomeni che vi si svolgono: *effetto t.*; *forza elettromotrice trasformatorica*

trasformazionàle [ingl. *transformational*, da *transformation* 'trasformazione' * 1966] **agg.** ● (*ling.*) detto della grammatica generativa, in quanto comprende regole atte a trasformare strutture di frase generate dalla base sintattica in frasi ben formate grammaticalmente e realizzate foneticamente | ***sottocomponente t.***, insieme di regole di una grammatica generativa che permette di proiettare le strutture profonde delle frasi nelle relative strutture superficiali realizzate foneticamente

trasformazionalìsmo [comp. di *trasformazional(e)* e *-ismo* * 1975] **s. m.** ● (*ling.*) teoria della grammatica generativo-trasformazionale

trasformazionalìsta [1970] **s. m. e f. (pl. m. -*i*)** ● seguace della linguistica trasformazionale

♦**trasformazióne** [vc. dotta, lat. tardo *transformatiōne(m)*, da *transformātus* 'trasformato' * av. 1306] **s. f. 1** il trasformare, il trasformarsi | mutamento di forma, di aspetto, di modo di pensare e sim.: *la t. di un insetto*; *la t. di un progetto*; *in lui si è verificata una vera t.* **2** (*mat.*) applicazione, corrispondenza (solitamente fra spazi) | relazione fra due spazi topologici tale che, presi due generici punti associati, si possa trovare un intorno di ciascuno di essi in modo che ad ogni punto del primo intorno sia associato un solo punto del secondo e viceversa | ***t. di coordinate***, formule che, note le coordinate di un elemento in un sistema di riferimento, danno le sue coordinate in un altro sistema **3** (*ling.*) nella grammatica generativa, operazione formale che, secondo determinate regole di movimento, converte le strutture sintattiche generate dalla base in frasi ben formate e realizzate foneticamente **4** processo chimico per cui una sostanza si muta in un'altra: *t. dello zucchero in alcol* **5** (*biol.*) modificazione della costituzione genetica di una cellula mediante trasfezione di materiale genetico eterologo **6** (*fis.*) passaggio di un sistema termodinamico da uno stato iniziale, caratterizzato da determinati valori dei suoi parametri, a uno stato finale, caratterizzato da altri valori dei parametri, attraverso una successione continua di stati intermedi **7** (*sport*) nel rugby, tiro che si effettua dopo aver realizzato una meta, tentando di far passare il pallone tra i pali della porta al di sopra della sbarra che li unisce per conquistare altri punti

SFUMATURE DI SIGNIFICATO

trasformazione - metamorfosi - mutazione - palingenesi

Trasformazione è l'atto per cui una cosa cambia di forma, di aspetto, di funzione; riferito a persona indica un cambiamento di carattere, di sentimenti, di idee. **Metamorfosi** è parola di origine greca che esprime lo stesso concetto; si usa o in riferimento alle trasformazioni della mitologia greco-romana di uomini o divinità in realtà di altra natura, oppure nella terminologia scientifica alle trasformazioni di forma o di struttura degli organismi e della materia. **Mutazione** è termine che indica una qualsiasi modifica o cambiamento, dunque non una trasformazione completa. In **palingenesi** la trasformazione consiste in una modifica radicale, in una rinascita su basi completamente diverse; è infatti termine che le religioni messianiche attribuiscono al rinnovamento seguente alla distruzione del mondo.

trasfórme [vc. dotta, dall'ingl. amer. *transform* 'risultato di trasformazione' * 1983] **agg.** ● (*geol.*) ***faglia t.***, faglia lungo la quale avviene una trasformazione di movimenti

trasformìsmo [adattamento del fr. *transformisme*, da *transformer* 'trasformare' * 1870] **s. m. 1** prassi di governo adottata, tra la fine dell'Ottocento e gli inizi del Novecento, spec. dagli statisti Agostino Depretis (1813-1887), Francesco Crispi (1818-1901) e Giovanni Giolitti (1842-1928), consistente nell'utilizzare spregiudicatamente i voti di parlamentari di gruppi politici diversi, allo scopo di indebolire l'opposizione | (*est.*, *spreg.*) prassi politica basata su opportunistici e disinvolti adattamenti alle convenienze | (*est.*, *spreg.*) frequente mutamento di opinione **2** (*biol.*) evoluzionismo

trasformìsta [adattamento del fr. *transformiste*, da *transformisme* 'trasformismo' * 1882] **A s. m. e f. (pl. m. -*i*) 1** chi pratica il trasformismo politico **2** (*est.*) chi cambia spesso e facilmente opinioni e atteggiamenti **3** artista capace di interpretare una serie continua di ruoli, spec. comici, mutando personaggio tramite velocissimi cambiamenti di abiti e trucco **B agg.** ● trasformistico

trasformìstico [1923] **agg. (pl. m. -*ci*)** ● del trasformismo, dei trasformisti; caratterizzato da trasformismo: *manovre trasformistiche* ‖ **trasformisticaménte**, **avv.**

trasfòsso [vc. dotta, lat. *transfŏssu(m)*, part. pass. di *transfŏdere*, comp. di *trāns-* 'attraverso' e *fŏdere* 'scavare', di orig. indeur. * 1961] **agg.** ● (*med.*) che passa da parte a parte: *ferita cranica, addominale trasfossa*

†**trasfumàre** [vc. dotta, lat. tardo *transfumāre*, comp. di *trāns-* 'oltre' e *fumāre* * av. 1673] **v. intr.** ● svaporare, sfumare

trasfuşionàle [1937] **agg.** ● (*med.*) relativo alla trasfusione | ***centro t.***, attrezzato per prelevare, conservare e distribuire, a seconda delle necessità, sangue per trasfusioni

trasfuşióne [vc. dotta, lat. *transfusiōne(m)*, da *transfūsus* 'trasfuso' * av. 1600] **s. f. 1** (*lett.*) il trasfondere **2** (*med.*) traslazione di sangue o dei suoi derivati da un individuo all'altro | ***t. autologa***, autotrasfusione

trasfùşo o †**transfùşo A part. pass.** di *trasfondere*; **anche agg.** ● nei sign. del v. **B s. m. (f. -*a*)**; **anche agg.** ● detto di chi è stato sottoposto a trasfusione di sangue CFR. politrasfuso

†**trasgrediménto** [av. 1533] **s. m.** ● trasgressione

♦**trasgredìre** [lat. *trānsgredi*, comp. di *trāns-* 'al di là' e *grădi* 'passare', denominale di *grădus* 'passo', di etim. incerta * sec. XIV] **v. tr. e intr.** (*io trasgredisco, tu trasgredisci*; **aus.** *avere*) ● oltrepassare i limiti posti da una norma, non attenersi a quanto disposto da leggi e sim.: *t. il comando di qlcu.*; *t. a un ordine* | ***t. la legge***, violarla | (*assol.*) praticare forme di trasgressione CONTR. osservare, rispettare

trasgreditóre [1673] **s. m. (f. -*trice*)** ● (*raro*) trasgressore

♦**trasgressióne** o †**transgressióne** [vc. dotta, lat. *transgressiōne(m)*, da *transgrĕssus*, part. pass. di *trānsgredi* 'trasgredire' * 1308] **s. f. 1** violazione di un ordine, di una legge: *sarà punita ogni t.* | (*est.*) mancato rispetto delle regole di comportamento prevalenti e comunemente accettate **2** †digressione **3** (*geol.*) avanzata del mare su un territorio precedente emerso, ed instaurazione del dominio marino ‖ **trasgressioncèlla**, **dim.**

trasgressìvo [da *trasgressione* * 1961] **agg. 1** che contiene o si manifesta con una trasgressione: *azione trasgressiva rispetto alla morale comune* | che è incline alla trasgressione **2** (*geol.*) che riguarda la trasgressione: *sedimento t.*; *fase trasgressiva* ‖ **trasgressività**, **s. f. inv.** caratteristica di chi (o di ciò che) è trasgressivo

trasgressóre o †**transgressóre** [vc. dotta, lat. tardo *transgressōre(m)*, da *transgrĕssus*, part. pass. di *trānsgredi* 'trasgredire' * av. 1342] **s. m. (f. *trasgreditrice*, pop. *trasgressóra*)**; **anche agg.** ● chi (o che) trasgredisce una norma, un divieto ecc.

trash /trɛʃ*, *ingl.* træʃ/ [vc. ingl., propr. 'rifiuti', di orig. oscura, con qualche riscontro nelle lingue scandinave * 1985] **A agg. inv.** ● di gusto deteriore, volgare: *letteratura, cinema, personaggio t.* **B s. m. inv.** ● orientamento del gusto che predilige ed enfatizza ciò che è brutto, grottesco e volgare: *il t. contemporaneo*; *la sottocultura del t.* | (*est.*) produzione artistica, letteraria, televisiva e sim. che riflette tale orientamento: *il t. delle riviste scandalistiche* CFR. spazzatura

trashware /ˈtrɛʃwer, *ingl.* ˈtræʃˌweə(r)/ [vc. ingl., propr. 'oggetti (*ware*) spazzatura (*trash*)', sul modello di *hardware* * 2005] **s. m. inv.** ● (*inform.*) computer obsoleto o riassemblato destinato con software libero a usi sociali

†**trasì** o †**tra sì** [comp. di *tra-* e *sì* 'così', come il corrispondente ant. fr. *tresci que* 'fin tanto che' * sec. XIII] **avv.** ● (*raro*) così, tanto

traşlàre [v. rifatto su *traslato* * 1313] **A v. tr. 1** trasportare, spostare, detto di salma: *hanno traslato i corpi dei caduti in un mausoleo* **2** (*raro*, *lett.*) portare in altro luogo, trasferire: *Pareagli esser traslato in un sereno / candido, e d'auree fiamme adorno e pieno* (T. Tasso) | †tradurre **B v. intr. (aus. *avere*)** ● muoversi nello spazio con moto traslatorio

traşlatàre o †**translatàre** [da *traslato* * 1268] **v. tr. 1** (*lett.*) trasportare da un luogo all'altro | trasferire **2** †tradurre: *i prosatori traslatavano dal latino gli scrittori classici* (F. De Sanctis)

†**traşlatatóre** [sec. XIII] **s. m. (f. -*trice*)**; **anche agg.** ● traduttore

traşlatìvo o †**translatìvo** [vc. dotta, lat. *translatīvu(m)*, da *translātus* 'traslato' * 1261 ca.] **agg. 1** (*dir.*) che determina il trasferimento di un rapporto giuridico da un soggetto a un altro: *effetto t.*; *contratti traslativi* | relativo a traslazione **2** (*aeron.*) attinente a volo con velocità considerevole e prevalentemente orizzontale **3** †(*fis.*) Traslatorio **4** †metaforico ‖ †**traşlativaménte**, **avv.** in modo traslato

traşlàto o †**translàto** [vc. dotta, lat. *translātu(m)*, part. pass. di *transfĕrre*, comp. di *trāns-* 'al di là' e *lātus* 'portato', di orig. indeur. * 1321] **A agg. 1** (*lett.*) trasferito, trasportato **2** metaforico: *significato t.* **B s. m.** ● espressione figurata: *parlare per traslati* | ***per t.***, metaforicamente SIN. metafora, tropo

traşlatóre o †**translatóre** [vc. dotta, lat. *translatōre(m)*, da *translātus* 'traslato' * 1308] **A s. m. 1** (**f. -*trice***) (*raro*) chi fa una traslazione | †traduttore **2** (*inform.*) dispositivo capace di convertire informazioni da una forma in un'altra **3** (*tecnol.*) apparecchio destinato a spostare merci in una o più direzioni parallelamente al suolo e usato gener. nei grandi magazzini | *t. elevatore*, apparecchio guidato da rotaie sul suolo o aeree e destinato a spostare e sollevare merci nei grandi magazzini **4** *t. a navetta*, mezzo di trasporto che collega nei due sensi le stazioni delle metropolitane con i principali centri di traffico urbani su brevi percorsi **B** **agg.** ● che trasla, che compie una traslazione | (*ottica*) *tavolino t.*, nel microscopio ottico, piatto spostabile in due direzioni mutuamente ortogonali mediante movimenti micrometrici manuali

traṣlatòrio [dal lat. *translātor* nel senso proprio di 'trasferitore', dal part. pass. (*translātus*) di *transfĕrre* 'portare (*fĕrre*) al di là (*trāns-*)' ✱ 1869] **agg.** (**pl. m.** *-i* o *raro -ii*) ● (*fis.*) proprio della traslazione, relativo alla traslazione: *moto t.*

traṣlazióne o †**transḷazióne**, †**tralazióne** [vc. dotta, lat. *translatiōne(m)*, da *translātus* 'traslato' ✱ 1261 ca.] **s. f. 1** trasferimento, trasporto da un luogo a un altro: *la t. della salma; la t. della Santa Casa di Loreto* | (*relig.*) *t. delle reliquie*, trasporto delle reliquie di un santo dal sacello originario a un luogo di culto **2** (*fig.*) trasferimento, spostamento, passaggio | (*dir.*) trasferimento del titolo di credito nominativo mediante annotazione dell'acquirente sul registro dell'emittente e sul titolo stesso | (*relig.*) *t. di una festa*, il suo spostamento a una data posteriore quando nella data appropriata non ne può avvenire la celebrazione | (*econ.*) *t. d'imposta*, trasferimento dell'onere economico di questa dal contribuente che per legge è tenuto a pagarla ad altri contribuenti: *una analisi della t. dell'imposta sugli interessi dei capitali* (L. EINAUDI) **3** (*mat.*) biiezione di un piano o di uno spazio numerico in sé tale che la differenza fra le coordinate omologhe di due punti corrispondenti sia indipendente dai punti stessi **4** (*fis.*) moto di un corpo in modo tale che un qualsiasi segmento, congiungente due punti di esso, si sposti mantenendosi sempre parallelo a sé stesso: *moto di t. della Terra nel sistema solare* **5** (*miner.*) operazione di simmetria fondamentale dello stato solido, che consiste nella ripetizione periodica di atomi nelle tre direzioni da cui si genera il reticolo cristallino **6** in ginnastica, traslocazione **7** †traduzione **8** †traslato, metafora **9** (*psicoan.*) transfert

traṣlitteràre o **transḷitteràre** [comp. del lat. *trans-* 'al di là' e di un denominale di *lĭttera(m)* 'lettera'; nel sign. 2, adattamento dell'ingl. *to transliterate* 'portare da una lettera all'altra' ✱ av. 1750] **v. tr.** (*io traṣlìttero*) **1** †copiare **2** scrivere sostituendo le lettere di un alfabeto con quelle equivalenti di un altro: *t. un nome russo secondo l'alfabeto latino*

traṣlitterazióne o **transḷitterazióne** [da *traslitterare*, con influsso dell'ingl. *transliteration* ✱ 1891] **s. f.** ● trascrizione di un testo eseguita sostituendo le lettere di un alfabeto con quelle equivalenti di un altro

traṣlocaménto [1812] **s. m.** ● (*lett.*) trasloco

♦**traṣlocàre** [comp. di *tras-* '(passare) da una parte all'altra' e *locare* ✱ 1513] **A** **v. tr.** (*io traṣlòco, tu traṣlòchi*) ● trasferire di sede: *t. un magistrato, un impiegato in una sede più gradita* **B** **v. intr.** (**aus.** *avere*) e (*disus.*) **traṣlocàrsi** **v. intr. pron.** ● trasferirsi, cambiando sede o domicilio: *t. in una casa più grande; ho saputo che hai traslocato*

traṣlocatóre [1992] **s. m.** (**f.** *-trice*); anche **agg.** ● chi per professione si occupa di fare traslochi

traṣlocazióne [da *traslocare*, nel sign. etim. di 'collocare (*locare*) da una parte all'altra (*tra(n)s-*)' ✱ av. 1793] **s. f. 1** (*lett.*) trasferimento **2** nella ginnastica, lo spostamento da una estremità all'altra di un attrezzo: *t. frontale* **SIN.** traslazione **3** (*biol.*) mutazione cromosomica consistente nel trasferimento di un segmento di un cromosoma dalla sua posizione normale in un'altra posizione nello stesso cromosoma o in un cromosoma omologo

♦**traṣlòco** [1865] **s. m.** (**pl.** *-chi*) ● il traslococare | complesso di operazioni relative al trasporto di mobili, masserizie e sim. e alla loro sistemazione in una nuova casa o in un'altra sede: *è stato un t. faticoso* | cambiamento di casa: *faremo t. in primavera*

traṣlucènza o **transḷucènza** spec. nel sign. 2 [dal v. lat. *translucēre* (V. *tralucere*); nel sign. 2, calco sull'ingl. *nuchal translucency* ✱ 1963] **s. f. 1** caratteristica dei corpi traslucidi **SIN.** traslucidità **2** (*med.*) *t. nucale*, esame ecografico di diagnosi prenatale finalizzato a individuare alterazioni fetali sulla base dell'aumento dello spessore di una fessura traslucida da accumulo transitorio di liquido in corrispondenza della nuca del feto

traṣlucidità o (*lett.*) **transḷucidità** [1879] **s. f. inv.** ● traslucenza

traṣlùcido o (*lett.*) **transḷùcido**, †**tralùcido** [comp. di *tras-* e *lucido* ✱ 1499] **agg. 1** di corpo che lascia passare parzialmente la luce ma non permette di distinguere i contorni dei corpi situati dietro di esso **SIN.** semitrasparente **CFR.** trasparente, opaco **2** (*lett.*) trasparente, terso, limpido

SFUMATURE ➤ *trasparente*

traṣmarìno o †**transṃarìno** [comp. di *tras-* e *marino* ✱ 1340 ca.] **agg.** ● (*raro, lett.*) oltremarino | (*fig., lett.*) limpido, terso

traṣméssso **part. pass.** di *trasmettere*; anche **agg.** ● nei sign. del v. | (*ling.*) *italiano t.*, V. *italiano* nel sign. C

♦**traṣméttere** [vc. dotta, lat. *transmĭttere*, comp. di *trāns-* 'al di là' e *mĭttere* 'mandare' ✱ av. 1294] **A** **v. tr.** (**coniug. come** *mettere*) **1** far passare, trasferire qlco. ad altri: *t. un'usanza, un diritto* | propagare attraverso il contagio: *t. una malattia* **2** far arrivare, mandare da un luogo all'altro: *t. una lettera da un ufficio all'altro; t. una notizia agli organi competenti* **SIN.** inviare **3** diffondere mediante i mezzi di comunicazione: *t. una notizia per via radio; la pubblicità trasmette messaggi visivi* **4** trasferire a un elemento meccanico o sim.: *il mandrino trasmette il moto rotatorio all'utensile* **B** **traṣméttersi** **v. intr. pron.** ● passare, trasferirsi da una persona o cosa a un'altra (+ *di*... *in*, + *da*... *a*): *usanze che si trasmettono di generazione in generazione; una tradizione che si trasmette di padre in figlio; caratteristiche che si trasmettono da una generazione all'altra* | propagarsi, diffondersi (+ *per*, + *con*): *una malattia infettiva che si trasmette per contagio; un virus che si trasmette per contatto, che non si trasmette con la saliva*

traṣmettitóre [av. 1729] **A** **s. m.** (**f.** *-trice*); anche **agg.** ● chi (o che) trasmette **B** **s. m. 1** apparecchiatura destinata a convertire per modulazione i segnali audio, video o di codice in segnali a radiofrequenza contenenti la stessa informazione: *t. a modulazione di ampiezza, di frequenza, a impulsi* **2** (*med.*) *t. chimico*, sostanza chimica che nella trasmissione dell'impulso nervoso ha funzione eccitatoria o inibitoria

†**traṣmigraménto** [av. 1742] **s. m.** ● metamorfosi

traṣmigràre [vc. dotta, lat. *transmigrāre*, comp. di *trāns-* 'al di là' e *migrāre* ✱ sec. XIV] **v. intr.** (**aus.** *essere* o *avere* **nei sign.** 1 e 3, *essere* **nel sign.** 2) **1** emigrare, passare da un luogo all'altro, cambiando sede, paese, detto di popolazioni o animali: *uccelli che trasmigrano d'inverno* **2** (*raro*) trasmettersi da uno ad altro individuo: *sono trasmigrate in lui molte qualità dei genitori* **3** detto dell'anima, secondo la metempsicosi, passare, dopo la morte, in altro corpo per successive incarnazioni, fino alla liberazione finale

traṣmigrazióne [vc. dotta, lat. tardo *transmigratiōne(m)*, da *transmigrātus* 'transmigrato' ✱ av. 1292] **s. f. 1** il fatto di trasmigrare: *le trasmigrazioni di popoli asiatici in Europa* | (*fig., lett.*) diffusione da un Paese all'altro: *questa t. delle lettere è nota per mille esempi* (L.A. MURATORI) **2** *t. delle anime*, secondo la metempsicosi, reincarnazione

traṣmissìbile [dal lat. *tra(n)smissus* 'trasmesso' ✱ 1673] **agg.** ● che si può trasmettere: *diritto t.; una malattia t. per via sessuale* ‖ **traṣmissibilità**, **s. f. inv.**

♦**traṣmissióne** [vc. dotta, lat. *transmissiōne(m)*, da *transmĭssus* 'trasmesso' ✱ av. 1498] **s. f. 1** trasferimento, passaggio di una persona o da una cosa all'altra: *la t. di un titolo* | comunicazione: *la t. di una notizia, di un codice visivo* **2** (*biol.*) trasferimento di informazioni tra parti di cellule, cellule, individui o popolazioni **3** (*med.*) passaggio di malattie o agenti patogeni da una persona all'altra **4** (*fis.*) propagazione | (*est.*) programma della radio o della televisione: *ascoltare una t. di prosa; inizio delle trasmissioni* **5** comunicazione del movimento da un organo meccanico all'altro e congegno o insieme di congegni a ciò preposti: *t. a catena, a cinghia, a ingranaggio; albero di t.* **6** (*inform.*) *trasmissione dati*, impiego dei vettori telegrafici, telefonici e sim. per la trasmissione di dati per un loro trattamento automatico a distanza **7** (**al pl.**) insieme di tutte le varie specie di comunicazioni che servono per collegare tra loro comandi e reparti dell'esercito | branca dell'Arma del genio, ma con caratteristiche di arma vera e propria, che provvede all'organizzazione e al funzionamento dei collegamenti dell'esercito

traṣmissìvo [dal lat. *tra(n)smĭssus* 'trasmesso' ✱ 1599] **agg. 1** †che consente la trasmissione, la propagazione **2** che trasmette | che si usa per trasmettere ‖ **traṣmissività**, **s. f. inv.**

traṣmittànza [vc. dotta, dal lat. *transmĭtt(ere)* 'trasmettere' con il suff. *-anza* ✱ 1980] **s. f.** ● (*fis.*) percentuale di energia radiante che passa attraverso una sostanza | (*est.*) valore della dispersione di calore che si verifica attraverso le pareti di una casa

traṣmittènte [vc. dotta, lat. *transmittĕnte(m)*, part. pres. di *transmĭttere* 'trasmettere' ✱ 1673] **A** **agg.** ● che trasmette | *centro t.*, complesso di apparecchiature atte a irradiare segnali radioelettrici per le trasmissioni radiofoniche e televisive **B** **s. m. e f.** ● (*dir.*) persona chiamata a un'eredità che muore prima di avere esercitato il proprio diritto di accettazione o rinuncia allo stesso che perciò si trasmette ai propri eredi **C** **s. f.** ● correntemente, stazione radio o teletrasmittente

traṣmodaménto [av. 1642] **s. m.** ● (*raro*) il trasmodare | †eccesso

traṣmodàre [comp. di *tras-* 'oltre' e del denominale di *modo* 'misura' ✱ 1321] **A** **v. intr.** (*io traṣmòdo*; **aus.** *avere*) ● (*raro*) passare la misura: *t. nel mangiare* **SIN.** eccedere **B** **traṣmodàrsi** **v. intr. pron.** ● †crescere oltre misura

traṣmodàto **part. pass.** di *trasmodare*; anche **agg.** ● nel sign. del v. ‖ **traṣmodataménte**, **avv.** (*raro*) smoderatamente

†**traṣmodatóre** [1639] **s. m.** (**f.** *-trice*) ● chi trasmoda

†**traṣmontàre** [comp. di *tras-* e *montare* nel

t

senso generico di 'passare, avanzare' ✱ sec. XIV] **v. intr.** ● avanzare

†**traşmortìre** ➤ **tramortire**

traşmutàre e deriv. ➤ **tramutare** e deriv.

traşmutazióne **s. f.** **1** V. *tramutazione* **2** (*fis.*) trasformazione di un elemento in un altro sia per bombardamento con corpuscoli ad alta energia

traşnaturàre [comp. di *tras-* '(andar) oltre' e del denominale di *natura* ✱ sec. XIII] **A** **v. tr.** (*io traşnatùro*) ● (*lett.*) far cambiare la natura di qlcu. o di qlco. **B** **v. intr.** e **traşnaturàrsi** **v. intr. pron.** ● †degenerare, tralignare

†**trasoàve** [comp. di *tra-* e *soave* ✱ av. 1294] **agg.** ● soavissimo

trasognaménto (o -ş-) [av. 1294] **s. m.** ● (*raro*) il trasognare | (*lett.*) dormiveglia | (*lett.*, *est.*) vagheggiamento

trasognàre [comp. di *tra-* e *sognare* ✱ 1344] **v. intr.** (*io trasógno*; **coniug. come** *segnare*; **aus.** *avere*) ● (*raro*) sognare a occhi aperti, fantasticare | restare incerto o stupito di fronte a qlco.

trasognatézza (o -ş-) [da *trasognato* ✱ 1951] **s. f.** ● caratteristica, condizione di chi è trasognato

♦**trasognàto** (o -ş-) **part. pass.** di *trasognare*; anche **agg.** **1** (*lett.*, *raro*) sbigottito, stupefatto **2** che appare assorto in fantasticherie, svagato, estraniato: *camminare tutto t.* | che rivela svagatezza: *avere un'aria trasognata* ‖ **trasognataménte**, **avv.**

†**traşordinaménto** [da †*trasordinare* ✱ sec. XV] **s. m.** ● disordine | trasgressione

traşordinàre [da †*trasordine* ✱ av. 1400] **v. intr.** **1** †trasgredire, eccedere **2** (*disus.*) spadroneggiare

traşórdine [comp. di *tras-* e *ordine* ✱ sec. XV] **s. m.** **1** †disordine, confusione, turbolenza **2** (*lett.*) difficoltà, traversia

†**traşorière** ➤ **tesoriere**

traspadàno ➤ **transpadano**

♦**trasparènte** [vc. dotta, lat. mediev. *transparĕnte(m)*, comp. su *apparĕnte(m)* 'apparente' con sostituzione del pref. con *trāns-* 'attraverso' ✱ 1282] **A** **agg.** **1** (*fis.*) di corpo che lascia passare la luce | ***cielo t.***, limpido, luminoso | ***acqua t.***, pura | ***colore t.***, che non ha corpo o non è opaco, usato in pittura, per dipingere stoffe, vetri e sim. CONTR. opaco **2** (*est.*) che lascia vedere o intravedere ciò che ricopre: *camicetta t.* | (*fig.*, *iron.*) molto, troppo sottile: *una fetta di carne t.* **3** (*fig.*) comprensibile, intuibile con facilità o immediatezza, anche se espresso in modo non esplicito: *allusione t.* | chiaro, privo di lati oscuri o di ambiguità: *una politica t.*; *un bilancio aziendale t.* | ***una prosa t.***, nitida | (*fig.*) schietto, incapace o privo di finzioni e simulazioni, che lascia scorgere con facilità o immediatezza ciò che pensa o vuole: *un volto t.*; *animo t.* ‖ **trasparenteménte**, **avv.** **B** **s. m.** **1** intelaiatura di tela o carta, dipinta con figure, emblemi, iscrizioni, nelle luminarie o per pubblicità **2** (*teatro*) elemento di scena in garza o rete dipinta che, illuminato dal davanti, appare pieno e consistente, e, illuminato da dietro, scompare; usato per giochi di luce o mutamenti di scena a vista **3** (*cinema*, *tv*) schermo trasparente sul quale si possono proiettare da dietro immagini cinematografiche, per dare l'illusione di uno sfondo in movimento **4** tessuto rigido e colorato posto sotto un merletto per farlo risaltar meglio **5** supporto traslucido usato nella lavagna luminosa

SFUMATURE DI SIGNIFICATO

trasparente - diafano - pellucido - traslucido
Un corpo che lascia passare la luce si definisce **trasparente**. **Diafano** è talora usato come sinonimo di *trasparente*, ma nel linguaggio della fisica identifica ciò che è semitrasparente, ed è dunque equivalente di **pellucido**. **Traslucido** è invece un corpo che lascia passare parzialmente la luce, ma non permette di distinguere i contorni di ciò che sta dietro a esso.
SFUMATURE ➤ ***limpido***, ➤ ***semplice***①

♦**trasparènza** [av. 1320] **s. f.** ● proprietà, caratteristica di ciò che è trasparente (**anche** ***fig.***): *la t. di un cristallo*; *la t. di una domanda*; *la t. di un bilancio aziendale* | in politica, chiarezza, mancanza di ambiguità CFR. glasnost | ***in t.***, contro luce CONTR. opacità

†**traspàrere** [1321] **v. intr.** ● trasparire

♣**trasparìre** [da *trasparente* ✱ 1313] **v. intr.** (**pres.** *io traspàio* o **lett.** *trasparìsco*, *tu traspàri* o **lett.** *trasparìsci*; **pass. rem.** *io trasparìi* o *traspàrvi*, **raro** *traspàrsi*, *tu trasparìsti*; **fut.** *io trasparirò* o **lett.** *trasparrò*; **congtv. pres.** *io traspàia* o **lett.** *trasparìsca*, ..., *noi traspariàmo*, *voi traspariàte*, *essi traspàiano* o **lett.** *trasparìscano*; **imperat.** *traspàri* o **lett.** *trasparìsci*, *trasparìte*; **gerund.** *trasparèndo*; **part. pres.** *trasparènte*; **part. pass.** *trasparito* o **raro** *traspàrso*; **aus.** *essere*) **1** essere visibile attraverso un corpo diafano, traslucido oppure traforato, rarefatto e sim.: *attraverso il vestito di pizzo traspare la sottoveste*; *vide il fulgore del sole nascente t. dietro le nubi* (C. CASSOLA) **2** (*fig.*) palesarsi, rivelarsi attraverso indizi, manifestazioni esteriori, detto di pensieri, idee, sentimenti: *dal riso traspariva tutta la sua contentezza*; *non lascia t. nulla delle sue intenzioni*; *frasi* (...) *sibilline, dalle quali traspariva che tanti eccezionali preparativi erano fatti per lui* (A. PALAZZESCHI) **3** (*raro*) lasciare passare la luce, essere trasparente: *la carta troppo sottile traspare*

†**traspezióne** [vc. tratta dal lat. *transpĕctus*, part. pass. di *transpicere* 'guardare (**spĕcere*) attraverso (*trāns-*)' ✱ av. 1595] **s. f.** ● trasparenza

†**traspiantàre** ➤ †**strapiantare**

traspiràbile [da *traspirare* ✱ 1599] **agg.** ● che consente la traspirazione: *un materiale t.* ‖ **traspirabilità**, **s. f. inv.**: *la traspirabilità della lana, del mohair*

traspirànte **part. pres.** di *traspirare*; anche **agg.** ● che traspira | che consente la traspirazione: *tessuto t.*; *giacca a vento t.*

traspiràre [vc. dotta, lat. mediev. *transpirāre*, fatto su altri comp. di *spirāre* 'respirare' (*adspirāre*, *suspirāre*, *respirāre*) con il pref. *trāns-* 'attraverso' ✱ av. 1574] **A** **v. intr.** (**aus.** *essere*) **1** uscire attraverso i pori di un organismo animale o vegetale, sotto forma di vapore o di piccolissime gocce: *il sudore traspira dalla pelle*; *dalle foglie degli alberi traspira acqua* **2** (*fig.*) manifestarsi, palesarsi, trapelare, detto di pensieri, sentimenti, intenzioni: *non traspira niente dei suoi progetti* **3** (*lett.*) esalare, detto di odori | (*fig.*, *lett.*) manifestarsi **B** **v. tr.** ● (*raro*, *lett.*) fare, lasciare uscire (**anche** ***fig.***): *le piante traspirano acqua*; *il paesaggio traspira una grande malinconia*; *tutto, dalle mura al paesaggio, traspirava un'aria inospitale e sinistra* (D. BUZZATI)

traspiratòrio [da *traspirare* ✱ av. 1704] **agg.** (**pl. m.** *-i* o **raro** *-ii*) ● che riguarda la traspirazione

traspirazióne [1494] **s. f.** ● la funzione, il fenomeno, il fatto di traspirare | ***t. cutanea***, sudore | ***t. delle piante***, processo di eliminazione, sotto forma di vapore, dell'acqua assorbita

traspònder [1955] **s. m. inv.** ● adattamento di *transponder* (V.)

†**trasponiménto** [av. 1396] **s. m.** ● trasposizione

traspórre o †**transpórre**, †**trapórre**② [vc. dotta, lat. *transpōnere* 'mettere (*pōnere*) da una parte all'altra (*trāns-*)' con adeguamento alla serie dei comp. con *porre* ✱ av. 1292] **v. tr.** (**coniug. come** *porre*) **1** spostare, mutare di posto collocando in un ordine diverso: *t. i libri di uno scaffale*; *t. le parole di uno scritto* **2** (*mus.*) trasportare **3** †trapiantare

trasportàbile [1625] **agg.** ● che si può trasportare agevolmente e senza danno CONTR. intrasportabile ‖ **trasportabilità**, **s. f. inv.**

trasportaménto o †**traportaménto** [1374] **s. m.** **1** †trasporto | (*fig.*) cessione di un diritto **2** (*lett.*) traduzione, trasposizione | †metafora

♦**trasportàre** o (*pop.*) **strapportàre**, †**transportàre**, †**traportàre** [vc. dotta, lat. *transportāre*, comp. di *trāns-* 'da una parte all'altra' e *portāre* ✱ av. 1257] **A** **v. tr.** (*io traspòrto*) **1** portare da un luogo a un altro: *t. una merce con autocarri*; *t. un morto al cimitero*; *c'era un movimento straordinario, un correr di monatti, un trasportar di roba* (A. MANZONI) | (*raro*) trasferire, cambiare di sede: *hanno trasportato la direzione a Milano* | far passare oltre: *t. i soldati al di là del fiume* | (*lett.*) portare, detto dei passi: *Già m'avean trasportato i lenti passi / dentro a la selva antica* (DANTE *Purg.* XXVIII, 22-23) **2** (*fig.*) trasferire, portare con la fantasia, l'immaginazione (**anche assol.**): *è un libro che ci trasporta nel Medio Evo*; *è uno spettacolo che trasporta* **3** trascinare, spingere a forza: *t. un pesante baule*; *il ladruncolo fu trasportato di peso in questura*; *il vento trasportò la barca verso la costa* | (*fig.*) ***lasciarsi t.***, abbandonarsi a un impulso, a un'emozione e sim. **4** (*est.*) riprodurre, copiare: *t. un disegno su stoffa* | ***t. in piccolo***, ridurre **5** (*mus.*) copiare o eseguire un pezzo in altro tono o modo **6** nella tecnica del restauro, spec. di antichi codici o dipinti, trasferire materiale in via di deterioramento su di un supporto più solido dell'originario: *t. un dipinto su tavola*, *un affresco su tela* **7** †tradurre in un'altra lingua **8** †trascrivere una scrittura e sim. **9** †cedere, trasmettere un diritto o una carica **B** **trasportàrsi** **v. intr. pron.** ● (*raro*) trasferirsi (**anche** ***fig.***): *trasportarsi a Napoli*; *trasportarsi col pensiero al passato*

trasportàto **A** **part. pass.** di *trasportare*; anche **agg.** ● nei sign. del v. **B** **s. m.** (**f.** *-a*) ● chi è condotto da un luogo all'altro con un mezzo di trasporto: *assicurare i trasportati*

♦**trasportatóre** o †**traportatóre** [av. 1704] **A** **s. m.** (**f.** *-trice*); anche **agg.** ● chi (o che) trasporta **B** **s. m.** **1** macchina che serve al trasporto di materiali, per percorsi relativamente brevi, spec. all'interno di uno stabilimento: *t. a nastro* **2** dispositivo della cucitrice che fa avanzare la stoffa sotto l'ago

†**trasportazióne** [vc. dotta, lat. *transportatiōne(m)*, da *transportātus* 'trasportato' ✱ sec. XIV] **s. f.** ● trasporto | deportazione

trasportìno [da *trasport(are)* con il suff. *-ino* ✱ 1992] **s. m.** ● gabbietta usata per trasportare animali domestici di piccola taglia

trasportìsta [1988] **s. m.** e **f.** (**pl. m.** *-i*) ● esperto in trasporti e mobilità

♦**traspòrto** o (*pop.*) **strapòrto**, †**transpòrto** [da *trasportare* ✱ av. 1320] **s. m.** **1** azione, operazione del trasportare: *organizzare il t. di merci con autocarri*; *t. marittimo, terrestre, aereo*; *società di trasporti* | ***Ministero dei Trasporti***, che controlla e assicura il funzionamento dei servizi di trasporto pubblico | ***t. funebre***, esequie, funerali | spesa del trasporto: *è un t. molto caro* **2** contratto per cui il vettore si obbliga, verso corrispettivo, a trasferire persone o cose da un luogo a un altro: *t. marittimo, aereo, terrestre* | ***lettera di t. aereo***, documento contenente gli elementi essenziali di un contratto di trasporto aereo che ha efficacia probatoria e di titolo rappresentativo della merce trasportata **3** insieme di mezzi di trasporto | *t.* ***pubblico***, costituito dagli autobus, dai pullman di linea e da turismo ecc. | (*autom.*) ***t. pesante***, i camion, gli autotreni e gli autoarticolati | (*mar.*) nave da trasporto, nave mercantile **4** (*raro*) trasferimento ad altra sede: *il t. di una capitale* **5** (*mus.*) trascrizione o esecuzione di un pezzo in altro tono e modo **6** nei restauri di materiale scrittorio o pittorico, trasferimento degli elementi in via di deterioramento su di un nuovo supporto **7** tipo di lavorazione usata in pellicceria per ottenere effetti di compattezza e omogeneità; consiste nel tagliare le pelli in sottili striscioline e nel ricucirle secondo schemi precisi: *visone lavorato a t.* **8** (*fig.*) impeto, impulso: *un t. d'ira, di contentezza* | ***con t.***, con entusiasmo o passione: *studiare con t.*; *lo baciò con t.* **9** †cessione di beni, diritti

NOMENCLATURA

trasporti (cfr. strada, autostrada, traffico)
● *mezzi di trasporto*: veicolo (a due, a tre, a quattro ruote), mezzo, automezzo; treno (V.); metropolitana, autobus, pullman = autopullman, corriera = autocorriera, filobus, tram, omnibus; automobile, taxi, camper, autoambulanza, carro funebre, cellulare; carro, carrozza, furgone, camion, camioncino, pulmino, autotreno, autoarticolato, rimorchio, camper, roulotte, bicicletta, triciclo, motocicletta (V.), motocarrozzetta, scooter, motorino, ciclomotore, risciò; mezzi aerei (cfr. aeromobile), imbarcazioni (cfr. nave, vela); trasporto eccezionale; convoglio (militare, ferroviario);
● *viabilità*: allagamento, buca, caduta massi, frana, cunetta, dosso, curva, curva pericolosa, tornante, centro abitato, deviazione, lavori in corso, strettoia, fondo stradale (bagnato, sconnesso, deformato), interruzione, passaggio a livello (custodito, incustodito, con barriere, senza barriere); posto di blocco, attraversamento (pedonale, scolari, bestiame, animali), raffiche di vento, nebbia; coda, ingorgo, densità di circolazione, rientro, ora di punta, imbottigliamento, intasamento, tamponamento (a catena), incidente, bollettino del tempo (cfr. meteorologia), bollettino del traffico, Onda verde, Isoradio, viaggiare informati, distanza di sicurezza, limite di velocità; soccorso stradale; biglietteria, agenzia di viaggi, biglietto, prenotazione, lista di attesa, ritardo, coincidenza, scalo, sciopero.

traspositóre [fr. *transpositeur*, da *transposer* 'portare (*poser*, dal lat. parl. *pausāre* 'cessare' col sign. del sostituito *pōnere* 'porre') al di là (*trans-*)' ✱ av. 1952] **s. m.** (**f.** *-trice*) ● chi compie trasposizioni, spec. musicali

trasposizióne [fr. *transposition*, della stessa orig. di *transpositeur* 'traspositore' ✱ av. 1555] **s. f.** **1** il trasporre | (*mus.*) trasporto | adattamento di un'opera letteraria o teatrale a un genere o a una forma espressiva diversi: *una t. cinematografica dell'Aida* **2** spostamento delle parole nel periodo, rispetto all'ordine normale | iperbato **3** (*med.*) malformazione congenita caratterizzata da dislocazione di un organo impari, viscere o vaso, nel lato opposto rispetto alla sede fisiologica: *t. dei grossi vasi*, *t. dei visceri* **4** (*chim.*) scambio di posizione in una molecola da parte di atomi o gruppi atomici, in conseguenza del quale si ottiene una sostanza di caratteristiche differenti

traspósto **part. pass.** di *trasporre*; anche **agg.** ● nei sign. del v.

†**trasricchìre** o †**transricchìre**, †**traricchìre** [comp. di *tras-* e del denominale di *ricco* ✱ 1353] **A** **v. intr.** ● diventare straricco **B** **v. tr.** ● rendere straricco

trassàto [da **trassare*, da *trassi*, sostantivazione della vc. verb. *trassi*, secondo l'accezione commerciale di *trarre* (un biglietto di cambio, merce, ecc. da un paese) ✱ 1931] **A** **agg.** ● (*dir.*) di soggetto che ha ricevuto l'ordine di pagare una cambiale tratta: *banca trassata* **B** **s. m.** ● trattario

tràssi ➤ **trarre**

†**trassinàre** [variante di *trascinare* ✱ av. 1311] **v. tr.** **1** strapazzare, maltrattare, spec. maneggiando: *t. un libro* **2** ***t. l'usura***, praticarla

trasteverìno [lat. *transtiberīnu(m)*, comp. di *trāns-* 'al di là' e *Tiberīnus* 'del Tevere' ✱ 1774] **A** **agg.** ● del quartiere romano di Trastevere **B** **s. m.** (**f.** *-a*) ● abitante o nativo di Trastevere

tràsto [lat. *trānstru(m)*, di etim. incerta ✱ sec. XIV] **s. m.** **1** (*raro*) ciascuna delle assi con le quali si forma il piano inclinato per caricare sul veicolo marmi, botti o altro **2** (*mar.*) nelle imbarcazioni a vela, rotaia fissata alla coperta su cui scorre il carrello che porta il bozzello di rinvio di una scotta: *t. della randa* **3** nelle antiche imbarcazioni, struttura di sostegno del banco dei rematori | (*est.*) banco dei rematori

†**trastùlla** [da *trastulla(re)* ✱ 1364] **agg. solo f.** ● solo nella loc. ***erba t.***, (*fig.*) vane speranze, fandonie, bugie: *dare a qlcu. erba t.*; *pascersi d'erba t.*

trastullaménto [sec. XV] **s. m.** ● (*raro*) il trastullare, il trastullarsi

✦**trastullàre** [da *trastullo* ✱ 1300 ca.] **A** **v. tr.** **1** fare divertire con giochi, trastulli: *t. un bambino* SIN. baloccare **2** †illudere, lusingare: *t. qlcu. con vane parole* **3** (*lett.*) †rallegrare, dilettare **B** **trastullàrsi** **v. rifl.** **1** divertirsi con giochi, passatempi: *è proprietà de' fanciulli di prender cose inanimate tra le mani ... trastullandosi* (G. VICO) | †***trastullarsi di qlcu.***, prendersi gioco di qlcu. **2** (*est.*) perdere tempo: *invece di studiare, si trastulla tutto il giorno* SIN. baloccarsi, gingillarsi **3** (*lett.*) abbandonarsi ai piaceri amorosi: *per lungo spazio con lei si trastullò* (G. BOCCACCIO) **C** **trastullàrsi** **v. intr. pron.** ● †provare diletto spirituale

trastullatóre [1324] **s. m.** (**f.** *-trice*); anche **agg.** ● (*raro*) chi (o che) trastulla

†**trastullévole** [sec. XIV] **agg.** **1** gioviale, allegro **2** divertente

✦**trastùllo** [etim. incerta ✱ 1305] **s. m.** **1** il trastullare o il trastullarsi | gioco, divertimento, svago, passatempo: *sopraggiungeva ... il fattore ad interrompere i nostri comuni trastulli* (I. NIEVO); *fare qlco. per t.* | ***essere il t. della fortuna***, avere numerosi e continui rovesci di fortuna **2** (*disus.*) giocattolo: *t. per bambini* **3** †diletto spirituale **4** †distrazione, conforto ‖ **trastullìno**, **dim.**

SFUMATURE ➤ *giocattolo*

trastullóne [da *trastullare* ✱ 1940] **s. m.** (**f.** *-a*) ● (*raro*, *fam.*) chi si gingilla, perde tempo SIN. zuzzurullone

trasudaménto [1659] **s. m.** ● (*raro*) il fatto di trasudare

✦**trasudàre** [comp. di *tra-* e *sudare* ✱ sec. XIII] **A** **v. intr.** (**aus.** *essere* **nel sign. 1**, *avere* **nel sign. 2**) **1** filtrare, stillare lentamente: *l'acqua trasuda dal muro*; *il sudore gli trasuda dalla fronte* SIN. gocciolare, stillare **2** far passare all'esterno un liquido, diventare umido: *la latta trasuda* | (*disus.*) sudare **B** **v. tr.** ● lasciare passare, filtrare: *t. umidità* | (*fig.*) fare trasparire, rivelare: *un discorso che trasuda odio e rancore*

trasudatìvo [1961] **agg.** ● trasudatizio

trasudatìzio [1961] **agg.** ● (*med.*) di trasudato

trasudàto [da *trasudare*] **A** **part. pass.** di *trasudare*; anche **agg.** ● nei sign. del v. | (*disus.*) sudato **B** **s. m.** ● (*med.*) liquido che si accumula nei tessuti o nelle cavità del corpo per stasi circolatoria

trasudazióne [1733] **s. f.** ● il trasudare | (*med.*) processo di formazione del trasudato

trasumanàre o (*raro*, *lett.*) †**transumanàre** [comp. di *tras-* e del denominale di *umano* ✱ 1321] **v. intr.** (**aus.** *essere*) e **trasumanàrsi** **v. intr. pron.** ● (*lett.*) trascendere i limiti dell'umana natura: *trasumanate ... / ite al Signor che tutto sape e pote* (T. CAMPANELLA)

trasumanazióne [av. 1328] **s. f.** ● (*lett.*) il trasumanare

trasvalutazióne [vc. dotta, comp. di *tras-* e *valutazione* ✱ 1905] **s. f.** ● (*filos.*) valutazione eccessiva, superiore al consueto | ***t. dei valori***, in Nietzsche e altri pensatori, modificazione della gerarchia dei valori tradizionali

†**trasvasàre** ➤ **travasare**

†**trasverberàto** [vc. dotta, lat. *transverberātu(m)*, part. pass. di *transverberāre*, comp. di *trāns-* 'oltre' e *verberāre* 'battere (con verghe: *verbera*)' ✱ av. 1694] **agg.** ● riverberato

trasverberazióne ➤ **transverberazione**

trasversàle o †**transversàle** [da *trasverso* ✱ av. 1320] **A** **agg.** **1** che sta di traverso | che attraversa: *via t.* **2** (*mat.*) che interseca | (*mat.*) perpendicolare | (*fis.*) ***onde trasversali***, quelle per le quali le vibrazioni avvengono in direzione perpendicolare alla direzione di propagazione | ***valle t.***, che corre in modo perpendicolare al senso della lunghezza di una catena montuosa (in contrapposizione a *valle longitudinale*) **3** (*fig.*, *polit.*) che attraversa i tradizionali schieramenti politici coinvolgendone le diverse componenti: *partito t.*; *accordi trasversali* | ***vendetta t.***, che colpisce qlcu. in modo indiretto, attraverso persone (o interessi) a lui vicine ‖ **trasversalménte**, **avv.** obliquamente, in direzione trasversale: *tracciare una linea trasversalmente* ‖ **trasversalità**, **s. f. inv.** (V.) **B** **s. m.** ● (**spec. al pl.**) †parente che non è in una linea diretta di discendenza **C** **s. f.** **1** (*mat.*) retta trasversale **2** nella loc. ***t. semplice***, nel gioco della roulette, sestina

trasversalìsmo [da *trasversale* ✱ 1986] **s. m.** ● tendenza a superare schieramenti politici e posizioni ideologiche per formare correnti d'opinione su temi di interesse generale

trasversalità [1937] **s. f. inv.** **1** condizione, caratteristica di ciò che è trasversale **2** condizione di una disciplina che, come la linguistica o la matematica, fornisce gli strumenti per la comprensione di altre discipline **3** (*mat.*) condizione di ortogonalità che deve essere soddisfatta dai dati iniziali di un problema differenziale

trasvèrso o †**transvèrso** [lat. tardo *transvērsu(m)*, part. pass. di *transvērtere*, comp. di *trāns-* 'attraverso' e *vērtere* 'voltare' ✱ sec. XIV] **A** **agg.** ● (*raro*) trasversale, obliquo | ***muscolo t.***, che ha direzione trasversa rispetto all'asse maggiore del corpo: *muscolo t. dell'addome*, *della scapola* **B** **s. m.** ● travetto che in un solaio, in un impalcato, collega le travi principali

†**trasviàre** e deriv. ➤ **traviare** e deriv.

trasvolàre o †**travolàre** [vc. dotta, lat. *transvolāre*, comp. di *trāns-* 'al di là, oltre' e *volāre* ✱ sec. XIII] **A** **v. tr.** (*io trasvólo*) ● superare, passare, traversare volando: *t. le Alpi*, *l'oceano* **B** **v. intr.** (**aus.** *essere* o *avere*) **1** †volare oltre, lontano | †passare rapidamente, come volando **2** (*fig.*, *lett.*) passare rapidamente ad altro argomento; sorvolare: *t. su un argomento*

trasvolàta [f. sost. del part. pass. di *trasvolare* ✱ 1929] **s. f.** ● volo di considerevole distanza e difficoltà, senza scalo, spec. su spazio geograficamente tormentato da mari, monti, deserti e sim.

traṣvolatóre [1931] **s. m. (f. -trice)** ● chi trasvola | chi compie o ha compiuto una trasvolata: *un t. del Polo Nord*

†**traṣvòlgere** ➤ **travolgere**

tra tra /tra(t)'tra*/ [reduplicazione onomat. ✱ sec. XX] **loc. inter.** ● (*raro*) riproduce il rumore aspro di una moto o di un ingranaggio che gira a fatica

tràtta [f. sost. del part. pass. di *trarre* ✱ 1313] **s. f. 1** †atto del trarre | †tirata, strappo: *dare una t. alla rete* **2** †strattone, spec. nella tortura della corda: *una t. di fune* | †spazio, tratto | †distanza, gittata: *si videro forse per una t. d'arco vicini alla nave* (G. BOCCACCIO) **3** percorso tra due stazioni di linee ferroviarie, di autobus e sim., o tra due scali di linee aeree **4** †schiera, fila: *dietro alla processione dei giovani segue una lunghissima t. di popolo in calca* (D. BARTOLI) | †*far t.*, accorrere in folla **5** †facoltà di esportare merci e l'esportazione medesima: *la t. del grano* **6** mercato illegale di persone: *la t. dei negri, degli schiavi* | ***la t. delle bianche***, adescamento di donne che vengono avviate alla prostituzione in Paesi stranieri **7** †estrazione a sorte | †*far t.*, eleggere tirando a sorte | †*per t.*, per sorte **8** titolo di credito all'ordine ed esecutivo contenente l'ordine di pagare una somma a una data scadenza al legittimo portatore | ***t. di favore***, creata senza che esista un effettivo rapporto di credito fra traente e prenditore | ***t. documentata***, nella compravendita di merci viaggianti, quella presentata alla banca per lo sconto con annessi i documenti relativi alle merci

trattàbile [vc. dotta, lat. *tractābile(m)*, da *tractāre* 'trattare' ✱ av. 1292] **agg. 1** che può essere lavorato: *metallo t.* | (*est.*) pieghevole, molle: *t. come la cera* **2** che si può agevolmente trattare, svolgere: *un argomento t.* CONTR. arduo | che si può contrattare, negoziare: *un prezzo t.* CONTR. fisso **3** (*fig.*) di persona affabile, condiscendente CONTR. intrattabile || †**trattabilménte**, **avv.** || **trattabilità**, **s. f. inv.** (V.)

trattabilità [vc. dotta, lat. *tractabilitāte(m)*, da *tractābilis* 'trattabile' ✱ av. 1306] **s. f. inv.** ● condizione di ciò che è trattabile | (*fig.*) cordialità, affabilità CONTR. intrattabilità

trattaménto [da *trattare* ✱ 1261 ca.] **s. m. 1** modo di trattare: *un t. gentile, villano* | maniera di accogliere qlcu.: *usare agli ospiti un t. di riguardo* | modo con cui si soddisfano clienti di alberghi, ristoranti e sim.: *un t. signorile, familiare* **2** modo di sottoporre un materiale a determinati procedimenti perché acquisti particolari caratteristiche: *t. delle pelli; il t. termico di un metallo* **3** nell'elaborazione di un soggetto cinematografico, fase intermedia fra la scaletta e la sceneggiatura vera e propria **4** (*med.*) cura **5** †trattativa, negoziato **6** entità della retribuzione di un rapporto di lavoro: *migliorare il t. di una categoria* | (*dir.*) ***t. di fine rapporto***, quota di retribuzione accantonata nel corso del rapporto di lavoro e corrisposta al dipendente alla cessazione dello stesso; in sigla TFR **7** †trattazione, discorso **8** †macchinazione, complotto

♦**trattàre** [lat. *tractāre*, intens. frequentativo di *trăhere* 'trarre' ✱ av. 1243] **A v. tr. 1** discutere, esporre, sviluppare un tema, un argomento, a voce o per iscritto: *l'oratore ha trattato questioni attuali; fu antico costume delle Chiese orientali di trattare le cose de' concilii nell'adunanza pubblica di tutti* (P. SARPI) | avere come argomento: *I libri si sogliono denominare dalle cose che essi trattano* (G. GALILEI) **2** fare oggetto di un dato comportamento, modo di procedere e sim.: *t. male un seccatore, un dipendente; lo ha trattato come un figlio; t. qlcu. con affabilità, dall'alto in basso* | ***t. coi guanti***, con riguardo | ***t. gli avventori, i clienti***, avere a che fare con loro e cercare di soddisfare le loro richieste, detto di albergatori, commercianti | accogliere, ospitare, provvedere al vitto e all'alloggio: *in quell'albergo trattano bene i turisti* **3** occuparsi di qlco., discutere per arrivare a un accordo, ottenere uno scopo e sim.: *t. un affare, una pratica* | ***t. la pace***, cercare di ottenerla con negoziati | (*lett., raro*) ***t. un negozio***, negoziare **4** (*raro*) praticare, frequentare: *t. ogni genere di persone* **5** lavorare, manipolare una sostanza, un materiale: *t. la lana; t. le conserve con coloranti chimici; t. con acido nitrico* **6** (*lett.*) toccare, maneggiare | maneggiare per adoperare, usare in un lavoro, un mestiere, un'attività | ***t. le armi, il pennello***, fare il militare, il pittore | (*fig.*) ***t. cause***, fare l'avvocato | †***t. strumenti musicali***, suonarli | †esercitare un ufficio | †amministrare, curare affari **7** (*med.*) curare **8** †progettare, risolversi a fare qlco.: *trattò di tornare* **B v. intr. (aus. *avere* nei sign. 1 e 3, *essere* nel sign. 2) 1** discutere, discorrere (+ *di*): *non t. solo di ciò che ti preme* | dissertare, ragionare: *t. della decadenza di Roma* | avere per argomento: *il libro tratta delle vicende politiche del secondo dopoguerra; di che cosa tratta quel film?* **2** nella forma impers. **trattàrsi**, per puntualizzare l'essenza, la vera natura di qlco. (+ *di*): *dimmi di che cosa si tratta; penso che si tratti di uno scherzo; si è trattato di un equivoco* | ***si tratta di*** (+ qlco.), è in gioco, ne va di mezzo: *si tratta del tuo avvenire* | ***si tratta di*** (+ inf.), è fondamentale, essenziale: *si tratta di decidere subito* **3** avere a che fare, intrattenere relazione, frequentare (+ *con*): *t. con gente fidata* | ***con lui non si può t.***, ha un carattere difficile, intollerante | discutere in vista di un accordo, venire a patti, contrattare: *i sindacati sono pronti a t. con il governo* **C trattàrsi v. rifl.** ● governarsi, curarsi, vivere: *trattarsi bene nel mangiare, nel vestire; si tratta da principe*

SFUMATURE DI SIGNIFICATO

trattare - parlare

In riferimento a saggi, articoli, opere letterarie, teatrali o cinematografiche, **trattare** significa affrontare un argomento, dibatterlo ed esaminarlo. Un sinonimo più colloquiale è **parlare** di, preferibile in tutti i casi in cui l'argomento non sia particolarmente rilevante o impegnativo e la comunicazione si svolga in un contesto informale.

SFUMATURE ➤ ***esporre***

trattàrio [da *tratta*, nel sign. 7 ✱ 1723] **A s. m. (f. -ia)** ● nella cambiale tratta, colui che riceve l'ordine di pagare SIN. trassato **B anche agg.**: *banca trattaria*

†**trattàta** [f. sost. del part. pass. di *trattare* ✱ av. 1306] **s. f.** ● intrigo, macchinazione

trattatìsta [1765] **s. m. e f. (pl. m. -i)** ● chi si è occupato scientificamente di un dato argomento scrivendo un trattato o una serie di trattati: *è un t. che si occupa di botanica; i trattatisti del Seicento*

trattatìstica [da *trattato*② nel sign. 1 ✱ 1953] **s. f.** ● l'insieme dei trattati che riguardano una disciplina o che appartengono a una determinata epoca: *la t. medica; la t. medievale*

trattativa [da *trattare* ✱ 1610] **s. f. 1** fase preliminare di un accordo, un patto e sim. per risolvere questioni importanti, affari e sim.: *aprire, interrompere, riprendere una t.; iniziare la t. per l'acquisto di un appartamento* **2** (**al pl.**) negoziato: *si sono concluse le trattative fra i due Stati*

trattativìṣmo [da *trattativa* ✱ 1988] **s. m.** ● tendenza a privilegiare la trattativa nella risoluzione di situazioni e problemi

trattativìsta [1971] **s. m. e f. (pl. m. -i); anche agg.** ● chi (o che) in una controversia è favorevole ad aprire o a proseguire una trattativa, un negoziato

♦**trattàto**① **part. pass.** di *trattare*; **anche agg. 1** nei sign. del v. **2** sottoposto a un particolare trattamento | (*est.*) ***non t.***, privo di anticrittogamici: *frutta non trattata*

♦**trattàto**② [vc. dotta, lat. *tractātu(m)*, da *tractāre* 'trattare' ✱ 1261 ca.] **s. m. 1** opera che espone metodicamente una disciplina o una parte di essa: *t. di geometria, di logica, di grammatica* **2** †sezione, parte di un'opera | †canto di un poema | †dissertazione **3** atto consensuale con cui più soggetti di diritto internazionale risolvono problemi o disciplinano materie di comune interesse: *firmare, ratificare un t.* | ***t. aperto***, cui possono venire successivamente a far parte altri soggetti di diritto internazionale | ***t. chiuso***, di cui possono fare parte solo i contraenti originari SIN. accordo, convenzione, patto **4** †trattativa, negoziato **5** †congiura, macchinazione || **trattatèllo**, **dim.** | **trattatino**, **dim.**

trattatóre [vc. dotta, lat. *tractatōre(m)*, da *tractātus* 'trattato' ✱ av. 1294] **s. m. (f. -trice) 1** (*raro, lett.*) chi tratta un accordo, un affare | negoziatore **2** †trattatista **3** †macchinatore

trattazióne [vc. dotta, lat. *tractatiōne(m)*, da *tractātus* 'trattato' ✱ av. 1328] **s. f. 1** esposizione, svolgimento di un argomento: *una t. ampia, diligente* | scritto in cui viene trattato qlco.: *una t. di fisica* SIN. dissertazione **2** (*raro*) trattamento **3** †trattativa **4** †macchinazione

tratteggiaménto [1550] **s. m.** ● il tratteggiare (*anche fig.*): *il t. di una situazione*

♣**tratteggiàre** [da *tratto*② con suff. verb. iter. ✱ sec. XIV] **A v. tr. (pres. *io trattéggio*; fut. *io tratteggerò*) 1** tirare, tracciare linee brevi e molto vicine | abbozzare: *t. un paesaggio* | ***t. una linea***, segnarla con dei tratti **2** (*fig.*) descrivere qlco. per sommi capi o brevemente, ma in modo vivo ed efficace: *t. una scena, la figura di un personaggio* **3** †ironizzare **B v. intr. (aus. *avere*)** ● (*raro*) fare, tracciare dei tratti

SFUMATURE ➤ ***descrivere***

tratteggiàta [f. sost. del part. pass. di *tratteggiare* ✱ 1965] **s. f.** ● linea ottenuta col tratteggio

tratteggiàto **part. pass.** di *tratteggiare*; **anche agg. 1** segnato con piccoli tratti: *una linea tratteggiata* | disegnato con la tecnica del tratteggio: *una figura tratteggiata* **2** (*fig.*) delineato in modo rapido e sintetico: *un ambiente, un personaggio appena t.*

tratteggiatùra [av. 1556] **s. f.** ● (*raro*) il tratteggiare | tratteggio

♣**trattéggio** [1598] **s. m.** ● tecnica del tratteggiare usata per ottenere ombreggiature nei disegni | linea a tratti: *ritagliare, piegare lungo il t.*

trattenèndo [sec. XX] **s. m. inv.** ● (*mus.*) ritenuto

♦**trattenére** [comp. di *tra-* e *tenere* ✱ 1312] **A v. tr. (coniug. come *tenere*) 1** far restare, non lasciare andare: *t. qlcu. a pranzo; ci ha trattenuti con una scusa* | (*est.*) far perdere tempo: *t. qlcu. con chiacchiere, discorsi inutili* **2** intrattenere: *non sapere come t. gli ospiti* **3** tenere a bada: *t. gli invasori* **4** tenere più a lungo presso di sé, astenersi dal consegnare: *t. lo stipendio, una lettera; t. un abito in riparazione* | ***t. una comunicazione***, non spedirla, non farla arrivare | (*est., lett.*) tenere CONTR. consegnare **5** sottrarre da una somma: *trattenete il venti per cento d'interesse* **6** impedire, tenere, bloccare: *mi hanno trattenuto, altrimenti l'avrei preso a* *schiaffi; sono riuscito a trattenerlo per un braccio, prima che cadesse* | (*fig.*) distogliere, dissuadere (+ *da* **spec. seguito da inf.**): *non so che cosa mi trattenga dal dirgli il fatto suo* | costringere, tenere con la forza, con l'autorità: *è stato trattenuto in questura* **7** reprimere, soffocare; frenare, contenere: *t. l'ira; t. il pianto, le lacrime* | ***t. l'impeto***, attenuarlo **8** (*mus.*) ritenuto **9** †tenere al proprio servizio, stipendiare **B** **trattenérsi v. rifl.** ● frenarsi, astenersi (+ *da*, **anche seguito da inf.**): *riuscì trattenersi dalla voglia di darle una rispostaccia; non seppe trattenersi dal ridere* **C** **trattenérsi v. intr. pron.** ● fermarsi per un tempo più o meno lungo (+ *in*, + *a*): *ci tratterremo in campagna, a Roma, pochi giorni* | (*fig.*) soffermarsi (+ *su*): *trattenersi su un argomento* | restare ancora, indugiare | soggiornare, dimorare (+ *da*): *Quanto tempo ti tratterrai da tua madre?* (G. D'Annunzio)

SFUMATURE ➤ *reprimere*

tratteniménto [1539] **s. m. 1** (*raro*) il trattenere o il trattenersi | †indugio **2** divertimento, passatempo con cui si intrattiene qlcu. | festa: *t. musicale* | ricevimento: *un t. con molti invitati* **3** mantenimento sotto le armi di personale di leva o di complemento, oltre la scadenza del servizio obbligatorio, per esigenze di mobilitazione o altri motivi contingenti **4** †sussidio, stipendio

trattenitóre [av. 1556] **s. m.** (**f.** *-trice*) ● (*raro, lett.*) chi trattiene | (*lett.*) intrattenitore

trattenùta [f. sost. del part. pass. di *trattenere* ✱ 1829] **s. f. 1** parte della remunerazione di un lavoratore che non viene corrisposta, ma direttamente versata dal datore di lavoro a enti pubblici per il pagamento di imposte o di contributi **2** (*sport*) spec. nel calcio e nella pallacanestro, azione fallosa consistente nel trattenere con le braccia un giocatore avversario

trattenùto part. pass. di *trattenere*; **anche agg.** ● nei sign. del v. | (*mus.*) ritenuto

†**trattévole** [av. 1294] **agg.** ● affabile, cordiale

trattino [1961] **s. m. 1** dim. di *tratto*② **2** lineetta che divide o unisce una parola Il *trattino* si usa per unire due parole o due elementi di una parola composta (specialmente quelle che sono collegate in maniera occasionale), o in alcune locuzioni usate soprattutto nel linguaggio giornalistico: *dizionario italiano-francese; tecnico-pratico; un processo di auto-adattamento; il rapporto maggioranza-opposizione; il divario Nord-Sud.* Nel caso di coppie di aggettivi giustapposti, il primo è sempre nella forma maschile sing.: *modelli logico-matematici; nevrosi ansioso-depressive.* Le parole composte ormai consolidate nell'uso non richiedono il trattino: *autobiografia, extraconiugale.* Il trattino si usa anche davanti o dopo suffissi o prefissi: *il suffisso -aio, il prefisso meta-*; davanti o dopo desinenze o parti di parole usate separatamente: *lat. passio, -onis; pre- e postoperatorio*; per separare due cifre o due date: *il convegno del 20-21 marzo; Firenze 1265 - Ravenna 1321*; oppure tra due nomi: *il patto Molotov-Ribbentrop; la linea Milano-Genova.* Il trattino si usa infine per dividere una parola in fin di riga e per scandire la divisione di una parola in sillabe: *ru-mo-re.* Nel caso di parola composta contenente trattino da dividere in fin di riga, è meglio ripetere due volte il trattino, sia alla fine della riga che all'inizio della riga seguente, per conservare l'informazione relativa al trattino che altrimenti andrebbe perduta con la semplice indicazione del trattino di divisione di sillaba: perciò sarà bene dividere *full-time* in *full-/-time.* (V. nota d'uso SILLABA). Un tratto più lungo, detto anche *lineetta*, serve a isolare un inciso all'interno di una frase o, analogamente alle virgolette, per aprire e chiudere un dialogo: *– Avanti, avanti – mi invitò.* (V. nota d'uso PUNTEGGIATURA)

t

†**trattivo** [da *tratto*① ✱ 1584] **agg.** ● che attrae | traente

tràtto① **part. pass.** di *trarre*; **anche agg. 1** nei sign. del v. **2** ***a spada tratta***, con la spada sguainata; (*fig.*) in modo deciso, risoluto, battagliero

♦**tràtto**② [lat. *tráctu(m)*, da *tráhere* 'trarre' ✱ av. 1292] **A s. m. 1** †il tirare | tirata: *un t. di corda* | ***dare il t. alla bilancia***, (*fig.*) portare qlco. all'eccesso | anticamente, violento strappo della fune cui era legata e sospesa la persona torturata: *essere condannato a cinque tratti di corda* | (*raro, lett.*) ***dare gli ultimi tratti***, agonizzare | †tiro, colpo: *un t. d'arco; un t. di mano* | (*fig.*) †tiro, trovata | †frecciata, frizzo, arguzia **2** tocco di penna, matita, pennello, ecc.: *disegnare a tratti larghi* | ***a grandi tratti***, (*fig.*) in modo rapido, essenziale | segno, linea più o meno piccola: *un t. di penna sulla carta* | (*tipogr.*) tipo di incisione zincografica a linea continua: *cliché al t.* **3** modo di comportarsi: *avere un t. garbato; ha un t. simpatico nel conversare; l'amabilità del t.* | (*raro*) gesto | (*fig.*) moto, impulso: *un t. di bontà, di gentilezza* **4** parte, spazio, striscia, pezzo: *un t. di cielo, di mare; percorrere un t. di strada; un t. di tubo* | distanza: *per lungo t.; un t. di due giorni di cammino* | pezzo, brano di uno scritto: *rileggere un t. dal libro* | spazio di tempo, momento, periodo: *per un certo t. furono amici* | ***a tratti***, a intervalli | ***a un t., d'un t., tutto a un t.***, in un momento, all'improvviso: *i carrozzoni della ferrovia sbucavano tutt'a un t. sul pendio del colle* (G. Verga) | ***di t. in t.***, (*raro*) ***ogni qual t.***, ogni tanto | †***al t., di primo t.***, subito | ***nel medesimo t.***, in quel momento, in una volta | †***innanzi t.***, per prima cosa, prima di tutto | †***prendere il t.***, prendere tempo | †occasione, momento buono: *non perdere il t.; lasciare il t.* **5** nella liturgia cattolica, canto di versetti, dopo l'epistola, in luogo dell'alleluia, dalla Settuagesima alla Pasqua **6** (**spec. al pl.**) lineamenti: *i tratti del volto* | (*fig.*) caratteristica, elemento particolare: *i tratti di un periodo storico; i tratti connotativi di una lingua; La pigrizia è il t. distintivo dei cani di Costantinopoli* (E. De Amicis) **7** (*miner.*) aspetto generale di un cristallo dovuto alla simultanea presenza di certe forme **SIN.** combinazione **8** (*anat.*) complesso di strutture lungo il quale transitano sostanze oppure segnali nervosi: *t. gastrointestinale; t. nervoso* **B avv.** ● (*iter., lett.*) di momento in momento, ogni tanto: *interrompendosi t. t. per ascoltare* (A. Fogazzaro) ‖ **trattino**, **dim.** (V.)

trattóre① [da *tratto*① ✱ av. 1712] **s. m.** (**f.** *-trice*) ● operaio addetto alla trattura della seta

♦**trattóre**② [da *trarre*, sull'esempio del corrispondente fr. *tracteur*, dal lat. *tráctus*, part. pass. di *tráhere* ✱ 1926] **s. m.** ● veicolo munito di cingoli o di ruote con speciali pneumatici o alette per far presa sul terreno, mosso da motore a combustione interna e adibito al traino su strada o su terreno impervio di carichi pesanti o di attrezzi agricoli | ***t. d'artiglieria***, per il traino meccanico dei pezzi ‖ **trattorino**, **dim.**

trattóre③ [adattamento del fr. *traiteur*, da *traiter* 'trattare, negoziare' ✱ 1361] **s. m.** (**f.** *-trice*, *pop., disus.* *-tóra*) ● gestore di trattoria

trattorìa① [da *trattore*① ✱ 1820] **s. f.** ● filanda per la trattura della seta

trattorìa② [da *trattore*③ ✱ 1819] **s. f.** ● ristorante di modeste pretese, dal servizio semplice, familiare: *una t. di campagna*

trattorista [da *trattore*② ✱ 1950] **s. m. e f.** (**pl. m.** *-i*) ● addetto alla guida dei trattori, spec. agricoli

†**trattóso** (o -ṣ-) [da *tratto*② nel senso di 'motto spiritoso' ✱ av. 1555] **agg. 1** garbato, gentile **2** arguto, spiritoso

trattrìce① [variante f. (sottinteso *macchina*) di *trattore*② ✱ 1918] **s. f.** ● trattore, spec. per usi agricoli | ***t. stradale***, per il traino di rimorchi

trattrìce② [da *trarre*, perché (curva) *tratta* ✱ 1961] **s. f.** ● (*mat.*) curva piana per la quale risulta costante il segmento di tangente compreso fra il punto di tangenza e una retta fissa

trattùra [lat. tardo *tractūra(m)* 'azione di trarre, tirare (*tráhere*, part. pass. *tráctus*)' ✱ av. 1774] **s. f.** ● operazione di dipanatura dei bozzoli del baco da seta che si fa nelle filande immergendo i bozzoli in acqua calda contenuta in apposite bacinelle

trattùro [vc. merid. dal lat. *tractōrium*, da *tráctus*, part. pass. di *tráhere* 'trarre, tirare' con allusione discussa: sottinteso *íter* 'cammino (tracciato)' (?) ✱ sec. XVII] **s. m.** ● sentiero naturale percorso dalle greggi

trauccìdersi [comp. di *tra-* e *uccidersi* ✱ 1864] **v. rifl. recipr.** (**coniug. come** *uccidere*) ● (*lett.*) uccidersi gli uni con gli altri

traudìre [comp. di *tra-* e *udire* ✱ sec. XIII] **A v. intr.** (**coniug. come udire; aus.** *avere*) ● (*lett.*) udire una cosa per un'altra: *le maghe che incantando / fan travedere, e traudir ciascuno* (T. Tasso) **B v. tr.** ● (*lett.*) udire a tratti

tràuma [gr. *trâuma*, da *titrṓskein* 'offendere', di orig. indeur. ✱ 1833] **s. m.** (**pl.** *-i*) **1** (*med.*) lesione determinata dall'azione violenta di un fattore esterno **2** (*psicol.*) evento che turba profondamente il soggetto incidendo sulla sua personalità: *i traumi dell'infanzia segnano l'individuo* | (*est.*) evento che deprime, demoralizza: *il licenziamento è stato un t. per lui* **3** (*fig.*) brusco sconvolgimento che determina effetti negativi: *il t. della guerra*

traumàtico [gr. *traumatikós*, da *trâuma* ✱ 1714] **agg.** (**pl. m.** *-ci*) ● di trauma, relativo a trauma | (*est.*) che scatena un trauma; sconvolgente ‖ **traumaticaménte**, **avv.** ‖ **traumaticità**, **s. f. inv.**

traumatiṣmo [comp. del gr. *trâuma*, genit. *tráumatos* 'ferita, trauma', e *-ismo* ✱ 1884] **s. m.** ● (*med.*) effetto di un trauma

traumatiẓẓànte part. pres. di *traumatizzare*; **anche agg.** ● nei sign. del v. (*anche fig.*): *la perdita del lavoro è stata per lui un'esperienza t.*

traumatiẓẓàre [gr. *traumatízein* 'procurare una ferita (*trâuma*, genit. *tráumatos*)' ✱ 1961] **v. tr. 1** (*med.*) far subire trauma **2** (*fig.*) impressionare fortemente, sconvolgere

SFUMATURE DI SIGNIFICATO

traumatizzare - shockare

L'azione di qualcosa che turba profondamente la psiche di una persona, lasciando un segno difficile da cancellare, tale da condizionare scelte e comportamenti futuri si dice **traumatizzare**. **Shockare** ha lo stesso significato, ma fa riferimento a un evento che impressiona improvviso e violento, le cui conseguenze tuttavia possono essere meno durature.

traumatiẓẓàto **A part. pass.** di *traumatizzare*; **anche agg.** ● nei sign. del v. (*anche fig.*) **B s. m.** (**f.** *-a*) ● chi ha subìto un trauma

traumatologìa [comp. del gr. *trâuma*, genit. *tráumatos*, e *-logia* ✱ 1850] **s. f.** (**pl.** *-gìe*) ● (*med.*) branca della medicina che si occupa degli effetti dei traumi e della loro cura

traumatològico [1937] **agg.** (**pl. m.** *-ci*) ●

(*med.*) relativo a traumatologia | ***centro, istituto t.***, o (*ellitt.*) ***traumatologico***, centro o istituto specializzato nel trattamento dei traumi

traumatòlogo [1937] s. m. (f. *-a*; pl. m. *-gi*) ● (*med.*) specialista in traumatologia

†travàglia [da *travagliare* ✱ 1266] s. f. **1** travaglio, tormento **2** battaglia, guerra

†travagliaménto [1268] s. m. **1** travaglio **2** cambiamento

✦travagliàre [fr. *travailler*, dal lat. **tripaliāre* 'tormentare col *tripālium*, strumento di tortura, formato da tre (*trēs*) pali (*pāli*)' ✱ av. 1250] **A** v. tr. (*io travàglio*) **1** (*lett.*) dare patimento fisico: *la malattia lo travaglia* | (*fig.*) affliggere, angustiare: *oimè, se quest'è amor, com'ei travaglia* (G. Leopardi) | tormentare spiritualmente (*anche assol.*) | †affaticare **2** †lavorare | ***†t. la terra***, lavorarla **3** †trattare **B** v. intr. (aus. *avere*) e **travagliàrsi** v. rifl. **1** (*lett.*) affannarsi, affaticarsi | (*fig.*) affliggersi **2** (*lett.*) soffrire fisicamente, tribolare | (*lett.*) tormentarsi: *l'autore ... si travaglia con la più grande serietà* (F. De Sanctis) **3** (*lett.*) avere difficoltà a navigare, detto di imbarcazione: *Sì come nave in alto mar ... travaglia* (L. de' Medici) **C** **travagliàrsi** v. intr. pron. **1** †alterarsi, cambiarsi **2** †occuparsi, preoccuparsi di qlco.

†travagliatìvo [da *travagliare* nel sign. di 'lavorare' ✱ 1567] agg. ● operoso | lavorativo

travagliàto part. pass. di *travagliare*; anche agg. **1** (*lett.*) sofferente, affannato **2** tormentato: *avere l'animo t.* | agitato: *un Paese t. da crisi sociali* | difficile: *un periodo t.* ‖ **travagliataménte**, avv. (*lett.*) in modo travagliato: *vivere travagliatamente*

travagliatóre [sec. XIII] s. m. (f. *-trice*); anche agg. **1** (*raro, lett.*) chi (o che) svolge un lavoro manuale **2** †giocoliere, giullare

✦travàglio① [da *travagliare*; cfr. il fr. *travail* ✱ 1266] s. m. **1** (*lett.*) angoscia, afflizione, pena: *il t. del dubbio*; *la fortuna già molt'anni m'ha sempre tenuto oppresso in ... continui travagli* (B. Castiglione) | tormento: *il t. della fame, della sete* **2** (*raro*) sofferenza fisica, dolore, male: *t. di stomaco* **3** ***t. di parto***, (*ellitt.*) ***travaglio***, complesso dei fenomeni dolorosi e di contrazioni uterine che precedono e accompagnano il parto **4** (*lett.*) lavoro duro, faticoso, penoso | (*est., lett.*) lavoro, attività

travàglio② [lat. tardo *trepāliu(m)* 'che è composto di tre (*trēs*) pali (*pāli*)', con sovrapposizione di *trave* ✱ 1483] s. m. ● attrezzatura costituita da materiali diversi per tener fermi gli animali durante gli interventi terapeutici, la monta o la ferratura

travaglióso (o -ṣ-) [da *travaglio*① ✱ sec. XIII] agg. **1** (*raro, lett.*) che causa pena, dolore, travaglio: *viaggio t.* | angoscioso: *passione travagliosa* **2** (*lett.*) attivo, laborioso ‖ **travagliosaménte**, avv.

†travalcàre ➤ **travalicare**

travalicaménto [av. 1363] s. m. ● (*raro*) il travalicare

✦travalicàre o **†travalcàre**, **†travarcàre** [lat. tardo *transvaricāre* 'divaricare le gambe camminando', comp. di *trāns-* rafforz. e *varicāre* 'valicare' ✱ sec. XIII] **A** v. tr. (*io travàlico, tu travàlichi*) **1** (*lett.*) valicare andando oltre: *t. monti, colli, valli* **2** (*fig.*) superare, oltrepassare un limite (*anche assol.*): *t. le proprie competenze*; *t. i limiti della decenza*; *badiamo a non t.* **3** †trasgredire: *t. un comando* **B** v. intr. (aus. *avere*) ● passare: *t. da un'idea all'altra*; *d'un ragionamento in un altro travalicando* (G. Boccaccio)

travalicatóre [sec. XIII] s. m. (f. *-trice*); anche agg. ● (*raro*) chi (o che) travalica (*spec. fig.*)

†travaménto [da *trave* ✱ 1340] s. m. ● travatura

†travarcàre ➤ **travalicare**

travaṣàbile [1970] agg. ● che si può travasare: *vino t.*

travaṣaménto [av. 1328] s. m. **1** (*raro, lett.*) travaso: *t. del vino*; *t. di sangue* **2** (*lett.*) trasposizione | †traduzione

travaṣàre o **†traṣvaṣàre** [comp. di *tra-* e del denominale di *vaso* ✱ av. 1320] **A** v. tr. **1** versare un liquido da un recipiente in un altro, spec. per separarlo da fecce e altre eventuali parti solide: *t. il vino, l'olio* **2** (*fig.*) versare, trasferire, far passare: *ha travasato in quest'opera tutta la sua cultura* **3** †trasportare qlco. da un luogo ad un altro: *t. le masserizie* **B** v. intr. (aus. *essere*) e **travaṣàrsi** v. intr. pron. **1** versarsi, uscire da ciò che lo contiene, detto di un liquido: *in questo modo l'olio trabocca e si travasa* **2** (*fig., lett.*) passare da un luogo a un altro, da una persona a un'altra

travaṣatóre [1561] s. m. (f. *-trice*); anche agg. ● chi (o che) travasa

travaṣatrìce [1840] s. f. ● pompa per travasare, spec. il vino

travàṣo [da *travasare* ✱ av. 1494] s. m. **1** operazione del travasare: *il t. di un liquido*; *fare un t.* | (*fig.*) trasferimento **2** (*enol.*) operazione con la quale il vino viene separato dal materiale solido che si deposita, nel corso della conservazione, sul fondo del recipiente (botte, tino o vasca) **3** in apicoltura, trasferimento completo di un'intera famiglia di api da un'arnia a un'altra **4** (*med.*) fuoriuscita: *t. di bile, di sangue* | ***t. di bile***, (*est.*) accesso d'ira, violenta arrabbiatura

travàta [da *trave* con suff. collettivo ✱ 1509] s. f. **1** (*edil.*) in una costruzione, trave cui è affidata la funzione statica principale | travatura **2** (*milit.*) riparo, sostegno o puntellamento fatto con travi o blinde

travàto [da *trave*, anche nel senso di 'pastoia (al piede del cavallo)' ✱ 1561] agg. **1** fatto, rinforzato o sostenuto con travi **2** detto di cavallo con balzana all'arto anteriore e posteriore dello stesso lato: *cavallo t.*; *balzano t.*

travatùra [da *trave* ✱ 1464] s. f. **1** operazione del sistemare le travi di una struttura: *procedere alla t. del soffitto* **2** ossatura in travi lignee o metalliche di un solaio, di un ponte e sim.

tràve o **†tràbe** [lat. *trăbe(m)*, di etim. incerta ✱ 1250 ca.] s. f. o centr., sett. †m. **1** grosso e lungo fusto d'albero o elemento costruttivo simile in metallo o cemento armato, impiegato come struttura portante nelle costruzioni edilizie: *le travi del tetto*; *puntellare con travi un muro pericolante*; *t. profilata a T, a U, a L*; *t. articolata* o *snodata* | ***t. armata***, rinforzata da intelaiature esterne o interne | ***t. di coda***, in aeronautica, struttura che, mancando la fusoliera, collega la velatura principale alla coda dell'aereo, sostenendovi generalmente gli organi di stabilità e di governo | (*fig.*) ***fare d'ogni fuscello una t.***, ingigantire ogni piccola cosa | (*fig.*) ***non vedere la t. nel proprio occhio***, non accorgersi dei propri difetti CFR. pagliuzza **2** in ginnastica, attrezzo composto da una trave lunga cinque metri e larga dieci centimetri sostenuta da due basi regolabili | (*est.*) specialità della ginnastica artistica ‖ **travétta**, dim. | **travétto**, dim. m. (V.) | **travicèlla**, dim. | **travicèllo**, dim. m. (V.) | **travóne**, accr. m.

travedére o **†traṇsvedére** [comp. di *tra-* e *vedere*① ✱ 1353] **A** v. intr. (fut. *io travederò*; condiz. pres. *io travederèi*; part. pass. *travedùto*; nelle altre forme coniug. come *vedere*; aus. *avere*) **1** (*raro, lett.*) vedere una cosa per un'altra, prendere un abbaglio: *t. per la stanchezza* **2** (*fig., lett.*) essere indotto in errore da un sentimento, una passione e sim.: *t. per l'odio, l'amore, l'ira* | ***t. per qlcu.***, stravedere per lui: *che era anche suo tutore, e per lui travedeva* (A.M. Ortese) | †sragionare **B** v. tr. ● †intravvedere

†travediménto [av. 1597] s. m. ● il travedere | travisamento | inganno

travéggole [da *traveggo* per *travedo*, vc. verb. sost. ✱ 1354] s. f. pl. **1** †abbagli, inganni della vista: *libero dalle t. e da' bagliori del senso* (G.B. Marino) | (*raro*) vertigini **2** ***avere le t.***, vedere una cosa per l'altra, ingannarsi nel vedere; (*est.*) ingannarsi, prendere un abbaglio | (*lett.*) ***dare le t.***, provocare confusione mentale

tràveller's cheque /ˈtraveller tʃɛk, *ingl.* ˈtrævələz,tʃɛk/ [loc. ingl., propr. 'assegno (*cheque*, di etim. incerta) del viaggiatore (*traveller's*, da *to travel* 'viaggiare', di orig. fr.)' ✱ 1926] loc. sost. m. inv. (pl. ingl. *traveller's cheques*) ● assegno turistico a circolazione internazionale, rilasciato dalle principali banche contro versamento dell'importo corrispondente, pagabile presso una filiale all'estero purché su di esso compaiano due firme della persona a favore della quale l'assegno viene emesso

travèrsa [lat. *transvĕrsa(m)*, agg. dal part. pass. di *transvĕrtere* 'volgere (*vĕrtere*) attraverso (*trāns-*)' con vari s. f. sottintesi ✱ 1266] s. f. **1** barra, trave o sim. disposta trasversalmente rispetto ad altri elementi longitudinali di una stessa struttura **2** elemento orizzontale che congiunge e consolida le parti di sostegno di un mobile: *le traverse del letto* | ***t. della ringhiera***, lunga barra orizzontale nella quale sono infissi i ferri verticali **3** (*ferr.*) sbarra trasversale in legno o cemento armato a cui sono fissate le rotaie **4** nel calcio, sbarra orizzontale che limita in alto la porta: *colpire la t.* **5** asse, sbarra, e sim. che impedisce l'accesso a una via, un passaggio, un'entrata ecc.: *chiudere una strada con traverse* | sbarramento trasversale che in un torrente limita l'asportazione di materiale dal fondo SIN. briglia **6** (*milit.*) nelle opere di fortificazione di un tempo, costruzione di un muro di terra al di sopra di un terrapieno, a protezione dai tiri d'artiglieria **7** (*ellitt.*) via secondaria che si dirama da una principale o la attraversa: *la prima, la seconda t. del viale*; *svoltare in una t.* **8** telo o lenzuolo ripiegato posto di traverso nel letto di un bambino o di un ammalato, per motivi igienici **9** profilato orizzontale, fisso o mobile, che si applica nei telai dei serramenti **10** (*lett.*) †colpo di spada dato di traverso **11** †traversia, difficoltà **12** (*sett.*) grembiule: *pulendosi le mani ... nella t.* (P.P. Pasolini) ‖ **traversìna**, dim. (V.) | **traversìno**, dim. m. | **traversóne**, accr. m. (V.)

traversàgno [da *traverso* con suff. agg. ✱ av. 1730] s. m. ● legno forato che forma l'ingegno per la pesca del corallo

traversàle [da *traverso* ✱ av. 1320] agg. ● (*raro*) trasversale ‖ **†traversalménte**, avv. (*raro*) trasversalmente ‖ **traversalità**, s. f. inv. trasversalità

traversaménto [da *traversare* ✱ sec. XIV] s. m. ● (*raro*) attraversamento

traversàre [vc. dotta, lat. *transversāre* 'volgere di qua e di là', comp. di *trāns-* 'attraverso' e *versāre*, intens. di *vĕrtere* 'volgere' ✱ 1319] **A** v. tr. (*io travèrso*) **1** attraversare (*anche fig.*): *t. un paese, un bosco, una regione*; *t. un fiume a nuoto*; *t. la strada, la via*; *t. un ponte* SIN. passare **2** mettere, stendere, tirare per traverso | ***t. una nave***, metterla con l'asse perpendicolare alla direzione da cui proviene il vento o le onde | ***t. l'ancora***, nelle operazioni di recupero della stessa, disporla orizzontalmente per collocarla sul ponte o nel suo alloggio | (*assol.*) nel calcio, crossare: *t. al centro* **3** in alpinismo, eseguire una traversata | ***t. alla corda***, spostarsi lateralmente lungo un tratto di roccia non percorribile in arrampicata **B v. intr. 1** attraversare la strada: *guardasse sempre prima di t.* (C. PAVESE) **2** (*poet.*) †scorrere, passare di traverso: *a piè del Casentino / traversa un'acqua c'ha nome l'Archiano* (DANTE *Purg.* V, 94-95) **C traversàrsi v. intr. pron.** ● di imbarcazione, disporsi con l'asse perpendicolare alla direzione da cui provengono il vento o le onde

traversàta [da *traversare* ✱ 1813] **s. f. 1** attraversamento di un luogo, uno spazio e sim.: *la t. di una città; la t. del Sahara* | ***t. del deserto***, (*fig.*) lungo periodo di difficoltà in vista del raggiungimento di un obiettivo (espressione usata nella Bibbia per indicare l'esodo degli Ebrei dall'Egitto verso la Terra Promessa) | viaggio compiuto con mezzi marittimi o aerei seguendo un itinerario che colleghi direttamente il luogo di partenza a quello di arrivo: *la t. dell'Atlantico, della Manica, di uno stretto; con i moderni aerei la t. da Parigi a New York dura poche ore* | (*assol.*) navigazione: *abbiamo avuto un'ottima t.; durante tutta la t. ho dormito* **2** competizione podistica o di nuoto: *t. di una città; t. della Manica* | (*raro*) ***t. podistica***, gara di corsa a piedi che si svolge attraverso alcuni quartieri di una città **3** nella ginnastica, passaggio da una fune o da una pertica a un'altra **4** in alpinismo, spostamento laterale in parete con una particolare tecnica di arrampicata in cui si spostano prima le braccia e poi le gambe: *t. in parete* | ***t. pendolare***, quando il tratto da superare lateralmente non è percorribile in arrampicata ed occorre eseguire un pendolo | ascensione in cui la salita avviene per un versante e la discesa per il versante opposto

✱**traversìa** [sp. *trave(r)sía*, da *travieso* 'attraverso' e quindi 'contrario' ✱ av. 1292] **s. f. 1** (*mar.*) vento che soffia perpendicolarmente alla costa | vento, gener. perpendicolare alla direzione d'ingresso di un porto, che provoca difficoltà di manovra alle navi in transito | (*raro*) vento che soffia perpendicolarmente alla rotta di una nave | ***settore di t.***, settore circolare relativo a un punto, gener. un porto, che contiene tutte le direzioni di provenienza dei venti pericolosi alla navigazione **2** (**spec. al pl.**, *fig.*) disavventura, disgrazia, contrarietà: *le traversie della vita* SIN. avversità, sventura

traversìna [av. 1557] **s. f. 1** dim. di *traversa* | †stretta fascia indossata intorno alla vita **2** (*ferr.*) traversa di binario

traversìno [da *traverso* ✱ 1840] **s. m. 1** (*mar.*) cima d'ormeggio posta quasi perpendicolarmente alla nave e alla banchina **2** (*sett.*) guanciale **3** nel gioco del biliardo, colpo col quale si fa percorrere due volte, alla palla, il piano sul lato corto: *fare un t.* **4** (*sett.*) grembiule

travèrso [lat. *transvĕrsu(m)*, propr. part. pass. di *transvĕrtere* 'volgere (*vĕrtere*) di qua e di là (*trāns-*)' ✱ 1250 ca.] **A agg. 1** trasverso, trasversale, obliquo (*anche fig.*): *barra, linea traversa* | (*raro*) ***colpo t.***, manrovescio | ***flauto t.***, V. *flauto*① | ***via traversa***, via trasversale, strada secondaria che ne attraversa una principale o si dirama lateralmente da essa; (*est.*) scorciatoia | ***vie traverse***, (*fig.*) modi indiretti e spesso sleali o scorretti di raggiungere un determinato scopo: *agire, procedere per vie traverse* **2** (*raro, lett.*) di ciò che è considerato nel senso della grossezza | (*fig.*) †forte, robusto, massiccio **3** (*fig.*) †sgradevole, spiacente, sgradito: *parola traversa* **4** (*fig.*) †avverso, nemico: *fato t.; caso t.* **5** †perverso || **traversaménte**, **avv.** (*raro*) obliquamente **B s. m. 1** estensione di un corpo considerato nella sua larghezza | ***a t.***, V. *attraverso* | ***sul t.***, sulla parte larga di qlco. | ***per il t.***, nel senso della larghezza | ***di, per, a t.***, trasversalmente, obliquamente: *buttarsi di t. sul letto; piegare un foglio per t.; giunse a t. il colpo disperato, / e il scudo ... al mezzo taglie* (M.M. BOIARDO) | ***andare di t.***, detto di cibo o bevanda, finire nella laringe provocando un senso di soffocamento; (*fig.*) detto di ciò che va male, a rovescio, in modo contrario a quello che si desiderava | ***guardare qlcu., qlco. di t.***, con occhiate oblique; (*fig.*) con intenzioni o sentimenti malevoli | ***prendere qlco. di t.***, (*fig.*) intenderla o interpretarla male **2** (*mar.*) fianco, lato: *presentare il t. alle onde* | ***di t.***, di fianco: *prendere il vento di t.* | ***mettersi al t.***, prendere il mare di fianco **3** (*mar.*) andatura a vela con il vento a 90° rispetto all'asse longitudinale **4** †fendente **C prep.** ● (*lett.*) attraverso: *il galoppo sfrenato t. l'oscurità e la nebbia* (I. NIEVO)

traversóne [1743] **A s. m. 1** accr. di *traversa* **2** †maestrale **3** nel calcio, lancio del pallone da un punto laterale del campo verso la linea mediana, generalmente presso la porta avversaria: *effettuare un t.* SIN. cross | (*raro*) nel pugilato, colpo portato dall'esterno verso l'interno **B avv.** ● †di traverso

travertìno [lat. *tiburtīnu(m)*, sottinteso *lăpis* '(pietra) di Tivoli (*Tībur*, genit. *Tīburis*)' con sovrapposizione di *trave* ✱ 1460] **s. m.** ● (*geol.*) calcare di deposito chimico a struttura concrezionata spugnosa

travesti /fr. traves'ti/ [vc. fr., propr. 'travestito', part. pass. di *transvestir* 'travestire' ✱ 1962] **s. m. inv.** ● attore travestito, di sesso diverso rispetto al personaggio | (*est.*) parte teatrale sostenuta da tale attore | ***en t.***, da travestito: *ruolo en t.*

travestiménto o (*pop.*) †**stravestiménto** [1574] **s. m. 1** il travestire, il travestirsi | (*fig.*) simulazione, parvenza **2** ciò con cui si traveste o ci si traveste

♦**travestìre** o †**stravestìre** [comp. di *tra-* e *vestire*① ✱ 1476] **A v. tr.** (*io travèsto*) **1** vestire qlcu. in modo del tutto diverso dal solito, sì da renderlo irriconoscibile: *t. qlcu. da donna* **2** (*fig.*) cambiare, mutare, trasformare profondamente qlco.: *t. un tema musicale* **B travestirsi v. rifl. 1** indossare un abito di foggia assai diversa da quella usuale, in modo da non essere riconosciuto: *travestirsi per un ballo mascherato* **2** (*fig.*) nascondere la propria vera natura assumendo atteggiamenti o fingendo idee, sentimenti e sim. profondamente diversi dai propri (+ *da*): *è un lupo che si traveste da agnello*

travestitìsmo [comp. di *travestit(o)* e *-ismo* ✱ 1961] **s. m.** ● tendenza, che può accompagnarsi all'omosessualità, a indossare abiti propri dell'altro sesso SIN. eonismo

travestìto o (*pop.*) †**stravestito A part. pass.** di *travestire*; **anche agg.** ● nei sign. del v. **B s. m. 1** (**f.** *-a*) chi manifesta tendenza al travestitismo o lo pratica **2** omosessuale maschile che si veste da donna e talvolta si prostituisce

travestitóre [av. 1874] **s. m.** (**f.** *-trice*); **anche agg.** ● (*raro*) chi (o che) traveste

travestitùra [1576] **s. f.** ● (*raro*) travestimento

travèt [dal n. del protagonista della commedia di V. Bersezio (1878-1895) *Le miserie d' Monsù Travet*, trapasso del sign. proprio del piemontese *travet* 'travicello' ✱ 1875] **s. m. inv.** ● impiegato di rango modesto e mal retribuito

travétto [1556] **s. m. 1** dim. di *trave* **2** (*edil.*) elemento in laterizio precompresso, per solai

traviaménto o †**trasviaménto** [1570] **s. m. 1** allontanamento dalla retta via | corruzione morale SIN. aberrazione, pervertimento **2** †digressione, episodio

traviàre o †**trasviàre** [propr. 'andare oltre *tra-* la *via*' ✱ av. 1292] **A v. tr.** (*io travìo*, **più diffuso ma etim. meno corretto** *tràvio*) **1** (*raro, lett.*) portare fuori strada, dirottare **2** (*fig.*) corrompere, pervertire: *t. i giovani* **B v. intr.** (**aus.** *avere*) ● (*raro, lett.*) deviare, uscire dal giusto cammino: *Chi su, chi giù, chi qua, chi là travìa* (L. ARIOSTO) **C traviàrsi v. intr. pron. 1** (*lett., raro*) sbagliare strada **2** (*fig.*) allontanarsi dalla retta via, dal bene, dall'onestà e sim.: *si è traviato per colpa delle cattive amicizie*

traviàto (o **-vià-**) **part. pass.** di *traviare*; **anche agg. e s. m.** (**f.** *-a*) ● che (o chi) si è allontanato dalla retta via: *un giovane t.; 'La traviata' di G. Verdi*

traviatóre [av. 1600] **s. m.** (**f.** *-trice*); **anche agg.** ● (*raro*) chi (o che) travia, corrompe

travicèllo [1353] **s. m. 1** dim. di *trave* **2** trave secondaria, appoggiata alle principali e che sostiene a sua volta un tavolato o altro: *i travicelli del soffitto* | ***re T.***, (*fig.*) chi non riesce a prendere decisioni o a imporsi agli altri (dal titolo di una poesia di G. Giusti, tratta da una favola di Fedro, che allude al re Carlo Alberto) CFR. tentenna

✱**travisaménto** [av. 1564] **s. m. 1** alterazione, distorsione spec. intenzionale: *t. delle parole altrui* **2** (*dir.*) aggravante del reato di furto consistente nel mutare il proprio aspetto al fine di non essere riconosciuto quale autore del detto reato

✱**travisàre** o (*pop.*) **stravisàre** [comp. di *tra-* e da un deriv. di *viso*, propr. 'alterare l'aspetto' ✱ sec. XIII] **A v. tr. 1** †alterare il viso, l'aspetto di qlcu. **2** (*fig.*) alterare, modificare, svisare qlco., spec. presentandola o interpretandola in modo inesatto, soggettivo e parziale: *t. i fatti, la storia, la realtà* | ***t. la verità***, falsarla SIN. distorcere, falsare **B travisàrsi v. rifl.** ● (*lett.*) camuffarsi, mascherarsi

†**travolàre** ➤ **trasvolare**

travolgènte o †**travolvènte part. pres.** di *travolgere*; **anche agg. 1** che travolge: *la furia t. del vento* | (*fig.*) incontenibile: *una vittoria t.* **2** (*fig.*) che conquista e trascina irresistibilmente: *eloquenza t.; bellezza t.; fascino t.*

♦**travòlgere** o †**trasvòlgere**, †**travòlvere** [vc. dotta, lat. tardo *transvŏlvere*, comp. di *trāns-* 'al di là' e *vŏlvere* 'volgere', con adattamento alla serie di altri comp. di *volgere* ✱ av. 1292] **A v. tr.** (**coniug. come** *volgere*) **1** (*raro, lett.*) volgere qlco. per altro verso, stravolgere, storcere | †travisare | †traviare | ***t. gli occhi***, strabuzzarli **2** (*est.*) investire e trascinare con sé violentemente: *la valanga travolse alberi e case* | (*fig.*) trascinare nella rovina: *la crisi economica ha travolto molte nazioni* **3** (*est.*) sopraffare con impeto irresistibile: *l'attacco nemico travolse le ultime resistenze; lasciarsi t. dalla passione, dall'ira* | (*fig.*) sconfiggere clamorosamente: *la Roma ha travolto gli avversari* **B travòlgersi v. rifl.** ● (*lett.*) contorcersi | †rivoltarsi, deformarsi

travolgiménto [av. 1463] **s. m. 1** il travolgere **2** (*raro, fig.*) sconvolgimento, rivolgimento

†**travoltàre** [da *travolto* ✱ av. 1556] **v. tr. e** †**travoltàrsi v. rifl.** ● rivoltare, rivoltarsi

travòlto part. pass. di *travolgere*; **anche agg. 1** investito, trascinato: *alpinisti travolti da una slavina* **2** †capovolto, rovesciato | †strabuzzato: *Piangendo con travolti occhi* (G. BOCCACCIO) **3** †deformato, stravolto || †**tra-**

t

voltaménte, **avv.** stortamente

†**travòlvere** e deriv. ➤ **travolgere** e deriv.

trawl /*ingl.* trɔːl/ [vc. ingl., d'orig. sconosciuta ✱1939] **s. m. inv.** ● rete a strascico usata dai trawler

trawler /'trɔler, *ingl.* 'trɔːlə(r)/ [vc. ingl., da *trawl* 'strascico' (in senso marinaresco), d'orig. oscura ✱1935] **s. m. inv.** ● peschereccio con ottime qualità nautiche e una stazza lorda di oltre 500 tonnellate, che è usato nei mari settentrionali d'Europa e d'America per la pesca a strascico, spec. delle aringhe

trawler-yacht /troler'jɔt, *ingl.* 'trɔːlə,jɔt/ [vc. ingl., comp. di *trawler* (V.) e *yacht* (V.) ✱1983] **s. m. inv.** (**pl. ingl.** *trawler-yachts*) ● peschereccio da diporto

trazióne [vc. dotta, lat. *tractiōne(m)*, da *trāctus*, part. pass. di *trāhere* 'trarre' ✱av. 1758] **s. f.** **1** il trarre, il trascinare; traino: *t. su strada, su binari*; *gancio di t.*; *mezzo di t.* **2** forza esercitata da animali o mezzi meccanici su veicoli e sim., atta a determinarne il movimento: *t. animale, meccanica*; *la t. dell'elica* | ***t. elettrica***, quella che impiega motori elettrici | ***sforzo di t.***, forza che il trattore può esercitare a una data velocità **3** (*mecc.*) sollecitazione esercitata su un corpo da due forze uguali e contrarie agenti nel senso della lunghezza ed applicate ai baricentri delle sezioni esterne | (*autom.*) ***autoveicolo a t. anteriore, posteriore, integrale***, quello in cui il motore agisce, rispettivamente, sulle ruote anteriori, su quelle posteriori, su tutte contemporaneamente **4** (*med.*) applicazione di pesi adeguati a segmenti dell'apparato locomotore lesi per fratture ossee o per osteoartrite, così da realizzare allontanamento, stiramento o riallineamento del tratto interessato

trazzèra [vc. siciliana e calabrese: dal dial. *trazza* 'traccia' (?) ✱1922] **s. f.** ● in Sicilia, viottolo che attraverso i campi consente il passaggio di greggi e armenti

♦**tre** /tre✱/ [lat. *trēs*, di orig. indeur. ✱1211] **agg. num. card. inv.**; **anche s. m. e f. inv.** (**V. nota d'uso NUMERI E NUMERALI**) ● numero naturale successivo di due, rappresentato da *3* nella numerazione araba, da *III* in quella romana. **I** come agg. ricorre nei seguenti usi **1** rispondendo o sottintendendo la domanda 'quanti?', indica la quantità numerica di tre unità (spec. preposto a un sost.): *il mio bambino ha tre anni*; *sono tre giorni che non lo vedo*; *le Parche, le Grazie, le Furie, sono tre*; *sono le ore dodici e tre minuti*; *i tre quarti del prodotto sono stati collocati* CFR. tri- **2** (*est.*) pochi (con valore indet.): *te lo dico in tre parole*; *non sa mettere insieme tre discorsi* | ***pensarci tre volte***, parecchie volte **3** rispondendo o sottintendendo la domanda 'quale?', identifica qlco. in una pluralità, in una successione, in una sequenza (spec. posposto a un sost.): *leggete al paragrafo tre*; *abito in fondo alla strada al numero tre* **4** in composizione con altri numeri semplici o composti forma i numeri superiori: *ventitré*; *trentatré*; *centotré*; *centoquarantatré*; *milleduecentotré*; *trecento*; *tremila* **II** come sost. ricorre nei seguenti usi **1** il numero tre (per ellissi di un sost.): *il tre per cento della popolazione si è astenuto*; *tre più tre fa sei*; *giocare il tre di picche*; *oggi ne abbiamo tre*; *sono nato il tre settembre*; *entrate tre alla volta*; *mettetevi in fila per tre*; *andiamoci tutti e tre*; *dividiamo la torta in tre* | nei dadi, la faccia segnata con tre punti: *ho tirato e ho fatto tre* | nella valutazione scolastica, il voto inferiore di tre punti alla sufficienza: *ha un tre in matematica* | ***le tre***, (*ellitt.*) le ore tre del mattino; le ore quindici: *ho pranzato alle tre* | ***non c'è due senza tre***, se una cosa è accaduta già due volte, può accadere la terza | ***le disgrazie vengono sempre a tre per volta***, non vengono mai sole | ***chi fa da sè fa per tre***, meglio fare da soli, con le proprie forze | ***'perché? perché due non fa tre'***, risposta scherz. quando non si sa o non si vuole rispondere | ***e tre!***, escl. di impazienza | ***ogni due per tre***, V. *due* **2** il segno che rappresenta il numero tre: *scrivo il tre e riporto il due* (V. nota d'uso ACCENTO)

†**treàgio** [da *duagio* con scherzosa sostituzione di *tre* al presunto *du(e)* ✱1353] **s. m.** ● (*scherz.*) ipotetico tessuto di lana, di eccezionale finezza

treàlberi [comp. di *tre* e il pl. di *albero* ✱1889] **s. m. inv.** ● (*mar.*) veliero a tre alberi

trébbia ① o (*pop., tosc.*) **tribbia** [da *trebbia(re)* ✱sec. XIV] **s. f.** ● (*agric.*) trebbiatrice | trebbiatura

trébbia ② [prob. dal ted. *Treber* 'vinacce' ✱1961] **s. f.** ● (**spec. al pl.**) residuo della lavorazione del malto per birra

Trebbiàno [dal lat. *Trebulānus* 'di *Trēbula*', n. di diverse città antiche dell'Italia centro-meridionale ✱sec. XIII] **s. m.** **1** vitigno molto diffuso in Italia, che dà un'uva bianca di color giallo-verdastro, ed entra nella preparazione di numerosi vini, tra cui il Lugana e il Chianti **2** vino bianco di color giallo paglierino tendente al dorato, profumo delicato e sapore fresco, ottenuto dal vitigno omonimo in varie regioni italiane: *T. di Romagna, d'Abruzzo*

trebbiàre o (*pop., tosc.*) **tribbiàre** [lat. *tribulāre*, da *trībulum* 'trebbio①' ✱1308] **v. tr.** (*io trébbio*) ● (*agric.*) liberare dalla pula i chicchi del grano o di altro cereale, sgranandolo con la trebbiatrice oppure, un tempo, battendolo sull'aia con apposito attrezzo (il *correggiato*) o facendolo pestare sotto le zampe degli animali (*anche assol.*)

trebbiatóio [1831] **s. m.** (**pl.** *-ói*) ● un tempo, attrezzo per trebbiare

trebbiatóre [da *trebbiare* ✱1879] **s. m.** (**f.** *-trice*) ● operaio agricolo addetto alla trebbiatura | contadino che trebbia

trebbiatrice [da *trebbiare* ✱1783] **s. f.** ● macchina agricola che separa i chicchi di grano e di altri cereali dalla paglia e dalla pula | ***t. sgusciatrice***, per semi di leguminose da foraggio

trebbiatùra o (*pop., tosc.*) **tribbiatùra** [av. 1311] **s. f.** ● operazione del trebbiare | periodo in cui si esegue tale operazione

†**trébbio** ① [lat. *trībulu(m)* 'strumento per battere (*tĕrere*) il grano' ✱1563] **s. m.** **1** trebbiatoio **2** erpice

†**trébbio** ② [lat. *trĭviu(m)* 'crocicchio, incontro di tre (*trēs*) strade (*vĭae*)' ✱av. 1292] **s. m.** **1** punto d'incrocio di tre strade | (*est.*) incrocio **2** brigata, crocchio, trattenimento d'amici | ***far t.***, far crocchio

trébbo [adattamento del romagnolo *trébb*, dal lat. *trĭvium* 'trivio', ma anche 'luogo d'incontro, di riunione' ✱1452] **s. m.** **1** †incrocio, crocicchio **2** (*romagnolo*) in Romagna, riunione serale d'amici: *andare a un t.*; *stare a t.* | ***t. poetico***, riunione, incontro organizzato in piazza o in luogo apposito, per ridestare e rinnovare con letture espressive il gusto e l'amore per la poesia

trebişónda [dalla città turca di *Trebisonda*, con passaggio semantico non chiaro ✱av. 1901] **s. f.** ● solo nella loc. ***perdere la t.***, smarrire la padronanza, il dominio di sé

†**trebùto** ➤ **tributo** ②

†**trécca** [dal lat. tardo *tricāre* per il lat. class. *tricāri*, da *trīcae* 'sciocchezze, intrighi', di etim. incerta ✱1287] **s. f.** ● (*tosc.*) venditrice gener. ambulante di frutta, legumi, erbe

tréccia o †**trézza** [etim. incerta ✱av. 1250] **s. f.** (**pl.** *-ce*) **1** acconciatura spec. femminile costituita da lunghe ciocche di capelli accavallate in modo alternato: *portare le trecce*; *farsi la t.*; *sciogliere le trecce*; *sì ch'io credea che 'l crino / fosse d'un oro fino / partito sanza trezze* (B. LATINI) **2** (*est.*) intreccio di fili, corde, cavi, nastri e sim., ottenuto accavallando i vari elementi a foggia di treccia: *t. di paglia*; *una t. di fili metallici* | tipo di passamano ottenuto intrecciando tre o più fili | nella fabbricazione dei cappelli di paglia, insieme di fili intrecciati, pronti per la confezione del cappello | cordone elettrico, costituito da due o tre fili avvolti uno sull'altro **3** in architettura, motivo ornamentale scolpito o dipinto che simula una treccia di nastri e sim. **4** nella pallacanestro, esercizio preparatorio per la tecnica del passaggio eseguita da tre o più giocatori con spostamenti incrociati **5** (*est.*) pezzo di pane in forma di treccia | pasta di mozzarella, composta a treccia **6** (*est.*) filza, resta di frutti secchi: *una t. di fichi* **7** (*tosc.*) gruppo di cavalli o altri animali che un tempo si facevano camminare sull'aia formando ripetuti cerchi per trebbiare i cereali ‖ **treccétta**, **dim.** | **treccìna**, **dim.** | **treccìno**, **dim. m.** | **trecciolìna**, **dim.** | **treccióna**, **accr.** | **treccióne**, **accr. m.**

trecciàio [1869] **s. m.** (**f.** *-aia*, **pl. m.** *-ai*) ● trecciaiolo

trecciaiòlo o (*lett.*) **trecciaiuòlo** [1865] **s. m.** (**f.** *-a*) ● chi, spec. donna, confeziona trecce di paglia per cappelli: *sopra il velluto nero e le trecce di una trecciaiola* (D. CAMPANA)

†**trecciàre** [da *treccia* ✱av. 1446] **v. tr.** ● intrecciare

trecciatùra [1961] **s. f.** **1** confezione delle trecce di paglia per cappelli **2** nell'industria tessile, produzione dei passamani a treccia

treccièra [av. 1328] **s. f.** ● antico ornamento che s'inseriva nelle trecce femminili

†**tréccolo** [cfr. †*trecca* ✱1303] **s. m.** (**f.** *-a*) ● (*tosc.*) venditore al minuto di generi alimentari

treccóne [lat. *tricōne(m)*, da *trīcae* 'imbrogli', di etim. incerta ✱av. 1348] **s. m.** (**f.** *-a*) **1** (*tosc., lett.*) venditore ambulante spec. di generi alimentari (*anche spreg.*) **2** (*tosc., lett.*) imbroglione, intrigante

trecentésco [av. 1910] **agg.** (**pl. m.** *-schi*) ● del Trecento, del XIV sec.: *arte, cultura, pittura, poesia trecentesca*; *poeti trecenteschi*; *un bellissimo chiostro t.*

trecentèşimo (o *-é-*) [vc. dotta, lat. *trecentēsimu(m)*, comp. di *trēs* 'tre' e *centēsimus* 'centesimo' ✱1351] **A** **agg. num. ord.** ● corrispondente al numero trecento in una successione o in una classificazione (rappresentato da *CCC* nella numerazione romana, da *300°* in quella araba): *al t. chilometro la strada è interrotta*; *la trecentesima parte di qlco.* **B** **s. m.** ● ciascuna delle trecento parti uguali di una stessa quantità: *un t.*

trecentìsta [1752] **A** **s. m. e f.** (**pl. m.** *-i*) **1** artista del Trecento: *trecentisti minori* **2** studioso del Trecento **B** **agg.** ● dei trecentisti: *poesia t.*

trecentìstico [1855] **agg.** (**pl. m.** *-ci*) ● (*raro*) relativo al Trecento e ai trecentisti: *stile t.*

trecènto [lat. *trecĕnto(s)*, comp. di *trēs* 'tre' e *cĕntum* 'cento', con inserimento nella serie delle centinaia (*-cento*) ✱1266] **agg. num. card. inv.**; **anche s. m. e f. inv.** (**V. nota d'uso NUMERI E NUMERALI**) ● tre volte cento, tre centinaia, rappresentato da *300* nella numerazione araba, da *CCC* in quella romana. **I** come agg. ricorre nei seguenti usi **1** rispondendo o sottintendendo la domanda 'quanti?', indica la quantità numerica di trecento unità (spec. preposto a un sost.): *un viaggio di t. chilometri*; *non costa più di t. euro* | ***t. volte***, (con valore indet.) moltissime volte: *gliel'ho ripetuto t. volte* **2** rispondendo o sottintendendo la domanda 'quale?', identifica qlco. in una pluralità, in una successione, in una sequenza (spec. posposto a un sost.): *nell'anno t. d.C.*; *leggere a pagina t.* **II** come sost. ricorre nei seguenti usi **1** il numero trecento (per ellissi di un sost.): *nel t. a.C.*; *i t. delle Termopili* | ***il Trecento***, (*per anton.*) il secolo XIV: *la pittura del Trecento*; *manoscritto del Trecento* **2** il segno che rappresenta il numero trecento

†tredècimo [vc. dotta, lat. *tredĕcimu(m)*, comp. di *trēs* 'tre' e *dĕcimus* 'decimo' ✱ av. 1328] **agg. num. ord.; anche s. m.** ● (*lett.*) tredicesimo: *la tredecima volta tornata, disse Mitridanes* (G. Boccaccio)

tredicènne [comp. di *tredic(i)* ed *-enne*, ricavato da latinismi del tipo di *bienne, trienne* ✱ 1858] **agg. e s. m. e f.** ● che (o chi) ha tredici anni d'età: *ragazzo t.*; *fanciulla t.*

tredicèşima (o *-é-*) [1954] **s. f. 1** retribuzione aggiuntiva alle dodici mensilità, corrisposta ai lavoratori in prossimità delle feste natalizie **2** copia talvolta concessa gratuitamente dall'editore al libraio per ogni acquisto di dodici copie di un volume

tredicèşimo (o *-é-*) **A** **agg. num. ord.** ● corrispondente al numero tredici in una successione o in una classificazione (rappresentato da *XIII* nella numerazione romana, da *13°* in quella araba): *il t. capitolo*; *è il t. arrivato in graduatoria*; *il t. canto del Paradiso*; *Luigi XIII*; *Benedetto XIII*; *la tredicesima parte di qlco.* | ***due alla tredicesima***, (*ellitt.*) elevato alla tredicesima potenza | ***la tredicesima mensilità***, o (*ellitt.*) ***la tredicesima***, V. *tredicesima* | ***tredicesima copia***, o (*ellitt.*) ***la tredicesima***, V. *tredicesima* | ***il secolo t.***, gli anni dal 1201 al 1300 **SIN.** (*lett.*) decimoterzo, (*lett.*) terzodecimo, †tredecimo **B** **s. m.** ● ciascuna delle tredici parti uguali di una stessa quantità: *un t. dei proventi*

♦trédici [lat. *trēdecim*, comp. di *trēs* 'tre' e di un deriv. da *dĕcem* 'dieci' ✱ 1211] **agg. num. card. inv.; anche s. m. e f. inv. (V. nota d'uso NUMERI E NUMERALI)** ● numero naturale successivo di dodici, rappresentato da *13* nella numerazione araba, da *XIII* in quella romana. **I** come agg. ricorre nei seguenti usi **1** rispondendo o sottintendendo la domanda 'quanti?', indica la quantità numerica di tredici unità (spec. preposto a un sost.): *una ragazzina di t. anni*; *l'altopiano dei t. Comuni nei monti Lessini*; *un'opera di t. volumi*; *sono le ore otto e t. minuti*; *un bambino di t. kili* **2** rispondendo o sottintendendo la domanda 'quale?', identifica qlco. in una pluralità, in una successione, in una sequenza (posposto a un sost.): *oggi è il giorno t.*; *sono le ore t.*; *il numero t. è ritenuto da alcuni nefasto, da altri invece un portafortuna* | (*lett.*) tredicesimo: *Luigi t.* **II** come sost. ricorre nei seguenti usi **1** il numero tredici (per ellissi di un sost.): *il t. è un numero primo*; *nella cabala il t. fa la morte*; *oggi è il t.* | ***fare, totalizzare un t.***, nel gioco del totocalcio, indovinare il risultato di tredici partite di calcio indicate nel pronostico | ***le t.***, l'una del pomeriggio | ***nel '13***, nell'anno 2013 o nel 1913, nel 1813, ecc. **2** il segno che rappresenta il numero tredici: *cancella quel t.*

tredicìna [dalle *tredici* unità componenti ✱ 1879] **s. f.** ● complesso, serie di tredici, o circa tredici, unità: *una t. di persone*

tredicìsta [1955] **s. m. e f. (pl. m. *-i*)** ● chi al totocalcio azzeccava tutti i tredici risultati, ottenendo così la vincita massima, oggi portata a quattordici risultati

†trefòglio ➤ **trifoglio**

tréfolo [lat. *trĕfidu(m)*, comp. di *trēs* 'tre' e di un deriv. da *findere* 'spartire', di orig. indeur. ✱ av. 1292] **s. m. 1** filo a torsione abbastanza elevata che, ritorto con altri simili, costituisce le funi | in un cavo di acciaio, ciascuna delle funi elementari costituite da più fili di acciaio avvolti insieme a spirale | ***fune a trefoli***, formata da più trefoli avvolti insieme su un'anima centrale **2** filo di refe o altro avvolto senz'ordine

trefóni [dal gr. *tréphein* 'nutrire' (d'orig. incerta) ✱ 1983] **s. m. pl. (sing. *-e*)** ● (*biol.*) sostanze ricavate dall'embrione, essenziali per la nutrizione di colture di tessuti in vitro

tregènda [lat. parl. **transiĕnda(m)* 'passaggio', da *transīre* 'andare (*īre*) attraverso (*trāns*)', 'passare' ✱ sec. XIII] **s. f. 1** secondo le antiche leggende nordiche, convegno notturno di demoni, streghe e sim., che si riuniscono per compiere i loro malefici | ***notte di t.***, (*fig.*) cupa, terribile, tempestosa, densa di avvenimenti tragici e sim. (*anche scherz.*) **2** (*lett.*, *fig.*) caos, confusione

†treggèa [lat. *tragēma* (nt.), dal gr. *trágēma*, da *trṓgein* 'mangiare', di orig. indeur. ✱ sec. XIII] **s. f. 1** confetti, confetteria minuta **2** munizione minuta di piombo

tréggia [lat. *trăhea(m)*, da *trăhere* 'trarre', con sovrapposizione d'altra vc. (*véggia?*) ✱ av. 1324] **s. f. (pl. *-ge*) 1** specie di rozza slitta usata nella regione alpina per trasportare al piano legna e fieno **2** (*est.*) carro rudimentale senza ruote trainato da buoi

treggiàta [1726] **s. f.** ● (*disus.*) quantità di roba o di persone che una treggia può trasportare in una volta

treggiatóre [1618] **s. m. (f. *-trice*)** ● (*disus.*) guidatore di treggia

trégua (o *-è-*) o **†trièguа**, **†trièva** [francone *treuwa* 'contratto (per sicurezza)' sovrapposto al got. *triggwa* ✱ 1065] **s. f. 1** temporaneo arresto delle ostilità | ***t. di Dio***, sospensione delle ostilità tra belligeranti, contendenti e sim. imposta dalla Chiesa, in epoca medievale, spec. durante la Quaresima e l'Avvento | (*est.*) armistizio locale e generale **2** (*est.*) sospensione o interruzione temporanea di lotte, contese, rivendicazioni e sim.: *t. politica*; *i due candidati hanno stabilito una t.* | ***t. salariale***, impegno dei lavoratori di non avanzare richieste di aumenti salariali, per un determinato periodo **3** (*fig.*) pausa, sosta, requie: *lavorare senza un attimo di t.*; *inseguire qlcu. senza dargli t.*; *tosse, malattia, dolore che non dà t.* | ***senza t.***, ininterrottamente: *piove senza t. da due giorni*
SFUMATURE ➤ ***riposo***

trèkker /'trɛkker, *ingl.* 'trɛkə(r)/ [vc. ingl., dal v. *to trek*. V. *trekking* ✱ 1990] **s. m. e f. inv.** ● chi pratica il trekking

trèkking /'trɛkkin(g), *ingl.* 'trɛkɪŋ/ [vc. ingl., da *trek* 'tiro, traino', poi 'migrazione' d'orig. neerl. poi diffuso nel Sudafrica ✱ 1979] **A** **s. m. inv.** ● escursione di lungo percorso compiuta a piedi e in più tappe, generalmente con pernottamenti e bivacchi allestiti al momento e con l'eventuale impiego di animali da soma o di automezzi per il trasporto delle vettovaglie: *hanno organizzato un t. di due settimane sulle Alpi* | (*est.*) escursionismo **B** **in funzione di agg. inv.** ● (posposto a un sost.) detto di luogo dove può svolgersi o si svolge un trekking: *zona t.*; *percorso t.*

trelingàggio ➤ **trilingaggio**

tremàcchio ➤ **tramaglio**

tremacuòre [comp. di *trema(re)* e *cuore* ✱ av. 1708] **s. m.** ● (*lett.*) batticuore

tremàglio ➤ **tramaglio**

tremànte **part. pres.** di *tremare*; **anche agg. 1** che trema: *essere t. per il freddo, la paura*; *firmò con mano t.* **2** (*est.*) tremolante: *scrittura t.* | (*fig.*) trepidante, incerto: *voce t. per la commozione*

♦tremàre [lat. *trĕmere*, di orig. indeur., con passaggio ad altra coniug. ✱ 1268] **v. intr.** (*io trèmo* o *poet.* †*trièmo*; **aus.** *avere*) **1** essere scosso da una serie di contrazioni muscolari involontarie, dovute a cause fisiche o psichiche (+ *di*, + *da*, + *per*): *t. di* (o *dal*) *freddo*, *di paura*, *per la rabbia*; *Era in maniche di camicia e tremava dal freddo* (C. Collodi) | ***t. verga a verga, come una foglia***, essere scosso da tremiti violenti e continui: *Mi accostai, tremando verga a verga, ... e chiesi soccorso con un fil di voce* (A.M. Ortese) | ***far t. le vene e i polsi***, (*fig.*) far cadere in preda al terrore: *aiutami da lei, famoso saggio / ch'ella mi fa tremar le vene e i polsi* (Dante *Inf.* I, 89-90) **2** (*est.*) essere scosso da oscillazioni più o meno rapide e violente, detto di cosa: *le canne tremano al vento*; *il terremoto ha fatto t. la città* | tremolare, detto di cose tenere, molli: *gelatina che trema* **3** (*fig.*) essere in ansia, trepidare (+ *per*): *t. per l'avvenire di qlcu.*, *per il destino di qlco.* | aver paura: *tremo, se penso a quello che può succedere*; *Trema all'idea delle indigenze antiche* (P. Metastasio) | ***non t.***, essere coraggioso: *è uno che non trema certo davanti ai pericoli* **4** (*fig.*, *lett.*) essere mosso, detto dell'aria | (*poet.*) vibrare, palpitare **5** (*fig.*) essere discontinuo, ineguale e sim., detto di suono, voce e sim. **6** essere intermittente, detto di luce | offuscarsi, confondersi a tratti, detto della vista

tremarèlla o **†tremerèlla** [da *tremare* ✱ 1633] **s. f.** ● (*fam.*) tremito, spec. di paura | (*est.*) agitazione, paura, timore: *avere la t.*; *questi racconti mi hanno messo addosso una gran tremarella*; *se ci penso mi viene la t.*

Trematòdi [gr. *trēmatṓdēs* 'provvisto (*-ṓdēs*, propr. 'che ha la stessa forma', in gr. *êidos*) di fori (*trḗmata*, sing. *trêma*, di orig. indeur.), cioè di ventose' ✱ 1840] **s. m. pl. (sing. *-e*)** ● (*zool.*) classe di Platelminti con corpo appiattito munito di organi adesivi, tutti parassiti (*Trematoda*)

♦tremebóndo [vc. dotta, lat. *tremebŭndu(m)*, da *trĕmere* 'tremare' ✱ av. 1306] **agg.** ● (*lett.*) che è tutto tremante, spec. per paura | (*fig.*) esitante, timoroso

†tremefàtto [vc. dotta, lat. *tremefăctu(m)*, comp. di *trĕme(re)* 'tremare' e *făctus* 'fatto' ✱ av. 1342] **agg.** ● spaventato, atterrito

tremèlla [vc. dotta, dal lat. *trĕm(ulus)* 'tremante' ✱ av. 1799] **s. f.** ● (*bot.*) genere di funghi saprofiti delle Tremellacee, con corpo fruttifero gelatinoso (*Tremella*)

Tremellàcee [comp. di *tremell(a)* e *-acee* ✱ 1930] **s. f. pl. (sing. *-a*)** ● (*bot.*) famiglia di Funghi dei Basidiomiceti, saprofiti su legno marcescente (*Tremellaceae*)

tremendìşmo [da *tremendo* ✱ 1942] **s. m. 1** (*raro*) caratteristica di chi (o di ciò che) è tremendo **2** (*letter.*) sviluppo del naturalismo spagnolo nella produzione letteraria che riflette i tragici avvenimenti della guerra civile (1936-1939)

♦tremèndo [vc. dotta, lat. *tremĕndus*, part. agg. di *trĕmere* 'tremare' ✱ av. 1327] **agg. 1** (*lett.*) che fa tremare di paura: *condanna, vendetta, ira tremenda*; *gli scagliò contro tremende maledizioni* **2** (*est.*) disastroso, spaventoso, terribile: *una guerra tremenda*; *un t. pericolo* | fortissimo: *ha preso una botta tremenda* **3** (*est.*) che è estremamente grave, duro, doloroso, difficile e sim.: *momento t.*; *situazione tremenda*; *subire un t. dolore* **4** (*colloq.*, *iperb.*) di tutto ciò che eccede la normalità, la misura: *sentire un freddo, un caldo t.*; *avere una fame, una sete tremenda*; *è di una tremenda simpatia* | di persona in cui determinate qualità o caratteristiche sono sviluppate all'eccesso: *un criti-*

co t. | ***bambino, ragazzo t.***, vivacissimo || **tremendaménte**, **avv.** in modo tremendo, terribile: *Il mare ... infuriava tremendamente* (E. SALGARI); (*iperb.*) estremamente, straordinariamente: *una persona tremendamente simpatica*

trementìna [lat. *terebìnthina(m)*, agg. di *terebĭnthus* 'terebinto', sottinteso *resīna*, con sovrapposizione di *tremare* ✱ sec. XIII] **s. f.** ● oleoresina ricavata da alcune conifere, che per distillazione in corrente di vapore fornisce essenza di trementina e colofonia | ***essenza di t.***, acquaragia

†**tremerèlla** ➤ **tremarella**

tremìla [comp. di *tre* e *mila*] **agg. num. card. inv.; anche s. m. e f. inv.** (V. nota d'uso NUMERI E NUMERALI) ● tre volte mille, tre migliaia, rappresentato da *3000* nella numerazione araba, da *MMM* in quella romana. **I** come agg. ricorre nei seguenti usi **1** rispondendo o sottintendendo la domanda 'quanti?', indica la quantità numerica di tremila unità (spec. preposto a un sost.): *non vorrei spendere più di t. euro; c'erano circa t. spettatori; lo scandaglio è arrivato a t. metri di profondità* **2** rispondendo o sottintendendo la domanda 'quale?', identifica qlco. in una pluralità, in una successione, in una sequenza (posposto a un sost.): *l'abbonamento numero t.* **3** in composizione con altri numeri semplici e composti, forma i numeri superiori: *tremilauno; tremiladue; tremilatré; tremilaotto; tremilaundici; tremilaottanta; tremilacento* **II** come sost. ricorre nei seguenti usi **1** il numero tremila (per ellissi di un sost.) | ***i t.***, (*per anton.*) nel gergo degli alpinisti, i tremila metri d'altezza | ***t. siepi***, nell'atletica leggera, gara di corsa con ostacoli vari sulla distanza di tremila metri **2** il segno che rappresenta il numero tremila

†**tremìscere** [vc. dotta, lat. *tremĭscere*, incoativo di *trĕmere* 'tremare' ✱ sec. XIV] **v. intr.** ● (*raro*) tremare: *o folgori, che fate il ciel t.* (I. SANNAZARO)

tremìsse [vc. dotta, lat. tardo *tremisse(m)* 'un terzo (*trēs* 'tre') dell'*āureus*', foggiato su *semĭsse(m)* 'metà (di moneta)' ✱ av. 1342] **s. m.** ● (*numism.*) moneta d'oro bizantina pari a un terzo del solido, adottata poi nel Medioevo da Longobardi e Franchi come unità della monetazione aurea

tremitìo [1891] **s. m.** (**pl.** *-ii*) ● (*lett.*) tremito continuo

✱**trèmito** o †**trièmito** [dal lat. *trĕmere* 'tremare' ✱ av. 1328] **s. m. 1** serie di piccole contrazioni muscolari, dovute all'azione del freddo, o ad altre cause: *t. convulso; un t. di paura; essere scosso da un t. d'ira repressa; Don Gesualdo ... andavasi calmando, col respiro più corto, preso da un t.* (G. VERGA) **2** (*est.*) fremito, brivido **3** (*fig., poet.*) intensa agitazione interiore

†**trèmo** o †**trièmo** [sec. XIII] **s. m.** ● tremore, tremito

trèmola [da *tremolare* ✱ sec. XIV] **s. f. 1** (*sett.*) torpedine **2** V. *tremula*

†**tremolaménto** [1563] **s. m.** ● tremolio | (*mus.*) tremulo

tremolàndo [da *tremolare* in senso musicale ✱ 1983] **s. m. inv.** ● (*mus.*) indicazione che richiede l'uso del tremulo

tremolànte **A** **part. pres.** di *tremolare*; anche **agg. 1** che tremola: *foglie tremolanti* | che trema leggermente: *mano t.* | (*est.*) intermittente: *luce t.* | (*fig.*) esitante: *voce t.* **SIN.** tremulo **2** (*lett., raro*) molle, flaccido: *carni tremolanti* **B** **s. m.** ● (*mus.*) registro dell'organo che imita la voce umana

tremolàre o †**tremulàre** [lat. tardo *tremulāre*, da *trĕmulus* 'tremulo' ✱ 1287] **A** **v. intr.** (*io trèmolo*; **aus.** *avere*) **1** oscillare lievemente e con frequenza: *l'erba, le foglie tremolano al vento; una sostanza molle e gelatinosa che tremola alla minima scossa* **2** (*est.*) apparire a intermittenza: *il sole tremolava fra gli alberi* | (*est.*) brillare con luminosità intermittente, ineguale: *in cielo tremolano le ultime stelle* **3** (*est.*) vibrare, mutando leggermente e frequentemente di tono, d'intensità, di volume, detto dei suoni, delle voci e sim.: *l'ultima nota tremola nell'aria; una voce timida e incerta, che di quando in quando tremola* **4** (*lett.*) tremare, rabbrividire **B** **v. tr.** ● (*mus.*; *raro*) indicazione equivalente al tremolando **C** **in funzione di s. m. solo sing.** ● (*lett.*) tremolio: *di lontano / conobbi il tremolar de la marina* (DANTE *Purg.* I, 116-117)

†**tremoleggiàre** [1599] **v. intr.** ● tremolare

✱**tremolìo** [da *tremolare* col suff. *-io*① ✱ 1620] **s. m.** (**pl.** *-ii*) **1** oscillazione, vibrazione di ciò che tremola: *il t. delle foglie, delle acque; si sente un lieve t. nella sua voce* | (*est.*) brillio intermittente: *il t. delle stelle* **2** (*raro, lett.*) tremito, tremore

trèmolo ➤ **tremulo**

✱**tremóre** [vc. dotta, lat. *tremōre(m)*, da *trĕmere* 'tremare' ✱ av. 1257] **s. m. 1** tremito causato da febbre, freddo, paura, agitazione ecc.: *l'emozione gli provocò un gran t.* | (*med.*) oscillazione ritmica involontaria di un segmento del corpo per contrazione alterna di muscoli antagonisti: *t. delle membra, della mano* **2** (*fig.*) grave apprensione, agitazione e sim.: *reagire senza alcun t.; io ho ... il t. de l'amore* (G. BRUNO) **SIN.** ansia, inquietudine, trepidazione **3** (*raro*) movimento caratteristico di ciò che trema: *il t. della terra*

†**tremoróso** (o -**ṣ**-) [av. 1406] **agg.** ● impaurito, timoroso || †**tremorosaménte**, **avv.**

tremotìo [comp. da *tremoto* e *-io*① ✱ 1879] **s. m.** (**pl.** *-ii*) ● (*raro, tosc.*) trambusto, chiasso

tremòto o †**tremuòto** [da *terremoto* con sovrapposizione di *tremare* ✱ 1282] **s. m.** ● (*tosc.*) terremoto (*anche fig.*)

trèmula o **trèmola** [lat. *trĕmula(m)*, propr. 'che *trema* (al vento)' ✱ sec. XIV] **s. f.** ● pioppo tremulo

†**tremulàre** ➤ **tremolare**

✱**trèmulo** o **trèmolo**, spec. nel sign. B [vc. dotta, lat. *trĕmulu(m)*, da *trĕmere* 'tremare' ✱ 1374] **A** **agg. 1** che tremola: *la luce tremula delle stelle; la fiamma tremula di un lucignolo; rispose di no con voce tremula* **SIN.** tremolante **2** (*bot.*) ***pioppo t.***, pioppo con foglie leggere dai lunghi piccioli compressi lateralmente e quindi facilmente mobili (*Populus tremula*) **SIN.** tremula **B** **s. m. 1** (*mus.*) negli strumenti ad arco, rapida ripetizione della stessa nota | effetto simile ottenuto negli strumenti a fiato o, su due note, negli strumenti a tastiera oppure, con battiti rapidissimi, negli strumenti a percussione **SIN.** rullo **2** (*mus.*) nell'organo e nell'armonium, registro e relativo meccanismo per ottenere il tremulo **3** (*bot.*) pioppo tremulo **4** (*fis.*) flutter

†**tremuòto** ➤ **tremoto**

trenàggio [dal fr. *traînage*, dal v. *traîner* 'trascinare, tirare' ✱ 1961] **s. m.** ● (*miniere*) sistema di trasporto su rotaia impiegato nelle miniere

trench /*ingl.* trentʃ/ [vc. ingl., riduzione di *trench coat* 'impermeabile militare', propr. 'soprabito (*coat*, dall'ant. fr. *cotte* 'cotta') da trincea (*trench*, dall'ant. fr. *trenchier* 'tagliare', 'troncare')' ✱ 1933] **s. m. inv.** ● impermeabile sportivo con cintura, sul modello di quello dell'esercito inglese

trend /*ingl.* trend/ [vc. ingl., propr. 'inclinazione, tendenza', di orig. e area germ., da una base col sign. fondamentale di 'rotolare' ✱ 1961] **s. m. inv.** ● (*econ.*) la tendenza alla stabilità, all'aumento o alla diminuzione, relativamente a un periodo di tempo, dell'attività di un determinato settore economico | (*est.*) andamento generale, orientamento, tendenza | ***t. setter***, chi è in grado di determinare nuove mode o tendenze

SFUMATURE DI SIGNIFICATO

trend - tendenza - voga

Trend è parola inglese che definisce un andamento generale, un orientamento della vita sociale e culturale, dell'economia o della politica. Per identificare invece l'orientamento corrente, la moda in atto all'interno di fenomeni culturali o di movimenti artistici e letterari è preferibile usare l'italiano **tendenza.** **Voga** non pone tanto l'accento sull'attualità dell'orientamento quanto sulla grande diffusione di ciò che gode di favore generale.

SFUMATURE ➤ ***moda***①

trèndy /*ingl.* 'trɛndɪ/ [vc. ingl., propr. 'alla moda' da *trend* 'tendenza, moda, voga' ✱ 1986] **agg. inv.** ● che segue una tendenza di moda o contribuisce a crearla: *rivista, discoteca t.* **CFR.** cool

trenètico [vc. dotta, gr. *thrēnetikós*, da *thrênos* 'treno②' ✱ 1585] **agg.** (**pl. m.** *-ci*) ● (*letter.*) che riguarda i canti funebri dell'antica poesia greca

trenétta [vc. genovese, dim. di *trena* 'stringa, cordoncino', equivalente a *trina* e diffusa nella penisola iberica e in Provenza ✱ 1931] **s. f.** ● (**spec. al pl.**) pasta alimentare lunga, sottile e schiacciata, usata soprattutto nella cucina ligure: *trenette col pesto* **CFR.** bavetta①, linguina

trenìno [1919] **s. m. 1** dim. di *treno*① **2** modellino di treno, usato come giocattolo per bambini: *t. elettrico; giocare col t.* | ***fare il t.***, (*fam.*) detto di più persone che per gioco si muovono in fila al ritmo di musica, formando una specie di convoglio

✦**trèno**① [fr. *train*, propr. 'traino', della medesima orig. della vc. it. ✱ 1645] **s. m. 1** (*ferr.*) serie di veicoli ferroviari trainati da una o più locomotive: *t. merci, viaggiatori; t. locale, diretto, espresso, intercity, eurocity; treni ordinari, straordinari, supplementari; viaggiare in t., prendere il t.* | ***perdere il t.*** (*fig.*) perdere una buona occasione | ***arrivare con l'ultimo t.***, (*fig.*) arrivare, capire in ritardo | ***andare come un t.***, (*fig.*) molto velocemente | ***t. armato, blindato, corazzato***, costituito da carri ferroviari armati con pezzi d'artiglieria di vario calibro, per la difesa della costa durante le due guerre mondiali | ***t. ospedale***, attrezzato per il trasporto dei feriti e degli ammalati | ***t. navetta***, V. *navetta* | ***treni derrata***, specializzati per il trasporto di derrate alimentari a carro completo | ***t. civetta***, unità militare che serve da esca o tranello | ***t. staffetta***, treno che precede un treno riservato, cui, per motivi di carattere eccezionale, viene applicato un regime particolare di sicurezza **2** (*est.*) qualsiasi mezzo di trazione, con o senza veicoli, che debba viaggiare da una località a un'altra | ***t. stradale***, autotreno | ***t. aereo***, formato da un aereo a motore rimorchiante uno o più alianti **3** (*milit.*) servizio di trasporto dei materiali dell'artiglieria e del Genio, effettuato da appositi reparti di artiglieria o autonomi, in uso fino all'Ottocento | ***t. di provianda***, istituito nel vecchio esercito piemontese per il trasporto dei viveri e affidato a personale militarizzato al comando di ufficiali e sottufficiali dell'esercito **4** †equipaggio signorile con tutto l'occorrente per viaggio o gita, cioè carrozze, bagagli e seguito: *un t. sfarzoso, principesco; carrozza di t.* | (*est., lett.*) scorta **5** (*fig., disus.*) modo di vivere: *avere un t. molto dispendioso* | ***t. di vita***, tenore di vita (calco sul fr. *train de vie*) **6** (*fig.*) successione, serie | ***t. di onde***, successione di oscillazioni elettromagnetiche | ***t. di gomme***, l'insieme degli pneumatici di un autoveicolo | ***t. di ingranaggi***, complesso di ruote dentate che ingranano tra loro un movimento con un dato rapporto **SIN.** rotismo epicicloidale | ***t. di laminazione***, complesso di due o più laminatoi operanti in successione per la riduzione dei materiali alla forma e dimensioni desiderate **7** nelle loc. ***t. anteriore, t. posteriore***, che indicano rispettivamente la parte anteriore e quella posteriore di un veicolo o di un animale, spec. cane o cavallo **8** affusto di cannone **9** (*fig.*) fenomeno che, una volta avviato, procede regolare e continuo: *il t. della ripresa economica* || **trenino**, **dim.** (V.)

NOMENCLATURA

treno

• *caratteristiche*: merci, misto, metropolitano, cadenzato, locale = accelerato, regionale, interregionale, diretto, espresso = direttissimo, rapido = Intercity, Eurocity, Eurostar, Euronight, super rapido; internazionale, riservato, presidenziale;
• *vagone* = carrozza = vettura: di testa, di coda, di centro, letto, cuccette, bar, ristorante, belvedere; per viaggiatori, per fumatori ⇔ per non fumatori, riservata; cisterna, frigorifero, serbatoio, postale, per il bestiame; a scompartimenti separati, a piattaforma esterna;
• *locomotiva a vapore*: carro di rifornimento = tender, getto vapore, tiraggio forzato, pressione, combustione, vapore, acqua, ebollizione;
• *elettromotrice*: linea di contatto, asta di presa, archetto, pantografo, interruttore, isolatori, sezionatore;
• *carro merci*: pianale, silo, cisterna, serbatoio, a tramoggia, a scarico automatico, a scarico laterale, a due piani, a ripiani;
• *stazione ferroviaria*: di testa ⇔ di transito, principale ⇔ secondaria, periferica ⇔ centrale; impresenziata; biglietteria, marciapiede, binario, deposito bagagli, pensilina, polizia ferroviaria, capostazione, sala d'aspetto;
• *ferrovia* = strada ferrata: a binario semplice, a binario doppio, monorotaia, ad alta velocità, a scartamento normale, a scartamento ridotto, a scartamento maggiore, a ingranaggio, a cremagliera, ad aderenza normale, ad aderenza artificiale, a levitazione magnetica; aerea, sopraelevata, sotterranea; a trazione elettrica, a trazione autonoma; rete ferroviaria, diramazione, tronco, tratta, nodo, tracciato, allacciamento; linea ferroviaria (costiera, interna, trasversale, meridiana, internazionale, in galleria); scambio; armamento, materiale rotabile, impianti di sicurezza; massicciata, rotaia, traversina; passaggio a livello (con barriere, con semibarriere, senza barriere; custodito ⇔ incustodito, aperto ⇔ chiuso; automatico);
• *personale addetto*: capotreno, macchinista, aiutomacchinista, manovratore, aiutomanovratore, scambista = deviatore; utente, viaggiatore, abbonato, pendolare;
• *azioni*: correre, fischiare, fermarsi, stazionare, partire, sferragliare, sbuffare, mettersi in moto, snodarsi, bloccarsi, deragliare; prendere il treno, perdere il treno, cambiare treno, dare il segnale di partenza, controllare, prenotare.

trèno ② [vc. dotta, lat. tardo *thrēnu(m)*, dal gr. *thrênos* 'lamento', di area indeur. e orig. imitativa ✻1585] **s. m.** • canto funebre, nell'antica poesia greca

trenodìa [vc. dotta, gr. *thrēnōidía*, comp. di *thrênos* 'treno②' e di un deriv. di *ōidḗ* 'canto' ✻1749] **s. f.** • canto funebre | lamentazione

♦**trénta** (o **-è-**) [lat. *trigĭnta*, comp. di *trēs* 'tre' e di una seconda parte, di formazione incerta ✻960] **agg. num. card. inv.** (**si elide davanti ad** *anni*: *trent'anni*); **anche s. m. e f. inv.** (**V. nota d'uso NUMERI E NUMERALI**) • tre volte dieci, tre decine, rappresentato da *30* nella numerazione araba, da *XXX* in quella romana. **I** come agg. ricorre nei seguenti usi **1** rispondendo o sottintendendo la domanda 'quanti?', indica la quantità numerica di trenta unità (spec. preposto a un sost.): *una classe di t. alunni*; *i mesi di t. giorni sono quattro*; *Cristo fu venduto per t. denari*; *la guerra dei trent'anni*; *il governo dei t. Tiranni in Atene*; *sono le quattro e t. minuti* **2** rispondendo o sottintendendo la domanda 'quale?', identifica qlco. in una pluralità, in una successione, in una sequenza (posposto a un sost.): *verrà il giorno t.*; *l'anno t. d.C.* | ***gli anni T.***, (*per anton.*) gli anni compresi tra il 1930 e il 1939 **3** in composizione con altri numeri semplici o composti, forma i numerali superiori: *trentuno*; *trentadue*; *trentatré*; *trentotto*; *trentamila*; *milleduecentotrenta* **II** come sost. ricorre nei seguenti usi **1** il numero trenta (per ellissi di un sost.): *il dieci nel t. sta tre volte*; *oggi ne abbiamo t.*; *sono le dieci e t.*; *ho perso il t. per cento del raccolto*; *è uscito il t.* | ***nel '30***, nel 1930 o nel 1830, nel 1730 e sim. | ***chi ha fatto t. può fare trentuno***, (*fig.*) quando la maggior parte di un'opera è stata fatta, conviene finirla **2** il segno che rappresenta il numero trenta: *scrivere un t. chiaro* **3** massima votazione negli esami universitari: *avere la media del t.*

trentaduèṣimo (o **-é-**) **A agg. num. ord.** • corrispondente al numero trentadue in una successione o in una classificazione (rappresentato da *XXXII* nella numerazione romana, da *32°* in quella araba): *la trentaduesima parte di qlco.*; *il t. classificato* **B s. m.** • ciascuna delle trentadue parti uguali di una stessa quantità: *un t.*; *tre trentaduesimi* | ***in t.***, in tipografia, foglio su ognuna delle cui facce vengono stampate trentadue pagine; in legatoria, del tipo di formato ottenuto piegando tali fogli in modo da ottenerne 32: *volume in t.*

trentamila [comp. di *trenta* e *mila* (V. *tremila*)] **agg. num. card. inv.; anche s. m. e f. inv.** (**V. nota d'uso NUMERI E NUMERALI**) • trenta volte mille, trenta migliaia, rappresentato da *30 000* nella numerazione araba, da $\overline{XXX}$ in quella romana. **I** come agg. ricorre nei seguenti usi **1** rispondendo o sottintendendo la domanda 'quanti?', indica la quantità numerica di trentamila unità (spec. preposto a un sost.): *ho versato un anticipo di t. euro per il nuovo appartamento*; *una cittadina con t. abitanti* | (*est.*) un numero grande, innumerevole: *te l'ho ripetuto t. volte* **2** rispondendo o sottintendendo la domanda 'quale?', identifica qlco. in una pluralità, in una successione, in una sequenza (posposto a un sost.): *il numero t.* **II** come sost. ricorre nei seguenti usi **1** il numero trentamila (per ellissi di un sost.) **2** il segno che rappresenta il numero trentamila **3** †il diavolo | mostro infernale | congrega di diavoli

trentatré [da *trenta* e *tre*] **A agg. num. card. inv.; anche s. m. e f. inv.** (**V. nota d'uso NUMERI E NUMERALI**) • tre volte dieci, o tre decine, più tre unità, rappresentato da *33* nella numerazione araba, da *XXXIII* in quella romana: *un disco a 33 giri*; *un 33 giri* **B s. m. inv. 1** il numero trentatré | ***nel '33***, nel 1933 o nel 1833, e sim. **2** (*med.*) parola che si usa far ripetere durante l'auscultazione del torace per valutare i fenomeni vibratori interni: *dica t.*

†**trentavècchia** [comp. di *trenta* e *vecchia* con incerta allusione ✻sec. XIV] **s. f.** • (*scherz.*) befana, babau, spaventapasseri

trente-et-quarante /fr. ˌtʀɑ̃teka'ʀɑ̃t/ [vc. fr., propr. 'trenta e quaranta', perché le carte date non possono superare i quaranta punti e il colore più vicino i trentun punti ✻1892] **s. m. inv.** • gioco d'azzardo di carte condotto da un croupier contro un numero non limitato di avversari

trentennàle [da *trentenne* ✻1855] **A agg. 1** che dura trent'anni: *un accordo t.* **2** (*raro*) che ha trent'anni, detto di cose: *una disputa t.* **3** che ricorre ogni trent'anni: *celebrazione t.* **B s. m.** • ricorrenza del trentesimo anno da un avvenimento memorabile | (*est.*) la cerimonia che si celebra in tale occasione

trentènne [comp. di *trenta* e di un deriv. dal lat. *ănnus* 'anno' ✻1855] **agg. e s. m. e f.** • che (o chi) ha trent'anni d'età

trentènnio [comp. di *trenta* e di un deriv. dal lat. *ănnus* 'anno' ✻1855] **s. m.** (**pl.** *-i* **o** *raro* *-ii*) • periodo di tempo di trent'anni: *nel primo t. del secolo XIX*

trentèṣimo (o **-é-**) **A agg. num. ord. 1** corrispondente al numero trenta in una successione o in una classificazione (rappresentato da *XXX* nella numerazione romana, da *30°* in quella araba): *essere t. in una graduatoria*; *la trentesima parte di qlco.* | ***due alla trentesima***, (*ellitt.*) elevato alla trentesima potenza **SIN.** (*lett.*) trigesimo **2** in composizione con altri numerali, semplici o composti, forma gli ordinali superiori: *trentesimoprimo*, *centotrentesimo*, *millecentotrentesimo* **B s. m.** • ciascuna delle trenta parti uguali di una stessa quantità: *un t. del totale*; *undici trentesimi*

trentìna [dim. di *trenta* ✻1536] **s. f. 1** complesso, serie di trenta o circa trenta unità: *una t. di chilometri più avanti troverete un distributore* **2** i trent'anni d'età: *si avvicina alla t.*; *ha già passato da un pezzo la t.*

trentìno ① [da *trenta* ✻1915] **s. m.** • (*tosc.*) un tempo, moneta da trenta centesimi

♦**trentìno** ② [1313] **A agg. 1** della città di Trento **2** della Venezia tridentina **B s. m.** (**f.** *-a*) • abitante o nativo di Trento o della Venezia tridentina

trentòtto [comp. di *trent(a)* e *otto*] **agg. num. card. inv.; anche s. m. e f. inv.** (**V. nota d'uso NUMERI E NUMERALI**) • tre volte dieci, o tre decine, più otto unità, rappresentato da *38* nella numerazione araba, da *XXXVIII* in quella romana. **I** come agg. ricorre nei seguenti usi **1** rispondendo o sottintendendo la domanda 'quanti?', indica la quantità numerica di trentotto unità (spec. preposto a un sost.): *sono le ore dieci e t. minuti*; *aveva t. anni quando è morto* **2** rispondendo o sottintendendo la domanda 'quale?', identifica qlco. in una pluralità, in una successione, in una sequenza (posposto a un sost.): *abito al numero t.*; *porto la taglia t.* **II** come sost. ricorre nei seguenti usi **1** il numero trentotto (per ellissi di un sost.): *sono le nove e t.*; *trentadue e sei fa t.* | ***nel '38***, nel 1938, o nel 1838, nel 1738, e sim. **2** il segno che rappresenta il numero trentotto

trentùno [comp. di *trent(a)* e *uno*] **agg. num. card. inv.; anche s. m. e f. inv.** (**V. nota d'uso NUMERI E NUMERALI**) • tre volte dieci, o tre decine, più un'unità, rappresentato da *31* nella numerazione araba, da *XXXI* in quella romana. **I** come agg. ricorre nei seguenti usi **1** rispondendo o sottintendendo la domanda 'quanti?', indica la quantità numerica di trentuno unità (spec. preposto a un sost.): *sono le ore otto e trentun minuti*; *fra due mesi compio trentun anni*; *non tutti i mesi hanno t. giorni* **2** rispondendo o sottintendendo la domanda 'quale?', identifica qlco. in una pluralità, in una successione, in una sequenza (posposto a un sost.): *verrò il giorno t.*; *leggi a pagina t.*; *risolvi il problema numero t.*; *abito al numero t.*; *l'autobus numero t.* **II** come sost. ricorre nei seguenti usi **1** il numero trentuno (per ellissi di un sost.): *sarò a Milano il trentun marzo*; *sono le nove e t.* | ***chi ha fatto trenta può fare t.***, (*fig.*) ormai che il più è fatto conviene portare a termine l'opera | ***nel '31***, nel 1931, o nel 1831, nel 1731, e sim. | †deretano, sedere | †***voltare il t. ai cavalli***, fuggire | †stupro collettivo **2** il segno che rappresenta il numero trentuno **3** ***t. reale***, bazzica

†trèo ➤ **trevo**

treonìna [prob. da *(acido) treon(ico)* col suff. *-ina* ✱ 1948] **s. f.** ● (*chim.*) amminoacido idrofilo presente nelle proteine, considerato essenziale per l'uomo e numerosi animali

trepang /*malese* tre'paŋ/ [dal malese *trepĭng* ✱ 1869] **s. m. inv.** ● (*cucina*) specialità alimentare di origine malese, a base di oloturie cotte in acqua, essiccate e affumicate, utilizzata spec. nella cucina cinese per preparare minestre

✱trepestìo o **trapestìo** [dall'ant. fr. *treper* '(cal)pestare, agitarsi', di orig. germ., con sovrapposizione di *calpestio* ✱ 1842] **s. m.** (**pl.** *-ii*) ● (*tosc.*) rumore confuso spec. di passi e sim.: *poi sentirà un t. di passi sopraggiungenti alle spalle* (D. BUZZATI)

trepidànte **part. pres.** di *trepidare*; anche **agg.** ● pieno di ansia, di timore: *lo aspettava t.* ‖ **trepidanteménte**, **avv.** (*raro*) con trepidazione

✱trepidànza [da *trepidante* ✱ 1848] **s. f.** ● (*lett.*) trepidazione

✱trepidàre [vc. dotta, lat. *trepidāre*, da *trĕpidus* 'trepido' ✱ 1336 ca.] **v. intr.** (*io trèpido*; **aus.** *avere*) ● essere in uno stato d'animo di ansia, timore, affanno: *t. per qlcu.*; *t. nell'attesa* **SIN.** tremare

✱trepidazióne [vc. dotta, lat. *trepidatiōne(m)*, da *trepidātus*, part. pass. di *trepidāre* ✱ 1388] **s. f.** ● stato d'animo caratterizzato da ansia e timore misti a speranza, spec. in riferimento all'attesa di qlcu. o qlco.: *ascoltare qlcu. con t.*; *quella voce ... accolta da noi con sempre rinnovata t. e gioia* (B. CROCE) **SIN.** ansia, tremore

trepidézza [da *trepido* ✱ 1338 ca.] **s. f.** ● (*raro, lett.*) trepidazione

trepidità [da *trepido* ✱ av. 1380] **s. f. inv.** **1** †fragilità morale **2** (*lett.*) trepidazione

✱trèpido [vc. dotta, lat. *trĕpidu(m)*, di orig. indeur. ✱ av. 1342] **agg.** **1** (*lett.*) che trepida, che è pieno di timore, apprensione, inquietudine e sim.: *madre trepida*; *ascoltare qlcu., attendere qlco. con cuore t.* **SIN.** tremante, trepidante **2** (*est., lett.*) che mostra trepidazione: *occhio, sguardo t.* **SIN.** trepidante **3** (*lett.*) che tremola, vibra, palpita: *trepida pianta*; *luci trepide* ‖ **trepidaménte**, **avv.** con trepidazione

SFUMATURE ➤ ***timoroso***

treponèma [vc. dotta, comp. delle vc. gr. *trépein* 'volgere' e *nêma* 'filo' ✱ 1919] **s. m.** (**pl.** *-i*) ● organismo unicellulare compreso fra Batteri e Protozoi, con corpo lungo, sottile senza parete cellulare, a movimenti serpeggianti (*Treponema*) | ***t. pallido***, agente batterico della sifilide (*Treponema pallidum*) **SIN.** spirocheta pallida

treppicàre [germ. *trippōn* 'saltare', ampliato con l'infisso *-ic-* ✱ 1863] **v. intr.** (*io tréppico, tu tréppichi*; **aus.** *avere*) ● (*pop., tosc.*) scalpicciare | (*est., lett.*) fare un rumore simile allo scalpiccio: *voli lo staccio e treppichi giocondo* (G. PASCOLI)

†treppiè [1353] **s. m.** ● accorc. di *treppiede*

treppiède o **treppièdi** [rifacimento del lat. *trĭpede(m)*, comp. di *trēs* 'tre' e *pēs*, genit. *pĕdis* 'piede' ✱ 1353] **s. m.** **1** sostegno da cucina consistente in un cerchietto o triangolo di ferro che poggia su tre piedi: *mettere al fuoco una pentola sul t.* **2** sostegno a tre gambe per apparecchi topografici, fotografici e sim., che vi aderiscono direttamente o a mezzo di viti **3** (*raro*) sgabello a tre gambe **4** (*raro*) cavalletto

treppónti [comp. di *tre* e del pl. di *ponte*, in senso marinaresco ✱ 1870] **s. m. inv.** ● (*mar.*) vascello da guerra con tre batterie coperte nei tre ponti sovrapposti

trequàrti /tre(k)'kwarti/ o **tre quàrti** [adattamento del fr. *trocart, troquart*, originariamente (*lame à*) *trois carres* '(lama a) tre angoli', con sovrapposizione di *quart* 'quarto' ✱ 1876] **A** **s. m. inv.** **1** giaccone o soprabito femminile che arriva sopra il ginocchio **2** strumento chirurgico a punta triangolare per penetrare nelle cavità **3** nel rugby, linea di attacco e difesa costituita da due giocatori al centro, due all'ala, dal mediano di apertura e dall'estremo **B** **s. f. inv.** ● (*sport*) nel calcio e in altri sport, la zona del campo a ridosso delle due aree di rigore

trequartìsta [comp. di *trequarti* nel sign. B e di *-ista* ✱ 1985] **s. m. e f.** (**pl. m.** *-i*) ● (*sport*) nel calcio, attaccante che gioca nella zona della trequarti

†trerème (o *-é-*) ➤ **trireme**

treruòte [comp. di *tre* e il pl. di *ruota* ✱ 1983] **s. m. inv.** ● motoveicolo con due ruote posteriori e una anteriore, fornito di grossi pneumatici, progettato spec. per terreni accidentati

trésca [da *trescare* ✱ sec. XII] **s. f.** **1** antico ballo contadinesco molto movimentato **2** (*fig.*) †movimento frenetico **3** (*fig.*) intrigo, imbroglio: *ordire, scoprire, smascherare una t.*; *le tresche di uomini politici disonesti* **4** (*fig.*) relazione illecita, intrigo amoroso, amorazzo: *avere una t.* **5** †bagordo, baldoria: *ritrovarsi in gozzoviglia e 'n t.* (L. DE' MEDICI) ‖ **†trescherèlla**, **dim.** | **trescóne**, **accr. m.** (V.)

trescàre [got. *thriskan* 'pestare', 'ballare sull'aia', ma propr. 'trebbiare' ✱ av. 1171] **v. intr.** (*io trésco, tu tréschi*; **aus.** *avere*) **1** †ballare la tresca o il trescone | (*est., lett.*) danzare seguendo un ritmo mosso, vivace **2** (*fig.*) ordire intrighi, imbrogli: *da tempo quei due trescano alle nostre spalle* | (*est.*) intendersela, trafficare di nascosto e con intenti disonesti: *t. ai danni di qlcu.* | †darsi da fare **3** (*fig.*) avere una tresca, un amorazzo: *t. con qlcu.* | †avere un rapporto sessuale **4** †spassarsela, far baldoria, gozzovigliare

†trescàta [f. sost. del part. pass. di *trescare* nel senso di 'parlare' ✱ av. 1565] **s. f.** ● intrigo | sproloquio

trescóne [av. 1311] **s. m.** **1** accr. di *tresca* **2** (*centr., sett.*) ballo rustico assai vivace, a salti e piroette, in cui gli uomini si scambiano continuamente le dame | ***ballare il t.***, (*fig.*) saltare: *sospeso per il collo, ballava il t. alle ventate di tramontana* (C. COLLODI)

tresètte ➤ **tressette**

†tréspide ➤ **trespolo**

trespìno ➤ **crespino**

tréspolo o **†tréspide** [lat. tardo *trĕspede(m)*, per *trĭpede(m)* 'treppiede' ✱ 1284] **s. m.** **1** sostegno a tre o quattro elementi che reggono un piano o un altro supporto: *t. per vasi da fiori*; *collocare una cesta sul t.*; *il t. del pappagallo* | tipo di sgabello con dorsale e tre gambe divaricate, molto diffuso nel XVI sec. | (*generic.*) sgabello | nel Veneto, tavolinetto a sostegno centrale **2** (*fig., scherz.*) caffettiera, catorcio, macinino: *quando lo butterai via quel t.?* ‖ **trespolétto**, **dim.** | **trespolìno**, **dim.** | **trespolóne**, **accr.**

tressètte o **tresètte** /tre(s)'sette/ [comp. di *tre* e *sette*, perché in orig. la combinazione di tre sette valeva tre punti ✱ av. 1708] **s. m. inv.** ● gioco di carte italiano che si svolge tra due, tre o quattro persone e si gioca con un mazzo di quaranta carte

†trestìzia ➤ **tristizia**

trèto [vc. dotta, gr. *trētós* 'perforato', da *titrân*, da *téirein*, di orig. indeur. ✱ 1903] **s. m.** ● (*bot.*) frutto secco a forma di capsula deiscente mediante pori o per opercoli laterali

trevière [da *trevo* ✱ 1825] **s. m.** ● (*mar.*) sui velieri, marinaio addetto alla manovra dei trevi

trevigiàno o **trevişàno** [av. 1328] **A** **agg.** ● di Treviso: *dialetto t.* | ***radicchio t.***, V. *radicchio* **B** **s. m.** (**f.** *-a*) ● abitante o nativo di Treviso

Trevìra® o **Trèvira** [fr. *trévire*, da *trévirer* 'far girare' (comp. di *tré(s)-*, dal lat. *trāns-* 'al di là', e *virer* 'virare') ✱ 1983] **s. m. o f. inv.** ● (*chim.*) polietilentereftalato usato come fibra tessile per tessuti, tappeti, corde e sim.

trevişàno ➤ **trevigiano**

trèvo o **†trèo** [fr. *tref*, di orig. discussa: dal lat. *trăbs* 'trave', perché originariamente indicava la 'tenda posta sulla trave' (?) ✱ 1590] **s. m.** ● (*mar.*) vela quadra più bassa e più grande, la prima delle tre spiegate sullo stesso albero

†trézza ➤ **treccia**

tri- [primo elemento anche di comp. lat. e gr., col valore di 'tre', di orig. indeur.] **primo elemento** ● in parole scientifiche, significa 'tre', 'formato da tre': *triciclo, triangolo*; in chimica, indica la presenza di 3 atomi o raggruppamenti atomici uguali: *tricloruro*

trìa [vc. dotta, lat. *tria* (nt. pl.) 'tre (*trēs*) cose', cioè le pedine poste sulla stessa fila ✱ 1895] **s. f.** ● filetto②

triàca o **†tirìaca**, **†terìaca**, **†utriàca**, **†otriàca** [vc. dotta, lat. *therĭaca(m)*, dal gr. *thēriakḗ* (sottinteso *antídosis*) '(antidoto) animale', da *thēriakós* 'relativo ad animale selvaggio o velenoso (*thērion*, di orig. indeur.)' ✱ av. 1294] **s. f.** **1** antico medicinale costituito da moltissimi ingredienti, che si usava quale antidoto contro il morso dei serpenti velenosi e come rimedio in numerose malattie **2** (*est.*) †rimedio, panacea

triacànto [comp. di *tri-* e di un deriv. dal gr. *ákantha* 'spino', di orig. indeur. ✱ 1840] **s. m.** ● albero americano delle Leguminose caratteristico per le lunghe spine rossastre trifide, coltivato per fare siepi (*Gleditschia triacanthos*) **SIN.** gledissia, spino di Giuda

triaccessoriàto [comp. di *tri-* e *accessoriato* ✱ 1983] **agg.** ● nel linguaggio degli annunci economici, detto di appartamento con tripli servizi

triacilgliceròlo [1994] **s. m.** ● (*chim.*) trigliceride

trìade [vc. dotta, lat. tardo *trĭade(m)*, dal gr. *triás*, deriv. da *trêis*, di orig. indeur. ✱ 1598] **s. f.** **1** (*mus.*) accordo di tre note, spec. di 3° e 5° **2** nella lirica greca, insieme ritmico formato da strofe, antistrofe, epodo **3** (*relig.*) gruppo di tre figure divine che, in molte religioni primitive e superiori, hanno caratteri analoghi o sono oggetto di culti e miti comuni **4** (*est.*) gruppo di tre persone o insieme di tre elementi connessi fra loro: *formare una t.* | ***t. dialettica***, nella filosofia di Hegel, la sequenza dei tre momenti del procedimento dialettico, cioè tesi, antitesi e sintesi **5** denominazione di organizzazioni malavitose di origine cinese

triàdico [gr. *triadikós* 'pertinente alla triade (*triás*, genit. *triádos*)' ✱ 1821] **A** **agg.** (**pl. m.** *-ci*) ● che costituisce una triade, che è caratterizzato da una triade: *canto t.*; *la dialettica triadica di Hegel* **B** **s. m.** ● inno della Chiesa greca in lode della Trinità

triage /*fr.* tri'jaʒ/ [vc. fr., dal v. *tri(er)* 'fare una scelta', di orig. lat., e del suff. *-age* '-aggio' ✱ 1992] **s. m. inv.** ● (*med.*) metodo di classificazione delle urgenze in un pronto soccorso, in modo che vengano assistiti prima i pazienti più gravi

trial /'trial, *nell'ippica anche* 'trajal, *ingl.*

traɪəl/ [vc. ingl., propr. 'prova, saggio', dal fr. ant. *trial*, deriv. di *trier* 'scegliere' (stessa orig. dell'it. *tritare*) ✻ 1978] **s. m. inv.** **1** (*sport*) specialità del fuoristrada motociclistico consistente nel superare a bassa velocità, con una moto dotata di particolare leggerezza, ostacoli come pendenze al limite del ribaltamento o curve a raggio ridottissimo, senza mai mettere i piedi a terra **2** (*est.*) la motocicletta usata per tale specialità **3** (*sport*) riunione di atletica, nuoto o altra disciplina individuale, che in alcuni Paesi funge da prova unica per la qualificazione diretta alle Olimpiadi

triàle [da *tre*, sul modello di *duale* da *due* ✻ 1586] **A** **s. m.** **1** categoria del numero grammaticale usata in talune lingue, per es. dell'Oceania **2** †contesa fra tre competitori **B** **anche agg.**: *numero t.*

trialìsmo [comp. da *triale* e *-ismo* ✻ 1913] **s. m.** ● ogni sistema risultante dalla aggregazione di tre elementi diversi: *t. etnico, politico*

trialista [da *trial* (V.) ✻ 1982] **s. m. e f.** (**pl. m.** *-i*) ● (*sport*) chi pratica il trial

triandrìa [comp. di *tri-* e del gr. *anḗr*, genit. *andrós* 'uomo', nel senso di 'stame', introdotto dai naturalisti ✻ 1813] **s. f.** ● (*bot.*) condizione del fiore con tre stami liberi

triàndro [comp. di *tri-* e *-andro* ✻ 1839] **agg.** ● (*bot.*) detto di fiore con tre stami

triangolàre① [vc. dotta, lat. tardo *triangulāre(m)*, da *triăngulum* 'triangolo' ✻ 1464] **A** **agg.** **1** che ha tre angoli: *faccia, base, t.* | che ha la forma di un triangolo: *figura t.* | che è simile a un triangolo: *muscolo t.* **2** (*fig.*) che avviene, si verifica fra tre parti, enti, nazioni e sim.: *accordo t.*; *cooperazione economica t.* | ***incontro t.***, nel linguaggio politico, quello che avviene fra governo, lavoratori e imprenditori || **triangolarità**, **s. f. inv.** caratteristica di ciò che è triangolare; forma triangolare **B** **agg.**; **anche s. m.** ● (*sport*) detto di gara o torneo cui prendono parte squadre di tre nazioni o di tre società sportive: *incontro t.*; *un t. di nuoto, di atletica leggera*

triangolàre② [da *triangolo* ✻ 1955] **v. tr.** (*io triàngolo*) **1** in geodesia, misurare mediante triangolazione **2** nel gioco del calcio, passare il pallone mediante triangolazioni

triangolarità ➤ **triangolare**①

triangolazióne [vc. dotta, lat. tardo *triangulatiōne(m)*, da *triăngulum* 'triangolo' ✻ 1841] **s. f.** **1** operazione geodetica o topografica, mediante la quale, partendo da misure accuratissime di alcune lunghezze o basi e di alcuni angoli, si determina trigonometricamente una serie di triangoli con un lato in comune, costituenti una rete di appoggio per la formazione di carte geografiche o topografiche **2** (*sport*) nel calcio, serie di passaggi le cui traiettorie descrivono triangoli

♦**triàngolo** [vc. dotta, lat. *triăngulu(m)*, comp. di *trēs* 'tre' e *ăngulus* 'angolo' ✻ 1306] **s. m.** **1** (*mat.*) poligono con tre vertici: *t. regolare, irregolare*; *t. equilatero, isoscele, scaleno*; *t. acutangolo, rettangolo, ottusangolo* | ***t. sferico***, insieme di tre archi di cerchio massimo di una superficie sferica, aventi gli estremi a due a due comuni **2** (*est.*) oggetto, struttura, tracciato e sim. a forma di triangolo: *un t. di stoffa, di cuoio*; *t. di spugna per neonati* | ***a t.***, di ciò che ha la forma, più o meno esatta, di un triangolo | (*elettr.*) ***collegamento a t.***, nei sistemi trifasi, quello che si ha quando ciascuna parte del carico o del generatore è inserita direttamente tra due fasi **3** (*fig.*) serie di tre elementi disposti in tre punti materialmente non allineati, così da costituire i tre vertici di un triangolo | ***t. industriale***, territorio compreso fra Milano, Torino e Genova **4** situazione in cui una persona intrattiene rapporti amorosi con altre due persone che possono esserne (una o entrambe) non consapevoli: *il classico t. della commedia borghese: marito, moglie, amante* **CFR.** (*fr.*) ménage à trois **5** (*mus.*) strumento musicale consistente in una barretta d'acciaio fatta a triangolo, che si percuote con una bacchetta d'acciaio **6** treppiede con un triangolo di ferro anziché un cerchietto **7** lima che ha la sezione triangolare **8** (*autom.*) segnale mobile di pericolo il cui uso è disciplinato dal codice stradale || **triangolétto**, **dim.** | **triangolìno**, **dim.**

triarchìa [comp. di *tri-* e *-archia* ✻ 1614] **s. f.** ● (*raro*) governo di tre persone o di tre partiti

†**triàre** [ant. fr. *trier*, dal lat. *tritāre* ✻ 1266] **v. tr.** **1** scegliere **2** tritare

triàrio [vc. dotta, lat. *triāriu(m)*, da *trēs* 'tre' ✻ sec. XIV] **s. m.** ● milite della terza ed ultima schiera della legione romana

Trìas [ted. *Trias*, dal lat. tardo *trĭas* 'triade' con riferimento alla triplice suddivisione di questo periodo ✻ 1871] **s. m. inv.** ● primo e più antico periodo dell'era mesozoica

triassiàle [comp. di *tri-* e *assiale* ✻ 1961] **agg.** ● (*fis.*) che ha tre assi ottici

triàssico o **triàsico** [adattamento del ted. *triassich*, da *Trias* ✻ 1875] **A** **agg.** (**pl. m.** *-ci*) ● del Trias **B** **s. m.** ● Trias

trìathlon /'triatlon/ [comp. di *tri-* e del gr. *âthlon* 'lotta, gara', sul modello di *decathlon* ✻ 1961] **s. m. inv.** ● (*sport*) gara articolata su tre diverse prove (nuoto, ciclismo e corsa podistica) che l'atleta deve eseguire senza alcuna sosta

triatlèta [1987] **s. m. e f.** (**pl. m.** *-i*) ● (*sport*) chi pratica il triathlon

triatòmico [comp. di *tri-* e *atomico* ✻ 1948] **agg.** (**pl. m.** *-ci*) ● (*chim.*) detto di molecola o di gruppo atomico costituito da 3 atomi

trìbade [lat. *trĭbade(m)*, dal gr. *tribás*, da *tríbein* 'sfregare, strofinare', di orig. indeur. ✻ 1539] **s. f.** ● lesbica

tribadìsmo [da *tribade* ✻ 1891] **s. m.** ● forma di omosessualità femminile **SIN.** lesbismo

†**tribaldàre** ➤ †**trabaldare**

tribàle [fr. *tribal*, agg. di *tribu* 'tribù' ✻ 1950] **agg.** ● della tribù, che si fonda su tribù: *struttura t. di una società*; *civiltà tribali* || **tribalità**, **s. f. inv.** **1** caratteristica di ciò che è tribale **2** appartenenza a una tribù, a un'etnia; (*est.*) tribalismo

tribalìsmo [fr. *tribalisme*, da *tribal* 'tribale' ✻ 1980] **s. m.** ● organizzazione sociale basata sulla tribù | (*est.*) particolarismo etnico, regionale o di gruppo

tribànda [comp. di *tri-* e *banda*② ✻ 2000] **agg. inv.**; **anche s. m. inv.** ● (*radio, tel.*) detto di sistema ricetrasmittente in grado di operare su tre bande: *antenna, cellulare t.*

tribàsico [comp. di *tri-* e *basico* ✻ 1865] **agg.** (**pl. m.** *-ci*) ● (*chim.*) detto di acido che ha tre atomi di idrogeno sostituibili con atomi di metalli

tribbiàre e deriv. ➤ **trebbiare** e deriv.

†**trìbo** ➤ **tribù**

triboelettricità [comp. di un deriv. del gr. *tríbein* 'sfregare', di orig. indeur., ed *elettricità* ✻ 1961] **s. f. inv.** ● fenomeno di elettrizzazione per strofinio di due corpi di natura chimica differente, dei quali almeno uno deve essere isolante

triboelèttrico [comp. di un deriv. dal gr. *tríbein* 'sfregare', di orig. indeur., ed *elettrico* ✻ 1930] **agg.** (**pl. m.** *-ci*) ● relativo alla triboelettricità (V.)

tribolaménto o †**tribulaménto** [1300 ca.] **s. m.** ● (*raro*) il tribolare | sofferenza | (*lett.*) lamento

♦**tribolàre** o †**tribulàre** [lat. *tribulāre* 'tormentare (col *tribolo*①)' col sign. assunto nel lat. della Chiesa ✻ 1268] **A** **v. tr.** (*io trìbolo*) ● (*raro* o *lett.*) tormentare, far soffrire: *meno mi veniva fatto che le altre cose non m'inquietassero e tribolassero* (G. LEOPARDI) **SIN.** affliggere, angustiare **B** **v. intr.** (**aus.** *avere*) ● penare, patire, soffrire: *t. a letto per malattia*; *ha tribolato durante tutta la sua vita* | ***finire di t.***, (*eufem.*, *fam.*) morire, detto spec. di persona che ha molto sofferto **C** **tribolàrsi** **v. intr. pron.** ● †preoccuparsi, tormentarsi

tribolàto o †**tribulàto** **A** **part. pass.** di *tribolare*; **anche agg.** ● nei sign. del v.: *vita tribolata* || **tribolataménte**, **avv.** (*raro*) con tribolazioni, sofferenze **B** **s. m.** (**f.** *-a*) ● (*lett.*) chi è tormentato, oppresso da dolori, angustie, povertà e sim.: *avere compassione dei tribolati* **SIN.** infelice, misero

†**tribolatóre** o †**tribulatóre** [sec. XIV] **s. m.** (**f.** *-trice*); **anche agg.** ● chi (o che) affligge qlcu.

tribolazióne o †**tribulazióne** [lat. tardo *tribulatiōne(m)*, da *tribulātus* 'tribolato' ✻ 1224 ca.] **s. f.** **1** il tribolare | grave e continua sofferenza fisica o spirituale: *vivere nelle tribolazioni*; *et sostengo infirmitate et tribulatione* (FRANCESCO D'ASSISI) **SIN.** patimento, tormento **2** cosa o persona che procura dolore, angoscia, preoccupazione e sim.: *quel figlio è la sua t.*

trìbolo① o †**trìbulo** [lat. *trĭbulu(m)*, dal gr. *tríbolos* 'spino', comp. di *trêis* 'tre' e *bolḗ*, da *bállein* 'lanciare', di orig. indeur. ✻ av. 1292] **s. m.** **1** (*bot.*) pianta cespugliosa spinosa | leguminosa erbacea buona foraggera con fiori gialli in grappoli profumati (*Melilotus officinalis*) | (*lett.*) rovo, cespuglio spinoso: *e dai tentati triboli / l'irto cinghiale uscir* (A. MANZONI) **SIN.** vetturina **2** (*milit.*, **spec. al pl.**) †ciascuno degli strumenti di ferro a quattro punte divergenti che si disseminavano in quantità sul terreno per ostacolare soprattutto il transito della cavalleria nemica

trìbolo② [deriv. di *tribolare* ✻ sec. XIV] **s. m.** ● tribolazione, tormento, preoccupazione

tribologìa [comp. di un deriv. del gr. *tríbein* 'sfregare', di orig. indeur. e *-logia* ✻ 1970] **s. f.** (**pl.** *-gìe*) ● (*tecnol.*) disciplina che studia i fenomeni di interazione fra superfici, con particolare riguardo ai problemi di attrito e usura

triboluminescènza [comp. di un deriv. del gr. *tríbein* 'sfregare', di orig. indeur., e *luminescenza* ✻ 1930] **s. f.** ● luminescenza generata per sfregamento

tribórdo [fr. *(s)tribord*, che riproduce il neerlandese *stierboord* 'lato (*boord*) del timone (*stier*)', di area germ. e orig. incerta ✻ 1813] **s. m.** ● nel linguaggio letterario, lato destro della nave, guardando verso prua (il termine non è usato in marineria; V. *dritta*) **CONTR.** babordo, sinistra

trìbraco [vc. dotta, lat. tardo *trĭbrachu(m)*, dal gr. *tríbrachys*, comp. di *trêis* 'tre' e *brachýs* 'breve', di orig. indeur. ✻ 1561] **s. m.** (**pl.** *-chi*) ● (*ling.*) piede metrico della poesia greca e latina formato da tre sillabe brevi

♦**tribù** o †**trìbo** [vc. dotta, lat. *trĭbu(m)*, da *trēs* 'tre' (ma l'originale riferimento è incerto), con l'accento finale del corrispondente fr. *tribu* ✻ sec. XIII] **s. f. inv.** **1** in etnologia, gruppo sociale che unisce più famiglie unite da vincoli linguistici, razziali e culturali, che hanno un proprio ordinamento e un proprio capo **2** ciascuno dei 12 gruppi in cui era diviso l'antico popolo ebraico, in linea di discendenza dai 12 figli di Giacobbe **3** nella Grecia classica, raggruppamento della popolazione a base gentilizia, trasformatosi poi in una suddivisione amministrativa a base territoriale **CFR.** file① | nell'antica Roma, ciascuna delle circoscrizioni in cui era diviso il territorio dello Stato romano: *t. rustiche, urbane* **4** †grado, condizione **5** (*fig., scherz.*) gran numero di persone: *avere una t. di figli* | gruppo familiare molto numeroso: *mettere a tavola l'intera t.* | (*est.*) insieme di persone unite da comuni interessi: *le t. dei consumatori* **6** gruppo sistematico di piante o di animali, di ordine inferiore alla famiglia

tribụire [vc. dotta, lat. *tribŭere* 'attribuire', originariamente 'alla tribù (*trĭbus*)' ✱ sec. XIII] **v. tr.** (*io tribụisco, tu tribụisci*) **1** †attribuire **2** (*lett.*) tributare

†**tribulàre** e deriv. ➤ **tribolare** e deriv.

tribùna [lat. *tribūnal* 'tribunale', originariamente agg. '(palco) del *tribuno*' ✱ sec. XIV] **s. f.** **1** piattaforma elevata da cui, nell'antica Roma, parlava il tribuno **2** nelle basiliche civili romane, parte absidale dove era collocato il seggio del giudice | (*est.*) nelle basiliche cristiane, abside | (*est.*) parte ampia e tondeggiante di un grande edificio **3** podio elevato per oratori, in assemblee e sim.: *parlare, tuonare dalla t.; salire sulla t.* | ***t. parlamentare***, aula parlamentare, in cui ciascuno può parlare anche dal proprio posto | palco provvisorio in caso di manifestazioni o celebrazioni particolari: *la t. delle autorità* **4** spazio riservato agli uditori, o a particolari categorie di uditori, in aule e sim.: *la t. riservata al pubblico; t. diplomatica; la t. per la stampa* | spazio riservato in un giornale alla discussione, al dibattito | ***t. politica, elettorale***, trasmissione radiofonica o televisiva durante la quale esponenti politici presentano le loro idee e i loro programmi **5** struttura fissa, settore di posti a gradinata per gli spettatori in stadi, ippodromi e sim., da cui si gode una migliore visuale: *acquistare un biglietto per la t.* **CFR.** gradinata ‖ **tribunètta**, **dim.**

♦**tribunàle** [vc. dotta, lat. *tribūnal*, genit. *tribunālis*, da *tribūnus* 'tribuno', che in quel luogo sedeva ✱ sec. XIII] **s. m.** **1** organo che esercita la giurisdizione in materia civile e penale nei modi e casi stabiliti dalla legge: *presidente del t.; t. militare, amministrativo, delle acque pubbliche* | (*est.*) correntemente, organo giudiziario | ***chiamare in t.***, citare | ***presentarsi in t.***, comparire | ***T. supremo***, Corte suprema | ***T. dei ministri***, in ciascun capoluogo di distretto di Corte d'Appello, sezione del Tribunale competente a giudicare il Presidente del Consiglio dei ministri e i ministri per i reati commessi nell'esercizio delle loro funzioni | ***T. per i minorenni***, collegio giudiziario, competente a giudicare in primo grado dei reati commessi dai minori degli anni diciotto | ***T. internazionale***, organo internazionale che ha il compito di risolvere le controversie fra soggetti di diritto internazionale, con decisioni vincolanti per gli stessi | ***T. della libertà***, organo dei tribunali penali dei capoluoghi di provincia, competente a pronunciarsi con decisioni rapide sulla legittimità e fondatezza dei provvedimenti restrittivi della libertà personale e dei provvedimenti di sequestro penale | ***T. del S. Uffizio***, antica denominazione dell'organo giudicante dell'Inquisizione, poi della Congregazione del S. Uffizio, ora Congregazione per la dottrina della Fede **2** luogo nel quale l'autorità giudiziaria esplica normalmente la propria funzione **3** (*fig.*) persona, ente, autorità e sim. cui si deve rendere conto delle proprie azioni, da cui si è giudicati sul piano morale: *sentirsi colpevole dinanzi al t. della propria coscienza; il t. dell'opinione pubblica lo ha assolto* | ***il t. di Dio***, il giudizio di Dio | ***il t. della confessione***, il sacramento della confessione; (*est.*) il confessionale **4** †podio, palco, tribuna

tribunalésco [av. 1749] **agg.** (**pl. m.** *-schi*) ● da tribunale (*spec. spreg.*): *sussiego t.; artificio t.*

tribunàto [vc. dotta, lat. *tribunātu(m)*, da *tribūnus* 'tribuno' ✱ av. 1306] **s. m.** ● carica, ufficio e dignità di tribuno: *t. della plebe; t. militare* | durata di tale carica

tribunésco [sec. XIV] **agg.** (**pl. m.** *-schi*) ● da tribuno (*spec. spreg.*): *tono, piglio t.; irruenza tribunesca; declamazioni tribunesche*

tribunìzio [vc. dotta, lat. *tribunīciu(m)*, da *tribūnus* 'tribuno' ✱ av. 1347] **agg.** **1** dei tribuni della plebe: *potestà tribunizia* **2** (*spreg.*) magniloquente, retorico: *esprimersi in forma tribunizia*

tribùno [vc. dotta, lat. *tribūnu(m)*, da *trĭbus* 'tribù' ✱ av. 1292] **s. m.** **1** nell'antica Roma, qualifica attribuita ai funzionari più importanti dell'amministrazione civile o militare | ***tribuni dell'erario***, in origine, magistrati incaricati del pagamento dello stipendio ai soldati; in seguito, cittadini appartenenti alle classi di censo più elevato | ***tribuni militari***, ufficiali di grado più elevato nel comando di una legione | ***tribuni della plebe***, funzionari della plebe, divenuti successivamente magistrati dello Stato con funzioni varie, tra cui quella di difesa degli interessi della plebe contro gli abusi dei magistrati patrizi **2** (*est.*) in epoca medievale e moderna, membro di particolari magistrature, di speciali assemblee e sim. **3** (*fig.*) uomo politico dotato di un'oratoria particolarmente irruente ed efficace | (*fig., spreg.*) chi sfrutta la propria trascinante capacità oratoria per scopi demagogici

tributàbile [sec. XX] **agg.** **1** che può essere tributato: *onore, lode t.* **2** che può essere attribuito, ascritto: *merito, errore non t.* ‖ **tributabilità**, **s. f. inv.**

tributàre [da *tributo*② ✱ 1500 ca.] **v. tr.** **1** dare, rendere qlco. a qlcu. come cosa dovuta, meritata: *t. onori; l'intera cittadinanza gli tributò omaggi e ringraziamenti* **2** †far affluire le proprie acque nel mare o in altro fiume (detto di corso d'acqua)

tributàrio [vc. dotta, lat. *tributāriu(m)*, da *tribūtum* 'tributo②' ✱ sec. XIII] **agg.** **1** che è obbligato a pagare un tributo: *città tributaria di Roma* **2** relativo ai tributi: *accertamento, regime t.; elusione tributaria* | ***diritto t.***, complesso degli atti normativi che disciplina l'imposizione e la riscossione dei tributi | ***reato t.***, determinato dalla violazione delle leggi fiscali | ***Polizia tributaria***, o (*ellitt.*) ***Tributaria***, polizia che opera per prevenire la violazione delle leggi fiscali o scoprirne gli autori | ***anagrafe tributaria***, struttura amministrativa preposta a raccogliere su scala nazionale, basandosi sul controllo incrociato, dati e notizie rilevanti ai fini tributari | ***contenzioso t.***, l'insieme delle norme disciplinanti le controversie tra fisco e contribuenti e gli organi dello Stato preposti ad applicarle **3** (*geogr.*) detto di corso d'acqua che versa le proprie acque in un altro corso d'acqua o in un lago

tributarìsta [1961] **s. m. e f.** (**pl. m.** *-i*) ● studioso, esperto di diritto tributario | chi si occupa di questioni tributarie

tribùto① [vc. dotta, lat. *tribūtu(m)* 'disposto per tribù (*trĭbus*)' ✱ av. 1580] **agg.** ● delle tribù, nella loc. ***comizio t.***, comizio dell'antica Roma nel quale i cittadini votavano per tribù

tribùto② o †**trebùto** [vc. dotta, lat. *tribūtu(m)*, da *tribŭere* 'attribuire' ✱ 1260 ca.] **s. m.** **1** nell'antica Roma, prestazione che il cittadino doveva allo Stato secondo il proprio censo, e che lo Stato prelevava per tribù | (*stor.*) ogni prestazione economica in natura o in denaro dovuta ai detentori del potere politico (signori feudali, comuni, sovrani ecc.): *assoggettare i vinti a onerosi tributi* **2** (*dir.*) ogni contribuzione in denaro dovuta allo Stato o ad altro ente pubblico: *t. orario; imporre nuovi tributi; esentare da un t.* | ***t. speciale***, contributo **3** (*fig.*) ciò che si dà o si fa per adempiere a un dovere, a un obbligo, a un impegno morale, sociale e sim. o per riconoscere a qlcu. ciò che gli spetta: *t. di sangue, di vite umane, di lacrime; t. di lodi, omaggi, riconoscenza; pagare al progresso un oneroso t. di dolore* | ***pagare il proprio t. alla natura***, (*eufem.*) morire **4** (*fig., poet.*) quantità d'acqua che un fiume tributario versa in altro fiume, in un lago o nel mare

SFUMATURE ➤ *tassa*

tric o (*raro*) **tricche** [vc. onomat. ✱ 1957] **inter.** ● riproduce il rumore lieve di un oggetto che si incrina o che scricchiola | V. anche *tric trac*

tricàmere [comp. di *tri-* e del pl. di *camera*① ✱ 1950] **agg. inv.; anche s. m. inv.** ● detto di appartamento costituito da tre camere **SIN.** trilocale

tricca-ballàcca /trikkabal'lakka, *napol.* ˌtrikkʌbbʌl'lakkʌ/ o **tricche-ballàcche** /trikkebal'lakke, *napol.* ˌtrikkəbbʌɫ'lakkə/ [vc. merid. d'impronta onomat. ✱ 1882] **s. m. inv.** ● (*mus.*) strumento popolare napoletano, costituito da un martello di legno fisso percosso da altri mobili

trìcche tràcche ➤ **tric trac**

-trìce [lat. *-trīce(m)*, suff. f. corrispondente a *-tore(m)* '-tóre' e, come questo, di orig. indeur.] **suff.** ● forma aggettivi e sostantivi femminili derivati da verbi: *ingannatrice, trebbiatrice*

tricèfalo [comp. di *tri-* e *-cefalo* ✱ 1840] **agg.** ● che ha tre teste: *mostro t.; divinità mitologica tricefala* **CFR.** tricipite

triceràtopo [comp. di *tri-*, *cerato-* e del gr. *óps*, genit. *opós* 'sguardo, vista' (d'orig. indeur.) ✱ 1891] **s. m.** ● rettile del Cretaceo, estinto, con testa molto lunga armata di due corna sopra le orbite e una sopranasale

trichèco [comp. del gr. *thríx*, genit. *trichós* 'pelo', e di un deriv. da *échein* 'avere', per i *peli* (setole) *che ha* sul labbro superiore ✱ 1839] **s. m.** (**f.** *-a*; **pl. m.** *-chi*) ● grosso mammifero pinnipede artico, goffo e tozzo, pesante fino a 10 q, con pelle spessa, grosse setole sul labbro, canini di avorio molto sporgenti (*Odobenus rosmarus*)

trichìasi [vc. dotta, lat. tardo *trichĭasi(m)*, dal gr. *trichíasis*, comp. di *thríx*, genit. *trichós* 'pelo' e del suff. *-íasis* '-iasi' ✱ 1821] **s. f. inv.** ● (*med.*) deviazione delle ciglia verso il bulbo oculare

trichìna [dal gr. *tríchinos*, propr. 'peloso', 'capillare', da *thríx*, genit. *trichós* 'pelo' ✱ 1861] **s. f.** ● verme dei Nematodi che vive nell'intestino dei Mammiferi dove partorisce larve che vanno a incistarsi nei muscoli (*Trichinella spiralis*)

trichinòsi [comp. di *trichin(a)* e *-osi* ✱ 1866] **s. f. inv.** ● (*med.*) malattia parassitaria causata nell'uomo dalle larve del nematode intestinale *Trichinella spiralis*, caratterizzata da nausea, diarrea, febbre, dolori muscolari

trichomònas [comp. del gr. *thríx*, genit. *trichós* 'pelo' e *monás* 'monade', qui 'animale unicellulare' ✱ 1961] **s. m. inv.** ● (*biol.*) genere di Flagellati ad ampia diffusione che nella specie umana è localizzato nel canale alimentare e nella vagina: *t. vaginalis*

†**trich tràch** ➤ **tric trac**

tricìclo [comp. di *tri-* e *ciclo*, sull'es. del fr. *tricycle* ✱ 1886] **s. m.** **1** veicolo a pedali, con tre ruote: *t. per bambini* **2** veicolo a tre ruote, mosso da pedali o spec. da un motore, dotato di un piano o di una cassa per il trasporto merci

tricìpite [vc. dotta, lat. *tricĭpite(m)*, comp. di *três* 'tre' e di un deriv. da *căput* 'capo' ✱ 1499] **A** **agg.** **1** (*lett.*) che ha tre teste: *cerbero, mo-*

stro t. **2** (*anat.*) detto di muscolo che ha tre capi confluenti in una unica massa **B** **s. m.** ● (*anat.*) ogni muscolo che ha tre capi confluenti in una unica massa: *t. brachiale*

tricliniàre [vc. dotta, lat. *triclin(i)āre(m)* 'proprio del triclinio (*triclīnium*)' ✱ 1961] **agg.** ● del triclinio

triclìnio [vc. dotta, lat. *triclīniu(m)*, dal gr. *triklínion*, dim. di *tríklinos*, comp. di *trêis* 'tre' e di un deriv. da *klínē* 'letto', di orig. indeur. ✱ 1303] **s. m. (pl. -***i* **o** *raro* **-***ii***)** ● nell'antica Roma, complesso dei tre letti a tre posti, collocati lungo tre lati della tavola, sui quali si disponevano i commensali per mangiare | (*est.*) sala da pranzo: *il t. di una casa pompeiana*

triclìno [comp. di *tri-* e di un deriv. dal gr. *klínein* 'inclinare' ✱ 1885] **A** **agg.** ● (*miner.*) detto di sistema cristallino in cui gli assi sono tutti inegualmente inclinati e disuguali i parametri fondamentali **B** **s. m.** ● (*miner.*) sistema triclino

tricloroetilène [ingl. *trichloroethylene*, comp. di *trichloro-*, a sua volta comp. di *tri-* 'tri-' e *chloro-* 'cloro-', e *ethylene* 'etilene' ✱ 1961] **s. m.** ● (*chim.*) composto organico derivato dall'etilene per sostituzione di tre atomi di idrogeno con altrettanti di cloro; usato come solvente e smacchiatore col marchio trielina

triclorofenòlo [comp. di *tri-*, *cloro* e *fenolo* ✱ 1895] **s. m.** ● composto chimico con proprietà antisettiche e disinfettanti o fungicide

triclorometàno [comp. di *tri-*, *cloro* e *metano* ✱ 1889] **s. m.** ● cloroformio

triclorùro [comp. di *tri-* e *cloruro* ✱ 1879] **s. m.** ● (*chim.*) composto binario, contenente tre atomi di cloro

trico-, -trico [dal gr. *thríx*, genit. *trichós* 'pelo'] **primo e secondo elemento** ● in parole scientifiche composte, significa 'pelo', 'capello' e sim.: *tricofobia, tricoptilosi; ulotrico, cimotrico, lissotrico*

tricocèfalo [comp. di *trico-* e *cefalo* 'capo', per la sottilissima forma della loro parte superiore ✱ 1821] **s. m.** ● verme dei Nematodi, filiforme nella parte anteriore, talvolta parassita dell'intestino umano (*Trichocephalus dispar*)

tricofagìa [comp. di *trico-* e *-fagia* ✱ 1965] **s. f.** ● (*med.*) disturbo compulsivo che induce a ingoiare capelli e peli dopo esserseli strappati CFR. tricotillomania

tricòfilo [comp. di *trico-* e *-filo* ✱ 1993] **agg.** ● (*zool.*) detto di animale che predilige vivere tra i peli

tricòfito [comp. di *trico-* e *-fito*: detto così perché si sviluppa sul cuoio capelluto o sui peli della barba ✱ 1865] **s. m.** ● genere di Funghi parassiti comprendente un gran numero di specie che sono causa di tricofizie

tricofìzia [da *tricofito* ✱ 1937] **s. f.** ● (*med.*) nome di alcune malattie della cute e degli annessi cutanei come la tigna e l'erpete, causate da tricofiti

tricofobìa [comp. di *trico-* e *fobia* ✱ 1961] **s. f.** ● (*psicol.*) paura morbosa dei peli, delle pellicce e della lanugine, anche vegetale ‖ **tricofòbico**, **agg. (pl. m. -***ci***); anche s. m. (f. -***a***) nel sign. 2** **1** relativo a tricofobia **2** che (o chi) soffre di tricofobia

tricògeno [comp. di *trico-* e *-geno* ✱ 1927] **agg.** ● (*biol.*) detto di cellula o di struttura produttrici di peli | ***bulbo t.***, bulbo pilifero

tricoglòsso [comp. del gr. *thríx*, genit. *trichós* 'pelo' e *-glosso* ✱ 1865] **s. m.** ● pappagallo gregario, vivacemente colorato, con lingua munita all'apice di spicole per asportare il nettare (*Trichoglossus*)

tricologìa [comp. di *trico-* e *-logia* ✱ 1895] **s. f. (pl. -***gìe***)** ● branca della medicina che si occupa della struttura e delle funzioni dei peli e dei capelli, e delle affezioni del cuoio capelluto

tricològico [da *tricologia* ✱ 1981] **agg. (pl. m. -***ci***)** ● che riguarda la tricologia | ***prodotti tricologici***, prodotti curativi per peli o capelli

tricòlogo [comp. di *trico-* e *-logo* ✱ 1965] **s. m. (f. -***a***; pl. m. -***gi***)** ● studioso, specialista di tricologia

tricolòma [comp. di *trico-* e *loma* 'bordo (di veste), lembo', di etim. incerta ✱ 1821] **s. m. (pl. -***i***)** ● genere di Funghi delle Agaricacee con varie specie sia commestibili che velenose (*Tricholoma*) | ***T. georgii***, prugnolo②

tricoloràto [da *tricolore* ✱ av. 1827] **agg.** ● (*lett.*) che ha tre colori: *tricolorata bandiera* (U. Foscolo)

tricolóre [comp. di *tri-* e *colore*, sull'es. del fr. *tricolor*, che seguiva il modello del lat. tardo *tricolōre(m)* ✱ 1499] **A** **agg.** ● di tre colori: *bandiera t.* | ***maglia t.***, nel ciclismo, quella indossata dal vincitore di un campionato italiano; (*est.*) il titolo stesso di campione d'Italia: *vincere la maglia t.* | ***campione t.***, corridore ciclista campione d'Italia **B** **s. m.** **1** bandiera tricolore: *il t. di Francia* | (*per anton.*) la bandiera italiana, bianca rossa e verde: *issare, piantare il t.*; *sulla vetta conquistata sventola il t.* **2** (*sport*) nel ciclismo, maglia tricolore: *indossare il t.* | campione tricolore **3** (*polit.*) governo di coalizione costituito da rappresentanti di tre partiti

tricòma [gr. *tríchōma*, da *thríx*, genit. *trichós* 'pelo' e *-coma* (V. *-oma*) ✱ 1821] **s. m. (pl. -***i***)** **1** aggrovigliamento dei capelli da seborrea o da sporcizia **2** (*zool.*) pelo, setola o ciuffo di peli **3** (*bot.*) pelo

tricomicòṣi [comp. di *trico-* e *micosi* ✱ 1895] **s. f. inv.** ● (*med.*) infezione di peli e capelli causata da funghi

tricomonìaṣi [vc. dotta, dal lat. scient. *trichomonas*, comp. di *tricho-* 'trico-' e *-monas* 'monade' e il suff. *-iasi* ✱ 1994] **s. f. inv.** ● (*med.*) qualsiasi infezione causata da Protozoi del genere *Trichomonas* | ***t. genito-urinaria***, infezione venerea causata da *Trichomonas vaginalis* che nelle donne si manifesta con vaginiti e leucorrea, mentre nei maschi causa uretrite o prostatite

triconsonàntico [comp. di *tri-* e *consonantico* ✱ 1961] **agg. (pl. m. -***ci***)** ● (*ling.*) costituito da tre consonanti: *nesso t.* | detto di sistema linguistico, proprio delle lingue semitiche, in cui una radice costituita da tre consonanti rappresenta il concetto generico, precisabile con l'aggiunta di vocali o suffissi CFR. trilittico

tricoptilòṣi [comp. di *trico-* e del gr. *ptílōsis* 'malattia provocata da un insetto (*ptílon*, da *pétesthai* 'volare', con suff. ipocoristico *-ilo-*)' ✱ 1940] **s. f. inv.** ● (*med.*) malattia dei peli e dei capelli per cui l'estremità si biforca

tricòrdo o (*lett.*) **tricòrde** [gr. *tríchordon*, sost. dell'agg. *tríchordos* 'a tre (*trí-*) corde (*chordái*)' ✱ 1321] **A** **agg.** ● (*lett.*) che ha tre corde: *arco t.* **B** **s. m.** ● (*mus.*) pandura

tricòrne [vc. dotta, lat. *tricorne(m)*, comp. di *tri-* '(a) tre' e di un deriv. da *cŏrnu* 'corno' ✱ sec. XV] **agg.** ● (*lett.*) che ha tre corna

tricòrno [fr. *tricorne* 'che ha tre corna' (V. *tricorne*) ✱ 1864] **s. m.** ● cappello con ala rialzata e piegata a formare tre punte, di moda nel Settecento | berretto a tre spicchi con pompon di seta al centro, tipico dei sacerdoti

†**tricorpòreo** [adattamento con *corporeo* del lat. *tricŏrpore(m)*, comp. di *tri-* '(a) tre' e di un deriv. da *cŏrpus*, genit. *cŏrporis* 'corpo' ✱ 1584] **agg.** ● che ha tre corpi: *mostro t.*

tricòṣi [comp. di *tric(o)-* e *-osi*, secondo il modello del gr. *tríchōsis*, che però significava semplicemente 'crescita di capelli' ✱ 1821] **s. f. inv.** ● (*med.*) anomalia o malattia dei capelli o dei peli

tricot /fr. tʀiˈko/ [vc. fr., da *tricoter*, a sua volta da *tricot* 'corto bastone' (*trique*, di orig. neerlandese)' ✱ 1905] **s. m. inv.** ● indumento o tessuto lavorati a maglia

tricoteuses /fr. tʀikɔˈtøz/ [vc. fr., propr. 'chi lavora a maglia' (*tricot* 'bastoncino', da *trique* 'bastone')', di provenienza germ. ✱ sec. XX] **s. f. pl. (sing. f. fr. *tricoteuse*, m. *tricoteur*)** ● (*stor.*) ***les t.***, durante la Rivoluzione francese, donne delle classi popolari che assistevano sferruzzando alle riunioni della Convenzione e alle esecuzioni sotto il palco della ghigliottina

tricotillomanìa [comp. di *trico-*, *(ti)tillare* e *-mania* ✱ 1898] **s. f.** ● (*med.*) disturbo compulsivo che induce a strapparsi capelli e peli

tricotomìa① [comp. di *trico-* e *-tomia* ✱ 1957] **s. f.** ● rasatura dei peli o dei capelli, in preparazione di un intervento chirurgico o nelle affezioni dei peli

tricotomìa② [comp. del gr. *trícha* 'in tre (*trêis*) parti' e di un deriv. dal v. *témnein* 'tagliare, dividere' ✱ 1829] **s. f.** ● tripartizione

Tricòtteri [per le loro ali (gr. *pterón*) ricoperte di pelo (gr. *thríx*, genit. *trichós*) ✱ 1930] **s. m. pl. (sing. -***o***)** ● (*zool.*) ordine di Insetti simili a piccole farfalle dalle tinte scialbe, con ali coperte di peli e larve acquatiche che si costruiscono astucci protettivi (*Trichoptera*)

tricròico [vc. dotta, dal gr. *tríchroos* 'tricolore, di tre (*tri-*) colori (*chróos*)' col suff. *-ico* ✱ 1994] **agg. (pl. m. -***ci***)** ● (*miner.*) detto di minerale che mostra tre diversi colori nelle tre direzioni ortogonali

tricromìa [comp. del gr. *trêis* 'tre' e di un deriv. da *chrôma* 'colore' ✱ av. 1912] **s. f.** ● (*tipogr.*) procedimento di stampa in cui si riproducono immagini a colori mediante la sovrapposizione di tre colori, gener. i primari (giallo, magenta e ciano) | (*est.*) la riproduzione a stampa così ottenuta

tric trac /trikˈtrak/ o **tric-trac**, **trìcche tràcche**, spec. nei sign. A e B 1, †**trich tràch** /trikˈtrak/ [reduplicazione onomat. a vocale alternata ✱ 1513] **A** **loc. inter.** ● riproduce un rumore secco che avviene in due tempi: *tric trac tric trac facevano i dadi agitati nel bussolotto* | riproduce il rumore picchiettante di martelli che battono o di zoccoli sull'acciottolato **B** **loc. sost. m. inv.** **1** il rumore stesso: *il tric trac degli zoccoli sulle piastrelle* **2** tavola reale **3** (*centr., merid.*) fuoco d'artificio, mortaretto SIN. tracco

tricuspidàle [da *tricuspide* ✱ 1805] **agg.** **1** (*archit.*) che ha tre cuspidi o punte: *facciata t.* **2** (*anat.*) della valvola tricuspide

tricuspidàto [da *tricuspide* ✱ av. 1526] **agg.** ● fatto a tre punte: *organo t.*

tricùspide [vc. dotta, lat. *tricŭspide(m)*, comp. di *tri-* '(a) tre' e *cŭspis*, genit. *cŭspidis* 'punta, cuspide' ✱ 1684] **agg.** ● che termina con tre cuspidi, punte, vertici: *organo t.* | (*anat.*) ***valvola t.***, valvola cardiaca posta tra l'atrio e il ventricolo destro

tridàcna [vc. dotta, lat. *tridacna* (nt. pl.), dal gr. *trídaknos*, comp. di *tri-* e di un deriv. da *dáknein* 'mordere', di orig. indeur. ✱ av. 1498] **s. f.** ● nome comune di ognuna delle poche specie di Molluschi dei Bivalvi dell'Oceano Indiano appartenenti al genere *Tridacna*, di solito di grandi dimensioni (*Tridacna gigas*)

tridàttilo [gr. *tridáktylos*, comp. di *tri-* '(con) tre' e *dáktylos* 'dito' ✱ 1821] **agg.** ● (*zool.*) che è fornito di tre dita: *uccello t.*

tridentàto [1561] **agg.** **1** †che è armato di tridente: *Nettuno t.* **2** che ha tre denti o punte

tridènte [vc. dotta, lat. *tridĕnte(m)*, comp. di *tri-* '(con) tre' e *dēns*, genit. *dĕntis* 'dente' ✱ sec. XIII] **s. m.** **1** forcone con tre denti o rebbi **2** attributo del dio Poseidone o Nettuno

3 zappa a tre rebbi **4** (*sport*) nel calcio, schieramento d'attacco costituito da tre punte

†tridentière o **†tridentièro** [av. 1638] **agg.** ● tridentato: *Nettuno t.*

tridentino [vc. dotta, lat. *Tridentīnu(m)*, da *Tridĕntum* 'Trento', di etim. incerta ✱1554] **agg.** ● trentino, solo in alcune loc. storiche e geografiche | ***Concilio t.***, il Concilio di Trento (1545-1563) | ***decreti tridentini***, del Concilio di Trento | ***catechismo t.***, quello che si attiene alle direttive e ai decreti del Concilio di Trento | ***Legione tridentina***, formazione di volontari che combatté durante la prima guerra d'indipendenza | (*disus.*) ***Venezia tridentina***, la regione Trentino-Alto Adige

tridimensionàle [comp. di *tri-* e dell'agg. di *dimensione*, secondo il modello ingl. *tridimensionale* ✱1929] **agg.** ● che ha, presenta e sim. tre dimensioni: *immagine t.*; in sigla 3D **CFR.** stereo- ‖ **tridimensionalménte**, **avv.** ‖ **tridimensionalità**, **s. f. inv.** proprietà, caratteristica di ciò che è tridimensionale

triduàno [vc. dotta, lat. tardo *triduānu(m)*, da *trīduum* 'triduo' ✱sec. XIV] **agg.** ● (*raro*, *lett.*) di tre giorni

triduàrio [1965] **agg.** ● relativo a triduo

trìduo [vc. dotta, lat. *trīduu(m)* 'che dura tre (*tri-*) giorni (*dīes*)' ✱sec. XIV] **s. m.** ● pratica devota cattolica, pubblica o privata, comprendente preghiere e riti religiosi per la durata di tre giorni, a scopo di ringraziamento o di propiziazione

trièdrico [1825] **agg.** (**pl. m.** *-ci*) ● relativo a un triedro | che ha la forma di un triedro

trièdro [comp. di *tri-* e di un deriv. dal gr. *hédra* 'base, sede' ✱1760] **s. m.** ● (*mat.*) intersezione di tre semispazi | ***t. polare di un t. dato***, triedro individuato dai piani passanti per il vertice del triedro dato e perpendicolari ai suoi piani

†trièrgua ➤ **tregua**

Trielina® [comp. di *tri(cloro)e(ti)l(ene)* e *-ina* ✱1935] **s. f.** ● tricloroetilene, liquido incolore usato spec. come solvente ininfiammabile di corpi grassi e per sintesi organiche

trièllo [da *tri-*, per analogia con *duello* ✱1987] **s. m.** ● spec. nel linguaggio giornalistico, duello o competizione fra tre contendenti

†trièmito ➤ **tremito**

†trièmo ➤ **†tremo**

triennàle [vc. dotta, lat. *triennāle(m)*, comp., come *triĕnnis* 'trienne', da *tri-* '(di) tre' e di un deriv. da *ănnus* 'anno' ✱1563] **A agg. 1** che dura tre anni: *corso di studi t.* **2** che ricorre ogni tre anni: *celebrazione t.*; *esposizione t. di pittura* ‖ **triennalménte**, **avv.** ogni tre anni ‖ **triennalità**, **s. f. inv.** durata o periodicità triennale: *la triennalità di una celebrazione* **B s. f.** ● manifestazione che ricorre ogni tre anni: *la Triennale di Milano ebbe inizio nel 1923*

triennalista [2001] **agg.**; **anche s. m. e f.** (**pl. m.** *-i*) ● che (o chi) frequenta un corso di laurea triennale | che (o chi) ha conseguito il diploma di laurea breve al termine di tale corso: *psicologo t.*

triènne [vc. dotta, lat. tardo *triĕnne(m)*, comp. di *tri-* '(di) tre' e di un deriv. da *ănnus* 'anno' ✱1598] **agg. 1** che ha tre anni, detto di cose e di persone **2** (*lett.*) che dura da tre anni **3** (*raro*, *lett.*) che ricorre ogni tre anni

triènnio [vc. dotta, lat. *triĕnniu(m)*, comp., come *triĕnnis* 'trienne', da *tri-* '(di) tre' e di un deriv. da *ănnus* 'anno' ✱av. 1565] **s. m.** (**pl.** *-i* o *raro* *-ii*) ● periodo di tempo di tre anni: *un t. di studio*

trièra ➤ **triere**

trieràrca o **trieràrco** [vc. dotta, lat. *trierărchu(m)*, dal gr. *triḗrarchos*, comp. di *triḗrēs* 'trireme' e *archós* 'comandante' ✱av. 1580] **s. m.** (**pl.** *-chi*) ● nell'antica Atene, cittadino gravato dall'imposizione della trierarchia

trierarchìa [gr. *triērarchía*, da *triḗrarchos* 'trierarca' ✱1940] **s. f.** ● nell'antica Atene, obbligo a carico di uno o più cittadini ricchi di fornire allo Stato una nave da guerra e di assumerne il comando

trieràrco ➤ **trierarca**

trière o (*raro*) **trièra** [vc. dotta, lat. tardo *triē-re(m)*, dal gr. *triḗrēs*, comp. di *tri-* '(con) tre' e della stessa radice, di orig. indeur., che si trova in *eré(tēs)* 'rematore' ✱sec. XIII] **s. f.** ● (*raro*, *lett.*) trireme: *la t. / che recava da Ceo l'ode novella* (G. D'Annunzio)

triestinità [da *triestino* ✱1958] **s. f. inv.** ● condizione, caratteristica di chi (o di ciò che) è triestino, spec. in riferimento alle molteplici componenti storico-culturali: *la t. di alcuni scrittori del Novecento*

♦triestìno [av. 1428] **A agg.** ● di Trieste: *sobborghi triestini* **B s. m.** (**f.** *-a*) ● abitante o nativo di Trieste

trietèrico [vc. dotta, lat. *trietēricu(m)*, dal gr. *trietērikós* 'che ricorre ogni tre (*tri-*) anni (*éta*, pl. di *étos*, di orig. indeur.)' ✱1499] **agg.** (**pl. m.** *-ci*) ● detto di celebrazione che nel calendario religioso greco cadeva ogni tre anni, spec. delle feste in onore di Dioniso

†trièva ➤ **tregua**

trifàse [comp. di *tri-* e *fase* ✱1905] **agg.** (**pl.** *-i* o **inv.**) ● (*elettr.*) che ha tre fasi | detto di un sistema di tre correnti alternate delle quali la seconda è sfasata dalla prima, e la terza dalla seconda, di un terzo di periodo

trifàsico [comp. di *tri-* e di un deriv. di *fase* ✱1905] **agg.** (**pl. m.** *-ci*) **1** che avviene in tre fasi | (*med.*) ***pillola trifasica***, antifecondativo a dosaggio regolato sulle tre fasi del ciclo mestruale **2** (*elettr.*) che riguarda il sistema trifase

trifàuce [vc. dotta, lat. *trifāuce(m)* 'da tre (*tri-*) fauci (*fāuces*)' ✱1499] **agg.** ● (*lett.*) che ha tre fauci, detto spec. di Cerbero: *Ercole che legava il t. Cerbero* (B. Cellini)

trifenilmetàno [comp. di *tri-*, *fenil(e)* e *metano* ✱1961] **s. m.** ● (*chim.*) idrocarburo che si presenta sotto forma di cristalli insolubili in acqua e da cui deriva una classe di coloranti: *coloranti del t.*

trìfido [vc. dotta, lat. *trīfidu(m)*, comp. di *tri-* '(con) tre' e *-fidu(m)*, da *fĭndere* 'fendere' ✱1681] **agg.** ● che finisce in tre punte: *foglia trifida*

trifogliàio [1940] **s. m.** (**pl.** *-ai*) ● prato di trifoglio

trifogliàto [da *trifoglio* ✱av. 1597] **agg. 1** trilobato: *croce trifogliata* **2** (*bot.*) detto di foglia composta che ha tre foglioline **3** (*raro*) che è mescolato con trifoglio: *fieno t.*

trifoglìna [da *trifoglio* ✱1970] **s. f.** ● (*bot.*) piccola pianta erbacea perenne delle Papilionacee, con foglie composte imparipennate, fiori con corolla gialla soffusa di rosso (*Lotus corniculatus*) **SIN.** ginestrino, loto sottile

trifòglio o **†trefòglio** [lat. *trifŏliu(m)*, comp. di *tri* '(a) tre' e *fŏlium* 'foglia' ✱av. 1320] **s. m.** ● leguminosa erbacea con foglie composte di tre foglioline, cespugliosa, ottima foraggera, con fiori rossi in glomeruli (*Trifolium pratense*) | ***t. nero***, a fusti ramificati e fiori rosei (*Trifolium hybridum*) | ***t. bianco***, ***t. ladino***, a fusti striscianti con fiori bianchi o rosei, spontaneo e coltivato con numerose varietà nelle marcite (*Trifolium repens*) | ***t. fibrino***, pianta palustre delle Meniantacee con rizomi e foglie lungamente picciolate a lamina divisa in tre parti di forma ellittica (*Menyanthes trifoliata*) | ***t. acetoso***, acetosella ‖ **trifoglino**, **dim.** | **trifoglióne**, **accr.**

trìfola [vc. piemontese, dalla variante dial. *tūfera* del lat. *tūbera* (pl.) 'tuberi' con sovrapposizione di altra vc. con *tr-* ✱1857] **s. f.** ● (*sett.*) tartufo: *t. nera*

trifolàre [da *trifola* ✱1908] **v. tr.** (*io trìfolo*) **1** cucinare con olio, aglio e prezzemolo una vivanda precedentemente tagliata a fettine sottili **2** condire una vivanda col tartufo

trifolàto [da *trifola*] **part. pass.** di *trifolare*; **anche agg.** ● nei sign. del v.: *rognone t.*; *patate trifolate*

trìfora [comp. di *tri-* e del lat. *fŏre(m)* 'porta, apertura', di orig. indeur., sull'es. di *bifora* ✱1891] **A s. f.** ● finestra suddivisa in tre aperture per mezzo di pilastrini o colonnine **B anche agg. solo f.**

triforcàre [da *biforcare* con sostituzione di *tri-* 'a tre' a *bi-* 'a due' ✱av. 1556] **A v. tr.** (*io trifórco, tu trifórchi*) ● (*raro*) dividere in tre parti, tre punte, e sim.: *t. un'asta* **B triforcàrsi** **v. intr. pron.** ● diramarsi, dividersi in tre parti: *la strada si triforca presso il fiume*

triforcazióne [da *triforcare* ✱1961] **s. f.** ● (*raro*) il triforcare, il triforcarsi | punto in cui qlco. si triforca

triforcùto [da *biforcuto* con sostituzione del primo elemento (*tri-* 'con tre' a *bi-* 'con due') ✱1340 ca.] **agg.** ● che ha tre punte, tre rebbi

trifòrio [da *trifora* ✱av. 1907] **s. m.** ● nelle cattedrali spec. gotiche, galleria soprastante le navate laterali, aperte spec. mediante trifore sulla navata centrale

trifórme [vc. dotta, lat. *trifōrme(m)* 'che ha una triplice (*tri-*) forma', sul modello di *bifora* ✱1319] **agg.** ● (*lett.*) che ha tre forme, che si presenta in tre aspetti, modi e sim. diversi (*anche fig.*)

†trìga [vc. dotta, lat. *trīga(m)*: tarda formazione da *bīga* e *quadrīga*, perché tirata da tre (*tri-*) cavalli (?) ✱1374] **s. f.** ● cocchio a tre cavalli

trigamìa [vc. dotta, lat. tardo *trigămia(m)*, dal gr. *trigamía*, da *trígamos* 'trigamo' ✱1749] **s. f.** ● stato di chi è trigamo

trìgamo [vc. dotta, lat. tardo *trīgamu(m)* dal gr. *trígamos* 'tre volte (*tri-*) sposato (*gámos* 'matrimonio')' ✱1840] **agg. e s. m.** (**f.** *-a*) ● che (o chi) ha tre mogli o tre mariti, o (*raro*) si è sposato tre volte

trigèmino [vc. dotta, lat. *trigĕminu(m)* 'tre volte (*tri-*) gemello (*gĕminus*)' ✱1626] **A agg. 1** detto di gravidanza e parto plurigemellare, in cui si formano e vengono alla luce tre figli | (*est.*) detto di ciascuno dei nati da un parto trigemino **2** (*anat.*) detto del quinto paio di nervi cranici diviso in tre branche che presiedono quasi totalmente alla innervazione sensitiva della faccia e alla innervazione motoria di alcuni muscoli masticatori: *nervo t.* **B s. m.** ● (*anat.*) nervo trigemino: *nevralgia del t.*

trigèsimo (o **-é-**) [vc. dotta, lat. *trigēsimu(m)*, da *trigīnta* 'trenta' ✱av. 1328] **A agg. num. ord.**; **anche s. m.** ● (*lett.*) trentesimo **B s. m. 1** trentesimo giorno dopo la morte di qlcu. **2** (*relig.*) nella liturgia cattolica, Messa e altri riti di suffragio celebrati nel trentesimo giorno dalla morte di un fedele

trìgger /'triger, *ingl.* 'trɪgə(r)/ [vc. ingl., in origine 'grilletto (di un'arma da fuoco)', poi 'innesco' ✱1951] **agg.**; **anche s. m. inv. 1** (*tecnol.*) di dispositivo che si attiva automaticamente al verificarsi di certe condizioni **2** (*econ.*) di valore limite (di un prezzo, di un titolo, ecc.) al raggiungimento del quale scattano procedure di salvaguardia **3** (*med.*) di area di ipereccitabilità di un organo la cui stimolazione determina una reazione istantanea

trìglia [lat. parl. **trīglia(m)*, dal gr. *trígle*, di etim. discussa: da *trízein* 'emettere un leggero rumore' (?) ✱sec. XIV] **s. f.** ● pesce marino dei Perciformi con due barbigli, prima pinna dorsale a raggi spinosi, livrea splendente

(*Mullus*) | ***t. di scoglio***, rosso carminio, a strie gialle, pregiata per le carni | ***t. di fango***, rosea, meno ricercata | ***t. volante***, pesce rondine | (*fig.*) ***fare l'occhio di t. a qlcu.***, guardarlo con occhio languido, dolce, innamorato|| **trigliétta**, **dim.** |**triglina**, **dim.**

triglicèride [comp. di *tri-* e *gliceride* * 1895] **s. m.** ● (*chim.*) gliceride in cui tutti e tre i gruppi alcolici della glicerina sono esterificati da acidi grassi **SIN.** triacilglicerolo

Trìglidi [comp. del gr. *trígle* 'triglia', dal v. *trízein* 'gridare, soffiare' per quella specie di brontolio emesso dal pesce, quando è tratto dall'acqua, e del suff. *-idi* * 1961] **s. m. pl.** (**sing.** *-e*) ● (*zool.*) famiglia degli Scorpeniformi, con rappresentanti diffusi nei mari caldi e in quelli temperati; sono caratterizzati da un cranio robusto, da una duplice pinna dorsale e da ampie pinne pettorali (*Triglidae*)

trìglifo [vc. dotta, lat. *trīglyphu(m)*, dal gr. *tríglyphos* 'a triplice (*tri-*) intaglio (*glyphḗ*)' * 1450 ca.] **s. m.** ● (*archit.*) decorazione del fregio, nell'ordine dorico, posta tra metopa e metopa, costituita da tre scanalature verticali dette glifi, separate da superfici piane dette femori

trigonàle [vc. dotta, lat. *trigonāle(m)* 'triangolare', da *trigōnum* 'trigono, triangolo' * 1499] **agg.** **1** che ha la forma di una piramide triangolare **2** (*miner.*) ***sistema t.***, sistema cristallino che presenta tre assi cristallografici che formano tra loro angoli uguali ma non retti e ha inoltre tre parametri uguali tra loro; la diagonale di questi assi è un asse di rotazione ternaria **SIN.** romboedrico

trigonèlla [dal gr. *trígōnos* 'trigono' per la forma delle sue foglie * 1813] **s. f.** ● (*bot.*) fieno greco

trìgono [gr. *trígōnos* 'triangolo, che ha od è posto in tre (*tri-*) angoli (*gōníai*)', ripreso anche in alcune accezioni dal lat. *trīgonus* * 1375 ca.] **A** **agg.** ● triangolare **B** **s. m.** **1** (*anat.*) spazio triangolare della parte inferiore della vescica, limitato posteriormente dai due sbocchi uretrali, anteriormente dall'orifizio dell'uretra **2** (*astrol.*) posizione di due pianeti distanti tra loro 120 gradi **3** (*mus.*) specie di antica arpa, di forma triangolare

trigonometrìa [comp. del gr. *trígōnos* 'triangolo' e *-metria* * 1640] **s. f.** ● (*mat.*) studio delle proprietà delle funzioni trigonometriche e delle relazioni fra i lati e gli angoli di un triangolo | ***t. piana***, dei triangoli piani | ***t. sferica***, dei triangoli sferici

trigonomètrico [1684] **agg.** (**pl. m.** *-ci*) ● (*mat.*) relativo alla trigonometria | ***funzione trigonometrica***, ciascuna delle funzioni, quali seno, coseno, tangente e altre, che si possono considerare oltre che funzioni di un angolo anche funzioni dell'arco di cerchio che sottende l'angolo **SIN.** funzione circolare | ***equazione trigonometrica***, nella quale le incognite compaiono attraverso funzioni trigonometriche | ottenuto con i mezzi della trigonometria: *misurazione trigonometrica* || **trigonometricaménte**, **avv.** secondo la trigonometria

trigràmma [da *tri-* sul modello di *digramma* * 1931] **s. m.** (**pl.** *-i*) ● (*ling.*) successione di tre lettere che indicano un unico suono (per es., in italiano, *sci* davanti ad *a*, *o*, *u*)

trilateràle [comp. di *tri-* e un deriv. del lat. *lătus*, genit. *lăteris* 'lato' * 1879] **agg.** **1** (*disus.*) trilatero **2** (*fig.*) che ha triplice aspetto o che concerne tre contraenti: *patto t.*; *alleanza t.*

trilàtero [vc. dotta, lat. tardo *trilăteru(m)* 'che ha tre (*tri-*) lati (*lătera*)' * av. 1536] **A** **agg.** ● che ha tre lati: *figura trilatera* | ***vela trilatera***, triangolare, latina **B** **s. m.** ● (*mat.*) multilatero con tre lati

trilèmma [da *tri-* sul modello di *dilemma* * av. 1769] **s. m.** (**pl.** *-i*) ● nella logica, ragionamento che prende in considerazione un'alternativa composta di tre membri

trilèttere ➤ **trilittero**

trilineàre [comp. di *tri-* e *lineare* * av. 1652] **agg.** **1** che è formato di tre linee **2** (*mat.*) detto di polinomio in tre variabili che sia di primo grado in ciascuna di esse separatamente

trilìneo [comp. di *tri-* e del *-lineo* di altri comp. di orig. lat. (*curvilineo, longilineo, rettilineo*) * 1879] **agg.** ● trilineare

trilingàggio o **trelingàggio** [fr. *trélingage*, di etim. incerta * 1814] **s. m.** ● (*mar.*; *disus.*) legatura molto solida delle sartie maggiori condotta a tre o più giri sotto agli incappellaggi

trilìngue [vc. dotta, lat. *trilĭngue(m)* 'che ha o parla tre (*tri-*) lingue (*lĭnguae*)' * av. 1425] **agg.** (**pl.** *-i* o **inv.**) **1** che è scritto in tre lingue: *vocabolario t.*; *cartello t.* **2** di persona che è in grado di usare correttamente tre lingue: *scrittore, interprete t.* **3** di luogo, spec. Stato o regione, abitato da persone appartenenti a tre diversi gruppi linguistici

trilinguìsmo [comp. di *trilingu(e)* e *-ismo* * 1961] **s. m.** ● condizione, o caratteristica di chi (o di ciò che) è trilingue

triliόne [da *(mi)lione* con sostituzione della prima parte (*tri-*), come in *(bi)lione* * 1805] **s. m.** **1** mille miliardi, secondo l'uso contemporaneo italiano, francese e statunitense **2** un miliardo di miliardi, secondo l'uso italiano antico e quello contemporaneo tedesco e inglese

trilionèsimo (o **-é-**) **A** **agg. num. ord.** ● corrispondente al numero un trilione in una successione, in una classificazione, in una serie: *la trilionesima parte* **B** **s. m.** ● ciascuna del trilione di parti uguali in cui può essere divisa una quantità: *un t. di secondo*

trilìte [comp. di *tri-* e del gr. *líthos* 'pietra' * 1936] **s. m.** **1** elemento fondamentale di architettura primitiva, composto da due ritti verticali monolitici e un'architrave in pietra da essi sorretto **2** struttura base, analoga alla precedente, di moderne costruzioni architettoniche

trilìttera [1961] **s. f.** ● (*ling.*) trilittero

trilìttero o **trilèttere** nel sign. A [fr. *trilittère*, comp. di *tri-* e del lat. *lĭttera* 'lettera' * 1832] **A** **agg.** ● che è costituito da tre lettere: *parola trilittera* **B** **s. m.** ● (*ling.*) nelle lingue semitiche, sequenza di tre consonanti a cui si può ridurre la radice **CFR.** triconsonantico

✦**trillàre** [da *trillo* * 1426 ca.] **A** **v. intr.** (**aus.** *avere*) **1** (*mus.*) fare il trillo: *t. su una nota* **2** emettere trilli: *il campanello trilla* | frinire: *le allodole ... trillavano in alto, al caldo, nell'azzurro* (G. VERGA) **B** **v. tr.** **1** (*lett.*) cantare, far risuonare emettendo trilli **2** †far vibrare

trilleggiàre [av. 1647] **v. intr.** (**pres.** *io trillèggio*; **fut.** *io trilleggerò*; **aus.** *avere*) ● (*raro*, *lett.*) cantare con frequenti trilli

✦**trìllo** [di orig. onomat. * av. 1449] **s. m.** **1** (*mus.*) abbellimento consistente nell'alternanza rapidissima e ripetuta della nota essenziale e di una immediatamente superiore, più raramente inferiore: *fare, eseguire un t.*; *i trilli del violino* | ***catena di trilli***, serie di più trilli, per gradi | ***t. calato***, serie di trilli discendenti **2** (*est.*) canto o suono vibrato o vibrante, simile al trillo: *i trilli degli usignoli*; *il t. di un campanello, della sveglia* || **trillìno**, **dim.**

trilobàto [comp. di *tri-* e *lobato* * 1813] **agg.** ● che ha tre lobi: *croce, foglia trilobata*; *abside t.* **SIN.** trifogliato

trilobìte [dal gr. *trílobos* 'che ha tre (*tri-*) lobi (*lobói*)' * 1829] **s. f.** ● crostaceo marino estinto del Paleozoico, con corpo tripartito sia trasversalmente che longitudinalmente

trìlobo [vc. dotta, dal gr. *trílobos* 'che ha tre (*tri-*) lobi (*lobós*)' * 1805] **agg.** **1** (*biol.*) che ha tre lobi: *organo t.* **2** (*archit.*) detto di arco che ha all'interno tre archetti minori **SIN.** trilobato

trilocàle [comp. di *tri-* e *locale*② * 1986] **s. m.** ● appartamento costituito da tre locali abitabili più i servizi

triloculàre [comp. di *tri-* e dell'agg. di *loculo* nel senso di 'lobo' * 1862] **agg.** ● (*bot.*) che è diviso in tre cavità: *frutto, ovario t.*

trilogìa [gr. *trilogía*, comp. di *tri-* 'tre' e di un deriv. da *lógos* 'discorso' * 1728] **s. f.** (**pl.** *-gìe*) **1** nell'antica letteratura greca, insieme di tre tragedie di argomento affine: *la t. di Eschilo* **2** (*est.*) triade d'opere letterarie, musicali o figurative che costituiscono un'unità: *la t. dantesca* | (*est.*) opera letteraria, musicale o figurativa che si compone di tre parti **3** (*est.*) serie di tre elementi | (*med.*) ***t. di Fallot***, cardiopatia congenita, caratterizzata da stenosi dell'arteria polmonare, comunicazione interatriale e ipertrofia del ventricolo destro

†**trilùstre** [vc. dotta, dal lat. tardo *trilūstrum* 'spazio di *tre lustri*' * av. 1374] **agg.** **1** (*lett.*) che ha tre lustri, cioè quindici anni d'età, detto di cosa o di persona **2** (*raro*, *lett.*) che dura da tre lustri

trim /ingl. trɪm/ [vc. ingl., da *to trim* 'mettere in ordine, assestare' (d'orig. oscura) * 1937] **s. m. inv.** **1** (*mar.*) in un sottomarino, ciascuna delle due casse d'acqua, a prua e a poppa, destinate al controllo dell'assetto orizzontale **SIN.** cassa d'assetto **2** (*mar.*) dispositivo per la regolazione dell'assetto orizzontale dell'asse dell'elica nei fuoribordo e negli entrofuoribordo **3** in aeronautica, dispositivo, manovrabile dal pilota, costituito da alette compensatrici **4** ogni tipo di ginnastica occasionale (per es. il fare le scale a piedi)

trimalciònico [da *Trimalcione*, personaggio del *Satyricon* di Petronio, che imbandisce un grandioso banchetto * 1789] **agg.** (**pl. m.** *-ci*) ● (*lett.*) sontuoso, abbondante, spettacolare, riferito spec. a pranzi, banchetti e sim.: *un ricevimento t.*

trimaràno [comp. di *tri-* e *(cata)marano* * 1967] **s. m.** ● imbarcazione da diporto o da competizione, a vela, a motore o a propulsione mista, basata su di uno scafo principale e su due laterali, paralleli e minori, con funzione stabilizzatrice

trimegìsto ➤ **trismegisto**

trimèmbre o (*raro*) **trimèmbro** [vc. dotta, lat. tardo *trimĕmbre(m)* 'a tre (*tri-*) membri (*mĕmbra*)' * 1550] **agg.** ● (*lett.*) composto di tre elementi o parti | (*lett.*, *raro*) che ha triplici membra o triplice natura: *mostro mitologico t.*

trimestràle [1785] **A** **agg.** **1** di un trimestre, che dura tre mesi: *periodo t.* **2** che ricorre ogni tre mesi: *scadenza, pubblicazione t.* || **trimestralménte**, **avv.** per ciascun trimestre; ogni tre mesi: *rivista pubblicata trimestralmente* || **trimestralità**, **s. f. inv.** durata o periodicità trimestrale; rata o versamento trimestrale **B** **s. m.** ● periodico che esce ogni tre mesi

trimestralìsta [da *trimestral(e)* con il suff. *-ista* * 1993] **s. m. e f.** (**pl. m.** *-i*) ● lavoratore assunto con un contratto trimestrale

trimestralizzàre [da *trimestrale* * 1979] **v. tr.** ● rendere trimestrale una scadenza: *t. il pagamento della scala mobile per tutti i lavoratori* || **trimestralizzazióne**, **s. f.**

trimèstre [vc. dotta, lat. *trimēstre(m)*, comp. di *tri-* e **mēnstris*, agg. di *mēns(is)* 'mese' * av. 1498] **A** **s. m.** **1** periodo di tempo di tre me-

t

si **2** ciascuno dei tre periodi in cui può essere suddiviso, in Italia, l'anno scolastico: *i voti del primo, del secondo t.* **3** somma da pagare, o da riscuotere, ogni tre mesi: *incassare, versare il t.* **B** **agg.** ● (*raro*) trimestrale: *rata t.*

trimètrico [comp. di *tri-* e *metrico* * 1885] **agg. (pl. m. *-ci*)** ● (*miner.*) detto di gruppo cristallino in cui i parametri fondamentali sono tutti diseguali tra loro

trìmetro [vc. dotta, lat. *trĭmetru(m)*, dal gr. *trímetros* 'di tre (*tri-*) misure (*métra*)' * av. 1565] **s. m.** ● serie di tre metri nella poesia classica: *t. giambico, trocaico*

trimorfìsmo [comp. di *tri-* '(con) tre', del gr. *morphḗ* 'forma', come il corrispondente gr. *trímorphos*, e *-ismo* * 1865] **s. m.** ● (*miner.*) cristallizzazione in tre diverse forme

trimotóre [comp. di *tri-* e *motore* * 1926] **A** **agg.** ● che ha tre motori: *aereo, apparato, impianto t.*; *velivoli trimotori* **B** **s. m.** ● aereo trimotore

trimpellàre [di orig. onomat., da una base *t(r)emp-* * sec. XVI] **v. intr.** (*io trimpèllo*; aus. *avere*) **1** (*tosc.*) tentennare, vacillare: *t. sulle gambe* | (*est.*) zoppicare, detto di oggetti: *tavolino, seggiola che trimpella* **2** (*tosc., fig.*) indugiare, esitare | ***t. nel manico***, ciurlare **3** †strimpellare **4** (*lett., raro*) sgobbare

trimpellìno [da *trimpellare* * 1863] **s. m. (f. *-a*)** ● (*tosc.*) persona che esita, è indecisa

trimpellìo [av. 1708] **s. m. (pl. *-ii*)** **1** (*tosc.*) il trimpellare continuato **2** (*lett., raro*) strimpellio

trimùrti [sanscrito *trimūrtih*, comp. di *tri-* 'tre' e *mūrtih* 'corpi solidi', dal v. *mūrchati* 'diventare solido', di orig. indeur. * 1826] **s. f. inv.** ● nelle religioni dell'India, associazione, nel culto e nella dottrina, delle tre figure divine, Brahma, Siva e Visnù, come forme di unica teofania

trìna [lat. *trīna(m)*, da *trīnus* 'di tre', sottinteso 'fili' * 1482] **s. f.** ● pizzo, merletto: *l'aria è crivellata / come una t. / dalle schioppettate* (G. UNGARETTI) | ***t. di punto***, eseguita con l'ago e un solo filo su un fondo di pergamena o carta che fa da modello | ***t. ricamata***, ricamo traforato eseguito su fondo di tessuto che, nell'aspetto, ricorda la trina di punto | ***parere, sembrare una t.***, si dice di lavoro eseguito traforando con estrema precisione e minuzia un materiale solido e pesante ottenendo effetti di estrema lievità; (*est.*) di concrezione, cristallizzazione e sim. che per la forma è simile a un pizzo ‖ **trinétta**, **dim.**

trinàcrio [vc. dotta, lat. *Trinăcriu(m)*, dal gr. *Trinákrios* 'proprio della Sicilia (*Trinakría*), l'isola a tre (*trêis*) punte (*ákrai*)' * 1584] **agg.** ● (*lett.*) della Trinacria, della Sicilia

trinàia [da *trina* * 1865] **s. f.** ● (*disus.*) merlettaia

trinàre ① [da *trina* * av. 1613] **v. tr.** ● (*raro*) guarnire di trine: *t. una camicetta*

trinàre ② [da *trino*, sul modello di *binare* * 1899] **v. intr.** (aus. *avere*) ● celebrare tre messe nello stesso giorno su autorizzazione vescovile

trinariciùto [comp. di *tri-*, *narici* e *-uto*② * 1948] **s. m. (f. *-a*)** ● (*spreg.*) militante di partito ottuso e fanatico (con riferimento all'appellativo coniato nel secondo dopoguerra dallo scrittore Giovanni Guareschi (1908-1968) per mettere in ridicolo i militanti del Partito Comunista Italiano)

trinàto ① [dal part. pass. di *trinare* * av. 1620] **agg.** ● lavorato, guarnito di trine

trinàto ② [da *trino* * 1926] **agg.** ● ordinato per tre | ***file, righe trinate***, tre file parallele: *semina a righe trinate* | ***torre trinata***, in marina, impianto di tre cannoni su un'unica torre

trìnca ① [da *trincare*① * 1614] **s. f.** ● (*mar.*) legatura a molte passate fitte, parallele e sovrapposte, spec. per unire due aste: *t. del bompresso* | ***nuovo di t.***, (*fig.*) nuovissimo

†**trìnca** ② [da *trincare*② * 1688] **s. m. inv.** ● beone, bevitore

trincàre ① [etim. incerta * 1870] **v. tr.** (*io trinco, tu trìnchi*) ● (*mar.*) legare fortemente con una trinca

trincàre ② [ted. *trinken* 'bere', di area germ. e d'orig. incerta * av. 1446] **v. tr.** (*io trìnco, tu trìnchi*) ● (*fam.*) bere avidamente e smodatamente vino e alcolici (*anche assol.*): *t. vino, birra, grappa; gli piace t.*

trincarìno [da *trincare*① * 1607] **s. m.** ● (*mar.*) robusto pezzo longitudinale in legno o metallo fissato all'estremità superiore delle costole nel quale sono incastrate le parti terminali dei bagli, che circonda tutta la nave correndo sopra tutta la testa dei bagli d'ogni ponte

trincàta ① [da *trincare*① * 1889] **s. f.** ● (*mar.*; *disus.*) trincatura

trincàta ② [da *trincare*② * 1863] **s. f.** ● (*pop.*) gagliarda bevuta, spec. di vino e sim.

†**trincàto** [da *trincare*② * av. 1527] **agg.** ● furbo, scaltro

trincatóre [sec. XIII] **s. m. (f. *-trice*)**; anche **agg.** ● (*pop.*) chi (o che) trinca spesso e volentieri SIN. beone

trincatùra [da *trincare*① * 1847] **s. f.** ● (*mar.*) legatura molto robusta, fatta con più passate di cavo o catena

trincèa o †**trincèra**, †**trincièra** [fr. *tranchée*, da *trancher* 'tagliare', per il precedente *trencher*, donde anche *trinciare* (V.) * av. 1536] **s. f.** **1** (*milit.*) opera di fortificazione campale composta da un fosso, con parapetto rivolto verso il nemico, usata in antico principalmente nella guerra d'assedio a protezione delle truppe d'attacco; nei tempi moderni per proteggersi nella guerra di posizione o a difesa delle linee occupate: *assalto, conquista di una t.* | ***guerra di t.***, di posizione, di stabilizzazione | ***t. d'approccio***, nella guerra d'assedio, quella vicinissima alla posizione da espugnare | (*fig.*) baluardo, difesa | (*fig.*) ***essere in t.***, essere direttamente impegnato in una situazione di forte difficoltà **2** scavo di terra, generalmente a sezione rettangolare, per gettare fondamenta, costruire una strada o per difesa al di sopra del livello del terreno **3** deposito orizzontale a forma di trincea, fuori o dentro terra, per la conservazione di foraggio verde tagliato finemente e costipato ‖ **trinceróne**, **accr. m.** (V.)

trinceraménto [1617] **s. m.** **1** il trincerare, il trincerarsi | luogo trincerato | insieme di più trincee **2** (*milit.*) opera di difesa interna delle fortezze in caso di occupazione delle difese perimetrali da parte del nemico

+**trinceràre** o †**trincieràre** [da †*trincera* * 1598] **A** **v. tr.** (*io trincèro*) ● munire di trincee: *t. il campo* **B** **trinceràrsi** **v. intr. pron.** **1** proteggersi con trincee, attestarsi in un luogo munendolo di trincee: *le truppe si trincerarono a ridosso del bosco* **2** (*fig.*) farsi scudo di ciò che può costituire un solido strumento di difesa: *trincerarsi dietro il segreto professionale; pareva che istintivamente si trincerasse nella sua ignoranza* (G. VERGA)

trinceràto **A** **part. pass.** di *trincerare*; anche **agg.** ● nei sign. del v. **B** **s. m.** ● †luogo trincerato

trincerìsta [da *trincera* * 1918] **s. m. (pl. *-i*)** ● militare che combatte o ha combattuto in trincea

trinceróne [1602] **s. m.** **1** accr. di *trincea* **2** larga e lunga trincea, munita di parapetto e fossato

trincettàta [1879] **s. f.** ● colpo di trincetto

trincétto [da *trinciare*, con suff. dim. * av. 1705] **s. m.** ● coltello a lama ricurva e appuntita, usato dal calzolaio per tagliare il cuoio

trinchettìna [da *trinchetto* * 1813] **s. f.** ● (*mar.*) fiocco interno e più piccolo, inferito allo stralletto nelle attrezzature veliche con due fiocchi e talvolta dotato di boma | nell'attrezzatura tradizionale, fiocco inferito allo strallo di parrocchetto e murato in coperta alla base del bompresso

trinchétto [etim. discussa: ant. fr. *triquet*, dim. di *trique* 'bastone', di orig. neerlandese, con sovrapposizione di *trinca*① (?) * 1481] **s. m.** ● (*mar.*) albero a pruavia dell'albero maestro | nell'attrezzatura a brigantino, albero verticale prodiero che porta di solito cinque pennoni con le rispettive vele quadre | (*est.*) il pennone più basso del trinchetto | vela quadra che si inserisce in tale pennone: *senza timon, senza vele e t.* (G. STAMPA)

trinciafòglia [comp. di *trincia(re)* e *foglia* * 1892] **s. m. inv.** ● macchina per sminuzzare le foglie per i bachi da seta

trinciaforàggi [comp. di *trincia(re)* e il pl. di *foraggio* * 1892] **s. m. inv.** ● macchina per tagliare erbe, fieno e paglia in piccoli pezzi: *t. a lame elicoidali, a coltelli radiali*

trinciaménto [av. 1750] **s. m.** ● (*lett.*) spezzettamento | (*lett.*) frazionamento

trinciànte ① **A** **part. pres.** di *trinciare*; anche **agg.** ● nei sign. del v. | tagliente **B** **s. m.** **1** grosso coltello affilato, per tagliare le carni in tavola **2** †scalco nel sign. 1 | (*est., lett.*) cameriere **3** (*fig.*) †smargiasso

†**trinciànte** ② [etim. incerta * 1542] **s. m.** ● scialletto di panno fine, che le donne usavano portare in capo o attorno al collo

trinciapàglia [comp. di *trincia(re)* e *paglia* * 1862] **s. m. inv.** ● organo delle trebbiatrici per trinciare la paglia

trinciapòllo o **trinciapòlli** [comp. di *trincia(re)* e *pollo* * 1922] **s. m. (pl. inv. o *-i*)** ● forbici da cucina a lama arcuata e con molla a pressione, per tagliare a pezzi pollame e selvaggina

trinciàre [ant. fr. *trenchier* 'tagliare', dal lat. parl. **trinicāre* 'tagliare a tre a tre (*trīni*)' * sec. XIII] **A** **v. tr.** (**pres.** *io trìncio*; **fut.** *io trincerò*) ● tagliare in striscioline, in pezzetti e sim.: *t. il tabacco, il foraggio, la carne, il pollo* | (*generic.*) tagliare: *t. qlco. col coltello* | (*fig., lett.*) ***t. l'aria coi gesti, t. gesti nell'aria***, tagliare l'aria con le braccia, facendo vistosi movimenti | (*fig.*) ***t. giudizi***, sputare sentenze, dare giudizi affrettati | tagliuzzare: *t. una stoffa* | ***t. i panni addosso a qlcu.***, (*fig.*) sparlarne o giudicarne le azioni con malanimo | (*lett.*) spiccare un salto o sim. | †***t. la palla***, nel gioco della pallacorda, colpirla di taglio **B** **trinciàrsi** **v. intr. pron.** ● recidersi in striscioline, tagliarsi spec. lungo le pieghe e la cucitura, detto di tessuti: *la seta si trincia con facilità*

trinciàta [av. 1742] **s. f.** ● il trinciare una volta e in fretta: *dare una t. alla lattuga, alle cipolle*

trinciàto **A** **part. pass.** di *trinciare*; anche **agg.** **1** tagliato, tagliuzzato **2** (*bot., raro*) detto di foglia seghettata **3** (*arald.*) detto di scudo o figura divisi in due parti uguali per mezzo di una linea diagonale dall'angolo superiore destro all'angolo inferiore sinistro **B** **s. m.** **1** tabacco tagliato in sottili striscioline: *t. forte, dolce*; *t. per pipa, per sigarette* **2** (*arald.*) scudo trinciato

trinciatóio [da *trinciare* * 1957] **s. m. (pl. *-ói*)** ● (*raro*) macchina agricola trinciatrice

trinciatóre [1632] **A** **agg.** (**f.** *-trice*) ● che trincia: *macchina trinciatrice* **B** **s. m.** **1** (**f.** *-trice*) operaio che trincia il tabacco **2** (*lett.*)

a b c d e f g h i j k l m n o p q r s **t** u v w x y z

†scalco **3** (*fig.*, *lett.*) persona maldicente, pettegola e sim.: *t. di sentenze*

trinciatrìce [1940] **s. f.** ● macchina per trinciare materiali vari: *t. per barbabietole*

trinciatùberi [comp. di *trincia(re)* e il pl. di *tubero* ✱ 1957] **s. m. o f. inv.** ● apparecchio per ridurre in fette o in pasta tuberi e radici per il bestiame

trinciatùra [1612] **s. f.** **1** operazione del trinciare: *la t. del tabacco* **2** frammenti di materiale trinciato: *t. di cuoio*

†**trincièra** e deriv. ➤ **trincea** e deriv.

trìncio [da *trinciare* ✱ av. 1566] **s. m.** ● (*raro*) taglio: *seta piena di trinci*

trincóne [accr. di *trinc(are)*② ✱ av. 1665] **s. m.** (**f.** *-a*) ● (*pop.*) beone, ubriacone

trinèlla [dim. di *trina* ✱ 1602] **s. f.** ● (*mar.*) funicella di tre o più fili per legature volanti o leggere

trinellàre [da *trina* ✱ 1961] **v. tr.** (*io trinèllo*) ● ornare con applicazioni di trine: *t. un tessuto*

trinellatóre [1940] **s. m.** ● nella macchina da cucire, accessorio che serve a fissare trine o guarnizioni sulla stoffa, secondo un determinato disegno

trinidégno (o *-è-*) [1995] **A agg.** ● di Trinidad, isola dello Stato sudamericano di Trinidad e Tobago **B s. m.** (**f.** *-a*) ● abitante o nativo di Trinidad

Trinità o (*tosc.*) **Trìnita**, †**Trinitàde**, †**Trinitàte** [vc. dotta, lat. *trinitāte(m)*, nom. *trīnitas*, da *trīnus* 'trino' ✱ sec. XIII] **s. f. inv.** ● nella teologia cristiana, l'unione delle tre persone divine, Padre, Figlio e Spirito Santo, in una sola sostanza | in alcune religioni politeistiche, per es. l'Induismo, il manifestarsi della divinità in tre forme

trinitàrio [1548] **A agg.** **1** relativo alla Trinità: *dogma t.*; *eresia trinitaria* **2** appartenente a un ordine religioso istituito nel XII sec. per la redenzione dei prigionieri cristiani nelle mani degli infedeli: *monaco t.*; *suora trinitaria*; *ordine t.* **B s. m.** **1** eretico che, nei primi secoli della storia del dogma cristiano, accoglieva la dottrina delle tre differenti nature, persone e sostanze nella Trinità **2** monaco trinitario

trinitarìṣmo [da *trinitar(io)* col suff. *-ismo* ✱ 1961] **s. m.** ● (*relig.*) triteismo

†**Trinitàte** ➤ **Trinità**

trinitrìna [sta per *trinitr(oglicer)ina*, comp. di *tri(nitro)-* 'a tre gruppi nitrici' e *glicerina* ✱ 1889] **s. f.** ● nitroglicerina

trinitrofenòlo [comp. di *tri-*, *nitro-* e *fenolo* ✱ 1895] **s. m.** ● (*chim.*) composto che si presenta sotto forma di cristalli gialli, solubili in acqua, dotati di proprietà esplosive

trinitroglicerìna [comp. di *tri-*, *nitro-* e *glicerina* ✱ 1934] **s. f.** ● (*chim.*) nitroglicerina

trinitrotoluène [comp. di *tri-*, *nitro-* e *toluene* ✱ 1930] **s. m.** ● (*chim.*) derivato del toluene, contenente tre gruppi nitrici, esistente in diverse forme isomere la più importante delle quali è il tritolo | correntemente, tritolo

trinitrotoluòlo [comp. di *tri-*, *nitro(gruppo)* e *toluolo* ✱ 1915] **s. m.** ● (*chim.*) trinitrotoluene

trìno [vc. dotta, lat. *trīnu(m)*, distributivo da *trēs* 'tre' ✱ 1321] **A agg.** **1** (*raro*, *lett.*) triplice, composto di tre elementi: *dimensione trina*; *aspetto t.* **2** secondo la teologia cristiana, attributo proprio di Dio nella Trinità: *Dio uno e t.* **B s. m.** ● †terno, triade

trinòmio [da *(bi)nomio*, con sostituzione di *tri-* 'tre (termini)' a *bi-* 'due (termini)' ✱ av. 1510] **s. m.** **1** (*mat.*) polinomio costituito da tre monomi **2** (*fig.*) espressione, formula e sim. costituita da tre elementi in intima connessione tra loro: *il t. Dio, patria, famiglia*; *un t. di attori famosi*

trinùndino [vc. dotta, lat. *trinūndinu(m)* 'intervallo di tre (*trīnus*) giorni di mercato (*nūndinae*)', propr. '(vacanza) del nono giorno' ✱ 1559] **s. m.** ● nell'antica Roma, periodo di ventiquattro giorni che doveva intercorrere, secondo la legge, tra l'emanazione di un determinato atto, provvedimento, decisione e sim. e la sua esecutorietà, entrata in vigore, applicabilità e sim.

†**trinùzia** [propr. 'dalle tre (*tri-*) nozze (lat. *nūptiae*)' ✱ av. 1543] **s. f.** ● donna tre volte sposa

trìo [da *tri-* sul modello di *duo* ✱ av. 1647] **s. m.** (**pl.** *trìi*) **1** (*mus.*) in epoca barocca, sonata a tre parti con tre o più esecutori, poi usata nelle suites come episodio autonomo fra una danza e l'altra, divenuto infine nelle forme classico-romantiche sezione centrale di minuetto, scherzo, marcia | dal XVIII sec., composizione destinata a tre solisti: *t. d'archi*, *t. con pianoforte*, *i trii di Beethoven* | complesso degli esecutori di tale genere di composizione | (*est.*) complesso di tre musicisti o cantanti di musica leggera CFR. terzetto **2** (*est.*) complesso dei tre strumenti o dei tre esecutori di un trio musicale: *t. d'archi*; *t. vocale e strumentale* | (*est.*) complesso di tre musicisti o cantanti di musica leggera **3** (*fig.*) gruppo di tre persone che esercitano insieme una determinata attività, che insieme partecipano a qlco. o che, comunque, costituiscono un complesso dotato di particolari caratteristiche (*anche scherz.*): *un t. di comici famosi*; *un bel t. di furfanti*

trìodo, (*evit.*) **triòdo** [comp. di *tri-* e della finale di *(elettr)odo* ✱ 1930] **s. m.** ● tubo elettronico, a effetto termoionico, che oltre al filamento, che costituisce il catodo ed emette elettroni, e alla placca, che costituisce l'anodo, ha una griglia, che ne regola l'afflusso col variare del suo potenziale

◆**trionfàle** o †**triunfàle** [vc. dotta, lat. *triumphāle(m)*, da *triŭmphus* 'trionfo' ✱ 1319] **agg.** **1** di trionfo: *arco, carro, ingresso t.*; *marcia, entrata t.*; *fasti trionfali* | ***carmi trionfali***, cantati dai soldati romani nei trionfi **2** (*est.*) grandioso, splendido, superbo: *accoglienze trionfali*; *successo t.*; *tributare a qlcu. onori trionfali* ‖ **trionfalménte**, **avv.** in modo trionfale: *entrare trionfalmente in città*; *accogliere trionfalmente qlcu.*

trionfalìṣmo [fr. *triomphalisme*, da *triomphal* 'trionfale' ✱ 1968] **s. m.** ● atteggiamento di chi esalta con eccessiva soddisfazione e ottimismo un avvenimento, un risultato conseguito o una iniziativa ancora da attuare: *il governo ha valutato senza t. il successo della sua azione*

trionfalìsta [fr. *triomphaliste*, da *triomphalisme* 'trionfalismo' ✱ 1977] **s. m. e f.** (**pl. m.** *-i*) ● chi assume un atteggiamento trionfalistico

trionfalìstico [da *trionfalista* ✱ 1970] **agg.** (**pl. m.** *-ci*) ● caratterizzato da trionfalismo: *discorso t.* ‖ **trionfalisticaménte**, **avv.**

trionfànte o †**triunfànte** **A part. pres.** di *trionfare*; anche **agg.** **1** nei sign. del v. **2** ***Chiesa t.***, costituita dai beati che sono in cielo **3** che è pieno di grande gioia, entusiasmo, esultanza: *aveva negli occhi uno sguardo t.*; *mi si parò dinanzi glorioso e t.* **B s. m.** ● †beato

trionfàre o †**triunfàre** [vc. dotta, lat. *triumphāre*, da *triŭmphus* 'trionfo' ✱ 1313] **A v. intr.** (*io triónfo*; aus. *avere*) **1** (*stor.*) ottenere, celebrare, godere gli onori del trionfo, detto dei condottieri nell'antica Roma (+ *su*): *Cesare trionfò sui Galli*; *al grande Augusto che di verde lauro / tre volte trionfando ornò la chioma* (F. PETRARCA); *Ah, non trionfi / Del germano il germano!* (P. METASTASIO) **2** (*est.*) ottenere una grande vittoria (+ *su*): *t. sui nemici, sugli avversari*; *Napoleone trionfò a Jena* | (*fig.*) prevalere, dimostrarsi più forte, avere la meglio: *t. sui propri oppositori*; *t. sulle avversità*; *una vettura che ha trionfato in ogni competizione*; *noi vorremmo che il bene e la giustizia trionfassero sempre* | (*fig.*) ottenere grande successo, plauso e sim.: *una commedia che ha trionfato in tutti i teatri d'Europa*; *in generale trionfano gli audaci e i furbi* **3** †ottenere il Paradiso, raggiungere la beatitudine celeste **4** (*raro*, *lett.*) esultare di gioia **5** †godersela, a tavola e sim. **6** (*raro*, *lett.*) risaltare, fare spicco, detto di immagine o di colori **7** (*lett.*, *raro*) prosperare, essere rigoglioso, detto di campi e sim. | †essere venduto a prezzo molto alto, detto di cose in commercio **B v. tr.** **1** sconfiggere, dominare: *così il tempo trionfa i nomi e il mondo* (F. PETRARCA) **2** †onorare col trionfo

SFUMATURE ➤ *vincere*

trionfàto o †**triunfàto** **part. pass.** di *trionfare*; anche **agg.** ● (*poet.*) vinto, sconfitto, soggiogato

trionfatóre o †**triunfatóre** [vc. dotta, lat. *triumphatōre(m)*, da *triumphātus* 'trionfato' ✱ sec. XIII] **s. m.** (**f.** *-trice*); anche **agg.** ● chi (o che) trionfa

◆**trióṇfo** o †**triùnfo** [vc. dotta, lat. *triŭmp(h)u(m)*, dal gr. *thríambos* 'festa in onore di Bacco', di prob. orig. straniera ✱ 1275 ca.] **s. m.** **1** (*stor.*) nell'antica Roma, massimo onore che il Senato concedeva al generale vittorioso o all'imperatore stesso: *ottenere, celebrare il t.* **2** (*est.*) grande e gloriosa vittoria, militare o sportiva: *riportare sui nemici un vero t.*; *ottenere un grande t.*; *festeggiare il t. di una squadra, di un atleta* | (*est.*) esito finale positivo, vittoria totale: *il t. del bene sul male*; *lottare per il t. di una nobile causa* | (*fig.*) clamoroso successo: *la recita, la proiezione è stata un t.*; *passare di t. in t.* | ***portare qlcu. in t.***, alzarlo da terra e portarlo a spalla, in segno di grande gioia e onore | ***essere ricevuto, accolto in t.***, con grandi onori, feste e sim. **3** (*fig.*) glorificazione celeste: *il t. del martirio*; *il t. dei santi* **4** centro ornamentale da tavola composto da una ricca varietà di elementi architettonici e ornamentali, spesso appoggiati su una base di specchio | alzata a più ripiani in metallo pregiato, ceramica, cristallo | (*fig.*) sovrabbondanza, ridondanza: *un vestito che è un t. di merletti* **5** (**spec. al pl.**) spettacolo allegorico, anche in forma di corteo, in uso in Italia, durante il Rinascimento, in occasione di particolari solennità **6** ciascuna delle 22 carte figurate del gioco dei tarocchi SIN. tarocco | in alcuni giochi a carte, il seme nominato o scoperto | gioco di carte, di derivazione inglese, che si svolge tra due o quattro persone a coppie e si gioca con un mazzo di 52 carte da cui sono state scartate le carte dal 2 al 6

SFUMATURE ➤ *riuscita*

trióni [vc. dotta, lat. *triōne(m)* (e *triōne(s)* al pl.), propr. 'bue da lavoro', rimasto col suo senso fig. in *settentrione* 'i sette trioni o buoi': legato con *tĕrere* 'tritare, trebbiare' (?) ✱ 1562] **s. m. pl.** **1** (*lett.*) i due simboli celesti dell'Orsa maggiore e della minore **2** (*lett.*) le sette stelle dell'Orsa minore | (*est.*, *lett.*) nord, settentrione

triònice [gr. *triṓnychos*, propr. 'che ha tre (*tri-*) unghie (*ónyches*, nom. sing. *ónyx*, di ambito indeur.)' ✱ 1891] **s. f.** ● piccola tartaruga acquatica con piastrone posteriormente allargato in espansioni cutanee e muso allungato a proboscide (*Tryonyx punctatus*)

triòssido [comp. di *tri-* e *ossido* ✱ 1879] **s. m.** ● (*chim.*) composto binario contenente tre atomi di ossigeno

triòtto [etim. incerta ✱ 1923] **s. m.** ● (*zool.*) piccolo ciprinide commestibile azzurro, verde e giallo, di acque dolci e ricche di vegetali (*Leuciscus aula*)

trip /*ingl.* trɪp/ [vc. ingl., propr. 'viaggio', da *to trip* 'camminare svelti' (d'orig. oscura) ✱ 1966] **s. m. inv.** **1** nel gergo dei tossicodipendenti, effetto causato dall'assunzione di sostanze stupefacenti, spec. allucinogene **2** (*fig.*, *gerg.*) mania, pensiero ricorrente od ossessivo

tripanosòma [comp. del gr. *trýpanon* 'trapano' e *sôma* 'corpo', per la loro forma ✱ 1895] **s. m.** (**pl.** *-i*) ● protozoo munito di flagello, con corpo allungato e membrana ondulante che si origina dal flagello stesso, parassita dei Vertebrati cui viene inoculato da alcuni Artropodi (*Trypanosoma*)

tripanosomìaṣi [comp. di *tripanosomi* e *-iasi* ✱ 1895] **s. f. inv.** ● (*med.*) qualsiasi malattia infettiva dell'uomo e degli animali causata da tripanosomi | ***t. africana***, causata da *Trypanosoma gambiense* o *Trypanosoma rhodesiense* **SIN.** malattia del sonno

tripartìre [vc. dotta, lat. tardo *tripartīre*, comp. di *tri-* '(in) tre' e *partīre*, da *pārs*, genit. *pārtis* 'parte' ✱ 1475] **v. tr.** (*io tripartìsco, tu tripartìsci*) ● dividere in tre parti

tripartìtico [comp. di *tri-* e *partitico* ✱ 1961] **agg.** (**pl. m.** *-ci*) ● costituito o attuato da tre partiti politici: *sistema t.*

tripartitịsmo [comp. di *tripartit(o)*② e *-ismo* ✱ 1963] **s. m.** ● (*raro*) sistema tripartitico **CFR.** tripolarismo

tripartìto① **part. pass.** di *tripartire*; anche **agg.** **1** nel sign. del v. **2** ***patto, accordo***, e sim., ***t.***, sottoscritto da tre parti ‖ **tripartitaménte**, **avv.** (*raro*) con tripartizione

tripartìto② [comp. di *tri-* e *partito* ✱ av. 1926] **A agg.** ● pertinente a tre partiti o parti politiche: *patto, governo t.* **B s. m.** ● governo, alleanza di tre partiti o parti politiche

tripartizióne [vc. dotta, lat. tardo *tripartitiōne(m)*, da *tripartītus*, part. pass. di *tripartīre* ✱ 1749] **s. f.** ● divisione in tre parti

tripètalo [comp. di *tri-* e *petalo* ✱ av. 1729] **agg.** ● (*bot.*) che ha tre petali: *fiore t.*

trip-hòp /trip'ɔp, *ingl.* 'trɪp,hɒp/ [vc. ingl., comp. di *trip* 'viaggio' e *(hip)hop (music)* '(musica hip-) hop' ✱ 1994] **s. m. inv.** ● genere musicale nato dalla fusione delle sonorità hip hop e jazz con le vocalità tipiche del rhythm and blues e del reggae che tende a creare atmosfere di coinvolgimento ipnotico

trìpla [da *triplo* ✱ 1673] **s. f.** **1** combinazione esauriente le tre probabilità, nei giochi basati su pronostici **2** (*mus.*) misura a tre tempi

triplàno [comp. di *tri-* e *-plano* di *(aero)plano*, che entra in analoghi comp. (*monoplano, biplano*, ...) ✱ 1909] **A agg.** ● (*aeron.*) che ha tre piani aerodinamici: *struttura triplana* **B s. m.** ● velivolo (oggi non più usato) con tre ali fisse sovrapposte

†**triplàre** [vc. dotta, lat. tardo *triplāre*, da *trĭplus* 'triplo' ✱ av. 1587] **v. tr.** ● triplicare

triple-sec /*fr.* tʀipl'sɛk/ [vc. ingl., propr. 'triplo (*triple*) secco, detto di vino (*sec*)' ✱ 1931] **s. m. inv.** ● liquore simile al curaçao

triplétta [ingl. *triplet* 'serie di tre cose', da *triple* 'triplo' ✱ 1899] **s. f.** **1** fucile a tre canne **2** in vari giochi, gare, sport, insieme di tre colpi riusciti, di tre punti ottenuti e sim. (*anche est.*): *sparare una t.*; *una t. di gol* **3** (*disus.*) bicicletta a tre posti **4** (*biol.*) codone② ‖ **triplettina**, **dim.**

triplicàre [vc. dotta, lat. tardo *triplicāre*, da *trĭplex* 'triplice' ✱ sec. XIV] **A v. tr.** (*io trìplico, tu trìplichi*) **1** moltiplicare per tre: *t. un numero, una somma* **2** (*est.*) accrescere notevolmente: *t. i colpi, gli attacchi* **SIN.** aumentare **B triplicàrsi v. intr. pron.** ● accrescersi di tre volte: *le spese si sono triplicate*

triplicàto **part. pass.** di *triplicare*; anche **agg.** ● nei sign. del v. ‖ **triplicataménte**, **avv.** (*raro*) per tre volte; (*lett.*) moltissimo

triplicatóre [av. 1803] **s. m.** (**f.** *-trice*); anche **agg.** ● chi (o che) triplica o (*est.*) accresce notevolmente

triplicazióne [vc. dotta, lat. tardo *triplicatiōne(m)*, da *triplicātus* 'triplicato' ✱ av. 1594] **s. f.** ● il triplicare, il triplicarsi, il venire triplicato

trìplice [vc. dotta, lat *trĭplice(m)*, nom. *trĭplex*, comp. di *tri-* e *-plex*, dalla radice indeur. **plek* 'piegare' ✱ 1308] **A agg.** **1** che si compone di tre parti, anche diverse fra loro: *il t. aspetto di una questione*; *tendere a un t. scopo* **2** che avviene fra tre parti: *una t. intesa*; *la Triplice Alleanza fu stretta nel 1882 fra Italia, Austria e Germania* ‖ **triplicemènte**, **avv.** (*raro*) in modo triplice **B s. f.** ● nell'equitazione, ostacolo largo composto da tre piani verticali, i cui elementi superiori risultano di altezza progressiva | (*sci*) nelle gare di slalom speciale, serie di tre paletti posti in linea a distanza ravvicinata

triplicità o †**triplicitàde**, †**triplicitàte** [1282] **s. f. inv.** ● (*raro*) caratteristica di ciò che è triplice

triplìsta [1962] **s. m. e f.** (**pl. m.** *-i*) ● atleta specialista del salto triplo

trìplo [vc. dotta, lat. *trĭplu(m)*, comp. con *tri-* e *-plus*, dalla radice indeur. **plek* 'piegare' ✱ sec. XIV] **A agg.** **1** che è tre volte maggiore, relativamente ad altra cosa analoga: *una spesa tripla* **2** triplice: *filo t.* | ***stella tripla***, complesso di tre stelle che orbitano attorno al comune baricentro | (*chim.*) ***punto t.***, quello che in un diagramma rappresenta l'insieme di condizioni sotto le quali le fasi gassosa, liquida e solida di una sostanza sono in equilibrio tra loro **3** che si ripete tre volte: *t. salto mortale* | ***salto t.***, o (*ellitt.*) ***triplo***, nell'atletica leggera, successione di tre salti in lungo con stacchi su un piede e atterraggio finale su entrambi **B s. m.** **1** quantità, misura tre volte maggiore: *lavorare, guadagnare il t.* **2** salto triplo

triplòmetro [comp. di *triplo* e *metro* ✱ 1961] **s. m.** ● in topografia, strumento per la misurazione diretta delle distanze, costituito da un'asta rigida, scomponibile in più parti, lunga tre metri e graduata in centimetri e decimetri

trìpode [vc. dotta, lat. tardo *trĭpode(m)*, dal gr. *trípous* 'che ha tre (*tri-*) piedi (*póus*, genit. *podós*)' ✱ 1499] **s. m.** **1** sgabello di bronzo a tre piedi, spec. quello su cui sedeva la Sibilla delfica durante l'invasamento mentre pronunciava gli oracoli **2** base di sostegno a tre piedi diffusa sin dall'antichità per oggetti d'uso e d'ornamento e anche per mobili | sedile, tavolo a tre gambe | supporto per bracieri o bacini **3** (*mar.*; *disus.*) albero metallico che poggia su tre piedi

tripodìa [dal gr. *tripodía*, comp. come *tripode*, col suff. *-ía*② ✱ av. 1827] **s. f.** ● nella metrica classica, serie di tre piedi metrici uguali: *t. dattilica, trocaica*

†**tripòdico**① [av. 1729] **agg.** (**pl. m.** *-ci*) ● del tripode

tripòdico② [1970] **agg.** (**pl. m.** *-ci*) ● relativo a tripodia: *verso t.*

tripolàre [comp. di *tri-* e *polare* ✱ 1961] **agg.** **1** (*elettr.*) che ha tre poli o morsetti **2** (*fig.*) ***politica t.***, basata su tre poli d'influenza (spec., negli anni 1970-80, USA, URSS e Cina) | ***sistema t.***, basato sull'esistenza di tre poli politici ‖ **tripolarità**, **s. f. inv.** caratteristica di ciò che è tripolare (*anche fig.*)

tripolarịsmo [da *tripolare* ✱ 1983] **s. m.** ● nell'ambito internazionale, caratteristica di un sistema di relazioni tripolare | caratteristica di un sistema politico basato su tre poli **CFR.** tripartitismo

trìpoli [vc. dotta, lat. *Trĭpoli(m)*, dal gr. *Trípolis* 'le tre (*tri-*) città (*pólis*)', che un tempo forniva la farina fossile omonima ✱ av. 1537] **s. m. inv.** ● roccia silicea friabile, finemente stratificata, biancastra, che trae origine dall'accumulo di gusci di microrganismi marini

tripolìno [1585] **A agg.** ● di Tripoli, città della Libia **B s. m.** **1** (**f.** *-a*) abitante o nativo di Tripoli **2** tipo di passamaneria costituita da una fitta catenella

tripolitàno [vc. dotta, lat. *Tripolitānu(m)*, da *Trĭpolis* 'Tripoli' col suff. etnico *-itānus* ✱ 1718] **A agg.** ● della Tripolitania, regione della Libia **B s. m.** (**f.** *-a*) ● abitante o nativo della Tripolitania

tripósto [comp. di *tri-* e *posto* ✱ 1961] **agg. inv.** ● con tre posti: *aereo t.*; *cabina, vettura t.*

trìppa [etim. discussa: arabo *ṯarb* 'omento', di orig. persiana (?) ✱ 1427] **s. f.** **1** stomaco dei bovini macellati che, ben pulito e tagliato in listerelle, viene variamente cucinato: *t. alla fiorentina, alla parmigiana*; *t. con fagioli* | ***non c'è t. per gatti***, (*roman.*, *fig.*) c'è poco o nulla a disposizione, non ci sono risorse **2** (*est.*, *fam.*, *scherz.*) pancia, ventre: *empire la t.* | ***mettere su t.***, ***la t.***, ingrassare ‖ **trippàccia**, **pegg.** | **trippétta**, **dim.** | **trippóna**, **accr.** | **trippóne**, **accr. m.** (V.)

trippàio o (*centr.*) **trippàro** [av. 1536] **s. m.** (**f.** *-aia*, **pl. m.** *-ai*) ● chi vende trippa

trippàto [1869] **agg.** ● detto di pietanza cotta e condita come la trippa: *frittata trippata*

tripperìa [1891] **s. f.** **1** reparto del mattatoio in cui si preparano trippe, testine, piedi degli animali macellati **2** (*raro*) negozio del trippaio

trippóne [1598] **s. m.** (**f.** *-a*) **1** accr. di *trippa*, nel sign. 2 **2** (*est.*) grassone

tripsìna [ted. *Trypsin*, dal gr. *trýein* '(s)fregare, strofinare' (perché ottenuta sfregando il pancreas con la glicerina) con la terminazione di *(pe)psina* ✱ 1903] **s. f.** ● fermento digestivo prodotto dal pancreas, che agisce sulle proteine

triptofàno [perché si mostra (dal gr. *phâinein*, di orig. indeur.) tra i prodotti della digestione *triptica* ✱ 1929] **s. m.** ● (*chim.*) amminoacido aromatico, presente in prevalenza nelle proteine animali, ritenuto essenziale per l'uomo e numerosi animali

triptòto [vc. dotta, lat. tardo *triptōtu(m)*, dal gr. *tríptōtos* 'che ha tre (*tri-*) casi (*ptōtói*, dal v. *píptein* 'cadere', perché intesi come 'caduta' dalla forma del nom.)' ✱ 1561] **s. m.** ● (*ling.*) sostantivo la cui declinazione ha solo tre casi

♣**tripudiàre** [vc. dotta, lat. *tripudiāre*, da *tripŭdium* 'tripudio' ✱ sec. XIV] **v. intr.** (*io tripùdio*; **aus.** *avere*) ● esultare per la gioia, fare grande festa, detto spec. di più persone

♣**tripùdio** [vc. dotta, lat. *tripŭdiu(m)*, originariamente 'danza (a tre tempi)', da *tripodāre* 'danzare a tre (*tri-*) misure di tempo (in gr. *póus*, genit. *podós*, propr. 'piede')' ✱ 1321] **s. m.** (**pl.** *-i* o *raro* *-ii*) **1** (*stor.*) danza ritmica ternaria dei sacerdoti Salii, in Roma antica **2** (*fig.*) festa grande, rumorosa manifestazione di gioia: *il t. della folla* **SIN.** esultanza **3** (*fig.*) insieme di esuberanti manifestazioni di vita, felicità e sim.: *la campagna era tutto un t. di colori*; *la città riviveva in quel t. di luci*

†**triquadruplicàto** [comp. di *tri-* e *quadruplicato* ✱ av. 1597] **agg.** ● che è composto di dodici o (*est.*) di una serie di strati: *intonaco t.*

trìquetra [vc. dotta, lat. *trĭquetra(m)* 'triangolare', sost. di agg., usata per tradurre il corrispondente gr. *triskelḗs* ✱ 1936] **s. f.** ● figura formata da tre gambe rincorrentisi intorno a un volto umano dal quale si dipartono (fu simbolo della Sicilia)

triquetro [vc. dotta, lat. *triquĕtru(m)*, comp. di *tri-* 'tre' e di un altro elemento con riscontri germ., ma di orig. incerta ✱ 1499] **agg.** • †triangolare | (*raro*) prismatico, piramidale: *massi triquetri*

trireattóre [comp. di *tri-* e *reattore* ✱ 1966] **A agg.** • (*aeron.*) detto di aviogetto dotato di tre propulsori a reazione diretta **B s. m.** • (*aeron.*) aviogetto trireattore

trirégno [comp. di *tri-* e *regno* nel senso di 'corona' ✱ av. 1598] **s. m.** • tiara papale

trirème (o **-é-**) o **†trerème** (o **-é-**) [vc. dotta, lat. *trirēme(m)*, comp. di *tri-* 'tre' e di un deriv. da *rēmus* 'remo' ✱ av. 1292] **s. f.** • (*mar.*) antica nave da guerra spec. greca o romana a tre ordini di remi sovrapposti

trirettàngolo [comp. di *tri-* e *rettangolo* ✱ 1961] **agg.** • dotato di tre angoli retti

tris [da *tri-*, adeguato nella finale a *bis* ✱ 1912] **A s. m. 1** nel poker e in altri giochi, serie di tre carte dello stesso valore: *t. d'assi, di re* **2** serie di tre vittorie: *Cipollini tenta il t.* | insieme di tre elementi: *un t. di primi piatti* **3** (*raro*) ulteriore replica dopo un bis: *il tenore ha concesso un t.* **B in funzione di agg. inv.** • (*ippica*) ***corsa t.***, gara di cavalli su cui si può scommettere al totalizzatore, pronosticando i primi tre classificati **C s. f. inv.** • (*ellitt.*) corsa tris

trisàgio [gr. *triságios*, propr. 'tre volte (*trís*) santo (*hágios*)' ✱ 1595] **s. m.** • inno delle liturgie cristiane occidentali e orientali, nel quale si glorifica Dio come tre volte santo | formula di triplice glorificazione di Dio contenuta nella Messa

†trisarcàvolo [comp. di *tri-* e *arcavolo*, sulla scia di *bisarcavolo* ✱ av. 1642] **s. m.** (**f.** *-a*) • padre del bisarcavolo

trisàvo [1592] **s. m.** (**f.** *-a*) • trisavolo

trisàvolo [comp. di *tri-* e *avolo*, sul modello di *bisavolo* ✱ av. 1348] **s. m.** (**f.** *-a*) • padre del bisavolo **SIN.** trisavo, trisnonno

trisciò [dall'ingl. *trishaw*, comp. di *tri-* 'tre' e *(rick)shaw* 'risciò' ✱ 1983] **s. m. inv.** • in alcuni Paesi dell'Asia orientale, tipo di risciò trainato da una bicicletta o da una motocicletta

trisdrùcciolo [comp. di *tri-* e *sdrucciolo*① ✱ 1842] **agg.** • detto di parola che ha l'accento tonico sulla quintultima sillaba (per es. *órdinaglielo*)

trisecàre [comp. di *tri-* e *secare* ✱ 1961] **v. tr.** (*io trìseco, tu trìsechi*) • (*mat.*) eseguire una trisezione

trisezióne [comp. di *tri-* e *sezione* ✱ 1733] **s. f.** • (*mat.*) divisione in tre parti uguali | ***t. di un angolo***, celebre problema dell'antichità, risolubile con riga e compasso solo per angoli particolari

trisillàbico [da *trisillabo* con desinenza più appropriata al sistema agg. it. ✱ av. 1565] **agg.** (**pl. m.** *-ci*) • detto di parola costituita da tre sillabe

trisillabìsmo [da *trisillab(ico)* con il suff. *-ismo* ✱ av. 1912] **s. m.** • (*ling.*) nel greco e nel latino, legge per la quale l'accento tonico della parola non cade mai più indietro della terzultima sillaba

trisìllabo [vc. dotta, lat. *trisyllabu(m)*, dal gr. *trisýllabos* 'composto di tre (*tri-*) sillabe (*syllabái*)' ✱ 1500 ca.] **A s. m. 1** parola formata da tre sillabe **2** nella metrica italiana, verso la cui ultima sillaba accentata è la seconda; è composto di tre sillabe se termina con parola piana: *o Ermione* (G. D'ANNUNZIO) (V. nota d'uso ACCENTO) **SIN.** ternario **B agg. 1** detto di tale verso **2** trisillabico

trìsma o **trìsmo** [gr. *trismós* 'piccolo grido acuto, stridore', da *trízein* 'stridere', di prob. orig. imitativa ✱ 1819] **s. m.** (**pl.** *-i*) • (*med.*) chiusura serrata della mandibola per spasmo dei muscoli masticatori

trismegìsto o **trimegisto** [vc. dotta, lat. *Trismegĭstu(m)*, dal gr. *trismégistos*, propr. 'tre volte (*trís*) grandissimo (*mégistos*, superl. di *mégas* 'grande')' ✱ 1442] **agg.** • appellativo del dio greco Ermete, corrispondente all'egiziano Thot, nelle dottrine e nelle speculazioni dell'ermetismo ellenistico

trìsmo ➤ **trisma**

trisnònno [av. 1789] **s. m.** (**f.** *-a*) • trisavolo

trisomìa [comp. di *tri-* e *-somia* ✱ 1969] **s. f.** • (*med.*) anomalia cromosomica consistente nella presenza in una cellula diploide (o in un organismo) di un cromosoma soprannumerario, omologo di una delle coppie normalmente presenti, che compare quindi tre volte nel genoma | ***trisomia 21***, sindrome di Down

trisòmico [1994] **A agg.** (**pl. m.** *-ci*) • (*med.*) pertinente a trisomia **B agg. e s. m.** (**f.** *-a*) • che (o chi) è affetto da trisomia

trissottìno [dal n. di un personaggio delle 'Femmes savantes' di Molière (1622-1673), *Trissotin* ✱ 1868] **s. m.** (**f.** *-a*) • (*raro, lett.*) poetastro ambizioso

†trìsta [f. di *tristo* ✱ 1308] **s. f.** • prostituta, meretrice

tristàggine [da *tristo* ✱ sec. XIV] **s. f. 1** †malvagità **2** (*lett.*) malinconia

†tristànza [ant. fr. *tristance* 'tristezza', da *trist* 'triste' ✱ sec. XIII] **s. f.** • afflizione, dolore

tristanzuòlo [da *†tristanza* ✱ 1353] **agg. 1** (*lett.*) piuttosto cattivo, meschino e sim. **2** †sparuto, malsano: *tisicuzzo e tristanzuol mi parete* (G. BOCCACCIO) **3** (*lett.*) buono a nulla

†tristàre [da *triste* ✱ av. 1306] **A v. tr.** • rattristare, intristire **B †tristàrsi v. intr. pron.** • avvilirsi, contristarsi

tristarèllo o **tristerèllo** [dim. di *tristo* ✱ 1529] **agg. e s. m.** (**f.** *-a*) **1** (*lett.*) che (o chi) è un po' triste, malinconico: *l'altro vedea egli tutto quieto starsi, muto e tristerello* (L.B. ALBERTI) **2** (*lett.*) sciagurato, malvagio (con tono attenuato): *E tu, tristarella che sei, abbandonasti questo povero vecchio padre* (C. GOLDONI)

♦trìste [lat. *trīste(m)*, di etim. incerta ✱ 1336 ca.] **agg. 1** che è afflitto e malinconico: *persona t.* | che esprime afflizione e malinconia: *occhi tristi; aveva una cert'aria triste* **SIN.** addolorato, affranto, infelice, mesto **CONTR.** allegro **2** che è privo di gioia, serenità, piacere e sim.: *casa, vita t.; i giorni miei / sono tristi* (U. SABA) | che è fonte di tristezza: *uno spettacolo t.; un paesaggio t.* **3** (*est.*) negativo, spiacevole, amaro: *una t. esperienza da non ripetere; è veramente t. che tutto sia finito così* **4** (*raro*) spregevole ‖ **tristeménte**, **avv. 1** con tristezza: *avviandosi tristemente verso l'uscita* (I. SVEVO) **2** in un modo che evoca afflizione, dolore ecc.: *un luogo tristementemente famoso*

♦tristézza [lat. *tristĭtia(m)*, da *trīstis* 'triste' ✱ 1268] **s. f. 1** stato d'animo di chi è triste: *il suo viso esprimeva una profonda t.; sorriso velato di t.; tacito orror di solitaria selva / di sì dolce t. il cor mi bea* (V. ALFIERI) **SIN.** dolore, infelicità **CONTR.** allegria **2** condizione, caratteristica di ciò che è triste: *la t. di una casa* **3** ciò che rende tristi, situazione, avvenimento e sim., amaro, doloroso: *ognuno ha la sua t.; diman t. e noia / recheran l'ore* (G. LEOPARDI) **4** †malizia, furberia | †malvagità

†tristìa [av. 1420] **s. f.** • tristizia

trìstico [gr. *trístichos* 'a triplice (*tri-*) verso (*stíchos*)' ✱ av. 1886] **agg.** (**pl. m.** *-ci*) • detto di strofa di tre versi

†tristificàrsi [dal lat. *tristĭficus* 'che rende (da *făcere*) triste' ✱ sec. XIV] **v. intr. pron.** • diventare triste

tristìzia o **†trestìzia** [vc. dotta, lat. *tristĭtia(m)*, da *trīstis* 'triste' ✱ 1268] **s. f. 1** (*lett.*) tristezza: *la t. e 'l pianto della sua donna* (G. BOCCACCIO) | (*lett.*) disgrazia, sventura **2** †malvagità

trìsto [vc. dotta, lat. *trīstu(m)*, variante di *trīstis* 'triste', foggiata per analogia con *lāetus* 'lieto', *māestus* 'mèsto' ✱ av. 1250] **A agg. 1** (*lett.*) malinconico, afflitto: *t. e dolente si pose a stare* (G. BOCCACCIO) | (*lett.*) che rivela tristezza | (*lett.*) doloroso: *il t. annunzio* (I. NIEVO) **2** (*lett.*) sventurato, sciagurato, infelice: *t. è il pagano che nel campo me aspetta!* (M.M. BOIARDO) **3** (*lett.*) di persona malvagia, cattiva: *gente trista; è proprio un t. individuo* | che rivela malvagità: *mente trista* **SIN.** losco, infido **4** (*est., lett.*) di ciò che è fatto o detto con malvagità: *una trista azione* | che esprime malvagità: *aveva sul viso una smorfia trista* | ***†alla trista***, (*ellitt.*) di malavoglia **SIN.** infame, malvagio **5** stentato, malandato, misero: *pianta, vegetazione trista; avere un aspetto t.* | meschino, povero, scadente: *fare una trista figura; oggetti di qualità piuttosto trista* **6** †sgradevole: *un t. odore* ‖ **tristaménte**, **avv.** (*raro*) in modo tristo **B s. m. 1** (**f.** †*-a* (V.)) (*lett.*) ribaldo, briccone: *ora l'à dimenticate, el t., ma io non l'ò dimenticate* (MICHELANGELO) **2** †cattiveria, ribalderia **C in funzione di avv.** • nella loc. inter. ***trist'a***, guai a, sventura a: *trist'a chi tocca* ‖ **tristàccio**, **pegg.** | **tristarèllo**, **tristerèllo**, **dim.** (V.)

†tristóre [da *triste* ✱ av. 1294] **s. m.** • mestizia, malinconia

†tristóso (o **-ṣo**) [av. 1348] **agg. 1** malvagio **2** addolorato

trisùlco [vc. dotta, lat. *trisŭlcu(m)* 'a triplice (*tri-*) solco (*sŭlcus*)' ✱ 1342] **agg.** (**pl. m.** *-chi*) • (*lett.*) che ha tre solchi, e quindi tre punte | (*lett.*) infido

tritàbile [1621] **agg.** • che si può tritare

tritacàrne [comp. di *trita(re)* e *carne* ✱ 1891] **s. m. inv. 1** apparecchio per tritare le carni alimentari: *t. a mano; t. elettrico* **2** (*fig., colloq.*) situazione o meccanismo che tende a demolire culturalmente o politicamente chi ne resta coinvolto: *finire nel t. delle polemiche, nel t. mediatico*

tritacàrte [comp. di *trita(re)* e del pl. di *carta* ✱ 1974] **s. m. inv.** • macchina che distrugge i documenti cartacei riducendoli in striscioline **SIN.** tritadocumenti

tritadocuménti [comp. di *trita(re)* e del pl. di *documento* ✱ 1990] **A s. m. inv. 1** tritacarte **2** (*inform.*) software in grado di rendere illeggibile un file registrato su hard disk, non solo di renderlo invisibile come nella normale cancellazione **B anche in funzione di agg. inv.**: *macchina t.*

tritaghiàccio [comp. di *trita(re)* e *ghiaccio* ✱ 1926] **s. m. inv.** • apparecchio per tritare il ghiaccio e farne granite o sim.: *t. elettrico*

tritagonìsta [gr. *tritagōnistḗs* 'terzo (*trítos*) attore (*agōnistḗs*)' ✱ 1872] **s. m.** (**pl.** *-i*) • nell'antico teatro greco, attore che ha il terzo ruolo

tritaimballàggi [comp. di *trita(re)* e il pl. di *imballaggio* ✱ 1983] **s. m. inv.** • (*tecnol.*) apparecchio destinato a sminuzzare gli imballaggi, spec. di legno e cartone, delle merci e a produrre trucioli da usare come materiale di riempimento per altri imballaggi

†tritàme [comp. di *trit(o)* e *-ame* ✱ av. 1597] **s. m.** • tritume

tritaménto [av. 1320] **s. m.** • (*raro*) il tritare, il venire tritato

tritanopìa [dal ted. *Tritanopie*, comp. di *trit-*, dal gr. *trítos* 'terzo', *an-* negativo 'a-①' e *-opie* '-opia', perché viene terzo dopo il primo termine della serie (*protanopia*, che riguarda il difetto di visione del rosso) e il secondo (*deuteranopia*, difetto della percezione visiva del verde) ✱ 1961] **s. f.** • (*med.*) anomalia congenita della visione caratterizzata da incapacità a percepire il colore blu CFR. deuteranopia, protanopia, dicromatismo

tritaòssa [comp. di *trita(re)* e il pl. di *osso* ✱ 1980] **s. m. inv.** ● (*zootec.*) macchina ad azionamento manuale destinata a tritare le ossa per l'alimentazione del pollame

tritaprezzémolo [comp. di *trita(re)* e *prezzemolo* ✱ 1983] **s. m. inv.** ● utensile da cucina per tritare il prezzemolo, a mano o elettricamente

tritàre [lat. parl. **trītāre*, frequentativo di *tĕrere*, di orig. indeur., che aveva il medesimo sign. ✱ sec. XIII] **A v. tr. 1** tagliare, pestare o schiacciare qlco. fino a ridurla in minuti pezzetti: *t. la carne, il pane, la verdura; t. l'aglio, la cipolla con la mezzaluna; t. il pepe nel mortaio; t. il gesso, i colori* | (*fig.*) †*t. la via, la rena* e sim., camminarvi sopra, calcarla | (*est.*, *raro*) sminuzzare, frangere finemente: *t. le zolle* **2** (*centr.*) †trebbiare **3** (*fig.*, *lett.*) trattare, analizzare, esaminare qlco. con estrema minuzia: *t. un concetto, un argomento* **4** (*fig.*) †mortificare, affliggere **B tritàrsi v. intr. pron.** ● †sbriciolarsi, frantumarsi

tritarifiùti [comp. di *trita(re)* e il pl. di *rifiuto* nel sign. A 5 ✱ 1983] **s. m. inv.** ● piccolo elettrodomestico che trita i rifiuti solidi all'interno del tubo di scarico di un lavello da cucina

tritàrra [da *(chi)tarra* con sostituzione della prima parte con *tri-* 'tre' ✱ sec. XX] **s. f.** ● chitarra a tre corde, di invenzione recente

tritàto **part. pass.** di *tritare*; anche **agg.** ● nei sign. del v.

tritatùra [sec. XIII] **s. f. 1** operazione del tritare **2** insieme dei pezzetti di una sostanza tritata

tritatùtto [comp. di *trita(re)* e *tutto* ✱ 1913] **s. m. inv.** ● utensile da cucina simile al tritacarne, per sminuzzare carne, ortaggi, pane ecc.: *t. a mano; t. elettrico*

†**trìtavo** [vc. dotta, lat. *trĭtavu(m)*, comp. di *tri-* 'tre (volte)' e *(a)tăvus* 'atavo' ✱ av. 1444] **s. m.** (**f.** *-a*) ● trisnonno

†**tritàvolo** [da †*tritavo* per corrispondenza con i paralleli *avo* e *avolo* ✱ 1550] **s. m.** (**f.** *-a*) ● trisavolo

triteìsmo [comp. di *tri-* e *teismo*, deriv. dal gr. *theós* 'dio' ✱ 1749] **s. m.** ● dottrina dei trinitari SIN. trinitarismo

triteìsta [1749] **A s. m. e f.** (**pl. m.** *-i*) ● seguace del triteismo, eretico trinitario **B agg.** ● relativo al triteismo: *eresia t.*

tritèllo [da *trito* ✱ av. 1565] **s. m. 1** prodotto derivante dalla macinazione del grano, analogo alla crusca, ma formato da particelle più fini SIN. cruschello **2** †tritume

tritemìmera [comp. delle vc. gr. *trítos* 'terzo', *hēmi-* 'mezza' e *méros* 'parte' ✱ 1961] **agg.** solo **f.** ● nella metrica greca e latina, detto di cesura che si trova dopo un piede e mezzo SIN. semiternaria

†**tritìceo** [vc. dotta, lat. *tritĭceu(m)* 'relativo al tritico (*trĭticum*)' ✱ av. 1494] **agg.** ● di grano

trìtico [vc. dotta, lat. *trĭticu(m)*, da *trītus*, part. pass. di *tĕrere* 'tritare' ✱ av. 1389] **s. m.** (**pl.** *-ci*) ● frumento: *gli uccelli e le formiche si ricolgono / dei nostri campi il desiato t.* (I. SANNAZARO)

tritìno [dim. di *trito* ✱ 1905] **agg.** ● (*tosc.*) detto di chi indossa abiti consunti, pur con una pretesa di decoro

trìtio ➤ **trizio**

tritiònico [da *tritio* ✱ 1879] **agg.** (**pl. m.** *-ci*) ● detto di acido tionico contenente tre atomi di zolfo

✱**trìto** [lat. *trītu(m)*, propr. part. pass. di *tĕrere* 'tritare, sfregare', di orig. indeur. ✱ av. 1292] **A agg. 1** tritato, sminuzzato: *paglia trita; cipolla trita; diremo in che modo i colori ben triti s'adoperino* (L.B. ALBERTI) | †*terra trita*, dissodata | (*fig.*) †*passo t.*, piccolo e frequente | (*fig.*) †*maniera trita*, in pittura, quella che cura troppo i particolari o eccede nell'ornamentazione, spezzando l'unità dell'opera **2** †battuto, calpestato, detto di terreno, strada e sim. | *via trita*, molto frequentata **3** (*raro*) consunto, logoro, detto spec. di abiti e sim. | (*est.*, *lett.*) di persona miseramente vestita, di misero aspetto **4** (*fig.*) abusato, risaputo: *argomento t.; concetti triti e ritriti* SIN. banale, frusto, ovvio CONTR. originale ‖ **tritaménte**, avv. **1** (*lett.*) minutamente **2** (*fig.*, *lett.*) minuziosamente: *esaminare tritamente*; con dovizia di particolari: *narrare tritamente* **3** in modo trito, abusato **B s. m.** ● in gastronomia, composto tritato solitamente a base di verdure aromatiche e prosciutto o lardo SIN. battuto ‖ **tritìno**, dim.
SFUMATURE ➤ *banale*

†**tritolàme** [comp. da *tritol(are)* e *-ame* ✱ sec. XV] **s. m.** ● insieme di frammenti spec. metallici

tritolàre [da *trìtolo* ✱ 1427] **v. tr.** (*io trìtolo*) ● (*raro*, *tosc.*) stritolare

trìtolo ① [dim. di *trito* ✱ sec. XIV] **s. m.** ● (*tosc.*) minimo frammento, briciolo | (*fig.*) *non saper t.*, non saper nulla

tritòlo ② o (*raro*) **trotìle** [1936] **s. m.** ● (*chim.*) trinitrotoluene con i gruppi nitrici in posizione 2, 4, 6 rispetto al metile, impiegato come esplosivo e per preparare miscele esplosive

tritóne ① [vc. dotta, lat. *Tritōne(m)*, dal gr. *Trítōn*, di orig. indeur. con riferimento generale al 'mare' ✱ 1483] **s. m.** ● creatura fantastica della mitologia greco-romana, raffigurata con corpo metà umano e metà pisciforme

tritóne ② [da *tritone*①, secondo una comune attribuzione di nomi mitologici ad animali ✱ 1792] **s. m. 1** (*zool.*) anfibio degli Urodeli a vita acquatica, noto in numerose specie di cui alcune con caratteristiche livree nuziali (*Triturus*) SIN. salamandra acquaiola **2** mollusco gasteropode marino carnivoro, a conchiglia massiccia e di notevoli dimensioni (*Triton*)

tritóne ③ [da *trit(io)* col suff. *-on(e)*③ ✱ 1956] **s. m.** ● (*fis.*) nucleo dell'atomo di tritio, costituito da un protone e due neutroni

trìtono [gr. *trítonos* 'di tre (*tri-*) toni (*tónoi*)' ✱ 1561] **s. m.** ● (*mus.*) intervallo di tre toni, detto anche quarta aumentata, il più dissonante nella scala diatonica

trìttico [gr. *triptykós*, propr. 'che si piega (da una base *ptych-*, di orig. incerta, che si ritrova in *ptychḗ* 'piega') in tre (*tri-*)' ✱ av. 1793] **s. m.** (**pl.** *-ci*) **1** paliotto d'altare composto di tre scomparti, i due laterali coordinati a quello centrale più grande, destinato a fungere da contraltare o da dossale d'altare: *il T. dei Frari del Giambellino* **2** (*est.*) opera letteraria, teatrale o musicale in tre parti, o complesso di tre opere compiute e autonome ma collegate l'una all'altra da nessi d'ordine logico, temporale, ambientale o d'altro genere: *il T. di Puccini* **3** (*est.*) insieme costituito da tre elementi uguali | *t. di calze*, tre calze vendute assieme per averne una di scorta dello stesso tipo e colore **4** in filatelia, francobollo composto di tre parti unite tra loro **5** documento costituito da un foglio suddiviso in tre parti staccabili, richiesto un tempo da alcuni Paesi per consentire l'ingresso di un veicolo

trittòngo (o *-ó-*) [gr. *tríphthongos* 'a tre (*tri-*) suoni (*phthóngos*)', sul modello di *dittongo* ✱ 1529] **s. m.** (**pl.** *-ghi*) ● (*ling.*) unione di tre elementi vocalici in una stessa sillaba (per es. *-iuo-* in *aiuola*) (V. nota d'uso SILLABA) CFR. monottongo, dittongo, quadrittongo

✱**tritùme** [comp. da *trit(o)* e *-ume* ✱ sec. XIV] **s. m. 1** quantità di sostanza o materiale trito: *t. di paglia, di legno* **2** (*fig.*, *spreg.*) insieme di elementi o dati di secondaria importanza **3** (*fig.*, *spreg.*) insieme di cose trite, risapute, prive di originalità: *un insopportabile t. d'idee vecchie e banali*

†**tritùra** [vc. dotta, lat. *tritūra(m)*, dal part. pass. (*trītus*) di *tĕrere* 'tritare' ✱ sec. XIII] **s. f. 1** triturazione **2** trebbiatura **3** (*fig.*) afflizione, angustia

trituràbile [1865] **agg.** ● che si può triturare

trituraménto [av. 1735] **s. m.** ● triturazione

trituràre [dal lat. tardo *triturāre* 'trebbiare', frequentativo di *tĕrere* 'sfregare, tritare', di orig. indeur. ✱ av. 1498] **v. tr.** ● tritare in minutissimi frammenti: *t. pietre, ossa, minerali; la macina tritura il grano; i denti triturano il cibo*

trituratóre [1948] **A agg.** (**f.** *-trice*) ● che tritura o serve a triturare | *macchina trituratrice*, o (*ellitt.*) *trituratrice*, macchina per triturare materiali diversi SIN. frantumatore | *denti trituratori*, denti molari **B s. m. 1** piccolo frantoio a mano per granaglie | apparecchio per sminuzzare residui di potatura, piccoli tronchi, fascine o sterpaglie **2** apparecchio o macchina per triturare: *gabinetto con t. incorporato* SIN. frantumatore, trituratrice

triturazióne [dal lat. tardo *triturātiōne(m)* 'trebbiatura', da *triturātus* 'triturato' ✱ sec. XIV] **s. f.** ● operazione del triturare: *la t. del cibo, dei minerali*

trituzzàre [da *trit(are)* col suff. *-uzzare* ✱ av. 1698] **v. tr.** ● triturare, sminuzzare, sbriciolare

triumviràle o **triunviràle** [vc. dotta, lat. *triumvirāle(m)* 'proprio dei *triumviri*' ✱ av. 1580] **agg.** ● che riguarda il triumviro o i triumviri: *magistratura t.*

triumviràto o **triunviràto** [vc. dotta, lat. *triumvirātu(m)*, da *triumvir* 'triumviro' e *-ātus* '-ato' ✱ 1353] **s. m. 1** nella Roma antica, magistratura collegiale costituita da tre persone: *il t. di Cesare, Pompeo e Crasso* **2** analogo organo di governo riapparso in epoca recente per vari fini politici: *il t. della Repubblica romana del 1849* **3** (*est.*) gruppo di tre persone di pari grado e dignità, con funzioni direttive nell'ambito di una qualsiasi organizzazione

triùmviro o **triùnviro** [vc. dotta, lat. *triŭmviru(m)*, dal pl. *trĭum vĭri* 'di tre (*trēs*) uomini (*vĭr*)', che completava *sententia* 'per parere' ✱ 1361] **s. m. 1** nell'antica Roma, magistrato membro di un triumvirato **2** (*est.*) ciascun componente di un triumvirato

†**triùnfo** e deriv. ➤ **trionfo** e deriv.

triùnviro e deriv. ➤ **triumviro** e deriv.

trivalènte [comp. di *tri-* e *valente* in senso chimico ✱ 1875] **agg. 1** (*chim.*) detto di atomo o raggruppamento atomico che può combinarsi con tre atomi d'idrogeno | detto di sostanza che presenta nella sua molecola tre identici gruppi funzionali **2** che ha tre funzioni: *vaccino t.*

trivalènza [comp. di *tri-* 'tre' e *valenza* in senso chimico ✱ 1940] **s. f.** ● (*chim.*) proprietà di ciò che è trivalente

trivèlla [lat. parl. **terebĕlla(m)*, dim. di *tĕrebra* 'succhiello' (da *tĕrere* 'tritare', di orig. indeur.) ✱ sec. XII] **s. f. 1** asta d'acciaio con testa a vite o a scalpello per praticare fori nel terreno | sonda per pozzi petroliferi **2** attrezzo di ferro con punta a spirale, per praticare fori nel legno | succhiello **3** utensile usato nei caseifici per saggiare le forme di formaggio (spec. parmigiano reggiano), allo scopo di controllarne la giusta maturazione

trivellaménto [av. 1519] **s. m.** • (*raro*) trivellazione | †vortice

trivellàre [da *trivella* * av. 1519] **A v. tr.** (*io trivèllo*) **1** (*tecnol.*) bucare, perforare con una trivella: *t. il legno, una roccia, il terreno* **2** †ferire in profondità, trapassare con un'arma appuntita **3** (*fig., poet.*) agire in un fluido come la trivella in un corpo solido: *l'astro mordace dell'elica trivellava l'aria infaticabilmente* (G. D'ANNUNZIO) **B v. intr.** • †mulinare, girare vorticosamente, detto delle acque

trivellatóre [av. 1729] **s. m. 1** (**f.** *-trice*) chi trivella, spec. il terreno **2** trivella per forare, sondare il terreno

trivellatùra [av. 1537] **s. f. 1** trivellazione **2** insieme di frammenti che si staccano o estraggono trivellando qlco.

trivellazióne [1839] **s. f.** • operazione del trivellare spec. il terreno per trovare acqua, petrolio e sim., per indagini geologiche o per preparare le fondazioni su pali per costruzioni | ***torre di t.***, per lo più metallica e alta alcune decine di metri, usata nelle trivellazioni profonde per ricerca di petrolio, acque, gas naturali, per sorreggere e manovrare la batteria di perforazione **SIN.** derrick

trivèllo [lat. tardo *terebĕllu(m)*, dim. di *tĕrebra* 'succhiello' (da *tĕrere* 'tritare', di orig. indeur.) * av. 1380] **s. m.** • trivella, nel sign. 2 | ***a t.***, (*raro*) attorcigliato ‖ **trivellino**, **dim.**

trivèneto [comp. di *tri-* e *veneto* * 1939] **agg.** • (*raro*) delle Tre Venezie, cioè della Venezia Euganea (denominazione disus. del Veneto), della Venezia Tridentina (denominazione disus. del Trentino) e della Venezia Giulia: *le sezioni trivenete del partito, di un'associazione*

trìvia [vc. dotta, lat. *trĭvia(m)*, da *trĭvium* 'trivio' con un'allusione di incerto sign. * 1321] **agg. solo f.; anche s. f.** • epiteto della dea Diana o Artemide, nelle sue tre forme sotterranea, terrestre, celeste

✦**triviàle** [vc. dotta, lat. *triviāle(m)*, da *trĭvium*, cioè 'che si trova nei crocicchi' e, quindi, 'comune, volgare' * av. 1511] **agg. 1** da trivio; estremamente volgare, scurrile, sguaiato: *donna, uomo t.*; *espressioni triviali*; *usare modi triviali* | rozzo, grossolano: *la prosa era t.* (G. CARDUCCI) **2** (*raro, lett.*) ovvio, evidente, banale: *risposta, soluzione t.* ‖ **trivialétto**, **dim.** | **trivialóne**, **accr.** (V.) | **trivialùccio**, **dim.** ‖ **trivialménte**, **avv.** in modo triviale, con grande volgarità: *esprimersi trivialmente* ‖ **trivialità**, **s. f. inv. 1** caratteristica, condizione di chi (o di ciò che) è triviale: *non sopporto la tua trivialità*; *usa parole di una incredibile trivialità* **2** atto o espressione triviale: *fare, dire una trivialità*; *basta con queste trivialità!*

trivializẓàre [da *triviale* * 1905] **v. tr.** • (*lett.*) involgarire, banalizzare: *il timore che … si trivializzi la divina Poesia* (B. CROCE) ‖ **trivializẓazióne**, **s. f.** (V.)

trivializẓazióne [av. 1964] **s. f. 1** (*raro*) il trivializzare **2** nella critica testuale, sostituzione da parte del copista di un termine colto o raro con uno ovvio o comune

trivialóne [1962] **agg. e s. m.** (**f.** *-a*) **1** accr. di *triviale* **2** che (o chi) è molto triviale nelle espressioni o nei modi: *non fare il t.*

trìvio [vc. dotta, lat. *trĭviu(m)*, comp. di *tri-* 'tre' e di *via* * 1308] **s. m.** (**pl.** *-i* **o** *raro -ii*) **1** punto in cui si incontrano o si incrociano tre vie: *giunti al t. piegarono a sinistra*; *ogni strada, ogni borgo, ogni t. si vede seminato di verdi mirti* (I. SANNAZARO) | (*fig.*) ***da t.***, di estrema volgarità: *modi, gesti, parole da t.* | (*disus.*) ***donna da t.***, prostituta **2** in epoca medievale, l'insieme delle tre arti liberali, cioè grammatica, dialettica e retorica, il loro studio e il loro insegnamento: *le arti, le scienze del t.* **CFR.** quadrivio

trivoltìno [comp. di *tri-* e *voltin(ismo)* * 1961] **agg.** • (*zool.*) detto di insetto, spec. baco da seta, che ha tre generazioni in un anno

trìzio o **trìtio** [dal gr. *trítos* 'terzo', perché con atomi di massa *tre* volte più grandi degli atomi d'idrogeno ordinario * 1956] **s. m.** (**pl.** *-i* **o** *raro -ii*) • (*chim.*) isotopo radioattivo dell'idrogeno, presente in piccolissime quantità in natura, e preparato artificialmente mediante reazioni nucleari

trobadòrico ➤ **trovadorico**

trobar clus /*provenz.* tro'bar klus/ [loc. provenz., propr. 'poetare oscuro' * 1952] **loc. sost. m. inv.** • (*letter.*) tendenza stilistica originaria della poesia provenzale del Medioevo, caratterizzata dall'uso di un linguaggio difficile, fonicamente aspro, ottenuto con un'accentuata elaborazione retorica e l'uso ripetuto di parole ricercate, spec. in rima; fu ripresa nella nostra letteratura da Dante, Petrarca e altri **CONTR.** trobar leu

trobar leu /*provenz.* tro'bar lɛu/ [loc. provenz., propr. 'poetare leggero' * 1952] **loc. sost. m. inv.** • (*letter.*) tendenza stilistica originaria della poesia provenzale del Medioevo, caratterizzata dall'uso di un linguaggio piano, leggero, privo di asprezze foniche e di complicazioni retoriche **CONTR.** trobar clus

trocàico [vc. dotta, lat. *trochāicu(m)*, dal gr. *trochaïkós* 'proprio del *trocheo*' * 1561] **agg.** (**pl. m.** *-ci*) • che è costituito di trochei: *metro, verso t.*

trocantère [gr. *trochantḗr*, genit. *trochantḗros* (propr. 'organo per correre'), da *trochós* 'ruota' con un riferimento incerto * av. 1673] **s. m.** • (*anat.*) prominenza ossea dell'estremità superiore del femore: *grande e piccolo t.*

trocàr [alterazione del fr. *trois-carres*, propr. 'tre (*trois*) spigoli (*carres*)' * 1981] **s. m. inv.** • (*med.*) strumento chirurgico terminante con una punta generalmente a tre facce, utilizzato all'interno di una cannula per introdurla in un vaso sanguigno o una cavità corporea

tròccolo o (*raro*) **tròcchiolo** [etim. incerta * 1931] **s. m. 1** pezzo di legno **2** (*merid.*; **spec. al pl.**) tipo di pasta rustica di grano duro di origine pugliese, simile agli spaghetti alla chitarra, preparata con un matterello scanalato

trocheifórme [comp. del gr. *trochós* 'ruota, trottola' e *-forme* per il suo aspetto * 1826] **agg.** • (*zool.*) che è fatto a forma di chiocciola

trochèo [vc. dotta, lat. *trochāeu(m)*, dal gr. *trochâios*, propr. 'proprio alla corsa (*tróchos*)', sottinteso *póus* 'piede' * av. 1472] **s. m. 1** (*ling.*) piede metrico della poesia greca e latina formato da una sillaba lunga e da una breve **SIN.** coreo **2** (*mus.*) semiminima seguita da croma

trochìlia [dal lat. *trŏchilus* 'trochilo, n. di un uccellino' (?), così detto per le sue giravolte intorno ai fiori * 1965] **s. f.** • (*zool.*) sesia

Trochìlidi [vc. dotta, comp. da *trochil(ia)* e *-idi* * 1898] **s. m. pl.** (**sing.** *-e*) • (*zool.*) famiglia di Uccelli comprendente i colibrì o uccelli mosca con lungo becco tubulare e lingua protrattile (*Trochilidae*)

tròchilo [vc. dotta, lat. *trŏchilu(m)*, dal gr. *tróchilos*, da *tréchein* 'correre' * 1499] **s. m.** • (*archit.*) scozia

tròclea [vc. dotta, lat. *trŏc(h)lea(m)*, dal gr. *trochalía*, propr. 'macchina rotonda, a ruota (*trochós*)' * av. 1292] **s. f.** • (*anat.*) tipo di articolazione mobile in cui i capi articolari sono simili a una puleggia

troclеàre [1821] **agg.** • (*anat.*) di troclea: *nervo t.*

tròco [vc. dotta, lat. *trŏchu(m)*, dal gr. *trochós* 'ruota' e 'trottola', per la forma * sec. XV] **s. m.** (**pl.** *-chi*) • mollusco gasteropode del Mediterraneo con bella conchiglia a cono dalla base piatta ed a vertice appuntito (*Trochus granulatus*)

trocòide [vc. dotta, gr. *trochoeidḗs* 'di aspetto (*êidos*) rotondo (*tróchos*)' * 1749] **s. f.** • (*mat.*) curva piana descritta da un punto rigidamente collegato a un cerchio che rotola senza strisciare lungo una linea retta **CFR.** cicloide

†**trofealménte** [1555] **avv.** • al modo di chi porta trofeo

trofèo [vc. dotta, lat. *trop(h)āeu(m)*, dal gr. *trópaion*, propr. 'monumento per la sconfitta (*tropḗ*, propr. 'rivolgimento') del nemico' * 1340] **s. m. 1** armi e spoglie dei vinti che il vincitore ammucchiava o appendeva ad un albero, sul campo di battaglia | colonna o monumento eretti per celebrare una vittoria **2** (*est.*) composizione dei simboli e degli attributi della guerra, dell'amore, delle scienze, delle arti, della caccia, della pesca, dell'agricoltura, spesso usata nella decorazione delle pareti e dei mobili di vari stili, nelle bordure di arazzi, su oggetti in metallo lavorato e in ceramica | ***a trofei***, detto di decorazione spesso usata nella maiolica rinascimentale italiana, composta di simboli guerrieri e musicali | ***t. di caccia***, preparazione naturalistica di teste di animali uccisi, spec. di quelli forniti di corna eccezionali **3** (*est.*) insieme di oggetti, quali coppe, targhe e sim., che testimoniano successi e vittorie spec. sportive, conservate ed esposte a ricordo delle stesse | premio in palio in una gara; (*est.*) la gara stessa: *il t. Baracchi* **4** distintivo metallico che i militari portano sul berretto o sull'elmo **5** (*fig.*) segno, ricordo (*anche scherz.*): *le molte cicatrici erano i suoi trofei di guerra*; *quelle lettere sono i suoi trofei amorosi* **6** (*fig., lett.*) vittoria: *Ilio … risorto / … / per far più bello l'ultimo t. / ai fatati Pelidi* (U. FOSCOLO)

tròfia [vc. ligure, di orig. incerta * 1851] **s. f.** • (*cucina*) pasta a forma di bastoncino leggermente attorcigliato, condita spec. con il pesto; specialità ligure

-trofìa [gr. *-trophía*, da *trophḗ* 'nutrimento', connesso col v. *tréphein*, di orig. indeur.] **secondo elemento** • in parole composte, significa 'nutrizione', 'stato di nutrizione': *atrofia, distrofia, ipertrofia*

tròfico [gr. *trophikós* 'relativo alla nutrizione (*trophḗ*)' * 1865] **agg.** (**pl. m.** *-ci*) **1** (*biol.*) che riguarda la nutrizione dei tessuti **2** (*med.*) relativo al trofismo: *disturbi trofici*

-tròfico [da *-trofia*] **secondo elemento** • forma aggettivi composti, per lo più connessi con sostantivi in *-trofia*: *distrofico, ipertrofico, neurotrofico*

trofiṣmo [comp. del gr. *trophḗ* 'alimentazione, nutrizione', di orig. indeur., e *-ismo* * 1908] **s. m. 1** (*biol.*) nutrizione dei tessuti **2** (*med.*) stato generale di nutrizione di un tessuto o dell'organismo

tròfo-, -trofo [gr. *trophos-, -trophos*, collegati col v. *tréphein* 'nutrire', di orig. indeur.] **primo e secondo elemento** • in parole composte, per lo più della terminologia biologica, indica relazione con le funzioni nutritive o significa 'che nutre', 'che si nutre': *trofoblasto*; *monotrofo*

trofoblàsto [comp. di *trofo-* e del gr. *blastós* 'germe' * 1929] **s. m.** • (*biol.*) strato di epitelio embrionale che nei Mammiferi placentati riveste l'uovo fecondato ed essendo in rapporto con la mucosa uterina permette la nutrizione dell'embrione

trofologìa [comp. di *trofo-* e *-logia* * 1821] **s. f.** (**pl.** *-gìe*) • scienza dell'alimentazione

trofoneuròṣi [comp. di *trofo-* e *neurosi* *

1875] **s. f. inv.** ● (*med.*) nome di affezioni caratterizzate da alterazioni del trofismo di porzioni corporee, organi o tessuti, in conseguenza di lesioni nervose

trofoneuròtico [1934] **agg.** (**pl. m.** *-ci*) ● (*med.*) relativo alla trofoneurosi

trofoterapìa [comp. di *trofo-* e *terapia* ✱ 1961] **s. f.** ● (*med.*) terapia dietetica

trofoẓoìte [comp. di *trofo-*, *zo(o)-* e del suff. *-ite*③ ✱1987] **s. m.** ● (*biol.*) nel ciclo vitale degli Sporozoi, cellula corrispondente allo stadio caratterizzato da attivi movimenti e da processi di alimentazione

†**trogliàre** [da †*troglio* ✱av. 1565] **v. intr.** **1** balbettare **2** cinguettare, squittire, detto di uccelli

†**tròglio** [gr. *traulós* 'balbuziente', di etim. incerta ✱av. 1400] **agg.** ● (*tosc.*) balbuziente: *era piccolissimo giudice ... ed era t., o vero balbo* (F. SACCHETTI)

✦**troglodita** [vc. dotta, lat. *troglŏdyta(s)* (pl.), dal gr. *trōglodýtēs* 'chi è solito entrare (*dýein*) in caverne (*trṓglai*)', propr. 'fori scavati da animali roditori', da *trṓgein* 'mangiare' ✱av. 1367] **A s. m. e f.** (**pl. m.** *-i*) **1** uomo preistorico o primitivo, che abita le caverne | †aborigeno dell'Egitto e della penisola araba, che viveva nelle caverne **2** (*est.*) essere umano in condizioni sociali, culturali e sim. molto arretrate e primitive **3** (*fig., spreg.*) persona incolta, incivile, rozza: *abitudini da t.* **B s. m.** ● (*zool., raro*) scricciolo

trogloditico [vc. dotta, lat. *troglodўticu(m)*, dal gr. *troglodytikós* 'relativo ai trogloditi' ✱av. 1498] **agg.** (**pl. m.** *-ci*) **1** dei trogloditi: *caverne, abitazioni trogloditiche* **2** (*est.*) rozzo, primitivo, incivile: *abitudini trogloditiche*

trogloditiṣmo [comp. da *troglodit(a)* e *-ismo* ✱1929] **s. m.** **1** modo di vivere dei trogloditi **2** (*fig.*) modo di vivere rozzo, primitivo, incivile

trògolo o (*lett.*) **truògolo**, †**truògo** [longob. *trog*, da una base germ. *troga-* ✱sec. XIV] **s. m.** **1** vasca quadrangolare in muratura, costruita all'aperto, usata per farvi il bucato, risciacquarvi ortaggi o altro **2** recipiente o tronco d'albero scavato dentro il quale si mette il mangiare per i maiali **3** in varie lavorazioni artigianali, recipiente in muratura, cemento, legno o altri materiali, usato spec. in passato per vari scopi: *t. dei muratori, dell'arrotino* | ***t. dei conciatori***, calcinaio **4** dispositivo atto a incubare le uova dei pesci, negli allevamenti ittici: *t. d'incubazione* **5** (*geogr.*) ***t. glaciale***, valle modellata a forma di doccia o a U da un ghiacciaio **SIN.** valle glaciale ‖ **trogolétto**, **dim.** | **trogolóne**, **accr.**

trogóne [dal gr. *trṓgōn*, part. pres. di *trṓgein* 'rosicchiare', di orig. indeur. ✱1875] **s. m.** ● (*zool.*) ***t. di Cuba***, uccello americano dei Trogoniformi, con becco largo e grosso, lunga coda allargata all'estremità, bellissimo piumaggio (*Priotelus temnurus*)

Trogonifórmi [comp. del pl. di *trogone* e del pl. di *-forme* ✱1965] **s. m. pl.** (**sing.** *-e*) ● (*zool.*) ordine di Uccelli arboricoli delle foreste tropicali, cattivi volatori con bellissimi colori (*Trogoniformes*)

tròia [lat. tardo *trŏia(m)*: da un piatto di maiale ripieno (*pŏrcus Troiānus*) alla maniera del cavallo di *Troia* (?) ✱av. 1320] **s. f.** (**m.** *raro -o*) **1** (*pop.*) femmina del maiale, spec. quella destinata alla riproduzione **SIN.** scrofa **2** (*fig., volg.*) puttana | (*volg.*) persona spudorata, spregevole ‖ **troiàccia**, **pegg.** | **troiétta**, **dim.** | **troióna**, **accr.** | **troióne**, **accr. m.**

troiàio [da *troia* ✱1870] **s. m.** (**pl.** *-ai*) **1** (*pop.*) porcile **2** (*est., volg.*) luogo pieno di sudiciume | ammasso di sporcizia **3** (*fig., volg.*) luogo in cui si trovano molte prostitute; (*est.*) ambiente depravato

troiàno① [vc. dotta, lat. *Troiānu(m)*, da *Troia*, città cui diede n. il mitico re *Trōs*, genit. *Trōis*, nipote del fondatore ✱1261 ca.] **A agg.** ● relativo all'antica città di Troia: *guerra troiana* **B s. m.** (**f.** *-a*) ● abitante o nativo dell'antica città di Troia

troiàno② [sec. XX] **A agg.** ● relativo all'attuale Troia, cittadina pugliese **B s. m.** (**f.** *-a*) ● abitante o nativo di Troia, cittadina pugliese

†**troiànte** [per *truante* con sovrapposizione di *troia* col richiamo al 'sudicio', che comporta ✱av. 1380] **s. m. e f.** ● persona spregevole, mascalzone

troiàta [da *troia* ✱1353] **s. f.** **1** (*volg.*) cosa o atto sudicio, sozzo, disonesto **2** (*volg.*) lavoro mal fatto **SIN.** porcheria **3** (*fig., spreg.*) †compagnia di ribaldi al seguito di signore di contado **SIN.** masnada

tròica ➤ **troika**

troieggiàre [comp. di *troi(a)* e *-eggiare* ✱ 1938] **v. intr.** (*io troiéggio; io troieggerò*; **aus.** *avere*) ● (*volg.*) comportarsi da sgualdrina **SIN.** puttaneggiare

tròika o (*raro*) **tròica** [dalla vc. russa *trojca*, da *troe*, forma parallela di *tri* 'tre', perché tirata da *tre* cavalli ✱1884] **s. f.** **1** in Russia, tiro di tre cavalli, di cui uno è posto tra le stanghe e gli altri ai due lati **2** slitta o carrozza mossa da tale tiro **3** (*fig.*) triumvirato, nel sign. 3 | (*est.*) gruppo di tre persone, gener. di alto livello, cui è affidato un incarico particolare

troiùme [comp. di *troi(a)* in senso traslato e *-ume* ✱1867] **s. m.** ● (*raro*) sudiciume, sozzura (*anche fig.*)

tròjan /ˈtrɔjan, *ingl.* ˈtrəʊdʒən/ [vc. ingl., dalla loc. *trojan (horse)* 'cavallo di Troia', con riferimento al noto episodio dell'*Eneide* di Virgilio ✱ 2000] **s. m. inv.** ● (*inform.*) virus nascosto in un programma ritenuto utile, il quale una volta installato compromette il corretto funzionamento del computer

troll /*ted.* trɔl/ [dall'ant. nordico *troll* 'gigante, demone', diffuso in area germ. ✱1934] **s. m. inv.** (**pl. ted.** *Trolle*) **1** nella mitologia nordica, demone maligno abitatore di boschi, montagne, caverne **2** (*est.*) nel gergo di Internet, individuo che interagisce con una comunità virtuale (newsgroup, chatroom, mailing list ecc.) con lo scopo di irritare i partecipanti e far nascere un diverbio in rete

tròllei **s. m. inv.** ● adattamento di *trolley* (V.)

tròlley /ˈtrɔlli, *ingl.* ˈtrɒlɪ/ [vc. ingl., da *to troll* 'rotolare, girare', di area germ. (?) ✱1894] **s. m. inv.** (**pl. ingl.** *trolleys*) **1** organo di presa di corrente delle motrici tranviarie e dei filobus costituito da un'asta con rotella **2** valigia con ruote e manico estraibile

tròlleybus /ˈtrɔllibus, *ingl.* ˈtrɒlɪˌbʌs/ [vc. ingl., comp. di *trolley* e della seconda parte di *(auto)bus* ✱1935] **s. m. inv.** (**pl. ingl.** *trolleybuses* o *trolleybusses*) ● filobus

tròllio [dal ted. *Trollenblume*, comp. di *Troll* 'folletto' e *Blume* 'fiore' ✱1839] **s. m.** ● (*bot.*) pianta erbacea delle Ranuncolacee con fiori gialli (*Trollius europaeus*)

✦**trómba** [vc. onomat. ✱1268] **s. f.** o † **m.** nel **sign. 2** **1** strumento musicale a fiato, di lamina d'ottone ridotta a un tubo conico, il cui corpo, con l'intera canna dell'aria, va gradatamente ingrossandosi, dal bocchino, fino a terminare in un'ampia campana; può essere diritta e lunga o a ritorte: *suonare la t.; suonatore di t.; gli squilli della t.* | ***t. a squillo***, con una o due ritorte fisse, a lati paralleli, dà solo alcuni suoni delle scale | ***t. a chiavi***, con più ritorte e fori da aprirsi e chiudersi con altrettante chiavi | ***t. cromatica***, a pistoni, con tasti | ***t. a cilindri, a macchina***, in cui l'allungamento o l'accorciamento della canna dell'aria è prodotto da interposte rotelle, mosse da tasti | ***t. marina***, antico strumento popolare, a cassa trapezoidale, inizialmente a una corda, poi a due o più corde, con un ponticello che, vibrando, percuote la tavola con un suono paragonabile a quello di una tromba (V. anche sign. 10) | ***le trombe del giudizio, le angeliche trombe***, quelle che, secondo l'Apocalisse, gli angeli suoneranno per annunciare il giudizio universale | ***suonare la t.***, (*fig., poet.*) annunciare qlco. con solennità | ***dar fiato alle trombe***, (*fig.*) annunciare qlco. a tutti, con gran clamore | (*fig., scherz.*) ***partire in t.***, iniziare qlco. con grande slancio ed entusiasmo, senza frapporre indugi | ***†venire, tornare, andarsene con le trombe nel sacco***, (*fig.*) scornato e deluso, con le pive nel sacco | (*fig., disus.*) ***rimanere nella t., in t.***, subire una sconfitta elettorale: *colle sue candidature rimaste in t.* (R. BACCHELLI) | (*est.*) registro dell'organo a linguette che imita il suono della tromba **2** (*fig.*) suonatore di tromba: *le trombe di un'orchestra, delle bande* | (*milit., gerg.*) trombettiere | †banditore **3** (*fig.*) †asta pubblica: *vendere alla t.* **4** †divulgatore | †persona pettegola, ciarlona, maldicente: *è la t. del quartiere; confidatevi alla t. della comunità* (C. GOLDONI) **5** (*lett., fig.*) mezzo divulgatore **6** (*fis.*) in acustica, organo che aumenta l'efficienza sonora di un generatore: *grammofono a t.* | (*disus.*) ***t. elettrica***, negli autoveicoli, avvisatore acustico, clacson | ***t. esponenziale***, altoparlante speciale di grande potenza, a forma di tromba | ***a t.***, in elettrologia, detto di un particolare tipo d'antenna per microonde | in idraulica, pompa: *t. premente, aspirante; t. idraulica* | ***t. ad acqua***, antico tipo di pompa che utilizza la caduta dell'acqua da un serbatoio superiore per ottenere l'aria sotto pressione necessaria ad alimentare una soffieria **7** oggetto, struttura e sim. o parte di oggetto, struttura e sim., che per la forma ricorda una tromba | (*disus.*) ***t. acustica***, cornetto acustico | ***t. dello stivale***, parte dello stivale che fascia la gamba | ***t. d'aria***, in marina, manica a vento (V. anche sign. 10) | ***t. da vino***, tubo di gomma o di latta arcuato, che si usa per travasare vino o altri liquidi da un recipiente a un altro | nelle antiche bombarde, la parte in cui si introduceva la palla di pietra da sparare **8** condotto, passaggio, apertura e sim. che si allarga mano a mano che si allontana dalla base | ***t. di gettito***, nella terminologia mineraria, fornello di gettito | ***t. delle scale***, in architettura, spazio vuoto che resta al centro della rampa | †canna fumaria | †canna di una bocca da fuoco **9** (*zool.*) nelle farfalle, l'apparato boccale succhiatore che, in riposo, è avvolto a spirale **SIN.** spiritromba | (*pop.*) proboscide: *la t. dell'elefante* **10** (*meteor.*) turbine di vento ad asse verticale o inclinato, e talvolta sinuoso, che nasce sotto una nube temporalesca e si manifesta come cono rovesciato, simile a proboscide, costituito da goccioline d'acqua sollevate dal mare o da polvere, sabbia e detriti sollevati dal suolo: *t. d'aria; t. terrestre; t. marina* **SIN.** tornado **11** (*anat.*) ***t. uterina, t. di Falloppio***, tuba uterina | ***t. uditiva, di Eustachio***, condotto che mette in comunicazione l'orecchio medio con la faringe **SIN.** tuba uditiva ‖ **trombétta**, **dim.** (V.) | **trombóne**, **accr. m.** (V.)

†**trombadóre** ➤ †**trombatore**

trombàio [da *tromba* (idraulica) ✱1782] **s. m.** (**f.** *-aia*, **pl. m.** *-ai*) ● (*tosc.*) idraulico, docciaio, stagnaio

trombàre [da *tromba*① ✱av. 1306] **A v. tr.** (*io trómbo*) **1** †pompare | ***t. vino***, travasarlo **2** †vendere all'asta **3** (*fig., volg.*) possedere sessualmente una donna **4** (*fig., colloq.*) bocciare un candidato agli esami, alle elezioni, a un concorso e sim. **5** (*fig.*) †strombazzare **B** **v. intr.** (**aus.** *avere*) **1** †suonare la tromba **2** (*volg.*) avere un rapporto sessuale

trombàta [av. 1363] **s. f. 1** (*fig., scherz.*) bocciatura | fallimento, fiasco, scacco **2** (*fig., volg.*) rapporto sessuale **3** (*lett.*) violento getto d'acqua **4** (*raro*) suono di clacson | †squillo di tromba

†trombatóre o **†trombadóre** [da *trombare* * av. 1292] **s. m. 1** trombettiere: *i trombadori e banditori del Comune* (G. VILLANI) **2** (*fig., spreg.*) ciarlatano

trombatùra [1879] **s. f. 1** (*tosc.*) travasamento del vino **2** (*raro, fig.*) trombata, bocciatura, insuccesso

†trombeggiàre [da *tromba*① * av. 1500] **v. intr.** • risuonare come una tromba

trombétta① [av. 1292] **A** **s. f. 1** dim. di *tromba*① **2** giocattolo per bambini, costituito da una piccola tromba **3** *t. dei morti*, fungo dei Basidiomiceti a forma di imbuto, grigio nerastro, che cresce sul terreno dei boschi (*Craterellus cornucupioides*) **4** *svincolo a t.*, V. *svincolo* **B** **in funzione di agg. inv.** • (posposto al sost.) nella loc. *pesce t.*, V. *pesce* ‖ **trombettìna**, **dim.** | **†trombettìno**, **dim. m.** (V.)

†trombétta② o **†trombétto** [da *trombetta*① * sec. XIII] **s. m.** (**pl.** *-i*) • trombettiere, nelle antiche milizie impiegato anche come messaggero o araldo: *mandò un trombetto nel campo italiano* (F. GUICCIARDINI)

trombettàre [da *trombetta*① * sec. XIV] **A** **v. intr.** (*io trombétto*; **aus.** *avere*) • (*raro*) strombettare **B** **v. tr. 1** (*lett.*) esaltare qlcu. o qlco. in modo esagerato **2** †beffeggiare, denigrare

†trombettàta [f. sost. del part. pass. di *†trombettare* * av. 1564] **s. f.** • strombettata, strombazzata

†trombettàto **part. pass.** di *†trombettare*; anche **agg. 1** nei sign. del v. **2** venduto alla tromba, all'asta

†trombettatóre [da *†trombettare* * av. 1347] **s. m.** • trombettiere

trombettière [tanto in senso proprio ('suonatore'), come in senso figurato ('uccello', così denominato per il timbro del suo grido), da *trombetta*① * 1354] **s. m. 1** (**f.** *-a*) soldato suonatore di tromba per la trasmissione di segnali e di ordini **2** (*zool.*) passeraceo africano e asiatico con becco rosso corallo, grigio e roseo con canto caratteristico (*Bucanetes githagineus*) **3** (*zool.*) agami

†trombettìno [av. 1363] **s. m. 1** dim. di *trombetta*① **2** trombettiere

trombettista [da *trombetta*① * 1961] **s. m. e f.** (**pl. m.** *-i*) • chi suona la tromba in una orchestra spec. di musica jazz

†trombétto ➤ **†trombetta**②

trombìna [comp. di *tromb(o)* (per il suo potere coagulante) e *-ina* * 1940] **s. f.** • (*med.*) enzima che interviene durante la coagulazione del sangue

trombìno [dim. di *tromba*① * 1889] **s. m. 1** (*disus.*) piccolo fucile SIN. tromboncino **2** (*mar.*) sulle navi a vapore, sottile tubo verticale per lo scarico del vapore emesso dalla valvola di sicurezza, posto accanto al fumaiolo

trombiẓẓàre [da *trombo* * 1983] **v. tr.** • (*med.*) provocare una trombosi

trómbo [gr. *thrómbos* 'grumo', di orig. indeur. * 1754] **s. m.** • (*med.*) formazione solida all'interno dei vasi sanguigni o nelle cavità cardiache, costituita da fibrina, globuli rossi e globuli bianchi

tromboangioìte [comp. di *trombo*, *angio-* e del suff. *-ite* * 1961] **s. f.** • (*med.*) associazione di un processo infiammatorio di un vaso ematico e di una trombosi | *t. obliterante*, morbo di Buerger

trombocìta o **trombocìto** [comp. di *trombo* e *-cita* * 1961] **s. m.** (**pl.** *-i*) • (*biol.*) piastrina

tromboembolìa [comp. di *trombo* ed *embolia* * 1987] **s. f.** • (*med.*) ostruzione di un vaso sanguigno da parte di emboli provenienti da un altro distretto

tromboflebìte [comp. di *trombo* e *flebite* * 1906] **s. f.** • (*med.*) processo infiammatorio della vena accompagnato da trombosi

trombonàggine [da *trombone* nel sign. 4 * 1989] **s. f.** • caratteristica di chi (o di ciò che) è pomposo, enfatico e sim. o di chi è smargiasso, spaccone | trombonata

trombonàta [1780] **s. f. 1** (*lett.*) sparo di trombone (antica arma da fuoco) **2** (*fig.*) fanfaronata, smargiassata

tromboncìno [1830] **s. m. 1** dim. di *trombone* **2** (*bot.*) trombone **3** (*milit.*) tubo di lancio applicato alla volata della canna dei fucili e usato in passato dalla fanteria per lanciare bombe a una distanza superiore a quella delle bombe a mano e attualmente dalla polizia per lanciare bombe lacrimogene | ingrossamento della volata, o dispositivo applicato alla volata della canna di un fucile da fanteria, per renderlo atto a lanciare granate **4** piccolo fucile a canna svasata usato fino all'Ottocento

trombóne [da *tromba*①, esteso per analogia di forma e suono ad altri oggetti, fiori e animali * av. 1400] **A** **s. m. 1** accr. di *tromba*① **2** strumento musicale a fiato simile alla tromba ma più grande quanto a dimensioni e di registro più grave, nel quale i suoni sono variati spec. mediante l'opportuno maneggio di tubi mobili: *t. a tiro*; *t. a pistoni*; *suonare il t.*; *accompagnamento di t.* | (*est.*) registro dell'organo che produce un suono simile a quello del trombone | (*scherz., disus.*) naso **3** (*fig.*) suonatore di trombone: *essere primo, secondo t. in un'orchestra* **4** (**f.** *-a*) (*fig., spreg.*) persona che si esprime in modo enfatico, pomposo: *un vecchio t.*; *quello scrittore è un t.* | *t. sfiatato*, attore che non ha più presa sul pubblico, che è ormai privo d'ogni capacità espressiva | fanfarone, sbruffone, smargiasso **5** antica arma da fuoco portatile di grosso calibro con canna corta e svasata **6** (*bot.*) amarillidacea con grosso bulbo scuro, foglie glauche, grande fiore giallo inclinato da un lato, coltivato nelle forme doppie (*Narcissus pseudonarcissus*) **7** alto stivalone, svasato nella parte superiore, un tempo usato da postiglioni, corrieri e sim. ‖ **tromboncìno**, **dim.** (V.) **B** **agg.** • (*colloq.*) tipico di chi è enfatico o fanfarone: *una risposta un po' trombona*

trombonìsta [1581] **s. m. e f.** (**pl. m.** *-i*) • chi suona il trombone spec. in un'orchestra di musica jazz

trombòṣi [gr. *thrómbōsis* 'coagulazione', da *thrómbos* 'grumo', di orig. indeur. * 1859] **s. f. inv.** • (*med.*) formazione di trombi nelle cavità cardiache o nei vasi sanguigni

trombòtico [da *trombosi* * 1894] **agg.** (**pl. m.** *-ci*) • (*med.*) del trombo: *materiale t.* | relativo a trombosi, caratterizzato da trombosi: *episodio t.*

†troménto ➤ **tormento**

trompe-l'oeil /fr. tʀɔ̃p'lœj/ [vc. fr., propr. 'inganna (da *tromper*, in orig. 'suonare la tromba (*trompe*)') l'occhio (*oeil*, di orig. lat.)' * 1905] **s. m. inv.** (**pl. fr. inv.**) • genere di pittura eseguita secondo precise regole della prospettiva lineare che, con un'accorta disposizione di luci ed ombre, rende al massimo il senso del rilievo, così da dare allo spettatore un'illusione di realtà | (*est.*) opera appartenente a tale genere

tron /tron, trɔn/ [dal n. del doge Niccolò *Tron* (1399-1473), che la fece coniare con la sua immagine * 1907] **agg. inv.** • solo nella loc. *lira t.*, moneta d'argento veneziana coniata nel XV sec. CFR. trono③

†tronàre [da *tuonare*, con *tr* del lat. *tŏnitrus* 'tuono' * av. 1292] **v. intr.** • tuonare

tronàta [da *†tronare* * 1879] **s. f. 1** (*tosc.*) sparo, scoppio, detonazione fragorosi **2** (*raro, fig., tosc.*) fanfaronata, spacconata

troncàbile [1584] **agg.** • che si può troncare (*anche fig.*): *ramo t.*; *parola t.*

troncaménto [av. 1320] **s. m. 1** rottura, taglio netto | (*fig.*) brusca cessazione: *il t. di un'amicizia* **2** (*ling.*) apocope (V. nota d'uso ELISIONE e TRONCAMENTO) **3** (*est.*) sistema di abbreviazione delle parole, consistente nell'indicazione delle sole prime lettere che le compongono (per es. *apr.* è abbreviazione di *aprile* ottenuta per troncamento)

troncàre o **†truncàre** [lat. *truncāre*, da *truncātus* 'tronc(at)o' * av. 1294] **A** **v. tr.** (*io trónco, tu trónchi*) **1** rompere qlco. con un colpo secco e violento, tagliare o recidere di netto: *t. un ramo, un arbusto con le mani, con le cesoie*; *la lama gli troncò una gamba*; *con un colpo d'ascia troncò la fune* | *t. il capo*, decapitare SIN. mozzare, spezzare **2** privare qlco. di una sua parte, renderlo tronco, mutilo: *t. una pianta della cima, della radice*; *t. un brano, un passo d'autore* SIN. mutilare **3** (*fig.*) †uccidere, decapitare **4** (*ling.*) sottoporre a troncamento: *t. una parola* **5** (*fig.*) stancare gravemente, stroncare: *una salita ripidissima, che tronca le gambe*; *la delusione ha troncato in lui ogni energia* **6** (*fig.*) interrompere in modo brusco e risoluto: *t. un'amicizia, una relazione sentimentale, un rapporto d'affari*; *t. una discussione*; *t. a mezzo una disputa*; *un grave scandalo troncò la sua carriera* | *troncare la parola in bocca a qlcu.*, interrompere malamente il suo discorso, non consentirgli di proseguire **B** **troncàrsi** **v. intr. pron. e rifl. recipr.** • (*lett., poet.*) lacerarsi, strapparsi

troncàto **A** **part. pass.** di *troncare*; anche **agg. 1** nei sign. del v. **2** (*raro*) tronco: *parola troncata* **3** (*fig.*) interrotto bruscamente **4** (*arald.*) detto di scudo o di figura divisi orizzontalmente a metà ‖ **†troncataménte**, **avv.** in modo tronco, mutilo **B** **s. m.** • (*arald.*) scudo troncato

troncatóre [1575] **s. m.** (**f.** *-trice*); anche **agg.** • (*raro, lett.*) chi (o che) tronca

troncatrìce [f. sost. di *troncatore* * 1973] **s. f.** • macchina a lama o a disco abrasivo per tagliare trafilati

troncatùra [av. 1729] **s. f. 1** il troncare, il venire troncato **2** (*est.*) punto in cui qlco. è stato troncato

tronchése (o **-ṣ-**) [fr. *tricoises* (da un precedente *turquoises* 'tenaglie di tipo turco' con sovrapposizione di *traire* 'tirare' (?)) accostato a *troncare* * 1922] **s. m. o f.** • utensile, costituito da due leve in serie, che serve per tagliare fili metallici anche di 6 o 7 mm di diametro ‖ **tronchesìno**, **dim. m.** | **tronchesìna**, **dim. f.** (V.)

tronchesìna (o **-ṣ-**) [dim. di *tronchese* * 1970] **s. f. 1** piccolo tronchese da orafi, usato per tagliare fili, nastrini e sim. **2** robusta forbicina da manicure, per tagliare le unghie

tronchétto① [da *troncare* * 1879] **s. m. 1** tronchese **2** (**spec. al pl.**) mezzo stivale

tronchétto② [av. 1940] **s. m. 1** dim. di *tronco* **2** (*bot.*) *t. della felicità*, comunemente, una porzione di fusto usata come talea di alcune varietà di una dracena ornamentale (*Dracaena fragrans*) **3** dolce o gelato confezionato in forma di piccolo tronco, con decorazioni sull'esterno che richiamano le striature del legno che si serve tagliato a fette: *t. di castagne*

†**tronchévole** [1584] **agg.** • che può subire il troncamento: *nome t.*

♦**trónco**① [lat. *trŭncu(m)*, di orig. incerta * 1313] **A agg.** (**pl. m.** *-chi*) **1** troncato, mozzo: *piramide tronca* | (**lett.**) mutilato, reciso: *risale dagli abissi / la testa tronca* (G. D'ANNUNZIO) **2** (**ling.**) detto di parola che ha subìto troncamento | detto di parola accentata sull'ultima sillaba CFR. ossitono (V. nota d'uso ACCENTO) **3** (**fig.**) interrotto, incompleto, lasciato a metà: *discorso t.*; *notizie tronche* | (**est.**) spezzato da angoscia, ira, emozione e sim.: *la sua voce tronca tradiva il timore*; *riferì l'accaduto con parole tronche* **4** (**raro**, **fig.**) rotto di stanchezza: *avere, sentirsi, le braccia, le gambe tronche* **5** (**fig.**) †impedito, tolto: *veduta tronca* **6** †sbarrato: *la via l'è tronca* (L. ARIOSTO) || **troncaménte**, **avv.** (**raro**) in modo tronco: *rispondere troncamente* **B s. m.** • nella loc. avv. e nella loc. agg. inv. ***in t.***, in modo incompleto, a metà o che si verifica in modo brusco, inatteso e senza preavviso: *i lavori rimasero in t.*; *rompere in t. una relazione*; *licenziamento in t.* | ***lasciare in t. un lavoro***, interromperlo bruscamente, lasciarlo a metà | ***lasciare qlcu. in t.***, piantarlo in asso, congedarlo bruscamente e sim.

♦**trónco**② o †**trùnco** [lat. *trŭncu(m)*, prob. forma sostantivata di *trŭncus* 'tronco①' * 1313] **s. m.** (**pl.** *-chi*) **1** (**bot.**) fusto eretto e legnoso delle piante arboree: *il t. dei pini, dei pioppi* | (**fig.**) ceppo: *sul vecchio t. romano si innestarono nuove istituzioni*; *dal t. latino germogliarono le lingue romanze* **2** in architettura, fusto: *il t. di una colonna* **3** (**anat.**) parte del corpo comprendente il torace e l'addome | tratto, segmento o importante diramazione di vaso o nervo, che dopo si suddivide ulteriormente: *t. celiaco, encefalico* **4** (**est.**) pezzo più grande, parte maggiore di un oggetto lungo spezzato: *il t. di una lancia* **5** (**mat.**) ***t. di cono, di piramide***, solido ottenuto togliendo a un cono o a una piramide la parte compresa fra il vertice e un piano che passa fra questo e la base **6** (**fig.**) tratto più o meno lungo di una strada, una linea di comunicazione, di distribuzione d'energia e sim.: *stanno completando l'ultimo t. dell'autostrada, della galleria, del nuovo canale navigabile*; *le linee elettriche e telefoniche sono suddivise in tronchi* | ***t. ferroviario***, tratto di linea delimitato da due stazioni capo-tronco **7** (**mar.**) nell'attrezzatura tradizionale, la prima e principale sezione di ogni albero, poggiata in coperta || **tronchétto**, **dim.** (V.) | **troncóne**, **accr.** (V.)

troncocònico [da *tronco*② *di cono* * 1953] **agg.** (**pl. m.** *-ci*) • che presenta la forma di un tronco di cono

troncóne [av. 1292] **s. m.** **1** accr. di *tronco*② **2** parte del tronco di un albero spezzato o tagliato fino alla base che resta infissa nel terreno: *t. di faggio, di pioppo* | (**poet.**) l'intero tronco: *stanco mi appoggio or al troncon d'un pino* (U. FOSCOLO) | (**poet.**) †asta, lancia da combattimento: *prese … un gran t., / e la cingia disciolse presto presto, / e pose il legno sotto dell'arcione* (M.M. BOIARDO) **3** (**est.**) moncone, moncherino **4** (**poet.**) †corpo mozzo del capo **5** ognuno dei pezzi risultanti dalla rottura di un oggetto lungo: *i tronconi di un'asta*; *il palo si è spezzato in più tronconi* | tronco, tratto: *t. ferroviario* | (**fig.**) settore, parte: *i due tronconi di un'inchiesta* **6** nel linguaggio dei cacciatori, fringuello da richiamo che tronca a mezzo il suo verso primaverile

troneggiàre [da *trono*② * av. 1853] **v. intr.** (**pres.** *io tronéggio*; **fut.** *io troneggerò*; **aus.** *avere*) **1** sedere maestosamente come un monarca sul trono: *t. in un'ampia poltrona, in un palco, a capotavola* **2** (**est.**, **scherz.**) imporsi all'attenzione, spiccare fra tutti per l'aspetto imponente, l'atteggiamento maestoso, il tono sussiegoso, pieno di sé e sim. (**anche iron.**): *la vecchia dama troneggiava nel bel mezzo della sala* | (**est.**) far bella mostra di sé, detto di cose: *al centro della vetrina troneggia un grosso brillante*; *un gigantesco tacchino troneggiava sulla tavola* **3** (**raro**) dominare, sovrastare in altezza: *t. su tutti con la persona*

tronfiàggine [1922] **s. f.** • caratteristica di chi (o di ciò che) rivela boria, tracotanza | (**est.**) ampollosità, ridondanza

tronfiàre [etim. discussa: da *gonfiare* con sovrapposizione di *trionfare* (?) * av. 1484] **v. intr.** (*io trónfio*; **aus.** *avere*) **1** (**lett.**, **raro**) camminare tronfio e pettoruto, detto di animali e persone: *un gallo tronfia nel cortile* **2** (**lett.**, **raro**) sbuffare, stronfiare

♣**tronfiézza** [1585] **s. f.** • (**lett.**, **raro**) caratteristica di chi (o di ciò che) è tronfio

♣**trónfio** [da *tronfiare* * 1353] **agg.** **1** che è borioso, gonfio di superbia, pieno di sé e sim.: *camminava tutto t. e pettoruto* | (**est.**) che rivela presunzione, tracotanza **2** (**est.**) di ciò che è troppo ampolloso, ridondante e sim.: *stile t.*; *parole tronfie* **3** †grasso, ben nutrito: *piccioni, galli tronfi* || **tronfiaménte**, **avv.** || **tronfióne**, **accr.**

tronièra [da †*trono*① * 1570] **s. f.** • feritoia delle mura antiche e medievali che serviva per le macchine belliche da getto e per le prime artiglierie

tronìsta [da *trono* * 2004] **s. m. e f.** (**pl. m.** *-i*) • nel linguaggio giornalistico, chi partecipa a uno spettacolo stando seduto su una specie di trono al centro dell'attenzione di una cerchia di spettatori

†**tròno**① o †**truòno** [da †*tronare* * av. 1276] **s. m.** • tuono

♦**tròno**② [vc. dotta, lat. *thrŏnu(m)*, dal gr. *thrónos*, di formazione non chiara da una base indeur. ampiamente diffusa * av. 1292] **s. m.** **1** seggio per sovrani, principi o pontefici in funzioni solenni, collocato sopra uno o più ordini di scalini, spesso coperto da un baldacchino o padiglione: *sedere in, sul t.*; *la sala del t.* | seggio su cui si immagina, e spesso si raffigura, seduta la divinità, in segno di maestà e potenza: *il t. di Giove, di Dio, della Vergine* | ***fino al t. di Dio***, fino a Dio | (**lett.**) seggio dei beati in Paradiso | (**est.**) podio, coperto da baldacchino, per la statua dei santi **2** (**fig.**) regno, corona, autorità e dignità di sovrano: *aspirare al t.*; *essere l'erede al t.*; *i nemici del t.* | ***ascendere, salire al t.***, diventare re, imperatore, Papa | ***il t. e l'altare***, l'autorità del re e della Chiesa **3** (**relig.**, **al pl.**) settimo ordine angelico

tropèa [lat. *tropāea(m)*, dal gr. *tropáia* '(venti) che si voltano (dal mare verso la terra)', dal v. *trépein* 'voltare', di orig. indeur. * 1908] **s. f.** • (**centr.**) tempesta, temporale | (**fig.**) sbornia

Tropeolàcee [comp. di *tropeolo* e *-acee* * 1935] **s. f. pl.** (**sing.** *-a*) • (**bot.**) famiglia di piante erbacee con fiori vistosi, calice a cinque sepali, di cui il posteriore trasformato in sperone, corolla a cinque petali e frutto ad achenio (*Tropaeolaceae*)

tropèolo [comp. del lat. *tropāeu(m)* 'trofeo' e *-olo*③ * 1840] **s. m.** • (**bot.**) cappuccina, nasturzio indiano

-tropia [gr. *-tropía*, da *trépein* 'volgere, (ri)voltare', di orig. indeur.] **secondo elemento** • in parole scientifiche composte, significa 'movimento', tendenza a muoversi in certe direzioni, 'trasformazione': *esotropia, entropia, allotropia, isotropia*

tropicàle [1843] **agg.** **1** dei tropici, proprio dei tropici e delle zone tra essi comprese: *fascia t.*; *vento, clima t.*; *fauna, flora t.*; *regioni, piante, malattie tropicali* **2** (**est.**) torrido, caldissimo: *calura t.*; *clima t.* || **tropicalità**, **s. f. inv.** caratteristica di ciò che è tropicale

tropicalizzàre [fr. *tropicaliser*, da *tropical* 'tropicale' * 1961] **A v. tr.** • rendere adatto un materiale, uno strumento o un'apparecchiatura a funzionare in climi tropicali: *t. un elaboratore elettronico* **B tropicalizzàrsi v. intr. pron.** • assumere caratteristiche climatiche tropicali || **tropicalizzazióne**, **s. f.**

tròpico [vc. dotta, lat. tardo *trŏpicu(m)*, sottinteso *cĭrculu(m)*, propr. '(circolo di) rivolgimento (del sole)', dal corrispondente gr. *tropikós* (*ký-klos*) * av. 1328] **A s. m.** (**pl.** *-ci*) **1** (**astron.**) ciascuno dei due paralleli celesti descritti dal Sole nei giorni del solstizio | ***t. del Cancro, t. del Capricorno***, tropici celesti che prendono il nome dalle costellazioni in cui oltre duemila anni fa cadevano rispettivamente il solstizio d'estate e quello d'inverno; per effetto della precessione oggi essi si sono spostati nelle contigue costellazioni dei Gemelli e del Sagittario **2** (**geogr.**) ciascuno dei due paralleli a 23° e 27′ di latitudine a nord e a sud dell'equatore **3** (**al pl.**) correntemente, zone, paesi tropicali: *vivere ai tropici*; *regioni, mari dei tropici* **B agg.** • solo nella loc. ***anno t.***, intervallo di tempo tra due consecutivi passaggi del Sole all'equinozio di primavera pari a $365^{d}\ 5^{h}\ 48^{m}\ 45{,}98^{s}$, su cui è regolato il calendario civile

-tròpico [da *-tropia*] **secondo elemento** • forma aggettivi composti della terminologia scientifica derivati per lo più da sostantivi in *-tropia* e *-tropo*: *entropico*

tropìna [da *(a)tropina* * 1983] **s. f.** • (**chim.**) molecola eterociclica costituita da otto atomi di carbonio, uno di azoto e da un residuo alcolico, da cui derivano alcaloidi di interesse farmacologico come l'atropina e la cocaina

tropìsmo [gr. *trópos* 'direzione' (dal v. di orig. indeur. *trépein* 'rivolgere') col suff. *-ismo*, tratto da composizioni più determinate, come *(elio)tropismo*, *(geo)tropismo* e sim. * 1901] **s. m.** **1** (**biol.**) reazione a uno stimolo di una cellula o di un organismo, che avviene in una determinata direzione: *il t. delle piante, degli insetti* | ***t. positivo***, quando la reazione è diretta verso lo stimolo | ***t. negativo***, quando la reazione è diretta in direzione opposta allo stimolo **2** in batteriologia e farmacologia, tendenza verso un determinato luogo o ambiente: *il t. intestinale dei bacilli del tifo*

tròpo [vc. dotta, lat. *trŏpu(m)*, dal gr. *trópos* 'volgimento (verso altra via)', da *trépein* 'voltare', di orig. indeur. * 1374] **s. m.** **1** (**ling.**) trasferimento di una parola o di una locuzione dal senso proprio a quello estensivo o figurato; (**est.**) la parola o la locuzione così impiegata SIN. traslato **2** (**filos.**) nello scetticismo greco, ciascuno dei dieci argomenti con cui venivano sostenute le tesi agnostiche **3** (**mus.**) nella musica greca e medievale, tono, modo | nella liturgia, testo nuovo inserito nei canti, nella Messa e nel breviario

tropo-, -tropo [gr. *tropo-*, *-tropos*, connesso col v. *trépein* '(ri)voltare', di orig. indeur.] **primo e secondo elemento** • in parole scientifiche composte, indica tendenza a svolgersi in determinati modi o ad assumere determinate direzioni o caratteristiche: *troposfera*; *isotropo*

tropologìa [vc. dotta, lat. tardo *tropolŏgia(m)*, dal gr. *tropología*, comp. di *trópo(s)* 'tropo, traslato' e *-logía* * av. 1328] **s. f.** (**pl.** *-gìe*) • discorso allegorico, linguaggio figurato | in-

a b c d e f g h i j k l m n o p q r s t u v w x y z

terpretazione della Bibbia come metafora morale CFR. allegoria, anagogia, tipologia

tropològico [vc. dotta, lat. tardo *tropolŏgi-cu(m)*, da *tropolŏgia* ✱ av. 1328] **agg.** (**pl. m.** *-ci*) ● (*lett.*) relativo alla tropologia; allegorico, figurato: *linguaggio t.* | ***senso t.***, nella Bibbia, il significato morale che si esprime attraverso figure o avvenimenti di valore simbolico ‖ **tropologicaménte**, **avv.** in modo tropologico, secondo il senso tropologico

tropopàusa [fr. *tropopause*, comp. di *tropo-* 'giro, direzione' e *pause* 'pausa', per la mancanza di forti mutamenti di temperatura ✱ 1933] **s. f.** ● (*geofis.*) strato atmosferico dello spessore di qualche centinaio di metri compreso fra la troposfera e la stratosfera, a un'altezza variabile da circa 8 km ai poli a circa 18 km all'equatore

troposfèra [fr. *troposphère*, comp. di *tropo-* 'giro, direzione' e *sphère* 'sfera', cioè la parte dell'atmosfera dove avvengono forti mutamenti ✱ 1923] **s. f.** ● (*geofis.*) regione inferiore dell'atmosfera, dove hanno sede i fenomeni meteorologici, che si estende dal suolo sino a circa 8 km ai poli e circa 18 km all'equatore; è caratterizzata da una diminuzione della temperatura con la quota

troposfèrico [1961] **agg.** (**pl. m.** *-ci*) ● relativo alla troposfera

♦**tròppo** [francone *throp* 'mucchio, branco' (forma metatetica di *thorp*, di orig. indeur.) ✱ 1229] **A agg. indef.** **1** che è in misura, quantità, grado superiore al bisogno, al giusto, al conveniente o all'opportuno: *c'è troppa gente; fai troppi errori; fa t. caldo; non vorrei recarvi t. disturbo; non devi mettere troppa carne al fuoco* | ***troppa grazia!***, sottolineando l'abbondanza di qlco. (*anche iron.*) **2** (*poet.*) molto numeroso, grande: *Qui vid'i' gente più ch'altrove troppa* (DANTE *Inf.* VII, 25); *nella prona terra / t. è il mistero* (G. PASCOLI) **B pron. indef.** **1** (**al pl.**) persone che sono in numero eccessivo: *troppi ormai lo sanno; troppi la pensano così; siamo in troppi qui; siete troppi* **2** quantità esagerata: *io ho preso poca roba, ma tu ne hai presa forse troppa; non comprare altri vestiti, ne hai fin troppi; versami ancora un po' di tè, ma che non sia t.* | con valore neutro: *ho t. da fare; hai detto anche t.* | PROV. ***a chi t. e a chi niente*** **C avv.** **1** in misura eccessiva, più del giusto o del conveniente: *tu spendi t.; mangia e beve t.; parlate t.; non avertene t. a male se te lo dico; non fidarti t. di lui; non tornare t. tardi; questa carne è t. cruda; è t. bello per essere vero; non devi essere t. buono con lui; poiché una speme è lunga a venir t.* (F. PETRARCA); *a voli t. alti e repentini / sogliono i precipizi esser vicini* (T. TASSO) | ***t. poco***, in misura eccessivamente scarsa: *mangi t. poco* | ***t. buono!, t. gentile!***, formule di cortesia con cui ci si schermisce da una lode, un invito e sim. o con cui si ringrazia accettando od opponendo un cortese rifiuto | con valore rafforz. preceduto da 'anche' 'fino': *lo conosco anche t. bene; lo so bene, anche t.!; a dire la verità è fin t. sveglio* | ***di t.***, in più, più del dovuto: *sono forse di t. qui?; ho bevuto un bicchiere di t.; ho detto forse qualche parola di t.* | †concordato nel genere e nel numero con il termine a cui si riferisce: *con troppi maggiori colpi che 'n prima* (G. BOCCACCIO) **2** molto: *non ci sarebbe t. da stupirsi se decidesse in questo senso* | (*enfat.*) assai: *quel ragazzo è t. simpatico!; t. bello, quel film!; te ne vai? t. giusto!* | ***non t.***, poco, pochissimo: *non ne sarei t. sicuro; lo faccio ma non t. volentieri; mi sento non t. bene* **D s. m.** ● ciò che è in eccesso: *d'entro le leggi trassi il t. e 'l vano* (DANTE *Par.* VI, 12) | PROV. ***il t. stroppia*** (o ***l'assai basta e il t. guasta***), ogni eccesso è dannoso

troppopièno [da *troppo pieno*: calco sul fr. *trop-plein* ✱ 1911] **s. m. inv.** **1** apertura praticata nella parete di serbatoi, vasche e sim. per impedire al liquido di superare un certo livello **2** (*econ.*) detto di mercato sul quale gli operatori economici hanno effettuato acquisti eccedenti le loro reali possibilità

†**tròscia** [etim. discussa: longob. *trausjan* 'cadere' (?) ✱ sec. XIII] **s. f.** (**pl.** *-sce*) **1** pozzanghera **2** buca quadra scavata in terra per mettervi a bagno le pelli da concia

tròta [lat. tardo *trŭcta(m)*, di etim. incerta ✱ 1282] **s. f.** ● nome comune di Pesci ossei dei Salmonidi, appartenenti al genere *Salmo*, adattati alle acque limpide e fredde dei fiumi, dei torrenti e dei laghi, che per la bontà delle loro carni sono oggetto di intenso allevamento a scopo alimentare (*Salmo trutta*) | ***t. di torrente***, lunga non più di 50 cm, adattata alle acque correnti limpide e ben ossigenate (*Salmo trutta fario*) | ***t. marmorata***, lunga fino a un metro, con pelle dorsale madreperlacea a linee scure, frequente nell'Italia settentrionale (*Salmo trutta marmoratus*) | ***t. di mare***, specie che compie migrazioni tra l'acqua dolce e il mare (*Salmo trutta marinus*) | ***t. iridea*** o ***arcobaleno***, originaria dell'America, è quella che meglio si presta all'allevamento (*Salmo gairdneri*) | ***t. di lago***, lunga fino a 1 m (*Salmo trutta lacustris*) | ***t. salmonata***, che deve il suo nome al colore rosa delle carni particolarmente pregiate, ottenuto con un'adeguata alimentazione

troticoltóre [da *trota*, sul modello di *agricoltore* ✱ 1961] **s. m.** (**f.** *-trice*) ● chi si occupa di troticoltura

troticoltùra [da *trota*, sul modello di *agricoltura* ✱ 1937] **s. f.** ● allevamento artificiale delle trote, a scopo alimentare o di ripopolamento

trotile ▸ **tritolo**②

trotinatùra [da *trotino* ✱ 1961] **s. f.** ● macchiettatura caratteristica del mantello trotino

trotino [dalla livrea maculata della *trota* ✱ 1879] **agg.** ● dicesi di mantello equino che presenta peli rossi riuniti in piccoli fiocchi, varietà dei mantelli ubero, roano e grigio

trottapiàno [comp. di *trotta(re)* e *piano*① nel sign. B ✱ 1876] **s. m. e f. inv.** ● (*raro, scherz.*) persona che cammina, si muove o agisce con lentezza

♦**trottàre** [ant. alto ted. **trottôn* 'correre', iter. di *treten* 'andare, camminare', di orig. e area solamente germ. ✱ 1287] **A v. intr.** (*io tròtto*; **aus.** *avere* **nel sign. 1**, *avere* **o** *essere* **nel sign. 2**) **1** andare al trotto, detto del cavallo e (*est.*) di chi lo cavalca | ***far t. il cavallo***, mandarlo al trotto **2** (*est.*) camminare con piccoli passi veloci e saltellanti, detto di animali e persone: *il piccolo, il cucciolo trottava dietro sua madre* | (*est.*) camminare rapidamente: *se non vuoi arrivare in ritardo, devi t.* | (*fig.*) lavorare, agire o darsi da fare con impegno: *il marito è in ospedale e a lei tocca t.; è da stamattina che trotto da un ufficio all'altro* **B v. tr.** ● †condurre al trotto

trottàta [f. sostantivato del part. pass. di *trottare* ✱ av. 1686] **s. f.** **1** corsa del cavallo al trotto | (*est.*) passeggiata o cavalcata fatta con un cavallo che va al trotto: *una t. in calesse; una t. per i campi; ogni mattina faccio una bella t.* **2** (*est.*) camminata veloce, affrettata, senza soste: *ho fatto una vera t. a piedi* ‖ **trottatina**, **dim.**

trottatóia [1881] **s. f.** ● trottatoio, nel sign. 2

trottatóio [da *trottare* ✱ 1880] **s. m.** (**pl.** *-ói*) **1** pista su cui si allenano i cavalli per le corse al trotto **2** ciascuna delle due strisce di granito che un tempo si usava inserire nella strada acciottolata per facilitare il passaggio dei veicoli

trottatóre [da *trottare* ✱ sec. XIV] **A agg.** (**f.** *-trice*) ● detto di cavallo che va al trotto, che è abile nel trotto **B s. m.** ● cavallo selezionato e addestrato per le corse al trotto

tròtter /'trɔtter, *ingl.* 'trɒtə(r)/ [vc. ingl., dal v. *to trot*, che ha lo stesso sign. e la stessa orig. di 'trottare' ✱ 1895] **s. m. inv.** ● ippodromo in cui si disputano le corse al trotto

trotterellàre [da *trottare*, con suff. verb. frequentativo ✱ 1875] **v. intr.** (*io trotterèllo*; **aus.** *avere* **nel sign. 1**, *avere* **o** *essere* **nel sign. 2**) **1** andare al piccolo trotto, detto del cavallo e (*est.*) di chi lo cavalca **2** (*fig.*) camminare in fretta, quasi correndo, con piccoli passi saltellanti, detto spec. di bambini, piccoli animali e sim.

trottìstico [da *trotto* ✱ 1941] **agg.** (**pl. m.** *-ci*) ● che riguarda le corse al trotto: *concorso t.; stagione trottistica*

♦**tròtto** [da *trottare* ✱ sec. XIII] **s. m.** **1** andatura naturale del cavallo tra passo e galoppo, in cui l'appoggio dell'anteriore destro avviene contemporaneamente all'appoggio del posteriore sinistro e viceversa: *andare al t.*, (*lett.*) *di t.; mettere il cavallo al t., fargli prendere il t.* | ***piccolo t.***, con passi meno lunghi e meno rapidi | (*fig.*) ***al piccolo t.***, spec. nel calcio, a ritmi lenti, blandi: *secondo tempo al piccolo t.* | ***t. serrato, chiuso***, a passi piccoli e raccolti | ***t. all'inglese***, quando il cavaliere si solleva e si abbassa sulla sella seguendo il movimento del cavallo | ***rompere il t.***, prendere un'andatura intermedia tra il trotto e il galoppo | ***corse al t.***, gare di cavalli che si disputano su pista di sabbia con guidatore montato sul sulky **2** (*fig., colloq.*) passo veloce, sostenuto, di persona: *camminare di buon t.* ‖ **trotterèllo**, **dim.** | (*lett.*) **trottino**, **dim.**

tròttola [da *trottolare* ✱ sec. XIV] **s. f.** **1** giocattolo di legno o altro materiale, simile a un cono rovesciato, che si fa girare rapidamente su sé stesso con vari sistemi | ***girare come una t.***, (*fig.*) di persona che non sta mai ferma, lavora sempre, si dà continuamente da fare | ***la testa mi gira come una t.***, di chi ha il capogiro e sim. | ***a t.***, si dice di un particolare motivo di tornitura usato nei sostegni di tavoli e sedili **2** figura libera del pattinaggio a rotelle e su ghiaccio, consistente in una serie di veloci rotazioni che il pattinatore compie su sé stesso sul medesimo asse: *t. sulle punte, sui talloni, su un piede; t. ad angelo* **3** (*zool.*) troco ‖ **trottolina**, **dim.** | **trottolino**, **dim. m.** (V.) | **trottolóne**, **accr. m.**

trottolàre [etim. discussa: da *trott(are)* con suff. iter. *-olare* (?) ✱ av. 1704] **v. intr.** (*io tròttolo*; **aus.** *avere*) **1** (*disus.*) ruotare velocemente su sé stesso, come una trottola **2** (*fig., lett.*) muoversi di continuo, non stare mai tranquillo, detto spec. di bambino

trottolino [1830] **s. m.** (**f.** *-a*) **1** dim. di *trottola* **2** (*fig., fam.*) bambino vivacissimo

trotzkismo /trots'kizmo/ o **trozkismo** /trots'kizmo/ [1939] **s. m.** ● dottrina comunista di Lev D. Trotzkij (1879-1940), fondata sul concetto di rivoluzione permanente e di lotta alla burocrazia

trotzkista /trots'kista/ o **trozkista** [1933] **s. m. e f.** (**pl. m.** *-i*) ● chi ispira la propria azione politica al trotzkismo

troupe /*fr.* trup/ [vc. fr., equivalente a *truppa* (V.) ✱ 1902] **s. f. inv.** ● gruppo organico di artisti, tecnici, operai e amministrativi, impegnati in una rappresentazione teatrale, nella lavorazione di un film e sim.: *t. cinematografica, televisiva*

trousse /*fr.* trus/ [vc. fr., da *trousser*, propr.

'caricare una bestia da soma (legando il carico con corde: in lat. *torquēre* 'torcere', dal quale è derivato il lat. parl. **torsāre*, che sta all'orig. del v. fr.)' ✱ 1905] **s. f. inv. 1** astuccio o fodero per utensili vari destinati a un dato scopo: *la t. della manicure* **2** borsetta da sera per signore, di tipo rigido, ad astuccio, in tartaruga, oro, argento e sim.

trouvaille /fr. tru'vaj/ [vc. fr., da *trouver* 'trovare' ✱ 1955] **s. f. inv. (pl. fr. *trouvailles*)** ● oggetto trovato casualmente; scoperta inattesa, fortunata, interessante: *quel libro al mercatino, una vera t.!* | idea originale, spec. in opere artistiche o letterarie: *il soggetto del film è fondato su recenti t. di una ricercatrice*

trovàbile [1635] **agg.** ● (*raro*) che si può trovare ‖ **trovabilità**, **s. f. inv.**

trovadóre ➤ **trovatore**②

trovadòrico o **trobadòrico** [1891] **agg. (pl. m. -*ci*)** ● dei trovadori: *poesia trovadorica*

trovaménto [1261 ca.] **s. m. 1** (*raro, lett.*) il trovare | reperimento **2** †invenzione

trovànte [1839] **s. m.** ● (*geogr.*) masso erratico che si trova in terreni lontani e spesso diversi dalle rocce dalle quali proviene

♦**trovàre**① [etim. discussa: lat. parl. **tropāre*, da *trŏpus* 'tropo', cioè 'esprimersi a mezzo di tropi' (?) ✱ sec. XII] **A v. tr.** (*io tròvo*, †*truòvo*) **1** individuare, riuscire a vedere, conoscere, cogliere, scoprire, incontrare e sim. la cosa o la persona che si cercava: *t. i guanti, gli occhiali; non trovo più la borsetta; t. casa, marito, lavoro; t. la verità, la ricchezza; t. qlco. per terra; t. qlcu. a casa, al bar; t. un amico; in questo viaggio il Vergerio trovò Lutero a Vittenberg* (P. Sarpi); *l'ho trovato che dormiva; gli ho telefonato ma non l'ho trovato; t. l'area del triangolo, il volume della sfera; dove la trovi un'altra automobile così economica?; l'ho trovato a buon mercato, in un negozietto di periferia* | anche seguito dall'inf. di un verbo introdotto dalla prep. *da*: *t. da dormire, da mangiare* | ***t. da ridire su qlco.***, obiettare su qlco., criticarla | ***t. la Mecca, l'America***, (*fig.*) l'abbondanza, la ricchezza | ***andare a t. qlcu.***, andare a fargli visita **2** riuscire ad avere, ottenere ciò che si desidera, cui si anela, di cui si ha bisogno e sim.: *t. un po' di pace, di riposo, di serenità; in famiglia speravo di t. affetto e comprensione; t. conforto nella preghiera* | ***non t. posa***, di persona irrequieta, agitata, ansiosa e sim. | trarre, ricavare da qlcu. o da qlco.: *t. il proprio utile, il proprio tornaconto; se lo fa, puoi essere sicuro che vi trova un qualche vantaggio; in questa cura ho trovato un concreto giovamento* | conquistarsi: *t. la fama, la gloria, il successo* **3** (*est.*) ricevere: *t. una buona accoglienza; t. la morte sul campo, in battaglia* **4** scoprire: *hanno trovato il ladro, il colpevole; si era nascosto, ma l'hanno trovato ugualmente* | escogitare, inventare: *bisogna assolutamente t. un rimedio; non riesco a t. una soluzione migliore di questa; t. nuove scuse e pretesti; devi t. qualcosa di nuovo se vuoi che il pubblico si diverta* **SIN.** escogitare, scoprire **5** sorprendere, cogliere, pescare: *t. qlcu. sul fatto, in colpa, in fallo, in errore; li hanno trovati in affettuoso colloquio; lo trovò che* (o *mentre*) *rubava; l'alba lo trovò addormentato; tutto ciò ci trova assolutamente impreparati* | ***t. qlcu. con le mani nel sacco***, (*fig.*) coglierlo in flagrante **6** rinvenire qlco. o imbattersi in qlcu. senza averne fatto ricerca, per lo più in modo inaspettato e fortuito: *t. un oggetto smarrito; t. in solaio un quadro d'autore; t. per caso un vecchio amico; t. uno sconosciuto in casa propria; indovina un po' cosa ho trovato?; arrivo e chi ti trovo?* **7** riconoscere, riscontrare mediante l'esame o l'osservazione diretta: *il medico lo trova deperito; in ospedale gli hanno trovato la polmonite; non trovo in lui nessun miglioramento; spero di trovarvi bene, in buone condizioni di salute; ti trovo un po' giù; come mi trovi?; li ho trovati un po' invecchiati* | stimare, valutare: *t. il cibo buono, saporito, eccellente; t. uno spettacolo brutto, noioso, avvincente; mi hanno detto che era scortese, ma io l'ho trovato gentile ed educato; come lo trovi, questo vino?* **8** giudicare, ritenere, pensare (+ *che*): *trovo che hai fatto bene, male* | (*fam.*) ***trovi?***, ti sembra? | ***non trovi?***, non ti pare, non sembra anche a te?: *il film è carino, non trovi?; non trovi che sarebbe meglio partire domani?* **9** constatare, riscontrare (+ *di* **seguito da inf.**, + *che*): *t. di aver vinto, perso; trovo che qui sta andando tutto in malora* **10** †colpire: *t. qlcu. sullo scudo* **11** †istituire: *t. il battesimo* **B trovàrsi v. tr. pron.** (aus. *essere*) **1** riuscire a trovare (con valore intens.): *si è trovata un buon lavoro; si è trovato due locali in centro; dovresti trovarti un bravo dentista* **2** avere (con valore intens.): *quanto ti trovi in tasca?; trovarsi addosso solo qualche spicciolo* **3** vedere intorno a sé qlcu. spec. non gradito (con valore intens.): *trovarsi qlcu. fra i piedi; me lo trovo in casa ogni giorno* **C trovàrsi v. rifl. recipr.** ● incontrarsi: *quando ci troviamo?; di solito si trovano in piazza; allora d'accordo, ci troviamo domani alle tre, a casa tua* **SIN.** vedersi | (*fig.*) raggiungere un accordo: *non ci siamo trovati sul prezzo* | ***trovarsi d'accordo***, concordare **D trovàrsi v. intr. pron. 1** essere, stare: *trovarsi in pericolo; da tempo si trova a letto malato; attualmente dovrebbe trovarsi all'estero; si può sapere dove mi trovo?* | sentirsi, essere in una determinata condizione: *trovarsi bene, male; mi trovo bene con lui* **2** arrivare, capitare: *ci trovammo improvvisamente su un colle; ci siamo trovati a Napoli quasi senza accorgercene* | essere per caso o improvvisamente in una data condizione (+ *a* **seguito da inf.**): *ci siamo trovati a dover decidere in pochi minuti; si è trovato a gestire una situazione difficile* **3** essere posto, situato: *il villaggio si trova al di là del fiume; la Gioconda si trova al Louvre; i quartieri residenziali si trovano nella parte nord della città*

†**trovàre**② [ant. provenz. *trobar* 'rinvenire i tropi', secondo la presunta, ma corrente etim. di *trovare*① ✱ av. 1250] **A v. tr.** ● poetare, comporre (*anche assol.*) **B anche s. m.**

trovarobàto [da *trovarobe* ✱ 1962] **s. m.** ● insieme dei piccoli oggetti che completano l'arredamento teatrale e cinematografico

trovaròbe [comp. di *trova(re)*① e il pl. del generico *roba* ✱ 1775] **s. m. e f. inv.** ● collaboratore del direttore di scena, addetto al reperimento e alla manutenzione di tutti gli oggetti che completano l'arredamento e il fabbisogno di una scena teatrale o televisiva

trovàta [f. sost. del part. pass. di *trovare*① ✱ 1355] **s. f. 1** espediente escogitato per uscire da una situazione difficile, incresciosa, imbarazzante e sim.: *una bella t.; una t. veramente originale; una t. infelice, piuttosto fiacca* | idea felice, buona idea: *questa sì che è una t.!* | (*est.*) battuta: *t. degna di un grande comico* **SIN.** pensata **2** †reperimento di qlco. **3** †scoperta di un delitto ‖ **trovatina**, **dim.** | **trovatóna**, **accr.**

SFUMATURE ➤ ***espediente***

trovatèllo [dim. sost. di (bambino) *trovato* ✱ 1598] **s. m. (f. -*a*)** ● bambino che è stato iscritto allo stato civile come figlio di ignoti, o che è stato abbandonato o lasciato in un istituto di pubblica assistenza senza essere stato denunciato allo stato civile

trovàto **A part. pass.** di *trovare*①; anche **agg. 1** nei sign. del v. | ideato, immaginato: *una scusa ben trovata* **2** ***ben t.***, come formula di saluto rivolta a chi si incontra **B s. m. 1** (*raro, lett.*) scoperta, invenzione, ideazione **2** †invenzione, pretesto | finzione, inganno **3** †poesia

†**trovatóre**① [1261 ca.] **agg. e s. m. (f. -*trice*)** ● che (o chi) trova | †***t. di guerra***, suscitatore di guerre | †***t. di calunnie***, macchinatore

trovatóre② o **trovadóre** [provenz. *trobador*, al nom. *trobaire*, da *trobar* 'trovare' nel senso di inventare proprio della poetica mediev. ✱ av. 1257] **s. m. (f. -*tóra*)** ● poeta rimatore e musico della Provenza, nei secc. XII e XIII, che spesso cantava anche le sue poesie | ***la poesia dei trovatori***, canzoni, serventesi, tenzoni, pastorelle, albe e sim., generi e atteggiamenti stilistici e spirituali diffusi in tutta l'Europa occidentale | giullare che componeva poesie e musica

trovièro o **trovèro** [fr. *trouvère*, parallelo del provenz. *trobaire*, donde *trovatore*② ✱ 1819] **s. m.** ● poeta, rimatore della lingua francese antica (*lingua d'oïl*), autore e recitatore di componimenti di vario genere, corrispondente al trovatore della poesia provenzale

trozkìsmo e deriv. ➤ **trotzkismo** e deriv.

tròzza [ant. fr. *troche* per *torche* '(cosa) attorta', donde anche *torcia* (V.) ✱ 1602] **s. f.** ● (*mar.*) collare di ferro o stroppo di cavo o catena che serve a sistemare un pennone o la gola di un picco all'albero: *t. ad anello, in cavo, a catena*

trozzèlla [vc. pugliese di etim. discussa ✱ 1911] **s. f.** ● (*archeol.*) anfora in ceramica di forma ovoidale, tipica della civiltà messapica, con alte anse che culminano oltre l'imboccatura e si congiungono al ventre con elementi decorativi a forma di rotelle

†**tròzzo** [sp. *trozo* 'pezzo' e 'parte (di un reggimento)', di etim. incerta ✱ 1665] **s. m.** ● quantità, moltitudine di gente armata

†**truànte** [ant. fr. *truand*, di prob. orig. gallica ✱ 1287] **agg. e s. m.** ● traditore, mascalzone

trùca o **trùka** [ingl. *truck* 'carro, carrello', dal lat. *trŏchlea(m)* 'carrucola', dal gr. *trochilía* (da *trochós* 'ruota', della stessa famiglia di *tréchein* 'correre', forse d'orig. indeur.) ✱ 1963] **s. f.** ● (*cinema*) stampatrice ottica per pellicole cinematografiche che permette di riprodurre un film su un'altra pellicola consentendo inoltre di ottenere vari effetti, come accelerazioni o rallentamenti, ingrandimenti o riduzioni

truccàbile [da *truccare*② ✱ 1970] **agg.** ● che si può truccare

truccàre① o †**trucchiàre**, †**trucciàre** [ant. provenz. *trucar* 'urtare', di etim. discussa: dal lat. parl. **trudicāre*, iter. di *trūdere* '(so)spingere' (?) ✱ 1585] **v. intr.** (*io trùcco, tu trùcchi*; aus. *avere*) ● nel gioco delle bocce, della pallamaglio, del biliardo e sim., spostare con la propria palla quella dell'avversario

♦**truccàre**② [fr. *truquer*, da *truc* 'abilità, inganno, artificio' (dal provenz. ant. *truc* 'colpo, urto', deriv. di *trucar*: V. *truccare*①) ✱ 1905] **A v. tr.** (*io trùcco, tu trùcchi*) **1** intervenire su qlco. modificandola o alterandola nell'aspetto, nei particolari, nello svolgimento, nel funzionamento e sim., spec. per trarre in inganno gli altri: *t. un mobile per farlo credere antico; t. i risultati di un'inchiesta, di una statistica; t. una partita di calcio, un incontro di pugilato* | ***t. le carte, i dadi***, per barare | ***t. un motore***, elaborarlo in modo da consentire al veicolo su cui è montato prestazioni superiori a quelle originarie **2** modificare temporaneamente, spec. per esigenze teatrali o cinematografiche, l'aspetto fisico di una persona, anche facendola assomigliare a un'altra:

t. un attore da vecchio, da gobbo, da storpio; *lo stanno truccando nel suo camerino* | (*est.*) travestire: *t. qlcu. da cinese, da antico romano* **3** (*est.*) modificare temporaneamente l'aspetto del viso o di una sua parte spec. mediante l'uso di cosmetici: *t. le labbra col rossetto* **B** **truccàrsi** **v. rifl. e tr. pron.** (aus. *essere*) **1** modificare il proprio aspetto fisico con l'uso di molteplici artifici, spec. per esigenze teatrali o cinematografiche (+ *da*): *è un attore che di solito si trucca pesantemente*; *truccarsi da Rigoletto* | (*est.*) travestirsi: *truccarsi da antico romano* **2** (*est.*) modificare l'aspetto del proprio viso, per migliorarlo, spec. mediante l'uso di cosmetici: *truccarsi bene, male*; *non sa truccarsi*; *di solito si trucca solo gli occhi*

truccàto **part. pass.** di *truccare*②; anche **agg.** • nei sign. del v.: *occhi truccati, una partita truccata*

truccatóre [1936] **s. m.** (**f.** *-trice*) • persona specializzata nel trucco degli attori di un film, di un'opera teatrale o di una produzione televisiva

truccatùra [1905] **s. f.** **1** operazione, modalità del truccare o del truccarsi **2** ciò che serve per questa operazione | abbigliamento d'attore adatto alla parte da recitare

†**trucchiàre** > **truccare**①

†**trucciàre** > **truccare**①

trùcco① [da *truccare*① ✱ 1626] **s. m.** (**pl.** *-chi*) • antico gioco in voga nelle corti del Rinascimento, simile al biliardo | ***t. a terra***, pallamaglio

♦**trùcco**② [da *truccare*②, su modello del fr. *truc* ✱ 1905] **s. m.** (**pl.** *-chi*) **1** artificio con cui si nasconde, si maschera o si falsa la realtà, per trarre gli altri in inganno: *un t. abilissimo*; *i trucchi dei maghi*; *conosce ogni specie di trucchi*; *il t. c'è ma non si vede* | ***è tutto un t.***, di ciò che si ritiene assolutamente falso, ingannevole e sim. | ***t. fotografico, scenico, cinematografico*** e sim., ogni artificio atto a creare determinate illusioni visive, ad ottenere particolari effetti ottici, sonori e sim. **2** (*est.*) abile espediente, astuto stratagemma: *un t. astutissimo*; *con un t. diabolico è riuscito a convincerlo* | frode, raggiro: *mi piaceva ... scoprire gli imbrogli e i trucchi di venditori* (A. MORAVIA) | ***i trucchi del mestiere***, le esperienze e le abilità acquisite nello svolgimento di una data attività **3** tecnica e attività volte a trasformare il viso di un attore perché assomigli il più possibile a quello del personaggio interpretato **4** (*est.*) insieme di operazioni mediante le quali si cerca di migliorare l'estetica del viso: *uno specialista del t.* | risultato di tali operazioni: *un t. perfetto, naturale, pesante*; *t. da giorno, da sera* | ***t. permanente***, quello indelebile ottenuto con la tecnica del tatuaggio | insieme di cosmetici per il trucco: *togliersi il t. dal viso*; *valigetta per il t.* **SIN.** maquillage | ***t. e parrucco***, nell'ambiente dello spettacolo, l'insieme di trucco e acconciatura dei capelli, sia naturali che posticci || **trucchétto**, **trucchettìno**, **dim.**

t

truccóne [sovrapposizione di †*treccone* a *truccare*② ✱ 1825] **s. m.** (**f.** *-a*) **1** (*disus.*) imbroglione **2** (*disus.*) mezzano di matrimoni

trùce [vc. dotta, lat. *trŭce(m)*, di etim. incerta ✱ 1242] **agg.** • torvo e minaccioso: *sguardo, viso t.*; *espressione t. e malvagia*; *guardare qlcu. con occhi truci* | crudele, feroce: *un t. tiranno*; *un t. delitto* || **truceménte**, **avv.**

trùcia [etim. discussa: ant. fr. **truche*, da *trucher* 'vagabondare' (?) ✱ 1879] **s. f. solo sing.** • (*tosc.*) miseria che appare spec. dagli abiti logori e laceri

trucibàldo [comp. di *truce* e *(ri)baldo* ✱ 1935] **A** **agg.** • che è tipico del briccone: *avere un'espressione trucibalda* **SIN.** furfantesco, birbantesco, malandrino **B** **s. m.** (**f.** *-a*) • furfante: *Aveva la trucibalda lo sguardo lievemente errante* (R. BACCHELLI)

†**trucidaménto** [av. 1626] **s. m.** • uccisione violenta

trucidàre [vc. dotta, lat. *trucidāre*, da **tru(ci)-cīda*, comp. di *trūx*, genit. *trūcis* 'uomo truce' e della seconda parte di *(homi)cīda* e di altrettanti comp. ✱ av. 1311] **v. tr.** (*io trùcido* o †*trucìdo*) • uccidere con particolare crudeltà ed efferatezza: *t. i prigionieri*; *gli ostaggi furono tutti trucidati* **SIN.** massacrare

trucidatóre [vc. dotta, lat. tardo *trucidatō-re(m)*, da *trucidātus* 'trucidato' ✱ av. 1311] **s. m.** (**f.** *-trice*); anche **agg.** • (*raro*) chi (o che) trucida

trùcido [forse da *truce* ✱ 1959] **A** **agg.** • (*roman.*) truce **B** **agg. e s. m.** (**f.** *-a*) • (*roman.*) che (o chi) è rozzo, volgare e trasandato

trùcio [variante di *trucia* attraverso il suo accr. *trucio(ne)* ✱ 1891] **agg.** (**pl. f.** *-cie* o *-ce*) • (*tosc.*) misero, logoro

truciolàre① o †**trugiolàre** [lat. parl. **tortiolāre*, iter. di **tortiāre*, intens. di *torquēre* 'torcere' (?) ✱ 1405 ca.] **v. tr.** (*io trùciolo*) **1** (*raro*) ridurre in trucioli **2** †tosare | †potare

truciolàre② [da *truciolare*① ✱ 1983] **A** **agg.** • formato con trucioli | ***pannello t.***, elemento costruttivo piano, costituito da particelle legnose agglomerate mediante un collante a base di resine sintetiche e successivamente pressate **B** **s. m.** • pannello truciolare **SIN.** truciolato

truciolàto [1983] **s. m.** • pannello truciolare

truciolatóre [1983] **s. m.** (**f.** *-trice* (**V.**)) • (*tecnol.*) macchina destinata alla produzione di particelle lignee per la fabbricazione dei pannelli truciolari

truciolatrice [1957] **s. f.** **1** piallatrice per ridurre in trucioli sapone o altra sostanza tenera **2** (*tecnol.*) sminuzzatrice

truciolatùra [av. 1597] **s. f.** • operazione del truciolare

trùciolo [da *truciolare*① ✱ av. 1597] **s. m.** **1** sottile e lunga falda simile a nastro che la pialla asporta dal legno ad ogni colpo | ***t. metallico***, tratto più o meno lungo di sovrametallo che l'utensile porta via dal pezzo durante la lavorazione alla macchina utensile **2** (*est.*) striscia sottile e arricciata di materiali diversi, variamente usata: *trucioli di plastica*; *imballare oggetti fragili proteggendoli con trucioli di carta, di paglia* **3** (*est.*) strisciolina di legno tenera per intrecciare ceste e cappelli || **truciolétto**, **dim.** | **truciolìno**, **dim.**

truck /trak, *ingl.* trʌk/ [vc. ingl., prob. dal lat. *trŏchus* 'cerchio di ferro, trottola', dal gr. *trochós* 'ruota' (della stessa famiglia di *tréchein* 'correre', d'orig. incerta) ✱ 1908] **s. m. inv.** **1** carretto o carrello per vari impieghi **2** (*autom.*) autocarro **3** (*cinema*) apparecchio di registrazione sonora montato su veicolo mobile

truculènto o †**trucolènto**, †**trucolènte** [vc. dotta, lat. *truculĕntu(m)*, da *trūx*, genit. *trūcis* 'truce' ✱ sec. XIV] **agg.** **1** truce, torvo, terribile (*anche scherz.*): *aspetto t.*; *espressione truculenta*; *uomo corpulento e t. ... come a un baritono s'addice* (G. D'ANNUNZIO) | †***mare t.***, burrascoso, tempestoso **2** (*est.*) di ciò che appare violento, sanguinoso, terrificante e sim., in modo volutamente eccessivo: *scena truculenta*; *film, personaggio t.*

truculènza [vc. dotta, lat. *truculĕntia(m)*, da *truculĕntus* 'truculento' ✱ av. 1615] **s. f.** • caratteristica di chi (o di ciò che) è truculento: *l'eccessiva t. del suo racconto colpì gli ascoltatori*

trudgen /'tradʒen, *ingl.* 'trʌdʒən/ [vc. ingl., dal n. del capitano J. *Trudgen*, che rese nota tale tecnica verso il 1873 ✱ 1935] **s. m. inv.** • stile di nuoto con movimento delle braccia analogo a quello del crawl e battuta delle gambe a rana, o a forbice

♦**trùffa** [ant. provenz. *trufa*, dal lat. tardo *tūfera* 'tartufo' e, fig., poi 'inganno' (?) ✱ 1268] **A** **s. f.** **1** (*dir.*) reato di chi con artifici o raggiri, inducendo taluno in errore, procura a sé o ad altri un ingiusto profitto con altrui danno **2** (*est.*) frode, raggiro, imbroglio: *essere vittima di una t.*; *t. all'americana* **SIN.** inganno, trappola **3** †chiacchiera, fandonia **B** **in funzione di agg. inv.** • (posposto a un sost.) che contiene un inganno: *legge t.* | ***prezzo t.***, artificiosamente rialzato

SFUMATURE > ***frode***

♦**truffaldìno** [dal n. di un personaggio da commedia non alieno dal *truffare* ✱ av. 1535] **A** **s. m.** (**f.** *-a*) • imbroglione **B** **agg.** • di truffa, da truffatore: *arte, impresa truffaldina*

truffàrdo [comp. di *truffa(re)* e *-ardo* ✱ sec. XIV] **s. m.**; anche **agg.** • (*lett.*) ingannatore, truffatore

♦**truffàre** [1287] **A** **v. tr.** • rendere qlcu. vittima di una truffa: *t. un amico, un turista* | sottrarre con truffa, inganno, raggiro: *gli hanno truffato una somma considerevole* **SIN.** imbrogliare, ingannare, raggirare **B** **truffàrsi** **v. intr. pron.** • †farsi beffe: *truffarsi di uno*

SFUMATURE > ***imbrogliare***

truffàto **A** **part. pass.** di *truffare*; anche **agg.** • nei sign. del v. **B** **s. m.** (**f.** *-a*) • chi è rimasto vittima di una truffa

truffatóre [1268] **s. m.** (**f.** *-trice*) • chi truffa

truffé /*fr.* tʀy'fe/ [vc. fr., propr. 'tartufato', da *truffe* 'tartufo', di cui ha la stessa orig. ✱ 1905] **agg. inv.** **1** tartufato: *risotto t.* **2** detto di un esemplare di libro con carattere di unicità per annotazioni, autografi e sim.

trufferìa [da *truffare* ✱ 1483] **s. f.** • (*lett.*) azione truffaldina | frode, truffa | inganno

†**truffière** [av. 1342] **s. m.** • truffatore

truffóne [1746] **s. m.** (**f.** *-a*) • truffatore, ladro

trufolàre [variante di *grufolare*, di orig. espressiva (?) ✱ 1879] **A** **v. intr.** (*io trùfolo*; aus. *avere*) • (*raro*) frugare **B** **trufolàrsi** **v. rifl.** • avvoltolarsi, sguazzare

†**trugiolàre** > **truciolare**①

trùglio [da *(in)truglio* nel senso di 'imbroglio, inganno' ✱ av. 1388] **s. m.** • procedimento straordinario anticamente in uso nel Napoletano, spec. nei momenti di sovraffollamento delle carceri, in base al quale si giungeva a un accordo tra accusatore e imputato sull'entità della pena da infliggere a quest'ultimo senza processo e senza prove, unicamente in base agli indizi

truìsmo [ingl. *truism*, da *true* 'vero', di area e orig. germ. ✱ 1901] **s. m.** • (*lett.*, *raro*) verità ovvia, lapalissiana

trùka > **truca**

trullàggine [da *trullo*① ✱ av. 1850] **s. f.** • (*tosc.*) grullaggine, sciocchezza

†**trullàre** [da *trullo*③ ✱ 1313] **v. intr.** • scoreggiare: *rotto dal mento infin dove si trulla* (DANTE *Inf.* XXVIII, 24)

trullerìa [av. 1850] **s. f.** • (*tosc.*) trullaggine

trùllo① [per *(ci)trullo* ✱ av. 1850] **agg. e s. m.** (**f.** *-a*) • (*tosc.*) grullo, citrullo

trùllo② [biz. *trôullos*, dal lat. *trŭlla* 'cazzuola', per la forma emisferica della volta ✱ av. 1806] **s. m.** • abitazione in pietra di forma tonda e tetto conico, tipica delle Puglie, particolarmente nel triangolo Bari, Brindisi, Taranto: *i trulli di Alberobello*

†**trùllo**③ [di orig. onomat. ✱ av. 1400] **s. m.** •

peto, scoreggia

trumeau /fr. tʀy'mo/ [vc. fr., per passaggio metaforico dal senso orig. di '(polpaccio della) gamba', di provenienza germ. ✱ 1751] **s. m. inv.** (**pl. fr.** *trumeaux*) **1** (*archit.*) muro tra due porte, due finestre | pilastro al centro di un portale **2** pannello ornamentale o specchiera collocati fra due porte, due finestre, e sim.; spesso la specchiera è accompagnata da una console assortita **3** mobile a doppio corpo, composto da un cassettone a ribalta, che spesso funge da scrivania, e da un'alzata a una o due ante, apparso nella seconda metà del XVII sec. e diffusissimo nel XVIII

trumò [av. 1799] **s. m. inv.** ● adattamento di *trumeau* nel sign. 3 (V.)

trùna [dal piemontese *trüna* 'cavità sotterranea' ✱ 1963] **s. f.** ● in alpinismo, cavità scavata nella neve o nel ghiaccio come ricovero d'emergenza per ripararsi dal freddo

†**truncàre** ➤ **troncare**

†**trùnco** ➤ **tronco**②

†**truògo** ➤ **trogolo**

truògolo ➤ **trogolo**

†**truòno** ➤ †**trono**①

♦**trùppa** [fr. *troupe*, dal francone *throp* 'mucchio, branco' ✱ 1568] **s. f. 1** (**spec. al pl.**) qualsiasi complesso organico di forza militare: *t. mercenaria; truppe di rinforzo, di riserva, di rincalzo; le truppe nemiche, alleate; lanciare all'attacco le truppe* **2** (*est.*) il complesso dei soldati semplici: *uomini, militari di t.* | ***graduati di t.***, V. *graduato* **3** (*fig.*) frotta, gruppo nutrito (*spec. scherz.*): *avere una t. di figli* | (*spreg.*, *raro*) banda, accolita: *c'era in piazza una t. di scalmanati* | ***in t.***, (*raro, lett.*) ***a t.***, a frotte, detto anche di animali: *i lupi... / a ber venuti a t. in sulla sera* (V. Monti) || **truppóne**, **accr. m.**

†**truppèllo** [ant. provenz. *tropel*, propr. dim. di *trop* 'truppa, branco' ✱ sec. XIII] **s. m.** ● drappello

truschino [fr. *trusquin*, dal medio neerlandese *crucekijn*, propr. 'piccola (-*kijn*) croce (*cruce*)', con sovrapposizione di *trousser* ✱ 1922] **s. m. 1** (*tecnol.*) attrezzo fondamentale della tracciatura, formato da un basamento, un'asta e una punta per tracciare fissabile a un incastro scorrevole sull'asta: *t. semplice* | ***t. universale***, con asta inclinabile rispetto al basamento mediante cerniera **SIN.** segnatoio **2** (*sett.*) espediente, stratagemma

trusciàre [vc. merid., forse forma corrispondente di *strusciare* ✱ sec. XX] **v. tr.** (**pres.** *io trùscio*; **fut.** *io truscerò*) ● (*merid.*) rubare con mano lesta e abile

trust /trast, *ingl.* trʌst/ [vc. ingl., propr. 'credito (che si dà al consorzio degli associati)', di area e orig. germ. ✱ 1902] **s. m. inv. 1** (*econ.*) gruppo di imprese, soggette a una direzione unitaria, che esercita un potere monopolistico eliminando o limitando la concorrenza e controllando in tutto o in parte rilevante il mercato: *il t. del cemento; i grandi t. internazionali* | (*est.*) monopolio **2** (*est.*) gruppo di persone che controlla in maniera esclusiva o preponderante lo svolgimento di un'attività: *il t. della prostituzione; un t. di galleristi e mercanti d'arte* | (*fig.*) ***t. dei cervelli***, gruppo di esperti, tecnici, scienziati o economisti, costituito, spec. in un'azienda, per discutere e aiutare a risolvere problemi di particolare complessità e rilievo **SIN.** brain trust **3** rapporto giuridico nel quale una persona amministra dei beni, sui quali ha il controllo, nell'interesse di terzi, che ne sono beneficiari

truth /trut, *ingl.* truθ/ [vc. ingl., propr. 'verità', nome scelto arbitrariamente ✱ 1989] **s. m. inv.** ● (*fis.*) top

†**trutilàre** [vc. dotta, lat. *trucilāre*, di orig. onomat., malamente letto (per scambio di *c* con *t*) ✱ av. 1565] **v. intr.** ● zirlare, detto dei tordi

†**trùtina** [vc. dotta, lat. *trŭtina(m)* '(ago della) bilancia', dal gr. *trytánē*, collegato ad altre vc. di orig. indeur., che si riferiscono all'apertura, dov'era alloggiato l'ago ✱ 1499] **s. f.** ● foro o staffa in cui trovano alloggiamento l'ago della bilancia o il sostegno della stadera

trùzzo [di orig. sconosciuta ✱ 1984] **s. m.** (**f.** -*a*) ● (*gerg.*, *sett.*) giovane poco raffinato, che si veste in modo eccentrico e vistoso **CFR.** tamarro, zarro

tsàntsa /*'tsantsa/ [vc. di una lingua di un popolo dell'Amazzonia ✱ 1925] **s. f.** (**pl. inv.** o -*e*) ● (*antrop.*) testa del nemico ucciso, custodita come un trofeo, dopo essere stata privata delle ossa e mummificata

tsar e deriv. ➤ **zar** e deriv.

tse-tse /*tsets'tsɛ*/ o **tze-tze** /*tset'tsɛ*/ [fr. *tsétsé*, da una vc. indigena dell'Africa merid. ✱ 1875] **agg. inv.** ● nella loc. ***mosca tse-tse***, grossa mosca grigiastra dell'Africa tropico-equatoriale, che trasmette all'uomo e ai Mammiferi il tripanosoma della malattia del sonno (*Glossina palpalis*)

TSH /,tiesse'akka/ [sigla dell'ingl. *Thyroid Stimulating Hormone* 'ormone stimolante la tiroide' ✱ 1993] **s. m. inv.** ● (*biol.*) tireotropina

T-shirt /tiʃ'ʃert, *ingl.* 'tiː,ʃɜːt/ o **tee-shirt** /tiʃ'ʃert, *ingl.* 'ti,ʃɜːt/ [vc. ingl., comp. della lettera *t* e *shirt* 'camicia' (d'orig. germ.): detta così perché l'insieme delle maniche e del corpo ricordano la lettera *T* ✱ 1971] **s. f. inv.** (**pl. ingl.** *T-shirts*) ● maglietta di cotone girocollo a maniche corte, usata prima come indumento maschile da indossare sotto la camicia e diventata poi capo unisex da portare anche senza nulla sopra

tsunàmi /tsu'nami, *giapp.* tsɯ.na.mi/ [vc. giapp., propr. 'onda (*nami*) sul porto (*tsu*)' ✱ 1907] **s. m. inv.** ● onda di maremoto tipica degli Oceani Pacifico e Indiano con effetti talora devastanti in prossimità delle coste | (*fig.*) evento che determina lo sconvolgimento di un assetto costituito

-ttero o **-ptero** [gr. *pterón* 'ala', da una base indeur. col senso generale di 'volare'] **secondo elemento** ● in parole composte dotte e scientifiche, significa 'ala', con riferimento a insetti o ad aeromobili: *coleottero, elicottero*

♦**tu** /tu*/ [lat. *tū*, di ampia attestazione indeur. ✱ 963] **A pron. pers. m. e f. di seconda pers. sing.** (**pop. tosc. si elide davanti a parola che comincia per vocale:** *t'avevi una bella possibilità*. **Posposto al v. si fonde con questo nel linguaggio arcaico:** *udistù; facestù; mangiastù; vedestù la scritta morta* (Dante *Inf.* VIII, 127)) **1** indica la persona a cui si parla e si usa (solo come soggetto) rivolgendosi a persona con cui si è in familiarità: *tu sai quanto ho sofferto; tu ormai non puoi più dire nulla* | generalmente omesso quando la persona è chiaramente indicata dal verbo, si esprime invece quando il v. è al congtv., per evitare ambiguità, quando i soggetti sono più di uno, nelle contrapposizioni, quando è accompagnato da 'stesso', 'medesimo', 'anche', 'pure', 'nemmeno', 'proprio', 'appunto', e sim. e, in genere, quando si vuole dare al soggetto particolare evidenza: *desidero che tu la conosca; se tu l'avessi vista!; tu ed io potremo andare proprio d'accordo; tu e tuo fratello siete invitati; né tu né io lo sapevamo; tu puoi permetterti la macchina, noi no; tu stesso l'hai affermato; anche tu lo conosci; sì, proprio tu eri presente al fatto; nemmeno tu potevi immaginare una catastrofe simile* **2** in principio di frase, assume particolare rilievo ed ha valore enfat.: *tu devi dirglielo!; tu puoi farlo!; tu parlare così!; tu rinfacciarmi queste cose?; tu paziente?; tu fortunato!* | ***io sono io e tu sei tu***, volendo stabilire o sottolineare una distinzione, una differenza **3** (*intens.*) posposto al verbo o in fine di frase, evidenzia un fatto, o esprime vaga minaccia, desiderio e sim.: *ci andrai tu se vuoi; sei tu che devi pensarci; vieni qua tu a dirglielo!; sei tu quello che ha avuto i danni; possa tu un giorno avere questa fortuna!*; (*enfat.*) *Ricco tu?; in collera tu?; e allora tu?; non tu!* | ***non sei più tu***, con riferimento a mutamenti spec. psicologici o come espressione di incredulità, stupore e sim. **4** (*enfat.*, *iter.*) rafforza un'affermazione: *tu, tu devi andarci!; tu gli parlerai, proprio tu!* **5** con valore impers.: *tu non pensi a certe cose finché non ti capitano; se tu pensi che in pochi anni gli abitanti sono raddoppiati!* **B in funzione di s. m.** ● il pronome 'tu' | ***dare del tu a qlcu.***, rivolgersi a qlcu. usando il pron. 'tu' e (*est.*) avere familiarità e confidenza: *possiamo darci del tu; come si permette di darmi del tu?; io gli do del tu* | (*est.*) ***dare del tu a qlco.***, usare qlco. con grande disinvoltura: *dare del tu al pianoforte, al pallone* | ***essere, trovarsi, parlare, stare a tu per tu con qlcu.*** o (*fig.*) ***qlco.***, di fronte, a diretto confronto: *stare a tu per tu con il principale; essere a tu per tu con la morte* | ***parlare a tu per tu con qlcu.***, direttamente: *prova a parlargli a tu per tu*

tu' /tu/ o (*sett.*) †**to'**② /to/ **agg. poss. di seconda pers. sing.** ● (*tosc.*) forma tronca di *tuo, tua, tuoi, tue*, in posizione proclitica

tuàreg o **tuàregh** [pl. del n. arabo (*targi*, spreg.) ✱ av. 1869] **A s. m. e f. inv.** ● ogni appartenente a una popolazione seminomade di ceppo berbero, stanziata nel Sahara centrale, dotata di caratteristiche fisiche, sociali e culturali sue proprie **B agg. inv.** ● relativo a tale popolazione: *accampamento t.; donne t.; scrittura t.*

tùba [vc. dotta, lat. *tŭba(m)*, di etim. incerta ✱ av. 1275] **s. f. 1** nel mondo greco-romano, tromba bronzea di guerra o per cerimonie religiose e sim., di forma molto allungata e senza ritorte **2** (*est.*, *lett.*) tromba di guerra: *a suon di t. / animoso caval s'infiamma all'armi* (A. Poliziano) | (*lett.*) tromba in genere: *quetato era lo squillo / delle angeliche tube* (V. Monti) **3** (*fig.*, *lett.*) canto epico, voce poetica, poesia: *la t. di Omero, di Virgilio* **4** (*mus.*) strumento a fiato di ottone, capostipite della famiglia dei flicorni di cui costituisce il settore grave | (*est.*) suonatore di tuba | ***t. bassa, t. di basso***, bassotuba **5** (*anat.*) ***t. uterina***, condotto tubolare dell'apparato genitale interno femminile che va dall'ovaia all'utero **SIN.** salpinge uterina | ***t. uditiva, di Eustachio***, tromba di Eustachio **6** cappello a cilindro | ***mezza t.***, tubino **7** (*milit.*, *gerg.*, *disus.*) recluta || **tubino**, **dim. m.** (V.)

tubàggio [fr. *tubage*, da *tuber*, da *tube* 'tubo, condotto' ✱ 1970] **s. m. 1** (*raro*) il rivestire con tubi un foro di sondaggio **2** (*med.*) intubazione

♣**tubàre**① [lat. tardo *(tu)tubāre*, di orig. onomat. ✱ 1499] **v. intr.** (**aus.** *avere*) **1** emettere il caratteristico grido gutturale, spec. durante il periodo dell'accoppiamento, detto di colombi, tortore e sim. **2** (*fig.*, *scherz.*) amoreggiare teneramente, scambiandosi a mezza voce frasi o parole affettuose: *tubano come due colombi!*

tubàre② [da *tubo* ✱ 1884] **v. tr.** ● munire di tubi, spec. in miniere

tubàrico [1894] **agg.** (**pl. m.** -*ci*) ● (*anat.*) della tuba o salpinge

tubatùra [da *tubo* 'condotto' ✱ 1901] **s. f.** ● sistema di tubi che consentono la distribuzione o la raccolta di fluidi in impianti di limitate dimensioni, di tipo domestico o industriale: *la t. dell'acqua, del gas* | frequente al pl.: *c'è un guasto nelle tubature* | (*est.*) tubo,

a b c d e f g h i j k l m n o p q r s t u v w x y z

conduttura: *s'è rotta la t. del lavandino*

tubazióne [1884] **s. f.** ● insieme di tubi collegati fra loro per il trasporto di fluidi anche a distanze elevate | anche al pl.: *lavori alle tubazioni del gas*

tùbeless /'tubəles, *ingl.* 'tju:bləs/ [vc. ingl., comp. di *tube* 'tubo, camera d'aria' e *-less* 'privo di, senza' ✱ 1956] **agg. inv.; anche s. m. inv.** ● detto di pneumatico senza camera d'aria, nel quale la tenuta d'aria è assicurata da uno strato di gomma applicato direttamente all'interno della copertura e dall'aderenza dei talloni sulla base del cerchio

†**tùbera** [1340 ca.] **s. f.** ● lazzeruolo

Tuberàcee [comp. di *tubero* e *-acee* ✱ 1937] **s. f. pl.** (**sing.** *-a*) ● (**bot.**) famiglia di Funghi con corpo fruttifero generalmente sotterraneo, attraversato da cavità o gallerie rivestite dall'imenio (*Tuberaceae*)

tubercolàre [da *tubercolo* ✱ 1858] **agg.** **1** relativo a tubercolo, caratterizzato da tubercoli: *struttura t.* **2** relativo a tubercolosi: *affezione t.*

tubercolàto [1840] **agg.** ● (**bot.**) detto di organo che presenti tubercoli

tubercolìna [comp. di *tubercol(o)* e *-ina* ✱ 1891] **s. f.** ● (**med.**) derivato proteico purificato di una coltura di bacilli della tubercolosi, impiegato nei test cutanei per la diagnosi di infezione tubercolare

tubercolizzazióne [1961] **s. f.** **1** (**bot.**) formazione dei tubercoli radicali **2** (**med.**, **raro**) trasmissione del contagio della tubercolosi, spec. in via sperimentale, per motivi di studio

tubèrcolo [vc. dotta, lat. *tubĕrculu(m)*, dim. di *tūber* 'tubero' e poi ogni 'escrescenza' ✱ 1525] **s. m.** **1** (**anat.**) formazione ossea o cartilaginosa a forma di nodulo **2** (**med.**) nodulo granulomatoso caratteristico dell'infezione tubercolare **3** (**bot.**) ingrossamento sulle radici di molte leguminose, dovuto a un bacillo capace di fissare azoto atmosferico: *t. radicale* ‖ **tubercolétto**, **dim.** | **tubercolìno**, **dim.**

tubercolòma [comp. di *tubercol(o)* e *-oma* ✱ 1910] **s. m.** (**pl.** *-i*) ● (**med.**) voluminosa lesione causata dal bacillo della tubercolosi

tubercolosàrio (o *-ṣ-*) [da *tubercolosi* ✱ 1918] **s. m.** ● (**disus.**) sanatorio

tubercolòṣi [comp. di *tubercol(o)* e *-osi* ✱ 1849] **s. f. inv.** **1** (**med.**) infezione da *Mycrobacterium tubercolosis* che colpisce molteplici organi fra cui frequentemente il polmone e che si manifesta principalmente con la formazione di particolari tubercoli: *t. ossea* | ***t. miliare***, forma diffusa di tubercolosi polmonare **2** (**bot.**) malattia che colpisce alcune piante che si ricoprono di piccoli tumori causati da funghi o batteri | ***t. dell'ulivo***, rogna dell'ulivo

tubercolóso (o *-ṣ-*) [da *tubercolo* ✱ 1599] **A agg.** ● (**bot.**) tubercolato **B agg. e s. m.** (**f.** *-a*) ● che (o chi) è affetto da tubercolosi

tubercolòtico [da *tubercolosi* ✱ 1890] **A agg.** (**pl. m.** *-ci*) ● relativo alla tubercolosi **B agg. e s. m.** (**f.** *-a*) ● che (o chi) è affetto da tubercolosi

†**tubercolùto** [da *tubercolo* ✱ av. 1730] **agg.** ● che presenta tubercoli

tuberìa [1955] **s. f.** ● tubatura, tubazione spec. in motori e sim.

tùbero [vc. dotta, lat. *tūber* (neutro) 'protuberanza, bozza', di orig. vicina a quella di *tumēre* 'essere gonfio' ✱ av. 1498] **s. m.** (**pl.** *-i*, †*-a*, **f.**) ● (**bot.**) porzione di fusto sotterraneo, ingrossata per accumulo di materiale di riserva, più o meno globosa e priva o quasi di foglie ‖ **tuberétto**, **dim.**

tuberósa (o *-ṣ-*) [agg. sost., dal lat. *tūber* 'tubero' ✱ 1748] **s. f.** ● pianta ornamentale delle Agavacee, dell'America centrale, con bei fiori in lunghe spighe bianche e odorosissime (*Polianthes tuberosa*)

tuberosità (o *-ṣ-*) o †**tuberositàde**, †**tuberositàte** [av. 1320] **s. f. inv.** **1** (**raro**) condizione, aspetto di ciò che è tuberoso: *la t. di una radice* **2** (**est.**) tubero, protuberanza: *organo ricco di t.*

tuberóso (o *-ṣ-*) [vc. dotta, lat. *tuberōsu(m)*, da *tūber* 'tubero' ✱ 1612] **agg.** ● che ha la forma di un tubero, che è ricco di tuberi | ***radice tuberosa***, breve e ingrossata per accumulo di materiali di riserva | ***rizoma t.***, con tratti ingrossati ‖ **tuberosità**, **s. f. inv.** (V.)

tubettificio [comp. di *tubetto* e *-ficio* ✱ 1950] **s. m.** ● fabbrica di tubetti

tubétto [1860] **s. m.** **1** dim. di *tubo* **2** piccolo recipiente a tubo, deformabile se compresso e con tappo a vite, per pomate, paste, colori: *schiacciare il t. del dentifricio* **3** piccolo contenitore di forma cilindrica, generalmente in alluminio o in plastica, per il confezionamento di prodotti farmaceutici, cosmetici e alimentari **4** (**tess.**) cilindretto leggermente conico che forma l'anima della spola ‖ **tubettìno**, **dim.**

tubièra [1940] **s. f.** ● (**mecc.**) piastra tubiera

tubièro [1930] **agg.** ● relativo a tubi, a fasci di tubi | ***fascio t.***, fascio di tubi attraversati dall'acqua, dal vapore o dai fumi | ***piastra tubiera***, piastra alla quale sono assicurati i tubi negli scambiatori di calore

Tubifloràli [comp. di *tubo* e un deriv. del lat. *flōs*, genit. *flōris* 'fiore' ✱ 1973] **s. f. pl.** (**sing.** *-e*) ● (**bot.**) ordine di piante delle Dicotiledoni con fiori con calice a sepali saldati e corolla a petali uniti in modo da sembrare trombe più o meno regolari

tubifórme [comp. di *tubo* e *-forme* ✱ 1983] **agg.** ● che ha forma di tubo

tubing /*ingl.* 'tju:bɪŋ/ [vc. ingl., propr. 'serie di tubi', da *tube* 'tubo' ✱ 1983] **s. m. inv.** ● (**miniere**) in un pozzo petrolifero, il tubo collocato all'interno della colonna di rivestimento e destinato a portare in superficie il fluido

tubinghése (o *-ṣ-*) o (**lett.**) **tubingènse** [da *Tubinga* ✱ 1983] **A agg.** ● di Tubinga, città della Germania sudoccidentale: *la scuola teologica t.* **B s. m. e f.** ● abitante o nativo di Tubinga

tubìno ① [da *tuba* ✱ 1891] **s. m.** **1** dim. di *tuba* **2** cappello duro da uomo, con cupola tonda **SIN.** bombetta, mezza tuba

tubìno ② [1935] **s. m.** **1** dim. di *tubo* **2** abito femminile di linea semplice e diritta: *un t. in lamé*

tubìsta [1936] **A s. m. e f.** (**pl. m.** *-i*) **1** operaio addetto alla fabbricazione di tubi di metallo, argilla, gomma **2** operaio addetto alla manutenzione delle condotte per la distribuzione di acqua o di gas di città **3** (**edil.**) installatore di impianti idraulici **4** (**mar.**, **milit.**) fochista specializzato nella riparazione di tubi, spec. dei generatori di vapore **B** anche **agg.**: *operaio t.*

♦**tùbo** [vc. dotta, lat. *tŭbu(m)*, di orig. incerta ✱ 1504] **s. m.** **1** elemento cilindrico cavo, a sezione gener. circolare, di lunghezza e materiale variabile, usato spec. per il trasporto di fluidi, ma anche per costruzioni civili e meccaniche, impalcature, strutture: *t. d'acciaio, di ghisa, di piombo, di rame, di cemento, di cemento armato, di cemento-amianto, di terracotta, di gres, di gomma, di materie plastiche, di vetro*; *t. rigido, flessibile*; *t. per condutture dell'acqua, del gas* | ***t. senza saldatura***, tubo di acciaio ottenuto mediante laminazione o pressatura a caldo e usato per condotte di fluidi e scarichi e per generatori di vapore | ***t. saldato***, tubo di acciaio ottenuto mediante saldatura di un nastro a cui è stata conferita la forma voluta per mezzo di rulli formatori e usato per condotte di fluidi e scarichi | ***t. gas***, tubo di acciaio, saldato o senza saldatura, con le estremità filettate per poter essere unito mediante raccordi ad altri tubi simili e costituire così condutture per fluidi | ***t. alettato***, tubo metallico provvisto di alettatura per facilitare gli scambi di calore tra fluidi | ***t. di scarico, di scappamento***, tubo destinato ad allontanare i gas di scarico di un motore a combustione interna da dove è installato, essendo nocivi e caldissimi | (**mar.**) ***t. di cubia***, parte della cubia destinata ad accogliere il fusto dell'ancora | (**mar.**) ***t. di fumo, di fiamma***, quello percorso dai prodotti della combustione nella caldaia | (**mar.**) ***t. d'acqua***, quello percorso dall'acqua che si riscalda nella caldaia | (**milit.**) ***t. esplosivo***, spezzone **2** dispositivo o apparecchio simile a un tubo per forma o funzioni | (**elettron.**) ***t. elettronico***, dispositivo che è costituito da un'ampolla di vetro o metallo in cui un flusso di elettroni generato fra un catodo e un anodo viene controllato mediante uno o più elettrodi di comando e che è usato, per es., per amplificare o generare segnali elettrici, generare raggi X, visualizzare grandezze elettriche variabili rapidamente, riprendere e riprodurre immagini | (**elettron.**) ***t. a vuoto***, tubo elettronico nella cui ampolla è praticato un vuoto spinto | (**elettron.**) ***t. a gas, a riempimento gassoso, ionico***, tubo elettronico in cui è racchiuso un gas o un vapore e la corrente di elettroni è accompagnata da una corrente di ioni dovuta alla ionizzazione delle molecole gassose per opera degli elettroni | (**elettron.**) ***t. termoelettronico, a catodo caldo***, tubo elettronico in cui gli elettroni vengono emessi dal catodo per effetto termoelettronico | (**elettron.**) ***t. termoionico***, tubo termoelettronico a gas | (**elettron.**) ***t. a raggi catodici***, tubo elettronico in cui un fascetto di elettroni, deviato da campi elettrici e magnetici, disegna su uno schermo fluorescente una traccia luminosa che permette di visualizzare una grandezza fisica variabile rapidamente o di riprodurre un'immagine | (**elettron.**) ***t. da ripresa televisiva***, tubo a raggi catodici usato per riprendere le immagini da trasmettere per televisione | (**elettron.**) ***t. da riproduzione televisiva***, cinescopio | (**elettron.**) ***t. oscillografico***, tubo a raggi catodici usato negli oscillografi e negli oscilloscopi | (**elettron.**) ***t. convertitore d'immagine***, tubo elettronico destinato a convertire in immagini visibili le immagini di oggetti illuminati da radiazioni invisibili, spec. infrarosse, e usato spec. nei visori per infrarosso per impieghi militari e di ricerca | (**elettron.**) ***t. indicatore***, numeratore elettronico | (**fis.**) ***t. di Coolidge, Röntgen, per raggi Röntgen***, tubo termoionico a vuoto per generare raggi X, nel quale un fascio di elettroni emessi dal catodo viene accelerato da un'alta tensione e colpisce l'anodo, dove viene frenato determinando l'emissione di raggi X | (**fis.**) ***t. a scarica***, ampolla contenente un gas rarefatto in cui viene generata una scarica elettrica per ottenere una sorgente di luce o a scopo di studio | (**fis.**) ***t. di Geissler, di Plücker***, tubo a scarica usato spec. come sorgente di luce | (**fis.**) ***t. di Crookes***, tubo a scarica usato per generare raggi catodici per scopi didattici | (**ottica**) ***t. fluorescente***, lampada fluorescente tubolare | (**idraul.**) ***t. di Pitot-Prandtl, di Pitot***, pitometro | (**idraul.**) ***t. di Venturi***, dispositivo usato per misurare le portate di correnti fluide in tubi chiusi in pressione | (**idraul.**) ***t. piezometrico***, dispositivo usato per misurare la pressione statica di un liquido in un condotto | (**tecnol.**) ***t. rotante***, trasportatore costituito da un tubo fatto ruotare da ingranaggi e che ha al suo interno un'elica che fa avanzare il materiale da un'estremità all'altra | (*fis.*) ***t. di flusso***, in un campo vettoriale, l'insieme delle linee di flusso passanti per i punti di una linea chiusa immersa nel campo e non costituente una linea di flusso | (*fis.*) ***t. di forza***, tubo di flusso in un campo vettoriale il cui vettore del campo è una forza | (*chim.*) ***t. di saggio***, provetta | (*ottica*) ***t. polarimetrico***, tubo gener. di vetro, a facce terminali piane e parallele, in cui si racchiude una soluzione di cui si vuole determinare il potere rotatorio in un polarimetro **3** (*anat., zool.*) organo o struttura di forma cilindrica, cava, allungata | ***t. digerente, alimentare***, canale continuo, estendentesi dalla bocca all'ano, destinato all'ingestione e alla digestione dell'alimento e all'assorbimento dei prodotti della digestione | ***t. neurale, midollare***, struttura tubolare situata lungo la linea assiale dell'embrione dei Vertebrati, dalla quale si originano l'encefalo e il midollo spinale **CFR.** sifono-, soleno- **4** (*bot.*) organo tubolare o canalicolare, vaso | in alcuni fiori, parte inferiore tubolare del calice, della corolla o del perigonio **5** (*eufem., fam.*) ***un t.***, niente, nulla, con valore rafforz., in alcune loc. negative: *non capire, non dire, non fare, non valere, non importare, non sapere, non sentire, non valere, non vedere un t.*, e sim. || **tubétto**, **dim.** (V.) | **tubicìno**, **dim.** | **tubìno**, **dim.** (V.)

tubolàre o **tubulàre**, nel sign. A [da *tubolo* ✻1599] **A agg.** **1** che ha forma cilindrica, simile a un tubo, ed è internamente cavo: *lampada t.*; *ghiandole tubulari* | ***maglia t.***, tipo di lavorazione che crea un passaggio, o tubo, entro il quale si può infilare un nastrino o un elastico **2** che è costituito da tubi: *impalcatura t.*; *ponteggio t.* || **tubolarità**, **s. f. inv.** **B s. m.** **1** tipo di pneumatico per biciclette da corsa nel quale la camera d'aria fa tutt'uno col copertone a cui è cucita **2** (*milit.*, **spec. al pl.**) fascetta di tessuto con i distintivi di grado o di specialità che si sovrappone alla controspallina dell'uniforme estiva

tubolàto o **tubulàto** [vc. dotta, lat. *tubulātu(m)*, da *tŭbulus* 'piccolo tubo, tubolo' ✻1726] **agg.** ● (*raro*) che è costituito da piccoli tubi

tubolatùra o **tubulatùra** [da *tubolato* ✻1853] **s. f.** ● tubazione, spec. di caldaia

tùbolo ➤ **tubulo**

tubolóso (o **-ṣ-**) o **tubulóso** (o **-ṣ-**) [da *tubo*, per la forma ✻av. 1725] **agg.** ● (*bot.*) detto di organo a forma di tubo

tubulàre ➤ **tubolare**

tubulàto ➤ **tubolato**

tubulatùra ➤ **tubolatura**

Tubulidentàti [comp. del lat. *tŭbulus* 'piccolo tubo (*tŭbus*)' e *dēns*, genit. *dĕntis* 'dente', per la forma dei loro premolari e molari ✻1957] **s. m. pl.** (**sing.** *-o*) ● (*zool.*) ordine di Mammiferi rivestiti di scarso pelo, muso allungato, lunghe orecchie, unghie simili a zoccoli, che si nutrono di formiche (*Tubulidentata*)

tùbulo o (*raro*) **tùbolo** [vc. dotta, lat. *tŭbulu(m)*, dim. di *tŭbus* 'tubo' ✻1499] **s. m.** **1** tubo sottile, tubicino **2** (*anat.*) piccolo canale: *tubuli renali* **3** (*bot.*) nei Funghi, formazione tubulare internamente rivestita dall'imenio

tubulóso ➤ **tuboloso**

tucàno [portog. *tucano*, di orig. tupi-guaranì ✻1825] **s. m.** ● correntemente, ogni uccello della famiglia dei Ranfastidi, caratteristici per il gigantesco becco compresso ai lati, ricurvo all'apice e vivacemente colorato

tucididèo [1957] **agg.** ● relativo allo storico greco Tucidide (460 ca.-400 ca. a.C.), alle sue opere, al suo stile

tucùl /tu'kul/ [vc. indigena di orig. incerta ✻1879] **s. m. inv.** **1** abitazione africana con pianta circolare, pareti cilindriche e tetto conico di paglia **2** (*est.*) in campeggi o villaggi turistici, piccola costruzione per turisti, a forma di capanna

tùdero [piemontese *tùder*, che, come il parallelo lomb. *tóder*, sta per *tudesch*, *tódesch* con sostituzione del suff. (*-er* è proprio di etnici ted.) ✻1970] **s. m.** (**f.** *-a*) ● (*sett., spreg.*) tedesco

tudèrte [dal lat. *Tuder*, genit. *Tudertis*, 'Todi' ✻1824] **agg. e s. m. e f.** ● todino

tudertìno [dal lat. *tudertinus*, deriv. di *Tuder* 'Todi'. Cfr. *tuderte* ✻av. 1348] **agg. e s. m.** (**f.** *-a*) ● (*lett.*) todino **SIN.** tuderte

tuèllo [lat. parl. **tubĕllu(m)* 'piccola escrescenza', dim. di *tūber* 'tubero' e qualsivoglia 'protuberanza' ✻av. 1320] **s. m.** ● parte interna (cartilagini, tendini, legamenti) dello zoccolo del cavallo

tufàceo [vc. dotta, lat. *tofāceu(m)*, da *tōfus*, adattato al corrispondente più diffuso *tufo* ✻1745] **agg.** ● del tufo: *aspetto t.* | che è simile al tufo: *pietra tufacea* | che è costituito da tufo, che è ricco di tufo: *terreno t.*

tufàre [da *tufo* nel senso abbastanza diffuso nei dialetti di 'caldo (soffocante)' ✻1879] **A v. intr.** (**aus.** *essere*) ● (*disus.*) essere caldo e fumoso | (*est.*) puzzare **B tufàrsi v. intr. pron.** ● (*disus.*) starsene al caldo nel letto

tufàto [1726] **part. pass.** di †*tufare*; anche **agg.** **1** †nei sign. del v. **2** (*disus., tosc.*) caldo, fumoso e fetido: *aria tufata*; *camera tufata*

tufèllo [da *tufo* con suff. dim. ✻1961] **s. m.** ● (*edil.*) blocco regolare di tufo, gener. di piccole dimensioni, impiegato per la costruzione di murature a vista

tuff /tuf/ o **tùffete** nel sign. 1 [vc. onomat. ✻1534] **inter.** **1** riproduce il rumore di un corpo che cade, spec. nell'acqua o in altro liquido **2** (*iter.*) riproduce il rumore prodotto da una locomotiva a vapore

†**tuffaménto** [av. 1704] **s. m.** ● tuffo

♦**tuffàre** [etim. discussa: long. *tauff(j)an* 'immergere' (?) ✻1320 ca.] **A v. tr.** **1** immergere qlco. rapidamente in un liquido: *t. le braccia nell'acqua*; *ho voglia ... di t. il viso tra due ninfee* (G. D'ANNUNZIO) | (*est.*) nascondere, affondare: *t. il naso nel fazzoletto* **2** (*fig., poet.*) sprofondare: *t. i pensieri nell'oblio* **B tuffàrsi v. rifl.** **1** immergersi con un balzo in un liquido: *tuffarsi in mare, nel fiume*; *le rane si tuffano nello stagno*; *il cane si tuffò in acqua per salvarlo*; *tuffarsi dagli scogli* **2** (*est.*) gettarsi verso il basso, scendendo velocemente: *tuffarsi nel vuoto*; *dai tetti le rondini si tuffano verso terra* | scendere in picchiata, detto di aerei **3** (*fig.*) immergersi di scatto in qlco., scomparendo alla vista: *tuffarsi nel fumo, nella nebbia, tra le fiamme*; *l'aereo si tuffò tra le nubi* | (*est.*) tramontare: *il sole si tuffò dietro l'orizzonte* **4** (*fig.*) lanciarsi, precipitarsi, scagliarsi: *tuffarsi nella mischia* **5** (*fig.*) dedicare a qlco. tutta la propria energia, il proprio tempo, la propria attività e sim.: *tuffarsi nei piaceri, nella vita mondana*; *tuffarsi a capofitto nello studio, in una ricerca*

tuffàta [f. sost. del part. pass. di *tuffare* ✻1879] **s. f.** **1** breve tuffo **2** (**spec. al pl.**, *mus.*) nota del corno ottenuta aggiungendo l'introduzione della mano nel padiglione allo scopo di rallentare il moto vibratorio dell'aria || **tuffatìna**, **dim.**

tuffatóre [1546] **s. m.** **1** (**f.** *-trice*) (*sport*) atleta specialista delle gare di tuffi **2** (*zool.*) tuffetto **3** durante la seconda Guerra mondiale, aereo per attaccare obiettivi al suolo mediante lanci di bombe, proiettili o razzi, in picchiate molto ripide e veloci | (*est.*) pilota o membro dell'equipaggio di tale aereo

tuffatùra [1879] **s. f.** ● (*raro*) immersione

tùffete ➤ **tuff**

tuffétto [1779] **s. m.** **1** dim. di *tuffo* **2** piccolo uccello dei Podicipediformi, buon tuffatore e nuotatore, con livrea bruna, a eccezione del collo e della regione pettorale colorate di rosso (*Tachybaptus ruficollis*) **SIN.** tuffatore, tuffolino || **tuffettìno**, **dim.**

tuffìstica [da *tuffismo* ✻1961] **s. f.** ● attività sportiva comprendente le varie specialità di tuffi

♦**tùffo** [da *tuffare* ✻av. 1367] **s. m.** **1** rapida immersione in un liquido, spec. acqua: *un t. nell'acqua, in mare, nel fiume*; *i tuffi delle rane, delle foche, dei delfini* | ***fare un t.***, (*fam.*) un breve bagno in mare, piscina e sim.: *faccio solo un t., tanto per rinfrescarmi* | ***uccelli di t.***, palmipedi che amano tuffarsi in acque profonde | (*fig.*) l'improvviso calarsi o immergersi in un ambiente o sim.: *un t. nel passato, nei ricordi*; *o deliziosi tuffi ... nel veglione vietato* (E. DE AMICIS) **2** (*sport*) specialità sportiva consistente nel gettarsi in acqua da un luogo appositamente predisposto, da diverse altezze e secondo tecniche e stili vari: *t. in avanti, indietro, dal trampolino, dalla piattaforma* | ***t. carpiato***, con il corpo in posizione di carpio | ***t. avvitato***, eseguito imprimendo al corpo un avvitamento | ***tuffi sincronizzati***, specialità sportiva consistente nel tuffo contemporaneo eseguito da una squadra di due tuffatori **3** (*est.*) caduta verso il basso: *un t. nel vuoto*; *il t. di un paracadutista*; *è stato un bel t.!* | ***venir giù a t.***, di uccelli che si gettano in picchiata verso terra | picchiata ripidissima, ma piuttosto limitata, di un aereo **4** (*fig.*) salto, slancio: *con un t. si precipitò su di noi* | ***a t.***, di slancio, con avidità, senza frapporre indugi e sim.: *buttarsi, gettarsi a t. sulla minestra, su una occasione* | nel calcio, l'atto del portiere che si lancia per parare il pallone: *parare in t.*; *allungarsi in t. sul pallone* **5** (*fig.*) ***t. al cuore***, (*lett.*) ***t. nel cuore***, (*lett.*) ***t. nel sangue***, violento e improvviso aumento dei battiti del cuore, dovuto a emozioni repentine: *per la paura provai un t. al cuore*; *il sangue mi fece, mi diede un t.* **6** (*fig.*) †rovina, fallimento | †***dare l'ultimo t. a qlcu.***, distruggerlo, rovinarlo || **tuffétto**, **dim.** (V.)

tuffolìno [1806] **s. m.** **1** dim. di *tuffolo* **2** (*zool.*) tuffetto

tùffolo [dal *tuffarsi* sott'acqua ✻av. 1698] **s. m.** ● (*zool.*) svasso piccolo || **tuffolìno**, **dim.** (V.)

tufite [comp. di *tuf(o)* e *-ite*[2] ✻1970] **s. f.** ● (*geol.*) deposito misto di elementi piroclastici mescolati ad elementi epiclastici trasportati dalle acque

tùfo [lat. tardo *tūfu(m)*, per *tōfu(m)*, di provenienza dial. ed etim. incerta ✻1282] **s. m.** ● (*geol.*) roccia derivante dalla cementazione di frammenti di origine vulcanica

†**tufóso** (o **-ṣ-**) [vc. dotta, lat. tardo *tufōsu(m)*, da *tōfus*, adattato a *tufo* ✻av. 1597] **agg.** ● tufaceo

tùga [etim. incerta ✻1805] **s. f.** ● (*mar.*) parte rialzata della coperta che copre la cabina, spesso dotata di oblò | (*raro*) piccolo vano ricavato all'estremità della poppa o della prua | copertura leggera o piccolo spazio coperto ricavati sul ponte scoperto di una nave || **tughétta**, **dim.**

tùghrik /'tugrik, *mongolo* 'toɣrik/ [n. mongolico (*tögrög*, *tögrig*), propr. 'cerchio, oggetto rotondo' ✻1987] **s. m. inv.** ● unità monetaria della Mongolia

tugùrio o †**tigùrio** [vc. dotta, lat. *tugŭriu(m)*, collegato con la radice di *tĕgere* '(ri)coprire', come in *tĕctus* 'tetto' (?) ✻av. 1342] **s. m.** ● abitazione o ambiente squallido, stamberga, topaia: *un misero t.* || †**tuguriétto**, **dim.**

tùia [vc. dotta, lat. *thўia(m)* 'propria dell'albero

chiamato *thўa'*, di orig. gr. (*thyía*, da *thýein* 'bruciare (a scopo sacrificale)') ✱ 1542] **s. f.** ● pianta cespugliosa o arborescente delle Cupressacee, con piccole foglie embricate, di odore resinoso, sempreverdi (*Thuja occidentalis*)

tuinà /tui'na, *cinese* ˌtweɪ'na/ [vc. cinese, comp. di *tuī* 'spingere' e *na* 'afferrare' ✱ 1993] **s. m. inv.** ● nella medicina tradizionale cinese, tecnica manuale che aiuta a ritrovare o a mantenere il benessere fisico e psichico attraverso massaggi, digitopressione, movimenti di trazione e sim.

tularemìa [dal distretto di *Tulare* in California, dove fu descritta per la prima volta, col suff. *-emia* ✱ 1940] **s. f.** ● malattia infettiva causata da un batterio che colpisce la lepre, il coniglio selvatico e altri roditori, talvolta le pecore, i bovini, il cane e gli uccelli, e che, trasmessa all'uomo, si manifesta con febbre, sensazione di freddo, debolezza

tùlio [dal n. della mitica regione di *Tule* ✱ 1895] **s. m.** (**pl.** *-i* o *raro -ii*) ● elemento chimico, metallo del gruppo delle terre rare SIMB. Tm NUM. AT. 69

♦**tulipàno** [fr. *tulipan*, dal turco *tülbent* 'turbante', per la forma del fiore ✱ 1643] **s. m.** **1** pianta delle Liliacee con bulbo ovoide, foglie glauche e fiore campanulato, eretto, coltivato in molte varietà (*Tulipa gesneriana*) | (*fig.*) spec. nel gergo calcistico, olandese: *la vittoria dei tulipani* **2** ornamento che, nelle antiche artiglierie, si trovava all'estremità anteriore della volata **3** bicchiere dallo stelo allungato, che nella forma ricorda quella del fiore, con l'imboccatura leggermente svasata, adatto spec. per vini bianchi o, se di dimensioni più piccole, per grappe o acquaviti

tulipìfera [comp. di *tulipa*, variante di *tulipano*, e del f. di *-fero* ✱ 1970] **s. f.** ● (*bot.*) liriodendro

tulipìfero [1804] **s. m.** ● (*bot.*) tulipifera

tùlle [dal n. della città fr. di *Tulle*, dov'era originariamente fabbricato ✱ 1841] **s. m. inv.** ● tessuto finissimo a velo, i cui fili sottili di cotone, seta o nylon formano una rete di maglie poligonali

tulliàno [vc. dotta, lat. *Tulliānu(m)* 'proprio di Marco *Tullio* (Cicerone) (106-43 a.C.)' ✱ sec. XIV] **A** **agg.** ● relativo a M. Tullio Cicerone, alla sua opera, al suo stile: *eloquenza tulliana* **B** **s. m.** ● imitatore o seguace di M. Tullio Cicerone

†**tullulù** ➤ **turlulù**

†**tumàrca** ➤ †**turmarca**

tumbler /'tambler, *ingl.* 'tʌmblə(r)/ [vc. ingl., da (*to*) *tumble* 'ruzzolare' ✱ 1964] **s. m. inv.** ● bicchiere largo senza piede

tumefàre [adattamento del lat. *tumefăcere*, comp. di *făcere* 'fare' con un deriv. della stessa radice di *tumēre* 'essere gonfio' ✱ av. 1500] **v. tr.** (*io tumefàccio* o *tumefò, tu tumefài, egli tumefà*; **nelle altre forme coniug. come** *fare*) e **tumefàrsi** **v. intr. pron.** ● produrre o subire tumefazione

tumefàtto **part. pass.** di *tumefare*; anche **agg.** ● che presenta tumefazione: *volto t.*

tumefazióne [da *tumefare* ✱ av. 1493] **s. f.** ● (*med.*) aumento patologico del volume di un organo o di una sua parte

tumescènte [vc. dotta, lat. *tumescĕnte(m)*, part. pres. di *tumĕscere* 'cominciare a gonfiare (*tumēre*)' ✱ 1961] **agg.** ● (*raro*) turgido, tumefatto

♣**tumescènza** [da *tumescente* ✱ 1872] **s. f.** ● condizione, caratteristica di ciò che è tumescente | inturgidimento: *la t. dell'erezione* (A. Moravia)

tumideggiàre [da *tumido* con suff. attenuativo ✱ 1737] **v. intr.** (**pres.** *io tumidéggio*; **fut.** *io tumideggerò*; **aus.** *avere*) ● (*lett.*) inturgidirsi | (*fig.*) †essere ampolloso

♣**tumidézza** [1557] **s. f.** ● caratteristica di ciò che è tumido | gonfiore | (*fig., lett.*) ampollosità

tumidità [vc. dotta, lat. tardo *tumiditāte(m)*, da *tumidātus*, part. pass. di *tumidāre* 'far diventare gonfio' ✱ av. 1758] **s. f. inv.** ● (*lett., raro*) tumidezza

♣**tùmido** [vc. dotta, lat. *tŭmidu(m)*, da *tumēre* 'essere gonfio' ✱ av. 1373] **agg.** **1** (*lett.*) gonfio, grosso: *ventre t.*; *mani tumide* **2** spesso, turgido, carnoso: *labbra tumide* **3** (*fig., lett.*) ampolloso, ridondante: *stile t.* **4** (*fig., lett.*) altero, superbo: *non siate però tumide e fastose / donne* (L. Ariosto) ‖ (*lett.*) **tumidétto**, **dim.** ‖ **tumidaménte**, **avv.** in modo tumido, gonfio, ampolloso

tummistùfi o **tumistùfi** [da separare in *tu mi stufi* ✱ 1863] **s. m. e f. inv.** ● (*disus., scherz.*) persona noiosa, seccante e sim.

tumolàre ➤ **tumulare**①

tùmolo ➤ **tumulo**

tumoràle [1931] **agg.** ● (*med.*) che è proprio o caratteristico dei tumori: *cellule tumorali*

tumóre [vc. dotta, lat. *tumōre(m)*, da *tumēre* 'essere gonfio' ✱ 1319] **s. m.** **1** (*disus.*) gonfiore, gonfiezza, ascesso | (*fig.*) †alterigia, superbia | (*fig., lett.*) ampollosità retorica: *il t. dello stile* (G. Pascoli) **2** (*med.*) in senso lato, qualsiasi tumefazione | ***t. da parto***, tumefazione che si manifesta durante il parto nella parte fetale che esce per prima **3** (*med.*) ogni massa anormale che deriva da una eccessiva proliferazione cellulare progressiva e apparentemente incontrollata | ***t. cistico***, caratterizzato dalla presenza di cavità colme di liquido | ***t. benigno***, che rimane localizzato nel distretto di origine | ***t. maligno***, che invade i tessuti circostanti e produce metastasi per via linfatica o ematica SIN. neoplasma CFR. cancro, neoplasia, carcino-, onco- ‖ **tumoràccio**, **pegg.** | **tumorétto**, **dim.**

†**tumoróso** (o -ṣ-) [vc. dotta, lat. tardo *tumorōsu(m)*, che ha il senso fig. ('gonfio di orgoglio') del sost. (*tŭmor* 'tumore', in vari sensi) da cui deriva ✱ 1336 ca.] **agg.** ● gonfio, tumido | (*fig.*) molto intenso ‖ †**tumorosità**, **s. f. inv.** gonfiore, turgidezza

tumulàre① o (*raro*) **tumolàre** [vc. dotta, lat. *tumulāre*, da *tŭmulus* 'tumulo' ✱ av. 1306] **v. tr.** (*io tùmulo*) ● seppellire, spec. in loculi, nicchie o sim. in muratura, pietra o marmo: *è stato tumulato nella tomba di famiglia* CFR. inumare

tumulàre② [da *tumulo* ✱ av. 1866] **agg.** ● (*raro, lett.*) relativo a tumulo, a sepoltura: *pietra t.*

tumulazióne [1773] **s. f.** ● sepoltura: *partecipare la morte di qlcu. a t. avvenuta* | seppellimento di un cadavere in nicchie o loculi in muratura

tumulèto [dal lat. *tŭmulus* 'tombolo' (V. *tombolo*③) ✱ 1927] **s. m.** ● (*geogr.*) tombolo③

tùmulo o (*raro*) **tùmolo** [vc. dotta, lat. *tŭmulu(m)*, legato a *tumēre* 'essere gonfio' ✱ av. 1328] **s. m.** **1** (*raro*) accumulo di terra, sabbia, detriti o altro, che si eleva dalla superficie del terreno: *sto / addossato a un t. / di fieno* (G. Ungaretti) **2** (*archeol.*) presso alcuni popoli antichi, monticello di terra che si elevava sulla tomba: *i tumuli etruschi, frigi* **3** (*est., lett.*) tomba, sepoltura

♣**tumùlto** o †**timòlto** [vc. dotta, lat. *tumŭltu(m)*, da *tumēre* 'essere gonfio,' e, fig., 'agitato, sovreccitato,' di etim. incerta ✱ 1266] **s. m.** **1** intenso rumore prodotto da più persone che gridano e si agitano disordinatamente: *il t. della folla* SIN. scompiglio, trambusto | fracasso, frastuono, di cose: *le acque cadevano dall'alto con gran t.* **2** (*est.*) sollevazione, sommossa, rivolta: *il t. dei Ciompi*; *t. popolare*; *erano anni di gravi e continui tumulti*; *la piazza è in t.* SIN. ribellione **3** (*fig.*) violento conflitto di più elementi diversi: *un t. di pensieri, aspirazioni e desideri contrastanti* | (*est.*) intima agitazione, turbamento interiore dovuto a tale conflitto: *avere il cuore, l'animo in t.*; *nel primo giovanil t. / di contenti, d'angosce e di desio* (G. Leopardi)

tumultuànte **A** **part. pres.** di *tumultuare*; anche **agg.** ● nei sign. del v. **B** **s. m. e f.** ● chi partecipa a una sommossa, a un tumulto SIN. rivoltoso

♣**tumultuàre** [vc. dotta, lat. *tumultuāre*, da *tumŭltus* 'tumulto' ✱ 1374] **v. intr.** (*io tumùltuo, noi tumultuiàmo*; **aus.** *avere*) ● fare tumulto: *la folla tumultuava* | (*fig.*) essere in conflitto, agitarsi, accavallarsi: *molti diversi pensieri tumultuavano nella sua mente*

tumultuàrio [vc. dotta, lat. *tumultuāriu(m)* ✱ sec. XIV] **agg.** **1** (*raro, lett.*) di ciò che è fatto in fretta, che è improvviso e confuso: *assalto t.*; *la previsione dei mali è talmente ... tumultuaria nell'uomo appassionato* (P. Verri) | disordinato, pieno di tumulti: *molti ... dicono Roma essere stata una repubblica tumultuaria* (N. Machiavelli) **2** †di esercito raccolto in fretta e non bene addestrato **3** (*raro, lett.*) tumultuoso: *seduta tumultuaria* ‖ **tumultuariaménte**, **avv.** **1** (*lett.*) confusamente, in fretta e in disordine **2** †con esecuzione sommaria, mediante un tumulto, una sommossa

†**tumultuàto** [vc. dotta, lat. *tumultuātu(m)*, part. pass. di *tumultuāre* ✱ av. 1419] **agg.** ● tumultuoso ‖ †**tumultuataménte**, **avv.** tumultuosamente

†**tumultuazióne** [vc. dotta, lat. *tumultuatiōne(m)*, da *tumultuātus* 'tumultuato' ✱ av. 1536] **s. f.** ● tumulto

♣**tumultuóso** (o -ṣ-) [vc. dotta, lat. *tumultuōsu(m)*, da *tumŭltus* 'tumulto' ✱ 1261 ca.] **agg.** **1** che è in tumulto, si agita, si ribella e sim.: *popolo t.*; *scolaresca tumultuosa* SIN. agitato, inquieto **2** che è caratterizzato da intensa agitazione, rumore e disordine: *seduta, assemblea, manifestazione tumultuosa*; *grida tumultuose* **3** che sgorga o scorre con particolare impeto e violenza: *una tumultuosa sorgente*; *fiume t.*; *le acque tumultuose in un torrente in piena* **4** (*fig.*) che è contraddittorio, concitato e confuso: *desideri, sentimenti tumultuosi* ‖ **tumultuosaménte**, **avv.** ‖ **tumultuosità**, **s. f. inv.** **1** †grave inquietudine, turbamento interiore **2** caratteristica di ciò che è tumultuoso: *la tumultuosità della vita moderna*

tùndra [fr. *toundra*, dal russo *túndra*, di orig. lappone ✱ 1895] **s. f.** ● formazione vegetale caratteristica delle regioni glaciali, costituita in prevalenza di muschi e licheni

tuner /'tjuner, *ingl.* 'tjuːnə(r)/ [vc. ingl., da *to tune* 'accordare', da *tune* 'tono' ✱ 1983] **s. m. inv.** ● sintonizzatore

tùnfete ➤ **tonfete**

tungstèno /tun(g)s'tɛno/ o (*raro*) **tunstèno** [svedese *tungsten* 'pietra (*sten*) pesante (*tung*)', comp. di due vc. di orig. indeur. ✱ 1795] **s. m.** ● elemento chimico polverulento, ottenibile allo stato compatto per sinterizzazione; si usa per filamenti di lampade e per la preparazione di acciai rapidi, di leghe resistenti ad altissime temperature, di leghe durissime per utensili vari spec. per la lavorazione meccanica del vetro SIMB. W NUM. AT. 74 SIN. wolframio

tungùṣo [denominazione straniera degli Evenki ✱ 1840] **A** **s. m.** (**f.** *-a*) ● ogni appartenente a una popolazione mongola che occupa un ampio territorio dell'Asia settentrionale, la Siberia, fino all'Oceano Pacifico **B** **agg.** ● dei Tungusi **C** **s. m. solo sing.** ● gruppo di lingue

t

appartenenti alla famiglia altaica, parlate nella Siberia orientale

tùnica [vc. dotta, lat. *tŭnica(m)*, di orig. semitica ✱ sec. XIII] **s. f. 1** presso gli antichi, indumento maschile e femminile, in lino, di linea diritta, trattenuto sotto il petto da una cintura, che si indossava a diretto contatto con la pelle | più tardi, ampio indumento di foggia classica | oggi, veste femminile lunga e stretta **2** dopo la riforma liturgica del Concilio Vaticano II, abito bianco, a forma di camice, che, nella liturgia, è indossato dai laici nella funzione di lettori o ministranti **3** (*disus.*) lunga giubba militare **4** (*biol.*) membrana che riveste organi vegetali o animali ‖ **tunicèlla**, **dim.** (V.) | **tunichétta**, **dim.** | **tunichìna**, **dim.**

Tunicàti [vc. dotta, lat. *tunicātu(m)* 'tunicato' per il loro rivestimento (*tŭnica*) ✱ 1895] **s. m. pl.** (**sing.** *-o*) ● (*zool.*) sottotipo di Cordati privi di scheletro e con la corda dorsale limitata alla regione caudale e per lo più transitoria (*Tunicata*) **SIN.** Urocordati

tunicàto [vc. dotta, lat. *tunicātu(m)*, propr. 'vestito di tunica (*tŭnica*, anche con il senso traslato di 'scorza' e 'rivestimento' in genere)' ✱ 1723] **agg. 1** (*lett.*) vestito di tunica **2** (*bot.*) di bulbo rivestito di tuniche

tunicèlla [sec. XV] **s. f. 1** dim. di *tunica* **2** paramento del suddiacono, oggi non più in uso con la soppressione del suddiaconato (V.)

tuning /'tjunin(g)/, *ingl.* 'tju:nɪŋ/ [vc. ingl. 'regolazione', da *to tune* 'accordare' ✱ 1995] **s. m. inv. 1** sintonizzazione di un apparecchio radio o televisivo sulle frequenze di un canale | il relativo comando **2** (*autom.*) modifica o aggiunta di accessori rispetto alle caratteristiche della produzione di serie

tunişino [1476] **A agg.** ● della Tunisia o di Tunisi: *donna tunisina*; *costumi tunisini* | di Tunisi: *casa tunisina* **B s. m.** (**f.** *-a*) ● abitante o nativo della Tunisia o di Tunisi

♦**tùnnel** /'tunnel, *ingl.* 'tʌn(ə)l/ [vc. ingl.: dall'ant. fr. *tonnel*, dim. di *tonne* 'bótte' ✱ 1839] **A s. m. inv. 1** galleria, traforo: *il t. del Sempione*; *passare sotto un t.* | ***t. aerodinamico***, galleria aerodinamica | ***t. della trasmissione***, canale dove passa l'albero di trasmissione ricavato nel pavimento dell'automobile | ***t. di lavaggio***, apparecchiatura per l'automatizzazione di alcune fasi del lavaggio di un autoveicolo | serra di forma allungata costituita da un'intelaiatura metallica ricoperta da un telo continuo di plastica trasparente | (*anat.*) ***t. carpale***, V. *carpale* **2** (*fig.*) situazione difficile che dura ormai da tempo, periodo critico: *il Paese sta uscendo dal t. della crisi* | condizione che appare senza via d'uscita: *il t. della malattia*; *il t. della droga* **3** nel calcio, azione del giocatore che supera l'avversario facendogli passare la palla fra le gambe **B in funzione di agg. inv.** ● (posposto a un sost.) nelle loc. ***effetto t.***, fenomeno per cui le cariche elettriche elementari riescono a passare nei materiali semiconduttori attraverso una barriera di potenziale senza aver bisogno di energia | ***diodo t.***, diodo che sfrutta l'effetto tunnel

tunstèno ➤ **tungsteno**

♦**tùo** [lat. *tŭu(m)*, di orig. indeur. ✱ sec. XII] **A agg. poss. di seconda pers. sing.** (**f.** *tua*; **pl. m.** *tuoi*, **centr.** †*tua*, †*tui*; **pl. f.** *tue*, **centr.** †*tua*; **pop., tosc.** troncato in *tu'*, in posizione proclitica per tutti i generi e i numeri: *il tu' babbo*; *le tu' sorelle*; *i tu' figlioli*; *la tu' mamma*; †, **lett.** o **dial.** *to*, **f.** *ta*, in posizione enclitica: *pàtreto, mòglieta, màmmeta*) **1** che appartiene a te (indica proprietà, possesso, anche temporanei): *la tua casa*; *come è la tua nuova automobile?*; *prestami qualcuno dei tuoi libri* | con valore enfat. e rafforz., posposto a un sost.: *questa non è casa tua!*; *sono figli tuoi!* **2** che è relativo a te, che ti è proprio: *riconosco la tua voce*; *cura il tuo corpo*; *la tua volontà è ammirevole*; *conosco i tuoi pensieri*; *parlami del tuo lavoro* | (*est.*) con riferimento a parole, atti e sim. che provengono da te: *il tuo compito è sbagliato*; *il tuo discorso è stato chiaro*; *la tua amicizia mi onora*; *attendiamo il tuo arrivo*; *il tuo affetto ci consola* **3** di te (indica relazione di parentela, di amicizia, di conoscenza, di dipendenza e sim.): *tuo padre*; *la tua patria*; *il tuo paese d'origine*; *i tuoi amici*; *i tuoi colleghi*; *il tuo capoufficio*; *il tuo maestro*; *i tuoi dipendenti* | Davanti a nomi di parentela (come 'padre', 'madre', 'figlio', 'zio', 'cugino', 'nonno', 'nipote', 'marito', 'moglie', 'fratello', 'sorella', 'cognato', 'genero', 'nuora' o 'suocero'), si comporta come l'agg. 'mio' (V. *mio* nel sign. A 3): *le tue figlie*; *i tuoi suoceri*; *tuo nipote*; *il tuo nipotino*; *la tua figliola*; *il tuo caro zio*; *la tua zietta*; *tua madre*; *la tua mamma*; *tua mamma* | nella chiusa delle lettere, nelle dediche e sim., precede la firma ed esprime devozione e dedizione: *il tuo amico Mario*; *la tua affezionatissima figliola*; *con simpatia, i tuoi amici*; *tuo devotissimo Marco* **4** che ti è abituale, consueto: *ora ti prendi il tuo caffè e vai a riposare*; *oggi non hai fatto la tua solita passeggiata* **B pron. poss. di seconda pers. sing. 1** quello che ti appartiene, che ti è proprio o che comunque è relativo a te (sempre preceduto dall'art. determ.): *la mia volontà è meno forte della tua*; *i suoi sacrifici, come i tuoi, sono ammirevoli* **2** (*assol.*) ricorre, con ellissi del sost., in alcune espressioni e locuzioni particolari, proprie del linguaggio fam.: ***non vorrai rimetterci del tuo***, di ciò che ti appartiene | ***eccoti il tuo***, ciò che ti spetta | ***accontentati del tuo***, di ciò che hai | ***i tuoi***, i tuoi familiari, parenti, amici, compagni, apprendisti e sim.: *abiti con i tuoi?*; *quel ragazzo è dei tuoi?* | ***è giusto che anche tu dica la tua***, la tua opinione | ***tengo, sto dalla tua***, dalla tua parte, a tuo favore | ***hai passato anche tu le tue***, le tue disavventure, amarezze e sim. | ***ne hai combinata una delle tue***, delle tue solite malefatte | ***l'ultima tua***, l'ultima tua lettera

tuonàre o **tonàre** [vc. dotta, lat. *tonāre*, di orig. indeur. ✱ 1282] **A v. intr.** (*io tuòno*, *pop.* *tòno*; **in tutta la coniug. di** *tonare* **la** *-o-* **dittonga in** *-uo-* **soprattutto se accentata; sono in uso le forme** *tonavo, tonerò, tonassi* **oltre alle più comuni** *tuonavo, tuonerò, tuonassi*; **aus.** *avere*) **1** (*lett.*) provocare il tuono: *quando il gran Giove tona* (F. PETRARCA) | rumoreggiare, rimbombare, detto del tuono | (*est.*) rimbombare producendo strepito, fragore: *l'artiglieria tuonava in lontananza* **2** (*fig.*) parlare a gran voce, con forza: *t. dalla cattedra, dal pulpito* | (*est.*) inveire: *t. contro gli imbroglioni* | **PROV.** ***tanto tuonò che piovve!***, si dice di ciò che si verifica dopo essere stato più volte preannunciato **B v. intr. impers.** (**aus.** *essere* o *avere*) ● prodursi il rumore del tuono: *ha tuonato tutta la mattina*; *era tuonato a lungo*

†**tuòno** ① ➤ **tono** ①

♦**tuòno** ② o (*pop.*) **tòno** ② [lat. parl. **tŏnu(m)*, da *tonāre* ✱ 1282] **s. m. 1** manifestazione sonora, consistente in un suono secco e potente o in un brontolio sordo, che accompagna la scarica elettrica atmosferica: *il lampo e il t.* | (*fig.*) ***avere una voce di t.***, fortissima | ***tuoni e fulmini!***, escl. che esprime disappunto e ira **CFR.** bronto- **2** (*est.*) strepito, fragore: *il t. dei cannoni, delle artiglierie* **SIN.** frastuono, rombo, rimbombo **3** †fulmine

tuòrlo o (*disus.*) **tòrlo** [lat. *tŏrulu(m)*, propr. dim. di *tŏrus* nel senso di 'rigonfiamento' ✱ av. 1292] **s. m. 1** (*biol.*) deutoplasma, vitello **2** correntemente, rosso dell'uovo, spec. di gallina: *mescolare due tuorli e una chiara*

tupàia [vc. di orig. malese (*tupai* 'scoiattolo') ✱ 1875] **s. f.** ● (*zool.*) genere di Proscimmie dei Lemuridi, di piccole dimensioni, con fisionomia simile allo scoiattolo e artigli alle dita degli arti posteriori (*Tupaia*)

tupamaro /*sp.* tupa'maro/ [vc. sp., da *Tupac Amaru*, n. che un capo indigeno peruviano ribellatosi agli spagnoli assunse in ricordo dell'ultimo re del Perù ✱ 1970] **s. m. inv.** (**pl. sp.** *tupamaros*) **1** membro di una organizzazione guerrigliera uruguaiana di estrema sinistra, sorta nel 1963 e scioltasi nel 1984, che compì azioni terroristiche nelle città **2** (*est.*) chi pratica la guerriglia urbana

tupè ➤ **tuppè**

tùpi o **tupì** [da *tapuya*, n. della lingua parlata dai *Tapuya*, genericamente 'indigeno del Brasile' (ma propr. 'barbaro, nemico') (?) ✱ 1895] **A agg. inv.** ● relativo a una popolazione amazzonica di cultura agrario-matriarcale, la cui lingua è parlata da molte tribù del Brasile centro-meridionale: *cultura t.*; *le tribù t.* **B s. m. e f. inv.** ● ogni appartenente all'omonima popolazione **C s. m. solo sing.** ● lingua indigena dell'America meridionale

tùpla [adattamento dell'ingl. *(quin)tuple* 'quintuplo' ✱ sec. XX] **s. f.** ● (*mat.*) ogni elemento di uno spazio costituito da più domini composto da tanti valori quanti sono i domini

tùppe o **tùppete** [vc. onomat. ✱ 1726] **inter.** ● riproduce il rumore di colpi battuti o di qlco. o qlcu. che cade (*spec. iter.*)

tuppè o **tupè** [av. 1755] **s. m. inv.** ● adattamento di *toupet* (V.)

tùppete ➤ **tuppe**

tùra [da *turare* ✱ 1660 ca.] **s. f. 1** in idraulica, struttura per chiudere o impedire l'afflusso dell'acqua: *t. in terra, legno, calcestruzzo*; *t. metallica con palancole* **2** (*tosc.*) piccola chiusa o argine rudimentale costruiti con terra, assi, fascine e sim. **3** (*mar.*) cassone stagno usato un tempo per riparare gli scafi delle navi senza tirarle in secco

-tùra o, quando il tema del verbo termina in *d*, **-sùra** [lat. *-tūra(m)*, doppio suff. (*-tu-* e *-rā-* f.) di orig. indeur.] **suff.** ● forma sostantivi femminili deverbali, quasi sempre astratti, che indicano un'azione, un effetto, un risultato o uno stato: *battitura, andatura, chiusura, spremitura, arsura* | forma anche sostantivi con valore collettivo: *capigliatura, dentatura, segatura*

turabottìglie [comp. di *tura(re)* e il pl. di *bottiglia* ✱ 1926] **s. m. inv.** ● (*raro*) tappatrice

turabùchi [comp. di *tura(re)* e il pl. di *buco* ✱ 1682] **s. m. e f. inv.** ● tappabuchi (*anche fig.*)

†**turàccio** ➤ **turacciolo**

turacciolàio [1961] **s. m.** (**f.** *-aia*, **pl. m.** *-ai*) ● fabbricante di turaccioli

turàcciolo o †**turàccio** [da *turare*, con suff. dim. ✱ 1344] **s. m.** ● tappo realizzato in sughero o in plastica, destinato alla chiusura di bottiglie di vetro ‖ **turacciolétto**, **dim.** | **turacciolìno**, **dim.**

turafàlle [comp. di *tura(re)* e il pl. di *falla* ✱ 1937] **s. m. inv.** ● (*mar.*) dispositivo per otturare eventuali falle

†**turàglio** [da *tura(re)* ✱ av. 1537] **s. m.** ● chiusura di fori, falle e sim.

†**turàme** [av. 1597] **s. m.** ● ciò che serve a turare

turaménto [av. 1320] **s. m.** ● (*raro*) il turare, il venire turato

turànico [da *Turan*, regione fra l'Iran e il Caspio ✱ 1809] **agg.** (**pl. m.** *-ci*) ● detto di un bassopiano sabbioso che occupa una vasta regione a est del Mar Caspio, tra Turkmenistan, Uzbekistan e Kazakistan

♦**turàre** [lat. parl. *turāre, noto solo come secondo componente di v. comp. (obturāre 'otturare', returāre, ...) e di etim. incerta ✻ 1268] **A v. tr.** ● chiudere la bocca di un recipiente o qualunque altra apertura inserendovi qlco.: *t. il fiasco, la bottiglia; t. un buco, una fessura con calcina, gesso, cera, terra, stoppa; t. una falla* | ***t. un buco***, (*fig.*) pagare un debito; impiegare un intervallo di tempo; sostituire temporaneamente qlcu. | ***t. una falla***, (*fig.*) pagare un debito o risolvere una situazione che procura danni o perdite continue | ***t. la bocca a qlcu.***, (*fig.*) impedirgli di parlare, o con violenza o corrompendolo **B** anche **turàrsi v. tr. pron.** (aus. *essere*) ● spec. nella loc. ***turarsi gli occhi, la bocca, il naso, le orecchie***, chiuderli con le mani per non vedere, non parlare, non percepire odori sgradevoli, non udire qlco. | ***turarsi il naso***, (*fig.*) manifestare ripugnanza verso qlco. che si è costretti a fare controvoglia: *votare turandosi il naso* SIN. tappare **C turàrsi v. intr. pron.** ● chiudersi, occludersi, intasarsi: *si è turato il tubo di scarico*

turàta [1550] **s. f. 1** (*raro*) il turare rapidamente, in una sola volta **2** †parete provvisoria, paratia | †barriera, ostacolo

turàto part. pass. di *turare*; anche **agg. 1** nei sign. del v. | ostruito **2** †ben coperto **3** †represso

♣**tùrba** ① [vc. dotta, lat. *tŭrba(m)*, di orig. gr. (?) ✻ 1266] **s. f. 1** gruppo disordinato di molte persone riunite nello stesso luogo (*anche spreg.*): *una t. di affamati, scioperati, straccioni, monelli* | (*est.*) volgo, marmaglia: *perdersi, confondersi nella t.*; *la t. degli ignoranti* | (*poet.*) moltitudine: *t. d'aure vezzosa e lusinghiera / ti corteggia d'intorno e ti seconda* (G.B. MARINO) | †branco, mandria ecc. **2** (**spec. al pl.**) folla: *Gesù parlava alle turbe; le turbe lo amano e lo seguono*
SFUMATURE ➤ ***moltitudine***

tùrba ② [da *turbare*, come il corrispondente fr. *trouble* da *troubler* ✻ 1918] **s. f.** ● (*med.*) alterazione funzionale e organica: *turbe nervose, intestinali*

turbàbile [sec. XIV] **agg.** ● (*raro*) che si può turbare facilmente ‖ **turbabilità**, **s. f. inv.**

♦**turbaménto** [vc. dotta, lat. *turbamĕntu(m)*, da *turbāre* ✻ 1266] **s. m. 1** stato di inquietudine, di smarrimento, di alterazione del normale equilibrio psichico: *provare, sentire t.*; *essere in preda a un profondo t.*; *i primi turbamenti amorosi* SIN. agitazione, ansia **2** disturbo, sovvertimento dell'ordine, della normalità di qlco.: *t. della pace, dell'ordine pubblico* SIN. rivolgimento
SFUMATURE ➤ ***commozione***

turbànte ① **part. pres.** di *turbare*; anche **agg.** ● (*raro, lett.*) che turba

turbànte ② [turco *tülbent*, di orig. persiana (*dulband*, comp. di *band* 'benda, legame' e d'altra vc. di provenienza straniera) ✻ av. 1484] **s. m. 1** copricapo orientale formato da una lunga sciarpa di seta, cotone o lana, avvolta armoniosamente attorno alla testa | cappello da donna simile a questo copricapo **2** (*bot.*) ***t. di turco***, martagone, giglio gentile ‖ **turbantìno**, **dim.**

†**turbànza** [av. 1306] **s. f.** ● turbamento

♦**turbàre** [vc. dotta, lat. *turbāre*, da *tŭrba* 'turba①' ✻ av. 1250] **A v. tr. 1** (*lett.*) agitare qlco. privandola della sua chiarezza, limpidezza, serenità e sim.: *t. il mare, le acque* | mettere in disordine: *lieve solca i capegli, indi li turba / col pettine e scompiglia* (G. PARINI) **2** (*raro*) mandare a monte: *t. una impresa*; *t. i piani di qlcu.* **3** molestare, disturbare, impedire: *t. una funzione, una cerimonia*; *t. il regolare svolgimento di un processo*; *t. il sonno di qlcu.* | (*dir.*) ***t. il possesso***, far sì che il possessore di un bene non possa pienamente e tranquillamente goderne **4** sovvertire: *t. l'ordine pubblico, la quiete cittadina, la pace* | (*est.*) alterare, sconvolgere: *t. la pace familiare, l'amicizia, il buon accordo*; *un incidente che ha profondamente turbato i nostri rapporti* SIN. scombussolare **5** rendere inquieto, agitato, confuso e sim.: *t. l'animo, la mente di qlcu.*; *quello sguardo mi turbò profondamente*; *quest'incertezza mi turba*; *è un'esperienza che può turbare gravemente chi non vi è preparato* SIN. sconcertare **B turbàrsi v. intr. pron. 1** (*lett.*) guastarsi, detto del tempo | †cominciare ad agitarsi, detto del mare **2** perdere la serenità, inquietarsi: *l'animo mio si turba per la perdita de' tanti amici* (B. CASTIGLIONE) | manifestare, assumendo una particolare espressione, l'agitazione interiore, l'inquietudine, l'ansia: *vidi che il suo viso, i suoi occhi si turbavano* SIN. agitarsi **3** †adirarsi, incollerirsi
SFUMATURE ➤ ***sbalordire***, ➤ ***scombussolare***

turbatìva [da *turbare* (il possesso), in senso giuridico ✻ 1728] **s. f.** ● (*dir.*) molestia arrecata da altri al titolare di un diritto o al possessore di una cosa impedendogliene il godimento: *t. della proprietà, del possesso* | (*generic.*) motivo di intralcio, di impedimento al regolare andamento di qlco.: *turbative del mercato dei cambi*

turbatìvo [av. 1373] **agg.** ● che turba | che ostacola

turbàto part. pass. di *turbare*; anche **agg. 1** (*lett.*) agitato, sconvolto: *acque turbate* | (*lett.*) perturbato **2** che è in uno stato di turbamento: *apparire t.* | che rivela turbamento: *avere il volto t.* **3** †incollerito, adirato ‖ (*lett.*) **turbatétto**, **dim.** ‖ **turbataménte**, **avv.** (*raro*) con turbamento

turbatóre [vc. dotta, lat. *turbatōre(m)*, da *turbātus* 'turbato' ✻ 1363] **s. m.** (**f.** *-trice*); anche **agg.** ● (*raro*) chi (o che) turba

turbazióne [vc. dotta, lat. *turbatiōne(m)*, da *turbātus* 'turbato' ✻ sec. XIII] **s. f. 1** (*lett.*) turbamento, inquietudine | †collera, sdegno **2** †confusione, agitazione, scompiglio **3** (*med.*, *raro*) turba

Turbellàri [dal lat. *turbĕlla(s)* (pl.) 'movimenti disordinati' (dal sign. proprio di *tŭrba*, donde deriva) per i vortici che determinano nell'acqua col loro incessante movimento ciliare ✻ 1895] **s. m. pl.** (**sing.** *-rio*) ● (*zool.*) classe di piccoli Platelminti a corpo depresso e ciliato, acquatici o parassiti (*Turbellaria*)

†**tùrbico** [da *turbine* con diverso suff. ✻ av. 1292] **s. m.** ● turbine: *un t. con un vento impetuoso* (G. VILLANI)

†**turbidézza** ➤ **torbidezza**

turbidimetrìa o **torbidimetrìa** [comp. del lat. *tŭrbidus* 'torbido' e *-metria* ✻ 1948] **s. f.** ● metodo di analisi chimico-fisica attuato misurando la riduzione di intensità di un fascio luminoso attraverso una sospensione

turbidimètrico o **torbidomètrico** [1983] **agg.** (**pl. m.** *-ci*) ● relativo alla turbidimetria: *misurazione turbidimetrica* | ***analisi turbidimetrica***, turbidimetria

turbidìmetro o **torbidìmetro** [comp. del lat. *tŭrbidus* 'torbido' e *-metro* ✻ 1983] **s. m.** ● apparecchio per turbidimetria: *t. a cella fotoelettrica, a visione diretta*

†**tùrbido** ➤ **torbido**

turbìna [fr. *turbine*, dal lat. *tūrbine(m)* 'che si muove in giro, vorticosamente, turbine' ✻ 1861] **s. f. 1** turbomacchina motrice costituita da una parte fissa, detta distributore, e da una parte mobile solidale con l'albero e dotata di pale periferiche, detta girante, la quale trasmette all'albero l'energia ricevuta da un fluido che le viene inviato dal distributore | ***t. idraulica***, quella che utilizza come fluido attivo l'acqua | ***t. a vapore***, quella che utilizza come fluido attivo il vapore acqueo saturo surriscaldato o i vapori di liquidi organici | ***t. a gas***, quella che utilizza come fluido attivo un gas, per es. il gas di scarico di motori volumetrici, di forni industriali e sim., l'aria riscaldata, o i prodotti di un'apposita combustione | ***t. assiale, radiale, mista***, quella in cui la velocità del fluido nella girante ha, rispettivamente, solo componenti assiali, solo componenti radiali, sia componenti assiali sia componenti radiali | ***t. a reazione, ad azione***, quella in cui la pressione a monte della girante è, rispettivamente, uguale a o maggiore della pressione a valle della girante | ***t. monocellulare*** o ***monostadio*** o ***a un elemento, pluricellulare*** o ***polistadio*** o ***a più elementi***, quella costituita, rispettivamente, da uno o da più complessi distributore-girante | ***t. Pelton***, turbina idraulica mista ad azione, per alta caduta e piccola portata dell'acqua di alimentazione | ***t. Francis***, turbina idraulica radiale-mista a reazione, per caduta e portata medio-alte | ***t. Kaplan***, turbina idraulica a reazione, con distributore radiale e girante assiale, a pale orientabili, per bassa caduta e grande portata | ***t. reversibile***, turbina idraulica la cui girante può funzionare sia come motrice sia come operatrice **2** (*impropr.*) turbomacchina operatrice **3** (*est.*) qualsiasi macchina dotata di girante **4** nell'industria saccarifera, centrifuga, separatore centrifugo SIN. turbomotrice, turbomotore ‖ **turbinétta**, **dim.**

turbinàggio [da *turbina*, sul modello di *pompaggio* ✻ 1980] **s. m.** ● funzionamento di una turbina reversibile come turbomotore

turbinàre [denominale di *turbine* ✻ 1687] **v. intr.** (*io tùrbino*; **aus.** *avere*) ● girare vorticosamente, come un turbine (*anche fig.*): *un fitto nevischio turbinava nell'aria*; *il vento turbina sollevando polvere e foglie*; *mille pensieri mi turbinano nella mente*

turbinàto [vc. dotta, lat. *turbinātu(m)* 'a forma di cono, di trottola (*tŭrbo*, genit. *tŭrbinis*, propr. 'movimento vorticoso, turbine')' ✻ av. 1498] **A agg.** ● (*bot.*) detto di organo a forma di trottola **B s. m.** ● (*anat.*) osso della cavità nasale, applicato sulla parete laterale SIN. cornetto

♣**tùrbine** [vc. dotta, lat. *tŭrbine(m)*, da *tŭrba* 'agitazione, movimento (rapido e circolare)' ✻ sec. XIII] **s. m. 1** movimento vorticoso dell'aria di limitata estensione, tale da sollevare dal suolo polvere, sabbia o detriti a forma di colonna quasi verticale | ***t. di vento***, colonna d'aria ad asse quasi verticale in rapida rotazione | (*est.*) insieme di cose che, trascinate dal vento, si muovono vorticosamente: *t. di neve, di sabbia* | (*fig.*, **spec. scherz.**) ***il t. della danza***, il veloce movimento della danza: *slanciarsi nel t. della danza* **2** (*fig.*) quantità, moltitudine di persone o cose in movimento rapido e impetuoso: *il t. degli invasori, dei barbari*; *vide sul vallo / fra un t. di dardi Aiace solo* (U. FOSCOLO) **3** (*fig.*) grande quantità di pensieri, idee e sim. che si agitano, si sovrappongono e sim.: *un t. di pensieri, di ricordi, di fantasie*

SFUMATURE DI SIGNIFICATO

turbine - bufera - tormenta
Un vortice di vento che solleva da terra polvere, sabbia o neve si definisce **turbine**; se il vortice è accompagnato da pioggia, neve o grandine si parla di **bufera**. Più in particolare, una *bufera* o un *turbine* di neve pulverulenta o di aghetti nevosi è una **tormenta**.

turbine - ciclone - tifone
Un movimento vorticoso d'aria di limitata estensione, tale da sollevare dal suolo polvere, sabbia e altri oggetti leggeri in una sorta di colonna di andamento verticale, si chiama **turbine**. **Ciclone** è invece una perturbazione atmosferica molto

più violenta, tipica delle zone tropicali e temperate, costituita dal movimento rotatorio di aria fredda che tende a precipitare verso una zona centrale di bassa pressione e alta temperatura (occhio del ciclone). **Tifone** è un ciclone di ampiezza limitata, caratteristico dei mari della Cina o della zona nord-occidentale del Pacifico.

turbìnio [sec. XIII] **s. m.** (**pl.** *-ii*) **1** un turbinare continuo: *t. del vento, della bufera*; *avanzava fra un t. di neve* **2** (*fig.*) movimento continuo, rapido e incalzante: *il t. degli affari*; *il t. dei pensieri* **SIN.** vortichio | confusione: *un gran t. di gente, di macchine*

turbinìsta [da *turbina* * av. 1973] **s. m. e f.** (**pl. m.** *-i*) ● chi è addetto al funzionamento di una turbina

*__turbinóso__ (o *-ṣ-*) [da *turbine* * sec. XIV] **agg.** ● vorticoso: *movimento t.*; *danza turbinosa* | (*fig.*) tumultuoso, frenetico: *il t. accavallarsi di pensieri e ricordi* || **turbinosaménte**, **avv.**

turbitto o (*raro*) **turbìto** [dal n. arabo (*túrbid*) dell'ombrellifera * av. 1350] **s. m. 1** (*bot.*) tapsia **2** (*chim.*) †*t. minerale*, solfato basico di mercurio

†**tùrbo**① [vc. dotta, lat. tardo *tŭrbu(m)* per *tŭrbidu(m)* 'torbido' * av. 1292] **A agg.** ● torbido **B s. m.** ● torbidezza | oscurità | (*fig.*) turbamento

tùrbo② [vc. dotta, lat. *tŭrbo* (nom.) 'turbine' * 1313] **s. m.** ● (*lett.*) turbine

tùrbo③ [da *turbo(compressore)* * 1979] **A s. m. inv. 1** (*tecnol.*) accorc. di *turbocompressore* **2** (*tecnol.*) motore turbocompresso | ***mettere il t.***, (*fig.*) subire una repentina accelerazione: *l'economia ha messo il t.* | (*fig.*) elemento trainante: *la Cina, t. dell'area asiatica* **B s. m. e f. inv.** ● (*tecnol.*) autoveicolo dotato di motore turbocompresso **C agg. inv.** ● turbocompresso: *motore t.*

tùrbo- [da *turbina*] **primo elemento** ● in parole composte della terminologia tecnica, significa 'turbina': *turbogetto, turbonave*

turboalternatóre [comp. di *turbo-* e *alternatore* * 1905] **s. m.** ● (*elettr.*) alternatore di rotazione azionato da una turbina a vapore o a gas

turbocistèrna [comp. di *turbo-* e *cisterna* * 1955] **s. f.** ● (*mar.*) nave cisterna mossa da turbine a vapore

turbocomprèsso [comp. di *turbo-* e *compresso* * 1985] **agg.** ● (*autom.*) detto di motore a combustione dotato di turbocompressore

turbocompressóre [comp. di *turbo-* e *compressore* * 1930] **s. m.** ● (*tecnol.*) macchina in grado di trasformare energia meccanica in energia di pressione di un gas: *t. assiale, centrifugo* | complesso formato da un compressore e dalla turbina che lo comanda

turbodiesel /turbo'dizel/ [comp. di *turbo-* e *diesel* * 1985] **A agg. inv.** ● (*autom.*) detto di motore diesel sovralimentato mediante turbocompressore **B s. m. inv. 1** motore turbodiesel | ***t. con intercooler***, in cui il turbocompressore è a due corpi, con refrigerazione del gas tra i due **2** (*autom.*) autoveicolo su cui è montato un motore turbodiesel

turbodìnamo [comp. di *turbo-* e *dinamo* * 1987] **s. f. inv.** ● dinamo azionata da una turbina a vapore o a gas

turboèlica [comp. di *turbo-* ed *elica* * 1949] **A s. f.** ● (*aeron.*) elica azionata da una o più turbine: *aereo a turboeliche* **B s. m. inv.** ● aereo a turboeliche

turbogàs [comp. di *turbo-* e *gas* * 1983] **s. m. inv.** ● gas di alimentazione di una turbina a gas | ***centrale, impianto a t.***, centrale termoelettrica il cui motore è una turbina a gas

turbogètto [comp. di *turbo-* e (aereo a) *getto*, come il corrispondente ingl. *turbojet* * 1949] **s. m.** ● (*aeron.*) turboreattore

turboirroratrìce [comp. di *turbo-* e *irroratrice* * 1980] **s. f.** ● (*agric.*) irroratrice destinata a irrorare le colture con pesticidi dispersi nella corrente d'aria prodotta da un ventilatore

*__turbolènto__ o †**turbulènto** [vc. dotta, lat. *turbulĕntu(m)*, da *tŭrba* * av. 1342] **A agg. 1** di persona incline ad agitarsi, a suscitare sommosse, disordini e sim.: *è un uomo t.*; *gli elementi più turbolenti del gruppo* | indisciplinato, ribelle: *ragazzo t.*; *studenti turbolenti* **2** che è caratterizzato da continui disordini, agitazioni, sommosse e sim.: *anni, tempi turbolenti* **SIN.** burrascoso **3** (*fis., meteor.*) caratterizzato da turbolenza **4** †torbido: *acqua turbolenta*; *l'artissimo carcere de l'aria t.* (G. BRUNO) | fumoso: *aria turbolenta* || **turbolenteménte**, †**turbolentaménte**, **avv.** **B s. m.** (**f.** *-a*) ● persona turbolenta

turbolènza o (*lett.*) **turbulènza** [vc. dotta, lat. tardo *turbulĕntia(m)*, da *turbulĕntus* 'turbolento' * sec. XIV] **s. f. 1** tendenza a suscitare disordini, sommosse e sim. | indisciplina: *lo tengono sotto controllo per la sua t.* | condizione di ciò che è turbolento: *la t. dei tempi* **2** (**spec. al pl.**) sommossa, tumulto: *la città era afflitta da gravi turbolenze* | (*est.*) disordine, instabilità: *una fase di turbolenze dei mercati finanziari* **3** (*fis.*) moto irregolare che si produce generalmente nei fluidi **4** (*meteor.*) insieme di movimenti irregolari dell'aria che si manifestano sotto forma di vortici, rapide variazioni della direzione e dell'intensità del vento

turbomàcchina [comp. di *turbo-* e *macchina* * 1961] **s. f.** ● macchina a fluido in cui una parte rotante solidale con l'albero e provvista di pale periferiche, detta girante, trasmette all'albero l'energia ricevuta da un fluido oppure trasmette a un fluido l'energia ricevuta da un motore agente sull'albero: *t. motrice, operatrice*

turbomòto [comp. di *turbo-* e *moto*③ * 1983] **s. f. inv.** ● motocicletta azionata da un motore turbocompresso

turbomotóre [comp. di *turbo-* e *motore* * 1902] **s. m. 1** turbina **2** turbina a gas | turboelica

turbomotrìce [comp. di *turbo-* e *motrice* * 1957] **s. f.** ● turbomacchina motrice, o turbina, idraulica, a vapore o a gas

turbonàve [comp. di *turbo-* e *nave* * 1930] **s. f.** ● (*mar.*) nave con apparato motore a turbine a vapore o a gas

turboperforatrìce [comp. di *turbo-* e *perforatrice* * 1980] **s. f.** ● (*miniere*) perforatrice azionata da una turbina pluristadio ad alta velocità e atta a eseguire fori di grande diametro

turbopómpa [comp. di *turbo-* e *pompa* * 1957] **s. f. 1** pompa centrifuga **2** (*impropr.*) pompa idraulica azionata da una turbina **3** (*impropr.*) turbocompressore

turbopropulsóre [comp. di *turbo-* e *propulsore* * 1957] **s. m. 1** propulsore a turbina a gas **2** (*aeron., impropr.*) turboelica

turboràzzo (o *-zz-*) [comp. di *turbo-* e *razzo*② * 1983] **s. m.** ● (*aeron.*) motore usato per la propulsione di veicoli spaziali o di missili intercettori

turboreattóre [comp. di *turbo-* e *reattore* * 1946] **s. m.** ● esoreattore che utilizza un compressore azionato da una turbina a gas per comprimere l'aria esterna

turbosónda [comp. di *turbo-* e *sonda* * 1980] **s. f.** ● (*miniere*) sonda per perforazioni profonde il cui scalpello è azionato da una turbina idraulica assiale che scende insieme a esso e che utilizza come fluido attivo quello di spurgo dei detriti

turbotràpano [comp. di *turbo-* e *trapano* * 1983] **s. m.** ● (*chir.*) trapano a turbina, trapano indolore

turbotrèno [comp. di *turbo-* e *treno*① * 1980] **s. m.** ● treno azionato da turbine e in grado di raggiungere velocità molto elevate

turboventilatóre [comp. di *turbo-* e *ventilatore* * 1957] **s. m.** ● (*mecc.*) ventilatore azionato da una turbina

†**turbulènto** e deriv. ➤ **turbolento** e deriv.

tùrca [av. 1502] **s. f. 1** divano alla turca **SIN.** ottomana, sultana **2** gabinetto alla turca **3** lunga veste orientale

turcàsso [gr. mediev. *tarkásion*, di orig. araba-persiana (*tarkaš*), con sovrapposizione di *tur(co)* e del suff. *-asso* * sec. XIII] **s. m.** ● (*lett.*) astuccio per le frecce dell'arco o della cerbottana **SIN.** faretra

turcheggiàre [1869] **v. intr.** (**pres.** *io turchéggio*; **fut.** *io turcheggerò*; **aus.** *avere*) **1** (*raro*) imitare i modi e gli usi turchi **2** (*raro*) simpatizzare politicamente per la Turchia

†**turchésa** ➤ **turchese**

turchésco [1318] **agg. e s. m.** (**pl. m.** *-schi*) ● (*lett.*) turco (*anche spreg.* o *scherz.*) | ***alla turchesca***, (*ellitt.*) alla turca || **turchescaménte**, **avv.** alla maniera dei Turchi

*__turchése__ (o *-ṣ-*) o †**turchésa**, †**turchesìa**, †**turchéssa** [ant. fr. *turqueise*, propr. '(pietra) turca' * sec. XIV] **A s. f.** ● (*miner.*) fosfato idrato di rame e alluminio, di un bel colore azzurro pallido, usato come pietra semipreziosa **B in funzione di agg.** ● che ha il colore azzurro pallido caratteristico della pietra omonima: *un vestito t.* **C s. m.** ● il colore azzurro pallido caratteristico della pietra omonima: *il t. ti fa risaltare gli occhi*

turchétto [da *turco* * 1825] **s. m. 1** (*zool.*) varietà di piccione **2** (*centr.*) dolcetto ovale da intingere nel vino

turchìna [av. 1517] **s. f.** ● (*lett.*) turchese

turchinétto [av. 1807] **A agg. e s. m. 1** dim. di *turchino* **2** turchiniccio **B s. m.** ● materia colorante azzurra che talora si unisce in piccola quantità all'amido o all'acqua da bucato per dare alla biancheria una leggerissima tinta azzurrognola

turchinìccio [av. 1698] **agg. e s. m.** (**pl. m.** *-ci*; **pl. f.** *-ce*) ● turchino pallido, sbiadito: *cielo t.*; *l'aria era di un t. grigiastro* **SIN.** azzurrognolo

*__turchìno__ [da *turco* '(di colore) scuro' * 1400] **A agg.** ● di colore azzurro cupo: *cielo t.*; *abito t.* **B s. m.** ● il colore turchino: *tinta sfumata dal t. al viola* || **turchinétto**, **dim.** (V.)

†**tùrchio** ➤ **turco**

turchìṣmo [da *turco* * 1983] **s. m.** ● voce passata dalla lingua turca in quella italiana (per es. *hammam*)

tùrcico [dalla forma che ricorda quella delle selle dei *turchi* * 1961] **agg.** (**pl. m.** *-ci*) ● (*anat.*) detto della fossetta del corpo dello sfenoide, dove è accolta l'ipofisi: *sella turcica*

turcimànno o †**turcomànno**① [arabo *turğumān* 'interprete' (da *tárğam* 'tradurre'), con sovrapposizione di *turco* * 1264] **s. m. 1** dragomanno **2** (*lett., scherz.*) interprete | (*raro, scherz.*) mezzano

♦**tùrco** o †**tùrchio** [dal turco *türk*, propr. 'forza' * sec. XIII] **A agg.** (**pl. m.** *-chi*) **1** dei Turchi, antichi e moderni: *lingua, letteratura turca*; *Stato, parlamento, esercito t.* | ***bagno t.***, forma di terapia fisica in ambiente caldo-umido, che provoca abbondante sudorazione; (*fig., scherz.*) gran sudata: *fare un bagno t.* | ***ferro t.***, tipo di ferro per cavalli a forma di semiluna | ***cose turche***, (*fig.*) fatti inauditi, inconcepibili | ***alla turca***, (*ellitt.*) alla maniera dei Turchi: *calzoni alla turca* | ***sedersi, sedere alla turca***, a gambe incrociate | ***divano alla turca***, ottomana, sultana | ***gabinetto alla turca***, quello costituito da un vaso a pavimento su cui ci si accoscia | ***caffè alla turca***, denso e in sospensione perché macinato finissimo e non filtrato **2** della Turchia: *città, montagne turche* | ***grano t.***, V. granturco **3** nel linguaggio dei cacciatori, detto di uccelli rari che vengono da lontano e che sono poco conosciuti da noi: *pollo t.*; *fischione t.* **B** **s. m. (f. -*a*)** **1** ogni appartenente a un grande complesso di popoli affini, ma non uguali, stanziati fin da tempi antichissimi nell'Asia centrale e orientale e da qui discesi, con flusso ininterrotto, verso occidente: *le invasioni dei Turchi* **2** abitante o nativo della Turchia: *la lingua, i costumi, le abitudini dei Turchi* | ***il Gran T.***, un tempo, il sultano dei Turchi | ***Giovani turchi***, nella Turchia del primo Novecento, partito politico progressista e nazionalista che giunse al potere; (*fig.*) gruppo estremista di un partito | ***testa di t.***, nelle fiere e sim. di un tempo, fantoccio usato come bersaglio; (*fig.*) vittima, capro espiatorio **3** (*fig.*) persona empia: *bestemmiare come un t.* | ***fumare come un t.***, (*fig.*, *iperb.*) moltissimo, troppo **C** **s. m. solo sing.** ● lingua della famiglia altaica parlata in Turchia | ***parlare t., in t.***, (*fig.*) parlare in modo incomprensibile, non esprimersi chiaramente

turco- [da *turco*] **primo elemento** ● in parole composte, fa riferimento alla Turchia o ai Turchi: *turcologia, turcociprioti*

turcòfono [comp. di *turco* e *-fono* ✶ 1887] **A** **agg.; anche s. m. (f. -*a*)** ● che (o chi) parla una lingua turca: *le minoranze turcofone dell'Iraq* **B** **agg.** ● detto di territorio in cui il turco è lingua d'uso: *l'Uzbekistan è un Paese t.*

turcologìa [comp. di *turco-* e *-logia* ✶ 1957] **s. f. (pl. -*gìe*)** ● disciplina che studia lingua, storia, cultura e religioni dei popoli turchi

turcòlogo [comp. di *turco-* e *-logo* ✶ 1957] **s. m. (f. -*a*; pl. m. -*gi*)** ● studioso di turcologia

†**turcomànno** ① ➤ **turcimanno**

turcomànno ② ➤ **turkmeno**

turf /*ingl.* tɜːf/ [vc. ingl., che propr. vale 'zolla erbosa, prato', della stessa orig. germ. di *torba* ✶ 1887] **s. m. inv.** ● terreno erboso su cui si disputano le gare dei cavalli | (*est.*) tutto ciò che riguarda nel suo complesso le corse di cavalli, lo sport ippico

†**tùrfa** [ingl. *turf* (V.) ✶ 1779] **s. f.** ● terreno bituminoso di palude

tùrgere [vc. dotta, lat. *turgēre*, di etim. incerta, con passaggio ad altra coniug. ✶ 1321] **v. intr.** (*io tùrgo, tu tùrgi*; **difett. del pass. rem., del part. pass. e dei tempi composti**) ● (*poet.*) essere pieno, turgido | (*poet.*, *fig.*) crescere: *alto in un velo / australe l'Arno turge* (M. Luzi)

turgescènte [vc. dotta, lat. *turgescĕnte(m)*, propr. part. pres. di *turgēscere*, incoativo di *turgēre* ✶ 1499] **agg.** ● che è o diviene gonfio, turgido

turgescènza [da *turgescente* ✶ av. 1855] **s. f.** ● (*bot.*, *med.*) turgore

turgidézza [av. 1646] **s. f.** ● condizione, caratteristica di ciò che è turgido (*anche fig.*)

turgidità [av. 1588] **s. f. inv.** ● (*lett.*) turgidezza

✦**tùrgido** [vc. dotta, lat. *tŭrgidu(m)*, da *turgēre* ✶ 1319] **agg.** **1** gonfio: *ventre t.*; *vena turgida di sangue*; *occhi turgidi di lacrime* **2** detto di organo o tessuto, animale o vegetale, in stato di turgore: *seno t. di latte*; *germogli turgidi* **3** (*fig.*) ampolloso: *stile t.* ‖ (*lett.*) **turgidétto**, **dim.** ‖ **turgidaménte**, **avv.** (*raro*) in modo turgido, gonfio, ampolloso

✦**turgóre** [vc. dotta, lat. tardo *turgōre(m)*, da *turgēre* ✶ av. 1828] **s. m.** **1** gonfiore, gonfiezza **2** (*biol.*) stato di rigonfiamento di una cellula, di un organo o di un tessuto, animale o vegetale, per ricchezza di liquidi **3** (*fig.*, *lett.*) impeto, fervore di un sentimento | (*lett.*) ampollosità

turìbolo o †**turrìbolo**, †**turìbile**, †**torrìbolo** [vc. dotta, lat. *turībulu(m)*, da *tūs*, genit. *tūris* 'incenso', di orig. gr. (*thýos*, dal v. *thýein* 'bruciare nei sacrifici' e dal gr. *bólos* 'atto di lanciare') ✶ sec. XIII] **s. m.** ● recipiente liturgico in cui si fa bruciare l'incenso, sospeso gener. a tre catenelle e fatto oscillare per diffondere il fumo profumato **CFR.** incensiere

turiferàrio [dal lat. *turĭferu(m)*, comp. di *tūs*, genit. *tūris* 'incenso' e *-feru(m)* '-fero' ✶ 1717] **s. m. (f. -*ia*)** **1** chi, nelle funzioni sacre cattoliche, porta il turibolo **2** (*fig.*, *lett.*) incensatore, adulatore

turificàto [vc. dotta, lat. eccl. *turificatu(m)*, dal part. pass. di *turificāre* 'offrire incenso (*tūs*, genit. *tūris*)' ✶ 1840] **agg.** ● detto dei cristiani che, durante le persecuzioni, dissimulavano la loro fede dando incenso agli dei pagani

turingiàno [1957] **A** **agg.** ● della Turingia, regione della Germania centrale **B** **s. m. (f. -*a*)** ● abitante o nativo della Turingia

turióne [vc. dotta, lat. *turiōne(m)*, di orig. incerta ✶ 1879] **s. m.** ● (*bot.*) gemma cilindrica, carnosa, emessa dalla radice di piante erbacee o da tuberi o da rizomi | parte commestibile dell'asparago

turiṣmàtica [comp. di *turis(mo)* e *(infor)matica* ✶ 1984] **s. f.** ● organizzazione delle attività e dei servizi dell'industria turistica con l'ausilio delle tecnologie informatiche

✦**turìṣmo** [fr. *tourisme*, dall'ingl. *tourism*, da *tourist* 'turista' ✶ 1905] **s. m.** **1** attività consistente nel fare gite, escursioni, viaggi, per svago o a scopo istruttivo: *aereo, imbarcazione, vettura da t.* | ***t. sessuale***, nel linguaggio giornalistico, turismo diretto verso Paesi dove è diffusa la prostituzione, compresa quella di minori **2** (*est.*) complesso delle strutture e dei servizi connessi con tale attività: *Ministero del T.*

✦**turìsta** [fr. *touriste*, dall'ingl. *tourist*, da *to tour* 'viaggiare', di orig. fr. (*tour* 'giro') ✶ 1837] **s. m. e f. (pl. m. -*i*)** ● chi fa del turismo

turisticiẓẓàre [da *turistico* ✶ 1983] **A** **v. tr.** ● fornire una zona delle infrastrutture e dei servizi adatti ad accogliere turisti **B** **turisticiẓẓàrsi** **v. intr. pron.** ● diventare turistico o troppo turistico: *un territorio che si sta turisticizzando* ‖ **turisticiẓẓazióne**, **s. f.**

turìstico [fr. *touristique*, da *touriste* 'turista' ✶ 1904] **agg. (pl. m. -*ci*)** ● del turismo, relativo al turismo e ai turisti: *ufficio, movimento, sviluppo t.*; *gita, zona turistica* | ***classe turistica***, su navi e aerei, quella più economica | ***menu t.***, menu a prezzo fisso e conveniente proposto spec. ai turisti | ***agenzia turistica***, agenzia che vende biglietti per mezzi di trasporto pubblici e privati, organizza viaggi e gite, fornisce ai turisti servizi bancari, assicurativi, di informazione e assistenza | ***assegno t.***, a circolazione internazionale, rilasciato dalle principali banche contro versamento dell'importo corrispondente, pagabile presso una filiale all'estero purché su di esso compaiano due firme della persona a favore della quale l'assegno viene emesso **SIN.** traveller's cheque | ***accompagnatore t.***, tour leader | ***operatore t.***, tour operator ‖ **turisticaménte**, **avv.** secondo le esigenze del turismo, dall'angolo visuale del turismo: *zona turisticamente attrezzata*; *turisticamente parlando è un paese che non offre grandi prospettive* ‖ **turisticità**, **s. f. inv.** capacità di un territorio di accogliere turisti; grado di presenza turistica: *indice di turisticità*

turkmèno o **turcomànno** ② [dal persiano *Turkmān* 'simile (*-mān*, da *mānad*) a Turco (*Turk*, di orig. araba)' ✶ sec. XIV] **A** **agg.** **1** del Turkmenistan, Stato dell'Asia centrale **2** relativo ai Turkmeni o al loro dialetto **B** **s. m. (f. -*a*)** **1** ogni appartenente a un gruppo di tribù turco-iraniche oggi stanziate prevalentemente a sud-est del mar Caspio **2** (*est.*) abitante o nativo del Turkmenistan **C** **s. m. solo sing.** ● dialetto turco parlato dai Turkmeni

turlulù o †**tullulù** [di orig. espressiva ✶ sec. XIII] **agg. inv.; anche s. m. e f. inv.** ● (*raro*, *centr.*) sciocco, babbeo

turlupinàre [fr. *turlupiner*, da *Turlupin*, soprannome di un comico del Seicento ✶ 1816] **v. tr.** (*io turlupino* **o, diffuso ma meno corretto,** *io turlùpino*) ● ingannare qlcu., raggirarlo, sfruttando la sua ingenuità

turlupinatóre [1922] **s. m. (f. -*trice*)** ● (*raro*) chi turlupina

turlupinatùra [1901] **s. f.** ● inganno, beffa, raggiro

†**tùrma** ① ➤ **torma**

tùrma ② [biz. *toûrma*, dal lat. *tŭrma* nel suo proprio sign. militare ✶ sec. XX] **s. f.** ● nell'ordinamento militare e amministrativo dell'impero bizantino, suddivisione del tema (nel sign. di *tema* ③)

†**turmàrca** o †**tumàrca** [biz. *tourmárchēs* 'comandante (da *árchein* 'essere a capo') di una turma' ✶ sec. XVII] **s. m. (pl. -*chi*)** ● nell'impero bizantino, comandante di una turma

turnàre [denominale di *turno* ✶ 1980] **v. intr.** (**aus.** *avere*) ● avvicendarsi rispettando turni prestabiliti: *t. in un lavoro, in un ciclo produttivo*

turnàrio [da *turno* ✶ sec. XVII] **agg.** ● regolato da turni: *uso t. del parcheggio condominiale*

turnaround /*ingl.* ˈtɜːnəˌraund/ [vc. ingl., propr. 'giravolta, inversione' ✶ 1994] **s. m. inv.** ● (*org. az.*) ristrutturazione aziendale

turnazióne [da *turno* ✶ 1983] **s. f.** ● l'alternanza dei turni nell'organizzazione di un lavoro o di un ciclo di lavorazione

turnìsta [1959] **s. m. e f.; anche agg. (pl. m. -*i*)** ● chi (o che) lavora a turno con altri

✦**tùrno** [dal fr. *tourner*, passato dal sign. orig. di 'girare (al tornio)', a quello di 'girare ora qua, ora là', cioè 'alternare' ✶ 1673] **s. m.** **1** periodica rotazione di persone che si danno il cambio nello svolgimento di una determinata attività: *lavorare a t.* | avvicendamento di prestazioni, servizi e sim.: *distribuire, erogare qlco. a t.* **2** ciascuno dei periodi in cui viene suddiviso il tempo necessario allo svolgimento di una determinata attività, in base a criteri di rotazione periodica: *t. di lavoro*; *turni di irrigazione*; *t. di giorno, di notte* | ***essere di t.***, essere in servizio: *medico di t.*; (*est.*, *fam.*) essere la volta di: *oggi sono di t. i miei fratelli* | ***è il mio t.***, è la mia volta, tocca a me | ***fare a t.***, un po' per uno | ***farmacia di t.***, aperta nei giorni festivi o in orari particolari **3** (*milit.*) periodo prestabilito di avvicendamento nei servizi d'ogni genere svolti dai militari d'ogni grado: *t. di guardia* | ***t. di trincea***, nella prima Guerra mondiale per l'avvicendamento dei reparti in linea **4** ciascuna delle votazioni in cui si articola una consultazione elettorale **SIN.** tornata | ***t. unico***, quando la consultazione si svolge in una sola votazione | ***doppio t.***, quando la consultazione avviene in due votazioni differenti (*primo* e *secondo turno*), gener. a una distanza di due settimane l'una dall'altra **5** (*sport*) ciascuna delle fasi eliminatorie di un torneo: *superare, passare il t.* | giornata di campionato: *le partite del prossimo t.*

turnóver /tur'nover, *ingl.* ˈtɜːnˌəʊvə(r)/ [vc. ingl., comp. di *turn* 'rotazione' (cfr. *turno*) e *over* 'in eccesso' (d'orig. germ.) ✱ 1933] **s. m. inv.** **1** avvicendamento della manodopera addetta a un ciclo produttivo | (*est.*, *sport*) avvicendamento dei giocatori in una squadra che ha una rosa di atleti molto ampia **2** sostituzione, mediante nuove assunzioni, del personale che ha cessato il rapporto di lavoro: *l'azienda ha bloccato il t.* **3** nel linguaggio commerciale, giro di affari di un'azienda

tùro [da *turare* ✱ 1536] **s. m.** ● (*tosc.*) turacciolo, tappo | coperchio

✱**tùrpe** o †**tùrpo** [vc. dotta, lat. *tŭrpe(m)*, di etim. incerta ✱ sec. XIII] **agg.** (**f.** † **anche** *-a*) **1** infame, spregevole, vergognoso: *accusa t.*; *tradimento t.*; *Quivi fu' io da quella gente turpa / disviluppato dal mondo fallace* (DANTE *Par.* XXV, 145-146) | osceno, sconcio: *atti turpi*; *parole, proposte, immagini turpi*; *un t. individuo* **SIN.** infame, ignobile **2** (*lett.*) brutto, deforme ‖ **turpeménte**, **avv.**

turpézza [1308] **s. f.** ● (*lett.*) caratteristica di chi (o di ciò che) è turpe | azione turpe

turpilòquio [vc. dotta, lat. tardo *turpilŏquiu(m)*, comp. di *tŭrpis* 'turpe' e *-lŏquiu(m)*, da *lŏqui* 'parlare, esprimersi' ✱ av. 1342] **s. m.** **1** modo di parlare turpe, laido, osceno o, più semplicemente, sboccato e volgare: *darsi al t.*; *evitare il t.* **2** (*dir.*) reato consistente nell'usare un linguaggio contrario alla pubblica decenza in un luogo pubblico o aperto al pubblico

†**turpità** o †**turpitàde**, †**turpitàte** [sec. XIV] **s. f.** ● turpitudine

✱**turpitùdine** [vc. dotta, lat. *turpitūdine(m)*, da *tŭrpis* 'turpe' ✱ 1268] **s. f.** **1** †bruttezza, deformità **2** indegnità, nefandezza | azione o parola turpe, vergognosa, oscena: *commettere, dire turpitudini*

†**tùrpo** ➤ **turpe**

†**turrìbolo** ➤ **turibolo**

turricolàto [dal lat. *turrĭcula* 'piccola torre (*tŭrris*)' ✱ 1961] **agg.** ● (*biol.*) che è fatto come una piccola torre

turritàno [comp. del n. lat. della città di *Tŭrris* 'Torres' e del suff. proprio di etnico *-itānus* ✱ av. 1565] **A** **agg.** **1** di Porto Torres, città della Sardegna **2** relativo all'antico giudicato di Torres **B** **s. m.** (**f.** *-a*) ● abitante o nativo di Porto Torres

turrìto o (*raro*) **torrìto** [vc. dotta, lat. *turrītu(m)*, da *tŭrris* 'torre' ✱ sec. XIV] **agg.** ● cinto, munito di torri: *castello t.*; *mura turrite* | **la Turrita**, (*ellitt.*, *per anton.*) Bologna, ricca di molte torri | ***corona turrita***, in araldica, corona ornata di torri

tursìope [vc. dotta, dal lat. *tŭrsi(o)*, nom., 'delfino' e del suffissoide gr. *-ōpe(s)* 'aspetto' ✱ 1983] **s. m.** ● (*zool.*) cetaceo dei Delfinidi diffuso in tutto il mondo e capace di riprodursi in cattività (*Tursiops truncatus*)

Tus [1986] **s. m. inv.** ● (*econ.*) tasso ufficiale di sconto

tuscànico o **toscànico** [vc. dotta, lat. *Tuscānicu(m)* 'proprio degli Etruschi (*Tŭsci*)' ✱ av. 1452] **agg.** (**pl. m.** *-ci*) ● detto di un ordine architettonico classico di derivazione etrusca, tipico dell'ambiente italico, con colonne prive di scanalature nel fusto, poggianti su una base e coronate da un capitello simile a quello dorico

tùsco [vc. dotta, lat. *Tŭsciu(m)* 'dell'Etruria, terra dei *Tusci*, al sing. *Tŭscu(m)*' ✱ 1374] **s. m.** (**f.** *-a*; **pl. m.** *-sci*) ● (*raro*, *lett.*) etrusco

tussah /*ingl.* 'tʌsʌ/ [variante ingl. di *tussor* ✱ 1924] **A** **s. f. inv.** ● seta ricavata in Oriente da bozzoli di bachi selvatici **B** **anche agg. inv.**: *seta t.*

tussilàgine [vc. dotta, lat. *tussilāgine(m)*, da *tŭssis* 'tosse' per le sue proprietà bechiche, secondo il modello del corrispondente gr. *bēchion* (da *bēx*, genit. *bēchós* 'tosse') ✱ av. 1498] **s. f.** ● (*bot.*) farfaro

tussilàgo [dal lat. *tŭssis* 'tosse' ✱ 1927] **s. f. inv.** ● (*bot.*) farfaro

tùssor [fr. *tussor(e)*, da una vc. ingl. presa dall'indostano *tasar*, di orig. ant. indiana (*tásaram*, da *tamsayati* 'tirare di qua e di là') ✱ 1930] **s. m. inv.** ● organzino di seta del tipo tussah | attualmente, anche tessuto di fibre artificiali o sintetiche

✱**tùta** [etim. discussa: forse da *tutta* (*tutta* d'un pezzo, che veste *tutta* la persona), senza una *t*, che si ritrova nella forma a *T* dell'abito ✱ 1920] **s. f.** ● indumento costituito da pantaloni e casacca gener. uniti in un solo pezzo, spesso chiuso con cerniera lampo, indossato da operai o persone che svolgono particolari attività, nel qual caso assume forma e caratteristiche specifiche: *la t. del meccanico*; *t. in tela, gomma, amianto*; *t. impermeabile*; *t. di volo*; *t. spaziale, antigravità, mimetica, da lavoro* | ***t. da ginnastica, sportiva***, composta da casacca e pantaloni di tessuto morbido tale da consentire ampia libertà di movimento | ***t. subacquea***, muta | ***t. blu***, (*fig.*) operaio, spec. metalmeccanico ‖ **tutina**, **dim.** (V.) | **tutóna**, **accr.**

tutània [etim. incerta ✱ 1875] **s. f.** ● (*chim.*) lega bianca, a base di stagno, antimonio, rame, piombo, zinco, bismuto, adoperata per fabbricare posate

✱**tutèla** [vc. dotta, lat. *tutēla(m)*, da *tūtus* 'sicuro' (V. †*tuto*) ✱ av. 1348] **s. f.** **1** (*dir.*) potestà esercitata per legge o per provvedimento del giudice nell'interesse e in rappresentanza delle persone legalmente incapaci: *t. di un minore, di un interdetto* | (*fig. scherz.*) ***essere sotto la t. di qlcu.***, essere privo di autonomia, impossibilitato a decidere da solo e sim. **2** (*dir.*) protezione che la legge riconosce e che viene ottenuta con provvedimenti giurisdizionali: *t. giuridica*; *t. del nome, dell'immagine* | ***t. giurisdizionale***, protezione assicurata da provvedimenti giurisdizionali | ***t. amministrativa***, vigilanza e controllo esercitati dalla pubblica amministrazione su dati enti pubblici | nel diritto internazionale, istituto giuridico in base al quale un paese viene affidato dall'ONU all'amministrazione fiduciaria di uno Stato perché venga avviato all'indipendenza **3** (*est.*) protezione, difesa, salvaguardia: *la t. della pace, dell'ordine pubblico*; *faccio questo a t. dei miei interessi, del mio onore* | patrocinio: *porsi sotto la t. di un Santo, della Vergine*

SFUMATURE ➤ ***difesa***

tutelàbile [1985] **agg.** ● che può essere tutelato: *diritto, interesse t.* ‖ **tutelabilità**, **s. f. inv.**

✱**tutelàre** ① [da *tutela* ✱ 1598] **A** **v. tr.** (*io tutèlo*) ● difendere, salvaguardare: *t. i propri interessi*; *t. i diritti dei più deboli*; *t. il proprio onore* **B** **tutelàrsi** **v. rifl.** ● prendere precauzioni, premunirsi: *tutelarsi contro i furti*

SFUMATURE ➤ ***difendere***

✱**tutelàre** ② [vc. dotta, lat. tardo *tutelāre(m)*, da *tutēla* ✱ 1483] **agg.** **1** (*dir.*) relativo a tutela | ***giudice t.***, che sovraintende alle tutele e alle curatele **2** che tutela, che sta a difesa, a salvaguardia di qlcu. o di qlco.: *l'angelo t. della casa*; *divinità tutelari* | ***nume t.***, V. *nume*

tutelàto **part. pass.** di *tutelare*①; **anche agg.** **1** sottoposto a tutela **2** (*est.*) protetto, difeso: *i lavoratori meno tutelati*

†**tuterìa** o †**tutorìa** [da †*tuto* ✱ 1308] **s. f.** ● tutela

tutìna [1978] **s. f.** **1** dim. di *tuta* **2** indumento, spec. femminile, costituito da una guaina aderente e sgambata, usata per ballare o fare ginnastica **3** indumento in un unico pezzo, per bambini piccoli

†**tùto** [vc. dotta, lat. *tūtu(m)*, part. pass. di *tuēri* 'guardare, proteggere', di etim. incerta ✱ sec. XIII] **agg.** ● sicuro

tùtolo [vc. dotta, lat. *tŭtulu(m)* 'cocuzzolo' (?) ✱ 1846] **s. m.** ● asse dell'infruttescenza del granturco a cui sono attaccate le cariossidi

tùtor /'tutor, *ingl.* 'tju:tə(r)/ [vc. ingl., propr. 'istitutore, precettore' ✱ av. 1982] **s. m. inv.** (**anche f. inv. nel sign. 1**) **1** chiunque assista un soggetto nell'espletamento di un'attività; in particolare, chi guida uno studente durante un corso di studi o un lavoratore nella fase di formazione | nella scuola elementare, insegnante che coordina l'attività didattica di una classe; maestro prevalente **2** ***Tutor***®, sistema di controllo che calcola la velocità media di un veicolo su un tratto autostradale, rilevandone i tempi di passaggio in due punti stabiliti

tutoràggio [dall'ingl. *tutorage* 'funzione (*-age*) di tutore (*tutor*)' ✱ 1985] **s. m.** ● funzione, incarico di tutor | durata di tale incarico **SIN.** tutorato **CFR.** tutoring

tutoràle ➤ **tutoriale**

tutoràre ① [da *tutor* nel sign. 1 ✱ 1996] **v. tr.** (*io tutóro*; **aus.** *avere*) ● assistere come tutor uno studente o un lavoratore

tutoràre ② [da *tutore* nel sign. 3 ✱ 1962] **v. tr.** (*io tutóro*; **aus.** *avere*) ● (*agric.*) sostenere una pianta con un tutore

tutoràto [da *tutor* con il suff. *-ato* ✱ 1987] **s. m.** ● tutoraggio

tutóre [vc. dotta, lat. *tutōre(m)*, da *tūtus*, part. pass. di *tuēri* 'proteggere, custodire' ✱ av. 1250] **s. m.** (**f.** *-trice*, **pop.**, **disus.** *-tóra*, **nei sign. 1 e 2**) **1** persona incaricata dell'esercizio della tutela: *t. legittimo, dativo* **2** (*est.*) protettore, difensore: *farsi t. di qlcu., di qlco.*; *essere il t. dell'unità familiare*; *essere buon t. dei propri diritti* | ***i tutori dell'ordine pubblico***, le forze che svolgono compiti di polizia **3** (*agric.*) sostegno per piante rampicanti o giovani e deboli | ***tutore vivo***, costituito da un albero | ***tutore morto***, palo di legno, ferro, pietra, cemento armato, canne, fili di ferro e sim. **4** (*med.*) ***t. ortopedico***, apparecchiatura meccanica di sostegno, correttiva, o sostitutiva di segmenti corporei insufficienti alla funzione

†**tutorìa** ➤ †**tuteria**

tutorial /tu'tɔrial, *ingl.* tju:'tɔ:rɪəl/ [ingl. *tutorial (programme)* 'programma di esercitazione guidata' ✱ 1954] **s. m. inv.** ● programma di istruzione o formazione professionale con caratteristiche di gradualità e interattività

tutoriàle o **tutoràle** [comp. dell'ingl. *tutor* propr. 'istitutore, precettore' con il suff. *-ale(1)* ✱ 1991] **agg.** ● di tutor, relativo a tutor: *la funzione t. nella scuola primaria*

tùtoring /'tjutorin(g), *ingl.* 'tju:tərɪŋ/ [vc. ingl., dal v. *to tutor* 'fare l'istitutore di qlcu.' ✱ 1989] **s. m. inv.** ● tutoraggio

tutòrio [vc. dotta, lat. tardo *tutōriu(m)* 'proprio del tutore (*tūtor*, genit. *tutōris*)' ✱ 1478] **agg.** (**pl. m.** *-i* **o** *raro* *-ii*) **1** relativo alla tutela giuridica: *potestà tutoria* | ***autorità tutorie***, organi della pubblica amministrazione esplicanti funzioni di vigilanza e controllo su enti pubblici inferiori **2** (*raro*) relativo a tutore: *funzione tutoria*

tùtsi /'tuttsi, *ingl.* 'tu:tsɪ/ [dal n. in uso nel Ruanda e nel Burundi *(umu-)tutsi* al sing. e *(aba-)tutsi* al pl. ✱ 1961] **s. m. e f. inv.**; **anche agg. inv.** ● (*antrop.*) appartenente alla popolazione di pastori di lingua bantu stanziata a sud e ovest del lago Vittoria, caratterizzata da un'alta statura **SIN.** watusso

†**tuttafiàta** o †**tùtta fiàta** [comp. di *tutta* e *fiata* ✱ av. 1292] **avv.** ● continuamente, tuttavia: *non cessando, ma crescendo tutta fiata*

a b c d e f g h i j k l m n o p q r s t u v w x y z

(G. Boccaccio)

tuttàla [comp. del f. di *tutto* e *ala* ✱ 1946] **s. m. inv.** ● (*aeron.*) aeromobile sperimentale senza impennaggio e fusoliera, con gli organi di controllo e i congegni di pilotaggio situati nell'ala stessa

♦**tutt'al più** o (*raro*) **tuttalpiù** [1635] **loc. avv.** ● al massimo, nel peggiore dei casi: *tutt'al più potrà costare dieci euro*; *tutt'al più dovremo ricominciare da capo*

♦**tutt'àltro** o (*raro*) **tuttàltro** [comp. di *tutto* e *altro* ✱ av. 1294] **A** **loc. avv.** ● al contrario, anzi, per nulla: *'È antipatico?' 'No, tutt'altro'*; *'Disturbo?' 'No, no, tutt'altro'*; *disfacendo non si finisce per nulla ciò che s'era fatto: tuttaltro!* (I. Nievo) | ***tutt'altro che***, il contrario che: *è tutt'altro che sciocco*; *il suo aspetto era tutt'altro che florido* (I. Svevo) **B** **loc. pron.** ● tutta un'altra cosa: *ciò che io chiedo è tutt'altro* **C** **loc. agg.** ● del tutto diverso: *si tratta di un'esperienza di tutt'altro genere*; *avrebbe certo provata tutt'altra specie di amore* (G. Leopardi)

Tuttasànta [comp. del f. di *tutto* e di *santo*, per rendere il corrispondente gr. *panagía* ✱ 1815] **agg. f. solo sing.; anche s. f. solo sing.** ● santissima, epiteto di Maria Vergine

♦**tuttavìa** [comp. di *tutta* e *via* ✱ sec. XII] **A** **cong.** ● pure, nondimeno, con tutto ciò (con valore avversativo): *era una prova difficile, t. l'ho superata*; *è un apparecchio vecchio, t. funziona ancora bene* | ***pur t.***, V. *purtuttavia* **B** **avv.** ● (*lett.*) sempre, tuttora: *essendo il freddo grande e nevicando t. forte* (G. Boccaccio) | †continuamente, ineluttabilmente: *Quant'è bella giovinezza / che si fugge t.* (L. de' Medici) | †***oggi e t.***, oggi e sempre | †***t. che***, ogni volta che

†**tuttavòlta** o †**tùtta vòlta** [comp. di *tutta* e *volta* ✱ 1261 ca.] **A** **avv.** ● sempre, senza interruzione: *Marfisa t. combattendo / spesso ai compagni gli occhi rivoltava* (L. Ariosto) | ***t. che***, ogni volta che, qualora **SIN.** tuttavia **B** **cong.** ● tuttavia, nondimeno (con valore avversativo)

tuttesàlle [da intendersi 'tutte le sa' ✱ 1481] **s. m. e f. inv.** ● (*tosc.*) saccente

♦**tùtto** [lat. parl. *tūttu(m) per tōttu(m), variante espressiva di *tōtu(m)* ✱ 1065] **A** **agg. indef.** **1** intero, completo (riferito a un sost. sing. indica la totalità, la pienezza, la compiutezza di qlco.): *t. l'universo*; *ho tutta la sua fiducia*; *abbiamo tutta la casa in disordine*; *studio t. il giorno*; *lotta con tutta la sua volontà* **CFR.** olo-, pan-, panto- | (*lett.*) non seguito dall'art.: *Ci sognai dietro tutta notte* (I. Nievo) | (*ellitt.*) ***per dirla tutta, a dirla tutta***, a dire il vero, parlando sinceramente: *Ero, per dirla tutta, un buon incommodo* (I. Nievo) | ***t. il resto***, l'insieme di ciò che resta da elencare, vedere, sapere, ecc. | ***t. il tempo***, sempre | ***tutta la città, t. il paese***, tutti gli abitanti della città, del paese | ***in tutta Milano, in tutta Europa***, nell'intera città di Milano, nell'intera Europa | ***leggere, studiare t. Virgilio***, l'intera opera di Virgilio | premesso a un pron. dimostr.: *t. questo è vero*; *t. quello el quale i tuoi figlioli non sapranno maneggiare e governare, t. quello sarà loro superfluo* (L.B. Alberti) | ***t. ciò***, V. *tuttociò* | con valore intens.: *lo amo con t. il cuore*; *te lo dico con tutta la simpatia*; *va a tutta velocità*; *corre a t. spiano*; *è di una onestà a tutta prova*; *piove a tutt'andare* | con valore rafforz. seguito da 'quanto', 'intero' o iter.: *devi dire tutta quanta la verità*; *vorrei dirlo a t. il mondo intero* | con valore concessivo o avversativo, preceduto da 'con' e col sign. di 'nonostante': *con tutta la sua disponibilità non potrà aiutarti*; *con tutta la sua ricchezza, non riesce a farsi stimare* | compreso, incluso: *studiare a memoria a t. il verso 64*; *siamo al completo a t. il 30 giugno* | ***a tutt'oggi, a t. domani***, fino a oggi, fino a domani inclusi | ***t. a un tratto***, improvvisamente: *t. a un tratto è sparito* | V. anche *tutt'uno* **2** riferito a un sost. pl. o collettivo, indica la totalità di cose, persone o animali considerati nel loro insieme, senza esclusioni: *tutti gli animali sono utili a qlco.*; *tutte le piante respirano*; *verrò con tutti i miei amici*; *ripone in lui tutte le sue speranze*; *tutti i stolti non possono servire per un savio* (G. Bruno) | (*lett.* o *merid.*) non seguito dall'art.: *in tutte cose la onorai come figliuola* (G. Boccaccio) | premesso a un agg. dimostr.: *non so chi ti ha raccontato tutte queste cose* | (*fam.*) con valore intens.: *è caduto in acqua con tutti i vestiti*; *l'auto procedeva con tutte le luci spente* | con valore concessivo o avversativo: *con tutti i pensieri che ha, trova il tempo di dedicarsi al giardino* | con valore rafforz. seguito da 'quanto' o iter.: *tutti quanti i presenti applaudirono*; *voglio vederlo a tutte tutte le ore* | seguito da un numerale indica che quel numero è considerato proprio nella sua interezza: *c'erano tutti e due*; *li ho conosciuti tutti e cinque*; *bisogna considerare tutt'e tre le possibilità* | ***una volta per tutte***, (*ellitt.*) una volta per sempre: *voglio sapere la verità una volta per tutte* | ***pensarle, inventarle, trovarle tutte***, (*ellitt.*) pensare, inventare, trovare ogni possibile astuzia, stratagemma e sim.: *le inventa tutte per non studiare* | (*mus.*, **al pl.**) ***tutti***, prescrizione per l'intervento contemporaneo di tutti gli esecutori; registro dell'organo che mette in funzione tutti i registri contemporaneamente **3** ogni, qualsiasi: *telefona a tutte le ore*; *dobbiamo riuscire a tutti i costi*; *è una commedia adatta a tutti gli spettatori*; *devi prendere la medicina tutte le mattine* | ***in tutti i modi***, a qualsiasi costo: *dobbiamo rispettare l'impegno in tutti i modi*; *comunque*: *speriamo di rivederci, in tutti i modi l'appuntamento resta fissato per domani* | ***in tutti i casi***, in ogni caso, comunque, qualunque sia la situazione: *penso di essere puntuale, in tutti i casi, avviserò se dovessi ritardare*; *ti darò mie notizie in tutti i casi* | ***sotto tutti gli aspetti***, da qualsiasi punto di vista | ***tutte le volte che***, ogni volta che: *vieni tutte le volte che lo desideri* | V. anche *dappertutto* **CFR.** onni- **4** in ogni parte (con valore intens.): *la casa è tutta sua*; *ardeva t. dal desiderio di tornare*; *singhiozzava t. senza riuscire a frenarsi*; *è t. il ritratto di sua madre* | soltanto, esclusivamente, totalmente: *è tutta un'invenzione*; *t. merito suo* | ***è tutta una scusa***, è proprio una scusa | seguito da un agg., ha valore rafforz.: *era t. pensieroso*; *si presentò t. sudato*; *la trovai tutta preoccupata*; *erano tutti contenti* | ***essere t. di un pezzo***, avere un carattere fermo, rigido e deciso | (*eufem.*) ***essere t. naso, bocca, occhi, gambe e sim.***, avere il naso, la bocca, gli occhi, le gambe che acquistano grande spicco su tutta la persona | ***essere, stare tutt'occhi, tutt'orecchi***, guardare o ascoltare con grande attenzione e interesse | ***essere t. casa, t. famiglia, t. studio, t. lavoro e sim.***, mostrare una totale dedizione alla casa, alla famiglia, allo studio, al lavoro e sim. **B** **pron. indef.** **1** ogni cosa (con valore neutro e indet.): *t. è in ordine*; *ci si abitua a t.*; *il tempo cancella t.*; *decide sempre t. lui*; *è capace di t.*; *t. bene?* | l'insieme delle cose delle quali si parla, si discute o si è a conoscenza: *ci ha raccontato t.*; *t. è andato per il meglio*; *provvederò io a t.*; *di questa questione ignoro t.* | ***questo è t., ecco t.***, non c'è altro, non ho altro da dire | ***e non è t.***, e non basta, c'è dell'altro: *ci ha ingannati, e non è t.! ci ha anche offesi* | ***essere capace di t.***, di commettere qualunque azione malvagia, avventata, ecc. | ***mangiare di t.***, apprezzare qualsiasi cibo | ***fare di t., un po' di t.***, essere disposto o capace di svolgere ogni tipo di lavoro | ***fare di t. per***, fare ogni sforzo, usare qualsiasi mezzo per raggiungere uno scopo | ***di t. e di più***, (*colloq.*) qualunque cosa, anche oltre il desiderabile o il necessario: *in quell'ipermercato puoi trovare di t. e di più* | ***t. sta nel, a, se, che***, ogni cosa dipende da; l'importante, l'essenziale è: *t. sta nel capirsi*; *t. sta a incominciare*; *t. sta se lui accetta*; *t. sta che non ce lo impedisca* | ***prima di t., innanzi t.***, prima di fare, esaminare, considerare altro, in primo luogo | ***in t.***, complessivamente, in totale, nell'assieme: *in t. fa dieci euro*; *i manifestanti saranno duemila in t.* | ***in t. e per t.***, completamente, senza alcuna riserva, in ogni aspetto che si considera: *dipende in t. e per t. dal padre*; *sono in t. e per t. d'accordo con te* | ***con t. che***, nonostante: *con t. che l'avessi scongiurato di non farlo, è uscito lo stesso* | ***t. compreso***, senza aggiunte di prezzo, detto spec. di somme da corrispondere per servizi di varia natura: *il viaggio costerà duemila euro t. compreso* | ***t. sommato***, considerata ogni cosa | ***è t. dire***, non occorre aggiungere altro: *non ne volli parlare ... neppure con la mia donna, che è t. dire* (V. Alfieri) | V. anche *tuttofare*, *tuttotondo* **2** (**al pl.**) l'insieme, la totalità delle persone: *erano tutti presenti*; *verremo tutti quanti*; *le bambine sono state tutte accontentate*; *messomi mano alla mia borsa, tutti pagai e tutti contentai* (B. Cellini) | con valore indeterminato: *tutti desiderano la pace*; *tutti devono lavorare* **C** **avv.** ● completamente, interamente, in modo assoluto: *è proprio t. l'opposto di quello che pensi*; *è t. il contrario di quello che sembra* | in alcune loc. avv. | ***tutt'intorno, tutt'in giro***, per lo spazio che ci circonda, lungo l'intero perimetro o circonferenza | ***del t.***, (*lett.*) ***al t.***, totalmente, interamente: *non sono del t. sicuro di ciò che dite*; *è del t. incredibile* | ***di t. punto***, in modo accurato, completo: *si è presentato vestito di t. punto* | V. anche *tutt'altro*, *tutt'al più* **D** **in funzione di s. m. inv.** **1** il complesso, l'insieme, l'intero: *il t. è costato pochissimo*; *scambiare una parte per il t.*; *un t. indivisibile* | ***rischiare, tentare il t. per t.***, rischiare il massimo per ottenere qlco. **2** (*mus.*) ***tutti***, nel concerto grosso, la sezione strumentale costituita dalla parte preponderante dell'orchestra, contrapposta al concertino

†**tuttoché** o †**tùtto che** [comp. di *tutto* e *che*② ✱ av. 1292] **A** **cong.** ● (*lett.*) benché, quantunque **B** **avv.** ● quasi: *così dicendo, fu tutto che tornato a casa* (G. Boccaccio)

♦**tuttociò** o **tùtto ciò** [comp. di *tutto* e *ciò* ✱ av. 1488] **A** **pron. m. sing.** **1** ogni cosa: *t. che oggi è antico, fu moderno* (G. Leopardi) **2** tutto questo: *T. s'appicca poco a proposito col proverbio* (I. Nievo) | V. anche *con tutto ciò* **B** **cong.** ● †perciò (con valore conclusivo)

†**tuttodì** o †**tùtto dì** [da dividere in *tutto* (il) *dì* ✱ av. 1294] **avv.** ● (*lett.*) continuamente, sempre

tuttofàre o **tùtto fàre** [perché si presta a *fare tutto* ✱ 1938] **A** **agg. inv.** ● detto di personale di servizio generico, in grado di svolgere tutti i lavori di casa: *uomo, donna t.* | (*est.*) detto di chi, in un'azienda e sim., è in grado di svolgere varie mansioni: *segretario, impiegato t.* | (*est.*) di oggetto o strumento che può servire a molti usi: *un coltello t.* **B** **s. m. e f. inv.** ● persona tuttofare: *t. referenziata cercasi*; *è il t. del magazzino*

tùtto giórno o **tuttogiórno** ➤ **giorno**

tuttologìa [comp. di *tutto* e *-logia* ✱ 1979] **s. f.** (**pl.** *-gìe*) ● (*iron.*) conoscenza, trattazione di qualunque argomento

tuttòlogo [1976] **s. m.** (**f.** *-a*; **pl. m.** *-gi*, *pop.* *-ghi*) ● (*iron.*) chi presume di saper affrontare qualsiasi argomento

tuttopónte [comp. di *tutto* e *ponte* ✱ 1980] **agg. inv.** ● (*mar.*, *milit.*) detto di nave militare dotata di un ponte di volo continuo come quello di una portaerei

♦**tuttóra** o (*raro*) **tutt'óra** [comp. di *tutt(a)* e *ora* ✱ sec. XII] **avv. 1** ancora, ancora adesso: *è t. valido*; *non si è t. ripreso dal danno subìto*; *sono t. disposto a trattare l'affare* **2** †continuamente

tuttotóndo o **tùtto tóndo**, spec. nei sign. fig. [perché scultura che può essere vista da *tutti* i lati, come una sfera (*tondo*) ✱ av. 1617] **s. m. inv.** ● in scultura, tipo di esecuzione in cui il soggetto è rappresentato liberamente nello spazio e può quindi essere guardato da tutti i lati: *scultura a t.* **CFR.** mezzotondo | ***effetto di t.***, quello di una scultura che, pur avendo una parete di appoggio, ne emerge con la pienezza dei suoi volumi: *bassorilievo con effetti di t.* | nella loc. avv. ***a tutto tondo***, (***fig.***) in modo completo, esauriente; con grande rilievo ed efficacia: *analizzare a tutto tondo un periodo storico*; *interpretare un personaggio a tutto tondo* | nella loc. agg. inv. ***a tutto tondo***, (***fig.***) completo: *il magistrato ha ricevuto delle informazioni a tutto tondo*

tutt'ùno o (*lett.*) **tuttùno** [comp. di *tutt(o)* e *uno* ✱ 1308] **A** **loc. sost. m. solo sing.** ● la stessa cosa rispetto a un'altra: *Cortesia e onestade è tutt'uno* (DANTE); *'licho' è tuttuno col nostro 'lecco'* (G. LEOPARDI) | ciò che avviene in concomitanza con altro: *Pensarci e sentire un impeto di feroce ribellione fu tutt'uno* (L. PIRANDELLO) | ***essere, fare tutt'uno***, non fare alcuna differenza: *per me sapere o non sapere è tutt'uno* | ***un tutt'uno***, un'unica cosa: *la cucina e la sala da pranzo sono un tutt'uno* | ***essere, fare (un) tutt'uno***, essere una sola cosa (***anche fig.***): *quell'orologio è un tutt'uno con il cinturino*; *mani che facevan tutt'uno con le corde del piano* (A. FOGAZZARO) **B** **loc. agg. 1** (*lett.*) un intero: *una finestra, ch'è tanto grande che piglia tutt'una facciata* (G. VASARI) **2** (*lett.*) che è la stessa cosa rispetto ad un'altra (***anche ellitt.***): *tutt'una cosa*; *la desinenza ... è similissima, anzi tutt'una coi detti tempi latini* (G. LEOPARDI)

tutù [fr. *tutu*, vc. infant. ('sederino') in applicazione scherz. ✱ 1942] **s. m. inv.** ● tipico costume delle ballerine di danza classica, costituito da un gonnellino di tulle a più strati con corpino di raso attillato e scollato

†**tutùtto** [per *tu(tto) tutto* ✱ av. 1292] **agg. indef.** ● (*raro*, *intens.*) tutto quanto, tutto interamente

tuyau /*fr.* tɥi'jo, ty'jo/ [vc. fr., dal senso di 'informazione confidenziale (all'orecchio)', derivato da quello di 'condotto (che è anche il sign. proprio di orig. germ.) auricolare' ✱ 1895] **s. m. inv.** (**pl.** fr. *tuyaux*) ● nel linguaggio degli ippodromi, cavallo che particolari informazioni danno come probabile vincitore, indipendentemente dalla sua valutazione tecnica

tùzia [arabo *tūtiyā'* 'solfato di rame' ✱ av. 1347] **s. f.** ● polvere bianchiccia presente nei forni in cui si fonde lo zinco, composta spec. dagli ossidi di zinco e di cadmio

tuziorìșmo [dal lat. *tūtior*, genit. *tutiōris*, propr. 'più sicuro', compar. di *tūtus* 'tuto, sicuro' ✱ 1745] **s. m. 1** nella teologia morale cattolica del XVII sec., tendenza a obbligare alla interpretazione più rigoristica e sicura, quando la norma sia dubbia o vi sia possibilità di più interpretazioni **2** (*est.*, *raro*) atteggiamento di cautela, spec. sul piano legale

tuziorìsta [1745] **s. m. e f.**; anche **agg.** (**pl. m.** *-i*) ● seguace del tuziorismo

tuziorìstico [1961] **agg.** (**pl. m.** *-ci*) **1** relativo al tuziorismo e ai tuzioristi **2** (*est.*) improntato alla cautela, alla sicurezza

♦**tv** /tiv'vu*/ [1956] **A** **s. f. inv.** ● accorc. di *televisione* | ***social tv***, emittente televisiva che prevede l'interazione fra gli utenti; scambio di opinioni su programmi televisivi tra gli utenti di un social network (comp. con *social* (V.)) **B** **in funzione di agg. inv.** ● (posposto a un sost.) televisivo: *la programmazione, il canone tv* **C** **s. m. inv.** ● (*fam.*) televisore | ***tv color***, televisore a colori

tvfonìno /tivvufo'nino/ o **tv-fonino** [comp. di *tv* e *(tele)fonino* ✱ 2006] **s. m.** ● telefono cellulare in grado di ricevere sullo schermo programmi televisivi

tv-movie /tiv,vi'muvi, *ingl.* 'ti:vi:,mu:vɪ/ ➤ **movie**

tweed /*ingl.* twi:d/ [vc. ingl., dallo scozzese *tweel* 'twill' (V.) con sovrapposizione di *Tweed*, n. di un fiume scozzese che scorre nella regione dove il tessuto è lavorato ✱ 1878] **s. m. inv.** ● tessuto sportivo in lana a grossa trama, solitamente a due colori, fabbricato in Scozia

tweet /*ingl.* twɪt/ [vc. ingl., propr. 'cinguettio' ✱ 2008] **s. m. inv.** ● (***Internet***) messaggio inviato attraverso Twitter

tweeter /'twiter, *ingl.* 'twi:tə(r)/ [vc. ingl., propr. 'che emette suoni acuti' (d'orig. onomat.) ✱ 1983] **s. m. inv.** ● in un impianto di riproduzione del suono ad alta fedeltà, altoparlante per alte frequenze sonore

twill /*ingl.* twɪl/ [vc. ingl., ant. *twilic*, corrispondente al lat. *bĭlix*, cioè 'a due (*twi-*) licci (*lic*)' ✱ 1935] **s. m. inv.** ● stoffa diagonale, spigata

twin-sèt /twin'sɛt, *ingl.* 'twɪn,sɛt/ [vc. ingl., propr. 'completo, insieme (*set*, della stessa orig. dell'it. *setta*, ma col senso di 'sequenza' e sovrapposizione del v. *to set* 'porre') gemello (*twin*, d'area germ. e orig. indeur.)' ✱ 1965] **s. m. inv.** (**pl.** ingl. *twin-sets*) ● capo di abbigliamento femminile costituito da due golf, uno chiuso e a maniche corte, l'altro aperto e a maniche lunghe

twìrling /'twirlin(g), *ingl.* 'twɜ:lɪŋ/ [vc. ingl., part. pres. di *to twirl* 'piroettare, roteare' ✱ 1982] **s. m. inv. 1** specie di danza ritmica eseguita a suono di musica, facendo volteggiare con destrezza un leggero bastoncino **2** (*est.*) tecnica di esibizione spettacolare, tipica delle majorette, consistente nello sfilare in costume roteando un leggero bastone a ritmo di musica

twist /*ingl.* twɪst/ [vc. ingl., propr. '(con)torsione', di orig. incerta con probabile sovrapposizione di basi diverse ✱ 1961] **s. m. inv.** ● ballo d'origine nordamericana, a tempo veloce, basato sul movimento delle anche, popolare negli anni 1960-70

twistóre /twis'tore/ [dall'ingl. *twistor*, deriv. del v. *to twist* 'attorcigliare' ✱ 1966] **s. m. inv.** ● (*mat.*) ente geometrico introdotto per estendere gli strumenti offerti dalla geometria tridimensionale agli spazi quadridimensionali e descrivere entità proprie della meccanica relativistica

twittàre /twit'tare/ [da *Twitter* (V.) ✱ 2007] **v. tr.** (*io twìtto*) ● (***Internet***) inviare brevi messaggi tramite Twitter: *t. una notizia, un commento* | (***assol.***) usare Twitter **SIN.** cinguettare

Twitter® /'twitter, *ingl.* 'twɪtə(r)/ [vc. ingl., propr. 'cinguettio' ✱ 2007] **s. m. inv.** ● (***Internet***) sito di relazioni sociali che consente a ogni iscritto di tenere un piccolo blog, i cui messaggi, di lunghezza non superiore a 140 caratteri, possono essere letti direttamente sul sito o via sms, e-mail o altre applicazioni

two-beat /*ingl.* 'tu:,bi:t/ [vc. ingl., propr. 'due (*two*) colpi (*beat*)' ✱ 1996] **s. m. inv.** ● (*mus.*) nel jazz, accentuazione dei tempi forti da parte della sezione ritmica, caratteristica del dixieland

two-stèp /*ingl.* 'tu:,stɛp/ [vc. ingl., propr. 'due (*two*, di orig. indeur.) passi (*step*, di area germ. e orig. incerta)', per il tempo della danza (6/8-2/4) ✱ 1930] **s. m. inv.** ● danza simile alla polka, d'origine americana

tyche /*gr.* 'tyke/ o **tiche** [vc. gr., propr. 'caso' ✱ 1839] **s. f. inv.** (**pl. gr.** *tychai*) ● nel mondo greco, la fortuna, il destino, il caso | (con iniziale maiuscola) divinità greca, personificazione della Fortuna (V. *fortuna* nel sign. 1)

tycoon /*ingl.* taɪ'ku:n/ [ingl. *tycoon*, var. di *taikun* (V. *taicun*) ✱ 1975] **s. m. e f. inv.** ● magnate, grande imprenditore commerciale: *i t. del petrolio*

typophone /'taipofon, *ingl.* 'taɪpə,fəʊn/ [1970] **s. m.** ● tipofono

tzatzìki /*gr. moderno* tsa'tsiki/ [vc. gr. moderno, dal n. turco *cacĭk* ✱ 1992] **s. m. inv.** ● salsa greca a base di yogurt, cetriolo, aglio e menta, che si accompagna a pesce, carne e verdure alla griglia o si spalma su crostini di pane

tze-tze ➤ **tse-tse**

tzigàno ➤ **zigano**

tzimtzum /*ebr.* zim'zu:m/ [vc. ebr. 'contrazione' ✱ 1987] **s. m. inv.** ● nell'ebraismo, autolimitazione che Dio si impose nell'atto della Creazione, al fine di rendere altro da sé il mondo creato

u, U

La lettera *U* può avere in italiano due valori: quello di vocale, che è di gran lunga il più frequente, e quello di consonante. La vocale rappresentata dalla lettera *U* è la più chiusa delle vocali posteriori o velari /u/, può essere accentata (es. *crùdo* /ˈkrudo/, *crùsca* /ˈkruska/) oppure non-accentata (es. *ulivo* /uˈlivo/, *òvulo* /ˈɔvulo/). Finale di parola, in voci schiettamente italiane, non è mai non-accentata. Quando la vocale è accentata, la lettera può portare un accento scritto, che è obbligatorio per le vocali accentate finali di determinati monosillabi e di tutte le parole polisillabe (es. *giù* /dʒu*/, *tribù* /triˈbu*/), raro e facoltativo negli altri casi (es. *sùbito* /ˈsubito/, volendo distinguere da *subìto* /suˈbito/). L'accento scritto più frequente è grave, ma andrebbe evitato per rispettare la fonetica, mettendolo quindi acuto (sull'*u* e sull'*i*, oltre che sull'*o* e sull'*e* di timbro chiuso). Il secondo suono rappresentato dalla lettera *U* è quello dell'approssimante posteriore o velolabiale /w/, che si può avere solo davanti a vocale diversa da *u*, giacché un'*u* seguita da una consonante o da un'altra *u* non può essere che vocale. Più in particolare, la lettera *U* ha il valore consonantico quando è preceduta da *C*, *G*, *Q*, cioè da consonante velare (es. *àcqua* /ˈakkwa/, *guàrdia* /ˈgwardja/, *scuòla* /sˈkwɔla/), con alcune eccezioni solo per *C* e *G* (es. *arguìre* /arguˈire/, *circuìre* /tʃirkuˈire/), e così pure quando è seguita da *O* (es. *fuòco* /ˈfwɔko/, *nuotàre* /nwoˈtare/), anche qui con alcune eccezioni (es. *fluòro* /fluˈɔro/). Nell'ortografia più antica dell'italiano come pure delle altre lingue che usano l'alfabeto latino, la lettera *U* rappresentava anche un terzo suono, quello consonantico della costrittiva, o fricativa, labiodentale sonora /v/. Non esisteva infatti una distinta lettera alfabetica *V*: si scriveva sempre *V* la maiuscola, sempre *u* la minuscola (oppure *v* in principio di parola, *u* in mezzo e in fine), qualunque ne fosse il valore fonetico; nell'ordinamento alfabetico delle parole i due suoni apparivano mescolati, conforme alla grafia, e se c'era bisogno d'indicare ciascuno di essi con un proprio nome si parlava di '*U* vocale' (in cui si faceva rientrare anche l'approssimante) e di '*U* consonante'. La distinzione grafica tra *U* e *V* secondo il valore fonetico fu proposta ai primi del Cinquecento e divenne d'uso comune sul finire del Seicento; per certi effetti (denominazione delle due lettere, ordinamento alfabetico delle parole) è divenuta definitiva solo nell'Ottocento, mentre non si può ancora dire generale nell'uso epigrafico, dove la maiuscola *V* invece di *U* ha sempre conservato un certo prestigio.

u, (*maiusc.*) **U** /u*/ [av. 1312] **s. f. o m. inv.** ● ventunesima lettera dell'alfabeto italiano: *u minuscola, U maiuscola* | nella compitazione spec. telefonica it.: *u come Udine*; in quella internazionale: *u come uniform* | ***a U***, detto di linea, oggetto o movimento che, ad un certo punto, piega in una direzione opposta, ma parallela alla precedente: *curva a U; tubo a U; scollatura a U* | ***inversione a U***, quella compiuta da un veicolo per invertire il senso di marcia su una strada | ***forma a U***, semplice o doppia, ottenuta in arboricoltura con potature che permettono, su un fusto molto corto, la crescita di branche prima orizzontali e poi verticali, che formano la lettera U | ***valle a U***, valle glaciale

†**u'** /u/ [forma tronca di *ubi* ✻ sec. XIII] **avv.** ● (*poet.*) dove: *a la parte / u' la prim'ombra gitta il santo monte* (DANTE *Purg.* XXVIII, 11-12) | ***u' che***, ovunque: *U' che 'l piè movo, u' che la vista giro* (P. BEMBO)

uà ● V. **uè**

uàdi /ˈwadi, *arabo* ˈwæːdi/ [arabo *wādin* 'valle, letto di fiume' ✻ 1891] **s. m. inv.** (**pl.** arabo *widyàn*) ● in Africa, letto pietroso di fiume sempre asciutto, tranne che nella stagione delle piogge | il fiume stesso

-uale ➤ **-ale**①

uàu [vc. espressiva ✻ 1993] **inter.; anche s. m. inv.** Si usa con gli art. *lo, uno, gli* ● adattamento di *wow*② (V.)

♣**ubbìa**, *evit.* **ùbbia** [etim. incerta ✻ av. 1400] **s. f.** ● pregiudizio superstizioso che causa timore, avversione e sim. nei confronti di qlcu. o di qlco.: *Questi villani, che son pieni d'ubbie* (A. MANZONI) | scrupolo o timore vano, infondato, ingiustificato: *avere la testa piena di ubbie* **SIN.** fisima

†**ubbidènte** ➤ **obbediente**

†**ubbidènzia** ➤ **obbedienza**

ubbidiènte ➤ **obbediente**

ubbidiènza ➤ **obbedienza**

†**ubbidienziàrio** [1673] **s. m.** ● (*raro*) chi deve ubbidire

ubbidìre ➤ **obbedire**

†**ubbiditóre** [lat. tardo *oboeditōre(m)*, da *oboedītus*, part. pass. di *oboedīre* 'ubbidire' ✻ sec. XIII] **s. m.** (**f.** *-trice*); **anche agg.** ● (*raro*) chi (o che) ubbidisce

ubbióso (o **-ṣ-**) o †**obbióso** [av. 1363] **agg.** **1** pieno di ubbie, di timori, sospetti e sim.: *carattere u.*; *essere u. di qlco.* **2** che provoca ubbie, preoccupazioni, timori e sim. | che costituisce un'ubbia: *l'u. pensier vedrai fuggirsi / lunge da te per l'aere* (G. PARINI)

†**ubbliàre** ➤ **obliare**

†**ubbligàre** ➤ **obbligare**

ubbriàco e deriv. ➤ **ubriaco** e deriv.

über àlles /yberˈalles, *ted.* ybərˈaləs/ [loc. ted., propr. 'sopra tutto', dal verso iniziale dell'inno nazionale tedesco ✻ 1989] **loc. avv.** ● al di sopra di tutto: *il Borussia über alles*

ùbere [vc. dotta, lat. *ūbere(m)*, di orig. indeur. ✻ 1336 ca.] **agg.** (**superl.** *uberrimo*) ● (*poet.*) fertile, ubertoso: *l'u. convalle* (G. CARDUCCI) **CONTR.** sterile

ùbero① o †**ùvero** [vc. dotta, lat. *über* (nt.), genit. *ūberis*, di orig. indeur. ✻ 1370] **s. m.** ● (*lett.*) poppa, mammella: *il gregge m'insegnava di condurre, / e di tonsar le lane e munger gli uberi* (I. SANNAZARO)

ubèro② o **ubièro** [ant. sp. *hobero*, dall'arabo *ḥubārā* 'ottarda', che ha un manto così ✻ 1561] **agg.** ● detto di colore del mantello equino formato da peli bianchi e rossi mescolati

♣**ubertà** [vc. dotta, lat. *ubertāte(m)*, da *über* 'ubero①' ✻ sec. XIII] **s. f. inv.** **1** (*lett.*) fertilità, fecondità: *lodare l'u. dei propri campi* **CONTR.** sterilità **2** (*fig.*) †abbondanza, copiosità | prosperità

♣**ubertóso** (o **-ṣ-**) o †**ubertuóso** [dal lat. tardo *ūbertatu(m)*, da *ūbertas* 'ubertà' ✻ av. 1328] **agg.** **1** (*lett.*) fertile, grasso, fecondo: *paese u.*; *campagne ubertose* **CONTR.** sterile **2** †copioso, ricco, abbondante | prosperoso || **ubertosità**, **s. f. inv.** (*lett.*) condizione di ciò che è ubertoso: *l'ubertosità di una pianura*

†**ùbi** [vc. lat. (*ŭbi*), di orig. indeur. ✻ 1321] **A** **avv.** (in posizione proclitica, troncato in *u'* (V.)) ● (*lett.*) dove **B** in funzione di **s. m. inv.** ● (*poet.*) luogo, punto dello spazio: *là 've s'appunta ogne ubi e ogne quando* (DANTE *Par.* XXIX, 12)

ubicàre [dal lat. *ŭbi*, avv. di stato in luogo ('dove') ✻ 1798] **v. tr.** (*io ùbico, tu ùbichi*) ● (*burocr.*) situare, collocare, in riferimento a edifici o fondi agricoli: *scegliere i terreni dove u. i nuovi fabbricati*

ubicàto **part. pass.** di *ubicare*; **anche agg.** ● (*burocr.*) situato, sito in un determinato luogo: *un centro commerciale u. nella zona nord della città*

ubicazióne [av. 1792] **s. f.** ● (*burocr.*) l'ubicare | posizione topografica di un edificio, un fondo e sim.: *accertarsi dell'u. di una vigna*

ùbi consìstam [loc. lat., propr. 'dove io mi appoggi', dalla frase attribuita ad Archimede *da mihi ubi consistam et terram movebo* "dammi (un punto) dove possa appoggiarmi e muoverò la terra" ✻ 1905] **loc. sost. m. inv.** ● punto d'appoggio, di partenza e sim., da cui un'azione può prendere le mosse: *trovare, cercare l'ubi consistam* | (*fig.*) struttura essenziale, fondamento: *l'economia è l'ubi consistam del paese*

†**ubidìre** e deriv. ➤ **obbedire** e deriv.

ubièro ➤ **ubero**②

-ùbile [lat. *-(ŭ)bile(m)*, suff. di orig. indeur.] **suff.** ● forma aggettivi che esprimono opportunità, possibilità e sim.: *solubile, volubile*

†**ubìno** [ant. fr. *hobin*, dall'ingl. *hobby* 'cavallino', vc. affettiva ✻ 1516] **s. m.** ● cavallino di razza irlandese: *mansueto u., che sul dosso / avea la figlia del re* (L. ARIOSTO)

ubiquìsta [dal lat. *ubīque* 'in ogni luogo' (da *ŭbi* 'dove') ✻ 1749] **A** **s. m. e f.** (**pl. m.** *-i*) ● (*relig.*) ubiquitario **B** **agg.** ● (*ecologia*) che è diffuso dappertutto, perché si è adattato ad ambienti diversi, detto di appartenente a specie animale o vegetale: *la mosca domestica è un insetto u.*

ubiquità [dal lat. *ubīque* 'in ogni dove' ✻ 1647] **s. f. inv.** **1** facoltà di essere presente in più luoghi nello stesso tempo, attribuita a Dio nelle religioni superiori | ***avere il dono dell'u.***, poter essere in più luoghi nello stesso momento, detto con riferimento ad alcuni

Santi che da Dio ebbero tale facoltà | ***non avere il dono dell'u.***, (*fig.*, *scherz.*) non poter essere in più luoghi contemporaneamente SIN. onnipresenza **2** (*relig.*) eresia degli Ubiquitari **3** (*ecologia*) caratteristica degli animali e delle piante ubiquisti

ubiquitàrio [da *ubiquità* ✱ av. 1653] **A** s. m. (f. *-ia*) ● (*relig.*) ogni appartenente a una setta luterana che sosteneva essere il Cristo presente nell'eucaristia, grazie alla sua ubiquità **B** agg. **1** (*relig.*) degli Ubiquitari: *eresia ubiquitaria* **2** relativo all'ubiquità | (*fig.*, *scherz.*) che è, si espande o si manifesta ovunque: *sotto l'ubiquitaria umidità palermitana la roba ingialliva* (G. Tomasi di Lampedusa) | (*est.*) che si verifica o è presente dovunque: *malattia ubiquitaria*; *i mezzi ubiquitari dell'informazione* **3** (*ecologia*) ubiquista

ubìquo [da *ubiquità* ✱ 1946] agg. ● (*raro*) che ha la facoltà o il dono dell'ubiquità

†**uboè** ➤ **oboe**

ubriacaménto o (*lett.*) **ubbriacaménto** [1552] s. m. ● (*raro*) ubriacatura

ubriacàre o (*lett.*) **ubbriacàre** [da *ubriaco* ✱ 1574] **A** v. tr. (*io ubriàco, tu ubriàchi*) **1** rendere ubriaco, indurre in stato di ubriachezza (*anche assol.*): *u. qlcu. col vino, di liquori*; *le bevande alcoliche ubriacano* **2** (*fig.*) ridurre qlcu. in condizioni di intontimento, stordimento, malessere: *il movimento dell'automobile, della giostra lo ubriaca*; *u. qlcu. di chiacchiere, di promesse* | (*fig.*) eccitare fino a offuscare la lucidità mentale: *Ella gli volse uno di quegli sguardi che lo ubriacavano* (G. D'Annunzio) **B** **ubriacàrsi** v. intr. pron. **1** diventare ubriaco, cadere in stato di ubriachezza (+ *con*, + *di*): *non regge l'alcol e si ubriaca con niente* | bere tanto da diventare ubriaco: *ogni sera fa il giro delle osterie e si ubriaca*; *ha il vizio di ubriacarsi di superalcolici* SIN. sborniarsi **2** (*fig.*) cadere in preda a grande eccitazione, esaltazione, ebbrezza (+ *di*): *ubriacarsi di una donna, di musica, di piacere* **C** **ubriacàrsi** v. rifl. ● inebriarsi, esaltarsi (+ *di*): *ella s'ubbriacava delle sue proprie parole* (F. De Roberto)

ubriacatóre [1879] s. m. (f. *-trice*); anche agg. ● chi (o che) ubriaca (*spec. fig.*)

ubriacatùra o (*lett.*) **ubbriacatùra** [1816] s. f. **1** l'ubriacarsi: *una solenne u.* SIN. sbornia **2** (*fig.*) esaltazione, infatuazione: *una u. violenta ma passeggera*

†**ubriachésco** o †**ubbriachésco** [av. 1600] agg. ● caratterizzato da abbondanti libagioni: *cene ubriachesche*

ubriachézza o (*lett.*) **ubbriachézza**, (*pop.*, *tosc.*) **briachézza**, †**ebriachézza**, †**ebbriachézza** [av. 1406] s. f. ● stato o condizione di chi è ubriaco

♦**ubriàco** o (*lett.*) **ubbriàco**, (*pop.*, *tosc.*) **briàco**, †**ebriàco**, †**ebbriàco** [lat. tardo *ebriăcu(m)*, per *ēbriu(m)* 'ebbro' ✱ 1268] **A** agg. (pl. m. *-chi*; superl. *ubriachissimo*) **1** detto di chi si trova in condizioni di intossicazione alcolica acuta, come conseguenza dell'ingestione di una forte quantità di alcol: *essere u.*; *un vecchio u.* | ***essere u. duro, marcio*** e sim., essere completamente ubriaco | ***sei u.?***, si dice a chi si comporta, parla o agisce in modo assolutamente anormale SIN. ebbro **2** (*fig.*) detto di chi si trova in uno stato di esaltazione, eccitazione, euforia e sim., per lo più tanto intensa da offuscare la sua capacità di giudizio (+ *di*): *essere u. d'amore, di passione, d'odio, di gioia*; *è ormai u. di tutte queste lodi* **3** (*fig.*) stordito, frastornato, rintronato (+ *di*, + *per*): *essere u. di rumore, di luci*; *sono u. per la troppa confusione* | ***essere u. di sonno, di stanchezza***, non tenersi in piedi per il sonno, per la stanchezza **4** ***maiale u.***, braciola di maiale preparata con aglio, prezzemolo e vino rosso, piatto tipico della cucina toscana **B** s. m. (f. *-a*) ● chi è ubriaco ‖ **ubriacóne**, accr. (V.)

ubriacóne o (*lett.*) **ubbriacóne**, (*pop.*, *tosc.*) **briacóne** [accr. di *ubriaco* ✱ 1516] s. m. (f. *-a*) ● chi ha il vizio di ubriacarsi SIN. beone

ucàse ➤ **ukase**

uccellàbile [1539] agg. **1** (*raro*) che si può uccellare: *volatili uccellabili solo nei mesi estivi* **2** (*lett.*, *fig.*) che si può burlare, gabbare

uccellàccio [1427] s. m. **1** pegg. di *uccello* (*anche fig.*): *u. del malaugurio!* **2** (*fig.*, *raro*) persona sgradevole, spregevole

uccellagióne [da *uccellare*② ✱ sec. XIII] s. f. **1** attività e tecnica di cacciare e catturare vivi gli uccelli con trappole, reti, panie e sim. o mediante l'utilizzazione di rapaci debitamente addestrati: *u. alle starne*; *u. di tordi* SIN. aucupio | (*raro*) periodo in cui tale attività è ammessa **2** quantità di volatili catturati uccellando

uccellàia [av. 1470] s. f. **1** grande quantità di uccelli **2** uccellanda **3** †confuso cicaleccio **4** (*fig.*) †tresca amorosa | †raggiro, inganno

uccellàio [1606] s. m. (f. *-aia*, pl. m. *-ai*) ● chi alleva e vende uccelli, da canto e da richiamo

uccellàme [1539] s. m. ● quantità di uccelli catturati e destinati spec. a essere cucinati

†**uccellaménto** [sec. XIV] s. m. **1** l'uccellare **2** (*fig.*) burla, beffa

uccellànda [da *uccellare*② ✱ 1879] s. f. ● ogni appostamento fisso destinato all'uccellagione

†**uccellàre**① [da *uccello* ✱ 1340 ca.] s. m. ● uccellanda: *allettamenti coi quali sono tratti alle reti e alle panie, negli uccellari e paretai* (G. Leopardi)

uccellàre② [da *uccello* ✱ av. 1292] **A** v. intr. (*io uccèllo*; aus. *avere*) **1** cacciare mediante uccellagione: *u. a tordi, a fringuelli*; *u. col falcone* **2** (*fig.*) †brigare con ogni mezzo per ottenere qlco.: *u. alle cariche, agli onori* **B** v. tr. **1** (*fig.*, *lett.*) cercare di ingannare qlcu. con raggiri, insidie e sim. | (*lett.*) allettare, sedurre **2** (*fig.*, *lett.*) beffare, canzonare, prendere in giro

uccellàto① part. pass. di *uccellare*②; anche agg. ● nei sign. del v.

†**uccellàto**② [sec. XV] s. m. ● tessuto di lino operato con disegni d'uccelli

uccellatóio [da *uccellato*① ✱ 1321] s. m. (pl. *-ói*) ● uccellanda | †***mandare qlcu. all'u.***, beffarlo | †***l'U.***, colle a nord di Firenze

uccellatóre [av. 1292] s. m. (f. *-trice*); anche agg. **1** chi (o che) si dedica all'uccellagione **2** (*fig.*, *lett.*) chi (o che) cerca con ogni mezzo di ottenere qlco. | (*lett.*) chi lusinga, seduce **3** (*fig.*) †chi (o che) beffa, schernisce

uccellatùra [sec. XV] s. f. **1** uccellagione, nel sign. 1 **2** (*raro*, *fig.*) beffa, inganno, raggiro | lusinga

uccellerìa [sec. XX] s. f. ● negozio in cui si vendono uccelli domestici

uccellétto [av. 1292] s. m. **1** dim. di *uccello* **2** (spec. al pl.) uccello di piccole dimensioni, spec. come cacciagione: *uccelletti allo spiedo* | ***fagioli all'u.***, lessati, soffritti con olio, pepe, sale, foglie di salvia e sugo di pomodoro, specialità fiorentina

Uccèlli [sec. XVIII] s. m. pl. (sing. *-o*) ● (*zool.*) classe di Vertebrati omeotermi, con corpo coperto di penne e piume, becco corneo, riproduzione ovipara (*Aves*)

uccellièra [1550] s. f. **1** locale in cui si tengono gli uccelli **2** gabbia di paglia, vimini, filo metallico, talvolta dipinta o dorata e artisticamente lavorata, contenente uccelli vivi, impagliati o anche meccanici SIN. voliera **3** uccellanda

uccellìna [da *uccello* ✱ 1889] s. f. ● (*mar.*) vela di strallo bordata tra la maestra e il trinchetto sopra la coffa | (*disus.*) vela volante, gabbiola

uccellinàio [1935] s. m. (pl. *-ai*) ● uccellatore che caccia e cattura vivi uccelli di piccola mole

uccellinàre [1961] v. tr. ● catturare vivi uccelli di piccola mole

uccellìno [1319] s. m. **1** dim. di *uccello* | (*fig.*, *scherz.*) ***me l'ha detto un u.***, mi è stato riferito da una persona che non voglio nominare **2** uccello appena nato: *nido pieno di uccellini* **3** (spec. al pl.) uccelletto: *uccellini allo spiedo, al tegame*

♦**uccèllo** [lat. tardo *aucĕllu(m)*, accanto a *aucĕlla(m)* per *avicĕlla(m)*, dim. di *ăvis*, di orig. indeur. ✱ 1250 ca.] s. m. (f. †*-a*) **1** correntemente, ciascuno degli appartenenti alla classe degli Uccelli: *u. acquatico, terragnolo, stanziale, di transito*; *le ali, il volo, le migrazioni degli uccelli* CFR. avi-, ornito- | ***u. combattente***, gambetta | ***u. del Paradiso***, paradisea | ***u. del sole, dell'oceano***, fetonte | ***u. di S. Maria***, martin pescatore | ***u. lira***, uccello australiano dei Passeriformi, dalle dimensioni di un gallo, il maschio con la coda dalla caratteristica forma di lira (*Menura superba*) | ***u. mosca***, colibrì | ***u. sarto***, ortotomo | ***u. topo***, uccello dei Coliformi, africano, che si arrampica sugli alberi per cercare insetti e frutta | (*lett.*) ***uccelli di rapina***, rapaci | ***uccelli pelagici***, che vivono in alto mare e raramente si accostano alla terra | ***uccelli inanellati***, cui è stato applicato un anello alle zampe per studiarne le migrazioni | (*lett.*) ***u. di Giove***, l'aquila | ***u. di Giunone***, il pavone | (*fig.*, *lett.*) ***u. divino***, angelo | ***uccel di bosco***, (*fig.*) fuggiasco, fuggitivo, persona che si è data alla macchia: *essere, diventare uccel di bosco* | PROV. ***meglio uccel di bosco che uccel di gabbia***, meglio essere libero che prigioniero | ***u. del malaugurio*** (*lett.* ***di malaugurio***), (*pop.*) la civetta; (*fig.*) persona che prevede continuamente disgrazie, malanni e sim. | ***a volo d'u.***, dall'alto; (*fig.*) in modo globale, generale e rapido **2** (*pop.*) pene **3** (*fig.*) †sciocco, minchione, zimbello ‖ **uccellàccio**, pegg. (V.) | **uccellétto**, dim. (V.) | **uccellino**, dim. (V.) | **uccellóne**, accr. (V.) | (*lett.*) **uccellùccio**, dim.

uccellóne [1353] s. m. **1** accr. di *uccello* **2** (*fig.*) †babbeo

-ucchiàre [suff. verb. attenuativo, corrispondente all'*-ucchio* (dal lat. *-ŭculus*) dei sost.] suff. ● in verbi alterati derivati da altri verbi ha valore attenuativo o frequentativo: *baciucchiare, sbaciucchiare*; *bevucchiare, mangiucchiare*

♦**uccìdere** o †**accìdere**, †**occìdere** [lat. *occīdere* 'tagliare (*caedere*) ostilmente (*ŏb-*)' con lo stesso mutamento della vocale iniziale, che s'incontra in *ubbidire* e altre vc. ✱ 1250 ca.] **A** v. tr. (pass. rem. *io uccìsi, tu uccidésti*; part. pass. *uccìso*) **1** far morire, privare della vita: *u. un uomo con la spada, il pugnale, il veleno*; *u. qlcu. in duello, in battaglia*; *lo hanno ucciso a tradimento*; *u. una lepre, una starna* SIN. ammazzare **2** (*est.*) condurre più o meno rapidamente alla morte (*anche assol.*): *la polmonite lo uccise in pochi giorni*; *la fatica e la continua sofferenza lo uccideranno*; *è un morbo terribile, che uccide* **3** (*est.*, *iperb.*) condurre a uno stato di grave prostrazione fisica, o psichica, privare di forza, energia, iniziativa, vitalità e sim. (*anche assol.*): *questo calore soffocante mi uccide*; *afa, angoscia, noia che uccide* **4** (*est.*) distruggere, mandare in rovina: *questa improvvisa gela-*

ta ucciderà il raccolto; erbacce che uccidono le piante coltivate **5** (*fig.*) abolire, eliminare: *u. il vizio perché trionfi la virtù; dittatura ferrea che uccide ogni libertà* **B** **uccidersi v. rifl.** ● togliersi la vita: *si è ucciso col veleno, con un colpo di pistola; ha tentato di uccidersi gettandosi nel fiume* **SIN.** suicidarsi **C** **uccidersi v. rifl. recipr.** ● togliersi l'un l'altro la vita (+ *in*): *uccidersi in guerra, in battaglia* **D** **uccìdersi v. intr. pron.** ● perdere la vita (+ *in*): *si è ucciso in un incidente stradale; batté malamente il capo e si uccise* **SIN.** morire

†**uccidiménto** [av. 1342] **s. m.** ● uccisione

†**ucciditóre** (*poet.*) o †**occiditóre** [1282] **s. m.; anche agg.** ● uccisore

ùccio [dal suff. alterativo *-uccio* con valore di ripresa o ripetizione espressiva ✻ 1879] **agg.** (**pl. f.** *-ce*) ● (*tosc., fam.*) detto di cosa o persona, già espressa in forma spregiativa, di cui si vuol sottolineare ancor più il carattere misero, meschino, scadente: *gentuccia uccia uccia; un vestituccio molto u.*

-ùccio o **-ùzzo** [lat. *-ūceu(m)*, raro suff. agg., comp. di due ant. basi, *-k-* ed *-eo-*] **suff.** ● conferisce ad aggettivi e sostantivi alterati valore diminutivo e tono vezzeggiativo: *boccuccia, calduccio, casuccia, deboluccio, tesoruccio*; oppure spregiativo: *borghesuccio, impiegatuccio*

uccișióne o (*poet.*) †**occișióne** [lat. *occisiōne(m)*, da *occīsus* 'ucciso' ✻ 1282] **s. f.** **1** l'uccidere, il venire ucciso: *l'u. del nemico, di un capo; un'u. crudelissima, efferata* **CFR.** -cidio **2** †strage, massacro | †*mettere a u.*, massacrare

uccìșo o †**accìșo**①, (*poet.*) †**occìșo** **A** **part. pass.** di *uccidere*; **anche agg.** ● nei sign. del v. **B** **s. m.** (**f.** *-a*) ● chi è stato vittima di una uccisione: *le spoglie, il cadavere dell'u.; il pianto dei parenti dell'u.*

uccișóre o (*poet.*) †**occișóre** [lat. *occisōre(m)*, da *occīsus* 'ucciso' ✻ av. 1336] **s. m.** (**f.** *raro -sóra, raro ucciditrìce*) ● chi uccide qlcu.: *l'u. del ragazzo è stato catturato* **CFR.** -cida

-ùcolo [parallelo di *-ucchio*, maggiormente legato all'orig. lat. (*-ŭculus*) (?)] **suff.** ● conferisce a sostantivi alterati valore spregiativo: *maestrucolo, paesucolo, poetucolo*

♦**ucraìno** o, meno corretto, **ucràino** [1860] **A** **agg.** ● dell'Ucraina, fino al 1991, repubblica dell'URSS; oggi, Stato dell'Europa orientale: *territorio, grano u.; coltivazioni ucraine* **B** **s. m.** (**f.** *-a*) ● abitante o nativo dell'Ucraina **C** **s. m. solo sing.** ● lingua del gruppo slavo, parlata in Ucraina

ucronìa [vc. dotta, dal fr. *uchronie*, a sua volta dal gr. *chrónos* 'tempo' e dal pref. neg. *ou* 'non', sul modello di *utopie* 'utopia' ✻ 1903] **s. f.** ● (*lett.*) ricostruzione immaginaria della storia di un periodo o di un evento sulla base di dati ipotetici o fittizi ‖ **ucrònico**, **agg.** (**pl. m.** *-ci*) (*lett.*) che si basa su dati ipotetici o fantastici: *ricostruzione storica ucronica; romanzo ucronico*

u

udènte o †**udiènte** **part. pres.** di *udire*; **anche agg.** ● (*raro*) che ha il senso dell'udito **CFR.** non udente

†**udévole** [av. 1571] **agg.** ● udibile

udìbile [lat. tardo *audībile(m)*, da *audīre* 'udire' ✻ av. 1406] **agg.** ● che si può udire: *brusio appena u.; scoppio u. a grande distanza* ‖ **udibilità**, **s. f. inv.** (V.)

udibilità [av. 1738] **s. f. inv.** **1** caratteristica di ciò che è udibile **2** (*fisiol.*) caratteristica di un suono che può essere percepito dall'orecchio | ***campo di u.***, l'intervallo di frequenze acustiche, compreso fra 15 e 20 000 Hz, entro il quale il suono è percepibile dall'orecchio umano | ***soglia di u.***, l'intensità minima che un suono deve avere per essere udibile

†**udiènte** ➤ **udente**

udiènza o †**udiènzia**, †**audiènza** [vc. dotta, lat. *audiĕntia(m)*, da *āudiens*, genit. *audiĕntis* 'udente'; per calco sull'ingl. *audience* 'pubblico', nel sign. 5 ✻ 1287] **s. f.** **1** (*lett.*) ascolto, attenzione: *trovare grata u. in qlcu.* | ***dare, prestare u.***, ascoltare chi parla, spec. con attenzione (*anche scherz.*) | ***trovare u. presso qlcu.***, essere ascoltato **2** permesso di essere ricevuto e ascoltato da un'autorità, una personalità e sim., e l'incontro che ne deriva: *chiedere un'u.; accordare, concedere un'u.; fissare la data dell'u.; ottenere un'u. dal re, dal prefetto, dal ministro; u. papale pubblica, privata; l'u. durò a lungo; le udienze sono state sospese* **3** durata dell'amministrazione della giustizia in un singolo giorno: *u. civile, penale; u. d'istruzione; reati commessi in u.* | ***u. pubblica***, al cui svolgimento il pubblico può assistere | ***u. a porte chiuse***, a cui non è ammessa la presenza del pubblico | †attività giurisdizionale | †magistratura, tribunale **4** (*lett.*) insieme di persone che ascoltano, uditorio: *licenziare l'u.* **5** (*raro*) audience: *l'u. televisiva, cinematografica* **6** diceria

†**udiménto** [1268] **s. m.** ● ascolto

♦**udinése** (o **-ș-**) [1614] **A** **agg.** ● di Udine **B** **s. m. e f.** ● abitante o nativo di Udine

♦**udìre** o (*poet.*) †**odìre**, †**audìre** [lat. *audīre*, di formazione piuttosto recente e oscura ✻ sec. XII] **A** **v. tr.** (**pres.** *io òdo, tu òdi, egli òde, noi udiàmo, voi udìte, essi òdono*; **fut.** *io udrò* **o** *udirò*; **condiz. pres.** *io udrèi* **o** *udirèi*; **part. pres.** *udènte* **o** †*udiènte*; **in tutta la coniug. la** *u-* **diventa** *o-* **se tonica**) **1** percepire con l'orecchio suoni, voci, rumori: *u. una melodia, un grido, un colpo, uno schianto; non odo nulla; mi parve di u. un lieve brusio; l'abbiamo udito più volte piangere; udì che la porta veniva aperta* **SIN.** avvertire, sentire **CFR.** ascoltare **2** (*est.*) venire a sapere, giungere a conoscenza (**qlco.;** + *che*; + *di*): *avete udito la notizia, le novità?; ho udito che sono interessati alla proposta; Ho udito di un Generale tedesco vivente* (G. LEOPARDI) | sentir dire, apprendere da voci, chiacchiere e sim.: *chissà se è vero quel che abbiamo udito* **3** (*lett.*) ascoltare: *u. Messa; u. i piagnistei di qlcu.; u. da qlcu. una sequela di improperi* | ***u. le parti, i testimoni, l'imputato***, accoglierne le deposizioni | ***odi!***, ascolta! | (*poet.*) stare in ascolto, tendere l'orecchio: *stupefatto / perde le reti il pescatore, ed ode* (U. FOSCOLO) **4** (*lett.*) dare ascolto a preghiere, comandi e sim.: *Dio ode le invocazioni dei poveri, dei deboli; i soldati ... non udivano l'imperio de' capitani* (F. GUICCIARDINI) | (*est., lett.*) seguire: *u. il consiglio, il parere di qlcu.* **5** comprendere, capire: *se ho ben udito, non hai intenzione di andartene* **B** **v. tr. e intr.** ● †ascoltare le lezioni di qlcu. come scolaro: *u. qlcu., da qlcu., sotto qlcu.; essendo con certi scolari che udiano da messer Agnolo* (F. SACCHETTI)

SFUMATURE DI SIGNIFICATO

udire - sentire

Udire è percepire con l'orecchio suoni, voci o rumori. Correntemente in luogo di *udire* si usa il molto più diffuso sinonimo **sentire**, che ha in quest'area di significati varie altre accezioni: significa infatti anche apprendere con l'udito, cioè *udire* ciò che viene detto e comprenderne il significato; significa venire a sapere, scoprire qualcosa di cui si era all'oscuro; in riferimento a professionisti esperti in un determinato campo, significa consultarli, chiederne il parere; in relazione a concerti, funzioni religiose significa assistere, cioè *udire* e vedere insieme.

SFUMATURE ➤ ***ascoltare***, ➤ ***sentire***

udìta [av. 1292] **s. f.** **1** (*raro*) il fatto di udire | †*per u.*, per sentito dire | ***testimone d'u.***, che riferisce non ciò che ha visto, ma ciò che ha udito **2** †facoltà dell'udire: *u. chiara, sottile*

uditìvo o **auditìvo** [av. 1498] **agg.** ● dell'udito: *organo u.; facoltà, potenza uditiva* | ***campo u.***, campo di udibilità

udìto o (*poet.*) †**odìto** **A** **part. pass.** di *udire*; **anche agg.** ● nei sign. del v. **B** **s. m.** ● senso che permette di percepire le onde sonore di determinata frequenza: *disturbi dell'u.* **CFR.** audio- | facoltà di percepire tali onde sonore tramite l'apposito organo di senso: *u. fine, acuto, sensibilissimo; l'u. è uno dei cinque sensi; perdere l'u.* | ***essere duro d'u.***, essere sordo o quasi

NOMENCLATURA

udito (cfr. orecchio, rumore, suono, voce)
● *caratteristiche*: fine = sensibile = buono = eccellente ⇔ duro = ottuso;
● *azioni*: udire = sentire, ascoltare, auscultare, avvertire, percepire, intercettare, captare, intendere, cogliere, capire; chiudere = turare = tappare l'orecchio, aprire = tendere = porgere = prestare l'orecchio, orecchiare, origliare; sottotitolare;
● *anomalie*: acusma, acufene, disacusia, paracusia, diploacusia, iperacusia ⇔ ipoacusia, presbiacusia, cofosi = sordità;
● *misurazione dell'udito*: audiologia, audiometria, audiometro, audiogramma, acumetria, fonometro, fonometria; fonendoscopio, decibel, soglia di udibilità ⇔ soglia dolorosa; udente ⇔ non udente = sordo, audioleso, audioprotesi, alfabeto muto, labiolettura.

uditoràto [1666] **s. m.** ● (*raro*) titolo e grado di uditore spec. giudiziario

uditóre o **auditóre** [vc. dotta, lat. *auditōre(m)*, da *audītus* 'udito' ✻ 1261 ca.] **A** **agg.** ● che ode **B** **s. m.** (**f.** *-trice*) **1** (*raro, lett.*) chi ode **2** (**spec. al pl.**) chi ascolta: *fare una domanda agli uditori* **3** qualifica di taluni magistrati | ***u. giudiziario***, magistrato di prima nomina | ***u. di Rota***, prelato che ha funzioni di giudice presso il Tribunale della Rota Romana | ***u. militare***, magistrato degli antichi Stati italiani, che partecipava all'amministrazione della giustizia militare con compiti vari a seconda degli Stati **4** chi frequenta una scuola, ascoltando semplicemente le lezioni senza esservi regolarmente iscritto | †discepolo, scolaro **5** †persona incaricata da un principe di conferire con gli ambasciatori e di riferire poi a lui l'andamento dei colloqui

uditòrio① o †**auditòrio**① [vc. dotta, lat. tardo *auditōriu(m)*, agg. da *audītus* 'udito nel sign. B' ✻ 1374] **agg.** (**pl. m.** *-i* **o** *raro -ii*) ● (*raro*) uditivo

uditòrio② [vc. dotta, lat. *auditōriu(m)*, da *audītus*, part. pass. di *audīre* 'udire' ✻ av. 1653] **s. m.** (**pl.** *-i* **o** *raro -ii*) ● complesso di persone che ascoltano: *u. attento, scelto, eletto, scarso, piccolo, non qualificato; rivolgersi all'u. con precise domande*

†**udizióne** ➤ **audizione**

udometrìa [comp. del lat. *ūdu(m)* 'umidità' e *-metria* ✻ 1927] **s. f.** ● pluviometria

udomètrico [1927] **agg.** (**pl. m.** *-ci*) ● pluviometrico

udòmetro [comp. del lat. *ūdu(m)* 'umidità', neutro sost. di *ūdus* (per *ūvidus*) 'umido, bagnato' e *-metro* ✻ 1840] **s. m.** ● pluviometro

uè /wɛː/ o **uà** /waː/, **oè** [vc. onomat. ✻ av. 1939] **inter.** ● riproduce il pianto di un neonato (*spec. iter.*)

ué /we, we*/ [1947] **inter.** ● (*merid.*) espressione di meraviglia o richiamo: *ué, che sorpresa!; ué, dico a te!*

uff /uff/ o **uf**, **ùffa**, **aùf**, **aùff** /a'uf/, **aùffa**, (*raro*) **ùffete**, (*raro*) **aùffete** [vc. onomat. che riproduce l'atto dello sbuffare ✶ 1582] **inter.** ● esprime fastidio, impazienza, stizza, noia e sim.: *uff! che caldo!*; *uffa!, come sei noioso!*; *uff! ma non stai mai fermo!*

♦**ufficiàle**① o (*disus.*) **uficiàle**, (*disus.*) **ufiziàle** [vc. dotta, lat. tardo *officiāle(m)*, da *officiu(m)* 'ufficio' ✶ 1812] **agg.** **1** di documento, deliberazione o notizia autentica in quanto proveniente con caratteri formali dall'autorità competente: *bollettino u.*; *Gazzetta Ufficiale* | che è certo, di pubblico dominio: *notizia u.* **CONTR.** ufficioso | (*est.*) che è autorizzato dalla pubblica autorità: *manifestazione u.* **2** (*est.*) che è disposto o realizzato secondo precise norme e formalità protocollari: *discorso, invito, ricevimento u.*; *riunione, cerimonia u.*; *visita u. di un capo di Stato* | (*est.*) che è detto o fatto pubblicamente, spesso seguendo formalità tradizionali: *ingresso u. in società*; *fidanzamento u.* | ***ignoranza u. del giudice***, dovere del giudice di ritenere veri i fatti della causa solo se provati concretamente tali a opera delle parti **3** nello sport, detto di gara, incontro e sim. validi ai fini di una classifica, di un campionato e sim. **CONTR.** amichevole **4** che è proprio di atti, cerimonie e sim., ufficiali: *forma u.*; *carattere u.* ‖ **ufficialménte**, **avv.** in modo ufficiale, secondo forme ufficiali: *comunicare, stabilire ufficialmente qlco.*; *fidanzarsi ufficialmente* ‖ **ufficialità**①, **s. f. inv.** (V.)

♦**ufficiàle**② o (*lett.*) **uffiziàle**, (*lett.*) **ufiziàle** [lat. tardo *officiāle(m)*, uso sost. dell'agg. *officiālis* 'pertinente all'ufficio (*officium*)' ✶ 1275] **s. m.** (**anche f. nei sign. 1 e 2; f. anche** *-éssa* (**V.**)) **1** persona incaricata di un pubblico ufficio: *u. sanitario* | ***u. di gara***, chi controlla il regolare svolgimento di una competizione sportiva | ***pubblico u.***, chi esplica una pubblica funzione legislativa, giudiziaria o amministrativa, anche senza essere inquadrato nella pubblica amministrazione | ***u. giudiziario***, pubblico ufficiale che svolge attività autonome o ausiliarie rispetto a quelle proprie dell'autorità giudicante | ***u. di stato civile***, chi in ogni comune ha il compito di ricevere gli atti concernenti lo stato civile, custodirne i rispettivi registri, rilasciarne estratti e sim. **2** (*milit.*) ogni graduato appartenente ai quadri preposti all'inquadramento e all'impiego delle varie unità, nonché al funzionamento dei comandi e dei servizi: *u. in servizio permanente, di complemento, a riposo* | ***ufficiali di complemento***, nel passato, formati da personale di leva | ***ufficiali subalterni***, tenenti e sottotenenti | ***ufficiali inferiori***, da sottotenente a capitano (ed equivalenti) | ***ufficiali superiori***, da maggiore a colonnello (ed equivalenti) | ***ufficiali generali***, generali di brigata, di divisione, di Corpo d'armata o, nell'aeronautica, di squadra aerea; nella marina, contrammiragli, ammiragli di divisione e di squadra | ***ufficiali di collegamento***, tra comandi di grandi unità e comunità dipendenti | ***ufficiali di vascello***, V. *vascello* | ***u. pagatore***, addetto alla cassa di corpo | ***u. addetto agli automezzi, ai servizi***, di un corpo | ***u. osservatore***, d'artiglieria, per l'osservazione del tiro | (*mar.*, *aeron.*) ***u. di rotta***, incaricato di calcolare la rotta e sorvegliare che sia seguita **3** in molti ordini cavallereschi, classe o grado superiore a quello iniziale ‖ **ufficialétto**, **dim.** (V.) | **ufficialìno**, **dim.** | **ufficialóne**, **accr.**

ufficialéssa [1898] **s. f.** **1** donna incaricata di un pubblico ufficio **2** (*milit.*, *raro*) ufficiale di sesso femminile **3** (*scherz.*) moglie di un ufficiale dell'esercito

ufficialétto [av. 1789] **s. m.** **1** dim. di *ufficiale*② **2** giovane ufficiale, fresco di promozione

ufficialità① [da *ufficiale*① ✶ 1851] **s. f. inv.** ● condizione, caratteristica di ciò che è ufficiale: *l'u. di una carica, di una notizia, di una comunicazione*

ufficialità② [da *ufficiale*②, nel sign. 2 ✶ 1736] **s. f. inv.** ● (*milit.*) insieme degli ufficiali di un corpo, di un presidio, o dell'intero esercito

ufficializzàre [da *ufficiale*① ✶ 1961] **v. tr.** ● rendere ufficiale, noto, ciò che è stato precedentemente deciso o attuato: *u. una decisione, un provvedimento*; *u. una promozione, una nomina* ‖ **ufficializzazióne**, **s. f.**

ufficiànte o †**uffiziànte**, †**ufiziànte** **part. pres.** di *ufficiare*; anche **agg. e s. m.** ● officiante

ufficiàre o †**uffiziàre**, †**ufiziàre** [da *ufficio* ✶ 1322] **A** **v. tr. e intr.** (**pres.** *io ufficio*; **fut.** *io ufficerò*; **aus.** *avere*) ● (*relig.*) officiare **B** **v. tr.** ● (*burocr.*) invitare, sollecitare con ossequio

ufficiatóre o **uffiziatóre**, †**uficiatóre**, †**ufiziatóre** [sec. XIV] **agg. e s. m.** (**f.** *-trice*) ● che (o chi) ufficia

ufficiatùra o **uffiziatùra**, †**uficiatùra**, †**ufiziatùra** [da *ufficiare* ✶ 1570] **s. f.** ● celebrazione degli uffici religiosi

♦**uffìcio** o (*lett.*) **uffìzio** spec. nel sign. 9, (*lett.*) **ufìzio**, (*disus.*) **offìcio** spec. nel sign. 2, †**ufìcio**, †**offìzio**, †**ofìzio**, †**ofìcio** [vc. dotta, lat. *officiu(m)*, che sta per *opificiu(m)*, da *ŏpifex*, comp. di *ŏpus* 'lavoro' e della radice di *făcere* 'fare, compiere' ✶ av. 1243] **s. m.** **1** il compito, il dovere di ciascuno in relazione alla sua funzione, alla sua posizione sociale, e sim.: *mancare al proprio u.*; *a lui spetta l'u. di assistere, di curare*; *adempiere a un pietoso u. verso i defunti*; *u. di madre, di tutore, d'insegnante* **SIN.** dovere, obbligo **2** (*est.*, *lett.*) beneficio, favore, servigio: *u. verso il prossimo, verso sé stesso* **3** (*est.*) intervento, raccomandazione, sollecitazione: *ha interposto i suoi buoni uffici presso il ministro* | ***buoni uffici***, nel diritto internazionale, mediazione: *richiedere i buoni uffici di un Paese neutrale* **4** (*est.*) incarico, incombenza: *accettare, rifiutare un u.*; *u. spinoso, delicato*; *u. di padrino, arbitro, paciere* **5** (*dir.*) insieme di funzioni di cui è investito un funzionario: *doveri e oneri dell'u.* | ***u. privato***, esplicazione in nome proprio di un'attività nell'interesse di altri, in ottemperanza di un comando legale | ***d'u.***, per autonoma iniziativa di un funzionario, di un'autorità e sim., senza una previa istanza: *dimissioni d'u.*; *reato perseguibile d'u.* | ***atto d'u.***, emanato da un funzionario o da un'autorità nell'esercizio delle sue funzioni | ***difensore d'u.***, designato dal giudice e assegnato alla parte che non può procurarsene uno di fiducia | ***difesa d'u.***, quella fatta da un difensore d'ufficio; (*fig.*) argomentazione di cui non si è intimamente convinti, che si deve addurre perché obbligati da altri o dalle circostanze | (*est.*) carica: *conferire l'u. di ministro* | (*est.*) luogo in cui un funzionario esercita le funzioni che gli competono: *recarsi nell'u. del giudice, del ministro* **6** (*org. az.*) compito che una persona svolge o deve svolgere nell'ambito dell'organizzazione di un'azienda: *trascurare l'u.*; *un u. pieno di responsabilità* | (*est.*) posto di lavoro di un impiegato o di un dirigente: *recarsi in u.* | (*est.*) stanza in cui un impiegato o un dirigente svolge la sua attività: *andare, essere in u.*; *l'u. del direttore* **7** (*dir.*) organo: *u. informazioni* | ***u. giudicante***, autorità giudiziaria esplicante la funzione di giudicare | ***u. di presidenza***, complesso del presidente e del vicepresidente di un organo collegiale | la sede in cui lo stesso esplica le proprie funzioni | ***U. elettorale***, nel quale si svolgono le operazioni di voto o di spoglio delle schede o di calcolo dei risultati di un'elezione **8** in un'azienda pubblica o privata, complesso di funzioni aziendali omogenee, per lo più raggruppate in un unico settore della stessa, e sede in cui sono svolte: *u. vendite*; *u. spedizioni*; *u. personale*; *u. stampa*; *u. reclami*; *u. studi* | (*est.*) complesso di impiegati che svolgono una determinata attività nell'ambito dell'azienda, e sede in cui lavorano: *u. cassa*; *uffici amministrativi*; *recarsi all'u. postale, telegrafico* | ***capo u.***, V. *capoufficio* **9** preghiera, cerimonia, funzione religiosa: *u. funebre* | ***U. divino***, liturgia con la quale la Chiesa cattolica santifica le diverse ore del giorno, celebrata in coro da alcune comunità religiose o singolarmente dai preti secolari: *recitare, dire l'u.*; *cantare l'u.* | (*est.*) breviario, libro o manuale che contiene i testi liturgici da recitarsi nelle varie ore dell'ufficio divino ‖ **uffîcétto**, **dim.** | **ufficiòlo**, **dim.** (V.)

SFUMATURE ➤ *incarico*

ufficiòlo o (*pop.*, *tosc.*) **uffiziòlo**, (*raro*) **ufiziòlo** [1869] **s. m.** **1** dim. di *ufficio* nel sign. 9 **2** (*raro*) mattutino, e altre preghiere, in onore della Vergine | libro che contiene tali preghiere

ufficióso (o **-ṣ-**) o (*raro*) **uffizióso** (o **-ṣ-**), †**uficióso**, †**ufizióso** [vc. dotta, lat. *officiōsu(m)*, da *offĭcium* 'ufficio, servizio' ✶ av. 1342] **agg.** **1** (*raro*, *lett.*) che è molto gentile, cortese, premuroso: *uomo, servitore u.* | ***bugia ufficiosa***, detta a fin di bene **2** che, pur essendo attendibile, non ha un carattere ufficiale: *notizia, comunicazione ufficiosa*; *l'informazione proviene da fonti ufficiose*; *in via ufficiosa posso confermarvi le prossime dimissioni del ministro* **3** †impegnato, occupato: *ozioso o u. ch'io sia, mi troverete sempre prontissimo per soddisfarvi* (T. TASSO) ‖ **ufficiosaménte**, **avv.** in modo ufficioso, per via ufficiosa: *dare ufficiosamente una notizia* ‖ **ufficiosità**, **s. f. inv.** **1** caratteristica di ciò che è ufficioso **2** (*lett.*) cortesia **SIN.** officiosità

uffìzio e deriv. [1427] **s. m.** **1** (*lett.*) V. *ufficio* e deriv. **2** ***Sant'Uffizio***, denominazione della sacra congregazione fondata da Paolo III nel 1542 per combattere le eresie; più volte riformata nel corso dei secoli successivi, è stata sostituita nel 1965 dalla Congregazione per la dottrina della Fede

†**ufìcio** ➤ **ufficio**

†**uficióso** ➤ **ufficioso**

ufìzio e deriv. ➤ **ufficio** e deriv.

ùfo① [etim. incerta ✶ av. 1665] **vc.** ● solo nella loc. avv. ***a ufo***, senza pagare, a spese altrui: *mangiare a ufo* | ***vivere a ufo***, senza lavorare, alle spalle degli altri

Ùfo② [sigla dell'ingl. *U(nidentified) f(lying) o(bject)* 'oggetto volante non identificato' ✶ 1954] **s. m. inv.** ● oggetto volante non identificato osservato visivamente o strumentalmente, di natura imprecisata al momento dell'osservazione: *avvistare, fotografare un Ufo*; *alcuni asseriscono che gli Ufo provengano da altri pianeti*

ufologìa [comp. di *Ufo*② e *-logia* ✶ 1968] **s. f.** (**pl.** *-gìe*) **1** studio del fenomeno degli oggetti volanti non identificati **2** letteratura o pubblicistica che riguarda i dischi volanti: *racconti di u.*

ufològico [da *ufologia* ✶ 1972] **agg.** (**pl. m.** *-ci*) ● che riguarda gli Ufo e l'ufologia

ufòlogo [comp. di *Ufo*② e *-logo* ✶ 1967] **s. m.** (**f.** *-a*; **pl. m.** *-gi*) **1** studioso degli Ufo **2** autore di pubblicazioni sugli Ufo

ugandése (o **-ṣ-**) [1965] **A** **agg.** ● dell'Uganda, Stato dell'Africa centro-orientale: *territorio u.*; *popolazione u.* **B** **s. m. e f.** ● abitante o nativo dell'Uganda

ugèllo [etim. incerta ✶ av. 1537] **s. m.** ● (*mecc.*) condotto studiato e conformato per

a b c d e f g h i j k l m n o p q r s t **u** v w x y z

l'efflusso di un fluido: *u. del carburatore, dell'iniettore, del mantice, del reattore*

♦**ùggia** [etim. incerta ✱ sec. XIII] **s. f.** (**pl.** *-ge*) **1** (*raro*) ombra degli alberi che danneggia le piante sottostanti: *lo zafferano cresce anche all'u.* | (*est.*, *lett.*) ombra: *u. grata nei calori estivi* **2** (*fig.*) senso di noia accompagnato da una vaga inquietudine: *giornata grigia che dà u.*; *venne giù un'acquerugiola fine, che metteva l'u. addosso* (C. Cassola) | fastidio, molestia: *che u.!* | ***avere qlcu., qlco. in u.***, trovarlo molesto, antipatico e sim. | ***venire in u. a qlcu.***, diventare molesto, antipatico, insopportabile | (*est.*) cosa o persona molesta || **uggiarèlla**, **dim.** | **uggiolìna**, **dim.** (V.)

SFUMATURE ➤ *noia*

uggiàre [da *uggia* ✱ 1879] **A** **v. tr.** (**pres.** *io ùggio*; **fut.** *io uggerò*) ● (*lett.*, *raro*) annoiare, infastidire **B** **uggiàrsi** **v. intr. pron.** ● (*lett.*, *raro*) infastidirsi, stizzirsi

uggiolaménto [1865] **s. m.** ● l'uggiolare

uggiolàre [lat. *eiulāre* 'lamentarsi ad alta voce' (dall'escl. di dolore *ĕi*) con sovrapposizione di *ululāre* (?) ✱ 1612] **v. intr.** (*io ùggiolo*; **aus.** *avere*) ● detto del cane, lamentarsi con insistenti mugolii, per fame, dolore o altro

uggiolìna [1883] **s. f.** **1** dim. di *uggia* **2** vaga sensazione di fame, languorino: *sentire una certa u. allo stomaco*

uggiolìo [1863] **s. m.** (**pl.** *-ii*) ● l'uggiolare frequente e continuato del cane: *l'u. di un cucciolo affamato*

♦**uggióso** (o *-ṣ-*) [da *uggia* ✱ 1306] **A** **agg.** **1** (*raro*, *lett.*) ombroso e umido: *il castello dell'innominato era a cavaliere a una valle angusta e uggiosa* (A. Manzoni) **2** (*fig.*) che provoca una sensazione di noia accompagnata da una vaga inquietudine: *tempo u.*; *giornata uggiosa* SIN. tedioso | fastidioso, molesto, noioso: *discorsi stupidi e uggiosi*; *persona uggiosa* **3** (*lett.*, *raro*) detto di chi prova noia, fastidio: *al vederlo così u., appena lo sopportava* (I. Nievo) || **uggiosétto**, **dim.** || **uggiosaménte**, **avv.** in modo uggioso, noioso || **uggiosità**, **s. f. inv.** (*lett.*, *raro*) caratteristica di ciò che provoca noia o disagio; noiosità **B** **s. m.** (**f.** *-a*) ● chi è uggioso: *è il solito u.*

uggìre [da *uggia* ✱ 1840] **A** **v. tr.** (*io uggìsco, tu uggìsci*) **1** (*raro*, *lett.*) coprire d'ombra **2** (*raro*, *fig.*) annoiare, tediare, infastidire **B** **uggìrsi** **v. intr. pron.** ● (*raro*) annoiarsi | infastidirsi

-ùglio [lat. *-ūliu(m)*, ricavato dagli agg. in *-ūlis*, di orig. indeur.] **suff.** ● forma sostantivi che hanno valore collettivo (talora con valore spreg.): *cespuglio, miscuglio, rimasuglio*

ùgna e deriv. ➤ **unghia** e deriv.

†**ugnatùra** ➤ **unghiatura**

ugnèlla ➤ **unghiella**

†**ùgnere** e deriv. ➤ **ungere** e deriv.

ugnétto [dim. di *ugna* 'unghia' ✱ 1681] **s. m.** **1** bulino **2** (*raro*) utensile elementare da tornio, da limatrice o da piallatrice

ùgola o (*raro*, *lett.*) **ùvula**, †**ùvola** [vc. dotta, lat. tardo *ūvula(m)*, dim. di *ūva(m)* 'uva' e 'ugola' per la forma a chicco d'*uva* di quest'ultima ✱ sec. XIII] **s. f.** **1** (*anat.*) piccola appendice che si distacca dal margine libero del palato molle **2** (*est.*, *scherz.*) gola | ***bagnarsi l'u.***, bere | ***u. d'oro***, (*fig.*, *scherz.*) si dice di persona che canta molto bene

ugonòtto [fr. *huguenot*, dal ted. *Eidgenassen*, propr. 'confederati' con sovrapposizione del n. proprio, portato da uno dei capi ribelli, *Hugues* 'Ugo' ✱ 1565] **agg. e s. m.** (**f.** *-a*) ● aderente al movimento riformato cristiano sviluppatosi in Francia fra il XVI e il XVII sec.

ùgrico [V. *ugro-finnico* ✱ 1937] **agg. e s. m.** (**f.** *-a*; **pl. m.** *-ci*) ● appartenente a un sottogruppo della famiglia linguistica ugro-finnica

ùgro-fìnnico o **ugrofìnnico** [comp. di *ugr(ic)o*, dal n. degli *Ugri* (in russo *Ugrin* 'ungherese'), e *finnico* ✱ 1929] **A** **agg. e s. m.** (**f.** *-a*; **pl. m.** *-ci*) ● appartenente a un gruppo di popoli originario della Russia del Nord, dispersosi in seguito parte verso l'Est e parte verso la Finlandia: *stirpi ugro-finniche*; *lingue ugro-finniche* **B** **s. m.**; **anche agg.** ● gruppo di lingue appartenenti alla famiglia uralica e comprendente l'ungherese, il finnico, l'estone e il lappone

uguagliaménto o **eguagliaménto** [av. 1787] **s. m.** ● (*raro*) l'uguagliare, il venire uguagliato

♦**uguagliànza** o **eguagliànza**, †**ugualiànza**, †**iguagliànza** [da *uguagliare* ✱ 1261 ca.] **s. f.** **1** condizione o proprietà di cose o persone che siano uguali tra loro o che abbiano le stesse caratteristiche: *u. totale, parziale*; *u. di forme, elementi, colori, dimensioni, peso*; *la perfetta u. di due oggetti*; *tra noi esiste una completa u. di vedute* SIN. identità CONTR. ineguaglianza **2** (*est.*) parità, equilibrio, corrispondenza: *trovarsi in condizioni di u.*; *u. di forze, di valori* **3** principio per cui tutte le persone sono considerate davanti alla legge senza distinzione e privilegi | principio per cui tutte le persone hanno una pari dignità sociale: *u. tra uomo e donna* **4** (*mat.*) relazione, legame esprimibile scrivendo che due enti sono uguali | isometria fra piani o fra spazi | ***u. diretta***, in un piano o spazio, uguaglianza nella quale figure corrispondenti siano sovrapponibili, nel caso si tratti del piano senza uscire da questo | ***u. inversa***, in un piano e spazio, uguaglianza che non sia diretta **5** (*raro*) uniformità, assenza di asperità, irregolarità, scabrosità e sim. (*anche fig.*): *u. di un terreno, di una superficie*; *u. di stile*

uguagliàre o **eguagliàre** spec. nei sign. 3 e 4 [lat. parl. **aequaliāre*, da *aequālis* 'uguale' ✱ sec. XIII] **A** **v. tr.** (*io uguàglio*) **1** rendere uguale: *u. il peso, la forma, le dimensioni di due o più oggetti*; *u. gli uomini di fronte alla legge* CONTR. disuguagliare **2** rendere uniforme, liscio, omogeneo, privo di asperità, irregolarità e sim.: *u. il prato, la siepe*; *u. il colore, la vernice*; *u. il terreno prima della semina*; *u. lo stile* **3** (*fig.*) essere uguale a qlcu. o a qlco. per caratteristiche, doti e sim., raggiungere qlcu. o qlco. sullo stesso piano (+ *in*): *u. qlcu. <u>in</u> potenza, <u>in</u> astuzia, <u>in</u> abilità*; *nessuna può uguagliarla <u>in</u> bellezza*; *nei suoi quadri ha uguagliato la perfezione dei grandi maestri*; *in lui la bontà uguaglia l'intelligenza* **4** nello sport, raggiungere, conseguire un risultato uguale a quello ottenuto da altri: *u. un record, un primato* **5** (*lett.*) considerare uguale, simile, di pari dignità, valore, importanza e sim.: *non puoi uguagliarlo al suo maestro*; *non è possibile u. le due città* **B** **uguagliàrsi** **v. rifl.** ● mettersi sullo stesso piano, considerarsi alla pari (+ *a*): *Nessuno oserebbe uguagliarsi a Dante nell'altezza della mente* (I. Nievo) **C** **uguagliàrsi** **v. intr. pron.** ● essere o diventare uguale: *in questo caso i vari criteri si uguagliano*

uguagliàto o **eguagliàto** **part. pass.** di *uguagliare*; **anche agg.** ● nei sign. del v.

uguagliatóre o †**eguagliatóre** [1691] **agg. e s. m.** (**f.** *-trice*) ● (*raro*) che (o chi) uguaglia | ***l'Eguagliatrice***, (*poet.*) la morte

♦**uguàle** o **eguàle**, †**equàle**, †**iguàle**, †**guàle** [lat. *aequāle(m)*, da *āequus* 'equo' ✱ 1261 ca.] **A** **agg.** **1** che ha la stessa natura e le stesse caratteristiche rispetto ad altro o ad altri (+ *a*): *sostanze uguali*; *colori uguali*; *le nostre idee sono uguali sotto ogni punto di vista*; *quei due gemelli sono veramente uguali*; *abbiamo tutti uguali diritti e uguali doveri*; *Luisa è u. <u>a</u> sua sorella*; *un giovane u. <u>a</u> tanti altri*; *giovani, anziani o vecchi, al buio si è tutti uguali* (E. Morante); (con connotazione negativa) *questi ragazzi son tutti uguali!* | ***essere u. di*** (o ***per***) ***età, forza, altezza, peso*** ecc., avere la stessa età, forza ecc. | ***quasi u.***, molto simile | ***esattamente, perfettamente, assolutamente u.***, identico | ***essere uguali come due gocce d'acqua***, (*fig.*) essere identici CFR. equi-, iso-, omo-, omeo- CONTR. diseguale, ineguale **2** che conserva la stessa natura, le medesime caratteristiche fondamentali, e quindi non muta col variare delle condizioni (+ *per*): *la legge è u. <u>per</u> tutti*; *il problema è u. <u>per</u> entrambi* | ***essere sempre u. a sé stesso***, essere coerente, costante nei comportamenti | ***essere u. a***, in matematica, equivalere a: *due più due è u. a quattro* | ***per me è u.***, fa lo stesso, è indifferente: *andare al cinema o in discoteca, per me è u.* **3** piano, liscio, privo di asperità, scabrosità, fenditure, dislivelli e sim.: *superficie u.*; *terreno u.*; *prato folto e u.* **4** (*fig.*) omogeneo, uniforme: *andatura, moto u.*; *parlare con tono, con voce sempre u.* | (*lett.*) equilibrato: *stile u.* || **ugualménte** o **egualménte**, **avv.** **1** in modo uguale, in ugual misura: *vi ringrazio ugualmente entrambi* **2** malgrado tutto, ciononostante, lo stesso e sim.: *vi ringrazio ugualmente*; *te ne sono ugualmente grato*; *penso che riuscirete ugualmente a farcela* **3** (*raro*) in modo uniforme: *stendere ugualmente il colore, la vernice* || **ugualità**, **s. f. inv.** (V.) **B** **in funzione di avv.** ● allo stesso modo: *sono alti u.*; *costano u.* **C** **s. m. e f.** **1** (**spec. al pl.**) chi appartiene allo stesso grado, ceto o classe sociale di uno o più altri: *trattare solo coi propri uguali*; *tra uguali ci si intende meglio* **2** chi (o ciò che) ha lo stesso valore, lo stesso grado di cultura, la medesima preparazione, abilità, perizia e sim.: *una associazione di uguali* | ***non avere l'u., non trovare uguali, essere senza uguali*** e sim., essere incomparabile, inarrivabile e sim. **D** **s. m.** ● (*mus.*) composizione per voci e strumenti dello stesso timbro | contrappunto nota contro nota | indicazione sia dinamica che agogica che richiede un'esecuzione scrupolosamente fedele a quanto scritto **E** **s. m. inv.** ● (*mat.*) il simbolo =, utilizzato per indicare l'uguaglianza

†**ugualiànza** ➤ **uguaglianza**

ugualità o **egualità**, †**egualitàde**, †**egualitàte**, †**egualtà**, †**equalità**, †**equalitàde**, †**equalitàte**, †**igualità**, †**ugualitàde**, †**ugualitàte** [da *uguale* ✱ sec. XIII] **s. f. inv.** ● (*raro*, *lett.*) uguaglianza: *da una u. di cittadini in una disagguaglianza grandissima quella città condussono* (N. Machiavelli)

ugualitàrio ➤ **egualitario**

ugualitarìṣmo ➤ **egualitarismo**

†**ugualitàte** ➤ **ugualità**

ugualiẓẓànte [da *ugualizzare*, per *uguagliare*, parallelo di *equalizzare* ✱ 1985] **A** **agg.** ● (*tess.*) detto di prodotto impiegato nei bagni di tintura per filati e tessuti per uniformare il tono del colore **B** **anche s. m.**

†**uguànno** ➤ †**uquanno**

♦**uh** /u:/ [vc. onomat. ✱ av. 1400] **inter.** ● esprime, a seconda del tono con cui viene pronunciata, dolore acuto, fastidio, meraviglia, sorpresa, disapprovazione, disgusto o anche desiderio: *uh! che male!*; *uh! quanta roba*; *uh! che cattivo odore*; *uh! quanti dolci!* | (*scherz.*) si usa per fare paura a qlcu. giungendogli d'improvviso alle spalle

u̯hèi /wɛi/ [vc. onomat. ✱ 1618] **A** **inter.** ● esprime forte e intenso dolore o grande meraviglia **B** **in funzione di s. m. inv.** ● †lamento

ùhi /ui/ o **u̯hìa** [vc. onomat. ✱ 1319] **inter.** ● esprime forte dolore, contrarietà o rammarico: *Alto sospir, che duolo strinse in 'uhi!', / mise* (DANTE *Purg.* XVI, 64-65)

♦**uhm** /u:m/ [vc. espressiva ✱ 1856] **inter.** ● esprime incertezza, diffidenza, dubbio, incredulità e sim.: *uhm!, sarà, ma mi sembra una cosa difficile*; *uhm! credo non lo convincerai!*; *uhm! uhm! io non me ne voglio occupare!*

uigùro [da *iughur*, n. indigeno ✱ 1895] **A agg.** ● relativo a una popolazione stanziata in una vasta regione compresa parte nel territorio della Cina e parte nel Turkestan **B s. m.** (**f.** *-a*) ● ciascun appartenente alla popolazione uigura **C s. m. solo sing.** ● lingua parlata dagli uiguri, che rappresenta il ramo orientale della famiglia delle lingue turche

uistitì [fr. *ouistiti*, di orig. onomat. ✱ 1839] **s. m. inv.** ● piccola scimmia platirrina americana lunga solo venti o trenta centimetri, diurna, arboricola (*Callithrix*) **SIN.** micco

ukàșe o (*disus.*) **ucàșe** [vc. russa (*ukáz*), propr. 'editto imperiale', dal v. *ukazát* 'indicare' ✱ 1785] **s. m. inv. 1** nell'antica Russia, fino al XIX sec., editto o decreto imperiale, tipica espressione e strumento del dispotismo zarista **2** (*est.*) decisione, ordine e sim. imposto d'autorità, indiscutibile e inappellabile

ukulèle [vc. indigena delle Hawaii, dove *ukulele* significa 'pulce', cui viene assomigliato il rapido movimento delle dita del suonatore ✱ 1930] **s. f. o m. inv.** ● piccola chitarra hawaiana a quattro corde

ùlama ➤ **ulema**

ulàno [ted. *Ulan*, vc. di orig. turca (turco *oğlan* 'fante, ragazzo'), presa attraverso il polacco ✱ av. 1764] **s. m.** ● soldato del corpo di cavalleria leggera di origine tartara, presente nell'esercito polacco e via via negli eserciti d'Austria, Germania e Russia fino alla prima Guerra mondiale; era armato di lancia, sciabola e carabina, ed era dotato di speciale copricapo e uniforme caratteristici

ùlcera o †**ùlcere** [vc. dotta, lat. *ŭlcera*, nt. pl. di *ŭlcus*, genit. *ŭlceris*, di orig. indeur. ✱ 1474] **s. f. 1** (*med.*) lesione della cute o delle mucose, con scarsa tendenza alla cicatrizzazione spontanea: *u. gastrica, duodenale*; *u. varicosa* | (*per anton.*) correntemente, ulcera gastrica o duodenale: *soffrire di u.* **2** (*fig., lett.*) intima pena che rode ‖ **ulcerétta**, **dim.** | **ulcerina**, **dim.**

†**ulceragióne** ➤ **ulcerazione**

†**ulceraménto** [av. 1698] **s. m.** ● ulcerazione

ulcerànte [1993] **agg.** ● (*med.*) detto di condizione o sostanza che può provocare una lesione ulcerosa

ulceràre [vc. lat. *ulcerāre*, da *ŭlcus*, genit. *ŭlceris* 'ulcera' ✱ sec. XIV] **A v. tr.** (*io ùlcero*) ● (*med.*) ledere con un'ulcera: *u. la pelle, una mucosa* **B v. intr.** (**aus.** *essere*) ● (*med.*) degenerare in ulcera: *affezione che tende a u.* **C ulceràrsi v. intr. pron.** ● essere o diventare affetto da ulcera: *pelle che si ulcera*

ulceratìvo [sec. XIV] **agg.** ● relativo a ulcera o ulcerazione: *fenomeno, processo u.* | che provoca ulcere o ulcerazioni: *sostanze ulcerative*

ulceràto **part. pass.** di *ulcerare*; anche **agg.** **1** leso da ulcera, da ulcerazione **2** (*fig., lett.*) esacerbato: *animo u.*

ulcerazióne o †**ulceragióne** [vc. dotta, lat. *ulceratiōne(m)*, da *ulcerātus* 'ulcerato' ✱ sec. XIII] **s. f. 1** formazione di un'ulcera | ulcera **2** in dermatologia, lesione superficiale con caratteri simili all'ulcera

†**ùlcere** ➤ **ulcera**

ulcerògeno [vc. dotta, comp. di *ulcer(a)* e *-geno* ✱ 1980] **agg.** ● (*farm., med.*) detto di condizione o farmaco che favorisce l'insorgenza o la recidiva di un'ulcera gastrica o duodenale

ulceróso (o -ș-) [vc. dotta, lat. *ulcerōsu(m)* ✱ av. 1320] **A agg.** ● relativo a ulcera | caratterizzato da ulcera: *lesione ulcerosa* | (*med.*) ***malattia ulcerosa***, l'ulcera gastrica e l'ulcera duodenale considerate nella loro comune eziologia **B agg. e s. m.** (**f.** *-a*) ● che (o chi) è affetto da ulcera gastrica o duodenale: *malato u.*; *un u. cronico*

ùlema o **ulèma**, **ùlama** [arabo *'ulamā'*, propr. 'i saggi, i dotti', pl. di *'alīm* 'sapiente' (da *'alima* 'sapere') ✱ 1553] **s. m. inv.** ● maestro che si dedica alla teologia musulmana, all'origine esperto nella scienza coranica e delle tradizioni

uligàno o **huligàno** [1960] **s. m.** (**f.** *-a*) ● adattamento di *hooligan* (V.)

†**ulìgine** [vc. dotta, lat. *ulīgine(m)*, connesso con *ū(vi)dus* 'umido' ✱ av. 1320] **s. f.** ● umidità naturale della terra

uliginóso (o -ș-) [vc. dotta, lat. *uliginōsu(m)*, da *ulīgo*, genit. *ulīginis* 'uligine' ✱ 1340 ca.] **agg.** ● (*raro, lett.*) umidiccio, che manda umidità: *terreno u.* | (*raro*) palustre

†**uliménto** ➤ †**aulimento**

†**ulimìre** [da †*ulimento* ✱ av. 1406] **v. intr.** ● (*raro*) essere odorifero, profumato

†**ulimóso** (o -ș-) [da †*ulimire* ✱ 1305] **agg.** ● odoroso, profumato

†**ulìre** ➤ **aulire**

ulìsside o (*poet.*) **ulisside** [da *Ulisse*, n. del protagonista dell'*Odissea* di Omero ✱ 1903] **s. m. e f.** ● (*lett.*) discendente di Ulisse | (*fig., lett.*) chi, per intenso desiderio di conoscenza, è sempre disponibile a nuove esperienze o ad avventurose esplorazioni

ulissìșmo [da *Ulisse*, n. del protagonista dell'Odissea ✱ 1904] **s. m.** ● (*lett.*) aspirazione a conoscere, a non accontentarsi mai, a superare i propri limiti attraverso la ricerca di sempre nuove esperienze; è spesso all'origine del tema letterario del viaggio

ulìte [comp. del gr. *óulon* 'gengiva' e *-ite*[1] ✱ 1829] **s. f.** ● (*med.*) infiammazione delle gengive

ulìva e deriv. ➤ **oliva** e deriv.

ulivèlla [dim. di *uliva*, in senso proprio e figurato ✱ 1970] **s. f. 1** V. *olivella*[1] **2** (*tecnol.*) congegno usato un tempo nelle cave per agganciare a un argano blocchi di pietra di grandi dimensioni

ulivìsta [da *ulivo* nel sign. 2 ✱ 1996] **agg.** (**pl. m.** *-i*) ● (*polit.*) relativo alla coalizione di partiti dell'Ulivo: *politica u.*; *candidato u.*

ulìvo o **olìvo** [da *oliva* ✱ 1257] **s. m. 1** albero sempreverde delle Oleacee con foglie coriacee, piccoli fiori biancastri e frutti a drupa (*Olea europaea*) | ***ramoscello d'u.***, simbolo della pace | ***offrire un ramoscello d'u.***, (*fig.*) avanzare proposte o dimostrare propositi di pace | ***domenica degli Ulivi***, domenica delle Palme **2** (*polit.*) ***l'U.***, simbolo dell'associazione 'L'Italia che vogliamo', costituita nel 1995-96; coalizione di partiti di centro e di sinistra

ullallà o **ullalà** [vc. onomat. ✱ 1957] **inter.** ● esprime sorpresa, contentezza, entusiasmo: *u., è una cuccagna!*

Ulmàcee o **Olmàcee** [vc. dotta, comp. del lat. *ŭlmus* 'olmo' e *-acee* ✱ 1865] **s. f. pl.** (**sing.** *-a*) ● (*bot.*) famiglia di Dicotiledoni arboree o arbustive con fiori ermafroditi (*Ulmaceae*)

ulmària o **olmària** [dal lat. *ŭlmus* 'olmo' ✱ 1813] **s. f.** ● erba perenne delle Rosacee con radice cespitosa, foglie opposte e composte di cinque o sette foglioline, frutti a follicoli (*Filipendula ulmaria*) **SIN.** pepina

ùlna [dal lat. *ŭlnam* ✱ 1561] **s. f.** ● (*anat.*) osso lungo dell'avambraccio, parallelo al radio, dalla parte del mignolo

ulnàre [1914] **agg.** ● (*anat.*) dell'ulna: *regione u.*; *vena, arteria u.*

†**ulolàre** ➤ **ululare**

ulòtrico [gr. *óulothrix* 'dai capelli ricciuti', comp. di *óulos* 'crespo' (da *êilein* 'girare, arrotolare', prob. d'orig. indeur.) e *thríx*, genit. *trichós* 'pelo' ✱ 1961] **agg.** (**pl. m.** *-chi*) ● detto di tipo di capelli crespi, molto fini, a sezione ellittica, caratteristici di molte popolazioni di tipo negroide **CFR.** cimotrico, lissotrico

ùlster /'ulster, 'a-, *ingl.* 'ʌlstə(r)/ [vc. ingl., per *Ulster Overcoat*, propr. 'soprabito secondo la moda della provincia irlandese dell'*Ulster*' ✱ 1879] **s. m. inv.** ● lungo mantello da viaggio con cintura e mantellina, in voga alla fine del XIX sec. e agli inizi del XX

ulterióre [vc. dotta, lat. *ulteriōre(m)*, comparativo di *ŭlter* '(che si trova) al di là', di orig. indeur. ✱ 1374] **agg. 1** (*stor.*) che si trova al di là di una linea determinata, rispetto a un punto di riferimento convenzionalmente stabilito: *Gallia, Spagna u.*; *Calabria u.* **CONTR.** citeriore **2** che è nuovo, successivo e si aggiunge a quanto già detto, fatto, accertato, verificato, spec. nel linguaggio burocratico: *ricerche, indagini, notizie ulteriori*; *per ulteriori informazioni rivolgersi alla segreteria*; *tenetemi al corrente circa gli ulteriori sviluppi della situazione* ‖ **ulteriorménte**, **avv.** **1** ancor più: *è sconsigliabile avanzare ulteriormente in territorio nemico* **2** più avanti, in seguito: *ulteriormente vi forniremo notizie più precise*

ùltima [da *ultimo* (V.) per ellissi di un sost. di genere f. ✱ 1970] **s. f.** (**superl.** *ultimissima* (V.)) ● (*colloq.*) in una serie o sequenza di cose assunte secondo un criterio cronologico, indica quella più recente in ordine di tempo e, comunque, quella che conclude o deve concludere la serie: *avete saputo l'u.* (*notizia*)?; *se state zitti vi racconto l'u.* (*barzelletta, indiscrezione, chiacchiera e sim.*); *questa è l'u.* (*birichinata, malefatta e sim.*) *che mi fai*; *giochiamo, facciamo l'u.* (*partita*) *e poi andiamocene a casa*

ultimàbile [1992] **agg.** ● che può essere ultimato, concluso ‖ **ultimabilità**, **s. f. inv.**

ùltima ràtio /*lat.* 'ultima 'rattsjo/ ➤ **ratio**[2]

ultimàre [vc. dotta, lat. tardo *ultimāre* 'avvicinarsi all'*ultimo* (momento)' ✱ 1319] **A v. tr.** (*io ùltimo*) ● condurre a fine, a termine: *u. l'opera iniziata, l'impresa* | concludere: *u. un trattato* **B v. intr.** ● †finire, arrivare al termine

ultimatìvo [da *ultimatum* ✱ 1857] **agg.** ● che ha il carattere o il tono di un ultimatum: *ordine u.* **SIN.** perentorio ‖ **ultimativaménte**, **avv.**

ultimàto **part. pass.** di *ultimare*; anche **agg.** ● nei sign. del v. ‖ †**ultimataménte**, **avv.** infine; per concludere

ultimàtum [vc. lat. di creazione moderna, da *ŭltimus* 'estremo, finale, ultimo' ✱ 1674] **s. m. inv.** **1** nel diritto internazionale, proposta definitiva, ultime condizioni di un accordo, respinte le quali si minaccia di rompere i negoziati o di ricorrere alla forza: *mandare un u.* **2** (*est.*) richiesta, ingiunzione e sim. oltremodo perentoria, che non ammette obiezioni, ripensamenti o rifiuti se non a prezzo di gravi conseguenze (*anche scherz.*): *u. dei sindacati alla controparte*; *mi ha dato un u.: devo scegliere tra lei e la partita*

ultimazióne [av. 1642] **s. f.** ● (*raro*) compimento, conclusione

ultimìssima [1955] **s. f. 1** superl. di *ultima*: *ti racconto l'u.* **2** notizia recentissima o ultima edizione giornaliera di un quotidiano: *l'u. di cronaca nera*; *le ultimissime dall'Italia*; *è uscita nelle edicole l'u. della notte*

ultimìssimo [1927] **agg. e s. m. 1** superl.

di *ultimo*: *l'u. concorrente*; *l'u. della serie* **2** il più recente di tutti (*spec. ellitt.* e *enfat.*): *abbiamo appena sentito l'u. risultato*

ultimìzia [da *ultimo* sul modello di *primizia* ✱ 1959] **s. f.** ● (*scherz.*) foglia, fiore, frutto tardivo e di breve durata: *Siamo a fin d'agosto ... la foglia nuova è primizia all'aspetto, u. di fatto* (R. Bacchelli)

♦**ùltimo** o †**ùtimo** [vc. dotta, lat. *ŭltimu(m)*, da *ŭlter* '(posto) al di là (completamente)', di orig. indeur. ✱ 1261 ca.] **A agg.** (**superl.** *ultimissimo* (**V.**)) **1** corrispondente all'elemento finale o conclusivo, sia in senso spaziale che temporale, in una successione, in una classificazione, in una serie e sim.: *l'u. nome di un elenco*; *l'ultima lettera dell'alfabeto*; *l'u. giorno del mese, dell'anno, della settimana*; *le ultime ore di vita*; *cogliere, offrire l'ultima possibilità*; *prendere, perdere l'u. treno*; *riservare due posti nell'ultima fila di poltrone*; *dare l'ultima mano di colore, di vernice*; *te lo ripeto per l'ultima volta*; *lo so a memoria dalla prima all'ultima pagina*; *questo è il mio u. figlio*; *l'u. nato* | ***l'ultima parola***, (*fig.*) quella decisiva | ***avere, dire, volere sempre l'ultima parola***, in una discussione e sim., rispondere sempre, non arrendersi mai, non tacere | ***non è ancor detta l'ultima parola***, (*fig.*) le cose possono ancora cambiare | ***dalla prima all'ultima parola***, dal principio alla fine | ***le ultime parole famose***, (*colloq.*, *scherz.*) quelle che si dicono in determinati momenti, con tono deciso e convinto, in piena buona fede e sim., e che vengono poi totalmente smentite dai fatti | ***ultima istanza***, V. *istanza* | ***termine u.***, momento entro cui si esaurisce un effetto giuridico | ***in ultima analisi***, in conclusione | ***essere u., arrivare u.*** o ***buon u., classificarsi per u.***, e sim., essere, arrivare, classificarsi dopo tutti gli altri | ***esalare, rendere l'u. respiro***, morire | ***esprimere le ultime volontà***, fare testamento | ***essere all'ultima ora***, stare per morire | ***gli eroi dell'ultima ora***, (*iron.*, *spreg.*) coloro che non combattono, si nascondono e, passati i momenti difficili, riappaiono per gloriarsi dei successi altrui e goderne i vantaggi | ***all'u. momento, all'ultima ora*** e sim., sul finire del tempo utile o stabilito | (*tel.*) ***u. chilometro*** o ***u. miglio***, la porzione di linea telefonica che collega l'utente alla centrale più vicina **2** (con valore est. e rafforz., preceduto dall'art. indet.) ulteriore e definitivo: *dare un'ultima occhiata*; *fare un u. sforzo*; *vi concedo un'ultima possibilità*; *ci resta ancora un'ultima speranza* **3** che è il più recente: *l'ultima guerra*; *gli ultimi tempi*; *l'ultima ora*; *le ultime notizie*; *hai saputo l'ultima novità?* | ***all'ultima moda***, modernissimo | ***dell'ultima ora***, recentissimo: *notizia dell'ultima ora* | ***l'u. grido della moda***, foggia recentissima ed elegante di abito e sim. | ***u. scorso***, spec. nel linguaggio burocratico e commerciale, si dice di giorno della settimana o di mese che precedono, rispettando il normale ordine di sequenza, quello in corso: *sabato u. scorso vi abbiamo spedito la merce*; *rispondiamo alla vostra del 15 aprile u. scorso*; *nel maggio u. scorso* **4** che è il più remoto nel passato o il più lontano nel futuro: *le ultime origini della nostra civiltà*; *la sua fama durerà fino agli ultimi secoli, fino alle ultime generazioni* **5** (*lett.*) che è molto lontano nello spazio: *questa siepe che da tanta parte / dell'u. orizzonte il guardo esclude* (G. Leopardi) **6** che costituisce la parte o zona finale di qlco.: *l'u. lembo di spiaggia, di terra*; *le ultime propaggini della penisola* **7** (*fig.*) di chi (o di ciò che) per importanza, valore e sim. è inferiore ad altri e quindi può essere ad essi posposto o subordinato: *è l'u. scrittore che leggerei*; *ti assicuro che la ricchezza è la mia ultima preoccupazione*; *sei l'ultima persona cui avrei pensato per una cosa simile* | ***l'u. arrivato, l'u. venuto***, (*fig.*) la persona meno importante, capace, meritevole e sim.: *non sono, non credo di essere l'u. arrivato* | ***l'ultima ruota del carro***, (*fig.*) la persona più irrilevante, trascurabile e sim. | ***non u.***, detto di ciò che ha una rilevante importanza: *la situazione internazionale, causa non ultima della crisi economica* | (*est.*) peggiore, pessimo, infimo: *di ultima qualità*; *d'u. ordine* **8** (*fig.*) massimo, sommo: *l'u. piacere*; *le ultime possibilità dell'arte*; *le ultime vette dell'ingegno, della poesia* | ***all'u. grado***, al massimo grado | (*est.*) che raggiunge il limite, il grado estremo: *portare qlco. alla sua ultima conseguenza* **9** (*fig.*) principale, fondamentale: *Dio è l'ultima causa del mondo*; *ecco la ragione ultima delle mie decisioni* ‖ **ultimaménte**, **avv.** **1** di recente: *ultimamente non l'ho visto* **2** (*lett.*) alla fine; da ultimo **B in funzione di avv.** ● †infine, in conclusione **C s. m.** **1** (**f.** *-a*) chi viene dopo tutti gli altri, nel tempo, nello spazio o per importanza, pregio, meriti e sim.: *l'u. della serie, della lista, dell'elenco, della classifica*; *l'u. di noi, fra noi*; *essere uno degli ultimi*; *essere, stare, trovarsi, rimanere tra gli ultimi* | ***l'u. della classe***, quello che ottiene i peggiori risultati scolastici | ***l'u. degli ultimi***, il peggiore in senso assoluto | ***gli ultimi saranno i primi***, secondo quanto sta scritto nel Vangelo, i più diseredati saranno coloro cui spetterà in cielo la maggiore ricompensa **2** (*colloq.*) ciò che chiude una successione, una classificazione, una serie e sim. (per ellissi di un sost.): *l'u.* (*giorno*) *del mese*, *dell'anno* (V. anche *ultima*) | ***quest'u., quest'ultima***, si dice riferendosi a persona o cosa appena nominata **3** (*fig.*) momento finale, conclusivo | ***all'u.***, alla fine: *arrivare all'u.*; *all'u. ho deciso di restare* | ***essere all'u., agli ultimi***, in punto di morte | ***da u.***, infine: *da u. si seppe che le cose stavano diversamente* | ***in u.***, alla fine: *in u. vedremo il da farsi*; (*fam.*) in fondo, in coda: *essere, rimanere in u.* | (*lett.*) ***nell'u., sull'u.***, alla fine, infine | ***sull'u.***, infine | ***fino all'u.***, fino alla fine: *resistere, lottare fino all'u.*

ultimogènito [comp. di *ultimo* (contrapposto a *primo*) e *genito* ✱ 1584] **agg. e s. m.** (**f.** *-a*) ● che (o chi) è nato per ultimo, in una famiglia: *figlio u.*; *le presento la mia ultimogenita* **CONTR.** primogenito

ùlto [vc. dotta, lat. *ŭltu(m)*, part. pass. di *ulcīsci* 'vendicare', di etim. incerta ✱ 1499] **agg.** ● (*poet.*) vendicato: *ne' campi memori / de la clade che ancora ulta non fu* (G. Carducci)

ultóre [vc. dotta, lat. *ultōre(m)*, da *ŭltus* 'ulto' ✱ av. 1306] **agg. e s. m.** (**f.** *-trice*) ● (*poet.*) che (o chi) punisce e vendica: *con questa / ultrice mano* (T. Tasso) | nell'antichità classica, appellativo o epiteto di divinità: *Giove u.*; *il tempio di Marte u.*

ùltra ① [vc. dotta, lat. *ŭltra*, avv. di *ŭlter* '(che va o si trova) al di là' ✱ av. 1276] **A agg. inv.** ● †posto al di là di un dato punto di riferimento: *il fiume di Pescara divide lo Abruzzi citra dallo Abruzzi u.* (F. Guicciardini) **B prep.** ● †al di là di, oltre: *ultra ad ogni mortal segno* (G. Boccaccio) **CONTR.** citra **C avv.** ● †oltre | (*lett.*) nelle loc. avv. ***e u.***, ***et ultra***, e più: *finché sarò vivo et u.*

ultra ② /ul'tra*, *fr.* yl'tʀa/ [vc. fr., che sta per *ultra-royaliste* 'ultra-realista' ✱ 1818] **s. m. e f. inv.** **1** in Francia, durante la Restaurazione, sostenitore intransigente della monarchia assoluta **2** in epoca più recente, reazionario, sostenitore della destra francese nazionalista: *gli u. di Algeria*

ultrà o **ùltra** [adattamento it. del fr. *ultra* ✱ 1963] **agg. inv.**; anche **s. m. e f. inv.** (usato spec. al **pl.** fr. *ultras*) **1** appartenente a gruppi politici estremistici: *un esponente u.*; *la destra, la sinistra u.*; *un corteo di u.* **2** tifoso fanatico di una squadra sportiva, spesso inserito in un gruppo: *gli u. della curva*

ùltra- [dal lat. *ŭltra* (V. *ultra* ①)] **primo elemento** ● in parole composte, significa 'al di là da', 'più che', o fa riferimento a una caratteristica che supera o eccede la norma: *ultracentenario, ultrameraviglioso, ultramoderno, ultrasensibile, ultrasuono, ultraterreno, ultravioletto* **CFR.** oltre-②

Ultrabook® /ultra'buk, *ingl.* 'ʌltrəˌbʊk/ [vc. ingl., comp. di *ultra-* e *(note)book* (V.) ✱ 2011] **s. m. inv.** ● (*inform.*) laptop sottilissimo e superleggero in grado di fornire alte prestazioni

ultracellulàre [comp. di *ultra-* e *cellulare* ✱ 1948] **agg.** ● (*biol.*) detto di struttura che faccia parte della cellula e abbia dimensioni submicroscopiche

ultracentenàrio [comp. di *ultra-* e *centenario* ✱ 1921] **agg. e s. m.** (**f.** *-ia*) ● che (o chi) ha più di cento anni: *un vecchietto u.*; *un u. quanto mai arzillo*

ultracentrìfuga [comp. di *ultra-* e *centrifuga* ✱ 1948] **s. f.** ● (*fis.*) centrifuga ad altissima velocità, capace di produrre accelerazioni centrifughe dell'ordine di un milione di volte l'accelerazione di gravità e destinata, per es., a frazionare i costituenti cellulari **SIN.** supercentrifuga

ultracentrifugàre [da *ultracentrifuga* ✱ 1987] **v. tr.** (*io ultracentrìfugo, tu ultracentrìfughi*) ● (*fis.*) sottoporre a separazione mediante l'ultracentrifuga

ultracentrifugazióne [da *ultracentrifuga* ✱ 1937] **s. f.** ● (*fis.*) operazione di separazione effettuata mediante l'ultracentrifuga

ultracompàtto [comp. di *ultra-* e *compatto* ✱ 1992] **agg.** ● che ha subìto una notevole riduzione d'ingombro: *apparecchio fotografico u.* | miniaturizzato: *impianto stereo u.*

ultracondensatóre [comp. di *ultra-* e *condensatore* ✱ 1995] **s. m.** ● (*elettr.*) condensatore di capacità molto elevata in rapporto alla dimensione

ultraconservatóre [comp. di *ultra-* e *conservatore* ✱ 1848] **agg. e s. m.** (**f.** *-trice*) ● che (o chi) manifesta idee estremamente conservatrici

ultracórto [comp. di *ultra-* e *corto* ✱ 1950] **A agg.** **1** cortissimo **2** detto di onde hertziane con una lunghezza d'onda compresa fra 10 m e 1 m e una frequenza compresa fra 30 MHz e 300 MHz, corrispondenti alle onde metriche **B s. m.** ● (*cinema*) filmato di durata non superiore a 120 secondi

ultracùstica [comp. di *ultra-* e *acustica* ✱ 1961] **s. f.** ● (*fis.*) studio dei fenomeni ultrasonori prodotti dalle onde elastiche sonore che hanno una frequenza superiore a 16 000 Hz

ultracùstico [comp. di *ultr(a)-* e *acustico* ✱ 1957] **agg.** (**pl. m.** *-ci*) ● (*fis.*) relativo all'ultracustica

ultradèstra [comp. di *ultra-* e *destra* ✱ 1973] **s. f.** ● insieme di partiti o gruppi politici che operano nell'area dell'estrema destra: *l'u. extraparlamentare, istituzionale*

ultrafànico [comp. di *ultra-* e *-fanico* (da formazioni come *epifanico*) ✱ 1936] **agg.** (**pl. m.** *-ci*) ● che trascende l'esperienza sensibile: *facoltà ultrafaniche* **SIN.** paranormale

ultrafiltrànte [comp. di *ultra-* e *filtrante* ✱ 1987] **agg.** ● (*chim.*) che è in grado di compiere un'ultrafiltrazione: *membrana u.*

ultrafiltrazióne [comp. di *ultra-* e *filtrazione* ✱ 1961] **s. f.** ● (*chim.*) separazione da una sospensione di particelle di dimensioni microscopiche o ultramicroscopiche, mediante un ultrafiltro

ultrafìltro [comp. di *ultra-* e *filtro* ✱ 1930] **s. m.** ● membrana di collodio, opportunamente preparata, per eseguire ultrafiltrazioni

ultrafòrming /ultra'fɔrmin(g)/, *ingl.* 'ʌltrə-ˌfɔːmɪŋ/ [vc. ingl., comp. del lat. *ŭltra* e *(re)-forming* (V.) ✱ 1990] **s. m. inv.** ● (*chim.*) processo di reforming catalizzato da platino con riciclo di idrogeno, che consente di migliorare il numero di ottano di benzine pesanti

ultraleggèro [comp. di *ultra-* e *leggero*, calco sull'ingl. *ultralight* ✱ 1981] **A agg.** ● che ha pochissimo peso **B s. m.** ● apparecchio per il volo sportivo o da diporto, gener. monoposto, dotato di motore di bassa potenza e con caratteristiche tali da non farlo rientrare nella categoria degli aeromobili

ultramarìno ➤ **oltremarino**

ultramicrofotografìa [comp. di *ultra-* e *microfotografia* ✱ 1987] **s. f.** ● tecnica dell'impiego di particolari microscopi a forte ingrandimento, modificati in modo da poter eseguire le fotografie del preparato in osservazione

ultramicròmetro [comp. di *ultra-* e *micrometro* ✱ 1961] **s. m.** ● (*fis.*) strumento che consente di ridurre preparati di tessuti adeguatamente allestiti in sezioni, di spessore inferiore a 0,1 mm, adatte per l'osservazione con il microscopio elettronico a elettroni trasmessi

ultramicroscopìa [comp. di *ultra-* e *microscopia* ✱ 1913] **s. f.** ● (*ottica*) insieme delle tecniche e dei metodi di impiego dell'ultramicroscopio

ultramicroscòpico [comp. di *ultra-* e *microscopico* ✱ 1948] **agg.** (**pl. m.** *-ci*) **1** (*ottica*) relativo all'ultramicroscopio, effettuato mediante l'ultramicroscopio: *osservazione ultramicroscopica* | osservabile solo con l'ultramicroscopio: *particelle, dimensioni ultramicroscopiche* **2** (*ottica*) relativo all'ultrastruttura, submicroscopico

ultramicroscòpio [comp. di *ultra-* e *microscopio* ✱ 1923] **s. m.** ● (*ottica*) strumento destinato all'osservazione di corpuscoli minutissimi, spec. molto trasparenti, costituito da un microscopio ottico dotato di un fascio luminoso che colpisce i corpuscoli lateralmente e obliquamente e li fa apparire, grazie alla luce che diffondono, come puntini brillanti nel campo di osservazione oscuro

ultramicròtomo [comp. di *ultra-* e *microtomo* ✱ 1965] **s. m.** ● strumento che serve a tagliare corpi in fette di spessore molto piccolo, inferiore a 0,1 mm, come per i preparati a microscopio

ultramodèrno [comp. di *ultra-* e *moderno* ✱ av. 1916] **agg.** ● che costituisce o rappresenta quanto c'è di più moderno, per impostazione, ideazione, realizzazione, stile e sim.: *romanzo, edificio u.*; *tecniche ultramoderne*

ultramondàno ➤ **oltremondano**

ultramontanìsmo o **ultramontanèsimo** [comp. di *ultra-* e di un deriv. da *montano*, sull'es. del fr. *ultramontanisme* da *ultramontain* ✱ av. 1852] **s. m.** ● movimento che in Francia prese posizione contro il gallicanesimo e il nazionalismo ecclesiastico e difese i diritti della Sede Romana | (*est.*) ogni movimento che si oppose, anche fuori della Francia, alle tendenze autonomistiche delle Chiese nazionali, affermando la cattolicità come dipendenza da Roma

ultramontàno ① ➤ **oltramontano**

ultramontàno ② [fr. *ultramontain* 'favorevole a chi sta al di là (*ultra*) dei monti (dal lat. *mōntes*)', opposto a *gallican* 'fautore dell'autonomia della Chiesa *gallicana*' ✱ sec. XIV] **A agg.** ● relativo all'ultramontanismo **B agg. e s. m.** (**f.** *-a*) ● seguace dell'ultramontanismo

ultraortodòsso [comp. di *ultra-*② e *ortodosso* ✱ 1986] **A agg.** ● che segue con rigido formalismo i dettami di una religione, non derogando dalla sua tradizione; si riferisce soprattutto all'ebraismo: *movimento u.* **B s. m.** (**f.** *-a*) ● ebreo ultraortodosso

ultrapastorizzazióne [comp. di *ultra-* e *pastorizzazione* ✱ 1974] **s. f.** ● trattamento, spec. del latte, alla temperatura di 145 °C per due secondi in modo da distruggere totalmente la carica batterica e ottenere un prodotto a lunga conservazione; in sigla UHT

ultrapiàtto [comp. di *ultra-* e *piatto* ✱ 1983] **agg.** ● che ha una forma molto appiattita e schiacciata | ***orologio u.***, con la cassa dallo spessore di pochi millimetri

ultraportàtile [comp. di *ultra-* e *portatile* ✱ 1993] **A agg.** ● (*inform.*) di computer portatile di dimensioni e peso molto ridotti **B** in funzione di **s. m.**: *comprare un u.*

ultrapotènte [comp. di *ultra-* e *potente* ✱ 1906] **agg.** ● che dispone di enorme potenza

ultrarallentatóre [comp. di *ultra-* e *rallentatore* ✱ 1961] **s. m.** ● (*cinema*) rallentatore usato nella cinematografia scientifica, didattica o sportiva per analizzare movimenti molto rapidi

ultraràpido [comp. di *ultra-* e *rapido* ✱ 1936] **agg.** ● che è estremamente rapido | (*fotogr.*, *cinema*) ***pellicola ultrarapida***, pellicola a elevatissima sensibilità

ultraridótto [comp. di *ultra-* e *ridotto* ✱ 1991] **agg.** ● ridotto a dimensioni minime: *meccanismo, formato u.*

ultrarósso [comp. di *ultra* e *rosso* ✱ 1911] **agg. e s. m.** ● infrarosso: *raggi ultrarossi*

ultràs ➤ **ultrà**

ultrasensìbile [comp. di *ultra-* e *sensibile* ✱ 1854] **agg. 1** che è dotato di estrema sensibilità emotiva **2** relativo a ciò che trascende la realtà sensibile **3** estremamente sensibile: *dispositivo u.*; *il cane è dotato di un olfatto u.*

ultrasinìstra [comp. di *ultra-* e *sinistra* ✱ 1972] **s. f.** ● movimento o insieme di gruppi politici che si organizzano e operano nell'area della sinistra extraparlamentare o alla sinistra di quella istituzionale

ultrasònico [comp. di *ultra-* e dell'agg. di *s(u)ono* ✱ 1947] **agg.** (**pl. m.** *-ci*) **1** pertinente ad ultrasuoni: *onde ultrasoniche* **2** supersonico: *velocità ultrasonica*

ultrasonografìa [comp. di *ultras(u)ono* e *-grafia* ✱ 1983] **s. f.** ● (*med.*) ecografia

ultrasonòro [comp. di *ultra-* e *sonoro* ✱ 1937] **agg.** ● ultrasonico: *onde ultrasonore*; *velocità ultrasonora*

ultrasottìle [comp. di *ultra-* e *sottile* ✱ 1989] **agg.** ● che ha uno spessore notevolmente ridotto: *lenti a contatto ultrasottili*

ultrastruttùra [comp. di *ultra-* e *struttura* ✱ 1961] **s. f.** ● (*biol.*, *fis.*) struttura biologica o cristallina con dimensioni inferiori a 0,2 µm e quindi non risolubile mediante un ordinario microscopio ottico e osservabile solo con un ultramicroscopio o un microscopio elettronico

ultrastrutturàle [1987] **agg.** ● (*biol.*, *fis.*) relativo alle ultrastrutture

ultrastrutturìstica [da *ultrastruttura* ✱ 1991] **s. f.** ● (*biol.*, *fis.*) disciplina che studia caratteristiche e proprietà delle ultrastrutture

ultrasuòno [comp. di *ultra-* e *suono* ✱ 1931] **s. m.** ● suono di frequenza superiore al limite di udibilità umana

ultrasuonoterapìa [comp. di *ultrasuono* e *terapia* ✱ 1961] **s. f.** ● (*med.*) terapia mediante ultrasuoni

ultratecnològico [comp. di *ultra-* e *tecnologico* ✱ sec. XX] **agg.** (**pl. m.** *-ci*) ● che è frutto di una tecnologia avanzata: *un videoregistratore u.*

ultraterréno [comp. di *ultra-* e di *terreno* ✱ 1903] **agg.** ● che è o va al di là della terra, della sfera terrena: *mondo u.*; *felicità ultraterrena* | ***vita ultraterrena***, sopravvivenza dopo la morte

ultrattività [comp. di *ultra-* e *attività* ✱ 1980] **s. f. inv.** ● (*dir.*) principio per cui una norma penale continua a essere applicata malgrado sia stata abrogata o modificata; trova attuazione quando all'epoca dei fatti contestati la legislazione era più favorevole all'imputato | il protrarsi dell'efficacia di un contratto scaduto, in attesa del suo rinnovo

♦**ultraviolétto** [comp. di *ultra-* e *violetto* ✱ 1875] **A s. m.** ● (*fis.*) radiazione elettromagnetica, situata oltre l'estremo violetto dello spettro visibile, la cui lunghezza d'onda è compresa fra 400 nm e 4 nm | ***u. prossimo, vicino***, quello compreso fra 400 e 300 nm | ***u. lontano***, quello compreso fra 300 e 200 nm | ***u. estremo***, quello compreso fra 200 e 4 nm | ***fotografia all'u.***, ripresa fotografica di oggetti illuminati con raggi ultravioletti o emettenti raggi ultravioletti, effettuata mediante emulsioni sensibili a lunghezza d'onda fra 200 nm e 400 nm **B agg.** ● dell'ultravioletto | ***raggi ultravioletti***, le radiazioni elettromagnetiche che costituiscono l'ultravioletto

ultravìrus [comp. di *ultra-* e *virus* ✱ 1937] **s. m. inv.** ● (*biol.*) virus nel sign. 2

ultravuòto [comp. di *ultra-* e *vuoto* ✱ 1963] **s. m.** ● (*fis.*) ambiente in cui gli aeriformi hanno una pressione inferiore a un milionesimo di millimetro di mercurio

ultrogènito [vc. dotta, comp. di *ultr(a)-* e *genito* ✱ av. 1802] **A agg.** ● che è stato generato dopo il primogenito **B s. m.** (**f.** *-a*) ● ogni figlio nato dopo il primogenito

ultròneo [vc. dotta, lat. tardo *ultrōneu(m)*, da *ŭlter* '(situato) al di là' ✱ 1499] **agg. 1** (*raro*, *lett.*) spontaneo **2** (*dir.*) eccessivo, non pertinente | (*est.*) inutile, non necessario

ùlula [vc. dotta, lat. *ŭlula(m)*, di orig. onomat. ✱ sec. XIV] **s. f.** ● uccello degli Strigiformi, bruno a macchie bianche, attivo anche di giorno (*Surnia ulula*)

♦**ululàre** o †**ulolàre** [vc. dotta, lat. *ululāre*, di orig. onomat. ✱ 1374] **v. intr.** (*io ùlulo*; **aus.** *avere*) **1** emettere ululati, detto spec. del cane e del lupo: *u. nella notte*; *un cane ululava alla luna* **2** (*est.*, *lett.*) emettere prolungati e cupi lamenti, detto di persone **3** (*fig.*) produrre suoni simili a ululati: *il vento ululava nella valle*; *la bufera, l'uragano ulula nella selva*

ululàto [vc. dotta, lat. *ululātu(m)*, part. pass. di *ululāre* ✱ av. 1342] **s. m. 1** urlo cupo e prolungato del lupo o del cane e (*est.*) di altri animali: *l'u. delle fiere*; *il buio era punteggiato da lontani ululati di cani* (P. LEVI) **2** (*est.*, *lett.*) lungo grido lamentoso **3** (*fig.*) suono lungo e cupo simile a un ululato: *gli ululati del vento*

✱**ùlulo** [da *ululare* ✱ 1516] **s. m.** ● ululato, urlo

ululóne [da *ululare* per il suo insistente grido notturno ✱ 1875] **s. m.** ● anfibio anuro simile a un piccolo rospo, la cui pelle ha verruche porose sul dorso ed è di color giallo vivo e liscia sul ventre (*Bombina variegata*)

ùlva [vc. dotta, lat. *ŭlva(m)*, di etim. incerta ✱ av. 1375] **s. f.** ● alga marina della famiglia delle Ulvacee, grande e comune, che forma larghe fronde ondulate verdi (*Ulva lactuca*) **SIN.** lattuga di mare

Ulvàcee [vc. dotta, comp. del lat. *ŭlva* 'ulva, alga' e *-acee* ✱ 1879] **s. f. pl.** (**sing.** *-a*) ● (*bot.*) famiglia di alghe con tallo pluricellulare, delle quali la specie più nota è la lattuga di mare (*Ulvaceae*)

ulvìte [dalle isole *Ulvö* (Svezia) dove si trova * 1983] **s. f.** ● minerale del gruppo degli spinelli, costituito da ossido di ferro bivalente e da titanio tetravalente

umàmi /u'mami, *giapp.* ɯ.ma.mi/ [vc. giapp. propr. 'gusto', spec. riferito al sapore di una minestra d'alghe * 1995] **s. m. inv.** **1** senso del gusto che permette di riconoscere il glutammato di sodio **2** il sapore tipico del glutammato di sodio

umanàre [vc. dotta, lat. eccl. *humanāre*, da *humānus* 'umano' * av. 1332] **A** **v. tr.** ● (*raro, lett.*) umanizzare **B** **umanàrsi** **v. rifl.** **1** assumere condizione umana, detto del Cristo che si fa uomo **2** (*lett.*) ingentilirsi, civilizzarsi

umanàto **part. pass.** di *umanare*; anche **agg.** ● (*raro*) nei sign. del v.

umanazióne [vc. dotta, lat. eccl. *humanatiōne(m)*, da *humanātus* 'umanato' * av. 1375] **s. f.** ● nella teologia cattolica, assunzione di condizione umana da parte di Dio, nel Cristo

umanésimo [da *umanista* * 1878] **s. m.** **1** movimento culturale sorto in Italia alla fine del XIV sec. e diffusosi in tutta Europa fino al sec. XVI, caratterizzato dal rifiorire degli studi classici e dall'affermarsi di una concezione della vita basata sulla riscoperta di autonomi valori umani e storici **2** (*est.*) qualsiasi concezione della vita, o corrente spirituale, fondata sulla centralità della persona umana e dei valori umani **3** (*est.*) interesse per gli studi filologici o classici

umanìsmo [da *umano* * 1871] **s. m.** **1** (*raro*) umanesimo **2** (*lett.*) concezione del mondo basata sulla centralità dell'uomo e dei valori umani: *la religione ... lascia le altezze del soprannaturale e s'impregna di u. e di naturalismo* (F. De Sanctis)

umanìsta [dal lat. tardo-mediev. *humanista* 'insegnante di lettere classiche (*humanae litterae*)' * av. 1484] **A** **s. m. e f.** (**pl. m.** *-i*) **1** rappresentante dell'umanesimo **2** (*est.*) correntemente, cultore degli studi classici **3** allievo delle antiche scuole di umanità | insegnante o professore di lingua e letterature classiche **B** **agg.** ● (*raro*) umanistico

umanìstica [f. sost. di *umanistico* * 1932] **s. f.** ● tipo di scrittura piuttosto piccola, chiara ed elegante, usata nei manoscritti del sec. XV dagli umanisti italiani su imitazione della minuscola carolina

umanìstico [1585] **agg.** (**pl. m.** *-ci*) **1** relativo all'umanesimo e agli umanisti: *filologia umanistica* | ***scrittura umanistica***, V. *umanistica* **2** (*est.*) relativo alla lingua e alla letteratura classiche: *studi umanistici* | (*est.*) letterario: *facoltà umanistiche* ‖ **umanisticaménte**, **avv.** in senso umanistico; da un punto di vista umanistico

◆**umanità** o †**umanitàde**, †**umanitàte** [vc. dotta, lat. *humanitāte(m)* 'qualità propria dell'uomo (*hŏmo*, genit. *hŏminis*)' * sec. XII] **s. f. inv.** **1** natura umana: *la nostra u.*; *l'u. e la divinità del Cristo* **2** (*est.*) complesso di qualità come la benevolenza, la comprensione, la generosità e sim. che si ritengono intrinseche alla natura umana: *trattare, giudicare un colpevole con u.*; *avere un profondo senso di u.*; *è un uomo crudele e totalmente privo di u.*; *ogni sua decisione rispecchia sentimenti di u.* | (*est.*) dolcezza, gentilezza, affabilità: *occhi pieni di u.*; *dovresti avere un po' più di u.* **3** (*lett.*) gentilezza, cortesia **4** il genere umano, l'insieme degli uomini e delle donne che popolano il mondo: *è stato un benefattore dell'u.*; *conoscere la storia dell'u.* | (*lett.*) moltitudine di uomini: *un'u. sofferente, disperata* **5** (*disus.*) il complesso degli studi letterari | (*est.*) erudizione, cultura, spec. di tipo umanistico: *scritti, saggi di varia u.* **6** nell'antico ordinamento scolastico italiano, denominazione di un corso di insegnamento letterario, corrispondente grossomodo all'attuale livello ginnasiale

SFUMATURE DI SIGNIFICATO

umanità - umanitarismo - filantropia

Umanità è la natura, l'essenza dell'uomo; in quanto tale definisce il sentimento di fratellanza e solidarietà che unisce gli uomini fra loro, li rende solidali e consapevoli della partecipazione a un destino comune. Il sentimento accentuato di solidarietà e amore verso gli altri, soprattutto se economicamente svantaggiati o socialmente emarginati, si dice **umanitarismo** o **filantropia**: tuttavia questi due termini sono oggi pochissimo in uso, essendo a essi sottesa una concezione paternalistica delle differenze e del disagio sociale.

SFUMATURE ➤ ***solidarietà***

umanitàrio [fr. *humanitaire*, da *humanité* 'umanità'; nel sign. 3, calco sull'ingl. *humanitarian* * 1838] **A** **agg.** **1** che pensa e opera secondo principi di generosità, comprensione, carità, amore verso il prossimo e sim.: *filosofo, medico u.*; *è uno spirito u.* **SIN.** filantropico | ***guerra umanitaria***, intrapresa per motivi umanitari, per difendere i diritti umani **2** (*est.*) di ciò che è improntato a umanitarismo: *principi, scopi umanitari*; *opera, iniziativa umanitaria*; *ideali umanitari* **3** che riguarda la vita di numerose persone: *catastrofe umanitaria* ‖ **umanitariaménte**, **avv.** **B** **s. m.** (**f.** *-ia*) ● persona umanitaria: *società di umanitari* **SIN.** filantropo

umanitarìsmo [da *umanitario*, come il corrispondente fr. *humanitarisme* da *humanitaire* * 1848] **s. m.** **1** insieme dei principi ideali e delle attività concrete proprie degli umanitari **2** (*raro*) cosmopolitismo

SFUMATURE ➤ ***umanità***

umanitarìstico [1931] **agg.** (**pl. m.** *-ci*) ● dell'umanitarismo, relativo all'umanitarismo

†**umanitàte** ➤ **umanità**

umanizzàre [fr. *humaniser*, da *humain* 'umano' * av. 1386] **A** **v. tr.** **1** rendere umano, civile: *u. un popolo primitivo, una tribù selvaggia* **2** ***u. il latte***, rendere il latte vaccino simile al latte di donna privandolo di una parte dei suoi grassi **B** **umanizzàrsi** **v. rifl.** ● (*raro*) umanarsi **C** **umanizzàrsi** **v. intr. pron.** ● diventare colto, civile, umano: *popoli arretrati che si umanizzano con l'istruzione* ‖ **umanizzazióne**, **s. f.** (V.)

umanizzazióne [fr. *humanisation*, da *humaniser* 'umanizzare' * 1912] **s. f.** **1** l'umanizzare, l'umanizzarsi **2** assunzione della natura e della condizione umana, spec. con riferimento a Gesù Cristo **3** procedimento di umanizzare il latte

◆**umàno** [vc. dotta, lat. *humānu(m)*, da *hŏmo* 'uomo' * 1250 ca.] **A** **agg.** **1** di uomo, che riguarda gli uomini, le persone: *corpo, organismo, sguardo, grido, destino u.*; *natura, vita, carne, voce, anima, condizione umana*; *i misteri dell'animo u.*; *la giustizia umana e la divina*; *non avere più sembiante u.*; *le passioni umane senza veli e senza trasfigurazioni fantastiche* (B. Croce) | ***diritti umani***, i diritti fondamentali relativi alla vita, alla libertà e alla dignità degli uomini | ***rispetto u.***, V. *rispetto* | ***miseria umana!***, escl. di compatimento e disprezzo per qlco. di moralmente gretto, meschino e sim. | che ha le caratteristiche proprie dell'uomo: *con lei va gentilezza in vista umana* (A. Poliziano) | ***essere u., creatura umana***, ogni individuo appartenente alla specie degli uomini | ***bestia umana***, uomo di scatenata ferocia, efferata crudeltà e sim. | (*est.*) che è formato, costituito da uomini: *specie umana*; *consorzio u.*; *genere u.*; *le razze umane*; *gruppi umani* | che concerne l'uomo: *anatomia, fisiologia umana* | †***umane lettere***, belle lettere | ***scienze umane***, V. *scienza* nel sign. 4 **2** detto di persona in cui si realizza pienamente la natura umana: *un eroe u.*; *un personaggio u. e credibile* | che è proprio della natura umana in quanto imperfetta, limitata, contraddittoria e sim.: *l'umana debolezza*; *errare è u.* | (*est.*) comprensibile: *è u. cedere alla violenza* **CONTR.** disumano **3** che dimostra comprensione, benevolenza, equità, pietà e sim: *padrone, carceriere severo ma u.*; *parole umane e consolatrici*; *cerca di essere più u.* | che è conforme ai principi di umanità: *trattamento u.*; *condizioni di vita più umane* **4** (*fig.*) intensamente espressivo, che sembra manifesti sentimenti umani: *il cane mi guardava con uno sguardo u. e triste* ‖ **umanaménte**, **avv.** **1** dal punto di vista dell'essere umano, in base alle caratteristiche dell'essere umano: *questo non è umanamente possibile*; *Era umanamente impossibile ... leggere tutta quella carta stampata* (F. De Roberto) **2** con umanità: *trattare qlcu. umanamente* **3** (*lett.*) come un essere umano: *divinità che parla umanamente* **B** **s. m.** **1** (**solo sing.**) ciò che è proprio dell'uomo: *l'u. e il divino* | ***non aver più nulla d'u.***, trasformarsi o deformarsi totalmente: *il suo viso, la sua voce non aveva più nulla d'u.* | dimensione umana: *riportiamo il problema all'u.* **2** (**spec. al pl.**, *lett.*) essere umano, uomo: *il pianto degli umani*

umanòide [da *umano* col suff. *-oide* * 1964] **agg. e s. m. e f.** ● che (o chi) è fornito di caratteri simili o tendenti all'umano: *scimmia u.* | nella fantascienza, individuo extraterrestre con aspetto simile all'essere umano

†**umàto** (1) [vc. dotta, lat. *humātu(m)*, part. pass. di *humāre*, da *hŭmus* 'terra' * av. 1604] **agg.** ● sepolto, inumato

umàto (2) [da (acido) *um(ico)* con sostituzione di suff. (*-ato* di sale al posto di *-ico* di acido) * 1961] **s. m.** ● sale dell'acido umico

†**umazióne** [vc. dotta, lat. *humatiōne(m)*, da *humāre* 'inumare' * 1374] **s. f.** ● sepoltura

†**umbè** ➤ †**ombè**

umbèlla ➤ **ombrella**

umbellàto [da *umbella* * 1840] **agg.** ● (*bot.*) con fiori disposti a ombrella

Umbellìfere ➤ **Ombrellifere**

umbèrta [da *Umberto I* di Savoia, che portava i capelli tagliati in questo modo * 1940] **vc.** ● (*disus.*) solo nella loc. agg. ***all'u.***, detto di capelli tagliati corti e della stessa misura

umbertìno [1931] **agg.** ● relativo a Umberto I d'Italia (1844-1900) e all'epoca del suo regno: *politica, società umbertina*; *l'Italia umbertina* | ***stile u.***, quello tipico di tale epoca, caratterizzato da una grande varietà di influenze stilistiche diverse, riflesse spec. in architetture che sono spesso imitazioni di stili precedenti

umbilìco e deriv. ➤ **ombelico** e deriv.

umbonàto [1891] **agg.** ● che è provvisto di umbone: *scudo u.*; *valva umbonata*

umbóne [vc. dotta, lat. *umbōne(m)*, di orig. indeur. * 1483] **s. m.** **1** presso i Romani e altri popoli antichi, parte centrale dello scudo, rilevata come una borchia, spesso con una punta piramidale o conica detta brocco **2** (*zool.*) zona rilevata da cui iniziano gli anelli concentrici che ornano la superficie esterna delle valve dei Lamellibranchi **3** (*bot.*) prominenza mammellare centrale di taluni organi vegetali, quale il cappello di alcuni Funghi delle Agaricacee

†**umbràcolo** ➤ †**ombracolo**

umbràtico [vc. dotta, lat. *umbratĭcu(m)*, da *ŭmbra* 'ombra' * 1873] **agg.** (**pl. m.** *-ci*) ● (*bot.*,

u

zool.) detto di specie animale o vegetale, o di un raggruppamento di specie, che vivono in ambienti ombreggiati

umbràtile o (*lett.*) **ombràtile** [vc. dotta, lat. *umbrātile(m)*, da *ŭmbra* 'ombra' ✱ 1374] **agg.** **1** (*lett.*) che è in ombra, che è pieno d'ombra: *giardino u.*; *il grande atrio u.* (G. Pascoli) **CONTR.** solatio **2** (*fig.*) che ama la vita solitaria e ritirata, la riservatezza e sim.: *uomo, carattere u.* **SIN.** introverso, schivo, timido | (*lett., fig.*) che richiede o rivela riservatezza **3** (*lett., fig.*) vano, illusorio: *la bellezza ... è una cosa accidentale ed u.* (G. Bruno)

umbrèlla ➤ **ombrella**

umbrìfero ➤ **ombrifero**

ùmbro [vc. dotta, lat. *Ŭmbru(m)*, da *Ŭmbria*: 'regione piena d'ombra (*ŭmbra*)' ✱ av. 1375] **A** **agg.** ● relativo agli antichi Umbri o all'attuale Umbria: *lingua umbra*; *paesaggio u.*; *città umbre* **B** **s. m.** (**f.** *-a*) **1** ogni appartenente a un'antica popolazione preromana stanziata nell'Italia centrale: *gli Umbri e i Sabelli* **2** abitante o nativo dell'attuale Umbria **C** **s. m. solo sing.** **1** antica lingua del gruppo italico, parlata dagli Umbri **2** ogni dialetto parlato in Umbria

ùmbro- primo elemento ● in parole composte, fa riferimento all'Umbria o ai suoi abitanti: *umbro-marchigiano*

-ùme [suff. lat. (*-ūmen*) a valore collettivo, di orig. indeur. (*-men-*)] **suff.** ● conferisce valore spregiativo e gener. collettivo a sostantivi derivati per lo più da aggettivi: *acidume, bastardume, fradiciume, luridume* (fa eccezione *dolciume*, che non ha valore negativo)

umeràle ➤ **omerale**

†**ùmero** ➤ **omero**

umettàbile [1726] **agg.** ● (*raro*) che si può umettare

†**umettaménto** [1639] **s. m.** ● inumidimento

umettàre [vc. dotta, lat. *umectāre*, da *umĕctus* 'umido, bagnato' ✱ 1282] **v. tr.** (*io umétto*) **1** umidificare in superficie: *u. un francobollo* | anche in forma pron.: *umettarsi le labbra* **2** (*raro*) inumidire, bagnare un poco: *u. di vapori, di rugiada*

†**umettatìvo** [av. 1320] **agg.** ● che serve a inumidire

†**umettazióne** [vc. dotta, lat. tardo *umectatiōne(m)*, da *umectātus* 'umettato' ✱ 1560] **s. f.** ● l'umettare, il venire umettato

†**umétto** [vc. dotta, lat. *umĕctu(m)*, da *umēre* 'essere umido', di orig. incerta ✱ av. 1416] **agg.** ● umido

†**umettóso** (o *-ṣ-*) [da †*umetto* ✱ 1340 ca.] **agg.** ● umido

†**umicidiàle** ➤ **micidiale**

ùmico o **hùmico** /'umiko/ [da *humus* 'terreno' ✱ 1869] **agg.** (**pl. m.** *-ci*) **1** relativo all'humus: *sostanze umiche del terreno* **2** (*chim.*) ***corpi umici***, sostanze brune che si ottengono sottoponendo le proteine a idrolisi con acidi forti

umìcolo [vc. dotta, dal lat. *humŭs* col suff. *-colo* ✱ 1961] **agg.** ● (*bot., zool.*) detto di organismo animale o vegetale che vive di preferenza nell'humus

umidézza [sec. XII] **s. f.** ● (*raro*) umidità: *l'u. del suolo, di una regione*

umidìccio [1550] **agg.** (**pl. m.** *-ci*; **pl. f.** *-ce*) **1** alquanto umido: *terreno u.* **2** che è sgradevolmente umido: *clima u.* | leggermente sudato: *mani flosce e umidicce*

umidificàre [1961] **v. tr.** (*io umidìfico, tu umidìfichi*) ● rendere umido | ***u. l'aria***, aumentarne l'umidità relativa nebulizzando acqua o immettendovi vapore acqueo || **umidificazióne**, **s. f.**

umidificatóre [1961] **s. m.** **1** apparecchio che conferisce l'umidità voluta all'aria di un ambiente **2** apparecchio che eroga lentamente acqua a una pianta per mantenerla umida

†**umidìre** [av. 1294] **v. tr.** ● inumidire

umidità o †**umiditàde**, †**umiditàte** [vc. dotta, lat. tardo *umiditāte(m)*, da *ūmidus* 'umido' ✱ 1282] **s. f. inv.** **1** condizione di ciò che è umido: *l'u. di un muro* | quantità d'acqua o di vapore acqueo contenuta in una sostanza, in un corpo e sim.: *calcolare, valutare il grado di u. di un composto*; *misurare l'u. del terreno* **CFR.** igro- **CONTR.** aridità, asciuttezza **2** presenza di vapore acqueo nell'atmosfera: *proteggersi, ripararsi dall'u.*; *l'u. della notte* | ***u. atmosferica***, contenuto di vapore acqueo dell'atmosfera | ***u. atmosferica assoluta***, o ***u. assoluta***, massa di vapore acqueo esistente nella unità di volume di aria atmosferica | ***u. atmosferica relativa***, o ***u. relativa***, rapporto, espresso in percentuale, tra la quantità di vapore acqueo contenuto in un dato volume d'aria e la quantità necessaria per saturarlo

ùmido [vc. dotta, lat. *ūmidu(m)*, da *umēre* 'essere umido', di etim. incerta ✱ 1266] **A** **agg.** **1** che è leggermente impregnato o bagnato d'acqua o di altro liquido: *terreno u.*; *panni umidi*; *essere u. di sudore*; *occhi umidi di lacrime*; *erba umida di pioggia* | che non si è ancora completamente asciugato: *biancheria umida*; *fai attenzione, l'inchiostro è ancora u.* **2** detto dell'atmosfera, e dei fenomeni che la riguardano, quando l'umidità relativa supera il sessanta per cento: *aria umida*; *vento u.*; *clima u. e afoso* **3** detto di procedimenti o fenomeni che avvengono in presenza di liquidi o che si accompagnano a produzione di materiali più o meno fluidi | ***per via umida***, detto dell'analisi chimica quantitativa eseguita utilizzando determinate reazioni di identificazione che si svolgono prevalentemente in soluzione acquosa | ***bollo a u.***, che utilizza inchiostro per la stampigliatura | ***tosse umida***, con secreti molto fluidi **4** (*lett., poet.*) liquido o semiliquido: *l'u. miele* | ***l'umide strade***, le vie del mare **B** **s. m.** **1** umidità: *temere l'u.*; *l'u. è nocivo*; *stare all'u.* **2** sugo di pomodoro, verdure varie, olio, in cui si mette a cuocere una vivanda: *spezzatini di vitello in u.* | la vivanda così cucinata: *preferire l'u. all'arrosto, al fritto e al lesso* | ***u. incassato***, pasticcio di rigaglie, tartufi, funghi **3** (*burocr.*) insieme dei rifiuti casalinghi di tipo organico, come gli scarti della cucina: *sacchetti per l'u.* **CFR.** secco① || **umidàccio**, **pegg.** | **umidétto**, **dim.** | **umidìccio**, **dim.** | **umidìno**, **dim.**

umidóre [av. 1292] **s. m.** ● (*lett.*) umidità

†**umidóso** (o *-ṣ-*) [av. 1348] **agg.** ● (*lett.*) umido

umìfero [comp. di *humus* e *-fero* ✱ 1908] **agg.** ● detto di terreno grasso, fertile, ricco di sostanza organica, di humus

umificazióne [comp. di *humus* 'terreno' e di un deriv. da *-ficare* 'produrre' ✱ 1929] **s. f.** ● trasformazione in humus, a opera di microrganismi, delle sostanze organiche presenti nel terreno

ùmile o (*poet.*) **umìle** [vc. dotta, lat. *hŭmile(m)*, propr. 'basso', da *hŭmus* 'terra, suolo' ✱ 1224 ca.] **A** **agg.** (**superl.** *umilissimo* (**V.**), *lett.* †*umillimo* (**V.**)) **1** (*raro, lett.*) che è poco elevato da terra: *pianta u.*; *umili arbusti* **2** (*est.*) che è di bassa estrazione sociale: *u. condizione*; *umili origini*; *famiglia u. ma onesta*; *qui egli ebbe umili natali* | (*est.*) di tono poco elevato, di estrema semplicità: *stile u.* **3** (*est.*) povero, modesto, dimesso: *un'u. casetta*; *indossare un'u. veste*; *disporre di un u. impiego* | (*est.*) meschino, misero, vile: *a lui spettano i lavori più umili*; *compiere con pazienza umili servizi* | (*est., lett.*) sventurato, infelice **4** che è consapevole dei propri limiti e non si inorgoglisce per le proprie qualità, virtù o meriti: *una persona u.*; *un eroe u.*; *essere u. di cuore*; *cerca di diventare un po' più u.*; *siamo più modesti, se non più umili* (G. Verga) **CONTR.** arrogante, superbo **5** che tiene un contegno rispettoso, sottomesso, riservato: *essere u. coi superiori*; *essere u. con tutti*; *ecco l'u. servo di Dio* | (*lett.*) remissivo: *Il principe si faceva tutto u., gli dava ragione* (F. De Roberto) **6** che denota umiltà, che è improntato a umiltà, a sottomissione: *atteggiamento, contegno, portamento, tono u.*; *parlare con voce u.*; *mi guardò con quel suo sguardo u.*; *vi rivolgo, o Signore, un'u. preghiera* || **umilménte**, †**umileménte**, **avv.** **1** con umiltà: *vi chiedo umilmente perdono* **2** in modo umile, modesto: *vivere umilmente* **3** †in basso **B** **s. m. e f.** **1** (**spec. al pl.**) chi è di umili origini: *Lui, che a parole voleva redimere gli umili* (E. Morante) **2** chi possiede e pratica la virtù dell'umiltà

SFUMATURE ➤ ***modesto***

umiliaménto [sec. XIII] **s. m.** ● (*lett., raro*) umiliazione

umiliànte **part. pres.** di *umiliare*; anche **agg.** ● che umilia: *un compromesso, una proposta u.* **SIN.** avvilente, mortificante

†**umiliànza** [da *umiliante* ✱ av. 1250] **s. f.** **1** bassa condizione sociale **2** atteggiamento umile

umiliàre [vc. dotta, lat. tardo *humiliāre*, da *hŭmilis* 'umile' ✱ av. 1237] **A** **v. tr.** (*io umìlio*) **1** †abbassare, chinare: *u. la fronte, il capo davanti a qlcu.* **2** (*lett.*) dominare, frenare, reprimere: *u. la superbia, l'alterigia di qlcu.*; *u. il proprio orgoglio* | †placare **3** mortificare, avvilire qlcu. mediante offese o critiche ai suoi errori o difetti, causando in lui un sentimento di vergogna, imbarazzo e sim.: *u. qlcu. con aspre parole, con duri rimproveri*; *non umiliate così quel povero vecchio*; *l'ha voluto u. in pubblico, di fronte a tutti* | degradare, privare della dignità: *la povertà mi umilia*; *questo continuo dover chiedere ci umilia* **4** (*disus.*) presentare con estrema umiltà, spec. in formule di cortesia: *u. una supplica*; *le umilio la mia più devota riconoscenza* **5** †mitigare, addolcire **B** **umiliàrsi** **v. rifl.** **1** riconoscere apertamente i propri limiti, la propria indegnità, le proprie debolezze e sim.: *chi si umilia sarà esaltato* | (*est.*) considerarsi da meno di quello che si è: *non umiliarti così* **2** prostrarsi: *umiliarsi ai piedi dell'altare, davanti a Dio* | fare atto di sottomissione (+ *a* **seguito da inf.**); *non dovevi umiliarti a chiedergli scusa* **CONTR.** insuperbirsi **3** †placarsi

umiliàta [sec. XVI] **s. f.** ● religiosa della congregazione femminile degli Umiliati, ora soppressa

†**umiliatìvo** [1639] **agg.** ● (*lett.*) umiliante

umiliàto **A** **part. pass.** di *umiliare*; anche **agg.** ● pieno di umiliazione: *apparire u. e pentito*; *sentirsi u. e offeso* || **umiliataménte**, **avv.** (*lett.*) con umiltà **B** **s. m.** (**f.** *-a* (**V.**)) ● aderente a un movimento evangelico penitenziale fondato nel sec. XII nel Milanese | religioso di un ordine soppresso nel XVI sec., ispirato alla regola benedettina e originato da tale movimento

umiliatóre [sec. XV] **s. m.** (**f.** *-trice*); anche **agg.** ● chi (o che) umilia

umiliazióne [vc. dotta, lat. tardo *humiliatiōne(m)*, da *humiliātus* 'umiliato' ✱ av. 1328] **s. f.** **1** avvilente mortificazione: *l'u. dei superbi* **2** ciò che avvilisce, mortifica, umilia: *imporre una grave u. ai vinti*; *subire, accettare una bruciante u.*; *non posso sopportare altre umiliazioni* **3** (*raro*) sottomissione: *fare atto* *di u.*

umilièvole [da *umiliare* ✱ sec. XIII] **agg.** ● (*lett.*) che può essere umiliato

umilìssimo [av. 1306] **agg. 1** superl. di *umile* **2 *u. servitore***, formula di cortesia epistolare, oggi di uso scherz.

†**umilità** ➤ **umiltà**

†**umilitàde** ➤ **umiltà**

†**umilitàte** ➤ **umiltà**

†**umìllimo** [vc. dotta, lat. *humĭllimu(m)*, superl. di *hŭmilis* 'umile' ✱ 1342] **agg.** ● (*lett.*) superl. di *umile* | umilissimo: *vergognoso, con atti umillimi ... cercava perdono* (G. BOCCACCIO)

umiltà o †**umiltàde**, †**umiltàte**, †**umilità**, †**umilitàde**, †**umilitàte** [vc. dotta, lat. *humiltāte(m)*, da *hŭmilis* 'umile' ✱ 1224 ca.] **s. f. inv. 1** (*lett.*) caratteristica, condizione di ciò che è modesto, semplice, povero ecc.: *casa, cibo di grande u.*; *servizio di estrema u.*; *u. di natali*; *accettare l'u. del proprio grado, della propria condizione sociale* **2** qualità di chi è consapevole dei propri limiti, è privo di superbia e di presunzione: *l'u. è una virtù cristiana*; *la vostra è falsa u.*; *confessare con u. i propri peccati*; *affrontò l'argomento della sua ricerca con molta u.* **CONTR.** orgoglio, superbia **3** estrema deferenza, reverenza, sottomissione e sim.: *presentarsi a qlcu. con grande u., in atteggiamento di profonda u.* **4** (*lett.*) modestia e riservatezza dei modi, del contegno e sim.: *ella si va, sentendosi laudare / benignamente d'u. vestuta* (DANTE)

Ùmlaut /'umlaut, *ted.* 'um,laot/ [vc. ted., comp. di *um* che indica cambiamento e *Laut* 'suono' ✱ 1934] **s. m. inv.** (**pl. ted.** *Umlaute*) **1** (*ling.*) nella grammatica tedesca, modificazione di timbro che una vocale subisce per influsso di una vocale vicina **SIN.** metafonesi, metafonia **2** segno che si usa in tedesco per indicare la palatalizzazione delle vocali a, o, u (che diventano *ä, ö, ü*)

ùmma [1992] **s. f. inv.** ● nel Corano, la comunità dei credenti musulmani

†**ùmo** ① ➤ **uomo**

ùmo ② [1879] **s. m.** ● (*lett.*) adattamento di *humus* (V.)

umoràle [da *umore* ✱ 1494] **A agg. 1** relativo agli umori corporei | ***dottrina u.***, quella, risalente a Ippocrate e alla sua scuola, secondo la quale alla base dell'organismo umano stavano quattro umori fondamentali **2** detto di chi cambia umore facilmente: *un tipo u.* **SIN.** lunatico | che è basato sull'umore momentaneo: *comportamento u.* ‖ **umoralità**, **s. f. inv.** caratteristica di chi è umorale; condizione umorale **B s. m. e f.** ● persona umorale

umoralìsta [1838] **A agg.** (**pl. m.** *-i*) ● umorale **B agg.; anche s. m. e f.** ● sostenitore della dottrina umorale ippocratica (V. *umorale*)

♦**umóre** o †**omóre** [vc. dotta, lat. *umōre(m)*, da *umēre* 'essere umido', di orig. incerta; nel sign. 7, con sovrapposizione dell'ingl. *humour* ✱ av. 1292] **s. m. 1** (*lett.*) sostanza liquida o quasi liquida, spec. che stilla, gocciola e sim.: *u. rugiadoso*; *dalle pareti colava un u. vischioso* **2** liquido biologico di un organismo animale o vegetale: *dal ramo spezzato colava un u. lattiginoso, acre, dolce* | ***u. acqueo***, liquido contenuto nella camera anteriore dell'occhio | ***u. vitreo***, liquido denso contenuto nella camera posteriore dell'occhio | †***i quattro umori***, i quattro liquidi considerati fondamentali per il corpo umano, secondo Ippocrate e la sua scuola, cioè sangue, flemma, bile gialla e bile nera **3** (*psicol.*) disposizione interna per un certo tipo di risposta emotiva, come l'allegria, la tristezza, l'eccitazione, la depressione e sim. | correntemente, indole, carattere: *un vecchietto d'u. bilioso, irascibile*; *essere di u. bizzarro, bisbetico, gaio, tetro* | ***bell'u.***, V. *bellumore* **4** (*est.*) disposizione momentanea dell'animo: *essere di cattivo, di pessimo u.*; *è sempre di umor nero*; *una notizia che mi ha messo di ottimo u.* | ***buon u.***, V. *buonumore* | ***mal u.***, V. *malumore* | (**spec. al pl.**) mutevole opinione, tendenza, gusto: *gli umori dell'elettorato*; *adeguarsi agli umori del pubblico* **5** †***dar nell'u. a qlcu.***, essere conforme ai suoi gusti o desideri, andargli a genio **6** †ostilità, malcontento | ***u. sottile***, macchinazione **7** (*lett.*) umorismo ‖ **umoràccio**, **pegg.** | **umorìno**, **dim.**

umorésca [f. sost. di *umoresco* ✱ 1965] **s. f.** ● (*mus.*) pezzo strumentale di carattere capriccioso e umoristico

umorésco [da *umore*②, come parallelo semanticamente autonomo di *umoristico* ✱ av. 1705] **agg.** (**pl. m.** *-schi*) ● (*raro, lett.*) che è ricco di humour, di umorismo | (*lett.*) volubile, umorale

umorismo ① [comp. di *umore* e *-ismo* ✱ 1875] **s. m.** ● (*med.*) antica teoria medica che attribuiva le malattie all'alterazione degli umori

♦**umorismo** ② [fr. *humorisme*, di orig. ingl., dove *humour* aveva assunto, dal primitivo sign. di 'umore', preso dal fr., quello di 'brio' ✱ 1858] **s. m.** ● capacità di percepire e presentare la realtà ponendone in risalto gli aspetti o lati insoliti, bizzarri e divertenti: *avere, non avere il senso dell'u.*; *mancare di u.*; *opera ricca di u.* **SIN.** arguzia, spirito

SFUMATURE DI SIGNIFICATO

umorismo - spirito - arguzia - ironia - sarcasmo

Umorismo è la capacità di percepire e presentare la realtà mettendone in evidenza gli aspetti insoliti, bizzarri, divertenti. **Spirito** è la vivacità dell'ingegno, l'intelligenza briosa di chi sa uscire con una battuta da situazioni imbarazzanti, mostrando senso dell'*umorismo*. **Arguzia** aggiunge una sfumatura di garbo, di bonomia alle caratteristiche di una persona spiritosa, che sa essere perciò brillante e divertente insieme; in senso concreto definisce anche il motto, la frase, il concetto di una persona arguta. **Ironia** è invece una manifestazione di *umorismo* a cui si associa l'intenzione di pungere, anche senza giungere al **sarcasmo**, che è invece un'*ironia* mossa da animosità e amarezza.

umorìsta ① [da *umorismo*① ✱ av. 1693] **s. m. e f.** (**pl. m.** *-i*) ● (*med.*) seguace dell'umorismo

♦**umorìsta** ② [fr. *humoriste*, da *humorisme* 'umorismo②' ✱ 1585] **A s. m. e f.** (**pl. m.** *-i*) **1** persona dotata di umorismo **2** autore di opere (testi, disegni, ecc.) umoristiche | chi scrive opere umoristiche | chi fa dell'umorismo **B agg.** ● umoristico

umorìstico [fr. *humoristique*, da *humoriste* 'umorista②' ✱ 1651] **agg.** (**pl. m.** *-ci*) **1** relativo all'umorismo o agli umoristi: *spirito, senso u.*; *vena umoristica* **2** che è detto o fatto con umorismo: *frase, battuta umoristica* | che è pieno, ricco di umorismo: *tono, racconto, disegno u.* **SIN.** arguto, faceto | ***giornale u.***, che contiene racconti e disegni umoristici, che commenta con umorismo i fatti di cronaca e sim. **3** (*spreg.*) che non viene preso o non è da prendere sul serio: *abbiamo conosciuto un personaggio u.* ‖ **umoristicaménte**, **avv.** in modo umoristico, con umorismo

†**umorosità** (o -ṣ-) [av. 1320] **s. f.** ● (*raro*) caratteristica di ciò che è liquido

†**umoróso** (o -ṣ-) [vc. dotta, lat. *umorōsu(m)*, da *ūmor*, genit. *umōris* 'umore' ✱ av. 1292] **agg. 1** detto di ciò che è ricco di umori: *pianta, sostanza umorosa* **2** umorale

umpappà ➤ **zumpappà**

Umts /u,ɛmmetti'ɛsse/ [sigla ingl. di *U(niversal) M(obile) T(elecommunications) S(ystem)* 'sistema universale di telecomunicazione mobile' ✱ 1993] **A s. m. inv.** ● (*tel.*) sistema di telefonia mobile, che consente un'elevata velocità di trasmissione per voce, dati, immagini **B anche agg. inv.**: *telefono, antenna UMTS*

ùmus ➤ **humus**

♦**un A agg. num. card.; anche pron. indef.** ● forma tronca di *uno* **B anche art. indet.**: *un tale*

†**ùna** [vc. dotta, lat. *ūna*, da *ūnus* 'uno', con valore avv. ✱ sec. XIII] **avv.** ● nella loc. avv. ***ad una, in una***, contemporaneamente | nella loc. prep. ***una con***, insieme con: *una con il popolo*

♦**unànime** [vc. dotta, lat. *unănimu(m)*, comp. di *ūnus* 'un solo' e *ănimus* 'animo' ✱ 1375 ca.] **agg. 1** detto di una pluralità di persone che manifestino una totale concordanza di opinioni, aspirazioni e sim.: *il popolo u. lo vuole*; *fummo unanimi nel condannare il misfatto* **2** detto di ciò che è pienamente condiviso da tutti i membri di un gruppo: *cordoglio, consenso, rimpianto u.* | detto di ciò che esprime il pieno accordo, l'unanimità: *voto u.*; *per u. approvazione dei partecipanti* ‖ **unanimeménte**, † o non corretto **unanimaménte**, **avv.** in modo unanime: *condannare unanimemente qlco., qlcu.*

unanimìṣmo [da *unanime* ✱ 1914] **s. m. 1** (*raro*) unanimità | teoria filosofica sorta in Francia ai primi del Novecento, secondo cui l'individuo trova la sua realizzazione soltanto aderendo allo spirito collettivo di un gruppo, di una comunità **2** spec. nel linguaggio politico, tendenza a raggiungere posizioni di unanimità formale, rinunciando a chiarire sostanziali diversità o divergenze: *il congresso si è chiuso all'insegna dell'u.*

unanimìstico [1979] **agg.** (**pl. m.** *-ci*) ● relativo all'unanimismo, che è frutto di unanimismo: *documento u.*; *decisione unanimistica* ‖ **unanimisticaménte**, **avv.**

unanimità [vc. dotta, lat. *unanimitāte(m)*, da *unănimus* 'unanime' ✱ 1320] **s. f. inv.** ● totale concordanza di opinioni tra più persone: *cercare, ottenere, raggiungere l'u.*; *in questo caso è necessaria l'u. dei voti* | ***all'u.***, col pieno consenso di tutti: *la proposta fu accettata, approvata all'u.*; *hanno respinto l'istanza all'u.*

unanimitàrio [1963] **agg.** ● (*raro*) raggiunto all'unanimità, che esprime unanimità

unàrio [comp. di *un(o)* con il suff. *-ario*, sul modello dell'ingl. *unary* ✱ 1980] **agg.** ● (*mat.*) di operatore che si applica a un solo operando

♦**ùna tàntum** [loc. lat., propr. 'una volta (*ūna*, da *ūnus* in uso avv.) soltanto (*tāntum*, impiego avv. di *tăntus* 'tanto')' ✱ 1942] **A loc. agg. inv.** ● detto di retribuzione, premio o, in genere, concessione aventi carattere straordinario **B loc. sost. f. inv. 1** compenso, gratifica a carattere non continuativo: *riscuotere l'una tantum*; *aver diritto all'una tantum* **2** forma straordinaria di imposizione fiscale, spec. in conseguenza di eventi che si verificano raramente: *pagare l'una tantum a favore dei paesi terremotati*

unbundling /an'bandlin(g), *ingl.* ʌn'bʌndlɪŋ/ [vc. ingl., comp. di *un-* 'non' e *bundling*, dal v. *to bundle* 'legare, fasciare' ✱ 1997] **s. m. inv.** ● (*tel.*) accesso da parte di un operatore di telecomunicazioni ai componenti e ai servizi di una rete locale di un altro operatore

†**ùncia** ➤ **oncia**

†**unciàle** ➤ **onciale**

†**uncicchiàto** [dal lat. *uncīnus* 'uncino' con sovrapposizione di *articulātus* 'provvisto di articolazione' (?) ✱ sec. XIV] **agg.** ● (*raro*) unghiato, adunco

†**ùncico** [variante di *uncino* ✱ av. 1400] **s. m.** ● artiglio | ***dar d'u.***, artigliare, stringere con le unghie

†uncinàle [av. 1673] **agg.** • di uncino | ***professione u.***, (*iron.*) del ladro

uncinàre [da *uncino* * 1313] **A v. tr. 1** afferrare, ghermire con un uncino: *u. la preda; u. il bordo della nave nemica* | ***u. una gomena***, ripescarla afferrandola con un uncino | (*est., raro*) afferrare qlcu. per un braccio **2** (*raro*) piegare a forma di uncino: *u. una punta* **3** (*lett., fig.*) raggirare **4** (*fig.*) ***u. il pallone***, nel gioco del calcio, arrestarlo al volo, col piede **B uncinàrsi v. intr. pron.** • (*lett.*) aggrapparsi **C uncinàrsi v. rifl. recipr.** • (*lett.*) impigliarsi, agganciarsi

uncinàto o **†oncinàto part. pass.** di *uncinare*; **anche agg. 1** nei sign. del v. **2** ***amo u.***, fornito di artiglio | ***croce uncinata***, croce semipotenziata o svastica | ***osso u.***, in anatomia, quarto osso della seconda fila del carpo | ***parentesi uncinata***, che ha questa forma: < > (V. *parentesi*)

uncinèllo [1483] **s. m. 1** dim. di *uncino* **2** piccolo gancio metallico per allacciatura di abiti e sim.

uncinétto o **†oncinétto** [1589] **s. m. 1** dim. di *uncino* **2** specie di grosso ago con una estremità uncinata usato per fare lavori a maglia o a rete: *lavorare all'u.*; *abito, lavoro fatto all'u.*

uncìno o **†oncìno** [vc. dotta, lat. tardo *uncīnu(m)*, da *ŭncus*, di orig. indeur. * av. 1292] **s. m. 1** gancio spec. metallico, aguzzo e adunco, usato per afferrare o appendere qlco.: *ripescare qlco. con un u.*; *catena, canapo, pertica terminante con un u.* | ***a u.***, uncinato, adunco **SIN.** rampino **2** (*fig., scherz., disus.*) scarabocchio **3** (*fig., disus.*) scusa, pretesto, cavillo: *attaccarsi a tutti gli uncini* | †lusinga **4** (*bot.*) organo con cui una pianta si attacca a sostegni **5** (*sport*) nel pugilato, gancio | ***tiro a u.***, nella pallacanestro, tiro a parabola corta e arcuata, effettuato con una sola mano con il fianco rivolto al canestro **6** (*zool.*) ciascuno dei processi microscopici di cui sono provviste le barbule delle penne degli uccelli e che servono ad agganciare le barbe fra loro per rendere coerente ed elastico il vessillo ‖ **uncinèllo**, **dim.** (V.) | **uncinétto**, **dim.** (V.)

†uncinùto o **†oncinùto** [av. 1292] **agg.** • uncinato

-ùncolo suff. • indica che il nome di base è stato alterato in senso diminutivo e, talvolta, anche spregiativo: *peduncolo, omuncolo, ladruncolo*

†undaménto ▸ **†ondamento**

undazióne [vc. dotta, lat. *undatiōne(m)*, da *undātus*, part. pass. di *undāre*, da *ŭnda* 'onda' * sec. XIV] **s. f. 1** †ondeggiamento **2** (*geol.*) in tettonica, sollevamento e abbassamento del mantello superiore e della crosta profonda

†ùnde ▸ **onde**

undecennàle [da *undici* sul modello di *decennale* * 1961] **A agg. 1** che ha la durata di undici anni: *ciclo u.* **2** che ricorre ogni undici anni: *anniversario u.*; *festa u.* **B s. m.** • (*raro*) l'undicesimo anniversario

†ùndeci ▸ **undici**

undècimo [vc. dotta, lat. *undĕcimu(m)*, comp. di *ūnus* 'uno' e *dĕcimus* 'decimo' * 1282] **agg. num. ord.; anche s. m.** • (*lett.*) undicesimo: *Pio u.*; *il secolo u.* **SIN.** (*lett.*) decimoprimo

under /'ander, *ingl.* 'ʌndə(r)/ [ingl., propr. 'sotto' (vc. germ. d'orig. indeur.) * 1959] **A agg. inv.** • detto di squadra o formazione sportiva nelle quali gli atleti non possono superare un determinato limite di età: *l'Italia u. 21* **B agg.; anche s. m. e f. inv. 1** appartenente a tali squadre: *un calciatore u. 21*; *gli u. 18 giocheranno domani* **2** detto di chi è al di sotto di una data età: *studenti u. 16*; *inchiesta riservata agli u. sessanta* **CONTR.** over[2] **C s. f. inv.** • squadra con atleti al di sotto di un certo limite di età: *l'u. 17 di rugby*

underground /ander'graund, *ingl.* 'ʌndə,graʊnd/ [vc. ingl., propr. 'sotterraneo', comp. di *under* 'sotto' (V. *under*) e *ground* 'fondo' (vc. d'orig. germ.) * 1966] **A agg. inv. 1** (*raro*) segreto, clandestino: *giornale u.* **2** diffuso attraverso canali inconsueti, per sfuggire alla commercializzazione o alla produzione su scala industriale, detto spec. di opere artistiche o letterarie: *film, commedia u.* **3** (*est.*) anticonformista, alternativo alla tradizione, contestatario: *cultura, arte u.* | ***teatro u.***, locale dove si sperimentano nuove tecniche di recitazione, messa in scena, ecc. **B s. m. inv.** • cultura alternativa, controcultura: *saggio sull'u. americano* | l'insieme dei creatori o dei prodotti di questa cultura: *l'u. londinese ha pubblicato molte riviste*; *l'u. musicale dell'ultimo decennio*

underscore /'andeskɔr, *ingl.* 'ʌndəskɔː(r)/ [vc. ingl. 'sottolineatura', comp. di *under* 'sotto' e *score* 'tratto (di penna)' * 2000] **s. m. inv.** • nome inglese del trattino basso (_)

understatement /anders'te(i)tment, *ingl.* ,ʌndə'steɪtmənt/ [vc. ingl., deriv. di *to understate* 'attenuare, minimizzare', comp. di *under* 'sotto' (V. *under*) e *to state* 'dichiarare, affermare' (da *state* 'stato, condizione') * 1950] **s. m. inv.** • frase che mira ad attenuare l'importanza di ciò che viene affermato | atteggiamento di chi minimizza l'importanza di un'affermazione, di chi rifugge dall'enfasi, dall'ostentazione

underwear /ander'wer, *ingl.* 'ʌndə,wɛə(r)/ [vc. ingl., comp. di *under* 'sotto' e *to wear* 'indossare' * 1988] **A s. m. inv.** • biancheria intima **B anche in funzione di agg. inv.**: *collezione u.*

undicènne [da *undici* con la seconda parte (*-enne*) di analoghi comp. * 1879] **agg. e s. m. e f.** • che (o chi) ha undici anni d'età: *ragazzo, ragazza u.*; *un gruppetto di undicenni*

undicèṣima (o **-é-**) [da *undicesimo* * av. 1597] **s. f.** • (*mus.*) accordo di sei suoni costituito dalla sovrapposizione di cinque terze

undicèṣimo (o **-é-**) **A agg. num. ord.** • corrispondente al numero undici in una successione o in una classificazione (rappresentato da *XI* nella numerazione romana, da *11°* in quella araba): *mi tocca l'undicesima parte di tutta la somma*; *l'u. secolo d.C.*; *Pio XI*; *Luigi XI* | ***due all'undicesima***, (*ellitt.*) elevato all'undicesima potenza | ***il secolo XI***, gli anni dal 1001 al 1100 **SIN.** (*lett.*) decimoprimo, (*lett.*) undecimo **B s. m.** • ciascuna delle undici parti uguali di una stessa quantità: *tre undicesimi*; *un u. dei proventi*

♦ùndici o **†ùndeci** [lat. *ŭndecim*, comp. di *ūnus* 'uno' e *dĕcem* 'dieci' * 1211] **agg. num. card. inv.; anche s. m. e f. inv.** (V. nota d'uso NUMERI E NUMERALI) • (*mat.*) numero naturale successivo di dieci, rappresentato da *11* nella numerazione araba, da *XI* in quella romana. **I** come agg. ricorre nei seguenti usi **1** rispondendo o sottintendendo la domanda 'quanti?', indica la quantità numerica di undici unità (spec. preposto a un sost.): *una bambina di u. anni*; *un'opera in u. volumi*; *sono le otto e u. primi*; *pesa u. chili*; *dista u. chilometri*; *l'endecasillabo è un verso di u. sillabe* **2** rispondendo o sottintendendo la domanda 'quale?', identifica qlco. in una pluralità, in una successione, in una sequenza (spec. posposto a un sost.): *oggi è il giorno u.*; *sono le ore u.*; *punto tutto sul numero u.*; *abito al numero u.* | (*lett.*) undicesimo: *Luigi u.* **II** come sost. ricorre nei seguenti usi: **1** il numero undici (per ellissi di un sost.): *l'u. è un numero primo*; *oggi è l'u.*; *il Collegio degli Undici fu creato in Atene ai tempi di Solone* | ***le u.***, le ore undici; le ore ventitré | ***nell'11***, nell'anno 2011, o nel 1911, nel 1811 e sim. | ***carico da u.***, V. *carico* **2** il segno che rappresenta il numero undici **3** squadra di calcio, in quanto formata da undici giocatori: *l'u. milanista* | ***l'u. azzurro***, la squadra nazionale italiana

ungarettiàno [1958] **A agg.** • che riguarda il poeta e traduttore G. Ungaretti (1888-1970) o è relativo alla sua opera: *l'ermetismo u.* **B s. m.** (f. *-a*) • seguace, imitatore o appassionato di Ungaretti

ungàrico [da *ungaro* * 1503] **agg.** (pl. m. *-ci*) • (*lett.*) ungherese

ùngaro o **ùnghero** nel sign. B, **†óngaro** [vc. dotta, lat. mediev. *Hunŭguro(s)*, *Ŭngaro(s)*, dal bulgaro-turco *on ogur*, propr. 'dieci (*on*) tribù di valorosi (*ogur*)' * av. 1342] **A agg.** • (*lett.*) ungherese **B s. m. 1** (f. *-a*) ogni appartenente alla popolazione di stirpe prevalentemente ugro-finnica, stanziatasi fin dal sec. XI nel territorio corrispondente all'attuale Ungheria: *le incursioni degli Ungari* **2** antica moneta d'oro ungherese con il tipo di un guerriero, imitata in molti stati italiani

ùngere o **†ùgnere** [lat. *ŭngere*, fatto da *unguĕre* attraverso *ŭnxi*, come *iŭngere* da *iŭnxi*, di sola area lat. e indiana * sec. XIII] **A v. tr.** (pres. *io ùngo, tu ùngi*; pass. rem. *io ùnsi, tu ungésti*; part. pass. *ùnto*) **1** spalmare, cospargere di sostanza grassa (**anche assol.**): *u. il tegame di burro*; *u. il pane con sugo d'arrosto*; *u. il corpo con pomate, creme, balsami, unguenti* | (*est.*) macchiare, insudiciare d'unto: *u. la camicia di grasso* **2** (*est.*) ingrassare, lubrificare: *u. una ruota, un ingranaggio* | ***u. le ruote a qlcu.***, (*fig.*) corromperlo offrendogli denari, regali e sim. per ottenere favori **3** (*relig.*) segnare con olio consacrato o con altra materia consacrante, versare olio consacrato sulla testa di persona eletta a particolare funzione religiosa o sociale | nel cattolicesimo, amministrare sacramenti che comportano l'unzione **4** (*fig.*) blandire, lisciare (**anche assol.**): *ungi, ungi, ma non riuscirai a comprarmi, a convincermi* **5** (*raro, lett.*) medicare: *u. le ferite* **B ùngersi v. tr. pron.** (aus. *essere*) **1** spalmare di sostanze grasse una parte del proprio corpo: *ungersi le braccia con la crema solare*; *consuma l'ore in su gli specchi in farsi i ricci e ungersi la testa* (P. ARETINO) **2** macchiarsi d'unto: *ungersi il vestito, le mani* **C ùngersi v. rifl.** • spalmarsi di sostanze grasse (+ *con*, + *di*): *ungersi con la crema abbronzante*; *un tempo gli atleti si ungevano d'olio* **D ùngersi v. intr. pron.** • macchiarsi, sporcarsi d'unto, sugo e sim.: *ungersi mangiando*; *guarda come ti sei unto!*

ungherése (o **-ṣ-**) o **†ongarése** [1548] **A agg.** • dell'Ungheria: *popolazione u.*; *lingua u.* | ***all'u.***, (*ellitt.*) alla maniera degli ungheresi | (*disus.*) ***tiro all'u.***, nel calcio, colpo dato alla palla con l'esterno del piede **B s. m. e f.** • abitante o nativo dell'Ungheria **C s. m. solo sing.** • lingua del gruppo ugro-finnico, parlata in Ungheria

ùnghero ▸ **ungaro**

♦ùnghia o, (*raro*) **ùngula**, (*raro, lett.*) **ùgna**, (*raro, centr., merid.*) **ógna**, **†ùngola** [lat. *ŭngula*, in orig. dim. di *ŭnguis* 'unghia', di orig. indeur. * sec. XIII] **s. f. 1** (*anat.*) formazione cornea lamellare, caratteristica dei Vertebrati terrestri, che riveste l'estremità distale del dito e ha compiti di protezione, appoggio, difesa od offesa, a seconda della specie animale che si considera: *le unghie dell'uomo, degli animali*; *le unghie del gatto, del cavallo, del leone*; *le unghie delle mani, dei piedi*; *tagliarsi, limarsi, pulirsi le unghie*; *mangiarsi, mordicchiarsi le unghie* **CFR.** onico- | ***u. a zoccolo***, grossa, robusta e che riveste l'ultima falange, propria di alcuni Ungulati | ***u. ad artiglio***, adunca e appuntita | ***u.***

incarnita, o *incarnata*, unghia affondata con i suoi bordi laterali nei tessuti molli vicini dove determina ulcerazioni e infezioni | ***u. ippocratica***, unghia allargata e abnormemente convessa | ***unghie alla francese***, trattamento cosmetico delle unghie che consiste nell'usare uno smalto bianco sulla parte sporgente e uno naturale sul resto dell'unghia | ***metter fuori le unghie***, (*fig.*) mostrare chiaramente la propria ostilità, capacità offensiva e sim. | ***difendersi coi denti e con le unghie***, (*fig.*) difendersi con ogni mezzo e con disperato accanimento | (*colloq.*) ***sull'u.***, subito, detto spec. di pagamenti immediati e in contanti **2** (**al pl.**, *fig.*) grinfie, mani: *cadere tra le unghie di uno strozzino*; *mettere le unghie addosso a qlcu.*; *se mi capita sotto le unghie, lo concio per le feste* | ***avere, tenere qlcu. tra, sotto le unghie***, (*lett.*) ***nelle unghie***, in proprio potere **3** (*fig.*) distanza o quantità minima: *c'è mancata un'u.*; *ce ne vuole un'u. in più*; *bisogna restringerlo di un'u.* **4** taglio obliquo all'estremità di un attrezzo: *l'u. dello scalpello* | (*est.*) attrezzo con tale taglio | parte di un attrezzo fatta a uncino, ad artiglio e sim.: *l'u. dell'ancora* **5** intaccatura sul dorso della lama di un coltello a serramanico, destinata a facilitare l'estrazione della lama stessa **6** (*bot.*) porzione ristretta e spesso decolorata del petalo, nella zona di inserzione sul talamo | ***u. cavallina***, fungo delle Poliporacee, a forma di zoccolo di cavallo, di colore grigio cenere e brunastro, che cresce sulle piante latifoglie (*Ungulina fomentaria*) **7** (*archit.*) ciascuna delle quattro superfici ottenute dall'intersezione di due volte a botte di ugual monta, perpendicolari tra loro e con ugual piano tangente in chiave **8** in legatoria, unghiatura **9** (*mar.*) patta③ **10** (*enol.*) specie di lunetta che si nota sulle pareti di un bicchiere contenente del vino inclinandolo || **unghiàccia**, **pegg.** | **unghièlla**, **dim.** (V.) | **unghièllo**, **dim. m.** (V.) | **unghiétta**, **dim.** | **unghiòlo**, **dim. m.** (V.) | **unghióna**, **accr.** | **unghióne**, **accr. m.** (V.)

unghiàta [1858] **s. f.** ● colpo inferto con le unghie | ferita provocata da tale colpo **SIN.** graffio || **unghiatina**, **dim.**

unghiàto [1313] **agg.** ● (*lett.*) che è armato di unghie: *zampe unghiate*; *aquila unghiata*

unghiatùra o †**ugnatùra** nel sign. 2 [da *unghia* ✱ 1568] **s. f. 1** linguetta che sporge dal coperchio di portacipria e sim. per agevolare l'apertura | piccola intaccatura nelle casse da orologi per poterle aprire facendo leva con l'unghia del pollice **2** (*archit.*) augnatura **3** nei volumi rilegati, la sporgenza della copertina rispetto al corpo del volume **4** in medicina legale, lesione superficiale escoriativa prodotta da un colpo d'unghia

unghièlla o **ugnèlla** [av. 1696] **s. f. 1** dim. di *unghia* **2** tipo di cesello con la cima a forma di sezione di unghia

unghièllo o **ugnèllo** [av. 1735] **s. m. 1** dim. di *unghia* **2** artiglio, unghiolo: *gli unghielli del gatto* **3** ciascuna delle due formazioni cornee che si trovano alla faccia volare del nodello degli animali ad unghia fessa e che corrispondono agli speroni degli equini

unghiòlo o (*lett.*) **ugnòlo** [1857] **s. m. 1** dim. di *unghia* **2** (*zool.*) unghia stretta e acuta del gatto e di alcuni uccelli, quali i gallinacei

unghióne o †**ugnòne** [1313] **s. m. 1** accr. di *unghia* **2** (*pop.*) zoccolo **3** artiglio

unghióso (o -**ṣ**-) [da *unghia* ✱ 1406] **agg. 1** †scaglioso **2** (*lett.*) che ha unghie lunghe | (*lett.*, *fig.*) avido, rapace

unghiùto [da *unghia* ✱ 1342] **agg.** ● munito di artigli

ungiménto o †**ugniménto** [sec. XIII] **s. m. 1** †unzione | †unguento **2** (*raro*, *fig.*) atto di corruzione

ungitóre o †**ugnitóre** [sec. XIV] **s. m.** (**f.** -*trice*); anche **agg.** ● (*raro*) chi (o che) unge (*anche fig.*)

ungitùra [1879] **s. f.** ● (*raro*) applicazione di sostanze grasse, lubrificanti

†**ùngola** ➤ **unghia**

†**ùngue** [vc. dotta, lat. *ŭngue(m)*, di orig. indeur. ✱ sec. XIII] **s. f.** ● (*raro*) unghia

ungueàle [da †*ungue* ✱ 1839] **agg.** ● (*anat.*) dell'unghia: *lamina, lunula u.*

†**unguentàio** ➤ **unguentario**

†**unguentàre** [vc. dotta, lat. tardo *unguentāre*, da *unguĕntum* 'unguento' ✱ sec. XIV] **v. tr.** e †**unguentàrsi** **v. rifl.** ● ungere, ungersi con unguenti, balsami, profumi e sim.

unguentàrio o †**unguentàio** nel sign. B [vc. dotta, lat. *unguentāriu(m)*, da *unguĕntum* 'unguento' ✱ sec. XIII] **A** **agg.** ● (*raro*) che contiene o fornisce unguento: *vaso u.*; *ghianda unguentaria* **B** **s. m.** (**f.** -*ia*) ● †profumiere

†**unguentière** [sec. XIII] **s. m.** ● unguentario

†**unguentìfero** [comp. di *unguento* e -*fero* ✱ av. 1729] **agg.** ● che porta unguenti

unguènto [vc. dotta, lat. *unguĕntu(m)*, da *ŭnguere*, variante di *ŭngere* ✱ 1268] **s. m. 1** medicamento molle preparato con eccipienti grassi: *cura a base di impacchi e unguenti* | (*fig.*) †conforto, rimedio | ***†u. da cancheri***, detto di chi vuole avere ciò che appartiene ad altri | (*fig.*) ***†u. di zecca***, denaro | ***†dar dell'u.***, (*fig.*) adulare, lusingare **2** impasto molle di sostanze odorose, usato un tempo come profumo: *spalmare il corpo, le membra di preziosi unguenti* **SIN.** balsamo

ùnguibus et ròstris [loc. lat., propr. 'per mezzo delle unghie (*ŭnguibus*, abl. pl. di *ŭnguis*) e del becco (*rōstris*, abl. pl. di *rōstrum*)'] **loc. avv.** ● con tutte le forze, le armi, i mezzi di cui si dispone

unguìcola [vc. dotta, dal lat. *ŭnguis* 'unghia', con suff. dim. ✱ 1961] **s. f.** ● (*zool.*) unghia più o meno piatta o incurvata solo trasversalmente, con estremità libera arrotondata e sporgente sul polpastrello, tipica delle proscimmie, delle scimmie antropomorfe e dell'uomo

Unguicolàti [da *unguicola* ✱ 1875] **s. m. pl.** (**sing.** -*o*) ● (*zool.*) gruppo di Mammiferi provvisti di unghie e artigli invece che di zoccoli (*Unguiculata*)

unguicolàto [1957] **agg. 1** (*zool.*) detto del becco di alcuni uccelli, come quello delle anitre, quando reca all'apice una specie di unghia rivolta verso il basso **2** (*bot.*) detto di petalo, come quello del garofano, quando reca alla base un prolungamento a forma di unghia, che lo inserisce nel ricettacolo

ùngula [vc. dotta, lat. *ŭngula(m)*, dim. di *ŭnguis* 'unghia' ✱ sec. XIV] **s. f. 1** V. *unghia* **2** (*zool.*) zoccolo

Ungulàti [vc. dotta, lat. *ungulātu(m)* 'provvisto di zoccolo (*ŭngula*)' ✱ 1839] **s. m. pl.** (**sing.** -*o*) ● (*zool.*) gruppo di Mammiferi con unghia a zoccolo (*Ungulata*)

ungulatùra [dal lat. *ŭngula* 'unghia' (V. *ungula*) ✱ 1961] **s. f.** ● solco, incisione sulla lama di coltelli, armi, strumenti da taglio

ungulìgrado [comp. del lat. *ŭngula* 'unghia' e di un deriv. da *grădi* 'procedere, camminare' ✱ 1839] **A** **agg.** ● detto di animale che cammina nando poggia al suolo soltanto l'unghia **B** anche **s. m.**

ùni- [lat. *uni-*, da *ūnus* 'uno (solo)'] **primo elemento** ● in parole composte significa 'uno', 'uno solo', o fa riferimento a una sola unità: *unicamerale, unifamiliare* | in taluni casi si alterna nell'uso con *mono-*: *unigeneo*

uniàsse [comp. di *uni-* e *asse* ✱ 1961] **agg. inv.** ● (*bot.*) detto di pianta il cui asse primario termina con un fiore

uniàssico [da *uniasse* ✱ 1930] **agg.** (**pl. m.** -*ci*) ● (*miner.*) detto di un cristallo birifrangente che ha un solo asse ottico

uniàte [russo *unijat*, da *unija* 'unione (delle Chiese)' ✱ 1935] **agg.**; anche **s. m.** ● detto delle Chiese orientali o dei singoli fedeli che, distaccatisi dalla comunione con la Chiesa cattolica romana in conseguenza dello scisma d'Oriente, si sono poi ad essa riuniti, conservando organizzazione autonoma

unìbile [sec. XIV] **agg.** ● che si può unire || **unibilità**, **s. f. inv.**

unicameràle [comp. di *uni-* e *camerale*, secondo il modello ingl. *unicameral* ✱ 1950] **agg.** ● monocamerale **CONTR.** bicamerale

unicameralìṣmo [comp. da *unicamerale* e -*ismo* ✱ 1950] **s. m.** ● monocameralismo **CONTR.** bicameralismo

unicellulàre [comp. di *uni-* e *cellulare* ✱ 1875] **agg.** ● (*biol.*) detto di organismo formato da una sola cellula **SIN.** monocellulare || **unicellularità**, **s. f. inv.**

unicellulàto [1983] **A** **agg.** ● (*biol.*) unicellulare **B** anche **s. m.**

unicità [av. 1565] **s. f. inv.** ● condizione, caratteristica di chi (o di ciò che) è unico **CONTR.** molteplicità | qualità specifica, peculiarità: *l'u. di un luogo, di uno scrittore*

♦**ùnico**① [vc. dotta, lat. *ūnicu(m)*, da *ūnus* 'uno solo' ✱ av. 1292] **A** **agg.** (**pl. m.** -*ci*) **1** che non è preceduto, accompagnato o seguito da nessun altro elemento uguale, che è il solo esistente del suo tipo o specie: *volume, esemplare u.*; *figlio u.*; *modello u.*; *pezzo u., da collezione*; *regime politico a partito u.*; *è stata la sola e unica volta che ho acconsentito*; *io, u. fra tutti, ho detto chiaramente di no* | ***più u. che raro***, rarissimo, eccezionale: *è un caso più u. che raro* | ***atto u.***, opera teatrale in un solo atto | ***strada a senso u.***, nella quale il transito è consentito in una sola direzione | (*fig.*) ***informazione, critica a senso u.***, faziosa, unilaterale | ***numero u.***, di giornale o pubblicazione non periodica, che esce saltuariamente | ***giudice u.***, organo giudiziario costituito da una sola persona | ***testo u.***, raccolta di tutte le norme legislative riguardanti una data materia | ***l'unica***, (*ellitt.*) via, soluzione, possibilità e sim. senza valide alternative: *questa è l'unica che puoi fare*; *per il momento l'unica è tacere* **2** che non ha uguali quanto a valore, virtù, pregio e sim.: *poeta, pittore u.*; *amico u.*; *quadro di bellezza unica*; *oggi sei di un'eleganza unica!* **SIN.** inarrivabile, incomparabile, ineguagliabile || **unicaménte**, **avv. 1** come unica cosa, solamente, soltanto: *desidero unicamente una risposta* **2** (*lett.*) in modo unico, ineguagliabile || **unicità**, **s. f. inv.** (V.) **B** **s. m.** (**f.** -*a*) **1** chi è solo a fare, dire, pensare e sim., qlco.: *sei l'u. a crederlo*; *non saremo gli unici a dire di no*; *fosti tu l'u. che si oppose* **2** oggetto o animale unico: *ha altri abiti da mostrarmi? No, questo è l'u.*; *questo cucciolo è l'u. di colore nero*

SFUMATURE ➤ *particolare*, ➤ *solo*

Ùnico② [sigla di *Uni(ficato) Co(mpensativo)* ✱ 1998] **agg.**; **s. m.** (**pl.** -*ci*) ● detto di modello unificato per la dichiarazione dei redditi soggetti a Irpef e per la dichiarazione Iva e Irap

unicolóre [vc. dotta, lat. *unicolōre(m)*, comp. di *ūnus* 'uno solo' e *cŏlor*, genit. *colōris* 'colore' ✱ 1868] **agg.** ● monocolore, monocromo **CONTR.** policromo

uniconcettuàle [comp. di *uni-* e *concettuale* ✱ 1972] **agg.** ● (*raro*) che contiene o sviluppa un unico concetto: *libro u.*; *film u.*

†**unicòrde** [comp. di *uni-* e *corda* sul modello del grecismo *monocorde* ✱ 1648] **agg.** ● mono-

corde

unicòrno [vc. dotta, lat. tardo *unicŏrnu(m)* 'di un solo (*ūnus*) corno (*cŏrnus*)' ✱ 1250 ca.] **A** **agg.** ● (*zool.*) detto di animale con un corno solo **B** **s. m.** **1** nelle mitologie antiche e nelle credenze medievali, animale fiabesco, con un solo corno che, ridotto in polvere, si riteneva avesse virtù curative **SIN.** †liocorno **2** (*zool.*) narvalo

ùnicum [vc. lat., propr. '(oggetto) unico' ✱ 1908] **s. m. inv.** (**pl. lat.** *unica*) **1** nel linguaggio di bibliografi, filatelici, numismatici e sim., esemplare unico **2** (*est.*) caso unico

unidimensionàle [comp. di *uni-* e di un deriv. di *dimensione* ✱ 1939] **agg.** **1** (*mat.*) detto di ente geometrico a una sola dimensione, quale una curva | (*fig.*) che ha un solo aspetto, che si limita a un solo aspetto: *una personalità u.*; *una concezione u. della vita* **2** (*fis.*) detto di problema risolvibile mediante un'equazione a una sola variabile ‖ **unidimensionalità**, **s. f. inv.**

unidirezionàle [comp. di *uni-* e *direzionale* ✱ 1961] **agg.** **1** (*elettr.*) detto di corrente elettrica continua o di una corrente che non inverte mai il verso di circolazione **SIN.** monodirezionale **2** (*tecnol.*) detto di dispositivo atto al passaggio di un fluido, della corrente elettrica o altro, in una sola direzione: *microfono u.* **3** in un sistema di circolazione stradale, detto di corrente di marcia in cui sono eliminati gli incroci a livello fra correnti di traffico con direzioni diverse ‖ **unidirezionalménte**, **avv.** ‖ **unidirezionalità**, **s. f. inv.**

unidòse [comp. di *uni-* e *dose* ✱ 1983] **agg. inv.** ● (*farm.*) detto di confezione contenente una sola dose di preparato

unifamiliàre [comp. di *uni-* e *familiare* ✱ 1942] **agg.** ● detto di casa progettata e costruita per servire da abitazione a una sola famiglia: *villetta u.* **SIN.** monofamiliare ‖ **unifamiliarità**, **s. f. inv.**

unìfero [comp. di *uni-* e *-fero* ✱ 1869] **agg.** ● (*bot.*) detto di pianta che fiorisce e fruttifica una sola volta all'anno

unificàbile [1879] **agg.** ● che si può unificare: *principi, criteri unificabili* ‖ **unificabilità**, **s. f. inv.**

unificànte **part. pres.** di *unificare*; anche **agg.** **1** nei sign. del v. **2** che unifica, determina una fusione o un'aggregazione: *agente, elemento u.*; *la musica rock come fattore u. nel mondo giovanile*

unificàre [comp. di *uni-* e *-ficare* ✱ 1563] **A** **v. tr.** (*io unìfico, tu unìfichi*) **1** ridurre a unità, fondere due o più elementi in un solo organico insieme: *u. l'Italia, l'Europa*; *u. le leggi, i codici*; *u. varie correnti di pensiero* **CONTR.** dividere, separare, suddividere **2** standardizzare un prodotto industriale, ridurlo a un unico tipo **B** **unificàrsi** **v. rifl. recipr.** ● unirsi, convergere o confluire in un solo organico insieme: *partiti politici che devono unificarsi* ‖ **unificazióne**, **s. f.** (V.)

unificatìvo [av. 1639] **agg.** ● (*raro*) che tende a unificare

unificàto **part. pass.** di *unificare*; anche **agg.** ● nei sign. del v.: *progetti di legge unificati*; *trasmissione a reti unificate*

unificatóre [av. 1535] **A** **agg.** (**f.** *-trice*) ● che unifica: *criterio, principio u.*; *azione unificatrice* **B** anche **s. m.**: *Garibaldi, l'u. dell'Italia*; *gli unificatori dell'Italia*

unificazióne [1841] **s. f.** **1** riunione di due o più elementi in un solo, organico insieme: *u. politica, amministrativa dello Stato* **2** (*tecnol.*) tendenza a conseguire accordi nel campo tecnico e industriale in modo da evitare difformità di simboli, di caratteristiche, di procedimenti e sim. **3** standardizzazione, riduzione a un unico tipo, spec. di un prodotto industriale

unifilàre [comp. di *uni-* e di un deriv. di *filo* ✱ 1961] **agg.** ● (*elettr.*) detto di collegamento fra componenti elettrici realizzato con un unico conduttore: *linea elettrica u.* | detto di schema elettrico in cui i conduttori a due o più fili sono indicati con un'unica linea **SIN.** monofilare

uniflòro [comp. di *uni-* e del lat. *flōs*, genit. *flōris* ✱ 1813] **agg.** ● (*bot.*) detto di pianta, fusto o peduncolo che porta un solo fiore

unifogliàto [comp. di *uni-* e di un deriv. di *foglia* ✱ sec. XIX] **agg.** ● (*bot.*) detto di picciolo con un solo lembo, foglia o fogliolina | detto di foglia originariamente composta le cui foglioline, per anomalia o riduzione filogenetica, si sono ridotte a una sola

uniformàre [da *uniforme*① ✱ av. 1463] **A** **v. tr.** (*io unifórmo*) **1** rendere uniforme: *u. una superficie irregolare*; *u. il terreno prima della semina* **CONTR.** differenziare **2** rendere adatto, adeguato, confacente: *u. i propri gusti ai dettami della moda* **B** **uniformàrsi** **v. rifl.** ● adeguarsi, conformarsi, sottomettersi: *uniformarsi alla situazione presente*; *uniformarsi alla volontà della maggioranza* **CONTR.** differenziarsi

uniformazióne [1800] **s. f.** **1** livellamento (*anche fig.*) **2** adattamento, adeguamento

unifórme① [vc. dotta, lat. tardo *unifŏrme(m)* 'ad una sola (*ūna*) forma' ✱ 1321] **agg.** **1** che è uguale in ogni sua parte, che è privo di variazioni, difformità, discontinuità e sim.: *superficie piatta e u.*; *colore steso in modo u.* | simile, corrispondente: *idee uniformi, nate tra popoli sconosciuti tra loro, debbon avere un principio comune di vero* (G. VICO) **2** (*fis.*) ***campo u.***, campo vettoriale in cui il vettore del campo è indipendente dal tempo e/o dal posto | ***moto u.***, moto di un punto su una traiettoria qualsiasi, la cui velocità rimane costante in grandezza nel tempo, pur potendo variare in orientamento: *moto circolare u.* | ***corrente fluida u.***, in cui la velocità delle particelle è indipendente dal tempo e dal posto occupato **3** (*mat.*) detto di fenomeno che si presenta con gli stessi caratteri nei punti dove avviene: *continuità u.*; *convergenza u.* | ***funzione u.***, funzione univoca **4** (*fig.*) monotono: *suono, ritmo u.*; *paesaggio u.*; *giornate uniformi*; *vita u.* **CONTR.** variato ‖ **uniformeménte**, **avv.** in modo uniforme, con uniformità: *colore uniformemente distribuito*

SFUMATURE ➤ *omogeneo*

unifórme② [fr. (*habit*) *uniforme* '(vestito) uniforme' ✱ 1714] **s. f.** **1** abito uguale per tutti gli appartenenti a una stessa forza armata e, nell'interno di questa, per tutti gli appartenenti alla stessa arma, corpo, specialità, categoria gerarchica, relativamente ai vari contrassegni distintivi: *u. di fatica, da campagna, da combattimento*; *u. ordinaria per la truppa*; *u. ordinaria per gli ufficiali* | ***alta u., grande u.***, prescritta per le occasioni solenni | ***indossare l'u.***, (*fig.*) fare il servizio militare, intraprendere la carriera militare **2** (*est.*) abito uguale prescritto per tutti gli appartenenti a un determinato ordine, istituto, servizio e sim.: *l'u. dei cavalieri dell'Ordine di Malta*; *l'u. dei ferrovieri, dei tranvieri, dei collegiali* **SIN.** divisa, tenuta

uniformìsmo [da *uniforme*① ✱ 1867] **s. m.** ● (*geol.*) attualismo nel sign. 2

uniformità [vc. dotta, lat. tardo *uniformitāte(m)*, da *unifōrmis* 'uniforme①' ✱ av. 1375] **s. f. inv.** **1** condizione di ciò che è uniforme: *l'u. di una superficie, del colore, del suono*; *l'u. del moto* **CONTR.** difformità, varietà | ***fattore di u.***, in ottica, rapporto fra l'illuminamento nel punto più scuro e quello nel punto più chiaro o nel punto medio **2** conformità, concordanza, accordo: *u. di vedute, di opinioni, di scelte*; *riscontrare una notevole, una totale u. di punti di vista* | ***in u., in piena u. con***, conformemente a **CONTR.** discordanza

uniformologìa [comp. di *uniforme*② e *-logia* ✱ 1980] **s. f.** (**pl.** *-gìe*) ● ricerca e raccolta delle uniformi militari, e studio della loro storia

†**unigèneo** [sul modello di *omogeneo* con sostituzione della prima parte con *uni-* ✱ av. 1565] **agg.** ● che ha la stessa natura

unigènere [comp. di *uni-* e *genere* ✱ 1847] **agg.** ● (*raro*) di un solo genere **CFR.** multigenere

unigènito [vc. dotta, lat. *unigĕnitu(m)*, comp. di *ūnus* 'unico' e *gĕnitus* 'genito, nato' ✱ sec. XIII] **A** **agg.** ● che è l'unico figlio generato | (*per anton.*) detto del Cristo, unico figlio di Dio, fatto uomo: *Gesù, figlio u. del Padre* **B** anche **s. m.** (**f.** *-a*) ● ***l'U.***, (*per anton.*) Gesù Cristo

unigenitoriàle [comp. di *uni-* e *genitoriale* ✱ 1995] **agg.** **1** relativo a un solo genitore: *affidamento u.* **2** detto di famiglia in cui è presente un solo genitore **SIN.** monoparentale, monogenitoriale **CFR.** bigenitoriale, biparentale

†**unìgeno** [vc. dotta, lat. *unĭgena(m)* 'di un solo (*ūnus*) parto (da *gĭgnere* 'generare')', m. e f., adattato alla più frequente desinenza m. in *-o* ✱ av. 1588] **agg.** ● unico generato | ***la dea unigena***, Minerva, unica nata dal cervello di Giove

unilabiàto [comp. di *uni-* e di *labiato* (dal lat. *lăbium* 'labbro') ✱ 1840] **agg.** ● (*bot.*) detto di calice o corolla gamopetala irregolare con un solo labbro ben evidente

unilateràle [fr. *unilatéral*, comp. di *uni-* e *latéral* 'laterale' ✱ 1766] **agg.** **1** che riguarda un solo lato: *affezione, infiammazione u. della pleura* **2** (*dir.*) che riguarda o prende in considerazione una sola delle parti: *promessa u.* | ***negozio giuridico u.***, in cui la manifestazione di volontà è una sola **3** (*fig.*) che prende in considerazione un solo lato o aspetto di qlco.: *visione u. di un problema* | (*est.*) eccessivamente personale, soggettivo: *concetto u.*; *ha un modo troppo u. di vedere le cose* | (*est.*) arbitrario, spec. in quanto non tiene conto della complessità dei dati, degli elementi, della realtà: *spiegazione u.*; *giudizio u.*; *interpretazione u. dei fatti* ‖ **unilateralménte**, **avv.** ‖ **unilateralità**, **s. f. inv.** caratteristica di chi (o di ciò che) è unilaterale (*spec. fig.*)

unilateralìsmo [da *unilaterale* ✱ 1898] **s. m.** **1** tendenza a prendere in considerazione un unico punto di vista, un solo aspetto della realtà **2** spec. nel settore dei rapporti internazionali, concezione e linea di condotta di chi tiene conto esclusivamente del proprio punto di vista, mettendo in secondo piano quello degli altri **CONTR.** multilateralismo

unilateralìsta [1990] **A** **s. m. e f.**; anche **agg.** (**pl. m.** *-i*) ● fautore dell'unilateralismo **B** **agg.** ● relativo all'unilateralismo | caratterizzato da unilateralismo: *scelta u. in politica estera*

unilateralìstico [1935] **agg.** (**pl. m.** *-ci*) ● unilateralista: *politiche unilateralistiche*

unilàtero [1851] **agg.** ● (*mat.*) detto di una superficie a una sola faccia

unilineàre [comp. di *uni-* e *lineare* ✱ 1907] **agg.** **1** (*lett.*) che procede lungo una sola linea ideale: *la storia come processo dialettico, non u.* **2** in antropologia sociale, che risale a uno solo degli ascendenti: *filiazione, discendenza u.* ‖ **unilinearità**, **s. f. inv.** caratteristica di ciò che è unilineare

unimandatàrio [comp. di *uni-* e *mandatario* ✱ 1979] **s. m.** (**f.** *-ia*) ● (*comm.*) monomandatario

†**uniménto** [da *unire* ✱ 1308] **s. m.** ● unione

unimodàle [comp. di *uni-* e *modale*② ✱ 1957] **agg.** ● (*stat.*) detto di una distribuzione di frequenza caratterizzata da un unico valore modale ‖ **unimodalità**, **s. f. inv.**

uninèrvio [comp. di *uni-* e di un deriv. dal lat. *nĕrvus* 'nervo' ✱ 1940] **agg.** ● (*bot.*) detto di foglia con una sola nervatura

uninominàle [comp. di *uni-* e *nominale* sul modello del fr. *uninominal* ✱ av. 1875] **agg.** ● (*dir.*) ***sistema u.***, o (*ellitt.*) ***l'uninominale***, sistema elettorale nel quale ogni lista presenta, in ogni collegio, un solo candidato: (*sistema*) *u. a un turno* (detto anche *u. secco*); (*sistema*) *u. a doppio turno* (che prevede un ballottaggio nel secondo turno) **CONTR.** plurinominale **CFR.** maggioritario ‖ **uninominalménte**, **avv.** in base al sistema uninominale

unionàle [da *unione* ✱ 1881] **agg.** ● (*burocr.*) che si riferisce a una struttura costituita da più enti; in particolare, relativo all'Unione Europea: *diritto u.*

♦**unióne** [vc. dotta, lat. *uniōne(m)*, da *ūnus* 'uno solo', ma tardo nel senso attuale ✱ av. 1306] **s. f.** **1** congiungimento, fusione in un tutto unico: *u. ipostatica*; *l'u. di due o più pezzi meccanici*; *l'u. dell'anima col corpo*; *l'u. delle forze* | (*dir.*) ***u. di cause***, trattazione di più cause in uno stesso processo | (*gramm.*) ***complemento di u.***, V. *compagnia* nel sign. 1 | (*fig.*) relazione, legame tra persone: *u. matrimoniale*; *tra i due fratelli l'u. è molto stretta* | (*est.*) matrimonio: *è un'u. senza figli* | ***u. di fatto***, relazione affettiva stabile tra due persone conviventi **CFR.** zigo- **CONTR.** separazione **2** associazione di persone munite o meno di personalità giuridica: *u. sindacale* **3** (*fig.*) armonica intesa, accordo, concordia: *l'u. degli animi, dei propositi*; *l'u. fraterna di tutto il popolo* | **PROV.** ***l'u. fa la forza*** | continuità, coesione: *manca l'u. fra i vari elementi dell'opera* **4** (*dir.*) forma di cooperazione fra più soggetti di diritto internazionale per fini di comune interesse e a carattere continuativo: *u. doganale, monetaria*; *u. europea occidentale* | ***U. europea***, organizzazione internazionale istituita dal trattato di Maastricht del 1992, nata dalla fusione delle Comunità europee (C.E.C.A., C.E., C.E.E.A.), fondata sulla politica estera comune e sulla cooperazione nei settori della giustizia e degli affari interni | ***u. reale***, fra due o più Stati che hanno in comune il monarca | ***u. personale***, tra più Stati che hanno in comune il sovrano, senza che tuttavia si venga a creare fra essi un'attività unitaria o un apparato istituzionale **5** (*dir.*) mescolanza inseparabile di cose mobili appartenenti a diversi proprietari che diviene proprietà comune a tutti **6** (*mat.*) ***u. di più insiemi***, insieme costituito dagli elementi che appartengono ad almeno uno degli insiemi | nell'insieme delle parti di un insieme, l'operazione che a due sottoinsiemi associa la loro unione | ***u. booleana***, operazione fra due o più variabili booleane, il cui risultato è 'vero' se almeno uno dei fattori ha il valore 'vero' **SIN.** somma **CFR.** prodotto **SIMB.** OR

SFUMATURE DI SIGNIFICATO

unione - blocco

Unione è termine generale che designa un legame, un congiungimento, un'associazione tra persone; figuratamente, è equivalente di concordia, armonia, coesione; in ambito giuridico identifica una forma di collaborazione, di cooperazione continuativa fra Stati per il raggiungimento di interessi comuni. Se l'*unione* riguarda forze politiche o gruppi e ha carattere di grande compattezza e coesione si parla di **blocco**.

SFUMATURE ➤ ***coalizione***

unionìsmo [da *unione*, sul modello dell'ingl. *unionism* ✱ 1891] **s. m.** **1** movimento che tende a raggiungere o a mantenere l'unità all'interno di organismi politici, economici, religiosi, ecc. **2** (*econ.*) il sistema tradunionistico

unionìsta [da *unione*, sul modello dell'ingl. *unionist* ✱ 1860] **s. m. e f.**; **anche agg.** (**pl. m.** *-i*) ● chi (o che) è fautore o sostenitore dell'unione di due o più organismi politici, economici, religiosi e sim. **CONTR.** separatista | (*stor.*) durante la guerra di secessione americana (1861-'65), fautore degli Stati del Nord **CFR.** confederato | (*stor.*) nell'Inghilterra del XIX sec., fautore dell'unione amministrativa con l'Irlanda

uniovulàre [comp. di *uni-* e *ovulo*, con suff. aggettivale ✱ 1932] **agg.** ● (*biol.*) monovulare

uniparentàle [comp. di *uni-* e *parentale* ✱ 1971] **agg.** ● (*raro*) relativo a un unico genitore | (*biol.*) ***disomia u.***, anomalia per cui, in un individuo, due cromosomi omologhi sono ereditati dallo stesso genitore

unìparo [comp. di *uni-* e di un deriv. dal lat. *părere* 'partorire' ✱ av. 1565] **agg.** **1** detto di animale che mette al mondo un solo figlio ad ogni parto **2** (*bot.*) detto di cima costituita da un solo ramo

unipolàre [comp. di *uni-* 'da un solo' e dell'agg. di *polo* ✱ 1869] **agg.** **1** (*elettr.*) che presenta una sola specie di polarità | ***cavo u.***, a un solo conduttore **SIN.** omopolare, monopolare **2** (*elettron.*) ***transistor u.***, transistor, per es. quello a effetto di campo, che utilizza portatori di carica di un solo tipo, quelli di maggioranza | ***interruttore u.***, atto a interrompere la corrente elettrica su un solo filo ‖ **unipolarità**, **s. f. inv.**

unipotènte [comp. di *uni-* e *potente* ✱ sec. XX] **agg.** ● (*biol.*) detto di cellula parzialmente differenziata che, al termine della differenziazione, può produrre un solo specifico tipo di cellula **CFR.** totipotente

♦**unìre** [vc. dotta, lat. *unīre*, da *ūnus* 'uno solo' ✱ av. 1294] **A** **v. tr.** (*io unìsco, tu unìsci*) **1** accostare o mescolare due o più cose o parti tra loro, così che diventino una cosa sola: *u. due assi con la colla, coi chiodi*; *uniamo i due banchi e ne otterremo uno più grande*; *unite i vari ingredienti in una teglia e cuocete a fuoco moderato*; *bisogna u. le varie tinte nella giusta proporzione* | (*est.*) armonizzare, fondere in un unico complesso: *u. le voci, i suoni*; *u. i colori* **CONTR.** disunire, separare **2** (*est.*) fondere, collegare strettamente, associare: *se uniremo le nostre iniziative saremo i più forti*; *hanno deciso di u. i loro beni*; *u. più parole per formare una frase* | ***u. l'utile al dilettevole***, fare qlco. di piacevole, traendone anche concreti benefici | (*est.*) possedere contemporaneamente: *u. al merito la virtù*; *un dramma che unisce il magico al reale*; *non ho trovato una donna che sappia u., come questa, la gentilezza e il decoro* (C. GOLDONI) | (*est.*) accomunare: *l'intelligenza li unisce* **3** (*est.*) rendere solidali più persone, portarle a un comune impegno o determinazione (*anche assol.*): *la loro comune matrice culturale li unisce*; *spesso il dolore e la sofferenza uniscono gli uomini*; *l'indignazione unì gli animi e i voleri dei cittadini, incitandoli alla rivolta*; *idee, principi, esigenze che uniscono* | (*est.*) legare con vincoli di natura morale o giuridica: *un fatto, una promessa li unisce*; *u. i giovani in una lega, una associazione* | ***u. in matrimonio***, accogliere la manifestazione di volontà dei nubendi e dichiararli sposi: *il sacerdote li unì in matrimonio* | (*est.*) legare con vincoli di natura politica, economica e sim.: *un accordo, un'alleanza li unisce* **4** mettere in comunicazione, collegare: *u. paesi, villaggi, centri abitati con strade, ferrovie, telegrafo, telefono*; *presto un nuovo traforo unirà i nostri paesi* **B** **unìrsi** **v. rifl. e rifl. recipr.** **1** mettersi insieme, formare una unione (+ *in*): *unirsi in matrimonio*; *unirsi in società, in associazioni* **2** accostarsi, mescolarsi, legarsi in modo da formare un tutto, un insieme: *in questo punto le acque dei due fiumi si uniscono*; *i vari elementi devono unirsi secondo lo schema prestabilito* **3** (*est.*) fare causa comune, organizzarsi e agire per uno scopo comune (+ *a*, + *con*, + *contro*): *la tribù si unì alle* (o *con le*) *altre*; *unirsi contro l'invasore, la repressione*; *proletari di tutto il mondo, unitevi!*; *per indurre i fiorentini a unirsi con gli altri confederati* (F. GUICCIARDINI) **4** associarsi politicamente, economicamente e sim. (+ *per*, + *in* **anche seguiti da inf.**): *le grandi imprese si unirono per conquistare nuovi mercati*; *unirsi per uno scopo comune*; *queste potenze si unirono allora nella triplice alleanza*; *unirsi nel chiedere il rispetto degli accordi* **5** accompagnarsi, mettersi con qlcu. (+ *a*): *si unirono al gruppo, alla comitiva*; *per* (o *in*) *questo viaggio mi unisco a voi* **C** **unìrsi** **v. intr. pron.** **1** accordarsi, armonizzarsi: *suoni, colori, idee che si uniscono perfettamente* **2** (*est.*) coesistere, associarsi (+ *a*): *in lui l'astuzia si unisce all'intelligenza*

SFUMATURE DI SIGNIFICATO

unire - mescolare - miscelare - amalgamare

Unire esprime l'idea di associare in un insieme, qualsiasi sia il modo, cose di tipo o di natura diverse. **Mescolare** è mettere insieme sostanze diverse, o diverse quantità di una stessa sostanza, in modo da formare una sola massa. **Miscelare** esprime la stessa azione, ma solo in riferimento a sostanze liquide o gassose. **Amalgamare** si impiega in relazione alla fusione di sostanze malleabili, quindi al fine di determinare un impasto.

SFUMATURE ➤ ***congiungere***

unisessuàle [comp. di *uni-* e *sessuale* ✱ 1804] **agg.** ● (*biol.*, *zool.*) detto di pianta o animale portatore degli organi sessuali di un solo sesso **SIN.** unisessuato, monosessuale ‖ **unisessualità**, **s. f. inv.** (*biol.*) condizione di un organismo unisessuale

unisessuàto [comp. di *uni-* e *sessuato* ✱ 1973] **agg.** ● (*biol.*) unisessuale

unisèx o **ùnisex** [comp. di *uni-* e dell'ingl. *sex* 'sesso', prob. sul modello del fr. *unisexe* ✱ 1969] **A** **agg. inv.** ● che si adatta, può essere usato o si rivolge a entrambi i sessi, detto spec. di indumenti: *pantaloni u.*; *scarpe u.*; *bicicletta u.*; *moda, rivista u.* **B** **s. m. inv.** **1** insieme di prodotti di abbigliamento che possono servire all'uno e all'altro sesso: *l'u. invernale*; *il mercato dell'u. è in espansione* **2** (*raro*) modo di vestire, di comportarsi, di manifestarsi attraverso i quali non si distingue l'uomo dalla donna

unisìllabo [vc. dotta, lat. tardo *unisўllabu(m)* 'di una sola (*ūna*) sillaba (*sўllaba*)' ✱ 1639] **agg. e s. m.** ● monosillabo

unisonànza [da *unisono* ✱ av. 1647] **s. f.** ● (*raro*) caratteristica di suoni unisoni

†**unisonàre** [1706] **v. tr.** ● rendere unisono

♣**unìsono** [vc. dotta, lat. tardo *unīsonu(m)* 'di un solo (*ūnus*) suono (*sŏnus*)' ✱ 1510] **A** **agg.** **1** (*mus.*) detto di un suono o di una serie di suoni che vengono prodotti simultaneamente a suoni o serie di suoni uguali o distanti di un'ottava | ***violini unisoni***, che eseguono la stessa parte **CONTR.** dissonante **2** (*ling.*) omofono **3** (*fig.*, *lett.*) che è in pieno accordo, conformità e sim.: *opinioni, risposte unisone* **4** (*raro*, *lett.*) monotono **B** **s. m.** **1** (*mus.*) intervallo di prima ed esecuzione dello stesso suono o serie di suoni da parte di più voci o strumenti; spec. nella loc. avv. ***all'u.*** | particolare registro organistico **2** (*fig.*) totale concordanza e contemporaneità, spec. nella loc. avv. ***all'u.***: *agire, pensare, operare all'u.*

♦**unità** o †**unitàde**, †**unitàte** [vc. dotta, lat. *unitāte(m)*, da *ūnus* 'uno (soltanto)' ✱ 1282] **s. f. inv. 1** condizione di ciò che è uno, indivisibile e, come tale, compiuto in sé stesso: *u. e molteplicità; u. e pluralità; l'u. dello spirito, della coscienza* | nella teologia cristiana, attributo di Dio, come unica sostanza in tre persone **2** condizione di ciò che è o deve essere unico | ***u. della giurisdizione***, principio per cui la giurisdizione civile, salvo speciali disposizioni di legge, è esercitata soltanto dai giudici ordinari secondo le norme del codice di procedura civile | ***u. di tempo, di luogo e di azione***, secondo i classicisti, spec. del teatro italiano e francese, condizione per cui la tragedia deve svolgersi tutta in un solo giorno, nello stesso luogo e senza digressioni **3** condizione di ciò che è costituito di molte parti strettamente unite l'una all'altra, o connesse tra loro in modo organico e omogeneo: *l'u. della famiglia, di una lingua* | (*est.*) unione politica: *spezzare l'u. nazionale; gli uomini del Risorgimento lottarono per l'u. d'Italia* **4** convergenza, concordia, identità: *lavorare, agire con u. di metodi e d'intenti; esiste tra noi una vera u. di vedute e di propositi* | ***u. dei cristiani***, riconoscimento della comune fede di tutte le Chiese cristiane nel Cristo redentore | ***Segretariato per l'u. dei Cristiani***, organo postconciliare della Chiesa per la realizzazione dell'unificazione delle confessioni cristiane **5** in un'opera d'arte, organicità e continuità dell'ispirazione e della realizzazione: *l'u. di stile di un romanzo, di un poema; tutto il ciclo di pitture è caratterizzato da una sostanziale u.* | ***u. di composizione***, relativamente ad opere riconducibili a un solo autore: *l'u. di composizione dei poemi omerici* **6** elemento, oggetto, individuo o gruppo singolo, considerato in quanto tale o in quanto costitutivo di un complesso, di una serie, di un insieme: *la frase è un'u. sintattica; il gene è un'u. ereditaria; il comune è l'u. amministrativa fondamentale* | ***u. abitativa***, singolo alloggio all'interno di un edificio | (*dir.*) ***minima u. colturale*** o ***produttiva***, estensione di terreno sufficiente e necessaria per poter essere convenientemente coltivata | ***u. lavoratrice***, capacità di lavoro di un uomo o di una famiglia in agricoltura | ***u. didattica***, lezione, ciclo di lezioni o sussidi didattici attraverso i quali è possibile sviluppare ed esaurire la trattazione di un argomento programmato **7** (*mat.*) il numero uno | elemento neutro di una legge di composizione, spec. se questa è detta prodotto | in relazione alla rappresentazione in base dieci o decimale di un numero naturale, il numero che uguaglia l'ultima cifra a destra **8** (*fis.*) ***u. di misura***, grandezza di paragone, il cui valore viene posto uguale a uno e rispetto alla quale vengono misurate le altre grandezze con essa omogenee | (*fis.*) ***u. fondamentale***, ciascuna delle unità di misura delle grandezze fisiche indipendenti assunte come fondamentali in un sistema di unità di misura | (*fis.*) ***u. derivata***, ciascuna delle unità di misura delle grandezze fisiche derivate da quelle assunte come fondamentali in un sistema di unità di misura | (*astron.*) ***u. astronomica***, unità fondamentale per la misura delle distanze in astronomia, corrispondente alla distanza media Terra-Sole, pari a 149 670 000 kilometri | (*fis.*) ***u. di massa atomica***, unità di misura della massa definita come 1/12 della massa del carbonio-12; una unità di massa atomica è pari a $1{,}66057 \cdot 10^{-27}$ kg SIMB. u | ***u. Dobson***, unità di misura dell'ozono atmosferico, corrispondente a uno strato di ozono dello spessore di 0,01 mm in una colonna d'aria alla pressione di 1 atm e alla temperatura di 0 °C **9** (*agric.*) ***u. foraggera***, unità di misura atta a determinare il valore energetico degli alimenti destinati al bestiame, corrispondente al valore nutritivo di 1 kg di orzo **10** (*farm.*) ***u. biologica***, misura internazionale adottata per il dosaggio biologico di certi farmaci e per la valutazione del potere e dell'effetto medicamentosi: *u. di penicillina, di vitamine, di insulina* **11** (*chim.*) ***u. strutturale***, raggruppamento di atomi che si ripete regolarmente nella macromolecola di un polimero **12** (*econ.*) ***u. di prezzo***, prezzo dell'unità di misura del bene considerato, prezzo unitario | ***u. di consumo***, individuo, famiglia, ente o un loro raggruppamento, considerati in quanto acquirenti di beni di consumo | ***u. monetaria***, moneta scelta quale base del sistema monetario di un Paese: *il dollaro è l'u. monetaria degli Stati Uniti* **13** (*stat.*) ***u. statistica***, il singolo caso fatto oggetto di osservazione in una determinata rilevazione **14** (*urbanistica*) ***u. d'abitazione***, gruppo di abitazioni dotato dei servizi di prima necessità e facente parte di un complesso residenziale più vasto **15** (*milit.*) complesso organico delle varie armi e servizi, agli ordini di un comandante: *u. elementare, complessa; u. paracadutista; unità corazzata, meccanizzata, motorizzata* | ***grande u.***, Reggimento, Brigata, Divisione, Corpo d'armata, Armata e Gruppo d'armate | ***u. aerotrasportabile***, equipaggiata e addestrata per essere trasportata con aerei per un aviosbarco | ***u. di marcia***, frazione di uno scaglione di marcia di un'autocolonna **16** ***u. di crisi***, organo collegiale costituito presso vari ministeri e autorità civili e militari per fronteggiare situazioni di crisi di particolare gravità **17** (*med.*) insieme coordinato e organico di servizi o terapie mediche di tipo preventivo, curativo o riabilitativo, praticate da personale specializzato, all'interno di ospedali, case di cura e sim. | ***u. coronarica***, reparto ospedaliero, composto in genere di non più di otto letti, attrezzato con un sistema elettronico per la registrazione continua dell'elettrocardiogramma e la somministrazione di terapie intensive cardiologiche | ***u. neonatale***, reparto attrezzato, spec. con macchinari elettronici, per l'assistenza ai neonati nel periodo immediatamente dopo il parto | ***Unità Sanitaria Locale***, (in sigla USL) fino al 1997, complesso integrato di servizi per l'assistenza sanitaria ai cittadini presenti in un determinato territorio (oggi sostituita dalla Asl (V.)) **18** (*mar., aeron.*) ogni singola nave o aereo di un determinato tipo: *u. pesante, leggera; u. da ricognizione, da caccia; formazione composta di numerose u.* **19** (*inform.*) ***u. centrale***, la sezione di un elaboratore elettronico che esegue la vera e propria elaborazione dei dati e che presiede al governo di tutto il sistema | ***u. periferiche***, quelle destinate all'introduzione o all'estrazione dei dati o che hanno la funzione di memoria ausiliaria

†**unìta** [f. sost. del part. pass. di *unire* ✱ sec. XIV] **s. f.** ● unione

†**unitàde** ➤ **unità**

unitarianìsmo [da *unitariano*, come l'ingl. *unitarianism* da *unitarian* ✱ 1831] **s. m.** ● (*relig.*) unitarismo

unitariàno [ingl. *unitarian*, dal lat. *unītus* 'unito' ✱ 1957] **A s. m.** (**f.** *-a*); anche **agg.** ● (*relig.*) chi (o che) è seguace dell'unitarismo **B agg.** ● che è proprio degli unitariani e dell'unitarismo: *dottrine unitariane*

unitarietà [1907] **s. f. inv.** ● caratteristica di ciò che è unitario

unitàrio [da *unità* ✱ 1796] **A agg. 1** che costituisce un'unità: *elemento, organo, complesso u.* | ***casa unitaria***, composta da un solo vano | ***Stato u.***, non decentrato istituzionalmente a mezzo di enti autarchici e autonomi | ***Stato u. con autonomia regionale***, Stato regionale **2** relativo a un'unità, a un singolo elemento: *prezzo, costo u.* **3** che ha nell'unità il suo presupposto o il suo scopo: *ideale u.; politica unitaria; sforzi unitari* | che mira all'accordo, alla conciliazione e sim.: *discutere con un nuovo spirito u.* **4** organico, armonico, continuo: *stile, poema u.; metodo u.; opera di concezione unitaria; inquadrare un problema in modo u.* CONTR. disorganico | ***soluzione unitaria***, soluzione unica, globale; soluzione basata su un accordo unanime **5** (*fis.*) che ha valore di uno, che è pari all'unità di misura: *lunghezza unitaria; velocità, accelerazione unitaria* ‖ **unitariaménte**, avv. **B s. m.** (**f.** *-ia*) **1** sostenitore, fautore dell'unità politica, religiosa, amministrativa e sim. | (*est.*) chi sostiene o propugna soluzioni unitarie **2** (*relig.*) seguace delle dottrine dell'unitarismo

unitarìsmo [comp. da *unitar(io)* e *-ismo* ✱ 1848] **s. m. 1** tendenza a ricercare soluzioni di carattere unitario **2** (*relig.*) tendenza teologica riformata e protestante, diffusasi a partire dal sec. XVI, che respinge il dogma trinitario e dichiara l'unità di Dio

unitarìsta [da *unitario* ✱ 1882] **A agg.** (**pl. m.** *-i*) ● relativo all'unitarismo **B agg.**; anche **s. m. e f. 1** che (o chi) tende all'unitarismo **2** nell'età alessandrina, detto di filologo o critico sostenitore dell'unità di composizione dei poemi omerici

†**unitàte** ➤ **unità**

unitézza [av. 1811] **s. f. 1** (*raro*) uniformità, omogeneità: *l'u. di una tinta* **2** caratteristica di ciò che è compatto, fitto: *l'u. di un tessuto, di una maglia*

unitìvo [av. 1342] **agg.** ● (*raro*) che serve a unire: *virtù unitiva* | †***congiunzione unitiva***, copulativa

unitizzazióne [dall'ingl. *unitization*, dal v. *to unitize* 'ridurre a unità' ✱ 1993] **s. f.** ● suddivisione e accorpamento di merci in blocchi trasportabili con sistemi standardizzati

♦**unìto** **A part. pass.** di *unire*; anche **agg. 1** congiunto o collegato: *tre tavoli uniti* **2** compatto, fitto: *tessuto u.; maglia unita* **3** (*fig.*) che è animato da un forte spirito di solidarietà: *gruppo u.; famiglia molto unita* | che è legato da un forte vincolo d'affetto: *due coniugi molto uniti* **4** uniforme, uguale, privo di disegni e sim.: *colore u.; tinta unita* **5** (*mat.*) corrispondente a sé stesso in un'applicazione | fisso **6** denominazioni di unioni o confederazioni di Stati, di organismi internazionali e sim.: *Regno Unito di Gran Bretagna e Irlanda del Nord; Stati Uniti d'America; Organizzazione delle Nazioni Unite* ‖ **unitaménte**, avv. **1** (*raro*) in modo compatto, uniforme: *stendere unitamente il colore* **2** d'accordo: *agire, operare unitamente* **3** insieme: *lavorare unitamente con gli amici*; nella loc. prep. ***unitamente a***, con, insieme a: *unitamente all'avviso ti ho spedito i documenti* **B s. m.** ● (*relig.*) uniate

unitóre [av. 1419] **s. m.** (**f.** *-trice*); anche **agg.** ● (*raro, lett.*) chi (o che) unisce

univalènte [comp. di *uni-* e *valente* ✱ 1983] **agg.** ● (*chim.*) monovalente

univàlve [comp. di *uni-* e di un deriv. agg. di *valva* ✱ 1561] **agg.** (**pl.** *-i* o *raro* **inv.**) **1** (*zool.*) detto di mollusco con una sola valva **2** (*bot.*) detto di organo che dopo l'apertura consta di un solo pezzo

univerbàto [da *univerbazione* (V.) ✱ 1976] **agg.** ● (*ling.*) detto di parola che si è formata per univerbazione (per es. *caporeparto* o *finesettimana*)

UNITÀ DI MISURA

SISTEMA INTERNAZIONALE DI UNITÀ DI MISURA (SI)

UNITÀ FONDAMENTALI

Unità	Grandezza	Simbolo	Definizione
metro	lunghezza	m	Distanza percorsa nel vuoto dalla luce nell'intervallo di tempo di (1/299792458) s
kilogrammo	massa	kg	Massa pari alla massa campione di platino-iridio conservata a Sèvres (Francia)
secondo	tempo	s	Periodo pari a 9 192 631 770 oscillazioni corrispondenti alla transizione iperfina tra i livelli $F=4$, $M=0$ e $F=3$, $M=0$ dello stato fondamentale del cesio 133
ampere	corrente elettrica	A	Corrente che, percorrendo due conduttori paralleli, di lunghezza infinita e diametro infinitesimo, posti alla distanza di un metro nel vuoto, produce fra i due conduttori una forza di $2 \cdot 10^{-7}$ N/m
kelvin	temperatura	K	Fissato stabilendo che, nella scala delle temperature assolute, il punto triplo dell'acqua corrisponda a 273,16 K
candela	intensità luminosa	cd	Intensità luminosa, di una sorgente che emette una radiazione monocromatica di frequenza $540 \cdot 10^{12}$ Hz e la cui intensità energetica è pari a (1/683) W/sr
mole	quantità di sostanza	mol	Quantità di sostanza che contiene lo stesso numero di entità elementari (atomi, molecole, ...) presente in 0,012 kg dell'isotopo ^{12}C.

UNITÀ SUPPLEMENTARI

Unità	Grandezza	Simbolo	Definizione
radiante	angolo piano	rad	Angolo piano che, su una circonferenza avente centro nel vertice dell'angolo e giacente sul piano dell'angolo, intercetta un arco di lunghezza uguale al raggio della circonferenza stessa
steradiante	angolo solido	sr	Angolo solido che, su una sfera avente centro nel vertice dell'angolo, intercetta una calotta di area uguale a quella di un quadrato avente lato uguale al raggio della sfera stessa.

UNITÀ DERIVATE

Unità	Grandezza	Simbolo	Equivalenza in altre unità
metro quadrato	area		m^2
metro cubo	volume, capacità volumica		m^3
kilogrammo al metro cubo	massa volumica		kg/m^3
hertz	frequenza	Hz	s^{-1}
metro al secondo	velocità		m/s
radiante al secondo	velocità angolare		rad/s
metro al secondo quadrato	accelerazione		m/s^2
radiante al secondo quadrato	accelerazione angolare		rad/s^2
newton	forza	N	$kg \cdot m/s^2$
newton al metro	tensione superficiale		N/m
pascal	pressione	Pa	N/m^2
joule	lavoro; energia	J	$N \cdot m$
watt	potenza	W	J/s
newton metro	momento		$N \cdot m$
newton secondo al metro quadrato	viscosità (dinamica)		$Pa \cdot s$; $N \cdot s/m^2$
metro quadrato al secondo	viscosità cinematica		m^2/s
grado Celsius	temperatura	°C	T(°C)=T(K)−273,15
coulomb	carica elettrica	C	$A \cdot s$
volt	potenziale elettrico; forza elettromotrice	V	W/A; J/C
volt al metro	campo elettrico		V/m
ohm	resistenza elettrica	Ω	V/A
siemens; mho	conduttanza elettrica	S	Ω^{-1}
farad	capacità elettrica	F	C/V
henry	induttanza	H	Wb/A
ampere al metro	campo magnetico		A/m
weber	flusso magnetico	Wb	$V \cdot s$
tesla	induzione magnetica	T	Wb/m^2
lumen	flusso luminoso	lm	$cd \cdot sr$
lux	illuminazione	lx	$cd \cdot sr/m^2$
becquerel	attività nucleare	Bq	s^{-1}
gray	dose assorbita	Gy	J/kg
sievert	equivalente di dose	Sv	J/kg

ALTRE UNITÀ DI MISURA

Unità	Grandezza	Simbolo	Equivalenza in altre unità
fermi	lunghezza	fm	$= 10^{-15}$ m
ångström	»	Å	$= 10^{-10}$ m
micron	»	µm	$= 10^{-6}$ m
unità astronomica	»	UA; AU	$= 1{,}49599 \cdot 10^{11}$ m
annoluce	»		$= 9{,}461 \cdot 10^{15}$ m
parsec	»		$= 3{,}08572 \cdot 10^{16}$ m
pollice (*ingl.* inch)	»	in	= 0,0254 m
piede (*ingl.* foot)	»	ft	= 12 in = 0,3048 m
iarda (*ingl.* yard)	»	yd	= 36 in = 0,9144 m
miglio terrestre	»	mi	= 1760 yd = 1609,344 m
miglio marino (internazionale)	»		= 1852 m
ara	area	a	$= 100$ m^2
ettaro	»	ha	$= 10\,000$ m^2
barn	»	b	$= 10^{-28}$ m^2
litro	volume	l	$= 10^{-3}$ m^3
gallone [USA]	»	gal	$= 3{,}785412 \cdot 10^{-3}$ m^3
gallone [GB]	»	gal	$= 4{,}54609 \cdot 10^{-3}$ m^3
grado (sessagesimale)	angolo piano	°	$= (\pi/180)$ rad
minuto [di angolo]	»	'	$= (\pi/10\,800)$ rad
secondo [di angolo]	»	"	$= (\pi/648\,000)$ rad
minuto (primo) [di tempo]	tempo	min; m	= 60 s
ora	»	h	= 3600 s
giorno	»	d	= 86 400 s
anno (solare)	»	a	= 365,24220 d
kilometro orario	velocità	km/h	= 0,2777... m/s
gal	accelerazione	Gal	$= 0{,}01$ m/s^2
grammo	massa	g	= 0,001 kg
quintale (metrico)	»	q	= 100 kg
tonnellata (metrica)	»	t	= 1000 kg
oncia (*ingl.* ounce avoirdupois)	»	oz	= 0,0283495 kg
libbra (*ingl.* pound avoirdupois)	»	lb	= 16 oz = 0,45359237 kg
unità (di massa) atomica	»	u	$= 1{,}66057 \cdot 10^{-27}$ kg
dina	forza		$= 10^{-5}$ N
kilogrammo-forza	»	kgf	= 9,80665 N
(piccola) caloria	energia; lavoro	cal	= 4,1868 J
kilocaloria (*evit.* grande caloria)	»	kcal (*evit.* Cal)	= 4186,8 J
erg	»		$= 10^{-7}$ J
elettronvolt	»	eV	$= 1{,}602 \cdot 10^{-19}$ J
kilowattora	»	kWh	$= 3{,}6 \cdot 10^{6}$ J
British thermal unit	»	Btu	= 1055,056 J
quad	»		$= 10^{15}$ Btu $= 1{,}055056 \cdot 10^{18}$ J
horse power	potenza	hp	= 745,7 W
cavallo-vapore	»	CV	= 735,4 W
bar	pressione		$= 10^{5}$ Pa
baria	»		= 0,1 Pa
atmosfera (standard)	»	atm	$= 1{,}01325 \cdot 10^{5}$ Pa
millimetro di mercurio; torr	»		= (101 325/760) Pa
poise	viscosità (dinamica)	P	= 0,1 Pa·s
stokes	viscosità cinematica	St	$= 10^{-4}$ m^2/s
grado Fahrenheit	temperatura	°F	T(°F) = (9/5)·T(°C) + 32
franklin	carica elettrica		$= 3{,}3356 \cdot 10^{-10}$ C
biot	corrente elettrica	Bi	= 10 A
gilbert	forza magnetomotrice	Gb	$= 10/(4\pi)$ A
oersted	campo magnetico	Oe	$= 1000/(4\pi)$ A/m
gauss	induzione magnetica		$= 10^{-4}$ T
maxwell	flusso magnetico	Mx	$= 10^{-8}$ Wb
curie	attività nucleare	Ci	$= 3{,}7 \cdot 10^{10}$ Bq
rad	dose assorbita	rad; rd	$= 10^{-2}$ J/kg
röntgen	esposizione a radiazioni	R	$= 2{,}58 \cdot 10^{-4}$ C/kg
nit	brillanza; luminanza	nt	$= 1$ cd/m^2
stilb	brillanza; luminanza	sb	$= 10^{4}$ cd/m^2
phot	illuminazione	ph	$= 10^{4}$ lx
lambert	brillanza; luminanza	L	$= 10^{4}/\pi$ cd/m^2
diottria	potenza (di una lente)	D	$= 1$ m^{-1}

univerbazióne [da *uni-* e un deriv. di *verbo* ✱ 1917] **s. f.** ● (*ling.*) accorpamento di più parole distinte in un'unità semantica e grafica (per es. *casomai* da *caso* e *mai*, soprattutto da *sopra* e *tutto*)

universàle [vc. dotta, lat. *universāle(m)*, da *univĕrsus* 'universo' ✱ 1268] **A agg. 1** dell'universo fisico: *attrazione u.*; *gravitazione u.* **2** relativo a tutte le cose inanimate o a tutti gli esseri viventi: *principio fisico u.*; *le leggi universali della natura*; *è la voluttà dello sparire individuale nella vita u.* (F. De Sanctis) **3** (*filos.*) detto di ciò che è comune a tutti gli enti appartenenti a uno stesso insieme e che costituisce attributo di tutti gli individui della stessa classe: *concetti, valori universali* **4** che riguarda il mondo intero e l'intera umanità: *pace, storia u.*; *diluvio u.* | ***giudizio u.***, V. *giudizio* nel sign. 5 | ***lingua u.***, lingua artificiale creata per le comunicazioni internazionali | (*est.*) di vastissima portata, d'importanza mondiale: *questioni universali*; *problemi di portata u.* **5** relativo a una totalità di individui, che riguarda tutte le persone di un determinato Paese, ambiente, ceto, categoria e sim.: *cordoglio, plauso, consenso u.*; *essere oggetto di u. ammirazione*; *godere di una stima u.*; *è fatto segno all'u. rispetto* **SIN.** generale, totale | ***suffragio u.***, V. *suffragio* **6** che riguarda una totalità di cose, beni e sim. | (*dir.*) ***erede u.*** o ***a titolo u.***, di tutti i beni, dell'intero patrimonio **7** che è versato in ogni campo dello scibile: *mente u.*; *il genio u. di Leonardo* | (*lett.*) ***uomo u.***, enciclopedico | ***biblioteca u.***, raccolta o collana che comprende opere dei più svariati argomenti **8** in varie tecnologie, detto di apparecchio, dispositivo e sim. che si può adattare a diverse condizioni | ***anello u.***, in fotografia, dispositivo portaobiettivi a diametro regolabile | ***a tensione u.***, si dice di apparecchio elettrico che può funzionare con le diverse tensioni in uso sulle reti di distribuzione **9** (*med.*) ***donatore u.***, il cui sangue può essere trasfuso a chiunque | ***recettore u.***, che può ricevere sangue trasfuso da chiunque | ***gruppo sanguigno u.***, che può essere trasfuso a chiunque **10** †affabile, alla mano con tutti ‖ **universalménte**, **avv. 1** generalmente, da tutti: *universalmente conosciuto*; *universalmente accettato* **2** (*lett.*) interamente, completamente, del tutto **3** †nella loro totalità ‖ **universalità**, **s. f. inv.** (V.) **B s. m. 1** (*filos.*) ciò che è universale: *procedere dall'universale al particolare* | ***disputa degli universali***, la questione, dibattuta nell'ambito della filosofia scolastica, se alle nozioni possedute dal pensiero corrispondessero delle entità oggettive (realismo) o soltanto dei nomi (nominalismo) **2** (*lett.*) la totalità, l'intero numero: *l'u. dei viventi* | (*raro, lett.*) ***in u., nell'u.***, generalmente, complessivamente | (*est., lett.*) tutti gli uomini | (*ling.*) ***universali linguistici***, concetti, elementi strutturali o tratti comuni a tutte le lingue naturali del mondo **3** strumento usato in geodesia e in astronomia geodetica per misurare angoli orizzontali e verticali **SIN.** altazimut, altazimutale **4** †regola universale **C in funzione di avv.** ● †in generale

SFUMATURE DI SIGNIFICATO

universale - generale - globale

Nel suo primo significato **universale** è aggettivo che definisce ciò che riguarda l'intero universo; ma ha anche un significato più ristretto che rimanda al mondo intero o a tutto il genere umano. **Generale** comporta il riferimento a tutti gli aspetti o elementi che costituiscono un insieme, oppure a ciò che li accomuna; in quest'ultimo significato coincide tuttavia solo parzialmente con *universale*, dato che la generalità costituisce una categoria che riguarda un insieme delimitato o anche solo la grande maggioranza degli elementi che lo costituiscono, mentre l'universalità è prerogativa che riguarda tutti e tutto. **Globale** è parola che ha la sua radice in "globo", dunque fa riferimento al mondo intero, e in questo coincide con *universale*; in senso più generico, è sinonimo di "complessivo, totale", dunque abbastanza prossimo a *generale*.

†**universaleggiàre** [1570] **v. tr.** ● rendere universale

universalìsmo [comp. da *universal(e)* e *-ismo* ✱ 1848] **s. m. 1** tendenza a privilegiare il carattere universale dei vari problemi, in opposizione ai particolarismi | cosmopolitismo **2** tendenza di un movimento politico o religioso a considerarsi valido per tutta l'umanità: *l'u. della Chiesa*

universalìsta [1775] **A s. m. e f.**; anche **agg.** (**pl. m.** *-i*) ● seguace o fautore dell'universalismo **B agg.** ● universalistico

universalìstico [1911] **agg.** (**pl. m.** *-ci*) ● relativo all'universalismo o agli universalisti ‖ **universalisticaménte**, **avv.**

universalità o †**universalitàde**, †**universalitàte** [vc. dotta, lat. *universalitāte(m)*, da *universālis* 'universale' ✱ av. 1320] **s. f. inv. 1** condizione di ciò che è universale **2** totalità: *l'u. dei cittadini*; *l'u. delle creature che popolano la Terra* **3** (*dir.*) pluralità | ***u. di mobili***, o ***u. di fatto***, pluralità di cose, appartenenti al medesimo proprietario e aventi la medesima destinazione economica | ***u. di diritto***, pluralità di rapporti giuridici considerati unitariamente dalla legge **4** †sapere enciclopedico

universalizzàre [av. 1729] **A v. tr. 1** rendere universale, generalizzare | (*filos.*) trasferire dal particolare all'universale **2** (*est.*) diffondere al massimo, generalizzare: *u. un sistema, un linguaggio*; *u. la cultura* **B universalizzàrsi v. intr. pron.** ● estendersi a un numero sempre maggiore di persone: *un'abitudine che si sta universalizzando* | (*filos.*) diventare universale ‖ **universalizzazióne**, **s. f.**

Universìade [da *univers(ità)* con la terminazione di *(olimp)iade* ✱ 1959] **s. f.** ● (**spec. al pl.**) denominazione dei campionati mondiali degli atleti universitari, con svolgimento quadriennale

♦**università** o †**universitàde**, †**universitàte** [vc. dotta, lat. *universitāte(m)*, propr. 'totalità', da *univĕrsus* 'universo', sottintendendo i soggetti (scolari, mercanti, ... oppure studi, discipline, ...) ✱ 1304 ca.] **s. f. inv. 1** †universalità, totalità, intero numero: *l'u. del popolo, degli abitanti, dei cittadini, dei medici* | †l'insieme degli esseri viventi **2** (*stor.*) in epoca medievale, corporazione o associazione di arti o mestieri: *l'u. dei mercanti, dei librai, dei tintori* | ***u. agraria***, forma associativa per il godimento collettivo di terre **3** istituto di studi superiori, sorto in epoca medievale come corporazione di maestri e studenti, diviso in varie facoltà a seconda delle specializzazioni, che ha il potere di conferire un titolo legale a chi abbia completato il previsto corso di studi: *l'U. di Oxford*; *le U. di Bari, Bologna, Pavia*; *frequentare l'u.*; *studiare all'u.* | ***u. popolare***, istituto sorto per diffondere tra i ceti meno abbienti della popolazione una cultura di livello universitario | (*est.*) sede dell'università

universitàrio [1828] **A agg.** ● dell'università, relativo all'università: *insegnamento u.*; *studente, professore u.*; *cattedra universitaria* | ***collegio u.***, per studenti universitari **B s. m.** (**f.** *-ia*) **1** chi studia all'università: *un gruppo di universitari iscritti al terzo anno di medicina* **2** chi insegna all'università: *concorso per universitari*

†**universitàte** ➤ **università**

univèrso ① [vc. dotta, lat. *univĕrsu(m)*, propr. 'volto (*vĕrsus*, part. pass. di *vĕrtere* 'volgere') ad una unità (da *ūnus* 'uno solo')' ✱ sec. XIII] **agg. 1** (*lett.*) tutto intero, considerato nella totalità dei suoi componenti: *l'u. mondo*; *l'universa terra*; *l'u. popolo romano* **2** (*lett.*) universale | †generico | †***in u.***, in generale ‖ **universaménte**, **avv.** †universalmente

♦**univèrso** ② [vc. dotta, lat. *univĕrsu(m)*, dall'agg. *univĕrsus* 'universo①' in uso sost. ✱ 1304 ca.] **s. m. 1** l'insieme di tutta la materia e l'energia esistenti e lo spazio che le contiene: *la struttura dell'u.*; *il concetto scientifico dell'u.*; *la moderna teoria sull'origine dell'u.* **SIN.** cosmo | (*astron.*) ***u. sidereo, metagalattico***, l'insieme dei corpi celesti e dello spazio in cui risiedono | (*astron.*) ***u. galattico***, il sistema di stelle di cui fa parte il Sole **CFR.** cosmo-, -cosmo **2** (*est.*) l'insieme di tutto ciò che esiste: *la bellezza, l'immensità, i misteri dell'u.*; *le leggi che reggono l'u.*; *il gran libro dell'u.* **SIN.** natura, creato **3** il globo terrestre e coloro che lo abitano: *inquiete / tenebre e lunghe all'u. meni* (U. Foscolo) | (*colloq.*) ***credersi, essere il padrone dell'u.***, pretendere di comandare su tutto e su tutti | (*fam.*) ***pare che cada, crolli, venga giù l'u.***, si dice di piogge particolarmente violente e scroscianti, bufere, rumori assordanti, gravi calamità naturali e sim. | (*est.*) tutta l'umanità: *l'u. intero condanna il tuo misfatto* **4** (*stat.*) massa finita o infinita dei casi singoli che compongono il fenomeno collettivo oggetto di studio **5** (*fig.*) ambiente reale o ideale, tipico di un individuo o di una categoria di individui: *l'u. dell'infanzia*; *vive in un suo u. fantastico e irreale* | (*fig.*) il mondo personale, l'insieme dei motivi ispiratori di un artista: *l'u. leopardiano*

†**univocazióne** [vc. dotta, lat. tardo *univocatiōne(m)*, da *univocus* 'univoco' ✱ 1584] **s. f.** ● univocità

univocità [1798] **s. f. inv.** ● caratteristica di ciò che è univoco **CONTR.** ambiguità, ambivalenza

unìvoco [vc. dotta, lat. tardo *univocu(m)* 'che ha una sola (*ūna*) voce (*vōx*, genit. *vōcis*)' ✱ av. 1498] **agg.** (**pl. m.** *-ci*) **1** (*lett.*) detto di ciò che si può definire con un solo nome o termine, o che ha una sola definizione **2** che ha un unico significato, che è suscettibile di una sola interpretazione: *concetto, discorso u.* | ***in modo u.***, senza alternative, dubbi e sim., in un solo modo: *affermazione che va intesa in modo u.* **3** (*mat.*) ***funzione univoca***, funzione che assume un solo valore in corrispondenza di ogni scelta della o delle variabili indipendenti nel proprio campo di definizione | ***corrispondenza univoca***, corrispondenza esistente fra due insiemi di oggetti quando uno stesso elemento dell'uno può essere il corrispondente di più elementi distinti dell'altro | ***risultato u.***, risultato di un problema che ammette una sola soluzione, risultato unico ‖ **univocaménte**, **avv.**

univoltinìsmo [1961] **s. m.** ● (*biol.*) proprietà di ciò che è univoltino **SIN.** monovoltinismo

univoltìno [comp. parasintetico di *volta*, col pref. *uni-* ✱ 1929] **agg.** ● (*biol.*) detto di insetto a una sola generazione annuale **SIN.** monovoltino

†**unizióne** [da *uno* ✱ 1306] **s. f.** ● unione

unizzàre [1851] **v. tr.** ● (*lett.*) unificare

ùnnico [av. 1764] **agg.** (**pl. m.** *-ci*) ● (*raro*) degli Unni

ùnno [dal n. della tribù mongola dei *Hiung-nu* ✱ av. 1405] **A s. m.** (**f.** *-a*) ● ogni appartenente a un'antica popolazione asiatica nomade che nei secc. IV e V d.C. invase gran parte dell'Europa orientale, tentò inutilmente di conquistare la Gallia e l'Italia e, sconfitta, si stanziò nei territori posti a nord del Mar Nero e del Caucaso: *Attila, re degli Unni* **B** **agg.** ● degli Unni: *invasioni unne*

•**uno** [lat. *ūnu(m)*, inizialmente col solo valore numerale, poi anche di art. ✻sec. XII] **A** **agg. num. card.; anche s. m. (f. *una*).** **La forma maschile *uno* si tronca in *un* davanti ai nomi che cominciano per consonante o per vocale: *un cane, un dito, un ragazzo, un albero, un ente, un uomo*; rimane *uno* davanti ai nomi che cominciano con *s impura, z, x, gn, pn, ps*: *uno zaino, uno pseudonimo, uno stupido* (nell'uso arcaico o lett. si può trovare la forma tronca *un* davanti a nomi che cominciano con *s impura* o *z*: *un stupido; un zero*); davanti a nomi che cominciano per *pn*, l'uso colto prevede la forma *uno* (*uno pneumatico, uno pneumotorace*), l'uso comune sempre più spesso la forma tronca *un* (*un pneumatico, un pneumotorace*); troncato un tempo davanti a *i, y* e *j* seguite da vocale, oggi prevale in una serie di casi la forma *uno*: *uno iato, uno iota*, (*lett.*) *un iota, uno iettatore, uno yuppie*; in altri casi, davanti a *j* con valore consonantico, prevale la forma tronca: *un jumbo, un jet, un j'accuse*. La forma *uno* si usa anche davanti a parole che cominciano con gruppi consonantici rari come *cn-, ct-, ft-, mn-, pt-*: *uno ftalato, uno pterigio*. La forma femminile *una* si usa sempre davanti a consonante, *i semiconsonante, y* e *j*: *una donna, una farmacia, una iattura, una psicanalista*. Davanti a vocale tonica generalmente si elide: *un'isola, un'ancora, un'ugola*; di fronte a vocale atona si può elidere o meno: *un'assemblea* o *una assemblea, un'uscita* o *una uscita*. ATTENZIONE! in certi casi la presenza o meno dell'apostrofo è – a parte il contesto – l'unico segno che può rivelare il genere maschile o femminile. Per es. *un'insegnante* o *un'assistente* sono donne, mentre *un insegnante* o *un assistente* sono uomini. Come *uno* si comportano gli aggettivi indefiniti *alcuno, ciascuno, nessuno* e *veruno*.** ● numero naturale successivo dello zero o, se invece non si pone lo zero fra i numeri naturali, primo numero naturale, rappresentato da *1* nella numerazione araba, da *I* in quella romana. **I** come agg. ricorre nei seguenti usi **1** rispondendo o sottintendendo la domanda 'quanti?', indica la quantità numerica di una unità (spec. preposto a un sost.): *i monoteisti adorano un dio; mi sono rotto un'unghia; la raccolta di novelle 'Le mille e una notte'; verrò con una ragazza o due; ha un bambino di un anno* CFR. mono- | (*enfat.*, posposto a un sost. nelle enumerazioni, nei conteggi e sim.): *pasta, kilogrammi uno; caramelle, scatole una* | ***in, fra un minuto, un attimo, un baleno***, (*fig.*) prestissimo: *sarò da te fra un minuto; in un attimo sono pronto* **2** (*est.*) uno unico, uno solo (spec. in espressioni negative o rafforzato da 'solo', 'soltanto', 'unico' e sim.): *non fa un passo se non è accompagnato; non ho un soldo in tasca; non ho capito una parola di ciò che hai detto; non ho che un desiderio; Amor condusse noi ad una morte* (DANTE *Inf.* V, 106); *faremo di due una sola famiglia; ho un'unica speranza ancora; ci resta una possibilità soltanto!* | ***a un tempo***, contemporaneamente: *è intelligente e astuto a un tempo* | (*lett.*) ***a un modo, d'un modo***, allo stesso modo: *sono simpatici entrambi a un modo* | ***a una voce***, simultaneamente; concordemente | V. anche *tutt'uno* **3** (**pl. m. -*i***) (*est., lett.*) unito, compatto, non diviso: *nazione una, libera e indipendente; la Repubblica, una e indivisibile; uni nella fede; liberi non saren se non siam uni* (A. MANZONI) **4** rispondendo o sottintendendo la domanda 'quale?', identifica qlco. in una pluralità, in una successione, in una sequenza (posposto a un sost.): *il numero uno è dispari e primo; oggi è il giorno uno* | ***numero uno***, (*fig.*) primo fra tutti, eccellente: *un medico numero uno; un farabutto numero uno* | (*fig.*) ***essere un numero uno***, essere una personalità: *nel mondo dello spettacolo è un numero uno* | ***nemico pubblico numero uno***, il più importante e pericoloso **5** in composizione con altri numeri, semplici o composti, forma i numeri superiori: *ventuno; trentuno; milleuno; millenovecentouno* **II** come sost. ricorre nei seguenti usi **1** il numero uno (per ellissi di un sost.): *solo l'uno per cento della popolazione; uno più uno fa due; oggi ne abbiamo uno; uno alla volta, per carità!* | ***mettersi, marciare, in fila per uno***, in fila indiana | ***uno, due, tre*** e sim. ***per uno***, uno, due, tre e sim. a testa | nel pugilato, ***uno due***, V. *uno-due* | ***stare, andare, essere per uno***, (*fam.*) al gioco della tombola, attendere l'uscita di un solo numero per vincere; in altri giochi, mancare di un solo punto per vincere | ***a uno a uno***, uno alla volta | ***uno che sia uno***, (*enfat.* in frasi negative) nemmeno uno: *non ne ho visto uno che sia uno* | ***contare per uno***, per una sola o intera persona: *il bambino conta per uno* | ***e uno!***, (*enfat.*) all'inizio di una numerazione o sottolineando qlco. che accade per la prima volta ma che si prevede si ripeta presto | ***essere uno dei tanti***, (*fig.*) di persona che non si distingue, che non eccelle in modo particolare | ***uno per tutti e tutti per uno***, per esprimere un impegno di solidarietà | nei dadi, la faccia segnata con un punto | nella valutazione scolastica, il voto inferiore di cinque punti alla sufficienza: *ho un uno in latino* | ***l'una***, (*raro*) ***le una***, (*ellitt.*) le ore una di notte; le ore tredici | (*lett.*) †***in uno, a uno, in una***, insieme: *diversi aspetti in un confusi e misti* (T. TASSO) | †***a una***, a una voce, tutti insieme: *ove quell'anime ad una / gridaro a noi* (DANTE *Purg.* IV, 17-18) **2** (**pl. inv.** o *raro* **-*i***) il segno che rappresenta il numero uno: *scrivo l'uno e riporto il tre; centoundici si scrive con tre uno* | (*sport*) nel pronostico sulla schedina del Totocalcio indica la vittoria della squadra che gioca in casa; (*est.*) la vittoria stessa | (*sport*) nel Totip indica che un cavallo appartenente al gruppo uno è arrivato primo o secondo **B** **art. indet. m. solo sing. (f. *una*)** **1** indica, con valore indet., persona o cosa generica o qualsiasi fra le tante della stessa specie: *un muro cinge il giardino; ci sedemmo sotto un albero, in un prato; un uomo mi ha fermato per la strada; si udì uno sparo; un giorno gli ho telefonato; un tempo, una volta i vecchi erano rispettati* **2** seguito da un agg. o da un sost. con funzione predicativa: *mi sembra che questa sia un'infamia; sei una brava ragazza; mi sembri un buon giovane; credo sia un poco di buono* | anche seguito da un sost. accompagnato da un agg. o da una prop. consecutiva: *c'era un sole bellissimo; è stata una giornata splendida; soffia un vento gelido; sorse una luna pallida e velata; ho un sonno tale che non ti dico* | (*enfat.*) in espressioni esclamative, anche ellittiche: *ho una paura!; ha una villa!; hai un bel coraggio!; è un bugiardo!; avete una faccia tosta!; torno adesso da fuori: un freddo!* **3** indica parità, somiglianza: *quel ragazzo è un Ercole; una casa che è una stalla; ma questo è un porcile!* **4** (*enfat.*) indica ciascuno degli appartenenti a una determinata categoria: *un giovane deve avere coraggio; avrà anche lui un cuore; tutti abbiamo una famiglia; ma è un bambino!* **5** (soltanto nella forma tronca *un*) (*colloq.*) circa, pressappoco: *costerà un cinquanta euro; starò fuori un dieci minuti; disterà un trenta kilometri* **C** **pron. indef. (f. *una*; pl. m. *uni*; pl. f. *une*). La forma tronca *'un'* è propria dell'uso lett. o tosc. e delle loc. *l'un l'altro, l'un con l'altro*.** **1** un tale, una certa persona, qualcuno: *ho incontrato uno che ti conosce; stava parlando con uno; c'era una al telefono che ti cercava; stanno parlando di uno che non conosci; è uno che la sa lunga; uno dei presenti ha fatto una buona proposta* **2** una persona, qualcuno (in costrutto impersonale): *se uno vuole può benissimo entrare; se uno ha i soldi può permettersi tutto* **3** una persona (correl. con 'altro'): *l'uno o l'altro non fa differenza; caddero l'uno sull'altro; entravano l'uno dopo l'altro; ha fatto tacere gli uni e gli altri; le une e le altre erano d'accordo nel negare* | ***l'un l'altro***, vicendevolmente: *si amano l'un l'altro; si aiutano l'un l'altro* **4** uno qualunque, qualsivoglia (per ellissi di un sost., riferito a cosa, spec. seguito da un compl. partitivo o preceduto dalla particella 'ne'): *ci sono dei giornali sul tavolo, passamene uno; questo prodotto è uno dei più recenti; uno di questi giorni verrò a trovarti; per una di queste stradicciole, tornava bel bello ... don Abbondio, curato d'una delle terre accennate di sopra* (A. MANZONI) | ***ad uno ad uno***, uno per volta | (con valore correl.) questo, quello: *sono le voci della camerata / mia: le conosco tutte all'improvviso, / una dolce, una acuta, una velata* (G. PASCOLI) | ***sentirne, raccontarne una***, (*ellitt.*) una storiella, una notizia strabiliante | ***combinarne una***, (*ellitt.*) un disastro, una marachella, uno scherzo e sim. | ***glien'è capitata una!***, (*ellitt.*) un'avventura o una disavventura **D** **agg. indef.** ● solo nella loc. ***l'uno e l'altro*** (seguito da un sost.), entrambi: *ho visitato l'una e l'altra città; l'uno e l'altro lavoro mi interessano*

†**unòculo** [vc. dotta, lat. tardo *unŏculu(m)* 'che ha un solo (*ūnus*) occhio (*ŏculus*)' ✻1728] **agg.** ● (*lett.*) monocolo

uno-dùe [1981] **s. m. inv.** ● (*sport*) nel pugilato, serie di due colpi portati in rapida successione prima con un pugno e poi con l'altro | (*est.*) nel calcio, serie di due gol segnati da una squadra uno dopo l'altro; scambio in velocità tra due giocatori: *l'uno-due di Vieri stende l'Arsenal; rapido uno-due fra le due punte, tiro e gol* | (*fig.*) duplice successo, o duplice sconfitta, in un breve intervallo di tempo: *il partito ha subìto un pesante uno-due elettorale*

unòppi [comp. di *uno* e di un secondo elemento onomat. alternante ✻1970] **inter.** ● (*gerg.*) si usa per scandire e battere il tempo di marcia (*spec. iter.*)

unplugged /an'plagəd, *ingl.* ʌn'plʌgd/ [vc. ingl., propr. 'staccato', dal v. *to unplug* 'togliere la spina' ✻1991] **agg. inv.** ● detto di brano musicale interpretato con strumenti acustici invece che elettrici: *versione u.*

†**ùnqua** o †**ùnque** [lat. *ŭmquam*, comp. di *cŭm* 'con' e *-quam*, particella indef., con caduta dell'iniziale per evitare la ripetizione dello stesso suono ✻av. 1250] **avv.** ● (*poet.*) mai

†**unquànco** o †**unquànche** [comp. di *unqu(a)* e *anco* ✻1282] **avv.** ● (*poet.*) giammai, mai fino ad ora | ***non u.***, non ancora: *Branca d'Oria non morì unquanche* (DANTE *Inf.* XXXIII, 140)

†**unquànno** ➤ †**uquanno**

†**ùnque** ➤ †**unqua**

-ùnque [lat. *unquam* 'mai', usato anche in giustapposizione] **suff.** ● forma aggettivi, pronomi e avverbi indefiniti con valore generico di 'qualsiasi': *chiunque, comunque, dovunque, qualunque*

†**unquemài** [comp. di *unqu(a)*, e *mai* rafforz. del sign. del primo componente ✻1305] **avv.** ● (*poet.*) giammai

ùnsi ➤ **ungere**

untàre [da *unto* ✻av. 1519] **v. tr.** ● (*centr.*) ungere (*anche fig.*)

untàta [1623] **s. f.** ● (*centr.*) atto dell'ungere in una sola volta e in fretta: *dare un'u. alle ruote*|| **untatina**, **dim.**

†**untatóre** [da *untare*∗ av. 1788] **s. m.** (**f.** *-trice*) ● (*centr.*) chi unge

untatùra [av. 1712] **s. f.** ● (*centr.*) l'untare

Ùntermensch /'untermenʃ/, *ted.* 'ʊntʌ-ˌmɛnʃ/ [vc. ted., comp. di *unter* 'sotto' e *Mensch* 'essere umano'∗ 1897] **s. m. inv.** (**pl. ted.** *Untermenschen*) ● (*spreg.*) individuo considerato come essere inferiore, subumano **CFR.** superuomo | (**al pl.**) spec. nella concezione nazista, popoli di razza inferiore

unticcio [av. 1571] **A** **agg.** (**pl. m.** *-ci*; **pl. f.** *-ce*) ● che è alquanto e sgradevolmente unto: *mani unticce* **B** **s. m.** ● unto, untume

ùnto ① **A** **part. pass.** di *ungere*; anche **agg.** **1** nei sign. del v. | cosparso di sostanze grasse: *un meccanico con le mani unte* **2** *u. e bisunto*, (*rafforz.*) estremamente sudicio di grasso: *abito u. e bisunto*; *mani unte e bisunte* **B** **s. m.** (**f.** *-a*) ● (*relig.*) ***l'U. del Signore***, o (*ellitt.*) ***l'Unto***, nella tradizione biblica, chi, in virtù della cerimonia dell'unzione, è stato eletto a speciale missione da Dio presso il popolo di Israele o presso le Nazioni; (*est., per anton.*) il Messia, che sarà unto come nuovo re della casa di Davide | nel cristianesimo, chi è stato consacrato re o sacerdote in nome di Dio; (*per anton.*) il Cristo

ùnto ② [lat. *ŭnctu(m)*, dal part. pass. e agg. *ŭnctus* 'unto①' in uso sost.∗ 1287] **s. m.** **1** sostanza grassa, che unge: *una macchia di u.* **2** condimento grasso | grasso di cottura: *l'u. dell'arrosto* **3** †cibo grasso | †cappone

untóre [vc. dotta, lat. *unctōre(m)*, da *ŭnctus*, part. pass. di *ŭngere*∗ sec. XVI] **s. m.** (**f.** *-trice*) ● chi unge | (*per anton.*) chi, durante la peste che infierì a Milano nel XVII sec., si credeva ungesse con sostanze infette case, porte e sim. per propagare il contagio: *dagli all'u.!* (A. MANZONI) | ***dagli all'u.!***, (*fig.*) si dice per ironizzare su atteggiamenti persecutori verso chi è considerato ingiustamente responsabile della diffusione di qualche fenomeno negativo|| **untorèllo**, **dim.** (V.)

untorèllo [1823] **s. m.** **1** dim. di *untore* **2** (**f.** *-a*) (*fig.*) persona da poco, incapace di provocare gravi danni: *"Va, va, povero u."* (A. MANZONI)

untòrio [vc. dotta, lat. *unctōriu(m)* 'sala untoria', da *ŭnctus*, part. pass. di *ŭngere*∗ sec. XIV] **A** **s. m.** (**pl.** *-i* o *raro -ii*) **1** untuario **2** †unguento **B** **agg.** ● dell'untuario: *sala untoria*

untosità ➤ **untuosità**

†**untositàde** ➤ **untuosità**

untóso ➤ **untuoso**

untuàrio [dal lat. *ŭnctus* 'unto', sul modello di *calidario* e sim. ∗ 1751] **s. m.** ● nelle antiche terme greche e romane, sala in cui i bagnanti si profumavano

untùme [da *unto*②∗ 1306] **s. m.** **1** quantità di sostanza grassa, che unge | †unguento, pomata **2** (*est.*) sudiciume grasso: *l'u. della lana grezza*; *l'u. dei fornelli* **3** †olio | †burro o grasso animale | †bitume

untuosità (o **-ṣ-**) o (*raro*) **untosità** (o **-ṣ-**), †**untositàde**, †**untuositàde** [sec. XIV] **s. f. inv.** **1** caratteristica di ciò che è untuoso **2** materia grassa che unge, insudicia **3** (*chim.*) capacità di un olio lubrificante di aderire alle superfici dei materiali metallici che scorrono l'una sull'altra, riducendo così l'attrito **4** (*fig.*) maniera melliflua di comportarsi, parlare e sim., assumendo atteggiamenti e toni di urtante e ipocrita cortesia o servilismo: *salutare, inchinarsi, esprimersi con u.*

✦**untuóso** (o **-ṣ-**) o (*raro*) **untóso** (o **-ṣ-**) [da *unto*∗ av. 1320] **agg.** **1** che è impregnato d'unto, che unge: *lana grezza e untuosa* | (*est.*) detto di cibo condito con troppo olio: *insalata untuosa*; *sugo u.* **2** (*fig.*) che è caratterizzato da atteggiamenti ipocriti, melliflui, subdolamente lusinghieri, di eccessiva e urtante cortesia o servilismo: *un individuo u. e spregevole*; *quando parla ha sempre un tono e un modo untuosi e insopportabili* **SIN.** infido, subdolo|| **untuosaménte**, **avv.** (*fig.*) in modo untuoso, con untuosità: *ringraziare, inchinarsi untuosamente*|| **untuosità**, **s. f. inv.** (V.)

†**unzionàrio** [da *unzione*∗ sec. XIV] **s. m.** ● infermiere che eseguiva medicazioni spec. con unguenti, impiastri e sim.

unzióne [vc. dotta, lat. *unctiōne(m)*, da *ŭnctus*, part. pass. di *ŭngere*∗ av. 1292] **s. f.** **1** (*raro*) l'ungere, l'ungersi | applicazione di unguenti, pomate e sim. sul corpo umano o una parte di esso | †unguento, pomata **2** nella tradizione biblica, il versamento sulla testa di un eletto da Dio dell'olio consacrato | nella liturgia cattolica e delle Chiese orientali, l'ungere la fronte e altre parti del corpo con olio santo in alcuni sacramenti | ***U. degli Infermi, dei Morenti***, uno dei sette sacramenti della Chiesa, consistente nell'ungere con olio santo le diverse parti del corpo che sono sedi dei sensi e nell'invocare sopra di esse la benedizione di Dio, denominato Sacramento degli Infermi dopo il Concilio Vaticano II | ***Estrema U.***, antica denominazione del Sacramento dell'Unzione degli Infermi o dei Morenti | in molte religioni, superiori e primitive, il segnare, con materia grassa, liquida o semiliquida, parti del corpo a scopo di cura magica o di trasmissione magica di forze **3** (*fig., lett.*) ipocrisia, servilismo || **unzioncèlla**, **dim.**

-uòlo ➤ **-olo**③

✦**uòmo** o (*lett.* o *pop.*) **òmo**①, †**ùmo**① [lat. *hŏmine(m)*, nom. *hŏmo*, legato a *hŭmus* 'terra', col senso, quindi, di 'terrestre' opposto a 'celeste, divino'∗ 1219] **s. m.** (**pl.** *uòmini*) **I** ogni essere, maschio o femmina, appartenente alla specie vivente più evoluta del nostro pianeta **1** mammifero degli Ominidi, unico rappresentante vivente del suo genere, a stazione eretta, con differenziazione funzionale delle mani e dei piedi e pollice della mano opponibile, grande sviluppo del sistema nervoso e della massa cerebrale, dotato di forte intelligenza caratterizzata dalla facoltà di astrazione e di generalizzazione, e capace di linguaggio articolato (*Homo sapiens*): *l'u. preistorico*; *l'u. moderno*; *il corpo, lo scheletro, i muscoli dell'u.*; *lo studio anatomico, fisiologico dell'u.*; *la nascita, la vita, la morte dell'u.* | ***U. di Neandertal***, specie umana fossile vissuta nel Pleistocene superiore, totalmente estintasi nell'ultima delle quattro fasi glaciali dell'era neozoica (*Homo neanderthalensis*) | ***u. di Cro-Magnon***, in paleoantropologia, ogni membro della più antica popolazione di *Homo sapiens* attualmente identificata | ***u. delle caverne***, uomo preistorico; (*fig.*) persona rozza, primitiva **CFR.** antropo-, -antropo **2** (*est.*) la specie umana, considerata nel complesso delle sue caratteristiche distintive: *l'u. è apparso sulla Terra agli inizi del Quaternario*; *l'origine, l'evoluzione dell'u.* **3** ciascun essere umano in quanto dotato di ragione, sensibilità e ogni altra facoltà di natura non strettamente materiale: *la natura, l'essenza, la psiche, l'anima, la coscienza dell'u.*; *le esigenze morali, sociali, affettive, intellettuali dell'u.*; *la volontà, l'intelligenza, la fantasia, l'immaginazione, la memoria dell'u.*; *virtù e difetti dell'u.*; *l'orgoglio, la malvagità, la malizia, l'egoismo, la stupidità degli uomini* | ***a memoria d'u.***, (*fig.*) da moltissimo tempo: *a memoria d'u. non si ricorda una simile nevicata* **4** ciascun essere umano in quanto inserito in una particolare realtà sociale, storica, culturale, politica e sim.: *l'u. preistorico, antico*; *l'u. del Medioevo, del Rinascimento*; *l'u. comune, qualunque*; *l'u. massa*; *i problemi, le angosce dell'u. moderno*; *la scienza, i miti dell'u. contemporaneo*; *i diritti e i doveri dell'u.* | ***gli uomini***, l'intera umanità **5** (*relig.*) secondo il cristianesimo, essere ragionevole che Dio ha creato con anima immortale e corpo mortale: *i rapporti fra Dio e l'u.*; *gli uomini sono figli di Dio* | ***l'U. dei Dolori***, il Cristo crocifisso | ***U. Dio***, Dio che assume in Gesù la condizione dell'uomo | ***Figlio, Figliolo dell'u.***, epiteto biblico del Messia; come figlio di Dio che in alcune profezie appare con volto di uomo; epiteto di Gesù Cristo **6** persona vivente: *Rispuosemi: 'Non omo, omo già fui ...'* (DANTE *Inf.* I, 67) **II** individuo di sesso maschile, appartenente alla specie umana **1** maschio fisicamente adulto: *caratteri biologici, fisiologici, sessuali dell'u.*; *un u. grande, grosso, alto, robusto, atletico, erculeo, ben fatto*; *un u. brutto, piccolo*; *un bell'u.* | ***da u.***, proprio dell'uomo o adatto a lui: *voce da u.*; *abito, cappello da u.* | ***vestirsi, agire, comportarsi e sim. da u.***, come un uomo: *è solo un ragazzo, ma agisce, si comporta da u.* | (*fig.*) ***come un sol u.***, tutti insieme, con perfetta coordinazione dello sforzo e sim. | (*fig., lett.*) ***a tutt'u.***, a tutta forza | ***Uomini blu***, i Tuareg, per il colore dell'ampio telo fortemente impregnato di indaco che usano gli uomini per coprirsi il capo e il volto, e anche per le striature bluastre che rimangono loro impresse sulla pelle **CFR.** andro-, -andro **2** (*gener.*) individuo indeterminato di sesso maschile: *un u. giovane, vecchio, anziano, attempato, maturo*; *pare un u. di una certa età, un u. fatto*; *l'u. avanzava lentamente*; *c'è un gruppo d'uomini in fondo alla strada*; *ti ha cercato, ti ha telefonato un u.* **3** essere umano di sesso maschile, considerato rispetto alle sue caratteristiche intellettuali o morali, positive o negative: *u. intelligente, ragionevole, equilibrato, buono, bravo, onesto*; *un u. gentile, galante*; *un u. malvagio, crudele, brutale, corrotto, perverso, ipocrita* | ***buon u.***, V. *buonuomo* | ***brav'u.***, onesto, lavoratore e sim. | ***onest'u.***, V. *onestuomo* | ***galant'u.***, V. *galantuomo* | ***gentil u.***, V. *gentiluomo* | ***sant'u.***, estremamente buono, onesto, paziente, generoso | ***grand'u.***, dotato di eccezionali capacità, qualità, virtù e sim. (*anche iron.*): *ecco cosa ha combinato il tuo grand'u.!* | ***credersi un grand'u.***, avere un'ingiustificata ed esagerata stima di sé | (*fig.*) ***u. di cuore, di gran cuore***, generoso, molto generoso | ***u. di parola***, che mantiene ciò che promette | ***u. di poche parole***, taciturno, che preferisce l'azione ai discorsi | ***u. d'onore***, onorato e rispettabile | (*fig.*) ***un u. d'oro, una perla d'u.*** e sim., un uomo ricco d'ogni qualità e virtù | ***u. d'azione***, che non perde tempo in chiacchiere | (*eufem.*) ***u. forte***, chi usa o propugna metodi drastici o autoritari, spec. nella gestione di un potere politico o economico | ***u. di merito***, ricco di meriti | ***u. di fiducia***, del quale ci si può interamente fidare | ***u. di Dio***, ispirato da Dio; (*est.*) uomo pio, religioso | ***u. di talento, di genio*** e sim., ricco di talento, geniale e sim. | ***u. di spirito***, che sa scherzare, che è dotato di senso dell'umorismo | ***u. di gusto, di buon gusto***, che sa scegliere, che ha e dimostra buon gusto | ***u. di classe***, elegante, colto, raffinato | ***u. di poca fede***, la cui fede è superficiale e vacillante, con riferimento alla nota esclamazione di Gesù, riportata nel Vangelo; (*est., scherz.*) uomo incredulo, scettico e sim. | ***gli uomini di buona volontà***, coloro che perseverano nella ricerca del bene, qualunque sia la loro origine, la loro fede o la loro ideologia | ***u. da poco, da nulla*** e sim., che vale poco o nulla | ***u. per***

U

bene, onesto, rispettabile | ***essere, non essere u. da***, essere, non essere capace di: *non è u. da fare simili cose* | ***da u. a u.***, in tutta franchezza **4** essere umano adulto di sesso maschile, considerato in relazione alle sue specifiche caratteristiche: *il coraggio, l'audacia, la combattività dell'u.*; *la psicologia dell'u. è diversa da quella della donna*; *un u. e un bambino ragionano diversamente*; *non è da uomini disperarsi così* | nella loc. ***per soli uomini***, detto spec. di pubblicazioni o di spettacoli che, per il carattere spinto delle descrizioni o delle immagini, si indirizzano agli adulti di sesso maschile **5** essere umano di sesso maschile, considerato in relazione al contesto sociale, economico, politico, storico e sim. nel quale vive: *un u. povero, ricco, abbiente, di condizione elevata, di umili origini*; *è un u. all'antica*; *un u. aggiornato, al passo coi tempi*; *un u. comune, qualunque*; *un u. navigato, molto esperto* | ***u. di corte***, cortigiano | ***u. di mondo***, che ha grande esperienza della vita o che conduce una vita di intense relazioni sociali | ***l'u. della strada***, il cittadino comune, medio; (*est.*) l'opinione pubblica | ***u. politico***, che si dedica all'attività politica | ***u. di Stato***, statista | ***u. di legge***, giurista, avvocato e sim. | ***u. d'affari***, che si dedica ad attività economiche e spec. al commercio | ***u. di Chiesa***, ecclesiastico; (*est., pop.*) uomo molto religioso | ***u. d'arma, di spada, di guerra***, combattente, spadaccino, soldato | ***u. di mare***, marinaio | ***u. di lettere***, letterato | ***u. di teatro***, drammaturgo, commediografo e sim. | ***u. di scienza***, scienziato; (*est.*) sapiente | (*fig.*) ***u. di paglia***, nel linguaggio commerciale, prestanome; (*est.*) uomo vano, superficiale, cui non si può accordare fiducia, al quale non si può credere e sim. | (*eufem.*) ***u. d'onore, di rispetto***, chi è diventato potente in una organizzazione mafiosa o ne osserva le leggi | (*merid.*) ***u. di panza***, elemento importante o capo di una cosca mafiosa | ***l'u. del giorno, del momento*** e sim., quello di cui si parla molto, che occupa una posizione di particolare rilievo e sim. | ***l'u. nuovo***, il personaggio emergente: *l'u. nuovo del ciclismo italiano* **6** (spec. preceduto da un possessivo) individuo particolare, del quale si parla, che si ritiene adatto a particolari compiti e sim.: *ecco il nostro u.!*; *conosco bene il mio u. e so come reagirà*; *è proprio il vostro u.*; *il partito ha trovato il suo u.* | ***il mio u., il tuo, il suo u.***, (*fam.*) marito, compagno, amante | ***l'u.***, quel determinato uomo al quale si intende fare riferimento: *furbo l'u.!*; *hai visto cosa ha fatto, l'u.?* | ***l'u. Dante, l'u. Leopardi*** e sim., Dante, Leopardi e sim. considerati non come poeti, ma come singoli individui biograficamente e umanamente inconfondibili **7** operaio, dipendente: *l'u. delle pulizie*; *hai già pagato gli uomini?* | (*fam.*) l'addetto, l'incaricato: *l'u. del gas, della luce, del telefono* | ***u. di fatica***, addetto ai lavori pesanti | ***u. di fiducia***, dipendente cui si affidano incarichi di particolare importanza, responsabilità e sim. | ***u. nero***, nel passato, servitore o cortigiano vestito di nero per comparsa in ricevimenti signorili o in funerali **8** †vassallo, suddito **9** (*sport*) componente di una squadra sportiva maschile: *gli uomini della nazionale di calcio* | ***marcare a u.***, V. *marcare* | ***allenamento sull'u.***, nel pugilato, quello con uno sparring partner opportunamente scelto | ***u. gol***, giocatore su cui una squadra di calcio conta per segnare | ***u. partita***, spec. nel calcio, il giocatore risultato decisivo per la vittoria | ***quarto u.***, nel calcio, collaboratore della terna arbitrale che segnala i cambi dei giocatori e i tempi di recupero **10** (*milit.*) soldato, uomo armato: *una squadra di sette uomini* | ***u. di guerra***, provato nelle armi, veterano | ***u. d'arme, d'armi***, guerriero, soldato, esperto nell'arte militare; nel sec. XV, soldato a cavallo armato di tutto punto; nel XVI sec. in Francia e in Italia, cavaliere di milizia scelta, non sottoposto ad altri che al proprio principe **11** (*mar.*) marinaio: *avere un u. a riva*; *mandare gli uomini sottocoperta* | ***u. di mare***, abile navigatore e manovratore esperto | ***u. a mare, in mare!***, voce d'allarme che si dà quando una persona cade in mare da bordo **12** uno (anticamente con valore di pronome indefinito; oggi con significato particolarmente generico): *quando l'u. perde la testa, ne combina di tutti i colori*; *come può un u. nascere così sfortunato?* | †***ogni u.***, ognuno: *Pampinea ... comandò che ogni uom tacesse* (G. Boccaccio) **13** seguito da un sost. che ne indica, spec. metaforicamente, i compiti, l'attività e sim.: *u. rana*, sommozzatore | ***u. ragno***, nel linguaggio del circo, contorsionista | ***u. sandwich***, che gira per le strade con due cartelli pubblicitari addosso, uno davanti e uno dietro | (*aeron.*) ***u. radar***, controllore di volo, controllore radar **III** con valore analogico o figurato, ricorre in alcune loc. **1** ***u. nero***, gioco di carte tra un numero qualunque di giocatori, con un mazzo privato dei fanti tranne quello di picche o bastoni | fante di picche o bastoni nel gioco omonimo | nel linguaggio infantile, babau **2** (*mar.*; *disus.*) palo piantato in costa per l'ormeggio di un natante | ***u. morto***, (*ferr.*) vigilante[1] nel sign. B2 || **omàccio**, pegg. (V.) | **omacciòne**, accr. | **omarèllo**, dim. | **omarìno**, dim. (V.) | **omètto**, dim. (V.) | (*lett.*) **omicèllo**, dim. | (*lett.*) **omicciòlo**, **omicciuòlo**, dim. | **omiciàttolo**, pegg. (V.) | **omicìno**, dim. | (*spreg.*) **ominicchio**, dim. (V.) | **omìno**, dim. (V.) | **omóne**, accr. (V.) | (*spreg.*) **omùccio**, dim. | (*spreg.*) **omùncolo**, dim. (V.)

✦**uòpo** o †**vuòpo** [lat. *ŏpus*, nt., 'opera, lavoro', che nel costrutto *ŏpus ĕst* (propr. 'c'è un lavoro da fare') viene a specializzarsi nel senso 'è necessario' ✻ 1250 ca.] **s. m.** (**pl.** † *-i*) **1** (*lett.*) bisogno, necessità: *esso a mill'uopi / opportuno si vanta* (G. Parini) | ***all'u.***, all'occorrenza | ***esser d'u., far d'u., far u., fare all'u.***, essere necessario **2** †vantaggio, utile: *venire, riuscire a u.*

uòsa [lat. tardo *hāsa(m)*, di orig. germ. ✻ av. 1306] **s. f.** **1** (**spec. al pl.**) ghetta | ***uose alla valdostana***, specie di ghette di grossa tela, allacciate lateralmente, usate dalle truppe alpine **2** (**spec. al pl.**) tipo di stivale, in uso nel Medioevo **3** (**spec. al pl.**) nelle antiche armature, sorta di calzare metallico, collegato alla gambiera

-uóso ➤ **-oso**[3]

✦**uòvo** o (*sett., centr.*) **òvo**, †**vuòvo** [lat. parl. *ŏvu(m)*, variante del lat. classico *ōvum*, prob. dalla radice indeur. **awi-* 'uccello'; V. *avi-*, *oca* ✻ 1250 ca.] **A** **s. m.** (**pl.** *uòva* **f.**, *tosc.* *òva*, **f.**, *sett., centr.* *òvi*, **m.**) V. **partitivo** **1** (*biol.*) gamete femminile degli animali a riproduzione sessuata, ricco di sostanze nutritizie, di forma sferica, ellissoidale o cilindrica e di dimensioni e struttura diverse a seconda delle varie specie animali CFR. ovo-, oo- **2** correntemente, l'uovo degli animali ovipari: *le uova dei pesci, degli uccelli, degli insetti*; *uova di gallina, di struzzo, d'anatra*; *uova di storione*; *le uova delle formiche* | (*zool.*) ***uova di mare***, quelle di seppia, deposte a gruppi **3** (*per anton.*) uovo di gallina: *bere un u.*; *il guscio dell'u.*; *uova fresche di giornata* | ***bianco, chiara d'u.***, l'albume | ***rosso d'u.***, il tuorlo | ***u. à la coque***, scaldato col guscio in acqua bollente per un paio di minuti | ***u. bazzotto***, cotto più a lungo, da 4 a 5 minuti, ma col rosso ancora tenero | ***u. sodo***, lasciato nell'acqua bollente 8-9 minuti, quindi interamente rappreso | ***u. affogato, in camicia***, cotto senza guscio in acqua sobbollente | ***u. sbattuto***, frullato, gonfiato, montato con la frusta o frullino | ***u. all'ostrica***, il solo tuorlo crudo, con sale e limone | ***u. al tegame, all'occhio di bue***, fritto con burro od olio, senza rompere il tuorlo | ***u. strapazzato***, fritto al tegame col bianco e il rosso mescolati | ***u. benedetto***, che si fa benedire dal sacerdote e si mangia, per tradizione, il giorno di Pasqua | ***pasta all'u.***, pasta alimentare con aggiunta di uova | ***pelle d'u.***, la sottile pellicola bianca che sta tra il guscio e l'albume; (*fig.*) tela finissima da biancheria | ***l'u. di Colombo***, (*fig.*) espediente facilissimo cui però nessuno aveva pensato prima (come la leggera ammaccatura sul fondo di un uovo che, secondo la tradizione, Cristoforo Colombo escogitò per farlo stare ritto su un tavolo) | ***è come bere un u.***, (*fig.*) si dice di cosa estremamente facile, agevole e sim. | ***guastare, rompere le uova nel paniere a qlcu.***, (*fig.*) compromettere o fare fallire ciò che altri ha pazientemente preparato, progettato e sim. | ***camminare sulle uova***, (*fig.*) procedere con estrema cautela | ***essere pieno come un u.***, (*fig.*) avere mangiato moltissimo | (*fig.*) ***cercare il pelo nell'u.***, essere estremamente minuzioso, rilevare ogni minimo difetto | ***la gallina dalle uova d'oro***, (*fig.*) fonte di facili e ripetuti guadagni | (*fig., iron.* o *spreg.*) ***testa d'u.***, intellettuale | PROV. ***meglio un u. oggi che una gallina domani***, V. *gallina* **4** (*est.*) oggetto che ha la forma di un uovo di gallina | ***u. pasquale, di cioccolato, di Pasqua***, dolce di cioccolato a forma d'uovo, di dimensione varia e cavo all'interno, sovente con una sorpresa, tradizionalmente regalato per Pasqua | ***u. di neve***, dolce vanigliato a base di latte, uova, zucchero | ***u. da tè***, piccolo recipiente bucherellato che riempito di foglioline di tè s'immerge nell'acqua bollente | †***uova di Norimberga***, i primi orologi da tasca | (*sport*) ***posizione a u.***, quella, molto ripiegata, assunta nello sci dai discesisti **5** (*biol.*) ***u. di mare***, ognuna delle specie commestibili del genere degli Ascidiacei (*Microcosmus*) SIN. carnume **B** in funzione di **agg. inv.** ● (posposto al sost.) nella loc. ***cellula u.***, uovo nel sign. 1 || **ovétto**, dim. | **ovicìno**, **uovicìno**, dim.

†**uòvolo** ➤ **ovolo**

up /ap, *ingl.* ʌp/ [vc. ingl., propr. 'sopra' ✻ 1992] **s. m. inv.** ● (*fis.*) numero quantico corrispondente al secondo tipo (o sapore) di quark

Upànishad o **Upànisad** /u'paniʃʃad, *sanscrito* ʊ'pʌnɪʃʌd, -sʌd/ [vc. sanscrita (*upaniṣad*) che significa 'dottrina segreta', ma propr. 'posto (*-sad* dal v. *sīdati*) verso (*úpa*) il basso, sotto (*ní*)' ✻ 1930] **s. f. pl.** ● serie di testi filosofico-religiosi dell'antica India, i più antichi dei quali risalgono all'VIII-VII sec. a.C., che raccolgono la speculazione intorno al brahmanesimo e all'induismo

ùpas [vc. malese, (*pohon*) *upas* '(albero del) veleno' ✻ 1865] **s. m. inv.** **1** albero delle Moracee, presente nelle isole della Sonda, contenente un latice molto tossico (*Antiaris toxicaria*) **2** sostanza molto velenosa che gli indigeni delle isole della Sonda estraggono dalla pianta omonima per avvelenare le frecce

update /'apdeit, *ingl.* 'ʌpdeɪt/ [vc. ingl., propr. 'data (*date*) più nuova (*up*)' ✻ 1976] **s. m. inv.** ● (*inform.*) aggiornamento di un sistema, di un programma ecc.

uperiẓẓàre [1970] **v. tr.** ● sottoporre a uperizzazione (V.)

uperiẓẓatóre [1983] **agg.** (**f.** *-trice*) ● relativo all'uperizzazione: *impianto u.*

uperiẓẓaziòne [etim. incerta ✻ 1970] **s. f.** ● procedimento adottato per la sterilizzazione del latte, consistente nel sottoporlo a temperature molto elevate per consentirne una più lunga conservazione

upgrade /ap'gre(i)d, *ingl.* ʌp'greɪd/ [vc. ingl., dal v. *to upgrade* 'far salire (*up* 'sopra') di grado (*grade*)' ✱ 1991] **s. m. inv.** ● (*inform.*) aggiornamento, spec. di programmi e dispositivi

upload /ap'loud, *ingl.* 'ʌp,ləʊd/ [vc. ingl., propr. 'caricamento' dal v. *to upload* 'caricare' ✱ 1992] **s. m. inv.** ● (*inform.*) trasferimento di dati tra sistemi collegati in rete (spec. Internet), in particolare da un sistema locale a un sistema remoto **CFR.** download, loading

upper clàss /apper'klas, *ingl.* ,ʌpə(r)'klɑːs/ [loc. ingl., propr. 'classe (*class*) superiore (*upper*)' ✱ 1967] **loc. sost. f. inv.** (**pl. ingl.** *upper classes*) ● classe sociale elevata, come l'aristocrazia o l'alta borghesia

uppercut /'apperkat, *ingl.* 'ʌpə,kʌt/ [vc. ingl., propr. 'colpo (*cut*, propr. 'taglio', di area scandinava e orig. incerta) più alto (*upper*, da *up* 'sopra' col suff. compar. *-er*)' ✱ 1910] **s. m. inv.** ● nel pugilato, montante

up-to-date /aptu'deit, *ingl.* ,ʌptə'deɪt/ [vc. ingl., propr. 'fino alla (*up to*, prep. e art.) data (*date*, di orig. fr.)' ✱ 1927] **agg. inv.** ● che è estremamente aggiornato, informato, moderno e sim.: *persona up-to-date*; *pubblicazioni up-to-date*; *abito up-to-date*

ùpupa o †**pùppa**, †**pùppola**② [vc. dotta, lat. *ŭpupa(m)*, di orig. espressiva ✱ av. 1292] **s. f.** ● uccello diurno dei Coraciformi dal lungo becco curvo a sciabola, ciuffo erettile sul capo, piumaggio delicato a colori contrastanti e voce monotona (*Upupa epops*)

upwelling /*ingl.* ʌp'wɛlɪŋ/ [vc. ingl., comp. di *up* 'sopra' e *to well* 'zampillare' (d'orig. germ.) ✱ 1991] **s. m. inv.** ● risalita alla superficie delle acque fredde oceaniche di profondità, provocata dall'azione congiunta dei venti soffianti verso l'Equatore e dalla rotazione della Terra

†**uquànno** o †**unquànno**, †**uguànno** [lat. *hoc ănno* 'quest'anno'. Cfr. l'ant. fr. *ouan* ✱ 1260] **avv.** ● quest'anno | mai (in frasi negative): *io non avrà unquanno pace con lei* (G. Boccaccio)

-ùra [lat. *-ūra(m)*] **suff.** ● forma sostantivi denominali o deaggettivali di vario significato: *freddura, pianura, altura*

uracìle [comp. di *ur(ea)*, *ac(etico)* e *-ile*② ✱ 1929] **s. m.** ● (*chim.*) base organica costituita da quattro atomi di carbonio e due di azoto, ottenibile dagli acidi nucleici mediante loro idrolisi chimica; è una delle basi pirimidiniche che costituiscono gli acidi ribonucleici

ùraco [vc. dotta, gr. *ourachós* 'organo vicino alla vescica nel feto', comp. di *ourá* 'coda' e dello stesso suff. familiare di *stómachos* 'stomaco' ✱ 1606] **s. m.** (**pl.** *-ci* o *-chi*) ● (*anat.*, *zool.*) residuo dell'allantoide che nei Placentati si riduce a un cordone fibroso teso dall'apice della vescica urinaria all'ombelico

uragàno o †**uracàno**, †**uragàna** [sp. *huracán*, dalla vc. delle Antille *hurakán*, di orig. incerta ✱ av. 1557] **s. m.** **1** (*meteor.*) ciclone tropicale del mare delle Antille | (*est.*) ogni ciclone tropicale di estrema violenza | ***vento da u.***, che supera i 118 km/h e cioè il grado 12 della scala Beaufort **2** correntemente, tempesta di estrema violenza: *un u. ha interrotto le comunicazioni telefoniche* **3** (*fig.*) grande e rumorosa quantità: *un u. di applausi, di evviva, di abbasso*
SFUMATURE ➤ ***burrasca***

uraganóso (o **-ṣ-**) [1879] **agg.** ● (*lett.*) di uragano | (*lett.*) tempestoso (*anche fig.*)

uràlico [1843] **A agg.** (**pl. m.** *-ci*) ● degli Urali, catena montuosa che segna il confine tra l'Europa e l'Asia: *popolazioni uraliche* | ***lingue uraliche***, famiglia di lingue comprendente i due grandi gruppi dell'ugro-finnico e del samoiedo | ***corrugamento u.***, in geologia, quello che alla fine del Permiano originò la catena montuosa degli Urali **B s. m.** **1** (**f.** *-a*) ogni appartenente a una popolazione di ceppo pre-europide che un tempo occupava la catena degli Urali **2** la famiglia delle lingue uraliche

uràlo-altàico [1932] **agg.** (**pl. m.** *-ci*) **1** detto di una famiglia di lingue comprendente il gruppo uralico e il gruppo altaico **2** detto di un gruppo di popoli, di varia origine e cultura, che parlano lingue del ceppo uralo-altaico

uràngo ➤ **orango**

urània [vc. dotta, lat. *Urănia(m)*, dal gr. *Ouranía*, f. di *ouránios* 'proprio del cielo (*ouranós*)' ✱ 1840] **s. f.** ● farfalla tropicale notturna che raggiunge anche notevoli dimensioni, dai colori assai vistosi e lucenti così da essere scambiata per diurna (*Urania*)

uraniàno [1950] **A agg.** ● (*astron.*) del pianeta Urano | (*astrol.*) ***temperamento u.***, in cui prevalgono gli influssi di Urano **B s. m.** (**f.** *-a*) ● ipotetico abitante o nativo del pianeta Urano

urànico① [da *uranio* ✱ 1961] **agg.** (**pl. m.** *-ci*) ● detto dei composti dell'uranio esavalente | ***acido u.***, corrispondente all'ossido dell'uranio esavalente

urànico② [da *Urano* ✱ 1943] **agg.** (**pl. m.** *-ci*) **1** (*lett.*) celeste, del cielo **2** nella mitologia greco-romana, ma con estensione anche ad altre mitologie, detto degli dei che dimorano nel cielo e di tutto ciò che ad essi si riferisce

urànide [da *uranio* ✱ 1961] **A agg.** ● (*chim.*) detto di ciascuno degli elementi transuranici, quali il nettunio, il plutonio e l'americio, che presentano varie valenze **B s. m.** ● elemento uranide

uranìfero [comp. di *urani(o)* e *-fero* 'portatore di' ✱ 1948] **agg.** ● che contiene uranio: *rocce uranifere*

uranìle [da *uranio* ✱ 1961] **s. m.** ● (*chim.*) radicale bivalente composto di uranio e ossigeno che reagisce facilmente con gli acidi per formare sali

uraninìte [dal n. ted. (*Uranin*, da *uranium* 'urano') col suff. *-ite*② ✱ 1942] **s. f.** ● (*miner.*) ossido di uranio di colore nero pece e dalla lucentezza resinosa **SIN.** pechblenda

♦**urànio** [dal n. del pianeta *Urano*, da poco scoperto quando fu individuato il nuovo elemento ✱ 1819] **s. m.** (**pl.** *-i* o *raro -ii*) ● elemento chimico, metallo radioattivo, il più pesante degli elementi naturali, dalla cui disintegrazione si ottiene tutta una serie di elementi radioattivi fra cui il radio, utilizzato come combustibile nucleare **SIMB.** U **NUM. AT.** 92 | ***u. arricchito***, quello in cui la concentrazione dell'isotopo 235 è presente in misura superiore a quella contenuta nell'uranio naturale (0,7%) | ***u. esaurito, impoverito, spento***, quello in cui la concentrazione dell'isotopo 235 è presente in misura inferiore a quella contenuta nell'uranio naturale

uranìṣmo [ted. *Uranismus* per il presunto comportamento del dio Urano (*Uran*) dopo la mutilazione dei genitali ✱ 1905] **s. m.** ● (*raro*) omosessualità maschile passiva

uranìsta [da *uranismo* ✱ 1905] **s. m.** (**pl.** *-i*) ● (*raro*) omosessuale passivo

Uràno [vc. dotta, lat. *Urăniu(m)*, dal gr. *Ouranós* 'dio del cielo (*ouranós*, di orig. incerta)' ✱ 1819] **s. m.** ● (*astron.*) settimo pianeta in ordine di distanza dal Sole, dal quale in media dista 2870 milioni di kilometri, la cui massa è 14,58 volte quella della Terra, del quale si conoscono cinque satelliti | (*astrol.*) pianeta che domina il segno zodiacale dell'Acquario

uràno- [dal gr. *ouranós* 'cielo'] **primo elemento** ● in parole composte dotte o della terminologia scientifica, significa 'cielo': *uranografia*, *uranoscopia*

uranografìa [comp. di *urano-* e *grafia* ✱ av. 1597] **s. f.** ● (*astron.*) descrizione delle costellazioni e, più in generale, della sfera celeste

uranogràfico [1812] **agg.** (**pl. m.** *-ci*) ● relativo alla uranografia

uranògrafo [comp. di *urano-* e *-grafo* ✱ 1840] **s. m.** (**f.** *-a*) ● studioso di uranografia

uranòlite o **uranòlito** [comp. di *urano-* e *-lite* ✱ 1841] **s. m.** ● bolide, meteorite

uranometrìa [comp. di *urano-* e *-metria* ✱ 1813] **s. f.** ● (*astron.*) uranografia | in passato, misurazione dello splendore apparente degli astri | attualmente, misurazione di grandezze stellari

uranomètrico [1961] **agg.** (**pl. m.** *-ci*) ● relativo all'uranometria

uranoscopìa [comp. di *urano-* e *-scopia* ✱ 1840] **s. f.** ● (*astron.*) osservazione delle costellazioni

uranòscopo [comp. di *urano-* e *-scopo*; perché il pesce ha gli occhi rivolti verso l'alto ✱ av. 1327] **s. m.** ● (*zool.*) pesce lucerna

uràto [da (acido) *ur(ico)* col suff. *-ato*② ✱ 1840] **s. m.** ● sale o estere dell'acido urico

urbanéṣimo o (*raro*) **urbanìṣmo**, spec. nel sign. 2 [comp. di *urbano* ed *-esimo*② ✱ 1902] **s. m.** **1** fenomeno consistente nella concentrazione crescente della popolazione nelle città, a causa dell'immigrazione dalla campagna di persone che lasciano l'agricoltura per lavorare nell'industria o nei servizi **2** (*raro*) forma linguistica propria della città

urbanìsta [1931] **s. m. e f.** (**pl. m.** *-i*) ● studioso, esperto di urbanistica

urbanìstica [da *urbano* 'proprio della città (*urbe*)' ✱ 1930] **s. f.** ● (*archit.*) disciplina che si occupa di disporre e organizzare razionalmente ed esteticamente gli aggregati urbani, utilizzando ed equilibrando ad un tempo cognizioni e norme scientifiche, artistiche e sociali

urbanìstico [da *urbanista* ✱ 1929] **agg.** (**pl. m.** *-ci*) ● relativo all'urbanistica e agli urbanisti: *patrimonio u.*; *complesso u.*; *trasformazioni urbanistiche di un territorio* ‖ **urbanisticaménte**, **avv.** da un punto di vista urbanistico

✦**urbanità** o †**urbanitàde**, †**urbanitàte** [vc. dotta, lat. *urbanitāte(m)*, da *urbānus* 'urbano, conforme all'uso della città' ✱ av. 1364] **s. f. inv.** ● caratteristica di chi (o di ciò che) è urbano, educato, civile: *u. di modi, di espressione*; *persona di grande u.* | ***con u.***, in modo urbano: *trattare qlcu. con u.*; *rispondere con u.* **SIN.** compitezza, cortesia **CONTR.** inurbanità
SFUMATURE ➤ ***affabilità***

urbaniẓẓàre [da *urbano* sull'es. del fr. *urbaniser* ✱ 1936] **A v. tr.** **1** rendere urbano, educato, civile: *u. le proprie abitudini, il linguaggio* **2** conferire a un centro abitato le caratteristiche proprie di una città, favorendone lo sviluppo razionale mediante le necessarie sistemazioni urbanistiche: *u. la periferia di una metropoli* **B urbaniẓẓàrsi v. rifl.** ● diventare educato, civile **C urbaniẓẓàrsi v. intr. pron.** ● assumere le caratteristiche proprie di una città, di un territorio urbano ‖ **urbaniẓẓazióne**, **s. f.** (V.)

urbaniẓẓatìvo [da *urbanizzare* ✱ 1992] **agg.** ● relativo all'urbanizzazione: *intervento, vincolo u.*

urbaniẓẓazióne [1955] **s. f.** **1** l'urbanizzare, l'urbanizzarsi | costruzione di infrastrutture urbanistiche: *interventi di u.* | ***u. primaria***, costruzione della rete stradale, della rete idrica, delle fognature ecc. | ***u. secondaria***, costruzione delle scuole, degli impianti sportivi, delle chiese ecc. | sistemazione urbanistica **2** urbanesimo, nel sign. 1

u

NOMENCLATURA

urbanizzazione

● *fognatura*: cloaca, botola = tombino = pozzetto di controllo, fogna, sifone, tubo di allacciamento, collettore, canali, tunnel, depuratore, sistema di scarico, acqua di scarico;

● *acquedotto*: serbatoio = vasca di raccolta, conduttura, pozzetto di carico;

● *illuminazione*: elettrica, fluorescente, ai vapori di sodio, di mercurio; palo, lampione = fanale, rete di distribuzione (elettrodotto, cavo, palo, traliccio, isolatori); tesatura, allacciamento; alta tensione, bassa tensione;

cavi telefonici; collegamenti radiotelevisivi; sede tranviaria.

♦**urbàno** [vc. dotta, lat. *urbānu(m)*, da *ŭrbs*, genit. *ŭrbis* 'città, urbe' ✻ 1342] **agg. 1** della città, relativo alla città: *guardia, milizia, polizia urbana*; *edifici urbani*; *strade, piazze urbane*; *vigili urbani* | ***rete urbana***, rete telefonica che interessa una stessa città | ***collegamento u.***, all'interno della rete urbana **CFR.** interurbano, extraurbano | ***conversazione urbana***, conversazione telefonica svolta nell'ambito della stessa rete urbana | ***nettezza urbana***, pubblico servizio che provvede alla pulizia della città | ***agglomerato u., centro u.***, centro abitato, fornito della struttura e dei servizi fondamentali propri di una città **CONTR.** rurale **2** (*stor.*) della città di Roma | ***pretore u.***, nel diritto romano, quello che amministrava la giustizia in Roma, tra cittadini romani **3** (*fig.*) civile, cortese, educato: *modi urbani*; *usare un linguaggio u.*; *tenere un comportamento u. e irreprensibile* **CONTR.** villano || **urbanaménte**, **avv.** civilmente, cortesemente, educatamente

ùrbe [vc. dotta, lat. *ŭrbe(m)*, di orig. straniera ✻ 1420] **s. f. solo sing.** ● (*lett.*) città | ***l'Urbe***, (*per anton.*) Roma: *i monumenti dell'Urbe*

urbicìdio [comp. di *urbe* e *-cidio* ✻ 1881] **s. m.** (**pl.** *-i* o *raro -ii*) ● distruzione di una città dal punto di vista materiale, etnico e culturale: *l'u. di Sarajevo*

ùrbico [vc. dotta, lat. *ŭrbicu(m)*, da *ŭrbs*, genit. *ŭrbis* 'città' ✻ 1907] **agg.** (**pl. m.** *-ci*) ● (*disus.*) urbano, cittadino: *porte urbiche*; *fortificazioni urbiche* | ***fauna urbica***, l'insieme degli animali che vivono all'interno di una città o nelle sue immediate vicinanze, a contatto più o meno diretto con l'uomo

♦**ùrbi et òrbi** [loc. lat., propr. 'alla città (*ŭrbi*, dativo di *ŭrbs* 'urbe, città') e al mondo (*ŏrbi*, dativo di *ŏrbis* 'Terra')' ✻ 1891] **loc. agg. inv. e avv.** ● forma e formula di indirizzo dei decreti della Santa Sede e della benedizione papale solenne: *impartire la benedizione urbi et orbi* | (*fig., scherz.*) a tutti, dappertutto: *lo ha detto urbi et orbi*; *sono cose ormai note urbi et orbi*

urbinàte [vc. dotta, lat. *Urbināte(m)*, da *Urbīnum* 'Urbino' ✻ av. 1492] **A agg.** ● di Urbino **B s. m. e f.** ● abitante o nativo di Urbino | ***l'Urbinate***, (*per anton.*) Raffaello Sanzio (1483-1520)

ùrca o **òrca**③ [deformazione eufemistica di *(p)orca* (*miseria*) ✻ 1967] **inter.** ● (*colloq.*) esprime grande meraviglia mista ad ammirazione | accidenti: *u.! mi fa di nuovo male la caviglia*

urceolàto o (*disus.*) **orceolàto** [dalla sua forma di 'piccolo orcio' (lat. *urcĕolus*, dim. di *ŭrceus* 'orcio') ✻ 1840] **agg.** ● (*bot.*) detto di calice gonfio nel mezzo e alla base e più stretto all'imboccatura | detto di corolla con tubo rigonfio a metà e ristretto alla gola, e con lembo ridottissimo

ùrdu o **urdù** [indostano *urdū (-zabān)* '(la lingua del) campo militare' (V. *orda*) ✻ 1913] **A s. m. inv.** ● lingua ufficiale del Pakistan, parlata anche nelle regioni nord-occidentali dell'India; è affine all'hindi, ma con forti contaminazioni arabo-persiane **B anche agg. inv.**: *lingua u.*

urèa o **ùrea** [dal gr. *ôuron* 'urina', da *ourêin*, di orig. indeur., come il suo parallelo lat. *urīna* ✻ 1828] **s. f.** ● sostanza organica azotata presente nell'urina umana, preparata per sintesi da ammoniaca e anidride carbonica, usata come fertilizzante, per la fabbricazione di farmaci e materie plastiche **SIN.** carbammide

ureàṣi [comp. di *ure(a)* e del suff. *-asi* ✻ 1930] **s. f. inv.** ● (*chim.*) enzima presente in piante e microrganismi che catalizza la rottura delle molecole di urea

†**urécchio** ➤ **orecchio**

Uredinàli [da *uredine* 'bruciatura', per la *ruggine* che provocano nelle piante ✻ 1930] **s. f. pl.** (**sing.** *-e*) ● (*bot.*) ordine di Funghi dei Basidiomiceti parassiti di piante superiori su cui producono le ruggini (*Uredinales*)

urèdine [vc. dotta, lat. *urēdine(m)*, da *ūrere* 'bruciare', di orig. indeur. ✻ av. 1498] **s. f.** ● (*raro*) fungo parassita che invade le Graminacee producendo la malattia chiamata ruggine

Uredìnee [1875] **s. f. pl.** ● Uredinali

uredospòra [comp. di *ured(inee)* e *spora* ✻ 1930] **s. f.** ● spora delle Uredinali unicellulare e peduncolata, di colore rugginoso, che appare sulle foglie di Graminacee, spec. del frumento attaccato dalla ruggine

urèico [1942] **agg.** (**pl. m.** *-ci*) ● dell'urea | ***resina ureica***, resina ottenuta per polimerizzazione di urea con formaldeide, utilizzata per produrre materiali plastici termoindurenti

uremìa [comp. del gr. *ôuron* 'urina' e di un deriv. da *hâimo* 'sangue' ✻ 1862] **s. f.** ● (*med.*) aumento dei composti azotati nel sangue, e in particolare dell'urea, per insufficiente secrezione renale

urèmico [1889] **A agg.** (**pl. m.** *-ci*) ● di uremia, causato da uremia: *coma u.* **B agg. e s. m.** (**f.** *-a*) ● che (o chi) presenta uremia

urènte [vc. dotta, lat. *urĕnte(m)*, part. pres. di *ūrere* 'bruciare', di orig. indeur. ✻ av. 1342] **A agg.** ● (*lett.*) bruciante: *febbre u.*; *dolore u.* **B s. m.** ● (*bot.*, **al pl.**) peli rigidi che producono sostanze ad azione caustica, come per es. quelli delle ortiche

urèo [gr. *ourâios*, adattamento del n. egiziano del 'cobra' (*i'rt*), attributo di divinità, specie se serpentiformi ✻ 1957] **s. m.** ● nell'antico Egitto, il serpente sacro che, come simbolo del supremo potere, era spesso effigiato sul copricapo dei faraoni e di alcune divinità

ureotèlico [comp. di *urea* e del gr. *télos* 'termine, fine' col suff. *-ico* ✻ 1961] **agg.** (**pl. m.** *-ci*) ● (*biol.*) caratterizzato da ureotelismo

ureotelìṣmo [da *urotel(ico)* col suff. *-ismo* ✻ 1961] **s. m.** ● (*biol.*) metabolismo dei composti azotati caratteristico di alcuni gruppi animali che porta all'eliminazione di scorie in forma di urea

uretàno [comp. di *ur(o)-*① 'urina' ed *et(ere)* col suff. di comp. carbonico *-ano* sul modello del corrispondente fr. *uréthane* ✻ 1875] **A s. m.** ● (*chim.*) carbammato **B anche agg.**: *gruppo u.*

ureteràle [1961] **agg.** ● (*med.*) relativo all'uretere: *cateterismo u.*; *calcolosi u.* | ***meato u.***, l'orifizio con cui l'uretere sbocca nella vescica **SIN.** ureterico

uretère [gr. *ourētḗr*, genit. *ourētēros*, da *ourêin* 'urinare', di orig. indeur. ✻ 1695] **s. m.** ● (*anat.*) condotto fine, allungato, che porta l'urina dal rene alla vescica

uretèrico [1914] **agg.** (**pl. m.** *-ci*) ● (*med.*) ureterale

ureterìte [comp. di *ureter(e)* e *-ite*① ✻ 1828] **s. f.** ● (*med.*) infiammazione dell'uretere

urètra, (*evit.*) **ùretra** [vc. dotta, lat. tardo *urēthra(m)*, dal gr. *ourēthra*, da *ourêin* 'urinare', di orig. indeur. ✻ av. 1718] **s. f.** ● (*anat.*) condotto che va dalla vescica all'esterno

uretràle [av. 1758] **agg.** ● (*anat.*) dell'uretra: *canale u.*

uretrìte [comp. di *uretra* e *-ite*① ✻ 1865] **s. f.** ● (*med.*) infiammazione dell'uretra

♦**urgènte** **part. pres.** di *urgere*; **anche agg. 1** (*lett.*) che incalza, che preme: *pericolo u.* **2** che non consente o non ammette dilazioni o ritardi, che deve essere fatto o soddisfatto, risolto e sim. immediatamente, senza frapporre indugi: *bisogno u.*; *necessità u.*; *questioni urgenti*; *è senz'altro il caso più u.* | ***lettera u.***, da recapitare nel minor tempo possibile o da leggere prima d'ogni altra | ***pacco u., telegramma u., chiamata telefonica u.***, e sim., che, dietro pagamento di una tariffa speciale, acquista diritto di precedenza su altri || **urgenteménte**, **avv.** d'urgenza, al più presto, subito: *vi prego, intervenite urgentemente*

♦**urgènza** [vc. dotta, lat. tardo *urgĕntia(m)*, da *ŭrgens*, genit. *urgĕntis* 'urgente' ✻ 1532] **s. f. 1** condizione di ciò che è urgente, impellente, indilazionabile: *è inutile che io insista sull'u. del caso* **2** situazione di estrema gravità, che esige interventi, decisioni, soluzioni e sim. immediati e improcrastinabili: *in caso d'u., avvertitemi subito* | (**al pl.**) casi urgenti: *medici sempre reperibili per le urgenze* | (*dir.*) ***provvedimento d'u.***, emesso dal giudice durante una causa, per assicurare la protezione immediata da un pregiudizio imminente e irreparabile | ***chirurgia d'u.***, quella che richiede un pronto intervento, non procrastinabile nel tempo **3** estrema rapidità, sollecitudine e sim.: *bisogna intervenire con u.*; *c'è una chiamata d'u.* | ***fare u. a qlcu.***, sollecitarlo insistentemente

urgenzàre [1935] **v. tr.** (*io urgènzo*) ● (*burocr.*) fare urgenza, sollecitare (*anche assol.*)

♦**ùrgere** [lat. *urgēre*, di etim. incerta, con passaggio ad altro tipo di coniug. ✻ 1321] **A v. tr.** (*io ùrgo, tu ùrgi*; **difett. del pass. rem., dell'imperat., del part. pass. e dei tempi composti; si usa quasi esclusivamente nelle terze pers. sing. e pl.**) **1** (*lett.*) spingere, incalzare **2** (*lett., assol.*) esercitare una pressione: *i nemici urgevano alle frontiere* **3** (*lett., fig.*) incitare, spronare, sollecitare: *un desiderio che non ha parole / v'urge* (G. PASCOLI) **B v. intr. 1** essere necessario al più presto: *urgono radicali riforme*; *urge condurlo all'ospedale* | anche impers.: *Ora veramente urgeva che … dedicassimo ogni nostro potere alla ricostruzione della casa* (I. SVEVO) **2** essere incalzante, pressante, stringente, esigere soluzioni immediate, decisioni sollecite e sim.: *bisogni, necessità che urgono*; *la situazione si aggrava ogni giorno e urge*

-urgia [gr. *-ourgía*, da *érgon* 'opera, lavoro', di orig. indeur.] **secondo elemento** ● in parole composte, significa 'opera', 'lavoro', 'lavorazione' e sim.: *chirurgia, liturgia, metallurgia*

-ùrgico **secondo elemento** ● forma gli aggettivi corrispondenti ai sostantivi in *-urgia*: *chirurgico, siderurgico*

-ùrgo **secondo elemento** ● forma sostantivi connessi con termini in *-urgia*: *chirurgo, demiurgo*

ùri o **urì** [persiano *hūri*, dall'arabo *ḥur* 'dagli occhi neri' ✻ 1840] **s. f. inv.** ● creatura femminile di natura angelica che, secondo la tradizione, allieta il paradiso musulmano

†**ùria**① [av. 1606] **s. f.** ● augurio

ùria② [gr. *ouría*, n. di un uccello acquatico, legato alla stessa radice (col sign. di 'acqua') del lat. *urīna* ✻ av. 1871] **s. f.** ● uccello dei Caradriformi simile alle alche, con coda cortissima, lungo becco diritto, tuffatore e nuotatore, che vive in mare aperto nelle zone artiche

(*Uria aalge*)

-ùria o **-urìa** [gr. *-ouría*, da *ôuron* 'urina', di etim. incerta] **secondo elemento** ● in parole composte della medicina, fa riferimento a condizioni patologiche dell'urina (*albuminuria, ematuria*) o della minzione (*poliuria*)

uricemìa [comp. di (acido) *uric(o)* e di un deriv. del gr. *hâima* 'sangue' ✱ 1901] **s. f.** ● (*med.*) quantità di acido urico o di urati nel sangue. (*impropr.*) Iperuricemia

uricèmico [1912] **A agg. (pl. m. *-ci*)** ● di uricemia, relativo a uricemia: *tasso u.* **B agg. e s. m. (f. *-a*)** ● che (o chi) è affetto da uricemia

ùrico [da *urea* ✱ 1829] **agg. (pl. m. *-ci*)** ● (*chim.*) detto di acido organico, azotato, derivato dalla purina, presente in piccole quantità nell'urina umana e in forti quantità negli escrementi di serpenti e uccelli | (*med.*) ***diatesi urica***, diatesi caratterizzata da alterazioni del metabolismo dell'acido urico, con tendenza al suo accumulo nel sangue o alla sua precipitazione nei tessuti e negli organi

uricoșùria o **uricoșurìa** [comp. di *urico* e *-uria* ✱ 1993] **s. f.** ● (*med.*) eliminazione di acido urico o di urati con le urine

uricotèlico [comp. di (*acido*) *urico* e del gr. *télos* 'fine, termine' col suff. *-ico* ✱ 1961] **agg. (pl. m. *-ci*)** ● (*biol.*) caratterizzato da uricotelismo

uricotelìșmo [da *uricotel(ico)* con il suff. *-ismo* ✱ 1961] **s. m.** ● (*biol.*) processo metabolico caratteristico di alcuni gruppi animali che porta all'eliminazione di scorie azotate in forma di acido urico

urìna o **orìna** [lat. *urīna(m)*, di etim. incerta ✱ av. 1292] **s. f.** ● (*fisiol.*) prodotto dell'escrezione renale costituito da un liquido giallo citrino, di odore caratteristico, contenente numerose sostanze organiche (urea, acido urico, creatinina, urobilina) e inorganiche (sodio, potassio, magnesio, calcio, ammonio) **CFR.** uro-①

urinàle ➤ **orinale**

urinàre ➤ **orinare**

urinàrio o (*raro*) **orinàrio** [1583] **agg.** ● relativo all'urina: *apparato u.*; *vie urinarie*

urinàta ➤ **orinata**

urinazióne ➤ **orinazione**

urinìfero [comp. di *urin(a)* e *-fero* ✱ 1875] **agg.** ● (*biol.*) contenente urina

urinocoltùra [comp. di *urin(a)* e *-coltura* ✱ 1993] **s. f.** ● (*med.*) esame diagnostico per malattie infettive eseguito mediante coltura batteriologica dell'urina, al fine di isolare e identificare i microrganismi responsabili

urinóso (o **-ș-**) o (*disus.*) **orinóso** (o **-ș-**) [da *urina* ✱ av. 1730] **agg.** ● relativo all'urina, che ha le proprietà dell'urina | (*med.*) ***odore u.***, quello di liquidi o essudati contenenti urina o suoi elementi costitutivi | ***febbre urinosa***, quella dovuta a infezioni delle vie urinarie

U

URL /ˈurl, uˌɛrreˈɛlle, *ingl.* ˌjuaːˈrɛl/ [sigla ingl. di *U(niform) R(esource) L(ocator)* 'identificatore standard di risorse' ✱ 1995] **s. m. inv.** ● (*Internet*) indirizzo univoco di un sito web espresso in una forma utilizzabile dal browser, che inizia gener. con la stringa "http://"

†**urlaménto** [sec. XIII] **s. m.** ● serie di urla prolungate

urlànte **part. pres.** di *urlare*; anche **agg.** ● nei sign. del v.: *cani urlanti*; *folla u.*

♦**urlàre** [lat. parl. **urulāre*, forma dissimilata di *ululāre* ✱ sec. XIII] **A v. intr.** (aus. *avere*) **1** emettere urli, ululati e sim., detto dei lupi, dei cani e di altri animali **SIN.** ululare **2** (*est.*) emettere urla, grida, detto di persona (+ *di*, + *da*, *per*): *u. di dolore, dal dolore, per il dolore*; *u. di spavento, per lo spavento*; *u. di terrore, di raccapriccio*; *u. come un dannato, un disperato, un ossesso*; *u. a squarciagola, a perdifiato* **3** (*est.*) alzare la voce spec. accalorandosi in rimproveri, discussioni, polemiche e sim.: *non c'è bisogno di u. così*; *se urlate in questo modo io me ne vado*; *"basta, basta," urlò "via quel bicchiere"* (I. SVEVO) | (*est.*) parlare a voce troppo alta: *le persone educate non urlano*; *smetti di u., che non sono sordo!* **SIN.** sbraitare **B v. tr.** **1** dire a voce molto alta: *u. insulti, parolacce*; *non capisco cosa stiano urlando* **2** cantare a piena voce: *u. un motivo, una canzone*
SFUMATURE ➤ *gridare*

urlàta [1758] **s. f.** **1** serie di urli, di grida, spec. in segno di disapprovazione **2** sfuriata, sfogo di collera

urlàto **part. pass.** di *urlare*; anche **agg.** **1** nei sign. del v. **2** (*est.*) che ricorre a toni enfatici, allo sfogo o all'invettiva: *giornalismo televisivo u.*

urlatóre [sec. XIV] **agg. e s. m. (f. *-trice*)** ● che (o chi) urla, spec. per abitudine: *scimmia urlatrice* | ***cantanti urlatori***, o (*ellitt.*) ***urlatori***, negli anni '60 del Novecento, in Italia, cantanti di musica leggera che si ispiravano al rock and roll

urlìo [1799] **s. m. (pl. *-ii*)** ● un urlare frequente e continuato spec. di più persone insieme

♦**ùrlo** [da *urlare* ✱ 1313] **s. m. (pl. *ùrli*, m. nei sign. 1, 2, 4, 5, *ùrla*, f. nei sign. 3, 5)** **1** grido forte, cupo e prolungato, di animale: *l'u. del lupo*; *gli urli delle belve*; *la foresta risuonava di urli e di strida* **2** (*est.*) strepito, fragore: *l'u. del vento, dell'uragano, del mare in burrasca* **3** acuto grido umano, per lo più forte e prolungato: *un u. di spavento, terrore, gioia, entusiasmo*; *fare, lanciare, cacciare un u.*; *da ogni parte si udivano urla e imprecazioni* | (*fig.*, *colloq.*) ***da u.***, esaltante, entusiasmante: *un concerto da u.* **4** (*est.*) ogni esclamazione, parola, frase o discorso pronunciato con voce troppo alta, con tono violento o scomposto e sim.: *cosa sono tutti questi urli?*; *quando discutono si sentono gli urli fin da basso*; *con risa e bestemmie e urli di scherno fecero impeto* (L. PIRANDELLO) **5** (*est.*, *colloq.*) forte sgridata: *ora sentirai gli urli di tuo padre!* || **urlàccio**, pegg. | **urlétto**, dim. | (*raro*) **urlóne**, accr.

urlóne [da *urlo* ✱ 1842] **s. m. 1** (f. *-a*) chi, nel parlare, è solito alzare molto la voce **2** scimmia urlatrice || **urlonàccio**, pegg.

ùrna [vc. dotta, lat. *ŭrna(m)*, della stessa famiglia di *ŭrceus* 'orcio', e quindi vc. d'importazione ✱ 1340] **s. f.** **1** recipiente d'origine e d'uso antichissimi, di forma, materiale, dimensioni e utilizzazione molto vari: *u. in terracotta, in bronzo, in marmo*; *u. per liquidi*; *u. granaria*; *estrarre dall'u. i numeri del lotto*; *conservare in un'u. le reliquie di un santo* **2** ***urna cineraria*** o (*assol.*) ***urna***, vaso in cui fin dai tempi preistorici si conservavano le ceneri dei defunti: *le urne delle necropoli etrusche* | (*est.*, *lett.*) tomba, sepolcro: *a egregie cose il forte animo accendono / l'urne de' forti* (U. FOSCOLO) **3** ***urna elettorale***, o (*assol.*) ***urna***, cassetta dotata di un'apertura nella parte superiore, che accoglie le schede delle votazioni oppure i biglietti, i bossoli o le palline di un sorteggio, una lotteria e sim.: *suggellare, sigillare le urne*; *aprire l'u.* | (*est.*, spec. al pl.) votazione, consultazione elettorale: *attendere l'esito, il responso delle urne* | ***andare alle urne***, a votare | ***disertare le urne***, astenersi dal votare | ***ricorrere alle urne***, alle elezioni | ***uscire vittorioso dalle urne***, essere eletto | ***accorrere alle urne***, alle sedi in cui si vota **4** (*bot.*) nei muschi, l'organo che porta le spore, sorretto da un filamento, chiuso da un opercolo e coperto dalla cuffia || **urnétta**, dim.
SFUMATURE ➤ *tomba*

ùro [vc. dotta, lat. *ūru(m)*, di orig. germ. ✱ av. 1367] **s. m.** ● mammifero ruminante selvatico considerato progenitore del bue, vissuto in Europa, Asia e Nord Africa, estinto dal XVII sec. (*Bos primigenius*)

ùro- ① [dal gr. *ôuron* 'urina'] **primo elemento** ● in parole composte mediche o scientifiche, significa 'urina', 'minzione', o 'acido urico', 'urea': *urobilina, urocromo, urologia*

ùro- ② [dal gr. *ourá* 'coda'] **primo elemento** ● in parole composte scientifiche, significa 'coda': *urogallo, uropigio*

-ùro ① [adattamento del fr. *-ure*, di etim. incerta] **suff.** ● in chimica, indica un composto binario fra un metallo e un non metallo (*cloruro, solfuro, idruro*)

-ùro ② [dal gr. *ourá* 'coda'] **secondo elemento** ● in parole composte spec. della zoologia, significa 'coda': *ossiuro, paguro*

urobilìna [comp. di *uro-*① e di un deriv. da *bile* ✱ 1895] **s. f.** ● (*biol.*) pigmento biliare di colore giallo arancio che si forma durante il catabolismo dell'emoglobina; normalmente presente nell'urina del cui colore è in parte responsabile

urobilinùria o **urobilinurìa** [comp. di *urobilin(a)* e *-uria* ✱ 1961] **s. f.** ● (*med.*) presenza nelle urine di urobilina che aumenta in patologie epatiche ed emolitiche

urocèle [comp. di *uro-*① e *-cele* ✱ 1841] **s. m.** ● (*zool.*) elemento dell'apparato escretore dei Molluschi, costituito da una cavità tappezzata da epitelio ghiandolare e comunicante con il celoma

urochinàși [comp. di *uro-*① e dell'ingl. *kinase*, dal gr. *kinéō* 'io muovo' (un gruppo fosforico) ✱ 1993] **s. f. inv.** ● (*biol.*) enzima proteolitico presente nel siero, la cui azione determina la lisi dei coaguli sanguigni; può essere isolato dall'urina

Urocordàti [comp. di *uro-*② e di un deriv. dal gr. *chordḗ* 'corda' (qui 'corda dorsale') ✱ 1957] **s. m. pl.** (sing. *-o*) ● (*zool.*) Tunicati

urocròmo [comp. di *uro-*① e di un deriv. dal gr. *chrôma* 'colore' ✱ 1875] **s. m.** ● (*fisiol.*) pigmento che dà la normale colorazione gialla alle urine

Urodèli [comp. di *uro-*② e del gr. *dêlos* 'appar(isc)ente, manifesto' ✱ 1840] **s. m. pl.** (sing. *-o*) ● (*zool.*) ordine di Anfibi con corpo lacertiforme, due paia di arti, coda lunga e ben sviluppata, pelle non ricoperta da scaglie, le cui larve sono acquatiche (*Urodela*) **SIN.** Caudati

urodinàmica [comp. di *uro-*① e *dinamica* ✱ 1979] **s. f.** ● (*med.*) indagine strumentale del flusso dell'urina e della pressione vescicale

urodinìa [vc. dotta, comp. di *ur(o)-*① e del suff. *-odinia* ✱ 1840] **s. f.** ● (*med.*) sensazione dolorosa che insorge durante la minzione

uròfiși [comp. di *uro-*② e del gr. *phýsis* 'natura' ✱ 1993] **s. f. inv.** ● (*biol.*) organo endocrino presente nella porzione caudale del midollo spinale degli Osteitti e dei Condroitti

urogàllo [comp. di *uro-*② e *gallo*, secondo il modello compositivo del corrispondente ted. *Auerhahn* ✱ 1653] **s. m.** ● (*zool.*) grosso galliforme selvatico delle regioni montuose, dal piumaggio nerastro, commestibile (*Tetrao urogallus*) **SIN.** gallo cedrone

urogèneși [comp. di *uro-*① e *genesi* ✱ 1983] **s. f. inv.** ● (*fisiol.*) uropoiesi

urogenitàle [comp. di *uro-*① e *genitale* ✱ 1875] **agg.** ● (*anat.*) che concerne l'apparato urinario e genitale

urografìa [comp. di *uro-*① e *-grafia* ✱ 1937] **s. f.** ● (*med.*) tecnica radiologica di visualizzazione delle vie urinarie mediante somministrazione di sostanze radiopache

urogràmma [comp. di *uro-*① e *-gramma* ✱

1961] s. m. (pl. -*i*) ● (*med.*) immagine radiografica dell'apparato urinario

urolitiạsi [comp. di *urolit(o)* e *-iasi* ✱ 1840] s. f. inv. ● (*med.*) calcolosi delle vie urinarie

urọ̀lito [comp. di *uro-*① e del gr. *líthos* 'pietra' ✱ 1829] s. m. ● (*med.*) calcolo delle vie urinarie

urologìa [comp. di *uro-*① e *-logia* ✱ 1887] s. f. (pl. *-gìe*) ● (*med.*) scienza medica che si occupa delle patologie dell'apparato urinario e della loro terapia | (*est.*) reparto ospedaliero per pazienti che necessitano di cure per tali patologie

urològico [1940] agg. (pl. m. *-ci*) ● relativo all'urologia

uròlogo [comp. di *uro-*① e *-logo* ✱ 1927] s. m. (f. *-a*; pl. m. *-gi*) ● (*med.*) specialista, studioso di urologia

uromàstice [comp. di *uro-*② e del gr. *mástix* 'frusta' (d'orig. incerta): detto così dalla grossa coda ✱ 1875] s. m. ● (*zool.*) genere di Rettili dei Lacertidi con coda grossa e breve ricoperta di squame spinose che vive in ambiente desertico (*Uromastix*)

uroniàno ➤ **huroniano**

urònico [vc. dotta, dal gr. *ôuron* 'urina' col suff. *-ico* ✱ 1961] agg. (pl. m. *-ci*) ● detto di alcuni acidi carbossilici derivati dagli aldosi, diffusi in natura nel mondo animale e vegetale

uropigèo [1930] agg. ● (*zool.*) relativo all'uropigio | ***ghiandola uropigea***, uropigio

uropìgio [comp. di *uro-*② e del gr. *pygḗ* 'deretano', di etim. incerta ✱ av. 1704] s. m. ● (*zool.*) ghiandola cutanea sebacea che è posta sulla parte dorsale del codrione degli Uccelli e secerne un liquido oleoso che, spalmato sulle penne, le impermeabilizza all'acqua

uropoiẹ̀si [comp. di *uro-*① e *-poiesi* ✱ 1961] s. f. inv. ● (*fisiol.*) il processo di produzione dell'urina per opera dei reni SIN. urogenesi

uropoiètico [1929] agg. (pl. m. *-ci*) ● (*fisiol.*) relativo all'uropoiesi | ***organo u.***, il rene

uroscopìa [comp. di *uro-*① e *-scopia* ✱ 1821] s. f. ● (*med.*; *disus.*) esame dell'urina

uròstilo [comp. di *uro-*② e *stilo* ✱ 1961] s. m. ● (*zool.*) caratteristico coccige allungato degli Anuri, derivato dalla fusione delle vertebre caudali

urotropìna [comp. di *-uro*① e di un deriv. dal gr. *trópos* 'volgere' col suff. della chim. *-ina* ✱ 1900] s. f. ● prodotto di condensazione dell'aldeide formica con ammoniaca, impiegato in farmacologia per la sua azione disinfettante e diuretica e nell'industria nella produzione di materie plastiche, gomma, esplosivi

urrà o **hurrà**, **hurràh** /ur'ra*/ [fr. *hourra*, vc. onomat. ✱ 1798] **A** inter. ● si usa come escl. gioiosa di plauso, d'esultanza, d'incitamento e di augurio: *u., abbiamo vinto!* | ***'hip hip, hip' 'u.!'***, plauso collettivo, sollecitato da qlcu. che incita i presenti con il triplice grido, specificando prima a chi è rivolto l'augurio **B** anche s. m. inv.: *sentirono uno scalpitìo precipitoso, accompagnato da un u. formidabile* (E. DE AMICIS)

Ùrsidi [dal lat. *ŭrsus* 'orso' col suff. di famiglia zool. *-idi* ✱ 1970] s. m. pl. (sing. *-e*) ● (*zool.*) famiglia di Carnivori di dimensioni notevoli con grosse zampe plantigrade, folto pelame, alimentazione onnivora (*Ursidae*)

ursigràmma [comp. di *URSI*, sigla it. dell'*U(nione) R(adiofonica) S(cientifica) I(nternazionale)*, e *-gramma* ✱ 1961] s. m. (pl. *-i*) ● notiziario scientifico rapido, generalmente teletrasmesso, che fornisce informazioni sull'attività solare

ursóne [fr. *ourson* 'piccolo orso (*ours*)' ✱ 1875] s. m. ● roditore arboricolo nord-americano a muso tronco all'estremità, arti brevi, mantello dorsalmente misto di peli lanosi, setole e brevi aculei (*Erethizon dorsatum*) SIN. porcospino americano

ùrta [da *urtare* ✱ 1532] s. f. ● (*lett.* o *sett.*) antipatia, avversione, rancore, nella loc. ***prendere, avere qlcu. in u.***; ***aversi in u.*** | contrasto, dissenso, nella loc. ***essere, mettersi in u. con qlcu.***

urtacchiàre [da *urtare* ✱ 1827] v. tr. (*io urtàcchio*) ● (*raro*) battere, spingere con numerosi piccoli urti

†**urtaménto** [av. 1311] s. m. ● l'urtare | urto

♦**urtànte** **A** part. pres. di *urtare*; anche agg. **1** (*raro*) che urta **2** (*fig.*) antipatico, spiacevole, irritante: *modo, comportamento u.*; *persona u.*; *carattere u.* **B** s. m. **1** (*mar.*) congegno che sporge da mine subacquee e ne produce l'esplosione se urtato da una nave **2** (*mar.*) trave che collega i due vasi dell'invasatura per irrigidirla

SFUMATURE ➤ *spiacevole*

♦**urtàre** [ant. provenz. *urtar*, dal francone **hûrt* 'ariete' ✱ 1287] **A** v. tr. (pres. *io ùrto*; part. pass. *urtàto*, †*ùrto*) **1** dar contro, colpire col proprio corpo, col proprio mezzo di locomozione e sim., o con una loro parte: *u. qlcu. violentemente, leggermente, casualmente*; *u. qlco. con un braccio, un piede, una mano*; *correva senza curarsi di non u. i passanti*; *scusa se inavvertitamente ti ho urtato*; *l'abbiamo urtato di striscio col parafango* | sbattere per caso: *u. la testa in uno spigolo* | (*raro, lett.*) spronare, spingere: *gli urta il cavallo addosso* (T. TASSO) **2** (*fig.*) indisporre, irritare, indispettire (*anche assol.*): *ci sono in voi molte cose che mi urtano; ha un modo di fare che urta; le tue frasi indelicate l'hanno profondamente urtato* | ***u. i nervi***, dare molto fastidio, riuscire oltremodo sgradito, innervosire: *tutto questo rumore mi urta i nervi* **B** v. intr. (aus. *avere*) **1** cozzare, andare addosso, andare a sbattere (+ *contro*, + *in*): *u. contro un muro, un albero, un paracarro*; *u. in un ostacolo improvviso* **2** (*fig.*) imbattersi, incappare (+ *contro*, + *in*): *u. contro difficoltà insormontabili, contro un muro d'incomprensione; u. in ostacoli d'ogni sorta* **C** **urtàrsi** v. rifl. recipr. **1** scontrarsi, spingersi, investirsi reciprocamente: *i due automezzi si sono urtati frontalmente* **2** (*fig.*) essere o venire a contrasto, in attrito e sim.: *si sono urtati per una vecchia questione familiare; nel suo animo si urtavano opposti sentimenti* **D** **urtàrsi** v. intr. pron. ● irritarsi, seccarsi, indispettirsi: *si urta per un nonnulla*

urtàta [f. sost. del part. pass. di *urtare* ✱ sec. XIV] s. f. ● urto, spinta: *dare un'u.* || **urtatìna**, dim.

urtàto part. pass. di *urtare*; anche agg. **1** colpito, investito **2** (*fig.*) irritato, seccato: *l'ho visto un po' u.*

urtatóre [1618] agg. e s. m. (f. *-trice*) ● (*raro, lett.*) che (o chi) scuote

†**urtatùra** [1618] s. f. ● urto

urtìca ➤ **ortica**

Urticàcee o (*raro*) **Orticàcee** [comp. del lat. *urtīca* 'ortica' e *-acee* ✱ 1865] s. f. pl. (sing. *-a*) ● (*bot.*) famiglia di piante dicotiledoni erbacee a foglie alterne, ovario con un solo ovulo, frutto ad achenio (*Urticaceae*)

urticàio ➤ **orticaio**

urticànte o (*raro*) **orticànte** [dal lat. *urtīca* 'ortica' ✱ 1905] agg. **1** detto di organo vegetale o animale che al contatto emette sostanze che producono irritazione sulla pelle **2** (*est.*) detto di sostanza che provoca irritazione cutanea | (*fig.*) pungente, aggressivo, molto polemico: *una intervista u.*

urticària ➤ **orticaria**

urticchiàre [av. 1850] v. tr. e intr. (*io urtìcchio*; aus. *avere*) ● (*raro*) urtare leggermente e ripetutamente

urtìsta [da *urto*, prob. perché la vendita spesso avviene tra la folla ✱ 1979] s. m. e f. (pl. m. *-i*) ● (*roman.*) venditore ambulante di souvenir e oggetti sacri

†**ùrto**① ➤ **urtare**

♦**ùrto**② [da *urtare* ✱ 1441] **A** s. m. **1** colpo secco e improvviso, per lo più involontario, dato o ricevuto da qlcu. o qlco.: *un u. leggero, violento, casuale, intenzionale, inavvertito*; *dare, ricevere un u.*; *con un u. lo fece cadere*; *malgrado l'u. il vetro non si è rotto* SIN. spinta **2** (*fis.*) interazione fra due o più corpi in moto relativo, con o senza contatto materiale, la quale determina una modificazione delle velocità dei corpi stessi | ***linea d'u.***, la normale comune alle superfici dei due corpi interagenti nel punto di contatto | ***u. elastico***, quello fra due corpi perfettamente elastici, nel quale si conserva l'energia cinetica dei corpi | ***u. anelastico***, quello fra due corpi perfettamente anelastici, nel quale non si conserva l'energia cinetica dei corpi stessi | ***u. fisico***, quello fra due corpi reali, né perfettamente elastici né perfettamente anelastici | ***sezione d'u.***, grandezza fisica che esprime la probabilità con cui può avvenire un urto fra particelle subatomiche SIN. collisione **3** (*idraul.*) ***u. idraulico***, colpo d'ariete **4** scontro, collisione: *l'u. di due autotreni*; *u. tra navi, tra aeromobili*; *fu un u. frontale con disastrose conseguenze* | impatto: *l'u. del vento contro un natante*; *l'u. dell'aereo contro il suolo fu violentissimo* | ***mina a u.***, torpedine sferica munita di appendici facilmente deformabili che scoppia al minimo urto contro uno scafo **5** assalto violento, scontro di schiere armate: *u. feroce, poderoso, irresistibile*; *l'u. immane dei due eserciti* | ***forza d'u., massa d'u.***, (*milit.*) l'insieme delle truppe impiegate per sfondare le linee nemiche | ***forza d'u.***, (*fig.*) capacità offensiva | ***terapia d'u.***, V. *terapia* **6** (*fig.*) contrasto, conflitto, radicale dissenso: *l'u. tra padre e figlio era ormai inevitabile*; *assistere all'u. di due opposte concezioni politiche*; *le vostre teorie sono chiaramente in u.* | ***essere, entrare, mettersi in u. con qlcu.***, contrastarlo apertamente, spezzando eventuali vincoli di amicizia e sim. | ***prendere qlcu. in u.***, prenderlo in antipatia, a malvolere **B** in funzione di agg. inv. ● spec. nella loc. ***dose u.***, dose di medicinale superiore a quella tipica, con effetto farmacologico più rapido e violento || **urtóne**, accr.

SFUMATURE ➤ *contrasto*

urubù [sp. *urubú*, di orig. tupi ✱ 1875] s. m. inv. ● piccolo avvoltoio americano con apertura alare di poco più di un metro, tutto nero con la pelle del capo nuda e rossa (*Coragyps atratus*)

uruguàgio [adattamento dello sp. *uruguayo* ✱ 1965] agg. e s. m. (f. *-gia*; pl. f. *-gie* o *-ge*) ● (*raro*) uruguaiano

uruguaiàno o **uruguayàno** /urugwa'jano/ [1937] **A** agg. ● dell'Uruguay **B** s. m. (f. *-a*) ● abitante o nativo dell'Uruguay

†**ụ̀sa** [da *usare* ✱ av. 1311] s. f. ● usanza, uso

uṣàbile [av. 1729] agg. ● che si può usare: *questa macchina non è più u.*; *termini rari ma usabili ancor oggi* || **uṣabilità**, s. f. inv. (V.)

uṣabilità [1819] s. f. inv. ● caratteristica di ciò che può essere usato | (*est.*) facilità d'uso

ụ̀ṣa e gètta [comp. degli imperat. di *usare* e *gettare* ✱ 1983] loc. agg. inv. ● che si può usare una sola volta: *piatto, bicchiere, siringa usa e getta* SIN. monouso | (*fig.*) che si impone con immediatezza, ma non è destinato a durare: *moda, fenomeno culturale usa e gètta*

a b c d e f g h i j k l m n o p q r s t u v w x y z

†**uşàggio** [av. 1250] **s. m.** • uso, consuetudine

†**uşaménto** [da *usare* ✱ 1282] **s. m. 1** frequentazione **2** pratica sessuale

uşànte **A** **part. pres.** di *usare*; anche **agg. 1** nei sign. del v. **2** †detto di chi ama la compagnia, la conversazione e sim. **B** **s. m. e f.** • †chi usa qlco.

uşànza [da *usare* ✱ sec. XII] **s. f. 1** ciò che si usa fare tradizionalmente in un determinato luogo, tempo e ambiente: *un'antica u. meridionale; usanze moderne, introdotte da poco; le usanze della campagna, della città; l'u. delle uova pasquali, dell'albero di Natale, dei biglietti d'auguri* SIN. consuetudine | modo usuale di comportarsi: *abbiamo deciso secondo l'u.; seguiamo le usanze del paese* | ***all'u., all'u. di***, secondo il modo, il gusto, il costume, l'abitudine di: *cucinare all'u. araba, indiana, cinese* | PROV. ***paese che vai, u. che trovi***, V. *paese* SIN. costume, maniera **2** (*est.*) moda, voga: *l'u. del cappello, della gonna corta, dei tacchi a spillo* **3** (*raro*) abitudine: *avere l'u. di leggere a letto* | ***prendere l'u. di***, l'abitudine di **4** (*raro, lett.*) cosa solita, abituale, che si ripete normalmente: *non suole essere u. che andando verso la state, le notti si vadan infrescando* (G. BOCCACCIO) **5** †pratica e familiarità: *u. di persone oneste* **6** †uso

SFUMATURE ➤ *consuetudine*, ➤ *costume*

♦**uşàre** [lat. parl. *ūsāre, iter. di ūti 'far uso, adoperare', di etim. incerta ✱ av. 1250] **A** **v. tr. 1** utilizzare, impiegare, servirsi di qlco. per un dato scopo: *u. la macchina, la nave, la bicicletta; u. il cacciavite, il martello, le forbici, il coltello; u. un'arma per difendersi; u. i capitali, il denaro, gli appoggi di qlcu.; u. l'elettricità per il riscaldamento; saper u. la propria intelligenza; cerca di u. il buon senso; tentò sedurla, usò minacce e preghi, / e perfin l'oro offrille* (V. ALFIERI) | ***siringa usa e getta***, V. *usa e getta* | ***saper u. qlco.***, essere molto abile nell'uso di qlco.: *saper u. il coltello, il fucile* | ***u. la testa***, ragionare | ***u. gli occhi, u. bene gli occhi***, guardare con attenzione, saper vedere la realtà e sim. | ***u. le orecchie***, ascoltare con attenzione | ***u. le mani***, picchiare, menar botte | ***u. volentieri le mani***, essere manesco | (*est.*) servirsi, parlando o scrivendo: *u. termini tecnici, correnti, letterari; u. scorrettamente un verbo, una parola* | (*est., raro*) servirsi di una persona: *se non si può fare altrimenti, useremo il fattorino anche per questa commissione* | (*est.*) strumentalizzare: *ti ha usato per i suoi interessi* **2** mettere in atto, adoperare, esercitare: *u. un diritto; ha usato legittimamente il suo potere; userò tutte le mie forze pur di riuscire; u. le buone, le cattive maniere* | ***†u. un ufficio, una professione, un'arte***, esercitarli | ***†u. pace***, goderla **3** applicare, far valere, mettere in atto nel proprio comportamento: *u. l'astuzia, la frode, l'inganno; u. la carità, la misericordia, la severità, il rigore; u. la comprensione; u. lealtà verso qlcu.; dovete u. la massima cura; mi raccomando, usate molta attenzione; cerca di u. un po' di tatto, di delicatezza* | ***u. violenza a qlcu.***, costringerlo a fare qlco. con la forza | ***u. violenza a una donna***, violentarla **4** fare, spec. in espressioni di cortesia: *usatemi la carità di lasciarmi solo; usami questo favore se mi sei amico; mi avete usato una cortesia così grande che non so come ringraziarvi* | ***†u. peccati***, commetterli **5** indossare abitualmente qlco.: *d'inverno uso la pelliccia; in questa stagione non è il caso di u. gli abiti pesanti* **6** avere l'abitudine, essere solito (+ **inf.**): *noi usiamo cenare presto; in questi casi mio padre usa dire così; la nostra ditta usa concedere ai dipendenti un pomeriggio libero alla settimana* | (*impers.*) ***si usa***, è abitudine, è costume: *in Cina si usa festeggiare il Capodanno lunare; a casa nostra si usa rispondere agli auguri* **B** **v. intr.** (aus. *avere*) **1** servirsi, valersi di qlco. o di qlcu. (+ *di*): *u. dei propri diritti; u. bene, male della propria ricchezza; non sa u. della propria capacità; userò di voi come di un'esca* SIN. usufruire **2** (*lett.*) mettere in atto, esercitare: *usate di una certa comprensione nei suoi confronti* | ***u. della ragione***, ragionare, pensare a quello che si fa, si dice e sim. **3** (*assol.*) essere di moda: *attualmente i tacchi usano meno alti e meno sottili; sono abitudini che non usano più; un abito classico che userà sempre* **4** (*raro, lett.*) recarsi di frequente: *u. in una famiglia; u. in chiesa; u. nei caffè; u. a scuola* | ***u. con qlcu.***, incontrarsi, vedersi spesso con qlcu. | ***u. di qlcu.***, abusare sessualmente di qlcu.: *Quando il primo ebbe usato di lei* (I. SILONE) **C** **v. intr. impers.** (aus. *essere*) **1** essere solito, normale, corrente, rientrare nell'abitudine dei più: *in questi luoghi usa così* **2** accadere di solito **D** **uşàrsi** **v. rifl.** • (*lett.*) assuefarsi, esercitarsi, abituarsi: *usarsi a qlco.*

†**uşàta** [f. sost. del part. pass. di *usare* ✱ sec. XIII] **s. f.** • usanza

†**uşatìvo** [1340] **agg.** • che è usato

♦**uşàto** **A** **part. pass.** di *usare*; anche **agg. 1** detto di ciò di cui ci si serve: *parole poco usate* SIN. adoperato, impiegato, utilizzato | (*est.*) strumentalizzato: *in quella circostanza mi sono sentito u.* **2** detto di tutto ciò che non è più nuovo: *abito u.; roba usata; macchina usata; libri usati* | in filatelia, si dice di francobollo annullato **3** (*lett.*) avvezzo, abituato, assuefatto: *u. alle armi* **4** (*lett.*) consueto, solito: *il lavoro u.; le usate carte; al travaglio u. / ciascuno in suo pensier farà ritorno* (G. LEOPARDI) | ***essere u. a***, essere solito, avvezzo a | ***†essere u. con qlcu.***, essere solito a trovarsi insieme con lui **5** (*lett.*) frequentato, battuto: *via usata; cammino poco usato* **6** †sperimentato, provetto ‖ **uşataménte**, **avv.** (*raro*) comunemente, di solito **B** **s. m. 1** modo solito, consueto: *secondo l'u.; oltre l'u.* **2** in contrapposizione al nuovo, l'insieme dei prodotti industriali o artigianali che vengono rimessi in vendita dal primo o dai successivi acquirenti: *i prezzi, il mercato dell'u.; da qualche tempo si veste con l'u.* **3** †uso, consuetudine, usanza

†**uşatóre** [sec. XIII] **agg. e s. m.** (f. *-trice*) • che (o chi) usa | frequentatore

uşàtto [da *u(o)sa* ✱ 1262] **s. m.** • tipo di stivale in uso nel Medioevo | (*est., lett.*) stivale

USB /u 'ɛsse 'bi*, uesse'bi*/ [sigla dell'ingl. *Universal Serial Bus* 'connessione seriale universale' ✱ 1998] **A** **s. f. inv.** • (*inform.*) tipo di porta seriale per la connessione di computer fra loro e con periferiche **B** **in funzione di agg. inv.** • (posposto a un sost.) che impiega o realizza una connessione di questo tipo: *chiavetta, cavo USB*

uşbèco ➤ **uzbeko**

uşbèrgo o †**şbèrgo**, †**aşbèrgo**, †**oşbèrgo** [ant. provenz. *ausbere*, dal francone *halsberg* '(armatura) per proteggere (*berg*) il collo (*hals*)' ✱ 1288] **s. m.** (pl. *-ghi*) **1** armatura a lamine o a maglie metalliche usata nel Medioevo a protezione del busto e del collo **2** (*est., lett.*) corazza, armatura: *son mille e mille, e hanno osbergo e scudo* (G. PASCOLI) **3** (*fig., lett.*) difesa, protezione

uscènte **part. pres.** di *uscire*; anche **agg. 1** (*raro*) che esce | che ha una data terminazione: *un nome maschile u. in -a* **2** che è ancora in corso, ma sta per finire: *anno, mese u.; settimana u.* **3** detto di chi è in procinto di lasciare il proprio ufficio o carica: *presidente, consigliere u.; consiglio direttivo u.* **4** (*arald.*) detto di figura che sembra uscire da una partizione o da una pezza

uscère ➤ **usciere**①

uscìale [da *uscio* ✱ 1309] **s. m. 1** (*lett.*) grande porta per lo più a vetri, per stanze interne o anche a capo delle scale | ***finestra a u.***, portafinestra **2** †apertura nel lato della fornace opposto alla bocca **3** †porta | †portiera

usciàta [1865] **s. f.** • colpo di uscio sbattuto, chiuso con forza

uscière① o (*raro*) **uscère** [da *uscio* ✱ sec. XIII] **s. m.** (f. *-a*) **1** negli uffici, impiegato d'ordine cui spetta il compito di fornire al pubblico determinate informazioni e di indirizzare, accompagnare e annunciare i visitatori ai singoli funzionari: *rivolgersi all'u.; gli uscieri del ministero, di una banca* | ***u. elettronico***, dispositivo collegato a un elaboratore e posto all'ingresso di una fiera, una mostra e sim. capace di fornire informazioni variamente visualizzate ai visitatori che lo interrogano mediante una tastiera **2** (*disus.*) nel linguaggio forense, ufficiale giudiziario **3** (*raro*) portiere, portinaio

uscière② [dalla loro caratteristica porta (*uscio*), donde uscivano i cavalli, sul modello del fr. *huissier* da *huis* ✱ av. 1348] **s. m.** • (*mar.*) nave medievale da carico, spec. per trasporto di cavalli, munita di un uscio che veniva calafatato dopo l'imbarco del carico

†**usciménto** o †**esciménto** [1268] **s. m.** • uscita | esito, conclusione

ùscio [lat. tardo *ŭstiu(m)*, variante dial. di *ōstium* 'entrata, apertura', da *ōs* 'bocca, imboccatura (di un fiume)' ✱ 1268] **s. m.** (pl. *ùsci*, m., *†ùscia*, f., *†ùsce*, f.) **1** porta, spec. di fattura e dimensioni modeste: *l'u. di casa; la soglia, la chiave dell'u.; aprire, chiudere, sprangare l'u.; sbattere l'u.* | ***farsi sull'u.***, affacciarsi alla porta | ***infilare, prendere l'u.***, andarsene, battersela, filarsela | ***a u. e bottega***, (*fig., disus.*) molto vicino | ***tra l'u. e il muro***, (*fig., disus.*) alle strette **2** (*fig., poet.*) passaggio, varco d'entrata o d'uscita: *gli occhi … / che di lacrime son fatti u. e varco* (F. PETRARCA) | ***†l'u. dei morti***, il limbo ‖ **usciàccio**, **pegg.** | **uscétto**, **dim.** | **usciòlo**, **dim.** (V.)

usciolàre o †**uşolàre** [da *usciolo* ✱ av. 1698] **v. intr.** (*io usciòlo*; aus. *avere*) **1** (*lett.*) origliare, spiare dietro una porta **2** (*lett.*) spuntare, fare capolino

usciòlo o (*lett.*) **usciuòlo** [av. 1320] **s. m. 1** dim. di *uscio* **2** sportellino, spec. di gabbia ‖ **usciolino**, **dim.**

♦**uscìre** o †**escìre**, †**scìre**② [lat. *exīre* 'andare (*īre*) fuori (*ĕx*)', con sovrapposizione di *uscio* ✱ 1219] **A** **v. intr.** (pres. *io èsco, tu èsci, egli èsce, noi usciàmo*, tosc. *†esciàmo, voi uscìte*, tosc. *†escìte, essi èscono*; pass. rem. *io uscìi, tu uscìsti, egli uscì, †uscìo*; congtv. pres. *io èsca, noi usciàmo*, tosc. *†esciàmo, voi usciàte*, tosc. *†esciàte, essi èscano*; imperat. *èsci, uscìte*; in tutta la coniug. il tema è *esc-* se tonico, *usc-* se atono; aus. *essere*) **1** andare fuori da un luogo chiuso, delimitato o circoscritto: *u. da casa, dal caffè, dal cinema, dal bagno, dal letto; u. dall'acqua, dal bosco, dal giardino, dalla città; Come le pecorelle escon dal chiuso / a una, a due, a tre* (DANTE *Purg.* III, 79-80); *u. dalla porta principale, secondaria; u. di casa in fretta e furia; u. in piazza, in strada, in cortile; u. sul terrazzo; l'auto uscì dal parcheggio* | ***u. al largo, in mare***, dirigersi verso il mare aperto | ***u. dall'auto, dal treno*** e sim., discenderne | ***u. al mondo***, (*poet.*) nascere | ***u. in campo, a battaglia***, schierarsi per la battaglia | ***u. in pubblico***, mostrarsi al pubblico | (*est.*) andare via da casa o da un luogo determinato (sottintendendo l'indicazione del luogo stesso): *u. in fretta; u. a piedi; u. in automobile, in bicicletta; u. con qlcu.; usciamo a fare due passi?; è uscito da poco, da una mezz'ora;*

sono usciti un momento, e non tarderanno molto | ***u. alle sei, alle sette***, e sim., lasciare il lavoro, lo studio e sim. all'ora indicata | (con valore rafforz.) ***u. fuori***, venire fuori: *esci fuori se ne hai il coraggio* | (***est.***) andarsene: *u. discretamente, in silenzio, senza farsi notare, senza dare nell'occhio* | ***u. di scena***, di attore che nel corso di una rappresentazione lascia momentaneamente o definitivamente la scena, secondo le esigenze del copione; (***fig.***) di chi perde la posizione preminente che prima occupava **CONTR.** entrare **2** (***est.***) andare fuori a spasso, a passeggio o per qualsiasi altro motivo di svago, divertimento e sim.: *gli piace molto u.*; *se dipendesse da me, uscirei ogni sera*; *no, grazie, ma non posso u.*; *chi ha voglia di u., col freddo che fa?* **3** (***est.***) allontanarsi, distaccarsi, separarsi da un gruppo definito di persone: *u. dalle file, dalle schiere, dal gruppo*; *uscì dalla folla e si diresse verso di noi* | ***u. dal plotone***, nel ciclismo, sganciarsi da esso, sopravanzandolo **4** (***est.***) venir fuori da qlco., detto di oggetti o sostanze: *un getto d'acqua esce dal rubinetto*; *il gas usciva sibilando dal tubo*; *da questa pentola esce un profumino delizioso* | ***u. di bocca, dalla bocca***, (***fig.***) essere pronunciato, proferito: *non mi uscirà di bocca una sola parola*; *dalla sua bocca uscivano parole irripetibili* **5** (***est.***) saltar fuori in modo brusco, inaspettato, stupefacente e sim.: *u. dall'acqua, dall'ombra, dall'oscurità*; *e quel bel tomo, da dove esce?*; *da dove ti escono certe idee io proprio non lo so* | ***u. sulla scena***, entrare in scena (***anche fig.***): *un nuovo Stato che esce di prepotenza sulla scena politica mondiale* | (***est.***) apparire, mostrarsi all'esterno di qlco.: *i primi germogli escono dalla terra*; *le sue braccia uscivano dai drappeggi del mantello* | (***fig.***) differenziarsi, distinguersi: *u. dal numero dei più* | ***u. nel finale di una gara***, rivelarsi o manifestare la propria superiorità nella fase conclusiva della competizione **6** (***fig.***) sbottare, prorompere (**+** *a* **seguito da inf.**, **+** *in*): *u. a dire*; *u. in imprecazioni, in improperi, in insulti* **7** (***est.***) fuoriuscire da un preciso spazio, ambito, livello, limite e sim.: *l'olio esce dalla bottiglia*; *l'acqua esce dalla vasca*; *il fiume è uscito dal suo letto*; *il treno è uscito dai binari*; *l'auto uscì di strada a una curva* | (***elettr.***) ***u. di passo***, detto di una macchina sincrona quando il rotore, in seguito a uno sfasamento transitorio, non riesce a riportarsi alla velocità sincrona cosicché determina l'arresto della macchina stessa | ***u. con la punta***, nella scherma, andare fuori bersaglio senza toccare il corpo dell'avversario | ***u. dai binari***, (***fig.***) deviare da una determinata linea di condotta | ***u. di strada, di carreggiata***, (***fig.***) deviare dal cammino prefissato, dalla via intrapresa, dal programma stabilito e sim. | ***u. dal seminato***, (***fig.***) discostarsi dall'argomento trattato | ***u. dai gangheri***, (***fig.***) infuriarsi | ***u. di bocca***, (***fig.***) sfuggire inavvertitamente, in riferimento a ciò che non si doveva o voleva dire | ***u. dagli occhi***, (***fig.***) di ciò che ha completamente stancato, che non si sopporta più e sim. | ***u. di mano***, (***fig.***) sfuggire al controllo | (***fig.***) ***di qui non s'esce***, non esistono altre vie d'uscita | (***est.***) venir meno, mancare, non esserci più: *u. dalla vista, dalla visuale, dal campo visivo* | ***u. dalla memoria, di mente, di testa***, di ciò che si dimentica | ***u. di moda***, passare di moda | (***lett.***, ***eufem.***) ***u. dalla vita, dal mondo***, morire | (***fig.***) ***entrare da un orecchio e u. dall'altro***, di ciò che si dimentica appena lo si è udito e (***est.***) cui non si dà alcuna importanza | (***fig.***) ***u. di sé, di senno***, impazzire | (***fig.***) ***u. di sentimento***, impazzire o svenire **8** (***est.***) sporgere da una superficie, in maggiore o minore misura: *il chiodo esce di qualche centimetro dal muro*; *gli scogli escono aguzzi dal mare* | (***est.***) risaltare, detto di colori (**+** *su*): *il bianco esce bene su questo sfondo* **9** (***est.***) essere sorteggiato: *il tuo nome è uscito per primo*; *il quindici è uscito sulla ruota di Bari*; *questo numero non usciva da molte settimane* **10** (***est.***) nel calcio, effettuare un'uscita da parte del portiere: *u. di piede, di pugno* **11** (***fig.***) venire fuori da un dato stato, condizione, situazione e sim.: *u. dall'infanzia, dall'adolescenza, dall'età matura*; *u. dall'incertezza, dalla pena, dal timore*; *u. dalla primavera*; *u. dai guai, dai pasticci*; *u. da un partito, dall'esercito* | ***u. dal convento***, sfratarsi | ***u. dall'ospedale***, esserne dimesso perché guarito | ***u. dal carcere, di prigione***, essere rimesso in libertà | ***u. di carica***, lasciarla | ***u. di minorità***, diventare maggiorenne | ***u. dalla mischia***, ritirarsi dalla lotta (***anche fig.***) | ***u. indenne, illeso, sano e salvo da qlco.***, non subire alcun danno in situazioni, eventi e sim., di particolare rischio o pericolo | (***est.***) abbandonare un atteggiamento, un comportamento abituale, caratteristico e sim.: *u. dalla propria freddezza*; *per una volta è uscito dal suo tradizionale riserbo* **12** (***fig.***) liberarsi, disimpacciarsi, svincolarsi: *u. dalle mani, dalle grinfie di qlcu.* **13** (***fig.***) superare un determinato limite, andare al di là di qlco.: *u. dalla legalità*; *le sue aspirazioni sono mediocri e da queste non esce* | (***est.***) esulare, eccedere: *ciò esce dalla mia competenza* | (***est.***) elevarsi: *u. dal volgo, dalla massa, dalla mediocrità* | ***u. dall'ordinario***, di cosa o persona decisamente fuori del comune per rarità, qualità, pregi e sim. **14** (***fig.***) avere origine, provenire: *u. da una famiglia umile, da una nobile stirpe*; *molti grandi uomini sono usciti dal popolo* | ***u. dal cuore***, (***fig.***) di ciò che è profondamente sincero e sentito: *parole che escono dal cuore* | (***est.***) essere stato educato, istruito, formato e sim.: *esce dalle migliori scuole del paese* **15** (***fig.***) risultare: *cosa uscirà da questo imbroglio?* | (***est.***) riuscire: *u. male, bene*; *u. vincitore*; *ogni sforzo uscì vano* | (***merid.***) ***u. pazzo***, impazzire **16** (***fig.***) ricavarsi: *da quattro litri escono cinque bottiglie*; *da questo scampolo non esce un vestito* **17** (***fig.***) essere stato fatto, fabbricato e sim.: *tutti questi prodotti escono dalla nostra industria*; *modelli che escono dalle mani di un sarto famoso* | ***u. di mano, dalle mani di***, essere fatto, compiuto, finito: *quando il lavoro esce dalle sue mani è sempre perfetto* | (***est.***) arrivare sul mercato, essere messo in commercio: *un nuovo prodotto, appena uscito* | essere pubblicato o presentato al pubblico: *il mio nuovo libro uscirà domani*; *il suo ultimo film uscirà tra una settimana* **18** nel linguaggio alpinistico, portare a compimento una scalata o superarne una particolare fase: *u. in vetta*; *u. da una parete* **19** (***raro***) finire **20** (***ling.***) avere desinenza, terminazione (**+** *in*): *u. in vocale, in consonante* **21** (***fig.***) avere inizio, detto spec. della Messa **22** **uscìrne**, cavarsela: *uscirne con molto danno, con poca spesa* | ***uscirne con la testa rotta***, (***fig.***) a prezzo di gravi danni, sacrifici e sim. | (***fig.***) ***uscirne per il rotto della cuffia***, riuscire in qlco. con molta fatica, farcela a malapena | ***non se ne esce***, non c'è scelta, non c'è alternativa **B** **v. tr.** ● (***merid.***) far uscire, portare fuori **C** **uscìrsi** **v. intr. pron.** **1** †andar fuori, uscire: *Il quale ... con quattrocento cavagli si uscì di Pisa per andarne a Lucca* (N. MACHIAVELLI) **2** **uscìrsene**, andarsene, allontanarsi definitivamente (con valore intens.): *se ne uscì brontolando* | (***fig.***) dire qlco. di sorprendente o talora di inopportuno (**+** *con*): *se ne uscì con una battuta inimitabile*; *se n'è uscito con una proposta strampalata*

♦**uscìta** o †**escìta** [f. sost. del part. pass. di *uscire* ✻ av. 1292] **s. f.** **1** atto, circostanza dell'uscire: *u. rapida, veloce*; *l'u. degli operai dalla fabbrica, dei ragazzi da scuola*; *l'ora dell'u.*; *controllare l'u. di un liquido, di un gas dalle condutture* | ***all'u.***, quando si esce, nell'atto o nel momento di uscire: *incontrarsi, salutarsi all'u.* | ***u. di allenamento***, quella effettuata su strada, dai corridori ciclisti | ***libera u.***, periodo di libertà regolarmente concesso a militari, collegiali e sim. | ***via d'u.***, che consente di uscire da un luogo; (***fig.***) via di scampo, di salvezza, possibilità di soluzione e sim.: *non ci resta alcuna via d'u.*; *la situazione è ormai senza vie d'u.* | (***est.***) distribuzione, presentazione, pubblicazione: *l'u. di un nuovo prodotto, di una rivista, di un film, di un disco* **CONTR.** entrata **2** (***milit.***) sortita: *l'u. notturna degli assediati* **3** in teatro, entrata in scena: *gli spettatori applaudirono il tenore alla sua prima u.* **4** (***sport***) nel gioco del calcio, l'azione del portiere che lascia la linea di porta per intercettare il pallone: *parata in u.*; *u. in tuffo* | ***u. a valanga***, V. *valanga* | nella scherma, azione di offesa in contrapposizione a quella dell'avversario: *u. in tempo* | nella ginnastica, conclusione di un esercizio agli attrezzi, portandosi nella posizione finale di attenti **5** passaggio da cui si esce o si può uscire: *l'u. di un sotterraneo, di un cunicolo, di una miniera*; *pareva che la grotta non avesse altra u.*; *chiudere, sbarrare, impedire tutte le uscite*; *controllare i biglietti all'u.* | ***vicolo senza u.***, senza sbocco, vicolo cieco | ***l'u. di una stazione, di un cinema, di un teatro***, parte del fabbricato dalla quale i viaggiatori o gli spettatori escono | ***u. di sicurezza***, in cinematografi, teatri, stadi e sim., passaggio che viene aperto solo in caso di pericolo per consentire un rapido deflusso del pubblico | (***est.***) nel linguaggio alpinistico, parte conclusiva di una via o di un suo tratto particolare: *l'u. di un camino* **6** (***fig.***) possibilità, soluzione, via di salvezza e sim.: *m'hanno chiuso tutte le uscite*; *questa è l'unica u. ragionevole* **7** (***inform.***) ***unità, organi d'u.***, dispositivi destinati all'emissione dei risultati di un'elaborazione elettronica **8** (***ling.***) desinenza, terminazione (**+** *in*): *l'u. del genitivo, dell'accusativo*; *u. in vocale, in consonante* **9** spesa, passivo, somma erogata: *segnare all'u.*; *le uscite superano le entrate* | ***buona u.***, V. *buonuscita* **10** (***fig.***) parola o frase scherzosa, spiritosa, faceta, mordace, bizzarra e sim.: *la sua u. destò grande ilarità fra i presenti*; *spesso fa delle uscite assolutamente imprevedibili* **SIN.** battuta **11** (***elettr.***, ***elettron.***) la coppia di morsetti o terminali di un apparecchio o dispositivo, per es. di un amplificatore o di un filtro, da cui viene prelevata la tensione o la corrente che è stata amplificata o filtrata | ***potenza d'u.***, quella erogata ai morsetti di un apparecchio o dispositivo: *amplificatore con una potenza d'u. di 10 W* | ***grandezza d'u.***, la grandezza, quale una tensione o una corrente, che è presente ai morsetti d'uscita di un apparecchio o di un dispositivo e che gener. è diversa dalla grandezza d'entrata **12** †fine, termine **13** †effetto, risultato ‖ **uscitàccia**, pegg.

†**usciticcio** [da *uscito* (dal campo) ✻ av. 1292] **s. m.** ● fuoriuscito, esule

uscìto o †**escìto** **A** **part. pass.** di *uscire*; anche **agg.** ● andato o venuto fuori (***anche fig.***) **B** **s. m.** **1** †sbandito, fuoriuscito, esule **2** †escrementi, sterco

†**uscitùra** [sec. XIV] **s. f.** ● fuoriuscita

usciuòlo ➤ **usciolo**

uscòcco [serbo *uskok* 'fuggiasco, profugo', dal v. *uskočiti* 'saltar via', 'passare (al nemico), disertare' ✱ 1547] **A** **agg.** (**pl. m.** *-chi*) ● degli Uscocchi, appartenente agli Uscocchi: *corsaro u.* **B** **uscòcchi** **s. m. pl.** ● (spec. con iniziale maiuscola) nel XVI sec., comunità di guerriglieri balcanici e ungheresi che dopo la sottomissione dell'Ungheria alla Turchia continuarono, sotto la protezione degli Asburgo, la lotta contro i Turchi, spec. con azioni piratesche

user id /*ingl.* juːzə(r),aɪ'di/ [loc. ingl., propr. 'identificativo (*id(entifier)*) dell'utente (*user*)' ✱ 1992] **loc. sost. m. inv.** ● (*Internet*) nome utente, username

username /juzer'neim, *ingl.* 'juːzə,neɪm/ [vc. ingl., propr. 'nome (*name*) dell'utente (*user*)' ✱ 1995] **s. m. inv.** ● (*Internet*) nome utente in una procedura di login **SIN.** user id

†**uṣévole** [lat. tardo *usĭbile(m)*, per *utĭbile(m)* 'che si può usare (*ūti*)' ✱ sec. XIV] **agg.** ● solito, consueto

uṣignòlo o (*lett.*) **uṣignuòlo**, (*raro, poet.*) **luṣignòlo**, †**luṣignuòlo** [lat. parl. **lusciniŏlu(m)*, dim. di *luscĭniu(m)*, di etim. incerta, con sottrazione dell'iniziale, ritenuta art. determ. ✱ av. 1288] **s. m.** (**f.** †*-a*) ● uccelletto dei Passeriformi, slanciato, bruno rossiccio, vivace, con dolcissimo canto, spec. notturno (*Luscinia megarhynchos*) **CFR.** gorgheggiare, trillare | ***u. di palude***, passeriforme con piumaggio rossiccio e coda più corta dell'usignolo (*Cettia cetti*) || **uṣignolétto**, **dim.**

♣**uṣitàto** [vc. dotta, lat. *usitātu(m)*, part. pass. di *usitāri*, intens. di *ūti* 'usare' ✱ 1268] **A** **agg.** ● (*lett.*) usato molto, con frequenza: *vocaboli usitati* | †***via usitata***, molto frequentata | solito, consueto, abituale: *vezzo, vizio u.*; *agire, procedere nel modo u.* || **uṣitataménte**, **avv.** **B** **s. m.** ● †ciò che è solito, abituale

ùṣma [da *usmare* ✱ 1641] **s. f.** ● (*disus.* o *sett.*) traccia olfattiva lasciata da un animale

uṣmàre [dal lat. parl. **osmāre*, dal gr. *osmân* 'fiutare, odorare' ✱ 1963] **v. tr.** ● (*sett.*) fiutare, annusare: *come fosse il diavolo … che lo ha appena usmato e sta per beccarselo via* (C.E. GADDA)

ùṣo ① [da *usare* ✱ av. 1294] **agg.** ● (*lett.*) abituato, avvezzo, solito (**+ inf.**; **+ *a*, anche seguito da inf.**): *andò a cena al ristorante, come era uso fare*; *non è uso a fare simili cose*; *essere uso ai pericoli, ai sacrifici*; *quando le città sono use a vivere sotto uno principe* (N. MACHIAVELLI); *che egli … ogni settimana almeno tre dì fosse uso di digiunare* (G. BOCCACCIO) | †***uso con qlcu.***, amico, familiare

♦**ùṣo** ② [lat. *ūsu(m)*, propr. part. pass. di *ūti* 'usare' ✱ sec. XII] **s. m.** **1** impiego di qlco. per un fine determinato: *l'uso dell'automobile, della bicicletta*; *l'uso legittimo delle armi*; *comprare qlco. per uso personale, per proprio uso*; *si tratta di oggetti d'uso militare*; *utensile che può servire a molti usi, per usi diversi*; *medicina per uso interno, esterno* | ***d'uso***, correntemente usato, applicato, rispettato e sim.: *monete d'uso nel secolo scorso*; *norme d'uso*; *prassi d'uso* | ***effetti d'uso***, abiti, masserizie e sim. | ***lingua d'uso***, quella correntemente adoperata dalle comunità dei parlanti | ***a uso di***, destinato a, fatto per: *testo ad uso dei licei*; (*lett.*) con lo scopo di: *s'immaginavano che le stelle e i pianeti fossero … piantati lassù … all'uso di far lume* (G. LEOPARDI) | ***fare uso di***, servirsi di: *fare uso delle armi, della forza* | ***fare buono, cattivo uso di qlco.***, servirsene bene, male | ***istruzioni per l'uso***, normalmente allegate ai più svariati prodotti per insegnare il più corretto uso degli stessi | ***fuori uso***, (*lett.*) ***fuori d'uso***, inservibile, detto di cose; (*fig.*) inabile, detto di persona | ***non uso***, nella terminologia giuridica, mancato esercizio di un diritto reale, che ne determina l'estinzione | ***uso tessera***, (*ellitt.*) da usare per tessera: *fotografia uso tessera* **2** capacità, facoltà, possibilità di servirsi di qlco.: *perdere l'uso della ragione*; *riacquistare l'uso delle braccia, delle gambe*; *avere, non avere l'uso della vista, dell'udito, della parola*; *camera ammobiliata con uso di cucina* **3** (*dir.*) diritto di servirsi di una cosa altrui e, se fruttifera, di raccoglierne i frutti limitatamente ai bisogni propri e della propria famiglia | ***usi civici***, diritti di godimento che i membri di una collettività hanno su terre di altrui proprietà, pubblica o privata **4** esercizio continuo, pratica costante di un'arte, tecnica, scienza, disciplina e sim.: *acquistare abilità con l'uso*; *perfezionarsi in qlco. con l'uso*; *solo l'uso può darti la necessaria preparazione* **5** abitudine, consuetudine, usanza, costume: *è nostro uso restituire le visite di cortesia*; *rispettare gli usi nazionali, locali, familiari*; *seguire l'uso degli antichi*; *gli usi della campagna, della città, delle popolazioni primitive*; *introdurre nuovi usi* | ***usi e costumi***, complesso di tutte le manifestazioni private e pubbliche della vita di un popolo | ***per uso***, abitualmente | cerimonia, rituale: *la celebrazione si svolse secondo un antichissimo uso del Sud* | (*est.*) voga, moda: *essere, venire in uso*; *tutto ciò non è più in uso* | ***all'uso di***, secondo la moda, il sistema, le abitudini, i gusti di: *cucina all'uso francese* | ***uso pelle, uso seta***, e sim., (*ellitt.*) si dice di materiale che imita la pelle, la seta e sim. **6** (*dir.*, **spec. al pl.**) comportamento ripetuto costantemente da una collettività con il convincimento che esso sia imposto dalla legge: *usi agrari, usi del commercio*; *usi contrattuali* | ***usi negoziali***, pratica d'affari seguita da una data cerchia di contraenti **7** maniera consueta di parlare o di scrivere, linguaggio o parlata tipica di una persona, collettività, epoca, ambiente e sim.: *l'uso locale di una lingua*; *l'uso fiorentino, toscano, dantesco, trecentesco*; *uso letterario, popolare, tecnico, moderno, antico*; *regole che si fondano sull'uso* | (*est.*) senso, significato: *l'uso figurato, traslato, estensivo di un termine* **8** †familiarità | †rapporto sessuale

SFUMATURE DI SIGNIFICATO

usi - costumi

Con **usi** si definisce il complesso delle abitudini, delle usanze di una specifica comunità. I **costumi** riguardano le consuetudini, le credenze, le pratiche di vita. I due termini vengono uniti in un'unica espressione, *usi e costumi*, per indicare l'insieme di tutte le manifestazioni private e pubbliche di una collettività in una certa epoca.
SFUMATURE ➤ ***consuetudine***

†**uṣolàre** ➤ **usciolare**

†**uṣolière** [forse dal fr. ant. *oiselier* 'che riguarda gli uccelli', se significava anche 'lacciuolo per uccelli' ✱ 1353] **s. m.** ● stringa, legaccio: *gli usolieri delle brache che di qua e di là pendevano* (G. BOCCACCIO)

uṣòmetro [comp. di *uso* e *-metro* ✱ 1961] **s. m.** ● (*tess.*) apparecchio per la misurazione della resistenza di un tessuto all'usura

ùssaro o **ùssero** [ted. *Husar*, dall'ungherese *huszar* 'scorridore, esploratore': vc. legata alla stessa base di *corsaro* (?) ✱ 1559] **s. m.** ● in alcuni eserciti europei, soldato di cavalleria leggera, armato di carabina, pistola e sciabola, con un'uniforme caratterizzata dal colbacco e dal corto giubbetto: *gli ussari di Napoleone*; *reggimento degli ussari della guardia*

ussìta o **hussìta** [dal n. dell'eretico boemo J. Hus (1370 ca.-1415) ✱ 1557] **A** **agg.** (**pl. m.** *-i*) ● relativo a Jan Hus, alle sue teorie e al suo movimento **B** **s. m. e f.** ● sostenitore, seguace dell'ussitismo

ussitìṣmo o **hussitìṣmo** [comp. di *ussita* (V.) e *-ismo* ✱ 1915] **s. m.** ● movimento cristiano riformato derivato dal teologo boemo Jan Hus, condannato al rogo nel 1415

†**ùsso** [dal n. dell'eretico boemo J. Hus, per l'identificazione di 'boemo' con 'zingaro' (?) ✱ 1433] **s. m.** ● (*raro*) zingaro

ussorìcida ➤ **uxoricida**

ussoricìdio ➤ **uxoricidio**

ùsta [vc. di provenienza dial. e orig. discussa: da *ustolare*, perché originariamente riferito al puzzo di bruciato (?) ✱ 1714] **s. f.** ● (*caccia*) passata o emanazione lasciata da un selvatico e seguita dai cani

ùstascia o **ustàscia** [croato *ustaša* 'insorto, ribelle', da *ustati* 'alzarsi, levarsi in piedi' ✱ 1944] **A** **s. m. e f. inv.** ● (*stor.*) guerrigliero appartenente a bande attive nei Balcani, impegnate contro la dominazione ottomana | dal 1929, militante nazionalista croato; in seguito, militante di gruppi combattenti nazionalisti croati **B** **anche agg. inv.**

usticése (o **-ṣe**) [1926] **A** **agg.** ● di Ustica, città nell'omonima isola del Tirreno meridionale, al largo di Palermo **B** **s. m. e f.** ● abitante o nativo di Ustica

Ustilaginàli [comp. di *ustilagine* e *-ali* ✱ 1930] **s. f. pl.** (**sing.** *-e*) ● (*bot.*) ordine di Funghi dei Basidiomiceti, parassiti di vegetali, che a maturità producono ammassi polverulenti bruni e determinano le malattie dette carboni e carie (*Ustilaginales*)

ustilàgine [vc. dotta, lat. tardo *ustilāgine(m)*, da *ŭstus*, part. pass. di *ūrere* 'bruciare' ✱ 1891] **s. f.** ● fungo delle Ustilaginali che provoca il carbone del grano, dell'avena, del mais (*Ustilago*)

ustionàre [1905] **A** **v. tr.** (*io ustióno*) ● sottoporre ad ustione | anche in forma pron.: *ustionarsi le mani* **B** **ustionàrsi** **v. rifl. e intr. pron.** ● cagionarsi, prodursi un'ustione: *si è gravemente ustionato*

ustionàto **A** **part. pass.** di *ustionare*; anche **agg.** ● nei sign. del v. **B** **s. m.** (**f.** *-a*) ● chi ha subìto ustioni | ***centro, reparto ustionati***, reparto ospedaliero particolarmente attrezzato per la cura delle ustioni | ***grande u.***, chi ha subìto ustioni molto gravi o di grande estensione: *centro grandi ustionati*

ustióne [vc. dotta, lat. *ustiōne(m)*, da *ŭstus* 'usto ①' ✱ 1865] **s. f.** ● (*med.*) lesione dei tessuti per effetto del calore eccessivo: *u. di 1°, 2°, 3° grado*

ùsto ① [vc. dotta, lat. *ūstu(m)*, part. pass. di *ūrere* 'bruciare' ✱ av. 1367] **agg.** **1** (*poet.*, *raro*) bruciato **2** (*chim.*) calcinato: *magnesia usta*; *biacca usta*

†**ùsto** ② [vc. di orig. discussa: catalano *osta*, dal lat. *obstāre* 'opporsi, ritenere' per la funzione di questi cavi di tenere le antenne nella loro posizione *contro* l'impeto del vento (?) ✱ 1459] **s. m.** ● nell'antica marina velica, la maggiore gomena di bordo, usata per ormeggiare la seconda ancora | ormeggio usato anticamente in acque molto profonde e costituito da due o tre lunghe gomene impiombate fra loro

ustolàre o (*raro*) **ostolàre** [lat. *ustulāre* 'bruciare (*ūrere* e nel part. pass. *ŭstus*) leggermente' ✱ 1612] **v. intr.** (*io ùstolo*; **aus.** *avere*) **1** (*pop.*, *tosc.*) manifestare un grande desiderio di cibo **2** (*est.*) uggiolare, guaire, mugolare, detto di animali **3** (*est.*) guardare con bramosia

ustòrio [deriv. dal lat. *ŭstus*, part. pass. di *ūrere* 'bruciare' col suff. *-orio* ✱ 1621] **agg.** (**pl. m.** *-i* o *raro* *-ii*) ● che brucia o serve a far bruciare: *lenti ustorie* | ***specchio u.***, specchio concavo che fa convergere i raggi solari su un oggetto, bruciandolo

†**ustóso** (o **-ṣo**) [da *usta* 'fiuto, sentore della selvaggina' ✱ 1635] **agg.** ● che aspetta il cibo

u

con avidità

ustrìna [1499] **s. f.** ● ustrino

ustrìno [vc. dotta, lat. tardo *ustrīnu(m)*, collegata col v. *ūrere* 'bruciare', 'cremare' ✱ av. 1798] **s. m.** ● nell'antica Roma, luogo in cui si cremavano i cadaveri

uṣuàle [vc. dotta, lat. tardo *usuāle(m)*, da *ūsus* 'uso' ✱ av. 1463] **A** **agg. 1** che è dell'uso comune, che si usa di frequente: *mezzi usuali di trasporto*; *frase, esclamazione u.* **SIN.** abituale | solito, consueto: *avvenimenti, fatti usuali* **2** ordinario, non scelto: *roba u.* | ***lingua, parlata u.***, non letteraria **3** †agevole, facile ad usarsi || **uṣualménte**, **avv.** di solito, ordinariamente || **uṣualità**, **s. f. inv.** caratteristica di ciò che è usuale **B** **s. m. solo sing.** ● ciò che è usuale | ***per l'u.***, di solito, usualmente

SFUMATURE ➤ ***frequente***

uṣuàrio [vc. dotta, lat. tardo *usuāriu(m)*, da *ūsus* 'uso' ✱ 1619] **s. m.** (**f.** *-ia*) ● (**dir.**) chi è titolare di un diritto d'uso

uṣucapióne [vc. dotta, lat. *usucapiōne(m)*, da *usucăpere* 'usucapire' ✱ 1559] **s. f.** ● (**dir.**) modo di acquisto della proprietà o degli altri diritti reali per effetto del possesso protrattosi per un certo tempo **SIN.** prescrizione acquisitiva

uṣucapìre [vc. dotta, lat. *usucăpere* 'prendere (*căpere*) mediante l'uso (*ūsu*, abl. di *ūsus*)' con passaggio di coniug. ✱ av. 1565] **v. tr.** (**pres.** *io uṣucapìsco, tu uṣucapìsci*; **part. pass.** *uṣucapìto*, †*uṣucàtto*) ● acquistare per usucapione

uṣufruìbile [1890] **agg.** ● detto di ciò di cui è possibile usufruire || **uṣufruibilità**, **s. f. inv.**

♦**uṣufruìre** [vc. dotta, lat. *ūsu frŭi* 'godere (*frŭi* 'fruire') dell'uso (*ūsu*, abl. di *ūsus*)' ✱ 1848] **v. intr.** e (*raro*) **tr.** (*io uṣufruìsco, tu uṣufruìsci*; **aus.** *avere*) **1** (**dir.**) godere l'usufrutto di qlco. **2** (**est.**) giovarsi, avvantaggiarsi, approfittare (+ *di*): *u. di un ribasso dei prezzi*; *u. di un privilegio, di una licenza*; *volle vendicare la memoria di Cesare, e perpetuarla e usufruirla* (G. CARDUCCI)

†**uṣufruttàre** o †**uṣufruttuàre** [1280] **v. tr. 1** avere in usufrutto **2** (**est.**) sfruttare: *u. un terreno, una pianta* **3** possedere sessualmente

uṣufrùtto [comp. del lat. *ūsus* 'uso' e *frūctus* 'frutto' ✱ sec. XIII] **s. m.** ● (**dir.**) diritto di usare e godere un bene altrui facendone propri i frutti, ma rispettandone la destinazione economica: *diritto di u.*; *cessione dell'u.* | ***u. legale***, spettante per legge ai genitori che esercitano la potestà sul figlio

†**uṣufruttuàre** ➤ †**usufruttare**

uṣufruttuàrio [vc. dotta, lat. tardo *usufructuāriu(m)* 'che gode l'uso (*ūsus*) e il frutto (*frūctus*)' ✱ sec. XV] **s. m.** (**f.** *-ia*) ● colui che è titolare del diritto di usufrutto

uṣum Delphini, ad ➤ **ad usum Delphini**

uṣùra ① o †**oṣùra** [vc. dotta, lat. *usūra(m)* 'godimento dell'uso (*ūsus*), spec. di un capitale' ✱ 1240] **s. f. 1** eccessivo interesse richiesto per una somma data in prestito: *dare, prendere denaro a u.* | ***a u.***, (*fig.*) con un margine molto elevato di utilità, in ricca misura: *ricompensare qlcu. a u.* **2** correntemente, l'attività di chi presta denaro a interesse eccessivo: *arricchirsi con l'u.* **3** (**dir.**) reato di chi, abusando dello stato di bisogno di taluno, si fa dare o promettere in corrispettivo di una prestazione vantaggi manifestamente sproporzionati

uṣùra ② [fr. *usure*, da *user* 'usare (fino a consumare)' ✱ 1908] **s. f. 1** degradazione funzionale di oggetti, utensili o parti meccaniche conseguente ad uso o funzionamento prolungato: *l'u. di un meccanismo*; *l'u. di una bocca da fuoco* | ***prova di u.***, prova condotta su un materiale, possibilmente nelle condizioni di esercizio, per valutare la sua resistenza all'usura **SIN.** logoramento **2** (*fig.*) logorio: *guerra di u.*; *un lavoro che sottopone il corpo, la mente a eccessiva u.*

uṣuràbile [1983] **agg.** ● che si può usurare | che è soggetto a usura || **uṣurabilità**, **s. f. inv.** (V.)

uṣurabilità [1983] **s. f. inv.** ● condizione di ciò che è usurabile | (*tecnol.*) il grado di mancanza di resistenza all'usura di un materiale

uṣuràio [vc. dotta, lat. *usurāriu(m)*, da *usūra* 'usura ①', in tardo uso sost. ✱ 1287] **A** **s. m.** (**f.** *-aia*, **pl. m.** *-ai*) **1** chi dà denaro a usura | chi esercita l'usura **SIN.** strozzino **2** (**est.**) persona estremamente avida e avara **B** **agg.** ➤ **usurario**

uṣurànte **part. pres.** di *usurare*; anche **agg.** ● che usura, che logora (**spec. fig.**): *un'attività lavorativa u.*

♦**uṣuràre** [da *usura* ② ✱ 1942] **A** **v. tr.** ● sottoporre a usura **B** **uṣuràrsi** **v. intr. pron.** ● subire l'usura

uṣuràrio o (*raro*) **uṣuràio** [vc. dotta, lat. *usurāriu(m)*, agg. da *usūra* 'usura ①' ✱ av. 1328] **agg.** ● (**dir.**) relativo all'usura | ***interessi usurari***, che eccedono notevolmente la misura legale senza adeguato corrispettivo | ***negozio giuridico u.***, immorale in quanto vi vengono pattuiti interessi sproporzionati

uṣuràto ① [da *usura* ① ✱ sec. XX] **agg. e s. m.** ● (**dir.**) che (o chi) subisce il reato di usura

♦**uṣuràto** ② **part. pass.** di *usurare*; anche **agg.** ● nei sign. del v. | deteriorato, logorato | (*fig.*) eccessivamente sfruttato, abusato: *un termine u.*

†**uṣureggiaménto** [av. 1311] **s. m.** ● pratica dell'usura

†**uṣureggiàre** [da *usura* ① ✱ sec. XIV] **v. intr.** ● fare l'usuraio

†**uṣuriàre** [da *usura* ① ✱ sec. XIII] **v. tr.** ● dare a usura

†**uṣurière** o †**uṣurièro**, †**uṣurièri** [ant. fr. *usurier*, della medesima orig. di 'usuraio' ✱ av. 1294] **s. m.** (**f.** *-a*) ● usuraio

†**uṣurpaménto** [av. 1470] **s. m. 1** usurpazione **2** uso, applicazione

uṣurpàre [vc. dotta, lat. *usurpāre* 'prendere possesso (in orig. col rapimento: lat. *răpere* 'rapire') mediante l'uso (*ūsu*, abl. di *ūsus*)' ✱ 1306] **v. tr. 1** fare indebitamente proprio, spec. con la violenza o con l'inganno, un bene, un titolo o un ufficio legittimamente spettante ad altri: *u. un immobile, un diritto, il trono, il regno* **2** (**est.**) godere, usare od occupare senza merito o indegnamente: *u. la fama, la gloria*; *voi usurpate la carica che vi fu concessa* **3** (*lett.*) usare impropriamente, detto spec. di vocaboli

SFUMATURE ➤ ***impadronirsi***

uṣurpativo [vc. dotta, lat. tardo *usurpatīvu(m)*, da *usurpātus* 'usurpato' ✱ 1584] **agg.** ● che costituisce un'usurpazione || **uṣurpativaménte**, **avv.** con usurpazione

uṣurpàto **part. pass.** di *usurpare*; anche **agg. 1** fatto proprio con la violenza o l'inganno **2** (**est.**) immeritato, ingiustamente ottenuto: *fama, gloria usurpata*

uṣurpatóre [vc. dotta, lat. tardo *usurpatōre(m)*, da *usurpātus* 'usurpato' ✱ 1336 ca.] **s. m.** (**f.** *-trice*); anche **agg.** ● chi (o che) usurpa | (*per anton.*) chi (o che) usurpa un trono: *l'u. imprigionò e uccise tutti i membri della famiglia reale*

uṣurpatòrio [vc. dotta, lat. tardo *usurpatōriu(m)*, da *usurpātus* 'usurpato' ✱ 1874] **agg.** (**pl. m.** *-i* o *raro -ii*) ● (*raro*) usurpativo

uṣurpazióne [vc. dotta, lat. *usurpatiōne(m)*, da *usurpātus* 'usurpato' ✱ sec. XIII] **s. f.** ● l'usurpare | appropriazione illegittima di ciò che spetta ad altri: *u. del potere* | ***u. di immobili***, reato di chi, per appropriarsi dell'altrui cosa immobile, ne altera o rimuove i termini | ***u. di funzioni pubbliche***, reato di chi, senza legittimo titolo, assume le attribuzioni inerenti a un pubblico impiego o a una pubblica funzione

ùṣus scribèndi [loc. lat., propr. 'il modo (*ūsus*) di scrivere (*scribĕndi*)' ✱ 1934] **loc. sost. m. inv.** (**pl. lat. inv.**) ● spec. in filologia, l'insieme delle caratteristiche lessicali e stilistiche che contraddistinguono uno scrittore

ut [lettere iniziali del primo verso (*Ut queant laxis*) dell'inno a S. Giovanni, scelto da Guido d'Arezzo a fondamento della scala musicale ✱ av. 1449] **s. m. inv.** ● (*mus.*) in Italia fino al XVII sec., e in altri Paesi anche attualmente, prima nota della scala musicale **SIN.** do

†**utèllo** [etim. discussa: lat. parl. **utĕllu(m)*, dim. di *ŭter* 'otre' (?) ✱ sec. XIII] **s. m.** ● vasetto di terracotta invetriata per tenervi l'olio

utensìle spec. come sost., **utènsile** spec. come agg. [vc. dotta, lat. *utēnsile(m)*, di valore analogo e della stessa orig. di *ūtilis* 'utile'; nei sign. B, cfr. il lat. *utensĭlia* (neutro pl.) 'cose da usare (*ūti*) per necessità' ✱ 1475] **A** **agg.** ● che serve, che è utile | ***macchine utensili***, macchine operatrici che lavorano per asportazione di truciolo, quali il tornio, la fresa, il trapano, la limatrice e la piallatrice **B** **s. m. 1** ogni attrezzo per lavorare legno, pietre, materiali, spec. quelli che servono ad asportare i trucioli nelle lavorazioni fatte a mano o con le macchine **2** ogni attrezzo o strumento d'uso domestico: *utensili di cucina*

utensilerìa [1922] **s. f. 1** reparto di una officina dove si provvede alla preparazione, la messa a punto e la manutenzione degli utensili occorrenti a una determinata lavorazione **2** negozio o impresa commerciale dove si vendono utensili: *una importante u. cerca un magazziniere* **3** complesso degli utensili necessari per una data lavorazione: *u. meccanica*

utensilìsta [1961] **s. m. e f.** (**pl. m.** *-i*) ● chi, nell'industria meccanica, è addetto alla lavorazione degli utensili

utènte [vc. dotta, lat. *utĕnte(m)*, part. pres. di *ūti* 'usare', cioè 'che usa, che si serve' ✱ 1811] **s. m. e f. 1** chi usa un bene o un servizio spec. pubblico: *gli utenti della strada, del telefono, della televisione* | ***u. finale***, il destinatario ultimo di un bene o di un servizio **2** (**est.**) chi usa un comune patrimonio culturale, sociale o spirituale: *gli utenti della lingua italiana*

utènza [1891] **s. f. 1** stato o condizione dell'utente | uso di un bene o di un servizio spec. pubblico: *u. stradale* **2** insieme degli utenti

uterìno [vc. dotta, lat. tardo *uterīnu(m)*, da *ŭterus* 'utero' ✱ av. 1363] **agg. 1** dell'utero: *malattia uterina* | ***corpo u.***, parte superiore dell'utero | (*fig.*, **spec. spreg.**) detto di atteggiamento, o sim., dettato da emotività, da impulsività, e perciò incontrollato, irrazionale: *reazione uterina* **2** (**dir.**) detto di discendente dalla stessa madre, ma da padre diverso: *fratello u.*; *sorella uterina* || **uterinaménte**, **avv.**

ùtero [vc. dotta, lat. *ŭteru(m)*: di orig. indeur. (?) ✱ av. 1327] **s. m. 1** (*anat.*) organo cavo mediano dell'apparato genitale femminile, posto nel piccolo bacino, destinato ad accogliere l'uovo fecondato e a sostenere lo sviluppo del germe **CFR.** istero-, metro- ① | ***u. in affitto***, nel linguaggio giornalistico, quello di una donna che accetta di accogliere un embrione prelevato dalla madre naturale non in grado di portare a termine la gravidanza **2** (**est.**, **poet.**) ventre materno **3** (**zool.**) porzione specializzata dell'ovidotto in grado di accogliere l'embrione nei casi di ovoviviparismo e di viviparismo

uticènse [vc. dotta, lat. *Uticēnse(m)*, da *Ŭtica(m)* 'Utica' ✱ 1342] **A** **agg.** ● di Utica, antica città punica **B** **s. m. e f.** ● abitante o nativo di Utica | ***l'Uticense***, (*per anton.*) Marco Porcio Catone il minore (95-46 a.C.), partigiano di Pompeo, morto suicida a Utica

◆**ùtile** [vc. dotta, lat. *ūtile(m)* ✱ 1219] **A** **agg.** **1** detto di tutto ciò che soddisfa un bisogno, che serve o può servire a uno scopo (+ *a*, + *per*): *libro, manuale, oggetto, regalo, strumento u.*; *un'opera tanto u. a me e ad Augusta* (I. SVEVO); *la sua presenza era u. per uno sciame di nipoti* (I. NIEVO) **CONTR.** inutile | ***tempo, giorno u.***, entro cui si può validamente compiere un dato atto: *tempo u. per l'iscrizione* | ***stanze utili***, abitabili | ***carico u.***, quantità, in peso, di merci o persone, che un mezzo di trasporto può portare | (*est.*) che è efficace, vantaggioso, in determinati casi o situazioni (+ *contro*, + *a*): *prodotto u. contro i parassiti*; *medicina u. agli ipertesi*; *cure termali molto utili in caso di bronchite* **2** che è d'aiuto, che procura vantaggi, benefici, facilitazioni e sim. (+ **inf.**, + *che* **seguito da congtv.**): *consigli utili e disinteressati*; *ci è stato molto u. conoscere la vostra opinione*; *mi sarebbe u. un vostro intervento*; *Certamente è u. che abbiate fatto un corso di infermiera* (I. SVEVO) | ***lavoro u.***, proficuo | ***partita, risultato u.***, nel linguaggio sportivo, la vittoria o il pareggio: *la Roma è alla quinta partita u. consecutiva* | (*dir.*) ***dominio u.***, potere di godimento, spettante all'enfiteuta sul fondo **3** detto di persona che contribuisce efficacemente a qlco. spec. collaborando con altri: *è l'elemento più u. dell'ufficio*; *tuo figlio mi è stato molto u. in questo caso*; *io era felice di trovar finalmente una creatura cui potere credermi u.* (I. NIEVO) | ***rendersi u.***, darsi da fare, collaborare attivamente, aiutare: *un giovane che sa rendersi u. in ogni frangente* | ***se posso essere u. in qlco.***, formula di cortesia con cui si offre il proprio aiuto, i propri servigi e sim. ‖ **utilménte**, †**utileménte**, **avv.** in modo utile: *impiegare utilmente il proprio tempo* **B** **s. m.** **1** ciò che è utile, che serve: *unire l'u. e il dilettevole* **2** vantaggio, utilità materiale o morale: *mirare, badare, tendere solo all'u.*; *dai miei consigli non hai saputo trarre alcun u.*; *procurare l'u. della famiglia, della società* **3** guadagno, profitto realizzato mediante l'esercizio di un'attività economica: *u. netto*; *u. lordo*; *partecipazione agli utili dell'impresa*; *divisione degli utili fra i soci* | interesse: *prestare denaro con un u. del 18%*

SFUMATURE ➤ *ricavo*

utilìsta [av. 1873] **s. m. e f.** (**pl. m.** *-i*) ● (*dir.*) enfiteuta

◆**utilità** o †**utilitàde**, †**utilitàte** [vc. dotta, lat. *utilitāte(m)* ✱ 1219] **s. f. inv.** **1** caratteristica, condizione di chi (o di ciò che) è utile: *l'u. dell'istruzione, educazione, scienza*; *l'u. di una medicina*; *oggetti privi di ogni u.*; *persona di grande u.*; *elemento di nessuna u.* | ***cane di u.***, addestrato per fini utili all'uomo, quali la guardia, la difesa, l'accompagnamento dei ciechi e sim. **CONTR.** inutilità **2** (*econ.*) capacità di un bene o di un servizio di soddisfare un bisogno umano | ***modello di u.***, invenzione atta a conferire a macchine o parti di esse od oggetti particolari efficacia o comodità di applicazione o di impiego: *brevetto per modelli di utilità* **3** vantaggio materiale o morale: *non ne ho tratto grande u.*; *la tua esperienza mi è stata di estrema u.* **4** †utile, profitto

SFUMATURE DI SIGNIFICATO

utilità - interesse - pro - tornaconto

Utilità è la caratteristica di ciò che può dare vantaggio, beneficio, aiuto materiale ma anche morale, spirituale, intellettuale. **Interesse** è un'utilità materiale o immateriale, e in senso soggettivo il sentimento che spinge a ricercare le condizioni più vantaggiose per sé. **Pro** esprime con forza maggiore il senso di una convenienza personale. Un tratto lievemente negativo ha **tornaconto**, che colora l'*utilità* personale di una sfumatura di egoismo, calcolo, indifferenza verso gli altri.

utilitària [f. sost. (sottinteso *automobile*) dell'agg. *utilitario* ✱ 1938] **s. f.** ● piccola automobile di basso costo d'acquisto e di esercizio

utilitàrio [da *utilità*, secondo l'es. del fr. *utilitaire* ✱ 1819] **A** **agg.** **1** che considera, o si prefigge, solo ciò che è materialmente utile: *morale utilitaria*; *sistema u.* **2** che ha requisiti di praticità e buon prezzo: *vettura utilitaria* **B** **s. m.** (**f.** *-ia*) ● chi si prefigge l'utile materiale come scopo unico o prioritario

utilitarìsmo [comp. di *utilitar(io)* e *-ismo*, sul modello del fr. *utilitarisme* ✱ 1869] **s. m.** ● dottrina etico-politica, già presente nel pensiero greco e definitasi in Inghilterra nei secoli XVIII e XIX, che riconosce nel perseguimento dell'utile individuale e sociale, in quanto benessere e felicità durevole, il fine dell'agire morale

utilitarìsta [da *utilitarismo*, come il fr. *utilitariste* ✱ av. 1874] **A** **s. m. e f.** (**pl. m.** *-i*) **1** fautore dell'utilitarismo **2** (*est.*) chi tende soltanto al proprio utile **B** **agg.** ● utilitaristico

utilitarìstico [da *utilitarista* ✱ 1933] **agg.** (**pl. m.** *-ci*) **1** (*filos.*) relativo all'utilitarismo e ai suoi fautori **2** (*est.*) basato sull'utilitarismo, da utilitarista ‖ **utilitaristicaménte**, **avv.**

†**utilitàte** ➤ **utilità**

utìlity /u'tiliti, *ingl.* juːˈtɪlɪtɪ/ [vc. ingl., propr. 'utilità, vantaggio' ✱ 1985] **s. f. inv.** (**pl. ingl.** *utilities*) **1** (*inform.*) programma che svolge una funzione sussidiaria al sistema operativo o a un programma applicativo **2** (*econ.*) società che svolge servizi di pubblica utilità (per es. nei settori del gas, dell'elettricità, dei rifiuti ecc.) | ***public u.***, azienda che fornisce servizi essenziali alla collettività, come la distribuzione dell'acqua, la gestione di una rete di trasporti e sim.

utilizzàbile [da *utilizzare*, come il fr. *utilisable* ✱ 1866] **agg.** ● che si può utilizzare ‖ **utilizzabilità**, **s. f. inv.**

◆**utilizzàre** [da *utile*, sull'es. del fr. *utiliser* ✱ 1654] **v. tr.** **1** impiegare in modo utile, mettere a frutto, sfruttare: *u. un vestito usato, gli avanzi, gli scarti*; *saper u. le proprie capacità*; *u. le cascate per la produzione di energia elettrica* | avvalersi di qlcu. **2** †avvantaggiare ‖ **utilizzazióne**, **s. f.** uso, utilizzo, impiego

SFUMATURE ➤ *sfruttamento*

utilizzatóre [1953] **s. m.** **1** (**f.** *-trice*) (*raro*) chi utilizza, sfrutta qlco. **2** apparecchio che utilizza energia elettrica

utilìzzo [da *utilizzare* ✱ 1939] **s. m.** ● nel linguaggio burocratico, spec. bancario, utilizzazione: *u. di somme erogate*; *u. di un fondo, di un fido*

†**ùtimo** ➤ **ultimo**

-ùto ① [lat. *-ūtu(m)*, suff. di orig. indeur. (*-to-*) proprio dei part. pass.] **suff.** ● forma i participi passati dei verbi in *-ere*: *creduto, veduto*

-ùto ② [lat. *-ūtu(m)*, di orig. indeur. (*-to-*), applicato alla formazione di agg. denominali] **suff.** ● forma aggettivi che indicano ciò di cui qualcuno è fornito, o abbondanza, pienezza di qualcosa (*biforcuto, barbuto*) o particolare caratteristica (*gozzuto, linguacciuto, paffuto, panciuto, pennuto, ricciuto*)

†**utónno** ➤ **autunno**

◆**utopìa** [dal n. del paese immaginato da Tommaso Moro (1478 ca.-1535), che pensò a 'nessun luogo', usando le parole gr. *ou tópos*, propr. 'nonluogo' ✱ av. 1606] **s. f.** **1** modello immaginario di un governo o di una società ideali **2** (*est.*) concezione, idea, progetto, aspirazione e sim. vanamente proposti in quanto fantastici e irrealizzabili: *ciò che dici è molto nobile, ma è solo un'u.* **SIN.** illusione

SFUMATURE ➤ *sogno*

◆**utòpico** [1897] **agg.** (**pl. m.** *-ci*) ● che ha le caratteristiche dell'utopia: *piano, progetto, ideale u.* ‖ **utopicaménte**, **avv.** ‖ **utopicità**, **s. f. inv.**

utopìsta [da *utopia*, sull'es. del fr. *utopiste* ✱ 1823] **s. m. e f.** (**pl. m.** *-i*) ● chi coltiva e persegue ideali utopici

utopìstico [1838] **agg.** (**pl. m.** *-ci*) ● relativo all'utopia o agli utopisti | che ha carattere di utopia: *progetti, ideali utopistici* **SIN.** chimerico, illusorio, irrealizzabile ‖ **utopisticaménte**, **avv.**

utraquìsmo [dal lat. eccl. *sub utrāque specie* 'sotto entrambe le specie' ✱ 1961] **s. m.** ● (*relig.*) dottrina nata nel XV sec. a sostegno del diritto dei laici a comunicarsi con le due specie del pane e del vino

utraquìsta [1895] **s. m. e f.** (**pl. m.** *-i*) ● seguace dell'utraquismo

utraquìstico [1987] **agg.** (**pl. m.** *-ci*) ● relativo all'utraquismo

†**ùtre** ➤ **otre**

†**utrìaca** ➤ **triaca**

utrìcolo e deriv. ➤ **otricolo** e deriv.

utriculària [dal lat. *utrĭculu(m)* 'piccolo otre' (*ŭter*, genit. *ŭtris*)', per la forma a vescica dei loro ascidi ✱ 1970] **s. f.** ● (*bot.*) genere di piante erbacee acquatiche delle Lentibulariacee con foglie parzialmente modificate in vescicole che catturano e digeriscono piccoli animali acquatici (*Utricularia*) **SIN.** erba vescica

◆**ùva** [lat. *ūva(m)* 'grappolo d'uva', prob. da una vc. non indeur. ✱ 1282] **s. f.** **1** infruttescenza a grappolo della vite, formata da singoli frutti o bacche detti anche acini o chicchi | ***uva da tavola, da mensa***, per consumo allo stato fresco | ***uva da vino***, per la vinificazione | ***uva secca, passa***, appassita | ***uva sultanina***, V. *sultanina* | ***uva corniola***, pizzutello | ***uva infavata***, parassitata dalla *Botris cinerea* | ***uva moscata***, uva da tavola, senza semi a maturazione tardiva | (*bot.*) ***uva americana***, pianta delle Vitacee appartenente a specie diverse da quelle del gruppo eurasiatico occidentale, originaria del Nord America e diffusa in Italia spec. nelle varietà *Isabella* e *Clinton* (*Vitis labrusca*) | ***uva fragola***, qualità di uva americana ottenuta dal vitigno *Isabella*, caratterizzata da sapore e profumo piuttosto intensi e che richiamano il frutto della fragola | ***uva puttanella***, V. *puttanella* **2** (*est.*) pianta con frutto simile all'uva | ***uva di mare***, sargasso o uova di seppia | ***uva di monte***, arbusto delle Ericacee che cresce in montagna, con fiori rosa ricchi di nettare e frutti rossi commestibili (*Vaccinium vitis-idaea*) | ***uva di volpe***, pianta erbacea che cresce spontanea nel sottobosco, con rizoma strisciante, fusto eretto terminante con quattro grandi foglie, i cui frutti sono bacche velenose (*Paris quadrifolia*) **SIN.** erba paris | ***uva marina***, pianta cespugliosa delle Gnetali, con rami articolati, verdi, a foglie ridotte, spontanea sulle sabbie mediterranee (*Ephedra equisetiformis*) | ***uva spina***, arbusto delle Sassifragacee a rami lisci con spine a tre punte e bacche tonde, giallicce, commestibili (*Ribes grossularia*) | ***uva turca***, fitolacca, uvina | ***uva ursina***, arbusto delle Ericacee a fusti sdraiati, foglie coriacee, frutti globosi, aspri, commestibili (*Arctostaphylos uva-ursi*) ‖ **uvétta**, **dim.** (V.) | **uvìna**, **dim.** (V.)

uvàceo o †**uveàceo** [1499] **agg.** **1** (*raro*) di uva **2** che ha il colore dell'uva | che è simile all'uva

uvàggio [1905] **s. m.** • (*enol.*) mescolanza di più uve da vino, usata per la vinificazione

ùvala [vc. croata di etim. incerta ✻1961] **s. f.** • (*geogr.*) conca di origine carsica costituita da un gruppo di doline

ùvea [da *uva*, secondo un es. ted., ripreso da altre lingue ✻sec. XIII] **s. f.** • (*anat.*) una delle tuniche dell'occhio, pigmentata in blu scuro che costituisce la membrana vascolare e nutritizia dell'occhio

†**uveàceo** ➤ **uvaceo**

uveàle [da *uvea* ✻1895] **agg.** • (*anat.*) relativo all'uvea, costituente l'uvea: *infiammazione u.*; *membrane uveali*

uveìte [comp. di *uvea* e *-ite*① ✻1961] **s. f.** • (*med.*) infiammazione dell'uvea

ùveo [da *uva* ✻1622] **agg.** • (*lett.*) uvaceo

†**ùvero** ➤ **ubero**①

uvétta [av. 1566] **s. f.** **1** dim. di *uva* **2** uva passa assai dolce, con acini senza semi, usata spec. in pasticceria

uvìfero [comp. di *uva* e *-fero* ✻1598] **agg.** • (*lett.*) che produce uva

uvìna [1879] **s. f.** **1** dim. di *uva* **2** uva turca

†**ùvola** ➤ **ugola**

uvóso (o -ṣ-) [1633] **agg.** • (*raro*) relativo a uva, ricco d'uva | (*raro*) simile a uva, che ha sapore d'uva

ùvula ➤ **ugola**

uvulàre [da *uvula* ✻1840] **agg.** **1** (*ling.*) detto di suono articolato nella parte più bassa del palato molle: *la r u. della lingua francese* **2** (*med.*) che riguarda l'ugola: *infezione u.*

uvulìte [da *uvula* ✻1961] **s. f.** • (*med.*) infiammazione dell'ugola

uxoràto [dal lat. *ŭxor*, genit. *uxōris* 'moglie' (V. *uxorio*) ✻sec. XV] **agg.** • che ha preso moglie, detto soprattutto di sacerdoti che hanno lasciato la veste per sposarsi | ***sacerdozio u.***, stato del sacerdote sposato

uxoricìda o (*raro*) **ussoricìda** [comp. del lat. *ŭxor*, genit. *uxōris* 'moglie' e *-cida* ✻1605] **s. m. e f.; anche agg.** (**pl. m.** *-i*) • chi (o che) commette uxoricidio

uxoricìdio o **ussoricìdio** [da *uxoricida* ✻1799] **s. m.** (**pl.** *-i* o *raro -ii*) • (*dir.*) omicidio aggravato in quanto commesso contro il coniuge

uxorilocàle [comp. del lat. *ŭxor*, genit. *uxōris* 'moglie' e dell'it. *locale* ✻1983] **agg.** • (*antrop.*) matrilocale ‖ **uxorilocalità**, **s. f. inv.** (*antrop.*) matrilocalità

uxòrio [vc. dotta, lat. *uxōriu(m)* 'relativo alla moglie' (*ŭxor*, genit. *uxōris*), ant. comp. di orig. indeur. di *uk col senso di 'spruzzare' e *-sor* 'femmina' ✻1529] **agg.** (**pl. m.** *-i* o *raro -ii*) • (*dir.*) della moglie: *diritti uxori* | ***convivenza more u.***, come quella fra coniugi, ma in assenza di matrimonio e quindi senza le conseguenze giuridiche che esso comporta

uzbèko /uz'bɛko/ o **uzbèco**, (*raro*) **uṣbèco**, (*raro*) **uṣbèko** [russo *uzbéki*, dal turco *'özbäk* 'popolo turco-tartaro', dal n. del capo dell'Orda d'Oro *Özbek* Chan ✻av. 1652] **A s. m.** (**f.** *-a*) • appartenente a una popolazione turco-mongola insediata nell'Asia centro-occidentale, in particolare nell'Uzbekistan **B agg.** • degli uzbeki e dell'Uzbekistan: *città uzbeke*; *costumi uzbeki*

ùẓẓa [etim. incerta ✻1863] **s. f.** • (*tosc.*) aria pungente, con venticello leggero ma freddo, della sera o del primo mattino: *ei sente nella faccia / pungere l'u. mattutina* (G. D'ANNUNZIO)

-uzzàre [suff. verb., parallelo a quello nom. *-uzzo*] **suff.** • forma verbi alterati con valore attenuativo o frequentativo: *beccuzzare*, *tagliuzzare*, *sferruzzare*

uzzàto [da *uzzo* ✻1825] **agg.** • (*tosc.*) molto panciuto: *botte uzzata*

ùzzo [etim. incerta ✻1840] **s. m.** • (*tosc.*) rigonfiamento, curvatura delle botti | ***dare l'u.***, incurvare le doghe

-ùzzo ➤ **-uccio**

ùẓẓolo [etim. incerta ✻av. 1400] **s. m.** • (*tosc.*) desiderio intenso e capriccioso: *mi è venuto l'u. di partire, e partirò*; *far venire l'u. a qlcu.*

v, V

Il suono rappresentato in italiano dalla lettera *V* è quello della consonante costrittiva, o fricativa, labiodentale sonora /v/. Questa consonante può essere, secondo i casi, semplice (es. *evènto* /e'vɛnto/, *càvia* /'kavja/, *lo vuòi* /lo'vwɔi/; *invéce* /iɱ'vetʃe/, *vuòi* /'vwɔi/, *quàl vuòi* /kwal'vwɔi/) oppure geminata (es. *avvènto* /av'vɛnto/, *òvvio* /'ɔvvjo/, *tu vuòi* /tuv'vwɔi/).

v, (*maiusc.*) **V** [av. 1292] **s. f. o m. inv.** ● ventiduesima lettera dell'alfabeto italiano (nome per esteso *vu*, *raro vi*): *v minuscola, V maiuscolo* | nella compitazione spec. telefonica it. *v come Venezia*; in quella internazionale *v come Victor* | ***v doppia*** (o ***doppio***), ***doppia*** (o ***doppio***) *v*, la lettera *w* | ***a V***, detto di due linee o elementi che, partendo da un vertice inferiore, divergono aprendosi verso l'alto: *scollatura a V*; *antenna a V* | ***valle a V***, valle fluviale

va' ① /va, va*/ o (*raro*) **vah** /va, va*/ [da *varda*, forma sett. di 'guarda', imperat. di *guardare** sec. XIV] **inter.** ● esprime meraviglia, stupore e sim.: *va' chi si rivede!*; *ma va' cosa mi tocca di fare!*

va' ② o **va** ➤ **andare** ①

vabbuò o **vabbò** [1993] **avv.** ● (*merid.*) va bene (V. *buono* ① nel sign. D)

va be' /va* 'bɛ/ o **vabbè** ➤ **bene** ①

vacàbile [da *vacare** av. 1609] **agg.** ● che può essere o rendersi vacante | ***uffici vacabili***, anticamente, nello Stato Pontificio, uffici che si alienavano per determinate somme, con divieto per l'acquirente di trasmetterli ad altri, sia per atto tra vivi che per testamento, e il cui incarico era vitalizio

vacànte **part. pres.** di *vacare*; anche **agg.** **1** privo del titolare: *cattedra v.* | ***sede v.***, governo della Chiesa o di un vescovato fra la morte o la rinuncia del titolare e l'elezione o nomina del nuovo occupante **2** (*mar.*) ***nave v.***, che non ha carico di merci e naviga in zavorra

†**vacanterìa** [da *vacante** 1576] **s. f.** ● vanità, vuotaggine

♦**vacànza** o †**vacànzia** [da *vacante ** av. 1328] **s. f. 1** stato o condizione di ciò che è vacante, privo di titolare: *v. di un beneficio, dell'impero, della sede pontificia* | periodo in cui dura tale condizione: *la lunga v. di una cattedra universitaria* **2** periodo di interruzione delle normali attività lavorative di enti, aziende, assemblee, privati cittadini, per motivi generali o particolari: *essere in v.*; *andare in v.*; *il Parlamento si è preso una v. straordinaria* | anche al pl., spec. per il periodo estivo: *trascorrerà le vacanze in Grecia con il fidanzato* | ***far v.***, non lavorare, non studiare e sim. **3** (**spec. al pl.**) periodo in cui restano chiuse le scuole: *vacanze natalizie, pasquali, estive* | (*per anton.*) vacanze estive: *passare le vacanze al mare, in montagna*; *penso che farò un viaggio durante le vacanze* **CFR.** ferie **4** (*fis.*) difetto di un reticolo cristallino consistente nell'assenza di un atomo ‖ (*colloq.*) **vacanzétta**, **dim.** | (*colloq.*) **vacanzina**, **dim.**

vacanzière [fr. *vacancier*, da *vacances* 'vacanze'* 1967] **s. m.** (**f.** *-a*) ● chi trascorre le vacanze fuori della propria residenza abituale: *migliaia di vacanzieri si sono riversati sulle coste meridionali* | (*scherz.*) chi ama far vacanza o andare in vacanza

vacanzièro [fr. *vacancier*, da *vacances* 'vacanze'* 1983] **agg.** ● relativo alle vacanze, tipico delle vacanze: *abitudini vacanziere* | che va in vacanza: *una folla vacanziera ha lasciato la città*

vacàre [vc. dotta, lat. *vacāre* 'essere vuoto, libero, non occupato', di orig. indeur.* av. 1292] **v. intr.** (*io vàco, tu vàchi*) **1** (aus. *essere*) (*lett.*) essere o rimanere privo del titolare, detto di benefici, cariche, uffici e sim.: *vacava l'impero, il papato*; *vacava la carica di presidente* **2** †essere disponibile, detto del tempo **3** †essere privo | †non vigere più, detto di norme giuridiche | †essere superfluo **4** (aus. *essere*) (*lett.*) mancare **5** †riposarsi, cessare da un lavoro: *v. dall'ufficio, dal pregare* **6** (aus. *avere*) (*lett.*) occuparsi, aver cura di qlco.: *oppresso da lunga e grave infermità non vacava più ai negozii* ... (F. GUICCIARDINI)

♣**vacàtio** /lat. va'kattsjo/ [dalla loc. del lat. giuridico *vacatio legis* 'vacazione della legge' (V. *vacazione*)] **s. f. inv.** (**pl. lat.** *vacationes*) ● assenza temporanea di una titolarità, di una normativa ecc.: *v. contrattuale* | (*dir.*) ***v. legis***, vacazione della legge

vacàto **part. pass.** di *vacare*; anche **agg.** ● (*lett.*) detto di carica o ufficio privi di titolare: *sperava un certo posto più alto, quando fosse v.* (A. MANZONI) | †detto di beneficio o sim. estinto per la morte del titolare

vacazióne [vc. dotta, lat. *vacatiōne(m)*, da *vacātum*, supino di *vacāre** sec. XIII] **s. f. 1** †condizione di vacante: *tutto quello che aveva occupato nella v. della Chiesa* (F. GUICCIARDINI) **2** (*dir.*) periodo che intercorre fra la pubblicazione di una legge e il momento in cui essa entra in vigore **3** periodo lavorativo durante il quale un perito presta la sua opera su richiesta dell'autorità giudiziaria, convenzionalmente fissato e utilizzato come unità di misura per il computo della retribuzione: *la v. del consulente è di due ore*; *stabiliremo la cifra da pagare per ogni v.* | (*est.*) l'attività del perito e la sua retribuzione **4** (**spec. al pl.**) †vacanza, riposo

vàcca [lat. *văcca(m)*, di orig. indeur.* sec. X] **s. f. 1** femmina adulta dei Bovini: *mungitura delle vacche*; *latte di v.* | ***le sette vacche grasse e le sette vacche magre***, quelle che, secondo la narrazione biblica, il faraone sognò e Giuseppe interpretò come profezia dei sette anni di abbondanza e dei successivi sette anni di carestia | (*fig.*) ***periodo, tempi di vacche grasse, magre***, epoca prospera o di miseria | ***essere, stare in un ventre di v.***, (*fig.*) vivere nella sicurezza, nel benessere | (*fig.*, *spreg.*) ***mercato delle vacche***, trattativa basata su scambi di favori o accordi sottobanco **SIN.** mucca, vaccina **2** (*raro*) carne dell'animale macellato, usata come alimento **3** (*zool.*) ***v. di mare***, dugongo estinto che raggiungeva una lunghezza di circa 8 m e un peso di 3 t (*Hydrodamalis gigas*) **4** (*fig.*, *spreg.*) sgualdrina, donnaccia | donna grassa e sformata **5** ***lingua di v.***, piccola incudine da stringersi in morsa, usata da argentieri e ramai **6** (**spec. al pl.**) baco da seta che si gonfia e non fa il bozzolo perché ammalato di giallume **SIN.** frate ② | ***andare in v.***, detto del baco da seta, invacchire; (*fig.*) guastarsi, annuvolarsi, detto del tempo; (*fig.*) diventare pigro, ozioso, svogliato | (*fig.*) ***andare, finire in v.***, risolversi negativamente, fallire **7** (*volg.*) in alcune imprecazioni: *porca v.!* | anche in funzione di agg.: *v. miseria!*; *Per mia v. sciagura* (P. ARETINO) ‖ **vaccàccia**, **pegg.** | **vaccarèlla**, **vaccherèlla**, **dim.** | **vacchétta**, **dim.** (V.) | **vaccóna**, **accr.** | **vaccóne**, **accr. m.**

vaccàro o (*raro*) **vaccàio**, nel sign. 2 [1485 ca.] **s. m.** (**f.** *-a*) **1** guardiano di vacche: *suo padre faceva il v. a Ragoleti* (G. VERGA) **SIN.** bovaro **2** (*zool.*) capovaccaio

vaccàta [1905] **s. f. 1** (*sett.*, *volg.*) porcheria, cosa di pessima riuscita: *questo libro è un'autentica v.* | sciocchezza, errore grossolano: *non dire vaccate* **2** (*volg.*) azione disonesta, molto scorretta: *mi ha fatto una vera v.*

vaccherìa [1763] **s. f.** ● stalla di vacche, talora con latteria annessa

vacchétta [1342 ca.] **s. f. 1** dim. di *vacca* **2** pellame utilizzato spec. per la confezione di calzature militari e da lavoro o per valigeria, ottenuto conciando al tannino pelli bovine esotiche **3** (*pop.*) libro o registro di forma allungata rilegato con tale pellame

vacchìno [av. 1493] **A** **s. m.** ● formaggio di latte di vacca **B** **agg.** ● (*raro*) vaccino nel sign. A

vàcci ➤ **andare** ①

vaccìna [f. sost. di *vaccino* agg.* sec. XIV] **s. f. 1** bovina, vacca, mucca **2** carne di vacca o di manzo **3** †sterco di vacca o di bovini in genere **4** †vaccino nel sign. B

vaccinàbile [1875] **agg.** ● che si può vaccinare ‖ **vaccinabilità**, **s. f. inv.**

vaccinàle [da *vaccin(o)* con il suff. *-ale* ① * 1910] **agg.** ● (*med.*) relativo a vaccino o a vaccinazione: *profilassi v.*

♦**vaccinàre** [fr. *vacciner*, da *vaccin* 'vaccino' * 1801] **A** **v. tr.** ● sottoporre a vaccinazione: *v. un bambino contro il vaiolo, la poliomielite*; *v. il bestiame* **B** **vaccinàrsi** **v. rifl. 1** sottoporsi a vaccinazione **2** (*fig.*) premunirsi, difendersi da qlco. di sgradevole o doloroso, spec. in seguito a esperienze negative

(+ *contro*): *vaccinarsi* contro *le delusioni*

vaccinàro [dal lat. *vaccīna* (*cāro*) 'carne di vacca', f. di *vaccīnus* 'vaccino' ✱ 1931] **s. m.** (**f.** *-a*) **1** (*roman.*) conciapelli **2** (*roman.*) macellaio | ***coda alla vaccinara***, coda di manzo in umido con guancia di maiale, piatto tipico della cucina romana

vaccinàto **part. pass.** di *vaccinare*; anche **agg.** ● nei sign. del v. | (*fig.*) immune: *sono v. contro le delusioni amorose* | (*colloq.*) ***essere maggiorenne e v.***, essere adulto, responsabile

vaccinatóre [1809] **s. m.** (**f.** *-trice*); anche **agg.** ● (*raro*) chi (o che) esegue la vaccinazione

vaccinazióne [fr. *vaccination*, da *vacciner* 'vaccinare' ✱ 1801] **s. f.** ● introduzione di vaccino | pratica profilattica intesa a provocare nell'organismo una immunità attiva specifica contro determinate malattie infettive, mediante inoculazione di germi o tossine attenuate: *v. antivaiolosa*

vaccìnico [1819] **agg.** (**pl. m.** *-ci*) ● relativo al vaccino: *innesto v.*; *pustole vacciniche* | eseguito mediante vaccinazione: *terapia vaccinica*

♦**vaccìno** [vc. dotta, lat. *vaccīnu(m)*, da *văcca* ✱ 1301] **A** **agg.** **1** di vacca: *latte v.* | bovino: *bestiame v.*; *carne vaccina* **2** (*veter.*) detto di piede o arto equino o di altro animale che sia ruotato in fuori e che pertanto assuma una direzione simile a quella naturale dei bovini; termine ancora usato in veterinaria nello studio degli appiombi degli animali **B** **s. m.** ● prodotto batterico o virale che introdotto nell'organismo conferisce uno stato di immunità provocando un processo morboso attenuato, usato per la profilassi delle malattie infettive: *v. anticolerico, antidifterico, antitifico, antivaioloso*

vaccinoprofilàssi [comp. di *vaccino* e *profilassi* ✱ 1961] **s. f. inv.** ● (*med.*) profilassi con vaccini

vaccinostìlo [comp. di *vaccino* e *stilo* ✱ 1961] **s. m.** ● (*med.*) lancetta usata per la vaccinazione antivaiolosa e per scarificazioni cutanee a scopo diagnostico o terapeutico

vaccinoterapìa [comp. di *vaccino* e *-terapia* ✱ 1914] **s. f.** ● (*med.*) terapia con vaccini

♣**vacillaménto** o †**vagillaménto** [av. 1459] **s. m.** ● il vacillare (*anche fig.*)

vacillànte **part. pres.** di *vacillare*; anche **agg.** ● che vacilla: *andatura v.* | (*est.*) instabile: *fuggivano … al v. chiarore delle torce* (E. SALGARI) | (*fig.*) incerto: *fede v.* | (*fig.*) traballante, in crisi: *regime v.*

†**vacillànza** [av. 1694] **s. f.** ● indecisione

♣**vacillàre** o †**vagillàre**, †**vagellàre** [vc. dotta, lat. *vacillāre*, di etim. incerta ✱ av. 1328] **v. intr.** (**aus.** *avere*) **1** accennare a cadere, inclinando ora da una parte ora dall'altra, detto di persone: *v. camminando*; *v. per la stanchezza, per l'ubriachezza* | oscillare, tremare, detto di cose: *il dente vacilla*; *Il piè vacilla: / freddo sudor mi bagna il volto* (P. METASTASIO) **SIN.** barcollare, pencolare, traballare **2** (*est.*) ondeggiare: *la fiamma vacilla al vento* **3** (*fig.*) minacciare di cadere, essere instabile, in crisi e sim.: *il trono, l'impero, la monarchia, il governo vacilla*; *vecchi istituti sociali che ormai vacillano* **4** (*fig.*) essere incerto o malsicuro, essere in procinto di esaurirsi, di spegnersi e sim.: *la luce vacillò, si affievolì e si spense*; *volontà ferrea, che non vacilla*; *la memoria, il coraggio, la fede vacilla*; *son fuggita perché la mia ragione vacillava!* (G. VERGA) **5** V. *vagellare*

vacillazióne o †**vagillazióne** [vc. dotta, lat. *vacillatiōne(m)*, da *vacillāre* ✱ av. 1328] **s. f.** ● (*lett.*) vacillamento | (*lett.*, *fig.*) perplessità, irresolutezza

†**vacillità** o †**vacillitàde**, †**vacillitàte** [da *vacillare* ✱ sec. XIV] **s. f.** ● incostanza, indecisione

†**vacillo** [av. 1420] **agg.** ● vacillante, instabile

†**vacuàre** [vc. dotta, lat. *vacuāre*, da *văcuus* 'vacuo' ✱ av. 1463] **v. tr.** ● vuotare | evacuare | privare

†**vacuàto** **part. pass.** di †*vacuare*; anche **agg.** **1** nei sign. del v. **2** privo, privato

†**vacuazióne** ➤ **evacuazione**

vacuìsta [dal lat. *văcuus* 'vuoto' (V. *vacuo*) col suff. *-ista* ✱ 1745] **s. m. e f.** (**pl. m.** *-i*) ● nella storia della filosofia e della scienza, sostenitore dell'esistenza del vuoto

♣**vacuità** o †**vacuitàde**, †**vacuitàte** [vc. dotta, lat. *vacuitāte(m)*, da *văcuus* 'vacuo' ✱ av. 1311] **s. f. inv.** **1** (*lett.*) caratteristica di ciò che è vuoto | (*lett.*) spazio vuoto: *silenzio arcano che riempiva la sterminata v.* (L. PIRANDELLO) **2** (*fig.*) inconsistenza, fatuità, povertà di contenuti, di valori e sim.: *la v. di una persona*; *criticare la v. di un libro, di un discorso, di un programma* **SIN.** vuotaggine

♣**vàcuo** [vc. dotta, lat. *văcuu(m)*, da *vacāre* ✱ av. 1328] **A** **agg.** **1** (*lett.*) vuoto: *niuno luogo era di combattitori v., eccetto l'ultima fila* (N. MACHIAVELLI) **2** (*fig.*) che è privo o povero di sentimenti, idee, principi, significato e sim.: *mente, persona vacua*; *discorsi vacui*; *vita vacua e frivola* | ***occhi vacui***, atoni, senza espressione | ***vacue promesse***, vane, inutili, che non saranno mantenute **B** **s. m.** **1** (*lett.*) spazio vuoto: *non vi resti alcun v., il quale farebbe venir l'opera scorretta* (B. CELLINI) **2** (*raro, scient.*) il vuoto: *il v. della macchina pneumatica*

vacuolàre [1961] **agg.** **1** relativo a vacuoli **2** che presenta vacuoli

vacuolizzàto [1961] **agg.** ● (*biol.*) che presenta vacuoli fra le cellule o all'interno delle cellule stesse: *tessuto v.*

vacuolizzazióne [da *vacuolo* ✱ 1957] **s. f.** **1** (*biol.*) comparsa di vacuoli in una cellula **2** (*biol.*) degenerazione cellulare caratterizzata dalla comparsa di cavità citoplasmatiche

vacùolo [dim. latinizzante di *vacuo* ✱ 1895] **s. m.** **1** ciascuna delle minute cavità presenti in una sostanza spugnosa o porosa: *i vacuoli di una spugna, della gomma espansa* | (*geol.*) ciascuna delle cavità presenti in alcune rocce eruttive, a cui conferiscono tessitura vacuolare **2** (*biol.*) ognuna delle cavità delimitate da membrana, presenti con vari contenuti nelle cellule vegetali e in alcuni Protozoi, impegnate nella digestione cellulare o nel mantenimento dell'equilibrio idrico-salino

vacuòma [da *vacuo(lo)* col suff. *-oma* ✱ 1930] **s. m.** (**pl.** *-i*) ● (*biol.*) complesso dei vacuoli di una cellula

vacuòmetro [comp. di *vacuo* e *-metro* ✱ 1930] **s. m.** ● (*fis.*) manometro usato per la misura di pressioni inferiori a quella atmosferica normale

vacuoscòpio [comp. di *vacuo* e *-scopio* ✱ 1961] **s. m.** ● (*fis.*) indicatore dell'ordine di grandezza di pressioni molto minori di quella atmosferica normale

vacuostàto [comp. di *vacuo* e *stato*② ✱ 1961] **s. m.** ● (*tecnol.*) dispositivo usato per comandare una pompa a vuoto, in modo da mantenere costante a un valore prestabilito la pressione nel recipiente a cui è collegata la pompa

vacuumterapìa [comp. del lat. *văcuum*, nt. di *văcuus* 'vuoto' (V. *vacuo*) e *terapia* ✱ 1961] **s. f.** ● (*med.*) terapia fisica consistente nel sottoporre parti del corpo, gener. un arto, a una pressione inferiore a quella atmosferica e successivamente a una compressione, per agevolare la circolazione sanguigna e linfatica

†**vadàre** [vc. dotta, lat. tardo *vadāre*, da *vădum* 'vado' ✱ 1481] **v. tr.** ● passare a guado

vademècum [vc. lat., propr. 'vieni con me', attraverso il fr. *vademecum* ✱ 1828] **A** **s. m. inv.** ● manualetto tascabile con le indicazioni fondamentali relative a una particolare scienza, tecnica, professione e sim.: *il v. del costruttore* **SIN.** prontuario **B** in funzione di **agg. inv.** ● (posposto al sost.) (*banca*) nella loc. ***assegno v.***, assegno a copertura garantita

SFUMATURE ➤ ***guida***

vàde rètro [lat. tardo, dalla loc. *vade retro Satana* 'vai indietro Satana' ✱ 1905] **loc. inter.** ● (*spec. scherz.*) si usa per respingere qlco. o allontanare qlcu. che fa proposte allettanti ma inaccettabili

vadimònio [vc. dotta, lat. *vadimōniu(m)*, da *vās*, genit. *vădis* 'mallevadore', di orig. indeur. ✱ av. 1494] **s. m.** ● in diritto romano, promessa solenne con cui il convenuto di un processo privato si impegnava a presentarsi un certo giorno davanti al magistrato

†**vàdo**① [lat. *vădu(m)* ✱ av. 1294] **s. m.** ● guado, passaggio

vàdo② ➤ **andare**①

vadóso (o -ṣ-) [vc. dotta, lat. *vadōsu(m)*, da *vădum* 'guado'. V. †*vado*① ✱ av. 1347] **agg.** **1** †guadabile | †ricco di secche, di bassifondi **2** (*geol.*) detto dell'acqua di origine meteorica, che penetra e circola nel sottosuolo: *acqua vadosa*

♣**vae vìctis** /lat. ve'viktis/ [lat., 'guai ai vinti!' ✱ 1853] **loc. inter.** ● si dice spec. per sottolineare, spesso con tono di riprovazione, che il vinto è comunque, sempre, alla mercé del vincitore

va e vièni o **va' e vièni** [comp. dell'imperat. di *andare*① e *venire*① ✱ av. 1742] **loc. sost. m. inv.** **1** andirivieni, viavai: *il va e vieni della folla, del pubblico, degli spettatori*; *in questa casa c'è un ininterrotto va e vieni di gente* **2** sistema attraverso il quale una nave può essere collegata alla riva per mezzo di un'imbarcazione di piccole dimensioni, che si muove lungo un cavo fisso, teso fra la nave e la terra | teleferica in funzione tra due navi o tra una nave e la terra, usata per trasportare cose o persone

vàfer ➤ **wafer**

vàffa o **vaff...**, **vaffàn...** [1955] **A** **inter.** ● (*eufem.*) accorc. di *vaffanculo* **B** anche in funzione di **s. m. inv.**: *nel silenzio volò un v.*

vaffancùlo o **fancùlo**, **affancùlo** [imperat. di *andare*① *a fare in culo* ✱ 1953] **A** **inter.** ● (*volg.*) esprime risentita avversione, totale disapprovazione o irosa insofferenza per qlcu. o qlco. **B** anche **s. m. inv.**: *gli rispose con un v.*

†**vàfro** [vc. dotta, lat. *văfru(m)*, di etim. incerta ✱ sec. XIV] **agg.** ● astuto, furbo, accorto

†**vagàbile** [da *vagare* ✱ sec. XIII] **agg.** ● errante, errabondo

vagabondàggine [av. 1850] **s. f.** ● stato o condizione di vagabondo | vita da vagabondo

vagabondàggio [1810] **s. m.** **1** vita, condizione di vagabondo: *il v. degli esuli*; *darsi al v.* **2** l'insieme dei vagabondi, e il fenomeno della loro esistenza, considerato come piaga sociale: *estirpare il v.*; *combattere contro il v.* **3** serie di spostamenti, di visite e sim., senza itinerari fissi o prestabiliti: *compiere un breve v. turistico nelle regioni del Sud* | (*fig.*) divagazione

vagabondàre [sec. XIV] **v. intr.** (*io vagabóndo*; **aus.** *avere*) **1** fare il vagabondo, vivere da vagabondo: *v. rubacchiando qua e là* **2** (*est.*) andar vagando da un luogo all'altro, senza meta precisa per distrazione, diverti-

a b c d e f g h i j k l m n o p q r s t u **v** w x y z

mento e sim.: *ho passato l'estate vagabondando per l'Italia; vagabondava pensoso per la città, per la campagna* | (*fam.*) gironzolare, bighellonare | (*fig.*) divagare: *v. con la mente, con la fantasia*

SFUMATURE ➤ *vagare*

vagabondeggiàre [intens. di *vagabondare* ✻ 1863] **v. intr.** (**pres.** *io vagabondéggio*; **fut.** *io vagabondeggerò*; **aus.** *avere*) ● (*raro*) fare il vagabondo, lo scioperato

vagabonderìa [1879] **s. f.** ● (*raro*) vagabondaggine

vagabóndo o †**vagabùndo** [vc. dotta, lat. tardo *vagabŭndu(m)*, da *vagāri* 'vagare', sul modello di *moribŭndus* 'moribondo' ✻ 1321] **A agg.** **1** che non ha dimora stabile e vive spostandosi qua e là: *gente vagabonda; animali vagabondi* | ***vita vagabonda***, tipica di chi vive spostandosi da un luogo all'altro **2** (*est.*) che si muove, si sposta continuamente: *nuvola vagabonda; un turbine vasto, incalzante, v.* (A. Manzoni) **3** (*est.*) che vaga, che divaga: *pensieri vagabondi; mente vagabonda* | (*fig.*) occasionale, incostante: *affetti, amori vagabondi* **4** (*fig.*, *raro*) fannullone **B s. m.** (**f.** *-a*) **1** persona per lo più senza fissa dimora, che vive spec. di espedienti e senza dedicarsi ad alcun lavoro: *la polizia ha fermato alcuni vagabondi* **2** (*fig.*) chi non ha voglia di lavorare, chi fa vita da fannullone: *devi trovarti un'occupazione e smettere di fare il v.* **3** (*scherz.*) chi, per lavoro o per divertimento, si sposta spesso da un luogo all'altro: *poverino, fa la vita del v.* ‖ **vagabondàccio**, pegg.

SFUMATURE DI SIGNIFICATO

vagabondo - giramondo - nomade

Vagabondo è chi non ha dimora stabile e vive più o meno oziosamente spostandosi di luogo in luogo, da cui poi il significato di "scioperato, fannullone". Altra cosa è **giramondo**, termine che si riferisce a chi ama viaggiare per il mondo senza mete prefissate, per il gusto di conoscere gente e luoghi nuovi. **Nomade** condivide con i precedenti la tendenza a non avere fissa dimora, a spostarsi continuamente, ma è termine che ha una connotazione antropologica, riferendosi a popolazioni non stanziali, che non vivono cioè stabilmente su un territorio.

vagàle [1912] **agg.** ● (*anat.*) del nervo vago

†**vagaménto** [av. 1292] **s. m.** ● il vagare

vagànte **part. pres.** di *vagare*; anche **agg.** **1** nei sign. del v. | che va qua e là: *animali vaganti; nuvole vaganti* | (*fig.*) che vaga intorno, mobile: *sguardo v.; l'occhio cupido e v. / a me rivolse* (Dante *Purg.* XXXII, 154-155) **2** ***dolore v.***, reuma | ***mina v.***, lasciata in mare alla deriva sulle rotte percorse dal nemico; (*fig.*) questione non risolta che può esplodere da un momento all'altro o persona che può improvvisamente dar luogo a situazioni dirompenti | ***pallottole, proiettili vaganti***, che non hanno un bersaglio preciso, che colpiscono accidentalmente

vagantìvo [vc. ven., dal lat. tardo *vacantīvu(m)*, da *vacare* 'essere libero da impegni', influenzato da *vagante* ✻ 1883] **A agg.** ● incolto, detto di terreno | ***pascolo v.***, quello delle greggi durante la transumanza **B s. m.** ● in Veneto, diritto di cacciare, pescare e raccogliere erbe nelle zone palustri

♦**vagàre** [vc. dotta, lat. *vagāre* (più comunemente *vagāri*), da *văgus* 'vago' ✻ av. 1311] **A v. intr.** (*io vàgo, tu vàghi*; **aus.** *avere*, †*essere*) **1** andare da luogo a luogo, qua e là, senza direzione certa, senza itinerari o piani prestabiliti e sim.: *andar vagando per il mondo; v. senza meta per la città, nei campi, fra la gente; vagò a lungo in preda all'angoscia; le nubi vagano, sospinte dal vento* | (*fig.*) vagabondare, passare da un pensiero o da un sentimento all'altro: *v. con la mente, il pensiero, la fantasia; il suo discorso vagava da un argomento all'altro; l'uomo vaga d'affetto in affetto* **SIN.** divagare, girovagare **CONTR.** soffermarsi **2** spostarsi, muoversi da un luogo all'altro cercando qualcosa di ben definito: *le api vagano di fiore in fiore per raccogliere il polline; il lupo vagava per la foresta, in cerca di preda* **CONTR.** sostare **3** †uscire dal tema, divagare **B v. tr.** ● †percorrere vagando

SFUMATURE DI SIGNIFICATO

vagare - errare - vagabondare

Vagare significa spostarsi da un posto all'altro, andare qua e là senza una meta o uno scopo preciso. **Errare**, di tono più elevato, è il *vagare* senza sapere dove andare. **Vagabondare** significa propriamente vivere da vagabondo, cioè come chi non ha una dimora fissa e si sposta qua e là; per estensione il verbo indica l'andare in giro senza itinerari prefissati, per divertimento o distrazione.

†**vagazióne** [vc. dotta, lat. *vagatiōne(m)*, da *vagātus*, part. pass. di *vagāri* 'vagare' ✻ av. 1328] **s. f.** ● il vagare | (*fig.*) distrazione, svago

†**vagellàio** o †**vagellàro** [da *vagello* ✻ 1309] **s. m.** **1** tintore: *quando io v'era su, mi parea esser la secchia de' vagellai* (F. Sacchetti) **2** (*raro*) vasaio

†**vagellàme** [comp. di *vagello* e *-ame* ✻ 1303] **s. m.** ● vasellame

vagellaménto [1875] **s. m.** ● (*raro*, *tosc.*) vaneggiamento, delirio

vagellàre [lat. *vacillāre*, attraverso i dial. sett. ✻ sec. XIV] **v. intr.** (*io vagèllo*; **aus.** *avere*) **1** †V. *vacillare* **2** (*lett.*, *tosc.*) sragionare, farneticare, delirare: *Con la testa vagellante ... Alberto si sentiva avvolto da una vampa* (L. Capuana) **SIN.** vaneggiare

†**vagellàro** ➤ †**vagellaio**

†**vagèllo** [lat. *vascĕllu(m)*, propr. 'vasetto' (V. *vasello*) ✻ sec. XIII] **s. m.** **1** caldaia da tintori **2** miscuglio spec. di indaco e guado, usato in tintoria **3** urna, vaso, recipiente | †arnia ‖ **vagellóne**, accr.

†**vagheggerìa** [sec. XIV] **s. f.** ● vagheggiamento | lusinga

vagheggiaménto [sec. XIII] **s. m.** ● il vagheggiare | (*lett.*) contemplazione della donna amata | (*lett.*) raffigurazione, evocazione di ciò che si desidera

♣**vagheggiàre** [da *vago* ✻ 1319] **A v. tr.** (**pres.** *io vaghéggio*; **fut.** *io vagheggerò*) **1** (*lett.*) guardare con diletto e compiacimento: *v. le fonti e i fiori di un giardino; v. il firmamento, gli astri, le bellezze del creato* | guardare a lungo, intensamente, con amore, desiderio, ammirazione e sim.: *v. il volto e le chiome dell'amata; la madre vagheggiava il figlioletto* | (*est.*, *lett.*) corteggiare **SIN.** contemplare **2** (*lett.*, *fig.*) immaginare con amore, desiderio, rimpianto e sim.: *v. la patria lontana, le gioie della famiglia; v. la fama, la gloria, il successo* **3** †dominare, detto di costruzione posta in luogo elevato: *v. il piano, la valle, la città* **B vagheggiàrsi v. rifl.** ● †compiacersi della propria bellezza, avvenenza e sim.: *fuggirai le fonti, ove ora / spesso ti specchi, e forse ti vagheggi* (T. Tasso)

SFUMATURE ➤ *ammirare*

vagheggiàto **part. pass.** di *vagheggiare*; anche **agg.** ● nei sign. del v.

vagheggiatóre [1353] **s. m.** (**f.** *-trice*) ● (*lett.*) chi vagheggia | corteggiatore: *de' vagheggiatori ella s'invola / a le lodi, a gli sguardi* (T. Tasso)

vagheggìno [da *vagheggiare* ✻ av. 1484] **s. m.** ● (*lett.*) giovane galante, fatuo e leggero, che corteggia tutte le donne: *fare il v.* | (*lett.*) spasimante **SIN.** damerino, zerbinotto

♣**vaghézza** [av. 1294] **s. f.** **1** caratteristica, condizione di ciò che è vago, indeterminato, impreciso: *la v. di un'accusa; parlare con v. di qlco.; linee, tratti di eccessiva v.* **2** (*lett.*) bellezza, grazia, attrattiva: *la v. del viso, della persona; lineamenti di rara v.; la v. degli ornamenti, onde le chiocciole son sì belle* (D. Bartoli) | (*lett.*) ciò che è bello, ameno ecc.: *giardino adorno d'ogni v.* **3** (*lett.*) piacere, diletto: *trarre v. da qlco.; avere, provar v.* **4** (*lett.*) desiderio, voglia: *gli venne v. di rendersi utile agli uomini* (M. Serao) | oggi scherz.: *se ti punge v. di accompagnarmi*

vàgile [da *vago*, sul modello di *sessile* ✻ 1963] **agg.** ● (*biol.*) detto di organismo non fissato a un substrato, capace di muoversi liberamente, di migrare: *animali acquatici vagili*

†**vagillàre** e deriv. ➤ **vacillare** e deriv.

vagìna [vc. dotta, lat. *vagīna(m)* 'guaina, fodero, involucro', di etim. incerta ✻ av. 1294] **s. f.** **1** (*lett.*) guaina, fodero: *corse la mano / sovra la spada, e dalla gran v. / traendo e' la venia* (V. Monti) **2** (*anat.*) canale muscolo-membranoso dell'apparato genitale femminile che va dall'esterno fino al collo dell'utero **CFR.** colpo-

vaginàle [sec. XVII] **agg.** **1** (*anat.*) della vagina: *cavità v.* **2** (*anat.*) ***tunica v.***, rivestimento sieroso del testicolo

vaginalìte [comp. di (*tunica*) *vaginal(e)* e *-ite*[1] ✻ 1875] **s. f.** ● (*med.*) infiammazione della tunica vaginale del testicolo

vaginìsmo [comp. di *vagin(a)* e *-ismo* ✻ 1875] **s. m.** ● (*med.*) contrazione spastica e dolorosa della vagina che impedisce il coito

vaginìte [comp. di *vagin(a)* e *-ite*[1] ✻ 1895] **s. f.** ● (*med.*) infiammazione della vagina **SIN.** colpite

vagìre [vc. dotta, lat. *vagīre*, di orig. onomat. ✻ sec. XIV] **v. intr.** (*io vagìsco, tu vagìsci*; **aus.** *avere*) ● emettere vagiti, detto di bambini lattanti: *il piccolo vagisce nella culla* **SIN.** frignare | (*fig.*, *lett.*) essere allo stadio iniziale, ai primordi, detto di un'arte, una civiltà e sim.

vagìto [vc. dotta, lat. *vagītu(m)*, da *vagīre* ✻ 1528] **s. m.** **1** pianto dei bambini lattanti: *i primi vagiti* | (*est.*, *lett.*) primi gridi di un animale neonato: *i vagiti di un agnellino* **2** (*fig.*) prima espressione, manifestazione e sim., di ciò che è ancora agli inizi: *i primi vagiti di una nuova arte, di una civiltà*

♣**vàglia**[1] [da *valere*, formato secondo la prima pers. sing. indic. pres. (ant. *io vàglio*) ✻ av. 1306] **s. f. solo sing.** **1** †valore: *preghiere che non hanno v.* **2** pregio, merito, valore, spec. con riferimento a doti morali, intellettuali, artistiche e sim., nelle loc. ***di v., di gran v.***: *pittore, scrittore di gran v.; è un uomo di v., vedete, il padre Zaccaria* (A. Manzoni) | †***di v.***, gagliardamente

vàglia[2] [ant. forma di 'valga', terza pers. sing. del congtv. pres. di *valere*, prima parola che si poteva leggere su certe cedole (*vaglia per Lire ...*) ✻ av. 1794] **s. m. inv.** ● (*generic.*) titolo di credito | ***v. cambiario***, pagherò | ***v. postale***, modulo spedito per dar diritto al destinatario di ritirare presso un ufficio postale una somma di denaro precedentemente depositata presso un altro ufficio | (*per anton.*) vaglia postale: *spedire, ricevere, incassare un v.*

♣**vagliàre** [lat. parl. **valliāre*, da *vāllus*, dim. di *vānnus* 'vaglio, setaccio', di etim. incerta ✻ av. 1347] **A v. tr.** (*io vàglio*) **1** passare al vaglio, per separare dal materiale estraneo: *v. il grano* **SIN.** cernere, setacciare **2** (*fig.*) considerare bene, esaminare a fondo, valutare con attenzione: *v. le ragioni, gli argomenti dell'avversario; bisogna v. il problema, prima di decidere; una dottrina che deve essere vagliata con cura* **SIN.** severare **B vagliàrsi v. rifl.** ● †scuotersi, dimenarsi

vagliàta [1585] **s. f.** ● il vagliare una volta,

alla svelta ‖ **vagliatìna**, **dim.**

vagliàto **part. pass.** di *vagliare*; anche **agg.** ● passato al vaglio | (*fig.*) valutato

vagliatóre [av. 1400] **s. m.** (**f.** *-trice*); anche **agg.** **1** chi (o che) è addetto alla vagliatura: *operaio v.*; *macchina vagliatrice* **2** (*fig.*, *disus.*) chi (o che) esamina, critica

vagliatrìce [da *vagliare* ✻ 1879] **s. f.** ● macchina per vagliare cereali, sabbia, ghiaia o altri materiali incoerenti

vagliatùra [av. 1400] **s. f.** **1** operazione del vagliare: *v. della ghiaia, del carbone*; *v. del grano* **2** scarto, mondiglia che resta nel vaglio **3** (*lett.*, *fig.*) esame attento, critica vigorosa

♦**vàglio** [da *vagliare* ✻ sec. XIII] **s. m.** **1** in varie tecnologie, dispositivo costituito essenzialmente da una superficie provvista di fori o da una rete di fili intrecciati, usato per separare materiali fini da altri più grossolani: *v. a mano, meccanico*; *v. per il grano, la ghiaia*; *lavava il grano ... immergendolo entro un v. nell'acqua d'un paiuolo* (G. DELEDDA) **SIN.** crivello | *v. **ventilatore***, apparecchio per la pulitura del seme in corrente d'aria | ***v. classificatore rotativo***, che, oltre alla pulizia del seme, provvede a selezionarlo secondo la grossezza | ***passare al v.***, vagliare (*anche fig.*) **2** (*fig.*) esame diligente e minuzioso, critica rigorosa e attenta: *teoria che non regge al v.*; *passare, sottoporre al v. ogni parola, una proposta* | ***fare un v.***, una scelta accurata ‖ **vagliétto**, **dim.**

SFUMATURE ➤ *selezione*

♦**vàgo** ① [vc. dotta, lat. *văgu(m)* 'vagante, instabile, indeterminato', di etim. incerta ✻ av. 1250] **A** **agg.** (**pl. m.** *-ghi*) **1** (*lett.*) che vaga, che è mobile o instabile e si muove liberamente qua e là: *fiume v.*; *animale v. e randagio*; *vaghe aurette*; *fama, fortuna vaga* | ***fiore v.***, in botanica, quello che può nascere in punti diversi del fusto o dei rami **2** che è incerto, indefinito, poco chiaro: *notizie, sensazioni vaghe*; *fare un v. accenno a qlco.*; *discorsi, indizi, sospetti, presentimenti vaghi*; *perdere ogni più vaga speranza*; *ho il v. sentore che le cose non vadano come dovrebbero*; *sono desideri e progetti molto vaghi*; *c'è una vaga somiglianza fra voi due* **3** (*lett.*) voglioso, desideroso: *essere v. di ragionare, di parlare*; *chi de la gloria è v. / sol di virtù sia pago* (G. PARINI) | †***mal v.***, V. †*malvago* **4** (*fig.*, *lett.*) che è amabile, bello, grazioso: *le vaghe membra*; *viso, volto v.*; *odori, colori vaghi e dolcissimi* | (*lett.*) che desta desiderio o rimpianto, che ispira dolcezza, e sim.: *la vaga giovinezza*; *vaghe memorie*; *vaghi sogni di fanciulla* **5** (*anat.*) ***nervo v.***, vago ‖ **vagaménte**, **avv.** **1** in modo vago, indeterminato: *gli ho accennato alle tue richieste, per ora solo vagamente* **2** (*lett.*) con grazia, con leggiadria: *nelle cose da lui sì vagamente dipinte nel tempio della Salute* (G. VASARI) **B** **s. m.** **1** (**solo sing.**) ciò che è incerto, indefinito, poco chiaro: *cadere nel v.*; *tenersi nel, sul v.*; *rimanere nel v.*; *quella sfera del v. e del misterioso, dove regna la poesia* (F. DE SANCTIS) **2** †vaghezza, bellezza: *il v. dei begli occhi* **3** (**f.** *-a*) (*raro*, *lett.*) amato, innamorato **4** (*anat.*) decimo paio di nervi cranici che si distribuiscono, con funzioni motrici e sensitive, a numerosi organi del corpo ‖ (*lett.*) **vaghétto**, **dim.**

vàgo ② [dal lat. *băca(m)* 'piccolo frutto tondo' ✻ 1840] **s. m.** (**pl.** *-ghi*) ● (*centr.*) chicco, grano di collana

♦**vagolàre** [intens. di *vagare* ✻ av. 1566] **v. intr.** (*io vàgolo*; **aus.** *avere*) ● vagare di continuo, andare attorno senza scopo

vagolìtico [comp. di *vago* e *-litico*② ✻ 1993] **agg.** (**pl. m.** *-ci*) ● (*farm.*) detto di un agente che inibisce la stimolazione vagale

vàgolo [vc. dotta, lat. tardo *văgulu(m)*, propr. dim. di *văgus* 'vago' ✻ av. 1472] **agg.** ● (*raro*, *lett.*) vagante

vagomimètico [comp. di *vago* nel sign. B4 e *mimetico* ✻ 1993] **agg. e s. m.** (**pl. m.** *-ci*) ● (*farm.*) parasimpaticomimetico

vagonàta [fr. *wagonnée*, da *wagon* 'vagone' ✻ av. 1956] **s. f.** ● carico che può essere trasportato da un vagone | (*est.*, *colloq.*) grande quantità

vagoncìno [1922] **s. m.** **1** dim. di *vagone* **2** carrello per trasporto di materiali su decauville **3** veicolo di una teleferica o di una funivia usato per il trasporto di materiali o persone

♦**vagóne** [fr. *wagon*, dall'ingl. *wagon* 'carro', dal neerl. *wagen*, vc. germ. di orig. indeur. ✻ 1838] **s. m.** **1** veicolo ferroviario: *v. merci*; *v. letto*; *v. ristorante* | ***vagoni piombati***, carri merci (che venivano bloccati dall'esterno) adibiti al trasporto di prigionieri spec. nei campi di concentramento tedeschi nel periodo della seconda Guerra mondiale | (*est.*) ciò che è contenuto in un vagone | (*fig.*, *iperb.*) una gran quantità di qlco.: *ha speso un v. di soldi* **2** *v. **volante***, specie di aereo militare per il trasporto di merci e di truppe paracadutate **3** (*pop.*) persona estremamente grassa: *in pochi anni è diventata un v.* ‖ **vagoncìno**, **dim.** (V.) | **vagonétto**, **dim.** (V.)

vagonétto [1944] **s. m.** **1** dim. di *vagone* **2** carrello a cassa ribaltabile per il trasporto su rotaie di materiali vari nelle miniere

vagonìsta [comp. di *vagon(e)* e *-ista* ✻ 1961] **s. m. e f.** (**pl. m.** *-i*) ● operaio edile o di miniera addetto ai vagoncini

vagotomìa [comp. di *vago* e *-tomia* ✻ 1888] **s. f.** ● (*chir.*) interruzione del nervo vago eseguita con intervento chirurgico o farmacologico

vagotonìa [comp. di *vago*, nel sign. B4, e *-tonia* ✻ av. 1954] **s. f.** ● (*med.*) condizione caratterizzata da ipereccitabilità del nervo vago con prevalenza del sistema nervoso parasimpatico

vagotònico [1935] **A** **agg.** (**pl. m.** *-ci*) ● (*med.*) relativo a vagotonia **B** **s. m.** (**f.** *-a*) ● chi presenta vagotonia

vah ➤ **va'**①

vài ➤ **andare**①

†**vaiàio** [1325] **s. m.** ● conciatore e venditore di pelli di vaio | (*est.*) pellicciaio

vaiàssa [napol. *vajassa* 'serva', 'prostituta' ✻ 1826] **s. f.** ● (*merid.*) donna volgare e sguaiata; sgualdrina

vaiàto [da *vaio* ✻ 1340 ca.] **agg.** **1** di color vaio, nereggiante o screziato: *occhi vaiati* | ***pelle vaiata***, bianca e nera **2** (*arald.*) detto del campo di uno scudo costituito da vaio di smalti diversi dall'argento e dall'azzurro

vaieggiàre [1798] **v. intr.** (**pres.** *io vaiéggio*; **fut.** *io vaieggerò*; **aus.** *essere* o *avere*) ● (*disus.*) invaiare

†**vaiézza** [sec. XIV] **s. f.** ● colore che tende al nero

vainìglia e deriv. ➤ **vaniglia** e deriv.

vainiglìna ➤ **vanillina**

vàio [lat. *văriu(m)* 'vario, variegato, screziato, variopinto', di etim. incerta ✻ av. 1243] **A** **agg.** (**pl. m.** *vai*) ● (*lett.*) di colore tendente al nero, detto spec. di frutti prossimi alla maturazione: *uva vaia*; *olive vaie* | grigio scuro: *legno v.*; *occhi vai* | (*lett.*) di colore bianco macchiato di nero: *mantello v.*; *schiene / vaie così come la biscia d'acqua* (G. PASCOLI) **B** **s. m.** **1** pelliccia grigia tratta dal mantello invernale dello scoiattolo siberiano, usata un tempo per abiti di magistrati, dignitari, cavalieri: *manto foderato di v.* **2** (*lett.*) abito, mantello e sim., confezionato con tale pelliccia **3** (*arald.*) pelliccia composta di pezzi azzurri e d'argento alternati e contrapposti punta a punta e base a base

vaiolàre [da *vaiolo* ✻ 1840] **v. intr.** (*io vaiòlo*; **aus.** *essere*) e **vaiolàrsi** **v. intr. pron.** ● invaiolare, invaiolarsi

vaiolàto **part. pass.** di *vaiolare*; anche **agg.** **1** nel sign. del v. **2** che ha macchie o protuberanze di tinta diversa: *pietre vaiolate*

vaiolatùra [da *vaiolare* ✻ 1960] **s. f.** **1** (*bot.*) malattia fungina che attacca le foglie di alcune piante, quali trifoglio, erba medica, fragola, barbabietola, fico **2** formazione di macchie e crateri di corrosione sulla superficie di oggetti metallici esposti a processi corrosivi

vaiolizzazióne [1961] **s. f.** ● procedimento antivaioloso, oggi superato, consistente nell'iniettare pus proveniente direttamente da un malato

vaiòlo o (*raro*, *lett.*) **vaiuòlo**, †**vaiuòla** [lat. parl. **variŏlu(m)*, da *vărius* 'vario, variegato' ✻ 1320] **s. m.** **1** (*med.*) malattia infettiva acuta, contagiosa, di origine virale, caratterizzata dalla comparsa di vesciche e pustole cutanee e da notevole compromissione dello stato generale **2** (*bot.*) malattia dei vegetali prodotta dal fungo exoasco

vaiolòide [comp. di *vaiol(o)* e *-oide* ✻ 1840] **s. f.** ● forma attenuata di vaiolo

vaiolóso (o *-ṣ-*) [1757] **A** **agg.** ● del vaiolo: *pustola vaiolosa* **B** **agg. e s. m.** (**f.** *-a*) ● che (o chi) è affetto da vaiolo

vairóne [accr. con metatesi di *vario* 'variegato' ✻ 1819] **s. m.** ● (*zool.*) piccolo pesce d'acqua dolce dei Ciprinidi di colore verdastro al dorso e argenteo al ventre (*Leuciscus souffia*)

†**vaiuòla** ➤ **vaiolo**

vaiuòlo ➤ **vaiolo**

†**vaivòda** ➤ **voivoda**

val [1312] **s. f. inv.** ● forma tronca di *valle*: *Val Gardena*, *Val Tidone*

valàcco [dall'ant. slavo *Vlachu* preso dall'etnico alto ted. *Walh* ✻ 1426 ca.] **A** **agg.** (**pl. m.** *-chi*) ● della Valacchia, regione geografica della Romania **B** **s. m.** (**f.** *-a*) ● nativo della Valacchia

Valàlla [1907] **s. m. inv.** ● adattamento di *Walhalla* (V.)

♦**valànga** [vc. di orig. preindeur. ✻ 1781] **A** **s. f.** **1** (*meteor.*) massa di neve o ghiaccio che si distacca dal pendio di un monte e precipita a valle slittando sul suolo o su strati di neve instabile, accrescendosi di volume durante la caduta: *la v. ha travolto ogni cosa*; *restare sepolti sotto una v.* **2** (*fig.*) enorme quantità: *una v. di lettere, di spropositi, di domande, di obiezioni*; *restare travolto da una v. di critiche* | ***a v.***, con estrema irruenza: *si precipitò a v. verso di noi* | ***uscita a v.***, nel calcio, uscita del portiere che si getta sui piedi dell'avversario lanciato verso rete, per impossessarsi del pallone | *v. **azzurra, rosa***, nel linguaggio giornalistico, la squadra maschile o femminile italiana di sci alpino nei momenti di grande successo **3** *v. **elettronica***, intensa scarica di elettroni dovuta a ionizzazione cumulativa ‖ **valanghétta**, **dim.** | **valanghìna**, **dim.** | **valangóna**, **accr.** **B** in funzione di **agg. inv.** ● (posposto al sost.) nella loc. ***effetto v.***, in elettricità, processo che vede moltiplicare in determinate condizioni il numero delle cariche elementari nei gas e nei semiconduttori

valangàta [da *valanga*, per affinità con *vagonata* ✻ 1979] **s. f.** ● (*colloq.*, *iperb.*) grande quantità: *una v. di soldi*

valanghìvo [1992] **agg.** ● relativo a valanga | soggetto a valanghe: *area valanghiva*

†**valcàre** e deriv. ➤ **valicare**① e deriv.

valchìria o **walkìria** /val'kirja/, **walchìria** /val'kirja/, **valkìria** [ted. *Walküre*, dall'ant. nordico *valkyrja*, propr. 'colei che sceglie gli uccisi', comp. di *valr* 'l'ucciso' (di orig. germ.) e *-kyrja* 'colei che sceglie' (vc. germ. di orig. indeur.) ✻ 1840] **s. f. 1** ciascuna delle figure mitologiche femminili che, nella religione degli antichi Germani, accompagnavano gli eroi morti nel Walhalla **2** (*est., scherz.*) ragazza, spec. dei Paesi nordici, alta, bionda e vigorosa

valdése① (o -ş-) [da Pietro *Valdo*, mercante lionese del XII sec., fondatore della setta ✻ 1619] **A s. m. e f.** ● aderente al movimento religioso che risale alla predicazione di povertà evangelica del lionese Pietro Valdo, del XII sec., ma che posteriormente aderì alla Riforma **B agg.** ● dei Valdesi, relativo ai Valdesi: *Chiesa evangelica v.*; *movimento v.* | ***Tavola v.***, organo collegiale con funzioni di coordinamento e direzione

valdése② (o -ş-) [fr. *vaudois*, da *Vaud* ✻ 1961] **A agg.** ● del cantone di Vaud, in Svizzera **SIN.** vodese **B s. m. e f.** ● chi è nativo o abitante del cantone di Vaud

valdişmo o (*raro*) **valdesişmo** [comp. di *Valdo* (V. *valdese*①) e *-ismo* ✻ 1961] **s. m.** ● movimento, confessione religiosa, dottrina e organizzazione ecclesiastica dei Valdesi

♦**valdostàno** [1860] **A agg.** ● della Valle d'Aosta: *paesaggi valdostani*; *cucina valdostana* | ***cotoletta (alla) valdostana***, specialità costituita da due fette di carne impanate e fritte farcite con fontina e prosciutto **B s. m.** (f. *-a*) ● nativo o abitante della Valle d'Aosta

vàle [vc. lat., propr. 'stai bene', seconda pers. imperat. pres. di *valēre* 'star bene' (V. *valere*) ✻ av. 1306] **A inter.** ● si usava, presso gli antichi Romani, come formula di saluto augurale, accomiatandosi (*oggi scherz.*) **B s. m. inv.** ● (*lett.*) addio, estremo saluto: *l'estremo v.*

†**valéggio** [lat. *valĭdius*, compar. nt. di *vălidus* 'forte, valido' ✻ sec. XIII] **s. m.** ● potere, forza

valenciennes /fr. valɑ̃'sjɛn/ [vc. fr., dalla località omonima ✻ 1839] **A s. m. inv.** ● finissimo merletto a fuselli, in filato di lino con fondo a rete e motivi ricchi e vari, di gran moda nel Settecento, eseguito in origine nella omonima città della Francia nordorientale **B** anche **agg. inv.**: *pizzo v.*

✦**valènte** o †**valènto** **part. pres.** di *valere*; anche **agg. 1** (*lett.*) che ha molti pregi, doti, capacità e sim.: *donna v.*; *poco v. a sostenere le fatiche* (L.B. Alberti) | ***valent'uomo***, V. *valentuomo* **2** che è molto capace ed esperto nella propria attività, professione e sim. (+ *in*): *medico, professore, agronomo, violinista v.*; *un v. capitano*; *un giovane v.* <u>*nelle*</u> *armi,* <u>*nello*</u> *studio* **SIN.** eccellente, provetto **3** (*disus.*) efficace, valido, detto spec. di rimedio || **valenteménte**, **avv.** valorosamente, gagliardamente: *combattere valentemente*

†**valenterìa** [da *valente* ✻ 1305] **s. f.** ● bravura, prodezza | bravata

†**valentézza** [sec. XIV] **s. f.** ● valentia

✦**valentìa** [sec. XIII] **s. f. 1** bravura, capacità in una professione o in un'attività **SIN.** valore **2** †atto di valore | †atto riprovevole, bravata

†**valentìgia** o †**valentìcia** [ant. fr. *vaillantise*, da *vaillant* 'valente', part. pres. di *valoir* 'valere' ✻ av. 1494] **s. f.** ● prodezza | atto riprovevole

†**valènto** ➤ **valente**

valentuòmo o **valent'uòmo** [da *valent(e) uomo* ✻ 1353] **s. m.** (pl. *valentuòmini*) ● uomo di grandi meriti e pregi: *nelle repubbliche è questo disordine, di far poca stima de' valentuomini ne' tempi quieti* (N. Machiavelli) | anche iron.: *quel v. me l'ha fatta grossa*

valènza o †**valènzia** [lat. *valĕntia(m)* 'forza', da *vălens*, genit. *valĕntis* 'valente' ✻ av. 1250] **s. f. 1** (*lett.*) virtù, valentia: *Or dove n'andò vostra v.?* (G. D'Annunzio) | (*est.*) valore, validità, rilievo: *la v. politica di un fatto*; *le valenze culturali di un testo* **2** (*ling.*) la possibilità che hanno verbi, sostantivi e aggettivi di reggere determinati complementi **3** (*chim.*) capacità di combinazione di un elemento, che si esprime numericamente sulla base del numero di atomi d'idrogeno in grado di combinarsi con un suo atomo: *l'ossigeno ha v. 2* | ***v. di un acido***, numero degli atomi d'idrogeno sostituibili con gli atomi di un metallo | ***v. di una base***, numero degli ossidrili sostituibili con anioni | ***v. di un composto organico***, numero di gruppi funzionali uguali presenti nella molecola di detto composto

valenziàle [1955] **agg.** ● (*ling.*) di modello di analisi grammaticale incentrato sulla valenza del verbo

♦**valére** [lat. *valēre* 'essere valido, star bene', di orig. indeur. ✻ av. 1250] **A v. intr.** (**pres.** *io vàlgo, poet.* †*vàglio, tu vàli, egli vàle, noi valiàmo, poet.* †*vagliàmo,* †*valghiàmo, voi valéte, essi vàlgono, poet.* †*vàgliono*; **fut.** *io varrò,* †*valerò*; **pass. rem.** *io vàlsi, tu valésti*; **congtv. pres.** *io vàlga, poet.* †*vàglia, ... noi valiàmo, voi valiàte,* †*valghiàte, essi vàlgano, poet.* †*vàgliano*; **condiz. pres.** *io varrèi,* †*valerèi*; **part. pass.** *vàlso, raro valùto, pop.* †*valsùto*; **aus.** *essere*) **1** avere forza, potenza, autorità: *Donna, se' tanto grande e tanto vali* (Dante *Par.* XXXIII, 13); *titolo, carica che vale*; *in quell'ambiente lui vale molto*; *una sua parola può v. moltissimo*; *il suo intervento vale più di tutto* | ***far v. le proprie ragioni***, sostenerle energicamente, far sì che esse vengano accettate, ascoltate, riconosciute e sim. | ***far v. in giudizio***, sostenere, chiedere in giudizio: *far v. in giudizio un diritto* | ***farsi v.***, far rispettare, con energia e decisione, la propria autorità, il proprio prestigio e sim.; mettere in risalto le proprie doti: *ha saputo farsi v. sul lavoro in breve tempo* | †essere valoroso **2** avere doti, qualità, capacità e sim., detto di persone: *un uomo, un letterato, un docente che vale molto, poco, abbastanza*; *come poeta non vale niente*; *in matematica vale parecchio*; *nella sua professione vale, non c'è che dire*; *vale più lui da solo che tutti voi messi insieme* | (*colloq., eufem.*) ***v. per tre, per dieci***, e sim., assommare in sé le capacità di tre, di dieci persone, essere abilissimo **3** avere pregio, valore, rilevanza e sim., detto di cose: *dipinto, poesia che vale*; *un libro che vale decisamente poco*; *la carrozzeria è bella, ma il motore non vale niente* | ***v. di più, di meno***, rispetto a cose uguali o simili: *in questo gioco le carte che valgono di più sono l'asso e il tre* **SIN.** contare **4** avere vigore, autorità, efficacia spec. giuridica o logica: *questa legge non vale più*; *l'atto non vale in quanto è viziato*; *questi sono ragionamenti che non valgono*; *e che questo esempio valga per tutti* | ***valga il vero***, formula con cui si introduce, nel discorso, un argomento, un elemento nuovo, una prova e sim. | (*est.*) essere valido, regolare, legittimo e sim.: *la dichiarazione non vale se è fatta in ritardo*; *il documento vale solo se è presentato in tempo utile*; *hai barato, quindi la partita non vale* **5** (*est.*) essere vero: *è una critica fondata, che vale in ogni caso*; *affermazioni, obiezioni che valgono comunque*; *questo vale anche per noi* | (*est.*) essere giusto | (*fam.*) ***non vale!***, non è valido, non è leale: *non vale, io non gioco più!* **6** essere utile, giovare: *rimedi che non valgono*; *credo che valga meglio tacere*; *val più una sua parola che cento preghiere nostre*; *a che vale piangere?*; *a che vale / al pastor la sua vita (...)?* (G. Leopardi) | (*est.*) essere sufficiente, bastare, servire (+ *a*, anche seguito da inf.): *le proteste non sono valse* <u>*a*</u> *nulla*; *i loro sforzi non sono valsi* <u>*a*</u> *convincerlo* **7** avere un senso | ***tanto vale***, ha lo stesso valore, è quasi meglio: *tanto vale andare a piedi*; *tanto valeva restarsene a casa* | ***che vale?***, che importa?: *che vale recriminare?* **8** avere un determinato prezzo o valore: *questa casa vale duecentomila euro*; *la moneta vale secondo le condizioni del mercato*; *un oggettino che vale sì e no cinque euro*; *non vale certamente quel che l'hai pagato* | ***roba che vale molto, poco***, che costa molto, poco | ***v. un occhio, un occhio della testa, un mondo, un tesoro, un Perù, un mucchio di soldi***, e sim., (*fig.*) valere moltissimo | ***non v. un fico, un fico secco, un soldo, un cavolo, un accidente, una cicca***, e sim., (*fig.*) essere privo d'ogni valore | ***vale tant'oro quanto pesa***, (*fig.*) di persona di grandi qualità, di cosa molto pregiata | (*fig.*) ***te lo do per quel che vale***, detto di notizia e sim. che si riferisce come la si è udita, senza controllarne l'attendibilità **9** essere uguale, analogo o comparabile a qlcu. o a qlco. per valore, pregio, utilità, importanza e sim.: *un uomo vale l'altro*; *una parola vale l'altra*; *una semibreve vale due minime*; *Parigi val bene una messa* | ***v., non v. la pena, la spesa, la posta, la fatica e sim.***, (*fig.*) convenire o non convenire, meritare o non meritare (+ **inf.**, anche preceduto da *di*; + *che* seguito da **congtv.**): *vale la pena provarci*; *non vale la pena* <u>*di*</u> *agitarsi per una cosa da poco*; *non valeva la pena* <u>*che*</u> *tu ti disturbassi* **10** equivalere, corrispondere: *Ellade vale Grecia*; *a seconda dell'interpretazione, questa frase può valere un rimprovero, una critica o un complimento* | (*ling.*) significare: *qui 'flash' vale 'breve notizia'* | ***vale a dire***, ciò significa che, in altre parole: *partiremo domani, vale a dire che domani sera non saremo qui* **11** fruttare, rendere: *podere, capitale che può v. cinquecento euro mensili* | (*fig.*) ***valga***, si consideri a favore, si faccia fruttare come merita: *valga il servizio reso in guerra* **B v. tr. 1** far avere, procurare, cagionare: *la distrazione mi valse duri rimproveri*; *l'eccesso di fatica gli ha valso un grave esaurimento* **2** eguagliare in valore: *in questo lavoro nessuno lo vale* **3** †meritare **C valérsi v. intr. pron.** ● avvalersi, servirsi (+ *di*): *valersi* <u>*dei*</u> *suggerimenti di qlcu.*; *non sa valersi* <u>*delle*</u> *sue capacità*; *penso di valermi senz'altro* <u>*della*</u> *sua opera*

valeriàna [da *Valeria*, antica provincia della Pannonia, da cui la pianta deriva ✻ 1563] **s. f. 1** pianta erbacea delle Valerianacee con fusto cavo, alto fino a due metri, foglie pennate con molti lobi (*Valeriana officinalis*) | ***v. rossa***, centranto **2** la radice della pianta omonima usata, sotto varie forme, come antispasmodico e sedativo

Valerianàcee [da *valeriana* ✻ 1865] **s. f. pl.** (sing. *-a*) ● (*bot.*) famiglia di piante erbacee dicotiledoni con radice molto odorosa e frutto secco indeiscente (*Valerianaceae*)

valerianàto [da *valerianico* ✻ 1856] **s. m.** ● sale o estere dell'acido valerianico | ***v. di chinina***, calmante, antinevralgico

valerianèlla [da *valeriana* ✻ 1726 ca.] **s. f.** ● piccola pianta erbacea delle Valerianacee, con infiorescenze di piccoli fiori azzurro cenere, spontanea nelle regioni temperate, le cui foglie si mangiano in insalata (*Valerianella locusta*) **SIN.** dolcetta, gallinella, lattughella, lattughina, morbidello

valeriànico [detto così perché si estrae dalla *valeriana* ✻ 1869] **agg.** (pl. m. *-ci*) ● detto di acidi estratti, almeno originariamente, dalla valeriana, e di composti derivati o a essi relativi: *aldeide valerianica* | ***acido v.***, acido organico saturo monovalente a cinque atomi di carbonio, presente spec. nelle radici di valeriana, usato spec. per salificare o esterificare prodotti di particolari e diverse azioni farmacoterapiche

valéte [vc. lat., propr. 'state bene', seconda pers. pl. imperat. pres. di *valēre* 'star bene' (V. *valere*) ✻ 1499] **inter.** ● si usava, presso gli antichi Romani, come formula di saluto augurale accomiatandosi da più persone (*oggi scherz.*)

valetudinàrio [vc. dotta, lat. *valetudināriu(m)*, da *valetūdo*, genit. *valetūdinis* 'valetudine' ✻ 1527] **A agg.** ● (*lett.*) che è soggetto ad ammalarsi, molto cagionevole di salute: *vecchio v.* **SIN.** infermiccio, malaticcio | che è ammalato **B s. m.** (**f.** *-ia*) ● †chi ha sempre paura di ammalarsi

†**valetùdine** o †**valitùdine** [vc. dotta, lat. *valetūdine(m)*, da *valēre* 'star bene' (V. *valere*) ✻ 1308] **s. f.** ● sanità, salute

♦**valévole** o †**valévile** [da *valere* ✻ 1304] **agg.** **1** valido: *partita v. ai fini della classifica*; *biglietto v. per il ritorno* | (*raro*, *lett.*) efficace, proficuo: *preghiera, raccomandazione v.* | (*lett.*) *v. a qlco.*, sufficiente per qlco. **2** †che ha forza, vigore || **valevolménte**, **avv.** validamente, efficacemente

valgiṣmo [comp. di *valgo*① e *-ismo* ✻ 1961] **s. m.** ● (*med.*) deformità di un segmento di un arto, quando il suo asse devia in fuori rispetto alla linea normale **CFR.** varismo

vàlgo① [vc. dotta, lat. *vălgu(m)*, di etim. incerta ✻ 1929] **agg.** (**pl. m.** *-ghi*) ● caratterizzato da valgismo: *ginocchio v.* **CFR.** varo②

vàlgo② ➤ **valere**

valì [fr. *vali*, dall'arabo *wālī* 'governatore', da *walā* 'governare, amministrare' ✻ 1905] **s. m. inv.** ● nell'Impero ottomano, governatore di una provincia | nella Turchia attuale, prefetto

valicàbile [sec. XIV] **agg.** ● che si può valicare: *passo v.*; *montagna v.* **CONTR.** invalicabile || **valicabilità**, **s. f. inv.**

valicàre① o †**valcàre**, †**varicàre** [stessa etim. di *varcare* ✻ 1268] **v. tr.** (*io vàlico, tu vàlichi*) **1** superare una catena montuosa: *v. un passo dolomitico*; *v. le Alpi* | (*lett.*) passare da una parte all'altra: *v. un fiume* **SIN.** attraversare **2** †passar oltre, passar via | ***v. sotto silenzio***, passare sotto silenzio **3** (*fig.*, *lett.*) superare, sorpassare **4** †trasgredire un ordine, un comando e sim. **5** †traghettare

SFUMATURE ➤ ***attraversare***

valicàre② [da *valico*② ✻ 1891] **v. tr.** (*io vàlico, tu vàlichi*) ● (*disus.*) filare o torcere la seta al valico

valicàto① **part. pass.** di *valicare*①; anche **agg.** ● nei sign. del v.

valicàto② **part. pass.** di *valicare*②; anche **agg.** ● nel sign. del v.

valicatóre [da *valicato*① ✻ sec. XIV] **agg. e s. m.** (**f.** *-trice*) **1** che (o chi) valica **2** (*fig.*) †trasgressore

†**valìce** ➤ **valigia**

♦**vàlico**① o †**vàlco** [da *valicare*① ✻ 1319] **s. m.** (**pl.** *-chi*) **1** (*lett.*) attraversamento, passaggio da una parte all'altra: *il v. di un fiume, di un monte* **2** luogo per dove si passa, spec. la depressione presente in un punto di un contrafforte montuoso che consente il passaggio con minore difficoltà: *valichi alpini*; *il v. del Gran San Bernardo* **SIN.** varco, passo **3** nel linguaggio dei cacciatori, luogo in cui transita la selvaggina di passo che quella inseguita, e in cui il cacciatore si apposta per sparare: *attendere la lepre, i colombacci al v.* **4** †estensione del passo

vàlico② [etim. incerta, forse da *valico*① ✻ 1765] **s. m.** (**pl.** *-chi*) ● (*disus.*) macchina costituita da un gigantesco arcolaio per filare e torcere la seta

validàre [fr. *valider*, da *valide* 'valido' ✻ av. 1405] **v. tr.** **1** (*lett.*) convalidare | †avvalorare **2** sottoporre a validazione | (*psicol.*) ***v. un test***, verificare il coefficiente di validità dei risultati, spec. attraverso l'impiego di altri criteri di giudizio

validàto **part. pass.** di *validare*; anche **agg.** ● nei sign. del v. | †avvalorato

validatrìce [comp. di *valida(re)* e *-trice* ✻ 1985] **s. f.** ● terminale utilizzato nelle ricevitorie per convalidare le schede di gioco nei concorsi a pronostico

validazióne [fr. *validation*, da *valider* 'rinforzare, render forte', dal lat. tardo *validāre*, da *vălidus* 'valido' ✻ av. 1604] **s. f.** **1** †ratifica **2** convalida | prova dell'esattezza di qlco.

♦**validità** [vc. dotta, lat. tardo *validitāte(m)*, da *vălidus* 'valido' ✻ 1540] **s. f. inv.** **1** caratteristica o condizione di ciò che è valido, spec. in relazione alla sua efficacia giuridica, burocratica, ecc.: *la v. di una tessera, di un biglietto*; *impugnare la v. di un atto, delle nozze, di una sentenza* | fondatezza: *la v. di una tesi, di un'affermazione* | (*lett.*) ***v. delle membra***, forza, gagliardia **2** durata di tale condizione: *v. annua, semestrale, trimestrale* **3** valore artistico, culturale ecc.

♦**vàlido** [vc. dotta, lat. *vălidu(m)*, da *valēre* ✻ av. 1332] **agg.** **1** forte, vigoroso: *essere v. di corpo, di mente* | che è nel pieno delle proprie forze e capacità: *impegnare nei soccorsi tutti gli uomini validi* | efficiente: *il suo solo occhio v. è infossato* (L. ROMANO) **CONTR.** debole, inefficace, inefficiente **2** (*dir.*) che è stato posto in essere con piena osservanza delle norme che lo disciplinano: *atto processuale v.*; *elezione valida* **CONTR.** nullo | vigente: *una norma non più valida* | valevole (+ *per*): *un biglietto ancora v.*; *partita valida per il campionato* **CONTR.** scaduto **3** (*sport*) ***tiro, colpo v.***, quello conforme alle norme regolamentari **4** efficace: *dare, offrire un v. aiuto*; *si richiede un v. contributo di uomini e mezzi*; *opporre una valida resistenza*; *il principio è v. per tutti* | ***essere v. a qlco.***, essere adatto, efficace per qlco.: *certi congegni validi a riparar dalla grandine* (I. NIEVO) **5** che vale, che ottiene o merita approvazione, consensi e sim.: *opera valida*; *è una delle più valide voci della nostra letteratura* **SIN.** pregevole **CONTR.** mediocre || **validaménte**, **avv.** in modo valido: *lottare validamente*; *contribuire validamente a qlco.*

†**validóre** ➤ †**valitore**

†**valìge** ➤ **valigia**

valigerìa [1869] **s. f.** **1** fabbrica o negozio di valigie, borse e sim. **2** assortimento di valigie e sim.

♦**valìgia** o †**valìge**, †**valìce** [etim. discussa: arabo *walīha* 'sacco di grano' (?) ✻ sec. XIII] **s. f.** (**pl.** *-gie* o *raro -ge*) **1** contenitore, gener. a forma di parallelepipedo, in pelle, stoffa o altro materiale, provvisto di maniglia e a volte di rotelle, in cui si ripongono abiti e oggetti vari da portare in viaggio: *fare, disfare la v.*; *depositare la v. alla stazione* | ***far le valigie***, prepararsi a partire; (*fig.*) allontanarsi, andarsene | ***v. postale***, borsa o sacco in cui, al tempo delle diligenze, era contenuta la posta | ***v. delle Indie***, un tempo, il servizio postale e passeggeri tra la Gran Bretagna e le Indie orientali e il treno settimanale che effettuava tale servizio, parte per via terra e parte per via mare | (*ling.*) ***parola v.***, V. *parola* nel sign. I 1 **2** †sacca, bisaccia **3** ***v. diplomatica***, un tempo, plico contenente la corrispondenza; oggi, collo sigillato contenente corrispondenza o cose mobili, inviato al proprio governo da una missione diplomatica all'estero, esente da ogni tipo di controllo doganale o di polizia | (*est.*) la corrispondenza stessa **4** †pancia | †vulva || **valigétta**, **dim.**, borsa rigida da viaggio o per documenti **CFR.** ventiquattrore | **valigìna**, **dim.** | **valigióna**, **accr.** | **valigióne**, **accr. m.** | **valigiòtto**, **alter. m.**

valigiàio [1612] **s. m.** (**f.** *-aia*, **pl. m.** *-ai*) ● fabbricante o venditore di valigie, bauli, borse e sim.

†**valiménto** [da *valere* ✻ av. 1250] **s. m.** **1** valore, ardimento: *se tu mi abbatti per tuo v., / ogni cosa fia tuo ch'hai acquistato* (L. PULCI) | virtù **2** costo, prezzo

valìna [da (*acido iso*)*val*(*erico*) col suff. *-ina* ✻ 1930] **s. f.** ● (*chim.*) amminoacido idrofobo presente nelle proteine, considerato essenziale per l'uomo e numerosi animali

†**valitóre** o †**validóre** [da *valere* ✻ av. 1294] **s. m.** (**f.** *-trice*) ● chi aiuta, soccorre

†**valitùdine** ➤ †**valetudine**

Vàlium® [prob. comp. da *val(eo)*, 'sto bene' e dal suff. *-ium* caratteristico di precedenti prodotti a base di benzodiazepine ✻ 1963] **s. m. inv.** ● nome commerciale di un tranquillante usato spec. negli stati d'ansia o di agitazione

valkìria ➤ **valchiria**

†**vallàme** [comp. di *valle* e *-ame* ✻ av. 1342] **s. m.** ● avvallamento

vallànte [1939] **s. m. e f.** ● chi è addetto alle lavorazioni tipiche delle valli da pesca, spec. alla semina degli avannotti e alle operazioni di pesca

vallàre① [vc. dotta, lat. *vallāre*, da *văllum* 'vallo' ✻ 1313] **A v. tr.** ● †cingere con un vallo, con fossati, mura, trincee e sim. | (*est.*, *lett.*) delimitare **B vallàrsi v. rifl.** ● †munirsi di valli, fossati e sim.

vallàre② [vc. dotta, lat. *vallāre(m)*, agg. di *văllum* 'vallo' ✻ sec. XIV] **agg.** ● attinente a vallo | ***corona v.***, che anticamente si concedeva a chi per primo penetrava nel vallo nemico

vallàta [da *valle* ✻ av. 1494] **s. f.** ● valle, considerata in tutta la sua ampiezza ed estensione: *le verdi vallate alpine*; *avea il tempo di veder le nuvole accavallarsi a poco a poco, e figurar monti e vallate* (G. VERGA) || **vallatèlla**, **dim.**

SFUMATURE ➤ ***valle***

♦**vàlle** [lat. *vălle(m)*, da avvicinare a *vŏlvere* 'volgere' ✻ 1238] **s. f.** (troncato in *val* in molti nomi propri di luogo: *val Tiberina*; *val di Sole*; *Val d'Aosta*) **1** (*geogr.*) forma concava di terreno racchiusa fra montagne e delimitata da due versanti: *entrata, sbocco della v.*; *v. bassa, profonda, stretta*; *uscire dalla v.*; *pareti, fianchi della v.* | ***v. fluviale***, dalla caratteristica forma a V, dovuta all'erosione di un fiume | ***v. glaciale***, dalla caratteristica forma a U, modellata dall'erosione glaciale **SIN.** trogolo glaciale | ***giglio delle valli***, mughetto | ***a v.***, verso il basso: *qual masso che dal vertice / di lunga erta montana ... / precipitando a v. / batte sul fondo e sta* (A. MANZONI) | ***a v.***, (*fig.*) in un momento successivo a un dato fatto o problema; dopo: *soltanto a v. abbiamo colto le connessioni fra gli ultimi avvenimenti politici*; *le conseguenze le vedremo a v.* **CONTR.** a monte | ***a v. di***, nella parte più prossima alla foce, rispetto a un determinato punto di riferimento, detto di fiumi o di zone e località geografiche considerate in relazione a un fiume | ***per monti e per valli***, (*fig.*) per ogni dove, dappertutto **2** (*fig.*, *lett.*) il mondo, in quanto pieno di dolore: *questa v. di lacrime*; *In questa v. / non è vicenda di buio e di luce* (E. MONTALE) | (*fig.*) il mondo, la vita terrena: *finché saremo in questa v.* | †bolgia dell'Inferno dantesco; (*est.*) l'Inferno stesso **3** (*geogr.*) zona di laguna morta con aree depresse e stagni costieri nell'Adriatico settentrionale: *le valli di Comacchio* | specchio d'acqua lagunare per l'allevamento dei pesci, la caccia e sim.: *le valli venete* | ***v. aperta***, quando è in diretta comunicazione col mare | ***v. semiarginata***, quando è in parte chiusa e in parte in diretta comunicazione col mare | ***v. chiusa***, quando è arginata e l'acqua giunge attraverso canali | ***caccia di v.***, ogni genere di caccia palustre su acque aperte **4** la parte più bassa di un'onda, tra le due creste ‖ **vallécola**, **dim.** (V.) | **vallétta**, **vallettìna**, **dim.** | (*lett.*) **vallicèlla**, **dim.** | **vallóne**, **accr. m.** (V.)

SFUMATURE DI SIGNIFICATO

valle - vallata - vallone

Valle è una forma concava di terreno, racchiusa fra montagne e delimitata da due versanti. Una valle ampia, aperta si definisce **vallata**. **Vallone** è invece una valle molto stretta, le cui due pareti laterali scendono quasi a picco.

NOMENCLATURA

valle

● *caratteristiche*: glaciale, d'erosione, sospesa = pensile, tettonica, carsica, d'accumulazione; anticlinale ⇔ sinclinale, longitudinale ⇔ trasversale, simmetrica ⇔ asimmetrica, aperta ⇔ chiusa, larga ⇔ stretta; testata, fondovalle, vallone, trogolo glaciale, spalla, rilievo intravallivo, versante, pendio, fianco = parete, filone di valle, gola, stretta, chiusa, forra, cornice, terrazzo alluvionale, sbocco = termine; vallivo, intravallivo, valligiano;

● *azioni*: scendere a valle, precipitare a valle, uscire dalla valle; scavare la valle.

vallèa [fr. *vallée*, da *val* 'valle' ✱ sec. XIII] **s. f.** ● (*poet.*) valle, vallata

vallècola [adattamento del lat. *vallĕcula(m)* 'piccola valle' ✱ 1879] **s. f. 1** dim. di *valle* **2** (*anat.*) piccola depressione, solco o cavità presente sulla superficie di un organo o di una sua parte: *v. del cervelletto*

vallesàno [da *Vallese* ✱ 1551] **A agg.** ● del Vallese, cantone della Svizzera **B s. m. e f.** ● abitante o nativo del Vallese

Vallése [dal fr. *Valais* ✱ 1540] **A s. m. solo sing.** ● nome del Valais, cantone della Svizzera sud-occidentale **B agg. e s. m. e f.** ● †vallesano

vallétta [f. di *valletto*① ✱ 1961] **s. f.** ● giovane donna che affianca il presentatore di uno spettacolo televisivo

vallétto① [fr. *valet*, da una forma **vassalet*, dim. di *vassal* 'vassallo' ✱ 1287] **s. m. 1** in epoca medievale e moderna, sino alla Rivoluzione francese, paggio, donzello, garzone, staffiere **2** usciere municipale che segue in livrea la bandiera del Comune in cortei solenni, o fa ala nei ricevimenti | spec. a Roma, maschera di un teatro | commesso del Parlamento **3** (**f.** *-a* (V.)) giovane che affianca il presentatore di uno spettacolo televisivo

vallétto② [av. 1912] **s. m. 1** dim. di *vallo*② **2** (*poet.*) cestello, crivello

vallicoltùra o **vallicultùra** [da *valle*, sul modello di *piscicoltura* ✱ 1930] **s. f.** ● piscicoltura in valli lagunari

†**vallicóso** (o **-ṣ-**) [da *valle*, sul modello di aggettivi come *bellicoso*, *febbricoso* e *tenebricoso* ✱ sec. XIV] **agg.** ● che è situato in zona valliva

vallicultùra ➤ **vallicoltura**

valligiàno [da *valle*, sul modello di *alpigiano* ✱ 1525] **A agg.** ● delle valli montane **B s. m.** (**f.** *-a*) ● abitante o nativo di una valle, di una vallata

V

vallişnèria [dal n. del naturalista A. *Vallisneri* (1661-1730) ✱ 1824] **s. f.** ● pianta acquatica delle Idrocaritacee, con foglie sottili e nastriformi a rosetta e fiori piccolissimi (*Vallisneria spiralis*)

vallivo [1601] **agg. 1** relativo a valle fluviale | ***terreno v.***, detto del terreno poco saldo e spesso paludoso posto nella parte più bassa di una valle fluviale **2** relativo a una valle lagunare: *pesca, caccia valliva*

vàllo① [vc. dotta, lat. *vāllu(m)*, di orig. indeur. ✱ sec. XIII] **s. m. 1** (*milit.*) il parapetto alzato di qua del fosso intorno al campo dei Romani e munito di palizzata per impedire l'accesso al nemico: *i Romani facevano forte il luogo co' fossi, col v. e con gli argini* (N. MACHIAVELLI) | campo cinto di vallo | recinto primario di ogni fortezza | opera continua di difesa e fortificazione costruita spec. prima e durante la seconda Guerra mondiale: *il v. atlantico* **2** (*poet.*) baluardo, trincea **3** (*anat.*) solco | ***v. ungueale***, leggera incavatura della cute che copre i lati e la base dell'unghia **4** ***v. morenico***, accumulo deposto alla fronte di un ghiacciaio vallivo **SIN.** cerchia morenica

vàllo② [lat. *vāllu(m)*, dim. di *vānnus* 'vaglio'. V. *vagliare* ✱ 1909] **s. m.** ● (*sett.*) vaglio, crivello ‖ **vallétto**, **dim.** (V. *valletto*②)

vàllo③ [var. di *valle* ✱ sec. XIII] **s. m.** ● (*merid.*) valle | (*est.*) provincia | territorio: *v. di Diano*

vàllo④ ➤ **andare**①

vallombrosàno (o **-ṣ-**) [da *Vallombrosa*, sul Pratomagno dove l'ordine fu istituito ✱ av. 1703] **A s. m.** ● religioso della congregazione benedettina riformata istituita nel sec. XI da S. Giovanni Gualberto nel convento di Vallombrosa, in Toscana **B anche agg.**: *monaco v.*

vallonàta [da *vallone*① ✱ 1780] **s. f.** ● (*disus.*) vallata estesa

vallonàto [da *vallon(e)* con il suff. *-ato*, che indica condizione ✱ 1987] **agg.** ● (*sport*) spec. nel ciclismo, detto di tratto che presenta numerosi saliscendi: *una cronometro dal percorso v.*

vallóne① [sec. XII] **s. m. 1** accr. di *valle* **2** valle stretta e profonda | burrone, fossato **3** canale marino più o meno ramificato e profondo, che si addentra nella costa, tipico della Dalmazia e dell'Istria ‖ **valloncèllo**, **dim.**

SFUMATURE ➤ ***valle***

vallóne② [fr. *wallon*, di orig. germ. ✱ 1559] **A agg.** (**f.** *vallóna* o *vallóne*) ● del Belgio di lingua francese **B s. m. e f.** (**f. anche** *-a*) ● abitante o nativo del Belgio sud-orientale, in cui si parla la lingua francese: *i valloni e i fiamminghi* **C vallóni s. m. pl.** ● (*stor.*) soldati del Brabante, che militavano in Spagna

vallonèa o (*raro*) **gallonèa** [dal gr. *bálanos* 'ghianda' (V. *balanite*②) ✱ 1303] **s. f.** ● albero delle Fagacee dell'Asia Minore e della Grecia, dalle cui cupole si estrae tannino (*Quercus vallonea*)

†**vallóso** (o **-ṣ-**) [1282] **agg.** ● ricco di valli

♦**valóre** [vc. dotta, lat. tardo *valōre(m)*, da *valēre* ✱ av. 1250] **A s. m. 1** complesso delle qualità intellettuali e morali o delle capacità professionali per le quali una persona è degna di stima: *avere coscienza del proprio v.* | usato spec. nella loc. agg. inv. ***di v.***: *medico, artista, giornalista di v., di alto v.*; *un uomo di v.* **2** †virtù: *In sul paese ch'Adice e Po riga, / solea v. e cortesia trovarsi* (DANTE *Purg.* XVI, 115-116) **3** coraggio, ardimento, eroismo: *combattere, resistere, difendersi con v., con grande v.*; *dar prova di indomito v.*; *gli atti di v. di tutto il nostro esercito*; *medaglia, croce al v. militare* | ***v. civile***, coraggio, sprezzo del pericolo dimostrati in qualità di semplice cittadino nel soccorrere chi si trova in una situazione pericolosa: *medaglia, decorazione, ricompensa al v. civile* **4** prezzo, costo: *il v. di un terreno*; *il v. della merce*; *oggetto di grande v., di scarso v., privo di v.*; *anelletti contraffatti di niun v.* (G. BOCCACCIO); *aumentare, crescere, diminuire di v.* | ***campione senza v.***, merce spedita in pacco postale di modeste dimensioni, come campione e quindi con tariffa ridotta | ***mettere un bene, un capitale in v.***, valorizzarlo, farlo fruttare | ***mettere in v.***, (*fig.*) far giustamente apprezzare: *un incarico che ha messo in v. le sue capacità organizzative* **5** peso, purezza, taglio, intensità del colore di una pietra preziosa **6** (*econ.*) ***v. attuale***, valore odierno di una somma di denaro disponibile in data futura | ***v. d'uso***, l'utilità che un dato bene ha per chi lo possiede | ***v. di scambio***, quantità di un bene o di moneta che si dà in cambio di un altro bene o servizio di cui si ha bisogno o che si desidera | ***v. aggiunto***, incremento del valore di un bene per effetto di un processo produttivo operato su di esso; differenza tra il valore dei beni o dei servizi prodotti da un'impresa e quello degli acquisti di beni e servizi da terzi; (*fig.*) ciò che accresce l'importanza, la consistenza, le potenzialità di un'organizzazione, un movimento e sim. | ***v. nominale, facciale***, quello riportato sul titolo, che nelle azioni indica la frazione di capitale sociale che ciascuna di esse rappresenta e nelle obbligazioni la somma per la quale l'ente emittente si riconosce debitore | ***v. intrinseco di una moneta***, quello che la moneta metallica assume in virtù dell'oro o dell'argento puro che essa contiene | ***v. estrinseco di una moneta***, quello che ogni moneta metallica porta impresso | ***v. commerciale di una moneta***, quello che la moneta assume via via nel tempo | (*dir.*) ***competenza per v.***, quella di un organo giudicante stabilita in base alla importanza economica delle pretese che si fanno valere in giudizio | (*dir.*) ***debito di v.***, che ha per oggetto una somma di denaro non come bene a sé, ma come valore di un altro bene **7** (**al pl.**) gioielli e oggetti preziosi: *prima di partire ha depositato in banca i valori* **8** (**al pl.**) tutto ciò che può essere comprato e venduto in Borsa, come monete estere, azioni, obbligazioni, titoli di Stato e sim. | ***valori mobiliari***, i titoli azionari e obbligazionari che, emessi da enti pubblici e privati, sono quotati e scambiati in Borsa | ***carta valori***, carta moneta emessa dallo Stato e titoli di credito emessi dalle banche autorizzate come vaglia cambiari, assegni circolari e sim. | ***valori di bollo, valori bollati***, marche da bollo, francobolli, carte bollate **9** pregio: *quadro, statua, ceramica di grande v.*; *un'opera di nessun v. artistico* **10** importanza, rilevanza, da un punto di vista soggettivo od oggettivo: *è ancora troppo giovane per comprendere interamente il v. della vita*; *per te l'amicizia non ha alcun v.*; *non puoi capire quale v. abbia per me questa fotografia*; *è una scoperta che ha un v. immenso* | efficacia: *il v. di un metodo* | validità: *il documento non ha v. se non è legalizzato*; *questa legge non ha più v.* **11** (**spec. al pl.**) ciò che è vero, bello, buono, sia dal punto di vista del singolo individuo che di un'intera collettività, mutevole a seconda delle epoche storiche: *valori morali, sociali, estetici*; *rovesciamento dei valori*; *per lui la famiglia è un v.* | ***i valori umani***, gli ideali a cui aspira l'uomo nella sua vita | ***scala di valori***, gerarchia di princìpi, ideali ecc., che serve da riferimento nei giudizi e nel comportamento **CFR.** non valore **12** (*mat.*) elemento associato a un elemento dato in un'applicazione: *applicazione a valori in …* | ***v. di verità***, in logica, per un enunciato, uno dei due attributi 'vero' o 'falso', di solito indicati con 1 o 0 rispettivamente | elemento particolare con il quale si identifica, o si può identificare una variabile: *il v. di una grandezza*; *v. assoluto* | (*stat.*) ***v. mediano***, mediana **13** (*mus.*) durata della nota o della pausa corrispondente: *una semiminima ha il v. di due crome* **14** ***con v. di, avere v. di***, loc. che esprimono equivalenza fra due fatti, rispetto soprattutto agli effetti, all'importanza, alla funzione: *participio con v. di aggettivo*; *l'aggettivo ha qui v. di avverbio*; *il tuo silenzio ha il v. di una rinuncia* **15** (*ling.*) significato, funzione: *il v. di un vocabolo, di una locuzione*; *so-*

lo nel contesto è possibile determinare il v. di questa espressione **16** (**al pl.**) nel linguaggio della critica d'arte, gli elementi stilistici particolari di un'espressione artistica: *valori spaziali, tonali, luministici, plastici* **B** **in funzione di agg. inv.** ● (posposto al sost.) nella loc. ***clausola v.***, quella inserita in un contratto per garantirsi che la somma dovuta in esecuzione dello stesso sia commisurata al potere d'acquisto della moneta legale

valorem, ad ➤ **ad valorem**

†**valorìa** [da *valore* ✱1320] **s. f.** ● prodezza, ardimento

valoriàle [da *valore* ✱1984] **agg.** ● di un valore, dei valori: *il patrimonio v. della cultura europea* ‖ **valorialità**, **s. f. inv.** carattere valoriale; (*est.*) tutto ciò che attiene ai valori

valorizzàre [da *valore* ✱1919] **A** **v. tr.** **1** mettere in valore, far aumentare di valore o di pregio: *v. un terreno, un immobile*; *v. un centro storico* **CONTR.** deprezzare, svalutare **2** (*fig.*) mettere in risalto, evidenziare dei pregi: *quell'abito valorizza la sua figura snella* | (*fig.*) mettere in condizione una persona di esprimere completamente le proprie qualità, capacità e sim.: *v. un tecnico* **B** **valorizzàrsi** **v. intr. pron.** ● crescere di valore, acquistare pregio: *una zona turistica che ha saputo valorizzarsi* ‖ **valorizzazióne**, **s. f.**

valorizzatóre [da *valorizzare* ✱av. 1944] **s. m.** (**f.** *-trice*); **anche agg.** ● chi (o che) valorizza (*anche fig.*)

valoróso (o **-ṣ-**) [da *valore* ✱av. 1292] **A** **agg.** **1** coraggioso, animoso, prode: *soldato v.*; *un popolo v.*; *i valorosi combattenti* | che dimostra coraggio, ardimento e sim.: *azione valorosa*; *gesta valorose* **CONTR.** pauroso, vigliacco, vile **2** (*raro*) valente, abile, capace: *artista v.*; *un v. professionista* | (*sport*) detto di atleta che dimostra grande impegno agonistico **3** (*lett.*) di grande pregio morale, nobiltà d'animo e sim.: *un signor v. accorto e saggio* (F. Petrarca) | pregevole: *opera valorosa* **4** †caro, prezioso **5** †efficace, detto di medicamenti ‖ **valorosaménte**, **avv.** con valore: *resistere, combattere valorosamente* ‖ †**valorosità**, **s. f. inv.** valore, bravura **B** **s. m.** (**f.** *-a*) ● chi ha e dimostra valore, ardimento e sim.: *onore ai valorosi*; *agire, combattere, morire da v.*

SFUMATURE ➤ ***prode***

Valpolicèlla [dal n. della zona a nord di Verona, dove viene prodotto ✱1865] **s. m. inv.** ● vino di color rosso rubino, profumo caratteristico e gradevole, sapore asciutto, vellutato, prodotto nel veronese con uve locali (Corvina, Rondinella, Molinara e altre) | V. anche *Amarone, Recioto* **CFR.** ripasso

valsènte [da *valso*, part. pass. di *valere* ✱1288] **s. m.** **1** (*lett.*) valore in denaro, prezzo di qlco.: *usurpandosi senza compenso un v. di cento milioni in apparati di guerra* (C. Cattaneo) **2** †capitale, ricchezze, averi

valseṣiàno [av. 1820] **A** **agg.** ● della Valsesia **B** **s. m.** (**f.** *-a*) ● abitante o nativo della Valsesia

vàlso **part. pass.** di *valere* ● nei sign. del v.

valsuganòtto [sec. XX] **A** **agg.** ● della Valsugana **B** **s. m.** (**f.** *-a*) ● abitante o nativo della Valsugana

†**valsùto** ➤ **valere**

valtellinése (o **-ṣ-**) [1858] **A** **agg.** ● della Valtellina, regione della Lombardia **B** **s. m.** e **f.** ● abitante o nativo della Valtellina

vàltzer ➤ **valzer**

†**valùra** [av. 1306] **s. f.** ● valore

valùta [f. di *valuto*, part. pass. di *valere* ✱1282] **s. f.** **1** (*banca*) moneta circolante in un Paese: *v. nazionale, estera* | ***v. debole***, il cui valore è in diminuzione nei cambi internazionali | ***v. forte***, il cui valore è stabile o in aumento nei cambi internazionali | ***v. pregiata, di riserva***, l'insieme delle valute estere che con l'oro concorrono, presso le Banche centrali, a formare la riserva con cui si fronteggiano eventuali deficit nel commercio internazionale | ***v. convertibile***, liberamente convertibile in qualsiasi altra divisa di conto valutario **2** (*banca*) tempo cui si riferisce una partita a debito o credito in un conto corrente per la decorrenza degli interessi | ***perdita di v.***, perdita di alcuni giorni per il calcolo degli interessi in caso di mancato preavviso per i prelevamenti nei depositi bancari | ***v. per incasso***, clausola che apposta alla girata dei titoli di credito impedisce l'ulteriore girata degli stessi **3** †costo, prezzo: *gemma di gran v.* **4** (*fig.*) †valore, pregio

valutàbile [av. 1731] **agg.** ● che si può valutare: *un danno v. in molte migliaia di euro* **SIN.** calcolabile ‖ **valutabilità**, **s. f. inv.**

◆**valutàre** [da *valuta* ✱1551] **v. tr.** (*io vàluto* o, etim. più corretto ma meno diffuso, *valùto*) **1** determinare il prezzo, il valore di un bene economico: *v. una casa, un gioiello*; *il podere è valutato centomila euro* | ***v. i danni***, determinarne l'ammontare **SIN.** stimare **2** (*fig.*) tenere in considerazione, stimare: *non ti valutano secondo le tue reali capacità*; *il suo ingegno non è valutato quanto meriterebbe* **SIN.** apprezzare **3** considerare, tener presente, calcolare: *v. tutte le entrate di qlcu.*; *non ho esattamente valutato le spese* **4** stabilire in misura approssimativa: *v. la distanza, il peso di qlco.*; *v. all'incirca, grosso modo, il costo di un oggetto* | (*fig.*) ***v. a occhio e croce***, con larga approssimazione **5** (*fig.*) vagliare, considerare con attenzione: *v. bene la portata di un discorso*; *non hai saputo v. le conseguenze del tuo gesto*; *sto valutando ogni indizio*; *v. il pro e il contro* **6** giudicare: *come valuti le sue dichiarazioni?* | seguito da un compl. predicativo dell'oggetto: *lo valuto il migliore della sua categoria* **7** (*pedagogia*) dare, effettuare una valutazione

valutàrio [1942] **agg.** ● della valuta, relativo alla valuta: *sistema v. internazionale* **SIN.** monetario

valutatìvo [1903] **agg.** ● relativo alla valutazione, che serve a valutare: *criterio v.* **SIN.** estimativo

valutatóre [1930] **s. m.** (**f.** *-trice*); **anche agg.** ● chi (o che) valuta: *il v. della qualità di un prodotto*; *un'occhiata valutatrice*

valutazióne [1635] **s. f.** **1** determinazione del valore di un bene economico: *la v. del capitale di un'azienda*; *v. dei titoli*; *una v. generica, approssimativa* | previsione, calcolo sommario: *stando alle prime valutazioni, i danni paiono molto gravi* | (*org. az.*) ***v. del lavoro***, procedimento con cui il valore di un singolo lavoro, in un'azienda, viene valutato in relazione agli altri lavori dell'azienda stessa | (*dir.*) ***v. delle prove***, apprezzamento che l'organo giudiziario fa dei mezzi probatori acquisiti al processo **2** giudizio: *qual è la sua v. delle decisioni del governo?* **3** (*pedagogia*) acquisizione di dati e informazioni che permettono di verificare l'efficacia di un intervento educativo e il profitto di un allievo | ***modello, scheda di v.***, nella scuola dell'obbligo, strumento fornito ai docenti per esprimere i loro giudizi su ciascun allievo

†**valùto** **part. pass.** di *valere* ● nei sign. del v.

vàlva [vc. dotta, lat. tardo *vălva(m)* (nel lat. classico è adoperato solo al pl.) 'battente della porta': da avvicinare a *vŏlvere* 'volgere' (?) ✱1375 ca.] **s. f.** **1** (*bot.*) ciascuno dei pezzi che formano il pericarpo dei frutti quando a maturità si aprono | brattea delle glume delle Graminacee | guscio siliceo delle Diatomee **2** (*zool.*) ciascuno dei due pezzi che formano la conchiglia dei Molluschi dei Lamellibranchi **3** (*est.*) ciascuna delle due parti nelle quali può essere tagliato qlco.: *le valve delle pagnotte spaccate* (A. Moravia) | (*lett.*) ciascuno dei due battenti di una porta | (*pittura*) ciascuna delle due tavole di un dittico **4** (*med.*) strumento divaricatore usato in chirurgia

valvàre [1961] **agg.** ● relativo alla valva

valvassìno [propr. dim. di *valvass(ore)* ✱1846] **s. m.** (**f.** *-a*) ● (*stor.*) vassallo di un valvassore

valvassóre o †**varvassóre** [provenz. *valvassor*, dal lat. mediev. *văssu(m) vassŏru(m)* 'vassallo dei vassalli' ✱sec. XIII] **s. m.** (**f.** *raro -a*) ● vassallo dipendente da un vassallo maggiore

vàlvola o †**vàlvula** [vc. dotta, lat. *vălvulae*, nom. pl., 'guscio, baccello', propr. dim. di *vălvae* (V. *valva*) ✱1637] **s. f.** **1** (*mecc.*) organo che serve a stabilire, interrompere o più generalmente a regolare il flusso dei fluidi nelle condotte, nelle pompe, nei motori: *v. a stelo, a saracinesca, a cerniera, a cassetto, a sfera, a disco, a fungo, a farfalla*; *v. di aspirazione, di scarico* | ***v. di sicurezza***, che si apre automaticamente quando la pressione del fluido raggiunge valori pericolosi **2** (*est.*) ***v. di sfogo, v. di sicurezza***, ciò che serve a sfogare tendenze, istinti, tensioni e sim.: *la sua v. di sicurezza è l'ascolto della musica*; *lo sport è una v. di sfogo per molti giovani* **3** (*elettr.*) dispositivo che interrompe il flusso della corrente elettrica in caso di cortocircuito **4** dispositivo in cui la corrente elettrica fluisce, nel vuoto o in un gas, all'interno di un contenitore gener. di vetro | ***v. elettronica, termoionica***, tubo a vuoto contenente da 2 a 9 elettrodi, di cui uno, riscaldato, emette elettroni, usata nella tecnica elettronica come amplificatrice, raddrizzatrice e sim., sostituita in molte applicazioni dal transistor **5** (*anat.*) apparato che consente la progressione del contenuto di un organo cavo in una sola direzione: *v. cardiaca*; *v. ilocecale* | ***v. mitrale, bicuspide, bicuspidale***, formazione valvolare a due lembi, fra atrio e ventricolo sinistro del cuore, che permette il passaggio del sangue solo da uno all'altro ‖ **valvolétta**, **dim.** | **valvolìna**, **dim.** | **valvolóne**, **accr. m.**

valvolàme [1981] **s. m.** ● (*tecnol.*) insieme di valvole, spec. quelle che fanno parte di un impianto | assortimento di valvole

valvolàre [1903] **agg.** ● relativo a valvola

†**vàlvula** ➤ **valvola**

valvulìte [comp. di *valvul(a)* e del suff. *-ite* ✱1840] **s. f.** ● (*med.*) processo infiammatorio di una valvola, spec. cardiaca

valvulopatìa [comp. di *valvul(a)* e *-patia* ✱1950] **s. f.** ● (*med.*) malattia delle valvole, spec. cardiache ‖ **valvulopàtico**, **agg.** (**pl. m.** *-ci*); **anche s. m.** (**f.** *-a*) **nel sign. 2** **1** relativo a valvulopatia **2** che (o chi) soffre di valvulopatia

valvuloplàstica [comp. di *valvul(a)* e *-plastica* ✱1993] **s. f.** ● (*chir.*) intervento di chirurgia plastica eseguito su valvole cardiache o venose

vàlzer o **wàlzer** /ˈvaltser, *ted.* ˈvaltsʌ/, (*evit.*) **vàltzer** /ˈvaltser/ [ted. *Walzer*, da *walzen* 'spianare, ballare', vc. germ. di orig. indeur. ✱1826] **s. m. inv.** **1** danza a coppie di origine tedesca, in tre tempi a movimento allegro o moderato | composizione musicale che ha il ritmo di tale danza: *i v. di J. Strauss*; *un v. di Chopin* | ***fare un giro di v.***, (*fig.*) detto di Stato che dimostri inattesa amicizia verso un altro Stato, non alleato; (*est.*) attuare un inatteso mutamento di alleanze **2** (*fig.*) veloce e incalzante succedersi di situazioni, stati d'animo e sim.: *un v. di supposizioni, di promesse* ‖ **valzerìno**, **dim.**

vamp /vamp, *ingl.* væmp/ [vc. ingl. d'America *vamp*, abbr. di *vampire* 'vampiro'∗ 1930] **s. f. inv.** • donna, spec. attrice, dal fascino sensuale e aggressivo

◆**vàmpa** [f. di *vampo*∗ sec. XIII] **s. f. 1** fiammata particolarmente forte e intensa: *le vampe di un incendio* | flusso, ondata di intenso calore: *la v. del sole d'agosto; le vampe della fornace* | folata di vento caldo | (*milit.*) ***v. di bocca***, alone luminoso che si produce alla bocca di un'arma al momento dello sparo | ***riduttore di v.***, parafiamma, nel sign. B 2 **2** (*fig.*) senso di calore in viso per febbre, ira, vergogna o altro, e il rossore che spesso ne consegue **3** (*fig., lett.*) impeto di intensi desideri, sentimenti e sim. **4** (*fig., disus.*) estrema miseria

SFUMATURE DI SIGNIFICATO

vampa - vampata - caldana

Vampa è una fiammata di particolare intensità o un'ondata, un flusso di aria infuocata; se la *vampa* è violenta e improvvisa si parla di **vampata**. Più in particolare, una *vampa* di calore improvvisa al viso e alla testa, causata da un maggiore afflusso di sangue, si dice **caldana**.

vampagiòlo [sovrapp. paretimologica di *vampa* al lat. tardo *lampadiōne(m)* (d'orig. sconosciuta)∗ 1865] **s. m.** • (*merid.*) bulbo commestibile del cipollaccio col fiocco

vampànte part. pres. di *vampare*; anche **agg.** • (*lett.*) nei sign. del v. | (*lett.*) ardente; soffocante

vampàre [av. 1348] **v. intr. 1** †avvampare **2** (*fig., lett.*) innamorarsi | (*fig., lett.*) manifestarsi o crescere in modo veemente: *Vampava in lei il desiderio della vendetta* (L. PIRANDELLO)

vampàta [da *vampare*∗ 1858] **s. f. 1** vampa forte, violenta (*anche fig.*): *una v. di calore, di rossore; le vampate dello scirocco; una v. di gelosia; la v. del cannone* **2** (*fig.*) manifestazione improvvisa e intensa di un fenomeno: *una nuova v. di violenza ha sconvolto la città* || **vampatìna**, dim.

SFUMATURE ➤ *vampa*

vampeggiàre [1438] **v. intr.** (**pres.** *io vampéggio*; **fut.** *io vampeggerò*; **aus.** *avere*) • (*lett.*) emettere, mandare vampe: *attorno al focolare ... dove vampeggiava un bel fuoco* (M. RIGONI STERN)

vampirésco [1975] **agg.** (**pl. m.** *-schi*) • relativo a vampiro o ai vampiri: *racconto v.* | (*fig.*) da vampiro: *prestare denaro con tassi vampireschi* || **vampirescaménte**, avv.

vampirìṣmo [fr. *vampirisme*, da *vampire* 'vampiro'∗ 1756] **s. m. 1** nelle credenze popolari, l'assumere forma di vampiro | complesso dei fenomeni che, nella stregoneria, sono connessi al comportamento di vampiro **2** forma di necrofilia in cui la vittima viene violata dopo essere stata uccisa **3** (*fig.*) grande avidità

vampiriẓẓàre [da *vampiro*∗ 1986] **v. tr. 1** dissanguare, esaurire (*spec. fig.*) **2** (*fig.*) monopolizzare l'attenzione dello spettatore di uno spot pubblicitario, distogliendola dal prodotto reclamizzato | (*fig.*) far proprio, fagocitare: *v. i concetti di una cultura diversa* SIN. incorporare || **vampiriẓẓazióne**, s. f.

vampìro [fr. *vampire*, dal ted. *Vampir*, a sua volta dal serbo *vampir*∗ 1749] **A s. m.** (**f.** *-a*, *raro -essa*) **1** nelle credenze popolari, spettro che abbandona di notte la tomba e assale i viventi, per succhiarne il sangue **2** (*zool.*) genere di Chirotteri che si nutrono di insetti e frutta oppure che provocano leggere ferite ad altri animali e ne lambiscono il sangue **3** (*fig.*) dissanguatore, strozzino, sfruttatore **4** (*scherz.*) ***donna v.***, vamp **B agg.** • (*fig.*) vampiresco: *sguardo v.; fisco v.* || **vampirétto**, dim.

vàmpo [sovrapposizione di *lampo* a *vapore*∗ av. 1348] **s. m. 1** (*lett.*) vampa, intensa e rapida | calore ardente | (*lett.*) ***menar v.***, (*fig.*) dimostrare ardore, aggressività; dimostrare boria, superbia **2** †baleno: *sopra loro apparse / un v., che parea di fuoco fosse* (L. PULCI)

†**vampóre** [sovrapposizione di *lampo* a *vapore*∗ sec. XIV] **s. m.** • intenso calore | fiammata

van /van, *ingl.* væn/ [vc. ingl., 'furgone', da (*cara*)*van* (V.)∗ 1981] **s. m. inv. 1** speciale autofurgone per il trasporto dei cavalli da corsa **2** rimorchio per il trasporto di merci e animali, quali bovini e cavalli trainato da un autoveicolo

vanadàto [da *vanadio*∗ 1875] **s. m.** • (*chim.*) sale dell'acido vanadico

vanàdico [1875] **agg.** (**pl. m.** *-ci*) • (*chim.*) detto dell'ossiacido del vanadio pentavalente

vanàdio [da *Vanadis*, n. di una divinità scandinava∗ 1875] **s. m.** (**pl.** *-i o raro -ii*) • elemento chimico, presente in minerali di ferro, nelle ceneri di certe piante, in alcuni petroli e bitumi, usato per acciai speciali e, nei vari suoi composti, come catalizzatore SIMB. V NUM. AT. 23

◆**vanaglòria** o †**vanagròlia** [comp. del f. di *vano* e *gloria*; calco sul gr. *kenodoxía*∗ 1268] **s. f.** (**pl.** *vanaglòrie*) • eccessiva stima di sé stesso che determina un fatuo e smoderato desiderio di lodi per meriti inesistenti SIN. albagia, vanità

vanagloriàrsi [da *vanagloria*∗ sec. XIII] **v. intr. pron.** (*io mi vanaglòrio*) • vantarsi, pavoneggiarsi: *Io non te lo dissi ... per non parere di vanagloriarmene* (P. ARETINO)

◆**vanaglorióso** (o -ṣ-) o †**vanagrolióso** [av. 1292] **agg.** • pieno di vanagloria: *soldato v.; parole vanagloriose* SIN. megalomane, presuntuoso || **vanagloriosaménte**, avv. con vanagloria

†**vanagròlia** ➤ **vanagloria**

†**vanagrolióso** ➤ **vanaglorioso**

†**vanàre** [lat. *vanāri*, da *vānus* 'vano, menzognero'∗ sec. XIII] **v. intr.** • vaneggiare: *stava com'om che sonnolento vana* (DANTE *Purg.* XVIII, 87)

vandàlico [av. 1555] **agg.** (**pl. m.** *-ci*) **1** dei Vandali **2** (*fig.*) da vandalo; teppistico: *furia, barbarie vandalica; vandaliche distruzioni; atti vandalici* || **vandalicaménte**, avv.

vandalìṣmo [fr. *vandalisme*, da *vandale* 'vandalo' col suff. *-isme* '-ismo'∗ 1797] **s. m.** • tendenza a devastare o distruggere, per puro gusto della violenza, ogni cosa, spec. se bella o utile: *atti di v.* | atto o comportamento da vandalo

vandaliẓẓàre [1987] **v. tr.** • danneggiare per vandalismo: *v. un muro con graffiti*

vàndalo [lat. tardo *Văndali*, nom. pl., n. germ. da avvicinare al ted. *wandeln* 'vagare, peregrinare'∗ 1342] **A s. m.** (**f.** *-a*) **1** appartenente a un'antica popolazione germanica, che a più riprese invase i territori dell'Impero romano d'occidente e nel V sec. assalì e saccheggiò Roma **2** (*fig.*) chi, per ignoranza, inciviltà o puro gusto della violenza, distrugge o manomette senza motivo spec. beni appartenenti al patrimonio artistico o culturale: *un v. ha mandato in frantumi una preziosa statua; alcuni vandali hanno devastato un parco pubblico* **B agg.** • (*raro*) vandalico

vandeàno [fr. *vendéen*, da *Vendée* 'Vandea', regione francese che insorse contro i rivoluzionari∗ 1902] **A agg.** • della Vandea, dipartimento della Francia occidentale **B s. m.** (**f.** *-a*) **1** abitante o nativo della Vandea **2** (*fig.*) reazionario accanito

†**vaneàre** ➤ **vaneggiare**

vaneggiaménto [1505] **s. m.** • il vaneggiare | discorso senza senso, assurdo, incredibile SIN. vaniloquio

◆**vaneggiàre** o †**vaneàre**, †**vaniàre** [da *vano* agg.∗ 1294] **A v. intr.** (**pres.** *io vanéggio*; **fut.** *io vaneggerò*; **aus.** *avere*) **1** pensare e parlare in modo sconnesso, dire cose senza senso: *il malato vaneggiava in preda alla febbre; v. nel delirio* | (*est.*) dire cose assurde, parlare a sproposito: *tu stai vaneggiando!* SIN. delirare, farneticare **2** (*lett.*) fantasticare **3** (*lett.*) perdersi dietro alla vanità: *le nate a vaneggiar menti mortali* (U. FOSCOLO) **4** †riuscire vano, inefficace **5** †aprirsi formando un vano, uno spazio vuoto: *Nel dritto mezzo del campo maligno / vaneggia un pozzo* (DANTE *Inf.* XVIII, 4-5) **6** †vagare senza meta **B vaneggiàrsi v. rifl.** • †vanagloriarsi, vantarsi

vaneggiatóre [1619] **s. m.** (**f.** *-trice*); anche **agg.** • (*lett.*) chi (o che) vaneggia

vanènte part. pres. di *vanire*; anche **agg.** • (*lett.*) evanescente: *O fulgide forme ne l'aria vanenti* (G. D'ANNUNZIO) | (*lett.*) tenue: *luce sfavillante ... da un v. sorriso* (L. PIRANDELLO)

vanescènte [vc. dotta, lat. *vanescĕnte(m)*, part. pres. di *vanēscere* 'svanire', da *vānus* 'vano'∗ 1957] **agg.** • (*lett.*) evanescente

◆**vanèṣio** [da *Vanesio*, n. del protagonista della commedia *Ciò che pare non è* ovvero *Il cicisbeo sconsolato* (1724) di G. B. Fagiuoli: il n. è tratto da *vano*∗ av. 1834] **agg. e s. m.** (**f.** *-ia*) • che (o chi) è fatuo e vanitoso o si compiace di qualità che non possiede: *sguardo, sorriso v.; fare il v.* SIN. frivolo, spocchioso

vanéssa [dal n. di un personaggio di J. Swift (1667-1745)∗ 1839] **s. f.** • nome comune di alcune farfalle diurne con livrea molto appariscente che, allo stato di bruco, vivono su varie piante, danneggiandole (*Vanessa*)

†**vanézza** [av. 1306] **s. f.** • vanità

vang /*ingl.* væŋ/ [vc. ingl., alterato di *fang* 'dente, punta'∗ 1993] **s. m. inv.** • (*mar.*) dispositivo, costituito da un paranco o da un sistema a vite o idraulico, che impedisce al boma di sollevarsi nelle andature di poppa

◆**vànga** [lat. tardo *vănga(m)*, di orig. germ.∗ sec. XIII] **s. f.** • attrezzo a mano per lavorare il terreno, formato da una robusta lama di ferro di forma e dimensioni diverse, con manico di legno e in basso una staffa o staffale: *rompere la terra con la v.* | (*tosc.*) ***seminare sulla v.***, sul terreno appena vangato | (*fig.*) †***andare a v.***, essere propizio, avere buon esito | ***v. per insilati***, per il taglio manuale, con lama triangolare e corto manico || **vanghétta**, dim. (V.) | **vanghétto**, dim. m. (V.)

vangaiòla o (*raro*) **vangaiuòla** [etim. incerta∗ 1353] **s. f.** • rete quadra, larga circa m 3,50, con ai lati due canne lunghe circa la metà della rete, che si tengono in mano per trainarla durante la pesca

vangàre [av. 1311] **v. tr.** (*io vàngo, tu vànghi*) • lavorare, dissodare la terra con la vanga (*anche assol.*): *v. il campo, un podere, l'orto; andiamo a v.*

vangàta [av. 1380] **s. f. 1** ciascun movimento del vangare, piantando la vanga nella terra e rivoltando le zolle: *una v. possente* **2** vangatura rapida: *il terreno ha bisogno di una v.; dare una v.* **3** quanta terra si solleva e si rivolta con un colpo di vanga **4** colpo dato con una vanga

vangatóre [av. 1580] **s. m.**; anche **agg.** (**f.** *-trice*, *pop., disus.* *-tóra*) • chi (o che) vanga

vangatrìce [da *vangare*∗ 1918] **s. f.** • macchina agricola collegata a un trattore per vangare meccanicamente il terreno

vangatùra [1300] **s. f.** • lavoro compiuto con la vanga | ***v. a una fitta***, se praticata ad una profondità pari alla lunghezza della lama

†**Vangèle** [1250 ca.] **s. f. pl.** ● Vangelo, nella loc. ***giurare alle sante V., alle sante die V.***, giurare sul santo Vangelo, sul santo Vangelo di Dio

†**vangèlico** ➤ **evangelico**

†**Vangèlio** ➤ **Vangelo**

†**vangelista** ➤ **evangelista**

†**vangelizzare** ➤ **evangelizzare**

Vangèlo o (*lett.*) **Evangèlio**, (*raro*) **Evangèlo**, †**Vangèlio** [lat. *Euangĕliu(m)*, dal gr. *euangélion* 'buona novella', comp. di *êu* 'bene, buono' e un deriv. di *ángelos* 'messaggero, notizia' (V. *angelo*) ✱ 1260 ca.] **s. m.** (*vangelo* **nei sign.** 4 e 5) **1** ciascuno dei libri contenenti la narrazione della vita di Gesù Cristo e il messaggio della redenzione | l'insieme di tali libri | ***Vangeli canonici***, i quattro vangeli di S. Matteo, S. Marco, S. Luca e S. Giovanni, inclusi nel canone della Bibbia e accettati come autentici da tutte le Chiese cristiane | ***Vangeli apocrifi***, scritti di varie epoche, in varie lingue, che narrano fatti della vita del Cristo o riferiscono suoi insegnamenti e non sono accettati come autentici dalla Chiesa cristiana | ***Vangeli sinottici***, quelli di Marco, Matteo e Luca, che presentano passi paralleli che narrano, in forma analoga o con leggere variazioni, gli stessi fatti e riferiscono le stesse parole di Gesù **2** (*est.*) libro contenente il Vangelo | ***giurare qlco. sul V.***, garantirne al massimo la veridicità, l'autenticità e sim.: *te lo giuro sul V.* **3** parte della Messa in cui il celebrante legge un brano tratto dal Vangelo | (*est.*) omelia o discorso fatto dal celebrante durante la Messa, per spiegare ai fedeli il brano evangelico letto **4** (*fig.*) ciò che costituisce il fondamento ideologico di una dottrina, un movimento, un gruppo e sim.: *il v. dell'astrattismo* | (*est.*) ciò che costituisce il riferimento fondamentale di qlcu.: *quel libro è il suo v.* **5** (*fig.*) verità sacrosanta, indiscutibile, incontrovertibile: *quello che dirà lui, per me è v.*; *in quell'ambiente la sua parola è v.*

vanghéggia [1879] **s. f.** (**pl.** *-ge*) ● tipo di vanga con pala a due o più denti per terreni pietrosi

vangheggiàre [da *vangheggia* ✱ 1983] **v. tr.** (**pres.** *io vanghéggio*; **fut.** *io vangheggerò*) ● lavorare il terreno con la vangheggia

vanghéggiola [1865] **s. f.** ● vangheggia

vanghétta [1948] **s. f. 1** dim. di *vanga* **2** attrezzo leggero in dotazione individuale al soldato per i piccoli lavori di sterro e di scavo sul campo di battaglia

vanghettàre [1788] **v. tr.** (*io vanghétto*) ● lavorare la terra col vanghetto, spec. per piantarvi fiori e ortaggi

vanghétto [1564] **s. m. 1** dim. di *vanga* **2** vanga a manico corto per trapianti o lavori superficiali

vangile o †**vanghile** [da *vanga*, sul modello di *badile* ✱ av. 1597] **s. m.** ● (*agric.*) staffale

†**vanguàrdia** ➤ **avanguardia**

vàni [ant. nordico *vanir*, di etim. incerta ✱ 1961] **s. m. pl.** ● nella mitologia nordica, divinità pacifiche e benefiche, apportatrici di fecondità e ricchezza

†**vanìa** ➤ †**avania**

†**vaniàre** ➤ **vaneggiare**

vanificàre [1908] **A** **v. tr.** (*io vanìfico, tu vanìfichi*) ● rendere vano, inutile, inefficace: *v. gli sforzi, i tentativi* **SIN.** frustrare **B** **vanificàrsi** **v. intr. pron.** ● venir meno, svanire: *speranze, illusioni che si sono vanificate* ‖ **vanificazióne**, **s. f.**

vanìglia o **vainìglia** [sp. *vainilla*, dim. di *vaina*, propr. 'vagina, guaina', dalla forma di lunga guaina del frutto ✱ 1485] **s. f. 1** orchidea originaria del Messico, coltivata per i frutti a capsula usati per ricavarne la sostanza aromatica dello stesso nome (*Vanilla planifolia*) | ***v. dei giardini***, pianta delle Borraginacee, ornamentale, coltivata per i fiorellini lilla profumati di vaniglia (*Heliotropium peruvianum*) **2** frutti essiccati della pianta omonima, utilizzati in pasticceria, liquoreria, profumeria: *dategli l'odore della vainiglia* (P. ARTUSI) | essenza ricavata da tale frutto | zucchero vanigliato

vanigliàto [1891] **agg.** ● profumato alla vaniglia: *zucchero v.*

vanillìna o **vaniglìna**, **vainiglìna** [da *vanilla*, n. lat. scient. di *vaniglia* ✱ 1875] **s. f.** ● aldeide aromatica, presente nella vaniglia, ottenuta per sintesi spec. da eugenolo; si usa sia come correttivo dell'odore e del sapore in prodotti farmaceutici e alimentari, sia in campo industriale come antischiuma negli oli lubrificanti e nella sintesi di alcuni prodotti

♣**vanilòquio** [vc. dotta, lat. tardo *vanilŏquiu(m)*, comp. di *vānus* 'vano' e un deriv. di *lŏqui* 'parlare' (V. *loquela*) ✱ sec. XIV] **s. m.** ● discorso vano, sconclusionato | discorso privo di contenuti, futile, sciocco, inutile

vanìre [da *vano* ✱ av. 1294] **v. intr.** (**pres.** *io vanìsco, tu vanìsci*; **pass. rem.** *io vanìi, egli vanì*, †*vanìo*; **aus.** *essere*) ● (*lett.*) svanire, sparire, dileguarsi: *cantando vanio / come per acqua cupa cosa grave* (DANTE *Par.* III, 122-123)

vanità o †**vanitàde**, †**vanitàte** [vc. dotta, lat. *vanitāte(m)*, da *vānus* 'vano' ✱ av. 1250] **s. f. inv. 1** fatuo compiacimento di sé, che nasce da un'alta considerazione dei propri meriti veri o presunti, unito al desiderio di essere lodato, ammirato ecc.: *la proverbiale v. femminile*; *ogni sua azione è dettata dalla v.*; *lusingare, solleticare la v. di qlcu.* **SIN.** fatuità | debolezza: *è una delle sue piccole v.* **2** condizione di ciò che è vano, inutile, inconsistente e sim.: *la v. di uno sforzo, di una promessa* **3** caratteristica di ciò che è futile, labile, caduco e sim.: *la v. della bellezza, della vita umana*; *la v. dei beni terreni*; *l'infinita v. del tutto* (G. LEOPARDI) **4** (*est.*) cosa futile, effimera, caduca e sim.: *la bellezza è solo v.*; *tutto nel mondo è v.*; *correre dietro alle v.* **5** (*lett.*) il fatto di essere materialmente vano, inconsistente: *la v. delle ombre* **SIN.** incorporeità

vanitóso (o -ṣ-) [sec. XIV] **A** **agg. 1** pieno di vanità: *ragazza frivola e vanitosa* **2** che dimostra vanità: *discorsi, atteggiamenti vanitosi* ‖ **vanitosaménte**, **avv.** con vanità **B** **s. m.** (**f.** *-a*) ● persona piena di vanità ‖ **vanitosétto**, **dim.** | **vanitosóne**, **accr.**

vànni [lat. *vănnu(m)* 'crivello' (di etim. incerta), perché il battere delle ali ricorderebbe il movimento del crivello (?) ✱ 1313] **s. m. pl.** ● (*poet.*) ali: *i v. dell'aquila*; *stendere, battere i v.*

vannìno [stessa etim. di *uguanno*, con suff. dim. ✱ 1961] **s. m.** (**f.** *-a*) ● (*centr.*) puledro nel primo anno di età

♦**vàno** [lat. *vānu(m)*, di orig. indeur. ✱ 1250 ca.] **A** **agg. 1** (*lett.*) vuoto all'interno, cavo: *guscio v.*; *là dove il monte era forato e v.* (L. ARIOSTO) | †disabitato: *convento v.* **2** (*lett.*) incorporeo: *la vana ombra dei trapassati*; *una vana immagine* | (*lett.*) ***nome v.***, che non ha corrispondenza nella realtà **3** (*fig.*) privo di reale consistenza, fondamento, contenuto e sim.: *promesse vane*; *vane speranze* | (*lett.*) futile, caduco, effimero: *le vane lacrime del mondo*; *rincorrere le vane ricchezze*; *come sono vani e fallaci i pensieri degli uomini!* (F. GUICCIARDINI) **SIN.** inane **4** (*fig.*) inutile, inefficace: *fatiche, proteste, preghiere, minacce vane*; *dopo molti vani tentativi* | ***riuscire v.***, non sortire alcun effetto: *ogni ricerca, ogni indagine riuscì vana* **5** (*fig.*) vanitoso, frivolo: *un giovane v. e fatuo*; *gente vana e superba*; *vana ostentazione di ricchezze* ‖ **vanerèllo**, **dim.** nel sign. A5 ‖ **vanaménte**, **avv. 1** (*lett.*) con vanità: *parlare vanamente di sé* **2** †a torto, senza fondamento: *parlare vanamente* **3** inutilmente, invano: *sperare vanamente* **B** **s. m. 1** (*lett.*) spazio vuoto: *ella teneva li occhi smarriti nel v.* (G. D'ANNUNZIO) **2** apertura o spazio vuoto in una struttura muraria: *il v. della porta, della finestra*; *hanno aperto un v. nel muro*; *il v. dell'ascensore, delle scale* **3** ambiente, stanza: *villa di dodici vani*; *appartamentino di quattro vani*; *in quel v. minuscolo … si sentiva meglio protetta contro la solitudine* (E. MORANTE) **4** (*est.*) spazio o cavità delimitata, destinata a vari usi: *v. portabagagli* **5** (*fig., lett.*) ciò che è inutile | V. anche *invano*

SFUMATURE ➤ *cabina*

†**vantadóre** ➤ **vantatore**

vantaggiàre [da *vantaggio*, sul modello del fr. *avantager* ✱ av. 1294] **A** **v. tr.** (**pres.** *io vantàggio*; **fut.** *io vantaggerò*) **1** (*lett.*) superare | (*tosc.*) sopravanzare **2** †migliorare | †perfezionare **B** **vantaggiàrsi** **v. rifl.** ● (*lett.*) acquistare vantaggio, superiorità e sim.

vantaggiàto **part. pass.** di *vantaggiare*; anche **agg. 1** (*lett.*) avvantaggiato **2** (*tosc.*) abbondante **3** †superiore, di qualità eccellente ‖ **vantaggiataménte**, **avv. 1** †con maggior vantaggio **2** †in modo migliore; ottimamente

♦**vantàggio** [fr. *avantage*, in orig. 'ciò che è posto avanti', da *avant* 'avanti' ✱ 1266] **s. m. 1** ciò che mette qlcu. o qlco. in condizione più favorevole rispetto ad altri: *il v. della statura, del numero, della posizione*; *avere il v. del sole, del vento*; *disporre del v. della luce, delle tenebre* | (*gramm.*) ***complemento di v. e svantaggio***, indica rispettivamente a vantaggio o a danno di chi o di che cosa si fa o si verifica ciò che è espresso dal verbo; il compl. di vantaggio è introdotto dalle prep. *per, a, verso* e dalle loc. prep. *a vantaggio di, in favore di, a pro di, in difesa di*, e sim.; il compl. di svantaggio, dalle prep. *per* e *contro* e dalle loc. prep. *a svantaggio di, a danno di, a discapito di*, e sim. (per es.: *si è sacrificato per i figli*; *peggio per loro!*; *troppi grassi nuocciono alla salute*; *ho fatto un bonifico a tuo favore*; *un provvedimento a danno dei ceti più deboli*) | †***prendere il v.***, il sopravvento **CONTR.** svantaggio **2** profitto, utile, guadagno: *ricavare da qlco. un v.*; *trarre v. da qlco.* | †sconto | ***a v.***, a profitto, a favore di qlcu.: *ciò torna a tuo v.* **CONTR.** perdita **3** beneficio, miglioramento: *da questa medicina non ho avuto nessun v.* **4** (*tosc.*) giunta, sovrappiù: *avere, dare un v. sul peso* **5** (*lett.*) privilegio, prerogativa: *il v. della ragione* **6** (*sport*) distacco conquistato sull'avversario: *due minuti, tre punti, cinquecento metri, due gol di v.*; *portarsi in v.* | ***corse a vantaggi***, con abbuoni | ***regola del v.***, nel calcio e sim., norma che consente all'arbitro di non rilevare un fallo quando la squadra il cui giocatore l'ha subito riesce a proseguire l'azione | ***v. alla battuta, v. alla rimessa***, (*ellitt.*) ***vantaggio***, nel tennis, punto rispettivamente ottenuto da chi effettua il servizio o la rimessa, dopo che è stato realizzato un 40 pari | ***v. pari***, nel tennis, situazione di parità dopo il 40 pari **7** (*lett.*) ***giocare di v.***, barare **8** (**spec. al pl.**) †tributo di polli, burro, uova e sim. imposto al contadino oltre al canone di affitto **9** (**al pl.**) †affari, interessi ‖ **vantaggìno**, **dim.** | (*lett.*) **vantaggiùzzo**, **dim.**

SFUMATURE ➤ *privilegio*

vantaggióso (o -ṣ-) [da *vantaggio*, sul modello del fr. *avantageux* ✱ sec. XIV] **agg. 1** che dà, procura vantaggio: *posizione vantaggiosa*; *patti vantaggiosi* SIN. conveniente, favorevole CONTR. svantaggioso **2** †che cerca solo il proprio utile ‖ **vantaggiosaménte**, avv. con vantaggio ‖ **vantaggiosità**, s. f. inv. convenienza: *la vantaggiosità di un'offerta*

†**vantagióne** ➤ **vantazione**

vantaménto [av. 1292] **s. m.** ● (*lett.*) presunzione, vanteria

♦**vantàre** [lat. tardo *vanitāre*, da *vānus* 'vano' ✱ 1266] **A** **v. tr.** **1** lodare con ostentazione, esaltare come ottimo, insigne, superiore e sim.: *v. un'azione, un'opera, una persona*; *v. i meriti di qlco., i propri meriti*; *v. i pregi di qlco.* SIN. decantare, magnificare **2** dichiarare di possedere, o possedere realmente, qlco. di cui andar fiero, superbo, orgoglioso: *v. una gloria imperitura*; *v. un successo*; *v. secoli di nobiltà*; *v. amicizie altolocate* | sostenere di avere; rivendicare: *v. diritti su qlco.*; *v. un credito* **B** **vantàrsi** **v. rifl.** **1** esaltare le proprie doti, capacità, virtù e sim., vere o presunte (+ *di*): *è un presuntuoso e non fa che vantarsi*; *vantarsi della propria bellezza, della propria intelligenza* | ***non faccio per vantarmi***, non lo dico per attribuirmene il vanto **2** attribuirsi a merito, vanto, gloria, onore e sim. (+ *di*, *lett.* + *che*): *si vanta delle sue origini modeste*; *mai non poté vantarsi che io il guatassi pure una volta* (G. BOCCACCIO); *I parenti del morto potevan poi anche ... vantarsi che s'era fatto frate per disperazione* (A. MANZONI) | ***di che ti vanti?***, detto con tono spec. ironico a chi non ha alcun motivo per essere fiero delle proprie azioni **3** mostrar fiducia di poter compiere qlco. di straordinario (+ *di* **seguito da inf.**): *vantarsi di scalare una montagna*; *si vanta di saper far tutto* **4** in epoca medievale, fare il vanto

vantatóre o †**vantadóre** [av. 1294] **s. m.** (**f.** *-trice*); **anche agg.** ● (*lett.*) chi (o che) vanta o si vanta

vantazióne o †**vantagióne** [sec. XIII] **s. f.** ● †vanteria

vanterìa [da *vanto*, sul modello del fr. *vanterie* ✱ av. 1529] **s. f.** ● lode eccessiva di sé, esagerata ostentazione di meriti reali o, più spesso, soltanto immaginari: *le assurde vanterie di uno spaccone* SIN. millanteria, ostentazione

vantévole [sec. XIV] **agg.** ● (*lett.*) presuntuoso

vànto [da *vantare* ✱ sec. XIII] **s. m.** **1** il vantare, il vantarsi; vanteria | ***menar v.***, vantarsi, gloriarsi **2** ciò che costituisce motivo di lode, pregio, merito e sim.: *ha il v. della costanza*; *riportare il v. della vittoria*; *abbiamo il v. di essere accorsi per primi in vostro aiuto* | gloria, merito: *a lui solo spettano il v. e la lode*; *dobbiamo dire ciò apertamente, a vostro onore e v.* | ***cedere il v.***, mostrarsi inferiore **3** in epoca medievale, specie di sfida tra i cavalieri, che dovevano, a turno narrare l'impresa più gloriosa, l'azione più nobile e sim. o impegnarsi a compiere qlco. di straordinario

SFUMATURE DI SIGNIFICATO

vanto - ostentazione - millanteria

Vanto è ciò che costituisce motivo riconosciuto di lode, pregio, merito o, se il *vanto* proviene dalla persona stessa che ne è oggetto, l'esaltazione delle proprie doti, capacità, virtù, siano esse vere o presunte. **Ostentazione** è l'esibizione affettata e sussiegosa dei propri meriti, veri o presunti, fatta per vanteria, ambizione o altro. Se il *vanto* o l'*ostentazione* riguardano meriti che non si hanno o esibiscono capacità, possibilità che non si posseggono si ha una **millanteria**.

SFUMATURE ➤ ***superbia***

vanùme [da *vano* ✱ 1838] **s. m.** **1** (*raro*) la parte del grano o di altri cereali che secca senza venire a maturazione **2** (*lett.*) futilità

†**vanùra** [av. 1306] **s. f.** ● vanità, fatuità

vànvera o †**fànfera** [vc. di orig. onomat. ✱ av. 1556] **vc.** ● solo nella loc. avv. ***a v.***, a casaccio, senza fondamento, senza senso: *parlare a v.*; *fare le cose a v.*

vàpiti [1931] **s. m. inv.** ● adattamento di *wapiti* (V.)

vapofórno [comp. di *vapo(re)* e *forno* ✱ 1941] **s. m.** ● forno a vapore usato per la cottura del pane | (*roman.*) panetteria

†**vàpolo** [ricavato dal lat. *vapulāre* 'essere bastonato', di etim. incerta ✱ av. 1367] **agg.** ● manesco

†**vaporàbile** [1308] **agg.** ● evaporabile ‖ †**vaporabilità**, **s. f. inv.**

†**vaporàle** [vc. dotta, lat. tardo *vaporāle(m)*, da *văpor*, genit. *vapōris* 'vapore' ✱ sec. XIV] **agg.** **1** relativo al vapore **2** che funziona a vapore

vaporàre [vc. dotta, lat. *vaporāre* 'esalare vapori, riempire di vapori', da *văpor*, genit. *vapōris* 'vapore' ✱ 1308] **A** **v. tr.** (*io vapóro*) **1** (*lett.*) emettere, diffondere vapori **2** (*fig.*, *lett.*) velare, annebbiare **B** **v. intr.** (**aus.** *avere* o *essere*) ● (*lett.*) evaporare, svaporare | diffondersi sotto forma di vapore: *tra le tamerici, / fuma il letame e grave oggi vapora* (G. PASCOLI)

†**vaporatìvo** [da *vaporato* ✱ sec. XIII] **agg.** **1** che evapora **2** ossidabile

vaporàto **part. pass.** di *vaporare*; anche **agg.** **1** (*lett.*) evaporato | (*lett.*) secco **2** (*lett.*) avvolto, velato

†**vaporatóio** [da *vaporato* ✱ sec. XIV] **s. m.** ● suffumigio

†**vaporatóre** [sec. XIII] **agg.** (**f.** *-trice*) ● che vapora

vaporazióne [vc. dotta, lat. *vaporatiōne(m)*, da *vaporātus* 'vaporato' ✱ sec. XIV] **s. f.** **1** (*lett.*) evaporazione **2** †suffumigio

♦**vapóre** [lat. *vapōre(m)*, di orig. indeur.; nel sign. 3, fr. *vapeur*, da (*bateau à*) *vapeur*, propr. 'battello a vapore', calco sull'ingl. *steamboat* ✱ 1268] **A** **s. m.** **1** (*fis.*) aeriforme a temperatura inferiore a quella critica che si sviluppa da un liquido, per evaporazione o ebollizione, o da un solido per sublimazione: *vapori di iodio, di mercurio* | ***v. acqueo***, che si sviluppa dall'acqua in ebollizione | ***v. saturo***, aeriforme in equilibrio con il liquido o con il solido che lo emette **2** (*per anton.*) vapore acqueo: *stanza piena di v.* | ***a v.***, detto di macchine o dispositivi che producono vapore o che funzionano sfruttando l'energia termica del vapore: *caldaia a v.*; *locomotiva a v.*; *turbina a v.* | ***a tutto v.***, (*fig.*) a gran velocità | ***bagno di v.***, consistente nell'esporre il corpo, per determinati periodi di tempo, all'azione termica del vapore | ***cuocere al v.***, cucinare cibi esponendoli in uno speciale recipiente al solo vapore dell'acqua bollente **3** nave a vapore: *il v. partì carico di emigranti* | ***il padrone del v.***, (*fig.*, *scherz.*) il capo o il proprietario di un'azienda **4** (**spec. al pl.**) fumo, nebbia, umidità: *vapori d'incenso*; *gli umidi vapori del mattino*; *i vapori malsani, mefitici, maleolenti delle paludi* SIN. effluvio | ***i vapori del vino, dell'alcol***, i fumi del vino, dell'alcol **5** (**spec. al pl.**) †vampa di calore alla testa **6** (*poet.*) stella cadente | (*poet.*) fiamma **B** **in funzione di agg.** ● (posposto al sost.) nella loc. ***cavallo v.***, V. *cavallo* nel sign. 2 ‖ **vaporétto**, **dim.** (V.) | **vaporìno**, **dim.** vaporetto

SFUMATURE ➤ ***fumo***

vaporétto [av. 1694] **s. m.** **1** dim. di *vapore* **2** battello a vapore di ridotte dimensioni | motonave di piccole dimensioni usata spec. come mezzo pubblico di trasporto su laghi, lagune e sim. o comunque su brevi tragitti: *da Venezia al Lido si va in v.*

†**vaporévole** [da *vaporare* ✱ sec. XIV] **agg.** ● svaporabile

vaporièra [1856] **s. f.** **1** (*disus.*) locomotiva a vapore: *il fischio della v.* | ***fumare come una v.***, (*fig.*) di cosa che emette grande quantità di fumo; di persona che fuma molto **2** recipiente di uso domestico per la cottura a vapore del cibo

vaporìmetro [comp. di *vapore* e *-metro* ✱ 1895] **s. m.** ● (*fis.*) apparecchio per la misurazione del vapore

vaporissàggio [fr. *vaporisage*, da *vaporiser* 'vaporizzare' ✱ 1970] **s. m.** ● vaporizzazione, vaporizzatura

vaporizzàbile [1869] **agg.** ● che si può vaporizzare

vaporizzàre [fr. *vaporiser*, dal lat. *văpor*, genit. *vapōris* 'vapore' ✱ av. 1799] **A** **v. tr.** **1** portare allo stato di vapore, far evaporare | nebulizzare **2** sottoporre le stoffe tinte all'azione del vapore acqueo per fissare i colori **3** in cosmesi, far dilatare i pori col vapore caldo, per pulire a fondo la pelle **B** **v. intr.** (**aus.** *essere*) e **vaporizzàrsi** **v. intr. pron.** ● evaporare ‖ **vaporizzazióne**, **s. f.** (V.)

vaporizzàto **part. pass.** di *vaporizzare*; **anche agg.** ● nei sign. del v.

vaporizzatóre [fr. *vaporisateur*, da *vaporiser* 'vaporizzare' ✱ 1916] **A** **s. m.** **1** evaporatore **2** (*impropr.*) in varie tecnologie, apparecchio per la riduzione di soluzioni acquose in finissime gocce: *v. per aerosol* SIN. nebulizzatore, polverizzatore **B** **agg.** (**f.** *-trice*) ● che vaporizza | ***tubi vaporizzatori***, in cui avviene l'evaporazione nelle caldaie a tubi d'acqua

vaporizzatùra [da *vaporizzato* ✱ 1933] **s. f.** ● in filatura, fissione mediante vapore caldo della torsione del filo di lana, eseguita normalmente con moderata pressione, in autoclave

vaporizzazióne [fr. *vaporisation*, da *vaporiser* 'vaporizzare' ✱ av. 1799] **s. f.** **1** evaporazione **2** riduzione, mediante apposito apparecchio, di soluzioni acquose in finissime gocce **3** vaporizzatura

vaporóso (o -ṣ-) [vc. dotta, lat. *vaporōsu(m)*, da *văpor*, genit. *vapōris* 'vapore' ✱ 1282] **agg.** **1** (*lett.*) pieno di vapori | †***bagno v.***, di vapore **2** (*fig.*) estremamente sottile e leggero: *velo v.* | ***abito v.***, in tessuto molto leggero, di foggia ampia, con motivi di drappeggio e pieghe **3** (*fig.*) soffice: *capelli vaporosi* **4** (*fig.*, *raro*) vago, confuso: *concetti vaporosi* ‖ **vaporosaménte**, avv. in modo soffice, leggero, morbido ‖ **vaporosità**, **s. f. inv.** **1** caratteristica di ciò che è vaporoso: *la vaporosità di un tessuto*; (*fig.*) vaghezza: *la vaporosità di una descrizione* **2** †vapore

†**vàppa** [vc. dotta, lat. *văppa(m)*, da avvicinare a *văpor* 'vapore' ✱ av. 1498] **s. f.** **1** vino svanito **2** (*fig.*) cosa insulsa

†**vapulazióne** [ricavato dal lat. *vapulāre* 'essere bastonato', di etim. incerta ✱ av. 1606] **s. f.** ● punizione, castigo

vaquèro /va'kero, *sp.* ˚ba'kero/ [vc. sp., da *vaca* 'vacca' ✱ 1890] **s. m.** (**pl. sp.** *vaqueros*) ● mandriano | custode di tori pronti per le corride

var [sigla di *v(olt-) a(mpere) r(eattivo)* ✱ 1938] **s. m. inv.** ● unità di misura della potenza elettrica reattiva, pari a 1 voltampere SIMB. var

varaménto [da *varare* ✱ 1813] **s. m.** ● (*disus.*) varo

Varànidi [comp. da *varano* e *-idi* ✱ 1932] **s. m. pl.** (**sing.** *-e*) ● (*zool.*) famiglia di grandi Sauri africani ed asiatici diurni, carnivori (*Varanidae*)

varàno [arabo *waran* ✱ 1875] **s. m.** ● rettile dei Varanidi, lungo da due a quattro metri, con forma di insieme che ricorda la lucertola, agilissimo e predatore, cacciato per la pelle (*Varanus*)

◆**varàre** [lat. parl. *varāre*, da *vāra* 'forcella, stanga' ✱ av. 1406] **A** **v. tr.** **1** (*mar.*) far scendere per la prima volta in acqua la nave o l'imbarcazione dal cantiere dove è stata costruita: *v. un transatlantico* | mettere in acqua un'imbarcazione di nuova costruzione | †calare in acqua il palischermo di bordo **2** (*fig.*) portare a compimento e presentare al pubblico: *v. una commedia, un volume, un provvedimento* | ***v. una legge***, approvarla definitivamente e sottoporla alla procedura della firma e della pubblicazione **3** (*fig.*) nel linguaggio sportivo, scegliere gli atleti che comporranno una squadra e deciderne il ruolo: *v. una squadra, una formazione; la nuova nazionale sarà varata domani* **B** **varàrsi** **v. intr. pron.** ● (*mar.*) arenarsi, incagliarsi, nelle loc. ***vararsi in costa, in secca***

varàta [da *varare* ✱ 1915] **s. f.** **1** grande mina destinata ad abbattere un grande volume di roccia in grossi blocchi **2** abbattimento di rocce mediante mine sistemate in gallerie di miniera | distacco e discesa a valle di una falda di marmo

varatóio [da *varare* ✱ 1744] **s. m.** (**pl.** *-ói*) ● (*mar.*) attrezzatura che, in un cantiere navale, imprime la spinta iniziale alla nave da varare

varcàbile [1632] **agg.** ● che si può varcare **CONTR.** insuperabile

◆**varcàre** [lat. *varicāre* 'allargare le gambe', da *vārus* 'che ha le gambe storte in fuori' ✱ av. 1276] **A** **v. tr.** (*io vàrco, tu vàrchi*) **1** oltrepassare qlco. attraversandola: *v. un confine, un cancello; varcò il mare a bordo di un veliero; ho appena varcato la soglia di casa* | †oltrepassare una persona **2** (*fig.*) superare: *ha ormai varcato la sessantina* | ***v. i limiti***, eccedere in qlco. **3** (*raro, lett.*) traghettare **B** **v. intr.** (**aus.** *essere*) ● (*poet.*) trascorrere, detto del tempo

SFUMATURE ➤ ***attraversare***

◆**vàrco** [da *varcare* ✱ sec. XIII] **s. m.** (**pl.** *-chi*) **1** passaggio difficoltoso | ***aprirsi un v.***, procurarsi lo spazio necessario per passare: *aprirsi un v. nella boscaglia, tra la folla* **2** (*milit.*) soluzione di continuità in un ostacolo artificiale, per il passaggio di automezzi o di cingolati | ***aspettare qlcu. al v.***, per coglierlo senza che abbia alcuna possibilità di scampo; (*fig.*) aspettare il momento favorevole per vendicarsi, provocarlo o metterlo alla prova | ***cogliere, prendere al v.***, sorprendere al passaggio **3** (*lett.*) valico montano, passo | attraversamento: *certo costoro scendono sì furiosi per prenderci al v. della montagna* (G. Boccaccio) **4** (*lett.*) arco di tempo

varèa [etim. incerta ✱ 1813] **s. f.** ● (*mar.*) estremità di qualsiasi asta o verga non verticale

varèch o **varècchi** /va'rɛk/ [fr. *varech*, propr. 'relitto, avanzo di naufragio', dall'ingl. ant. *wraec*, di orig. scandinava ✱ 1813] **s. m. inv.** ● (*bot.*) insieme di alghe brune secche, spec. fuchi e laminarie, usato un tempo nei Paesi europei dell'Atlantico come fertilizzante o per ricavare iodio, soda e sali di potassio | le ceneri di tali alghe

varechìna o **varecchìna**, (*sett.*) **varichìna** [detta così perché si estrae dai *varecchi* ✱ 1923] **s. f.** ● candeggina

varesìno (o -ṣ-) [da *Varese* ✱ av. 1861] **A** **agg.** ● di Varese **B** **s. m.** (**f.** *-a*) ● abitante o nativo di Varese **CFR.** varesotto

varesòtto (o -ṣ-) [da *Varese* ✱ 1852] **s. m.** (**f.** *-a*) ● abitante o nativo della provincia di Varese **CFR.** varesino

vària① [vc. lat., nt. pl. sost. di *vărius* 'vario' ✱ 1927] **s. f. pl.** ● opere varie, argomenti vari, spec. in titoli, intestazioni e sim. **CFR.** miscellanea

vària② [da *vario* ✱ 1987] **s. f.** ● classificazione merceologica dell'industria libraria, comprendente libri di narrativa e saggistica: *il mercato della v.*

variàbile [vc. dotta, lat. tardo *variābile(m)*, da *variāre* ✱ av. 1328] **A** **agg.** **1** che varia, cambia: *tempo v.; clima v.; costo v.* | incostante: *Lo vide inquieto, di umore v.* (I. Svevo) | ***foglie variabili***, che mutano di forma nella stessa specie vegetale | ***stella v.***, che mostra variazioni della sua luminosità **CONTR.** invariabile **2** (*gramm.*) detto di parola o di parte del discorso (sostantivo, aggettivo, pronome, verbo, articolo) che muta la sua forma secondo il genere, il numero, il tempo, il modo, la persona **3** (*mat.*) non costante || **variabilménte**, **avv.** || **variabilità**, **s. f. inv.** (V.) **B** **s. f.** **1** (*mat.*) ente non determinato, ma in grado d'identificarsi con ciascuno degli enti di un determinato insieme | (*fis.*) ***v. di stato***, grandezza fisica che è necessario specificare per definire lo stato di un sistema, come la temperatura o la pressione | (*mat.*) ***v. indipendente***, il cui valore può essere fissato arbitrariamente | (*mat.*) ***v. dipendente***, il cui valore è determinato dal valore di una o più altre variabili | (*mat.*) ***v. booleana, logica***, che può assumere solo uno dei due valori 'vero' o 'falso' **2** (*fig.*) elemento che interviene a modificare una situazione: *una v. improvvisa ha mutato il quadro politico*

variabilità [1552] **s. f. inv.** **1** condizione di ciò che è variabile: *v. di umore, della stagione* **CONTR.** invariabilità **2** (*biol.*) caratteristica di tutti gli organismi viventi per cui individui della stessa specie non sono mai perfettamente uguali **3** (*stat.*) attitudine di un fenomeno ad assumere modalità diverse | ***indice di v.***, che misura la diseguaglianza di un gruppo di valori osservati

varialùce [comp. di *varia(re)* e *luce* ✱ sec. XX] **s. m. inv.** ● piccolo reostato usato spec. per variare l'intensità luminosa delle lampade a incandescenza e alogene **SIN.** dimmer

variaménto [av. 1292] **s. m.** ● (*disus.*) variazione

variànte **A** **part. pres.** di *variare*; anche **agg.** **1** nei sign. del v. **2** ***lezione v.***, in filologia, parola o frase che due testi di una stessa opera riportano in modo diverso || **varianteménte**, **avv.** in modo diverso **B** **s. f.** **1** modificazione rispetto a una tipologia primaria o che si considera fondamentale: *v. di un piano regolatore, di un progetto edilizio; abbiamo sperimentato alcune varianti della ricetta* | tratto di strada alternativo a un altro: *la v. di valico della Bologna-Firenze* **2** in filologia, lezione variante: *le varianti dei canti leopardiani* | ***varianti di tradizione***, quelle imputabili a interventi sul testo da parte di amanuensi o stampatori | ***varianti d'autore***, quelle imputabili all'autore che interviene sul testo durante la stesura dell'opera o in un secondo tempo riscrivendola **3** (*ling.*) ognuna delle diverse forme in cui si può presentare un elemento linguistico: *v. grafica, morfologica; 'leticare' è la v. toscana di 'litigare'* | ***v. fonematica***, ogni realizzazione dello stesso fonema **SIN.** allofono **4** (*sport*) tratto di percorso diverso da quello originario di una data via alpinistica, di un circuito e sim. | (*est.*) modificazione di un percorso o di un progetto: *hanno apportato alcune varianti al programma di viaggio*

variantìstica [da *variante* nel sign. B 2 ✱ 1983] **s. f.** ● in filologia, esame, studio e confronto delle varianti

variànza [vc. dotta, lat. *variāntia(m)*, da *vărians*, genit. *variāntis* 'variante' ✱ av. 1589] **s. f.** **1** (*lett.*) variazione **2** (*fis.*) numero di fattori che bisogna fissare per stabilire lo stato di equilibrio di un sistema **3** (*stat.*) quadrato dello scarto quadratico medio **SIN.** indice di variabilità

◆**variàre** [vc. dotta, lat. *variāre*, da *vărius* 'vario' ✱ 1261 ca.] **A** **v. tr.** (*io vàrio*) **1** mutare, cambiare: *v. la disposizione dei mobili, l'orario di apertura di un negozio* **2** rendere vario, diversificare: *v. suoni, colori, forme; v. l'alimentazione, le proprie letture; v. la pena secondo il delitto* | (*est.*) abbellire con la varietà per togliere monotonia, uniformità e sim. | ***v. un motivo musicale***, senza alterarne l'andamento o il pensiero principale **B** **v. intr.** (**aus.** *avere* **con soggetto di pers.**, *essere* **con soggetto di cosa**) **1** cambiare, subire variazioni, mutamenti e sim. (+ *di*): *v. di idee, di colore; in primavera il tempo varia spesso; la moda varia da un anno all'altro* | †***v. da qlco.***, allontanarsi **2** essere diverso: *le idee, le convinzioni variano da persona a persona; il prezzo varia a seconda della domanda*

variàtio /lat. vari'attsjo/ [vc. lat., propr. 'variazione' ✱ 1855] **s. f. inv.** (**pl. lat.** *variationes*) ● in retorica, sostituzione di una forma con un'altra allo scopo di evitare le ripetizioni (fonetiche, lessicali, sintattiche, ecc.) | in letteratura, variazione stilistica che ha lo scopo di rendere il testo più elegante: *v. narrativa*

variàto **part. pass.** di *variare*; anche **agg.** **1** (*raro*) cambiato: *un orario v. da poco* **2** vario, che presenta un'alternanza di elementi diversi: *suoni, colori variati; alimentazione variata; paesaggio v.* **3** †instabile, mutevole || **variataménte**, **avv.**

variatóre [da *variato* ✱ 1937] **s. m.** ● in varie tecnologie, organo o dispositivo che consente variazioni, regolazioni, controlli e sim.: *v. di velocità; v. di fase; v. di tensione*

variazionàle [da *variazione* ✱ 1961] **agg.** ● (*mat.*) relativo a equazioni o principi che devono essere soddisfatti affinché le variazioni di determinate grandezze assumano i valori desiderati | ***calcolo v.***, calcolo delle variazioni

◆**variazióne** [vc. dotta, lat. *variatiōne(m)*, da *variātus* 'variato' ✱ 1282] **s. f.** **1** modificazione: *v. di prezzi* | cambiamento, mutamento: *v. di toni, linee, colori; v. di stagione; annotare le variazioni del vento; spaventavanlo le variazioni e il modo di procedere del Duca di Urbino* (F. Guicciardini) | ***variazioni individuali***, in biologia, differenze che rendono distinguibili fra loro individui della stessa specie | ***campo di v.***, in statistica, indice di variabilità definito dalla differenza fra l'intensità massima e l'intensità minima di un fenomeno **2** (*mat.*) estremo superiore delle oscillazioni di una funzione reale, su tutte le suddivisioni di un intervallo dato | in una sequenza o in una successione di numeri reali, presenza di due numeri consecutivi di segno opposto | ***calcolo delle variazioni***, branca dell'analisi matematica che studia i metodi per determinare i valori massimi e minimi di quantità dipendenti da una o più funzioni **3** (*mus.*) modificazione melodica, armonica, timbrica, espressiva cui è sottoposto un tema, anche di altro autore: *33 variazioni sopra un valzer di Diabelli, di Beethoven* | (*est.*) ***v. sul tema***, sviluppo, variante, rielaborazione di qlco.: *il romanzo consiste in una serie di variazioni sul tema dei rapporti di coppia* **4** †varietà

†**varicàre** ➤ **valicare**①

varìce [vc. dotta, lat. *vărice(m)*, di etim. incerta; l'accento sulla penultima in it. è dovuto all'analogia con *radice* ✱ sec. XIV] **s. f.** ● (*med.*) dilatazione abnorme e tortuosa di vasi linfatici o ematici, spec. di vene

varicèlla [fr. *varicelle*, deformazione di *variole*

'vaiolo' ✻ 1829] **s. f.** ● (*med.*) malattia infettiva acuta, contagiosa, di natura virale, che si manifesta con la comparsa sulla cute di un particolare esantema caratterizzato da papule e vescicole

varichìna ➤ **varechina**

varicocèle [comp. di *varice* e *-cele* ✻ 1806] **s. m.** ● (*med.*) dilatazione varicosa delle vene testicolari lungo il cordone spermatico

varicóso (o **-ṣ-**) [vc. dotta, lat. *varicōsu(m)*, da *vărix*, genit. *văricis* 'varice' ✻ 1499] **agg.** ● di varice | che è affetto da varice: *vena varicosa*

variegàto [vc. dotta, lat. *variegātu(m)*, part. pass. di *variegāre* 'dar varietà, dipingere', comp. di *vărius* 'vario' e un deriv. di *ăgere* 'condurre, fare' (V. *agenda*) ✻ 1499] **agg.** ● di colori vari, disposti a striature irregolari: *penna, camelia variegata; marmo v. di grigio, di rosa; tessuto bianco v. di rosso* | (*fig.*) composito, vario: *la variegata realtà sociale di una periferia metropolitana* **CFR.** pecilo- **SIN.** screziato ‖ **variegataménte**, **avv.**

variegatùra [da *variegato* ✻ 1949] **s. f.** ● insieme delle striature irregolari, di colore diverso da quello di fondo, che conferiscono a qlco. l'aspetto variegato: *la v. di un fiore, di un marmo*

†**varieggiàre** [av. 1629] **v. intr.** ● inframmezzare

♦**varietà** ① o †**varietàde**, †**varietàte** [vc. dotta, lat. *varietāte(m)*, da *vărius* 'vario' ✻ 1292] **s. f. inv.** **1** caratteristica di ciò che è vario, ricco, molteplice: *la v. dei colori, dei suoni, delle forme, delle idee, dei gusti; v. di stile; l'infinita v. della natura* | molteplicità di elementi diversi, vari: *v. di delitti, di pene; tavola imbandita con una grande v. di cibi e di bevande* | †volubilità, incostanza **CONTR.** monotonia, uniformità **2** †differenza: *che v. porremo noi tra queste e quelle ...?* (G. Boccaccio) **3** elemento che, pur rientrando in un genere, in una serie o categoria e sim., si differenzia da altri analoghi per caratteristiche sue proprie: *una rara v. di marmo rosa; una pregiata v. di giada* | (*miner.*) sottoinsieme della specie che si distingue per un suo carattere particolare, es. colore, forma **4** (*biol.*) gruppo tassonomico in cui si raccolgono organismi della stessa specie che si distinguono per caratteri particolari: *v. di piante, di animali* | ***v. sintetica***, prodotta mediante la fecondazione libera di più linee o piante selezionate e autofecondate **5** (*mat.*) genericamente, insieme di enti matematici dotati di proprietà comuni | ***v. algebrica***, l'insieme dei punti di uno spazio vettoriale le cui coordinate soddisfano un numero definito di equazioni algebriche **6** †mutamento, cambiamento

varietà ② [da *varietà*①: calco sul fr. *variété* ✻ av. 1916] **s. m. inv.** **1** spettacolo leggero composto di canzoni, dialoghi, danze e numeri di attrazione: *numero di v.; v. televisivo* **2** teatro nel quale vengono rappresentati spettacoli di varietà: *andare al v.*

varietàle [1930] **agg.** ● (*agric.*) che riguarda una o più varietà: *reazione, riconversione v.* | (*enol.*) detto di vino ottenuto da un'unica varietà di uva

variété /fr. vaʀje'te/ [dal s. f. pl. fr. *variétés* nella loc. *Théâtre des Variétés* ✻ 1858] **s. m. inv.** ● varietà②

varifocàle [comp. di *vario* e un deriv. di *fuoco* ✻ 1965] **agg.** **1** (*fotogr.*) detto di obiettivo mediante il quale si possono realizzare distanze focali differenti **2** detto di lente da occhiali con una curvatura che cambia progressivamente dalla parte superiore a quella inferiore, per vedere distintamente a diverse distanze **SIN.** progressivo **CFR.** bifocale

†**varifórme** [comp. di *vario* e *-forme*; calco sul gr. *poikilómorphos* ✻ 1499] **agg.** ● di varia forma o figura

♦**vàrio** o †**vàro**③ [vc. dotta, lat. *văriu(m)*. V. *vaio* ✻ av. 1292] **A** **agg.** (**pl. m.** *-i* o *lett.* *-ii*) **1** che è costituito da elementi disuguali ma non contrapposti, anzi armonicamente coordinati: *paesaggio v. e piacevole; stile, ritmo v. e vivace; vegetazione varia e lussureggiante* | **PROV.** ***il mondo è bello perché è v.***, è una bella cosa che al mondo ci siano idee, abitudini e gusti diversi (*anche iron.*) **CONTR.** monotono, uniforme **2** di caratteristiche differenti e molteplici: *piante varie; oggetti vari; negozio di generi vari; oggetti di varia grandezza; abiti di varie misure; fiori di v. colore; mobili di varie epoche; avere varie possibilità; le varie componenti culturali di un'epoca* | (*fis.*) ***moto v.***, moto di un punto su una traiettoria qualsiasi con accelerazione tangenziale non nulla | (*fis.*) ***moto uniformemente v.***, moto vario di un punto su una traiettoria qualsiasi, nel quale l'accelerazione tangenziale rimane costante nel tempo mentre quella normale può variare **3** (**al pl.**) numerosi, parecchi (preposto a un sost.): *vari clienti richiedono questo articolo; da vari anni lo attendiamo; ultimamente l'ho visto varie volte* **4** instabile, mutevole, incostante: *tempo v.; essere di umore v.* **5** †differente: *opinioni varie da tutte le altre* **6** †variegato ‖ **variaménte**, **avv.** in modo vario: *abito, tessuto variamente colorato* **B** **s. m.** ● (*raro*) varietà: *amare, prediligere il v.* **C** **vàri** in funzione di **agg. indef. pl.** ● disparati, svariati: *vari autori ne parlano; ho ascoltato i pareri di varie persone; commercio in generi vari; ho provato vari prodotti* **D** **vàri** in funzione di **pron. indef. pl.** ● parecchie e disparate persone: *ho scritto a vari e nessuno ha risposto; vari dicono che la colpa sia sua* | ***varie***, nel titolo di libri, scritti, miscellanee, rubriche, indica un contenuto disparato, la varietà degli argomenti trattati | ***varie ed eventuali***, formula conclusiva spec. di ordini del giorno prestabiliti

variolàto [vc. dotta, lat. tardo *variolātu(m)*. V. *vaiolato* ✻ 1879] **agg.** ● cosparso di piccole macchie rotonde, simili per la forma alle pustole del vaiolo: *pietre variolate*

variòmetro [comp. di *vario* e *-metro* ✻ 1930] **s. m.** **1** strumento per la determinazione di variazioni di una grandezza fisica | ***v. gravitazionale***, strumento per la determinazione di variazioni della forza di gravità | ***v. magnetico***, strumento per la registrazione di variazioni delle componenti del campo magnetico terrestre **2** (*aeron.*) strumento che indica le variazioni di quota, e che, opportunamente tarato, misura la velocità verticale di salita e di discesa **3** in elettrotecnica, induttore variabile costituito da due bobine mobili, collegate in serie, mutuamente accoppiate

♦**variopìnto** [comp. di *vario* e *pinto*, part. pass. di *pingere*② ✻ av. 1796] **agg.** ● di colori vari e piuttosto vivaci: *farfalle variopinte; arazzi variopinti* **CFR.** pecilo- **CONTR.** monocolore

varìscico [da *Variscia*, n. latinizzato del distretto di *Voigtland* (Germania) ✻ 1970] **agg.** (**pl. m.** *-ci*) ● (*geol.*) ercinico

varìṣmo [comp. di *varo*② e *-ismo* ✻ 1929] **s. m.** ● (*med.*) condizione patologica in cui l'asse di un segmento di arto devia in dentro rispetto alla posizione normale **CFR.** valgismo

varistóre [ingl. *varistor*, comp. di *vari(able)* e *(resi)stor* ✻ 1961] **s. m.** ● (*elettr.*) resistenza che presenta una relazione non lineare fra tensione e corrente

vàrmetro [comp. di *var* e *-metro* ✻ 1957] **s. m.** ● strumento che misura in var una potenza reattiva

♦**vàro** ① [1828] **s. m.** **1** (*mar.*) operazione del varare una nave | messa in acqua di un'imbarcazione che è stata per un periodo di tempo in secco | (*est.*) tecnica di costruzione nella quale grandi strutture prefabbricate in acciaio o cemento armato vengono fatte scivolare nella sede definitiva mediante un'apposita macchina di sollevamento e trasporto, detto carro di varo **2** (*fig.*) definitiva approvazione, attuazione: *il v. di una legge, di un provvedimento* **3** nel linguaggio sportivo, nuova formazione di una squadra e il suo esordio ufficiale

vàro ② [vc. dotta, lat. *vāru(m)* 'che ha le gambe storte in fuori', di etim. incerta ✻ 1829] **agg.** ● (*med.*) caratterizzato da varismo **CFR.** valgo①

†**vàro** ③ ➤ **vario**

varóra [comp. di *VAR* o *VAr*, sigla di *v(olt)a(mpere) r(eattivo)* e *ora* ✻ sec. XX] **s. m. inv.** ● (*elettr.*) unità di misura dell'energia reattiva; 1 varora è pari a 1 volt · ampere · ora, o anche a 1 watt · ora **SIMB.** var

varrò ➤ **valere**

varròa [dal n. dello studioso lat. *Varro* 'Marco Terenzio Varrone' per i suoi scritti sull'allevamento delle api ✻ 1982] **s. f.** ● (*zool.*) genere di Acari parassiti esterni degli Apidi, comprendente varie specie una delle quali, *Varroa destructor*, infesta l'ape domestica causandole gravi patologie

varròcchio o **verròcchio** [etim. incerta ✻ sec. XIII] **s. m.** ● specie di argano usato nel Medioevo per sollevare pesi o come macchina da guerra per scalzare e abbattere mura

varroniàno [vc. dotta, lat. *varroniānu(m)*, agg. di *Vărro*, genit. *Varrōnis* 'Varrone' ✻ 1840] **agg.** ● che riguarda il filologo latino Marco Terenzio Varrone (116-27 a.C.): *le etimologie varroniane*

vàrva [svedese *varv* 'giro, deposito', vc. germ. di orig. indeur. ✻ 1965] **s. f.** ● (*geol.*) sedimento clastico a straterelli chiari e scuri alternati, deposti nelle diverse stagioni, tipico dei laghi vicini ai ghiacci

†**varvassóre** ➤ **valvassore**

Vas [sigla di *v(edetta) a(nti)-s(ommergibile)* ✻ 1961] **s. m. inv.** ● vedetta antisommergibili usata nella seconda Guerra mondiale: *essere imbarcato su un Vas*

vaṣàio o (*centr.*) **vaṣàro** [sec. XIV] **s. m.** (**f.** *-aia*, **pl. m.** *-ai*) **1** artigiano che fabbrica vasi di terracotta, ceramica e sim.: *la ruota del v.* **2** chi vende vasi di terracotta

vaṣàle [1936] **agg.** ● (*anat.*) relativo a vaso sanguigno o linfatico: *labilità v.*

†**vaṣàme** [comp. di *vaso* e *-ame* ✻ 1612] **s. m.** ● vasellame

vaṣàro ➤ **vasaio**

♦**vàsca** [ricavato dal lat. *vāscula*, pl. di *vāsculum*, dim. di *vās* 'vaso' ✻ av. 1556] **s. f.** **1** costruzione in muratura, cemento, lamiera o altro, incassata nel suolo o da esso sporgente, destinata a contenere acqua o altri liquidi: *v. da bagno; la v. del bucato; al centro del cortile sta una v. che raccoglie l'acqua piovana; la v. dei pesci* | (*enol.*) contenitore in muratura, cemento (anche vetrificato) o acciaio inossidabile, destinato a ricevere l'uva della vendemmia, il mosto in fermentazione o il vino già fatto **CFR.** tino | ***v. elettrolitica***, contenente un liquido elettrolita di debole conduttività ed elettrodi che creano un campo elettrico, usata per applicazioni varie | ***v. di tintoria***, tino | ***v. di chiarificazione, di sedimentazione, di deposito***, in varie tecnologie, quella in cui viene fatto passare un liquido a velocità molto ridotta, per far depositare le sostanze da esso trasportate | ***v. di laminazione***, vasca per la decantazione dell'acqua piovana; anche, bacino artificiale che assorbe gli eccessi di portata di un fiume per evitarne lo straripamento | ***v. navale***, nei cantieri navali, bacino in cui si compiono espe-

V

rimenti con modelli di natanti **2** tazza o bacino di fontana: *giardino con v.* **3** piscina | ***fare una v.***, nel linguaggio dei nuotatori, percorrere in un senso la lunghezza della piscina, per allenamento: *fare sei vasche nuotando sul dorso*; (*fig.*) fare la passeggiata lungo la via principale di paesi o città di provincia || **vaschétta**, **dim.** (V.) | **vascóna**, **accr.** | **vascóne**, **accr. m.**

vascellìno [1957] **agg. 1** dim. di *vascello* **2** botticella in legno di ginepro, per la stagionatura dell'aceto balsamico

vascèllo o †**vassèllo** [lat. tardo *vascĕllu(m)* 'vasetto', dim. di *vāsculum*, a sua volta dim. di *vās* 'vaso' ✱ sec. XIII] **s. m. 1** (*mar.*) grande nave da guerra a tre ponti, tre alberi altissimi, 80 e più pezzi di artiglieria e moltissime vele, in uso dalla fine del XVI sec. fino alla prima metà del XIX sec.: *v. di linea* | (*lett.*) imbarcazione, spec. a vela | (*mar.*) ***sottotenente, tenente, capitano di v.***, nella marina militare, gradi corrispondenti rispettivamente a tenente, capitano e colonnello dell'esercito | ***ufficiali di v.***, nella marina militare, tutti gli ufficiali del corpo di stato maggiore **2** (*centr.*) tino, botte a doghe || **vascellétto**, **dim.** | **vascellìno**, **dim.** (V.)

vaschétta [1531] **s. f. 1** dim. di *vasca* **2** contenitore a forma di parallelepipedo, usato spec. per la vendita di prodotti alimentari: *una v. di gelato* || **vaschettìna**, **dim.**

vascolàre o †**vasculàre** [dal lat. *vāsculum*. V. *vascolo* ✱ 1750] **agg. 1** (*anat.*) vasale | ***sistema v.***, complesso dei vasi sanguigni **2** (*bot.*) ***tessuto v.***, tessuto vegetale costituito da cellule morte che formano un sistema di tubi per il trasporto dell'acqua e delle soluzioni dalle radici alle foglie | ***sistema v.***, xilema **3** relativo ai vasi di terracotta: *arte v.*; *pitture vascolari etrusche* || **vascolarità**, **s. f. inv.**

vascolarizzàto [da *vascolare* ✱ 1891] **agg.** ● ricco di vasi sanguigni: *tessuto v.*

vascolarizzazióne [da *vascolare* ✱ 1875] **s. f.** ● (*anat.*) distribuzione dei vasi sanguigni in un tessuto | irrorazione sanguigna dello stesso

vàscolo [vc. dotta, lat. *vāsculu(m)*, dim. di *vās* 'vaso' ✱ 1504] **s. m.** ● recipiente metallico usato dai botanici per la raccolta delle erbe

vascolopatìa ➤ **vasculopatia**

vascolóso (o -**ṣo**) [dal lat. *vāsculum*. V. *vascolo* ✱ av. 1730] **agg.** ● (*anat.*) munito di vasi

†**vasculàre** ➤ **vascolare**

vasculìte [comp. del lat. *vāsculum* (V. *vascolo*) e del suff. *-ite* ✱ 1992] **s. f.** ● (*med.*) infiammazione dei vasi sanguigni

vasculopatìa o **vascolopatìa** [comp. del lat. *vāsculum*, dim. di *vās* 'vaso' e *-patia* ✱ 1961] **s. f.** ● (*med.*) qualsiasi malattia dei vasi sanguigni || **vasculopàtico**, **agg.** (**pl. m.** *-ci*); anche **s. m.** (**f.** *-a*) nel sign. 2 **1** relativo a vasculopatia **2** che (o chi) soffre di vasculopatia

†**vàṣe** ➤ **vaso**

vaṣectomìa [comp. di *vaso* ed *-ectomia* ✱ 1977] **s. f.** ● (*chir.*) taglio e legatura dei dotti deferenti, a scopo di sterilizzazione maschile **SIN.** vasoresezione

vaṣectomizzàre [da *vasectomia* ✱ 1983] **v. tr.** ● sottoporre a vasectomia

vaṣectomizzàto **part. pass.** di *vasectomizzare*; anche **agg. e s. m.** ● che (o chi) è stato sottoposto a vasectomia

†**vaṣèl** ➤ **vasello**

vaṣelìna o (*pop.*) **vaṣellìna** [fr. *vaseline*, dall'anglo-amer. *vaseline*, comp. del ted. *Wasser* 'acqua' (vc. germ. di orig. indeur.) e del gr. *élaion* 'olio d'oliva' (V. *olio*) col suff. *-ine* '-ina', caratteristico dei medicinali ✱ 1891] **s. f.** ● sostanza semisolida, filante, untuosa, ottenuta dai residui della distillazione del petrolio; si usa in profumeria e in farmacia come eccipiente per pomate e unguenti, e nell'industria come lubrificante

†**vaṣellàio** o †**vaṣellàro** [da *vasello* ✱ 1282] **s. m.** ● vasaio

♣**vaṣellàme** [comp. di *vasello* e *-ame* ✱ sec. XIII] **s. m.** ● insieme di piatti, vassoi, tazze e sim. per la mensa, spec. se di valore: *v. d'argento*

†**vaṣellaménto** [av. 1292] **s. m.** ● vasellame

†**vaṣellàro** ➤ †**vasellaio**

†**vaṣellière** [da *vasello* ✱ sec. XIII] **s. m.** ● vasaio

vaṣellìna ➤ **vaselina**

vaṣèllo [dim. di *vaso* ✱ av. 1321] **s. m.** (*poet.* troncato in †*vasèl* nel sign. 3) **1** vasetto metallico contenente l'acqua con la quale il sacerdote cattolico, durante la liturgia della Messa, si purifica le dita prima di toccare le specie eucaristiche **2** (*lett.*) †vaso, spec. per la mensa | (*fig.*) †persona, in quanto colma di particolari vizi o virtù | (*fig.*) †***natural v.***, utero **3** (*lett.*) †vascello || †**vaṣellétto**, **dim.** | †**vaṣellìno**, **dim.** | †**vaṣellùzzo**, **dim.**

vaṣerìa [da *vaso* ✱ 1865] **s. f.** ● (*raro*) assortimento di vasi, spec. da giardino

vaṣétto [av. 1342] **s. m. 1** dim. di *vaso* | vasino **2** piccolo recipiente di vetro per la conservazione di alimenti o altri prodotti: *un v. di miele, di marmellata*; *un v. di unguento* || **vaṣettìno**, **dim.**

vaṣistas /va'zistas/ [vc. fr., dall'espressione ted. *Was ist das?* 'che cosa è ciò?', n. scherzoso dato a questo tipo di apertura, attraverso la quale ci si può rivolgere a qualcuno ✱ 1918] **s. m. inv.** ● battente, girevole intorno al suo lato inferiore, posto nella parte alta di alcune finestre o porte per consentire la ventilazione: *aprire il v. della finestra*; *porta con v.* | ***a v.***, detto di porta o finestra, con cerniera nella parte inferiore, che si apre nella parte superiore verso l'interno | anche con battente girevole intorno al lato superiore: *pensile a v.*

♦**vàṣo** o †**vàṣe** [lat. *vāsu(m)* (più comunemente *vās*), di etim. incerta ✱ 1261 ca.] **s. m.** (**pl.** *vasi*, **m.**, †*vasa*, **f.**) **1** recipiente di terracotta, vetro, metallo o altro materiale, di forma tondeggiante e varia, gener. più alto che largo: *v. di rame, di porcellana*; *v. con due anse*; *vasi greci, corinzi, etruschi*; *antichi vasi decorati* | ***portar vasi a Samo***, (*fig.*) fare qlco. di totalmente inutile | ***vasi vinari***, tini, botti, barili | ***v. da notte***, orinale, pitale | ***v. da fiori***, in terracotta, ricolmo di terra e forato alla base, per coltivarvi piante, oppure in cristallo o altro per collocarvi fiori recisi | ***v. di coccio***, (*fig.*) detto di persona debole nei confronti di persone potenti (da una favola di Esopo; in un fiume un vaso di coccio badava a stare distante dai vasi di ferro) | ***v. di Pandora***, (*fig.*) ricettacolo di tutti i mali o combinazione nefasta di guai, calamità e sim. (dal mitico recipiente che Pandora ebbe in dono da Zeus) | ***vasi sacri***, calice, pisside, ostensorio, ciborio | (*fig.*) ***V. d'elezione, V. dello Spirito Santo***, (*per anton.*) San Paolo, su cui Dio pose la sua scelta per la propagazione della fede | ***a v.***, a forma di vaso | ***potatura a v.***, forma libera di allevamento di alberi da frutta, quali pesco, mandorlo, pero, melo **CFR.** scifo- **2** contenitore cilindrico, normalmente di vetro, a larga imboccatura, per prodotti alimentari, chimici, farmaceutici: *un v. per marmellata, per ciliegie sottospirito, per sottaceti* **SIN.** barattolo | (*fis.*) ***v. di Dewar***, recipiente di vetro a doppia parete, con intercapedine isolante, usato per conservare l'aria liquida o altri gas liquefatti **3** (*est.*) quantità di sostanza contenuta in un vaso: *un v. d'acqua, di terra* **4** parte della latrina che accoglie i rifiuti, provvista in genere di sifone | ***v. all'inglese***, con sedile costituito da una tavoletta di legno o plastica **5** (*anat.*) condotto tubulare attraversato da sangue o linfa: *vasi sanguigni, linfatici* | (*bot.*) canale atto alla circolazione dei liquidi di un vegetale: *vasi laticiferi* | (*bot.*) ***v. aperto***, trachea | (*bot.*) ***v. chiuso***, tracheide **CFR.** angio- **6** (*archit.*) ***v. di capitello***, parte del capitello foggiata a vaso, come quella a foglie d'acanto nei capitelli corinzi **7** (*mar.*) invasatura **8** (*fis.*) ***v. comunicante***, recipiente in comunicazione con un altro | ***principio dei vasi comunicanti***, quello secondo il quale uno stesso liquido raggiunge al loro interno un medesimo livello di equilibrio || **vaṣèllo**, **dim.** (V.) | **vaṣétto**, **dim.** (V.) | **vaṣìno**, **dim.** (*fam.*) vaso da notte per bambini | **vaṣóne**, **accr.**

vaṣocostrittóre [comp. di *vaso* e *costrittore* ✱ 1930] **A** **agg.** (**f.** *-trice*) ● detto di farmaco che agisce diminuendo il calibro dei vasi **B** **s. m.** ● farmaco o sostanza che provocano vasocostrizione

vaṣocostrizióne [comp. di *vaso* e *costrizione* ✱ 1936] **s. f.** ● (*med.*) riduzione di calibro dei vasi sanguigni

vaṣodilatatóre [comp. di *vaso* e *dilatatore* ✱ 1930] **A** **agg.** (**f.** *-trice*) ● detto di farmaco che agisce dilatando i vasi sanguigni **B** **s. m.** ● farmaco o sostanza che provocano vasodilatazione

vaṣodilatazióne [comp. di *vaso* e *dilatazione* ✱ 1935] **s. f.** ● (*med.*) aumento di calibro dei vasi sanguigni

vaṣomotilità [comp. di *vaso* e *motilità*; *motilità* è un adattamento dell'ingl. *motility* 'capacità di movimento', da *motile* 'capace di movimento', deriv. dal lat. *mōtus*, part. pass. di *mōvere* 'muovere' ✱ 1957] **s. f. inv.** ● (*anat.*) capacità dei vasi di contrarsi o dilatarsi

vaṣomotóre [comp. di *vaso* e *motore* ✱ 1875] **agg.** (**f.** *-trice*) ● che presiede alla contrazione o dilatazione dei vasi: *nervo, farmaco v.*

vaṣomotòrio [comp. di *vaso* e *motorio* ✱ 1904] **agg.** (**pl. m.** *-i* o *raro -ii*) ● (*anat.*) relativo alla vasomotilità

vaṣomotricità [comp. di *vaso* e un deriv. di *motrice* ✱ 1965] **s. f. inv.** ● (*raro*) vasomotilità

vaṣopressìna [comp. di *vaso(costrizione)* e *press(ione sanguigna)* ✱ 1961] **s. f.** ● ormone del lobo posteriore dell'ipofisi con azione vasocostrittrice-ipertensiva e antidiuretica **SIN.** pitressina

vaṣoprotettìvo [comp. di *vaso* e *protettivo* ✱ 1947] **agg.** ● (*farm.*) vasoprotettore

vaṣoprotettóre [comp. di *vaso* e *protettore* ✱ 1959] **A** **agg.** (**f.** *-trice*) ● (*farm.*) detto di farmaco utilizzato per favorire il drenaggio venoso e del suo effetto **SIN.** vasoprotettivo **B** anche **s. m.**

vaṣoresezióne [comp. di *vaso* e *resezione* ✱ 1983] **s. f.** ● vasectomia

vaṣospàṣmo [comp. di *vaso* e *spasmo* ✱ 1961] **s. m.** ● (*med.*) angiospasmo

vaṣotonìna [comp. di *vaso*, del gr. *tónos* 'tensione' e del suff. *-ina* ✱ 1965] **s. f.** ● (*med.*) sostanza che aumenta il tono vasale provocando contrazione o spasmo

vassallàggio [da *vassallo*, sul modello del fr. *vasselage* ✱ 1235 ca.] **s. m. 1** nella società feudale, contratto in base al quale un uomo libero si assoggettava a un signore il quale si impegnava a proteggerlo **2** (*fig.*) condizione di asservimento, soggezione e sim. **SIN.** sudditanza **3** †servizio | ***fare v.***, prestare servizio **4** (*raro, lett.*) moltitudine di vassalli: *tutto il v. era colà riunito* **5** (*fig.*) †valore; opera virtuosa

vassallàtico o (*raro*) **vassallìtico** [1387] **agg.** (**pl. m.** *-ci*) ● relativo a vassallo o a vassallaggio: *feudi vassallatici*

vassallésco [1827] **agg.** (**pl. m.** *-schi*) ● da vassallo: *omaggio v.*

vassallìtico ➤ **vassallatico**

vassàllo [lat. mediev. *vassăllu(m)*, da *văssus* 'servo', vc. di orig. celtica ✱ sec. XIII] **A s. m.** (**f.** *-a*) **1** nella società feudale, uomo libero che si assoggettava a un signore mediante vassallaggio **2** (*est.*) suddito, sottoposto (*anche fig.*): *radunare i propri vassalli; li tratta come tanti vassalli* **3** (*raro, lett.*) aiutante, sguattero **B in funzione di agg.** ● che è subordinato, sottoposto a qlcu. o qlco.: *nazione vassalla di una grande potenza; A te, sovrano, / la legge era vassalla* (P. METASTASIO)

†**vassèllo** ➤ **vascello**

vassoiàta [1879] **s. f. 1** quantità di oggetti che sono o possono essere contenuti da un vassoio: *una v. di confetti* **2** (*raro*) colpo di vassoio

♦**vassóio** [etim. discussa: da *vassoio* 'vaglio', dal lat. parl. **versōriu(m)*, da *vĕrsus*, part. pass. di *vĕrrere* 'spazzare' (in questo caso 'ammassare il grano'), di orig. indeur. (?) ✱ 1344] **s. m.** (**pl.** *-ói*) **1** grande piatto in vario materiale (argento, porcellana, legno, plastica ecc.), con bordo rilevato, generalmente di forma ovale o tonda, usato per trasportare e servire vivande o rinfreschi, contenere servizi da tè o caffè, lettere, dolciumi o altro | (*est.*) il contenuto del vassoio: *ci siamo mangiati un v. di paste* **2** sparviero①, nel sign. 2 ‖ **vassoiétto**, **dim.** | **vassoìno**, **dim.**

†**vastàre** [vc. dotta, lat. *vastāre* 'render vuoto', da *vāstus* 'vuoto, spopolato', poi 'vasto' ✱ sec. XIII] **v. tr.** ● devastare, distruggere

vastaṣàta [dalla vc. dial. *vastaso* 'facchino'. V. †*bastagio* ✱ 1950] **s. f.** ● farsa popolare siciliana del XVIII sec., in cui erano protagonisti popolani e facchini

†**vastàṣo** ➤ †**bastagio**

†**vastatóre** [vc. dotta, lat. *vastatōre(m)*, da *vastātus*, part. pass. di *vastāre* ✱ sec. XIII] **s. m.** (**f.** *-trice*); **anche agg.** ● devastatore

†**vastazióne** [vc. dotta, lat. *vastatiōne(m)*, da *vastātus*, part. pass. di *vastāre* ✱ sec. XIV] **s. f.** ● devastazione

vastèdda [vc. sicil., forse perché simile a una larga forma di pane ✱ 1998] **s. f.** ● formaggio di pasta filata in forme schiacciate od ovoidali, ottenuto con latte di una razza di pecore tipica della Valle del Belice in Sicilia

vastézza [av. 1639] **s. f.** ● (*raro*) vastità

vastità [vc. dotta, lat. *vastitāte(m)*, da *vāstus* 'vasto' ✱ 1483] **s. f. inv.** ● condizione, caratteristica di ciò che è vasto: *la v. del mare, del cielo; la v. dello scibile; ammiro la v. del vostro ingegno; la v. dell'argomento da trattare non ci consente di essere brevi* **SIN.** ampiezza | grande estensione: *devastando ... immense v. di terreni* (U. FOSCOLO)

♦**vàsto** [vc. dotta, lat. *văstu(m)* 'vuoto, spopolato', poi 'vasto', di orig. indeur. ✱ av. 1320] **A agg. 1** di grande estensione: *oceano, cielo, deserto v.; un v. territorio; sala vasta e luminosa; un v. orizzonte si apriva dinanzi ai suoi occhi* **SIN.** ampio, spazioso **2** (*fig.*) di grande entità, rilevanza, importanza e sim.: *il v. silenzio della notte; di lontano per lo v. buio / i cani rispondevano ululando* (G. PARINI) | ***di vasta cultura***, molto colto: *uomo di vasta cultura* | ***di vaste vedute***, aperto, privo di pregiudizi e sim. | ***di vaste proporzioni***, detto di cosa molto estesa, molto grave, molto importante e sim.: *incendio, rivolta, sommossa, riforma di vaste proporzioni* | ***di vasta portata***, molto importante, gravido di conseguenze e sim.: *fenomeno di vasta portata* | ***su vasta scala***, in grandi proporzioni: *commercio effettuato su vasta scala* **3** (*lett.*) grasso, grande ‖ **vastaménte**, **avv.** in modo vasto, con vastità **B s. m.** ● (*anat.*) voluminosa formazione muscolare degli arti | ***v. mediale, laterale***, nel braccio, porzione del muscolo tricipite; nella coscia, porzione del muscolo quadricipite

♣**vàte** [vc. dotta, lat. *vāte(m)*, di orig. indeur. ✱ av. 1336] **s. m.** e †**f. 1** (*lett.*) indovino, profeta **2** (*lett.*) poeta di alta ispirazione, che compone opere di tono profetico: *io, / v. d'Italia a la stagion più bella, / in grige chiome / oggi ti canto* (G. CARDUCCI) | ***il Sommo V.***, (*per anton.*) Dante

vatèria [da A. *Vater*, botanico ted. del XVII sec. ✱ 1829] **s. f.** ● albero tropicale di una famiglia affine alle Guttifere dal cui seme si ricava un grasso chiamato 'sego del Malabar' (*Vateria*)

vaticanìsta [comp. di *Vatican(o)* e *-ista* ✱ 1886] **s. m. e f.** (**pl. m.** *-i*) **1** studioso, esperto della storia del Vaticano | giornalista che si occupa delle vicende del Vaticano **2** sostenitore della politica del Vaticano

vaticàno [vc. dotta, lat. *Vaticānu(m) mŏntem*, vc. di orig. etrusca ✱ 1321] **A agg. 1** della città del Vaticano e dello Stato omonimo: *territorio v.; palazzi vaticani* **2** della Santa Sede: *il governo v.* **B s. m.** ● (con iniziale maiuscola) lo Stato sede del papato | il governo temporale della Chiesa cattolica: *la politica del V.*

vaticinàre [vc. dotta, lat. *vaticināri*, da *vātes* 'vate' ✱ av. 1328] **v. tr.** (*io vaticìno* o *vatìcino*) ● (*lett.*) predire, profetizzare: *v. una guerra, la vittoria, una sventura*

vaticinatóre [vc. dotta, lat. *vaticinatōre(m)*, da *vaticinātus*, part. pass. di *vaticināri* 'vaticinare' ✱ 1483] **s. m.** (**f.** *-trice*); **anche agg.** ● (*lett.*) chi (o che) vaticina **SIN.** indovino, profeta

†**vaticinazióne** [vc. dotta, lat. *vaticinatiōne(m)*, da *vaticinātus*, part. pass. di *vaticināri* 'vaticinare' ✱ 1481] **s. f.** ● vaticinio **SIN.** profezia, predizione

♣**vaticìnio** [vc. dotta, lat. *vaticĭniu(m)* (nel lat. classico normalmente adoperato al pl.), in rapporto a *vaticināri*, come *lenocĭnium* a *lenocināri*, *patrocĭnium* a *patrocināri*, ecc. ✱ 1374] **s. m.** (**pl.** *-i* o *raro -ii*) ● il vaticinare | profezia, predizione solenne: *il v. s'è avverato* **SIN.** divinazione

†**vatìcino** [vc. dotta, lat. *vatĭcinu(m)*, da *vaticināri* 'vaticinare' ✱ 1483] **s. m.** ● indovino

vattelapésca o (*raro*) **vattelappèsca**, (*raro*) **vàttel'a pésca** /vattelap'peska/ [da una forma dial. *vattelo a pesca* 'vattelo a pescare' ✱ av. 1850] **avv.** ● (*fam.*) vallo a indovinare, va' tu a saperlo, chissà (esprime incertezza, dubbio, ignoranza assoluta e sim.): *v. come si chiama; dove sarà? v.!*

vàttene ➤ **andare**①

vàtti ➤ **andare**①

vauchèria /voʃ'ʃɛrja, vau'kɛrja/ [chiamata così in onore del botanico ginevrino J. P. *Vaucher* (1763-1841) ✱ 1839] **s. f.** ● alga filamentosa delle Sifonali, che vive in acqua dolce e sul terreno umido dove forma praterie di colore verde scuro (*Vaucheria*)

vàuda [dal longob. *wald* 'bosco'. V. †*gualdo* ✱ 1957] **s. f.** ● (*sett.*) terreno incolto e arido **SIN.** baraggia

vaudeville /*fr.* vod(ə)'vil/ [vc. fr., di etim. discussa: deformazione di un precedente *vaudevire*, da *Vau de Vire*, n. di una regione del Calvados in cui le canzoni ebbero successo nel XV sec. (?) ✱ 1758] **s. m. inv. 1** canzone moralistico-satirica in forma condensata ed epigrammatica **2** genere teatrale leggero, misto di parti recitate e cantate, sorto in Francia nei primi decenni del sec. XIX e continuato fino agli inizi del XX **3** tipo di teatro di varietà in voga negli Stati Uniti fra la fine del XIX sec. e gli inizi del XX

vaurien /*fr.* vo'ʀjɛ̃/ [vc. fr., propr. 'brigante', comp. di *vaut* 'vale' e *rien* 'niente' ✱ 1987] **s. m. inv.** ● (*mar.*) deriva con carena a spigolo, dotata di randa e fiocco, con un equipaggio di due persone

vavórna [forma pop. di *viburno* ✱ 1970] **s. f.** ● (*bot.*) lantana

♦**ve** /ve/ [V. *vi*① ✱ sec. XIII] **A pron. pers.** atono **m. e f. di seconda pers. pl.** (forma che il pron. e avv. *vi* assume davanti ai pron. atoni *la, le, li, lo* e alla particella *ne* sia proclitici, sia enclitici nelle forme *-velo, -vela*, ecc., e *-vene*; talora, nell'uso lett., *lo* e *ne* proclitici si troncano e si uniscono a *ve* dando luogo alle forme *vel* e *ven*) **1** a voi (come compl. di termine in posizione sia enclitica sia proclitica): *ve ne parlerò; cosa ve ne importa?; non ve lo posso dare; ve li spedirò al più presto; verrò io stesso a portarveli; desidero parlarvene; Oh! che Dio vel perdoni* (P. METASTASIO) **2** voi (come compl. oggetto in posizione sia enclitica sia proclitica): *vorrei farvene convinti; ven prega l'alma mia smarrita* (V. ALFIERI) | nella coniug. dei v. rifl. e pron.: *ve ne renderete conto; ve lo siete dimenticati; ve ne pentirete* | (*pleonast.*) con valore rafforz.: *ve la immaginate la sua faccia?; potete andarvene; vedetevela da soli; cercate di ricordarvelo* **B avv.** (forma che l'avv. *vi* assume davanti ai pron. atoni *la, le, li, lo* e alla particella *ne*, sia proclitici, sia enclitici nelle forme *-velo, -vela*, ecc., e *-vene*; talora, nell'uso lett., *lo* e *ne* proclitici si troncano e si uniscono a *ve* dando luogo alle forme *vel* e *ven*) ● là, lì, nel luogo di cui si parla: *prese uno sgabello e ve li appoggiò; non ve n'è più nemmeno uno; aprì la valigia per mettervelo; andò al mercato a comprare delle patate, non trovandovene; cercandolo colà e non vel trovando* (F. DE SANCTIS); *nè stimo in terra altra ven sia* (V. ALFIERI) | †anche enclitico: *Sónvene di quelle che servono a chi comanda* (D. BARTOLI)

ve' /ve, ve*/ o **veh** /veː/ [tronc. di *vedi* ✱ 1280 ca.] **inter. 1** si usa, con il sign. di 'bada', per rafforzare un avvertimento, una raccomandazione, un ammonimento, una minaccia e sim.: *attento, ve', che cadi!; studia, ve'!; non provarti a disubbidirmi, veh!* **2** si usa per rafforzare un'affermazione o una negazione: *sì, ve', è proprio vero; no, ve', che non lo farò!; è buono ve' questo vino* **3** esprime meraviglia, stupore, ammirazione e sim.: *Veh!, che bello!; com'è bello, ve'!; ve' che non par che luca / lo raggio da sinistra a quel di sotto* (DANTE *Purg.* V, 4-5)

've ➤ **ove**

vècchia [f. di *vecchio* ✱ sec. XIII] **s. f. 1** donna molto avanzata in età: *una v. brutta e grinzosa* | (*per anton.*) la Befana | (*per anton.*) la madre; (*raro*) la moglie: *Mi struggo di riabbracciare la mia v.* (U. FOSCOLO) **2** (*gerg.*) soldato di leva più anziano ‖ **vecchiàccia**, **pegg.** | **vecchiarèlla**, **vecchierèlla**, **dim.** | **vecchiétta**, **vecchiettìna**, **dim.** | **vecchìna**, **dim.** | **vecchióna**, **accr.**

♦**vecchiàia** [da *vecchio* ✱ av. 1375] **s. f. 1** l'età avanzata della vita, caratterizzata da decadimento delle funzioni organiche e atrofia di organi e tessuti: *tarda v.; i malanni, gli acciacchi, gli incomodi della v.; v. precoce* | ***pensare alla v.***, fare economia per disporre di mezzi economici quando non si potrà più guadagnare | ***bastone della v.***, (*fig.*) persona che è di aiuto e sostegno materiale o morale a una persona anziana | ***indice di v.***, rapporto fra l'ammontare della popolazione in età senile e l'ammontare della popolazione in età infantile e giovanile **CONTR.** giovinezza **2** (*raro*) insieme, categoria di persone vecchie: *rispettare la v.* **3** †vecchiume

vecchiàrdo [da *vecchio*, sul modello di *vegliardo* ✱ 1323] **s. m.** (**f.** *-a*) **1** (*lett.*) persona vecchia: *un canuto v.* **2** (*lett.*) vecchio malizioso: *Susanna e i vecchiardi*

†**vecchiàre** [da *vecchio* ✱ av. 1348] **v. intr.** ● (*raro*) invecchiare

V

vecchiarèllo ➤ **vecchierello**
vecchiàta [da *vecchio* ✻1847] **s. f. 1** (*raro, disus.*) ciò che non è più adatto a una persona vecchia: *fare una v.* **2** (*lett., raro*) usanza antica, vecchia
✦**vecchìccio** [sec. XIV] **agg.** ● alquanto vecchio
✝**vecchieréccio** o ✝**vecchierìccio** [av. 1498] **agg.** ● piuttosto vecchio
vecchierèllo o **vecchiarèllo** [1304 ca.] **s. m. (f. -a) 1** dim. di *vecchio* **2** vecchietto debole, quieto, buono: *muovesi il vecchierel canuto e bianco* (F. PETRARCA) ‖ **vecchierellìno**, **dim.**
✝**vecchierìccio** ➤ ✝**vecchiereccio**
vecchiétto [av. 1400] **s. m. (f. -a) 1** dim. di *vecchio* | persona vecchia di corporatura esile e di aspetto mite **2** anziano arguto, simpatico: *un arzillo v.* ‖ **vecchiettìno**, **dim.**
vecchiézza [1261 ca.] **s. f. 1** (*raro*) condizione di chi è vecchio: *v. sana, prospera, fiorente, valida; una triste v.* | (*lett.*) vecchiaia: *vivere fino all'estrema v.; di v. / la detestata soglia / evitar non impetro* (G. LEOPARDI) **2** (*raro*) condizione di ciò che è vecchio (*anche fig.*): *mobile di grande v.; sono pagine che rivelano la loro v.*
vecchìle [av. 1449] **agg.** ● (*raro, lett.*) di vecchio
✦**vècchio**① [lat. tardo *vĕclu(m)*, da un precedente **vĕtlu(m)*, per il classico *vĕtulu(m)*, dim. di *vĕtus* 'vecchio' ✻1211] **A agg. 1** di persona che ha molti anni di vita, che è nel periodo della vecchiaia: *essere v.; un gruppo di vecchie comari* | ***essere più v. di Noè, di Matusalemme***, (*fig.*) essere vecchissimo | ***essere più, meno v. di qlcu.***, essere maggiore, minore di età: *dei due fratelli, lui è il più v.* | (*est.*) che ha i caratteri propri della vecchiaia: *viso v.; sentirsi v.; è giovane di età ma v. di spirito* **CFR.** gero-, geronto- **SIN.** anziano **CONTR.** giovane **2** più anziano, nato prima, quando si vogliano distinguere due personaggi dello stesso nome e di diversa età: *Plinio il v.; Palma il v.* **3** che ha molti anni, detto di animali o piante: *un v. cane; una vecchia quercia* | ***vigna vecchia***, piantata da almeno trent'anni | ***Luna vecchia***, nell'ultimo quarto | ***rami vecchi***, inariditi | (*est.*) detto di prodotto maturo, stagionato: *formaggio, vino, legno v.* | (*est.*) detto di prodotto agricolo o alimentare che risale all'anno precedente: *salame, grano v.* **4** (*est.*) di un tempo, d'altri tempi, di un periodo precedente o di molti anni prima, spec. in contrapposizione a nuovo: *una vecchia chiesa; il v. sindaco* | ***vecchie lire***, V. *lira*① | ***una vecchia notizia***, saputa da tempo | antico: *una città molto vecchia; le vecchie mura; il V. Testamento* | ***v. stile***, detto di ciò che è un po' fuori dal suo tempo: *un signore v. stile; abito v. stile* | ***v. stampo***, (*fig.*) che corrisponde a uno stile, a un modello d'altri tempi: *un gentiluomo v. stampo* **5** (*est.*) che risale a molti anni prima, che dura da molto tempo, inveterato: *una vecchia abitudine; un v. vizio; una vecchia malattia* | ***vecchia storia***, (*fig.*) ciò che si sente, si ripete e sim. da anni | (*est.*) d'antica data: *una vecchia amicizia; una vecchia offesa non vendicata; l'ultimo esponente della vecchia nobiltà cittadina* | ***la vecchia guardia***, i fedeli della prima ora (dalla loc. fr. 'vieille garde', denominazione della Guardia imperiale creata da Napoleone nel 1804): *la vecchia guardia muore ma non si arrende* | ***una vecchia conoscenza***, persona che si conosce da tempo | ***una vecchia conoscenza della polizia***, (*scherz.*) un malfattore ben noto **CFR.** vetero- **6** (*fig.*) trito, vieto, superato: *leggi, usanze vecchie; vecchi principi* **7** (*fig.*) usato, portato da tempo e ormai logoro per l'uso: *abito v.; scarpa vecchia* | ***roba vecchia***, oggetti, suppellettili e sim. usati **SIN.** frusto, logoro **8** (*fig.*) esperto: *è v. del mestiere* | ***vecchia volpe***, (*fig.*) persona scaltrita dall'esperienza, astutissima | (*fig.*) provetto in un'arte, professione, mestiere e sim.: *un v. maestro* **9** (*scherz.*) ✝molto forte, terribile: *so ch'egli ebbe di vecchie paure* (L. PULCI) ‖ **vecchiaménte**, **avv.** ✝in passato **B s. m. 1** (**f.** *-ia* (V.)) persona vecchia: *i vecchi e i giovani; un v., bianco per antico pelo* (DANTE *Inf.* III, 83); *la sapienza, la prudenza dei vecchi; ospizio dei vecchi; un v. cadente, decrepito* | (*per anton.*) il padre: *saluta il tuo v.* | ***i miei vecchi***, (*fam.*) i miei genitori | ***v. mio***, (*fam.*) epiteto rivolto a un vecchio amico: *ti trovo bene, v. mio!* | ***il grande v.***, nel linguaggio giornalistico, personaggio anziano, famoso e autorevole; personaggio misterioso ispiratore di oscure trame | (**al pl.**) i predecessori, gli antenati: *i nostri vecchi avevano ragione; i vecchi lo dicevano* **2** (**solo sing.**) ciò che è stantio: *questo burro sa di v.* | (*fig.*) ciò che è trito, vieto, superato e sim.: *abolire il v.; sostituire il v. col nuovo* ‖ **vecchiàccio**, **pegg.** | **vecchiarèllo**, **vecchierèllo**, **dim.** (V.) | **vecchiétto**, **dim.** (V.) | **vecchìno**, **dim.** | **vecchióne**, **accr.** (V.) | **vecchiòtto**, **alter.** (V.) | **vecchiùccio**, **vecchiùzzo**, **dim.**

SFUMATURE DI SIGNIFICATO
vecchio - antico
Vecchio si dice di persone in età avanzata, di animali e piante che hanno molti anni di vita, di cose che sono state prodotte o durano da molto tempo; **antico** è invece ciò che risale a tempi molto lontani o che è caratteristico del passato. *Vecchio* conferisce agli oggetti una sfumatura di decadimento, deterioramento, mentre *antico* suggerisce un'idea di preziosità.
SFUMATURE ➤ ***anziano***, ➤ ***maturo***

✝**vécchio**② [lat. *vĭtulu(m marīnum)* 'vitello marino'. V. *vitello*① ✻1374] **s. m.** ● solo nella loc. sost. ***v. marino***, foca
vecchióne [i 'marroni' sono detti così perché hanno la pelle grinzosa come i *vecchi* ✻sec. XIV] **s. m. 1** (**f.** *-a*) accr. di *vecchio* **2** (**al pl.**) marroni secchi e cotti nel vino col guscio | (*tosc.*) marroni lasciati seccare col guscio
vecchiòtto [alter. di *vecchio* ✻1618] **A agg.** ● alquanto vecchio: *essere v.; una casa vecchiotta* | (*fig.*) antiquato, disusato: *son cose piuttosto vecchiotte* **B s. m. (f. -a)** ● (*raro*) persona alquanto vecchia: *un bel v.*
✝**vecchitùdine** [da *vecchio*, sul modello di sost. come *beatitudine* ✻1304] **s. f.** ● vecchiaia
vecchiùme [da *vecchio* ✻av. 1492] **s. m. 1** (*spreg.*) insieme di cose vecchie: *liberatemi da tutto questo v.* **SIN.** ciarpame **2** (*fig., spreg.*) insieme di idee, principi, usanze e sim., antiquate, superate
véccia [lat. *vĭcia(m)*, di etim. incerta ✻sec. XIII] **s. f. (pl. -ce)** ● pianta erbacea delle Leguminose, buona foraggera, con foglie pennate terminate da un cirro e fiori ascellari (*Vicia sativa*)
vecciarìno [da *veccia* ✻1891] **s. m.** ● piccola leguminosa erbacea, comune nei luoghi selvatici, con fiori variopinti (*Coronilla varia*) **SIN.** erba ginestrina
vecciàto [sec. XIV] **agg.** ● mescolato con veccia | ***pane v.***, di farina di grano e veccia
vecciòla [av. 1597] **s. f.** ● (*bot.*) veccia selvatica
veccióne [da *veccia* ✻av. 1811] **s. m.** ● (*bot.*) nome comune di un latiro perenne, con fusto alato e un solo paio di foglioline lanceolate, spontaneo nei prati aridi e ai margini dei boschi dell'Europa e dell'Asia (*Lathyrus sylvestris*) **SIN.** cicerchione
veccióso (o **-ṣ-**) [1485] **agg.** ● che contiene molta veccia: *grano v.* | vecciato
vecciùle [da *veccia*, sul modello di *favule* ✻av. 1597] **s. m.** ● (*lett.*) gambo della veccia segata
✦**véce** o ✝**vice**② [lat. *vĭce(m)*, di orig. indeur. ✻1260 ca.] **s. f. 1** (*lett.*) vicenda, avvicendamento: *quando con v. assidua / cadde risorse e giacque* (A. MANZONI) **2** (**spec. al pl.**) funzione, mansione, ufficio, spec. nella loc.: ***fare le veci di qlcu.***, esercitarne le funzioni, sostituirlo in un ufficio: *fare le veci del sindaco, del preside; firma del padre o di chi ne fa le veci* **CFR.** vice- **3** nella loc. prep.: ***in v. di***, al posto di | ***in v. mia, tua, sua***, o ***in mia, tua, sua v.***, al posto mio, tuo, suo | ✝***in v. di***, in forme, in sembianze di: *si presentò in v. di ortolano* | ***in quella v.***, in cambio | V. anche *invece*
✝**vececónte** ➤ ✝**viceconte**
✝**veceré** ➤ **viceré**
✝**vecòrde** [vc. dotta, lat. *vecŏrde(m)*, comp. della particella peggiorativa *ve-* e *cŏr*, genit. *cŏrdis* 'cuore' ✻av. 1406] **agg.** ● vile
Vèda /ˈveda, *sanscrito* ˈveːdʌ/ [sanscrito *veda*, sost. di *veda* 'io so', di orig. indeur. ✻1819] **s. m. inv.** ● (*relig.*) ciascuna delle quattro raccolte di testi religiosi e poetici che costituiscono i primi documenti letterari dell'India, scritti in sanscrito arcaico
vedènte A part. pres. di *vedere*; **anche agg. 1** nei sign. del v. **2** (*disus.*) ***lui v.***, in sua presenza **B s. m. e f.** ● chi vede, chi ha la sensazione visiva **CFR.** non vedente
✦**vedére**① [lat. *vidēre*, di orig. indeur. ✻1213] **A v. tr.** (**pres.** *io védo*, **lett.** *véggo*, **lett.** ✝*véggio*, *tu védi*, ✝*véi*, ✝*ve'*, *egli véde*, *noi vediàmo*, **lett.** ✝*veggiàmo*, **centr.** ✝*vedémo*, *voi vedéte*, *essi védono*, **lett.** *véggono*, **lett.** ✝*véggiono*; **imperf.** *io vedévo*, **poet.** *vedéva*, ✝*vedìa*; **fut.** *io vedrò*, ✝*vederò*, *tu vedrài*, ✝*vederài*; **pass. rem.** *io vìdi*, ✝*vedètti*, ✝*vedéi*, ✝*véddi*, ✝*vìddi*, *tu vedésti*, *egli vìde*, ✝*vedètte*, ✝*vìdde*, *noi vedémmo*, ✝*vìddimo*, *voi vedéste*, *essi vìdero*, ✝*vedèttero*, ✝*vedérono*, ✝*vìddero*; **congtv. pres.** *io véda*, **lett.** *végga*, **lett.** ✝*véggia ..., noi vediàmo*, **lett.** ✝*veggiàmo*, *voi vediàte*, **lett.** ✝*veggiàte*, *essi védano*, **lett.** *véggano*, **lett.** ✝*véggiano*; **condiz. pres.** *io vedrèi*, ✝*vederèi*; **imperat. pres.** *védi*, ✝*ve'*, *vedéte*; **gerund.** *vedèndo*, **lett.** *veggèndo*; **part. pres.** *vedènte*, **lett.** *veggènte*; **part. pass.** *vìsto* o *vedùto*, ✝*vìṣo*) **1** percepire con gli occhi la realtà concreta: *v. il sole, la luna, le stelle; v. chiaramente gli oggetti; v. un viso amico; non ho visto in tempo l'ostacolo; li ho visti cadere ad uno ad uno; lo abbiamo visto così malandato che ci ha fatto veramente pena; di qui si vede un panorama stupendo; non riesco a v. nulla per colpa della nebbia* | ***v. coi propri occhi***, assistere direttamente a qlco. | ***l'ho visto io, l'ho visto con questi occhi***, per confermare e garantire la veridicità di quanto si asserisce | ***l'ho visto nascere***, (*fig.*) lo conosco fin dal primo giorno di vita | (*fig.*) ***la casa, la terra*** e sim. ***che lo ha visto nascere***, dove è nato | ***v. la luce***, nascere, detto di persona; (*fig.*) giungere a compimento, detto di cosa | (*fig.*) ***non v. l'ora, il momento*** e sim., essere estremamente impaziente, desideroso e sim.: *non vedo l'ora di finire, di arrivare, di conoscerlo* | (*assol.*) avere il senso della vista: *v. in modo confuso* | ***v. per credere***, appurare direttamente qlco. per convincersene (*anche assol.*): *abita in una villa straordinaria: v., per credere!* | ***vedessi!***, escl. usata per esprimere ammirazione, meraviglia: *Vedessi che bella giornata, ...!* (L. PIRANDELLO) | (*assol.*) ***avere gli occhi per v.***, (*fig.*) potere o sapere appurare qlco. da solo | (*assol.*) ***quattro occhi vedono meglio di due***, (*fig.*) se ci si aiuta si ottengono migliori risultati | ***farsi v.***, mostrarsi: *farsi v. diversi da come si è veramente* | ***stare a v.***, assistere a qlco. senza prendervi parte, non immischiarsi | (*assol.*) ***staremo a v.!***, (*fig.*) aspettiamo, per

vedere quello che accadrà, come andrà a finire e sim. | (*assol.*) ***vedremo!*** (o ***si vedrà!***), escl. di riserva, prudenza e sim., con cui si rimanda ad epoca futura l'accertamento di qlco.: *dite che ha torto? Vedremo!* | ***la vedremo!***, escl. di minaccia | ***vorrei vederlo***, in escl. di desiderio e sim.: *vorrei vederlo ricco, povero, misero, morto* | ***vorrei v. te al posto mio***, per stroncare critiche che si ritengono infondate, ingiustificate e sim. | ***vorrei v.!***, lo credo bene (con tono risentito, polemico): *'Il tuo lavoro è stato apprezzato' 'Vorrei v.!'* | ***far v.***, mostrare | (*fig.*) ***farne v. a qlcu. di tutti i colori, di cotte e di crude, di belle e di brutte***, fargli subire o sopportare dolori, delusioni, disagi d'ogni sorta | (*colloq.*) ***te lo farò, te lo faccio v. io***, escl. di minaccia | (*fig.*) ***v. qlcu. o qlco. di buon occhio***, considerare con favore, con simpatia | ***non poter v. qlcu.***, (*fig.*) non sopportarlo, averlo in antipatia e sim. | †***non v. più avanti di qlcu.***, amarlo perdutamente | ***non farsi v.***, agire di nascosto | ***v. qlcu. bene in viso***, (*fig.*) affrontarlo apertamente | (*assol.*) ***vedo!***, nel gioco del poker, formula usata per accettare la giocata dell'avversario e farsi mostrare le carte **2** esaminare, leggere: *vorrei v. un testo di psicologia; ho appena visto il suo ultimo libro* | ***v. i conti***, controllarli | ***vedi***, abbreviato in *V.*, seguito dalla indicazione della pagina, del paragrafo e sim., serve per rinviare il lettore di un testo ad altro luogo dello stesso o ad un'opera in esso citata **3** assistere, essere presente a un particolare avvenimento: *v. un saggio ginnico, un incontro di boxe, una partita di calcio; andare a v. un film, una rivista* | visitare: *v. un museo, una fiera, un'esposizione; non hai visto la mostra del Guercino?* **4** incontrare, detto di persona: *lo sai chi ho visto oggi?; non lo vedevo da molto tempo; sono felicissimo di vedervi* | (*fam.*) ***guarda chi si vede!***, esprime lieta sorpresa per un incontro inatteso | ***fatevi v., si faccia v. presto*** e sim., formula spec. fam. con cui si invita qlcu. a farci visita | ***non farsi v., non farsi più v.***, evitare incontri, visite e sim.: *ha detto che sarebbe venuto ma non si è più fatto v.* | ***non essersi visto***, detto di chi non è ancora arrivato: *ancora non si è visto* | ***chi si è visto si è visto, chi s'è visto s'è visto***, formula usata per manifestare indifferenza o disinteresse per le conseguenze che potranno derivare da un dato comportamento: *ho detto che partirò, e chi s'è visto s'è visto; io vado fino in fondo alla questione, e chi s'è visto s'è visto* | ***non mi vedrete più***, me ne vado per sempre | ***non voler v. qlcu.***, sfuggirlo, evitarlo | ***farsi v. dal medico***, farsi visitare **5** (*fig.*) contemplare tramite la mente, la fede e sim.: *v. Dio, il Paradiso* | sognare, raffigurarsi nel pensiero, nella fantasia, nella memoria e sim.: *v. qlcu. in sogno; vedo i bei tempi della mia fanciullezza; v. immagini irreali, mostri fantastici* | prevedere, vaticinare: *vedo prospettive poco piacevoli* | ***v. rosa, v. nero***, fare previsioni ottimistiche, pessimistiche; anche, essere ottimista, pessimista **6** (*fig.*) sentire: *vedrai cosa ti risponderà; l'ho fatto solo per v. cosa avrebbe detto; hai visto cosa sono capaci di dire i maligni?* **7** accorgersi di qlco., notare qlco.: *non vedi come soffre?; vide che gli mancava una valigia; si vede la bontà sul suo viso; gli si vede la gioia negli occhi; vedo che è tardi, che è ora di partire; ho visto troppo tardi che era un disonesto* **8** (*fig.*) intendere, conoscere, capire: *v. il vero; dai fatti si vede il valore di un uomo; non vedi come è facile?; solo ora vedo che mi sono sbagliato; non vedo la ragione di agire diversamente; non vedo perché dovrei ubbidirti; si vede subito che è matto; non riesco a v. bene, chiaramente le sue intenzioni; non vedo cosa vogliate da me* | ***vedo***, capisco | ***vedi, veda, vedete*** e sim., invito a ben considerare qlco. | ***vedi caso***, guarda caso (V. *caso* nel sign. 1) | ***si vede che***, è evidente che, è logico supporre che: *si vede che non lo sapeva* | ***dare a v.***, far capire: *era molto nervoso, anche se non lo dava a v.* | ***non dare a v.***, nascondere, non lasciar capire | ***far v., farsi v.***, dimostrare, dimostrarsi | ***v., vederci chiaro***, capire bene | ***non vederci chiaro***, detto spec. a proposito di situazioni particolarmente confuse, complesse, problematiche e sim.: *sarà come dite voi, ma io non ci vedo chiaro* **9** (*fig.*) considerare, giudicare: *lasciami v. bene tutta la faccenda; la situazione? non la vedo troppo bene; nei pericoli si vede l'uomo* | verificare: *voglio proprio v. se hai tanto coraggio, se ne sei capace* | (*colloq.*) ***vuoi v. che***, accennando a una supposizione relativa a qlco. di strano, sorprendente e sim.: *vuoi v. che alla fine vincerà lui?* | (*colloq.*) ***hai visto mai***, accennando a una supposizione alla quale si è portati a non credere: *hai visto mai che stavolta arrivi puntuale!* | ***vedrò, vedremo***, e sim., formula con cui si cerca di prendere tempo, per non dare un giudizio o una risposta immediata | ***a mio modo di v.***, secondo il mio giudizio, la mia opinione, e sim. **10** tentare, provare: *vediamo se il gioco riesce* | ***vediamo, vediamo un po'***, e sim., formula con cui si è soliti introdurre un tentativo, una prova e sim.: *e adesso, vediamo un po' se funziona* | ***v. di, v. che***, cercare, fare in modo, procurare: *vedremo di accontentarvi; vedi di trovarmi questo libro; vedi che tutto vada per il meglio* | ***v. il modo, la maniera, la via***, cercare di trovare il modo, la maniera, la via per raggiungere un dato risultato **11** spec. nella loc. ***avere a che v. con qlco., con qlcu.***, riferirsi, essere in rapporto, in relazione e sim.: *è un ragionamento che non ha nulla a che v. coi fatti; con quell'individuo io non ho nulla a che v.* **12** nella loc. agg. inv. e nella loc. sost. m. inv. ***vedo non vedo***, detto di abbigliamento che lascia maliziosamente intravedere ciò che copre: *vestitino vedo non vedo; il fascino del vedo non vedo* **13** (*fig.*) anche in riferimento a un soggetto inanimato in cui avviene qlco.: *la città che lo vide nascere; il secolo che vide la nascita dell'Umanesimo* | registrare: *l'ultimo trimestre ha visto un aumento di consumi* | individuare: *il senato romano vide l'insidia e decise l'invio di un contingente* **14 vedérci**, avere il senso della vista: *vederci in modo confuso* | ***non vederci***, essere in parte o totalmente privo della vista | ***vederci poco, male***, o ***poco e male***, non distinguere bene | ***qui non ci si vede***, c'è troppo buio | ***non vederci più***, perdere la vista; (*fig.*) perdere la testa, la ragione | (*fig., iperb.*) ***non vederci più dalla rabbia, dalla fame***, essere arrabbiatissimo, affamatissimo | (*fig.*) ***vederci chiaro***, capire con chiarezza come stanno le cose: *voglio vederci chiaro; non ci vedo chiaro* | ***vederci doppio***, percepire le immagini sdoppiate per stanchezza, ubriachezza e sim.; (*fig.*) essere stanchissimo, ubriaco e sim. **B vedérsi** v. rifl. **1** percepire la propria immagine: *vedersi nello* (o *allo*) *specchio* **2** (*fig.*) ritenersi, sentirsi: *vedersi salvo, perduto, sconfitto; mi vedo obbligato a risponderyi; si vide costretto a reagire* **3** (*fig.*) riconoscersi: *in lui mi vedo bambino* **C vedérsi** v. tr. pron. (aus. *essere*) **1** guardare (con valore intens.): *mi sono visto un bel film* **2 vedérsela** (con il pron. *la* indeterm.), occuparsi personalmente di qlco. (con valore intens.): *stai tranquillo, per la prenotazione me la vedo io* | ***veditela tu***, arrangiati tu da solo | ***vedersela con qlcu.***, affrontare qlcu.: *poi con il capufficio te la vedi tu ...* | ***vedersela brutta***, correre un grave rischio, trovarsi in un brutto guaio **D vedérsi** v. intr. pron. e rifl. recipr. ● incontrarsi: *stasera mi vedo con Luigi; vedersi a scuola, al cinema, per strada, in treno, sull'autobus; ci vediamo domani alle sette; non ci vedremo più* | ***vedersi da qlcu.***, a casa sua, presso di lui: *ci vediamo domani da tua zia*

SFUMATURE DI SIGNIFICATO

vedere - guardare - osservare

Vedere è l'atto di percepire con il senso della vista, indipendentemente dall'attenzione che si presta verso ciò che si offre agli occhi. **Guardare** indica invece l'atto di rivolgere lo sguardo verso qualcuno o qualcosa prestando attenzione. **Osservare** esprime un'attenzione, un interesse, una cura ancora maggiore di quella del *guardare*.

♦**vedére** ② [da *vedere* ① ✱ av. 1250] **s. m. solo sing. 1** il vedere | ***al v.***, vedendo: *al v. un simile spettacolo rimase di stucco* | †***al v.***, da quel che si vede, a quanto pare **2** †vista: *perdere il v.* **3** veduta | ***bel v.***, V. anche *belvedere* **4** apparenza, spec. nella loc. ***fare un bel, un brutto v.***, apparire bene, male **5** sapere, opinione, giudizio, spec. nella loc. ***a mio, tuo, suo, nostro v.***, secondo la mia, tua, sua, nostra opinione

vedétta ① [da *veletta* ②, deformata paretimologicamente per accostamento a *vedere* ✱ av. 1478] **s. f. 1** (*milit.*) luogo elevato sulle mura di una fortezza, da dove si sorveglia la zona circostante | ***essere, stare di v.***, (*lett.*) ***alla v.***, stare di guardia in tale luogo o comunque in un punto adatto all'osservazione; (*fig., disus.*) stare sul chi vive, all'erta e sim. **2** (*est.*) guardia che sta in tale luogo elevato | sentinella posta in prossimità del nemico, nella trincea più avanzata, in collegamento col posto da cui era distaccata | marinaio posto in un punto elevato di una nave o sull'albero prodiero, per osservare e riferire ogni elemento rilevante ai fini della navigazione **3** (*mar.*) nave militare piccola, velocissima, per la caccia ai sommergibili e la vigilanza costiera **4** in biblioteconomia, scheda più alta delle altre che in uno schedario raggruppa per tipologia le schede bibliografiche intitolate a uno stesso autore o soggetto quando sono molto numerose **5** (**spec. al pl.**) †finestrino nel muro della fornace del vasaio

vedétta ② [1933] **s. f.** ● adattamento di *vedette* (V.)

vedette /ve'dɛt, *fr.* v(ə)'dɛt/ [vc. fr., dall'it. *vedetta* ① ✱ 1923] **s. f. inv. 1** attore o attrice di gran fama **2** (*est.*) persona nota o di spicco nel suo campo d'attività

†**vedévole** [av. 1547] **agg.** ● vedibile, visibile

vedìbile [da *vedere* ① ✱ 1588] **agg.** ● (*raro*) visibile

vèdico [1871] **A agg.** (**pl. m.** *-ci*) ● relativo ai Veda: *inni vedici* **B s. m.** ● antica lingua indiana, usata nei Veda

†**vediménto** [da *vedere* ① ✱ 1268] **s. m. 1** vista, occhi **2** apparenza | visione

vedìsmo [comp. di *ved(a)* e *-ismo* ✱ 1937] **s. m.** ● complesso delle credenze religiose, dei comportamenti culturali e degli indirizzi di pensiero che, nell'India antica, derivano dai Veda

†**veditóre** [1266] **s. m.** (**f.** *-trice*) **1** spettatore **2** sentinella | ispettore

♦**védova** [lat. *vĭdua(m)*, di orig. indeur., propr. 'colei che è priva' ✱ 1261 ca.] **s. f. 1** donna cui è morto il marito: *rimanere v.; v. con figli* | (*fig.*) ***v. bianca***, moglie di un emigrato | (*bot.*) ***fior della v.***, scabiosa **2** passeraceo africano il cui maschio, in abito nuziale, ha lunghissime penne timoniere (*Steganura paradisea*) **3** ***v. nera***, piccolo ragno delle zone aride americane che ha veleno pericoloso anche per l'uomo e divora il maschio dopo l'accoppiamento (*Latrodectus mactans*) || **vedovèlla**, **dim.** (V.) | **vedovétta**, **dim.** | **vedovina**, **dim.** (V.)

†**vedovàggio** [da *vedovo* ✱ sec. XIII] **s. m.** ● stato vedovile **SIN.** vedovanza

†**vedovàle** o †**vedụàle**, †**vidụàle** [da *vedovo*, sul modello del lat. tardo *viduālis* ✱ av. 1292] **agg.** ● vedovile

vedovànza [sec. XIII] **s. f.** ● condizione di chi è vedovo | *v. di una chiesa*, (*fig.*) condizione di una chiesa priva del suo parroco

vedovàre [da *vedovo*, sul modello del lat. *viduāre* ✱ 1308] **A** **v. tr.** (*io védovo*) **1** (*lett.*) rendere vedovo **2** (*fig.*, *lett.*) rendere privo di qlco. o di qlcu. **B** **v. intr.** ● †vivere in condizione di vedovanza **C** **vedovàrsi** **v. intr. pron.** ● †rimanere privo di qlco. o di qlcu.

†**vedovarìa** [av. 1292] **s. f.** ● vedovanza

†**vedovàtico** [sec. XIII] **s. m. 1** stato vedovile **2** abito da lutto

vedovèlla [1319] **s. f. 1** dim. di *vedova* | vedova giovane e graziosa (*spec. iron.*) **2** (*bot.*) scabiosa **3** (*zool.*) piccola scimmia dei Cebidi, delle foreste brasiliane, nera a muso bianco (*Callicebus torquatus*)

†**vedovézza** [av. 1306] **s. f.** ● vedovanza: *Non è chi cure en mia v.* (IACOPONE)

✱**vedovìle** o †**vidovìle**, †**vidụìle** [1320] **A** **agg. 1** di vedovo o vedova: *condizione v.*; *abito, stato v.*; *lutto v.*; *una povera donna in gramaglie vedovili* (L. PIRANDELLO) **2** che spetta a chi è vedovo: *pensione v.* **B** **s. m. 1** †periodo del lutto vedovile **2** quota ereditaria spettante al vedovo o alla vedova: *terzo, quarto v.*

vedovìna [av. 1742] **s. f. 1** dim. di *vedova* **2** (*bot.*) scabiosa

†**vedovità** o †**vedovitàde**, †**vedovitàte**, †**vedụità**, †**vidovità**, †**vidụità** [da *vedovo*, sul modello del lat. *vidŭitas*, genit. *viduitātis* ✱ av. 1342] **s. f.** ● stato vedovile

♦**védovo** [lat. *vĭduu(m)*, m. di *vĭdua* 'vedova' (V.) ✱ av. 1292] **A** **agg. 1** detto di persona cui è morto il coniuge: *padre v.*; *madre vedova* **2** (*fig.*, *lett.*) privo, privato, orbato: *d'ogni dolcezza v. … / ma placido il mio stato* (G. LEOPARDI) | ***regno v.***, rimasto senza il re | ***altare v.***, privo delle sacre specie per la commemorazione della Passione | ***pianta vedova***, sfrondata **3** †vedovile **B** **s. m.** (**f.** *-a* (V.)) ● uomo cui è morta la moglie

vedrétta [etim. discussa: risale al lat. *vĕtus* 'vecchio' (V. *vieto*), in quanto la vedretta sarebbe un ammasso di neve vecchia (?) ✱ 1820] **s. f.** ● tipo di ghiacciaio minore circoscritto all'interno della conca di un circo o costituito da una falda ghiacciata che ricopre un ripido pendio

†**vedụàle** ➤ †**vedovale**

†**vedụità** ➤ †**vedovità**

vedùta [f. sost. di *veduto* ✱ av. 1250] **s. f. 1** (*lett.*) atto e facoltà del vedere: *impedire la v.* | ***testimone di v.***, oculare **2** panorama: *di quassù si gode una splendida v.*; *la veranda offre una v. completa del golfo* | campo visivo: *poi volò fuor de la v. mia / si ch'a mirarlo indarno m'affatico* (F. PETRARCA) | possibilità di vedere un certo panorama: *questo terrazzo ha una v. unica sul lago, sul mare* **3** (*dir.*) apertura nel proprio edificio che, oltre a dare passaggio alla luce e all'aria, permette di affacciarsi sul fondo del vicino: *distanza per l'apertura di vedute* **4** rappresentazione grafica o figurativa, spec. pittorica o fotografica, di un paesaggio o di un ambiente in cui esso predomina: *v. panoramica*; *una v. di Napoli, di Roma*; *è un pittore di vedute*; *una v. di un paesaggista del Settecento* | ***v. a volo d'uccello***, fotografia panoramica scattata da un aereo in volo | ***v. prospettica***, in architettura, rappresentazione di un edificio in prospettiva **5** (*fig.*, *lett.*) capacità di comprendere, intendere, interpretare e sim.: *la sua v. non arriva a tanto* **6** (al pl., *fig.*) complesso di idee, convinzioni, principi e sim. che caratterizzano la mentalità di qlcu.: *persona di vedute meschine* | ***avere vedute larghe, ampie, essere di larghe, di ampie vedute***, avere una mentalità aperta, priva di pregiudizi e sim. | ***avere vedute strette, ristrette, grette, essere di vedute ristrette***, avere una mentalità chiusa, conservatrice, piena di pregiudizi e sim. **SIN.** opinione || **vedutina**, **dim.**

SFUMATURE ➤ ***panorama***

vedutìsmo [comp. di *veduta* e *-ismo* ✱ 1961] **s. m.** ● genere di pittura caratterizzato dalla rappresentazione di vedute di edifici o paesaggi: *il v. veneto del Settecento*

vedutìsta [1942] **s. m. e f.** (**pl. m.** *-i*) ● pittore di vedute

vedùto **part. pass.** di *vedere*; anche **agg. 1** visto | †*far v.*, rivelare, far conoscere **2** nella loc. avv. ***a ragion veduta***, dopo aver esaminato ogni elemento di una data questione e considerata ogni possibile conseguenza: *decidere a ragion veduta* || †**vedutaménte**, **avv.** visibilmente

veejay /*ingl.* 'vi:,dʒeɪ/ [vc. ingl., trascrizione delle due lettere di cui è formata la sigla *V. J.* di *video jockey* ✱ 1983] **s. m. e f. inv.** (**pl. ingl.** *veejays*) ● video jockey

✱**veemènte** o †**vemènte** [vc. dotta, lat. *vehemĕnte(m)*, di etim. incerta ✱ av. 1419] **agg.** ● impetuoso, intenso, violento: *vento, urto, assalto v.*; *febbre, passione v.*; *desideri, impulsi veementi*; *esprimersi con v. eloquenza*; *le risposte … furono … veementi e concitate* (P. SARPI) **CONTR.** calmo, pacato || **veementeménte**, **avv.** con veemenza

✱**veemènza** o †**veemènzia**, †**vemènza** [vc. dotta, lat. *vehemĕntia(m)*, da *vĕhemens*, genit. *vehemĕntis* 'veemente' ✱ 1464] **s. f.** ● caratteristica di chi (o di ciò che) è veemente: *v. di una persona, del carattere, del discorso*; *la v. del mare, del vento, del fuoco*; *alle quali accusazioni con non minore v. rispose Francesco Soderini* (F. GUICCIARDINI) **SIN.** impeto, violenza **CONTR.** calma, pacatezza

veg ① /*ingl.* vɛdʒ/ [accorc. dell'ingl. *vegetarian* ✱ 1998] **agg. inv.** ● vegetariano

veg ② /vɛg, *ingl.* vi:g/ [accorc. dell'ingl. *vegan* ✱ 2004] **agg. inv.** ● vegano

vègan /'vɛgan, *ingl.* 'vi:gən/ [vc. ingl., riduzione di *veg(etable)* 'vegetale' col suff. *-an* '-ano①' ✱ 1993] **s. m. e f. inv.**; anche **agg. inv.** ● vegano

veganìsmo [1977] **s. m.** ● stile di vita e di alimentazione dei vegani

vegàno [adattamento di *vegan* (V.) ✱ 1993] **s. m.** (**f.** *-a*); anche **agg.** ● chi (o che) segue il vegetalismo **SIN.** vegetaliano | chi (o che), oltre che nell'alimentazione, si attiene a uno stile di vita rigorosamente rispettoso della vita degli animali, per es. escludendo, nell'abbigliamento, i capi a base di pelle animale, di lana, di piume ecc. **CFR.** veg②

vegetàbile [vc. dotta, lat. tardo *vegetābile(m)* 'vivificante, eccitante', da *vegetāre* 'animare, eccitare' (V. *vegetare*) ✱ av. 1294] **A** **agg.** ● (*raro*) che può vegetare | (*filos.*) †vegetativo || †**vegetabilità**, **s. f. inv.** **B** **agg. e s. m.** ● †vegetale: *materia v.*; *la vita dei vegetabili*

♦**vegetàle** [da *vegetare* ✱ 1525] **A** **agg. 1** che riguarda le piante: *vita v.*; *regno v.* **2** che si ricava o si ottiene dalle piante: *sostanza, materia v.*; *prodotti vegetali* | ***alimento v.***, costituito da cereali, legumi, verdure e frutta | ***brodo v.***, di verdure | ***carbone v.***, di legna | ***olio v.***, ottenuto dai semi o dalla polpa dei frutti di molte piante, e in generale costituito da un gliceride di un acido grasso **B** **s. m. 1** organismo vivente che appartiene al regno vegetale | pianta **2** (*fig.*) persona che per malattia o incidente vive in stato vegetativo

vegetalìano [da *vegetale* ✱ 1986] **A** **agg.** ● costituito unicamente da cibi di origine vegetale, con esclusione anche di miele, uova e latte: *dieta vegetaliana* **B** **agg. e s. m.** (**f.** *-a*) ● che (o chi) segue il vegetalismo **SIN.** vegano

vegetalìsmo [da *vegetale* con il suff. *-ismo* ✱ 1943] **s. m.** ● tipo di alimentazione che, a differenza del vegetarianismo, vieta tutti i prodotti di origine animale (cioè anche il miele, le uova, il latte e i suoi derivati)

vegetalìsta [da *vegetalismo* ✱ 1994] **agg. e s. m. e f.** (**pl. m.** *-i*) ● vegetaliano

vegetànte **part. pres.** di *vegetare*; anche **agg.** ● nei sign. del v.

vegetàre [vc. dotta, lat. *vegetāre* 'animare, eccitare', da *vĕgetus* 'vegeto' ✱ 1308] **v. intr.** (*io vègeto* (o *-é-*); aus. *avere*) **1** vivere e crescere, detto delle piante **CONTR.** appassire **2** (*est.*) vivere una vita vegetativa: *è in coma e vegeta in un letto* | (*fig.*) condurre un'esistenza inattiva, piatta e insignificante: *v. nell'ozio, nell'indolenza*; *qui non si vive, si vegeta!*

vegetarianìsmo o **vegetarìsmo** [ingl. *vegetarianism*, da *vegetarian* 'vegetariano' col suff. *-ism* '-ismo' ✱ 1882] **s. m.** ● tipo di alimentazione che prescrive una dieta vegetariana

vegetarìano [ingl. *vegetarian*, da *vegetable* 'vegetale' (stessa etim. dell'it. *vegetabile*), con deformazione e suff. aggettivale ✱ 1860] **A** **agg.** ● che è costituito unicamente da cibi di origine vegetale, con possibile aggiunta di uova e latte: *alimentazione, dieta vegetariana* **B** **agg. e s. m.** (**f.** *-a*) ● che (o chi) si nutre di soli cibi vegetali e non fa uso di carne, ammettendo tutt'al più l'uso di alimenti di derivazione animale, quali le uova e il latte **CFR.** veg①

vegetarìsmo ➤ **vegetarianismo**

vegetatìvo [da *vegetato*, part. pass. di *vegetare* ✱ 1308] **agg. 1** che è proprio dei vegetali | ***cellula vegetativa***, nelle piante, quella che non produce spore o gameti | ***riproduzione vegetativa***, nelle piante, quella che avviene senza il concorso di organi sessuali **2** ***vita vegetativa***, negli animali e nell'uomo, l'insieme delle funzioni basilari di crescita, mantenimento e riproduzione dell'organismo che avvengono automaticamente senza giungere a livello della coscienza; (*fig.*) nell'uomo, la vita di chi è scarsamente attivo e privo di interessi | ***stato v.***, condizione di chi, per malattia, incidente, senescenza, ecc., conduce una vita puramente vegetativa **3** ***anima vegetativa***, nella filosofia di Aristotele, il principio che negli esseri viventi, incluse le piante, presiede alle funzioni nutritive e riproduttive **4** (*anat.*) ***sistema nervoso v.***, V. *nervoso* || **vegetativaménte**, **avv.**

♦**vegetazióne** [vc. dotta, lat. *vegetatiōne(m)*, propr. 'movimento, moto', da *vegetātus*, part. pass. di *vegetāre* (V.) ✱ av. 1320] **s. f. 1** nascita, crescita, sviluppo di vegetali **2** l'insieme dei vegetali di una data regione considerati in rapporto con l'ambiente: *v. tropicale, mediterranea*; *un territorio ricco di v.* **CFR.** flora **3** (*med.*) formazione in accrescimento esuberante: *v. cutanea* | ***v. adenoide***, ipertrofia della tonsilla faringea

†**vegetévole** [sec. XIV] **agg.** ● vegetabile

✱**vègeto** (o *-é-*) [vc. dotta, lat. *vĕgetu(m)*, da *vegēre* 'essere vivo', da avvicinare a *vigēre* 'essere in vigore' (V. *vigere*) ✱ av. 1694] **agg. 1** che vegeta, che cresce bene, detto di piante: *frutteto v.* **2** (*est.*) sano, vigoroso, gagliardo: *un vecchietto ancor v.* | ***vivo e v.***, di chi è in ottima salute, malgrado ogni contraria convinzione o aspettativa: *si ripresentò vivo e v. a chi ormai lo piangeva come morto* **CONTR.** debole, fiacco

vegetomineràle o **vegeto-mineràle** [comp. di *veget(ale)* e *minerale* ✱ 1828] **agg.** ● solo nella loc. ***acqua v.***, soluzione di acqua e acetato basico di piombo, utilizzata nella cura delle distorsioni, contusioni e sim.

♣**veggènte** **A** **part. pres.** di *vedere*; anche **agg.** **1** †nei sign. del v. **2** †***a occhi veggenti***, alla presenza, sotto gli occhi di qlcu. || †**veggenteménte**, **avv.** **B** **s. m. e f.** **1** †chi vede: *i ciechi e i veggenti* **2** (*lett.*) profeta: *di chi parli, o v. di Giuda?* (A. MANZONI) **3** mago, indovino: *il misterioso responso di un v.*; *interrogare una v.*

veggènza [da *veggente* ✱ 1865] **s. f.** ● (*raro*) chiaroveggenza

†**végghia** e deriv. ➤ **veglia** e deriv.

†**véggia** [lat. tardo *vēia(m)*, dall'osco *veia* 'carro' ✱ sec. XIII] **s. f.** **1** botte | quantità di liquido che sta in una botte **2** carro rudimentale **SIN.** traino, treggia

†**veggiàre** ➤ **vegliare**

véggio [aferesi di *laveggio* ✱ av. 1547] **s. m.** ● (*tosc.*) scaldino di terracotta o maiolica con manico **SIN.** caldanino

♣**véglia** o †**végghia**, †**vilia** [da *vegliare* ✱ av. 1294] **s. f.** **1** attività compiuta vegliando: *v. d'armi* | ***fare la v. a un malato, a un morto***, stare alzati di notte per assistere un malato o per pregare accanto a un morto **2** stato di chi è desto | ***tra la v. e il sonno***, in stato di dormiveglia **3** periodo di tempo, normalmente destinato al sonno, che si trascorre senza dormire per insonnia, lavoro, studio o altro: *v. notturna*; *v. di preghiere*; *la v. si concluse all'alba*; *veglie interminabili sui libri* | manifestazione pubblica che si svolge e si protrae nelle ore notturne: *una v. per la pace* | (*tosc.*) ***essere, andare a v.***, un tempo, nelle campagne, passare le serate invernali conversando, raccontando favole o leggendo riuniti nelle stalle | ***v. funebre***, trascorsa spec. pregando accanto a un defunto | ***v. pasquale***, celebrazione notturna fra il Sabato Santo e la Domenica di resurrezione **4** (*tosc.*, *lett.*) festicciola tra amici o trattenimento che dalla sera si prolunga fino a tarda notte: *vedi … le donne alle veglie lucenti / de' monili far pompa e de' cinti* (A. MANZONI) | ***v. danzante***, (*disus.*) veglione **5** †sentinella; guardia notturna || **veglióne**, **accr. m.** (V.)

♣**vegliàrdo** [da *veglio*①, sul modello del fr. *vieillard*, da *vieil* 'vecchio' (stessa etim. dell'it. *vecchio*) ✱ 1353] **s. m.** (**f.** *-a*) ● vecchio autorevole, di aspetto venerando

♣**vegliàre** o †**vegghiàre**, †**veggiàre** [lat. *vigilāre*, da *vĭgil* 'vigile, sveglio' ✱ av. 1250] **A** **v. intr.** (*io véglio*; **aus.** *avere*) **1** stare desto, non dormire, spec. durante i periodi di tempo normalmente destinati al sonno: *v. fino a tarda notte, fino all'alba*; *v. sui libri, in preghiera, al capezzale di un malato*; *v. in attesa di qlcu.*; *v. pregando, piangendo, lavorando* | (*tosc.*) un tempo, essere a veglia **2** (*fig.*) stare vigile, attento: *mentre noi dormiamo, altri vegliano per noi* | prendersi cura, proteggere: *v. sulle sorti della patria, sulla gioventù abbandonata*; *qualcuno dal cielo veglia su di noi* **3** †essere in vigore: *la tregua intra le parti vegghiava* (N. MACHIAVELLI) **B** **v. tr.** ● curare, assistere amorevolmente, spec. durante le ore notturne: *v. un malato* | ***v. un morto***, fare la veglia funebre

vegliatóre [sec. XIV] **s. m.** (**f.** *-trice*); anche **agg.** **1** †chi (o che) veglia, vigila **2** (*tosc.*, *lett.*) frequentatore di veglie

†**vegliévole** [av. 1342] **agg.** ● desto, vigile, vigilante || †**veglievolménte**, **avv.** con vigilanza

vèglio① (o **-é-**) [fr. *vieil*. V. *vegliardo* ✱ 1313] **A** **s. m.** (**f.** *-ia*, *raro*) ● (*lett.*) vegliardo: *il santo v.* **B** **agg.** ● †vecchio: *li molti esempi che già letto / de' capitani avea del tempo v.* (L. ARIOSTO)

†**vèglio**② [lat. parl. **vĕlleu(m)*, agg. di *vĕllus* 'vello' ✱ av. 1396] **s. m.** ● vello

veglióne [1799] **s. m.** **1** accr. di *veglia* **2** festa da ballo, per lo più con maschere, che si prolunga per tutta la notte: *il v. di carnevale* **CFR.** veglionissimo || **veglioncìno**, **dim.**

veglionìssimo [da *veglione* col suff. *-issimo* dei superl. ✱ 1908] **s. m.** ● (*per anton.*) veglione di S. Silvestro

†**vegnènte** ➤ **veniente**

†**vegnènza** [da *vegnente* ✱ sec. XIII] **s. f.** **1** avvento **2** cedevolezza, morbidezza

vègro [lat. mediev. *vigrae* o *vigra*, da *vetus* 'vecchio' ✱ 1940] **s. m.** ● (*sett.*) terreno incolto: *vegri … che … davano molto ed eccellente foraggio* (R. BACCHELLI)

veh ● V. **ve'**

veicolàre① [1942] **agg.** ● relativo ai veicoli: *traffico, transito, circolazione v.* | (*fig.*) ***lingua v.***, quella che funge da mezzo di comunicazione anche tra parlanti per i quali non è la lingua madre || **veicolarità**, **s. f. inv.** caratteristica di ciò che è veicolare (*anche fig.*)

veicolàre② [fr. *véhiculer*, da *véhicule* 'veicolo' ✱ 1963] **v. tr.** (*io veìcolo*) **1** (*scient.*) trasportare, essendo nello stesso tempo veicolo di diffusione: *i topi veicolano alcune malattie*; *l'aria inquinata veicola gas tossici e impurità* **2** (*fig.*) diffondere, fare circolare: *v. idee, informazioni*

veicolazióne [da *veicolare* ✱ 1992] **s. f.** ● trasporto, trasmissione | (*fig.*) diffusione di notizie, dati, informazioni e sim.: *v. di notizie, di mode*

♦**veìcolo** o †**veìculo** [vc. dotta, lat. *vehĭculu(m)*, da *vĕhere* 'portare, trasportare', di orig. indeur. ✱ 1319] **s. m.** **1** qualsiasi mezzo di trasporto, per persone o cose, spec. meccanico e guidato dall'uomo: *v. stradale, ferroviario*; *v. a motore* | automezzo, autoveicolo: *transito vietato ai veicoli* | ***v. a cuscino d'aria***, veicolo che, leggermente sollevato dalla superficie del terreno o dell'acqua da potenti getti d'aria, viene mosso da eliche e timoni aerei o da getti d'aria direzionali | ***v. spaziale, cosmico, extratmosferico***, mezzo artificiale destinato a trasportare nello spazio extratmosferico un carico di cose o persone, percorrendo una traiettoria che lo immette in orbita attorno alla Terra o è diretta verso un altro corpo celeste: *le capsule spaziali, le astronavi, le sonde spaziali, i satelliti artificiali e le navette spaziali sono veicoli spaziali* **2** qualunque mezzo atto a propagare o diffondere qlco. (*anche fig.*): *si serve … del fiato per v. del suono* (G. GALILEI); *questo giornale è un v. di nuove idee* | ***v. pubblicitario***, mezzo pubblicitario | in epidemiologia, tutto ciò che può trasmettere il contagio trasportando microrganismi patogeni: *le mosche possono essere v. di pericolose malattie, di infezioni*; *l'anofele è il v. della malaria* **3** (*chim.*) sostanza inattiva usata per presentare nel modo più opportuno sostanze attive a essa miscelate | nella tecnica farmaceutica, eccipiente || **veicolétto**, **dim.**

veilleuse /fr. ve'jøz/ [vc. fr., da *veiller* 'vegliare' ✱ 1850] **s. f. inv.** **1** divano a braccioli d'altezza ineguale uniti da una spalliera **2** piccolo lume, lampada da notte, a tenue illuminazione **3** bricco o tazza di ceramica, sorretti da un corpo cilindrico bucherellato contenente un lumino a olio o a cera, nel quale un tempo si mantenevano calde per la notte bevande come infusi, tisane e sim. **4** tipo di pendola con suoneria

†**vel**① /lat. vel/ [lat. 'o', della stessa famiglia di *vĕlle* 'volere'. V. †*velle* ✱ 1306] **cong.** ● o, oppure | ***vel circa, a un vel circa***, pressappoco, o quasi

vél② ● V. **ve**

♦**véla** [lat. *vēla*, pl. di *vēlum* 'vela', da una radice indeur. che significa 'trasportare' (da cui anche *vĕhere*. V. *veicolo*) ✱ 1250 ca.] **s. f.** **1** (*mar.*) superficie portante sostenuta dall'alberatura, che imprime moto all'imbarcazione: *vele cucite, ralingate, inferite*; *v. maestra, di trinchetto, di gabbia*; *vele alte, basse*; *attrezzare, collare, calare, issare, aprire, sciogliere, spiegare, raccogliere, tesare la v.*; *nave, barca a v.* | ***v. di taglio***, triangolare e inferita lungo il bordo verticale prodiero | ***v. quadra***, rettangolare o trapezoidale, inferita al pennone lungo il bordo superiore | ***v. aurica***, trapezoidale | ***v. latina***, triangolare | ***v. Marconi***, triangolare | ***far v.***, partire, salpare (*anche fig.*): *fecero v. per le Americhe* | ***dare, spiegare le vele al vento***, navigare | ***mettere una nave alla v.***, prepararsi a navigare | ***sotto v.***, in navigazione | ***alzare la v., le vele***, (*fig.*) intraprendere qlco. | (*lett.*) ***a v. piena, a piene vele***, a tutto vento, a gonfie vele | ***a gonfie vele***, sfruttando appieno la forza del vento; (*fig.*) benissimo, con eccellenti risultati, col vento in poppa | ***avere poca v.***, di imbarcazione, essere provvista di scarsa velatura | ***raccogliere le vele***, (*fig.*) concludere | ***calare, ammainare le vele***, (*fig.*, *lett.*) cedere, arrendersi, desistere da un'impresa | ***volo a v.***, con alianti, cioè senza motore, spec. in contrapposizione al volo a motore | ***sport della v.***, complesso delle competizioni tra imbarcazioni a vela, da regata **2** (*est.*, *lett.*) nave, barca a vela, veliero: *una armata di duecento vele* **3** sport della vela: *gara di v.*; *campione di v.* **4** (*archit.*) ogni spicchio della volta a crociera, nell'architettura gotica | ***volta a v.***, porzione di volta a bacino, in cui le linee di imposta sono rappresentate dalle curve di intersezione del bacino con i piani di prolungamento dei muri di sostegno | ***muro a v.***, muro isolato che sporge, al di sopra di una costruzione, come una facciata o un timpano | ***campanile a v.***, costituito da un muro isolato, con luci in cui sono collocate le campane **5** †sipario, tenda **6** (**al pl.**, *lett.*) †le ali spiegate degli uccelli || **velóne**, **accr. m.**

NOMENCLATURA

vela

● *tipi di barche a vela*: soling, ketch, yawl, sloop, sloop Marconi, star, tornado, flying dutchman, laser, 470, 420 finn, beccaccino, cutter, dinghy, dragone, flying junior; motorsailer; tavola a vela = windsurf;

● *scafo*: a spigolo, tondo, deriva (fissa, mobile, a bulbo), cassa della deriva, chiglia, pagliolo, pozzetto, coperta, battagliola, draglie, candelieri, mastra, scassa dell'albero, timone (pala, lama, testa, barra, stick);

● *alberatura*: albero di maestra, albero di mezzana, canaletta, crocetta, boma, tangone;

● *manovre*: manovre fisse = dormienti (strallo, stralletto, sartia fissa, paterazzo), manovre mobili = correnti (amantiglio, drizza, sartia volante, scotta della randa, del fiocco, braccio dello spinnaker, vang, cunningham o caricabbasso);

● *velatura*: vela triangolare = vela latina = fiocco, vela bermudiana, genoa, trinchettina = tormentina, yankee, randa, spinnaker, gennaker, vela quadra, velaccio, velaccino, coltellaccio, coltellaccino, vela di taglio, vela aurica, scopamare;

● *parti della velatura*: testiera, base, bordame = cazzame, filo della vela, caduta prodiera, balumina = caduta poppiera, antennale, angolo di drizza, penna = tavoletta, balestrone, livarda = struzza, ferzo, tasca, stecca, ralinga = gratile, bugna, matafione, imbroglio;

● *attrezzatura*: arridatoio, landa, trozza, bitta, galloccia, passascotta, strozzascotta, bozzello, winch, coffee-grinder, rinvio, rotaia, carrello di scotta, canestrelli, garroccio, grillo, trapezio, bansigo, segnavento, avvolgifiocco, avvolgiranda,

borosa, mura, varea;
• *andature*: bolina (stretta, larga), traverso, lasco, gran lasco, vento in poppa = in fil di ruota = al giardinetto, farfalla;
• *azioni*: ammainare, ancorare, andar di bolina, approdare, attraccare, bordeggiare, bordare, disincagliare, disormeggiare, filare, virare, orzare ⇔ poggiare, strambare, sciorinare, prendere il largo, sbandare, spiegare, veleggiare, vogare, alzare le vele, doppiare, costeggiare, stringere il vento, dare volta = strozzare, agguantare, allascare, alare, murare, mollare, tesare (a disteso, a rovescio), cazzare, lascare, sciogliere, ghindare, bracciare, inferire, attrezzare, invelare, issare, calare, calumare, serrare, imbrogliare, forzare, accollare, collare, raligare, terzarolare, prendere, dare, togliere una o più mani di terzaroli, arridare, addugliare, cogliere, abbisciare, trincare, incordonare = impiombare, fileggiare, essere a segno, far pancia;
• *persone*: skipper, velista, regatante, diportista, timoniere, prodiere, marinaio, velaio.

†**velàbile** [1690] **agg.** • che si può velare

velaccière [da *velaccio* ✱ 1889] **s. m.** • (*mar.*; *disus.*) veliero che porta soltanto rande e velacci

velaccìno [1870] **s. m.** • (*mar.*) pappafico

velàccio [sp. *velacho*, da *vela* ✱ 1700] **s. m.** • (*mar.*) ciascuna delle vele quadre con relativo pennone sovrapposte alla gabbia dell'albero di maestra | ***v. fisso***, terzultima vela dall'alto | ***v. mobile***, seconda vela dall'alto, subito sotto al controvelaccio

velàda [vc. sett., di etim. incerta ✱ 1685] **s. f.** **1** lunga e attillata giacca del costume settecentesco maschile, ornata di ricami e aperta su un lungo gilet anch'esso ricamato **2** (*sett.*) abito maschile da cerimonia **SIN.** dorsay, tight

velàio [1813] **s. m.** (**f.** *-aia*, **pl. m.** *-ai*) • (*mar.*) artigiano specializzato nel tagliare e cucire vele

♦**velàme** ① o †**velàmine** [vc. dotta, lat. *velāmen*, da *velāre* ✱ sec. XIII] **s. m.** **1** †tessuto molto fine | †velo **2** (*fig.*, *lett.*) ciò che vela, nasconde, impedisce la vista: *i velami del futuro* **3** (*fig.*, *lett.*) apparenza, figura, immagine e sim., sotto cui si cela qlco.: *la dottrina che s'asconde / sotto 'l velame de li versi strani* (DANTE *Inf.* IX, 62-63)

velàme ② [comp. di *vela* e *-ame* ✱ 1598] **s. m.** • (*mar.*) complesso delle vele, velatura

velaménto ① [av. 1722] **s. m.** • (*raro*) il velare, nel sign. di *velare*①

velaménto ② [vc. dotta, lat. *velamĕntu(m)* ✱ 1305] **s. m.** **1** (*raro*, *lett.*) velo | (*lett.*) condizione di chi porta il velo **2** (*raro*, *lett.*, *fig.*) velame, nel sign. di *velame*①

†**velàmine** ➤ **velame**①

♦**velàre** ① [lat. *velāre*, da *vēlum* 'velo' ✱ 1287] **A v. tr.** (*io vélo*) **1** coprire con un velo per nascondere, ornare, proteggere, schermare e sim.: *v. le immagini, una statua*; *v. una luce, una lampada* | anche in forma pron.: *velarsi il capo, gli occhi, il viso* **2** (*est.*) coprire con uno strato sottile come un velo (**anche** ***fig.***): *nubi, nebbia, foschia che velano il cielo*; *le lacrime gli velarono gli occhi* | ***v. un colore***, coprire una superficie colorata con una mano di tinta leggera, per attenuarla **3** (*fig.*) appannare, offuscare: *densi vapori velano le luci dell'alba*; *il pianto gli velò lo sguardo* | rendere spento, privo di vivacità, sonorità, espressione e sim.: *l'emozione gli velava la voce*; *il suo sorriso era velato di dolore* **4** (*fig.*) nascondere, attenuare: *v. la verità, la realtà*; *v. i propri difetti* **CONTR.** svelare **5** †ornare **B velàrsi v. intr. pron.** **1** coprirsi di uno strato sottile come un velo: *l'acqua cominciava a velarsi di ghiaccio*; *gli occhi gli si velarono di lacrime* **2** offuscarsi, appannarsi: *ogni luce si velava tra i vapori*; *lo sguardo gli si velò per la debolezza* | diventare spento, privo di vivacità, sonorità, espressione e sim. **C velàrsi v. rifl.** **1** coprirsi con un velo: *si velò per non essere riconosciuta* **2** prendere il velo **SIN.** monacarsi

velàre ② [da *vela* ✱ av. 1348] **A v. tr.** (*io vélo*) • (*mar.*, *raro*) fornire di vela **B v. intr.** • †veleggiare

velàre ③ [da *velo* (*pendulo*) ✱ 1897] **A agg.** **1** (*anat.*) del velo palatino **2** in fonetica, detto di suono nella cui articolazione il dorso della lingua batte contro il velo pendulo o palato molle (per es. la C dura e la G dura di *cane* e *gatto*) **SIN.** gutturale **B s. f.** • (*ling.*) suono velare

velàrio [vc. dotta, lat. *velāriu(m)*, da *velāre*. V. *velare*① ✱ av. 1796] **s. m.** **1** ampia tenda che copriva gli antichi teatri e anfiteatri romani per riparare dal sole e dalla pioggia gli spettatori **2** tendaggio, sipario

velarizzàto [1957] **agg.** • (*ling.*) detto di suono trasformato per velarizzazione

velarizzazióne [da *velare*③ ✱ 1957] **s. f.** • (*ling.*) trasformazione per la quale un suono diventa velare

†**velàta** [da *vela* ✱ 1667] **s. f.** • (*mar.*) tratto di navigazione a vele spiegate

velatìno [da *velato*① ✱ 1948] **s. m.** **1** tessuto rado e gommato, usato per modelli di abiti **2** (*cinema*) schermo di garza atto a diffondere o colorare la luce di un proiettore di scena

♦**velàto** ① **part. pass.** di *velare*①; **anche agg.** **1** coperto da un velo: *volto v.* | (*est.*) ricoperto da uno strato sottile: *cielo v.*; *occhi velati di lacrime* **2** molto trasparente, tenue come un velo: *calze velate* **3** (*fig.*) che non è chiaro, aperto, esplicito: *accenno v.*; *allusioni velate* **4** (*fig.*) offuscato, attenuato: *sguardo v.*; *tono di voce v.* **5** (*enol.*) detto di vino caratterizzato da una diffusa velatura **CONTR.** limpido ‖ **velataménte**, **avv.** in modo non esplicito: *accennare velatamente a un problema*

velàto ② **part. pass.** di *velare*②; **anche agg.** • (*lett.*) fornito di vele

velatùra ① [da *velato*① ✱ 1499] **s. f.** **1** il fatto di velare, di velarsi **2** strato sottilissimo steso su una superficie: *una v. di cipria, di zucchero vanigliato* **3** (*fig.*) offuscamento, appannatura | (*fig.*) lieve espressione, sfumatura, ombra: *c'era nelle sue parole una v. di ironia* **4** (*fotogr.*) tonalità grigia uniforme più o meno densa di un'immagine fotografica negativa, provocata da varie cause **5** (*enol.*) opacità del vino **6** †velame, velo

velatùra ② [da *vela* ✱ 1813] **s. f.** **1** (*mar.*) complesso di tutte le vele di un veliero **2** (*aeron.*) in un'aerodina, complesso di tutte le superfici aerodinamiche per la sostentazione, la stabilità e il governo | ***v. battente***, delle ali battenti | ***v. fissa***, delle ali e piani fissi | ***v. mobile***, dei piani mobili | ***v. rotante***, degli aerogiri | ***v. principale***, quella per la sostentazione

Vèlcro® [dalle iniziali delle due parole fr. *vel(ours)* 'velluto' e *cro(chet)* 'uncino' ✱ 1983] **s. m. inv.** • dispositivo per l'unione rapida di lembi di tessuto, costituito da due strisce che si uniscono fra loro con una semplice pressione; si usa in sostituzione di bottoni, automatici, cerniere lampo e sim.

-vele ➤ **ve** nei sign. A e B

veleggiaménto [1674] **s. m.** • il veleggiare | volo a vela

veleggiàre [da *vela* ✱ 1553] **A v. intr.** (**pres.** *io veléggio*; **fut.** *io veleggerò*; **aus.** *avere*) **1** (*mar.*) navigare a vela: *v. sull'oceano, per il mare* | ***v. alla latina***, con vele triangolari **2** (*aeron.*) volare senza motore, o senza pratico impiego del motore, sfruttando ascendenze, detto di alianti e spec. di veleggiatori **3** (*lett.*) volare ad ali aperte, librarsi in volo **B v. tr.** • (*lett.*) percorrere uno specchio d'acqua navigando a vela: *v. il mare*

veleggiàta [da *veleggiare* ✱ 1586] **s. f.** • corsa di piacere compiuta con una imbarcazione da diporto, a vela

veleggiàto **part. pass.** di *veleggiare*; **anche agg.** **1** nei sign. del v. **2** ***volo v.***, quello effettuato con alianti

veleggiatóre [1822] **A agg.** (**f.** *-trice*) • che veleggia **B s. m.** **1** (*lett.*) veliero **2** (*aeron.*) aliante, gener. monoposto, capace di compiere anche il volo librato ascendente, sfruttando le correnti aeree, usato spec. per gare sportive di distanza, quota e tempo di volo **3** (**f.** *-trice*) pilota di tale aliante

veléggio [1340] **s. m.** • (*lett.*) veleggiamento

†**velenàre** o †**venenàre** [lat. *venenāre*, da *venēnum* 'veleno' ✱ sec. XIII] **v. tr.** • avvelenare

†**velenàto** o †**venenàto** **part. pass.** di †*velenare*; **anche agg.** **1** nei sign. del v. **2** velenoso | (*fig.*, *lett.*) corrotto

velenìfero o †**venenìfero** [lat. *venenĭferu(m)*, comp. di *venēnum* 'veleno' e *-fer* '-fero' ✱ 1353] **agg.** • che porta, produce, contiene veleno: *i denti veleniferi dei serpenti*

♦**veléno** o †**venéno** [lat. *venēnu(m)* (con dissimilazione), da avvicinare a *Vĕnus* 'Venere', poi 'amore', il primo sign. di *venēnum* sarebbe quello di 'filtro amatorio' ✱ 1266] **s. m.** **1** sostanza tossica che, se penetra in un organismo e ne viene assorbita anche in piccola quantità, produce effetti gravissimi, anche letali: *il v. della vipera, del cobra*; *la cicuta contiene v.*; *sterminare gli insetti, i topi col v.*; *suicidarsi col v.*; *v. a effetto lento, ritardato, rapido*; *un v. che non perdona*; *iniettare, somministrare, propinare un v.* | ***amaro come il v.***, di cosa estremamente amara **SIN.** tossico **2** (*est.*) sostanza dannosa, nociva: *l'aria della città è ormai satura di veleni*; *l'alcol e il fumo sono veleni per lui* | (*fig.*, *lett.*) ***andare in v.***, detto di cibo, risultare sgradevole e indigesto **3** (*est.*) sostanza di sapore disgustoso, pessimo e sim.: *questo non è caffè ma v.*; *cos'è questo v. che mi propini?* **4** (**est.**, *raro*) fetore che ammorba: *il v. delle paludi* **SIN.** miasma **5** (*fig.*) sentimento tormentoso, distruttivo: *il v. dell'invidia, della gelosia*; *al cor scendea / quella dolcezza mista / d'un secreto v.* (T. TASSO) **6** (*fig.*) astio, rancore, odio: *parole piene di v.*; *covare il v. in cuore*; *spargere, spandere il v. attorno a sé*; *avere del v. contro qlcu.* | ***masticare, mangiare v.***, essere costretto a tacere, a inghiottire il proprio rancore | ***mangiar pane e v.***, rodersi quotidianamente senza possibilità di sfogo | ***schizzare v., schizzare v. da tutti i pori***, mostrare un odio intenso, irriducibile | ***sputare v.***, parlare mostrando il proprio rancore | ***avere il miele sulla bocca e il v. nel cuore***, dire parole dolci, affettuose e sim., mascherando con esse il proprio odio | ***avere il v. in corpo***, essere pieno d'odio | ***penna intinta nel v.***, di scrittore pieno di livore, astio e sim. **7** (*fig.*) allusione insidiosa, maligna e sim., più o meno nascosta in frasi, versi e sim.: *il v. di una satira, di un epigramma*; *scritti impastati di v.*; *ben conobbi il velen de l'argomento* (DANTE *Purg.* XXXI, 75) **8** (**al pl.**, ***fig.***) intrighi, polemiche astiose, e sim.

♦**velenóso** (o *-ṣ-*) o †**venenóso** [lat. tardo *venenōsu(m)*, da *venēnum* 'veleno' ✱ 1282] **agg.** **1** che costituisce un veleno: *sostanza velenosa*; *liquido v.* | che contiene, produce o emette veleno: *pianta velenosa*; *animale v.* **SIN.** tossico **2** (*fig.*) moralmente nocivo: *idee, dottrine velenose* **3** (*fig.*) pieno di astio, malevolenza, rancore, odio e sim.: *invidia velenosa*; *allusioni, insinuazioni velenose*; *La buona donna ... fece vista di non s'avvedere delle velenose parole* (F. SACCHETTI) | (*fig.*)

lingua, serpe velenosa, persona malevola, maligna, perfida, sotto apparenze di gentilezza|| **velenosétto**, **dim.**|| **velenosaménte**, **avv.** || **velenosità** o †**venenosità**, **s. f. inv. 1** proprietà di ciò che è velenoso **SIN.** tossicità **2** (*fig.*) malvagità, perfidia, odio: *la velenosità delle sue parole mi ferisce*; contenuto astioso e malevolo: *nessuno ha colto la velenosità delle sue insinuazioni*

velerìa [da *vela*, sul modello del fr. *voilerie* ✻ 1769] **s. f. 1** (*mar.*) laboratorio in cui si approntano vele, tende, bandiere | deposito di vele **2** †insieme di vele

velétta ① [da *velo*, sul modello del fr. *voilette* ✻ 1598] **s. f.** ● velo leggero o trina trasparente, con applicazione di pallini di ciniglia, che un tempo si usava appuntare al cappello in modo che ricadesse parzialmente sul viso

velétta ② [portog. *veleta*, dim. di *vela* 'sentinella', dallo sp. *vela* 'veglia, scolta', da *velar* 'vegliare' (stessa etim. dell'it. *vegliare*) ✻ av. 1431] **s. f.** ● (*lett.*) vedetta | ***essere, stare alla v., alle velette***, di vedetta

†**velettàio** [da *veletta* ① ✻ av. 1558] **s. m.** ● tessitore di veli e stoffe trasparenti

†**velettàre** [da *veletta* ② ✻ 1509] **v. tr.** ● osservare, spiare

vèlia ① ➤ **averla**

vèlia ② [etim. incerta ✻ 1831] **s. f.** ● insetto eterottero con addome sottile e lunghe zampe, che vive in gruppi, scivolando rapido sulle acque di stagni e paludi (*Velia rivulorum*)

vèlico [da *vela*, sul modello del fr. *vélique* ✻ 1889] **agg.** (**pl. m.** *-ci*) ● delle vele: *superficie velica* | relativo alle imbarcazioni a vela: *sport v.*; *gare, regate veliche* | ***piano v.***, progetto che descrive forma, dimensione e disposizione delle vele di un'imbarcazione | ***sistema v.***, l'insieme delle vele di un'imbarcazione: *sistema v. prodiero, poppiero*

†**velièra** [av. 1498] **s. f.** ● ornamento femminile prezioso, per il capo, cui si adattavano i veli

velièro o (*lett.*) **velière** [av. 1536] **A** **agg.** ● (*raro*) provvisto di vele: *nave veliera* | (*raro*) velico: *sport v.* **B** **s. m.** ● nave, imbarcazione a vela: *i velieri spagnoli*; *un antico v. corsaro*; *v. con motore ausiliario*

SFUMATURE ➤ ***nave***

†**velificàre** [vc. dotta, lat. *velificāre*, comp. di *vēlum* 'vela' e *-ficāre* ✻ av. 1511] **v. intr.** ● veleggiare || †**velificazióne**, **s. f.**

velifìcio [comp. di *vela* e *-ficio* ✻ 1877] **s. m.** ● fabbrica di vele

velìna [f. sost. di *velino*; nel sign. B 5 dal n. dato alle vallette addette alla consegna di comunicati durante una trasmissione televisiva ✻ av. 1828] **A** **agg. solo f.** ● nella loc. ***carta v.***, detto di un tipo di carta molto sottile, usata sia per imballare oggetti delicati o fragili, sia per copie di dattiloscritti; detto di un tipo di carta a mano, liscia, candida e molto resistente, usata un tempo nell'arte libraria per edizioni di lusso **B** **s. f. 1** carta velina | foglio di carta velina: *un pacco di veline* **2** copia ottenuta con carta carbone su carta velina **3** in tipografia, prova su materiale trasparente di una composizione da riprodurre in offset o rotocalco **4** (*fig.*) circolare diramata ai giornali dal governo, da un partito o da enti o uffici pubblici con l'intento di ottenere un atteggiamento conformistico **5** (**m.** *-o*, *raro*) giovane valletta televisiva che si esibisce in abiti succinti nel corso di una trasmissione

velinàre [da *velina* ✻ 1983] **v. tr. 1** (*raro*) nel linguaggio giornalistico, diffondere una notizia dando una versione conforme a direttive ufficiali **2** (*tipogr.*) riprodurre su velina

velinàro [da *velina* 'circolare' col suff. *-aro* (V. *-aio* ②) ✻ 1983] **A** **s. m.** (**f.** *-a*) ● (*spreg.*) giornalista che si attiene acriticamente a veline o direttive diramate da autorità o centri di potere **B** **agg.** ● conformistico, non vagliato criticamente: *informazione, stampa velinara*

velinìsmo [da *velina* nei sign. B 4 e B 5 ✻ 1981] **s. m. 1** (*spreg.*) spec. nel linguaggio giornalistico, la diffusione della presenza delle giovani vallette televisive e il loro assurgere a modello di successo **2** (*raro*) sistema informativo basato su circolari governative, di partito o sim.

velìno [fr. *vélin* 'pelle di vitello nato morto, più fine della normale pergamena', propr. 'di vitello', da *veel*, ant. forma per 'vitello' (stessa etim. dell'it. *vitello*) ✻ av. 1730] **s. m.** ● tipo di pergamena più bianca e delicata della pergamena normale, ottenuta dalla pelle di vitelli da latte o nati morti

velìsmo [comp. di *vel(a)* e *-ismo* ✻ 1950] **s. m.** ● sport della vela e le tecniche ad esso relative

velista [1963] **s. m. e f.** (**pl. m.** *-i*) ● chi pratica lo sport della vela

velistico [1988] **agg.** (**pl. m.** *-ci*) ● relativo allo sport della vela

vèlite [vc. dotta, lat. *vēlite(m)* (comunemente usato al pl.), di etim. incerta ✻ av. 1292] **s. m.** ● (**spec. al pl.**) ciascuno dei soldati romani armati alla leggera, che impegnavano per primi il combattimento | soldato napoleonico con compiti di fanteria leggera

velìvolo [vc. dotta, lat. *velĭvolu(m)* 'che corre con le vele', comp. di *vēlum* 'vela' e *-volus*, da *volāre* ✻ av. 1747] **A** **agg.** ● (*poet.*, *raro*) che corre veloce con le vele: *navi velivole* | che è solcato da veloci velieri: *in cospetto ... al v. Adriatico* (G. CARDUCCI) **B** **s. m. 1** (*aeron.*) aeromobile che trae la propria sostentazione principalmente da ali fisse, costituito essenzialmente da ali e da organi di stabilità e governo, variamente disposti e collegati fra loro: *gli alianti sono velivoli senza motore* | ***v. aerospaziale***, veicolo atto sia al volo atmosferico sia alla traiettoria extraatmosferica e al rientro nell'atmosfera: *la navetta spaziale è un v. aerospaziale* **2** aeroplano

vèlla [da *vedila!* ✻ av. 1492] **inter.** ● (*tosc.*) eccola, guardala: *vedila qui, quella starnina, v.!* (L. DE' MEDICI)

†**vèlle** [vc. dotta, lat. *vĕlle* 'volere', di orig. indeur. ✻ av. 1306] **s. m. inv.** ● volere, volontà: *il mio disiro e il v.* (DANTE *Par.* XXXIII, 143)

velleità [fr. *velléité*, dal lat. *vĕlle* 'volere'. V. †*velle* ✻ 1640] **s. f. inv.** ● desiderio, aspirazione, progetto e sim. irrealizzabile perché sproporzionato alle reali capacità del soggetto: *v. artistiche, politiche, sociali*; *v. senili, giovanili, fanciullesche*; *avere delle v.*; *mostrare qualche v.*

SFUMATURE ➤ ***ambizione***

velleitàrio [1932] **A** **agg. 1** detto di persona che ha delle velleità: *riformatore v.* **2** detto di tutto ciò che è caratterizzato da velleità ed è perciò irrealizzabile, vano, sterile: *politica velleitaria*; *proteste velleitarie* || **velleitariaménte**, **avv.** **B** **s. m.** (**f.** *-ia*) ● chi ha o mostra delle velleità

velleitarìsmo [av. 1937] **s. m.** ● atteggiamento tipico dei velleitari | caratteristica di ciò che è velleitario

†**vèllere** [vc. dotta, lat. *vĕllere* 'strappare, svellere', di orig. indeur. ✻ 1340 ca.] **v. tr.** ● svellere

vellicaménto [av. 1698] **s. m.** ● lieve, ripetuto solleticamento (*anche fig.*)

vellicàre [vc. dotta, lat. *vellicāre* 'pizzicare', intens. di *vĕllere*. V. †*vellere* ✻ 1625] **v. tr.** (*io vèllico, tu vèllichi*) **1** solleticare in modo leggero: *v. qlcu. su una guancia*; *un filo d'erba gli vellicava il collo* **SIN.** titillare **2** (*fig.*) stimolare: *v. la fantasia*

vellicazióne [vc. dotta, lat. *vellicatiōne(m)*, da *vellicātus*, part. pass. di *vellicāre* ✻ 1714] **s. f.** ● (*lett.*) vellicamento, titillamento

vellichìo [1923] **s. m.** (**pl.** *-ii*) **1** il vellicare con insistenza **2** prolungata sensazione di solletico, pizzicore, formicolio e sim.: *questo v. fastidioso che si spargeva in ogni direzione* (I. CALVINO)

vèllo ① [lat. *vĕllus*, da avvicinare a *vĕllere* 'strappare'. V. †*vellere* ✻ sec. XIII] **s. m. 1** manto di lana che copre la pecora, il montone, la capra | lana tosata **2** (*est.*) pelame degli animali da pelliccia o di ogni altro animale: *il v. della volpe*; *il v. fulvo del leone* **3** (*lett.*) ciuffo, bioccolo di lana o pelo **4** (*poet.*) chioma umana | ciocca, ciuffo di capelli

vèllo ② [da *vedilo!* ✻ av. 1535] **inter.** ● (*tosc.*) eccolo, guardalo

vellóso ➤ **villoso**

vellutàre [1862] **v. tr. 1** (*lett.*) rendere simile al velluto **2** (*tess.*) dare a una stoffa l'aspetto del velluto

vellutàta [da *vellutato* ✻ 1983] **s. f.** ● zuppa, in genere a base di verdure frullate, che per aggiunta di un ingrediente addensante come patata, farina o panna, assume consistenza cremosa e aspetto vellutato: *v. di asparagi, al formaggio*

vellutàto **A** **part. pass.** di *vellutare*; anche **agg. 1** nei sign. del v. **2** detto di tutto ciò che, spec. al tatto, è simile al velluto: *carta vellutata*; *fiore dai petali vellutati* | ***pelle vellutata***, morbida e liscia come velluto **3** (*cucina*) ***salsa vellutata***, tipo di besciamella preparata con brodo anziché latte **4** (*enol.*) di vino che presenta al palato una piacevole sensazione, analoga alla sensazione tattile di chi carezzi il velluto **CFR.** ruvido **5** (*fig.*) detto di colore intenso, caldo e omogeneo: *verde, rosso, nero v.* **6** (*fig.*) detto di suono armonioso e dolce, di tonalità morbida: *voce vellutata* **SIN.** flautato || **vellutataménte**, **avv.** **B** **s. m.** ● †tessuto, spec. damaschino, vellutato

vellutatrìce [1965] **s. f.** ● macchina tessile per vellutare

vellutatùra [1865] **s. f. 1** operazione che dà a un tessuto, a una carta o ad altro, aspetto di velluto **2** aspetto vellutato di una superficie

vellutière [av. 1536] **s. m.** (**f.** *-a*) ● tessitore di velluto

vellutìno [1640] **s. m. 1** dim. di *velluto* **2** velluto leggero | nastrino di velluto, per guarnizione di vesti femminili **3** (*bot.*) aristolochia

vellùto [lat. tardo *villūtu(m)*, da *vĭllus* 'pelo'. V. *villo* ✻ 1312] **A** **agg. 1** (*lett.*) peloso, villoso **2** (*lett.*) di tessuto a pelo morbido e rilevato: *i ricchi sciamiti velluti* (G. PASCOLI) **3** (*bot.*) nella loc. ***fior v.***, amaranto **B** **s. m. 1** tessuto di seta, cotone, lana o fibre sintetiche, che presenta su una delle facce una superficie pelosa, formata dai fili dell'ordito o della trama rasati più o meno alti: *v. d'ordito*; *v. di trama*; *un v. rosso, verde, liscio, lavorato*; *giacca, gonna di v.* | ***v. riccio***, il cui pelo è inanellato mediante una particolare lavorazione | ***v. soprarizzo***, con i motivi in rilievo su fondo liscio | ***v. tagliato***, più o meno lavorato, come il precedente | ***v. a coste, alla cacciatora***, lavorato a righe in rilievo, più o meno larghe | (*fig.*) ***andare, camminare sul v.***, non incontrare ostacoli in un'azione, un'impresa e sim. | ***giocare sul v.***, (*fig.*) non correre rischi | ***zampe di v.***, (*per anton.*) quelle del gatto, morbide e silenziose | ***avere, nascondere un pugno di ferro nel guanto di velluto***, (*fig.*) si dice di chi nasconde sotto un'apparenza mite una volontà ferrea | ***di v.***, (*fig.*) vellutato: *viso, mani di v.*; †di cosa fatta con grande maestria **2** (*est.*) indumento maschile o femminile di velluto **3** (*bot.*) ***v. d'acqua***, borraccina **4** (*fig.*) superficie mor-

V

bida e liscia: *il v. delle guance* || **vellutino**, **dim.** (V.)

vèlma [dissimilato di *melma*, di orig. veneta ✱ av. 1536] **s. f.** ● area lagunare paludosa, che resta scoperta durante la bassa marea

♦**vélo** [lat. *vēlu(m)*, da avvicinare a *vēstis* 'veste' ✱ 1266] **s. m.** **I** in senso proprio **1** tessuto finissimo e trasparente, di cotone, seta o altra fibra: *v. ricamato, crespo, fitto, rado; abito di v.* | (*est.*) drappo di tale tessuto, usato per scopi particolari nell'abbigliamento femminile: *coprirsi il capo con un velo; un pesante v. le nascondeva il volto; v. islamico; sovra candido vel cinta d'uliva / donna m'apparve* (DANTE *Purg.* XXX, 31-32) | ***v. nuziale, da sposa***, generalmente bianco e lungo, che scende sulle spalle | ***v. da lutto***, spec. un tempo, velo nero e molto fitto, che ricade dal cappello sul volto e sul capo | (*est.*) striscia di tale tessuto, adibita a usi vari: *abbrunare le bandiere con un v. nero* | ***v. omerale***, nella liturgia cattolica, striscia di tessuto simile a un manto rettangolare con cui il sacerdote copre il petto e le mani nel portare l'ostensorio o la pisside | ***v. del calice***, manto dello stesso colore della pianeta che, nella liturgia cattolica, ricopre il calice **2** tenda, cortina e sim. che ricopre o cela qlco. | ***v. della tenda, dell'Arca del tempio, del Santo***, presso gli antichi ebrei, la cortina che separava l'Arca dalla parte del luogo santo in cui era consentito l'accesso **3** drappo che le donne cattoliche pongono sulla testa, nell'entrare in chiesa e nell'assistere alle sacre funzioni, per indicare la loro sottomissione, e che le monache portano permanentemente, assumendolo in apposita cerimonia | ***prendere il v.***, monacarsi | ***deporre, lasciare il v.***, abbandonare lo stato monacale **4** tessuto di crine del setaccio, del buratto **5** †vela **II** in senso figurato **1** (*est.*) strato leggerissimo su qlco.: *un v. di nebbia, di fumo; un v. di zucchero; un v. di lacrime; v. di tinta, di colore; un v. di cipria, di rossetto; sulla strada si era formato un v. di ghiaccio* | (*fig.*) sfumatura, ombra, lieve espressione: *nei suoi occhi c'era un v. di mestizia* | ***zucchero a v.***, finissimo, per spolverare dolci, torte e sim. **2** (*fig.*) ciò che copre, maschera o nasconde qlco.: *avere sugli occhi il v. dell'ignoranza* | ***fare v.***, impedire la conoscenza di qlco., la capacità di giudicare (V. anche sign. 8): *il suo entusiasmo non gli fa v.; Tu t'inganni ... il rancore ti fa v.* (G. D'ANNUNZIO) | ***stendere un v. pietoso***, (*fig.*) non riportare tutti i particolari di un fatto o una situazione troppo scabrosi o dolorosi | ***far cadere il v. dagli occhi***, far perdere ogni illusione | ***tirarsi il v. sugli occhi***, non voler vedere | ***senza veli***, nell'autentica realtà: *questa è la situazione, senza veli* **3** (*lett.*) apparenza ingannevole: *nascondere il malanimo sotto un v. di cortesia* **4** (*poet.*) †corpo umano: *il mortal v.* **5** sottile involucro membranoso che avvolge qlco.: *il v. della cipolla* | (*bot.*) membrana che spesso avvolge i giovani funghi e si riduce poi alla volva | ***v. parziale***, membrana che nei funghi collega il margine del cappello al gambo, attorno al quale a maturità rimane a formare un anello **6** (*chim.*) ***v. dicroico***, velatura chimica di un'emulsione sensibile con macchie regolari e riflessi metallici **7** (*anat.*) organo o formazione membranosa | ***v. del palato, v. palatino***, palato molle **SIN.** velopendulo | ***v. virginale***, o (*assol.*, *pop.*) *velo*, imene **8** nella pallacanestro, azione tattica di un giocatore che ostacola i movimenti di un difensore avversario, soprattutto in appoggio a un proprio compagno in possesso del pallone; analoga azione nel rugby, considerata fallosa | nella pallavolo, disposizione assunta dai giocatori della prima linea, mentre il compagno esegue la battuta, onde impedire agli avversari di vedere in anticipo la traiettoria della palla | ***far v.***, nel calcio, ingannare gli avversari simulando un intervento sulla palla, che viene poi lasciata a un compagno in grado di portare a termine l'azione **9** (*raro*) superficie dell'acqua

SFUMATURE DI SIGNIFICATO

velo - hijab - chador - khimar - niqab - burqa

Velo è voce italiana che identifica ogni indumento portato in pubblico da una donna per celare capo e spalle; essa viene quindi impiegata anche per designare genericamente qualsiasi tipo di copricapo dell'abbigliamento della donna islamica. La parola araba semanticamente più vicina al nostro *velo* è **hijab**. Il **chador** è una sorta di mantella chiusa sotto il mento, che copre il capo e le spalle lasciando scoperto il viso: è l'abito tradizionale delle donne iraniane, indossato nel rispetto dei dettami della religione islamica. Il **khimar** è una sorta di chador che scende a coprire tutto il busto, lasciando scoperto anch'esso solo l'ovale del viso. Un lungo copricapo che arriva fino alle spalle lasciando solo una fessura aperta per gli occhi è il **niqab**. Il **burqa** è invece una cappa che copre integralmente il capo o tutta la figura (*burqa completo*, per anni obbligatorio in Afghanistan) lasciando visibili solo gli occhi, dietro una reticella.

♦**velóce** (o **-ò-**) [vc. dotta, lat. *velōce(m)*, di etim. incerta ✱ 1268] **A** **agg.** **1** che percorre o consente di percorrere un notevole spazio in poco tempo (**+ *in*, anche seguito da inf.**): *nave v.; un v. destriero; moto v.; lo raggiunse con una v. corsa; un animale v. nel correre* | ***essere v. come il, più del pensiero, del lampo, del vento, della folgore*** e sim., essere estremamente veloce **CFR.** tachi- **SIN.** celere, ratto **CONTR.** lento **2** che compie una numerosa serie di movimenti, operazioni e sim. in poco tempo o che opera, lavora, agisce con rapidità (**+ *a*, + *in*, anche seguiti da inf.**): *mano v.; operaio v.; calcolatore v.; essere v. nelle decisioni, nell'azione; è v. a leggere, a memorizzare; programma veloce nel caricare i dati; e 'l crudo mio signor incolpo, sì v. a cangiar pensier e loco* (G. STAMPA) | (*fig.*) dotato di prontezza: *ingegno, mente v.* **3** che giunge presto al termine: *il v. trascorrere del tempo; gli anni fuggono veloci* **4** (*mus.*) indicazione agogica prescrivente un'esecuzione rapida **5** che è stato eseguito a grande velocità: *l'auto ha compiuto alcuni veloci giri di pista* **B** in funzione di **avv.** ● velocemente: *v. se ne va il tempo* || **velocemènte**, **avv.** in modo veloce: *correre, parlare, fuggire velocemente*

velocìfero [comp. di *veloce* e *-fero*, sul modello del fr. *vélocifère* ✱ 1847] **s. m.** ● nell'Ottocento, diligenza rapida, che effettuava meno fermate di quelle normali: *un po' di v. e di battello a vapore due o tre volte all'anno* (C. CATTANEO)

velocìmetro [dall'ingl. *velocimeter*, vc. coniata da H. Spencer, nel 1842, con il lat. *velōc(em)* 'veloce' e *-meter* '-metro' ✱ 1929] **s. m.** ● strumento per misurare a distanza la velocità di un mezzo in movimento | in balistica, apparecchio per misurare la velocità iniziale di proiettili sparati da un'arma da fuoco in libero rinculo

velocipedàstro [da *velocipede* ✱ 1927] **s. m.** (**f.** *-a*) ● (*disus.*, *spreg.*) ciclista inesperto, poco abile

velocìpede [fr. *vélocipède*, comp. dal lat. *vēlox*, genit. *velōcis* 'veloce' e da *-pede* ✱ av. 1704] **A** **s. m.** ● antico modello di bicicletta con una grande ruota anteriore e quella posteriore molto più piccola | (*scherz.*) bicicletta: *inforcò il v. e partì* **B** **agg.** ● (*lett.*) †dal piede veloce, rapido nella corsa

velocipedìsta [fr. *vélocipédiste*, da *vélocipède* 'velocipede' ✱ 1875] **s. m. e f.** (**pl. m.** *-i*) ● (*disus.*) ciclista

velocipedìstico [da *velocipedista* ✱ 1884] **agg.** (**pl. m.** *-ci*) ● (*raro*) relativo allo sport del ciclismo, ciclistico: *Unione Velocipedistica Italiana* (*UVI*)

velocìsta [comp. di *veloc(e)* e *-ista* ✱ 1939] **s. m. e f.** (**pl. m.** *-i*) ● in atletica, specialista nelle corse di velocità | corridore ciclista specialista delle gare di velocità in pista | corridore ciclista che eccelle nelle volate

♦**velocità** o †**velocitàde**, †**velocitàte** [vc. dotta, lat. *velocitāte(m)*, da *vēlox*, genit. *velōcis* 'veloce' ✱ 1308] **s. f. inv.** **1** caratteristica di chi (o di ciò che) è veloce: *la v. di un cavallo, di un aereo; treno ad alta v.; v. di pensiero, di azione; decidere con v.* **CONTR.** lentezza | ***v. di crociera***, quella a cui può viaggiare costantemente un mezzo di trasporto con sicurezza ed economia | ***prendere v.***, accelerare | ***a grande v.***, molto velocemente | (*ferr.*) ***grande, piccola v.***, modo di trasporto più o meno celere delle merci | ***gara di v. su pista***, nel ciclismo, gara che si disputa su una distanza di settecentocinquanta o mille metri e in cui viene cronometrato il tempo impiegato negli ultimi duecento metri | ***corse di v.***, nell'atletica, quelle che si svolgono su distanze fino a duecento metri | (*ferr.*) ***alta v.***, sistema ferroviario che consente a treni speciali di viaggiare a velocità elevate | (*fig.*) ***a due v.***, detto di ciò che presenta due differenti livelli di sviluppo, uno più veloce e uno più lento: *un Paese, un'economia a due v.; Europa a due v.* **2** (*fis.*) rapporto fra lo spazio percorso e il tempo impiegato a percorrerlo: *la v. del suono, della luce; calcolare la v. di un proiettile* | ***v. iniziale***, quella posseduta dal mobile quando si comincia a osservare il fenomeno | ***v. media***, quella relativa a un certo intervallo di tempo | ***v. istantanea***, limite al quale tende la velocità media quando il tempo tende a zero | ***v. periferica***, nel moto rotatorio, rapporto fra la lunghezza dell'arco e tempo impiegato a percorrerlo | ***v. angolare***, rapporto fra ampiezza dell'angolo e tempo impiegato a percorrerla | ***v. di fuga***, quella minima necessaria a un corpo che parte da un pianeta o da una stella, affinché possa allontanarsene indefinitamente | ***v. di un fenomeno fisico***, rapporto tra una variazione elementare della grandezza fisica e il tempo durante il quale essa ha luogo | ***v. di marcia***, velocità di una formazione in movimento, calcolata comprendendo anche il tempo delle fermate **3** ***v. commerciale***, rapporto tra la lunghezza di un tratto percorso da un mezzo di trasporto e il tempo impiegato a percorrerlo, compreso quello delle fermate intermedie **4** negli autoveicoli, marcia: *ingranare la prima, la quinta v.; cambio di v.*

SFUMATURE ➤ ***rapidità***

Definizione d'autore

Comporta movimento. Del riflesso, del pensiero, dell'attenzione, del gesto. Genera vantaggi, libidini, un pizzico di rischio, un piacere esclusivo. Il piacere di guadagnare qualcosa per raggiungere qualcosa. Un traguardo, un compimento. **Velocità** come eliminazione dei tempi morti, del tempo perduto, della noia, talvolta. **Velocità** come sistema di vivere, di vincere, di stare al mondo, essendo il mondo in piena accelerazione. È una aspirazione e, spesso, una scelta, oppure una attitudine che amplifica sensazioni, reazioni, gusto. La velocità costringe a una cura adatta, a una capacità specifica, altrimenti comporta un errore, una caduta, un rimpianto. Ci vuole testa e fisico, per la velocità. Quella padronanza che permette di apprezzare la lentezza, quando essere veloci non serve affatto.

Valentino Rossi

†**velocitàre** [da *velocità* ✱ 1499] **A** **v. tr.** **1** imprimere maggiore velocità **2** ravvivare (una fiamma) **B** †**velocitàrsi** **v. intr. pron.** ● diventare veloce

†**velocitàte** ➤ **velocità**

velocitazióne [da †*velocitare* ✱ 1824] **s. f.** ● (*disus.*) aumento della velocità di acque correnti

velociẓẓàre [1916] **A** **v. tr.** ● rendere più veloce, accelerare, snellire: *v. una procedura burocratica* **B** **velociẓẓàrsi** **v. intr. pron.** ● diventare più veloce, sveltirsi: *nel secondo tempo la partita si è velocizzata* ‖ **velociẓẓazióne**, **s. f.** accelerazione, snellimento

velocréspo o **vélo créspo** [comp. di *velo* e *crespo* ✱ 1819] **s. m.** ● chiffon

velocròss /velo'krɔs/ [comp. di *velo(cipede)* e dell'ingl. *to cross* 'attraversare', da *cross* 'croce' (stessa etim. dell'it. *croce*) ✱ 1961] **s. m. inv.** ● (*raro*) corsa ciclocampestre, ciclocross

velòdromo, (*evit.*) **velodròmo** [fr. *vélodrome*, da *vélo(cipède)* 'velocipede', sul modello di *hippodrome* 'ippodromo' ✱ 1900] **s. m.** ● impianto sportivo con pista a tracciato ellittico in cemento, asfalto o legno a curve rialzate, per la disputa di gare ciclistiche

velopèndulo o **vélo pèndulo** [da *velo pendulo* ✱ 1866] **s. m.** ● (*anat.*) palato molle

velours /*fr.* v(ə)'luʀ/ [vc. fr., dal provenz. *velos*, dal lat. *villōsu(m)* 'villoso' ✱ 1936] **s. m. inv.** ● stoffa pelosa di lana, simile al velluto, ma la cui superficie pelosa è stata prodotta mediante garzatura

vèltro (o **-é-**) [provenz. *veltre*, dal lat. *vĕrtragu(m)*, di orig. celtica ✱ 1308] **s. m.** (**f.** *-a*) ● (*lett.*) cane forte e veloce, da inseguimento e da presa, simile agli attuali levrieri: *una veltra nera come carbone* (G. BOCCACCIO)

†**vemènte** ➤ **veemente**

†**vemènza** ➤ **veemenza**

vén ● V. **ve**

†**véna**① [aferesi di *avena* ✱ av. 1348] **s. f.** ● avena

véna② [lat. *vēna(m)*, di etim. incerta ✱ 1250 ca.] **s. f.** (**pl.** *-e*, †*-i*) **1** (*anat.*) vaso sanguigno che conduce il sangue verso il cuore: *v. cefalica, basilica, femorale, cava, porta, renale; le vene e le arterie* **CFR.** flebo- | correntemente, vaso sanguigno in genere | ***tagliare, recidere le vene***, uccidere per dissanguamento: *recidersi le vene dei polsi* | (*fig.*) ***gli bolle il sangue nelle vene***, di persona facilmente eccitabile, irascibile e sim. | (*fig.*) ***sentirsi bollire, ribollire il sangue nelle vene***, essere oltremodo irato | (*fig.*) ***non avere sangue nelle vene***, essere fiacco, smidollato, privo di nerbo e sim. | (*fig.*) ***non avere più sangue nelle vene***, essere spaventatissimo, molto emozionato e sim. **2** (*raro, lett.*) sangue: *sentirsi agghiacciar le vene; suggere, succhiare le vene* **3** (*est.*) venatura: *le vene del legno; marmo con vene rosa* **4** (*fig.*) traccia, indizio, segno: *sentire, percepire una v. di malinconia nelle parole di qlcu.* **5** (*geogr.*) meato naturale sotterraneo, entro cui scorre acqua: *v. sotterranea, superficiale; una v. d'acqua sorgiva* **6** (*geol.*) riempimento mineralizzato di una frattura più o meno larga e irregolare: *v. aurifera, argentifera; v. di piombo, di zolfo* | ***trovare una v. d'oro***, (*fig.*) una ricca e facile fonte di guadagno **7** (*fig.*) estro, fantasia, creatività: *v. poetica, musicale; v. copiosa, abbondante, ricca; la sua v. si è ormai disseccata* **8** disposizione d'animo, umore: *oggi non sono in v. di scherzi* | ***fare qlco. di v., di buona v.***, con impegno, entusiasmo e sim. (frase derivata dal linguaggio dei medici, che un tempo dicevano che il malato era in buona o cattiva vena a seconda di come il sangue pulsava nei polsi) | ***essere, sentirsi in v.***, essere in forma **9** (*enol.*) tendenza di un vino verso un determinato sapore (anche come qualità positiva): *questo vino ha una leggera v. acidula* | nella loc. ***sulla v.***, detto di vino in cui si avverte il gusto dolce (a volte come caratteristica negativa) ‖ **venétta**, **dim.** | **venùzza**, **dim.**

venàbulo [vc. dotta, lat. *venābulu(m)*, da *venāri* 'cacciare, andare a caccia', di orig. indeur. ✱ 1475] **s. m.** ● (*lett.*) spiedo lungo e acuminato usato dai cacciatori

†**venàccio** [lat. *vināceu(m)* 'vinacciolo' (V.) ✱ av. 1519] **s. m.** ● vinacciolo

†**venagióne** ➤ †**venazione**

♣**venàle** [vc. dotta, lat. *venāle(m)* 'da vendere', da *vēnum* 'vendita', di orig. indeur. ✱ av. 1294] **agg.** **1** che si vende e si compra; commerciabile: *beni venali* | di vendita: *valore v.* | ***prezzo v.***, quello corrente, di mercato **2** (*fig., spreg.*) di ciò che, contrariamente alla propria natura o destinazione, è o diviene oggetto di lucro: *amore v.; arte v.* **SIN.** mercenario **3** (*fig.*) che agisce od opera solo per avidità di denaro: *animo v.; ingegno v.; donna v.; funzionario v. e corrotto* **CONTR.** incorruttibile ‖ **venalménte**, **avv.** ‖ **venalità**, **s. f. inv.** (V.)

♣**venalità** [vc. dotta, lat. tardo *venalitāte(m)*, da *venālis* 'venale' ✱ 1616] **s. f. inv.** ● caratteristica di chi (o di ciò che) è venale

SFUMATURE ➤ *avarizia*

†**venaménto** [da *venare* ✱ 1666] **s. m.** ● (*raro*) venatura

†**venardì** ➤ **venerdì**

venàre [da *vena* ✱ av. 1348] **A** **v. tr.** (*raro*) ● coprire di venature | (*fig.*) caratterizzare con sfumature **B** **venàrsi** **v. intr. pron.** ● coprirsi di venature | (*fig.*) colorirsi di particolari sfumature: *la sua voce si venò di tristezza*

venàto **part. pass.** di *venare*; anche **agg.** **1** percorso di vene, strisce, venature: *legno chiaro v. di scuro; minerale v. di sfumature verdi* **2** (*fig.*) che reca il segno, la traccia di qlco., che è in parte improntato a qlco.: *noia venata di tristezza; poesia venata di dolore* **SIN.** pervaso

†**venatóre** [vc. dotta, lat. *venatōre(m)*, da *venātus*, part. pass. di *venāri* 'cacciare', di orig. indeur. ✱ av. 1327] **s. m.** (**f.** *-trice*) ● cacciatore

venatòrio [vc. dotta, lat. *venatōriu(m)*, da *venātor*, genit. *venatōris* 'cacciatore' (V. †*venatore*) ✱ 1499] **agg.** (**pl. m.** *-i* o *raro -ii*) ● relativo alla caccia | ***arte venatoria***, la caccia

venatùra [da *venato* ✱ av. 1733] **s. f.** **1** segno, riga, naturale o artificiale d'altro colore, che serpeggia nei legni e nelle pietre **2** (*fig.*) lieve traccia, sfumatura: *una v. di tristezza, di nostalgia* **3** (*bot.*) nervatura fogliare **4** (*zool.*) nervatura alare degli Insetti **5** †lista, nastro per ornamento di vesti, cappelli e sim.

†**venazióne** o †**venagióne** [vc. dotta, lat. *venatiōne(m)*, da *venātus*, part. pass. di *venāri* 'cacciare', di orig. indeur. ✱ 1268] **s. f.** ● caccia: *l'arte della venagione* (DANTE) | cacciagione: *laghi e luoghi pieni di venagione* (N. MACHIAVELLI)

♦**vendémmia** o †**vendèmia**, †**vindèmia** [lat. *vindēmia(m)*, comp. di *vīnum* 'vino' e un deriv. di *dĕmere* 'togliere', comp. di *dē* 'da' ed *ĕmere* 'prendere', di orig. indeur. ✱ av. 1294] **s. f.** **1** operazione del raccogliere l'uva | tempo della raccolta | quantità di uva raccolta; (*lett.*) il vino che se ne ottiene **2** †raccolta, spec. di miele **3** (*poet.*) uva, vite **4** (*fig.*) messe: *una abbondante v. di cariche, di onori* | guadagno realizzato alle spalle di qlcu., approfittando della situazione, dell'occasione favorevole, e sim.: *vedrai che riuscirà a fare un'ottima v.*

vendemmiàbile [1723] **agg.** ● che si può vendemmiare: *uva v.*

vendemmiàio [da *vendemmia*: calco sul fr. *vendémiaire* ✱ av. 1828] **s. m.** (**pl.** *-ai*) ● primo mese del calendario rivoluzionario francese, il cui inizio corrispondeva al 22 settembre e il termine al 21 ottobre

vendemmiàle [lat. tardo *vindemiāle(m)*, da *vindēmia* 'vendemmia' ✱ 1388] **A** **agg.** ● (*lett.*) della vendemmia: *mese v.* | (*lett.*) autunnale **B** **s. m.** ● (*raro*) vendemmiaio

vendemmiàre [lat. *vindemiāre*, da *vindēmia* 'vendemmia' ✱ sec. XIII] **A** **v. tr.** (*io vendémmio*) **1** raccogliere l'uva: *v. le uve, la vigna* **2** (*fig.*) conseguire: *v. onori, vantaggi* | †depredare **3** †raccogliere il miele **B** **v. intr.** (**aus.** *avere*) **1** fare la vendemmia: *è tempo di v.* **2** (*fig., raro*) fare lauti guadagni: *ha trovato da v.*

vendemmiatóre [lat. *vindemiatōre(m)*, da *vindemiāre* 'vendemmiare' ✱ av. 1320] **s. m.** (**f.** *-trice*) ● chi è addetto alla vendemmia

vendemmiatrìce [1968] **s. f.** ● macchina trainata da un trattore, costituita da un pianale con un nastro trasportatore al centro, e ai lati due ali regolabili dove cadono i grappoli d'uva dai tralci colpiti da due percussori a movimento verticale

♦**véndere** [lat. *vĕndere*, da *vēnum dāre* 'dare in vendita'. Per *vēnum* V. *venale* ✱ 1241] **A** **v. tr.** (**pass. rem.** *io vendètti* o †*vendéi*, *tu vendésti*; **part. pass.** *vendùto*) **1** concludere una vendita (**anche assol.**): *v. un bene mobile, immobile; v. all'asta, al miglior offerente, a buon mercato, a prezzo di costo; v. a peso, a misura, a pezzo, a taglio* | ***v. caro, a caro prezzo***, esigendo un prezzo elevato | ***v. cara la pelle***, (*fig.*) difendersi strenuamente, fino all'ultimo | ***averne da v.***, (*fig.*) in grande quantità, oltre la normale misura: *avere salute, ragione da v.* **SIN.** alienare **2** (*est.*) offrire, mettere in vendita (**anche assol.**): *penso di v. tutto al più presto; vendo il bestiame e il raccolto per un prezzo globale; abbiamo deciso di v.* | ***si vende***, si offre in vendita | ***saper v. la propria merce***, (*fig.*) saper mettere in luce i propri meriti, qualità e sim. | ***v. anche la camicia***, (*fig.*) ridursi in completa miseria, sperperare tutti i propri beni | ***te la vendo come l'ho comprata***, di notizia e sim. che si riferisce senza garantirne l'autenticità o la veridicità | ***v. la pelle dell'orso prima di averlo ucciso***, (*fig.*) confidare con leggerezza nel successo o fare assegnamento su qlco. di aleatorio, incerto e sim. **3** fare commercio di qlco. (**anche assol.**): *v. pellami, tessuti, gioielli, pane e pasta, frutta e verdura; nel suo negozio vende di tutto; v. all'ingrosso, al dettaglio, al minuto; v. a credito, per contanti* **4** cedere per lucro o interesse qlco. di non commerciabile: *v. favori, raccomandazioni* | (*fig.*) ***v. l'anima al diavolo***, essere disposto a qualunque infamia pur di ottenerne un utile | (*fig.*) ***venderebbe anche l'anima, anche sua madre***, di persona che per avidità è capace di tutto | tradire spec. per denaro: *v. la patria, i compagni, un segreto* | prostituire: *v. il proprio corpo, il proprio ingegno; v. la coscienza, l'onore* **5** nel linguaggio calcistico, cedere un giocatore, da parte di una società a un'altra: *v. il portiere* **6** (*fig.*) spacciare: *v. frottole, lucciole, ciance* | ***v. parole***, largheggiare in discorsi, promesse e sim., ma non realizzarli, non mantenerli e sim. | ***questa non me la vendi***, non me la dai a intendere, non mi imbrogli e sim. | ***v. fumo***, dare a intendere cose non vere, vantarsi di meriti, qualità, possibilità e sim., che non si hanno | ***v. per buono***, spacciare per vero, autentico e sim. ciò che non lo è **B** **v. intr.** (**aus.** *avere*) ● (con valore passivo) essere venduto, trovare acquirenti: *è un libro che vende bene* **C** **véndersi** **v. rifl.** **1** lasciarsi corrompere (+ *a*): *vendersi al nemico* | prostituirsi: *si vende per poco* **2** farsi credere, spacciarsi (+ *per*): *si vende per quel che non è*

venderéccio [da *vendere* ✱1240] **agg.** (**pl. f.** *-ce*) **1** (*lett.*) destinato alla vendita: *pane v.* | (*raro*) che si vende bene: *La piazza di Navona quando è folta di ronzini vendereccì* (P. Aretino) **2** (*fig., lett.*) che si può corrompere con relativa facilità: *gente vendereccia*

véndesi [da *si vende* ✱1985] **s. m. inv.** ● cartello o annuncio con cui si dichiara la messa in vendita di un locale, di un terreno o di una abitazione

♦**vendétta** [lat. *vindĭcta(m)* 'verga con cui si toccava lo schiavo che doveva essere posto in libertà', poi 'rivendicazione, liberazione', quindi 'vendetta, punizione', da *vindicāre* 'pretendere, rivendicare', poi 'vendicare' ✱1213] **s. f. 1** offesa, danno più o meno grave inflitto a qlcu. per fargli scontare un torto o un'ingiustizia da lui provocati: *v. privata*; *giurare v.*; *una catena di vendette*; *v., v., tremenda v.*; *vuole che la v. sia grande* (D. Compagni) | ***v. trasversale***, che non colpisce direttamente chi ha arrecato un danno ma un suo congiunto o suoi interessi | (*lett.*) ***far v. di***, vendicare | (*lett.*) ***prendere v.***, vendicarsi **SIN.** rivalsa **2** castigo: *la giusta v. del cielo*; *la v. degli dei* | ***il giorno della v.***, nel Cristianesimo, il giorno del giudizio universale | ***gridare v.***, si dice di colpe totalmente imperdonabili (*anche scherz.*): *un misfatto che grida v.*; *infamie che gridano v. al cospetto di Dio*; *ha cantato con una voce che gridava v.* | ***v. di Montezuma***, diarrea del viaggiatore (V. *diarrea*)

SFUMATURE DI SIGNIFICATO

vendetta - rappresaglia
Un'offesa, un danno arrecato a qualcuno per fargli scontare un torto o un'ingiustizia da lui provocati si chiama **vendetta**. Se la reazione compiuta per vendetta è particolarmente violenta, talora anche eccessiva rispetto al torto che l'ha provocata, si parla di **rappresaglia**.

vendeuse /*fr.* vɑ̃'døz/ [vc. fr., 'venditrice', da *vendre* 'vendere' ✱1938] **s. f. inv.** ● commessa di boutique

vendìbile [vc. dotta, lat. *vendĭbile(m)*, da *vĕndere* ✱sec. XIV] **agg.** ● che si può vendere | che si vende facilmente **CONTR.** invendibile ‖ **vendibilità**, **s. f. inv.**

vendibùbbole [comp. di *vendere* e il pl. di *bubbola* ✱1711] **s. m. e f. inv.** ● (*tosc.*) ciarlatano

vendicàbile [sec. XIV] **agg.** ● (*raro, lett.*) che si può vendicare ‖ †**vendicabilménte**, **avv.** con spirito vendicativo

♦**vendicaménto** [sec. XIII] **s. m.** ● il vendicarsi | vendetta

†**vendicànza** [da *vendicare* ✱sec. XIII] **s. f.** ● vendetta

♦**vendicàre** [lat. *vindicāre* 'pretendere, rivendicare', poi 'vendicare', da *vĭndex*, genit. *vĭndicis* 'vindice' ✱1268] **A v. tr.** (**pres.** *io véndico* (o *-è-*), *tu véndichi* (o *-è-*)) **1** fare scontare un torto, un'ingiustizia, un delitto e sim., causando volontariamente un danno più o meno grave, materiale o morale, alla persona, alla famiglia o ai beni dell'offensore: *v. un insulto, un oltraggio, un'ingiustizia*; *Achille vendicò su Ettore la morte di Patroclo*; *vendicheremo nel sangue questo tradimento*; *v. il fratello ucciso* | riscattare mediante la vendetta: *v. il proprio onore* **CONTR.** perdonare **2** †scontare una colpa **3** †rivendicare **B vendicàrsi v. rifl. 1** compiere la propria vendetta (+ *di*, + *su*, + *con*): *vendicarsi dell'offesa*, *di un tradimento*; *vendicarsi su qlcu.*, *coi nemici*; *sarebbe bella, che ora Fabrizio si vendicasse di me* (C. Goldoni); *il Papa, per vendicarsi con i Romani, tolse a quelli la autorità di creare lo imperadore* (N. Machiavelli) **2** †***vendicarsi in libertà***, riottenere la libertà

vendicativo [da *vendicato* ✱av. 1342] **agg. e s. m.** (**f.** *-a*) ● che (o chi) non dimentica, non perdona ed è portato a vendicarsi: *carattere v.*; *persona vendicativa*; *offendere un v.* ‖ **vendicativaménte**, **avv.** ‖ **vendicatività**, **s. f. inv.** tendenza a essere vendicativo

SFUMATURE DI SIGNIFICATO

vendicativo - implacabile - inesorabile
Vendicativo è chi non perdona le offese ricevute ed è portato perciò a vendicarsi. Un desiderio di vendetta perseguito con determinazione e continuità si definisce **implacabile**. Il termine **inesorabile** aggiunge all'implacabilità una sfumatura di inflessibilità e mancanza di pietà.

vendicàto **part. pass.** di *vendicare*; anche **agg.** ● nei sign. del v. | punito o riscattato mediante la vendetta

vendicatóre [lat. tardo *vindicatōre(m)*, da *vindicātus* 'vendicato' ✱sec. XIII] **s. m.** (**f.** *-trice*); anche **agg.** ● chi (o che) vendica: *il v. dei deboli, degli oppressi*; *furia vendicatrice*

vendicazióne [lat. *vindicatiōne(m)*, da *vindicātus* 'vendicato' ✱av. 1459] **s. f. 1** †punizione; vendetta **2** (*lett.*) rivendicazione

vendicchiàre [da *vendere* col suff. *-icchiare* ✱1891] **v. tr.** (*io vendìcchio*) ● vendere poco, far magri affari (*anche assol.*)

†**vendichévole** [da *vendicare* ✱1342] **agg.** ● che consente la vendetta

†**véndico** [part. contratto di *vendicare* ✱av. 1311] **agg.** ● vendicato

vendifròttole [comp. di *vendere* e il pl. di *frottola* ✱1761] **s. m. e f. inv.** ● (*colloq., raro*) chi spaccia frottole, panzane, bugie

vendifùmo [comp. di *vendere* e *fumo* ✱av. 1635] **s. m. e f. inv.** ● (*colloq.*) chi, a scopo di imbroglio, vanta capacità che non possiede o presenta come reale o possibile una situazione che non lo è

†**vendigióne** ➤ †**vendizione**

†**vendiménto** [av. 1292] **s. m.** ● vendita

vènding /'vɛndin(g), *ingl.* 'vɛndɪŋ/ [dalla loc. ingl. *vending machine* 'distributore automatico' ✱1995] **s. m. inv.** ● settore commerciale dei distributori automatici di prodotti alimentari o di consumo (bevande, snack, sigarette ecc.)

♦**véndita** [da *vendere*, sul modello del lat. *vĕnditus*, part. pass. di *vĕndere* ✱1278] **s. f. 1** (*dir.*) contratto che ha per oggetto il trasferimento della proprietà di una cosa, o il trasferimento di un altro diritto, verso il corrispettivo di un prezzo: *v. di cose future*; *v. all'ingrosso, al minuto, al dettaglio, per corrispondenza*; *v. porta a porta*; *v. su campione, a corpo, su documenti* **SIN.** alienazione, compravendita | ***mettere in v.***, proporre all'acquisto | ***v. giudiziale***, disposta dall'autorità giurisdizionale nel corso di un processo esecutivo: *v. giudiziale con incanto, senza incanto* | ***v. a premio***, tipo di vendita al dettaglio effettuata con sorteggi periodici di premi fra gli acquirenti | ***v. fallimentare***, che ha per oggetto i beni del fallimento; (*est.*) liquidazione, svendita a prezzi molto convenienti | ***v. all'asta***, al miglior offerente, secondo particolari formalità di legge | (*est., spreg.*) commercio di beni non venali, cariche e sim.: *v. delle indulgenze*; *v. di cariche pubbliche* **2** nel linguaggio calcistico, cessione di un giocatore da parte di una società a un'altra **3** smercio: *avere una buona v. di prodotti*; *la v. procede a stento* | (**al pl.**) quantità di merci o beni venduti: *incremento delle vendite*; *vendite in calo* **4** negozio dove si vende: *v. di generi alimentari, di sale e tabacchi*; *aprire una v.* **SIN.** spaccio **5** (*stor.*) luogo di riunione dei carbonari

♦**venditóre** [lat. *venditōre(m)*, da *vĕnditus*, part. pass. di *vĕndere* ✱1272] **A agg.** (**f.** *-trice*) ● che vende: *ente v.*; *ditta, società venditrice* **B s. m.** (**f.** *-trice*) ● chi vende o è addetto alla vendita, per conto proprio o altrui: *il v. e il compratore*; *v. di carne, di pesce*; *v. ambulante* **CFR.** -vendolo | ***v. di fumo***, (*fig.*) fanfarone, imbroglione | (*eufem.*) ***venditrice d'amore***, prostituta

†**vendizióne** o †**vendigióne** [vc. dotta, lat. *venditiōne(m)*, da *vĕnditus*, part. pass. di *vĕndere* ✱sec. XIII] **s. f.** ● vendita

-véndolo secondo elemento ● in parole composte indica chi esercita come attività economica la vendita di un determinato prodotto: *erbivendolo*, *fruttivendolo*, *straccivendolo*

vendùto **A part. pass.** di *vendere*; anche **agg.** ● nei sign. del v. **B s. m.** ● merce venduta: *resa salvo il v.* **C agg. e s. m.** (**f.** *-a*) ● (*fig., spreg.*) che (o chi) si è fatto corrompere: *un funzionario v.*; *arbitro v.*; *quello è un v*

-vene ➤ **ve** nei sign. A e B

venefìcio [vc. dotta, lat. *venefĭciu(m)*, da *venēficus* 'venefico' ✱sec. XIII] **s. m.** ● avvelenamento criminoso di una o più persone: *essere condannato per v.*

♦**venèfico** [vc. dotta, lat. *venēficu(m)*, comp. di *venēnum* 'veleno' e *-fico* ✱av. 1292] **A agg.** (**pl. m.** *-ci*) **1** tossico, velenoso (*anche fig.*): *sostanza venefica*; *sono idee venefiche* | (*est.*) molto nocivo: *aria venefica* **SIN.** insalubre **2** (*fig., raro*) pernicioso, perfido: *insinuazioni venefiche* ‖ **veneficaménte**, **avv.** **B s. m.** (**f.** *-a*) ● (*lett.*) avvelenatore

SFUMATURE ➤ ***malsano***

†**venéno** e deriv. ➤ **veleno** e deriv.

venènte ➤ **veniente**

veneràbile [vc. dotta, lat. *venerābile(m)*, da *venerāri* 'venerare' ✱1321] **A agg. 1** degno di essere venerato | degno di profondo rispetto | ***età v.***, età molto avanzata **2** titolo di persona morta in concetto di santità e per la quale è stata promossa la causa di beatificazione | titolo di persona, istituzione ed edificio sacro, degni di venerazione: *la v. confraternita* ‖ **venerabilménte**, **avv.** con venerazione ‖ **venerabilità**, **s. f. inv.** **B s. m.** (**anche f. nel sign. 1**) **1** persona morta in concetto di santità ma non beatificata: *i santi, i beati e i venerabili* **2** (*raro, per anton.*) il Santissimo Sacramento: *esposizione del V.* **3** capo di una loggia massonica

†**veneragióne** ➤ **venerazione**

veneràndo [vc. dotta, lat. *venerāndu(m)*, gerundivo di *venerāri* 'venerare' ✱1340] **agg.** ● degno di venerazione: *v. vecchio v.*; *canizie veneranda*; *onoriamo la sua veneranda memoria* | ***aspetto v., età veneranda***, di persona molto vecchia

†**veneranza** [da *venerante* ✱av. 1406] **s. f.** ● venerazione

♦**veneràre**① [vc. dotta, lat. *venerāre* (più comunemente *venerāri*) 'adorare gli dei', da *Vĕnus*, genit. *Vĕneris* 'Venere' ✱1268] **v. tr.** (*io vènero*) ● fare oggetto di venerazione: *v. la memoria di qlcu.*; *v. i santi, i beati* | fare oggetto di grande reverenza, di profondo rispetto: *v. la vecchiaia, i genitori*

†**veneràre**② [da *Venere* ✱av. 1367] **v. tr.** ● (*poet.*) accendere d'amore

veneràto **part. pass.** di *venerare*①; anche **agg.** ● nel sign. del v.

veneratóre [vc. dotta, lat. *veneratōre(m)*, da *venerātus* 'venerato' ✱sec. XIV] **s. m.** (**f.** *-trice*); anche **agg.** ● (*raro*) chi (o che) venera

♦**venerazióne** o †**veneragióne** [vc. dotta, lat. *veneratiōne(m)*, da *venerātus* 'venerato' ✱av. 1292] **s. f. 1** sentimento di grande reverenza, rispetto, stima e sim.: *provare una grande v. per qlcu.*; *trattare con v.* **2** pietà religiosa | particolare rispetto dovuto ai Santi, ai Beati, ai Servi di Dio e ai Venerabili | (*est.*) adorazione, manifestazione di culto dovuto a Dio

♦**venerdì** o †**venardì**, †**vernadì** [lat. tardo *Vĕneris dīe(m)* 'giorno di Venere'. V. *venere* e *dì* ✱

a b c d e f g h i j k l m n o p q r s t u **v** w x y z

1268] **s. m. inv.**● quinto giorno della settimana civile, sesto della liturgica | *V. santo*, quinto giorno della Settimana santa, nel quale si commemora la Passione e morte del Cristo | (*fig.*) ***gli manca un v., qualche v.***, si dice di persona piuttosto stramba | (*disus.*) ***osservare il v.***, astenersi dal mangiar carne in tale giorno, secondo un precetto della Chiesa cattolica

vènere [vc. dotta, lat. *Vĕnere(m)*, dea dell'amore, da una radice indeur. che significa 'desiderare' ✱ 1282] **s. f.** (*Vènere* **spec. nei sign. 1 e 5**) **1** donna eccezionalmente bella: *essere, credersi una V.* | (*eufem.*) ***non è una V.***, di donna non bella, anzi alquanto brutta | (*anat.*) ***monte di Venere***, prominenza adiposa coperta di peli, sopra la vulva **2** (*fig., lett.*, **spec. al pl.**) grazia, bellezza, ornamento: *le veneri dell'elocuzione* (P. METASTASIO) **3** (*fig.*) sensualità, amore sensuale, e sim.: *i piaceri di v.*; *essere dedito a v.* | prostituta, spec. nelle loc. ***v. da marciapiede, v. vagante, v. pandemia*** **4** (*pop.*) venerdì **5** (*astron.*) il secondo pianeta in ordine di distanza dal Sole, dal quale in media dista 108 milioni di kilometri, la cui massa è 0,817 volte quella della Terra, e del quale non si conoscono satelliti | (*astrol.*) pianeta che domina i segni zodiacali del Toro e della Bilancia **6** lamellibranchio marino a conchiglia elegante, ovoide, lungo sifone e carni apprezzate (*Venus*) **SIN.** (*pop.*) vongola

venèreo [vc. dotta, lat. *Venĕriu(m)*, agg. di *Vĕnus*, genit. *Vĕneris* 'Venere' ✱ 1308] **agg. 1** (*lett.*) di Venere: *grazie veneree* | sensuale, lascivo: *amore v.*; *fuoco v.* **2** relativo ai rapporti sessuali: *atto v.* | detto di malattia che si trasmette spec. con i rapporti sessuali

venereologìa ➤ **venerologia**

†**venerévole** [1294] **agg.** ● venerabile ‖ †**venerevolménte**, **avv.** con venerazione

venerologìa o **venereologìa** [comp. di *vener(e)o* e *-logia* ✱ 1961] **s. f.** (**pl.** *-gìe*) ● ramo della medicina che studia e cura le malattie trasmesse mediante contagio sessuale

venètico [vc. dotta, lat. *venĕticu(m)*, agg. di *Vĕnetus* 'Veneto' ✱ 1957] **A agg.** (**pl. m.** *-ci*) ● relativo agli antichi Veneti: *iscrizioni venetiche* **B s. m.**● lingua indoeuropea parlata dagli antichi Veneti

venetìsmo [1894] **s. m.** ● (*ling.*) forma o costruzione linguistica propria dei dialetti veneti

♦**vèneto** [lat. *Vĕnetu(m)* 'abitatore del Veneto' ✱ 1475] **A agg. 1** del Veneto: *città venete*; *Regno Lombardo-V.* | ***dialetti veneti***, gruppo di dialetti italiani dell'area nordorientale **2** della città di Venezia: *la Repubblica veneta* **SIN.** veneziano **3** venetico: *necropoli venete* **B s. m. 1** (**f.** *-a*) abitante o nativo del Veneto **2** (**f.** *-a*) ogni appartenente a un'antica popolazione indoeuropea stanziata nella pianura veneta **3** ogni dialetto parlato nel Veneto, nel Trentino e nella Venezia Giulia

veneziàna [1810] **s. f. 1** donna di Venezia **2** (*sett.*) specie di brioche emisferica cosparsa di chicchi di zucchero | (*merid.*) caffè con cioccolata **3** tenda a listelle di legno o a lamine di plastica, inclinabili a piacere **4** (*mus.*) composizione polifonica del secolo XVI a due o tre voci, che veniva però eseguita da una voce accompagnata da strumenti

V

♦**veneziàno** o †**viniziàno** [1263] **A agg.** ● della città di Venezia: *calli, gondole veneziane* | ***caratteri veneziani***, caratteri tipografici usati a Venezia nel XV sec., caratterizzati da lettere larghe, tratti con angolo d'incidenza maggiore di 90° e grazie raccordate sovente spesse e piatte | ***alla veneziana***, (*ellitt.*) alla maniera dei veneziani | ***fegato alla veneziana***, cucinato a fettine con olio e cipolla | ***lampioncini alla veneziana***, di carta colorata per illuminazioni festose | ***pavimento alla veneziana***, costituito da piccoli frammenti di marmo o pietra disseminati in uno strato di malta cementizia e, se usato per interni, successivamente levigato e lucidato **B s. m.** (**f.** *-a*) ● abitante o nativo di Venezia **C s. m. solo sing.** ● dialetto del gruppo veneto, parlato a Venezia

♦**venezuelàno** (o *-z-*), **venezolàno** (o *-z-*) [1860] **A agg.** ● del Venezuela **B s. m.** (**f.** *-a*) ● abitante o nativo del Venezuela

vènga ➤ **venire**①

†**vengiaménto** [ant. fr. *vengement*, da *venger* 'vendicare'. V. †*vengiare* ✱ av. 1249] **s. m.** ● vendetta

†**vengiànza** [fr. *vengeance*, da *venger* 'vendicare'. V. †*vengiare* ✱ 1266] **s. f.** ● vendetta

†**vengiàre** [fr. *venger*; stessa etim. dell'it. *vendicare* ✱ av. 1294] **v. tr.** e †**vengiàrsi v. rifl.** ● vendicare, vendicarsi: *se in loro ... potessi le mie ire v., il farei senza fallo* (G. BOCCACCIO)

†**vengiatóre** [fr. *vengeur*, da *venger* 'vendicare'. V. †*vengiare* ✱ av. 1294] **s. m.** (**f.** *-trice*); **anche agg.** ● vendicatore

vèngo ➤ **venire**①

♣**vènia** [vc. dotta, lat. *vĕnia(m)* 'compiacenza, benevolenza, perdono', da avvicinare a *Vĕnus* 'Venere' ✱ 1354] **s. f. 1** (*lett.*) grazia, indulgenza, perdono: *ottenere v.* | ***chiedo v.***, chiedo scusa **2** †supplicazione

♣**veniàle** [vc. dotta, lat. tardo *veniāle(m)*, da *vĕnia* ✱ av. 1292] **agg. 1** nella morale cattolica, detto di peccato non grave e non producente la perdita della grazia **CONTR.** mortale **2** (*est.*) meritevole d'indulgenza, perdono e sim.: *errore v.*; *mancanza, colpa v.* **CONTR.** imperdonabile ‖ **venialménte**, **avv.** in modo veniale, perdonabile ‖ **venialità**, **s. f. inv.** condizione di ciò che è veniale

veniènte o (*raro*) **venènte**, †**vegnènte** **A part. pres.** di *venire*; **anche agg.** ● (*lett.*) che viene | seguente: *nel dì v.* **B s. m. e f.** ● (*lett.*) chi viene

†**veniménto** [da *venire*① ✱ 1282] **s. m. 1** venuta **2** avvenimento

♦**venìre**① [lat. *venīre*, di orig. indeur. ✱ 1065] **A v. intr.** (**pres.** *io vèngo*, **poet.** *†vègno*, *tu vièni*, *egli viène*, *†vène*, *noi veniàmo*, **poet.** *†vegnàmo*, *†venghiàmo*, *voi venìte*, *essi vèngono*, **poet.** *†vègnono*; **imperf.** *io venìvo*, *†venìa*, *†venìva*; **fut.** *io verrò*, *†venirò*; **pass. rem.** *io vénni*, *tu venìsti*, *egli vénne*, *noi venìmmo*, **poet.** *†vegnémmo*, *voi venìste*, *essi vénnero*, **poet.** *†venìrono*, *†venìro*; **congtv. pres.** *io vènga*, **poet.** *†vègna*, *tu vènga*, *†vègne*, *†vènghi*, *egli vènga*, *noi veniàmo*, **poet.** *†vegnàmo*, *†venghiàmo*, *voi veniàte*, **poet.** *†vegnàte*, *†venghiàte*, *essi vèngano*, **poet.** *†vègnano*; **condiz. pres.** *io verrèi*, **poet.** *†verrìa*, *†venirèi*; **imperat.** *vièni*, *†viènne*, *venìte*; **part. pres.** *veniènte*, **poet.** *†vegnènte*; **part. pass.** *venùto*, **poet.** *†vegnùto*; **aus.** *essere*) **La forma** *vièni* **dell'imperat. può assumere, in unione con particelle pron. o avv., le forme** *vièmmi* (**per** *vièni-mi*), *viènci* (**per** *vièni-ci*), *vièntene* (**per** *vièni-tene*) **e sim., con apocope di 'i'.** *Viemmi* **presenta anche assimilazione di** *n* **a** *m* **e anticipazione (o 'risalita') della particella enclitica:** *viemmi a prendere* **per** *vieni a prendermi*. *Vièntene* **è l'imperat. della forma intensiva** *venirsene*: *vientene via con me!* **1** recarsi nel luogo dove è, va o sarà la persona alla quale si parla, o la persona stessa che parla: *verrò questa sera a casa tua*; *perché mi hai fatto venire qui?*; *verremo a salutarvi prima di partire*; *venite pure da me quando volete*; *come siete venuti?*; *v. in aereo, in treno, in macchina, a piedi*; *v. di corsa, pian piano, lemme lemme* | ***vengo!***, come risposta a chi ci chiama | ***venir vicino, accanto***, accostarsi | ***venir dentro***, entrare | ***venir fuori***, di libro o periodico, uscire, essere pubblicato | ***venir fuori con...***, dire cose inaspettate, singolari | con valore intens.: ***ma che mi vieni a raccontare?***, ma che mi racconti? | ***v. incontro a qlcu.***, (*fig.*) cercare di soddisfare qualche sua esigenza: *vedrò di venirle incontro sul prezzo* **2** arrivare (con riferimento al luogo dove si colloca idealmente la persona che parla): *il mio amico non è ancora venuto*; *ecco che viene!*; *attenzione, che viene il treno!* | (*lett.*) giungere: *venne a un castello* | ***m'è venuto agli orecchi***, ho saputo | ***v. a pennello, a proposito***, giungere o presentarsi al momento opportuno | (*fig.*) pervenire: *v. a un accomodamento, a una transazione* | ***v. a patti***, rinunciare alla lotta, accordarsi | ***v. ai ferri corti***, mettere da parte, in un contrasto o contesa, ogni riguardo | ***v. alle mani, alle prese***, azzuffarsi dopo aver conteso a parole | ***v. alla luce***, nascere; di scavi od opere dimenticate, ricomparire; di fatti, circostanze e sim., emergere | ***v. a morte***, morire | ***v. a capo di qlco.***, riuscire, giungere a un esito, a una conclusione | ***v. a sapere qlco., v. a conoscenza di qlco.***, essere informato | ***v. in chiaro di qlco.***, apparirne la verità | ***v. al dunque, al nocciolo, al fatto***, arrivare al punto essenziale di una questione | ***v. alla conclusione, alle strette***, concludere | ***v. in possesso di qlco.***, ottenere la disponibilità materiale, la proprietà e sim.; (*fig.*) venire a sapere, a conoscere: *v. in possesso di una informazione, una notizia* | (*lett.*) ***v. in fama***, diventare famoso | ***v. in odio, in antipatia***, diventare odioso, antipatico | ***v. a noia***, cominciare ad annoiare, a tediare **3** provenire (**anche fig.**): *viene da Firenze*; *le rondini vengono dai paesi caldi*; *le nuvole vengono dall'est*; *viene un buon profumino dalla cucina*; *una moda che viene d'oltralpe* | ***farsi v. qlco.***, disporre che qualcosa venga inviata, spedita: *s'è fatto v. un vestito da Parigi* | ***far v. qlcu.***, mandarlo a chiamare: *ho fatto v. il tecnico per riparare il televisore* | derivare, avere origine: *viene da un'ottima famiglia*; *molti termini scientifici vengono dal greco*; *da che ti viene tanta sicurezza?* | ***ne viene che***, ne deriva, ne consegue che | ***v. dalla gavetta***, detto di ufficiali, avere cominciato la propria carriera come soldato semplice; (*est.*) detto di persona che ha iniziato da umili occupazioni e piano piano si è fatta una posizione | ***v. dal niente***, essersi fatta una fortuna, aver raggiunto il successo, pur avendo incominciato dal niente **4** sopraggiungere, presentarsi, manifestarsi: *venne il temporale, la grandine, il gelo*; *ora viene il bello!*; *i guai vengono quando uno meno se li aspetta*; *venne la guerra*; *mi è venuto un dubbio, un sospetto*; *ma che ti viene in mente?*; *gli vennero le lacrime agli occhi*; *gli è venuta la febbre, la tosse*; *ti venga un accidente!*, (**spesso ellitt.**) *ti venga! ... gli venga ... vi venisse ...* | ***non mi viene***, (*colloq.*) non mi torna alla mente, non riesco a ricordare | ***far v. qlco.***, provocarne la comparsa: *le fragole mi hanno fatto venire l'orticaria* | ***venir da...***, sentire l'impulso di...; usato nella forma impers.: *mi viene da piangere, da ridere* | ***venir fatto, venir detto***, (*lett.*) usato sempre nella forma impers., fare o dire per caso, accadere che si faccia o si dica inavvertitamente: *gli venne fatto di trovare una moneta antica*; *gli venne detto che non voleva più vederli* | (*lett.*) ***venir fatto di...***, riuscire a..., usato nella forma impers.: *se mi vien fatto di convincerlo, sono a posto* **5** dell'uomo o di animali, nascere, spec. nella loc. ***v. al mondo***: *quando vengono i figli, cominciano le preoccupazioni*; *è venuto al mondo un bel vitellino* | ***venir su***, crescere, svilupparsi: *questo ragazzo è venuto su molto robusto* | delle piante, attecchire: *è un clima in cui il grano non viene*; *questa pianta* viene su stentata **6** riuscire: *come è venuta la fotografia?*; *ti piace come è venuto il vestito?*; *il problema non mi viene* | ***come viene***, come capita, alla meno peggio | ***come viene, viene***, come capita, alla meno peggio | dare come risultato, risultare: *ho fatto la divisione e mi viene 540*; *quanto ti viene come somma totale?* | costare: *viene cinque euro la bottiglia*; *quanto viene?*; *se paga in contanti, le viene* (o *viene a costare*) *molto meno* **7** di numero, essere sorteggiato al lotto o alla tombola, uscire alla roulette: *è venuto il 23* **8** giungere, arrivare, con riferimento al procedere del tempo o nel tempo: *è venuto il momento di agire*; *non è ancora venuto il tuo turno*; *quando viene il caldo la città si spopola* | ***appena viene l'occasione***, appena si presenta | di festa, anniversari e sim., ricorrere: *quest'anno il Natale viene di giovedì* | ***v. prima***, precedere | ***v. dopo***, seguire nel tempo | ***che viene***, prossimo, seguente: *il mese che viene, la settimana che viene* | ***a v.***, futuro: *nei secoli a v.* | ***di là da v.***, lontanissimo nel futuro: *cose di là da v.* **9** (*fam.*) raggiungere l'orgasmo **10** (*fam.*) trovarsi a essere: *lui viene a essere suo cognato* | (*fam.*) esser dovuto, toccare, spettare: *ti vengono ancora due euro* **11** cedere a una trazione, staccarsi, uscire: *questo chiodo non viene, non viene via* | ***venir giù***, cadere: *veniva giù una pioggerellina sottile* | ***venir meno***, di persona, svenire; di cosa, mancare: *gli vennero meno le forze* **12** †essere necessario **13** seguito da un gerundio, indica l'azione nel suo svolgimento, nella sua attuazione: *venir dicendo, esponendo, facendo*; *mi vengo sempre più persuadendo che hai proprio ragione tu*; *e novellando vien del suo buon tempo* (G. LEOPARDI) **14** seguito da un participio passato, sostituisce *essere* nella coniugazione passiva dei verbi, ma limitatamente ai tempi semplici, spec. per evitare equivoci quando il participio passato potrebbe avere anche il valore di aggettivo: *il portone viene chiuso* (rispetto a 'il portone è chiuso'); *il marmo viene levigato* (rispetto a 'il marmo è levigato'); *viene, veniva, verrà lodato da tutti* **15 venìrne**, (*colloq.*) spettare come guadagno: *e a me, che ne viene?*; *Io parlo nel vostro interesse (...) non me ne viene nulla in tasca* (G. VERGA) | †andare, recarsi: *e così insieme ne vennero al loco* (L. ARIOSTO) **B venìrsi v. intr. pron. 1** †giungere, arrivare: *Un dì si venne a me Malinconia e disse* (DANTE) **2 venìrsene**, procedere, camminare (con valore intens.): *se ne veniva piano piano, lemme lemme* | venir via: *non avevamo nulla da fare lì, e così ce ne venimmo quasi subito* **C venìrsi v. rifl. recipr.** • nella loc. ***venirsi incontro***, (*fig.*) cercare un compromesso soddisfacente mediante concessioni da ambo le parti

venìre ② [da *venire* ① ✱ av. 1306] **s. m. solo sing.** • lo spostarsi, il dirigersi in una data direzione, spec. nella loc. ***andare e v.***, movimento continuo e alternato: *un andare e v. di gente, di folla, di pubblico*; *l'andare e v. del pendolo*

†**venitìccio** [da *venire* ① ✱ av. 1294] **agg.** • avventizio, straniero

venosìno (o -ṣ-) [lat. *Venusīnu(m)*, etnico di *Venŭsia* 'Venosa' ✱ 1612] **A agg.** • di Venosa, città della Basilicata **B s. m.** (**f.** *-a*) • abitante o nativo di Venosa | ***il V.***, (*per anton.*) il poeta romano Orazio

venóso (o -ṣ-) [vc. dotta, lat. tardo *venōsu(m)*, da *vēna* ✱ sec. XIV] **agg. 1** di vena | ***sangue v.***, contenuto nelle vene **2** †ricco di venature || **venosità**, **s. f. inv.** caratteristica di ciò che è venoso

ventàccio [pegg. di *vento* ✱ 1883] **s. m.** • vento molto forte e molesto: *un v. freddo e strapazzone ... faceva stridere e cigolare tutti gli alberi della campagna* (C. COLLODI)

ventàglia [provenz. *ventalha*, da *ven* 'vento' ✱ 1282] **s. f.** • nelle antiche armature, parte inferiore della visiera della celata chiusa, che proteggeva il mento e la bocca ed era forata da intagli per consentire la respirazione

ventagliàio o (*centr.*) **ventagliàro** [av. 1696] **s. m.** (**f.** *-aia*, **pl. m.** *-ai*) • fabbricante e decoratore di ventagli | commercianti di ventagli

ventagliàrsi [sec. XVII] **v. rifl.** (*io mi ventàglio*) • (*raro*) farsi vento col ventaglio

ventàglio [fr. *éventail*, da *vent* 'vento' ✱ av. 1500] **s. m. 1** oggetto per farsi vento, costituito da sottili stecche di legno, di avorio o altri materiali, riunite insieme a un'estremità da un perno, che sorreggono una striscia di seta, carta e sim., e che si apre a raggiera: *v. giapponese, di piume, dipinto a mano*; *agitare il v.* | ***a v.***, detto di tutto ciò che per la sua forma ricorda un ventaglio aperto: *potare la vite, un pesco a v.*; *la coda del pavone si apre a v.*; *la squadra navale si dispose a v.* | ***correre, spiegarsi a v.***, nel ciclismo, assumere da parte del gruppo una disposizione scalare per ridurre l'effetto del vento contrario **2** (*econ.*) ***v. dei prezzi***, diverso grado di aumento subìto in un determinato momento dai prezzi delle varie merci in conseguenza dell'inflazione **3** (*fig.*) serie, gamma di possibili alternative: *abbiamo esaminato un v. di richieste* **4** (*zool.*) pettine || **ventagliétto**, **dim.** | **ventaglìno**, **dim.**

ventàre [da *vento* ✱ 1287] **A v. intr.** (*io vènto*; aus. *avere*) **1** (*poet.*) soffiare, tirare, detto del vento **2** (*raro, poet.*) sventolare **3** (*est., lett.*) esalare **4** †ventilare, far vento **B v. tr.** • (*lett.*) scuotere qlco., detto del vento

ventaròla [da *vento* ✱ av. 1566] **s. f. 1** (*centr.*) ventola SIN. rosta **2** (*centr.*) banderuola che indica la direzione del vento **3** (*fig., centr.*) persona volubile, leggera

ventàta [1842] **s. f. 1** violenta folata di vento **2** (*fig.*) moto improvviso e violento di sentimenti, impulsi, idee e sim.: *una v. di patriottismo, di ribellione*; *v. rivoluzionaria*; *una v. di follia*

ventatùra [da *vento* nello specifico sign. di 'tirante' ✱ 1961] **s. f.** • (*aeron., edil., mar.*) struttura di irrigidimento realizzata con tiranti

†**ventàvolo** [lat. parl. *vĕntu(m) *ăquilu(m)* 'vento aquilone' (?) ✱ sec. XIII] **s. m.** • tramontana | libeccio

†**venteggiàre** [intens. di *ventare* ✱ av. 1406] **v. intr.** • spirare vento

ventennàle [da *ventennio* ✱ 1902] **A agg. 1** che dura vent'anni: *dittatura v.* **2** che ha vent'anni, detto di cosa **3** che ricorre ogni vent'anni: *celebrazione v.* SIN. (*lett.*) vicennale || **ventennalità**, **s. f. inv.** durata o periodicità ventennale **B s. m.** • ricorrenza del ventesimo anno da un avvenimento memorabile: *il v. della morte di un filosofo* | (*est.*) la cerimonia che si celebra in tale occasione

ventènne [comp. di *venti* ed *-enne* ✱ 1856] **A agg. 1** che ha vent'anni, detto di persona e di cosa **2** (*raro*) che dura da vent'anni **B s. m. e f.** • chi ha vent'anni d'età: *una graziosa v.*

ventènnio [comp. di *venti* ed *-ennio* ✱ av. 1869] **s. m.** (**pl.** *-i* o *raro -ii*) **1** periodo di vent'anni: *nel primo v. del secolo scorso* | (*per anton.*) ***il Ventennio***, il periodo del regime fascista in Italia SIN. (*lett.*) vicennio **2** (*raro*) il ventesimo anniversario: *celebrare il v. di sacerdozio*

ventèsimo (o -é-) **A agg. num. ord. 1** corrispondente al numero venti in una successione o in una classificazione (rappresentato da *XX* nella numerazione romana, da *20°* in quella araba): *raggiungere il v. anno di età*; *il v. canto del Purgatorio*; *il v. giorno* | ***due alla ventesima***, (*ellitt.*) elevato alla ventesima potenza | ***il v. secolo***, gli anni dal 1901 al 2000: *le scoperte del v. secolo* SIN. (*lett.*) vigesimo **2** in composizione con altri numerali, semplici o composti, forma gli ordinali superiori: *ventesimoprimo*; *centoventesimo*; *milletrecentoventesimo* **B s. m.** • ciascuna delle venti parti uguali di una stessa quantità: *cinque è un v. di cento*

♦**vénti** [lat. *vigĭnti*, di orig. indeur. ✱ 1266] **agg. num. card. inv.** (si elide davanti ad *anni*: *vent'anni*); anche **s. m. e f. inv.** (V. nota d'uso NUMERI E NUMERALI) • (*mat.*) due volte dieci, due decine, rappresentato da *20* nella numerazione araba, da *XX* in quella romana. **I** come agg. ricorre nei seguenti usi **1** rispondendo o sottintendendo la domanda 'quale?', indica la quantità numerica di venti unità (spec. preposto a un sost.): *una vacanza di v. giorni*; *una pezza di v. metri*; *un peso di v. kilogrammi*; *una classe di v. alunni*; *sono le quattro e v. minuti* | ***gliel'ho detto v. volte***, (*est.*) parecchie volte | ***avrà detto v. parole in tutto***, (*fig.*) ha parlato pochissimo **2** rispondendo o sottintendendo la domanda 'quale?', identifica qlco. in una pluralità, in una successione, in una sequenza (spec. posposto a un sost.): *oggi è il giorno v.*; *sono le ore v.*; *gioco sul numero v.*; *abita al numero v.* **3** in composizione con altri numeri, semplici o composti, forma i numerali superiori: *ventuno*; *ventidue*; *ventitré*; *ventotto*; *centoventi*; *milleduecentoventi*; *ventimila* **II** come sost. ricorre nei seguenti usi **1** il numero venti (per ellissi di un sost.): *il v. è pari e divisibile per due e per cinque*; *oggi è il v. del mese*; *è uscito il v.*; *abito al v. di via Roma* | ***le v.***, le otto di sera | ***nel v.***, nel 1920 o nel 1820, nel 1720 e sim. | ***gli anni V.***, (*per anton.*) gli anni compresi tra il 1920 e il 1929: *la moda degli anni V.* | †***reggere, tenere il v.***, (*fig.*) fare da ruffiano in vicende amorose **2** il segno che rappresenta il numero venti: *scrivere un v.* **3** fucile da caccia di calibro venti: *sparare col v.*

venticìnque [comp. di *venti* e *cinque*] **agg. num. card. inv.**; anche **s. m. e f. inv.** (V. nota d'uso NUMERI E NUMERALI) • (*mat.*) due volte dieci, o due decine, più cinque unità, rappresentato da *25* nella numerazione araba, da *XXV* in quella romana. **I** come agg. ricorre nei seguenti usi **1** rispondendo o sottintendendo la domanda 'quanti?', indica la quantità numerica di venticinque unità (spec. preposto a un sost.): *sono le ore dieci e v. minuti*; *credo che abbia v. anni*; *un'opera in v. volumi* | (*lett., est.*) pochi: *pensino ora i miei v. lettori* (A. MANZONI) **2** rispondendo o sottintendendo la domanda 'quale?', identifica qlco. in una pluralità, in una successione, in una sequenza (spec. posposto a un sost.): *abito al numero v.*; *oggi è il giorno v.* **II** come sost. ricorre nei seguenti usi **1** il numero venticinque (per ellissi di un sost.): *sono le otto e v.*; *ventuno e quattro fa v.*; *oggi è il v.* | ***nel '25***, nell'anno 1925 o nel 1825, nel 1725 e sim. **2** il segno che rappresenta il numero venticinque

venticinquennàle [1961] **A agg. 1** che dura venticinque anni: *patto, prestito v.* **2** che ha venticinque anni: *esperienza v.* **3** che ricorre ogni venticinque anni: *celebrazione v.* **B s. m.** • ricorrenza del venticinquesimo anno da un avvenimento memorabile | (*est.*) la cerimonia che si celebra in tale occasione

venticinquènne [comp. di *venticinqu(e)* ed *-enne* ✱ 1884] **agg. e s. m. e f.** • che (o chi) ha venticinque anni d'età

venticinquènnio [comp. di *venticinqu(e)* ed *-ennio* ✱ 1891] **s. m.** (**pl.** *-i* o *raro -ii*) • periodo di venticinque anni

venticinquèşimo (o -é-) **A agg. num. ord.** • corrispondente al numero venticinque in una successione o in una classificazione (rappresentato da *XXV* nella numerazione romana, da *25°* in quella araba): *il v. capitolo*; *il v. anno d'età*; *la venticinquesima parte di un intero*; *il v. canto del Paradiso*; *il v. anniversario di un matrimonio, di sacerdozio* | ***due alla venticinquesima***, (*ellitt.*) elevato alla venticinquesima potenza **B s. m. 1** ciascuna delle venticinque parti uguali di una stessa quantità: *un v. di cento* **2** il venticinquesimo anniversario: *festeggiare il v. di matrimonio*; *oggi ricorre il v. di sacerdozio del nostro parroco*

venticinquìna [da *venticinque*, sul modello di *decina, dozzina* ✱ av. 1698] **s. f.** • (*raro*) complesso, serie di venticinque o circa venticinque unità

†**ventidòtto** [da *vento*, sul modello di *acquedotto* ✱ 1570] **s. m.** • opera murata sotterranea per condurre il vento da luogo a luogo

ventidùe [comp. di *venti* e *due*] **agg. num. card. inv.; anche s. m. e f. inv. (V. nota d'uso NUMERI E NUMERALI)** • (*mat.*) due volte dieci, o due decine, più due unità, rappresentato da *22* nella numerazione araba, da *XXII* in quella romana. **I** come agg. ricorre nei seguenti usi **1** rispondendo o sottintendendo la domanda 'quanti?', indica la quantità numerica di ventidue unità (spec. preposto a un sost.): *ha v. anni*; *sono le dieci e v. minuti*; *starò assente v. giorni* **2** rispondendo o sottintendendo la domanda 'quale?', identifica qlco. in una pluralità, in una successione, in una sequenza (spec. posposto a un sost.): *è il giorno v.*; *abito al numero v.*; *sono le ore v.* **II** come sost. ricorre nei seguenti usi **1** il numero ventidue (per ellissi di un sost.): *sono le otto e v.*; *oggi è il v.* | ***le v.***, le dieci di sera | ***nel '22***, nel 1922 o nel 1822, nel 1722 e sim. **2** il segno che rappresenta il numero ventidue

ventiduènne [comp. di *ventidue* ed *-enne* ✱ 1943] **agg. e s. m. e f.** • che (o chi) ha ventidue anni d'età

ventiduèşimo (o -é-) **A agg. num. ord.** • corrispondente al numero ventidue in una successione o in una classificazione (rappresentato da *XXII* nella numerazione romana, da *22°* in quella araba): *il v. canto dell'Inferno dantesco*; *il v. anno d'età*; *papa Giovanni XXII* | ***due alla ventiduesima***, (*ellitt.*) elevato alla ventiduesima potenza **B s. m.** • ciascuna delle ventidue parti uguali di una stessa quantità: *un v. di cento*

†**ventièra** [fr. *ventier*, da *vent* 'vento' ✱ av. 1363] **s. f. 1** nelle antiche case orientali, torricella fornita di aperture, posta sui tetti per fornire una buona ventilazione **2** (*milit.*) riparo dei difensori, costituito da un tavolone imperniato orizzontalmente tra due merli delle mura o nel vano di una cannoniera e che si alzava e si abbassava secondo il bisogno

ventilàbro [vc. dotta, lat. *ventilābru(m)*, da *ventilāre* ✱ sec. XIII] **s. m. 1** larga pala di legno usata sull'aia per separare dal grano la pula spargendola al vento **2** (*mus.*) nell'organo, valvola che si apre mediante la pressione del tasto corrispondente, per lasciar passare il vento nel canale e farlo entrare nelle canne

ventilaménto [1612] **s. m.** • (*raro*) il ventilare

ventilàre o †**ventolàre** [vc. dotta, lat. *ventilāre*, da *vĕntus* 'vento' ✱ sec. XIII] **A v. tr.** (*io vèntilo*) **1** (*agric.*) lanciare in aria contro vento i cereali con una pala o lasciarli cadere in una corrente d'aria generata da un ventilatore per liberarli dalle scorie leggere **2** (*fig.*) esporre ad altre persone ciò che si pensa, spec. per vagliarne o accertarne l'esattezza, l'opportunità e sim.: *v. un'idea, una proposta, un progetto*; *si era ventilata l'ipotesi dell'intervento, ma non se ne è fatto nulla* **SIN.** avanzare, proporre | prospettare in modo indiretto: *è stata ventilata la possibilità delle dimissioni del ministro* **3** consentire un regolare ricambio dell'aria in ambienti chiusi, sia attraverso porte, finestre e sim., sia con ventilatori o altri mezzi meccanici: *v. una stanza, la casa* | ***v. i polmoni***, introdurvi aria od ossigeno **4** (*med.*) effettuare la ventilazione assistita o quella controllata **5** (*est.*) rinfrescare facendo vento: *v. il viso* **6** (*poet.*) spiegare al vento: *v. le ali* | (*poet.*) agitare al vento **B v. intr.** (**aus.** *avere*) • (*lett.*) sventolare

ventilàto o †**ventolàto** **part. pass.** di *ventilare*; anche **agg. 1** nei sign. del v. | ***forno v.***, forno elettrico dotato di un dispositivo per far circolare l'aria **2** arieggiato, aerato: *zona aperta e ventilata* **SIN.** arieggiato **3** (*fig.*) prospettato

ventilatóre [da *ventilato*, sul modello dell'ingl. *ventilator* ✱ 1758] **A agg.** (**f.** *-trice*) • che produce ventilazione **B s. m. 1** (*tecnol.*) apparecchio destinato a imprimere il moto all'aria o a un altro gas, costituito essenzialmente da una girante (*ventola*) fornita di pale: *v. centrifugo, assiale*; *v. fisso, oscillante* **2** (*agric.*) macchina agricola destinata alla ripulitura dei grani mediante un getto d'aria **3** (*edil.*) apertura in una parete, per il ricambio dell'aria **4** (*med.*) apparecchio per ventilazione

ventilatorìsta [1961] **s. m. e f.** (**pl. m.** *-i*) • (*tecnol.*) addetto al funzionamento di un impianto di ventilazione

ventilazióne [vc. dotta, lat. *ventilatiōne(m)*, da *ventilātus* 'ventilato' ✱ av. 1328] **s. f. 1** (*agric., raro*) operazione del ventilare i cereali **2** (*tecnol.*) ricambio dell'aria negli ambienti di abitazione o di lavoro, effettuata con mezzi naturali o artificiali: *v. naturale, artificiale, meccanica, termica* **SIN.** aerazione **3** (*edil.*) collegamento dei sifoni di un impianto igienico-sanitario con l'aria esterna mediante tubi verticali allo scopo di evitare squilibri di pressione con conseguenti fenomeni di sifonaggio: *rete, colonna di v.* **4** (*fisiol.*) ***v. polmonare***, ricambio dell'aria nell'apparato respiratorio, compresi gli spazi morti, effettuato mediante gli atti respiratori | ***v. alveolare***, ricambio dell'aria nei soli alveoli polmonari **5** (*med.*) ***v. assistita***, insufflazione di aria nell'apparato respiratorio di un paziente, in sincronia con le piccole inspirazioni, effettuata per amplificare gli atti respiratori spontanei quando siano diventati insufficienti | ***v. controllata***, insufflazione di aria nell'apparato respiratorio di un paziente per sostituire completamente l'attività respiratoria **6** movimento dell'aria dovuto al vento: *una giornata caldissima, senz'ombra di v.*

ventilconvettóre [comp. di *ventil(atore)* e *convettore* ✱ 1969] **s. m.** • unità terminale degli impianti di climatizzazione, che comprende una o più batterie di scambio termico, un filtro dell'aria e un ventilatore che la immette nell'ambiente per convezione forzata **SIN.** fan coil **CFR.** termoconvettore

ventimìla [comp. di *venti* e *-mila*] **agg. num. card. inv.; anche s. m. e f. inv. (V. nota d'uso NUMERI E NUMERALI)** • (*mat.*) venti volte mille, venti migliaia, rappresentato da *20 000* nella numerazione araba, da $\overline{XX}$ in quella romana. **I** come agg. ricorre nei seguenti usi **1** rispondendo o sottintendendo la domanda 'quanti?', indica la quantità numerica di ventimila unità (spec. preposto a un sost.): *costa v. euro*; *una cittadina con v. abitanti*; *'V. leghe sotto i mari' è un famoso romanzo di G. Verne* **2** rispondendo o sottintendendo la domanda 'quale?', identifica qlco. in una pluralità, in una successione, in una sequenza (spec. posposto a un sost.): *il numero v.* **II** come sost. ricorre nei seguenti usi: **1** il numero ventimila (per ellissi di un sost.) **2** il segno che rappresenta il numero ventimila

ventìna [da *venti*, sul modello di *decina, dozzina* ✱ av. 1444] **s. f. 1** complesso, serie di venti o circa venti unità: *una v. di chilometri* **2** i vent'anni d'età: *avvicinarsi alla v.*; *passare la v.* | ***essere sulla v.***, avere circa vent'anni

ventìno [dim. di *venti* (*centesimi*) ✱ av. 1704] **s. m. 1** (*disus.*) moneta da venti centesimi di lire **SIN.** nichelino | (*est.*) monetina da poco **2** moneta da venti centesimi di euro

ventinòve [comp. di *venti* e *nove*] **agg. num. card. inv.; anche s. m. e f. inv. (V. nota d'uso NUMERI E NUMERALI)** • (*mat.*) due volte dieci, o due decine, più nove unità, rappresentato da *29* nella numerazione araba, da *XXIX* in quella romana. **I** come agg. ricorre nei seguenti usi **1** rispondendo o sottintendendo la domanda 'quanti?', indica la quantità numerica di ventinove unità (spec. preposto a un sost.): *ha v. anni*; *un'assenza di v. giorni*; *ha compiuto la discesa in due primi e v. secondi* **2** rispondendo o sottintendendo la domanda 'quale?', identifica qlco. in una pluralità, in una successione, in una sequenza (spec. posposto a un sost.): *abito al numero v.*; *calzo il numero v.*; *verrò il giorno v.* **II** come sost. ricorre nei seguenti usi **1** il numero ventinove (per ellissi di un sost.): *oggi è il v.*; *ho preso v. nell'esame di latino*; *sono le otto e v.* | ***nel '29***, nell'anno 1929 o nel 1829, nel 1729 e sim.: *nel '29 gli Stati Uniti furono colpiti da una grave crisi economica* **2** il segno che rappresenta il numero ventinove

ventinovènne [comp. di *ventinove* ed *-enne* ✱ 1965] **agg. e s. m. e f.** • che (o chi) ha ventinove anni d'età

ventinovèşimo (o -é-) **A agg. num. ord.** • corrispondente al numero ventinove in una successione o in una classificazione (rappresentato da *XXIX* nella numerazione romana, da *29°* in quella araba): *il v. canto del Purgatorio dantesco*; *nel v. anno d'età*; *arrivare al v. posto* | ***due alla ventinovesima***, (*ellitt.*) elevato alla ventinovesima potenza **B s. m.** • ciascuna delle ventinove parti uguali di una stessa quantità: *un v. del totale*

ventiquattrènne [comp. di *ventiquattro* ed *-enne* ✱ 1858] **agg. e s. m. e f.** • che (o chi) ha ventiquattro anni d'età

ventiquattrèşimo (o -é-) **A agg. num. ord.** • corrispondente al numero ventiquattro in una successione o in una classificazione (rappresentato da *XXIV* nella numerazione romana, da *24°* in quella araba): *il v. canto del Paradiso dantesco*; *il capitolo v.*; *la ventiquattresima ora del giorno* | ***due alla ventiquattresima***, (*ellitt.*) elevato alla ventiquattresima potenza **B s. m.** • ciascuna delle ventiquattro parti uguali di una stessa quantità: *un v. di trenta*; *tre ventiquattresimi* | ***in v.***, in legatoria e stampa, formato che si ottiene piegando un foglio di carta in ventiquattro parti: *volume in v.*

ventiquàttro [comp. di *venti* e *quattro*] **agg. num. card. inv.; anche s. m. e f. inv. (V. nota d'uso NUMERI E NUMERALI)** • (*mat.*) due volte dieci, o due decine, più quattro unità, rappresentato da *24* nella numerazione araba, da *XXIV* in quella romana. **I** come agg. ricorre nei seguenti usi **1** rispondendo o sottintendendo la domanda 'quanti?', indica la quantità numerica di ventiquattro unità (spec. preposto a un sost.): *compiere v. anni*; *le v. ore del giorno* | ***entro ventiquattr'ore***, prima che passi un giorno **2** rispondendo o

V

sottintendendo la domanda 'quale?', identifica qlco. in una pluralità, in una successione, in una sequenza (spec. posposto a un sost.): *sono le ore v.*; *verrò il giorno v.*; *abito al numero v.*; *punto tutto sul numero v.* **II** come sost. ricorre nei seguenti usi **1** il numero ventiquattro (per ellissi di un sost.): *sono le nove e v.*; *oggi ne abbiamo v.*; *il v. è stato il primo estratto sulla ruota di Napoli* | ***le v.***, la mezzanotte | (*tosc.*) ***portare il cappello sulle v.***, sulle ventitré | †***son suonate le v.***, (*fig.*) è finita | ***nel '24***, nel 1924 o nel 1824, nel 1724 e sim. **2** il segno che rappresenta il numero ventiquattro

ventiquattróre o **ventiquattr'óre** nei sign. B [comp. di *ventiquattr(o)* e il pl. di *ora* ✱ 1735] **A** **s. f. pl.** ● periodo di tempo di ventiquattro ore, corrispondente a un giorno: *nelle prossime ventiquattrore si vedranno i primi risultati* **B** **s. f. inv.** **1** caratteristica valigetta da viaggio **2** gara, spec. automobilistica, che ha la durata di ventiquattrore: *la ventiquattr'ore di Le Mans*

ventiseènne ➤ **ventiseienne**

ventiseèşimo (o **-é-**) ➤ **ventiseiesimo**

ventisèi [comp. di *venti* e *sei*①] **agg. num. card. inv.; anche s. m. e f. inv.** (V. nota d'uso NUMERI E NUMERALI) ● (*mat.*) due volte dieci, o due decine, più sei unità, rappresentato da *26* nella numerazione araba, da *XXVI* in quella romana. **I** come agg. ricorre nei seguenti usi **1** rispondendo o sottintendendo la domanda 'quanti?', indica la quantità di ventisei unità (spec. preposto a un sost.): *ha v. anni*; *una classe di v. alunni*; *ho già scritto v. pagine*; *sono le otto e v. minuti*; *è distante v. kilometri* **2** rispondendo o sottintendendo la domanda 'quale?', identifica qlco. in una pluralità, in una successione, in una sequenza (spec. posposto a un sost.): *abito al numero v.*; *oggi è il giorno v.*; *gioco sul numero v.* **II** come sost. ricorre nei seguenti usi **1** il numero ventisei (per ellissi di un sost.): *punto sul v.*; *il v. è il primo estratto sulla ruota di Firenze*; *ho preso v. nel colloquio di fisica*; *sono le nove e v.*; *ventidue e quattro fa v.* | ***nel '26***, nel 1926 o nel 1826, nel 1726 e sim. **2** il segno che rappresenta il numero ventisei

ventiseiènne o **ventiseènne** [comp. di *ventisei* ed *-enne* ✱ 1932] **agg. e s. m. e f.** ● che (o chi) ha ventisei anni d'età

ventiseièşimo (o **-é-**) o **ventiseèşimo** (o **-é-**) **A** **agg. num. ord.** ● corrispondente al numero ventisei in una successione o in una classificazione (rappresentato da *XXVI* nella numerazione romana, da *26°* in quella araba): *il v. capitolo*; *il canto v. del Purgatorio dantesco*; *volume v.* | ***due alla ventiseiesima***, (*ellitt.*) elevato alla ventiseiesima potenza **B** **s. m.** ● ciascuna delle ventisei parti uguali di una stessa quantità: *un v. del totale*

ventisettàna [detta così perché stampata nel *Ventisette* ✱ 1963] **s. f.** ● edizione del 'Decameron' di Boccaccio del 1527 | edizione dei 'Promessi Sposi' di Manzoni del 1827

ventisètte [comp. di *venti* e *sette*] **agg. num. card. inv.; anche s. m. e f. inv.** (V. nota d'uso NUMERI E NUMERALI) ● (*mat.*) due volte dieci, o due decine, più sette unità, rappresentato da *27* nella numerazione araba, da *XXVII* in quella romana. **I** come agg. ricorre nei seguenti usi **1** rispondendo o sottintendendo la domanda 'quanti?', indica la quantità numerica di ventisette unità (spec. preposto a un sost.): *compiere i v. anni*; *ho impiegato tre primi e v. secondi*; *una classe di v. alunni*; *una distanza di v. kilometri* **2** rispondendo o sottintendendo la domanda 'quale?', identifica qlco. in una pluralità, in una successione, in una sequenza (spec. posposto a un sost.): *la statale è interrotta al chilometro v.*; *oggi è il giorno v.*; *punto sul numero v.* **II** come sost. ricorre nei seguenti usi **1** il numero ventisette (per ellissi di un sost.): *sono le otto e v.*; *è uscito il v. sulla ruota di Bari* | ***il v. del mese***, il giorno ventisette, in cui veniva generalmente pagato lo stipendio ai dipendenti pubblici e di molte ditte private | ***nel '27***, nel 1927 o nel 1827, nel 1727 e sim. **2** il segno che rappresenta il numero ventisette

ventisettènne [comp. di *ventisette* ed *-enne* ✱ 1897] **agg. e s. m. e f.** ● che (o chi) ha ventisette anni d'età

ventisettèşimo (o **-é-**) **A** **agg. num. ord.** ● corrispondente al numero ventisette in una successione o in una classificazione (rappresentato da *XXVII* nella numerazione romana, da *27°* in quella araba): *capitolo v.*; *essere al v. posto in graduatoria*; *il v. giorno del mese* | ***due alla ventisettesima***, (*ellitt.*) elevato alla ventisettesima potenza **B** **s. m.** ● ciascuna delle ventisette parti uguali di una stessa quantità: *un v. di sessanta*; *tre ventisettesimi*

ventitré [comp. di *venti* e *tre*] **agg. num. card. inv.; anche s. m. e f. inv.** (V. nota d'uso NUMERI E NUMERALI) ● (*mat.*) due volte dieci, o due decine, più tre unità, rappresentato da *23* nella numerazione araba, da *XXIII* in quella romana. **I** come agg. ricorre nei seguenti usi **1** rispondendo o sottintendendo la domanda 'quanti?', indica la quantità numerica di ventitré unità (spec. preposto a un sost.): *sono le dieci e v. primi*; *compiere v. anni*; *dista v. kilometri* **2** rispondendo o sottintendendo la domanda 'quale?', identifica qlco. in una pluralità, in una successione, in una sequenza (spec. posposto a un sost.): *abito al numero v.*; *oggi è il giorno v.*; *sono le ore v.* **II** come sost. ricorre nei seguenti usi **1** il numero ventitré (per ellissi di un sost.): *il v. è un numero primo*; *ventidue e uno, v.*; *è uscito il v. sulla ruota di Cagliari*; *sono le otto e v.* | ***le v.***, le undici di sera, la penultima ora del giorno; †l'ora prima dell'Avemaria serale | ***portare il cappello sulle v., sulle v. e tre quarti***, portarlo inclinato da una parte | ***essere alle v. e tre quarti***, (*fig.*) stare per morire, essere prossimo alla fine | ***nel '23***, nel 1923 o nel 1823, nel 1723 e sim. **2** il segno che rappresenta il numero ventitré (V. nota d'uso ACCENTO)

ventitreènne [comp. di *ventitré* ed *-enne* ✱ 1965] **agg. e s. m. e f.** ● che (o chi) ha ventitré anni d'età

ventitreèşimo (o **-é-**) **A** **agg. num. ord.** ● corrispondente al numero ventitré in una successione o in una classificazione (rappresentato da *XXIII* nella numerazione romana, da *23°* in quella araba): *il v. capitolo*; *il v. canto del Purgatorio dantesco*; *essere il v. classificato*; *nel v. anno di regno*; *papa Giovanni XXIII* | ***due alla ventitreesima***, (*ellitt.*) elevato alla ventitreesima potenza **B** **s. m.** ● ciascuna delle ventitré parti uguali di una stessa quantità: *un v. del totale*; *due ventitreesimi*

♦**vènto** [lat. *vĕntu(m)*, di orig. indeur. ✱ 1224 ca.] **s. m.** **1** movimento di masse d'aria causato da una differenza di pressione atmosferica: *v. di tramontana, di levante, di ponente*; *la rosa dei venti*; *velocità, forza, direzione, linea, pressione del v.*; *v. fresco, caldo, umido, secco, violento, gagliardo*; *tirava un forte v.*; *spira un leggero v. dal mare*; *si sta alzando il v.*; *il v. è caduto e l'afa s'è fatta irrespirabile* CFR. anemo- | ***v. anabatico***, che sale lungo il fianco di una montagna nelle ore diurne, per il riscaldamento dell'aria sul pendio | ***v. catabatico***, che discende lungo il fianco di una montagna nelle ore della notte, per il raffreddamento dell'aria sul pendio | ***v. costante***, che spira sempre nella medesima direzione e con la stessa intensità | ***v. periodico***, che spira alternativamente, in determinati periodi, in opposte direzioni | ***v. variabile***, la cui direzione e intensità non sono costanti | ***v. favorevole, sfavorevole***, che favorisce od ostacola la navigazione (oppure atleti, ciclisti e sim.) | ***v. maneggevole***, che consente a un veliero di compiere ogni manovra e di utilizzare tutte le vele | ***forza del v., velocità del v.***, espressa in numeri della scala internazionale di Beaufort, in nodi, kilometri orari o metri al secondo | ***v. moderato, v. teso, v. fresco, v. forte***, che soffiano rispettivamente con forza 4, 5, 6 e 7 della scala del vento Beaufort | ***galleria del v.***, galleria aerodinamica | ***sopra v.***, V. *sopravvento* | ***sotto v.***, V. *sottovento* | ***navigare col v. in poppa***, detto di veliero, procedere nella stessa direzione del vento; (*fig.*) di ciò che procede benissimo, di persona che ottiene risultati lusinghieri | ***v. di prua***, che spira in direzione opposta a quella della nave, e quindi la colpisce di prua | ***prendere il v.***, detto di uccelli e (*est.*) di oggetti che volano, risalire il vento di punta, per esserne sostenuti: *ecco pencola, urta, sbalza, risale, / prende il v.* (G. PASCOLI) | ***qual buon v. ti mena, ti porta?***, (*fig., fam.*) per quale favorevole occasione sei qui? | (*fig.*) ***parlare, gridare al v.***, invano, senza ottenere alcun risultato | (*fig.*) ***dire, gridare, spargere qlco. ai quattro venti***, far sapere qlco. a tutti, renderla di pubblico dominio | ***buttare al v.***, (*fig.*) sprecare, sciupare: *fatica buttata al v.* | ***secondo che spira il v., secondo il v. che tira***, (*fig.*) secondo le circostanze, la situazione e sim. | ***motore a v.***, motore destinato a utilizzare l'energia del vento per azionare una macchina come un generatore elettrico | ***mulino a v.***, azionato da un motore a vento | ***torcia a v.***, che non si spegne neppure se soffia il vento | ***giacca a v.***, impermeabile ed ermeticamente chiusa, tipica di sciatori e alpinisti | ***il regno dei venti***, (*fig., poet.*) il mare | ***il re dei venti***, nella mitologia classica, Eolo **2** (*est.*) aria, corrente d'aria, alito, fiato: *dar v. alle trombe*; *qui c'è troppo v.* | ***fare, farsi v.***, muovere l'aria con un ventaglio, un ventilatore e sim. | (*fig.*) preannuncio, segnale: *venti di guerra*; *v. di scioperi* | ***v. di fronda***, (*fig.*) preannuncio di ribellione, di opposizione | ***essere gonfio, pieno di v.***, (*fig.*) di persona tronfia e boriosa che non vale nulla | (*fig., disus.*) ***pascersi di v.***, di chiacchiere vuote e inutili **3** nell'industria siderurgica, aria calda soffiata nell'altoforno per attivare la combustione del carbone **4** (*eufem.*) emissione di gas dagli intestini SIN. peto **5** (*elettr.*) ***v. elettrico***, corrente di ioni respinti da una punta elettrizzata **6** (*astron.*) ***v. solare***, sciame di particelle elettricamente cariche che il Sole lancia negli spazi interplanetari, spec. in concomitanza di eruzioni **7** (*dir.*) ***protesto al v.***, quando le indicazioni relative al debitore, sulla cambiale da protestare, non sono chiare a sufficienza **8** (*mecc.*) fune tenditrice che vincola una struttura in un determinato verso **9** (*mar.*) manovra fissa o corrente atta a mantenere nella posizione voluta qualunque struttura sporgente, mobile o fissa: *v. del bompresso, del fumaiolo* **10** nelle antiche artiglierie ad avancarica, differenza di diametro fra anima della bocca da fuoco e proiettto, per consentire la facile introduzione della palla ‖ **ventàccio**, **pegg.** (V.) | **ventarèllo**, **venterèllo**, **dim.** | (*lett.*) **venticciuòlo**, **dim.** | **venticèllo**, **dim.** | (*lett.*) **ventolino**, **dim.**

SFUMATURE DI SIGNIFICATO

vento - brezza - bava - corrente

Vento è un movimento di masse d'aria di una certa intensità, causato da una differenza di pressione fra due zone anche molto distanti. Se lo spostamento dell'aria è di debole o moderata inten-

a b c d e f g h i j k l m n o p q r s t u **v** w x y z

sità e ha una periodicità giornaliera in relazione al diverso riscaldamento di zone limitrofe si ha **brezza.** **Bava** è invece un soffio leggero di vento sul mare tranquillo. **Corrente** identifica specificamente un movimento d'aria che si viene a determinare in un luogo chiuso quando si aprono porte o finestre situate su lati opposti.

NOMENCLATURA

vento

● *tipi di vento*: - costanti: alisei, contralisei; - periodici: (monsoni estivi ⇔ monsoni invernali), brezza (di mare ⇔ di terra, di valle = anabatica ⇔ di monte = catabatica); - variabili: bora (scura ⇔ chiara), maestrale, tramontana, libeccio, desertico (simun, shamsin, ghibli, scirocco), favonio = föhn; ciclone (tropicale, extratropicale; uragano, tifone, tornado, tromba marina o d'aria); corrente a getto = jet-stream; calma di vento = bonaccia;

● *caratteristiche*: fresco, disteso, lieve, leggero ⇔ forte, gagliardo, impetuoso; umido ⇔ secco, caldo ⇔ freddo; favorevole, sfavorevole; alito, bava, refolo, rezzo od orezzo, spiffero, spiraglio, fiato, filo, groppo, salto, colpo, raffica, folata, ventata, vampa, corrente, fronte d'aria, mulinello, turbine, vortice, tornado, tromba d'aria, marina, ciclone, uragano, tifone; bufera, burrasca = fortunale;

● *azioni*: spirare = alitare, aleggiare, soffiare, sibilare = fischiare, tirare, alzarsi, levarsi, mulinare, cambiare, cessare, calare, cadere, rinfrescare, infuriare, ululare, stormire, scatenarsi, spazzar via;

● *direzione del vento* = rosa dei venti: tramontana, greco, levante, scirocco, mezzogiorno, libeccio (libecciata), ponente = ponentino, maestro (maestrale); inversione del vento, mulinello, colpo di vento; vento di prua, vento di poppa; mulino a vento; scala di Beaufort; galleria del vento, energia eolica;

● *strumenti*: anemometro, anemografo, anemoscopio, radiovento, anemometria, girandola, banderuola = ventarola; aeroturbina, segnavento.

vèntola [da *ventolare* ✱ 1381] **s. f. 1** arnese simile a un rustico ventaglio con impugnatura di legno, usato per ravvivare il fuoco | tipo di ventaglio rigido, non a stecche che, aperto, ha forma circolare: *La padrona … menava la v. davanti ai fornelli* (A. MORAVIA) **2** supporto per candele e sim., da appendere al muro **3** in idraulica, elemento di chiusura di alcune dighe mobili | in meccanica, organo rotondo munito di pale che trasmette energia a un fluido | organo mobile, a pale, del ventilatore e sim. | (*edil.*) ***muro a v.***, muro di tramezzo, divisorio

†**ventolàio** [da *ventolare* ✱ sec. XIII] **s. m.** ● ventilabro

ventolàna [da avvicinare al lat. parl. **ventilāgo*, da *ventilāre* (?) ✱ av. 1796] **s. f.** ● pianta delle Graminacee di luoghi erbosi, con pannocchia composta di rami gracili che portano spighette di 5-10 fiori (*Bromus arvensis*)

†**ventolàre** ➤ **ventilare**

†**ventolàto** ➤ **ventilato**

†**ventolatóio** [da *ventolato* ✱ sec. XIII] **s. m.** ● ventilabro

ventolatùra [da *ventolato* ✱ 1871] **s. f.** ● (*tosc.*) operazione consistente nell'agitare le castagne secche in uno speciale vassoio, dopo averle battute nei sacchi, per liberarle definitivamente dalla scorza

ventósa (o -ṣ-) [vc. dotta, lat. tardo *ventōsa(m cucŭrbitam)* '(zucca) piena di vento', f. sost. di *ventōsus* 'ventoso' ✱ sec. XIII] **s. f. 1** coppetta in materiale più o meno elastico che, applicata mediante pressione a una superficie liscia, vi aderisce **2** (*med.*) coppetta per il salasso **3** organo adesivo di svariati animali costituito da una formazione a coppa all'interno della quale si verifica una rarefazione dell'aria che ne aumenta la pressione e l'aderenza: *le ventose del polpo, delle sanguisughe*

†**ventosàre** (o -ṣ-) [sec. XIV] **v. tr.** ● applicare le ventose

ventosità (o -ṣ-) o †**ventositàde**, †**ventositàte** [vc. dotta, lat. tardo *ventositāte(m)*, da *ventōsus* 'ventoso①' ✱ 1282] **s. f. inv. 1** caratteristica di ciò che è ventoso (*anche fig.*) **2** accumulo di gas nello stomaco o negli intestini **SIN.** flatulenza **3** †vento

♦**ventóso**① (o -ṣ-) [vc. dotta, lat. *ventōsu(m)*, da *vĕntus* 'vento' ✱ 1279] **agg. 1** del vento, dei venti: *moto v. in aumento* | pieno di vento: *giornata, stagione ventosa; mese v.* **2** che non è riparato dai venti, che è battuto dal vento: *pianura, gola, regione ventosa* **3** (*est.*) †che produce ventosità, flatulenza, detto di cibo **4** (*lett., fig.*) ampolloso e vuoto: *discorsi ventosi* | (*fig.*) borioso, vanitoso, tronfio **5** (*lett.*) †veloce come il vento || **ventosaménte**, **avv.** in modo vano, vacuo || **ventosità**, **s. f. inv.** (V.)

ventóso② (o -ṣ-) [calco sul fr. *ventôse* ✱ 1798] **s. m.** ● sesto mese del calendario rivoluzionario francese, il cui inizio corrispondeva al 19 febbraio e il termine al 20 marzo

ventottènne [comp. di *ventotto* ed *-enne* ✱ 1858] **agg. e s. m. e f.** ● che (o chi) ha ventotto anni d'età

ventottèṣimo (o -é-) **A agg. num. ord.** ● corrispondente al numero ventotto in una successione o in una classificazione (rappresentato da *XXVIII* nella numerazione romana, da *28°* in quella araba): *il v. capitolo; il v. canto del Purgatorio dantesco; raggiungere il v. anno d'età; classificarsi al v. posto* | ***due alla ventottesima***, (*ellitt.*) elevato alla ventottesima potenza **B s. m.** ● ciascuna delle ventotto parti uguali di una stessa quantità: *tre ventottesimi di trenta*

ventòtto [comp. di *venti* e *otto*] **agg. num. card. inv.; anche s. m. e f. inv.** (**V. nota d'uso NUMERI E NUMERALI**) ● (*mat.*) due volte dieci, o due decine, più otto unità, rappresentato da *28* nella numerazione araba, da *XXVIII* in quella romana. **I** come agg. ricorre nei seguenti usi **1** rispondendo o sottintendendo la domanda 'quanti?', indica la quantità numerica di ventotto unità (spec. preposto a un sost.): *sono le ore nove e v. minuti; avere v. anni; dista v. kilometri; i v. trentesimi di un numero* **2** rispondendo o sottintendendo la domanda 'quale?', identifica qlco. in una pluralità, in una successione in una sequenza (spec. posposto a un sost.): *abito al numero v.; oggi è il giorno v.; leggi al capitolo v.* **II** come sost. ricorre nei seguenti usi **1** il numero ventotto (per ellissi di un sost.): *ventisei e due fa v.; punto tutto sul v.; uscirà il v.; oggi è il v.; sono le quattro e v.* | ***di v. ce n'è uno, tutti gli altri ne han trentuno***, alludendo, in una nota filastrocca popolare, a febbraio che è il solo mese di ventotto giorni | ***nel '28***, nel 1928 o nel 1828, nel 1728 e sim. **2** (*raro, fig.*) †cornuto | †matto **3** il segno che rappresenta il numero ventotto

ventràia [1312] **s. f. 1** (*lett.*) grosso ventre **2** (*raro*) stomaco e intestini dei ruminanti macellati

†**ventraiuòla** [da *ventre* ✱ 1353] **s. f.** ● trippaia

ventràle [vc. dotta, lat. tardo *ventrāle(m)*, da *vĕnter*, genit. *vĕntris* 'ventre' ✱ av. 1719] **agg. 1** relativo al ventre, situato nel ventre: *zona v.; pinne ventrali* **CONTR.** dorsale **2** (*est.*) inferiore, rivolto verso terra: *parte v.; faccia v.* | (*sport*) ***salto v.***, salto in alto che l'atleta effettua superando l'asticella con il ventre rivolto verso terra || **ventralménte**, **avv.** dalla parte del ventre

ventralìsta [da (*tecnica*) *ventrale* ✱ 1974] **s. m. e f.** (**pl. m.** *-i*) ● (*sport*) atleta che usa la tecnica del salto ventrale

ventràta [av. 1306] **s. f. 1** †gravidanza, parto **2** (*raro*) colpo dato col ventre o ricevuto sul ventre

vèntre [lat. *vĕntre(m)*, di orig. indeur. ✱ sec. XII] **s. m. 1** (*anat.*) cavità addominale del corpo dell'uomo o di animali, che contiene i visceri: *v. globoso, a barca* **CFR.** laparo- | ***correre v. a terra***, detto spec. di cavallo che corre velocissimo; (*fig.*) detto di chi corre a ritmo sostenutissimo **2** correntemente, cavità del corpo contenente lo stomaco, gli intestini e altri organi: *squarciare il v.* | ***basso v.***, V. *bassoventre*; (*eufem.*) gli organi genitali | ***v. molle***, (*fig.*) parte più debole e più vulnerabile: *questa zona è il v. molle del Mediterraneo* | (*est.*) il complesso formato dallo stomaco e dagli intestini: *dolori di v.* | ***v. mio, fatti capanna!***, escl. scherz. di chi si prepara a consumare un pasto lauto e invitante | ***scaricare il v., deporre il peso del v.***, andare di corpo **SIN.** pancia **3** (*est., lett.*) utero: *essere ancora nel v. materno; benedetto sia il frutto del v. tuo* **4** (*fig.*) grembo, viscere: *scavare il v. della terra; nel v. della montagna* **5** (*bot.*) nei muschi e nelle piante vascolari, la parte dell'organo femminile che contiene la cellula da cui, dopo la fecondazione, si sviluppa l'embrione **6** (*est.*) parte rigonfia di qlco.: *il v. di un vaso, della colonna; v. dell'altoforno* | parte cava, interna di qlco.: *il v. di un'onda* | ***il v. della nave***, la stiva | ***il v. del fiume***, parte rigonfia, spec. per ostacoli o strozzature che impediscono il normale deflusso delle acque **7** lato inferiore di un profilo aerodinamico, di un'ala e sim. **SIN.** intradosso | parte inferiore, mediana di un aereo: *atterrare sul v.* **8** (*fis.*) punto dello spazio in un sistema di onde stazionarie in cui la vibrazione del mezzo è massima **9** (*anat.*) parte carnosa di alcuni muscoli || **ventràccio**, **pegg.** | **ventróne**, **accr.** (V.)

ventrésca [da *ventre* ✱ sec. XIII] **s. f. 1** ventre di tonno conservato gener. sott'olio **2** (*tosc.*) pancetta di maiale | †ventre di maiale ripieno di carne, uova, formaggio ed erbe **3** (*scherz.*) †pancia

†**ventrìcchio** [lat. *ventrĭculu(m)*, dim. di *vĕnter* 'ventre' ✱ 1546] **s. m.** ● (*raro*) ventriglio

ventricìna [vc. di orig. dial., abruzzese *vèndrèccinë*, da *vèndrë* 'ventre, trippa' ✱ 1931] **s. f.** ● salume tipico dell'Abruzzo e del Molise, fatto con spalla, lonza, lombo, coscia e pancetta, profumato con peperoncino, semi di finocchio e scorza di agrumi, insaccato nella vescica del maiale

ventricolàre [1750] **agg.** ● del ventricolo

ventrìcolo [vc. dotta, lat. *ventrĭculu(m)*, dim. di *vĕnter* 'ventre' ✱ sec. XIV] **s. m. 1** (*raro*) stomaco **2** (*anat.*) ***v. cardiaco***, cavità del cuore, al di sotto dell'atrio | ***v. cerebrale***, dilatazione del canale midollare contenente liquido cefalorachidiano

ventricóso (o -ṣ-) [da *ventre* ✱ 1792] **agg. 1** (*disus.*) rigonfio nel mezzo: *ramo v.* **2** †ovale

ventrièra [da *ventre*, sul modello del fr. *ventrière* ✱ av. 1449] **s. f. 1** panciera **2** borsa di pelle o tessuto cinta in vita, usata un tempo dagli artigiani per mettervi piccoli attrezzi, da fattori e mercanti per il denaro, da cacciatori per le munizioni

ventrìglio [provenz. *ventrihl*: stessa etim. dell'it. *ventricchio* ✱ 1340 ca.] **s. m. 1** parte dello stomaco degli uccelli che ha la parete formata da robusta tonaca muscolare ed internamente è rivestita da uno strato corneo **2** †le interiora dell'uomo

ventriloquìa [1930] **s. f.** ● (*disus.*) ventriloquio

ventrilòquio [da *ventriloquo*, sul modello di *turpiloquio, vaniloquio* ecc. ✱ 1875] **s. m.** ● arte di parlare senza muover le labbra e i muscoli del viso, modificando la voce in modo che essa sembri provenire dal ventre o da altra persona

ventrìloquo [vc. dotta, lat. tardo *ventrĭloquu(m)*, comp. di *vĕnter*, genit. *vĕntris* 'ventre' e *-loquus*, da *lŏqui* 'parlare' (V. *loquela*) ✱ 1677] **s. m. (f. *-a*); anche agg.** ● chi (o che) sa praticare il ventriloquio | (*fig.*) chi (o che) parla esprimendo opinioni di altri

ventrìno [dim. di *ventre* ✱ 1879] **s. m. 1** (*mar.*) dispositivo che serve a sostenere e a stringere contro il pennone la parte centrale della vela serrata **2** (*mar.*; *disus.*; **al pl.**) fasce che, passando sotto una lancia sospesa alle gru, ne impediscono le oscillazioni

ventróne [1692] **s. m. 1** accr. di *ventre* **2** (*disus.*) persona grossa e panciuta **3** †mangione

†**ventróso** (o **-ṣ-**) [vc. dotta, lat. tardo *ventrōsu(m)*, da *vĕnter*, genit. *vĕntris* 'ventre' ✱ av. 1580] **agg.** ● che ha grosso ventre

ventrùto [da *ventr(e)* con il suff. *-uto*② ✱ 1584] **agg.** ● (*lett.*) che ha un ventre grosso, prominente: *una vecchia contadina, popputa ventruta fiancuta* (L. Pirandello)

ventunènne [comp. di *ventuno* ed *-enne* ✱ 1928] **agg. e s. m. e f.** ● che (o chi) ha ventun'anni d'età

ventunèsimo (o **-é-**) **A agg. num. ord.** ● corrispondente al numero ventuno in una successione o in una classificazione (rappresentato da *XXI* nella numerazione romana, da *21°* in quella araba): *il capitolo v.*; *arrivare al v. posto in classifica*; *raggiungere il v. anno di età* | ***due alla ventunesima***, (*ellitt.*) elevato alla ventunesima potenza | ***il XXI secolo***, gli anni dal 2001 al 2100 **B s. m.** ● ciascuna delle ventun parti uguali di una stessa quantità: *un v.*; *tre ventunesimi*

ventùno [comp. di *venti* e *uno*] **agg. num. card. inv.; anche s. m. e f. inv. (V. nota d'uso NUMERI E NUMERALI)** ● (*mat.*) due volte dieci, o due decine, più un'unità, rappresentato da *21* nella numerazione araba, da *XXI* in quella romana. **I** come agg. ricorre nei seguenti usi **1** rispondendo o sottintendendo la domanda 'quanti?', indica la quantità numerica di ventuno unità (spec. preposto a un sost.): *furono sparati v. colpi di cannone*; *avere, raggiungere i ventun anni*; *sono stato assente ventun giorni*; *sono le otto, trenta primi e v. secondi* **2** rispondendo o sottintendendo la domanda 'quale?', identifica qlco. in una pluralità, in una successione, in una sequenza (spec. posposto a un sost.): *il giorno v. del mese*; *il capitolo v.*; *sono le ore v.*; *il numero v. è uscito sulla ruota di Firenze* **3** gioco di carte simile al sette e mezzo **II** come sost. ricorre nei seguenti usi **1** il numero ventuno (per ellissi di un sost.): *abitiamo al v. di questa strada*; *sono le otto e v.*; *diciotto e tre fa v.* | ***le v.***, le nove di sera | ***nel '21***, nel 1921 o nel 1821, nel 1721 e sim.: *i Carbonari, i moti del v.* | †***dare in un v.***, (*fig.*) avere una grave disgrazia **2** il segno che rappresenta il numero ventuno

♣**ventùra** [lat. *ventūra*, propr. 'le cose che verranno', part. fut. nt. pl. di *venīre* ✱ av. 1250] **s. f. 1** (*lett.*) destino, sorte: *predire, indovinare la v.*; *nel mondo / sua v. ha ciascun dal dì che nasce* (F. Petrarca) | ***buona, cattiva v.***, buona, mala sorte | ***andare alla v. di Dio***, affidarsi alla provvidenza **2** (*lett.*) buona sorte, buona fortuna: *andare in cerca di v.* | (*raro*) ***mettersi alla v.***, andare in cerca di fortuna | (*lett.*) occasione propizia, spec. di tipo amoroso: *bocca basciata non perde v.* (G. Boccaccio) **3** (*lett.*) caso: *non so io stesso ove io mi vado / o dove ancor mi guidi la v.* (L. Pulci) | ***gioco di v.***, (*lett.*) gioco d'azzardo | ***andare, mettersi alla v.***, affidarsi al caso **4** (*stor.*) ***compagnia di v.***, schiera di mercenari guidata da un condottiero, tipica dei secc. dal XIV al XVI | ***soldato di v.***, che militava in una di tali compagnie | ***capitano di v.***, condottiero che guidava tali schiere

SFUMATURE ➤ *sorte*①

†**venturànza** [da *ventura* ✱ sec. XV] **s. f.** ● sorte, ventura

vénture càpital /ˈventʃur ˈkapital, *ingl.* ˈvɛntʃə(r) ˈkæpɪt(ə)l/ [loc. ingl., propr. 'capitale (investito) a rischio' ✱ 1986] **loc. sost. m. inv.** ● (*econ.*) capitale investito in società con buone prospettive di sviluppo, anche se ad alto rischio

venturièro o †**venturière** [fr. *avventurier*. V. *avventuriero* ✱ 1509] **A agg. 1** (*lett.*) di ventura: *fanti venturieri* | (*lett.*) che lavorava per chi pagava meglio **2** (*lett.*) da avventuriero **B s. m. 1** (*lett.*) soldato di ventura **2** †chi lavorava senza molti scrupoli, a solo fine di guadagno: *venturieri delle leggi* **3** (*lett.*) avventuriero, mascalzone

venturìmetro [comp. di G. B. *Venturi* (n. del fisico che lo inventò) e *-metro* ✱ 1920] **s. m.** ● (*fis.*) dispositivo atto a misurare la portata di una corrente fluida in pressione **SIN.** tubo di Venturi

venturìna ➤ **avventurina**

♣**ventùro** [vc. dotta, lat. *ventūru(m)*, part. fut. di *venīre* ✱ sec. XIII] **agg. 1** (*lett.*) che verrà, che deve o sta per venire: *i santi padri, i quali in lui v. debitamente credettero* (G. Boccaccio) **2** prossimo: *il mese, l'anno v.*; *ci vedremo la settimana ventura*

venturóne [etim. incerta ✱ 1886] **s. m.** ● (*zool.*) uccello dei Passeriformi che vive nei boschi di conifere, i cui maschi hanno piumaggio dai bei colori giallo, oliva, azzurro (*Carduelis citrinella*)

venturóso (o **-ṣ-**) [da *ventura*, sul modello di *avventuroso* ✱ sec. XIII] **agg.** ● (*poet.*) beato, fortunato, felice: *o venturose e care e benedette / l'antiche età* (G. Leopardi) || **venturosaménte**, **avv.**

vènula [vc. dotta, lat. *vēnula(m)*, dim. di *vēna* ✱ 1963] **s. f. 1** (*anat.*) piccola vena **2** (*med.*) apparecchio usato per prelevare il sangue consistente in un ago cavo collegato e comunicante con una provetta

venusiàno (o **-ṣ-**) [fr. *vénusien*, da *Vĕnus* 'Venere' ✱ 1959] **A agg.** ● del pianeta Venere **B s. m. (f. *-a*)** ● ipotetico abitante o nativo del pianeta Venere

♣**venustà** [vc. dotta, lat. *venustāte(m)*, da *venŭstus* 'venusto' ✱ 1242] **s. f. inv.** ● (*lett.*) condizione di chi (o di ciò che) è venusto: *la v. non è il medesimo che la bellezza, ma è un fiore che da essa spunta* (T. Tasso) **SIN.** grazia

†**venustàre** [vc. dotta, lat. *venustāre*, da *venŭstus* 'venusto' ✱ sec. XIV] **v. tr.** ● rendere venusto

♣**venùsto** [vc. dotta, lat. *venŭstu(m)*, da *Vĕnus*, genit. *Vĕneris* 'Venere, bellezza' ✱ sec. XIII] **agg.** ● che è di una bellezza ideale, sia per la perfezione delle forme sia per la grazia e l'armonia dei movimenti: *donna venusta*; *forme venuste* | (*lett.*) ***stile v.***, pieno di dignità, decoro ed eleganza insieme, di una bellezza severa e dignitosa || **venustaménte**, **avv.**

venùta [f. sost. di *venuto* ✱ av. 1250] **s. f. 1** il venire in un luogo, arrivo: *aspettare la v. di qlcu.*; *siamo in attesa della vostra v.*; *Rinaldo come udì la sua v., / le venne incontra* (L. Ariosto) | ***prima, dopo la v. di Cristo***, in epoca anteriore o posteriore alla sua incarnazione **2** (*milit.*) †strada di accesso a una fortezza, a un quartiere, a un luogo fortificato

venùto **A part. pass.** di *venire*; **anche agg. 1** nei sign. del v. **2** ***ben v.***, V. *benvenuto* **B s. m. (f. *-a*)** ● chi è venuto, giunto, arrivato: *i primi venuti*; *un nuovo v.* | ***primo v.***, (*fig.*) persona sconosciuta o della quale si ignora quasi tutto: *fidarsi del primo v.* | ***non essere il primo v.***, (*fig.*) essere ben conosciuto o essere una persona abbastanza importante, e quindi meritare stima, rispetto, considerazione e sim.: *bada come parli, perché io non sono il primo v.*

vepràio [1673] **s. m. (pl. *-ai*)** ● (*lett.*) luogo pieno di vepri | (*fig.*, *lett.*) ginepraio

vèpre [vc. dotta, lat. *vĕpre(m)*, di etim. incerta ✱ 1342] **s. m. 1** (*lett.*) pruno, sterpo, arbusto spinoso: *su da' palpitanti / vepri un lieve pel cielo frullar d'ale* (G. Pascoli) **2** (*arald.*) arbusto selvatico stilizzato, formato di sette rami e sradicato

vèr o **vèr'** [av. 1294] **prep.** ● (*poet.*) forma tronca di *verso*④: *la nova gente alzò la fronte / ver noi* (Dante *Purg.* II, 58-59)

♣**véra** (o **-è-**) [vc. sett., lat. tardo *vĭria(m)* (normalmente usata al pl.) 'bracciale', vc. di orig. gallica ✱ 1814] **s. f. 1** (*sett.*) anello matrimoniale **SIN.** fede **2** parapetto attorno alla bocca del pozzo **SIN.** ghiera, puteale

♣**veràce** [vc. dotta, lat. *verāce(m)*, da *vērus* 'vero' ✱ av. 1250] **agg. 1** (*lett.*) che è vero, che non ha in sé alcuna falsità: *Dio v.*; *religione v.* **2** che è sincero, che non dissimula e non nasconde nulla: *testimone, scrittore, narratore v.* **CONTR.** mendace **3** (*est.*, *merid.*) autentico, genuino, spec. nella loc. ***napoletano v.***, detto di abitante e nativo di Napoli che riunisca in sé le caratteristiche comunemente attribuite ai napoletani | ***vongola v.***, V. *vongola* || **veraceménte**, **avv.**

♣**veracità** [1540] **s. f. inv.** ● caratteristica di chi (o di ciò che) è verace **CONTR.** mendacità

veranda [portog. *varanda* 'balcone', di etim. incerta ✱ 1891] **s. f. 1** galleria leggera costruita su tutta la lunghezza dell'abitazione, tipica delle costruzioni orientali **2** terrazzo coperto e a volte chiuso lateralmente con vetrate || **verandina**, **dim.** | **verandóna**, **accr.**

verandàto [da *veranda* ✱ 1980] **agg.** ● (*burocr.*) trasformato in veranda: *balcone v.*

veratrìna [da *veratro* ✱ 1825] **s. f.** ● sostanza che si ottiene dai rizomi del veratro e viene usata, in medicina, come ipotensivo

veràtro [vc. dotta, lat. *verātru(m)*, di orig. preindeur. ✱ sec. XIV] **s. m.** ● pianta erbacea perenne delle Melantiacee, velenosa, con foglie inferiormente tomentose, fiori a pannocchia, rizoma acre, amaro, irritante (*Veratrum album*)

verbàle [vc. dotta, lat. tardo *verbāle(m)*, da *vĕrbum* 'parola' (V. *verbo*); come s. m., calco sul fr. *verbal*, da (*procès*) *verbal* 'processo verbale' ✱ 1363] **A agg. 1** costituito da parole, che si manifesta con parole: *offese verbali*; *una violenta reazione v.*; *eccessi verbali* | †***traduzione v.***, letterale | ***nota v.***, comunicazione diplomatica non firmata, su argomento non urgente ma da tenersi in considerazione | (*est.*) orale: *ordine v.*; *prova, risposta v.* | ***linguaggio v.***, che si serve delle parole | (*dir.*) ***processo v.***, verbale: *redigere, stendere, firmare il processo v.* **2** che consta soltanto di parole ed è privo di sostanza, vuoto di significato e sim.: *legame, affetto puramente v.* **3** del verbo: *forma v.* | che appartiene alla categoria del verbo: *aggettivi, sostantivi verbali* || **verbalménte**, **avv.** a voce, a parole || **verbalità**, **s. f. inv.** carattere di ciò che è espresso con parole; (*est.*) comunicazione che avviene per mezzo delle parole **B s. m.** ● documento in cui sono descritte attività e riportate dichiarazioni, così attestate con presunzione di veridicità: *il v. di un'adunanza, di un'assemblea, di un interrogatorio*; *redigere, stendere, firmare il v.* | ***mettere a v.***, registrare in tale documento | ***v. di gara***, nello sport, documento redatto alla fine di ogni competizione e relativo alla stessa

|| **verbalìno**, **dim.**

verbalìṣmo [fr. *verbalisme*, da *verbal* 'verbale①' col suff. *-isme* '-ismo' ✱ 1896] **s. m.** **1** modo di esporre verboso e vacuo, che dà più importanza alla forma che ai concetti, i contenuti e sim.: *peccare di v.* **2** (*pedagogia*) insegnamento che si fonda solo sulle parole e la trasmissione meccanica di informazioni, senza preoccuparsi di sviluppare negli allievi lo spirito critico e prescindendo da ogni applicazione delle discipline impartite

verbalìstico [1902] **agg.** (**pl. m.** *-ci*) **1** proprio del verbalismo **2** (*pedagogia*) caratterizzato da verbalismo

verbaliẓẓànte **A** **part. pres.** di *verbalizzare*; anche **agg.** ● nei sign. del v.: *l'ufficiale v.* **B** **s. m. e f.** ● chi compila un verbale: *convalidare la versione del v.*

verbaliẓẓàre [fr. *verbaliser*, da *verbal* 'verbale' ✱ 1640] **A** **v. tr.** ● mettere a verbale: *v. il compimento di un atto* **B** **v. intr.** (**aus.** *avere*) ● redigere un verbale || **verbaliẓẓazióne**, **s. f.**

verbanése (o **-ṣ-**) [1882] **A** **agg.** ● di Verbania, città del Piemonte **B** **s. m. e f.** ● abitante o nativo di Verbania

verbàsco [vc. dotta, lat. *verbăscu(m)*, di orig. preindeur. ✱ av. 1498] **s. m.** (**pl.** *-schi*) ● (*bot.*) tassobarbasso

verbàtim [dall'avv. lat. mediev. *verbātim*, deriv. di *vĕrbu(m)* 'parola' ✱ 1989] **avv.** ● parola per parola, con totale fedeltà rispetto al testo citato o riportato

verbèna o **vermèna** [vc. dotta, lat. *verbēna(m)*, della stessa famiglia di *verberāre* (V.), perché era la pianta con i cui rami si colpivano i trattati e il re toccava il *pāter patrātus* ✱ sec. XIII] **s. f.** ● erba molto ramosa delle Verbenacee, perenne, con piccoli fiori a spiga, coltivata con molte varietà (*Verbena officinalis*) | *v. odorosa*, cedrina

Verbenàcee [da *verbena* ✱ av. 1600] **s. f. pl.** (**sing.** *-a*) ● (*bot.*) famiglia di piante dicotiledoni con fusto quadrangolare e foglie opposte (*Verbenaceae*)

verberàre [vc. dotta, lat. *verberāre*, da *vĕrbera*, nom. pl., 'colpi, percosse', di orig. indeur. ✱ sec. XIII] **v. tr.** (*io vèrbero*) **1** †percuotere, battere | (*lett.*) sferzare **2** (*lett.*) riverberare

†**verbicàuṣa** [av. 1565] **avv.** ● (*raro, lett.*) per esempio

verbigerazióne [ingl. *verbigeration*, dal lat. *verbigerāre* 'discorrere, chiacchierare', comp. di *vĕrbum* 'parola' (V. *verbo*) e un deriv. di *gĕrere* 'portare' (V. *gestione*) ✱ 1914] **s. f.** ● (*med.*) disturbo della comunicazione orale, tipico di alcune psicopatie, che si manifesta con discorsi particolarmente animati, di tono acceso e caratterizzati da una ripetizione stereotipata e incoerente di parole o frasi

verbigràzia o (*raro*) **verbigràtia** /verbi'grattsja/, †**verbi gratia** [vc. dotta, lat. *vĕrbi grātia* 'in grazia di una parola, per una parola'. V. *verbo* e *grazia* ✱ 1261 ca.] **avv.** ● (*lett.* o *scherz.*) per esempio: *dite, v. come fareste voi; un galantuomo che sta scrivendo, v., del diritto naturale* (M. D'AZEGLIO)

♦**vèrbo** [vc. dotta, lat. *vĕrbu(m)* 'parola', poi 'verbo', di orig. indeur. ✱ 1261 ca.] **s. m.** (**pl.** *-i*, †*verba*, **f.**) **1** (*lett.* o *raro*) parola: *non volere intender v.; ascoltare, predicare il v. divino, di Dio; senza poter replicar v., / volta il destrier con cólera e con stizza* (L. ARIOSTO) | †*v. a v.*, parola per parola | *non dire, non aggiungere, non proferire v.*, tacere **2** nel linguaggio della filosofia scolastica, il pensiero, il concetto che si fa parola **3** (con iniziale maiuscola) nella teologia cristiana, la seconda persona della Trinità, il Cristo; Logos **4** (*est., spec. iron.*) insegnamento, dottrina: *un folto pubblico ha ascoltato il v. del guru* **5** (*gramm.*) parte variabile del discorso che indica un'azione o un modo di essere di persona o di cosa: *v. attivo, passivo, transitivo, intransitivo; la forma, la coniugazione del v.*

♣**verbóso** (o **-ṣ-**) [vc. dotta, lat. *verbōsu(m)*, da *vĕrbum* 'parola' (V. *verbo*) ✱ sec. XIII] **agg.** ● che parla o scrive con sovrabbondanza di parole: *oratore, scrittore v.* | che è pieno di lunghi e inutili giri di parole: *prosa verbosa; discorso v.* SIN. enfatico, prolisso || **verbosaménte**, **avv.** || **verbosità**, **s. f. inv.** caratteristica di chi (o di ciò che) è verboso SIN. prolissità

vercellése (o **-ṣ-**) [av. 1405] **A** **agg.** ● di Vercelli, città del Piemonte **B** **s. m. e f.** ● abitante o nativo di Vercelli

†**verdàcchio** [da *verde* ✱ 1536] **agg.** ● verdognolo | *susina verdacchia*, tipo di susina di scarso pregio

verdàccio [sec. XIV] **s. m.** **1** pegg. di *verde* **2** colore composto di ocra, nero e terra verde o di ocra, nero, cinabro e un particolare tipo di bianco

†**verdadèro** [sp. *verdadero*, da *verdad* 'verità' ✱ 1551] **agg.** ● veritiero, verace

verdànte [lat. *viridănte(m)*, part. pres. di *viridāre* 'essere verde', da *vĭridis* 'verde' ✱ sec. XIV] **agg.** **1** (*lett.*) di colore tendente al verde **2** †brillante, detto di colore

verdàstro [da *verde*, sul modello del fr. *verdâtre* ✱ 1684] **A** **agg.** **1** di un verde poco gradevole, sporco, impuro: *liquido v.; acqua putrida e verdastra* **2** che tende al verde: *giallo v.; azzurro v.* **B** **s. m.** ● il colore verdastro

verdaẓẓùrro o **verdeaẓẓùrro** [comp. di *verde* e *azzurro* ✱ 1659] **A** **agg.** (**pl. m.** *-i*) ● che ha un colore intermedio tra il verde e l'azzurro: *acque verdazzurre* **B** **s. m.** ● il colore verdazzurro: *il v. del mare*

♦**vérde** [lat. *vĭride(m)*, da avvicinare a *virēre* 'essere verde', di etim. incerta ✱ av. 1276] **A** **agg.** **1** di colore che sta tra il giallo e il blu, tipico dell'erba vegetante: *foglie verdi; un prato v.; il divino del pian silenzio v.* (G. CARDUCCI); *la bandiera italiana è bianca, rossa e v.* | ***zona v.***, in urbanistica, insieme di parchi, giardini e sim. compresi in una città, oppure zona del centro storico a traffico limitato | ***tappeto v.***, il panno che copre i tavoli da gioco **2** (*est.*) di territorio, zona, paese e sim. ricco di vegetazione: *la v. Irlanda; l'Umbria v.* | (*est.*) di un pallore livido: *essere, diventare, farsi v. per la rabbia, la paura, l'invidia; avere la faccia v.; Gesualdo per finirla saltò di nuovo sulla mula, v. dalla bile* (G. VERGA) **3** (*est.*) acerbo, immaturo: *frutta v.* **4** (*est.*) fresco: *legumi verdi; fieno verde* | ancora vegetante, appena tagliato: *legna v.; rami verdi* CONTR. secco **5** (*fig.*) giovane, giovanile: *anni verdi; la v. età* **6** (*fig., lett.*) vegeto, vigoroso: *vecchiezza v.* | (*lett.*) ***vivo e v.***, vivido, presente | (*est.*) vivace, intenso: *uomini d'una tempra più salda e d'un coraggio più v.* (A. MANZONI) **7** che riguarda l'agricoltura o gli agricoltori: *piano v.; Europa v.* | (*econ.*) ***lira v.***, V. *lira*① **8** ecologico: *un'autovettura in versione v.* | ***benzina v.***, senza additivi a base di piombo, adatta a veicoli con marmitta catalitica | ***economia v.***, V. *economia* nel sign. 3 **9** (*banca*) ***clausola v.***, condizione di utilizzazione di crediti contro presentazione di documenti comprovanti l'immagazzinamento, anche parziale, delle merci in attesa di spedizione **10** ***numero v.***, V. *numero* | ***carta v.***, V. *carta* nel sign. 4 **B** **s. m.** **1** il colore verde nelle sue varie sfumature: *il v. dei prati; il v. è il colore della speranza; tingere qlco. in, di v.* | ***v. bandiera, bottiglia, acqua, oliva, pisello, pistacchio, smeraldo*** e sim., varie tonalità del verde **2** parte verde di qlco.: *il v. del cocomero, del melone* | †***essere al v.***, detto della candela usata nei pubblici incanti, stare per spegnersi, essere prossimo all'esaurimento, in quanto l'ultima parte di essa era colorata di verde | (*fig.*) ***essere, trovarsi, ridursi al v.***, in assoluta miseria, senza il becco d'un quattrino, senza un soldo in tasca **3** (*est.*) vegetazione: *campagna ricca di v.; quartieri poveri di v.; cercare un po' di v. e d'aria pura* | area, zona e sim. ricca di prati, alberi e vegetazione in genere: *la tutela, la difesa del v.; lo sviluppo incontrollato dell'edilizia ha distrutto il v.* | ***v. pubblico***, in una città, l'insieme delle aree destinate a parco o giardino dal piano regolatore | ***v. attrezzato***, nei giardini e nei parchi pubblici, area fornita di attrezzature fisse per attività sportive e ricreative, spec. di bambini **4** (*fig.*) vigore, rigoglio: *essere, trovarsi nel v. degli anni* **5** luce verde del semaforo stradale o ferroviario che indica via libera: *passare col v.; aspettare il v.* **6** (*chim.*) composto o sostanza di colore verde | ***v. rame***, V. anche *verderame* **7** (*geol.*) nome generico per indicare una roccia di color verde, atta ad essere lavorata e utilizzata variamente in costruzioni, ornamentazioni e sim.: *v. di Susa, di Varallo* **C** **s. m. e f.**; anche **agg.** ● (*polit.*) appartenente a un movimento politico che attua iniziative alternative alle istituzioni e ai partiti tradizionali, spec. su temi ecologici e antimilitaristici || **verdàccio**, **pegg.** (V.) | **verdétto**①, **dim.** (V.) | **verdìno**, **dim.** (V.) | **verdolìno**, **dim.** (V.) | **verdóne**, **accr.** (V.)

Verdèa o **Verdèca** [da *verde* ✱ av. 1320] **s. f.** ● vitigno coltivato spec. in Puglia che produce uva bianca da tavola e da vino a polpa consistente | vino bianco ottenuto da tale uva

verdeaẓẓùrro ➤ **verdazzurro**

verdebióndo [comp. di *verde* e *biondo* ✱ 1910] **agg.** ● (*lett.*) di color verde sfumato o inframmezzato di giallo

verdebrùno o **vérde brùno** [comp. di *verde* e *bruno* ✱ av. 1374] **A** **agg.** (**pl. m.** *verdebrùni, raro verdibrùni* o *vérdi brùni*) ● (*lett.*) di colore tra il verde e il bruno: *veste verdebruna* **B** **s. m.** ● il colore verdebruno

Verdèca ➤ **Verdea**

verdechiàro o **vérde chiàro** [comp. di *verde* e *chiaro* ✱ av. 1405] **A** **agg.** (**pl. m.** *verdechiàri, raro verdichiàri* o *vérdi chiàri*) ● di color verde pallido, tendente al bianco **B** **s. m.** ● il colore verdechiaro

verdecùpo o **vérde cùpo** [comp. di *verde* e *cupo* ✱ 1816] **A** **agg.** (**pl. m.** *verdecùpi, raro verdicùpi* o *vérdi cùpi*) ● di colore verde intenso e cupo: *cipressi verdecupi* **B** **s. m.** ● il colore verdecupo

†**verdegàio** [comp. di *verde* e *gaio* ✱ av. 1652] **agg.** ● di colore verde chiaro e vivace

†**verdeggévole** [1320 ca.] **agg.** ● verdeggiante

†**verdeggiaménto** [sec. XIV] **s. m.** ● il verdeggiare | vegetazione

verdeggiànte **part. pres.** di *verdeggiare*; anche **agg.** ● nei sign. del v.: *campi verdeggianti*

verdeggiàre [1342] **v. intr.** (**pres.** *io verdéggio*; **fut.** *io verdeggerò*; **aus.** *avere*) **1** essere, apparire verde: *una distesa di boschi verdeggiava sotto di noi; alta in sul lido elce verdeggia* (G.B. MARINO) **2** diventare verde coprendosi di vegetazione: *i rami cominciano appena a v.; la campagna verdeggia in primavera* **3** (*raro*) tendere al color verde, assumere tonalità verdi **4** †essere vigoroso

verdegiàllo [comp. di *verde* e *giallo* ✱ 1355] **A** **agg.** (**pl. m.** *verdegiàlli, raro verdigiàlli*) ● (*lett.*) di color verde tendente al giallo **B** **s. m.** ● il colore verdegiallo

verdegrìgio [comp. di *verde* e *grigio* ✱ 1892] **agg. e s. m.** (**pl. f.** *-gie* o *-ge*) ● (*lett.*) grigioverde

verdèllo [da *verde*, per il colore ✱ 1831] **s. m.** **1** (*zool.*) verdone **2** limone che matura da giugno ad agosto

verdemàre o **vérde màre** [comp. di *verde* e *mare* ✱ 1795] **A** **agg. inv.** ● di colore verde sfumato d'azzurro, caratteristico delle acque del mare: *cielo v.*; *tessuto v.* **B** **s. m. inv.** ● il colore verdemare

†**verdeméżżo** [comp. di *verde* e *méżżo* ✱ 1481] **agg. 1** di grano o frutta, tra fresco e secco; di formaggio, tra fresco e stagionato **2** di carne poco cotta: *arrosto così v. che sanguini un po'* (N. Machiavelli)

verdeòro o **verde-òro** [nel sign. B, dai colori della maglia della nazionale brasiliana ✱ 1890] **A** **agg. inv.; anche s. m. inv.** ● detto di colore verde che tende al giallo dorato **B** **agg. inv.; anche s. m. e f. inv.** ● che (o chi) gioca in una squadra nazionale brasiliana o ne è sostenitore | (*est.*) nel linguaggio giornalistico, brasiliano

†**verderàggine** [av. 1597] **s. f.** ● verdezza

verderàme [comp. di *verde* e *rame* ✱ av. 1320] **A** **s. m. inv. 1** patina verdastra che con l'umidità e il tempo si forma sugli oggetti di rame in seguito all'esposizione all'aria **2** acetato basico di rame, un tempo usato per colori a olio, ora impiegato per bagni galvanici e in veterinaria | ***v. cristallizzato***, (*ellitt.*) ***verderame***, acetato neutro di rame, usato in tintoria e come anticrittogamico **B** **agg. inv.** ● che ha il colore del verderame

verdésca [da *verde*, per il colore ✱ 1957] **s. f.** ● squalo lungo fino a 6 m, verdeazzurro con robusti denti triangolari seghettati, voracissimo, che vive anche nel Mediterraneo (*Prionace glauca*) **SIN.** verdone, squalo azzurro, canesca

verdescùro o **vérde scùro** [comp. di *verde* e *scuro* ✱ 1563] **A** **agg.** (**pl. m.** *verdescùri*, *raro verdiscùri* o *vérdi scùri*) ● di colore verde, molto intenso e spento **B** **s. m.** ● il colore verdescuro

†**verdesécco** [av. 1597] **agg.** ● che è quasi appassito

verdétto ① [dim. di *verde* ✱ av. 1348] **agg. e s. m. 1** (*raro*) verdolino **2** †sostanza minerale usata come colorante verde dai pittori

♦**verdétto** ② [ingl. *verdict*, dal lat. *vēre dĭctu(m)* 'detto secondo verità' ✱ 1667] **s. m. 1** (*dir.*) nel processo penale, decisione della giuria sulle questioni di fatto deferite al suo giudizio **2** nello sport, decisione finale di un arbitro, dei giudici di gara o di una giuria che determina il risultato di una competizione: *v. di parità* **3** (*fig.*) giudizio, sentenza: *un arduo v.*; *attendere il v. della storia*

verdézza [da *verde*, con suff. *-ezza* ✱ sec. XIII] **s. f. 1** (*lett.*) colore o caratteristica di ciò che è verde | (*est.*) l'aspetto verdeggiante della vegetazione: *Il lauro … mai egli non perde né v. né fronda* (G. Boccaccio) **SIN.** †verdore **2** (*lett.*) verzura

verdiàno [1876] **A** **agg.** ● relativo al compositore italiano G. Verdi (1813-1901): *opere verdiane*; *musica verdiana*; *celebrazioni verdiane* **B** **s. m.** (**f.** *-a*) ● ammiratore, seguace di G. Verdi: *la polemica fra verdiani e wagneriani*

verdicàre [av. 1367] **v. intr.** (*io vérdico*; **aus.** *avere*) ● (*lett.*) verdeggiare

Verdìcchio [da *verde* col suff. *-icchio* ✱ 1825] **s. m. 1** vitigno diffuso spec. nelle Marche, dai grappoli di un color verde giallognolo **2** vino di color giallo paglierino, brillante, secco, sapido e armonico, prodotto dal vitigno omonimo (anche in versione spumante): *V. di Matelica*; *V. dei Castelli di Jesi*

verdìccio [da *verde* ✱ 1550] **A** **agg.** (**pl. m.** *-ci*; **pl. f.** *-ce*) ● che tende al verde: *colore v.*; *giallo v.* **B** **s. m.** ● colore tendente al verde

†**verdicènte** o †**verodicènte** [ant. fr. *voirdisant*, comp. di *voir* 'vero' e *disant* 'dicente' ✱ sec. XIV] **agg. e s. m. e f.** ● che (o chi) dice il vero

verdìgno [av. 1400] **agg.** ● (*raro*) verdognolo, verdiccio

verdìno [dim. di *verde* ✱ av. 1729] **agg. e s. m. 1** verdolino **2** *fico v.*, (*ellitt.*) ***verdino***, varietà di fico tardivo, piccolo, a buccia verde

†**verdìre** [da *verde* ✱ sec. XIII] **v. intr.** ● verdeggiare

verdógnolo (o **-ò-**) [da *verde* ✱ av. 1571] **agg. 1** che sfuma nel verde: *colore v.*; *giallo v.*; *azzurro v.* **2** verdastro, livido, pallido: *viso v.*; *cera verdognola*

verdolìno [dim. di *verde* ✱ av. 1400] **A** **agg.** ● che è leggermente verde: *giallo v.*; *azzurro v.* | verde pallido: *tessuto v.*; *sfumature verdoline* **B** **s. m. 1** il colore verdolino **2** varietà di fico piccolo, con buccia verde e polpa biancastra **3** (*zool.*) verzellino

verdóne [av. 1597] **A** **agg. 1** accr. di *verde* **2** di un colore verde intenso ma non cupo **B** **s. m. 1** il colore verde intenso: *tinta intermedia fra il v. e il blu* **2** passeraceo a codina forcuta, becco breve e conico, colore verde dorato sul dorso e giallastro ventralmente (*Chloris chloris*) **3** (*zool.*) verdesca **4** (*gerg.*) un dollaro americano | (*est.*) banconota americana

†**verdóre** [provenz. *verdor*, da *vert* 'verde' ✱ sec. XIII] **s. m.** ● colore, caratteristica di ciò che è verde | (*est.*) l'aspetto verdeggiante della vegetazione

verdùco [sp. *verdugo*, propr. 'virgulto', da *verde* 'verde' ✱ av. 1535] **s. m.** (**pl.** *-chi*) **1** †spada con lama quadrangolare **2** stilo del bastone animato

verdugàle [fr. *verdugale*, dallo sp. *verdugado*, da *verdugo*. V. *verduco* ✱ 1618] **s. m.** ● nei secc. XVI e XVII, guardinfante

verdùme [da *verde* ✱ av. 1320] **s. m. 1** †parte verde di un vegetale | †vegetazione **2** (*spreg.*) quantità di cose verdi | (*raro*) eccessiva abbondanza di colore verde

♦**verdùra** [da *verde* ✱ av. 1243] **s. f. 1** (*lett.*) il verde dei campi, delle piante, della vegetazione in genere | la vegetazione stessa **2** (**spec. al pl.**) l'insieme degli alimenti vegetali e degli ortaggi: *minestra di v.*; *contorno di verdure al burro*; *v. in insalata*; *verdure crude, cotte*; *negozio di frutta e v.* | ***verdure a foglie***, cavoli, lattuga, spinaci, cicoria e sim. ‖ **verdurìna**, **dim.**

NOMENCLATURA

verdura = ortaggi = erbaggi

● *varietà di verdura*: lattuga, indivia, cicoria, agretto = crescione, rucola = ruchetta, barba di cappuccino = barbatella = mescolanza; spinaci; cavolo, cavolfiore, broccolo, cavolino di Bruxelles, rapa, broccoletto = cima di rapa; ravanello; bieta, barbabietola; asparago; carciofo, cardo = cardone; finocchio; carota; patata; pomodoro, peperone, melanzana; zucca, zucchina, fiore di zucca, cetriolo; odori = erbe aromatiche = mazzetto guarnito; rafano, ramolaccio, raperonzolo, sedano-rapa, scorzonera, cipolla, cipollina, aglio, porro, scalogno, insalata, radicchio, valerianella, sedano, verza;

● *legumi*: pisello, fagiolo (fagiolino), taccola, fava, cece, lente = lenticchia, soia; lupino;

● *funghi*: porcino = boleto, prataiolo, ovolo, chiodino = famigliola, spugnola, gallinaccio, gelone; lattario, chiodetto, trombetta dei morti, ditola = clavaria, vescia, prugnolo, elvella, pioppарello, poliporo, lingua di bue, steccherino, tartufo bianco (nero, giallo), d'America = topinambur.

verduràio [da *verdura* ✱ av. 1910] **s. m.** (**f.** *-aia*, **pl. m.** *-ai*) ● (*centr.*) erbivendolo, fruttivendolo

Verdùzzo [da *verde* ✱ 1931] **s. m. 1** antico vitigno originario del Friuli e coltivato anche nel Veneto, che dà un'uva di color giallo verdastro e polpa succosa **2** vino di color giallo dorato, profumo vinoso, sapore secco gradevole, prodotto dal vitigno omonimo: *V. dei Colli Orientali del Friuli* | ***V. di Ramandolo***, vino bianco da dessert, ottenuto da uve leggermente appassite

†**vère** [lat. *vēre*, abl. di *vēr* 'primavera'. V. *primavera* ① ✱ sec. XIV] **s. m.** ● primavera

♣**verecóndia** o †**verecùndia** [vc. dotta, lat. *verecŭndia(m)*, da *verecŭndus* 'verecondo' ✱ 1306] **s. f.** ● caratteristica di chi (o di ciò che) è verecondo **SIN.** pudore

♣**verecóndo** [vc. dotta, lat. *verecŭndu(m)*, da *verēri* 'aver timore, rispetto', di orig. indeur. ✱ av. 1406] **agg. 1** che rifugge da ciò che è sconveniente od offende il pudore: *fanciulla verecconda* | che esprime verecondia: *atteggiamento v.* **SIN.** pudico **2** (*est.*) che esprime verecondia: *gesto v.*; *parole verecconde* **SIN.** pudico **3** (*poet.*) discreto: *fama vereconda* | (*fig.*, *lett.*) sobrio: *stile v.* | (*fig.*, *poet.*) lieve, tenue: *placida notte, e v. raggio / della cadente luna* (G. Leopardi) **4** (*lett.*) timido, prudente ‖ **verecondaménte**, **avv.**

†**verecùndia** ➤ **verecondia**

vérga o †**vìrga** [lat. *vĭrga(m)*, di etim. incerta ✱ 1268] **s. f. 1** (*lett.*) ramoscello | (*fig.*, *lett.*) ***tremare v. a v.***, essere scosso da un forte tremito in tutto il corpo per freddo, paura, febbre o altro **2** bacchetta, bastone sottile, spesso flessibile: *punire, castigare a colpi di v.*; *io fuggo lor come fanciulla v.* (F. Petrarca) | ***v. del pendolo***, asta | ***v. del telaio***, ciascuna delle due bacchette che mantengono il parallelismo dei fili dell'ordito e la regolarità tra i licci e la bocca d'ordito | (*mar.*; *disus.*) penna, antenna, picco, randa e sim. | ***v. secca***, pennone più basso dell'albero di mezzana, generalmente senza vela **3** (*lett.*) bastone del pastore **4** (*lett.*) scettro o altro simbolo del potere: *v. reale, consolare*; *la v. di Mosè, di Aronne*; *la v. del rabdomante, dell'indovino, del mago* | ***v. d'oro***, ***v. di Mercurio***, (*lett.*) caduceo | ***fascio di verghe***, fascio littorio **5** specie di lingotto di metallo prezioso: *verghe d'oro, d'argento* | barra metallica allungata a sezione anche non circolare: *una v. di ferro* **6** (*zool.*) ***v. d'oro***, piccola farfalla dei Licenidi a livrea elegantissima dorata (*Polyommatus virgaurea*) **7** (*bot.*) ***v. d'oro***, composita comune, perenne, con capolini gialli disposti a grappolo e frammisti a foglie (*Solidago virga-aurea*) **8** pene **9** in oreficeria, serie di pietre preziose allineate che si applicano a un anello per ornamento **10** †strale, dardo **11** †raggio luminoso ‖ **verghétta**, **dim.** | **vergóne**, **accr. m.** (V.)

vergàio o **vergàro** [etim. discussa: lat. parl. **vervecāriu(m)*, da *vĕrvex* 'castrato', di etim. incerta ✱ sec. XV] **s. m.** (**f.** *-aia*, **pl. m.** *-ai*) ● (*centr.*) capo mandriano di un gregge | chi conduce a svernare pecore di più padroni

vergàre [1319] **v. tr.** (*io vérgo*, *tu vérghi*) **1** (*raro*) percuotere, battere con una verga **2** listare o rigare tessuti o carte con linee o righe parallele **3** (*lett.*) scrivere di proprio pugno: *v. fogli, carte*; *v. una lettera*

vergàro ➤ **vergaio**

vergàta [1609] **s. f.** ● colpo di verga

vergatìna [dim. del f. del part. pass. *vergato* ✱ 1961] **A** **s. f.** ● carta sottile che in trasparenza rivela una sottile rigatura; usata spec. per copie a carta carbone di dattiloscritti **B** **anche agg. solo f.**: *carta v.*

vergatìno [dim. di *vergato* ✱ 1734] **s. m.** ● tessuto a righe sottili e di colore diverso **SIN.** bordatino, rigatino

vergàto **A** **part. pass.** di *vergare*; **anche agg. 1** nei sign. del v.: *tessuto v.*; *dolce lettera vergata con mano tremante* (G. Carducci) **2** ***carta vergata***, tipo di carta che in trasparenza rivela una sottile rigatura; usata per copie dattiloscritte o ciclostilate, per buste e sim. **B** **s. m.** ● †tessuto a righe, vergatino |

†abito fatto con tale tessuto

vergatùra [av. 1956] **s. f. 1** operazione del vergare: *la v. di una stoffa, di una carta* **2** rigatura su un tessuto | insieme di linee visibili in trasparenza in alcuni tipi di carta

vergèlla [lat. parl. **virgĕlla(m)*, dim. di *vĭrgula*, a sua volta dim. di *vĭrga* 'verga' ✱ sec. XIII] **s. f. 1** (*raro*, *lett.*) piccola verga **2** semilavorato di acciaio dolce, a sezione circolare, laminato a caldo **3** (**spec. al pl.**) ciascuno dei sottili fili di ottone disposti parallelamente da un capo all'altro della forma usata per la fabbricazione della carta a mano | (*est.*) qualità di carta da scrivere

vergèllo o **vergillo** [V. *vergella* ✱ sec. XV] **s. m.** ● mazza con tacche, in cui gli uccellatori infilano le paniuzze

vergènza [da *vergere* ✱ 1970] **s. f. 1** (*geol.*) direzione verso cui una piega tende a coricarsi, o verso cui una coltre avanza **2** (*ottica*) convergenza di un sistema ottico centrato, espressa come inverso della distanza in metri tra il centro del fascio luminoso e la sezione considerata e misurata in diottrie

vèrgere [vc. dotta, lat. *vĕrgere* 'inclinare, piegarsi', di orig. indeur. ✱ av. 1504] **v. intr.** (**pres.** *io vèrgo, tu vèrgi*; **pass. rem.** *io vergéi, tu vergésti*; **difett. del part. pass. e dei tempi composti**) **1** (*lett.*) volgere, tendere, piegare verso qlco.: *v. al tramonto*; *v. a oriente* CONTR. divergere **2** (*raro, fig.*) convergere

vergheggiàre [1309] **v. tr.** (**pres.** *io verghéggio*; **fut.** *io vergheggerò*) **1** percuotere con verga **2** scamatare, battere la lana dei materassi

†**vergheggiatóre** [da *vergheggiare* ✱ 1309] **s. m.** (**f.** *-trice*) ● chi scamatava la lana | materassaio

verghiàno [1958] **agg.** ● relativo allo scrittore G. Verga (1840-1922), alla sua opera o al suo stile: *il verismo v.*

vergiliàto o **virgiliàto** [da *Vergĭlius* 'Virgilio'; cfr. *virgiliano* ✱ 1889] **s. m.** ● (*lett.*) ruolo o funzione di guida, di maestro (in riferimento al ruolo di Virgilio nella *Commedia* dantesca): *Io vorrei … compiere presso di voi … un v. sentimentale* (G. D'ANNUNZIO)

vergillo ➤ **vergello**

♣**verginàle** o **virginàle**① [lat. *virgināle(m)*, da *virgo*, genit. *vĭrginis* 'vergine' ✱ 1260 ca.] **agg. 1** di vergine, caratteristico di una vergine: *stato v.*; *innocenza v.*; *onestà, purità v.* **2** (*est.*, *lett.*) monacale: *benda v.* **3** (*fig.*, *lett.*) di assoluta purezza: *mattino v.* ‖ **verginalménte**, **avv.**

vèrgine① o †**virgine**, †**virgo** nei sign. A 1, 3, 6 [lat. *vĭrgine(m)*, di etim. incerta ✱ 1250 ca.] **A s. f. 1** donna in condizione di verginità | ***la Vergine***, (*per anton.*) la Madonna: *raccomandarsi alla Vergine*; *invocare, pregare la Vergine* **2** (*poet.*) dea pagana, definita tale dalla mitologia, spec. Diana e Minerva **3** (*est.*, *lett.*) fanciulla, ragazza, donna non sposata: *le vergini savie della parabola*; *un corteo di vergini* **4** (**spec. al pl.**) monaca, in quanto ha pronunciato il voto perpetuo di castità **5** (*poet.*, **spec. al pl.**) epiteto delle Vestali o delle Muse **6** (*zool.*) ***v. di Numidia***, piccola gru cinerina con collo e petto neri e due ciuffi di piume riunite sotto ciascun occhio (*Anthropoides virgo*) SIN. damigella di Numidia **7** (*mar.*; *disus.*) paranco costituito da due bozzelli uniti fra loro a una delle basi **8** ***v. di Norimberga***, strumento di tortura in uso fino al sec. XVI in Germania e in Spagna, costituito da una statua di donna in ferro apribile e provvista internamente di punte acuminate, che trafiggevano il condannato che vi veniva rinchiuso **B s. m.** ● uomo in condizione di verginità: *i vergini e i martiri* **C agg. 1** di persona che è in stato di verginità: *donna, fanciulla v.*; *uomo v.* | di femmina di animale in analoga condizione: *v. cuccia de le Grazie alunna* (G. PARINI) **2** (*est.*, *lett.*) giovane, innocente: *le vergini spose* **3** (*fig.*, *spec. lett.*) integro, casto, puro: *animo, cuore v.*; *mani vergini* | alieno, immune: *vergin di servo encomio / e di codardo oltraggio* (A. MANZONI) **4** (*fig.*) che è naturale, che non ha subìto manipolazioni, lavorazioni, trasformazioni e sim.: *foresta v.*; *lana v.* | ***cera v.***, ***miele v.***, non raffinati | ***vinaccia v.***, non fermentata | ***olio extra v. di oliva***, olio ottenuto per spremitura meccanica (e non chimica) delle olive, che abbia un tasso di acidità non superiore all'1% | ***olio sopraffino v. di oliva***, olio ottenuto come il precedente, che abbia un tasso di acidità compresa fra l'1,1 e 1,5% | ***olio fino v. di oliva***, ottenuto come il precedente e con acidità non superiore al 3% | ***olio v. di oliva***, ottenuto come il precedente e con acidità compresa fra il 3 e il 4% | ***campo, terreno v.***, non lavorato, non coltivato; (*fig.*) zona, ambito, settore e sim. passibile di sfruttamento e non ancora sfruttato | ***caso v.***, non ancora trattato, discusso e sim. | (*fis.*) ***sostanza magneticamente v.***, che non ha subìto magnetizzazione | (*fis.*) ***nastro v.***, detto di nastro magnetico che non reca una registrazione | (*ottica*) ***pellicola v.***, detto di pellicola fotocinematografica non ancora impressionata ‖ **verginèlla**, **dim.** (V.) | **verginétta**, **dim.** | **verginóna**, **accr.** | **verginóne**, **accr. m.**

Vèrgine② [1282] **A s. f. 1** (*astron.*) costellazione dello zodiaco che si trova fra quella quella del Leone e quella della Bilancia **2** (*astrol.*) sesto segno dello zodiaco, compreso tra i centocinquanta e i centottanta gradi dell'anello zodiacale, che domina il periodo compreso fra il 24 agosto e il 23 settembre **B s. m. e f. inv.** ● persona nata sotto il segno della Vergine

verginèlla o †**virginèlla** [av. 1392] **s. f. 1** dim. di *vergine* **2** (*iron.*) ragazza che si finge ingenua, priva di malizia e sim.

vergineo ➤ **virgineo**

verginità o †**verginitàde**, †**verginitàte**, †**virginità**, †**virginitàde**, †**virginitàte** [lat. *virginitāte(m)*, da *vĭrgo*, genit. *vĭrginis* 'vergine' ✱ 1282] **s. f. inv. 1** condizione di chi non ha avuto rapporti sessuali completi | correntemente, integrità dell'imene | ***voto di v.***, quello fatto dalle monache **2** (*fig.*) integrità morale, rettitudine, buona reputazione | ***rifare, rifarsi una v.***, riacquistare la stima, la credibilità o il buon nome perduti

♦**vergógna** [lat. *verecŭndia(m)*. V. *verecondia* ✱ av. 1250] **s. f. 1** turbamento e mortificazione che si provano per azioni, pensieri o discorsi, propri o altrui, che si ritengono sconvenienti, indecenti e sim. e che possono essere causa di disonore o rimprovero: *provare, sentire v. di un peccato, di una colpa, per l'errore commesso*; *piangere, nascondersi per la v.* | ***aver v. di qlco., di qlcu.***, vergognarsene | ***non avere, non sentire v., non conoscere la v.***, essere spudorato | senso di forte imbarazzo per ciò che si considera poco decoroso o rispettabile: *avere v. per la propria ignoranza* **2** (*est.*) senso di soggezione, timore e sim. dovuto spec. a timidezza: *sentire, provare v. davanti a qlcu.*; *tacere per la v.*; *vincere la v.*; *ho v. di parlare, di intervenire* SIN. impaccio, turbamento **3** (*raro*) modestia, pudore: *v. verginale* **4** rossore del viso, provocato da vergogna: *avvampare di v.*; *di trista v. si dipinse* (DANTE *Inf.* XXIV, 132) **5** onta, disonore, infamia: *coprirsi di v.*; *morire con v.*; *uscirne con v.* | (*lett.*) ***far v., tornare a v.***, essere causa di disonore | †oltraggio, scherno | †***dire v.***, offendere, oltraggiare **6** (*est.*) cosa o persona riprovevole, che è motivo di vergogna, di disonore e sim.: *quello che hai fatto è una v.*; *tacere in questi casi è una v.*; *sarebbe una v. se non intervenissero*; *è la v. della casa, della famiglia, della patria* | ***v.!***, escl. di rimprovero, riprovazione e sim. **7** (**al pl.**, *disus.*) organi genitali: *coprire le vergogne* ‖ **vergognàccia**, **pegg.**

SFUMATURE DI SIGNIFICATO
vergogna - onta - ignominia - scorno
Vergogna è una consapevolezza penosa della gravità di un'azione commessa, tanto in relazione al proprio senso morale quanto al giudizio fortemente negativo altrui e al disonore o al discredito che ne consegue. **Onta** è parola di uso elevato, che esprime, oltre che una grande *vergogna*, anche un'offesa o un oltraggio di particolare gravità. **Ignominia** è termine letterario per esprimere il disonore di chi ha commesso un'azione o un fatto ignobile, infamante. **Scorno** si differenzia perché corrisponde a una *vergogna* che non è frutto di una condotta riprovevole ma di una sconfitta o un insuccesso, per cui si associa a essa un senso di umiliazione.

♦**vergognàre** [da *vergogna* ✱ av. 1250] **A v. tr.** (*io vergógno*; **coniug. come** *segnare*) ● †svergognare, coprire di vergogna | †violentare **B v. intr.** (**aus.** *essere* **o** *avere*) ● (*lett.*) vergognarsi: *e tendeva quasi vergognando la mano* (I. NIEVO) **C vergognàrsi v. intr. pron. 1** sentire vergogna (+ *di*, **anche seguito da inf.**): *vergognarsi di qlco., di qlcu.*; *mi vergogno di dire, ripetere, ascoltare simili menzogne*; *si vergognò all'udire simili cose* | ***vergognarsi per qlcu., vergognarsene***, provar vergogna in vece di qlcu. per ciò che egli ha fatto: *mi vergogno, me ne vergogno per lui* | ***non vergognarsi di***, avere la spudoratezza di | ***vergognati!***, escl. di riprovazione, rimprovero e sim. **2** (*est.*) avere soggezione, timore e sim. (+ *di*, + *a* **seguito da inf.**): *vergognarsi del pubblico*; *mi vergogno a parlare in pubblico*; *forse si vergogna a farsi vedere dalla gente* (G. VERGA) | ***non vergognarsi di nulla e di nessuno***, essere sfacciato, spudorato, impudente | ***vergognarsi di tutto***, essere molto timido

†**vergognévole** [1320 ca.] **agg.** ● vergognoso ‖ †**vergognevolménte**, **avv.** vergognosamente

♦**vergognóso** (o *-ṣ-*) [1235 ca.] **agg. 1** che sente e manifesta vergogna: *se ne stava v. in un angolo*; *vergognosa di dover confessare il suo passato* (G. VERGA) **2** schivo, riservato, verecondo: *parlò con tono timido e v.*; *mi guardò arrossendo, con occhi vergognosi* CONTR. spudorato **3** che causa vergogna, in quanto degno di biasimo, riprovazione e sim.: *azioni vergognose*; *pena vergognosa*; *un v. silenzio* | (*disus.*) ***parti vergognose***, organi genitali **4** (*colloq.*, *per antifrasi*) eccessivo, sfacciato: *ha avuto una fortuna vergognosa* ‖ **vergognosétto**, **dim.** ‖ **vergognosaménte**, **avv.** in maniera vergognosa: *una persona vergognosamente ignorante*; (*colloq.*, *per antifrasi*) sfacciatamente, troppo: *un attore vergognosamente bello* ‖ **vergognosità**, **s. f. inv. 1** (*raro*) caratteristica di chi è vergognoso: *Questa vergognosità … si manifestava … in una straordinaria facilità al rossore* (A. MORAVIA) **2** indegnità, spregevolezza

SFUMATURE ➤ *riservato*

vérgola [lat. *vĭrgula(m)*, dim. di *vĭrga* 'verga' ✱ 1504] **s. f.** ● filo di seta addoppiato e torto, usato per gli occhielli | lista sottile di seta o di oro tessuta nei drappi ‖ **vergolìna**, **dim.**

†**vergolaménto** [da *vergolare* ✱ av. 1698] **s. m.** ● serie di striature, strisce e sim.

†**vergolàre** [dal lat. *vĭrgula*, dim. di *vĭrga* 'verga' ✱ 1714] **v. tr. 1** V. *virgolare* **2** decorare, ornare con vergole di seta o d'oro

vergolàto **part. pass.** di †*vergolare*; **anche agg. 1** †di drappo ornato con vergole intessute **2** (*lett., raro*) venato, striato: *agata vergolata; la varietà dei marmi venati e vergolati* (G. D'ANNUNZIO)

vergóne [1303] **s. m. 1** accr. di *verga* **2** verga dritta di legno, impaniata, per catturare uccelli | verga in cui si infilano le paniuzze

†vericìda [comp. di *vero-* e *-cida* ✱ 1563] **s. m.** ● (*raro*) bugiardo, menzognero

♣verìdico [vc. dotta, lat. *verĭdicu(m)*, da *vērus* 'vero' e un deriv. di *dīcere* 'dire' ✱ 1336 ca.] **agg.** (**pl. m.** *-ci*) ● che dice il vero: *testimone v.; testimonianza veridica* ‖ **veridicaménte**, **avv.** ‖ **veridicità** o **†veridicitàde**, **†veridicitàte**, **s. f. inv.** caratteristica di ciò che (o *lett.* di chi) è veridico: *garantisco la veridicità del racconto*

veridizióne [dal fr. *veridicité*, da *veridique* 'veridico' ✱ 1997] **s. f.** ● (*ling.*) l'insieme delle procedure discorsive che, rispetto ai contenuti che vengono enunciati, segnalano il tipo e il grado di verità o costruiscono un effetto di verità (per es.: *ti assicuro che...*, in cui il parlante garantisce la verità dell'enunciato; *non c'è bisogno di dire che...*, in cui la verità dell'enunciato è considerata del tutto evidente)

♦verìfica [1799] **s. f. 1** accertamento, controllo, mediante apposite prove, dell'esattezza, validità o autenticità di qlco.: *v. dei conti, di cassa* **2** (*dir.*) ***v. dei poteri***, nel diritto costituzionale, controllo dell'esistenza dei prescritti requisiti personali dei parlamentari eletti e della validità delle operazioni elettorali relative; nel diritto internazionale, esame della validità dei documenti da cui risulta la rappresentanza internazionale **3** (*polit.*) incontro fra rappresentanti dei partiti di coalizione governativa per accertare se esiste ancora la volontà di proseguire la collaborazione **4** (*ferr.*) controllo dei veicoli ferroviari eseguito al fine di accertare che i medesimi siano in condizioni di garantire la regolarità della circolazione **5** (*fis.*) determinazione sperimentale degli errori di uno strumento di misura tarato **SIN.** controllo
SFUMATURE ➤ ***controllo***

verificàbile [1673] **agg.** ● che si può verificare: *dato v.* **SIN.** controllabile ‖ **verificabilità**, **s. f. inv.** (V.)

verificabilità [1917] **s. f. inv.** ● caratteristica di ciò che è verificabile | (*filos.*) ***principio di v.***, principio di natura epistemologica che riconosce la significatività di un enunciato nel fatto che sia verificabile

♦verificàre [vc. dotta, lat. tardo *verificāre*, comp. di *vērus* 'vero' e *-ficāre* ✱ av. 1311] **A v. tr.** (*io verìfico, tu verìfichi*) **1** accertare l'esistenza, l'esattezza, la verità, la validità o l'autenticità di qlco., mediante opportune prove: *v. la stabilità di un edificio; v. un conto, un elenco; v. una scrittura privata, una firma* **SIN.** provare | controllare la funzionalità o l'adeguatezza di un dispositivo, di un impianto ecc.: *v. gli scarichi di una caldaia* **2** confermare un'ipotesi, una teoria e sim., fornendone la necessaria prova sperimentale: *v. un postulato della geometria, una legge chimica* **B verificàrsi v. intr. pron. 1** dimostrarsi vero: *l'esattezza della profezia si è da tempo verificata; oggi può facilmente verificarsi questa ipotesi* **2** accadere, avvenire, succedere: *se si verificassero nuovi incidenti, avvertitemi; si è verificato un fatto nuovo* ‖ **verificazióne**, **s. f.** (V.)
SFUMATURE ➤ ***accertare***, ➤ ***constatare***

verificàto **part. pass.** di *verificare*; anche **agg.** ● nei sign. del v.

verificatóre [1780] **s. m.** (**f.** *-trice*, *pop., disus.* *-tóra*); anche **agg.** ● chi (o che) verifica: *v. dei treni; v. postale; operaio v.; dispositivo v.*

verificazióne [1525] **s. f.** ● (*raro*) verifica | ***v. della scrittura privata***, procedimento tendente a dimostrare che la scrittura prodotta in giudizio proviene da chi l'ha disconosciuta | ***v. dello stato passivo***, fase di accertamento del passivo fallimentare | ***bilancio di v.***, elenco di tutti i conti con l'indicazione dei totali dei valori dare, avere e saldi

†verilòquio [vc. dotta, lat. *verilŏquiu(m)*, comp. di *vērus* 'vero' e un deriv. di *lŏqui* 'parlare' (V. *loquela*) ✱ 1525] **s. m.** ● narrazione del vero | etimologia

verìna [da *vera* (?) ✱ 1889] **s. f.** ● (*mar.; disus.*) cavo munito di gancio, usato spec. per manovrare la catena dell'ancora

verisìmile e deriv. ➤ **verosimile** e deriv.

†verisimilitùdine [vc. dotta, lat. *verisimilitūdine(m)*, comp. di *vērus* 'vero' e *similitūdo*, genit. *similitūdinis* 'similitudine' ✱ av. 1406] **s. f.** ● verosimiglianza, probabilità

verìṣmo [fr. *vérisme*, dal lat. *vērus* 'vero' col suff. *-isme* '-ismo' ✱ 1871] **s. m. 1** corrente letteraria affermatasi in Italia alla fine del XIX sec., che propugnava, in consonanza col naturalismo francese, una rappresentazione obiettiva di tutta la realtà, anche nei suoi aspetti più umili, prescindendo da ogni elemento idealizzante o metafisico: *il v. di Verga e Capuana* | nelle arti figurative, movimento sviluppatosi in Italia nella seconda metà dell'Ottocento che, in opposizione ai grandi temi del Romanticismo, prediligeva la rappresentazione di soggetti tratti dalla vita reale, spesso con esiti di pitture e sculture aneddotiche o bozzettistiche: *il v. dei macchiaioli toscani* | in musica, genere di opera lirica, spec. francese e italiana, che tra la fine del '700 e l'inizio dell'800, usa temi d'attualità per un pubblico popolare e si caratterizza stilisticamente per una struttura più libera di quella tradizionale e per l'utilizzazione di una vocalità spiegata **2** (*est.*) crudo realismo: *una scena cinematografica di v. discutibile; esprimersi con eccessivo v.*

verìsta [fr. *vériste*, dal lat. *vērus* 'vero' col suff. *-iste* '-ista' ✱ 1872] **A s. m. e f.** (**pl. m.** *-i*) ● esponente, sostenitore del verismo **B agg.** ● veristico

verìstico [1895] **agg.** (**pl. m.** *-ci*) ● relativo al verismo o ai veristi | realistico ‖ **veristicaménte**, **avv.**

♦verità o **†veritàde**, **†veritàte**, **†vertà**, **†vertàde** [lat. *veritāte(m)*, da *vērus* 'vero' ✱ av. 1250] **s. f. inv. 1** condizione di ciò che è vero: *la v. di una notizia, di un'informazione, di un'ipotesi* **CONTR.** falsità **2** ciò che corrisponde esattamente a una determinata realtà: *dire la v., tutta la v., nient'altro che la v.; sapere, conoscere, cercare, scoprire la v.; ammettere, negare la v.; modificare, svisare, travisare, deformare la v.; questa è la pura v.; questa è la v. sacrosanta* | ***esposizione della v. dei fatti***, ad opera delle parti del processo o dei testimoni | ***la bocca della v.***, (*fig.*) persona che non mente | ***siero della v.***, farmaco ad azione nervosa centrale, spec. barbiturico, che rimuove le inibizioni nel soggetto, favorendo la disponibilità al dialogo, usato per ottenere da qlcu. informazioni altrimenti tenute nascoste | ***di' la v.***, invito a parlare sinceramente | ***per dire la v., a dire la v.***, per essere sincero; a dire il vero, in realtà | **PROV.** ***la v. vien sempre a galla*** **3** ciò che corrisponde esattamente a una rappresentazione astratta del vero e che viene considerato certo, assoluto o inconfutabile: *le verità scientifiche; una grande, una profonda v.; v. indiscutibili, incontrovertibili, ovvie, evidenti* | ***v. rivelata***, che è stata manifestata agli uomini da Dio nella rivelazione | ***v. di fede***, che, essendo rivelata, deve essere accettata per fede, senza necessaria dimostrazione della ragione **4** ciò che è vero in senso assoluto: *cercare la v.; io sono la via, la v., la vita* | ***in v., in v. vi dico***, formula con cui nei Vangeli sono introdotte le più solenni affermazioni del Cristo | ***in v., per v., per la v.***, veramente: *in v. io non ho visto nulla* **5** sincerità, buonafede: *parlare con accento di v.* **6** †realtà: *rappresentare la v.*

†veritàbile [fr. *véritable*, da *vérité* 'verità' ✱ sec. XIV] **agg.** ● veritiero

†veritàde ➤ **verità**

†veritàte ➤ **verità**

veritatìvo [vc. dotta, da *veritat(e)* 'verità' con il suff. *-ivo* ✱ 1986] **agg.** ● che attesta o conferma una verità: *giudizio, parere v.*

†veritévole [da *veritabile*, con cambio di suff.; cfr. *abominabile-abominevole, ammirabile-ammirevole, trasmutabile-trasmutevole* ecc. ✱ sec. XIII] **agg.** ● veritiero: *non crediate ... ai sogni, che non sono veritevoli* (B. CASTIGLIONE) ‖ **†veritevolménte**, **avv.** veramente

♣veritièro o **†veritière**, **†veritièri** [da *verità* ✱ av. 1292] **agg. 1** che dice il vero: *storico v.* **2** che corrisponde a verità: *notizia veritiera* **CONTR.** falso, mendace ‖ **†veritieraménte**, **avv.** veramente

vèrla ➤ **averla**

♦vèrme o **†vèrmo** [lat. *vĕrme(m)*, di orig. indeur. ✱ sec. XIII] **s. m. 1** correntemente, animale invertebrato a corpo molle, allungato, privo di zampe: *essere nudo, molle, strisciante come un v.* | ***essere nudo come un v.***, (*fig.*) essere completamente nudo | ***v. dei bambini***, ascaride | ***v. di terra***, lombrico | (*pop.*) ***v. solitario***, tenia | (*fam.*) ***fare i vermi***, andare in putrefazione: *la carne ha fatto i vermi* | ***v. della farina***, tenebrione | ***v. dei pavimenti***, mosca dell'Africa tropicale le cui larve vermiformi, bianchicce, di notte pungono l'uomo per nutrirsi di sangue (*Auchmeromya luteola*) **CFR.** elminto-, -elminto **2** (**al pl.**, *pop.*) qualunque parassita intestinale: *avere i vermi* **3** (*fam.*) bruco, larva: *il v. della seta* **4** (*fig.*) persona vile, abbietta, assolutamente spregevole: *sei un v.; ti sei comportato, hai agito da v.* | (*scherz.*) persona che non vale nulla: *di fronte a voi mi sento un v.; non son altro che vermi, che non san far cosa di buono* (G. BRUNO) **5** (*disus., fig.*) ciò che rode o tormenta l'animo, la coscienza e sim.: *il v. dell'invidia* **SIN.** tarlo **6** †filetto di vite **7** (**al pl.**) anelli della madrevite **8** (*veter.*) ***mal del v.***, farcino **9** (*anat.*) porzione più antica del cervelletto dei Mammiferi, localizzata tra i due emisferi cerebellari ‖ **vermétto**, **vermettino**, **dim.** | (*lett.*) **vermicciuòlo**, **dim.** | **vermicèllo**, **dim.** (V.) | **vermiciàttolo**, **pegg.** | **vermóne**, **accr.**

vermeil /fr. vɛʀˈmɛj/ [vc. fr., propr. 'vermiglio (V.)' ✱ 1892] **s. m. inv.** ● argento dorato, usato per medaglie e stoviglie

vermèna [da *verbena*, l'assimilazione della *-b-* in *-m-* è stata facilitata dall'accostamento paretimologico a *verme* ✱ 1313] **s. f. 1** V. *verbena* **2** (*lett.*) sottile e giovane ramoscello

Vermentìno [etim. ignota ✱ 1876] **s. m.** ● vitigno coltivato in Liguria e Sardegna, da cui si ricava il vino bianco secco omonimo: *V. di Gallura, di Imperia*

vermèto [da *verme* ✱ 1965] **s. m.** ● mollusco gasteropode marino con conchiglia a tubo, calcarea e irregolarmente attorta, da cui sporgono quattro tentacoli (*Vermetus*)

vermicàio [da *verme*, sul modello di *formicaio* ✱ 1891] **s. m.** (**pl.** *-ai*) ● (*raro*) luogo o cosa brulicante di vermi | brulichio di vermi

vermicèllo [lat. parl. **vermicĕllu(m)*, dim. del lat. *vermĭculus*, dim. di *vĕrmis* 'verme' ✱ 1287] **s. m. 1** dim. di *verme* **2** (**spec. al pl.**) pasta lunga da minestra, più sottile degli spaghetti: *vermicelli al sugo, in brodo* ‖ **vermicellìno**, **dim.**

vermicìda [comp. di *verme* e *-cida* ✱ 1748] **A** **s. m.** (**pl.** *-i*) ● medicamento capace di uccidere i vermi, in particolare quelli parassiti intestinali **CFR.** antielmintico, vermifugo **B** **anche agg.**: *sostanza v.*

vermicolàre [dal lat. *vermĭculus*, dim. di *vĕrmis* 'verme' ✱ 1550] **agg.** **1** di ciò che per la forma è simile a verme | (*anat.*) ***appendice v.***, in anatomia, appendice ileocecale | (*miner.*) ***aggregato v.***, aggregato cristallino in cui i singoli individui sono disposti in modo da simulare la forma di un verme **2** (*geol.*) detto di ogni tessitura meandrica, intricata | ***solco v.***, sottile incisione a forma di verme prodotta sulle rocce desertiche per azione abrasiva della sabbia trasportata dal vento **3** (*med.*) ***contrazione v.***, contrazione peristaltica | ***polso v.***, frequente e piccolo, che si avverte come brulichio di vermi

vermicolazióne [1961] **s. f.** ● (*geol.*) nella loc. ***v. desertica***, formazione di solchi vermicolari

vermicolóso (o **-ṣ-**) [vc. dotta, lat. *vermicŭlōsu(m)*, da *vermĭculus*, dim. di *vĕrmis* 'verme' ✱ sec. XIV] **agg.** **1** (*lett.*) pieno di vermi **2** †bacato, di frutta, carne e sim.

vermiculìte [ingl.-amer. *vermiculite*, deriv. dal lat. *vermĭculus* 'vermicello' (V. *vermiglio*), per la forma che assume, col suff. *-ite* ✱ 1948] **s. f.** ● (*miner.*) gruppo di silicati idrati di magnesio e alluminio, del tipo a strati, che, calcinati, perdono tumultuosamente l'acqua rigonfiandosi e trasformandosi in un aggregato vermicolare leggero soffice e refrattario, usato in edilizia come termoisolante e fonoassorbente

vermifórme [comp. di *verme* e *-forme* ✱ av. 1730] **agg.** ● che ha forma di verme | (*anat.*) ***appendice v.***, appendice ileocecale | (*miner.*) ***aggregato v.***, aggregato vermicolare

vermìfugo, (*evit.*) **vermifùgo** [comp. di *verme* e *-fugo* ✱ 1805] **A** **s. m.** (**pl.** *-ghi*) ● medicamento per espellere i vermi parassiti intestinali **CFR.** antielmintico, vermicida **B** **anche agg.**: *sostanza vermifuga*

†**vermigliàre** [av. 1306] **v. tr.** ● colorire di vermiglio

†**vermigliézza** [sec. XIV] **s. f.** ● (*raro*) colore vermiglio

♣**vermìglio** [provenz. *vermelh*, fr. *vermeil*, dal lat. *vermĭculu(m)* 'vermiciattolo', poi 'cocciniglia', dim. di *vĕrmis* 'verme' ✱ 1266] **A** **agg.** ● che ha un colore rosso intenso e acceso: *rosso v.*; *rubino v.*; *tessuto v.*; *guance vermiglie*; *quando brillava il vespero v.* (G. PASCOLI) **B** **s. m.** **1** il colore vermiglio: *gli vide nel petto una gran macchia di v.* (G. BOCCACCIO) **2** †cocciniglia ‖ **vermigliétto**, **dim.** | (*lett.*) **vermigliùzzo**, **dim.**

vermiglióne [fr. *vermillon*, da *vermeil* 'vermiglio' ✱ av. 1320] **s. m.** ● (*miner.*) varietà di cinabro polverulento

verminàio [da *vermine* ✱ 1959] **s. m.** (**pl.** *-ai*) **1** luogo pieno di vermi | (*est.*, *spreg.*) massa di persone che si muovono in modo frenetico | (*fig.*) quantità, insieme di cose sgradevoli: *un v. di maldicenze* **2** (*fig.*, *spreg.*) ambiente corrotto: *il v. della corte e della politica* (C.E. GADDA)

†**verminàra** [napol. *lacerta vermenara*: da avvicinare all'it. *verme*, *vermine* ✱ sec. XIV] **agg.** solo **f.** ● nella loc. (*lett.*) ***lucertola v.***, detto di lucertola dalla pelle screziata; (*fig.*) di persona sciupata, brutta e sim.

verminàre [vc. dotta, lat. *vermināre*, da **vĕrmen*, genit. **vĕrminis* 'verme' (V. †*vermine*) ✱ sec. XIII] **v. intr.** (*io vèrmino*; **aus.** *avere*) ● essere infestato di vermi

verminazióne [vc. dotta, lat. *verminatiōne(m)*, da *vermināre* ✱ 1839] **s. f.** ● (*med.*) riproduzione di vermi nell'intestino

†**vèrmine** [lat. *vĕrmine*, abl. di *vĕrmen*, var. di *vĕrmis* 'verme' ✱ av. 1292] **s. m.** **1** verme (*anche fig.*) **2** baco da seta ‖ †**verminétto**, **dim.**

verminòṣi [vc. dotta, comp. di *vermin(e)* e *-osi* ✱ 1957] **s. f. inv.** ● (*veter.*) infezione causata da vermi parassiti, localizzata spec. nell'intestino

verminóso (o **-ṣ-**) [vc. dotta, lat. *verminōsu(m)*, da **vĕrmen*, genit. **vĕrminis* 'verme' (V. †*vermine*) ✱ av. 1306] **agg.** **1** pieno, brulicante di vermi: *carogna verminosa* **2** (*raro*) provocato da vermi, spec. da parassiti intestinali: *febbre verminosa*

†**vèrmo** ➤ **verme**

vermocàne [comp. di *vermo*, var. di *verme*, e *cane* ✱ av. 1400] **s. m.** ● (*zool.*, *raro*) capostorno | (*pop.*) †***che ti venga il v.!***, escl. d'ira, imprecazione e sim.

vèrmut o **vèrmouth** /'vɛrmut, *fr.* vɛʀ'mut/, (*disus.*) **vermùt**, (*disus.*) **vermùtte**, (*tosc.*) **vèrmutte** [fr. *vermouth*, dal ted. *Wermut* 'assenzio', di orig. germ. ✱ 1773] **s. m. inv.** **1** vino bianco o rosso di elevata alcolicità, aromatizzato con spezie ed erbe, che si beve gener. come aperitivo: *v. chinato*; *prendere un v. al seltz* **2** (*est.*, *disus.*) breve ricevimento, rinfresco ‖ **vermuttìno**, **dim.**

†**vèrna** [vc. dotta, lat. *vĕrna(m)*. V. *pernacchia* ✱ sec. XIV] **s. m.** ● nell'antica Roma, schiavo nato in casa del padrone

vernacchiàia [deriv. dal lat. *hibernăculum* 'appartamento d'inverno', da *hibĕrnus* 'invernale' (V. *inverno*) ✱ av. 1750] **s. f.** ● (*tosc.*) vivaio di piante da pali

Vernàccia [da una variante ant. di *Vernazza* (La Spezia), da dove proviene ✱ 1276] **s. f.** (**pl.** *-ce*) **1** vitigno coltivato in Toscana e in Sardegna, che dà un'uva di color verde giallastro tendente al dorato, da cui si ricavano sia vini bianchi secchi (spec. in Toscana) sia vini ambrati secchi, dolci o liquorosi (spec. in Sardegna) **2** vino di color giallo paglierino, profumo intenso ed elegante, sapore secco e vellutato ottenuto dal vitigno omonimo: *V. di San Gimignano*; *due fette di pane arrosto e un gran bicchiere di v. da Corniglia* (G. BOCCACCIO) | vino di color giallo ambrato e di aroma fragrante, nel tipo secco (13°-15°) o nel tipo da dessert, simile allo Sherry (16°-17°): *V. di Oristano* **3** ***V. di Serrapetrona***, vino rosso spumante ottenuto dal vitigno Vernaccia nera, tipico delle Marche

vernacolàre [av. 1907] **agg.** ● del vernacolo, relativo al vernacolo: *modo v.*; *tradizione v.* | che è in vernacolo: *poesia v.* ‖ **vernacolarità**, **s. f. inv.**

vernàcolo [vc. dotta, lat. *vernăculu(m)* 'relativo agli schiavi nati in casa', poi 'paesano, domestico', da *vĕrna* 'schiavo nato in casa'. V. *pernacchia* ✱ 1499] **A** **agg.** **1** (*raro*) relativo al luogo in cui si è nati o si vive **SIN.** nativo, paesano **2** di linguaggio o espressione che rispecchiano fortemente il luogo e l'ambiente nei quali si sono formati: *locuzione vernacola* **SIN.** vernacolare **B** **s. m.** ● parlata caratteristica di un'area geografica, affidata quasi esclusivamente alla tradizione orale e che ha assunto, nell'uso popolare, connotazioni di maggiore vivacità e spontaneità rispetto al dialetto e alla lingua letteraria: *i vernacoli toscani, laziali*; *poesia in v.*
SFUMATURE ➤ ***dialetto***

†**vernadì** ➤ **venerdì**

†**vernàle** ① [vc. dotta, lat. *vernāle(m)*, da *vēr*, genit. *vēris* 'primavera' (V.) ✱ av. 1348] **agg.** ● di primavera, primaverile | ***punto v.***, in cui si trova il Sole all'equinozio di primavera

†**vernàle** ② [aferesi di *invernale* ✱ av. 1348] **agg.** ● invernale

vernalizzàre [1961] **v. tr.** ● (*bot.*) sottoporre i semi a vernalizzazione (V.)

vernalizzazióne [da *vernale* ①, sul modello del fr. *vernalisation* ✱ 1961] **s. f.** ● (*bot.*) pratica consistente nel sottoporre semi inumiditi a temperature basse per tempi prolungati, onde provocare la nascita di individui che fioriscono e fruttificano in tempo più breve **SIN.** iarovizzazione

†**vernàre** ① [lat. *hibernāre* 'passare l'inverno', da *hibĕrnus* 'invernale' (V. *inverno*) ✱ 1313] **v. intr.** **1** svernare: *li augei che vernan lungo 'l Nilo* (DANTE *Purg.* XXIV, 64) **2** patire il freddo **3** farsi inverno | far tempesta

†**vernàre** ② [vc. dotta, lat. *vernāre*, da *vēr*, genit. *vēris* 'primavera' (V.) ✱ 1250 ca.] **v. intr.** **1** fare primavera **2** degli uccelli, cantare in primavera

†**vernaréccio** ➤ †**vernereccio**

†**vernarìccio** ➤ †**vernereccio**

†**vernàta** [da *vernare* ① ✱ av. 1348] **s. f.** ● invernata: *i Romani ... fuggivano non altrimenti le vernate, che l'alpi aspre* (N. MACHIAVELLI)

†**vernàto** [av. 1306] **s. m.** ● inverno, invernata

vernazióne [ingl. *vernation*, dal lat. *vernāre* 'rinascere a primavera'. V. †*vernare* ② ✱ 1931] **s. f.** ● (*bot.*) prefogliazione

vernéngo (o **-è-**) [lombardo *vernengh*, var. di *invernengh* 'che si fabbrica d'inverno', da *inverna* 'inverno' ✱ 1961] **agg.** (**pl. m.** *-ghi*); **anche s. m.** ● (*sett.*) detto di formaggio grana che si produce da ottobre ad aprile dell'anno successivo

†**verneréccio** o †**vernaréccio**, †**vernarìccio**, †**vernerìccio** [da *verno* ② ✱ av. 1320] **agg.** **1** invernale **2** burrascoso, piovoso

†**vernicàre** ➤ **verniciare**

†**vernicàto** ➤ **verniciato**

♦**vernìce** ① [deformazione di *Berenice*, città della Cirenaica, da cui questa sostanza sarebbe stata importata (?) ✱ 1266] **s. f.** **1** sostanza costituita da una soluzione o sospensione di uno o più leganti in un solvente, con l'eventuale aggiunta di diluenti, siccativi, plastificanti, addensanti e sim., capace di lasciare, essiccando, una pellicola dura e resistente, incolore o colorata, protettiva o decorativa, sulla superficie su cui è stata stesa in strato sottile: *passare la v.*; *dare una mano di v.* | ***v. grassa, magra***, rispettivamente, quella contenente o no oli siccativi | ***v. all'alcol, a spirito***, soluzione di una resina, quale la gommalacca, in alcol etilico, usata a scopo decorativo in ebanisteria e falegnameria | ***v. antiruggine***, usata per proteggere dalla corrosione i materiali ferrosi | ***v. sottomarina***, atta a proteggere le carene delle navi dagli organismi incrostanti | ***v. cellulosica***, soluzione di nitrocellulosa o acetilcellulosa in un solvente volatile, usata per la verniciatura di legno, metalli, cuoio e sim. | ***v. pelabile***, quella atta a lasciare una pellicola facilmente asportabile e usata per la protezione temporanea di oggetti vari, spec. nei magazzini | ***v. sintetica***, soluzione di resine sintetiche in solventi vari **2** pellame lucidissimo rifinito con vernice a caldo a base di olio di lino o vernice a freddo a base di poliuretani | ***scarpe di v.***, scarpe di copale **3** (*disus.*, *scherz.*) belletto **4** patina, rivestimento sottile | (*geol.*) ***v. del deserto***, levigatura delle rocce per azione abrasiva dei granuli trasportati dal vento | (*biol.*) ***v. caseosa***, sostanza untuosa, costituita da sebo e cellule epiteliali desquamate, che ricopre la cute del feto **5** (*fig.*, *raro*) apparenza superficiale: *una v. di buona creanza, di cultura*; *un rimescolio di sentimenti ... che si agita sotto la v. uniforme della moderna società* (I. NIEVO) **6** (*pittura*) ***v. molle***, varietà di acquaforte, usata gener. come preparazione dell'acquatinta, in cui è impiegata la vernice nera ordinaria rammollita con l'aggiunta di sebo || **vernicétta**, **dim.**

SFUMATURE ➤ *tinta*

vernice② [1931] **s. f.** ● vernissage

verniceria [1970] **s. f.** ● reparto, officina dove si dà la vernice

verniciàre o †**vernicàre** [sec. XIV] **A** **v. tr.** (**pres.** *io vernìcio*; **fut.** *io vernicerò*) ● coprire di vernice **B** **verniciàrsi** **v. rifl.** ● (*scherz., disus.*) imbellettarsi

verniciàta [1961] **s. f.** ● verniciatura frettolosa, con una sola mano di vernice: *dare una v. al cancello* || **verniciatina**, **dim.**

verniciàto o †**vernicàto** **part. pass.** di *verniciare*; **anche agg.** ● nei sign. del v.

verniciatóre [1848] **s. m.** **1** (**f.** *-trice*) operaio addetto alla verniciatura: *v. di mobili* **2** dispositivo per verniciare | ***v. a spruzzo***, ad aria compressa **SIN.** aerografo

verniciatùra [av. 1848] **s. f.** **1** operazione, modalità del verniciare: *v. a spruzzo* **2** strato di vernice: *la v. si sta scrostando* **3** (*fig.*) vernice, apparenza: *una v. di civiltà*

vernièro o (*disus.*) **vernière** [fr. *vernier*, dal n. dell'inventore P. *Vernier* (1580 ca.-1637) ✳ 1879] **s. m.** **1** (*fis., raro*) nonio **2** (*tecnol.*) dispositivo di regolazione che viene usato in parallelo a un altro simile per consentire una più precisa regolazione del complesso costituito dai due dispositivi | (*aeron.*) ***razzo v.***, razzo ausiliario gener. usato in coppia con uno o più altri per controllare con precisione la velocità di fine combustione o per correggere l'assetto di volo di razzi vettori e veicoli spaziali

†**vernìle** [da *verno*② ✳ av. 1433] **agg.** ● invernale

vernìno [da *verno*② ✳ 1313] **agg.** **1** (*lett.*) invernale **2** di frutti, che conservati maturano nell'inverno | ***piante vernine***, che si coltivano e crescono d'inverno

vernissage /fr. vɛrni'saʒ/ [vc. fr., da *vernisser* 'verniciare', da *vernis* 'vernice' ✳ 1895] **s. m. inv.** ● inaugurazione ufficiale di una esposizione artistica **CFR.** finissage

vèrno① [vc. dotta, lat *vērnu(m)* 'di primavera', da *vēr*, genit. *vēris* 'primavera' ✳ av. 1492] **agg.** ● (*poet.*) primaverile

vèrno② [aferesi di *inverno* ✳ sec. XIII] **s. m.** **1** (*poet.*) inverno | (*fig.*) †la vecchiaia **2** †freddo e cattivo tempo invernale **3** †turbine, tempesta, burrasca

◆**véro** [lat. *vēru(m)*, di orig. indeur. ✳ av. 1243] **A** **agg.** **1** che possiede in modo totale e incontestabile le caratteristiche proprie della sua natura, della sua condizione e sim.: *v. Dio e v. uomo*; *quello è il mio v. padre*; *il v. colpevole sono io*; *il v. padrone non è qui*; *i nostri veri eredi sono lontani* **CONTR.** falso, presunto **2** effettivo, reale: *il v. motivo di qlco.*; *la vera causa della guerra*; *la vera ragione del suo operato non è conosciuta*; *fu vera gloria?* (A. MANZONI) **CONTR.** apparente **3** giusto, esatto, proprio: *qui sta il v. problema*; *il v. significato è questo* | ***chiamare le cose col loro v. nome***, (*fig.*) dire le cose come stanno, senza mezzi termini **4** che è pienamente conforme alla realtà oggettiva, che si è effettivamente verificato, e sim.: *storia, notizia, informazione vera*; *un fatto v.*; *è incredibile ma v.*; *vorrei proprio sapere se è v. oppure no* | ***è v.?***; ***non è v.?***; ***v.?***; ***è v. o non è v.?***, chiedendo una ulteriore conferma a quanto si ascolta o si afferma | ***come è v. Dio, quant'è v. Iddio***, e sim., escl. che conferma, rafforzandola, la verità o la sincerità delle proprie affermazioni | ***sembrare, parere v.***, di qualcosa di artificiale che imita perfettamente la realtà | ***fosse v.!***, di ciò che si desidera ardentemente | ***non mi sembra v.***, di ciò che si è lungamente e intensamente desiderato e che, infine, si verifica, si ottiene e sim. | ***non sarà mai v. che***, non accadrà mai, non permetterò mai che | ***tant'è v. che***, si dice per introdurre nel discorso nuove prove e sim.: *io non ne sapevo niente, tant'è v. che non gli ho neppure telefonato* **5** (*raro*) veritiero: *testimone v.*; *testimonianza vera* **CONTR.** falso **6** genuino, autentico: *v. oro*; *vere perle orientali*; *vera stoffa scozzese*; *la vera cucina casalinga*; *questo è v. marsala siciliano* **7** (*fig.*) intenso, sincero e profondo: *v. amore*; *vera amicizia*; *vera passione artistica* | (*fig.*) ***di v. cuore***, con tutto il cuore, con la massima sincerità **8** (*fig.*) preposto o, più raramente, posposto a un sostantivo, e spesso in unione con *proprio*, accentua enfaticamente il significato di una parola: *vera sapienza, bellezza, giustizia*; *questa è vera arte!*; *sarebbe un v. misfatto*; *è stata una vera e propria infamia, un'infamia vera e propria* **9** riferito a persona, spec. preposto al sostantivo, accentua enfaticamente le caratteristiche proprie della persona stessa: *un v. amico*; *un v. artista*; *un v., grande poeta*; *l'unico v. pittore del Novecento*; *è un v. delinquente, un v. e proprio criminale*; *solo un v. egoista può pensare certe cose* || **veraménte**, **avv.** **1** realmente: *ha veramente deciso di tornare*; *sono veramente contento di vederti*; *truccata così sembri veramente un'orientale*; proprio, davvero: *è veramente una persona simpatica*; *è stato un film veramente bello* **2** in frasi interrogative, esprime dubbio, meraviglia, incredulità e sim. (*anche iron.*): *ti hanno veramente promosso?*; *lo hanno eletto deputato? veramente?* **3** a dire il vero, però (in funzione limitativa, attenuativa, avversativa): *io, veramente, non avrei agito così*; *in questo caso io, veramente, devo intervenire*; *mi hanno invitato, ma veramente non potrei andare*; *veramente, noi eravamo all'oscuro di tutto*; †tuttavia: *Veramente a così alto sospetto / non ti fermar* (DANTE *Purg.* VI, 43-44) **4** †nella loc. cong. ***sì veramente che***, a patto che: *Paganin disse che gli piacea, sì veramente che egli non la dovesse contra suo piacere basciare* (G. BOCCACCIO) **B** **avv.** ● †veramente **C** **s. m. solo sing.** **1** verità: *ricercare il v.*; *la luce, la potenza del v.*; *per onore del, in omaggio al v.*; *dire, riferire, testimoniare, giurare il v.*; *discernere, distinguere il v. dal falso* | ***il Sommo Vero***, (*per anton.*) Dio | ***essere nel v.***, non sbagliare | ***non esserci nulla di v.***, essere completamente falso: *non c'è nulla di v. in quello che ha raccontato* | ***dire il v.***, (*fig.*) riferito ai sensi, dare un'esatta percezione della realtà: *se gli occhi mi dicono il v.*; (*fig.*) riferito a facoltà mentali, non ingannare: *se la memoria mi dice il v.*; (*fig.*) riferito a fenomeni, trovare corrispondenza alla realtà: *spesso i sogni dicono il v.* | ***a onor del v.***, in verità | ***salvo il v.***, sempre che non vi siano errori | ***a, per dire il v., a voler dire il v.***, e sim., per essere sincero, preciso e sim.: *a dire il v., le cose non stanno così* | ***e valga il v.***, (*lett.*) formula con cui si introduce la prova di un'affermazione **2** natura, realtà: *ritratto, disegno preso, copiato dal v.*; *studiare il v.*

SFUMATURE DI SIGNIFICATO

vero - reale

Si dice **vero** ciò che è conforme alla realtà o che possiede effettivamente le caratteristiche, le qualità che sono a esso attribuite; la verità si stabilisce comunque sulla base di un giudizio, è cioè conseguente a un'opinione. È invece **reale** ciò che appartiene alla realtà, esiste effettivamente, è concreto, indipendentemente dall'esperienza soggettiva che se ne fa.

SFUMATURE ➤ ***autentico***, ➤ ***sincero***

†**verodicènte** ➤ †**verdicente**

†**veròla** [etim. discussa: vc. di orig. germ. (?) ✳ av. 1568] **s. f.** ● befana, strega

Veronàl® [marchio registrato ✳ 1899] **s. m. inv.** ● acido dietilbarbiturico, usato in farmacia come ipnotico e sedativo

veronalìsmo [1987] **s. m.** ● avvelenamento da veronal, dovuto all'uso ripetuto

veróne [da avvicinare a *vera* (da *pozzo*) (?) ✳ av. 1348] **s. m.** ● (*lett.*) terrazzo scoperto, loggia, balcone | (*tosc.*) terrazzino o pianerottolo con parapetto o ringhiera in capo a una scala esterna parallela al muro || **veroncèllo**, **dim.** | **veroncino**, **dim.**

veronése (o -ṣ-) [1313] **A** **agg.** ● della città di Verona: *strade veronesi* **B** **s. m. e f.** ● abitante o nativo di Verona

verònica① [gr. tardo *bereníkion*, n. di una pianta (chiamata così dal n. della regina egiziana *Bereníkē* 'Berenice'), accostato paretimologicamente al n. proprio *Veronica* (?) ✳ 1561] **s. f.** ● pianta erbacea perenne delle Scrofulariacee, con fusti gracili e fiori bianchi venati di viola, che cresce presso laghi e paludi (*Veronica scutellata*) | ***v. maggiore***, con foglie pelose e a cuore e fiori azzurri (*Veronica chamaedrys*) | ***v. querciola***, comunissima, molto piccola, con fiorellini azzurri ascellari (*Veronica persica*)

Verònica② [dal n. della donna che asciugò il volto di Cristo con un panno su cui sarebbe rimasta impressa l'immagine ✳ 1321] **s. f.** ● immagine di Gesù Cristo impressa sul sudario | lo stesso sudario che reca impressa l'immagine

verònica③ o **verónica** /ve'rɔnika, sp. °be'ronika/ [vc. sp., da *verónica* 'veronica②', perché la cappa che il torero tende davanti a sé ricorda il sudario di Cristo ✳ 1939] **s. f.** **1** nelle corride, figura in cui il torero, ritto di fronte al toro, ne attende la carica, tenendo la cappa protesa in avanti e aperta con tutt'e due le mani **2** nel tennis, volée alta di rovescio eseguita voltando le spalle alla rete | nel calcio, finta che si fa controllando la palla per evitare l'intervento di un avversario

verosimigliànte o **verisimigliànte** [da *somigliante*, sul modello di *verosimile* ✳ av. 1292] **agg.** ● (*lett., raro*) verosimile

verosimigliànza o (*lett.*) **verisimigliànza** [da *verosimigliante* ✳ 1575] **s. f.** ● condizione, caratteristica di ciò che è verosimile: *Era un falso magistrale, di perfetta v.* (L. SCIASCIA) **CONTR.** improbabilità

verosìmile o (*lett.*) **verisìmile** [vc. dotta, lat. *verisĭmile(m)*, comp. di *vērus* 'vero' e *sĭmilis* 'simile' ✳ 1261 ca.] **agg.** ● che sembra vero, che ha l'aspetto del vero e che quindi è credibile: *racconto v.* **CONTR.** inverosimile || **verosimilménte**, †**verosimileménte**, (*lett.*) **verisimilménte**, **avv.** in modo che par vero, credibilmente; probabilmente, presumibilmente: *arriverà verosimilmente dopo le quattro*

SFUMATURE DI SIGNIFICATO

verosimile - plausibile - probabile - possibile

Verosimile è ciò che ha l'aspetto del vero, e dunque potrebbe esserlo. Significato affine ha **plausibile**, che non riguarda tanto la verità di un fatto quanto un'opinione, un'interpretazione che si può accettare perché ammissibile, ragionevole. **Probabile** non è lontano dal significato di *verosimile* e di *plausibile* ma si riferisce a fatti e opinioni che chi parla ritiene ragionevoli e quasi certamente veri. **Possibile** invece si riferisce a fatti o opinioni la cui verità non può essere esclusa.

†**vèrre** ➤ **verro**

verrèi ➤ **venire**①

verrétta [dal lat. *vĕru* 'spiedo, giavellotto'. V. †*verruto* ✳ 1342] **s. f.** ● antica arma costituita da un'asta metallica da lanciare a mano o con la balestra || **verrettóne**, **accr. m.** (V.)

†**verrettàta** [av. 1332] **s. f.** ● colpo di verretta o di verrettone

verrettóne [accr. di *verretta* ∗ av. 1348] **s. m.** ● grossa verretta da balestra, per battaglia e per caccia

verricellista [da *verricello* ∗ 1961] **s. m. e f.** (**pl. m.** *-i*) ● arganista

verricèllo [etim. discussa: lat. parl. **verricĕllu(m)*, dim. del lat. tardo *verrĭculum* 'rete a strascico', da *vĕrrere* 'trascinare', di orig. indeur. ∗ 1618] **s. m.** ● argano minore con asse orizzontale e trazione verticale

verrìna [da *verro*, per l'uso di indicare col n. di animali maschili certi pezzi che si introducono in altri ∗ sec. XIII] **s. f.** ● trivella per forare il legname, in modo da aprire il passaggio a un chiodo, a una vite, a un perno

verrinàre [1684] **v. tr.** ● (*raro*) forare il legno con la verrina

♣**vèrro** o †**vèrre** [lat. *vĕrre(m)*, di orig. indeur. ∗ sec. XIII] **s. m.** ● maiale maschio atto alla riproduzione

verrò ➤ **venire**①

verròcchio [1840] **s. m. 1** V. *varrocchio* **2** frantoio

verrùca [lat. *verrūca(m)* 'escrescenza, rialzo', di orig. indeur. ∗ av. 1320] **s. f. 1** (*med.*) proliferazione benigna dell'epidermide, tondeggiante, ben circoscritta, spec. di origine virale | ***v. volgare***, ***v. comune***, di origine virale, di aspetto calloso, contagiosa, si forma prevalentemente sulla pianta del piede e sulle mani **SIN.** porro **2** (*bot.*) escrescenza su fusti o foglie

verrucària [vc. dotta, lat. (*hĕrbam*) *verrucāria(m)*, detta così perché era utilizzata per curare le verruche (lat. *verrūca*) ∗ 1826] **s. f.** ● lichene comune sulle pietre, con tallo tenue e sdraiato e piccoli periteci nelle fossette della pietra (*Verrucaria rupestris*)

verrucóso (o **-ṣ-**) [vc. dotta, lat. *verrucōsu(m)*, da *verrūca* ∗ 1640] **agg. 1** (*med.*) che ha i caratteri della verruca: *tumore v.* **2** cosparso di verruche

†**verrùto** o †**verùto** [vc. dotta, lat. *verrūtu(m)*, var. di *verūtu(m)*, da *vĕru* 'spiedo', di orig. indeur. ∗ av. 1292] **s. m.** ● verrettone

versàccio [av. 1484] **s. m. 1** pegg. di *verso*③ **2** grido scomposto e sgradevole **3** (*est.*) gesto villano accompagnato da grida sguaiate | smorfia di scherno: *fare i versacci a qlcu.*

versaiòlo o (*raro*, *lett.*) **versaiuòlo** [da *verso*③ ∗ 1858] **A** **s. m.** (**f.** *-a*) ● (*spreg.*, *lett.*) poetastro **B** **anche agg.**

versaménto [sec. XV] **s. m. 1** (*raro*) il versare | fuoriuscita di un liquido da un recipiente, un tubo, una conduttura e sim. **2** (*med.*) fuoriuscita di liquidi organici dai vasi nelle cavità del corpo: *v. ematico, sieroso*; *v. pleurico* **3** deposito di una somma in banca: *effettuare un v.* | ***distinta di v.***, modulo mediante il quale si effettua un deposito bancario | ***lettera di v.***, disposizione data da una banca a una sua filiale o corrispondente, di pagare una determinata somma a favore di un terzo | (*est.*) conferimento, pagamento e sim., in denaro | ***v. dei soci***, nelle società, conferimento delle singole quote

versànte① **A** **part. pres.** di *versare*①; anche **agg.** ● nei sign. del v. **B** **s. m. e f.** ● chi effettua un deposito, un pagamento

versànte② [fr. *versant*, propr. part. pres. di *verser* 'versare' ∗ 1839] **s. m.** ● (*geogr.*) declivio di uno dei lati di una catena di monti o di un singolo monte: *il v. orientale, occidentale, meridionale*; *il v. francese del Monte Bianco* | ***sul v. di***, (*fig.*) per quanto attiene, riguarda: *sul v. della crisi politica non ci sono novità* **SFUMATURE** ➤ ***lato***①

♦**versàre**① [lat. *versāre*, intens. di *vĕrtere* 'volgere, girare'. V. *vertere* ∗ 1287] **A** **v. tr.** (*io vèrso*) **1** far sgorgare un liquido, rivoltando o inclinando il recipiente in cui è contenuto: *v. il vino dalla bottiglia*; *v. l'acqua nei bicchieri*; *v. l'olio, l'aceto sull'insalata*; *v. da bere ai commensali*; *versami per favore un po' di brodo* **SIN.** mescere | (*est.*) far uscire un solido di consistenza granulosa o polverulenta dal recipiente che lo contiene: *v. la farina sul tagliere* | (*assol.*) lasciar uscire il proprio contenuto, attraverso aperture, fessure e sim., detto di recipienti: *la botte versa* **2** (*est.*) fare uscire, spargere: *la ferita versa sangue*; *v. lacrime per la morte di qlcu.* | ***v. il proprio sangue***, morire spec. combattendo: *v. il proprio sangue per la patria, per un nobile ideale* | (*fig.*) ***v. fiumi d'inchiostro***, scrivere moltissimo **3** (*est.*) rovesciare: *v. il brodo per terra, il sale sulla tovaglia*; *v. olio bollente dalle mura sugli assalitori*; *gli hanno versato addosso un secchio d'acqua gelata* **4** (*est.*) far confluire, immettere: *il Po versa le proprie acque nell'Adriatico* **5** (*fig.*, *lett.*) confidare, rivelare: *v. pene, dolori, amarezze, in seno a qlcu.* **6** depositare una somma: *v. in banca il ricavato di una vendita*; *l'importo sarà interamente versato al Comune, nelle casse dello Stato* | pagare: *v. una rata, il prezzo, l'anticipo* | †***v. un patrimonio***, dissiparlo, scialacquarlo **7** †volgere: *Fortuna avversa / che sempre la sua ruota in giro versa* (L. Ariosto) | (*est.*) †cambiare, mutare **B** **versàrsi** **v. tr. pron.** (aus. *essere*) **1** mescersi: *versarsi il vino nel bicchiere* | spargersi: *versandosi un po' di zucchero su la palma della mano* (G. D'Annunzio) **2** rovesciarsi: *si versò sull'abito alcune gocce di caffè* (I. Nievo) **C** **versàrsi** **v. intr. pron.** **1** uscir fuori da qlco. e spargersi: *dalla botte spaccata il vino si versava nella cantina* | riversarsi: *una folla immensa si versò nella piazza* **2** sboccare, confluire (+ *in*): *i fiumi che si versano nel Po* **3** †adirarsi

♣**versàre**② [lat. *versāri*, forma media di *versāre*① ∗ av. 1504] **A** **v. intr.** (*io vèrso*; aus. *avere*) ● essere, trovarsi in una determinata condizione gener. negativa: *v. in pericolo di vita, in pessime condizioni di salute*; *v. nell'indigenza*; *v. in cattive acque*; *versa da tempo in gravi difficoltà finanziarie* **B** **v. intr.** (aus. *avere*) e **versàrsi** **v. intr. pron.** **1** (*raro* o *lett.*) avere per argomento, vertere: *la discussione versa sull'educazione dei figli*; *La conversazione si versava sul tempo, su le notizie politiche* (G. D'Annunzio) **2** (*lett.*) †consistere **3** †dedicarsi a qlco. | †***versarsi in qlcu.***, affidarsi completamente a lui

†**versàre**③ [1545] **v. intr.** ● scrivere versi

♣**versàtile** [vc. dotta, lat. *versātile(m)* 'che gira, mobile', da *versātus*, part. pass. di *versāre*① ∗ sec. XIV] **agg. 1** (*lett.*) che può volgersi con facilità da una parte e dall'altra **SIN.** girevole **2** (*fig.*) che è in grado di dedicarsi con buoni risultati a diversi campi di studio e di attività; che ha attitudini molteplici: *ingegno v.*; *impiegato v.* **3** (*lett.*, *fig.*) incostante, mutevole: *la folla v.*; *gente v.*

SFUMATURE DI SIGNIFICATO

versatile - flessibile - adattabile

Versatile è chi è capace di applicarsi con profitto a campi diversi d'attività o di studio. Uguale duttilità d'ingegno è espressa da **flessibile**, che però allarga il suo ambito d'uso a descrivere chi, oltre a una mente agile e pronta, ha anche un carattere accomodante, che si abitua con facilità a situazioni diverse ed è dunque **adattabile**, cioè non rigido, aperto alle novità e di indole pacifica.

♣**versatilità** [av. 1729] **s. f. inv. 1** caratteristica di chi (o di ciò che) è versatile **2** (*lett.*) incostanza, mutevolezza

versàto① **part. pass.** di *versare*①; anche **agg. 1** nei sign. del v. **2** ***piangere sul latte v.***, (*fig.*) disperarsi per una un danno ormai irrimediabile: *è inutile piangere sul latte v.* **3** (*poet.*) †mescolato

♣**versàto**② **part. pass.** di *versare*②; anche **agg. 1** nei sign. del v. **2** che è portato, che ha una speciale attitudine per qlco. (+ *in*): *è molto v. in questo genere di ricerche, nelle matematiche, nelle lettere*

versatóre [da *versato*① ∗ 1374] **A** **agg.** (**f.** *-trice*) ● (*raro*) che versa **B** **s. m. 1** (*raro*) chi versa | †uccisore **2** brocca in ceramica o in altro materiale per mescere acqua, soprattutto durante i pasti, per lavarsi le mani

verseggiàbile [da *verseggiare* ∗ 1871] **agg.** ● (*raro*) che si può mettere in versi

†**verseggiaménto** [1764] **s. m.** ● il verseggiare | tecnica del poetare

verseggiàre [da *verso*③ ∗ 1505] **A** **v. intr.** (**pres.** *io verséggio*; **fut.** *io verseggerò*; **aus.** *avere*) ● scrivere in versi, in rima **SIN.** rimare **B** **v. tr.** ● mettere in versi

verseggiatóre [da *verseggiare* ∗ 1639] **s. m.** (**f.** *-trice*) **1** (*raro*) chi scrive versi **2** (*spreg.*) chi sa scrivere in versi, ma è privo di un'autentica ispirazione poetica **SIN.** rimatore

verseggiatùra [av. 1686] **s. f.** ● modo e tecnica del verseggiare

versétto [sec. XIII] **s. m. 1** dim. di *verso*③ **2** ciascuna delle suddivisioni in frasi, anche di significato non completo, dei capitoli della Bibbia | (*est.*) suddivisione analoga delle parti di altri libri sacri: *un v. del Corano*

versìcolo o †**versìculo** [vc. dotta, lat. *versĭculu(m)*, dim. di *vĕrsus* 'verso③' ∗ 1355] **s. m. 1** (*lett.*) breve verso poetico **2** (*raro*) versetto, nel sign. 2

versicolóre [vc. dotta, lat. *versicolōre(m)* 'che muta colore', quindi 'di vari colori', comp. di *vĕrsus*, part. pass. di *vĕrtere*, e *cŏlor*, genit. *colōris* 'colore' ∗ sec. XIV] **agg.** ● (*lett.*) di colore vario

†**versìculo** ➤ **versicolo**

versièra o †**aversièra**, †**avversièra** [ant. fr. *aversier* 'avversario', quindi 'il diavolo' ∗ av. 1380] **s. f. 1** (*lett.*) demonio di sesso femminile, diavolessa **2** (*fig.*, *tosc.*) donna malvagia o di una bruttezza ripugnante **SIN.** strega

versificàre [vc. dotta, lat. *versificāre*, comp. di *vĕrsus* 'verso③' e *-ficāre* ∗ av. 1292] **v. tr.** e **intr.** (*io versìfico, tu versìfichi*; **aus.** *avere*) ● verseggiare || **versificazióne**, **s. f.** (V.)

versificatóre [vc. dotta, lat. *versificatōre(m)*, da *versificāre* ∗ sec. XIII] **s. m.** (**f.** *-trice*) ● verseggiatore **SIN.** rimatore

versificatòrio [1551] **agg.** (**pl. m.** *-i* o *raro* *-ii*) ● della versificazione: *arte versificatoria* || †**versificatoriaménte**, **avv.** in versi

versificazióne [vc. dotta, lat. *versificatiōne(m)*, da *versificāre* ∗ av. 1544] **s. f.** ● il versificare | tecnica del comporre versi: *trattato, regole, precetti di v.*

versiliberista [calco sul fr. *verslibriste*, da *vers libres* 'versi liberi', col suff. *-iste* '-ista' ∗ av. 1910] **A** **s. m. e f.** (**pl. m.** *-i*) ● (*lett.*) chi compone poesie in versi liberi **B** **agg.** ● relativo ai versi liberi e a chi li compone: *tendenza v.*; *poeta v.*

versilièse (o **-ṣe**) [1865] **A** **agg.** ● della Versilia **B** **s. m.** (**f.** *-a*) ● abitante o nativo della Versilia

versióne [lat. mediev. *versiōne(m)*, da *vĕrsus*, part. pass. di *vĕrtere* 'volgere, girare'. V. *vertere* ∗ 1584] **s. f. 1** traduzione in altra lingua, spec. se svolta come esercizio scolastico: *v. libera, letterale*; *v. dal greco, dal latino, in tedesco, in francese* | (*est.*) trasposizione, adattamento: *la v. cinematografica di un racconto*; *v. in prosa di una poesia* **2** (*est.*) modo soggettivo di interpretare e riferire un fatto, un avvenimento e sim.: *la sua v. dell'incidente è diversa dalla vostra*; *questa v. differisce alquanto dalla precedente* **3** realizzazione di un medesimo film con varianti, per la destinazione a mercati o pubblici diversi, che possono interessare la colonna sonora, o anche parte delle scene, o anche il cast degli attori **4** complesso di variazioni e modifiche apportate a un prodotto industriale di serie | il prodotto stesso: *la v. lusso di un nuovo frigorifero, di un'automobile; di questo abito esiste una v. da pomeriggio e una da gran sera* **5** forma in cui si presenta un testo rispetto a una sua diversa redazione: *la prima v. di un progetto di legge* | (*inform.*) ***v. alfa***, fase ancora non completa dello sviluppo di un software; ***v. beta***, sua versione completa, che prima di essere pubblicata viene distribuita a terzi perché ne testino il funzionamento (V. *beta* nel sign. B 3) **6** (*astron.*) †moto di rotazione o di rivoluzione ‖ **versioncina**, **dim.** nel sign. 1

versipèlle [vc. dotta, lat. *versipĕlle(m)*, propr. 'che muta pelle', comp. di *vĕrsus*, part. pass. di *vĕrtere* 'volgere, girare' (V. *vertere*) e *pĕllis* 'pelle' ✱ av. 1498] **A** **agg.** ● (*lett.*) che è abile e astuto nel simulare **B** **anche s. m. e f.**

versisciołtàio [av. 1764] **s. m.** (**pl.** *-ai*); **anche agg.** ● (*lett.*, *spreg.*) scrittore di versi sciolti

vèrso① [vc. dotta, lat. *vĕrsu(m)*, part. pass. di *vĕrtere* 'volgere, girare'. V. *vertere* ✱ av. 1332] **agg.** ● (*raro*, *lett.*) rivolto | ***pollice v.***, col pollice volto in basso, in segno di condanna

vèrso② [lat. (*fŏlio*) *vĕrso* 'sulla parte rovescia del foglio'. V. *verso*① e cfr. *recto* ✱ av. 1647] **s. m.** ● faccia posteriore di un foglio di carta | (*est.*) rovescio di monete, medaglie e sim.

♦**vèrso**③ [lat. *vĕrsu(m)* 'fila, riga, verso', da *vĕrsus*, part. pass. di *vĕrtere* 'volgere, girare'. V. *vertere* ✱ 1250 ca.] **s. m.** **1** †riga di scrittura **2** porzione definita di testo poetico che può essere assunta a unità di misura: *v. piano, tronco, sdrucciolo; versi rimati, sciolti, ottonari, novenari, endecasillabi, alessandrini; stanza, strofa di quattro, cinque versi; scrivere in prosa e in versi* | ***v. libero***, quello che non è vincolato a regole fisse ritmiche e metriche | ***versi sciolti***, senza rima | (*est.*) tipo di struttura dei versi di un dato poeta: *il v. di Dante* | (*lett.*) poesia: *l'inclito v. di colui che l'acque / cantò fatali* (U. FOSCOLO) | †stanza di canzone **CFR.** stico-, -stico **3** (**al pl.**) composizione poetica, poesia: *leggere alcuni versi di Ungaretti, di Montale* **4** versetto, nel sign. 2 **5** (*mus.*) tra il XVI e il XVIII sec., interludio organistico eseguito al posto di un salmo o altro canto liturgico **6** grido caratteristico degli uccelli: *il v. della tortora, della pernice; v. di allarme, di richiamo* | (*est.*) voce caratteristica degli altri animali: *il v. del cane, del gatto; il v. dell'elefante è il barrito* **7** grido inarticolato, violenta esclamazione e sim.: *un v. di rabbia, di dolore; smetti di fare tanti versi* **8** (*raro*) intonazione, accento, parlata | modo abituale di parlare, muoversi, camminare e sim.: *un v. personalissimo; imitare il v. di qlcu.* | ***fare, rifare il v. a qlcu.***, imitarlo, spec. per prenderlo in giro: *non aveva potuto trattenersi dal farle il v.* (V. PRATOLINI) **9** (*mat.*) ognuno dei due sensi in cui può essere percorsa una linea: *v. di una retta, di un vettore* | (*fis.*) ***v. positivo della corrente***, quello che per la carica positiva va dal polo positivo al negativo **10** orientamento di peli o fibre: *il v. della pelliccia, della stoffa, del legno* **11** senso, volta, direzione: *prendere il v. giusto, sbagliato; andare per un v. piuttosto che per un altro* | ***cambiare, mutare v.***, cambiare direzione (**anche fig.**) | ***per un v.***, da una parte: *per un v. ha ragione, per l'altro no* | ***per ogni v., per tutti i versi***, da ogni lato, da ogni parte | ***procedere per il suo v., per il giusto v.***, procedere bene | ***intendere, capire per il suo v., nel giusto v.***, interpretare bene qlco. | ***pigliarla per un altro v.***, in un altro senso; (*fig.*) fraintendere | ***prendere qlcu. per il suo v., per il v. giusto***, saperlo trattare | ***prendere qlco. per il suo v., per il v. giusto***, accettarla di buon grado **12** (*fig.*) modo, maniera: *non c'è v. di convincerlo, di persuaderlo, di farlo tacere; trovare il v. per intendersi* | ***andare a v. a qlcu.***, andargli a genio | ***a v.***, a modo, come si deve: *fare le cose a v.; una persona a v.* ‖ **versàccio**, **pegg.** (V.) | **versétto**, **dim.** (V.) | **versùccio**, **dim.** | (*spreg.*) **versùcolo**, **dim.**

♦**vèrso**④ [lat. *vĕrsu(m)*, da *vĕrsus*, part. pass. di *vĕrtere* 'volgere, girare'. V. *vertere* ✱ av. 1294] **prep.** (*poet.* **troncato in** *ver* **o** *ver'*) **1** alla volta di, in direzione di (con v. di moto nel compl. di moto a luogo): *incamminiamoci v. casa; si diressero v. il fiume; sono fuggiti v. la campagna; si volse v. destra; v. dove siete diretti?; volgete gli occhi v. il cielo; la mamma si chinò v. il suo bambino* | contro: *marciare v. il nemico* | anche nella loc. prep. ***v. di*** (seguito da un pron. pers. e (*lett.*) da un pron. dimostr.): *correvo v. di lui; venivano v. di noi* **2** dalle parti di, nelle vicinanze di (con v. di stato nel compl. di stato in luogo): *abita v. Napoli; sta v. il centro* **3** circa a, poco prima o poco dopo (nel compl. di tempo determinato): *verrò v. mezzogiorno; lo incontrerò v. sera; v. l'alba cominciò a piovere; v. la fine della settimana ti telefonerò; la guerra scoppiò v. la fine dell'anno* **4** prossimo a, vicino a (nel compl. d'età): *è v. i sessant'anni; pubblicò i primi scritti v. i vent'anni* **5** nei riguardi di, nei confronti di: *i figli devono nutrire amore e rispetto v. i genitori; esercita la bontà v. i bisognosi; non devi nutrire odio v. nessuno; cerca di avere pietà v. chi soffre* | anche nella loc. prep. ***v. di*** (seguita da un pron. pers.): *ti sei comportato male v. di lei* **6** (*lett.*) a paragone di, in confronto a: *non è niente ora v. quello che è stato; A quel dinanzi il mordere era nulla / v. 'l graffiar* (DANTE *Inf.* XXXIV, 58-59) **7** contro, dietro (nel linguaggio commerciale): *spedizione v. corrispettivo pagamento; consegna v. pagamento immediato* **8** †nella loc. ***v. di sé***, nel suo genere

versóio [vc. ricavata dai dial. sett., dal lat. parl. **versōriu(m)*, da *vĕrsus*, part. pass. di *vĕrtere* (V.) ✱ sec. IX] **s. m.** (**pl.** *-ói*) ● organo dell'aratro che compie il rovesciamento della fetta di terreno staccata dal coltro e dal vomere **SIN.** orecchio

versóre [dal lat. *vĕrsum* 'in direzione di, verso' ✱ 1932] **s. m.** ● (*fis.*) vettore unitario, di direzione e verso dati

†**versòrio** [1660 ca.] **agg.** ● che si volge in ogni direzione

vèrsta /'versta, *russo* vjirs'tųa/ [vc. russa, di orig. slava ✱ av. 1557] **s. f.** (**pl.** *vèrste* **o** *russo versty*) ● antica misura itineraria russa, corrispondente a m 1066,79

versùra [vc. dotta, lat. *versūra(m)*, da *vĕrsus*, part. pass. di *vĕrtere* 'volgere, girare'. V. *vertere* ✱ av. 1796] **s. f.** ● misura agraria di superficie, di valore variabile, usata in alcune zone dell'Italia meridionale

vèrsus [vc. ingl. che riprende il lat. *vĕrsus* (V. *verso*④) ✱ 1968] **prep.** ● contro, in opposizione (anche abbr. in *vs*): *lingua versus stile; vocalico vs consonantico*

†**versùto** [vc. dotta, lat. *versūtu(m)* 'che sa destreggiarsi, muoversi', da *vĕrsus*, part. pass. di *versāri*. V. *versare*② ✱ sec. XIV] **agg.** ● astuto, scaltro

†**versùzia** [vc. dotta, lat. *versūtia(m)*, da *versūtus* 'versuto' ✱ sec. XIV] **s. f.** ● astuzia

vèrta [lat. tardo *avĕrta(m)* 'sacco da viaggio': di orig. macedone (?) ✱ av. 1400] **s. f.** ● parte inferiore del giacchio o del bertuello, dove restano presi i pesci

†**vertà** ➤ **verità**

†**vertàde** ➤ **verità**

vèrtebra [vc. dotta, lat. *vĕrtebra(m)* 'articolazione, giuntura', da *vĕrtere* 'volgere, girare'. V. *vertere* ✱ 1499] **s. f.** ● (*anat.*) elemento osseo costitutivo della colonna vertebrale

vertebràle [1745] **agg.** ● relativo alle vertebre: *arteria v.* | costituito da vertebre | ***colonna v.***, V. *colonna*① nel sign. 6

Vertebràti [1824] **s. m. pl.** (**sing.** *-o*) ● (*zool.*) sottotipo di Cordati con scheletro cartilagineo od osseo, il cui asse è formato dalla colonna vertebrale

vertebràto [vc. dotta, lat. *vertebrātu(m)*, da *vĕrtebra* ✱ 1824] **agg.** ● di animale che possiede la colonna vertebrale **CONTR.** invertebrato

vertènte **part. pres.** di *vertere*; **anche agg.** **1** (*raro*) che verte **2** (*dir.*) detto di lite non ancora decisa e di cui si tratta

♦**vertènza** [da *vertente* ✱ 1725] **s. f.** ● lite, controversia, questione ancora pendente: *risolvere una annosa v.; v. sindacale, internazionale; aprire, chiudere una v.*

vertenziàle [1974] **agg.** ● nel linguaggio sindacale, che riguarda una vertenza o un complesso di vertenze: *la situazione v. sta per essere risolta* ‖ **vertenzialità**, **s. f. inv.** situazione determinata da una o più vertenze; complesso di vertenze: *la vertenzialità non ha rallentato la produzione*

♦**vèrtere** [vc. dotta, lat. *vĕrtere* 'volgere, girare', di orig. indeur. ✱ 1499] **v. intr.** (**pres.** *io vèrto*; **difett. del part. pass. e dei tempi composti**) **1** (*raro*) essere in corso, essere pendente, detto di controversia e sim.: *tra i due verte un'annosa disputa* **2** avere per argomento, svolgersi o svilupparsi su qlco. (**+ *su***): *la controversia verte su due punti fondamentali; l'indagine verteva sull'attendibilità di alcune prove; Su che cosa vertesse la discussione non so* (I. SVEVO)

♦**verticàle** [vc. dotta, lat. *verticāle(m)*, da *vĕrtex*, genit. *vĕrticis* 'vertice' ✱ 1573] **A** **agg.** **1** detto di retta o di piano perpendicolare ad un piano orizzontale **2** correntemente, detto di tutto ciò che è collocato o si sviluppa perpendicolarmente al piano di chi osserva o a un piano orizzontale convenzionalmente determinato: *posizione v.; salita, discesa v.* | ***volo v.***, lunga traiettoria verticale rispetto all'aria | ***circolo v.***, circolo massimo della sfera celeste passante per lo zenit ed il nadir | ***primo v.***, quello che passa anche per i punti di Est ed Ovest | ***sistema v.***, procedimento di rappresentazione grafica di una genealogia, nel quale il capostipite si trova al vertice e i discendenti si dispongono via via verso il basso | ***pianoforte v.***, con cassa verticale a tastiera sporgente **3** (*econ.*) ***concentrazione v.***, quella attuata tra imprese che si trovano ai successivi stadi produttivi, cioè che portano dalle materie prime ai prodotti finiti **4** (*fig.*) detto delle associazioni sindacali articolate per settori industriali (e non per strutture territoriali): *i sindacati dei tessili sono un'associazione v.* **5** †che passa per il vertice ‖ **verticalménte**, **avv.** in linea verticale: *salire, scendere verticalmente* ‖ **verticalità**, **s. f. inv.** caratteristica di ciò che è verticale; direzione, sviluppo in senso vericale **B** **s. f.** **1** ***v. di un punto***, o (*assol.*) ***verticale***, perpendicolare alla superficie di livello della gravità passante per quel punto: *il filo a piombo indica la v.* **2** posizione del ginnasta in appoggio sulle mani con il corpo teso perpendicolare al suolo **3** nel gioco delle parole incrociate, ogni parola che va scritta nelle caselle dall'alto in basso: *le verticali e le orizzontali* **4** (*sport*) nei concorsi ippici, dritto

verticalismo [comp. da *verticale* e *-ismo* ✱ 1922] **s. m.** ● caratteristica delle strutture architettoniche in cui gli elementi verticali prevalgono sugli altri | tendenza a ricercare e ad ottenere uno sviluppo prevalentemente verticale della composizione architettonica

verticalizzàre [da *verticale* ✻ 1917] **A** **v. tr.** **1** disporre, organizzare secondo un sistema verticale **CONTR.** orizzontalizzare **2** (*econ.*) organizzare le fasi successive di un ciclo di produzione integrandole tra loro **3** (*sport*) *v. il gioco*, nel calcio, rendere più incisiva e rapida la manovra di attacco **B** **verticalizzàrsi v. intr. pron.** ● diventare verticale, assumere una caratteristica verticale (*spec. fig.*) ‖ **verticalizzazióne, s. f.**

vèrtice [vc. dotta, lat. *vĕrtice(m)*, da *vĕrtere* 'volgere (verso l'alto)'. V. *vertere* ✻ av. 1455] **s. m.** **1** cima, sommità: *il v. di una montagna* **2** punto più alto: *il v. di una scala, di una struttura* | (*fig.*) livello, grado o punto più alto: *essere, trovarsi al v. della scala sociale, di una gerarchia; raggiungere il v. della fama, della gloria; essere al v. della carriera* | (*est.*) complesso dei dirigenti di un partito o delle massime autorità di un governo | ***al v.***, a livello delle massime autorità: *riunione al v.* | ***incontro, conferenza al v.***, fra le più alte autorità di diversi Stati o fra i capi di diversi partiti politici | (*est.*) riunione di dirigenti ad alto livello: *v. politico* **3** (*mat.*) ***v. di un angolo***, intersezione dei lati dell'angolo | ***v. di un angoloide***, intersezione dei piani che delimitano l'angoloide | ***v. di un multilatero***, punto comune a due lati consecutivi | ***v. di un poliedro***, uno dei punti di intersezione di tre facce | ***v. di un poligono***, uno dei punti che lo individuano | ***v. di un angolo, di un triedro***, punto comune alle origini dei semipiani o dei semispazi che lo individuano | ***v. di una conica***, intersezione della conica con un asse | ***v. di una curva***, punto in cui la curvatura è massima o minima | ***v. di un grafo***, uno degli elementi del grafo che si rappresentano solitamente con dei punti | ***v. di un cono***, punto per cui passano le generatrici del cono

verticillàto [av. 1730] **agg.** ● detto di organo vegetale disposto a verticillo: *fiori verticillati; foglie verticillate*

verticìllo [vc. dotta, lat. *verticĭllu(m)* 'fusaiolo', dim. di *vĕrtex*, genit. *vĕrticis* 'vertice' ✻ 1795] **s. m.** ● (*bot.*) insieme di più organi che si dipartono da un medesimo livello, intorno ad un asse comune

verticìsmo [comp. di *vertic(e)* e *-ismo* ✻ 1968] **s. m.** ● tendenza, nell'ambito di un'organizzazione politica o sindacale, a delegare il potere decisionale a poche persone spec. lasciando estranea la base

verticìsta [da *vertice* ✻ 1972] **s. m. e f.; anche agg.** (**pl. m.** *-i*) ● chi (o che) ha una concezione verticistica della gestione del potere politico o sindacale

verticìstico [da *verticista* ✻ 1968] **agg.** (**pl. m.** *-ci*) ● caratterizzato da verticismo: *tendenza verticistica; la base contesta l'organizzazione rigida e verticistica del partito* ‖ **verticisticaménte, avv.**

Verticòrdia [vc. dotta, dal lat. *Verticŏrdia*, comp. di *vĕrtere* 'volgere' e un deriv. di *cŏr*, genit. *cŏrdis* 'cuore' ✻ 1525] **agg. f.** ● nella Roma antica, epiteto della dea Venere, in quanto ispiratrice dell'amore coniugale nei cuori femminili

vertìgine [vc. dotta, lat. *vertīgine(m)*, da *vĕrtere* 'volgere, girare'. V. *vertere* ✻ sec. XIII] **s. f.** **1** (*med.*) turbamento della sensibilità spaziale, con sensazione di spostamento dell'ambiente circostante o del corpo: *soffrire di vertigini* | (**spec. al pl.**) comunemente, capogiro: *a guardare dall'alto vengono le vertigini* | (*fig.*) ***cosa, cifra, ricchezza da far venire le vertigini***, eccessive, sbalorditive, da far girare la testa | ***avere le vertigini***, (*fig.*) stravedere, avere le traveggole e sim. **2** (*fig.*) confusione mentale | intenso turbamento dell'animo, stordimento, ebbrezza: *una improvvisa v. lo travolse* **3** (*veter.*) capostorno **4** (*centr.*) ciuffo di capelli disposto a spirale **CFR.** ritrosa, rosa **5** †movimento rotatorio, detto spec. di corpi celesti

SFUMATURE DI SIGNIFICATO

vertigine - capogiro - ebbrezza

Vertigine descrive propriamente lo stato di malessere che si prova alla sensazione che il proprio corpo e l'ambiente circostante ruotino; figuratamente è il turbamento che prende di fronte a qualcosa di eccezionale, di eccessivo, di incredibile. **Capogiro**, o giramento di testa, è equivalente di *vertigine* nel significato proprio, anzi rispetto a questa è di uso ancora più comune, mentre in senso figurato le corrisponde solo nella locuzione *da capogiro*. Invece **ebbrezza**, che propriamente si riferisce alla condizione di chi è ubriaco, in senso figurato è sinonimo di *vertigine*, cioè esprime lo stato di eccitazione che prende chi è messo davanti a qualcosa di straordinariamente esaltante.

vertiginóso (o **-ṣ-**) o †**vortiginóso** [vc. dotta, lat. *vertiginōsu(m)*, da *vertīgo*, genit. *vertīginis* 'vertigine' ✻ 1499] **agg.** **1** (*med.*) di vertigine: *crisi vertiginosa* **2** che provoca o può provocare vertigine: *altezza vertiginosa; il moto circolare è v.* **3** (*fig.*) esagerato, estremo, eccessivo, incredibile: *cifre, ricchezze, altezze vertiginose; correre, andare a vertiginosa velocità* | frenetico, rapidissimo, che frastorna: *ritmo v.; danza vertiginosa; il v. ritmo della vita moderna* **4** †che soffre di vertigini ‖ **vertiginosaménte, avv.** ‖ **vertiginosità, s. f. inv.**

vertisuòlo [dal lat. *vĕrtere* 'voltare' e *suolo*, che, nella stagione adatta, è facile arare ✻ 1966] **s. m.** ● (*agric.*) suolo con contenuto medio-alto di argilla e presenza di crepacciature nei periodi di siccità

†**vertóso** (o **-ṣ-**) [da †*vertà* ✻ sec. XIV] **agg.** ● veritiero

†**vertù** ➤ **virtù**

†**vertùde** ➤ **virtù**

†**vertudióso** ➤ **virtuoso**

†**vertùte** ➤ **virtù**

verùno [lat. *vēre ūnu(m)* 'veramente uno' ✻ 1219] **agg. e pron. indef.** (**V. nota d'uso UNO**) **1** (*lett.*) alcuno, nessuno (spec. preceduto da negazione): *è stato accusato senza colpa veruna; v. gli ha porto aiuto* **2** (*lett.*) qualche, qualcuno: *richiesta di veruna cosa*

†**verùto** ➤ †**verruto**

verve /*fr.* 'vɛrv/ [vc. fr., dal lat. parl. **vĕrva*, per il classico *vĕrba*, pl. di *vĕrbum* 'parola'. V. *verbo* ✻ 1855] **s. f. inv.** ● brio, vivacità, spigliatezza: *essere pieno, ricco di v.; avere molta v.*

vérza ① [lat. parl. **vĭrdia*, per il classico *virĭdia*, nt. pl. di *vĭridis* 'verde' ✻ 1483] **s. f.** ● tipo di cavolo, a foglie commestibili e bollose

†**vérza** ② (o **-è-**) [1551] **s. f.** ● sverza

verzellìno [da *verza*①, per il colore ✻ 1623] **s. m.** ● piccolo Passeriforme dei Fringillidi, unica specie di canarino selvatico vivente in Italia, di colore verde olivastro, rapido e vivace volatore, piacevole cantore (*Serinus canarius serinus*) **SIN.** raperino, raperugiolo

verzicànte **part. pres.** di *verzicare*; **anche agg.** ● (*lett.*) verdeggiante

verzicàre [da *verdicare*, rifatto su *verza*① ✻ av. 1320] **A** **v. intr.** (*io vérzico, tu vérzichi*; **aus.** *avere*) **1** (*lett.*) cominciare a verdeggiare, detto spec. di piante e prati in primavera **2** (*fig., lett.*) prender vigore, crescere **B** **v. tr.** ● †far rinverdire

verzière [ant. fr. *verger*, dal lat. *viridāriu(m)*. V. *viridario* ✻ sec. XIII] **s. m.** **1** (*lett.*) giardino, orto: *ne fa un v. ricco di prodotti* (E. VITTORINI) **2** †a Milano, mercato di frutta e verdura

verzìno [dall'arabo *wars* ✻ 1279] **s. m.** ● legno rosso fornito da varie specie di alberi brasiliani | colore rosso tratto da tale legno

†**verzìre** [da *verdire*, rifatto su *verza*① ✻ sec. XIV] **v. intr.** ● verzicare

verzòtto [da *verza*① ✻ av. 1557] **agg.** ● ***cavolo v.***, verza

†**verzùme** [da *verza*①, rifatto su *verdume* ✻ sec. XIV] **s. m.** ● fogliame

✤**verzùra** [da *verdura*, modificato secondo *verza*① ✻ av. 1336] **s. f.** **1** (*lett.*) insieme di piante verdi, erbe, germogli e sim. **SIN.** vegetazione **2** †color verde **3** (*fig., lett.*) rigoglio, fioritura

VES /vɛs/ [sigla di *Velocità di EritroSedimentazione* ✻ 1987] **s. f. inv.** ● (*med.*) velocità di eritrosedimentazione

vesània [vc. dotta, lat. *vesānia(m)*, da *vesānus* 'pazzo', comp. della particella negativa *vē-* e *sānus* 'sano' ✻ 1840] **s. f.** ● (*lett.*) pazzia, follia

†**véschio** ➤ **vischio**

véscia ① [dal lat. tardo *vissīre* 'far peti', di orig. onomat. ✻ av. 1449] **s. f.** (**pl.** *-sce*) **1** (*tosc.*) loffa **2** (*fig.*) †chiacchiera, pettegolezzo: *saper tutte le vesce*

véscia ② [da *vescia*①, perché quando matura lascia uscire silenziosamente le spore dalla sommità ✻ 1536] **s. f.** (**pl.** *-sce*) ● fungo dei Gasteromiceti, di forma globosa e privo di gambo, bianco e commestibile da giovane, ripieno di spore che formano ammasso pulverulento a maturità (*Lycoperdon*)

†**vesciàia** [da *vescia*① ✻ 1778] **s. f.** ● donna pettegola, che ridice tutto quel che sente dire

vescìca o †**vessìca** [lat. *vesīca(m)*, da avvicinare a *venter* 'ventre' ✻ av. 1292] **s. f.** **1** (*anat.*) organo cavo del corpo umano o animale, destinato alla raccolta di liquidi: *v. biliare* | ***v. urinaria***, (*ellitt.*) ***vescica***, sacco muscolomembranoso situato nella parte anteriore della cavità pelvica, che serve come serbatoio dell'urina | ***v. natatoria***, organo sacciforme caratteristico di molti Pesci ossei, ripieno di gas, situato nella parte dorsale della cavità viscerale, comunicante o no con l'esofago **CFR.** fiso-, cisto- **2** vescica urinaria del maiale, ripulita, seccata e gonfiata, per conservarvi lo strutto **3** (*fig., disus.*) chiacchiera vuota o malevola **4** †palloncino colorato | †bolla, bollicina d'aria **5** †vaso per distillare a figura di vescica **6** (*med.*) lesione cutanea caratterizzata da scollamento dei piani superficiali e raccolta di liquido **7** (*est., pop.*) rigonfiamento su un organo vegetale **8** (*est.*) pulica | bolla tra due piastre o lamiere per difetto di saldatura ‖ **vescichétta, dim.** (V.) | **vescìcola, dim.** | **vescicóna, accr.** | **vescicóne, accr. m.** (V.)

vescicàle [1752] **agg.** ● di vescica, spec. riferito a quella urinaria

vescicànte o †**vessicànte** [propr. part. pres. di *vescicare* ✻ av. 1694] **A** **agg.** ● detto di sostanza fortemente revulsiva, che determina la formazione di vesciche sulla pelle | ***gas v.***, aggressivo chimico che produce vesciche e piaghe dolorose, difficili a guarire: *l'iprite è un gas v.* **B** **s. m.** ● farmaco revulsivo che dà origine a vesciche: *applicare un v.*

†**vescicàre** o †**vessicàre** [lat. tardo *vesicāre* 'fare delle vescichette', da *vesīca* 'vescica' ✻ av. 1494] **v. intr.** ● produrre vesciche

vescicària [vc. dotta, lat. *vesicāria(m)*, da *vesīca* 'vescica', per la forma dei frutti ✻ av. 1589] **s. f.** ● arbusto delle Leguminose a foglie imparipennate, glauche inferiormente, purgative, e legume gonfio come una vescica che scoppia quando è compresso (*Colutea arborescens*)

vescicatòrio o †**vessicatòrio** [da *vescicare* ✻ 1583] **agg. e s. m.** (**pl.** *-i* o *raro -ii*) ● vescicante

vescicazióne [da *vescicare* ✱ 1940] **s. f.** **1** formazione di vesciche **2** (*med.*) applicazione di vescicanti

vescichétta [av. 1537] **s. f.** ● dim. di *vescica* | (*anat.*) *v. biliare*, cistifellea

vescicola o †**vessìcola** [vc. dotta, lat. *vesīcula(m)*, dim. di *vesīca* 'vescica' ✱ sec. XVII] **s. f.** **1** (*anat.*) piccola vescica | *v. seminale*, piccola ghiandola annessa all'apparato genitale maschile in prossimità della prostata **2** (*med.*) lesione cutanea in forma di piccola vescica **3** (*biol.*) minuta struttura endocellulare delimitata da membrana e coinvolta nell'assunzione di sostanze dall'ambiente o nell'emissione di prodotti

vescicolàre o †**vessicolàre** [1750] **agg.** **1** relativo a vescica o vescicola **2** che è simile, per forma, a una vescica: *cavità v.* **3** che è costituito da vescicole: *tessuto v.*

vescicóne [av. 1566] **s. m.** **1** accr. di *vescica* **2** (*veter.*) abnorme raccolta di liquido nelle sinoviali articolari o tendinee del cavallo

vescicóso (o **-ṣo**) [av. 1519] **agg.** ● pieno di vesciche | di forma simile a vescica

vescióne [da *vescia*① ✱ 1688] **s. m.** (**f.** *-a*) ● (*tosc.*) persona pettegola, maldicente

†**vésco** ➤ **vischio**

†**vescóso** ➤ **viscoso**

vescovàdo o **vescovàto** [lat. tardo *episcopātu(m)*, da *epĭscopus* 'vescovo' ✱ 1150] **s. m.** **1** dignità, ufficio, governo del vescovo **2** territorio o diocesi su cui il vescovo esercita la sua giurisdizione **3** palazzo che è sede del vescovo **SIN.** episcopio

†**vescovàle** [lat. tardo *episcopāle(m)*, da *epĭscopus* 'vescovo'. V. *episcopale* ✱ 1363] **agg.** ● vescovile

vescovàto ➤ **vescovado**

vescovìle [av. 1342] **agg.** ● del vescovo, dei vescovi: *curia v.*; *dignità v.*; *abito, anello v.* || **vescovilménte**, **avv.** (*lett.*) con i modi tipici di un vescovo

vèscovo o †**piscopo** [lat. tardo *epĭscopu(m)*, dal gr. *epískopos* 'ispettore, sorvegliante', da *episkopêin* 'osservare, sorvegliare', comp. di *epí* 'sopra' (V. *epagoge*) e *skopêin* 'guardare' (V. *-scopio*). V. *episcopo* ✱ 1150] **A** **s. m.** **1** ministro sacro che, nella Chiesa cattolica, ha la piena potestà del ministero apostolico, nella predicazione della fede, nell'ordinamento e svolgimento del culto e nel governo della comunità ecclesiale | *v. titolare*, investito di un titolo episcopale, senza giurisdizione | *v. castrense*, ordinario militare | *v. in partibus infidelium*, un tempo, vescovo titolare di una sede dove non poteva risiedere perché in territorio non cristiano | *V. di Roma*, il Papa | *v. conte*, feudatario ecclesiastico investito di una contea dall'imperatore | *v. diocesano*, che è preposto al governo di una diocesi **2** (**f.** *-a*) nelle Chiese riformate, l'ecclesiastico che il sinodo o l'organo che regge la comunità designa a funzioni di controllo **3** †capo dei leviti **4** †sacerdote pagano **5** †vigilante, sorvegliante **B** **in funzione di agg.** ● (posposto al sost.) nella loc. *principe v.*, in epoca medievale, vescovo che alla carica e dignità vescovile univa il titolo e il potere feudale del principe | *rosso v.*, detto del colore rosso violaceo proprio dell'abito vescovile

♦**vèspa**① o †**vèspe** [lat. *vĕspa(m)*, di orig. indeur. ✱ 1268] **s. f.** **1** nome comune degli Insetti dei Vespidi, prevalentemente di quelli appartenenti al genere *Polistes*, caratterizzati da una sagoma marcatamente assottigliata fra torace e addome, da una livrea nera e gialla e dal pungiglione velenifero degli esemplari femminili | *v. cartonaia*, che costruisce nidi grigiastri, con un prodotto simile al cartone (*Polistes gallicus*) **CFR.** ronzare | (*fig.*) *vita, vitino di v.*, estremamente sottile | (*fig.*) *essere fastidioso come una v.*, essere fastidiosissimo | (*fig.*) persona malevola **2** (*zool.*) *v. della sabbia*, ammofila | *v. d'oro*, stilbo || **vespina**, **dim.** | **vespóne**, **accr. m.**

Vèspa®② [marchio registrato ✱ 1942] **s. f.** ● tipo di motorscooter prodotto dalla Piaggio || **Vespino**, **dim. m.** (V.) | **Vespóne**, **accr. m.**

vespàio [da *vespa*① ✱ av. 1257] **s. m.** (**pl.** *-ai*) **1** nido di vespe | *dar fuoco al v.*, per farne uscire le vespe | *suscitare un v.*, (*lett.*) *stuzzicare un v.*, (*fig.*) provocare vivaci proteste, critiche, complicazioni e sim. **2** (*med.*) favo **3** camera d'aria composta di materiale poroso, posta sotto il pavimento per isolarlo dal terreno, proteggerlo dall'umidità e dalle basse temperature

†**vespaióso** (o **-ṣo**) [sec. XIV] **agg.** ● spugnoso

vespaṣiàno [calco sul fr. *vespasienne*, dal n. dell'imperatore romano Vespasiano, che impose una tassa sulla raccolta dell'urina effettuata per ricavarne ammoniaca, utile per sgrassare ✱ 1890] **s. m.** ● orinatoio pubblico in forma di edicola o di torretta

†**vèspe** ➤ **vespa**①

vesperàle [vc. dotta, lat. tardo *vesperāle(m)*, da *vĕsper* 'vespero' ✱ 1516] **agg.** ● (*lett.*) vespertino

vesperàre [vc. dotta, lat. tardo *vesperāri*, da *vĕsper* 'vespero' ✱ 1879] **v. intr.** (*io vèspero*) ● (*lett.*) farsi sera

vèspero [vc. dotta, lat. *vĕsperu(m)*, di orig. indeur. ✱ 1306] **s. m.** **1** V. *vespro* **2** (*lett.*) il pianeta Venere quando appare al tramonto || **vesperóne**, **accr.** (V.)

vesperóne [accr. di *vespero* 'vespro' ✱ 1959] **s. m.** ● (*pop.*, **spec. al pl.**) vespro solenne

vespertìlio o †**vespertìllo** [vc. dotta, lat. *vespertīlio*, nom. sing. V. *pipistrello* ✱ av. 1327] **s. m.** (**pl.** *-i* o *raro -ii*) ● (*zool.*) vespertilione

vespertilióne [vc. dotta, lat. *vespertiliō-ne(m)*. V. *vespertilio* ✱ sec. XIII] **s. m.** ● pipistrello con orecchie brevi, insettivoro, cosmopolita (*Vespertilio*)

Vespertiliònidi [da *vespertilione* ✱ 1937] **s. m. pl.** (**sing.** *-e*) ● (*zool.*) famiglia di Mammiferi dei Microchirotteri ricca di generi e comprendente la maggior parte dei pipistrelli (*Vespertilionidae*)

†**vespertìllo** ➤ **vespertilio**

♣**vespertìno** [vc. dotta, lat. *vespertīnu(m)*, da *vĕsper* 'sera'. V. *vespero* ✱ sec. XIII] **agg.** ● (*lett.*) del vespro, della sera: *ore vespertine*; *una passeggiata vespertina* | *Messa vespertina*, celebrata nel pomeriggio | *stella vespertina*, il pianeta Venere **SIN.** serale

†**vespéto** [da *vespa*① ✱ av. 1698] **s. m.** ● vespaio

Vèspidi [da *vespa*① ✱ 1933] **s. m. pl.** (**sing.** *-e*) ● (*zool.*) famiglia di Insetti aculeati degli Imenotteri alcuni dei quali sono solitari mentre altri formano società annuali o perenni (*Vespidae*)

vespière [detto così perché si nutre di *vespe* ✱ 1869] **s. m.** ● (*zool.*, *pop.*) gruccione

vespìgno [da *vespa*① ✱ 1951] **agg.** ● (*lett.*, *fig.*) spigliato, vivace, pronto

vespillóne [vc. dotta, lat. *vespillōne(m)*, di etim. incerta ✱ 1585] **s. m.** ● (*centr.*) becchino

vespìno [sec. XX] **s. m.** **1** dim. di *Vespa*② **2** motorscooter con caratteristiche tali da farlo rientrare fra i ciclomotori

vespìsta [da *Vespa*② ✱ 1950] **s. m. e f.** (**pl. m.** *-i*) ● chi fa uso della Vespa: *raduno di vespisti*

vespìstico [sec. XX] **agg.** (**pl. m.** *-ci*) ● che riguarda la Vespa e chi la usa: *raduno v.*

†**vespistrèllo** ➤ **pipistrello**

†**vespritèllo** ➤ **pipistrello**

vèspro o (*pop.*) **vèspero** [lat. *vĕsperu(m)*. V. *vespero* ✱ sec. XII] **s. m.** **1** (*lett.*) ora del giorno in cui il sole va declinando, tardo pomeriggio **2** nella liturgia cattolica, ora canonica, penultima fra nona e compieta, corrispondente alle diciotto | ufficio recitato in tale ora: *dire, recitare, cantare il v.* | (*fig.*) †*cantare il v. a qlcu.*, *cantare a qlcu. il v. e la compieta*, dirgli apertamente e senza mezzi termini quello che si pensa, cantargliela chiara | suono delle campane che chiama i religiosi a tale ufficio | *vespri siciliani*, moto popolare scoppiato a Palermo nel marzo 1282 contro la dominazione angioina **3** (*fig.*, *lett.*) vecchiaia | †fine del mondo

♣**vessàre** [vc. dotta, lat. *vexāre* 'smuovere con violenza, scuotere', poi 'maltrattare, vessare', di orig. indeur. ✱ sec. XIII] **v. tr.** (*io vèsso*) ● sottoporre qlcu. a continui abusi, arbìtri, maltrattamenti e sim.: *v. un popolo, i sudditi, i dipendenti* | sottoporre a un eccessivo carico di tasse e imposte: *un sistema fiscale iniquo che serve solo a v. i cittadini* **SIN.** angariare, tartassare

SFUMATURE DI SIGNIFICATO

vessare - perseguitare - tiranneggiare

Vessare è l'atto di sottoporre qualcuno ad abusi, umiliazioni, maltrattamenti ripetuti, perlopiù profittando della propria autorità. Anche **perseguitare** comporta un accanimento continuato contro una persona, generalmente indifesa, anche al di fuori di un rapporto di dipendenza o subordinazione; ma è forse più frequente l'uso di questo verbo in relazione a una minoranza etnica, politica o religiosa che subisce una repressione violenta e continuativa. In senso proprio **tiranneggiare** equivale a esercitare il governo in modo tirannico, sopraffacendo i propri sudditi; nella sfera privata definisce la pratica di chi si impone con durezza sugli altri, limitandone la libertà o la personalità.

vessatóre [vc. dotta, lat. *vexatōre(m)*, da *vexātus* 'vessato' ✱ 1761] **s. m.** (**f.** *-trice*); **anche agg.** ● chi (o che) vessa

vessatòrio [da *vessatore* ✱ av. 1831] **agg.** (**pl. m.** *-i* o *raro -ii*) ● che impone o realizza continue vessazioni: *comportamento, governo v.*; *sistema fiscale v.* **SIN.** oppressivo || **vessatoriaménte**, **avv.**

♣**vessazióne** [vc. dotta, lat. *vexatiōne(m)*, da *vexātus* 'vessato' ✱ av. 1306] **s. f.** ● maltrattamento di qlcu. mediante angherie, soprusi e sim.: *subire, sopportare pesanti vessazioni*; *essere sottoposto a continue vessazioni*; *ribellarsi alle vessazioni*; *vessazioni politiche, fiscali*

SFUMATURE ➤ *angheria*

vèssel /ingl. 'vɛs(ə)l/ [vc. ingl., propr. 'vaso, recipiente' ✱ 1980] **s. m. inv.** ● (*fis.*) contenitore di sicurezza di un reattore nucleare, a tenuta stagna e capace di sostenere alte pressioni

†**vessìca** e deriv. ➤ **vescica** e deriv.

vessillàrio [vc. dotta, lat. *vexillāriu(m)*, da *vexĭllum* 'vessillo' ✱ av. 1580] **s. m.** **1** negli antichi eserciti romani, chi portava il vessillo **2** (*milit.*) legionario romano che combatteva in una formazione dotata di vessillo proprio

vessillazióne [vc. dotta, lat. *vexillatiōne(m)*, da *vexĭllum* 'vessillo' ✱ av. 1580] **s. f.** ● ala di cavalleria, nell'antica legione romana

vessillìfero [vc. dotta, lat. tardo *vexillĭferu(m)*, comp. di *vexĭllum* 'vessillo' e *-fer* '-fero' ✱ 1521] **s. m.** (**f.** *-a*) **1** chi porta il vessillo, la bandiera, l'insegna di un corpo, un esercito e sim. **2** (*fig.*) alfiere, antesignano: *il v. di nuove idee politiche*

vessìllo [vc. dotta, lat. *vexĭllu(m)*, propr. dim. di *vēlum* 'vela' ✱ av. 1306] **s. m.** **1** nell'antico esercito romano, riquadro di stoffa rossa, attaccato alla sommità di un'asta, subito sotto la punta, mediante una sbarra trasversale **2** (*est.*) bandiera, insegna (**anche fig.**): *v. militare*; *il v. tricolore*; *un bianco v. di pace* | *te-*

nere alto il v. di qlcu., di qlco., (*fig.*) fare onore a qlcu., a qlco. | ***innalzare il v. della rivolta, della libertà*** e sim., scatenare la rivolta, far trionfare la libertà e sim. **3** (*bot.*) stendardo **4** (*zool.*) nella penna l'insieme delle barbe e delle rispettive barbule

SFUMATURE DI SIGNIFICATO
vessillo - gonfalone
Il **vessillo** nell'antico esercito romano era un quadrato di stoffa rossa appeso in cima a un'asta tramite una sbarra trasversale; oggi si usa letterariamente come sinonimo di *bandiera*. **Gonfalone** è il termine con cui si indicavano gli antichi vessilli di comuni, corporazioni, associazioni, ecc.; oggi si impiega solo in relazione a quelli dei comuni, delle province e delle regioni italiane.
SFUMATURE ➤ ***bandiera***

vessillologìa [fr. *vexillologie*, comp. di *vexille* 'vessillo' e *-logie* '-logia' ✱ 1971] **s. f.** (**pl.** *-gìe*) ● studio e collezionismo delle bandiere

vessillòlogo [fr. *vexillologue*, comp. di *vexille* 'vessillo' e *-logue* '-logo' ✱ 1971] **s. m.** (**f.** *-a*; **pl. m.** *-gi*) ● chi si occupa di vessillologia

†**vèsta** ➤ **veste**

vestàglia [da *veste* ✱ 1858] **s. f.** ● ampia veste spec. lunga da camera, gener. chiusa da una cintura SIN. veste da camera ‖ **vestagliétta**, **dim.** (V.) | **vestaglìna**, **dim.** | **vestagliòna**, **accr.** | **vestaglióne**, **accr. m.**

vestagliétta [1961] **s. f. 1** dim. di *vestaglia* **2** vestito femminile da casa o da spiaggia, corto e scollato, con o senza maniche a seconda dell'uso, aperto sul davanti

✦**vestàle** [vc. dotta, lat. *Vestāle(m)*, da *Vĕsta* ✱ av. 1342] **s. f. 1** sacerdotessa che, nel culto romano del tempio di Vesta e del fuoco pubblico, era tenuta a mantenere acceso il fuoco sacro e a conservare la verginità per i trent'anni che prestava servizio nel tempio **2** (*est.*, *raro*) donna di vita austera e di costumi irreprensibili **3** (*fig.*) persona che fa proprio, custodisce e difende con assoluta intransigenza un ideale, un principio e sim. (*anche iron.*): *una v. della famiglia, della patria*

♦**vèste** o †**vèsta** [lat. *vĕste(m)*, di orig. indeur. ✱ sec. XII] **s. f.** (**pl.** *vesti*, †*vesta*) **1** abito, vestito spec. femminile che copre l'intera persona: *v. lunga, corta*; *v. da sposa, da sera*; *una v. di seta ricamata*; *discendeva da una carrozza (...) sollevando arditamente la v.* (G. VERGA) | ***v. talare***, sottana nera portata dal sacerdote cattolico | ***v. da camera***, vestaglia **2** (**spec. al pl.**) il complesso degli indumenti indossati da una persona: *vesti maschili, femminili*; *vesti tradizionali, ecclesiastiche, liturgiche*; *vesti ricche, misere, lacere, discinte*; *strapparsi le vesti di dosso* **3** (*est.*, *raro*) rivestimento, copertura: *la v. in paglia di un fiasco*; *una v. di intonaco*; *hanno rinforzato il contenitore con una v. metallica* | (*lett.*) ***la v. degli alberi, dei campi*** e sim., la vegetazione che li ricopre | ***v. editoriale, tipografica***, il risultato finale di tutte le operazioni grafiche necessarie alla realizzazione di un libro e, quindi, l'aspetto definitivo dello stesso: *una elegante v. editoriale con splendide illustrazioni* **4** (*poet.*) il corpo umano, rispetto all'anima **5** (*fig.*) forma, aspetto esteriore, apparenza: *una v. ingannevole di pudicizia, di onestà, di simpatia*; *una certa dottrina in v. poetica* (F. DE SANCTIS) | ***in v. di***, sotto l'apparenza di: *si è presentato in v. di pellegrino, di postulante, di persona onesta* **6** (*fig.*) autorità e diritto inerente a una carica, un ufficio e sim.: *con la v. di sindaco, di ispettore*; *non ha v. per entrare in questa faccenda* | qualità, funzione: *parlare, decidere, intervenire in v. di ministro, di pubblico accusatore*; *solo lui, nella sua v. di capo dello Stato, poteva concederlo* **7** (*fig.*) forma di espressione: *dare una v. nobile, poetica, eroica alle proprie idee* ‖ **vestàccia**, **pegg.** | **vestarèlla**, **dim.** | (*lett.*) **vestétta**, **dim.** | **vesticciòla**, (*lett.*) **vesticciuòla**, **dim.** | **vestina**, **dim.** (V.) | (*lett.*) **vestóne**, **accr. m.** | (*lett.*) **vestùccia**, **dim.**

†**vestiària** [vc. dotta, lat. *vestiāria(m)*, da *vĕstis* 'veste' ✱ sec. XIV] **s. f.** ● guardarobiera di monasteri

vestiàrio [vc. dotta, lat. *vestiāriu(m)* 'armadio per abiti, guardaroba, insieme degli abiti', da *vĕstis* 'veste' ✱ av. 1306] **s. m. 1** insieme dei capi di abbigliamento | ***rinnovare il v.***, acquistare nuovi capi per la stagione **2** guardaroba di scena di attori e cantanti | (*gerg.*) ***basso v.***, scarpe, calze, guanti e accessori minuti dell'abbigliamento teatrale **3** assortimento di abiti, di indumenti: *articoli di v.* **4** †guardaroba

vestiarìsta o **vestierìsta** [da *vestiario* ✱ 1858] **s. m. e f.** (**pl. m.** *-i*) ● chi confeziona i costumi di scena per attori, cantanti, ballerini, o li dà a nolo agli impresari | chi assiste le modelle o i modelli nel cambio dell'abito durante una sfilata di moda

vestibilità [comp. di *vest(e)* e *-ibile* ✱ 1971] **s. f. inv.** ● caratteristica di un capo di vestiario che si adatta bene alla persona: *una giacca con un'ottima v.*

vestibolàre [1898] **agg.** ● (*anat.*) del vestibolo: *nervo v.*; *apparato v.* | ***lato v.***, faccia anteriore del dente

vestìbolo o †**vestìbulo** [vc. dotta, lat. *vestībulu(m)*, di etim. incerta ✱ 1374] **s. m. 1** vano che serve da entrata a un edificio o a una grande sala: *il v. di un'antica casa romana*; *il v. di un teatro* **2** (*anat.*) spazio cavo in comunicazione con un'altra cavità | ***v. auricolare***, apparato di registrazione della posizione e dei movimenti del corpo situato nell'orecchio interno | ***v. vaginale***, primo tratto del canale vaginale

vestibologìa [comp. di *vestibo(lo)* nel sign. 2 e *-logia* ✱ 1980] **s. f.** (**pl.** *-gìe*) ● (*med.*) disciplina che studia le vertigini e i disturbi dell'equilibrio causati da patologie del sistema vestibolare dell'orecchio

vestierìsta ➤ **vestiarista**

†**vestìgia** [av. 1306] **s. f.** (**pl.** *-gie*) ● vestigio

vestigiàle [da *vestigia* nel senso di 'traccia' col suff. *-ale*①, sul modello dell'ingl. *vestigial* ✱ 1989] **agg.** ● (*anat.*) riferito a struttura rudimentale, presente in un embrione o in un organismo adulto come traccia di un organo ancestrale

✦**vestìgio** [vc. dotta, lat. *vestīgiu(m)*, da *vestigāre* 'seguire le tracce di qualcuno'. V. *investigare* ✱ sec. XIII] **s. m.** (**pl.** *vestìgi*, **m.**, o *vestìgia*, **f.**, †*vestìgie*, **f.**, †*vestìge*, **f.**) **1** (*lett.*) impronta del piede, orma, pedata: *vestigia umane*; *seguendo le vestigia impresse, / rivolse il corso a la selva vicina* (T. TASSO) | (*fig.*, *lett.*) esempio: *seguire le vestigia di qlcu.* | (*est.*) piede: *ove v. uman la rena stampi* (F. PETRARCA) **2** (*lett.*) traccia, indizio che permette di ritrovare, riconoscere e ricordare qlcu. o qlco.: *le vestigia di un'antica civiltà, di un popolo scomparso*; *gli ultimi vestigi dell'antica fama, gloria, grandezza* | (*est.*) segno, resto: *nei suoi occhi cerchiati, gli parve di scorgere vestigia di pianto* (E. MORANTE) **3** (**spec. al pl.**) rudere: *le vestigia di Roma, di Persepoli* | (*lett.*) residuo, traccia: *Alludo ai vestigi di doratura ... nella statua di Marco Aurelio* (G. CARDUCCI) **4** (**spec. al pl.**) †veste, abito, armatura

SFUMATURE DI SIGNIFICATO
vestigio - rudere - rovina
In usi letterari **vestigio** è l'orma, l'impronta, la traccia; ma l'impiego più significativo della parola è nel plurale *vestigia*, che definisce i resti materiali di civiltà del passato. **Rudere** ha un significato più specifico e circoscritto, definendo ciò che sopravvive, sia in piedi, sia crollato, di edifici, costruzioni, monumenti antichi o anche solo vecchi. Se un'area, un paesaggio sono contrassegnati dalla presenza di numerosi edifici, costruzioni crollate si hanno delle **rovine**.

vestimentàrio [da *vestimento* ✱ 1856] **agg.** ● relativo all'abbigliamento: *tradizioni vestimentarie*

vestiménto [vc. dotta, lat. *vestimĕntu(m)*, da *vestīre* ✱ 1266] **s. m.** (**pl.** *-i*, †*vestiménta*, **f.**) **1** †il vestire, il vestirsi | (*lett.*) vestizione **2** (*lett.*) abito, veste, indumento: *eran veste te d'un v. di lino sottilissimo e bianco come neve* (G. BOCCACCIO)

vestìna [1427] **s. f. 1** dim. di *veste* **2** abito infantile

♦**vestìre**① [lat. *vestīre*, da *vĕstis* 'veste' ✱ 1250 ca.] **A v. tr.** (*io vèsto*) **1** coprire con gli indumenti: *v. un bambino, un malato*; *v. la bambola*; *bisogna vestirlo perché non prenda freddo* **2** fornire degli indumenti necessari: *v. i propri figli*; *v. i poveri, i derelitti* | ***v. gli ignudi***, una delle sette opere di misericordia corporale | (*est.*) fornire qlcu. di abiti, lavorandoli o vendendoli già confezionati, detto di sarto o di negozio d'abbigliamento: *sarto, sartoria, boutique che veste le signore più eleganti, una ricca clientela* **3** indossare: *v. un abito, un mantello*; *e mangia e bee e dorme e veste panni* (DANTE *Inf.* XXXIII, 141) | (*est.*) indossare un particolare abito, indicativo di uno stato, di una professione e sim.: *v. il saio, la tonaca, l'abito talare*; *v. la toga, le armi, la corazza, la porpora* **4** adattarsi alla persona, alla figura, stare bene indosso, cadere bene, detto di abito (*anche assol.*): *quel cappotto ti veste perfettamente*; *guarda come veste questa giacca* **5** (*fig.*, *raro*) fornire di un rivestimento: *v. i fiaschi, la damigiana* **6** (*fig.*, *lett.*) ricoprire, ammantare: *la primavera ha vestito di verde la campagna*; *l'ultimo sole vestiva d'oro il fiume* **7** (*fig.*, *lett.*) ornare, addobbare: *v. l'altare, la chiesa per una funzione solenne* **8** (*fig.*, *lett.*) dare, conferire, attribuire una forma, un aspetto o una caratteristica particolari: *tu che ardisci / vestir d'eterna giovinezza il marmo* (U. FOSCOLO) **9** †assumere: *v. spoglie umane* | ***v. l'umana carne***, incarnarsi, detto del Cristo **B v. intr.** (**aus.** *avere*) ● usare, indossare, portare un abito: *v. di bianco, di blu, di grigio*; *v. di gala, di corto, di lungo*; *v. alla moda, alla marinara, a lutto*; *essere vestito da casa, da lavoro, da passeggio*; *mi vestirò in maschera, da Arlecchino, da moschettiere* | ***saper v.***, avere buon gusto nello scegliere i propri abiti e saperli indossare con garbo, grazia, eleganza | ***sapere di che panni veste qlcu.***, (*fig.*, *raro*) conoscerne l'indole, il comportamento **C vestìrsi v. rifl. 1** indossare gli indumenti: *vestirsi appena alzati*; *vestiti perché fa freddo*; *mi vesto e sono da voi* | (*est.*) abbigliarsi, indossare un abito appropriato (**+** *per*, **anche seguito da inf.**): *vestirsi per uscire, per la cena, per un ballo* **2** fornirsi di abiti (**+** *da*, **+** *in*): *si veste dal migliore sarto della città*; *si è sempre vestita nei negozi più eleganti* | ***sa vestirsi***, sa scegliere e indossare gli abiti che più gli si confanno **3** indossare l'abito proprio di un particolare stato, ufficio o professione (**+** *di*): *vestirsi della toga, delle armi, della divisa*; *vestirsi della porpora imperiale* **4** (*fig.*, *lett.*) ammantarsi, ornarsi, ricoprirsi: *il bosco si veste di foglie, di fiori*; *la campagna si veste di verde, di colori smaglianti*; *il cielo si vestì di porpora e d'oro*; *l'alba si vestiva di luce* | †***vestirsi di carne***, incarnarsi, detto del Cristo

vestìre② [da *vestire*① ✱ 1282] **s. m.** (**pl.** †*-i*) **1** abito, abbigliamento, vestiario: *bisogna*

V

pensare alla casa, al mangiare, al v. | modo di vestirsi: *un v. elegante, raffinato* **2** (**al pl.**) †indumenti

†**vestìta** [da *vestito*① ✱ av. 1574] **s. f.** ● solo nella loc. ***dare, avere la ben v.***, dare o ricevere una veste, in premio di giochi fatti in conviti, secondo l'uso degli antichi signori

♦**vestìto**① o †**vestùto** **part. pass.** di *vestire*; **anche agg. 1** che ha indosso gli indumenti: *si gettò sul letto tutto v.* | che indossa determinati abiti: *è sempre ben v.* | (*fig.*, *lett.*) rivestito: *cime vestite di bianco* | (*fig.*, *disus.*) ***nascere v.***, con la camicia | ***calzato e v.***, (*fig.*) completo, integrale: *asino, somaro, calzato e v.* **2** detto di organo o apparato vegetale coperto da un involucro: *seme v.* | ***riso v.***, messo in commercio con la glume ancora attaccata ai chicchi, risone

♦**vestìto**② [lat. *vestītu(m)*, da *vestītus*, part. pass. di *vestīre* ✱ av. 1342] **s. m. 1** abito: *v. da uomo, da donna*; *v. da inverno, da mezza stagione*; *v. di gala*; *comperare un v.* | ***v. della domenica***, (*per anton.*) quello indossato nei giorni festivi o nelle occasioni importanti **2** (*disus.*) vestiario: *provvedere qlcu. di vitto e v.* ‖ **vestitàccio**, **pegg.** | **vestitèllo**, **dim.** | **vestitino**, **dim.** | **vestitóne**, **accr.** | **vestitùccio**, **dim.**

vestitùra [vc. dotta, lat. tardo *vestitūra(m)*, da *vestītus* 'vestito①' ✱ av. 1292] **s. f. 1** (*raro*) il vestire, il vestirsi | (*est.*) abito, vestito **2** (*raro*) rivestimento di fiaschi e sim.

vestizióne [da *vestito*① ✱ sec. XIII] **s. f. 1** (*raro*, *lett.*) vestitura **2** cerimonia del vestire l'abito di un ordine religioso o cavalleresco

†**vestùra** [ant. fr. *vesteure*, da *vestir* 'vestire' ✱ sec. XIV] **s. f.** ● vestitura

†**vestùto** ➤ **vestito**①

vesuviàna, (*evit.*) **vesuvianite** [f. sost. di *vesuviano*, perché si trova nei materiali eruttivi del *Vesuvio* ✱ 1817] **s. f.** ● (*miner.*) silicato complesso di calcio, alluminio e magnesio, frequente nei blocchi di calcare eruttati dal Vesuvio sotto forma di cristalli bruni tozzi

vesuviàno [1797] **agg.** ● del Vesuvio

vesuviatùra [da *Vesuvio*, perché proietta l'olio con la forza simile a quella di un vulcano ✱ 1963] **s. f.** ● (*autom.*) trattamento anticorrosivo della parte inferiore di un autoveicolo, che consiste nello spruzzarlo con un getto di aria compressa contenente goccioline di olio lubrificante

♣**veteràno** [vc. dotta, lat. *veterānu(m)* 'vecchio, anziano', da *vĕtus*, genit. *vĕteris* 'vecchio', di orig. indeur. ✱ sec. XIII] **A s. m. 1** soldato romano che, avendo prestato il servizio militare per un determinato numero di anni, veniva onorevolmente congedato: *assegnazione di terra ai veterani* **2** (*est.*) correntemente, chi ha prestato per molti anni servizio militare: *i veterani delle campagne napoleoniche* **3** (**f.** *-a*) (*fig.*) chi per molto tempo ha svolto un'attività, esercitato un mestiere o una professione, frequentato un luogo e sim., e quindi ha una particolare abilità o esperienza in merito (*anche iron.*): *un v. della caccia, dell'insegnamento, del foro, dello sport*; *i veterani delle patrie galere* **4** (**f.** *-a*) nello sport, atleta che ha compiuto il quarantesimo anno di età e che, inquadrato in una speciale categoria, può gareggiare nelle competizioni a essa riservate **B agg.** ● (*lett.*) vecchio, antico: *una veterana amicizia* (L.A. Muratori)

veterinària [vc. dotta, lat. tardo (*ărtem*) *veterināria(m)*, f. sost. di *veterinārius* 'veterinario' ✱ 1585] **s. f.** ● scienza che ha per oggetto i problemi inerenti all'allevamento e alle patologie degli animali | corso di studi e attività professionale relativi a tale scienza

♦**veterinàrio** [vc. dotta, lat. *veterināriu(m)*, da *veterīnae* 'bestie da soma' (cioè 'bestie vecchie, non più adatte alla corsa'), da *vĕtus*, genit. *vĕteris* 'vecchio'. V. *veterano* ✱ 1543] **A agg.** ● relativo alla cura degli animali domestici: *medico v.*; *medicina veterinaria* **B s. m.** (**f.** *-ia*; **V. nota d'uso FEMMINILE**) ● chi, dotato di laurea specifica, esercita la veterinaria

†**veterìno** [vc. dotta, lat. *veterīnu(m)*, agg., 'di bestia da soma', da *vĕtus*, genit. *vĕteris* 'vecchio'. V. *veterano* ✱ av. 1714] **agg.** ● di animale da soma

vètero- [dal lat. *vĕtus*, genit. *vĕteris* 'vecchio' (V. *veterano*)] **primo elemento** ● in parole composte spec. del linguaggio politico o religioso, significa 'vecchio', 'antico', o anche 'sorpassato': *veterotestamentario*; *veterocomunista*

veterocattolicèsimo [comp. di *vetero-* e *cattolicesimo* ✱ sec. XX] **s. m. solo sing.** ● (*relig.*) movimento religioso cristiano nato in Germania che, in opposizione al dogma dell'infallibilità papale, nel 1871 si distaccò dalla Chiesa cattolica romana

veterocomunìsmo [comp. di *vetero-* e *comunismo* ✱ 1986] **s. m.** ● (*spreg.*) ideologia, modo di pensare di chi è veterocomunista

veterocomunìsta [comp. di *vetero-* e *comunista* ✱ 1985] **agg. e s. m. e f.** (**pl. m.** *-i*) ● (*spreg.*) che (o chi) aderisce o si ispira a modelli superati di comunismo

veterotestamentàrio [da *vetero-* e *testamentario*, sul modello di *neotestamentario* ✱ 1961] **agg.** ● che riguarda il Vecchio Testamento: *testo, stile v.*

vetivèr [vc. di orig. tamil ✱ 1884] **s. m. inv.** ● ***olio essenziale di v.***, essenza ricavata dalle radici della vetiveria, dall'odore intenso, usata in profumeria

vetivèria [vc. di orig. tamil ✱ 1957] **s. f.** ● pianta delle Graminacee originaria dell'India coltivata per estrarre dalle sue radici una essenza caratteristica, usata in profumeria (*Andropogon muricatus*)

vèto [vc. dotta, lat. *vĕto*, prima pers. indic. pres. di *vetāre* 'vietare' ✱ 1573] **s. m. 1** (*dir.*) nel diritto romano, formula del divieto che i tribuni ponevano all'applicazione di leggi e decreti del Senato | ***v. sospensivo***, nell'attuale ordinamento italiano, potere del capo dello Stato di far sospendere il procedimento formativo di una legge | ***diritto di v.***, potere del membro di un consiglio o altro organo deliberante di bloccare una decisione dello stesso **2** (*est.*) proibizione, rifiuto, divieto: *porre, opporre il proprio v. a qlco., a qlcu.*
SFUMATURE ➤ ***rifiuto***

vetràia [1752] **s. f.** ● (*disus.*) vetriera

vetràio [lat. *vitrāriu(m)*, da *vĭtrum* 'vetro' ✱ sec. XIV] **s. m.** (**f.** *-aia*, **pl. m.** *-ai*) **1** operaio addetto alle varie lavorazioni del vetro **2** chi vende, taglia e applica lastre di vetro

vetràme [da *vetro* ✱ 1780] **s. m.** ● assortimento di oggetti e lastre di vetro

vetràrio [lat. *vitrāriu(m)*, agg. di *vĭtrum* 'vetro' ✱ 1612] **agg.** ● concernente il vetro: *arte, industria vetraria*; *commercio v.* | ***pittura vetraria***, eseguita su vetro

vetràta [da *vetro* ✱ av. 1562] **s. f. 1** grande intelaiatura di legno o metallo, con vetri per lo più fissi, per illuminare l'interno di un locale **2** finestra o altro tipo di chiusura nelle quali le decorazioni e le figure formate da frammenti vitrei variamente colorati, inseriti in un'intelaiatura di metallo, producono effetti artistici e ornamentali: *le vetrate del Duomo di Milano*; *una v. gotica, rinascimentale, liberty* **3** (*aeron.*) tettuccio trasparente ‖ **vetratina**, **dim.**

vetràto [1757] **A agg. 1** fornito di vetro: *porta vetrata* **2** ***carta vetrata***, con una faccia cosparsa di polvere di vetro, per levigare legno o altro **B s. m.** ● patina di ghiaccio vetroso che si forma sulle rocce bagnate per un forte abbassamento della temperatura | (*est.*) sottile strato di ghiaccio che si forma sul manto stradale o su qualsiasi altra superficie umida o bagnata esposta a basse temperature

vetrerìa [1844] **s. f. 1** fabbrica per la produzione del vetro o di oggetti di vetro | negozio per la vendita di oggetti di vetro o per la lavorazione e l'installazione di vetri per finestre, specchi e sim. **2** (**al pl.**) insieme di oggetti di vetro

vetriàta [da *vetriato* ✱ 1583] **s. f.** ● (*lett.*) vetrata, invetriata

vetriàto [dal lat. *vĭtreus* 'vitreo' ✱ 1303] **agg. 1** (*lett.*) vetrato: *finestra vetriata* **2** (*lett.*) smaltato: *vaso v.*; *pentola vetriata*

vètrice [lat. *vĭtice(m)*, dal lat. *viēre* 'intrecciare, piegare', di orig. indeur. ✱ sec. XIII] **s. f. e m.** ● (*lett.*) salice | vimine ‖ **vetricióne**, **accr.**

vetriciàia [da *vetrice* ✱ 1759] **s. f.** ● (*tosc.*) luogo umido, saliceto

†**vetriciàio** [1370] **s. m.** ● vetriciaia

vetrièra [da *vetro* ✱ sec. XIII] **s. f. 1** (*lett.*) vetrata, finestra **2** (*sett.*) mobile a vetri, cristalliera, vetrina

vetrificàbile [av. 1798] **agg.** ● che si può vetrificare | ***composizione v.***, miscela delle diverse materie prime, che per fusione daranno il vetro

vetrificànte **A part. pres.** di *vetrificare*; **anche agg.** ● nei sign. del v. **B s. m.** ● ogni sostanza che, sotto l'azione del calore, ha la proprietà di passare dalla forma cristallina a quella amorfa, che conserva, con opportuno raffreddamento, fino alla solidificazione

vetrificàre [1464] **A v. tr.** (*io vetrìfico, tu vetrìfichi*) ● fare diventare vetro o simile a vetro: *il fuoco vetrifica e calcina* **B v. intr.** (**aus.** *essere*) e **vetrificàrsi v. intr. pron.** ● diventare vetro | assumere aspetto o consistenza vitrea ‖ **vetrificazióne**, **s. f.**

vetrìgno [da *vetro* ✱ 1534] **A agg.** ● †di vetro | †vitreo: *pietra vetrigna* **B s. m.** ● mattone con tracce di vetrificazione, perché cotto a temperatura assai elevata

vetrìna① [da *vetrino* ✱ 1681] **s. f.** ● sostanza o miscela di sostanze diverse, portate allo stato vetroso con cottura, usate per impermeabilizzare e decorare i prodotti ceramici

♦**vetrìna**② [fr. *vitrine*, da *vitre* 'vetro' ✱ 1836] **s. f. 1** parte esterna del negozio nella quale vengono esposte al pubblico le merci: *guardare, ammirare le vetrine*; *dare un'occhiata alle vetrine* | vetrata che chiude tale parte del negozio | (*fig.*) ***mettersi in v.***, mettersi in mostra, vantarsi, pavoneggiarsi e sim. | (*fig.*) località o istituzione che per le sue caratteristiche positive assume una funzione rappresentativa o di modello: *la nostra città è diventata la v. della regione*; *il festival della canzone di San Remo è la v. dell'industria discografica italiana* **2** armadio, armadietto, alzata a ripiani con sportelli a vetri per conservare ed esporre libri e oggetti pregiati, da collezione | ***v. pensile***, mobiletto a scaffali, chiuso da vetri, che si appende al muro per esporre porcellane e oggetti preziosi **3** (*tosc.*) credenza a vetri: *la v. del tinello* **4** (*fig.*, **al pl.**, *scherz.*) occhiali ‖ **vetrinétta**, **dim.**

vetrinàre [da *vetrina*① ✱ 1983] **v. tr.** ● nell'industria ceramica, rivestire di vetrina

vetrinatùra [da *vetrinare* ✱ 1983] **s. f.** ● nell'industria ceramica, operazione del vetrinare

vetrinìsta [1939] **s. m. e f.** (**pl. m.** *-i*) ● chi allestisce le vetrine, curando la miglior valorizzazione delle merci esposte

vetrinìstica [1955] **s. f.** ● arte di addobbare le vetrine dei negozi, di esporvi con buon gusto le merci

vetrìno ① [av. 1512] **s. m. 1** dim. di *vetro* **2** ciascuna delle due lastrine di vetro entro le quali si colloca e si conserva un preparato da sottoporre ad esame microscopico

vetrìno ② [da *vetro* ✱ 1754] **agg.** ● (*raro*) che è simile al vetro spec. per la fragilità: *unghie vetrine* | (*lett.*) luminoso | (*lett.*) diafano, candido: *collo v.*

vetriòla o †**vetriuòla** [lat. parl. **vitriŏla(m)*, f. sost. di *vitrĕolus* (V. *vetriolo*), perché serviva a pulire bicchieri e bottiglie di vetro ✱ sec. XIV] **A s. f.** ● (*bot.*) muraiola **B anche agg. solo f.**: *erba v.*

vetrioleggiàre [da *vetriolo* ✱ 1905] **v. tr.** (**pres.** *io vetrioléggio*; **fut.** *io vetrioleggerò*) **1** (*raro*) deturpare qlcu. gettandogli addosso, spec. sul viso, il vetriolo, o acido solforico **2** (*fig.*) criticare qlcu. o qlco. in modo molto polemico, aspro, velenoso

vetriòlo o †**vetriuòlo**, †**vitriòlo**, †**vitriuòlo** [lat. parl. **vitriŏlu(m)*, nt. sost. di **vitriŏlus*, da *vĭtreus* 'vitreo' ✱ av. 1347] **A s. m. 1** solfato di metalli pesanti | ***v. azzurro***, solfato di rame | ***v. bianco***, solfato di zinco | ***v. rosa***, solfato di manganese | ***v. verde***, solfato ferroso **2** (*pop., per anton.*) ***v. fumante, olio di v.***, o (*ellitt.*) ***vetriolo***, acido solforico | (*fig.*) ***al v.***, detto di ciò che è molto polemico, aspro, tagliente: *battuta, articolo, critica al v.* **3** (*zool.*) martin pescatore **4** (*bot.*) afaca **B agg.** ● †che ha natura di vetro o è simile al vetro

†**vetriuòla** ➤ **vetriola**

†**vetriuòlo** ➤ **vetriolo**

♦**vétro** [lat. *vĭtru(m)*, di etim. incerta ✱ av. 1250] **s. m. 1** materiale costituito essenzialmente da silicati, ottenuto per fusione di sabbia silicea con ossidi e carbonati, largamente usato, sia per la proprietà di essere facilmente modellato nelle forme più varie, sia per la trasparenza **CFR.** ialo- | ***v. comune***, formato di silicato di calcio e di sodio, usato per lastre, bicchieri e sim. | ***v. da bottiglie***, contenente un maggior tenore di ossido di ferro che gli conferisce il caratteristico colore verde | ***v. di Boemia***, formato da silicato di calcio e di potassio, fabbricato con materie prime assai pure, trasparente, rifrangente simile al cristallo | ***v. soffiato***, quello lavorato a caldo mediante soffiatura e destinato alla fabbricazione di vetreria artistica o di laboratorio | ***v. d'ottica***, vetro che deve rispondere a numerosi requisiti, quali omogeneità, trasparenza, isotropia, inalterabilità, usato per lenti, prismi, specchi e sim. | ***v. solubile***, costituito da silicato di sodio o potassio, solubile in acqua e usato, per es., per ignifugare legno, carta, stoffe e sim. | ***v. di Wood***, vetro ricco di silice, di colore nero per la presenza di ossido di nichel, opaco alle radiazioni visibili e trasparente a quelle ultraviolette | ***v. di Jena***, varietà di vetro per apparecchi da laboratorio, per ottica e sim. | ***v. opalino, latte***, costituito da una sospensione di minutissime particelle in una matrice vetrosa e usato per i bulbi delle lampade a incandescenza | ***v. smerigliato***, vetro reso traslucido mediante smerigliatura meccanica o chimica, usato per bulbi di lampade a incandescenza, pannelli di porte e sim. | ***v. di sicurezza, infrangibile***, vetro che, rompendosi per urto violento, s'incrina senza proiettare pericolose schegge | ***v. temperato***, quello che, mediante tempera fatta in condizioni speciali, assume particolare resistenza agli urti e alle brusche variazioni di temperatura **SIN.** vetro infrangibile | ***v. retinato, armato***, ottenuto ponendo una rete o griglia di ferro tra due strati di vetro laminati simultaneamente | ***v. blindato***, costituito da una spessa lastra che, riscaldato a una temperatura lievemente inferiore a quella di rammollimento e raffreddato bruscamente, acquista una notevole resistenza alla flessione e alla rottura per urto | ***lana, fibra, di v.***, V. *lana, fibra* | ***essere di v.***, (*fig.*) essere estremamente delicato, fragile e sim. | (*fig.*) ***avere la schiena di v.***, essere pigro, temere la fatica, non aver voglia di lavorare | ***campana di v.***, V. *campana* | ***palazzo di v.***, costruzione sulla cui superficie esterna si aprono ampie vetrate; (*per anton.*) la sede dell'Organizzazione delle Nazioni Unite **2** ogni prodotto dell'industria o dell'artigianato vetrario | ***v. artistico***, vaso, coppa, bicchiere, vetrata, figura e sim., realizzati lavorando il vetro caldo a mano e a soffio secondo modelli e disegni di particolare dignità artistica | ***v. incamiciato***, oggetto di vetro le cui pareti sono costituite da due o più strati di vetri colorati diversamente **3** pezzo, frammento di vetro: *tagliarsi con un v.* **4** correntemente, lastra di vetro per finestre, porte e sim.: *rompere un v.* | finestra, finestrino: *i vetri della macchina* **5** (*poet.*) bicchiere **6** lente: *i vetri degli occhiali, del cannocchiale* **7** copertura del quadrante dell'orologio **8** (*geol.*) ***v. vulcanico***, ossidiana **9** (*fis.*) ***v. di spin***, sistema magnetico contraddistinto da una dinamica estremamente complessa, in cui ogni spin può interagire con tutti gli altri, e che si mantiene sempre in uno stato disordinato ‖ **vetrìno**, **dim.** (V.) | **vetróne**, **accr.** (V.)

vetrocàmera [comp. di *vetro* e *camera* (*d'aria*) ✱ 1987] **s. f.** ● (*edil.*) elemento strutturale di serramento costituito da due lastre di vetro parallele sigillate lungo il perimetro così da costituire una camera d'aria, gener. disidratata o riempita di gas inerte **SIN.** doppiovetro

vetroceménto [comp. di *vetro* e *cemento* ✱ 1950] **s. m.** ● (*edil.*) struttura mista, costituita di mattonelle quadrangolari di vetro trasparente, inserite in un getto di cemento armato; si usa per coperture o pareti allo scopo di lasciare passare la luce negli interni

vetrocerà̀mica [comp. di *vetro* e *ceramica* ✱ 1974] **s. f.** ● (*tecnol.*) materiale che combina le proprietà del vetro con quelle della ceramica e che, per la sua notevole resistenza al fuoco, viene usato per la fabbricazione di stoviglie da forno, di piani di cottura di cucine a gas e nell'industria elettronica e spaziale

vetrocromìa [comp. di *vetro* e *-cromia* ✱ 1905] **s. f.** ● pittura eseguita su vetro

vetrofanìa [fr. *vitrauphanie*, comp. di *vitrail* 'vetrata' (da *vitre* 'vetro') e *-phanie*, dal gr. *pháinein* 'apparire' (V. *Epifania*) ✱ 1908] **s. f.** ● pellicola adesiva con disegni a colori, che si applica a vetri di finestre e sim. a scopo decorativo o pubblicitario

Vetroflèx® [da *vetro*, sul modello di analoghe denominazioni commerciali ✱ 1938] **s. m. inv.** ● (*tecnol.*) materiale termoisolante costituito da fibre di vetro ottenute da coke e silicati

vetrofusióne [comp. di *vetro* e *fusione* ✱ 1994] **s. f. inv.** ● tecnica di lavorazione del vetro che consiste nel portarlo gradualmente in forno a temperatura di fusione e poi riportarlo molto lentamente a temperatura ambiente; si usa specialmente per la produzione di vetrate artistiche

vetróne [1961] **s. m. 1** accr. di *vetro* **2** vetrato

vetrorèṣina (o -é-) [comp. di *vetro* e *resina* ✱ 1976] **s. f.** ● materia plastica, costituita gener. da una resina poliestere o epossidica, rinforzata con fibre di vetro per abbinare a una notevole leggerezza un'altissima resistenza meccanica

vetróso (o -ṣ-) [1464] **agg. 1** che ha l'aspetto o le proprietà del vetro: *sostanza, massa vetrosa* | ***lucentezza, consistenza vetrosa***, simile a quella del vetro | (*elettr.*) ***elettricità vetrosa***, elettricità positiva che si produce strofinando una sostanza vetrosa | (*geol.*) in petrografia, detto di roccia o di struttura priva o quasi di componenti cristalline **2** (*raro*) che contiene vetro: *composto v.* **3** (*fig., raro*) roco, gutturale: *voce vetrosa* ‖ **vetrosità**, **s. f. inv.**

♦**vétta** [lat. *vĭtta(m)* 'benda intorno al capo', da avvicinare a *viēre* 'intrecciare, piegare', di orig. indeur. ✱ av. 1303] **s. f. 1** cima, punta, sommità: *la v. del campanile, del colle, di un monte; la vetta degli alberi* **CFR.** acro- | ***in v.***, sopra, in cima, alla sommità: *giungere in v.*; *collocarono la bandiera in v. al monumento* | nell'alpinismo, sommità di un monte; (*est.*) il monte stesso: *scalare una v.* | ***libro di v.***, registro posto talvolta sulla vetta di un monte per raccogliere le firme di chi ne ha compiuto l'ascensione **2** (*fig.*) primo posto, posizione di predominio, di comando e sim.: *la v. della classifica, di una graduatoria* | ***raggiungere la v.***, (*fig.*) ottenere una posizione di grande prestigio **3** (**spec. al pl.**, *fig.*) apice, culmine, grado sommo: *raggiungere le più alte vette della fama, della gloria; attingere le vette del sublime; le inarrivabili vette della poesia* **4** (*lett.*) estremità di un ramo | †***cercar dei fichi in v.***, (*fig.*) mettersi in pericolo | (*lett.*) rametto sottile **5** bastone del correggiato, antico strumento per la battitura dei cereali **SIN.** calocchia **6** †scamato **7** (*mar.*) tirante, parte del cavo sulla quale si ala **8** †V. *vitta* ‖ (*lett.*) **vetticciuòla**, **dim.** | **vettóne**, **accr. m.** nel sign. 4

vettaiòlo o (*lett.*) **vettaiuòlo** [sec. XV] **agg. 1** detto di frutto che nasce in cima alla pianta: *fichi vettaioli* **2** (*fig.*) †debole, stentato: *poeta v.*

†**vettigàle** [vc. dotta, lat. *vectīgāle(m)*, di etim. incerta ✱ sec. XIII] **A s. m.** ● dazio, tributo **B agg.** ● tributario

vettìna [etim. incerta ✱ av. 1517] **s. f.** ● (†, *roman.*) orcio da olio o da vino

vettònica ➤ **bettonica**

†**vettoràle** ➤ **vetturale**

vettóre [vc. dotta, lat. *vectōre(m)*, propr. 'portatore', da *vĕctus*, part. pass. di *vĕhere* 'portare' (V. *veicolo*) ✱ 1552] **A s. m. 1** (*mat.*) ente matematico individuato da una grandezza, da una direzione e da un verso | ***v. applicato***, in uno spazio numerico, la coppia costituita da un vettore o da un punto di applicazione | ***v. libero***, in uno spazio numerico, classe di tutti i vettori applicati che si possono portare l'uno nell'altro mediante una traslazione | (*fis.*) ***v. simbolico, rotante***, vettore la cui origine giace in quella di un sistema di assi cartesiani, il cui modulo è pari a quello della grandezza vettoriale variabile sinusoidalmente che esso rappresenta, e il cui angolo con l'asse delle ascisse rappresenta in qualsiasi istante la fase della grandezza **SIN.** fasore **2** (*milit.*) ***v. spaziale***, missile in grado di mettere in orbita terrestre veicoli spaziali **SIN.** lanciatore **3** (*dir.*) chi esegue il trasporto di persone o merci per conto di terzi **4** (*med.*) artropode in grado di trasmettere malattie infettive **B agg.** (**f.** *-trice*) ● che porta, conduce, guida | ***insetto v.***, che trasmette determinate malattie infettive con la sua puntura | ***razzo, missile v.***, quello che porta nello spazio veicoli spaziali | ***raggio v.***, distanza di un punto da un punto fisso | ***onda vettrice***, nelle telecomunicazioni, onda portante

†**vettoreggiàre** ➤ †**vetturreggiare**

vettoriàle [1909] **agg.** ● (*mat.*) relativo a vettore | ***grandezza v.***, grandezza, quale la velocità, l'accelerazione e la forza, che è identificata, oltre che da un valore numerico associato alla sua unità di misura, da una direzione e da un verso, ossia da un orientamento SIN. vettore | ***calcolo v.***, definizione delle operazioni sui vettori e studio delle proprietà di essi | ***funzione v.***, ogni funzione il cui valore in ciascun punto è un vettore | ***proprietà v.***, quella della materia rappresentabile con un vettore | ***spazio v.***, struttura algebrica costituita da un insieme di vettori e da un campo di scalari, dotata di un'operazione di addizione tra i vettori e di un'operazione di moltiplicazione tra vettori e scalari SIN. spazio lineare | ***grafica v.***, tecnica usata in computer grafica nella quale le immagini, scomposte in elementi geometrici elementari, sono descritte da equazioni matematiche ‖ **vettorialménte**, **avv.** in modo vettoriale; mediante un vettore ‖ **vettorialità**, **s. f. inv.** caratteristica o proprietà di ciò che è vettoriale

vettorializzàre [1977] **v. tr.** ● (***inform.***) convertire un'immagine raster in un'immagine in grafica vettoriale CFR. rasterizzare ‖ **vettorializzazióne**, **s. f.**

♣**vettovàglia** o †**vettuàglia**, †**vettuvàglia**, †**vittovàglia**, †**vittuàglia**, †**vittuària** [lat. tardo *victuālia*, nt. sost. di *victuālis* 'alimentare', agg. di *vīctus* 'vitto' ✱ sec. XIII] **s. f.** ● (**spec. al pl.**) insieme di viveri necessari per il sostentamento di una pluralità di persone e spec. di un esercito: *la città assediata era ormai priva di vettovaglie* | (**al pl.**) provviste alimentari, cibarie (***spec. scherz.***): *Oltre alla valigia piena di manoscritti e di vettovaglie* (E. MORANTE)

SFUMATURE ➤ ***cibaria***

vettovagliaménto [1797] **s. m.** **1** approvvigionamento di vettovaglie **2** (***milit.***) servizio della sussistenza

vettovagliàre o †**vittovagliàre** [1527] **A** **v. tr.** (*io vettovàglio*) ● (***lett.***) rifornire di vettovaglie: *faceva istanza il senato, perché pensassero alla maniera di v. la città* (A. MANZONI) SIN. approvvigionare **B** **vettovagliàrsi** **v. rifl.** ● (***lett.***) provvedersi di vettovaglie

†**vettuàglia** ➤ **vettovaglia**

vettùra [vc. dotta, lat. *vectūra(m)*, da *vĕctus*, part. pass. di *vĕhere* 'portare' (V. *veicolo*) ✱ 1219] **s. f.** **1** †trasporto di merci o di persone con animali da soma o da tiro: *pagare la v.* | †***a v.***, a nolo, in affitto **2** ***lettera di v.***, nel contratto di trasporto, titolo di credito causale rilasciato dal vettore che dà diritto, a chi vi è indicato o al portatore, alla riconsegna delle merci trasportate **3** carrozza a cavalli per servizio pubblico: *v. di piazza* **4** autovettura: *una v. sportiva* **5** carrozza ferroviaria | ***in v.!***, si dice per invitare i viaggiatori a salire sul treno in partenza | ***v. letto, v. ristorante***, vagone letto, vagone ristorante **6** †esercizio della prostituzione | †***dare, prestare a v.***, indurre a prostituirsi ‖ **vetturétta**, **dim.** (V.) | **vetturina**, **dim.** | **vetturóna**, **accr.**

vetturàle o †**vettoràle** [da *vettura* ✱ 1264] **s. m.** ● chi guidava cavalli o muli per trasportare merci o persone

vetturalésco [av. 1722] **agg.** (**pl. m.** *-schi*) ● (***disus.***) da vetturale

†**vettureggiàre** o †**vettoreggiàre** [av. 1320] **v. tr.** ● trasportare merci o persone su carri o su bestie da soma (***anche assol.***)

vetturétta [av. 1916] **s. f.** **1** dim. di *vettura* **2** utilitaria: *una v. di piccola cilindrata*

vetturina [etim. incerta ✱ 1879] **A** **s. f.** ● (***bot.***) tribolo **B** **anche agg. solo f.**: *erba v.*

vetturìno [da *vettura* ✱ av. 1449] **A** **s. m.** **1** cocchiere di piazza **2** †chi forniva a nolo animali e veicoli per il trasporto di persone o cose **B** **agg.** ● †di vettura: *cavallo v.*

†**vettuvàglia** ➤ **vettovaglia**

♣**vetustà** o †**vetustàde**, †**vetustàte** [vc. dotta, lat. *vetustāte(m)*, da *vetŭstus* 'vetusto' ✱ sec. XIV] **s. f. inv.** ● (***lett.***) condizione di chi (o di ciò che) è vetusto | condizione di degrado, di fatiscenza: *la v. di un impianto*; *la v. ... delle strade di accesso* (G. TOMASI DI LAMPEDUSA)

♣**vetùsto** [vc. dotta, lat. *vetŭstu(m)*, da *vĕtus* 'vecchio'. V. *veterano* ✱ 1321] **agg.** **1** (***lett.***) che è molto antico, e ispira sentimenti di stima, venerazione, rispetto: *templi vetusti*; *vetuste memorie*; *le nostre vetuste tradizioni* **2** (***lett.***) che è molto vecchio, detto di persona: *indi partissi povero e v.* (DANTE *Par.* VI, 139) **3** che è in condizioni di degrado, di arretratezza: *infrastrutture vetuste* | (***fig.***) superato, obsoleto ‖ **vetustaménte**, **avv.**

SFUMATURE ➤ ***antico***

vexata quaestio ➤ **quaestio**

†**vezzàto** [provenz. *vezat*, da *vezar* 'avvezzare' ✱ av. 1294] **agg.** ● accorto, scaltro ‖ †**vezzataménte**, **avv.**

vezzeggiaménto [1636] **s. m.** ● il vezzeggiare, il venire vezzeggiato

♣**vezzeggiàre** [da *vezzo* ✱ 1354] **A** **v. tr.** (**pres.** *io vezzéggio*; **fut.** *io vezzeggerò*) ● usare verso qlcu. modi affettuosi e amorevoli, farlo oggetto di attenzioni, complimenti, carezze: *v. un bambino, un cagnolino*; *v. troppo i figli* | (***lett.***) adulare, colmare di favori: *si ha a notare che li uomini si debbono o v. o spegnere* (N. MACHIAVELLI) SIN. blandire | (***fig.***) †***v. la pianta***, coltivarla con grande cura e amore **B** **v. intr.** (**aus.** *avere*) ● (***lett.***) fare il vezzoso o la vezzosa **C** **vezzeggiàrsi** **v. rifl.** ● aver cura di sé, usarsi molti riguardi, prendersi molte comodità

vezzeggiatìvo [da *vezzeggiato* ✱ 1612] **A** **agg.** **1** che è fatto o detto con intenzione amorevole, per dimostrare affetto, simpatia e sim. **2** (***gramm.***) che conferisce una connotazione di particolare affettuosità: *nome, aggettivo v.*; *suffisso v.* ‖ **vezzeggiativaménte**, **avv.** **1** (*raro*) in modo vezzeggiativo **2** (***gramm.***) come vezzeggiativo: *un aggettivo usato vezzeggiativamente* **B** **s. m.** ● (***gramm.***) forma alterata del nome o dell'aggettivo usata per esprimere affetto, simpatia, predilezione o benevolenza, in associazione con l'idea di piccolezza: *-uccio e -ino sono suffissi usati nei vezzeggiativi*

vezzeggiàto **part. pass.** di *vezzeggiare*; **anche agg.** ● nei sign. del v.

♣**vézzo** [lat. *vĭtiu(m)* 'difetto'. V. *vizio* ✱ sec. XIII] **s. m.** **1** modo abituale e caratteristico di parlare, muoversi e sim.: *fare qlco. per v.*; *è un suo v.* | abitudine, vizio: *un v. innocuo ma abbastanza ridicolo*; *ha il v. di arricciarsi i baffi mentre ascolta*; *vero è 'l proverbio, ch'altri cangia il pelo / anzi che 'l v.* (F. PETRARCA) **2** (***lett.***) atto, gesto o parola che dimostra affetto, amore, tenerezza: *fare un v. a qlcu.* **3** (**al pl.**) moine, smancerie: *basta con questi vezzi*; *non sopporto più i suoi stupidi vezzi* **4** (**al pl.**) atti, parole o gesti pieni di fascino, brio, grazia e sim.: *i vezzi di una giovane*; *coi suoi vezzi conquisterebbe chiunque* | dote, attrattiva, bellezza: *una donna ricca di vezzi naturali* **5** (***disus.***) collana: *un v. di corallo, di perle*

SFUMATURE ➤ ***mania***②

♣**vezzóso** (o **-ṣ-**) [da *vezzo* ✱ 1320] **A** **agg.** **1** che è dotato di bellezza e leggiadria: *fanciulla vezzosa* | di ciò che piace per la sua grazia, la sua delicatezza e sim.: *immagine vezzosa*; *parole vezzose*; *un gesto pudico e v.* SIN. grazioso, leggiadro CONTR. grossolano **2** lezioso: *modi, discorsi vezzosi*; *non gli si addicono questi gesti vezzosi!* **3** †viziato, prepotente ‖ **vezzosétto**, **dim.** ‖ **vezzosaménte**, **avv.** in modo vezzoso: *intorno ti vedrai vezzosamente / scherzar i figli pargoletti* (T. TASSO) ‖ **vezzosità**, **s. f. inv.** caratteristica di chi (o di ciò che) è vezzoso **B** **s. m.** (**f.** *-a*) ● chi assume atteggiamenti leziosi, affettati: *quando comincia a fare la vezzosa, cade nel ridicolo*

♦**vi**① /vi/ [da *ivi*②: l'espressione *vi scrivo* doveva significare in orig. 'io scrivo costì' ✱ av. 1243] **A** **pron. pers. atono m. e f. di seconda pers. pl.** (**formando gruppo con altri pron. atoni e avv., si premette a** *ci, si*: *non vi ci vedo*; *non vi si capisce nulla*. **Assume la forma** *ve* (**V.**) **davanti ai pron. atoni** *la, le, li, lo* **e alla particella** *ne*. **Si può elidere solo davanti a parola che comincia per vocale:** *come v'è parso?*) **1** voi (come compl. oggetto enclitico e proclitico): *vi hanno visti*; *vi sento benissimo*; *vi vedrò domani*; *non voglio disturbarvi* | si usa, enclitico e proclitico, nella coniug. dei v. rifl., intr. pron. e rifl. recipr.: *vestitevi in fretta*; *vi pentirete di questo*; *divertitevi*; *sono contento che vi vogliate bene* **2** a voi (come compl. di termine enclitico e proclitico): *vi pagherò da bere*; *non posso darvi altro*; *devo darvi ragione*; *vi do atto della vostra gentilezza*; *vi presterò i miei libri* **3** esprime (come 'dativo etico') partecipazione affettiva, interesse, adesione psicologica del soggetto nella coniug. dei v. tr. pron.: *vi siete mangiato tutto!*; *godetevi il meritato riposo*; *vi prenderete un malanno* **4** (***pop., pleonast.***) con valore intens.: *voi vi credevate di farla franca, vero?*; *chi vi credete d'essere?*; *a voi vi ci vuole la frusta* **B** **in funzione di pron. dimostr.** ● a ciò, in ciò (più raro e ricercato rispetto a *-ci*): *non vi trovo differenza*; *sono passato senza farvi caso*; *quando vi si applica riesce bene* | anche pleonast.: *non vi capisco nulla in queste faccende* **C** **avv.** **1** qui, in questo luogo, là, in quel luogo (con v. di stato e di moto, anche pleonast.): *Napoli è bella, vi sono restato tre anni*; *vi trovò molte persone*; *vi si possono ammirare molti celebri quadri*; *vi andrò appena possibile* | con il verbo 'essere', nella forma ***esservi*** (più ricercato rispetto a *esserci*), esprime presenza, esistenza: *vi sono molte specie di animali*; *spero che vi sia abbastanza pane*; *v'è modo e modo di ragionare* | (***lett.***) †anche enclitico: *Andovvi poi lo Vas d'elezione* (DANTE *Inf.* II, 28) **2** per questo, per quel luogo (con v. di moto, anche pleonast.): *non vi passa quasi nessuno*; *su quel ponte vi passava quasi tutti i giorni* (V. nota d'uso ACCENTO)

vi② /vi*/ ● V. **vu**

♦**via**① [lat. *vĭa(m)*, dalla stessa radice di *vĕhere*. V. *veicolo* ✱ sec. XII] **A** **s. f.** **1** strada: *via comunale*; *via asfaltata, lastricata, diritta, larga, tortuosa, pericolosa, piana, erta, ripida*; *scegliere la via più breve* | ***via battuta***, molto frequentata, piena di traffico | ***essere, trovarsi, incontrarsi per via***, in strada | ***a mezza via***, a mezza strada | strada urbana lungo la quale si svolge il traffico di pedoni e di veicoli: *via consorziale, privata*; *via senza uscita*; *via Roma, via Marconi*; *adesso abitiamo in via Dante* | ***per via ordinaria***, nel linguaggio militare, detto di movimenti o trasporti effettuati su strada **2** (***est.***) pista, sentiero, varco, passaggio: *via armentaria*; *una via tra i campi*; *aprirsi una via nella foresta, tra la folla, a viva forza, a gomitate* | ***via libera***, passaggio aperto, percorribile | ***segnare, segnalare, indicare via libera***, indicare che il transito è possibile | ***dare via libera***, lasciare libero il passo; (***fig.***) non opporsi, non sollevare obiezioni e sim. (V. anche sign. B) | ***via d'acqua***, idrovia; nel gergo dei marinai, falla | ***via coperta***, nel linguaggio militare, ogni trincea, camminamento e sim., in prossimità del nemico, tale da dare protezione ai soldati che vi lavorano o vi passano | ***via tattica***, nel linguaggio militare, quella che, in relazione alle caratteristiche del terreno, consente lo sviluppo dell'attacco a un obiettivo tattico | in alcune loc., seguito da un nome comune o proprio, indica attraversamento, passaggio: *viaggiare via terra; via mare; prendere il rapido Milano-Roma, via Bologna*; oppure, col sign. di 'tramite', per indicare il mezzo di trasmissione: *via filo; via cavo; via telex; via satellite; trasmettere via radio* **3** (*astron.*) **Via Lattea**, addensamento di stelle attorno all'equatore galattico, dovuto a un fenomeno prospettico determinato da una maggiore profondità del sistema stellare nella direzione del piano galattico **4** (*anat.*) canale, transito, passaggio: *via respiratoria, digerente, biliare* | modalità di somministrazione dei medicamenti: *via locale, orale, parenterale* **5** (*est.*) percorso, itinerario: *seguire la solita via; tracciare una via sulla carta; insegnare a qlcu. la via* | **fare, tenere una via**, seguire un determinato percorso | **mettere qlcu. in via**, indicargli il percorso, indirizzarlo e sim. (*anche fig.*) | **via della seta**, itinerario fisso seguito un tempo dalle carovane di mercanti che trasportavano la seta dall'Oriente in Occidente | **via dell'oppio, della droga, del tabacco**, l'itinerario di rifornimento normalmente seguito dai trafficanti d'oppio o d'altre droghe o dai contrabbandieri di tabacco | (*mar.*) rotta: *fare via per le Antille* | **alla via!**, comando che si dà al timoniere, perché continui nella direzione in cui sta andando | **fanali di via**, quelli che si accendono di notte in navigazione | PROV. **chi lascia la via vecchia per la nuova sa quel che lascia ma non sa quel che trova**, i cambiamenti presentano sempre delle incognite **6** nell'alpinismo, itinerario seguito nel corso di una scalata per raggiungere una vetta: *aprire una via; ripetere una via* | **alta via**, itinerario escursionistico in più tappe ad alta quota | **via ferrata**, percorso alpinistico attrezzato con corde metalliche fisse, scalette, gradini tagliati nella roccia e sim. per rendere più facili i passaggi di maggiore difficoltà **7** (*est., lett.*) spazio percorribile: *le vie del cielo, del firmamento; prendere la via del mare* **8** (*est.*) cammino, viaggio: *essere, mettersi in via; Andiam, che la via lunga ne sospigne* (DANTE *Inf.* IV, 22) | **per via**, cammin facendo; (*fig.*) in corso di compimento | (*fig.*) **in via di**, in fase di: *il malato è in via di guarigione* | **essere sulla via di**, (*fig.*) in procinto di: *essere sulla via della conversione, del pentimento* | (*lett.*) **tra via, in via**, cammin facendo | (*lett.*) **dare via, fare via**, cedere il passo; consentire il passaggio **9** (*fig.*) carriera: *la via degli affari, del sacerdozio; le conoscenze gli hanno facilitato la via; una laurea che apre molte vie* **10** (*fig.*) parte, lato: *sono parenti per via di madre* | **da questa via**, di qui | (*raro*) volta, direzione: *imbarcarsi alla via di Napoli* **11** (*fig.*) mezzo, possibilità: *l'unica via di scampo, di salvezza; è l'ultima via che ci resta; credimi, non avevo altra via*; (*lett.*) *non avere né via né verso di* (o *per*) *fare qlco.* | (*fig.*) **situazione senza via d'uscita**, situazione senza soluzione, a cui non ci si può sottrarre | **via aerea**, posta aerea | **vie brevi**, nel linguaggio commerciale, comunicazioni effettuate con mezzi rapidi, quali telefono, telegrafo e sim. **12** (*fig.*) modo di vivere, indirizzo morale: *scegliere una brutta via; essere, mettersi sulla buona via; uscire dalla, tornare sulla retta via* **13** (*fig.*) modo, mezzo per raggiungere uno scopo: *cercare, trovare la via; è senz'altro la via migliore; tendere al proprio scopo per mille vie; le vie del Signore, della Provvidenza sono infinite* | (*lett.*) **trovare, sapere la via del cuore**, riuscire a commuovere: *quegli occhi più non sanno / la via di questo cor* (P. METASTASIO) | (*est.*) accorgimento: *non vedo altra via per superare l'intoppo; è una via sottile, ma efficace* | **via di mezzo**, soluzione intermedia, compromesso e sim.: *scegliere la via di mezzo* | **vie traverse**, (*fig.*) stratagemmi, accorgimenti e sim. di dubbia onestà o liceità | **in via privata, confidenziale** e sim., privatamente, confidenzialmente e sim. **14** ragionamento: *siamo arrivati a conclusioni identiche seguendo vie diverse; il principio è dimostrabile anche per altra via* | nel linguaggio filosofico, argomento, ragionamento, prova **15** **per via di**, per causa di: *per via di Giulia non sono potuto venire; devo studiare tanto per via dell'esame* | (*colloq.*) **per via che**, per il fatto che: *non si sono mossi da casa, per via che non sapevano niente; Sembrava che perdesse i calzoni, per via che stava storto* (C. PAVESE) **16** procedimento: *adire le vie legali; agire per via diplomatica; ricorrere per via gerarchica* | **in via provvisoria**, provvisoriamente | **vie di fatto**, violenze fisiche: *passare a vie di fatto* **B** **nella loc. sost. m. inv. via libera** **1** segnale che indica che il transito è possibile: *il macchinista attende il via libera per partire* **2** (*fig.*) autorizzazione, facoltà di fare qlco.: *il Governo ha dato il definitivo via libera al progetto* || **viàccia**, **pegg.** | **viétta**, **dim.** | **viùzza**, **dim.** (V.)

♦**via**② [da *via*①, con valore avv. nel contesto di loc. lat. del tipo *ire viā*, propr. 'andare per la propria via', poi 'andar via' ✱ av. 1292] **A** **avv.** **1** esprime allontanamento in modo generico (spec. con v. di moto): *è andato via proprio adesso; è scappato via di casa; se n'è volato via; vattene via!* | **andar via**, andarsene: *andate via!; va via, non voglio più vederti!* | **la febbre è andata via**, è scomparsa | **macchie che non vanno via**, che non si riesce ad eliminare | **ogni giorno vanno via un mucchio di soldi**, si spendono | **buttare, gettare via qlco.**, disfarsene | **buttare, gettare via tempo, denaro, fiato**, sprecarli, spenderli senza risultato | **dare via qlco.**, cederla, regalarla o venderla: *ho dato via tutti i mobili che avevo* | **levare via qlco.**, toglierla, rimuoverla: *leva via quei libri dal tavolo* | **mandar via qlcu.**, cacciarlo, licenziarlo: *ha mandato via la vecchia domestica* | **andar via**, detto di cosa, vendersi con facilità: *merce, prodotto che va via* | **portare via qlco.**, prenderla con sé; (*est.*) rubarla: *s'è portato via tutta la sua roba; i ladri hanno portato via gioielli e pellicce* | (*fig.*) **un lavoro che porterà via un anno**, che occuperà, impegnerà per un anno | **tirar via**, affrettarsi, fare qlco. in fretta e male: *non c'è più tempo, devi tirar via; è un lavoro tirato via* | (*colloq.*) **essere via**, essere fuori casa, fuori città: *il dottore è via per le visite; la mamma è via da Roma* | (*lett.*) **essere di fuori via**, forestiero, straniero: *usanze di fuori via; viene da fuori via* (V. anche *fuorivia*) **2** (*assol.*) esprime la rapidità con cui avviene un'azione (per ellissi del v. 'andare'): *si alzò di scatto e via di corsa!; balzò in piedi e via come un fulmine; ha preso la sua roba e via, col primo treno* | **e via andare**, (*colloq.*) e così via: *macché ristorante: un panino … e via andare!* | **via di lì!, via di qui!**, scacciando qlcu. **3** nelle loc. avv. **e così via, e via dicendo**, e sim., eccetera, e così di seguito: *abbiamo parlato di arte, di letteratura e così via; discussero di cinema, di sport e via dicendo; ha comprato la macchina, l'appartamento, la villa al mare e via discorrendo; spende in viaggi, in vestiti e via di questo passo* **4** (*iter.*) **via via**, †**vie via**, a mano a mano: *le nubi s'andavano via via diradando* (A. BOITO); *era in uno stato di esaltazione via via crescente* (I. CALVINO) | anche nella loc. cong. **via via che**, man mano che, a misura che (con valore distributivo): *ti passerò le notizie via via che mi arrivano; via via che il tempo passa, i ricordi si fanno più sbiaditi; scrivi a fianco i risultati via via che te li detterò* | †subito, tra un momento: *verranno via via* **5** †moltiplicato: *tre via tre fa nove* (DANTE) | **zero via zero fa zero**, (*fig.*) col niente non si fa niente **B** **inter.** **1** si usa per cacciare, mandare via qlcu. che infastidisce: *via! via! voglio starmene in pace!; via! via! ho detto!; via! fuori di qui!* **2** si usa per dare il segnale di partenza in una gara, in un gioco e sim.: *pronti … via!; uno, due, tre, via!* **3** esprime incoraggiamento, incitamento, esortazione: *via, fatevi coraggio!; animo, via!; ma via, non è il caso di abbattersi!; via, raccontami quello che è accaduto; via, via! non prendertela così; via, non c'è motivo di prendersela!* | †**su via**, V. *suvvia* | V. anche *or via* | concludendo un discorso: *via, non parliamone più!; via, asciugati le lacrime!* **4** esprime incredulità, disapprovazione, impazienza e sim.: *via, smettila di comportarti così!; via, non è possibile!; oh via! finitela!; eh via! ti sembra il caso di dire certe cose?; via! non ti credo!* CFR. evvia, suvvia **C** **s. m. inv.** ● segnale di partenza di una gara di corsa: *scattare al via* | **dare il via**, dare il segnale di partenza, abbassando l'apposita bandierina o in altro modo; (*est.*) dare inizio: *dare il via a una nuova attività, ai lavori*

viàbile [vc. dotta, lat. tardo *viābile(m)* 'che offre un facile passaggio, praticabile', da *vĭa* ✱ 1499] **agg.** **1** (*raro*) transitabile, percorribile: *strada v.* **2** (*burocr.*) relativo alle vie, alla rete stradale: *piano v.*

viabilìsta [1961] **agg.** (**pl. m.** *-i*) ● che si occupa della viabilità: *tecnico v.*

viabilìstico [1953] **agg.** (**pl. m.** *-ci*) ● relativo alla viabilità: *organizzazione viabilistica*

viabilità [dal fr. *viabilité*, tratto dal lat. tardo *viābilis* 'che offre un facile passaggio, praticabile', da *vĭa* ✱ 1858] **s. f. inv.** **1** condizione, caratteristica di ciò che è viabile | percorribilità, praticabilità: *garantire la v. delle strade statali; la v. è interrotta per la neve* **2** insieme delle strade di una data zona, regione e sim., considerate nelle loro caratteristiche fisiche e in ragione dei veicoli da usare: *v. ottima, pessima* | **v. di tipo orografico**, che segue la superficie montuosa | **v. di tipo idrografico**, che segue le linee fluviali **3** insieme delle norme e delle attività relative alla costruzione e alla manutenzione delle strade e alla regolamentazione del traffico che su di esse si svolge: *i problemi della v. urbana*

Viacàrd® [comp. di *via*① e dell'ingl. *card* 'tessera' ✱ 1985] **s. f. inv.** ● tessera magnetica per il pagamento del pedaggio autostradale

♦**vìa crùcis** [loc. lat., propr. 'via della croce' ✱ av. 1795] **loc. sost. f.** (**pl. lat.** *viae crucis*) **1** pratica pia cattolica, consistente in meditazioni e preghiere penitenziali fatte dinanzi ad immagini delle varie fasi della Passione di Gesù, all'interno della chiesa o all'aperto, rinnovando l'itinerario o via della Passione medesima | le 14 immagini che rappresentano i diversi momenti della Passione, in tale pratica **2** (*fig.*) lunga serie di esperienze dolorose, sofferenze, amarezze, delusioni e sim.: *quando mai finirà questa via crucis?*

viadàna [dalla cittadina di *Viadana*, in provincia di Mantova, dove veniva fabbricata ✱ 1910] **s. f.** ● tessuto pregiato di cotonina usato un tempo per confezionare vele

viàdo [dal portog. brasiliano *veado*, propr. 'cerbiatto', e anche (*volg.*) 'omosessuale maschile' ✱ 1980] **s. m.** (**pl. inv. o pseudo-portog.** *viados*) ● travestito o transessuale di origine brasiliana che si prostituisce

viadótto [ingl. *viaduct*, dal lat. *vĭa*, sul modello di *aqueduct* 'acquedotto' ✱ 1837] **s. m.** ● ponte a più luci che permette a una strada o a una ferrovia di superare centri abitati, valli o depressioni

viaggiànte part. pres. di *viaggiare*; anche agg. ● che viaggia, che si sposta | ***personale v.***, che svolge il suo lavoro sui mezzi di trasporto

♦**viaggiàre** [da *viaggio* ✱ 1602] **A** v. intr. (pres. *io viàggio*; fut. *io viaggerò*; aus. *avere*) **1** fare uno o più viaggi: *v. per diporto, affari, istruzione; v. molto all'estero; v. per mare, per terra, in macchina, in treno, in aereo; v. spesso, raramente; gli piace molto v.; v. in incognito, sotto falso nome* **2** fare il commesso viaggiatore: *v. per una ditta, un'impresa; v. in pellami* **3** muoversi, spostarsi lungo un determinato percorso, detto di mezzi di trasporto: *l'auto viaggiava a grande velocità; il treno viaggia con venti minuti di ritardo* **4** essere trasportato, detto di merci: *la merce viaggia a rischio del destinatario* **B** v. tr. ● attraversare, percorrere, visitare nel corso di uno o più viaggi: *ha viaggiato mezzo mondo, tutta l'Europa*

♦**viaggiatóre** [av. 1347] **A** agg. (f. *-trice*) ● che viaggia | ***piccione*** o ***colombo v.***, colombo domestico dotato di particolare senso dell'orientamento, capace di ritornare al luogo da cui è partito e per questo usato talvolta per trasporto di messaggi | ***commesso v.***, chi viaggia, per conto di una ditta, per visitare la clientela e procurare ordini **B** s. m. (f. *-trice*) **1** chi viaggia, spec. con un mezzo di trasporto pubblico: *grande affluenza di viaggiatori; viaggiatori di prima, di seconda classe; chiedere il biglietto, il passaporto, i documenti ai viaggiatori* **2** (*raro*) chi fa viaggi di esplorazione e sim., in paesi poco noti: *gli audaci viaggiatori del Medio Evo* **3** commesso viaggiatore: *la ditta ricerca nuovi viaggiatori*

♦**viàggio** [provenz. *viatge*, dal lat. *viāticu(m)*. V. *viatico* ✱ sec. XII] s. m. **1** trasferimento da un luogo a un altro, gener. con un mezzo di trasporto: *essere, mettersi in v.; un v. breve, lungo, di poche ore, di tre giorni; la nave ha dovuto interrompere il v. per avaria al motore; l'aereo proseguì il v. dopo una breve sosta; v. di andata, di ritorno; abito, borsa, oggetti da v.; le fatiche, i disagi del v.; compiere il v. a piedi, a cavallo, in carrozza, in treno, in automobile, in aereo, con la nave; dopo tre giorni di v. arrivarono a casa; tosto a quel picciol suon drizza il v.* (T. Tasso) | ***cestino da v.***, contenente cibi da consumare in treno, venduto nelle stazioni | ***buon v., felice v.***, escl. di augurio a chi parte | ***l'ultimo v., l'estremo v., il v. senza ritorno***, la morte CONTR. permanenza, sosta **2** giro più o meno lungo, attraverso luoghi o paesi diversi dal proprio, sia a scopo turistico che per altri motivi: *v. di esplorazione, d'istruzione, d'affari, di piacere; fare un v. in America; viaggi spaziali, interplanetari; libro di viaggi* | ***v. della speranza***, trasferimento spec. all'estero per motivi di cura o per migliorare le proprie condizioni di vita **3** pellegrinaggio: *un v. in Terra Santa, alla Mecca* **4** (*fig.*) itinerario ideale, immaginario o mitico: *un v. attraverso i tempi, le antiche civiltà; un v. nella preistoria, nel futuro; un v. a ritroso nel tempo; i viaggi di Gulliver; il v. di Enea nell'oltretomba* **5** (*colloq.*) trasporto di merci, suppellettili e sim.: *con tre viaggi esauriremo la merce* | ***fare un v. a vuoto***, senza trasportare nulla; (*fig.*) andare in un luogo senza concludere nulla SIN. tragitto **6** †il corso apparente di un astro nel cielo **7** nel gergo dei tossicodipendenti, effetto causato dall'assunzione di sostanze stupefacenti, spec. di allucinogeni SIN. trip **8** †via, cammino || **viaggétto**, **viaggettino**, dim.

Definizione d'autore

Da ogni **viaggio** sono tornato con il ricordo di qualcuno più che di qualcosa. Ho una conoscenza dei luoghi attraverso i racconti di uomini e donne incontrati lungo il cammino, e con gli occhi della memoria rivedo più facilmente le espressioni dei loro volti anziché le bellezze di tanti paesaggi. A un certo punto, mi sono reso conto che il senso del **viaggio**, per me, sta nel fermarsi ad ascoltare chiunque abbia una storia da narrare, perché è questo che mi permette di assaporare l'essenza e l'identità di una terra e delle sue genti. Si possono percorrere milioni di chilometri in una sola vita senza mai scalfire la superficie delle realtà attraversate, se non si entra in contatto con l'*altro*. Il **viaggio** ci dimostra che le diversità arricchiscono, mentre l'uniformità appiattisce e ci fa appassire.

Pino Cacucci

Viàgra® [marchio registrato ✱ 1996] s. m. inv. ● nome commerciale di un farmaco che trova impiego per il trattamento della disfunzione erettiva del pene

♦**viàle** [vc. dotta, lat. *viāle(m)*, agg. di *vĭa* ✱ sec. XV] s. m. ● via cittadina ampia e per lo più alberata: *i viali della periferia* | ***v. del tramonto***, (*fig.*) declino fisico o intellettuale, spec. dopo la conclusione di una carriera artistica o sportiva (dalla traduzione it. di 'Sunset Boulevard', titolo di un film (1950) di Billy Wilder): *un attore sul v. del tramonto* | strada che attraversa parchi o giardini: *i viali del Valentino* | ampia via di accesso a una proprietà, un edificio storico e sim.: *il v. che porta al castello* || **vialétto**, dim. (V.) | **vialino**, dim. | **vialóne**, accr.

vialétto [av. 1597] s. m. **1** dim. di *viale* **2** stradina, sentiero all'interno di un parco o di un giardino: *v. bordato di rose*

Vialóne [dal n. di una cascina nel comune di Sant'Alessio con Vialone (Pavia) ✱ 1901] **A** s. m. (pl. *-i* o inv.) ● varietà di riso fino dai granelli grandi, utilizzata spec. per preparare risotti | ***V. nano***, varietà di riso semifino dai granelli tondi di media dimensione, utilizzata spec. per minestroni e risotti mantecati **B** anche agg. inv.: *riso v.*

†**viànda** [fr. *viande*. V. *vivanda* ✱ 1288] s. f. ● (*raro*) vivanda

♣**viandànte** [comp. di *vi(a)* e *andante*, part. pres. di *andare*① ✱ sec. XII] s. m. e f. ● (*lett.*) chi compie lunghi viaggi e peregrinazioni a piedi: *un povero v.; dare asilo a uno stanco v.* SIN. pellegrino

†**viànte** o †**biànte** [vc. dotta, lat. *viānte(m)*, part. pres. di *viāre* 'andare, viaggiare', da *vĭa* ✱ av. 1665] s. m. e f. ● viandante

†**vìa più** ➤ **vieppiù**

†**viaréccio** o †**vieréccio** [da *via* ✱ 1388] agg. ● da portare con sé viaggiando

viareggìno [1868] **A** agg. ● di Viareggio: *entroterra v.* **B** s. m. (f. *-a*) ● abitante o nativo di Viareggio

viària [da *via*, sul modello di *diaria* ✱ 1858] s. f. ● (*milit.*, *disus.*) indennità per spese di viaggio o di marcia

viàrio [vc. dotta, lat. *viāriu(m)*, da *vĭa* ✱ 1950] agg. ● relativo alle vie, alle strade: *rete viaria* SIN. stradale

†**viatànto** [comp. di *via* e *tanto* ✱ av. 1300] cong. ● a tal punto (seguito da *che*)

♣**viàtico** [vc. dotta, lat. *viāticu(m)* 'provvista per il viaggio', da *vĭa* ✱ av. 1306] s. m. (pl. *-ci*) **1** nell'antica Roma, insieme di oggetti e provviste per un viaggio **2** (*relig.*) comunione amministrata a chi sta per morire: *ricevere il v.* | (*lett.*) sacerdote che amministra tale comunione e corteo che lo accompagna alla casa del moribondo: *il v. uscì dalla porta della chiesa* (G. D'Annunzio) **3** (*fig.*) conforto, sostegno psicologico e morale in particolari situazioni o in un'impresa: *ti siano di v. le nostre preghiere; uscì di casa col v. delle ultime raccomandazioni materne* (L. Sciascia)

†**viatóre** [vc. dotta, lat. *viatōre(m)*, da *viāre*. V. †*viante* ✱ 1363] s. m. (f. *-trice*) ● viandante, pellegrino

viatòrio [vc. dotta, lat. *viatōriu(m)*, da *viātor*, genit. *viatōris* 'viatore' ✱ 1381] agg. (pl. m. *-i* o *raro -ii*) **1** (*raro*, *lett.*) da viaggio, relativo al viaggio **2** †transitorio

viavài [comp. di *via* e *vai*, seconda pers. imperat. pres. di *andare*① ✱ av. 1565] s. m. inv. **1** movimento animato di persone o cose che vanno e vengono: *un continuo v. di gente; il v. ininterrotto dei treni* SIN. andirivieni **2** (*est.*) movimento alternato di organi o parti scorrevoli: *il v. dello stantuffo*

vìbice [vc. dotta, lat. *vībice(m)*, di etim. incerta ✱ 1499] s. m. ● (*med.*) ecchimosi cutanea lineare

vibonése (o *-ṣ-*) [dal lat. *Vibonēase(m)* '(abitante) di Vibo' ✱ sec. XX] **A** agg. ● di Vibo Valentia, città della Calabria **B** s. m. e f. ● abitante o nativo di Vibo Valentia

vibrafonìsta [1965] s. m. e f. (pl. m. *-i*) ● chi suona il vibrafono

vibràfono [comp. di *vibra(re)* e *-fono* ✱ 1940] s. m. ● (*mus.*) strumento musicale che viene suonato per mezzo di due bacchette, costituito da una serie di lamine di acciaio intonate cromaticamente, sotto ciascuna delle quali è collocato un tubo risuonatore con una elica azionata da un motorino elettrico

Vìbram® [dal n. dello scalatore *Vi(tale) Bram(ani)* che la inventò nel 1938 ✱ 1940] s. f. o m. inv. ● tipo di suola di gomma, usata spec. per scarponi da montagna, con profonde scanalature che ne aumentano l'aderenza

vibraménto [da *vibrare* ✱ 1683] s. m. ● (*lett.*) vibrazione | (*fig.*, *lett.*) frenesia

♣**vibrànte** **A** part. pres. di *vibrare*; anche agg. **1** che vibra **2** (*ling.*) detto di consonante la cui articolazione comporta l'entrata in vibrazione di un articolatore durante il passaggio dell'aria (per es. la *r*) **3** (*fig.*) che ha un suono alto o un timbro energico: *voce v.* | (*fig.*) fremente, appassionato: *parole vibranti di entusiasmo* | vigoroso, caloroso: *applausi vibranti* **B** s. f. ● (*ling.*) consonante vibrante

♦**vibràre** [vc. dotta, lat. *vibrāre*, di orig. indeur. ✱ 1319] **A** v. tr. **1** (*lett.*) agitare con forza un'arma, prima di lanciarla: *v. l'asta, la lancia* | (*est.*) lanciare con forza, scagliare: *v. una freccia, il dardo; le schiere a ferir prese, vibrando / le mortifere punte* (V. Monti) | (*fig.*) proferire con veemenza: *v. l'anatema, la scomunica contro qlcu.* **2** assestare con forza: *v. un pugno, uno schiaffo, un colpo di pugnale* SIN. appioppare **3** (*lett.*) mettere qlco. in vibrazione **4** sottoporre a vibrazione: *v. il calcestruzzo dei getti, per costiparlo* **B** v. intr. (aus. *avere*) **1** (*fis.*) essere in vibrazione **2** (*fig.*) fremere, essere pervaso da, avere accenti o toni di: *v. di passione, d'odio, d'ira; le sue parole vibravano di commozione, di entusiasmo* **3** (*fig.*) risuonare: *un'ultima nota vibrò nell'aria; la sua voce vibrava nel silenzio* **C** **vibràrsi** v. intr. pron. ● (*lett.*) scuotersi, agitarsi

vibratézza [da *vibrato* ✱ av. 1764] s. f. ● (*raro*, *lett.*) caratteristica di ciò che è vibrato | forza espressiva

♣**vibràtile** [da *vibrare* ✱ 1863] agg. ● che compie movimenti ondulatori, di vibrazione: *ciglia vibratili* | ***epitelio v.***, costituito da cellule che ad un'estremità sono fornite di ciglia capaci di movimenti ondulatori

vibràto **A** part. pass. di *vibrare*; anche agg.

a b c d e f g h i j k l m n o p q r s t u v w x y z

1 nei sign. del v. **2** ***calcestruzzo v.***, che, subito dopo il getto, è stato sottoposto a vibrazioni per assestarlo nei casseri e aumentarne compattezza e resistenza **3** (*fig.*) vigoroso, energico: *vibrate proteste* | (*fig., lett.*) vigoroso, espressivo ‖ **vibrataménte**, avv. (*fig.*) in modo energico, vigoroso **B** **s. m.** ● (*mus.*) effetto sonoro, proprio degli strumenti ad arco, che si ottiene facendo oscillare la mano sinistra mentre il dito è appoggiato sulla corda | analogo effetto negli strumenti a fiato, spec. negli ottoni, ottenuto sia con le labbra che con i pistoni

vibratóre [da *vibrato* ✱ 1631] **A** **s. m.** **1** piccolo apparecchio che trasforma in alternata una corrente elettrica continua **2** (*tecnol.*) dispositivo meccanico, idraulico, pneumatico o elettrico che produce vibrazioni della struttura sulla quale è applicato, per es. per studiarne il comportamento SIN. eccitatore **3** in edilizia e nelle costruzioni stradali, dispositivo o macchina usato per costipare il calcestruzzo nelle casseforme dopo che vi è stato versato **4** apparecchio generatore di vibrazioni, usato per massaggi terapeutici, pratiche cosmetiche o stimolazioni sessuali **B** **agg.** (f. *-trice*) ● che vibra | ***cuscinetto v.***, per massaggi dimagranti

vibratòrio [da *vibratore* ✱ 1765] **agg.** (pl. m. *-i* o *raro -ii*) ● di vibrazione: *movimento v.* | che produce vibrazione

vibratùra [da *vibrare* ✱ 1976] **s. f.** **1** (*raro*) vibrazione **2** operazione consistente nell'imprimere vibrazioni di alta frequenza: *la v. del calcestruzzo nelle casseforme*

vibrazionàle [da *vibrazione* ✱ 1983] **agg.** ● (*fis.*) relativo a uno stato di vibrazione od oscillazione: *livello, riga, banda, numero quantico v.*

♦**vibrazióne** [vc. dotta, lat. tardo *vibratiōne(m)*, da *vibrātus* 'vibrato' ✱ 1632] **s. f.** **1** (*fis.*) oscillazione di piccola ampiezza e di grande frequenza, propria dei corpi elastici: *la v. di un'onda sismica, elettromagnetica, sonora*; *ciaschedun pendolo ha il tempo delle sue vibrazioni ... limitato e prefisso* (G. GALILEI) | (*est.*) variazione periodica di un fenomeno fisico | ***v. acustica***, quella dell'aria e dei corpi che trasmettono il suono | funzione caratteristica di un telefono cellulare, che sostituisce o accompagna un segnale acustico **2** (*est.*) tremolio: *le vibrazioni della voce, delle stelle* **3** (*fig.*) fremito: *nelle sue parole c'era una v. d'orgoglio* | (*fig.*) risonanza, eco interiore: *il ricordo suscitava in lui delle vibrazioni commosse* **4** massaggio eseguito manualmente o con apparecchi elettrici che agiscono sulla zona interessata, con una serie di scosse di intensità e frequenza variabili

vibrióne [deriv. dal lat. *vibrāre* ✱ 1874] **s. m.** ● batterio delle Spirillacee a forma di virgola | ***v. del colera***, molto sottile, con un ciglio flessuoso a una estremità, agente patogeno del colera (*Vibrio cholerae*)

vibrìssa [vc. dotta, lat. tardo *vibrĭssa(m)* (di incerta attestazione), da *vibrāre* ✱ 1598] **s. f.** ● (*zool.*) pelo o setola in rapporto con terminazioni nervose, con funzione quasi sempre sensoriale, tipica della maggior parte dei Mammiferi | (*anat.*) nell'uomo, pelo situato nel vestibolo delle fosse nasali

V

vìbro- [da *vibrare*] **primo elemento** ● in parole composte della terminologia scientifica e tecnica, fa riferimento a operazioni o strumenti che hanno una relazione con le vibrazioni: *vibrometria, vibroterapia, vibrografo, vibrometro*

vibrocoltivatóre [da *vibro-* e *coltivatore* ✱ 1984] **s. m.** ● (*agric.*) macchina agricola per la lavorazione superficiale del terreno che impiega lame vibranti per frantumare le zolle

vibrofinitrìce [comp. di *vibro-* e *finitrice* ✱ 1983] **s. f.** ● macchina dotata di una lama vibrante, usata per la finitura superficiale di pavimentazioni in conglomerato bituminoso o in calcestruzzo, in modo che non presentino irregolarità

vibroformatrìce [comp. di *vibro-* e *formatrice* ✱ 1983] **s. f.** ● (*tecnol.*) macchina destinata alla fabbricazione di manufatti in calcestruzzo vibrato, per es. di blocchi forati per strutture murarie

vibrògrafo [comp. di *vibro-* e *-grafo* ✱ 1930] **s. m.** ● (*fis.*) strumento destinato alla misurazione diretta degli spostamenti assoluti di un corpo vibrante, alla loro trasformazione in segnali elettrici e all'amplificazione e registrazione di tali segnali per dare un vibrogramma

vibrogràmma [comp. di *vibro-* e *-gramma* ✱ 1930] **s. m.** (pl. *-i*) ● (*fis.*) diagramma che è fornito da un vibrografo e che rappresenta l'ampiezza delle vibrazioni di un corpo vibrante

vibromassaggiatóre [comp. di *vibro-* e *massaggiatore* ✱ 1971] **s. m.** ● piccolo apparecchio per massaggi, la cui superficie è costituita spec. da strisce di gomma di spessore e forma diversa che vengono fatte vibrare elettricamente

vibromassàggio [comp. di *vibro-* e *massaggio* ✱ 1935] **s. m.** ● massaggio eseguito con un vibromassaggiatore

vibrometrìa [da *vibrometro* ✱ 1983] **s. f.** ● (*fis., tecnol.*) rilevazione, misurazione e registrazione delle grandezze caratteristiche delle vibrazioni

vibròmetro [comp. di *vibro-* e *-metro* ✱ 1983] **s. m.** ● (*fis., tecnol.*) strumento meccanico, elettrico od ottico destinato alla misurazione delle ampiezze o delle velocità delle vibrazioni di strutture od organi meccanici, spec. per segnalare quando tendono a superare valori limite considerati normali

vibroscòpio [comp. di *vibro-* e *-scopio* ✱ 1875] **s. m.** ● strumento usato nella tecnica per la registrazione di vibrazioni meccaniche nelle strutture

vibroterapìa [comp. di *vibro-* e *terapia* ✱ 1901] **s. f.** ● (*med.*) applicazione terapeutica del massaggio vibratorio

vibùrno [vc. dotta, lat. *vibŭrnu(m)*, di orig. preindeur. ✱ av. 1542] **s. m.** ● (*bot.*) genere di arbusti delle Caprifoliacee, sempreverdi o caducifogli, con ricche infiorescenze, cui appartengono la lantana e il pallone di maggio (*Viburnum*)

vicarìa ① o †**vicherìa** nel sign. 3 [da *vicario* ✱ 1312] **s. f.** **1** ufficio e giurisdizione che sostituisce quelli del titolare, in molte funzioni di diritto canonico **2** circoscrizione territoriale su cui, nel Medioevo, aveva giurisdizione un vicario **3** (*stor.*) in epoca medievale, milizia operante nelle suddette circoscrizioni territoriali: *mandate per le vicherie, e domattina all'alba pugnate contro a' vostri adversari* (D. COMPAGNI)

vicària ② [sec. XIV] **s. f.** **1** moglie del vicario **2** monaca che sostituisce la superiora di un convento

vicariàle [1879] **agg.** ● di vicario: *autorità v.*

vicariànte [propr. part. pres. di *vicariare* ✱ 1942] **agg.** ● (*biol.*) che sostituisce, supplisce o compensa: *la funzione v. di un organo*; *specie v.*

vicariànza [da *vicariare* ✱ 1987] **s. f.** ● processo per cui un atomo viene sostituito da un altro di tipo diverso in un reticolo cristallino senza che questo si modifichi, in modo che ne derivino variazioni nella composizione chimica SIN. sostituzione

vicariàre [da *vicario* ✱ 1957] **v. tr.** (*io vicàrio*) ● (*biol.*) sostituire, supplire, compensare, detto spec. di organi anatomici, funzioni cliniche e sim.: *un polmone sano può vicariarne uno malato*

vicariàto [av. 1348] **s. m.** **1** ufficio e giurisdizione dei vari vicari di diritto canonico | durata di tale ufficio **2** circoscrizione territoriale retta da un vicario

vicàrio [vc. dotta, lat. *vicāriu(m)*, da *vĭcis* 'vece' ✱ 1266] **A** **s. m.** (f. *-ia* (V.)) ● chi fa le veci di un'autorità in sua assenza o impossibilità di esercitare direttamente il potere: *v. imperiale* | ***v. di Dio, di Pietro, di Gesù, di Cristo***, il Papa | ***v. vescovile, del vescovo***, che coopera con il vescovo e può sostituirlo nella sua giurisdizione | ***v. parrocchiale, del parroco***, che ha funzioni vicarie nel governo di una parrocchia, accanto al parroco titolare | ***v. apostolico***, che, con speciali facoltà, regge i territori non eretti in diocesi, soprattutto in terre di missioni | ***v. capitolare***, ecclesiastico che, in alcuni casi di sede vacante vescovile, è designato dal capitolo a reggere il vescovato | ***v. foraneo***, ecclesiastico nominato dal vescovo di una diocesi, con mansioni di vigilanza sugli ecclesiastici di un territorio comprendente più parrocchie **B** **agg.** **1** che sostituisce, fa le veci di qlcu. o di qlco.: *verbo v.*; *autorità vicaria*; *funzioni vicarie* | ***cardinal v.***, che sostituisce il Papa nella giurisdizione di vescovo di Roma | ***padre v., madre vicaria***, religioso o religiosa che fa le veci del superiore o della superiora **2** (*biol.*) vicariante

vìce ① [per sostantivazione di *vice-* ✱ 1803] **s. m. e f. inv.** ● chi sostituisce il titolare di un ufficio, di una carica e sim., in caso di sua assenza o impedimento: *è il v. del direttore, del presidente*; *è diventato v.*

†**vìce** ② ➤ **vece**

vìce- [vc. dotta, lat. *vĭce*, abl. di *vĭcis* 'vece': propr. 'in vece di'] **primo elemento** ● in parole composte che fanno riferimento a carica, ufficio, significa 'che fa le veci di', 'che svolge, o può svolgere, le funzioni di' oppure, in una gerarchia, chi ricopre un grado immediatamente inferiore: *vicedirettore, vicepreside, vicesegretario, vicesindaco, viceré; vicecommissario*

viceammiràglio [comp. di *vice-* e *ammiraglio* ✱ av. 1536] **s. m.** ● (*mar.*) un tempo, ufficiale di grado corrispondente all'attuale ammiraglio di squadra

vicebrigadière [comp. di *vice-* e *brigadiere* ✱ 1910] **s. m.** ● nell'Arma dei Carabinieri e nel Corpo della Guardia di Finanza, primo grado dei sottufficiali, corrispondente a quello del sergente dell'esercito | nel soppresso ordinamento delle guardie di pubblica sicurezza, grado sostituito dalla nuova qualifica di vice sovrintendente

vicecomitàle [lat. mediev. *vicecomitāle(m)*, da *vicēcomes*, genit. *vicecŏmitis* 'visconte' ✱ 1961] **agg.** ● (*lett.*) di visconte: *dignità, titolo v.*

vicecommissàrio [comp. di *vice-* e *commissario* ✱ av. 1532] **s. m.** (f. *-ia*) ● funzionario di grado immediatamente inferiore al commissario

vicecònsole o †**vicecònsolo** [comp. di *vice-* e *console* ✱ 1477] **s. m. e f.** ● funzionario di grado immediatamente inferiore a quello di console

†**vicecónte** o †**vececónte** [comp. di *vice-* e *conte* sul modello di *visconte* ✱ av. 1363] **s. m.** ● visconte

vicedecàno [comp. di *vice-* e *decano* ✱ 1879] **s. m.; anche agg.** ● (*raro*) chi (o che) fa le veci del decano SIN. prodecano

vicedirettóre [comp. di *vice-* e *direttore* ✱ 1819] **s. m.** (f. *-trice*) ● funzionario di grado immediatamente inferiore a quello di direttore, che può coadiuvarlo e sostituirlo

vicedòmino [vc. dotta, lat. tardo *vicedŏminu(m)*, comp. di *vĭce* 'in luogo di' (V. *vice-*) e *dŏminus* 'signore' (V. †*domino*①) ✱ 1509] **s. m.** **1** (*stor.*) nel Medioevo, titolo di varie magistrature **2** (*stor.*) maggiordomo, camerlengo

viceduca [comp. di *vice-* e *duca* ✱ av. 1554] **s. m.** (**f.** *-chéssa*; **pl. m.** *-chi*) ● (*raro*) governatore in vece del duca

vicegovernatóre [comp. di *vice-* e *governatore* ✱ 1542] **s. m.** (**f.** *-trice*) ● chi fa le veci del governatore

vicemàdre [comp. di *vice-* e *madre* ✱ av. 1566] **s. f.** ● donna che fa da madre a chi ne è rimasto privo o svolge le funzioni di madre in una famiglia spec. nelle famiglie in cui la madre lavora

viceminìstro [comp. di *vice-* e *ministro* ✱ 1787] **s. m.** (**f.** *-a*) (**V. anche nota d'uso FEMMINILE**) ● membro del governo di grado immediatamente inferiore a quello di ministro: *il v. degli Esteri cinese* | nell'ordinamento italiano, sottosegretario di Stato con deleghe particolari conferitegli dal ministro competente

♦**vicènda** [lat. parl. **vicĕnda*, nt. pl., da *vĭcis* 'vece' ✱ 1229] **s. f.** **1** (*lett.*) serie di cose, fatti, avvenimenti, situazioni e sim. che si succedono alternandosi: *la v. degli anni, delle stagioni*; *una continua v. di delusioni e speranze* | ***l'umana v.***, la vita, l'esistenza **2** (*agric.*) avvicendamento delle colture, rotazione | ***prato da v.***, artificiale, rinnovato periodicamente **3** caso, fatto, evento: *una triste v.*; *le vicende della vita*; *conoscere le vicende personali di qlcu.*; *narrare le proprie vicende* | ***con alterne vicende***, con un alternarsi di eventi favorevoli e sfavorevoli **4** (*raro*, *lett.*) turno, volta, giro | ***a v.***, †***per v.***, a turno, l'un l'altro: *vegliare a v.*; *amarsi, complimentarsi a v.* **5** †contraccambio, ricompensa | †***in v.***, invece **6** †faccenda, bisogna: *io vo infino a città per alcuna mia v.* (G. BOCCACCIO)

♣**vicendévole** [da *vicenda* ✱ av. 1332] **agg.** ● scambievole, reciproco: *amore v.* ‖ **vicendevolménte**, †**vicendevoleménte**, **avv.** in modo vicendevole, scambievolmente

vicendevolézza [1608] **s. f.** ● (*raro*) caratteristica di ciò che è vicendevole

†**vicennàle** [vc. dotta, lat. tardo *vicennāle(m)*, da *vicĕnniu(m)* 'vicennio' ✱ 1673] **agg.** ● ventennale

vicènnio [vc. dotta, lat. tardo *vicĕnniu(m)*, da *vĭcies* 'venti volte' (della stessa radice di *vigĭnti* 'venti'), sul modello di *biĕnnium* 'biennio' e *decĕnnium* 'decennio' ✱ 1879] **s. m.** ● (*raro*, *lett.*) ventennio

vicentìno [da *Vicentia*, n. lat. mediev. di *Vicenza* ✱ av. 1328] **A agg.** ● di Vicenza | ***alla vicentina***, (*ellitt.*) alla maniera dei vicentini, detto spec. di preparazioni gastronomiche: *baccalà alla vicentina* **B s. m.** (**f.** *-a*) ● abitante o nativo di Vicenza

†**vicepàdre** [comp. di *vice-* e *padre* ✱ av. 1685] **s. m.** ● uomo che fa da padre a chi ne è rimasto privo

vicepàrroco [comp. di *vice-* e *parroco* ✱ 1879] **s. m.** (**pl.** *-ci*) ● vicario del parroco

viceprefètto [comp. di *vice-* e *prefetto* ✱ 1802] **s. m.** (**f.** *-a*, *-éssa*; **V. nota d'uso FEMMINILE**) **1** nel governo della provincia, funzionario di grado immediatamente inferiore a quello del prefetto **2** in collegi e sim., chi coadiuva o sostituisce il prefetto

viceprèmier o **vice prèmier** [comp. di *vice-* e dell'ingl. *premier* (V.) ✱ 1984] **s. m. e f. inv.** ● vicepresidente del Consiglio dei ministri

vicepréside (o *-ṣ-*) [comp. di *vice-* e *preside* ✱ 1862] **s. m. e f.** ● insegnante che fa le veci del preside

vicepresidènte (o *-ṣ-*) [comp. di *vice-* e *presidente* ✱ 1677] **s. m. e f.** (**f.** anche *-éssa*) ● chi fa le veci del presidente: *il v. di una società, del Consiglio dei ministri*

vicepresidènza (o *-ṣ-*) [comp. di *vice-* e *presidenza* ✱ 1884] **s. f.** ● ufficio, titolo e dignità di vicepresidente | durata di tale ufficio | sede del vicepresidente

vicepretóre [comp. di *vice-* e *pretore* ✱ 1865] **s. m.** (**f.** *raro -a*) (**V. nota d'uso FEMMINILE**) ● un tempo, giudice onorario destinato alla pretura

vicepretùra [comp. di *vice-* e *pretura* ✱ 1965] **s. f.** ● titolo, dignità e ufficio di vicepretore | durata di tale ufficio

†**viceprovìncia** [comp. di *vice-* e *provincia* ✱ av. 1685] **s. f.** ● parte di territorio considerato come provincia: *gli riuscì smembrar la Cina dal Giappone, e formarla tutta da sé v.* (D. BARTOLI)

vicequestóre [vc. dotta, lat. tardo *vicequaestōre(m)*, comp. di *vĭce* 'in luogo di' (V. *vice-*) e *quaēstor*, genit. *quaestōris* 'questore' ✱ 1879] **s. m.** (**f.** *raro -a*) (**V. nota d'uso FEMMINILE**) ● nel soppresso ordinamento delle guardie di pubblica sicurezza, grado sostituito nella nuova polizia di Stato dalla qualifica di primo dirigente | la persona che ha tale grado

viceré o †**veceré** [comp. di *vice-* e *re* ✱ 1433] **s. m. inv.** ● chi è demandato a governare, in nome del re, una parte, spec. lontana dal territorio metropolitano, del regno: *il v. delle Indie*

vicereàle o (*raro*) **viceregàle** [1653] **agg.** ● di viceré: *carica, dignità v.*

vicereàme [da *viceré*, sul modello di *reame* ✱ 1847] **s. m.** **1** (*raro*) ufficio, titolo e dignità di viceré | durata di tale ufficio **2** territorio governato da un viceré

viceregàle ➤ **vicereale**

†**viceregìna** [da *viceré*, sul modello di *regina* ✱ av. 1536] **s. f.** **1** moglie del viceré **2** donna che ha l'ufficio, la carica e la dignità del viceré

vicerettóre [comp. di *vice-* e *rettore* ✱ av. 1547] **s. m.** (**f.** *-trice*) ● chi fa le veci del rettore

vicesegretàrio [comp. di *vice-* e *segretario* ✱ av. 1729] **s. m.** (**f.** *-ia*) ● impiegato o funzionario di grado immediatamente inferiore a quello di segretario

vicesìndaco [comp. di *vice-* e *sindaco* ✱ 1872] **s. m.** (**f.** *-a*, *scherz.* *vicesindachéssa*; **pl. m.** *-ci*; **V. nota d'uso FEMMINILE**) ● assessore comunale che, su delega del sindaco, ne esercita le funzioni in caso di sua assenza o indisponibilità: *il v. di Bologna*

†**vicessitùdine** ➤ **vicissitudine**

♦**vicevèrsa** [lat. *vĭce vĕrsa* 'mutata la vicenda': *vĭce* è abl. di *vĭcis* 'vece', e *vĕrsa* è abl. f. del part. pass. di *vĕrtere* (V.) ✱ 1641] **A avv.** ● in direzione contraria, all'inverso: *viaggio da Bologna a Firenze e v.* | (*fig.*) all'opposto, al contrario: *prima di agire bisogna riflettere e non fare v.*; *così dovevi procedere, non v.* | (*fig.*) reciprocamente: *non si amano molto ma lui stima lei e v.* **B in funzione di cong.** ● (*colloq.*) e invece, ma al contrario (con valore avversativo): *avevano promesso di fare il lavoro, v. non hanno ancora incominciato*; *avevi detto che avresti telefonato tu, v. non l'hai fatto*

†**vicherìa** ➤ **vicaria**①

vichianéṣimo [da *vichiano*, agg. di G. B. *Vico* ✱ 1961] **s. m.** ● (*filos.*) corrente di pensiero filosofico, storiografico ed estetico che si ispira alle dottrine di G. B. Vico

vichiàno [1870] **A agg.** ● relativo a G. B. Vico (1668-1744) e alla sua filosofia **B agg. e s. m.** (**f.** *-a*) ● che (o chi) è seguace o fautore del Vico

vichìngo [ant. scandinavo *víkingr*, da *vík* 'baia' (di orig. germ.), propr. 'uno che frequenta baie', con allusione alla preferenza che i pirati davano alle coste con insenature ✱ 1895] **A agg.** (**pl. m.** *-ghi*) **1** relativo alle popolazioni di stirpe germanica, stanziate fin dall'alto Medioevo nelle regioni dell'Europa settentrionale corrispondenti alle odierne Norvegia, Svezia e Danimarca: *guerrieri vichinghi*; *navi vichinghe* **2** (*est.*, *scherz.*) dell'odierna Scandinavia **B s. m.** (**f.** *-a*) **1** ogni appartenente alle popolazioni vichinghe: *gli antichi Vichinghi* **2** (*scherz.*) scandinavo: *un biondo v.*; *una bella vichinga*

vicinàle [vc. dotta, lat. *vicināle(m)*, da *vicīnus* 'vicino' ✱ 1301] **agg.** **1** (*dir.*) detto di strada privata esterna all'abitato e aperta al transito pubblico **2** detto di linee tranviarie e ferroviarie che mettono in comunicazione grandi centri con luoghi vicini

vicinàme [da *vicino* col suff. *-ame* dei collettivi ✱ 1846] **s. m.** ● (*spreg.*) gente del vicinato: *i commenti, i pettegolezzi, le malignità del v.*

†**vicinànte** **A part. pres.** di †*vicinare*; anche **agg.** ● nei sign. del v. **B s. m. e f.** ● vicino di casa

♦**vicinànza** [da *vicinante* ✱ 1250 ca.] **s. f.** **1** stato, condizione o posizione di chi (o di ciò che) è vicino nello spazio o di ciò che è vicino nel tempo: *la v. delle case, di un centro abitato, del mare*; *l'umidità è dovuta alla v. del fiume*; *abbiamo scelto questa casa per la sua v. con la spiaggia*; *la v. delle ferie, delle vacanze, degli esami* | ***in v. di***, nei pressi di: *in v. del porto, della stazione* **SIN.** adiacenza, prossimità **CONTR.** lontananza **2** (*fig.*) affinità, somiglianza: *v. di idee, di opinioni* **3** (**al pl.**) luoghi vicini, zone circostanti: *abitano qui, nelle vicinanze*; *in queste vicinanze deve esserci una farmacia*; *abbiamo cercato nelle vicinanze* **4** †vicinato: *la v. ha male interpretato il tuo gesto*; *io vorrei volentieri che tutta la v. ci fosse* (F. SACCHETTI) **5** (*stor.*) vicinia

†**vicinàre** [vc. dotta, lat. tardo *vicināri* ✱ av. 1294] **v. intr.** e †**vicinàrsi v. intr. pron.** **1** essere confinante **2** avvicinarsi

†**vicinàta** [av. 1306] **s. f.** ● vicinato

vicinàto [da *vicino* ✱ av. 1311] **s. m.** **1** insieme di persone che abitano una stessa casa, rione o quartiere e la zona stessa in cui esse abitano: *il v. commenta, protesta*; *rispettare il vicinato*; *essere in buoni, in cattivi rapporti con il v.*; *la gente del v.* **2** insieme di rapporti intercorrenti fra vicini | (*est.*) insieme di rapporti che intercorrono fra Stati confinanti: *relazioni di buon v.*

†**vicinatóre** [da *vicinare* ✱ av. 1704] **s. m.** (**f.** *-trice*); anche **agg.** ● chi (o che) avvicina

†**vicinazióne** [da *vicinare* ✱ av. 1328] **s. f.** ● avvicinamento

vicìnia [da *vicino* ✱ 1572] **s. f.** **1** in epoca medievale, comunità urbana e rurale di vicini, con proprie terre o assemblee, e investita di rilevanti funzioni pubbliche **2** comunità agraria di alcune zone alpine e prealpine che gestisce e amministra con proprie assemblee terreni e boschi di sua proprietà

viciniòre (o *-ò-*) [vc. dotta, lat. *viciniōre(m)*, compar. di *vicīnus* 'vicino' ✱ 1673] **agg.** ● nel linguaggio burocratico, più vicino, limitrofo: *zone viciniori*

†**vicinità** [vc. dotta, lat. *vicinitāte(m)*, da *vicīnus* 'vicino' ✱ av. 1328] **s. f.** **1** vicinanza, prossimità **2** affinità, somiglianza

♦**vicìno** [lat. *vicīnu(m)*, propr. 'che abita nello stesso vico', da *vīcus* 'vico' ✱ 1250 ca.] **A agg.** **1** che si trova a una distanza relativamente piccola, rispetto al punto cui si fa riferimento: *la strada è vicina*; *il traguardo è ormai v.*; *la mia stanza è vicina alla tua*; *i paesi vicini*; *il v. oriente* | (*fig.*) partecipe dei sentimenti di qlcu.: *ci sentiamo molto vicini a voi tutti in questa triste circostanza* | (*fig.*) stretto: *parente v.* | di cose o persone che si trovano a breve distanza l'una dall'altra: *due case vicine; quei due quadri sono troppo vicini* | confinante, detto di paesi: *Stati vicini; nazioni vicine* CFR. para- SIN. attiguo, adiacente CONTR. lontano **2** che è imminente, che sta per giungere, accadere, verificarsi e sim.: *la partenza è vicina; la stagione invernale è ormai vicina; questo è un chiaro segno di tempesta vicina* | ***essere v. a***, stare per, essere prossimo a: *essere v. a partire, a finire, a morire; ormai sono vicini alle nozze; siamo vicini alla conclusione della vicenda* | ***essere v. ai quaranta, ai cinquanta*** e sim., di persona che ha quasi quaranta o cinquant'anni | che si è appena verificato, concluso e sim.: *eventi storici ancora troppo vicini a noi* **3** (*fig.*) simile, somigliante: *un colore v. al verde; sono idee molto vicine alle nostre; le tue affermazioni sono molto vicine al vero* **B** **s. m.** (**f.** -*a*) **1** ogni abitante di una casa, di una via, di un rione e sim., rispetto a tutti gli altri: *rispettare i vicini; essere in buoni, in cattivi rapporti con i propri vicini; cerca di non disturbare i tuoi vicini di casa; siede con le vicine / su la scala a filar la vecchierella* (G. LEOPARDI) | chi si trova accanto ad altri: *la mia vicina di banco; il mio v. d'ombrellone* **2** (*lett.*) concittadino **3** (**al pl.**) nel gioco della roulette, combinazione costituita dal numero prescelto insieme con i quattro che lo precedono e lo seguono sulla ruota della roulette **C** **avv.** ● non lontano, accanto: *vieni qui v.; abitiamo v.; sta v.* | ***farsi v.***, avvicinarsi: *fatevi più v.* | ***da v.***, da poca distanza; (*est.*) bene, minutamente, in tutti i particolari: *osserva da v.; vedo meglio da v. che da lontano; esamina i fatti da v.; io la conosco da v.* (V. anche *davvicino*) **D** nelle **loc. prep.** ***vicino a***, †***vicino di*** **1** accanto a: *non venirmi v.; stai v. a tuo padre* | ***ci sono andato v.***, (*fig.*) c'è mancato poco, quasi lo indovinavo, lo prendevo e sim.: *non ho fatto centro, ma ci sono andato v.* | †circa (in espressioni temporali): *infino v. della mezzanotte* (G. BOCCACCIO) **2** nei pressi di: *abito v. a Napoli; ha una villa v. a Milano*

SFUMATURE DI SIGNIFICATO

vicino - adiacente - attiguo - contiguo

Ciò che si trova a una distanza relativamente piccola rispetto al punto a cui si fa riferimento si definisce **vicino**. Se la distanza è molto ridotta si può utilizzare anche il termine **adiacente**, che tuttavia è riferibile esclusivamente a strade, terreni, costruzioni. **Attiguo** descrive invece ciò che è immediatamente accanto. Ciò che è a diretto contatto con qualcos'altro e che con questo ha almeno un elemento in comune può essere definito anche **contiguo**.

vicino - recente - imminente

In riferimento al tempo, **vicino** descrive ciò che è appena accaduto o ciò che sta per accadere. Nel primo significato è sinonimo di **recente**, che oltre a indicare qualcosa che risale o è avvenuto poco tempo prima si riferisce anche a ciò di cui si è venuti a conoscenza da pochissimo. **Imminente** identifica invece qualcosa che sta per accadere; rispetto a *vicino* esprime una sfumatura di maggiore prossimità: in altre parole, ciò che è *imminente* accadrà prima di ciò che è *vicino*.

SFUMATURE ➤ ***prossimo***

✦**vicissitùdine** o †**vicessitùdine** [vc. dotta, lat. *vicissitūdine(m)*, da *vĭcis* 'vece' ✱ sec. XIV] **s. f.** **1** †avvicendamento, alternanza, mutamento: *v. di casi; v. del tempo* **2** (**al pl.**) vicenda triste, eventi sfavorevoli: *le vicissitudini della vita; passare attraverso mille vicissitudini* SIN. traversie

†**vicissitudinevolménte** [sec. XIV] **avv.** ● vicendevolmente, a turno

†**vicitaménto** ➤ †**visitamento**

†**vicitàre** ➤ **visitare**

†**vicitatóre** ➤ **visitatore**

†**vicitazióne** ➤ **visitazione**

vìco [lat. *vīcu(m)*, di orig. indeur. ✱ 1308] **s. m.** (**pl.** -*chi*) **1** (*stor.*) borgo, villaggio | anche come nome proprio di luogo: *V. Equense, V. del Gargano* **2** (*merid.*) vicolo **3** †rione dell'antico comune

✦**vìcolo** [vc. dotta, lat. *vīculu(m)*, dim. di *vīcus* 'vico' ✱ av. 1500] **s. m.** ● via urbana di dimensioni modeste: *i vicoli della città vecchia* | ***v. cieco***, senza sbocco; (*fig.*) situazione difficile, senza soluzione: *cacciarsi in un v. cieco* SIN. chiasso② ‖ **vicolàccio**, **pegg.** | **vicolétto**, **dim.** | **vicolino**, **dim.** | **vicolùccio**, **dim.**

victòria /vik'tɔrja, *ingl.* vɪk'tɔːrɪə/ [dal n. della regina *Victoria* (1819-1901) (forma ingl. di *Vittoria*) d'Inghilterra ✱ 1878] **s. f. inv.** ● carrozza scoperta a due posti, con quattro ruote, serpa e mantice

victòria règia [dal n. della regina *Victoria* (1891-1901) (forma ingl. di *Vittoria*) d'Inghilterra ✱ 1895] **loc. sost. f. inv.** (**pl. lat. inv.**) ● gigantesca ninfacea sudamericana con foglie di 2 m di diametro e grandi fiori (*Victoria regia*)

vìdeat [vc. lat., propr. 'veda, osservi', dal v. *vidēre* 'vedere' ✱ 1987] **s. m. inv.** ● (*med.*) visita o esame specialistici

videàta [da *video* ✱ 1985] **s. f.** ● (*inform.*) l'insieme dei caratteri e delle immagini visualizzati contemporaneamente sullo schermo di un videoterminale

✦**vìdeo** [sostantivazione del prefissoide ingl. *video-* ✱ 1953] **A** **s. m. inv.** **1** (*tv*) tutto ciò che è relativo alla ripresa, alla trasmissione e alla ricezione delle immagini televisive | l'immagine stessa **2** (*inform.*) dispositivo di un televisore o di un computer, su cui appaiono le immagini | (*est.*) schermo; monitor **3** accorc. di *videoclip* **B** **agg. inv.** **1** relativo alla ripresa, alla trasmissione e alla ricezione delle immagini televisive | ***segnale v.***, videosegnale **2** (*inform.*) relativo alla visualizzazione su schermo fluorescente dei risultati di un'elaborazione elettronica o dei dati contenuti nelle memorie di un elaboratore | ***terminale v.***, videoterminale

vìdeo- [dal tema *vide-* deriv. dal v. lat. *vidēre* 'vedere' con la vocale di congiunzione *o*, ci è giunto prob. dall'ingl.] **primo elemento** ● in parole composte del linguaggio scientifico e tecnico, indica apparecchiature, immagini o grandezze usate nei sistemi televisivi di trasmissione (*videocassetta, videocitofono, videofrequenza*) | spec. nel linguaggio giornalistico, si riferisce al mezzo televisivo (*videocrazia, videobufala*) | (*raro*) indica relazione con la vista (*videoleso*)

videoamatóre [comp. di *video(camera)* e *amatore* ✱ 1970] **s. m.** (**f.** -*trice*) ● chi, a livello amatoriale, gira film con la videocamera

videoamplificatóre [comp. di *video-* e *amplificatore* ✱ 1961] **s. m.** ● (*elettron.*) amplificatore di segnali video

video àrt /video'art, *ingl.* 'vɪdɪəʊ,ɑːt/ [loc. ingl., propr. 'arte (*art*) che si avvale del *video*' ✱ 1981] **loc. sost. f. inv.** (**pl. ingl.** *video arts*) ● tecnica artistica contemporanea consistente in una realizzazione televisiva, in diretta o registrata, spesso integrata in un'installazione o in una scultura

videoblòg [vc. ingl. comp. di *video* e *blog* ✱ 2003] **s. m. inv.** ● (*Internet*) blog che contiene principalmente video

videoblogger /video'blɔgger, *ingl.* 'vɪdɪəʊ,blɒgə(r)/ [vc. ingl., da *videoblog* (V.) ✱ 2004] **s. m. e f. inv.** ● (*Internet*) chi crea o gestisce un videoblog CFR. vlogger

videocàmera [comp. di *video-* e *camera*② ✱ 1983] **s. f.** **1** telecamera **2** (*tv*) sistema costituito da una telecamera e un videoregistratore portatili

videocassétta [comp. di *video-* e *cassetta* ✱ 1970] **s. f.** ● (*tv*) caricatore, di forma e dimensioni standardizzate, destinato ad essere usato in un videoregistratore: *v. vergine, preregistrata* SIN. videotape

videochiamàre [comp. di *video-* e *chiamare* ✱ 2003] **v. tr.** ● videotelefonare

videochiamàta [comp. di *video-* e *chiamata* ✱ 2002] **s. f.** ● videotelefonata

videocitòfono [comp. di *video-* e *citofono* ✱ 1971] **s. m.** ● citofono collegato a un impianto televisivo a circuito chiuso, fornito di schermo video su cui è visibile la persona che ha premuto il pulsante di chiamata all'ingresso dell'abitazione SIN. intervideo

videoclìp /video'klip, *ingl.* 'vɪdɪəʊ,klɪp/ o **video-clip** [vc. ingl., comp. di *video* e *clip* ✱ 1984] **s. m. inv.** ● (*mus.*) breve filmato che, spesso arricchito di immagini suggestive, accompagna l'esecuzione di un brano musicale, spec. a scopo promozionale

videocomunicàto [comp. di *video-* e *comunicato* ✱ 1994] **s. m.** ● comunicato predisposto per la diffusione televisiva o attraverso Internet

videoconferènza [comp. di *video-* e *conferenza* ✱ 1983] **s. f.** ● sistema basato su computer, videocamere e rete telefonica, che consente a più utenti dislocati in luoghi diversi di entrare contemporaneamente in comunicazione vocale e visiva | conferenza o conversazione fra più persone basata su tale sistema

videocontròllo [comp. di *video-* e *controllo* ✱ 1983] **s. m.** ● controllo, mediante un impianto televisivo a circuito chiuso, di determinate zone o locali, quali gli accessi a una banca o a una scuola, una corsia di ospedale, il traffico in una strada, un impianto industriale destinato a operazioni pericolose

videocrazìa [comp. di *video-* e *-crazia* ✱ 1990] **s. f.** ● potere rappresentato dal mezzo televisivo per la sua capacità di condizionare le opinioni degli spettatori SIN. telecrazia

videodipendènte [comp. di *video-* e *-dipendente* ✱ 1981] **agg. e s. m. e f.** ● teledipendente

videodipendènza [comp. di *video-* e *dipendenza* ✱ 1983] **s. f.** ● teledipendenza

videodìsco [comp. di *video-* e *disco* ✱ 1970] **s. m.** (**pl.** -*schi*) ● tipo di compact disc, in genere di grande formato, che contiene filmati

videofilm [comp. di *video(cassetta)* e *film* ✱ 1985] **s. m. inv.** ● film videoregistrato e destinato a circolare in videocassetta

videofonìa [comp. di *video-* e *-fonia* ✱ 1980] **s. f.** ● (*tel.*) trasmissione a distanza di voce, dati e immagini: *v. fissa, mobile*

Videofonìno® [comp. di *video* e della seconda parte di *(tele)fonino* ✱ 2000] **s. m.** ● (*tel.*) nome commerciale di telefoni cellulari con funzione di videotelefono

videofòno [comp. di *video-* e *-fono* ✱ 1964] **s. m.** **1** (*raro*) videocitofono **2** (*raro*) videotelefono

videofrequènza [comp. di *video-* e *frequenza*, sul modello dell'ingl. *videofrequency* ✱ 1939] **s. f.** ● frequenza del segnale video in televisione

videogame /video'ge(i)m, *ingl.* 'vɪdɪəʊ,geɪm/ [vc. ingl., comp. di *video-* 'video-' e *game* 'gioco' (vc. d'orig. germ.) ✱ 1982] **s. m. inv.** ● videogioco

videogiòco [comp. di *video-* e *gioco* ✱ 1980] **s. m.** (**pl.** -*chi*) ● (*tv*) apparecchio elettronico che permette a uno o più giocatori di simulare, mediante vari tipi di comandi, sullo schermo di un televisore ordinario a cui viene collegato o su quello di un monitor che ne fa parte integrante, vari giochi, gener. sportivi, o ideati appositamente | il gioco stesso **SIN.** videogame

videogiornàle [comp. di *video-* e *giornale* ∗ 1970] **s. m.** ● notiziario simile a un telegiornale, spec. diffuso attraverso Internet

videografìa [comp. di *video-* e *-grafia* ∗ 1987] **s. f.** ● lista dei video realizzati da un autore | lista di video riguardanti un determinato argomento: *la v. sulla didattica della storia*

videogràfica [da *videografico*, sostantivato al f. ∗ 1985] **s. f.** ● tecnica che permette di produrre immagini con il computer

videogràfico [1985] **agg.** (**pl. m.** *-ci*) ● che riguarda la videografica

videoguìda [comp. di *video-* e *guida* ∗ 1994] **s. f.** ● guida consultabile in rete, su cd, computer, telefoni cellulari o altri dispositivi | dispositivo per la consultazione di tale guida: *noleggiare una v. al museo*

videoguidàto [1990] **agg. 1** che si svolge con l'ausilio di una videoguida: *visita videoguidata* **2** (*med.*) detto di intervento di natura diagnostica o chirurgica eseguito con strumenti teleguidati attraverso un monitor

videoimpaginatóre [comp. di *video-* e *impaginatore* ∗ 1983] **s. m.** (**f.** *-trice*) ● (*tipogr.*) nella preparazione di testi a stampa, spec. di giornali quotidiani, videoterminale atto a impaginare la composizione secondo criteri prestabiliti

videoimpaginazióne [comp. di *video-* e *impaginazione* ∗ 1983] **s. f.** ● (*tipogr.*) montaggio di testo e immagini eseguito mediante appositi programmi su elaboratore elettronico

videointervìsta [comp. di *video-* e *intervista* ∗ 1982] **s. f.** ● intervista registrata per essere trasmessa in video o in rete

vìdeo jòckey /'video'dʒɔkei, *ingl.* 'vɪdɪəʊ-ˌdʒɒkɪ/ [da *disc jockey* con sostituzione di *video* a *disc* ∗ 1994] **s. m. e f. inv.** (**pl. ingl.** *video jockeys*) ● conduttore televisivo che seleziona e presenta brani musicali con un breve commento critico; in sigla VJ **CFR.** veejay

videolènto [comp. di *video-* e *lento* ∗ 1981] **s. m.** ● sistema di trasmissione di immagini attraverso la linea telefonica

videolèso [comp. di *video-* e *leso* ∗ 1983] **agg. e s. m.** (**f.** *-a*) ● (*med.*) che (o chi) è leso negli occhi, nella vista

videolettóre [comp. di *video(cassetta)* e *lettore* ∗ 1985] **s. m.** ● apparecchio che permette la visualizzazione di videocassette

videolìbro [comp. di *video(disco)* e *libro* ∗ 1986] **s. m.** ● libro registrato su videodisco, da leggere o consultare elettronicamente su uno schermo televisivo

videolòttery /video'lɔtteri/ [vc. pseudo-ingl., propr. 'lotteria (*lottery*) a video' ∗ 2004] **s. f. inv.** ● apparecchio elettronico per il gioco d'azzardo, tecnologicamente più evoluto delle slot machine; in sigla VLT (*Video Lottery Terminal*)

videolùdico [comp. di *video-* e *ludico* ∗ 1999] **agg.** (**pl. m.** *-ci*) ● relativo ai videogiochi

videomagnètico [comp. di *video-* e *magnetico* ∗ 1970] **agg.** (**pl. m.** *-ci*) ● relativo alla registrazione su nastro magnetico dei segnali video e audio facenti parte di un programma televisivo

videomaker /video'me(i)ker, *ingl.* 'vɪdɪəʊ-ˌmeɪkə(r)/ [vc. ingl., comp. di *video* e *maker* 'facitore, creatore' (di orig. germ.) ∗ 1984] **s. m. e f. inv.** ● chi produce un video con apparecchiature digitali curando in proprio riprese e montaggio

videomessàggio [comp. di *video-* e *messaggio* ∗ 1994] **s. m.** ● messaggio audiovisivo o breve filmato inviati per via telematica

videomusic /video'mjuzik, *ingl.* 'vɪdɪəʊ-ˌmju:zɪk/ [vc. ingl., comp. di *video-* 'video' e *music* 'musica' ∗ 1984] **s. f. inv.** ● ogni forma di musica diffusa attraverso il sistema dei videoclip

videomùsica [1983] **s. f.** ● adattamento di *videomusic* (V.)

videomusicàle [da *videomusica* ∗ 1985] **agg.** ● che riguarda la videomusica

videonàstro [comp. di *video-* e *nastro* ∗ 1971] **s. m.** ● videotape

videonoléggio [comp. di *video(cassette)* e *noleggio* ∗ 1988] **s. m.** ● esercizio commerciale specializzato nel noleggio di videocassette | il settore e l'attività dei negozi che noleggiano videocassette

videopòker [comp. di *video-* e *poker* ∗ 1985] **s. m. inv.** ● apparecchio automatico a gettone o a moneta, installato in locali pubblici, che riproduce un gioco simile al poker tra il giocatore e la macchina | il gioco stesso

videoproiettóre [comp. di *video-* e *proiettore* ∗ 1982] **s. m.** ● dispositivo, gener. collegato a un sintonizzatore, a un videoregistratore o a un computer, per proiettare immagini televisive a distanza su uno schermo di grandi dimensioni

videoregistràre [da *videoregistratore* ∗ 1985] **v. tr.** ● registrare con un videoregistratore

videoregistratóre [comp. di *video-* e *registratore* ∗ 1970] **s. m.** ● apparecchio atto a registrare su una videocassetta programmi televisivi e a riprodurli (o a riprodurre programmi contenuti in una videocassetta preregistrata o immagini riprese con una telecamera) su uno schermo televisivo

videoregistrazióne [comp. di *video-* e *registrazione* ∗ 1970] **s. f. 1** registrazione di immagini e programmi televisivi mediante un videoregistratore **2** l'insieme delle immagini o il programma televisivo registrati mediante un videoregistratore

videorepòrter [comp. di *video-* e *reporter* ∗ 1980] **s. m. e f. inv.** ● reporter che realizza i suoi servizi usando una piccola telecamera o uno smartphone

videoriprésa (o *-s-*) [comp. di *video-* e *ripresa* ∗ 1983] **s. f.** ● ripresa di immagini e programmi televisivi mediante una telecamera

videoriproduttóre [comp. di *video-* e *riproduttore* ∗ 1983] **s. m.** (**f.** *-trice*) ● apparecchio per la riproduzione di videocassette

videoriproduzióne [comp. di *video-* e *riproduzione* ∗ 1983] **s. f.** ● riproduzione su uno schermo televisivo delle immagini contenute in una videocassetta

videoschèrmo [comp. di *video-* e *schermo* ∗ 1986] **s. m.** ● schermo di un videoterminale

videoscrittùra [comp. di *video-* e *scrittura* ∗ 1983] **s. f.** ● (*inform.*) sistema di word processing in cui le operazioni di creazione, manipolazione e memorizzazione dei testi vengono compiute con l'ausilio di uno schermo video su cui possono essere visualizzate intere pagine di testo o parti di esse

videosegnàle [comp. di *video-* e *segnale* ∗ 1961] **s. m.** ● in un sistema televisivo, il segnale elettrico, con caratteristiche dipendenti dal particolare standard, che è usato per trasmettere le informazioni contenute nelle immagini **SIN.** segnale video

videosistèma [comp. di *video-* e *sistema* ∗ 1983] **s. m.** (**pl.** *-i*) **1** sistema di ripresa, registrazione e riproduzione di immagini e programmi televisivi, ed eventualmente dei suoni corrispondenti, comprendente gener. una telecamera, un videoregistratore, un sintonizzatore e un monitor o un televisore **2** (*inform.*) sistema di word processing che utilizza uno schermo video: *v. di scrittura*

videosorveglianza [comp. di *video-* e *sorveglianza* ∗ 1994] **s. f.** ● sorveglianza a distanza mediante un sistema video

videotape /video'te(i)p, *ingl.* 'vɪdɪəʊˌteɪp/ [vc. ingl., comp. di *video-* 'video-' e *tape* 'nastro' (vc. d'orig. non accertata) ∗ 1959] **s. m. inv.** ● videocassetta

videotèca [comp. di *video-* e *-teca* ∗ 1966] **s. f. 1** raccolta di videoregistrazioni, gener. su videocassette **2** luogo dove viene conservata una raccolta di videoregistrazioni

Videotèl® [comp. di *video-* 'video-' e *tel(efono)* ∗ 1981] **s. m. inv.** ● sistema di videotex usato in Italia

videotelefonàre [comp. di *video-* e *telefonare* ∗ 1987] **A v. tr.** (*io videotelèfono*) ● comunicare per mezzo di un videotelefono: *v. un filmato* **B v. intr.** (**aus.** *avere*) ● usare un videotelefono

videotelefonàta [comp. di *video-* e *telefonata* ∗ 1968] **s. f.** ● chiamata e comunicazione per mezzo di un videotelefono

videotelefonìa [comp. di *video-* e *telefonia* ∗ 1974] **s. f.** ● sistema di comunicazioni televisive mediante la rete telefonica ‖ **videotelefònico**, **agg.** (**pl. m.** *-ci*) relativo a videotelefonia o a videotelefono

videotelèfono [comp. di *video-* e *telefono* ∗ 1948] **s. m.** ● apparecchio telefonico dotato di schermo e telecamera che consente agli interlocutori di vedersi nel corso della telefonata

videoterminàle [comp. di *video-* e *terminale* ∗ 1981] **s. m.** ● (*inform.*) terminale dotato di monitor

Videotèx® [vc. ingl., riduzione più rapida del sin. *videotext* 'testo su video' ∗ 1980] **s. m. inv.** ● servizio telematico pubblico basato sulla rete telefonica, che consente di collegarsi mediante un terminale a banche dati, a fornitori di servizi e a utenti privati per effettuare interrogazioni, operazioni bancarie, prenotazioni, acquisti o semplicemente per scambiare messaggi; in Italia è denominato Videotel

videotrasméttere [da *videotrasmissione* ∗ 1986] **v. tr.** (**coniug. come** *mettere*) ● realizzare una videotrasmissione | teletrasmettere

videotrasmissióne [comp. di *video-* e *trasmissione* ∗ 1980] **s. f.** ● teletrasmissione di immagini

videowall /'videoˌwol, *ingl.* 'vɪdɪəʊˌwɔ:l/ [vc. ingl., comp. di *video* 'video' e *wall* 'parete' ∗ 1993] **s. m. inv.** ● maxischermo costituito da una serie di monitor modulari, che combinati insieme, mostrano un'immagine completa

vìdi ➤ **vedere**①

vidicon /'vidikon, *ingl.* 'vɪdɪkən/ [1961] **s. m. inv.** ● accorc. di *vidiconoscopio*

vidiconoscòpio [comp. di *vid(eo)-* e *iconoscopio* ∗ 1961] **s. m.** ● tubo termoelettronico di ripresa televisiva, usato spec. nelle telecamere industriali

vidimàre [fr. *vidimer*, dal lat. *vīdimus* 'abbiamo visto' (prima pers. pl. perfetto indic. di *vidēre* 'vedere'), formula cancelleresca con cui si approvava un atto ∗ 1699] **v. tr.** (*io vìdimo*) ● apporre il visto, autenticare un documento

vidimatóre [1961] **A s. m.** (**f.** *-trice*) ● (*burocr.*) chi è incaricato di effettuare vidimazioni **B anche agg.**: *macchina vidimatrice*

vidimazióne [1802] **s. f.** ● autenticazione, convalida: *v. dei libri sociali*

†**vidovile** ➤ **vedovile**

†**vidovità** ➤ †**vedovità**

†**viduàle** ➤ †**vedovale**

†**vidùile** ➤ **vedovile**

†**viduità** ➤ †**vedovità**

†**vie** [da *viae* ✱ av. 1292] **avv.** **1** ancora, assai (con valore rafforz. premesso a un compar.): *e dicoti più che noi facciamo vie miglior lavoro* (G. Boccaccio) | V. anche *vieppiù*, *viemeglio*, †*vie meno* **2** oltre, ancora oltre | (*raro*) ***essere un via là, vie loro***, uno sconclusionato **3** nelle loc. avv. ***via vie, vie via***, a mano a mano | subito, tra un momento

vièlla [fr. *vielle*, da una base onomat. ✱ 1899] **s. f.** ● (*mus.*) antico strumento ad arco a fondo piatto, usato dai trovieri e poi gradualmente modificato sino a prendere le forme della moderna viola

viemèglio o **vie mèglio**, **viemmèglio** [comp. di *vie* e *meglio* ✱ 1344] **avv.** ● (*lett.*) ancor più, a maggior ragione

†**vie méno** o †**vieméno**, †**viemméno** [comp. da *vie* e *meno*, sul modello di *vieppiù* ✱ av. 1342] **loc. avv.** ● tanto meno, ancor meno: *se ella fu pazza, vie meno li suoi danni conobbe* (G. Boccaccio)

vièmmi ➤ **venire**①

vièncì ➤ **venire**①

vièni ➤ **venire**①

viennése (o **-ṣ-**) [av. 1348] **A** **agg.** ● di Vienna: *valzer v.* | ***alla v.***, (*ellitt.*) alla maniera dei viennesi, detto spec. di preparazioni gastronomiche: *cotoletta alla v.* | ***pane v.***, pane al latte a crosta croccante **B** **s. m. e f.** ● abitante o nativo di Vienna

vièntene ➤ **venire**①

♣**vieppiù** o (*lett.*) **vie più**, **viepiù**, †**via più** [comp. di *vie* e *più* ✱ av. 1292] **avv.** ● (*lett.*) molto più, tanto più | sempre più

†**vièra** ➤ **ghiera**①

†**vieréccio** ➤ †**viareccio**

vièro [vc. venez., dal lat. *vivāriu(m)* 'vivaio' ✱ 1792] **s. m.** ● burga nel sign. 2

vietàbile [av. 1729] **agg.** ● che si può vietare ‖ **vietabilità**, **s. f. inv.**

†**vietaménto** [da *vietare* ✱ sec. XIII] **s. m.** ● divieto

♦**vietàre** [lat. *vetāre*, di etim. incerta ✱ 1260 ca.] **v. tr.** (*io vièto*) **1** ordinare d'autorità che una cosa non si faccia (+ *di* **seguito da inf.**, + *che* **seguito da congtv.**): *v. l'ingresso, il passaggio, il transito, la sosta, l'uscita*; *v. qlco. per legge*; *v. l'uso di qlco.*; *il medico gli ha vietato di fumare, di mangiare cibi piccanti; la legge vieta che queste moto siano condotte da minorenni* | ***nulla vieta che***, è possibile, nulla impedisce che: *nulla vieta che si faccia un tentativo* | (*lett.*) ***v. a qlcu. il luogo, la strada*** e sim., non permettergli di andarvi **SIN.** impedire **CONTR.** permettere **2** (*lett.*) precludere la vista: *vietava il limpido cielo / solo un sigillo* (E. Montale) **3** †impedire l'accesso a un luogo: *avversi ... / i venti sempre la natal mia terra / parean vietarmi* (V. Alfieri)

†**vietativo** [lat. tardo *vetatīvu(m)*, da *vetāre* 'vietare' ✱ 1300 ca.] **agg.** ● che serve a vietare

vietàto **part. pass.** di *vietare*; **anche agg.** **1** proibito | usato in espressioni quali: *sosta vietata, transito v., v. fumare, v. sporgersi, v. l'ingresso ai non addetti ai lavori; film v. ai minori di anni 18* e sim., esprime pubblico divieto o proibizione **2** (*lett.*) difeso: *le mal vietate Alpi* (U. Foscolo)

vietatóre [1840] **s. m.** (**f.** *-trice*); **anche agg.** ● (*raro*) chi (o che) vieta

vietcòng [abbr. di *Viet(-nam)* e *cong(san)* 'rosso' ✱ 1967] **agg. inv.**; **anche s. m. e f. inv.** ● militante o appartenente al Fronte di Liberazione Nazionale del Vietnam meridionale, in lotta dal 1957 al 1975 contro le forze governative sudvietnamite e l'esercito inviato dagli Stati Uniti | il Fronte di Liberazione medesimo: *la politica, i guerriglieri del v.*

♦**vietnamìta** [1947] **A** **agg.** (**pl. m.** *-i*) ● del Vietnam: *popolo v.*; *lingua v.* **B** **s. m. e f.** ● nativo o abitante del Vietnam **C** **s. m. solo sing.** ● lingua della famiglia austroasiatica parlata nel Vietnam

♣**vièto** [lat. *vĕtus*, nom. 'vecchio'. V. *veterano* ✱ 1313] **A** **agg.** **1** (*spreg.*) che è ormai privo di validità, interesse, attrattiva e sim.: *forme, parole, idee, dottrine viete; argomenti vieti; consuetudini ormai viete* **SIN.** inattuale, trito **CONTR.** attuale, recente **2** (*tosc.*) che ha perduto la freschezza e il sapore: *cibi vieti; frutta vieta* **3** (*raro, lett.*) floscio, appassito, malaticcio: *viso, aspetto v.* **4** †molto vecchio **B** **s. m.** ● †sapore stantio: *saper di v.*

♣**vietùme** [da *vieto* ✱ 1618] **s. m.** ● (*raro, spreg.*) insieme di cose viete, risapute e sim.

†**vigècuplo** [av. 1642] **agg.** ● che è venti volte maggiore, relativamente ad altra cosa analoga: *cadere a basso con decupla o vigecupla velocità* (G. Galilei)

vigènte **part. pres.** di *vigere*; **anche agg.** ● che è in vigore: *norme, leggi vigenti; secondo il v. regolamento*

vigènza [1951] **s. f.** ● condizione di ciò che è vigente | ***v. della legge***, obbligatorietà, vigore del diritto

vìgere [vc. dotta, lat. *vigēre*, da avvicinare a *vĕgetus* 'vegeto' ✱ av. 1306] **v. intr.** (**difett. usato solo nelle terze pers. sing. e pl. del pres.** *vìge, vìgono*, **dell'imperf.** *vigéva, vigévano*, **del congtv. pres.** *vìga, vìgano*, **del congtv. imperf.** *vigésse, vigéssero*, **nel gerund.** *vigèndo* **e nel part. pres.** *vigènte*) **1** essere in vigore, avere forza e autorità, detto di usi, norme, principi e sim.: *vige il principio della irretroattività della legge; usanze che vigono ancora presso di noi* **2** (*lett.*) essere vivo, vitale: *O donna in cui la mia speranza vige* (Dante *Par.* XXXI, 79)

vigèṣima (o **-é-**) [vc. dotta, lat. *vigēsima(m pārtem)* 'ventesima parte', f. sost. di *vigēsimus* 'ventesimo' (V. *vigesimo*) ✱ av. 1419] **s. f.** **1** (*raro, lett.*) ventesima parte **2** (*dir.*) imposta di varia misura gravante, nell'età imperiale romana, su eredità o legati e in materia di affrancazione

vigeṣimàle [da *vigesimo* ✱ av. 1869] **agg.** ● detto del sistema di numerazione che ha per base il numero venti

vigèṣimo (o **-é-**) [vc. dotta, lat. *vigēsimu(m)*, var. di *vicēsimus* 'ventesimo', da *vigĭnti* 'venti' ✱ 1282] **agg. num. ord.** ● (*lett.*) ventesimo: *son già ardendo nel v. anno* (F. Petrarca) | ***v. primo*** (o ***vigesimoprimo***), ***v. secondo*** (o ***vigesimosecondo***), ecc. (fino a ***v. nono*** o ***vigesimonono***), (*lett.*) ventunesimo, ventiduesimo ecc. (fino a ventinovesimo): *nel v. secondo capitolo delli Proverbi* (Dante); *papa vigesimoprimo*

vigeṣimonòno [comp. di *vigesimo* e *nono* ✱ av. 1328] **agg. num. ord.**; **anche s. m.** **1** (*lett.*) ventinovesimo **2** (*mus.*) registro di ripieno nell'organo, che suona l'ottava quadruplicata del principale

vigeṣimosèsto [comp. di *vigesimo* e *sesto* ✱ av. 1328] **agg. num. ord.**; **anche s. m.** **1** (*lett.*) ventiseiesimo **2** (*mus.*) registro di ripieno nell'organo, che suona la tripla ottava del principale

vigilànte① **A** **part. pres.** di *vigilare*①; **anche agg.** ● (*raro*) sollecito, attento ‖ **vigilanteménte**, **avv.** (*raro*) con cura, assiduità e attenzione **B** **s. m. e f.** **1** persona addetta alla vigilanza di qlco. **SIN.** sorvegliante **2** (*ferr.*) dispositivo di sicurezza in un mezzo di trazione, che interviene automaticamente provocando la frenatura del mezzo stesso, quando il macchinista ometta di manovrare determinati congegni o apparecchi **SIN.** uomo morto

vigilànte② /vidʒi'lante, *sp.* °bixi'lante/ [vc. sp. 'guardia, guardiano', usata nell'ingl. amer. per designare, negli Stati Uniti merid. e occidentali, l'appartenente a gruppi volontari di cittadini organizzatisi per mantenere l'ordine pubblico ✱ av. 1940] **s. m. e f.** (**pl. sp.** *vigilantes*) **La forma *vigilantes* è il plurale spagnolo di *vigilante*, perciò non va usata in riferimento al singolare: l'espressione 'un vigilantes' è scorretta** ● appartenente a corpi privati di sorveglianti o guardie che prestano servizio di protezione a favore di enti o istituti privati o di privati cittadini

vigilantìṣmo [da *vigilante* ✱ 1981] **s. m.** ● impiego preferenziale di agenti privati nel controllo dell'ordine pubblico

vigilànza [vc. dotta, lat. *vigilāntia(m)*, da *vĭgilans*, genit. *vigilāntis* 'vigilante' ✱ 1374] **s. f.** **1** attenta sorveglianza a scopo di controllo: *squadre di v.*; *sottrarsi alla v. di qlcu.*; *il lavoro si svolge sotto la continua v. dei dirigenti* **SIN.** controllo, custodia | ***v. speciale***, misura di prevenzione applicabile alla persona pericolosa **SIN.** sorveglianza speciale **2** attenzione accorta e scrupolosa: *è necessaria la massima v.* **CONTR.** negligenza

vigilàre① [vc. dotta, lat. *vigilāre*, da *vĭgil*, genit. *vĭgilis* 'vigile, sveglio' ✱ 1319] **A** **v. tr.** (*io vìgilo*) ● sottoporre qlcu. o qlco. ad accurati controlli, ad attenta sorveglianza e sim.: *v. i lavori; v. gli studenti, gli operai; v. le persone sospette* **SIN.** controllare, sorvegliare **CONTR.** trascurare **B** **v. intr.** (**aus.** *avere*) **1** (*lett.*) vegliare, star desto | montare la guardia **2** badare attentamente, controllare con diligenza e cura (+ *su*, + *che* **o raro** + *affinché* **seguiti da congtv.**): *v. sul funzionamento di un impianto; la Banca d'Italia vigila sull'operazione finanziaria; vigila che tutto si svolga nel modo dovuto; guardandosi a vicenda... per v. che l'una non superasse l'altra* (G. D'Annunzio)

SFUMATURE ➤ *sorvegliare*

vigilàre② [da *vigilia* ✱ 1983] **agg.** ● (*relig.*) nella liturgia cattolica, detto di rito celebrato la vigilia di una festività, in preparazione di questa, spec. nelle ore serali

vigilàto **A** **part. pass.** di *vigilare*①; **anche agg.** **1** nei sign. del v. **2** ***libertà vigilata***, misura di sicurezza restrittiva della libertà personale **B** **s. m.** (**f.** *-a*) ● persona sottoposta a libertà vigilata: *carta precettiva per il v.*

vigilatóre [av. 1831] **agg. e s. m.** (**f.** *-trice* (**V.**)) ● che (o chi) vigila o svolge specifici compiti di sorveglianza e controllo

vigilatrìce [f. di *vigilatore* ✱ 1922] **s. f.** ● donna che svolge specifici compiti di sorveglianza e controllo | ***v. scolastica***, assistente sanitaria nella scuola dell'obbligo | ***v. d'infanzia***, diplomata che svolge il suo compito nelle strutture ospedaliere, nelle case di cura e nei servizi sociosanitari per l'infanzia

vigilazióne [vc. dotta, lat. *vigilatiōne(m)*, da *vigilātus* 'vigilato' ✱ 1862] **s. f.** ● (*disus.*) vigilanza, controllo

♦**vìgile** [vc. dotta, lat. *vĭgile(m)*, da *vigēre* (V. *vigere*) ✱ 1388] **A** **agg.** ● che vigila, che osserva e segue con particolare accortezza e attenzione: *l'occhio, lo sguardo v. della madre, del maestro*; *imparare, sotto la v. guida dell'insegnante*; *bisogna essere, mantenersi vigili in ogni momento, per ogni necessità* **SIN.** attento, desto **CONTR.** sbadato | (*med.*) ***stato v.***, veglia **B** **s. m.** **1** nell'antica Roma, guardia istituita da Augusto per la sicurezza della città nella notte e contro gli incendi | †guardia d'onore **2** (**f. inv.** o *-éssa*; V. nota d'uso FEMMINILE) chi appartiene a specifici corpi di guardia | ***v. urbano***, agente di pubblica sicurezza e di polizia giudiziaria cui è affidata l'esecuzione e la vigilanza nell'applicazione dei regolamenti di polizia urbana | ***v. di prossimità***, vigile urbano che svolge compiti di polizia di prossimità | ***v. del fuoco***, cui spetta il compito di tutelare l'incolumità del-

V

le persone e la salvezza delle cose, prevenendo ed estinguendo gli incendi o fornendo altri soccorsi tecnici SIN. pompiere

♦**vigilia** [vc. dotta, lat. *vigĭlia(m)* 'veglia', poi 'tempo della veglia per la guardia notturna', quindi anche 'guardia, sentinella', da *vĭgil* 'vigile, sveglio' ✻ 1065] **s. f. 1** †notte trascorsa senza dormire, veglia: *vigilie di studio*; *protrarre le vigilie*; *il vigore del quale … né i digiuni né le vigilie potevano macerare* (G. BOCCACCIO) | ***v. dei sensi***, (*lett.*, *fig.*) la vita, in quanto precede il sonno della morte | ***v. d'armi***, veglia d'armi | veglia funebre **2** nella liturgia precedente il Concilio Vaticano II, giorno che precede una solennità religiosa, con obbligo di digiuno e di astinenza | attualmente, giorno di preparazione spirituale e liturgica a una grande festa, senza obbligo di digiuno e astinenza | (*est.*) digiuno, astinenza: *osservare, rompere la v.*; *far v.* **3** (*est.*) giorno che precede un fatto di qualche rilievo: *la v. dell'esame, del matrimonio, della partenza*; *i preparativi, le ansie della v.*; *essere alla v. di qlco.* | periodo di tempo più o meno lungo che precede un evento o una serie di eventi di particolare rilievo, di vasta risonanza e sim.: *si era ormai alla v. della guerra, della crisi economica* **4** (*stor.*) turno di guardia delle sentinelle romane | ***le quattro vigilie***, di tre ore ciascuna, che coprivano la notte | †sentinella di guardia

†**vigìlio** [vc. dotta, lat. *vigĭliu(m)*, da *vĭgil* 'sveglio, vigile' ✻ 1336 ca.] **s. m.** ● vigilia, veglia

vigintiviràto [vc. dotta, lat. *vigintivirātu(m)*, da *vigintīviri* 'venti uomini' ✻ 1749] **s. m.** ● (*stor.*) magistratura romana che doveva essere rivestita da chi aspirava alla questura e quindi alla vita politica

vigliaccàta [1932] **s. f.** ● (*spreg.*) azione da vigliacco

vigliaccherìa [1542] **s. f. 1** caratteristica di chi è vigliacco: *dar prova di v.* SIN. codardia, pusillanimità CONTR. ardimento **2** azione da vigliacco: *commettere una v.*

vigliàccio [da *vigliare* ✻ 1840] **s. m.** ● spiga o parte di spiga sfuggita alla trebbiatura

♦**vigliàcco** [sp. *bellaco* 'briccone, malvagio' (di etim. incerta), accostato paretimologicamente a *vile* ✻ 1524] **A agg. e s. m.** (**f.** *-a*; **pl. m.** *-chi*; **superl.** *vigliacchissimo*) **1** che (o chi) fugge davanti al pericolo o accetta, senza ribellarsi o reagire, ingiustizie, umiliazioni, soperchierie e sim., imposte a lui stesso o ad altri: *gente vigliacca*; *siete un branco di vigliacchi*; *ti stai comportando da v.* SIN. codardo, pusillanime CONTR. coraggioso, risoluto **2** che (o chi) si impone con la prepotenza a chi è indifeso, compie sopraffazioni, ingiustizie e sim.: *un individuo spregevole e v.*; *non voglio aver nulla a che fare con un v. della tua specie* **B agg. 1** vile | compiuto con vigliaccheria: *comportamento v.*; *azione subdola e vigliacca* **2** (*raro*) sfrontato, malizioso: *mi ha risposto un sorriso v.* (C. PAVESE) | con valore di inter. per introdurre qlco. che non si è fatto o non è avvenuta: *mi dà la mano da stringere, ma v. se io gliel'ho stretta* (B. FENOGLIO) ‖ **vigliacchétto**, **dim.** | **vigliaccóne**, **accr.** ‖ **vigliaccaménte**, **avv.** con vigliaccheria, da vigliacco

†**vigliàre** [da *viglia*, perché con essa si fanno scope per l'aia ✻ 1319] **v. tr. 1** separare dal grano i vigliacci **2** (*fig.*) scegliere, cernere

†**vigliatùra** [1573] **s. f. 1** lavoro del vigliare **2** complesso di vigliacci separati dal grano

†**vigliétto** ➤ **biglietto**

♦**vìgna** [lat. *vīnea(m)*, da *vīnum* 'vino' ✻ 1227] **s. f. 1** terreno piantato a vite; vigneto: *una bella v.*; *colline ricoperte di vigne*; *coltivare, piantare un terreno a v.* | ***v. a piede franco***, V. *vite*① | ***la v. del Signore, di Cristo***, (*fig.*) la Chiesa | ***v. che non fa uva***, (*fig.*, *disus.*) persona di scarsissime capacità e che non combina nulla di buono; attività, iniziativa e sim. che non dà buoni frutti | ***non è terreno da piantar v.***, (*fig.*) †detto di chi (o di ciò che) vale poco, che non dà garanzie di serietà, capacità e sim. **2** (*fig.*, *lett.*) fonte di lucro **3** †vite **4** V. *vinea* ‖ **vignétta**, **dim.** | †**vignuòla**, **dim.**

†**vignàio** [av. 1320] **s. m. 1** vignaiolo | (*poet.*) il Pontefice **2** vigneto

vignaiòlo o (*lett.*) **vignaiuòlo**, (*raro*) **vignaròlo**, (*raro*) **vignaruòlo** [av. 1536] **s. m.** (**f.** *-a*) ● chi coltiva una vigna

†**vignàta** **s. f. 1** vigneto **2** giardino con pergolato **3** (*poet.*) vendemmia

vignàto [sec. XIV] **agg.** ● (*raro*) coltivato a vigna, detto di terreno

†**vignàzzo** [1312] **s. m.** ● vigna, vigneto

vignéto [lat. *vinētu(m)*, da *vīnum* 'vino', rifatto su *vigna* ✻ 1300 ca.] **s. m.** ● (*agric.*) superficie piuttosto estesa di terreno piantato a vite CFR. cru | ***v. specializzato***, in coltura pura | ***v. consociato***, con viti alternate ad altre piante | ***v. a tendone***, V. *tendone* | ***v. a piede franco***, V. *vite*①

vignétta [fr. *vignette*, propr. dim. di *vigne* 'vigna': detta così perché un tempo l'inizio della prima pagina di un libro (o anche di ogni capitolo di un libro) era ornato con tralci e viticci ✻ 1598] **s. f. 1** piccola illustrazione, scontornata e sfumata fino a confondersi con la carta bianca, in uso nell'Ottocento | in origine, fregio a forma di foglia o tralcio di vite | in seguito, qualunque genere d'illustrazione **2** (*est.*) disegno, spec. satirico o umoristico, con o senza parole **3** la parte a stampa del francobollo **4** (*elvet.*) contrassegno, bollo: *v. autostradale* ‖ **vignettina**, **dim.** | **vignettóna**, **accr.**

vignettatùra [da *vignetta* ✻ 1961] **s. f. 1** (*ottica*) diminuzione dell'illuminamento ai bordi dell'immagine formata sul materiale sensibile da un obiettivo, particolarmente notevole nel caso degli obiettivi grandangolari **2** (*fotogr.*) operazione eseguita nella stampa mediante una mascherina di cartoncino tenuta sopra la carta fotografica, con lo scopo di isolare il soggetto dall'ambiente circostante rendendo quest'ultimo evanescente

vignettìsta [1950] **s. m. e f.** (**pl. m.** *-i*) ● chi disegna vignette satiriche, umoristiche e sim.

vignettìstica [da *vignettistico* sostantivato al f. ✻ 1987] **s. f.** ● arte e tecnica che riguarda l'elaborazione e la produzione di vignette satiriche, umoristiche e sim. | il complesso delle vignette di un autore, di un'epoca o riguardante un argomento: *la v. di Forattini*; *la v. politica*

†**vignuòla** [lat. parl. **vineŏla(m)*, per il tardo *vinĕola(m)*, dim. di *vīnea* 'vigna'; nel sign. 2, perché la *vigna* è una buona fonte di reddito ✻ 1387] **s. f. 1** piccola vigna **2** (*fig.*) passatempo, divertimento | ***essere, diventare v. di qlcu.***, una persona da sfruttare

vignuòlo [da *vigna* ✻ 1308] **s. m.** ● (*lett.*) viticcio

vigógna [sp. *vicuña*, vc. di orig. *quechua* ✻ 1596] **s. f. 1** piccolo camelide americano dei Lama, con lana finissima e pregiata, giallo rossiccio sul dorso e bianco ventralmente (*Lama vicugna*) **2** stoffa soffice e calda, tessuta con la morbidissima lana dell'animale omonimo | tessuto compatto di lana rasata, per tappeti e sim.

†**vigoràre** [vc. dotta, lat. tardo *vigorāre*, da *vĭgor*, genit. *vigōris* 'vigore' ✻ av. 1484] **v. tr.** ● rinvigorire

♦**vigóre** o †**vivóre** [vc. dotta, lat. *vigōre(m)*, da *vigēre* (V. *vigere*) ✻ av. 1257] **s. m. 1** forza vitale propria di ogni organismo vivente: *il v. della giovinezza*; *uomo, animale, pianta piena di v., nel suo pieno v.*; *perdere v.*; *acquistare nuovo v.*; *essere nella fase, nel periodo di massimo v.* | ***v. del terreno***, capacità di produrre, fertilità | ***v. del vino***, robustezza SIN. gagliardia CONTR. fiacchezza **2** (*fig.*) energia, nerbo, intensità: *il v. dell'ingegno, della mente, della fantasia*; *parlare, esprimersi con v.*; *il v. dello stile, di una musica*; *lottare con tutto il v. di cui si dispone, di cui si è capaci* SIN. foga **3** (*dir.*) efficacia, obbligatorietà, detto di un atto normativo: *v. della legge*; *entrare in v. l'anno prossimo*; *andare in v. dal primo del mese*; *essere, non essere, in v.*

SFUMATURE ➤ ***robustezza***

vigoreggiàre [sec. XIV] **v. intr.** (**pres.** *io vigoréggio*; **fut.** *io vigoreggerò*; **aus.** *avere*) ● (*lett.*) aver vigore, fiorire (*spec. fig.*): *gli studi vigoreggiano*

†**vigorézza** [1300 ca.] **s. f.** ● vigoria, forza

♣**vigorìa** [sec. XIII] **s. f.** ● vigore, energia, forza (*anche fig.*): *v. fisica, morale*; *v. dello stile* CONTR. estenuazione

vigorìre [da *vigore* ✻ 1300 ca.] **A v. tr.** ● †invigorire **B v. intr. e vigorìrsi v. intr. pron.** (*io vigorìsco*; **aus.** *essere*) ● (*lett.*) diventare vigoroso

♦**vigoróso** (o *-ṣ-*) o †**vivoróso** [1250 ca.] **agg.** ● di chi (o di ciò che) è pieno di vigore (*anche fig.*): *uomo v.*; *ingegno v.*; *mente vigorosa*; *azione vigorosa* | (*est.*) corposo: *vino v.* | (*fig.*) ricco, incisivo, efficace: *stile v.* SIN. energico, gagliardo CONTR. bolso, fiacco ‖ **vigorosaménte**, **avv.** con vigore: *opporsi vigorosamente a qlcu., a qlco.* ‖ **vigorosità**, **s. f. inv.** (*raro*) caratteristica di ciò che è vigoroso; vigore

vilain /fr. vilɛ̃/ [vc. fr., propr. 'mascalzone' ✻ 1960] **A s. m. inv.** (**f.** fr. *vilaine*; **pl. m.** *vilains*; **pl. f.** *vilaines*) ● nel linguaggio della critica letteraria o cinematografica, il personaggio che ricopre il ruolo del cattivo, del malvagio **B agg. inv.** ● relativo a tale personaggio: *recitare in un ruolo v.*

†**vilànza** [da *vile* ✻ 1261 ca.] **s. f. 1** irrilevanza **2** disprezzo: *tenere in v.* **3** umiliazione

†**vilàre** [da *vile* ✻ av. 1306] **v. tr.** ● (*raro*) avvilire

♣**vìle** o (*tosc.*) **vilio**, nel sign. A 1 [lat. *vīle(m)* 'di poco prezzo', quindi 'di poco valore' (in senso proprio e figurato), di etim. incerta ✻ av. 1250] **A agg. 1** (*lett.*) che costa e vale poco: *merce, roba v.* | ***a vil prezzo***, a prezzo bassissimo | (*fig.*, *lett.*) irrilevante, trascurabile **2** (*est.*, *lett.*) misero, meschino: *riguardo il viver mio sì v. / e sì dolente* (G. LEOPARDI) | ***avere, tenere a v.***, non stimare, non considerare e sim. | ***essere a v.***, non essere stimato, considerato e sim. **3** (*est.*) abietto, spregevole: *vili parole*; *sentimenti vili*; *v. adulazione*; (*lett.*) *il v. denaro*; *la v. moneta* | (*scherz.*) ***il vil metallo***, l'oro **4** (*lett.*) di poveri natali, di oscure origini, di misera condizione sociale e sim.: *gente v.*; *essere di v. schiatta*; *uomo di v. condizione* SIN. umile **5** che fugge dinanzi al pericolo, che ha paura e, per paura, cede e consente a tutto: *uomo, soldato, popolo v.* | (*est.*) di ciò che è dettato dalla paura, che è proprio o caratteristico delle persone vili: *azione v.*; *v. cedimento*; *animo v.*; *ogni tuo atto è v. e degno di disprezzo* SIN. codardo | pavido, pusillanime: *il pudor mi fa v. / e prode l'ira* (U. FOSCOLO) ‖ **vilménte**, †**vileménte**, **avv.** in modo vile: *fuggire vilmente* **B s. m. e f.** ● persona vile: *disprezzare, fuggire i vili*; *è da v. comportarsi così*

†**vilésco** [da *vile* ✻ sec. XIV] **agg.** ● di poco pregio

†**vilézza** [da *vile* ✻ 1266] **s. f.** ● viltà

†**vìlia** ➤ **veglia**

vilificàre [vc. dotta, lat. tardo *vilificāre*, comp. di *vīlis* 'vile' e *-ficāre* ✻ av. 1306] **A v. tr.** (*io vi-*

lìfico, tu vilìfichi) • (*lett.*) avvilire, disprezzare, schernire **B** **vilificàrsi** **v. rifl.** • †umiliarsi ‖ **vilificazióne**, **s. f.**

†**vilificatóre** [av. 1729] **s. m.** (**f.** *-trice*); **anche agg.** • (*raro*) chi (o che) vilifica

vìlio ➤ **vile**

†**vilipendènza** [da *vilipendere* ✱ sec. XV] **s. f.** • disprezzo

vilipèndere [vc. dotta, lat. *vilipĕndere*, propr. 'stimare di poco valore', comp. di *vīlis* 'di poco valore' (V. *vile*) e *pĕndere* 'pesare' (V. *pendere*) ✱ av. 1332] **v. tr.** (**pass. rem.** *io vilipési, tu vilipendésti*; **part. pass.** *vilipéso*, †*vilipènso*) • offendere, trattare con palese disprezzo: *v. lo Stato, le istituzioni pubbliche* **SIN.** conculcare, ingiuriare

vilipèndio [da *vilipendere*, sul modello di *dispendio* ✱ av. 1373] **s. m.** **1** (*lett.*) disprezzo palese e offensivo **2** (*dir.*) reato consistente nel mostrare disprezzo per iscritto od oralmente o mediante altri atti materiali verso particolari beni giuridici: *v. di cadavere, delle tombe*; *v. alla bandiera, alla nazione italiana*

SFUMATURE ➤ ***offesa***

†**vilipensióne** [da *vilipenso* ✱ 1308] **s. f.** • umiliazione, disprezzo

†**vilipènso** ➤ **vilipeso**

vilipensóre [av. 1375] **s. m.** (**f.** *vilipenditrice*) • (*raro*) chi vilipende

vilipéso (o *-ṣ-*) o †**vilipènso** **part. pass.** di *vilipendere*; **anche agg.** • nei sign. del v. | oltraggiato, disprezzato

†**vilìre** [av. 1306] **A** **v. tr.** • disprezzare, spregiare **B** **v. intr.** • perdere ogni pregio

†**vilità** ➤ **viltà**

†**vilitànza** [da *viltà*, sul modello dell'ant. fr. *viltance* ✱ 1250 ca.] **s. f.** • viltà, codardia

◆**vìlla** [lat. *vĭlla(m)*, dalla stessa radice di *vīcus* 'vico' ✱ 1261 ca.] **s. f.** **1** casa signorile fuori città, circondata da ampio giardino o parco: *v. settecentesca*; *le ville romane*; *trascorrere i mesi caldi in v.* | (*centr., merid.*) *v.* (***comunale***), parco pubblico di una città **2** (*est.*) abitazione gener. per una o due famiglie, con giardino, costruita nei quartieri residenziali di una città o in località di villeggiatura: *farsi la v. al mare, in montagna*; *abitare in una v.* **3** (*lett.*) campagna, contado | †***uomo di v.***, ***della v.***, contadino **CFR.** villano **4** (*poet.*) villaggio, paese, borgo **5** †città | †***andare in v. colla brigata***, (*fig.*) uscire di senno ‖ **villétta**, **dim.** (V.) | **villìna**, **dim.** | **villìno**, **dim. m.** (V.) | **villóna**, **accr.** | **villóne**, **accr. m.**

†**villàggine** [av. 1574] **s. f.** • (*iron.*) amore per la vita in campagna

◆**villàggio** [ant. fr. *village*, dal lat. *villātĭcu(m)*, agg. di *vīlla* ✱ av. 1348] **s. m.** **1** piccolo centro abitato: *v. di campagna*; *villaggi alpini*; *campagne sparse di ameni villaggi* | ***scemo, idiota del v.***, persona fatta oggetto di scherno collettivo per il suo comportamento ritenuto strano o ridicolo | (*sociol.*) ***v. globale***, il mondo contemporaneo, considerato come un unico villaggio grazie al potere unificante dei mezzi di comunicazione di massa (dalla loc. ingl. *global village*, coniata dal sociologo canadese H. M. McLuhan (1911-1980)) **SIN.** borgo **2** (*est.*) complesso edilizio più o meno organico e dotato dei servizi propri di un quartiere urbano, costruito su aree cittadine periferiche o nella fascia di territorio che circonda immediatamente una grande città: *v. popolare, residenziale*; *v. universitario*; *v. satellite* | ***v. olimpico***, quello destinato a ospitare gli atleti durante le Olimpiadi | ***v. turistico, v. vacanze***, complesso di villette, bungalow e sim. fornito di attrezzature sportive e per il tempo libero situato in località di interesse turistico ‖ **villaggétto**, **dim.**

†**villàio** [av. 1574] **A** **s. m.** • contadino **B** **agg.** • di campagna | tipico della campagna

†**villaiuòlo** [da *villa* ✱ av. 1574] **s. m.** • chi risiede in campagna

†**villanànza** [sec. XIII] **s. f.** **1** villania, malcreanza **2** rozzezza, rusticità

villanàta [1879] **s. f.** • atto, gesto, discorso e sim. da villano: *non sopporterò oltre le vostre villanate*

villancico /*sp.* °biʎan'θiko, -jan'si-/ [vc. sp., da *villano* 'villano' (stessa etim. dell'it. *villano*). Cfr. *villotta* ✱ 1608] **s. m. inv.** (**pl. sp.** *villancicos*) • (*mus.*) composizione poetica popolare spagnola, di stanze con ritornello, per coro e orchestra, di tema religioso spec. natalizio

†**villaneggiaménto** [sec. XIII] **s. m.** • il villaneggiare | comportamento insultante

villaneggiàre [da *villano* ✱ av. 1294] **A** **v. tr.** (**pres.** *io villanéggio*; **fut.** *io villaneggerò*) • (*lett.*) insultare, trattare villanamente **B** **v. intr.** (**aus.** *avere*) • †comportarsi da villano

†**villaneggiatóre** [sec. XIV] **s. m.** (**f.** *-trice*); **anche agg.** • chi (o che) oltraggia, insulta

villanèlla [da *villano* 'contadino'. Cfr. *villotta* ✱ sec. XIII] **s. f.** **1** (*lett.*) contadina giovane e graziosa **2** (*letter.*) canzonetta villereccia, simile allo strambotto, di origine napoletana e diffusa soprattutto nel sec. XVI **3** (*mus.*) forma vocale rinascimentale di ritmo semplice, in armonia omofona in contrapposizione al contemporaneo madrigale polifonico

villanèllo [dim. di *villano* ✱ av. 1313] **s. m.** (**f.** *-a*) • (*lett.*) contadinello

villanésca [da *villanesco* ✱ 1961] **s. f.** • (*letter., mus.*) villanella

villanésco [da *villano* 'contadino' ✱ av. 1294] **agg.** (**pl. m.** *-schi*) **1** (*lett.*) contadinesco, rustico: *abiti villaneschi*; *antiche nenie villanesche* **2** (*spreg.*) rozzo, maleducato: *modi villaneschi* ‖ **villanescaménte**, **avv.** rozzamente

villanìa [da *villano* 'contadino' ✱ av. 1250] **s. f.** **1** caratteristica di chi (o di ciò che) è villano: *persona, discorso di insopportabile v.* **2** atto, gesto, parola e sim. offensiva o scortese: *subire, sopportare le villanie di qlcu.*; *dire, fare una gran v.* **SIN.** sgarbo | (*raro*) villanata **3** †torto, ingiustizia | †***far v. a una donna***, violentarla

villàno [lat. tardo *villānu(m)*, da *vīlla* ✱ sec. XII] **A** **s. m.** (**f.** *-a*) **1** (*lett.*) abitante o nativo della campagna, contadino: *il buon villan sorge dal caro / letto* (G. PARINI) | **PROV.** ***carta canta e villan dorme***, quando gli accordi sono messi per iscritto si è più tranquilli | (*spreg.*) ***v. rifatto, rincivilito, rivestito, riunito***, contadino o (*est.*) persona di umili origini, che ha raggiunto una buona posizione economica, ma ha conservato modi rozzi e incivili **2** (*est., spreg.*) persona rozza e incivile, priva di educazione, tatto, gusto, cortesia e sim.: *sei un v., un vero v.*; *ti stai comportando da perfetto v., da v. nato e calzato* | ***passare da, per v.***, essere considerato tale | **PROV.** ***gioco*** (o ***scherzo***) ***di mano, gioco*** (o ***scherzo***) ***di v.***, V. *mano* **SIN.** buzzurro, cafone, bifolco, zotico **B** **agg.** **1** di chi (o di ciò che) è rozzo, incivile, privo di garbo, di buona creanza e sim.: *gente villana*; *modi villani*; *è piuttosto v.* | ingiurioso, offensivo: *rispondere con parole villane, con tono v.* **2** †brutale, crudele: *dannando i due giovani a morte villana* (G. BOCCACCIO) **3** †turpe, sozzo ‖ **villanàccio**, **pegg.** | **villanèllo**, **dim.** (V.) | **villanóne**, **accr.** | **villanòtto**, **alter.** ‖ **villanaménte**, **avv.** in modo villano: *agire, rispondere villanamente*

SFUMATURE ➤ ***maleducato***

villanoviàno [dalla località di *Villanova* (Bologna) ✱ 1912] **A** **agg.** • detto di una civiltà preistorica risalente alla prima età del ferro, diffusa nell'Italia centro-settentrionale, e di tutto ciò che ad essa si riferisce: *periodo, sepolcreto v.*; *reperti archeologici villanoviani* **B** **s. m.** • periodo in cui si sviluppò la civiltà villanoviana

villanzóne [1500] **s. m.** (**f.** *-a*) **1** chi è oltremodo villano **2** †contadino rozzo

†**villanzuòlo** [1659] **s. m.** (**f.** *-a*) • villanello

villaréccio ➤ **villereccio**

†**villàta** [da *villa*, sul modello di *borgata* ✱ av. 1348] **s. f.** • villaggio | contado | contrada

†**villàtico** [vc. dotta, lat. *villātĭcu(m)*, da *vīlla* ✱ sec. XIV] **agg.** • campagnolo, rurale, agreste

†**villeggiaménto** [av. 1667] **s. m.** • villeggiatura

villeggiànte [part. pres. di *villeggiare* ✱ av. 1712] **s. m. e f.** • chi si trova o va in villeggiatura: *l'arrivo, la partenza, il ritorno dei villeggianti*

villeggiàre [da *villa* ✱ av. 1532] **v. intr.** (**pres.** *io villéggio*; **fut.** *io villeggerò*; **aus.** *avere*) • trascorrere un periodo di riposo e svago, spec. durante la stagione estiva, in località adatta: *v. al mare, in montagna, in campagna, sui laghi*

◆**villeggiatùra** [1574] **s. f.** • permanenza a scopo di riposo e svago in località adatta: *andare, essere, stare in v.*; *fare la v. sulle Alpi* | tempo in cui si villeggia: *trascorrere una piacevole v.*; *un breve periodo di v.* | località in cui si villeggia: *scegliere per tempo la v.*

villeréccio o (*raro*) **villaréccio** [da *villa* ✱ av. 1320] **agg.** (**pl. f.** *-ce*) • (*lett.*) campestre: *quiete villereccia* | campagnolo: *gente villereccia* **SIN.** rurale

†**villésco** [da *villa* ✱ 1342] **agg.** • campagnolo, rustico | pastorale

†**villése** (o *-ṣ-*) [da *villa* ✱ sec. XIV] **agg. e s. m.** • contadino

villétta [1353] **s. f.** **1** dim. di *villa* **2** piccola casa con giardino: *una v. in periferia*; *villette prefabbricate, unifamiliari*; *avere una v. al mare, in montagna* | ***villette a schiera***, di identica tipologia e accostate l'una all'altra ‖ **villettìna**, **dim.**

vìllico [vc. dotta, lat. *vī(l)lĭcu(m)*, da *vīlla* ✱ av. 1342] **s. m.** (**f.** *-a*; **pl. m.** *-ci*) **1** (*lett.* o *scherz.*) abitante del contado: *uno di quei villici si accostò attraverso il campo alla strada* (R. BACCHELLI) **SIN.** contadino **2** †castaldo, fattore

villìno [dim. di *villa* ✱ av. 1742] **s. m.** • villetta

vìllo [vc. dotta, lat. *vĭllu(m)* 'pelo': var. pop. di *vĕllus* 'vello' (?) ✱ av. 1475] **s. m.** **1** (*anat.*) formazione allungata, prominente | ***v. intestinale***, prominenza della parete epiteliale dell'intestino con funzioni di assorbimento | ***v. coriale***, ognuna delle estroflessioni del corion di un embrione degli Euteri che concorre all'annidamento dell'embrione stesso nella parete uterina **2** (*bot.*) pelo lungo e morbido di alcuni vegetali

villocènteṣi o **villocentèṣi** [comp. di *villo* e del gr. *kéntēsis* 'puntura', (V. *paracentesi*) ✱ 1991] **s. f. inv.** • (*med.*) tecnica di prelievo dei villi coriali che consente di individuare l'eventuale presenza di alterazioni cromosomiche del feto

◆**villóso** (o *-ṣ-*) o (*raro, lett.*) **vellóso** (o *-ṣ-*) [vc. dotta, lat. *villōsu(m)*, da *vĭllus* 'villo' ✱ 1342] **agg.** **1** peloso, cosparso di peli: *torace v.* **2** (*anat., bot.*) detto di organo munito di villi **3** (*zool.*) coperto di fitto vello ‖ **villosità**, **s. f. inv.** **1** caratteristica di chi (o di ciò che) è villoso **2** insieme di villi

villòtta [da *villa*, perché canto contadinesco ✱ 1514] **s. f.** **1** (*mus.*) canzone a ballo, su parole dell'omonimo componimento poetico, corale, di carattere popolare, facile, affine alla villanella **2** canzone popolare friulana

vilpèlle ➤ **vinilpelle**

†**vilpistrèllo** ➤ **pipistrello**

◆**viltà** o †**viltàde**, †**viltàte**, †**vilità** [vc. dotta, lat. *vilitāte(m)*, da *vīlis* 'vile' ✱ av. 1257] **s. f. inv.** **1** caratteristica di chi (o di ciò che) è vile: *dar prova di v.*; *uomo di estrema v.*; *parole dettate dalla v.* **SIN.** codardia, pusillanimità **CONTR.** coraggio **2** azione, discorso, comportamento da vile: *fuggire in quel momento fu una v.*; *commettere una v.* **3** (*raro, lett.*) bassezza d'animo, abiezione **4** †umiltà d'origine, di natali, di condizione sociale **5** †bassezza di valore, di pregio

vilùcchio [lat. parl. **volūculu(m)*, da *vŏlvere* 'volgere, avvolgere', deformazione secondo *viluppo* ✱ av. 1492] **s. m.** ● convolvulacea dei campi, a sottile rizoma strisciante e fusto rampicante, con fiori solitari, campanulati, rosei (*Convolvulus arvensis*) | *v. delle siepi*, vilucchione ‖ **vilucchióne**, accr. (V.)

vilucchióne [accr. di *vilucchio* ✱ 1842] **s. m.** ● convolvulacea frequente nelle siepi, simile al vilucchio con fiori grandi bianchi (*Convolvulus sepium*) **SIN.** vilucchio delle siepi

†vilùme① ➤ **volume**

†vilùme② [da *vile* ✱ av. 1665] **s. m.** **1** massa di persone spregevoli **2** condizione umile

✦vilùppo [vc. d'orig. sconosciuta: forse da avvicinare a *faloppa* ✱ 1312] **s. m.** **1** intreccio disordinato e confuso di fili, capelli o cose sottili in genere, ripetutamente avvolte su sé stesse e l'una all'altra: *un v. inestricabile di cordami* | (*est.*) groviglio: *un v. di membra* **2** (*fig.*) imbroglio, intrico: *un v. di complicazioni*; *un oscuro v. di parole, di concetti*; *dove affonda un morto / v. di memorie* (E. MONTALE) **3** †involto

†vìme o **†vìmo** [dal lat. *vīmen*; V. *vimine* ✱ av. 1292] **s. m.** **1** vimine **2** (*fig.*) vincolo, legame

viminàta [av. 1776] **s. f.** ● (*raro*) lavoro di vimini intrecciati

vìmine o **†vìme** [vc. dotta, lat. *vīmine*, abl. di *vīmen*, da *viēre* 'legare, intrecciare' (V. *vetrice*) ✱ av. 1320] **s. m.** ● (**spec. al pl.**) ramo flessibile di salice che, opportunamente trattato, serve per far ceste, sedie e altri oggetti di produzione prevalentemente artigianale: *mobili di vimini*; *culla, sedia di vimini* **SIN.** vinco

†vimìneo [vc. dotta, lat. *vimĭneu(m)*, da *vīmen*, genit. *vīminis* 'vimine' ✱ sec. XIV] **agg.** ● (*lett.*) di vimini

†vìmo ➤ **†vime**

vìna [sanscrito *vīnāh* ✱ 1895] **s. f.** ● antico strumento indiano a corde pizzicate, tuttora in uso, formato da una canna di bambù sulla quale sono tenute tese le corde, in genere sette, mentre, sotto di esse, due zucche vuote fanno da casse di risonanza

vinàccia [lat. *vinācea(m)*, f. sost. dal nt. pl. di *vinăceus* 'vinacciolo', da *vīnum* 'vino' ✱ av. 1320] **A** **s. f.** (**pl.** *-ce*) ● insieme delle parti solide dell'uva costituito da bucce, vinaccioli e graspi, che residuano dalla torchiatura **B** **in funzione di agg. inv.** ● di colore rosso scuro tendente al viola

vinaccièra [da *vino* ✱ 1961] **s. f.** ● nave opportunamente attrezzata per il trasporto del vino

vinacciòlo o (*lett.*) **vinacciuòlo** [dim. di *vinăceus* 'vinacciolo' (V. *vinaccia*) ✱ av. 1587] **s. m.** ● ciascuno dei semi contenuti in un chicco d'uva **SIN.** fiocine

vinaigrette /fr. vinɛˈgrɛt/ [vc. fr., deriv. di *vinaigre* 'aceto', propr. 'vino agro' ✱ 1927] **s. f. inv.** ● condimento per insalate ottenuto sciogliendo il sale nell'aceto ed emulsionando il tutto con olio

vinàio [vc. dotta, lat. *vināriu(m)*, da *vīnum* 'vino' ✱ 1551] **A** **s. m.** (**f.** *-aia*, **pl. m.** *-ai*) **1** venditore, fornitore di vino **2** oste **B** **agg.** ● che produce vino, solo nella loc. (*tosc.*) *novembre v.*

†vinaiòlo [1312] **s. m.** ● vinaio

†vinàle [vc. dotta, lat. tardo *vināle(m)*, da *vīnum* 'vino' ✱ 1760] **agg.** ● di vino

vinàrio [vc. dotta, lat. *vināriu(m)*, da *vīnum* 'vino' ✱ sec. XIII] **agg.** ● di vino: *produzione vinaria* | destinato a contenere il vino: *vaso v.*; *una nave vinaria romana* | *cella vinaria*, locale dell'antica casa romana in cui si serbavano le anfore del vino

vinàto [1660] **agg.** ● (*raro*) che ha il colore del vino rosso

†vinattière o **†vinattièri** [da *vino* ✱ av. 1292] **s. m.** ● (*lett.*) vinaio, oste | *V. di Stradella*, epiteto spregiativo rivolto ad Agostino Depretis (1813-1887)

†vinattingitóre [comp. di *vino* e *attingitore* ✱ av. 1638] **s. m.** (**f.** *-trice*) ● (*raro*) cantiniere

Vinavil® [marchio registrato ✱ 1961] **s. m. inv.** ● colla sintetica ad alto potere adesivo, a base di acetato di polivinile

vìnca [vc. dotta, lat. *vĭnca(m)*, di etim. incerta ✱ av. 1480] **s. f.** ● (*bot.*) pervinca

†vincàia [1612] **s. f.** ● vincheto

vincapervìnca [vc. dotta, lat. *vĭnca(m) pervĭnca(m)*, di etim. incerta ✱ av. 1498] **s. f.** ● (*bot.*) pianta simile alla pervinca, con fiori più grandi (*Vinca maior*)

†vincàstra [av. 1374] **s. f.** ● frustata

vincàstro [da *vinco* ✱ 1313] **s. m.** **1** (*lett.*) bacchetta di vimini | (*lett.*) bastone | (*fig.*) †vincolo amoroso **2** †frustata

vincènte **A** **part. pres.** di *vincere*; anche **agg.** **1** che vince: *la squadra v.* | *mentalità v.*, mentalità di chi si pone sempre l'obiettivo di vincere **2** *numero v.*, sorteggiato in una lotteria, al lotto, a tombola | *biglietto v.*, sorteggiato in una lotteria **B** **s. m. e f.** **1** chi vince, vincitore **2** chi è abituato a vincere, ad avere successo: *quello è un v.*

vincenzìna [1892] **s. f.** ● religiosa di congregazione istituita da Giuseppe B. Cottolengo (1786-1842), secondo le sue regole ispirate a quelle di S. Vincenzo de' Paoli (1581-1660), per l'assistenza ai malati e agli orfani

✦vìncere [lat. *vĭncere*, di orig. indeur. ✱ av. 1243] **A** **v. tr.** (**pres.** *io vìnco, tu vìnci*; **pass. rem.** *io vìnsi, tu vincésti*; **part. pass.** *vìnto*, †*vìtto*) **1** superare, battere l'avversario in uno scontro armato, una contesa verbale o una competizione pacifica: *v. i nemici*; *v. qlcu. in battaglia, in duello*; *v. qlcu. al gioco, nel salto, nella corsa*; *v. gli oppositori* | **PROV.** *chi vince ha sempre ragione* **CONTR.** perdere **2** concludere con esito favorevole, positivo, portare a termine con successo: *v. la guerra, la battaglia, il duello*; *v. le elezioni*; *v. una gara, una corsa*; *v. una partita a carte, a scacchi, al biliardo*; *v. un concorso, il campionato* | *v. una causa*, vedere accolte dal giudice le ragioni e le richieste avanzate a proprio favore in un processo; correntemente, si dice anche di legale che ha difeso vittoriosamente il proprio cliente in un processo | *v. la prova*, (*fig.*) riuscire nel proprio intento | **vincerla** (con il pron. *la* indeterm.), spuntarla, averla vinta: *alla fine l'ha vinta lui*; *Voglio vedere chi la vince!* (L. PIRANDELLO) | **PROV.** *chi la dura la vince* **3** ottenere, aggiudicarsi qlco. come premio o segno tangibile di vittoria, conseguire ciò per cui si è lottato, gareggiato, giocato e sim.: *v. un posto, una cattedra, una coppa, una medaglia*; *v. il Premio Nobel, la maglia iridata, il titolo di campione olimpico* | guadagnare al gioco (*anche assol.*): *v. una forte somma al poker, alla roulette, al totocalcio, al lotto* | *v. un terno al lotto*, (*fig.*) ottenere qlco. che si desiderava moltissimo, ma che si considerava o si temeva irraggiungibile **4** (*fig.*) domare, fiaccare, piegare, soggiogare: *v. la resistenza, l'opposizione, l'ostinazione di qlcu.*; *v. la malattia, la violenza dell'infezione*; *v. la paura del buio*; *v. la passione, gli istinti, l'ira*; *v. la propria timidezza*; *la pietà lo vinse*; *lasciarsi v. dall'ira* | *v. sé stesso*, dominarsi **5** (*fig.*) persuadere, convincere: *la sua eloquenza ci ha vinto* **6** (*fig.*) superare: *v. qlcu. in bellezza, abilità, capacità*; *v. ogni ostacolo, ogni difficoltà*; *un'opera che vince qualsiasi confronto* **B** **v. intr.** (**aus.** *avere*) **1** riportare la vittoria su qlcu.: *lottare per v.*; *vinca il migliore!*; *con lui non si può giocare perché vince sempre*; *v. da dominatore, da campione, da fuoriclasse*; *la nazionale ha vinto*; *le presenti guerre impoveriscono così quelli che vincono come quelli che perdono* (N. MACHIAVELLI) | *v. sulla carta*, (*fig.*) godere dei favori del pronostico, essere dato come vincitore alla vigilia di una gara **CONTR.** capitolare, soccombere **2** prevalere: *v. in sede parlamentare, nell'ambito di una commissione*; *la maggioranza vince* **C** **vìncersi** **v. rifl.** ● contrastare o sopraffare i propri desideri e impulsi, le proprie passioni e sim.: *devi imparare a vincerti* **SIN.** dominarsi

SFUMATURE DI SIGNIFICATO

vincere - trionfare - dominare

Vincere è il termine più generale per indicare l'atto di superare qualcuno in un confronto diretto, che può essere uno scontro armato o una competizione sportiva, oppure una contesa verbale, una gara per aggiudicarsi un premio, un concorso per l'assegnazione di un posto, una concorrenza commerciale ecc. **Trionfare** è *vincere* con largo margine, ottenere una vittoria schiacciante, come conseguenza di una superiorità indiscutibile sul proprio nemico, avversario o concorrente. Mentre il *vincere* o il *trionfare* fanno riferimento all'esito di un confronto che vede prevalere una parte sull'altra, **dominare** configura lo stato perdurante di supremazia di chi assoggetta altri alla propria autorità, influenza o controllo.

vincetòssico [comp. di *vincere* e *tossico*① ✱ sec. XVI] **s. m.** (**pl.** *-ci*) ● asclepiadacea medicinale perenne delle zone montuose, con radice di gradevole odore e fiori in corimbi ascellari (*Cynanchum vincetoxicum*) **SIN.** erba seta

†vincévole [da *vincibile*, con cambio di suff. ✱ sec. XIII] **agg.** ● vincibile

vinchéto [da *vinco* ✱ av. 1320] **s. m.** ● luogo umido dove crescono spontanei o piantati i vinchi

vìnchio ➤ **vinco**

vìnci [ingl. *winch*, vc. germ. di orig. indeur. ✱ 1937] **s. m. inv.** ● (*mar.*; *disus.*) verricello

vinciàno [1903] **A** **agg.** **1** di Vinci, cittadina toscana **2** relativo a Leonardo da Vinci (1452-1519) **B** **s. m.** (**f.** *-a*) ● abitante o nativo di Vinci

vincìbile [vc. dotta, lat. *vincĭbile(m)*, da *vĭncere* ✱ sec. XIV] **agg.** ● che si può vincere **CONTR.** invincibile

vincibòsco [comp. del lat. *vincīre* 'legare' (V. †*vincire*) e *bosco* ✱ 1563] **s. m.** (**pl.** *vincibòsco*, *raro vincibòschi*) ● (*bot.*) caprifoglio

†vìncido [lat. parl. **vĭncidu(m)*, da *vincīre* 'legare'. V. †*vincire* ✱ av. 1320] **agg.** **1** flessibile | morbido **CONTR.** rigido **2** floscio, vizzo

†vincìglia [av. 1380] **s. f.** ● vinciglio

vincìglio [lat. parl. **vincīlia*, da *vincīre* 'legare'. V. †*vincire* ✱ 1353] **s. m.** **1** vimine **2** vincastro, bastone **3** (*fig.*, *lett.*) legame amoroso

†vinciménto [av. 1311] **s. m.** ● (*raro*) vittoria

vincipèrdi [comp. di *vincere* e *perdere* ✱ 1840] **s. m. inv.** ● (*tosc.*) modo di giocare, per cui vince chi fa meno punti, chi arriva ultimo: *giocare, fare a v.*

†vincìre [vc. dotta, lat. *vincīre*, di orig. indeur. ✱ 1313] **v. tr.** ● vincolare

vinciṣgràssi [vc. marchigiana, dal cognome del principe stiriano *Windischgrätz*, generale presente nel 1799 all'assedio di Ancona, alla cui mensa un cuoco marchigiano ha presentato il piatto ✱

1931] s. m. pl. ● pasticcio di lasagne con fegatini, animelle e besciamella, cotto al forno, specialità della cucina marchigiana

vìncita [da *vincere* ✻av. 1328] s. f. **1** vittoria conseguita al gioco, in scommesse e sim.: *una v. al poker, al lotto; la v. di una cinquina a tombola; la v. del primo premio; festeggiare la v.* CONTR. perdita **2** ciò che si vince, spec. in denaro: *fare una grossa v. alla roulette, al totocalcio* **3** †vittoria militare

♦**vincitóre** [da *vincita* ✻1268] s. m. (f. *-trice*); anche agg. ● chi (o che) vince: *i vincitori della guerra; subire le imposizioni del v.; il v. di un concorso, di un incontro; presto lo festeggeremo v.; la squadra vincitrice del torneo* | ***v. assoluto***, chi risulta in testa alla graduatoria generale, dopo quelle parziali o quando vengono stabilite anche classifiche per categoria

vìnco o (*sett.*) **vìnchio** [lat. parl. **vĭncu(m)*, da *vĭnculum* 'vincolo' ✻1313] s. m. (pl. *-chi*, *poet. -ci*) **1** (*lett.*) ramo flessibile di salice o altra pianta, per legature, panieri e sim. SIN. vimine, vermena **2** †legame

vincolànte **A** part. pres. di *vincolare*②; anche agg. ● che comporta un impegno, un obbligo: *promessa v.; il parere della commissione è v.* **B** s. m. e f. ● (*dir.*) chi assoggetta un bene a un vincolo giuridico

vincolàre① [1926] agg. ● (*mecc.*) dovuto a vincoli: *reazione v.; sollecitazione v.*

vincolàre② [vc. dotta, lat. tardo *vinculāre*, denominale da *vĭnculum* 'vincolo' ✻av. 1686] v. tr. (*io vìncolo*) **1** (*lett.*) stringere, legare | (*lett.*) impedire o limitare la libertà di movimento di qlcu. o di qlco.: *v. le braccia, le gambe* | (*mecc.*) assoggettare a un vincolo: *v. un pezzo meccanico, un sistema, una struttura* CONTR. liberare **2** (*est.*) assoggettare a vincoli di tempo: *v. una somma in banca* CONTR. svincolare **3** (*fig.*) condizionare con obblighi: *la legge vincola i propri destinatari; mi sono vincolato con una solenne promessa; la promessa fatta lo vincola a mantenere l'impegno*
SFUMATURE ➤ *indurre*

vincolatàrio [da *vincolare* ✻1934] s. m. (f. *-ia*) ● chi concede l'imposizione di un vincolo su un proprio bene

vincolatìvo [da *vincolato* ✻1905] agg. ● che ha carattere vincolante: *promessa, norma vincolativa* ‖ **vincolativaménte**, avv. ‖ **vincolatività**, s. f. inv. obbligatorietà: *vincolatività della legge, del diritto*

vincolàto o †**vinculàto** part. pass. di *vincolare*②; anche agg. **1** nei sign. del v. | legato da un obbligo, da un impegno: *sentirsi v. da una promessa* **2** sottoposto a determinati vincoli o limitazioni: *area vincolata* | ***deposito v.***, deposito bancario che il depositante può ritirare solo dopo lo scadere di un termine prefissato

vincolìsmo [da *vincolo* ✻1892] s. m. ● tendenza a emanare norme giuridiche vincolistiche per disciplinare, limitare o tutelare l'attività di alcuni settori: *aumenta il v. nel campo dei beni culturali*

vincolìstico [da *vincolo* ✻1798] agg. (pl. m. *-ci*) ● caratterizzato da vincolismo: *legislazione vincolistica* | ***regime v.***, complesso di norme giuridiche che disciplinano un settore, antecedentemente lasciato alla libera iniziativa privata, ponendo una serie di limiti: *regime v. dei contratti agrari*

♦**vìncolo** o †**vìnculo** [vc. dotta, lat. *vĭnculu(m)*, da *vincīre* 'legare'. V. †*vincire* ✻1313] s. m. **1** (*raro, lett.*) laccio, legame, catena **2** (*mecc.*) legame che limita la mobilità dei punti di un corpo solido | ***reazione del v.***, forza fittizia che, sostituita al vincolo, ne ha gli stessi effetti nell'equilibrio del solido **3** (*dir.*) soggezione del soggetto passivo di un rapporto obbligatorio nei confronti del soggetto attivo dello stesso rapporto | particolare limitazione del diritto di proprietà su un bene: *v. forestale; v. idrogeologico; vincoli urbanistici, ambientali, archeologici* | ***v. ipotecario***, ipoteca **4** (*fig.*) obbligo di natura morale o giuridica: *sottostare ai vincoli della legge; è un v. che nasce da una solenne promessa* | ***v. del giuramento***, quello, assunto col giuramento, di comportarsi in un dato modo **5** (*fig.*) relazione o rapporto di natura morale, affettiva, sociale e sim. che lega reciprocamente due o più persone: *un v. d'amore, d'affetto, d'amicizia; i vincoli del sangue, del matrimonio; spezzare, infrangere ogni v.* SIN. legame
SFUMATURE ➤ *obbligo*

vincòtto o **vin còtto** [comp. di *vin(o)* e *cotto* ✻av. 1527] s. m. ● vino denso ottenuto da mosto d'uva appena pigiato e cotto su fuoco vivo; è tipico di varie regioni e spec. della Puglia

†**vinculàto** ➤ **vincolato**

†**vìnculo** ➤ **vincolo**

†**vindèmia** ➤ **vendemmia**

♣**vìndice** [vc. dotta, lat. *vĭndice(m)*, di etim. incerta ✻1499] agg. e s. m. e f. ● (*lett.*) che (o chi) vendica, rivendica o riscatta (*spec. fig.*): *la v. spada; essere, farsi v. di un'offesa, del proprio onore; essere il v. degli oppressi*

vìnea o (*raro*) **vìgna** [lat. *vīnea(m)* 'vigna' ✻sec. XIV] s. f. ● antica macchina da guerra a forma di galleria coperta di graticci e cuoio, montata su ruote nella quale gli assedianti si avvicinavano alle mura

vinèllo [av. 1587] s. m. **1** dim. di *vino* | vino leggero ma gradevole | vino di scarsa qualità **2** prodotto ottenuto dalla fermentazione delle vinacce vergini di uva fresca macerate in acqua o dall'esaurimento con acqua delle vinacce fermentate SIN. acquerello, mezzo vino, vino secondo

vinerìa [1985] s. f. ● locale pubblico che offre un'ampia scelta di vini da acquistare o consumare sul posto

†**vinètico** [da *vino* (?) ✻sec. XIV] agg. ● vinato

vinìcolo [da *vino*, sul modello di *agricolo* ✻1842] agg. ● che riguarda la produzione e conservazione del vino: *stabilimento v.; industria vinicola; lavorazioni vinicole*

vinìfero [vc. dotta, lat. tardo *vinĭferu(m)*, comp. di *vīnum* 'vino' e *-fer* '-fero' ✻1499] agg. ● (*lett.*) che produce vino: *regione vinifera*

vinificàre [da *vino* ✻1930] **A** v. intr. (*io vinìfico, tu vinìfichi*; aus. *avere*) ● fare il vino **B** v. tr. ● trasformare in vino ‖ **vinificazióne**, s. f. (V.)

vinificatóre [da *vinificato*, part. pass. di *vinificare* ✻1828] s. m. (f. *-trice*) ● produttore di vino

vinificazióne [1821] s. f. **1** trasformazione del mosto in vino **2** complesso di operazioni con le quali si ricava il vino dall'uva | ***v. in rosso***, sistema di vinificazione dei vini rossi consistente nel lasciare le vinacce nel mosto in fermentazione | ***v. in bianco***, sistema di vinificazione di vini bianchi o spumanti in assenza di vinacce (di uve bianche o nere)

vinilacetilène [comp. di *vinil(e)* e *acetilene* ✻1961] s. m. ● (*chim.*) idrocarburo insaturo derivato dall'acetilene, impiegato per la preparazione del neoprene

vinilclorùro [comp. di *vinil(e)* e *cloruro* ✻1961] s. m. ● (*chim.*) gas infiammabile ed esplosivo, costituente un importante monomero per la preparazione del cloruro di polivinile e dei suoi copolimeri, usato nelle sintesi organiche e nella produzione di adesivi SIN. cloruro di vinile

vinìle [da *vino* col suff. *-ile*② ✻1938] s. m. ● (*chim.*) radicale monovalente di formula CH_2=CH– derivante dall'etilene per perdita di un atomo d'idrogeno, presente in moltissimi composti | ***cloruro di v.***, vinilcloruro | comunemente resina vinilica, spec. impiegata per dischi fonografici; (*est.*) il disco stesso: *un v. a 33 giri*

vinìlico [1938] agg. (pl. m. *-ci*) ● di vinile | ***radicale v.***, vinile | ***resina vinilica***, materia plastica ottenuta per polimerizzazione di composti contenenti gruppi vinilici

vinilìte [da *vinil(ico)* ✻1957] s. f. ● (*chim.*) resina ottenuta per polimerizzazione di sostanze viniliche

vìnilo [vc. di orig. longob., da avvicinare all'ant. alto ted. *winnan* 'combattere' ✻av. 1504] s. m.; anche agg. ● (*raro, poet.*) longobardo

vinilpèlle o **vilpèlle**, **vinpèlle** [comp. di *vinil(e)* e *pelle* ✻1961] s. f. ● tipo di pelle sintetica a base di resine poliviniliche CFR. similpelle, Skai

†**viniziàno** ➤ **veneziano**

vìnnola [vc. dotta, lat. *vĭnnulu(m)* 'dolce, gradito, soave', di etim. incerta ✻1983] s. f. ● (*mus.*) ornamento del canto liturgico cristiano

♦**vìno** [lat. *vīnu(m)*, di orig. preindeur. ✻1158] **A** s. m. **1** bevanda alcolica ottenuta dalla fermentazione del mosto d'uva, per lo più in presenza di vinacce: *v. rosso, bianco, rosé; v. da taglio, da pasto, da dessert; v. secco, asciutto, austero, dolce, abboccato, amabile; travasare, imbottare, imbottigliare il v.; bere un bicchiere di v.* CFR. eno- | ***strada del v.***, percorso segnalato tra vigneti pregiati e cantine vinicole, che ha anche lo scopo di valorizzare le altre risorse del territorio (parchi naturali, artigianato, gastronomia, musei ecc.) | ***v. nuovo***, dell'anno | ***v. novello***, V. *novello* | ***v. vecchio***, di almeno due anni | ***v. d'annata***, quello che è stato imbottigliato in un anno nel quale la produzione è stata particolarmente ricca o pregiata | ***vini tipici***, quelli che conservano requisiti e caratteristiche codificati e la cui origine si riferisce a una zona precisa | ***v. a denominazione d'origine controllata***, quello che viene imbottigliato nella zona d'origine e fabbricato secondo precise norme che riguardano la zona di produzione, i vitigni, la gradazione alcolica e i sistemi di vinificazione (V. anche *denominazione, doc*) | ***v. fiore***, liquido che la massa fermentata cede spontaneamente sotto l'azione della gravità | ***v. torchiato***, vino ottenuto dalle vinacce per torchiatura | ***secondo v., mezzo v.***, vinello | ***v. dei Castelli***, prodotto nella zona dei Castelli Romani | ***v. di Bosco***, vino rosso prodotto nella zona di Comacchio | ***v. di uva spina***, fatto con uva spina, molto dolce, di 11°-12° | ***v. drogato***, aromatizzato | ***v. chinato***, con aggiunta di estratto di china | ***v. alla soda***, amaro frizzante, usato come aperitivo | ***v. passito***, fatto con uva passa | ***v. amarascato***, ottenuto fermentando il mosto con foglie e frutta di marasca e con aggiunta di alcol | ***vin*** (o *raro* ***vino***) ***brûlé***, vino solitamente rosso, bollito con spezie e zucchero, che si beve caldo | ***v. cotto*** (o ***vin cotto***), V. *vincotto* | ***Vin Santo***, V. *Vinsanto* | PROV. ***buon v. fa buon sangue*** | (*fig., scherz.*) ***v. battezzato***, allungato con acqua | (*fig.*) ***dire pane al pane e v. al v.***, parlare senza mezzi termini, dire apertamente quello che si pensa | (*raro*) ***v. d'onore***, rinfresco in onore di qlcu. (calco sul fr. *vin d'honneur*) | V. anche *vinsanto* **2** bevanda alcolica ottenuta per fermentazione di frutti diversi dall'uva o di liquidi tratti da particolari piante: *v. di pera, di palma, di agave, di sambuco* | ***v. di mele***, sidro | ***v. di riso***, sakè **3** (*fig.*) ubriachezza: *i fumi del v.; smaltire il v.* | ***reggere il v.***, poterne bere senza ubriacarsi | †***uscire il v. dal capo***, passare l'ubriachezza **B** **in funzione di agg. inv.** ● (posposto al sost.) nella loc. ***rosso v.***, detto di una particolare gradazione del rosso, cupa e intensa, tendente al viola ‖ **vinàccio**, **pegg.** | **vinèllo**, **dim.** (V.) | **vinétto**, **vinettino**, **dim.** | (*spreg.*) **vinùccio**, **dim.**

NOMENCLATURA

vino

● *caratteristiche*: colore, profumo = bouquet, trasparenza = limpidezza, vigore = robustezza, armonicità, gradazione (alcolica, zuccherina), acidità, afrosità;
● *tipi di vino*: bianco, rosso, rosato, chiaretto; novello, fermo, frizzante, spumante; sapido, austero, nervoso; denso, corposo, robusto; tagliato; aromatizzato; abboccato ⇔ asciutto, amabile = pastoso = sulla vena ⇔ secco, dolce ⇔ aspro = asprigno = agretto = acerbo, acescente, inacidito; delicato ⇔ gagliardo, leggero ⇔ generoso = alcolico; ruvido ⇔ morbido; nuovo ⇔ vecchio, giovane ⇔ stagionato = invecchiato = stravecchio; trasparente ⇔ torbido; genuino = sincero ⇔ adulterato, alterato, sofisticato, artefatto, artificiato, fatturato, allungato, annacquato; da tavola, da pasto; passante, gentile, gradevole, velato, vellutato; schietto, pretto, forte, potente; molle, amaro, volpino, arzillo, limpido, non fermentato, vergine, d'annata, di pronta beva, classico, riserva, superiore; neutro, oleoso, tannico, gasato, resinato, amarascato, cotto, brûlé;
● *vinificazione*: travasare, imbottigliare, imbottare, infiascare; spillare, mescere; filtrare, pastorizzare, etichettare; tagliare, sofisticare, adulterare; gorgogliare, ribollire, grillare, spumeggiare, inacidire; vendemmia, arboricoltura, solforazione, viticoltura; ammostamento, gessatura, cernita, lavatura, diraspatura, follatura, pigiatura, torchiatura, fermentazione del mosto, rimontaggio, svinatura, colmatura, travaso, sgrondatura, filtrazione, taglio, concia, chiarificazione; solfitazione, decantazione, carbonicazione = gassificazione, invecchiamento, soleggiamento, tappatura, etichettatura;
● *cantina*: ventilata = aerata, buia, sotterranea; fresca = refrigerata ⇔ calda = afosa, umida ⇔ asciutta = secca, vuota ⇔ zeppa = stipata = fornita;
● *botte*: aggrumata, avvinata, corpacciuta, sdogata, uzzata, ricerchiata, muta; napoletana, bordolese;
● *parti della botte*: doghe, cerchi, cocchiume, fondi; sedile; capruggine, pettine, foro di spina, zolfanello, zipolo;
● *altri recipienti*: tino, tinozza, bigoncia, barile, barilotto, caratello, barrique, bozzello; orcio, giara, doglio, fusto; damigiana, bottiglione, fiasco, bottiglia (renana, bordolese, sciampagnotta, borgognona), cartone, boccale; palmento, navassa, bottiglia (toscanella, pulcianella), magnum;
● *altri strumenti*: torchio (madrevite, leva, piastra, incastellatura), imbottigliatrice, imbuto = pevera = imbottavino, scaffali; solfatura; filtro, filtro-pressa, ultrafiltro, riempitore, tromba da vino, mostimetro = gleucometro = glucometro, afrometro; cavatappi, saggiavino, taste-vin.

vinolènto [vc. dotta, lat. *vinolĕntu(m)*, da *vīnum* 'vino' ✱ av. 1311] **agg.** ● (*lett.*) ubriacone, ubriaco

vinolènza [vc. dotta, lat. *vinolĕntia(m)*, da *vinolĕntus* 'vinolento' ✱ 1388] **s. f.** ● (*lett.*) intemperanza nel bere | ubriachezza

vinomèle [da *vino*, sul modello di *idromele*: calco sul gr. *oinómeli* ✱ 1723] **s. m.** ● (*lett.*) nel mondo greco-romano, bevanda costituita da vino in cui è stato sciolto del miele

vinóso (o **-ṣ-**) [vc. dotta, lat. tardo *vinōsu(m)*, da *vīnum* 'vino' ✱ av. 1320] **agg.** **1** che concerne il vino: *fermentazione vinosa* | ***uve vinose***, molto ricche di mosto **2** di qualità simile a quella del vino: *sapore, colore v.* **3** che sa di vino: *fiato v.* **4** detto di vino sano e genuino, in cui si avverte il profumo del mosto **5** detto di mantello equino grigio o bianco che presenta anche peli rossi, in quantità però insufficiente a dargli la tonalità del roano o dell'ubero ‖ **vinosità**, **s. f. inv.** caratteristica di ciò che è vinoso

vinpèlle ➤ **vinilpelle**

Vinsànto o **Vin Sànto** [da *vino santo*: detto così perché in alcune regioni serve per la Messa ✱ 1773] **s. m.** ● vino bianco da dessert, aromatico, prodotto in numerose regioni italiane con uve appassite e diraspate di vitigni locali (spec. Trebbiano e Malvasia): *V. toscano, trentino*

vìnsi ➤ **vincere**

†**vìnta** [f. sost. di *vinto* ✱ av. 1292] **s. f.** ● vittoria

vìntage /'vintedʒ, *ingl.* 'vɪntɪdʒ/ [vc. ingl., propr. 'd'annata', detto del vino pregiato, dal fr. ant. *vendenge* 'vendemmia' ✱ 1992] **A** **s. m. inv.** **1** (*enol.*) denominazione di vini d'annata di particolare pregio **2** (*est.*) nell'abbigliamento, denominazione di vecchi capi di vestiario, che testimoniano lo stile di un'epoca o di un creatore di moda | la moda di indossare tali capi: *il v. è molto amato dai giovani* **B** **anche agg. inv.**: *abito, capo v.* | (*est.*) detto di ciò che si rifà allo stile di un'epoca passata: *canzone, arredamento, accessorio v.*

vìnto o †**vìtto**② **A** **part. pass.** di *vincere*; anche **agg.** **1** nei sign. del v. **2** ***darla vinta a qlcu.***, accontentarlo, cedere o acconsentire alla sua richiesta | ***darle tutte vinte a qlcu.***, accontentarlo sempre, non negargli mai nulla; detto di bambino, viziarlo | ***darsi per v.***, arrendersi, non fare più resistenza; (*fig.*) cedere | ***non darsi per v.***, (*fig.*) continuare a sostenere una causa, una lotta, le proprie idee e sim. | ***volerla vinta***, voler ottenere ciò che si desidera: *è un caratterino, la vuol sempre vinta lei!* | ***averla vinta***, riuscire a ottenere ciò che si desidera; spuntarla: *a forza di insistere, l'ha avuta vinta* **B** **s. m.** (**f.** *-a*, *raro*) ● chi è stato vinto: *imporre ai vinti la resa*; *non vi furono né vinti né vincitori*; *guai ai vinti!*

†**vintóre** [da *vincere*, *vinto* ✱ av. 1294] **s. m.** ● vincitore

†**vinzàglio** ➤ **guinzaglio**

♦**vịòla**① [lat. parl. **viŏla(m)*, per il classico *vĭola(m)*, di orig. preindeur. ✱ 1268] **A** **s. f.** **1** pianta erbacea delle Violacee con fiori variamente colorati e frutto a capsula (*Viola*) | ***v. a ciocche***, violacciocca | ***v. del pensiero***, con radice fusiforme coltivata per i fiori violetti, gialli e bianchi, molto grandi (*Viola tricolor*) | ***v. mammola***, a rizoma obliquo, foglie cuoriformi crenate e fiori sterili odorosi, violetti (*Viola odorata*) **2** fiore di tale pianta: *raccogliere le viole*; *un mazzo di viole* | (*raro*, *lett.*) garofano: *belle, fresche e purpuree viole* (L. DE' MEDICI) **3** (**al pl.**, *fig.*) †ciancia, frottola **B** **in funzione di agg. inv.** **1** che ha un colore intermedio fra il turchino e il rosso, caratteristico dei fiori della viola mammola: *abito, tessuto v.*; *sfumatura rosa e v.* **2** che gioca nella squadra di calcio della Fiorentina o ne è sostenitore **C** **s. m. inv.** (**anche f. nel sign. 2**) **1** il colore viola: *prediligere il v.*; *vestirsi di v.* **2** chi gioca nella squadra di calcio della Fiorentina o ne è sostenitore ‖ **violétta**①, **dim.** (V.) | **violìna**, **dim.** (V.)

♦**vịòla**② o †**vịuòla**, †**vìvola**, †**vivuòla** [provenz. *viola*, di etim. incerta ✱ sec. XIII] **s. f.** **1** strumento musicale cordofono ad arco, capostipite degli altri della famiglia, modernamente a quattro corde intonate per quinte, più grande e grave del violino, più piccolo e acuto del violoncello e del contrabbasso: *presa una sua viuola di maraviglioso suono* (P. BEMBO) | ***v. bastarda***, simile alla viola da gamba, ma con corde di risonanza poste sotto la tastiera come nella viola d'amore, tipica del XVII sec. | ***v. da braccio***, che si suona tenendola col braccio in posizione orizzontale ed è antenata della viola moderna | ***v. da gamba***, a sei corde, che si suonava appoggiandola a terra, analogamente al violoncello, molto in voga nei secoli XVII e XVIII | ***v. d'amore***, con sette corde melodiche e, sotto la tastiera, sette corde di risonanza | ***v. da orbi***, (*disus.*) ghironda, perché suonata di solito da ciechi girovaghi | ***v. pomposa***, a cinque corde, la cui invenzione è erroneamente attribuita a J. S. Bach **2** (*est.*) chi suona la viola ‖ **violétta**②, **dim.** (V.) | **violóne**, **accr. m.** (V.)

violàbile [vc. dotta, lat. *violābile(m)*, da *violāre* ✱ av. 1588] **agg.** ● che si può violare **CONTR.** inviolabile ‖ **violabilità**, **s. f. inv.**

violacciòcca o **violaciòcca** /viola(t)-'tʃɔkka/ [da *viola a ciocca* ✱ av. 1566] **s. f.** ● pianta erbacea delle Crocifere, spontanea e anche coltivata a scopo ornamentale per i fiori purpurei o violacei in grappoli, assai profumati (*Matthiola incana*) | ***v. gialla***, delle Crocifere, con fiori odorosi giallo-dorati in grappoli (*Cheiranthus cheiri*)

violacciòcco [1813] **s. m.** (**pl.** *-chi*) ● (*tosc.*) violacciocca

Violàcee [da *viola*① ✱ 1855] **s. f. pl.** (**sing.** *-a*) ● (*bot.*) famiglia di piante dicotiledoni con fiori a cinque sepali ineguali e cinque petali uno dei quali speronato (*Violaceae*)

violàceo [vc. dotta, lat. *violăceu(m)*, da *vĭola* 'viola' ✱ sec. XIV] **A** **agg.** ● che è di colore viola o tendente al viola: *tessuto v.*; *luce violacea*; *rosa, azzurro v.* | livido, paonazzo, bluastro: *labbra violacee* | ***paramenti violacei***, nella liturgia cattolica, si usano nelle celebrazioni penitenziali, quali Avvento, Quaresima e sim. e, attualmente, possono essere usati per le liturgie funebri **B** **s. m.** ● il colore violaceo

violaciòcca ➤ **violacciocca**

†**violàio** [vc. dotta, lat. *violāriu(m)*, da *vĭola* 'viola' ✱ av. 1729] **s. m.** ● terreno piantato a viole

†**violaménto** [da *violare* ✱ av. 1563] **s. m.** **1** stupro, deflorazione **2** violazione

violàre [vc. dotta, lat. *violāre*, da *vīs* 'forza', di orig. indeur. ✱ av. 1328] **v. tr.** (*io vìolo*) **1** non osservare o non rispettare il disposto di una qualunque fonte di obblighi giuridici, morali, sociali, consuetudinari e sim., contravvenendo agli specifici obblighi che ne derivano, mediante il compimento di azioni illecite: *v. la legge, i precetti divini, le consuetudini locali, le norme di buona creanza*; *v. un patto, un accordo, un giuramento, un voto, una promessa* | ***v. il domicilio***, entrare in casa d'altri, a forza o di nascosto, senza esservi autorizzati | ***v. il segreto epistolare***, aprire e leggere la corrispondenza diretta ad altri | ***v. l'onore di qlcu.***, oltraggiarlo **CONTR.** rispettare **2** violentare: *v. una donna* **3** profanare: *v. una chiesa, una tomba, un altare* **4** costringere altri a subire la propria forza, iniziativa, supremazia e sim. | ***v. il blocco***, forzarlo | ***v. il campo, il terreno avversario***, nel linguaggio sportivo, vincere sul campo di gioco dell'avversario | ***v. la rete avversaria***, nel linguaggio del calcio, segnare un gol

violatìvo [1834] **agg.** ● (*dir.*) che vìola: *atto v. dell'ordinamento vigente*

violàto① **part. pass.** di *violare*; anche **agg.** ● nei sign. del v.

violàto② [da *viola*① ✱ 1336 ca.] **agg.** **1** (*disus.*) profumato con essenza di viola: *zucchero, vino v.* **2** †viola, violaceo: *scegliendo i fiori bianchi dai sanguigni, e i persi dai violati* (I. SANNAZARO)

violatóre① [vc. dotta, lat. *violatōre(m)*, da *violātus* 'violato①' ✱ av. 1342] **s. m.** (**f.** *-trice*); anche **agg.** ● chi (o che) viola

†**violatóre**② [da *viola*② ✱ sec. XIII] **s. m.** ● suonatore di viola

violazióne [vc. dotta, lat. *violatiōne(m)*, da *violātus* 'violato①' ✱ 1342] **s. f. 1** il violare: *v. di una chiesa* **2** inosservanza di una norma, un obbligo, un impegno e sim.: *v. della legge, dei patti*; *v. degli obblighi di assistenza familiare* | (*per anton.*) la specifica azione illecita: *v. nella custodia di cose pignorate*; *v. di sigilli* | ***v. di domicilio***, reato di chi si introduce in un luogo di privata dimora clandestinamente, o con inganno, o contro la volontà espressa o tacita di chi ha il diritto di escluderlo | ***v. di corrispondenza***, reato di chi prende cognizione del contenuto di una corrispondenza chiusa a lui non diretta

†**violentaménto** [sec. XV] **s. m.** ● il violentare

violentàre [da *violento* ✱ sec. XIII] **v. tr.** (*io violènto*) ● costringere con la violenza fisica o morale: *v. una persona*; *v. la coscienza, la volontà di qlcu.* | imporre un rapporto sessuale con la violenza: *v. una donna*

SFUMATURE ➤ *costringere*

violentatóre [av. 1328] **s. m.** (f. *-trice*); **anche agg.** ● chi (o che) violenta

violentazióne [1914] **s. f.** ● (*lett.*) irruzione violenta | (*lett.*) stravolgimento

♦**violènto** o †**violènte** [vc. dotta, lat. *violĕntu(m)*, da *vīs* 'forza', di orig. indeur. ✱ 1308] **A agg. 1** detto di chi è solito abusare della sua forza fisica spec. in modo incontrollato e impulsivo per imporre agli altri la propria volontà: *uomo v.*; *gente violenta e prepotente* **SIN.** aggressivo **2** detto di ciò che è proprio o caratteristico delle persone violente: *indole, natura violenta*; *carattere v. e impulsivo*; *modi violenti* **SIN.** brutale **3** di ciò che si fonda sull'uso sistematico della forza: *azione, politica, ideologia violenta*; *mezzi violenti* **4** che si verifica con impeto furioso, con forza, con energia incontrollata e distruttrice: *attacco improvviso e v.*; *una violenta rivolta popolare*; *incendio, uragano v.*; *bufera, tempesta violenta*; *violente ondate scuotevano la nave* | ***febbre violenta***, molto alta | ***morte violenta***, provocata da atti di violenza o da incidenti | ***veleno v.***, che uccide con rapidità | ***rimedio v.***, drastico **5** (*fig.*) estremamente energico, irruente, aggressivo: *tono v.*; *articolo, discorso v.*; *una violenta presa di posizione* | impetuoso, travolgente: *passione violenta* **6** detto di tutto ciò che è particolarmente forte, intenso e sim.: *urto, impatto, scossone v.*; *calore v.*; *suono, sibilo, rumore v.*; *gusto, sapore, aroma v.*; *colore v.*; *tinta violenta* || **violenteménte**, **avv. B s. m.** (f. *-a*) ● chi è solito abusare della sua forza fisica, spec. in modo incontrollato e impulsivo per imporre agli altri la propria volontà: *la discussione è degenerata perché è un v.* **CFR.** non violento

♦**violènza** [vc. dotta, lat. *violĕntia(m)*, da *violens*, genit. *violĕntis* 'violente' ✱ 1282] **s. f. 1** caratteristica di chi (o di ciò che) è violento: *la v. di una persona, di un discorso, del carattere* **SIN.** aggressività, brutalità | impeto, furia: *la v. delle onde, dell'uragano, dell'incendio* | grande intensità, forza: *resistere alla v. dell'urto* **2** azione violenta: *far uso della v.*; *ricorrere alla v.*; *alla v. risponderemo con le armi*; *non intendiamo subire altre violenze*; *le violenze della guerra* | ***dolce, amorevole v.***, insistenza gentile, che costringe ad accettare o fare qlco. **CFR.** non violenza **3** (*dir.*) coazione fisica o morale esercitata da un soggetto su un altro così da indurlo a compiere atti che altrimenti non avrebbe compiuto | ***v. carnale***, reato di chi impone ad altri un accoppiamento sessuale con la violenza | ***fare, usare v.***, sottoporre a violenza carnale | ***v. privata***, reato di chi costringe altri a fare, tollerare od omettere qlco. **4** †violazione

SFUMATURE ➤ *angheria*

♦**violétta**① [1374] **s. f. 1** dim. di *viola*① **2** (*per anton.*) viola mammola | ***v. di Parma***, viola mammola **3** profumo ricavato dalla viola mammola **4** varietà selvatica di viola (*Viola hirta*) **5** ***v. africana***, piccola pianta erbacea ornamentale, originaria dell'Africa orientale, coltivata in serra, con fiori di intenso colore viola o rosa (*Saintpaulia jonantha*) **SIN.** saintpaulia, violetta di Usambara

violétta② [av. 1488] **s. f. 1** dim. di *viola*② **2** nei secc. XVI e XVII, violino piccolo a tre corde

♦**violétto** [da *viola*① ✱ av. 1327] **A s. m. 1** colore intermedio fra il turchino e il rosso, caratteristico dei fiori della viola mammola, ultimo dei sette colori dell'iride: *tingere qlco. di v.* **2** sostanza colorante che tinge di violetto: *v. di metile* **B agg.** ● che è di color viola, violaceo: *cielo v.*; *nube violetta*; *luci violette*; *ha violetti / gli occhi come il fiore di glicine* (G. D'ANNUNZIO)

violìna [1561] **s. f. 1** dim. di *viola*① **2** ***v. selvatica***, varietà selvatica di viola (*Viola hirta*)

violinàio [1606] **s. m.** (f. *-aia*, pl. m. *-ai*) ● (*disus.*) liutaio

violinàre ➤ **sviolinare**

violinàta ➤ **sviolinata**

violinìsta [av. 1712] **s. m. e f.** (pl. m. *-i*) ● suonatore di violino

violinìstico [1796] **agg.** (pl. m. *-ci*) ● (*mus.*) relativo al violino, alla musica per violino o ai violinisti

♦**violìno**① [da *viola*② ✱ 1506] **A s. m. 1** (*mus.*) strumento cordofono ad arco, il più piccolo e acuto della famiglia, dotato di quattro corde a distanza di quinta: *corpo, fianchi, fondo, fascia, coperchio del v.*; *suonare il v.*; *concerto per v. e orchestra*; *un assolo di v.*; *un v. Stradivari*; *il v. di Paganini* | ***chiave di v.***, chiave di sol | ***a v.***, detto di cosa la cui forma ricorda quella del violino **2** (*mus.*) chi, in un'orchestra e sim., suona il violino | ***primo v.***, il più importante, quello cui spettano gli assolo | ***secondo v.***, che segue immediatamente il primo, in ordine di importanza | ***v. di spalla***, il primo violino, quale principale collaboratore del direttore d'orchestra; (*fig., scherz.*) collaboratore, aiutante e sim. fedelissimo | ***v. di fila***, che segue immediatamente il primo e il secondo in ordine d'importanza **3** sorta di prosciutto realizzato con coscio di capra, o anche di capriolo o di pecora, che si taglia appoggiato alla spalla come un violino, specialità delle valli alpine piemontesi e lombarde **B in funzione di agg. inv.** ● (posposto al sost.) nella loc. ***pesce v.***, V. *pesce*

†**violìno**② [da *viola*① ✱ 1485] **agg. e s. m.** ● (*raro*) violetto

violìsta [1879] **s. m. e f.** (pl. m. *-i*) ● suonatore di viola

violìstico [sec. XX] **agg.** (pl. m. *-ci*) ● (*mus.*) relativo alla viola, alla musica per viola o ai violisti

violle /fr. vjɔl/ [dal n. del fisico fr. J. *Violle* (1841-1923) ✱ 1905] **s. f. inv.** ● unità di intensità luminosa, definita come la quantità di luce emessa, in direzione normale, da 1 cm^2 di superficie di un bagno di platino fuso, alla temperatura di solidificazione

viòlo [da *viola*① ✱ av. 1712] **s. m.** ● (*tosc.*) pianta di viola

violoncellìsta [1840] **s. m. e f.** (pl. m. *-i*) ● suonatore di violoncello

violoncellìstico [av. 1952] **agg.** (pl. m. *-ci*) ● (*mus.*) relativo al violoncello, alla musica per violoncello o ai violoncellisti

violoncèllo [da *violone* ✱ av. 1400] **s. m. 1** strumento musicale appartenente alla famiglia delle viole, dotato di quattro corde, con intonazione intermedia fra quella della viola e quella del contrabbasso **2** violoncellista: *v. solista*

violóne [1546] **s. m. 1** accr. di *viola*② **2** contrabbasso di viola a sei corde e dal fondo piatto, usato nei secoli XVI e XVII

viòttola [da *via* ✱ sec. XIV] **s. f.** ● (*lett.*) viottolo: *errano dietro un velo / di polvere le vespe, i cani ansanti / e le viottole* (M. LUZI) || **viottolina**, **dim.**

viòttolo [da *vi(a)* con *-otto* e *-olo*④ ✱ av. 1311] **s. m.** ● via stretta di campagna | sentiero fra i campi: *Il v. ... suonava gelato sotto lo zoccolo dei cavalli* (G. VERGA) || **viottolétto**, **dim.** | **viottolìno**, **dim.** | **viottolóne**, **accr.**

vip [vc. ingl., da *V(ery) I(mportant) P(erson)* 'personaggio molto importante' ✱ 1949] **A s. m. e f. inv.** ● persona che gode di notorietà e prestigio spec. in campo politico, economico, artistico o sportivo **SIN.** celebrity **CFR.** nip **B anche in funzione di agg. inv.** (superl. *vippissimo*): *una cena vip* || **vippétto**, **dim.** | **vippìno**, **dim.** | **vippóne**, **accr.**

vipàssana [vc. pali, propr. 'meditazione profonda' ✱ 1985] **A s. f. inv.** ● antica tecnica indiana di meditazione **B anche in funzione di agg. inv.**: *meditazione v.*

vìpera o †**vìpra** [lat. *vīpera(m)*, da un precedente **vivĭpara(m)*, propr. 'che partorisce prole viva', comp. di *vīvus* 'vivo' e *-para* da *părere* 'partorire' (V. *parto*①) ✱ av. 1250] **s. f. 1** serpente velenoso dei Viperidi con pupilla ellittica e verticale (*Vipera*) | ***v. acquaiola***, natrice | ***v. comune***, con l'apice del muso leggermente rivolto verso l'alto e ricoperto di squame (*Vipera aspis*) | ***v. cornuta, della sabbia***, ceraste | ***v. dal corno***, con un cornetto molle all'apice del muso (*Vipera ammodytes*) | ***v. del deserto***, con corpo tozzo, testa larga e grandi macchie nere romboidali allineate sul dorso, diffusa in Africa e in Arabia (*Bitis arietans*) | ***v. della morte***, acantofide | ***v. soffiante***, vipera africana, con testa molto larga e ghiandole del veleno molto sviluppate; aggressiva, soffia se irritata (*Bitis lachesis*) **2** (*fig.*) persona velenosa, maligna, subdola, rabbiosa ecc.: *avere una lingua di v.*; *essere una v.*; *tacete, razza di vipere!* | (*lett.*) ***essere una lingua di v.***, essere una persona maligna, maldicente **3** imbarcazione a remi, lunga e sottile, in uso nella laguna veneta || **viperèlla**, **dim.** | **viperèllo**, **dim. m.** | **viperétta**, **dim.** | **viperìna**, **dim.** | **viperìno**②, **dim. m.** (V.) | **viperòtto**, **dim. m.** il piccolo della vipera

viperàio [1664] **s. m.** (pl. *-ai*) **1** (*disus.*) chi cattura vipere **2** (*lett.*) luogo pieno di vipere

†**viperàto** [1499] **agg. 1** che è nutrito con carne di vipera: *pollo v.*, *cappone v.* **2** detto di bevanda, usata nell'antica medicina, in cui sia stata infusa carne di vipera: *vino v.*

vipèreo [vc. dotta, lat. *vipĕreu(m)*, da *vīpera* ✱ 1342] **agg.** ● (*lett.*) di vipera | (*est.*) da vipera: *movimenti viperei* | (*fig.*) viperino

Vipèridi [da *vipera* ✱ 1895] **s. m. pl.** (sing. *-e*) ● (*zool.*) famiglia di Rettili degli Ofidi, ovovivipari o vivipari, con denti del veleno ricurvi e provvisti di piccoli canali e veleno che agisce sul sangue (*Viperidae*)

viperìna [f. sost. di *viperino*①. V. *echio* ✱ 1748] **s. f.** ● (*bot.*) erba bienne o annuale delle Borraginacee, con fusto ramoso, foglie lanceolate e fiori azzurri zigomorfi in pannocchie, comune in luoghi aridi (*Echium vulgare*) **SIN.** erba viperina, erba rogna

viperìno① [vc. dotta, lat. *viperīnu(m)*, da *vīpera* ✱ sec. XIV] **agg. 1** (*lett.*) di vipera **2** (*fig.*) perfido, maligno: *un individuo v.*; *lingua viperina* **3** †viperato: *vino v.*

viperìno② [1563] **s. m. 1** dim. di *vipera* **2** il nato della vipera

†**vipistrèllo** ➤ **pipistrello**

vìpla® [comp. di *vinil(e)* e *pla(stica)* ✱ 1950]

s. f. ● materia plastica polivinilica, usata per rivestimenti, tendaggi, pavimentazioni o per la fabbricazione di oggetti vari

vipperìa [deriv. di *vip* con il suff. *-eria* ✻ 1986] **s. f.** ● (*colloq.*, *iron.*) insieme di vip: *è un ritrovo della v. giovanile*

vippìsmo [da *vip* ✻ 1997] **s. m. 1** ostentazione, esibizione della propria condizione di vip **2** tendenza a imitare i comportamenti sociali delle persone importanti

†**vìpra** ➤ **vipera**

viradóre o **viratóre** [sp. *virador*, da *virar* 'virare' ✻ 1813] **s. m. 1** (*mar.*; *raro*) canapo perpetuo, piano, flessibile, che si legava alla gomena e si tirava con l'argano per salpare l'ancora **2** (*mecc.*) nei grandi motori a combustione interna, meccanismo che consente la manovra manuale del volano al fine di controllare il funzionamento e la messa in fase degli organi di distribuzione

viràggio [fr. *virage*, da *virer* 'virare' ✻ 1892] **s. m. 1** (*mar.*; *raro*) viramento | (*aeron.*) virata **2** (*chim.*) mutamento di colore che si verifica in alcune reazioni chimiche, spec. di sostanze in soluzione | ***v. di una tinta***, nell'industria tessile, variazione di tono di una tintura in seguito a qualche azione chimica **3** (*fotogr.*) procedimento applicato a stampe in bianco e nero per variare i grigi, trasformandoli in tonalità di altro colore: *v. seppia, rosso, azzurro, verde*

♣**viràgo** o (*lett.*) **viràgine** [vc. dotta, lat. *virā̆go*, da *vĭr* 'uomo' ✻ av. 1492] **s. f.** (**pl. inv.** o *lett.* *viràgini*) **1** (*lett.*) donna d'animo e aspetto virile **2** (*est.*, *scherz.* o *spreg.*) donna dalle caratteristiche mascoline

viràle [da *virus* ✻ 1961] **agg. 1** (*biol.*) che concerne un virus | (*med.*) che è causato da un virus: *polmonite, epatite v.* **2** (*est.*, *inform.*) relativo a virus informatico | che tende a diffondersi capillarmente: *pubblicità v.* | ***marketing v.***, V. *marketing* ‖ **viralità**, **s. f. inv.** (*inform.*) capacità di propagarsi a un gran numero di destinatari trasmettendosi a catena da uno all'altro, detto di informazioni, messaggi ecc.: *la viralità di una campagna pubblicitaria*

viral màrketing /'viral 'marketin(g), *ingl.* ˌvaɪər(ə)l'mɑːkɪtɪŋ/ ➤ **marketing**

viraménto [1866] **s. m.** ● (*mar.*, *raro*) virata

viràre [fr. *virer*, dal lat. parl. **virāre*, per il classico *vibrāre* ✻ 1781] **A v. tr.** ● (*mar.*) far ruotare, girare: *v. l'argano* **B v. intr.** (**aus.** *avere*) **1** (*mar.*) nella navigazione a vela, modificare direzione e prendere il vento dalla parte opposta, con il vento in prua | ***v. di poppa***, con il vento in poppa **SIN.** strambare **2** (*aeron.*, *est.*) percorrere una curva verso destra o verso sinistra, rispetto al pilota, detto di aerei **3** (*est.*) nel nuoto, effettuare la virata **4** (*est.*) cambiare o invertire direzione (*anche fig.*): *senza fermarsi … vira sui tacchi con una giravolta secca* (A. PALAZZESCHI); *il governo vira sull'economia* **5** (*chim.*) passare da un colore a un altro per effetto di reazioni chimiche, detto spec. di sostanze in soluzione **6** (*fotogr.*) subire il viraggio

viràta [1819] **s. f. 1** (*mar.*) cambiamento di direzione e mura | ***v. di prua***, o (*ellitt.*) ***virata***, in cui si gira dalla parte da cui spira il vento | ***v. di poppa***, in cui si gira dalla parte opposta | (*aeron.*) mutamento di direzione: *v. a destra, a sinistra* | ***v. corretta***, quando la verticale apparente è nel piano di simmetria dell'aereo | ***v. imperiale***, figura acrobatica, ripresa del volo orizzontale a quota superiore e in senso opposto a quello di partenza | ***v. piatta***, mantenendo l'aereo pressoché orizzontale, cioè senza sbandamento | ***v. stretta***, con raggio di virata piccolo rispetto alla velocità **2** (*sport*) nel nuoto, inversione di direzione effettuata dal nuotatore al termine della vasca **3** (*fig.*) cambiamento o inversione di tendenza o di orientamento: *v. del governo nella politica economica*

viratóre ➤ **viradore**

†**virazióne** [da *virare* ✻ av. 1588] **s. f.** ● vento o brezza di mare

virelai /*fr.* viʀ'lɛ/ [fr. 'aria di danza', che risale al lat. *vibrāre* ✻ 1930] **s. m. inv.** ● (*mus.*) tipo di canzone francese medievale a strofe con refrain

viremìa [comp. di *vir(us)* ed *-emia* ✻ 1961] **s. f.** ● (*med.*) presenza di virus nel sangue

virènte [vc. dotta, lat. *virĕnte(m)*, part. pres. di *virēre* 'verdeggiare' (V. *verde*) ✻ 1342] **agg.** ● (*poet.*) verdeggiante: *nel dolce tempo che cantan gli augelli / istanti all'ombra di un v. alloro* (G. BOCCACCIO)

virescènte [vc. dotta, lat. *virescĕnte(m)*, part. pres. di *virēscere* 'diventar verde', incoativo di *virēre* 'verdeggiare' (V. *verde*) ✻ 1961] **agg.** ● (*bot.*) che presenta virescenza

virescènza [da *virescente* ✻ 1940] **s. f.** ● (*bot.*) trasformazione patologica dei pezzi fiorali in appendici verdi che conservano però la forma originale

vìrga [vc. dotta, lat. *vĭrga(m)* 'verga' ✻ 1961] **s. f. 1** nel canto gregoriano, neuma semplice derivante dall'accento acuto latino **2** †V. *verga* **3** (*meteor.*) strie di precipitazioni che cadono dalla base di una nube ma che evaporano prima di raggiungere il suolo

virgiliàno [vc. dotta, lat. *Vergiliānu(m)*, da *Vergĭlius* 'Virgilio' ✻ av. 1479] **agg.** ● relativo al poeta latino P. Virgilio Marone (70-19 a.C.) e alla sua poesia: *stile v.* ‖ **virgilianaménte**, **avv.** secondo la concezione o la poetica di Virgilio: *una natura virgilianamente intesa*

virgiliàto ➤ **vergiliato**

virginàle① ➤ **verginale**

virginàle② [ingl. *virginal*, da *virginal* 'virginale①', perché strumento adoperato dalle ragazze di buona famiglia ✻ 1910] **s. m.** ● (*mus.*) spinetta di forma quadrata molto in uso in Inghilterra durante il regno di Elisabetta I

virginalìsta [1931] **s. m. e f.** (**pl. m.** *-i*) ● (*mus.*) compositore o esecutore di musica per virginale: *i virginalisti inglesi*

†**vìrgine** ➤ **vergine**①

†**virginèlla** ➤ **verginella**

♣**virgìneo** o (*lett.*) **vergìneo** [vc. dotta, lat. *virgĭneu(m)*, da *vĭrgo*, genit. *vĭrginis* 'vergine' ✻ av. 1306] **agg.** ● (*lett.*) verginale: *candore v.* ‖ **virgineaménte**, **avv.**

Virgìnia [dal n. di uno degli Stati degli USA, chiamato così in onore della regina Elisabetta I (1533-1603), detta 'la regina vergine', perché non si era mai voluta sposare ✻ av. 1768] **A s. m. inv. 1** tipo di tabacco originario della Virginia **2** sigaro con pagliuzza nell'interno, in origine confezionato con tabacco della Virginia **B anche agg. inv.**: *tabacco V.*; *sigari V.* **C s. f. inv.** ● sigarette confezionate con tabacco Virginia: *un pacchetto di V.*

†**virginità** ➤ **verginità**

†**virginitàde** ➤ **verginità**

†**virginitàte** ➤ **verginità**

vìrgin nàphtha /*ingl.* 'vɜːdʒɪn 'næfθʌ/ [loc. ingl., comp. di *virgin* 'vergine' e *naphtha* 'nafta' ✻ sec. XX] **loc. sost. f. inv.** ● insieme delle frazioni petrolifere ottenute per distillazione semplice primaria dell'olio minerale grezzo **SIN.** nafta vergine

†**vìrgo** ➤ **vergine**①

♦**vìrgola** o †**vìrgula** [vc. dotta, lat. *vĭrgula(m)* 'bastoncino', propr. dim. di *vĭrga* 'verga' ✻ sec. XIII] **A s. f. 1** segno grafico della pausa più breve | ***non cancellare, non modificare, non togliere neanche una v.***, lasciare intatto uno scritto; (*fig.*) non cambiare nulla, riportare fedelmente un discorso e sim. | ***doppia v., doppie virgole***, virgolette | ***zero v.***, V. *zero* **2** (*mat.*) segno che separa la parte intera da quella decimale, in un numero decimale | ***v. mobile***, metodo di rappresentazione dei numeri reali come prodotto di un fattore, minore di 1 in valore assoluto, e una potenza intera della base del sistema di numerazione in cui si opera (per es. 10, nel sistema decimale) **3** (*disus.*) ciocca di capelli acconciata a virgola: *una pettinatura con virgole sulle guance* **B in funzione di agg. inv.** ● (posposto al sost.) nella loc. ***bacillo v.***, vibrione del colera ‖ **virgolétta**, **dim.** (V.) | **virgolìna**, **dim.**

NOTA D'USO

virgola

La *virgola* indica la più breve delle pause. In linea di massima *non* si deve mai porre la virgola tra il soggetto e il predicato o tra il predicato e l'oggetto. Gli impieghi della virgola sono numerosi e complessi e spesso dipendono da una scelta soggettiva di chi scrive. Di regola la virgola è usata:

- per separare i singoli termini di un elenco: *ho comperato pane, latte, uova e burro.* ATTENZIONE: se gli elementi che compongono l'elenco sono lunghi o contengono altre virgole al loro interno, sarà meglio usare il punto e virgola (V. nota d'uso PUNTO): *ecco la mia giornata: mi alzo verso le sette; alle otto, se tutto va bene, sono al lavoro; all'una mangio qualcosa;* ecc.;
- per separare varie proposizioni fra loro, specialmente in una struttura di una certa complessità: *la giornata si presentava fredda e piovosa, pertanto fummo costretti a cambiare i nostri programmi;*
- nelle frasi incidentali: *chi è arrivato in ritardo, se non mi sbaglio, è stato lui*; in questo caso la virgola si presenta in coppia, all'inizio e alla fine dell'inciso;
- fra i molti altri, ricordiamo l'uso della virgola per isolare un'apposizione (*la capitale della Romania, Bucarest*), per evidenziare una frase secondaria o una locuzione all'inizio di un periodo (*in ultima analisi, è lei ad aver ragione*), per isolare un vocativo, un'esclamazione e sim. (*ma Carlo, come ti permetti?; ah, che spettacolo!*). (V. anche *punteggiatura*).

virgolàre o †**vergolàre** [sec. XIV] **v. tr.** (*io vìrgolo*) **1** (*raro*) mettere la virgola: *v. uno scritto* | segnare con una virgola: *riccetti … che le virgolavano la fronte* (L. PIRANDELLO) **2** (*raro*) virgolettare

virgolàto **part. pass.** di *virgolare*; anche **agg.** ● nei sign. del v.

virgolatùra [1891] **s. f. 1** il virgolare **2** (*raro*) virgolettato

virgoleggiàre [intens. di *virgolare* ✻ 1793] **v. tr.** (**pres.** *io virgoléggio*; **fut.** *io virgoleggerò*) ● (*lett.*) virgolare nel sign. 2

virgolétta [1550] **s. f. 1** dim. di *virgola* **2** (**al pl.**) segno ortografico che si usa, di solito in coppia, prima e dopo un passo, una frase, una parola, per distinguere il discorso diretto, riportare una citazione, dare rilievo a un vocabolo: *aprire, chiudere le virgolette* | ***virgolette inglesi***, costituite da uno o due segni simili alla virgola (' ') (" ") | ***virgolette a sergente, a caporale***, costituite da due lineette che convergono a formare un angolo acuto, come i gradi del sergente o del caporale (« ») | ***tra virgolette***, chiuso tra virgolette, detto di citazione, discorso diretto, termine straniero, ecc.; (*fig.*) riportato esattamente, messo in evidenza; (*colloq.*) usato in un particolare significato; per così dire. Le *virgolette* servono a delimitare un discorso diretto o una citazione: *Esclamò: "Vattene!"*; *Come dice l'art. 39 della Costituzione: "L'organizzazione sindacale è libera"*. Le virgolette sono spesso usate per evidenziare il significato di una parola, soprattutto se inserita in un contesto diverso dal solito, o per indicare espressioni figurate e gergali o anche per marcare una connotazione ironica: *aspro confronto tra "falchi" e "colombe"; la scelta di un determinato "registro" linguistico; una prosa alquanto "anemica"; il "pranzo" consisteva in un piatto di patate.* (V. nota d'uso PUNTEGGIATURA)

virgolettàre [1877] **v. tr.** (*io virgolétto*) ● chiudere tra virgolette: *v. una citazione, un passo; v. il discorso diretto* | (*fig.*) rendere evidente, porre in rilievo; attribuire a una parola o a una frase un significato particolare

virgolettàto **A** **part. pass.** di *virgolettare*; **anche agg.** ● nei sign. del v. (**anche** *fig.*) | (*est.*) riportato fedelmente, testuale: *dichiarazione virgolettata* **B** **s. m.** ● parte di un testo chiusa tra virgolette **SIN.** virgolatura, virgolettatura

virgolettatùra [1942] **s. f.** ● il virgolettare | testo chiuso tra virgolette **SIN.** virgolettato

†**vìrgula** ➤ **virgola**

✦**virgùlto** [vc. dotta, lat. *virgŭltu(m)* 'cespuglio' (nel lat. classico usato normalmente al pl.), da *vĭrgula* 'ramoscello', dim. di *vĭrga* 'verga' ✱ av. 1320] **s. m. 1** (*lett.*) germoglio, pollone di piante: *giovani, teneri virgulti* | pianta giovane **2** (*fig., lett.*) giovane rampollo di una famiglia

viriàle [dal ted. *virial*, tratto dal lat. *vir-*, radicale di *vīs* 'forza' col suff. *-ial* ✱ 1926] **s. m.** ● (*fis.*) quantità introdotta da R.E. Clausius (1822-1888) per descrivere statisticamente un sistema composto da più punti materiali; è pari alla sommatoria su tutti i punti dei prodotti scalari tra il raggio vettore che congiunge il punto a un'origine e la forza applicata al punto

viridàrio [vc. dotta, lat. *viridāriu(m)*, da *vĭridis* 'verde' ✱ 1375 ca.] **s. m. 1** nella Roma antica, giardino della casa patrizia posto al centro del peristilio o nel cavedio **2** (*raro, lett.*) giardino

†**vìride** [vc. dotta, lat. *vĭride(m)* 'verde' ✱ sec. XIV] **agg.** ● verde, verdeggiante

†**viridità** [vc. dotta, lat. *viriditāte(m)*, da *vĭridis* 'verde' ✱ 1351] **s. f.** ● verdezza

♦**virìle** [vc. dotta, lat. *virīle(m)*, da *vĭr*, genit. *vĭri* 'uomo' (V. †*viro*) ✱ 1308] **agg. 1** relativo all'uomo, all'essere umano di sesso maschile: *sesso, aspetto v.; bellezza v.; natura v.* **SIN.** maschile, mascolino **CONTR.** femminile | ***membro v.***, pene | (*est.*) da uomo, da maschio: *assumere atteggiamenti virili* | ***protesta v.***, in psicologia, il desiderio di una donna di essere maschio o di godere dei privilegi maschili o, anche, il desiderio di un maschio di evitare la femminilità **2** relativo all'uomo adulto, fisicamente e psichicamente maturo: *forza, voce, età, energia v.; saggezza v.; coraggio v.* | ***toga v.***, quella che i giovanetti dell'antica Roma indossavano quando arrivavano ai sedici anni **3** (*fig.*) che è proprio di una persona forte, coraggiosa e sicura di sé, conscia delle proprie responsabilità e sim.: *contegno, comportamento dignitoso e v.; sopportare la sorte avversa con animo v.; agire con fermezza v., con v. costanza* | (*lett.*) ***stile, linguaggio v.***, lontano da effeminatezze e sdolcinature **SIN.** energico ‖ **virilménte**, †**virileménte**, **avv.** con virilità

virilìṣmo [da *virile* col suff. *-ismo* ✱ 1935] **s. m.** ● (*med.*) comparsa nella donna di alcuni caratteri morfologici e funzionali propri del maschio

♦**virilità** [vc. dotta, lat. *virilitāte(m)*, da *virīlis* 'virile' ✱ 1374] **s. f. inv. 1** epoca della vita dell'individuo di sesso maschile nella quale viene raggiunta la piena maturità fisica e la completezza dello sviluppo psichico | (*est.*) potenza, efficienza fisica, spec. con riferimento alla sfera sessuale: *un uomo dalla v. prorompente; dar prova di v.* **2** caratteristica di chi (o di ciò che) è virile (*spec. fig.*): *v. dell'animo, dei propositi* | forza morale, indole risoluta

viriliẓẓàre [da *virile* ✱ av. 1909] **A** **v. tr.** ● rendere virile (*spec. fig.*) **B** **viriliẓẓàrsi** **v. intr. pron.** ● assumere caratteri, spec. fisici, propri del maschio ‖ **viriliẓẓazióne**, **s. f.**

virilocàle [comp. del lat. *vĭr*, genit. *vĭri* 'uomo' (V. †*viro*) e *locale* ✱ 1961] **agg.** ● (*antrop.*) patrilocale ‖ **virilocalità**, **s. f. inv.** (*antrop.*) patrilocalità

virilòide [da *virile* col suff. *-oide* ✱ av. 1956] **agg.** ● detto di donna con tendenza al virilismo

virióne [da *vir(us)* col suff. *-one*④ ✱ 1983] **s. m.** ● (*biol.*) particella virale, unità minima capace di infettare una cellula

†**vìro** [vc. dotta, lat. *vĭru(m)*, acc. di *vĭr*, di orig. indeur. ✱ 1313] **s. m.** ● (*lett.*) uomo

virogèneṣi [comp. di *vir(us)* e *genesi* ✱ 1961] **s. f. inv.** ● (*biol.*) processo di moltiplicazione dei virus

viròide [comp. di *vir(us)* e di *-oide* sul modello dell'ingl. *viroid* ✱ 1987] **s. m.; anche agg.** ● (*biol.*) particella infettante simile a virus costituita dal solo acido ribonucleico; può parassitare i vegetali causando gravi danni alle colture agricole

viròla [fr. *virole*, dal lat. parl. **viriŏla(m)* (tardo *viriŏlam*); nel lat. classico è usato al pl. 'braccialetto', dim. di *vĭria* (V. *vera*) ✱ 1840] **s. f.** ● elemento maschio di un collegamento filettato, come nell'attacco a vite delle lampade elettriche

virologìa [comp. di *vir(us)* e *-logia* ✱ 1957] **s. f.** (**pl.** *-gìe*) ● branca della biologia e della medicina che studia i virus, le malattie da essi provocate e i mezzi per combatterle

virològico [1963] **agg.** (**pl. m.** *-ci*) ● relativo a virologia

viròlogo [1961] **s. m.** (**f.** *-a*; **pl. m.** *-gi*) ● studioso di virologia

viròṣi [da *vir(us)* col suff. *-osi* ✱ 1947] **s. f. inv.** ● malattia da virus: *v. dell'uomo, degli animali, delle piante*

♦**virtù** o †**virtùde**, †**virtùte**, †**vertù**, †**vertùde**, †**vertùte** [vc. dotta, lat. *virtūte(m)*, 'forza, valore', da *vĭr*, genit. *vĭri* 'uomo' (V. †*viro*) ✱ av. 1243] **s. f. inv. 1** disposizione morale che induce l'uomo a perseguire il bene e a praticarlo costantemente, tanto nell'ambito della sua vita privata che di quella pubblica: *insegnare la v.; v. civile; dimostrare la propria v.; qui la v. è bandita, perseguitata* **2** nella teologia cattolica: *v. naturale* o *v. morale*, costante disposizione dell'anima a fare il bene, che si acquista per la sola forza dell'uomo | ***v. soprannaturale*** o ***teologale***, disposizione infusa da Dio che ordina l'uomo alla felicità soprannaturale e che si riceve, insieme con la grazia santificante, per mezzo dei sacramenti o per amore della carità | ***v. cardinali***, le quattro principali virtù naturali, cioè prudenza, giustizia, fortezza e temperanza | ***virtù teologali***, fede, speranza e carità | ***v. eroica***, ogni virtù teologale o cardinale che, praticata secondo perfezione o eroicità, attribuisce la santità **3** (*lett.*) persona virtuosa: *v. viva spezziam, lodiamo estinta* (G. LEOPARDI) **4** (*est.*) qualità positiva, pregio, dote: *possedere molte v.; è la sua unica v.; essere un modello d'ogni v.; avere la v. della discrezione, della riservatezza; e scrivo e scrivo e ho molte altre v.* (G. CARDUCCI) | ***fare di necessità v.***, adattarsi alle circostanze | (*lett.*) abilità, preziosità, virtuosità: *v. di artefice, di scrittore* **CONTR.** vizio **5** (*assol., disus.*) castità, fedeltà femminile: *insidiare la v. di una donna* **6** (*est., lett.*) forza d'animo, energia morale, coraggio: *quelli che per propria v. e non per fortuna sono divenuti principi* (N. MACHIAVELLI) | valore militare: *le v. dei nostri soldati; combattere con grande v.* | †***morire di v.***, da valoroso | †esercito **7** (*lett.*) facoltà, potenza: *Molto è licito là, che qui non lece / a'le nostre v.* (DANTE *Par.* I, 55-56); *v. apprensiva, razionale, sensitiva, visiva, immaginativa; la v. del libero arbitrio* | †***in v.***, in potenza **8** potere, efficacia, capacità di produrre un determinato effetto: *la v. di una preghiera, di un'iniziativa, di una protesta; le v. terapeutiche di un'acqua minerale; le v. medicinali di una pianta, di un decotto; le v. magiche di una formula misteriosa* | ***in v. di***, (*lett.*) ***per v. di***, in forza di, grazie a e sim.: *in v. della legge, di un contratto; conosciutomi per v. della arte mia* (B. CELLINI) | ***per opera e v. dello Spirito Santo***, (*fig.*) in modo inconoscibile e misterioso (*spec. scherz.*) | influsso: *la v. degli astri, delle stelle* **9** (*raro, lett.*) volontà divina | ***la divina v.***, Dio **10** †miracolo **11** (**spec. al pl.**; con l'iniziale maiuscola) quinto coro degli angeli, e ciascuno degli angeli che lo formano **12** (**al pl.**, *lett.*) arti liberali: *amante, protettore delle v.*

✦**virtuàle** [da *virtù*, nel senso di 'forza' ✱ av. 1306] **agg. 1** (*filos.*) che esiste solo in potenza ma non è ancora in atto | (*est.*) che è sostanzialmente tale, anche se non esplicitamente attuato, riconosciuto, praticato: *stato di guerra v.; essere il vincitore v.; un potere solo v.* **2** (*inform.*) che simula con tecnologie informatiche una situazione reale | ***realtà v.***, V. *realtà* | ***comunità v.***, web community | ***museo v.***, V. *museo* **3** (*fis.*) detto di spostamento o lavoro possibile, cioè compatibile con i vincoli, immaginato ma non effettuato | detto di punto o immagine nel quale non convergono, ma dal quale sembrano provenire i raggi luminosi **4** †virtuoso ‖ **virtualménte**, **avv. 1** in modo ipotetico, potenziale **2** in pratica, quasi con certezza: *un assessore virtualmente dimissionario* ‖ **virtualità**, **s. f. inv.** condizione di ciò che è virtuale **CONTR.** realtà

virtualiẓẓàre [da *virtuale* nei sign. 2 e 3 ✱ 1678] **v. tr. 1** (*raro*) rendere virtuale | †rendere virtuoso **2** (*inform.*) rendere virtuale, detto spec. di sistemi informatici: *v. la memoria Ram* ‖ **virtualiẓẓazióne**, **s. f.**

†**virtuànza** [da *virtù* ✱ sec. XIV] **s. f.** ● efficacia

†**virtùde** ➤ **virtù**

†**virtudióso** ➤ **virtuoso**

virtuosìṣmo (o **-oṣi-**) [da *virtuoso* col suff. *-ismo* ✱ 1910] **s. m. 1** perfezione tecnica di un artista, spec. musicista o cantante, che gli consente di superare brillantemente difficoltà d'esecuzione d'ogni ordine e grado: *dar prova di v.; i virtuosismi di Paganini* **2** (*est.*, **anche** *spreg.*) esibizione della propria abilità tecnica, sfoggiata da artisti o atleti per ottenere applausi, consensi e sim.: *virtuosismi inutili, sterili; una squadra che si perde in virtuosismi* | (*fig.*) estrema abilità nel superare difficoltà: *v. politico*

virtuosìstico (o **-oṣi-**) [1936] **agg.** (**pl. m.** *-ci*) **1** che è fatto con virtuosismo **2** che realizza un virtuosismo ‖ **virtuosisticaménte**, **avv.**

✦**virtuóso** (o **-ṣ-**) o †**virtudióso**, †**vertudióso** [vc. dotta, lat. tardo *virtuōsu(m)*, da *vĭrtus*, genit. *virtūtis* 'virtù' ✱ av. 1250] **A** **agg. 1** che pratica il bene, la virtù: *uomo v.; donna onesta e virtuosa* **2** che è conforme alla virtù, che è ispirato a virtù: *azione, vita virtuosa* | (*lett.*) che incita alla virtù: *opere, parole virtuose* **CONTR.** vizioso **3** (*raro*) che rivela grande abilità **4** †valoroso in guerra **5** †efficace, spec. di medicamento **6** †miracoloso ‖ **virtuosaménte**, **avv. 1** in modo virtuoso

2 †valorosamente **3** con virtuosismo ‖ **virtuosità**, **s. f. inv.** **1** caratteristica di chi (o di ciò che) è virtuoso **2** (*raro*) virtuosismo **B** **s. m.** (**f.** *-a*) **1** chi pratica il bene, la virtù: *essere un v.*; *atteggiarsi a v.* **2** chi conosce perfettamente un'arte, una scienza o una data attività, ed è in grado di usare con assoluta padronanza e abilità tutti i mezzi tecnici inerenti all'esercizio della stessa: *un v. del violino, del pennello, del bel canto, della penna*; *un v. del pallone, del volante*

†**virtùte** ➤ **virtù**

virulènto [vc. dotta, lat. *virulĕntu(m)* 'velenoso' (in senso figurato già nel lat. tardo), da *vīrus* 'veleno' (V. *virus*) ✱ 1442] **agg.** **1** dotato di virulenza: *microrganismo v.*; *infezione virulenta* **2** (*fig.*) che è pieno di violenza, rabbia, rancore e sim.: *attacchi, libelli virulenti* ‖ **virulenteménte**, **avv.**

virulènza [vc. dotta, lat. tardo *virulĕntia(m)* 'puzza', da *virulĕntus* 'virulento' ✱ 1522] **s. f.** **1** (*biol.*) capacità di un germe di impiantarsi in un organismo e di riprodursi, provocando uno stato di malattia **2** (*fig.*) caratteristica di ciò che è aspro, virulento: *v. del linguaggio*

♦**virus** [lat., 'umore viscoso, veleno', di orig. indeur. ✱ 1853] **s. m. inv.** **1** (*biol.*) in passato, ogni agente infettivo microbico o di origine microbica **2** (*biol.*) ***v. filtrabile, v. filtrante, v. ultramicroscopico***, o (*ellitt.*) ***virus***, agente infettivo, di forma sferoidale o poliedrica con un diametro fra i 15 e i 300 nm, non osservabile coi microscopi ottici, filtrabile attraverso le membrane impermeabili ai comuni batteri; vive e si riproduce all'interno di cellule viventi **3** (*est.*, *inform.*) programma, creato a scopi di sabotaggio o vandalismo, che si trasmette tramite supporti informatici o reti telematiche e danneggia o blocca il funzionamento di un computer o ne distrugge i dati memorizzati **CFR.** dialer, malware, spyware **4** ***v. della mente, v. mentale***, idea viziata da un errore di ragionamento oppure basata su dati falsi, che si propaga per la ripetitività con cui è diffusa dai mezzi di comunicazione o perché comunque gradita a chi la ascolta **CFR.** meme **5** (*fig.*) elemento che scatena quasi patologicamente sentimenti negativi: *il v. dell'odio, dell'invidia*

vis [vc. lat., *vīs*, propr. 'forza' ✱ 1781] **s. f. inv.** (**pl. lat.** *vires*) ● (*lett.*) forza, vigore, impeto: *vis agonistica*; *vis drammatica*; *vis polemica* | ***vis comica***, comicità particolarmente arguta ed efficace

viṣàccio [av. 1479] **s. m.** **1** pegg. di *viso*② **2** viso contratto in una smorfia brutta, minacciosa e sim.

†**viṣàggio** [fr. *visage*, dall'ant. fr. *vis* 'viso①' ✱ av. 1250] **s. m.** ● volto, faccia

viṣagìṣmo [fr. *visagisme*, da *visagiste* 'visagista' ✱ 1950] **s. m.** ● (*raro*) l'arte, la professione del visagista

viṣagìsta [fr. *visagiste*, da *visage* 'viso' (V. †*visaggio*) ✱ 1950] **s. m. e f.** (**pl. m.** *-i*) ● estetista specializzato nelle cure di bellezza e nel trucco del viso

†**viṣàglia** [aferesi di *avvisaglia* ✱ av. 1380] **s. f.** ● breve scontro armato

†**viṣàre** [lat. parl. **visāre*, per il classico *vīsere*, intens. di *vidēre* 'vedere' ✱ av. 1250] **v. tr.** ● vedere, guardare | ravvisare, ritenere

vis-à-vis /*fr.* viza'vi/ [fr., propr. 'faccia a faccia' ('viso a viso'. V. †*visaggio*) ✱ 1799] **A** **avv.** ● faccia a faccia, di fronte, dirimpetto: *star seduti vis-à-vis* **B** **s. m. inv.** (**pl. fr. inv.**) **1** (*disus.*) la persona che sta di fronte a un'altra, rispetto alla stessa **2** carrozza a quattro ruote, con sedili che si fronteggiano **3** amorino, divano a due posti in forma di S | armadio con gli sportelli esterni coperti di specchi che riflettono l'intera persona

viscàccia [sp. *vizcacha*, dal quechua *wiskáča* ✱ 1875] **s. f.** (**pl.** *-ce*) ● (*zool.*) nome comune di taluni rappresentanti dei Roditori della famiglia dei cincillà, in particolare delle specie appartenenti ai generi *Lagidium* (viscaccia di montagna) e *Lagostomus* (viscaccia di pianura)

♣**visceràle** [vc. dotta, lat. tardo *viscerāle(m)*, da *vīscera* 'viscere' ✱ 1559] **agg.** **1** dei visceri: *dolori viscerali* **2** (*fig.*) profondamente radicato, ma non razionalmente motivato: *amore v.*; *passione v.*; *odio v.* ‖ **visceralménte**, **avv.** ‖ **visceralità**, **s. f. inv.** caratteristica di ciò che è viscerale (*spec. fig.*): *la visceralità di una passione*

†**visceràre** ➤ **sviscerare**

vìscere [lat. *vīscera*, nom. pl., di etim. incerta ✱ av. 1328] **s. m.** (**pl.** *visceri* **m.**, nei sign. 1 e 2, **pl.** *viscere* **f.**, †*visceri* **f.** nei sign. 3, 4, 5, 6) **1** ogni organo interno racchiuso spec. nella cavità toracica e addominale del corpo dell'uomo e dei Vertebrati **2** (**al pl.**) interiora di un animale ucciso: *i visceri fumanti delle vittime* **3** (**al pl.**, *est.*, *lett.*) utero, grembo: *le viscere materne* | ***viscere mie!***, (*lett.*, *enfat.*) figlio mio! **4** (**al pl.**, *lett.*, *fig.*) cuore, sentimento, sensibilità: *amare qlcu. con viscere di madre* **5** (**al pl.**, *fig.*) parte più interna o più profonda di qlco.: *le viscere della terra, delle montagne*; *il vulcano vomita fuoco dalle sue viscere* **6** (**al pl.**, *fig.*) †momento cruciale

vìschio o **vìsco**, †**véschio**, †**vésco** [lat. parl. **vīsculu(m)*, dim. di *vīscum* 'vischio', di orig. preindeur. ✱ 1250 ca.] **s. m.** **1** lorantacea sempreverde parassita di diversi alberi, con foglie coriacee e frutti a bacca bianchi, globosi e appiccicaticci (*Viscum album*) | ***v. quercino***, parassita delle querce, si usa per preparare la pania (*Loranthus europaeus*) **2** sostanza vischiosa e attaccaticcia, ricavata dalle bacche di vischio quercino o prodotta artificialmente, usata per catturare uccelli **SIN.** pania **3** (*fig.*, *lett.*) ciò che lega, trattiene, impedisce e sim., spec. sentimento amoroso che lega l'uomo alla donna: *Rinaldo vide Ulivier preso al v. / un'altra volta e già tutto impaniato* (L. Pulci) **4** (*fig.*, *lett.*) inganno, adulazione, lusinga

vischiosità (o **-oṣi-**) [av. 1519] **s. f. inv.** **1** caratteristica di ciò che è vischioso **2** (*fis.*) viscosità **3** (*econ.*) resistenza dei prezzi a variare, nonostante la modificazione di alcuni elementi del mercato **4** (*fig.*) resistenza nei confronti di ogni mutamento | (*fig.*) presenza di difficoltà od ostacoli che rallentano o impediscono un'iniziativa o un'attività: *v. burocratiche*

vischióso (o **-ṣo**) [da *vischio*, sul modello di *viscoso* ✱ av. 1292] **agg.** **1** che è tenace e attaccaticcio come il vischio: *liquido v.*; *sostanza vischiosa* **SIN.** colloso **2** (*fis.*) viscoso **3** (*econ.*) detto di fenomeno economico il cui equilibrio non risente di tendenze modificatrici derivanti da diversi fattori **4** (*est.*) che presenta vischiosità **5** (*fig.*, *lett.*) assillante, appiccicaticcio ‖ **vischiosétto**, **dim.** ‖ **vischiosaménte**, **avv.** ‖ **vischiosità**, **s. f. inv.** (V.)

♣**viscidità** [1576] **s. f. inv.** ● caratteristica, condizione di chi (o di ciò che) è viscido (*anche fig.*)

♣**vìscido** [vc. dotta, lat. tardo *vīscidu(m)*, da *vīscum* 'vischio' ✱ 1499] **A** **agg.** **1** che è denso, gelatinoso e scivoloso: *umore v.*; *sostanza viscida* **SIN.** mucillaginoso **2** che, al tatto, è sgradevolmente molle e scivoloso, perché ricoperto di umori o sostanze viscide: *verme, serpe v.*; *una viscida lumaca*; *pelle viscida* **3** (*fig.*) che sfugge o si insinua in modo subdolo ed equivoco: *individuo v.*; *è più v. di un'anguilla* ‖ **viscidaménte**, **avv.** in modo viscido (*spec. fig.*) **B** **s. m.** ● (**solo sing.**) ciò che è viscido: *provare una sensazione di v.*

♣**viscidùme** [da *viscido* ✱ av. 1730] **s. m.** ● (*spreg.*) insieme di cose o sostanze viscide

vìsciola o †**bìsciola** [longob. *wīhsila* ✱ sec. XIV] **s. f.** ● (*bot.*) piccola ciliegia acidula, di colore rosso scuro, frutto del visciolo **SIN.** agriotta ‖ **visciolìna**, **dim.** | **visciolóna**, **accr.**

visciolàta [1940] **s. f.** ● conserva o sciroppo di visciole

visciolàto [av. 1597] **s. m.** ● liquore fatto con le visciole

vìsciolo [av. 1597] **s. m.** ● alberello delle Rosacee, forse originario dell'Asia minore, coltivato e naturalizzato, il cui frutto è la ciliegia detta visciola (*Prunus cerasus*) **SIN.** agriotto

vìsco ➤ **vischio**

viscoelasticità [comp. di *visco(sità)* ed *elasticità* ✱ 1981] **s. f. inv.** ● (*fis.*) proprietà di materiali che, pur essendo viscosi, possiedono anche proprietà elastiche

viscoelàstico [1953] **agg.** (**pl. m.** *-ci*) ● (*fis.*) relativo a viscoelasticità (V.) | che presenta viscoelasticità

viscontàdo [av. 1348] **s. m.** **1** titolo, grado e dignità di visconte **2** viscontea

viscónte [provenz. *vescomte*, comp. di *ves-* 'vice-' e *comte* 'conte' ✱ av. 1348] **s. m.** (**f.** *-éssa* (V.)) **1** vicario di un conte negli antichi Stati feudali **2** titolo nobiliare immediatamente inferiore al conte | (*est.*) la persona insignita di tale titolo ‖ **viscontìno**, **dim.** (V.)

viscontèa [av. 1540] **s. f.** **1** giurisdizione del visconte **2** territorio sottoposto a tale giurisdizione

viscontèo① [1532] **agg.** ● di visconte: *titolo v.* **SIN.** (*lett.*) vicecomitale

viscontèo② [1828] **agg.** ● dei Visconti, signori di Milano dal XIII al XV sec.: *stemma v.*

†**visconterìa** [1477] **s. f.** ● viscontea, viscontado

viscontéssa [1598] **s. f.** **1** moglie del visconte **2** signora di una viscontea

viscontìno [av. 1876] **s. m.** **1** dim. di *visconte* **2** figlio del visconte

viscósa (o **-ṣa**) [f. sost. di *viscoso* ✱ 1927] **s. f.** ● sostanza ottenuta per soluzione di cellulosa in solfuro di carbonio e soda caustica, utilizzata nella produzione di fibre artificiali | la fibra tessile stessa | ***processo alla v.***, metodo di fabbricazione del raion

viscosimetrìa (o **-oṣi-**) [comp. di *viscosi(tà)* e *-metria* ✱ 1973] **s. f.** ● (*fis.*) insieme delle tecniche impiegate per la misura della viscosità dei corpi fluidi

viscosìmetro (o **-oṣi-**) [comp. di *viscoso* e *-metro* ✱ 1911] **s. m.** ● strumento di misura della viscosità di un liquido, in base al suo moto in un capillare

viscosità (o **-oṣi-**) o †**viscositàde** [da *viscoso* ✱ av. 1320] **s. f. inv.** **1** (*lett.*) caratteristica di ciò che è viscoso **2** (*fis.*) attrito tra le diverse molecole dei gas o dei liquidi che ne limita la mobilità e la fluidità **CONTR.** fluidità | ***v. cinematica***, rapporto fra viscosità e densità **3** (*psicol.*) stato caratterizzato da rallentamento dei meccanismi che regolano i processi psichici e intellettuali e da fissità comportamentale **4** (*fig.*) tendenza di un fenomeno, un problema, una situazione a trascinarsi per inerzia: *la v. dell'attuale momento politico*

viscóso (o **-ṣo**) o †**vescóso** [vc. dotta, lat. tardo *viscōsu(m)*, da *vīscum* 'vischio' ✱ av. 1292] **agg.** **1** (*lett.*) tenace, attaccaticcio **2** (*fis.*) detto di liquido o gas con notevole viscosità **CONTR.** fluido ‖ **viscosétto**, **dim.** ‖ **viscosaménte**, **avv.** ‖ **viscosità**, **s. f. inv.** (V.)

viṣétto [1541] **s. m.** **1** dim. di *viso*② **2** viso grazioso, gentile e ridente: *un rosso v. di fanciulla* ‖ **visettino**, **dim.**

♦**visibile** [vc. dotta, lat. *visĭbile(m)*, da *vīsus*, part. pass. di *vidēre* 'vedere' ✱ 1268] **A** **agg.** **1** che si può vedere, percepire con la vista: *realtà v.*; *effetti, oggetti visibili* | ***radiazione v.***, radiazione con lunghezza d'onda compresa fra 0,4 e 0,8 μm | ***v. a occhio nudo***, detto di ciò che può essere visto da un occhio normale, senza uso di particolari strumenti ottici: *stelle visibili a occhio nudo* | (*fig.*) che si fa notare, che si impone all'attenzione: *un'iniziativa poco v.* **CONTR.** invisibile **2** (*est.*) chiaro, palese, manifesto: *era in preda a una v. angoscia* **3** che è a disposizione del pubblico o comunque aperto al pubblico: *il museo è v. dalle tre alle sette pomeridiane* **4** che è lecito vedere, spec. in quanto non vietato da motivi di ordine morale (+*a*): *spettacolo v. al pubblico*; *film v. ai soli adulti* ‖ **visibilménte**, †**visibileménte**, **avv.** in modo visibile, manifesto: *era visibilmente commosso* ‖ **visibilità**, **s. f. inv.** (V.) **B** **s. m. solo sing.** ● ciò che si può percepire con la vista: *il v. e l'invisibile*

♣**visibilio** [dalle parole del Credo: *Visibilium omnium et invisibilium* 'delle cose visibili e invisibili' ✱ av. 1449] **s. m. solo sing.** **1** (*lett.*) gran numero di persone, gran quantità di cose: *un v. di gente* **2** nella loc. ***andare in v.***, ***essere in v.***, entusiasmarsi, andare in estasi, sentire grande ammirazione e piacere

visibilità [vc. dotta, lat. tardo *visibilitāte(m)*, da *visĭbilis* 'visibile' ✱ sec. XIV] **s. f. inv.** **1** caratteristica di ciò che è visibile: *la scarsa v. di un segnale stradale* | possibilità di vedere, distinguere, riconoscere gli oggetti in relazione alle condizioni di luce e di trasparenza dell'atmosfera: *la v. è scarsa a causa della nebbia* | ***v. orizzontale***, nella pratica meteorologica, la massima distanza alla quale un osservatore può identificare, distinguere nettamente a occhio nudo i contorni degli oggetti | (*fig.*) il fatto di essere ben noto, palese, appariscente: *la nostra iniziativa non ha abbastanza v.* **2** (*fisiol.*) proprietà delle radiazioni luminose di lunghezza d'onda compresa fra 0,4 e 0,8 μm di essere rivelate dall'occhio | (*fis.*) proprietà degli oggetti di riflettere o assorbire la luce, rendendo possibile la visione

visièra [fr. *visière*, dall'ant. fr. *vis* 'viso' (?) ✱ av. 1295] **s. f.** **1** nelle antiche armature, parte dell'elmo che copriva il viso: *alzare, abbassare la v.* | †***abbassare la v.***, (*fig.*) non avere più riguardi | ***con la v. alzata***, (*fig.*, *lett.*) francamente **2** (*raro*) buffa o cappuccio della cappa di confraternite e sim. **3** nel casco da motociclista, da sciatore, da pompiere e sim., parte anteriore, mobile e trasparente, a scopo di protezione | (*raro*) maschera dello schermidore **4** breve tesa a mezzaluna nei berretti militari, sportivi o sim., per proteggere il viso dalla luce troppo intensa o dalla pioggia **5** (*disus.*) ***v. parasole***, aletta parasole (V. *parasole*)

visigòtico [da *visigoto* ✱ av. 1907] **agg.** (**pl. m.** *-ci*) ● dei Visigoti | ***scrittura visigotica***, (*ellitt.*) ***visigotica***, scrittura caratteristica della penisola iberica, in uso dal VI al XII sec., caratterizzata da tratti duri, da aste alte e pesanti con generale inclinazione a sinistra

visigòto [lat. tardo *Visigothae*, nom. pl., propr. 'goti dell'ovest', vc. germ., il cui primo elemento va avvicinato a *westan* 'dall'ovest' e il secondo è *goth* 'goto' ✱ sec. XIV] **A** **s. m.** (**f.** *-a*) ● ogni appartenente alla popolazione dei Goti occidentali **B** **agg.** ● dei Visigoti: *re v.*; *invasioni visigote*

visionàre [da *visione* ✱ 1908] **v. tr.** (*io visióno*) **1** vedere un film in visione riservata da parte di persone specializzate **2** (*est.*) esaminare con attenzione: *v. un piano*; *v. una serie di candidati*

♣**visionàrio** [fr. *visionnaire*, da *vision* 'visione' ✱ av. 1676] **A** **s. m.** (**f.** *-ia*); **anche agg.** **1** chi (o che), nell'esperienza religiosa, ha visioni **2** (*psicol.*) chi (o che) ha allucinazioni visive **3** (*fig.*) chi (o che) segue le visioni della propria fantasia elaborando con la mente piani, progetti, soluzioni e sim. totalmente irrealizzabili: *un pericoloso v.*; *un gruppo di riformatori visionari* **SIN.** utopista **4** (*fig.*) chi (o che) dimostra grande fantasia e creatività: *un regista, uno scrittore v.* | (*fig.*) chi (o che) si rivela lungimirante e quasi profetico (calco sull'ingl. *visionary*) **B** **agg.** ● da visionario: *politica visionaria* ‖ **visionariaménte**, **avv.**

♦**visióne** [vc. dotta, lat. *visiōne(m)*, da *vīsus*, part. pass. di *vidēre* 'vedere' ✱ av. 1292] **s. f.** **1** (*fisiol.*) processo percettivo per mezzo del quale si ha la conoscenza del mondo esterno: *la v. degli occhi*; *v. diretta, indiretta* **CFR.** -opsia **2** correntemente, atto del vedere, vista, esame | ***prendere v. di qlco.***, esaminarla | ***dare, porgere v. di qlco.***, presentarla a qlcu. perché la veda, la esamini, detto spec. di lettere, documenti e sim. | ***prima, seconda v.***, prima o seconda presentazione al pubblico di un film | ***cinema di prima, seconda v.***, (*est.*) sala cinematografica in cui si proiettano film di prima o seconda visione | ***v. contemporanea***, proiezione contemporanea di un film in più sale cinematografiche **3** (*est.*) idea, concetto, concezione: *avere una v. esatta, parziale, errata della realtà*; *farsi una chiara v. degli avvenimenti*; *richiamarsi a una v. ormai superata dei problemi sociali* **4** (*est.*) scena, spettacolo e sim. che colpisce in modo particolare: *una v. orrenda, terribile, allucinante, raccapricciante*; *una v. dolcissima, commovente, entusiasmante* **5** nell'esperienza religiosa, il percepire visivamente realtà soprannaturali | l'oggetto e la rivelazione stessi in tale percezione: *v. di S. Paolo, di Maometto*; *v. sciamanica* | apparizione di persona, di immagine o di realtà che appartiene al mondo divino: *v. della Madonna* | nella mistica cristiana e musulmana, stadio estremo della contemplazione, in cui al praticante si manifesta l'essenza stessa di Dio **6** (*letter.*) il genere letterario delle opere che raccontano visioni soprannaturali | opera che si inscrive in questo genere: *la "Divina Commedia" di Dante è una v.* **7** (*est.*) percezione visiva di eventi, immagini e sim. che, pur non essendo in sé reali, traggono origine dalla realtà, sono attinenti ad essa e possono diventare reali: *v. ideale*; *v. profetica*; *le visioni di Cassandra*; *avere una v.* **8** (*est.*) allucinazione, sogno, fantasia: *avere delle visioni*; *visioni notturne* | (*est.*) idea, pensiero, piano e sim., totalmente fantastico e irrealizzabile: *sarebbe bello, ma è solo una v.*

visìr o **vizìr**, (*raro*) **visìrre** [fr. *vizir*, vc. turco, dal persiano *vizir* ✱ 1538] **s. m. inv.** ● nell'Impero ottomano, dapprima rappresentante del governo e, in seguito, ministro | ***Gran v.***, primo ministro

visiràto [fr. *vizirat*, da *vizir* 'visir' ✱ 1587] **s. m.** ● titolo, ufficio e dignità di visir | durata di tale ufficio

visìrre ➤ **visir**

♦**vìsita** [da *visitare* ✱ av. 1535] **s. f.** **1** atto o circostanza del recarsi e trattenersi temporaneamente presso qlcu. o in un luogo: *v. breve, lunga, piacevole, noiosa*; *v. di omaggio, di dovere, di ringraziamento*; *fare una v. a qlcu.*; *far v. a un amico, a un malato*; *essere, andare in v. da qlcu.*; *il capo dello Stato è in v. ufficiale in Inghilterra*; *il sovrano è attualmente in Italia in v. privata*; *fare un giro di v. nei principali musei* | ***fare una v. in chiesa***, per pregare | ***far v. ai sepolcri***, per devozione, durante la Settimana santa | ***v. pastorale***, della diocesi, obbligo canonico cui sono tenuti i vescovi, di visitare, nel giro massimo di cinque anni, tutte le parrocchie della loro diocesi, per controllarne l'attività | ***v. ai limini***, quella alle soglie del sepolcro dei Santi Pietro e Paolo in Roma, cioè al Papa e alla Curia romana, che i vescovi cattolici devono compiere, per obbligo canonico, ogni cinque anni, presentando al pontefice una relazione sullo stato della loro diocesi | ***abito da v.***, da pomeriggio elegante | ***biglietto da v.***, V. *biglietto* **2** (*med.*) esame medico effettuato su un paziente: *v. medica*; *v. specialistica*; *v. ambulatoriale, domiciliare*; *aver bisogno di una v. generale* | ***v. di controllo***, fatta per controllare lo stato generale dell'organismo | ***passare la v.***, sottoporsi a visita medica | ***v. fiscale***, quella richiesta dai competenti organi di un ente, azienda e sim., per accertare l'effettivo stato di malattia di un dipendente | ***v. sanitaria***, controllo effettuato in luoghi, ambienti e sim., per stabilire le esatte condizioni sanitarie | ***marcare v.***, nel gergo militare, chiedere visita medica dichiarandosi ammalato **3** ispezione: *v. alle carceri, alla scuola, a una caserma* | ***v. doganale***, per accertare la presenza o meno di merci sottoposte a dogana | perquisizione: *v. delle navi mercantili* ‖ **visitina**, **dim.** | **visitùccia**, **dim.**

visitàbile [1984] **agg.** ● che può essere visitato, spec. a scopo turistico, culturale e sim.: *parco archeologico v. in poche ore* | che può essere ispezionato: *impianto non v.* ‖ **visitabilità**, **s. f. inv.**

†**visitaménto** o †**vicitaménto** [sec. XIII] **s. m.** ● visita | rivelazione divina | ***dì del v.***, giorno del giudizio universale

visitandìna [fr. *visitandine*, da *visiter* 'visitare' ✱ 1817] **s. f.** ● religiosa dell'ordine della Visitazione

visitànte **A** **part. pres.** di *visitare*; **anche agg.** ● nei sign. del v. **B** **s. m. e f.** ● (*lett.*) visitatore

♦**visitàre** o †**vicitàre** [vc. dotta, lat. *visitāre*, intens. di *vīsere* 'andare a vedere', a sua volta intens. di *vidēre* 'vedere' ✱ sec. XII] **v. tr.** (*io vìsito*) **1** andare presso qlcu. e intrattenersi, più o meno a lungo, con lui per amicizia, cortesia, dovere e sim.: *v. un amico, un conoscente, un superiore*; *v. qlcu. per congratularsi, chiedere un favore* | ***v. gli infermi, v. i carcerati***, due delle sette opere di misericordia corporali | ***essere visitato dal Signore***, (*lett.*, *fig.*) subire sventure e sim., considerate come prove volute da Dio **2** sottoporre a esame medico: *v. un malato*; *devi farti v. da un oculista* | (*assol.*) fare visite mediche: *oggi il dottore non visita* **3** andare in un luogo e trattenervisi più o meno a lungo, per motivi di svago, lavoro, studio, preghiera e sim.: *v. una città, un paese*; *v. una fabbrica, un'azienda agricola, un museo, una galleria, una chiesa, un cimitero* **4** (*raro*) controllare, ispezionare: *v. una caserma, una scuola, un ospedale*; *v. il deposito bagagli, un baule* **5** †frequentare

visitatóre o †**vicitatóre** [vc. dotta, lat. tardo *visitatōre(m)*, da *visitātus* 'visitato' ✱ 1306] **s. m.** (**f.** *-trice* (V.)) **1** chi va a trovare qlcu., chi si reca in visita presso qlcu.: *accogliere, ricevere i visitatori*; *sei il nostro v. più gradito* **2** chi visita musei, gallerie, monumenti, esposizioni e sim.: *la pinacoteca è piena di visitatori*; *l'affluenza dei visitatori è stata superiore a ogni aspettativa* **3** ***v. apostolico***, ecclesiastico che, in casi eccezionali e per incarico diretto della S. Sede, visita e ispeziona istituti religiosi, seminari e diocesi **4** †ispettore

visitatrìce [f. di *visitatore* ✱ 1913] **s. f.** ●

V

donna che, per incarico di enti di assistenza e beneficenza, visita le famiglie più bisognose di un quartiere, zona e sim. per accertare la loro reale situazione

visitazióne o †**vicitazióne** [vc. dotta, lat. tardo *visitatiōne(m)*, da *visitātus* 'visitato' ✱ av. 1328] **s. f. 1** †visita **2** visita fatta da Maria Vergine alla cugina Elisabetta, incinta di Giovanni Battista | festa commemorativa di tale visita **3** congregazione femminile istituita in Francia, nel XVII sec. da S. Francesco di Sales e da S. Giovanna Frémiot de Chantal

visiting professor /'vizitim pro'fɛssor, *ingl.* 'vɪzɪtɪŋ prə'fɛsə(r)/ [loc. ingl., propr. 'professore (*professor*) in visita (da *to visit* 'visitare')' ✱ 1988] **loc. sost. m. e f. inv.** (**pl. ingl.** *visiting professors*) ● docente universitario che, per un periodo definito, assume un incarico di insegnamento in una università straniera

visìvo [vc. dotta, lat. tardo *visīvu(m)*, da *vīsus* 'vista'. V. †*viso*① ✱ 1294] **agg. 1** della vista, relativo alla vista: *organi visivi*; *facoltà visiva*; *acuità visiva* | ***campo v.***, tratto di orizzonte abbracciato dall'occhio immobile | ***memoria visiva***, che trattiene soprattutto le immagini di ciò che si è visto | ***arti visive***, il complesso delle arti figurative, spec. quelle contemporanee, comprese anche la fotografia e il cinema | ***poesia visiva***, in cui i caratteri grafici di stampa sono disposti in modo da raffigurare un oggetto, un ritratto e sim. | †***spiriti visivi***, senso della vista **2** (*mus.*) ***musica visiva***, insieme di artifici grafici per dare, nella scrittura musicale, una forma figurata a idee contenute nel testo, tipica del madrigalismo e riscontrabili in certe forme dell'avanguardia contemporanea **3** †visibile ‖ **visivaménte**, **avv. 1** con la vista, per mezzo della vista: *percepire visivamente* **2** per mezzo di immagini **3** da un punto di vista visivo: *una regia teatrale che visivamente si rifà a modelli espressionisti*

Visnuìsmo [da *Visnù* col suff. *-ismo* ✱ 1957] **s. m.** ● religione dell'India che considera il dio Visnù suprema manifestazione del divino

visnuìta [da *visnuismo* ✱ 1843] **s. m. e f.** (**pl. m.** *-i*) ● fedele di Visnù, seguace del Visnuismo

visnuìtico [da *visnuita* ✱ 1961] **agg.** (**pl. m.** *-ci*) ● relativo a Visnuismo, al culto e alla mitologia di Visnù

†**vìso**① **part. pass.** di *vedere*; anche **agg.** ● nei sign. del v.

♦**vìso**② [lat. *vīsu(m)* 'vista, sguardo', poi 'aspetto', da *vidēre* 'vedere' ✱ av. 1250] **s. m. 1** parte anteriore della testa umana, in cui hanno sede gli organi della vista, dell'olfatto e della parola: *v. bello, delicato, magro, ossuto, paffuto*; *v. sporco, imbellettato, roseo, pallido, cereo*; *pulirsi, lavarsi, asciugarsi il v.*; *coprirsi il v. con le mani*; *essere, diventare rosso in v. per la vergogna*; *avere il v. bagnato di lacrime* **SIN.** faccia, volto | ***v. pallido***, ogni persona di pelle bianca, secondo una espressione usata dagli indiani d'America; (*fig.*, *scherz.*) chi, per scarsa esposizione al sole, è privo di abbronzatura | ***il v. gli si è allungato***, (*lett.*) di persona che è dimagrita parecchio in breve tempo | ***guardarsi in v.***, fissarsi l'un l'altro | (*lett.*) ***v. a v.***, ***a v. a v.***, a faccia a faccia | ***mostrare il v.***, (*fig.*, *lett.*) non farsi intimidire, mostrarsi coraggioso | ***non aver mai visto qlcu. in v.***, non conoscerlo | (*fig.*) ***dire, spiattellare qlco. sul v. a qlcu.***, dirgliela senza alcun riguardo, delicatezza e sim. | ***a v. coperto***, con il volto coperto, mascherato | ***a v. aperto***, con franchezza e coraggio | ***gettare qlco. sul v. a qlcu.***, (*fig.*) rinfacciargli qlco. | †***mutar v.***, cambiare di umore, turbarsi **2** (*est.*) espressione del volto: *v. allegro, sorridente, serio, corrucciato, imbronciato*; *gli si legge in v. la gioia, il dolore, la commozione, la disperazione* | ***v. lungo***, (*fig.*) espressione imbronciata o corrucciata: *A lei ... rincresceva di vederlo così col v. lungo* (G. VERGA) | (*lett.*) ***con v. fermo***, †***senza mutar v.***, con espressione impassibile, senza scomporsi e sim. | ***v. dell'arme***, (*raro*) ***dell'armi***, (*lett.*) espressione minacciosa, feroce e sim., come quella di chi si lancia contro l'avversario con le armi in pugno | (*fig.*) ***fare il v. duro***, mostrare la massima severità, intransigenza e sim. | ***fare, mostrare buon v. a qlcu.***, accoglierlo con manifestazioni di contentezza | (*fig.*) ***fare buon v. a cattivo gioco***, adattarsi con serenità a situazioni, condizioni o realtà sgradite, spiacevoli | †***mal v.***, che esprime scontento, fastidio e sim. **3** (*est.*) fisionomia particolare, aspetto inconfondibile di una persona: *quel v. non mi è nuovo*; *è un v. noto a tutte le polizie d'Europa* **4** †occhio, sguardo, vista: *Tu hai l'udir mortal sì come il v.* (DANTE *Par.* XXI, 61) **5** (*fig.*) †attenzione ‖ **visàccio**, **pegg.** (V.) | **visétto**, **dim.** (V.) | **visìno**, **dim.** | (*vezz.*) **visùccio**, **dim.**

†**vìso**③ [dal lat. *vīsu(m)*, part. pass. del v. *vidēre* 'vedere' ✱ av. 1294] **s. m.** ● parere, avviso, opinione | ***aver v.***, ritenere: *io ho v. di trovare quella povera fanciulla fracassata* (N. MACHIAVELLI)

visóne [fr. *vison*, dal ted. *Wiesel* 'donnola', di orig. germ. ✱ 1771] **s. m. 1** carnivoro dei Mustelidi americani ben adattato a vivere in prossimità di fiumi e laghi, allevato per la pelliccia assai pregiata (*Mustela vison*) **2** la pregiata pelliccia dell'animale omonimo: *una stola di v.* | (*est.*) capo di pellicceria, spec. mantello o cappotto, confezionato con tale pelliccia: *acquistare, indossare un v.* ‖ **visoncìno**, **dim.**

visonétto [1938] **s. m.** ● pelliccia che imita il visone

♦**visóre** [dal lat. *vīsus*, part. pass. di *vidēre* 'vedere' ✱ 1955] **s. m. 1** (*fotogr.*) dispositivo con lente di ingrandimento per osservare in trasparenza le negative e le diapositive **2** mirino, spec. di telecamera **3** microlettore **4** schermo, gener. a cristalli liquidi, presente in vari dispositivi (stampanti, fotocopiatrici, telefoni, ecc.) **SIN.** display

vispézza [1668] **s. f.** ● (*raro*) caratteristica di chi (o di ciò che) è vispo

vispistrèllo ➤ **pipistrello**

♦**vìspo** [vc. di orig. espressiva ✱ 1611] **agg.** ● che è pronto, svelto, brioso e vivace sia nel fisico che nei modi: *bambino, ragazzetto v.*; *un v. passerotto*; *un vecchietto v.* **SIN.** arzillo ‖ **vispétto**, **dim.** ‖ **vispaménte**, **avv.**

vissàno [1961] **agg.** ● di Visso, paese delle Marche | ***razza vissana***, razza ovina indigena della zona di Visso | ***lana vissana***, prodotta dalle pecore di razza vissana, ricercata per cardati, pettinati e filati da aguglieria

vìssi ➤ **vivere**①

†**vìsso** **part. pass.** di *vivere*; anche **agg.** ● nei sign. del v.

vissùto **A** **part. pass.** di *vivere*; anche **agg. 1** nei sign. del v. | ***vita vissuta***, vita reale, fatta di esperienze dirette, non frutto di fantasia: *il libro racconta episodi di vita vissuta* **2** che è ricco di esperienze sia positive che negative: *uomo v.* **B** **s. m. 1** (*psicol.*) tutto ciò che la coscienza individuale vive nell'immediato | (*est.*) tutto ciò che ancora non è stato sottoposto al filtro dell'introspezione **2** (*est.*) tutto ciò che, anche se appartiene a un'esperienza precedente, è presente in modo vivo nella coscienza individuale o collettiva: *il nostro v. familiare, politico, sociale*; *il v. delle nuove generazioni giovanili*

♦**vìsta** [da *visto*① ✱ av. 1250] **s. f. 1** senso che permette di percepire gli stimoli luminosi e quindi i colori, le forme, le dimensioni, le distanze, i movimenti: *organi della v.*; *la v. è uno dei cinque sensi* **CFR.** opto-, video-, -opia, -opsia | capacità visiva dell'occhio: *avere una v. perfetta, debole, difettosa*; *misurare la v.* | ***occhiali da v.***, per chi non vede perfettamente | ***avere la v. corta***, vederci poco (*anche fig.*) | ***avere la v. lunga***, vedere bene e lontano (*anche fig.*) | ***perdere la v.***, diventare cieco | ***a v. d'occhio***, a perdita d'occhio; (*fig.*) molto rapidamente: *la marea cresceva a v. d'occhio* | ***sottrarsi alla v. di qlcu.***, nascondersi, non farsi vedere | ***essere fuori di v.***, si dice di ciò che è troppo lontano per essere visto a occhio nudo | ***a prima v.***, alla prima occhiata, al primo esame: *così, a prima v., mi sembra un compito facile*; *tradurre a prima v.*; *il loro è stato un amore a prima v.* | ***di v.***, superficialmente: *conoscere qlcu. di v.* | ***perdere di v. qlcu.***, non vederlo più; (*est.*) ignorare dove sia, cosa faccia e sim.: *l'ho perduto di v. tra la folla*; *ci siamo persi di v. da molto tempo* | ***perdere di v. qlco.***, non occuparsene come si dovrebbe, dimenticarla, trascurarla, disinteressarsene: *perdere di v. il proprio scopo, la meta finale*; *si dilunga in discorsi inutili perdendo di v. l'argomento principale* | ***in v.***, ***in bella v.***, si dice di cosa esposta alla vista di tutti: *oggetti in vendita bene in v.*; *mettere, porre, collocare qlco. in bella v.* | ***in v.***, (*est.*) si dice di persone, ambienti e sim. che godono di grande notorietà: *una personalità molto in v.* | ***essere in v.***, essere tanto vicino da poter essere visto; (*fig.*) essere imminente: *la città ormai è in v.*; *sono in v. gravi scioperi* | ***essere in v. di***, essere molto vicini, essere prossimi a: *i corridori sono in v. del traguardo*; *siamo ormai in v. dell'estate* | ***terra in v.!***, grido con cui sulle navi si annunciava che la terraferma era ormai visibile | ***in v. di***, vicino, nei pressi di; (*fig.*) in considerazione di: *si fermarono in v. della città*; *in v. di ciò, rimandiamo ogni decisione* | ***mettere in buona, in cattiva v.***, far apparire bene, male, mettere in buona, in cattiva luce | ***guardare a v.***, tenere continuamente d'occhio | ***sparare a v.***, senza preavviso | ***a v.***, nel linguaggio commerciale e bancario, alla presentazione: *titolo di credito pagabile a v.* | (*banca*) ***a certo tempo v.***, dopo che è trascorso il periodo di tempo indicato, a decorrere dalla presentazione: *titolo di credito pagabile a certo tempo v.* | (*archit.*) ***a v.***, non coperto da elementi di finitura: *muro a v.*; *soffitto con travi a v.* | ***volo, navigazione a v.***, quelli effettuati in buone condizioni di visibilità diurna o notturna, spec. in contrapposizione a volo e navigazione strumentali | ***navigare a v.***, (*fig.*) in una situazione difficile, rivedere con frequenza i propri piani, rinunciando a porsi obiettivi a medio o a lungo termine | ***punto di v.***, (*fig.*) opinione, particolare modo di vedere o interpretare le cose | ***avere in v. qlco.***, (*fig.*) prevedere di procurarsela, di ottenerla, di raggiungerla e sim.: *avere in v. una buona sistemazione* **2** possibilità di vedere; visuale: *togliere, impedire, limitare la v. di qlco.*; *uscire dalla v., di v.* | †luce, finestra, apertura che consente di vedere **3** panorama, scena, spettacolo e sim. che si vede: *una v. bella, piacevole*; *dalla finestra si gode una splendida v.*; *camera con v.*; *una v. raccapricciante apparve ai loro occhi* | nelle loc. agg. inv. ***v. mare*** (o ***v.-mare***), ***v. lago*** (o ***v.-lago***) e sim., detto di locale o struttura abitativa o turistica da cui si può vedere il mare, il lago o sim.: *camera v. mare* **4** (*lett.*) aspetto, apparenza | ***far bella v.***, apparire bene, essere bello, piacevole e sim. a vedersi | (*lett.*) ***in v.***, all'apparenza, all'aspetto | ***far v. di***, ***far le viste di***, fingere: *far v. di piangere*; *far le viste* *d'inquietarsi* | (*raro*) ostentazione, mostra: *fare gran v. di sé, di qlco.* **5** (*lett.*) sembianza: ... *questa donna* ... *si facea d'una v. pietosa e d'un colore pallido* (DANTE) **6** nelle antiche armature, fessura praticata nella celata per permettere di vedere **7** †segno, indizio | †*far v.*, lasciare intendere qlco. per indizi: *ed ella non mi fa vist'amorosa* (G. GUINIZZELLI)

NOMENCLATURA

vista (cfr. occhio, colore)

- *caratteristiche*: buona ⇔ cattiva; acuta = da aquila = da falco = di lince ⇔ debole = da talpa; lunga ⇔ corta; chiara = limpida ⇔ torbida = offuscata = incerta;
- *azioni*: guardare, vedere, intravedere, osservare; contemplare = rimirare, scrutare = fissare, aguzzare, individuare, avvistare, distinguere, discernere, scorgere, scoprire, sbirciare, spiare; adocchiare = occhieggiare; abbracciare, spaziare; visualizzare; confondere, annebbiare = offuscare = oscurare, abbagliare = abbarbagliare = abbacinare, accecare, rischiarare; perdere; restituire = ridonare, riacquistare; misurare, sanare, correggere, migliorare; aumentare, accrescere; sottrarre, nascondere, togliere; apparire, scomparire;
- *difetti visivi*: emmetropia; monocromatismo, daltonismo, discromatopsia, acromatopsia = acromatismo, allocromasia, xantopsia; astenopia, meropia, ambliopia, diplopia, miopia = ipometropia, ipermetropia, presbiopia = presbitismo, astigmatismo, poliopia = poliopsia, strabismo; lossopsia, emeralopia ⇔ nictalopia, diplopia, macropsia ⇔ micropsia; traveggole, allucinazioni, fosfeni, scotoma, emianopsia = emiopia; amaurosi;
- *misurazione della vista* (cfr. occhio): visus, optometria, optometro, oftalmometria, oftalmometro, decimo, diottria, tavola ottotipica; astigmometro, tachistoscopio.

vistàre [1799] **v. tr.** ● apporre il visto, munire di visto: *v. il passaporto, una domanda* SIN. vidimare

Vistavìsion® /vista'viʒon, -zjon, *ingl.* ˌvɪstə'vɪʒən/ [vc. ingl., comp. di *vista* 'prospettiva, scorcio' (V. *vista*) e *vision* 'visione' ✻1955] **s. m. inv.** **1** (*cinema*) tecnica di ripresa e proiezione, non più in uso dopo gli anni 1960, nella quale i fotogrammi scorrevano in orizzontale anziché in verticale, consentendo un campo visivo più ampio **2** (*est.*) modalità di visualizzazione di un video o di un film in cui il rapporto tra altezza e larghezza dell'immagine è di 1:1,66

†**vistézza** [ant. fr. *vistesse* (moderno *vitesse*), da *vite* 'svelto' (V. *visto*②) ✻sec. XIV] **s. f.** ● agilità, destrezza

vìsto① [lat. parl. **vīsitu(m)*, part. pass. di *vidēre* 'vedere', sul modello di *pŏsitus* 'posito'] **A part. pass.** di *vedere*; **anche agg.** **1** nei sign. del v. | guardato: *un film appena v.* **2** (*fig.*) considerato: *viste le obiezioni, ho ritirato la proposta; vista la mala parata, ce ne siamo andati; v. da destra, v. da sinistra* | nella loc. cong. ***v. che***, dal momento che, considerato che, poiché **3** †avveduto **4** ***ben v., mal v.***, V. *benvisto* e *malvisto* **5** ***mai v.***, nuovo, eccezionale, straordinario: *uno spettacolo mai v.; un'intelligenza mai vista* **B s. m.** **1** atto con cui un'autorità amministrativa superiore esplica un'attività di controllo di mera legittimità su un altro atto di altra autorità amministrativa inferiore: *apporre il v.* SIN. vidimazione **2** correntemente, firma di approvazione o presa visione di un'autorità competente: *manca solo il v. del presidente* | ***v. si stampi***, formula, seguita dalla firma, con la quale un autore o un editore dà l'autorizzazione alla tipografia di stampare le ultime bozze | ***v. consolare***, o (*ellitt.*) ***visto***, quello mediante il quale il console di uno Stato attribuisce al passaporto di uno straniero una determinata validità rispetto al proprio Stato: *v. d'entrata, d'uscita* | ***v. pesante***, attestazione di regolarità apposta da dottori commercialisti, ragionieri, periti contabili o consulenti del lavoro in calce a dichiarazione dei redditi

†**vìsto**② [ant. fr. *viste* (moderno *vite*) 'svelto': di orig. espressiva (?) ✻1336 ca.] **agg.** ● guizzante, agile: *un lioncello presto e v.* (G. BOCCACCIO) ‖ †**vistaménte**, **avv.** velocemente, subito

✦**vistóso** (o **-ṣo**) [da *vista* ✻sec. XIV] **agg.** **1** che dà nell'occhio, che è molto appariscente: *abito, colore v.; donna vistosa* SIN. appariscente, chiassoso **2** (*fig.*) notevole, considerevole, ingente: *somma, vincita vistosa* ‖ **vistosétto**, **dim.** ‖ **vistosaménte**, **avv.** in modo vistoso (*anche fig.*) ‖ **vistosità**, **s. f. inv.** **1** caratteristica di chi (o di ciò che) è vistoso **2** (*raro*) sfoggio, ostentazione

✦**viṣuàle** [vc. dotta, lat. tardo *visuāle(m)*, da *vīsus* 'vista' (V. †*viso*①) ✻av. 1328] **A agg.** ● della vista | ***angolo v.***, formato nell'occhio dai raggi che partono dalle estremità di un oggetto; (*fig.*) punto di vista, prospettiva | che si basa su immagini (calco sull'ingl. *visual*): *dizionario v.; enciclopedia v.* ‖ **viṣualménte**, **avv.** con la vista ‖ **viṣualità**, **s. f. inv.** caratteristica di ciò che è percepibile con la vista; (*est.*) effetto visivo di un'immagine, spec. nel campo della fotografia, del design, della pubblicità e delle arti figurative in genere **B s. f.** **1** veduta, panorama: *una bella v.; coprire la v.* | (*fig.*) prospettiva, punto di vista **2** (*ottica*) linea retta che idealmente congiunge l'occhio dell'osservatore con l'oggetto osservato

visualizer /*ingl.* ˌvɪʒwə'laɪzə(r)/ [vc. ingl., da *to visualize* 'visualizzare' ✻1973] **s. m. e f. inv.** ● chi, nel campo della pubblicità, visualizza l'idea o il contenuto di una campagna nell'abbozzo di un cartellone, un annuncio, un filmato, un fotomontaggio e sim.

viṣualiẓẓàbile [1985] **agg.** ● che può essere visualizzato: *la mappa delle isobare è v. sullo schermo* ‖ **viṣualiẓẓabilità**, **s. f. inv.**

viṣualiẓẓàre [da *visuale*, sul modello dell'ingl. (*to*) *visualize* ✻1942] **v. tr.** **1** rendere visibile qlco. che per sua natura non lo è | ***v. un flusso aerodinamico***, mediante fumo, rifrazione e sim. | ***v. un organo***, in radiologia, farlo apparire con evidenza, impiegando un mezzo di contrasto **2** dare forma visibile, rappresentare con immagini: *v. una statistica, un fenomeno con grafici, un'idea pubblicitaria* ‖ **viṣualiẓẓazióne**, **s. f.**

viṣualiẓẓatóre [da *visualizzare* ✻1983] **s. m.** ● (*inform.*) dispositivo di uscita di un elaboratore elettronico, su cui i risultati di un'elaborazione vengono presentati in forma labile, ma con tempi di attesa nulli o trascurabili | ***v. alfanumerico***, su cui vengono presentati solo caratteri alfabetici, numerici e segni speciali | ***v. grafico***, su cui possono essere rappresentati anche diagrammi e figure

viṣùra [dal lat. *vīsus*, part. pass. di *vidēre* 'vedere' ✻1673] **s. f.** ● verifica catastale e ipotecaria tendente ad accertare sia la condizione giuridica che il valore economico di un immobile | (*est.*) esame, controllo, spec. ai fini di accertamenti tecnici, legali o burocratici

vìṣus [vc. lat., 'vista'. V. †*viso*① ✻1935] **s. m. inv.** **1** (*fisiol.*) capacità visiva dell'occhio **2** misura dell'acuità visiva, basata sulle dimensioni dei più piccoli caratteri ottotipici che l'occhio riesce a leggere, espressa generalmente in decimi

✦**vìta**① [lat. *vīta(m)*, dalla stessa radice di *vīvere* ✻sec. XI] **s. f.** **1** (*biol.*) complesso delle proprietà, quali la nutrizione, la respirazione, lo sviluppo e la riproduzione, che caratterizzano la materia vivente e la distinguono dalla materia non vivente: *v. animale, vegetale; v. vegetativa, sensitiva; avere v.; essere in v.* CFR. bio-, -bio, abio- | condizione di chi (o di ciò che) vive: *finché mi resterà un fil di v., non cesserò di lottare; il poveretto non dava più segno di v.* | ***venire alla v.***, nascere | ***dare la v. a qlcu.***, procrearlo | ***ridar la v. a qlcu.***, (*fig.*) aiutarlo a superare un momento difficile, restituirgli fiducia, coraggio | ***dar v. a qlco.***, esserne il creatore | ***restare, rimanere in v.***, sopravvivere | ***rendere, restituire alla v.***, risuscitare o strappare alla morte | ***essere in fin di v.***, sul punto di morire | ***perdere la v.***, morire | ***privar della v.***, uccidere | ***togliersi la v.***, suicidarsi | ***essere uniti per la v. e per la morte***, per sempre, nelle vicende liete o tristi | ***questione di v. o di morte***, di capitale importanza | ***passare da morte a v.***, (*fig.*) da una condizione insopportabile a una migliore | ***mettere a rischio, a repentaglio la v.***, correre il rischio di morire | ***dare la v. per qlco.***, dedicarvi tutte le proprie energie; anche, accettare di morire per essa | ***vender cara la v.***, battersi impavidamente e accanitamente prima di soccombere | ***salvar la v. a qlcu.***, scamparlo da morte | ***dover la v. a qlcu.***, essere sfuggito alla morte per merito suo | ***ne va della v.***, è in gioco la vita | ***se vi è cara la v.***, se non volete morire | ***o la borsa o la v.***, intimazione di rapinatori | ***pena la v.***, sotto pena di morte | ***far grazia della v.***, graziare un condannato a morte | ***render la v. difficile a qlcu.***, ostacolarlo in ogni modo e continuamente | PROV. ***finché c'è v. c'è speranza*** **2** spazio di tempo compreso tra la nascita e la morte; spazio di tempo tra la nascita e un dato momento o il momento attuale; (*est.*) tempo che resta da vivere: *il corso della v.; le diverse età della v. nell'uomo; la v. di alcune specie animali è molto breve; questo è il più bel giorno della mia v.; ti giuro che me ne ricorderò per tutta la v.;* (*spesso enfat.*) *non ho mai visto niente di simile in v. mia* | ***a v.***, per tutta la durata della vita: *è stato eletto senatore a v.* | ***della v.***, (*iperb.*, *colloq.*) unico, eccezionale: *questo per lui è l'affare della v.; ha segnato il gol della v.* | ***v. natural durante***, per tutta la vita (*anche scherz.*) | ***fine v.***, V. *fine*① nel sign. B | (*iperb.*) tempo molto lungo: *è una v. che non lo sento; non ci vediamo da una v.* | ***l'altra v.***, la vita eterna | ***passare a miglior v.***, morire | (*stat.*) ***v. media***, data un'età x, il numero medio di anni che potrebbe attendersi di vivere ogni individuo di tale età, espresso dal rapporto fra il numero totale di anni vissuti dopo l'età x e il numero di coloro che sopravvivono a tale età **3** modo di vivere: *v. associata, civile, primitiva, solitaria; v. sana, attiva, all'aperto; v. onesta, virtuosa, oziosa, viziosa; avere, godere una v. serena, tranquilla; fare, menare una v. agitata, travagliata, grama, di stenti, da cani; la v. del medico, del minatore, dello studioso; questa è la v. del convento* | ***v. di relazione***, che si basa su una serie di rapporti sociali, di conoscenze | ***v. pubblica***, l'ambito delle attività politiche, amministrative, sociali e sim. di un individuo | ***v. privata***, l'insieme dei rapporti familiari e personali di un individuo | ***che v.!***, per indicare un modo di vivere particolarmente disagiato o faticoso | ***fare una bella v.***, vivere comodamente, senza preoccupazioni o fatica | ***fare la bella v.***, si dice di chi è dedito ai piaceri mondani | ***fare la v.***, (*eufem.*) esercitare la prostituzione | ***ragazza di v.***, prostituta | ***ragazzo di v.***, giovane malvivente o vizioso, proveniente spec. da un ambiente sociale degradato dalla miseria e dalla violenza | ***avere una doppia v.***, nascondere dietro una faccia di irreprensibilità azioni e comportamenti viziosi, disonesti, oltremodo riprovevoli | ***la dolce v.***, vita che trascorre nell'ozio e nel divertimento (dal n.

del film di F. Fellini *La dolce vita*, 1959) | ***cambiar v.***, mutare la propria condotta, spec. dal male al bene: *ha deciso di cambiar v.* **4** aspetto particolare dell'esistenza umana: *v. psichica, spirituale, sensitiva, affettiva, intellettuale, culturale* **5** esistenza di un'istituzione, di un ente, di un organismo ecc.: *la v. di una società, di un partito* **6** (*fig.*) durata: *questa moda avrà v. breve; la v. di una dottrina, di una stella, di una macchina* | ***la v. di un libro***, tutto il tempo in cui è letto e richiesto **7** vigore, vitalità: *è un giovane pieno di v.* | forza operante, animatrice: *il sole è fonte di v.; Te beata, gridai, per le felici / aure pregne di v.* (U. FOSCOLO) **8** (*fig.*) animazione, fermento, movimento vivace: *una strada piena di v.; è una città di provincia, che non ha v. notturna* | (*colloq.*) ***colpo di v.***, ***botta di v.***, momento o situazione di divertimento o sim. con il quale si vuole interrompere la monotonia quotidiana | di opera d'arte, vivacità espressiva: *descrizione piena di v.; quadro, statua senza v.* **9** ciò che garantisce l'esistenza, le dà valore, significato: *la luce è la v. delle piante; l'aria è v.; il lavoro è v. per lui* | ***v. mia!***, espressione che si rivolge a persona amata **10** essere vivente, persona: *giovani vite spente dall'odio, dalla violenza; nell'incidente non si sono lamentate perdite di vite umane* | ***non c'è traccia di v.***, di luogo in cui non si vedono uomini, animali, piante | (*lett.*) anima: *E già la v. di quel lume santo / rivolta s'era al Sol* (DANTE *Par.* IX, 7-8) **11** ciò che è necessario per vivere, con particolare riguardo al vitto: *lavorare sodo per guadagnarsi la v.; la v. diventa sempre più cara; e se 'l mondo sapesse il cor ch'elli ebbe / mendicando sua v. a frusto a frusto, / assai lo loda, e più lo loderebbe* (DANTE *Par.* VI, 140-142) | ***il costo della v.***, le spese necessarie per il proprio mantenimento **12** (*lett.*) fama, notorietà: *aver v. fra i posteri; E tu ne' carmi avrai perenne v., / sponda che Arno saluta in suo cammino* (U. FOSCOLO) **13** biografia: *ha scritto una v. di Dante; una v. romanzata* **14** il mondo umano, il corso delle vicende umane: *conoscere la v.; è ancora troppo giovane, non ha alcuna esperienza della v.; bisogna guardare la v. in faccia; che volete? è la v.!* ‖ **vitàccia**, **pegg.** (V.)

Definizione d'autore

Per me, scienziato, la **vita** è la capacità di riprodurre altri individui praticamente identici a se stessi. Questo meccanismo è governato da una molecola di cui esiste una moltitudine di tipi diversi, capaci di produrre altre cellule di pari complessità. Negli organismi unicellulari – virus, batteri e protozoi – l'individuo è composto da una sola cellula, nel cui nucleo risiede la memoria genetica capace di produrre altri individui (acido deossiribonucleico o DNA). Organismi composti di parecchie cellule – funghi, piante ed animali incluso l'uomo – raggiungono complessità maggiore, sviluppandosi attraverso la moltiplicazione di una sola cellula, prodotta tipicamente dall'unione di due cellule sessuali, una maschile e una femminile.

Luigi Luca Cavalli-Sforza

♦**vita** ② [da *vita* ①, perché ivi si trovano gli organi vitali ✱1353] **s. f. 1** parte del corpo umano sopra i fianchi in corrispondenza della cintura: *afferrare qualcuno per la v.; avere una v. sottile, una v. di vespa* | parte del vestito sopra i fianchi: *giacca troppo stretta di v.; il vestito va bene, ma bisognerebbe stringerlo un po' in v.* | ***punto*** (***di***) ***v.***, segnato dall'incavo sopra i fianchi | ***v. bassa***, caratteristica di gonne, pantaloni o sim. la cui parte superiore è più bassa del punto vita e lascia scoperto l'ombelico e talora i reni: *jeans a v. bassa; la moda della v. bassa* **2** (*est.*) parte del corpo umano compresa tra i fianchi e le spalle: *essere lungo, corto di v.* | ***su con la v.!***, esortazione a tener diritte le spalle, (*fig.*) a non avvilirsi | (*lett.*) ***stare sulla v.***, rinfrancarsi **SIN.** busto **3** †aspetto fisico | †statura ‖ **vitina**, **dim.** (V.) | **vitino**, **dim. m.** (V.)

vitàccia [1826] **s. f.** (**pl.** *-ce*) **1** pegg. di *vita* ① **2** vita dura, difficile, grama: *che v.!; fare una v. d'inferno, da cani*

Vitàcee [da *vite* ✱1937] **s. f. pl.** (**sing.** *-a*) ● (*bot.*) famiglia di arbusti rampicanti delle Dicotiledoni, a foglie profondamente palmato-lobate e frutto a bacca (*Vitaceae*)

vitaiòlo [da *vita*, sul modello di *donnaiolo* e *festaiolo*: calco sul fr. *viveur* (V.) ✱1918] **s. m.** (**f.** *-a*) ● viveur

vitàlba [lat. *vīte(m) ălba(m)* 'vite bianca' ✱ sec. XIII] **s. f.** ● arbusto rampicante delle Ranuncolacee con foglie opposte, picciolate e fiori bianchi riuniti in pannocchie (*Clematis vitalba*) ‖ **vitalbino**, **dim. m.** (V.)

†**vitalbàio** [av. 1535] **s. m.** ● luogo pieno di vitalbe | ***mettersi in un v.***, (*fig.*) cacciarsi in un ginepraio, in una situazione intricata

vitalbino [1805] **s. m. 1** dim. di *vitalba* **2** pianta erbacea delle Ranuncolacee a fusti eretti, non rampicanti e fiori bianchi (*Clematis recta*)

vitàle [vc. dotta, lat. *vitāle(m)*, da *vīta* ✱av. 1292] **A agg. 1** della vita, relativo alla vita: *forza v.; fenomeni vitali; esigenze, necessità vitali* | ***spazio v.***, V. *spazio* nel sign. 2 | vivificatore: *soffio v.; elementi vitali; la linfa v. delle piante* | ***linfa v.***, (*fig.*) ciò che vivifica qlco., che è fonte di energia per qlco.: *idee che sono la linfa v. della società* | (*lett.*) ***aura v.***, l'aria, in quanto consente la vita **2** (*fig.*) fondamentale, essenziale, imprescindibile: *principio v.; gli interessi vitali della nazione; è una questione di v. importanza* **CONTR.** trascurabile **3** che ha vitalità: *feto vivo e v.; un essere v.* **4** (*fig.*) che è efficiente, funzionale agli scopi che si propone: *organismo politico v.; è l'unico organo v. della nostra società* ‖ **vitalménte**, **avv.** ‖ **vitalità**, **s. f. inv.** (V.) **B s. m.** ● †vigore di vita

vitalìsmo [da *vitale* col suff. *-ismo* ✱1869] **s. m. 1** (*biol.*) teoria secondo cui le funzioni dell'organismo vivente sono dovute a un ignoto principio vitale, insito nella materia organizzata e distinto da tutte le forze chimiche e fisiche **2** (*est.*) vitalità intensa, esuberanza

vitalìsta [1865] **s. m. e f.** (**pl. m.** *-i*) ● sostenitore del vitalismo

vitalìstico [da *vitalismo* ✱1912] **agg.** (**pl. m.** *-ci*) **1** ispirato o relativo al vitalismo: *pensiero v.* **2** (*est.*) caratterizzato da vitalismo: *esuberanza vitalistica* ‖ **vitalisticaménte**, **avv.**

vitalità [vc. dotta, lat. *vitalitāte(m)*, da *vitālis* 'vitale' ✱1598] **s. f. inv. 1** (*fisiol.*) capacità di vita, di sopravvivenza: *la v. di un neonato* **2** condizione, caratteristica di chi (o di ciò che) è vitale (*anche fig.*): *istituzione ormai priva di v.* **SIN.** dinamismo

SFUMATURE ➤ ***dinamismo***, ➤ ***energia***

vitaliziànte A part. pres. di *vitaliziare*; anche **agg.** ● nei sign. del v. **B s. m. e f.** ● chi concede una rendita vitalizia

vitaliziàre [1848] **v. tr.** (*io vitalìzio*) ● costituire in vitalizio: *v. una rendita*

vitaliziàto A part. pass. di *vitaliziare*; anche **agg.** ● nei sign. del v. **B s. m.** (**f.** *-a*) ● chi beneficia di una rendita vitalizia

vitalìzio [da *vitale* ✱1573] **A agg.** ● che ha la durata della vita di una persona: *incarico v.* | ***contratto v.***, ***rendita vitalizia***, quelli che prevedono una rendita costituita per la durata della vita del soggetto che fruisce della rendita medesima o di altra persona | ***assegno v.***, spettante sulla successione del genitore ai figli naturali non riconoscibili nelle ipotesi determinate dalla legge **B s. m. 1** rendita vitalizia **2** assegno vitalizio | ***v. Bacchelli***, vitalizio erogato in base alla legge Bacchelli (V. *legge*)

vitalizzàre [fr. *vitaliser*, da *vital* 'vitale' ✱ 1957] **A v. tr.** ● rendere vivo, vitale (*spec. fig.*): *v. una descrizione* **B vitalizzàrsi v. intr. pron.** ● diventare vitale o più vitale ‖ **vitalizzazióne**, **s. f.**

†**vitàme** [1583] **s. m.** ● vitigno | insieme di viti; vigneto

♦**vitamìna** [ted. *Vitamin*, comp. del lat. *vīta* e ted. *Amin* 'ammina': chiamata così da C. Funk (che la scoprì nel 1913), perché riteneva che fosse un'*ammina* ✱1915] **s. f.** ● sostanza indispensabile alla vita che l'organismo non può produrre e che pertanto deve essere assunta con gli alimenti | ***vitamina A***, regola la normale funzionalità e l'integrità di tutti i tessuti epiteliali, favorendo l'accrescimento corporeo negli organismi in via di sviluppo **SIN.** retinolo | ***vitamine del gruppo B***, gruppo di vitamine idrosolubili che comprende le vitamine B_1, B_2, B_5, B_6, B_{12} | ***vitamina*** B_1, usata in terapia nelle nevriti, nelle forme psicoasteniche e in varie malattie gastrointestinali **SIN.** aneurina, tiamina | ***vitamina*** B_2, dotata di funzione protettiva sugli epiteli e atta a favorire la crescita **SIN.** lattoflavina, riboflavina | ***vitamina*** B_5, termine desueto per indicare l'acido pantotenico, usato nella cura di disturbi neuromotori e cardiovascolari | ***vitamina*** B_6, dotata di funzione epitelioprotettiva **SIN.** adermina | ***vitamina*** B_{12}, necessaria per la crescita, la nutrizione e il corretto funzionamento dei tessuti a elevato potere di moltiplicazione, come il midollo osseo; è usata spec. nella cura delle anemie **SIN.** cianocobalamina, cobalamina, fattore estrinseco | ***vitamina C***, usata nella cura dello scorbuto, delle astenie, degli stati emorragici, come coadiuvante nella cura di molte malattie infettive e nell'industria come antiossidante e conservante **SIN.** acido ascorbico | ***vitamina*** D_2 e D_3, usata per la cura e la prevenzione del rachitismo e delle distrofie ossee | ***vitamina E***, usata nella cura della sterilità e anche dell'arteriosclerosi | ***vitamina F***, termine desueto per indicare il complesso degli acidi grassi essenziali; ha la funzione di mantenere elastica e morbida la pelle | ***vitamina H***, usata nella cura di numerose affezioni cutanee **SIN.** biotina | ***vitamina K***, partecipa al processo della coagulazione del sangue; è usata nella cura delle affezioni in cui è diminuita la coagulabilità del sangue e si ha tendenza alle emorragie | ***vitamina P***, gruppo di sostanze vegetali che aumentano la resistenza dei vasi sanguigni alla rottura | ***vitamina PP***, usata nella cura della pellagra, in alcune dermatosi e nelle affezioni epatiche **SIN.** niacinamide, nicotinamide

vitamìnico [1926] **agg.** (**pl. m.** *-ci*) ● relativo alle vitamine | che è ricco di vitamine: *alimento v.*

vitaminizzàre [da *vitamina* ✱1942] **v. tr.** ● aggiungere ad un alimento una o più vitamine diverse per potenziare i suoi principi nutritivi ‖ **vitaminizzazióne**, **s. f.**

vitaminizzàto part. pass. di *vitaminizzare*; anche **agg.** ● nel sign. del v.

vitaminologìa [comp. di *vitamina* e *-logia* ✱ 1942] **s. f.** (**pl.** *-gie*) ● ramo della biologia che studia in particolare le vitamine

vitàndo [vc. dotta, lat. *vitāndu(m)*, gerundivo di *vitāre* ✱av. 1828] **agg.** ● da evitarsi, detto spec. in diritto canonico, dello scomunicato che deve essere evitato dagli altri fedeli

†**vitàre** [vc. dotta, lat. *vitāre*, di etim. incerta ✱

av. 1321] **v. tr.** ● evitare, schivare

vitàto [1499] **agg. 1** piantato a vite, vignato: *terreno v.* **2** (*raro*) detto di albero cui si marita la vite

♦**vite**① [lat. *vīte(m)*, da avvicinare a *viēre* 'curvare, intrecciare', di orig. indeur. ✱ 1282] **s. f. 1** arbusto delle Vitacee con rami rampicanti, ingrossati ai nodi, foglie palmate, fiori ermafroditi verdi in grappoli e frutto a bacca succosa, ottenuto per selezione dalla vite selvatica (*Vitis vinifera*): *pampini, tralci, grappoli, viticci, occhi della v.*; *v. ad alberello, a cordone, a pergola, a tendone, a festoni, a raggi*; *maritare la v. all'olmo*; *la v. si dondolava adagio adagio sulla finestra* (G. VERGA) CFR. ampelo- | ***v. americana***, abrostine, uva americana | (*enol.*) ***v.*** (o ***vigna*** o ***vigneto***) ***a piede franco***, coltivata direttamente nel terreno, gener. sabbioso, e non innestata su vite americana in quanto resistente alla fillossera | (*fig.*) ***piangere come una v. tagliata***, irrefrenabilmente, a dirotto **2** ***v. nera***, erba perenne delle Monocotiledoni con fiori verdognoli, campanulati e frutto a bacca (*Tamus communis*) SIN. tamaro | ***v. bianca***, brionia | ***vite selvatica***, spontanea nelle regioni mediterranee, con fiori unisessuali (*Vitis sylvestris*) | ***v. vergine***, o ***v. del Canada***, delle Vitacee, coltivata per ricoprire i muri (*Parthenocissus quinquefolia*)

♦**vite**② [da *vite*①, per la sua forma a spirale ✱ 1308] **s. f. 1** cilindretto metallico con un rilievo elicoidale, usato per fermare, stringere, collegare: *la testa, il gambo, il filetto o verme della v.* | ***v. maschio***, la vite propriamente detta, che si avvita nella madrevite | ***v. femmina***, madrevite | ***v. di collegamento***, per effettuare collegamento di pezzi, è costituita da testa e gambo filettato | ***v. prigioniera***, con gambo cilindrico filettato alle due estremità, una delle quali viene inserita saldamente in un foro non passante praticato in uno dei due pezzi da collegare mentre l'altra reca il dado di collegamento | ***v. autofilettante***, che nell'avvitamento genera la filettatura del foro liscio | ***v. senza testa***, quella il cui gambo ha diametro costante e in cui i mezzi che ne consentono l'avvitamento sono ricavati direttamente in esso | ***v. da legno***, quella con la parte filettata conica, con filetto triangolare, da inserire in un foro iniziato col succhiello | ***v. di manovra, di traslazione***, quella che, fatta ruotare nella madrevite solidale con un organo di traslazione, ne determina lo spostamento, utilizzata per es. nelle macchine utensili per lo spostamento di carrelli e sim. | ***v. senza fine, perpetua***, a uno o più filetti, trasmette il movimento a una ruota elicoidale, che si muoverà lentamente, spostandosi di uno, due o tre denti a ogni giro della vite, a seconda che questa sia a uno, a due, a tre pezzi | ***v. micrometrica***, di precisione, usata in strumenti di misura per valutare lo spostamento compreso in un certo numero di giri o frazioni di giro da valutare su apposito tamburo | ***v. di Archimede***, strumento, usato spec. per il sollevamento dell'acqua, costituito da un tubo all'interno del quale ruota una vite senza fine | ***v. madre***, organo del tornio che permette di ottenere avanzamenti precisi per l'utensile, necessari per eseguire filettature | ***a v.***, spiralato come una vite; chiuso con viti | ***giro di v.***, (*fig.*) intervento restrittivo, inasprimento di una sanzione o sim. **2** (*aeron.*) discesa di un velivolo lungo una traiettoria a spirale verticale di piccolo raggio, con notevole velocità angolare, compiuta involontariamente per effetto di una manovra errata o di una forte raffica, o volontariamente allo scopo di compiere una manovra acrobatica: *caduta a, in v.* | ***v. piatta***, col velivolo in assetto pressoché orizzontale **3** (*sport*) tuffo dal trampolino o dalla piattaforma nel quale il corpo, all'apice della traiettoria, deve compiere una rotazione attorno al proprio asse **4** (*tosc.*, **spec. al pl.**) †candeliere lungo usato dai chierici in alcune cerimonie ‖ **vitìna**, **dim.** | **vitóna**, **accr.** | **vitóne**, **accr. m.** (V.)

vite-chiòdo [comp. di *vite* e *chiodo* ✱ 1983] **s. m.** ● vite con il gambo autofilettante, a passo molto grande, destinata a essere piantata con il martello o la pressa in pezzi massicci

vitèlla [1312] **s. f. 1** vitello femmina, giovenca: *v. da latte* **2** carne dell'animale macellato, usata come cibo: *fettine di v.*; *v. arrosto, in guazzetto* ‖ **vitellìna**, **dim.**

vitellàio [1803] **s. m.** (**f.** *-aia*, **pl. m.** *-ai*) **1** chi lavora pelli di vitello **2** chi commercia in vitelli

vitellìna [dall'ingl. *vitelline*, dal lat. *vitĕllu(m)* attraverso il fr. (V. *vitello*②) ✱ 1895] **s. f.** ● (*biol.*) fosfoprotide presente nelle uova

vitellìno① [sec. XV] **agg.** ● (*raro*) di vitello: *cuoio v.*; *pelle vitellina*

vitellìno② [sec. XIV] **agg.** ● (*biol.*) relativo al vitello dell'uovo: *sacco v.*; *membrana vitellina*

vitèllium [vc. d'orig. sconosciuta ✱ 1983] **s. m. inv.** ● lega inerte di cromo, molibdeno e cobalto, usata in medicina per costruire protesi

♦**vitèllo**① [lat. *vitĕllu(m)*, dim. di *vĭtulus* 'vitello (al di sotto di un anno)', di orig. indeur. ✱ 1310] **s. m.** (**f.** *-a* (**V.**)) **1** il nato della vacca, di età inferiore all'anno | ***v. della coscia***, bovino con forte sviluppo delle regioni della groppa e della natica | ***v. d'oro***, idolo fabbricato dagli ebrei nel deserto, durante l'attesa del ritorno di Mosè dal Monte Sinai | (*fig.*) ***uccidere il v. grasso***, fare una grande festa, spec. per il ritorno di qlcu. che si era allontanato (con riferimento alla parabola evangelica del figliol prodigo, nella quale si uccide il vitello grasso per il ritorno del figlio (V. *figliolo*)) | ***adorare il v. d'oro***, (*fig.*) essere schiavi del denaro, cercare ad ogni costo la ricchezza **2** carne di vitello macellato: *v. al forno*; *cotoletta di v.* **3** pelle di vitello, sia grezza che conciata | cuoio di vitello: *scarpa, valigia di v.* **4** ***v. marino***, foca ‖ **vitellìno**, **dim.** | **vitellóne**, **accr.** (V.)

vitèllo② [vc. dotta, lat. *vitĕllu(m)*, di etim. incerta ✱ sec. XV] **s. m.** ● (*biol.*) deutoplasma SIN. tuorlo

vitellóne [1879] **s. m. 1** accr. di *vitello*① **2** bovino adulto di età compresa fra i 12 e i 18 mesi, ingrassato per il macello | carne del vitellone macellato, usata come alimento: *arrosto di v.* **3** (*fig.*) giovane di provincia che trascorre il tempo oziando o in modo vacuo e frivolo (dal titolo del film di F. Fellini *I vitelloni*, 1953)

viterbése (o *-ṣ-*) [av. 1348] **A** **agg.** ● di Viterbo **B** **s. m. e f.** ● abitante o nativo di Viterbo

viterìa [da *vite*② ✱ 1961] **s. f.** ● (**spec. al pl.**) insieme di viti, di qualità e tipo diverso, per collegamenti meccanici

†**vitèvole** [sec. XIII] **agg.** ● vivificatore

vitìcchio [lat. parl. **vitĭculu(m)*, da *vitĭcula* 'piccola vite, viticchio', dim. di *vītis* 'vite①' ✱ av. 1406] **s. m.** ● (*centr., merid.*) nome regionale di alcune piante volubili, come il vilucchio e la vitalba

vitìccio [da *vite*① ✱ 1287] **s. m. 1** (*bot.*) appendice filamentosa a volte ramificata derivata da foglie o da rami che si attorciglia ad altri corpi per sostenere le piante rampicanti SIN. cirro **2** motivo ornamentale ispirato alla forma del viticcio, molto diffuso anche nella ornamentazione dei mobili | candelabro o portalampade da tavolo o da parete in metallo, a uno o più bracci ricurvi | braccio di tale candelabro

vitìcolo [da *vite*①, sul modello di *agricolo* ✱ 1862] **agg.** ● concernente la vite e la coltura della vite | ***regione viticola***, in cui si coltiva prevalentemente la vite: *v. nostrano*; *v. di origine francese*

viticoltóre o **viticultóre** [comp. di *vite*① e *cultore* ✱ 1875] **s. m.** (**f.** *-trice*) ● chi si occupa della coltivazione della vite con metodo razionale

viticoltùra o (*raro*) **viticultùra** [comp. di *vite*① e *coltura* ✱ 1851] **s. f. 1** coltivazione razionale della vite: *manuale di v.* **2** disciplina che studia le tecniche e i sistemi di coltivazione della vite SIN. ampelotecnia

viticultóre ➤ **viticoltore**

viticultùra ➤ **viticoltura**

vitienologìa [comp. di *viti* (*coltura*) ed *enologia* ✱ 1997] **s. f.** (**pl.** *-gie*) ● l'insieme delle attività relative alla coltivazione della vite e alle tecniche di preparazione e conservazione dei vini CFR. vitivinicoltura

vitìfero [vc. dotta, lat. *vitĭferu(m)*, comp. di *vītis* 'vite①' e *-fer* '-fero' ✱ av. 1320] **agg. 1** (*lett.*) di terreno piantato a viti o adatto alla coltura della vite: *colline vitifere* **2** (*raro*) viticolo

vitìgno [lat. tardo *vitĭneu(m)*, agg. di *vītis* 'vite' ✱ av. 1400] **s. m.** ● ogni varietà coltivata di vite: *v. nostrano*; *v. di origine francese*

vitilìgine [vc. dotta, lat. *vitilĭgine(m)*, da ricollegare a *vĭtium* 'difetto fisico' (V. *vizio*) ✱ av. 1498] **s. f.** ● (*med.*) affezione cutanea dovuta a disturbi neurotrofici, che si manifesta con chiazze biancastre, prive di pigmento

vitìna [1545] **s. f. 1** dim. di *vita*② **2** copribusto

vitìneo [vc. dotta, lat. tardo *vitĭneu(m)*, da *vītis* 'vite①' ✱ 1961] **agg.** ● (*archit.*) detto di colonna con tralci di vite attorti

vitìno [1879] **s. m. 1** dim. di *vita*② **2** girovita molto snello e sottile, spec. nella loc. ***v. di vespa***: *nel Settecento era di moda il v. di vespa*

†**vitiperàre** e deriv. ➤ **vituperare** e deriv.

vitivinìcolo [comp. di *viti(colo)* e *vinicolo* ✱ 1942] **agg.** ● che concerne la coltivazione della vite e la produzione del vino: *azienda vitivinicola*

vitivinicoltóre [1941] **s. m.** (**f.** *-trice*) ● chi si occupa della coltivazione della vite e della produzione del vino

vitivinicoltùra o **vitivinicultùra** [da *vitivinicolo* ✱ 1955] **s. f.** ● l'insieme delle attività relative alla coltivazione della vite e alla produzione del vino CFR. vitienologia

Viton® /'viton, *ingl.* 'vaitən/ [marchio registrato della E.I. DuPont de Nemour & Company Inc. ✱ sec. XX] **s. m. inv.** ● (*chim.*) elastomero ottenuto per copolimerizzazione di monomeri fluorurati, caratterizzato da elevata resistenza chimica

vitóne [1714] **s. m. 1** accr. di *vite*② **2** fondello, tappo avvitato o chiusura della culatta delle armi da fuoco ad avancarica | ***otturatore a v.***, tipo di otturatore la cui chiusura avviene per avvitamento, generalmente usato nei pezzi di artiglieria di grosso calibro **3** (**spec. al pl.**) lunghissima chiavarda simile a un cavaturaccioli, con cui, nei laghi, si fissano le botti da caccia, avvitandole sul fondo

†**vitoperàre** e deriv. ➤ **vituperare** e deriv.

♦**vìtreo** [vc. dotta, lat. *vĭtreu(m)*, agg. di *vĭtrum* 'vetro' ✱ av. 1327] **A** **agg. 1** di vetro: *pasta, boccia vitrea* SIN. vetroso **2** che è simile al vetro per trasparenza, lucentezza, fragilità e sim.: *materiale v.*; *sostanza vitrea* | ***occhio, sguardo v.***, (*fig.*) fisso, immobile e inespressivo | (*anat.*) ***corpo v.***, formazione trasparente dell'occhio, posteriormente al cristallino | ***umor v.***, contenuto nel corpo vitreo **B** **s. m.**

• (*anat.*) corpo vitreo

†**vitrificàre** e deriv. ➤ **vetrificare** e deriv.

vitrificazióne [dall'ingl. *vitrification* 'vetrificazione' ✱ 1987] **s. f.** • (*biol.*) tecnica di crioconservazione degli oociti e degli embrioni, che vengono portati rapidamente a temperature molto basse in modo da impedire la formazione di cristalli di ghiaccio che potrebbero danneggiarli

†**vitriòlo** ➤ **vetriolo**

vitrìte [dal lat. *vĭtrum* 'vetro' col suff. *-ite* ✱ 1929] **s. f.** • (*geol.*) costituente brillante, a frattura concoide, del carbone fossile

†**vitriuòlo** ➤ **vetriolo**

vitro, in ➤ **in vitro**

vìtta o †**vétta** nel sign. 1 [vc. dotta, lat. *vĭtta(m)*. V. *vetta* ✱ sec. XIII] **s. f. 1** (*lett.*) nel mondo romano, fascia di varia foggia con cui le matrone e le vestali ornavano il capo e sostenevano l'acconciatura | benda sacrificale usata dai sacerdoti dell'antica Roma come parte dell'abbigliamento, e per ornare gli oggetti sacrificali o le vittime **2** (*bot.*) ognuno dei canali secretori che si trovano nel pericarpo del frutto delle Apiacee

♦**vìttima** [vc. dotta, lat. *vĭctima(m)*, di etim. incerta ✱ 1319] **s. f. 1** nel rito sacrificale, animale o essere umano offerto, per uccisione, alla divinità: *immolare una v., cento vittime*; *condurre la v. all'altare* | †***far v. di qlcu.***, ucciderlo, anche in risarcimento di torti subiti | ***la Vittima, la Divina Vittima***, e sim. (*per anton.*) il Cristo **SIN.** olocausto **2** †sacrificio **3** (*fig.*) chi perde la vita o subisce gravi danni personali o patrimoniali, in seguito a calamità, sventure, disastri, incidenti e sim.: *le vittime del terremoto, della guerra, della fame, della carestia*; *una v. innocente*; *l'alluvione ha fatto molte vittime* | ***le vittime della strada, della montagna*** e sim., che muoiono in incidenti stradali, di montagna e sim. | ***le vittime del progresso***, che perdono la vita in seguito a esperimenti e sim. | ***essere v. di***, perire a causa di o essere coinvolto in: *essere v. del lavoro, del dovere*; *essere v. di un'epidemia* **4** (*fig.*) chi soggiace ad azioni ingiuste, a prepotenze, violenze, soperchierie, sopraffazioni e sim.: *le vittime della tirannide, dell'intolleranza religiosa, delle persecuzioni razziali*; *è la v. del padrone, del capufficio*; *in famiglia la v. è sempre lui* **5** (*fig.*) chi subisce, anche senza averne piena coscienza, le conseguenze negative di errori, vizi, difetti e sim. propri o altrui: *una v. dell'ambizione, dell'egoismo umano*; *doveva rimaner v. della sua mania* (G. D'ANNUNZIO) | ***fare la v.***, atteggiarsi a persona trascurata, perseguitata, infelice e sim. | ***povera v.!***, (*iron.*) di chi si atteggia a vittima, avendo invece numerosi motivi di soddisfazione

†**vittimàre** [vc. dotta, lat. tardo *victimāre*, da *vĭctima* 'vittima' ✱ av. 1704] **v. intr.** • offrire vittime in sacrificio

vittimàrio [vc. dotta, lat. *victimāriu(m)*, da *vĭctima* 'vittima' ✱ 1741] **s. m.** • nel rito sacrificale romano antico, l'assistente del sacerdote sacrificatore, il quale legava la vittima e preparava l'immolazione

vittimìsmo [da *vittima* col suff. *-ismo* ✱ 1942] **s. m.** • tendenza a considerarsi o ad atteggiarsi di continuo a vittima, lamentandosi degli altri o delle circostanze

vittimìsta [1942] **A** **s. m. e f.**; **anche agg.** (**pl. m.** *-i*) • chi (o che) ama atteggiarsi a vittima **B** **agg.** • (*raro*) vittimistico

vittimìstico [1932] **agg.** (**pl. m.** *-ci*) • da vittimista; caratterizzato da vittimismo: *atteggiamento v.* || **vittimisticaménte**, **avv.**

vittimizzàre [da *vittima* ✱ 1911] **A** **v. tr.** • rendere vittima o fare sentire vittima **B** **vittimizzàrsi** **v. rifl.** • atteggiarsi a vittima || **vittimizzazióne**, **s. f.**

vìtto ① [vc. dotta, lat. *vīctu(m)*, da *vīvere* ✱ sec. XIII] **s. m.** • insieme di alimenti e bevande necessarie per vivere: *v. sano, nutriente, scarso, abbondante*; *pensione con v. e alloggio* | †***v. animale***, di carne, uova e latte **SIN.** cibo, nutrimento

SFUMATURE ➤ ***alimentazione***

†**vitto** ② ➤ **vinto**

vittóre [vc. dotta, lat. *victōre(m)*, da *vīctus* (V. *vittoria*) ✱ av. 1306] **s. m.** (**f.** *-trice*); **anche agg.** • (*lett.*) vincitore

♦**vittòria** [vc. dotta, lat. *victōria(m)*, da *vĭctus*, part. pass. di *vĭncere* ✱ av. 1250] **s. f.** • successo ottenuto in uno scontro armato, una contesa, una competizione, un confronto: *v. militare*; *le vittorie di Cesare, di Alessandro Magno*; *v. terrestre, marittima, aerea*; *lottare, combattere, gareggiare per la v. finale*; *la v. arrise ai nostri soldati, alla nostra squadra, ai colori avversari*; *conquistare una grande, una strepitosa v.*; *le innumerevoli vittorie della scienza, della medicina*; *ottenere la v. in una causa, in un processo* | ***riportare v. su qlco., su qlcu.***, vincerlo, spuntarla, essere più forti | ***v.!***, grido o esclamazione di gioia di chi ha vinto o ha superato un ostacolo, una difficoltà | (*fig.*) ***avere la v. in pugno***, essere ormai sicuro di vincere | ***cantar v.***, (*fig.*) rallegrarsi oltremodo, spec. anzitempo, pensando di aver vinto | ***v. morale***, quella di chi, pur essendo materialmente sconfitto, ha buoni motivi d'ordine morale per ritenersi il vero vincitore | ***la palma, la corona della v.***, segni tangibili, simboli di vittoria consegnati un tempo al vincitore; (*fig.*) ogni premio conferito a un vincitore | ***v. di Pirro***, (*fig.*) quella che, ottenuta a prezzo di danni e perdite disastrosi, mette praticamente il vincitore nella stessa condizione del vinto (come accadde a Pirro, re dell'Epiro, che, pur avendo sconfitto nel 280 e nel 279 a.C. i Romani, subì gravissime perdite)

Definizione d'autore
Quando si dice **vittoria** si pensa alla competizione, all'arrivare prima degli avversari per salire sul gradino più alto del podio. È vero, ma trovo si tratti di una semplificazione. Nella mia carriera d'atleta, ho capito subito che la vera **vittoria** era un'altra cosa, più profonda. Voleva dire porsi un obiettivo, impegnarsi per raggiungerlo per poi spostarlo un po' più in alto e raggiungerlo nuovamente, nel rispetto delle regole, dell'avversario e soprattutto di me stessa. Così, ho vinto molte più volte di quelle in cui sono arrivata prima: la mia vittoria più famosa è stata l'argento inaspettato alle Olimpiadi di Los Angeles, dove credo di aver fatto la gara più bella della mia vita.
Sara Simeoni

SFUMATURE DI SIGNIFICATO
vittoria - affermazione - conquista
Il prevalere in una guerra o in una competizione sportiva si definisce generalmente **vittoria**. **Affermazione** ha lo stesso significato, ma si usa di preferenza in riferimento a successi professionali, scientifici o sportivi. Un progresso, un miglioramento raggiunto attraverso lotte, sacrifici, difficoltà in un campo specifico della scienza o dell'attività umana si chiama **conquista**, termine che però può anche descrivere un successo amoroso.

vittoriàle [vc. dotta, lat. tardo *victoriāle(m)*, da *victōria* 'vittoria' ✱ 1336 ca.] **A** **agg.** • (*lett.*) di vittoria: *riti vittoriali* **B** **s. m.** • ***il V.***, nome dato da G. D'Annunzio alla sua villa sul lago di Garda

vittoriàno [dalla regina *Vittoria* d'Inghilterra (1819-1901) ✱ 1924] **agg.** • dell'età in cui regnò in Gran Bretagna la regina Vittoria: *scrittori vittoriani*; *Inghilterra vittoriana* | (*est.*) moralista, puritano: *morale vittoriana* | ***stile v.***, stile eclettico affermatosi in Inghilterra nella seconda metà del XIX sec., costituito da un miscuglio di stili precedenti variamente imitati e combinati

†**vittoriàre** [da *vittoria* ✱ sec. XIV] **v. intr.** • vincere, trionfare

vittoriàto [vc. dotta, dal lat. *victoriātu(m)*, dalla *victōria(m)* impressavi ✱ av. 1687] **s. m.** • (*numism.*) moneta d'argento romana dell'età repubblicana, del valore di tre quarti del denaro, con l'incisione sul dritto della testa di Giove cinta di alloro e sul rovescio l'immagine della vittoria che incorona un trofeo d'armi

vittorióso (o *-ṣ-*) [vc. dotta, lat. *victoriōsu(m)*, da *victōria* 'vittoria' ✱ 1261 ca.] **agg. 1** di vittoria: *esito v.*; *grida vittoriose*; *sorriso v.*; *espressione vittoriosa* **2** che ha vinto: *esercito, soldato, atleta v.* **3** di chi ha vinto: *ritorno v.*; *vessillo v.*; *bandiera vittoriosa* **SIN.** trionfante || **vittoriosaménte**, **avv.** con esito favorevole: *combattere vittoriosamente*

†**vittovàglia** ➤ **vettovaglia**

†**vittovagliàre** ➤ **vettovagliare**

†**vittuàglia** ➤ **vettovaglia**

†**vittuària** ➤ **vettovaglia**

vitulìno [dal lat. *vĭtulus* 'vitello①' ✱ av. 1803] **agg.** • (*lett.*) di vitello | ***foca vitulina***, foca comune

vituperàbile [vc. dotta, lat. *vituperābile(m)*, da *vituperāre* ✱ av. 1348] **agg.** • che può essere vituperato | riprovevole || **vituperabilménte**, **avv.**

vituperàndo [vc. dotta, lat. *vituperāndu(m)*, gerundivo di *vituperāre* ✱ 1438] **agg.** • (*lett.*) che è degno di vituperio, d'infamia

vituperàre o †**vitiperàre**, †**vitoperàre** [vc. dotta, lat. *vituperāre*: la prima parte del v. va ricollegata a *vĭtium* (V. *vizio*) ✱ 1261 ca.] **A** **v. tr.** (*io vitùpero*) **1** biasimare, criticare in modo aspro e offensivo: *nessuna delle mie opere fu mai tanto vituperata* (G. D'ANNUNZIO) | (*lett.*) oltraggiare, insultare: *lo hanno vituperato in presenza di noi tutti* **SIN.** denigrare, vilipendere **2** (*lett.*) coprire d'infamia, disonore, vergogna: *v. la famiglia, la patria, il proprio nome* **3** †stuprare, violentare **4** †insudiciare, imbrattare **B** **vituperàrsi** **v. rifl.** • †sporcarsi, deturparsi | (*fig.*) †svilirsi

†**vituperativo** [vc. dotta, lat. tardo *vituperatīvu(m)*, da *vituperātus* 'vituperato' ✱ av. 1406] **agg.** • che serve a vituperare: *parole vituperative*

vituperàto o †**vitiperàto** **part. pass.** di *vituperare*; **anche agg. 1** nel sign. del v. **2** (*lett.*) disonorevole, infame

vituperatóre [vc. dotta, lat. *vituperatōre(m)*, da *vituperātus* 'vituperato' ✱ 1374] **s. m.** (**f.** *-trice*); **anche agg.** • (*raro*) chi (o che) vitupera

vituperazióne [vc. dotta, lat. *vituperatiōne(m)*, da *vituperātus* 'vituperato' ✱ 1300 ca.] **s. f.** • (*lett.*) il vituperare | vituperio

♣**vituperévole** o †**vitiperévole**, †**vituperévile** [da *vituperabile*, con cambio di suff. ✱ 1268] **agg.** • (*lett.*) vituperabile, spregevole, abietto || **vituperevolménte**, **avv.**

♣**vitupèrio** o †**vitipèrio**, †**vitopèrio**, †**vitopèro** [vc. dotta, lat. tardo *vitupĕriu(m)*, da *vituperāre* ✱ 1268] **s. m.** (**pl.** *-i* o **lett.** *-ii*, †*vitupèria*, **f.**) **1** ingiuria, insulto, offesa: *lanciare, scagliare vituperi contro qlcu.*; *coprire qlcu. di vituperi* | †***levarsi di v.***, vendicare l'offesa ricevuta **2** (*lett.*) grave onta, disonore, vergogna: *essere causa di v. per qlcu.*; *fare, recare v. a qlcu.*; *patire, sostenere, ricevere v.* | †grave biasimo: *vostra sarà la lode o il v.* **3** (*lett.*) chi (o ciò che) è causa di vituperio, disonore, vergogna: *suo figlio è l'unico v.*

della casa; le vostre azioni sono il v. del paese; Ahi Pisa, v. de le genti (DANTE *Inf.* XXXIII, 79) | (*scherz.*) porcheria, obbrobrio: *quel quadro è un v.!*

vituperóso (o **-ṣ-**) [da *vitupero*, var. di *vituperio* ✱ 1261 ca.] **agg. 1** (*lett.*) di vituperio, offensivo: *parole vituperose; epiteti vituperosi* **SIN.** ingiurioso **2** (*lett.*) infame, disonorevole, abietto: *fama, azione vituperosa; mestiere v.; morte vituperosa; uomo v.* ‖ **vituperosaménte**, **avv.** con vituperio

†**viuòla** ➤ **viola**②

viùzza [av. 1566] **s. f. 1** dim. di *via* **2** via angusta, stretta, spec. tortuosa: *le viuzze della città vecchia, del porto; un dedalo di viuzze* ‖ **viùzzola**, **dim.**

♦**vìva** [terza pers. sing. congtv. pres. di *vivere*① ✱ 1250] **A inter.** ● esprime approvazione incondizionata, plauso, augurio e sim. verso qlco. o qlcu. (nelle scritte murali espresso generalmente con una W): *v. l'Italia!; v. l'Inter!*; (*scherz.*) *v. noi e chi ci vuol bene!; v. me!; v. tutti!* | (*colloq.*) ***v. la faccia di chi parla chiaro!, v. la faccia della sincerità!, v. la sincerità***, esprime divertita sorpresa per una frase inaspettatamente franca | ***v. il Cielo!***, (*disus.*) esprime sollievo, ed energica affermazione | ***alla 'v. il parroco'***, V. *parroco* | V. anche *vivaddio* **CONTR.** abbasso **B in funzione di s. m. inv.** ● plauso, esclamazione di approvazione: *un v. forte e chiaro proruppe dai presenti*

vivacchiàre [intens. di *vivere*① ✱ 1524] **v. intr.** (*io vivàcchio*; **aus.** *avere*) ● vivere stentatamente, tirando avanti alla meno peggio: *'Come va?' 'Si vivacchia'*

♦**vivàce** [vc. dotta, lat. *vivāce(m)*, da *vīvere* ✱ 1308] **agg. 1** (*lett.*) che è pieno di vita, rigoglioso, vitale | (*est.*, *lett.*) che vive a lungo: *le arboree corna del v. cervo* (I. SANNAZARO) | (*lett.*) ***fonte v.***, durevole e abbondante **2** (*lett.*) che dà vita: *aere v.* | †fertile, fecondo: *terra v.* **3** (*bot.*) detto di vegetale che vive molti anni producendo annualmente foglie e fiori **SIN.** perenne **4** che è dotato di grande vitalità fisica ed è sempre in attività, in movimento e sim.: *persona v. e allegra* | irrequieto, indisciplinato: *un bambino alquanto v.* **SIN.** esuberante **5** che è sveglio, acuto, pronto: *mente v.; ingegno v.; essere dotato di una v. intelligenza; guardare qlcu. con occhio v.* | (*est.*) brioso, animato, brillante: *conversazione v.; pagine vivaci; stile, scrittore v.* | (*mus.*) indicazione di movimento intermedio fra allegro e presto, spesso usata come specificazione di altre: *allegro v.* **6** (*fig.*) caratterizzato da animosità, eccitazione, risentimento e sim.: *gesto v.; risposta v.; la discussione si fa troppo v.* | ***un'espressione un po' v.***, un po' eccessiva | focoso: *ha un caratterino piuttosto v.* **7** (*fig.*) intenso, brillante: *colore v.; luce v.; fuoco v.* **CONTR.** smorto **8** (*enol.*) detto di vino giovane che presenta un sapore fresco, leggermente asprigno | detto di vino leggermente effervescente **CONTR.** tranquillo **9** †vivo, vivente **10** †fertile, detto di terreno **11** †rigoglioso: *i rami gravidi e vivaci* (DANTE *Purg.* XXIV, 103) | †ininterrotto, inesauribile ‖ **vivaceménte**, **avv. 1** con vivacità **2** †acutamente

SFUMATURE DI SIGNIFICATO

vivace - pronto - arguto - frizzante

Riferito a persona, **vivace** vuol dire sveglio e attento, pieno di vita. Riferito a capacità intellettive, **pronto** identifica reattività, velocità di risposta, agilità mentale. **Arguto** oltre a definire doti intellettuali di vivacità e prontezza denota spirito brillante e mordace. **Frizzante** invece significa spiritoso, pungente, brioso ma non implica necessariamente un apprezzamento di capacità intellettuali.

SFUMATURE ➤ ***arguto***

†**vivacézza** [av. 1306] **s. f.** ● vivacità

vivacità o †**vivacitàde** [vc. dotta, lat. *vivacitāte(m)*, da *vīvax*, genit. *vivācis* 'vivace' ✱ av. 1306] **s. f. inv.** ● caratteristica di chi (o di ciò che) è vivace (**anche** *fig.*): *la v. di un bambino; la v. dei movimenti; è dotato di una grande v. d'ingegno, di mente; ha una notevole v. d'espressione, di stile* **SIN.** brio, vitalità **CONTR.** indolenza

SFUMATURE ➤ ***dinamismo***

vivacizzàre [da *vivace* ✱ 1960] **A v. tr.** ● rendere vivace: *v. il racconto, l'esposizione dei fatti, l'espressione, lo stile* | nel gergo giornalistico, rendere vivace una pagina mediante una originale composizione tipografica **B vivacizzàrsi v. intr. pron.** ● diventare vivace, animato, ecc.: *la discussione cominciò a vivacizzarsi* ‖ **vivacizzazióne**, **s. f.**

vivaddìo o (*lett.*) **vìva Dìo** [da *viva Dio* ✱ av. 1704] **inter.** ● si usa per rafforzare un'affermazione: *v., ci riuscirò!; non la passerà liscia, v.!*

vivàgno [da *vivo*, propr. 'vicino al vivo della stoffa' ✱ 1313] **s. m. 1** cimosa, lisiera **2** (*est.*, *lett.*) orlo, lembo **3** (*est.*, *lett.*) riva, sponda | (*lett.*) margine di un libro

vivàio [lat. *vivāriu(m)*, da *vīvus* 'vivo' ✱ av. 1292] **s. m.** (**pl.** *-ai*) **1** (*pesca*) impianto fisso in cui si allevano, o semplicemente si mantengono vivi, i pesci: *trota di v.; un v. per anguille* | (*est.*) nassa | (*est.*) cestino metallico nel quale, durante la pesca, si conserva vivo il pesce catturato **2** (*agric.*) complesso degli impianti occorrenti alla produzione di piante da trapiantare | ***v. di piante madri***, destinato alla coltivazione delle piante scelte per la produzione delle talee **3** (*fig.*) ambiente, scuola in cui ci si forma fisicamente o intellettualmente, acquisendo una particolare istruzione, preparazione e sim.: *un v. di atleti, di campioni; un v. di artisti, di scienziati* | (*fig.*) nel linguaggio sportivo, i giovani atleti che giocano e si allenano nelle squadre minori ‖ **vivaiétto**, **dim.**

vivaìsmo [1950] **s. m. 1** produzione di piante da trapiantare **2** attività del vivaista

vivaìsta [1942] **s. m. e f.** (**pl. m.** *-i*) ● (*pesca*, *agric.*) chi è addetto a un vivaio

vivaìstico [1961] **agg.** (**pl. m.** *-ci*) ● (*pesca*, *agric.*) relativo ai vivai

vivaldiàno [av. 1981] **agg.** ● che riguarda il musicista A. Vivaldi (1678-1741), il suo stile e la sua produzione artistica: *i concerti vivaldiani*

vivànda [rifacimento, secondo *vivere*, del fr. *viande*, dal lat. parl. **vivănda*, nt. pl., propr. 'cose necessarie a vivere', da *vīvere* ✱ 1266] **s. f. 1** cibo preparato per il pasto: *buona vivanda e buoni vini; vivande squisite, saporite, genuine; portare in tavola le vivande* | ***la mistica v.***, l'ostia consacrata **2** †portata: *le prime, le seconde vivande* **3** †viveri, vettovaglie ‖ **vivandétta**, **dim.**

SFUMATURE ➤ ***cibo***, ➤ ***piatto***

†**vivandàre** [1618] **v. intr.** ● consumare il pasto

vivandétta [1353] **s. f. 1** dim. di *vivanda* **2** †manicaretto

vivandière [fr. *vivandier*, deriv. dal lat. parl. **vivănda* (V. *vivanda*) ✱ 1554] **s. m.** (**f.** *-a*) ● chi, un tempo, vendeva cibo e bevande ai soldati

vivavóce o **vìva vóce** [comp. di *viva* (f. di *vivo*) e *voce* ✱ 1989] **A s. m. inv.** ● congegno, interno o esterno a un apparecchio telefonico, che amplifica il segnale in entrata e in uscita, consentendo così di conversare senza impegnare le mani **B anche agg. inv.** ● che è provvisto di tale congegno: *telefono v.*

♦**vivènte A part. pres.** di *vivere*; **anche agg. 1** nei sign. del v. **2** (*lett.*) ***anima v.***, essere umano in vita | ***essere v.***, ogni essere (pianta, animale o, spec., uomo) che vive, che è in vita **B s. m.** (**anche f. nei sign. 1 e 3**) **1** essere vivente: *ogni v.; tutti i viventi* | ***mal v.***, V. *malvivente* **2** (*lett.*) vita, esistenza | (*lett.*) ***al suo v.***, per tutta la sua vita | (*lett.*) ***in suo v.***, in vita sua **3** (*raro*) beato, in quanto gode della vita eterna: *il libro dei viventi*

vivènza [da *vivente* ✱ 1877] **s. f.** ● (*burocr.*) condizione di chi è in vita, spec. nella loc. ***v. a carico***, condizione di chi vive a carico di qlcu.

♦**vìvere**① [lat. *vīvere*, di orig. indeur. ✱ av. 1250] **A v. intr.** (**fut.** *io vivrò*, †*viverò*, *tu vivrài*, †*viverài*; **pass. rem.** *io vissi*, †*vivètti* o *raro* †*vivéi*, *tu vivésti*; **condiz. pres.** *io vivrèi*, †*viverèi*; **part. pass.** *vissùto*, *poet.* †*vìsso*, †*vivùto*; **aus.** *essere*, o *avere* **spec. nei sign. 2 e 5**) **1** essere in vita, esistere, detto di uomini, animali, piante: *il poveretto viveva ancora questa mattina; le specie che vivono nelle profondità marine; una pianta che vive nell'acqua, sui ruderi* | ***cessare di v.***, morire | **PROV.** ***chi muore giace e chi vive si dà pace***, V. *morire* **2** trascorrere l'esistenza, in relazione al tempo, al luogo, al modo, ai mezzi e alle condizioni della stessa: *v. a lungo, molto, poco; visse ottant'anni; un poeta vissuto nella seconda metà dell'Ottocento; Dante visse dal 1265 al 1321; viviamo in una triste epoca; v. in città, in campagna; v. all'estero, in esilio, in carcere; v. in albergo, in pensione, in convento; v. tranquillo, in pace, senza pensieri, nell'ansia, nel timore; v. onestamente, rettamente; v. da parassita; v. di caccia, di pesca; v. con poco, di poco; v. di rendita, del proprio lavoro, di espedienti, d'accatto, di elemosine; v. lautamente, da gran signore, agiatamente, miseramente, nell'indigenza* | ***v. alla giornata***, giorno per giorno, senza un piano prestabilito, senza mezzi che assicurino la continuità del vivere | (*fig.*) ***v. d'arte, d'amore, d'odio, di speranza***, nutrirsi spiritualmente di qlco. | ***v. per qlcu.***, farne il centro della propria esistenza | ***v. per qlco.***, dedicarvi tutte le proprie energie, le proprie cure | ***v. sicuro, tranquillo*** e sim., stare tranquillo, sicuro: *puoi v. sicuro che ti restituirò i tuoi soldi* **3** realizzare il minimo delle condizioni necessarie alla vita; tirare avanti: *hanno appena di che v.; come stai? Si vive* | ***non lasciar v. una persona***, importunarla continuamente, non darle requie | ***v. e lasciar v.***, vivere a modo proprio essendo tolleranti verso i modi di vita altrui **4** comportarsi come richiedono le convenzioni sociali: *è una persona che non sa v.* | ***imparare a v.***, come comportarsi, come agire **5** realizzare tutte le possibilità della vita, godere la vita: *vivi oggi, non rimandare a domani* | ***un uomo che ha vissuto, che ha molto vissuto***, che ha avuto una vita piena, ricca di esperienze **6** (*fig.*) perdurare: *la sua fama vivrà eternamente; è una tradizione che vive ancora* | ***v. nel ricordo, nella memoria, nel cuore***, non essere dimenticato | vigere, aver forza e vigore: *che 'l desir vive e la speranza è morta* (F. PETRARCA) **7** (*tipogr.*) ***vive***, formula con cui si annulla una correzione errata e si ripristina il testo precedente **B v. tr. 1** con il compl. dell'oggetto interno, trascorrere: *v. una lunga vita, una vita serena, tranquilla* | ***v. la propria vita***, trascorrerla secondo i propri desideri, dedicandosi alle attività preferite, senza dipendere o lasciarsi determinare dagli altri **2** passare: *ho vissuto un brutto momento; hanno vissuto inenarrabili traversie, avventure* | ***v. un dramma***, essere travolto in vicende dolorose, drammatiche **3** provare: *v. attimi di angoscia, di felicità, di ansia* **4** sentire intimamente qlco., partecipandovi appieno: *v. le pene, le gioie di qlcu.* | ***v. la fede***, sentirla e praticarla | ***v. una parte, la*** *propria parte*, detto di attore che si immedesima completamente nel personaggio, facendone una cosa viva

♦**vìvere**② [da *vivere*① ✱ sec. XIII] **s. m. solo sing. 1** il fatto di vivere, vita: *se del mio viver Atropo / presso è a troncar lo stame* (G. Parini); *sento gli avversi Numi, e le secrete cure che al viver tuo furon tempesta* (U. Foscolo) | modo di condurre l'esistenza: *il v. degli antichi, dei moderni; amare il quieto v.; il v. in città logora i nervi; non è certo un bel v. il mio!; ove dorme il furor d'inclite geste / e sien ministri al v. civile / l'opulenza e il tremore* (U. Foscolo) **2** (*raro*) ciò che è necessario per mantenersi in vita: *il v. costa sempre più caro*

♦**vìveri** [sost. pl. del v. *vivere* ✱ 1520] **s. m. pl.** ● vettovaglie, derrate alimentari: *viveri di prima necessità; viveri di riserva; i viveri cominciavano a scarseggiare; razionamento, tesseramento dei viveri* | ***tagliare i viveri a una città assediata***, impedirle di rifornirsene dall'esterno | ***tagliare i viveri a qlcu.***, privarlo dei mezzi di sussistenza

vivèrra [vc. dotta, lat. *vivĕrra(m)* 'furetto', vc. indeur. di orig. onomat. ✱ av. 1300] **s. f.** ● carnivoro dei Viverridi, asiatico, a corpo snello, con ghiandole anali che forniscono lo zibetto (*Viverra*)

Vivèrridi [da *viverra* ✱ 1961] **s. m. pl.** (**sing.** *-e*) ● (*zool.*) famiglia di Carnivori asiatici e africani, agili, con arti brevi e coda lunga (*Viverridae*)

viveur /vi'vɛr, *fr.* vi'vœʀ/ [vc. fr., da *vivre* 'vivere'. V. *vitaiolo* ✱ 1858] **s. m. inv.** ● uomo che conduce vita mondana dando un'importanza prevalente ai piaceri e ai divertimenti

†**vivévole** [da *vivere*① ✱ sec. XIV] **agg.** ● vivace, acuto, penetrante

vivézza [da *vivo* ✱ sec. XIV] **s. f. 1** †durata della vita | †ardimento, risolutezza **2** somiglianza con la realtà; incisività espressiva: *ritratto di grande v.; quadro, bozzetto di eccezionale v.* | (*lett.*) concetto arguto o mordace **3** (*fig.*) vivacità: *v. d'ingegno, di stile; la v. di un colore; ho apprezzato la v. dell'espressione, delle immagini*

vivìbile [da *vivere*① ✱ 1979] **agg. 1** che può essere vissuto **2** (*est.*) che è facile o piacevole da vivere: *creare le condizioni per un'esistenza più v.* | ***un ambiente v.***, nel quale è gradevole stare || **vivibilménte**, **avv.** || **vivibilità**, **s. f. inv.** (V.)

vivibilità [1983] **s. f. inv.** ● condizione di ciò che è vivibile, detto di un luogo o un ambiente: *l'inquinamento acustico dà scarsa v. al centro cittadino*

♦**vividézza** [da *vivido* ✱ 1922] **s. f.** ● caratteristica di ciò che si presenta particolarmente intenso, chiaro e luminoso: *la v. di un'immagine, di una fiamma* | (*fig.*) nitidezza, nettezza: *i ricordi del passato affiorano con grande v.*

♦**vìvido** [vc. dotta, lat. *vīvidu(m)*, da *vīvere* ✱ 1374] **agg. 1** (*lett.*) pieno di vita, rigoglioso: *pianta vivida* | (*poet.*) che dà vita: *ebbra spirò le vivide / aure del franco lido* (A. Manzoni) **2** che è particolarmente intenso e brillante: *colori vividi; una vivida luce* **CONTR.** appannato, fioco | (*fig.*) nitido, netto: *ricordi vividi* **3** (*fig.*) vivace, acuto: *uomo di v. ingegno; ne' fanciulli è … vivida all'eccesso la fantasia* (G. Vico) || **vividaménte**, **avv.**

†**vivificaménto** [av. 1694] **s. m.** ● rafforzamento

vivificànte **part. pres.** di *vivificare*; anche **agg.** ● nei sign. del v. | che ritempra, che rinvigorisce: *aria v.*

♦**vivificàre** [vc. dotta, lat. tardo *vivificāre*, comp. di *vīvus* 'vivo' e *-ficāre* ✱ 1266] **v. tr.** (*io vivìfico, tu vivìfichi*) **1** (*lett.*) rendere vivo, costituire il principio vitale di qlco. (*anche fig.*): *v. la materia; è l'anima che vivifica il corpo; un principio ideale che vivifica l'azione* **SIN.** animare **2** (*est.*) ritemprare (*anche assol.*): *la pioggia vivifica la pianta; aria, sole, brezza che vivifica* **SIN.** rinvigorire **3** (*fig.*) rendere vivace, piacevole, interessante e sim.: *v. con un'intelligente esposizione un'arida materia di studio* || **vivificazióne**, **s. f.**

vivificatóre [vc. dotta, lat. tardo *vivificatō-re(m)*, da *vivificātus*, part. pass. di *vivificāre* ✱ av. 1342] **agg. e s. m.** (**f.** *-trice*) ● che (o chi) vivifica: *spirito, impulso v.; virtù vivificatrice*

vivìfico [vc. dotta, lat. tardo *vivĭficu(m)*, comp. di *vīvus* 'vivo' e *-fico* ✱ av. 1320] **agg.** (**pl. m.** *-ci*) ● (*lett.*) che vivifica: *spirito v.*

†**viviménto** [da *vivere*① ✱ sec. XIV] **s. m.** ● il vivere | tenore di vita

vivinatalità [comp. di *vivo* e *nato*, sul modello di *natalità* ✱ 1942] **s. f. inv.** ● (*stat.*) in rilevazioni statistiche, percentuale dei nati vivi in riferimento al totale dei nati in un certo periodo di tempo

viviparìsmo [da *viviparo* ✱ 1993] **s. m.** ● (*zool.*) tipo di riproduzione caratterizzato dallo sviluppo della prole in porzioni specializzate degli ovidotti, solitamente grazie a meccanismi di placentazione

viviparità [da *viviparo* ✱ 1957] **s. f. inv.** ● (*zool.*) condizione degli animali vivipari

vivìparo [vc. dotta, lat. *vivĭparu(m)*, comp. di *vīvus* 'vivo' e *-parus*, da *părere* 'partorire' (V. *parto*①) ✱ 1582] **A s. m. 1** (*zool.*) organismo animale che si riproduce per viviparismo **CFR.** oviparo, ovoviviparo **2** (*bot.*) vegetale provvisto di bulbilli **B anche agg.**: *animale v.*

†**vivìscere** [vc. dotta, lat. *vivīscere*, var. di *vivēscere* 'prendere vita, cominciare a vivere', incoativo di *vīvere* ✱ av. 1306] **v. intr.** ● rivivere, rinascere

vivisettòrio [1937] **agg.** (**pl. m.** *-i* o *raro -ii*) ● relativo a vivisezione

vivisezionàre [1930] **v. tr.** (*io vivisezióno*) ● sottoporre a vivisezione (*anche fig.*): *v. una cavia, un ratto; v. uno scritto, una questione*

vivisezióne [comp. di *vivo* e *(dis)sezione* ✱ 1829] **s. f. 1** dissezione anatomica degli animali vivi **2** (*fig.*) esame estremamente minuzioso e severo: *la v. di un testo poetico*

♦**vivo** [lat. *vīvu(m)*, di orig. indeur. ✱ av. 1257] **A agg. 1** che vive, che è in vita: *bisogna prenderlo v. o morto; gli eretici venivano arsi vivi; i pesci ancora vivi guizzavano nella cesta* | ***pianta viva***, rigogliosa, fiorente, verdeggiante | ***v. e vegeto***, si dice di persona anziana ancora sana e piena di vita; anche di chi si credeva che fosse morto o malato, e invece sta molto bene | ***mangiarsi uno v.***, (*fig.*) coprirlo di rimproveri violenti o sim. | ***farsi v.***, dar notizie di sé, farsi vedere | ***essere più morto che v.***, stordito, confuso per la paura, malconcio | ***sepolto v.***, (*fig.*) detto di chi vive in clausura, senza alcun contatto cogli altri | ***non c'era anima viva***, non c'era nessuno | ***siepe viva***, di piante vive, radicate nel terreno | ***a viva voce***, parlando direttamente con una persona **SIN.** oralmente **2** (*est.*) che permane, che è in uso: *una tradizione, una consuetudine ancora viva* | ***lingua viva***, quella dell'uso contemporaneo | ***uso v. della lingua***, l'uso attuale in opposizione a quello antico o letterario | che perdura, che non è dimenticato: *a lungo parla di cose vive a noi soli* (U. Saba); *un fatto ancora v. nella nostra memoria* **3** vivace: *persona viva; occhi vivi* | ***ingegno v.***, acuto, versatile | ***discussione viva***, molto vivace, accanita | ***descrizione viva***, efficacemente espressiva, piena di vita | attivo, operoso, animato: *il commercio è v. in questo paese; una città viva* | ***le forze vive della nazione***, (*fig.*) le persone o le categorie operanti, capaci di promuovere lo sviluppo della nazione **4** (*est.*) intenso: *il v. splendore del suo sguardo; la luce troppo viva dà fastidio agli occhi; ad un tratto il rumore si fece più v.* | ***colore v.***, brillante, luminoso | ***cuocere a fuoco v.***, a fiamma alta | di sentimento, forte, particolarmente intenso, profondo: *viva compassione; v. sdegno; viva emozione, sensazione; sentire v. bisogno, viva necessità di qlco.; ascoltai le sue parole con v. interesse* | ***vivi ringraziamenti***, sentiti | ***di v. cuore***, per indicare la spontaneità, la schiettezza del sentimento **5** (*fig.*) si dice di ciò che per le sue caratteristiche ricorda la mobilità, la spontaneità, la sensibilità, la produttività di ciò che vive | ***aria viva***, fresca, pura: *È una sua idea, che bisogna far la ginnastica all'aria viva* (E. De Amicis) | ***acqua viva***, corrente | ***argento v.***, il mercurio, per la sua caratteristica mobilità; (*est.*) irrequietezza | ***carne viva***, non ricoperta dalla pelle quindi molto sensibile | ***calce viva***, calce caustica, di recente cottura, che si spegne nell'acqua con produzione di calore | ***forza viva***, in fisica, l'energia cinetica | ***a viva forza***, con la violenza | ***palla viva***, nel baseball, la palla quando è in gioco | ***roccia viva***, nuda, non ricoperta da terriccio | ***angolo, canto, spigolo v.***, non smussato | ***taglio v.***, affilato | ***opera viva***, in una nave, la carena | ***spese vive***, l'insieme delle somme spese per produrre un bene o servizio, senza tener conto dell'opera e dei capitali propri impiegati nella produzione stessa e di eventuali apporti di terzi che non siano stati compensati in denaro; nell'amministrazione della famiglia, denaro quotidianamente speso per il mantenimento e il funzionamento della casa || **vivaménte**, **avv.** in modo vivace, intenso, caloroso: *ringraziare vivamente qlcu.* **B s. m. 1** (**spec. al pl.**) persona vivente: *pregare per i vivi e per i morti; toglieano i vivi / all'etere maligno ed alle fere / i miserandi avanzi* (U. Foscolo) | ***non essere più tra i vivi***, essere morto **2** (**solo sing.**) parte viva, particolarmente sensibile, profonda di un organismo: *la punta del ferro penetrò nel v. della carne* | ***toccare, ferire, pungere sul v., nel v.***, (*fig.*) colpire qlcu. nel suo punto debole, sensibile, suscettibile | ***nel v. del cuore***, nell'intimo del cuore | parte essenziale, sostanziale: *entrare nel v. di una questione, di un argomento* **3** ***dare il v.***, in falconeria, nutrire un falcone con preda viva **4** (*edil.*) filo | muro con gli elementi lasciati in vista **5** (*milit.*) ***v. di volata, di culatta***, facce che limitano rispettivamente la parte anteriore e la parte posteriore della bocca da fuoco **6** nella loc. ***al v.***, con notevole aderenza al vero e con vivacità espressiva: *descrivere, ritrarre, raffigurare al v.*; nella tecnica tipografica, all'inizio della pagina, senza lasciare spazio o margine | ***dal v.***, detto di programma radiofonico o televisivo non registrato antecedentemente, ma trasmesso direttamente

vivo, in ➤ **in vivo**

†**vivola** ➤ **viola**②

†**vivóre** e deriv. ➤ **vigore** e deriv.

vivucchiàre [var. di *vivacchiare* ✱ av. 1872] **v. intr.** (*io vivùcchio*; aus. *avere*) ● (*lett.*) vivacchiare

†**vivuòla** ➤ **viola**②

†**vivùto** **part. pass.** di *vivere*; anche **agg.** ● nei sign. del v.

viziàre [vc. dotta, lat. *vitiāre*, da *vĭtium* 'vizio, difetto' ✱ 1268] **A v. tr.** (*io vìzio*) **1** abituare male, educare con eccessiva condiscendenza o debolezza: *lo hanno viziato fin da piccolo; non devi v. così quel bambino* **SIN.** diseducare | (*est., fam.*) trattare fin troppo bene, coccolare **2** (*lett.*) indurre al vizio; corrompere: *v. il candore* **3** rendere difettoso o mal funzionante, guastare: *v. un prodotto indu-*

striale; *v. un congegno* | inquinare: *v. l'aria* | compromettere: *v. un discorso* | infirmare, invalidare: *v. un atto, un contratto, un documento*; *molti errori viziano il tuo ragionamento* | (*assol.*) ***non vizia***, non guasta, non disturba e sim. **4** †deflorare, violentare **B** **viziàrsi v. intr. pron. 1** contrarre vizi, cattive abitudini, anomalie e sim.: *viziarsi frequentando cattive compagnie*; *il cane si è viziato per l'inesperienza dell'istruttore* **2** (*raro*) deteriorarsi, detto di cose: *l'aria della stanza si è viziata*

SFUMATURE DI SIGNIFICATO
viziare - guastare - corrompere
In riferimento a persone, **viziare** descrive l'azione di abituare male, solitamente per eccessiva indulgenza. **Guastare** descrive un'azione più marcata, e decisamente negativa, sul carattere o sulla struttura morale di una persona. **Corrompere** è termine ancora più incisivo per descrivere l'azione di chi esercita un'influenza malvagia su un'altra persona inducendola a comportamenti moralmente dubbi o addirittura illeciti.

viziàto **part. pass.** di *viziare*; **anche agg. 1** che ha contratto cattive abitudini in seguito a un'educazione eccessivamente indulgente: *un bambino v.* | (*fig.*) reso imperfetto: *un ragionamento v. da una premessa errata* **2** (*dir.*) invalido, irregolare: *atto processuale v.* **3** inquinato: *acqua viziata* | pesante, irrespirabile: *aria viziata* **4** †vizioso **5** †astuto, subdolo, scaltro || **viziatèllo**, **dim.** | **viziatìno**, **dim.** | **viziatóne**, **accr.** || **viziataménte**, **avv.** (*raro*) in modo viziato

†**viziatóre** [vc. dotta, lat. *vitiatōre(m)*, da *vitiātus*, part. pass. di *vitiāre*. V. *viziare* ✱ sec. XIV] **s. m.** (**f.** *-trice*); **anche agg.** ● seduttore | adulatore

viziatùra [av. 1750] **s. f. 1** (*lett.*) corruzione **2** (*med.*) alterazione di forma, congenita o acquisita, di una parte del corpo, di un organo e sim.: *la v. di un'arteria*; *v. pelvica*

viziétto [1741] **s. m.** ● dim. di *vizio* | vizio particolare: *il v. del gioco*; *se non avesse avuto un v. … – … Le belle donnine* (L. PIRANDELLO)

♦**vizio** [vc. dotta, lat. *vĭtiu(m)* 'difetto', di etim. incerta ✱ 1065] **A** **s. m. 1** abitudine inveterata e pratica costante di ciò che è male: *il v. della lussuria, dell'ira, della pigrizia*; *il v. di mentire, di bestemmiare*; *i sette vizi capitali*; *contrarre, perdere un v.*; *emendarsi da un v.*; *mettersi, incamminarsi sulla strada del v.*; *essere rotto a ogni v.*; *essere carico di vizi* | ***essere un cumulo, un impasto di vizi***, (*fig.*, *enfat.*) si dice di persona carica di vizi **CONTR.** virtù **2** (*est.*) abitudine inveterata che provoca il desiderio e la ricerca costante di ciò che è o può essere fisicamente o moralmente dannoso: *il v. del fumo, dell'alcol, della droga*; *avere il v. del gioco*; *non riesce a togliersi quel maledetto v.* **3** (*est.*) cattiva abitudine: *ha il v. di parlare troppo, di raccontar bugie, di vantarsi, di esagerare*; *devi perdere il brutto v. di mangiarti le unghie*; *bisogna togliere al bambino il v. di succhiarsi il pollice* | (*est.*) ogni elemento negativo del carattere, dovuto spec. a un'educazione sbagliata: *un bambino pieno di vizi* | ***dar vizi a qlcu.***, viziarlo, accontentarlo in tutto, dandogliele tutte vinte **4** †voglia strana, capriccio **5** (*anat.*) alterazione morfologica e funzionale di una parte del corpo, di un organo e sim. | ***v. cardiaco***, alterazione valvolare del cuore, congenita o acquisita **6** (*veter.*) imperfezione, difetto nella struttura fisica di un animale: *avere un v. a una gamba*; *vizi di andatura* | carattere psichico di un animale dipendente da cattiva indole o da errata educazione: *un cavallo che ha il v. di mordere, di tirar calci* **7** (*dir.*) difetto della cosa oggetto di contratto, tale da renderla inidonea all'uso cui è destinata o da diminuirne il valore in modo apprezzabile o da recare danno a chi se ne serve: *v. della cosa venduta, locata, data in comodato* | ***vizi redibitori***, nella vendita, tali da dar luogo ad azione redibitoria | correntemente, grave difetto di un oggetto, che ne impedisce il buon funzionamento, l'appropriata utilizzazione e sim.: *v. di fabbricazione di un pezzo meccanico*; *il tessuto ha qualche v. di lavorazione*; *un orologio che ha il v. di correre troppo* **8** (*dir.*) irregolarità, non conformità al disposto della legge: *v. di un atto processuale, amministrativo* | ***v. di forma***, che riguarda la forma di un atto o negozio giuridico | ***v. sostanziale***, che riguarda il contenuto di un atto o di un negozio giuridico | ***v. di legittimità***, che riguarda la corretta applicazione dei principi di diritto | ***v. di merito***, che riguarda la corretta valutazione dei fatti rilevanti per una causa | ***v. della volontà, del consenso***, difetto inficiante della volontà negoziale di un soggetto | ***v. di mente***, nel diritto penale, stato mentale derivante da malattia che, escludendo o diminuendo grandemente la capacità d'intendere e di volere, comporta, rispettivamente, il proscioglimento dell'imputato o una diminuzione della pena **9** (*raro*) errore, scorrettezza: *v. di ortografia, di sintassi, di traduzione* | (*est.*) aspetto o elemento negativo: *un v. dello stile*; *l'affettazione è l'unico grave v. della sua prosa* **B** **in funzione di agg. inv.** ● (posposto al sost.) nella loc. (*dir.*) ***errore v.***, errore motivo || **viziàccio**, **pegg.** | **viziétto**, **dim.** (V.)

SFUMATURE ➤ *mania*②, ➤ *perversione*

viziosità (o **-ṣ-**) o †**viziositàde**, †**viziositàte** [vc. dotta, lat. *vitiositāte(m)*, da *vitiōsus* 'difettoso, vizioso' ✱ av. 1332] **s. f. inv.** ● caratteristica di chi (o di ciò che) è vizioso: *la v. di un individuo* | (*est.*) caratteristica di ciò che è erroneo, imperfetto ecc.: *contestare la v. di un'argomentazione*

vizióso (o **-ṣ-**) [vc. dotta, lat. *vitiōsu(m)*, da *vĭtium* 'difetto, vizio' ✱ 1268] **A** **agg. 1** che è pieno di vizi: *uomo v.*; *vita viziosa* **CONTR.** virtuoso **2** che mostra corruzione, depravazione e sim.: *atti viziosi* **SIN.** dissoluto **3** (*est.*) difettoso, anomalo: *posizione viziosa del piede*; *andatura viziosa* | che ha un difetto nella forma o nella sostanza: *discorso v.* **4** (*raro*) inesatto, scorretto: *pronuncia, ortografia, traduzione viziosa* | ***circolo v.***, tipo di ragionamento scorretto in cui si dà come prova ciò che invece è ancora da provare o da dimostrare; (*fig.*) problema, situazione e sim. che è o pare senza soluzione o senza via d'uscita giacché, per quanti sforzi o tentativi si facciano, ci si ritrova sempre al punto di partenza **5** (*raro*, *lett.*) malsano || **viziosaménte**, **avv. 1** in modo vizioso: *vivere viziosamente* **2** (*raro*) con frode **3** (*raro*) erroneamente || **viziosità**, **s. f. inv.** (V.) **B** **s. m.** (**f.** *-a*) ● chi è vizioso, corrotto, depravato || **viziosàccio**, **pegg.** | **viziosétto**, **dim.**

viẓir ➤ **visir**

†**vizzàto** [dal lat. *vītis* 'vite①' ✱ av. 1512] **s. m.** ● (*tosc.*) vitigno

♣**vìzzo** o †**guìzzo**② [lat. *viētius*, compar. nt. di *viētus* 'troppo maturo, vizzo', da *viēscere* 'appassire, avvizzire', incoativo di *viēre* 'piegarsi' (in orig. 'ammollirsi sullo stelo'), di orig. indeur. ✱ sec. XIII] **agg.** ● che non è più fresco e sodo: *fiore v.*; *foglia, pianta vizza* | ***guance, carni vizze***, flosce, cascanti **SIN.** flaccido, mencio

vj /vi'dʒɛj, *ingl.* 'viːdʒeɪ/ [1993] **s. m. e f. inv.** ● sigla di *video jockey*

vlàdika /*serbo* 'vladika/ [vc. serba, dal paleoslavo *vladyka*, deriv. di *vladěti* 'dominare, regnare' ✱ sec. XVI] **s. m. inv.** ● nella Chiesa cristiana ortodossa, vescovo

vlan [vc. fr. d'orig. onomat. ✱ 1890] **inter.** ● (*anche iter.*) riproduce il rumore di uno schiaffo o di altro colpo dato con la mano

vlog /vlɔg, *ingl.* vlɒg/ [2003] **s. m. inv.** ● (*Internet*) forma contratta di *videoblog*

vlògger /'vlɔgger, *ingl.* 'vlɒgə(r)/ [vc. ingl., da *v(ideob)logger* ✱ 2005] **s. m. e f. inv.** ● (*Internet*) videoblogger

vocabolarièsco [da *vocabolario* ✱ 1983] **agg.** (**pl. m.** *-schi*) ● (*raro*) che è tipico di un vocabolario tradizionale (*spec. spreg.*): *definizione vocabolariesca*; *linguaggio, stile v.*

♦**vocabolàrio** [da *vocabolo* ✱ 1536] **s. m. 1** raccolta ordinata dei vocaboli di una lingua, corredati da definizioni, spiegazioni, applicazioni, traslati, usi fraseologici e sim.: *v. monolingue*; *v. scolastico, tascabile, illustrato*; *consultare il v.*; *tradurre con, senza v.*; *v. francese* | ***v.*** (***bilingue***), che presenta i vocaboli e le locuzioni di una lingua con la loro traduzione in un'altra lingua: *v. latino, greco*; *v. italiano-inglese, inglese-italiano* **SIN.** dizionario **2** insieme dei vocaboli propri di una lingua, di un autore, di un singolo individuo, di un gruppo, di una scuola, di un'epoca e sim.: *le lingue neolatine hanno un v. molto vario*; *v. dantesco, leopardiano*; *avere, usare un v. ricco, povero, limitato*; *il v. dei chimici, dei matematici, dei biologi*; *sono parole ignorate nel v. giovanile* **SIN.** lessico | ***è una parola che non esiste nel mio v.***, (*fig.*) è qualcosa che non conosco, non faccio, non pratico e sim.: *la generosità è una parola che non esiste nel suo v.* || **vocabolariétto**, **dim.** | **vocabolarióne**, **accr.**

vocabolarìsta [da *vocabolario* ✱ 1745] **s. m. e f.** (**pl. m.** *-i*) ● (*raro*) lessicografo

vocabolariẓẓàre [da *vocabolario* ✱ 1983] **v. tr.** ● inserire in un vocabolario: *v. un lemma, un'accezione, una locuzione* **SIN.** lemmatizzare || **vocabolariẓẓazióne**, **s. f.**

vocabolièro [da *vocabolo* ✱ 1796] **s. m.** (**f.** *-a*) ● (*raro*, *lett.*, *scherz.*) persona che conosce tutti i vocaboli: *ragnar, cos'è, monna vocaboliera?* (V. ALFIERI)

vocabolìsta o †**vocabulìsta** [da *vocabolo* ✱ av. 1498] **s. m.** (**anche f. nel sign. 2**; **pl. m.** *-i*) **1** †vocabolario **2** (*lett.*) lessicografo

†**vocabolistàrio** [da *vocabolista* ✱ 1573] **s. m.** ● lessicografo

♦**vocàbolo** o †**vocàbulo** [vc. dotta, lat. *vocābulu(m)*, da *vocāre* 'chiamare, denominare'. V. †*vocare* ✱ av. 1292] **s. m. 1** (*ling.*) parola, singolo elemento lessicale di una lingua o di un dialetto, dotato di uno o più significati e di una particolare forma grafica: *il significato di un v.*; *v. moderno, antiquato, arcaico, raro, disusato, letterario, tecnico*; *v. corretto, proprio, improprio*; *v. popolare, straniero* **2** (*lett.*) nome proprio: *il v. di un fiume, di una stella, di una località* | †appellativo: *rifiutare il v. di sapiente* **3** (*centr.*) minima unità toponomastica, più piccola della frazione: *v. Olmo*; *v. Marmora* | località di campagna, contrada: *un frutteto sito in v. Quarto*

†**vocabulìsta** ➤ **vocabolista**

†**vocàbulo** ➤ **vocabolo**

vocàle① [vc. dotta, lat. *vocāle(m)*, da *vōx*, genit. *vōcis* 'voce' ✱ av. 1292] **A** **agg. 1** (*anat.*) della voce: *organo, apparato v.*; *corde vocali* **2** (*mus.*) di canto: *accademia v.*; *concerto v. e strumentale* | ***musica v.***, per canto **3** (*poet.*) sonoro, canoro: *e non udiva il suo v. Xantho / parlar com'uomo* (G. PASCOLI) || **vocalménte**, †**vocaleménte**, **avv.** a voce; oralmente || **vocalità**, **s. f. inv.** (V.) **B** **agg. e s. m.** ● in alcuni ordini religiosi, che (o chi) ha diritto di voto, cioè voce in capitolo: *canonico v.*; *un v. dell'ordine*

vocàle② [vc. dotta, lat. (*lĭtteram*) *vocāle(m)* 'lettera vocale'. V. *vocale*① ✱ 1308] **A** **s. f. 1** (*ling.*) suono nella cui articolazione l'aria espirata in vibrazioni periodiche non incon-

V

tra ostacoli nel canale orale: *v. aperta, larga, stretta, chiusa*; *vocali lunghe, brevi*; *le vocali e le consonanti* **2** il segno grafico corrispondente a suono vocalico **B** anche agg. ● (*lett., raro*) nella loc. ***lettera v.***, vocale

vocalése /voka'leze, *ingl.* vəukə'li:z/ [vc. ingl., dall'agg. *vocal* 'vocale' ✱ 1985] **s. m.** (**pl.** *-i* o ingl. *vocaleses*) ● (**mus.**) nel jazz, tecnica di esecuzione che consiste nel sovrapporre un testo a un assolo strumentale preesistente, trasformandolo in un pezzo vocale

vocàlico [da *vocale*② ✱ 1947] **agg.** (**pl. m.** *-ci*) ● di vocale, che ha le caratteristiche di una vocale: *suono v.*; *'i' vocalica*

vocalìsmo [comp. da *vocale*② e *-ismo* ✱ 1885] **s. m.** ● (**ling.**) sistema vocalico di una lingua

vòcalist /'vɔkalist, *ingl.* 'vəukəlist/ [vc. ingl., da *vocal* 'vocale①' ✱ 1965] **s. m. e f. inv.** ● (**mus.**) cantante che esegue parti di sfondo spec. in gruppi jazz e pop

vocalìsta [1983] **s. m. e f.** (**pl. m.** *-i*) ● adattamento di *vocalist* (V.)

vocalità [da *vocale*① ✱ 1870] **s. f. inv.** ● (**mus.**) qualità del canto e maniera di trattare la voce umana sia nella composizione sia nell'esecuzione

vocalizzàre [da *vocale*② ✱ 1664] **A** **v. intr.** (**aus.** *avere*) ● (**mus.**) cantare sulle vocali, senza usare parole o nominare le note **B** **v. tr.** ● (**ling.**) sottoporre a vocalizzazione **C** **vocalizzàrsi** **v. intr. pron.** ● (**ling.**) subire il fenomeno della vocalizzazione ‖ **vocalizzazióne**, **s. f.** (V.)

vocalizzàto **part. pass.** di *vocalizzare*; anche **agg.** ● nei sign. del v.

vocalizzazióne [1774] **s. f.** **1** (**mus.**) vocalizzo **2** (**ling.**) passaggio da un elemento consonantico a una vocale

vocalìzzo [da *vocalizzare* ✱ 1801] **s. m.** ● (**mus.**) modo di lettura nel quale si sostituiva alla nomenclatura delle note, nel sistema delle mutazioni, una vocale, spec. la *a* o la *e*; usato anche oggi nella tecnica del canto per sviluppare la voce e renderla morbida e pieghevole

†**vocàre** [vc. dotta, lat. *vocāre*, da *vōx*, genit. *vōcis* 'voce' ✱ av. 1294] **A** **v. tr.** **1** (**poet.**) chiamare | denominare **2** invocare **B** **in funzione di s. m. solo sing.** ● nome: *Lussuria è suo v.* (IACOPONE) **C** †**vocàrsi** **v. intr. pron.** ● denominarsi: *si vocavano e voleansi tenere Guelfi* (G. VILLANI)

vocatìvo [vc. dotta, lat. tardo *vocatīvu(m)*, da *vocātus*, part. pass. di *vocāre* ✱ 1516] **A** **s. m.** ● (**ling.**) caso della declinazione indoeuropea che indica la persona o la cosa a cui è rivolto il discorso **B** anche **agg.**: *caso v.*; *espressione vocativa* | ***o vocativo***, in italiano, la particella inter. *'o'* che introduce tale caso; per es. in: *O bionda Lilia, o caro fior de l'anima* (G. D'ANNUNZIO) ‖ **vocativaménte**, **avv.**

vocàto **part. pass.** di †*vocare*; anche **agg.** **1** nei sign. del v. | chiamato, nominato **2** (**lett.**) che è incline per natura: *giovani vocati allo studio* **3** detto di territorio, idoneo a particolari forme di coltivazione, produzione o allevamento: *zona vocata alla coltivazione dell'ulivo*

vocazionàle [1963] **agg.** ● relativo alla vocazione spec. religiosa ‖ **vocazionalità**, **s. f. inv.** **1** carattere vocazionale **2** caratteristica di ciò che rivela una particolare idoneità a qlco.: *la vocazionalità agricola di un territorio*

vocazióne [vc. dotta, lat. *vocatiōne(m)* 'invito', da *vocātus*, part. pass. di *vocāre* ✱ av. 1306] **s. f.** **1** (**lett.**) chiamata | (**gramm.**) ***complemento di v.***, indica la persona, l'entità o l'elemento astratto a cui si rivolge il discorso; è indipendente dagli altri elementi della frase; si può trovare da solo o preceduto da una virgola; può essere introdotto dall'*o* vocativo (V. *vocativo*) (per es.: *Roberta, rispondi tu!*; *via, caro Renzo, non andate in collera* (A. MANZONI); *O Signore ... aiutami tu!* (G. D'ANNUNZIO); *o giorni tenebrosi, o fato acerbo!* (P. BEMBO)) **2** chiamata da parte di Dio ad abbracciare la vita religiosa: *v. di Abramo, v. di Maometto* | nella teologia cattolica, impulso interiore alla scelta religiosa o alla pratica di una vita virtuosa: *v. sacerdotale*; *v. alla santità* **3** (**fig.**) inclinazione innata verso un'arte, una disciplina, una professione e sim.: *v. per la musica, la pittura, le matematiche*; *sentire, avere una profonda v. per la medicina*; *seguire la propria v.*; *non avere alcuna v.* SIN. attitudine, propensione **4** (**agric.**) particolare idoneità di un terreno o di territorio a una determinata coltivazione o produzione: *v. vitivinicola* | (**zootec.**) particolare idoneità di una razza animale a una determinata produzione: *v. lattifera* **5** (**dir.**) ***v. ereditaria***, indicazione di colui che è chiamato a succedere SIN. delazione dell'eredità

SFUMATURE ➤ *predisposizione*

♦**vóce** o †**bóce** [lat. *vōce(m)*, di orig. indeur. ✱ sec. XII] **s. f.** **1** suono prodotto dalla laringe e articolato per mezzo delle corde vocali, nel parlare e nel cantare: *tono, timbro di v.*; *v. forte, sommessa, roca, suadente*; *articolare, alzare la v.*; *a bassa, ad alta v.* CFR. fono-, -fono, -fonia | †***muover la v.***, cominciare a parlare | ***parlare a mezza v.***, con voce né troppo alta né troppo bassa | ***fare la v. grossa***, assumere un tono autoritario, minacciare | ***sotto v.***, V. *sottovoce* | ***gridare con quanta v. si ha in corpo***, con tutte le proprie forze | ***perdere la v.***, diventare afono o muto | ***essere senza v.***, essere afono | ***cambiare v.***, degli adolescenti, acquistare il timbro di voce da adulto | ***a v., a viva v.***, parlando, spec. in opposizione a quanto si può dire per iscritto SIN. oralmente | ***a gran v.***, gridando, con clamore detto spec. di molte persone insieme | ***a una v.***, simultaneamente; (**fig.**) concordemente, unanimemente | ***un fil di v.***, una voce esile e sottile | ***v.!***, esclamazione con cui si invita un oratore ad alzare la voce | ***rifar la v. a qlcu.***, imitarne il modo di parlare | ***dar sulla v. a qlcu.***, contraddirlo, zittirlo | ***coprire la v. di qlcu.***, parlare così forte che non si riesce a sentire la voce dell'altro | ***dare una v. a qlcu.***, chiamarlo | ***dar v. a un sentimento***, esprimerlo | †comando, ordine | ***saluto alla v.***, quello dell'equipaggio di una nave che, schierato in parata sull'alberatura e sui ponti, ripete all'unisono, tre volte, il grido di *urrà!* | ***alla v.!***, comando col quale, in marina, si annulla un ordine precedentemente dato **2** (**est.**) suono prodotto dagli organi vocali di animali: *la v. dell'usignolo, del cane, del leone*; *li augelletti dipinti intra le foglie / fanno l'aere addolcir con nuove rime / e fra più voci un'armonia s'accoglie* (A. POLIZIANO) **3** (**est.**) suono di uno strumento musicale: *la v. dell'arpa, del violino*; *è un pianoforte che ha bella v.* | (**est.**) suono prodotto da qlco., rumore, fragore: *la v. del mare, del vento, del tuono* **4** persona che parla: *'Fuoco! disse una v.'*; *si udì una v. in lontananza*; *nessuna v. si alzò a difenderlo* | (**fig.**) esponente, rappresentante: *una v. autorevole nel mondo scientifico* | ***v. nuova***, una personalità innovatrice: *una v. nuova nella narrativa* **5** (**fig.**) richiamo, suggerimento, impulso interiore: *la v. della ragione*; *la v. della coscienza, del dovere* | ***la v. del sangue***, l'istinto che fa riconoscere e amare i propri parenti | ***la v. del cuore***, i sentimenti, gli impulsi dettati da legami affettivi **6** (**al pl.**) sensazioni o allucinazioni auditive di mistici o visionari: *sentire le voci* **7** †voto, diritto di voto | ***aver v. in capitolo***, detto di religiosi, aver diritto di voto nel capitolo; (**fig.**) godere di una certa autorità, essere ascoltato **8** opinione: *sono numerose le voci di protesta*; *il bollettino esprime la v. della base*; *v. di popolo, v. di Dio* | (**lett.**) †fama: *aveva v. d'essere il più valente spadaccino della sua età* **9** notizia generica, informazione non precisa: *corre v. che ci sarà un nuovo inasprimento fiscale*; *una ridda di voci*; *sono voci che circolano con una certa insistenza*; *si tratta di voci non controllate*; *sono soltanto voci, voci infondate* | ***voci di corridoio***, indiscrezioni, pettegolezzi, spec. sull'attività politica | ***spargere la v.***, †***dar v.***, diffondere una notizia | ***dare la v., una v. a qlcu.***, chiamarlo: *vide Perpetua (...) Le diede una voce* (A. MANZONI) **10** (**gramm.**) forma: *'siamo' è v. del verbo essere* | ***le voci verbali***: attiva, media, passiva, deponente, secondo la diatesi del verbo **11** vocabolo, termine: *è v. antiquata*; *v. dell'uso*; *una v. dialettale* | ***v. nuova***, neologismo | nell'uso lessicografico, trattazione relativa a un singolo vocabolo: *compilare una v. per un dizionario*; *la v. è riuscita piuttosto lunga* SIN. articolo | lemma: *questa locuzione è spiegata sotto la v. x*; *vedi alla v. y* CFR. esponente, entrata **12** ciascun elemento di una lista di oggetti, argomenti, dati e sim.: *le varie voci del catalogo, di una tariffa, delle spese* | ***v. di bilancio***, entrata o uscita **13** (**mus.**) forma della voce, quanto alla sua altezza, intensità: *v. di soprano, mezzosoprano, contralto (femminili)*; *v. di tenore, baritono, basso (maschili)*; *v. stonata*; *perdere la v.* | ***essere in v.***, star bene di voce | ***v. fresca***, non affaticata | ***v. di testa, di petto***, secondo il punto in cui sembra principalmente risuonare | ***v. bianca***, di bambino o giovinetta, o di cantore evirato | (**est.**) cantante: *concorso per voci nuove* **14** (**mus.**) intervallo di un tono: *crescere, abbassare di una v.* | ***portar la v.***, passare da un'intonazione all'altra | nel contrappunto, parte **15** (*caccia*, **spec. al pl.**) nella battuta al cinghiale, ciascuno degli uomini messi ai lati per spaventare il selvatico con le grida e spingerlo verso i cacciatori **16** (**merid.**) passatella ‖ (**lett.**) **vocerèlla**, **vocerellìna**, **dim.** | **vocétta**, **vocettìna**, **dim.** | **vociàccia**, **pegg.** | **vocìna**, **dim.** | **vocìno**, **dim. m.** | (**lett.**) **vociolìna**, **dim.** | **vocióna**, **accr.** | **vocióne**, **accr. m.** (V.)

Definizione d'autore

La **voce** è il nostro marchio sociale. La **voce** nell'espressione canora rappresenta il centro di un'identità culturale. Una **voce** è differenziata, ma comune in ogni manifestazione di vita. La **voce**, quale matrice della parola e suono costantemente in trasformazione, ci appartiene dalla nascita, è dentro il nostro corpo ed esce fuori per divenire messaggio di comunicazione, forma di energia che caratterizza la persona e la personalità. Una **voce** che ha il dono degli armonici, cosa sempre più rara nella cultura occidentale, immette l'immagine poetica nel canto: per questo può far vedere i colori di ciò che narra e far sentire ciò che vede.

Gianna Nannini

SFUMATURE DI SIGNIFICATO

voce - pettegolezzo - indiscrezione

Una notizia di fonte imprecisata, generica e comunque non accertata si definisce **voce**. Se la *voce* è animata da un intento malevolo e screditante e riguarda fatti che pertengono alla sfera privata della persona o che comunque dovrebbero restare riservati si parla invece di **pettegolezzo**. **Indiscrezione** è una notizia non ufficiale su fatti riguardanti la vita pubblica, ma comunque provenienti da ambienti ritenuti attendibili.

NOMENCLATURA

voce (cfr. udito, suono, rumore)
• *caratteristiche*: altezza, volume, timbro, intonazione, inflessione, registro, estensione, ampiezza, intensità, sonorità; foniatria, emifonia, rinofonia, ortoepia, ortofonia, logopedia;
• *tipi di voce*: nasale, gutturale, estesa, chioccia, fessa, sforzata, infantile; chiara = limpida = argentina = squillante ⇔ velata ⇔ roca = cupa = cavernosa = sorda; soave = armoniosa = melodiosa = pastosa = carezzevole = morbida = vellutata = suadente ⇔ secca = aspra = stizzosa = stridula = vibrante; debole = fioca = flebile = esile = tenue = sottile ⇔ forte = stentorea = robusta = grossa = tonante = imperiosa = autoritaria; acuta = alta ⇔ bassa = profonda; spiegata = piena ⇔ soffocata = sommessa = contenuta; naturale = fresca ⇔ artefatta, in falsetto, bianca; ferma ⇔ incerta = tremante, implorante = lamentosa = querula; commossa = rotta, ironica = beffarda = sarcastica, espressiva ⇔ inespressiva; di petto ⇔ di gola, maschile = virile;
• *azioni*: articolare, posare, abbassare ⇔ alzare, appoggiare, modulare, addolcire, spiegare, contenere, contraffare; parlare, rispondere, chiamare, gridare = urlare, cantare (cfr. musica);
• *persone*: ventriloquo; foniatra, ortoepista, logopedista, ortofonista; muto;
• *produzione della voce*: apparato fonatorio, corde vocali, laringe, lingua, ugola, glottide, palato; afonia; fono, fonema, allofono, fonologia, fonetica, trascrizione; alfabeto fonetico, consonanti (bilabiali, labiodentali, dentali = alveolari, palato-alveolari, palatali, velari, uvulari, glottidali, occlusive, nasali, laterali, vibranti, fricative) vocali (chiuse, semichiuse, semiaperte, aperte) semivocali; articolazione (localizzazione, catastasi = impostazione, metastasi, implosione ⇔ esplosione, tenuta), aspirazione, prosodia, enclisi ⇔ proclisi, iato, elisione, troncamento, aferesi ⇔ apocope, sincope.

vócero [vc. corsa che risale al lat. *vōx*, genit. *vōcis* 'voce' ✱ 1842] **s. m.** • lamento funebre cantato in onore del morto da donne appositamente pagate

vocianéşimo [1942] **s. m.** • movimento culturale del primo Novecento, sviluppatosi nell'ambito della rivista La Voce che propugnò un rinnovamento della cultura italiana in prospettiva europea

vociàno [dalla rivista *La Voce* ✱ 1912] **A agg.** • della rivista culturale e letteraria La Voce fondata a Firenze da G. Prezzolini (1882-1982) nel 1908 e pubblicata fino al 1916: *autore, poeta v.*; *estetica vociana* **B s. m. (f. *-a*)** • collaboratore di tale rivista, seguace della tendenza di questa: *i vociani fiorentini*

♣**vociàre** o †**bociàre** [da *voce* ✱ sec. XIII] **A v. intr. (pres. *io vócio*; fut. *io vocerò*; aus. *avere*)** • parlare a voce troppo alta: *non v. così*; *smetti di v.* **SIN.** sbraitare **B v. tr.** • (*raro*) gridare ad alta voce **C in funzione di s. m.** • clamore prodotto da molte persone che parlano insieme e a voce alta: *il v. della folla*; *un v. continuo e sgradevole*

vociatóre [av. 1294] **s. m. (f. *trice*)**; anche **agg.** • (*raro*) chi (o che) è solito vociare, berciare, sbraitare

♣**vociferàre** [vc. dotta, lat. *vociferāri*, comp. di *vōx*, genit. *vōcis* 'voce' e un deriv. di *-fer* '-fero' ✱ 1282] **A v. intr. (*io vocifero*; aus. *avere*)** • (*raro*) parlare a voce alta e a lungo: *una donna giovane ..., danzando e vociferando, faceva segno di grandissima allegrezza* (G. LEOPARDI) **B v. tr.** • spargere voce, propalare una notizia, insinuare (usato spec. nella forma impers.) (+ *che*, + *di*): *si vocifera che tornerà presto*; *si vociferava da tempo di sue dimissioni*; *si cominciava a v. della persona di Cesare* (F. GUICCIARDINI)
SFUMATURE ➤ ***palesare***

vociferatóre [vc. dotta, lat. tardo *vociferatōre(m)*, da *vociferātus*, part. pass. di *vociferāri* 'vociferare' ✱ av. 1850] **s. m. (f. *-trice*)**; anche **agg.** • chi (o che) vocifera

vociferazióne [vc. dotta, lat. *vociferatiōne(m)*, da *vociferātus*, part. pass. di *vociferāri* 'vociferare' ✱ 1519] **s. f. 1** il vociferare | vociò, urlio **2** (*lett.*) propalazione di notizie incerte | diceria, insinuazione

vocìo [da *vociare* col suff. *-io*① ✱ 1879] **s. m. (pl. *-ii*)** • un vociare continuato: *questo v. mi disturba*; *un v. crescente saliva dalla folla* **SIN.** parlottio

vocióne o †**bocióne** [av. 1698] **s. m. 1** accr. di *voce* **2** timbro di voce forte, profondo

†**vocitàre** [vc. dotta, lat. *vocitāre*, intens. di *vocāre* ✱ av. 1530] **v. intr. 1** pronunciare ad alta voce **2** schiamazzare: *un mio rosignuol che stride e vocita* (I. SANNAZARO)

†**vocìvo** [da *voce* ✱ sec. XIV] **agg.** • attinente a voce

vocóder /vo'koder, *ingl.* vəʊ'kəʊdə(r)/ [vc. ingl., da *vo(ice)* 'voce' e *coder* 'codificatore' ✱ 1987] **s. m. inv.** • (*elettron.*) dispositivo per la sintesi vocale basato sull'esame della voce umana

vocòide [ingl. *vocoid*, comp. di *voc(al)* 'vocale' e *-oid* '-oide' ✱ 1979] **s. m.** • (*ling.*) in fonetica, suono nella produzione del quale l'aria emessa dai polmoni non incontra alcun ostacolo dopo le corde vocali **CONTR.** contoide

vodése (o **-ş-**) [fr. *vaudois*, da *Vaud* ✱ 1826] **agg. e s. m. e f.** • valdese②

vòdka /'vɔdka, *russo* 'vɯɔtkʌ/ [vc. russa, da *vodá* 'acqua', di orig. indeur. ✱ 1908] **s. f. (pl. inv. o *-e* o russo *vodki*)** • acquavite ottenuta dalla fermentazione e distillazione di cereali vari e altri prodotti vegetali come patate, mele e sim., diffusa soprattutto in Russia

vodù e deriv. ➤ **vudù** e deriv.

vóga (o **-ò-**) [V. *vogare*; nel sign. 4, calco sul fr. *vogue* ✱ av. 1406] **s. f. 1** (*mar.*) azione, tecnica del vogare, spinta data col remo per far procedere la barca **SIN.** remata | ***a v.***, a spinta di remi | ***v. di punta***, con un solo rematore per banco, e ciascuno con un solo remo, quelli di destra sui banchi dispari, quelli di sinistra sui banchi pari | ***v. arrancata***, molto veloce | ***v. corta***, a palate brevi e veloci | ***v. lunga***, a palate lunghe e relativamente lente | ***v. di coppia***, con due remi per banco, azionati da un solo vogatore nelle imbarcazioni piccole e da due vogatori nelle grandi | ***v. reale***, in cui i vogatori si sollevano dai banchi e si piegano verso prua, facendo forza sui remi con tutto il peso del corpo | ***v. alla pescatora***, effettuata in piedi con la faccia a prua, al centro della barca | ***v. alla veneziana***, eseguita da un solo vogatore che sta in piedi a poppa dell'imbarcazione e aziona un solo remo con cui spinge e dirige contemporaneamente il natante **2** (*est.*) sulle grandi imbarcazioni a remi dei secoli passati, l'insieme dei vogatori | nel linguaggio sportivo, vogatore | ***capo v.***, ***prima v.***, chi rema al primo carrello dando il ritmo della vogata a tutto l'equipaggio **3** (*fig.*) impeto, slancio, entusiasmo: *studiare con v.*; *mettersi con v. al lavoro* **4** (*fig.*) grande diffusione di ciò che gode di favore, successo, popolarità presso il pubblico: *essere, non essere in v.*; *venire in v.*; *un tipo di giornale, di musica molto in v.*; *è il disco più in v. del momento*; *un cantante molto in v.* | moda: *la v. delle gonne corte, delle parrucche*
SFUMATURE ➤ ***trend***

†**vogadóre** ➤ **vogatore**

vogànte A part. pres. di *vogare*; anche **agg.** • nei sign. del v. **B s. m. e f.** • (*raro, lett.*) vogatore

vogàre [lat. *vocāre* 'chiamare (i rematori)' (V. †*vocare*) (?) ✱ av. 1294] **A v. intr. (*io vógo* (o *-ò-*), *tu vóghi* (o *-ò-*); aus. *avere*) 1** (*mar.*) remare: *v. di buona lena, con energia*; *v. in piedi, alla veneziana* | ***v. a larga e tira***, indugiando tra l'una e l'altra palata | ***voga!***, comando di spingere i remi **2** (*fig., lett.*) muoversi nell'aria o nell'acqua, utilizzando come remi le ali o le zampe, detto di volatili **B v. tr.** • (*raro*) far muovere a forza di remi: *v. la barca* | muovere vogando: *v. il remo* **C vogàrsi v. intr. pron.** • †avventarsi

vogàta [sec. XIV] **s. f. 1** attività del vogare: *una v. lunga, breve, faticosa*; *farsi una bella v. al largo*; *dopo una v. di più ore li abbiamo raggiunti* **2** serie di movimenti compiuti ogni volta dal vogatore per manovrare opportunamente il remo e imprimere alla barca il movimento voluto: *v. corta, lunga*; *v. di punta, di coppia*; *v. reale*

vogatóre o †**vogadóre** nei sign. A 1 e B [1323] **A s. m. 1 (f. *-trice*)** chi voga **SIN.** rematore **2** attrezzo ginnico col quale si effettua un movimento analogo a quello del rematore, per esercizio fisico o per allenamento **3** (*disus.*) canottiera **B agg.** • †che voga

vogatùra [1614] **s. f.** • (*raro*) vogata | modo di vogare

vogavànti [comp. di *vogar(e)* e *avanti* ✱ 1565] **s. m. inv.** • (*mar.*) sulle antiche navi a remi, dove più rematori stavano allo stesso remo, ciascuno dei rematori più vicini alla corsia, che maneggiavano l'estremità del remo dando il ritmo agli altri | ***v. spalliere di dritta, di sinistra***, ciascuno dei due vogatori che remavano in piedi, governando la manovra di tutti gli altri

†**vòggolo** ➤ **volgolo**

vògli ➤ **volere**①

♦**vòglia** [da *volere*①, secondo la prima pers. indic. pres. (*io voglio*) ✱ av. 1250] **s. f. 1** stato d'animo di chi ha la volontà, l'intenzione, la propensione di fare qlco.: *avere v. di studiare*; *ha solo v. di divertirsi*; *non ha v. di far niente* | ***contro v.***, ***di mala v.***, V. *controvoglia*, *malavoglia* | ***di buona v.***, V. *buonavoglia* | (*raro, lett.*) volontà, volere: *le iniuste voglie in Italia più poterono che le buone leggie* (L.B. ALBERTI) **2** intenso desiderio: *aver v. di correre, di saltare, di cantare*; *avrei v. di andare al cinema*; *non ho nessuna v. di uscire con voi*; *mi vien v. di ridere, di piangere*; *mi verrebbe quasi v. di prenderti a schiaffi* | ***morire dalla v. di***, avere intensissimo desiderio di | ***cavarsi, levarsi la v. di qlco.***, soddisfare pienamente un desiderio | ***hai v.!***, ma certamente! | ***hai v. (di)***, è inutile (insistere a fare qlco.): *hai v. di telefonare, è sempre occupato!* | †***patire v. di qlco.***, esserne privo | ***restare con la v. in corpo***, col desiderio insoddisfatto **CONTR.** ripugnanza **3** (*eufem.*) desiderio sessuale: *soddisfare le proprie voglie*; *indurre, costringere, piegare qlco. alle proprie voglie*; *I' fui colui che la Ghisola bella / condussi a far la v. del marchese* (DANTE *Inf.* XVIII, 55-56) **SIN.** brama **4** capriccio, desiderio bizzarro: *v. improvvisa*; *ha sempre nuove voglie* **5** (*fam.*) desiderio improvviso di cibi o bevande particolari, tipico delle gestanti | (*est., fam.*) macchia di vario colore e natura sulla pelle del bambino che, secondo la credenza popolare, è dovuta a una voglia non soddisfatta della madre durante la gravidanza: *una v. di vino, di fragola, di latte, di caffellatte* ‖ **vogliétta**, dim. | (*lett.*) **vogliolìna**, dim. | **vogliùzza**, dim.
SFUMATURE ➤ ***libidine***

†**vogliènte** ➤ **volente**

†**voglièṇza** [da *vogliente* ✱ av. 1276] **s. f.** • volontà | passione amorosa | affetto profondo

†**vogliévole** [1505] **agg. 1** pieno di voglia, di desiderio **2** che piace, invita, appetisce

†**vogliolóso** (o **-ş-**) [da un dim. di *voglia* ✱ av. 1472] **agg.** • che è pieno di voglie, di capricci | voglioso ‖ †**vogliolosaménte**, avv. volentieri

vogliόso (o **-ṣ-**) [da *voglia* ✶av. 1294] **A agg. 1** detto di chi è incline a desiderare tutto ciò che non possiede: *ragazza frivola e vogliosa; è sempre v. di tutto* SIN. ingordo **2** che mostra o esprime voglia, brama, desiderio: *sguardo v.; guardava con occhi vogliosi le vetrine; aveva sul viso un'espressione vogliosa* **3** (*lett.*) bramoso, desideroso **4** (*lett.*) volenteroso ‖ **vogliosétto**, dim. ‖ **vogliosaménte**, avv. con voglia; volentieri ‖ **vogliosità**, s. f. inv. caratteristica di chi è voglioso, bramoso **B s. m.** (**f.** *-a*) ● persona vogliosa

♦**vói** o (*poet.*) †**vùi** [lat. *vōs*, di orig. indeur. ✶963] **A pron. pers. m. e f. di seconda pers. pl.** (**pop. tosc. si elide in** *vo'*) **1** indica le persone a cui si parla e si usa, come soggetto, riferito a più persone; nel linguaggio arcaico e letterario, e oggi in quello regionale (centro-meridionale) o commerciale, si usa anche (gener. con iniziale maiuscola) rivolgendosi a una singola persona in segno di deferenza oppure sottolineando il distacco di grado sociale o di rango: *voi non volete ascoltarmi; voi avete già detto la vostra opinione; Voi vi siete mostrato molto generoso con la mia famiglia; Siete voi qui, ser Brunetto?* (DANTE *Inf.* XV, 30) | generalmente omesso quando il soggetto è chiaramente indicato dal verbo, si esprime invece quando i soggetti sono più di uno, nelle contrapposizioni, nelle esclamazioni, nei vocativi, in unione con 'stesso', 'medesimo', 'anche', 'pure', 'nemmeno', 'proprio', 'appunto' e sim. e, in genere, quando si vuole dare al soggetto particolare rilievo: *desidero che voi lo conosciate; voi ed io potremo andare d'accordo; beati voi!; voi stessi dovete provvedere; proprio voi dovevate insistere; anche voi c'eravate; nemmeno voi avete rifiutato; voi siete i colpevoli; siete stati voi a insistere; voi milanesi siete fatti così* | si usa nelle comparazioni dopo 'come' e 'quanto': *ne so quanto voi; io non sono come voi* | si usa, con funzione predicativa dopo i verbi copulativi 'essere', 'sembrare', 'parere': *non sembrate più voi; non sarete voi a dovermi rimproverare* **2** si usa (come compl. oggetto e come compl. di termine preceduto dalla prep. 'a', *lett.* anche senza la prep. 'a') invece delle forme 'vi' e 've' quando gli si vuol dare particolare rilievo: *cercavo voi; hanno chiamato proprio voi due; preferisce voi a noi; proprio a voi volevo parlare; non è l'affezion mia tanto profonda, / che basti a render voi grazia per grazia* (DANTE *Par.* IV, 121-122) | ***a voi!***, escl. di esortazione a muoversi, ad agire, a dar prova della propria abilità | ***eccomi a voi***, a vostra disposizione | ***torniamo a voi***, al vostro problema **3** si usa, preceduto dalle prep., nei vari complementi: *desidero venire con voi; fra voi e me c'è una grande differenza; si è parlato a lungo di voi; se permettete, decideremo anche per voi; desidero sapere tutto su di voi* | ***arrangiatevi, fate da voi***, da soli, senza l'aiuto di nessuno | ***da voi***, a casa vostra, nella vostra famiglia, nel vostro paese o nel luogo in cui risiedete: *sarò da voi domani; da voi il clima è ottimo; da voi, in Francia, non è come da noi* **4** si usa (come soggetto) riferito a un sost. sing. collettivo: *voi, gente di campagna, siete semplici; voi, razza d'invidiosi, non sarete mai felici* **5** si usa (come soggetto) con valore impers.: *quando voi pensate a tanta povera gente affamata; quando voi considerate la gravità del fatto, si è portati a pensare che al mondo si sia perso ogni ritegno* **B in funzione di s. m. inv.** ● il pronome 'voi' | ***dare del voi a qlcu.***, spec. in passato, rivolgersi a qlcu. usando il pron. 'voi' in segno di rispetto o in segno di distacco | ***passare dal voi al tu***, (*est.*) spec. in passato, entrare in confidenza con qlcu.

voiàltri o **vói àltri** [comp. di *voi* e il pl. di *altro* ✶1308] **pron. pers. m. di seconda pers. pl.** (**f.** *voialtre*) ● (con valore rafforz.) voi (indica contrapposizione): *mentre noi siamo qui a lavorare v. andate a spasso, vero?; v. avvocati siete tutti uguali; proprio da voialtri dobbiamo farci rimproverare!*

voilà /*fr.* vwa'la/ [vc. fr., comp. di *voi(s)* 'vedi' e *là* 'là' ✶1889] **inter.** ● ecco qua, ecco fatto: *e v. siamo già pronti per uscire*

voile /*fr.* vwal/ [vc. fr., 'vela': stessa etim. dell'it. *vela* ✶1905] **s. m. inv.** ● tessuto trasparente, molto leggero, per tende, filtri, vesti femminili

voivòda o †**vaivòda** [vc. slava, propr. 'capo, condottiero', da *vodit* 'guidare' ✶1463] **s. m.** (**f.** *voivòdina*; **pl. m.** *voivòdi*) ● nel mondo slavo, dall'epoca medievale sino al XX sec., titolo solitamente attribuito a capi o governatori di territori o province | in Romania e Bulgaria, principe ereditario

voivodàto [1840] **s. m. 1** titolo, ufficio e dignità di voivoda **2** provincia retta da un voivoda

volage /*fr.* vɔ'laʒ/ [vc. fr., da *voler* 'volare' ✶1977] **agg. inv.** (**pl. fr. m. e f.** *volages*) ● (*lett.*) volubile, incostante: *un giovane sentimentalmente v.*

†**volàgio** [fr. *volage* 'volubile', dal lat. *volātĭcu(m)* 'che vola, alato', da *volāre* ✶sec. XIII] **agg.** ● volubile, incostante

†**volaménto** [1325 ca.] **s. m.** ● il volare | volo

volàn **s. m. inv.** ● (*raro*) adattamento di *volant* (V.)

volànda [da *volare*① ✶av. 1498] **s. f. 1** spolvero che si produce durante la macinazione del grano **2** parte girevole della ruota del mulino

volandièro [etim. incerta ✶1965] **agg.** ● detto di trasporto espressamente predisposto tra vettore ed emittente e di tutto ciò che ad esso si riferisce: *traffico v.; nave volandiera*

volàndola [1561] **s. f. 1** (*raro*) volanda **2** cascame di lana, che si forma in pettinatura, formato da fibre cortissime che si accumulano sopra le carde

volàno o †**volànte**②, nei sign. A 1 e 2 [fr. *volant* (secondo la pronuncia fr.), propr. part. pres. di *voler* 'volare' ✶1741] **A s. m. 1** mezza sfera di sughero o di gomma, leggerissima, sulla quale sono infisse alcune penne, che si lancia, giocando, con una racchetta: *Scendete in giardino: andate a giocare al v.* (G. GOZZANO) **2** (*mecc.*) organo rotante costituito da una ruota di notevole massa che ha lo scopo di accumulare energia e attenuare le variazioni di velocità che si manifestano nelle macchine alternative **3** (*fig.*) margine, riserva: *fare da v.* **4** (*fig.*) elemento che dà impulso allo sviluppo di un territorio o di un settore produttivo: *il turismo può essere un v. per l'intera economia del Meridione* **B in funzione di agg. inv.** ● (posposto al sost., *elettron.*) nella loc. ***circuito v.***, circuito oscillatorio, comprendente una bobina in parallelo a un condensatore e avente fattore di merito sufficientemente alto, che costituisce il carico di alcuni tipi di amplificatori elettronici selettivi

volant /vo'lan, *fr.* vɔ'lɑ̃/ [vc. fr., part. pres. di *voler* 'volare' ✶1839] **s. m.** (**pl. inv.** o **fr.** *volants*) ● striscia di tessuto increspato e fissato ad altro tessuto lungo l'increspatura: *abito a v.; un v. pieghettato* CFR. volan, volante③

♦**volànte**① **A part. pres.** di *volare*①; anche **agg. 1** nei sign. del v.: *insetto v.* **2** ***macchina v.***, aeromobile | ***disco v.***, veicolo aereo o spaziale, apparentemente discoide, talora luminoso, di incerta natura e provenienza, di cui sono stati avvistati moltissimi esemplari in cielo e anche al suolo, ma mai identificati | ***cervo v.***, aquilone | ***otto v.***, V. *ottovolante* | ***foglio v.***, foglio di carta che non fa parte di un fascicolo rilegato, di un quaderno e sim.; in bibliografia, foglio stampato singolo, spec. di piccole dimensioni e arricchito da decorazioni varie | ***indossatrice v.***, non legata a una particolare sartoria ma libera di presentare collezioni di varie case | ***venditore v.***, che non è vincolato a un contratto esclusivo con una sola ditta | ***maglia v.***, la maglia a catenella che inizia ogni lavoro all'uncinetto | ***traguardo v.***, V. *traguardo* **3** (*zool.*) nella loc. ***pesce v.***, V. *pesce* **4** (*fig.*) che non è fisso, che non ha una collocazione stabile, che può essere spostato facilmente: *posto di blocco v.; presa elettrica v.* | veloce, rapido: *squadra v. della polizia* **5** (*fig.*) †instabile, volubile **B s. m.** ● (*lett.*, **spec. al pl.**) volatile, uccello **C s. f. 1** squadra di polizia celere: *chiamare la v.* | (*est.*) la vettura in dotazione a tale squadra di polizia: *sul luogo dell'incidente sono arrivate due volanti* **2** indossatrice volante **3** (*raro, lett.*) la morte: *da lungi il rombo de la v. s'ode* (G. CARDUCCI) ‖ **volantìno**②, dim. (V.)

♦**volànte**② [fr. *volant*, propr. part. pres. di *voler* 'volare' ✶1609] **s. m. 1** †V. *volano* **2** (*mecc.*) organo di forma circolare, fornito di razze per il comando di valvole e altri congegni; in particolare, quello fissato al piantone dello sterzo per la guida degli autoveicoli: *tenere il v.; mettersi al v.* | ***stare al v.***, guidare un autoveicolo | ***sport del v.***, automobilismo | ***asso del v.***, campione di automobilismo ‖ **volantìno**①, dim. (V.)

volànte③ [1847] **s. m.** ● (*raro*) adattamento di *volant* (V.)

volantinàggio [da *volantino*② ✶1971] **s. m.** ● distribuzione di volantini in luogo pubblico

volantinàre [da *volantino*② ✶1977] **v. tr.** ● diffondere, propagandare attraverso volantini: *v. un programma politico* | (*assol.*) effettuare una distribuzione di volantini: *v. davanti a una fabbrica*

volantinatóre [1986] **s. m.** (**f.** *-trice*) ● chi distribuisce volantini

volantìno① [av. 1694] **s. m. 1** dim. di *volante*② **2** piccola ruota che serve per guidare organi meccanici, per regolare valvole e sim. | ***v. d'elevazione, di direzione***, organo di manovra dei rispettivi congegni che in un pezzo d'artiglieria muovono la bocca da fuoco nel piano verticale e in quello orizzontale per effettuarne il puntamento sull'obiettivo

volantìno② [dim. di *volante*① ✶av. 1871] **s. m. 1** foglietto volante distribuito al pubblico, contenente informazioni di vario genere, propaganda, pubblicità e sim.: *lancio di volantini da una macchina, da un aereo* SIN. manifestino **2** (*caccia*) piccione domestico da richiamo, che si lancia verso i colombacci, per farli piegare verso la tesa

volapié /*sp.* °bola'pje/ [vc. sp., comp. di *volar* 'volare' e *pié* 'piede' ✶1954] **s. m. inv.** ● fase della corrida in cui il torero, in corsa, colpisce con mossa rapida, frontalmente, il toro che sta immobile

volapük /vola'pyk/ [propr. 'lingua del mondo', composto con le parole della lingua volapük *vol* 'mondo' (dall'ingl. *world*, di orig. germ.), *-a* desinenza del genitivo e *pük* 'lingua' (dall'ingl. *speech*, vc. germ. di orig. indeur.) ✶1887] **s. m. inv.** ● lingua universale formata in massima parte di parole inglesi abbreviate, che conobbe una certa voga sul finire del XIX sec.

♦**volàre**① [lat. *volāre*, di orig. indeur. ✶av. 1257] **A v. intr.** (*io vólo*; aus. *avere* quando si considera l'azione in sé, *essere* quando si considera lo svolgimento dell'azione) **1** sostenersi e spostarsi liberamente nell'aria per mezzo delle ali, detto propriamente degli uccelli e di ogni animale alato: *v. alto, basso, rasoterra, a pelo d'acqua*; *v. in fila, in gruppo, in formazione, a schiera larga*; *nel cielo volano le rondini*; *i gabbiani volavano per l'aria scura*; *gli insetti volano ronzando tra i fiori*; *un'ape volava di corolla in corolla*; *le farfalle volano attorno al lume* | ***v. alto, basso***, volare ad alta o bassa quota; (*fig.*) porsi obiettivi rispettivamente molto o poco ambiziosi: *un giovane scrittore che ambisce a v. alto* | ***v. via***, allontanarsi volando, fuggire: *v. via dal ramo, dalla gabbia* | ***non si sente v. una mosca, si sentirebbe v. una mosca***, (*fig.*) si dice per indicare che il silenzio è totale | ***v. senz'ali***, (*fig.*) †fare una cosa impossibile, fallire | ***volere o v.***, per amore o per forza, detto di cosa inevitabile | (*est.*) muoversi nell'aria in virtù delle ali, detto di esseri fantastici, mitologici e sim.: *il quadro rappresenta Pegaso che vola*; *l'Ippogrifo volava portando Astolfo*; *un gruppo d'angeli che volano ad ali distese* SIN. aleggiare, aliare **2** (*est.*) percorrere lo spazio atmosferico o extraatmosferico, detto di aeromobili o di veicoli spaziali (+ *a*, + *su*, + *da*): *v. ad alta, a bassa quota*; *l'aereo vola velocissimo*; *una formazione di bombardieri volava sulla città*; *v. dalla Terra alla Luna e viceversa* **3** (*est.*) trovarsi, viaggiare su un aeromobile o su un veicolo spaziale: *voliamo ormai da molte ore*; *sono stanco di v.* | (*est.*) far parte del personale viaggiante: *presto smetteremo di v.*; *da oggi non volo più* | (*est.*) essere trasportato per via aerea, detto di oggetti, merci e sim. **4** (*est.*) essere proiettato a distanza nell'aria, grazie a una forte spinta: *la freccia, il proiettile volò verso il bersaglio*; *il pallone è volato fuori campo* | ***v. in pezzi, in minute schegge, in briciole*** e sim., detto di ciò che si spezza con violenza o comunque in modo tale da far schizzare frammenti in ogni direzione | (*est.*) buttarsi, slanciarsi, gettarsi d'impeto: *è letteralmente volato sulla preda* | ***v. da un palo all'altro***, nel gergo calcistico, detto del portiere che si tuffa da una parte all'altra della porta | (*est.*) essere scagliato, avventato, inferto e sim. con particolare violenza, impeto e sim.: *gli schiaffi volano*; *fra poco qui voleranno i pugni*; *gli ha fatto v. dietro una sedia, un piatto*; *tra loro volarono gravi insulti* **5** (*est.*) restar sospeso nell'aria per qualche tempo, scendendo poi lentamente verso terra, detto di corpi molto leggeri: *la polvere, il pulviscolo, le piume volano*; *cominciano a v. i primi fiocchi di neve*; *il vento fa v. le foglie* **6** (*est.*) precipitare verso il basso (+ *da*): *v. dalla finestra, dal quinto piano*; *volar giù da grande altezza* | ***volar giù***, (*fam.*) cadere dall'alto: *non sporgerti perché rischi di volar giù* **7** (*est.*) sollevarsi, innalzarsi, salire a grandi altezze (*anche fig.*): *v. in cielo, verso il cielo*; *il palloncino volò su su, e scomparve tra le nubi*; *v. verso le vette del sublime* | ***v. in, al Cielo, in Paradiso, alla gloria dei beati*** e sim., (*eufem.*) morire **8** (*agric.*) ***semina alla v.***, semina a spaglio **9** (*fig.*) correre, muoversi, dirigersi a grande velocità: *l'auto volava sull'autostrada*; *inforcò il cavallo e volò verso la città*; *appena lo vide scendere dal treno gli volò tra le braccia* | ***andare, venire volando***, con la massima rapidità possibile | (*fig.*) essere in rapida espansione, riscuotere un grande successo: *le esportazioni volano*; *lo Zingarelli vola* **10** (*fig., lett.*) espandersi, propagarsi, diffondersi nell'aria, detto di suoni, odori e sim.: *e luglio ferve e il canto d'amor vola / nel pian laborïoso* (G. CARDUCCI) | diffondersi ovunque e in breve tempo: *la fama vola*; *le cattive notizie volano* | ***v. per tutte le bocche***, (*lett.*) essere risaputo, ripetuto, commentato da tutti **11** (*fig.*) andare, vagare con l'immaginazione: *v. sulle ali del sogno, della fantasia, del desiderio*; *il suo pensiero volava verso la, alla casa paterna* | riandare: *volò con la memoria a quei giorni lontani* **12** (*fig.*) trascorrere in fretta, dileguarsi, sfuggire rapidamente: *il tempo vola*; *le vacanze sono letteralmente volate*; *la gioventù passa volando*; *come è volata l'estate!*; *sono ormai volati via i giorni felici* | ***v. via in un attimo, in un minuto, in un soffio*** e sim., passare con indicibile celerità **13** nel gergo dei tossicodipendenti, provare un effetto di allucinazione causato dall'assunzione di sostanze stupefacenti **B** v. tr. **1** (*caccia*) lanciare un richiamo vivo, per far sì che il branco dei selvatici pieghi verso la tesa **2** ***v. una carta***, nel tressette, giocarla alzandola in un piccolo volo, per render noto al compagno che di quel colore o seme non se ne hanno più

volàre② [dal lat. *vŏla* 'cavità della pianta del piede' (nel lat. tardo anche 'palma della mano'), d'orig. sconosciuta ✱ 1961] **agg.** ● (*anat.*) palmare, plantare

volàta① [sec. XIV] **s. f. 1** breve volo: *l'uccellino è alla sua prima v.*; *abbiamo fatto una breve v. su un aliante*; *dopo una perfetta v., la freccia colse il bersaglio*; *una paurosa v. giù dai tetti* **2** (*est.*) insieme, gruppo di animali che volano | ***v. di uccelli***, stormo in volo **3** (*est.*) movimento o spostamento veloce, rapida corsa: *fare una v. in macchina, in bicicletta, a cavallo*; *è stata una v. entusiasmante*; *faccio una v. in stazione e torno subito* | ***di v.***, di corsa; (*est.*) in gran fretta, in un attimo: *scendere le scale di v.*; *preparare di v. il pranzo*; *le vacanze sono passate di v.* | (*sport*) nel ciclismo, scatto in prossimità del traguardo effettuato da due o più corridori: *v. a due, a tre*; *battere qlcu. in v.*; *vincere in v.* | ***tirare la v. a qlcu.***, (*fig.*) favorirlo, aiutarlo, preparare le condizioni del suo successo **4** (*fig., lett.*) slancio poetico, fantastico e sim.: *v. lirica* **5** (*milit.*) parte anteriore della canna di un'arma da fuoco di un pezzo d'artiglieria | ***tiro di v.***, eseguito con grande elevazione della bocca da fuoco **6** (*mus.*) progressione veloce di note, cantando **7** gruppo di mine che vengono fatte esplodere simultaneamente o in successione per abbattere la roccia **8** raggio di manovra del braccio di una gru ‖ **volatìna**, dim. (V.) | **volatóna**, accr. (V.) | **volatóne**, accr. m. (V.)

volàta② [calco sul fr. *volée* ✱ 1937] **s. f.** ● (*raro*) nel tennis, volée

†**volatévole** [da *volato* ✱ sec. XIV] **agg.** ● volatile

volàtica [da *volatico* ✱ sec. XIII] **s. f.** ● (*tosc.*) eritema cutaneo a decorso rapido e benigno

†**volàtico** [vc. dotta, lat. *volātĭcu(m)*, da *volāre* ✱ sec. XIII] **agg.** ● che vola

♦**volàtile** [vc. dotta, lat. *volātĭle(m)*, da *volāre* ✱ av. 1320] **A** **agg. 1** (*raro*) che è atto a volare: *animali volatili* | (*poet.*) alato **2** (*chim.*) detto di sostanza che passa facilmente allo stato gassoso **3** (*fig., lett.*) labile: *scienza v.* **4** (*inform.*) detto di memoria di elaboratore elettronico nella quale i dati non risiedono indefinitamente ma vengono perduti allo spegnimento del sistema **5** (*econ.*) molto instabile, caratterizzato da volatilità: *mercato v.* **6** (*fig., lett.*) †volubile, incostante **B** **s. m.** ● (*generic.*) uccello: *una gabbia piena di strani volatili*

volatilità [1644] **s. f. inv. 1** (*chim.*) caratteristica di ciò che è volatile, proprietà di trasformarsi rapidamente in gas **2** (*econ.*) indice statistico che misura il grado di variabilità del cambio di un'unità monetaria, del prezzo di un titolo o del livello dei tassi di interesse in un dato periodo

volatiliẓẓàre [fr. *volatiliser*, da *volatil* 'volatile' ✱ 1679] **A** **v. tr.** ● (*chim.*) ridurre una sostanza volatile allo stato aeriforme **B** **v. intr.** (aus. *essere*) e **volatiliẓẓàrsi** **v. intr. pron.** (aus. *essere*) ● (*chim.*) passare allo stato aeriforme SIN. evaporare **C** **volatiliẓẓàrsi** **v. intr. pron.** ● (*fig.*) dileguarsi, scomparire, rendersi irreperibile: *sembra che si sia volatilizzato* ‖ **volatiliẓẓazióne**, s. f. (V.)

volatiliẓẓazióne [1684] **s. f.** ● (*chim.*) rapido passaggio allo stato aeriforme SIN. evaporazione

volatìna [av. 1793] **s. f. 1** dim. di *volata* **2** (*mus.*) passaggio grazioso, sciolto | ***v. semplice***, se non passa i limiti dell'ottava

volatìvo o †**volatìo** [da *volato* ✱ av. 1348] **A** **agg. 1** (*raro*) di volo: *attività volative* | †adatto al volo | †che vola **2** volatile **B** **s. m.** ● †uccello, volatile

volatiẓẓàre [da *volato* ✱ 1690] **A** **v. tr.** ● (*raro*) volatilizzare **B** **v. intr.** (aus. *essere*) e **volatiẓẓàrsi** **v. intr. pron.** ● (*raro*) volatilizzarsi; evaporare ‖ **volatiẓẓazióne**, s. f.

volàto **A** **part. pass.** di *volare*; anche **agg.** ● nei sign. del v. **B** **s. m.** ● †volo

volatóna [1965] **s. f. 1** accr. di *volata* **2** nelle corse ciclistiche, volata conclusiva disputata da un folto gruppo di concorrenti

volatóne [1970] **s. m. 1** accr. di *volata* **2** nel ciclismo, volatona

volatóre [av. 1292] **agg. e s. m.** (f. *-trice*) ● (*raro*) che (o chi) vola

vol-au-vent /fr. ˌvɔloˈvɑ̃/ [vc. fr., da *vol(e) au vent* 'vola al vento', per indicare la leggerezza della pasta ✱ 1855] **s. m. inv.** (pl. fr. inv.) ● (*cucina*) involucro di pasta sfoglia salata, di forma tondeggiante e di diversa misura, che si può riempire di varie vivande

†**volàzzo** ➤ **svolazzo**

volée /fr. vɔˈle/ [vc. fr., part. pass. f. di *voler* 'volare' ✱ 1953] **s. f. inv.** ● nel tennis, colpo al volo: *v. di dritto, di rovescio*

volemìa [comp. di *vol(ume)* ed *-emia* ✱ 1981] **s. f.** ● (*biol.*) volume totale del sangue presente nell'organismo, comprendente quello circolante e quello immobilizzato in alcuni organi quali il fegato e la milza

volémose bène /roman. voˌlemosebˈbɛne/ [in romanesco 'vogliamoci bene' ✱ 1985] **loc. sost. m. inv.** ● (*roman., fam.*) invito a una conciliazione solo formale ed esteriore: *il suo discorso si è concluso con un generico volemose bene* CFR. embrassons nous

volènte o †**vogliènte** **A** **part. pres.** di *volere*; anche **agg. 1** nei sign. del v. **2** nella loc. ***v. o nolente***, che si voglia o no, per forza: *v. o nolente, devi obbedire* **B** **s. m.** ● (*raro, lett.*, spec. al pl.) chi vuole fortemente qlco.

volenteróso (o -ṣ-) o **volonteróso** (o -ṣ-), †**volentieróso**, †**voluntaróso** [da *volontà* ✱ 1268] **agg. 1** che è pieno di buona volontà: *scolaro, studente v.* SIN. alacre **2** (*lett.*) voglioso, anelante ‖ **volenterosaménte**, avv. in modo volenteroso; volentieri ‖ **volenterosità**, s. f. inv. alacrità, zelo

♦**volentièri** o (*raro*) **volontièri** [ant. fr. *volentiers*, dal lat. tardo *voluntārie*, avv. di *voluntārius* 'volontario' ✱ av. 1243] **avv.** (superl. *volentierissimo*) **1** di buona voglia, di buon grado, con piacere: *lavora v.*; *ci ha rivisto v.*; *si sacrifica v. per gli altri*; *sto v. con gli amici*; *perdono molto v.* | ***spesso e v.***, molto di frequente: *sta fuori casa spesso e v.*; *spesso e v. si perde in fantasticherie* **2** certamente sì, con grande piacere (come risposta cortesemente affermativa): *'puoi aiutarmi?' 'v.'*; *'verresti con noi?' 'v.!, grazie!'* | (con valore rafforz.) ***ben v.***: *'mi fai un favore?' 'ben v.!, se posso!'* ‖ †**volentierménte**, avv. volentieri

†**volentieróso** ➤ **volenteroso**

♦**volére**① [lat. parl. **volēre* (classico *vĕlle*), rifatto sul pres. *vŏlo* e il perfetto *vŏlui* ✱ 1219] **A** **v.**

V

tr. (pres. *io vòglio*, tosc. proclitico *vo'* /vɔ*/, *tu vuòi*, †*vuògli*, † proclitico *vuo'* /vwɔ/, *egli vuòle*, †*vòle*, *noi vogliàmo*, †*volémo*, *voi voléte*, *essi vògliono*, †*vònno*; fut. *io vorrò*; pass. rem. *io vòlli*, †*vòlsi*, *tu volésti*, *egli vòlle*, †*vòlse*, *noi volémmo*, *voi voléste*, *essi vòllero*, †*vòlsero*, †*vòllono*, †*vòlsono*; congtv. pres. *io vòglia*, *tu vòglia*, †*vògli*, †*vuògli*; condiz. pres. *io vorrèi*, poet. *vorrìa*; imperat. *vògli*, *vogliàte*; gerund. *volèndo*, †*voglièndo*; part. pres. *volènte*, †*vogliènte*; part. pass. *volùto*, †*volsùto*; aus. *avere* se usato assol.; come verbo servile tende ad avere l'ausiliare richiesto dal verbo a cui si accompagna: *ho voluto vederlo*; *è voluto partire*; *non è voluta uscire*; tuttavia, con i v. intr. che richiedono l'aus. *essere*, è frequente anche l'uso dell'aus. *avere*, spec. quando si vuole accentuare l'idea di volontà: *è lui che ha voluto uscire*; *ha voluto ricorrere a un prestito*; nei verbi rifl., si usa l'aus. *essere* se la particella pronominale è proclitica (cioè precede il verbo), l'aus. *avere* se è enclitica (cioè è unita ad esso): *non si è voluta cambiare*; *non ha voluto cambiarsi*) **1** tendere con decisione ferma a ottenere o fare qlco.: *vuole il successo*; *quel ragazzo vuole essere indipendente*; *voglio cambiare vita*; *perché vuoi sempre fare di testa tua?* | ***non v.***, rifiutarsi di fare qlco.: *non voglio lavorare in queste condizioni* | ***la poveretta non voleva rassegnarsi***, non si rassegnava | (*pleonast.*) ***voglio credere, voglio sperare*** e sim., credo, spero: *voglio sperare che sarai puntuale* | ***vuoi sapere una cosa?***, modo fam. di introdurre un discorso | ***qui ti voglio, qui ti vorrò vedere!***, aspettando come uno si comporterà alla prova dei fatti | ***vuoi vedere che è stato lui?***, accennando a una supposizione | ***voglio vedere se è capace di sostenere una cosa simile!***, lo ritengo improbabile | ***senza v., non volendo***, involontariamente | ***a v. che***, se proprio si vuole, affinché: *a v. che la medicina faccia effetto, bisogna attenersi alle prescrizioni del medico* | ***neanche a v.***, per indicare che una cosa è impossibile in ogni modo: *se segui scrupolosamente le istruzioni, non puoi sbagliare neanche a v.* | ***v. o no, v. o volare***, (*colloq.*) che si voglia o no, per amore o per forza **2** esigere, pretendere che altri faccia o non faccia qlco.: *voglio che facciate silenzio*; *il direttore vuole che tutti siano puntuali*; *volle sapere la verità*; *volle essere pagato fino all'ultimo centesimo*; *voglio fatti, non chiacchiere!* | ***non v. che***, non ammettere, non consentire che: *non voglio che vi comportiate così* **3** (*assol.*) essere dotato di ferma e decisa volontà, dar prova di volontà: *a chi vuole nulla è impossibile*; *ha una qualità straordinaria, quella di v.* | ***capacità di intendere e di v.***, di capire e di esercitare, ordinare, controllare la propria volontà **4** comandare, stabilire, disporre, detto spec. di una potenza superiore o di un'entità autorevole: *Iddio lo vuole!*; *il destino ha voluto così*; *il Vangelo, la legge, la buona educazione vuole così* **5** desiderare intensamente: *è un bambino capriccioso e vuole tutto ciò che vede*; *vuole l'impossibile*; *vogliono la mia rovina*; *se vuoi restar solo, me ne vado*; *vuoi uscire?*; *il cane abbaia perché vuole uscire*; *nessuno lo vuole per amico*; *vuole altro?*; *se lo vuole, il prezzo è questo*; *suo padre lo vuole medico* | PROV. ***chi troppo vuole nulla stringe*** | ***non sa neanche lui quello che vuole***, di persona indecisa e scontenta | ***ce n'è quanto ne vuoi, quanto ne volete***, in grande quantità, in abbondanza | ***come vuoi, come volete, quando vorrete***, formule con cui ci si rimette alla volontà e alle decisioni di altri | ***v. piuttosto***, preferire | ***v. una persona***, cercare di lei per vederla o parlarle: *ti vuole tuo padre*; *ti vogliono al telefono* | si usa spesso al condizionale per indicare attenuazione del desiderio o come forma di cortesia: *vorrei un po' di tranquillità*; *se non ti dispiace, vorrei restar solo*; *noi tutti vorremmo sentire il tuo parere in proposito*; *mi vorrebbero con loro per qualche giorno* | ***non vorrei sbagliarmi, ma...***, spero di non sbagliarmi, ma... | (con valore rafforz.) ***vorrei morire se non è così***, possa io morire se le cose stanno diversamente | ***vorrei morire piuttosto!***, insistendo su un rifiuto | desiderare amorosamente: *segue chi fugge, a chi la vuol s'asconde* (A. Poliziano) **6** disporre: *volle che il suo patrimonio fosse devoluto in opere di beneficenza* | decidere di, aver deliberato di..., spec. in espressioni fam. con riferimento a chi si espone a rischi di vario genere: *quello vuole morire, ammazzarsi, suicidarsi* | ***non vorrai per caso andar di sotto?***, a chi si sporge pericolosamente | ***voglio rovinarmi***, (*scherz.*) si dice quando ci si accinge a una spesa o liberalità eccezionale, o che si finge tale | ***l'ha voluto lui*** o, in forma pron., (*colloq.*) ***se l'è voluta lui***, ha subìto una conseguenza negativa per propria colpa **7** permettere, consentire: *se la mamma vuole, esco anch'io con te*; *mio padre non vuole che frequenti certi ambienti*; *vuol attendermi un minuto?*; *vuole accomodarsi?* | ***Dio voglia che..., Dio volesse che..., Dio voglia!, Dio volesse!, volesse il Cielo*** e sim., espressioni di augurio e di desiderio | ***Dio l'avesse voluto!***, espressione di rimpianto rassegnato | ***Dio non voglia***, inciso di scongiuro | ***se Dio vuole***, per esprimere speranza e ringraziamento e soddisfazione: *forse tutto si aggiusterà, se Dio vuole*; *ce l'ho fatta, se Dio vuole!* | ***come Dio volle***, alla fine, finalmente | ***come Dio vuole, quando Dio vorrà*** e sim., per esprimere rassegnata sottomissione | accettare, gradire: *vuol favorire?*; *vuole ancora un po' di dolce?*; *grazie, non ne voglio più* **8** richiedere, esigere indebitamente o inopportunamente qlco. da qlcu.: *insomma, cosa volete ancora da me?*; *vuole troppo da quel ragazzo!* | ***come vuoi, come volete che...***, formule con cui si vuol mostrare la difficoltà, l'impossibilità di qlco.: *come volete che studi se non mi lasciate tranquillo?* | ***che (diavolo) vuoi?***, che cosa vuoi? (con tono seccato) | ***che vuoi, che vuole, che volete***, per introdurre una giustificazione, una scusa, per significare che era impossibile fare diversamente, per invocare indulgenza o rassegnazione e sim.: *che vuole, avevo bisogno di quel lavoro e non ho potuto rifiutare*; *che volete, non sempre si riesce a dominare i propri nervi* | ***che vuole che le dica?***, per esimersi dal dire o spiegare di più **9** chiedere un determinato prezzo o compenso: *quanto vuole per questa borsa?*; *per ripararmi l'orologio ha voluto una bella cifra* **10** (*lett.*) credere, ritenere, esprimere un'opinione, dire (con soggetto indet.): *vogliono che stia per verificarsi una nuova crisi di governo*; *c'è chi vuole che sia tutta una messinscena*; *si vuole che anche lui sia coinvolto nello scandalo* | ***ognuno la vuole a suo modo, chi la vuol cruda e chi la vuol cotta***, per indicare diversità di opinioni, di esigenze, di gusti | sostenere, asserire: *vuole un'antichissima tradizione che...*; *come vuole un'antica leggenda*; *così vuole uno storico dell'epoca* **11** (*disus.*) ammettere, concedere: *voglio che sia freddo, ma tu esageri* **12** risolversi, decidersi a, spec. in frasi negative per indicare un'ostinata fermezza, spec. in cose o animali, quasi si trattasse di volontà contraria: *questa pianta non vuol fiorire*; *il cane non voleva tacere*; *oggi il motore non vuol funzionare*; *quest'anno la primavera non vuol arrivare* **13** necessitare, richiedere: *un malato che vuole continua assistenza*; *animale delicato che vuole molte cure*; *lavoro che vorrebbe una lunga preparazione* | ***anche l'occhio vuole la sua parte***, anche l'aspetto esteriore ha la sua importanza **14 volérci, volércene**, essere necessario, occorrere (con l'aus. *essere*): *ci vuole un bel coraggio a dire cose simili*; *mi ci vorrebbe proprio una bella vacanza*; *non c'è voluto molto denaro per comprarlo*; *non credo che ci voglia ancora molto tempo*; *ce ne vorrebbero di soldi, caro mio!* | ***volerci molto, poco*** (sottinteso tempo, fatica, denaro e sim.), essere poco, molto rapido, agevole, costoso e sim.: *ci vorrà molto per finire?*; *non ci vuol molto a capire*; *credo che ci voglia molto per comprarlo*; *ci vuol poco per arrivare*; *c'è voluto poco a capire* | ***quello che ci vuole, ci vuole***; ***quando ci vuole, ci vuole***, per affermare la necessità di ricorrere a mezzi energici o per dire che quando una cosa è necessaria deve essere fatta | ***che ci vuole?***, per indicare la semplicità o la facilità di un'operazione e sim. | ***ci vuol altro che...*** o (*assol.*) ***ci vuol altro***, per indicare che una persona o una cosa è inadatta, insufficiente e sim.: *ci vuol altro che un novellino per questo lavoro!*; *ci vuole altro che la dolcezza, con lui!*; *in questa situazione, ci vuol altro!* | ***quanto ce ne vuole***, secondo la quantità necessaria, secondo il fabbisogno: *mettici tanto sale quanto ce ne vuole* | ***ce n'è voluto***, è stato difficile, faticoso: *alla fine l'ho convinto, ma ce n'è voluto!* | ***non ci voleva!***, esclamazione di disappunto per il verificarsi di qlco. di spiacevole: *piove? non ci voleva!* **15** comportare, richiedere, reggere: *verbi che vogliono il dativo, l'accusativo*; *questo costrutto vuole il congiuntivo imperfetto* **16** essere imminente, probabile: *vuol piovere*; *si direbbe che il tempo voglia rimettersi*; *vuol essere una crisi lunga e complessa* | †***voler fare qlco.***, detto di persona, essere sul punto di farla: *Pietro, veggendosi quella via impedita ..., volle morir di dolore* (G. Boccaccio) **17** nella loc. ***v. bene, male a qlcu.***, desiderare, augurare il suo bene, essergli affezionato, avere affetto, amore per lui o, al contrario, desiderare il suo male, nutrire antipatia, odio nei suoi confronti, accanirsi contro di lui: *v. bene a un amico*; *gli vuole bene come a un fratello*; *qui c'è qualcuno che mi vuol male* | ***v. molto bene, un gran bene, un bene dell'anima***, e sim., amare molto, oltre ogni dire **18 volérne**, serbare rancore, avercela con qlcu. (+ *a*): *non volermene, non è stata colpa mia!* **19** intendere qlco., nella loc. ***voler dire*** (quando ciascuno dei verbi conserva il suo valore autonomo): *vuoi dire che non c'è più speranza?*; *volete dire che avete ragione voi?* | ***ti volevo dire che...***, modo colloq. d'introdurre un discorso che si aveva intenzione di fare o che venga in mente lì per lì | ***voglio dire, volevo dire***, modi di correggersi e di precisare l'espressione: *quel bambino, voglio dire quel ragazzo, è molto intelligente*; *la situazione è disastrosa, voglio dire che non c'è più nulla da fare* | ***volevo ben dire!***, per significare che una cosa era stata prevista e non poteva non accadere: *è di nuovo nei guai, volevo ben dire!* | significare (quando i due verbi costituiscono un gruppo inscindibile): *che vuol dire questo vocabolo?*; *che cosa vuol dire in italiano l'inglese 'egg'?*; *che vuol dire questo silenzio?* | ***che vuol dire che non mi rivolgi più la parola?***, come mai, perché mai? | ***questo vuol dire che non possiamo più contare su di lui***, dimostra, porta di conseguenza che... | ***voler dire molto, poco*** (per lo più con costrutto impers.), importare, contare molto, poco; aver molto, poco peso: *vuol dire molto se accetta o non accetta l'incarico*; *questo, in fondo, vorrebbe dir poco* | ***non vuol dire***, non ha importanza: *non mi aiuti? non vuol dire, fa-*

a b c d e f g h i j k l m n o p q r s t u **v** w x y z

rò da solo **20** (*lett.*) si deve, bisogna, è necessario, spec. nella costruzione impers. ***si vuole***: *a questo punto, si vuol procedere con molta cautela* **21** (*correl.*) nella loc. cong. ***vuoi ... vuoi***, V. *vuoi* **B volérsi v. rifl. recipr. e tr. pron.** ● nella loc. ***volersi bene***, (*raro*) ***volersi male***, provare un reciproco sentimento di affetto, di amore o di odio | ***volersi molto bene, un gran bene, un bene dell'anima*** e sim., amarsi molto, oltre ogni dire | ***non volersi bene, non volersi più bene***, non amarsi, non amarsi più

SFUMATURE DI SIGNIFICATO
volere - desiderare - ambire - sognare
Volere è tendere con decisione al conseguimento di un fine o di qualcosa di cui si ha bisogno o si sente la mancanza. Stesso significato ha **desiderare**, che tuttavia suggerisce, rispetto a *volere*, un'idea di minore impellenza; in un'accezione particolare *desiderare* definisce l'essere attratti fisicamente da una persona. Se l'oggetto del desiderio è particolarmente elevato e difficile da raggiungere si parla di **ambire**. Si usa invece **sognare** nel caso in cui l'obiettivo sia di impossibile realizzazione.

♦**volére**② [da *volere*① ✱ av. 1249] **s. m. 1** volontà: *ha seguito il v. dei suoi genitori; sia fatto il v. di Dio* | (**al pl.**) intenti, propositi: *Questa costante remissione ai voleri altrui* (F. DE ROBERTO) | ***a mio, a tuo v.***, a mio, a tuo piacimento | ***di mio, di tuo v.***, di mia, di tua spontanea volontà | ***il buon v.***, la buona volontà, la buona disposizione: *fare qlco. di buon v., con tutto il buon v.* **2** (**al pl.**, *raro*) intenti, determinazioni: *concordia di voleri*

†**volévole** [sec. XIII] **agg.** ● volante

volfràmio ➤ **wolframio**

♦**volgàre**① o †**vulgàre** [vc. dotta, lat. *vulgāre(m)* 'comune a tutti, ordinario', da *vŭlgus* 'volgo' ✱ 1261 ca.] **A agg. 1** (*raro*) del volgo, detto spec. di forme linguistiche in uso presso gli strati meno colti di un popolo: *pregiudizio v.; superstizioni volgari; lingua, parlata volgari* | ***latino v.***, quello parlato dal popolo, spec. in contrapposizione alla lingua letteraria degli scrittori | ***nome v.***, popolare, corrente: *conosco solo il nome v. di questo fiore* **2** (*fig.*, *spreg.*) che è comune, corrente, privo di ogni qualità e valore: *una v. imitazione dell'antico* | spregevole: *sei un v. bugiardo* **3** (*fig.*, *spreg.*) che è grossolano, rozzo, sguaiato: *bellezza v.; un individuo v.* | osceno, indecente, triviale: *parole, espressioni volgari; gesto, atteggiamento v.* CONTR. fine, distinto, signorile **4** †che è noto a tutti ‖ **volgarménte**, †**volgareménte**, **avv. 1** comunemente: *l'adianto si chiama volgarmente capelvenere* **2** (*raro*) proverbialmente: *come volgarmente si dice, chi sta bene non si muove* **3** in modo volgare: *parlare, esprimersi volgarmente* ‖ **volgarità**, **s. f. inv.** (V.) **B s. m. 1** lingua parlata dal popolo, spec. con riferimento al periodo in cui ebbero origine le lingue neolatine, in contrapposizione al latino considerato come la lingua colta e letteraria per eccellenza: *il v. italiano; i volgari francesi* | †***dire una cosa in buon v.***, (*fig.*) parlando chiaramente, senza mezzi termini **2** †proverbio **3** (*lett.*, **al pl.**) gente del volgo, del popolo **4** †discorso | †modo di dire ‖ **volgaróne**, **accr.** | **volgaròtto**, **alter.** | **volgarùccio**, **dim.**

SFUMATURE DI SIGNIFICATO
volgare - sboccato - scurrile
Volgare è alla lettera ciò che è proprio del volgo, cioè comune, privo di qualsiasi caratteristica che lo renda distinguibile dalla massa; in accezione negativa definisce chi o ciò che è assolutamente privo di finezza, distinzione, garbo; è parola d'uso vastissimo, che può riferirsi a ogni aspetto del parlare o dell'agire umano; correntemente si usa anche per identificare scritti, gesti, discorsi che contengono riferimenti espliciti e inopportuni alla sfera sessuale. D'uso più ristretto è **sboccato**, che definisce chi si esprime in modo grossolano e sguaiato, ricorrendo di frequente a parole sconce e offensive. **Scurrile** ha lo stesso significato, ma può essere riferito non solo a parole e discorsi ma anche a gesti e comportamenti; inoltre, rispetto a *sboccato*, suggerisce un più frequente ricorso ad allusioni di tipo sessuale.

†**volgàre**② [vc. dotta, lat. *vulgāre*, da *vŭlgus* 'volgo' ✱ sec. XIV] **v. tr.** ● divulgare, diffondere

volgarìṣmo o †**volgarèṣimo** [comp. di *volgar(e)*① e *-ismo* ✱ av. 1729] **s. m. 1** †atteggiamento volgare, volgarità **2** (*ling.*) parola o locuzione propria della lingua volgare (spec. entrata nel latino del tardo Medioevo)

volgarità o †**vulgarità** [vc. dotta, lat. tardo *vulgaritāte(m)* 'l'essere comune, ordinario, volgare', da *vulgāris* 'volgare①' agg. ✱ 1559] **s. f. inv. 1** caratteristica, condizione di chi (o di ciò che) è volgare: *non sopporto la sua v.; usa sempre frasi di incredibile v.* SIN. trivialità CONTR. finezza **2** (*est.*) termine, locuzione, espressione volgare: *basta con queste v.*

volgarizzaménto [1584] **s. m. 1** traduzione in volgare: *il v. della Bibbia, di Tito Livio* **2** (*est.*) testo tradotto in volgare
SFUMATURE ➤ ***traduzione***

volgarizzàre o †**vulgarizzàre** [da *volgare*① ✱ sec. XIII] **v. tr. 1** tradurre dal latino o dal greco in un volgare neolatino: *v. Cicerone* | (*est.*) tradurre in volgare italiano: *v. un poema epico scritto in lingua d'oïl* **2** (*est.*) rendere accessibile a tutti una scienza, una disciplina e sim.: *v. il diritto, la chimica, la filosofia* SIN. divulgare ‖ **volgarizzazióne**, **s. f.** (V.)

volgarizzatóre [av. 1332] **s. m.** (**f.** *-trice*) **1** chi volgarizza una scienza, una disciplina e sim. **2** chi un tempo traduceva in volgare i testi spec. degli autori classici greci e latini

volgarizzazióne [av. 1694] **s. f. 1** volgarizzamento **2** divulgazione di una scienza, una disciplina e sim.

volgàta ➤ **vulgata**

volgàto ➤ **vulgato**

volgènte o †**volvènte** **part. pres.** di *volgere*; **anche agg.** ● nei sign. del v.

♦**vòlgere** o †**vòlvere**, †**vòllere** [lat. *vŏlvere*, di orig. indeur. ✱ 1235 ca.] **A v. tr.** (**pres.** *io vòlgo, tu vòlgi*; **pass. rem.** *io vòlsi, tu volgésti*; **part. pass.** *vòlto*) **1** dirigere verso un luogo o un punto determinato (*anche fig.*): *v. gli occhi, lo sguardo, il viso verso qlcu. o qlco.; v. il passo, i passi, il cammino verso un luogo; v. la prua verso la riva; v. le armi contro qlcu.; v. il pensiero, l'animo, la mente, le proprie cure a qlco.; v. l'ira, l'odio contro qlcu.* | ***v. le spalle***, girarle o allontanarsi con movimento brusco; fuggire; (*fig.*) trascurare, ignorare una persona, un'occasione favorevole: *v. le spalle alla fortuna* | ***v. in fuga il nemico***, farlo fuggire **2** (*fig.*) mutare, convertire, trasformare: *v. le cose in burla, in scherzo; v. il pianto in riso* | ***v. ad altro uso***, destinare | ***v. in dubbio***, mettere in dubbio | tradurre: *v. un brano in italiano* **3** (*lett.*) girare, rigirare: *v. la chiave nella toppa; Io son colui che tenni ambo le chiavi / del cor di Federigo, e che le volsi, / serrando e diserrando* (DANTE *Inf.* XIII, 58-60) | ***v. nella mente***, meditare, pensare con insistenza: *v. nella mente un nuovo disegno* **4** †avvolgere, circondare, attorniare: *la cerchia che d'intorno il volge* (DANTE *Inf.* XVIII, 3) | distogliere **B in funzione di s. m. solo sing.** ● il trascorrere, il passare: *con il v. degli anni, del tempo* **C v. intr.** (**aus.** *avere*, *raro essere* **spec. nel sign. 2**) e (*raro*) **vòlgersi v. intr. pron. 1** piegare verso una parte, in una direzione (+ *a*): *la strada volge a destra, a sinistra; quel ramo del lago di Como che volge a mezzogiorno* (A. MANZONI) | ***v. in fuga***, cominciare a fuggire: *i nemici volsero in fuga* **2** avvicinarsi, approssimarsi (+ *a*): *il sole volge al tramonto; la gara volge al termine* | di colore, tendere: *un rosso che volge al viola* | essere sul punto di evolversi in un dato modo: *il tempo volge al brutto; la situazione volge al peggio* **3** (*lett.*) trascorrere, essere in corso, detto del tempo: *già sei lustri / volgon da poi che il bel tenor di vita / giovinetto intraprese* (G. PARINI) **D vòlgersi v. rifl. 1** rivolgersi verso qlcu. o qlco., dirigersi verso un luogo (+ *a*): *si volse verso di lui e gli sussurrò alcune parole; il girasole si volge sempre ai raggi del sole; volgersi a destra, a sinistra, da una parte, indietro* | ***volgersi attorno***, (*lett.*) girare intorno lo sguardo **2** (*fig.*) rivolgere le proprie cure, la propria attività, dedicarsi a qlco. (+ *a*): *volgersi agli studi filosofici; volgersi ad opere filantropiche* **E vòlgersi v. intr. pron. 1** sfogarsi, riversarsi (+ *contro*): *la sua ira si volse contro di noi* **2** (*raro*) fuggire, nella loc. ***volgersi in fuga*** **3** (*raro*, *lett.*) trascorrere: *Elena vedi, per cui tanto reo / tempo si volse* (DANTE *Inf.* V, 64-65)

†**volgévole** o †**volvévole** [da *volgere* ✱ av. 1292] **agg.** ● che si volge, gira, rotola

†**volgìbile** o †**volgìbole** [1292] **agg. 1** che si può volgere, girare **2** †volubile, mutevole

volgiménto o †**volviménto** [sec. XIII] **s. m.** ● (*lett.*) il volgere, il volgersi | (*lett.*) rotazione, giravolta

†**volgitóio** [1564] **A s. m.** ● qualsiasi cosa atta ad avvolgere **B agg.** ● che serve ad avvolgere

volgitóre [av. 1375] **s. m.** (**f.** *-trice*); **anche agg.** ● (*raro*, *lett.*) che (o chi) volge, muta

vólgo o †**vùlgo**① [vc. dotta, lat. *vŭlgu(s)*, nt., di etim. incerta ✱ 1268] **s. m.** (**pl.** *-ghi*) **1** (*lett.*, *spec. spreg.*) classe sociale economicamente più povera e culturalmente più arretrata: *la gente del v.; i pregiudizi del v.; agli occhi del v. queste sono cose senza importanza* **2** (*est.*, *lett.*, *spreg.*) moltitudine indistinta, turba, massa: *il v. dei letterati, degli artisti; un v. disperso che nome non ha* (A. MANZONI)
SFUMATURE ➤ ***popolo***①

vòlgolo o †**vòggolo** [da *volgere* ✱ av. 1479] **s. m.** ● (*tosc.*) involto, rotolo: *un v. di panno, di carta, di capelli*

volicchiàre [da *volare* col suff. *-icchiare* ✱ 1869] **v. intr.** (*io volicchio*; **aus.** *essere* o *avere*) ● (*raro*) volare debolmente, compiendo ogni volta brevi tragitti, detto spec. di piccoli uccelli

volièra [fr. *volière*, da *voler* 'volare' ✱ 1623] **s. f.** ● uccelliera

volitàre [vc. dotta, lat. *volitāre*, intens. di *volāre* ✱ 1321] **v. intr.** (*io vòlito*; **aus.** *avere*) **1** (*lett.*) volare continuamente qua e là: *dentro ai lumi sante creature / volitando cantavano* (DANTE *Par.* XVIII, 76-77) **2** svolazzare, detto spec. di farfalle e pipistrelli

♣**volitìvo** [da *volere*① ✱ sec. XIV] **A agg. 1** (*filos.*) di volontà, relativo alla volontà: *atto v.; virtù, facoltà, attività volitiva* **2** che è dotato di una volontà forte e determinata: *carattere v.; persona volitiva* | che rivela tale volontà: *sguardo v.; viso maschio e v.* **3** (*gramm.*) detto di forma verbale che esprime una volontà ‖ **volitivaménte**, **avv.** ‖ **volitività**, **s. f. inv.** (*raro*) caratteristica di chi (o di ciò che) è volitivo **B s. m.** (**f.** *-a*) ● persona volitiva
SFUMATURE ➤ ***tenace***

†**vòlito** [da *volitare* ✱ av. 1348] **s. m.** ● (*raro*) volo

†**volitóre** [1350 ca.] **s. m.** (**f.** *-trice*); **anche agg.** ● chi (o che) vuole

volizióne [da *volere*① ✱ av. 1626] **s. f.** ● (*filos.*) atto e manifestazione della volontà

volleìsta o **vollista** [da *volley* ✱ 1979] **s. m. e f.** (**pl. m.** *-i*) ● (*raro*) pallavolista

V

†**vòllere** ➤ **volgere**

vòlley /ˈvɔllei, *ingl.* ˈvɒlɪ/ [accorc. dell'ingl. *volleyball*, comp. di *volley* 'volata' (dal fr. ant. *volée* 'volata') e *ball* 'palla' ✱ 1983] **s. m. inv.** ● (*sport*) pallavolo | ***beach v.***, V. *beach*

vollìsta ➤ **volleista**

♦**vólo** [da *volare* ✱ av. 1257] **s. m. 1** (*zool.*) facoltà e attività del volare, libero movimento nell'aria per mezzo delle ali, tipico di Uccelli, Insetti e dei Mammiferi dei Chirotteri: *il v. dell'aquila, dell'ape, del pipistrello; pigliare, spiccare il v.; levarsi, alzarsi a, in v.* | ***v. a vela***, passivo, tipico di alcuni uccelli che sfruttano l'azione del vento | ***v. battente***, dovuto al movimento più o meno rapido e frequente di innalzamento e abbassamento delle ali | ***v. planato***, in discesa, con ali aperte e ferme | ***v. radente***, a bassissima quota | ***a v. d'uccello***, dall'alto; (*fig.*) in modo globale, generale e rapido: *panorama, paesaggio visto a v. d'uccello; ho dato al libro solo una scorsa, un'occhiata a v. d'uccello* | ***in v.***, mentre l'animale vola: *colpire una pernice in v.* | ***al v.***, mentre l'animale vola; (*fig.*) subito, all'istante: *colpire al v.; capire, intendere qlcu., qlco. al v.* | ***tiro a, al v.***, sport che consiste nello sparare con fucile da caccia a bersagli mobili nell'aria, un tempo anche piccioni, oggi piattelli | ***prendere il v.***, alzarsi in volo; (*fig.*) fuggire, sparire, dileguarsi: *l'uccellino ha preso il v.; l'imputato ha preso il v.; la refurtiva ha preso il v.* | ***dare il v.***, (*lett.*) lasciar libero (*anche fig.*) | (*est.*) movimento nell'aria di qualunque essere fantastico, mitologico e sim. dotato di ali: *il v. di Pegaso, dell'Ippogrifo* **2** (*aeron.*) movimento di aeromobili o veicoli spaziali nello spazio atmosferico o extraatmosferico: *v. ad alta, a bassa quota; v. in avanti, in derapata, in formazione, a spirale; v. libero, orizzontale, verticale, laterale, rettilineo, radente, diritto, rovescio* | ***v. librato, planante, planato***, senza l'ausilio del motore, con traiettoria obliqua verso il basso | ***v. a coltello***, di velivolo che procede col piano alare verticale, sostentandosi su un fianco della fusoliera | ***v. a motore***, degli aerei con motore | ***v. a vela***, quello degli alianti che veleggiano in presenza di correnti ascendenti, senza bisogno di motore | ***v. libero***, la disciplina sportiva del volare col deltaplano o il parapendio | ***v. autorotativo***, di aerogiri | ***v. a ritroso***, di aerostati, elicotteri e sim. | ***v. propulso***, a motore | ***v. a vista***, V. *vista* nel sign. 1 | ***v. cieco, strumentale***, senza visibilità | ***v. spaziale***, di veicolo spaziale che viaggia al di fuori dell'atmosfera terrestre | ***v. umano muscolare***, che utilizza la forza muscolare dell'uomo | (*est.*) viaggio compiuto a bordo di un aeromobile o di un veicolo spaziale: *questo è il mio primo v.; un v. dalla terra alla luna; v. d'addestramento, ambientamento, prova, collaudo, controllo; v. d'istruzione, di trasferimento* | ***essere in v.***, viaggiare su un aereo: *eravamo in v. verso New York* **3** (*est.*) stormo: *un v. d'uccelli; un v. d'aerei* **4** (*caccia*) richiamo vivo che, dal capanno, si getta a volo, per far piegare i selvatici verso la tesa: *dare un v.; lanciare un v.* **5** (*est.*) traiettoria aerea compiuta da un corpo o da un oggetto pesante, grazie a un forte slancio iniziale: *il v. di un proiettile, di una freccia; lanciò la pietra con forza, facendole fare un lungo v.* | ***al v.***, mentre l'oggetto è ancora a mezz'aria; (*fig.*) immediatamente: *acchiappare qlco. al v.; cogliere al v. l'occasione propizia* | ***far fare un v. a qlco.***, (*colloq.*) lanciarla | ***far fare un v. a qlcu.***, (*fig., fam.*) scacciarlo con violenza: *gli ha fatto fare un v. fuori dalla porta* | ***colpire, ribattere, respingere al v. la palla***, in vari sport, raggiungerla nella sua traiettoria a una certa altezza da terra; nel calcio, colpire il pallone prima che tocchi terra | ***calcio al v.***, nel rugby, tiro effettuato da un giocatore, che lascia cadere il pallone dalle mani e lo colpisce prima che abbia toccato il terreno | ***v. all'incrocio dei pali***, nel calcio, intervento del portiere che si slancia in direzione del sette per intercettare il pallone | nello sci, una delle fasi del salto dal trampolino **6** (*est.*) salto, caduta violenta, spec. da notevole altezza: *fare un v. dal tetto, dalla finestra; dopo un v. pauroso si rialzò incolume* **7** (*est.*) rapida corsa, volata: *faccio un v. all'edicola e torno* | ***in un v.***, subito **8** (*fig.*) slancio, divagazione dell'immaginazione: *v. poetico, lirico; i voli della fantasia* | ***v. pindarico***, trapasso da un argomento all'altro con analogie improvvise, alla maniera di Pindaro **9** (*fig., lett.*) diffusione, espansione: *e presta a' miei sospir sì largo v.* (F. Petrarca) **10** (*arald.*) figura costituita da due ali di uccello congiunte insieme per i dorsi ‖ **volétto, volettino, dim.**

vololibèrista [da *volo libero* ✱ sec. XX] **s. m. e f.** (**pl. m.** *-i*) ● chi pratica l'attività sportiva del volo libero

♦**volontà** o †**volontàde**, †**volontàte**, †**voluntà**, †**voluntàde**, †**voluntàte** [lat. *voluntāte(m)*, da *vŏlo* 'io voglio' (V. *volere*①) ✱ 1224 ca.] **s. f. inv. 1** facoltà del volere, capacità di volgere le proprie energie al perseguimento di uno scopo: *essere dotato di una v. ferma, energica, ferrea, inflessibile, indomabile, incerta, debole, fiacca; avere, non avere forza di v.; è un uomo privo di v.* | ***v. di potenza***, nella filosofia di Nietzsche, quella necessaria per elevarsi al di sopra della morale comune **2** atto del volere: *non intendo forzare la sua v.* | ***di mia, tua, sua v.***, secondo il volere mio, tuo, suo: *l'ho fatto di mia spontanea v.* | ***a mia, tua, sua v.***, a piacimento mio, tuo, suo | ***a v.***, come, quando, quanto si vuole; senza limite: *mangiare, bere a v.* | ciò che qlcu. vuole: *fare la v. di Dio; imporre la propria v.* | (**al pl.**) ***le ultime volontà***, le disposizioni testamentarie **3** disposizione, buona o cattiva, a fare qlco. (+ *di* **seguito da inf.**): *quel ragazzo non ha v. di studiare, di lavorare* | ***buona v.***, disposizione a far bene, impegno | ***cattiva v.***, mancanza di impegno | ***v. politica***, disponibilità concreta a realizzare progetti e programmi superando ostacoli burocratici, organizzativi e sim. **4** (*lett.*) voglia, bramosia **5** (*gramm.*) ***verbi di v.***, quelli che esprimono l'azione del volere, un desiderio, una preferenza e sim. **6** †passione, concupiscenza: *mentre egli da troppa v. trasportato, men cautamente con lei scherzava* (G. Boccaccio) **7** (*dir.*) movimento psicologico che determina all'azione: *coscienza e v.; vizio di v.* | ***v. colpevole***, colpevolezza

volontarìato [da *volontario*, sul modello del fr. *volontariat* ✱ 1858] **s. m. 1** un tempo, servizio militare prestato volontariamente **2** prestazione gratuita o semigratuita della propria opera presso enti pubblici o privati, per acquisire la necessaria esperienza o per conseguire un determinato titolo, spec. un tempo con riferimento agli assistenti volontari delle università o degli istituti ospedalieri | durata di tale prestazione **3** attività volontaria e gratuita svolta a favore della collettività (spec. nel campo dell'assistenza a indigenti, anziani, handicappati, tossicodipendenti, ecc.) da parte di cittadini spesso organizzati in apposite associazioni | l'insieme di tali attività o di tali associazioni

volontarietà [1892] **s. f. inv.** ● condizione di ciò che è volontario: *la v. di un atto*

volontàrio o †**voluntàrio** [vc. dotta, lat. *voluntāriu(m)*, da *volŭntas*, genit. *voluntātis* 'volontà' ✱ 1308] **A agg. 1** (*fisiol.*) che dipende dalla volontà: *movimento v.* | ***muscolo v.***, V. *muscolo* **2** che nasce da un atto di volontà, che è liberamente e consapevolmente scelto, deciso, realizzato: *esilio v.; domicilio v.; azione, rinuncia volontaria* | ***omicidio v.***, intenzionale | ***morte volontaria***, suicidio | ***giurisdizione volontaria***, funzione non giurisdizionale dell'autorità giudiziaria consistente nell'integrare, assistere e controllare preventivamente certi atti di persone fisiche o giuridiche nell'interesse sia delle stesse sia pubblico **3** spontaneo: *dono v.; offerta volontaria* **4** †generoso **5** (*lett.*) volitivo ‖ **volontariaménte, avv.** di propria spontanea volontà: *assumere volontariamente un obbligo, un impegno* **B agg. e s. m.** (**f.** *-ia*) **1** che (o chi), di propria spontanea volontà, sceglie, accetta o decide di fare qlco.: *donatore v.; un reparto di volontari* | ***v. del sangue***, donatore di sangue **2** che (o chi) presta la propria opera in regime di volontariato: *assistente universitario v.; assistente v. ospedaliero; soldato v.; questo spetta ai volontari; l'arruolamento dei volontari* | ***v. in servizio civile***, cittadino italiano, di età superiore ai venti anni, che assume un impegno di lavoro senza fini di lucro o carriera in Paesi in via di sviluppo per un periodo di almeno due anni ai fini di realizzare programmi di cooperazione tecnica | aderente a un'associazione di volontariato: *i volontari dell'AVIS*

SFUMATURE ➤ ***spontaneo***

†**volontarióso** (o **-ṣ-**) [da *volontario* ✱ av. 1342] **agg.** ● desideroso, bramoso ‖ †**volontariosaménte, avv.** volenterosamente

volontarìsmo [comp. da *volontario* e *-ismo* ✱ 1902] **s. m. 1** ogni dottrina filosofica che affermi la preminenza della volontà sull'intelletto, cioè dell'agire sul conoscere | (*est.*) atteggiamento di chi presume di perseguire i propri scopi basandosi solo sulla volontà **2** movimento politico che sostiene la tesi dell'arruolamento volontario, secondo le necessità di ciascuna nazione **3** fenomeno del servizio militare prestato volontariamente, sotto la spinta di un ideale, particolarmente verificatosi in alcuni periodi storici: *il v. risorgimentale; il v. durante la Resistenza* | insieme di formazioni militari composte di volontari: *il contributo del v.* **4** volontariato nel sign. 3

volontarìsta [1921] **agg.** (**pl. m.** *-i*) **1** (*filos.*) detto di chi teorizza o è fautore del volontarismo | ispirato al volontarismo: *teoria v.* **2** (*raro*) volontaristico

volontarìstico [1921] **agg.** (**pl. m.** *-ci*) ● relativo al volontarismo | che rivela volontarismo ‖ **volontaristicaménte, avv.**

†**volontàte** ➤ **volontà**

volonteróso ➤ **volenteroso**

volontièri ➤ **volentieri**

†**volontóso** (o **-ṣ-**) [sec. XIII] **agg.** ● pronto, volenteroso

volovelìsmo [comp. da *volo* (*a*) *vela* e *-ismo* ✱ 1955] **s. m.** ● tecnica e attività che riguardano il volo a vela

volovelìsta [da *volovelismo* ✱ 1942] **s. m. e f.** (**pl. m.** *-i*) ● chi pratica il volo a vela

volovelìstico [da *volovelista* ✱ 1961] **agg.** (**pl. m.** *-ci*) ● relativo al volo a vela: *gara, manifestazione volovelistica*

volpacchiòtto [av. 1712] **s. m.** (**f.** *-a*) **1** dim. di *volpe*① **2** giovane volpe **3** (*fig., lett.*) persona astuta e subdola

volpàccia [av. 1533] **s. f.** (**pl.** *-ce*) **1** pegg. di *volpe*① **2** (*fig., lett.*) volpone

volpàia [1558] **s. f. 1** (*tosc.*) tana di volpe **2** (*tosc., fig.*) luogo squallido e selvaggio

volpàra [etim. incerta ✱ av. 1536] **s. f.** ● opera in terra usata per tappare le falle negli argini dei fiumi | †argine

volpàre [da *volpe*② ✱ 1869] **v. intr.** (*io vólpo*; **aus.** *essere* o *avere*) ● prendere la malattia chiamata *volpe* (o *golpe*), detto del grano

♦**vólpe**① o †**gólpe**① [lat. *vŭlpe(m)*, di orig. indeur. ✱ 1268] **s. f. 1** canide di medie dimensioni, con muso allungato e denti taglienti, tronco snellissimo con brevi robuste zampe e pelliccia pregiata (*Vulpes*) **CFR.** abbaiare, guaire | ***v. rossa***, notturna, con bella pelliccia dorsalmente color ruggine (*Vulpes vulpes*) | ***v. argentata***, varietà allevata della volpe americana, a pelliccia nera con spruzzatura bianca (*Vulpes fulva*) | ***v. della sabbia, del deserto***, fennec | ***v. di mare***, squalo carnivoro, con coda molto sviluppata, che spesso penetra nelle reti rovinandole (*Alopias vulpinus*) | ***far come la v. con l'uva***, (*fig.*) fingere disprezzo per ciò che non si può avere, come appunto la volpe della nota favola esopiana **2** pregiata pelliccia dell'animale omonimo: *un collo di v. argentata* **3** (*fig.*) persona molto astuta: *è una vecchia v.* **4** (*med.*) alopecia **5** (*mar.*) puntello inclinato di sostegno a un albero verticale ‖ **volpacchiòtto**, **dim. m.** (V.) | **volpàccia**, **pegg.** (V.) | **volpétta**, **dim.** | **volpicino**, **dim. m.** (V.) | **volpina**, **dim.** | **volpino**, **dim. m.** | **volpóne**, **accr. m.** (V.)

vólpe② ➤ **golpe**②

volpeggiàre o †**golpeggiàre** [da *volpe*① ✱ sec. XIV] **v. intr.** (**pres.** *io volpéggio*; **fut.** *io volpeggerò*; **aus.** *avere*) ● (*lett.*) agire con astuzia, usare l'astuzia, come fa la volpe

volpésco [1634] **agg.** (**pl. m.** *-chi*) ● relativo a volpe | (*fig.*) tipico della volpe; astuto, furbesco **SIN.** volpino ‖ **volpescaménte**, **avv.**

volpicèlla [dim. del lat. *vulpēcula*, dim. di *vŭlpes* 'volpe' ✱ 1268] **s. f.** ● piccola volpe

volpicino [1325 ca.] **s. m.** (**f.** *-a*) **1** dim. di *volpe*① **2** il piccolo della volpe

volpigno [av. 1405] **agg.** ● (*lett.*) di volpe, da volpe **SIN.** volpino

volpina [da *volpe*, per la forma del muso ✱ 1957] **s. f.** ● (*sett.*) piccolo muggine

volpino [vc. dotta, lat. *vulpīnu(m)*, da *vŭlpes* 'volpe' ✱ av. 1313] **A agg. 1** di volpe: *pelo v.*; *coda volpina* | (*fig.*) da volpe: *astuzia volpina* **2** che è simile a una volpe | ***cane v.***, volpino **3** (*enol.*) detto di vino con sapore e aroma di fragola (sgradevoli se molto accentuati) ‖ **volpinaménte**, **avv.** (*raro*) con astuzia volpina **B s. m.** ● cane da compagnia, piccolo, intelligente, agile e vivace, con muso allungato, coda arrotolata, pelame lungo e fitto: *v. italiano*; *v. di Pomerania*

†**vólpo** [da *volpe*① ✱ 1300 ca.] **agg.** ● volpino

volpòca [comp. di *volp(e)* e *oca* ✱ 1805] **s. f.** ● uccello della famiglia degli Anatidi, snello ed elegante, nero a riflessi verdi, petto bianco e tronco con fascia ocracea, gregario, vive lungo le sponde marine sabbiose (*Tadorna tadorna*)

volpóne o †**golpóne** [av. 1405] **s. m.** (**f.** *-a*) **1** accr. di *volpe*① **2** (*fig.*) persona di grande esperienza e furberia: *un vecchio v.*

vòlsco [vc. dotta, lat. *Vŏlscu(m)*, n. di un antico popolo dell'Italia ✱ 1361] **A agg.** (**pl. m.** *-sci*) ● relativo a un'antica popolazione italica di stirpe osco-umbra, stanziata nell'Italia centro-meridionale **B s. m.** (**f.** *-a*) ● ogni appartenente all'antica popolazione volsca

V

vòlsi ➤ **volgere**

volt /vɔlt/ o **vòlta**③ [fr. *volt*, dal n. di A. *Volta* (1745-1827) ✱ 1895] **s. m. inv.** ● (*fis.*) unità di misura di differenza di potenziale elettrico (o forza elettromotrice, o tensione elettrica) nel Sistema Internazionale, definita come la differenza di potenziale esistente tra due punti di un conduttore che, percorso dalla corrente di un ampere, dissipa per effetto Joule la potenza di un watt **SIMB.** V

♦**vòlta**① [lat. parl. **vŏlvita(m)*, da **volvitāre*, intens. di *vŏlvere* 'volgere' ✱ 1260] **s. f. 1** (*lett.* o *raro*) atto del voltare o del voltarsi | svolta: *la strada fa una v.* | giro: *le volte della chiave* | ***a v. di corriere***, (*disus.*) subito, a stretto giro di posta | (*lett.*) ***far le volte di un leone***, andar su e giù come un leone in gabbia | (*lett.*) ***mettere, mettersi in v.***, mettere, mettersi in fuga | ***dar v., dar la v., dar di v. il cervello***, uscir di senno, impazzire | ***dar la v.***, del vino, guastarsi, inacidire | ***dar v.***, (*lett.*) voltarsi e rivoltarsi, mutar direzione, anche di cose; tornare indietro, prendere la via del ritorno; del Sole e di altri astri, volgere al tramonto; della Luna, entrare nella fase calante **2** (*mar.*) attorcigliamento di un cavo | ***togliere le volte a un cavo***, stenderlo | ***dar v.***, fissare un cavo intorno a una bitta, a una galloccia, a una caviglia in modo che non possa scorrere **3** (*aeron.*) ***gran v.***, figura acrobatica per cui un aereo descrive una traiettoria pressoché circolare in un piano verticale **SIN.** cerchio della morte, looping | ***gran v. d'ala***, figura acrobatica per cui l'aereo, dopo una salita di abbrivo fino alla verticale, vira nel piano verticale, picchia e riprende una traiettoria parallela alla precedente ma in senso contrario **4** (*sport*) figura obbligatoria del pattinaggio artistico su ghiaccio o a rotelle, che si esegue sulla base del cambiamento di filo e del cerchio | ***gran v.***, nella ginnastica, esercizio spettacolare eseguito alla sbarra, che l'atleta usa per ruotarle intorno impugnandola | ***v. quadra***, nell'equitazione, figura delle arie basse, che prende il nome dal disegno tracciato dalle zampe del cavallo, che segue una pista a forma di quadrato con gli angoli smussati | ***mezza v.***, aria bassa in cui il cavallo percorre una linea retta, eseguendo quindi un cambiamento di mano con una curva stretta **5** (*tipogr.*) facciata del foglio o del nastro stampata per seconda, ovvero quella in cui non compare la prima pagina della segnatura **6** †tratto, tiro di dadi: *Quando si parte il gioco de la zara, / colui che perde si riman dolente, / ripetendo le volte, e tristo impara* (DANTE *Purg.* V, 1-3) **7** vivace danza settecentesca che deve il nome al giro in aria che il cavaliere faceva descrivere alla dama **8** (*ling.*) in metrica, ciascuno dei due periodi di uguali che costituiscono la seconda parte della stanza della canzone, quando non è indivisa **9** direzione, spec. nella loc. prep. ***alla v. di***, in direzione di, verso: *partimmo alla v. di Firenze*; *i due venivano alla nostra v.* **10** (*fig.*) turno, momento opportuno: *è molto impaziente, ma non è ancora la sua v.*; *si alzò e parlò a sua v.* | ***ogni cosa a sua v.***, al suo momento | (***a***) ***v. a v.***, a turno, secondo un dato avvicendamento | ***per v., alla v.***, con valore distributivo: *venite due, tre per v., non tutti insieme* | ***una v., due volte all'anno, al mese*** e sim., per indicare la frequenza di un fatto, all'interno di una data unità di tempo | ***v. per v.***, al presentarsi di ogni singolo caso | ***tutto in una v.***, in un sol tratto, tutto insieme **11** circostanza o momento in cui un fatto si verifica: *l'ho conosciuto quella v. che mi trovavo a casa tua*; *per questa v. sarò indulgente e ti perdonerò*; *riprenderemo la discussione la prossima v. che ci vedremo*; *questa v. non mi lascerò ingannare*; *voglio provare ancora una v., un'altra v.*; *pensa a tutte le volte che hai mentito* | ***una v., una buona v.***, con riferimento a ciò che si attende, si desidera con impazienza; alla fine, finalmente: *smettila una buona v.!* | ***una v. tanto***, ogni tanto, non sempre, eccezionalmente | ***una v. per tutte***, in maniera definitiva | ***una v. o l'altra***, prima o poi | ***un'altra v.***, in altra circostanza, in altro momento **12** con un numerale o altra determinazione quantitativa indica il ripetersi di un fatto, il moltiplicarsi o il dividersi di una quantità, e sim.: *debbo sempre ripeterti le stesse cose due, tre volte*; *è già la terza v. che ti rivolgo la stessa domanda*; *è la prima e l'ultima v. che tollero una cosa simile*; (*iperb.*) *te l'ho detto cento, mille volte, infinite volte, tante di quelle volte*; *quantità due volte, tre volte più grande, più piccola di un'altra*; *tre volte quattro fa dodici*; *una quercia tre volte centenaria* | ***molte, tante volte***, spesso | ***poche, rare volte***, raramente | ***certe volte, delle volte, alle volte***, non di rado, in certi momenti, in certi casi | ***a volte***, di quando in quando, talvolta | ***di v. in v.***, ogni volta, a seconda delle circostanze o delle necessità: *di v. in v. mi darai la risposta più appropriata* | **PROV.** ***una v. per uno non fa male a nessuno*** | ***tu sei tre volte buono***, sei buonissimo, troppo buono | ***una v.***, nel tempo passato, anni fa: *una v. si faceva, si diceva così*; *una v. la vita era più tranquilla*; *queste cose si apprezzavano una v.* | ***c'era una v.***, classico inizio di fiabe per bambini | ***una v. che***, dal momento che, giacché: *una v. che hai promesso di aiutarlo, non puoi più tirarti indietro* | ***una v.*** (***che***), quando (anche in frasi implicite): *una v. che sarai arrivato, telefona*; *una v. arrivato, telefona*

♦**vòlta**② [V. *volta*① ✱ sec. XIII] **s. f. 1** (*archit.*) copertura costituita da una superficie a semplice o a doppia curvatura: *soffitto a v.* | ***v. a cupola***, che ha forma di una superficie di rotazione o a spicchi | ***v. a vela***, simile alla volta a cupola, è però tagliata lateralmente dai muri | ***v. a crociera***, generata dalla intersezione di due volte a botte perpendicolari | ***v. a padiglione***, che su base quadrata o rettangolare dà origine a spicchi e fusi che si incontrano su un punto o una linea di sommo | ***v. a botte***, volta semicilindrica che scarica direttamente il suo peso su due muri paralleli | ***chiave di v.***, V. *chiave* nel sign. A 5 | (*est.*) superficie interna di una volta o soffitto di gallerie e di cavità naturali o artificiali: *gli affreschi della v. della Cappella Sistina*; *la v. di un antro, di una caverna* | ***a v.***, detto di costruzione a forma di volta: *copertura a v.*; *tomba a v.* **2** (*est.*) struttura che è o appare di forma arcuata: *la v. stellata del firmamento*; *la v. di una grotta* | ***v. celeste***, sfera celeste **3** (*anat.*) parete superiore arcuata: *v. del palato*; *v. cranica* **4** curva centrale del ferro di cavallo **5** †cantina: *con pozzi d'acque freschissime e con volte piene di preziosi vini* (G. BOCCACCIO) | †magazzino di merci ‖ (*lett.*) **volticciuòla**, **dim.** | **volticèlla**, **dim.** | **volticina**, **dim.** | **voltina**, **dim.** | **voltino**, **dim. m.** | **voltóne**, **accr. m.**

SFUMATURE ➤ *arco*

vòlta③ ➤ **volt**

voltàbile [av. 1313] **agg. 1** (*raro*) che si può voltare | (*est., raro*) girevole: *ruota v.* **2** †volubile, incostante

voltafàccia [comp. di *voltare* e *faccia* ✱ av. 1525] **s. m. inv. 1** (*raro*) il fatto di voltarsi con movimento brusco e repentino: *il v. di un cavallo*; *dopo un brusco v. si allontanò* **2** (*fig.*) improvviso cambiamento di idee e opinioni: *v. politico*; *un v. apparentemente inspiegabile* | (*fig.*) sleale e imprevedibile venir meno alla parola data, a precisi impegni: *non mi aspettavo un simile v. da voi* **SIN.** tradimento

voltafièno [comp. di *voltare* e *fieno* ✱ 1909] **s. m. inv.** ● macchina per rivoltare il fieno sparso sui campi dopo la falciatura | spandifieno

voltagabbàna [comp. di *voltare* e *gabbana* ✱ 1916] **s. m. e f. inv.** ● chi, per utilità personale, muta facilmente opinione, partito e sim. **SIN.** banderuola, girella

voltàggio [fr. *voltage*, da *volt* ✱ 1905] **s. m.** ● correntemente, tensione elettrica o differenza di potenziale elettrico | correntemente, forza elettromotrice

voltàico① [1819] **agg.** (**pl. m.** *-ci*) ● relativo al fisico italiano Alessandro Volta (1745-1827) | ***arco v.***, arco elettrico | relativo alla generazione di correnti elettriche basata su effetti elettrochimici: *pila voltaica* | ***elemento v.***, elemento di pila voltaica, costituito da una catena di conduttori comprendente un metallo, un elettrolita, un altro metallo diverso dal primo | ***coppia voltaica***, correntemente, elemento voltaico

voltàico② [dal n. del fiume africano *Volta* ✱ 1987] **agg.** (**pl. m.** *-ci*) ● detto di lingue sudanesi parlate nell'area del fiume Volta

voltaire /*fr.* vɔl'tɛʀ/ [vc. fr., dal tipo di poltrona in cui *Voltaire* appare seduto in una statua scolpita da Houdon nel 1781 ✱ av. 1828] **s. f. inv.** ● grande poltrona bassa con alta spalliera per appoggiare il capo

voltaìṣmo [da A. *Volta* ✱ 1816] **s. m.** ● elettricità generata dall'azione chimica di un liquido su metalli diversi

voltamàschio [comp. di *voltare* e *maschio*, desueto per *vite* ✱ 1889] **s. m.** ● robusta chiave registrabile a vite, atta ad afferrare tubi e altri corpi cilindrici di dimensioni anche notevoli, oppure a svitare una vite rimasta bloccata nella madrevite

†**voltaménto** [sec. XIV] **s. m.** ● (*raro*) il voltare, il voltarsi

voltàmetro [comp. del n. di A. *Volta* e *-metro* ✱ 1869] **s. m.** ● strumento che, per mezzo dell'elettrolisi, serve a misurare la quantità di elettricità trasportata in un certo tempo dalla corrente che lo attraversa | cella voltaica

voltampere /voltam'pɛr/ [comp. di *volt* (V.) e *ampere* (V.) ✱ 1957] **s. m. inv.** ● unità di misura della potenza elettrica apparente SIMB. VA

voltamperomètrico [1983] **agg.** (**pl. m.** *-ci*) ● (*elettr.*) detto di misurazione in cui sono usati simultaneamente un voltmetro per misurare una tensione e un amperometro per misurare un'intensità di corrente: *misurazione voltamperometrica della potenza elettrica*

voltamperòmetro [comp. di *voltampere* e *-metro* ✱ 1957] **s. m.** ● (*elettr.*) multimetro

voltamperóra [comp. di *voltampere* e *ora* ✱ 1983] **s. m. inv.** ● unità di misura dell'energia elettrica pari a 3600 joule SIMB. VAh

voltamperoràmetro [1965] **s. m.** ● strumento per la misurazione del voltamperora

voltapiètre [comp. di *voltare* e il pl. di *pietra*: detto così perché cerca il suo cibo sotto i sassi ✱ av. 1871] **s. m. inv.** ● agilissimo uccelletto dei Caradriformi, bianco e nerastro, cosmopolita lungo le coste, che cattura prede sotto i sassi (*Arenaria interpres*)

♦**voltàre** [lat. parl. **volutāre*, intens. di *vŏlvere* 'volgere' ✱ 1266] **A v. tr.** (**pres.** *io vòlto*) **1** volgere il corpo o parte di esso in una determinata direzione: *v. gli occhi, il viso, la testa* | ***v. le spalle a qlcu.***, mostrargliele; (*fig.*) togliergli l'aiuto, l'appoggio, il favore; abbandonarlo a sé stesso | ***v. le spalle al nemico***, fuggire | ***v. le spalle alla fortuna***, (*fig.*) ignorare, trascurare un'occasione favorevole | dirigere un animale, un veicolo e sim. in una direzione diversa od opposta rispetto a quella precedente: *v. il cavallo a destra, a sinistra*; *v. la prua verso la riva* | †***v. le armi contro qlcu.***, rivoltarsi contro qlcu. | †***v. un fiume***, deviarlo | †***v. sottosopra***, capovolgere (*anche fig.*) **2** mettere all'inverso, girare qlco. in modo che presenti il lato contrario, l'altra faccia: *v. una medaglia, una moneta*; *v. le frittelle nella padella*; *v. le pagine di un libro* | ***v. pagina***, (*fig.*) cambiare discorso, argomento; considerare conclusa una vicenda | ***v. casacca, gabbana, mantello***, (*fig.*) mutar d'opinione, di partito, per opportunismo **3** †far rotolare: *voltando pesi per forza di poppa* (DANTE *Inf.* VII, 27) **4** (*raro*) mutare il senso, il fine e sim. di qlco.: *v. qlco. in burla* | (*lett.*) tradurre: *v. un testo in latino, in italiano* **5** girare, oltrepassare: *appena voltato l'angolo, troverai la fermata dell'autobus* | †doppiare: *volta Sicilia e per lo mar Tirreno / costeggia de l'Italia il lito ameno* (L. ARIOSTO) **6** †trasferire beni o partite, passare un credito da una persona a un'altra **B v. intr.** (**aus.** *avere*) ● cambiar direzione: *all'incrocio volti a destra, poi subito a sinistra*; *la strada volta a destra, a sinistra* **C voltàrsi v. intr. pron.** ● mutare condizione o direzione (+ *a*): *il tempo si è voltato al brutto*; *il vento si è voltato a tramontana* **D voltàrsi v. rifl.** ● girarsi, volgersi (+ *in*, + *da*): *si voltava e rivoltava nel letto, senza riuscire a prendere sonno*; *appena lo chiamai, si voltò*; *voltarsi in qua, in là*; *voltarsi dall'altra parte*; *voltarsi indietro* | ***non saper dove voltarsi, da che parte voltarsi***, che cosa fare, a chi chiedere aiuto e sim. | †ribellarsi, rivoltarsi

voltarìso (o **-ṣ-**) [comp. di *voltare* e *riso*② ✱ 1940] **s. m. inv.** ● attrezzo per rivoltare sull'aia, al fine di favorirne l'essiccazione, modeste quantità di riso

voltastòmaco [comp. di *voltare* e *stomaco* ✱ 1891] **s. m.** (**pl.** *-chi*) **1** nausea, vomito: *avere il v.*; *se ci penso mi viene il v.*; *una sporcizia tale da dare il v.* | (*fig.*) disgusto, ribrezzo, schifo: *una scena che dava il v.* **2** cosa disgustosa, nauseante: *che v. questa brodaglia!*

voltàta [sec. XIV] **s. f. 1** atto del voltare: *una v. di spalle, d'occhi*; *dai una v. all'arrosto, per favore*; *fare una brutta v. in bicicletta* SIN. girata **2** svolta di strada: *subito dopo il ponte c'è una v. a destra*; *è una v. molto pericolosa* **3** †apostrofe ‖ **voltatàccia**, **pegg.** | **voltatìna**, **dim.**

voltàto① **part. pass.** di *voltare*; anche **agg.** ● nei sign. del v.

voltàto② [av. 1555] **agg.** ● (*raro, lett.*) arcuato, fatto a volta

†**voltatóio** [da *voltato*① ✱ sec. XIII] **s. m.** ● brago, volutabro

volteggiaménto [1524] **s. m.** ● (*raro*) movimento compiuto volteggiando

volteggiàre [da *volta*① 'giro' ✱ av. 1311] **A v. intr.** (**pres.** *io voltéggio*; **fut.** *io volteggerò*; **aus.** *avere*) **1** volare girando sempre nello stesso spazio aereo, sulla stessa zona e sim.: *il falco volteggia sulla preda*; *l'aereo volteggiò a lungo sull'obiettivo*; *uno stormo di rondini volteggia attorno al campanile* **2** (*est.*) muoversi cambiando continuamente direzione, eseguendo giravolte, rapidi spostamenti e sim.: *v. sulla pista da ballo*; *e l'uno e l'altro / nel pugnar volteggiando è dotto e scaltro* (T. TASSO) **3** in vari sport, eseguire uno o più volteggi: *v. al cavallo*; *v. in corsa, da fermo* **B v. tr.** ● far girare attorno un cavallo, fargli compiere giravolte, voltate e sim.: *v. il cavallo*

volteggiatóre [av. 1504] **s. m. 1** (**f.** *-trice*) chi volteggia, chi esegue volteggi: *abile, elegante v.* **2** (**spec. al pl.**) appartenente a un corpo di fanteria leggera istituito da Napoleone I nel 1804

voltéggio [1891] **s. m. 1** volo compiuto girando sulla stessa zona: *i volteggi di un rapace in aria, sulla preda* | evoluzione acrobatica: *gli arditi volteggi di un aereo* **2** esercizio del ginnasta che, dopo una rincorsa, supera il cavallo e sim. con appoggio delle mani | (*est.*) la specialità della ginnastica artistica | in equitazione, passaggio da una posizione a un'altra, mentre si è in groppa al cavallo in movimento

voltelettróne [comp. di *volt(a)*③ ed *elettrone* ✱ 1937] **s. m.** ● elettronvolt

volteriàno ➤ **volterriano**

volterràna [dalla città di *Volterra* ✱ 1754] **s. f. 1** (*edil.*) volta lavorata a gesso, con mattoni messi per piano **2** (*edil.*) blocco laterizio forato di svariate misure che serve a costruire solai di cotto e cemento

volterriàno o **volteriàno** [1772] **A agg. 1** relativo allo scrittore francese F.-M. Arouet (1694-1778) detto Voltaire, alle sue idee, al suo stile, alle sue opere: *critica volterriana* **2** che ha le caratteristiche proprie del pensiero o dello stile di Voltaire: *scetticismo v.*; *ironia volterriana* | (*fig.*) scettico, ironico, irreligioso: *spirito v.* ‖ **volterrianaménte**, **avv.** nei modi tipici del pensiero o dello stile di Voltaire **B s. m.** (**f.** *-a*) ● seguace, continuatore di Voltaire

voltiàno [1816] **agg.** ● del fisico italiano A. Volta (1745-1827): *scoperte voltiane*; *museo v.*

voltigliòle [adattamento del veneto *voltizole*, da *voltar* 'voltare' ✱ 1814] **s. f. pl.** ● (*mar.*) rilievi ornamentali a forma di volute ondeggianti scolpiti sulle travi che univano il rostro alle fiancate delle antiche navi

voltimetrìa [comp. di *volta*② e *-metria* ✱ av. 1798] **s. f.** ● (*archit.*) misurazione della volta, che viene eseguita sulla superficie interna o intradosso

voltìmetro ➤ **voltmetro**

voltinìṣmo [da *volta*① ✱ 1930] **s. m.** ● (*zool.*) frequenza con cui un animale, spec. un insetto, si riproduce annualmente, determinata da fattori costituzionali e ambientali

voltmètrico [1987] **agg.** (**pl. m.** *-ci*) ● (*elettr., elettron.*) relativo al voltmetro, alla misurazione delle tensioni elettriche in volt: *circuito v.*

vòltmetro o **voltòmetro**, **voltìmetro** [comp. di *volt* e *-metro* ✱ 1905] **s. m.** ● (*elettr., elettron.*) strumento indicatore usato per misurare tensioni elettriche, gener. in volt, che fornisce il dato richiesto mediante un indice su una scala tarata o con un indicatore numerico | ***v. elettronico***, voltmetro che utilizza un amplificatore elettronico a tubi termoelettronici o a transistori per amplificare la tensione, consentendo così di misurare tensioni alternate ad alta frequenza

vòlto① **part. pass.** di *volgere*; anche **agg. 1** nei sign. del v. | ***v. in fuga***, che è stato messo in fuga | rivolto: *occhi volti al cielo* | mirato, teso, diretto: *azioni volte a uno scopo* | (*lett.*) intento, dedito: *volti a stare in pace* (F. GUICCIARDINI) **2** (*lett.*) trasformato, mutato: *come il mar che freme / v. in furor da sùbita fortuna* (L. ARIOSTO) **3** †ricurvo, arcuato: *cotai ferri ... alcuni sono più volti, et alcuni manco volti* (B. CELLINI)

†**vólto**② [sost. di *volto*① ✱ 1313] **s. m.** ● (*centr., sett.*) volta② | arco | galleria, portico

♦**vólto**③ [lat. *vŭltu(m)*, di orig. indeur. ✱ sec. XIII] **s. m. 1** viso, faccia: *un v. bello, angelico, delicato, espressivo*; *v. ilare, lieto, triste, rasserenato*; *un v. dall'espressione malvagia*; *avere il v. inondato di lacrime* | (*lett.*) ***cambiarsi in v.***, mutare l'espressione del viso, trascolorare, impallidire, arrossire e sim. | (*fig., lett.*) ***il v. della terra***, la superficie terrestre **2** (*fig.*) aspetto esteriore, modo di apparire, mostrarsi, manifestarsi: *i mille volti della natura, della vita, della realtà* **3** (*fig.*) carattere, essenza, natura: *conoscere il vero v. di qlcu., di qlco.*; *finalmente ha mostrato il suo vero v.*; *questo è il duro v. della lotta, il v. crudele della realtà* **4** †sguardo, vista

voltóio [da *vòlto*① ✱ 1612] **s. m.** (**pl.** *-ói*) ● parte della briglia cui si attaccano le redini e le campanelle

voltolaménto [av. 1400] **s. m.** • (*raro*) il voltolare, il voltolarsi

voltolàre [intens. di *voltare* ✱ av. 1342] **A** **v. tr.** (*io vòltolo*) • far girare più volte su sé stesso, rotolare: *v. un sasso, una botte* **SIN.** rivoltare **B** **voltolàrsi** **v. rifl.** • rotolarsi, girarsi: *voltolarsi per terra, nella sabbia, sull'erba; voltolarsi nel letto senza poter dormire*

voltolìno [detto così perché *voltola* i sassi per cercarvi il cibo: cfr. *voltapietre* ✱ av. 1871] **s. m.** • uccelletto di palude dei Ralliformi, brunastro, notturno e timorosissimo (*Porzana porzana*)

voltolóni o (*raro*) **voltolóne** [da *voltolare* ✱ 1473] **avv.** • voltolandosi, rigirando più volte su sé stesso

voltòmetro ➤ **voltmetro**

voltùra [da *voltare* ✱ sec. XIII] **s. f.** **1** (*dir.*) trascrizione nei registri catastali del trasferimento da una persona a un'altra di un diritto su un bene immobile o mobile registrato: *v. catastale* **2** nei contratti per le forniture al pubblico di determinati beni o servizi, cambiamento del nominativo dell'utente al quale è intestato il contratto stesso: *la v. del gas, della luce, del telefono* **3** in contabilità, operazione di trasferimento di una partita o di un saldo da un conto a un altro **4** †atto del volgere o del volgersi **5** (*lett.*) traduzione **6** †rivolgimento **7** †rientranza

volturàre [1855] **v. tr.** • sottoporre a voltura: *v. un bene immobile; v. il contratto per l'erogazione dell'energia elettrica*

volturazióne [1854] **s. f.** • (*burocr.*) il sottoporre a voltura un bene registrato, un contratto di fornitura e sim.

vòltzia /'vɔltsja/ [dal n. dell'ingegnere minerario fr. Ph.-L. *Voltz* (1785-1840) ✱ 1918] **s. f.** • tipo di conifera fossile del mesozoico, con foglie piccole falciformi e foglie più grandi e allungate

✤**volùbile** [vc. dotta, lat. *volūbile(m)*, da *vŏlvere* 'volgere' ✱ 1308] **agg.** **1** †girevole: *ruota v.; asse v.; un'asta assai gagliarda ... v. sopra un perno* (G. Galilei) | †rotante | (*lett.*) tortuoso: *fiume, sentiero v.* **2** (*bot.*) detto di fusto lungo e debole che si avvolge a un sostegno | ***pianta v.***, che si avvolge a spirale attorno a un sostegno **3** (*lett.*) che si muove, si sposta, si avvolge e sim. di continuo: *l'onda v.* | (*lett.*) che scorre rapido, detto del tempo | (*lett.*) scorrevole, fluente: *il chiacchierio fitto, v. della padroncina* (L. Pirandello) **4** (*fig.*) incerto, mutevole: *tempo v.; la v. fortuna* | (*fig.*) incostante negli affetti o nelle opinioni: *persona v.; carattere v.* **CONTR.** costante, fermo ‖ **volubilménte**, **avv.** con volubilità ‖ **volubilità**, **s. f. inv.** (V.)

✤**volubilità** o †**volubilitàde**, †**volubilitàte** [vc. dotta, lat. *volubilitāte(m)*, da *volūbilis* 'volubile' ✱ 1336 ca.] **s. f. inv.** **1** caratteristica, condizione di chi (o di ciò che) è volubile: *la v. del tempo, della stagione, del carattere, di un sentimento, di una persona; stimeremo noi suggetto alla v. ... della fortuna quel che gli uomini ... a sé prescrivono?* (L.B. Alberti) **CONTR.** costanza, fermezza **2** (*lett.*) disinvoltura, rapidità di esposizione **3** †movimento continuo

volucèlla [dim. del lat. *volŭcra*, n. di un lepidottero, da *vŏlvere* 'volgere', perché si arrotola nelle foglie della vite ✱ 1875] **s. f.** • insetto dei Ditteri, giallo e nero, peloso, con ali trasparenti che vibrano a velocità grandissima (*Volucella bombylans*)

♦**volùme** o †**volùmine**, †**vilùme**① [vc. dotta, lat. *volūmen* 'giro, curvatura, rotolo di pergamena da scrivere', da *volūtus*, part. pass. di *vŏlvere* 'volgere' ✱ av. 1292] **s. m.** **1** estensione di un corpo nelle tre dimensioni: altezza, larghezza, lunghezza | spazio limitato da una superficie chiusa **2** misura di tale spazio rispetto a una determinata unità di misura: *il v. di un cubo, di una piramide, di un solido, di un liquido, di un aeriforme* | ***autovettura a due, a tre volumi***, a seconda che il bagagliaio faccia parte dello spazio riservato ai passeggeri, da cui è separato soltanto dal sedile posteriore, oppure costituisca uno spazio del tutto a sé stante (il primo volume è costituito dal vano motore) **CFR.** monovolume | (*fis.*) ***v. massico, specifico***, rapporto fra il volume occupato da una massa e la massa stessa, uguale all'inverso della massa specifica | ***v. molecolare***, volume di una grammo-molecola di una sostanza | ***v. atomico***, volume di un grammo-atomo di un elemento nello stato solido **3** (*est.*) mole, massa: *una cassa di gran v.; involto di poco v.; la paglia fa molto v.* | ***v. di capelli***, capigliatura folta, acconciatura gonfia | (*fig.*) quantità globale: *il v. degli affari; il v. degli investimenti; il v. della produzione; il v. degli scambi con l'estero* | ***v. di traffico***, numero di veicoli o di pedoni che transitano in un dato punto di una strada in un dato intervallo di tempo | ***v. di gioco***, nel linguaggio sportivo, quantità di azioni offensive svolte da una squadra, spec. di calcio, durante una partita **4** nel linguaggio della critica d'arte, pienezza della forma in una costruzione architettonica o in un'opera di scultura, o realizzata in una pittura dalla prospettiva e dal chiaroscuro **5** intensità sonora o energetica di un suono o un rumore qualsiasi: *ridurre il v. della radio; tenere l'altoparlante a pieno v.* | ***v. della voce***, estensione, ampiezza della voce **6** (*lett.*) spira, voluta: *Stendean Reno e Panàr le indomit'onde / con immensi volumi alla pianura* (V. Monti) **7** †ciascuno dei cieli nella loro rotazione | rivoluzione di un astro: *quattromila trecento e due volumi / di sol* (Dante *Par.* XXVI, 119-120) | †sfera celeste **8** †rotolo di fogli di papiro **9** libro a sé stante, anche se costituisce parte di un'opera: *un v. di 1000 pagine; un v. in brossura, rilegato; una biblioteca di 15 000 volumi; un'opera in 4, in 12 volumi* | opera, testo: *ha scritto molti volumi; un v. molto interessante* **10** elemento archivistico costituito da documenti rilegati insieme ‖ **volumàccio**, **pegg.** | **volumétto**, **dim.** | **volumòtto**, **accr.** | **volumóne**, **accr.**
SFUMATURE ➤ *libro*

volumenòmetro [comp. del lat. *volūmen*, genit. *volūminis* (V. *volume*) e *-metro* ✱ 1875] **s. m.** • (*fis.*) apparecchio per la determinazione del volume di un solido che, essendo poroso o polverulento, non è adatto ad essere immerso in un liquido

volumetrìa [comp. di *volume* e *-metria* ✱ 1895] **s. f.** **1** misurazione del volume, spec. di un edificio | distribuzione sul terreno dei volumi dei diversi elementi di un edificio o di un complesso architettonico **2** (*chim.*) analisi volumetrica

volumètrico [da *volumetria* ✱ 1879] **agg.** (**pl. m.** *-ci*) **1** che riguarda la misura del volume | ***analisi volumetrica***, determinazione quantitativa di una sostanza contenuta in una soluzione, mediante titolazione di quest'ultima **2** relativo al volume o ai volumi: *proporzione volumetrica di una scultura*

volùmico [fr. *volumique*, da *volume* 'volume' ✱ 1987] **agg.** (**pl. m.** *-ci*) • (*fis.*) riferito al volume, detto di grandezza fisica | ***massa volumica***, rapporto fra la massa e il volume da essa occupato, uguale all'inverso del volume massico

†**volùmine** ➤ **volume**

voluminiẓẓàre [dal lat. *volūmen*, genit. *volūminis* 'volume' ✱ 1983] **v. tr.** • (*tecnol.*) sottoporre a voluminizzazione ‖ **voluminiẓẓazióne**, **s. f.** (V.)

voluminiẓẓàto **part. pass.** di *voluminizzare*; **anche agg.** • nei sign. del v.: *alpaca voluminizzata*

voluminiẓẓazióne [1983] **s. f.** • (*tecnol.*) procedimento di testurizzazione destinato a conferire scarsa elasticità ma grande voluminosità a un filo o a un filato

♦**voluminóso** (o **-ṣ-**) [vc. dotta, lat. tardo *voluminōsu(m)* (che aveva però il sign. di 'ritorto a spire'), da *volūmen*, genit. *volūminis* 'volume' ✱ 1664] **agg.** **1** che ha grande volume e quindi occupa molto spazio: *pacco, oggetto, mobile v.; libro v. e poco maneggevole; indumento v. e pesante* **SIN.** ingombrante **2** (*est.*, *spec. scherz.*) grasso, grosso: *una donna dal petto v.* (A. Moravia) ‖ **voluminosaménte**, **avv.** ‖ **voluminosità**, **s. f. inv.** caratteristica di ciò che è voluminoso: *la voluminosità di un pacco, di un corpo*
SFUMATURE ➤ *grande*

†**voluntà** ➤ **volontà**

†**voluntàde** ➤ **volontà**

†**voluntàrio** ➤ **volontario**

†**voluntaróso** ➤ **volenteroso**

†**voluntàte** ➤ **volontà**

✤**volùta** [vc. dotta, lat. *volūta(m)*, da *volūtus*, part. pass. di *vŏlvere* 'volgere' ✱ av. 1452] **s. f.** **1** spira, spirale: *le volute del guscio della chiocciola, di una conchiglia; volute di fumo* **2** (*archit.*) ornamento architettonico a forma di spirale, che fa parte del capitello ionico **3** motivo decorativo a spirale molto diffuso anche nella ornamentazione dei mobili **SIN.** riccio **4** †giro, voltata **5** (*fig.*) †roteamento ‖ **volutìna**, **dim.**

volutàbro o **voluttàbro** [vc. dotta, lat. *volutābru(m)*, da *volutāre* 'voltolare', intens. di *vŏlvere* 'volgere' ✱ sec. XIII] **s. m.** • (*raro*, *lett.*) pozzanghera, fango in cui si rotolano i porci

volùto① **part. pass.** di *volere*; **anche agg.** **1** che corrisponde a una consapevole intenzione: *ottenere l'effetto v.* **2** (*fig.*) artificioso, ricercato: *tono v.* **3** ***ben v.***, V. *benvoluto* ‖ **volutaménte**, **avv.** intenzionalmente: *discorso volutamente allusivo*

†**volùto**② [av. 1502] **s. m.** • voluta

✤**voluttà** [vc. dotta, lat. *voluptāte(m)*: da avvicinare a *vŏlo* 'io voglio' (V. *volere*①) ✱ 1308] **s. f. inv.** **1** intenso godimento fisico o spirituale: *assaporare con v. un cibo squisito; gustare con v. una musica; provare v. nel consumare la vendetta* **SIN.** ebbrezza **2** piacere sensuale: *conoscere, cercare la v.; abbandonarsi alla v.*

voluttàbro ➤ **volutabro**

✤**voluttụàrio** o †**voluttàrio** [vc. dotta, lat. tardo *voluptuāriu(m)*, per il classico *voluptāriu(m)* 'voluttario' ✱ 1550] **agg.** **1** superfluo, non necessario: *spesa voluttuaria* **CONTR.** indispensabile **2** (*lett.*) sensuale | (*lett.*) rivolto o incline ai piaceri dei sensi ‖ **voluttuariaménte**, **avv.**
SFUMATURE ➤ *superfluo*

✤**voluttụóso** (o **-ṣ-**) [vc. dotta, lat. *voluptuōsu(m)*, da *volŭptas*, genit. *voluptātis* 'voluttà' ✱ 1426 ca.] **agg.** **1** di voluttà: *vita voluttuosa; desideri voluttuosi* | che è pieno di voluttà: *sorriso, sguardo v.; pensieri voluttuosi* | che suscita, esprime o rivela voluttà: *musica, immagine voluttuosa; corpo v.; labbra voluttuose* **SIN.** sensuale **2** detto di persona, che è incline al piacere dei sensi ‖ **voluttuosaménte**, **avv.** con voluttà: *fumare voluttuosamente*; in modo voluttuoso: *muoversi voluttuosamente* ‖ **voluttuosità**, **s. f. inv.** caratteristica di chi (o di ciò che) è voluttuoso

vòlva [vc. dotta, lat. *vŏlva(m)* 'guaina', di etim. incerta ✱ 1805] **s. f.** • (*bot.*) involucro che si trova alla base del gambo di alcuni funghi e rappresenta il residuo del velo

volvària [dal lat. *vŏlva*. V. *volva* ✱ 1961] **s. f.** • fungo delle Agaricacee con cappello carno-

V

so, a campana e gambo privo di anello (*Volvaria*)

volvènte **part. pres.** di *volgere*; **anche agg.** **1** †V. *volgente* **2** (*fis.*) ***attrito v.***, resistenza che incontra un corpo nel suo moto di rotolamento su di un altro

†**vòlvere** ➤ **volgere**

†**volvévole** ➤ †**volgevole**

†**volviménto** ➤ **volgimento**

Volvocàli [da *vol voce* ✱1932] **s. f. pl.** (**sing.** *-e*) ● (*bot.*) ordine di alghe verdi per lo più di acqua dolce, con cellule vegetative che si muovono per mezzo di flagelli (*Volvocales*)

volvòce [dal lat. *vŏlvere* 'volgere, rivolgere' ✱ av. 1799] **s. m.** ● alga verde unicellulare delle Volvocali che forma colonie sferiche ciliate in superficie (*Volvox*)

vòlvolo o †**vòlvulo** [dal lat. *vŏlvere* 'volgere' ✱ 1683] **s. m.** ● (*med.*) rotazione di un'ansa intestinale sul suo peduncolo mesenterico

vombàto [ingl. *wombat*, dal n. indigeno australiano *womback*, *wombar* ✱1864] **s. m.** ● mammifero dei Marsupiali, simile a un orsacchiotto con pelliccia ispida e incisivi robusti (*Vombatus*)

vomeràia [da *vomere*① ✱1891] **s. f.** ● nell'aratro, parte anteriore del ceppo che riceve il collo del vomere **SIN.** dentale

†**vomeràle** [1726] **s. m.** ● vomere

vòmere① o (*tosc., lett.*) **vòmero**, †**bómbero** [lat. *vŏmere(m)*, di orig. indeur. ✱av. 1320] **s. m.** **1** (*agric.*) lama dell'aratro che taglia in senso orizzontale la fetta di terra da rovesciare **2** (*milit.*) piastra metallica appuntita, applicata alla coda o alle code dell'affusto di un pezzo d'artiglieria e che, piantandosi nel terreno alla partenza del primo colpo, per effetto del rinculo, impedisce l'ulteriore arretramento del pezzo durante il tiro **3** (*ferr.*) cuneo montato sulla parte anteriore della locomotiva ad uso spartineve **4** (*anat.*) piccolo osso del setto nasale

†**vòmere**② [vc. dotta, lat. *vŏmere*, di orig. indeur. ✱sec. XIV] **v. tr.** ● vomitare, rigettare

vòmica [vc. dotta, lat. *vŏmica(m)*, da *vŏmere* 'vomitare' (V. †*vomere*②) ✱1734] **s. f.** ● (*med.*) emissione dalla bocca di una raccolta purulenta apertasi bruscamente nelle vie respiratorie

†**vomicàre** o †**bomicàre** [lat. parl. **vomicāre*, da *vŏmicus* 'vomico' ✱1300 ca.] **v. tr.** ● vomitare (*anche assol.*)

†**vomicatóre** [da *vomicare* ✱1329] **s. m.** (**f.** *-trice*); **anche agg.** ● chi (o che) vomita o emette materiale purulento

†**vomicazióne** [da *vomicare* ✱1726] **s. f.** ● vomito

†**vomichévole** [da *vomicare* ✱av. 1320] **agg.** ● che provoca il vomito

vòmico [vc. dotta, lat. *vŏmicu(m)*, da *vŏmere* 'vomitare' (V. †*vomere*②) ✱av. 1342] **A agg.** (**pl. m.** *-ci*) ● che provoca il vomito | ***noce vomica***, V. *noce* **B s. m.** ● †vomito

vomìre o †**bomìre**, †**gomìre** [V. †*vomere*② ✱av. 1311] **v. tr.** (*io vomìsco, tu vomìsci*) ● (*raro, lett.*) vomitare (*anche assol.*)

†**vomitaménto** [1673] **s. m.** ● il vomitare | (*fig.*) rifiuto, ripudio

vomitàre [vc. dotta, lat. *vomitāre*, intens. di *vŏmere*② ✱av. 1320] **v. tr.** (*io vòmito*) **1** espellere attraverso la bocca il contenuto gastrico (*anche assol.*): *v. il pasto*; *v. sangue, muco*; *aver bisogno di v.*; *v. per il mal di mare, per l'ubriachezza*; *il mal d'auto fa v.* | (*fig.*) ***v. l'anima***, svuotarsi completamente lo stomaco, con violenti conati | ***far v., venir da v.***, e sim., (*fig.*) si dice a proposito di cose o persone che ispirano o provocano profondo disgusto, ripugnanza, ribrezzo: *un sudiciume da far v.*; *un libro tanto osceno che fa v.*; *solo a vederlo, a sentirlo, mi vien da v.* **2** (*est.*) emettere, lanciar fuori con violenza: *v. fuoco, fiamme, bombe, granate*; *la mitraglia vomitava piombo*; *il vulcano vomitò lava, cenere e lapilli* **3** (*fig.*) dire rabbiosamente, con violenza e in grande quantità: *v. ingiurie, insulti, imprecazioni, bestemmie*; *v. una sequela di improperi all'indirizzo di qlcu.*; *gli vomitò sul viso una serie di epiteti irripetibili* **4** †espellere, ripudiare

vomitatìccio [1959] **s. m.** ● sostanza vomitata

vomitatìvo [av. 1613] **A agg.** ● vomitatorio **B s. m.** ● †ciò che provoca il vomito

vomitatóre [1745] **s. m.** (**f.** *-trice*); **anche agg.** ● (*disus.*) chi (o che) vomita

vomitatòrio [1637] **agg.** (**pl. m.** *-i* o *raro* *-ii*) ● che provoca vomito **SIN.** vomico

vomitévole [da *vomitare* ✱1983] **agg.** ● che provoca vomito | (*fig.*) repellente, sgradevole, inaccettabile: *uno spettacolo v.*; *comportamento v.*

vomitìvo [av. 1320] **agg.** ● vomitatorio

vòmito [vc. dotta, lat. *vŏmitu(m)*, da *vŏmere* 'vomitare' ✱av. 1320] **s. m.** **1** (*med.*) espulsione episodica del contenuto gastrico attraverso la bocca, per contrazione antiperistaltica dello stomaco: *conati di v.*; *provocare, eccitare, muovere il v.* | ***far venire il v.***, (*fig.*) stomacare, nauseare | ***v. nero***, febbre gialla **2** (*est.*) materia vomitata

†**vomitòrio**① [vc. dotta, lat. *vomitōriu(m)*, da *vŏmitus*, part. pass. di *vŏmere* 'vomitare' (V. †*vomere*②) ✱av. 1498] **agg.** ● vomitivo, vomitatorio

vomitòrio② [vc. dotta, lat. tardo *vomitōria*, nt. pl. sost. di *vomitōrius* 'vomitorio①' ✱1766] **s. m.** (**pl.** *-i* o *raro* *-ii*) ● nei teatri e anfiteatri del mondo classico, accesso che permetteva al pubblico di giungere, dai portici e dalle scale interne, ai sedili

vomizióne [vc. dotta, lat. *vomitiōne(m)*, da *vŏmere*② ✱av. 1729] **s. f.** ● (*disus.*) vomito

vóngola [vc. napol., dal lat. *cŏnchula(m)*, dim. di *cŏncha* 'conchiglia' (V. *conca*) ✱1878] **s. f.** ● mollusco dei Lamellibranchi dei generi *Tapes* e *Venus*, che vive sui fondali sabbiosi e fangosi ed ha carni apprezzate: *zuppa di vongole*; *vermicelli, spaghetti con le vongole* | ***v. verace***, nome campano un tempo riferito al *Tapes decussatus* e attualmente esteso ad altre specie importate dai mari asiatici; ha conchiglia caratterizzata da un reticolo di sottili striature e carni particolarmente apprezzate

vongolàio o (*centr.*) **vongolàro** **s. m.** (**f.** *-aia*, **pl. m.** *-ai*) ● chi raccoglie vongole

vongolàra [da *vongola* ✱1983] **s. f.** ● attrezzo a forma di rastrello o di draga, installato a bordo di apposita imbarcazione adibita alla pesca delle vongole

vongolàro ➤ **vongolaio**

voodoo ➤ **vudù**

Vopo /ted. 'fo:po/ [vc. ted., da *Vo(lks)po(lizei)* 'polizia popolare' ✱1966] **s. m. inv.** (**pl. ted.** *Vopos*) ● fino al 1990, membro della polizia popolare della Repubblica Democratica Tedesca

✦**voràce** [vc. dotta, lat. *vorāce(m)*, da *vorāre* ✱ av. 1311] **agg.** **1** che ha bisogno di molto cibo per saziarsi e ne divora grandi quantità: *animale v.*; *belva v.*; *la locusta è un insetto v.* **SIN.** edace **2** (*est.*) che mangia molto o troppo, con particolare avidità, golosità o ingordigia: *un bambino v.*; *bocca v.* **SIN.** ingordo **3** (*fig., lett.*) che ingoia, inghiotte ogni cosa e la distrugge, la fa sparire e sim.: *fiamma v.*; *incendio v.*; *onda v.*; *gorgo v.* ‖ **voraceménte**, **avv.** con voracità, avidità, ingordigia: *mangiare voracemente*

✦**voracità** o †**voracitàde** [vc. dotta, lat. *voracitāte(m)*, da *vŏrax*, genit. *vorācis* 'vorace' ✱1336 ca.] **s. f. inv.** **1** caratteristica di chi (o di ciò che) è vorace: *la v. dello squalo*; *la v. di un incendio* **SIN.** insaziabilità **2** (*fig.*) avidità insaziabile: *la v. degli usurai* **SIN.** ingordigia

SFUMATURE ➤ *fame*

voràgine o (*lett.*) **voràgo**, †**voràggine** [vc. dotta, lat. *vorāgine(m)*, da *vorāre* 'inghiottire, divorare'. V. †*vorare* ✱av. 1292] **s. f.** **1** profonda apertura o spaccatura del terreno: *formare una v.*; *aprire una v.*; *cadere, sprofondare in una v.* **SIN.** abisso, baratro **2** (*est.*) gorgo: *la nave scomparve, inghiottita dalla v.* **3** in speleologia, ampia caverna a pareti scoscese, nella quale precipitano acque torrentizie di superficie **4** (*fig.*) ciò che assorbe continuamente ingenti somme di denaro: *la v. del debito pubblico*

voraginóso (o *-ṣ-*) [vc. dotta, lat. *voraginōsu(m)*, da *vorāgo*, genit. *vorāginis* 'voragine' ✱ 1550] **agg.** ● (*lett.*) che forma voragini | (*fig.*) †insaziabile

voràgo ➤ **voragine**

†**voràre** [vc. dotta, lat. *vorāre*, di orig. indeur. ✱ av. 1306] **v. tr.** ● divorare

†**voratóre** [vc. dotta, lat. tardo *voratōre(m)*, da *vorātus*, part. pass. di *vorāre* ✱1499] **s. m.** (**f.** *-trice*); **anche agg.** ● divoratore

†**voratùra** [dal lat. *vorātus*, part. pass. di *vorāre* ✱av. 1306] **s. f.** ● atto del divorare

-voro secondo elemento ● in parole composte significa 'che mangia', 'che si nutre di', o 'che consuma', 'che assorbe', 'che asporta': *carnivoro, erbivoro, frugivoro, insettivoro, onnivoro, idrovoro*

vorrò ➤ **volere**①

vortàle [dall'ingl. *vortal* da *(p)ortal* 'portale' con la *p* sostituita dalla *v* di *vertical* 'verticale' ✱ 2000] **s. m.** ● (*Internet*) portale dedicato a un tema specifico o rivolto a un determinato settore di pubblico

vorticàle [da *vortice*, sul modello dell'ingl. *vortical* ✱1957] **A agg.** ● rotazionale: *moto v.* **B s. m.** ● (*fis.*) ogni linea di flusso del campo vettoriale chiamato vortice

vorticàre [da *vortice* ✱av. 1890] **v. intr.** (*io vòrtico, tu vòrtichi*; **aus.** *avere*) **1** (*raro*) girare con movimento vorticoso **2** (*lett.*) turbinare in modo incalzante

vòrtice [vc. dotta, lat. *vŏrtice(m)*, da *vŏrtere*, var. di *vĕrtere* ✱1499] **s. m.** **1** rapido movimento rotatorio di liquido e sim. intorno a sé stesso | (*est.*) massa liquida o fluida che gira velocemente su sé stessa, trascinando con sé tutto ciò che incontra: *vortici di polvere, di sabbia* | ***v. d'acqua***, gorgo | ***v. d'aria***, turbine, mulinello **2** (*fis.*) in fluidodinamica, vettore che rappresenta la velocità angolare posseduta in un generico istante, da una generica particella di fluido | campo vettoriale individuato dal suddetto vettore **3** (*fig.*) veloce movimento rotatorio: *il v. della danza* **4** (*fig.*) rapido susseguirsi di eventi, fenomeni, problemi e sim.: *il v. della vita moderna*; *lasciarsi prendere dal v. degli affari* **5** (*fig.*) forza, impeto, richiamo irrefrenabile che sconvolge e trascina: *il v. della passione* **6** (*zool.*) vorticella

SFUMATURE ➤ *gorgo*

vorticèlla [dal lat. *vŏrtex*, genit. *vŏrticis* 'vortice' ✱1792] **s. f.** ● protozoo di acqua dolce a forma di coppa con il margine ciliato e sostenuta da un peduncolo che si fissa al substrato (*Vorticella*)

vortichìo [da *vorticare* col suff. *-io*① ✱1947] **s. m.** (**pl.** *-ii*) ● movimento vorticoso | (*fig.*) un susseguirsi rapido e incalzante: *un v. di attività, di affari* **SIN.** turbinio

vorticìṣmo [ingl. *vorticism*, da *vortex* 'vortice' ✱1918] **s. m.** ● corrente artistica delle arti figurative, sorta in Inghilterra nel 1914 ispirandosi al cubismo e soprattutto al futuri-

a b c d e f g h i j k l m n o p q r s t u **v** w x y z

smo

♦**vorticóso** (o **-ṣ-**) [vc. dotta, lat. *vorticō-su(m)*, da *vŏrtex*, genit. *vŏrticis* 'vortice' ✱ av. 1547] **agg. 1** che è pieno di vortici, che scorre o si muove formando vortici: *fiume v.; acque vorticose; vento v. che preannuncia la tempesta; il foco scoppiettava fumigante e s'ergeva a spire vorticose* (I. Nievo) **2** (*est.*) che segue, compie o fa compiere veloci movimenti rotatori: *danza vorticosa* **3** (*fig.*) che è caratterizzato da un rapidissimo, incalzante e spesso incontrollabile susseguirsi o ripetersi di eventi, fenomeni, problemi e sim.: *la vorticosa vita moderna; un v. giro di cambiali, d'affari, di amicizie* || **vorticosaménte**, **avv.** in modo vorticoso: *girare, ruotare, scorrere vorticosamente* || **vorticosità**, **s. f. inv.**: *la vorticosità di un corso d'acqua*

†**vortiginóso** ➤ **vertiginoso**

voscènza [sp. *vuecencia*, contrazione di *vuestra excelencia* 'vostra eccellenza' ✱ 1890] **s. f.** ● (*merid.*) Vostra Eccellenza (rivolgendosi a una singola persona in segno di deferenza): *v. mi perdoni* | sia l'attributo che il predicato verbale si accordano gener. al maschile: *sono venuti ad avvertire che V. era morto* (L. Pirandello)

vòsco (o **-ó-**) [lat. parl. **vōbiscu(m)*, per il classico *vobīscu(m)*, comp. di *vōbis*, abl. di *vōs* 'voi' e *cŭm* 'con' ✱ 1319] **forma pron.** ● (*poet.*) con voi: *con voi nasceva e s'ascondeva v. / quelli ch'è padre d'ogne mortal vita* (Dante *Par.* XXII, 115-116)

vossignorìa o (*raro*) **vosignorìa**, **vossìa** [da *vos(tra) signoria* ✱ 1602] **s. f.** ● (*disus.*) signoria vostra (rivolgendosi a una singola pers. in segno di deferenza): *v. deve scusarmi; Che volete dire, v.?* (G. Verga) | l'attributo concorda sempre al femminile, il predicato verbale sia al maschile che al femminile, tenendo conto del sesso dell'interlocutore: *Grazie a v. illustrissima* (C. Goldoni); *Allora perché siete venuto, v.?* (G. Verga); *Giacchè v. illustrissima è tanto inclinato a far del bene a questa gente* (A. Manzoni)

♦**vòstro** [lat. volg. *vŏstru(m)*, comp. di *vōs* 'voi' e il suff. *-ter*, che indica opposizione fra due ✱ 1186] **A** **agg. poss. di seconda pers. pl.** (**f.** *vostra*; **pl. m.** *vostri*; **pl. f.** *vostre*; si può elidere solo davanti a parola che comincia per vocale: *il vostr'amore*) **1** che appartiene a voi (indica proprietà, possesso, anche temporanei): *la vostra casa è davvero bella; prestatemi qualcuno dei vostri dischi; i vostri vestiti sono lì sul letto; dove avete messo la vostra roba?* | con valore enfat. e rafforz. posposto a un sost.: *qui non siete a casa vostra!; sono soldi vostri!* **2** che è relativo a voi, che vi è proprio: *ammiro il v. coraggio; la vostra forza d'animo è straordinaria; approvo in questo caso la vostra volontà; conosco ogni v. pensiero; in cosa consiste il v. lavoro?; ho sentito la vostra voce e sono accorso* | (*est.*) con riferimento a parole, atti e sim. che provengono da voi: *i vostri compiti sono stati disastrosi; i vostri discorsi mi hanno impressionato; la vostra fiducia mi onora; attendiamo il v. arrivo* | ***ai vostri tempi***, quando eravate giovani voi | ***la vostra lingua***, quella che parlate voi **3** di voi (indica relazione di parentela, di amicizia, di conoscenza, di dipendenza e sim.): *i vostri genitori; il v. buon amico; la vostra patria; il v. paese d'origine; i vostri amici e colleghi; il v. capoufficio; la vostra maestra* | Davanti a nomi di parentela (come 'padre', 'madre', 'figlio', 'zio', 'cugino', 'nonno', 'nipote', 'marito', 'moglie', 'fratello', 'sorella', 'cognato', 'genero', 'nuora' o 'suocero'), si comporta come l'agg. 'mio' (V. *mio* nel sign. A 3): *le vostre zie; v. nipote; il v. nipotino; la vostra figliola; il v. amato cognato; la vostra mamma; vostra mamma; v. padre; il v. babbo; v. papà* | nella chiusa delle lettere, nelle dediche e sim. precede la firma ed esprime devozione e dedizione dello scrivente verso un gruppo di persone o verso una singola persona per la quale si nutre deferente rispetto: *il v. obbligatissimo nipote; la vostra devotissima Maria Rossi; i vostri affezionatissimi figli* **4** in formule di cortesia e di cerimoniale (preposto o posposto al titolo onorifico): *la Maestà Vostra; Vostra Santità; Vostra Eccellenza; l'Eminenza Vostra; Vostra Signoria; l'Eccellenza Vostra; Vostra Altezza; Vostra Beatitudine* | ***Vostra Giustizia, V. Onore***, rivolgendosi a un presidente di tribunale **5** che vi è abituale, consueto: *ora andate a farvi il v. sonnellino pomeridiano* **B** **pron. poss. di seconda pers. pl. 1** quello che vi appartiene, che vi è proprio o che comunque è relativo a voi (sempre preceduto dall'art. determ.): *la mia volontà è più forte della vostra; le nostre condizioni sono molto diverse dalle vostre; nostro figlio è più vivace del v.* **2** (*assol.*) ricorre, con ellissi del sost., in alcune espressioni e locuzioni particolari del linguaggio fam.: *non vorrete rimetterci del v.*, ciò che vi appartiene | ***eccovi il v.***, ciò che vi spetta | ***accontentatevi del v.***, di ciò che avete | ***in questo lavoro non c'è nulla di v.***, di personale o che comunque indichi la vostra partecipazione | ***i vostri***, i vostri familiari, parenti, amici, compagni, apprendisti, alunni e sim.: *abitate con i vostri?; questi ragazzi sono dei vostri?; voglio essere uno dei vostri* | ***dite pure la vostra***, la vostra opinione | ***tiene, sta dalla vostra***, dalla vostra parte, in vostro favore | ***avete passato anche voi le vostre***, le vostre disavventure, amarezze e sim. | ***ne avete fatta una delle vostre***, una delle vostre malefatte, marachelle | ***l'ultima vostra, in riferimento alla vostra del ...***, la vostra lettera

†**votabórse** [comp. di *v(u)ota(re)* e il pl. di *borsa* ✱ av. 1590] **s. m. e f. inv.** ● (*scherz.*) persona che fa spendere molto denaro

†**votacàse** (o **-ṣ-**) [comp. di *votare*② e il pl. di *casa* ✱ av. 1587] **agg. inv.** ● che consuma tutto e continua a chiedere

votacèssi ➤ **vuotacessi**

votànte **A** **part. pres.** di *votare*①; anche **agg.** ● nei sign. del v. **B** **s. m. e f. 1** chi ha diritto di voto: *lista, elenco dei votanti* | chi effettivamente vota: *il numero, la percentuale dei votanti è particolarmente elevata* **2** (*relig.*, *raro*) chi fa un voto

votapózzi ➤ **vuotapozzi**

♦**votàre**① o †**botàre** nei sign. A2 e C [lat. parl. **votare*, intens. di *vovēre* 'far voto', di orig. indeur. ✱ sec. XIII] **A** **v. tr.** (*io vóto*) **1** sottoporre a votazione: *è stata votata una nuova legge* | approvare, deliberare dando il proprio voto: *v. una proposta, un referendum* | sostenere con il proprio voto: *v. un candidato indipendente* **2** (*relig.*) offrire in voto: *v. le armi al tempio; v. a Dio la propria vita* | (*est.*) consacrare, dedicare **B** **v. intr.** (aus. *avere*) ● dare il proprio voto (+ *per*, + *con*, + *a*): *v. per alzata e seduta, con appello nominale, a scrutinio segreto, col sistema proporzionale, a collegio uninominale; v. per un partito di destra, di sinistra; v. contro, a favore di qlcu. o qlco.* **C** **votàrsi** **v. rifl. 1** obbligarsi con un voto (+ *a*): *votarsi alla verginità, alla vita monacale, al celibato* **2** darsi, offrirsi totalmente (+ *a*): *votarsi a Dio; votarsi al sacrificio* | consacrarsi, dedicarsi: *votarsi allo studio, alla musica* | ***votarsi alla morte***, affrontare coscientemente un grave rischio di morte

votàre② e deriv. ➤ **vuotare** e deriv.

votàto **part. pass.** di *votare*①; anche **agg. 1** nei sign. del v.: *una legge votata all'unanimità* **2** destinato, consacrato (+ *a*): *un artista v. al successo; tu eri un inerme, v. a uno sterile sacrificio* (V. Pratolini)

†**votatóre** [sec. XIV] **s. m.** (**f.** *-trice*); anche **agg.** ● chi (o che) fa un voto

votazióne [1797] **s. f. 1** espressione della propria volontà attraverso il voto | (*dir.*) procedimento di elezione o di deliberazione attuato mediante voti: *v. segreta; ripetere le votazioni; v. a scrutinio segreto* | il risultato dello stesso: *v. favorevole, contraria* **2** insieme dei voti conseguiti da uno studente, nel corso dell'anno scolastico, come esito di un esame e sim., o da chi partecipa a concorsi e sim.: *v. finale*

SFUMATURE DI SIGNIFICATO

votazione - elezione - suffragio

Votazione indica l'espressione della propria volontà attraverso il voto, ma anche il procedimento attraverso cui questa volontà si esprime e il risultato che a esso consegue. **Elezione** è propriamente l'atto di eleggere attraverso il voto una persona a una carica; esprime dunque, seppure da un diverso punto di vista, lo stesso concetto di *votazione*. **Suffragio** è termine oggi poco in uso per indicare la dichiarazione della propria volontà, ancora attraverso il voto.

votàzza [sovrapp. di *v(u)otare* e *gottazza* ✱ 1798] **s. f. 1** (*mar.*; *disus.*) gottazza **2** mestola dei conciatori, per svuotare e ripulire le trosce

†**votìre** [da *voto*① ✱ sec. XIV] **A** **v. intr.** ● far voto, obbligarsi con un voto **B** **v. tr.** ● consacrare **C** †**votìrsi** **v. rifl.** ● votarsi

votìvo [vc. dotta, lat. *votīvu(m)*, da *vōtum* 'voto' ✱ 1321] **agg.** ● (*relig.*) che concerne o che costituisce un voto: *offerta votiva* | ***iscrizione votiva***, che ricorda un voto o ne spiega l'origine | che è offerto in voto o ne è oggetto: *dono v.; lampada votiva* | ***Messa votiva***, celebrata per devozione particolare e non corrispondente alla liturgia del giorno | ***altare v.***, dedicato a una divinità in adempimento di un voto || **votivaménte**, **avv.**

♦**vóto**① o †**bóto** nei sign. 1 e 2 [lat. *vōtu(m)* 'voto, preghiera, desiderio', da *vovēre* 'far voto' (V. *votare*①) ✱ sec. XIII] **s. m. 1** (*relig.*) offerta di qlco. a una divinità per esprimere gratitudine per un bene ricevuto o per impegnare la divinità medesima a concedere qlco. | nel cattolicesimo, promessa fatta a Dio, alla Vergine o a un Santo, di azione o di scelta di vita loro gradita, di impegno a evitare il peccato, di rinuncia a quanto può essere gradito o utile al votante: *fare un v.; mantenere un v.; mancare a un v.; far v. di recarsi in pellegrinaggio a Lourdes; sciogliere qlcu. da un v.* | ***v. religioso***, ciascuna delle obbligazioni di castità, povertà e obbedienza, che assume chi entra nello stato religioso | ***voti semplici***, che sono temporanei e possono essere rinnovati | ***voti solenni***, perpetui | ***prendere, pronunciare i voti***, entrare in un ordine religioso **2** (*est.*) chi (o ciò che) è oggetto di voto | oggetto offerto in conseguenza di un voto: *appendere un v. all'altare di un santo; cappella piena di voti* **SIN.** ex voto **3** (**spec. al pl.**, ***fig.***) volontà, desiderio: *ciò era nei nostri voti, nei voti di tutti* | augurio, auspicio: *formulare voti di vittoria; far voti per l'esito favorevole di qlco.* **4** (*dir.*) dichiarazione della propria volontà in un procedimento di elezione o di deliberazione: *diritto di v.; v. plurimo, uguale, personale; azione a v. limitato* | (*est.*) votazione: *v. segreto, palese, per appello nominale, per alzata e seduta* | ***v. deliberativo***, che ha per oggetto la deliberazione | ***v. consultivo***, con cui si esprime un semplice parere | ***v. di fiducia***, al governo, da parte delle Assemblee legislative | ***v. determinante***, quando è essenziale alla formazione di una maggioranza parlamentare | ***v. di***

preferenza, quello dato a uno o più candidati della lista prescelta | ***v. di lista***, quello dato a una lista senza esprimere alcuna preferenza per singoli candidati della lista stessa | ***v. disgiunto***, in un'elezione, voto dato al candidato di uno schieramento e contemporaneamente a una lista dello schieramento contrapposto | ***v. tecnico***, (***polit.***) voto favorevole, che tuttavia non implica un appoggio politico alla maggioranza, ma è dettato dalla preoccupazione di superare intoppi procedurali o particolari scadenze: *v. tecnico sul bilancio* | ***v. di scambio***, fenomeno consistente nel chiedere voti in cambio di favori o vantaggi più o meno leciti | ***v. utile***, in un sistema elettorale maggioritario, il voto dato al candidato preferito fra quelli che si ritiene possano vincere invece che al candidato più gradito **5** (***est.***) scheda o altro oggetto che rechi o indichi il voto: *deporre il proprio v. nell'urna* **6** giudizio di merito, espresso spec. con numeri, relativo al grado di preparazione dimostrato da uno studente o da chi partecipa a un concorso: *voti bassi, mediocri, alti; diplomarsi, laurearsi col massimo dei voti; una pagella zeppa di brutti voti; ottenere un buon v. in una prova scritta, orale* | ***a pieni voti***, col massimo dei voti: *essere promosso a pieni voti* || **votàccio**, **pegg.** | **voterèllo**, **dim.**

vòto② e deriv. ➤ **vuoto** e deriv.

vóto, ex ➤ **ex voto**

voucher /'vautʃer, *ingl.* 'vautʃə(r)/ [vc. ingl., 'buono, tagliando', da *to vouch* 'garantire, attestare' che risale, attrav. il fr. ant., al lat. *vocāre* 'chiamare (a testimonio)' ✱ 1978] **s. m. inv.** ● buono rilasciato a titolo di prenotazione o di accredito che abilita il detentore a usufruire di una determinata prestazione descritta nel buono stesso: *v. turistico*; *v. formativo* **SIN.** coupon

Vòv® [n. commerciale, prob. tratto dal ven. *vov(o)* 'uovo' ✱ sec. XIX] **s. m. inv.** ● liquore a base di tuorli d'uovo, marsala e zucchero

✦**vox pòpuli** /*lat.* vɔks'pɔpuli/ [loc. lat., propr. 'voce del popolo' ✱ 1897] **loc. sost. f. inv.** (**pl. lat.** *voces populi*) ● notizia, opinione diffusa e ritenuta veritiera: *le sue prossime dimissioni sono ormai vox populi*

voyeur /*fr.* vwa'jœʀ/ [vc. fr., da *voir* 'vedere' ✱ 1911] **s. m. inv.** (**f. fr.** *voyeuse*) ● chi pratica il voyeurismo **SIN.** guardone

voyeurìsmo /voje'rizmo, vwaje-/ [fr. *voyeurisme*, da *voyeur* (V.) col suff. *-isme* '-ismo' ✱ 1964] **s. m.** **1** forma di deviazione sessuale di chi, per morbosa curiosità, spia le nudità o gli atti sessuali altrui **SIN.** scopofilia **2** (***est.***) curiosità eccessiva per fatti che normalmente sono privati e personali **CFR.** guardonismo

voyeurìstico /voje'ristiko, vwaje-/ [1970] **agg.** (**pl. m.** *-ci*) ● che è tipico del voyeur, del voyeurismo: *situazione, curiosità voyeuristica*

vrìesia [dal n. del botanico olandese W.H. de Vries (1807-1862) ✱ 1970] **s. f.** ● pianta ornamentale delle Bromeliacee con foglie ricurve, di color verdegrigio con macchie rossicce inferiormente, infiorescenza a pannocchia di color giallo (*Vriesia splendens*)

vroom /*ingl.* vru:m/ [vc. ingl., di orig. onomat. dal v. *to vroom* 'rombare (di motore), partire in quarta' ✱ 1983] **inter.** ● riproduce il rumore del motore di un veicolo in accelerazione **CFR.** brum② nel sign. 1

vu /vu*/ o (*raro*) **vi**② /vi*/ [av. 1321] **s. f. o m. inv.** ● nome della lettera italiana *v*

vu cumprà o **vucumprà** [dalla domanda frequentemente rivolta in incerto italiano: 'vuoi comprare?' ✱ 1986] **loc. sost. m. e f. inv.** ● (***colloq.***) venditore ambulante abusivo, per lo più extracomunitario, che offre sulle spiagge o per le strade merce di varia natura

vudù o **vùdu**, **vodù**, **voodoo** /vu'du, *ingl.* 'vu:du:/ [vc. dell'Africa occidentale, attraverso l'ingl. *voodoo* e il fr. *vaudou* ✱ 1895] **A** **s. m. inv.** **1** culto animista diffuso fra i neri delle Antille e di Haiti, fondato sulla commistione fra pratiche magiche originarie dell'Africa ed elementi rituali cristiani **2** (***est.***) ciascuna delle divinità adorate in tale culto **B** **anche agg. inv.**: *riti v.*

Vuduìsmo o **Voduìsmo** [da una vc. africana che significa 'spirito' col suff. *-ismo* ✱ 1965] **s. m.** ● insieme delle pratiche vudù

vuduista o **voduista** [1970] **s. m. e f.** (**pl. m.** *-i*) ● fedele del Vuduismo

Vuèlta /'vwelta, *sp.* 'bwelta/ [vc. sp., da *volver* 'volgere, girare' ✱ 1962] **s. f. inv.** (**pl. sp.** *Vueltas*) ● (***sport, per anton.***) giro ciclistico di Spagna: *vincere la V.*

†**vùi** ➤ **voi**

Vulcanàle① [vc. dotta, lat. *Vulcanālia*, nt. pl. sost. di *Vulcanālis* 'Vulcanale②' ✱ av. 1638] **s. m.** ● nella Roma antica, festa in onore del dio Vulcano

†**vulcanàle**② [vc. dotta, lat. *Vulcanāle(m)*, da *Vulcānus* 'Vulcano' ✱ av. 1638] **agg.** ● tipico di un vulcano; infuocato

vulcanèllo [propr. dim. di *vulcano*, per la forma ✱ 1836] **s. m.** ● (***geol.***) cono di fango a forma di vulcano prodottosi con materiali argillosi spinti in superficie dalla fuoriuscita di gas metano ad alta pressione

vulcanèsimo ➤ **vulcanismo**

vulcànico [1754] **agg.** (**pl. m.** *-ci*) **1** di vulcano, relativo a vulcano o vulcanismo: *eruzione vulcanica*; *fenomeni vulcanici*; *laghi di origine vulcanica* | ***roccia vulcanica***, eruttiva | ***condotto v.***, passaggio attraverso il quale il magma risale dal focolaio alla superficie **SIN.** camino | ***edificio v.***, insieme dei materiali accumulati attorno al condotto vulcanico **2** (***fig.***) detto di ciò che per impetuosità, incontenibilità, ardore, ricchezza di energia, abbondanza di idee, iniziative e sim., ricorda un vulcano in piena attività: *ingegno, cervello, amore v.*; *mente, fantasia vulcanica*; *avere una testa vulcanica* | detto di persona che presenta tali caratteristiche: *un tipo v., che non sta mai fermo ed escogita sempre qualcosa di nuovo* || **vulcanicaménte**, **avv.** **1** da un punto di vista vulcanico, relativamente ai vulcani **2** (***fig.***) in modo vulcanico || **vulcanicità**, **s. f. inv.**

vulcànio [vc. dotta, lat. *Vulcāniu(m)*, da *Vulcānus* 'Vulcano' ✱ 1525] **agg.** ● (***lett.***) di Vulcano, dio del fuoco secondo la mitologia classica

vulcanìsmo o **vulcanèsimo** [da *vulcano*, col suff. *-ismo* ✱ 1885] **s. m.** ● (***geol.***) insieme di processi dovuti alla risalita del magma alla superficie terrestre, che portano alla formazione di vulcani, a espandimenti lavici, ad emanazioni di gas, a fenomeni premonitori e postvulcanici di ogni tipo

vulcanìte [da *Vulcano* ✱ 1929] **s. f.** ● (***geol.***) roccia effusiva

vulcanizzàbile [1970] **agg.** ● che si può vulcanizzare

vulcanizzànte **A** **part. pres.** di *vulcanizzare*; **anche agg.** ● nel sign. del v. **B** **s. m.** ● sostanza atta a favorire la vulcanizzazione

vulcanizzàre [fr. *vulcaniser*, dall'ingl. (*to*) *vulcanize*, dal lat. *Vulcānus* 'Vulcano' ✱ 1875] **v. tr.** ● sottoporre a vulcanizzazione (V.): *v. il caucciù*; *v. le gomme di automobile*

vulcanizzàto **part. pass.** di *vulcanizzare*; **anche agg.** ● sottoposto a vulcanizzazione

vulcanizzatóre [1936] **s. m.** **1** (**f.** *-trice*) operaio addetto alla vulcanizzazione **2** apparecchio in cui si effettua la vulcanizzazione

vulcanizzazióne [fr. *vulcanisation*, dall'ingl. *vulcanization*, da (*to*) *vulcanize* 'vulcanizzare' ✱ 1875] **s. f.** **1** (***chim.***) trattamento con zolfo, composti solforati o altre sostanze di basso peso molecolare, cui vengono sottoposti materiali polimerici, tra cui gomme naturali e sintetiche, per eliminarne la plasticità e renderli elastici **2** insieme delle operazioni atte a ripristinare pneumatici deteriorati

♦**vulcàno** [vc. dotta, lat. *Vulcānu(m)*, n. del dio del fuoco, di orig. etrusca ✱ av. 1519] **s. m.** ● fenditura della crosta terrestre dalla quale possono uscire lave, gas, vapori e prodotti piroclastici: *l'eruzione di un v.* | ***v. spento***, che ha cessato ogni attività per svuotamento o per raffreddamento e consolidamento del focolaio | ***v. di fango***, pozza di fango spesso solforoso, ribollente per esalazioni gassose di origine vulcanica | ***vulcani lunari***, tipici rilievi della superficie lunare che ricordano i vulcani spenti terrestri | ***camminare, star seduti su un v.***, (***fig.***) essere in una situazione molto pericolosa, in un periodo di gravi agitazioni palesi o latenti, e sim. | ***avere la testa come un v.***, ribollente di idee, progetti e sim., o dotata di fantasia accesa e sbrigliata | ***essere un v.***, (***fig.***) di persona piena d'ardore, entusiasmo, e sim. || **vulcanétto**, **dim.**

vulcanologìa [comp. di *vulcano* e *-logia* ✱ 1793] **s. f.** (**pl.** *-gìe*) ● scienza che studia i fenomeni vulcanici, nonché l'origine, il meccanismo di eruzione e la distribuzione dei vulcani

vulcanològico [1957] **agg.** (**pl. m.** *-ci*) ● che concerne la vulcanologia

vulcanòlogo [1923] **s. m.** (**f.** *-a*; **pl. m.** *-gi*) ● studioso di vulcanologia

†**vulgàre** e deriv. ➤ **volgare**① e deriv.

vulgàta o **volgàta** [vc. dotta, lat. eccl. (*editiōnem*) *vulgātam* 'edizione divulgata, diffusa', part. pass. f. sost. di *vulgāre* 'divulgare' (V. †*volgare*②) ✱ 1570] **s. f.** **1** (spec. con iniziale maiuscola) versione latina della Bibbia, fatta da S. Girolamo (347-420 ca.) e adottata come testo ufficiale e liturgico dalla Chiesa cattolica romana **2** (***est.***) in filologia, il testo di un'opera nella versione più conosciuta e tramandata dalla tradizione: *la v. dantesca* **3** (***est., anche spreg.***) la versione prevalente e più diffusa di una teoria, una concezione, un'interpretazione ecc.: *la v. della storia del Novecento*

vulgàto o **volgàto** [lat. *vulgātu(m)*, da *vulgāre* 'divulgare' (V.) ✱ 1374] **agg.** ● (***lett.***) divulgato, diffuso | in filologia, detto di testo o lezione particolarmente diffusi, noti

†**vùlgo**① ➤ **volgo**

vùlgo② [vc. lat., propr. 'per il popolo'; abl. di *vulgus* 'volgo' (V. *volgo*) ✱ 1931] **avv.** ● comunemente: *'Colchicum autumnale', vulgo 'freddolina'* | ***Antonio Rossi, vulgo Tonino***, comunemente conosciuto col nome di Tonino

✦**vulneràbile** [vc. dotta, lat. tardo *vulnerābile(m)*, da *vulnerāre* ✱ av. 1519] **agg.** **1** (***lett.***) che può essere ferito, colpito: *il tallone era l'unico punto v. di Achille* **CONTR.** invulnerabile **2** (***est.***) che si può ledere, danneggiare e sim. (***anche fig.***): *linea di fortificazione v. in più punti*; *costruzione v.*; *il sistema immunitario umano è v. da molti fattori ambientali* | (***fig.***) fragile, molto sensibile: *personalità v.*; *i sentimenti più vulnerabili* **3** (***fig.***) che si può facilmente criticare, controbattere, smentire e sim.: *posizione ideologica v.*; *ecco il punto v. della teoria* || **vulnerabilità**, **s. f. inv.**

vulnerànte **part. pres.** di *vulnerare*; **anche agg.** ● (***zool.***) ***apparato v.***, insieme degli organi offensivi degli animali velenosi

vulneràre [vc. dotta, lat. *vulnerāre* 'ferire', da *vŭlnus*, genit. *vŭlneris* 'ferita', di orig. indeur. ✱ av. 1306] **v. tr.** (*io vùlnero*) **1** (***lett.***) ferire **2** (***fig., raro***) offendere, ledere: *v. un principio, un diritto*; *v. la legge*

vulnerària [f. sost. di *vulnerario*: si credeva servisse a guarire le ferite ✱ 1759] **s. f.** ● pianta erbacea delle Leguminose con grandi fiori gialli in glomeruli, buona foraggera ricca di tannini (*Anthyllis vulneraria*)

vulneràrio [vc. dotta, lat. *vulnerāriu(m)*, da *vŭlnus*, genit. *vŭlneris* 'ferita' (V. *vulnerare*) ✱ av. 1694] **agg.** ● (*lett.*) detto di sostanza che serve a cicatrizzare piaghe e ferite: *balsamo v.*

♣**vùlnus** [vc. lat., propr. 'ferita' (V. *vulnerare*) ✱ 1986] **s. m. inv.** (**pl. lat.** *vulnera*) ● (*dir.*) lesione, offesa di un diritto | (*est.*) lacerazione, offesa

†**vulsèlla** [vc. dotta, lat. *vulsēlla(m)*, da *vŭlsus*, part. pass. di *vĕllere* (V. †*vellere*) ✱ 1583] **s. f.** ● pinzetta chirurgica

vùlture o †**vùltore**, †**vùlturo** [vc. dotta, lat. *vŭlture(m)* 'avvoltoio' (V.) ✱ av. 1327] **s. m.** ● (*lett.*) avvoltoio

vùlva [lat. *vūlva(m)*, *vŏlva(m)*, termine antico per 'utero'. V. *volva* ✱ av. 1320] **s. f.** ● (*anat.*) insieme degli organi genitali esterni femminili, situati nella parte anteriore del perineo

vulvàre [1840] **agg.** ● (*anat.*) della vulva

vulvària [da *vulva*, perché era usata come antispasmodico nell'isterismo (*hystéra* significa infatti 'utero') ✱ av. 1704] **s. f.** ● erba delle Chenopodiacee a foglie ovali e fiori in infiorescenze di sgradevole odore (*Chenopodium vulvaria*)

vulvite [da *vulva* col suff. *-ite* ✱ 1957] **s. f.** ● (*med.*) infiammazione della vulva

vulvodinìa [comp. di *vulv(a)* e *-odinia* ✱ 1883] **s. f.** ● (*med.*) dolore cronico alla vulva, con sensazione di bruciore, irritazione superficiale e secchezza

vulvovaginàle [comp. di *vulva* e *vagina*, con suff. agg. ✱ 1961] **agg.** ● (*anat.*) relativo alla vulva e alla vagina

vulvovaginìte [comp. di *vulva*, *vagina* e *-ite*① ✱ 1961] **s. f.** ● (*med.*) infiammazione della vulva e della vagina

♦**vuòi** [da *volere*① ✱ av. 1445] **cong.** ● sia (introduce proposizioni o elementi di proposizioni correlati e non in opposizione fra loro): *v. per lavoro, v. per i troppi impegni è introvabile* | nella loc. ***o vuoi***, (*lett.*) oppure, ovvero: *Piglin forme di cagne o vuoi di gatte* (G. CARDUCCI) | †nella loc. ***o vuoi dire***, ossia

vuòle ➤ **volere**①

†**vuòpo** ➤ **uopo**

vuotacèssi o (*tosc.*) **votacèssi** [comp. di *vuota(re)* e il pl. di *cesso* ✱ av. 1449] **s. m. e f. inv.**; anche **agg. inv.** ● (*disus.*) addetto allo svuotamento dei pozzi neri **SIN.** bottinaio

vuotàggine o (*tosc.*) **votàggine** [av. 1891] **s. f. 1** mancanza di idee, di contenuto, interesse e sim. **SIN.** vacuità **2** (*raro*) cosa insulsa, vuota, stupida

vuotamèle [comp. di *vuota(re)* e il pl. di *mela* ✱ 1961] **s. m. inv.** ● utensile da cucina consistente in un tubetto metallico che, spinto all'interno di mele, pere e sim., ne fa venir fuori il torsolo

†**vuotaménto** o †**votaménto** [av. 1292] **s. m.** ● il vuotare

vuotapózzi o (*raro*) **votapózzi** [comp. di *vuota(re)* e il pl. di *pozzo* ✱ av. 1573] **s. m. e f. inv.** ● chi è addetto a svuotare i pozzi per ripulirli

♦**vuotàre** o (*lett.*, *tosc.*) **votàre**② [da *vuoto* ✱ 1268] **A v. tr.** (*io vuòto, lett., tosc. vòto*; **part. pass.** *vuotato, lett., tosc. votàto, †vòto*; **in tutta la coniug. di** *votare* **la** *o* **dittonga di solito in** *uo* **anche se atona, per evitare ambiguità con il v.** *votare*①) ● rendere vuoto, privare qlco. del suo contenuto: *v. un cassetto, un baule, un armadio*; *v. la valigia, un recipiente* | ***v. il bicchiere, la bottiglia***, berne l'intero contenuto: *vuotò il bicchiere d'un fiato* | ***v. il piatto***, mangiare tutto il cibo in esso contenuto: *ha vuotato il piatto in un baleno* | (*colloq.*) svaligiare, derubare: *v. un negozio, un magazzino*; *gli hanno vuotato la casa* | ***v. le tasche, la borsa, il portafogli***, far spendere a qlcu. tutto il denaro di cui si dispone: *è un ristorante di lusso dove ti vuotano letteralmente le tasche* | ***v. il sacco***, (*fig.*) dire, riferire, confessare tutto ciò che si sa | ***v. la sala***, abbandonare in massa la sala: *alla fine dello spettacolo il pubblico vuotò lentamente la sala* | †***v. la sella, l'arcione***, cadere da cavallo **CONTR.** riempire **B vuotàrsi v. tr. pron.** (**aus.** *essere*) ● vuotare qlco. di proprio (con valore intens.): *si vuotò le tasche e ne mostrò il contenuto* | ***vuotarsi le tasche, il portafoglio, la borsa***, spendere tutto il denaro di cui si dispone **C vuotàrsi v. intr. pron.** ● diventare vuoto: *vuotarsi in fretta, lentamente, poco a poco*; *la città si è ormai vuotata*

vuotàta o (*lett.*, *tosc.*) **votàta** [av. 1704] **s. f.** ● atto del vuotare in una volta e rapidamente: *dare una v. al pozzo*

vuotàto o (*lett.*, *tosc.*) **votàto part. pass.** di *vuotare*; anche **agg.** ● nei sign. del v.

vuotatóre o (*lett.*, *tosc.*) **votatóre** [1618] **s. m.** (**f.** *-trice*); anche **agg.** ● chi (o che) vuota o svuota

vuotatùra o (*lett.*, *tosc.*) **votatùra** [sec. XIV] **s. f.** ● svuotamento: *la v. di un pozzo, di una botte*

vuotazucchìne (o -ẓ-) [comp. di *vuotare* e il pl. di *zucchina* ✱ 1961] **s. m. inv.** ● coltello da cucina a lama incavata, con cui si toglie la polpa interna delle zucchine

vuotézza o (*lett.*, *tosc.*) **votézza** [av. 1294] **s. f. 1** (*lett.*) condizione di ciò che è vuoto: *v. di stomaco* **2** caratteristica di ciò che è privo di interesse, di contenuto ecc.: *non v'annoiate in quella cavernosa v.?* (G. CARDUCCI) **CONTR.** pienezza | mancanza di qualità positive: *v. d'animo*

♦**vuòto** o (*lett.*, *tosc.*) **vòto**② [lat. parl. **vŏcitu(m)*, var. di **văcitu(m)*, part. pass. di **văcere* 'essere vuoto', dalla stessa radice di *vacāre* 'essere vuoto'. V. *vacare* ✱ 1287] **A agg. 1** che è totalmente privo di contenuto: *un bicchiere, un fiasco v.*; *una bottiglia, una botte vuota*; *una scatola vuota*; *un cassetto, un armadio v.* **CFR.** ceno-② | che è privo del contenuto che dovrebbe o potrebbe contenere: *una spiga vuota*; *in agosto la città era vuota* | ***mandorla vuota***, priva del seme | ***camion v.***, senza il carico | ***rimanere con le tasche vuote***, senza soldi | ***teatro v., mezzo v., quasi v.***, con pochi spettatori | ***vagone v., scompartimento v.***, con molti posti liberi | ***sedia vuota***, libera, non occupata | ***casa vuota***, sfornita di mobili, o disabitata, sfitta | ***a stomaco v.***, senza aver mangiato | ***a mani vuote***, senza portare nulla; senza avere ottenuto nulla: *presentarsi a mani vuote*; *restare, rimanere, tornare a mani vuote* | ***a scena vuota***, quando nessun attore è sulla scena | ***sentirsi la testa vuota***, esser quasi incapace di ricordare o di pensare, per debolezza o stanchezza | ***sentirsi v.***, senza sentimenti, senza desideri **2** (*fig.*) privo: *parole vuote di senso*; *un'indagine terribilmente vuota di elementi concreti, di indizi, di semplici sospetti*; *vota d'affanni visse / l'umana stirpe* (G. LEOPARDI) | (*fig.*) che manca di sostanza, di contenuto: *versi scorrevoli, ma vuoti* | ***stile v.***, sonante, ampolloso, ma poco espressivo **SIN.** banale, vacuo | ***discorso v.***, senza sostanza, inconcludente | ***vita vuota***, futile, insignificante, priva di interessi | ***giornata vuota***, durante la quale non si è fatto niente di importante, di interessante | (*fig.*) detto di chi è fatuo, vanesio, privo di valore: *un ragazzo simpatico ma v.* | (*fig.*) ***testa vuota***, persona leggera, priva di idee e sim. **3** (*fig.*, *lett.*) che non ha compimento, vano: *Ahi, vòta speme!* (U. FOSCOLO) **4** (*arald.*) detto di pezza o figura rappresentata con la sola linea di contorno più o meno spessa **5** (*mat.*) detto del sottoinsieme o di un insieme che non contiene alcun elemento, che cioè è costituito dagli elementi che soddisfano a una proprietà contraddittoria **6** (*mus.*) ***corda vuota***, nella tecnica degli strumenti ad arco, indicazione di non premere la corda con le dita, ma di sfregarla solo con l'archetto | ***battuta vuota***, in cui non vi sono note ma una pausa pari alla durata della battuta ‖ **vuotaménte**, **avv.** in modo vuoto, insignificante, privo di contenuti **B s. m. 1** spazio completamente privo di materia | condizione, più o meno spinta, di rarefazione della materia contenuta in un recipiente, in una valvola e sim. | ***sotto v. spinto***, detto di prodotti, spec. farmaceutici o alimentari, ottenuti o confezionati in ambiente privato, quasi completamente, di aria o gas | grado di rarefazione della materia: *un v. di 2 mm di mercurio* **2** ***v. d'aria***, rapida variazione d'intensità o improvvisa cessazione di una corrente ascendente, che provoca bruschi sobbalzi e talora pericolose discese agli aeromobili in volo **3** spazio libero, non occupato da corpi solidi: *cadere, precipitare nel v.*; *teneva le gambe a penzoloni nel v.*; *i suoi occhi fissavano il v.* | ***cadere nel v.***, (*fig.*) di parole, proposte e sim., rimanere inascoltate, non essere accolte | ***fare il v. intorno a sé***, (*fig.*) comportarsi in modo da allontanare da sé gli altri; anche, riuscire a superare tutti gli avversari, in virtù delle proprie capacità e della propria abilità **4** spazio vuoto, cavità vuota: *un v. nel muro*; *si vedono molti vuoti tra le file*; *ha fatto passare il filo nel v. di una canna* **5** recipiente vuoto: *la restituzione dei vuoti dà diritto al rimborso del deposito* | ***v. a rendere, a perdere***, di cui è prevista, o meno, la restituzione al venditore **6** (*fig.*) mancanza, carenza: *colmare un v.*; *v. di valori* | ***v. di memoria***, assenza improvvisa e provvisoria delle facoltà mnemoniche **SIN.** blackout | ***ha lasciato un gran v.***, la sua assenza è sentita come una grave mancanza | ***v. di potere***, mancanza di direzione politica o amministrativa | ***v. di cassa***, ammanco di cassa, sottrazione di denaro dalla cassa | (*edil.*) ***v. per pieno***, detto di calcolo delle dimensioni di una struttura che computa anche i volumi e le aree vuote in essa inclusi **7** nella loc. avv. e nella loc. agg. inv. ***a v.***, in modo inutile, vano, inefficace | ***parlare a v.***, invano, inutilmente, senza effetto | ***andare a v.***, non avere effetto, fallire | ***polemizzare, battersi, combattere a v.***, senza avversario o su questione inesistente | ***scrivere a v.***, senza aver niente da dire; senza ottenere risposta | ***suonare a v.***, senza che nessuno risponda, detto di campanello della porta, di suoneria del telefono e sim.; riferito alla chitarra e a strumenti simili, pizzicare le corde senza premerle con le dita della mano sinistra | ***viaggiare a v.***, di mezzo di trasporto, senza carico o passeggeri | ***girare a v.***, girare in folle, detto di ruote, ingranaggi e sim.; (*fig.*) agire senza concludere nulla | ***funzionamento a v.***, detto di una macchina quando non è collegata a un carico | ***tensione a v.***, esistente tra i morsetti di un quadripolo quando non sono collegati a un carico | ***assegno a v.***, quello emesso da chi non ha fondi sufficienti per la copertura della somma presso la banca

vuotòmetro [comp. di *vuoto* e *-metro* ✱ 1961] **s. m.** ● (*fis.*) vacuometro

†**vuòvo** ➤ **uovo**

†**vuòvolo** ➤ **ovolo**

w, W

In italiano si può incontrare la lettera *W* solo in forestierismi, dove di regola ha lo stesso valore della *V* (per es. *wàfer* /'vafer/). Spesso in alcuni lemmi e sigle si pronuncia *vu*: per es. in wc (*vucì, vicì*), in TWA (*ti vu a*), in WWF (*vu vu effe*), in DKW (*di kappa vu*). Delle parole che contengono una *w*, alcune hanno una variante grafica più italiana con una *v* (es. *kìvi* o *kìwi* /'kivi, 'kiwi/). In forestierismi non adattati, spec. voci inglesi, la lettera *W* ha lo stesso valore della U semiconsonante (per es. *whisky* /'wiski/).

w, (*maiusc.*) **W** [1840] **s. f. o m. inv.** • lettera dell'alfabeto germanico e inglese e di altri alfabeti moderni; è la ventitreesima lettera dell'alfabeto italiano (nome per esteso *vu* (raro *vi*) *dóppio* o *dóppia*; *dóppio* o *dóppia vu* (raro *vi*)): *w minuscola, W maiuscolo* | nella compitazione spec. telefonica it. *w come Washington*; in quella internazionale *w come whisky* | (sempre con iniziale maiuscola) sigla dell'ingl. *West*, Ovest: *vento da SW* | viva, evviva: *W l'Italia!*; *W la libertà!* | il segno *W* rovesciato significa 'abbasso': *M la tirannide!* **CFR.** m

wad /*ingl.* wɒd/ [etim. incerta ✱ 1957] **s. m. inv.** Si usa con gli art. *il, un, i* • diossido di manganese terroso e leggero contenente variabili quantità d'acqua

wàfer /'vafer, *ingl.* 'weɪfə(r)/ o **vàfer** [vc. ingl., propr. 'cialda', di area e orig. germ. ✱ 1905] **s. m. inv. 1** biscotto formato da due cialde friabili spalmate all'interno di crema o cioccolato **2** (*elettr.*) piastrina di materiale semiconduttore costituente l'elemento di partenza per la realizzazione di un diodo o di un transistore ‖ (*fam.*) **waferino**, **dim.**

wàffle /wafl, *ingl.* wɒfl/ o **wàffel** /'vafel, *ted.* 'vafəl/ [vc. ingl., dal neerl. *wafel*, 'cialda, wafer' ✱ 1989] **s. m. inv.** • cialda cotta tra due stampi che le imprimono un disegno simile a cellette di favo **SIN.** gaufre

wagneriàno (wa-gner-ia-no, wa-gne-ria-no) /vagne'rjano/ [1873] **A** **agg.** • relativo al musicista tedesco R. Wagner (1813-1883) e alla sua musica **B** **s. m.** (**f.** *-a*) • seguace, ammiratore di Wagner e della sua musica

wagon-lit /*fr.* va,gɔ̃'li/ [vc. fr., calco sull'ingl. *sleeping car*, comp. di *wagon* 'vettura ferroviaria' (di orig. ingl.) e *lit* 'letto' (di orig. lat.) ✱ 1901] **s. m. inv.** (**pl. fr.** *wagons-lits*) • veicolo ferroviario attrezzato con piccole cabine a uno, due o tre letti e acqua corrente, per l'alloggio dei passeggeri durante la notte in viaggi a lungo percorso

wagon-restaurant /*fr.* va,gɔ̃ʀɛstɔ'ʀɑ̃/ [vc. fr., calco sull'ingl. *restaurant-car*, comp. di *wagon* 'vettura ferroviaria' (di orig. ingl.) e *restaurant* 'ristorante', da *restaurer* 'confortare, ristorare' ✱ 1928] **s. m. inv.** (**pl. fr.** *wagons-restaurants*) • veicolo ferroviario attrezzato per servire i pasti ai passeggeri

wahabìsmo /vaa'bizmo/ [dal n. del fondatore del movimento Muḥammad ibn 'Abd al-*Wahhāb* (1703-1792) ✱ 1983] **s. m.** Si usa con gli art. *il, un, i* • movimento musulmano, dogmatico e conservatore, sorto nel sec. XVIII allo scopo di purificare la religione da tutte le innovazioni successive ai primi insegnamenti dell'islamismo quali il culto dei santi, compreso quello di Maometto, l'uso del tabacco e della musica, l'abitudine di radersi e sim.

wahabìta /vaa'bita/ [da *wahabismo* ✱ 1933] **A** **agg.** (**pl. m.** *-i*) • relativo al wahabismo **B** **s. m. e f.**; anche **agg.** Il sost. m. si usa con gli art. *il, un, i* • seguace del wahabismo

waiting lìst /'weitin(g) 'list, *ingl.* 'weɪtɪŋ-ˌlɪst/ [loc. ingl., propr. 'lista di attesa' ✱ 1989] **loc. sost. f. inv.** (**pl. ingl.** *waiting lists*) • lista d'attesa, spec. per un imbarco aereo

wàka /'waka, *giapp.* ɯa.ka/ [vc. giapp. ✱ 1961] **s. m. o** (*raro*) **f. inv.** Il sost. m. si usa con gli art. *il, un, i* • poesia giapponese indigena dei secc. VI-XIV, spec. in contrapposizione a quella di origine cinese contemporanea e a quella successiva **CFR.** tanka

wakeboard /'weikbord, *ingl.* 'weɪkˌbɔːd/ [vc. ingl., comp. di *wake* 'scia' e *board* 'tavola' ✱ 1996] **s. m. inv.** • (*sport*) tavola più larga di un monoscì su cui si sale per essere trainati da un motoscafo o da una barca a motore | (*est.*) sport simile allo sci acquatico praticato con tale tavola

walchìria ➤ **valchiria**

Walhalla /*ted.* 'valˌhala/ o **Walhall** /*ted.* 'valˌhal/ [vc. ted., dall'ant. nordico *Valhöll*, propr. 'sala (*höll*) degli uccisi (*valr* 'caduto in battaglia')', comp. di due elementi di area germ. ✱ 1843] **s. m. solo sing.** • nella mitologia nordica, luogo in cui dimorano gli eroi morti in battaglia insieme con il loro padre Odino **CFR.** Valalla

walkie-cup /wolki'kap, *ingl.* 'wɔːkiˌkʌp/ [vc. ingl., propr. 'tazza (*cup*) da passeggio (dal v. *to walk* 'passeggiare')' ✱ 1987] **s. m. inv.** (**pl. ingl.** *walkie-cups*) Si usa con gli art. *il, un, i* • bicchiere di cartone cerato con coperchio e cannuccia, usato per bere passeggiando

walkie-talkie /wolki'tolki, *ingl.* ˌwɔːkɪ-'tɔːkɪ/ [vc. espressiva ingl., che vale '(apparecchio) parlatore (da *to talk* 'parlare, discorrere') da passeggio (da *to walk* 'camminare, passeggiare')', comp. di due elementi d'area germ. ✱ 1946] **s. m. inv.** (**pl. ingl.** *walkie-talkies*) • dispositivo ricetrasmettitore a onde radio che può essere trasportato da una persona e funzionare mentre questa cammina

walking /'wɔlkin(g), *ingl.* 'wɔːkɪŋ/ [vc. ingl., propr. 'camminata' ✱ 1987] **s. m. inv.** • il camminare a passo sostenuto, come pratica sportiva

walkìria ➤ **valchiria**

Walkman® /'wɔlkmen, *ingl.* 'wɔːkmən/ [etim. incerta, forse comp. di *walk* 'passeggio' e *man* 'uomo' ✱ 1981] **s. m. inv.** Si usa con gli art. *il, un, i*; *raro* con l'art. *lo* eliso (*l'Walkman*) • riproduttore stereofonico di cassette portatile, con ascolto mediante cuffia

walk-óver /wolk'over, *ingl.* 'wɔːkˌəʊvə(r)/ o **walkóver** [vc. ingl., dal v. *to walk over*, propr. 'passeggiare (*to walk*) al di sopra, oltre (*over*)' ✱ 1905] **s. m. inv.** Si usa con gli art. *il, un, i* • (*sport*) gara in cui un corridore o atleta si afferma facilmente per l'inferiorità degli avversari | nell'ippica, cavallo vincitore di una corsa per il ritiro di tutti gli altri concorrenti

wallaby /'wɔlabi, *ingl.* 'wɒləbi/ [vc. ingl., adattamento del n. indigeno australiano *walabi* ✱ 1992] **s. m. inv.** (**pl. ingl.** *wallabies*) Si usa con gli art. *il, un, i* • (*zool.*) canguro di taglia media o piccola con pelliccia a colori relativamente brillanti (*Macropus*)

Wall Street /wol'strit, 'wɔːlˌstriːt/ [dall'omonima Borsa valori di New York ✱ 1987] **loc. sost. f. inv.** • (*per anton.*) la Borsa di New York: *Wall Street corre*; *il crollo di Wall Street*; *rimbalzo di Wall Street*

wàlser /'valzer/ [ted. *Walliser* 'vallese' ✱ 1961] **A** **s. m. e f. inv.** • membro della comunità tedesca di dialetto alemanno proveniente dal Vallese e insediatasi nel Medioevo in alcune valli del versante meridionale delle Alpi (valle del Lys, val Formazza, Valsesia, valle Anzasca), mantenendo inalterati nel tempo tradizioni e lingua **B** **agg. inv.** • relativo ai Walser: *parlate w.*

wàlzer ➤ **valzer**

wampùm /wam'pum, *ingl.* 'wɒmpəm/ [vc. dell'ingl. d'America, abbr. dell'algonchino *wampumpeag* (sentito come due parole), comp. di *wampan* 'bianco' e *api* 'striscia, filza' col suff. di pl. *-ag* ✱ 1934] **s. m. inv.** (**pl. ingl. inv.**) Si usa con gli art. *il, un, i* • ornamento in uso presso molte tribù di indiani d'America, ricavato da pezzi di conchiglia, e usato oltre che come monile personale, come mezzo di scambio e pegno di conclusione di un trattato

wàpiti /'vapiti, *ingl.* 'wɒpɪtɪ/ [vc. dell'ingl. d'America, di orig. algonchina (*wap* 'bianco') ✱ 1875] **s. m. inv.** (**pl. ingl. inv.** o *wapitis*) Si usa con gli art. *il, un, i* • grande cervo dell'America del Nord con pelame di color bruno più chiaro sul dorso e corna assai sviluppate (*Cervus canadensis*) **CFR.** vapiti

war game /wor'geim, *ingl.* 'wɔːˌgeɪm/ o **wargame** [loc. ingl., comp. di *war* 'guerra' (da una vc. germ., da cui anche l'it. *guerra*) e *game* 'gioco' (d'orig. germ.) ✱ 1979] **loc. sost. m. inv.** (**pl. ingl.** *war games*) Si usa con gli art. *il, un, i* **1** (*milit.*) esercitazione tattica fatta per addestramento nelle accademie militari, utilizzando mappe o mezzi informatici **2** gioco consistente nel simulare battaglie, spec. del passato, manovrando su un tabellone, che riproduce un terreno di guerra, pedine o figurine che rappresentano simbolicamente un esercito e il relativo equipaggiamento

warm up /wor'map, *ingl.* 'wɔːmˌʌp/ [loc. ingl., dal v. *to warm up* 'riscaldare' ✱ 1984] **loc. sost. m. inv.** (**pl. ingl.** *warm-ups*) **1** nelle gare motoristiche, prove libere che si effettuano poco prima della gara per la messa a punto finale **2** riscaldamento nel sign. 3

warrant /'wɔrrant, *ingl.* 'wɒrənt/ [vc. ingl., dall'ant. fr. *warant*, della stessa orig. del corrispondente it. *guarentigia* ✱ 1862] **s. m. inv. Si usa con gli art.** *il, un, i* **1** nota di pegno **2** (*banca*) certificato che dà diritto alla sottoscrizione, a un prezzo prefissato, di titoli azionari od obbligazionari che saranno emessi in un momento successivo

wasàbi /va'zabi, *giapp.* ua.sa.bi/ [vc. giapp. ✱ 1988] **s. m. inv. Si usa con gli art.** *il, un, i; raro* **con l'art.** *lo* **eliso** (*l'wasabi*) **1** pianta delle Crocifere, originaria del Giappone, coltivata per le radici piccanti usate in cucina (*Eutrema wasabi*) **2** (*cucina*) pasta di colore verde a base della radice della pianta omonima, molto piccante, utilizzata in aggiunta alla salsa di soia spec. per accompagnare sushi e sashimi

wash-and-wear /wɔʃʃən'wɛ(a)r, *ingl.* ˌwɒʃən'wɛə(r)/ [vc. ingl., propr. 'lavare (*to wash*, di orig. germ., come *water* 'acqua') e (*and*) indossare (*to wear*, di orig. indeur.)' ✱ 1966] **agg. inv.** ● detto di tessuto di fibre sintetiche che, dopo lavato e asciugato, non richiede di essere stirato prima dell'impiego: *abiti wash-and-wear*

wash-board /'wɔʃbord, *ingl.* 'wɒʃˌbɔːd/ [vc. ingl., propr. 'asse, tavola (*to board*, di orig. indeur.) per lavare (*to wash*, della stessa orig. germ. di *water* 'acqua')' ✱ 1964] **s. m. inv.** (**pl. ingl.** *wash-boards*) **Si usa con gli art.** *il, un, i* ● (*mus.*) asse comune da bucato, che variamente sfregata, fu usata come strumento ritmico nel primo jazz

wasp /wɔsp, *ingl.* wɒsp/ [sigla ingl. di *w(hite) a(nglo-)s(axon) p(rotestant)* 'protestante anglosassone bianco' ✱ 1964] **s. m. e f. inv. Il sost. m. si usa con gli art.** *il, un, i; raro* **con l'art.** *uno* ● negli Stati Uniti, denominazione di cittadino bianco, di origine anglosassone, di religione protestante

Wàssermann /'vasserman, *ted.* 'vasʌˌman/ [da A. von *Wassermann* (1866-1925), che la ideò ✱ 1911] **agg. e s. f. inv.** ● (*med.*) ***reazione W.***, (*ellitt.*) ***Wassermann***, esame per la diagnosi della sifilide effettuato per mezzo di un test sierologico che rivela la presenza di anticorpi specifici o antigeni

wàter /'vater, *ingl.* 'wɔːtə(r)/ [1958] **s. m. inv.** ● water closet | vaso di maiolica del gabinetto all'inglese

water clòset /vater'klɔzet, *ingl.* 'wɔːtəˌklɒzɪt/ [loc. ingl., propr. 'camerino (*closet*, vc. ant. fr., dim. di *clos* '(luogo) chiuso') ad acqua (*water*, di orig. indeur.)' ✱ 1905] **loc. sost. m. inv.** (**pl. ingl.** *water closets*) ● latrina o gabinetto con vaso di maiolica e sciacquone

Waterloo /'vaterlo, *fr.* vatɛʀ'lo, *ingl.* ˌwɔːtə'luː/ [dal n. della località belga, dove avvenne la 'disfatta' napoleonica ✱ 1958] **s. f. inv.** ● (*per anton.*) sconfitta definitiva: *le ultime elezioni sono state la sua W.*

waterpolista /vaterpo'lista, woter-/ [1953] **s. m. e f.** (**pl. m.** *-i*) ● (*raro*) pallanuotista

water pòlo /vater'pɔlo, woter-, *ingl.* 'wɔːtəˌpəʊləʊ/ [vc. ingl., propr. '*polo* sull'acqua (*water*, di orig. indeur.)' ✱ 1915] **s. m. inv.** ● pallanuoto

waterproof /woter'pruf, *ingl.* 'wɔːtəˌpruːf/ [vc. ingl., propr. 'a prova (*proof*, di orig. fr.) d'acqua (*water*, di orig. indeur.)' ✱ 1868] **agg. inv.** ● detto di tessuto impermeabile | detto di cosmetico che mantiene le sue caratteristiche anche a contatto con l'acqua o con l'umidità: *mascara w.*

Wàtsu® /'wattsu/ [vc. ingl., comp. di *wa-* di *wa(ter)* 'acqua' e *-tsu* di *(shia)tsu* ✱ 1995] **s. m. inv. Si usa con gli art.** *il, un, i; raro* **con l'art.** *lo* **eliso** (*l'Watsu*) ● pratica terapeutica che combina il massaggio shiatsu con l'idroterapia

watt /vat, *ingl.* wɒt/ [dal n. dell'inventore scozzese J. *Watt* (1736-1819) ✱ 1884] **s. m. inv.** ● (*fis.*) unità di misura della potenza equivalente al lavoro di 1 joule in 1 secondo **SIMB.** W

wattàggio /vat'taddʒo/ [1901] **s. m. 1** nell'uso corrente, ma impropriamente, misura in watt della potenza elettrica **2** (*sport*) potenza espressa in watt di una performance di un atleta in uno sport di corsa, calcolata sulla base di una serie di parametri come peso corporeo, distanza percorsa, tempo di percorrenza, ecc.

wàttmetro /'vatmetro/ o **wattòmetro** /vat'tɔmetro/ [comp. di *watt* e *-metro* ✱ 1902] **s. m.** ● strumento usato per misurare la potenza attiva di una corrente elettrica

wattóra /vat'tora/ [comp. di *watt* e *ora* ✱ 1902] **s. m. inv.** ● (*fis.*) unità di energia corrispondente all'energia che un watt determina durante un'ora **SIMB.** W·h

wattoràmetro /vatto'rametro/ [comp. di *wattora* e *-metro* ✱ 1961] **s. m.** ● apparecchio misuratore dell'energia elettrica

wattsecóndo /vatse'kondo/ [comp. di *watt* e *secondo* ✱ 1970] **s. m.** ● (*fis.*) unità di energia corrispondente all'energia che 1 watt determina durante 1 secondo **SIMB.** W·s **SIN.** joule

watùsso /va'tusso/ o **watùtso** /va'tuttso/ [in swahili *wa-tusi*, pl. di *m-tusi*, che rende il n. orig. in Ruanda e Burundi *aba-tutsi* ✱ 1930] **s. m.** (**f.** *-a*); **anche agg. 1** (*antrop.*) tutsi **2** (*fig.*) molto alto e slanciato

wa wa /wa'wa*/ [prob. vc. del Ghana ✱ 1961] **loc. sost. m. inv.** ● essenza di legno semiduro usata in falegnameria per rivestimenti e cornici, derivata da una pianta delle Sterculiacee originaria dell'Africa occidentale tropicale (*Triplochiton scleroxilon*)

wàwa /*ingl.* 'wɑːwɑː, 'wɔːwɔː/ [vc. onomat. ✱ 1961] **s. f. inv.** ● nel jazz, sordina applicata nella campana della tromba o della cornetta, costruita in modo da ottenere un particolare suono

way of life /wejov'laif, *ingl.* weɪ əv'laɪf/ [loc. ingl., propr. 'condotta di vita' ✱ 1986] **loc. sost. f. inv.** (**pl. ingl.** *ways of life*) ● modo di vivere, stile di vita (V. *stile* nel sign. 3) **CFR.** lifestyle

wc /vut'tʃi, vit'tʃi/ [1925] **s. m. inv. 1** sigla di *water closet* **2** (*est.*) nei locali pubblici, gabinetto, toilette

web /*ingl.* wɛb/ [vc. ingl., propr. 'ragnatela' ✱ 1995] **A** **s. m. inv. Si usa con gli art.** *il, un, i; raro* **con l'art.** *lo* **eliso** (*l'web*) ● l'insieme dei siti raggiungibili mediante Internet **B** **anche agg. inv.**: *pagina web*; *sito web*

webcàm /web'kam, *ingl.* 'wɛbˌkæm/ [vc. ingl., comp. di *web* 'web' e *cam*, abbr. di 'macchina da presa' ✱ 1997] **s. f. inv.** ● telecamera digitale collegata a un elaboratore le cui riprese possono essere condivise via Internet

webcàst /'wɛbkast, *ingl.* 'wɛbˌkɑːst/ [vc. ingl., propr. 'trasmissione (*(broad)cast*) dal *web*' (V.) ✱ 1999] **s. m. inv. Si usa con gli art.** *il, un, i* ● tecnica di trasmissione di contenuti audiovideo mediante Internet

webcàsting /wɛb'kastin(g), *ingl.* 'wɛbˌkɑːstɪŋ/ [1997] **s. m. inv.** ● trasmissione di contenuti audiovideo in tempo reale mediante Internet

web community /wɛb ko'mjuniti, *ingl.* 'wɛbkəˌmjuːnɪtɪ/ [loc. ingl., comp. di *web* 'rete (Internet)' e *community* 'comunità' ✱ 2000] **loc. sost. f. inv.** (**pl. ingl.** *web communities*) ● gruppo di utenti di Internet che discutono fra loro mediante mailing list, chat, ecc. su tematiche di interesse comune

web designer /wɛb de'zainer, *ingl.* 'wɛb.dɪˌzaɪnə(r)/ [loc. ingl., propr. 'disegnatore (*designer*) per il web' ✱ 1996] **loc. sost. m. e f. inv.** (**pl. ingl.** *web designers*) ● (*inform.*) chi realizza le interfacce grafiche dei siti web

wèber /'vɛber, *ted.* 've:bʌ/ [dal n. del fisico ted. W. E. *Weber* (1804-1891) ✱ 1934] **s. m. inv.** ● (*fis.*) unità di misura del flusso magnetico nel Sistema Internazionale pari a 1 volt · secondo **SIMB.** Wb

wèbinar /*ingl.* 'wɛbɪnɑː(r)/ [vc. ingl., comp. di *web* e *(sem)inar* 'seminario' ✱ 2007] **s. m. inv.** ● (*Internet*) seminario online (V. *seminario*)

webmail /wɛb'meil, *ingl.* 'wɛbˌmeɪl/ [vc. ingl. comp. di *web* 'rete (Internet)' e *mail* 'posta' ✱ 1999] **s. f. inv.** ● (*Internet*) servizio che consente di consultare la propria casella di posta elettronica direttamente da un sito

webmàster /web'master, *ingl.* 'wɛbˌmɑːstə(r)/ [vc. ingl. 'responsabile, capo (*master*) di un sito (*web*)' ✱ 1994] **s. m. e f. inv.** ● chi gestisce un sito Internet

web site o **website** /*ingl.* 'webˌsaɪt/ [loc. ingl., propr. 'sito (*site*) web' ✱ 1996] **loc. sost. m. inv.** (**pl. ingl.** *web sites*) ● (*Internet*) sito web

websurfer /web'serfər, *ingl.* 'wɛbˌsɜːfə(r)/ [vc. ingl., comp. di *web* 'web' e *surfer* 'surfista, navigatore' ✱ 2000] **s. m. e f. inv.** ● (*Internet*) professionista specializzato nel reperimento di informazioni in rete

websurfing /web'serfin(g), *ingl.* 'wɛbˌsɜːfɪŋ/ [1999] **s. m. inv.** ● (*Internet*) attività di chi naviga in rete alla ricerca di informazioni su specifici argomenti

web tv /web tiv'vu*, *ingl.* 'wɛbtiː'viː/ [loc. ingl., propr. 'tv ragnatela' comp. di *web* 'web' e *tv* ✱ 1996] **loc. sost. f. inv.** ● sistema di diffusione di immagini televisive sul web

webzine /wɛb'zin, *ingl.* 'wɛbˌziːn/ [vc. ingl., comp. di *web* 'rete (Internet)' e *(maga)zine* 'rivista' ✱ 1996] **s. f. inv.** ● rivista pubblicata in Internet

wèdding plànner /'wɛddin(g) 'planner, *ingl.* 'wɛdɪŋˌplænə(r)/ [loc. ingl., comp. di *wedding* 'matrimonio', da *to wed* 'sposare', e *planner* 'programmatore', da *to plan* 'pianificare' (V. *planning*) ✱ 2004] **loc. sost. m. e f. inv.** (**pl. ingl.** *wedding planners*) ● professionista che assiste i futuri sposi nell'organizzazione del matrimonio e in particolare della cerimonia e del ricevimento di nozze

♦**weekend** /wi'kɛnd, *ingl.* 'wiːkˌɛnd/ o **week-end** [vc. ingl., comp. di *week* 'settimana', di lontana orig. indeur., e *end* 'fine', parimenti di orig. indeur. ✱ 1905] **s. m. inv. Si usa con gli art.** *il, un, i* ● fine settimana (V. *fine*① nel sign. B) | vacanza di fine settimana da dedicare al riposo e allo svago, che si usa prendere nei giorni di sabato e domenica: *partire per il w.*; *la mania del w.*

Wéhrmacht /'vermakt, *ted.* 've:ʌˌmaxt/ [vc. ted., propr. 'forza (*Macht*) di difesa (*Wehr*)' ✱ 1944] **s. f. solo sing.** ● denominazione delle forze armate tedesche dal 1935 al 1945

wèlfare /'wɛlfer, *ingl.* 'wɛlˌfɛə(r)/ [1951] **s. m. inv. Si usa con gli art.** *il, un, i* **1** accorc. di *welfare state* | ***Ministero per il W.***, spec. nel linguaggio giornalistico, denominazione del Ministero per il Lavoro e le politiche sociali | nella loc. sost. m. inv. ***welfare-to-work***, sistema di protezione sociale in cui il lavoratore disoccupato percepisce un sussidio, ma è tenuto a riqualificarsi professionalmente e a impegnarsi nella ricerca di un nuovo lavoro **SIN.** workfare **2** benessere

welfare state /ˌwelfer'steit, *ingl.* 'wɛlfɛəˌsteɪt/ [loc. ingl., propr. 'Stato (*state*) del benessere (*welfare*)' ✱ 1951] **loc. sost. m. inv.** ● (*econ.*) stato sociale

welfarịsmo /welfe'rizmo/ [da *welfare* ✱ 1968] **s. m.** ● assistenzialismo caratteristico dello Stato sociale

wellerịsmo /velle'rizmo/ [ingl. *wellerism*, dal n. di un personaggio di Ch. Dickens (1812-1870), il

W

sentenzioso Sam *Weller* ✱ 1935] **s. m.** ● frase sentenziosa o proverbio, per lo più in tono scherzoso, che vengono attribuiti a persona reale o immaginaria (per es.: *come dice James Bond, 'mai dire mai'*)
SFUMATURE ➤ ***aforisma***

wellingtònia /wellin(g)'tɔnja, v-/ [dal n. di A. Wellesley (1769-1852), duca di *Wellington* ✱ 1854] **s. f.** ● (*bot.*) sequoia

wèllness /*ingl.* 'wɛlnəs/ [vc. ingl., comp. di *well* 'bene' e del suff. di stato o condizione *-ness* ✱ 1990] **s. m. o f. inv. Il sost. m. si usa con gli art.** *il, un, i*; *raro* **con l'art.** *lo* **eliso** (*l'wellness*) ● benessere, salute fisica

wèlsh còrgi /wɛlʃ 'kɔrgi, *ingl.* ˌwɛlʃ 'kɔːgɪ/ [loc. ingl., comp. di *welsh* 'gallese' e *corgi*, di etim. incerta ✱ 1968] **loc. sost. m. e f. inv.** (**pl. ingl.** *Welsh corgis*) ● (*zool.*) cane da gregge di taglia modesta e robusta costituzione, apprezzato anche come animale da compagnia per la vivacità e la capacità di apprendimento

Weltanschauung /*ted.* 'vɛlt,anʃaoʊŋ/ [vc. ted., comp. di *Welt* 'mondo', di area germ., e *Anschauung* 'vista, visione', di orig. indeur. ✱ 1896] **s. f. inv.** (**pl. ted.** *Weltanschauungen*) ● concezione, visione del mondo

wèlter /'welter, 'vel-, *ingl.* 'wɛltə(r)/ [vc. ingl. di orig. incerta ✱ 1935] **A** **in funzione di agg. inv.** ● (posposto al sost.) nella loc. ***peso w.***, nel pugilato, categoria di peso compresa tra quelle dei pesi superleggeri e dei pesi superwelter **B** **s. m. inv.** ● nel pugilato, atleta appartenente alla categoria dei pesi welter

wengé /ven'ge/ [vc. di orig. africana ✱ 1970] **s. m. inv.** ● (*bot.*) albero dell'Africa equatoriale, il cui legno viene usato per mobili, pavimenti e strumenti musicali (*Millettia laurentii*) SIN. palissandro del Congo

wertherìsmo (wer-ther-i-smo, wer-the-ri--smo) /verte'rizmo/ [comp. dal n. del protagonista del romanzo di W. Goethe (1748-1832) 'I dolori del giovane *Werther*', e *-ismo* ✱ 1910] **s. m.** ● (*lett.*) sensibilità dolorosa, caratteristica del sentimentalismo romantico

wesleyàno /wezle'jano, v-/ [ingl. *Wesleyan*, dal n. del fondatore del metodismo, J. *Wesley* (1703-1791) ✱ 1961] **s. m.** (**f.** *-a*); **anche agg.** ● (*relig.*) metodista

west /*ingl.* wɛst/ [vc. ingl. 'ovest', da avvicinare al gr. *hésperos* (V. *espero*) ✱ 1844] **s. m. inv. Si usa con gli art.** *il, un, i* ● le regioni occidentali degli Stati Uniti e del Canada

West Coast /wes'kɔst, *ingl.* 'wɛst,kəʊst/ [loc. ingl. propr. 'costa occidentale', perché lo stile musicale così chiamato è sorto a Los Angeles ✱ 1975] **loc. sost. m. inv.** ● (*mus.*) denominazione di diversi generi musicali nati in California, quali il jazz bianco degli anni 1950-60, derivato dal cool jazz, e la musica country e rock degli anni 1960-70

♦**wèstern** /'wɛstern, *ingl.* 'wɛstən/ [vc. ingl., propr. 'occidentale', da *West* 'l'Occidente (degli Stati Uniti)', dove si ambientano i film di questo tipo ✱ 1934] **A** **agg. inv.** ● detto di film americano, ambientato nell'Ovest degli Stati Uniti della seconda metà del sec. XIX, i cui temi fondamentali sono la migrazione verso l'Ovest, la lotta contro gli Indiani, la corsa all'oro, lo sviluppo e la repressione del banditismo **B** **s. m. inv. Si usa con gli art.** *il, un, i* ● film western | nella loc.: ***w. all'italiana***, genere cinematografico che tratta, talvolta in chiave ironica, i temi, i personaggi e le vicende dei film western americani, con spunti e accorgimenti spettacolari di grande effetto

whig /*ingl.* wɪg/ [vc. ingl., abbr. di *whig(gamore)*, di orig. oscura, denominazione dei membri di una banda di scozzesi ribelli che marciò nel 1648 su Edimburgo, contro il re Carlo I ✱ 1718] **s. m. e f. inv.; anche agg. inv. Il sost. m. si usa con gli art.** *il, un, i* ● appartenente al partito politico inglese che, dalla fine del XVII all'inizio del XIX sec., era fautore delle libertà parlamentari, della tolleranza religiosa e degli interessi commerciali CFR. tory

♦**whisky** /*ingl.* 'wɪskɪ/ o (*raro*) **whiskey** [vc. ingl., dall'irlandese e gaelico *uisce* 'acqua', per abbr. di *uisce-beathad* 'acqua (*uisce*) di vita' (*beathad*, dall'ant. irlandese *bethad*, genit. di *bethu* 'vita') ✱ 1823] **s. m. inv.** (**pl. ingl.** *whiskies*) **Si usa con gli art.** *il, un, i*; **la forma con l'art.** *lo* **eliso** (*l'whisky*), **rara nello scritto, è più frequente nell'uso orale** ● acquavite di cereali, di origine anglosassone ‖ (*fam.*) **whiskìno**, dim.

whisky-à-gogo /'wiski ago'go*, *fr.* wis-ˌkiago'go/ [vc. espressiva fr., comp. di *whisky* e della loc. fam. *à gogo* 'a iosa, a bizzeffe' ✱ 1964] **s. m. inv.** ● spec. negli anni '60 del Novecento, discoteca situata per lo più in un seminterrato

whist /*ingl.* wɪst/ [vc. ingl., di orig. discussa: da un precedente *whisk* 'scopino' con allusione allo spazzar via le carte dal tavolo, cui si è sovrapposto poi *whist*, escl. per imporre il 'silenzio' ✱ 1768] **s. m. inv. Si usa con gli art.** *il, un, i* ● gioco di carte simile al bridge, d'origine inglese

wìcca /'wikka, *ingl.* 'wɪkə/ [vc. ingl., prob. dall'ingl. ant. *wizard* 'mago, stregone' ✱ 1995] **A** **s. f. inv. Si usa con gli art.** *la, una, le* ● movimento spirituale sorto in Inghilterra negli anni '50 del Novecento che si richiama a miti religiosi precristiani e contempla pratiche e rituali magici **B** **s. m. e f. inv. Il sost. m. si usa con gli art.** *il, un, i*; *raro* **con l'art.** *lo* ● chi aderisce a tale movimento e guida gli adepti nei rituali magici

widget /'widʒet, *ingl.* 'wɪdʒɪt/ [vc. ingl. 'aggeggio, arnese' ✱ 1977] **s. m. inv.** ● (*inform.*) componente grafico dell'interfaccia di un programma che facilita l'interazione con l'utente

wìdia /*ted.* 'viːdja/ [nome commerciale tratto da *wie Dia(mant)* '(duro) come diamante' ✱ 1937] **s. m. inv. Si usa con gli art.** *il, un, i* ● sostanza durissima a base di carburo di tungsteno, spec. usata per utensili da perforazione

Wi-Fi® /wai'fai, *ingl.* 'waɪ,faɪ/ [sigla ingl. di *wi(reless)* 'senza filo' e *fi(delity)* 'fedeltà', sul modello di *hi-fi* ✱ 2000] **A** **s. m. inv. Si usa con gli art.** *il, un, i*; *raro* **con l'art.** *lo* **eliso** (*l'Wi-Fi*) ● (*inform.*) sistema di comunicazione a microonde (2,4 GHz) a breve raggio (10-100 m) per il collegamento di dispositivi elettronici portatili (personal computer, telefoni cellulari ecc.) **B** **agg. inv.** ● che utilizza tale sistema: *collegamento Wi-Fi*

wìgwam /*ingl.* 'wɪg,wæm/ [vc. dell'ingl. d'America, di orig. algonchina, col sign. propr. di 'la loro casa' ✱ 1828] **s. m. inv. Si usa con gli art.** *il, un, i* ● nome dato alla tenda a cupola dagli Algonchini, amerindi degli Stati Uniti e del Canada

wiki /'wiki, *ingl.* 'wɪkiː/ [dalla vc. hawaiana *wiki wiki* che significa 'celere' ✱ 2004] **A** **s. m. inv. Si usa con gli art.** *il, un, i* **1** (*inform.*) software che consente di creare un sito web i cui contenuti sono aperti al contributo collaborativo degli utenti **2** (*est.*) sito web i cui contenuti sono scritti collaborativamente dalla comunità degli utenti, come per es. Wikipedia **B** **anche agg. inv.**: *sito w.*

wild càrd /wail'kard, *ingl.* 'waɪld,kɑːd/ [loc. ingl., propr. 'carta (*card*) selvaggia (*wild*)' ✱ 1990] **loc. sost. f. inv.** (**pl. ingl.** *wild cards*) ● (*sport*) speciale invito a disposizione degli organizzatori di tornei, spec. di tennis, per consentire la partecipazione a un atleta di particolare richiamo che non si sia iscritto in tempo o che non abbia una posizione in classifica atta a qualificarlo di diritto

wilderness /*ingl.* 'wɪldənɪs/ [vc. ingl., propr. 'luogo selvatico, incolto' ✱ 1986] **s. f. inv. Si usa con gli art.** *la, una, le* ● la natura allo stato selvaggio, non coltivata e non alterata dall'intervento dell'uomo

willemìte /ville'mite/ [ted. *Willemit*, comp. dal n. del re d'Olanda Guglielmo (*Willem*) I (1533-1584) e *-ite*② ✱ 1961] **s. f.** ● (*miner.*) silicato di zinco in cristalli limpidi molto brillanti, tipici per la loro fortissima luminescenza sul verde ai raggi ultravioletti

Wi-Max /*ingl.* 'waɪ,mæks/ [sigla ingl. di *W(orldwide) I(nteroperability for) M(icrowave) Ac-c(ess)* 'standard mondiale per connessioni tramite microonde' ✱ 2004] **s. m. inv. Si usa con gli art.** *il, un, i*; *raro* **con l'art.** *lo* **eliso** (*l'Wi-Max*) ● tecnologia di connessione radio per reti wireless che garantisce un'alta qualità di trasmissione in un raggio molto esteso, anche in presenza di ostacoli

winch /*ingl.* wɪntʃ/ [vc. ingl. (d'orig. germ.) ✱ 1961] **s. m. inv.** (**pl. ingl.** *winches*) **Si usa con gli art.** *il, un, i* ● (*mar.*) piccolo argano, verricello usato per tesare le scotte

winchèster /win'tʃester, *ingl.* 'wɪntʃɪstə(r)/ [dal n. del suo costruttore, l'americano O. F. *Winchester* (1810-1880) ✱ 1875] **s. m. inv. Si usa con gli art.** *il, un, i* **1** (*armi*) carabina a ripetizione dal tiro molto potente e preciso **2** (*armi*) cartuccia calibro 7,62 adottata come standard negli armamenti dei Paesi aderenti alla NATO

wind shear /*ingl.* 'wɪnd,ʃɪə(r)/ [loc. ingl., propr. 'vento (*wind*) (di) taglio (*shear*)' ✱ 1986] **loc. sost. m. inv.** (**pl. ingl.** *wind shears*) **Si usa con gli art.** *il, un, i* ● (*meteor.*) brusca variazione, verticale od orizzontale, della direzione e della velocità del vento in una breve distanza, potenzialmente pericolosa per la navigazione aerea

windsurf /win(d)'serf, *ingl.* 'wɪnd,sɜːf/ [vc. ingl., comp. di *wind* 'vento' (vc. germ. d'orig. indeur.) e *surf* 'frangente, cresta dell'onda' (d'orig. non chiara) ✱ 1979] **s. m. inv. Si usa con gli art.** *il, un, i* ● (*sport*) imbarcazione a vela costituita da una sottile tavola galleggiante in materiale plastico, su cui è montata una deriva mobile, una pinna direzionale fissa e un albero, snodato alla base e munito di un caratteristico boma che consente di dirigere l'imbarcazione, stando in piedi su di essa SIN. surf nel sign. 3, tavola a vela | lo sport praticato con tale imbarcazione

windsurfer /win(d)'serfer, *ingl.* 'wɪnd-ˌsɜːfə(r)/ [1979] **s. m. e f. inv.** ● windsurfista

windsurfing /win(d)'serfin(g), *ingl.* 'wɪnd-ˌsɜːfɪŋ/ [1977] **s. m. inv.** ● sport praticato col windsurf

windsurfista /win(d)ser'fista/ [1987] **s. m. e f.** (**pl. m.** *-i*) ● chi pratica il windsurf

wine bar /wain'bar, *ingl.* 'waɪn,bɑː(r)/ [loc. ingl., propr. 'bar (*bar*) dove si serve solo vino (*wine*)' ✱ 1986] **loc. sost. m. inv.** (**pl. ingl.** *wine bars*) **Si usa con gli art.** *il, un, i* ● locale dove si possono degustare vini e talora anche consumare specialità gastronomiche

wine cooler /*ingl.* 'waɪn,kuːlə(r)/ [loc. ingl., propr. 'refrigeratore (*cooler*) per il vino (*wine*)' e non 'vino refrigerato' ✱ 1987] **loc. sost. m. inv.** (**pl. ingl.** *wine coolers*) **1** bevanda rinfrescante a basso tenore alcolico costituita da una miscela di vino bianco, succo di frutta e zucchero **2** contenitore da tavola per tenere in fresco bottiglie di vino

win-win /*ingl.* wɪn'wɪn/ [vc. ingl., propr. 'vinci-vinci' ✱ 1974] **agg. inv.** ● detto di strategia che comporta vantaggi, qualunque sia l'esito di una possibile alternativa | detto di strategia che comporta vantaggi per entrambi i partecipanti a una contesa

wireless /'wairəles, *ingl.* 'waɪəlɪs/ [vc. ingl., propr. 'privo di (*-less*) di cavo, filo (*wire*)' ✱ 1950] **agg. inv.** ● senza fili, detto spec. di dispositivo collegato ad altri mediante onde elettromagnetiche

a b c d e f g h i j k l m n o p q r s t u v w x y z

wishful thinking /wiʃful'tinkin(g), *ingl.* ˌwɪʃfəl'θɪŋkɪŋ/ [loc. ingl., comp. di *wishful* 'pieno di desiderio' e *thinking* 'pensiero' ✱ 1940] **loc. sost. m. inv.** • convinzione o previsione basata sui propri desideri | desiderio vano, destinato a non realizzarsi; pia illusione, pio desiderio

wit /*ingl.* wɪt/ [vc. ingl., propr. e in orig. 'brio' ✱ 1960] **s. m. inv.** • arguzia, umorismo | detto arguto, storiella spiritosa CFR. Witz

Witz /*ted.* vɪts/ [vc. ted., propr. 'arguzia' ✱ 1909 ca.] **s. m. inv. (pl. ted.** *Witze***)** • arguzia, umorismo: *il Witz ebraico, mitteleuropeo* | battuta, barzelletta CFR. wit

wok /wɔk, *cinese* wɒk/ [n. cinese del recipiente ✱ 1991] **s. m. o (***raro***) f. inv.** Il sost. m. si usa con gli art. *il, un, i*; *raro* con l'art. *lo* eliso (*l'wok*) • padella a bordi alti di forma semisferica, tipica della tradizione cinese, usata spec. per friggere

wolframàto /volfra'mato/ [da *wolframio* ✱ 1889] **s. m.** • (*chim.*) sale dell'acido wolframico

wolfràmico /vol'framiko/ [1889] **agg. (pl. m.** *-ci***)** • (*chim.*) che contiene wolframio

wolfràmio /vol'framjo/ o **volfràmio** [ted. *Wolfram*, propr. 'sporcizia di lupo', dal medio alto-ted. *Wolf* 'lupo' e *rām* 'sporcizia', così chiamato spreg., perché considerato inferiore allo stagno (?) ✱ 1771] **s. m.** • (*chim.*) tungsteno

wolframìte /volfra'mite/ [ted. *Wolframit*, da *Wolfram* 'wolframio' col suff. di minerale *-it* '-ite②' ✱ 1923] **s. f.** • (*miner.*) nome del gergo minerario che indica una miscela di wolframato di ferro e di wolframato di manganese in cristalli tabulari neri, duri e pesanti

won /*coreano* wɔn/ [etim. incerta ✱ 1961] **s. m. inv.** Si usa con gli art. *il, un, i* • unità monetaria della Corea del Nord e della Corea del Sud

woofer /'vufer, *ingl.* 'wu:fə(r)/ [vc. ingl., da *woof* 'suono basso', d'orig. onomat. ✱ 1966] **s. m. inv.** Si usa con gli art. *il, un, i* • in un impianto per la riproduzione del suono ad alta fedeltà, altoparlante per basse frequenze sonore

Wórcester /'wortʃəstər, *ingl.* 'wʊstə(r)/ [abbr. della loc. ingl. *Worcester sauce* 'salsa di Worcester', città inglese ✱ 1963] **A** **s. f. o m.** • (*cucina*) salsa liquida a base di aceto, scalogno, aglio, cipolla, soia, acciuga, melassa, zucchero, tamarindo e spezie varie, usata come condimento di carni, tipica della tradizione anglosassone **B** **anche agg. inv.**: *salsa W.*

word prócessing /word'prosesin(g), *ingl.* 'wɜ:dˌprəʊsɛsɪŋ/ [loc. ingl., comp. di *word* 'parola' (vc. germ.) e *processing* 'elaborazione' (da *to process* 'sottoporre a processo, a procedimento') ✱ 1979] **loc. sost. m. inv.** Si usa con gli art. *il, un, i* • (*inform.*) insieme delle operazioni che consentono di registrare, memorizzare, correggere e stampare un testo scritto e che vengono compiute mediante un'apparecchiatura costituita gener. da un microelaboratore, una tastiera, uno schermo video, una memoria magnetica e una stampante

word prócessor /word'prosesor, *ingl.* 'wɜ:dˌprəʊsɛsə(r)/ [loc. ingl., comp. di *word* 'parola' (V. *word processing*) e *processor* (V. *processore*) ✱ 1984] **loc. sost. m. inv. (pl. ingl.** *word processors***)** • (*inform.*) apparecchiatura per word processing, spesso dotata di schermo video per la visualizzazione di intere pagine di testo o di parti di esse

workfare /'workfer, *ingl.* 'wɜ:kˌfɛə(r)/ [vc. ingl. comp di *work* 'lavoro' e *(wel)fare* ✱ 1986] **s. m. inv.** • welfare-to-work (V.)

work in prògress /work im'prɔgres, *ingl.* wɜ:kɪn'prəʊgrɛs/ [loc. ingl., propr. 'opera, lavoro (*work*) in (*in*) corso (*progress*)' ✱ 1952] **loc. sost. m. inv. (pl. ingl.** *works in progress***)** Si usa con gli art. *il, un, i* • lavoro aperto a continui arricchimenti, sviluppi, revisioni: *questo vocabolario è un work in progress*

wórkshop /'workʃɔp, *ingl.* 'wɜ:kˌʃɒp/ [vc. ingl., comp. di *work* 'lavoro' e *shop* 'negozio, bottega', poi anche 'laboratorio' (entrambi d'orig. germ.) ✱ 1957] **s. m. inv.** Si usa con gli art. *il, un, i*; **più** *raro* con l'art. *lo* eliso (*l'workshop*) • riunione di più persone per lo studio collettivo di uno specifico argomento SIN. convegno, seminario

wórk-song /'workson(g), *ingl.* 'wɜ:kˌsɒŋ/ [vc. ingl., comp. di *work* 'lavoro' e *song* 'canto, canzone' ✱ 1975] **s. m. inv. (pl. ingl.** *work-songs***)** Si usa con gli art. *il, un, i* • (*mus.*) canto intonato dai neri d'America durante il lavoro e poi divenuto uno dei fondamenti del jazz

workstation /work'steʃʃon, *ingl.* 'wɜ:kˌsteɪʃən/ [vc. ingl., comp. di *work* 'lavoro, meccanismo' (V. *workshop*) e *station* 'posto, stazione' ✱ 1984] **s. f. inv.** • (*inform.*) stazione di lavoro

world music /world'mjuzik, *ingl.* ˌwɜ:ld'mju:zɪk/ [loc. ingl., propr. 'musica (*music*) del mondo (*world*)', cioè di tutte le culture ✱ 1988] **loc. sost. f. inv. (pl. ingl.** *world musics***)** • qualsiasi espressione musicale geograficamente o culturalmente estranea al linguaggio musicale inglese o, più in generale, occidentale; musica etnica

wormiàno /vor'mjano/ [dal n. dell'anatomista danese O. *Worm* (1588-1654) ✱ 1865] **agg.** • (*anat.*) detto di ogni osso soprannumerario che si sviluppa in una sutura cranica

wow① /*ingl.* waʊ/ [vc. ingl., d'orig. onomat. ✱ 1980] **s. m. inv.** • (*fis.*) fluttuazione di frequenza del suono inciso o registrato su un supporto mobile, quale un disco musicale, un nastro magnetico o una pellicola cinematografica, dovuta a fluttuazioni lente della velocità di rotazione o di scorrimento del supporto

wow② /*ingl.* waʊ/ [vc. espressiva ingl. ✱ 1959] **A** **inter.** • esprime entusiasmo, soddisfazione, divertito stupore CFR. uau **B** **s. m. inv.** Si usa con gli art. *il, un, i* • (*colloq.*) esclamazione di ammirazione, entusiasmo e sim.: *dovevi sentire quanti wow alla fine dell'esecuzione*

wréstling /'vrestlin(g), *ingl.* 'rɛslɪŋ/ [vc. ingl., propr. 'lotta, combattimento', deriv. da *to wrest* 'torcere, stirare', per la violenza che caratterizza la forma agonistica di questa disciplina ✱ 1985] **s. m. inv.** Si usa con gli art. *il, un, i* • (*sport*) tipo di lotta libera molto diffusa negli Stati Uniti, praticata più a scopo spettacolare che agonistico, nella quale i due o più avversari possono usare ogni tipo di espediente per avere la meglio sui contendenti

writer /'vraiter, *ingl.* raɪtə(r)/ [vc. ingl., propr. 'che scrive, scrittore' ✱ 1993] **s. m. e f. inv.** Il sost. m. si usa con gli art. *il, un, i* • graffitista nei sign. 1 e 2

Wunderkàmmer /vunder'kamer, *ted.* 'vʊndʌˌkamʌ/ [vc. ted., propr., 'camera (*Kammer*) delle meraviglie (*Wunder*)' ✱ 1964] **s. f. inv. (pl. ted.** *Wunderkammern***)** • camera delle meraviglie (V. *meraviglia*)

würstel /'vyrstel, *ted.* 'vʏʌstl/ [vc. ted., dim. di *Wurst* 'salsiccia', vc. isolata di etim. incerta ✱ 1905] **s. m. inv. (pl. ted. inv.)** • salsiccia tipica della Germania e dell'Austria, di carne bovina e suina tritata finemente, talvolta affumicata

wushù /vuʃ'ʃu, *cinese* u:'ʃʊ/ [vc. cinese ✱ 1982] **s. m. inv.** • termine che designa l'insieme degli stili e delle tecniche delle arti marziali cinesi: *apprendere il w.*

www /vuvuv'vu/ [1994] **s. m. inv.** • (*Internet*) sigla della loc. ingl. *World Wide Web* (propr. 'ragnatela mondiale') | prefisso che precede il nome dei siti negli indirizzi Internet

x, X

In italiano si può incontrare la lettera *X* solo in latinismi (es. *uxoricida* /uksori'tʃida/), in grecismi (es. *xantofilla* /ksanto'filla/), in forestierismi d'altra origine (es. *texàno* /tek'sano/), in rari cognomi e nomi di luogo (es. *Bixio* /'biksjo/, *Xànto* /k'santo/). Generalmente il suono rappresentato dalla lettera *X* è quello di una sequenza consonantica non-sonora /ks/, che soprattutto nel parlare rapido, e tanto più nelle parole d'uso meno raro, tende a ridursi al solo elemento 'sibilante' /s/, doppio se compreso in mezzo a due vocali nell'interno della parola (es. *sassòfono* /sas'sɔfono/ accanto a *saxòfono* /sak'sɔfono/), altrimenti scempio (es. *silògrafo* /si'lɔgrafo/ accanto a *xilògrafo* /ksi'lɔgrafo/). In una serie di vocaboli, per lo più latinismi o grecismi comincianti per *ex-*, alla lettera *X* seguita da vocale si suol dare, oltre e più spesso che il suono della sequenza consonantica non-sonora /ks/, quello della sonora correlativa /gz/ (es. *exemplum* /eg'zɛmplum/), a cui fa riscontro una semplice *s* sonora /z/ in altre forme dello stesso vocabolo o in altre voci della stessa famiglia più compiutamente italianizzate (es. *esempio* /e'zɛmpio/).

x, (*maiusc.*) **X** [1516] **A** **s. f. o m. inv.** • lettera dell'alfabeto greco e latino e di alcuni alfabeti moderni; è la ventiquattresima lettera dell'alfabeto italiano (nome per esteso *ics*): *x minuscola, X maiuscolo* | nella compitazione spec. telefonica it. *x come xeres*; in quella internazionale *x come x-ray* | persona di cui non si sa o non si vuole indicare il nome: *mettiamo il caso che tu incontri il signor X* | sostituisce il nome di una persona quando è unito a Y: *entrò nel mio ufficio il signor XY* | ***avere le gambe a X***, avere il ginocchio valgo | (*biol.*) lettera con cui si indica, nel cariotipo, uno dei due cromosomi (l'altro si indica con *y*) che portano i geni per la determinazione del sesso; nel cariotipo umano due cromosomi *x* determinano il sesso femminile | (*mat.*) simbolo letterale per indicare un'incognita di un'equazione o la variabile di una funzione; in un sistema di coordinate cartesiane, indica gener. i punti sull'ascissa | (*sport*) nel pronostico sulla schedina del Totocalcio indica la parità fra le due squadre; (*est.*) il pareggio stesso | (*sport*) nel Totip indica che un cavallo appartenente al gruppo x è arrivato primo o secondo **B** **in funzione di agg. inv.** • (posposto a un sost.) detto di cosa o persona indeterminata, sconosciuta, di cui non si sa nulla: *il signor x* | detto di evento cruciale o determinante: *scocca l'ora x*

xantàto [da (acido) *xantico* con sostituzione del suff. di acido (*-ico*) con suff. di sale (*-ato*) ✱ 1961] **s. m.** • (*chim.*) xantogenato

xantelàṣma [comp. di *xant(o)-* e del gr. *elasmós* 'piastra' ✱ 1961] **s. m.** (**pl.** *-i*) • (*med.*) affezione cutanea caratterizzata dalla comparsa di macchie giallastre, spesso simmetriche, agli angoli interni superiori delle palpebre

xantène [dal gr. *xanthós* 'giallo', di orig. incerta, col suff. *-ene* ✱ 1961] **s. m.** • (*chim.*) composto organico ossigenato a tredici atomi di carbonio, in forma di cristalli gialli con fluorescenza verde, molto solubili in acido solforico; è il capostipite della famiglia dei coloranti xantenici

xantènico [1961] **agg.** (**pl. m.** *-ci*) • (*chim.*) detto di composto contenente xantene | ***coloranti xantenici***, sostanze coloranti impiegate per la tintura di diversi materiali

xàntico [comp. di *xant(o)-* e *-ico* ✱ 1961] **agg.** (**pl. m.** *-ci*) • nella loc. ***acido x.***, acido xantogenico

xantìna [comp. di *xant(o)-* e *-ina* ✱ 1889] **s. f.** • (*chim.*) base purinica diffusa nel regno animale e vegetale che rappresenta un intermedio della degradazione cellulare delle basi puriniche presenti negli acidi nucleici

xànto- [dal gr. *xanthós* 'giallo', di orig. incerta] **primo elemento** • in parole composte della terminologia scientifica, significa 'giallo': *xantofilla*

Xantofìcee [comp. di *xanto-* e del gr. *phŷkos* 'alga', di orig. semitica ✱ 1961] **s. f. pl.** (**sing.** *-a*) • (*bot.*) classe di organismi unicellulari o filamentosi plurinucleati, di colore giallo-bruno, che vivono in acque dolci o salmastre e in ambienti molto umidi (*Xanthophyceae*) **SIN.** Alghe gialle

xantofìlla o **santofìlla** [1910] **s. f.** • (*biol.*) luteina nel sign. 4

xantogenàto [da (acido) *xantogenico* con sostituzione del suff. di acido (*-ico*) con suff. di sale (*-ato*) ✱ 1961] **s. m.** • composto organico ottenuto in presenza di alcali da solfuro di carbonio e sostanze contenenti ossidrili **SIN.** xantato | ***x. di cellulosa***, viscosa

xantogènico [comp. di *xanto-* e *-genico* ✱ 1961] **agg.** (**pl. m.** *-ci*) • nella loc. ***acido x.***, acido poco stabile ottenuto dai sali per azione di acidi minerali forti **SIN.** xantico

xantòma [comp. di *xant(o)-* e *-oma* ✱ 1918] **s. m.** (**pl.** *-i*) • (*med.*) lesione cutanea pianeggiante o rilevata, di color giallastro, per lo più dovuta a infiltrazione di colesterolo

xantomatóso (o -ṣ-) [1961] **agg.** • (*med.*) di xantoma

xantóne [dal gr. *xanthós* 'giallo' col suff. *-one*② ✱ 1987] **s. m.** • (*chim.*) composto organico eterociclico presente nei coloranti sintetici e in alcuni pigmenti naturali, impiegato nella preparazione di insetticidi

xantopsìa o **santopsìa**, **santopìa** [comp. di *xant(o)-* e *opsia* ✱ 1940] **s. f.** • (*med.*) disturbo della visione, causato dall'ittero, per cui tutti gli oggetti sembrano gialli

xantorrèa [comp. di *xanto-* e *-rea* ✱ 1869] **s. f.** **1** (*bot.*) unico genere delle Xantorreacee, particolarmente resistente agli incendi, con fusto spesso privo di ramificazioni, foglie lunghe e sottili e fiori in lunghe spighe (*Xanthorrhoea*) **2** (*med.*) aumento di secrezione della mucosa vaginale, di colore giallastro **CFR.** leucorrea

Xantorreàcee [comp. del lat. scient. *xanthorrhoea* 'xantorrea' e *-acee* ✱ 2000] **s. f. pl.** (**sing.** *-a*) • (*bot.*) famiglia di piante monocotiledoni presenti nelle aree più aride dell'Australia, caratterizzate da fusti con densi cespi di lunghe foglie e piccoli fiori riuniti in spighe (*Xanthorrhoeaceae*)

Xenàrtri [comp. del gr. *xénos* 'strano', di orig. incerta, e *árthron* 'articolazione', di orig. indeur. ✱ 1957] **s. m. pl.** (**sing.** *-o*) • (*zool.*) ordine di Mammiferi con dentatura ridotta e incompleta (*Xenarthra*)

xenìa [gr. *xenía* 'ospitalità', da *xénos* 'straniero' e 'ospite', di orig. incerta, per allusione alla diretta influenza di un polline su altro seme ✱ 1906] **s. f.** • (*bot.*) particolare caso di ibridazione fra due razze che provoca in una pianta alcuni frutti con i caratteri di un genitore e altri con quelli dell'altro

xèno o **xènon** [dal gr. *xénos*, propr. 'straniero, estraneo', di orig. incerta, così chiamato per la sua rarità ✱ 1961] **s. m.** • elemento chimico appartenente al gruppo dei gas nobili, usato per riempire lampade impiegate in fotografia e lampade ad arco **SIMB.** Xe **NUM. AT.** 54

xèno- o **sèno-** [dal gr. *xénos* 'straniero'] **primo elemento** • in parole composte dotte o della terminologia scientifica, significa 'straniero', 'estraneo' od 'ospite': *xenofobia, xenoglossia*

xenòbio [comp. di *xeno-* e *-bio* ✱ 1961] **agg.** • (*zool.*) detto di organismo che pratica la xenobiosi

xenobiónte [comp. di *xeno-* e del gr. *biôn*, genit. *biôntos* 'vivente' ✱ 1961] **s. m.** • (*zool.*) organismo che pratica la xenobiosi

xenobiòṣi [comp. di *xeno-* e del gr. *bíōsis* 'condotta di vita' ✱ 1961] **s. f. inv.** • (*zool.*) fenomeno per cui alcuni animali (per es. le formiche) possono vivere nei rifugi o nei nidi di animali di una specie diversa

xenobiòtico [comp. di *xeno-* e del gr. *biotikós* 'vitale, della vita' ✱ 1987] **agg.** (**pl. m.** *-ci*) • che non ha valore nutritivo: *sostanza xenobiotica*

xenodòchio o **senodòchio** [gr. *xenodokêion*, da *xenodókos*, *xenodóchos* 'luogo per accogliere (*déchesthai*) gli ospiti (*xénoi*)' ✱ sec. XIV] **s. m.** • nel Medioevo, ospizio gratuito per forestieri e pellegrini

xenoecologìa [comp. di *xeno-* ed *ecologia* ✱ 1974] **s. f.** (**pl.** *-gìe*) • ramo dell'ecologia che studia le condizioni ambientali dello spazio extraterrestre

xenofilìa o **senofilìa** [comp. di *xeno-* e *-filia* ✱ 1956] **s. f.** **1** tendenza a preferire tutto ciò che è straniero **SIN.** esterofilia **2** (*zool.*) tendenza di un organismo a praticare la xenobiosi

xenòfilo o **senòfilo** [comp. di *xeno-* e *-filo* ✱ 1967] **A** **agg.; anche s. m.** • che (o chi) preferisce tutto ciò che è straniero **B** **agg.** **1** caratterizzato da xenofilia: *atteggiamento x.* **2** (*zool.*) detto di organismo caratterizzato da xenofilia

xenofobìa o (*raro*) **senofobìa** [comp. di *xeno-* e *-fobia* ✱ 1908] **s. f.** ● odio, avversione per tutto ciò che è straniero ‖ **xenofòbico**, **agg.** (**pl. m.** *-ci*) relativo a xenofobia, caratterizzato da xenofobia ‖ **xenòfobo** o (*raro*) **senòfobo**, **agg.**; anche **s. m.** (**f.** *-a*) nel sign. 2 **1** improntato a xenofobia: *atteggiamento xenofobo* **2** che (o chi) dimostra xenofobia

xenogamìa [comp. di *xeno-* e *-gamia* ✱ 1961] **s. f.** ● (*bot.*) impollinazione tra individui diversi della stessa specie

xenogènesi [comp. di *xeno-* e *genesi* ✱ 1993] **s. f. inv.** ● (*biol.*) generazione di prole con caratteri diversi rispetto ai genitori

xenoglossìa o **senoglossìa** [comp. di *xeno-* e *-glossia* ✱ 1950] **s. f.** ● fenomeno di natura medianica per cui il soggetto, posto in determinate condizioni, parla una o più lingue a lui del tutto sconosciute

xenologìa [comp. di *xeno-* e *-logia* ✱ 1993] **s. f.** (**pl.** *-gìe*) ● (*biol.*) studio delle relazioni tra parassiti e organismi ospiti

xènon ➤ **xeno**

xenoparassìta [comp. di *xeno-* e *parassita* ✱ 1993] **A** **s. m.** (**pl.** *-i*) ● (*biol.*) microrganismo isolato da un organismo che non rappresenta il suo ospite abituale **B** **anche agg.**

xenòpo [lat. scient. *xenopus*, comp. del gr. *xénos* 'strano, insolito' (V. *xeno*) e *póus* 'piede' (V. *-podo*): detto così prob. dalle zampe largamente palmate ✱ 1983] **s. m.** ● (*zool.*) genere di anfibio degli Anuri che vive nelle acque interne delle regioni africane (*Xenopus*) | ***x. liscio***, xenopo usato nei test di gravidanza (*Xenopus laevis*)

xenotrapiànto [comp. di *xeno-* e *trapianto* ✱ 1988] **s. m.** ● (*chir.*) trasferimento di un tessuto o di un organo da un organismo a un altro di specie diversa | il tessuto o l'organo così trapiantati **SIN.** eterotrapianto, eteroinnesto

Xères [ant. grafia del n. della città andalusa *Jerez* (de la Frontera) ✱ 1852] **s. m. inv.** ● vino bianco spagnolo, dal colore ambrato e dal sapore secco e asciutto, con gradazione alcolica di circa 18° **SIN.** Sherry

xèro- o **sèro-**① [dal gr. *xerós* 'secco'] **primo elemento** ● in parole composte scientifiche, significa 'secco', 'arido': *xerobio, xerografia*

xeròbio [comp. di *xero-* e del gr. *bíos* 'vita' ('essere vivente') ✱ 1865] **agg.** ● (*biol.*) detto di organismo animale o vegetale che può vivere in ambiente arido

xerocòpia [comp. di *xero-* e *copia*② ✱ 1970] **s. f.** ● copia di documenti ottenuta per mezzo di riproduttori xerografici

xerocopiàre [1970] **v. tr.** (*io xerocòpio*) ● fare xerocopia (di documenti, disegni, ecc.)

xerocopiatrìce [comp. di *xero-* e *copiatrice* ✱ 1987] **s. f.** ● macchina che esegue xerocopie

xerodèrma [comp. di *xero-* e *derma* ✱ 1961] **s. m.** (**pl.** *-i*) ● (*med.*) affezione cutanea con lesioni varie della pelle a carattere congenito sensibile alle radiazioni ultraviolette: *x. pigmentoso*

xerodermìa [comp. di *xero-* e *-dermia* ✱ 1970] **s. f.** ● (*med.*) alterazione della cute, che diventa secca, dura, spec. per deficienza di vitamina A

xeròfilo [comp. di *xero-* e *-filo* ✱ 1947] **A** **agg.** ● detto di organismo animale o vegetale che predilige i climi aridi **B** **s. m.** (**f.** *-a*) ● organismo animale o vegetale xerofilo

xeròfito [comp. di *xero-* e *-fito* ✱ 1865] **A** **agg.** ● detto di organismo vegetale, spec. pianta, che vive in ambienti aridi **B** **s. m.** (**f.** *-a*) ● organismo vegetale xerofito

xeroftalmìa [comp. di *xero-* e di un deriv. dal gr. *ophthalmós* 'occhio' ✱ 1937] **s. f.** ● (*med.*) affezione della cornea e della congiuntiva per deficit di vitamina A

xeroftàlmico [1961] **agg.** (**pl. m.** *-ci*) ● di xeroftalmia

xeroftàlmo [1961] **s. m.** ● (*med.*) xeroftalmia

xerografìa [comp. di *xero-* e *-grafia* ✱ 1950] **s. f.** ● procedimento di stampa a secco impiegato nella riproduzione di documenti e basato sui principi dell'elettrostatica

xerogràfico [1970] **agg.** (**pl. m.** *-ci*) ● relativo alla xerografia: *riproduttore xerografico*

xeroradiografìa [comp. di *xero-* e *radiografia* ✱ 1982] **s. f.** ● (*med.*) metodo radiografico, impiegato spec. nella diagnosi precoce di tumori alla mammella, nel quale il radiogramma è ottenuto con procedimento xerografico su carta speciale

xeroradiogràmma [comp. di *xero-* e *radiogramma* ✱ 1983] **s. m.** (**pl.** *-i*) ● (*med.*) radiogramma ottenuto mediante la xeroradiografia

xerosfèra [comp. di *xero-* e *-sfera* ✱ 1942] **s. f.** ● ambiente climatico tipico dei deserti

xeròsi [comp. del gr. *xerós* 'secco', di etim. incerta e *-osi* ✱ 1961] **s. f. inv.** **1** (*med.*) lesione degenerativa della congiuntiva **2** (*med.*) anormale disidratazione e secchezza di una superficie corporea, quale la pelle, l'occhio o la bocca

xerostomìa [comp. di *xero-* e *-stomia* ✱ 1930] **s. f.** ● (*med.*) secchezza della mucosa orale per arresto di secrezione salivare

xerotèrmo [comp. del gr. *xerós* 'secco', di etim. incerta e *thermós* 'caldo', di orig. indeur. ✱ 1937] **agg.** ● detto di organismo vegetale, spec. pianta, tipico delle regioni povere di precipitazioni e con ampia escursione termica

xi /ksi*/ o **csi** /ksi*/ **s. f. o m. inv.** ● nome della quattordicesima lettera dell'alfabeto greco

xifòforo [comp. del gr. *xíphos* 'spada' (V. *xifoide*), qui nel senso di 'appendice puntuta', e *-foro* ✱ 1983] **s. m.** ● genere di Pesci ossei dei Pecilidi, diffusi nell'America centrale e nel Messico, con specie pregiate per acquari (*Xiphophorus*)

xifòide [gr. *xiphoeidḗs* 'della forma (*êidos*) di spada (*xíphos*, di orig. incerta)' ✱ 1749] **A** **agg.** ● nella loc. (*anat.*) ***apofisi x.***, parte inferiore dello sterno **B** **anche s. m. o f.**

xifoidèo [1940] **agg.** ● (*anat.*) dello xifoide

Xifosùri [comp. del gr. *xíphos* 'spada' e di un deriv. da *ourá* 'coda' ✱ 1875] **s. m. pl.** (**sing.** *-o*) ● (*zool.*) sottoclasse di Merostomi marini a forma discoidale, appiattiti, con corazza dura e appendice appuntita (*Xiphosura*)

xilàno [da *xilosio* ✱ 1961] **s. m.** ● (*chim.*) polisaccaride formato dall'associazione di molecole di xilosio; si trova spesso nelle piante insieme alla cellulosa

xilèma o (*raro*) **silèma** [ted. *Xylem*, dal gr. *xýlon* 'legno', d'incerta orig. ✱ 1931] **s. m.** (**pl.** *-i*) ● (*bot.*) nell'anatomia vegetale, il complesso formato dal tessuto vascolare, da parenchima e, nelle Angiosperme, anche da fibre **SIN.** adroma

xilemàtico o (*raro*) **silemàtico** [1961] **agg.** (**pl. m.** *-ci*) ● (*bot.*) relativo allo xilema

xilène [dal gr. *xýlon* 'legno' col suff. *-ene* ✱ 1889] **s. m.** ● idrocarburo aromatico ottenuto da alcune frazioni del petrolio, la cui miscela è usata come solvente e come materia prima per la fabbricazione di materie coloranti, resine, poliesteri, e sim.

xilitòlo [comp. di *xil(o)-* e il suff. *-itolo* ✱ 1961] **s. m.** ● sostanza di origine vegetale, estratta spec. dal legno di betulla, usata come dolcificante in luogo dello zucchero per il ridotto apporto calorico e la proprietà di non favorire la carie

xilo- ➤ **silo-**

xilòfago o **silòfago** [comp. di *xilo-* e *-fago* ✱ 1875] **agg.** (**pl. m.** *-gi*) ● detto di animale che si nutre di legno

xilofonìsta o (*raro*) **silofonìsta** [1939] **s. m. e f.** (**pl. m.** *-i*) ● suonatore di xilofono

xilòfono o (*raro*) **silòfono** [comp. di *xilo-* e *-fono* ✱ 1895] **s. m.** ● strumento musicale costituito da una serie di cilindri (o lamine) spec. di legno o bambù, graduati, infilati su cordoni e separati tra loro con isolatori, che si suona con piccoli martelli di legno

xilografìa o **silografìa** [comp. di *xilo-* e *-grafia* ✱ 1841] **s. f.** ● tecnica d'incisione rilievografica in cui si asportano dalla parte superiore di una tavoletta di legno le parti non costituenti il disegno | stampa così ottenuta

xilogràfico o **silogràfico** [1873] **agg.** (**pl. m.** *-ci*) ● relativo alla xilografia

xilògrafo o **silògrafo** [comp. di *xilo-* e *-grafo* ✱ av. 1907] **s. m.** (**f.** *-a*) ● chi esegue incisioni xilografiche

xilolìte [comp. del gr. *xýlon* 'legno', di etim. incerta, e *líthos* 'pietra', di orig. sconosciuta ✱ 1940] **s. f.** ● tipo di pavimentazione artificiale in un solo pezzo

xilòlo [comp. del gr. *xýlon* 'legno' e *-olo*② ✱ 1949] **s. m.** ● (*chim.*) xilene

xilologìa e deriv. ➤ **silologia** e deriv.

xilomarìmba [comp. di *xilo(fono)* e *marimba* ✱ 1992] **s. f.** ● strumento a percussione usato nella musica jazz, simile alla marimba ma con risuonatori metallici come nello xilofono

xilòsio [da *xilo-* col suff. *-osio* ✱ 1961] **s. m.** ● zucchero destrogiro, bianco e cristallino, estratto dal legno per idrolisi, è impiegato in tintoria e negli alimenti per diabetici **SIN.** zucchero di legno

xilotèca ➤ **siloteca**

xòanon /*gr.* 'ksɔanon/ [vc. gr. (*xóanon*) col sign. proprio di 'immagine ricavata dal legno', dal v. *xêin* 'scolpire' ✱ 1841] **s. m. inv.** (**pl. gr.** *xóana*) ● nell'antica Grecia, statuetta, originariamente lignea e poi anche di altro materiale, raffigurante una divinità

xografìa [comp. di un deriv. del gr. *xêin* 'scolpire' e *-grafia* ✱ 1985] **s. f.** ● sistema di stampa che permette di ottenere da due fotografie stereoscopiche dello stesso soggetto una sola immagine tridimensionale

Xylèlla fastidiósa [loc. del lat. scient., comp. di un deriv. del gr. *xýlon* 'legno' e da *fastidiōsa(m)* 'spiacevole, molesta' ✱ 1989] **loc. sost. f.** ● batterio fitopatogeno, che ostruisce lo xilema delle piante ospiti (olivo, vite, pesco, mandorlo e altre) causandone un rapido disseccamento

y, Y

In italiano si può incontrare la lettera *Y* solo in pochi forestierismi, dove ha, secondo i casi, l'uno o l'altro dei due principali valori dell'*I*, quello vocalico (es. *iprite* o *yprite* /i'prite/) e quello consonantico (es. *iùcca* o *yùcca* /'jukka/).

y, (*maiusc.*) **Y** [sec. XIII] **s. f. o m. inv.** ● lettera dell'alfabeto greco e latino e di alcuni alfabeti moderni; è la venticinquesima lettera dell'alfabeto italiano (nome per esteso *ìpsilon, i greca, raro ỳpsilon*): *y minuscola, Y maiuscolo* | nella compitazione spec. telefonica it. *y come yacht*; in quella internazionale *y come yankee* | persona di cui non si sa o non si vuole indicare il nome: *Deve essere delizioso, specialmente se X. risponderà a Y.* (A. Fogazzaro) | sostituisce il cognome di una persona quando è unito a X: *entrò nel mio ufficio il signor XY* | *a Y*, caratterizzato da una biforcazione: *tubo a Y* | (*biol.*) lettera con cui si indica, nel cariotipo, uno dei due cromosomi (l'altro si indica con *x*) che portano i geni per la determinazione del sesso; nel cariotipo umano, *y* è presente solo nel sesso maschile | (*mat.*) simbolo letterale per indicare un'incognita di un'equazione o la variabile di una funzione; in un sistema di coordinate cartesiane, indica gener. i punti sull'ordinata

yacht /jɔt, *ingl.* jɒt/ [vc. ingl., dal neerlandese *jacht(e)*, per *jachtschip* 'battello (*schip*) da caccia (*jacht*)' ✻ 1674] **s. m. inv.** ● imbarcazione da diporto, a vela o a motore, gener. di lusso **SIN.** panfilo

yacht bróker /*ingl.* 'jɒt,brəukə(r)/ [loc. ingl., comp. di *yacht* (V.) e *broker* 'mediatore' (d'orig. incerta) ✻ 1961] **loc. sost. m. inv.** (**pl. ingl.** *yacht brokers*) ● mediatore in compravendita, noleggio e sim. di yacht

yachting /*ingl.* 'jɒtɪŋ/ [vc. verb. ingl. sost., da *yacht* ✻ 1905] **s. m. inv.** ● sport o pratica della navigazione da diporto

yachtsman /*ingl.* 'jɒtsmən/ [vc. ingl., propr. 'uomo (*man*, di orig. e area germ.) dello *yacht*', con *s* genitivale ✻ 1905] **s. m. inv.** (**f. ingl.** *yachtswoman*, **pl. m.** *yachtsmen*, **pl. f.** *yachtswomen*) ● chi pratica lo yachting

yak /'jak/ [vc. di orig. tibetana ✻ 1875] **s. m. inv.** ● imponente bovide delle alte montagne asiatiche, con mantello lanoso di peli ondulati, addomesticabile (*Bos grunniensis*)

yakùza o **yakùsa** /ja'kuza, *giapp.* ja.kɯ.za/ [vc. giapp. ✻ 1983] **A** **s. f. inv.** ● mafia giapponese **B** **s. m. e f. inv.** ● appartenente a tale organizzazione mafiosa

yamatologìa /jamatolo'dʒia/ o **iamatologìa** [comp. di *Yamato*, propr. 'grande armonia', antico nome del 'Giappone', e *-logia* ✻ 1935] **s. f.** (**pl.** *-gìe*) ● studio della lingua, della cultura e della civiltà giapponesi

yamatòlogo /jama'tɔlogo/ o **iamatòlogo** [1956] **s. m.** (**f.** *-a*; **pl. m.** *-gi*) ● studioso di yamatologia

yang /*cinese* ˉjaŋ/ [vc. cinese, propr. 'brillante, luminoso' ✻ 1899] **s. m. solo sing.** ● nella filosofia cinese, e spec. nel taoismo, una delle due energie primarie da cui procede la totalità del mondo; rappresenta il principio maschile e positivo, complementare e opposto allo *yin*

yankee① /'jɛnki, *ingl.* 'jæŋkɪ/ [etim. discussa: dal n. neerl. *Janke* (dim. di *Jan* 'Giovanni'), con cui i coloni olandesi di New York chiamavano gli Inglesi del Connecticut (?) ✻ 1825] **A** **s. m. e f. inv.** ● soprannome con il quale i soldati inglesi chiamavano gli Americani durante la rivoluzione | soprannome con cui i sudisti chiamavano i nordisti durante la guerra di secessione | ogni cittadino americano di origine anglosassone **B** **agg. inv.** ● degli yankee | (*est.*) che è tipicamente americano (*spec. spreg.* o *scherz.*): *usanza y.*

yankee② /*ingl.* 'jæŋkɪ/ [vc. ingl. attribuita a vari oggetti di orig. americana, come *Yankee topsail* '(vela) americana' ✻ 1992] **s. m. inv.** ● (*mar.*) vela inferita allo strallo prodiero nell'attrezzatura con due fiocchi, caratterizzata dalla bugna molto alta sulla coperta

yard /jard, *ingl.* jɑːd/ [vc. ingl., dall'ingl. ant. *gierd, ge(a)rd* 'misura', 'pertica', di orig. indeur. ✻ 1765] **s. f. inv.** ● misura di lunghezza inglese, pari a metri 0,914 **SIMB.** yd **CFR.** iarda

yatagàn /jata'gan/ o **iatagàn** [vc. turca (*yatagan*) ✻ 1878] **s. f. inv.** ● sciabola ricurva portata dai giannizzeri turchi | scimitarra malese e indiana

yawl /*ingl.* jɔːl/ [vc. ingl., var. di *yowl* 'iole' ✻ 1905] **s. m. inv.** ● imbarcazione a vela a due alberi, con l'albero di mezzana molto più piccolo e situato a poppavia dell'asse del timone **CFR.** iolla, ketch

yazìdi /jad'dzidi/ [di etim. incerta, forse dal medio persiano *yazd* 'entità divina' ✻ 1908] **agg. e s. m. e f. inv.** ● appartenente a un gruppo religioso, diffuso soprattutto nel Kurdistan iracheno, che combina l'islamismo con elementi gnostici e cristiani

yeah /je'aː/ [vc. ingl., var. di *yes* 'sì' ✻ 1985] **inter.** ● esprime grande contentezza, entusiasmo, soddisfazione

yearling /*ingl.* 'jɪəːlɪŋ/ [vc. ingl., propr. 'di un anno (*year*, orig. indeur.)' ✻ 1927] **s. m. inv.** ● puledro purosangue inglese o americano da corsa, di un anno di età

yellowcake /jello(u)'keik, *ingl.* 'jɛləʊ,keɪk/ [vc. ingl., propr. 'torta (*cake*) gialla (*yellow*)', per il colore della sostanza e la forma in cui si conserva ✻ 1972] **s. m. inv.** ● (*chim.*) miscela di ossidi di uranio che risultano dal processo di purificazione del metallo dai minerali che lo contengono

yemenìta /jeme'nita/ [1933] **A** **agg.** (**pl. m.** *-i*) ● dello Yemen **B** **s. m. e f.** ● abitante o nativo dello Yemen

yen /jɛn, *giapp.* ɛŋ/ [dal cinese *yüan, üen* 'cerchio, oggetto rotondo', da cui il giapp. *en* ✻ 1905] **s. m. inv.** ● unità monetaria del Giappone **SIMB.** ¥

yes man o **yesman** /'jɛzmen, *ingl.* 'jɛs,mæn/ [loc. ingl., comp. di *yes* 'sì' (d'orig. incerta) e *man* 'uomo' (V. *salesman*) ✻ 1963] **loc. sost. m. inv.** (**f. ingl.** *yes woman* /jes'womən, *ingl.* 'jɛs,wʊmən/; **pl. m. ingl.** *yes men*; **pl. f. ingl.** *yes women* /jes'wimən, *ingl.* 'jɛs,wɪmɪn/) ● persona servile e accondiscendente, spec. nei confronti di un suo superiore

yèti /'jɛti/ [vc. di orig. tibetana ✻ 1963] **s. m. inv.** ● essere simile all'uomo, ma di costituzione gigantesca, che, secondo una leggenda, vivrebbe fra le nevi dell'Himalaya

yé-yé /*fr.* je'je/ [vc. fr., raddoppiamento dell'anglo-americano *yeah, yah* (deformazione pop. di *yes* 'sì': V. *yes man*) ✻ 1965] **A** **s. m. inv.** ● genere di musica leggera molto ritmata con caratteristici accompagnamenti vocali, di moda spec. nei primi anni '60 del Novecento | tipo di ballo assai animato al ritmo di questa musica | (*est.*) moda, atteggiamenti, gusti caratteristici di una certa gioventù di quel tempo **B** **agg. inv.** ● che si ispira a tale modo e atteggiamento: *vestito, ragazza yé-yé*

yiddish /'jiddiʃ*, *ingl.* 'jɪdɪʃ/ o **jiddisch** /'iddiʃ*, *ted.* 'jɪdɪʃ/ [corrispondente ingl. del vocabolo in lingua yiddish *yidish* (*daytsh*) '(tedesco) ebraico' ✻ 1931] **A** **s. m. solo sing.** Si usa con gli art. *lo* (anche eliso: *l'yiddish*), *uno* (*raro un*) ● lingua del gruppo germanico, formata all'origine su un dialetto francone e parlata dalle comunità ebraiche della Germania, dell'Europa orientale e successivamente anche negli Stati Uniti, gener. scritta in caratteri ebraici, che comprende vocaboli spec. tedeschi con aggiunta di parole di origine ebraica, aramaica e slava **B** **anche agg. inv.**: *letteratura y.*

yin /*cinese* ˉjɪŋ/ [vc. cinese, propr. 'oscuro' ✻ 1899] **s. m. solo sing.** ● nella filosofia cinese, e spec. nel taoismo, una delle due energie primarie da cui procede la totalità del mondo; rappresenta il principio femminile e negativo, complementare e opposto allo *yang*

yìppie /'jippi, *ingl.* 'jɪpi/ [vc. ingl. d'America, dalla sigla dell'*Youth International Party* 'Partito Internazionale della Gioventù', con aggiunta del suffisso *-ie* sul modello di *hippie* ✻ 1969] **s. m. e f. inv.; anche agg. inv.** (**pl. ingl.** *yippies*) ● negli anni '60 e '70 del Novecento, appartenente a un movimento di hippy politicamente impegnati, di tendenza anarco-marxista

ylang-ylang /ilaŋgi'laŋg/ [vc. di una lingua delle Filippine ✻ 1888] **s. m. inv.** ● albero delle Anonacee, originario dell'Asia, dai cui fiori si ricava un'essenza caratteristica usata in profumeria (*Cananga odorata*)

yocto- /'jɔkto/ [dal convenzionale *octo* 'otto', riferito all'ottava potenza di 10^{-3}, col mutamento di *o-* in *yo-*, per evitare di confonderlo con lo zero] **primo elemento** ● anteposto a un'unità di misura la moltiplica per 10^{-24} cioè la divide per un milione di miliardi di miliardi **SIMB.** y

yòga /ˈjɔga, *sanscrito* ˈjoːgʌ/ [vc. sanscrita, propr. 'unione', dal v. *yunákti* 'congiunge', di orig. indeur., come il lat. *iŭngere* 'porre al giogo' ✻ 1907] **A** **s. m. inv.** **1** pratica filosofico-religiosa originaria dell'induismo che, attraverso una tecnica di dominio del corpo, mira a liberare progressivamente l'uomo dai vincoli materiali e a unirlo all'Essere Supremo **2** tecnica orientale di ginnastica della respirazione e dei movimenti CFR. ioga **B** **agg. inv.** • dello yoga, nel sign. 2: *posizione y.*

yòghin ➤ **yogin**

yògico /ˈjɔdʒiko/ [1910] **agg.** (**pl. m.** *-ci*) • relativo allo yoga

yògin /*sanscrito* ˈjoːgɪn/ o **yòghin** /*sanscrito* ˈjoːgɪn/ [1942] **s. m. e f. inv.** • chi pratica lo yoga CFR. ioghin

yògurt /ˈjɔgurt/ o **yòghurt**, **iògurt** [turco *yoğurt*, di etim. incerta ✻ 1909] **s. m. inv.** • latte coagulato per effetto di uno speciale fermento, originario della Bulgaria, spesso zuccherato e arricchito con frutta, cioccolato e sim. ‖ (*fam.*) **yogurtino**, **dim.**

yogurterìa [1994] **s. f.** • locale pubblico dove si vendono o si consumano yogurt e prodotti derivati

yogurtièra /jogurˈtjɛra/ o **iogurtièra** [da *yogurt* ✻ 1983] **s. f.** • elettrodomestico usato per la preparazione dello yogurt

yòle ➤ **iole**

Yom Kippùr /*ebr.* jom kipˈpur/ [loc. ebr., propr. 'giorno (*yōm*) del *Kippur* (V.)' ✻ 1973] **loc. sost. m. inv.** • festa ebraica che cade il 10 del mese di *tishrì* (settembre-ottobre) dedicata al digiuno e alla preghiera

yóni /ˈjɔni/ [vc. sanscrita, che significa 'vulva' ✻ 1927] **s. f. inv.** • nell'induismo, rappresentazione stilizzata dell'organo genitale femminile, al cui centro è collocato il lingam

yorkshire /ˈjɔrkʃair, *ingl.* ˈjɔːkˌʃɪə(r)/ [dalla regione di provenienza, la contea di *Yorkshire* ✻ 1930] **s. m. inv.** **1** razza suina molto pregiata, originaria dell'Inghilterra **2** accorc. di *Yorkshire terrier*

Yorkshire tèrrier /ˈjɔrkʃair ˈtɛrier, *ingl.* ˈjɔːkˌʃɪə ˈtɛrɪə(r)/ [comp. dal n. della regione inglese d'origine e *terrier* (V.) ✻ 1930] **loc. sost. m. inv.** (**pl. ingl.** *Yorkshire terriers*) • piccolo cane inglese da compagnia, dal caratteristico pelo fluente, con mantello gener. a due colori, molto vivace ed elegante

yotta- /ˈjɔtta/ [dal convenzionale *octo* 'otto', riferito all'ottava potenza di 10^3, col mutamento di *o-* in *yo-* per evitare di confonderlo con lo zero] **primo elemento** • anteposto a un'unità di misura la moltiplica per 10^{24} cioè per un milione di miliardi di miliardi SIMB. Y

You Tube® /ˌjuːˈtjuːb/ [loc. ingl. propr. 'tu (*you*) in tv (*tube*, fam. per *televisore*)' ✻ 2006] **loc. sost. m. inv.** • sito web che consente a tutti coloro che vi accedono di immettere e visionare contenuti video

yo-yo /joˈjɔ*, *ingl.* ˈjəʊjəʊ/ [nome commerciale ✻ 1938] **s. m. inv.** • giocattolo d'origine cinese, costituito da una rotella scanalata sulla quale è avvolto uno spago, legato per un'estremità al dito del giocatore; lasciando cadere la rotella, questa risale da sola | (*fig.*) *effetto yo-yo*, nel linguaggio giornalistico, rapido dimagrimento conseguente a una dieta, seguito da un ritorno al peso precedente dopo l'interruzione della dieta stessa CFR. iò iò

yprìte ➤ **iprite**

ỳpsilon ➤ **ipsilon**

ỳttrio ➤ **ittrio**

yuan /*cinese* ˈɥɛn/ [vc. cinese, propr. 'rotondo, circolare' ✻ 1942] **s. m. inv.** • unità monetaria della Repubblica Popolare Cinese, denominata ufficialmente renminbi SIMB. ¥

yùcca /ˈjukka/ o **iùcca** [vc. sp., di provenienza messicana e orig. incerta ✻ av. 1557] **s. f.** • agavacea americana cespitosa e arborea con fusto rivestito da foglie lineari, spinose all'apice, fiori bianchi penduli in pannocchie, coltivata in molte varietà (*Yucca*)

yùppie /ˈjuppi, *ingl.* ˈjʌpɪ/ o **yuppy** [vc. ingl., deriv. da *yup* (*young urban professional* 'giovane professionista cittadino') ✻ 1984] **s. m. e f. inv.** • (*spec. iron.*) giovane professionista ambizioso che mira essenzialmente a fare una rapida carriera, attento alle relazioni sociali e alla cura della propria immagine CFR. rampante

yuppìsmo /jupˈpizmo/ [1986] **s. m.** • comportamento, modo di pensare e di agire da yuppie

yuppy ➤ **yuppie**

yùrta ➤ **iurta**

yuyù /juˈju*/ [vc. di orig. orient.: da un dial. cinese (?) ✻ 1970] **s. m. inv.** • piccola barca a un remo, fissato a poppa

z, Z

I suoni rappresentati in italiano dalla lettera *Z* sono quelli delle due consonanti semiocclusive, o affricate, dentali: la *Z* non-sonora o 'aspra' /ts/ e la *Z* sonora o 'dolce' /dz/. In tutte le posizioni in cui la lettera *Z* si può trovare, si danno casi di pronuncia non-sonora e casi di pronuncia sonora. Così in principio di parola (es. *zìo* /*tsio/ contro *ẓòo* /*dzɔo/); così dopo consonante (es. *lónza* /'lontsa/ contro *rónẓa* /'rondza/); così in mezzo a due vocali (es. *pàzza* /'patstsa/ contro *bàẓẓa* /'badzdza/); così tra una vocale e un'approssimante (es. *azióne* /ats'tsjone/ contro *aẓièndа* /adz'dzjɛnda/). Si può dire solo, in generale, che la *Z* sonora è assai meno frequente di quella non-sonora e è poi particolarmente rara, sempre in confronto a quella non-sonora, se preceduta da *L* oppure se seguita da *I* accentato o non-accentato, seguito a sua volta da altra vocale. Non-sonora o sonora, la *Z* è semplice (es. *màrzo* /'martso/, *gàrẓa* /'gardza/, *con zùcchero* /kon'tsukkero/, *per ẓèro* /per'dzɛro/) o, tra due vocali o tra vocale e approssimante, geminata (es. *màzzo* /'matstso/, *gàẓẓa* /'gadzdza/, *pòco zùcchero* /pɔkots'tsukkero/, *sótto ẓèro* /sottodz'dzɛro/). Del tutto eccezionali sono i casi di *Z* seguita da consonante e di *Z* finale di parola. La *Z* è sempre scritta scempia nelle posizioni corrispondenti al grado semplice. Al grado geminato corrisponde di regola una grafia doppia, all'interno di parola (con alquante eccezioni, soprattutto in grecismi e altri forestierismi: es. *aẓalèa* /adzdza'lɛa/, *riẓòma* /ridz'dzɔma/, *nazìsta* /nats'tsista/, da confrontare con *aẓẓàrdo* /adz'dzardo/, *ruẓẓàre* /rudz'dzare/, *razzìsta* /rats'tsista/); si ha però di solito grafia scempia davanti a un'*I* accentata o non-accentata, seguita a sua volta da un'altra vocale (con eccezioni in parole derivate da altre con *Z* doppia: es. *pazzìa* /pats'tsia/, *mazzière* /mats'tsjɛre/, da confrontare con *abbazìa* /abbats'tsia/, *dazière* /dats'tsjɛre/).

z, (*maiusc.*) **Z** [sec. XIII] **s. f. o m. inv.** • ventiseiesima lettera dell'alfabeto italiano (nome per esteso *zèta*): *z minuscola, Z maiuscolo* | ***dall'a alla z***, (*fig.*) dal principio alla fine | nella compitazione spec. telefonica it. *z come Zara*; in quella internazionale *z come zulu* | (*mat.*) simbolo letterale per indicare un'incognita di un'equazione o la variabile di una funzione; in un sistema di coordinate nello spazio, individua i punti su uno dei tre assi

za [vc. onomat. ✱ 1879] **inter.** • riproduce il rumore di un colpo piatto che scende fendendo l'aria: *prese una riga e za! sulle mani*

ẓabaióne o **ẓabaglióne** [etim. discussa: collegata con il lat. tardo *sabāia* 'specie di bevanda (d'orzo) ordinaria', di orig. illirica (?) ✱ sec. XV] **s. m. 1** crema spumosa che si ottiene sbattendo tuorli d'uovo con zucchero, aggiungendovi marsala o altro vino liquoroso, e cuocendo il tutto a bagnomaria: *fare, bersi uno z.* **2** (*est.*) liquore a base di zabaione **3** (*fig., disus.*) mescolanza, confusione spec. di idee, frasi, espressioni ‖ **ẓabaioncino**, **dim.**

†**zabattièro** [deriv. dal sett. *zavata* con sovrapposizione del corrispondente *ciabatta* ✱ sec. XIV] **s. m.** • ciabattino

†**ẓabìbo** ➤ **Zibibbo**

ẓàbro [gr. *zabrós* 'che mangia molto', di forma e orig. incerte ✱ 1875] **s. m.** • coleottero con lunghe e robuste mandibole che rode culmi e spighe del frumento e, come larve, radici (*Zabrus tenebrioides*)

ẓac o **ẓàcchete** [vc. onomat. ✱ 1892] **inter.** • riproduce il rumore di un colpo o di un taglio secco, rapido, netto e improvviso: *tutt'a un tratto zac! gli lasciò andare un ceffone*; *perse la pazienza e zac zac zac, con le forbici gli tagliò i capelli* | ***zic zac***, riproduce il susseguirsi di due tagli o strappi rapidi, netti o il movimento rapido e secco di qlco.

†**zaccaràle** (o **ẓ-**) [etim. incerta ✱ sec. XIV] **s. m.** • strettoio, colatoio

†**zàccaro** (o **ẓ-**) [1389] **s. m.** • zacchera

zàcchera (o **ẓ-**) [longob. *zahhar* 'lacrima, goccia (che cade)', di orig. onomat. ✱ av. 1347] **s. f. 1** schizzo di fango che resta attaccato al fondo degli abiti o alle scarpe **2** (*fig., lett.*) bagattella, bazzecola, piccolezza **3** †caccola sulla lana di capre o pecore ‖ **zaccherèlla**, **dim.**

zaccheróne (o **ẓ-**) [1891] **s. m.** (**f.** *-a*) • (*colloq.*) chi si inzacchera molto o abitualmente | (*fig., raro*) persona dall'aspetto sciatto, sudicio

zaccheróso (o **ẓ-**) (o **-ṣ-**) [1353] **agg.** • (*lett.*) schizzato di fango: *scarpe zaccherose*

ẓàcchete ➤ **zac**

ẓaf ➤ **zaff**

ẓaff o **ẓaf**, **ẓàffe**, **ẓàffete** [vc. onomat. ✱ av. 1555] **inter. 1** riproduce il rumore di un colpo, di uno strappo, di un taglio secco, deciso, improvviso: *e z. gli tagliò la testa* | ***ziff z.***, riproduce il rapido susseguirsi di due strappi o tagli su un materiale leggero **2** (*scherz., fig.*) si usa per indicare l'azione del ghermire, dello strappare qlco. a qlcu. improvvisamente e con rapidità: *il gatto saltò sul tavolo e z.! via con la carne!*

zaffaménto (o **ẓ-**) [1879] **s. m.** • (*raro*) lo zaffare①

ẓàffara ➤ **zaffera**

†**zaffardàta** (o **ẓ-**) [etim. incerta ✱ av. 1712] **s. f.** • (*raro*) colpo dato con una cosa imbrattata

†**zaffardóso** (o **ẓ-**) (o **-ṣ-**) [V. †*zaffardata* ✱ sec. XIV] **agg.** • imbrattato, sporco

zaffàre① (o **ẓ-**) [da *zaffo*① ✱ av. 1584] **v. tr. 1** (*med.*) tamponare con lo zaffo: *z. una ferita* **2** (*enol.*) turare, tappare con lo zaffo: *z. un tino*

†**zaffàre**② (o **ẓ-**) [vc. di provenienza venez. (ant. *zafàr* 'acciuffare') e di orig. imitativa ✱ av. 1536] **v. tr.** • ghermire, afferrare | arrestare

zaffàta① (o **ẓ-**) [da *zaffare*① ✱ av. 1400] **s. f. 1** tanfo improvviso che impedisce il respiro: *una z. di canfora* (A. FOGAZZARO) | (*lett., raro*) ondata di odore di buon cibo: *una z. di odore di pan caldo* (R. BACCHELLI) **2** getto improvviso di liquido o di gas **SIN.** spruzzo ‖ **zaffatina**, **dim.**

zaffàta② (o **ẓ-**) [da †*zaffare*② ✱ av. 1400] **s. f.** • (*raro*) lavata di capo, rimprovero: *il Piovano ... mi dava alquante zaffate per gli sconci che vedeva nel muro* (I. NIEVO) | scherno

zaffatùra (o **ẓ-**) [da *zaffare*① ✱ av. 1698] **s. f. 1** zaffamento | chiusura ottenuta mediante zaffo **2** (*enol., raro*) zaffo

ẓàffe ➤ **zaff**

ẓàffera o **ẓàffara** [gr. *sápphеiros*, che designava propr. il 'lapislazzuli' ✱ av. 1537] **s. f.** • mistura vitrea a base di cobalto, azzurra, turchina o violetta, per la tintura dei vetri e delle maioliche

ẓafferanàto [1531] **agg. 1** condito con zafferano: *riso z.* **2** del colore dello zafferano

ẓafferàno [dall'arabo *za'farān* 'croco' ✱ 1303] **A s. m. 1** erba delle Iridacee con foglie lineari verdi e due fiori utili per estrarre la droga omonima (*Crocus sativus*) | (*pop.*) ***z. bastardo***, colchico | (*pop.*) ***z. falso***, cartamo **2** spezia giallo-rossa che si ottiene dagli stigmi polverizzati della pianta omonima e si usa spec. in cucina o, un tempo, in farmacia: *risotto allo z.* | ***giallo come lo z.***, giallo intenso **B in funzione di agg. inv.** • (posposto a un sost.) detto di colore giallo intenso: *vestito z.* | ***gabbiano z.***, piccolo gabbiano dal vivace e intenso colore giallo che vive a gruppi sulle coste nord-europee (*Larus fuscus*)

ẓafferanóne [1840] **s. m.** • (*bot.*) cartamo

ẓàffete ➤ **zaff**

ẓaffirìno [lat. *sapphirīnu(m)*, da *sapphīrus* 'zaffiro' ✱ av. 1530] **agg. 1** di zaffiro: *gemme zaffirine* **2** (*lett.*) simile allo zaffiro, spec. nel colore: *cielo z.*

ẓaffìro o, secondo il modello greco, **ẓaffìro**, †**ẓafiro**, †**saffiro** [lat. *sapphīru(m)*, dal gr. *sáppheiros*, propr. 'lapislazzuli', di orig. semitica ✱ av. 1250] **s. m.** • (*miner.*) varietà azzurra di corindone, usata come gemma | qualsiasi altra varietà limpida di corindone usata come gemma, indipendentemente dal colore: *z. giallo, rosa, verde, viola, incolore* | (*fig.*) ***cielo di z.***, azzurro e trasparente ‖ **ẓaffirétto**, **dim.** | **ẓaffirino**, **dim.**

zàffo① (o **ẓ-**) [longob. *zapfo*, parallelo di *tappo*, dal germ. *tappôn* 'tappare' ✱ av. 1400] **s. m. 1** (*enol.*) tappo di legno ricoperto di stoppa per chiudere il foro delle botti o dei tini | zipolo **2** (*med.*) tratto di benda, per lo più arrotolata, per medicazione, tamponamento o drenaggio **SIN.** stuello, tampone **3** borra, stoppaccio **4** (*mar.*) tappo dell'alleggio

zàffo② (o **ẓ-**) [da †*zaffare*② ✱ sec. XIV] **s. m.** • (*lett., ven.*) sbirro

†**ẓafìro** ➤ **zaffiro**

ẓàfra [vc. sp., dal portog. *safra* 'raccolta, mietitura', d'orig. incerta (forse araba) ✱ 1978] **s. f.** •

a Cuba, raccolta e lavorazione della canna da zucchero

ẓagàglia [berbero *zagāja* 'giavellotto', passato all'arabo dall'Africa sett., nei cui dialetti tuttora vive ✱ 1358] **s. f. 1** lunga arma su asta, in uso sino al sec. XVI **2** tipica arma sudafricana in forma di corto giavellotto dalla punta di ferro e dal legno leggero e molto resistente ‖ **ẓagagliétta**, **dim.**

ẓagagliàta [1553] **s. f.** ● colpo dato con la zagaglia

†**ẓaganèlla** o †**ẓagonèlla** [etim. discussa: assieme a tante altre vc. merid., da ammettere alla famiglia di *sagola* (?) ✱ 1565] **s. f. 1** grossa fune **2** orlatura listata con fili d'argento e d'oro **3** beffa, scherno | ***attaccare le zaganelle***, deridere, beffare

ẓàgara [arabo *zahar*, da *zahr* 'fiore' ✱ 1682] **s. f.** ● fiore degli agrumi, spec. dell'arancio e del limone: *Che lunga notte e luna rossa e verde / al tuo grido tra zagare* (S. QUASIMODO)

ẓagarèlla [var. di *zaganella* ✱ 1585] **s. f.** ● striscia scura lungo il dorso del manto degli Equidi

ẓaglòsso [comp. del pref. intens. gr. *za-* e *-glosso*: detto così per il rostro particolarmente prolungato ✱ 1961] **s. m.** ● genere di Mammiferi monotremi viventi nella Nuova Guinea, caratterizzati da arti e cranio allungati, rostro più lungo di quello delle echidne, aculei lunghi ma non fitti (*Zaglossus*) | ogni animale appartenente a tale genere

†**ẓagonèlla** ➤ †**zaganella**

ẓaidìta [dal n. del fondatore della setta, *Zaid* (*ibn 'Alī*) (?-740) ✱ 1932] **s. m. e f.; anche agg.** (**pl. m.** *-i*) ● seguace di una setta musulmana sciita, caratterizzata dalla moderatezza delle opinioni religiose e politiche

†**ẓàina** (o **z-**) ➤ **zana**

ẓainétto [sec. XIV] **s. m. 1** dim. di *zaino*② **2** zaino di dimensioni ridotte, usato spec. dai giovani per il trasporto di libri, attrezzature sportive, effetti personali

♦**ẓàino**① o †**ẓàno** [longob. *zaina* 'corbello, cesto' ✱ av. 1500] **s. m.** ● sacco di tela o altro materiale impermeabile e resistente che, munito di cinghie per essere caricato e trasportato sulle spalle, contiene vestiario, provviste alimentari e oggetti vari di alpinisti, escursionisti, militari, ecc.: *preparare lo z.*; *mettere la giacca a vento nello z.* | anche in formule di comando militare: *z. in spalla!*; *z. a terra!* | (*milit.*) ***affardellare lo z.***, disporvi dentro, con ordine le cose di cui va riempito | ***a z.***, detto di oggetto che si porta appeso alle spalle: *irroratrice a z.* ‖ **ẓainétto**, **dim.** (V.) | **ẓainóne**, **accr.**

ẓàino② [etim. discussa: applicazione particolare di *zaino*① (?) ✱ 1561] **agg.** ● detto di colore di mantello equino scuro, senza nessun pelo bianco

ẓairése (o **-ṣ-**) [1981] **agg. e s. m. e f.** ● zairiano

ẓairiàno [1973] **A agg.** ● dello Zaire, dal 1997 Repubblica democratica del Congo **B s. m.** ● nativo, abitante della Repubblica democratica del Congo

ẓairòta [1983] **agg. e s. m. e f.** (**pl. m.** *-i*) ● (*raro*) zairiano

ẓalòfo [lat. scient. *zalōphus*, vc. d'orig. non accertata ✱ 1983] **s. m.** ● genere di Mammiferi carnivori pinnipedi caratterizzati da corpo slanciato con capo sottile e appuntito, mantello di colore bruno privo di criniera e voce simile a un latrato (*Zalophus*) | ogni animale appartenente a tale genere

ẓàma [prob. dalle iniziali dei suoi componenti: *z(inco)*, *a(lluminio)*, *m(agnesio)* e la finale di *(leg)a* ✱ 1939] **s. f.** ● (*metall.*) lega di zinco con alluminio, magnesio e rame in varie percentuali, usata spec. per pressofusioni di particolari di forma molto complicata

†**ẓamàrra** ➤ **zimarra**

ẓamberlùcco [dal turco *yāğmūrluq* 'mantello per la pioggia (*yāğmūr*)' ✱ 1685] **s. m.** (**pl.** *-chi*) **1** lunga sopravveste con ampio cappuccio usata un tempo da alcuni popoli orientali **2** (*scherz.*, *disus.*) palandrana, ampia e lunga veste

ẓambiàno [1973] **A agg.** ● dello Zambia, repubblica dell'Africa australe corrispondente all'ex Rhodesia del Nord **B s. m.** ● nativo, abitante dello Zambia

zambo /*sp.* 'θambo, 'sa-/ [vc. sp., propr. 'testardo', di etim. incerta (forse stessa orig. dell'it. *strambo*) ✱ sec. XVI] **s. m. inv.** (**pl. sp.** *zambos*) ● meticcio dell'America Latina, nato dall'unione di un genitore indio e di un genitore nero di origine africana

†**ẓàmbra** (o **z-**) o †**sàmbra** [ant. fr. *chambre*, dal lat. *cămara* 'camera' ✱ av. 1294] **s. f. 1** camera, stanza **2** latrina, gabinetto

†**ẓambràcca** (o **z-**) [da †*zambra* col suff. di *(baldr)acca* e d'altri spreg. ✱ av. 1375] **s. f. 1** cameriera, spec. sudicia e sciatta **2** meretrice, baldracca

†**zambùco** ➤ **sambuco**②

♦**zàmpa** (o **ẓ-**) [etim. incerta: forse sovrapp. di *zanca* a *gamba* ✱ av. 1347] **A s. f. 1** (*zool.*) ciascuno degli arti degli animali: *le zampe di un elefante, di un cavallo, di un daino* | (*pop.*) parte terminale dell'arto di alcuni animali, anche nel loro eventuale uso di cucina: *al mio cane si è confitta una spina nella z.*; *le zampe del pollo*; *una z. di vitella* | ***falsa z.***, pseudozampa | ***zampe di gallina, di mosca***, (*fig.*, *scherz.*) scrittura illeggibile per la sua irregolarità | ***zampe di gallina***, (*fig.*) grinze intorno agli occhi, spec. nelle persone anziane **2** (*scherz.*, **spec. al pl.**) gamba dell'uomo | ***a quattro zampe***, carponi | (*fig.*, *scherz.*) mano dell'uomo: *qua la z.!*; *giù le zampe!* **3** (*raro*, *est.*) gamba o piede di un mobile: *le zampe del tavolo* **4** (*est.*, *aeron.*) sostegno telescopico di modulo o altro veicolo lunare, usato per l'atterraggio **5** (*est.*) compare in numerose locuzioni col sign. di elemento, organo, dispositivo, struttura, sistema e sim. che per la forma o la funzione ricorda la zampa di un animale | (*miniere*) ***z. di bove***, attrezzo costituito da una forcella sorretta da snodo girevole, usato per sorreggere la batteria di perforazione della sonda durante le manovre | (*ferr.*) ***z. di lepre***, rotaie di risvolta, facenti parte del crociamento del deviatoio in corrispondenza dell'intersezione di due rotaie | (*tecnol.*) ***zampe di gallo***, treppiede per poggiarvi le ceramiche da cuocere nella fornace | (*tecnol.*, *mecc.*) ***z. di ragno***, ciascuna delle scanalature praticate nella superficie interna di un cuscinetto a strisciamento per facilitare la distribuzione del lubrificante | ***z. d'oca***, (*milit.*) nelle fortificazioni antiche, struttura muraria rotonda od ovale, munita di parapetto, costruita gener. nel fosso a difesa di altre strutture; (*edil.*) gradino con pedata trapezoidale posto nei tratti in curva di una rampa di scale; (*mar.*) patta d'oca; (*anat.*) espansione del tendine in corrispondenza della tuberosità interna della tibia; (*aeron.*) piè d'oca | ***pantaloni a z. d'elefante***, a campana, che si allargano verso il basso **6** (*est.*, *abbigliamento*) in pellicceria, pelliccia confezionata con la pelle della zampa di un animale **B Nella loc. sost. m. e f. inv.** ***quattro zampe*** o (con grafia unita) ***quattrozampe***, V. *quattro* nel sign. I, 1 ‖ **zampàccia**, **pegg.** | **zampétta**, **zampettina**, **dim.** | **zampètto**, **dim. m.** (V.) | **zampina**, **dim.** (V.) | **zampino**, **dim. m.** (V.) | **zampóna**, **accr.** | **zampóne**, **accr. m.** (V.)

zampàre (o **ẓ-**) [da *zampa* ✱ 1536] **A v. intr.** (aus. *avere*) **1** (*lett.*) percuotere il suolo con le zampe anteriori stando fermo, detto spec. di cavalli **SIN.** scalpitare **2** (*lett.*, *raro*) battere i piedi in terra camminando, detto di persona **B v. tr.** ● (*raro*) percuotere con la zampa

zampàta (o **ẓ-**) [av. 1535] **s. f. 1** colpo di zampa **2** (*est.*) calcio dato da una persona | (*lett.*) aspro rimprovero, dura critica **3** impronta della zampa di un animale: *le zampate del cavallo sul terreno* | (*fig.*) impronta geniale, segno caratteristico: *nel film si nota la z. del grande regista* ‖ **zampatina**, **dim.**

zampeggiàre (o **ẓ-**) [1539] **v. intr.** (**pres.** *io zampéggio*; **fut.** *io zampeggerò*; **aus.** *avere*) **1** battere, percuotere il terreno con le zampe **SIN.** scalpitare **2** (*tosc.*) agitare le zampe, detto dei buoi

zampettàre (o **ẓ-**) [da *zampetta*, dim. di *zampa* ✱ 1426 ca.] **v. intr.** (*io zampétto* (o *ẓ-*); **aus.** *avere*) **1** muoversi velocemente, detto di piccoli animali **2** (*est.*, *scherz.*) sgambettare: *la bimba zampetta nel bosco*

zampétto (o **ẓ-**) [av. 1698] **s. m. 1** dim. di *zampa* **2** (*cucina*) zampa lessa di vitello, agnello, maiale

zampicàre (o **ẓ-**) [da *zampa* ✱ 1618] **v. intr.** (*io zàmpico* (o *ẓ-*), *tu zàmpichi* (o *ẓ-*); **aus.** *avere*) ● (*raro*) scalpitare | †camminare

zampillaménto (o **ẓ-**) [1704] **s. m.** ● (*raro*) lo zampillare | zampillio

zampillànte (o **ẓ-**) **part. pres.** di *zampillare*; **anche agg.** ● nei sign. del v.

♣**zampillàre** (o **ẓ-**) [vc. onomat. ✱ av. 1400] **A v. intr.** (**aus.** *essere*, *raro avere*) ● sgorgare con impeto formando uno zampillo: *l'acqua da viva pomice zampilla* (A. POLIZIANO); *un getto di sangue zampilla dalla ferita* **SIN.** sprizzare **B v. tr.** ● (*raro*, *lett.*) fare zampillare: *La ferita zampillava sangue* (I. NIEVO)

zampillìo (o **ẓ-**) [sec. XIII] **s. m.** (**pl.** *-ii*) **1** lo zampillare intermittente ma continuato **2** insieme di zampilli

♣**zampìllo** (o **ẓ-**) [da *zampillare* ✱ sec. XIII] **s. m.** ● sottile getto d'acqua o altro liquido che sgorga con impeto: *gli zampilli di una fontana* ‖ **zampillétto**, **dim.**

zampìna (o **ẓ-**) [1879] **s. f. 1** dim. di *zampa* **2** sostegno di ferro scalettato dello spiedo

zampìno (o **ẓ-**) [av. 1548] **s. m. 1** dim. di *zampa* | ***mettere lo z. in qlco.***, (*fig.*) immischiarsi, intromettersi più o meno apertamente, per influire sull'esito di qlco., spec. a proprio favore: *ci ha messo uno z. quel frate in quest'affare* (A. MANZONI) | ***lo z. del diavolo***, (*fig.*) causa imprevista che fa fallire un'impresa destinata altrimenti al successo | **PROV.** ***tanto va la gatta al lardo che ci lascia lo z.***, V. *gatta*① **2** (*cucina*) zampetto

ẓampiróne (o **z-**) [dal n. del farmacista G. B. *Zampironi* che lo inventò nel 1862 ✱ 1927] **s. m. 1** piccola spirale o stecca di apposite sostanze compresse che, bruciando lentamente, scaccia zanzare o insetti molesti **2** (*est.*, *scherz.*) sigaretta di qualità scadente

ẓampógna (o **z-**) o (*tosc.*, *lett.*) **sampógna** [lat. parl. *sumpōnia(m)* per *symphōnia(m)*, dal gr. *symphonía* 'sinfonia, concerto' ✱ 1287] **s. f. 1** strumento musicale ad ancia, simile alla cornamusa, tipico dei pastori dell'Italia centro-meridionale; è costituita da una sacca di pelle, con funzioni di mantice, dove l'aria viene immessa mediante un'apposita canna e in cui sono innestate una canna ad ancia, per eseguire la melodia, e una o più altre con funzione di bordone **2** (*raro*, *lett.*, *mus.*) siringa **3** nella caccia, richiamo a fiato con cui si imita il verso della folaga ‖ **ẓampognétta**, **dim.**

†**ẓampognàre** (o **z-**) [av. 1311] **v. intr.** ● suonare la zampogna

ẓampognàro (o **z-**) [1598] **s. m.** (**f.** *-a*) ●

suonatore di zampogna

zampóne (o **ẓ-**) [1592] **s. m. 1** accr. di *zampa* **2** zampa anteriore di maiale svuotata e riempita di carne trinciata, cotenne, orecchio, musetto e nervetti, con l'aggiunta di sale e spezie, da lessare: *lo z. di Modena*

ẓàna (o **z-**) o **†ẓàina** (o **z-**) [longob. *zaina* 'cesta', spesso usata anche come 'culla' ✻ sec. XIII] **s. f. 1** (*tosc.*) cesta ovale, intessuta di sottili strisce di legno | quantità di roba contenibile in tale cesta **2** (*tosc.*) in passato, culla a forma di cesta ovale, fermata su due legni convessi che fungono da arcioni **3** (*tosc., lett.*) fossa in cui ristagna o scorre l'acqua | (*fig.*) †inganno || **ẓanèlla**, **dim.** (V.)

ẓanàio (o **z-**) o (*centr.*) **ẓanàro** [1891] **s. m.** (**f.** *-aia*, **pl. m.** *-ai*) ● (*tosc.*) fabbricante di zane

†ẓanaiòlo (o **z-**) [av. 1338] **s. m.** ● chi portava merci a domicilio con la zana

ẓanàro (o **z-**) ➤ **zanaio**

zànca (o **ẓ-**) [etim. discussa: lat. tardo *zănca(m), tzănga(m)* 'tipo di calzatura', di orig. persiana (*zanga* 'gamba') (?) ✻ 1313] **s. f. 1** pezzo di ferro, di svariate forme, per collegare fra loro conci in lavori di muratura, parti di costruzioni, legnami e sim. **SIN.** grappa① **2** †gamba **3** (**al pl.**) †trampoli

†zancàto (o **ẓ-**) [da *zanca* ✻ sec. XVI] **agg.** ● ripiegato da un capo, detto di leve, aste e sim.: *io stesso tentai con una semplice e poco pesante leva zancata di alzare il peso* (G. Galilei)

ẓanèlla① (o **z-**) [1618] **s. f. 1** dim. di *zana* **2** (*tosc.*) piccola fossa di scolo ai lati di una strada di campagna: *le bestie, spaventate dalla z. gonfia, s'inalberavano e rinculavano* (G. Giacosa) | fossetta di scolo, nelle stalle

ẓanèlla② [etim. incerta ✻ 1961] **s. f.** ● tessuto di cotone per fodere, simile al satin

†zanfrìno (o **ẓ-**) [etim. incerta ✻ 1598] **s. m.** ● testiera, di ferro o di cuoio, parte della barda del cavallo a difesa della testa

ẓàngola (o **z-**) [dim. di **zanga*, da *zana* (?) ✻ 1497] **s. f. 1** apparecchio, solitamente in forma di botticella, per fare il burro agitando e sbattendo la panna del latte **2** catino di legno per tenere a bagno il baccalà e sim.

ẓangolatóre (o **z-**) [1961] **s. m.** (**f.** *-trice*) ● operaio di burrificio addetto alla zangola

ẓangolatùra (o **z-**) [da *zangola* ✻ 1970] **s. f.** ● sbattimento della crema per fare il burro

ẓangóne [accr. del venez. *zanca* nel senso di '(oggetto, cosa) storta' ✻ 1814] **s. m.** ● (*mar.*; *disus.*) forcaccio

zànna (o **ẓ-**) o **†sànna** [longob. *zann* 'dente', di orig. indeur. ✻ 1313] **s. f. 1** ciascuno dei robusti e sviluppatissimi denti sporgenti dalla mascella di alcuni Mammiferi: *le zanne dell'elefante, del cinghiale* **2** ciascuno dei denti ben sviluppati di animali spec. carnivori | ciascuno dei denti veleniferi dei serpenti **3** (*est., spreg.* o *scherz.*) dente umano grande o lungo | (*fig.*, **spec. al pl.**) dente di persona ingorda o minacciosa spec. in alcune loc.: *dar di zanne, affondare le zanne*, addentare voracemente; *mostrare le zanne a qlcu.*, (*fig.*) minacciarlo **4** (*disus.*) dentaruolo **5** †strumento d'osso per lisciare o lustrare, usato un tempo in oreficeria e legatoria

†zannàre (o **ẓ-**) [da *zanna* ✻ 1676] **v. tr.** ● lustrare, brunire con la zanna: *z. l'oro, l'argento* | lisciare, appianare con la zanna: *z. la pergamena*

zannàta① (o **ẓ-**) [av. 1674] **s. f. 1** colpo di zanna | (*est.*) morso **2** segno lasciato da tale colpo

ẓannàta② [1585] **s. f.** ● (*lett.*) battuta farsesca, da zanni | (*est.*) buffonata, pagliacciata | (*est.*) balordaggine

†ẓannerìa [da *zanni* ✻ av. 1647] **s. f.** ● zannata

†ẓannésco [1600] **agg.** (**pl. m.** *-schi*) ● da zanni | (*est.*) buffonesco

ẓànni [dal soprannome venez. dei servi bergamaschi *Zan(i)* 'Giovanni' usato in teatro ✻ 1549] **s. m. inv. 1** tipo del servo semplice e goffo nella commedia dell'arte **2** (*est., lett.*) persona goffa e ridicola: *fare lo z.* **SIN.** buffone, pagliaccio

ẓannichèllia [dal n. del naturalista it. G. G. *Zannichelli* (1662-1726) ✻ 1813] **s. f.** ● pianta della famiglia delle Potamogetonacee, comune nelle acque dolci come erba sommersa (*Zannichellia palustris*)

zannùto (o **ẓ-**) o **†sannùto** [1313] **agg. 1** provvisto di zanne: *cinghiale z.* **2** (*est., spreg.*) che ha denti grandi o lunghi, detto di persona

†ẓàno ➤ **zaino**①

ẓànẓa [di orig. sconosciuta ✻ 1972] **s. m. e f. inv.** ● (*sett.*) imbroglione, truffatore

ẓanẓàra o **†ẓanẓàla**, **†ẓanẓàna**, **†ẓenẓàra** [lat. tardo *zinzāla(m)*, di orig. onomat. ✻ sec. XIII] **s. f. 1** famiglia di piccoli Insetti dei Ditteri, sviluppantisi sempre nell'acqua, con corpo snello, arti e antenne lunghi e filiformi, due ali, e apparato boccale sporgente che nella femmina serve a pungere e succhiare il sangue di uomini e animali (*Culicidae*) **CFR.** ronzare | ogni individuo di tale famiglia | ***z. anofele***, quella che trasmette il plasmodio della malaria (*Anopheles maculipennis*) | ***z. tigre***, caratterizzata da un'alternanza di bande bianche e nere sull'addome e sugli arti; provoca fastidiose reazioni locali con le proprie punture e può trasmettere virus e filarie (*Aedes albopictus*) **2** (*fig.*) ***noioso, insistente come una z.***, di persona molto noiosa, fastidiosa, molesta | (*fig.*) ***vocino di z.***, voce acuta e sottile come il ronzio dell'insetto omonimo || **ẓanẓarétta**, **dim.** | **ẓanẓarìna**, **dim.** | **ẓanẓarìno**, **dim. m.** | **ẓanẓaróna**, **accr.** | **ẓanẓaróne**, **accr. m.** (V.)

ẓanẓaricida [comp. di *zanzara* e *-cida* ✻ 1985] **A s. m.** (**pl.** *-i*) ● prodotto insetticida specifico per le zanzare **B** anche **agg.**: *sostanza z.*

ẓanẓarièra [1839] **s. f.** ● velo a rete di maglie finissime posto intorno e sopra al letto per proteggere dalle zanzare | schermo di fitta rete metallica applicato a porte e finestre per impedire l'entrata delle zanzare e di altri insetti | ***z. elettrica***, dispositivo consistente in una lampada fluorescente che attira le zanzare e altri insetti neutralizzandoli poi mediante una scarica elettrica

ẓanẓarière [av. 1484] **s. m.** ● (*disus.*) zanzariera

ẓanẓarìfugo, (*evit.*) **ẓanẓarifùgo** [comp. di *zanzara* e *-fugo* ✻ 1985] **A s. m.** (**pl.** *-ghi*) ● prodotto di varia consistenza da applicare sulla pelle per tenere lontane le zanzare **B** anche **agg.**: *uno stick z.*

ẓanẓaróne [av. 1574] **s. m. 1** accr. di *zanzara* **2** (*zool., pop.*) ***z. dei boschi***, (*ellitt.*) ***zanzarone***, tipula

zanzàta [etim. sconosciuta ✻ 1993] **s. f.** ● (*gerg., sett.*) truffa, imbroglio, raggiro

†ẓanẓeràre [av. 1573] **A v. intr.** ● ronzare, andare qua e là **B v. tr.** ● mormorare a voce bassissima

ẓànẓero [etim. incerta ✻ 1353] **s. m. 1** (*lett.*) compagno di bagordi **2** (*lett.*) cinedo

zapateado /*sp.* θapate'aðo, sa-/ [vc. sp., che allude al battere dei piedi (*zapatear*, da *zapato* 'scarpa (bassa)', della stessa orig. dell'it. *ciabatta*), caratteristico di questo ballo ✻ 1937] **s. m. inv.** ● vivace danza popolare spagnola, a solo, in cui il tempo vien scandito battendo ritmicamente i talloni sul pavimento

ẓapatista /*sp.* θapa'tista, sa-/ [1992] **s. m. e f.** (**pl. m.** *-i*) ● seguace di E. Zapata (1879-1919), il più celebre tra i capi della rivoluzione messicana del 1910-'20; nome ripreso dalla rivolta contadina del Chiapas iniziata nel 1994

ẓapotèco [dallo sp. *zapoteca*, da *tzapoteca*, pl. in lingua locale di *tzapotlan* 'abitante del paese della sapotilla (*tzapotl*)' ✻ av. 1557] **agg.** (**pl. m.** *-chi*); anche **s. m.** (**f.** *-a*) ● appartenente a una popolazione amerindia del Messico meridionale la cui civiltà è documentata nello stato di Oaxaca dal 200 a.C.

♦**zàppa** (o **ẓ-**) [lat. tardo *săppa(m)* 'specie di zappone': dall'illirico *zapp-* 'capro' per i due denti, richiamanti le corna dell'animale (?) ✻ sec. XIII] **s. f. 1** attrezzo manuale per lavorare il terreno, formato da una lama di ferro di forma e dimensioni diverse, fissata ad angolo ad un manico di legno: *z. rettangolare, trapezoidale, a cuore, quadra* | ***z. a dente appuntito***, piccone | ***z. a due denti, a due rebbi***, bidente | ***z. a tre denti, a tre rebbi***, tridente | ***z. composta***, con due utensili di diversa foggia opposti | ***z. meccanica***, zappatrice | ***darsi la z. sui piedi***, (*fig.*) dire o fare qlco. che torna a proprio danno: *cercava di giustificarsi, dandosi però la z. sui piedi* **2** (*milit.*) strumento simile alla zappa usato un tempo dagli zappatori e guastatori per lavori di sterro e scasso **3** (*milit.*) fosso, più stretto della trincea propriamente detta, scavato dagli zappatori in vicinanza delle opere fortificate del nemico durante le operazioni di assedio, fino al XIX sec. | ***lavori di z.***, di fortificazione campale **4** (*sett.*) rete per la pesca delle lamprede **5** (*raro, pop.*) segno del numero sette, fatto a zappa || **zappétta**, **dim.** (V.) | **zappétto**, **dim. m.** | **zappìna**, **dim.** | **zappìno**, **dim. m.** | **zappóne**, **accr. m.** (V.)

zappacavàllo (o **ẓ-**) [comp. di *zappa(trice)* e *cavallo* ✻ 1892] **s. f.** (**pl.** *zappecavàllo*) ● macchina zappatrice a trazione animale

†zappadóre (o **ẓ-**) ➤ **zappatore**

zappaménto (o **ẓ-**) [1779] **s. m.** ● (*disus.*) zappatura

zappàre (o **ẓ-**) [av. 1294] **v. tr. 1** lavorare con la zappa (*anche assol.*): *z. la vigna*; *mettersi a z.* | ***z. la terra***, (*fig.*) fare il contadino | ***†star coi frati e zappar l'orto***, (*fig.*) rimettersi alle decisioni altrui | (*spreg., disus.*) ***z. l'organo, il piano***, suonarli male | ***z. i denari, i quattrini***, (*disus.*) averne molti **2** †scavare fossi, buche, trincee e altre opere di fortificazione **3** (*fig.*) †scalpitare, detto di cavalli e sim.

zappàta (o **ẓ-**) [1583] **s. f. 1** colpo di zappa **2** lavoro fatto con la zappa | lo zappare alla svelta: *dare una z. all'orto* || **zappatìna**, **dim.**

zappatèrra (o **ẓ-**) [comp. di *zappa(re)* e *terra* ✻ av. 1556] **s. m. e f. inv. 1** chi lavora la terra con la zappa | (*est., lett.*) contadino **2** (*fig., spreg.*) persona rozza, incolta e volgare

zappàto (o **ẓ-**) **part. pass.** di *zappare*; anche **agg.** ● nei sign. del v.

zappatóre (o **ẓ-**) o (*poet.*) **†zappadóre** (o **ẓ-**) [av. 1374] **A s. m. 1** (**f.** *-trice*) chi per mestiere zappa la terra | (*est., lett.*) contadino: *l'avaro zappador l'arme riprende* (F. Petrarca) **2** (*milit.*) soldato addetto spec. un tempo ai lavori di zappa, nei reparti di fanteria | soldato del Genio, fino al secondo conflitto mondiale || (*lett.*) **zappatorèllo**, **dim.** **B agg.** ● che zappa

zappatrice (o **ẓ-**) [da *zappare* ✻ 1961] **s. f.** ● macchina agricola per lavorare il terreno, munita di utensili rotanti per lo più a forma di zappette | sarchiatrice **SIN.** zappa meccanica

zappatùra (o **ẓ-**) [1805] **s. f. 1** lavoro dello zappare | modo di zappare | terra sminuzzata e smossa dalla zappa **2** (*raro*) tempo in cui si zappa

ẓàpper /*'dzapper, *ingl.* 'zæpə(r)/ [vc. ingl. 'apparecchio per il cambio di canale TV' (cfr. *zapping*) ✱ 1996] **A** **s. m. inv.** ● (*tv*) decoder non interattivo che riceve il segnale digitale e lo invia al televisore dopo averlo trasformato in analogico **CFR.** decoder **B** **s. m. e f. inv.** ● chi fa zapping

zappétta (o **ẓ-**) [sec. XIV] **s. f. 1** dim. di *zappa* **2** zappa di piccola lama o piccoli rebbi e corto manico, con cui si compiono spec. lavori di giardinaggio | zappa composta, con lama e due rebbi opposti ‖ **zappettìna**, **dim.**

zappettàre (o **ẓ-**) [av. 1320] **v. tr.** (*io zappétto* (o *ẓ-*)) **1** lavorare con la zappetta **2** zappare un poco, solo in superficie: *z. il giardino*

zappettatùra (o **ẓ-**) [1891] **s. f.** ● lo zappettare | lavoro superficiale di zappa

†**zappicàre** (o **ẓ-**) **v. tr.** ● calpestare

ẓàpping /*'dzappin(g), *ingl.* 'zæpɪŋ/ [vc. ingl., propr. 'eliminazione (di spot pubblicitari o programmi non graditi)' da *to zap* 'cancellare' di origine onomat. ✱ 1988] **s. m. inv.** ● passaggio frequente e spesso casuale da un canale televisivo all'altro mediante il telecomando: *fare lo z. per evitare le interruzioni pubblicitarie*

zapponàre (o **ẓ-**) [av. 1742] **v. tr.** (*io zappóno* (o *ẓ-*)) ● lavorare la terra con lo zappone

zapponatùra (o **ẓ-**) [1940] **s. f.** ● lavoro eseguito con lo zappone

zappóne (o **ẓ-**) [av. 1536] **s. m. 1** accr. di *zappa* **2** grossa zappa a lama stretta, lunga e robusta, a manico corto, per rompere il terreno sodo e sassoso e fare sterri

ẓaptiè [turco *zaptiye* 'gendarmeria' da *zapt* 'l'azione di conservare, mantenere (l'ordine)', di orig. araba ✱ 1894] **s. m. inv.** ● indigeno arruolato nell'esercito italiano nel periodo della dominazione italiana in Libia

ẓar o **zar**, **csar**, **czar** /*tsar, *dzar, ktsar/, **tsar** /*tsar, *dzar/ [russo *tsar'*, dall'ant. *tsĕsar'* 'imperatore', propr. titolo di orig. lat. (*Caesar* 'Cesare') ✱ av. 1557] **s. m. inv.** ● titolo imperiale in uso in Russia fino al 1917 e in Bulgaria fino al 1947

ẓàra [arabo *zahr* 'dado' ✱ sec. XIII] **s. f. 1** gioco d'azzardo con tre dadi, praticato in Italia in epoca medievale: *Quando si parte il gioco de la z.* (DANTE *Purg.* VI, 1) **2** †ciascuno dei punti in tale gioco: *far z.* **3** (*est.*) †rischio: *mettersi a z.* | ***z. chi tocca***, guai a chi tocca, suo danno a chi tocca

ẓaratìno [1594] **A** **agg.** ● di Zara, città della Dalmazia **B** **s. m.** (**f.** *-a*) ● abitante o nativo di Zara

ẓarèvic /*tsa'rɛvitʃ, *russo* tsa'rjevjɪtʃj/ (o **z-**) o **csarèvic**, **czarèvic**, **tsarèvic** [russo *tsarévič*, propr. 'figlio (*-evič*) dello zar (*tsar'*)' ✱ 1895] **s. m. inv.** (**pl.** russo *zarevici*) ● principe ereditario nella Russia prima della rivoluzione del 1917

ẓarìna (o **z-**) o **csarìna**, **czarìna**, **tsarìna** [russo *tsarina*, f. di *tsar'* 'zar' ✱ 1736] **s. f. 1** donna insignita del titolo imperiale russo, prima della rivoluzione del 1917 | moglie dello zar **2** (*est.*, *anche scherz.*) moglie di personaggio potente; donna famosa

ẓarìṣmo (o **z-**) [1896] **s. m.** ● sistema politico con a capo uno zar

ẓarìsta (o **z-**) o **csarìsta**, **czarìsta**, **tsarìsta** [1918] **A** **agg.** (**pl. m.** *-i*) ● concernente lo zar | del tempo degli zar **B** **agg. e s. m. e f.** ● sostenitore dello zar

†**ẓàro** [sec. XIII] **s. m.** ● zara

†**ẓaróso** (o **z-**) (o **-ṣ-**) [da *zara* nel senso successivo di 'rischio' ✱ av. 1311] **agg.** ● aleatorio, rischioso

zàrro (o **ẓ-**) [di etim. sconosciuta ✱ 1992] **s. m.** (**f.** *-a*) ● (*gerg.*) truzzo, tamarro

ẓarẓuèla /*dzardzu'ɛla, *sp.* θar'θwela, sar'swe-/ [sp. (*fiesta de*) *zarzuela*, da *zarza* 'rovo', dal n. di una piazza madrilena con la 'casa de recreo' (*Real Sitio de la Zarzuela*) dell'infante Don Fernando, adibita a spettacoli teatrali fin dal XVII sec. ✱ 1873] **s. f.** (**pl.** *zarzuele* **o inv. o sp.** *zarzuelas*) ● (*teatro*) operetta spagnola seria o giocosa, mista di musica, prosa e danza

ẓàtta ① (o **z-**) [vc. d'orig. sconosciuta ✱ 1625] **s. f.** ● (*centr.*) melone cantalupo

†**ẓàtta** ② (o **z-**) [orig. incerta ✱ 1271] **s. f.** ● (*lett.*) zattera

ẓàttera (o **z-**) o †**ẓàttara** (o †**ẓ-**) [ampliamento col suff. *-era* di †*zatta* ✱ sec. XIV] **s. f. 1** galleggiante costruito con tronchi legati insieme e variamente mosso a remi o pertica o vela, usato presso i popoli allo stato primitivo o come mezzo di fortuna spec. dai naufraghi | (*mar.*) *z. **di salvataggio***, battello, rigido o pneumatico, per il salvataggio dei naufraghi **2** (*mar.*) barcone di fondo piatto per lavori idraulici, traghetti o depositi di merci **3** (*edil.*) zatterone ‖ **ẓatterìna**, **dim.** | **ẓatterìno**, **dim. m.** (V.) | **ẓatteróna**, **accr.** | **ẓatteróne**, **accr. m.** (V.)

ẓatteràggio (o **z-**) [1973] **s. m.** ● (*mar.*, *econ.*) insieme delle spese incontrate per lo scarico della merce da navi su chiatte e da queste a terra

ẓatterànte (o **z-**) [da *zattera* ✱ 1961] **s. m. e f.** ● nelle valli da pesca, operaio che effettua lavori di scavo stando su una zattera

ẓatterière (o **z-**) [1961] **s. m.** ● conduttore di zattere di legname

ẓatterìno (o **z-**) [1892] **s. m. 1** dim. di *zattera* **2** piccola zattera da cui si compiono lavori di pulizia sullo scafo delle navi

ẓatteróne (o **z-**) [1879] **s. m. 1** accr. di *zattera* **2** (*mar.*) grosso galleggiante in ferro per operazioni da sbarco, in uso fino alla prima Guerra mondiale **3** (*edil.*, *est.*) graticcio di tavoloni o soletta di calcestruzzo che, in una struttura di fondazione, collega le teste dei pali **4** (*est.*) sandalo femminile estivo con suola e tacco molto alti, generalmente di sughero | scarpa di foggia sportiva, chiusa e con suola molto alta

ẓavòrra o (*sett.*) †**savórna**, †**savòrra**, †**sabórra**, †**sabùrra** [lat. *sabŭrra(m)*, vc. tecnica importata ✱ 1313] **s. f. 1** massa pesante, solida o liquida, che si mette nel fondo della nave per assicurarne la stabilità o migliorarne l'assetto **2** negli aerostati, sacchetti di sabbia sganciabili per alleggerire il peso del carico e guadagnare quota al bisogno **3** (*fig.*, *spreg.*) cosa ingombrante, di poco o nessun valore: *questa stanza è piena di z.* **4** (*fig.*, *spreg.*) persona o insieme di persone inutili, incapaci, che sono solo di peso agli altri: *nella sua compagnia c'è molta z.*

ẓavorraménto [1937] **s. m.** ● operazione di zavorrare una nave, un aerostato e sim.

ẓavorràre o †**savorràre**, †**saborràre** [1598] **v. tr.** (*io ẓavòrro*) ● caricare di zavorra

ẓavorratóre [1961] **s. m.** (**f.** *-trice*) ● operaio o marinaio addetto al trasporto o alla sistemazione della zavorra

ẓavorratùra [av. 1956] **s. f.** ● zavorramento

ẓaẓen /'dzaddzen, *giapp.* za.zɛŋ/ [vc. giapp., propr. 'meditazione (*zen* (V.)) da seduti (*za*)' ✱ 1983] **s. m. inv.** ● pratica meditativa propria dello zen

†**zazzeàre** (o **ẓaẓẓe-**) [vc. espressiva: connessa col dial. *za* 'qua' (?) ✱ 1527] **v. intr.** ● andare a zonzo

†**zazzeàto** (o **ẓaẓẓe-**) **part. pass.** di †*zazzeare* ● (*raro*) solo nella loc. ***andar z.***, andare a spasso, a zonzo

zàzzera (o **ẓàẓẓe-**) [dal longob. **zazera* (o **zazza*) 'ciocca di capelli' ✱ av. 1328] **s. f. 1** capigliatura, spec. maschile, lasciata crescere dietro e ricadente quasi sulle spalle **2** (*est.*, *spreg.* o *scherz.*) capelli lasciati lunghi e incolti per incuria: *tagliati quella z.!* **3** (*disus.*) barba nel sign. 9 ‖ **zazzeràccia**, **pegg.** | **zazzerétta**, **dim.** | **zazzerìna**, **dim.** (V.) | **zazzeróna**, **accr.** | **zazzeróne**, **accr. m.** (V.)

zazzeràto (o **ẓaẓẓe-**) [1879] **agg. e s. m.** ● (*disus.*) zazzeruto

zazzerìna (o **ẓaẓẓe-**) [1353] **s. f. 1** dim. di *zazzera* **2** capigliatura femminile o infantile tagliata corta e scompigliata a bella posta

zazzeróne (o **ẓaẓẓe-**) [av. 1311] **s. m. 1** accr. di *zazzera*: *un z. tutto scarruffato, e niente artro* (C.E. GADDA) **2** chi porta la zazzera | (*fig.*) †uomo all'antica **3** (*spreg.*) chi ha i capelli lunghi per incuria

zazzerùto (o **ẓaẓẓe-**) [av. 1311] **agg. 1** che ha la zazzera | (*fig.*) †***piante zazzerute***, fronzute **2** (*est.*, *spreg.* o *scherz.*) che ha capelli lunghi e incolti | (*raro*) capellone

zdanovìṣmo (zda-nov-i-smo, zda-no-vi-smo) /zdano'vizmo/ [dal n. di A. *Ždanov* (1896-1948), uomo politico sovietico, intransigente assertore e controllore della dottrina del partito comunista dell'U.R.S.S. in ogni settore culturale negli anni intorno al 1940 ✱ 1957] **s. m.** ● (*polit.*) teoria e pratica di stretto controllo dell'attività di scrittori e intellettuali, esercitato da uno Stato o da un partito di ispirazione comunista, per renderla conforme alle proprie direttive ideologiche e politiche

†**ẓèba** [etim. discussa: di orig. prelatina (?) ✱ 1313] **s. f.** ● capra: *mei foste state qui pecore o zebe!* (DANTE *Inf.* XXXII, 15)

ẓebedèi [deviazione espressiva del n. biblico (dei due figli) di *Zebedeo* ✱ 1792] **s. m. pl.** (**sing.** *-èo*) ● (*pop.*, *eufem.*) testicoli, spec. nella loc. ***rompere gli z.***, seccare, annoiare

†**ẓebellàre** [da *zeba* (?) ✱ av. 1365] **v. intr.** ● saltare, saltellare

♦**ẓèbra** [vc. iberica, col sign. di 'onagro' (di orig. incerta), passata poi, per tramite portog., nel Congo a designare l'animale esotico ✱ av. 1292] **s. f. 1** mammifero africano appartenente alla famiglia degli Equidi, ungulato, d'aspetto intermedio fra quello del cavallo e quello dell'asino, con mantello a fondo bianco o giallastro o rossastro striato trasversalmente di nero o di bruno (*Hippotigris*) | ***z. di Grevy***, ***z. reale***, di mole notevole ma di forme aggraziate, con strisce fitte, vivente in alcune regioni etiopiche e somale (*Dolicohippus Greyi*) **2** (*est.*, **al pl.**) passaggio pedonale delimitato da strisce bianche su fondo scuro

ẓebràto [da *zebra*, per la striatura del mantello ✱ 1879] **agg.** ● segnato da strisce trasversali bianche e nere o chiare e scure

ẓebratùra [da *zebrato* ✱ 1904] **s. f. 1** (*zool.*) disegno a strisce bianche e nere del mantello delle zebre **2** (*est.*) disegno a strisce bianche e nere, o chiare e scure | ***z. stradale***, quella che sul fondo stradale delimita il passaggio pedonale

ẓebù [fr. *zébu*, di orig. incerta ✱ 1773] **s. m. inv.** ● mammifero dei Bovidi, diffuso allo stato domestico in Africa e nell'America meridionale, caratterizzato dalle grosse corna e dalla gobba adiposa nella regione toracica e cervicale (*Bos indicus*)

zécca ① (o **ẓ-**) [longob. *zëkka* ✱ sec. XIII] **s. f.** ● (*pop.*) ciascuno degli appartenenti a varie specie di piccoli acari, parassiti di uomini e animali, di cui succhiano il sangue trasmettendo spesso malattie | ***zecche di mare***, (*pop.*) isopodi marini, parassiti dei pesci

zécca ② (o **ẓ-**) [arabo *sikka* 'moneta, conio'

(dalla radice *sakk* 'scavare'), come riduzione di *dār as-sikka* 'casa della moneta' * av. 1348] **s. f.** ● officina dove si coniano le monete: *la prima z. di Roma antica fu sul Campidoglio* | **nuovo di z.**, detto di moneta appena uscita dalla zecca; (*fig.*) detto di ciò che è nuovo fiammante, mai adoperato, mai visto o sentito, del tutto inedito e sim.

•**zeccàre** (o ẓ-) [da *zecca*② * 1550] **v. tr.** ● coniare monete | *z. oro*, (*fig.*) guadagnare molto

•**zecchière** (o ẓ-) o †**zecchièro** (o ẓ-) [av. 1537] **s. m.** ● chi dirige una zecca | addetto a una zecca

zecchinétta (o ẓ-) [da una deformazione di *(lan)zichenecchi* (V.) che lo giocavano * 1765] **s. f.** ● gioco d'azzardo a carte, simile alla toppa, fatto con più carte, in cui, dopo che il banchiere ha annunziato la somma che intende rischiare e i singoli giocatori hanno dichiarato se la scommettono in tutto o in parte, si scoprono via via le carte fino a quando non se ne scopre una uguale a quella del banchiere o a quella di un giocatore

zecchinétto (o ẓ-) [1876] **s. m.** ● zecchinetta

zecchìno (o ẓ-) [arabo *sikkī*, da *sikka* 'moneta, conio; zecca'② * 1524] **s. m.** ● ducato d'oro veneziano, coniato a Venezia nel XVI sec. | (*est.*) qualunque moneta d'oro puro | (*est.*) **oro di z.**, **oro z.**, oro purissimo

zéccola (o ẓ-) [da *zecca*①, per la forma * 1879] **s. f. 1** (*raro, lett.*) pagliuzza, spina impigliata nei capelli | (*est.*) qualunque impurità che si attacca al vello degli animali, spec. delle pecore **2** (*fig., raro*) bazzecola, cosa di nessun conto

ẓedìglia (o z-) ➤ **cediglia**

ẓèffiro ➤ **zefiro**

ẓefir o **zéphyr** /*fr.* ze'fiʀ/ [var., più prossima all'orig. (fr. *zéphyr*), di *zeffiro* per la leggerezza del tessuto * 1895] **s. m. inv.** ● filato o tessuto di cotone particolarmente leggero e delicato

ẓèfiro o **ẓèffiro** [vc. dotta, lat. *zĕphyru(m)*, dal gr. *zéphiros*: da *zóphos* 'oscuro, occidentale' (?) di orig. incerta * av. 1292] **s. m. 1** (*lett.*) vento di ponente, spec. primaverile: *z. torna, e 'l bel tempo rimena* (F. Petrarca) **2** (*est., lett.*) vento mite e leggero: *se il notturno zeffiro / blando sui flutti spira* (U. Foscolo) | (*raro, fig.*) **prospero z.**, vento favorevole, buona sorte **SIN.** brezza **3** personificazione del vento Zefiro, nelle raffigurazioni mitologiche e letterarie ‖ **ẓefirétto**, **dim.**

Ẓeifórmi [comp. del lat. *z(ā)eus*, dal gr. *záios* 'nome di pesce', di etim. incerta, e del pl. di *-forme* * 1961] **s. m. pl.** (**sing.** *-e*) ● (*zool.*) ordine di Pesci dei Teleostei con corpo alto e compresso ai lati, grossa testa, pinna dorsale anteriore e anale a raggi spinosi (*Zeiformes*)

ẓeìṣmo [comp. di *zea* 'mais' (dal lat. *zēa* 'specie di grano', dal gr. *ze(i)á*, di orig. indeur.) e *-ismo* * 1930] **s. m.** ● (*med., raro*) pellagra

Zeitgeist /*ted.* 'tsaɪt͵gaɪst/ [vc. ted., propr. 'spirito (*Geist*) del tempo (*Zeit*)' * 1971] **s. m. inv.** (**pl. ted. inv.**) ● lo spirito culturale tipico di un'epoca

ẓelànte [vc. dotta, lat. eccl. *zelānte(m)*, part. pres. di *zelāre* * av. 1311] **A agg. 1** che è pieno di zelo: *z. dell'onore, del dovere* **SIN.** coscienzioso, diligente **CONTR.** indolente **2** che lavora con zelo: *un impiegato z.* | (*iron.* o *spreg.*) che dimostra eccessivo zelo ‖ **ẓelanteménte**, **avv.** in modo zelante, con zelo: *adempiere zelantemente un ufficio* **B s. m. e f.** ● chi si dà da fare dimostrando un eccesso di zelo: *fa lo z. per mettersi in luce*

ẓelanterìa [da *zelante* * 1905] **s. f.** ● (*raro*) ostentazione di zelo eccessivo

ẓelàre [vc. dotta, lat. tardo *zelāre* 'essere geloso di, essere zelante', da *zēlus* (V. *zelo*) * av. 1342] **A v. intr.** (*io ẓèlo*; aus. *avere*) ● †avere un grande zelo, spec. religioso **B v. tr.** ● (*lett.*) favorire, secondare una causa o la riuscita di qlco. che si sostiene con zelo

ẓelatóre [vc. dotta, lat. eccl. *zelatōre(m)*, da *zelātus* 'zelato' * av. 1311] **s. m.** (**f.** *-trice*) **1** (*raro, lett.*) chi si adopera per la realizzazione di qlco. per cui nutre grande zelo: *uno z. del pubblico bene* **2** chi sostiene, con aiuti materiali e morali, una chiesa, un ordine religioso, un'iniziativa pastorale e sim. **SIN.** protettore, sostenitore

Ẓèlig /'dzɛlig/ [dal n. del protagonista dell'omonimo film (1983) di Woody Allen * 1985] **s. m. e f. inv.** ● persona abile nell'adeguare i propri comportamenti all'interlocutore o alle situazioni più varie

•**ẓèlo** [vc. dotta, lat. *zēlu(m)* 'emulazione, gelosia, rivalità', dal gr. *zêlos* 'entusiasmo, emulazione' * av. 1306] **s. m. 1** fervore, ardore che spinge ad adoperarsi per il conseguimento di un fine o la diffusione di un ideale: *z. patriottico*; *z. religioso, apostolico*; *avere z. del proprio dovere*; *è pieno di z. per la causa degli oppressi* **2** diligenza, impegno nell'agire, nello svolgere le proprie mansioni: *ha portato a termine il suo difficile incarico col massimo z.* | (*est.*) sollecitudine, premura (*anche iron.*): *sono accorsi con z. ammirevole*; *prodigarsi con grande z.*; *mostrare un falso z.*; *troppo z.!* **CONTR.** indolenza, pigrizia **3** (*poet.*) passione amorosa: *Amor che 'ncende il cor d'ardente z.* (F. Petrarca)

SFUMATURE DI SIGNIFICATO

zelo - fervore - entusiasmo - passione

Zelo è termine che esprime l'ardore che spinge ad adoperarsi per il conseguimento di un fine o la diffusione di un ideale; in senso religioso è l'impegno del credente nelle azioni di apostolato. Significato simile ha **fervore**, che esprime la stessa intensità di sentimento, ma che può indicare in aggiunta anche l'impeto di un'azione o di un movimento. Più ampio rispetto ai precedenti è il significato di **entusiasmo**, che esprime non solo un sentimento intenso di partecipazione o di adesione a un'attività, un ideale, ma anche un'ammirazione, una gioia o un'esaltazione che possono avere fine in sé stesse. Più coinvolgente è la **passione**, che è un sentimento che domina l'intera personalità e si riferisce propriamente a un trasporto amoroso incontenibile; in usi estensivi può tuttavia indicare in maniera più generica un interesse, un'inclinazione.

†**ẓelóso** (o z-) (o -ṣ-) [vc. dotta, lat. eccl. *zelōsu(m)*, da *zēlus* 'zelo' * av. 1294] **agg.** ● zelante, diligente ‖ †**ẓelosaménte**, **avv.** con zelo

ẓelòta [dal gr. *zēlōtḗs*, da *zêlos* 'zelo' * 1483] **s. m. e f.** (**pl. m.** *-i*) ● seguace dello zelotismo

ẓelotìṣmo [da *zelota* * 1970] **s. m.** ● movimento ebraico estremista, derivato dal Fariseismo nel I sec. a.C., che predicava la rigida osservanza della legge, la separazione dagli stranieri, il nazionalismo ebraico e la ribellione, anche armata, contro l'autorità romana

zèlten /'dzɛlten, *ted.* 'tsɛ:ltn/ [vc. austriaca, di orig. germ. * 1931] **s. m. inv.** ● dolce natalizio tipico del Trentino e dell'Alto Adige a base di frutta secca e canditi

zémbro ➤ **cembro**

ẓen /*dzɛn/ [vc. giapp. di lontana orig. indiana (ant. indiano *dhyānam* 'meditazione', di ambito ristretto, attraverso il pali *jhāna* 'contemplazione') * 1929] **A s. m. inv.** ● scuola religiosa buddistica, di origine cinese, poi diffusa in Giappone, la quale rinuncia ad ogni speculazione intellettuale e ad ogni approfondimento conoscitivo e ritiene possibile l'illuminazione e la salvezza in condizioni eccezionali, provocate anche da stimoli fisici improvvisi e violenti | (*est.*) la dottrina, i riti di tale scuola religiosa **B agg. inv.** ● relativo allo zen: *culto zen*; *arte zen*

ẓenàna [ingl. *zenana*, dall'hindi *zenāna*, a sua volta dal persiano *zanāna*, deriv. di *zan* 'donna' * 1819] **s. f. 1** in India, gineceo delle donne musulmane nelle case nobili **2** tipo di tessuto impresso a rilievi, di seta o cotone, usato spec. per arredamento di interni

ẓendàdo [etim. incerta * 1245 ca.] **s. m. 1** (*lett.*) tessuto finissimo di seta: *trovarono, in un gran viluppo di z. fasciata, una piccola cassettina* (G. Boccaccio) | (*est., lett.*) veste, drappo e sim. confezionato con tale tessuto **2** a Venezia, tipico drappo di seta nera che si appuntava sul capo; sciale ampio e nero, con lunghe frange: *L'oscuro z. ti togli da testa* (A. Boito)

ẓendàle [av. 1400] **s. m.** ● zendado

ẓèndo [dall'espressivo pahlavi *Avistāk va Zand* 'la Legge ed il Commento', ma il secondo termine, che indicava la parafrasi del testo, oramai incomprensibile, dell'Avesta, è stato erroneamente preso come sin. di *avestico* * av. 1796] **s. m.** ● (*raro*) lingua avestica

ẓenìṣmo [comp. di *zen* e *-ismo* * 1961] **s. m.** ● ogni corrente culturale o artistica basata sulla dottrina dello zen

ẓenìsta [1961] **s. m. e f.; anche agg.** (**pl. m.** *-i*) ● appartenente allo zenismo | chi (o che) si ispira allo zen

ẓènit o (*raro*) **ẓènith**, (*raro*) **ẓenìt**, †**cènit**, †**cenìt** [arabo *samt* 'via, direzione' (con lettura erronea *sanit*) per riduzione dell'espressione *samt-ar-rā's* 'direzione sopra la testa' * 1282] **s. m. inv. 1** (*astron.*) il punto in cui la verticale passante per un dato punto d'osservazione situato sulla superficie terrestre incontra la sfera celeste: *il Sole è allo z.* **2** (*fig.*) il grado più elevato di qlco.: *è allo z. della sua gloria* **SIN.** culmine

ẓenitàle [1879] **agg.** ● (*astron.*) attinente allo zenit | ***distanza z.***, l'angolo fra la direzione di un astro e quella dello zenit | ***telescopio z.***, strumento atto a misurare le distanze zenitali degli astri

†**ẓenẓàra** ➤ **zanzara**

ẓènẓero (o -è-) [lat. *zingiber* (nt.), dal gr. *zingíberi*, di orig. indiana * sec. XIII] **s. m. 1** pianta delle Zinziberacee dell'Asia tropicale il cui rizoma è usato come eupeptico e aromatico in farmacia, cucina e liquoreria (*Zingiber officinale*) **2** (*est.*) la spezia ricavata da tale pianta

ẓenẓìglio [etim. incerta * av. 1861] **s. m.** ● un tempo, tipo di tabacco italiano da naso, di alta qualità

ẓeolìte [comp. del gr. *zêin* 'ribollire' e *líthos* 'pietra', perché quando riscaldata rigonfia e spumeggia * 1771] **s. f. 1** (*miner.*) ogni appartenente a una famiglia di minerali corrispondenti a silicati idrati che cristallizzano gener. nei sistemi monoclino e ortorombico, dotati della proprietà di fondere rigonfiandosi e disidratandosi reversibilmente e di scambiare ioni **2** (*agric.*) ***z. del terreno***, prodotto colloidale derivante dall'alterazione di minerali e capace di scambiare con le soluzioni alcuni elementi, spec. microelementi essenziali alle piante, e di trattenerli

ẓeolìtico [1961] **agg.** (**pl. m.** *-ci*) ● (*miner.*) relativo alle zeoliti, costituito da zeoliti, contenente zeoliti: *materiale z.*, *roccia zeolitica* | ***acqua zeolitica***, quella eliminata dalle zeoliti per riscaldamento e successivamente riassorbita in modo reversibile

ẓeotròpico [1983] **agg.** (**pl. m.** *-ci*) ● (*chim.*) nella loc.: ***miscela zeotropica***, miscela di due o più liquidi, miscibili o no in qualsiasi proporzione, che può essere separata per distillazione **SIN.** zeotropo

ẓeòtropo [comp. del gr. *zêin* 'ribollire' (d'orig. indeur.) e *-tropo* * 1983] **s. m.** ● (*chim.*) miscela zeotropica

zéphyr ➤ **zefir**

zéppa (o **z̧-**) [longob. *zeppa* 'bietta, cuneo' ✱ av. 1327] **s. f. 1** pezzetto di legno per rincalzare mobili traballanti o chiudere qualche fessura: *mettere una z. alla gamba di un tavolo* **2** (*est.*) rialzo o alta suola in sughero o legno, di sandali o zoccoli **3** (*est.*) nella tipografia a caratteri mobili, listello di piombo utilizzato per riempire gli spazi lasciati liberi dalla composizione **4** (*fig.*) rimedio, espediente improvvisato: *è un bel pasticcio: provate a metterci una z.* | †***mettere delle zeppe fra due persone***, cagionare dissensi **5** (*fig.*) frase o parola che funge da riempitivo: *trovare una z. per la rima* | notizia o articolo che serve da riempitivo **6** gioco enigmistico consistente nel trovare, in base alle indicazioni date, due parole di cui la seconda è ottenuta inserendo in un'altra una lettera o una sillaba (per es. moto, moSto; veto, veLAto) **CFR.** scarto || **zeppétta**, **dim.** | **zéppola**①, **dim.** (V.)

zeppaménto (o **z̧-**) [da *zeppare*① ✱ 1840] **s. m.** ● (*raro*) lo zeppare

zeppàre① (o **z̧-**) [da *zeppa* ✱ 1961] **v. tr.** (*io zéppo* (o *z̧-*)) ● fissare con una o più zeppe

zeppàre② (o **z̧-**) [da *(in)zeppare*① ✱ 1840] **v. tr.** (*io zéppo*) ● (*lett.*) riempire totalmente | (*raro*) rimpinzare

zeppatùra (o **z̧-**) [1879] **s. f.** ● (*raro*) zeppamento | la zeppa o le zeppe inserite

Zèppelin /*'dzɛppelin, *ted.* 'tsɛpəli:n/ [dal n. del suo costruttore, il conte F. von *Zeppelin* (1838-1917) ✱ 1918] **s. m. inv.** (**pl. ted.** *Zeppeline*) ● dirigibile rigido di grande portata, impiegato nella prima Guerra mondiale spec. per azioni di bombardamento, e in seguito adibito a trasporti commerciali transoceanici

zéppo① (o **z̧-**) [per *zepp(at)o*, part. pass. di *zeppare*② ✱ sec. XIV] **agg.** ● estremamente pieno, stivato, gremito (**anche** *fig.*): *teatro z. di spettatori; compito z. di errori* | ***pieno z.***, pienissimo

zéppo② (o **z̧-**) [forma m. di *zeppa* ✱ sec. XVI] **s. m.** ● (*centr.*) rametto, bastoncino sottile | zipolo

zéppola① (o **z̧-**) [1803] **s. f. 1** dim. di *zeppa* **2** cuneo, bietta, zeppa

zéppola② (o **z̧-**) [lat. tardo *zĭppula(s)*, pl., di etim. incerta ✱ 1585] **s. f.** ● (**spec. al pl.**) ciambella o frittella dolce che si prepara soprattutto per Carnevale, o per S. Giuseppe, a Napoli, in Calabria e in altre regioni meridionali | ***avere la z. in bocca***, ***parlare con la z.***, (*merid.*, *fig.*) parlare pronunciando la 's' con un sibilo accentuato, come se si avesse in bocca una zeppola calda **CFR.** sigmatismo

z̧èpto- [dal convenzionale *septo* 'sette', riferito alla settima potenza di 10^{-3}, col mutamento di *s-* in *z-*, perché il simbolo *s* è usato per indicare il 'secondo'] **primo elemento** ● anteposto a un'unità di misura la moltiplica per 10^{-21} cioè la divide per mille miliardi di miliardi **SIMB.** z

zeràsco [1853] **A agg.** (**pl. m.** *-schi*) ● di Zeri, comune della Lunigiana in provincia di Massa-Carrara | ***agnello z.***, varietà dalle carni pregiate allevata nel territorio di Zeri **B s. m.** (**f.** *-sca*) ● abitante o nativo di Zeri

z̧erbinàggio [da *zerbino*① ✱ 2005] **s. m.** ● (*colloq.*) comportamento di chi soggiace completamente alla volontà altrui, pronto a farsene soggiogare e quasi calpestare

z̧erbinerìa [da *zerbino*② ✱ 1617] **s. f. 1** (*lett.*, *raro*) atto o comportamento da zerbinotto **2** (*lett.*, *raro*) insieme di zerbinotti (*anche spreg.*)

z̧erbinésco [da *zerbino*② ✱ 1635] **agg.** (**pl. m.** *-schi*) ● (*lett.*, *raro*) da zerbinotto || **z̧erbinescaménte**, **avv.** (*raro*) con modi da zerbinotto

z̧erbìno① [arabo *zirbī* ✱ 1891] **s. m.** ● piccolo tappeto posto dinanzi alle porte d'ingresso degli appartamenti per pulirsi le scarpe **SIN.** nettapiedi, stoino

z̧erbìno② [dal n. di un giovane elegante personaggio dell'*Orlando Furioso*, variante sett. di *Gerbino* 'di Gerba' (isola della Tunisia) ✱ 1612] **s. m.** ● (*raro*) zerbinotto || **z̧erbinétto**, **dim.**

z̧erbinòtto [da *zerbino*② ✱ 1619] **s. m.** ● (*iron.* o *spreg.*) giovane galante e di un'eleganza ostentata: *zerbinotti che passeggiano sotto le finestre, colle scarpe inverniciate* (G. VERGA) **SIN.** damerino

†**zèrbo** [etim. incerta ✱ 1643] **s. m. 1** rovo, spino | luogo coperto da sterpaglie **2** nella loc. ***far z.***, combattersi

z̧erèşimo (o **-é-**) [da *zer(o)* col suff. *-esimo*① ✱ 1983] **agg.** ● (*raro*) corrispondente al numero zero in una serie, in una successione, in un elenco: *il principio z. della termodinamica*

z̧erìba [arabo *zarība*, da *záraba* 'chiudere in un recinto' ✱ 1888] **s. f. 1** (*antrop.*) recinto, variamente costituito di pali, canne intrecciate, siepi o piante spinose, che circonda un villaggio o uno spiazzo per il bestiame, in alcune regioni dell'Africa mediterranea e orientale | (*est.*) raggruppamento di capanne chiuse da un recinto **2** (*est.*, *disus.*, *sport*) nel ciclismo, quartiere corridori

♦**z̧èro** [arabo *ṣifr* 'vuoto', di orig. indiana, adattato nel lat. mediev. con *zĕphyrum*, secondo la pronuncia dell'arabo parl. *ṣéfer* ✱ 1427] **A agg. num. card. inv.; anche s. m.** (**pl.** *zeri*) ● (*mat.*) numero, rappresentato da 0 nella numerazione araba, che indica la mancanza di ogni valore e che, posto a destra di qualsiasi numero, ne indica la moltiplicazione per dieci, e, posto a sinistra, la divisione per dieci. **I** come agg. ricorre nei seguenti usi **1** rispondendo o sottintendendo la domanda 'quanti?', indica una quantità numerica nulla (spec. preposto a un sost.): *il termometro segna z. gradi; ho fatto z. punti* | (*colloq.*) nemmeno uno, nessuno (preposto a un sost.): *ci sono z. possibilità di riuscire* **2** rispondendo o sottintendendo la domanda 'quale?', identifica qlco. in una pluralità, in una successione, in una sequenza: *il numero z.; grado z.* | ***l'ora z.***, nel conteggio alla rovescia, l'ora d'inizio di un'operazione militare; (*est.*) il momento d'inizio di qlco.: *sta per scoccare l'ora z.* | ***gli anni Z.***, in un secolo, spec. il XXI, quelli compresi fra zero e nove (per es. dal 2000 al 2009) | (*fig.*) ***l'anno z.***, il momento da cui si fa cominciare una nuova fase dopo una crisi profonda **3** (*milit.*) ***punto z.***, proiezione verticale sulla superficie del punto di scoppio di un ordigno nucleare | (*econ.*) ***sviluppo, crescita z.***, la condizione in cui un fenomeno, quale la popolazione o il reddito di uno Stato, ha avuto durante un certo periodo, di solito annuale, un tasso di crescita nullo | ***tolleranza z.***, V. *tolleranza* | (*ling.*) ***tratto z.***, assenza di un tratto considerato come tratto distintivo all'interno di un paradigma | (*ling.*) ***grado z. del morfema***, ***morfema z.***, condizione in cui il morfema non ha una forma fonica ma è rilevabile dall'opposizione con altri morfemi | (*edit.*) ***numero z.***, l'esemplare di un nuovo quotidiano o di una nuova rivista, approntato in limitato numero di copie, non destinato alla pubblicazione, bensì a fungere da prova tecnica | ***gruppo z.***, ***gruppo 0***, gruppo sanguigno universale | ***a chilometro z.***, ***a chilometri z.***, V. *chilometro* **II** come sost. ricorre nei seguenti usi **1** il numero zero (per ellissi di un sost.): *sei meno sei fa z.; ieri sera alla roulette è uscito spesso lo z.* | (*fig.*) ***spaccare lo z.***, fare i conti con estrema esattezza | ***segnare, totalizzare z.***, non fare nessun punto, in un gioco | (*milit.*) ***sparare a z.***, con alzo zero, tenendo l'arma orizzontale; (*fig.*) attaccare, contestare duramente qlcu. in una discussione e sim. facendolo oggetto di violenta polemica personale **2** punto iniziale di una scala graduata in uno strumento di misura | ***ridurre a z. uno strumento***, riportare a zero il suo indice | (*fig.*) ***essere a z.***, ***avere il morale a z.***, essere molto depresso | momento terminale di un conteggio alla rovescia **3** (*fis.*) grado di temperatura corrispondente a quella del ghiaccio fondente nelle scale Celsius e Réaumur | ***essere sotto z.***, V. *sottozero* | (*fis.*) ***z. assoluto***, la più bassa temperatura esistente in cui le molecole hanno energia cinetica nulla, corrispondente a – 273,15 gradi Celsius | (*meteor.*) ***quota dello z. termico***, o (*ellitt.*) ***zero termico***, la quota in corrispondenza della quale la temperatura dell'aria è di 0 gradi Celsius **4** (*est.*) assenza, mancanza di quantità, valore, merito: *non vale uno z.; tu per me conti z.; in famiglia contava meno di z.; in questo campo tu ne sai z.; in quanto a dormire, z.* | con valore rafforz.: *z. via z.*, assolutamente nulla | ***ridursi a z.***, (*fig.*) perdere tutto, cadere in miseria | (*fig.*) ***ridurre a z. le speranze di qlcu.***, distruggergliele completamente | ***ricominciare, ripartire da z.***, riprendere dall'inizio, dal nulla, spec. dopo momenti molto negativi | (*fig.*) ***tagliare a z. i capelli***, rasarli del tutto **5** (*fig.*) persona le cui capacità sono nulle: *in azienda è uno z.; sarà un buon naturalista ma in biologia molecolare è z.* **SIN.** nullità **6** il segno che rappresenta il numero zero: *scrivi uno z. a destra della cifra* | minimo voto scolastico: *ti meriteresti uno z.; Maddalena, z. in condotta* | ***z. spaccato***, nelle votazioni scolastiche di un tempo, zero tagliato, segnato da un tratto di penna trasversale perché non potesse essere corretto in sei né vi si potesse aggiungere altra cifra; (*est.*) zero indiscutibile, nulla **B** nella **loc. sost. m.** ***z. virgola*** (**o, con grafia unita,** ***zerovirgola***; **pl. inv. o** *zerivirgola*) ● spec. nel linguaggio giornalistico, percentuale minima: *alle elezioni otterrà al massimo uno z. virgola*

z̧èro coupon /*'dzero ku'pɔn, *ingl.* 'zɪərəʊ 'ku:pɒn/ [loc. ingl., propr. 'cedola nulla' ✱ 1985] **loc. agg. inv.** ● (*banca*) di obbligazione a cedola zero (V. *cedola*)

z̧erovalènte [comp. di *zero* e *valente* ✱ 1932] **agg. 1** (*chim.*) detto di elemento o gruppo atomico a valenza nulla | ***ferro z.***, impiegato per le sue capacità riducenti nella bonifica di siti contaminati **2** (*ling.*) di verbo che non ha bisogno di soggetto né di oggetto per costituire una frase di senso compiuto (per es. *piove, tuona*)

zerovìrgola ➤ **zero**

z̧erovòltmetro [comp. di *zero* e *voltmetro* ✱ 1965] **s. m.** ● (*elettr.*) voltmetro usato per misure di azzeramento

z̧èro z̧èro sètte o **007** [dal numero di riconoscimento di un agente del servizio segreto britannico (in cui *zero zero* significava 'licenza di uccidere') protagonista di una serie di romanzi di spionaggio di I. Fleming (1909-1964) ✱ 1965] **loc. sost. m. e f. inv. 1** agente di un servizio segreto, di spionaggio o controspionaggio, incaricato di missioni particolarmente delicate, difficili e pericolose **2** (*est.*, *scherz.*) chi ha compiti investigativi o ispettivi, spec. in qualche branca della pubblica amministrazione: *gli zero zero sette del fisco*

z̧ervanişmo ➤ **zurvanismo**

z̧est /*'dzɛst/ o **z̧èsto** [dal fr. *zeste* 'buccia, scorza' ✱ 1931] **s. m. inv.** ● (*piemontese*) scorza di limone o di arancia usata in cucina o, candita, in pasticceria: *gli zest di Carignano*

z̧èsta [V. *zest* ✱ 2001] **s. f.** ● (*piemontese*) zest

ẓèta [vc. dotta, lat. *zēta* (nt.), dal gr. *zêta*, di orig. semitica ✱ av. 1388] **s. f. o m. (pl. *ẓète* f., *ẓèta* m. o f.)** **1** nome della sesta lettera dell'alfabeto greco **2** nome della lettera *z* | ***dall'a alla z.***, (*fig.*) dal principio alla fine, da capo a fondo

ẓetacìṣmo [da *zeta* sul modello di *iotacismo* ✱ 1930] **s. m.** **1** (*ling.*) passaggio di una consonante o gruppo di consonanti al suono affricato z **2** (*med.*) difettosa pronuncia dei suoni della z

ẓetètica [gr. *zētētikḗ* (*agōgḗ*), propr. 'metodo (da *ágein* 'condurre') di ricerca (V. *zetetico*)' ✱ 1875] **s. f.** ● (*filos.*) nello scetticismo greco, la ricerca incessante del vero, il cui fine ultimo resta comunque irraggiungibile

ẓetètico [gr. *zētētikós*, da *zētéin* '(ri)cercare', di orig. indeur. ✱ 1821] **A agg. (pl. m. *-ci*)** ● concernente la zetetica **B s. m. (pl. *-ci*)** ● (*raro*) filosofo scettico della Grecia antica

ẓètta- [dal convenzionale *septo* 'sette', riferito alla settima potenza di 10^3, col mutamento di *s-* in *z-*, perché il simbolo *s* è usato per indicare il 'secondo'] **primo elemento** ● anteposto a un'unità di misura la moltiplica per 10^{21} cioè per mille miliardi di miliardi **SIMB.** Z

ẓettatùra [etim. incerta ✱ 1961] **s. f.** ● (*tess.*) avvolgimento a linee ondulate del filo su bobine, rocchetti e matasse

ẓeugìta [gr. *zeugítēs*, propr. 'possessore di un paio di buoi al giogo (*zêugos*)' ✱ 1769] **s. m. (pl. *-i*)** ● nell'antica Atene, dopo la riforma di Solone, appartenente alla terza delle classi sociali, formata da piccoli e medi proprietari terrieri

ẓèugma [vc. dotta, lat. *zĕugma* (nt.) dal gr. *zêugma*, propr. 'aggiogamento', da *zeugnýnai* 'porre al giogo (*zêugos*)', di orig. indeur. ✱ av. 1406] **s. m. (pl. *-i*)** ● (*ling.*) figura retorica per la quale si collegano due o più termini ad un predicato che è appropriato per uno solo di essi; per es. la dipendenza di 'parlare' da 'vedrai' in: *parlare e lagrimar vedrai insieme* (DANTE *Inf.* XXXIII, 9)

ẓeugmàtico [1961] **agg. (pl. m. *-ci*)** ● che contiene uno zeugma: *costrutto z.*

†**ẓèzzolo** [da (*cap*)*ezzolo* con sovrapposizione di *z*(*izza*) ✱ av. 1405] **s. m.** ● (*tosc.*) capezzolo

†**zi** /*tsi*/ [vc. onomat. ✱ sec. XV] **inter.** **1** si usa per intimare silenzio, per zittire qlcu. **2** si usa per richiamare un cane (*spec. iter.*)

zi' /*tsi, *dzi/ **s. m. e f. inv.** ● (*centr.*, *merid.*, *fam.*) forma tronca di *zio* e *zia*

♦**zìa** (o **ẓ-**) [gr. *thêia*, f. di *thêios* 'zio' ✱ av. 1237] **s. f.** (*centr.*, *merid.*, *fam.* **troncato in *zi'***) ● sorella del padre o della madre rispetto ai nipoti: *zia paterna, materna* | (*est.*) moglie dello zio | (*fam.*) ***zia cugina***, la cugina del padre o della madre ‖ (*vezz.*) **ziètta**, **dim.** | (*vezz.*) **ziùccia**, **dim.**

†**ziàno** (o **ẓ-**) [da *zio* ✱ 1336 ca.] **s. m.** ● (*tosc.*) zio

ẓibaldóne [etim. incerta ✱ sec. XIV] **s. m.** **1** †intruglio | (*est.*, *lett.*) mescolanza confusa di elementi eterogenei **2** quaderno, scartafaccio con una miscellanea di memorie, riflessioni, appunti, notizie, abbozzi: *Lasciai il calamaio e la penna … recando meco cotal z.* (F. SACCHETTI); *lo Zibaldone del Leopardi* **3** (*est.*, *spreg.*) serie disordinata e incoerente: *questa sinfonia è uno z. di temi classici* ‖ **ẓibaldonàccio**, **pegg.**

ẓibellìna [da *zibellino*, di cui ricorda la soffice pelliccia ✱ 1938] **s. f.** ● tipo di tessuto pregiato di lana cardata

ẓibellìno [adattamento del fr. *zibeline*, dal russo *sóbol'*, in lontana connessione con l'ant. indiano *cabalas*, *cabáras* 'variopinto, pezzato' ✱ 1481] **s. m.** **1** carnivoro dei Mustelidi, snello, con arti corti e mantello scuro, un tempo diffuso nell'Europa del Nord, attualmente si trova per lo più in Siberia (*Martes zibellina*) **2** pelliccia pregiata dell'animale omonimo, morbida e fulva

†**ẓibettàto** [1550] **agg.** ● profumato di zibetto

ẓibétto [arabo *zabād*, da *zabad* 'schiuma', e *qaṭṭ azzabād* 'l'animale che dà lo zibetto' ✱ 1481] **s. m.** **1** mammifero africano dei Carnivori, con muso aguzzo, mantello grigio a macchie scure, con una criniera che si può drizzare sul dorso e caratteristiche ghiandole perineali che secernono una sostanza di odore fortissimo (*Civettictis civetta*) **2** sostanza butirrosa secreta da una ghiandola della viverra d'Africa, impiegata in profumeria per il suo odore di muschio

Ẓibìbbo o †**ẓibìbo**, †**ẓabìbo** [arabo *zabīb* (*zibīb*) 'uva passa', 'frutti secchi' ✱ sec. XIV] **s. m.** ● varietà di uva bianca da tavola coltivata nei Paesi caldi del Mediterraneo e in particolare in Sicilia, dolce, ad acini grossi, lunghi e croccanti, consumata anche appassita o utilizzata per produrre vino da dessert | vino bianco di color giallo dorato tendente all'ambrato, dal profumo intensamente aromatico e dal sapore dolce, prodotto da tale vitigno (anche in versione secca): *Z. di Pantelleria*

ẓic o **ẓìcchete** [vc. onomat. ✱ 1889] **inter.** ● riproduce il rumore di un piccolo colpo, strappo o taglio: *zic e il vestito si strappò* | ***zicchete zacchete, zic zac***, riproduce il susseguirsi di due tagli o strappi rapidi, netti o il movimento rapido e secco di qlco.: *zic zac e il foglio strappato in quattro cadde ai suoi piedi*

ziésco (o **ẓ-**) [av. 1963] **agg. (pl. m. *-chi*)** ● di zio, da zio, simile a zio (*spec. scherz.*): *con un occhio pungente ma z.* (B. FENOGLIO)

ẓif ➤ **ziff**

†**ẓìfera** (o **ẓ-**) ➤ **cifra**

ẓiff o **ẓif**, **ẓiffe**, **ẓìffete** [vc. onomat. ✱ av. 1735] **inter.** ● riproduce il rumore di un taglio o di uno strappo fatto con improvvisa rapidità e decisione spec. su carta, corda, stoffa e sim.: *prese un coltello e z.!, tagliò la fune* | ***z. zaff***, riproduce il rapido susseguirsi di due strappi o di due tagli, su un materiale leggero: *z. zaff! due colpi di forbici e ritagliò nella carta un pupazzo colorato*

†**ẓìfra** ➤ **cifra**

ẓigàno (o **z-**) o **tzigàno** /*tsi'gano/ [fr. *tzigane*, dal n. ungherese (*cigany*) degli 'zingari' ✱ 1874] **A s. m. (f. *-a*)** **1** zingaro, spec. d'Ungheria **2** (*est.*) suonatore ambulante spec. di violino **B agg.** ● degli zingari ungheresi: *violino z.*; *musica zigana*

ẓigàre (o **ẓ-**) [vc. onomat. ✱ 1891] **v. intr.** (*io zigo* (o *ẓ-*), *tu zìghi* (o *ẓ-*); **aus.** *avere*) **1** (*raro*) emettere un caratteristico suono stridulo e acuto, detto del coniglio **2** (*sett.*) gridare, piangere, detto di persona

ẓigèna o **ẓighèna** [gr. *zýgaina* 'pesce martello', da *zygón* 'giogo', per un accostamento non chiaro ✱ 1875] **s. f.** ● piccola farfalla diurna con ali di colore verde-azzurro dai riflessi metallici, con macchie rosse o arancioni (*Zygaena filipendula*)

ẓìggurat o **ẓìqqurat** [vc. assira *zik(k)urr-atu*, dalla radice *zkr 'rendere alto', 'innalzare' ✱ 1898] **s. m. o f. inv.** ● (*archeol.*, *relig.*) tempio mesopotamico di grande mole, costituito da un'alta torre a gradoni

ẓighèna ➤ **zigena**

zighinì [vc. di orig. eritrea ✱ 1987] **s. m. inv.** ● (*cucina*) stufato di carne di manzo o di montone a cubetti in una salsa a base di cipolle, pomodori, peperoncino e altre spezie, che si mangia con frittelle di pasta di pane; specialità eritrea

ẓìgo [vc. ven., 'grido', di orig. onomat. ✱ 1911] **s. m. (pl. *-ghi*)** **1** verso acuto e stridulo di alcuni animali, spec. del coniglio o del grillo: *fra lo stridor … delle cicale e gli zighi acuti dei grilli* (L. PIRANDELLO) **2** (*ven.*) grido, strillo di una persona

ẓìgo- [dal gr. *zygón* 'giogo'] **primo elemento** ● in parole composte della botanica e della zoologia, significa 'coppia', 'accoppiamento', 'unione': *zigomiceti*, *zigomorfo*

ẓigodàttilo [per le 'dita (gr. *dáktyloi*, di orig. indeur.) a coppia (gr. *zygón* 'giogo', di orig. indeur.)' ✱ 1839] **agg.** ● (*zool.*) detto del piede di alcuni Uccelli con due dita rivolte costantemente in avanti e due indietro

Ẓigofillàcee [comp. del gr. *zygón* 'coppia' e *phýllos* 'foglia', ambedue di orig. indeur., col suff. *-acee* ✱ 1957] **s. f. pl. (sing. *-a*)** ● (*bot.*) famiglia di piante dicotiledoni xerofile e alofile dei deserti salati e delle steppe (*Zygophyllaceae*)

ẓìgolo [vc. onomat. ✱ 1481] **s. m.** ● uccelletto dei Passeriformi con coda forcuta e becco conico con margini ripiegati in dentro (*Emberiza*)

ẓìgoma ➤ **zigomo**

ẓigomàtico [1681] **agg. (pl. m. *-ci*)** ● dello zigomo

Ẓigomicèti [perché 'funghi (gr. *mýkēs*, genit. *mýkētos*, di orig. indeur.)', che si riproducono con *zigo*spore ✱ 1932] **s. m. pl. (sing. *-e*)** ● (*bot.*) sottoclasse di Funghi dei Ficomiceti a micelio molto ramificato, comprendente le più note muffe (*Zygomycetes*)

ẓìgomo o (*raro*) **ẓìgoma** [gr. *zýgōma*, da *zygôun* '(col)legare', 'porre al giogo (*zygón*)', di orig. indeur., per la forma ad arco ✱ 1583] **s. m.** ● (*anat.*) ciascuna delle due sporgenze ossee situate simmetricamente ai lati della faccia sotto le orbite

ẓigomorfìa [comp. di *zigo-* e *-morfia* ✱ 1961] **s. f.** ● (*bot.*) condizione di ciò che è zigomorfo

ẓigomòrfo [propr. 'che ha forma (gr. *morphḗ*, di orig. indeur.) simmetrica (gr. *zygón* 'giogo' e 'coppia', pure di orig. indeur.)' ✱ 1957] **agg.** ● (*bot.*) detto di fiore non raggiato nel quale la divisione in due metà specularmente uguali è possibile con un solo piano di simmetria

ẓigòṣi [gr. *zýgōsis* 'accoppiamento', da *zygón* 'giogo' e 'coppia', di orig. indeur. ✱ 1932] **s. f. inv.** ● (*biol.*) unione di due gameti con formazione dello zigote

ẓigospòra [propr. '*spora* formata da una coppia (gr. *zygón*, di orig. indeur.) di gameti' ✱ 1875] **s. f.** ● (*bot.*) oospora originata dalla fusione di due elementi uguali o poco diversi fra loro, con funzione di spora durevole

ẓigòte o **ẓigòto** [gr. *zygōtós*, propr. 'aggiogato', secondo il sign. scient. convenzionale assunto dal gr. *zygón* 'coppia' (oltre che 'giogo') ✱ 1895] **s. m.** ● (*biol.*) cellula risultante dalla fusione dei gameti maschile e femminile

ẓigòtico [1970] **agg. (pl. m. *-ci*)** ● (*biol.*) concernente lo zigote

ẓigòto ➤ **zigote**

ẓigrinàre [1942] **v. tr.** **1** conciare una pelle o trattare una tela in modo da conferire l'aspetto dello zigrino **2** imprimere o stampare una fitta serie di piccole righe parallele sull'orlo di monete, lembi di sigarette, assegni e sim. **3** incidere su legno, metallo e sim. dei solchi profondi incrociati per ottenere superfici ruvide

ẓigrinàto **part. pass.** di *zigrinare*; anche **agg.** ● che ha un aspetto ruvido, granuloso: *pelle zigrinata* | che è stato sottoposto a zigrinatura: *pulsante z.*; *il bordo z. di una moneta*

ẓigrinatùra [1950] **s. f.** ● operazione, procedimento dello zigrinare | superficie o parte zigrinata

ẓigrìno o †**sigrìno** [turco *sağri* '(pelle della)

groppa di animale', attraverso il venez. ✻ 1623] **s. m.** **1** pelle ruvida di alcuni pesci dei Selacimorfi, come lo squalo o la razza, usata per levigare legni duri, avorio, metallo, grazie ai dentelli cutanei di cui è coperta **2** pelle di cavallo, asino, cammello, cui un'opportuna concia ha conferito la granulosità della pelle dei Selacimorfi: *portafoglio, borsetta di z.* **3** ferro da cesello con la cima lavorata a solchi incrociati **4** (*zool.*) sagrì

zigzàg o **zig zag** [reduplicazione a vocale alternata di sillaba imitativa, diffusa in varie lingue europee ✻ 1765] **s. m. inv.** **1** serie di linee che formano tra loro angoli alternativamente sporgenti e rientranti: *il sentiero fa uno stretto z.*; *disegno a z.* **2** (*est.*) moto di un corpo secondo tali linee: *gli z. di una lepre* | ***a z.***, procedendo con una serie di secchi cambiamenti di direzione: *l'ubriaco cammina a z.* **3** cucitura eseguita a macchina secondo una linea a zigzag, utilizzata spec. per orlatura e rifinitura | il punto utilizzato per eseguire tale cucitura

zigzagaménto [1942] **s. m.** ● movimento, andatura, svolgimento a zigzag

zigzagàre o (*raro*) **zizzagàre** [1880] **v. intr.** (*io zigzàgo, tu zigzàghi*; **aus.** *avere*) **1** andare avanti, camminare a zigzag: *l'ubriaco zigzagava sul marciapiede* **2** svolgersi a zigzag | fare degli zigzag

zillàre (o z-) [av. 1912] **v. intr.** (**aus.** *avere*) **1** (*raro*) mandare uno o più zilli, detto di alcuni insetti, spec. cavallette **2** (*raro*) zirlare, detto del tordo

zìllo (o z-) [di orig. imitativa ✻ 1827] **s. m.** **1** (*raro*) verso acuto e sottile di alcuni insetti: *lo z. delle cavallette* **2** (*raro*) zirlo del tordo

†**zimàr** [vc. araba *zinğār* ✻ sec. XIV] **s. m.** ● verderame

zimàrra o †**zamàrra** [sp. *zamarra*, dal basco *zamar* 'pellicciotto da pastore' (e, con l'art. *a* normalmente posposto, *zamarrā*), di ant. orig. iberica ✻ av. 1536] **s. f.** **1** lunga veste usata un tempo come cappotto | un tempo, vestaglia, veste da camera: *Don Abbondio stava ... ravvolto in una vecchia z.* (A. MANZONI) **2** (*scherz.*, *disus.*) cappotto ‖ **zimarràccia**, **pegg.** | **zimarróne**, **accr. m.**

zimàsi [comp. del gr. *zýmē* 'fermento', di orig. indeur., e del suff. *-asi* ✻ 1875] **s. f. inv.** ● (*biol.*, *chim.*) insieme degli enzimi che intervengono nella fermentazione alcolica

zìmbalon (o z-) [vc. ungherese (*cimbalon*), dal lat. *cȳmbalum* 'cembalo' ✻ 1895] **s. m. inv.** ● (*mus.*) salterio ungherese a corde percosse, oggi caratteristico dell'orchestra zigana

zimbellàre (o z-) [ant. provenz. *cembelar*, da *cembel* 'zimbello' ✻ av. 1276] **v. tr.** (*io zimbèllo*) **1** adescare gli uccelli con lo zimbello **2** (*fig.*, *lett.*) allettare, adescare | (*lett.*) circuire, sedurre

zimbellatóre (o z-) [da *zimbellare* ✻ av. 1698] **s. m.** (**f.** *-trice*, *pop.*, *disus.* *-tóra*, **nel sign. 2**) **1** (*caccia*) chi usa gli zimbelli **2** (*fig.*, *lett.*) chi zimbella

zimbellatùra (o z-) [av. 1698] **s. f.** ● lo zimbellare | (*fig.*, *lett.*) inganno, raggiro

zimbellièra (o z-) [da *zimbello* col suff. *-iera* ✻ 1840] **s. f.** ● attrezzo al quale viene legato lo zimbello per il richiamo degli uccelli liberi

✦**zimbèllo** (o z-) [ant. provenz. *cembel*, propr. 'piffero, fischio' e quindi 'richiamo (per adescamento di uccelli)' e poi lo stesso 'uccello catturato', dal lat. parl. **cymbĕllum*, dim. di *cȳmbalum* 'cembalo' ✻ 1321] **s. m.** **1** uccello vivo, legato a un palo con un lungo filo perché, svolazzando, funga da richiamo ad altri uccelli, nell'uccellagione | (*est.*) ogni uccello da richiamo, a caccia | (*est.*) tonno lasciato nella tonnara per attirare altri tonni **2** (*fig.*, *lett.*) richiamo, lusinga, allettamento | ***per z.***, allo scopo di invogliare, allettare **3** (*fig.*) chi è oggetto di burle, spasso e risa: *per la sua goffaggine è lo z. di tutti*

zimìno [etim. discussa: variante di *cimino*① (?) ✻ av. 1698] **s. m.** ● (*cucina*, *tosc.*) salsa per piatti di pesce, a base di verdure, come bietole e spinaci, aglio, cipolla, pomodoro, vino bianco ed erbe aromatiche | pietanza condita con tale salsa, spec. il baccalà

zimo- [dal gr. *zýmē* 'lievito, fermento' (d'orig. indeur.)] **primo elemento** ● in parole composte della terminologia scientifica e tecnica significa 'fermento' o fa riferimento ai fermenti: *zimologia*

zimògeno [comp. di *zimo-* e *-geno* ✻ 1957] **A** **s. m.** ● (*chim.*, *biol.*) precursore naturale di un enzima cataliticamente inattivo **B** **agg.** ● (*chim.*, *biol.*) ***potere z.***, capacità di alcune cellule di fabbricare i propri enzimi ovvero di alcune ghiandole specializzate di produrre gli enzimi necessari all'organismo

zimologìa [comp. di *zimo-* e *-logia* ✻ 1821] **s. f.** (**pl.** *-gìe*) ● enzimologia

zimoterapìa [comp. di *zimo-* e *terapia* ✻ 1910] **s. f.** ● (*med.*) terapia con fermenti

zimòtico [da *zimo-* sul modello di *osmotico* ✻ 1875] **agg.** (**pl. m.** *-ci*) ● (*chim.*, *biol.*) relativo ai fermenti o agli enzimi

zinàle (o z-) o (*raro*) **zinnàle** (o z-) [da *seno* con sovrapposizione di *zinna* 'mammella' ✻ 1618] **s. m.** **1** (*centr.*) ampio e lungo grembiule di tessuto rustico, indossato dalla massaia e dall'artigiano **2** (*teatro*) striscia di tela dipinta con cui si nascondono gli spazi vuoti sulla scena

zincàggio (o z-) [1930] **s. m.** ● procedimento per l'estrazione dell'argento dalle galene argentifere mediante l'aggiunta di zincoferro

zincànte (o z-) **A** **part. pres.** di *zincare* ● nel sign. del v. **B** **s. m. e f.** ● operaio addetto alla lavorazione dello zinco

zincàre (o z-) [1879] **v. tr.** (*io zìnco* (o *z-*), *tu zìnchi* (o *z-*)) ● ricoprire una superficie con uno strato di zinco per immersione o elettrodeposizione al fine di proteggerla dalla ruggine

zincàto (o z-) **A** **part. pass.** di *zincare*; **anche agg.** ● nel sign. del v. **B** **s. m.** ● composto ottenuto trattando l'ossido di zinco con un alcali: *z. di potassio*

zincatóre (o z-) [1961] **s. m.** (**f.** *-trice*) ● operaio incaricato della zincatura

zincatùra (o z-) [1875] **s. f.** **1** operazione dello zincare **2** strato di zinco che riveste la superficie metallica che è stata zincata

zincherìa (o z-) [1983] **s. f.** ● fabbrica di zinco

zìnco (o z-) [ted. *Zink*, di orig. incerta ✻ 1773] **s. m.** (**pl.** *-chi*) ● elemento chimico, metallo di colore grigio, presente in natura nei suoi minerali dai quali si ottiene per arrostimento; si usa come strato protettivo su altri metalli, per lamiere, per la preparazione dell'ottone, per la zincotipia e come agente riducente nelle preparazioni chimiche **SIMB.** Zn **NUM. AT.** 30 | ***ossido di z.***, usato come pigmento colorante, in medicina per la cura di alcune forme di dermatosi, per speciali cementi usati in odontoiatria, nell'industria dei cosmetici

zincografìa (o z-) [comp. di *zinco* e *-grafia* ✻ 1875] **s. f.** **1** procedimento di incisione in rilievo su lastre di zinco **SIN.** autotipia, zincotipia **2** laboratorio zincografico

zincogràfico (o z-) [1940] **agg.** (**pl. m.** *-ci*) ● relativo a zincografia, ottenuto per mezzo di zincografia: *processo z.*; *riproduzione zincografica*

zincògrafo (o z-) [comp. di *zinco* e *-grafo* ✻ 1915] **s. m.** (**f.** *-a*) ● chi effettua zincografie

zincóne (o z-) o **zingóne** (o z-) [accr. del longob. *zinka*, da un precedente *zinna* di orig. e area germ., col sign. generale di 'punta' ✻ 1778] **s. m.** ● (*tosc.*) mozzicone di un ramo tagliato ‖ **zinconcèllo**, **dim.**

zincotipìa (o z-) [comp. di *zinco* e *-tipia* ✻ 1884] **s. f.** **1** zincografia **2** laboratorio in cui vengono preparate fotoincisioni su zinco **3** copia stampata che si ottiene dalla lastra di zinco dopo l'inchiostratura

zincotipìsta (o z-) [1940] **s. m. e f.** (**pl. m.** *-i*) ● zincografo

zìngana (o z-) [1612] **s. f.** ● (*letter.*) zingaresca nel sign. 1 ‖ **zinganétta**, **dim.**

zinganésco (o z-) ➤ **zingaresco**

zìngano (o z-) ➤ **zingaro**

zingaràta (o z-) [da *zingaro*: 'azione da zingaro' ✻ av. 1886] **s. f.** **1** (*lett.*) malia, incantesimo **2** beffa, burla, bravata

zingarèlla (o z-) [1063] **s. f.** **1** dim. f. di *zingaro* **2** (*zool.*) donzella

zingarésca (o z-) [da *zingaresco* ✻ 1690] **s. f.** **1** poesia lirica o di contrasto fiorita nel XVII sec. in Toscana e ancora viva in forme popolari **2** composizione musicale, spec. per violino solo, su rapsodie zigane, affine alla czarda

zingarésco (o z-) o (*pop.*) **zinganésco** (o z-) [1575] **A** **agg.** (**pl. m.** *-schi*) ● di zingaro, da zingaro | ***vita zingaresca***, (*fig.*) irrequieta, errabonda ‖ **zingarescaménte**, **avv.** **B** **s. m.** ● (*ling.*) zingarico

zingàrico (o z-) [1993] **A** **agg.** (**pl. m.** *-ci*) ● (*ling.*) detto dell'uso linguistico degli zingari **SIN.** zingaresco **B** **s. m. solo sing.** ● (*ling.*) lingua indoeuropea derivata da un dialetto neo-indiano del gruppo nord-occidentale, parlata, ancora oggi, dagli zingari

✦**zìngaro** (o z-) o (*pop.*) **zìngano** (o z-) o †**zìnghero** (o z-) [gr. *Atsíganoi*, n. di una tribù dell'Asia Minore, di etim. incerta ✻ av. 1470] **A** **s. m.** (**f.** *-a*) **1** chi appartiene a una popolazione originaria dell'India, diffusasi in Europa fin dal XII sec., caratterizzata da nomadismo, attività lavorative saltuarie e tradizioni etniche proprie, tra cui spec. la danza, la musica e la predizione dell'avvenire: *un accampamento di zingari* **CFR.** nomade, rom① | ***fare vita da z.***, (*fig.*) spostarsi di frequente da una località a un'altra, dormendo fuori casa **2** (*fig.*, *spreg.*) persona dall'aspetto sciatto e trasandato (V. nota d'uso STEREOTIPO) ‖ **zingaràccio**, **pegg.** | **zingarèllo**, **dim.** **B** **agg.** ● (*raro*) zingaresco: *musica zingara*; *lingua zingara*

Zingiberàcee [vc. dotta, comp. del lat. *zĭngiber* 'zenzero' e *-acee* ✻ 1875] **s. f. pl.** (**sing.** *-a*) ● (*bot.*) famiglia di piante monocotiledoni tropicali e australiane delle Zingiberali

zingóne ➤ **zincone**

zìnia ➤ **zinnia**

zìnna (o z-) o †**cìnna** [etim. discussa: longob. *zinna* 'sporgenza' (?) ✻ sec. XIII] **s. f.** ● (*centr.*) mammella ‖ **zinnétta**, **dim.** | **zinnóna**, **accr.** | **zinnóne**, **accr. m.**

zinnàle (o z-) ➤ **zinale**

zinnàre (o z-) [da *zinna* ✻ av. 1543] **v. tr.** ● (*centr.*) poppare (*anche assol.*)

zìnnia o **zìnia** [dal n. del botanico ted. J. G. Zinn (1727-1759) ✻ 1840] **s. f.** ● pianta delle Composite originaria del Messico, coltivata nei giardini in molte varietà, con lungo peduncolo e fiori uniti in capolini di vario colore (*Zinnia*)

†**zinzània** ➤ **zizzania**

†**zinzilulàre** [vc. dotta, lat. *zinzilulāre* 'cinguettare', di orig. imitativa ✻ 1634] **v. intr.** ● fare il verso delle rondini

Z

†**zinzinàre** (o **zinz-**), †**zinzinnàre** (o **zinz-**) [da *zinzino* ✱ 1618] **v. intr.** ● centellinare

zinzino (o **zinz-**) [vc. espressiva ✱ 1583] **s. m.** ● (*centr.*) pezzettino, sorsettino, piccolissima porzione: *uno z. di pane, di vino, di formaggio* | †***bere a zinzini***, centellinare | (*fig.*) piccola quantità: *ci vuole uno z. di tempo*

♦**zìo** (o **z-**) [gr. *thêios*, da una radice (**thē-*) propria del linguaggio infant. con allargamento suffissale ✱ sec. XIII] **s. m.** (**f.** *zìa* (**V.**), **pl. m.** *zìi*) (*centr., merid., fam.* **troncato in** *zi'*) **1** fratello del padre o della madre, rispetto ai nipoti: *zio paterno; zio materno* | (*est.*) marito della zia | †***zio grande***, il fratello del nonno o della nonna, prozio | (*fam.*) ***zio cugino***, il cugino del padre o della madre | (*scherz.*) ***zio d'America***, quello emigrato in America che lascia o può lasciare una cospicua eredità; (*est.*) zio o parente ricco che fornisce spesso aiuti in denaro **2** (**al pl.**) lo zio e la zia, rispetto ai nipoti **3** (*merid., fam.*) titolo di rispetto che si dà a persone anziane, anche sconosciute, o sacerdoti: *zi' Luigi, zi' Saverio; lo zi' prete* | (*scherz.*) ***zio Sam***, gli Stati Uniti | (*pop., tosc.*) ***zi' Beppe***, deretano | (*pop., centr., merid.*) ***zi' Peppe***, vaso da notte **4** (*eufem.*) Dio: *per zio!* || (*vezz.*) **ziétto**, **dim.** | **zióne**, **accr.** | (*vezz.*) **ziùccio**, **dim.**

-zióne o, quando il tema del verbo termina con *d*, **-sióne** **suff.** ● forma sostantivi deverbali, generalmente astratti, che indicano azione, effetto, risultato: *aberrazione, creazione, guarnizione*

zip [vc. ingl., di orig. onomat. ✱ 1935] **s. f. o m. inv.** ● cerniera lampo, chiusura lampo

†**zipolàre** (o **z-**) [1355] **v. tr.** ● chiudere, zaffare con lo zipolo

zipolo (o **z-**) [longob. *zippil* 'punta, estremità', di orig. e area germ. (**tappôn*, donde anche *tappo* e *zaffo*) ✱ av. 1449] **s. m.** ● (*enol.*) piccolo oggetto cilindrico di legno o di vetro col quale si tura il buco o spillo fatto nella botte o sim. **SIN.** zaffo

zippàre [dall'ingl. *to zip*, propr. 'rendere celere' ✱ 1997] **v. tr.** ● (*inform.*) ridurre le dimensioni di un file mediante apposito programma

zìqqurat ➤ **ziggurat**

ziràia [da *ziro* ✱ 1961] **s. f.** ● (*roman., napol.*) nelle case coloniche, luogo in cui si conservano gli orci per l'olio

zìrbo [arabo *ṯarb* 'intestini', 'peritoneo', attraverso la latinizzazione dei medici mediev. *zirbus* ✱ sec. XIV] **s. m.** **1** (*disus.*) omento, peritoneo **2** (*est., lett.*) pancia, ventre

zirconàto [da *zircone* col suff. *-ato*② ✱ 1940] **s. m.** ● sale ottenuto fondendo l'ossido di zirconio con alcali

zircóne [fr. *zircon*, variante di *jargunce* 'zircone', dal gr. *hyákinthos* 'giacinto' e 'pietra preziosa', attraverso il siriaco dei mercanti *jaqunta* ✱ 1828] **s. m.** **1** (*miner.*) silicato di zirconio in cristalli prismatici dalla lucentezza adamantina, di vario colore, spesso usato come gemma **2** (*est.*) la gemma ricavata da tale minerale

zircònico [1891] **agg.** (**pl. m.** *-ci*) ● che contiene zirconio

zircònio [dal fr. *zircon* 'zircone', dove si trova ✱ 1817] **s. m.** (**pl.** *-i* o *raro -ii*) ● elemento chimico, metallo di aspetto simile all'acciaio, usato allo stato metallico in apparecchiature chimiche e nei reattori nucleari come materiale per contenitori, e sotto forma di composti come refrattario e nell'industria ceramica **SIMB.** Zr **NUM. AT.** 40

zirlàre (o **z-**) [lat. *zinzilulāre*, di orig. imitativa ✱ av. 1566] **v. intr.** (**aus.** *avere*) ● emettere uno o più zirli, detto del tordo | mandare un sibilo simile a quello del tordo, detto di topi o pulcini, o anche di cacciatori che ne imitano il verso per richiamo

♣**zìrlo** (o **z-**) [vc. onomat. ✱ av. 1566] **s. m.** **1** verso breve e acuto del tordo, diverso dal canto che esegue in primavera **2** (*disus.*) tordo che si tiene in gabbia per zirlare

zìro [arabo *zīr* 'grande orcio' ✱ av. 1412] **s. m.** ● (*centr., merid.*) orcio di terracotta, verniciato all'interno, in cui si conservano olio, vino o cereali

zìta (o **z-**) [vc. merid. V. *zitella* ✱ sec. XII] **s. f.** ● (**spec. al pl.**) tipo di pasta alimentare lunga, di diametro molto maggiore dello spaghetto, forata all'interno: *un piatto di zite al forno*

zitèlla (o **z-**) o (*raro*) **zittèlla** (o **z-**) [dim. di *zita*, f. di *zito*② ✱ 1258] **s. f.** **1** donna nubile | (*scherz.* o *spreg.*) donna nubile e non più giovane | ***vecchia z.***, (*est., spreg.*) donna di carattere acido, bisbetico (V. nota d'uso STEREOTIPO) **2** †vergine, giovinetta || **zitellàccia**, **pegg.** | **zitellìna**, **dim.** | **zitellóna**, **accr.** | **zitellùccia**, **dim.**

SFUMATURE ➤ ***nubile***

zitellàggio (o **z-**) [da *zitella* ✱ 1943] **s. m.** ● stato, condizione di chi è zitella

zitellésco (o **z-**) [1930] **agg.** (**pl. m.** *-schi*) ● da zitella | (*spreg.* o *scherz.*) acido, bisbetico

zitellismo (o **z-**) [1938] **s. m.** ● (*spreg.*) mentalità o comportamento da vecchia zitella

zitèllo (o **z-**) o †**zittèllo** (o **z-**) [dim. di *zito*② ✱ av. 1250] **s. m.** **1** †fanciullo: *cresciuti in corte ed allevati / si son da noi da teneri zitelli* (L. ARIOSTO) **2** (*raro* o *scherz.*) uomo scapolo, celibe || **zitellóne**, **accr.** (V.)

zitellóne (o **z-**) [1879] **s. m.** **1** accr. di *zitello* **2** (*scherz.*) uomo scapolo un po' attempato

Zither /*ted.* 'tsitʌ/ [vc. f. ted., dal lat. *cĭthara* 'cetra' (V.) ✱ 1961] **s. m. inv.** (**pl. ted.** *Zithern*) ● (*mus.*) strumento a corde pizzicate, simile alla cetra, tipico della Germania meridionale, dell'Austria e della Svizzera

zìto① (o **z-**) [1918] **s. m.** ● (**spec. al pl.**) zita

zìto② (o **z-**) [variante di *cit(t)o* tosc. 'fanciullo' ✱ av. 1306] **A** **s. m.** (**f.** *-a*) **1** †fanciullo **2** (*merid.*) †scapolo, celibe **3** (*merid.*) fidanzato, sposo novello **B** **agg.** ● †puro, vergine

†**zittàre** (o **z-**) [sec. XIV] **v. intr. e tr.** ● (*tosc.*) zittire

zittèlla (o **z-**) ➤ **zitella**

†**zittèllo** (o **z-**) ➤ **zitello**

zittìo (o **z-**) [1880] **s. m.** (**pl.** *-ii*) ● lo zittire | leggero sibilo di chi zittisce, sia come invito al silenzio che spec. come segno di disapprovazione per oratori o interpreti poco graditi: *Scattò in piedi a uno z. prolungato che si levò a un tratto dalla platea* (L. PIRANDELLO)

zittìre (o **z-**) [da *zitto* ✱ 1602] **A** **v. intr.** (*io zittìsco* (o *z-*), *tu zittìsci* (o *z-*); aus. *avere*) ● tacere, far silenzio: *al mio cenno, zittì di colpo* | fare con la bocca un leggero suono, come un sommesso sibilo, per interrompere oratori, attori o cantanti poco graditi: *una parte del pubblico zittiva verso quelli che applaudivano* **B** **v. tr.** ● indurre a far silenzio: *la zittì con un'occhiataccia* | far tacere qlcu. con un sibilo sordo e leggero, a teatro, a una conferenza, e sim.: *tutti zittivano la cantante stonata* **C** **zittìrsi** **v. intr. pron.** ● (*lett.*) smettere di parlare, fare silenzio

♦**zìtto** (o **z-**) [vc. onomat. ✱ 1353] **A** **agg.** ● che non parla: *stare z. e quieto; z. come un olio* | ***sta z.!***, taci! | ***rimanere z.***, stare senza parlare, in assoluto silenzio | ***z. z.***, in gran silenzio, spec. perché impaurito e pensieroso; (*est.*) alla chetichella; senza clamore: *presero per i campi, zitti zitti, pensando ognuno a casi suoi* (A. MANZONI); *se l'è svignata z. z.; e intanto lui, z. z., è riuscito a ottenere quell'incarico* | ***fare stare z.***, costringere qlcu. a tacere, obbligandolo al silenzio anche nei confronti di cose che richiederebbero reazioni, proteste e sim. | (*est.*) che non si fa sentire, non fa valere le sue ragioni, e tacendo pare che acconsenta: *di fronte a un torto così grande non devi stare z.* | (*est.*) che non riferisce ciò che sa o ha sentito: *è uno che sta z.* || **zittìno**, **dim.** **B** **in funzione di inter.** ● si usa per intimare il silenzio o per minacciare qlcu.: *z.! sento dei passi!; zitta!, se mi fai arrabbiare vedrai!* **C** **s. m.** ● (*raro, lett.*) bisbiglio, sussurro: *senza far motto o z. alcuno* (G. BOCCACCIO) | †***senza fare z.***, in silenzio

zizània [stessa etim. di *zizzania* (V.) ✱ 1961] **s. f.** ● pianta acquatica delle Graminacee, diffusa nelle paludi e sugli stagni degli Stati Uniti orientali, con fusto alto sino a 3 m, foglie larghe e pannocchie le cui cariossidi costituiscono un cibo per gli indiani d'America **SIN.** riso d'acqua, riso d'America, riso indiano o degli Indiani

zìzza o **zìzza** [longob. *zizza*, vc. espressiva ✱ 1342] **s. f.** ● († o *fam.*) mammella

zizzagàre ➤ **zigzagare**

†**zizzàglia** [av. 1306] **s. f.** ● zizzania

♣**zizzània** o †**zinzània** [vc. dotta, lat. eccl. *zizānia*, nt. pl. di *zizāniu(m)*, dal gr. *zizánion*, di orig. straniera ✱ 1313] **s. f.** **1** (*bot., raro*) loglio **2** (*fig.*) discordia, grave contrasto, dissenso (dalla parabola evangelica del seminatore): *seminare, spargere, mettere z.; ha portato la z. nella sua famiglia* **3** (*lett., raro*) chi suscita discordia

†**zizzanióso** (o **-s-**) [av. 1639] **agg.** ● che mette zizzania

zìzzola [da *zizzolo* ✱ av. 1380] **s. f.** **1** (*raro, tosc.*) giuggiola **2** (*tosc., fig.*) inezia, bazzecola | (*per antifrasi*) fatto spiacevole, evento avverso | ***zizzole!***, esprime meraviglia: *zizzole, come parla bene!* (R. BACCHELLI) **3** (*centr.*) vento forte e freddo

zìzzolo [lat. *zīzyphu(m)*, dal gr. *zízyphon* ✱ 1803] **s. m.** ● (*bot., tosc.*) giuggiolo

złoty /*polacco* 'zwɔti/ [vc. polacca, propr. 'd'oro (*złoto*, di ampia area slava, connesso con una radice indeur. che allude al colore 'giallo')' ✱ 1927] **s. m. inv.** ● unità monetaria della Polonia **SIMB.** Zł

Zoantàri [lat. scient. *Zoantharia*, comp. di *zoo-* e del gr. *ánthos* 'fiore' ✱ 1875] **s. m. pl.** (**sing.** *-io*) ● (*zool.*) ordine di Antozoi coloniali con sei o più tentacoli (mai otto) non pennati (*Zoantharia*) **SIN.** Esacoralli

†**zòcco** (o **z-**) [lat. *sŏccu(m)* 'specie di pantofola in uso sulla scena', 'socco' ✱ av. 1476] **s. m.** ● zoccolo

zòccola (o **z-**) [da *zoccolo* in spreg. uso fig. ✱ av. 1886] **s. f.** **1** (*merid.*) topo di fogna **2** (*fig., pop.*) baldracca, puttana || **zoccolàccia**, **pegg.** | **zoccolétta**, **dim.** | **zoccolóna**, **accr.**

zoccolàggine (o **z-**) [da *zoccola* nel sign. 2 ✱ 1981] **s. f.** ● (*pop., spreg.*) atteggiamento o comportamento da zoccola

zoccolàio (o **z-**) o (*raro, centr.*) **zoccolàro** (o **z-**) [av. 1348] **s. m.** (**f.** *-aia*, **pl. m.** *-ai*) ● artigiano che fa o vende zoccoli

zoccolànte (o **z-**) [av. 1536] **A** **agg.** ● che porta gli zoccoli **B** **s. m.** ● frate minore osservante, che porta gli zoccoli

zoccolàre (o **z-**) [av. 1749] **v. intr.** (*io zòccolo* (o *z-*); aus. *avere*) ● (*pop.*) far rumore con gli zoccoli, camminando: *i bambini zoccolavano per le scale*

zoccolàro (o **z-**) ➤ **zoccolaio**

zoccolàta (o **z-**) [av. 1527] **s. f.** ● colpo di zoccolo

zoccolatùra (o **z-**) [da *zoccolo* nel sign. 6 ✱ 1953] **s. f.** ● motivo architettonico applicato, spec. a scopo protettivo, lungo la parte inferiore di una parete

zoccolìo (o **z-**) [1950] **s. m.** (**pl.** *-ii*) ● uno zoccolare continuo o frettoloso

♦**zòccolo** (o z-) [lat. parl. *sŏcculu(m), dim. di sŏccus 'socco' (V.) ✱ sec. XIII] **s. m. 1** calzatura con la suola di legno e tomaia per lo più a strisce, usata tradizionalmente in abiti di ordini religiosi, in costumi popolari e nelle campagne, per ragioni funzionali in certi lavori o come calzatura estiva: *calzare, portare gli zoccoli; le olandesine con gli zoccoli* | (*est., cucina*) ***frittata con gli zoccoli***, farcita di carne o salumi a tocchetti **2** (**f.** *-a* (V.)) (*fig., raro*) persona villana, rozza, ignorante | persona buona a nulla o che non vale nulla **3** (*zool.*) l'unghia del terzo dito degli Equidi, o l'insieme delle unghie del terzo e del quarto dito degli Artiodattili, in cui lo strato corneo esterno riveste l'ultima falange ed è ispessito inferiormente a formare la suola CFR. podo- **4** (*est.*) strato di fango che rimane attaccato alla suola delle calzature | strato di neve che rimane attaccato alla suola degli scarponi, sotto gli sci o fra le punte dei ramponi da ghiaccio | (*agric.*) zolla di terra lasciata attorno alle radici di una pianta da trapiantare **5** ogni basamento, di vario materiale, in varie strutture: *uno z. di legno, di pietra, di marmo; lo z. di una colonna, di un monumento, dell'arpa* | (*est.*) parte inferiore, limitata in altezza, di un edificio | (*est.*) piede prominente delle mura, nelle fortificazioni antiche | (*est.*) fascia inferiore della parete di un vano interno di un edificio, tinta in colore più scuro o rivestita di materiale vario a scopo decorativo o protettivo | (*fig.*) ***z. duro***, il settore più stabile e fedele di un'organizzazione, spec. di un partito politico; il valore più costante in un fenomeno soggetto a variazioni **6** (*geol.*) in tettonica, la parte inferiore e rigida di una regione in cui i terreni sovrastanti sono deformati plasticamente dalle spinte tettoniche | ***z. continentale, z. sottomarino***, il blocco di sial che forma la base di un continente, comprendente la scarpata continentale e la piattaforma continentale **7** (*elettr.*) parte dell'attacco unita alla lampada, che si inserisce a vite o a baionetta nel portalampada realizzando il collegamento elettrico e meccanico di quella con questo **8** (*edit.*) in tipografia, blocco di sostegno, ligneo o metallico, per cliché o stereotipia **9** nelle armi da fuoco, parte dell'alzo fissata alla canna su cui si muove il ritto d'alzo ‖ **zoccolétto**, **dim.** | **zoccolino**, **dim.** | **zoccolóne**, **accr.** (V.)

zoccolóne (o z-) **s. m. 1** accr. di *zoccolo* **2** (**f.** *-a*) (*fig., spreg.*) persona molto rozza SIN. zoticone

zodiacàle [1745] **agg.** ● (*astron., astrol.*) dello zodiaco, relativo allo zodiaco: *costellazioni, segni zodiacali* | (*astron.*) ***luce z.***, luminescenza biancastra che si scorge in cielo, sul piano dell'eclittica, prima dell'alba o dopo il tramonto che ha la forma di un ventaglio simmetrico rispetto al Sole

zodìaco [vc. dotta, lat. zodĭacu(m), dal gr. zōidiakós 'proprio (del circolo) delle figure d'animali (zōidia, dim. pl. di zô(i)on 'essere vivente', 'immagine celeste')' ✱ 1282] **s. m.** (**pl.** *-ci, raro*) **1** (*astron., astrol.*) zona ideale della sfera celeste entro cui si trovano i percorsi apparenti del Sole, dei pianeti e della Luna, delimitata da due linee parallele all'eclittica a 8° di distanza angolare dai due lati di questa, contenente le dodici costellazioni di Ariete, Toro, Gemelli, Cancro, Leone, Vergine, Bilancia, Scorpione, Sagittario, Capricorno, Acquario, Pesci | (*astrol.*) ***segni dello z.***, le dodici parti uguali in cui questo è convenzionalmente diviso, ciascuna delle quali prende il nome da una costellazione **2** (*est., astrol.*) disegno, di solito circolare, che rappresenta la fascia dello zodiaco e i simboli di ciascuno dei suoi dodici segni

zoèa [dal gr. zōē 'vita', di orig. indeur. ✱ 1840] **s. f.** ● (*zool.*) forma larvale propria dei crostacei decapodi

zoèpica [propr. 'epica degli animali (gr. zôia, di orig. indeur.)' ✱ 1884] **s. f.** ● (*letter.*) epopea i cui personaggi sono animali

-zòico [dal gr. zōïkós 'di animale', da zô(i)on 'essere vivente'] **secondo elemento** ● in aggettivi composti, indica relazione con animali o con l'apparire della vita nelle diverse ere geologiche: *cenozoico, mesozoico*

zoidiofilìa [comp. del gr. zōídion, dim. di zô(i)on 'animale', e -filia ✱ 1961] **s. f.** ● (*bot.*) impollinazione operata da animali SIN. zoofilia, zoogamia

zoidiòfilo [comp. del gr. zōídion, dim. di zô(i)on 'animale', e -filo ✱ 1906] **agg.** ● (*bot.*) detto di pianta la cui impollinazione è operata da animali SIN. zoofilo, zoogamo

Zòilo [gr. Zōílos, n. del feroce critico di Omero, da collegarsi con zōē 'vita', di orig. incerta ✱ 1570] **s. m.** ● (*raro, lett.*) critico severo e pedante

zoisìte [comp. dal n. dello studioso sloveno S. Zois (1747-1819) che per primo lo osservò e -ite② ✱ 1840] **s. f.** ● (*miner.*) epidoto in cristalli ortorombici, spesso fibrosi, di color grigio o giallastro

zòlfa (o z-) ➤ **solfa**

zolfàio (o z-) [1840] **s. m.** (**pl.** *-ai*) ● (*raro*) operaio addetto all'estrazione e alla lavorazione dello zolfo

zolfanèllo (o z-) o (*raro*) **solfanèllo** [dallo zolfo, che lo impregna, con doppio suff. ✱ 1325 ca.] **s. m. 1** fiammifero di legno con capocchia di zolfo o fosforo, da sfregare | ***accendersi come uno z.***, (*fig.*) essere molto irascibile **2** stoppino impregnato di zolfo fuso, per disinfettare le botti

zolfàra (o z-) ➤ **solfara**

zolfàre (o z-) ➤ **solfare**

zolfatàra (o z-) ➤ **solfatara**

zolfatàro (o z-) ➤ **solfataro**

zolfìfero ➤ **solfifero**

zolfìgno (o z-) [1939] **agg.** ● (*lett.*) zolfino

zolfìno (o z-) o (*raro*) **solfino** [1779] **A agg.** ● (*raro*) che è simile allo zolfo, per aspetto, colore e odore **B s. m.** ● zolfanello

zólfo (o z-) o (*raro, lett.*) **sólfo**, †**zólfore** (o †z-) [lat. sŭlphur, per sŭlpur (nt.), di orig. straniera ✱ 1282] **s. m.** ● elemento chimico, non metallo giallo diffusissimo in natura sia nei suoi composti, sia allo stato elementare, ottenuto dai suoi giacimenti o per ossidazione dell'acido solfidrico proveniente da gas illuminante o da frazioni del petrolio, noto in varie forme allotropiche; si usa per produrre acido solforico, come additivo di fertilizzanti, come correttivo di terreni, per la vulcanizzazione della gomma, per coloranti allo zolfo, in medicina per malattie della pelle, e nell'industria dei fiammiferi SIMB. S NUM. AT. 16 CFR. tio- | ***c'è odore di z.***, (*scherz., fig.*) c'è del diabolico

zoliàno [1884] **agg.** ● concernente lo scrittore francese E. Zola (1840-1902): *realismo z.*

zòlla (o z-) [etim. discussa: medio alto ted. zol(les) 'massa compatta', di orig. indeur. ✱ av. 1300] **s. f. 1** pezzo di terra compatta sollevata dall'aratro o dalla zappa durante la lavorazione del terreno | ***z. erbosa, verde z.***, superficie erbosa del terreno: *tacito, seduto in verde z., / delle sere io solea passar gran parte / mirando il cielo* (G. LEOPARDI) **2** (**spec. al pl.**) campo lavorato, terreno: *avere, possedere delle zolle* | ***avere quattro zolle***, (*lett.*) possedere una piccola proprietà | (*lett.*) sepolcro: *Forse anche ai morti è tolto ogni riposo / nelle zolle* (E. MONTALE) **3** (*raro, lett.*) tocco, pezzo di qlco.: *una z. di pane* **4** (*geol.*) ciascuna delle grandi porzioni di litosfera, di spessore uguale a 100 km e di superficie paragonabile a quella di un continente o di un oceano, separata dalle altre da profonde discontinuità ‖ **zollétta**, **dim.** (V.) | **zollóne**, **accr. m.**

zollàre (o z-) [1931] **v. tr.** (*io zòllo* (o *z-*)) ● (*raro*) ricoprire con zolle erbose

zollétta (o z-) [sec. XIV] **s. f. 1** dim. di *zolla* **2** cubetto o piccolo parallelepipedo di zucchero compresso: *mettere una z. di zucchero nel caffè* ‖ **zollettina**, **dim.**

zollóso (o z-) (o -s-) [1525] **agg.** ● pieno, coperto di zolle: *campi zollosi* | (*fig., lett.*) fertile ‖ **zollosità**, **s. f. inv.**: *la zollosità di un terreno*

zollùto (o z-) [1879] **agg.** ● (*disus.*) zolloso

Zollverein /*ted.* 'tsɔlfɛʌ,aen/ [comp. ted., propr. 'unione (Verein, da ein 'uno' col pref. di orig. indeur. ver-) della dogana (Zoll, dal tardo lat. tolonēum 'telonio', V.)' ✱ 1895] **s. m. inv.** (**pl. ted.** *Zollvereine*) ● nel linguaggio economico tedesco, unione doganale

zombàre [vc. onomat. ✱ av. 1400] **v. tr.** (*io zómbo*) ● (*pop., tosc.*) percuotere, picchiare con forza

zombàta [1879] **s. f.** ● (*pop., tosc.*) percossa data con forza

zombatùra [1840] **s. f.** ● (*pop., tosc.*) serie di percosse

zómbie /*'dzombi, *ingl.* 'zɒmbɪ/ o **zómbi** [vc. creola d'orig. sconosciuta ✱ 1933] **s. m. e f. inv. 1** nelle credenze popolari delle Antille, spirito soprannaturale che, evocato da riti magici, ridà vita a un cadavere | il cadavere così rianimato **2** (*fig.*) persona che è o appare apatica, abulica, priva del tutto di carattere e volontà propri

zompàre (o z-) [vc. centr., merid., di origine onomat. ✱ 1538] **v. intr.** (*io zómpo* (o *z-*); **aus.** *essere, raro avere*) ● (*fam.*) saltare | ***z. addosso a qlcu.***, (*fig.*) avvicinarsi a qlcu. tentando un approccio sessuale

zompàta (o z-) **s. f.** ● (*centr.*) zompo

zompettàre (o z-) [frequentativo di zompare ✱ 1688] **v. intr.** (*io zompétto*; **aus.** *avere*) ● (*centr.*) saltellare

zómpo (o z-) [da zompare ✱ 1866] **s. m.** ● (*centr.*) salto ‖ **zompétto**, **dim.**

♦**zòna** [vc. dotta, lat. zōna(m), dal gr. zṓnē, propr. 'cintura', poi 'cintura di terra o di cielo' ✱ 1282] **s. f. 1** parte, fascia, striscia: *in cielo si vedono ampie zone grigie e zone più chiare* | (*est.*) superficie, spazio delimitato: *una parete a zone chiare e scure* | ***z. giorno, z. notte***, parte dell'appartamento destinata rispettivamente alle attività che si compiono durante il giorno o al riposo notturno | ***z. d'ombra***, spazio ombreggiato; (*fig.*) lato poco chiaro, misterioso o discutibile: *sulla vicenda permangono alcune zone d'ombra* | ***z. grigia***, nel linguaggio giornalistico, area di incerto confine tra legalità e illegalità: *la z. grigia nell'intreccio delle relazioni di potere* | (*biol.*) ***z. morfogenetica***, ciascuna delle aree del citoplasma dell'uovo fecondato dalle quali, attraverso i processi morfogenetici, si sviluppano i vari organi in posizioni definite | (*fis.*) ***z. di silenzio***, quella in cui, a causa delle anomalie della propagazione delle onde sonore, non viene udito il suono emesso da un velivolo o prodotto al suolo | (*mat.*) ***z. sferica***, parte di superficie sferica compresa fra due piani secanti paralleli | (*mat.*) ***z. di una superficie di rotazione***, parte di superficie di rotazione compresa fra due piani perpendicolari all'asse di rotazione **2** (*geogr.*) ciascuna delle cinque fasce parallele che, per convenzione, suddividono la superficie della Terra e prendono il nome dai climi che vi dominano: due glaciali o polari, artica e antartica; due temperate, boreale e australe; una torrida, o equatoriale, fra i due tropici | *z.* ***climatica***, zona della superficie terrestre determinata in base alla particolare distribuzione di uno o più elementi climatici | *z.* ***umida***, ambiente costituito da terreni capaci di assorbire e trattenere grandi quantità d'acqua, come acquitrini, paludi, torbiere, stagni, lagune **3** (*geol.*) regione della crosta terrestre in cui le rocce sono sottoposte a metamorfismo più o meno intenso secondo la profondità | *z.* ***sismica***, regione della Terra che è epicentro di frequenti terremoti **4** (*est.*) territorio o regione ben delimitati o che presentano caratteri distintivi: *sulla carta è visibile una z. collinosa*; *la z. orientale della pianura non è coltivata* | *z.* ***agraria***, area più o meno estesa dove prosperano in prevalenza determinate colture | *z.* ***di ripopolamento e cattura***, territorio in cui è vietata temporaneamente la caccia per favorire il ripopolamento della selvaggina, che vi può essere catturata soltanto per ripopolare altri territori che ne sono carenti | *z.* ***di vendita***, area geografica assegnata a un venditore o a un agente per svolgervi il proprio lavoro presso i clienti che vi risiedono | *z.* ***depressa***, caratterizzata da una situazione economica e sociale di persistente povertà, sottosviluppo e sim. | *z.* ***franca***, parte del territorio nazionale considerata fuori della linea doganale | (*dir.*) *z.* ***di frontiera***, quella a cavallo della frontiera fra due Stati, nella quale essi, grazie ad accordi speciali, stabiliscono reciproche facilitazioni riguardanti la circolazione di abitanti e merci e i servizi idrici e sanitari | *z.* ***d'influenza***, territorio sul quale si riconosce che uno Stato eserciti la propria predominante influenza politica, economica e militare; (*fig.*) limite entro il quale si esercita l'influenza o il potere di una persona, un partito, un ente e sim. | *z.* ***di libero scambio***, quella dove vige un accordo economico internazionale attuato da un gruppo di Stati all'interno di un territorio e in cui le merci prodotte da ciascuno di essi possono circolare liberamente, non gravate da dazio | (*dir.*) *z.* ***di vigilanza***, striscia, braccio di mare in prossimità della costa in cui lo Stato può intervenire in caso di contrabbando | *z.* ***calda***, (*fig.*) dove incombe un pericolo di conflitto armato | *z.* ***denuclearizzata***, dove è bandita la presenza di impianti o armi termonucleari | *z.* ***militare***, parte di territorio nazionale in cui, in tempo di pace, la proprietà è soggetta a particolari obblighi e la libertà personale viene limitata allo scopo di evitare eventuali danni da attività militari | (*dir.*) *z.* ***di guerra***, parte del territorio nazionale, definita dalla suprema autorità politica dello Stato, nella quale vige la legge di guerra | (*dir.*) *z.* ***smilitarizzata***, quella in cui uno Stato, per prevenire incidenti di frontiera e sim., si assume l'obbligo internazionale di non stabilirvi installazioni e guarnigioni militari | (*milit.*) *z.* ***delle operazioni***, parte della zona di guerra, definita dalla suprema autorità militare, nella quale i poteri civili sono assunti per legge dall'autorità militare stessa | (*milit.*) *z.* ***di combattimento***, parte del territorio nella quale vengono condotte le principali operazioni aero-terrestri | (*milit.*) *z.* ***tattica***, area in cui le truppe effettuano manovre tattiche di difesa e di offesa | (*milit.*) *z.* ***territoriale***, circoscrizione militare amministrativa del territorio nazionale, comprendente gener. più province e soggetta all'autorità di un generale di brigata; in periodo bellico, parte del territorio nazionale, retrostante la zona di combattimento, nella quale viene condotta la difesa interna del territorio | (*milit.*) *z.* ***delle comunicazioni***, parte della zona territoriale compresa fra i limiti posteriori della zona di combattimento e del teatro di operazioni **5** area urbana o extraurbana con particolari caratteristiche o destinata a un determinato uso: *z. residenziale*; *z. industriale* | *z.* ***verde***, area urbana di verde pubblico; anche, area urbana a traffico fortemente limitato | *z.* ***blu***, area in cui è consentito parcheggiare solo a pagamento (dal colore delle strisce che segnano i posti macchina) | *z.* ***disco***, in cui le automobili possono sostare per un tempo limitato esponendo il disco orario | *z.* ***di rispetto***, area nella quale non è permesso costruire o nella quale la costruzione è sottoposta a vincoli | *z.* ***a traffico limitato***, zona urbana in cui il traffico è sottoposto a specifiche limitazioni | *z.* ***pedonale***, zona urbana in cui è vietato il traffico | ***Consiglio di z.***, V. *consiglio*, sign. 5 | (*est.*) area di una città, quartiere: *abito in una z. silenziosa* | ***in z.***, nei dintorni, nelle vicinanze: *ero in z. così sono passato a trovarti* | ***fuori z.***, lontano, fuori dai giri abituali: *non conosco quel negozio perché per me è fuori z.* **6** nei telegrafi, nelle telescriventi e sim., sottile striscia di carta su cui viene registrato il testo del messaggio telegrafico **7** (*med.*) herpes zoster **8** in vari giochi di palla, spec. nella pallacanestro e nel calcio, impostazione tattica basata sulla copertura, da parte dei giocatori, di una determinata area del campo (contrapposta al cosiddetto *gioco a uomo*): *gioco, difesa a z.*; *nel gioco a z. sono spesso attuati il pressing e la tattica del fuorigioco* | ***marcare a z.***, V. *marcare* | ***segnare, vincere in z. Cesarini***, nel calcio, realizzare una rete decisiva agli effetti del risultato nello scorcio finale di un incontro, come riuscì più volte al giocatore juventino R. Cesarini (1906-1969); (*fig.*) ottenere un successo all'ultimo momento **9** (*lett.*) fascia, cintura che cinge la vita in certi abiti, spec. nell'antica Grecia

zonàle [vc. dotta, lat. tardo *zonāle(m)*, da *zōna* ✱ 1922] **agg.** **1** attinente a una zona, di una zona: *comando z.* **2** (*biol.*) detto di distribuzione di animali e piante in zone **3** (*meteor.*) detto di massa d'aria che scorre lungo i paralleli terrestri ‖ **zonalità**, **s. f. inv.** caratteristica di ciò che è riferito a un determinato territorio; (*meteor.*) scorrimento delle correnti atmosferiche lungo i paralleli terrestri

†**zonàre** [da *zona* ✱ av. 1306] **v. tr.** ● cingere

zonàto [1499] **agg.** ● costituito da zone, parti, strati e sim. diversi: *cristallo z.* | dipinto a zone: *pareti zonate*

zonatùra [1922] **s. f.** **1** divisione in zone: *la z. di una regione* **2** nei minerali, nelle rocce, nei cristalli e sim., l'alternarsi di strati di composizione chimica diversa e che possono presentare colori diversi **3** (*est*) zona di colore omogeneo: *un bocciolo con zonature di color verde pallido*

zonazióne [da *zona*, sul modello dell'ingl. *zoning* (V.) ✱ 1961] **s. f.** ● suddivisione in zone; zonizzazione | (*geol.*) ***carte di z. sismica***, quelle in cui, sulla base di dati geologici e sismologici, si individuano, su grande o piccola scala, le zone di territorio in cui si sono verificati, o si prevede che si verificheranno, terremoti di varia intensità | (*ecologia*) distribuzione, per zone geografiche, di organismi animali o vegetali: *z. verticale, orizzontale*

zòning /ˈdzɔnin(g), *ingl.* ˈzəʊnɪŋ/ [vc. ingl., da *to zone* 'dividere in zone', da *zone* 'zona' ✱ 1931] **s. m. inv.** ● (*urbanistica*) zonizzazione

zonizzàre [da *zona*, sul modello dell'ingl. *to zone* (V. *zoning*) ✱ 1935] **v. tr.** **1** (*urbanistica*) suddividere un'area urbana o una città in diverse zone destinandole a usi e funzioni specifiche, come residenza, industria e sim. **2** (*est.*) suddividere in zone ‖ **zonizzazióne**, **s. f.**

zònula [vc. dotta, lat. *zonula*, dim. di *zōna* 'fascia, cintura' ✱ 1961] **s. f.** ● (*anat.*) nella loc. *z. di Zinn*, parte membranosa del corpo ciliare a forma di anello disposta attorno al cristallino, che ha la funzione di mantenerlo teso

zonulàre [1983] **agg.** ● (*anat.*) relativo alla zonula

zonùro [propr. 'dalla coda (gr. *ourá*, di orig. indeur.) con scaglie a cerchi (gr. *zōnai*, propr. 'cinture')' ✱ 1840] **s. m.** ● sauro africano con robuste zampe a cinque dita, una corona di spine posteriormente al capo e coda spinosa (*Cordylus giganteus*)

✦**zònzo** [vc. onomat. ✱ av. 1449] **s. m. inv.** **1** †ronzio prodotto dal volo di insetti: *quale è il z. / con che soglion le mosche a primavera / assalir* (V. MONTI) **2** nella loc. avv. ***a z.***, a spasso, qua e là senza una meta, oziando: *andare a z.* | (*fig.*) ***mandare il cervello a z.***, †confondere la mente; (*lett.*) fantasticare

✦**zòo** [da (*giardino*) *zoo(logico)*, secondo il modello ingl. *zoo(logical garden)* ✱ 1931] **s. m. inv.** ● giardino zoologico: *portare i bambini allo zoo* | (*est.*) reparto di un circo equestre dove sono custoditi gli animali esotici

zòo-, -zòo [dal gr. *zô(i)on* 'essere vivente', di orig. indeur.] **primo e secondo elemento** ● in parole composte significa 'animale' o indica in modo generico relazione con la vita animale: *zoofilo, zoologia, zootecnica*; *dermatozoi, protozoi*

zooantropologìa [vc. dotta, comp. di *zoo-* e *antropologia* ✱ 1995] **s. f.** (**pl.** *-gìe*) ● disciplina che studia i rapporti tra l'uomo e gli animali, spec. quelli domestici

zoocenòsi [comp. di *zoo-* e *cenosi* ✱ 1961] **s. f. inv.** ● (*zool.*) complesso degli organismi animali che compongono una biocenosi

zoocenòtico [da *zoocenosi* ✱ 1993] **agg.** (**pl. m.** *-ci*) ● (*zool.*) relativo a zoocenosi

zoochìmica [comp. di *zoo-* e *chimica* ✱ 1875] **s. f.** ● studio chimico dei principi presenti negli organismi animali

zoocìda [comp. di *zoo-* e *-cida* ✱ 1961] **A** **s. m.** (**pl.** *-i*) ● sostanza tossica per i parassiti delle piante **B** **anche agg.**: *preparato z.*

zoocoltùra o **zoocultùra** [comp. di *zoo-* e *coltura* ✱ 1941] **s. f.** ● allevamento di animali utili all'uomo, spec. di piccole dimensioni

zooconìdio [comp. di *zoo-* e *conidio* ✱ 1961] **s. m.** ● (*bot.*) conidio mobile mediante ciglia **SIN.** planoconidio

zoocorìa [comp. di *zoo-* e un deriv. dal gr. *chōrêin* 'spostarsi, diffondersi' ✱ 1961] **s. f.** ● (*bot.*) disseminazione di talune piante per mezzo di animali, che ne trasportano i semi sul o nel proprio corpo

zoocòro [comp. di *zoo-* 'animale' e di un deriv. dal gr. *chōrêin* 'spostarsi, diffondersi', di orig. indeur. ✱ 1957] **agg.** ● (*bot.*) detto di pianta la cui disseminazione avviene per opera di animali | relativo alla zoocoria: *disseminazione zoocora*

zoocultùra ➤ **zoocoltura**

zoofagìa [comp. di *zoo-* e *-fagia* ✱ 1961] **s. f.** (**pl.** *-gìe*) ● condizione degli organismi zoofagi

zoòfago [comp. di *zoo-* e *-fago* ✱ 1802] **agg.** (**pl. m.** *-gi*) ● detto di animale o pianta che si nutre di animali

zoofilìa [comp. di *zoo-* e *-filia* ✱ 1914] **s. f.** **1** amore, affetto per gli animali, spec. domestici | atteggiamento, comportamento da zoofilo **2** (*psicol.*) perversa attrazione sessuale per gli animali **3** (*bot.*) zoidiofilia

zoòfilo [comp. di *zoo-* e *-filo* ✱ 1802] **A** **agg.** **1** che ama e protegge gli animali: *società zoofila* **2** (*bot.*) zoidiofilo | zoocoro **3** (*zool.*) detto di insetto che presenta zoofilia **B** **s. m.** (**f.** *-a*) ● persona che ama gli animali e li protegge: *lega di zoofili*

zoòfito [comp. di *zoo-* e *-fito* ✱ av. 1595] **s. m.**

• organismo considerato un tempo come una forma intermedia fra animali e vegetali, quali i Celenterati e gli Echinodermi

Ẓooflagellàti [comp. di *zoo-* e *Flagellati* ✱ 1961] **s. m. pl. (sing. -*o*)** • (*zool.*) gruppo eterogeneo di Flagellati che comprende organismi incapaci di operare la fotosintesi

ẓoofobìa [comp. di *zoo-* e *fobia* ✱ 1905] **s. f.** • (*psicol.*) timore morboso di tutti gli animali, o di alcuni determinati fra essi ‖ **ẓoofòbico**, **agg. (pl. m. -*ci*) 1** relativo a zoofobia **2** zoofobo ‖ **ẓoòfobo**, **agg.; anche s. m. (f. -*a*) nel sign. 1 1** (*raro*) che (o chi) soffre di zoofobia **2** (*bot.*) detto di pianta dotata di caratteristiche che la preservano dagli animali erbivori

ẓoòforo [gr. *zōophóros*, comp. di *zô(i)on* 'animale' e di un deriv. da *phérein* 'portare', perché accoglieva spesso raffigurazioni di animali ✱ av. 1472] **A s. m.** • (*archit.*) fregio architettonico, con figure spec. di animali, collocato fra l'architrave e la cornice degli antichi edifici ionici **B agg.** • (*archit.*) che sostiene, che sorregge una raffigurazione spec. animale: *colonna zoofora*

ẓoogamète [comp. di *zoo-* e di *gamete* ✱ 1961] **s. m.** • (*biol.*) gamete provvisto di organi di moto, quali i flagelli

ẓoogamìa [comp. di *zoo-* e *-gamia* ✱ 1961] **s. f.** • (*bot.*) zoidiofilia

ẓoògamo [1961] **agg.** • (*bot.*) zoidiofilo

ẓoogènico [comp. di *zoo-* e *-genico* ✱ 1957] **agg. (pl. m. -*ci*)** • (*geol.*) detto di roccia organogena formata da resti animali

ẓoogeografìa [comp. di *zoo-* e *geografia* ✱ 1892] **s. f.** • disciplina che studia la distribuzione delle specie animali sulla superficie terrestre

ẓooglèa [comp. di *zoo-* e del gr. *gloía* 'materia collosa', di diffusione indeur. ✱ 1930] **s. f.** • (*biol.*) massa di batteri agglutinati da una sostanza vischiosa, che ha spesso l'apparenza di una pellicola iridescente

ẓoognòstica [comp. di *zoo-* e della seconda parte di *(dia)gnostica* ✱ 1965] **s. f.** • studio dell'esteriore conformazione dell'animale

ẓooiàtra [comp. di *zoo-* e *-iatra* ✱ 1819] **s. m. e f. (pl. m. -*i*)** • (*disus.*) veterinario

ẓooiatrìa [comp. di *zoo-* e *-iatria* ✱ av. 1811] **s. f.** • (*raro*) veterinaria

ẓooiàtrico [1827] **agg. (pl. m. -*ci*)** • (*raro*) di zooiatria: *dizionario z.*

ẓooiàtro [1819] **s. m.** • (*disus.*) zooiatra

ẓoolàtra [da *zoolatria* ✱ 1841] **s. m. e f. (pl. m. -*i*)** • chi fa degli animali oggetto di adorazione e di culto

ẓoolatrìa [comp. di *zoo-* e *latria* ✱ 1771] **s. f.** • adorazione e culto rivolti agli animali, considerati divini o manifestazioni del divino

ẓoolàtrico [1913] **agg. (pl. m. -*ci*)** • relativo alla zoolatria e agli zoolatri

ẓoòlico [dal fr. *zoolique* sul modello di *eolico* ✱ 1983] **agg. (pl. m. -*ci*)** • mosso, spinto, azionato da una forza o energia animale: *macchina zoolica*

ẓoolìto [comp. di *zoo-* e *-lito*① ✱ 1771] **s. m.** • (*raro*) animale o parte di animale fossilizzato, spec. pietrificato

ẓoologìa [comp. di *zoo-* e *-logia* ✱ av. 1698] **s. f. (pl. -*gìe*)** • scienza che studia gli animali e la loro vita in tutti i suoi aspetti

ẓoològico [1792] **agg. (pl. m. -*ci*)** • che riguarda la zoologia | ***giardino** z.*, specie di parco opportunamente attrezzato dove, all'aperto o al chiuso, in gabbie e recinti, vivono e sono esposti al pubblico animali esotici | ***museo** z.*, che raccoglie e classifica animali imbalsamati o loro parti anatomiche conservate

ẓoologìsta [da (giardino) *zoologico* ✱ 1938] **s. m. e f. (pl. m. -*i*)** • chi commercia o caccia animali per i giardini zoologici

ẓoòlogo [comp. di *zoo-* e *-logo* ✱ 1816] **s. m. (f. -*a*; pl. m. -*gi*)** • studioso di zoologia

ẓoom /*dzum, *ingl.* zu:m/ [dal n. dell'obiettivo a focale variabile *Zoomak*, costruito nel 1948 dalla ditta *Zoomar*, derivante a sua volta da (*to*) *zoom*, usato prima come v. onomat. con il sign. di 'ronzare' e poi, in aeronautica militare, con il sign. di 'impennarsi in volo' ✱ 1962] **s. m. inv.** • obiettivo la cui distanza focale può essere variata con continuità entro limiti piuttosto ampi, per poter variare il campo inquadrato senza variare la messa a fuoco; usato per riprese fotografiche e, spec., cinematografiche e televisive | (*est.*) uso di tale obiettivo

ẓoomàfia [comp. di *zoo-* e *mafia* ✱ 1994] **s. f.** • settore della mafia che gestisce attività illegali legate al traffico o allo sfruttamento di animali

ẓoomàre e deriv. ➤ **zumare** e deriv.

ẓoometrìa [comp. di *zoo-* e *-metria* ✱ 1912] **s. f.** • studio delle dimensioni degli animali

ẓoomorfìsmo [comp. di *zoo-* e *-morfismo* ✱ 1905] **s. m.** • metamorfosi in animale: *credere allo z.*

ẓoomòrfo [comp. di *zoo-* e *-morfo* ✱ 1949] **agg.** • che rappresenta un animale: *figura zoomorfa*

ẓoomorfòsi [comp. di *zoo-* e *morfosi* ✱ 1930] **s. f. inv.** • (*biol.*) variazione anomala, non ereditaria, della forma di una pianta, dovuta all'azione di un animale

ẓoònimo [comp. di *zoo-* e *-onimo* ✱ 1950] **s. m.** • (*ling.*) nome di animale

ẓoònomo [comp. di *zoo-* e *-nomo* ✱ 1950] **s. m. (f. -*a*)** • chi ha conseguito una laurea in scienze della produzione animale e può operare in vari settori della zootecnia

ẓoonòsi [comp. di *zoo-* e del gr. *nósos* 'malattia', di orig. incerta ✱ 1890] **s. f. inv.** • ogni malattia infettiva degli animali | ogni malattia propagabile dagli animali all'uomo, e viceversa

ẓoopaleontologìa [comp. di *zoo-* e *paleontologia* ✱ 1961] **s. f. (pl. -*gìe*)** • branca della paleontologia che studia gli animali fossili

ẓooparassìta [comp. di *zoo-* e *parassita* ✱ 1895] **s. m.; anche agg. (pl. m. -*i*) 1** (*biol.*) parassita od organismo parassita degli animali **2** (*biol.*) parassita od organismo parassita appartenente al regno animale

ẓoopatologìa [comp. di *zoo-* e *patologia* ✱ 1993] **s. f. (pl. -*gìe*)** • branca della veterinaria che si occupa dello studio delle patologie

ẓooplàncton [comp. di *zoo-* e *plancton* ✱ 1933] **s. m. inv.** • (*biol.*) insieme degli organismi animali che fanno parte del plancton

ẓooplanctònico [1983] **agg. (pl. m. -*ci*)** • relativo allo zooplancton

ẓooprofilàssi [comp. di *zoo-* e *profilassi* ✱ 1949] **s. f. inv.** • branca della veterinaria che si occupa della profilassi

ẓooprofilàttico [comp. di *zoo-* e *profilattico* ✱ 1949] **agg. (pl. m. -*ci*)** • attinente alla profilassi delle malattie del bestiame

ẓoopsìa [comp. di *zoo-* e di un deriv. dal gr. *ópsis* 'vista', di orig. indeur. ✱ 1895] **s. f.** • (*psicol.*) visione allucinatoria di animali che incutono paura o disgusto

ẓoosafàri [comp. di *zoo-* e *safari* ✱ 1972] **s. m. inv.** • vasto comprensorio di ambiente naturale, diviso in campi recintati al cui interno vivono, relativamente libere, singole specie di animali esotici, percorribile in automobile dai visitatori

ẓoosemiòtica [comp. di *zoo-* e *semiotica* ✱ 1968] **s. f.** • disciplina che studia i sistemi di comunicazione fra gli animali, spec. su basi comparate

ẓoospèrmio [comp. di *zoo-* e *spermio* ✱ av. 1855] **s. m.** • (*biol.*, *raro*) spermatozoo

ẓoospòra [comp. di *zoo-* e *spora* ✱ 1891] **s. f. 1** (*bot.*) spora mobile grazie a ciglia o flagelli **2** (*zool.*) cellula mobile, flagellata o ameboide, prodotta per sporulazione in numerosi protozoi

ẓootecnìa [comp. di *zoo-* e *-tecnia* ✱ 1862] **s. f.** • scienza che studia l'allevamento degli animali utili all'uomo, occupandosi della loro riproduzione, del loro miglioramento genetico, del loro più razionale sfruttamento

ẓootècnico [1863] **A agg. (pl. m. -*ci*)** • che riguarda la zootecnia | ***patrimonio** z.*, l'insieme degli animali d'allevamento di uno Stato **B s. m. (f. -*a*)** • studioso, esperto di zootecnia

ẓoòtoca [comp. di *zoo-* e di un deriv. dal gr. *tókos* 'parto', di orig. indeur. ✱ 1875] **s. f.** • lucertola delle zone umide e fresche, con pelle granulosa, che depone uova contenenti piccoli già del tutto formati (*Lacerta zootoca vivipara*)

†**ẓootomìa** [comp. di *zoo-* e *-tomia* ✱ 1684] **s. f. 1** dissezione degli animali **2** anatomia comparata

†**ẓootòmico** [1660 ca.] **agg. (pl. m. -*ci*)** • che riguarda la zootomia nel sign. 2

ẓootossìna [comp. di *zoo-* e *tossina* ✱ 1930] **s. f.** • (*biol.*) ogni tossina di origine animale, quale quella proveniente da serpenti, ragni, insetti

Ẓooxantèlle [comp. di *zoo-* e di un deriv. di *xanto-* con suff. dim. ✱ 1961] **s. f. pl.** • alghe unicellulari flagellate, con pigmento giallo, che vivono in simbiosi con alcuni animali marini (*Zooxantellae*)

zòpolo (o *ẓ-*) [vc. venez., da una forma preindeur. **zaupo* 'tronco' ✱ 1473] **s. m.** • (*mar.*) piccola imbarcazione a remi e vela, costituita da un tronco d'albero scavato come la piroga

zoppàggine (o *ẓ-*) [av. 1574] **s. f.** • (*raro*) zoppia

zoppàre (o *ẓ-*) [av. 1708] **A v. tr.** (*io zòppo* (o *ẓ-*)) • (*tosc.*) azzoppare **B v. intr.** (**aus.** *essere*) • (*tosc.*) zoppicare

†**zoppeggiàre** (o *ẓ-*) [sec. XIV] **v. intr.** • zoppicare (*anche fig.*)

zoppétto (o *ẓ-*) [1879] **s. m. (f. -*a*); anche agg. 1** dim. di *zoppo* **2** che (o chi) è zoppo e di piccola statura ‖ **zoppettìno**, **dim.**

zoppìa (o *ẓ-*) [av. 1938] **s. f. 1** (*veter.*) infermità, condizione di un animale zoppo **2** (*med.*) claudicazione, condizione di una persona zoppa

zoppicaménto (o *ẓ-*) [1598] **s. m.** • (*raro*) andatura di chi zoppica | (*raro*, *fig.*) difetto, irregolarità, lacuna

zoppicànte (o *ẓ-*) **part. pres.** di *zoppicare*; **anche agg. 1** nei sign. del v.: *un vecchio z.*; *un tavolino z.* **2** (*fig.*) lacunoso, difettoso, incerto: *ragionamento z.* | ***verso** z.*, che presenta irregolarità metriche

zoppicàre (o *ẓ-*) [da *zoppo* ✱ av. 1292] **v. intr.** (*io zòppico* (o *ẓ-*), *tu zòppichi* (o *ẓ-*); **aus.** *avere*) **1** camminare, andare zoppo: *z. con il piede destro*; *il cavallo zoppica leggermente* SIN. claudicare **2** (*est.*) non essere ben fermo sui propri sostegni, poggiare in modo difettoso, traballare, detto spec. di mobili: *questa sedia zoppica* | (*raro*, *est.*) procedere a stento: *il veicolo in salita zoppicava* **3** (*fig.*, *lett.*) deviare dalla retta via **4** (*fig.*) ottenere scarsi risultati in un'attività o nello studio: *zoppica un po' in italiano* | †***zoppica da quel piede***, (*fig.*) è debole in quel campo | (*fig.*) non reggere, mancare di rigore, detto di argomenti, ragionamenti e sim.

zoppicatùra (o *ẓ-*) [1788] **s. f. 1** (*raro*) zoppia **2** (*fig.*, *raro*) imperfezione, irregolarità

zoppicóni (o ẓ-) o (*raro*) **zoppicóne** (o ẓ-) [da *zoppicare* col suff. *-oni* proprio di questo tipo di avv. ✱ sec. XIV] **avv.** ● zoppicando: *camminare, andare z.*

zoppìna (o ẓ-) [da *zoppo* perché malattia che colpisce le unghie degli animali e li fa zoppicare ✱ av. 1811] **s. f.** ● (*veter.*) nome di alcune malattie dei bovini e degli ovini che ne provocano la zoppia | (*pop.*) afta epizootica

zòppo (o ẓ-) [lat. tardo *clŏppu(m)*, di prob. orig. onomat., attraverso una forma sett. *ciòppo*, adattata alle condizioni tosc. ✱ av. 1294] **A** **agg.** **1** che ha un'imperfezione, una malattia o una lesione alle gambe o ai piedi e non può camminare con l'andatura naturale: *dopo la caduta, è rimasto z.*; *essere z. e sciancato*; *è z. da una gamba* | anche di animale: *cane z.*; *cavallo z.* | ***piede z.***, che fa zoppicare perché difettoso o malato | ***andare a piè z.***, (*lett.*) saltellando su una gamba; (*fig.*) andare a rilento in qlco. | (*lett., est.*) fiacco, lento: *ella li seguia con passo lento e z.* (L. ARIOSTO) **2** (*est.*) che non si regge diritto, traballante, detto di mobile: *sedia zoppa*; *tavolo z.* **3** (*fig.*) difettoso, debole in qualche parte, incompleto: *discorso z.*; *ragionamento z.*; *rima zoppa* **B** **s. m.** (**f.** *-a*) ● chi va zoppicando spec. in modo permanente: *uno z. dalla nascita* | PROV. ***chi va con lo z. impara a zoppicare***, chi frequenta una cattiva compagnia ne assume i difetti ‖ **zoppétto**, **dim.** (V.) | **zoppìno**, **dim.**

Zoràtteri [vc. dotta, comp. del gr. *pterón* 'ala', di orig. indeur., e di una prima parte, in cui si ravvisa il gr. *zōrós* 'puro, non mescolato', di etim. incerta ✱ 1957] **s. m. pl.** (**sing.** *-o*) ● (*zool.*) ordine di Insetti terrestri degli Pterigoti con capo voluminoso, piccole antenne, torace con il primo segmento più sviluppato degli altri due, tipici delle regioni calde (*Zoraptera*)

ẓorìlla [dallo sp. *zorrillo*, dim. di *zorro* 'volpe', attraverso la forma ingl. *zoril* ✱ 1891] **s. f.** ● genere di Mammiferi africani e asiatici dei Mustelidi, simili alla moffetta, piccoli, carnivori, con pelliccia scura e pelame lungo, striato e macchiato di bianco (*Ictonyx striatus*)

ẓoroastriàno [1949] **A** **agg.** ● relativo a Zoroastro (VI sec. a.C.?) o allo zoroastrismo **B** **s. m.** (**f.** *-a*) ● seguace di Zoroastro e dello zoroastrismo SIN. mazdaico

ẓoroàstrico [1676] **agg.** (**pl. m.** *-ci*) ● zoroastriano

ẓoroastrìṣmo [comp. da *Zoroastro* (forma gr. *Zōroástrēs*, del n. avestico *Zarathustra*) e *-ismo* ✱ 1961] **s. m.** ● religione divulgata verso il VI sec. a.C. dal persiano Zoroastro, o Zarathustra, basata sull'opposizione tra uno spirito del bene e uno del male che lottano per la conquista dell'universo SIN. mazdaismo

ẓòster [vc. dotta, lat. *zōstere(m)*, dal gr. *zōstḗr* 'zona, fascia (di eruzione intorno al corpo)', da *zōnnýnai* 'cingere', di orig. indeur. ✱ 1908] **agg. inv.** ● (*med.*) nella loc. ***herpes z.***, caratterizzato da vescicole che danno una dolorosa sensazione di bruciore cutaneo, lungo il decorso dei nervi

ẓostèra [vc. dotta, lat. *zostēre(m)*, dal gr. *zōstḗr* (V.) 'cintura', per il suo aspetto nastriforme ✱ av. 1498] **s. f.** ● pianta oceanica delle Potamogetonacee le cui foglie nastriformi si raccolgono sulle spiagge per farne materiale da imballaggio (*Zostera marina*)

♦**ẓoticàggine** [av. 1698] **s. f.** ● (*spreg.*) condizione di chi è zotico o si comporta abitualmente da zotico SIN. cafonaggine, grossolanità

ẓotichézza [sec. XV] **s. f.** ● zoticaggine | atteggiamento, comportamento da zotico SIN. rozzezza

♦**ẓòtico** [lat. *idiōticu(m)*, dal gr. *idiōtikós* 'proprio del privato cittadino (*ídios*, di orig. indeur.)' ✱ 1353] **A** **agg.** (**pl. m.** *-ci*, †*-chi*) **1** incolto, incivile: *intra una gente zotica, vil* (G. LEOPARDI) | rozzo, grossolano: *un uomo z.*; *maniere zotiche* CONTR. civile, cortese, educato **2** (*disus., est.*) ruvido, poco fine, detto di panno: *tela zotica* ‖ **ẓoticaménte**, **avv.** (*raro*) con zotichezza, rozzamente **B** **s. m.** (**f.** *-a*) ● persona zotica ‖ **ẓoticàccio**, **pegg.** | **ẓoticóne**, **accr.** (V.)

ẓoticóne [accr. di *zotico* ✱ 1534] **s. m.** (**f.** *-a*); anche **agg.** ● chi (o che) è particolarmente rozzo, grossolano, incivile: *Brutta zoticona, venuta su dalla campagna* (L. PIRANDELLO)

ẓòẓẓa [etim. discussa: di orig. espressiva (?) ✱ 1863] **s. f.** ● (*pop., tosc.*) intruglio alcolico di qualità scadente

zózzo e deriv. ➤ **sozzo** e deriv.

zszszs ➤ **zzz**

ẓuàvo [fr. *zouave*, dal n. della cabila berbera (*Zwāwa*), che diede i primi uomini di queste truppe algerine ✱ 1866] **A** **s. m.** ● soldato di un corpo di fanteria coloniale dell'esercito francese, creato in Algeria nel 1831 | (*est.*) militare appartenente a corpi speciali di fanteria di altri eserciti, equipaggiato alla maniera degli zuavi francesi: *zuavi pontifici*; *zuavi di Garibaldi* **B** **in funzione di agg.** ● nella loc. ***alla zuava***, alla maniera degli zuavi | ***pantaloni alla zuava***, corti, larghi, serrati sotto il ginocchio | ***giacca alla zuava***, corto bolero con lembi arrotondati

♦**zùcca** (o ẓ-) [etim. discussa: da **(co)zucca* per *cocuzza* (?) ✱ 1282] **s. f.** **1** pianta erbacea annuale, coltivata, delle Cucurbitacee, con fusto strisciante, foglie pelose, grande frutto di forma variabile (*Cucurbita maxima*) | frutto della pianta omonima | ***z. da vino***, lagenaria | ***z. selvatica, z. marina***, brionia | (*cucina*) ***fiori di z.***, vivanda costituita dai fiori della zucca o della zucchina, passati in una pastella di farina, acqua e uova e fritti | ***semi di z.***, brustolini **2** (*scherz.*) testa umana: *grattarsi la z.*; *è caduto battendo la z.* | ***z. pelata***, testa rapata, con i capelli tagliati a zero | (*fig.*) ***avere la z. vuota***, essere senza senno | ***essere senza sale in z., essere una z.***, non avere giudizio, essere sciocco, scervellato ‖ **zuccàccia**, **pegg.** | **zucchétta**, **dim.** (V.) | **zucchétto**, **dim. m.** (V.) | **zucchìna**, **dim.** (V.) | **zucchìno**, **dim. m.** (V.) | **zuccóna**, **accr.** | **zuccóne**, **accr. m.** (V.)

zùcca barùcca (o ẓ-) [comp. di *zucca* (V.) e *barucca*, veneto *baruca*, dal lat. *verrūca* 'verruca' per l'aspetto bitorzoluto del frutto ✱ 1935] **loc. sost. f.** (**pl.** *zùcche barùcche*) ● zucca gialla bitorzoluta che lungo il litorale veneto e ferrarese si vende per le strade cotta al forno e a fette

zuccàia (o ẓ-) [1925] **s. f.** ● terreno coltivato a zucche

zuccaiòla (o ẓ-) o †**zuccaiuòla** (o ẓ-) [da *zucca*, alle cui piante reca grave danno, guastandone le radici ✱ 1625] **s. f.** ● (*zool.*) grillotalpa

†**zùccaro** (o ẓ-) ➤ **zucchero**

zuccàta (o ẓ-) [il sign. 1 da *zucca*, nel sign. 2; il sign. 2 da *zucca* nel sign. 1 ✱ 1344] **s. f.** **1** (*scherz.*) colpo dato con la testa: *battere una z. contro il muro* **2** zucca candita, tipica dell'arte dolciaria siciliana

zuccheràggio (o ẓ-) [1891] **s. m.** ● (*enol.*) aggiunta di zucchero ai mosti poveri di glucosio per aumentarne la gradazione

zuccheràre (o ẓ-) [1536] **v. tr.** (*io zùcchero* (o *ẓ-*)) ● rendere dolce con lo zucchero: *z. una bevanda*

zuccheràto (o ẓ-) **part. pass.** di *zuccherare*; anche **agg.** **1** nei sign. del v. **2** mellifluo, insinuante: *maniere zuccherate*

†**zuccherèllo** (o ẓ-) [da *zucchero* ✱ av. 1484] **s. m.** ● persona estremamente buona, dolce, arrendevole

zuccherièra (o ẓ-) [1789] **s. f.** **1** recipiente di porcellana, metallo e sim. per custodire o presentare lo zucchero **2** (*raro*) quanto zucchero sta nella zuccheriera

zuccherière (o ẓ-) [1911] **s. m.** (**f.** *-a*) **1** industriale dello zucchero **2** operaio di zuccherificio

zuccherièro (o ẓ-) [1912] **agg.** ● concernente lo zucchero, la sua produzione: *industria zuccheriera*

zuccherìfero (o ẓ-) [comp. di *zucchero* e *-fero* ✱ av. 1869] **agg.** ● saccarifero

zuccherifìcio (o ẓ-) [comp. di *zucchero* e *-ficio* ✱ 1901] **s. m.** ● stabilimento in cui si ricava saccarosio da barbabietole e da canne da zucchero

zuccherìno (o ẓ-) [da *zucchero* ✱ av. 1347] **A** **agg.** **1** che contiene zucchero: *sciroppo z.* **2** dolce come lo zucchero: *frutta zuccherina* **B** **s. m.** **1** zolletta, dolcino di zucchero **2** (*fig.*) piccolo favore per fare accettare qlco. di spiacevole: *per rendergli meno gravoso l'incarico, gli hanno dato lo z. di una gratifica* SIN. contentino **3** (*fig.*) situazione fastidiosa, molesta, gravosa che appare quasi sopportabile se paragonata ad altre ancora meno piacevoli: *nell'abisso in cui Gertrude era caduta, ..., la condizione di monaca festeggiata, ossequiata, ubbidita, le pareva uno z.* (A. MANZONI) | ***non è uno z.***, (*fig.*) non è cosa piacevole, facile, gradita

♦**zùcchero** (o ẓ-) o †**zùccaro** (o ẓ-) [arabo *súkkar*, di orig. indiana ✱ sec. XIII] **s. m.** **1** (*chim.*) composto della classe dei carboidrati CFR. saccaro- | ***zuccheri semplici***, monosaccaridi: *il fruttosio e il glucosio sono zuccheri semplici*; *i polisaccaridi sono formati da due o più molecole di zuccheri semplici* | ***z. invertito***, miscela con egual numero di molecole di glucosio e fruttosio | ***z. di latte***, lattosio | ***z. d'uva***, glucosio | ***z. di frutta***, fruttosio | ***z. di malto***, maltosio | ***z. di legno***, xilosio | (*fisiol., med.*) ***caduta degli zuccheri***, diminuzione della glicemia sotto i valori normali **2** correntemente, saccarosio ricavato dalla canna da zucchero o dalla barbabietola, sostanza bianca, dolce, cristallina dopo la raffinazione, usata nell'alimentazione: *canna da z.*; *z. di canna*; *barbabietola da z.*; *z. di barbabietola*; *produzione, industria dello z.*; *z. in polvere, a quadretti*; *aggiungi tre cucchiai di z.* | ***z. greggio***, non raffinato | ***z. raffinato***, bianco, cristallino, ottenuto sottoponendo quello greggio a raffinazione | ***z. a velo, z. velo***, finissimo, usato in pasticceria per spolverizzare torte e sim. | ***z. vanigliato***, zucchero a velo con aroma di vaniglia | ***z. filato***, cotto e ridotto in fili sottilissimi | ***z. caramellato, z. bruciato, colore di z.***, caramello | ***z. d'orzo***, cubetto a base di zucchero fuso (un tempo lo zucchero prima della cottura veniva sciolto in un infuso di orzo tostato) | ***carta da z.***, quella spessa e dal caratteristico colore azzurro cupo, usata un tempo per incartare zucchero, paste alimentari e sim.; (*est.*) il colore stesso: *un vestito blu carta da z.*, *un cappotto carta da z.* **3** (*est.*) cibo, bevanda molto dolce: *quest'uva è uno z.* | ***dolce come lo z.***, dolcissimo | (*fig.*) ciò che è estremamente piacevole: *Beati voi, la vostra vita è un z.* (G. LEOPARDI) **4** (*fig.*) persona buona, mite, affabile: *quel ragazzo è uno z.* | (*fig.*) ***essere tutto z. e miele***, comportarsi con grande gentilezza, talora affettata | persona falsamente amabile, melliflua: *per convincerlo è diventato uno z.*

zuccheróso (o ẓ-) (o -ṣ-) [av. 1484] **agg.** **1** ricco di zucchero | che è molto dolce **2** (*fig.*) ipocritamente lusinghiero, insinuante: *parole zuccherose* **3** (*fig.*) sdolcinato, stucchevole: *una commedia zuccherosa* ‖

zuccherosità, **s. f. inv.** (*raro*) caratteristica di ciò che è zuccheroso; (*fig.*) sdolcinatezza, leziosità

zucchétta (o ẓ-) [1577] **s. f. 1** dim. di *zucca* **2** (*merid.*) zucchina

zucchétto (o ẓ-) [1585] **s. m. 1** dim. di *zucca* **2** (*sett.*) zucchina **3** (*est.*) copricapo a forma di piccola calotta emisferica, portato spec. dagli ecclesiastici | (*relig.*) ***ricevere lo z. rosso***, essere nominato cardinale ‖ **zucchettino**, **dim.**

zucchìna (o ẓ-) [1879] **s. f. 1** dim. di *zucca* **2** pianta erbacea annuale, coltivata, delle Cucurbitacee, con fusto strisciante, foglie pelose cuoriformi palmate, frutto oblungo da consumarsi non maturo (*Cucurbita pepo*) | frutto verde screziato della pianta omonima **SIN.** zucchetta, zucchetto, zucchino

zucchìno (o ẓ-) [1875] **s. m. 1** dim. di *zucca* **2** zucchina

†**zùccolo** (o ẓ-) [da *zucca*, come parallelo di *cocuzzolo* da *cocuzza* ✱ av. 1388] **s. m.** • cocuzzolo

zucconàggine (o ẓ-) [1879] **s. f.** • caratteristica di chi è zuccone **SIN.** caparbietà, testardaggine

zucconàre (o ẓ-) [da *zuccone* ✱ 1552] **v. tr.** (*io zuccóno* (o *ẓ-*)) **1** (*disus.*) tosare, rapare **2** capitozzare

zuccóne (o ẓ-) [av. 1498] **A s. m. 1** accr. di *zucca* **2** (*pop.*) testa grande e grossa | (*est.*) persona con la testa grossa | †testa interamente pelata **3** (**f.** *-a*) (*fig.*) persona dura di comprendonio, ottusa: *a scuola si è rivelato uno z.* | (*fig.*) persona caparbia, testarda: *quello z. non ascolta i consigli di nessuno* **SIN.** testone **B agg.** • che è lento a capire, che ha poca intelligenza: *uno scolaro z.* | testardo, caparbio

zuccòtto (o ẓ-) [prob. da *zucca* nel sign. di 'testa', per la forma ✱ av. 1470] **s. m. 1** dolce semifreddo a forma di calotta, con pandispagna, panna, cioccolato e canditi **2** (*tosc.*) zucchetto nel sign. 3

✦**ẓùffa** (o z-) [etim. discussa: dalla stessa orig. di *ciuffo*, in impiego simile ad *acciuffar(si)* (?) ✱ 1287] **s. f. 1** (*milit.*) combattimento non lungo ma accanito | mischia, battaglia: *gettarsi nella z.*; *entrare nella z.*; *codardo, il capitan tuo vedi in / z. co' nemici e solo il lassi?* (T. TASSO) | †*z. **campale***, battaglia campale: *zuffe campali, chiamate nei nostri tempi, con vocabolo francese, giornate* (N. MACHIAVELLI) **2** rissa, baruffa, litigio: *la z. ebbe inizio da un banale diverbio*; *una z. fra cani* **3** (*fig.*) violenta polemica, contesa su argomenti letterari, scientifici, ecc.: *fra i sostenitori dei due artisti si è accesa una z.* ‖ **ẓuffétta**, **dim.**

SFUMATURE DI SIGNIFICATO

zuffa - litigio - baruffa - schermaglia

Zuffa è in senso proprio un combattimento non lungo ma accanito, del tipo che si praticava quando lo scontro militare consisteva in un corpo a corpo fra i contendenti; oggi si impiega piuttosto con il significato di lite nella quale più persone vengono alle mani. **Litigio** definisce in genere un contrasto che può essere anche violento fra persone, ma che in genere non dà luogo a uno scontro fisico. Se il litigio è particolarmente confuso o rumoroso si ha una **baruffa**. **Schermaglia**, che fa riferimento originariamente all'arte del duellare, è oggi un sottile scambio polemico, un contrasto di opinioni condotto sul filo della dialettica.

SFUMATURE ➤ ***lite***, ➤ ***rissa***

†**ẓùffolo** (o z-) ➤ **zufolo**

ẓufolaménto (o z-) [av. 1338] **s. m. 1** lo zufolare **2** †zufolio **3** †ronzio agli orecchi

✦**ẓufolàre** (o z-) o †**sufolàre** [lat. parl. **sufolāre*, variante dial. di *sibilāre* ✱ sec. XIII] **A v. intr.** (*io ẓùfolo* (o *z-*); **aus.** *avere*) **1** suonare lo zufolo | emettere suoni simili a quelli dello zufolo, detto anche di animali: *zufolò per avvertirci*; *una zanzara sufolava intorno / per quella dolce riva* (T. TASSO) **2** (*raro*) ronzare, detto degli orecchi **B v. tr. 1** fischiettare: *z. un'aria, un motivo musicale* **2** (*fig.*, *lett.*) insinuare malignamente, spifferare

ẓufolàta (o z-) [1600] **s. f.** • lo zufolare una volta sola e brevemente ‖ **ẓufolatìna**, **dim.**

ẓufolatóre (o z-) [av. 1463] **s. m.** (**f.** *-trice*); **anche agg.** • (*raro*) chi (o che) zufola (*anche fig.*)

ẓufolìo (o z-) [1857] **s. m.** (**pl.** *-ii*) • uno zufolare prolungato, continuo, insistente

ẓùfolo (o z-) o †**ẓùffolo** (o z-), †**sùfolo** [da *zufolare* ✱ sec. XIII] **s. m. 1** (*mus.*) strumento a fiato costituito da un cilindro cavo di bosso con alcuni fori per modulare il suono e un taglio trasversale all'imboccatura **2** †fischio, sibilo **3** †spia, delatore **4** †minchione, sciocco ‖ **ẓufolétto**, **dim.** | **ẓufolìno**, **dim.** | **ẓufolóne**, **accr.**

†**ẓùgo** [etim. incerta ✱ av. 1449] **s. m. 1** (*tosc.*) specie di frittella con miele, avvolta su un bastoncino **2** (*tosc.*) pene | (*tosc.*) persona sciocca, babbeo: *e ora m'hanno qui posto, come un z., a piuolo* (N. MACHIAVELLI)

ẓuinglìsmo e deriv. ➤ **zwinglismo** e deriv.

ẓùlu o **ẓulù** [fr. *zoulou*, dal n. di una popolazione bantu dell'Africa merid., che lo riprende da quello del suo capostipite ✱ 1890] **A s. m. e f. inv. 1** ogni membro della tribù di lingua bantu appartenente a un più vasto gruppo di popolazioni nere stanziate nel Natal (Repubblica Sudafricana) **2** (*fig.*, *spreg.*) persona incivile, incolta (V. nota d'uso STEREOTIPO) **B anche agg. inv.**: *popolazioni z.*

ẓum [vc. onomat. ✱ 1883] **inter.** • riproduce il suono della grancassa, di grossi strumenti musicali a corda come il contrabbasso, e anche dei piatti e in genere di ogni strumento musicale a percussione: *zum zum, tarà zum*

ẓumàre o **ẓoomàre** /*dzu'mare/ [adattamento dell'ingl. *zoom* (V.) ✱ 1963] **A v. intr.** (**aus.** *avere*) • (*cinema*, *tv*) avvicinare rapidamente la macchina cinematografica o la telecamera al soggetto e poi allontanarla **B v. tr.** • (*cinema*, *tv*) variare la scala di riproduzione e la distanza apparente del soggetto, senza spostare la macchina cinematografica o la telecamera, variando la distanza focale di uno zoom

ẓumàta o **ẓoomàta** [1963] **s. f.** • inquadratura, ripresa effettuata con lo zoom

ẓùmba [vc. portog. di orig. onomat. ✱ 2003] **s. f.** • attività fisica che combina le tecniche della ginnastica aerobica con i movimenti di balli sudamericani come salsa, merengue e rumba

ẓump /*dzump, *tsump/ o **ẓùmpete** (o z-) [vc. onomat. ✱ 1970] **inter.** • (*scherz.*) riproduce il rumore e l'atto stesso di un salto compiuto verso il basso da media altezza: *vista la mala parata, z., giù dal muretto!*

ẓumpappà o **umpappà** [vc. onomat. ✱ 1980] **A inter.** • riproduce il ritmo del valzer o il suono cadenzato di un contrabbasso **B anche s. m. inv.**: *un monotono z.*

ẓùnnene [vc. onomat. (da *zun zun* imitativo di suono) ✱ 1879] **s. m.** • (*pop.*, *disus.*) grancassa | (*est.*) banda musicale

✦**zùppa** (o ẓ-) o (*sett.*) †**sùppa** [lat. tardo *sūppa(m)*, dal got. **suppa* 'fetta di pane inzuppata' ✱ av. 1328] **s. f. 1** minestra in brodo (di carne, pesce, legumi o verdure) senza pasta né riso, spesso accompagnata da pane affettato: *z. alla marinara, con le cipolle, di fagioli, di vongole* | ***z. alla pavese***, costituita da brodo bollente versato su uova crude, fette di pane gener. tostate e formaggio parmigiano grattugiato | ***fare la z. nel vino, nel marsala, nel latte***, ammollarvi pane o biscotti | ***z. inglese***, dolce a base di pan di Spagna intriso di liquore e farcito con crema e cioccolato | ***se non è z. è pan bagnato***, fra le due cose non c'è differenza sostanziale **2** (*fig.*, *raro*) miscuglio di elementi eterogenei | (*fig.*, *raro*) noiosa lungaggine **3** (*biol.*) ***z. primordiale***, brodo primordiale ‖ **zuppétta**, **dim.** (V.) | **zuppìna**, **dim.** | **zuppóna**, **accr.** | **zuppóne**, **accr. m.**

zuppàre (o ẓ-) [da *zuppa* ✱ 1865] **v. tr.** • (*raro*) inzuppare | intingere

zuppàta (o ẓ-) [da *zuppare* ✱ 1891] **s. f.** • (*raro*) l'inzuppare una volta e alla svelta

zuppétta (o ẓ-) [1550] **s. f. 1** dim. di *zuppa* **2** spec. nella loc. ***fare la z.***, intingere pane o biscotti in latte, caffè, vino e sim. ‖ **zuppettìna**, **dim.**

zuppièra (o ẓ-) [da *zuppa*, sul modello del corrispondente fr. *soupière* ✱ 1829] **s. f.** • recipiente panciuto, tondo od ovale, con coperchio, nel quale si porta in tavola la minestra: *una z. di maiolica*

✦**zùppo** (o ẓ-) [per *zupp(at)o*, part. pass. di *zuppare* (V.) ✱ sec. XIV] **agg.** • inzuppato, intriso: *impermeabile z. di pioggia* | ***essere z. d'acqua, essere tutto z.***, tutto molle, bagnato fradicio

ẓurighése (o -ṣ-) [av. 1872] **A agg.** • di Zurigo **B s. m. e f.** • abitante o nativo di Zurigo

†**ẓurlàre** [da †*zurlo* ✱ sec. XV] **v. intr.** • (*tosc.*) fare chiasso, scherzare, ruzzare

†**ẓùrlo** o †**ẓùrro** [variante di *ciurlo* ✱ av. 1449] **s. m.** • (*tosc.*) chiasso, allegria | capriccio, ruzzo

ẓurvanìṣmo o **ẓervanìṣmo** [dal medio persiano *zurvān* 'tempo, momento' ✱ 1932] **s. m.** • corrente di pensiero filosofico-religioso iranico connessa con lo zoroastrismo, che teorizza l'idea del tempo riportandola all'unione contrapposta dei princìpi del bene e del male

ẓuẓẓurellóne o **ẓuẓẓerellóne**, **ẓuẓẓurullóne**, **ẓuẓẓerullóne** [forma onomat. ✱ av. 1873] **s. m.** (**f.** *-a*) • (*fam.*, *tosc.*) ragazzo o persona adulta che, come un bambino, pensa sempre al gioco e allo scherzo

ẓwinglianéṣimo /*dzuingl'ja'nezimo, dzvi-/ o **ẓuinglianéṣimo** [1983] **s. m.** • (*relig.*) zwinglismo

ẓwingliàno /*dzuin'gljano, dzvi-/ o **ẓuingliàno** [1532] **A agg.** (**f.** *-a*) • (*relig.*) relativo a Hulderich Zwingli (1484-1531) e allo zwinglismo **B s. m.** • seguace di Zwingli e dello zwinglismo

ẓwinglìṣmo /*dzuin'glizmo, *dzvi-/ o **ẓuinglìṣmo** [1970] **s. m.** • (*relig.*) movimento di pensiero teologico e di rinnovamento cristiano derivato da Zwingli, il quale, nel sec. XVI, modificò, accentuandone i contenuti estremi, le posizioni di Lutero e fondò in Svizzera la Chiesa Riformata

ẓwinglìsta /*dzuin'glista, *dzvi-/ o **ẓuinglìsta** [1970] **s. m. e f.**; **anche agg.** (**pl. m.** *-i*) • (*relig.*) zwingliano

ẓẓẓ /*dzz/ o **zszszs** /*dzz/ [vc. onomat. ✱ 1963] **inter. 1** riproduce il ronzio di un insetto, quale una zanzara, un'ape, un moscone, una mosca e sim. **2** riproduce il rumore sibilante di chi russa piano piano **3** riproduce il rumore di una sega mentre viene usata

APPENDICI

SIGLE, ABBREVIAZIONI, SIMBOLI

Le abbreviazioni scientifiche si scrivono col punto finale, i simboli scientifici senza. Le sigle di enti, associazioni e sim. si scrivono talora con punti intermedi fra una lettera e l'altra quando ciascuna di queste è l'iniziale di altrettante parole scritte in forma intera (per es. **C.G.I.L.**, *C*onfederazione *G*enerale *I*taliana del *L*avoro); i punti non si interpongono quando non ricorre tale stretta corrispondenza (per es., **CONFINDUSTRIA**, Confederazione Generale dell'Industria Italiana). Di alcune sigle, oltre alla versione in italiano, si fornisce anche quella in altre lingue indicandone la corrispondenza col segno =. Nella sequenza alfabetica le lettere maiuscole precedono le minuscole.

A **1** (*mat.*) altezza | area **2** (*fis.*) ampere | atomica (detto di bomba) **3** amplificazione **4** Autore **5** Austria **6** nell'alpinismo, seguita da un numero, indica il grado di difficoltà della scalata artificiale **7** *ingl.* Ace (Asso, nelle carte da poker e da ramino) **8** (*posta*) Assicurata **9** (*biol.*) Adenina, base purinica del DNA e RNA **10** Autostrada

a **1** anno **2** ara **3** atto- **4** anodo **5** accelerazione

@ a commerciale; chiocciola; *ingl.* ampersand; at

A0 formato carta standard 841 × 1189 mm

A1 **1** autostrada Milano-Napoli **2** formato carta standard 594 × 841 mm

A2 formato carta standard 420 × 594 mm

A3 **1** autostrada Napoli-Reggio Calabria **2** formato carta standard 297 × 420 mm

A4 **1** autostrada Torino-Trieste **2** formato carta standard 210 × 297 mm

A4/5 autostrada Ivrea-Santhià

A5 **1** autostrada Torino-Aosta **2** formato carta standard 148 × 210 mm

A6 **1** autostrada Torino-Savona **2** formato carta standard 105 × 148 mm

A7 **1** autostrada Milano-Genova **2** formato carta standard 74 × 105 mm

A8 **1** autostrada Milano-Varese **2** formato carta standard 52 × 74 mm

A9 **1** autostrada Lainate-Chiasso **2** formato carta standard 37 × 52 mm

A10 **1** autostrada Genova-Ventimiglia **2** formato carta standard 26 × 37 mm

A11 autostrada Firenze-Pisa nord

A11/12 autostrada Viareggio-Lucca

A12 autostrade Genova-Livorno e Civitavecchia-Roma

A13 autostrada Bologna-Padova

A14 autostrada Bologna-Taranto

A15 autostrada Parma-La Spezia

A16 autostrada Napoli-Canosa

A18 autostrada Messina-Catania

A19 autostrada Palermo-Catania

A20 autostrada Messina-Palermo

A21 autostrada Torino-Piacenza-Brescia

A22 autostrada Modena-Brennero

A23 autostrada Palmanova-Udine-Tarvisio

A24 autostrada Roma-L'Aquila-Alba Adriatica

A25 autostrada Torano-Pescara

A26 autostrada Genova-Voltri-Gravellona Toce

A26/A24 Raccordo Stroppiana-Santhià

A26/A7 Raccordo Pedrosa-Bettole

A27 autostrada Mestre-Vittorio Veneto

A28 autostrada Portogruaro-Pordenone

A29 autostrada Palermo-Mazara del Vallo e raccordo per Trapani

A30 autostrada Caserta-Salerno

A31 autostrada Vicenza-Schio

A32 autostrada Torino-Bardonecchia

AA **1** Alto Adige **2** Codice compagnia aerea americana (American Airlines) **3** Accademia Aeronautica **4** *ingl.* Alcoholics Anonymous (alcolisti anonimi, associazione per la disintossicazione dall'alcol)

AAA *ingl.* American Automobile Association (Automobile club d'America)

AAM **1** *ingl.* Air-to-Air Missile (missile aria--aria) **2** Azienda Acquedotto Municipale

AAMS Amministrazione Autonoma dei Monopoli di Stato = MS

AAPI Ass. Aziende Pubblicitarie Italiane

AAS **1** *lat.* Acta Apostolicae Sedis (atti della Sede Apostolica, Santa Sede) **2** Azienda Autonoma di Soggiorno

AAST Azienda Autonoma di cura, Soggiorno e Turismo

AA.VV. Autori Vari (in bibliografia)

AB **1** (*aeron.*) *ingl.* AirBus (bus dell'aria, aereo commerciale) **2** Assegno Bancario

ABA Ass. per la cura di Anoressia e Bulimia

abb. abbonamento, abbonato

abbr. abbreviato, abbreviazione

ABC **1** *ingl.* American Broadcasting Company (Compagnia americana di radiodiffusione) **2** (*milit.*) Atomico Biologico Chimico (conflitto) **3** *ingl.* Arab Banking Corporation (società delle banche arabe)

ABI **1** Ass. Bancaria Ital. **2** Aziende Bioagricole Ital.

ab init. *lat.* ab initio (dal principio)

ABM (*aeron.*) *ingl.* Anti Ballistic Missile (missile anti balistico, cioè missile anti missile)

ABS **1** (*autom.*) *ted.* Anti-Blockier System (sistema frenante antibloccο) **2** (*chim.*) Acrilonitrile Butadiene Stirene (materia plastica) **3** (*econ.*) *ingl.* Asset Backed Security (obbligazione garantita da attività)

AC **1** Azione Cattolica **2** Assegno Circolare **3** (*posta*) Assicurata Convenzionale **4** Associazione Calcio **5** (*nautica*) *ingl.* America's Cup (coppa America di vela) **6** Codice compagnia aerea Air Canada

Ac **1** (*chim.*) attinio **2** (*meteor.*) *lat.* Altocumulus (altocumulo, tipo di nuvola)

a.C. avanti Cristo

a.c. (*elettr.*) *ingl.* alternating current (corrente alternata) = c.a.

ACC **1** banda d'ACCiaio trattata (su contenitori di alimenti) **2** Alta Corte Costituzionale **3** *ingl.* Adaptive Cruise Control (controllo della velocità di crociera adattivo)

A.C. di G. Alta Corte di Giustizia

ACE (*econ.*) Aiuto alla Crescita Economica

ACEA **1** Associazione dei Costruttori Europei di Automobili **2** Azienda Comunale Energia e Ambiente (Roma)

ACF *fr.* Automobile Club de France (Automobile club di Francia)

ACh (*biol.*) *ingl.* Acetylcholine (acetilcolina)

ACI **1** Automobile Club d'Italia **2** Azione Cattolica Italiana **3** Ass. Cartografica Internazionale **4** Aero Club d'Italia = AeCI **5** Ass. Culturale Italiana

ACIF Ass. Culturale Italo-Francese

ACIS Alto Commissariato per l'Igiene e la Sanità

ACLI Ass. Cristiane dei Lavoratori Italiani

ACMONITAL ACciaio MONetario ITALiano

ACNUR Alto Commissariato delle Nazioni Unite per i Rifugiati = UNHCR

ACPOL Ass. di Cultura POLitica

ACRI **1** Ass. fra le Casse di Risparmio Italiane **2** Ass. CRiogenica Italiana

ACS **1** *fr.* Automobile Club de Suisse (Automobile club della Svizzera) **2** (*milit.*) Allievi Comandanti di Squadra

ACT Azienda Consorziale Trasporti

ACTH (*med.*) *ingl.* Adreno Cortico Trophic Hormone (ormone adrenocorticotropo)

ACU Ass. Consumatori Utenti

AD **1** *lat.* Anno Domini (nell'Anno del Signore) **2** (*polit.*) Alleanza Democratica **3** Amministratore Delegato **4** Abbastanza Difficile (scala difficoltà alpinistiche) **5** *ingl.* Art Director (scenografo, responsabile artistico)

ADAC *ted.* Allgemeiner Deutscher Automobil-Club (Automobile club della Germania)

ADC (*inform.*) *ingl.* Analog to Digital Conversion (conversione analogico-digitale)

ADCI Art Director Club Italiano

ADESSPI Ass. Difesa E Sviluppo della Scuola Pubblica Italiana

ADHD (*med.*) *ingl.* Attention Deficit Hyperactivity Disorder (disturbo da deficit d'attenzione e iperattività)

ADI **1** Ass. per il Disegno Industriale **2** (*bioch.*) *ingl.* Acceptable Daily Intake (dose giornaliera ammissibile = DGA)

ADICONSUM Ass. italiana DIfesa CONSUMatori e ambiente

ADICOR Ass. DIfesa COnsumatori e Risparmiatori

ADILT Ass. dei Docenti Italiani Lingua Tedesca

ad init. *lat.* ad initium (all'inizio)

ADISCO Ass. Donatrici Italiane Sangue del Cordone Ombelicale

ad lib. *lat.* ad libitum (a volontà)

admin (*inform.*) *ingl.* Administrator (amministratore)

ADMO Ass. Donatori di Midollo Osseo

ADN **1** (*biol.*) Acido DesossiriboNucleico = DNA **2** *ted.* Allgemeiner Deutscher Nachrichtendienst (servizio generale d'informazioni tedesco)

ADOC Ass. Difesa Orientamento Consumatori

ADP **1** (*chim.*) *ingl.* Adenosine Diphosphate (adenosin difosfato) **2** (*inform.*) *ingl.* Automatic Data Processing (elaborazione autom. dei dati)

AdP (*dir.*) Accordo di Programma

ADR *fr.* Accord européen relatif au transport international des marchandises Dangereuses par Route (Accordo europeo relativo al trasporto di merci pericolose per strada)

a.d.r. a domanda risponde

ADS Accertamenti Diffusione Stampa

ADSI Ass. Dimore Storiche Italiane

Adsl (*tel.*) *ingl.* Asymmetric Digital Subscriber Line (linea di utente digitale asimmetrica)

ADUC Ass. per i Diritti degli Utenti e Consumatori

ADUSBEF Ass. Difesa Utenti Servizi Bancari E Finanziari

AEA **1** *ingl.* American Economic Association (Ass. economica americana) **2** *ingl.* Atomic Energy Authority (Ente di controllo americano dell'energia atomica)

AEC *ingl.* Atomic Energy Commission

(Commissione per l'energia atomica, USA)
AeCI Aero Club d'Italia
A.-E.F. (*stor.*) *fr.* Afrique-Equatoriale Française (Africa equatoriale francese)
AEG *ted.* Allgemeine Elektrizität-Gesellschaft (Compagnia generale di elettricità = CGE)
AEI Ass. Elettrotecnica ed elettronica Ital.
AEIOU 1 *lat.* Austriae Est Imperare Orbi Universo (spetta all'Austria comandare sull'universo intero: monogramma di Carlo V) **2** *lat.* Austria Erit In Orbe Ultima (l'Austria sarà l'ultima nel mondo a scomparire: monogramma degli Asburgo)
AEM Azienda Elettrica Municipalizzata | Azienda Energetica Municipale
aeq. (*farm.*) *lat.* aequalis (eguale)
AEROFLOT Compagnia aerea russa
a.e.v. Ante Era Volgare (= a.C.)
AF 1 (*elettr.*) Alta Frequenza **2** Assegni Familiari **3** Codice compagnia aerea francese (Air France) **4** Agricoltura e Foreste **5** (*fotogr.*) Auto-Focus **6** Altre Fibre (oltre alle principali, indicate nelle etichette di tessuti e abiti confezionati)
AFAM Alta Formazione Artistica Musicale e coreutica
AFCENT *ingl.* Allied Forces Central Europe (Forze alleate dell'Europa centrale, della Nato)
aff.mo affezionatissimo (in corrispondenza)
AFG Afghanistan
AFI 1 Ass. Filatelica Ital. **2** Ass. Felina Ital. **3** Ass. Fonografici Ital. **4** Alfabeto Fonetico Internaz. **5** *ingl.* Air Force of Italy (Aviazione USA in Italia)
AFL-CIO *ingl.* American Federation of Labour - Congress of Industrial Organization (Feder. amer. del lavoro - Ass. delle organizzazioni industriali)
AFM Azienda Farmaceutica Municipalizzata
a.f.m. a fine mese
AFNOR *fr.* Association Française de NORmalisation (Ass. francese di normalizzazione, di misure, strumenti e sim.)
AFP *fr.* Agence France-Presse (agenzia d'informazioni francese) = FP
afr. africano
AFRODITE (*meteor.*) *ingl.* Automated Forecasting Refined Outputs for Decision Inputs and Technical Evaluations (previsioni meteorologiche oggettive per finalità decisionali e valutazioni tecniche)
AFV Azienda Faunistico Venatoria
AG 1 Agrigento **2** *ted.* Aktiengesellschaft (società per azioni) **3** Autorità Giudiziaria
Ag 1 (*chim.*) argento **2** (*biol.*) antigene
Ag. 1 Agosto **2** Agenzia **3** Agente
AGA Agenzia Giornali Associati (agenzia d'informazioni)
AGAI Ass. Guide Alpine Italiane
AGBD Ass. Genitori Bambini Down
AGC Agenzia Giornalistica CONI
AGCI Ass. Generale Cooperative Italiane
AGCOM Autorità per le Garanzie nelle COMunicazioni
A.G.D.G.A.D.U. A Gloria Del Grande Architetto Dell'Universo (nella Massoneria)
AGE Ass. Giornalisti Europei (sezione Italia)
A.Ge. Ass. Genitori
AGEA AGenzia per le Erogazioni in Agricoltura
AGEDO Ass. GEnitori Di Omosessuali
AGERPRES *romeno* Agentia Romana de Presa (agenzia d'informazioni della Romania)
AGESCI Ass. Guide e Scout Cattolici Ital.
AGFA *ted.* Aktiengesellschaft für Anilinfabrikation (società per azioni per la fabbricazione dell'anilina)
AGI 1 Ass. Guide Italiane **2** Ass. Golfistica Italiana **3** Agenzia Giornalistica Italia (agenzia d'informazioni) **4** *fr.* Alliance Graphique Internationale (Unione grafica internazionale) **5** Ass. Geofisica Italiana | Ass. Geotecnica Italiana
AGIP Azienda Generale Italiana Petroli
AGIS Ass. Generale Ital. dello Spettacolo
AGIT-PROP AGITatore-PROPagandista (dell'ex-PCI)
AGL Agenzia Giornali Locali (agenzia d'informazioni)
agr. agricolo | agricoltura
AH 1 Codice compagnia aerea algerina (Air Algérie) **2** *lat.* Anno Hegirae (nell'anno dell'Egira, 622 d.C., inizio del calendario mussulmano)
AHO Alghero (codice IATA)
AI 1 Aeronautica Italiana **2** *ingl.* Air Interception (intercettamento aereo) **3** Codice compagnia aerea indiana (Air India) **4** (*med.*) *ingl.* Artificial Insemination (inseminazione artificiale) **5** *ingl.* Amnesty International (amnistia internazionale, associazione per il rispetto dei diritti dell'uomo) **6** (*inform.*) *ingl.* Artificial Intelligence (intelligenza artificiale)
AIA 1 Ass. Ital. Allevatori **2** Ass. Ital. Arbitri
AIAB Ass. Italiana Agricoltura Biologica
AIAC 1 Ass. Italiana Agenti di Cambio **2** Ass. Italiana Autoveicoli Classici
AIAF Ass. Italiana Analisti Finanziari
AIAS Ass. Italiana Assistenza Spastici
AIB Ass. Italiana Biblioteche
AIBA 1 Ass. Ital. Brokers di Assicurazione **2** *fr.* Association Internationale de Boxe Amateur (Ass. internaz. di pugilato dilettanti)
AIBS *ingl.* American Institute of Biological Sciences (Istituto amer. delle scienze biologiche)
AIC 1 Ass. Italiana Calciatori **2** Ass. Italiana Cineoperatori **3** Ass. Italiana di Cartografia **4** (*farm.*) Autorizzazione di Immissione in Commercio (di un farmaco)
a.i.c. (*milit.*) addestramento individuale al combattimento
AICA 1 Alleanza Italiana delle Cooperative Agricole **2** Ass. Italiana per l'informatica e il Calcolo Automatico
AICC Alleanza Italiana Cooperative di Consumo
AICRET Ass. Ital. Critici Radio E Televisione
AID 1 *ingl.* Agency for International Development (Agenzia per lo sviluppo internazionale, USA) **2** Ass. Italiana Diabetici
AIDDA Ass. Imprenditrici Donne Dirigenti d'Azienda
AIDO Ass. Italiana Donatori di Organi
AIDRO Ass. Italiana per i Diritti di Riproduzione delle Opere dell'ingegno
AIDS (*med.*) *ingl.* Acquired Immune Deficiency Syndrome (sindrome da immunodeficienza acquisita) = SIDA
AIE 1 Ass. Italiana degli Editori **2** Ass. Internazionale degli Economisti **3** Agenzia Internazionale per l'Energia
AIEA Agenzia Internazionale per l'Energia Atomica = IAEA
AIED Ass. Italiana Educazione Demografica
AIG Associazione Italiana alberghi per la Gioventù
AIGR Ass. Italiana di Genio Rurale
AIIP Associazione Italiana Internet Provider
AIL 1 (*stor.*) Armata Italiana della Libertà **2** Ass. Italiana contro le Leucemie
AIM Ass. Italiana di Metallurgia
AIMA 1 Azienda statale per gli Interventi sul Mercato Agricolo (*oggi* AGEA) **2** Ass. Italiana Malattia d'Alzheimer
AIP 1 Ass. Italiana Pellicceria **2** Ass. Italiana Parkinsoniani **3** Alleanza Italiana Pensionati
AIPA 1 Autorità per l'Informatica nella Pubblica Amministrazione **2** Ass. Italiana Pazienti Anticoagulati
AIPD Ass. Italiana Persone Down
AIPI 1 Ass. Italiana Protezione Infanzia **2** Ass. Italiana Progettisti in architettura d'Interni
AIR Analisi di Impatto di Regolamentazione
AIRC Ass. Italiana per la Ricerca sul Cancro
AIRE Anagrafe degli Italiani Residenti all'Estero
AIRF Ass. Italiana Reporters Fotografi
AIS 1 Ass. Internaz. per lo Sviluppo **2** Ass. Internaz. di Sociologia **3** *fr.* Armée Islamique de Salut (Esercito islamico di salvezza, formazione politico-militare algerina) **4** Ass. Ital. Sommellier
AISCAT Ass. Italiana Società Concessionarie Autostrade e Trafori a pedaggio
AISE 1 Agenzia delle Informazioni per la Sicurezza Esterna (ha sostituito il SISMI) **2** *fr.* Association Internationale des Sciences Economiques (Ass. internaz. di scienze econ.)
AISI Agenzia delle Informazioni per la Sicurezza Interna (ha sostituito il SISDE)
AISM Ass. Italiana Sclerosi Multipla
AIT Alleanza Internazionale del Turismo
AIV Ass. Internazionale di Vulcanologia
AK Alaska (codice postale)
AL 1 Albania **2** Alessandria **3** Alabama (codice postale) **4** ALluminio (su contenitori per alimenti)
Al (*chim.*) alluminio
a.l. anno luce
Ala. Alabama
Alas. Alaska
ALBA (*polit.*) *sp.* ALianza Bolivariana para los pueblos de nuestra América (alleanza bolivariana dei popoli della nostra America)
ALFA (Romeo) Anonima Lombarda Fabbrica Automobili (Romeo)
ALGOL (*inform.*) *ingl.* ALGorithmic Oriented Language (linguaggio algoritmico)
ALI 1 Ass. Librai Italiani **2** Atlante Linguistico Italiano **3** *fr.* Association Littéraire Internationale (Ass. letteraria internazionale)
Alisarda Linee aeree della Sardegna
ALITALIA Aerolinee Italiane Internazionali
all., **alleg.** allegato
ALNICO ALluminio NIchel CObalto (lega per la costruzione di magneti permanenti)
ALOS Ass. ital. per la Lotta all'OSteoporosi
ALP (*polit.*) *ingl.* Australian Labor Party (partito laburista australiano)
Alt *ingl.* Alternate (tasto di computer)
Alt. Altopiano (nelle carte geografiche)
alt. hor. (*farm.*) *lat.* alternis horis (a ore alterne)
AM 1 Codice compagnia aerea messicana (Aeromexico) **2** Aeronautica Militare (anche targa autom.) **3** *ingl.* Amplitude Modulation (modulazione d'ampiezza)
Am (*chim.*) americio
a.M. *ted.* am Main (sul Meno, può seguire il nome di località che si affacciano su tale fiume)
a.m., **am** *lat.* ante meridiem (prima di mezzogiorno: per indicare le ore da mezzanotte nell'uso anglosassone)
AMA 1 *ingl.* American Medical Association (Ass. medica americana) **2** Azienda Municipale Autobus

AMAG Azienda Municipalizzata Acqua Gas
AMAT Azienda Municipalizzata AutoTrasporti
AMDG *lat.* Ad Maiorem Dei Gloriam (a maggior gloria di Dio, motto gesuita)
AMDI Ass. Medici Dentisti Italiani
AME 1 Accordo Monetario Europeo **2** Arnoldo Mondadori Editore
amer. americano
AMEX *ingl.* AMerican stock EXchange (borsa valori americana) = ASE
AmEx *ingl.* American Express (carta di credito)
AMG *ingl.* Allied Military Government (Governo militare alleato)
AMGA Azienda Municipale Gas Acquedotto
AMIA Azienda Municipale di Igiene Ambientale
AMIU Azienda Municipalizzata Igiene Urbana
AMMA Ass. Metallurgici Meccanici Affini
Amm.ne Amministrazione
Amm.re Amministratore
AMNU Azienda Municipalizzata di Nettezza Urbana
AMOCO *ingl.* AMerican Oil COmpany (compagnia petrolifera americana)
AMOLED (*fis.*) *ingl.* Active Matrix Organic Light Emitting Diode (diodo organico a emissione di luce a matrice attiva)
AMP (*chim.*) *ingl.* Adenosine Monophosphate (adenosin monofosfato)
AMS Azienda Municipalizzata Servizi
AMSA Azienda Municipale Servizi Ambientali
AMSI 1 Ass. Maestri Sci Italiani **2** Ass. Medici di origine Straniera in Italia
AMT Azienda Municipale Trasporti
AMTU Azienda Municipalizzata Trasporti Urbani
AMZ *fr.* Association Mondiale de Zootechnie (Ass. mondiale di zootecnia)
AN 1 Ancona **2** (*polit.*) Alleanza Nazionale
An (*chim.*) attinon
ANA 1 Ass. Naz. Alpini **2** *ingl.* All Nippon Airways (Linee aeree giapponesi)
ANAA Ass. Naz. Arma Aeronautica
ANAAI Ass. Naz. Atleti Azzurri d'Italia
ANAAO Ass. Naz. Aiuti e Assistenti Ospedalieri
ANAC Ass. Naz. Autoservizi in Concessione
ANAI 1 Ass. Naz. Artiglieri d'Italia **2** Ass. Naz. Autieri d'Italia
ANAS Azienda Naz. Autonoma delle Strade
ANAV Azienda Naz. di Assistenza al Volo (*oggi* ENAV)
ANB 1 Ass. Naz. Bersaglieri **2** Ass. Naz. Bieticoltori
ANC 1 *ingl.* African National Congress (partito dei neri sudafricani) **2** Alleanza Naz. dei Contadini
ANCA Ass. Naz. Cooperative Agricole
ANCC 1 Ass. Naz. Carabinieri **2** Ass. Naz. Cooperative di Consumo **3** Ass. Naz. per il Controllo della Combustione
ANCE 1 Ass. Naz. Costruttori Edili **2** Ass. Naz. Commercio Estero
ANCI 1 Ass. Naz. dei Comuni Italiani **2** Ass. Naz. Calzaturifici Italiani
ANCR Ass. Naz. Combattenti e Reduci
AND Andorra (principato di)
ANDI Ass. Naz. medici Dentisti Italiani
ANEC Ass. Naz. Esercenti Cinema
ANED Ass. Naz. EmoDializzati
ANEI Ass. Naz. Ex-Internati (in campi di concentramento)
ANFAA Ass. Naz. Famiglie Adottive e Affidatarie
ANFFAS Ass. Naz. Famiglie di Fanciulli e Adulti Subnormali
ANFI (*polit.*) Ass. Naz. (club) Forza Italia
ANFIA Ass. Naz. Fra Industrie Automobilistiche
ANGAP Ass. Naz. GAranzia della Privacy
ANGEAT Ass. Naz. Giornalisti di Enogastronomia e AgriTurismo
ANGET Ass. Genieri E Trasmettitori d'Italia
ANIA Ass. Naz. Imprese Assicuratrici
ANIAI Ass. Naz. Ingegneri e Architetti Italiani
ANIC 1 Ass. Naz. dell'Industria Chimica **2** Azienda Naz. Idrogenazione Carburanti
ANICA 1 Ass. Naz. Industrie Cinematografiche Audiovisive multimediali **2** Ass. Naz. fra gli Istituti di Credito Agrario
ANICI Ass. Naz. Invalidi CIvili e cittadini anziani
ANIDA Ass. Naz. Italiana gestori Distributori Automatici
ANIDEL Ass. Naz. Imprese produttrici di Energia Elettrica
ANIE Ass. Naz. Industrie Elettrotecniche ed elettroniche
ANIEP Ass. Naz. Invalidi Esiti Poliomielite e altri invalidi civili
Anils Ass. Naz. Insegnanti Lingue Straniere
ANIM Ass. Naz. Ingegneri Minerari
ANISN Ass. Naz. Insegnanti di Scienze
ANITA Ass. Naturista ITAliana
ANLA Ass. Naz. Lavoratori Anziani d'azienda
ANLAIDS Ass. Naz. Lotta contro l'AIDS
ANM Ass. Naz. dei Magistrati
ANMCD Ass. Naz. Mezzadri e Coltivatori Diretti
ANMI Ass. Naz. Marinai d'Italia
ANMIC Ass. Naz. Mutilati e Invalidi Civili
ANMIG Ass. Naz. Mutilati e Invalidi di Guerra
ANMIL Ass. Naz. Mutilati e Invalidi del Lavoro
ANMVI Ass. Naz. Medici Veterinari Italiani
ANP Autorità Naz. Palestinese
ANPAC Ass. Nazionale Piloti Aviazione Civile
ANPAS Ass. Naz. Pubbliche Assistenze
ANPAV Ass. Naz. Professionale Assistenti di Volo
ANPDI Ass. Naz. Paracadutisti D'Italia
ANPI Ass. Naz. Partigiani d'Italia
ANPIC Ass. Naz. Prevenzione Informazione Cancro
ANPO Ass. Naz. Primari Ospedalieri
ANS Ass. Naz. Subvedenti
ANSA Agenzia Nazionale Stampa Associata (agenzia italiana d'informazioni)
ANSAS Agenzia Nazionale per lo Sviluppo dell'Autonomia Scolastica
ANSI *ingl.* American National Standard Institute (Ufficio nazionale americano per la normazione)
ANT Ass. Naz. per la cura e lo studio dei Tumori solidi
ANTE Ass. Naz. Turismo Equestre
ANUA Ass. Naz. Ufficiali dell'Aeronautica
ANVA Ass. Naz. Venditori Ambulanti
ANVCG Ass. Naz. Vittime Civili di Guerra
ANVEC Ass. Naz. fra aziende di VEndita per Corrispondenza
ANVG Ass. Naz. Volontari di Guerra
ANVUR Agenzia Nazionale di Valutazione del sistema Universitario e della Ricerca
AO 1 Aosta **2** (*polit.*) Avanguardia Operaia
AOC (*enol.*) *fr.* Appellation d'Origine Contrôlée (denominazione d'origine controllata) = DOC
A.-O.F. (*stor.*) *fr.* Afrique-Occidentale Française (Africa occidentale francese)
AOI 1 Ancona (codice IATA) **2** (*stor.*) Africa Orientale Italiana
AONI Accademia Olimpica Nazionale Italiana
AOP (*agric.*) *fr.* Appellation d'Origine Protégée (denominazione d'origine protetta) = DOP
AP 1 Ascoli Piceno **2** *ingl.* Associated Press (Stampa associata, agenzia amer. d'informazioni) **3** Codice compagnia aerea Air One
APA 1 Ass. Provinciale dell'Artigianato **2** *ted.* Austria Presse-Agentur (Austria Agenzia di Stampa, agenzia d'informazioni)
a.p.c. a pronta cassa
APE Ass. della Proprietà Edilizia
APEC 1 *ingl.* Asia-Pacific Economic Cooperation (cooperazione economica asiatico-pacifica) **2** Asia-Pacific Economic Council (Consiglio economico asiatico-pacifico)
APEX *ingl.* Advance Purchase EXcursion (viaggio aereo comprato in anticipo e relativa tariffa scontata)
API 1 Anonima Petroli Italiana **2** Ass. Piccole e Medie Industrie **3** *ingl.* American Petroleum Institute (ente americano per il petrolio) **4** Ass. Pionieri d'Italia **5** Associazione Politrasfusi Italiani
APIMO Ass. Professionale Ital. Medici Oculisti
APL 1 (*inform.*) *ingl.* A Programming Language (un linguaggio per la programmazione) **2** Ass. Piloti di Linea
APN *russo* Agentsvo Pechati Novosti (agenzia d'informazioni Novosti)
App. Appennino
app. appendice
APR Aeromobile a Pilotaggio Remoto
Apr. Aprile
APSA Amministrazione del Patrimonio della Sede Apostolica
APT Azienda di Promozione Turistica
AQ Aquila
AR 1 Codice compagnia aerea argentina (Aerolìneas Argentinas) **2** *lat.* Anno Regni (anno del regno) **3** Arezzo **4** (*posta*) Avviso di Ricevimento o di Riscossione (*correntemente* ricevuta di ritorno) **5** Addizionale Regionale **6** Arkansas (codice postale) **7** (*inform.*) *ingl.* Augmented Reality (realtà aumentata)
A/R, **a/r** andata e ritorno
Ar (*chim.*) argo
ARA 1 Austral argentino (moneta, simbolo bancario) **2** AutoRespiratore ad Aria = SCUBA
arab. arabico
ARAN Agenzia per la RAppresentanza Negoziale della pubblica amministrazione
ARC (*med.*) *ingl.* Aids Related Complex (complesso di sintomi correlati all'AIDS)
arc (*mat.*) arco
ARCE Ass. per le Relazioni Culturali con l'Estero
Arch. Architetto
ARCI Ass. Ricreativa Culturale Italiana
Arcip. Arcipelago (nelle carte geografiche)
ARCO Ass. Ricerche e Cure Oncologiche
arg (*mat.*) argomento
ARI 1 Ass. Radiotecnici Italiani **2** Ass. Radioamatori Italiani **3** Ass. Rebussisti Italiani
ARIET Addizionale Regionale dell'Imposta Erariale di Trascrizione
Ariz. Arizona
Ark. Arkansas

ARMIR ARMata Italiana in Russia (durante la seconda Guerra mondiale)
ARO AutoRespiratore a Ossigeno
arr. *ingl.* arrival (arrivo, spec. in orari aerei)
ARS Assemblea Regionale Siciliana
ARST Azienda Regionale Sarda Trasporti
art. 1 (*gramm., dir.*) articolo **2** (*comm.*) articolo, voce (di un catalogo)
artt. (*dir.*) Articoli
ARVA Apparecchio di Ricerca in VAlanga (trasmittente individuale per la ricerca di persona travolta da valanga)
AS 1 Allievo Sottufficiale **2** Associazione Sportiva
As 1 (*chim.*) arsenico **2** (*meteor.*) *lat.* Altostratus (altostrato, tipo di nuvola)
ASA 1 *ingl.* American Standards Association (Ass. americana per la normalizzazione: misure, strumenti, materiali e sim.) **2** *ingl.* Association of South-East Asia (Ass. dell'Asia sud orientale) **3** Ass. italiana per le Scienze Astronautiche **4** Assistenza Servizi Aerei **5** Agenzia Stampa Autonoma (agenzia d'informazioni) **6** (*anche* **asa**) (*farm.*) *ingl.* AcetylSalicylic Acid (acido acetilsalicilico)
ASAM Azienda Servizi Annonari Municipali
asap *ingl.* As Soon As Possible (appena possibile)
ASC *ingl.* American Society of Cinematographers (Ass. americana dei cineoperatori)
ASCA Agenzia Stampa Cattolica Associata
ASCHIMICI Ass. Naz. Industrie Chimiche
ASCI Ass. Scoutistica Cattolica Italiana
ASCII (*inform.*) *ingl.* American Standard Code for Information Interchange (codifica standard americana per lo scambio di informazioni)
ASCOM ASsociazione COMmercianti
ASD (*autom.*) *ted.* automatisches Sperrdifferential (differenziale a bloccaggio automatico)
Asdi ASsegno di DIsoccupazione
ASDIC *ingl.* Allied Submarine Detection Investigation Committee (Comitato alleato di ricerche per l'individuazione dei sommergibili)
ASE 1 *ingl.* American Stock Exchange (borsa valori americana) = AMEX **2** Ass. Spaziale Europea **3** Ass. Stampa Europea
ASEAN *ingl.* Association of South-East Asian Nations (Ass. Stati sud est asiatico)
ASGI Associazione Studi Giuridici sull'Immigrazione
ASI 1 Agenzia Spaziale Italiana **2** Area di Sviluppo Industriale
ASIGC Ass. Scacchistica Italiana Giocatori per Corrispondenza
ASILS Ass. Scuole di Italiano come Lingua Seconda
ASL Azienda Sanitaria Locale (= USL, *anche* AUSL)
ASM 1 Ass. per lo Studio delle Malformazioni **2** Azienda Servizi Municipalizzati
ASMI Ass. Stampa Medica Italiana
ASP (*inform.*) *ingl.* Application Service Provider (fornitore applicazioni software)
Asp (*fis.*) amperspira
ASPEI ASsociazione PEdagogica Italiana
ASpI 1 Assicurazione Sociale per l'Impiego (cfr. NASpI) **2** Associazione della Sommellerie Professionale Italiana
ASPO ASsociazione Prevenzione Osteoporosi
ASPPI Ass. Sindacale Piccoli Proprietari Immobiliari
ASR (*autom.*) *ted.* Antriebsschlupfregelung (sistema antislittamento)
Ass. 1 Associazione **2** Assicurazione **3** Assistenza
ass. assegno
ASSAP ASSociazione italiana Agenzie Pubblicità a servizio completo
ASSICREDITO ASsociazione SIndacale fra le aziende del CREDITO
ASSIDER ASs. industrie SIDERurgiche ital.
ASSIREVI ASS. Ital. REVIsori contabili
ASSIRM ASSociazione tra Istituti di Ricerche di Mercato e sondaggi d'opinione
ASSITALIA ASSicurazioni d'ITALIA
ASSITOL ASSociazione ITaliana industrie OLearie
ASSOBANCARIA ASSOciazione BANCARIA italiana
ASSOCARNI ASSOciazione nazionale industrie e commercio CARNI e bestiame
ASSOGRAFICI ASSOciazione nazionale italiana industrie GRAFIChe cartotecniche e trasformatrici
ASSOLOMBARDA ASSOciazione industriale LOMBARDA
ASSONIME ASSOciazione fra le società (anoNIME) italiane per azioni
ASSOSCUOLA ASSOciazione italiana della SCUOLA libera
ASST Azienda di Stato per i Servizi Telefonici (*oggi* Telecom)
AST 1 (*med.*) *ingl.* aspartate transaminasi (aspartico transaminasi) **2** Azienda Siciliana Trasporti
Ast. (*med.*) astigmatismo
AT 1 Asti **2** Codice compagnia aerea marocchina (Royal Air Maroc) **3** Antico Testamento = VT **4** (*fis.*) Alta Tensione
At (*chim.*) astato
at (*fis.*) atmosfera tecnica
ATA 1 Ass. Turistica Albergatori **2** Ass. Trasporto Aereo **3** Ass. Tecnica dell'Automobile **4** (*burocr.*) Amministrativo Tecnico Ausiliario
ATAC Azienda Tramvie e Autobus del Comune (Roma)
ATAF 1 *ingl.* Allied Tactical Air Force (Forza aerea tattica alleata) **2** Azienda Trasporti Area Fiorentina
ATAN Azienda Tranvie Autofilovie di Napoli
ATB *ingl.* All Terrain Bike (mountain bike)
ATC 1 *ingl.* Air Traffic Control (controllo traffico aereo) **2** Azienda Trasporti Consorziali **3** Ambiti Territoriali di Caccia **4** (*farm.*) *ingl.* Anatomical Therapeutic Chemical (Anatomico Terapeutico Chimico, nella classificazione dei farmaci)
ATECO (*econ.*) ATtività ECOnomica
AT & T *ingl.* American Telephone And Telegraph (Compagnia americana telefoni e telegrafi)
ATI 1 Aero Trasporti Italiani **2** Azienda Tabacchi Italiani **3** Ass. Termotecnica Italiana
ATIC Ass. Tecnica Ital. per la Cinematografia
ATM 1 Azienda Trasporti Municipali | Azienda Tranvie Municipali **2** (*tel.*) *ingl.* Asynchronous Transfer Mode (modalità asincrona di trasmissione) **3** *ingl.* Automatic (*o* Automated) Teller Machine (cassiere automatico; nome ingl. dei Bancomat)
atm (*fis.*) atmosfera
ATP (*chim.*) *ingl.* Adenosine Triphosphate (adenosin trifosfato)
ATR Aereo da Trasporto Regionale
ATS Scellino austriaco (moneta, simbolo bancario)
ATV (azienda) Agri-Turistico Venatoria
ATZ ad Alto Tenore di Zolfo (gasolio)
AU Allievo Ufficiale
Au (*chim.*) oro
AUC 1 Allievo Ufficiale di Complemento **2** *lat.* ab urbe condita (dalla fondazione di Roma)
AUDITEL Società per la raccolta e trasmissione via telefono dei dati di AUDIence TELevisiva
AUS Australia
AU$ Dollaro australiano (moneta, simbolo bancario)
AUSL Azienda Unità Sanitaria Locale (= USL, *anche* ASL)
aut. min. Autorizzazione Ministeriale
AUT.MIN.CONC. AUTorizzazione MINisteriale CONCessa
AUT.MIN.RIC. AUTorizzazione MINisteriale RIChiesta
autom. 1 automobile | automobilistico **2** automatico | automatizzato
AV Avellino
a/v a vista
AVE *sp.* Alta Velocidad Española (treno ad alta velocità)
AVEDISCO Ass. nazionale VEndite DIrette Servizio COnsumatori
AVIS Ass. Volontari Italiani del Sangue
AVML Alta Via dei Monti Liguri
AVO Ass. Volontari Ospedalieri
AVS *ted.* Alpenverein Südtirol (Club alpino sudtirolese)
AVSI Ass. Volontari per il Servizio Internazionale
Avv. Avvocato
AWACS *ingl.* Airborne Warning and Control System (radar e posto comando aeroportato)
AWD *ingl.* All-Wheel Drive (trazione integrale, negli autoveicoli)
AY Codice compagnia aerea (Finnair)
AZ 1 Codice compagnia aerea italiana (Alitalia) **2** Azerbaigian **3** Arizona (codice postale)
AZT *ingl.* Azidothymidine (azidotimidina, farmaco usato nel trattamento dell'AIDS)
B 1 (*chim.*) boro **2** (*fis.*) suscettanza **3** (*fis.*) induzione magnetica **4** (*fis.*) bel **5** (*inform.*) byte **6** Belgio **7** Beato **8** banda di frequenze **9** Berlino **10** *ingl.* Bath (camera con bagno, nelle prenotazioni alberghiere) **11** Bianco (nel gioco degli scacchi) **12** Blu, *ingl.* Blue (nella composizione dei colori) **13** *ingl.* Black (nero; in quadricromia)
°B (*fis.*) grado Baumé
B. Baia (nelle carte geografiche)
b 1 larghezza **2** (*inform.*) bit (nell'uso corrente)
B2B (*comm.*) *ingl.* Business to Business (da azienda ad azienda)
B2C (*comm.*) *ingl.* Business to Consumer (dall'azienda al consumatore)
BA 1 Bari **2** Codice compagnia aerea britannica (British Airways) **3** Belle Arti
Ba (*chim.*) bario
BAI Banca d'America e d'Italia
BAM Banca Agricola Milanese | Banca Agricola Mantovana
Banana (*scherz.*) *ingl.* Build Absolutely Nothing Anywhere Near Anything (non costruire assolutamente nulla, da nessuna parte, né vicino ad alcunché)
BANEUR Banca Euromobiliare
Bankitalia Banca d'Italia
BAR Battaglione Addestramento Reclute
barr. barriera (nelle carte nautiche)
BAS 1 *ted.* Befreiungsausschuss Südtirol (Comitato di liberazione per il Sud-Tirolo) **2** Banca Africana di Sviluppo
BASF *ted.* Badische Anilin- & Soda-Fabrik (fabbrica di anilina e soda del Baden-Württemberg)
BASIC (*inform.*) *ingl.* Beginner's All Purpose Symbolic Instruction Code (codice simbolico

di istruzioni per principianti d'impiego universale)
BAV Biblioteca Apostolica Vaticana
BB 1 *ted.* Bundesbahn (Ferrovie federali tedesche) **2** Brigitte Bardot
BBAN *ingl.* Basic Bank Account Number (numero fondamentale di conto corrente)
BBC *ingl.* British Broadcasting Corporation (ente britannico di radiodiffusione)
Bbk o **BBk** *ted.* Deutsche Bundesbank (banca federale tedesca) = BuBa
BBS (*Internet*) *ingl.* Bulletin Board Service (servizio bacheca informatica)
b.c. (*mus.*) basso continuo
BCC Banca di Credito Cooperativo
bcc *ingl.* Blind Carbon Copy (copia per conoscenza nascosta)
BCD (*inform.*) *ingl.* Binary Coded Decimal (notazione decimale codificata in binario)
BCE Banca Centrale Europea
BCG (*med.*) *fr.* Bacille de Calmette et Guérin (bacillo di C. e G., vaccino antitubercolare, dal nome dei preparatori)
BCI Banca Commerciale Italiana = COMIT
BD 1 *fr.* Bande dessinée (fumetto) **2** *ingl.* Blu-ray Disc (disco Blu-ray)
BDF *fr.* Banque de France (banca di Francia)
BDI *ted.* Bundesverband der Deutschen Industrie (Confederazione dell'industria tedesca)
BDS 1 Barbados **2** Brindisi (codice IATA)
BdS Banco di Sicilia
Be (*chim.*) berillio
BEA *ingl.* British East Africa (Africa orientale inglese)
b & b, **B and B** *ingl.* Bed And Breakfast (letto e prima colazione)
BEF Franco belga (moneta, simbolo bancario)
BEI *fr.* Banque Européenne d'Investissement (Banca europea per gli investimenti)
BENELUX *fr.* Belgique-Nederland-Luxembourg (unione economica e doganale fra Belgio-Olanda-Lussemburgo)
BERS Banca Europea per la Ricostruzione e lo Sviluppo
BES Bisogni Educativi Speciali
BEUC *fr.* Bureau Européen des Unions de Consumateurs (Ufficio europeo delle unioni di consumatori)
BeV (*fis.*) *ingl.* Billion electron Volts (unità di misura di energia di particelle, pari a un miliardo di eV) = GeV
BG 1 Bergamo **2** Bulgaria
BGL Lev bulgaro (moneta, simbolo bancario)
BGY Bergamo (codice IATA)
Bh (*chim.*) bohrio
BI 1 Banca d'Italia **2** Biella
Bi (*chim.*) bismuto
BIC (*tel.*) Blocco Identificazione del Chiamante
bid (*farm.*) *lat.* bis in die (due volte al giorno, nelle prescrizioni)
BIF *ingl.* British Industries Fair (Fiera industriale britannica)
BIGE (*ferr.*) *fr.* Billet Individuel Groupe Étudiant (biglietto individuale gruppo studenti)
BIH Bosnia-Erzegovina
BIJ (*ferr.*) *fr.* Billet International pour Jeunes (biglietto internazionale per giovani)
BIMU BIennale della Macchina Utensile (fiera)
BIN Banca di Interesse Nazionale
biopic (*cinema*) *ingl.* Biographical Picture (film biografico)
BIOS (*inform.*) *ingl.* Basic Input Output System (sistema operativo di base di entrata e uscita)
BIPM *fr.* Bureau International des Poids et Mesures (Ufficio internaz. dei pesi e misure)
BIRS Banca Internazionale per la Ricostruzione e lo Sviluppo
BIT 1 *fr.* Bureau International du Travail (Ufficio internazionale del lavoro) = ILO, OIL **2** Borsa Internazionale del Turismo
bit *ingl.* Binary Digit (cifra binaria, nel trattamento automatico delle informazioni)
BK Bacillo di Koch (tubercolosi)
Bk (*chim.*) berchelio
BL 1 Belluno **2** Brithish Library (Biblioteca nazionale inglese) **3** *ingl.* British Leyland (fabbrica d'automobili)
B/L (*comm.*) *ingl.* Bill of Lading (polizza di carico)
BLQ Bologna (codice IATA)
BLS *lat.* **1** Benevolenti Lectori Salutem (salute al benevolo lettore) **2** (*med.*) *ingl.* Basic Life Support (supporto di base delle funzioni vitali)
Blvd. *fr.* Boulevard (viale)
BM 1 Banca Mondiale **2** *ingl.* British Museum (il 'British Museum' di Londra)
BMC *ingl.* British Motor Corporation (Società inglese motori, fabbrica automobilistica)
BMEWS (*aeron.*) *ingl.* Ballistic Missile Early Warning System (sistema di avvistamento lontano di missile balistico)
BMT Bollettino Meteo Telefonico
BMW *ted.* Bayerische Motoren Werke (Fabbrica bavarese motori)
BMX *ingl.* Bike Mountain Cross (mountain bike per cross)
BN 1 Benevento **2** *fr.* Bibliothèque Nationale (biblioteca nazionale)
b/n bianco e nero
BNA Banca Nazionale dell'Agricoltura
BNC Banca Nazionale delle Comunicazioni
BNCF Biblioteca Nazionale Centrale Firenze
BND *ted.* Bundesnachrichtendienst (servizio federale d'informazioni, servizio segreto tedesco)
BNL Banca Nazionale del Lavoro
BNP *fr.* Banque Nationale de Paris (banca nazionale di Parigi)
BO 1 Bologna **2** *ingl.* Box Office (botteghino di cinema, teatro)
BOB Boliviano (moneta, simbolo bancario)
BOC Buono Ordinario del Comune
BOD (*biol.*) *ingl.* Biological (*o* Biochemical) Oxygen Demand (richiesta biologica o biochimica di ossigeno)
BOFA *ingl.* Bank OF America (banca d'America)
bol. (*farm.*) *lat.* bolus (bolo, grossa pillola)
BOLMARE Bollettino del Mare
BOR Buono Ordinario Regionale
BOT, **bot** Buono Ordinario del Tesoro
BP 1 *ingl.* British Petroleum co. ltd. (Compagnia britannica del petrolio) **2** *ted.* Deutsche Bundespost (Posta tedesca)
BPD Bombrini Parodi Delfino
BPI (*inform.*) *ingl.* Bit per inch (bit per pollice)
BPL Buono Per Lire (nelle cambiali)
BPO *ted.* Berliner Philharmonisches Orchester (orchestra filarmonica di Berlino)
bps (*inform.*) *ingl.* Bits Per Second (bit al secondo)
BPU Banche Popolari Unite
Bq becquerel
BR 1 Brindisi **2** Brasile **3** Banco di Roma **4** Brigate Rosse (gruppo terroristico) **5** *ingl.* British Railways (Ferrovie inglesi)
Br (*chim.*) bromo
BRC Cruzeiro brasiliano (moneta, simbolo bancario)
BRD *ted.* Bundesrepublik Deutschland (Repubblica federale tedesca) = RFT
Brebemi (*autom.*) BREscia-BErgamo-MIlano
BRI 1 Bari (codice IATA) **2** Banca dei Regolamenti Internazionali
BRIC (*econ.*) Brasile, Russia, India, Cina
BRICS (*econ.*) Brasile, Russia, India, Cina, Sudafrica
BRICST (*econ.*) Brasile, Russia, India, Cina, Sudafrica, Turchia
BRM *ingl.* British Racing Motors (motori da corsa britannici, fabbrica di automobili)
Bros. *ingl.* Brothers (Fratelli, spec. nelle ragioni sociali)
bross. in brossura
BS 1 Brescia **2** per buoni sciatori (scala difficoltà scialpinistiche)
BSCS *ingl.* Biological Sciences Curriculum Study (programma di studio per le scienze biologiche)
BSE (*veter.*) *ingl.* Bovine Spongiform Encephalopathy (encefalopatia spongiforme bovina)
BSGSP Banco di S. Gimignano e S. Prospero
BT 1 (*fis.*) Bassa Tensione **2** Buono del Tesoro **3** *ingl.* British Telecom (Società britannica di telecomunicazioni) **4** Barletta-Andria-Trani
btg battaglione
BTN Buono del Tesoro Novennale
BTO Buono del Tesoro Ordinario
BTP Buono del Tesoro Poliennale
BTQ Buono del Tesoro Quadriennale
Btu (*fis.*) *ingl.* British thermal unit (unità termica britannica: unità di misura delle quantità di calore, nel sistema non decimale britannico)
BTZ a Basso Tenore di Zolfo (gasolio)
BU Burundi
B.U. Bollettino Ufficiale
BuBa 1 *ted. pop.* Deutsche Bundesbank (Banca federale tedesca) = Bbk **2** Bundesbahn (Ferrovie federali tedesche)
BUR Biblioteca Universale Rizzoli
BV 1 Beata Vergine **2** la Biennale di Venezia
BVM Beata Vergine Maria
BW *ingl.* Bird Watching (osservazione degli uccelli, in ambiente naturale)
B/W *ingl.* Black and White (bianco e nero, cinema,tv) = b/n
BWR (*ing.*) *ingl.* Boiling Water Reactor (reattore nucleare ad acqua bollente)
BWV *ted.* Bach-Werke-Verzeichnis (catalogo delle opere di J.S.Bach)
BY Bielorussia
BZ Bolzano
C 1 (*fis.*) capacità elettrica | coulomb **2** (*chim.*) carbonio **3** centrale **4** codice **5** 100 (numero romano) **6** corrosivo, su confezione di prodotti di uso domestico **7** (*biol.*) Citosina, base pirimidinica del DNA e RNA **8** (*econ.*) Compagni (nella denominazione delle società) **9** Ciano, *ingl.* Cyan (in quadricromia)
°C (*fis.*) grado Celsius
C. Capo (nelle carte geografiche)
c 1 circa **2** comune **3** città **4** (*fis.*) velocità della luce | ciclo | cielo **5** centesimo **6** centi- **7** conto **8** (*filol.*) carta (nei codici) **9** capitale
© *ingl.* Copyright
CA 1 Cagliari **2** Carta o Cartoncino Accoppiato (su contenitori di alimenti) **3** Codice compagnia aerea (Air China) **4** California (codice postale) **5** Contr'Ammiraglio **6** Consorzio Agrario **7** Cemento Armato
Ca (*chim.*) calcio

ca. circa
c.a. **1** Corrente Alternata = a.c. **2** Corrente Anno **3** Cemento Armato
CAAF Centro Autorizzato di Assistenza Fiscale
CAB Codice di Avviamento Bancario
cab. cablogramma
CAC (*borsa*) *fr.* Compagnie des Agents de Change (compagnia degli agenti di cambio francesi) | Cotation Assistée en Continu (indice di borsa sempre aggiornato su 40 titoli)
CAD **1** *ingl.* Computer Aided Design (progettazione con l'ausilio dell'elaboratore) **2** (*comm.*) *ingl.* Cash Against Documents (pagamento contro documenti) **3** (*dir.*) Codice dell'Amministrazione Digitale
cad. cadauno
CAE **1** *ingl.* Certificate of Advanced English (Certificato in inglese avanzato) **2** *ingl.* Computer Aided Engineering (ingegneria assistita da calcolatore)
CAF **1** Centro di Assistenza Fiscale **2** Commissione d'Appello Federale (gioco del calcio) **3** (*comm.*) *fr.* Coût, Assurance, Fret (costo, assicurazione, nolo) = CIF, CAN **4** (*chim.*) Cloranfenicolo **5** Craxi Andreotti Forlani (alleanza politica tra DC e PSI della fine degli anni '80) **6** *fr.* Club Alpin Français (Club alpino francese)
Caf o **C&F** (*comm.*) *ingl.* Cost and Freight (costo e nolo, compreso nel prezzo) = CF
CAG **1** Cagliari (codice IATA) **2** *ingl.* Computer Aided Graphics (composizione con elaboratore) **3** Centro Addestramento Guastatori
CAI **1** Club Alpino Italiano **2** *ingl.* Computer Assisted Instruction (istruzione assistita dall'elaboratore) **3** (*assicurazioni*) Constatazione Amichevole d'Incidente **4** Compagnia Aerea Italiana
CAI Post Corriere (postale) Accelerato Internazionale
Cal (*fis.*) grande caloria *o* kcal
Cal. o **Calif.** California
cal (*fis.*) piccola caloria *o* caloria
CAM **1** *ingl.* Computer Aided Manufacturing (produzione con l'ausilio dell'elaboratore) **2** (*tv*) *ingl.* Conditional Access Module (modulo di accesso condizionato)
Cambital Ufficio Italiano dei Cambi
CAMST Coop. Albergo Mensa Spettacolo e Turismo
CAN **1** Comm. Arbitri Naz. **2** (*comm.*) Costo, Assicurazione e Nolo = CIF, CAF
Can. **1** Canale (nelle carte geografiche) **2** Canada
Canc Cancella (tasto del computer)
CANTUS CAssa Naz. per il TUrismo Sociale
CAP **1** Codice di Avviamento Postale **2** Consorzio Autonomo del Porto **3** Centro di Addestramento Professionale **4** Carri e Automezzi Pesanti **5** Consorzio Agrario Provinciale
Cap. **1** Capitano **2** Capitolo
CAPTCHA (*inform.*) *ingl.* Completely Automated Public Turing Test to Tell Computers and Humans Apart (Test di Turing pubblico completamente automatico per distinguere fra computer ed esseri umani)
CAR **1** Centro Addestramento Reclute **2** *ingl.* Central African Republic (Repubblica centrafricana)
Card. (*relig.*) Cardinale
CAREMAR CAmpania REgionale MARittima (società di navigazione)
CARIGE CAssa di RIsparmio di GEnova e Imperia
CARIMONTE CAssa di RIsparmio di Modena e banca del MONTE di Bologna e Ravenna
CARIPLO CAssa di RIsparmio delle Provincie LOmbarde
CARISBO CAssa di RISparmio di BOlogna
CARITRO CAssa di RIsparmio di Trento e ROvereto
CARIVE CAssa di RIsparmio di VEnezia
CAS **1** Club Alpino Svizzero **2** Centro di Avviamento allo Sport (del CONI)
CA$ Dollaro canadese (moneta, simbolo bancario)
CASAGIT CASsa Autonoma di previdenza integrativa sanitaria per i Giornalisti ITaliani
Casc. Cascata (nelle carte geografiche)
Cashes (*econ.*) Convertible And Subordinated Hybrid Equity-linked Securities (titoli ibridi equiparati a strumenti di capitale, convertibili e subordinati)
CASM Centro Alti Studi Militari
Casmez CASsa per il MEZzogiorno (*oggi* Agenzia per la Promozione dello Sviluppo del Mezzogiorno)
Cast. Castello (nelle carte geografiche)
Cat. **1** Categoria **2** Catalogo
CATV *ingl.* CAble TeleVision (televisione via cavo) | *ingl.* Community Antenna TeleVision (televisione ad antenna centralizzata)
Cav. Cavaliere
Cav. di Gr. Cr. Cavaliere di Gran Croce
CB **1** Campobasso **2** (*rad.*) *ingl.* Citizen's Band (banda cittadina)
Cb (*meteor.*) *lat.* Cumulonimbus (cumulonembo, tipo di nuvola)
CBD (*comm.*) *ingl.* Cash Before Delivery (pagamento prima della consegna)
CBS *ingl.* Columbia Broadcasting System (Rete radiotelevisiva di Columbia)
CC **1** Carabinieri **2** Corpo Consolare (targa autom.) **3** (*dir.*) *ingl.* Creative Commons (proprietà creativa comune)
C.C. **1** Comitato Centrale **2** Codice Civile | Corte Costituzionale | Corte di Cassazione | Corte dei Conti
Cc (*meteor.*) *lat.* Cirrocumulus (cirrocumulo, tipo di nuvola)
cc Centimetro Cubo
cc. (*dir.*) Commi
c.c. o **cc** **1** (*fis.*) Corrente Continua = d.c. **2** Conto Corrente **3** *ingl.* Carbon Copy (copia per conoscenza)
c/c **1** conto corrente **2** (*comm.*) *ingl.* Clean Credit Cash-credit (credito netto, credito di cassa)
ccb conto corrente bancario
CCC **1** (*stor. polit.*) Commissione Centrale di Controllo **2** Centro Cinematografico Cattolico
CCD (*polit.*) Centro Cristiano Democratico
ccd (*elettron.*) *ingl.* Charge Coupled Device (dispositivo ad accoppiamento di carica)
CCG *ingl.* Cooperation Council of Gulf (Consiglio di cooperazione del Golfo)
CCI **1** Camera di Commercio Internaz. **2** Confed. Cooperativa Ital. **3** Casellario Centrale Infortuni
CCIAA Camera di Commercio Industria, Artigianato e Agricoltura
CCISS Centro Coordinamento Informazioni Sicurezza Stradale
CCNL Contratto Collettivo Nazionale di Lavoro
CCNN (*stor.*) Camicie Nere
CCOOPP Consorzio di Credito per le Opere Pubbliche
C.c.P. Commissione centrale Prezzi
ccp conto corrente postale
CCSB Centro Compartimentale Servizi Bancoposta
CCT **1** Certificato di Credito del Tesoro **2** Consorzio Comunale Trasporti
CCTV *ingl.* Closed Circuit TeleVision (televisione a circuito chiuso)
CD **1** Corpo Diplomatico (targa autom.) **2** Commissione Disciplinare **3** *ingl.* Compact Disc **4** Congo, Repubblica democratica del (ex Zaire)
Cd **1** (*chim.*) cadmio **2** Certificato di deposito bancario
cd **1** (*fis.*) candela **2** compact disc
cd. cosiddetto
C.d.A. **1** Corte d'Appello | Corte d'Assise **2** Corpo d'Armata **3** Consiglio d'Amministrazione **4** Consiglio d'Azienda
CDC Cooperativa Doppiatori Cinematografici
C.d.C. **1** (*scuola*) Consiglio di Circolo **2** Camera di Commercio
c.d.d. come dovevasi dimostrare
CDF *lat.* Congregatio pro Doctrina Fidei (Congregazione per la Dottrina della Fede)
C.d.F. Consiglio di Fabbrica
CDG Parigi-aeroporto C. DeGaulle (codice IATA)
C.d.G. Compagnia di Gesù = SJ
CDI Compact Disc Interattivo
C.d.I. (*scuola*) Consiglio d'Istituto
C.d.L. **1** Camera del Lavoro **2** Corso di Laurea **3** (*polit.*) Casa delle Libertà
CdM **1** Consiglio dei Ministri **2** Cassa del Mezzogiorno
CDN Canada
CDO (*econ.*) *ingl.* Collateralized Debt Obligation (obbligazione a debito garantito)
CDP Cassa Depositi e Prestiti
CDR (*ecologia*) Combustibile da rifiuti
C.d.R. **1** Cassa di Risparmio **2** Comitato di Redazione
cd-rom *ingl.* Compact Disc-Read Only Memory (memoria a sola lettura su compact disc)
CDS (*econ.*) *ingl.* Credit Default Swap (assicurazione su crediti insoluti)
C.d.S. **1** Circolo della Stampa **2** Codice della Strada **3** Consiglio di Sicurezza **4** Consiglio di Stato
CDU **1** Classificazione Decimale Universale = UDC **2** (*polit.*) *ted.* Christlich-Demokratische Union (Unione cristiano-democratica) **3** Comitato Docenti Universitari **4** (*polit.*) Cristiano Democratici Uniti
CDV Compact Disc Video
Cdx CentroDestra
CE **1** Comitato Esecutivo **2** Consiglio d'Europa **3** Comunità Europea *oggi* UE / *spesso usato per* Comunità Economica Europea = CEE **4** Caserta **5** Cavo Elettrico
Ce (*chim.*) cerio
CEA **1** Commissione per l'Energia Atomica / Commissariato per l'Energia Atomica **2** Confed. Europea per l'Agricoltura **3** Comitato Europeo per le Assicurazioni **4** Casa Editrice Ambrosiana
CEAT Cavi Elettrici e Affini - Torino
C&C (*comm.*) *ingl.* Cash And Carry (paga e porta via, tipo di magazzino all'ingrosso per dettaglianti)
CECA Comunità Europea del Carbone e dell'Acciaio
CED **1** Comunità Europea di Difesa **2** Centro Elaborazione Dati **3** *ingl.* Capacitance Electronic Disk (videodisco)
CEDAM Casa Editrice Dott. Antonio Milani
CEDE Centro Europeo Dell'Educazione
CEDEX *fr.* Courrier d'Entreprise à Distribution EXceptionnelle (corrispondenza d'impresa con distribuzione speciale)
CEE Comunità Economica Europea (*oggi* UE)

CEEA Comunità Europea dell'Energia Atomica = EURATOM
CEI **1** Comitato Elettrotecnico Ital. **2** Compagnia Elettrotecnica d'Italia **3** *fr.* Confédération Internationale des Etudiants (Confed. internaz. degli studenti) **4** Conferenza Episcopale Italiana
CEJ *fr.* Communauté Européenne des Journalistes (Comunità europea dei giornalisti)
CEKA *russo* Črezvyciajnaja Komissija (Commissione straordinaria, polizia segreta di Stato russa, in epoca rivoluzionaria)
CEL Collaboratore ed Esperto Linguistico
CELAM Conferenza Episcopale Latino AMericana
CELI Chiesa Evangelica Luterana in Italia
CEMM Corpo Equipaggi Militari Marittimi
CEN Comitato Europeo di Normazione
CENASAC CEntro NAz. per lo Sviluppo dell'Associazionismo e Cooperazione in agricoltura
CENSIS CENtro Studi Investimenti Sociali
cent. centesimo
CENTO *ingl.* CENtral Treaty Organization (organizzazione del trattato centrale)
CEO *ingl.* Chief Executive Officer (amministratore delegato; direttore generale)
cepell CEntro PEr il Libro e la Lettura
CER Centro Europa Ricerche
CERES CEntro Ricerche Economiche e Sociali
CERN *fr.* Conseil Européen pour la Recherche Nucléaire (Consiglio europeo per la ricerca nucleare)
CESA Centro Europeo di Studi Aziendali
CESDI CEntro Studi e Documentazione sull'Informazione
CESES CEntro Studi e ricerche su problemi Economici e Sociali
CESIS Comitato Esecutivo per i Servizi di Informazione e di Sicurezza (coordinava SISMI e SISDE, è stato sostituito dal DGS)
CESPE CEntro Studi di Politica Economica
C&W *ingl.* Country And Western (musica popolare americana)
CF **1** (***comm.***) *ingl.* Cost and Freight (costo e nolo, nel prezzo) = Caf **2** Codice Fiscale
Cf (***chim.***) californio
CFA **1** *fr.* Communauté Financière Africaine (Comunità finanziaria africana) **2** *fr.* Colonies Françaises d'Afrique (colonie francesi d'Africa)
CFC **1** (***chim.***) CloroFluoroCarburo **2** (***econ.***) *ingl.* Controlled Foreign Companies (società controllate straniere)
CFF/SBB/FFS *fr.* Chemins de Fer Fédéraux Suisses | *ted.* Schweizerische Bundesbahnen | *it.* Ferrovie Federali Svizzere (Ferrovie federali svizzere)
CFL Contratto di Formazione e Lavoro
CFP **1** Certificato di Formazione Professionale **2** *fr.* Communauté Financière du Pacifique (Comunità finanziaria del Pacifico) **3** *fr.* Colonies Françaises du Pacifique (colonie francesi del Pacifico)
Cfr. o **cfr.** confronta (propr. lat. *confer* 'raffronta')
CFRB (***stor.***) Corpo Forze Repressive Banditismo
CFS **1** Corpo Forestale dello Stato **2** *ingl.* Chronic Fatigue Syndrome (sindrome da fatica cronica)
CGA (***inform.***) *ingl.* Color Graphics Adapter (scheda grafica a colori)
CGC Cecchi Gori Communications
CGD Compagnia Generale del Disco
CGE Compagnia Generale di Elettricità
CGIL Confed. Generale Italiana del Lavoro
CGO Congo
CGPM *fr.* Conférence Générale des Poids et Mesures (conferenza generale dei pesi e misure)
cgs (***fis.***) centimetro-grammo-secondo
CGT *fr.* Confédération Générale du Travail (Confederazione generale del lavoro)
CH **1** Chieti **2** Svizzera (dal *lat.* Confoederatio Helvetica, Confed. elvetica)
CHF Franco svizzero (moneta, simbolo bancario)
chiar.mo chiarissimo (nella corrispondenza)
Chindia *ingl.* CHina INDIA (Cina e India)
CI **1** Carta d'identità **2** Carbonia-Iglesias
Ci **1** (***meteor.***) *lat.* Cirrus (cirro, tipo di nuvola) **2** (***fis.***) curie
CIA **1** *ingl.* Central Intelligence Agency (Ufficio centrale d'informazione, servizio di controspionaggio, USA) **2** Confed. Italiana Agricoltori **3** Roma - aeroporto di Ciampino (codice IATA)
C.ia compagnia
CIBA *ted.* Chemische Industrie Basel Aktiengesellschaft (società industriale chimico--farmaceutica di Basilea)
CIC **1** (***nelle scuole***) Centro di Informazione e Consulenza **2** *ingl.* Cinema International Corporation (Compagnia internaz. cinematografica) **3** *fr.* Crédit Industriel et Commercial (credito industriale e commerciale)
CICAP Comitato Italiano per il Controllo delle Affermazioni sul Paranormale, V. anche *CSICOP*
CICR **1** Comitato Interministeriale per il Credito e il Risparmio **2** *fr.* Comité International de la Croix Rouge (Comitato internaz. della Croce Rossa)
CID **1** Cooperativa Italiana Doppiatori **2** Convenzione di Indennizzo Diretto (nelle assicurazioni automobilistiche)
CIDA Confed. Italiana Dirigenti d'Azienda
CIDI Centro di Iniziativa Democratica degli Insegnanti
CIE **1** Carta d'Identità Elettronica **2** Centro di Identificazione e Espulsione
CIF **1** (***comm.***) *ingl.* Cost Insurance and Freight (Costo, Assicurazione e Nolo, compresi nel prezzo) = CAF, CAN **2** Consorzio Industria Fiammiferi **3** Centro Italiano Femminile
CIG **1** Comitato Internaz. di Geofisica **2** Cassa Integrazione Guadagni **3** Comitato Ital. Gas
CIGA Compagnia Italiana dei Grandi Alberghi
CIGO Cassa Integrazione Guadagni Ordinaria
CIGS Cassa Integrazione Guadagni Straordinaria
CIIS Comitato Interparlamentare per l'Informazione e la Sicurezza | Comitato Interministeriale per l'Informazione e la Sicurezza
CIL **1** (***stor.***) Corpo Italiano di Liberazione **2** comunicazione inizio lavori **3** *lat.* Corpus Inscriptionum Latinarum (corpus delle iscrizioni latine)
CIM **1** Centro Ital. della Moda **2** Commissione Ital. di Metrologia **3** Centro di Igiene Mentale
CIMO Confed. Italiana Medici Ospedalieri
CIN (***inform.***) *ingl.* Control Internal Number (codice interno di controllo)
CINECA Consorzio Interuniversitario del Nord-Est per il Calcolo Automatico
CINIT CINeforum ITaliano
CIO **1** *fr.* Comité International Olympique (Comitato internaz. olimpico) **2** *ingl.* Congress of Industrial Organizations (Ass. delle organizzazioni industriali)
CIOS Consorzio Italiano Oleifici Sociali
CIP **1** Comitato Interministeriale per il coordinamento e la disciplina dei Prezzi **2** *ingl.* Carriage and Insurance Paid to... (trasporto e assicurazione pagati fino a...)
CIPAA Comitato Interministeriale per la Politica Agricola e Alimentare
CIPE **1** Comitato Interministeriale per la Programmazione Economica **2** Confed. Italiana della Proprietà Edilizia = CONFEDILIZIA
CIPEA Comitato Interministeriale per la Politica Economica Agricola
CIPES Comitato Interministeriale per la Politica economica EStera
CIPI Comitato Interministeriale di coordinamento per la Politica Industriale
CIPM *fr.* Comité International des Poids et Mesures (Comitato internaz. dei pesi e misure)
CIPSI Coordinamento nazionale Iniziative Popolari di Solidarietà Internazionale
CIR **1** Comitato Internaz. per la Ricostruzione **2** Confed. Italiana della Ricerca **3** Compagnie Industriali Riunite (*già* Concerie Ital. Riunite)
CIRA Centro Ital. di Ricerche Aerospaziali (Capua)
circ. circolare
CIRM **1** Centro Internazionale Radio Medico **2** Centro Internazionale Ricerche di Mercato
CIS **1** Comitato Internazionale degli Scambi **2** *ingl.* Commonwealth of Independent States (Comunità di stati indipendenti = CSI) = SNG **3** treno "Pendolino-ETR 470" della società CISalpino **4** Centro Investigativo Scientifico (Carabinieri) **5** Centro Investigazioni Sociali
CISA **1** Centro Italiano di Studi Aziendali **2** Centro Italiano di Studi Americani **3** Centro Informazione Sterilizzazione e Aborto
CISAL Confederazione Italiana Sindacati Autonomi dei Lavoratori
CISAM Confederazione Italiana dei Sindacati degli Artisti e dei Musicisti
CISC Confed. Internazionale Sindacati Cristiani
CISE Centro Informazioni Studi Esperienze
CISERS Centro Italiano Studi Economici e Ricerche Sociali
CISES Centro Ital. di Sviluppo Econ. e Sociale
CISL Confederazione Ital. Sindacati Lavoratori
CISNAL Confederazione Italiana Sindacati NAzionali dei Lavoratori
CISP **1** Comitato Internazionale per lo Sviluppo dei Popoli **2** Centro Internazionale Studi Politici
CISV **1** Comunità Impegno Servizio Volontariato **2** *ingl.* Children's International Summer Villages (villaggi internazionali estivi di bambini)
CIT Compagnia Italiana Turismo
cit. citato
CIV (***banca***) Commissione di Istruttoria Veloce
CiVIT Commissione Indipendente per la Valutazione, la Trasparenza e l'Integrità delle amministrazioni pubbliche
CIWLT (***ferr.***) *fr.* Compagnie Internationale des Wagons-Lits et du Tourisme (Compagnia internazionale delle carrozze-letti e del turismo)
CJD (***veter.***) *ingl.* Creutzfeldt-Jakob Disease (malattia di Creutzfeldt-Jakob)
CL **1** Caltanissetta **2** (***polit., relig.***) Comunione e Liberazione **3** *fr.* Crédit Lyonnais (credito di Lione) **4** Credito Lombardo **5** (***cinema***) Campo Lungo

Sigle, abbreviazioni, simboli

6 (*milit.*) Carro Leggero
Cl (*chim.*) cloro
cl centilitro
CLI (*tel.*) *ingl.* Calling Line Identification (identificazione della linea chiamante)
CLIL (*scuola*) *ingl.* Content and Language Integrated Learning (apprendimento integrato di lingua e contenuti)
CLL Centro del Libro e della Lettura
CLN (*stor.*) Comitato di Liberazione Nazionale
CLNAI (*stor.*) Comitato di Liberazione dell'Alta Italia
CLUP 1 Cooperativa Libraria Universitaria del Politecnico (di Milano) **2** (*econ.*) Costo del Lavoro per Unità del Prodotto
CM 1 (*cinema*) Campo Medio **2** (*milit.*) Carro Medio **3** Circolare Ministeriale
Cm (*chim.*) curio
cm centimetro; **cm²** centimetro quadrato; **cm³** centimetro cubo
c.m. corrente mese
CMA Consiglio Mondiale dell'Alimentazione (ONU)
CMC Coop. Muratori Cementisti (Ravenna)
CME *ingl.* Chicago Mercantile Exchange (Borsa mercantile di Chicago)
CMP (*posta*) Centro di Meccanizzazione Primario
cmq comunque
CMS (*inform.*) *ingl.* Content Management System (sistema di gestione dei contenuti)
CMSB *fr.* Confédération Mondiale du Sport de Boules (Confederazione mondiale dello sport delle bocce)
CMYK Cyan, Magenta, Yellow, Key black (ciano, magenta, giallo e nero per i testi tipografici)
CN 1 Cuneo **2** Controllo Numerico
C.N. 1 Capitale Netto **2** Codice della Navigazione
Cn (*chim.*) copernicio
c/n. conto nuovo
CNA Confederazione Nazionale dell'Artigianato | Centro Nazionale dell'Artigianato
CNAC *fr.* Centre National d'Art et de Culture G. Pompidou (Centro nazionale d'arte e cultura G. Pompidou, detto Beaubourg, Parigi)
CNAM Cassa Naz. di Assistenza ai Musicisti
CNB 1 Consorzio Nazionale Bieticultori **2** Comitato Nazionale di Bioetica
CNC *ingl.* Computer Numerical Control (controllo numerico mediante computer)
CNCA Coordinamento Nazionale delle Comunità di Accoglienza
CNCU Consiglio Nazionale dei Consumatori e degli Utenti
CNEL Consiglio Naz. dell'Economia e del Lavoro
CNEN Comitato Naz. per l'Energia Nucleare
CNGEI Corpo Naz. Giovani Esploratori Italiani
CNI 1 Consiglio Nazionale degli Ingegneri **2** *lat.* Corpus Nummorum Italicorum (raccolta delle monete italiche)
CNIPA Centro Nazionale per Informatica nella Pubblica Amministrazione
CNLA Commissione Naz. per la Lotta all'AIDS
CNN *ingl.* Cable News Network (rete televisiva americana di informazione via cavo)
CNO Comitato Nazionale Olimpico
CNOE Comitati Nazionali Olimpici Europei
CNR 1 Consiglio Naz. delle Ricerche **2** Cantieri Navali Riuniti **3** *ingl.* Channel News Radio (canale radiofonico d'informazione italiano)
CNRN Comitato Nazionale Ricerche Nucleari
CNS Centro Nazionale Sportivo
CNSA Corpo Nazionale Soccorso Alpino
CNUCE Centro Nazionale Universitario di Calcolo Elettronico
C.N.VV.F. Corpo Nazionale Vigili del Fuoco
CO 1 Como **2** Colombia **3** Colorado (codice postale) **4** Cotone (nelle etichette di tessuti e abiti confezionati)
Co (*chim.*) cobalto
Co. *ingl.* Company (compagnia commerciale)
c/o *ingl.* Care of (presso)
COA Centro Operativo AIDS (*presso l'*ISS)
COBAR (*milit.*) COnsiglio di BAse di Rappresentanza
COBAS COmitato di BASe (organismo sindacale)
COBOL (*inform.*) *ingl.* COmmon Business Oriented Language (linguaggio orientato alle procedure amministrative correnti)
COBRA COpenhagen, BRuxelles, Amsterdam (movimento artistico)
COCER (*milit.*) COnsiglio CEntrale di Rappresentanza
Co.Co.Co. Collaborazione Coordinata e Continuativa
COCONA COnsiglio di COoperazione Nord-Atlantico (tra paesi Nato e paesi ex-patto di Varsavia)
Co.Co.Pro. Contratto di Collaborazione a Progetto
COD (*comm.*) *ingl.* Cash On Delivery (pagamento alla consegna)
cod. codice
CODACONS COordinamento Delle Associazioni CONSumatori
codec (*elettron., inform.*) COdifica/DECOdifica, COdificatore/DECodificatore
coeff. coefficiente
COFINA COmpagnia FINanziaria investimenti Azionari
COI Centro Orientamento Immigrati
COIR (*milit.*) COnsiglio Intermedio di Rappresentanza
Col. Colonnello
COLDIRETTI confederazione nazionale COLtivatori DIRETTI
COLF COLlaboratore Familiare
Colo. Colorado
com. 1 comunale **2** comitato
COMECON *ingl.* COuncil for Mutual ECONomic assistance (Consiglio di mutua assistenza economica, dal 1949 al 1991 fra i Paesi dell'Europa orientale comunista)
COMES COMunità Europea degli Scrittori
COMEX *ingl.* COMmodity EXchange (Borsa merci di New York)
COMILITER COmando MILItare TERritoriale
COMINFORM V. *KOMINFORM*
COMINTERN V. *KOMINTERN*
COMIT banca COMmerciale ITaliana
Comites COMitato ITaliani all'EStero
Comm. 1 Commendatore **2** Commissione
COMSAT *ingl.* COMmunications SATellite (comunicazioni via satellite)
CONAD COnsorzio NAzionale Dettaglianti
CONAI COnsorzio NAzionale Imballaggi
CONFAGRICOLTURA CONFederazione generale dell'AGRICOLTURA italiana
CONFAPI Confed. delle Associazioni della Piccola e media Industria (*correntemente* Confed. italiana della piccola e media industria)
CONFARTIGIANATO CONFederazione dell'ARTIGIANATO
CONFCOMMERCIO CONFederazione generale del COMMERCIO
CONFCOOPERATIVE CONFederazione generale delle COOPERATIVE
Confed. Confederazione
CONFEDERTERRA CONFEDERazione nazionale dei lavoratori della TERRA
CONFEDILIZIA CONFederazione italiana della proprietà EDILIZIA = CIPE
CONFESERCENTI CONFederazione degli ESERCENTI attività commerciali e turistiche
CONFINDUSTRIA CONFederazione generale dell'INDUSTRIA italiana
CONFSAL CONFederazione Sindacati Autonomi Lavoratori
CONI Comitato Olimpico Nazionale Italiano
Conn. Connecticut
Cons. Consiglio | Consigliere
Consip CONcessionaria Servizi Informativi Pubblici
CONSOB COmmissione Nazionale per le SOcietà e la Borsa
COOP COOPerativa di consumo Italia
Coop. Cooperativa
COP 1 Peso colombiano (moneta, simbolo bancario) **2** (*agric.*) (coltura costituita da) Cereali Oleaginose Proteaginose
COPACO COmitato PArlamentare di COntrollo
Copasir COmitato PArlamentare per la SIcurezza della Repubblica
Co.Pro. COllaboratore a PROgetto
CORA COordinamento Radicale Antiproibizionisti
CORECO COmitato REgionale di COntrollo
Corp. *ingl.* Corporation (corporazione, impresa di grandi dimensioni)
cos (*mat.*) coseno
cos φ (*fis.*) fattore di potenza
cosec (*mat.*) cosecante
COSPAR *ingl.* COmmittee on SPAce Research (Comitato di ricerca spaziale)
Cost. Costituzione
COSV Comitato di coordinamento delle Organizzazioni per il Servizio Volontario
cot (*mat.*) cotangente
COV (*chim.*) Composto Organico Volatile (cfr. VOC)
Covip Commissione di Vigilanza sui fondi Pensione
C.P. 1 Codice Penale **2** Cartolina Postale **3** Casella Postale **4** Consiglio Provinciale **5** Capitaneria di Porto
C.P.C. Codice di Procedura Civile
CPI 1 Centro Per l'Impiego **2** Certificato Prevenzione Incendi
CPIA Centro Provinciale per l'Istruzione degli Adulti
C.P.M. 1 Codice Procedura Militare | Codice Penale Militare **2** (*inform.*) Confronto Per Maggiore
CPO Centro Postale Operativo
C.P.P. 1 Codice di Procedura Penale **2** Comitato Provinciale Prezzi
CPR (*milit.*) Camera di Punizione di Rigore
C.p.r. Con preghiera di restituzione
CPS 1 Comitato Parlamentare per la Sicurezza (risponde a Camera e Senato dell'operato di AISE e AISI) **2** (*milit.*) Camera di Punizione Semplice
CPT 1 Centro di Permanenza Temporanea **2** (*comm.*) *ingl.* Carriage Paid To… (trasporto pagato fino a…)
CPU 1 (*inform.*) Confronto Per Uguale **2** (*inform.*) *ingl.* Central Processing Unit (unità centrale di elaborazione)
cpv. capoverso
CR 1 Cremona **2** Costa Rica
Cr (*chim.*) cromo

CRAI Commissionaria Riunita Alimentaristi Italiani (catena di supermercati)
CRAL Circolo Ricreativo Assistenziale Lavoratori
CREDIOP (consorzio di) CREDito per le Imprese e le Opere Pubbliche
CREDIT CREDito ITaliano
CRI Croce Rossa Italiana
CRIMINALPOL POLizia CRIMINALe
CRM CaRiMonte (*v.*)
CRO (*banca*) Codice Riferimento dell'Operazione
CRPE Comitato Regionale per la Programmazione Economica
CRS *fr.* Compagnies Républicaines de Sécurité (Compagnie repubblicane di sicurezza, per il mantenimento dell'ordine pubblico)
CRT 1 (*tv*) *ingl.* Cathode Ray Tube (tubo a raggi catodici) **2** Cassa di Risparmio di Torino
CRUI Conferenza dei Rettori delle Università Italiane
CS 1 (*milit.*) Comando Supremo **2** Controllo Statistico di qualità **3** Cosenza
Cs 1 (*chim.*) cesio **2** (*meteor.*) *lat.* Cirrostratus (cirrostrato, tipo di nuvola)
c.s. come sopra
c/s 1 (*fis.*) ciclo al secondo **2** con spese **3** corsa semplice
CSAR (*stor.*) *fr.* Comité Secret d'Action Révolutionnaire (Comitato segreto d'azione rivoluzionaria, d'estrema destra, detto anche La Cagoule)
CSATA Centro di Studi e di Applicazione nelle Tecnologie Avanzate
CSC Centro Sperimentale di Cinematografia
CSCE Conferenza sulla Sicurezza e la Cooperazione in Europa (dal 1994 OSCE)
CSD (*milit.*) Commissione Suprema di Difesa
C.S.d.P.I. Consiglio Superiore della Pubblica Istruzione
CSI 1 Comunità di Stati Indipendenti = SNG **2** Centro Sportivo Italiano
CSICOP *ingl.* Committee for the Scientific Investigation of Claims of the Paranormal (Comitato per l'indagine scientifica sulle asserzioni sul paranormale, V. anche *CICAP*)
CSM 1 Consiglio Superiore della Magistratura **2** Centro Salute Mentale
CSN Consiglio Sanitario Nazionale
C.so Corso
CSS Consiglio Superiore di Sanità
CSSN Contributo al Servizio Sanitario Nazionale
CSSR (*relig.*) *lat.* Congregatio Sanctissimi Redemptoris (Congregazione del Santissimo Redentore, Redentoristi)
CST Certificato di Scambio del Tesoro
CSU (*polit.*) *ted.* Christlich-Soziale Union (Unione cristiano sociale)
Csx CentroSinistra
CT 1 Catania **2** Connecticut (codice postale) **3** Commissario Tecnico **4** *fr.* Collectivité Territoriale (collettività territoriale, dipartimento, regione, comune francese)
CTA Catania (codice IATA)
CTBT *ingl.* Comprehensive Test Ban Treaty (Trattato per la messa al bando totale delle prove nucleari)
CTF 1 Chimica e Tecnologia Farmaceutiche (laurea) **2** (*tipogr.*) *ingl.* Computer To Film (dal computer alla pellicola)
ctg (*mat.*) cotangente
ctg. categoria
CTI Consociazione Turistica Italiana (dal 1937 al 1945, *successivamente* TCI)
CTMS (*banca*) Commissione Trimestrale Massimo Scoperto
CTO Certificato del Tesoro con Opzione
CTP 1 Certificato del Tesoro Poliennale **2** Consorzio Trasporti Pubblici **3** Consulente Tecnico di Parte **4** (*tipogr.*) *ingl.* Computer To Plate (dal computer alla lastra)
Ctrl *ingl.* Control (controllo, tasto di computer)
CTS 1 Comitato Tecnico Scientifico (della programmazione economica) **2** Centro Turistico Studentesco e giovanile **3** Certificati di credito del Tesoro a Sconto
CTU Consulente Tecnico d'Ufficio
CTZ Certificato del Tesoro Zero coupon (senza cedole)
CU Commissario Unico
Cu 1 (*chim.*) rame **2** (*meteor.*) *lat.* Cumulus (cumulo, tipo di nuvola)
CUB Comitato Unitario di Base
CUD Certificazione Unica dei redditi di lavoro Dipendente
CUF Commissione Unica per il Farmaco
CUN 1 Consiglio Universitario Nazionale **2** Centro Ufologico Nazionale
CUNA Commissione tecnica di UNificazione dell'Automobile
CUP Centro Unico Prenotazioni
curl (*mat., fis.*) rotore, rotazionale = rot
CUS Centro Universitario Sportivo
CUT Centro Universitario Teatrale
CV 1 *lat.* Curriculum Vitae (curricolo) **2** (*fis.*) Cavallo Vapore
cv (*agric.*) Cultivar
c.v.d. come volevasi dimostrare
CVL (*stor.*) Corpo dei Volontari della Libertà
c.vo corsivo
CVS (*banca*) Comunicazione Valutaria Statistica
CW (*rad.*) *ingl.* Continuous Wave (onda persistente, sigla usata per indicare anche il codice Morse: *trasmettere in CW*)
CX Codice compagnia aerea cinese (Cathay Pacific Airways)
Cx (*fis.*) coeff. di penetrazione aerodinamica
CY Cipro
CZ 1 Catanzaro **2** Repubblica Ceca
D 1 treno Diretto **2** Germania **3** (*mus.*) dominante **4** (*fis.*) induzione elettrica **5** *lat.* Decimus, Deus, Divus, Dominus (decimo, Dio, Divino, Signore, in iscrizioni latine) **6** (*dir.*) Decreto | Digesto **7** Deuteronomista **8** (*farm.*) *lat.* Doses (dose) **9** Donna (negli scacchi) **10** (*mat.*) Divisore fisso **11** (*mus.*) usata nella classificazione delle opere di F. Schubert (dal nome del catalogatore O. E. Deutsch) **12** Domenica **13** Difficile (scala difficoltà alpinistiche) **14** 500 (numero romano)
d 1 (*fis.*) deci- **2** *lat.* dies (giorno solare medio) **3** *lat.* dabam e dies (scrissi... nel giorno..., nelle corrispondenze epistolari latine) **4** denaro **5** diametro **6** (derrate) deperibili (sui veicoli che le trasportano)
3D tridimensionale
D/A Documento contro Accettazione
da (*fis.*) deca-
DAB *ingl.* Digital Audio Broadcasting (radiodiffusione digitale)
Daesh *ar.* al-Dawla al-Islamiya fi Iraq wa al-Sham (Stato islamico di Iraq e Levante) = IS, ISIL, ISIS
DAF *neerl.* Van Doorne's Automobielfabrieken (Fabbrica automobilistica olandese)
dag decagrammo
dal decalitro
dam decametro
DAMS Discipline delle Arti, della Musica e dello Spettacolo (corso di laurea della facoltà di lettere)
DAP 1 (*psicol.*) Disturbo da Attacchi di Panico **2** (*stor.*) *ted.* Deutsche Arbeiterpartei (Partito tedesco dei lavoratori) **3** Dipartimento Amministrazione Penitenziaria
DAS 1 Disturbo dell'Apprendimento Scolastico **2** Disturbo Affettivo Stagionale **3** Disturbo d'Ansia Sociale
Daspo Divieto di Accedere alle manifestazioni SPOrtive
DAT 1 Dichiarazione Anticipata di Trattamento **2** *ingl.* Digital Audio Tape (audiocassetta digitale)
DAV *ted.* Deutscher Alpenverein (Club alpino tedesco)
DAX *ted.* Deutscher Aktienindex (indice della borsa tedesca)
DB 1 *ted.* Deutsche Bahn (Ferrovie tedesche) **2** *ingl.* Data Base (banca dati) **3** *ted.* Daimler-Benz (marca automobilistica) **4** *ted.* Deutsche Bank (Banca nazionale tedesca)
dB (*fis.*) decibel
DBA (*inform.*) *ingl.* Data Base Administration (banca dati amministrativi)
dbl *ingl.* double (camera doppia, nelle prenotazioni alberghiere)
DBP Telekom *ted.* Deutsche Bundes-Post Telekom (Poste e telecomunicazioni nazionali tedesche)
DC 1 (*stor.*) Democrazia Cristiana **2** (*mus.*) da capo **3** District of Columbia (codice postale)
d.C. dopo Cristo
d.c. 1 (*fis.*) *ingl.* Direct Current (corrente continua) = c.c. **2** (*mus.*) daccapo
DCA (*med.*) Disturbo del Comportamento Alimentare
DCC *ingl.* Digital Compact Cassette (cassetta compatta digitale)
DCF (*econ.*) *ingl.* Discounted Cash Flow (flusso dei fondi col tasso di sconto già calcolato)
D.C.G. Decreto del Capo del Governo
DCPP Direzione Centrale Polizia di Prevenzione (ex-ufficio affari riservati della Polizia)
DCS (*tel.*) *ingl.* Digital Communication Service (servizio di comunicazione cellulare)
D.C.S. Decreto del Capo dello Stato
DCSA Direzione Centrale dei Servizi Antidroga (Carabinieri, Polizia, Guardia di Finanza)
DDA Direzione Distrettuale Antimafia
DDK Corona danese (moneta, simbolo bancario)
D.D.L. Disegno Di Legge
d.d.p. (*fis.*) differenza di potenziale
DDR (*stor.*) *ted.* Deutsche Demokratische Republik (Repubblica democratica tedesca = RDT)
DDT 1 Dicloro-Difenil-Tricloroetano (insetticida) **2** Documento Di Trasporto
DE Delaware (codice postale)
DEA 1 *ingl.* Drug Enforcement Agency (Ufficio di repressione della droga, USA) **2** Dipartimento Emergenza e Accettazione (già Pronto Soccorso)
decl. declinazione (nelle carte topografiche)
DECT (*tel.*) *ingl.* Digital Extended Cordless Telephone (telefono digitale senza cavo con raggio d'azione esteso)
DEF Documento di Economia e Finanza
D & G Dolce & Gabbana (nota casa di moda)
DEI 1 Dizionario Enciclopedico Italiano **2** Dizionario Etimologico Italiano
Del *ingl.* Delete (cancella, tasto del computer)
Del. Delaware
DELI Dizionario Etimologico della Lingua Italiana

DEM Marco tedesco (moneta, simbolo bancario)
den. (*tess.*) denaro
Dev.mo Devotissimo (nella corrispondenza)
DFF *ted.* Deutscher Fernsehfunk (televisione dell'ex-DDR)
DFP (*econ.*) Decisione di Finanza Pubblica
DG 1 Direzione Generale **2** *lat.* Deo gratias (rendiamo grazie a Dio)
dg decigrammo
DGA (*bioch.*) Dose Giornaliera Ammissibile (di sostanza a rischio tossicologico, usata anche in prodotti alimentari) = ADI
DGCS Direzione Generale per la Cooperazione allo Sviluppo
DGS Dipartimento Governativo per la Sicurezza (sostituisce il CESIS e controlla AISE e AISI)
DGSE *fr.* Direction Générale de la Sécurité Extérieure (Direzione generale della sicurezza esterna, spionaggio) = SDECE
DGSN *fr.* Direction Générale de la Sûreté Nationale (Direzione generale della Sicurezza Nazionale)
DHEA (*biol.*) *ingl.* DeHydroEpiAndrosterone (deidroepiandrosterone, ormone prodotto dalle ghiandole surrenali)
DIA 1 Direzione Investigativa Antimafia **2** Dichiarazione di Inizio Attività
Dic. Dicembre
Dico (*dir.*) DIritti e doveri delle persone stabilmente COnviventi
DIEA (*biol.*) DeIdroEpiAndrosterone (ormone prodotto dalle ghiandole surrenali)
DIGOS Divisione Investigazioni Generali e Operazioni Speciali (Polizia)
DIN *ted.* Deutsche Industrie-Norm(en) (norma industriale tedesca)
dink *ingl.* Double Income No Kids (doppio stipendio, niente figli: detto di coppia)
DINS *ingl.* Dual Income No Sex (doppio stipendio, niente sesso)
dipl. diploma
DIRSTAT associazione nazionale funzionari DIRettivi dell'amministrazione dello STATo
Dist. Distinto (nella corrispondenza)
DIT *ingl.* Dual Income Tax (doppio sistema di tassazione dei redditi da impresa)
div (*fis.*) divergenza
DJ 1 *ingl.* Disc Jockey **2** V. *DJIA*
DJIA *ingl.* Dow-Jones Industrial Average (indice della quotazione media dei principali titoli industriali della borsa americana, dal cognome degli economisti americani Dow e Jones)
DK Danimarca
DKW *ted.* Dampfkraftwagen (fabbrica tedesca di veicoli a motore)
DL (*polit.*) Democrazia è Libertà
D.L. Decreto Legge
dl 1 decilitro **2** Dose Letale
D.Leg. Decreto Legislativo
DLF DopoLavoro Ferroviario
DM *ted.* Deutsche Mark (marco tedesco)
D.M. Decreto Ministeriale
dm decimetro; **dm²** decimetro quadrato; **dm³** decimetro cubo
DNA 1 (*biol.*) *ingl.* DeoxyriboNucleic Acid (acido desossiribonucleico = ADN) **2** Direzione Nazionale Antimafia
DNC *ingl.* Direct Numerical Control (controllo numerico diretto)
DNS (*inform.*) *ingl.* Domain Name System (sistema dei nomi di dominio)
DO Distribuzione Organizzata
DOC 1 (*enol.*) Denominazione di Origine Controllata = AOC **2** (*psicol.*) Disturbo Ossessivo Compulsivo
doc. documento
DOCG (*enol.*) Denominazione di Origine Controllata e Garantita
DOI *ingl.* Digital Object Identifier (identificatore digitale di oggetti)
DOM 1 *lat.* Deo Optimo Maximo (a Dio Ottimo Massimo) **2** *fr.* Département d'Outre-Mer (dipartimento francese d'oltremare)
Dom. Domenica
DOP 1 Dizionario d'Ortografia e di Pronunzia **2** (*agric.*) Denominazione di Origine Protetta = AOP
DOS (*inform.*) *ingl.* Disk Operating System (sistema operativo su disco)
Dott. Dottore
Dott.ssa Dottoressa
DP 1 *ingl.* Displaced Person (persona che si è dovuta allontanare dalla propria residenza per motivi bellici o politici senza potervi tornare) **2** (*polit.*) Democrazia Proletaria
D.P. Decreto Presidenziale | Disposizione sulla legge in generale
D/P Documenti contro Pagamento
Dp *ingl.* Data processing (elaborazione dei dati)
dpa *ted.* Deutsche Presse-Agentur (agenzia d'informazioni tedesca)
D.P.C.M. Decreto del Presidente del Consiglio dei Ministri
DPEF Documento di Programmazione Economica e Finanziaria
DPI Dispositivo di Protezione Individuale
dpi *ingl.* dots per inch (punti per pollice)
D.P.R. Decreto del Presidente della Repubblica
DPS Documento Programmatico sulla Sicurezza
DPTS (*med.*) Disturbo PostTraumatico da Stress
Dr, **dr**, **Dr.**, **dr.** Dottore, Dottoressa
Dr.ssa, **dr.ssa** Dottoressa
DRG (*med.*) *ingl.* Diagnosis-Related Group (pazienti dimessi da ospedali e classificati secondo la diagnosi)
DRM *ingl.* Digital Rights Management (gestione dei diritti digitali)
DRS (*autom.*) *ingl.* Drag Reduction System (sistema di riduzione della resistenza aerodinamica)
DS 1 (*polit.*) Democratici di Sinistra **2** Direttore Sportivo
Ds (*chim.*) darmstadtio
DSA Disturbo Specifico di Apprendimento
DSB *ingl.* Double-Side Band (doppia banda laterale)
DSE Dipartimento Scuola Educazione
DSGA Direttore dei Servizi Generali e Amministrativi
DSM *ingl.* Diagnostic and Statistical Manual of mental disorders (manuale diagnostico statistico dei disturbi mentali)
DSP Diritti Speciali di Prelievo
DT 1 Direttore Tecnico **2** vaccino combinato antiDifterico e antiTetanico
DTD (*inform.*) *ingl.* Document Type Definition (definizione del tipo di documento)
DTP (*inform.*) *ingl.* Desk-Top Publishing (programma specifico per l'elaborazione e la stampa di un testo)
DU Diploma Universitario (diploma di laurea breve = SDAFS)
DURC Documento Unico di Regolarità Contributiva
DUVRI Documento Unico per la Valutazione dei Rischi da Interferenze
DV *lat.* Deo Volente (a Dio piacendo)
DVB (*tv*) *ingl.* Digital Video Broadcasting (trasmissione video digitale)
DVB-T (*tv*) *ingl.* Digital Video Broadcasting Terrestrial (trasmissione video digitale terrestre)
DVD (*inform.*) Digital Video Disc (disco video digitale) *oppure* Digital Versatile Disc (disco digitale versatile)
DVI (*inform.*) *ingl.* Digital Video Interactive (sistema di grande capacità per registrare su CD immagini video)
DVR Documento di Valutazione dei Rischi
Dx destro, destra
Dy (*chim.*) disprosio
DYP (*polit.*) *turco* Dogru Yol Partisi (Partito della giusta via)
DWDM (*tel.*) *ingl.* Dense Wavelength Division Multiplexing (multiplex con suddivisione densa delle lunghezze d'onda)
DZ Algeria
DZD Dinaro algerino (moneta, simbolo bancario)
E 1 Est **2** (*fis.*) campo elettrico **3** Spagna **4** Itinerario europeo (nella segnaletica stradale) **5** exa- **6** Escursionistico (scala difficoltà escursionistiche) **7** treno Espresso
e 1 (*fis.*) carica elettrica dell'elettrone **2** (*mat.*) numero irrazionale equivalente a 2,7182818 **3** marchio che attesta la rispondenza di peso o volume di un prodotto a norma CEE
& e commerciale
€ Euro
E 100 (*chim.*) Curcumina
E 101 (*chim.*) Lattoflavina
E 102 (*chim.*) Tartrazina
E 104 (*chim.*) Giallo di chinolina
E 110 (*chim.*) Giallo arancio S
E 120 (*chim.*) Cocciniglia
E 122 (*chim.*) Azorubina
E 123 (*chim.*) Amaranto
E 124 (*chim.*) Rosso cocciniglia A
E 127 (*chim.*) Eritrosina
E 131 (*chim.*) Blu patent V
E 132 (*chim.*) Indigotina
E 140 (*chim.*) Clorofille A e B
E 141 (*chim.*) Complessi rameici delle clorofille e clorofilline
E 142 (*chim.*) Verde acido brillante BS
E 150 (*chim.*) Caramello
E 151 (*chim.*) Nero brillante PN
E 160 (*chim.*) Carotenoidi
E 161 (*chim.*) Xantofille
E 162 (*chim.*) Rosso barbabietola
E 163 (*chim.*) Antociani
EA Ente Autonomo
EAD Elaborazione Automatica dei Dati = ADP
EADS *ingl.* European Aeronautic Defence and Space company (Società aeronautica europea per la difesa e lo spazio)
EAEC *ingl.* East Asia Economic Caucus (Gruppo economico dell'Asia orientale)
EAGAT Ente Autonomo Gestione Aziende Termali
EAK Kenya
EAM 1 Ente Autotrasporti Merci **2** (*stor.*) *gr.* Etnikòn Apeleuterotikòn Métopon (Fronte nazionale di liberazione)
EAN *ingl.* European Article Number (codifica, a barre, europea dei prodotti)
EAT Tanzania
EAU Uganda
EB (*mar.*) Entrobordo (motore)
EBD (*autom.*) *ingl.* Electronic Brakeforce Distribution (Distribuzione elettronica della forza frenante)

Ebit (*econ.*) *ingl.* Earnings Before Interest and Taxes (Margine operativo prima di interessi e tasse)
Ebitda (*econ.*) *ingl.* Earnings Before Interest Taxes Depreciation and Amortization (Margine operativo prima di interessi, tasse, svalutazioni e ammortamenti)
EBU *ingl.* European Boxing Club (Unione pugilistica europea)
EC 1 *ingl.* EuroCity (treno rapido in servizio internazionale) **2** EuroChèque
E/C Estratto Conto
ECA 1 Ente Comunale di Assistenza **2** *ingl.* Economic Cooperation Administration (Ente per la cooperazione economica) **3** *ingl.* Economic Commission for Africa (Commissione economica per l'Africa dell'ONU)
Ecc. Eccellenza
ecc. eccetera
ECDL *ingl.* European Computer Driving Licence (patente informatica europea)
ECG (*med.*) ElettroCardioGramma
ECM 1 Educazione Continua in Medicina **2** (*aeron.*) *ingl.* Electronic Counter-Measures (contro misure elettroniche)
Ecofin (*polit.*) Consiglio ECOnomia e FINanza (l'insieme dei Ministri dell'Economia e delle Finanze degli Stati membri dell'Unione Europea)
econ. economia, economico
ECOSOC *ingl.* Economical and Social Council (Consiglio economico e sociale dell'ONU)
ECR (*comm.*) *ingl.* Efficient Consumer Response (risposta efficiente al consumatore)
ECU *ingl.* European Currency Unit (unità monetaria europea)
ED Estremamente Difficile (scala difficoltà alpinistiche)
Ed. Editore
ed. edizione
EDAGRICOLE EDizioni AGRICOLE
EDI EDitrice Industriale
EDP (*inform.*) *ingl.* Electronic Data Processing (elaborazione elettronica dei dati)
EE 1 Escursionisti Esteri (targa di auto immatricolata provvisoriamente in Italia) **2** per Escursionisti Esperti (scala difficoltà escursionistiche)
EEA per Escursionisti Esperti con Attrezzature (scala difficoltà escursionistiche)
EEB *ingl.* European Environmental Bureau (Ufficio europeo dell'ambiente)
EEG (*med.*) ElettroEncefaloGramma
EFB (*mar.*) EntroFuoriBordo (motore)
EFI Ente Finanziamenti Industriali
EFIBANCA Ente FInanziario InterBANCArio
EFIM Ente partecipazioni e Finanziamento Industria Manifatturiera
EFSA *ingl.* European Food Safety Authority (Autorità europea per la sicurezza alimentare)
EFSF (*econ.*) *ingl.* European Financial Stability Facility (Fondo europeo di stabilità finanziaria)
EFTA *ingl.* European Free Trade Association (Ass. europea di libero scambio)
e.g. *lat.* exempli gratia (per esempio = es., per es.)
EGA (*inform.*) *ingl.* Enhanced Graphics Adapter (scheda grafica avanzata)
EGAM Ente autonomo di Gestione per le Aziende Minerarie
egiz. egiziano
EGP Lira egiziana (moneta, simbolo bancario)
Egr. Egregio
EHF (*fis.*) *ingl.* Extremely High Frequency (frequenza estremamente elevata)
EI Esercito Italiano (targa autom.)
E.I. Esercito Italiano
EIAR (*stor.*) Ente Italiano Audizioni Radiofoniche (dal 1928 al 1944)
EICMA Esposizione Internazionale Ciclo Motociclo e Accessori
EIMA Ente per gli Interventi sul Mercato Agricolo (*già* AIMA)
EL AL *ingl.* Israel Airlines Ltd (linee aeree israeliane)
ELAS (*stor.*) *gr.* Ellenikon Laikos Apeleuterotikós Stratòs (Corpo popolare greco di liberazione)
ELISA *ingl.* Enzyme Linked ImmunoSorbent Assay (prova di immunoassorbimento legata all'enzima)
Elivie Società Italiana Esercizio Elicotteri
e.m. elettromagnetico
e-mail *ingl.* Electronic-mail (posta elettronica)
Emas (*ecologia*) *ingl.* Eco-Management and Audit Scheme (sistema di eco-gestione e audit)
EMDR (*psicol.*) *ingl.* Eye Movement Desensitivization and Reprocessing (desensibilizzazione e ritrattamento basato sul movimento degli occhi)
EMES Edizioni Mediche E Scientifiche
EMI *ingl.* Electric and Music Industries (Edizioni Musicali Italiane)
EMU *ingl.* Economic and Monetary Union (Unione economica e monetaria) = UEM
EN 1 Enna **2** *ingl.* EuroNight (treno rapido notturno in servizio internaz.) **3** *ted.* Europäische Norm (norma europea) | *ingl.* European Norm = NE
ENA *fr.* École Nationale d'Administration (Scuola nazionale di amministrazione)
ENAC Ente Nazionale per l'Aviazione Civile
ENAL Ente Nazionale Assistenza Lavoratori
ENALC Ente Nazionale Addestramento Lavoratori del Commercio
ENALOTTO concorso pronostici, organizzato dall'ENAL, abbinato alle estrazioni del LOTTO
ENAM 1 Ente Nazionale Assistenza Magistrale **2** Ente Nazionale di Assistenza alla gente di Mare
ENAOLI Ente Nazionale per l'Assistenza agli Orfani dei Lavoratori Italiani
ENAPI Ente Nazionale dell'Artigianato e delle Piccole Industrie
ENASARCO Ente Nazionale di ASsistenza per gli Agenti e Rappresentanti di COmmercio
ENAV Ente Naz. Assistenza al Volo (*già* ANAV)
ENBPS Ente Nazionale Biblioteche Popolari e Scolastiche
ENCC Ente Nazionale Cellulosa e Carta
ENCI 1 Ente Nazionale Cinofilia Italiana **2** Ente Nazionale Cavallo Italiano
ENDAS Ente Naz. Democratico di Azione Sociale
ENE Est-Nord-Est
ENEA 1 Ente per le Nuove tecnologie, l'Energia e l'Ambiente **2** *ingl.* European Nuclear Energy Agency (Ente europeo per l'energia nucleare)
ENEL Ente Nazionale per l'Energia Elettrica
ENFAP Ente Nazionale Formazione Addestramento Professionale
ENI Ente Nazionale Idrocarburi
ENIC Ente Nazionale Industrie Cinematografiche
ENIMONT Ente Naz. Idrocarburi MONTedison
ENIT Ente Nazionale Italiano per il Turismo
ENM Ente Nazionale della Moda
ENPA Ente Nazionale Protezione Animali
ENPAIA Ente Nazionale Previdenza Assistenza Impiegati Agricoltura
ENPALS Ente Nazionale Previdenza Assistenza Lavoratori Spettacolo
ENPAM Ente Naz. Previdenza Assistenza Medici
ENPAS Ente Nazionale Previdenza Assistenza dipendenti Statali
ENS Ente Nazionale Sordomuti
EO Estremo Oriente
EOKA *gr.* Etniki Organòsis Kyprìon Agonistòn (Organizzazione nazionale combattenti ciprioti)
eom (*Internet*) *ingl.* End Of Message (fine del messaggio)
EONIA *ingl.* Euro OverNight Index Average (indice medio overnight dell'euro)
EP *ingl.* Extended Playing (esecuzione estesa, nei dischi microsolco)
EPA *ingl.* Environmental Protection Agency (Agenzia di protezione ambientale, USA)
EPG (*tv*) *ingl.* Electronic Program Guide (guida elettronica dei programmi tv)
EPIRB (*mar., aeron.*) *ingl.* Emergency Position Indicating Radio Beacon (radio boa che segnala la posizione in condizioni di emergenza)
epo (*med.*) EritroPoietina
EPROM (*elettron.*) *ingl.* Erasable Programmable Read-Only Memory (memoria di sola lettura cancellabile e programmabile)
EPS 1 (*chim.*) *ingl.* Expanded PolyStyrene (polistirene espanso) **2** (*inform.*) *ingl.* Encapsulated PostScript (PostScript incapsulato)
EPT Ente Provinciale per il Turismo
EPU *ingl.* European Payments Union (Unione europea dei pagamenti)
ER 1 (*med.*) *ingl.* Emergency Room (Pronto Soccorso) **2** Eritrea
Er (*chim.*) erbio
ERAS Ente Riforma Agraria della Sicilia
ERASMUS *ingl.* EuRopean (Community) Action Scheme for the Mobility of University Students (Progetto di un impegno comunitario a favore della mobilità degli studenti universitari)
ERI Edizioni Radiotelevisione Italiana
ERIT Ente Riscossione Imposte e Tasse
EROEI (*econ.*) *ingl.* Energy Returned On Energy Invested (rapporto fra energia prodotta ed energia investita)
EROI (*econ.*) *ingl.* Energy Return On Investment (redditività energetica dell'investimento)
ERP 1 (*stor.*) *ingl.* European Recovery Program (Piano di ricostruzione europea, *più noto come* piano Marshall) **2** (*inform.*) *ingl.* Enterprise Resource Planning (pianificazione delle risorse d'impresa)
ERS (*autom.*) *ingl.* Energy Recovery System (sistema di recupero dell'energia)
ERSA Ente Regionale di Sviluppo Agricolo
ERSO Ente per la Ricerca e la Sperimentazione in Ortofrutticoltura
ERW *ingl.* Enhanced Radiation Weapon (ordigno nucleare a radiazione intensificata, *più noto come* bomba al neutrone)
ES 1 (*ferr.*) EuroStar **2** El Salvador
Es (*chim.*) einsteinio
es. esempio
ESA 1 Ente di Sviluppo Agricolo **2** *ingl.* European Space Agency (Ente spaziale europeo)
ESAC Edizioni Scientifiche Anna Cremonese
Esc *ingl.* Escape (uscita, tasto del computer)

ESCOPOST Esclusiva Postale
ESCP *ingl.* Earth Science Curriculum Project (Progetto per un programma di scienza della terra)
ESDAC *ingl.* European Space DAta Centre (Centro europeo per il trattamento dei dati spaziali)
ESE Est-Sud-Est
ESIT Ente Sardo Industrie Turistiche
ESLAB *ingl.* European Space research LABoratory (Laboratorio europeo di ricerche spaziali)
ESO (*astron.*) *ingl.* European Southern Observatory (Osservatorio dell'Europa meridionale)
ESOP *ingl.* Employee Stock Ownership Plan (piano di proprietà azionaria di dipendenti)
ESP 1 Peseta spagnola (moneta, simbolo bancario) **2** *ingl.* Extra Sensorial Perception (percezione extrasensoriale) **3** (*autom.*) *ted.* Elektronisches Stabilitätsprogramm® (programma elettronico per la stabilità)
ESPI Ente Siciliano Per l'Industrializzazione
ESPRIT *ingl.* European Strategic Program for Research and development in Information Technologies (programma strategico europeo di ricerca e sviluppo nelle tecnologie dell'informazione)
ESRTC *ingl.* European Space Research and Technology Centre (Centro europeo di ricerche e tecnologia spaziale)
EST 1 Enciclopedia della Scienza e della Tecnica **2** Estonia
ET 1 Egitto **2** Extra Terrestre
ETA *basco* Euzkadi Ta Azkatasuna (patria basca e libertà, organizzazione clandestina)
ETACS *ingl.* Extended Total Access Communication System (sistema di comunicazione con accesso totale esteso, rete analogica per telefonia mobile 'affari')
et al. *lat.* et alii, et alia (e altri, e altre cose)
etc. *lat.* et cetĕra (eccetera)
ETD *ingl.* Estimated Time of Departure (orario prevedibile di partenza, negli aeroporti quando si verificano ritardi)
ETF (*borsa*) *ingl.* Exchange Traded Fund (fondo negoziabile in borsa)
ETI Ente Teatrale Italiano
ETR ElettroTReno
Ets. *fr.* Établissement (stabilimento, fabbrica)
et seq. *lat.* et sequentes (e seguenti)
ETSI *ingl.* European Telecommunication Standard Institute (Istituto europeo per gli standard nelle telecomunicazioni)
EU Europa
Eu (*chim.*) europio
EUR 1 Esposizione Universale di Roma (1942) **2** *oggi* il quartiere residenziale sorto in quella zona **3** Euro
eur. europeo
EURATOM V. *CEEA*
EURIBOR *ingl.* EURo InterBank Offered Rate (tasso d'interesse interbancario in offerta per l'euro)
EURIRS (*econ.*) *ingl.* EURo Interest Rate Swap (scambio di tassi di interesse sull'Euro)
EURISPES Istituto EURopeo di Studi Politici Economici e Sociali
EUROCONTROL *fr.* Organisation européenne pour la sécurité du trafic aérien (Organizzazione europea per la sicurezza del traffico aereo)
EuroNCAP (*autom.*) *ingl.* European New Car Assessment Programme (programma europeo di valutazione dei nuovi modelli di automobili)
Eurostat (Ufficio) Statistiche dell'Unione Europea
EUTELSAT organizzazione EUropea di TELecomunicazioni per mezzo di SATelliti
EV Eccellenza Vostra
eV (*fis.*) elettronvolt
e.v. (*stor.*) Era Volgare
EW Estonia
EX 1 treno Espresso (ufficialmente è adottata la sigla E) **2** Eccezionalmente Difficile (scala difficoltà alpinistiche)
EXIMBANK *ingl.* EXport-IMport BANK (Banca per l'esportazione e l'importazione)
exp *ingl.* exponential (esponenziale)
F 1 Francia **2** (*chim.*) fluoro **3** (*fis.*) farad, faraday | forza | *ingl.* Frequency (frequenza) | tensione magnetica **4** Femmina **5** Facile (scala difficoltà alpinistiche) **6** Infiammabile (su confezione di prodotti di uso domestico) **7** (*sport*) Formula
°F (*fis.*) grado Fahrenheit
F. Fiume (nelle carte geografiche)
f 1 (*fis.*) femto- **2** (*fis.*) frequenza | lunghezza focale **3** (*filol.*) foglio, nei codici **4** (*mus.*) forte
FAA (*comm.*) *ingl.* Free of All Average (franco avaria)
FABI Feder. Autonoma Bancari Italiani
FAC 1 comitato nazionale per la diffusione del Film d'Arte e di Cultura **2** *fr.* Fonds d'Aide et de Coopération (fondi di aiuto e di cooperazione)
FACE associazione FAmiglie CErebrolesi
FAD 1 (*chim.*) Flavin Adenin Dinucleotide **2** Formazione A Distanza
FAI 1 Fondo Aiuti Ital. **2** Fondo Ambiente Ital. **3** Feder. Anarchica Ital. **4** *fr.* Fédération Aéronautique Internationale (Feder. aeronautica internazionale) **5** Feder. Apicoltori Ital. **6** Ferrovie Alta Italia **7** Feder. Atletica Ital.
FAIAT Feder. Ass. Italiana Alberghi e Turismo
FAIP Feder. Associazioni Ital. Paraplegici
FAL 1 Foglio degli Annunzi Legali **2** Fucile Automatico Leggero
FANS (*farm.*) Farmaco Antinfiammatorio Non Steroideo
FAO *ingl.* Food and Agriculture Organization (Organizzazione per l'alimentazione e l'agricoltura, ONU)
FAP 1 Fondo Adeguamento Pensioni **2** (*autom.*) Filtro AntiParticolato
FAPAV Feder. AntiPirateria AudioVisiva
FAQ *ingl.* Frequently Asked Questions (domande più frequenti)
FAR (*stor.*) Fasci d'Azione Rivoluzionaria
FAS 1 (*comm.*) *ingl.* Free Alongside Ship (franco luogo bordo) **2** Fondo Aree Sottoutilizzate
fasc. fascicolo
FASDAI Fondo Assistenza Sanitaria Dirigenti Aziende Industriali
FASI 1 Fondo Assistenza Sanitaria Integrativa **2** Feder. Arrampicata Sportiva Italiana
FASIB Feder. Autonoma Sindacati Ital. Bancari
FATF (*econ.*) *ingl.* Financial Action Task Force (gruppo d'azione finanziaria internazionale; cfr. GAFI)
Fatt. fattura
FAZ *ted.* Frankfurter Allgemeine Zeitung (quotidiano d'informazione generale di Francoforte)
FB (*mar.*) Fuoribordo (motore)
FBI *ingl.* Federal Bureau of Investigation (Ufficio federale investigativo, USA)
FC 1 fuori corso (detto di studenti universitari) **2** Forlì-Cesena **3** *ingl.* Football Club (associazione calcistica)
FCA Fiat Chrysler Automobiles (automobili Fiat Chrysler)
F.ce. Ferrovia circumetnea
FCE *ingl.* First Certificate in English (primo certificato in inglese)
FCI Feder. Ciclistica Italiana
FCO Roma - aeroporto Leonardo da Vinci di Fiumicino (codice IATA)
f.co (*comm.*) franco
FD 1 filodiffusione **2** (*mar.*) *ingl.* Flying Dutchman (olandese volante)
FDA *ingl.* Food and Drug Administration (Agenzia di controllo cibi e farmaci, USA)
F.d.G. Fronte della Gioventù
F.d.L. Fiera del Levante
FDM (*elettron.*) *ingl.* Frequency Division Multiplexing (multiplex a divisione di frequenza)
FDP (*polit.*) *ted.* Freie Demokratische Partei (Deutschlands) (Partito liberaldemocratico)
F.d.S. (*polit.*) Feder. dei Socialisti
FDT V. *FEDERTERRA*
FE Ferrara
Fe (*chim.*) ferro
Feb., **Febb.** Febbraio
FED 1 *fr.* Fonds Européens de Développement (Fondi europei di sviluppo) **2** (*banca*) *ingl.* the FEDeral reserve (riserva federale americana)
Feder. Federazione
FEDERCACCIA FEDERazione italiana della CACCIA
FEDERCALCIO V. *FIGC*
FEDERCOLORI FEDERazione commercianti di COLORI e vernici & affini italiani
FEDERCONSORZI FEDERazione sindacale dei CONSORZI agrari
FEDERMECCANICA FEDERazione sindacale industria MetalMECCANICA italiana
FEDERPRO FEDERazione PROfessionale della Pubblicità
FEDERSTAMPA FEDERazione nazionale della STAMPA italiana
FEDERTERRA FEDERazione dei lavoratori della TERRA
FEDIC FEDerazione Italiana Cineclub
FEI *fr.* Fédération Équestre Internationale (Feder. equestre internazionale)
FEL *ingl.* Free Electron Laser (laser a elettroni liberi)
FEM, **fem.** (*fis.*) forza elettromotrice
FENAPRO FEderazione NAzionale PROfumieri
FENIT FEderazione Nazionale Imprese Trasporti
FEOGA Fondo Europeo di Orientamento e Garanzia Agricola
Ferr. ferrovia, ferroviario
FERROTRANVIERI federazione naz. lavoratori autoFERROTRANVIERI e internavigatori
FERT *lat.* Fortitudo Eius Rhodum Tenuit (il suo coraggio difese Rodi, motto di casa Savoia)
FES Fondo Europeo di Sviluppo
FESR Fondo Europeo di Sviluppo Regionale
FET 1 (*polit.*) *sp.* Falange Española Tradicionalista (Falange tradizionalista sp.) **2** *ingl.* Field Effect Transistor (transistor a effetto di campo)
FF *ingl.* Fast Forward (avanti veloce, spec. in registratori)
ff 1 (*mus.*) fortissimo **2** facente funzioni **3** fogli
FF.AA. Forze Armate
fff (*mus.*) più che fortissimo
FFSS Ferrovie dello Stato (*oggi* FS)

FG 1 Foggia **2** Ferrovie del Gargano
fg (*fis.*) frigoria
FGCI (*stor.*) Feder. Giovanile Comunista Italiana (*oggi* Sinistra Giovanile)
FGdI Feder. Ginnastica d'Italia
FI 1 Firenze **2** (*polit.*) Forza Italia **3** (*fis.*) Frequenza Intermedia
FIA 1 *fr.* Fédération Internationale de l'Automobile (Feder. internaz. dell'automobile) **2** *fr.* Fédération Internationale des Acteurs (Feder. internaz. degli attori) **3** (*fis.*) Frequenza Intermedia Audio **4** Feder. Internaz. dell'Artigianato **5** *fr.* Fédération Internationale d'Astronautique (Feder. internaz. di astronautica)
FIACF Feder. Italiana Amatori Cultura Fisica = IFBB
FIAF Feder. Italiana American Football
FIAP Feder. Italiana Associazioni Partigiane
FIAS Feder. Italiana Attività Subacquee
FIAT Fabbrica Italiana Automobili Torino
FIAVET Feder. Italiana delle Associazioni delle imprese di Viaggi E Turismo
FIB 1 Feder. Italiana Bancari **2** Feder. Italiana Bridge **3** Feder. Italiana Bocce **4** Feder. Italiana Biliardo
FIBA *ingl.* Federation International Basketball Association (Feder. internaz. di basket)
FIBS Feder. Italiana Baseball Softball
FIC 1 Feder. Italiana Canottaggio **2** Feder. Italiana del Campeggio e del caravanning **3** *ingl.* Flight Information Center (Centro di informazioni per il volo) **4** *fr.* Fédération Internationale de Canoë (Feder. internaz. di canoismo)
FICC Feder. Internazionale Circoli Cinema
FICE Feder. Italiana Cinema d'Essai
FICK Feder. Italiana Canoa e Kayak
FICr Feder. Italiana Cronometristi
FICT Feder. Italiana Comunità Terapeutiche
FID 1 *fr.* Fédération Internationale de Documentation (Feder. internaz. di documentazione) **2** Feder. Italiana Dama **3** Feder. Italiana Diabete
FIDA Feder. Italiana Dettaglianti dell'Alimentazione
FIDAC Feder. Italiana Dipendenti da Aziende di Credito
FIDAL Feder. Italiana Di Atletica Leggera
FIdC Feder. Italiana della Caccia
FIDE *fr.* Fédération Internationale des Échecs (Feder. internazionale degli scacchi)
FIE *fr.* Fédération Internationale d'Escrime (Feder. internazionale di scherma)
FIEFS Feder. Italiana Educatori Fisici e Sportivi
FIEG Feder. Italiana Editori Giornali
FIEL Feder. Italiana delle Emittenti Locali
FIEP *fr.* Fédération Internationale d'Education Physique (Feder. internaz. d'educazione fisica)
FIFA *fr.* Fédération Internationale des Football Associations (Feder. internaz. del calcio)
FIG 1 Feder. Italiana del Golf **2** *fr.* Fédération Internationale de Gymnastique (Feder. internazionale di ginnastica)
fig. figura
FIGB Feder. Italiana Gioco Bridge
FIGC Feder. Italiana Gioco Calcio (= FEDERCALCIO)
FIGE Feder. Italiana Guide Esploratrici
figg. figure
FIGH Feder. Italiana Gioco Handball
FIGISC Feder. Italiana Gestori Impianti Stradali Carburanti
FIGS Feder. Italiana Gioco Squash
FIH Feder. Internazionale di Hockey | Feder. Italiana Hockey
FIHP Feder. Italiana Hockey e Pattinaggio
FIK Feder. Italiana Kendo
FILA Fabbrica Italiana Lapis e Affini
FILC Feder. Italiana Lavoratori Chimici
FILCA Feder. Italiana Lavoratori Costruzioni e Affini
FILDIR Feder. Internazionale Libera dei Deportati e Internati della Resistenza
FILIS Feder. Italiana Lavoratori Informazione e Spettacolo
FILM Feder. Italiana Lavoratori Marittimi
FILPJ Feder. Italiana Lotta Pesi e Judo
FILPT Feder. Italiana Lavoratori Poste e Telecomunicazioni
FILT Feder. Italiana Lavoratori Trasporti
FIM 1 Feder. Italiana Motonautica **2** Feder. Internazionale Metalmeccanici | Feder. Italiana Metalmeccanici
FIMA Feder. Italiana Mercanti d'Arte
FIMMG Feder. Italiana Medici Medicina Generale
FIMP Feder. Italiana Medici Pediatri
FIMS Feder. Internazionale dei Medici Sportivi | *fr.* Fédération Internationale de Médecine Sportive (Feder. internazionale di medicina sportiva)
FIN 1 Feder. Italiana Nuoto **2** Finlandia
FINCANTIERI FINanziaria CANTIERI navali
FININVEST società FINanziaria d'INVESTimento
FINMARE società FINanziaria MARittima
FINMECCANICA società FINanziaria MECCANICA
FINSIDER società FINanziaria SIDERurgica
FINSIEL FINanziaria per i Sistemi Informativi Elettronici
FIO 1 Fondo Investimenti e Occupazione **2** (*comm.*) *ingl.* Free in, free out (da bordo a bordo)
FIOM Feder. Impiegati e Operai Metallurgici
FIOT Feder. Italiana Operai Tessili
FIP 1 *fr.* Fédération Internationale Pharmaceutique (Feder. internaz. farmaceutica) **2** *fr.* Fédération Internationale de Philatélie (Feder. internaz. filatelica) **3** Feder. Italiana Pallacanestro **4** Feder. Italiana Postelegrafonici **5** Feder. Italiana della Pubblicità
FIPAV Feder. Italiana PAllaVolo
FIPE 1 Feder. Italiana Pubblici Esercizi **2** Feder. Italiana Pallone Elastico
FI-PI-LI (SGC) FIrenze-PIsa-LIvorno (Strada di Grande Comunicazione)
FIPM Feder. Italiana Pentathlon Moderno
FIPP *fr.* Fédération Internationale de la Presse Périodique (Feder. internaz. della stampa periodica)
FIPS Feder. Italiana della Pesca Sportiva e attività subacquee
FIPT Feder. Italiana Palla Tamburello
FIR 1 Feder. Internaz. della Resistenza **2** Feder. Italiana Rugby **3** Feder. Italiana Ricetrasmissioni **4** (*milit.*) Forza d'Intervento Rapido
FIRC Fondazione Italiana per la Ricerca sul Cancro
FIRE *ingl.* Fully Integrated Robotized Engine (motore robotizzato totalmente integrato)
FIRS *fr.* Fédération Internationale de Roller-Skating (Feder. internaz. di pattini a rotelle)
FIS 1 Feder. Italiana della Scuola **2** Feder. Italiana Scherma **3** *fr.* Fédération Internationale de Ski (federazione internazionale di sci) **4** *fr.* Front Islamique de Salut (fronte islamico di salvezza, formazione politica algerina)
FISAC Fabbriche Italiane Seterie e Affini Como
FISAFS Feder. Italiana Sindacati Autonomi Ferrovie dello Stato
FISAP Feder. Italiana Sindacati Artisti e Professionisti
FISB Feder. Italiana Sport Bowling
FISD Feder. Italiana Sport Disabili
FISE Feder. Italiana Sport Equestri
FISG Feder. Italiana Sport del Ghiaccio
FISI Feder. Italiana Sport Invernali
FISN Feder. Italiana Sci Nautico
FISO Feder. Italiana Sport Orientamento
FIT 1 Feder. Italiana Tabaccai **2** Feder. Italiana Tennis
FITAK Feder. Italiana TAekwondo e Karate
FITARCO Feder. Italiana Tiro con l'ARCO
FITAV Feder. Italiana Tiro A Volo
FITE Feder. Italiana Trampolino Elastico
FITeL Feder. Italiana Tempo Libero
FITeT Feder. Italiana Tennis Tavolo
FITr Feder. Italiana Triathlon
FIV 1 (*fis.*) frequenza intermedia video **2** Feder. Italiana Vela **3** Fabbrica Ital. Velocipedi
FIVA Feder. Italiana Venditori Ambulanti
FIVB *fr.* Fédération Internationale de Volley-Ball (Feder. internazionale di pallavolo)
Fivet (*med.*) Fertilizzazione in vitro e trasferimento dell'embrione
FIVL 1 Feder. Italiana Volontari della Libertà **2** Feder. Italiana Volo Libero
FIVU Feder. Italiana Volo Ultraleggero
Fj. Fiordo (nelle carte geografiche)
FKK *ted.* Freikörperkultur (cultura del corpo libero, nudismo, naturismo)
FL 1 (Fürstentum, Principato di) Liechtenstein **2** Florida (codice postale)
Fla. Florida (= Flor.)
f.l.a. *lat.* fiat lege artis (sia fatto a regola d'arte)
flbfs *ingl.* foot, pound-force, second (piede, libbra-forza, secondo: sistema britannico di unità di misura)
FLI (*polit.*) Futuro e Libertà per l'Italia
F.lli Fratelli
FLM Feder. Lavoratori Metalmeccanici
FLN (*stor.*) *fr.* Front de Libération Nationale (Fronte di liberazione nazionale, Algeria)
FLNC *fr.* Front de Libération Nationale de la Corse (fronte di liberazione naz. della Corsica)
FLOPS (*inform.*) *ingl.* FLoating point Operations Per Second (operazioni in virgola mobile al secondo)
Flor. Florida (= Fla.)
Fl. oz. (*fis.*) *ingl.* fluid ounce (oncia fluida)
FLR Firenze (codice IATA)
FM 1 (*fis.*) *ingl.* Frequency Modulation (modulazione di frequenza) **2** Fermo
Fm (*chim.*) fermio
f.m. fine mese
FMI 1 Fondo Monetario Internazionale **2** Feder. Motociclistica Italiana
FMM (*fis.*) forza magneto-motrice
FMN 1 Feder. Mondiale di Neurologia **2** *ingl.* Flavin mononucleotide (flavin mononucleotide)
FMPA Feder. Mondiale per la Protezione degli Animali
FMR Franco Maria Ricci (editore)
FMSI Feder. Medico Sportiva Italiana
FN (*polit.*) *fr.* Front National (Fronte nazionale)
Fn *ingl.* Function (funzione, tasto del computer)
FNA Feder. Nazionale Assicuratori

FNB *ingl.* Federal Narcotics Bureau (Ufficio federale per i narcotici, USA)
FNCA Feder. Naz. della Cooperazione Agricola
FNCO Feder. Naz. dei Collegi delle Ostetriche
FNDAI Feder. Naz. Dirigenti Aziende Industriali
FNL *fr.* Front National de Libération (Fronte nazionale di liberazione sudvietnamita, vietcong)
FNLA *portog.* Frente Nacional de Libertaçâo de Angola (Fronte naz. di liberazione dell'Angola)
FNM Ferrovie Nord Milano
FNOM Feder. Nazionale Ordini Medici
FNSA Feder. Nazionale Stampa Associata
FNSI Feder. Naz. della Stampa Italiana
FO Forlì (fino al 1995)
FOB 1 (*econ.*) Fondazione di Origine Bancaria **2** (*comm.*) *ingl.* Free On Board (franco a bordo; negli USA, franco vagone partenza)
FOBS *ingl.* Fractional Orbital Bombardment System (sistema di bombardamento orbitale frazionario)
FOCA (*sport*) *ingl.* Formula One Constructors Association (Ass. costruttori formula uno)
FOFI Feder. nazionale degli Ordini dei Farmacisti Italiani
FORMEZ centro di FORmazione e studi del MEZzogiorno
FORTRAN (*inform.*) *ingl.* FORmula TRANslation (linguaggio per la traduzione di formule)
FOS (*ecologia*) Frazione Organica Stabilizzata
FOT (*comm.*) *ingl.* Free On Truck (franco vagone partenza)
FOTA (*autom.*) *ingl.* Formula One Teams Association (Ass. dei team di Formula 1)
4WD V. *FWD* nel sign. 2
FP *fr.* France-Presse (stampa francese) = AFP
fp (*mus.*) fortepiano
FPA (*comm.*) *ingl.* Free of Particular Average (franco avaria particolare)
FPI 1 Feder. Pugilistica Italiana **2** Fondo Previdenza Impiegati
FPL (*stor.*) Fronte Popolare di Liberazione
FPS (*autom.*) *ingl.* Fire Prevention System (sistema di prevenzione del fuoco)
fps *ingl.* foot, pound, second (piede, libbra, secondo: sistema britannico di unità di misura)
FR 1 Frosinone **2** Codice compagnia aerea irlandese Ryanair
Fr (*chim.*) francio
fr. 1 franco **2** francese
FRA Francoforte (codice IATA)
FRELIMO *portog.* FREnte de LIbertaçâo de MOçambique (Fronte di liberazione del Mozambico)
FRF Franco francese (moneta, simbolo bancario)
FRL Forlì (codice IATA)
FS 1 Ferrovie dello Stato (*oggi* FS TRENITALIA) **2** (*comm.*) *fr.* Faire Suivre (far proseguire)
FSC 1 Fratelli Scuole Cristiane **2** *ingl.* Forest Stewardship Council (consiglio per la tutela delle foreste)
FSE 1 Fascicolo Sanitario Elettronico **2** Fondo Sociale Europeo
FSH (*biol.*) *ingl.* Follicle Stimulation Hormone (ormone follicolostimolante)
FSI 1 Feder. Spiritista Internazionale **2** Feder. Scacchistica Italiana
FSM Feder. Sindacale Mondiale
FSN Feder. Sportiva Nazionale
FT 1 *ingl.* the Financial Times (principale quotidiano finanziario inglese) **2** France Telecom (Società francese di telecomunicazioni)
ft *ingl.* foot (piede)
f.t. fuori testo
F.te Forte (nelle carte geografiche)
f.to firmato
FTP *ingl.* File Transfer Protocol (protocollo per il trasferimento di file in Internet)
FTSE 100 (Index) *ingl.* Financial Times Stock Exchange 100 Index (indice di borsa fornito dal Financial Times su una media di 100 titoli)
FTTCab (*tel.*) *ingl.* Fiber To The Cabinet (fibra fino all'armadio)
FTTH (*tel.*) *ingl.* Fiber To The Home (fibra fino a destinazione)
FU Farmacopea Ufficiale
FUAN Fronte Universitario di Azione Nazionale
FUCI Feder. Universitaria Cattolica Italiana
FUE (*polit.*) Funzionamento dell'Unione Europea
FULAT Feder. Unitaria dei Lavoratori degli AeroTrasporti
FULS Feder. Unitaria Lavoratori dello Spettacolo
FULTA Feder. Unitaria Lavoratori Tessili e dell'Abbigliamento
FUORI Fronte Unitario Omosessuale Rivoluzionario Italiano
FUS Fondo Unico per lo Spettacolo
FWD (*autom.*) *ingl.* **1** Front-Wheel Drive (trazione anteriore) **2** Four-Wheel Drive (trazione integrale, V. anche *4WD* e *4x4*)
FWIW *ingl.* For What It's Worth (per quel che vale)
G 1 gal **2** giga- **3** grado centesimale **4** conduttanza elettrica **5** Giovedì **6** (*biol.*) Guanina, base purinica del DNA e RNA **7** Gruppo (di Paesi: G3, G5, G7, G8, G20) **8** *ingl.* Green (verde; nella composizione dei colori) **9** Giallo (in quadricromia) **10** (*fis.*) gauss
G. Golfo (nelle carte geografiche)
g 1 grammo **2** giorno **3** accelerazione di gravità
G8 (*polit.*) Gruppo degli 8 Stati più industrializzati
GA 1 Codice compagnia aerea (Garuda) **2** Georgia (codice postale)
Ga (*chim.*) gallio
Ga. Georgia
gA grammo atomo
GAFI (*econ.*) Gruppo d'Azione Finanziaria Internazionale (cfr. FATF)
GAG (*ginnastica*) Gambe Addome Glutei
gal *ingl.* gallon (gallone)
GAM Galleria d'Arte Moderna
GAP 1 (*stor.*) Gruppo di Azione Patriottica | Gruppo di Azione Partigiana **2** Gioco d'Azzardo Patologico
GAS Gruppo di Acquisto Solidale
GATT *ingl.* General Agreement on Tariffs and Trade (Accordo generale sulle tariffe e sul commercio)
GAV Giubbetto ad Assetto Variabile (per immersioni subacquee)
GAZ *russo* Gorkovskij Avtomobilnij Zavod (Fabbrica di automobili Gorki)
Gazz. Uff. Gazzetta Ufficiale
GB 1 Regno Unito di Gran Bretagna e Irlanda del Nord **2** (*inform.*) gigabyte
Gb (*fis.*) gilbert (forza magnetomotrice)
GBA Isola Alderney
GBG Isola Guernsey
GBJ Isola di Jersey
GB£ Lira sterlina del Regno Unito (moneta, simbolo bancario)
GBM Isola di Man
GBP *ingl.* Great Britain Pound (sterlina inglese)
GBZ Gibilterra
GC 1 Gesù Cristo **2** Gran Croce, ordine cavalleresco **3** Genio Civile **4** *ingl.* Green Card (carta verde, documento che consente agli stranieri di risiedere e lavorare negli USA)
GCA (*aeron.*) *ingl.* Ground Controlled Approach (avvicinamento controllato da terra)
GCI (*aeron.*) *ingl.* Ground Control Interception (intercettazione controllata da terra)
GCM (*meteor.*) *ingl.* General Circulation Model (modello generale di circolazione)
GD Grande Distribuzione
Gd (*chim.*) gadolinio
GDF *fr.* Gaz De France (Gas di Francia)
G.d.F. Guardia di Finanza
GDO Grande Distribuzione Organizzata
GDP (*dir.*) Giudice Di Pace
GE 1 Genova **2** *ingl.* General Electric (Società generale elettrica) **3** Georgia (codice postale) **4** Giudice dell'Esecuzione
Ge (*chim.*) germanio
GEA Grande Escursione Appenninica
GEC Grafica, Editoriale e Cartaria (mostra internazionale)
GEI Giovani Esploratori Italiani
GEIE *fr.* Groupement Européen d'Intérêt Économique (Gruppo europeo d'interesse economico)
Gen. Generale
Genn. Gennaio
Gent. Gentile (nella corrispondenza)
Gent.mo/a Gentilissimo, Gentilissima (nella corrispondenza)
Geom. Geometra
GEPD Garante Europeo per la Protezione dei Dati
GEPI 1 Gestione Editoriale Periodici Italiani **2** Gestione Esercizio Partecipazioni Industriali
GESCAL GEStione CAse per Lavoratori
GESTAPO *ted.* Geheime Staatspolizei (Polizia segreta di stato nella Germania nazista)
GEV Guardia Ecologica Volontaria
GeV (*fis.*) gigaelettronvolt = BeV
GF (*tv*) Grande Fratello
GFT Gruppo Finanziario Tessile
gg. giorni
GHB (*chim.*) *ingl.* Gamma-HydroxyButyrate (Gamma-idrossibutirrato)
GHEPEU V. *GPU*
GI 1 *ingl.* Government Issue (oggetto di equipaggiamento fornito dal governo degli USA ai militari: per antonomasia, ogni appartenente alle forze armate statunitensi) **2** Giudice Istruttore
GIA *fr.* Groupe Islamique Armé (gruppo islamico armato algerino)
GIAC Gioventù Italiana di Azione Cattolica
giapp. giapponese
GICO Gruppo Investigativo Criminalità Organizzata (della Guardia di Finanza)
GIF (*inform.*) *ingl.* Graphic Interchange Format (formato di scambio grafico)
GIFT (*med.*) *ingl.* Gamete Intra Fallopium Transfert (trasferimento del gamete nelle tube di Falloppio)
GIGN *fr.* Groupe d'Intervention de la Gendarmerie Nationale (gruppo d'intervento della Gendarmeria nazionale)
GIL (*stor.*) Gioventù Italiana del Littorio
GIM Generale Industrie Metallurgiche

Giov. Giovedì
GIP 1 Giudice per le Indagini Preliminari **2** (*med.*) *ingl.* Gastric Inhibitory Polypeptide (Peptide Inibitore Gastrico)
GIPSI (*econ.*) Grecia, Irlanda, Portogallo, Spagna, Italia
GIS 1 Gruppo Intervento Speciale (Carabinieri) **2** *ingl.* Geographic Information System (sistema informativo geografico)
Giscel Gruppo di Intervento e Studio nel Campo dell'Educazione Linguistica
Giu. Giugno
GL (*stor.*) Giustizia e Libertà (movimento politico nella Resistenza italiana)
GLBT Gay, Lesbiche, Bisessuali e Transgender
GM 1 *ingl.* General Motors (Società generale per i motori, fabbrica autom.) **2** Guida Monaci
G-man *ingl.* Government Man (uomo del governo: appartenente al FBI, negli USA)
GmbH *ted.* Gesellschaft mit beschränkter Haftung (società a responsabilità limitata)
GMI *ingl.* Guaranteed Minimum Income (reddito minimo garantito; reddito di cittadinanza)
GMO (*biol.*) *ingl.* Genetically Modified Organism (organismo modificato geneticamente = OMG)
GMT *ingl.* Greenwich Mean Time (tempo medio di Greenwich = TMG)
GN Gas Naturale
GNAM Galleria Nazionale d'Arte Moderna
GNB Guinea Bissau
GNL Gas Naturale Liquefatto = LNG
GNR (*stor.*) Guardia Nazionale Repubblicana (nella Repubblica Sociale Italiana)
GO 1 Gorizia **2** (*econ.*) *ingl.* Gross Output (prodotto lordo, metodo di calcolo alternativo al Pil)
GOA 1 Genova (codice IATA) **2** Gruppo Operativo Antidroga (Guardia di finanza) **3** Giudice Onorario Aggregato
GOG Giovane Orchestra Genovese
GOI Grande Oriente d'Italia (Loggia massonica centrale)
GOP *ingl.* Great Old Party (il gran vecchio partito, il Partito repubblicano, USA)
GOT 1 (*biol.*) *ingl.* glutamic oxalacetic transaminasi (glutamico ossalacetico transaminasi) **2** (*dir.*) Giudice Onorario di Tribunale
GP 1 (*sport*) Gran Premio **2** Giunta Provinciale **3** Gratuito Patrocinio **4** *ingl.* General Purpose (veicolo per ogni uso) V. *Jeep* **5** *lat.* Gloria Patri (sia gloria a Dio Padre)
GPA Giunta Provinciale Amministrativa
GPCR (*biol.*) *ingl.* G Protein Coupled Receptor (recettore accoppiato alla proteina G)
GPI (*aeron.*) *ingl.* Ground Position Indicator (indicatore di posizione, rispetto a terra)
GPL 1 Gas di Petrolio Liquefatto = LPG **2** Gas Propano Liquido
GPM (*banca*) Gestione Patrimonio Mobiliare
GPRS (*tel.*) *ingl.* General Packet Radio Service (servizio globale di radiotrasmissione a pacchetto)
GPS *ingl.* Global Positioning System (sistema di posizionamento mondiale)
GPT (*biol.*) *ingl.* glutamic pyruvic transaminasi (glutamico piruvico transaminasi)
GPU *russo* Gosudarstvennoe Političeskoe Upravlenie (Amministrazione politica dello Stato dell'Unione, polizia politica nell'ex-URSS = GHEPEU)
GR 1 Grosseto **2** Grecia **3** Giornale Radio **4** *fr.* (sentiers de) Grande Randonnée (sentieri organizzati di grandi escursioni a piedi in Francia)
gr 1 grado centesimale **2** grano (unità di misura di peso)
GRA 1 Grande Raccordo Anulare (Roma) **2** *fr.* Grande Randonnée des Alpes (grande traversata delle Alpi = GTA)
grad (*fis.*) gradiente
GRB *ingl.* Gamma Ray Burst (lampo di raggi gamma)
Gr.Cr. Gran Croce
GRD Dracma greca (moneta, simbolo bancario)
GRO *ingl.* Gamma Ray Observatory (satellite per l'osservazione dei raggi gamma)
GRTN (*elettr.*) Gestore della Rete di Trasmissione Nazionale
GRU *russo* Glavnoe Razvedyvatelnoye Upravlenie (Servizio centrale d'informazione, servizio di spionaggio dell'Armata Rossa)
Gr.Uff. Grand'Ufficiale
gr.wt. *ingl.* gross weight (peso lordo)
GS 1 Gruppo Sportivo **2** società Generale Supermercati
GSM *ingl.* Global System for Mobile communication (sistema mondiale per la comunicazione con telefonia mobile su 900 MHz)
GT 1 Giudice Tutelare **2** (*autom.*) Gran Turismo **3** (*aeron.*) *ingl.* Gate (porta d'imbarco, in aeroporto) **4** Garfagnana Trekking
GTA 1 Grande Traversata delle Alpi **2** Gruppo Tirrena Assicurazioni
GTI (*autom.*) Gran Turismo Internazionale
G.U. 1 Gazzetta Ufficiale **2** (*milit.*) Grande Unità
GUCE Gazzetta Ufficiale della Comunità Europea
GUF (*stor.*) Gruppi Universitari Fascisti
GUI (*inform.*) *ingl.* Graphics User's Interface (interfaccia utente grafico)
GULAG *russo* Glavnoe Upravlenie Isprovitel'notrudovych Lagerei (Amministrazione generale dei campi di lavoro correzionale)
GUM *russo* Gosudarstvenni Universalni Magazin (magazzino universale statale)
GUP Giudice dell'Udienza Preliminare
GUS Gruppo nazionale giornalisti Uffici Stampa
GUUE Gazzetta Ufficiale dell'Unione Europea
GV Grande Velocità
Gy (*fis.*) gray (dose assorbita di radiazione ionizzante)
H 1 *ingl.* Hospital (ospedale) **2** (*fis.*) henry | campo magnetico | entalpia **3** (*chim.*) idrogeno **4** Ungheria
h 1 ora **2** etto- **3** altezza
HA (*med.*) *ingl.* Hepatitis A (epatite A)
ha ettaro = hm^2
HACCP (*ing.*) *ingl.* Hazard Analysis and Critical Control Points (analisi dei rischi e dei punti critici di controllo)
HAG *ted.* coffee Handels AktienGesellschaft (Società per azioni Handels)
HAV (*med.*) *ingl.* Hepatitis A Virus (virus dell'epatite A)
HB 1 *ingl.* Hard Black (durezza media di matite) **2** (*med.*) *ingl.* Hepatitis B (epatite B)
HBV (*med.*) *ingl.* Hepatitis B Virus (virus dell'epatite B)
HC 1 *ingl.* Host Computer (elaboratore principale) **2** (*inform.*) *ingl.* Hard Core (memoria rigida) **3** (*med.*) *ingl.* Hepatitis C (epatite C)
HCT (*med.*) *ingl.* hematocrit (ematocrito)
HCV (*med.*) *ingl.* Hepatitis C Virus (virus dell'epatite C)
HD 1 Harley Davidson (marca amer. di motociclette) **2** *ingl.* High Definition (alta definizione)
HDL (*med.*) *ingl.* High Density Lipoproteins (lipoproteine ad alta densità)
HDMI (*tv*) *ingl.* High Definition Multimedia Interface (interfaccia multimediale ad alta definizione)
HDPE (*chim.*) *ingl.* High Density PolyEthylene (polietilene ad alta densità)
HDTV *ingl.* High Definition TeleVision (televisione ad alta definizione)
He (*chim.*) elio
HEC *fr.* école des Hautes Études Commerciales (Istituto superiore di studi commerciali)
HF *ingl.* High Frequency (alta frequenza)
Hf (*chim.*) afnio
HFT (*econ.*) *ingl.* High-Frequency Trading (transazioni ad alta frequenza)
Hg (*chim.*) mercurio
hg ettogrammo
HGB (*med.*) *ingl.* hemoglobin (emoglobina)
HH *ingl.* Double Hard (durezza doppia di matite)
HHH *ingl.* Triple Hard (durezza tripla di matite)
HI Hawaii (stato USA, codice postale)
hi-fi *ingl.* High Fidelity (alta fedeltà)
HIV *ingl.* Human Immunodeficiency Virus (virus dell'immunodeficienza umana)
HJ (*stor.*) *ted.* Hitlerjugend (gioventù hitleriana, durante il nazismo)
HK Hong Kong
HK$ Dollaro di Hong Kong (moneta, simbolo bancario)
hl ettolitro
HLA (*biol.*) *ingl.* Human Lymphocystic Antigens (antigeni linfocitari umani)
HLM *fr.* Habitation à Loyer Modéré (abitazione a canone d'affitto moderato)
H.M., HM *ingl.* His, Her Majesty (Sua Maestà)
hm ettometro
HMC Hyundai Motor Company
HMS *ingl.* His, Her Majesty Service (al servizio di Sua Maestà) | His, Her Majesty Ship (nave da guerra di Sua Maestà)
HN Honduras
Ho (*chim.*) olmio
Hob. (*mus.*) usata nella classificazione delle opere di F.J. Haydn (dal n. del catalogatore A. van Hoboken)
HON *ingl.* Health On the Net foundation (Fondazione per la medicina in rete)
HP Hewlett Packard
hp (*fis.*) *ingl.* horse power (cavallo vapore)
HPC (*inform.*) *ingl.* Handheld Personal Computer (personal computer che si può tenere in mano)
HPV (*med.*) *ingl.* Human PapillomaVirus (virus del papilloma umano)
HR 1 *ingl.* Human Resources (risorse umane = RU) **2** Croazia
Hs (*chim.*) hassio
HSDPA (*tel.*) *ingl.* High Speed Downlink Packet Access (accesso ad alta velocità con trasferimento a pacchetti)
HST (*ferr.*) *ingl.* High-Speed Train (treno ad alta velocità)
HT *ingl.* High Temperature (alta temperatura)
HTLV (*biol.*) *ingl.* Human T-cell Lymphotropic Virus (virus linfotropo delle cellule umane T)
HTML (*inform.*) *ingl.* HyperText Markup Language (linguaggio standard per la codifica di ipertesti)

HTST *ingl.* High Temperature Short Time (alta temperatura per breve tempo, tipo di sterilizzazione alimentare)
HTTP (*inform.*) *ingl.* HyperText Transfer Protocol (applicazione per il trasferimento di ipertesti)
HUD *ingl.* Head Up Display (collimatore di volo e di tiro per aerei)
HUF Fiorino ungherese (moneta, simbolo bancario)
HW (*inform.*) Hardware
Hz (*fis.*) hertz
I 1 Italia **2** (*fis.*) intensità di corrente elettrica **3** momento d'inerzia **4** interesse **5** (*chim.*) iodio **6** 1 (numero romano)
I. Isola (nelle carte geografiche)
i (*mat.*) L'unità immaginaria, convenzionalmente definita come radice quadrata di -1
IA 1 Iowa (codice postale) **2** Impatto Ambientale
Ia. Iowa
IAAF *ingl.* International Amateur Athletic Federation (Feder. internaz. di atletica dilettanti)
IACP Istituto Autonomo per le Case Popolari
IAD Istituto Accertamento Diffusione
IAEA *ingl.* International Atomic Energy Agency (Agenzia internaz. per l'energia atomica = AIEA)
IAF *ingl.* International Astronautical Federation (Feder. internazionale astronautica)
IAL Istituto Addestramento Lavoratori
IAP 1 Istituto per l'Autodisciplina Pubblicitaria **2** *ingl.* Islamic Association for Palestine (Ass. islamica per la Palestina)
IARC *ingl.* International Agency for Research on Cancer (Uff. internaz. per la ricerca sul cancro)
IAS (*econ.*) *ingl.* International Accounting Standards (standard contabili internazionali)
IAT ufficio di Informazione e di Accoglienza Turistica
IATA *ingl.* International Air Transport Association (Ass. internaz. per il trasporto aereo)
IAU *ingl.* International Astronomical Union (Unione astronomica internazionale)
IB Codice compagnia aerea spagnola (Iberia)
IBACN Istituto Beni Artistici Culturali e Naturali
IBAN (*banca*) *ingl.* International Bank Account Number (Numero internazionale di conto corrente)
ibid. *lat.* ibidem (nello stesso passo di un testo)
IBM *ingl.* International Business Machines (Società internazionale macchine per uffici)
IBP Industrie Buitoni Perugina
IC 1 Imposta Complementare **2** (*elettron.*) *ingl.* Integrated Circuit (circuito integrato) **3** Imposta di Consumo **4** *ingl.* Inter City (treno rapido in servizio interno tra città principali)
ICANN *ingl.* Internet Corporation for Assigned Names and Numbers (azienda Internet per l'assegnazione di nomi e numeri)
ICAO *ingl.* International Civil Aviation Organization (Organizzazione internaz. dell'aviazione civile)
ICBM *ingl.* InterContinental Ballistic Missile (missile balistico intercontinentale)
ICC *ingl.* International Chamber of Commerce (Camera di commercio internazionale)
ICCREA Istituto di Credito delle Casse Rurali E Artigiane
ICCRI Istituto di Credito delle Casse di Risparmio Italiane = ITALCASSE
ICCU Istituto Centrale per il Catalogo Unico
ICE 1 Istituto naz. per il Commercio Estero (nuovo nome: Agenzia per la promozione all'estero e l'internazionalizzazione delle imprese italiane) **2** (*ferr.*) *ingl.* InterCity Express (treno tedesco ad alta velocità) **3** In Caso di Emergenza; *ingl.* In Case of Emergency
ICEPS Istituto per la Cooperazione Economica con i Paesi in via di Sviluppo
ICI 1 Imposta Comunale sugli Immobili **2** *ingl.* Imperial Chemical Industries (industrie chimiche imperiali)
ICIAP Imposta Comunale per l'esercizio di Imprese, Arti e Professioni = TASCAP
ICIPU Istituto di Credito per le Imprese di Pubblica Utilità
ICJ 1 *ingl.* International Commission of Jurists (Comm. internaz. di magistrati) **2** *ingl.* International Court of Justice (Corte internaz. di Giustizia)
ICPO *ingl.* International Criminal Police Organisation (Organizzazione internazionale di polizia criminale) = INTERPOL, OIPC
Icra *ingl.* International Consortium for Relativistic Astrophysics (Consorzio internazionale per l'astrofisica relativistica)
ICS 1 Istituto per il Credito Sportivo **2** Istituto Centrale di Statistica
ICSC 1 *ingl.* International Committee Satellite Communications (Comitato internazionale per le comunicazioni via satellite) **2** Istituto Centrale per il Sostentamento del Clero
ICT *ingl.* Information & Communication Technology (tecnologia dell'informazione e della comunicazione; *cfr.* TIC)
ICTP *ingl.* International Center of Theoretical Physics (Centro internaz. di fisica teorica, Trieste)
ID Idaho (codice postale)
Id. o **Ida.** Idaho
id (*Internet*) *ingl.* IDentifier (identificatore)
id. idem
IDA *ingl.* International Development Association (Ass. internaz. per lo sviluppo, ONU)
IDE Imprenditori Dirigenti Europei
IDI 1 Istituto del Dramma Italiano **2** Istituto Dirigenti Italiani
IDP *ingl.* Integrated Data Processing (elaborazione integrata dei dati)
IDSC Istituto Diocesano per il Sostentamento del Clero
ie (*autom.*) iniezione elettronica
i.e. *lat.* id est (cioè)
IE£ Lira irlandese (moneta, simbolo bancario)
IENGF Istituto Elettrotecnico Nazionale G. Ferraris
IEO Istituto Europeo di Oncologia
IET Imposta Erariale di Trascrizione
IF 1 (*fis.*) *ingl.* Intermediate Frequency (frequenza intermedia) **2** *ingl.* Impact Factor (fattore di impatto)
IFAD *ingl.* International Fund for Agricultural Development (Fondo internazionale per lo sviluppo agricolo)
IFALPA *ingl.* International Federation of Air Line Pilots Associations (Feder. internazionale delle associazioni di piloti di linee aeree)
IFAP 1 *ingl.* International Federation of Agricultural Producers (Feder. internazionale dei produttori agricoli) **2** Istituto Formazione dell'Addestramento Professionale
IFAT *ingl.* International Federation of Alternative Trade (Feder. internaz. di commercio alternativo)
IFBB *ingl.* International Federation of Body Builders (Feder. internaz. di body building)
IFC *ingl.* International Finance Corporation (Società finanziaria internazionale)
IFEL Istituto per la Finanza e l'Economia Locale
IFF (*milit.*) *ingl.* Identification of Friend or Foe (identificazione di amico o nemico, mediante radar, su aerei, carri armati e sim.)
IFI Istituto Finanziario Italiano
IFOR (*milit.*) *ingl.* Implementation FORce (Forza di attuazione, inviata dalla NATO in Bosnia per l'esecuzione del trattato di pace)
IFRRO *ingl.* International Federation of Reproduction Rights Organizations (Feder. delle organizzazioni per i diritti di riproduzione)
IFRS (*econ.*) *ingl.* International Financial Reporting Standards (standard internazionali per i rendiconti finanziari)
IFSA *ingl.* International Federation of Sports Acrobatics (Feder. internaz. sport acrobatici)
IFTS Istruzione e Formazione Tecnica Superiore
IG Codice compagnia aerea italiana (Meridiana)
IGC *ingl.* International Geophysical Committee (Comitato geofisico internazionale)
IGE (*stor.*) Imposta Generale sull'Entrata
IGM 1 Istituto Geografico Militare **2** Ispettorato Generale della Motorizzazione = IMCTC
IGNF *fr.* Institut Géographique National de France (Istituto geografico francese)
IGP (*alimentazione*) Indicazione Geografica Protetta (per prodotti tipici)
IGT (*enol.*) Indicazione Geografica Tipica
IGU *ingl.* International Geographical Union (Unione geografica internazionale)
IHS *lat.* Jesus Hominum Salvator (Gesù redentore dell'umanità)
IHT *ingl.* International Herald Tribune (edizione internazionale del giornale americano Herald Tribune)
I. I. Iva Inclusa
IIB Istituto Internazionale dei Brevetti
IICE *fr.* Institut International des Caisses d'Epargne (Istituto internazionale delle casse di risparmio)
IIGB Istituto Internaz.e di Genetica e Biofisica
IIHF *ingl.* International Ice Hockey Federation (Feder. internazionale hockey su ghiaccio)
IIP 1 *fr.* Institut International de la Presse (Istituto internazionale della stampa) **2** Istituto Italiano dei materiali Plastici
IISA Istituto Internazionale delle Scienze Amministrative
IJ Internet Jockey
IJF *ingl.* International Judo Federation (Feder. internazionale di judo)
IKEA *svedese* Ingvar Kamprad Elmtaryd Agunnaryd (nome e cognome del fondatore, della sua fattoria e del suo villaggio)
IL 1 Israele **2** Illinois (codice postale)
Ill. 1 Illinois **2** Illustre (in dediche)
ill. illustrazione, illustrato
Ill.mo Illustrissimo (in dediche)
ILO *ingl.* International Labour Organization (Org. internaz. del lavoro) = OIL, BIT
ILOR Imposta Locale sui Redditi
ILS (*aeron.*) *ingl.* Instrument Landing System (sistema di atterraggio strumentale)
ILTE Industria Libraria Tipografica Editrice

ILTF *ingl.* International Lawn Tennis Federation (Feder. internazionale del tennis)
IM Imperia
Im (*mat.*) parte immaginaria
IMAO (*farm.*) Inibitore della MonoAmminaOssidasi = MAOI
IMC (*med.*) Indice di Massa Corporea
IMCTC Ispettorato generale della Motorizzazione Civile e dei Trasporti in Concessione = IGM
IMEI *ingl.* International Mobile Equipment Identity (codice internazionale per identificare i telefoni cellulari)
IMHO *ingl.* In My Humble Opinion (nella mia umile opinione)
IMI 1 Istituto Militare Ital. **2** Istituto Mobiliare Ital.
IMO 1 *ingl.* International Meteorology Organization (Organizzazione meteorologica internaz.) = WMO **2** International Maritime Organization (Organizzazione marittima internaz.)
imp., impr. *lat.* imprimatur (si stampi)
IMQ Istituto italiano del Marchio di Qualità
IMU 1 *ingl.* International Mathematical Union (Unione matematica internazionale) **2** Imposta Municipale Unica
IN Indiana (codice postale)
In (*chim.*) indio
in *ingl.* inch (pollice)
INA 1 Istituto Naz. delle Assicurazioni **2** *fr.* Institut National de l'Audiovisuel (Istituto naz. dell'audiovisivo)
INADEL Istituto Nazionale per l'Assistenza dei Dipendenti degli Enti Locali
INAIL Istituto Nazionale per l'Assicurazione contro gli Infortuni sul Lavoro
INAM Istituto Nazionale per l'Assicurazione contro le Malattie
INAPLI Istituto Nazionale per l'Addestramento e il Perfezionamento dei Lavoratori dell'Industria
INBS Istituto Naz. per la Biologia della Selvaggina
Inc., inc 1 *ingl.* incorporated (registrato, posposto al nome di una società americana ne indica la legale costituzione) **2** *lat.* incidit (incise, nelle stampe lito-calcografiche precede il nome dell'incisore)
INCIS Istituto Nazionale per le Case degli Impiegati dello Stato
INCOM INdustria COrtoMetraggi
IND 1 India **2** *lat.* In Nomine Domini (in nome del Signore)
Ind. Indiana
INDA Istituto Nazionale del Dramma Antico
INDICOD Istituto Nazionale per la DIffusione della CODifica dei prodotti
INEA Istituto Nazionale di Economia Agraria
inf. inferiore
INFN Istituto Nazionale di Fisica Nucleare
INFS Istituto Nazionale per la Fauna Selvatica
ING *neerl.* Internationale Nederlander Group (società finanziaria)
Ing. Ingegnere
ingl. inglese
INGV Istituto Nazionale di Geofisica e Vulcanologia
INN Istituto Nazionale della Nutrizione
INO Istituto Nazionale di Ottica
INPDAI Istituto Nazionale di Previdenza dei Dirigenti di Aziende Industriali
INPDAP Istituto Nazionale di Previdenza Dipendenti Aziende Pubbliche
INPGI Istituto Nazionale di Previdenza dei Giornalisti Italiani
INPS Istituto Nazionale Previdenza Sociale
INR Rupia indiana (moneta, simbolo bancario)
INRI *lat.* Jesus Nazarenus Rex Judaeorum (Gesù nazareno re dei Giudei)
INST *lat.* In Nomine Sanctae Trinitatis (in nome della Santa Trinità)
INT Istituto Nazionale Trasporti
INTEGRAL *ingl.* INTErnational Gamma Ray Astrophysic Laboratory (satellite laboratorio astrofisico internaz. dei raggi gamma)
INTEL mostra INTernazionale ELettrotecnica ed elettronica
INTELSAT *ingl.* INternational TELecommunications SATellite consortium (Consorzio internazionale per le telecomunicazioni via satellite)
INTERFLORA associazione INTERnazionale di trasmissioni FLOReAli
internaz. internazionale
INTERNET *ingl.* INTER NET(works) (interconnessione tra reti)
INTERPOL *ingl.* INTERnational criminal POLice organization (Organizzazione di polizia criminale internazionale) = ICPO, OIPC
INTERSIND Sindacato delle Aziende a Partecipazione Statale
INU Istituto Nazionale di Urbanistica
inv. *lat.* invenit (ideò, nelle arti figurative precede il nome dell'ideatore)
INVALSI Istituto Nazionale per la VALutazione del Sistema dell'Istruzione
INVEST Sviluppo e gestione INVESTimenti mobiliari
INVIM imposta comunale sull'INcremento di Valore degli IMmobili
I/O (*inform.*) *ingl.* Input/Output (ingresso/uscita)
IOCS (*inform.*) *ingl.* Input Output Control System (sistema di controllo di entrata e uscita dei dati)
IOF *ingl.* International Orienteering Federation (Feder. internazionale d'orientamento)
IOM *lat.* Iovi Optimo Maximo (a Giove ottimo massimo, nelle iscrizioni)
IOR Istituto Opere di Religione
IP 1 Italiana Petroli S.p.A. **2** *ingl.* Internet Protocol (protocollo di Internet) **3** (*edit.*) Inserto Pubblicitario
IPA 1 *ingl.* International Phonetic Association (Ass. fonetica internaz.) **2** *ingl.* International Pediatric Association (Ass. internaz. di pediatria) **3** *ingl.* International Publishers Association (Ass. internaz. degli editori) **4** Istituto di Previdenza e Assistenza **5** *ingl.* International Police Association (Associazione internazionale di polizia) **6** (*chim.*) Idrocarburo Policiclico Aromatico
IPAB Istituzioni Pubbliche di Assistenza e Beneficenza
IPC Istituto Professionale per il Commercio
IPCA (*econ.*) Indice dei Prezzi al Consumo Armonizzato
IPCC *ingl.* Intergovernmental Panel on Climate Change (Commissione intergovernativa sui cambiamenti del clima, costituita dall'ONU)
IPET Istituto per la Pianificazione Economica Territoriale
IPI 1 *ingl.* International Press Institute (Istituto internaz. per la stampa) **2** Istituto Propaganda Internaz. **3** (*banca*) *ingl.* International Payment Instruction (ordine di pagamento internazionale)
IPO (*econ.*) *ingl.* Initial Public Offer (offerta iniziale di azioni al pubblico)
IPS Inter Press Service (agenzia d'informazioni)
IPSA Ist. Professionale di Stato per l'Agricoltura
IPSIA Istituto Professionale di Stato per l'Industria e l'Artigianato
IPSOA Istituto Postuniversitario per lo Studio dell'Organizzazione Aziendale
IPT Imposta Provinciale di Trascrizione
IPTS (*fis.*) *ingl.* International Practical Temperature Scale (scala pratica internaz. delle temperature)
IPTV *ingl.* Internet Protocol TeleVision (televisione con protocollo Internet)
IPU *ingl.* InterParliamentary Union (Unione Interparlamentare)
IPZS Istituto Poligrafico e Zecca dello Stato
IQ (*psicol.*) *ingl.* Intelligence Quotient (quoziente d'intelligenza = QI)
IR 1 InfraRosso **2** treno InterRegionale **3** Iran
Ir (*chim.*) iridio
IRA *ingl.* Irish Republican Army (esercito della repubblica irlandese, organizzazione clandestina)
IRAP Imposta Regionale sulle Attività Produttive
IRBM *ingl.* Intermediate Range Ballistic Missile (missile balistico di media portata)
IRC 1 Insegnante di Religione Cattolica **2** *ingl.* Internet Relay Chat (connessione Internet per conversazioni)
IRCAM *fr.* Institut de Recherche et Coordination Acoustique-Musique (Istituto di ricerca e coordinazione acustico musicale, presso il centro Pompidou, Parigi)
IRCE Ist. per le Relazioni Culturali con l'Estero
IRE Imposta sul REddito
Ires Imposta sul REddito delle Società
IRI Istituto per la Ricostruzione Industriale
IRITECNA Società per l'impiantistica industriale e l'assetto del territorio
IRITEL TELecomunicazioni del gruppo IRI (società che fornisce servizi telefonici in teleselezione con l'Europa e il Nord Africa, oggi gruppo TELECOM)
IRL Irlanda
IRO *ingl.* International Refugee Organization (Organizzazione internazionale per i rifugiati)
IRPEF Imposta sul Reddito delle PErsone Fisiche
IRPEG Imposta sul Reddito delle PErsone Giuridiche
IRPI Ist. di Ricerca per la Protezione Idrogeologica
IRQ Iraq
IRRE Istituto Regionale di Ricerca Educativa
IRRSAE Istituto Regionale per la Ricerca, la Sperimentazione e l'Aggiornamento Educativo
IRS 1 Istituto di Ricerca Sociale (Milano) **2** (*econ.*) *ingl.* Interest Rate Swap (scambio di tassi di interesse)
IS 1 Isernia **2** Islanda **3** *ingl.* Islamic State (Stato islamico) = Daesh, ISIL, ISIS
Is. Isola (nelle carte geografiche)
ISA Intesa Sindacati Autonomi
ISAE Istituto di Studi e Analisi Economica
ISBN (*edit.*) *ingl.* International Standard Book Number (codifica standard internaz. per libri)
ISCO Ist. naz. per lo Studio della COngiuntura
ISCOM 1 IStituto per lo studio e la formazione professionale per il COMmercio e il turismo **2** Imposta sui Servizi COMunali
ISDN (*inform.*) *ingl.* Integrated Services Digital Network (rete digitale integrata nei servizi)
ISE 1 Istituto per gli Studi di Economia

2 Indicatore Situazione Economica
ISEDI IStituto EDitoriale Internazionale
ISEE (*econ.*) Indicatore della Situazione Economica Equivalente
ISEF Istituto Superiore di Educazione Fisica
ISES Indicatore della Situazione Economica per le prestazioni Sanitarie
ISF 1 *ingl.* International Shipping Federation Ltd (Feder. internazionale degli armatori) **2** Informatore Scientifico del Farmaco
ISFOL IStituto per la FOrmazione professionale dei Lavoratori
ISI Imposta Straordinaria sugli Immobili
ISIC *ingl.* International Student Identity Card (carta internazionale di identità di studente)
ISIL, **Isil** *ingl.* Islamic State of Iraq and the Levant (Stato Islamico dell'Iraq e Levante) = Daesh, IS, ISIS
ISIS, **Isis** *ingl.* Islamic State of Iraq and Syria (Stato Islamico dell'Iraq e Siria) = Daesh, IS, ISIL
ISMEO Istituto per gli Studi sul Medio ed Estremo Oriente
ISMETRAF Istituto di Medicina del Traffico
ISO *ingl.* International Organization for Standardization (Organizzazione internazionale per la standardizzazione)
ISOD *ingl.* International Sports Organization for the Disabled (Organizzazione internazionale degli sport per handicappati)
ISP (*inform.*) *ingl.* Internet Service Provider (fornitore di accesso a Internet)
ISPE Ist. di Studi per Programmazione Economica
ISPES Ist. di Studi Politici Economici e Sociali
ISPESL Istituto Superiore per la Prevenzione E la Sicurezza del Lavoro
ISPT Ist. Sup. delle Poste e Telecomunicazioni
ISS Istituto Superiore di Sanità
ISSN *ingl.* International Standard Serial Number (numero internazionale codificato, attribuito a pubblicazioni periodiche)
Ist. Istituto
ISTAT Istituto centrale di STATistica
ISTBANK Istituto centrale di banche e banchieri
ISTC (*edit.*) *ingl.* International Standard Text Code (codice internazionale standard per opere testuali)
ISTH *fr.* Institut des Sciences et Techniques Humaines (Istituto di scienze e tecniche umane)
ISTIM Ist. Sup. di Tecnologia Industriale e Meccanica
ISTRA Istituto Superiore TRAsporti
ISU *ingl.* International Skating Union (Unione internazionale pattinaggio)
ISVAP IStituto per la Vigilanza sulle Assicurazioni Private e di interesse collettivo
ISVEIMER Istituto per lo SViluppo Economico dell'Italia MERidionale
ISVET Istituto per gli studi sullo SViluppo Economico e per il progresso Tecnico
ISVIM Isolato San Vincenzo Immobiliare Mobiliare
IT *ingl.* Inclusive Tour (viaggio 'tutto compreso')
ital. italiano
ITALCABLE *ingl.* ITALian CABLE company (società italiana per le comunicazioni via cavo)
ITALCASSE V. *ICCRI*
ITALCEMENTI Fabbriche Riunite Cementi
ITALGAS Società ITALiana per il GAS
ITALMA ITaliano ALluminio MAgnesio (lega da conio della Zecca)
ITALPI ITALiana Partecipazioni Industriali
ITALSIDER società ITALiana SIDERurgica
ITALTEL società ITALiana TELecomunicazioni
ITAR-TASS *russo* Informatsionnoye Telegrafnoye Agentstvo Rossii-Telegrafnoye Agentstvo Sovietskogo Soyuza (agenzia telegrafica d'informazione della Russia--agenzia telegrafica dell'Unione Sovietica)
ITAV Ispettorato delle Telecomunicazioni ed Assistenza al Volo
ITAVIA Linee Aeree Interne Italiane
ITC 1 Ist. Tecnico Commerciale **2** *ingl.* International Trade Centre (Centro internaz. del commercio)
ITCG Istituto Tecnico Commerciale e Geometri
ITE Istituto Tipografico Editoriale
ITF *ingl.* International Tennis Federation (Feder. internazionale di tennis)
ITI Istituto Internazionale del Teatro
ITIS Istituto Tecnico Industriale Statale
ITL *ingl.* ITalian Lira (lira italiana)
ITO *ingl.* International Trade Organization (Organizzazione internaz. per il commercio)
ITSOS Istituto Tecnico Statale a Ordinamento Speciale
ITST Istituto Tecnico di Stato per il Turismo
ITT *ingl.* International Telephone and Telegraph (Corporation) (Soc. internaz. telefoni e telegrafi)
ITTF *ingl.* International Table Tennis Federation (Feder. internazionale tennis da tavolo)
ITU 1 *ingl.* International Telecommunication Union (Unione internazionale delle telecomunicazioni) **2** *ingl.* International Triathlon Union (Unione internazionale triathlon)
ITV *ingl.* Independent TeleVision (Televisione indipendente, canale televisivo privato inglese)
I.U. (*bioch.*) *ingl.* International Unit (unità internazionale, quantità standard di sostanza biologicamente attiva, quale vitamina, enzima, antibiotico, ecc.) = U.I.
IUC 1 *ingl.* International Union of Cristallography (Unione internazionale di cristallografia) **2** Imposta Unica Comunale
IUD *ingl.* IntraUterine Device (dispositivo anticoncezionale intrauterino)
IUE Istituto Universitario Europeo
IUGG *ingl.* International Union of Geodesy and Geophysics (Unione internaz. di geodesia e geofisica)
IULM Istituto Universitario di Lingue Moderne
IUN Istituto Universitario Navale (Napoli)
IUO Istituto Universitario Orientale (Napoli)
IUSM Istituto Universitario Scienze Motorie
IUTAM *ingl.* International Union of Theoretical and Applied Mechanics (Unione internazionale di meccanica teorica e applicata)
IV Codice compagnia aerea WindJet
IVA (*econ.*) Imposta sul Valore Aggiunto | *sp.* Impuesta al Valor Agregado (imposta sul valore aggiunto) = MWSt., TVA, VAT
IVECO *ingl.* Industrial VEhicles COrporation (Società veicoli industriali)
IVG (*med.*) Interruzione Volontaria di Gravidanza
IVIE Imposta sul Valore degli Immobili all'Estero
IWF *ingl.* International Weightlifting Federation (Feder. internazionale sollevamento pesi)
IWS *ingl.* International Wool Secretariat (Segretariato internazionale della lana)
IYHF *ingl.* International Youth Hotels Federation (Feder. internaz. degli alberghi per la gioventù)
IYRU *ingl.* International Yacht Racing Union (Unione internazionale delle gare di yacht)
J 1 (*fis.*) joule | momento d'inerzia **2** *ingl.* Jack (fante, nelle carte da poker e da ramino) **3** *fr.* Jour (giorno) **4** Giappone
j (*mat.*) unità immaginaria
JAL *ingl.* Japan Air Lines (linee aeree giapp.)
J.C. *lat.* Jesus Christus (Gesù Cristo)
JD Jack Daniels (nota marca di whisky americano)
J&B Justerini and Brooks (nota marca di whisky scozzese)
Jeep *ingl. parlato per* GP, General Purpose (veicolo per ogni uso)
JFK John Fitzgerald Kennedy (35°presidente USA) | New York-aeroporto internazionale (codice IATA)
JL Codice compagnia aerea giapp. (Japan Air Lines)
JO (*o* JORF) *fr.* Journal Officiel de la République Française (Gazzetta Ufficiale della Repubblica Francese)
JPEG (*inform.*) *ingl.* Joint Photographic Experts Group (gruppo congiunto di esperti di fotografia)
JPL *ingl.* Jet Propulsion Laboratory (laboratorio di ricerca sulla propulsione a getto)
JPY Yen giapponese (moneta, simbolo bancario)
jr junior
JUD *lat.* Juris Utriusque Doctor (dottore dell'uno e dell'altro diritto: civile e canonico)
K 1 (*chim.*) potassio **2** (*fis.*) campo elettrico **3** *ingl.* King (re, nelle carte da poker e da ramino) **4** (*fis.*) kelvin **5** *lat.* Kalendae (calende, nelle iscrizioni latine) **6** nella classificazione delle composizioni di Mozart, iniziale del cognome del riordinatore, L. von Köckel | nel titolo delle composizioni di D. Scarlatti, iniziale del cognome del catalogatore, R. Kirkpatrick **7** Cambogia
k kilo-
Kal. *lat.* Kalendae (calende, nelle iscrizioni latine)
Kan. Kansas
kB (*inform.*) kilobyte (1024 byte)
kb (*inform.*) kilobit (1024 bit)
kbps (*inform.*) *ingl.* KiloBits Per Second (kilobit al secondo)
kcal (*fis.*) V. *Cal*
kd (*sport*) knock-down
Ken. Kentucky (= Ky.)
KERS (*autom.*) *ingl.* Kinetic Energy Recovery System (sistema di recupero dell'energia cinetica)
kg kilogrammo
KGB *russo* Komitét Gosudárstvennoj Bezopásnosti (Comitato per la sicurezza dello stato, servizio di spionaggio)
K.K. *ted.* Kaiserlich-Königlich (imperial--regio)
KKK *amer.* Ku Klux Klan (Circolo di tribù, setta politica razzista negli USA)
KL 1 Codice compagnia aerea olandese (KLM) **2** Kilometro Lanciato (specialità sciistica)
KLM *neerl.* Koninklijke Luchtvaart Maatschappij (reale compagnia olandese di navigazione aerea)
km kilometro; **km^2** kilometro quadrato; **km^3** kilometro cubo
KN Saint Christopher (Saint Kitts) e Nevis
KO, **k.o.** (*sport*) *ingl.* Knock-Out (fuori combattimento, nel pugilato)
KOMINFORM Ufficio d'informazione dei

partiti comunisti europei = COMINFORM
KOMINTERN *russo* Kommunisticeskij Internacional (Internazionale comunista, la terza = COMINTERN)
KR Crotone
Kr (*chim.*) cripto
KS 1 Kansas (codice postale) **2** Kirghizistan
KSA Arabia Saudita
KV (*mus.*) *ted.* Köchel-Verzeichnis (catalogo Köchel; usata nella classificazione delle opere di Mozart)
KY Kentucky (codice postale)
Ky. Kentucky (= Ken.)
KZ 1 *ted.* Konzentrationslager (campo di concentramento) **2** Kazakistan
L 1 lira **2** (*fis.*) coefficiente di autoinduzione **3** *lat.* Lucius (Lucio, nelle iscrizioni latine) | 50 (numero romano) **4** Lago (nelle carte geografiche) **5** Lussemburgo **6** legge **7** (*fis.*) Lambert **8** treno Locale **9** *ingl.* Large (taglia grande) **10** Lunedì
l 1 litro **2** (*fis.*) lunghezza **3** *lat.* lex (legge) **4** linea, legge (in bibliografia) **5** libro
£ Sterlina
λ 1 (*fis.*) lunghezza d'onda **2** (*fis.*) milionesima parte del litro
LA Louisiana (codice postale)
La (*chim.*) lantanio
La. Louisiana
LAC 1 (*scuola*) Libere Attività Complementari **2** Lega Abolizione Caccia
Lag. Laguna (nelle carte geografiche)
LAN 1 Lega Antivivisezionista Naz. **2** (*inform.*) *ingl.* Local Area Network (rete in area locale)
LAR Libia
LARN Livelli di Assunzione di Riferimento di Nutrienti ed energia per la popolazione italiana
LARSA LAboratorio di Recupero e Sviluppo degli Apprendimenti
LASER *ingl.* Light Amplification by Stimulated Emission of Radiation (amplificazione della luce per mezzo di emissione stimolata di radiazione)
LASIK (*med.*) *ingl.* LASer In situ Keratomileusis (cheratomileusi laser in situ)
lat latitudine
LAV 1 (*med.*) *ingl.* Lymphadenopathy-Associated Virus (virus associato a linfoadenopatia) **2** Lega Anti Vivisezione
lb pound (libbra, unità inglese di massa)
lb.a.d.p. *fr.* Libbra avoir du poids (unità inglese di massa)
LBO (*econ.*) *ingl.* Leveraged Buy-Out (acquisto di un'azienda con capitale a prestito)
LC 1 Lecco **2** (*polit.*) Lotta Continua
L.C. Legge Costituzionale
L-C (*fis.*) Induttanza e capacità
LCD (*elettron.*) *ingl.* Liquid Crystal Display (visualizzatore a cristalli liquidi)
LDH (*med.*) *ingl.* Lactate DeHydrogenase (lattato deidrogenasi)
LDL (*bioch.*) *ingl.* Low Density Lipoproteins (lipoproteine a bassa densità)
LE Lecce
LEA Livelli Essenziali di Assistenza
LED (*fis.*) *ingl.* Light Emitting Diode (diodo a emissione di luce)
Legambiente Lega per l'ambiente
LEICA *ted.* LEItz-CAmera (macchina fotografica Leitz)
LEM *ingl.* Lunar Excursion Module (modulo per l'escursione lunare)
LEND Lingua E Nuova Didattica
LEP 1 Livello Essenziale delle Prestazioni (sociali) **2** (*fis.*) *ingl.* Large Electron-Positron collider (grande collisore tra elettroni e positroni)
LF (*fis.*) *ingl.* Low Frequency (bassa frequenza)
L.F. 1 (*dir.*) Legge Fallimentare **2** Legge Finanziaria
lfc lampada fluorescente compatta
lg (*mat.*) logaritmo decimale
LGBT Lesbiche, Gay, Bisessuali e Transgender
LH 1 *ingl.* Luteinizing Hormone (ormone luteinizzante) **2** Cod. compagnia aerea tedesca (Lufthansa)
LHC (*fis.*) *ingl.* Large Hadron Collider (grande collisore di adroni)
LHR Londra-aeroporto di Heathrow (cod. IATA)
LI Livorno
L.I. Long Island
Li (*chim.*) litio
LIBOR *ingl.* London InterBank Offered Rate (tasso d'interesse internazionale per eurodollari quotato a Londra)
LID Lega Italiana per il Divorzio
LIDAR *ingl.* LIght Detector And Ranging (rilevazione e localizzazione tramite luce, radar ottico)
LIDU Lega Internazionale per i Diritti dell'Uomo
LIF (*polit.*) Lega Italiana Federalista
LIFFE (*banca*) *ingl.* London International Financial Futures Exchange (borsa internazionale finanziaria di Londra dei futures)
LILA Lega Italiana Lotta all'AIDS
LILT Lega Italiana per la Lotta contro i Tumori
LIM Lavagna Interattiva Multimediale
LIN 1 Milano-aeroporto di Linate (codice IATA) **2** Lega Italiana Naturisti
LIONS *ingl.* Liberty, Intelligence, Our Nation's Safety (libertà, intelligenza, sicurezza del nostro Paese, motto dell'associazione)
LIOS Lega Italiana OSteoporosi
LIP Laboratorio d'Igiene e Profilassi
LIPU Lega Italiana Protezione Uccelli
LIS Lingua Italiana dei Segni (spec. per sordomuti)
LISA (*astron.*) *ingl.* Laser Interferometer Space Antenna (antenna spaziale a interferometria laser)
LISIPO LIbero SIndacato di POlizia
LISP (*inform.*) *ingl.* LISt Processing (elaborazione a liste, linguaggio di programmazione)
LIT Lira italiana (moneta, simbolo bancario)
LIUC Libero Istituto Universitario (Carlo Cattaneo (Castellanza, VA)
LIZ Letteratura Italiana Zanichelli
ll. 1 linee **2** leggi
LL.AA. Loro Altezze
LL.MM. Loro Maestà
LL.PP. Lavori pubblici
lm (*fis.*) lumen
LME (*borsa*) *ingl.* London Metal Exchange (borsa dei metalli di Londra)
LMP Lampedusa (codice IATA)
LN Luna Nuova
ln (*mat.*) logaritmo naturale, neperiano
LNCM Lega Nazionale Cooperative e Mutue
LNG *ingl.* Liquefied Natural Gas = GNL
LNI Lega Navale Italiana
LNVM Linguaggi Non Verbali e Multimediali
LO Lodi
LOC Lega Obiettori di Coscienza
loc.cit. *lat.* loco citato (passo citato)
lo-fi *ingl.* Low Fidelity (bassa fedeltà)
log (*mat.*) logaritmo decimale
$\log_{10}$ (*mat.*) logaritmo decimale
$\log_e$ (*mat.*) logaritmo naturale, neperiano
LOI Libro Origini Italiano
LON Londra (codice IATA)
long longitudine
LORAN *ingl.* LOng-RANnge aid to navigation (assistenza a vasto raggio alla navigazione: sistema di radionavigazione)
LOT *polacco* Polskie Linie Lotnicze (linee aeree polacche)
LP 1 (*mus.*) *ingl.* Long Playing (lunga esecuzione, nei microsolchi) **2** Luna Piena (plenilunio)
LPG *ingl.* Liquefied Petroleum Gas (gas di petrolio liquefatto = GPL)
L.R. Legge Regionale
Lr (*chim.*) laurenzio
LS Lesotho
L.S.C. Legge sullo Stato Civile
LSD (*chim.*) *ingl.* Lysergic Acid Diethylamide (dietilammide dell'acido lisergico)
LSI (*elettron.*) *ingl.* Large Scale Integration (integrazione su vasta scala)
LSU Lavoratore Socialmente Utile
LT 1 Latina **2** Lituania
Ltd *ingl.* Limited (soc. a responsabilità limitata)
LTE (*tel.*) *ingl.* Long Term Evolution (evoluzione a lungo termine; standard di trasmissione per telefonia mobile)
LTH *ingl.* LuteoTrophic Hormone (ormone luteotrofico)
LU Lucca
L.U. leggi usuali
Lu (*chim.*) lutezio
LUCE L'Unione Cinematografica Educativa (istituto cinematografico)
Lug. Luglio
LUI Lessico Universale Italiano
LUISS Libera Università Internazionale degli Studi Sociali (Roma)
LUMSA Libera Università Maria Ss. Assunta (Roma)
Lun. Lunedì
LV 1 Lettera di Vettura (nei trasporti ferroviari) **2** Lettonia
LVMH *fr.* Louis Vuitton Moët-Hennessy (gruppo industriale finanziario francese)
LW (*rad.*) *ingl.* Long Wave (onde lunghe = OL)
Lw (*chim.*) laurenzio
lx (*fis.*) lux
LY Codice compagnia aerea israeliana (El Al)
M 1 mega- **2** (*mus.*) manuale, nelle partiture d'organo **3** mano **4** mezzo **5** coefficiente di mutua induzione **6** montante **7** miglio (nelle carte nautiche) **8** morte, abbasso **9** Malta **10** *ingl.* Medium (taglia media) **11** Maschio **12** Numero di Mach **13** Martedì *o* Mercoledì **14** Metropolitana **15** 1000 (numero romano) **16** *fr.* Monsieur (signore) **17** treno Metropolitano **18** Magenta (in quadricromia)
M. Mare o Monte (nelle carte geografiche)
M' *lat.* Manius (Manio, nelle iscrizioni latine)
3M *ingl.* Minnesota Mining Manufacturing Co. (Industria estrattiva manifatturiera Minnesota)
m 1 (*fis.*) metro; **m^2** metro quadrato; **m^3** metro cubo **2** milli-
μ 1 (*mat.*) micro- | micron **2** (*fis.*) Permeabilità magnetica
m. 1 mese **2** miglio **3** morto
M5S (*polit.*) Movimento 5 Stelle
MA 1 Marocco **2** Codice compagnia aerea ungherese (Malev) **3** Massachusetts (codice postale)
ma miria-
MAB (*milit.*) Moschetto Automatico Beretta

Sigle, abbreviazioni, simboli

MAC 1 Movimento per l'Arte Concreta **2** (*fis.*) *ingl.* Maximum Allowable Concentration (massima concentrazione ammessa)
MACEF Mostra di Articoli Casalinghi E Ferramenta (*oggi* Mostra Internazionale articoli per la tavola, casalinghi e da regalo, argenteria, oreficeria, orologeria)
MACRO Museo d'Arte Contemporanea di ROma
MAD Dirham marocchino (moneta, simbolo bancario)
MADRE Museo d'Arte Donna REgina
MAE Ministero degli Affari Esteri
MAF Ministero Agricoltura e Foreste (oggi MIRAAF)
Mag. Maggio
MAGA Museo Arte GAllarate
MAK Macedonia
MAMbo Museo d'Arte Moderna di BOlogna
MAO (*biol.*) MonoAmminOssidasi
MAOI (*farm.*) *ingl.* MonoAmine Oxidase Inhibitor (inibitore della monoamminossidasi = IMAO)
Mar. Marzo
MARCA Museo delle ARti CAtanzaro
MART Museo di Arte moderna e contemporanea di Trento e Rovereto
Mart. Martedì
MAS Motobarca Armata SVAN secondo l'originaria classificazione successivamente modificata in Motobarca Anti-Sommergibili e, da ultimo, in Motoscafo Anti-Sommergibili (SVAN, a sua volta, è sigla di Società Veneziana Automobili Nautiche); sulla sigla D'Annunzio modellò il motto di combattimento degli equipaggi: *Memento Audere Semper*, Ricordati di Osare Sempre
MASER *ingl.* Microwave Amplification by Stimulated Emission of Radiation (amplificazione di microonde mediante emissione stimolata di radiazione)
Mass. Massachusetts
MAST Manifattura di Arti, Sperimentazione e Tecnologia
MATIF (*borsa*) *fr.* MArché à Terme des Instruments Financiers (mercato finanziario di prestiti a breve o lungo termine)
MAV 1 (pagamento) Mediante AVviso **2** Magistrato alle Acque di Venezia
max massimo, massima
MAXXI Museo nazionale delle Arti del XXI secolo
MB 1 *ingl.* Mountain Bike (bicicletta da montagna) **2** (*inform.*) megabyte **3** Monza e Brianza
MBA *ingl.* Master in Business Administration (diploma di economia aziendale)
MbdK *ted.* Museum der bildenden Künste (Museo delle arti figurative, Lipsia)
Mbps (*inform.*) *ingl.* MegaBits Per Second (megabit al secondo)
MC 1 Macerata **2** Monaco, principato di **3** *ingl.* Machining Center (centro di lavorazione, con più macchine utensili) **4** Musicassetta
M/C Motocannoniera
M/c Motocisterna
mc metro cubo
m/c. mio conto
MCCA *sp.* Mercado Común Centro Americano (Mercato comune centroamericano)
MCD (*mat.*) Massimo Comun Divisore
MCH (*med.*) *ingl.* Mean Corpuscolar Hemoglobin (emoglobina corpuscolare media)
MCHC (*med.*) *ingl.* Mean Corpuscolar Hemoglobin Concentration (concentrazione corpuscolare media di emoglobina)
MCL Movimento Cristiano dei Lavoratori
MCM Manifatture Cotoniere Meridionali
mcm (*mat.*) minimo comune multiplo
MCV (*med.*) *ingl.* mean cell volume (volume corpuscolare medio)
MD 1 Magistratura Democratica **2** Moldavia **3** Maryland (codice postale)
Md (*chim.*) mendelevio
Md. Maryland
m.d. mano destra
MDT (*stor.*) Milizia Difesa Territoriale
ME 1 Messina **2** Maine (codice postale) **3** Movimento Europeo
Me. Maine
M & A *ingl.* Merger & Acquisition (fusioni e acquisizioni)
MEC Mercato Europeo Comune (*nell'uso* Mercato Comune Europeo)
MECU Milione di ECU
MEDIOBANCA Banca di Credito Finanziario
MEID *ingl.* Mobile Equipment IDentifier (identificativo di telefono cellulare)
MEMS (*ing.*) *ingl.* Micro Electro-Mechanical Systems (sistemi microelettromeccanici)
mer., **merid.** meridionale
MeRAM (*inform.*) *ingl.* MagnetoElectric Random Access Memory (memoria magnetoelettrica ad accesso casuale)
Merc. Mercoledì
MERCOSUR *sp.* MERcado COmún SUR (mercato comune del Sud, tra Argentina, Brasile, Paraguay e Uruguay)
Met 1 *ingl.* Metropolitan Opera House (teatro ed ente lirico di New York) **2** *ingl.* Metropolitan Museum of Art (di New York)
METEOSAT SATellite METEOrologico
METIM MErcato Telematico IMprese (non quotate in Borsa)
MEX Messico
MF 1 (*fis.*) *ingl.* Medium Frequency (media frequenza) **2** Milano Finanza (quotidiano finanziario)
mf (*mus.*) mezzoforte
MFD (*polit.*) Movimento Federativo Democratico
MFE (*polit.*) Movimento Federalista Europeo
MG *ingl.* Morris Garage (garage Morris, dal luogo dove si approntò la prima vettura di tale marca)
Mg (*chim.*) magnesio
mg milligrammo
MGM (*cinema*) *ingl.* Metro Goldwyn Mayer
MHP (*inform.*) *ingl.* Multimedia Home Platform (piattaforma multimediale domestica)
MI 1 Milano **2** Magistratura Indipendente **3** Michigan (codice postale)
MI5 *ingl.* Military Intelligence section Five (Servizio segreto di informazioni e controspionaggio militare inglese)
MI6 *ingl.* Military Intelligence section Six (Servizio segreto di informazioni e spionaggio militare inglese)
MIB Milano Indice Borsa
MIB 30 Milano Indice Borsa (dei trenta principali titoli azionari quotati)
MiBACT MInistero dei Beni e delle Attività Culturali e del Turismo
MIBTEL Milano Indice Borsa TELematico
MIC o **mic** Microfono
Mich. Michigan
MIDI (*inform.*) *ingl.* Musical Instrument Digital Interface (interfaccia digitale per strumenti musicali)
MIF (*borsa*) Mercato Italiano Futures
MIFED Mercato Internazionale del Film E del Documentario
Mifid (*econ.*) *ingl.* Markets In Financial Instruments Directive (direttiva sui mercati di strumenti finanziari)
MIG *russo* MIkoijan e Gurevich (aereo militare russo, dal nome dei progettisti)
MIME *ingl.* Multipourpose Internet Mail Extensions (estensioni multifunzione alla posta di Internet)
Min. Ministro, Ministero
min 1 minuto **2** minimo, minima
MINCOMES MINistero del COMmercio con l'EStero
MINCULPOP (*stor.*) MINistero della CULtura POPolare (nell'Italia fascista)
Minn. Minnesota
MIPEL Mercato Italiano della PELletteria
MIPS (*inform.*) *ingl.* Mega Instructions Per Second (milioni d'istruzioni per secondo)
MIRAAF MInistero delle Risorse Agricole, Alimentari e Forestali
MISE MInistero dello Sviluppo Economico
Miss. Mississippi
MIT 1 *ingl.* Massachusetts Institute of Technology (Istituto di tecnologia del Massachusetts) **2** Ministero dell'Innovazione e le Tecnologie **3** Movimento Identità Transessuale
MITAM Mercato Internazionale del Tessile per l'Abbigliamento e l'Arredamento
MIUR Ministero dell'Istruzione, dell'Università e della Ricerca
MK Macedonia
mksA (*fis.*) metro-kilogrammo-secondo--ampere (sistema di unità di misura)
mksC (*fis.*) metro-kilogrammo-secondo--coulomb (sistema di unità di misura)
mksΩ (*fis.*) metro-kilogrammo-secondo--ohm (sistema di unità di misura)
ML MiLione/i di Lire
ml 1 *ingl.* mile (miglio) **2** millilitro
MLD 1 Movimento per la Liberazione della Donna **2** MiLiarDo
Mlle *fr.* Mademoiselle (signorina)
MLN MiLioNe
MLS 1 Movimento dei Lavoratori per il Socialismo **2** *ingl.* Microwave Landing System (sistema di atterraggio a microonde)
MM 1 Marina Militare (targa autom.) **2** Metropolitana Milanese **3** *fr.* Messieurs (signori)
M.M. Marina Militare
mm millimetro; **mm^2** millimetro quadrato; **mm^3** millimetro cubo
m.m. *lat.* mutatis mutandis (con i dovuti cambiamenti)
Mme *fr.* Madame (signora)
MM.GG. Magazzini Generali
mms (*tel.*) *ingl.* Multimedia Message Service (servizio per l'invio di messaggi multimediali)
MN 1 Mantova **2** Minnesota (codice postale)
M/N, **m/n** Motonave
Mn (*chim.*) manganese
MNE Montenegro
MO 1 Modena **2** Missouri (codice postale) **3** Medio Oriente **4** Massima Occupazione
Mo (*chim.*) molibdeno
Mo. Missouri
m/o (*comm.*) mio ordine
MOC 1 Mozambico **2** (*med.*) Mineralometria Ossea Computerizzata
MOCA *ingl.* Museum Of Contemporary Art (Museo d'arte contemporanea, Los Angeles)
mod. 1 (*mat.*) modulo **2** modello | modulo **3** (*mus.*) moderato
MODEM (*elettron.*) *ingl.* Modulator Demodulator (modulatore demodulatore)
MODIT MODa ITaliana (presentazione

internazionale collezioni donna e accessorio moda)
MOICA MOvimento Italiano CAsalinghe
MOL 1 Moldavia **2** (*econ.*) Margine Operativo Lordo
mol (*chim.*) mole
MOMA *ingl.* Museum Of Modern Art (Museo d'arte moderna, New York)
Mont. Montana
MONTEDISON MONTecatini-EDISON
MOS *ingl.* Metal Oxide Semiconductor (semiconduttore a ossido metallico)
MOSE MOdulo Sperimentale Elettromeccanico (paratia per controllare il livello delle acque nella Laguna veneta)
MoSS *ingl.* Mini One Stop Shop (Mini sportello unico, per pagamenti Iva in UE)
MOVC Medaglia d'Oro al Valor Civile
MOVM Medaglia d'Oro al Valor Militare
MP 1 *lat.* manu propria (di proprio pugno) **2** *ingl.* Military Police (polizia militare) **3** Movimento Popolare
Mp3 (*inform.*) *ingl.* Moving Picture experts group - layer 3 (livello 3 del formato del gruppo di esperti di immagini in movimento)
Mp4 (*inform.*) *ingl.* Moving Picture experts group - layer 4 (formato di compressione audio e video)
MPEG (*inform.*) *ingl.* Motion Picture Experts Group (gruppo di esperti di immagini in movimento)
mpg *ingl.* miles per gallon (miglia per gallone)
mph *ingl.* miles per hour (miglia all'ora)
MPI Manufatto Plastico Igienico (marchio di garanzia)
MPLA *portog.* Movimento Popular Libertação Angola (Movimento popolare di liberazione dell'Angola)
MPS Monte dei Paschi di Siena
MPV (*autom.*) *ingl.* MultiPurpose Vehicle (autoveicolo multiuso)
mq Metro Quadro
MR 1 Molto Reverendo **2** Magnifico Rettore
Mr *ingl.* Mister (signore)
MRAM (*inform.*) *ingl.* Magnetoresistive Random Access Memory (memoria magnetoresistiva ad accesso casuale)
MRBM *ingl.* Medium Range Ballistic Missile (missile balistico a media gittata)
MRCA *ingl.* Multi-Role Combat Aircraft (aereo da combattimento a impiego plurimo)
MRI (*med.*) *ingl.* Magnetic Resonance Imaging (formazione di immagini tramite risonanza magnetica)
mRNA (*biol.*) RNA messaggero
MRP *fr.* Mouvement Républicain Populaire (Movimento repubblicano popolare)
Mrs *ingl.* Mistress (signora, cioè donna sposata)
MS 1 Massa-Carrara **2** Codice compagnia aerea egiziana (Egyptair) **3** *ingl.* MicroSoft (Microsoft, società di software americana) **4** per medi sciatori (scala difficoltà scialpinistiche) **5** Mississippi (codice postale) **6** Movimento Studentesco **7** Monopoli di Stato = AAMS
M/S, **m/s 1** (*mar.*) Motosilurante **2** *ingl.* Motor Ship (nave a motore)
Ms *ingl.*, abbreviazione usata nell'indirizzare a una donna, prescindendo dal suo stato civile di coniugata o nubile
ms., **MS.** manoscritto
m.s. mano sinistra
MSBS *fr.* Mer-Sol Balistique Stratégique (mare-terra balistico-strategico, missile)
MS-DOS (*inform.*) *ingl.* Microsoft-Disk Operating System (sistema operativo su disco della Microsoft)
MSF *fr.* Médecins Sans Frontières (medici senza frontiere, associazione filantropica)
MSI-DN (*polit. stor.*) Movimento Sociale Italiano - Destra Nazionale
MST Malattia Sessualmente Trasmissibile
MT 1 Matera **2** (*fis.*) media tensione **3** (*fis.*) megaton **4** Montana (codice postale)
Mt (*chim.*) meitnerio
Mt. Monte (nelle carte geografiche)
MTB *ingl.* MounTain Bike (bici da montagna)
MTBF (*elettron.*) *ingl.* Mean Time Between Failures (tempo medio fra due guasti, misura di affidabilità)
MTC Medicina Tradizionale Cinese
MTI 1 *ungherese* Magyar Tàvirati Iroda (Agenzia telegrafica ungherese, agenzia d'informazioni) **2** *ingl.* Moving Target Indicator (radar indicatore di bersagli mobili)
M.ti Monti (nelle carte geografiche)
MTM (*org. az.*) *ingl.* Methods Time Measurement (misura metodi e tempi)
MTU (*inform.*) *ingl.* Magnetic Tape Unit (unità a nastro magnetico)
MTV *ingl.* Music TeleVision (televisione e musica, programma americano via cavo)
MUD Modello Unico di Dichiarazione ambientale
MUOS (*milit.*) *ingl.* Mobile User Objective System (sistema per raggiungere un obiettivo costituito da un utente mobile)
MURST Ministero dell'Università e della Ricerca Scientifica e Tecnologica
MuSe Museo delle Scienze (di Trento)
MV Meccanica Verghera Agusta
M/v (*mar.*) Motoveliero
MVSN (*stor.*) Milizia Volontaria per la Sicurezza Nazionale
MW (*rad.*) *ingl.* Medium Waves (onde medie = OM)
MwSt. (*econ.*) *ted.* Mehrwertsteuer (imposta sul valore aggiunto = IVA) = TVA, VAT
MX Cod. compagnia aerea (Compañia Mexicana)
Mx (*fis.*) maxwell (flusso di induzione magnetica)
MXP 1 Milano-aeroporto di Malpensa (cod. IATA) **2** Peso messicano (moneta, simbolo bancario)
MYA Myanmar (ex Birmania)
Mz (*mar.*) Motozattera
N 1 Nord **2** (*fis.*) newton **3** (*chim.*) azoto **4** Nero, nel gioco degli scacchi **5** Norvegia
n nano-
ν (*fis.*) Frequenza
(n.) nota di richiami
n. 1 nato **2** numero **3** nome
N/1 (*farm.*) soluzione normale
N/2 (*farm.*) soluzione normale mezza
N/10 (*farm.*) soluzione decinormale
NA Napoli
Na (*chim.*) sodio
NABISCO *ingl.* NAtional BIScuit COmpany (Compagnia nazionale biscotti, USA)
NAD 1 (*chim.*) *ingl.* Nicotinamide Adenin Dinucleotide (nicotinamide adenin dinucleotide) **2** Nucleo Anti-Droga
NADAS (*stor.*) Nuclei Aziendali D'Azione Sindacale (nell'Italia fascista)
NADGE *ingl.* Nato Air Defense Ground Environment (difesa aerea dei territori Nato)
NAFTA 1 *ingl.* North American Free Trade Agreement (Accordo di libero scambio nell'America settentrionale) **2** *ingl.* North Atlantic Free Trade Area (Area di libero scambio dell'Atlantico settentrionale) **3** *ingl.* New Zealand Australia Free Trade Agreement (Accordo di libero scambio tra Nuova Zelanda e Australia)
NAI Navigazione Alta Italia
NAM Namibia
NAP 1 Napoli (codice IATA) **2** (*stor.*) Nuclei Armati Proletari (di estrema sinistra)
NAPALM *ingl.* NAphthene PALMitate (naftene e palmitato, gelatina altamente infiammabile, usata in bombe incendiarie)
NAR (*stor.*) Nuclei d'Azione Rivoluzionaria *o* Nuclei Armati Rivoluzionari (di estrema destra)
NAS 1 Nucleo Antisofisticazioni Sanità (dei Carabinieri) **2** Nucleo Aziendale Socialista
NASA *ingl.* National Aeronautics and Space Administration (Ente nazionale aeronautico e spaziale, USA)
NASDAQ (*borsa*) *ingl.* National Association of Securities Dealers Automated Quotations (quotazioni automatizzate dell'associazione nazionale degli operatori di titoli, USA)
NASpI Nuova Assicurazione Sociale per l'Impiego
NATO *ingl.* North Atlantic Treaty Organization (Organizzazione del trattato nord atlantico)
NAV (*econ.*) *ingl.* Net Asset Value (valore netto delle attività)
naz. nazionale
nazi nazista (nazionalsocialista, aderente al o simpatizzante con il NSDAP)
NB 1 *lat.* nota bene **2** Nebraska (codice postale)
Nb 1 (*chim.*) niobio **2** (*meteor.*) *lat.* Nimbostratus (nimbostrato, tipo di nuvola)
n.b. *lat.* nota bene
NBA *ingl.* National Basketball Association (Ass. nazionale di basket)
NBC 1 *ingl.* National Broadcasting Company (Compagnia naz. di radiodiffusione, USA) **2** (*milit.*) (guerra) Nucleare, Batteriologica, Chimica
NBS *ingl.* National Bureau of Standards (Ufficio nazionale delle unità di misura, USA)
NC 1 North Carolina (codice postale) **2** *ingl.* No Charge (senza spese)
NCC Noleggio Con Conducente
NCEU Nuovo Catasto Edilizio Urbano
NCT Nuovo Catasto Territoriale
ND 1 *lat.* Nobilis Domina (nobildonna) **2** North Dakota (codice postale)
Nd (*chim.*) neodimio
NDA *ingl.* Non Disclosure Agreement (accordo di non divulgazione)
N.d.A. Nota dell'Autore
N.Dak. North Dakota
ndd 1 natura da determinare (in indagini) **2** (*med.*) non definita diagnosi
N.d.E. Nota dell'Editore
N.d.R. Nota della Redazione, del Redattore
N.d.T. Nota del Traduttore
NE 1 New England **2** Nord-Est **3** *fr.* Norme Européenne (norma europea) = EN
Ne (*chim.*) neo, neon
Neb. o **Nebr.** Nebraska
NEET (*econ.*) *ingl.* Not in Employment, Education or Training (non occupato né studente né in formazione)
NEP (*stor.*) *russo* Nowaja Ekonomiceskaja Politika (nuova politica economica)
NETTUNO NETwork Teledidattico per l'UNiversità Ovunque
Nev. Nevada
NFC (*inform.*) *ingl.* Near Field Communication (comunicazione radio a corto raggio)
NGA *ingl.* National Gallery of Art (Galleria nazionale d'arte, Washington, D.C.)
NGF *ingl.* Nerve Growth Factor (fattore di crescita delle cellule nervose)

NGI (*mar.*) Navigazione Generale Italiana
NGN *ingl.* Next Generation Network (rete della prossima generazione)
NGS *ingl.* National Geographic Society (Società geografica nazionale, USA)
NH 1 *lat.* Nobilis Homo (nobil uomo) **2** New Hampshire (codice postale)
Ni (*chim.*) nichel
NIAF *ingl.* the National Italian American Foundation (Fondazione naz. italo-americana)
NIC *ingl.* Newly Industrialized Countries (paesi di nuova industrializzazione)
NIKKEI (*borsa*) *giapp.* NIhon KEIzai Shimbun (nome di un giornale economico; indice della Borsa di Tokio)
Nimby (*scherz.*) *ingl.* Not In My BackYard (non nel giardino dietro casa mia; cfr. Pimby)
NIP *ingl.* Not Important Person (persona non importante; cfr. VIP)
NJ New Jersey (codice postale)
NKVD (*stor.*) *russo* Narodnyi Komissariat Vnutrennich Del (Commissariato del popolo agli affari interni)
NL Paesi Bassi
NLG Fiorino olandese (moneta, simbolo bancario)
NLP (*ling.*) *ingl.* Natural Language Processing (elaborazione del linguaggio naturale; cfr. TAL)
NM 1 Nave a motore **2** New Mexico (codice postale)
Nm numero metrico (titolo metrico dei filati)
nm nanometro (= 10^{-9} m)
NMD (*milit.*) Nuovo Modello di Difesa
NN 1 *lat.* Nescio Nomen (di padre ignoto) **2** *lat.* nihil novi (nessuna novità, niente di nuovo)
nn numeri
n.n. non numerate (pagine)
NNE Nord-Nord-Est
NNO Nord-Nord-Ovest
NNW *ingl.* North North-West (Nord-Nord-Ovest = NNO)
NO 1 Novara **2** Nord-Ovest = NW **3** (*chim.*) Numero di Ottano
No (*chim.*) nobelio
No. numero
NOAA *ingl.* National Oceanic and Atmospheric Administration (Ente nazionale per gli oceani e l'atmosfera, USA)
NOCS Nucleo Operativo Centrale di Sicurezza (Polizia)
NOE Nucleo Operativo Ecologico (Carabinieri)
NOK Corona norvegese (moneta, simbolo bancario)
NORAD *ingl.* North American Aerospace Defense Command (comando di difesa aerospaziale del Nord America)
norv. norvegese
Nos Nulla Osta di Sicurezza
notam *ingl.* NOtice To AirMen (avviso agli aviatori)
Nov. Novembre
Np 1 (*fis.*) neper **2** (*chim.*) nettunio
NPA Nave PortAerei
NPD *ted.* Nationaldemokratische Partei Deutschlands (Partito nazionaldemocratico della Germania)
NPL *ingl.* Non Performing Loan (prestiti non performanti, che non si ripagano)
NREM *ingl.* No Rapid Eye Movements (senza movimenti rapidi degli occhi, fase del sonno)
NRF *fr.* Nouvelle Revue Française (Nuova rivista francese)
NS 1 Nostro Signore o Nostra Signora **2** (*stor.*) *ted.* Nationalsozialismus (Nazionalsocialismo, nazismo) V. anche *NSDAP*
ns. nostro
NSC *ingl.* National Security Council (Consiglio per sicurezza Nazionale, USA)
NSDAP (*stor.*) *ted.* Nationalsozialistische Deutsche Arbeiter-partei (Partito nazional-socialista tedesco dei lavoratori, nazismo) *v. anche* NS
NSGC Nostro Signore Gesù Cristo
NSU *ted.* Neckarsulm (marca d'automobili tedesca, dalla sigla della targa automobilistica della città dove fu fondata)
NT 1 Nuovo Testamento **2** non trasferibile
nt (*fis.*) nit
n.t. note tipografiche
Nta acido Nitrilotriacetico
NTSC *ingl.* National Television System Committee (Comitato nazionale per la televisione a colori, USA)
NTT *ingl.* Nippon Telegraph and Telephone (Telegrafi e telefoni giapponese, compagnia nazionale di telecomunicazioni giapponese)
nt.wt. *ingl.* net weight (peso netto)
NU 1 Nuoro **2** Nazioni Unite = ONU, UNO **3** Nettezza Urbana **4** Nobil Uomo
NUMTEL (*borsa*) NUovo Mercato TELematico
NV Nevada (codice postale)
NW 1 *ingl.* North-West (Nord-Ovest = NO) **2** Codice compagnia aerea (Northwest Airlines)
NY New York (codice postale)
NYC *ingl.* New York City (città di New York, costituita dai distretti di Manhattan, Bronx, Queens, Brooklin e Richmond)
NYSE *ingl.* New York Stock Exchange (borsa valori di New York)
NYT *ingl.* the New York Times (giornale)
NZ Nuova Zelanda
O 1 Ovest **2** (*chim.*) ossigeno **3** (*mar.*) *ingl.* Outboard (motore fuoribordo)
O. Ohio
Ω (*fis.*) ohm
ω (*fis.*) velocità angolare, pulsazione
OA 1 Codice compagnia aerea greca (Olympic Airways) **2** *ingl.* Overeaters Anonymous (mangiatori eccessivi anonimi, associazione contro gli abusi alimentari)
OACI *fr.* Organisation de l'Aviation Civile Internationale (Organizzazione dell'aviazione civile internazionale = ICAO)
OAEC *ingl.* Organization of Asian Economic Co-operation (Organizzazione per la collaborazione economica asiatica)
ÖAMTC *ted.* Österreichischer Automobil-, Motorrad- und Touring Club (Automobile club austriaco)
OAPEC *ingl.* Organization of Arab Petroleum Exporting Countries (Organizzazione dei paesi arabi esportatori di petrolio)
OAS 1 (*stor.*) *fr.* Organisation Armée Secrète (Organizzazione dell'esercito segreto, organizzazione di estrema destra) **2** *ingl.* Organization of the American States (Organizzazione degli Stati amer.)
ÖAV *ted.* Österreichischer Alpenverein (Club alpino austriaco)
ob. *lat.* obiit (è morto,morì)
ÖBB *ted.* Österreichische Bundesbahnen (Ferrovie federali austriache)
Obbl. obbligazione
obb.mo obbligatissimo (nella corrispondenza)
OC (*rad.*) onde corte = SW
o/c *ingl.* overcharge (sovrapprezzo)
occ. occidentale
OCE Organizzazione di Cooperazione Economica
OCI Organizzazione della Conferenza Islamica
OCIC *fr.* Office Catholique International du Cinéma (Ufficio cattolico internaz. del cinema)
OCM Organizzazione Comune di Mercato (nell'ambito della politica agricola comunitaria)
OCR (*inform.*) *ingl.* Optical Character Recognition (lettura ottica di caratteri)
OCSE Organizzazione per la Cooperazione e lo Sviluppo Economico (dal 1960)
OD (*org. az.*) *ingl.* Organization Development (sviluppo organizzativo)
ODA Opera Diocesana di Assistenza
ODESSA *ted.* Organisation der SS-Angehörigen (organizzazione delle SS)
O.d.G. Ordine del Giorno
ODT (*inform.*) *ingl.* OpenDocument Text (testo scritto con OpenOffice)
OE (*ferr.*) Orient Express
Oe (*fis.*) oersted
OECE Organizzazione Europea per la Cooperazione Economica (dal 1948 al 1961, *oggi* OCSE)
OED *ingl.* Oxford English Dictionary
OF Obiettivo Formativo
OFA Obblighi Formativi Aggiuntivi
OFM Ordine dei Frati Minori
OFM Cap. Ordine dei Frati Minori Cappuccini
OFM Conv. Ordine dei Frati Minori Conventuali
OG Ogliastra
OGM Organismo Geneticamente Modificato
OH Ohio (codice postale)
OHMS *ingl.* On His (Her) Majesty's Service (al servizio di sua Maestà)
OICR Organismo di Investimento Collettivo del Risparmio
OIE *fr.* Organisation Internationale des Employeurs (Organizzazione internaz. degli imprenditori)
OIJ *fr.* Organisation Internationale des Journalistes (Organizzazione internaz. dei giornalisti)
OIL Organizzazione Internazionale del Lavoro = ILO, BIT
OIM Organizzazione Internaz. delle Migrazioni
OIPC *fr.* Organisation Internationale de Police Criminelle (Organizzazione internazionale di polizia criminale) = ICPO, INTERPOL
OIRT *fr.* Organisation Internationale de Radiodiffusion et Télévision (Organizzazione internazionale di radiodiffusione e televisione)
OK 1 Codice compagnia aerea ceca (CSA) **2** Oklahoma (codice postale) **3** *ingl.* sigla americana che significa 'tutto bene, d'accordo' derivata o dalla compitazione fonetica di *all correct* in *Oll Korrect* oppure da *Old Kinderhook club*, comitato democratico, che ha preso nome dal luogo di nascita del presidente Van Buren, dove si sarebbe iniziato a siglare così documenti o accordi che si approvavano
Okla. Oklahoma
OKW *ted.* Oberkommando der Wehrmacht (comando supremo della Wehrmacht)
OL (*rad.*) onde lunghe = LW
OLAF 1 Opere Letterarie ed Arti Figurative (sezione della SIAE) **2** *fr.* Office européen de Lutte Anti-Fraude (Ufficio europeo per la lotta antifrode)
OLB Olbia (codice IATA)
OLED (*fis.*) *ingl.* Organic Light Emitting Diode (diodo organico a emissione di luce)

OLP Organizzazione per la Liberazione della Palestina = PLO
OM **1** (*rad.*) onde medie = MW **2** Officine Meccaniche **3** Ospedale Militare **4** (*org. az.*) Organizzazione e Metodi
OMCT Organizzazione Mondiale contro la Tortura
OMG (*biol.*) Organismo Modificato Geneticamente = GMO
OMM Organizzazione Meteorologica Mondiale = WMO
OMPI Organizzazione Mondiale della Proprietà Intellettuale = WIPO
OMR Ordine al Merito della Repubblica
OMS Organizzazione Mondiale della Sanità = WHO
OMT **1** Organizzazione Mondiale del Turismo **2** (*econ.*) *ingl.* Outright Monetary Transaction (operazione monetaria definitiva)
On. Onorevole
ONARMO Opera Nazionale Assistenza Religiosa Morale Operai
ONAS Ordine Nazionale Autori e Scrittori
ONB (*stor.*) Opera Nazionale Balilla (nell'Italia fascista)
ONC Opera Nazionale Combattenti
OND Organizzazione Nazionale Dopolavoro (nell'Italia fascista)
ONG **1** Ordine Nazionale dei Giornalisti **2** Organizzazione Non Governativa
ONIG Opera Nazionale per gli Invalidi di Guerra
ONIL Opera Nazionale Inabili al Lavoro
ONLUS Organizzazione Non Lucrativa di Utilità Sociale
ONMI Opera Nazionale Maternità e Infanzia
ONMIC Opera Nazionale Mutilati e Invalidi Civili
ONO Ovest-Nord-Ovest = WNW
ONPI Opera Nazionale per i Pensionati d'Italia
Ont. Ontario
ONU Organizzazione delle Nazioni Unite = UNO
OO.MM. Opere Marittime
OO.PP. Opere Pubbliche
OO.RR. Ospedali Riuniti
OO.SS. Organizzazioni Sindacali
OP Ordine dei Frati Predicatori (Domenicani)
Op. **1** Opera (in bibliografia) **2** (*mus.*) Opera (con riferimento al catalogo delle composizioni)
OPA (*borsa*) Offerta Pubblica di Acquisto
OPAC *ingl.* Online Public Access Catalogue (catalogo in rete di biblioteca)
OPAS (*borsa*) Offerta Pubblica di Acquisto e Scambio
op. cit. *lat.* opere citato (nell'opera citata)
OPEC *ingl.* Organization of Petroleum Exporting Countries (Organizzazione dei paesi esportatori di petrolio)
Oplepo OPificio di LEtteratura POtenziale (v. Oulipo)
OPS **1** (*borsa*) Offerta Pubblica di Scambio **2** (*banca*) Offerta Pubblica di Sottoscrizione
OPV (*borsa*) Offerta Pubblica di Vendita
OR **1** Oristano **2** Oregon (codice postale) **3** *ingl.* Operational Research (ricerca operativa = RO)
Or. Oregon (= Ore.)
or. orientale
Ore. Oregon (= Or.)
ORF Österreichischer Rundfunk (radiotelevisione austriaca)
ORL (*med.*) OtoRinoLaringoiatria
ORP Opera Romana Pellegrinaggi
ORT ORchestra della Toscana
ORTF *fr.* Office de Radiodiffusion Télévision Française (Ente radiotelevisivo francese, fino al 1975, V. anche *TDF*)
OS **1** (*inform.*) *ingl.* Operating System (sistema operativo) **2** Codice compagnia aerea austriaca (Austrian Airlines) **3** per ottimi sciatori (scala difficoltà scialpinistiche)
Os (*chim.*) osmio
OSA **1** Organizzazione degli Stati Americani **2** Obiettivo Specifico di Apprendimento
OSB *lat.* Ordo Sancti Benedicti (Ordine dei Benedettini Confederati)
OSCA Officine Specializzate Costruzioni Automobili
OSCE Organizzazione per lo Sviluppo e la Cooperazione in Europa
OSO Ovest-Sud-Ovest = WSW
OSS **1** Operatore SocioSanitario **2** *ingl.* Office of Strategic Services (Ufficio per le attività strategiche, servizio americano d'informazioni e spionaggio, durante la seconda Guerra mondiale)
OT **1** Olbia-Tempio **2** *ingl.* Off Topic (fuori argomento)
OTC **1** *ingl.* Organization for Trade Cooperation (Organizzazione per la cooperazione commerciale) **2** *ingl.* Over The Counter (sopra al banco, di farmaco acquistabile senza ricetta medica)
OTP (*inform.*) *ingl.* One Time Password (password per singolo uso)
Ott. Ottobre
Oulipo *fr.* OUvroir de LIttérature POtentielle (opificio di letteratura potenziale, *v.* Oplepo)
OVNI Oggetti volanti non identificati = UFO
OVRA Opera Vigilanza Repressione Antifascismo (nell'Italia fascista)
oz *ingl.* ounce (oncia)
P **1** Papa **2** (*fis.*) potenza | piano | permeanza | poise | peso **3** (*chim.*) fosforo **4** posteggio **5** Portogallo **6** peta- **7** (*mar.*) canotto Pneumatico (in motonautica) **8** Principiante (contrassegno per autoveicoli quando usati per esercizio di guida)
P. **1** (*geogr.*) Punta *o* Passo (nelle carte geografiche) **2** (*relig.*) Padre
p (*fis.*) **1** pico- | Quantità di moto **2** (*chim.*) piro- **3** (*mus.*) piano
p. pagina
P2 Propaganda 2 (loggia massonica)
P2P (*Internet*) *ingl.* Peer to Peer (da pari a pari)
P 38 (*milit.*) *ted.* Pistole 1938 (pistola 1938, adottata come pistola d'ordinanza dall'esercito tedesco nel 1938; *est.* pistola di grosso calibro)
PA **1** Palermo **2** (*chim.*) Poliammide **3** Pennsylvania (codice postale) **4** Pubblica Amministrazione **5** (*cinema*) piano americano **6** Patto Atlantico
P/A polizza aerea
Pa **1** (*chim.*) protoattinio **2** (*fis.*) pascal
Pa. Pennsylvania (= Penn., Penna.)
pA peso atomico
p.a. per auguri
PAC **1** (*banca*) Piano di Accumulo del Capitale **2** Politica Agricola Comune **3** Padiglione d'Arte Contemporanea (Milano)
PACLE Periti Aziendali Corrispondenti in Lingua Estera
Pacs PAtto Civile di Solidarietà
pag. pagina
PAI **1** (*stor.*) Polizia Africa Italiana **2** *ingl.* Personal Accident Insurance (assicurazione per danni personali al guidatore e trasportati in caso d'incidente nel noleggio di veicoli)
PAL **1** (*tv*) *ingl.* Phase ALternation *o* Alternating Line (alternazione di fase da riga a riga) **2** Palau
PAM **1** Più A Meno (catena di supermercati) **2** Programma Alimentare Mondiale (FAO/ONU) = WFP **3** Piano d'Azione del Mediterraneo
PAN Pattuglia Acrobatica Nazionale (italiana)
PAN AM *ingl.* PAN AMerican world airways (Linee aeree americane per tutti i continenti)
PaO *ingl.* Period After Opening (durata post--apertura)
PAP *polacco* Polska Agencja Prasowa (agenzia d'informazione polacca)
par. paragrafo
PAS Percorso Abilitante Speciale
PASOK (*polit.*) *gr.* PAnellinion SOcialisticon Kinema (Movimento socialista panellenico)
Pass. passaporto
p/ass. (*comm.*) porto assegnato
PAT Pio Albergo Trivulzio (Milano)
pat. *ingl.* patent (brevetto) | patented (brevettato)
pax (*turismo*) *ingl.* Passenger(s) (passeggeri, persone, nelle prenotazioni aeree, navali e alberghiere)
Pb (*chim.*) piombo
PBX *ingl.* Private Branch eXchange (centralino telefonico privato)
PC **1** Piacenza **2** Personal Computer **3** (*chim.*) Policarbonato **4** (*comm.*) polizza di carico **5** *ingl.* Politically Correct (corretto sotto il profilo politico) **6** Poliacrilico (nelle etichette di tessuti e abiti confezionati)
pc (*fis.*) parsec
p.c. per congedo | per condoglianze | per conoscenza
p/c per conto
pcb (*chim.*) policloruro bifenile
p.c.c. per copia conforme
PCF *fr.* Parti Communiste Français (Partito comunista francese)
PCI **1** (*polit. stor.*) Partito Comunista Italiano **2** (*inform.*) *ingl.* Peripheral Component Interconnect (componente periferico collegato)
PCM (*elettron.*) *ingl.* Pulse Code Modulation (modulazione a impulsi codificati)
PCMCIA (*inform.*) *ingl.* Personal Computer Memory Card International Association (ass. internaz. schede memoria per personal computer)
PCN (*tel.*) *ingl.* Personal Communication Network (rete di comunicazione personale, nuova telefonia cellulare europea, V. anche *DCS*)
P.co (*geogr.*) Picco (nelle carte geografiche)
PCP (*chim.*) *ingl.* PentaChloroPhenol (pentaclorofenolo)
PCR (*biol.*) *ingl.* Polymerase Chain Reaction (reazione a catena dell'enzima polimerasi)
PCT (*banca*) Pronti Contro Termine = P/T
PCUS (*stor.*) Partito Comunista dell'Unione Sovietica
PCV (*tel.*) *fr.* Paiement Contre Vérification *oppure* à PerCeVoir (pagamento contro verifica *oppure* previa accettazione che il costo della telefonata sarà a carico del destinatario)
PCWA *ingl.* Professional Chess World Association (ass. mondiale del gioco degli scacchi professionale)
PD **1** Padova **2** Partito Democratico **3** Poco Difficile (scala difficoltà alpinistiche) **4** (*ragion.*) partita doppia
Pd (*chim.*) palladio
PDA (*inform.*) *ingl.* Personal Digital Assistant (assistente informatico personale)
P d'A (*polit.*, *stor.*) Partito d'Azione
PDCI Partito Dei Comunisti Italiani
Pdf (*inform.*) *ingl.* Portable Document Format

(formato per documenti esportabili)
PDG *fr.* Président-Directeur Général (Presidente e direttore generale)
PDIUM (*polit., stor.*) Partito Democratico Italiano di Unità Monarchica
PdL (*polit.*) il Popolo della Libertà
PDS 1 (*polit.*) Partito Democratico della Sinistra **2** (*polit.*) *ted.* Partei des Demokratischen Sozialismus (Partito del socialismo democratico, erede del SED della RDT)
PdUP (*polit., stor.*) Partito di Unità Proletaria per il comunismo
PE 1 Pescara **2** Parlamento Europeo **3** PoliEtilene (su contenitori di alimenti) **4** Perù
PEC Posta Elettronica Certificata
PECO Paesi dell'Europa Centro Orientale
PECUP Profilo Educativo CUlturale e Professionale
PEE Progetto Educativo Europeo
PEEP Piano Edilizia Economica Popolare
PEG Perugia (codice IATA)
PEI (*scuola*) Piano Educativo Individualizzato (per alunni con handicap)
PEN 1 *ingl.* Poets, Playwrights, Editors, Essayists and Novelists (poeti, commediografi, editori, saggisti e romanzieri, associazione internazionale) **2** Piano Energetico Nazionale
Pen. Penisola (nelle carte geografiche)
Penn., **Penna.** Pennsylvania (= Pa.)
per o/ e c/ (*comm.*) per ordine e conto
PERT (*org. az.*) *ingl.* Program Evaluation and Review Technique (tecnica di valutazione e revisione dei programmi)
p.es. per esempio
PESC Politica Estera e di Sicurezza Comune (dell'UE)
PESSE (*elettr.*) Piano di Emergenza per la Sicurezza del Sistema Elettrico
PET 1 (*med.*) *ingl.* Positron Emission Tomography (tomografia a emissione di positroni) **2** PoliEtilenTereftalato (su contenitori di alimenti) **3** Preliminary English Test (test preliminare di inglese)
PEX 1 *ingl.* Purchase EXcursion (tariffa aerea scontata: biglietto a/r con date prefissate, acquistato alla prenotazione) **2** (*econ.*) *ingl.* Participation EXemption (esenzione delle partecipazioni)
PF 1 (*comm.*) Prossimo Futuro **2** Per Favore **3** Punto Franco
p/fo piroscafo
PFR (*stor.*) Partito Fascista Repubblicano
PG 1 Perugia **2** Procuratore Generale | Procura Generale **3** Prigioniero di Guerra **4** Polizia Giudiziaria
PGR per grazia ricevuta
PGU (*biol.*) Progetto Genoma Umano
pH (*chim.*) *ted.* Potenz Hydrogen (potenziale idrogeno, indice dell'acidità o alcalinità di una soluzione acquosa)
ph (*fis.*) phon | phot
PhD *lat.* Philosophiae Doctor (dottore di filosofia, titolo di specializzazione successivo alla laurea nel sistema anglosassone)
PHP *ingl.* PHP Hypertext Preprocessor (preprocessore per ipertesti di tipo PHP; sigla a carattere ricorsivo)
PI 1 Pisa **2** Poliaccoppiato (su contenitori di alimenti) **3** Pubblica Istruzione **4** Pubblico Impiego **5** Partita IVA
p.i. perito industriale
PIGS (*econ.*) Portogallo, Irlanda, Grecia, Spagna
PIIGS (*econ.*) Portogallo, Irlanda, Italia, Grecia, Spagna
PIL Prodotto Interno Lordo
PIM Programma Integrato Mediterraneo (per aiutare i paesi e zone mediterranei, UE)
Pimby (*scherz.*) *ingl.* Please In My BackYard (volentieri nel giardino dietro casa mia; cfr. Nimby)
PIME Pontificio Istituto Missioni Estere
PIN 1 Prodotto Interno Netto **2** (*mar.*) Preminente Interesse Nazionale (linee di navigazione di) **3** *ingl.* Personal Identification Number (numero di codice di identificazione personale)
pinx. *lat.* pinxit (dipinse, nelle arti figurative può seguire il nome del pittore)
PIP (*tv*) *ingl.* Picture In Picture (immagine nell'immagine, dispositivo per vedere contemporaneamente più programmi televisivi o un'immagine in trasparenza su un'altra)
P.I.post servizio di Postacelere Interna
PIQ Prodotto Interno Qualità (indice che tiene conto sia del prodotto interno lordo che della qualità della vita)
PISA (*scuola*) *ingl.* Programme for International Student Assessment (programma per la valutazione internazionale degli studenti)
pk peck (misura inglese di capacità)
PKK (*polit.*) *curdo* Partiya Karkeren Kurdistan (Partito dei lavoratori del Kurdistan)
PL 1 (*econ.*) Prodotto Lordo **2** Prima Linea (organizzazione terroristica) **3** Polonia **4** Poliestere (nelle etichette di tessuti e abiti confezionati)
P/L o **P.L.** (*ferr.*) Passaggio a Livello
pl *ingl.* pole (pertica, misura di lunghezza)
PLA (*chim.*) *ingl.* PolyLactic Acid (acido polilattico)
PL/1 (*inform.*) *ingl.* Programming Language One (linguaggio di programmazione uno)
PLI (*stor.*) Partito Liberale Italiano
PLO *ingl.* Palestine Liberation Organization (Organizzazione per la liberazione della Palestina = OLP)
PLV (*agric.*) Produzione Lorda Vendibile
PLZ Zloty polacco (moneta, simbolo bancario)
PM 1 Posta Militare **2** Polizia Militare **3** (*cinema*) piano medio **4** (*fis.*) *ingl.* Phase Modulation (modulazione di fase) **5** *ingl.* Product Manager (responsabile marketing) **6** (*rad.*) *ingl.* Pulse Modulation (modulazione a impulsi) **7** Pubblico Ministero **8** *lat.* Pontifex Maximus (Pontefice Massimo) **9** *lat.* Piae Memoriae (di santa memoria) **10** (*ecologia*) *ingl.* Particulate Matter (particolato)
Pm (*chim.*) promezio
pM peso molecolare
p.m. 1 *lat.* post meridiem (dopo mezzogiorno, per indicare le ore fino a mezzanotte nell'uso anglosassone) **2** *lat.* post mortem (dopo la morte) **3** per memoria
PMA Procreazione Medicalmente Assistita
PMI Piccola e Media Impresa
PMMA (*chim.*) Polimetilmetacrilato
PMN (*econ.*) Prodotto Materiale Netto
PMO Palermo (codice IATA)
PMP 1 (*stor.*) Partito Monarchico Popolare **2** Presidio Multizonale di Prevenzione
PN Pordenone
PNF (*stor.*) Partito Nazionale Fascista
PNG (*inform.*) *ingl.* Portable Network Graphics (grafica portatile in rete)
PNGP Parco Nazionale del Gran Paradiso
PNL 1 Pantelleria (codice IATA) **2** Prodotto Nazionale Lordo **3** Programmazione Neuro-Linguistica
PNM (*stor.*) Partito Nazionale Monarchico
PNN Prodotto Nazionale Netto
PNR Programma Nazionale di Ricerca
PO 1 Posta Ordinaria **2** (*sport*) pre-olimpionico **3** *ingl.* Postal Order (vaglia postale) **4** Potere Operaio **5** Prato
Po (*chim.*) polonio
POA Pontificia Opera d'Assistenza
POF (*scuola*) Piano dell'Offerta Formativa
Pokemon *ingl.* POcKEt MONster (pupazzo mostruoso tascabile)
POLARIA POLizia dell'ARIA (servizio di Polizia aerea, addetta agli scali aerei)
POLFEM POLizia FEMminile
POLFER POLizia FERroviaria
POLISARIO(Front) *fr.* front POpulaire pour la LIbération de SAguia el-Hamra et RIO de oro (Fronte popolare per la liberazione del Sahara occidentale)
POLITBJURO *russo* POLITiceskoe BJURO (ufficio politico, del comitato centrale del partito comunista dell'ex-Unione Sovietica)
POLITE Pari Opportunità nei LIbri di TEsto
POLMARE POLizia del MARE (servizio di Polizia marittima, addetta agli scali marittimi)
POLPOST POLizia POSTale
POLSTATO POLizia di STATO
POLSTRADA POLizia STRADAle
PON (*scuola*) Programma Operativo Nazionale
POP 1 (*inform.*) *ingl.* Point Of Presence (punto di accesso) **2** (*inform.*) *ingl.* Post Office Protocol (protocollo di ufficio postale)
POR Piano Operativo Regionale
port. portoghese
POS *ingl.* Point Of Sale (punto di vendita)
Postel servizio pubblico di POSTa ELettronica
POTOP POTere OPeraio
PP PolipropPilene (su contenitori di alimenti)
PP. 1 (*eccl.*) *lat.* Patres (Padri) **2** *lat.* posuerunt (posero, nelle iscrizioni latine)
P.P. 1 (*cinema*) primo piano **2** (*fis.*) *ingl.* push-pull (controfase) **3** profitti e perdite **4** (*eccl.*) Papa (posposto al nome latino assunto e preposto al numero): *Ioannes Paulus P.P. II* / *lat.* Pater Patrum (Padre dei Padri)/ Pastor Pastorum (Pastore dei Pastori)/ Pastor Primarius (Primo Pastore) **5** *lat.* Pater Patriae (Padre della Patria) **6** *lat.* Praemissis Praemittendis (premesso ciò che si deve premettere)
pp. 1 pagine **2** (*mus.*) pianissimo
p.p. 1 pacco postale **2** per procura
PPE (*polit.*) Partito Popolare Europeo
PPI 1 (*polit.*) Partito Popolare Italiano **2** *ingl.* Plan Position Indicator (indicatore panoramico, sistema radar)
ppm parti per milione
pp.nn. pagine non numerate
PPP (*cinema*) primissimo piano
ppp (*mus.*) più che pianissimo
PP.SS. Partecipazioni Statali
PPT 1 Presidio Psichiatrico Territoriale **2** Progetto Pilota Transnazionale
PP.TT. Poste e Telecomunicazioni (Ministero delle)
PQ Primo Quarto (di luna)
p.q.m. (*dir.*) per questi motivi
PR 1 Partito Radicale **2** *ingl.* Public Relations (relazioni pubbliche) **3** Procuratore della Repubblica **4** Piano Regolatore **5** Per Ringraziamento **6** Parma **7** Puerto Rico (codice postale) **8** Polizia Regionale
Pr (*chim.*) praseodimio
pr. (*borsa*) privilegiato
PRA Pubblico Registro Automobilistico
PRC 1 *ingl.* People's Republic of China (Repubblica popolare cinese) **2** Partito della Rifondazione Comunista = RC

pref. (*borsa*) preferenziale
Preg. Pregiato (nella corrispondenza)
Preg.mo Pregiatissimo (nella corrispondenza)
PRG Piano Regolatore Generale
PRI (*polit.*) Partito Repubblicano Italiano
PRM *ingl.* Public Relations Man (addetto alle pubbliche relazioni)
Proc. Gen. Procuratore Generale | Procura Generale = PG
Prof. Professore, Professoressa
Prof.ssa Professoressa
prog. programma
PRO.LOG. (*inform.*) *ingl.* PROgramming in LOGic (programmazione in logica, linguaggio)
Prov. Provincia (nelle carte geografiche)
PRS (*autom.*) *ingl.* Progressive Restraint System (sistema di ritenuta progressiva delle cinture di sicurezza)
PRU Programma di Recupero Urbano
PRUSST Programma di Riqualificazione Urbana e Sviluppo Sostenibile del Territorio
PS 1 Pesaro (fino al 1995) **2** Polistirene *o* Polistirolo (su contenitori per alimenti) **3** Pubblica Sicurezza, Polizia di Stato **4** postscriptum **5** partita semplice **6** prodotto sociale **7** (*fis.*) protosincrotrone **8** Pronto Soccorso
PSA 1 Pisa (codice IATA) **2** *fr.* Peugeot Société Anonyme (Società anonima Peugeot, fabbrica di automobili) **3** (*med.*) *ingl.* Prostatic Specific Antigen (test) (antigene prostatico specifico, test per l'individuazione di tumore prostatico)
PSCARL Piccola Società Cooperativa A Responsabilità Limitata
PSd'A (*polit.*) Partito Sardo d'Azione
PSDI (*polit., stor.*) Partito Socialista Democratico Italiano
PSE Permesso di Soggiorno Elettronico
PSG (*econ.*) Prodotto Sociale Globale
PSI (*polit.*) Partito Socialista Italiano
PSIUP (*polit., stor.*) Partito Socialista Italiano di Unità Proletaria
PSOE (*polit.*) *sp.* Partido Socialista Obrero Español (Partito socialista spagnolo)
PSP Piano di Studi Personalizzato
PSR Pescara (codice IATA)
PSSC *ingl.* Physical Science Study Committee (Comitato per lo studio della scienza fisica)
PSU (*polit., stor.*) Partito Socialista Unificato | Partito Socialista Unitario
PT 1 Pistoia **2** Poliestruso (su contenitori per alimenti) **3** Posta e Telegrafi, *oggi* Poste e Telecomunicazioni **4** Polizia Tributaria **5** Piccolo Teatro
P/T V. *PCT*
Pt (*chim.*) platino
pt *ingl.* pint (pinta)
P.ta Punta (nelle carte geografiche)
PTE Escudo portoghese (moneta, simbolo bancario)
PTFE (*chim.*) Politetrafluoroetilene
PTM Paese Terzo Mediterraneo (rispetto alla UE)
PTN Malaysia
PTP Posto Telefonico Pubblico
PTPR Piano Territoriale Paesistico Regionale
PTS Particelle Totali Sospese (nei rilevamenti dello stato dell'aria urbana)
PTT *fr.* Postes, Télécommunications et Télédiffusion (poste, telecomunicazioni e telediffusione)
Pu (*chim.*) plutonio
PU 1 Pesaro-Urbino **2** (*chim.*) Poliuretano **3** Pubblico Ufficiale
PUC Piano Urbanistico Comunale
PUF *fr.* Presse Universitaire de France (Stampa universitaria francese)
PUK *ingl.* Personal Unblocking Number (chiave di sblocco personale)
PULSAR (*astron.*) *ingl.* PULsating StAR (stella pulsante)
PUT Piano Urbano del Traffico
PV 1 Pavia **2** (*ferr.*) Piccola Velocità
p.v. 1 prossimo venturo **2** (*dir.*) processo verbale
PVC polivinilcloruro (su contenitori per alimenti)
PVP (*chim.*) PoliVinilPirrolidone
Pvr *ingl.* Personal Video Recorder (videoregistratore personale)
PVS Paese in Via di Sviluppo
PWR (*ing.*) *ingl.* Pressurized Water Reactor (reattore ad acqua pressurizzata)
PY Paraguay
PYG Guaraní paraguaiano (moneta, simbolo bancario)
PZ Potenza
P.zo Pizzo (nelle carte geografiche)
Q 1 (*fis.*) quantità di calore | fattore di merito **2** *ingl.* Queen (Regina, nelle carte da poker e da ramino) **3** Qatar
q 1 quintale **2** (*fis.*) quantità di elettricità **3** *lat.* que (e, in paleografia)
q. 1 quota **2** qualcuno
Q8 Kuwait Petroleum (Q8 e Kuwait hanno uguale pronunzia inglese)
QANTAS *ingl.* Queensland And Northern Territory Aerial Services (Linee aeree australiane)
q.b. (*farm.*) quanto basta
QBFFFS *lat.* Quod bonum faustum felix fortunatumque sit (perché sia buono fausto felice e fortunato, nelle iscrizioni latine)
QC Qualità Controllata | *ingl.* Quality Control (controllo di qualità)
qc. qualcuno
q.c. qualcosa
QE Quoziente Energetico (apporto calorico del cibo/peso corporeo)
qed *lat.* quod erat demonstrandum (ciò che era da dimostrare)
QF Codice compagnia aerea australiana (Qantas Airways)
QG Quartier Generale
QI (*psicol.*) Quoziente d'intelligenza = IQ
QR 1 (*med.*) Quoziente Respiratorio **2** *ingl.* Quick Response (risposta rapida)
QRM *ingl.* Quick Reaction Mechanism (meccanismo di reazione rapida, in ambito fiscale)
qs (*farm.*) *lat.* quantum satis (quanto sufficiente)
qt *ingl.* quart (quarto di gallone)
quasar (*astron.*) *ingl.* QUAsi StellAR object (oggetto quasi stellare)
4x4 (*autom.*) quattro ruote motrici
q.v. *lat.* quod vide (vedi, nei rimandi)
R 1 (*fis.*) resistenza elettrica **2** Rosso, *ingl.* Red (in quadricromia e nella composizione dei colori) **3** (*mar.*) *ingl.* Racer (motore entrobordo da corsa) **4** treno Regionale **5** (*ferr.*) *fr.* Réservation (prenotazione facoltativa) **6** Re (scacchi)
[R] (*ferr.*) *fr.* Réservation (prenotazione obbligatoria)
°R (*fis.*) grado Rankine
R. 1 regio | reale **2** raccomandata
r 1 recto **2** (*mat.*) raggio
ϱ (*fis.*) resistività elettrica
°r (*fis.*) grado Réaumur
® marchio Registrato
RA 1 Ravenna **2** Argentina | *sp.* República Argentina **3** Ritenuta d'Acconto **4** *ingl.* Royal Academy (Accademia reale)
Ra (*chim.*) radio
r.a. ricerca automatica (di linea, in centralini telefonici)
racc. (*posta*) raccomandata
rad (*mat.*) radiante
Radar *ingl.* RAdio Detecting And Ranging (radiorivelatore e misuratore di distanza)
RAEE (*ecologia*) Rifiuti di Apparecchiature Elettriche ed Elettroniche
RAF 1 *ingl.* Royal Air Force (reale aviazione militare) **2** *ted.* Rote-Armee-Fraktion (frazione dell'Armata Rossa, organizzazione terroristica)
Rag. Ragioniere
RAI 1 Radio Audizioni Italia, *oggi* RAI-TV **2** Registro Aeronautico Italiano
RAI-TV Radio televisione italiana
RAM 1 (*inform.*) *ingl.* Random Access Memory (memoria ad accesso casuale) **2** Ridotte Attitudini Militari
RAS 1 Riunione Adriatica di Sicurtà **2** Rappresentanze Aziendali Sindacali
RATP *fr.* Régie Autonome des Transports Parisiens (gestione autonoma dei trasporti parigini)
RAU Repubblica Araba Unita
RAV (*econ.*) Riscossione mediante AVviso
RB Botswana
Rb (*chim.*) rubidio
RBC (*med.*) *ingl.* red blood cell (globulo rosso, eritrocita)
Rbds *ingl.* Radio broadcast data system (sistema di radiotrasmissione di dati)
RC 1 (*fis.*) resistenza-capacità **2** Reggio Calabria **3** Taiwan **4** Responsabilità Civile **5** Rifondazione Comunista = PRC
RCA 1 Responsabilità civile autoveicoli **2** *ingl.* Radio Corporation of America (Società americana per la radio-diffusione) **3** Repubblica Centrafricana
RCB Congo
RCCI Radio Club Ciechi d'Italia
RCH Cile
RCM 1 *ingl.* Reverse Charge Mechanism (meccanismo dell'inversione contabile, in ambito fiscale) **2** *ingl.* Reliability Centered Maintenance (manutenzione incentrata sull'affidabilità)
RCS Rizzoli Corriere della Sera
R.D. Regio Decreto
RDA *ingl.* Recommended Dietary Allowances (razioni giornaliere raccomandate)
RDF (*Internet*) *ingl.* Resource Description Framework (sistema di descrizione delle risorse)
RDK (*autom.*) *ted.* Reifen Druck Kontrol (controllo della pressione degli pneumatici = TPMS)
RDL Regio decreto legge *o* legislativo
RDP (*inform.*) *ingl.* Remote Desktop Protocol (protocollo per il collegamento a un desktop computer remoto)
RDS *ingl.* Radio Data System (sistema di radio-trasmissione di dati)
RDT (*stor.*) Repubblica Democratica Tedesca = DDR
RE Reggio Emilia
R/E (*banca*) ricavo effetti
Re 1 (*chim.*) renio **2** (*mat.*) parte reale
R & B (*mus.*) *ingl.* Rhythm and Blues
REG Reggio Calabria (codice IATA)
Reg. 1 regolamento **2** registro
REI 1 Rete per l'Eccellenza dell'Italiano istituzionale **2** (*ing.*) Resistenza Ermeticità Isolamento (in caso di incendio)

REM *ingl.* Rapid Eye Movements (movimenti rapidi degli occhi, fase del sonno)
RENAMO *fr.* RÉsistance NAtionale du MOçambique (resistenza nazionale del Mozambico)
Repo (*econ.*) *ingl.* Repurchase Agreement (accordo di riacquisto)
RER *fr.* Réseau Express Régional (rete ferroviaria espressa regionale, nell'area parigina)
RES *ingl.* Rail Europe Senior (ferrovia Europa per anziani, tariffa scontata)
R&S Ricerca e Sviluppo
Rev. Reverendo
REW *ingl.* Rewind (riavvolgimento veloce, in registratori e sim.)
RF **1** *fr.* République Française (Repubblica francese) **2** (*fis.*) radio frequenza
Rf (*chim.*) rutherfordio
RFI Rete Ferroviaria Italiana
RFID (*inform.*) *ingl.* Radio Frequency IDentification (identificazione a radio frequenza)
RFT Repubblica Federale Tedesca = BRD
RG **1** Ragusa **2** Codice compagnia aerea brasiliana (VARIG) **3** Guinea
Rg (*chim.*) roentgenio
RGB *ingl.* Red Green Blue (rosso verde blu; nella composizione dei colori)
RH Haiti (targa autom.)
Rh **1** (*chim.*) rodio **2** (*biol.*) deriv. da Macacus *Rh*esus, fattore antigene del sangue umano
RhB *ted.* Rhätische Bahn (Ferrovia retica)
RI **1** Repubblica Italiana **2** Rendita Ital. **3** Rotary International **4** Rhode Island (codice postale) **5** (*mar.*) Registro Italiano **6** Rieti **7** Indonesia
RiBa Ricevuta Bancaria
RIBOR *ingl.* Rome InterBank Offered Rate (tasso interbancario di offerta sulla piazza di Roma)
RID Rapporto Interbancario Diretto (operazione tra banche diverse per ordine del cliente)
RIEBI (*scuola*) Rete Informativa per l'Educazione Bilingue in Italia
RIM Mauritania
RINa Registro Italiano Navale
RIP *lat.* Requiescat / Requiescant in pace (riposi / riposino in pace)
RIS Reparto Investigazioni Scientifiche
risp. risparmio, risparmiatore
rist. (*edit.*) ristampa
RIV Regolamento Internazionale Veicoli
RIV-SKF Roberto Incerti Villar(Perosa)-Svenska KullagerFabriken
RK Codice compagnia aerea (Air Afrique)
RKO (*cinema*) *ingl.* Radio Keith Orpheum corp.
RL Libano
R-L (*fis.*) resistenza e induttanza
R-L-C (*fis.*) resistenza, induttanza e capacità
RLS (*agric.*) Reddito Lordo Standard
RM **1** Roma **2** Ricchezza Mobile **3** Madagascar
RMI **1** (*fis.*) *ingl.* Radio Magnetic Indicator (indicatore radiomagnetico) **2** Rimini (codice IATA)
RMN (*fis.*) Risonanza Magnetica Nucleare
RN **1** Rimini **2** Niger
Rn (*chim.*) radon
RNA (*biol.*) *ingl.* Ribonucleic Acid (acido ribonucleico)
RO **1** Rovigo **2** Romania **3** ricerca operativa **4** Codice compagnia aerea romena (TAROM)
ROC Registratore Obbligatorio di Cassa
ROE (*econ.*) *ingl.* Return On Equitiy (redditività del capitale)
ROF Ricevuta Obbligatoria Fiscale
ROI (*econ.*) *ingl.* Return On Investment (redditività dell'investimento)
ROK Corea del Sud
ROL Leu romeno (moneta, simbolo bancario)
ROLO Banca 1497 (dalla fusione di Credito ROmagnoLO con Carimonte)
ROM (*inform.*) *ingl.* Read Only Memory (memoria a sola lettura)
ROMPRES *ingl.* Romanian Press (agenzia d'informazioni romena)
RORC *ingl.* Royal Ocean Racing Club (club reale di gare nautiche oceaniche)
ROS **1** Raggruppamento Operativo Speciale (Carabinieri) **2** (*econ.*) *ingl.* Return On Sales (redditività delle vendite)
rot (*fis.*) V. *curl*
ROTFL *ingl.* Rolling-On-The-Floor-Laughing (rotolo ridendo sul pavimento)
ROU Uruguay
RP **1** Relazioni Pubbliche **2** (*chim.*) Reagente Puro **3** Riservata Personale **4** Filippine **5** (*polit.*) *turco* Refah Partisi (Partito della prosperità, islamico)
RPB Benin
RPF (*polit., stor.*) *fr.* Rassemblement du Peuple Français (Unione del popolo francese)
RPR (*polit.*) *fr.* Rassemblement Pour la République (Unione per la repubblica)
RPV (*aeron.*) *ingl.* Remotely Piloted Vehicle (veicolo pilotato a distanza)
RS Repubblica Serba
RSA **1** Rappresentanza Sindacale Aziendale **2** Residenza Sanitaria Assistenziale
RSI (*stor.*) Repubblica Sociale Italiana
RSL (*agric.*) Reddito Standard Lordo
RSM San Marino
RSS (*Internet*) *ingl.* Really Simple Syndication (distribuzione veramente semplice)
RST Ricerca e Sviluppo Tecnologico (prog. UE)
RSU **1** Rappresentanze Sindacali Unitarie **2** Rifiuti Solidi Urbani
RSVP *fr.* Répondez S'il Vous Plaît (si prega di rispondere, spec. nei biglietti d'invito)
R/T radiotelegrafia
Rtf **1** (*inform.*) *ingl.* Rich Text Format (formato di testo arricchito di comandi tipografici) **2** *fr.* Radiodiffusion Télévision Française (Radiodiffusione televisione francese fino al 1975, oggi TDF)
RTI Reti Televisive Italiane Spa
RTMS *ingl.* Radio Telephone Mobile System (sistema di radiocomunicazioni per telefono mobile, rete analogica per telefonia mobile)
RU **1** Regno Unito **2** Risorse Umane = HR **3** (*tel.*) Rete Urbana
Ru (*chim.*) rutenio
RU486 *fr.* Roussel Uclaf 486 (farmaco della Roussel Uclaf, che interrompe la gravidanza)
RUC (*dir.*) Revisore Ufficiale dei Conti
RUS Russia
RVM (*tv*) Registrazione Video-Magnetica
RW Reazione di Wassermann (per la diagnosi della sifilide)
RWA Ruanda
RX Raggi X
S **1** Sud **2** (*chim.*) zolfo **3** (*fis.*) siemens | entropia **4** (*mat.*) superficie **5** Svezia **6** (*mus.*) solo **7** *ingl.* Small (taglia piccola) **8** Sabato
S. **1** Santo, Santa **2** Sierra
$ Dollaro
s (*fis.*) secondo
s. **1** seguente **2** singolare **3** sostantivo
SA **1** Salerno **2** Arabia Saudita **3** Codice compagnia aerea sudafricana (SAA) **4** Sudafrica | Sud America **5** Società Anonima **6** *ted.* Sturmabteilung (nella Germania nazista, formazione d'assalto) **7** *ingl.* Salvation Army (Esercito della Salvezza) **8** Sua Altezza **9** (*milit.*) *ingl.* Surface to Air missile (missile terra-aria)
S.a Signora, Signorina
s.a. *lat.* sine anno (senza anno, detto delle opere in cui non è indicato l'anno di stampa)
SAA *ingl.* South African Airways (linee aeree sudafricane)
SAAB *svedese* Svenska Aeroplan Aktie-Bolaget (Società svedese per la costruzione di aeroplani e automobili)
Sab. Sabato
SAC **1** *ingl.* Strategic Air Command (comando strategico aereo, USA) **2** *ted.* Schweizer Alpen-Club (Club alpino svizzero)
S.acc. Società in accomandita
S.acc.p.a. Società in accomandita per azioni
SACD *ingl.* Super Audio CD (super CD audio)
SACE Sezione speciale per l'Assicurazione del Credito all'Esportazione
SAD (*psic.*) *ingl.* Seasonal Affective Disorder (disturbo affettivo stagionale)
SADE Società Adriatica Di Elettricità
SAF *ingl.* Strategic Air Force (forza aerea strategica, USA)
SAFFA Società Anonima Fabbriche Fiammiferi e Affini
SAI **1** Società Assicuratrice Industriale **2** Sindacato Attori Italiani **3** Società Astronomica Italiana **4** Società Aeronautica Italiana
SAIE SAlone internazionale dell'Industrializzazione Edilizia
SAIPEM Società Anonima Italiana Perforazioni E Montaggi (del gruppo ENI)
SAIT Salone Abbigliamento ITaliano
SALT **1** *ingl.* Strategic Arms Limitation Talks *o* Treaty (trattative per la limitazione di armi strategiche) **2** Società Autostrada Ligure Toscana
SAM **1** Società Aerea Mediterranea **2** Squadre d'Azione Mussolini **3** *ingl.* Surface-to-Air Missile (missile terra-aria) **4** (*chim.*) Adenosilmetionina
SAMA (*aeron.*) Sistema Antincendio Modulare Aviotrasportato
SAMIA SAlone Mercato Internazionale dell'Abbigliamento
SAMOTER SAlone MOvimento TERra
SAN (*med.*) Sindrome di Astinenza Neonatale
SAP **1** Squadra d'Azione Patriottica **2** Sindacato Autonomo di Polizia
SAR **1** Sua Altezza Reale **2** Società Aeroporti di Roma **3** (*elettr.*) *ingl.* Specific Absorption Rate (tasso di assorbimento specifico) **4** Ryal saudiano (moneta, simbolo bancario)
SARI (*posta*) Sistema Automatico di Riconoscimento Indirizzi
SAROM Società Azionaria Raffinazione Olii Minerali
SARS (*med.*) *ingl.* Severe Acute Respiratory Syndrome (grave sindrome respiratoria acuta)
SAS **1** Servizio Assistenza Stradale **2** *ingl.* Scandinavian Airlines System (Compagnia aerea scandinava) **3** *ingl.* Special Air Service (forza aerea speciale, marines inglesi aerotrasportati)
S.a.s. Società in Accomandita Semplice
SASMI Sindacato Autonomo Scuola Media Italiana
SAT **1** Società Alpinisti Tridentini **2** Servizio Assistenza Tossicodipendenti **3** Siero AntiTetanico
SAU (*agric.*) Superficie Agricola Utilizzata
SAUB Struttura Amministrativa Unificata di

Base (del servizio sanitario nazionale)
SAUI Struttura Amministrativa Unificata Intermedia
SAUR Struttura Amministrativa Unificata Regionale
SB Servizio Bancoposta
Sb (*chim.*) antimonio
sb (*fis.*) stilb
SBE Silvio Berlusconi Editore
sbf Salvo Buon Fine
SBG *ted.* Schweizerische Bankgesellschaft (Unione delle banche svizzere = UBS)
SBI Società Botanica Italiana
SC 1 Sacro Collegio **2** Sacro Cuore **3** Sacra Congregazione **4** Scuole Cristiane **5** Stato Civile **6** Suprema Corte (di Cassazione) **7** South Carolina (codice postale) **8** *ingl.* Security Council (Consiglio di Sicurezza, ONU) **9** *lat.* Senatus Consultu (secondo parere espresso dal Senato) **10** *ingl.* SuperCity (treno rapido austriaco ad alta velocità)
S.C. o **S.Car.** South Carolina
Sc 1 (*chim.*) scandio **2** Sconto commerciale **3** (*meteor.*) *lat.* Stratocumulus (stratocumulo, tipo di nuvola)
sc. scena
Scarl (*econ.*) Società Cooperativa A Responsabilità Limitata
scart (*elettron.*) *fr.* Syndicat des Constructeurs des Appareils Radiorécepteurs et Téléviseurs (Associazione dei costruttori di radioricevitori e televisori)
SCAU Servizio Contributi Agricoli Unificati
SCI Servizio Civile Internazionale
Scia Segnalazione Certificata di Inizio Attività
SCICO Servizio Centrale di Investigazione sulla Criminalità Organizzata (Guardia di Finanza; da questo servizio dipendono i GICO)
SCO Servizio Centrale Operativo (Polizia)
SCR (*elettron.*) *ingl.* Silicon Controlled Rectifier (raddrizzatore controllato al silicio, tiristore) = SCS
SCS 1 (*elettron.*) *ingl.* Silicon Controlled Switch (interruttore controllato al silicio, tiristore) = SCR **2** *ingl.* Stop Control System (sistema di controllo dell'arresto)
SCSI *ingl.* Small Computer System Interface (interfaccia per sistemi di piccoli elaboratori)
SCUBA *ingl.* Self-Contained Underwater Breathing Apparatus (apparato autonomo di respirazione subacquea) = ARA
SCV Stato della Città del Vaticano (targa autom.)
SD 1 Swaziland **2** *ted.* Sicherheitsdienst (Servizio di sicurezza nazista) **3** South Dakota (codice postale) **4** (*inform.*) *ingl.* Secure Digital (scheda di memoria digitale sicura)
S.D. o **S.Dak.** South Dakota
s.d. 1 senza data **2** *lat.* sine die (senza un giorno fissato)
SDA 1 *ted.* Schweizerische Depeschenagentur (Agenzia telegrafica svizzera, agenzia d'informazioni) **2** Scuola di Direzione Aziendale
SDAFS Scuola Diretta A Fini Speciali (la cosiddetta università breve, che rilascia diploma universitario e non diploma di laurea = DU)
SDECE *fr.* Service de Documentation Extérieure et de Contre-Espionnage (Servizio di documentazione estera e controspionaggio, fino al 1982) = DGSE
S.d.f. Società di fatto
SDI (*polit.*) Socialisti Democratici Italiani
SDK (*inform.*) *ingl.* Software Development Kit (pacchetto di sviluppo per applicazioni)
SDL Supplemental Down Link (collegamento satellitare integrativo, per telefonia mobile)
SDN Società delle Nazioni
SDP (*stor.*) *ted.* Sozial Demokratische Partei (Partito socialdemocratico della ex-RDT)
SDR *ingl.* Special Drawing Rights (diritti speciali di prelievo)
SDT (*aeron.*) *ingl.* Scheduled Departure Time (orario programmato di partenza di aereo, in un aeroporto)
SE 1 Sua Eccellenza **2** Sua Eminenza **3** Sud-Est
Se (*chim.*) selenio
s.e. senza editore
SEA Società Esercizi Aeroportuali
SEAL *ingl.* SEa Air Land (mare aria terra, corpo speciale antiterrorismo dei Marines americani)
SEAT 1 Società Elenchi ufficiali degli Abbonati al Telefono **2** *sp.* Sociedad Española de Automóviles de Turismo (fabbrica spagnola di auto)
SEATO *ingl.* South East Asia Treaty Organization (Organizzazione del trattato del Sud-est asiatico)
sec 1 (*mat.*) secante **2** secolo **3** secondo
SECAM (*tv*) *fr.* Séquentiel Couleur à Memoire (sequenziale colore a memoria)
SECIT Servizio Centrale Ispettori Tributari
SED (*stor.*) *ted.* Sozialistische Einheitspartei Deutschlands (Partito unitario socialista della Germania, della ex-RDT)
SEDI Società Editrice dei Documentari Italiani
SEE Spazio Economico Europeo
SEeO o **SE&O** salvo errori e omissioni, nelle fatture
seg. seguente
SEI Società Editrice Internazionale
SEK Corona svedese (moneta, simbolo bancario)
SEL (*polit.*) Sinistra Ecologia Libertà
SEM *ingl.* Scanning Electron Microscope (microscopio elettronico a scansione)
S.Em. Sua Eminenza
Sen. Senatore
sen (*mat.*) seno
SEO (*inform.*) *ingl.* Search Engine Optimization (ottimizzazione per i motori di ricerca)
SEPA *ingl.* Single Euro Payments Area (area unica dei pagamenti in euro)
Sermig Servizio Missionario Giovani
Serp (*inform.*) *ingl.* Search Engine Results Page (pagina dei risultati del motore di ricerca)
SERT SERvizio Tossicodipendenze
SET Società Esercizi Telefonici
SETAF *ingl.* Southern European Task American Force (Unità operativa amer. del Sud Europa)
SETI *ingl.* Search for ExtraTerrestrial Intelligence (ricerca di intelligenza extraterrestre)
SETL Scuola Europea di Traduzione Letteraria
Sett. Settembre
sett. settentrionale
Sez. Sezione
SF 1 Finlandia **2** *ingl.* Science Fiction (fantascienza)
sf (*mus.*) sforzando
SFI *fr.* Société Financière Internationale (società finanziaria internazionale, ONU)
SFIO *fr.* Section Française de l'Internationale Ouvrière (Sezione francese dell'Internazionale operaia, poi Partito socialista francese)
SFM Servizio Ferroviario Metropolitano
SFR Servizio Ferroviario Regionale
S.G. Sua Grazia
Sg (*chim.*) seaborgio
sg. seguente
SGC Strada di Grande Comunicazione
SGES Società Generale Esercizi Siciliani
SGI Società Geologica Italiana
sgl *ingl.* single (camera singola, nelle prenotazioni alberghiere)
SGM Sue Gentili (*o* Graziose) Mani
SGML (*inform.*) *ingl.* Standard General Markup Language (linguaggio standard generale di codifica)
SGOT (*med.*) *ingl.* Serum Glutamic Oxaloacetic Transaminase (transaminasi glutammico-ossalacetica)
SGP Singapore
SGR (*econ.*) Società di Gestione del Risparmio
SGS Società Generale Semiconduttori
sh. *ingl.* shilling (scellino)
SHAPE *ingl.* Supreme Headquarters Allied Powers in Europe (Supremo quartier generale delle Potenze alleate in Europa)
SHF (*fis.*) *ingl.* Super High Frequency (frequenza superelevata)
SHIK *albanese* SHerbimi Informativ Kombetar (Servizio nazionale di informazione, con funzioni di polizia segreta durante il regime comunista)
SHP (*polit.*) *turco* Sosyaldemokrat Halkçi Parti (Partito socialdemocratico popolare)
SHW/WC *ingl.* shower/water closet (camera con doccia e gabinetto, nelle prenotazioni alberghiere)
SI 1 Siena **2** Sistema Internazionale (di unità di misura) **3** (*polit.*) Socialisti Italiani **4** Servizi Interbancari **5** Stazza Internazionale
Si (*chim.*) silicio
SIA 1 Sindacato Ital. Artisti **2** Salone Internaz. dell'Alimentazione **3** Società Ital. di Agronomia
SIAE 1 Società Italiana Autori ed Editori **2** Società Italiana di Antropologia ed Etnologia
SIAS Sindacato Italiano Autori e Scrittori
SIB Società Italiana di Biochimica
SIC 1 Sistema Integrato della Comunicazione **2** (*ecologia*) Sito di Interesse Comunitario
SICAV (*banca*) Società di Investimento a CApitale Variabile
SICOF Salone Internazionale Cine Ottica Foto e audiovisivi
SICVE 1 (*autom.*) Sistema Informativo per il Controllo della VElocità **2** Società Italiana di Chirurgia Vascolare ed Endovascolare
SID Servizio Informazioni Difesa (1966-1977)
SIDA 1 Sindacato Italiano Dottori Agrari **2** Sindacato Italiano Lavoratori dell'Automobile **3** (*med.*) *fr.* Syndrome d'ImmunoDépression Acquise (sindrome d'immunodeficienza acquisita) = AIDS
SIDARMA Società Italiana D'ARMAmento
SIDIS SIstema DIScount (catena di supermercati)
SIDS *ingl.* Sudden Infant Death Syndrome (sindrome della morte improvvisa nell'infanzia)
SIECA Sindacato Ital. Editori Compositori Autori
SIEDS Società Italiana di Economia Demografia e Statistica
SIFAR Servizio Informazioni Forze ARmate (1949-1966)
Sig. Signore
Sigg. Signori

Sig.na Signorina
Sig.ra Signora
SIIQ (*borsa*) Società di Investimento Immobiliare Quotata
SILB Sindacato Italiano Locali da Ballo
SILCEA Sindacato Italiano Lavoratori del Credito ed Enti Assimilati
SILP Sindacato Ital. Lavoratori Postelegrafonici
SIM 1 Società Internazionale di Musicologia **2** Servizio Informazioni Militari (1927-1949) **3** Società d'Intermediazione Mobiliare **4** (*tel.*) *ingl.* Subscriber Identity Module (scheda d'identità dell'abbonato alla telefonia mobile GSM) **5** Società Italiana di Malacologia
SIMAP Servizio di Igiene Mentale e Assistenza Psichiatrica
SIMCA *fr.* Société Industrielle de Mécanique et Construction Automobiles (Società industriale di meccanica e costruzioni d'automobili)
SIMG Società Italiana di Medicina Generale
SIMP Società Italiana di Mineralogia e Petrologia
sin (*mat.*) seno
sin. sinistro/a
SINU Società Italiana di Nutrizione Umana
SIO V. *SIOSSIGENO*
SIOA Salone dell'Informatica, della telematica e della Organizzazione Aziendale
SIOS Servizio Informazioni Operative e Sicurezza (dipende dal ministero della Difesa per le tre Armi)
SIOSSIGENO Società per l'Industria dell'OSSIGENO e altri gas = SIO
SIP 1 Società Idroelettrica Piemonte (dal 1964 Società Italiana per l'Esercizio delle Telecomunicazioni; divenuta Telecom Italia S.p.A. nel 1994) **2** Sindacato Italiano Periti **3** Società Italiana di Parapsicologia **4** Società Italiana di Pediatria
SIPAC Sindacato Italiana Piloti Aviazione Civile
SIPE Società Italiana Prodotti Esplosivi
SIPRA Società Italiana Pubblicità per Azioni (già Società Italiana Pubblicità RAdiofonica)
SIR 1 Società Italiana Resine **2** Salone Internazionale del Regalo **3** Servizio d'Informazione Religiosa (della CEI)
SIRDS *ingl.* Single Image Random Dots Stereogram (stereogramma a punti casuali in singola immagine)
SIREMAR SIcilia REgionale MARittima (società di navigazione)
SIRM Società Italiana Radio Marittima
SIRTI Società Ital. Reti Telefoniche Interurbane
SIS 1 Servizio Ispettivo di Sicurezza **2** Società Italiana di Statistica **3** Servizio Informazioni Sicurezza **4** *ingl.* Schengen Information System (sistema d'informazioni, connesso al trattato di Schengen, UE, in cui sono confluiti i dati segnaletici di ricercati dalle polizie dei paesi aderenti)
SISA 1 Società Italiana Supermercati Associati **2** Società Italiana di Scienza dell'Alimentazione
SISAL Sport Italia Società A responsabilità Limitata
SISDE Servizio per l'Informazione e la Sicurezza DEmocratica (dal 1978)
SISMI Servizio per l'Informazione e la Sicurezza MIlitari (dal 1978)
SISSA Scuola Internazionale Superiore di Studi Avanzati
SIT 1 Servizio Ispettivo Tributario **2** Sistema Informativo Territoriale
SITAM Società Italiana Trasporti Aerei Merci
SIULP SIndacato Unitario dei Lavoratori di Polizia
SIV (*econ.*) *ingl.* Structured Investment Vehicle (veicolo strutturato per investimenti)
SJ *lat.* Societas Jesu (Compagnia di Gesù = CdG)
SK 1 Codice compagnia aerea scandinava (SAS) **2** Slovacchia
Sk (*fis.*) stoke
s.l. 1 (*sport*) stile libero **2** senza luogo (in bibliografia)
Sla (*med.*) Sclerosi Laterale Amiotrofica
SLC Sindacato Lavoratori della Comunicazione
SLI Società di Linguistica Italiana
s.l.m. Sul Livello del Mare
s.l.n.d. senza luogo né data (in bibliografia)
SLO Slovenia
SM 1 Stato Maggiore **2** Sua Maestà **3** Sue Mani
Sm (*chim.*) samario
SMA 1 Scuola Militare Alpina **2** SuperMercati Alimentari **3** (*med.*) *ingl.* Spinal Muscular Atrophy (atrofia muscolare spinale)
SMAL Servizio Medicina Ambiente Lavoro
SMAU Salone internazionale sistemi per l'informatica Macchine Arredamento Ufficio
SMC 1 Servizio Militare Compiuto **2** (*stor.*) Sua Maestà Cattolica
SME 1 Società Meridionale Finanziaria (già Società Meridionale di Elettricità) **2** Stato Maggiore Esercito **3** Sistema Monetario Europeo **4** (*eccl.*) *lat.* Sancta Mater Ecclesia (Santa Madre Chiesa)
SMG Stato Maggiore Generale
SMI 1 Società Metallurgica Italiana **2** Sua Maestà Imperiale
SMIPAR Scuola MIlitare di PARacadutismo
SMK *ingl.* SuperMarKet (supermercato)
SMOM Sovrano Militare Ordine di Malta
SMS (*tel.*) *ingl.* Short Message Service (servizio per l'invio di brevi messaggi)
SMTP (*Internet*) *ingl.* Simple Mail Transfer Protocol (protocollo elementare di trasferimento postale)
SN Senegal
S/N (*fis.*) *ingl.* Signal Noise (segnale / rumore)
Sn (*chim.*) stagno
s.n. senza numero (di pagina, in bibliografia)
SNALS Sindacato Nazionale Autonomo Lavoratori della Scuola
SNAM Società NAzionale Metanodotti
SNASIC Sindacato NAz. Stampa Informazione e Comunicazione tecnico-scientifica e locale
SNAV Società di Navigazione ad Alta Velocità
s.n.c. 1 (*dir.*) Società in Nome Collettivo **2** Senza Numero Civico (*negli indirizzi*)
SNCCI Sindacato Nazionale Critici Cinematografici Italiani
SNCF *fr.* Société Nationale des Chemins de Fer Français (Società naz. delle ferrovie francesi)
SNG *russo* Sodrujestvo Nezavisimych Gosudarstv (Comunità stati indipendenti, parte dell'ex-URSS = CSI)
SNIA 1 Società di Navigazione Italo-Americana **2** (**Viscosa**) Società Nazionale Industria Applicazioni (Viscosa)
s.n.t. senza note tipografiche (in bibliografia)
SO 1 Sondrio **2** Sud-Ovest = SW
Soa Società Organismo di Attestazione
Soc. Società
SOCOF SOvrimposta COmunale (sul reddito) dei Fabbricati
SOGEME SOcietà GEstione MEnse
SOHO *ingl.* SOuth of HOuston street (zona di Manhattan, New York, abitata da artisti con negozi e locali alternativi)
SOI 1 Società Oleodotti Italiani **2** Società Ornitologica Italiana
SOMS (*econ.*) Società Operaia di Mutuo Soccorso
SONAR *ingl.* SOund Navigation And Ranging (navigazione e misurazione per mezzo del suono)
SOP (*farm.*) Senza Obbligo di Prescrizione
sopr. (*filatelia*) soprastampa
soprast. (*filatelia*) soprastampato
SOS 1 segnale internazionale di pericolo variamente interpretato: *ingl.* Save our Souls (salvate le nostre anime); *ingl.* Save our Ship (salvate la nostra nave); *ingl.* Save our Sailors (salvate i nostri marinai); *ingl.* Stop other Signals (sospendete altri segnali). In realtà il segnale consiste in un gruppo di tre lettere dell'alfabeto Morse ripetute senza riferimento a particolari significati, bensì scelte per semplicità e chiarezza di trasmissione **2** Scuola Orientata allo Studente
sost (*mus.*) sostenuto
SOWETO *ingl.* SOuthWEstern TOwnship (insediamento urbano pianificato di neri africani, Johannesburg, Sudafrica)
SP 1 La Spezia **2** Somalia
S.P. 1 Santo Padre **2** Strada Provinciale **3** (*milit.*) Servizio Permanente
sp. spagnolo
S.p.A. Società per Azioni
Spa *lat.* Salus Per Aquam (salute tramite l'acqua; paretimologia del nome della città termale belga *Spa*)
Spaid Sottosistema Periferico per l'Acquisizione delle Impronte Digitali
SPAL Società Polisportiva Ars et Labor (società calcistica di Ferrara)
SPD (*polit.*) *ted.* Sozialdemokratische Partei Deutschlands (Partito socialdemocratico tedesco)
SPE 1 (*milit.*) Servizio Permanente Effettivo **2** Società Pubblicità Editoriale
spec. specialmente
SPECT (*med.*) *ingl.* Single Photon Emission Computerized Tomography (tomografia computerizzata a emissione di singoli fotoni)
SPES Servizio Propaganda E Stampa (della ex-Democrazia Cristiana)
Spett. Spettabile
SPGM Sue Proprie Gentili Mani
SPI 1 Società per la Pubblicità in Italia **2** Società Psicoanalitica Italiana
Spi Servizi Per l'Impiego
SPICE (*inform.*) *ingl.* Simulation Program with Integrated Circuit Emphasis (programma di simulazione con enfasi sui circuiti integrati)
SPM Sue Proprie Mani
SPORTASS cassa di previdenza per l'ASSicurazione degli SPORTivi
SPPR Sindacato Presidi e Professori di Ruolo
SPQR *lat.* Senatus PopulusQue Romanus (il senato e il popolo di Roma)
SQ Codice compagnia aerea (Singapore Airlines)
sq *ingl.* square (quadrato)
SQL (*inform.*) *ingl.* Structured Query Language (linguaggio strutturato per interrogazioni di un database)
SR 1 Siracusa **2** Codice compagnia aerea svizzera (Swissair)
S. R. Strada Regionale
Sr 1 (*chim.*) stronzio **2** sconto razionale

sr 1 senior **2** (*mat.*) steradiante
S.ra Sierra (nelle carte geografiche)
SRAM *ingl.* Short Range Attack Missile (missile d'attacco a gittata corta)
SRB 1 Serbia **2** Stazione Radio Base (di telefonia mobile)
SRC Santa Romana Chiesa
SRF Servizio Repressione Frodi (alimentari)
SRI Sacro Romano Impero
s.r.l. Società a Responsabilità Limitata
SRM Sue Riverite Mani
SS 1 Sassari **2** *ted.* Schutzstaffeln (squadre di sicurezza naziste) **3** Società Sportiva
SS. Santi | Santissimo
S.S. 1 Sua Santità | Santa Sede **2** Strada Statale
S/S, **s/s** *ingl.* SteamShip (nave a vapore)
ss. seguenti (in bibliografia)
SSB *ingl.* Single-Side Band (banda laterale unica)
SSBS *fr.* Sol-Sol Balistique Stratégique (missile terra-terra balistico strategico)
SSE Sud-Sud-Est
SSI 1 Società Speleologica Italiana **2** *ingl.* Scuba Schools International (scuole internaz. di immersione subacquea con autorespiratore ad aria)
SSIS Scuola di Specializzazione per l'Insegnamento Secondario
SSL (*inform.*) *ingl.* Secure Sockets Layer (protocollo per comunicazioni sicure in Internet)
SSK *ingl.* Submarine Submarine Killer (sommergibile distruttore di sommergibile)
SSLP *fr.* Sol-Sol Longue Portée (missile terra-terra di lunga distanza)
SSN Servizio Sanitario Nazionale
SSO Sud-Sud-Ovest = SSW
SSPA Scuola Superiore della Pubblica Amministrazione
SSR *ingl.* Secondary Surveillance Radar (radar secondario)
SS.RR. Sezioni Riunite (della Corte dei Conti)
SSSR *russo* Sojuz Sovetskich Socialističeskich Respublik, V. *URSS*
SS.UU. Sezioni Unite (della Corte di Cassazione)
SSV Strada a Scorrimento Veloce
SSW *ingl.* South South-West (Sud-Sud-Ovest = SSO)
St (*meteor.*) *lat.* Stratus (strato, tipo di nuvola)
St. *ingl.* Saint (Santo)
STA Società Trasporti Automobilistici
STALAG *ted.* STAmmLAGer (campo di prigionia tedesco nella seconda Guerra mondiale)
STANDA Società Tutti Articoli Nazionali Dell'Abbigliamento (catena di grandi magazzini)
START *ingl.* STrategic Arms Reduction Talks (Trattative per riduzione di armi strategiche)
STASI *ted.* Staatssicherheitsdienst (Servizio per la sicurezza dello Stato, servizio segreto dell'ex-RDT)
STC 1 Segreteria Telefonica Centralizzata (per abbonati alla telefonia mobile) **2** (*med.*) Sindrome del Tunnel Carpale
st. civ. stato civile
STET Società Torinese Esercizi Telefonici (*poi* Soc. Finanziaria Telefonica per azioni, *oggi*, incorporando la Telecom Italia, ne assumerà il nome)
STG Specialità Tradizionale Garantita
STIM Sudafrica, Turchia, Indonesia, Messico
Stim. Stimato
Stim.mo/a Stimatissimo/a (nella corrispondenza)
STIPEL Società Telefonica Interregionale Piemontese E Lombarda
Stm *ingl.* Sgs Thompson Microelectronics (microelettronica Thompson SGS)
STOL (*aeron.*) *ingl.* Short Take Off and Landing (decollo e atterraggio corti)
Stp Società Tra Professionisti
Str. Stretto (nelle carte geografiche)
str (*mat.*) sterangolo, steradiante
SU Codice compagnia aerea russa (AEROFLOT)
SUA Stati Uniti d'America = USA
SUF Lamezia Terme (codice IATA)
SUNIA Sindacato Unitario Nazionale Inquilini e Assegnatari
SUP *ingl.* Stand Up Paddle surfing (fare surf pagaiando in piedi sulla tavola)
sup. superiore
SUPERAL SUPERiorità ALimentare (catena di supermercati)
suppl. supplemento (in bibliografia)
SUR Rublo russo (moneta, simbolo bancario)
SUV (*autom.*) *ingl.* Sport Utility Vehicle (autoveicolo per lo sport e il lavoro)
SV 1 Savona **2** Codice compagnia aerea saudita (SAUDIA) **3** Signoria Vostra
Sv (*fis.*) sievert
sv 1 (*mus.*) sottovoce **2** *lat.* sub voce (sotto la voce, in rinvii)
sved. svedese
SVI 1 Signoria Vostra Illustrissima **2** Servizio Italiano Valanghe
SVIMEZ ass. per lo SViluppo dell'Industria nel MEZzogiorno
SVP 1 (*polit.*) *ted.* Südtiroler Volkspartei (Partito popolare sud tirolese) **2** *fr.* S'il Vous Plaît (per favore) **3** (*econ.*) *ingl.* Special Purpose Vehicle (società veicolo costituita per un determinato scopo)
SW 1 *ingl.* South West (Sud-Ovest = SO) **2** (*rad.*) *ingl.* Short Waves (onde corte = OC) **3** (*inform.*) *ingl.* Software **4** (*autom.*) *ingl.* Station Wagon
SWAPO *ingl.* South-West Africa People's Organization (Organizzazione del popolo dell'Africa del Sud-Ovest, partito della Namibia)
SWIFT (*banca*) *ingl.* Society for Worldwide Interbank Financial Telecommunication (Società di telecomunicazioni finanziarie interbancarie mondiali)
SWISSAIR SWISS AIR system (compagnia aerea svizzera)
SWOT (*org. az.*) *ingl.* Strenghts, Weaknesses, Opportunities and Threats (analisi basata su punti di forza, punti di debolezza, opportunità, minacce)
Sx sinistro, sinistra
SYR Siria
sysop (*inform.*) *ingl.* SYStem OPerator (gestore di sistema)
SZ *ted.* Süddeutsche Zeitung (quotidiano d'informazione di Monaco di Baviera)
T 1 Tabaccheria, Tabacchi (nelle insegne) **2** (*fis.*) periodo | tesla | energia cinetica | temperatura termodinamica **3** tera- **4** (*mus.*) tutti **5** Terra (pianeta) **6** Thailandia **7** (*chim.*) tritio **8** Turistico (scala difficoltà escursionistiche) **9** Tossico (su confezione di prodotti di uso domestico) **10** (*biol.*) Timina (base pirimidinica del DNA) **11** Torre (scacchi) **12** Traforo *o* tunnel
T. o **Torr.** Torrente (nelle carte geografiche)
t 1 tonnellata **2** (*fis.*) tempo **3** termine **4** tara **5** tomo
T1 traforo del Monte Bianco
T2 1 traforo del Gran San Bernardo **2** (*ferr.*) Turistico due (vettura-letti con compartimenti a due letti e, comunemente, un posto in tale vettura)
T3 1 (*bioch.*) Triiodotironina **2** (*ferr.*) Turistico tre (vettura-letti con compartimenti a tre letti e, comunemente, un posto in tale vettura)
T4 1 traforo del Fréjus **2** Trimetilentrinitroammina (esplosivo) **3** (*med.*) Tetraiodotironina
T9 (*tel.*) *ingl.* Text input 9 (sistema per la scrittura rapida di testi basato sui soli 9 tasti alfabetici dei telefoni)
TA Taranto
Ta (*chim.*) tantalio
TAB vaccino contro Tifo e paratifo A e B
tab. tabella
TAC (*med.*) Tomografia Assiale Computerizzata
TACS (*tel.*) *ingl.* Total Access Communication System (sistema di comunicazione ad accesso totale su 900 MHz, nella telefonia mobile)
TAEG (*banca*) Tasso Annuo Effettivo Globale
TAF Treno ad Alta Frequentazione
TAL (*ling.*) Trattamento Automatico del Linguaggio (cfr. NLP)
TAN (*banca*) Tasso Annuale Nominale
tan (*mat.*) tangente
TAP *portog.* Transportes Aéreos Portugueses (Linee aeree portoghesi)
TAR Tribunale Amministrativo Regionale
TARES TAssa sui Rifiuti E sui Servizi
TA.RI. TAssa sui RIfiuti
TAROM *romeno* Transporturile Aeriene Romane (Trasporto aereo romeno)
TARSU TAssa Rifiuti Solidi Urbani
TAS Tribunale Arbitrale dello Sport
TASCAP TASsa Comunale per Arti e Professioni = ICIAP
TASCO TASsa COMunale
TASI TAssa sui Servizi Indivisibili
TASS *russo* Telegrafnoe Agentstvo Sovetskogo Sojuza (Agenzia telegrafica dell'Unione Sovietica, agenzia d'informazioni)
TAT 1 (*psicol.*) Test di Appercezione Tematica **2** (*tel.*) Tariffa A Tempo
TATE (*tel.*) Tariffa A Tempo Esatto
TAV Treno ad Alta Velocità
Tb (*chim.*) terbio
TBC, **tbc** (*med.*) tubercolosi
TBZ (*chim.*) TiaBendaZolo (conservante alimentare, E233)
Tc (*chim.*) tecnezio
t/c turbocisterna
TCDD (*chim.*) tetracloro-dibenzo-paradiossina
TCH Ciad
TCI Touring Club Italiano
TD Molto difficile (scala difficoltà alpinistiche)
Td Turbodiesel
TDF *fr.* Télédiffusion De France (Telediffusione di Francia, dal 1975)
TDW (*mar.*) *ingl.* Ton Dead Weight (tonnellata portata lorda = TPL)
TE 1 Teramo **2** (*ferr.*) Trazione Elettrica
Te (*chim.*) tellurio
TEAM Tessera Europea di Assicurazione Malattia
TEC Tonnellata Equivalente di Carbone
ted. tedesco
TEE (*ferr.*) treno Trans Europe Express
TEEM (*ferr.*) *ingl.* Trans Europe Express Merchandises (treno TEE per trasporto merci)
TELECOM ITALIA S.P.A. Società

Sigle, abbreviazioni, simboli

Italiana di Telecomunicazioni
TELESPAZIO Società Italiana per le Comunicazioni via Satellite
TELEX *ingl.* TELeprinter EXchange (trasmissione per telescrivente)
TELVE (società) TELefonica delle VEnezie
TEN (*ferr.*) treno Trans Euro Notte
Ten. Tenente
ten. (*mus.*) tenuto
Tenn. Tennessee
TEP Tonnellata Equivalente di Petrolio
TESOL *ingl.* Teaching of English to Speakers of Other Languages (insegnamento dell'inglese ai parlanti altre lingue)
TETI (società) TElefonica TIrrena
TEU (*trasporti*) *ingl.* Twenty-foot Equivalent Unit (unità di volume corrispondente ad un container standard di 20 piedi)
Tex. Texas
TFA Tirocinio Formativo Attivo
TFI (*mat.*) *ingl.* Transfer Function Interpreter (interprete di funzioni di trasferimento)
TFR Trattamento di Fine Rapporto (lavorativo)
TFT (*elettron.*) *ingl.* Thin Film Transistor (transistor a film sottile)
TG 1 Telegiornale **2** Codice compagnia aerea thailandese (Thai International)
tg (*mat.*) tangente
TGR Tele Giornale Regionale (RAI-TV)
TGS Tele Giornale testata Sportiva (RAI-TV)
TGSC Territorio a Gestione Sociale della Caccia
TGV *fr.* Train Grande Vitesse (treno ad alta velocità)
TH Thailandia
Th (*chim.*) torio
th (*fis.*) termia
THG (*med.*) *ingl.* TetraHydroGestrinone (tetraidrogestrinone)
THY *turco* Turk Hava Yollari (Compagnia aerea turca)
TI (*autom.*) Turismo Internazionale
Ti (*chim.*) titanio
Ti. *lat.* Tiberius (Tiberio, imperatore romano)
TIA 1 Tariffa Integrata Ambientale (*in precedenza* Tariffa di Igiene Ambientale) **2** (*med.*) *ingl.* Transient Ischemic Attack (attacco ischemico transitorio)
TIC Tecnologia dell'Informazione e della Comunicazione (*cfr.* ICT)
TIF *fr.* Transports Internationaux Ferroviaires (Trasporti internazionali ferroviari)
TIFF (*inform.*) *ingl.* Tagged Image File Format (formato per file di immagini con etichetta)
TIM Telecom Italia Mobile
TIMO Telefoni Italia Medio-Orientale
TIR 1 *fr.* Transports Internationaux Routiers (Trasporti internazionali su strada) **2** Testata per l'Informazione Regionale (RAI-TV)
tit. 1 titolo, in bibliografia **2** titolare
TJ Tagikistan
TK Codice compagnia aerea turca (Turkish Airlines-THY)
Tl (*chim.*) tallio
Tlc Telecomunicazioni
TLP TeLePass
TM 1 *ingl.* TradeMark (marchio registrato) **2** Turkmenistan
Tm (*chim.*) tulio
t.m. (*org. az.*) tempi e metodi
TMC TeleMonteCarlo (canale TV)
TMEC Tempo Medio dell'Europa Centrale
TMG Tempo Medio di Greenwich = GMT
TMP Tassa Monopolio Postale
TN 1 Trento **2** Tunisia **3** Tennessee (codice postale)
T/N, t/n turbonave
Tn (*chim.*) toron
TND Dinaro tunisino (moneta, simbolo bancario)
TNP *fr.* Théâtre National Populaire (Teatro nazionale popolare)
TNT (*chim.*) Trinitrotoluene (tritolo)
TO 1 Torino **2** Tonga **3** *ingl.* Tour Operator (Operatore turistico)
TOM *fr.* Territoire d'Outre-Mer (territorio d'oltremare)
TOREMAR TOscana REgionale MARittima (società di navigazione)
Torr. Torrente (nelle carte geografiche)
TOSAP Tassa sull'Occupazione di Spazi ed Aree Pubblici
tosc. toscano
TOTIP TOTalizzatore IPpico
TOTOCALCIO TOTalizzatore CALCIstico
TOTOGOL TOTalizzatore dei GOL
TP 1 Trapani **2** Codice compagnia aerea (TAP-Air Portugal) **3** ass. ital. Tecnici-Pubblicitari
TPA (nucleo) Tutela Patrimonio Artistico (Carabinieri)
TPI Tribunale Penale Internazionale
TPL Tonnellata Portata Lorda = TDW
TPMS (*autom.*) *ingl.* Tyre Pressure Monitoring System (sistema di monitoraggio della pressione degli pneumatici = RDK)
TPN *ingl.* Triphosphopyridine nucleotide (trifosfopiridin nucleotide)
TPS Trapani (codice IATA)
TQ Teatro Quartiere
TR 1 Terni **2** Turchia **3** Tempo Reale
Tr 1 *lat.* tribunus (tribuno, nelle iscrizioni latine) **2** (*comm.*) tratta
tr. (*mus.*) trillo
trad. traduzione/traduttore
trim. trimestre | trimestrale
TR£ Lira turca (moneta, simbolo bancario)
TRN Torino (codice IATA)
tRNA (*biol.*) RNA trasportatore
TRS Trieste (codice IATA)
TS Trieste
TSA (*USA*) Transportation Security Administration (ente per la sicurezza dei trasporti)
TSF 1 telegrafo senza fili **2** telefono senza fili
TSH (*med.*) *ingl.* Thyroid Stimulating Hormone (ormone tireotropo)
TSL (*mar.*) tonnellate stazza lorda
TSN (*mar.*) tonnellate stazza netta
TSO Trattamento Sanitario Obbligatorio
TSP Tribuna Speciale Politica (programma RAI-TV di argomento politico)
TT (*comm.*) *ingl.* Telegraph Transfert (trasferimento o bonifico telegrafico)
TTS (*inform.*) *ingl.* Text To Speech (da testo a voce = sintesi vocale)
TU 1 (*fis.*) tempo universale **2** (*dir.*) Testo Unico **3** *ingl.* Trade Unions (Sindacati inglesi)
TUC Tempo Universale Coordinato
TUF Testo Unico della Finanza
TUIR Testo Unico delle Imposte sui Redditi
TURISANDA società italiana per il TURISmo e la PropagANDA
TURP (*med.*) *ingl.* Transurethral Resection of the Prostate (resezione transuretrale della prostata)
TUS Tasso Ufficiale di Sconto
TUT (*tel.*) Tariffa Urbana a Tempo
TÜV *ted.* Technischer Überwachungs-Verein (ufficio di controllo tecnico)
TV 1 Treviso **2** TeleVisione
TVA 1 *fr.* Taxe à la Valeur Ajoutée (imposta sul valore aggiunto = IVA, MWSt., VAT) **2** *ingl.* Tennessee Valley Authority (Ente per la valle del Tennessee)
TVB (*fam.*) Ti Voglio Bene
TVTB (*fam.*) Ti Voglio Tanto Bene
TVC TeleVisione a Colori
TVE *sp.* TeleVisión Española (Televisione spagnola)
TW Codice compagnia aerea americana (TWA)
TWA *ingl.* Trans World Airlines (Linee aeree intercontinentali)
twn *ingl.* twin (camera doppia con letti gemelli, cioè separati, nelle prenotazioni alberghiere)
TW$ Dollaro Taiwan (moneta, simbolo bancario)
TX Texas (codice postale)
U 1 (*fis.*) energia potenziale **2** (*chim.*) uranio **3** Uruguay **4** (*biol.*) Uracile, base pirimidinica dell'RNA **5** *ingl.* Underground (sotterranea, metropolitana londinese)
U. Uadi (nelle carte geografiche)
u 1 (*numism.*) *lat.* unicum (pezzo unico) **2** unità di massa atomica
U2 Codice compagnia aerea EasyJet
UA 1 Codice compagnia aerea americana (United Airlines) **2** Unità Astronomica **3** Ucraina (targa autom.) **4** Unità di Apprendimento
u.a. unità antigene
UAAR Unione degli Atei e degli Agnostici Razionalisti
UACV Unità di Analisi dei Crimini Violenti (Polizia)
UAE Emirati Arabi Uniti
UAI 1 Unione Astronomica Internazionale **2** Unione Astrofili Italiani
UAR Ufficio Affari Riservati
UAV *ingl.* Unmanned Aerial Vehicle (veicolo aereo senza equipaggio)
U-Bahn *ted.* Untergrundbahn (ferrovia sotterranea, metropolitana)
UBI 1 Unione Bibliografica Italiana **2** Unione Bocciofila Italiana **3** Unione di Banche Italiane
U-Boot (*milit.*) *ted.* Unterseeboot (sommergibile)
UBS Unione di Banche Svizzere
UCAI Unione Cattolica Artisti Italiani
UCD Ufficio Catechistico Diocesano
UCE Unità di Conto Europea
UCEBI Unione Cristiana Evangelica Battista d'Italia
UCEI Ufficio Centrale per l'Emigrazione Italiana
UCI 1 *fr.* Union Cycliste Internationale (Unione ciclistica internazionale) **2** Ufficio Centrale Italiano (gestisce in Italia il certificato internazionale di assicurazione, la "carta verde")
UCID Unione Cristiana Imprenditori Dirigenti
UCIGOS Ufficio Centrale per le Investigazioni Generali e le Operazioni Speciali (Polizia)
UCII Unione delle Comunità Israelitiche Italiane
UCIMU Unione Costruttori Italiani Macchine Utensili
UCIP *fr.* Union Catholique Internationale de la Presse (Unione cattolica internaz. della stampa)
UCK *albanese* Ushtria Çlirimtare e Kosovës (esercito di liberazione del Kosovo)
UCLA *ingl.* University of California Los

Angeles

UCOII Unione delle Comunità ed Organizzazioni Islamiche in Italia

UCSI 1 Unione Cattolica della Stampa Italiana **2** Ufficio Centrale per la Sicurezza Interna

UCT Ufficio Controllo Territorio (Polizia)

UD 1 Udine **2** Unità Didattica

UDA Unità Di Apprendimento

UDC *ingl.* Universal Decimal Classification (classificazione decimale universale = CDU)

U.d.C. (*polit.*) Unione di Centro

UDDA Unione Democratica Dirigenti d'Azienda

UDE (*agric.*) Unità di Dimensione Economica

UDeuR (*polit.*) Unione dei Democratici per l'Europa

UDF (*polit.*) *fr.* Union pour la Démocratie Française (Unione per la democrazia francese)

UDI Unione Donne Italiane

UDR (*polit.*) Unione dei Democratici per la Repubblica

UE 1 Unione europea **2** (*farm.*) uso esterno

UECA Unione Europea Commercianti Ambulanti

UEFA *ingl.* Union European Football Associations (Unione europea delle federazioni di calcio)

UEM Unione Economica e Monetaria = EMU

UEO Unione dell'Europa Occidentale

UEP Unione Europea dei Pagamenti

UER Unione Europea di Radiodiffusione

UFA (*cinema*) *ted.* Universum-Film-Aktiengesellschaft (Società per azioni Universum Film)

Uff. 1 Ufficiale **2** Ufficio

UFO *ingl.* Unidentified Flying Object (oggetto volante non identificato = OVNI)

UGAI Unione Giornalisti Aerospaziali Italiani

UGC 1 (*Internet*) *ingl.* User Generated Content (contenuto generato dagli utenti) **2** Unione Generale Coltivatori

UGI Unione Goliardica Italiana

UGIS Unione Giornalisti Italiani Scientifici

UGL Unione Generale del Lavoro

UHF (*fis.*) *ingl.* Ultra High Frequency (frequenza ultra-alta)

UHT *ingl.* Ultra High Temperature (temperatura ultra-alta, tipo di sterilizzazione alimentare)

U.I. 1 (*farm.*) uso interno **2** unità immunizzanti **3** (*bioch.*) Unità Internazionale = I.U. **4** Unione Industriali

UIA Unione Italiana Autotrasportatori

UIAA Unione Internazionale delle Associazioni di Alpinismo

UIC 1 Ufficio Italiano dei Cambi **2** Ufficio Internazionale dei Cambi **3** *fr.* Union Internationale des Chemins de fer (Unione ferroviaria internazionale) **4** Unione Italiana Ciechi

UICC Unione Italiana Circoli del Cinema

UICPA Unione Internaz. di Chimica Pura e Applicata

UID Unità Immobiliare a Disposizione

UIE *fr.* Union Internationale des Étudiants (Unione internazionale degli studenti)

UIGOS Ufficio Investigazioni Generali e Operazioni Speciali (Polizia)

UIL Unione Italiana del Lavoro

UILDM Unione Italiana Lotta alla Distrofia Muscolare

UILM Unione Italiana Lavoratori Metalmeccanici

UIMEC Unione Ital. Mezzadri E Coltivatori diretti

UIPMB *fr.* Union Internationale de Pentathlon Moderne et Biathlon (Unione internazionale di pentathlon moderno e biathlon)

UISB Unione Internaz. delle Scienze Biologiche

UISN Unione Italiana Sci Nautico

UISP Unione Italiana SPort per tutti (*già* Unione Italiana Sport Popolare)

UIT 1 *fr.* Union Internationale des Télécommunications (Unione internazionale per le telecomunicazioni) **2** *fr.* Union Internationale de Tir (Unione internazionale di tiro, di armi da fuoco)

UITP Unione Internaz. dei Trasporti Pubblici

UITS Unione Italiana di Tiro a Segno

Uiu Unità immobiliare urbana

UK *ingl.* United Kingdom (Regno unito, di Gran Bretagna e Irlanda del Nord = RU)

UL (*agric.*) Unità Lavorativa

ULM (*aeron.*) aereo UltraLeggero a Motore

ULU (*agric.*) Unità di Lavoro Umano

UMA 1 Utenti Motori Agricoli **2** *fr.* Union du Maghreb Arabe (unione del Maghreb arabo)

UMC Ufficio Metrico Centrale

UME Unione Monetaria Europea

UMI 1 Unione Matematica Italiana **2** Unione Monarchica Italiana **3** Unione Magistrati Italiani **4** Unione Micologica Italiana

UMPC (*inform.*) *ingl.* Ultra Mobile PC (personal computer ultramobile)

UMTS (*tel.*) *ingl.* Universal Mobile Telecommunications System (sistema universale di telecomunicazione mobile)

UN V. *UNO, ONU*

UNACOMA Unione NAzionale COstruttori Macchine Agricole

UNATRAS Unione NAzionale TRASportatori

UNAVI Unione Naz. delle Associazioni Venatorie Italiane

UNCEM Unione Naz. dei Comuni e degli Enti Montani

UNCI 1 Unione Naz. Cooperative Italiane **2** Unione Naz. Cronisti Italiani

UNCTAD *ingl.* United Nations Conference on Trade And Development (conferenza delle Nazioni Unite sul commercio e lo sviluppo)

UNDEL Unione Naz. Dipendenti Enti Locali

UNDP *ingl.* United Nations Development Programme (programma delle Nazioni Unite per lo sviluppo)

UNDPKO *ingl.* United Nations Department of PeaceKeeping Operations (Dipartimento delle Nazioni Unite per le operazioni di mantenimento della pace)

UNEF *ingl.* United Nations Emergency Forces (forze di emergenza delle Nazioni Unite)

UNEMI Unione Naz. Editori di Musica Italiana

UNEP *ingl.* United Nations Environment Program (programma delle Nazioni Unite per l'ambiente)

UNESCO *ingl.* United Nations Educational, Scientific and Cultural Organization (Organizzazione delle Nazioni Unite per l'educazione, la scienza, la cultura)

UNFDAC *ingl.* United Nations Fund for Drug Abuse Control (Fondo delle Nazioni Unite per la lotta contro l'abuso di stupefacenti)

UNFPA *ingl.* United Nations Population Fund (Fondo delle Nazioni Unite per la popolazione)

UNHCHR *ingl.* United Nations High Commissioner on Human Rights (Alto commissariato delle Nazioni Unite per i diritti umani)

UNHCR *ingl.* United Nations High Commissioner for Refugees (Alto commissariato delle Nazioni Unite per i rifugiati) = ACNUR

UNI 1 ente naz. italiano di UNIficazione (*già* Ente naz. per l'unificazione nell'industria) **2** Unione Naturalisti Ital. **3** Unione Naturisti Ital.

UNIA Unione Naz. Inquilini e Assegnatari

UNICEF *ingl.* United Nations International Children's Emergency Fund (Fondo internaz. di emergenza per l'infanzia delle Nazioni Unite)

Unicom Unione Nazionale Imprese di Comunicazione

UNICOST UNItà per la COSTituzione (corrente della magistratura)

UNICRI *ingl.* United Nations Interregional Crime and justice Research Institute (Istituto interregionale delle Nazioni Unite per la ricerca sul crimine e sulla giustizia)

UNIDO *ingl.* United Nations Industrial Development Organization (organizzazione delle Nazioni Unite per lo sviluppo industriale)

UNIEF Unione Naz. Insegnanti di Educazione Fisica

UNIMA Unione Naz. delle Imprese di Meccanizzazione Agricola

UNIONCAMERE UNIONe italiana delle CAMERE di commercio

UNIPRO Unione Naz. Industria PROfumeria

UNIRE Unione Naz. per l'Incremento delle Razze Equine

UNITA *portog.* Uniâo Nacional para a Indipendencia Total de Angola (Unione nazionale per l'indipendenza totale dell'Angola)

UNITALSI Unione Naz. Italiana Trasporto Ammalati a Lourdes e Santuari Italiani

UNIVAC *ingl.* Universal Automatic Computer (calcolatore universale automatico)

UNO *ingl.* United Nations Organization (Organizzazione delle Nazioni Unite = ONU)

UNPLI Unione Nazionale Pro Loco d'Italia

UNPROFOR *ingl.* United Nations PROtection FORces (forze di protezione dell'ONU)

UNR *fr.* Union pour la Nouvelle République (Unione per la nuova Repubblica)

UNRAE Unione Naz. Rappresentanti case Automobilistiche Estere

UNRRA *ingl.* United Nations Relief Rehabilitation Administration (Amministrazione delle Nazioni Unite per la riabilitazione e il soccorso dei paesi liberati)

UNRWA *ingl.* United Nations Relief and Works Agency for Palestine Refugees in the Near East (Agenzia delle Nazioni Unite per il Soccorso e l'Occupazione dei profughi palestinesi nel Medioriente)

UNU *ingl.* United Nations University (università delle Nazioni Unite)

UNUCI Unione Naz. Ufficiali in Congedo d'Italia

UNURI Unione Naz. Universitaria Rappresentativa Italiana

UNV *ingl.* United Nations Volunteers (Volontari delle Nazioni Unite)

UO Unità Operativa

UP 1 *ingl.* United Press (Stampa unita, agenzia d'informazioni americana) **2** *ingl.* University Press (Stampa universitaria, in indicazioni bibliografiche) **3** Unione Petrolifera

UPA 1 *sp.* Unión PanAmericana (Unione panamericana) **2** Utenti Pubblicità Associati

UPC *ingl.* Universal Product Coding (codifica universale a barre del prodotto, USA)

UPI 1 *ingl.* United Press International (Stampa unita internazionale) **2** Unione Province d'Italia

UPIM Unico Prezzo Italiano di Milano (catena di grandi magazzini)
UPLMO Ufficio Provinciale del Lavoro e della Massima Occupazione (*detto* Ufficio di collocamento)
UPPI Unione Piccoli Proprietari Immobiliari
UPS 1 *ingl.* United Parcel Service (servizio consegna pacchi) **2** (***elettron.***) *ingl.* Uninterruptible Power Supply (alimentatore non soggetto a interruzioni = gruppo di continuità)
UPT Ufficio Provinciale del Tesoro
UPU *fr.* Union Postale Universelle (Unione postale universale)
UQ Ultimo Quarto (di luna)
URAR-tv Ufficio Registro Abbonamenti Radio e Televisione
URI (***stor.***) Unione Radiofonica Italiana (dal 1924 al 1928, *dopo* EIAR)
URL (***inform.***) *ingl.* Uniform Resource Locator (localizzatore di risorse in Internet)
URP Ufficio per Relazioni con il Pubblico
URSS (***stor.***) Unione delle Repubbliche Socialiste Sovietiche = SSSR
US 1 Ufficio Stampa **2** *ingl.* United States (Stati Uniti) **3** Unione Sportiva **4** Codice compagnia aerea (US Air) **5** Uscita di Sicurezza
u.s. ultimo scorso
USA o **U.S.A.** *ingl.* United States of America (Stati Uniti d'America)
USAF *ingl.* United States Air Force (Aviazione militare degli Stati Uniti)
USARCI Unione Sindacati Agenti e Rappresentanti di Commercio
USB (***inform.***) *ingl.* Universal Serial Bus (connessione seriale universale)
USD *ingl.* United States Dollar (dollaro statunitense)
USES Utet Sansoni Edizioni Scientifiche
USI Unione Socialista Indipendente
USIGRAI Unione SIndacale Giornalisti RAI
USIM (***tel.***) *ingl.* UMTS Subscriber Identity Module (modulo di identificazione dell'abbonato UMTS)
USIS *ingl.* United States Information Service (Centro statunitense d'informazioni, culturali)
USL Unità Sanitaria Locale (= ASL *o* AUSL)
USMC *ingl.* United States Marine Corps (Corpo dei marines)
USN *ingl.* United States Navy (Marina militare degli Stati Uniti)
USP Ufficio Scolastico Provinciale
USPI Unione della Stampa Periodica Italiana
USR Ufficio Scolastico Regionale
US$ Dollaro Stati Uniti (moneta, simbolo bancario)
USSI Unione Stampa Sportiva Italiana
USTI Unione Stampa Turistica Italiana
USVI Unione Società Veliche Italiane
UT Utah (codice postale)
Ut. Utah
UTA *fr.* Union des Transporteurs Aériens (Unione trasporti aerei)
UTC *ingl.* Universal Time Coordinated (tempo universale coordinato, cioè diviso in fusi orari)
UTE Ufficio Tecnico Erariale
UTET Unione Tipografica Editrice Torinese
UTF Ufficio Tecnico di Finanza (*già* UTIF)
UTIC (***med.***) Unità di Terapia Intensiva Coronarica
UTIF Ufficio Tecnico delle Imposte di Fabbricazione (*oggi* UTF)
UTIN (***med.***) Unità di Terapia INtensiva
UTIS Unione Totoricevitori Italiani Sportivi
UTL Unità Tecnica Locale (nell'ambito della cooperazione internazionale)
UV 1 (***fis.***) UltraVioletto **2** *fr.* Union Valdôtaine (unione valdostana, partito politico della Valle d'Aosta) **3** (***med.***) Unità di Valutazione Alzheimer
UVA (***fis.***) UltraVioletto prossimo (3000-4000 Å)
UVB (***fis.***) UltraVioletto lontano (2000-3000 Å)
UVC (***fis.***) UltraVioletto estremo (40-2000 Å)
UVI Unione Velocipedistica Italiana
UX (***fis.***) Unità X (unità di misura di lunghezza d'onda in spettroscopia)
UYP Peso uruguaiano (moneta, simbolo bancario)
UZ Uzbekistan

V 1 (***fis.***) potenziale elettrico | volt **2** (***chim.***) vanadio **3** (***relig.***) Vergine **4** Volume **5** Città del Vaticano **6** *lat.* visus (acuità visiva) **7** Venerdì **8** 5 (numero romano) **9** Verde (nella composizione dei colori)
V. 1 Vulcano (nelle carte geografiche) **2** Valle (nelle carte geografiche) **3** Vedi (rinvio)
v. 1 (***filol.***) verso, versetto **2** vedi (rinvio) **3** visto **4** via **5** *lat.* versus (contro) = vs **6** *ted.* von (di, nei cognomi di origine nobiliare)
V1, **V2** *ted.* Vergeltungswaffe (arma della rappresaglia)
V2 V. *V1*
VA 1 Varese **2** Vostra Altezza **3** Velocità Accelerata **4** (***elettr.***) VoltAmpere **5** Virginia (codice postale) **6** Vicario Apostolico **7** ViceAmmiraglio
Va. Virginia
VAB Vigilanza Antincendi Boschivi
val. (***comm.***) valuta
VAM 1 Vigilanza Aeronautica Militare **2** Valore Agricolo Medio
VAR (***fis.***) voltampere reattivo
Var 1 variante **2** (***biol.***) varietà
VARIG *portog.* Empresa de Viação Aérea RIo Grandense (Linee aeree brasiliane)
VAS vedetta anti sommergibili
VAT (***econ.***) *ingl.* Value Added Tax (imposta sul valore aggiunto) = IVA, MWSt., TVA
VB Verbano-Cusio-Ossola
VC 1 Vercelli **2** Valor Civile
Vc. valore capitale
VCE Venezia (codice IATA)
VCL (***chim.***) vinilcloruro
VCR *ingl.* Video Cassette Recorder (videoregistratore a cassette)
VDC (***autom.***) *ingl.* Vehicle Dynamic Control (controllo dinamico del veicolo)
VDQS *fr.* Vin Délimité de Qualité Supérieure (vino delimitato di qualità superiore)
vdt videoterminale
VE 1 Venezia **2** Vostra Eccellenza
VEB Bolivar venezuelano (moneta, simbolo bancario)
VELCRO *fr.* VELours CROchet (velluto uncino)
Ven. Venerdì
ven. 1 venerabile **2** veneto
vers. 1 (***filol.***) *lat.* versiculus (versetto) **2** (***mat.***) versore **3** versamento
VES (***med.***) Velocità di EritroSedimentazione
VF 1 Vigili del Fuoco (targa autom.) **2** (***fis.***) videofrequenza
VFA Volontario in Ferma Annuale
VFB Volontario in Ferma Breve
VFP Volontario in Ferma Permanente
VFQPRD Vini Frizzanti di Qualità Prodotti in Regioni Determinate
V.G. Vostra Grazia
v.g. *lat.* verbi gratia (verbigrazia, per esempio)
VGA (***inform.***) *ingl.* Video Graphics Array (matrice grafica per video)
VHF (***fis.***) *ingl.* Very High Frequency (altissima frequenza)
VHS *ingl.* Video Home System (sistema video da casa, registrazione su speciali videocassette)
VI 1 Vicenza **2** Viscosa (nelle etichette di tessuti e abiti confezionati)
VIA Valutazione di Impatto Ambientale
VIASA *sp.* Venezolana Internacional de Aviación S.A. (Compagnia internaz. di volo venezuelana)
vig. vigente
VIP *ingl.* Very Important Person (persona molto importante; cfr. NIP)
viv. (***mus.***) vivace
(Viva) VERDI (Viva) Vittorio Emanuele Re D'Italia (in epoca risorgimentale)
VJ Video Jockey
VL (***ferr.***) Vettura Letti
v.l. (***filol.***) *lat.* varia lectio (varia lezione)
VLDL (***bioch.***) *ingl.* Very Low-Density Lipoprotein (lipoproteina a bassissima densità)
VLF (***fis.***) *ingl.* Very Low Frequency (bassissima frequenza)
VLQPRD Vini Liquorosi di Qualità Prodotti in Regioni Determinate
VM VideoMusic (canale TV)
V.M. 1 Vostra Maestà **2** Valor Militare
VN Vietnam
Vn. valore nominale
VO 1 (***enol.***) *ingl.* Very Old (molto vecchio, detto di Cognac che abbia fino a 12 anni di invecchiamento) **2** (***ferr.***) Velocità Ordinaria
VOA *ingl.* Voice Of America (La Voce dell'America)
VOC (***chim.***) *ingl.* Volatile Organic Compound (composto organico volatile; cfr. COV)
VOcoder *ingl.* VOice coder (codificatore della voce)
VOD *ingl.* Video On Demand (televisione su richiesta)
Voip *ingl.* Voice Over Internet Protocol (protocollo per trasmissione vocale tramite Internet)
vol. volume
VOPO (***pop.***) *ted.* Volkspolizei (Polizia del popolo, della ex-RDT)
VOR (***aeron.***) *ingl.* Very-high-frequency Omnidirectional Radio Range (apparecchiatura che capta le emissioni del radiofaro dell'aeroporto)
VP 1 Vicepresidente **2** Vostra Paternità **3** Vaglia Postale
VPO (***dir.***) Vice Procuratore Onorario
VQPRD Vini di Qualità Prodotti in Regioni Determinate
VQR Valutazione Quinquennale della Ricerca
VR Verona
v.r. vedi retro
VRN Verona (codice IATA)
VS Villacidro-Sanluri (sigla della provincia sarda Medio Campidano)
V.S. 1 Vostra Santità **2** Vostra Signoria
vs *lat.* versus (contro) = v.
vs. vostro
v.s. vedi sopra
VSO *ingl.* Very Superior Old (stravecchio superiore, detto di Cognac che abbia da 12 a 17 anni di invecchiamento)
VSOP *ingl.* Very Superior Old Pale (stravecchio superiore paglierino, detto di Cognac che abbia da 18 a 25 anni di invecchiamento)
VSQPRD Vini Spumanti di Qualità Prodotti

in Regioni Determinate
v.st. vecchio stile (per indicare date di calendari non conformi al romano)
VT 1 Viterbo **2** Vermont (codice postale) **3** Vecchio Testamento = AT
Vt. Vermont
VTO (*aeron.*) *ingl.* Vertical Take Off (decollo verticale)
VTOL (*aeron.*) *ingl.* Vertical Take Off and Landing (decollo e atterraggio verticali)
VTR (*elettron.*) *ingl.* Video Tape Recorder (videoregistratore a nastro)
VU Vigile Urbano
Vu Vulcano (nelle carte geografiche)
VV Vibo Valentia
vv (*filol.*) versi, versetti
v.v. viceversa
VVSOP *ingl.* Very Very Superior Old Pale (super stravecchio superiore paglierino, detto di Cognac che abbia da 25 a 40 anni di invecchiamento)
VW *ted.* Volkswagen (vettura del popolo, industria tedesca fondata nel 1937 per la produzione di un'automobile utilitaria)
W 1 (*chim.*) wolframio, tungsteno **2** (*fis.*) watt | energia, lavoro, peso, potenza **3** *ingl.* West (Ovest = O) **4** viva, evviva
W3C (*Internet*) *ingl.* World Wide Web Consortium (consorzio del WWW)
WA 1 Washington (stato USA, codice postale) **2** *ingl.* With Average (a tutte le condizioni di polizza, compresa avaria)
WAGs *ingl.* Wives And Girlfriends (mogli e fidanzate, spec. di calciatori o altri atleti)
WAN Nigeria
WAP (*tel.*) *ingl.* Wireless Application Protocol (protocollo per applicazioni senza filo)
Wash. Washington (stato di)
WASP *ingl.* White Anglo-Saxon Protestant (bianco anglo-sassone protestante, gruppo etnico-religioso negli USA)
Wb (*fis.*) weber
WBA *ingl.* World Boxing Association (Ass. pugilistica mondiale)
WBC 1 (*med.*) *ingl.* white blood cell (globulo bianco, leucocita) **2** *ingl.* World Boxing Council (Unione pugilistica mondiale)
WC, wc *ingl.* Water closet (gabinetto di decenza)
WCBS *ingl.* World Confederation of Billiard Sport (Confederazione mondiale del biliardo sportivo)
WCC *ingl.* World Council of Churches (Consiglio ecumenico delle Chiese)
4WD V. *FWD* nel sign. 2
WEEE *ingl.* Waste of Electric and Electronic Equipment (rifiuti di apparecchiature elettriche ed elettroniche; cfr. RAEE)
W&S *ingl.* Whisky and Soda (whisky e soda)
WEU *ingl.* Western European Union (Unione europea occidentale)
WFP *ingl.* World Food Programme (programma alimentare mondiale, FAO/ONU) = PAM
WFTU *ingl.* World Federation of Trade Unions (Feder. sindacale mondiale)
WG *ingl.* WinGs (codice congiunto delle compagnie aeree Alitalia e KLM)
WHO *ingl.* World Health Organization (Organizzazione mondiale della sanità = OMS)
WI Wisconsin (codice postale)
Wi-Fi (*inform.*) *ingl.* Wireless Fidelity (collegamento senza fili; per assonanza con Hi-Fi. (*v.*))
Wi-Max (*tel.*) *ingl.* Worldwide Interoperability for Microwave Access (standard mondiale per connessioni tramite microonde)
WIMP 1 *ingl.* Windows Icons Mouse Pointers (finestre, icone, mouse puntatori, sistema semplificato d'accesso alle informazioni di un computer) **2** (*fis.*) *ingl.* Weakly Interacting Massive Particle (particella dotata di massa soggetta a interazione debole)
Wine (*inform.*) *ingl.* Wine Is Not an Emulator (Wine non è un emulatore)
WIPO *ingl.* World Intellectual Property Organization (Organizzazione mondiale per la proprietà intellettuale = OMPI)
Wis., **Wisc.** Wisconsin
WJC *ingl.* World Jewish Congress (Congresso israelitico mondiale)
WL 1 Saint Lucia (Piccole Antille) **2** *fr.* Wagon-Lits (vettura letti = VL)
WMA *ingl.* World Medical Association (Ass. medica mondiale)
WMO *ingl.* World Meteorological Organization (Organizzazione meteorologica mondiale = OMM) = IMO
WNW *ingl.* West North-West (Ovest-Nord-Ovest = ONO)
WP (*inform.*) *ingl.* Word Processing (trattamento della parola, elaborazione di testi)
WPO *ted.* Wiener Philharmonisches Orchester (orchestra filarmonica di Vienna)
WS (*inform.*) *ingl.* Working Storage (memoria di lavoro)
WSW *ingl.* West South-West (Ovest-Sud-Ovest = OSO)
wt. *ingl.* weight (peso)
WTF *ingl.* the World Taekwondo Federation (Feder. internazionale di taekwondo)
WTO *ingl.* World Trade Organization (organizzazione mondiale del commercio)
WV West Virginia (codice postale)
W.Va. West Virginia
WWF *ingl.* World Wildlife Fund (Fondo mondiale per la natura)
WWI 1 *ingl.* Weight Watchers International (controllori del peso corporeo, associazione internazionale) **2** *ingl.* World Watch Institute (Istituto internazionale per la sorveglianza dello stato fisico della Terra)
WWW *ingl.* World Wide Web (grande rete mondiale)
WY Wyoming (codice postale)
Wyo. Wyoming
WZO *ingl.* World Zionist Organization (Organizzazione sionista mondiale)
X 1 (*fis.*) Reattanza **2** 10 (numero romano) **3** Nocivo e irritante (su confezione di prodotti di uso domestico) **4** (*biol.*) Cromosoma sessuale **5** Denominazione attribuita a quanto è o si vuol mantenere sconosciuto al momento attuale: *raggi X, ora X, mister X*
x 1 (*mat.*) Simbolo d'incognita o di variabile indipendente **2** Ascissa, in un sistema di coordinate cartesiane **3** Simbolo di pareggio nel Totocalcio **4** Indicazione di preferenza su schede elettorali o indicazione di scelta su caselle in moduli prestampati, questionari e sim.
XBRL *ingl.* eXtensible Business Reporting Language (linguaggio estensibile per prospetti di economia)
Xe (*chim.*) xeno
XL *ingl.* eXtra Large (taglia extra grande)
Xmas *ingl.* Christmas (Natale)
XML (*inform.*) *ingl.* eXtensible Markup Language (linguaggio estensibile di codifica)
XS *ingl.* eXtra Small (taglia extra piccola)
XXL *ingl.* eXtra eXtra Large (taglia extra grande)
Y 1 (*chim.*) ittrio **2** (*fis.*) ammettenza **3** (*biol.*) Cromosoma sessuale **4** *ingl.* Yellow (giallo; in quadricromia) **5** yotta-
¥ Yen
y 1 (*mat.*) Simbolo d'incognita o di variabile dipendente **2** Ordinata, in un sistema di coordinate cartesiane **3** yocto-
Yb (*chim.*) itterbio
YCI Yacht Club d'Italia
Yd yarda, unità di misura inglese
YEM Yemen
YMCA *ingl.* Young Men's Christian Association (Ass. cristiana dei giovani)
YSL Yves Saint Laurent (casa di moda francese)
YV Venezuela
YWCA *ingl.* Young Women's Christian Association (Ass. cristiana delle giovani)
Z 1 Zambia **2** (*fis.*) impedenza
z (*mat.*) variabile | incognita
ZA Repubblica Sudafricana
ZAR Rand sudafricano (moneta, simbolo bancario)
ZAT (*aeron.*) Zona Aerea Territoriale
ZdG (*milit.*) Zona di Guerra
ZEE Zona Economica Esclusiva (zona di mare su cui gli Stati rivieraschi possono vantare diritti economici)
ZEV *ingl.* Zero Emission Vehicle (veicolo con emissioni nulle)
ZIPcode *ingl.* Zone Improvement Plan code (piano di miglioramento per zone, codice di avviamento postale USA)
Zn (*chim.*) zinco
Zr (*chim.*) zirconio
ZTL Zona a Traffico Limitato
Zut. *ted.* Zutaten (ingredienti di prodotti alimentari e sim.)
ZW Zimbabwe

NOMI DI PERSONA

L'asterisco (*) segnala che la forma è linguisticamente ricostruita o supposta, ma non attestata da documenti scritti. Il segno (˘) indica che la vocale è breve, il segno (¯) che la vocale è lunga.
La data dopo i nomi indica il giorno in cui viene comunemente festeggiato l'onomastico.

Abbóndio, 31 agosto • Nome cristiano, *Abŭndiu(m)*, derivato dall'aggettivo del latino tardo *abŭndu(m)* parallelo, anche nel significato, ad *abundănte(m)* 'abbondante' e, semanticamente, a *copiōsu(m)* 'copioso', che ha dato pure il nome proprio latino *Copiōsu(m)*.

Achìlle • Il nome latino *Achīlle(m)* ripeteva quello dell'eroe omerico *Achil(l)éus*, che, non trovando sufficiente spiegazione nell'ambito della tradizione indeuropea, si pensa possa essere di origine pregreca.

Àda, 4 dicembre • Nel nome *Ada* possono confluire due tradizioni: una proveniente dalla Francia, dove *Ade* può rappresentare una riduzione di *Adele*, se non ci è giunta direttamente dal nome germanico, da cui deriva il nome francese; l'altra legata all'ebraico *'Adāh* 'ornamento', connessa con la radice *'ah* '(ad)-ornare'.

Adalgịsa, 20 aprile • Nome germanico, *Adalgisa* o *Adelgisa*, in longobardo *Adelchisa*, composto di *adel* 'nobile' e *gisil* 'dardo, freccia'.

Adelàide, 19 dicembre • Nome di origine germanica, composto di *adal* 'stirpe nobile, nobiltà' e del suffisso, spesso impiegato per caratterizzare gli astratti, *-haidi* 'di nobile aspetto'.

Adèle, 24 dicembre • Nome di origine germanica, probabile abbreviazione di un nome composto con *adal-* 'nobiltà'.

Adeodàto V. *Donato*.

Adòlfo, 17 giugno • Nome di origine germanica, da *Athawulf* 'lupo (*wulf*) nobile (*athal*, *adal*)'.

Adrịàno, 5 marzo, **Adrịàna** • Nome latino, *Hadriānu(m)*, derivato dal nome della città di *Hădria(m)*, di probabile origine illirica, sia che si tratti dell'*Adria* veneta, sia dell'*Atri* (ma anticamente *Hădria*) picena.

Àgata, 5 febbraio • Nome cristiano, in latino *Ăgatha(m)*, che riproduce il greco *Agathe*, propriamente femminile dell'aggettivo *agathós* 'buono' di antica origine indeuropea.

Agnéṣe (o **-è-**), 21 gennaio, **Ìnes** • Il nome, molto raro presso i Latini, è di chiara origine greca, dove *Hagnḗ* non era altro che l'aggettivo femminile *hagnḗ* 'pura, casta'. Nel latino dei primi Cristiani si diffuse con la pronuncia dei Greci *Agnès*, da cui il nostro *Agnese*, lo spagnolo *Inés*, passato poi in Italia con accentazione sbagliata, ma ormai stabilizzata, e l'ingl. *Agnes* con le sue antiche varianti *Annis*, *Annys* e forse anche *Nancy*.

Agostìno V. *Augusto*.

Albèrto, 15 novembre, **Albertìna** • Nome di origine germanica sia quando è riduzione di *Adalberto* 'di chiara (*berht*) nobiltà (*adal*)', sia quando ripete il nome germanico *Alberht* 'tutto (*ala*) chiaro (*berht*)'. *Albertina* è il corrispondente femminile di forma diminutiva, più diffuso di *Alberta*.

Albìno, 1° marzo • Soprannome latino *Albinus*, derivato da *albus* 'bianco', con riferimento a 'persona dai capelli bianchi o dalla carnagione chiara'.

Àldo, 10 gennaio, **Àlda**, 18 ottobre • Il nome è attestato in Italia a partire dall'epoca della dominazione longobarda, per cui è facile vedervi l'aggettivo longobardo *ald* 'vecchio'. Se fosse, invece, come in qualche caso potrebbe essere, abbreviazione di qualche altro nome in *-aldo* (Romualdo, Reginaldo), allora bisogna riconoscere in questo secondo elemento compositivo il germanico *-wald*, da *waldan* 'comandare'.

Alessàndro, 26 agosto, **Alessàndra**, 20 marzo, **Sàndro**, **Sàndra** • Il nome latino *Alexăndru(m)* deriva dal greco *Aléxandros*, che, come *Aléxios*, è collegato col verbo *aléxein* 'proteggere' e significa 'protettore di uomini (*ándres*)'.

Alèssio, 17 luglio • Il latino cristiano *Alĕxiu(m)* trascrive, adattandolo, il greco *Aléxios*, che viene solitamente connesso col verbo *aléxein* 'difendere, proteggere respingendo (un danno, un nemico, ecc.)', di origine indeuropea.

Alfònso, 30 ottobre, **Alfonsìna** • Il nome proviene dalla penisola iberica, dove l'introdussero probabilmente i Visigoti. Secondo l'antica variante *Adelfonsus* si potrebbe interpretare il nome come un composto gotico che significa 'valoroso, pronto (*funs*) nella battaglia (*hildi*)', anche se altre varianti suggerirebbero di leggere nella prima parte ora 'nobile, nobiltà (*athal*)', ora 'tutto (*ala*)' superlativo. Il femminile è usato piuttosto al diminutivo.

Alfrédo, 14 agosto, **Alfréda** • Nome di origine anglosassone, venutoci dall'Inghilterra attraverso la Francia: *Aelfrǣd* era nome composto che significa 'consiglio (*rǣd*) degli spiriti, noti nella mitologia nordica come Elfi (*aelf*)'.

Alìce, 27 giugno • Antico nome francese (*Aalis*, poi *Alis*) di origine germanica (*Adalhaid*, donde il nostro *Adelaide*), passato in Inghilterra con la forma grafica posteriore *Alice* e di qui, o direttamente dalla Francia, in Italia.

Amàlia, 10 luglio • Accorciamento di *Amalberga*, antico nome germanico, composto di **amals* 'valoroso, laborioso' e di un derivato dal verbo gotico *bairgan* 'proteggere', con particolare riferimento alla stirpe gotica degli *Amali*, dal nome di un loro eroe.

Ambrògio, 7 dicembre • Il nome latino *Ambrŏsiu(m)* è stato ripreso in epoca cristiana dal greco *Ambrósis*, che etimologicamente significa 'che non (*a-*) è mortale (*brotós*, di origine indeuropea)', 'immortale'.

Amedèo, 30 marzo • Anche se non si trova, come ci si aspetterebbe, il corrispondente latino **Ămadĕu(m)*, con il quale si sarebbe potuto rendere il composto greco *Theóphilos* 'Teofilo', cioè 'colui che ama Dio' (o, con l'imperativo, 'ama Dio'), il nome italiano ha questa origine, presto dimenticata, come dimostra la formazione del femminile corrispondente *Amedea*.

Amèlia, 5 gennaio • Nome femminile corrispondente al nome maschile latino *Amēliu(m)* diminutivo di *Ămiu(m)* di probabile origine etrusca, anche se si pensa che sulla sua sopravvivenza o reviviscenza possa aver influito il nome di provenienza germanica *Amalia*.

Amerìgo, 13 luglio, **Arrìgo**, **Enrìco**, 13 luglio, **Enrìca** • L'antico nome germanico *Haimirich* veniva spiegato come 'signore' (*rik* 'ricco, potente') in patria (*haimi* 'casa, patria') ed è stato adattato, in italiano, prima con la forma *Amerigo*, poi con quelle, perfettamente equivalenti, di *Arrigo* ed *Enrico*.

Andrèa, 30 novembre, **Andreìna** • Nome latino, *Andrĕam*, che i Romani presero dal diffuso greco *Andréas*, legato all'elemento *andr-*, sia riferito ad *anḗr*, genitivo *andrós*, 'uomo', sia al derivato *andréia* 'virilità, coraggio'. Il femminile italiano è reso necessariamente (per la finale in *-a* del maschile) con un diminutivo.

Àngelo, **Àngela**, 27 gennaio • Nomi già in uso presso i primi Cristiani, *Ăngelu(m)* e *Ăngela(m)*, che, secondo il significato originario del corrispondente nome comune *ăngelu(m)*, di provenienza greca, volevano dire 'messaggeri (di Dio)'.

Ànna, 26 luglio • Nome trasmesso dai Libri Sacri: l'ebraico *Hannah* si sentiva direttamente connesso con la radice *hanan* 'aver misericordia, favorire, concedere grazia'.

Annìbale, 1 giugno • Nome latino, *Hannĭbale(m)*, di origine punica: in fenicio *Hann-ĭ-Bá'al* significa 'grazia (*hann*) del (*-i-*) dio (*Baal*)'.

Annunziàta, 25 marzo • Forma ridotta, come in altri casi simili (*Addolorata*, *Assunta*, *Concetta*), di *Maria Annunziata* (della prossima maternità di Gesù).

Ansèlmo, 21 aprile • Nome di origine germanica, *Anselmo* è adattamento di *Ans(e)helm*, composto di *ansi* 'Dio' e *hélma* 'elmo'. Il nome significherebbe, quindi, 'elmo di Dio'.

Antònio, 13 giugno, **Antonìno**, **Antònia**, 17 maggio • Antico nome latino, *Antōniu(m)*, derivato, pare, da un precedente prenome *Ănto* di probabile origine etrusca e di significato sconosciuto. Non vi può essere, comunque, nessuna connessione col greco *ánthos* 'fiore'. I derivati *Antonino* e *Antonia* erano già in uso a Roma: *Antonīnu(m)* col suffisso proprio dei derivati da gentilizi, e *Antōnia(m)*, femminile.

Apollònia, 9 febbraio • Dal latino *Apollōnia(m)*, femminile di *Apollōniu(m)*, collegato con il culto del dio greco *Apóllōn* e, quindi, con i nomi propri da questo derivati *Apollṓnios* e, al femminile, *Apollōnia*, ma originariamente antico nome latino, *Ap(o)lōniu(m)*, dipendente dal gentilizio etrusco *Apluni*.

Armàndo, 6 febbraio • Nome di origine germanica *Hermann*, formato con gli antichi vocaboli *harja* 'esercito' e *mann* 'uomo'. In Italia è pervenuto attraverso il francese *Armand*.

Arrìgo V. *Amerigo*.

Artùro, 8 agosto • Nome diffuso in Francia (e di qui in Italia) con la popolarità dell'epopea cavalleresca e del suo eroe bretone, il Re *Artù*, anche se il nome di questo leggendario re sfugge a una spiegazione convincente. Di probabile origine celtica, potrebbe, tuttavia, essere connesso con l'irlandese *art* 'orso' e allora la contaminazione medievale del nome proprio con il nome greco della stella *Arktouros*, letteralmente 'il custode (*ouros*) dell'Orsa (*árktos*)', avrebbe una lontana giustificazione nella medesima base indeuropea che indica l''orso'.

Assùnta, 15 agosto • Forma ridotta del nome che, completo, suona *Maria Assunta* (al cielo), con uso assoluto del participio femminile (*assŭmpta(m)*) del verbo latino *adsūmere* 'prendere su di sé'.

Attanàṣio, **Atanàṣio**, 2 maggio • Il nome latino assunto dai primi Cristiani *Athanăsiu(m)*, riproduceva il corrispondente greco *Athanásios* 'colui che non (*a-* negativo) conosce la morte (*thánatos*)', 'l'immortale (*athánatos*)'.

Attìlio, 28 giugno • Nome di origine latina: molto frequente a Roma, il gentilizio *A(t)tīliu(m)*, anche se pare connesso con la voce bambinesca *ătta* 'papà', è piuttosto da considerarsi di origine etrusca e di significato oscuro. Il nome si è affermato, in italiano, in epoca rinascimentale e non è, quindi, di derivazione diretta e continua dal latino.

Augùsto, 7 ottobre, **Augùsta**, **Agostìno**, 28 agosto • Il nome proprio latino *Augŭstu(m)*, non è altro che il nome comune *augŭstu(m)*, cioè 'consacrato dagli *àuguri*' e poi, riferito inizialmente a Ottaviano, 'venerabile'. Col suffisso di relazione *-īnu(m)* (e non in funzione diminutiva, come in altri casi) gli stessi Romani formarono e usarono *Augustīnu(m)*, da cui il nostro *Agostino*.

Aurèlio, 20 luglio, **Aurèlia**, 25 settembre, **Aurelïàno**, 16 giugno • Il nome latino *Aurēliu(m)*, come anche il suo derivato *Aureliānu(m)*, è quasi certamente di origine sabina e legato al nome sabino del 'sole' *Ansel*.

Avìto, 5 febbraio • Deriva dal latino *avitus* che significa 'ereditato'.

Bàbila, 24 gennaio • Raro nome latino, *Băbyla(m)*, attribuito solo a stranieri, che trascriveva il greco *Babylas* d'incerta origine, probabile diminutivo (*-as*) di un nome orientale, forse collegato con *Babele* e *Babilonia* (e allora significherebbe 'il piccolo Babilonese').

Bàrbara, 4 dicembre • Sia il nome latino *Bărbara(m)*, sia il suo modello, il greco *Barbára*, all'origine si riferivano non tanto al primitivo significato di 'balbuziente', quanto a quello derivato di 'straniera'.

Bàrnaba, 11 giugno • Nome del Nuovo Testamento, *Bărnaba(m)* in latino, *Barnabas* in greco, derivante senza dubbio dall'aramaico, ma mentre nella prima parte si legge chiaramente la voce *bar* 'figlio', che appare in molti analoghi composti, la seconda è stata oggetto di diverse identificazioni: *nehāmāh* 'consolazione' o *nābhî* 'profeta' o, infine e più facilmente, *Nebō*, nome di un Dio babilonese.

Bartolomèo, 24 agosto • Come altri nomi del Nuovo Testamento, tanto il latino *Bartholomāeu(m)*, quanto il greco *Bartholomaios*, sono adattamenti del nome aramaico *Bartalmay* 'il figlio (*bar*) di *Talmay* (nome biblico di incerto significato)'.

Baṣìlio, 2 gennaio • Nome latino, *Basīliu(m)*, di origine greca: il greco *Basíleios* è propriamente l'aggettivo di *basiléus* 're' e significa, quindi, 're(g)ale'.

Battìsta, 24 giugno • In latino *baptīsta(m)* è il corrispondente del greco *baptistḗs*, col significato 'che battezza', attributo di S. Giovanni, che battezzò Gesù.

Beatrìce, 18 gennaio, **Bìce** • Nome dei primi Cristiani, *Beatrīce(m)* corrisponde ad un aggettivo *beatrīce(m)* ricavato da *beātu(m)* ('felice') col suffisso dei nomi d'agente ('che rende') *-trīce(m)*. Non è infrequente la forma accorciata *Bice*.

Benedétto, 21 marzo fino al 1969, poi 11 luglio, **Benedétta** • Come il nome latino *Benedĭctu(m)*, anche il significato del nome italiano è immediatamente comprensibile, pensando al participio di *benedire* (*benedīcere* in latino). Vi corrisponde lo spagnolo *Benito*, accolto anche in italiano.

Beniamìno, 31 marzo • Latino (*Beniāmīn*) e greco (*Beniamín*) risalgono all'ebraico *Binyāmīn*, tradizionalmente spiegato come 'figlio (*bēn*) della parte destra (*yāmīn*)', cioè della parte della fortuna.

Benìgno, 20 novembre • Il latino *Benīgnu(m)*, identico all'aggettivo *benīgnu(m)* significa etimologicamente colui che genera (*-gno-* del verbo *gīgnere* 'produrre', di origine indeuropea) il *bene* (egualmente di origine indeuropea).

Bèppe V. *Giuseppe*.

Berenìce V. *Veronica*.

Bernàrdo, 20 agosto, **Bernardìno**, 20 maggio • Il nome germanico *Ber(i)nhard* è composto di *hardu* 'ardito, forte' e di un primo elemento, in cui comunemente si ravvisa il germanico *bera* 'orso': l'intero nome varrebbe allora, 'orso forte' oppure 'forte come un orso'.

Bèrta, 24 marzo • Il nome *Berta* era molto diffuso nel Medioevo e può essere considerato o raccorciamento di nome più lungo, come *Alberta* o *Roberta*, oppure come secondo componente di uno dei numerosi composti germanici con *-berta*: in quest'ultimo caso *-berth(h)a* avrebbe il significato di 'chiaro, famoso'.

Biàgio, 3 febbraio • Nome di origine latina, *Blāsiu(m)*, equivale a *blāesu(m)* 'balbuziente', voce importata a Roma dal greco dell'Italia Meridionale *blaisós* 'storto, sbilenco'.

Biànca, 2 dicembre • Nome medievale, che può provenire, come l'aggettivo comune *bianco*, dal germanico (com'è avvenuto per *Bruno*), ma che può anche dipendere dall'usanza di attribuire a persone nomi di colori.

Bìce V. *Beatrice*.

Bonifàcio, 5 giugno • Nome latino tardo, *Bonifātiu(m)*, che significa 'fortunato', come appare chiaro analizzando il composto: 'che ha un buon (*bŏnu(m)*) fato (*fātu(m)*)'.

Brìgida, 23 luglio • Antico nome medievale di origine celtica, in antico irlandese *Brigit*, variante locale del nome della dea *Brigantia*, che forse significava 'la alta', come confermerebbero alcuni nomi di luogo gallici, in cui è conservato l'elemento *-briga* col senso di 'colle, altura'.

Brùno, 6 ottobre, **Brùna** • Nome di origine germanica, che significa '(di colore) bruno (*brūn*)', ma ricostruito da *Brunōne(m)*, ritenuto un accrescitivo.

Càio, 22 aprile • Il nome latino *Cāiu(m)*, anteriormente *Gāiu(m)*, corrispondeva al nome comune *gāiu(m)*, *gāia(m)* 'ghiandaia, gazza' ma resta sempre aperta la questione, se il nome proprio provenga da quello dell'uccello o viceversa o se si tratti di una casuale identità.

Callìsto, 14 ottobre • Il nome latino *Callīstu(m)* è la pura riproduzione con un semplice adattamento formale del greco *Kállistos*, propriamente superlativo di *kalós* 'bello': *Kállistos*, allora, significa 'bellissimo'.

Camìllo, 14 luglio, **Camìlla** • *Camīllu(m)* e *Camīlla(m)*, sono due nomi latini, provenienti probabilmente dalla terminologia sacra ('fanciulli nobili che servivano nei sacrifici') e passati dall'Oriente a Roma per il tramite degli Etruschi, presso i quali *Camillus* o, alla greca, *Kadmilos* era il nome che designava Mercurio, la divinità romana.

Càndido, 2 febbraio, **Càndida** • I nomi latini *Căndidu(m)* e *Căndida(m)* riflettono chiaramente l'aggettivo *căndidu(m)*, *-a(m)*, cioè 'immacolato, puro'.

Càrlo, 4 novembre, **Càrla**, **Carolìna**, 18 novembre, **Carlòtta** • Il nome medievale *Carolu(m)* rappresenta la latinizzazione del nome germanico *Karl*, originariamente, presso i Franchi, nome comune, che dal primitivo senso di 'uomo' (con connessioni indeuropee: **ger-* 'vecchio') era passato a indicare, come in antico nordico, anche l''uomo libero' per diventare, infine, un titolo presso la corte franca. Tra le corrispondenze femminili, *Carla*, *Carolina* e, attraverso il francese, *Carlotta*.

Carmèlo, 16 luglio, **Càrmine**, **Carmèla** • Benché noto al latino ecclesiastico il nome *Carmelo* ci è probabilmente giunto dalla Spagna, dove il culto di *Maria del Carmelo* (cioè del monte palestinese, che diede ospitalità e nome all'ordine dei Carmelitani), è molto diffuso. Dal maschile si è formato il corrispondente femminile *Carmela* e, dalla forma parallela spagnola, *Carmen* '(ordine del) Carmelo', *Carmine*.

Carolìna V. *Carlo*.

Caṣimìro • Nome di origine polacca: in polacco, infatti, *Kazimierz* aveva un significato molto chiaro, 'che predica (dal verbo *kazać* 'predicare, proclamare') la pace (*-mier*, solo in composizione)', modificato poi in *Kazimir*, popolarmente inteso come 'distruttore (dal verbo *kazić*) della pace'.

Caterìna, 29 aprile • Il nome latino cristiano *Catharīna(m)*, pur essendo riconosciuto di origine greca, è stato avvicinato a *katharós* 'puro', anziché al nome *Aikaterínē*, variante del più antico *Ekaterínē*, collegabile sia con *Hékatos*, epiteto di Apollo, in cui si riconosce la riduzione dell'aggettivo *hekatēbólos*, chiaro solo nella seconda parte (*bállein* 'lanciare, saettare'), sia con *Hekátē*, corrispondente femminile, attributo della dea degli Inferi.

Cecìlia, 22 novembre • Come il corrispondente maschile *Caecĭliu(m)*, il nome *Caecĭlia(m)* fu molto diffuso presso i Romani, che lo connettevano, direttamente o indirettamente, con *căecu(m)* 'cieco': anche se oggi si pensa a una sua origine etrusca per il confronto con altri nomi propri, come *Caecina(m)*, per lungo tempo il nome fu accostato a *cieco*.

Celestìno, 6 aprile • Nome latino cristiano, *Caelestīnum* è diminutivo di *Caelĕste(m)* corrispondente al nome comune *caelĕste(m)* 'appartenente al *cielo*'.

Céṣare (o **-è-**), **Ceṣàrio**, 27 agosto, **Ceṣarìna** • Notissima è la spiegazione che i Latini davano del nome *Căesare(m)*: 'nato dal ventre tagliato (*căesu(m)*) della madre'. Ma non è comunemente accettata, anche se è difficile decidersi nella scelta di altre proposte, come quella, pure antica, che collega il nome con *caesărie(m)* 'capigliatura', o l'altra, che vede nel celebre nome la continuazione di un nome etrusco. Da *Căesare(m)* proviene il tardo *Caesăriu(m)*, da *Cesare* il diminutivo femminile *Cesarina*.

Chiàra V. *Clara*.

Ciriàco, 17 febbraio • Il raro nome latino *Cyrĭacu(m)* è semplice trascrizione e adattamento del greco *Kyriakós*, aggettivo di *kýrios* 'padrone' e anche 'Signore', per cui, in senso cristiano, *Kyriakós*, più ancora di *Kýrillos* 'Cirillo', corrispondeva esattamente al latino *Domĭnicu(m)* 'Domenico'.

Cirìllo, 27 giugno • Il latino *Cyrĭllu(m)*, diffuso in epoca cristiana, corrisponde al greco *Kýrillos*, un derivato di *kýrios* 'Signore', tanto nel senso di 'padrone', quanto in quello di 'Dio': *Cirillo* corrisponde, così, in ultima analisi, a *Domenico*.

Cirìno, **Cìrio**, **Ciriόne**, **Cìro**, 4 maggio • Varianti del nome persiano *Kurush*, latinizzato in *Cyrus*, cui taluno attribuisce il senso di figlio del sole, mentre per altri si tratta di un adattamento del greco *kýrios*, signore.

Clàra, **Chiàra**, 11 agosto • Prima del femminile *Clāra(m)*, il latino usava il maschile *Clāru(m)*, legato direttamente all'aggettivo *clāru(m)* 'chiaro', sia in senso fisico, sia in senso morale ('illustre, famoso'). In italiano è sopravvissuto il corrispondente femminile *Chiara*, ma anticamente era abbastanza frequente anche il maschile *Chiaro*.

Clàudio, 7 luglio, **Clàudia**, 20 marzo • Nome prettamente latino, *Clāudiu(m)* era forma aggettivale dell'originario soprannome *Clādu(m)*, corrispondente all'agg. comune *clāudu(m)*, cioè 'zoppo', diventato nome gentilizio romano.

Clèlia, 13 luglio • Il nome latino *Cloēlia(m)* ha avuto un certo successo in epoca rinascimentale con la moda di assumere nomi romani. In origine era probabilmente sentito il collegamento del nome col verbo *cluēre* (poi *clŭere*) 'chiamarsi' e anche 'essere famoso'.

Clemènte, 23 novembre • Nome latino, *Clemĕnte(m)*, che si riferiva a una qualità di carattere (in questo caso la 'clemenza') che si desiderava nel figlio, tanto è vero che ebbe la sua maggior fortuna nel periodo cristiano.

Clotìlde, 3 giugno • Nome di origine germanica, reso nelle fonti latine medievali come *Chlotichilda*, che ci spiega meglio la composizione: *hlod* 'famoso, rinomato' e *hildi* 'combattimento'. Clotilde significherebbe, allora, 'celebre in battaglia'.

Concètta, 8 dicembre, **Concètto** • Il nome si richiama all'attributo della Madonna, 'concepita', in latino *concĕpta(m)*, senza peccato; e se il femminile è un'abbreviazione di *Maria Concetta*, come in *(Maria) Addolorata*, il corrispondente maschile è una forma derivata dal femminile.

Cornèlio, 16 settembre • Nome latino, *Cornēliu(m)*, composto del latino *cŏrnu* 'corno' (con tutte le simboliche allusioni alla prosperità e alla difesa dai mali) e del suffisso *-ēliu(m)*, caratteristico nella derivazione dei nomi propri.

Corràdo, 26 novembre • Nome germanico, *Ch(u)onrad*, composto dell'aggettivo *kuon* 'coraggioso, ardito' e dal sostantivo *rāt* 'consiglio', per cui l'intero nome sarebbe da interpretare 'audace nel consiglio' con la stessa ambiguità dell'italiano, potendo *rāt* significare tanto 'giudizio', quanto 'assemblea'.

Còṣma, 26 settembre, **Còṣimo** • Nel latino ecclesiastico *Cŏsmas* si riconosce il greco *Kosmas*, direttamente collegato col verbo di incerta origine *kosmein* 'ordinare, disporre in ordine', per cui significherebbe '(bene) ordinato'. Per rompere la sequenza di due consonanti *-sm-* si è più tardi introdotta una *-i-*, che ha dato origine al nome parallelo *Cosimo*.

Costantìno, 11 marzo, **Costànzo**, 29 gennaio • Nome di origine latina, dove *Costăntiu(m)* era chiaramente connesso col nome *Constănte(m)*, ch'è tutt'uno con l'aggettivo *constănte(m)*, cioè 'fermo, costante'. Da esso proviene (ma a Roma piuttosto tardi) anche col suffisso proprio dei derivati da gentilizi, *Costantīnu(m)* 'Costantino'.

Crispìno, 25 ottobre • Antico nome latino, *Crispīnu(m)*, derivato con suffisso usuale, da *Crĭspu(m)*, che, a sua volta, non era altro che l'attributo *crĭspu(m)* 'crespo (di capelli)'.

Cristìna, 24 luglio • Nome latino rivelatosi in epoca tarda, quando la libertà di culto permise la divulgazione del nome *Christīna(m)*, che, come il maschile *Christīnu(m)*, è un evidente derivato di *Chrĭstu(m)* 'Cristo', parallelo all'altro aggettivo, molto diffuso, *Christiāna(m)* (e *Christiānu(m)*).

Cristòforo, 25 luglio • Nome prettamente cristiano, il latino *Cristŏphoru(m)* trascrive il greco *Christophóros*, un composto chiaramente analizzato come 'il portatore (dal verbo *phérein* 'portare', di origine indeuropea) di Cristo (*Christós*)'. Anche se originariamente aveva un significato mistico e allegorico, successivamente sorse la leggenda del gigante pagano 'portatore di Cristo' bambino attraverso un fiume.

Dalmàzio, 5 dicembre • Il nome latino *Dalmătiu(m)* era evidentemente, all'origine, un aggettivo etnico e si riferiva al 'proveniente dalla Dalmazia (*Dalmătia(m)*, di probabile provenienza illirica col significato di 'paese delle pecore')'.

Dàmaṣo, 11 dicembre • In latino *Dămasu(m)* era nome di origine greca e in greco *Damasos* è molto antico, collegato col tema di origine indeuropea *dma-* 'domare'.

Danièle, 10 ottobre, **Danièla** • La Bibbia ha diffuso il nome greco *Daniḗl* e latino *Daniēle(m)*, riproducenti l'ebraico *Dānī'ēl*, nel quale si riconoscono tanto la componente *-Ēl* 'Dio', quanto un primo elemento connesso con il sostantivo *dayān* 'giudice' o con *dān* 'ha giudicato': il nome può valere, dunque, 'Dio è (mio) giudice' oppure 'Dio ha giudicato'.

Dànte, 11 febbraio • Antico accorciamento toscano di *Durante*, dal latino tardo *Durănte(m)*, tratto dal participio presente del verbo *durāre* col significato 'che dura, che sopporta', il quale ha dato anche il nome latino *Dūru(m)* 'forte, solido'.

Dàrio, 19 dicembre, **Dària**, 25 ottobre • Nome latino *Dāriu(m)* o *Dariūm*, secondo la pronuncia classica più aderente all'originale greco (*Dareios*), che ripeteva l'antico persiano *Dārayaiva(h)ush* 'che possiede (dal verbo *dārayāmiy* 'possedere, mantenere') il bene o i beni (*-vahu-*)'.

Dàvide, 29 dicembre • Nome passato dalla tradizione biblica al greco, *Dauéid*, e al latino, *Dăvid*, di origine ebraica: in ebraico, infatti, *Dāwīdh* è spiegato come 'l'amato', di probabile formazione fanciullesca.

Desidèrio, 23 maggio • Nome latino, *Desidĕriu(m)*, che i primi Cristiani assunsero volentieri, sia che, come *Desiderato*, esprimesse la gioia dei genitori, sia che si ispirasse al 'desiderio' della salvezza eterna.

Diàna, 10 giugno • Il latino *Diāna(m)*, nome della dea della caccia, si connette con il latino *dīus* 'divino' e anche 'luminoso', spiegando l'accostamento con il culto della luna, personificata appunto nella dea. In Italia è stato ripreso, dopo l'oblio dell'epoca cristiana, in età medievale.

Diègo, 13 novembre • Nome di origine spagnola entrato tardivamente in Italia, derivato, come chiariscono le più antiche forme iberiche *Diaco* e *Diago*, da *Didacus*, *Didagus* del latino medievale, finora ribelle ad ogni spiegazione convincente.

Dìno, 20 maggio, **Dìna**, 30 gennaio • Non di origine germanica, come da qualcuno è stato sostenuto, ma semplicemente con funzione vezzeggiativa o diminutiva dei maschili in *-dino*, come i medievali *Aldobrandino*, *Bernardino*, *Ubaldino*, ecc.

Dionìgi, 9 ottobre • Nome pervenutoci, attraverso il latino *Dionýsiu(m)*, dal greco *Dionsýios*, originariamente un aggettivo di incerta spiegazione: '(proprio) di Dioniso'. La desinenza ci rivela un posteriore adattamento al corrispondente nome francese, molto diffuso in Francia, che in *S. Dionigi*, venera il primo vescovo di Parigi.

Dolòres, 15 settembre • Nome spagnolo (letteralmente 'dolori'), abbreviazione di *María de los Dolores* 'Maria dei Dolori, Addolorata'.

Domènico, 8 agosto, **Domènica** • I nomi latini *Domĭnicu(m)* e *Domĭnica(m)*, in uso presso i Cristiani, potevano riferirsi ai figli 'nati di domenica (*dīe(m)*) *domĭnica(m)*', ma, rifacendosi direttamente a *Dŏminu(m)* 'Signore', significavano altresì 'proprio del Signore'.

Domitìlla, 12 maggio • Dal nome latino della *gens Domitia*, che deriva da *domus* 'casa'.

Donàto, 17 febbraio, **Adeodàto**, 17 febbraio, **Donàta**, 8 novembre, **Donatèlla**, 30 luglio • Il latino *Donātu(m)*, in uso nei primi secoli dell'era cristiana, non è altro che il participio passato *donātu(m)* 'donato', sottinteso 'da Dio', come conferma l'altro nome *Adeodātum* 'dato (*dătu(m)*) da (*ă*) Dio (*Dĕo*)'. Il corrispondente femminile *Donata* col suo più frequente *Donatella* erano egualmente in uso presso i Cristiani: *Donāta(m)* e *Donatĕllam*, col parallelo *Donatĭlla(m)*.

Dorotèo, **Dorotèa** V. *Teodoro*.

Edgàrdo • Nome inglese, in anglosassone *Ēadgar*, che si interpreta 'dardo (*gār*) della prosperità (*ēad*)'.

Edmóndo, 20 novembre • Nome di origine francese (*Edmond*), arrivato in Francia dall'Inghilterra, dove *Edmond*, *Edmund* continua l'anglosassone *Ēadmund* 'protezione (*mund*) della ricchezza (*ēad*)'.

Edoàrdo, 13 ottobre, **Odoàrdo**, **Edoàrda** • Nome di origine inglese: in inglese *Edward* continua l'anglosassone *Ēadweard* 'guardiano (*weard*) di beni (*ēad* 'ricchezza, possesso, prosperità')', cui corrisponde la parallela forma germanica *Adoward*, che ha originato l'italiano *Odoardo*.

Edvìge, 16 ottobre • Nome di origine germanica, *Hathuwic*, propriamente 'santa (*wic* 'santo, sacro') battaglia (*hathu*)', più tardi attratto nella serie dei nomi in *-wiq* 'lotta, battaglia', dando origine piuttosto recentemente al tedesco *Headwig*, che dovrebbe, quindi, significare 'battaglia battaglia!'.

Egìdio, 1 settembre • Nome attestato nel latino tardo *Aegĭdiu(m)* di origine greca, anche se un greco **Aigĭdios*, dal nome comune *aigĭdion* 'capretto', diminutivo (*-ion*) di capra (*áix*, genitivo *aigós*), non è attestato.

Èlda, 18 agosto, **Ìlda** • Nome di origine germanica, parallelo di *Ilda* e derivato dal germanico *Hilda*, forma ridotta dei tanti nomi (*Ildegarda*, *Ildebrando*, ecc.) che hanno come loro primo elemento di composizione *hilt(j)a* 'battaglia' (che riappare in altri nomi, come *Clotilde*).

Èlena, 18 agosto • Il latino *Hĕlena(m)* proviene dal greco *Helénē*, nome dapprima diffuso dal ciclo epico troiano con la sua bella figura centrale, la moglie di Menelao, probabilmente collegata alla radice *vel-*, da cui anche il greco *hélios* 'sole': *Elena* sarebbe stata, dunque, originariamente una divinità solare. Tuttavia, pur riconoscendone l'origine divina, altri pensano alla stessa origine di *Venere*, altri a nomi di piante.

Eleonòra, 27 maggio • Il nome, che nella forma più antica (*Alienor*) è attestato in Provenza e Portogallo, è da considerarsi, con qualche riserva, di origine germanica, un composto, cioè, di *Ali-*, connesso col gotico *alan* 'crescere' e del nome di origine oscura *Aenor*.

Elìgio, 1° dicembre • Il tardo nome latino *Elĭgiu(m)* non è di sicura interpretazione, ma è abbastanza probabile che si possa connettere col verbo *elĭgere* 'scegliere' per cui il nome significherebbe 'scelto, eletto' (sottinteso 'da Dio').

Elìṣa, 19 novembre • Adattamento del francese *Elise*, popolarmente ritenuto un diminutivo di *Elisabeth* 'Elisabetta', ma da considerarsi, piuttosto, come il femminile di *Elisée* 'Eliseo'.

Eliṣabètta (o **-é-**), 4 luglio • Il latino *Elĭsabeth*, come il greco *Elisàbet*, si rifanno al nome biblico *Elīsheba'*, composto di una prima parte chiara e ricorrente (*Ēl* 'Dio') è di un'altra variamente interpretata (*shb'* 'giurare', quindi 'Dio è (il mio) giuramento', o *sheba'* 'sette', numero perfetto, e allora 'Dio è perfezione').

Eliṣèo, 14 giugno • Il latino della Chiesa *Elisĕu(m)* e il greco *Elisaios* si rifanno entrambi al nome biblico *Elīshá'*, composto di *Ēl* 'Dio' e, probabilmente, della radice *īsh'* 'aiutare, salvare', per cui *Eliseo* significherebbe 'Dio è salvezza'.

Elvìra, 27 gennaio • Nome spagnolo, che i Visigoti portarono nella penisola Iberica, dove anticamente si trova scritto *Gel(o)vira*: ma se nella seconda parte del composto si può riconoscere il gotico *wers* 'amichevole', la prima parte è soggetta a interpretazioni diverse: dal gotico **gails* 'lancia' o da **gail* 'allegro'.

Emanuèle, 26 marzo, **Emanuèla** • Nome che dall'Antico Testamento è passato in greco (*Emmanouḗl*) e nel latino ecclesiastico (*Emmănuel*): il nome ebraico *'Immanu'ēl* significa letteralmente 'con noi (*'immānū*) Dio (*Ēl*)'.

Emìlio, 28 maggio, **Emìlia**, 24 agosto • Il latino *Aemĭliu(m)*, da cui poi anche il corrispondente femminile *Aemĭlia(m)*, non ha una spiegazione certa: attraverso la sua forma più antica *Aimĭlios* possiamo collegarlo al nome proprio etrusco *Aimos*, di cui, tuttavia, si ignora il significato (ma gli antichi lo sentivano vicino, invece, ad *āemulus* 'emulo', a sua volta di non certa origine).

Èmma, 19 aprile • Il nome *Imma*, *Emma* è certamente di origine germanica, ma nell'ambito di questa famiglia linguistica non è stata ancora trovata un base soddisfacente: assieme al maschile *Immo* rappresenterebbe, come ritengono alcuni, una forma vezzeggiativa ridotta di nomi germanici composti (*Immo*, *Emmo* sarebbero, per esempio, equivalenti a *Irminio*, *Erminio*).

Ènnio, 1° novembre • Da *Enniu(m)*, nome gentilizio e poi personale dell'antica Roma che significava probabilmente 'predestinato'.

Enrìco V. *Amerigo*.

Ènzo ● Nome abbastanza diffuso, può avere due origini, da abbreviazione di *Vincenzo*, *Lorenzo*, *Gaudenzio* e sim., oppure, ed è il caso più comune, direttamente dal tedesco *Heinz*.

Eràsmo, 2 giugno ● I latini presero il nome *Erăsmu(m)* dai Greci, presso i quali *Èrasmos* era direttamente connesso con l'aggettivo *erásmios* 'desiderato, amabile' (dal verbo *eran* 'desiderare, amare'), che, del resto, era già passato in latino come nome proprio, *Erăsmiu(m)*.

Èrcole, 12 agosto ● Il nome latino *Hĕrcule(m)* è di origine greca: il greco *Herakles* si spiega, infatti, come 'gloria (da *kléos* 'fama' di origine indeuropea) della dea' (*Hēra* 'la protettrice', della stessa famiglia di *hḗros* 'eroe')'.

Ermànno, 7 aprile ● Presso i Germani *Hariman* era nome composto di *harja* (sostantivo) 'esercito, popolo' e (aggettivo) 'guerresco' e *man(n)* 'uomo' con il senso, quindi, complessivo di 'uomo d'arme, guerriero'.

Ermìnia, 26 agosto ● Nome latino *Hermĭnia(m)*, corrispondente al maschile *Hermĭnu(m)*, di origine etrusca e significato sconosciuto, anche se non si può escludere che allo stesso risultato italiano possano essere giunti altri nomi, di origine germanica, questi, legati al nome del semidio *Ermin*, *Irmin* 'forte, potente'.

Ernèsto, 7 novembre, **Ernestìna** ● Nome di origine germanica, *Ernust*, dal nome comune *ernust* 'battaglia' e poi 'forza, vigore'. *Ernestina* è il diffuso diminutivo del corrispondente femminile *Ernesta*.

Ersìlia ● Nome latino, *Hersīlia(m)*, corrispondente femminile di *Hersīliu(m)* di probabile origine etrusca, anche se non conosciamo il significato delle voci etrusche *(h)ersina*, *hersu*, alle quali si collegherebbe.

Èttore, 20 giugno ● Il latino *Hĕctorem* è ripreso dal nome greco *Héktōr*, reso famoso dall'eroe omerico, spiegato col verbo *échein* '(trat)tenere, reggere' (*éche-* -*tōr* sarebbe il 'reggitore del popolo'), anche se qualche perplessità può suscitare l'assegnazione di un nome greco a un principe troiano, a meno che non si pensi a una probabile traduzione del corrispondente nome indigeno, a noi rimasto sconosciuto.

Eugènio, 10 dicembre, **Eugènia** ● In età cristiana si diffuse il nome latino *Eugĕniu(m)*, dal greco *Eugénios*, tratto, a sua volta, dall'aggettivo *eugenḗs* 'bennato' (composto di *eu* 'bene' e *gen-* 'nascere'). Anche il femminile latino *Eugĕnia(m)* ha il suo corrispondente greco *Eugenía*, che può, tuttavia, anziché rappresentare il femminile di *Eugénios*, riprodurre direttamente il sostantivo *eugéneia*, *eugenía* 'nobiltà (di natali)'.

Eulàlia, 12 febbraio ● Nome cristiano, *Eulălia(m)*, di origine greca, come il documentato maschile *Euláliōs*, che propriamente significa 'eloquente', cioè 'colui che parla (dal verbo *lalein* 'parlare') bene (*eu*)'.

Eusèbio, 2 agosto ● Il latino d'epoca cristiana *Eusēbiu(m)* riproduce il greco *Eusébios*, derivato dall'aggettivo *eusebḗs* 'religioso, pio' (composto di *eu* 'bene' e dalla stessa radice del verbo *sébesthai* 'venerare, onorare', cui è legato anche il nome *Sebastiano*).

Eustàcchio, **Eustàchio**, 20 settembre ● Nome greco di significato augurale, formato con l'avverbio *êu*, 'bene' integrato da *stáchys* 'spiga' con il significato complessivo di 'ricco di spighe o fruttifero', specie in senso religioso.

Èva, si festeggia la domenica precedente il Natale ● Nome diffuso dal racconto biblico sia in greco, *Éua*, quanto in latino, *Hēva(m)*: l'origine ebraica *Hannāh* è tradizionalmente spiegata con il verbo *hāyāh* 'vivere' (per cui *Eva* significherebbe 'madre dei viventi'), ma l'interpretazione non è generalmente accettata, pur non esistendone altre valide. Interessante l'ipotesi che collegherebbe il nome ebraico con un nome semitico del 'serpente' (in arabo, a esempio, *hayya*).

Evarìsto, 26 ottobre ● Il latino cristiano col nome *Euarīstu(m)* rendeva il greco *Euárestos*, letteralmente 'il ben (*eu*) piacente (*arestós*, dal verbo di origine molto incerta *aréskein* 'piacere, recare soddisfazione')'.

Evàsio, 1° dicembre ● Trascrive il raro nome latino *Euăsiu(m)*, ritenuto di origine etrusca.

Èzio, 6 marzo ● I Romani conoscevano il gentilizio *Āetiu(m)*, di significato oscuro, pare di origine etrusca, ma avevano anche preso dai Greci il loro *Aétios* (legato al nome dell''aquila', *a(i)etós*), adattato in *Aĕtiu(m)*, per cui nel nostro *Ezio* possono confluire le due tradizioni.

Fàbio, 11 maggio ● Antico nome romano, *Făbiu(m)* era già stato connesso dai Latini con il nome della 'fava', *făba(m)*. Sarebbe, quindi, uno dei non pochi nomi tratti da nomi di piante.

Fabrìzio, 21 agosto, **Fabrìzia** ● Nome gentilizio latino, *Fabrĭciu(m)*, ora sentito come legato a *făbru(m)* 'fabbro' (nel senso di 'artefice'), ma in origine di probabile discendenza etrusca.

Fàusto, 19 novembre, **Fàusta**, 20 settembre, **Faustìno**, 15 febbraio ● Il nome latino *Fāustu(m)* era, per i Romani, molto chiaro, com'è l'italiano *Fausto*, se si considera l'immediato collegamento, rispettivamente, col nome comune (interpretato in chiave augurale) *fāustu(m)* e *fausto* 'felice, prospero'.

Fedéle, 24 aprile ● Il nome latino *Fidēle(m)* aveva lo stesso significato trasparente, che ha il suo derivato italiano *Fedele*, trasmesso soprattutto attraverso il culto cristiano con riferimento alla 'fiducia di Dio', e anzi, ricalcando il latino l'altro significato assunto dal greco *pistós*, a 'colui che crede in Dio'.

Federìco, 18 luglio, **Federìca** ● Nome germanico, *Frithurik* nelle più antiche attestazioni, composto di *frithu* 'pace' e *rikja* 'ricchezza'. Potrebbe, quindi, tradursi con 'dominatore con la pace'.

Felìce, 14 gennaio, **Felìcita** ● I Romani trassero il nome *Felīce(m)* dall'aggettivo *felīce(m)* 'contento, favorito dagli dei'. Al corrispondente astratto, *felicitāte(m)*, nominativo *felīcitas*, risale *Felicita*, cioè 'felicità'.

Ferdinàndo, 30 maggio, **Fernàndo**, **Ferdinànda** ● Il nome è di origine germanica, ma è passato a noi dalla Spagna, dove si trova attestato tanto *Fredenandus*, che si può far risalire a un composto gotico con **frithu* 'pace' e **nanth* 'audace' (e il significato completo sarà allora 'ardito nella pace'), quanto *Fre(d)nando*, da cui, per metatesi, si ebbe poi *Fernando*.

Férmo, 9 agosto ● Equivale al nome lat. *Fĭrmu(m)*, esattamente corrispondente all'aggettivo *fĭrmu(m)* 'solido, stabile' con chiaro riferimento, per i primi Cristiani, all'incrollabilità nella fede.

Fernàndo V. *Ferdinando*.

Ferrùccio, 27 ottobre ● Nome medievale italiano, certamente collegato con *ferro*, sia che si consideri il diminutivo di un documentato soprannome *Ferro*, sia che si pensi a una riduzione, con successiva notazione vezzeggiativa, di un composto, di cui *Ferro-* sia il primo elemento, come nel caso molto noto di *Ferroacuto* (donde *Ferraguto* e anche *Ferraù*), anche se frutto di un adattamento del nome epico *Fernagu*.

Filìppo, 26 maggio, **Pìppo** ● Nome latino, *Philippu(m)*, riproducente il greco *Phílippos*, l''amatore (*philos*) di cavalli (*íppoi*)'.

Fiorènzo, 27 ottobre ● Il nome latino *Florĕntiu(m)* dipende dal precedente *Florĕnte(m)*, connesso col verbo *florēre* 'fiorire', di cui costituisce originariamente il participio presente. Ebbe una reviviscenza d'uso in periodo cristiano per il suo sottinteso significato augurale.

Flàvio, **Flàvia**, 7 maggio ● Antico nome romano, il latino *Flāviu(m)* proviene da un precedente *Flāvu(m)*, identico al nome comune *flāvu(m)* 'biondo': quindi dovette essere all'inizio attributo, come soprannome, a persona 'dai capelli biondi'.

Flòra, 24 novembre ● Il latino *Flōra(m)* era il nome della 'dea dei fiori (*flōres*)', il cui culto, assieme al nome, era molto diffuso presso gli Italici e connesso con i riti primaverili.

Floriàno, 4 maggio ● Il nome latino *Floriānu(m)* deriva da quello della dea dei fiori *Flora(m)* 'Flora' (V.).

Fósca, 13 febbraio ● Dal nome latino *Fŭsca(m)*, corrispondente all'aggettivo femminile *fŭsca(m)* 'scura, nera'.

Francésco, 4 ottobre, **Francésca**, 9 marzo ● Originariamente aggettivo etnico di provenienza germanica: *Francĭscu(m)*, da **frankisk*, valeva, appunto, nel latino tardo 'Franco, proprio dei Franchi' e più tardi 'francese'.

Frànco, 4 ottobre, **Frànca**, 25 aprile ● Presso i Franchi lo stesso loro etnico (di origine discussa, forse legato al nome della lancia) fu adoperato anche come nome di persona (*Francko*, *Franc(h)o*; più tardi pure *Francka*), anche senza il suffisso *-isk*, che ha dato poi origine a *Francesco*, di cui *Franco* (e, rispettivamente, *Francesca* da *Franca*) potrebbe costituire anche una riduzione.

Fùlvio, 16 agosto, **Fùlvia** ● Nomi latini, *Fŭlviu(m)* e *Fŭlvia(m)*, ritornati di moda durante il Rinascimento italiano, quando s'intese se rettamente la diretta connessione con l'aggettivo *fŭlvu(m)* 'biondo, rossiccio (specie dei capelli)'.

Gabrièle, 27 febbraio, **Gabrièlla** ● Tanto il latino *Gabriēle(m)*, quanto il greco *Gabriél*, riproducono l'ebraico *Gabri'ēl*, nome dell'arcangelo inviato da Dio a Maria, che significa 'il forte (dal verbo *gābhár*)' di Dio (*Ēl*)'.

Gaetàno, 7 agosto ● Il latino *Caietānu(m)* era, originariamente, un etnico e indicava il 'proveniente da *Caiēta(m)* (Gaeta)', passato a soprannome e poi a nome.

Gàspare, 28 dicembre ● Nome di uno dei tre re Magi, è, come questi, di probabile origine orientale e più precisamente iranica: può, infatti, rappresentare la riduzione di un antico aggettivo persiano *windahwarena* 'che ha splendore in sé'.

Gastóne ● Nome proveniente dal nome francese, diffuso fin dal Medioevo, *Gaston*, di origine poco chiara: se inteso come variante di *Gascon* corrispondente a un etnico ('proveniente dalla *Guascogna*'), se, invece, si pensa a un nome germanico, allora si potrebbe vedere una sua connessione col nome comune *gastiz* 'ospite, straniero'.

Gaudènzio, 22 gennaio ● In latino *Gaudĕntiu(m)* era sentito un diretto derivato dal participio presente del verbo *gaudēre* 'godere', cioè *gaudĕnte(m)* con un suffisso proprio dell'onomastica postclassica: valeva, quindi, 'colui che gode, che si rallegra'.

Gèmma, 11 aprile ● Nome latino, *Gĕmma(m)*, diffuso in epoca cristiana, tratto dal nome comune *gĕmma(m)* 'gemma preziosa' (e, prima, 'gemma, bottone di una pianta, specie della vite').

Gennàro, 19 settembre ● Come il nome comune *gennaio*, proviene dal nome latino *Ianuāriu(m)*, attraverso la variante popolare **Ienāriu(m)*, e già dai Romani era imposto, originariamente, ai bambini nati in quel mese, dedicato al dio che apriva l'anno, *Iānu(m)* 'Giano'.

Genovèffa, 3 gennaio ● Nome venuto in Italia dalla Francia, dove la santa *Geneviève* ha un culto molto diffuso (è, tra l'altro, patrona di Parigi). Pare un nome composto e si è cercato di analizzarlo in *geno-* 'stirpe', presente in parecchi nomi di origine celtica, e *wifa*, voce germanica per 'donna'. Quindi: 'donna nobile'.

Geràrdo, 3 ottobre, **Gheràrdo** ● Il nome germanico *Gairard*, *Gerhard* può essere interpretato come 'forte (*hart*, *hard*) dardo' o 'forte nel lanciare il dardo (*gār*, *gēr*)': *Gherardo* è stato assunto in Italia direttamente da un popolo germanico, *Gerardo*, invece, attraverso la mediazione francese, che si rivela nel diverso trattamento dell'iniziale.

Germàno, 28 maggio ● Nome latino, *Germānu(m)*, che indica originariamente l'appartenente alle tribù di *Germāni*, ma anche il 'fratello'. È difficile determinare quando il nome proprio sia legato all'etnico o al nome di parentela e abbia, quindi, origine etimologicamente diversa.

Geròlamo, 30 settembre, **Giròlamo**, 30 settembre, **Geronimo** ● Il nome latino *Hierōnymu(m)* fu usato dai primi Cristiani per imitazione del greco *Hierónymos* dalla chiara formazione: 'nome (*ónoma*) sacro (*hierós*)'. In italiano si nota una dissimilazione della prima (*n*) delle due nasali (*n*, *m*), che non ha avuto luogo nella variante molto meno frequente *Geronimo*.

Gheràrdo V. *Gerardo*.

Giacìnto, 17 agosto ● Nome latino, *Hyacĭnthu(m)*, preso dal greco (ma di origine preellenica) *Hyákinthos*, il mitico giovanetto ucciso per errore da Apollo, che pur lo amava.

Giàcomo, 25 luglio ● L'accento del nome latino *Jacōbu(m)* fu portato sulla prima sillaba per influsso del modello greco *Jákōbos*, che rende l'originale ebraico *Y'acagôbh* di incerta spiegazione, anche se comunemente fatto risalire alla radice *'gb'*, per alcuni col senso di 'proteggere', per altri con quello di 'seguire, venir dopo'.

Giànni, **Giànna** V. *Giovanni*.

Gilbèrto, 4 febbraio ● Nome venuto a noi dalla Francia, dove *Gilbert* rappresentava la riduzione del nome franco *Gisilbert*, *Gislebert*, composto di *gisil* 'dardo' e *berht* 'chiaro, illustre (forse, appunto, per il modo di lanciare il dardo)'.

Gìno V. *Lodovico*.

Giordàno, 7 agosto ● I primi Cristiani assunsero volentieri come nome proprio il nome del fiume palestinese, dove fu battezzato Gesù, in latino *Iordānu(m)* e in greco *Iordánēs*, l'uno e l'altro dall'ebraico *Yardēn*, probabilmente da una radice *yārad* 'scorrere, fluire' completata dalla desinenza *-ēn* propria dell'aramaico: letteralmente significherebbe allora '(fiume formato da) due fiumi'.

Giórgio (o **-ò-**), 23 aprile, **Giórgia** (o **-ò-**) ● Il latino *Geōrgiu(m)* risale immediatamente al tardo nome greco *Geórgios*, che per i Greci era collegato con il nome comune *geōrgós* 'contadino, agricoltore' di antica origine indeuropea.

Giovànni, 24 giugno, **Giovànna**, 12 dicembre, **Giànni**, **Giànna**, 28 aprile ● Il latino ecclesiastico *Iohānne(m)*, come il greco *Iōánnēs*, è adattamento del comune nome ebraico *Yōhānān*, che si interpreta 'Dio (*Yoper Yahvé*) ebbe misericordia (*hānán*)'.

Giròlamo V. *Gerolamo*.

Giudìtta ● Tanto il latino ecclesiastico *Jūdith*, quanto il greco *Ioudíth*, provengono dall'ebraico biblico *Yehūdith*, femminile di *Yehūdhī* 'ebreo': è nome attribuito a '(donna) giudea' da parte di non-ebrei.

Giuliàno, 9 gennaio, **Giuliàna**, 16 febbraio, **Giùlio**, 12 aprile, **Giùlia**, 22 maggio ● Da *Iūliu(m)* 'Giulio' i Romani avevano derivato col suffisso *ānu(m)* il (cog)nome *Iuliānu(m)*. In epoca più tarda fu adottato anche nella forma femminile *Iuliāna(m)*. *Iūliu(m)*, a sua volta, rappresenterebbe (l'identificazione non è certa) un aggettivo non attestato **iouilos* 'di Giove (*Iŏvis*)', quando non indichi semplicemente il 'nato nel mese di *luglio*'.

Giusèppe, 19 marzo, **Giuseppìna**, **Bèppe**, **Pìppo** ● Nome di tradizione cristiana, che si rifà, attraverso il greco *Jōséph*, *Jōsēpos*, e il latino *Iōseph*, *Iosēphu(m)*, all'ebraico *Yōseph*, già nella Bibbia spiegato come 'Dio aggiunga (dal verbo *yāsáph* 'aggiungere')', sottinteso 'altri figli'.

Giustìno, 1 giugno ● Il latino *Iustīnu(m)* era direttamente dipendente, col suffisso *-īnu(m)* così frequente nell'onomastica romana, da *Iūstu(m)*, che ebbe larga diffusione in epoca cristiana per il suo evidente significato di 'equo, giusto'.

Goffrèdo, 8 novembre ● Nome di origine germanica, giuntoci dalla Francia (*God(e)froy*), dove il franco *Godafrid*, come il suo corrispondente longobardo *Godefrit*, non raro nei documenti italiani del Medioevo, veniva inteso, analizzando i suoi elementi compositivi, 'pace (*fridu*) di Dio (*got*)'.

Gràzia, 8 settembre ● Già i Romani avevano il nome di donna *Grātia(m)*, derivato dall'altro, *Grāta(m)*, che ne rivela l'origine religiosa: 'grata (agli dèi)', ma la presenza del corrispondente inglese *Grace*, diffuso specie fra i Puritani dopo la Riforma, lo ha reso tardivamente popolare anche presso di noi.

Graziàno, 18 dicembre ● Se andiamo alla formazione del nome latino *Gratiānu(m)*, possiamo rintracciare anche il suo primitivo significato: *Gratiānu(m)*, infatti, proviene da un precedente *Grātiu(m)* (di cui era originariamente l'aggettivo), nome legato chiaramente all'aggettivo *grātu(m)* 'gradito, caro'.

Gregòrio, 3 settembre ● Il latino *Gregōriu(m)* rispecchia il greco *Grēgórios*, che aveva il significato di *grēgoros* 'sveglio' in senso proprio ('desto') e figurato ('pronto').

Gualtièro, 8 aprile, **Wàlter**, /'valter/ ● Nome di origine germanica, documentato in Italia nel periodo longobardo nella forma *Waldhari*, che significa 'comandante' (dal verbo *waltan* 'governare, dominare') l'esercito (*hari* 'popolo in guerra'). Dalla stessa base germanica proviene anche il corrispondente inglese *Walter*, che dal 1800 fu introdotto e usato anche in Italia.

Guglièlmo, 25 giugno, **Guglielmìna** ● Nome di origine germanica (nella forma più antica *Willahelm*), composto di *wilja* 'volontà' e *helm* 'elmo'.

Guìdo, 12 settembre ● Il nome germanico *Wito* (sia esso da collegarsi col gotico **widus* 'legno, bosco' o con l'antico tedesco *wit* 'lontano' e tenuto conto che si tratta della prima parte di un nome composto, secondo il modulo usuale dell'onomastica germanica) è entrato con i Longobardi in Italia, dove è stato adattato alle condizioni fonetiche locali.

Gustàvo, 27 novembre ● Nome di origine nordica, diffuso soprattutto in Svezia nella forma *Gtöstav*, che si rivela come composto dell'antico nordico *stafr* 'sostegno' e *Göt*, probabilmente 'Goti': *Gustavo* sarebbe, quindi, il 'sostegno dei Goti'.

Ìda, 4 settembre ● Nome di origine germanica, probabile riduzione di un composto, di cui si è perduta la seconda parte, mentre nella prima si ravvisa la stessa parola, presente nel nordico antico *idh* 'lavoro, attività'.

Ignàzio, 31 luglio ● Dal latino *Ignātiu(m)* per il più antico *Egnātiu(m)*, che pare collegato, ma l'accostamento non è sicuro, con gli etruschi *Ecnate*, *Ecnatna*, di cui si ignora il significato.

Ilàrio, 13 gennaio, **Ilària**, 12 agosto ● Il nome latino *Hilăriu(m)* (con molti altri affini) è chiaramente derivato dall'aggettivo *hĭlare(m)* 'allegro, giocondo' di origine greca.

Ìlda V. *Elda*.

Immacolàta, 8 dicembre ● Rappresenta l'aggettivo *immacolata*, derivato, come attributo della Madonna, dal latino *immaculāta(m)*, cioè 'colei che è senza (*in-* negativo) macchia (*măcula(m)*)', la 'non macchiata (dal peccato originale)'.

Ìnes V. *Agnese*.

Innocènte, **Innocènzo**, 28 dicembre ● Nel tardo latino tanto *Innocĕnte(m)*, quanto *Innocĕntiu(m)* sono tratti, con modalità diverse, dall'aggettivo composto *innocĕnte(m)*, cioè 'colui che non (*in-*) è colpevole (*nocĕnte(m)*)', 'che non nuoce'.

Iolànda, 28 dicembre ● Per l'origine di questo nome si possono suggerire due ipotesi: o l'antico francese *Yolant*, variante di *Violant* 'Violante' (connesso, quindi, almeno popolarmente, con *viola*) oppure un nome germanico, composto di una prima parte oscura e di *-lindi* '(scudo di legno di) tiglio'.

Ippòlito, 13 agosto ● I romani presero il nome *Hippŏlytu(m)* dal greco *Hippólytos*, un composto di *híppos* 'cavallo' e *lytós* 'che scioglie' (dal verbo *lýein*, di origine indeuropea).

Irène, 20 ottobre ● Il nome latino cristiano *Irēne* è una trascrizione con adattamento alla pronuncia dell'epoca del greco *Eirḗnē*, uguale al nome comune *eirḗnē*, cioè 'pace'.

Isabèlla, 31 agosto ● Sull'origine di questo nome esistono due diverse ipotesi. Alcuni lo fanno derivare dal biblico *Iesebel* o *Iezabel*, che significa 'eletta dal Signore' (da *Baal* 'Signore'). Altri propendono per una deformazione di *Elisabetta*.

Isidòro, 4 aprile ● Il nome latino *Isidōru(m)* proveniva direttamente dal greco *Isídōros* dalla chiara composizione: 'dono (*doron*) di Iside (*Ísis*)'. Non è necessario pensare a una immediata provenienza dall'Egitto, dal momento che il culto di Iside si era largamente esteso in Grecia e a Roma stessa.

Ìtalo, 19 agosto ● Nome mitologico dei Romani, che ritenevano *Ītalu(m)* un antico re, il quale avrebbe dato il nome alla regione da lui retta, l'*Italia*, ma, come questa, anche *Italo* resta ancora di origine oscura.

Ìvo, 19 maggio, **Ivònne** ● Nome venuto a noi dalla Francia, come il femminile *Ivonne*, che parrebbe ripetere il nome del 'tasso', pianta molto diffusa nei paesi nordici, sia nella sua forma germanica (*uva*), sia nel parallelo celtico (**ivos*).

Ladislào, 27 giugno ● Antico nome slavo, che suona *Wadisláw* in polacco e *Vladisláv* in ceco, composto di *vlad-* 'dominare' e *slava* 'gloria', quindi '(che) domina con gloria'.

Lambèrto, 16 aprile, **Lambèrta** ● Nome di origine germanica, diffuso fra noi dai Longobardi, che significa, bene interpretando l'antica forma *Landoberht*, 'famoso (*berhta*) nel paese (*landa*)'.

Lanfrànco, 23 giugno ● Nome germanico *Lan(d)frank*, che, considerato già avvenuto il passaggio di *Frank* da 'Franco' a 'uomo libero', vuole significare 'libero (*frank*) nel paese (*landa*)'.

Làura, 22 gennaio ● Nome latino connesso con *lăuru(m)* 'alloro', albero sacro ad Apollo e simbolo di sapienza e di gloria, come il suo corrispondente greco *Dáphnē*.

Làzzaro, 17 dicembre ● Nel latino e nel greco del Nuovo Testamento troviamo, rispettivamente, *Lăzaru(m)* e *Lázaros*, come trascrizione del nome aramaico *La'zar*, considerato un diminutivo dell'ebraico *El'āzār*, cioè *Eleazaro* 'Dio (*Ēl*) ha aiutato (*āzār* 'venire in aiuto')'.

Leonàrdo, 6 novembre ● Nome di origine germanica, *Leonhart*, composto di *lev* 'leone' e *hart* 'forte, valoroso', cioè 'forte, come un leone'.

Letìzia, 9 luglio ● In latino, come in italiano, il nome *Laetĭtia(m)* 'allegria, contentezza', che voleva ricordare la 'gioia' dei genitori (e bisogna aggiungere cristiani, perché i pagani, pur conoscendo il nome, proprio di una dea, non gli attribuivano questo significato) per la nascita della figlia.

Lìdia, 3 agosto ● Nome latino, *Lȳdia(m)*, derivato del greco *Lydía*, propriamente 'originaria dalla regione della *Lidia* (Asia Minore)'.

Lìlia, **Liliàna** • Nomi di origine inglese, tanto *Lilia*, quanto *Liliana* si rifanno a *Lil(l)ian*, che rappresenta un chiaro vezzeggiativo, formato con la solita ripetizione di una sillaba tra le iniziali, da *Elizabeth* 'Elisabetta'.

Lìno, 23 settembre • Nome latino, *Līnu(m)*, assunto dai primi Cristiani (tra gli altri dal successore di S. Pietro): il suo isolamento nell'ambito dell'onomastica latina ed etrusca e l'incerta connessione con il greco *Línos* fanno ritenere che si tratti della forma ridotta di altro nome, come è avvenuto per il femminile *Lina*, sicuramente derivata da diminutivi del tipo *Adelina*, *Evelina* e sim.

Lìvio, 22 febbraio, **Lìvia** • *Līviu(m)* era un nome latino molto diffuso, anche se sulla sua origine non si è in grado di dire nulla di sicuro: potrebbe essere connesso con l'aggettivo *līvidu(m)* nel senso di 'pallido' e rappresentare, quindi, un soprannome nato da una caratteristica fisica.

Lodovìco, **Luìgi**, 21 giugno, **Luìgia**, **Luìsa**, 15 marzo, **Gìno** • Il nome franco *Hlodowig*, spiegato come 'famoso (*hloda* è la 'gloria') nella battaglia (*wiga*)', fu ridotto più tardi nella forma italiana *Lodovico* (con la variante *Ludovico*), mentre in Francia assume quella di *Louis*, da cui il nostro *Luigi*. Analogamente il femminile *Louise* venne accolto in due riprese, la prima con lo stesso adattamento del maschile (*Luigia*), la seconda, più recente e più vicina all'originale (*Luisa*). Al diminutivo maschile *(Lui)-gino* risale il diffuso *Gino*.

Loredàna, 10 dicembre • Nome di origine veneziana, corrispondente, in ultima analisi, al latino della Chiesa *Lauretāna(m)*, cioè 'di Loreto'. E da *Loreto*, poi *Loredo* e ora *Loreo*, nel Polesine, provenne la famiglia patrizia veneziana dei *Loredàn*, da cui è tratto, al femminile, *Loredana*.

Lorènzo, 10 agosto, **Lorènza**, **Ènzo**, **Rènzo** • Il latino *Laurĕntiu(m)*, come anche il corrispondente femminile *Laurĕntia(m)*, designavano originariamente il 'proveniente dalla città di *Laurĕntum*', centro laziale, che gli antichi dicevano (non sappiamo con quanto fondamento) così denominato da *lāuru(m)* 'alloro'.

Lùca, 18 ottobre • Nome di origine greca *Lukâs*, latinizzato in *Lucas* o *Luca*, deriva dal troncamento di *Lukanós* 'originario della Lucania'.

Lùcio, 4 marzo, **Lucìa**, 13 dicembre, **Luciàna**, **Luciàno**, 8 gennaio • Il nome latino *Lūciu(m)* era molto diffuso fra i Romani, che lo connettevano, non sappiamo con quale fondamento, col nome della 'luce', *lūce(m)* e sarebbe stato imposto, quindi, ai figli 'nati con la luce del giorno'. Da *Lūciu(m)* fu tratto poi tanto il femminile *Lūcia(m)*, che in italiano (ma non in alcuni dialetti) spostò l'accento, *Lucía*, quanto, col suffisso proprio dei (cog)nomi latini, *Luciānu(m)* 'Luciano'.

Luìgi, **Luìgia**, **Luìsa** V. *Lodovico*.

Maddalèna, 8 maggio • Il nome latino *Magdalēna(m)* risale, come il parallelo greco *Magdalēnḗ*, alla tradizione del Nuovo Testamento, nel quale appare chiaro che il nome era legato alla provenienza (*Maria detta Maddalena*), cioè al nome del villaggio palestinese di *Magdala* (in ebraico *Migdal* 'torre').

Mafàlda, 7 agosto • *Mafalda* ci proviene dalla penisola iberica, dove il nome germanico *Mahalt* (lo stesso che sta all'origine del nostro *Matilde*) è stato adattato, appunto, in *Mafalda*.

Mànlio • Secondo i Romani, *Mānliu(m)* ma nella forma primitiva *Manīliu(m)* da *Māniu(m)* era connesso con *māne* 'di mattina', cioè 'nato nelle ore mattutine', ma ora si riconosce invece un collegamento diretto con il nome delle anime dei morti, *Mānes* 'i mani'.

Mansuèto, 19 febbraio • Nome latino, dell'epoca repubblicana, *Mansuētu(m)*, uno dei tanti nomi derivati da un augurabile tratto di carattere, in questo caso *mansuētu(m)* 'mansueto'.

Marcèllo, 16 gennaio, **Marcèlla**, 31 gennaio, **Marcellìno**, 26 aprile, **Màrco**, 25 aprile • Nome di origine latina, *Marcĕllu(m)*, propriamente un diminutivo (col suffisso *-ĕllus*) di *Mārcus* 'Marzo', legato al culto del dio *Marte*, dal cui nome deriva.

Margherìta, 16 novembre, **Rìta**, 22 maggio • Nome che i primi Cristiani trassero dal latino *margarīta(m)*, antico grecismo (*margarítēs*) di origine orientale col valore di 'perla'. La parte finale del nome, usata come affettivo, ha acquistato una certa autonomia.

Màrio, 19 gennaio, **Marìa**, 8 settembre • Nome di origine italica, probabilmente legato all'etrusco *maru* 'uomo' e poi nome di una carica, trasmessa dagli Etruschi agli Umbri e dagli Umbri ai Romani, che ne trassero il loro *Măriu(m)*. Solo apparente è, invece, la connessione col latino *Măria(m)*, che i primi Cristiani assunsero dal greco *Mariám*, che a sua volta riproduceva il diffuso nome ebraico *Maryā́m*, di probabile origine egizia (dal verbo *mrj* 'amare').

Marìsa, 12 settembre • Fusione settentrionale dei due nomi *Maria Luisa*, secondo il modulo, che presiede alla formazione di *Marilena* (*Maria Eléna* e *Maria Maddalena*) e al raro *Maresa* (*Maria Teresa*).

Màrta, 29 luglio • Il latino *Mărtha(m)*, come il greco *Mártha*, riproduce il nome aramaico *Mārtā́*, uguale al nome comune *mārtā́*, femminile di *mār* 'signore', e significa, quindi, 'signora, padrona'.

Martìno, 11 novembre • Trae origine da un antico nome latino *Martinus*, patronimico di *Mars* 'Marte' e vuol dire 'dedicato al dio Marte'.

Màssimo, 25 giugno • I Romani usavano non raramente il nome *Măximu(m)*, letteralmente 'massimo', originariamente attribuito al fratello 'maggiore' fra più.

Matìlde, 14 marzo • Nome di origine germanica, *Mathhildis*, che significherebbe, analizzando i due composti, 'forza (*matha*) nella battaglia (*hildi*)'.

Mattèo, 21 settembre, **Mattìa**, 14 maggio • Nome proprio della tradizione evangelica, che ha trasmesso nella forma greca *Matthaios* e in quella latina *Matthēu(m)* l'ebraico *Mattiyyā́h*, forma abbreviata di *Mattithyā́h*, letteralmente 'dono (*mattáth*) di Dio (*yāh* una delle abbreviazioni di *Yahvé*)'. *Mattia* è lo stesso nome ebraico, reso però diversamente in greco, *Maththías*, e in latino, *Mat(t)hīa(m)*.

Màuro, 15 gennaio, **Màura**, 13 febbraio, **Maurìzio**, 22 settembre • Il nome latino *Māuru(m)* indicava, originariamente, l'appartenente alle popolazioni dell'Africa settentrionale (*Mauritiania*), note ai Romani col nome generico di *Mauri'*, nome di oscura etimologia, probabilmente tratto da un'antica denominazione locale. Col suffisso *-īciu(m)*, molto produttivo in epoca tarda, si è poi formato anche il derivato *Maurīciu(m)* con la variante *Maurītiu(m)*, da cui il nostro *Maurizio*.

Michèle, 29 settembre, **Michèla** • Il latino *Michăel* e il greco *Michaḗl* si rifanno all'ebraico *Mikhā'ēl*, che significa 'chi (*mī*) come (*khā*) Dio (*Ēl*)?'.

Milèna, 2 luglio • Nome di origine slava, introdotto in Italia in epoca recente: *Milena* è considerato un vezzeggiativo di altro nome, composto con *mila* 'cara'.

Mirèlla, 8 luglio • Nome di origine francese (*Mireille*), reso familiare in Italia, come in Francia, dalla popolarità del poemetto *Mirèio* di F. Mistral; il nome leggendario dell'eroina è messo in relazione col provenzale *mirar* 'ammirare'.

Modèsto, 12 gennaio • Nome sorto presso i primi Cristiani, il latino *Modĕstu(m)* era immediatamente e trasparentemente collegato con l'aggettivo *modĕstu(m)* e voleva ricordare le doti di 'modestia, moderazione' augurate al nuovo nato.

Mònica, 27 agosto • Osservando l'originaria forma latina del nome, *Mŏnnica(m)*, si pensa che il nome possa essere di provenienza punica oppure derivato dal nome latino, di formazione infantile, *Mŏnna(m)*, letteralmente 'mamma, sposa', mentre l'accostamento al greco *monachós* 'eremita' sarebbe del tutto secondario e popolare.

Nàdia, 1° agosto • In russo *Nadja*, diminutivo di *Nadéžda*, che corrisponde, anche letteralmente, al nostro *'Speranza'*.

Natàle, 25 dicembre, **Natalìa**, 25 dicembre • Originariamente nome attribuito a persona, maschio (*Natale*) o femmina (*Natalìa*, al diminutivo *Natalina*), nata il giorno di *Natale*, cioè espressamente nel *dīe(m) natāle(m)* di Gesù.

Nicòla, 6 dicembre, **Nicolètta**, **Nicolò** • Il *Nicolāu(m)* dei Latini corrispondeva all'antico nome greco *Nikólaos*, letteralmente 'vittorioso (della stessa famiglia di *nikē* 'vittoria') tra il popolo (*laós*)'. Anche in italiano si ebbe una forma più vicina all'originale, cioè *Nicolào* (da cui poi *Nicolò*), mentre *Nicola* sembra un adattamento più recente sull'accento greco.

Norbèrto, 6 giugno • Nome di origine germanica non del tutto chiarito nella sua composizione. Mentre nella seconda parte si riconosce l'aggettivo *berht* 'chiaro, illustre', così frequente nei nomi germanici, maschili e femminili, nella prima si potrebbe leggere *northa* 'nord' e interpretare, così, l'intero nome, come '(uomo) illustre nel Settentrione'.

Oddóne, **Ottóne**, 2 luglio • Nel latino medievale, *Old(d)one(m)*, ma al nominativo, *O(d)do* corrispondeva a un nome longobardo risalente al germanico *Audo*, abbreviazione di un composto, la cui prima parte era *auda*- 'ricchezza'. Dalla stessa base è disceso anche il parallelo alemanno *O(t)to*, reso in italiano con *Otto*, *Ottone*.

Odoàrdo V. *Edoardo*.

Òlga, 11 luglio • Antico nome russo (*Ól'ga*) diffuso in Italia solo in epoca relativamente recente, corrispondente al diffuso e antico nome scandinavo *Helga* e l'uno e l'altro derivati da una lingua nordica, in cui era ancora chiaro il collegamento con l'aggettivo *heilagr* e *helgi* 'santo', per cui *Olga* significa, in ultima analisi, 'la santa'.

Onòfrio, 12 giugno • Il nome *Onūphriu(m)* resta isolato nell'ambito del latino ecclesiastico e si può accostarlo solo al greco *Onnṓphris*, che trascrive un antico nome egiziano dal probabile significato 'sempre felice'.

Onoràto, 13 ottobre • In latino *Honorātu(m)*, originariamente participio passato dal verbo *honorāre* 'onorare' col duplice significato, di 'onorato' e 'onorabile'.

Oràzio, 15 dicembre • Antico nome latino, *Horātiu(m)*, diffuso con la più larga conoscenza rinascimentale della storia romana, di probabile origine etrusca, anche se ignoriamo il significato dell'etrusco *hurás* evidentemente connesso con altri simili nomi latini.

Orèste, 9 novembre • Il nome latino *Orēste(m)* si riferiva originariamente al mitico personaggio greco *Oréstēs*: ma in Grecia questo nome era molto diffuso, anche perché di formazione elementare, tratto com'è, da *óros* 'monte' e interpretabile, quindi, letteralmente, come 'montanaro'.

Orlàndo, 31 maggio, **Rolàndo**, 16 gennaio • Nome di origine germanica, *Hrodland*, composto di *hrothi* 'fama' e *land*, che sta per *nand* 'ardito': l'intero nome significa, dunque, 'che ha fama di essere ardito'. La forma più vicina all'originale è *Rolando*, dal quale solo in Italia, anzi in Toscana, è stata tratta la variante *Orlando*.

Òrsola, 21 ottobre • In latino il nome *Ŭrsu-*

la(m) era subito riconosciuto come un diminutivo di *ŭrsa(m)*, cioè 'orsa', usato pure come nome proprio.

Òscar, 3 febbraio • Le forme medievali del nome (*Anscharius, Ansgarius*) ci rendono ragione tanto della originale forma composta germanica (*Ansger*), quanto dell'interpretazione dei suoi elementi: 'lancia (*gairu*) di Dio (in lingue germaniche *ass, oss*)'. La modificazione del nome, che si riscontra in italiano, come in altre lingue, si deve alla variante irlandese *Oscur*, che le poesie ossianiche contribuirono a diffondere in tutta Europa.

Ottàvio, 20 novembre, **Ottàvia** • Il nome latino *Octāviu(m)* era chiaramente e direttamente derivato da *Octāvum*, cioè 'ottavo' con riferimento, come in tanti altri casi, a partire da *Prīmu(m), Secŭndu(m)*, ecc., all'ordine di nascita nella medesima famiglia.

Ottóne V. *Oddone*.

Pancràzio, 12 maggio • I primi Cristiani presero il loro *Pancrătiu(m)* dal greco *Pankrátēs*, un chiaro composto di *pan* 'tutto' (di origine indeuropea) e di altra voce (frequentissima nell'onomastica, come dimostrano i nomi *Socrate, Isocrate, Policrate*) connessa col verbo *kratein* 'avere il potere', originariamente un attributo di Giove 'che tutto può'.

Pàolo, 29 giugno, **Pàola**, 12 giugno, **Paolìno** • Antico nome latino, *Pāul(l)u(m)* equivaleva all'aggettivo raro e arcaico *pāullu(m)* e più tardi *pāulu(m)*, che significava 'piccolo': un nome, quindi, originariamente applicato a persone di 'piccola' statura, ma che il culto cristiano rese quanto mai popolare e diffuso.

Pasquàle, 17 maggio, **Pasqualìna** • Nome medievale *Pasquāle(m)*, identico all'aggettivo *pasquāle(m)*, tarda variante del latino *paschāle(m)* 'relativo a *Pasqua*'.

Patrìzio, 17 marzo, **Patrìzia**, 13 marzo • Per i Romani *Patrĭciu(m)* era interpretabile chiaramente come 'nobile' dal momento che corrispondeva al nome comune *patrĭciu(m)* 'appartenente a una famiglia nobile (*pătres*)'. Il femminile giunse a noi, invece, con molta probabilità, dal nome inglese, di diffusione piuttosto recente, *Patricia*.

Piètro, 29 giugno, **Pièro** • Come spiega il passo evangelico ('Tu sei Pietro, e su questa pietra io edificherò la mia Chiesa'), il latino *Pĕtru(m)* ripete il greco *Pétros*, che significava, come il femminile *pétra*, 'roccia, pietra' e traduceva l'aramaico *Kēphā́*, l'originale nome dell'apostolo, interpretabile, appunto, 'roccia'.

Pìo, 30 aprile • Sebbene già in uso a Roma in epoca imperiale, il nome latino *Pĭu(m)* fu assunto volentieri dai primi Cristiani per la sua chiara connessione con l'agg. *pĭu(m)* 'puro, pietoso'.

Pìppo V. *Filippo, Giuseppe*.

Plàcido, 5 ottobre • Anche il latino *Plăcidu(m)*, come l'italiano, era interpretato come attributo dovuto a una qualità del carattere, riproducendo perfettamente il comune aggettivo *plăcidu(m)* 'calmo, tranquillo'.

Pompèo, 14 dicembre • Nell'antico nome latino *Pompēiu(m)* si può vedere l'osco **pompe* corrispondente al latino *Quĭn(c)ĭtu(m)*, originariamente 'il quinto(genito)'.

Prìmo • Tra le possibilità di scelta del nome dei figli, gli antichi avevano anche quella di designarli con un numerale, corrispondente all'ordine di nascita. Così il 'primo(genito)' si chiamò in latino *Prīmu(m)* e, derivato da questo o formato in maniera analoga, in italiano *Primo*.

Pròspero, 24 novembre • Il nome latino *Prŏsperu(m)* era una sola cosa con l'aggettivo *prŏsperu(m)*, cioè 'prosperoso, apportatore di abbondanza', nome, quindi, chiaramente augurale.

Quìnto, 31 ottobre, **Quintìno**, 31 ottobre • Collegato con l'abitudine di chiamare i figli secondo l'ordine della loro nascita, il latino *Quĭntu(m)* designava, originariamente, il 'quinto (nato)'. Da esso con il suffisso di dipendenza *-īnus* si è successivamente formato il derivato *Quintīnu(m)* 'Quintino'.

Quirìno, 4 giugno • Il nome prettamente romano *Quirīnu(m)* è connesso certamente col nome comune *quirīte(m)*, sinonimo di *cīve(m)* 'cittadino (di Roma)', ma ancora non spiegato nella sua origine, anche se non si ritiene del tutto infondata l'opinione degli antichi che *Quirīnu(m)* fosse collegato al nome della capitale sabina *Cūre(s)*.

Raffaèle, 29 settembre, **Raffaèlla**, **Raffaèla**, 19 novembre • Il nome biblico *Rephā'ēl* fu reso in greco con *Raphaēl* e in latino, da cui dipende il nome italiano, con *Raphaēle(m)*. Nel nome ebraico si ravvisa subito quella costante componente *-Ēl*, che rappresenta l'abbreviazione del nome di Dio, *El(ōhīm)*, mentre nella prima parte si legge la radice verbale *rāphā'* 'egli ha guarito'. Il nome intero va, quindi, interpretato: 'Dio ha guarito (i miei mali)'. La variante italiana in *-ello*, sulla quale si è formato anche il femminile *Raffaella*, è dovuta alla tendenza a evitare i nomi in consonante.

Raimóndo, 7 gennaio • Nome di origine germanica, che nella forma più antica *Raginmund* fa maggiormente trasparire il significato della composizione: 'protezione (*mund*) del consiglio (*ragin*)' o, secondo l'accezione che il gotico *ragin* assume nella corrispondente voce antico-nordica, 'protezione divina'.

Regìna, 7 settembre • Nome latino di epoca cristiana, equivalente, come in italiano, al nome comune *regīna(m)*, sia che si intendesse alludere alla regalità della Madonna, sia che volesse ripetere l'omonimo nome germanico *Ragina, Regina* 'assemblea (degli dei)': in gotico, infatti, *ragin* vale 'consiglio'.

Reginàldo V. *Rinaldo*.

Remìgio, 1° ottobre • Questo nome, molto diffuso in Francia, tanto che si è pensato a una origine celtica, è probabilmente lo stesso nome cristiano *Remĕdiu(m)*, in cui si riconosceva il nome comune *remĕdiu(m)*, cioè 'rimedio (spirituale)', anche se non è da escludersi una sovrapposizione di due nomi, *Remīgiu(m)* e *Remĕdiu(m)*, di diversa provenienza.

Rèmo • Il nome del celebre fratello di Romolo, *Rĕmu(m)*, è legato, attraverso il precedente *Rĕmmiu(m)*, a quello della tribù dei *Remmii*, di origine etrusca (*rem-ni*).

Renàto, 12 novembre, **Renàta** • I nomi latini *Renātu(m)* e *Renāta(m)* per i primi Cristiani richiamavano subito alla mente l'idea della 'rinascita' contenuta nel participio passato *renātu(m), -āta(m)* 'nato a nuova vita'.

Rènzo V. *Lorenzo*.

Riccàrdo, 1° maggio, **Riccàrda** • Il nome germanico *Ric(o)hard* appare composto di due elementi: *rikja* 'padrone, signore' e *hart* 'forte, valoroso'. *Riccardo* verrebbe, quindi, a significare: 'forte e valente'.

Rinàldo, **Reginàldo**, 9 marzo • Nome venutoci dalla Francia, dove l'eroe di tanti poemi cavallereschi *Renaut, Rainaut* doveva il suo nome al francone *Raginald* 'che comanda (*-ald* dal verbo *waltan* 'reggere, governare') divinamente' (*ragin* 'consiglio divino')', portato in Italia anche dai Longobardi nella forma *Reginaldo*.

Rìta V. *Margherita*.

Robèrto, 17 settembre, **Robèrta** • Nome di origine germanica, composto di due elementi, che ritornano frequentemente nell'onomastica nordica: *hrothi* 'fama' e *berht* 'chiaro, illustre'. L'intero nome va, quindi, letto 'di chiara fama'.

Ròcco, 16 agosto • Nome medievale, tanto chiaro nella sua origine (da una radice germanica *hroc*) quanto oscuro nel significato, che per alcuni corrisponderebbe a 'cornacchia' (in gotico *krukijan* 'crocidare') per altri a 'uomo forte' (in antico nordico *krókr*) e per altri ancora a '(pieno di) cura' (antico tedesco *ruoh*).

Rodòlfo, 26 giugno • Nome latinizzato, *Rodŭlphu(m)*, di origine germanica, dal composto *Hrodulf* 'lupo (*wulf*) di gloria (*hrod-*)'.

Rolàndo V. *Orlando*.

Romàno, 28 febbraio • Presso i latini *Romānu(m)* era semplicemente l'etnico di *Roma* e dal nome della città regolarmente derivato con l'usuale suffisso *-ānu(m)*.

Ròmolo • Il nome del fondatore di Roma, *Rōmulu(m)* è indubbiamente legato al nome della città, con quale genere di rapporto, tuttavia, si ignora. Si pensa che fosse il capostipite della *gĕnte(m) Romīlia(m)* e che, come questa, provenisse dall'Etruria.

Romuàldo, 19 giugno • Nome di origine longobarda, composto di *krom, hruom* 'gloria, fama' e *-wald*, connesso col verbo germanico *waldan* 'comandare', con significato complessivo di 'comandare con gloria'.

Ròsa, 23 agosto • Nome introdotto nel Medioevo con espresso riferimento, come in altri casi, al nome del fiore *rosa*. Quando, invece, *Rosa* sia abbreviazione di *Rosalia*, allora ha un'altra origine.

Rosalìa, 4 settembre • Nome dall'origine discussa, ma che può benissimo accostarsi al nome attestato in francese antico come *Ros(s)celin*, in cui si riconosce, nella prima parte, il germanico *hrothi* 'fama, gloria', mentre la seconda parte sfugge a una chiara interpretazione, anche se è ammissibile riconoscervi un suffisso diminutivo (*-lin*).

Ruggèro, 13 marzo • Nome di origine germanica: in franco, infatti, *Hrodger* può essere spiegato come 'famoso (*hrothi* 'fama') per il suo giavellotto (*ger*)'.

Sabìno, **Sabìna**, 29 agosto, **Savìno**, **Savìna** • I Latini chiamarono *Sabīnu(m)* il 'proveniente dal territorio della *Sabina*', poi divenuto, come il corrispondente femminile *Sabīna(m)*, nome proprio indipendente dall'etnico e passato in italiano in forma dotta (*Sabino, Sabina*) e in forma semipopolare (*Savino, Savina*).

Salvatóre, 18 marzo • Il nome latino *Salvatōre(m)* fu assunto dai primi Cristiani come traduzione di Gesù (in ebraico *Yēshūa'* 'colui che salva'), non diversamente dall'uso greco del corrispondente *Sōtḗr*. Il nome è attualmente diffuso specie nell'Italia meridionale, dove sono usati anche gli accorciamenti *Tore* e *Turi* col diminutivo *Turiddu*.

Sàndro, **Sàndra** V. *Alessandro*.

Sàra, 20 aprile • Nome noto attraverso la Bibbia, dove *Sārāh* corrisponde esattamente al sostantivo ebraico *sārāh* (femminile di *sar* 'principe') 'principessa', non isolato nell'ambito della famiglia semitica.

Savèrio, 3 dicembre • Il nome proviene da quello del santo Francesco *Saverio*, che si era chiamato così dal castello spagnolo *Xavier* (ora *Javier*), dove era nato agli inizi del Cinquecento. Il toponimo è variante di *Echeberri*, di origine basca, e significa letteralmente *Casanova*, dal basco-iberico *eche*, 'casa' e *berri* 'nuovo'.

Savìno, **Savìna** V. *Sabino*.

Sebastiàno, 20 gennaio • Il latino *Sebastiānu(m)* riproduce il nome greco *Sebastianós*, derivato dall'aggettivo *sebastós* 'augusto, venerabile', dipendente dal verbo *sébesthai* 'onorare (gli dèi)'.

Secóndo, 29 marzo • Originariamente il nome latino *Secŭndu(m)* si riferiva, come altri nomi simili, all'ordine della nascita e valeva, quindi, 'secondo(genito)', 'colui che segue (*sĕqui*) il primogenito'.

Serafìno, 12 ottobre • Il nome greco-latino *Seraphím* è tratto dall'ebraico *Serāphīm*, plurale (come denota il suffisso *-īm*) di *sārāph* 'ardente, bruciante' e anche 'drago (bruciante)'. Se preso in senso metaforico, il nome può aver significato gli 'ardenti, i purificanti'.

Sèrgio, 8 settembre, **Sèrgia** • Il latino *Sĕrgiu(m)*, nome antichissimo e diffuso, è di origine incerta, ma non è escluso che provenga dall'onomastica etrusca, che tanto influsso ebbe, almeno nel periodo più antico della storia di Roma, su quella latina.

Sevèro, 1 ottobre, **Severino**, 8 gennaio • Tanto il latino *Sevēru(m)* quanto l'italiano *Severo* hanno un significato chiaro, se si pensa all'aggettivo comune dal quale sono legati (*severo*). I Romani ne avevano tratto anche un derivato (non diminutivo) *Severīnu(m)*, sopravvivente nell'italiano *Severino*.

Silvàno, **Silvàna** V. *Silvio*.

Silvèrio, 20 giugno • Nel latino dei primi Cristiani *Silvēriu(m)* era nome chiaramente derivato da *sĭlva(m)* 'selva, bosco', col suffisso *-ērius* di altri nomi propri.

Silvèstro, 31 dicembre • Dal latino *Silvĕstru(m)*, che rispecchia l'aggettivo *silvĕstre(m)*, cioè 'pertinente, abitante nel bosco (*sĭlva*)'.

Sìlvio, **Sìlvia**, **Silvàno**, 10 luglio, **Silvàna** • Nome latino, *Sĭlviu(m)* e, al femminile, *Silvia(m)*, evidentemente legati al nome comune *sĭlva(m)* 'selva', come i derivati *Silvānu(m)* e *Silvāna(m)* 'proprio della selva', originariamente detto delle divinità boschive.

Simeóne, **Simóne**, 28 ottobre, **Simonétta**, **Simóna** • Sia *Simone* (da cui il femminile *Simona* col suo diminutivo *Simonetta*), come *Simeone*, sono nomi legati alla tradizione ecclesiastica: nei libri sacri s'incontrano, infatti, in veste latina *Simōne(m)* e in veste greca *Simōn* e *Symeṓn*, l'uno e l'altro rispecchianti l'ebraico *Shime'ōn*, solitamente interpretato come 'Dio ha esaudito (*shama'*)'.

Sìro, 9 dicembre • Il nome era in uso fra i Romani, presso i quali *Sȳru(m)* e *Sȳra(m)* erano semplicemente degli etnici e valevano 'Siriaco' e 'Siriaca', cioè 'proveniente dalla Siria', forse in origine riferito a schiavi siriani.

Sìsto, 28 marzo • Forma popolare del nome latino *Sĕxtu(m)*, che rientra, significando letteralmente 'sesto', nella serie dei nomi che indicavano, in origine, l'ordine di nascita dei figli, in questo caso il 'sesto(genito)'.

Sofìa, 18 settembre, **Sònia**, 30 aprile • Nome di origine greca: il greco *Sophía* è immediatamente riconosciuto come lo stesso nome comune *sophía*, cioè 'sapienza', ma alla sua diffusione contribuì soprattutto il culto della Divina Sapienza (in greco *Théia Sophía*), cioè di Cristo. Apparentemente diverso, ma pervenutoci soltanto in tempi più recenti e per altra via (letteraria), è *Sonia*, vezzeggiativo (*Sónja*) del russo *Sophíja* 'Sofia'.

Sperànza, 1° agosto • Nome cristiano, che bene si inserisce nella serie di nomi astratti, il cui modello è stato fornito in gran copia dai Romani, presso i quali, oltre che *Sperăntia(m)*, si usava anche il maschile *Sperăntiu(m)*, l'uno e l'altro dal participio presente, *sperănte(m)*, del verbo *sperāre*.

Stéfano (**o -è-**), 26 dicembre, **Stefània**, **Stefanèlla** • A Roma *Stĕphanu(m)* era nome straniero e precisamente greco. In Grecia *Stéphanos*, di antica tradizione, corrispondeva al nome comune *stéphanos* 'corona'. *Stefania* (col diminutivo *Stefanella*) è, invece, formazione italiana.

Teodòro, 7 febbraio, **Teodòra**, **Dorotèo**, **Dorotèa**, 6 febbraio • I Romani, adottando il nome *Theodōru(m)*, non fecero che trasporre in latino il greco *Theódōros*, chiarissimo nella sua composizione: 'dono (*dōron*) di Dio (*Theós*)'. Gli stessi elementi, in posizione inversa, compaiono anche nel nome greco *Dōrótheos* (col femminile *Dōrothéa*), passato nel latino cristiano *Dorothēu(m)* (e *Dorothēa(m)*), da cui i nostri *Doroteo* e *Dorotea*.

Terèsa, 15 ottobre • Nome di origine spagnola, nella sua forma più antica *Tarasia*, proveniente dalla Grecia, dove sono attestati sia *Tarasía*, sia il corrispondente maschile *Tarásios*; il significato, però, dei due nomi greci è ancor oggi molto oscuro.

Timòteo, 26 gennaio • Nome che i primi Cristiani accolsero dai Greci, riconoscendo il significato del composto *Timótheos* 'colui che onora (da *timḗ* 'onore') Dio (*Theós*)' e adattandolo in *Timŏtheu(m)*.

Tìto, 26 gennaio • Diffusissimo nome latino, *Tĭtu(m)*, di dubbia spiegazione, a meno che non si tratti, com'è molto probabile, di un tipo di formazione reduplicativa proprio del linguaggio dei bambini.

Tommàso, 3 luglio • Il latino della Chiesa *Thōmas* è riproduzione del greco *Thōmas*, a sua volta traslitterazione dell'aramaico *t'ōmā'* 'gemello', forse soprannome dell'apostolo per distinguerlo da altra persona omonima.

Torquàto, 15 maggio • Antico nome latino *Torquātu(m)*, che è anche nome comune, *torquātu(m)* 'munito, adornato di una collana (*tŏrque(m)*)'.

Tùllio, 5 ottobre, **Tùllia**, 5 ottobre • Nome latino, *Tŭlliu(m)*, derivato dall'antico prenome romano *Tŭllu(m)*, di probabile origine etrusca, da collegarsi, forse, con l'etrusco *tul* che vale 'pioggia violenta'.

Ubàldo, 16 maggio • Nome di origine germanica, che nella sua forma più antica, *Hugibald*, rivela il suo significato: 'ardito (*balda*) nel senno (*hugu*)', cioè 'di ingegno vivace'.

Ùgo, 1 aprile • Il nome germanico *Hugo* sembra riduzione di un nome composto, modello prevalente dell'onomastica germanica, e nei molti nomi che conservano come primo elemento *Hugu-*, vediamo che esso può corrispondere a una voce comune germanica col significato di 'mente, senno, intelligenza'.

Umbèrto, 6 settembre • Il nome germanico (*Humbert* è un composto con *-behrt*, frequentissimo nell'onomastica germanica con il significato di 'illustre, famoso, chiaro' e di una prima parte, variamente intesa: *un-* rafforzativo ('illustrissimo') o *Hun-* 'Unni' ('chiaro fra gli Unni') o *hunn* 'orsacchiotto' ('giovane orso famoso').

Urbàno, 25 maggio • Nome latino, *Urbānu(m)*, uguale al nome comune *urbānu(m)*, cioè 'cittadino' e poi 'persona civile' in opposizione a 'contadino', 'villano'.

Valentìno, 14 febbraio, **Valentìna** • Il nome latino *Valentīnu(m)* è formato con un suffisso frequente in questo genere di derivazioni, *-īnu(m)*, e di *Valĕnte(m)*, letteralmente il participio presente di *valēre* 'star sano, essere forte'.

Valèrio, 28 gennaio, **Valèria**, 28 aprile, **Valeriàno**, 15 settembre • Antichi nomi latini, *Valĕriu(m)* e *Valĕria(m)* sono solitamente (anche senza assoluta certezza) fatti risalire alla stessa base del *valēre* 'star bene, essere sano'. Aggettivo relativo al nome era *valeriānu(m)*, che divenne più tardi nome autonomo, dal quale dipende anche l'italiano *Valeriano*.

Venànzio, 14 dicembre • Nel latino dei primi Cristiani *Venăntiu(m)* manteneva il chiaro significato di 'cacciatore', immediatamente collegato com'era col participio *venănte(m)* del verbo *venāri* 'andare a caccia', di antica origine indeuropea.

Venceslào, 28 settembre • Nome di origine slava, diffuso dapprima fra i Cèchi (*Venceslav*) e i Polacchi (*Wieceslaw*), composto delle antiche basi slave *vent-* 'maggiore' e *slŭ-* 'gloria': 'colui che ha la più grande gloria'.

Verònica, 9 luglio, **Berenìce** • Pare che il nome medievale *Veronica* sia direttamente legato, attraverso la variante *Verenice*, al greco *Bereníkē* 'apportatrice (da una voce macedone, equivalente al greco *phérein* 'portare') di vittoria (*níkē*)'.

Vìlma, 10 febbraio • Nome di origine germanica, rappresentante il femminile di *Wilm*, cioè *'Guglielma'*.

Vincènzo, 22 gennaio • Di origine latina, *Vincentius* a sua volta deriva da *vincens* con il significato augurale di 'vittorioso, destinato a vincere'.

Virgìlio, 27 novembre, **Virgìnio**, **Virgìnia**, 5 agosto • I nomi latini *Virgĭniu(m)* e *Virgĭnia(m)* rappresentano, probabilmente, dei nomi etruschi, di ignoto significato, latinizzati, anche se i Romani li connettevano volentieri ora con *vĭrga(m)* 'verga' ora con *vĭrgine(m)* 'vergine'. Anche il latino *Virgĭliu(m)*, *Vergĭliu(m)*, da cui deriva il nostro *Virgilio*, ha verosimilmente la medesima origine etrusca.

Vìto, 15 giugno, **Vitàle**, 28 aprile, **Vitaliàno**, 27 gennaio • Nome in uso presso i primi Cristiani, che in *Vĭtu(m)*, *Vitāle(m)*, *Vitaliānu(m)* esprimevano la loro fede nella 'vita' eterna.

Vittòrio, **Vittòria**, 23 dicembre, **Vittóre**, 8 maggio • In latino erano egualmente diffusi tanto *Victōre(m)*, quanto *Victōriu(m)* entrambi col senso di 'vincitore' da cui i nostri *Vittore* e *Vittorio*.

Wàlter /'valter/ V. *Gualtiero*.

Wànda, 18 aprile, **Vànda** • Nome di origine sconosciuta, che pare inventato, agli inizi del XIII sec., da uno scrittore polacco, il quale avrebbe tratto il nome di una leggendaria figlia del supposto fondatore di Cracovia, Wanda appunto, dall'etnico *Vandali*. Dalla Polonia, dove il nome ha avuto notevole diffusione, si è in altro modo connesso con la stessa radice germanica *vand* (d'altronde di significato sconosciuto). Con grafia italianizzata: *Vanda*.

Zaccarìa, 5 novembre • Il latino *Zacharīa(m)* e il greco *Zacharías* riproducono entrambi l'ebraico *Zekharyāh*, che, spiegandosi 'Dio (*-yah*, forma abbreviata del nome divino) si è ricordato (dal verbo *zakhár*)', allude al 'ricordo del Signore' del desiderio dei genitori in attesa di un figlio.

Zìta, 27 aprile • Se consideriamo l'area di diffusione di questo nome (la Toscana soprattutto), possiamo spiegarlo col nome comune toscano *zit(t)a*, variante di *cit(t)a* 'piccola, ragazza', di origine bambinesca.

LUOGHI D'ITALIA

L'asterisco (*) segnala che la forma è linguisticamente ricostruita o supposta, ma non attestata da documenti scritti. Il segno (˘) indica che la vocale è breve, il segno (¯) che la vocale è lunga.

Abrùzzo. La regione, indicata nel tardo impero come *Provincia Valeria* (dalla *via Valeria*, che conduceva da Tivoli all'Adriatico), deve il suo nome attuale al medievale (VI sec.) *Aprūtiu(m)*, propriamente denominazione del contado d'Apruzzo (Teramo), connessa al nome dei *Praetūtĭi*, gli antichi abitanti di quel territorio. La forma plurale *Abruzzi*, oggi meno diffusa, fa riferimento alla suddivisione della regione in due gastaldati separati dal fiume Pescara (XIII sec.).

Àdige. In latino *Ăt(h)esi(m)*, il nome è connesso con quello della città di Este (*Ates-ste*).

Adriàtico. In latino *(H)adriaticu(m)*, dal nome della città di *(H)ădria* 'Adria' (presso Rovigo), che s'affacciava un tempo sul mare, cui dette il nome.

Agrigènto. Da *Agrigĕntu(m)*, latinizzazione della forma greca *Akràgas* (poi *Akragànta*), da connettere alla voce, anch'essa greca, *àkris* 'cima di monte, punta'. La forma popolare locale è *Girgenti*, dovuta a mediazione araba.

Àgro Pontìno. Anche *Agro Romano* o *Regione Pontina*; dal latino *Pomptīnu(m)*, connesso al nome della città *Suessa Pometia*.

Alessàndria. Fondata nel XII sec. con il nome di *Cīvĭtas Nŏva*, rispetto a Tortona che era stata distrutta, deve l'appellativo attuale al pontefice Alessandro III, deciso sostenitore delle libertà comunali (dall'imperatore Federico I, invece, era stata chiamata *Cesarea* '(città) imperiale').

Alghèro. La forma locale del toponimo è *s'Alighera*, 'luogo pieno di alghe' (dal logudorese antico *àliga*): inizialmente riferito alla costa, il nome fu poi esteso a tutta la città.

Alpàgo. *Alpàos* nel dialetto locale, il toponimo, generalmente connesso al latino *păgu(m)* 'villaggio', deve altresì essere ricollegato ad un prediale *Lappiăcu(m)* 'territorio di un *Lappius*'.

Alpi. In latino, con *mŏnte(s) Ălpe(s)*, si indicavano pure catene montuose distinte dalle Alpi, o anche gli Appennini e, in seguito, i 'pascoli di montagna': pertanto l'origine del nome oscilla tra un prelatino **alp-/alb-* 'pietra, monte' e una voce gallica **alpis* 'pascolo montano'.

Ampèzzo (o **-é-**). Toponimo tuttora oscuro: abbandonati gli etimi latini da *pĭcea(m)* 'pino selvatico' e *amplu(m)* 'ampio', se ne ricerca l'origine nella base prelatina **amp-/amb-*, che designa piante alpine e loro frutti (mirtillo, rovo ecc.).

Ancóna. Il latino *Ancōna(m)* o *Ancōne(m)* trascrive il greco *Ankṓn*, chiaramente dipendente dal nome comune *ankṓn* 'gomito, svolta', con allusione alla curvatura della costa nel punto in cui si trova la città.

Aòsta. Prima parte del nome della colonia latina fondata dai veterani della coorte pretoria di Augusto e da qui chiamata *Augŭsta(m) Praetōria(m)*.

Appennìni. Dal latino *A(p)e(n)n-inu(m)*, in cui, separato un suffisso *-inu(m)*, si riscontra una radice prelatina **ap-/af-* con il significato di 'punta', presente, tra l'altro, nel latino *apĭce(m)* 'sommità, apice'.

Aquilèia. Il nome della città è connesso a quello del fiume istriano *Aquilis* (forse da attribuire ai Celti), da un latino *aquĭlu(m)* 'oscuro, acquoso'.

Arborèa. Dal latino *arbŏre(m)* 'albero'; il nome, che nel Medioevo indicava uno dei quattro giudicati sardi, fu ripristinato nel 1944, quando si volle cancellare quello di *Mussolinia di Sardegna*.

Arézzo. Dal latino *Arretiu(m)*: l'etimo è oscuro, forse etrusco e connesso alla *gēns Arria*.

Àrno. Da una antichissima voce mediterranea *arna*, che significava 'letto di fiume', o da connettere alla radice indoeuropea *er-/*or- 'mettere in movimento, agitare' (con riferimento alla corrente).

Àscoli Picèno. È l'antica *A(u)sc(u)lu(m)* (forse dalla base **ausa* 'fonte'), capitale dei Piceni (latino *Picēnte(s)*): l'etnico, già in epoca classica, venne associato al latino *picu(m)* 'picchio', uccello sacro a Marte e animale totemico di questo popolo, anche se ultimamente tale etimo è stato rimesso in discussione.

Aspromónte. Conformemente alle diverse teorie sulla grecità in Calabria, la prima parte del composto viene ricondotta al greco *áspros* 'bianco' o al latino *aspĕru(m)* 'aspro'. Il tipo toponomastico ricorre in altri nomi di monti fuori d'Italia.

Asti. La forma latina era *Hastae*, da *hasta(m)* 'asta (arma)' e, poi per traslato, 'asta, incanto (luogo in cui si pianta un'asta)': il toponimo allude al fatto che, in origine, vi era stata fondata una colonia di cittadini romani, che consideravano il luogo come una loro proprietà comune.

Avellìno. Dall'irpino *Abellinu(m)*, derivato da una base indoeuropea **abel-/*abol-* (che sta all'origine del nome di un'altra città campana, *Abella*) che indica 'il frutto del melo': quindi 'la città delle mele'.

Barbàgia. *Barbaricini* furono chiamati gli abitanti del centro montagnoso della Sardegna, considerati *barbari* perché refrattari alla penetrazione romana: la regione da loro occupata venne chiamata dapprima *Barbaria*, poi *Barbargia*, *Barbagia*.

Bàri. Nome dato alla città dai Messapi, gli antichi abitatori della regione, nella cui lingua il tema **baur-/*bur-* significa 'casa, stanziamento'.

Basilicàta. La regione fu retta nel Medioevo da un regio (*basilikós*) funzionario bizantino e da questi prese il nome attuale, spesso alternato a quello classico di *Lucania* (V.), e fissato definitivamente nel 1947.

Bèlice. Il nome, di origine araba, era inizialmente composto: *raḥl* 'casale, sosta' *balīğ* (di significato oscuro).

Bellùno. Da una radice gallica **bhel-* 'splendente', con un suffisso *-dunum* (tipico e diffuso nell'area celtica) 'fortezza, rocca', quindi 'città splendente'. Così pure l'omonimo centro in Val d'Adige, Belluno Veronese.

Benàco. Nome antico del Lago di Garda (V.), in latino *Benācu(m)*, nome di probabile origine gallica, da avvicinarsi al celtico *bĕnna* 'carro di vimini', o meglio alla stessa base, che diede l'irlandese antico *bennach* 'cornuto', intendendosi 'dai molti capi (cioè 'promontori')'.

Benevènto. Originariamente *Meleventu(m)*, *Malventu(m)*, poi, con l'istituzione di una colonia di diritto romano (268 a.C.), cambiò il suo nome, poiché i conquistatori, mal interpretandolo (il primo elemento era un **mal* 'monte', non *malus* 'cattivo') lo consideravano di cattivo auspicio.

Bèrgamo. *Bergomu(m)* nelle fonti latine, il nome è stato accostato alla base prelatina *barga* 'capanna' o al greco *Pergamon* 'rocca', ma, come l'etnico *Bergomāte(s)*, resta di origine oscura.

Bièlla. Il toponimo, attestato in antico come *Bugella* (IX sec.), è di origine preromana, ma ipotesi etimologiche meno generiche oscillano ancora tra la continuazione del nome della *betulla* o, meglio, di una base *cella* 'luogo', entrambe celtiche.

Bológna. *Felsìna* per gli Etruschi, ricevette dai Romani il nome *Bonōnia(m)*, collegato con l'appellativo gallico *bona* 'fondazione', che ritorna anche nell'omonima città francese di *Boulogne*, in *Ratisbona* e in *Vienna* (anticamente *Vindobona*).

Bolzàno (o **-ẓ-**). Toponimo prediale romano (*Bauzānu(m)*), derivato dal gentilizio *Bautius* o *Baudius*.

Brènnero. Il nome del valico proviene dalla popolazione preromana dei *Breuni*.

Bréscia (o **-è-**). In latino *Brixia(m)*, nome di origine gallica forse connesso con **briga* 'altura', e, in tal caso, imparentato con *Bressanóne*, *Brexa* (Spagna), ecc.

Briànza. Da una antica forma celtica *Brigantia*, legata alla base **brigant-*, con il significato fondamentale di 'sporgente, sovrastante' e, quindi, a **briga* 'altura'.

Brìndisi. *Brundisiu(m)* in latino, dal messapico *brention* (indoeuropeo **bhren-* 'corno'), parola con cui si indicava la testa del cervo: secondo gli antichi, infatti, a questa rassomigliava la forma del porto.

Cadóre. Dal nome latino, attestato in epoca tarda (X sec.), *Catūbriu(m)*, composto di due elementi di origine gallica, **catu-* 'battaglia' e *br(i)ga* 'rocca, altura', quindi 'la rocca della battaglia, la roccaforte'.

Càgliari. Il nome medioevale della città (*Callari, Calari*) è dovuto ad una metatesi del nome latino *Carali(m)*, che si spiega come residuo di un'antica denominazione locale, nella quale appaiono la radice mediterranea **kar(ra)* col senso di 'pietra, roccia' e il suffisso *-al(i)* di valore collettivo. *Cagliari* significa, quindi, originariamente 'ammasso di rocce'.

Calàbria. Originariamente *Brùzio* (da collegarsi al messapico *brendon* 'cervo', V. *Brìndisi*); il nome latino *Călabria(m)* designava invece 'la regione dei *Calabri*', ma il nome degli abitanti è ancora etimologicamente oscuro, forse di origine mediterranea (dalla base **kalabra*, *galabra* 'roccia') col significato di 'abitatori delle zone rocciose' (in opposizione agli 'abitanti della pianura').

Caltanissètta. Il nome è attestato nella forma *qal'at an-nisa'*, che in arabo significa 'la rocca delle donne'; ma la forma classica, trasmessa da una iscrizione latina, era *Nìsa*, da cui l'etnico *nissèno*.

Campània. In latino *Campānia(m)*, oltre che 'campagna', anche 'pianura aperta', secondo uno dei significati di *campu(m)* 'campo'; ma una derivazione dal nome della città di Capua era intravista anche dagli antichi.

Campidàno. Nome medievale originariamente assegnato alla 'pianura' (*campo*) intorno a Cagliari e Oristano e poi esteso a tutta la regione pianeggiante della Sardegna centro - meridionale.

Campi Flegrèi. 'Campi ardenti', dal greco *phleguròs* 'ardente', con riferimento alla penisola macedonica nella quale, secondo la leggenda, i Giganti furono fulminati da Giove: il nome è dovuto ai fenomeni di vulcanismo.

Campi Ràudii. Forse di origine celtica, nel significato di 'Campi Rossi' (da un indoeuropeo **reudh-* 'rosso'), con allusione alla sanguinosa battaglia ivi svoltasi tra Romani e Cimbri.

Campobàsso. Oltre all'interpretazione più ovvia ('campo basso', in opposizione al vicino paese di *Campodipietra*), il toponimo è stato spiegato come 'campo di *Bassus/Bassius* (nome latino di persona)' o, meno bene, come 'campo dei *vassi*', cioè dei vassalli che vi abitavano (il feudatario occupava il castello Monforte).

Canavése. Dal latino *Canabense(m)* 'relativo alla *canaba(m)*', con il significato medievale di 'luogo di raccolta di prodotti agricoli'.

Cansìglio. Derivato dal latino *concĭlĭu(m)*, nel significato medievale di 'unità consortile dipendente dalla comunità di più paesi': l'altopiano, infatti, fu lasciato per il pascolo ai comuni limitrofi.

Capitanàta. Adattamento, per influsso di *capitano*, dell'antico nome della provincia *Catapanata*, cioè 'terra amministrata da un *catapano*', come si chiamava con denominazione greca (*katepàno* 'colui che sta sopra, il sovrintendente'), il locale governatore bizantino.

Càpri. In latino *Caprea(s)*, come altre località, 'luogo di capre' (ma alcuni pongono un etimo etrusco *capra* 'terreno di sepoltura'.

Càrnia. Il toponimo è formato sull'etnico dei *Carni*, che indica una tribù gallica il cui nome è in rapporto con la radice prelatina **kar* che indica generalmente 'luoghi rocciosi o sassosi'.

Carràra. Dal latino *carrāria(m) vĭa(m)* 'strada per carri'.

Càrso. Toponimo di origine preromana riconducibile alla radice **kar*, (V. *Carnia*).

Caṣentìno. In latino *Casentīnu(m)*, probabile derivato aggettivale (*-inu(m)*) da *Casĕntu(m)*, antica città umbra di origine italica.

Casèrta. Si tratta di un adattamento della forma latina (IX sec.) *casa(m) irta(m)* 'casa erta', che alludeva alla posizione impervia del borgo, nucleo originario della città.

Catània. *Katàne* nelle fonti greche e bizantine, *Catĭna(m)* in quelle latine, il nome sembra derivare, attraverso una mediazione araba, da un sicano *catana* 'coltello', ma il senso non è chiaro.

Catanẓàro (o **-z-**). Dal toponimo greco medievale *katà antsàri* 'sotto la terrazza' (dall'arabo *anzar* 'terrazza'), con allusione al terreno terrazzato ad orti e giardini che contorna la città.

Cervìno. Alterazione da **Silvino*, denominazione tradizionale del monte, derivato dal latino *silva(m)* 'bosco'.

Chiànti. Probabilmente dal cognome e gentilizio etrusco *Clante, Clanti*, oppure da un idronimo, comunque etrusco.

Chièti. Nome di origine italica, da un più antico *Teate* (da cui il derivato odierno *teatini*), il cui significato è tuttora oscuro.

Cilènto. Nome che risale al Medio Evo, quando indicava una rocca posta al centro della regione, 'al di qua (*cis*) del fiume Alento (anticamente *Alento*, poi *Lento*)'.

Ciociarìa. Sta per 'terra dei Ciociari', cioè di coloro che usano quelle calzature che vanno sotto il nome di *ciòce*, etimologicamente affini a *zocche* 'zoccoli' (dal latino *soccu(m)*).

Còlli Albàni. Anche *Colli Laziali*; dal latino *Albano(s) monte(s)* (da una base indoeuropea **alb-/alp-* 'pietra, monte') e connesso al nome della cittadina di Albano.

Còlli Eugànei. Denominazione creata artificiosamente nei secc. XIII e XIV, in ambiente umanistico: fa riferimento all'antica popolazione stanziata nel Veneto, il cui nome non è stato ancora spiegato. Localmente queste alture son dette 'i Monti'.

Comèlico. Localmente *Komelgu*: probabile deformazione di un originario **comulicà* (dal latino *communicare* 'mettere in comunicazione'), con allusione al passo di Monte Croce, aperto verso la Val Pusteria.

Còmo. *Cōmu(m)* nella tradizione latina, è nome di incerta origine: forse si deve risalire al gallico, lingua dei probabili fondatori, **camb-* 'piegare'.

Coṣènza. Da un latino **cōnsentĭa(m)* 'che confluisce insieme': la città si trova alla confluenza di due fiumi, il Busento e il Crati.

Cremóna. Il toponimo è di formazione antica e di origine incerta: generalmente viene fatto risalire al prelatino **carra* 'sasso, roccia', con metatesi.

Crotóne. Così detta perchè sorge sul sito di *Croton*, potente città della Magna Grecia, fonfata verso il 710 a.C. da coloni achei.

Cùneo. Dal latino *cŭneŭ(m)* 'cuneo' e, per traslato, 'terreno a forma di cuneo, angolo'.

Cùṣio. Toponimo dall'etimo non chiaro; l'unica proposta è un personale latino *Cusiu(m)*.

Dàunia. Era la regione dei Dauni, etnico spiegato con il tema indoeuropeo **dhauno-* 'lupo'.

Dolomìti. Dal nome della roccia calcarea ivi particolarmente diffusa, la *dolomia*, così chiamata dal geologo francese *Deodat de Dolomieu*, che per primo ne studiò la particolare composizione chimica.

Ègadi. Il nome *Aegāte(s)* dei Latini e quello *Áigoussai* (da cui il nome classico dell'attuale Favignana, *Egusa*) dei Greci fanno riferimento a una base ancora oscura, precedente agli uni e agli altri.

Élba (o **È-**). Dal nome latino dell'isola, *Ĭlva(m)*, forse di origine ligure, se lo si connette col nome della tribù ligure degli *Ilvāte(s)*. Il nome greco era, invece, *Aithalìa*, da *àithalos* 'fiamma, fuliggine', che fa supporre la presenza di forni fusori connessi all'esistenza di miniere di ferro.

Emìlia. La regione romana *Aemĭlia(m)* trae il suo nome dalla *Aemĭlia(m) vĭa(m)* 'via Emilia', che l'attraversava, così chiamata perché aperta sotto il consolato di M. *Emilio* Lepido.

Ènna. Forse di origine sicana; laddove il vecchio nome della città, Castrogiovanni (in voga fino al 1927), fu dovuto ad una falsa interpretazione, fatta dagli Arabi, di 'Enna', nella cui lingua diventò *Yannah*, poi *qaṣr Yānah*, per venir letto nei documenti latini dell'XI sec., appunto, come Castrogiovanni.

Eòlie. In latino *Aeŏlia(m)*, in greco *Aiolìē*, identificate con l'Eolia, che fin dall'età omerica era ritenuta residenza di Eolo, il dio dei venti; V. anche *Lìpari*.

Ètna. Il latino *Aĕtna(m)* ricalcava il nome greco del vulcano *Áitne*, generalmente posto in relazione col verbo *àithein* 'ardere, bruciare'. Il nome popolare *Mongibello* è una tautologia, dovuta alla giustapposizione delle parole latina (*mons*) e araba (*gabal*) che significano 'monte'.

Fèrmo. Città sorta da insediamenti etruschi risalenti al IX-VIII sec. a.C., fu colonia romana dal 264 a.C. Il nome lat. *Firmum Picenum* prob. deriva dalla radice indoeuropea *fir* 'vetta, cima', per la posizione elevata su un colle, e forse allude alla fermezza e stabilità nei rapporti con Roma.

Ferràra. Dal latino *ferrāria(m)* 'ferriera, fucina', con riferimento ad un'attività minerario-siderurgica; oppure nel senso di 'terra piantata a farro' (dal latino *far*).

Firènze. Antica forma popolare del nome *Fiorenza* (non intaccato nel suo derivato *Fiorentini*), che ripete il latino *Florentia(m)*, astratto ('la fiorenza') attribuito alla città fondata dopo la conquista dell'Etruria.

Fòggia. Dal latino *fŏvĕa(m)* 'fossa' (nel dialetto pugliese è anche nome comune), nell'accezione di 'fossa per riporvi il frumento' o di 'serbatoio di acqua largo e profondo' (la zona in cui sorge la città era un tempo acquitrinosa).

Fórche Caudìne. Nome composto dal latino *fŭrca(m)* 'forca, valico, giogo' e da un derivato dell'antica città di *Caudium*, presso Benevento.

Forlì. Dal latino *Fŏru(m)* ('mercato') *Livĭi*: la città sorse come luogo di mercato e deve il suo nome a Livio Salinatore, console nel 188 a.C.

Franciacórta. Localmente *Fraza curta*, forse riferito a franchigie concesse a ordini monastici, il nome è un calco sul francese *Franchecourt*, oppure si tratta di un **Francia* 'terra dei Franchi', con *corte* posposto.

Frignàno. Anticamente la zona era il *fundu(m) Frennianu(m)*, dal personale latino *Frennius*, legato ai *Friniāte(s)*, tribù storicamente attestata tra Lucca e Modena.

Friùli. Letteralmente, secondo l'originaria denominazione latina *Fŏru(m) Jūlii*, 'mercato di Giulio', nome dato all'insediamento romano fondato da Giulio Cesare o Augusto nell'attuale Cividale.

Froṣinóne. *Frusëlóne* nella dizione locale, il toponimo deriva dal latino *Frusinōne(m)*, della *gēns* dei *Frusināte(s)*, attestata dal I sec. d.C.

Gallùra. Nome altomedievale posto in relazione con un'antica popolazione della Sardegna centrale, i *Gali(l)ense(s)*, stanziata nel *Galile* (l'attuale Gerrei), un etnico che non è escluso abbia qualche legame con la palestinese *Galilea*.

Gàrda. Il nome attuale del lago deriva dalla località posta sulla sponda orientale, *Garda* appunto, dal latino tardo *garda(m)* (gotico *warda*) 'luogo elevato di guardia'; quanto all'appellativo classico *Benācu(m) Lacu(m)* V. *Benàco*.

Garfagnàna. Dal personale latino *Carfāniu(m)*, di origine etrusca, attraverso il cognome *Carfaniānu(m)*, come è dimostrato anche dagli antichi nomi (fino al XIV sec.) della regione (*Carfaniana*).

Gargàno. Da una base prelatina **garg-*, di oscuro significato, ma presente in un antico idronimo lucano, il *Gargarum*.

Gènova. Il latino *Genua* può risalire alle basi **genu-*, col significato di 'bocca, golfo', o **geneu-* 'ginocchio' (l'insenatura della costa vista come la curvatura interna del ginocchio), egualmente attribuibile ad altri toponimi come *Ginevra*. La forma locale del toponimo è *Zena*.

Gorìzia. Il toponimo, localmente *Gurìze*, riflette la voce slovena *gorica* 'collina', diminutivo di *gora* 'monte'.

Gran Paradìṣo. Probabile intrusione popolare di *paradiso* nel nome, che originariamente sarebbe stato *Gran Parei*, cioè, in piemontese, 'grande parete (rocciosa)'.

Grosséto. Probabile fitonimo, nel senso di 'selva di bosco dalle folte e *grosse* piante', per il quale si può porre anche un latino *grossu(m)* 'specie di fico che non giunge a maturazione'.

Igleṣiènte. La regione trae il nome dal centro principale della regione, cioè Iglesias, un derivato del latino *ecclesia(m)* 'chiesa'.

Impèria. Dal nome del torrente che sfocia presso Oneglia, l'Impero, databile al XIII sec.

Irpìnia. Dal nome degli antichi abitatori, gli *Hirpīni*, nel quale già i Romani riconoscevano il nome sannita del lupo, *hĭrpu(m)* o *ĭrpu(m)*.

Ìschia. Letteralmente 'isola', dal latino *insŭla(m)*, attraverso una forma **iscla*.

Iṣèrnia. Il toponimo risale alla base idronimica **ais-/*is-*, con il significato di 'muoversi velocemente', e che ritorna in *Isarco, Isonzo*, ecc.

Itàlia. È un nome di origine osca (*Vìteliu*), solitamente avvicinato all'umbro *vitluf* e al latino *vitŭlu(m)* 'vitello', rendendo così ragione della interpretazione tradizionale 'terra dei vitelli'; ma il nome è stato letto anche come 'il paese degli Itali', cioè di coloro che hanno nel vitello il loro animale totemico.

Jònio. Il latino *Jōniu(m)* riproduce il nome greco del mare occidentale, *Jónios*, legato alla leggendaria impresa della mitologica *Jò* (amata da Giove), che avrebbe attraversato quel mare a nuoto; più facile, invece, che il nome sia stato dato dai primi colonizzatori greci provenienti dalla Jonia.

Lampedùṣa. *Lepadusa* in latino, il nome risale al greco *lòpas* 'sorta di mollusco'.

Lànghe. Localmente *langa* indica la 'cresta assottigliata delle colline', ma il toponimo risale probabilmente alla base ligure **langa*, di ignoto significato, riferita al castello o alla zona occupata dalla tribù dei *Langēnse(s)* o *Langāte(s)*.

L'Àquila. Il toponimo è traslato dal nome del volatile, con allusione alla posizione arroccata del nucleo urbano originario; meno chiara la derivazione da un diminutivo del latino *ăqua(m)* 'acqua'.

Làrio. Dal nome latino *Lāriu(m)*, forse connesso ad una base prelatina **lar* 'luogo incavato' o simile.

La Spèzia. Toponimo inspiegato, forse dal greco *aspidia*, diminutivo di *aspis* 'scudo', anche se semanticamente oscuro.

Latìna. Sorta con il nome celebrativo di *Littoria*, assunse l'attuale denominazione, connessa a quella del *Làzio* (V.), nel 1945.

Làzio. Il latino *Lătiu(m)* è stato spesso riconosciuto dipendente dal nome comune *lătu(m)* 'piatto, esteso': la regione sarebbe, in tal caso, 'il paese piano', in opposizione alla Sabina montuosa.

Lécce. Antico nome messapico latinizzato in *Lupiae* (poi *Lupia(s)*, III sec. a.C.) e non ancora spiegato.

Lécco. Dialettalmente *Lèk*, il nome è ricondotto alla base gallica *leuco*, affine al latino *lucu(m)* 'bosco'. Privo di fondamento, invece, un etimo greco *lèukos* 'bianco'.

Ligùria. Dal nome dei suoi antichi abitanti di origine preindoeuropea, i *Ligure(s)* dei Romani, che rimane tuttora inspiegato.

Lìpari. In latino *Lipara(m)*, dal greco *Lipàra* legato alla radice *leip-*, che ritroviamo in *liparòs* 'grasso' (e, quindi, si intenderebbe 'la ricca'), ma anche nel raro *lips* 'pietra sulla quale l'acqua ristagna'.

Livinallóngo. Dalla voce alpina *livinàl/lavinàl* 'gola, vallone franoso' (dal latino *lavina(m)*), unita all'aggettivo *lungo*.

Livórno. Dal personale etrusco **Liburna*, o dall'etnico dei *Liburni*, connesso alla voce latina *lībŭrna(m)* 'brigantino, feluca', un tipo di imbarcazione.

Lòdi. La città fu costruita (1158) dopo la distruzione del vicino sito di Lodi, la romana *Laus Pompei* (o *Pompeia*) - oggi detto *Lòdi Vècchio* - e da essa ha tratto il nome. *Laus* 'onore, lode, fama' era nome augurale per il fondatore Cneo Pompeo Strabone (sebbene Plinio la dica di origine gallica).

Logudòro. Forse da un sardo medievale *logu* 'regno, giudicato', con il greco bizantino *ori(on)* 'circoscrizione amministrativa'; le connessioni con i *Doria* (la famiglia genovese che intrattenne rapporti con il giudicato), con (Porto) *Torres* (il capoluogo della regione), con l'*oro* (nel senso di 'fertilità'), leggendo la prima parte del nome come 'luogo', non sono soddisfacenti.

Lombardìa. Originariamente *Longobardìa*, cioè 'terra dei *longobardi*', il popolo germanico che si stanziò in Italia nel VII sec., scegliendo Pavia come capitale del regno.

Lomellìna. Dal nome di luogo *Lomello*, nel latino medievale *Laumellu(m)*, in cui si potrebbe riconoscere, tenuto conto del (celtico?) **mello* 'collina', un composto con il significato 'monte bianco' o 'monte (del paese) aperto'.

Lucània. Nome classico della *Basilicata* (e a questo spesso alternato): da un tema **leuc-* 'capo, estremità'.

Lùcca. Latino *Luca(m)*, è toponimo antichissimo di origine oscura (anche se a volte ricondotto ad una radice celto-ligure *luk-* 'luogo paludoso'.

Lunigiàna. Il nome della regione deriva da quello di un antico celebre scalo, denominato in epoca romana *Luna*, e poi *Luni*, presso l'attuale La Spezia, molto facilmente legato ad un appellativo etrusco col significato di 'porto' (come in *Vetu-lonia*, *Popu-lonia*), mentre gli antichi vi riconoscevano il nome del satellite della Terra (forse per la forma 'lunata' del porto?).

Maceràta. Attestato dal X sec., il toponimo si riconduce al latino *macĕrĭē(m)*, *-ĭa(m)*, con riferimento ai ruderi della romana *Helvia Ricina*, a breve distanza dalla città.

Màntova. Toponimo di origine etrusca, che riflette, specie nella forma latina *Mantua(m)*, una connessione con la divinità etrusca della ricchezza *Mantu*.

Màrche. Dal preciso significato politico-amministrativo assunto dalla voce germanica *marka*, dall'epoca di Carlomagno: '(territorio di) frontiera'.

Marémma. In latino il nome plurale *marĭtima* designava geograficamente 'i paesi sul mare', e solo più tardi restrinse geograficamente il suo significato.

Màssa. Dal latino *massa(m)*, nel significato che il termine assume nell'alto Medioevo 'grande possedimento, insieme di poderi coltivati dai coloni'.

Matèra. Toponimo attestato dal XI sec., riflesso del latino *materia(m)* 'legname da lavoro e da costruzione'.

Mediterràneo. Dall'aggettivo del latino classico *mediterrāneu(m)*, con il significato 'che sta in mezzo alle terre'.

Messìna. Più che dal nome latino *Messāna(m)*, la denominazione attuale della città si ricollega alla *Messéne* dei Greci, che chiamarono la colonia siciliana, già occupata da genti ioniche, con lo stesso nome della città di provenienza: e la Messenia greca è stata spiegata come 'territorio centrale' (da *mesos* 'di mezzo'), ma i più dubbiosi preferiscono riconoscervi un'origine pregreca.

Milàno. Il nome latino della città, *Mediolānu(m)*, suggerisce di vedervi un composto del latino *mĕdio* 'in mezzo' e del celtico *lau(n)o* 'piano, pianura' e anche 'luogo consacrato'.

Mòdena. Latinamente *Mutina*, il nome risale agli Etruschi ed è connesso a *mutna/mutana* (da una base mediterranea **mut(t)-* 'altura, rialzo del terreno'), che nella lingua di quel popolo significa 'tomba'.

Molìṣe. Il toponimo è medievale (X sec.), probabilmente connesso al latino *mŏla(m)* 'macina del mulino', con il suffisso *-ensis*

Monferràto. Da non intendersi come 'monte ferrato' (con allusione al colore ferroso della terra), bensì come 'monte farrato', dal latino *farrātu(m)* 'ricco di granaglie (*farro*) e foraggio'.

Mongibèllo. V. *Etna*.

Mónte Biànco. Nome trasparente, suggerito dal colore dei vasti ghiacciai, ma testimoniato solo in epoca medievale nella forma *Rūpe(m) Ălba(m)*.

Mónte Ròṣa. Il nome, erroneamente connesso con *ròsa* e popolarmente spiegato con il colore del gruppo montagnoso, non è altro che la parola valdostana, di discussa origine, *rosia* 'ghiacciaio'.

Mugèllo. Dal nome personale latino *Mucĕllu(m)*, un diminutivo di *Mūciu(m)*, nome di persona probabilmente di origine etrusca.

Mùrge. Il nome può essere accostato al latino *mūrĭce(m)* 'sasso acuto', se non si tratta di una parola prelatina di sostrato.

Nàpoli. Dal nome latino, di origine greca, *Neàpoli(m)*, 'città (*pòlis*) nuova (*néa*)', forse in contrapposizione all'antica città punica di Utica ('la vecchia', da un ebraico *atìkà*), o semplicemente al precedente nome *Partènope*.

Novàra. Toponimo di difficile interpretazione, forse collegato al vicino torrente *Agogna*, un tempo detto anche *Novaria* (questo fu anche il nome della città per tutto il Medioevo).

Nùoro. *Nōriu(m)* nel latino ecclesiastico, il nome è di origine prelatina, protosarda, e tuttora oscura.

Nùrra. Il toponimo riflette l'appellativo sardo (di origine prelatina) *nurra*, in uso nei dialetti isolani centrali, con il significato di 'voragine, screpolamento del terreno, burrone a forma di pozzo'.

Ogliàstra. Dal latino *ŏlĕastru(m)* 'olivo selvatico', pianta di cui la regione è molto ricca.

Oristàno. Da un personale latino *Aristĭus* (ben documentato nelle dizioni locali del toponimo, *Aristànis*, *Aristanisi*), con suffisso prediale *-anu(m)*.

Òssola. Citato come 'terra *ossilense*' fin dal IX sec., è toponimo oscuro, forse di origine prelatina.

Pàdova. Forse da una forma parallela, ma più popolare e antica (**Padua(m)*) del nome classico della città, *Patăviu(m)*: entrambe, comunque, sono connesse alla radice indoeuropea **pat-*, che esprime il concetto di 'apertura, spazio', e al nome latino del Po, *Padu(m)*.

Palèrmo. Il nome latino della città, *Panŏrmu(m)*, rivela il supposto composto greco, dal quale deriva: **panormos* 'intero (*pan*) porto (*hórmos* 'luogo di ormeggio')', nome dato, in Grecia e fuori, a parecchie città portuali.

Pantellerìa. Il nome dell'isola ha aspetto greco (e resta testimonianza di un antica *Talarìa*), ma i tentativi per spiegarlo sono rimasti infruttuosi.

Pàrma. Considerato da alcuni nome di origine ligure, il toponimo sembra però coincidere con la voce celtica *parma* 'scudo rotondo', forse in relazione alla forma originaria dell'insediamento.

Pavìa. Fondata dai Galli con il nome di *Ticinum*, solo nel sec. VII d.C. assunse il nome *Papīa(m)* derivato dal gentilizio romano *Papīlius*.

Pelàgie. Dal greco *pèlagos* 'mare': 'isole d'alto mare'.

Perùgia. Nella forma latina del nome, *Perŭsia(m)*, si ritrova la stessa terminazione *-ŭsia(m)* di altri nomi locali antichi (per es. *Venŭsia(m)*), ma la prima parte del nome è di difficile lettura.

Pésaro. Dall'omonimo fiume *Pisaŭru(m)* (attualmente *Foglia*), in cui, separata la consonante iniziale che è il residuo di un'antica preposizione, si individua il tema idronimico **is-/*as-*, già visto in *Isèrnia*.

Pescàra. Dalla forma latina *Piscāria(m)* (che in origine indica il fiume e poi anche l'abitato), nel senso di 'pescoso', più che di 'pescheria, vivaio di pesci'.

Piacènza. Riflette l'antico toponimo latino *Placĕntia(m)*, nome augurale dal latino *placēre* 'piacere'.

Pianùra Padàna. Il latino *Padānu(m)* era l'aggettivo del nome del fiume *Padu(m)* 'il Po' e significava, quindi, 'proprio del Po, relativo al Po'.

Piàve. Il nome è connesso alla radice indoeuropea **plow-* 'scorrere' (latino *pluĕre* 'piovere').

Piemónte. Composto secondo la norma italiana: 'al *pie(de)* del *monte*' per la principale caratteristica geografica della regione.

Pìsa. Toponimo di origine oscura, forse connesso al greco *pìsos* 'luogo irrigato'.

Pistóia. Toponimo latino, dalla voce *pistōre(m)* 'mugnaio' (pare che la fertilità del luogo avrebbe favorito tale attività)

Planàrgia. Dal latino *planu(m)* 'piano, pianura', per la conformazione del luogo.

Po. /pɔ*/ Il nome classico è *Padu(m)*, ma in epoca antica il tratto iniziale del fiume era detto *Bodincus*; pare che le due denominazioni abbiano un'origine comune, connessa alla radice indoeuropea **bhedh-* 'fondo':

quindi, 'il fiume profondo'.

Polèṣine (o **-è-**). Il toponimo si confronta con *polésin*, voce veneto-friulana per indicare 'i depositi di melma che emergono dall'acqua in forma di isolotti' (dal latino *pullu(m)* 'terreno molle'.

Pordenóne. Anticamente *Pŏrtu(m) Naōnis* (XIII sec.), cioè 'porto sul Naone (il fiume che attraversava la città, oggi *Noncello*)'

Potènza. Dal latino *Potēntia(m)*, toponimo augurale: 'la potenza'.

Pràto. Sembra che si possa accogliere l'etimo più evidente e che il toponimo risalga alla natura prativa del terreno in cui venne costruito il primo nucleo dell'attuale città.

Pùglia. Dal latino *Apūlia(m)*, derivato dall'etnico degli *Apulī* (che è ritenuto un adattamento italico del nome degli *Iapigi*, provenienti dall'opposta sponda dell'Adriatico).

Ragùṣa. Dal plurale del greco bizantino *rhogós* 'granaio'.

Ravénna. Il toponimo è un riflesso della base prelatina **rava* 'scoscendimento franoso, con derivante corso d'acqua', cui si aggiunge un suffisso etrusco *-enna*.

Réggio nell'Emìlia (o **Règgio**). Anticamente *Rēgiu(m) Lepidi* (era municipio romano durante il secondo consolato di M. E. Lepido; V. anche *Emilia*, è connessa, nella prima parte del nome, a *Réggio di Calàbria* (V.).

Réggio di Calàbria (o **Règgio**). Per *Calàbria* V. la voce, quanto a *Reggio* è nome oscuro, rapportato dalla tradizione classica al greco *rhégnymi* 'spezzare' o al latino *rē-gnu(m)* 'regno', ma forse connesso ad una base presente in alcuni idronimi dell'Italia centrale.

Rièti. Dal latino *Reāte* (continuato nell'etnico *reatino*), in cui si ritrova la stessa terminazione *-ate* del nome antico della città di Chiéti: *Teate*.

Rìmini. Anticamente *Ariminum*, dal nome latino del Marecchia *Ariminus*, il fiume presso la cui foce sorge la città. L'idronimo è di origine incerta, forse etrusca.

Róma. Generalmente collegato al gentilizio etrusco dei *Ruma* (evidenziando così l'apporto degli Etruschi alle origini della città), o al latino *rūma(m)* 'mammella', in senso orografico (il Palatino), o, anche, al *Rumon*, uno dei più antichi nomi del Tevere (dalla radice indoeuropea **sreu-* 'scorrere').

Romàgna. Dal latino medievale *Romānia(m)*, che per i Longobardi designava i territori italiani rimasti sotto il dominio dell'Impero *romano* d'Oriente, ristretti poi, per un processo non ancora chiarito, all'esarcato di Ravenna.

Rovìgo. Dal nome di persona germanico *Hrodico*.

Sabìna. Il nome della regione deriva dall'etnico *Sabini*, popolo italico del gruppo umbro-sabellico, cui è connesso pure il nome del *Sannio* (V.).

Salènto. Dalla voce prelatina **sala* 'canale, acquitrino' (o dall'omofono longobardo 'corte, edificio'), cui si aggiunge il nome del fiume *Alento*, che bagna la zona: quindi 'canale, luogo bagnato dall'*Alento*'.

Salèrno. Come il precedente si riconduce alla base prelatina **sala* 'canale', con formante *-ern-* di sostrato.

Sànnio. Dal nome latino della regione, *Sămniu(m)*, da un precedente **Săb-nio-m* 'territorio del dio **Săbo*', dal quale presero il nome anche i *Sabini*, che costituirebbero allora, linguisticamente, una semplice variante di *Sanniti*.

Sarcidàno. Dall'unione della preposizione *su* e del nome locale *Arcidano*, derivato dal latino *arce(m)* 'rocca', con il suffisso *-idano*, presente nell'altra regione sarda *Campidano* (V.).

Sardégna. Il latino *Sardĭnia(m)* indicava la 'terra dei *Sardi*', originariamente nome (di oscura provenienza) della popolazione mista di Libi, Fenici e Sardi costituitasi nella pianura meridionale dell'isola dopo l'importazione di schiavi libici.

Sàssari. Toponimo di formazione preromana, tuttora inspiegato.

Savóna. Secondo le fonti latine, il nome della città è connesso a quello della tribù ligure dei *Sabāte(s)*.

Sicìlia. Risale al greco *Sikelìa* (latino *Sicĭlia(m)*), originariamente riferito alla sola parte orientale dell'isola, quella abitata dalla popolazione illirica dei *Siculi* (*Sikelòi*): a occidente erano stanziati i *Sicani*, popolo non indoeuropeo.

Sièna. Centro etrusco, poi colonia romana con il nome di *Sena(m) Julia(m)*, il toponimo è derivato dal gentilizio etrusco *Sae-na*.

Sìla. Nome osco, connesso al latino *silva(m)* 'selva'.

Sóndrio. Dal longobardo *sunder* 'terreno riservato', è documentato dal X sec.

Strómboli. La variante più antica del nome dell'isola, *Strongolo*, ci chiarisce la sua origine dal greco *stroggýlos* 'rotondo', evidentemente per la sua configurazione geografica.

Tàranto. In greco *Tàras*, ma al genitivo *Tàrantos* (donde l'attuale accentazione), nome (di origine prelatina) del fiume che sfocia sul Mar Jonio: quindi 'la città sul Taras'.

Tavolière. Da *tavola* nel senso geomorfologico di 'territorio piano', come comunemente si ritiene.

Tèramo. Anticamente *Interamna Praetutiorum*, significa 'tra (*inter*) i fiumi (*amnes*), (nel territorio) dei Praetutii', con allusione alla confluenza tra il Vezzola e il Tordino.

Tèrni. Dal nome classico della città *Interamna* ('tra i fiumi' -V. *Teramo*-) *Nahars*, dove la specificazione *Nahars* allude al Nera, che nei pressi della città confluisce nel Serra.

Tèrra di Lavóro. Sebbene documentata come *Terra Laboris*, non deriva dal latino *labōre(m)* 'lavoro', ma da *Leboriae*, nome di una zona dell'Agro campano: il nome attuale è dovuto ad una paretimologia.

Tévere. Il latino *Tiberi(m)*, come altri nomi di fiumi (*Tib-isco*, *Tif-erno* ecc.) può essere collegato con una base idronimica **tif-/*tib-*, di significato non chiaro.

Ticìno. È un idronimo di origine prelatina, forse connesso con l'antico nome dell'Adige (*Ăthesis*) o con la trentina valle di *Tesino*.

Tirrèno. Dall'appellativo con cui i Greci designavano gli Etruschi: *Tyrrhēnói* (latino *Tyrrēni*), derivato dal nome di **Tursa*, città dell'Etruria: poi l'etnico divenne aggettivo per il mare che bagnava quella regione.

Torìno. Dal nome della colonia militare romana *Julĭa(m) Augusta(m) Taurinorum* 'Giulia Augusta dei Taurini', in cui il nome della popolazione che abitava il luogo deriva da una base **tauro*, 'toro' o forse 'monte'.

Toscàna. Dall'aggettivo latino *tuscānu(m)*, cioè 'pertinente ai *Tusci*', come i Romani chiamavano gli antichi abitatori della Toscana, cioè gli *Etruschi*.

Tràpani. Dal nome latino *Drepănu(m)*, che ripete il greco dialettale *drèpane* 'falce', con allusione alla forma del promontorio su cui sorge la città.

Traṣiméno. In latino *Trasimēnu(m)*, da un più antico *Tarsimēnu(m)*, nel quale si può intravedere un'origine etrusca, anche nella formante *-en(a)-*.

Trèmiti. Il latino *Trĭmetu(m)*, nome della principale isola del gruppo, viene connesso con la voce comune *tĕrmite(m)* '(ramo di ulivo) selvatico'.

Trentìno. *Tridentīnu(m)* era per i Romani l'aggettivo di *Tridĕntu(m)* 'Trento' (V.).

Trènto, **Trénto.** Dall'antica forma *Tridĕntu(m)*, forse nome di origine celtica, nel senso di 'triforcazione', forse dipendente da una base preromana **tar-*.

Trevìṣo. È la romana *Tarvīsiu(m)*, nome di origine gallica connesso con il celtico *tarvos* 'toro'.

Trièste. Dalla tarda forma latina *Tregĕste* per il precedente *Tergĕste* (e *Tergĕstu(m)*), nome connesso con l'antica base prelatina **terg-* 'piazza, mercato', la stessa che si ritrova in *Opitĕrgiu(m)* Oderzo.

Ùdine. Documentato dal X sec. (*Utĭnu(m)*), è nome di origine preromana, probabilmente connesso alla radice **oudh-/*udh-* 'mammella', da intendersi come metafora del colle su cui sorge il castello, nucleo originario della città.

Ùmbria. Il latino *Ŭmbria(m)* designava 'la terra degli Umbri', antica popolazione italica il cui nome è d'incerta origine.

Varése. Documentato dal X sec., può essere toponimo di origine prelatina, se non riflette il gentilizio romano *Varius*.

Vèneto. Dal nome degli antichi abitanti, i *Vĕneti* dei Latini, (*Henetói* per i Greci), legato alla radice indoeuropea **wen-* 'desiderare' (e quindi i Veneti sarebbero 'i desiderati').

Venèzia. Dapprima nome latino della regione dei *Vĕneti* (*Venĕtia(m)*), poi nome della città principale, in origine usato popolarmente al plurale con riferimento alle isole sulle quali si estendeva, con successivo ripristino della forma dotta *Venezia*.

Venèzia Giùlia. Nome recente che G. I. Ascoli propose in armonia con le altre due regioni venete (*Venezia Euganea* e *Venezia Tridentina*), poggiandosi sul nome latino dell'estrema sezione orientale delle Alpi e sulla sua continuazione umanistica, con significato regionale: *Regiōne(m) Jūlia(m)* 'la regione di Giulio (Cesare od Ottaviano)'.

Verbània. Dal successivo *Verbano*.

Verbàno. Nome non latino, latinizzato in *Verbănu(m)*, e pur tuttavia da avvicinare al personale romano *Virbis*.

Vercèlli. Il toponimo, presente negli autori classici latini nella forma *Vercĕlla(s)* è stato oggetto delle più svariate interpretazioni, ma sembra possa essere connesso al gentilizio romano *Vĕrcius*.

Veróna. Nome certamente non latino, *Vērōna(m)* è stata ritenuta ora di origine venetica, ora celtica, anche se non si può escludere, tenuto conto l'esistenza di nomi uguali o simili in Toscana, la derivazione da un nome personale etrusco.

Versìlia. Ricordato già nell'VIII sec., il nome venne dapprima interpretato come riflesso di un personale antico **Versīlius*, poi connesso a *Vessidia*, antico nome di un fiume che scorre nella regione.

Veṣùvio. Dal nome latino del vulcano, *Vĕsŭviu(m)*, che, come il nome collaterale *Vĕsĕvu(m)*, è ritenuto di origine indeuropea, anche se i pareri si dividono fra la scelta di due radici: **aues-* 'illuminare' o **eus-* 'bruciare, ardere'.

Vibo Valentia. /'vibo va'lɛntsja/ Vibo è formazione pregreca (adattata dai Greci in Hipponium, da *hippos* 'cavallo'); *Valentia*, invece, è uno dei vari nomi a carattere augurale con cui i Romani – che qui crearono una colonia nel 192 a.C. – chiamavano le nuove fondazioni.

Vicènza. Dall'antico *Vĭcētĭa(m)*, si tratta di una formazione venetica, dall'indoeuropeo **weik-* (da cui deriva pure il latino *vīcu(m)* 'villaggio').

Vitèrbo. Si ritiene che il toponimo derivi dal latino *vĕtu(m) urbe(m)* 'vecchia città', ma la questione è incerta.

Voltùrno. In rapporto con il latino *voltŭre(m)* 'avvoltoio'.

ABITANTI D'ITALIA

Àbano Tèrme → aponense
Abbadìa San Salvatóre → abbadingo (**pl. m.** *-ghi*)
Abbiategràsso → abbiatense
Abrùzzo → abruzzese
Acireàle → acese
Àcqui Tèrme → acquese o acquigiano
Àdria → adriese
Afragóla → afragolese
Agliè → alladiese
Agrigènto → agrigentino o girgentino
Alàssio → alassino
Àlba → albese
Albénga, **Albènga** → albenganese o ingauno
Àlcamo → alcamese
Alessàndria → alessandrino
Alghèro → algherese
Altamùra → altamurano
Àlto Àdige → altoatesino
Amàlfi → amalfitano
Ancóna → anconitano o anconetano
Àndria → andriese
Ànzio → anziate
Aòsta → aostano
Aprìlia → apriliano
Aquìno → aquinate
Arézzo → aretino
Aróna → aronese
Arpìno → arpinate
Arquàta Scrìvia → arquatese
Àscoli Picèno → ascolano
Aṣiàgo → asiaghese
Assìṣi → assisano o assisiate
Àsti → astigiano
Augùsta → augustano o augustanese
Avellìno → avellinese
Avèrsa → aversano
Badìa → badiotto
Bàgni di Lùcca → bagnilucchese o bagnaiolo
Barbàgia → barbaricino
Bàrga → barghigiano
Bàri → barese
Barlétta → barlettano
Baṣilicàta → lucano
Bassàno del Gràppa → bassanese
Bellùno → bellunese
Benevènto → beneventano
Bèrgamo → bergamasco (**pl. m.** *-schi*)
Bertinòro → bertinorese
Bièlla → biellese
Biscéglie → biscegliese
Bitónto → bitontino
Bollàte → bollatese
Bológna → bolognese
Bolzàno, **Bolẓàno** → bolzanino
Bordighèra → bordigotto o bordigherese
Borgosèṣia → borgosesiano
Bra → braidese
Brènnero → brennerese
Bréscia, **Brèscia** → bresciano
Bressanóne → bressanonese o brissinese, brissinense
Bri̯ànza → brianzolo
Brìndiṣi → brindisino
Buràno → buranello
Bùsto Arsìzio → bustocco (**pl. m.** *-chi*) o bustese
Cadóre → cadorino
Càgliari → cagliaritano
Calàbria → calabrese
Caltanissétta → nisseno
Camerìno → camerinese o camerte
Campània → campano
Campobàsso → campobassano
Canavése → canavesano
Canaẓèi → canazeiese
Canicattì → canicattinese
Canósa di Pùglia → canosino
Cantù → canturino
Capànnori → capannorese
Càpri → caprese
Carbònia → carboniense, carboniese
Càrpi → carpigiano
Carràra → carrarese o carrese
Casàle Monferràto → casalese o casalasco (**pl. m.** *-schi*)
Càscia → casciano
Caṣentìno → casentinese
Casèrta → casertano
Casòria → casoriano
Cassìno → cassinate
Castelfrànco Vèneto → castellano
Castellammàre del Gólfo → castellammarese
Castellammàre di Stàbia → stabiese
Catània → catanese
Catanẓàro, **Catanzàro** → catanzarese
Cattòlica → cattolicese, cattolichino
Càva de' Tirrèni → cavese
Cefalù → cefaludese o cefalutano
Cerignòla → cerignolano
Ceṣèna → cesenate
Ceṣenàtico → cesenaticense o cesenaticese
Céva → cevano o cebano
Chianciàno Tèrme → chiancianese
Chiànti → chiantigiano
Chièri → chierese
Chièti → teatino o chietino
Chièvo → clivense
Chiòggia → chioggiotto o chiozzotto
Ciniṣèllo Bàlsamo → cinisellese
Ciociarìa → ciociaro
Città della Piève → pievese
Città di Castèllo → castellano o tifernate
Civitavècchia → civitavecchiese
Cògne → cognino o (*fr.*) cognein (**pl. m.** fr. *cogneins*)
Còlle di Val d'Élsa → colligiano
Collégno → collegnese
Colóngo Monzése → colognese
Còmo → comasco (**pl. m.** *-schi*) o comense o comacino
Conegliàno → coneglianese
Còrsico → corsichese
Cortìna d'Ampèzzo (o **Ampézzo**) → cortinese o ampezzano
Cortóna → cortonese
Coṣènza → cosentino
Courmayeur /kurma'jœr/ → cormaiorese o (*fr.*) courmayeurin (**pl. m.** fr. *courmayeurins*)
Crèma → cremasco (**pl. m.** *-schi*)
Cremóna → cremonese
Crotóne → crotoniate o crotonese
Cùneo → cuneese o cuneense
Cùpra Marìttima → cuprense
Cupramontàna → cuprense
Domodòssola → domese
Èboli → ebolitano
Élba, **Èlba** → elbano
Emìlia → emiliano
Èmpoli → empolese
Ènna → ennese
Eòlie → eoliano
Ercolàno → ercolanese o resinese
Èste → estense
Faènza → faentino
Falconàra Marìttima → falconarese
Fàno → fanese
Fàra S. Martìno /'fara sammar'tino/ → farese
Fèrmo → fermano
Ferràra → ferrarese
Fidènza → fidentino
Fièra di Primièro → fieracolo o primierotto
Fièṣole → fiesolano
Firènze → fiorentino
Fiùggi → fiuggino
Fòggia → foggiano
Folgarìa → folgaretano
Folìgno → folignate
Fóndi → fondano
Forlì → forlivese
Fòrte dei Màrmi → fortemarmino o fortedemarmino
Fossombróne → fossombronese o forsempronese
Frascàti → frascatano
Fràtta Polèṣine → frattense
Fri̯ùli → friulano
Froṣinóne → frusinate
Gaèta → gaetano
Gallaràte → gallaratese
Gallùra → gallurese
Gardóne Rivièra → gardonese
Gèla → gelese
Gemóna del Fri̯ùli → gemonese
Gènova → genovese
Gorìzia → goriziano
Giugliàno in Campània → giuglianese
Gressoney-La Trinité /gresso'nɛi latrini'te*, *fr.* gʀesɔ'nɛ latʀini'te/ → gressonaro
Grosséto → grossetano
Gùbbio → eugubino o gubbino
Guidònia Montecèlio → guidoniano o moncellese
Ièṣi → iesino
Iglèṣias → iglesiente
Ìmola → imolese
Impèria → imperiese
Iolànda di Savòia → iolandino
Irpìnia → irpino
Ìschia → ischitano
Iṣèo → iseano
Iṣèrnia → isernino
Ivrèa → eporediese
La Maddaléna → maddalenino
Lamèzia Tèrme → lametino
Lampedùṣa → lampedusano
Lànghe → langarolo
Lanuṣèi → lanuseino
L'Àquila → aquilano
La Spèzia → spezzino
Latìna → latinense
Làzio → laziale
Lécce → leccese
Lécco → lecchese
Legnàno → legnanese
Lèrici → lericese o lericino
Ligùria → ligure
Lìpari → liparese o liparota (**pl. m.** *-i*)
Livórno → livornese o labronico (**pl. m.** *-ci*)
Lòdi → lodigiano
Lombardìa → lombardo
Lorèto → loretano o lauretano
Lùcca → lucchese
Lunigiàna → lunense
Maceràta → maceratese
Manfredònia → manfredoniano o sipontino

Màntova → mantovano
Màrche → marchigiano
Marémma → maremmano
Maròstica → marosticense
Marsàla → marsalese
Martìna Frànca → martinese
Màssa → massese
Matèra → materano
Maẓàra del Vàllo → mazarese
Mènfi → menfitano
Meràte → meratese
Messìna → messinese
Mèstre → mestrino
Milàno → milanese
Milàzzo → milazzese o milaita (**pl. m.** *-i*)
Mòdena → modenese
Mòdica → modicano
Molfétta → molfettese
Molìṣe → molisano
Moncalièri → moncalierese
Moncenìṣio → moncenisino o ferrerese
Mondovì → monregalese
Monferràto → monferrino
Monòpoli → monopolitano
Monreàle → monrealese
Monsummàno Tèrme → monsummanese
Montalcìno → ilcinese
Montecatìni Tèrme → montecatinese
Montefiascóne → montefiasconese o falisco (**pl. m.** *-sci*)
Montepulciàno → montepulcianese o poliziano
Monterotóndo → monterotondese o eretino
Mónte San Savino → savinese
Montevàrchi → montevarchino
Mónza → monzese
Mùggia → muggesano
Nàpoli → napoletano
Nardò → neretino o naretino
Nàrni → narnese
Nèpi → nepesino o nepense
Nichelìno → nichelinese
Nìzza Monferràto → nicese o nizzese
Nocèra → nocerino
Nòrcia → nursino o norcino
Novàra → novarese
Nòvi Lìgure → novese
Nùoro → nuorese
Odèrzo → opitergino
Òlbia → olbiese od olbiense
Oristàno → oristanese
Òrte → ortano
Ortiṣèi → ortiseiano
Orvièto → orvietano
Orẓinuòvi → orceano
Orẓivècchi → orceano
Òṣimo → osimano
Oṣòppo → osoppano od osovano
Òtranto → otrantino o idruntino
Pàdova → padovano o patavino
Palèrmo → palermitano
Pantellerìa → pantesco (**pl. m.** *-schi*)
Pàola → paolano
Pàrma → parmigiano o parmense
Paternò → paternese
Pavìa → pavese
Pennabìlli → pennese
Perdaṣdefògu → foghesino
Perùgia → perugino
Pèṣaro → pesarese
Pescàra → pescarese
Peschièra del Gàrda → peschierano o peschierotto
Pèscia → pesciatino
Piacènza → piacentino
Piàna degli Albanési → pianese
Piemónte → piemontese
Pievepèlago → pievarolo o pelagese
Piève Sànto Stéfano → pievano
Piombìno → piombinese
Pìsa → pisano
Pistóia → pistoiese
Po, valle del /pɔ*/ → padano
Polèṣine, **Polèṣine** → polesano
Pompèi → pompeiano
Pónte di Légno → dalignese
Pontìnia → pontiniano
Pónza → ponzese
Pordenóne → pordenonese
Pòrtici → porticese
Pòrto Aẓẓùrro → portoazzurrino
Pòrto Empèdocle → empedoclino
Potènza → potentino
Pozzuòli → puteolano
Pràto → pratese
Pùglia → pugliese
Quàrtu Sant'Èlena → quartese
Ragùṣa → ragusano
Rapàllo → rapallese
Ravénna → ravennate o ravegnano
Recanàti → recanatese
Réggio di Calàbria (o **Règgio**) → reggino
Réggio nell'Emilia (o **Règgio**) → reggiano
Rho /rɔ*/ → rhodense
Rièti → reatino o rietino
Rìmini → riminese
Rìvoli → rivolese
Roccaràso → roccarasino o roccolano
Róma → romano
Romàgna → romagnolo
Rovìgo → rodigino o rovigotto o rovighese
Sabàudia → sabaudiese
Salènto → salentino
Salèrno → salernitano
Salò → salodiano
Salsomaggióre Tèrme → salsese
San Benedétto del Trónto /sambene'detto del'tronto/ → sambenedettese
San Càndido → sancandidese
San Giórgio a Cremàno (o **Giòrgio**) /san'dʒordʒo akkre'mano/ → sangiorgese
San Giovànni in Persicéto /sandʒo'vanni impersi'tʃeto/ → persicetano
Sanlùri → sanlurese
Sànnio → sannita (**pl. m.** *-i*) o sannitico (**pl. m.** *-ci*)
San Rèmo → sanremese, sanremasco (**pl. m.** *-schi*), matuziano
Sansepólcro → borghese o biturgense
San Severìno Màrche → settempedano
San Sevèro → sanseverese
Santa Terèṣa Gallùra → teresino o lungunese
Sant'Eufèmia Lamèzia → lametino o santeufemiese
San Vìto Chietìno → sanvitese
Sardégna → sardo
Sarònno → saronnese
Sàssari → sassarese
Sàsso → sassese
Sassuòlo → sassolese o sassolino
Savóna → savonese
Scandìcci → scandiccese
Schìo → scledense
Sciàcca → saccense
Sèsto (Calènde, Fiorentìno, San Giovànni) → sestese
Sèttimo Torinése → settimese
Sicìlia → siciliano
Sièna → senese
Siracùṣa → siracusano
Soàve → soavese
Sóndrio → sondriese
Sorrènto → sorrentino
Sótto il Mónte → sottomontese
Spoléto → spoletino
Stèlvio, **Stèlvio** → stelviotto o (*ted.*) stilfser (**pl. m.** ted. **inv.**)
Stra → stratese o stratense
Strèṣa, **Strèṣa** → stresiano
Strómboli → stromboliotto
Sùṣa → segusino
Sùtri → sutrino
Taléggio → taleggino
Tàranto → tarantino
Tarvìṣio → tarvisiano
Témpio Pauṣània → tempiese
Tèramo → teramano
Tèrni → ternano
Tévere → tiberino
Ticìno → ticinese
Tìvoli → tiburtino o tivolese
Tòdi → todino o tudertino
Tolentìno → tolentinate
Torìno → torinese
Tórre (Annunziàta, del Grèco, Pèllice) → torrese
Tortolì → tortoliese
Toscàna → toscano
Tràni → tranese
Tràpani → trapanese
Trèmiti → tremitese
Trentìno → trentino
Trènto, **Trénto** → trentino
Trevìṣo → trevigiano o trevisano
Trièste → triestino
Ùdine → udinese
Ùmbria → umbro
Urbìno → urbinate
Valdobbiàdene → valdobbiadenese o valduplavense
Vàlle d'Aòsta → valdostano
Valtellìna → valtellinese
Varése → varesino
Vèneto → veneto
Venèzia → veneziano
Venèzia Giùlia → giuliano
Verbània → verbaniese
Vercèlli → vercellese
Veróna → veronese
Versìlia → versiliese
Viaréggio → viareggino
Vìbo Valèntia /'vibo va'lɛntsja/ → vibonese
Vicènza → vicentino
Vìco Equènse → vicano
Vigèvano → vigevanese
Villacìdro → villacidrese
Vìlla San Giovànni → villese
Vitèrbo → viterbese
Vittòria → vittoriese
Vittòrio Vèneto → vittoriese
Voghèra → vogherese
Voltèrra → volterrano

ABITANTI DEL MONDO

Il nome di ogni Stato è preceduto dall'articolo che indica il genere ed è seguito dal nome degli abitanti e dalla sigla automobilistica

lo **Afghànistan** → afghàno • AFG
la **Albanìa** → albanése • AL
la **Algerìa** → algerìno • DZ
Andòrra → andorràno • AND
la **Angòla** → angolàno • ANG
Antìgua e Barbùda → di Antìgua e Barbùda • AG
la **Aràbia Saudìta** → saudiàno, saudìta • KSA
la **Argentìna** → argentìno • RA
la **Armènia** → armèno • ARM
la **Austràlia** → australiàno • AUS
la **Àustria** → austrìaco • A
lo **Azerbaigiàn** → azerbaigiàno, azèro • AZ
le **Bahàma** → bahamiàno • BS
il **Bahrein** /ba'rɛin/ → bahreinìta • BRN
il **Bangladèsh** → bangladése • BD
le **Barbàdos** → barbadiàno • BDS
il **Bèlgio** → bèlga • B
il **Belize** → belizeàno, belizàno • BH
il **Benin** → beniniàno • RPB
il **Bhutàn** → bhutanése • BHT
la **Bielorùssia** → bielorùsso • BY
la **Bolìvia** → boliviàno • BOL
la **Bòsnia-Erzegòvina** → bosnìaco, erzegòvino • BIH
il **Botswàna** → botswàno • RB
il **Brasile** → brasiliàno • BR
il **Brunèi** → bruneiàno • BRU
la **Bulgarìa** → bùlgaro • BG
il **Burkìna-Fàso** → burkinabé • BF
il **Burùndi** → burundése • BU
la **Cambògia** → cambogiàno • K
il **Càmerun** → camerunése, camerunènse • CAM
il **Cànada** → canadése • CDN
il **Càpo Vèrde** → capoverdiàno • CV
Cèca, Repùbblica → cèco • CZ
Centrafricàna, Repùbblica → centrafricàno • RCA
il **Ciàd** → ciadiàno • TCH
il **Cìle** → cilèno • RCH
la **Cìna** → cinése • PRC
Cìpro → cipriòta • CY
la **Colómbia** → colombiàno • CO
le **Comòre** → comoriàno • COM
il **Còngo** → congolése • RCB
Còngo, Repùbblica democràtica del (ex Zaire) → congolése • CD
la **Corèa del Nòrd** → nordcoreàno • DVRK
la **Corèa del Sud** → sudcoreàno • ROK
la **Còsta d'Avòrio** → ivoriàno • CI
la **Còsta Rìca** → costaricàno, costaricènse • CR
la **Croàzia** → croàto • HR
Cùba → cubàno • C
la **Danimàrca** → danése • DK
la **Domìnica** → di Domìnica • WD
Dominicàna, Repùbblica → dominicàno • DOM
lo **Ecuadòr** → ecuadoriàno, ecuadorégno • EC
lo **Egìtto** → egiziàno • ET
gli **Emiràti Àrabi Uniti** → emiratése • UAE
la **Eritrèa** → eritrèo • ER
la **Estònia** → èstone o estóne • EST
la **Etiòpia** → etìope, etiòpico • ETH
le **Fìgi** → figiàno • FJI
le **Filippìne** → filippìno • RP
la **Finlàndia** → finlandése, fìnnico • FIN
la **Frància** → francése • F
il **Gabòn** → gabonése • G
il **Gàmbia** → gambiàno • WAG
la **Geòrgia** → georgiàno • GE
la **Germània** → tedésco • D
il **Ghàna** → ghanése, ghaniàno • GH
la **Giamàica** → giamaicàno • JA
il **Giappóne** → giapponése • J
il **Gibùti** → gibutiàno • DJI
la **Giordània** → giordàno • HKJ
la **Grècia** → grèco • GR
Grenàda → grenadìno • WG
il **Guatemàla** → guatemaltèco • GCA
la **Guinèa** → guineàno • RG
la **Guinèa-Bissàu** → della Guinèa-Bissàu • GNB
la **Guinèa Equatoriàle** → della Guinèa-equatoriàle • GQ
la **Guyàna** → guianése • GUY
Haìti → haitiàno • RH
lo **Hondùras** → hondurégno • HN
la **Ìndia** → indiàno • IND
la **Indonèsia** → indonesiàno • RI
lo **Iràn** → iraniàno • IR
lo **Iràq** → irachèno • IRQ
la **Irlànda** → irlandése • IRL
la **Islànda** → islandése • IS
Israèle → israeliàno • IL
la **Itàlia** → italiàno • I
il **Kazàkistan** → kazàko • KZ
il **Kènya** o **Kènia** → kenyòta, keniòta, keniàno • EAK
il **Kirghìzistan** → kirghìso, kirghìzo • KS
il **Kiribàti** → del Kiribàti, kiribatése • KIR
il **Kosòvo** → kosovàro
il **Kuwait** /kju'weit/ → kuwaitiàno • KWT
il **Làos** → laotiàno • LAO
il **Lesòtho** → lesothiàno • LS
la **Lettònia** → lèttone o lettóne • LV
il **Lìbano** → libanése • RL
la **Libèria** → liberiàno • LB
la **Lìbia** → lìbico • LAR
il **Liechtenstein** /liktens'tain/ → liechtensteiniàno • FL
la **Lituània** → lituàno • LT
il **Lussembùrgo** → lussemburghése • L
la **Macedònia** → macèdone • MK
il **Madagascàr** → malgàscio • RM
il **Malàwi** → malawiàno • MW
la **Malaysia** /mala'izja/ → malése • MAL
le **Maldìve** → maldiviàno • MV
il **Màli** → maliàno • RMM
Màlta → maltése • M
il **Maròcco** → marocchìno • MA
le **Marshall** /'marsʃal/ → marshallése • MH
la **Mauritània** → mauritàno, màuro • RIM
Maurìzio → mauriziàno • MS
il **Mèssico** → messicàno • MEX
la **Micronèsia, Stàti federàti di** → micronesiàno • FSM
la **Moldàvia** → moldàvo • MD
Mònaco, Principàto di → monegàsco • MC
la **Mongòlia** → móngolo • MGL
il **Montenégro** → montenegrìno • MNE
il **Mozambìco** → mozambicàno • MOC
il **Myanmàr (ex Birmània)** → di Myanmar, birmàno • MYA
la **Namìbia** → namibiàno • NAM
Nàuru → nauruàno • NAU
il **Nèpal** → nepalése • NEP
il **Nicaràgua** → nicaraguènse, nicaraguégno, nicaraguése • NIC
il **Nìger** → nigerìno • RN
la **Nigèria** → nigeriàno • WAN
la **Norvègia** → norvegése • N
la **Nuòva Zelànda** → neozelandése • NZ
la **Olànda** → olandése
lo **Omàn** → omanìta • OM
i **Paési Bàssi** → olandése • NL
il **Pàkistan** → pakistàno • PK
Palàu → palauàno • PAL
Palestinése, Autorità → palestinése • PS
Pànama → panamènse • PA
Pàpua Nuòva Guinèa → papuàno • PNG
il **Paraguày** → paraguayàno, paraguaiàno • PY
il **Perù** → peruviàno • PE
la **Polònia** → polàcco • PL
il **Portogàllo** → portoghése • P
il **Qatàr** → qatariòta • Q
il **Règno Unìto** → britànnico • GB
- Gàlles → gallése
- Inghiltèrra → inglése
- Irlànda del Nòrd (Ulster) → nordirlandése
- Scòzia → scozzése
la **Romanìa** → romèno, rumèno • RO
il **Ruànda** → ruandése • RWA
la **Rùssia** → rùsso • RUS
Saint Christopher (Saint Kitts) e Nevis /sɛn'kristofer e 'nɛvis/ → di Saint Christopher e Nevis • KN
Saint Lucia /sɛnlu'tʃia/ → di Saint Lucia • WL
Saint Vincent e Grenadine /sɛn'vinsɛnt e grena'dine/ → di Saint Vincent e Grenadine • WV
le **Salomóne** → delle Ìsole Salomóne • SOL
El **Salvadòr** → salvadorégno • ES
Samòa → samoàno • WS
San Marìno → sammarinése, sanmarinése • RSM
São Tomé e Príncipe → di São Tomé e Príncipe • STP
le **Seicèlle** → seicellése • SY
il **Sènegal** → senegalése • SN
la **Sèrbia** → sèrbo • SRB
la **Sièrra Leóne** → sierraleonése • WAL
Singapóre → singaporiàno • SGP
la **Sìria** → siriàno • SYR
la **Slovàcchia** → slovàcco • SK
la **Slovènia** → slovèno • SLO
la **Somàlia** → sòmalo • SP
la **Spàgna** → spagnòlo • E
lo **Sri Lànka** → di Sri Lanka • CL
gli **Stàti Unìti d'Amèrica (ÙSA)** → statunitènse • USA
Sudafricàna, Repùbblica → sudafricàno • ZA
il **Sùdan** → sudanése • SUD
il **Surinàme** → surinamése • SME
la **Svèzia** → svedése • S
la **Svìzzera** → svìzzero • CH
lo **Swàziland** → swàzi • SD
il **Tagìkistan** → tagìko, tagìco, tagìcco • TJ
Taiwan /tai'uan/ → taiwanése • RC
la **Tanzània** → tanzaniàno • EAT
la **Thailàndia** → thailandése • TH
il **Tìmor orientàle** → (est-)timorése, (est-)timorènse • TL
il **Tògo** → togolése • TG
Tónga → tongàno • TO
Trinidàd e Tobàgo → di Trinidad e Tobago • TT
la **Tunisìa** → tunisìno • TN
la **Turchìa** → tùrco • TR
il **Turkmènistan** → turkmèno • TM
Tuvàlu → tuvaluàno • TUV
la **Ucràina** → ucraìno, ucràino • UA
lo **Ugànda** → ugandése • EAU
la **Ungherìa** → ungherése • H
lo **Uruguày** → uruguaiàno, uruguayàno, uruguàgio • ROU
lo **Uzbèkistan** → uzbèko, uzbèco • UZ
Vanuàtu → di Vanuatu • VU
Vaticàno, Città del (Sànta Sède) → del Vaticàno, della Sànta Sède • V
il **Venezuèla** → venezuelàno • YV
il **Vietnàm** → vietnamìta • VN
lo **Yèmen** → yemenìta • YEM
lo **Zàmbia** → zambiàno • Z
lo **Zimbàbwe** → zimbabwàno • ZW

LOCUZIONI LATINE

Absit iniuria verbis [rielaborazione di un passo di Tito Livio, *Storie*, IX, 19, 15 ... *absit invidia verbo*: '... l'ostilità stia lontana dalle mie parole'] ***Non vi sia offesa nelle parole***: si usa quando si teme che le proprie parole possano essere fraintese e offendere l'interlocutore.

Ab uno disce omnis [Virgilio, *Eneide*, II, 65-66 (*omnis* è un accusativo arcaico per *omnes*); Virgilio si riferisce al greco Sinone e all'inganno del cavallo di Troia] ***da uno solo impara a giudicare tutti gli altri***: nella lingua comune e nella logica formale significa che da un solo individuo o da un solo esempio s'impara a riconoscere la totalità.

Ab urbe condita [Tito Livio, *Ab urbe condita libri*; è il titolo dell'opera di Tito Livio, che narra la storia di Roma dalla sua fondazione] ***Dalla fondazione della città***: l'espressione è usata come *ab ovo* per indicare un racconto che parte dalle origini più remote e si dilunga eccessivamente.

Abusus non tollit usum [massima giuridica di origine ignota] ***L'abuso non toglie l'uso***: l'abuso di una cosa non implica la negazione del suo uso, qualora avvenga in modo equilibrato. In ambito giuridico presenta un significato specifico: l'abuso di una legge non deve comportare la sua abolizione.

Acta est fabula [frase con cui nel teatro antico si annunciava la fine della rappresentazione; secondo la tradizione, derivata da un passo di Svetonio (*Vita di Augusto*, 99, 1), fu pronunciata da Augusto sul letto di morte] ***Lo spettacolo è finito***.

Age quod agis [proverbio antico, rielaborazione di *age si quid agis*, espressione che compare in varie commedie di Plauto (*Epidicus*, 196; *Miles gloriosus*, 215; *Persa*, 659; *Stichus*, 717; *Trinummus*, 981)] ***Fa (bene) ciò che fai***: si usa come esortazione a concentrare l'attenzione su ciò che si sta facendo, in modo da farlo bene e senza perder tempo.

Alea iacta est vedi **iacta alea est**.

Alma mater [espressione molto usata dai poeti latini per indicare la dea madre Cerere o Cibele e in senso traslato la terra feconda portatrice di vita e nutrimento] ***Madre feconda***: si usa oggi riferita alle università e in particolare all'Università di Bologna, la più antica del mondo.

Amicus Plato, sed magis amica veritas [l'origine del detto è controversa; la forma originaria e diffusa fino al rinascimento *Amicus Socrates, sed magis amica veritas*, cara ai neoplatonici, sarebbe derivata da un dialogo platonico (*Fedone*, 91c). Il nome di Platone venne sostituito a quello di Socrate dall'umanista Nicolò Leoniceno e, vista la somiglianza della frase con un passo dell'*Etica Nicomachea* di Aristotele (1096a, 16-17), venne a lui attribuita] ***Platone è mio amico, ma mi è più amica la verità***: significa che la verità deve essere posta al di sopra di ogni cosa, anche dell'amicizia.

Animus meminisse horret [Virgilio, *Eneide*, II, 12, parole pronunciate da Enea all'inizio del suo racconto della distruzione di Troia] ***l'animo inorridisce al ricordo***: si usa quando si rievoca un'esperienza dolorosa.

Ars longa, vita brevis [traduzione latina di un aforisma di Ippocrate *o bíos brachýs ē dè téchnē machrḗ*, citato da Seneca in *De brevitate vitae*, X, 1 ... *inde illa maxima medicorum exclamatio est vita brevem esse longam artem*] ***Lunga l'arte, breve la vita***: nel linguaggio comune presenta due significati. Il valore e le finalità di un'arte o di una scienza vanno considerati in una prospettiva temporale più ampia di quella della vita del singolo individuo; il raggiungimento della perfetta conoscenza di un'arte o di una scienza è un processo troppo lungo e difficile perché l'uomo, nella sua breve vita, possa conseguirlo.

Asinus asinum fricat [proverbio antico di origine ignota] ***Un asino gratta l'altro***: ha lo stesso significato di *Una mano lava l'altra*, ma presenta una sfumatura scherzosa.

Audaces fortuna iuvat vedi **audentis fortuna iuvat**

Audentis fortuna iuvat [Virgilio, *Eneide* X, 284; nelle citazioni spesso *audentis* (accusativo arcaico al posto di *audentes*) è sostituito da *audaces*] ***la fortuna aiuta coloro che osano***.

Audiatur et altera pars [formula giuridica medievale che però si rifà a un principio espresso già nel *Digesto*, 48, 17, 1] ***Si ascolti anche l'altra parte***: in una controversia, prima di emettere un giudizio, devono essere ascoltate entrambe le parti in causa. Nel linguaggio comune si applica a ogni discussione che veda contrapposte due parti.

Aurea mediocritas [espressione derivata da un verso di Orazio, *Odi*, II, 10, 5 *Auream quisquis mediocritatem / diligit* ... 'Chiunque ami un'aurea via di mezzo ...'] ***Un'aurea via di mezzo***: l'espressione è usata per indicare una condizione di sereno equilibrio e appagamento, una vita tranquilla lontana da grandi ambizioni e grandi turbamenti.

Ave imperator (Caesar), morituri te salutant [Svetonio, *Vita di Claudio*, 21: è il saluto dei gladiatori all'imperatore prima di avviarsi al combattimento] ***Salve, Cesare, coloro che stanno per morire ti salutano***: si usa oggi in modo scherzoso quando si sta per affrontare una prova difficile.

Beati monoculi in terra caecorum [proverbio di origine medievale] ***Beati i guerci nel paese dei ciechi***: anche il mediocre sembra un genio se posto a confronto con chi è peggio di lui.

Bellum omnium contra omnes [Thomas Hobbes, *Sul cittadino*, 1, 12; 5, 2; l'espressione è usata dal filosofo inglese per descrivere la situazione di disordine e violenza precedente all'organizzazione dell'uomo in una società civile] ***La guerra di tutti contro tutti***: si usa oggi per descrivere un contesto in cui regna il caos e infuria la violenza.

Carmina non dant panem [proverbio medievale di origine ignota; nelle citazioni a volte si trova anche la variante *Litterae non dant panem*] ***Le poesie non procurano il pane***.

Carpe diem, quam minimum credula postero [Orazio, *Odi*, I, 11, 8] ***cogli il giorno che passa, confidando il meno possibile nel domani***: esortazione a vivere giorno per giorno, nel presente, non nell'attesa di un futuro lontano e incerto.

Castigat ridendo mores [espressione coniata nel Seicento dal letterato francese Jean de Santeuil a proposito del famoso Arlecchino interpretato da Domenico Biancolelli, in riferimento alla funzione di critica della commedia e della satira] ***Corregge i costumi scherzando***: si usa riferita a chi, nel fare una critica seria, si serve dello scherzo e dell'ironia.

Cave canem [l'espressione, molto usata nell'antichità, è citata da Varrone, *Satire Menippee*, XV] ***Attenti al cane***: è tuttora molto diffusa riferita a pericoli che sembrano più grandi di quanto non siano o a persone dal carattere irascibile.

Cedant arma togae, concedat laurea laudi [esametro del III libro del perduto *De consulatu meo* di Cicerone; nella forma abbreviata *cedant arma togae* l'espressione è usata dallo stesso Cicerone nel *De officiis*, I, 22, 77 e in varie orazioni; con una leggera mutazione ritorna in Quintiliano, *Institutio oratoria*, XI, 1 *cedant arma togae, concedat laurea linguae*, forma con cui spesso si trova citato il passo] ***Le armi si ritirino davanti alla toga e il trionfo militare davanti alla lode oratoria***: si usa per esprimere il desiderio che il governo militare ceda il posto a quello civile, la forza delle armi a quella delle leggi e la guerra alla pace.

Ceterum censeo vedi **Ceterum censeo Carthaginem esse delendam**.

Ceterum censeo Carthaginem esse delendam [con questa frase, secondo gli storici antichi (Plutarco, *Vita di Catone*, 27, 2; Valerio Massimo, 8, 15, 2 et alii) Catone chiudeva ogni sua orazione in Senato a prescindere dall'argomento dibattuto. La frase viene spesso citata nella forma abbreviata *Delenda Carthago* e *Ceterum censeo*] ***Inoltre ritengo che Cartagine debba essere distrutta***: si usa per indicare chi ritorna insistentemente su un'idea fissa e non perde occasione per ribadirla.

Cicero pro domo sua [Cicerone, *Pro domo sua*, titolo di un'orazione pronunciata da Cicerone in Senato per ottenere l'area e i fondi per ricostruire la sua casa distrutta durante l'esilio] ***Cicerone per la sua casa***: oggi si usa per indicare una persona che si batte egoisticamente solo per difendere il proprio interesse.

Cogito ergo sum [Cartesio, *Principi della filosofia*, I, 7, massima cartesiana che enuncia uno dei fondamenti del suo sistema filosofico. L'attività intellettiva costituisce la prima prova dell'esistenza dell'uomo; attraverso il pensiero infatti l'uomo ha la prima consapevolezza di sé stesso] ***Penso, dunque sono***.

Contraria contrariis curentur [massima della medicina antica detta allopatica contrapposta a quella della medicina omeopatica *similia similibus curentur*] ***I contrari si curino con i contrari***: al di fuori dell'ambito medico si usa per indicare la necessità di adottare rimedi opposti rispetto ai mali da curare.

Credo quia absurdum [espressione di origine incerta; si fa derivare da un passo di Tertulliano, *De carne Christi*, 5 ... *credibile quia ineptum est* ed è stata in seguito attribuita a Sant'Agostino] ***Credo proprio perché è assurdo***: la frase è usata dai credenti come argomentazione per spiegare i motivi della fede che spesso esulano dalle spiegazioni razionali, e dagli atei per sottolineare l'irrazionalità della fede.

Cui bono? [formula giuridica citata in varie orazioni di Cicerone (*Pro Roscio*, 30, 84; *Pro Milone*, 12, 32)] ***A chi giova?***: la domanda è usata da chi indaga su un caso per scoprire chi tragga vantaggio dal crimine compiuto. Ha lo stesso valore di *cui prodest?*

Cui prodest scelus, is fecit [Seneca, *Medea*, 500; l'espressione ricorre anche nelle forme *Is fecit cui prodest* o *Is fecit* o *Cui prodest?*] ***ha commesso il delitto colui al quale esso arreca vantaggio***.

De gustibus non est disputandum [proverbio medievale di origine ignota] ***Dei gusti non si discute***.

Delenda Carthago vedi **Ceterum censeo Carthaginem esse delendam**.

De minimis non curat praetor [formula giuridica medievale di origine ignota] ***Il pretore non si occupa di cose di scarsa rilevanza***: in ambito giuridico si usa per dire che un magistrato è costretto a volte a trascurare le piccolezze per occuparsi delle cose più importanti. In senso lato significa che i problemi di scarsa rilevanza non devono prevalere su quelli importanti.

Divide et impera [massima di origine ignota che descrive la strategia di dominio applicata dall'Impero romano, basata sulla divisione dei sudditi per dominarli meglio. Fu ripetuta in epoche successive in riferimento a diverse forme di imperialismo] ***Dividi e comanda***.

Do ut des [sintesi di un passo di Paolo, *Digesto*, 19, 5, 5: *Aut enim do tibi ut des* ...] ***Do perché tu mi dia***: formula giuridica che indica la permuta di un bene. Nella lingua comune si usa per indicare qualcosa fatto per avere qualcos'altro in cambio.

Dura lex, sed lex [massima del latino volgare derivata da un passo di Ulpiano, *Digesto*, 40, 9, 12, 1] ***Le legge è dura, ma è la legge***.

Errare humanum est, perseverare autem diabolicum [proverbio derivato da un passo di Sant'Agostino, *Sermones*, 164, 14: *Humanum fuit errare, diabolicum est autem per animositatem in errore manere*, 'Errare fu umano, ma rimanere nell'errore per animosità è diabolico'] ***Errare è umano, ma perseverare nell'errore è diabolico***.

Est modus in rebus, sunt certi denique fines, / quos ultra citraque nequit consistere rectum [Orazio, *Satire*, I, 1, 106] ***c'è una misura nelle cose, vi sono determinati confini e porsi al di qua o al di là di essi non può essere giusto***: in ogni cosa bisogna seguire un principio di moderazione ed equilibrio o le buone maniere.

Excusatio non petita, accusatio manifesta [proverbio medievale che si ispira ad un principio già classico *Dum excusare credis, accusas* (San Girolamo, *Epistole*, 4) 'Mentre credi di scusarti ti accusi'] ***Scusa non richiesta, accusa manifesta***.

Faber est suae quisque fortunae [la frase è attribuita ad Appio Claudio Cieco dallo Pseudo-Sallustio, *Epistula ad Caesarem senem de re publica*, I, 1, 2] ***Ciascuno è l'artefice del proprio destino***.

Faciamus experimentum in corpore vili [l'espressione, di origine incerta e comunque in genere attribuita ai medici, viene spesso citata nella forma abbreviata *in corpore vili*] ***Facciamo un esperimento in un corpo senza valore***: si usa per dire che un'operazione viene compiuta senza la dovuta cautela, perché tanto i rischi riguardano qualcun altro, e comunque qualcuno privo del potere di difendersi.

Fama volat [Virgilio, *Eneide*, III, 121] ***La fama vola***.

Felix qui potuit rerum cognoscere causas [Virgilio, *Georgiche*, II, 489; il poeta si riferisce al filosofo epicureo e forse in modo specifico a Lucrezio, che, avendo conosciuto la vera causa delle cose, non è più afflitto dalla superstizione e dalla paura dell'ignoto] ***Fortunato chi ha potuto comprendere le cause delle cose***: oggi si usa per indicare l'ammirazione per chi ha raggiunto la conoscenza o in modo scherzoso per sottolineare che è impossibile conoscere la vera causa delle cose.

Festina lente [traduzione latina del detto greco *speýde bradéos* citato da Svetonio, *Vita di Augusto*, 25, 4] ***Affrettati lentamente***: chi agisce con troppa precipitazione spesso o non raggiunge la meta o perde tempo inutilmente. La massima esorta dunque ad agire prontamente, ma senza precipitazione.

Fiat lux [*Genesi*, 1, 3 forma abbreviata di ... *dixitque deus: fiat lux et facta est lux*] ***sia fatta la luce!***: oggi si usa in modo scherzoso quando si accendono le luci.

Fiat voluntas tua [*Vangelo di Matteo*, 6, 10 e 26, 42 frase del *Pater noster* ed esclamazione di Gesù nell'Orto degli Ulivi] ***sia fatta la tua volontà***.

Fortuna caeca est [Cicerone, *Laelius* o *De amicitia*, 15, 54] ***la Fortuna è cieca***.

Frangar non flectar [proverbio antico forse derivato da un passo di Seneca, *Tieste*, 200 ... *flecti non potest, frangi potest*, 'non può essere piegato, ma può essere spezzato'] ***Mi spezzerò, ma non mi piegherò***.

Fugit irreparabile tempus [Virgilio, *Georgiche*, III, 284] ***fugge il tempo irreparabilmente***.

Gnôthi seautón [iscrizione posta sul tempio di Delfi e attribuita ora all'uno ora all'altro dei Sette Saggi] ***Conosci te stesso***.

Graecum est: non legitur o **Graeca: non leguntur** [l'espressione veniva usata dai glossatori medievali per indicare le parti del *Corpus iuris* prive di traduzione latina. La conoscenza del greco nel Medioevo era infatti limitata a poche parole, spesso appartenenti al lessico liturgico o ecclesiastico] ***È greco: non si legge*** o ***Parole greche: non si leggono***: oggi si usa per dire di qualcosa che risulta incomprensibile.

Gratis et amore Dei [locuzione di origine ignota] ***In cambio di un semplice ringraziamento e per amore di Dio***: si usa quando si riceve o si offre qualcosa in modo disinteressato.

Gutta cavat lapidem [Ovidio, *Epistulae ex Ponto*, 4, 10, 5] ***La goccia scava la pietra***: con la tenacia a lungo andare si ottiene tutto. L'espressione si riferisce a cose all'apparenza insignificanti, ma il cui effetto si misura nel tempo.

Habemus papam o **Habemus pontificem** [formula con cui si annuncia alla folla dalla Loggia del Vaticano l'elezione di un nuovo papa] ***Abbiamo un papa***: si usa scherzosamente per annunciare il verificarsi di un lieto evento.

Hic manebimus optime [Livio, *Storie*, 5, 55, 1; secondo Livio la frase fu pronunciata da un centurione romano, che ordinava ai suoi soldati di accamparsi presso le rovine della Curia dopo la distruzione subita da Roma da parte dei Galli nel 390 a.C. I senatori presenti la interpretarono come un monito a non trasferire la capitale nella vicina Veio e a restare per ricostruire la città. Fu usata da Quintino Sella quando Roma fu nominata capitale d'Italia e da Gabriele D'Annunzio a Fiume] ***qui resteremo ottimamente***: si usa per indicare il fermo proposito di non spostarsi.

Hic Rhodus, hic salta [proverbio medievale che riprende un racconto di Esopo, in cui uno sciocco vanaglorioso si vanta delle imprese compiute durante un viaggio e in particolare di un salto straordinario fatto a Rodi. Uno dei presenti gli chiede allora di dimostrare davanti a tutti la sua abilità] ***Qui è Rodi, qui salta***: si usa per mettere alla prova chi si abbandona a inverosimili vanterie, esortandolo a dimostrare seduta stante ciò di cui si vanta. A volte è usato col significato di 'Qui sta la prova, fa' vedere quello che vali'.

Hic sunt leones [l'espressione si legge sulle antiche carte geografiche dell'Africa per indicare le terre ancora sconosciute e inesplorate] ***Qui ci sono i leoni***: si usa, spesso in modo scherzoso, per indicare qualcosa di sconosciuto, ma potenzialmente minaccioso e pericoloso o per indicare una lacuna nella cultura di una persona.

Historia magistra vitae [l'espressione deriva da un passo di Cicerone, *De oratore*, II, 9, 36, ... *historia vero testis temporum, lux veritas, vita memoriae, magistra vitae, nuncia vetustatis* '... la storia è testimone dei tempi, luce di verità, vita della memoria, maestra di vita, messaggera dell'antichità'] ***La storia è maestra di vita***.

Hoc erat in votis [Orazio, *Satire*, II, 6, 1, il poeta si riferisce ad una piccola villa in Sabina da lui a lungo desiderata e donatagli infine da Mecenate, suo amico e protettore] ***Questo era nei miei desideri***: si usa per indicare la realizzazione di un desiderio a lungo meditato.

Hodie mihi, cras tibi [proverbio antico di origine ignota, simile a un versetto del *Siracide*, 38, 23 ... *mihi heri, et tibi hodie* '... ieri a me e oggi a te', in cui l'accenno all'inesorabile sopraggiungere della morte è usato per esortare a non abbandonarsi al dolore per la perdita di qualcuno] ***Oggi a te, domani a me***: l'alterno mutare della sorte non risparmia nessuno, è quindi stolto gioire delle disgrazie altrui.

Homo homini lupus vedi **Lupus est homo homini, non homo**.

Homo sum: humani nil a me alienum puto [Terenzio, *Il punitore di sé stesso*, 77] ***Sono un uomo: nulla di ciò che è umano ritengo a me estraneo***: nel passo di Terenzio si sottolinea come la nostra stessa umanità ci renda partecipi delle sofferenze e delle vicissitudini degli altri uomini. Si tratta dunque di un'esortazione alla solidarietà e alla comprensione. Nell'uso comune invece spesso l'espressione è usata quale giustificazione delle nostre debolezze in quanto connaturate alla nostra umanità.

Iacta alea est [secondo Svetonio (*Vita di Cesare*, 32) la frase fu pronunciata da Cesare nell'oltrepassare il Rubicone con le sue milizie, violazione gravissima delle leggi del Senato. Si tratta della traduzione latina di un proverbio greco *averríphtho kýbos* riportato da Plutarco (*Vita di Cesare*, 32, 8). È solitamente citata come *alea iacta est*] ***Il dado è tratto***: si usa quando, dopo lunghe discussioni e esitazioni, si prende una decisione, da cui non si può più tornare indietro.

In cauda venenum [proverbio di origine medievale] ***Nella coda sta il veleno***: si usa a proposito di certi discorsi che cominciano con un elogio e si chiudono con una critica velenosa e pungente e che, come lo scorpione, serbano il veleno nella coda.

In corpore vili vedi **Faciamus experimentum in corpore vili**.

In dubiis abstine [formula giuridica di origine ignota] ***Nei casi dubbi astieniti***.

In dubio pro reo [formula giuridica non antica, che però si ispira a un concetto già testimoniato nel diritto romano, per cui è necessario che l'innocente venga tutelato il più possibile] ***In un caso dubbio si decida a favore dell'imputato***.

In medio stat virtus [sentenza della scolastica medievale ispirata al principio fondamentale dell'etica aristotelica: *méson te kai áriston* 'Il mezzo è la cosa migliore' (Aristotele, *Etica Nicomachea*, 2, 1106b, 23)] ***La virtù sta nel mezzo***.

In vino veritas [proverbio medievale] ***Nel vino la verità***: il detto allude alla loquacità, a volte imprudente ed eccessiva, di chi eccede nel bere e al potere del vino di rompere i freni inibitori nel linguaggio.

Intelligenti pauca [proverbio di origine ignota] ***A chi sa intendere bastano poche parole***: è l'equivalente latino di *A buon intenditor poche parole*.

Is fecit cui prodest vedi **Cui prodest scelus is fecit**.

Litterae non dant panem vedi **Carmina non dant panem**.

Lupus est homo homini, non homo [Plauto, *Asinaria*, 495; l'espressione è più nota come *homo homini lupus* ed è stata ripresa dal filosofo inglese Thomas Hobbes (*Sul cittadino*, 1) per indicare la naturale tendenza dell'uomo alla violenza e alla sopraffazione dei propri simili] ***L'uomo è per l'altro uomo lupo, non uomo***.

Mala tempora currunt! [detto di origine ignota, non classico] ***Corrono brutti tempi!***

Mater semper certa est, pater numquam [massima giuridica di origine ignota] ***La madre è sempre sicura, il padre mai***.

Mea culpa, mea culpa, mea maxima culpa [la formula è stata usata nel *Confiteor* della Messa cattolica fino alla sostituzione delle lingue nazionali al latino nella celebrazione liturgica sancita dal Concilio Vaticano II] ***Per mia colpa, mia colpa, mia massima colpa***: oltre che nel corso della celebrazione liturgica cattolica, si usa scherzosamente nel linguaggio quotidiano per ammettere un errore.

Medice, cura te ipsum [*Vangelo di Luca*, 4, 23] ***medico, cura te stesso***.

Melius abundare quam deficere [proverbio medievale; a volte è citato nella forma abbreviata *melius abundare*] ***Meglio abbondare che scarseggiare***.

Memento audere semper [il motto fu creato da Gabriele D'Annunzio per spiegare la sigla MAS, che significava originariamente 'Motoscafi Armati Svan' (Svan era la fabbrica produttrice), che spesso veniva interpretata come 'Motoscafi Anti-Sommergibili'] ***Ricordati di osare sempre***.

Memento mori [proverbio di origine medievale; fu adottato come motto dai trappisti] ***Ricordati che devi morire.***

Mens sana in corpore sano [Giovenale, *Satire*, X, 356, forma abbreviata di ... *orandum est ut sit mens sana in corpore sano*, 'si deve pregare che ci sia una mente sana in un corpo sano'] ***mente sana in corpo sano***: all'educazione intellettuale deve essere unita quella fisica per una completa sanità e armonia dell'individuo.

Mors tua vita mea [proverbio di origine ignota in uso già nel Medioevo] ***Morte tua vita mia***: si usa per esprimere la ferocia spietata della lotta per l'esistenza, in cui spesso la disgrazia di uno coincide con la fortuna di un altro.

Motu proprio [formula di origine ecclesiastica, si riferisce in origine alle Bolle che il papa emana per sua esclusiva iniziativa] ***Di propria iniziativa***: si usa oggi per indicare qualsiasi atto compiuto di propria iniziativa, senza preventive consultazioni o forzature esterne.

Mutatis mutandis [espressione di origine ignota] ***Mutate le cose che vanno cambiate*** o ***Fatti i debiti cambiamenti***: la frase si usa quando si opera un confronto insolito fra cose accomunate solo parzialmente come invito a tener conto delle differenze peculiari di ognuna.

Naturalia non sunt turpia [proverbio di origine ignota, non classico] ***Le cose naturali non sono vergognose.***

Ne bis in idem [principio del diritto romano, secondo cui una stessa causa non poteva essere intentata una seconda volta (Gaio, *Istituzioni*, 4, 108)] ***Non ci si esprima due volte sulla stessa causa***: al di fuori dell'ambito giuridico, in cui conserva tuttora la sua accezione originaria, si usa per esortare a non cadere due volte nello stesso errore o a non ripetersi.

Nemo propheta acceptus est in patria sua [*Vangelo di Luca*, 4, 24, parole pronunciate da Gesù a proposito della diffidenza degli abitanti di Nazareth nei suoi confronti. La frase, leggermente diversa, si legge anche nel *Vangelo di Matteo*, 13, 57 *Non est propheta sine onore, nisi in patria sua et in domo sua*. L'espressione è spesso citata in forma abbreviata *Nemo propheta in patria*] ***Nessun profeta è accettato nella sua patria***: spesso proprio chi ci è più vicino è il più restio a riconoscere i nostri meriti.

Nemo propheta in patria vedi **Nemo propheta acceptus est in patria sua**.

Nihil sub sole novum [*Ecclesiaste*, 1, 10] ***Niente di nuovo sotto il sole.***

Nomina sunt consequentia rerum [Giustiniano, *Istituzioni*, 2, 7, 3; l'espressione fu ripresa da Dante nella *Vita Nova* (13, 4) in riferimento alla parola 'amore' alla cui dolcezza non può che corrispondere la dolcezza del sentimento che esprime] ***I nomi sono corrispondenti alle cose***: nel linguaggio giuridico si usa per sottolineare la necessità che i nomi corrispondano in modo preciso alle cose che designano.

Non cuivis homini contigit adire Corinthum [Orazio, *Epistole*, I, 17, 36, traduzione di un proverbio greco *oy pantòs andròs es Kórinthon ésth'o ploûs*: Corinto aveva fama nell'antichità di città ricca e raffinata e andarvi significava poter disporre di parecchio denaro] ***Non a tutti succede di andare a Corinto***: si usa oggi per dire che non tutti possono permettersi certi lussi o, in senso lato, che non tutti possono raggiungere certi obiettivi.

Nondum matura est [è il commento pronunciato dalla volpe nella famosa favola della volpe e l'uva di Fedro (a sua volta derivata da Esopo), quando, nonostante i ripetuti tentativi, non riesce a raccoglierla] ***Non è ancora matura***: il detto è analogo all'italiano *Chi disprezza compra.*

Non olet (pecunia) [il detto deriva da un aneddoto narrato da Svetonio (*Vita di Vespasiano*, 23): Vespasiano, per rispondere alle critiche del figlio Tito che gli rimproverava di aver imposto una tassa sull'urina, gli diede da annusare una moneta che proveniva dal guadagno della tassa] ***(Il denaro) non puzza.***

Non omnia possumus omnes [Lucilio, *Frammenti delle Satire*, 208 e Virgilio, *Bucoliche*, VIII, 64] ***Non tutti possiamo fare tutto.***

Non omnis moriar [Orazio, *Odi*, III, 30, 6: si riferisce all'immortalità donata dalla poesia] ***Non morirò del tutto***: il detto è usato oggi in contesti diversi riferito a persone che si sono distinte per il loro operato e la cui memoria permarrà dopo la loro morte o riferito alla continuità data dai figli.

Nosce te ipsum [traduzione latina dell'iscrizione posta sul tempio di Delfi *gnôthi seautón* e attribuita ora all'uno ora all'altro dei Sette Saggi] ***Conosci te stesso.***

Nunc est bibendum, / nunc pede libero pulsanda tellus [Orazio, *Odi*, I, 37, 1; Orazio esorta a festeggiare la fine della guerra civile dopo la vittoria di Ottaviano ad Azio, la presa di Alessandria e il suicidio di Antonio e Cleopatra. Il poeta latino riprende alla lettera un verso di Alceo, fr. 332V] ***Ora è tempo di bere, ora è tempo di danzare battendo la terra con piede libero***: esortazione a brindare per celebrare un successo o una circostanza lieta.

Odi et amo. Quare id faciam, fortasse requiris. / Nescio, sed fieri sentio et excrucior [Catullo, *Canti*, LXXXV, 1-2] ***Odio e amo. Perché lo faccia, tu forse ti domandi. Non so, ma sento che accade e mi torturo.***

Omnia munda mundis [San Paolo, *Lettera a Tito*, 1, 15; il detto deve la sua fama a un famoso passo dei *Promessi Sposi* (cap. VIII) del Manzoni, in cui fra' Cristoforo lo usa per rispondere alle critiche di fra' Fazio, scandalizzato dalla presenza di donne (Lucia e Agnese) nel convento] ***tutto è puro per chi è puro***: l'espressione significa sia che chi è puro e innocente vede tutto senza malizia, sia che chi agisce rettamente non ha da temere il giudizio degli altri.

Omnia vincit Amor: et nos cedamus Amori [Virgilio, *Bucoliche*, X, 69] ***Tutto vince Amore e anche noi cediamo ad Amore.***

Ora et labora [principio della regola benedettina di origine ignota] ***Prega e lavora***: esortazione alla vita attiva come necessario complemento di quella contemplativa.

O tempora, o mores! [l'espressione è usata da Cicerone in varie orazioni (*Prima catilinaria*, 1, 2; *Pro domo sua*, 53, 137)] ***O tempi, o costumi!***: esclamazione che condanna la decadenza dei tempi.

Panem et circenses [Giovenale, *Satire*, X, 81; il poeta latino si riferisce alla decadenza del popolo romano dei suoi tempi, interessato solo alle distribuzioni gratuite di pane e ai numerosi divertimenti e ormai indifferente alla partecipazione attiva alla vita politica] ***pane e giochi circensi***: si usa oggi per indicare un sistema di governo demagogico che, attraverso il soddisfacimento dei bisogni materiali e la creazione di facili divertimenti, tende ad allontanare i cittadini dalla vita politica.

Pánta reî (*gr.*) vedi **Pánta reî os potamós**.

Pánta reî os potamós (*gr.*) [Eraclito, *Frammento 40*; il fiume è il simbolo dell'eterno divenire, fondamento della filosofia eraclitea. Il passo viene citato per lo più nella forma abbreviata Pánta reî] ***Tutto scorre come un fiume***: l'espressione è usata per indicare l'inarrestabile scorrere del tempo e il continuo mutare degli eventi.

Parce sepulto [Virgilio, *Eneide*, III, 41; Enea sta raccogliendo della legna per un sacrificio, quando si sente rivolgere queste parole dagli arbusti nati dai giavellotti con cui era stato ucciso a tradimento Polidoro, il giovane figlio di Priamo] ***risparmia chi è sepolto***: la frase si usa per esortare ad astenersi dal criticare chi è morto e non può più difendersi.

Parcere subiectis et debellare superbos [Virgilio, *Eneide*, VI, 853, sono le parole con cui Anchise profetizza al figlio Enea la gloria futura del popolo romano, enunciando uno dei principi fondamentali della politica militare dei Romani] ***risparmiare coloro che si sottomettono e debellare i superbi.***

Pauca, sed bona e anche **Pauci, sed boni** [proverbio di origine ignota] ***Poche cose, ma buone*** e ***Pochi ma buoni.***

Per aspera ad astra [l'espressione è di origine incerta, sebbene il concetto che illustra sia presente in molti autori latini e greci. È probabile che essa contenga un riferimento all'assunzione in cielo degli eroi] ***Attraverso le asperità fino agli astri***: solo superando le difficoltà si può raggiungere il successo e la gloria.

Primum vivere, deinde philosophari [massima attribuita a Thomas Hobbes, ma di origine aristotelica (*Politica*, 1333a 35)] ***Prima vivere, poi filosofare***: l'attività speculativa deve essere posposta alle necessità pratiche della vita quotidiana.

Qualis pater talis filius [traduzione latina di un detto greco *toŷ patròs tò paidíon*, 'il figlio di suo padre' citato già da Aristofane (*Uccelli*, 767)] ***Quale il padre, tale il figlio.***

Quantum mutatus ab illo! [Virgilio, *Eneide*, II, 274; sono le parole pronunciate da Enea di fronte al fantasma di Ettore che, insanguinato e lacero, gli appare in sogno ben diverso dal fulgido eroe che tornò vittorioso indossando le spoglie di Achille] ***quanto diverso da quello che era un tempo!***: oggi si usa riferendosi a persone o cose che hanno subito un evidente cambiamento o un rapido e inatteso peggioramento.

Quod erat demonstrandum [traduzione latina della formula greca *óper édei deîxai*, con cui si concludevano le dimostrazioni dei teoremi di Euclide] ***Come volevasi dimostrare.***

Quod licet Iovi non licet bovi [proverbio medievale di origine ignota, che forse allude alle numerose conquiste amorose di Giove] ***Ciò che è permesso a Giove, non è permesso a un bove***: non tutti possono ottenere le stesse cose.

Quot capita, tot sententiae vedi **Quot homines, tot sententiae**.

Quot homines, tot sententiae [Terenzio, *Phormio*, 454; la frase viene anche citata come *quot capita, tot sententiae*] ***Quanti gli uomini, tanti i modi di pensare.***

Quo usque tandem abutere, Catilina, patientia nostra? [Cicerone, *Catilinaria*, I, 1] ***Fino a quando, Catilina, abuserai della nostra pazienza?***: si usa quando ogni limite di sopportazione è stato superato.

Quo vadis? [Secondo la leggenda narrata negli *Atti del martirio di Pietro* dello Pseudo-Lino è la domanda che Pietro avrebbe rivolto a Cristo, che gli era apparso mentre stava abbandonando Roma per sfuggire alla persecuzione neroniana. Cristo gli avrebbe risposto: 'Vado a Roma per farmi crocifiggere al posto tuo'. È anche il titolo del romanzo di Henryk Sienkiewicz, da cui fu tratto il celebre colossal di Mervyn Le Roy] ***Dove vai?***: si usa oggi scherzosamente nel suo significato letterale.

Redde rationem [*Vangelo di Luca*, 16, 2; l'espressione è anche usata come un sostantivo] ***Presenta il rendiconto.***

Relata refero [proverbio medievale] ***Riferisco ciò che mi è stato riferito***: indica che non ci si assume la responsabilità di quanto si sta dicendo.

Rem tene, verba sequentur [sentenza attribuita a Catone il Censore e riportata da Giulio Vittore, *Rhetores Latini minori*, 347, 17] ***Abbi ben chiaro ciò che vuoi dire e le parole seguiranno.***

Repetita iuvant [detto di uso scolastico di origine ignota forse derivato da un passo di Orazio (*Arte poetica*, 365)] ***Le cose ripetute sono utili.***

Requiescat in pace [*Salmi*, 4, 9. In origine il riferimento alla morte era assente; è solo col passare del tempo e con l'analogia cristiana fra sonno e morte che il detto viene usato nelle iscrizioni funerarie o in generale riferito a un defunto] ***Riposi in pace***: formula usata nella liturgia dei defunti e scherzosamente per dire che non ci si vuole più occupare di qualcuno.

Risus abundat in ore stultorum [detto del latino volgare] ***Il riso abbonda sulla bocca degli stupidi***.

Semel in anno licet insanire [proverbio medievale derivato da un passo del perduto dialogo di Seneca *De superstitione*, citato da Sant'Agostino, *De civitate Dei*, VI, 10] ***Una volta all'anno è lecito fare follie***: a tutti è permesso, occasionalmente, fare qualche pazzia. Si usa in special modo in riferimento alle follie del carnevale.

Sine ira et studio [Tacito, *Annali*, 1 1] ***senza malanimo né partigianeria***: si usa spec. quando si esprime un giudizio su qlcu. o qlco.

Si parva licet componere magnis [Virgilio, *Georgiche*, IV, 176; Virgilio paragona l'operosità delle api al lavoro dei Ciclopi, impegnati nella costruzione dei fulmini di Giove] ***se è lecito paragonare le cose piccole alle grandi***: nell'uso quotidiano la frase è citata quando si tenta un paragone azzardato con qualcosa di molto più grande e importante.

Sic transit gloria mundi [*Imitatio Christi*, I, 3, 6; formula usata nel cerimoniale dell'investitura di un nuovo pontefice] ***Così passa la gloria del mondo***: si usa per esprimere l'effimera durata del successo e della gloria dell'uomo.

Si vis pacem, para bellum [detto di origine ignota che presenta delle analogie con un passo di Vegezio (*Epitome rei militaris*, 3): *Qui desiderat pacem, praeparet bellum*] ***Se vuoi la pace, prepara la guerra***.

Spes ultima dea [proverbio del latino tardo, ma che attinge ad una tradizione più antica, quella del famoso mito di Pandora (Esiodo, *Opere e giorni*, vv. 96 ss.) a cui gli dei diedero un vaso colmo di tutti i beni dei mortali. La donna curiosa lo aprì, disperdendone il prezioso contenuto. Solo la speranza rimase sul fondo, come unica consolazione per i mortali] ***La speranza è l'ultima dea***.

Summum ius, summa iniuria [Cicerone (*De officiis*, I, 10, 33) lo cita come espressione già proverbiale ai suoi tempi; la frase si trova in forma leggermente diversa già in Terenzio, *Il punitore di sé stesso*, IV, 5: *Ius summum saepe summa est malitia*] ***Somma giustizia, somma ingiustizia***: un'applicazione eccessivamente severa e letterale delle leggi può diventare fonte di ingiustizia.

Tertium non datur [massima della logica scolastica, ispirata al principio di non contraddizione aristotelico, secondo cui una proposizione o è vera o è falsa e non ci sono altre possibilità] ***Non è concessa una terza possibilità***.

Timeo Danaos et dona ferentis [Virgilio, *Eneide*, II, 49, parole che il sacerdote troiano Laocoonte rivolge ai suoi concittadini per dissuaderli dall'introdurre nelle mura della città il cavallo di legno donato dai Greci (*ferentis* è un accusativo arcaico usato al posto di *ferentes*)] ***temo i Greci anche quando portano doni***: si usa per esortare a diffidare di persone infide anche qualora si mostrino gentili.

Tu quoque, Brute, fili mi [traduzione latina del greco *kaì sý, téknon*, parole che secondo Svetonio (*Vita di Cesare*, 82) Cesare avrebbe pronunciato nel vedere fra i congiurati anche il figlio adottivo Marco Giunio Bruto] ***Anche tu, Bruto, figlio mio***: si usa quando ci si sente traditi proprio da chi si riteneva superiore ad ogni sospetto.

Ubi maior minor cessat [proverbio medievale, a volte citato nella forma abbreviata *Ubi maior*] ***Quando si presenta chi vale di più, chi vale meno si ritiri***: il detto esorta a riconoscere i propri limiti e a trarsi da parte di fronte a chi vale di più o riveste un ruolo o una carica più importante.

Unicuique suum [rielaborazione di uno dei precetti fondamentali del diritto romano (Ulpiano, *Digesto*, 1, 10, 1) *suum cuique tribuere*] ***A ciascuno il suo***: a ciascuno va dato quanto gli è dovuto.

Vade retro, Sathana [*Vangelo di Matteo*, 4, 10; *Vangelo di Marco*, 8, 33; rielaborazione delle parole rivolte da Gesù a Satana che lo tentava nei quaranta giorni di meditazione nel deserto] ***Va' indietro, Satana***: si usa scherzosamente per respingere una proposta accattivante e tentatrice.

Veni, vidi, vici [Plutarco, *Vita di Cesare*, 50, 3-4; è la frase con la quale Cesare annunziò al Senato la rapida vittoria su Farnace II, re del Ponto. Essa venne poi citata da Svetonio, *Vita di Cesare*, 37 e da Lucio Anneo Seneca il Vecchio, *Suasoriarum liber II*, 22] ***Venni, vidi, vinsi***: si usa per indicare un'azione fulminea coronata da successo.

Verba volant, scripta manent [adagio medievale] ***Le parole volano, gli scritti rimangono***: si usa per esortare a sancire con lo scritto quanto detto.

Vox populi, vox Dei [*Isaia*, 66, 6] ***Voce di popolo, voce di Dio***: si usa per dire che un'opinione condivisa da tutti deve aver per forza un fondamento di verità.

AUTORI CITATI NEL VOCABOLARIO

Leon Battista Alberti 1404 - 1472
Sibilla Aleramo 1876 - 1960
Vittorio Alfieri 1749 - 1803
Corrado Alvaro 1895 - 1956
Cecco Angiolieri 1260 ca. - 1312 ca.
Pietro Aretino 1492 - 1556
Ludovico Ariosto 1474 - 1533
Pellegrino Artusi 1820 - 1911
Riccardo Bacchelli 1891 - 1985
Giuseppe Baretti 1719 - 1789
Daniello Bartoli 1608 - 1685
Cesare Beccaria 1738 - 1794
Pietro Bembo 1470 - 1547
Attilio Bertolucci 1911 - 2000
Giovanni Boccaccio 1313 - 1375
Matteo Maria Boiardo 1441 ca. - 1494
Arrigo Boito 1842 - 1918
Giordano Bruno 1548 - 1600
Dino Buzzati 1906 - 1972
Italo Calvino 1923 - 1985
Dino Campana 1885 - 1932
Tommaso Campanella 1568 - 1639
Luigi Capuana 1839 - 1915
Giosue Carducci 1835 - 1907
Annibale Caro 1507 - 1566
Carlo Cassola 1917 - 1987
Baldassarre Castiglione 1478 - 1529
Caterina da Siena 1347 - 1380
Carlo Cattaneo 1801 - 1869
Guido Cavalcanti 1255 ca. - 1300
Benvenuto Cellini 1500 - 1571
Carlo Collodi 1826 - 1890
Vittoria Colonna 1490 - 1547
Dino Compagni 1255 ca. - 1324
Benedetto Croce 1866 - 1952
Cielo d'Alcamo sec. XIII
Gabriele D'Annunzio 1863 - 1938
Lorenzo Da Ponte 1749 - 1838
Dante Alighieri 1265 - 1321
Chiaro Davanzati sec. XIII
Massimo D'Azeglio 1798 - 1866
Edmondo De Amicis 1846 - 1908
Lorenzo de' Medici 1449 - 1492
Grazia Deledda 1871 - 1936
Federico De Roberto 1861 - 1927
Francesco De Sanctis 1817 - 1883
Carlo Dossi 1849 - 1910
Luigi Einaudi 1874 - 1961
Beppe Fenoglio 1922 - 1963
Dario Fo 1926 -
Antonio Fogazzaro 1842 - 1911
Ugo Foscolo 1778 - 1827
Francesco d'Assisi 1181/2 - 1226
Carlo Emilio Gadda 1893 - 1973
Galileo Galilei 1564 - 1642
Giuseppe Giacosa 1847 - 1906
Natalia Ginzburg 1916 - 1991
Giuseppe Giusti 1809 - 1850
Carlo Goldoni 1707 - 1793
Guido Gozzano 1883 - 1916
Antonio Gramsci 1891 - 1937
Francesco Guicciardini 1483 - 1540
Guido Guinizzelli 1235 ca. - 1276
Iacopone 1236 ca. - 1306
Brunetto Latini 1220 ca. - 1294 ca.
Leonardo da Vinci 1452 - 1519
Giacomo Leopardi 1798 - 1837
Primo Levi 1919 - 1987
Mario Luzi 1914 - 2005
Niccolò Machiavelli 1469 - 1527
Alessandro Manzoni 1785 - 1873
Giovan Battista Marino 1569 - 1625
Giuseppe Mazzini 1805 - 1872
Pietro Metastasio 1698 - 1782
Michelangelo Buonarroti 1475 - 1564
Eugenio Montale 1896 - 1981
Vincenzo Monti 1754 - 1828
Elsa Morante 1912 - 1985
Alberto Moravia 1907 - 1990
Ludovico Antonio Muratori 1672 - 1750
Ippolito Nievo 1831 - 1861
Anna Maria Ortese 1914 - 1998
Aldo Palazzeschi 1885 - 1974
Giuseppe Parini 1729 - 1799
Giovanni Pascoli 1855 - 1912
Pier Paolo Pasolini 1922 - 1975
Cesare Pavese 1908 - 1950
Silvio Pellico 1789 - 1854
Francesco Petrarca 1304 - 1374
Francesco Maria Piave 1810 - 1876
Ippolito Pindemonte 1753 - 1828
Luigi Pirandello 1867 - 1936
Angelo Poliziano 1454 - 1494
Vasco Pratolini 1913 - 1991
Luigi Pulci 1432 - 1484
Salvatore Quasimodo 1901 - 1968
Francesco Redi 1626 - 1698
Mario Rigoni Stern 1921 - 2008
Lalla Romano 1906 - 2001
Umberto Saba 1883 - 1957
Franco Sacchetti 1332 ca. - 1400 ca.
Emilio Salgari 1862 - 1911
Iacopo Sannazaro 1456 ca. - 1530
Paolo Sarpi 1552 - 1623
Alberto Savinio 1891 - 1952
Leonardo Sciascia 1921 - 1989
Luigi Settembrini 1813 - 1876
Matilde Serao 1856 - 1927
Ignazio Silone 1900 - 1978
Scipio Slataper 1888 - 1915
Gaspara Stampa 1523 - 1554
Giani Stuparich 1891 - 1961
Italo Svevo 1861 - 1928
Torquato Tasso 1544 - 1595
Giuseppe Tomasi di Lampedusa 1896 - 1957
Federigo Tozzi 1883 - 1920
Giuseppe Ungaretti 1888 - 1970
Giorgio Vasari 1511 - 1574
Giovanni Verga 1840 - 1922
Pietro Verri 1728 - 1797
Giambattista Vico 1668 - 1744
Giovanni Villani 1280 ca. - 1348
Elio Vittorini 1908 - 1966

Tavola delle bandiere